日本語 ▶ ポルトガル語

小学館
現代日葡辞典
Gendai Nippo Jiten

コンパクト版

〈編者〉ジャイメ・コエーリョ　飛田良文

**SHOGAKUKAN DICIONÁRIO UNIVERSAL
JAPONÊS-PORTUGUÊS
EDIÇÃO COMPACTA**

まえがき

　日本とポルトガルとの間の言語的関係は4世紀に及ぶ。ブラジルとの人的、経済的、政治的関係もまた1世紀以上の歴史を刻もうとしている。さらに、ポルトガル語が話されている他の6か国との関係も、より発展していくことが望まれている。こうした関係の中で、これら8か国に住む人々との架け橋となる最良の言語的手段が求められている。我々はこの要求にひとつの答えを出そうと考えこの辞典の編纂を続けてきた。

　本辞典が、ポルトガル語を使って意思伝達をはかる困難と闘っている日本人学習者ばかりでなく、日本語を習得するために適切な教材を持たないポルトガル語話者の要望に応えることを、編集方針の第一にかかげたのはこのためである。2か国語辞典は、相異なる文化が出逢う接点となる宿命をもつ。2つの言語は非常に異なり、内容の選択に関して日本人は日本語に、またポルトガル人・ブラジル人はポルトガル語にどうしても偏りがちになる。それゆえ、編者は、常に公正な態度で編纂作業を進めてきた。

　本辞典で特に配慮した点は次のとおりである。
（1）見出し語は現代日本語とし、できうる限りの項目を立項した。単純語・複合語ばかりでなく、融合形・慣用表現なども見出し語にたて、利用者の便をはかった。見出し語数は約4万7千語、これに各項目のあとに太字で示した小見出しを加えると約7万語になる。
（2）見出し語にはすべてアクセントを示した。
（3）語義は、現在使われている用法をできるだけ採用した。意味区分は、日本語で説明を加え、それにポルトガル訳語を示したが、必要に応じて複数の表現を示した。
（4）用例はできるだけ日常会話の標準的な表現を示すことをこころがけた。また、文用例をできるだけ多く採用した。用例はすべてローマ字表記と漢字仮名交じり表記とを並記し、ポルトガル語話者が十分使用できるようこころがけた。
（5）慣用句、決まり文句を可能な限り示し、アルファベット順に示した。
（6）同意語・反意語は語義の意味区分ごとに示し、一語一語の用法を明確にした。
（7）ポルトガルとブラジルで使われている語形に違いがある場合はその区別を明示した。
（8）各見出し語の直後には必要に応じて該当語の原語形を示し、外来語には原語を示した。

　このように、本辞典は、日本人ばかりでなく、ポルトガル語話者もその使用者として想定して編集されている。原稿の執筆は、1974年ジャイメ・コエーリョを中心に、日本人のスタッフが中心で行なわれたが、1979年、ブラジルの日伯文化連盟の日本語教師が加わり執筆・校閲の作業が進められた。この作業は、1990年まで続き、この間、ポルトガル人も加え、4回にわたる校閲がりかえされた。また、1981年から、日本語校閲・編者として飛田良文が加わり、日本語の意味区分、語義、用例、アクセントを担当した。このように、ポルトガル語、日本語とも、かならずそれぞれのネイティヴスピーカーの専門家が全文をチェックした。

　いま、本辞典の完成にあたって、23年間にわたる年月をふりかえり、後に記す執筆・校閲・校正者をはじめ、多くの個人・団体に物心ともにお世話にになったことを思い、心からお礼を申し上げたい。中でも、ポルトガル大使館、ブラジル大使館、上智大学、日伯文化連盟、日本ブラジル中央協会、グルベキアン基金（Fundação Calouste Gulbenkian）、ポルトガル・アメリカ基金（Fundação Luso-Americana）からは、多大なご支援をいただいた。また、ブラジルの Fujio Tachibana および Ioshifumi Utiyama 両氏のご支援も忘れることができない。

　このように、本辞典は多くの方々のご支援のもとにできたものであるが、この内容に関する責任は、すべて編者が負うものである。読者の方々のご指摘、ご意見をいただければ幸いである。

1997年8月25日

ジャイメ・コエーリョ
飛田良文

PRÓLOGO

Este dicionário foi elaborado para responder ao anseio cada dia maior dos que desejam aprender japonês e não encontram material adequado para desvendar tão complicado idioma. Foi feito também para os japoneses que se debatem com a dificuldade de transmitr em português tudo o que sentem na sua rica língua. Tendo em conta estes dois agregados de pessoas, redigiram-se modernas técnicas de compilação, que foram rigorosamente seguidas por todos os compiladores ao longo de vinte e três anos. Os possíveis utentes do japonês e do "português" estiveram sempre juntos no nosso espírito!

Um dicionário bilingue é, por natureza, um ponto de encontro de duas culturas; e os seus autores têm de manter uma abertura contínua enquanto redigem. No nosso caso não foi fácil. Além de as duas línguas serem muito díspares e os colaboradores japoneses e luso-brasileiros, estarem sempre a puxar o conteúdo para o seu lado, houve os problemas da grafia do português, do estilo a usar, etc. A tudo se procurou dar resposta, porventura imperfeita.

Para assegurar a pureza original do japonês, todo ele foi sele(c)cionado ou revisto por especialistas japoneses que não sabem português. E para dar ao português a maior elegância possível, todo ele foi revisto, ao menos uma vez, por portugueses e brasileiros que não sabem japonês. A exa(c)tidão da tradução, essa é da inteira responsabilidade dos autores.

A obra é fruto da colaboração de algumas dezenas de pessoas e do interesse e apoio de centenas – de milhares, seria mais exa(c)to dizer. A todos queremos aqui exprimir o nosso profundo agradecimento. Sobretudo à Embaixada de Portugal, à Embaixada do Brasil, à Universidade Sophia, à Aliança Cultural Brasil-Japão, à Associação Central Nipo-Brasileira, à Fundação Calouste Gulbenkian, à Fundação Luso-Americana e aos saudosos Srs. Fujio Tachibana e Ioshifumi Utiyama que tanto apoiaram esta obra em S. Paulo.

As relações linguísticas entre o Japão e Portugal são de séculos; e o relacionamento humano, econó(ô)mico e político entre o Japão e o Brasil acaba de se tornar também secular. Com os outros países de expressão portuguesa, também o Japão terá, espera-se, cada vez melhores relações. Todos estes conta(c)tos clamam por melhores instrumentos linguísticos que sirvam de ponte aos cidadãos destes oito países. Nós procurámos apenas dar mais uma pequena resposta a este clamor. Muitos outros nos precederam, a começar pelos gigantes do "Vocabulario da Lingoa de Iapam" (Foi ele, desde 1603, o pai dos dicionários Japonês-Espanhol, Japonês-Francês, Japonês-Alemão, ...até finais do séc. XIX) e a continuar nos esforçados lexicógrafos modernos e contemporâneos. Graças a eles o número e qualidade dos nossos dicionários continua subindo.

O nosso intitula-se "universal" porque, além dos ideogramas e do silabário japonês, introduzimos um sistema de transliteração que é universalmente aceite nos países de expressão inglesa, francesa, espanhola, ...; basicamente é o chamado "sistema Hepburn" (→hebon-shiki-rōmaji).

Para os utentes da língua portuguesa há apenas três grafias que ao princípio podem causar estranheza mas que depressa poderão ser assimiladas; são: o 'sh' — que tem o valor de 'x' ou 'ch' —, o 'g' — que nunca tem valor de 'j' — e o 's' — que nunca é 'z'. O 'n' também se mantém antes de 'b' e 'p', sem mudar para 'm'.

O resto pronuncia-se e escreve-se como em português. No caso frequentíssimo das sílabas oclusivas repete-se a respectiva consoante (como em 'jikkō'), excepto nas sílabas com 'ch', em que em vez de repetir o 'c' se escreve um 't' (como em 'setchi'). A escrita em alfabeto latino não tem mais problemas. O dicionário ser-lhe-á transparente ao fim de uns dias de uso.

Na grafia do português respeitámos as formas portuguesa e brasileira, pondo primeiro a portuguesa, por sugestão dos japoneses.

Quanto ao estilo, preferimos o escrito ou mais formal, por ser mais adequado para exprimir os ricos matizes de um idioma requintado ao longo de séculos e que continua bastante formal. Acresceu a este, outro motivo: qualquer usuário do dicionário poderá, com facilidade, passar do estilo escrito ao coloquial; e o inverso já é mais difícil.

Acertámos nestas diversas escolhas? É ao esperado leitor que competirá responder. E são respostas, sugestões e melhoramentos o que esperam

Os Autores
Jaime Coelho
Yoshifumi Hida

コンパクト版刊行に際して

『小学館現代日葡辞典』（机上版）は１９９８年に初版を刊行後、好評のうちに版を重ねてきた。しかしながら、机上版としての性格上、学生はじめ個人の使用者にはなかなか求めにくい面もあり、安価な縮刷版を求める声も多かった。
今回、印刷・製本などの技術の進歩により、ようやくコンパクト版完全縮小版を刊行できることになった。ハンディで持ち運びにも便利。こちらも長くご愛用いただければ幸いである。
お気づきの点などをお寄せいただければ、機会を得て改善し、この辞書をさらに大切に育てたいと思っている。

２０１０年５月１２日
編者　ジャイメ・コエーリョ
飛田良文

【現代日葡辞典＜コンパクト版＞】

〔編者〕Jaime Coelho　元上智大学教授

飛田良文　　元国際基督教大学大学院教授・国立国語研究所名誉所員

〔校正・編集協力〕石澤美也子

〔装丁〕ディー・ディー・エル　笹岡俊夫

〔製作企画〕金田玄彦　〔資料〕森雅彦　〔製作〕遠山礼子　〔販売〕前原富士夫

〔宣伝〕宮村政伸　〔編集〕佐怒賀正美

【現代日葡辞典】

●編者

Jaime Coelho　元上智大学教授

飛田良文　　元国際基督教大学大学院教授・国立国語研究所名誉所員

●執筆・校閲

青木伊都子	石澤美也子	大野隆雄	鰍沢千鶴	村田奈緒子
Akiko Kurihara Watanabe		Nobuko Kamimura		Tereza Kiyoko Monobe

●日本語校閲

浅田秀子	木下哲生	木村睦子	高梨信博	平澤 啓	山口佳也

●校正

金谷正男	熊沢精次	住江淳司	内藤理佳	東田泰子	日埜博司
Amadeu Torres	António Freire	António José Barros			Hermínio Fernandes
José Fernandes	Julieta Yamaji	Júlio Rodrigues			Junji Saihara
M. A. Abranches	C. Ashauer	Maria Helena Camacho			Masato Ninomiya
Nelsseia Fujioka	Pedro Yoshiura	Rosa Maria Shimizu			Sonia Ninomiya
Takiy Yasutani	Teresa Belchior	Tereza Imamura			Tōru Watari

(50音・アルファベット順)

●編集協力／日本レキシコ／遠藤恭子／佐藤亜希子

●装丁／馬渕 晃　●地図／表現研究所

●協力者名

佐野泰彦／Camilo Martins de Oliveira／Eduardo Kol de Carvalho／Fujio Tachibana／Inácio Takeuchi／Ioshifumi Utiyama／J. M. Machado da Silva／João Vasco Vasconcelos／Luís Masahiro Hanada／Neida Kokubo

●協力団体名

経済団体連合会／サンパウロ新聞社／上智大学／上智大学ポルトガルブラジルセンター／トヨタ財団／日本ブラジル中央協会／日伯文化連盟／ブラジル銀行／ブラジル大使館／ポルトガル大使館／毎日新聞社／Fundação Calouste Gulbenkian／Fundação Luso-Americana

(50音・アルファベット順)

この辞書の使い方

1. 見出し語

1−1 見出しの収録語は日常的に用いられる,基本語と通常の会話,新聞・雑誌などに現れる専門用語,外来語,動・植物名,擬声語,擬態語,重要な地名,および主要な接頭・接尾辞など,約4万7千語である.

1−2 見出し語はローマ字つづりでABC順に配列した.ローマ字はヘボン式で表記した.
⇨ ローマ字のつづり方 (X頁)

1−3 同音異義語は,原則的に使用頻度の高いものから右肩に 1, 2, 3, …の数字をつけて区別した.

bikó[1] 尾行 O perseguir [seguir atrás de/trocar as voltas a] alguém.
bikó[2] 備考 A nota (explicativa); a anotação.
bikó[3] 微光【E.】A luz pálida; um vislumbre.

1−4 ローマ字の見出しのあとには,漢字または漢字かな交じり表記を示した. 外来語はカタカナで表記した.

aré-kúrúu 荒れ狂う (< aréru + …) Enfurecer-se; estar bravo. ★ ~ o-ushi 荒れ狂う雄牛 O toiro bravo. Ⓢ/圃 Abárérú.
arénji アレンジ (< Ing. arrange) **1** [編曲・脚色する] A adaptação.

1−5 同一語で,漢字表記を書き分けることのできる言葉は,用例でその使い分けを示した.

áu[2] 会 [逢・遭] う **1** [人に会う] Encontrar-se com. … ★ ~ yakusoku o suru 会う約束をする Marcar um encontro. Ai ni yuku 会いに行く Ir ver [visitar/encontrar-se com] 「alguém」. 「Hito ni」atta koto ga aru 「人に」会ったことがある Conhecer 「alguém」. 「Yamanaka sama ni」o-ai shitai 「山中様に」お会いしたい Queria ver [falar com] o senhor Yamanaka. … **2** [遭遇する] Encontrar; dar 「com」. ★ Abunai [Kiken na] me ni ~ 危ない[危険な]目に遭う Correr um grande risco/perigo. Hakugai ni ~ 迫害に遭う Sofrer a perseguição 「de」; ser perseguido 「por」. Sainan ni ~ 災難に遭う Ser vítima dum [Ter um] desastre. Yūdachi [Arashi] ni ~ 夕立[嵐]に遭う Apanhar um aguaceiro [uma tempestade].

1−6 該当見出し語の複合語は小見出しとして扱い,用例のあとに, ◇ 印を付してボールド体で示した. 小見出しは見出し語に準じるものなので,見出し語と小見出しを合計すると,収録語数は約7万語となる.

áisu アイス (< Ing. ice) **1** [氷] O gelo (⇨ kóri). ◇ ~ **bān** アイスバーン A rampa coberta de neve própria para esqui; pista de patinagem no gelo. ~ **hokkē** アイスホッケー O hóquei sobre(o) ~. ~ **kōhī** アイスコーヒー O café com ~. ⇨ ~**kurīmu** [kyandē]. ~ **sukēto** アイススケート A patinagem sobre ~. **2** [アイスクリーム] O sorvete; o gelado.

2. アクセント

2−1 ローマ字の見出し語には,すべてアクセント記号をつけた. アクセントは現代東京語の標準アクセントを示した. 日本語のアクセントは強弱ではなく高低であるが,長音表示とまぎれるので,表示には「´」を高い拍に加えた. 語義によりアクセントが異なる場合は [ ] 内に示した.

dótéń[2] 同点 **1** [同じ点数] [dóótéń] **a)** A mesma nota (no exame); **b)** O mesmo número de pontos; o empate. … **2** [前述のその点] [dóóten] O mesmo ponto.

3. 原語形と外来語の原語の表示

3−1 見出し語のあとに (<) 内に示した.

3−2 外来語については,言語名の記号のあとに原語を示した. ⇨ 言語名略語表

bibúráto [áa] ビブラート (< It. vibrato)【Mús.】O vibrato (Vibração expressiva).
bibúráhon ビブラホン (< Fr. vibraphone) O vibrafone. Ⓢ/圃 Baíbúráhon.
bibúrió ビブリオ (< L. vibrio)【Med.】O vibrião (Gé[ê]nero de bactéria). ◇ ⇨ **chōen** ~.
bíchi [íi] ビーチ (< Ing. beach) A praia. ◇ ~ **bōru** ビーチボール A bola de ~. ~ **parasoru** ビーチパラソル O guarda-sol de ~. Ⓢ/圃 Kaígáń (+); umíbé (+).

3−3 複合の見出し語については,必要に応じて語を構成しているそれぞれの原語形を示した. 構成している語と原語形が同一のものについては,…で示した.

agé-do 上げ戸 (< agérú **4** + to) A portada de subir [correr].
ji-súberi 地滑り (< …[3] + subéru) **1**【Geol.】O aluimento [desabamento; deslizar] de terra. **2** [大変動]【Fig.】O movimento abrupto …

4. 語の使用分野

4−1 見出し語が専門語,学術用語,動・植物名などの場合は,日本語見出しのあとの [ ] 内にその分野をポルトガル語の略語で示した. ⇨ 略語表

jaákú 邪悪【E.】A maldade [malvadez]. ★ ~ na 邪悪な Mau. Ⓢ/圃 Yokóshímá.
jabíséń 蛇皮線【Mús.】"Shamisen" revestido de pele de cobra.
jábujabu じゃぶじゃぶ【G.】(Im. de salpicar ou chapinhar). ★ Mizu no naka o ~ aruku 水の中をじゃぶじゃぶ歩く Andar a chapinhar na [dentro da] água. ⇨ zábuzabu.

この辞書の使い方　　　VI

4—2　使用分野の指示が特定の語義に該当する場合は，訳語の前に示した．

> **áuto** アウト (< Ing. out) **1** [野球で] Fora.… **3** [ゴルフ] A ida.… **4** [最悪の結果]【G.】A falha; o fracasso.… **5**【Pref.】Fora; exterior.

5. 意味区分

5—1　見出し語が2つ以上の意味区分を持つ場合，現代日本語で広く使用される基本的語義に**1, 2, 3**…のように意味番号順に配列した．語義の用法の違いは［　］内に示した．ポルトガル語訳の区別が必要な時には **a) b)** で区分して示した．

> **bettári** べったり　**1** [粘りつくさま] (Im. de agrarrar-se). *Zubon ni penki ga ～(to)tsuita* ズボンにペンキがべったり(と)付いた A tinta agarrou-se à calça (e não sai). ⇨ bettóri. **2** [座り込むさま] (Im. de àvontade). *～(to)suwari-komu* べったり(と)座り込む Sentar-se relaxadamente. **3** [一面に書いてあるさま] (Im. de cheio). *Tōan-yōshi ippai ni ～(to)kaku* 答案用紙一杯にべったり(と)書く Escrever até encher totalmente a folha da prova/do exame. **4** [お互いの関係が密接であるさま] (Im. de agrarrar).

> **sairókú** 採録　**a)** A transcrição; o regist(r)o; **b)** A gravação. ★ *～ suru* 採録する **a)** Transcrever; **b)** Gravar. ⇨ kirókú.

6. 訳語

6—1　ポルトガル語の訳語は，見出し語のあとに示した．複数の訳語がある場合は；で区切り示した．

> **saishíki[saishókú]** 彩色 A coloração; o colorido; o ser a cores. ★ *～(o) suru* 彩色(を)する Colorir.

6—2　ポルトガルとブラジルで語形が異なる場合は，P.(ポルトガル語) B.(ブラジル語)の記号で区別した．また，特定の単語については，［　］内にブラジルで使われる語形を示すことによって区別した．

> **básu**¹ バス (< Ing. bus < L. omnibus: "para todos") O autocarro (P.); o ônibus (B.); a camioneta「da carreira」.
> **dénsha** 電車 O comboio [trem] (elé(c)trico). *Chōdo chikaku o ～ ga tōtte iru* ちょうど近くを電車が通っている ～ passa mesmo perto「desse local」.
> **mansén**¹ 慢性 O ser crô[ô]nico. ★ *～ ka suru* 慢性化する Tornar-se… *～ (no) bien* 慢性(の)鼻炎 A rinite crónica. [A/反] Kyūséi.

7. 用例

7—1　最初に日本語のローマ字表記と漢字かな交じり表記とを併記し，そのあとにポルトガル語訳を示した．

7—2　用例中の見出し語に該当する部分は ～ で省略した．ただし，見出し語の語形が変化している場合は，変化した語形を記した．

> **kai-gáishíi** 甲斐甲斐しい Diligente「como a formiga」. ★ *Kaigaishiku hataraku* かいがいしく働く Trabalhar diligentemente. ⇨ kappátsú; kíbikibi; tékipaki.
> **kaíhén** 改編 A reorganização「do proje(c)to」. ★ *Butai o ～ suru* 部隊を改編する Reorganizar o grupo [a tropa]. *Kyōkasho o ～ suru* 教科書を改編する Refazer o livro de texto. [S/同] Saíhén. ⇨ heńsán¹; heńshū¹.

7—3　用例は，原則的に見出し語で始まるものを最初に示し，次に見出し語が文中にくる用例をそれぞれアルファベット順に示した．

> **kaíín**¹ 会員 O sócio [membro]. ★ *～ ni naru* 会員になる Fazer-se sócio. ◇ *～ meibo* 会員名簿 A lista dos ～ s. *～ shikaku* 会員資格 As qualificações de ～. *～ sei [soshiki]* 会員制［組織］O sistema de ～. *～ shō* 会員証 O cartão de ～. *Sei ～* 正会員 – efe(c)tivo. *Tsūjō [Tokubetsu; Meiyo] ～* 通常［特別；名誉］会員 – a(c)tivo [correspondente; honorário]. ⇨ káí⁶.

7—4　用法を示す語句を補足する場合は，「　」内にどのような場合に使われるかをわかりやすく示した．

> **kōwá**¹ [oó] 講話 A prele(c)ção; a conferência. ★ *～ o kiku* 講話を聞く Assistir a uma palestra/～. 「*Keizai mondai ni tsuite*」*～ suru*「経済問題について」講話する Fazer uma ～「sobre problemas de economia」. [S/同] Kōén (+); sékkyō.

7—5　使用頻度の高い語句や，句用例は ★ のあとに示した．

> **jisshí** 実施 A execução; a implementação. ★ *～ sareru [ni naru]* 実施される［になる］ Ser posto em execução; ser efectivo [entrar em vigor]. *～ suru* 実施する Implementar [Aplicar]「a lei」; executar「o plano」.

7—6　慣用表現，ことわざは，それぞれ [I/慣用] [P/ことわざ] のあとに示した．

> **haná**¹ 花・華　**1** [草木の] A flor. ★ *～ ga chiru* 花が散る Caírem as flores. *～ ga saku* 花が咲く Florir; ～. [P/ことわざ] *～ yori dango* 花より団子 Não me dês flores, dá-me pão/Primeiro viver e depois filosofar. [I/慣用] *～ mo mi mo aru* 花も実もある「conselho」Lindo e bom. *Ryōte ni ～ 両手に花 O ter [conseguir] duas coisas boas [bonitas] ao mesmo tempo「*Kyō no enkai wa ryōte ni ～ datta* 今日の宴会は両手に花だった No banquete de hoje fiquei entre duas rosas [flores]」.

7—7　小見出しとした複合語は ◇ のあとに示し，アクセントは省略した．⇨ **1—6**

> **búnshi**² 文士 O escritor. ◇ *Sanmon ～* 三文文士 O ～ medíocre. ⇨ buńjín; sakká.
> **buńshi**³ 分詞【Gram.】O particípio. ◇ *～ kōbun* 分詞構文 A constru(c)ção participial. *Genzai [Kako] ～* 現在［過去］分詞 O gerúndio [O ～ passado].

8. 同意語, 反意語

8—1　見出し語の同意語, 反意語を該当項目の最後に, アクセントつきのローマ字で示した. 意味区分が複数あるものについては, それぞれの語義の最後に示した.

agárú[1] 上［挙・揚］がる (⇨ agérú)　**1**［上昇する］Subir「a febre; o sol; as labaredas; a popularidade」. *Maku ga* ～ 幕が上がる Sobe o pano. [S/同] Jṓshṓ súrú; nobórú. [A/反] Sagáru.
2［登る］Subir; trepar. ★ *Danjō ni* ～ 壇上に上がる Subir ao estrado. *Kaidan o* ～ 階段を上がる Subir as escadas. [S/同] Nobórú. [A/反] Oríru.
3［騰貴する］Subir; aumentar. *Unchin ga* ～ 運賃が上がる Os transportes vão subir. [S/同] Kṓtō súrú; tṓki suru. [A/反] Sagáru.

8—2　同義語のあとの (+) は使用頻度が高いことを, (o) は使用頻度が最も高いことを表す.

kaíhṓ[7] 快報【E.】A boa notícia.
[S/同] Kippṓ (o); rṓhṓ (+). [A/反] Kyṓhṓ.

9. 各種記号

I　括弧

【　】	分野を示す.
(　)	(1) 省略可能な部分. または, 説明. ポルトガル語の説明の場合は, 大文字で始まる. (2) 原語形と外来語の原語を示す.
［　］	(1) 言い換え. または, 言い換え可能. (2) 語義の意味区分を示す. (3) アクセントの長音表示.
「　」	用例で, 語句を補足する場合. ポルトガル語訳でとくに強調したい前置詞などにも使用した.
〔　〕	語句用例・複合語を使用した文用例.

II　その他の記号

;　/	並列を示す.
…	後の言葉を言いさした場合や, 暗に示す場合. また, 見出し語の語尾変化などにより品詞が変わってもポルトガル語が変わらない場合などに使用した.
～	見出し語およびそのポルトガル語訳を示す. 日本語のローマ字表記では, 用例と小見出しに使用した.
[P/ことわざ]	Provérbio: ことわざを示す.
[I/慣用]	Idiomatismo: 慣用表現を示す.
[A/反]	Antó[ô]nimo: 反意語を示す.
[S/同]	Sinó[ô]nimo: 同意語を示す.
★	使用頻度の高い語句, 句用例の始めを示す.
◇	該当見出し語の複合語. 小見出し扱いとする.
(o)	使用頻度が最も高いことを示す.
(+)	使用頻度が高いことを示す.

言語名略語表

Al.	Alemão	ドイツ語
Ár.	Árabe	アラビア語
Chin.	Chinês	中国語
Core.	Coreano	韓国語
Esp.	Espanhol	スペイン語
Fr.	Francês	フランス語
Gr.	Grego	ギリシア語
Hebr.	Hebraico	ヘブライ語
Hind.	Hindustani	インドの様々な言葉
Hol.	Holandês	オランダ語
Ing.	Inglês	英語

It.	Italiano	イタリア語
J.	Japonês	日本語
L.	Latim	ラテン語
Mal.	Malaio	マレー語
P.	Português	ポルトガル語
Rom.	Romeno	ルーマニア語
Ru.	Russo	ロシア語
Sân.	Sânscrito	サンスクリット語
Tag.	Tagalog	フィリピン語
Tâm.	Tâmul	タミル語
Tib.	Tibetano	チベット語

略語表

A.	antigo/a	昔の・古い
Abrev.	abreviatura	略語・省略
Adj.	adje(c)tivo	形容詞
Adv.	advérbio	副詞
Aer.	aeronáutica	航空学
Agr.	agronomia	農耕学
Al.	Alemanha	ドイツ
Alp.	alpinismo	登山
Anat.	anatomia	解剖学
Ant.	antó[ô]nimo	反意語
Antr.	antroponímico	人名
Arqueo.	arqueologia	考古学
Arqui.	arquite(c)tura	建築(学)
Art.	artigo	冠詞
Arte	arte em geral	美術
Astr.	astronomia	天文学
B.	Brasil/brasileiro	ブラジル
Bas./Beis.	basebol/beisebol	野球
Bí.	Bíblia	聖書
Biol	biologia	生物学
Bioq.	bioquímica	生化学
Bol.	bolsa	証券
Bot.	botânica	植物学
Bud.	budismo/budista	仏教
Catol.	catolicismo	カトリック
Cf.	conferir/confronte com	比較・参照
Chin.	China/Chinês	中国
Chu.	chulo	下品な・下劣な
Cine	cinema	映画
Col.	coloquial	口語体の
Com.	comércio	商業・商取引
Cor.	cortês/cortesia	礼儀正しい・丁寧な
Cos.	costura	裁縫

Cri.	cristianismo	キリスト教
Cul.	culinária	料理法
D.	diale(c)to	方言
(D)esp.	desporto/esporte	スポーツ・娯楽
Dim.	diminutivo	愛称
Dir.	dire(c)to	法律学
E.	erudito/usado em escrita	高尚な・文章的な
Econ.	economia	経済(学)
Ele(c)tri.	electricidade	電気
Ele(c)tron.	ele(c)tró[ô]nica	電子
Eng.	engenharia	工学
Esp.	Espanha	スペイン
E. U. A.	Estados Unidos de América	アメリカ合衆国
Ex.	(por)exemplo	例えば
F.	feminino	女性の
Fig.	figurado/figurativamente	比喩的
Fil.	filosofia	哲学
Fís.	física	物理学
Fisiol.	fisiologia	生理学
Fon.	fonética	音声学
Fot.	fotografia	写真(術)
Fr.	França	フランス
G.	gíria	俗語・隠語
Geogr.	geografia	地理(学)
Geol.	geologia	地質学
Geom.	geometria	幾何学
Gin.	ginástica	体操・体育
Go.	golfe	ゴルフ
Gram.	gramática/gramatical	文法・文法上の
H.	história	歴史(学)
H.	hora	時間・時刻

Hol.	Holanda	オランダ
Id.	idiotismo	慣用句
Im.	imitativo	擬声の・擬音の
Infa.	infantil	子供の・幼児の
Info.	informática	情報学・情報処理
Ing.	Inglaterra/Inglês	イギリス
Interj.	interjeição	感嘆・間投[感嘆]詞
J.	Japão	日本
Lin.	linguística	言語学
Lit.	literalmente/à[ao pé da]letra	文字どおりの意味で・一語一語そのとおりに
Loc.	locução	成句・熟語
Lóg.	lógica	論理(学)
M.	masculino	男性の
Mar.	marinha	海事・海軍
Mat.	matemática	数学
Mec.	mecânica	力学・機械学
Med.	medicina	医学
Met.	meteorologia	気象学
Min.	mineralogia	鉱物学
Mit.	mitologia	神話・伝説・神話学
Mús.	música	音楽
Neg.	(voz)negativa	否定・否定語[文・句]
On.	onomatopeia	擬声語・擬音語
P.	Portugal/Português	ポルトガル
Pal.	paleontologia	古生物学・化石学
Páli	língua do budismo	仏教語
Patol.	patologia	病理学
Ped.	pedagogia	教育学
Pej.	pejorativo	軽蔑的な
Pl.	plural	複数(形)
Poét.	(termo)poético	詩の
Pop.	popular	大衆的な・通俗的な
Pref.	prefixo	接頭辞
Prep.	preposição	前置詞
Pron.	pronome	代名詞
Prov.	provérbio	ことわざ・格言
Psic.	psicologia	心理学
Quím.	química	化学
Râ.	râguebi	ラグビー
Rom.	Roménia	ルーマニア
Ru.	Rússia	ロシア
S.	santo	神聖な
Séc.	século	世紀・時代
Sin.	sinó[ô]nimo	同意語
Sing.	singular	単数(形)
Sr.	senhor	話し相手に対する敬称(男性)
Sra.	senhora	話し相手に対する敬称(女性)
Sub.	substantivo	名詞
Suf.	sufixo	接尾辞
Tb.	também	また・同様
Te.	teatro	演劇
Tip.	tipografia	印刷(術)
Top.	topó[ô]nimo	地名
Us.	usado	一般的な・習慣的に使われる
V.	verbo	動詞
V. Exa.	Vossa Excelência	あなたさま・敬称
Vol.	voleibol	バレーボール
X.	x[sh]intoísmo	神道
Zool.	zoologia/entomologia/ictiologia	動物学・昆虫学・魚類学

ローマ字のつづり方

a	ア	i	イ	u	ウ	e	エ	o	オ								
ka	カ	ki	キ	ku	ク	ke	ケ	ko	コ	kya	キャ	kyu	キュ			kyo	キョ
sa	サ	shi	シ	su	ス	se	セ	so	ソ	sha	シャ	shu	シュ	she	シェ	sho	ショ
ta	タ	chi	チ	tsu	ツ	te	テ	to	ト	cha	チャ	chu	チュ	che	チェ	cho	チョ
na	ナ	ni	ニ	nu	ヌ	ne	ネ	no	ノ	nya	ニャ	nyu	ニュ			nyo	ニョ
ha	ハ	hi	ヒ	fu	フ	he	ヘ	ho	ホ	hya	ヒャ	hyu	ヒュ			hyo	ヒョ
ma	マ	mi	ミ	mu	ム	me	メ	mo	モ	mya	ミャ	myu	ミュ			myo	ミョ
ya	ヤ			yu	ユ			yo	ヨ								
ra	ラ	ri	リ	ru	ル	re	レ	ro	ロ	rya	リャ	ryu	リュ			ryo	リョ
wa	ワ																
ga	ガ	gi	ギ	gu	グ	ge	ゲ	go	ゴ	gya	ギャ	gyu	ギュ			gyo	ギョ
za	ザ	ji	ジ	zu	ズ	ze	ゼ	zo	ゾ	ja	ジャ	ju	ジュ	je	ジェ	jo	ジョ
da	ダ	ji	ヂ	zu	ヅ	de	デ	do	ド								
ba	バ	bi	ビ	bu	ブ	be	ベ	bo	ボ	bya	ビャ	byu	ビュ			byo	ビョ
pa	パ	pi	ピ	pu	プ	pe	ペ	po	ポ	pya	ピャ	pyu	ピュ			pyo	ピョ

以下のものは外来語のみに使用した

tsa	ツァ	ti	ティ	tu	トゥ	tse	ツェ	tso	ツォ
fa	ファ	fi	フィ			fe	フェ	fo	フォ
		di	ディ	du	ドゥ				
				dyu	デュ				
				fyu	フュ				

ローマ字は，上の表の通り，ヘボン式を用いた．
その他用法で注意すべきことは，以下の通りである．

* ヘボン式ローマ字表記は，次のような点がポルトガル語と異なっている．
  sh はポルトガル語表記の x および ch に当たるが，g はポルトガル語表記の j に当たらないし，s もポルトガル語表記の z には当たらない．
* 撥音は，本辞書ではすべて "n" で表し，本来のヘボン式のように b, m, p の前にくる n を m で表記しない．撥音を表す n と次にくる母音，またはヤ行音を切り離す必要がある場合には，n の次に ' を入れた．
* 促音は，該当する子音を重ねて表記した（例 jikkō 実行）．ただし ch に促音が前置される場合は c を重ねずに t を用いた（例 setchi 設置）．
* 「あっ」「まっ」などを示す場合の記号は ă mă のように ˘ を使用した．
* 長音は，母音字の上に ¯ をつけて表した（例 kōshō 交渉）．また，長音の中途でアクセントが異なるときには，後に [óo], [oó] のように示した（例 kṓwá [oó] 講話）．

A

a あ A (Primeira letra e vogal do silabário japonês. As vogais no Japão enunciam-se por esta ordem: a, i, u, e, o. Ver o resto do silabário no prefácio).

ă [**áa**] あっ **a)** Ah!; Ai meu Deus! (Exprime surpresa repentina); **b)** Ai! (Exprime dor). ★ ~, *itai!* あっ、痛い Ai (que dor)! ~, *shimatta* あっ、しまった Ai que desgraça [Pouca sorte]! (Usa-se muito quando se esqueceu algo, houve um contratempo, etc.). ~, *wakatta!* あっ、わかった Ah! Já sei /Agora compreendo! ⇨ átto.

ā¹ [**áa**] ああ Claro!; Sim!; Naturalmente!; Ah!; Ah sim!; Não!; Pois!; Está bem! (Exprime assentimento, pelo menos exterior). ~, *sō desu ka* ああ、そうですか Ah, sim!?

ā² [**áa**] ああ Oh!; Ah!; Ai! (Exprime alegria, tristeza, desagrado). ~, *atsui* ああ、暑い (Ai) que calor! ~, *isogashii* ああ、忙しい Ai, que ocupado eu ando! ~, *komatta* ああ、困った Estou perdido! ~, *kutabireta* ああ、くたびれた Ai que cansado (eu estou)! ~, *odoroita* ああ、驚いた Ai que surpresa! /Caramba! ~, *ii kotoda!* ああ、いいことだ Que bem! ~, *yoku dekita* ああ、よくできた Ah, que bem feito! ~, *nesugoshita* ああ、寝過ごした Ora, dormi demais! ~, *wasureta* ああ、忘れた Ai! esqueci-me! ~, *kanashii* ああ、悲しい Ai, que triste! ~, *possível?!* ~, *yatto tsuita* ああ、やっと着いた Ah! Até que enfim (que) cheguei「a casa」!

ā³ [**áa**] ああ Assim; como aquele/a. ~ *made kare o semenakute mo yosasō na mono da* ああまで彼を責めなくてもよさそうなものだ Parece que não era preciso censurá-lo tanto (daquela maneira; até aquele ponto). ~ *wa iu mono no, yahari musuko wa kawaii no da* ああは言うものの、やはり息子はかわいいのだ Ele fala assim, mas gosta do filho. *Ano otoko wa itsu demo* ~ *demo nai kō demo nai to urusai koto o iu* あの男はいつでもああでもないこうでもないうるさいことを言う Ele [Aquele sujeito] é difícil de contentar, implica com tudo. *Ano shachō no yari-kuchi wa itsu mo* ~ *da* あの社長のやりくちはいつもああだ Aquele presidente (de firma) faz sempre as coisas assim [é mesmo daquele jeito]. *Kare wa itsu mo ieba* ~ *iu* 彼はいつもああ言えばこう言う Ele há-de dizer sempre o contrário do que os outros dizem /Ele é sempre assim: se a gente diz que é branco ele diz[tem de dizer] que é preto. ★ ~ *iu baai* ああいう場合 Num caso assim [desses]. ~ *iu fū ni* ああいうふうに Daquela maneira. ~ *iu hito* ああいう人 Pessoas assim [como ele/a]. ⇨ kō¹; sō¹.

abáku 暴[発]く **1**[掘り出す] Desenterrar; exumar. ★ *Haka o* ~ 墓を暴く **a)** Exumar [Desenterrar]「os ossos」(S/両) Hori-dásu); **b)** Violar uma sepultura. **2**[暴露する] Revelar; desmascarar; descobrir [pôr a descoberto]. (S/両) Bákuro suru.

abánchūru [**ūu**] アバンチュール (< Fr. aventure) Uma aventura amorosa. ◇ ~ *o tanoshimu* アバンチュールを楽しむ Desfrutar uma ~.

abángyarudo アバンギャルド (<Fr. avant-garde) A vanguarda. ◇ ~ **geijutsu** アバンギャルド芸術 A arte de ~. (S/両) Zen'éi(+).

abárá 肋 **1** ⇨ abárá-bóne. **2**[スペアリブ] Uma costeleta. ★ *Buta no* ~ 豚のあばら As costeletas de porco.

abárá-bóne 肋骨 (<… +honé) A(s) costela(s) (De homens e animais). (S/両) Rokkótsú(+).

abárá-ya あばら屋 Uma casa pobre [em ruínas]. (S/両) Háika.

abáré-dásu 暴れ出す (< abárérú +…) Ficar bravo.

abáré-máwáru 暴れ回る (< abárérú +…) Correr furiosamente de um lado para outro; devastar tudo à passagem. *Bōto ga* ~ 暴徒が暴れ回る Os amotinados destroem tudo o que encontram. *Taifū ga* ~ 台風が暴れ回る O tu[i]fão leva tudo diante dele.

abáré-mónó 暴れ者 (< abárérú +…) Um indivíduo violento; um bruto; um desordeiro. (S/両) Abáréń-bō; rańbó-mónó(+).

abáréń-bō 暴れん坊 (< abárérú + bōzu) ⇨ abáré-mónó.

abárérú 暴れる **1**[荒々しくふるまう] Agir com violência; amotinar-se. *Demo-tai ga abarete tatemono ni hi o tsuketa* デモ隊が暴れて建物に火をつけた Os manifestantes amotinaram-se e deitaram fogo ao(s) edifício(s). ◇ *Sake o nonde* ~ 酒を飲んで暴れる Bulhar com a bebedeira. *Uma ga* ~ 馬が暴れる Espantar-se o cavalo. **2**[大胆にふるまう] Fazer muito. *Kare wa zaikai de ōi ni abareta* 彼は財界で大いに暴れた Ele fez muito [desenvolveu grande a(c)tividade] no mundo financeiro [dos negócios].

abáré-uma 暴れ馬 (<abárérú +…) O cavalo bravo [espantadiço; rebelão].

abátá 痘痕 **1** Os sinais da varíola; as marcas das bexigas (G.). ことわざ ~ *mo ekubo* 痘痕もえくぼ O amor é cego.

abátá-zúrá 痘痕面 (<…+tsurá) O rosto com sinais da varíola, a cara bexiguenta.

ábayo あばよ 〔G.〕Até logo, pá; adeusinho. (S/両) Sayónárá(+).

abázúré(ónna) あばずれ(女)〔G.〕Uma (mulher) libertina (devassa; despudorada).

abékáwá(-mochi) 安倍川(餅) "Mochi" com farinha de feijão-soja e açúcar.

abékku アベック (< Fr. avec) Um par「de namorados」. ◇ ~ *de dekakeru* アベックで出かける Sair aos pares [com o/a namorado/a]. ⇨ futárí-zúré.

abékóbé あべこべ (<…) Ao contrário; o avesso; o inverso. *Homerareru tsumori ga* ~ *ni shikarareta* 褒められるつもりがあべこべに叱られた Eu pensava [a pensar] que ia ser louvado e afinal fui repreendido. *Junjo ga* ~ *da* 順序があべこべだ A ordem é inversa [É /Está ao contrário]. ~ *ni kutsu o haku* あべこべに靴をはく Calçar os sapatos trocados. (S/両) Gyaku(+); hańtái(+).

ábikyōkan 阿鼻叫喚〔E.〕(< Sân. avici) Avici e Raurava (Duas das oito fornalhas do inferno budista). *Jiko no genba wa* ~ *no chimata to kashita* 事故の現場は阿鼻叫喚のちまたと化した O local do acidente era [ficou] um inferno. ⇨ mugótáráshíí.

abírú 浴びる (⇨ abíséru) **1**[かぶる] Deitar sobre si. ★ *Atama kara mizu o* ~ 頭から水を浴びる Deitar [Deixar cair a] água pela cabeça abaixo. *Shawā o* ~ シャワーを浴びる Tomar um (banho de) chuvei-

A

ro. *Wain o ~ yō ni nomu* ワインを浴びるように飲む Despejar copos de vinho (pela goela abaixo). [S/同] Kabúru. **2** [ものを] Receber em cheio. *Hokori o ~* ほこりを浴びる Ficar cheio [coberto] de pó. *Nikkō o ~* 日光を浴びる Estar ao sol. *Hōshanō o ~* 放射能を浴びる Ficar exposto à radioa(c)tividade. [S/同] Ukéru. **3** [ことばや視線を] Receber. ★ *Kassai o ~* 喝采を浴びる Receber aplausos; ser aplaudido [aclamado]. [S/同] Ukéru.

abísé-kákéru 浴びせ掛ける ⇨ abíséru.

abíséru 浴びせる (< abírú) **1** [かぶせる] Deitar sobre. ★ *Atama kara mizu o ~* 頭から水を浴びせる Deitar água sobre todo o corpo. ⇨ kabúséru; sosógú. **2** [ものを] Deitar [Atirar] sobre. *Teki ni hōka o ~* 敵に砲火を浴びせる Disparar sobre o inimigo. **3** [切りつける] ★ *Hito-tachi ~* 一太刀浴びせる Ferir com a espada. [S/同] Kirí-tsúkéru (+). **4** [集中的にぶつける] Fazer. ★ *Hito ni shitsumon o ~* 人に質問を浴びせる Bombardear com [Fazer muitas] perguntas. [S/同] Kómúráséru.

Abíshíníá アビシニア【A.】Abissínia (⇨ Echíópíá).

ábu 虻【Zool.】O moscardo. [P/ことわざ] *~ hachi torazu* 虻蜂取らず "Quem tudo quer, tudo perde"/ "Quem muito abarca, pouco aperta". ⇨ hachí[2].

abúkú 泡【G.】⇨ awá[1].

abúkú-zéní 泡銭【G.】O dinheiro mal ganhado (Ganho sem esforço)「água o deu água o levou」. ★ *Bakuchi de mōketa ~* ばくちでもうけた泡銭 O dinheiro ganho no jogo (Sobretudo de azar).

abúmí 鐙 O estribo. ⇨ kurá[2].

abúnágáru 危ながる (< abúnái + gáru) **1** [危険と思う] Recear. [S/同] Osóréru. **2** [疑わしく思う] Ter as suas dúvidas. ⇨ utágáwáshíi.

abúná-gé 危な気 (< abúnái + ke[2]) Um certo risco. ★ *~ na ashi-tsuki [-dori]* 危な気な足つき [取り] O passo incerto/tremido. *~ (no) nai kachi-kata* 危な気(の)ない勝ち方 Uma vitória fácil.

abúnái 危ない **1** [危険な] Perigoso. ★ *~ me ni au* 危ない目に遭う Correr um grande perigo [Ter uma má experiência]. *Abunaku naru* 危なくなる Correr perigo. *Abunaku suru* 危なくする Pôr em perigo. [P/ことわざ] *~ hashi o wataru* 危ない橋を渡る Andar sobre gelo [Pisar ovos]. [S/同] Kikéń ná.
2 [疑わしい] Incerto. *Kare ga hontō ni kuru ka dō ka ~ mono da* 彼が本当に来るかどうか危ないものだ Não é certo que ele venha. ★ *~ sora moyō* 危ない空模様 O tempo incerto. [S/同] Fu-táshika na; utágáwáshíi.
3 [死にそうだ] Crítico; grave. *Byōnin wa kyō asu ni mo (inochi ga) ~* 病人は今日明日にも(命が)危ない O doente (está tão mal que) pode morrer de um dia para o outro.
4 [きわどい] Arriscado. *Makesō datta ga ~ tokoro de katta* 負けそうだったが危ないところで勝った Parecia que íamos perder mas ganhá[a]mos, por um triz. [S/同] Kiwádói.
5 [警告の] Cuidado! *A, jidōsha ga kuru. ~* あっ, 自動車が来る. 危ない Ai! Cuidado que vem um carro!
6 [不安定な] Instável; inseguro; vacilante. *Toshiyori wa ashimoto ga ~* 年寄りは足元が危ない O velh(inh)o anda com passos vacilantes.

abúnákkáshíi 危なっかしい【Col.】Que causa preocupação.

abúnákú 危なく (Adv. de abúnái **4**) Quase; por pouco. *~ shinkansen ni nori-okureru tokoro datta* 危なく新幹線に乗り遅れるところだった ~ (que) perdia o "shinkansen". [S/同] Ayáúkú.

abúnṓmaru [óo] アブノーマル (< Ing. abnormal < L. ab + norma: fora da norma) Anormal. ★ *~ na kōi.* アブノーマルな行為 O comportamento [Um a(c)to] ~. [S/同] Ijṓ (+). [A/反] Nṓmaru.

abúrá[1] 油 O óleo; o azeite. ★ *~ kusai* 油臭い Que cheira a ~. *~ no shimi* 油の染み A nódoa de ~. *~ o nagashita yō na umi* 油を流したような海 Um mar muito calmo. *Furai-pan ni ~ o hiku* フライパンに油を引く Espalhar bem o ~ na sertã. *Kikai ni ~ o sasu* 機械に油をさす Pôr óleo na máquina [Lubrificar]. [I/慣用] *~ o shiboru* 油を搾る Dar [Passar] um raspanete. *~ o uru* 油を売る Fazer cera〔*Tsukai no tochū de ~ o uru* 使いの途中で油を売る Ir dar um recado e ficar a fazer cera [preguiçar]〕.「*Hi ni*」*~ o sosogu*「火に」油を注ぐ Pôr lenha no fogo. ◇ ⇨ **~ age [e/enogu/gami/gusuri/iri/jimiru/kasu/ke/koshi/mushi/na/sashi/zemi]**. ⇨ abúrá[2], óiru[1]; yúshi[1].

abúrá[2] 脂 A gordura; a banha; o sebo. ★ *~ no notta sakana* 脂の乗った魚 O peixe da estação (quando tem mais gordura e sabe melhor). [I/慣用] *~ ga noru* 脂が乗る Render/Produzir〔*Shigoto ni ~ ga notte kita* 仕事に脂が乗ってきた O trabalho vai de vento em popa [está a andar/a correr/a ir bem]. *~ ga [no] notta toshi-goro* 脂が[の]乗った年頃 A idade mais produtiva da vida〕. ◇ ⇨ **~ ase [giru/koi/mi/shō]**. ⇨ abúrá[1].

abúrá-age 油揚げ (< ··· [1] + agérú) O "tōfu" frito. [P/ことわざ] *Tonbi ni ~ o sarawareru* とんびに油揚げをさらわれる Ficar a ver navios (Perder algo, por roubo, descuido, etc.) [Ficar com cara de parvo]. [S/同] Abúráge.

abúra-áse 脂汗 O suor causado por dor ou tensão. ★ *Kurushikute ~ o nagasu [kaku]* 苦しくて脂汗を流す [かく] Suar [Transpirar] com as dores. ⇨ hiyá-ásé.

abúrá-e 油絵 A [Uma] pintura a óleo. ★ *~ o kaku* 油絵をかく Pintar a óleo. ⇨ suísái ◇.

abúrá-énogu 油絵の具 Os materiais para pintura a óleo.

abúrá-gami 油紙 (< ··· [1] + kamí) O papel parafinado [impermeável]. [I/慣用] *~ ni hi ga tsuita yō* 油紙に火がついたよう A tagarelice interminável (Como o ~ em chamas). [S/同] Yúshi[2].

abúráge 油揚げ ⇨ abúrá-age.

abúrágíru 脂ぎる Ser oleoso e reluzente. ★ *Aburagitta chūnen otoko* 脂ぎった中年男 Um homem de meia idade, nédio e luzidio.

abúrá-gúsuri 油薬 (< ··· [1] + kusúri) O unguento; a pomada.

abúrá-írí 油入り Com [A] óleo.

abúrá-jímíru 油 [脂] 染みる (< ··· + shimírú) Ficar sujo com óleo.

abúrá-kásu 油粕 [糟] A borra [O sedimento/O bagaço] das sementes oleaginosas depois de extraí do o óleo.

abúrá-(k)ké 油 [脂] (っ) 気 A oleosidade; o sebo. ★ *~ no nai hifu [kami no ke]* 油気のない皮膚 [髪の毛] A pele [O cabelo] seca[o]. ⇨ ke[2].

abúrá-(k)kói 脂(っ)濃い Gordurento; gorduroso; com muita gordura. ★ *~ tabemono* 脂っ濃い食べ物 A comida com muito azeite [óleo].

abúrá-koshi 油漉し (< ··· + kósu[3]) O filtro de óleo

[azeite].
abúra-mi 脂身 A gordura [parte gorda] da carne. ★ ~ *ga ōi* 脂身が多い Ser tudo [Ter muita) gordura.
abúra-mushi 油虫【Zool.】**1** [⇨ gokíbúri] **2** [⇨ arímákí]
abúra-na 油菜【Bot.】A colza; a couve-nabiça. ⇨ ná-no-hana.
abúra-sashi 油差し (<···¹ + sásu) A almotolia.
abúra-shō 脂性 O ter a [ser de] pele gordurosa. A/反 Aré-shō.
abúra-zemi 油蟬 (<···¹ + semi)【Zool.】Uma espécie de cigarra (Grande, de cor acastanhada); *graptopsaltria nigrofuscata*.
abúré-mónó あぶれ者 (< abúréru + ···)【G.】**a)** Uma pessoa sem trabalho; **b)** Um malfeitor [vagabundo]. S/同 Narázú-monó.
abúréru あぶれる【G.】Não encontrar trabalho [ter serviço]. *Ame de hi-yatoi rōmu-sha ga shigoto ni aburete shimatta* 雨で日雇い労務者が仕事にあぶれてしまった Com a [Por causa da] chuva, os trabalhadores-a-dias ficaram sem [não encontraram] trabalho.
abúrí-dáshi 焙り出し (< abúru + dásu) O termotipo. ◇ ~ **inku** あぶり出しインク A tinta simpática.
abúru 焙〔炙〕る **1**〔焼く〕Assar. ★ *Niku [Sakana] o ~ ni* 肉〔魚〕をあぶる Assar carne [peixe]. Yakú. **2**〔温める〕Aquecer-se ao lume. S/同 Atátaméru. **3**〔乾かす〕Secar. ★ *Nureta fuku o hi de ~* 濡れた服を火であぶる Secar a roupa ao lume. S/同 Kawákasu.
ábusan(to) アブサン(ト) (< Fr. < Gr. absinthion) **a)** O absíntio (Planta); **b)** O absinto (Licor). ◇ ~ **chūdoku** アブサン中毒 O absintismo.
abúsútórákuto アブストラクト (< Ing. < L. abstractum) **1**〔抽象的〕Abstra(c)to. S/同 Chūshō-tékí (+). A/反 Gushō-tékí. **2**〔抜粋〕O extra(c)to. S/同 Bassúí (+), Shōróku.
ácherī [áa] アーチェリー (< Ing. archery < L.) A arte do tiro ao arco, à(maneira)ocidental. S/同 Yōkyú. ⇨ kyūjutsu¹; yumí.
áchi [áa] アーチ (< Ing. < L. arcus) O arco. ★ ~ *gata* [jō] *no* アーチ形〔状〕の Em (forma de) arco; arqueado. ★ ~ *shiki damu* アーチ式ダム A barragem curva (Com a parte convexa virada para o reservatório).
achíbúméntó-tésuto [ii] アチーブメントテスト (< Ing. achievement test) A prova [O exame/O teste] de aproveitamento. S/同 Gakuryókú-kénsa (+).
achí-kóchi 彼此 (< Fr. archery < L.) A arte do tiro ao arco, à(maneira)ocidental. ("achírá-kóchira" é mais cortês) Aqui e ali [acolá]; por toda a parte; por todo o lado; de um lado para (o) outro. ★ [*Shinai o*] ~ *arukimawaru*「市内を」あちこち歩き回る Andar pela cidade toda. ~ *sagasu* あちこち捜す Procurar por toda a parte [em todos os cantos]. S/同 Achírá-kóchira.
achírá 彼方 **1**〔向こうの方〕Ali; lá; acolá. ~ *e dōzo* あちらへどうぞ (Vá) para acolá (, se faz favor). P:ことわざ *Kochira ga tatanu* あちらを立てればこちらが立たぬ É difícil contentar [agradar a] toda a gente. S/同 Atchí. ⇨ asókó. **2**〔あの人〕Aquele/a senhor/a. ~ *wa donata desu ka* あちらはどなたですか Quem é ~? **3**〔遠くにあるもの〕Aquele; aquilo. ~ *to kochira de wa dochira ga o-suki*

desu ka あちらとこちらではどちらがお好きですか De qual gosta mais: daquele ou deste? S/同 Aré. **4**〔外国〕O estrangeiro [exterior (B.)] (Ex.: ~ *kara kaetta bakari da* = Ele acabou (mesmo) de regressar do ~). S/同 Gaíkókú (+).
achírá-kóchira 彼方此方 ⇨ achí-kóchi.
adá¹ 仇 **1**〔敵〕**a)** O inimigo; o assassino; **b)** O país inimigo [invasor]; **c)** A vingança. ★ *Chichi no* ~ *o utsu* 父の仇を討つ Vingar a morte do pai (matando o assassino). ◇ ~ **uchi**, 仇討ち Katákí (+). A/反 Mikátá. **2**〔害悪〕O dano [estrago]; o mal; a hostilidade; o ódio. ★ *On o* ~ *de kaesu* 恩を仇で返す Pagar o bem com o mal. P:ことわざ *Gei ga mi no* ~ 芸が身の仇 (As vezes) uma arte estraga a vida das pessoas「por absorver demasiado」. ⇨ gái¹.
adá² 徒 **1**〔むだ〕【E.】O ser [ficar] inútil. *Sekkaku no kōi ga* ~ *ni natta* せっかくの好意が徒になった Toda a boa vontade foi debalde [em vão]. ◇ ~ **bana** 徒花 **a)** A flor estéril (Da cerejeira, e.); **b)** 「~ *bana ni owaru*」O dar tudo em águas de bacalhau; o não dar resultado. ◇ ⇨ ~ **(ya) orosoka**. P:かりそめ O que é vão [fugaz/efé[ê]mero/passageiro]. ◇ ~ **nasake** 徒情【E.】O amor pssageiro. S/同 Karísómé (+).
adá³ 婀娜【G.】O fascínio [A atra(c)ção sexual] da mulher. ~ *na sugata* あだな姿 Uma figura fascinante. ◇ adáppói; namáékáshíi.
adájio [adájio] アダジオ〔アダージォ〕(< It. adagio) 【Mús.】(O andamento) adágio [lento].
Ádamu アダム【Bí.】Adão. ⇨ Íbu¹.
adáná 綽名 A alcunha; o apodo; o apelido (B.). ★ ~ *o tsukeru* 綽名を付ける Pôr um/a ~. S/同 Hónmyō.
adáppói 婀娜っぽい (< adá³ + poi)【G.】「Mulher」fascinante [sexualmente atraente]. ⇨ iróppói; namáékáshíi.
adáputá アダプター (< Ing. adapter < L.) O adaptador; o ajustador; o ligador.
adá-úchi 仇討ち (< adá¹ + útsu) A vindi(c)ta; a vingança; a retaliação. S/同 Katákí-uchi.
adá (yá) óróshika 徒(や)疎か A brincar. ~ *ni dekinai* 徒(や)疎かにできない Isso não é para se tomar a brincar. ⇨ adá².
adénin アデニン (< Ing. adenine)【Quím.】A adenina ($C_5H_5N_5$).
adénoído アデノイド (< Al. adenoid)【Med.】Os adenóides.
adé-súgata 艶姿 A figura atraente [sensual].
adéyaka 艶やか O ser fascinante [encantador] (Em vários sentidos). ★ ~ *na* あでやかな「mulher」Fascinante.
adóbáisu アドバイス (< Ing. advice < L. ad + viso: "para visitar") O conselho. S/同 Chūkoku, jogén (+).
adóbáizā アドバイザー (< Ing. adviser) O conselheiro; o consultor. S/同 Jogénsha.
adóbántéji [éе] アドバンテージ【(D)es.】(< Ing. advantage) A vantagem. ⇨ jūsu²; rábu.
adóbárún [úu] アドバルーン (< Ing. advertising balloon) O balão publicitário (com anúncios dependurados).
adókénái あどけない Inocente; cândido; amoroso. ★ *Akanbō no* ~ *ne-gao* 赤ん坊のあどけない寝顔 O rosto inocente do bebé[ê] adormecido [a dormir (+)]. ⇨ kawáíráshíi; mújaki.

A

adórénáríń アドレナリン (< Al. adrenalin)【Anat.】 A adrenalina ($C_9H_{13}NO_3$).
ádoresu アドレス (< Ing. address) ⇨ jū́sho.
adórésú-chṓ アドレス帳 (< Ing. address < L. ad + directus: "que vai direito a") O livrinho de endereços/dire(c)ções. [S/同] Jū́shóroku.
adóríbú アドリブ (< L. ad libitum) A improvisação (Dizer「no palco」o que não vem no papel). [S/同] Sokkyṓ.
adyū́ [úu] アデュー (< Fr. adieu) ⇨ sayṓnárá.
aégí 喘ぎ (< aégu) O arquejo; o fôlego; o suspiro; a arfada. ⇨ ikí-gíré.
aégu 喘ぐ **1** [激しく呼吸する] Arfar; suspirar「por água, com o calor」. **2** [苦しむ] Gemer; sofrer; andar aflito. ★ *Seikatsu-ku ni* ～ 生活苦に喘ぐ Gemer sob o fardo (Sobretudo falta de dinheiro) da vida. [S/同] Kurúshímu (+).
aé-mono 和え物 (< aéru + …) Pratos de verduras ou peixe temperados com "miso", "su", "goma", etc.
aéń 亜鉛【Fís.】O zinco (Zn 30). ◇ ⇨ ～ **ban[biki/ka/mekki]**.
aénai 敢ない Triste; trágico. ★ ～ *saigo o togeru* あえない最期を遂げる Ter um fim (Morte) trágico (e efé[ê]mero). [S/同] Akkénái (o); hakánái (+). ⇨ morói.
aénaku 敢なく (Adv. de aénai) Tragicamente. ★ ～ *shippai suru* あえなく失敗する Fracassar miseravelmente (Sem lutar). [S/同] Akkénáku.
aéńbáń 亜鉛版 A zincogravura [zincografia].
aéń-bíkí 亜鉛引き (< … + hikú) A galvanização a zinco.
aéńká 亜鉛華 O óxido de zinco; o alvaiade de zinco. [S/同] Sańká-aen.
aéń-mékki 亜鉛めっき A galvanização; a zincagem. ★ ～ *o suru* 亜鉛めっきをする Galvanizar (com zinco).
aéru 和える Misturar (peixe ou legumes) com molho ou "miso", mostarda, vinagre, sésamo, etc. ⇨ aé-mono; mazé-áwásérú.
áete 敢て Aceitando o risco「desafiei-o」; atrevidamente. ★ ～ *hantai wa shinai* あえて反対はしない Não tenho intenção de me opor [nenhuma obje(c)ção especial]. ～ *kiken o okasu* あえて危険を冒す Desafiar o perigo; ter a coragem de enfrentar o perigo. ⇨ múri; shíite; wázawaza.
Afúgánísutan アフガニスタン O Afeganistão. ◇ ～ **jin** アフガニスタン人 A/O afegã/ão [afegane].
afúrékó アフレコ (< Ing. after recording) A sonorização [dobragem].
afúréru 溢れる **1** [液体がこぼれる] Transbordar; extravasar. *Tomedo naku namida ga* ～ とめどなく涙があふれる Desfazer-se [Ficar debulhado] em lágrimas. **2** [非常にたくさんある] Ter em abundância; estar cheio. *Genki* ～ 元気あふれる Estar cheio de [Vender] saúde. ★ *Miryoku* ～ *jinbutsu* 魅力あふれる人物 Uma pessoa muito atraente [com muito atra(c)tivo]. ⇨ kobóréru[1].
Afúríká アフリカ A África. ◇ ～ **tairiku** アフリカ大陸 O continente africano.
afútákéa アフターケア (< Ing. aftercare) Os vários cuidados (Trato, orientação) com os convalescentes. ⇨ hoyṓ; ryṓyṓ[1].
afútánū́n [úu] アフタヌーン (< Ing. afternoon) A tarde. ◇ ～ **doresu** アフタヌーンドレス O trajo formal de dia.
afútā́sā́bisu [sáa] アフターサービス (< Ing. after-sale service) (O serviço de) assistência [manutenção] técnica.
agákí 足掻き (< agáku) **a)** O「cavalo」escarvar o chão (com as patas); **b)** O debater-se「em vão」. *Shikin-busoku de* ～ *ga torenai* 資金不足であがきが取れない Estar enterrado [com a corda ao pescoço] por falta de capital. ◇ ⇨ **waru-～**.
agáku 足掻く (< ashí[1] + káku) **1** [馬が]「cavalo」Escarvar a terra. **2** [もがく] Estrebuchar [Debater-se]. *Agakeba* ～ *hodo kurushii tachiba ni naru* あがけばあがくほど苦しい立場になる Quanto mais estrebucha, pior; quanto mais estrebuchar, mais se enterra. [S/同] Mogáku. ⇨ jítabata.
agáméru 崇める **1** [崇拝する] Adorar. ★ *Taiyō o kami to* ～ 太陽を神と崇める ～ o sol. [S/同] Sū́hái súrú (+). ⇨ reíhái[1]. **2** [尊敬する] Respeitar. [S/同] Sońkéí súrú; uyámáu (+). **3** [賛美する] Louvar; exaltar; glorificar. [S/同] Sánbi suru. ⇨ homéru.
agánái 贖い (< agánáu) A compensação; a expiação; o resgate; a redenção. ★ *Tsumi no* ～ 罪の贖い A expiação dos pecados. [S/同] Tsugúnáí; tsumíhóroboshi. ⇨ shokúzáí; sukúí[1].
agánáu[1] 贖う Remir; expiar; resgatar. *Shi o motte tsumi o* ～ 死をもって罪を贖う Expiar um crime com a própria vida. [S/同] Tsugúnáu (+).
agánáu[2] 購う Comprar; adquirir por dinheiro. [S/同] Kaú (o); kṓnyū́ súrú (+).
ágapē アガペー (< Gr. agape) O amor benevolente.
agárí[1] 上がり (< agárú) **1** [上に行くこと] A subida (De uma encosta, escadas, …). [A/反] Sagari. ⇨ nobórí. **2** [仕上げ] O acabamento [remate/retoque]. *Iro no* ～ *ga yoi* 色の上がりが良い O acabamento das cores é bom [perfeito]. [S/同] Shi-ágárí; shiágé. ⇨ dekí-ágárí. **3** [終わり] O fim (de um trabalho); a meta. *Kyō wa mō* ～ *ni shiyō* 今日はもう上がりにしよう Por hoje vamos terminar. [S/同] Owárí (+). **4** [収益] O rendimento. ★ ～ *no ōi shigoto* 上がりの多い仕事 Uma a(c)tividade muito rentável. *Shōbai no* ～ 商売の上がり ～ do(s) negócio(s). [S/同] Agárí-daka. **5** [蚕の上蔟] A colheita.
-ágari[2] 上がり (< agárú) **1** [間がない] Que acaba de sair de. ★ *Ame* ～ *no michi* 雨上がりの道 O(s) caminho(s) (O seu estado ou aspecto) depois da chuva. ◇ **Yami** ～ 病み上がり **a)** (O estar em) convalescença; **b)** O convalescente. **2** [出身] Ex-; antigo. ◇ **Gunjin** ～ 軍人上がり O ex-militar.
agárí-daka 上がり高 (< … [1]**4** + taká) O rendimento. ★ *Mise no* ～ 店の上がり高 ～ da loja.
agárí-gúchí 上がり口 (< … + kuchí) **1** [入り口] A (porta de) entrada (geralmente com degraus). [S/同] Irí-gúchí. **2** [階段ののぼり口] O fundo (Começo) da escada. [S/同] Agárí-kúchí.
agárí-kómu 上がり込む (< agárú + …) Entrar numa casa (sem pedir licença).
agárí-kúchí 上がり口 ⇨ agárí-gúchí.
agárí-mé 上がり目 **1** [目の] Os olhos oblíquos (Ligeiramente a subir dos lados). [A/反] Sagárí-mé. **2** [上昇時] A tendência para subir. [A/反] Sagárí-mé. ⇨ -me[2] **2**.
agárí-ori 上がり降り O subir e descer「as escadas」. [S/同] Nobórí-ori (+).
agárí-ságárí 上がり下がり **a)** A subida e a descida「da tensão [pressão] arterial」; **b)** A flutuação; os

altos e baixos. ★ ～ *no hageshii meigara* 上がり下がりの激しい銘柄 Valores (do mercado) de flutuação violenta. ～ *suru* 上がり下がりする Subir e descer. [S/同] Jṓge.

agárí-yu 上がり湯 A água quente, limpa, que se deita no corpo depois de sair do "fúro". [S/同] Oká-yú.

agárú[1] 上[挙・揚]がる (⇨ agérú) **1** [上昇する] Subir「a febre; o sol; as labaredas; a popularidade」. *Maku ga* ～ 幕が上がる Sobe o pano. [S/同] Jṓshṓ súrú; nobórú. [A/反] Sagáru.
2 [登る] Subir; trepar. ★ *Danjō ni* ～ 壇上に上がる Subir ao estrado. *Kaidan o* ～ 階段を上がる Subir as escadas. [S/同] Nobórú. [A/反] Oríru.
3 [騰貴する] Subir; aumentar. *Unchin ga* ～ 運賃が上がる Os transportes vão subir. [S/同] Kṓtṓ súrú; tṓki suru. [A/反] Sagáru.
4 [昇級する] Subir (de grau). ★ *Chii ga* ～ 地位が上がる Subir de posto; ser promovido. *Kyūryō ga* ～ 給料が上がる Ter um aumento de salário. [S/同] Shṓkyū súrú. [A/反] Ochíru; sagáru.
5 [進歩する] Progredir; melhorar. *Kimi no karate no ude wa kanari agatta ne* 君の空手の腕はかなり上がったね Fizeste bastantes progressos no karate! ★ *Fūsai ga* ～ 風采が上がる Estar [Ficar] com melhor aspecto/aparência. [S/同] Shínpo suru. [A/反] Sagáru.
6 [水から] Desembarcar; sair em terra. ⇨ jṓríkú súrú. **7** [終わる] Parar. *Ame ga agatta* 雨が上がった A chuva parou. [S/同] Yamú (+). **8** [完成する; 仕上がる] Terminar; completar. *Shigoto wa asu agarimasu* 仕事は明日上がります O trabalho estará terminado [ficará pronto] amanhã. [S/同] Kańséí súrú; shiágáru. **9** [生じる] Surgir; haver. ★ *Gimon no koe ga agatta* 疑問の声が挙がった Surgiram várias dúvidas. *Kōka ga* ～ 効果が挙がる Dar (bom) resultado. *Rieki ga* ～ 利益が上がる Dar lucro. [S/同] Shṓjírú. **10** [死ぬ] Morrer (Peixe ou planta); parar. [S/同] Shinú (+). **11** [だめになる (商売が)] Arruinar-se (nos negócios); falir. ⇨ agáttári. **12** [入る] Entrar (Numa casa; termo cortês); subir. ★ *Dōzo o-agari kudasai* (⇨ **4**) どうぞお上がり下さい Faz favor de subir [entrar]. *Shō-gakkō ni* ～ 小学校に上がる Entrar [Matricular-se] no (Curso) Primário [na Instrução Primária]. [S/同] Háiru (+). **13** [訪問する] Visitar [Ir a casa de] alguém. *Kon'ya o-taku ni agarimasu* 今夜お宅に上がります Hoje à noite vou fazer-lhe uma visita. [S/同] Hṓmóń súrú. ⇨ ukágáú[1]. **14** [飲食する] Comer (Cor.). *Dōzo o-agari kudasai* どうぞお上がり下さい Coma, faça favor; sirva-se, por favor; faz favor (de começar a comer). [S/同] Meshí-ágárú (+). **15** [足りる] Sair. *Omotta yori yasuku agatta* 思ったより安く上がった Saiu mais barato do que (eu) pensava. **16** [発見・逮捕される] Aparecer. *Shōko ga agatte iru* 証拠が挙がっている Há provas「do crime」. *Suishitai ga agatta* 水死体があがった Apareceu o cadáver do afogado. ⇨ hakkéń[1]. **17** [興奮する] Ficar nervoso; perder a calma. ⇨ kṓfúń[1] súrú. **18** [蚕が] Começar a fazer o casulo (o bicho-da-seda). **19** [出る] Sair (da água). ★ *Furo* [*Pūru*] *kara* ～ 風呂 [プール] から上がる Sair do banho [da piscina]. [S/同] Déru. **20** [油で] Fritar. *Kono abura o tsukau to sakana ga umaku* ～ この油を使うと魚がうまく揚がる Com este óleo [azeite] o peixe frita bem.

-agárú[2] 上がる **1** [終わる] Acabar; terminar; concluir. ★ *Sakubun ga kaki* ～ 作文が書き上がる Concluir uma composição literária. **2** [ある動作・状態が極点に達する] ★ *Furue* ～ 震え上がる Tremer como varas verdes.

agáttári 上がったり【G.】Arruinado; perdido; que está pelas ruas da amargura; lixado (G.). *Fu-keiki de shōbai ga* ～ *da* 不景気で商売が上がったりだ Com esta depressão (econó[ô]mica), adeus negócio/Os negócios vão (todos) à ruína com a depressão. ⇨ o-té-ágé.

agé[1] 揚げ (< abúrá-age) O "tōfu" frito.

agé[2] 上げ (< agérú) A bainha [dobra]「do quimono」. ★ ～ *o suru* 上げをする Fazer ～. [S/同] Nuí-ágé.

agé-áshí 揚げ足 (< agérú + …) **a**) A perna (do adversário) no ar,「no "jūdō"」; **b**) O lapso verbal. ★ ～ *o toru* 揚げ足を取る Pegar pela palavra〔*Ano hito wa sugu hito no* ～ *o toru kara kirai da* あの人はすぐ人の揚げ足を取るから嫌いだ Não gosto dele, porque só vê defeitos no que a gente diz [os outros dizem]〕.

agé-bútá 上げ蓋 (< agérú + futá) O alçapão; a escotilha.

agé-do 揚げ戸 (< agérú **4** + to) A portada de subir [correr].

agé-dṓfu [óo] 揚豆腐 ⇨ namá-ágé.

agéhá(-chō) 揚羽 (蝶)【Zool.】O papílio (Borboleta grande e de lindas cores).

agé-híbari 揚雲雀 Uma espécie de cotovia [gralha] que voa muito alto.

agékú 挙句 **1** [連歌の] O último verso (Linha) da "renga". [A/反] Hokkú. **2** [終わり] O fim. ★ ～ *no hate* (*ni*) 挙句の果て (に) No fim de contas; ao fim e ao cabo. [S/同] Haté; sué (+); owárí.

agé-mákú 揚げ幕 O pano de boca de "haná-michi" no palco do teatro nô ou kabuki.

agé-mónó 揚げ物 (< agérú + …) Os fritos; a fritura.

agé-nábé 揚げ鍋 (< agérú + …) A frigideira (Utensílio para frigir, mais fundo que a sertã e menos que a panela). ⇨ furáípáń.

agé-óróshí 上げ下ろし [揚げ卸し] (< agérú + orósu) **a**) O levantar e baixar「os pauzinhos」. [I/慣用] *Háshi no* ～ 箸の上げ下ろし A ninharia [niquice/insignificância] (Ex.: *Háshi no* ～ *ni mo yakamashii hito da* = Ele é muito niquento [picuínhas]). **b**) O carregar e descarregar「cami(nh)ão」. ★ ～ *suru* 上げ下ろしする Carregar e descarregar.

agérú 上 [揚・挙] げる (⇨ agárú) **1** [与える] Dar; oferecer. *Kono hon wa kimi ni* ～ *yo* この本は君に上げるよ Dou-te este livro. ★ *Tada de* ～ ただで上げる Dar (de graça).
2 [してやる] (Usado depois da forma "-te/-de" de outros verbos, significa a a(c)ção desses verbos feita a outra pessoa). *Kono hon o kashite* ～ この本を貸して上げる Empresto-lhe [-te] este livro. [A/反] Moráú.
3 [終える] Acabar de「fazer」. *Watashi wa go-fun de shigoto o ageta* 私は5分で仕事を上げた Terminei [Fiz/Acabei] o trabalho em 5 minutos. [S/同] Oérú.
4 [上へやる] Levantar. *Fune ga ikari o agete shukkō shita* 船が錨を上げて出航した O navio levantou âncora e saiu do porto. *Te o agero* 手を上げろ Mãos ao ar! ★ *Kao o* ～ 顔を上げる Erguer o rosto; levantar a cabeça. *Te o* ～ 手を上[挙]げる **a**) Levantar a mão; **b**) Render-se. [A/反] Orósu.

5 [増す；大きくする] Subir; aumentar. ★ *Kyūryō o agete morau* 給料を上げてもらう Receber aumento de salário. *Supído o ~* スピードを上げる Dar [Aumentar a] velocidade. Ⓢ周 Masú. Ⓐ反 Sagerú.
6 [昇給させる] Promover. ★ *Chii o ~* 地位を上げる Subir 「alguém」 de posto. Ⓐ反 Otósu; sagerú. ⇨ shōkyū².
7 [よくする] Melhorar「como」; progredir. ★ *Otoko o ~* 男を上げる Ganhar nova [mais/muita] reputação. *Ude o ~* 腕を上げる Fazer progressos 「na culinária」. Ⓢ周 Yóku suru. Ⓐ反 Otósu; sagerú.
8 [示す] Dizer; dar; citar; apresentar. *Rei o ikutsu ka agete miyō* 例をいくつか挙げて見よう Vou dar alguns exemplos. ★ *Riyū o ~* 理由を挙げる Dizer o motivo; explicar (todas) as razões. *Shōko o ~* 証拠を挙げる Apresentar provas. Ⓢ周 Shimésu.
9 [得る] Ter; dar; conseguir. *Kenkyū no seika o ~* 研究の成果を上げる Ter êxito nos estudos. Ⓢ周 Éru.
10 [招じ入れる] Convidar a entrar. ★ *Kyaku o heya e ~* 客を部屋へ上げる Convidar as visitas para (dentro d) a sala. Ⓢ周 Irerú. ⇨ manéku. **11** [入れる] Meter. *Kodomo no daigaku ni ~* 子供を大学に上げる Meter o filho na universidade. Ⓢ周 Irerú.
12 [陸揚げする] Pôr em terra. ★ *Funani o ~* 船荷を揚げる Descarregar o barco. Ⓢ周 Rikuágé súrú. Ⓐ反 Orósu. **13** [済ます] Fazer; ter como limite. *Shokuji wa hitori sanzen-en de agete kudasai* 食事は一人三千円で上げて下さい Que o preço da refeição não passe de três mil yens por pessoa. Ⓢ周 Sumásu. **14** [ほめる] Louvar; elogiar. ★ *Hito o agetari sagetari suru* 人を上げたり下げたりする Ora elogiar ora falar mal dos outros. Ⓢ周 Homéru (+). Ⓐ反 Kenású; sagerú. **15** [検挙する] Prender. *Keisatsu wa yatto hannin o ageta* 警察はやっと犯人を挙げた Finalmente a polícia prendeu o criminoso. Ⓢ周 Kénkyo suru; toraéru; tsukámáérú. **16** [残らず注ぐ] Usar tudo. ★ *Zenryoku o agete tatakau* 全力を挙げて戦う Lutar com toda a força. **17** [発する] Emitir. ★ *Hantai [Kutsū] no koe o ~* 反対 [苦痛] の声を上げる Protestar [Gritar de dor]. Ⓢ周 Hassúrú. Ⓐ反 Osáéru. **18** [挙式する] Fazer. *Raigetsu shiki o ~ tsumori desu* 来月式を挙げるつもりです Penso fazer a cerimó[ô]nia 「do casamento」 no mês que vem. ⇨ kyoshíkí súrú. **19** [子をもうける] Ter filhos. *Oba wa kekkon shite ichi-nan ni-jo ageta* 伯母は結婚して１男２女をあげた Minha tia casou e teve um filho e duas filhas. Ⓢ周 Môkéru (+); sazúkáru. **20** [吐く] Vomitar. Ⓢ周 Háku. **21** [油で] Fritar. ★ *Yasai o abura de ~* 野菜を油で揚げる Fritar os legumes (com azeite 「óleo」). ⇨ furái¹. **22** [芸者を] ★ *Geisha o ~* 芸者を上げる Chamar [Contratar] gueixas. **23** [供える] Pôr; colocar. Ⓢ周 Sonaéru.

agé-sage 上げ下げ (< agerú + sagerú) **a)** O levantar e baixar 「a persiana/os braços」; **b)** A flutuação 「dos preços/da Bolsa」; **c)** O elogiar e censurar ao mesmo tempo. ★ *~ suru* 上げ下げする **a)** Levantar e baixar; **b)** Flutuar; **c)** Elogiar e censurar ao mesmo tempo. Ⓢ周 Agé-óróshí.

agé-shió 上げ潮 (< agerú + …) **a)** A maré (de) enchente [montante]; **b)** [Fig.] A maré; a oportunidade. ★ *~ ni noru* 上げ潮に乗る **a)** Ir com a maré (O barco); **b)** Aproveitar a maré [oportunidade] (As pessoas). Ⓐ反 Hiki-shió; sagé-shió. ⇨ manchō; michíshíó.

agété 挙げて (< agerú) Todo; inteiro; inteiramente. ★ *Ikka o ~ Burajiru e ijū suru* 一家を挙げてブラジルへ移住する Emigrar com toda a família para o Brasil. ⇨ Kozótte.

agétsúráu あげつらう Só falar; murmurar; queixar-se「da política do sindicato mas [e] não fazer nada」. ★ *Hito no ketten no iroiro to ~* 人の欠点をいろいろとあげつらう Só (saber) falar mal dos outros 「Murmurar dos defeitos alheios」. ⇨ gíron.

agé-zóko 上げ底 (< agerú + sokó) O fundo alteado [levantado] 「de uma caixa, para parecer que tem mais conteúdo do que tem」.

agézú 上げず (< Neg. de "agerú" **3**) Sem passar 「1 dia」. *Ano otoko wa mikka ni ~ kono mise ni yatte kuru* あの男は三日に上げずこの店にやって来る Ele, cada dois dias, o máximo três, aparece aqui na 「minha」loja.

agó 顎・頤 O queixo; as maxilas; a queixada 「de cavalo」; a(s) mandíbula(s). ★ *~ o hiku [tsukidasu]* 顎を引く [突き出す] Baixar [Levantar] o queixo. Ⓘ慣用 *~ de hito o tsukau* 顎で人を使う Trazer os outros a toque de caixa; ser mandão. *~ ga hiagaru* 顎が干上がる Estar a morrer à fome [Não ter que comer]. *~ o dasu* 顎を出す Ficar exausto [esgotado] 「com a corrida」. *~ no prego* (B.). *~ o naderu* 顎を撫でる Esfregar as mãos de contente (Lit. Afagar o queixo). ◇ *~ ate* 顎あて A mentoeira (para apoiar o violino). *~ himo* 顎紐 O francalete. **Nijū** *~* 二重顎 O queixo duplo. **Shita [Uwa]** *~* 下 [上] 顎 A maxila inferior [superior].

agó-hige 顎鬚 A pêra [barbicha] (Aparada em ponta); o cavanhaque.

-agúmu 倦む Estar cansado [saturado; farto]「de」; não saber que fazer. ★ *Kangae [Machi] ~* 考え [待ち] あぐむ Estar farto de pensar [esperar]. *Seme ~* 攻めあぐむ Não saber como atacar. ⇨ akíru; moté-ámásu.

agúnéru 倦ねる ⇨ -agúmu.

agúrá 胡坐・趺坐 Uma maneira de se sentar no chão com as pernas cruzadas. ★ *~ o kaku* 胡坐をかく Sentar-se no chão com as pernas cruzadas. *Kako no meisei no ue ni ~ o kaku* 過去の名声の上にあぐらをかく Contentar-se com os louros obtidos.

agúrá-bánà 胡坐鼻 (< … + haná) Nariz achatado.

agúreman アグレマン (< Fr. agrémen) O acórdão. ★ *~ o ataeru [motomeru]* アグレマンを与える [求める] Dar [Solicitar/Pedir] o ~.

ahén 阿片 O ópio (Também em sentido figurado). ★ *~ o suu* 阿片を吸う Fumar ópio. ◇ *~ chūdoku* 阿片中毒 O vício do ~; a opiomania [opiofagia]. *~ sensō* 阿片戦争 A guerra do ~ (1839〜1842, entre a Grã-Bretanha e a China). ⇨ mayákú; morúhíne.

ahírú 家鴨【Zool.】O pato (doméstico; *anas domesticus*. *~ ga gāgā naite iru* アヒルががあがあ鳴いている O pato está a grasnar: cuá, cuá. ⇨ gachó.

ahísán 亜砒酸【Quím.】O ácido arsé[ê]nico [arsenioso]; o arsé[ê]nio.

ahō 阿呆【G.】O tonto [tolo/maluco]; a estupidez. ◇ *~ rashii*. Ⓢ周 Báka (+).

ahō-dori 信天翁 (< … + tori) 【Zool.】O albatroz.

ahó-ráshíi 阿呆らしい【G.】Mesmo estúpido; 「proje(c)to」absurdo.
　S/同 Baká-ráshíí (+). ⇨ ahó.

ái¹ 愛 O amor. ★ ~ *no kesshō* 愛の結晶 O fruto do ~ 「O filho」. ~ *no kokuhaku* 愛の告白 A declaração de amor. ~ *no megami* 愛の女神 A deusa do ~; Vé(ê)nus; Afrodite (⇨ Kyúpiddo). ~ *no te o sashi-noberu* 愛の手を差し延べる Ajudar [Dar a mão a] alguém. ~ *o eru [ushinau]* 愛を得る [失う] Ganhar [Perder] o「de alguém」. ~ *o kachi-toru* 愛を勝ち取る Conquistar o「de alguém」. ~ *o sasageru* 愛を捧げる Amar; dar o coração. ~ *o sasayaku* 愛をささやく Dizer palavrinhas [palavras] de ~. ~ *o uke-ireru* 愛を受け入れる Aceitar o ~ 「de alguém」. ~ *suru* 愛する Amar. *Oya [Kyōdai; Fūfu] no ~* 親[兄弟；夫婦]愛 ~ dos pais [irmãos/esposos]. *Sokoku [Jiyū] e no ~* 祖国[自由] への愛 O ~ da Pátria [liberdade].
　S/同 Aíjó. ⇨ ikei¹; megúmí; násake.

ái² 藍 **1**【植物】A anileira. **2**【染料】O anil [índigo]. ◇ ~ *iro* 藍色 Cor de ~.

ái³- 相 (Pref. que significa "juntos", "mutuamente"). ★ ~ *han suru [Ai-irenai]* 相反する [相容れない] Ser contraditório; opor-se mutuamente; ser「duas pessoas」incompatíveis. ◇ ~ **nori** [**seki**].

aiái 靄々【E.】**a)**「erva」Verdejante; **b)**「pessoas」Em harmonia perfeita. ◇ **Waki** ~ 和気靄々 As pessoas estarem em ~.

ai-ái-gása 相合傘【G.】O irem os dois (Ele e ela) debaixo do mesmo guarda-chuva. ★ ~ *de aruku* 相合傘で歩く Ir juntinhos debaixo do mesmo guarda-chuva.

aián (**kúrabu**) アイアン(クラブ) (< Ing. iron club) O taco de ferro (de golfe). A/反 Úddo (kurabu).

aíba 愛馬 O cavalo de estimação [luxo].
　⇨ aígáo²; aíkén; umá¹.

aíbánku アイバンク (< Ing. eye bank) O banco de olhos (De córneas). S/同 Kakúmákú¹.

ai-béya 相部屋 (< ... ³ + heyá) O quarto comum 「para 5」. ★ ~ *ni naru* 相部屋になる Ficar num ~.
　⇨ ai-kyákú; ai-séki¹.

aibíkí 逢引・媾曳 (< áu + hikú) O encontro secreto de amantes. ★ ~ *no yakusoku o suru* 逢引の約束をする Marcar um encontro secreto. ~ *suru* 逢引する Encontrar-se secretamente com o[a] amante.
　S/同 Déto (+); mikkái; óse; rándébó; shinóbí-áí.

ai-bíkí 合挽き (< awaséru + hikú) A carne de vaca e de porco moídas juntas.

aibímu [i] アイビーム【Arqui.】A viga de ferro em (forma de) I (i); a viga duplo tê.

áibo 愛慕 O amor terno [cheio de ternura].
　⇨ aí súru; shitáí.

aibó 相棒 **a)** Cada um dos carregadores da liteira japonesa [A.]; **b)** O parceiro. ★ *Akuji no ~ ni naru* 悪事の相棒になる Tornar-se cúmplice (Parceiro para o mal). *Ii ~ ni meguri-au* いい相棒に巡り合う Encontrar um bom parceiro 「de negócio」.
　⇨ aíté **1**.

áiborī アイボリー (< Ing. ivory) A cor de marfim (Branco-creme). S/同 Zógé-iro.

aibu 愛撫 A carícia. ★ ~ *suru* 愛撫する Acariciar [Fazer carícias]. ⇨ aíbó.

aicháku 愛着 O apego [afe(c)to profundo]. ★ ~ *o motsu* 愛着を持つ Ter apego 「ao passado」.

aíchō¹ 哀調 A melodia [O tom] triste.

aíchō² 愛鳥 **a)** A ave de estimação; **b)** O amor às aves. ◇ ~ **shūkan** 愛鳥週間 A semana das aves (Para consciencialização [conscientização] dos cidadãos).

aidá 間 **1**【距離】A distância (entre dois pontos). *San-mētoru zutsu ~ o oite ki ga uerareta* 3 メートルずつ間を置いて木が植えられた As árvores foram plantadas a três metros de distância umas das outras. *Gyō to gyō to no ~ o akeru [tsumeru]* 行と行との間を空ける[詰める] Escrever espaçado [apertado]; deixar muito [pouco] espaço entre as linhas. S/同 Hedátárí; kańkákú; kyóri.

2 [時間・期間] O (período de) tempo. *Shibaraku no ~ o-machi kudasai* しばらくの間お待ち下さい Faz (em) favor de esperar um momento. ★ ~ *o oite* 間を置いて Esperando um pouco. *Hon no chotto no ~* ほんのちょっとの間 Um minutinho. *Mukō jū-nen no ~ ni* 向こう10年の間に Nos [Durante os] próximos 10 anos. *San-ji kara yo-ji made no ~* 3時から4時までの間 Entre as três e as quatro (horas). *Yoru no ~ ni* 夜の間に De [Durante a] noite. ⇨ jikań¹; kíkań¹.

3 [途中・中間] Entre; o meio [de]. ~ *o totte hyaku-en ni shiyō* 間をとって100円にしよう Cortamos ao meio e fica por 100 yens. *Watashi ga ~ ni haitte maruku osameta* 私が間に入って丸く収めた Eu entrei de permeio e eles chegaram a um (certo) acordo. ★ ~ *ni tatsu* 間に立つ **a)** Pôr-se de permeio; **b)** Servir de intermediário. *Pan no ~ ni hamu o hasamu* パンの間にハムを挟む Fazer uma sande (suí(ch)e) de presunto. *Seishi no ~ o samayou* 生死の間をさまよう Estar entre a vida e a morte (Em perigo de vida). S/同 Aímá; chūkań; tochū.

4 [中・うち] Entre. *Kono fūfu no ~ ni wa kodomo ga inai* この夫婦の間には子供がいない Este casal não tem filhos. *San-goku no ~ ni kyōtei ga musubareta* 三国の間に協定が結ばれた Foi assinado um acordo entre os três países. *Gakusei no ~ de ryūkō shite iru asobi* 学生の間で流行している遊び Um jogo em [que está na] moda entre os estudantes.

5 [間柄] As relações. *Kimi to boku no ~ ja nai ka* 君と僕の間じゃないか Então não [para que] somos amigos?! S/同 Aída-gárá (+); kańkéí (+); náka (+).

aidá-gárá 間柄 As relações. *Ano hito to wa donna [dō iu] ~ desu ka* あの人とはどんな[どういう]間柄ですか Que ~ tem você com ela? *Oyako [Kyōdai; Fūfu] no ~ de aru* 親子[兄弟；夫婦]の間柄である Ser pai(s) e filho [Ser irmãos; Ser marido e mulher]. *Tōri ippen no ~* とおり一ぺんの間柄 Um relacionamento passageiro [de quem se conhece só de vista]. S/同 Aídá; kańkéí (+).

áidea アイデア (< Ing. < L. idea) A ideia. ★ *Yoi [Guddo] ~ ga ukabu* 良い[グッド]アイデアが浮かぶ Ter uma boa ideia. ◇ ~ **shōhin** アイデア商品 Um produto novo [original/interessante].
　S/同 Chakúsō¹; kańgáe (+); omóítsúkí.

ai-déshí 相弟子 O ser condiscípulos (alunos do mesmo mestre).
　S/同 Dōmon¹ (+); kyōdai deshi. ⇨ dōkyū-sei.

aidóku 愛読 A leitura preferida. ★ ~ *suru* 愛読する Ler com gosto; gostar de ler. *Watashi wa Kamon'isu no ~ shite imasu* 私はカモンイスを愛読しています Sou um entusiasta de [Gosto muito de ler/Leio muito] Camões. ◇ ~ **shi** 愛読誌 [紙] A「minha」revista [O meu jornal] preferida[o]. ~ **sho** 愛読書

O livro predile(c)to. ⇨ kôdókú¹; yómu¹.

aidóku-sha 愛読者 O leitor assíduo [entusiasta]「de Miguel Torga」.

áidoru アイドル (< Ing. idol < Gr. eidolon: imagem) O ídolo. ⇨ gúzō; ninkí¹.

Aí-émú-éfu アイ・エム・エフ [IMF] (< Abrev. do Ing. International Monetary Fund) O Fundo Monetário Internacional; o FMI. (S/同) Kokúsái tsūkâ kíkin.

ai-én-ká 愛煙家 Um grande fumador [fumante (B.)]; amigo do tabaco. ⇨ kitsúén; tabákó.

Ai-érú-ô (óo) アイ・エル・オー [ILO] (< Abrev. do Ing. International Labor Organization) A Organização Internacional do Trabalho; a OIT. (S/同) Kokúsái rôdó kénshó.

ai-fúdá 合札 O talão duplo; a senha e a contra-senha. ★ *Nimotsu ni ~ o tsukeru* 荷物に合札を付ける Pôr o talão na bagagem. (S/同) Tággu. ⇨ ní-fuda.

ai-fúkú 間[合]服 (aidá 3 + …) A roupa de meia-estação. (S/同) Aí-gí.

aigámó 間[合]鴨 **1** [アヒルとカモの交雑種] [Zool.] Um pato, cruzamento do selvagem com o doméstico. **2** [アヒルの肉] A carne de pato. ⇨ ahírú; kámo.

aigán¹ 哀願 A súplica; o rogo. ★ *~ suru* 哀願する Suplicar; implorar. 「*~ suru yō na me* 哀願するような目 Os olhos súplices [suplicantes].」 (S/同) Aikyū; áiso²; tangán³. ⇨ negái; tánomi.

aigán² 愛玩 A estimação. ★ *~ suru* 愛玩する **a)** Ter「um gato」para fazer companhia; **b)** Tratar com carinho. ◇ *~ dōbutsu* 愛玩動物 O animal de ~. 「*~butsu* [sha].」

aigán-butsu 愛玩物 Um obje(c)to [Obje(c)tos] de grande estimação.

aigán-sha 愛玩者 A pessoa que tem grande estimação「por alguma coisa」.

ai-gí 間[合]着 (< aidá 3 + kirú) **1** [下着と上着の間に切る衣服] As camisas e pulôveres. **2** [⇨ aí-fúkú]

áigo 愛護 A prote(c)ção. ◇ *Dōbutsu ~ kyōkai* 動物愛護協会 A Sociedade Prote(c)tora dos Animais. ⇨ hógo¹; mamóri.

ai-hán 合判 **1** [⇨ aí-ín² 1] **2** [連帯責任を示すしの印] As assinaturas conjuntas. (S/同) Reñpán.

ai-hañsúru 相反する ⇨ ái³.

ai-íkú 愛育 O desvelo; o criar「os filhos」com muito carinho. ⇨ sodátéru.

ai-íñ¹ 愛飲 O gostar de beber. ★ *~ suru* 愛飲する Gostar「Ter o costume」[de tomar (o seu) café」.

ai-íñ² 合印 **1** [書類を照合したしるしに押す印] O "visto". (S/同) Aí-hán. **2** [2 枚以上の書類が次の紙へ移る時目じとに双方の紙のはしに押す印] A contra-senha.

ai-irénái 相容れない (< ai-³ + Neg. de irérú³) O ser incompatível [não combinar]. *Kare-ra no shuchō wa tagai ni ~* 彼らの主張は互いに相容れない As ideias advogadas [defendidas] por eles são contraditórias (, um dos dois tem de estar errado). (S/同) Ái-hañsúru.

ai-író 藍色 ⇨ aí² ◇.

áiji 愛児 O filhinho querido. (S/同) Chôji; hizókkó; itóshí-go. ⇨ kodomo.

aijíñ 愛人 **1** [恋人] O [A] namorado[a]; os namorados. (S/同) Koí-bító (+). **2** [情人] Os amigados [amantes]. ★ *~ o tsukuru* 愛人を作る Arranjar um/a amante. (S/同) Jôjín. ⇨ jófu.

ai-jirushi 合印 (< aí-¹ + shirúshí) **1** [味方であることを示す目印] A contra-senha. **2** [区別をするために付ける目印・記号] A marca para distinguir algo. **3** [⇨ aí-íñ²]

aijō¹ 愛情 **1** [あたたかい心] O afe(c)to; a afeição; a ternura. ★ *Haha no ~* 母の愛情 ~ de mãe. (S/同) Ái¹; jôái. **2** [恋い慕う心] O amor por alguém do outro sexo. (S/同) Ái¹; bojō; Koí-gókoro.

aijō² 愛嬢 A filha predile(c)ta. (S/同) Manámúsume; reíjó. ⇨ Aísóku.

áika 哀歌 【E.】 **a)** A elegia (Poesia); **b)** A canção triste [plangente/de lamentação]. (S/同) Báñka; éreji³; híka.

ai-kági 合鍵 Outra chave (Cópia). ★ *~ de doa o akeru* 合鍵でドアを開ける Abrir a porta com ~ [uma chave duplicada]. ⇨ masútá-kí.

aikán¹ 哀感 Um sentimento indefinido de tristeza. ★ *~ no komotta utagoe* 哀感のこもった歌声 O canto melancólico. ⇨ hiái.

aikán² 哀歓 As alegrias e tristezas. *Jinsei no ~* 人生の哀歓 ~ da vida. (S/同) Híki.

ai-káwárazu 相変わらず (< ai-³ + Neg. de kawárú) Como sempre; como de costume. *~ genki ni sugoshite imasu* 相変わらず元気に過ごしています Estou bem de saúde, ~. *Kotoshi mo ~ yoroshiku o-hikitate kudasai* 今年も相変わらずよろしくお引き立て下さい Esperamos que este ano também nos dêem o prazer de os ter como clientes. (S/同) Itsúmó-dóri.

aikén 愛犬 O cão de estimação [luxo]. ⇨ inú.

aikén-ká 愛犬家 Um amigo de cães.

aikídō 合気道 O aikidō (Uma das artes marciais – "bújutsu" – do Japão derivada, como o "jūdō", do antigo "jújútsú", e cuja principal cara(c)terística é usar as articulações do adversário para o dominar).

aíko¹ 愛顧 A clientela. *Maido go- ~ o tamawari o-rei mōshiagemasu* 毎度ご愛顧を賜り御礼申し上げます Agradecemos o pertencer à nossa ~ [Honranos muito o tê-lo como nosso cliente]. (S/同) Híki (o); hikítáté (+).

aíko² 相子 【G.】 **a)** O empate; **b)** O ficar quites 「amigos」. *Sā kore de kimi to boku wa ~ da [ni shiyō]* さあこれで君と僕はあいこだ[にしよう] Bem, com isto, estamos quites. *Janken-pon, ~ desho* じゃんけんぽん、あいでしょ Tesouras, pedra, papel! – Empatámos! (⇨ jañkén). ★ *~ ni naru* あいこになる Empatar. ⇨ Hikí-wáké (+).

aikō 愛好 O apreço; o gostar; o ser entusiasta. *Chichi wa geijutsu o ~ shite iru* 父は芸術を愛好している Meu pai gosta [é um apreciador] de arte. ⇨ aí súru; dōkō³; kónómu.

aikō-ká 愛好家 Um apreciador [entusiasta]「de jazz」. (S/同) Aíkô-sha.

aikókú 愛国 O amor à pátria. ◇ *~ shugi* 愛国主義 O nacionalismo. ◇ *~ teki* 愛国的. ⇨ Yúkókú.

aikóku-sha 愛国者 O patriota; o nacionalista.

aikóku-shin 愛国心 O patriotismo.

aikóku-téki 愛国的 Patriótico.

aikō-sha [óo] 愛好者 ⇨ aíkô-ká.

aikō-shin [óo] 愛校心 O amor à sua escola [Alma Mater]. ⇨ gakkō.

aí-kotoba 合い言葉 **1** [合図のことば] A senha; a contra-senha; o santo-e-senha. ★ *~ de kotaeru* 合

い言葉で答える Responder com a contra-senha. ⇨ áizu. **2**[標語] A palavra de ordem; o lema. ★ *Orinpikku o ~ ni renshū o kasaneru* オリンピックを合い言葉に練習を重ねる À palavra Olimpíadas, treinar e mais treinar. ⑅ Hyōgó; móttó.

aikúchi[1] 匕首 O punhal. ★ *~ o nonde iru* 匕首を呑んでいる Levar [Ter] um ~ escondido. ⑅ Dosú; hishú. ⇨ tańtō[2].

aí-kuchi[2] 相[合い]口 **1**[話の合うこと，またはその相手] O ser unha e carne; o entender-se (bem). *Kare to wa ~ ga ii* 彼とは相口がいい Ele e eu entendemo-nos bem [somos unha e carne]. **2**[⇨ awáse-mé]

aikúgi 合い釘 O espigão (de encaixe); a cavilha.

aikurúshii 愛くるしい Encantador;「menino」amoroso; de se comer. ★ ~ *shōjo* 愛くるしい少女 Um encanto [amor] de menina; uma gracinha. ⑅ Adókénai (+); aíráshii (+); kawáíráshii (o).

aí-kyakú 相客 Um companheiro de viagem [mesa/quarto]. ⇨ aí-sékí[2]; aí-béyá.

aikyō [óo] 愛敬 [嬌] **1**[かわいらしさ] A graça. *Uchi no ko-inu wa ~ tappuri da* うちの子犬は愛敬たっぷりだ O nosso cãozinho é muito engraçado. ★ *~ no aru* [*nai*] 愛敬のある[ない]「Um rosto」engraçado [antipático]. ⓟ⇔ⓜ *Otoko wa dokyō onna wa ~* 男は度胸女は愛敬 No homem a coragem, na mulher a graça. ⇨ nikóyaka; kawáíráshii. **2**[こっけいさ] O gracejo; a piada; a gozação (B.). *Ima no wa go- ~ da* 今のは愛敬だ Isto foi (só) piada. ◇ *~ mono* 愛敬者 O pândego; o brincalhão. **3**[あいそ] A amabilidade (exterior); o ser todo/a sorrisos「para (com) os clientes」. ★ *~ o furi-maku* 愛敬を振りまく Desfazer-se em amabilidades. ⇨ aíso[2]; o-séjí. **4**[サービス] O desconto. ★ *~ ni jū-en makeru* 愛敬に 10 円負ける Por ser você desconto-lhe 10 yens. ⇨ sábisu; o-máké.

aíkyō-shin [óo] 愛郷心 O amor à terra natal.

aí-kyū [úu] アイ・キュー [**IQ**] (< Abrev. do Ing. intelligence quotient) O quo[co]ciente de inteligência. ⑅ Chínó shísū (+).

aí-má 合い間 Os intervalos [momentos livres]. ★ *~ ni* 合い間に Nos ~; tirando uns minutos aqui e ali. ⑅ Aída.

aímái 曖昧 **1**[はっきりしないようす] Ambíguo; vago; equívoco; obscuro; pouco claro. ★ *~ na henji o suru* 曖昧な返事をする Dar uma resposta vaga [ambígua]; responder com evasivas. *~ na taido o toru* 曖昧な態度をとる Tomar uma atitude equívoca [pouco clara]. *~ na ten ga ōi* 曖昧な点が多い Ter muitos pontos obscuros. 「*Sekinin o* 」 *~ ni suru*「責任を」曖昧にする Não saber de quem é a responsabilidade」. ◇ *~ moko* 曖昧模糊 Muito obscuro [vago]. ⑅ Fu-méiryō; fu-táshika; uyámúyá. Ⓐ⇔ⓂMéíkákú; meíryō. **2**[いかがわしい] Suspeitoso. ★ *~ na shōbai* 曖昧な商売 Um negócio ~. ⑅ Ikágówáshii (+).

aímái-yá [yádó] 曖昧屋 [宿] 【G.】 A casa de má fama; o bordel.

aímatte 相俟って Em conjunto com. *Riron to jissen ga ~ hajimete seikō suru* 理論と実践が相俟ってはじめて成功する Só juntando a teoria e a prática, se terá êxito [um bom resultado].

ái-mi-tagáí 相身互い O dar a mão uns aos outros; o ser「hoje eu「pobre」, amanhã você」. *Bushi wa ~ da* 武士は相身互いだ O "samurai" ajuda sempre o seu companheiro. ⑅ O-tágái-sámá.

ainámé 鮎並 [鮎魚女] 【Zool.】 Uma truta de água doce; *hexagrammos otakii*. ⑅ Abúrámé.

ainíku 生憎 Infelizmente; por desgraça [pouca sorte]. ★ *~ na koto ni kare wa inakatta* 生憎なことに彼はいなかった ~ ele não estava. ★ *~ no tenki* 生憎の天気 Mau tempo. *O~ sama* お生憎様 (Ai, mas) que pena! (Segundo o tom da voz significa compaixão ou malícia). ⇨ fu-tsúgó; zańnén.

aínóko 間の子 【G.】 **1**[混血児] Um mestiço (Pessoa); um híbrido (Animal). ⑅ Háfu; końkétsú-ji (+). ⇨ zasshú. **2**[中間のもの] Uma mistura.

ai-nóri 相乗り 【G.】 (< ái-[3] + norú) O ir no mesmo carro. *Takushī ni ~ suru* タクシーに相乗りする Tomar um mesmo táxi. ⑅ Dōjó.

ainóte 合の手 **1**[邦楽で歌と歌の間に入れる三味線の間奏曲] **a)** O interlúdio; **b)** O refrão「lálálá」. **2**[物事の進行中にさしはさむことば・動作] A interru(p)ção「com vivas」; o aparte「muito bem!」A

Aínú アイヌ (Na língua ~ significa "homem/gente") A raça áinu (Minoritária - poucos milhares - subsiste no norte, sobretudo na ilha de Hokkaidō). ★ *~ go* アイヌ語 O áinu. *~ minzoku* アイヌ民族 Os áinus.

aióí 相生 As plantas geminadas. ★ *~ no matsu* 相生の松 Os pinheiros geminados.

aí-ō-shí [íi] アイ・オー・シー [**IOC**] (< Abrev. do Ing. International Olympic committee) Comité Internacional das Olimpíadas. ⑅ oríńpíkku.

airáin アイライン (< Ing. eye line) O delineamento do contorno dos olhos. ⑅ Me-bárí.

airáina アイライナー (< Ing. eye liner) O delineador.

aíráshii 愛らしい Bonito;「menino」amoroso. ★ *~ shōjo* 愛らしい少女 Uma menina [moça] amorosa. ⑅ Aíkúrúshii; kawáíráshii (+).

áirisu アイリス (< Ing. < L. iris) **1**[植物]【Bot.】 O/A íris; *iris spp.* ⇨ ayámé. **2**[写真で] O diafragma-íris.

áiro 隘路 **1**[狭い道] O caminho estreito. **2**[障害] O beco sem saída; o impasse. ★ *~ to naru* 隘路となる Ir dar a um beco sem saída; cair num impasse. ⑅ Jamá (+); kónnan (+); shōgái (+).

airón アイロン (< Ing.) **1**[布を伸ばすことで] O ferro (elé(c)trico) de brunir (passar). ★ *Shatsu ni ~ o kakeru* シャツにアイロンをかける Brunir [Passar a ferro] a camisa. ◇ *~ dai* アイロン台 A tábua de passar a ferro [engomar]. ⇨ koté[1]. **2**[髪を巻いたりしたりすることで] O frisador (do cabelo). ⇨ koté[1].

aironī アイロニー (< Ing. irony < L. < Gr. eironeia: interrogação) **1**[皮肉] A ironia. ⑅ Até-kósúrí (+); fúshí (+); hiníkú (o). **2**[反語] Um dito iró[ô]nico. ⑅ Hańgó (+).

Aírurándo アイルランド A Irlanda. ◇ *~ go* [**jin**] アイルランド語[人] O irlandês.

aísái 愛妻 A esposa querida (e respeitada pelo marido). ◇ *~ bentō* 愛妻弁当 A merenda preparada pela ~. ⇨ tsúmá[1].

aísái-ká 愛妻家 O marido muito meigo com a esposa. ⑅ Kyōsái-ká.

áisatsu 挨拶 **1**[儀礼の動作・言葉] A saudação; o saudar [cumprimentar]; as boas-vindas. ★ *~ nuki de* 挨拶抜きで Sem especiais saudações [mais preâmbulos/quaisquer formalidades]. *~ o kaesu*

挨拶を返す Retribuir a ~ [o cumprimento]. ~ *o kawasu* 挨拶を交わす Cumprimentar-se [Trocar cumprimentos]. 「*Me de*」~ *o suru*「目で」挨拶をする Cumprimentar com os olhos.
2 [返礼] A retribuição [paga]. *Are dake shite yatta no ni kare kara imada (ni) nan no ~ mo nai* あれだけしてやったのに彼から今だ(に)何の挨拶もない Fiz tanto por ele e até hoje nem um "muito obrigado" (me deu). [S/同] Heńréí.
3 [返答] A resposta. *Zuibun [Sore wa] go-~ da ne* 随分[それは]ご挨拶だね Ah! Muito obrigado pelo [Isso é um lindo] cumprimento! (Irónico). ★ ~ *ni komaru* 挨拶に困る Não saber como retribuir o favor [a cortesia]. [S/同] Heńtṓ.
4 [スピーチ] O discurso.
5 [通知] O aviso; a participação [informação]. *Kare-ra ni mo hitokoto ~ shite okō* 彼らにも一言挨拶しておこう Vamos informá-los [mandar uma participação] também a eles. ◇ **~ jō** 挨拶状 Um postal a participar「o novo endereço」. [S/同] Shirásé (+); tsū́chí (+).

aí-sékí[1] 相[合]席 O sentar-se à mesma mesa. *Go-~ de [o] o-negai shimasu* 御相席で[を]お願いします Podia pedir-lhes o favor de ficarem na mesma mesa? ⇨ aí-kyákú.

aísékí[2] 哀惜【E.】O pesar; a pena「de ver encerrar a escola」. [S/同] Aítṓ. ⇨ kanáshímu; oshímu.

aísékí[3] 愛惜【E.】A tristeza da separação [de ver morrer「a mãe」].

aísétsú 哀切【E.】O ser patético [extremamente doloroso]. ⇨ áware.

aíshá[1] 愛車 O「meu」carrinho [rico carro]. ⇨ kurúmá.

aíshá[2] 愛社 A dedicação [lealdade] à firma. ◇ **~ seishin** 愛社精神 O espírito de ~. ⇨ kaíshá.

aíshádō アイシャドー (< Ing. eye shadow) A sombra.

áishi 哀史【E.】Uma história trágica [triste]「duma criança raptada」. [S/同] Híwa.

aí-shí́ [íi] アイシー [IC] (< Abrev. do Ing. integrated circuit) O circuito integrado. [S/同] Shū́sékí káiro.

aí-shí́-bí́-ému アイシービーエム [ICBM] (< Abrev. do Ing. Intercontinental ballistic missile) O míssil intercontinental. [S/同] Taírí́kúkan dańdṓdan.

aísho 愛書 O「meu」livro preferido; o gostar de (ter) livros.

aíshṓ[1] [óo] 相性 A compatibilidade; o afinar pelo mesmo diapasão; o entender-se. *Watashi wa dōmo kare to wa ~ ga warui* 私はどうも彼とは相性が悪い Parece que não consigo entender-me com ele.

aíshṓ[2] 愛称 **1** [親愛の気持ちをこめて呼ぶ名] O nome familiar [de carinho] ("Chako" em vez de Hisako). [S/同] Pettó nému; nikkúnému. ⇨ adáná. **2** [通称] O nome comum ("Nichigin" em vez de "Nihon Ginkō"). [S/同] Tsū́shṓ.

aíshṓ[3] 愛唱 A canção favorita. ★ ~ *suru* 愛唱する Gostar de cantar [ouvir] uma canção.

aíshóká 愛書家 O biblió[ô]mano [apaixonado por livros]; o rato de biblioteca (G.).

aíshū́[1] 哀愁 Uma tristeza indefinida; a nostalgia; a saudade; a comoção「que sinto ao ver a fotografia dos meus pais」. ★ ~ *o kanjiru* 哀愁を感じる Sentir saudades. [S/同] Monó-gánáshísa.

aíshū́[2] 愛執【Bud.】⇨ aíchákú.

áiso[1] 哀訴【E.】⇨ aígán[1].

aísṓ[o[2]**]** [óo] 愛想 **1** [対応の仕方] A amabilidade; a cortesia; a gentileza. ★ ~ *ga yoi [warui]* 愛想が良い[悪い]Ser gentil [descortês]. ~ *yoku* 愛想良く Cheio de atenções [amabilidade];「veio receber-nos」todo/a amável. **2** [もてなし] A hospitalidade. *Nan no (o-)~ mo gozaimasen* なんの(お)愛想もございません Desculpe a nossa pobre hospitalidade. [S/同] Moténáshí (+). **3** [好意] O apreço; a estima. ★ ~ *ga tsukiru* 愛想が尽きる Acabar tudo [a paciência]. ~ *o tsukasareru* 愛想を尽かされる Levar um pontapé [Ser posto fora de casa]. ~ *o tsukasu* 愛想を尽かす Dar um pontapé [Pôr fora]. ◇ ⇨ **~ zukashi**. ⇨ kṓí[2]; shitáshímí. **4** [おせじ] As palavras bonitas; a adulação. ★ *(O)* ~ *o iu* (お)愛想を言う Dizer palavras bonitas. ◇ **~ warai** 愛想笑い Um sorriso fingido. [S/同] O-séjí (+). **5** [勘定] A conta (num restaurante). *O-* ~ *shite kudasai* お愛想して下さい A conta, por favor. [S/同] Kańjṓ (+).

aísókú 愛息 O filho predile(c)to.

aísótṓpu [óo] アイソトープ (< Ing. isotope)【Fís.】Os isótopos. ⇨ dṓí-génso; dṓí-táí.

aísṓ[o]-zúkashi 愛想尽かし (< ⋯[2]**3** + tsukásu) As palavras ou o trato frios「para pôr na rua um empregado」; o tratar com frieza (e rispidez). ★ ~ *o iu* 愛想尽かしを言う Dar ferroadas [Picar com palavras desagradáveis].

áisu アイス (< Ing. ice) **1** [氷] O gelo (⇨ kṓrí). ◇ **~ bān** アイスバーン A rampa coberta de neve própria para esqui; pista de patinagem no gelo. **~ hokkē** アイスホッケー O hóquei sobre (o) ~. **~ kōhī** アイスコーヒー O café com ~. ⇨ **~ kurīmu [kyandē]**. **~ sukēto** アイススケート A patinagem sobre ~. **2** [アイスクリーム] O sorvete; o gelado.

aísú-kúrī́mu [íi] アイスクリーム (< Ing. ice cream) O sorvete; o gelado. ★ ~ *o taberu* アイスクリームを食べる Tomar um ~.

aísú-kyándē アイスキャンデー (< Ing. ice candy) O picolé (Sorvete de palito).

aísúmímásén 相済みません (< ái-[3] + Neg. de súmu) Desculpe! *Okuremashite makoto ni ~* 遅れましてまことに相済みません Peço muita desculpa de [por] ter chegado tarde. [S/同] Sumímásén (+); sumánai.

Aísúrándo アイスランド A Islândia. ◇ **~ go [jin]** アイスランド語[人]O islandês.

aí súru 愛する **1** [かわいがる] Amar; ter amor [afeição]「a」. *Kare wa saishi o fukaku ai shite iru* 彼は妻子を深く愛している Ele ama muito a [tem um grande amor pela] esposa e filhos. [S/同] Itsúkúshímu; kawáígáru. **2** [恋い慕う] Gostar「de」; apaixonar-se [estar apaixonado]「por」. ★ *Ai shi-au* 愛し合う Amar-se (mutuamente [um ao outro]). [S/同] Shitáú. ⇨ koí súru; reń'áí. **3** [親愛の情をもつ] Ter estima「por」. ★ *Aisubeki otoko* 愛すべき男 Um cavalheiro simpático [encantador]. **4** [強く好む] Gostar muito; adorar. ★ *Shizen o* ~ 自然を愛する Gostar muito da [Adorar a] natureza. [S/同] Konómu. **5** [大切に思う] Amar; respeitar. ★ *Kuni o* ~ 国を愛する ~ a pátria.

áita[1] 愛他【E.】O altruísmo. ◇ **~ shugi** 愛他主義 O altruísmo. ⇨ hakúáí; ríta.

aítá[2] 開[空]いた (< akú[1]) **a)**「quarto」Aberto; **b)**「cadeira」Livre.

aitā̆ あ痛っ (< a + itái) Ai!; ui!; ai, que dói [dor]!

aítái 相対 **a)** A contra-partida; **b)** O fazer algo cara a cara [dire(c)tamente/pessoalmente]. ★ ~ *(zuku) de torihiki o shita* 相対(ずく)で取り引きをした

Fizemos o negócio (a) sós. [S/同] Sashímúkáí.

ái-taísúru 相対する **1** [向かい合う]「dois edifícios」Estarem em frente um do outro. ★ *Aitaishite suwaru* 相対してすわる Sentar-se frente a frente. [S/同] Mukái-áu (+). **2** [対立する] Ter opiniões diferentes [contrárias]; confrotar-se「no tribunal」. [S/同] Taírítsú súrú (+); táiji suru.

ái-tazúsáete 相携えて [E.] De mãos dadas; juntos. ★ ~ *kakeochi suru* 相携えて駆け落ちする Fugir com o/a amante. [S/同] Té ni te o tótte.

aíté 相手 **1** [仲間; 相棒] O companheiro; a companhia. *Kon'ya wa o-* ~ *shimashō* 今夜はお相手しょう Hoje vou「jantar」com você. ★ ~ *ni naru* [~ *o suru*] 相手になる [相手をする] Fazer companhia「ao velhinho」. *Dare ni mo* ~ *ni sarenai* 誰にも相手にされない Ser ignorado [posto de lado] por todos. *Sake no* ~ 酒の相手 Companheiros no copos. ◇ *Asobi* ~ 遊び相手 O companheiro de brincadeira. **Hanashi** ~ 話し相手 A pessoa com quem se pode falar. **Sōdan** ~ 相談相手 A pessoa a quem se pode abrir o coração [com quem se pode falar]. [S/同] Aíbó; nakámá; pátoná.
2 [相手方; 敵方] O outro; o rival; o adversário. *Kare nara* ~ *ni totte fusoku wa nai* 彼なら相手にとって不足はない Ele é um bom (Forte) adversário para mim. ★ ~ *kamawazu* 相手かまわず Sem escolher o adversário. ~ *ni naranai* 相手にならない Não é digno de ser「meu」rival. ~ *ni naru* 相手になる「Eu chego para você」. ~ *ni suru* 相手にする Medir-se com o ~ [*Nani o iwarete mo* ~ *ni shite wa ikenai yo* 何を言われても相手にしてはいけないよ Digam o que disserem, não lute com ele]. ◇ ⇨ **~-doru** [**kata**/**yaku**]. **Kyōsō** ~ 競争相手 O concorrente; o competitor. [S/同] Aíté-kátá; tekí.
3 [対象] **a**) O freguês. O cliente; **b**) O ouvinte. ~ *o mite mono o ii nasai* 相手を見て物を言いなさい Não abra a boca sem ver primeiro com quem fala. ⇨ taíshō³. **4** [片方] A outra「luva」; a parelha. [S/同] Katahō (+).

aíté-dóru 相手取る (< ~ **2** + tóru) Enfrentar; desafiar. *Wareware wa kuni o aite-dotte sosho o okoshita* 我々は国を相手取って訴訟を起こした Nós intentámos uma a(c)ção contra o Estado.

aíté-kátá 相手方 A outra parte; o outro. [S/同] Aíté (+).

aíté-yáku 相手役 A「a(c)triz」sobressalente; a contrafigura. ★ ~ *o tsutomeru* 相手役を務める Ser ~. ⇨ aíté**1**.

aítō 哀悼 [E.] **a**) O luto [chorar os mortos]; **b**) As condolências; os pêsames (Ex.: *Tsutsushinde* ~ *no i o hyōshimasu* = Apresento-lhe os meus sentidos pêsames). ★ ~ *no i o hyōsuru* [*arawasu*] 哀悼の意を表する [表す] Apresentar as condolências; dar [apresentar] os pêsames. ⇨ kuyámí.

aítsú 彼奴 [G.] Aquele cara (B.) [tipo/gajo/fulano/sujeito). ~ *wa tonde-mo-nai usotsuki da* あいつはとんでもないそうつきだ Aquele ~ é um adrabão [grand(ess)íssimo mentiroso). [S/同] Káre; yátsu.

ái-tsugu 相次ぐ Vir um atrás do outro. *Kare wa* ~ *sainan ni uchinomesareta* 彼は相次ぐ災難に打ちのめされた Ele foi prostrado por sucessivas desgraças. ★ *Aitsuide* 相次いで Sucessivamente; um após outro; um atrás dos outros; em cadeia; sem parar. [S/同] Tsugítsugi.

ái-úchí 相討ち (< ái-³ + útsu) O bater ao mesmo tempo「esgrima/kendō」. ⇨ aíkō².

a í ú e o あいうえお **1** [日本語の基礎拍] O silabário japonês. ★ ~ *jun ni narabu* あいうえお順に並ぶ Pôr-se em fila por ordem alfabética (⇨ a). [S/同] Gojú-on. **2** [初歩] O princípio; o ábêce. *Kare wa Nihongo o* ~ *kara benkyō shita* 彼は日本語をあいうえおから勉強した Ele começou a estudar japonês desde ~. [S/同] Iróha; ēbīshī.

ái-yádó 相宿 O ficar com outro na mesma pousada ou hotel. [S/同] Aí-béyá (+); dōshúkú. ⇨ aí-kyáku.

aíyō 愛用 O gostar de usar; o usar muito. *Watashi wa kono kamera o jū-nen-kan mo* ~ *shite iru* 私はこのカメラを10年間も愛用している Eu gosto muito desta máquina (fotográfica), há 10 anos que a tenho. ⇨ jōyō².

aíyókú 愛欲 A luxúria (Prazer, servil, dos sentidos). ★ ~ *ni oboreru* 愛欲に溺れる Entregar-se à ~. [S/同] Jōyókú; seíyókú (+). ⇨ yokubō.

aiyō-sha [**óo**] 愛用者 Um (grande) apreciador. ★ *Hamaki no* ~ 葉巻の愛用者 ~ de charutos. ⇨ aíyō; jōyō¹.

áizen アイゼン (< Al. steigeisen) O gancho ou pico de alpinismo.

aízō¹ 愛憎「mistura de sentimentos de」Amor e ódio. ◇ ~ **geki** 愛憎劇 Um drama forte [de ~]. ⇨ sukí-kirai.

aízō² 愛蔵 O ter guardado como um tesouro.

áizu 合図 O sinal. *Hassha no* ~ *ga natta* 発車の合図が鳴った Deu [Soou/Já deram] o sinal de partida「do trem/comboio」. ★ ~ *no kane* 合図の鐘 O toque [sinal] da sineta. ~ *o kawasu* 合図を交わす Fazer sinal um ao outro. ~ *suru* 合図する Fazer [Dar] sinal [*Te o futte* ~ *suru* 手を振って合図する Fazer sinal com a mão; acenar]. [S/同] Sáin; shirásé. ⇨ me-jírushi.

ai-zúchí 相槌 **1** [鍛冶の](< ái-³ + tsuchí) O martelar「o ferro incandescente」a dois. **2** [相手の話の途中に入れる短い言葉] O concordar, abanando a cabeça ou emitindo monossílabos. ★ ~ *o utsu* 相槌を打つ Ir dizendo que sim「pois, pois」enquanto outro fala.

aji¹ 味 **1** [風味] O gosto; o paladar; o sabor. ★ ~ *ga nukeru* 味が抜ける Perder o ~. ~ *ga suru* 味がする Saber a [Ter sabor de]「limão」[*Donna* ~ *ga shimasu ka* どんな味がしますか A que sabe [Que gosto tem]? *Amai* [*Karai*; *Myō na*; *Nigai*; *Suppai*] ~ *ga suru* 甘い [辛い; 妙な; 苦い; 酸っぱい] 味がする Ter um gosto doce [picante; estranho; amargo; azedo]]. ~ *ga nai* 味が薄い Ter pouco temperor/gosto. ~ *ga yoi* [*warui*] 味が良い [悪い] Estar bem [mal] temperado. ~ *o miru* [*tamesu*] 味を見る [試す] Provar [Ver como está o gosto/tempero]. ~ *o tsukeru* 味をつける Temperar. ◇ ~ **kagen** 味加減 O tempero. **~-mi**; **~-tsuke**. [S/同] Fúmí.
2 [おもしろみ] A graça; o gosto; a pilhéria (⇨ ají-ná). *Kare wa tsuki-aeba tsuki-au hodo* ~ *ga deru* 彼はつきあえばつきあうほど味がでる Quanto mais trato tenho com ele, mais gosto dele [o aprecio]. ★ ~ *mo sokke mo nai* 味もそっけもない「Uma maneira de falar」prosaica e de mau gosto. ~ *no aru hanashi* 味のある話 Uma palestra viva, cheia de graça. ~ *o shimeru* 味を占める Tomar o ~ de. ~ *o shiru* 味を知る Experimentar. *Hanashi ni* ~ *o tsukeru* 話に味をつける Dar um pouco de graça à palestra. *Sake no* ~ *o oboeru* 酒の味を覚える Começar a gostar de

áji² ... álcool. ⓢ㊥ Miryókú; omóshírómí. ⇨ ajíwáí; omómúkí.
3 [経験から得た感じ] A experiência. *Watashi wa binbō no ~ o iya to iu hodo shitte iru* 私は貧乏の味をいやという程知っている Sei por experiência o que é a pobreza, e de sobra. ⇨ keíkén¹.

áji² アジ (< Ing. agitation < L.) A incitação à revolta. *~ enzetsu* アジ演説 Um discurso inflamatório. ⓢ㊥ Señdő. ⇨ ajíru.

áji³ 鯵 [Zool.] A cavala; *trachurus japonicus*.

Ájia アジア A Ásia. ◇ **~ tairiku** アジア大陸 O continente asiático. **Tōnan ~** 東南アジア O sudeste asiático; *~ do sudeste*.

Ájia-Afúríká アジアアフリカ A Ásia e a África. ◇ **~ gurūpu** アジアアフリカグループ O grupo Afro-Asiático. **~ kaigi** アジアアフリカ会議 A Conferência Afro-Asiática.

ají-ké-náí 味気ない Sem graça [gosto]; aborrecido; insípido. ★ *~ jinsei* 味気ない人生 Uma vida aborrecida [sem graça]. *~ yo no naka* 味気ない世の中 Um mundo [Uns tempos] sem graça. ⓢ㊥ Ají-kí-nái. tsumáránai.

ají-kí-nái 味気ない ⇨ ají-ké-nái.

ají-mí 味見 (<…¹+míru) A prova. ★ *~ (o)suru* 味見（を）する Provar「sopa/vinho」.

ají-ná 味な Engraçado [Com graça]; espirituoso; interessante. ★ *~ koto o iu* 味な事を言う Dizer graças; diz cada coisa mais engraçada!; tem cada dito! *~ koto [mane] o suru* 味な事 [真似] をする Fazer uma coisa engraçada. ⓟ㈢㈢ *En wa i na mono ~ mono* 縁は異なもの味なもの "O casamento e a mortalha no céu te talha"/Que estranhos e maravilhosos são os caminhos que levam um homem e uma mulher a encontrarem-se (casar). ⓢ㊥ Sharétá.

ajipínsán アジピン酸 (< Ing. adipin) [Quím.] O ácido adípico ($C_6H_{10}O_4$).

ajíró 網代 (< amí+shiró) O trabalho de verga (Com bambu, etc. para fazer cestos, redes, sebes, …).

ajíru アジる (⇨ áji²) Incitar a revolta. ⓢ㊥ Señdő súrú; sosónókásu.

ajisai 紫陽花 [Bot.] A hortênsia [hidranja]; *hydrangea macrophylla*.

ajítéshon [ée] アジテーション ⇨ áji².

ajítétā [ée] アジテーター (< Ing. agitator) O agitador.

ajíto アジト (< Ing. agitation point) O centro secreto de grupos revolucionários; o esconderijo. ★ *Hannin no ~ o tsukitomeru* 犯人のアジトをつきとめる Descobrir o ~ dos criminosos. ⇨ kakúrégá.

ají-tsúké 味付け (<…¹+tsukéru) O tempero. ★ *Niku o shio koshō de ~ suru* 肉を塩こしょうで味付けする Temperar carne com pimenta e sal.

ajíwáí 味わい (< ajíwau) **1** [うまみ] O paladar [gosto]. ⓢ㊥ Ají (+); fūmí. ⇨ umámí. **2** [おもしろみ] A impressão [sensação]; o gosto. ★ *(Fukai) ~ no aru kotoba* (深い)味わいのあることば Uma observação [opinião] interessante/importante. *Shimijimi to shita ~* しみじみとした味わい Um tom [gosto] profundamente sentido. ⓢ㊥ Ají; omómúkí; omóshírómí.

ajíwau 味わう (⇨ ají(mí)) **1** Provar. *Yoku ajiwatte tabe nasai* よく味わって食べなさい Coma-o, depois de ~ bem. **2** [玩味する] Saborear; apreciar. *Shi o ~* 詩を味わう ~ (uma) poesia.

ⓢ㊥ Gánmi suru; kañshō súrú. **3** [経験する] Experimentar. ★ *Jinsei no hiai o ~* 人生の悲哀を味わう *~ as agruras [amarguras] da vida*. ⓢ㊥ Taíkén [Keíkén] súrú.

áka¹ 赤 (⇨ akáí) **1** [赤色] O vermelho; a cor vermelha [encarnada; rubra; escarlate]. ◇ **~ aza** 赤痣 Mancha [Pinta] vermelha na pele. **~ enpitsu** 赤鉛筆 O lápis vermelho. **~ shingō** 赤信号 O sinal vermelho (do semáforo). **2** [共産党員] [G.] Um comunista; os vermelhos. ⓢ㊥ kyōsáñ-shúgí-sha. **3** [完全の意] Completo. ★ *~ no tanin* 赤の他人 Um completo estranho. ◇ **~ hadaka** [haji]. ⇨ akírákú; kañzeñ¹; mattákú.

áka² 垢 **1** [皮膚の] A sujidade [sujeira]; o surro. ★ *~ darake [mamire] no* 垢だらけ [まみれ] の Uma imundície [porcaria]; imundo. *~ o otosu* 垢を落とす Lavar [Limpar]. *Mimi no ~* 耳の垢 O cerume [A cera] do ouvido. ◇ **~-bikari**. **2** [けがれ] A imundície [imoralidade]. *Ukiyo no ~* 浮世の垢 As frivolidades do mundo. ⓢ㊥ Kegáré; yogóré (+).

áka³ 亜科 A subfamília (da história natural).

aká-áka to¹ 明々と (< akárúi) Com muita luz. *Dentō ga ~ tomosareta* 電灯が明々とともされた Ficou tudo iluminado com as luzes.

aká-áka to² 赤赤と (< áka¹) Numa vermelhidão.

aká-bíkari 垢光 (<…²+hikárí) O brilho da sujidade.

aká-bō 赤帽 (<…¹+bōshí) **a)** O boné vermelho; **b)** O bagageiro [carregador].

aká-búdōshu [óo] 赤葡萄酒 O vinho tinto.

aká-chá (iró) 赤茶 (色) O castanho [marrom (B.)] avermelhado.

akácháckéru 赤茶ける「o "tatami", com o sol」 Ficar de cor acastanhada. ★ *Akachaketa kami* 赤茶けた髪 O cabelo castanho-claro.

akachan 赤ちゃん O nené[ê] /bebé[ê]. ⓢ㊥ Akáñbō.

akáchíñ 赤チン [G.] O mercurocromo. ⓢ㊥ Máłyúróó.

akádémī アカデミー (< Ing. < Gr. akademeia) A academia. ◇ **~ shō** アカデミー賞 O (prê[ê]mio) óscar.

akádémíkku アカデミック (< Ing. < Gr. academeikos) Acadé[ê]mico. ◇ **~** gakkyū².

akádémízumu アカデミズム (< Ing. < Gr.) O academismo.

aká-déñ(sha) 赤電(車) [G.] O último comboio/trem (do dia). ⓢ㊥ Shūdén (sha)(+).

aká-dénwa 赤電話 O telefone público (Vermelho ou não). ⇨ kōshū¹ ◇.

aká-ei 赤鱝 [Zool.] A raia-lixa (avermelhada); *dasyatis akajei*.

aká-fúdá 赤札 O cartão ou letreiro vermelho (Para dizer "já vendido" ou "vende-se barato"). ◇ **~ sēru** 赤札セール A liquidação; os saldos.

aká-gáeru 赤蛙 (<…¹+kaérú) [Zool.] Uma rã avermelhada.

aká-gai 赤貝 **1** [貝] [Zool.] Uma amêijoa comestível, de carne vermelha; *anadara [scapharca] broughtonii*. **2** [女性の陰部] [G.] A passarinha.

aká-gámi 赤紙 [G.] (<…¹+kamí) O papel vermelho, em geral, ou como sinal de "penhora", "recrutado" (para a guerra), etc. ⇨ shōshū-réijō.

akágáné 銅 O cobre. ⓢ㊥ Dō.

aká-gárí 赤狩り (< ··· [1]**2** + karú) (G./H.) A perseguição do governo aos comunistas ou socialistas.
aká-gé 赤毛 (< ··· [1]**1** + ke) O cabelo ruivo. [S/同] Kṓmō.
aká-gí 赤木 (< ··· [1]**1** + ki) A madeira sem casca ou as árvores de madeira avermelhada.
akágíré 皹・皸 A(s) frieira(s); a(s) greta(s); o cieiro. ⇨ hibí[3].
aká-gó 赤子 (⇨ akáñbṓ) O bebé[ê]. *Kare o damasu no wa ～ no te o nejiru yō na koto da* 彼をだますのは赤子の手をねじるような事だ「Ele é muito crédulo」, enganá-lo é como quem bebe um copo de água (Lit. É fácil como torcer o braço ao ～).
aká-gúrói 赤黒い (< ··· [1]**1** + kurói) O vermelho escuro.
aká-hádaka 赤裸 O estar inteiramente nu [em pêlo]. [S/同] Mappádaka (o); suppádaka (+). ⇨ áka[1]**3**.
aká-hájí 赤恥 O passar uma vergonha diante de toda a gente. ★ ～ *o kakaseru* 赤恥をかかせる Fazer passar uma vergonha diante de toda a gente; humilhar alguém em público. ～ *o kaku* 赤恥をかく Passar uma vergonha diante de toda a gente [Enfiar o barrete]. ⇨ áka[1]**3**.
aká-hátá 赤旗 A bandeirra vermelha, que é também sinal de perigo, etc.
akáí 赤い **1** [赤色の] Vermelho; rubro; escarlate. *Yūhi ga sora o akaku someta* 夕日が空を赤く染めた O sol tingia de ～ o poente. *Kōfun shite [Okotte; Agatte; Hajite] akaku naru* 興奮して[怒って; あがって; 恥じて]赤くなる Ficar vermelho com a excitação [de zanga; do nervoso; de vergonha]. ◇ **～ hane** 赤い羽根 A "Pluma/Pena Vermelha". **2** [⇨ áka[1] **2**]
aká-jí 赤字 (< akáí + ji) **1** [訂正文字] O que está escrito a tinta vermelha. ★ ～ *o ireru* 赤字を入れる Corrigir「o exame」. [S/同] Shu. **2** [欠損] O défice/cit. ★ ～ *ga deru* 赤字が出る Ter [Dar] défice. ～ *ni naru* 赤字になる ⇨ ～ *ga deru*. ～ *o dasu* 赤字を出す ⇨ ～ *ga deru*. ～ *o kaishō [ruiseki] suru* 赤字を解消[累積]する Eliminar [Acumular] o ～. ～ *o umeru* 赤字を埋める Cobrir o ～. ◇ **～ keiei** 赤字経営 O negócio [A administração] deficitário/a. **～ kōsai** 赤字公債 O empréstimo público deficitário. **～ zaisei** 赤字財政 As finanças deficitárias. ⇨ **ō～**. [S/同] Késson. [A/反] Kuró-jí.
aká-jímíru 垢染みる (< ··· [2] + shimírú) Encardir (Ter sujidade difícil de tirar). ★ *Akajimita kao* 垢染みた顔 O rosto sujo [encardido].
aká-kábú 赤蕪【Bot.】O rabanete; *raphanus sativus*. [S/同] Rádisshu (+).
aká-manma 赤飯【G.】⇨ sekíháñ.
aká-mátsú 赤松【Bot.】O pinheiro (de tronco) vermelho japonês; *pinus densiflora*.
akámí[1] 赤味 A vermelhidão; o rubor da pele. ★ ～ *ga sasu* 赤味がさす Ficar vermelho/a. ～ *o obiru* 赤味を帯びる Dar [Ter] um matiz de vermelho.
aká-mí[2] 赤身 **1** [木材の] O cerne [durame] (da madeira) (A parte mais dura e escura). [A/反] Shirátá. **2** [動物の] A carne magra (Parte vermelha da carne dos animais). ★ ～ *no sakana* 赤身の魚 O peixe de carne vermelha. [A/反] Shíro-mi. ⇨ chiáí.
akámí-gákáru 赤味がかる (< ··· [1] + kakáru) Puxar [Tirar] a vermelho. ⇨ akámí[1].
aká-móñ 赤門 Um portão vermelho, e também símbolo da "Universidade Imperial de Tóquio".
aká-múrásaki 赤紫 O vermelho-púrpura.
ákanbe (i) 赤んべ (い)【G.】Palavras ou careta de recusa, puxando a pálpebra inferior. ～ *da [o suru]* 赤んべいだ[をする]Não lhe/te dou isto [Olha, hás-de ficar a apitar].
akáñbó [bṓ] 赤ん坊 O bebé[ê]; a criança recém-nascida [de peito]. *Aitsu wa karada bakari ōkikute mo maru-de ～ da* あいつは体ばかり大きくてもまるで赤ん坊だ O tipo [cara] só é grande de corpo, no resto é um ～. ★ ～ *atsukai (ni) suru* 赤ん坊扱い(に)する Tratar como um ～. ～ *ga dekiru* 赤ん坊ができる Engravidar [Ficar grávida/de bebé]. ～ *jimita [no yō na]* 赤ん坊じみた[のような]「feitio」Infantil. ～ *no o-mori o suru* 赤ん坊のお守りをする Tomar conta [Cuidar] do ～. *Otoko [Onna] no ～* 男[女]の赤ん坊 Um [Uma] menino/a. [S/同] Ákachan; aká-gó; bébī; chi-nómí-go; éiji.
akáné 茜【Bot.】A garança [granza-dos-tintureiros] (Raiz vermelha); *rubia cordifolia*. ◇ **～ iro** 茜色 A garancina (Vermelho-escuro).
aká nó mánma 赤の飯 ⇨ sekíháñ
a-káñtái 亜寒帯 A zona subglacial.
aká-núké 垢抜け (< ··· [2] + nukérú) O refinamento. ★ ～ *no shita [shinai] fukusō* 垢抜けのした[しない]服装 O vestido elegante [deselegante]. [A/反] Yábo. ⇨ señréñ.
aká-núkéru 垢抜ける (⇨ aká-núké) Ser refinado. *Kare wa inaka kara dete kita bakari de mada aka-nukenai* 彼は田舎から出て来たばかりでまだ垢抜けない Ele acaba de vir do interior e ainda lhe falta refinamento [ainda não perdeu a rudeza].
akárágáó 赤ら顔 A face rosada; o rosto vermelho.
akáráméru 赤らめる (< akárámu) Corar. *Kanojo wa hazukashisa de potto hoo o akarameta* 彼女は恥ずかしさでぽっと頰を赤らめた De repente ela ficou corada de vergonha. [A/反] Aózáméru.
akárámu 赤らむ (⇨ akáráméru) Ruborizar-se; ficar vermelho; corar. ★ *Atsusa [Hazukashisa; Kōfun] de kao ga ～* 熱さ[恥ずかしさ; 興奮]で顔が赤らむ Ficar vermelho com o calor [a vergonha; a excitação]. ⇨ akáí.
aká-ránpu 赤ランプ A lâmpada vermelha (Do semáforo ou qualquer sinal de perigo). ～ *ga tenmetsu shite iru* 赤ランプが点滅している ～ está a fazer pisca-pisca. [S/同] Aká-shíngō.
akárásámá あからさま O ser rude/franco/dire(c)to/demasiado claro; o não ter papas na língua. *Sonna ～ na iikata o suru mono ja nai* そんなあからさまな言い方をするものじゃない Você não devia ser tão dire(c)to. [S/同] Kṓzéñ; ṓppírá; rokótsú; sotchókú.
akárí 明かり **1** [光] A luz; a claridade; a luminosidade「cidade/ruas」. ★ ～ *ga sashi-konde iru* 明かりが差し込んでいる Estar a entrar a luz「na sala」. *Danro [Dentō] no ～* 暖炉[電灯]の明かり A claridade da lareira [A luz da lâmpada]. *Yuki no ～* 雪の明かり A claridade [O brilho/O reflexo] da neve. ◇ ⇨ **tsuki ～**. [S/同] Hikárí.
2 [灯火] A lâmpada; a luz (Elé(c)trica, de vela, ···). ★ ～ *ga tsuite iru* 明かりがついている ～ está acesa. ～ *o tsukeru [kesu]* 明かりをつける[消す]Acender [Apagar] a ～; ligar [desligar] o interruptor. *Machi no ～* 街の明かり As luzes [A iluminação] da cidade. [S/同] Shṓméí; tomóshíbi.
akárí-tori (mado) 明かり取り(窓) (< ··· + tóru +

…) A clarabóia; uma abertura para (entrar) a luz.

akárúi 明るい **1** [光が十分である] Claro; luminoso. *Kono heya wa mado ga ōkii no de totemo ～* この部屋は窓が大きいのでとても明るい Esta sala é muito clara porque tem janelas grandes. *～ uchi ni* 明るい内に「voltar para casa」Enquanto é dia. *Akaruku suru* 明るくする Iluminar; pôr mais luz. *Hiruma no yō ni ～* 昼間のように明るい Claro como o [a luz do] Kurái. **2** [陽気; 明朗な] Alegre; simpático; expansivo; bem disposto. *Kare wa totemo akaruku kappatsu na hito da* 彼はとても明るく活発な人だ Ele é uma pessoa muito alegre e desembaraçada. *～ kibun ni naru* 明るい気分になる Ficar bem disposto. *Mitōshi ga ～* 見通しが明るい As perspectivas são boas. ⟦S/同⟧ Meírói ná; yókí ná. ⟦A/反⟧ Kurái. **3** [公明な] Claro; limpo; imparcial. ★ *～ shakai* 明るい社会 Uma sociedade onde não há lugar para todos. *Machi ga akaruku suru* 町を明るくする Fazer da cidade um lugar onde dá gosto viver. *Kōméi ná.* ⟦A/反⟧ Kurái. **4** [通じている] Versado; perito; conhecedor. ★ *Bungaku [Hōritsu, Rekishi] ni ～* 文学[法律; 歴史]に明るい Ser versado em literatura [direito; história]. *Kono atari no chiri ni ～* この辺の地理に明るい Conhecer bem a [Ser bom conhecedor da] geografia do lugar. ⟦A/反⟧ Kurái. ⇨ seítsú. **5** [色がはっきりしている] Bem definido. ★ *～ iro* 明るい色 Uma cor ～ a. ⟦A/反⟧ Kurái.

akárúmi 明るみ (< akárúi) **1** [明るい所] O lugar claro; a luz. ⟦A/反⟧ Kurágáí. **2** [公] O ser público. ★ *～ ni dasu* 明るみに出す Tornar público「o plano」. *～ ni deru* 明るみに出る「o plano」Tornar-se [Vir a] público. ⟦S/同⟧ Óyáke.

akárúsa 明るさ (< akárúi) **a)** A luz「da lâmpada」; **b)** A alegria「da jovem」; **c)** A esperança「no futuro」.

aká-sábi 赤錆 A ferrugem.

akásén (kúiki) 赤線 (区域) 【A.】 Uma zona de meretrício.

akáshi 証 O testemunho; a prova; a evidência. ★ *Mi no ～ o tateru* 身の証を立てる Provar a sua inocência. ⟦S/同⟧ Shóméí.

akáshíá アカシア (< P.) 【Bot.】 A acácia (Muitas variedades).

aká-shínbun 赤新聞 【A./G.】 O jornalismo barato (De escândalo, pornografia).

aká-shíngō 赤信号 **1** [停止信号] O sinal vermelho. ⟦S/同⟧ Teíshi-shíngō. ⟦A/反⟧ Aó-shíngō. ⇨ akáránpu. **2** [危険信号] O mau sintoma. *Kenkō no ～ ga dete iru* 健康の赤信号が出ている Tenho sintomas de falta de saúde. ⇨ kikén[1]; shíngó.

aká-shió 赤潮 Águas, marés ou correntes marítimas com plâncton (Seres vivos microscópicos). ★ *～ ga hassei shita* 赤潮が発生した Apareceu uma maré vermelha. ⟦S/同⟧ Kusáré-shíó; nigá-shíó.

akású[1] 明かす **1** [過ごす] Passar; "fazer amanhecer a noite". *Kare wa tsui ni issui mo sezu ni yo o akashita* 彼はついに一睡もせずに夜を明かした Ele acabou por não pregar olho toda a noite. ★ *Ichiya o katari [naki; nomi; asobi] ～* 一夜を語り[泣き; 飲み; 遊び]明かす Passar a noite a falar [chorar; beber; divertir-se]. ⟦S/同⟧ Sugósu. **2** [打ち明ける] Revelar. ★ *Himitsu o ～* 秘密を明かす ～ o segredo. *Mune no uchi o ～* 胸の内を明かす Abrir-se [Dizer o que tem no coração]. ⟦S/同⟧ Uchíákérú.

akásu[2] 飽 [厭] かす (⇨ akíru) **1** [ふんだんに使う] Ter tanto「doce」que enoja; ter de sobra. *Kare wa kane ni akashite gōtei o tateta* 彼は金に飽かして豪邸を建てた Ele, como tem tanto dinheiro [como está podre de rico] construiu um palacete. ★ *Hima ni akashite ～* 暇に飽かして Tendo tempo de sobra「joga golfe」. **2** [飽きさせる] Aborrecer; cansar. *Kare no hanashi wa chōshū o akasanai [akisasenai]* 彼の話は聴衆を飽かさせない[飽きさせない] As palestras dele não cansam (os ouvintes).

aká-tónbo 赤蜻蛉 【Zool.】 A libélula vermelha.

aká-tsúchi 赤土 O ocre [A ocra] (Minério ou tinta).

akátsúki 暁 **1** [夜明け] A madrugada; a alvorada; a aurora; a alva. ★ *～ no sora* 暁の空 O céu da ～. ⟦S/同⟧ Akégáta (+); yo-áké (o). **2** [場合] O dia ou o momento (da realização de algo); quando「terminar a obra」. ★ *Seikō no ～ ni wa* 成功の暁には Logo a seguir à vitória「regressamos ao nosso país」.

akázá 藜 【Bot.】 O quenopódio; a anserina; *chenopodium centrorubrum*.

aká-zátō 赤砂糖 (<… [1] + sató) O mascavinho; o açúcar mascavado. ⟦S/同⟧ Shíró-zátō. ⇨ kuró-zátō.

akázu 飽かず (Neg. de "áku[2]") Sem se cansar [fartar; aborrecer]. ★ *～ nagameru* 飽かず眺める Não se cansar de olhar [contemplar]「a paisagem」.

akázú nó 不開の (Neg. de "akú[1]") Que nunca se abre. ★ *～ ma* 不開の間 O quarto que tem lá o papão.

-aké[1] 明け (< akérú) **1** [終わり] O fim de; depois de. ◊ *Tsuyu ～* 梅雨明け O fim (oficial) da estação das chuvas. ⇨ owári. **2** [⇨ yo-áké]

aké[2] 朱 【E.】 O vermelho. ★ *～ ni somaru* 朱に染まる「um homem」Todo ensanguentado [cheio de sangue]. ⟦S/同⟧ Hí; makká; shu (+).

aké-bán 明番 (< aké[1] + bán[2]) **a)** O fim do plantão e respe(c)tivo descanso; **b)** O plantão logo de manhã cedo.

akébi 通草・木通 【Bot.】 A aquébia (Planta silvestre e fruto comestível); *akebia quinata*.

akébónó 曙 【E.】 **a)** O arrebol; **b)** A aurora「duma nova civilização」. ⟦S/同⟧ Akégáta (+); akátsúki; yo-áké (o).

ákédo [áa] アーケード (< Ing. arcade < L. arcus: arco) A arcada. ⟦S/同⟧ Kyōrō.

akégáta 明け方 A madrugada; a manhãzinha. ★ *～ ni* 明け方に De ～. ⟦S/同⟧ Yo-áké. ⟦A/反⟧ Kurégáta.

aké-hánáréru 明け離れる (< akérú[2] + …) Ser já manhã clara [dia claro]. *Yo ga ake-hanareta* 夜が明け離れた Já é dia claro (Lit.: a noite já se foi há muito (tempo)). ⟦S/同⟧ Aké-wátáru (+).

aké-hánáshi 明[開]け放し (< akérú[2] + …) ⇨ aké-ppánáshi.

aké-hánásu 明[開]け放す (< akérú[2] + …) **a)** Abrir inteiramente; **b)** Deixar aberto. ⟦S/同⟧ Aké-hánátsu; aképpánásu; kaíhó súrú.

aké-háráu 明[開]け払う **1** [⇨ aké-hánásu] **2** [明け渡す] Desocupar「uma casa」. ⟦S/同⟧ Aké-wátásu (+).

aké-kure 明け暮れ (< aké-kúréru) Sempre; de dia e de noite; dia após dia; "a minha vida". *Ano koro wa dokusho ni ～ suru mainichi datta* あのころは読書に明け暮れる毎日だった Naquele tempo a minha vida era ler [Naquela altura passava os dias a ler]. ⟦S/同⟧ Ása-ban; ítsumo.

aké-kúréru 明け暮れる (< akérú[2] + …) Gastar [Passar] o tempo 「a fazer …」. *Mainichi ga taikutsu na shigoto ni akekureta* 毎日が退屈な仕事に明け暮れた「Naquele tempo」a minha vida era uma série de ocupações sem interesse.

akémáshite 明けまして ⇨ akérú² **2**.

aké nó myójó 明けの明星 **[myoō]** A estrela da manhã; Vé[ê]nus (Planeta). ⟨A/反⟩ Yoí nó myójó.

aké-ppánashí 開けっ放し **[G.]** (< aké-hánasu) **1** [開けたまま] O estar todo/a aberto/a. ★ ~ *no mado* 開けっ放しの窓 A janela escancarada [toda aberta]. ⟨S/同⟩ Aké-hánáshí. **2** [開放的] O ser aberto. ★ ~ *na seikaku* 開けっ放しな性格 Um cará(c)ter aberto [franco/espontâneo/alegre]. ⟨S/同⟩ Aké-hánáshí; kaíhó-teki (+). ⇨ mukí-dáshí.

akérú¹ 開[空]ける **1** [ひらく] Abrir. *Hon no sanpéji o ake nasai* 本の3ページを開けなさい Abram o livro na página três. ★ *Hako o* ~ 箱を開ける Abrir a caixa. *Kagi de to o* ~ 鍵で戸を開ける Abrir a porta com a chave. *Kuchi [Me] o ōkiku* ~ 口[目]を大きく開ける Abrir muito a boca [Arregalar os olhos]. *Tegami o* ~ 手紙を開ける Abrir a carta [o envelope]. ⟨S/同⟩ Hiráku. ⟨A/反⟩ Shiméru; tojíru.
2 [からにする] Esvaziar; deitar. *Michi o akero* 道を空けろ Deixem o caminho livre [Saiam do caminho]! ★ *Sakazuki o* ~ 杯を空ける Esvaziar a taça. *Seki o* ~ 席を空ける Deixar o assento livre. Kará ni suru.
3 [隔てる；空きを設ける] Deixar espaço. *San-mētoru-zutsu aida [kankaku] o akete ki o ueta* 3メートルずつ間[間隔]を空けて木を植えた Plantei as árvores espaçando-as 3 metros. ⇨ hedátéru.
4 [使わずにおく；暇にする] Deixar livre. *Doyōbi wa kimi no tame ni akete okō* 土曜日は君のために空けておこう Deixo o sábado livre para você.
5 [留守にする] Ausentar-se. ★ *Ie o* ~ 家を空ける ~ *de casa*. Rúsu ni suru. **6** [うがつ] Fazer um buraco 「no cartão/bilhete」. ★ *Kabe ni ana o* ~ 壁に穴を開ける ~ *na* [Esburacar a] parede. Ugátsu.

akérú² 明ける **1** [夜が] Amanhecer (Lit.: "terminar a noite"). *Ato ichi-jikan hodo de yo ga* ~ あと1時間程で夜が明ける Daqui a uma hora amanhece [é dia]. *Kanojo wa anata ga inai to yo mo hi mo akenai* 彼女はあなたがいないと夜も日も明けない Ela não pode passar um minuto (sequer) sem você. ★ *Akete mo kurete mo* 明けても暮れても Sempre [De dia e de noite]. ⟨A/反⟩ Kurérú. **2** [年が]「o Ano Novo」Chegar. *Kare wa (toshi ga) akete chōdo hatachi ni naru* 彼は(年が)明けてちょうど二十歳になる Ele faz precisamente 20 anos no começo do ano. *Akemashite [Shin-nen] omedetō (gozaimasu)* 明けまして[新年]おめでとう(ございます) Feliz Ano Novo! (Lit.: Tendo começado um ano novo, desejo-lhe muitas felicidades). ⟨A/反⟩ Kurérú. **3** [期間が終わる] Terminar. ★ *Mo ga* ~ 喪が明ける Aliviar o luto. ⟨S/同⟩ Owárú.

akésúké 明け透け **[G.]** Franco; claro; sem papas na língua. ★ ~ *na hito* あけすけな人 Um homem ~. ~ *ni iu* あけすけに言う Falar sem papas na língua; "eu sou assim"; pão pão, queijo queijo; dizer as coisas claras.
⟨S/同⟩ Aké-ppánáshí; rokétsú; sotchókú.

akétate 開け閉て O abrir e fechar. *To no* ~ *ni chūi shi nasai* 戸の明け閉てに注意しなさい Abrir e fechar a porta [Abra e feche] com cuidado!

⟨S/同⟩ Aké-shime; kaíhéí (+).

aké-wátáshí 明け渡し (< aké-wátásu) A evacuação e entrega 「de casa/castelo」.

aké-wátásu 明け渡す (< akérú² + …) Evacuar e entregar. ★ *Ie o* ~ 家を明け渡す ~ a casa.
⟨S/同⟩ Aké-háráu. ⇨ tachínókú.

áki¹ 秋 O O[o]utono. ★ ~ *no nanakusa* 秋の七草 As sete flores [plantas] (silvestres) do ~. *Dokusho no* ~ 読書の秋 O saudoso ~ da leitura [o tempo em que é tão agradável ler]. *Jinsei no* ~ 人生の秋 ~ da vida. ⟨こちら⟩ *Otoko [Onna]-gokoro to* ~ *no sora* 男[女]心と秋の空 O coração dos homens [das mulheres] é céu de ~ (Instável). *Ten takaku uma koyuru* ~ 天高く馬肥ゆる秋 Que agradável ver os cavalos a engordar ao céu límpido do ~. ◇ ~ **kaze** 秋風 O "vento outonal" (Arrefecimento do amor). ◇ ~ **saba** 秋鯖 A cavala (é boa) no ~. ◇ ~ **bare** **[biyori/guchi/maki/meku/saku/same/zora]**.

akí² 空き (< akí¹) **1** [ひま] O tempo livre [vago]. *Gogo nara jikan ni* ~ *ga dekiru* 午後なら時間に空きができる Se for de tarde, tenho algum tempo [estou livre]. ◇ ~ **jikan** 空き時間 A folga. ⟨S/同⟩ Himá¹; yóka. **2** [欠損] A vaga. ★ *Jimuin no* ~ *ga aru* 事務員の空きがある Haver vaga de funcionário de escritório. ⟨S/同⟩ Ketsúín; kŭsékí. **3** [すきま] A fenda. ⟨S/同⟩ Sukímá. **4** [余白] O espaço; a margem. ★ ~ *o hiroku toru* 空きを広く取る Espaçar bem; deixar muito espaço [uma boa margem].
⟨S/同⟩ Yohákú (+). **5** [から] **[Pref.]** Vazio; desocupado. ◇ ~ **bin** **[kan]** 空き瓶[缶] A garrafa [lata] vazia. ◇ ~ **gara** ~. Kará.

akí³ 飽き (< akíru) A saciedade; o aborrecimento. ★ ~ *no konai shigoto* 飽きのこない仕事 Um trabalho que não aborrece. ⇨ iyá¹.

aki-áki 飽き飽き (< akí²) Enfadonho; maçador; cansativo. *Kare no naga-banashi ni wa mō* ~ *shita* 彼の長話にはもう飽き飽きした Já estou cheio (até aos olhos) das parlengas [arengadas] dele!
⟨S/同⟩ Uńzári.

akí-báré 秋晴れ (< …¹ + haré) O céu outonal [limpo; de outono].

akí-béyá 空き部屋 (< akí²**5** + heyá) O quarto vago.
⟨S/同⟩ Akí-má.

akí-bíyori 秋日和 (< …¹ + hiyóri) Um dia outonal [lindo/de outono].

akí-chí 空き地 (< akí²**5**) Um terreno desocupado.

akí-guchi 秋口 (< …¹ + kuchí) O começo do outono.
⟨S/同⟩ Shoshú.

akí-má 空き間 O quarto vago. ★ ~ *ari* 空き間あり (掲示) Há [Temos] quartos vagos! ⟨S/同⟩ Akí-béyá (+).

akí-mákí 秋蒔き (< …¹ + máku) A sementeira de outono. ★ ~ *no negi* 秋蒔きのネギ A cebolinha semeada no outono.

akí-méku 秋めく Entrar no [Ser pleno] outono.

akínái 商い (< akínáu) **[A.]** O comércio [negócio]. ★ ~ *ga ōi [sukunai]* 商いが多い[少ない] Ter muita [pouca] venda. ⟨S/同⟩ Báibai; shóbai (+).

akínáu 商う Negociar. ⟨S/同⟩ Shóbai (o) suru.

akíndo 商人 **[A.]** O negociante [comerciante].
⟨S/同⟩ Shónin (+).

akíppói 飽きっぽい (< akíru + poi) 「pessoa」 Inconstante [Que se aborrece depressa]. ★ *Akipposa* 飽きっぽさ A inconstância. ⟨S/同⟩ Akíyásúí.

akíraka 明らか **1** [明るい]「luar」Claro. ⟨S/同⟩ Aká-

akírámé

rúi (+). **2** [はっきりしているさま] Claro; evidente; manifesto; patente. *Kare no mujitsu wa ~ da* 彼の無実339 miru yori mo ~ da 結果は火を見るよりも明らかだ O resultado é ~ [está à vista]. *~ na jijitsu* 明らかな事実 Um fa(c)to evidente. *~ no shōko* 明らかな証拠 Uma prova evidente. *~ ni naru* 明らかになる Esclarecer-se; ficar claro. *~ ni suru* 明らかにする Esclarecer; tornar claro. S/園 Jiméi; meihákú.

akírámé 諦め (< akíráméru) O saber esquecer [desistir/perder (no jogo)]; o conformar-se「com a realidade」; o não ser teimoso. *Nanigoto mo ~ ga kanjin da* 何事も諦めが肝腎だ Em tudo é importante saber desistir a tempo. ★ *~ ga hayai* [yoi] 諦めが早い [良い] Saber esquecer. *~ ga osoi* [warui] 諦めが遅い [悪い] Não saber esquecer. *~ ga tsuku* [tsukanai] 諦めがつく [つかない] Conformar-se [Não se conformar]. S/園 Dannén; kánnen; omói-kírí.

akíráméru 諦める (⇨ akírámé) Desistir; conformar-se. *Watashi wa mada kare no koto o akirameta wake de wa nai* 私はまだ彼の事を諦めた訳ではない Não (é) que eu tenha desistido dele「mas ...」. ★ *Akirame-kirenai* 諦めきれない Não poder desistir [conseguir esquecer]; não se conformar. *Akiramekitte* 諦めきって Desistindo inteiramente. *Shikata naku ~* 仕方なく諦める Desistir por força das circunstâncias. S/園 Dannén suru; omói-kíru.

akíré-gáó 呆れ顔 (< akírérú + kaó) A cara de admirado/a.

akíré-hátéru 呆れ果てる (< akírérú + ...) Ficar completamente pasmado. S/園 Akíré-káeru.

akírérú 呆れる Ficar pasmado [boquiaberto/ató(ô)nito]「de admiração」. ★ *Akireta koto o iu* 呆れたことを言う Dizer disparates [coisas de pasmar]. *Akireta yatsu da* 呆れた奴だ É um tipo [gajo/cara (B.)] impossível!

Akírésu-kén アキレス腱 **1**「かかとの上の腱」【Anat.】O tendão de Aquiles. ★ *~ o kiru* [*itameru*] アキレス腱を切る [痛める] Cortar o [Ferir-se no] ~. **2** [弱点] 【Fig.】O calcanhar de Aquiles (Ponto vulnerável 「fraco」). *Kore ga kare no ~ da* これが彼のアキレス腱だ Este é o ~ dele. S/園 Jakúten (+); yowámí.

akíru 飽 [厭] きる **1** [いやになる] Cansar-se「de」; aborrecer-se「de」; fartar-se. *Kare ni wa ~ hodo jiman-banashi o kikasareta* 彼には飽きるほど自慢話を聞かされた Já estou cheio「farto/enjoado」de ouvir as gabarolices dele. ★ *Akisaseru* [*Akisasenai*] 飽きさせる [飽きさせない] Cansar [Não cansar]. *Akizu ni* 飽きずに Sem se cansar. ◇ **~ mi** [*kiki*] **~.** S/園 Unzári-suru. ⇨ iyá[1] ni naru. **2** [満足・堪能する] Saciar-se; fartar-se. ★ *~ hodo taberu* [*nomu*] 飽きる程食べる [飲む] Comer [Beber] até à saciedade. *~ koto o shiranai* 飽きることを知らない Ser insaciável. S/園 Mánzoku suru; tannō súrú.

akisáku 秋作 As colheitas ou as culturas (Sementeiras) do outono. ⇨ áki[1].

akí-sáme 秋雨【E.】(< ...[1] + ame) A chuva de outono (Fria). ◇ **~ zensen** 秋雨前線 A frente [O anticiclone] de ~. S/園 Shūu; shūrín. ⇨ harú-sáme.

akí-sú 空き巣 (< aku[2]) **a)** O ninho vazio; **b)** A casa sem ninguém. ◇ **~ ni hairu** [*hairareru*] 空き巣に入る [入られる] Roubar casa sem ninguém [Ser roubado na ausência]. ◇ **~ nerai** 空き巣狙い O ratoneiro [descuidista (B.)] (Ladrão que rouba casas quando os donos não estão).

aki-tará[i]nái 飽き足ら [り] ない (< akíru + Neg. de "tarírú") **a)** Não ficar satisfeito; **b)** Que não satisfaz; insatisfatório. *Aitsu wa koroshite mo ~ yatsu da* あいつは殺しても飽き足らない奴だ Aquele tipo, mesmo se o matar, ainda lhe hei-de ficar com raiva. ★ *~ kimochi* 飽き足らない気持ち A sensação de insatisfação. S/園 Mánzoku suru.

akiyá 空 [明] き家 A casa vazia [desocupada].
⇨ akí-má.

aki-yásúi 飽 [厭] きやすい ⇨ akíppói.

akí-zóra 秋空 (< ...[1] + sóra) O céu outonal (Límpido).

akká[1] 悪化 (⇨ áku[5]) O mudar para pior; o agravamento. *Chichi no byōjō wa ~ no itto o tadotta* 父の病状は悪化の一途をたどった A doença do meu pai foi sempre piorando [foi-se agravando cada vez mais]. ★ *~ suru* 悪化する「a situação」Agravar-se [Piorar/Deteriorar].

ákka[2] 悪貨 A moeda má [divisionária (B.)]. *~ wa ryōka o kuchiku suru* 悪貨は良貨を駆逐する "A ~ expulsa a boa" (Lei de Gresham).
S/園 Akúsén. A/反 Ryōka[2]. ⇨ káhei[1].

akkán[1] 圧巻【E.】**a)** O melhor 「do exame」; a melhor parte 「do livro」; **b)** O clímax [ponto culminante] 「da ópera」. S/園 Kessákú; kuráímákkusu; shusshókú.

akkán[2] 悪漢 O malfeitor [facínora/malandro]. ★ *~ ni osowareru* 悪漢に襲われる Ser atacado por um ~. S/園 Akúnín (+); akútó.

akké 呆気 (< akírérú +ki) O pasmo. ★ *~ ni torareru* 呆気に取られる Ficar pasmado [boquiaberto].
⇨ akírérú; bōzén.

akkéi 悪計 O conluio; a intriga. ★ *o megurasu* 悪計を巡らす Armar um/a ~.
S/園 Bōryákú; inbō. ⇨ keíryákú; sakúryákú.

akkénái 呆気ない (< akírérú + ki + ...) Que não satisfaz; inglório. ★ *~ shōri* 呆気ない勝利 A vitória fácil (e sem graça). *Akkenaku shinu* 呆気なく死ぬ Morrer ainda jovem. S/園 Monó-tárínái.

akkérákán あっけらかん【G.】**a)** ⇨ pokán [keróri to]; **b)** Despreocupado. ★ *~ to shita taido*/ *~ a* あっけらかんとした態度 Uma atitude impassível. **c)** Claramente. ★ *~ to kataru* あっけらかんと語る Falar às claras, sem fazer mistério.

akkí 悪鬼 Os maus espíritos 「de casas mal-assombradas」. ⇨ oní[1].

akkō [ōo] 悪口 (< warúi kuchí) O ser má-língua; as palavras injuriosas. ★ *~ o iu* 悪口を言う Injuriar; dizer palavras injuriosas. ◇ **~ zōgon** 悪口雑言 Uma cascata de injúrias [O rogar muitas as pragas] [~ *zōgon no kagiri o tsukusu* 悪口雑言の限りを尽くす Dizer as últimas "a alguém"].
S/園 Akútái; warú-g[k]uchi (+).

akódai [ōo] 赤魚鯛【Zool.】O pargo de mitra.
⇨ tái[1].

akódeon [ōo] アコーデオン (< Ing. < Gr. akkordion) O acordeão; a concertina. ◇ **~ doa** [*kāten*] アコーデオンドア [カーテン] A porta [cortina] em fole.
S/園 Tefúkin.

akógáré 憧れ (< akógárérú) A admiração; a aspiração; o anelo [desejo]; o sonho. ★ *~ no Rio* [*dansei*] 憧れのリオ [男性] O Rio (de Janeiro) [homem] dos meus sonhos. *~ o motsu* [*kanjiru*] 憧れを

akógárérú 憧れる Aspirar; adorar; desejar; sonhar「com casar/ser piloto」; anelar [ansiar]; sentir paixão「por alguém」. ★ *Tokai no seikatsu ni* ~ 都会の生活に憧れる Ser atraído pela [Desejar viver na] cidade. [*Meisei*; *Tomi*; *Chii*] *ni* ~ [名声; 富; 地位] に憧れる Aspirar à fama [às riquezas/a (altos) cargos]. Omói-kógárérú.

ákogi 阿漕 [G.] A avidez [sede]「de riqueza」; a busca desregrada do lucro. ~ *na mane o suru na* あこぎな真似をするな Não sejas tão ganancioso. ★ ~ *na shōbai* あこぎな商売 Um negócio sórdido [sujo]. ⓈⒸⒾ Don'yókú (+).

akóyágai 阿古屋貝 [Zool.] A margarita (A concha das pérolas); *pinctada martensii*. ⓈⒸⒾ Tamágai.

akú¹ 明[開・空]く **1**[ひらく] Abrir(-se). *Ginkō wa ku-ji ni* ~ 銀行は9時に開く O Banco abre às 9 (horas). *Tobira ga hosome ni aite iru* 扉が細めに開いている A porta está entreaberta. *Bin ga nakanaka akanai* びんがなかなか開かない Está difícil de abrir esta garrafa. ⓅⒸⁿⁱˢᵒ *Aita kuchi e [Tana kara] botamochi* 開いた口へ[棚から]ぼた餅 "Juntar-se a fome à vontade de comer"/Ser oiro sobre azul/Vir mesmo caidinho do céu/Vir a calhar. Ⓘ/Ⓒ *Aita kuchi ga fusagaranai* 空いた口がふさがらない Ficar boquiaberto (de espanto). ⓈⒸⒾ Hiráku. Ⓐ/反 Shimáru.

2[からになる] Estar livre [desocupado]. *Aita basho o sagashite kuruma o tometa* 空いた場所を探して車をとめた Procurei um lugar livre e estacionei o carro. ★ *Aite iru ie [heya; seki]* 空いている家[部屋; 席] Uma casa (sala; cadeira) desocupada. Ⓐ/反 Fuságárú.

3[使わなくなる; ひまになる] Estar livre. *Kyō wa goji made wa karada ga akanai* 今日は5時までは身体があかない Hoje não estou livre antes das 5 horas. ★ *Jikan ga* ~ 時間が空く Ter [Ficar com] tempo. Ⓐ/反 Fuságárú.

4[欠員ができる] Abrir [Haver] vaga. *Jūyaku no posuto ga aita* 重役のポストが空いた Há um posto de dire(c)tor [administrador] vago. ⇨ Fuságárú. ⇨ **ku 2**; ketsúín.

5[すきまができる] Haver espaço [distância]. *Uchi to tonari wa aida ga ichi-mētoru mo aite inai* 家と隣は間が1メートルも空いていない Entre a minha casa e a do vizinho não há sequer 1 metro. Ⓐ/反 Fuságárú.

áku² 飽[厭]く Saciar-se; saturar-se. ★ ~ *koto o shiranu kōkishin* 飽くことを知らぬ好奇心 Uma curiosidade insaciável. ⓈⒸⒾ Akíru (+).

áku³ 悪 **1**[悪いこと] O mal; os vícios. ★ ~ *ga habikoru* 悪がはびこる Reinar o [Haver muito] mal「no mundo」. ~ *ni sasou* 悪に誘う Atrair para o mal. ~ *ni somaru* 悪に染まる Estar enterrado [mergulhado] nos vícios. ~ *ni (uchi) katsu [makeru]* 悪に(打ち)勝つ[負ける] Sobrepujar o [Render-se ao] mal. ~ *o kasaneru* 悪を重ねる Recair (no vício). ~ *o korashimeru* 悪を懲らしめる Castigar o(s) ~. Ⓐ/反 Zén. ⇨ fuseí; tsúmi; zaíaku. **2**[芝居の敵役] O papel de vilão [「ser」O mau da fita]. Katakíyakú. Ⓐ/反 Zén.

akú⁴ 灰汁 **1**[あくじる] A lixívia. ◇ ~ *jiru* 灰汁汁 A barrela. ⇨ **~arai**. ⓈⒸⒾ Akú-jírú. **2**[しぶみ] O tanino (De frutos/plantas); o travo. ★ ~ *ga tsuyoi*

灰汁が強い Ter muito ~; ser muito adstringente. ~ *o nuku* 灰汁を抜く Tirar o ~ (⇨ **~nuki**). ⓈⒸⒾ Shibúmí. **3**[煮汁の上に浮く泡] A escuma. ★ *Sūpu no* ~ *o sukuu* スープの灰汁をすくう Tirar a ~ do caldo [da sopa]. **4**[どぎつさ] O ser forte;「o estilo」mordaz. ★ ~ *no tsuyoi hito* 灰汁の強い人 Uma personalidade forte (quase) agressiva. ⓈⒸⒾ Dogítsúsa.

áku [áa] アーク (< Ing. arc < L.) [Fís.] **1**[孤光] O arco voltaico. ~ *ro* アーク炉 O forno a [de] arco voltaico. ~ *yōsetsu* アーク溶接 A soldagem a arco voltaico. Kokó. **2**[アーク灯] A lâmpada de ~. ◇ ~ **tō**.

akú-árai 灰汁洗い (< ~⁴ + aráu) A lavagem com lixívia; uma barrela.

akúárángu アクアラング (< L. aqua + < Ing. lung) O escafandro. ★ ~ *o tsukeru* アクアラングをつける Pôr [Vestir] o ~. ⓈⒸⒾ Señsúí-hai; sukyúba.

ákuba 悪罵 [E.] O insulto; o palavrão; a(s) palavra(s) feia(s). ★ ~ *o abiseru* 悪罵を浴びせる Chamar nomes; insultar; dirigir insultos「a」. ~ *suru* 悪罵する Insultar [Dizer palavrões]. ⓈⒸⒾ warú-kuchi.

akúbi¹ 欠伸 O bocejo [abrir a boca]. ★ ~ *ga deru* あくびが出る Bocejar [Ter um bocejo]. ~ *no deru yō na hanashi* あくびの出るような話 Uma conversa aborrecida [que faz bocejar]. ~ *o kami-korosu* あくびを嚙み殺す Parar o ~. ~ *o te de kakusu* あくびを手で隠す Esconder [Tapar] o ~ com a mão. ◇ ~ **nama** ~.

ákubi² 悪日 O dia de azar.

akúbún 悪文 **a)** Um estilo mau [fraco/pobre/canhestro/reles]; **b)** Frases mal feitas. Ⓐ/反 Bibún; tatsúbún.

akú-byódō [**byóo**] 悪平等 O igualitarismo (Falsa igualdade).

akú-dámá 悪玉 O mau「da fita」; o vilão. ⓈⒸⒾ Akú-yákú (+). Ⓐ/反 Zén-dámá.

akúdó 悪童 A criança travessa; o diabrete. Itázúrákko (+); wañpákú (kózó).

akúdói あくどい **1**[しつこい] Exagerado; enjoativo; pesado. ★ ~ *iro* あくどい色 Uma cor berrante [espalhafatosa/exagerada]. Kudói; shitsukói. ⇨ dokúdókúshíí. **2**[悪らつな] Mau; feio; desonesto. ~ *itazura o suru* あくどいいたずらをする Pregar partidas de mau gosto. ~ *shōbai* あくどい商売 Um negócio desonesto [sujo]. ★ *Akudou mōkeru* あくどくもうける Ganhar dinheiro desonestamente. ⓈⒸⒾ Akúrátsú ná.

akúdosa あくどさ (Sub. de akúdói) O exagero.

akú-eíkyō 悪影響 A influência má [perniciosa]. ★ ~ *o oyobosu* 悪影響を及ぼす Ter [Exercer] uma ~「na saúde」. ~ *o ukeru* 悪影響を受ける Receber ~.

akúékí 悪疫 A epidemia [praga]. ⇨ ekíbyó.

akúén 悪縁 **1**[よくない縁] O mau destino. Ⓐ/反 Ryōén. **2**[くされ縁] O casamento infeliz; o ter de estar juntos por força「de algo」. ⓈⒸⒾ Kusáréén (+).

akúfú 悪風 **1**[悪いならわし] O vício [mau costume]. ★ ~ *ni somaru* 悪風に染まる Viver no vício [Estar cheio de vícios]. ⓈⒸⒾ Akúhéí; akúshū. Ⓐ/反 Bifú; ryófú.

2[悪い風] O mau vento.

akúgō 悪業 [A./Bud.] O pecado desta ou anteriores existências. Ⓐ/反 Zeñgó.

akúgyáku 悪逆 【E.】 Uma atrocidade; o crime hediondo; a traição. ◇ **~ mu** [**hi**] **do** 悪逆無[非]道 A atrocidade sem-par.

akúgyō 悪行 A malvadez; a má a(c)ção [conduta]. ★ ~ *no kagiri o tsukusu* 悪行の限りを尽くす Praticar toda a sorte [espécie] de maldades. S/間 Ákuji. A/反 Zeńkō.

akúhéi 悪弊 Um abuso; práticas [a(c)ções] reprováveis. ★ ~ *o issō no yōni suru* 悪弊を一掃する Varrer de vez [Limpar para sempre] os/as ~. *Kyū-seido no* ~ 旧制度の悪弊 Os/As ~ do antigo regime. S/間 Akúfū; akúshū.

akúhéki 悪癖 Um vício [mau hábito]「de roer as unhas」. ★ ~ *o naosu* [*kyōsei suru*] 悪癖を直す「矯正する」Corrigir o ~「de se embebedar」. ⇨ kusé.

akúhítsu 悪筆 A letra [caligrafia] feia; os rabiscos [gatafunhos]; os garranchos (B.). A/反 Nōhítsú; tappítsú.

akúhō 悪法 Uma lei perversa [prejudical; má; dura; opressiva]. ★ ~ *mo hō da* 悪法も法だ A lei é lei (ainda que seja má) (L. "Dura lex, sed lex").

akúhyō 悪評 (< warúi hyōbáń) **a)** A má fama [reputação]; **b)** A crítica desfavorável. ★ ~ *o kōmuru* 悪評を被る Ser vítima de ~. ~ *o ukeru* 悪評を受ける Receber uma crítica desfavorável「do livro」. ~ *suru* [*o kudasai*] 悪評する[を下す] Criticar desfavoravelmente; difamar. S/間 Fuhyō. A/反 Kōhyō. ⇨ hyōbáń.

ákui 悪意 **1** [悪い意志] A má intenção [fé; vontade]; a malevolência. ★ ~ *ga atte itta no de wa nai* 悪意があって言ったのではない Não disse isso por mal]! ★ ~ *ni michita* 悪意に満ちた Cheio de ~. ~ *no nai* 悪意のない Sem ~. ~ *o motsu* [*idaku*] 悪意を持つ[抱く] Ter ~. S/間 Tékii. A/反 Zéń'i. ⇨ kói². **2** [悪い意味] O mau sentido. ★ ~ *ni kaishaku suru* 悪意に解釈する Interpretar mal [no ~]. ~ *ni toru* 悪意に取る Tomar no ~ [Levar a mal].

akuji 悪事 Uma a(c)ção má; o crime. *Kare no* ~ *ga roken shita* 彼の悪事が露見した O crime dele fez-se [veio a] público. ★ ~ *ni katan suru* 悪事に加担する Ser cúmplice num crime. ~ *o hataraku* 悪事を働く Cometer um ~; praticar uma ~. ~ *o kasaneru* 悪事を重ねる Reincidir (no crime). ~ *o takuramu* 悪事を企む Maquinar um crime. Pことわざ ~ *senri o hashiru* 悪事千里を走る As más notícias correm depressa/O mal sabe-se logo. A/反 Zénji.

akújiki 悪食 **1** [いかもの食い] As [O que gosta de] comidas estranhas (Que o comum da gente não come). S/間 Ikámónó-gui (+). **2** [粗食] A alimentação fraca; a dieta pobre.

akú-jírū 灰汁 ⇨ akú-jíro ◇.

ákujo 悪女 **1** [毒婦] Uma mulher má [perversa]; uma víbora. S/間 Dókufu. **2** [醜婦] Uma mulher feia; a bruxa. Pことわざ ~ *no fuka-nasake* 悪女の深情 O amor que não larga, de uma mulher feia/Amores que matam. S/間 Shikómé (+); shúfu. A/反 Bíjin; bíjo.

akú-jōken [*óo*] 悪条件 As condições más [desfavoráveis]. ★ ~ *no moto de* 悪条件の下で Em [Com] ~. S/間 Kō-jōken.

akú-júnkan 悪循環 Um círculo vicioso. ★ ~ *ni ochiiru* 悪循環に陥る Cair num ~. ~ *o tatsu* 悪循環を断つ Romper o ~.

akú-kánjō 悪感情 A antipatia; a impressão má [desagradável]. ★ ~ *o ataeru* 悪感情を与える Dar [Causar] ~. ~ *o idaku* 悪感情を抱く Ter [Sentir] antipatia. S/間 Kō-kánjō. ⇨ áku³.

akúkéi 悪計 ⇨ akkéi.

akú-kíryū 悪気流 【A.】A turbulência de ar. S/間 Rańkíryū (+).

akuma 悪魔 O diabo; Satanás; o espírito maligno [mau/do mal]. ★ ~ *no yōna* 悪魔のような Diabólico; demoníaco; satânico; luciferino. ◇ **Ko ~** 小悪魔 O diabrete. ⇨ baké-mónó; ma-mónó.

akumá-bárai 悪魔祓い (< … + haráu) O esconjuro; o exorcismo. ⇨ ma-yóke.

akumade (**mo**) 飽くまで(も) (< akíru + …) **1** [最後まで] Até à última [(a)o fim]; custe o que custar; de qualquer maneira. ★ ~ *akiramenai* 飽くまで諦めない Não desistir, haja o que houver [custe o que custar (+)]. ~ *hantai suru* 飽くまで反対する Ser inteiramente contra. S/間 Kyokúryóku; tokótón. ⇨ sáigo¹. **2** [限定して] Obrigatoriamente; só. *Shōrai dō suru ka wa* ~ *honnin ga kimeru koto da* 将来どうするかは飽くまで本人が決めることだ Quem decide o seu futuro é (só) o próprio. **3** [非常に] Extremamente; muito. *Sora wa* ~ *aoku sumikitte ita* 空は飽くまで青く澄み切っていた O céu estava completamente [~] claro.

akumá-yóke 悪魔除け (< … + yokéru) ⇨ mayóke.

akúméi 悪名 【E.】A má fama [reputação]. ★ ~ *ga takai* 悪名が高い Ter muito má fama. ~ *o todorokasu* 悪名をとどろかす Ganhar má fama. S/間 Akúhyō; akúmyō; oméi. ⇨ Biméi.

akumu 悪夢 O sono mau [triste]; o pesadelo. ★ ~ *kara sameru* 悪夢から覚める Acordar dum [com um] pesadelo. ~ *ni unasareru* 悪夢にうなされる Ter um pesadelo. ~ *no yō na dekigoto* 悪夢のような出来事 Um (acontecimento desagradável como um) pesadelo. S/間 Kyōmu.

akúmyō 悪名 ⇨ akúméi.

akú-naki 飽くなき 【E.】Insaciável. ★ ~ *yabō* 飽くなき野望 A cobiça. S/間 Tayúmánu.

akúnin 悪人 Um (indivíduo) mau; os maus. S/間 Akkáń; akútō. A/反 Zeńnín.

akú-núki 灰汁抜き (< … '**2** + nukú) O tirar o tanino.

akúrátsu 悪辣 O ser velhaco [mau; perverso; sujo; vil]. ★ ~ *na shudan* 悪辣な手段「usar」Meios maus/vis/sujos. S/間 Akúshítsú (+).

akúréi 悪例 Um mau exemplo [precedente]. ★ ~ *o tsukuru* [*nokosu*] 悪例を作る [残す] Criar ~.

akúrírú アクリル (< Ing. acryl) 【Quím.】O acrílico. ◇ ~ **jushi** アクリル樹脂 A resina acrílica. ~ **san** アクリル酸 O ácido acrílico. ~ **sen'i** アクリル繊維 A fibra acrílica.

akuro 悪路 Um caminho mau [intransitável]; a estrada má.

akúróbátto アクロバット (< Ing. < Gr. akróbatos: "ir para o ar") **1** [曲芸] A acrobacia. ◇ ~ **hikō** アクロバット飛行 O voo de ~. S/間 Karúwázá; kyokúgéi. **2** [軽業師] O acrobata. S/間 Karúwázashi, kyokúgéi-shi.

akúróréin アクロレイン (< Al. < L. acre + olére: "cheiro acre") A acroleína (C_3H_4O).

akúrú 明くる Seguinte 【A seguir】. ★ ~ *asa* [*hi*; *tsuki*; *toshi*] 明くる朝 [日; 月; 年] Na manhã [No dia/mês/ano] seguinte. ~ *san-gatsu muika* 明くる3月6日 No dia seguinte, 6 de M[m]arço.

[S/同] Tsugí no; yokú-.

akúryō 悪慮 ⇨ réi⁴.

akúryoku 悪力 A força na mão (ao apertar algo). ★ ~ *ga tsuyoi* [*yowai*] 握力が強い [弱い]Ter muita [pouca] força na mão.

akúryóku-kéi 握力計 O dinamó[ô]metro.

akúsái 悪妻 A mulher (Esposa) má. [Pことわざ] ~ *wa hyaku-nen no fusaku* 悪妻は百年の不作「~ é pior que 100 colheitas más」. [A/反] Ryōsái. ⇨ tsúma¹.

akúséi¹ 悪性 (O ser de) natureza maligna. ★ ~ *no kaze* 悪性の風邪 A gripe maligna [mórbida]. ◇ **~ hinketsu** 悪性貧血 A anemia maligna. **~ infure** 悪性インフレ A inflação galopante. **~ shuyō** 悪性腫瘍 O tumor maligno [canceroso]. [A/反] Ryōséi.

akúséi² 悪政 O mau governo; a má administração. ~ *o okonau* 悪政を行う Malgovernar [Governar mal]. [A/反] Zenséi. ⇨ seíji¹.

akúséi³ 悪声 【E.】 A voz desagrável [de cana rachada]. [S/同] kóe.

akuseku (to) 齷齪 [偓促](と) Atarefadamente; com (toda a) azáfama. *Nani o sō ~ shite iru n da* 何をそうあくせくしているんだ Para que é toda essa azáfama? ★ ~ *hataraku* あくせく働く Mourejar [Ser escravo do trabalho]; andar atarefado [numa azáfama]. [S/同] Isógashíku; sékaseka.

akúséń 悪銭 **1** [⇨ ákka²] **2** [悪いことをして得た金] O dinheiro por meios ilícitos. ◇ **~** *mi ni tsukazu* 悪銭身につかず O dinheiro mal ganhado, água o deu, água o levou.

akúséń-kutō 悪戦苦闘 **a)** A luta renhida [encarniçada]; **b)** O esforço heróico. ★ ~ *suru* 悪戦苦闘する Lutar [Pelejar] encarniçadamente/com unhas e dentes.

ákusento アクセント (< Ing. accent < L. ad+cantus: "para cantar") **1** [強拍 (文法)] O acento (tó[ô]nico). ★ ~ *no aru* [*nai*] アクセントのある [ない] Tó[ô]nico [Átono]; acentuado/com ~ [não acentuado/sem ~]. ★ ~ *o oku* アクセントを置く Pôr o acento [Carregar na sílaba tónica]. [S/同] Shuóń. ⇨ gochō¹; goséi²; yóon. **2** [アクセント記号] O acento (Sinal ortográfico). ◇ **~ kigō** アクセント記号 [Os sinais ortográficos de acentuação]. **3** [なまり] O sotaque. ★ *Hen na ~ de hanasu* 変なアクセントで話す Falar com um ~ estranho. **4** [強調点] O contraste; o efeito; o realce. ★ ~ *o tsukeru* アクセントをつける Pôr ~.

ákuseru アクセル (< Ing. accelerator < L. ad+celer: "rápido") O (pedal do) acelerador. ★ ~ *o fukasu* アクセルをふかす Carregar com toda a força no ~ [Ir a toda a velocidade]. ★ ~ *o fumu* アクセルを踏む Carregar no ~. kasókú.

ákusesarī アクセサリー (< Ing. accessory < L. accessorius) Os acessórios; os adereços. ★ ~ *o tsukeru* アクセサリーを付ける Pôr adereços (Adornos).

ákushidento アクシデント (< Ing. accident < L. accidere: "acontecer") Um「pequeno」acidente. [S/同] Jíko. ⇨ íken.

akúshíń 悪心 A malícia; um mau pensamento [sentimento]. ★ ~ *o okosu* 悪心を起こす Deixar-se levar por maus ~s. [S/同] Ákui (+). [A/反] Zénshíń.

akúshítsú¹ 悪質 **1** [たちの悪いこと] O ser mau [vil; malévolo; pernicioso] por natureza. ★ ~ *na hanzai* 悪質な犯罪 O crime premeditado. ~ *na senden* 悪質な宣伝 A propaganda vil [desonesta]. [S/同] Akúrátsú; akúséí. ⇨ shōwárú. **2** [品質の悪いこと] De má [fraca] qualidade. [S/同] Soáku. [A/反] Ryóshítsú.

akúshítsú² 悪疾 Uma doença ruim (Difícil de curar). ~ *ni okasareru* 悪疾に侵される Ter [Ser atacado por] ~. [S/同] Gôbyó (+); nañbyó (o).

ákushi⁇ 悪書 O livro mau [pernicioso/nocivo]. ~ *no tsuihō* 悪書の追放「um movimento para」A eliminação dos ~s. [A/反] Ryósho.

ákushō 悪所 **1** [⇨ nañshó] **2** [遊里] Um lugar de prostituição. ◇ **~ gayoi** (⇨ kayóú) 悪所通い O ir a ~. [S/同] Yúkáku (o); yúri (+).

ákushon アクション (< Ing. < L. actio) **1** [行動・動作] A a(c)ção; o movimento. ★ ~ *ga ōkii* アクションが大きい Ser muito movimentado [dinâmico]. [S/同] Dôsa; Kódō. **2** [演技] A a(c)ção (dramática); a representação; os gestos; o desempenho. [S/同] Éngi (+). **3** [活劇] Uma cena violenta [com muita a(c)ção]. ◇ **~ eiga** アクション映画 O filme com muita a(c)ção.

ákushu 握手 **1** [手を握り合うこと] O aperto de mão; a mãozada. ★ ~ *o kawasu* [*suru*] 握手を交わす [する] Dar um/a ~「a alguém」. ~ *o motomeru* 握手を求める Estender a mão (para dar um ~). ~ *zeme ni au* 握手攻めに会う Sofrer um assalto de apertos de mão. *Katai* ~ 固い握手 Um forte ~. **2** [和解・協力・提携すること]「fazer」As pazes; reconciliar-se. *Naka no warukatta ryo-koku mo tsui ni ~ suru hi ga kita* 仲の悪かった両国もついに握手する日が来た Chegou enfim o dia de os dois países inimigos fazerem as pazes. ⇨ kyóryókú¹; teíkéí⁎; wakáí².

ákushū¹ 悪臭 O mau cheiro; o fedor; o cheiro desagradável [nauseabundo]. ★ ~ *no aru* [*suru*] 悪臭のある [する] Fétido; fedorento; mal-cheiroso. ★ ~ *o hanatsu* 悪臭を放つ Deitar um ~; cheirar mal. ~ *o nozoku* [*kesu*] 悪臭を除く [消す] Tirar um ~. *Hana o tsuku* ~ 鼻をつく悪臭 Um ~ que irrita as narinas. [S/同] Ishū; shúki. [A/反] Hōkō. ⇨ kusáí¹.

ákushū² 悪習 Um vício [mau hábito]. ★ ~ *ni somaru* 悪習に染まる Estar enterrado nos ~. ~ *o yaburu* [*daha suru*] 悪習を破る [打破する] Vencer [Libertar-se de/Cortar (de vez) com] um ~. [S/同] Akúhéki. [A/反] Ryóshū. ⇨ shúkáń¹.

akú-shúmi 悪趣味 **1** [下品な趣味] O mau gosto. *Kare wa fukusō ni tsuite wa hidoku ~ da* 彼は服装についてはひどく悪趣味だ No vestir, é de um ~ incrível. ★ ~ *na shúmi* (⇨ "cor")De ~. **2** [人を困らせて喜ぶ趣味]「brincadeira de」Mau gosto.

akútá 芥 【E.】 O lixo; a poeira; a sujeira. [S/同] Chirí; gomí. ⇨ hokóri¹.

akútái 悪態 A linguagem ou palavras grosseiras. ★ ~ *o tsuku* 悪態をつく Dizer grosserias [Chamar nomes]「a alguém」. [S/同] Akútáré-gúchí; nikúwaré-gúchí (+); warú-kuchi (+).

akútáré あくたれ 【G.】 O maroto; a marotice [travessura; diabrura]. ◇ **~ kozō** あくたれ小僧 O diabrete. [S/同] Yañchá.

akútáré-gúchi あくたれ口 (< ... + kuchí) 【G.】 A linguagem ou palavras atrevidas [feias].

akú-ténkō 悪天候 O mau tempo; a intempérie. *Kare-ra wa ~ o tsuite* [*okashite*] *ryō ni deta* 彼らは悪天候を衝いて [冒して] 漁に出た Apesar do/a ~ (lá)

A

partiram para a pesca. ⇨ árashi[1].

akútṓ [**óo**] 悪党 Um malvado; uma corja (Grupo de malvados). ◇ **~ zura** 悪党面 A cara de malvado. [S/同] Akkáń; akúníń; warú-mónó.

ā́kú-tṓ [**aá**] アーク灯 (< Ing. arc + …) A lâmpada de arco voltaico. ⇨ ā́ku.

akútókú 悪徳 A corrupção; a perversidade. ◇ **~ seijika** 悪徳政治家 Um político corrupto. **~ shōnin** 悪徳商人 Um comerciante desonesto [ladrão]. [S/同] Fu-dṓtoku; ińchíkí. [A/反] Bitókú.

akú-úń 悪運 **1** [不運] A má [pouca] sorte. ★ ~ *ni mimawareru* 悪運に見舞われる Ter pouca sorte. [S/同] Fú-un; hí-un. [A/反] Kṓúń. **2** [悪いことをして,その報いを受けずにすむこと] A sorte do(s) diabo(s) (G.). *Ano dai-jiko de kega hitotsu shinai to wa nan to ~ no tsuyoi yatsu da* あの大事故でけがひとつしないとはなんと悪運の強いやつだ Um acidente daqueles e nem uma ferida! Que sorte (dos diabos) o tipo teve! ★ ~ *ga tsuyoi* 悪運が強い Ter uma ~.

akú-yákú 悪役 O papel de mau [vilão]「da fita」. ★ ~ *o enjiru* 悪役を演じる Ser [Representar] o mau. [S/同] Akú-dámá; katákí-yákú.

akúyṓ 悪用 O mau uso; o abuso. ★ *Kenryoku o ~ suru* 権力を悪用する Abusar do poder [da autoridade]. [A/反] Zeń'yṓ. ⇨ rań'yṓ.

akúyū́ 悪友 **1** [悪い友] A má companhia; o mau colega. ★ ~ *to majiwaru* 悪友と交わる Andar [Meter-se] com más companhias. [A/反] Ryṓyū́. **2** [親しい友] Um velho amigo. *Kare to wa kodomo no koro kara no ~ da* 彼とは子供のころからの悪友だ Ele e eu somos velhos amigos desde pequenos.

akú-záiryō 悪材料 Um fa(c)tor desfavorável「na Bolsa」. [A/反] Kṓ-záiryō.

akú-zéí 悪税 O imposto exorbitante [injusto; demasiado pesado]. [S/同] Jū́zéí (+) ; kokúzéí.

áma[1] 尼 **1** [女僧] A freira budista. [S/同] Nyosṓ. **2** [修道女] A freira cristã. [S/同] Shísutā [Shū́dṓjo] (+). **3** [女を卑しめて]【Chu.】 A mulher sem vergonha.

áma[2] 亜麻【Bot.】O linho; *linum usitatissimum*. ◇ **~ iro** 亜麻色 Loiro (Como o ~ maduro). ⇨ asá[2].

áma[3] 海女 A búzia [mergulhadora] (Uma atra(c)ção turística do Japão; apanham ostras, algas, etc., até 20m de profundidade).

áma[4] アマ (Abrev. de "amáchúá") O amador. ◇ **~ resu** アマレス A luta de amadores. [A/反] Púro. ⇨ puró-résú.

amá-áí 雨間 (< áme[1] + aímá) Uma aberta (Breve interrupção da chuva).

amá-áshí 雨脚 [足] (< áme[1] + …) A chuva (Lit.: "as pernas da chuva"); o pé-d'água. ~ *ga hageshiku natta* 雨脚が激しくなった Começou a chover a cântaros. ★ ~ *ga hayai* 雨脚が早い ~ avança rápido/a「e apanha-nos」.

amá-bóshí 甘干し (< amái + hósu) **1** [⇨ hoshí-gákí] **2** [⇨ namá-bóshí]

amáchá 甘茶【Bot.】Uma espécie de hortênsia (⇨ ajísai) ou o chá dela; *hydrangea serrata*.

amáchúá アマチュア (< Ing. < Fr. < L. amator) Amador (Por oposição a profissional). ◇ **~ musen tsūshin-sha** [**musen-ka**] アマチュア無線通信者 [無線家] Um rádio-amador (autorizado pelo Governo) (⇨ hámu[2]). **~ seishin** アマチュア精神 O amadorismo. **~ supōtsu** アマチュアスポーツ O desporto (P.) [esporte (B.)] de ~ [para amadores]. [S/同] Shírṓto. [A/反] Púro. ⇨ noń-púró.

amádai 甘鯛【Zool.】A brema; *branchiostegus*.

amá-dáré 雨垂れ (< áme[1] + taréru) O gotejar da chuva. [P/ことわざ] ~ *ishi o ugatsu* 雨垂れ石を穿つ "Água mole em pedra dura, tanto dá até que fura". ◇ **~ shiki** 雨垂れ式 À maneira do ~ [*Taipuraitā o ~ shiki de utsu* タイプライターを雨垂れ式で打つ Escrever à máquina como quem está a matar pardais (Só com um dedo)].

amá-dera 尼寺 (< … [1] + terá) O templo [A casa] de freiras budistas. [S/同] Bikúnídérá.

amá-do 雨戸 (< áme[1] + to[1]) Portadas corrediças (Exteriores) da casa típica japonesa. ★ ~ *o akeru* [*shimeru*] 雨戸を開ける [閉める] Abrir [Fechar] as portadas.

amá-doi 雨樋 (< áme[1] + tói) A caleira [O caleiro]; a goteira.

amáékkó [**amáéńbṓ**] 甘えっ子 [甘えん坊] (< amáérú + ko) Uma criança mimalha [mimada].

amáérú 甘える **1** [甘ったれる] Ser [Fazer-se] mimado; ter mimo; pedir [querer] festinhas. *Ko-inu wa amaete watashi ni suri-yotte kita* 小犬は甘えて私にすりよって来た O cachorrinho, a pedir [querer que lhe fizesse] festas, veio para o pé de mim. [S/同] Amáttárérú. ⇨ kobíru. **2** [つけ込む] "Abusar" (da bondade de alguém). *O-kotoba ni amaete o-negai itashimasu* お言葉に甘えてお願い致します É abusar, mas peço-lhe então esse grande favor.

amá-gáeru 雨蛙 (< áme[1] + kaérú)【Zool.】A rela [raineta] (Rã); a perereca (B.); *hyla arborea*.

amá-gáppa 雨合羽 (< áme[1] + kappá[2]) A capa para a chuva.

amá-gása 雨傘 (< áme[1] + kása) O guarda-chuva. ⇨ hi-gása.

amá-góí 雨乞い (< áme[1] + kóu) A cerimó[ô]nia para pedir chuva. ★ ~ (*o*) *suru* 雨乞い(を)する Pedir [Rezar pela] chuva.

amágu 雨具 Todo o equipamento (Botas, etc.) para se resguardar da chuva. ★ ~ *no yōi o suru* 雨具の用意をする Equipar-se [Ir preparado] para a chuva.

amá-gúmó 雨雲 (< áme[1] + kúmo) O nimbo (Nuvem pardacenta que traz em chuva). ~ *ga dete kita* 雨雲が出てきた Vem aí chuva!

amá-gúmorí 雨曇 (< áme[1] + kumórí) O céu chuvoso [carregado].

amá-guri 甘栗 (< amái + kurí) As castanhas assadas (Ou "Tenshin-guri").

amá-gutsu 雨靴 (< áme[1] + kutsú) O calçado para a chuva. ⇨ nagá-gútsú.

amáí 甘い **1** [甘味の] Doce. ~ *mono bakari taberu to ha ni warui* 甘い物ばかり食べると歯に悪い Comer muitas coisas doces [muito doce] é mau para os dentes.
2 [甘美な] Doce; melífluo; suave; agradável; tentador. *Yo no naka no sui mo ~ mo kami-waketa* [*shitte iru*] *hito da* 世の中の酸いも甘いもかみわけた [知っている] 人だ Ele saboreou [sabe o que são] as agruras e prazeres do mundo [da vida]. ★ ~ *kotoba o kakeru* [*sasayaku*] 甘い言葉をかける [ささやく] Dizer [Ciciar] palavras melífluas. [I/慣用] ~ *shiru o suu* 甘い汁を吸う Ficar com o maior lucro「do trabalho de vários」. [A/反] Nigái.
3 [塩がうすい] Com pouco sal; insosso. *Kono sūpu wa shio ga ~* このスープは塩が甘い A sopa está ~.

Ⓐ/反 Karái.
4 [厳しくない] Tolerante; demasiado brando; benigno; terno. *Karera ni ~ kao o miseru to tsuke-agaru zo* 彼らに甘い顔を見せるとつけ上がるぞ Se te mostras muito tolerante eles abusam. ★ *Onna ni ~* 女に甘い Ter um fraquinho pelas mulheres. *Tensū ga ~* 点数が甘い "professor" Ser um mãos-largas nas notas. Ⓐ/反 Karái; kibíshíi. ⇨ amá-yákásu.
5 [浅滑な; おろかな] Demasiado o(p)timista. *Kare wa mono no mikata ga ~* 彼は物の見方が甘い Ele vê tudo [as coisas] de maneira ~. ★ *~ kangae* 甘い考え A opinião ~. *Amaku miru* 甘く見る Levar a brincar; não tomar a sério. *Amaku mirareru* 甘く見られる Não ser levado a sério. ★ asáhaka; óroka[1]; rakkán[1]. **6** [鍛えが足りない] De má têmpera; embotado. ★ *Kire-aji ga ~* 切れ味が甘い "a catana". Não cortar bem. Ⓢ/両 Nibúi. **7** [ゆるい] "laço". Frouxo; mal fixo [apertado]. ★ *Pinto ga ~* ピントが甘い desfocado "fotografia [esfar]". Ⓢ/両 Yurúi.
8 [Econ.] Fraco; baixo. Ⓢ/両 Shikkárí shita.
amá-jió 甘塩 (< *amáí* 3 + *shió*) O pouco sal. ★ *~ no tsukemono* 甘塩の漬け物 Legumes de conserva, com ~. Ⓢ/両 Usú-jió. Ⓐ/反 Kará-jió.
amá-jítaku 雨支度 (< *áme*[1] + *shitákú*) O preparar-se (bem) para a chuva. ★ *~ o suru* 雨支度をする Preparar-se para a chuva.
amá-káráí 甘辛い (< *amáí* + …) "sabor" Agridoce [Salgado-doce].
amá-káwá 甘皮 (< *amáí* + …) **1** [木の実の] A entrecasca [camisa 【G.】] "da castanha". **2** [爪の] A ruga cutânea (Pele da base das unhas).
amá-kúchí 甘口 (< *amáí* + …) **1** [甘味の勝った] **a)** O que é adocicado; **b)** A pessoa que gosta de coisas doces (⇨ *amátó*). ★ *~ no wain* 甘口のワイン O vinho doce [adamado; licoroso]. Ⓐ/反 Kará-kúchí. **2** [甘言; 巧言] As falinhas doces. *Sonna ni noserareru na* そんな甘口に乗せられるな Não te deixes levar por ~. Ⓢ/両 Kañgén; kañgéñ.
amá-kúdári 天下り (< amá-kúdáru) O "descer do céu"; a nomeação ou o nomeado por ordens superiores. ★ *~ suru* 天下りする Ser nomeado ~.
◇ *~ jinji* 天下り人事 Antigos funcionários públicos admitidos em empresas particulares por imposição do Governo.
amá-kúdáru 天下る **1** [天から] Descer do céu. **2** [官僚の] Vir de cima (Do Governo).
amámí 甘味 (< *amáí* + *ají*) A doçura. *~ o osaeru* 甘味を抑える Não adoçar muito; pôr pouco açúcar. Ⓢ/両 karámí; nigámi.
amá-mizu 雨水 (< *áme*[1] + …) A água das chuvas.
amá-mori 雨漏り (< *áme*[1] + *móru*) A goteira ou a água que entra por ela. ★ *~ o naosu [shūzen suru]* 雨漏りを直す [修繕する] Reparar as fendas [os buracos] do telhado.
amá-móyō 雨模様 (< *áme*[1] + …) O aspecto [A cara] de chuva. *Kesa wa ~ da* 今朝は雨模様だ Creio que esta manhã vai chover. ★ *~ no sora* 雨模様の空 O céu chuvoso [(com cara) de chuva].
amá-náttō 甘納豆 (< *amáí* + …) (Os) feijões doces (Sobretudo "azúki").
amáneku 遍く 【E.】 Por toda a parte; universalmente. *Sono jijitsu wa ~ sekai ni shirewatatta* その事実は広く世界に知れ渡った O fa(c)to foi conhecido em todo o mundo [espalhou-se por toda a parte]. Ⓢ/両 Híroku. ⇨ *ippán*.

amáni[1] 亜麻仁 A linhaça.
amá-ní[2] 甘煮 (< *amáí* + *nirú*) O cozer com [em calda de] açúcar. ★ *Kuri no ~* 栗の甘煮 Castanhas cozidas ….
amáñjiru 甘んじる **1** [満足する] Contentar-se [com]; estar satisfeito. *Watashi wa genzai no kurashi ni amanjite iru* 私は現在の暮らしに甘んじている Eu estou contente com a vida que levo. Ⓢ/両 Mánzoku suru. **2** [あきらめる] Contentar-se com; resignar-se; (ter de) aceitar; conformar-se. *Sai-ka-i ni ~* 再敗に甘んじる Aceitar a derrota. *Unmei ni ~* 運命に甘んじる Conformar-se com o destino. **3** [我慢する] Aguentar; suportar; tolerar; aturar. ★ *Tsurai shigoto ni ~* つらい仕事に甘んじる Aguentar um trabalho duro [pesado]. Ⓢ/両 Gáman suru.
amáñjité 甘んじて (< *amáñjiru*) Obedientemente; com resignação; de bom grado. *Dono yō na hihan de mo ~ ukeyō* どのような批判でも甘んじて受けよう Quaisquer que sejam as críticas, aceitá-las-ei de bom grado. Ⓢ/両 Susúñdé.
amá-nó-gawa 天の河 A via láctea; a Estrada de Santiago [São Tiago]. Ⓢ/両 Gínga.
amánójaku 天の邪鬼 Ser sempre intratável [má; perversa]. ★ *~ de aru* 天の邪鬼である Ser sempre do contra; ter espírito de contradição. Ⓢ/両 Tsumújí-mágari.
amá-nori 甘海苔 A pórfira (Uma alga comestível).
amáñzúrú 甘んずる ⇨ *amáñjiru*.
amá-ōí [ōō] 雨覆い ⇨ *amá-yōké*.
amáráséru 余らせる ⇨ *amáru*.
amári 余り (< *amáru*) **1** [残余] As sobras; o excedente [excesso]; o resto. *Wa kore dake da* 余はこれだけだ Só sobrou [resta] isto. *Hyaku waru san wa sanjūsan ~ ichi* 100 割る 3 は 33 余り 1 Cem, dividido [a dividir] por três, dá [são] 33, resto 1. *Kare no kimochi wa sassuru ni ~ aru* 彼の気持ちは察するに余りある Tenho indícios de sobra para saber o que ele sente. ★ *~ ga deru* 余りが出る Sobrar; restar. Ⓢ/両 Nokórí; yojó; yobún; zán'yo.
2 [過度に] Muito; demasiado. *~ yokubaru na* 余り欲ばるな Não sejas tão cobiçoso [avarento]. *~ no ureshisa ni koe mo denakatta* 余りのうれしさに声も出なかった Foi tal a alegria, que se lhe embargou a voz. Ⓢ/両 Añmári. ⇨ *kádo*[3].
3 [結果として] Muito; demasiado. *Kenkyū nesshin no ~ kare wa karada o kowashita* 研究熱心の余り彼は身体をこわした Com a paixão pela investigação ele arruinou a saúde. ★ *Hazukashisa [Ikari, Kanashimi; Yorokobi] no ~* 恥ずかしさ [怒り; 悲しみ; 喜び] の余り De (tanta) vergonha [ira; tristeza; alegria]. ⇨ *kekká*[1].
4 [それほど] (Não) muito; pouco. *Ano hito wa ~ se wa takakunai* あの人はそう背は高くない Ele[a] não é muito alto[a]. Ⓢ/両 Añmári; soréhódó; táishite.
5 [ひどい] Ser demais; cruel; terrível. *~ to ieba ~ no zusansa* 余りにも余りの杜撰さ Um descuido terrível [a mais não poder]. ★ *~ no shiuchi* 余りの仕打ち Um tratamento cruel. Ⓢ/両 Hídói, hógál.
6 [プラスアルファ] Mais de; e tantos; e tal. ★ *Gonen ~* 五年余り Mais de cinco anos; cinco anos e tal. *Jūman-en ~* 十万円余り Mais de 100.000 yens; 100.000 e tantos yens. Ⓢ/両 Yo.
amárí-móno 余り物 As sobras; os restos. Ⓢ/両 Nokórí-móno (+).

amárírisu アマリリス (< Ing. < L. amaryllis)【Bot.】O amarílis.

amáru 余る **1** [残る；多すぎる] Sobrar; haver de sobra; sobejar; restar. *Kono kaisha de wa hito-de ga amatte iru* この会社では人手が余っている Nesta companhia sobram braços [trabalhadores; empregados]. ★ ~ *hodo aru* 余るほどある Haver de sobra; abundar. *Jikan ga* ~ 時間が余る Sobrar tempo. *Jū-nen ni* ~ *saigetsu* 十年に余る歳月 Mais de 10 anos. ⇨同 Aríámaru; nokóru. **2**[能力・受容力以上]Ser demais; exceder os limites de; passar além de. *Sono jigyō wa kare no chikara ni* ~ *mono datta* その事業は彼の力に余るものだった Aquela empresa excedia [era demasiado para] a capacidade dele. ★ *Te ni* ~ *shigoto* 手に余る仕事 Um trabalho superior às「minhas; suas」forças. 「慣用」*Mi ni* ~ *kōei desu* 身に余る光栄です Não mereço esta honra [É demasiada honra]! ⇨ fu-sóō; kabún[1].

amárúgamu アマルガム (< Hol. < Ár. al: "o" + Gr.malgama: "agente para amolecer")【Quím.】A amálgama.

amáshókú 甘食 Uma espécie de pão doce, de forma có(ô)nica achatada.

amásu 余す (⇨ amáru) Deixar; fazer que sobre: só ter. *Kekkon-shiki made mohaya* ~ *tokoro isshū-kan ni natta* 結婚式まではもはや余す所一週間になった Só já falta [já temos] uma semana para o casamento. ★ *Kane o amasazu (ni) tsukau* 金を余さず(に)使う Gastar o dinheiro até ao último centavo. 同 Nokósu (+).

ámata 数多 Numeroso; inúmero. ★ *Hikute* ~ *no musume* 引く手数多の娘 A moça com ~ s pretendentes. 同 Ōi (+); takúsán (o); tasū (+).

amátchóroi 甘っちょろい【Col.】Bonacheirão; indolente「no trabalho」; ingé[ê]nuo. *Sonna* ~ *kangae de nani ga dekiru mono ka* そんなあまっちょろい考えで何ができるものか Você é um ingênuo. Com essa maneira de pensar não vai conseguir nada.

amátó [oó] 甘党 O amigo de gulodices [coisas doces]; o comilão. 反 Karátó.

ámatsusae 剰え【E.】Além disso; de mais a mais. 同 Sonó úé (o); o-máké ní (+).

amáttáré(kko) 甘ったれ(っ子) Uma criança mimada. 同 Amaékkó; amaénbô.

amáttárérú 甘ったれる【G.】⇨ amáérú.

amáttárúi 甘ったるい (< amái) **1**[咲くが甘い]Muito açucarado; demasiado doce. **2**[態度や声がしまりがない]Melado; afe(c)tado; adocicado; dengoso. ★ ~ *koe* 甘ったるい声 Uma voz (muito) ~. **3**[絵・文章などがしまりがない]Sentimental; vulgar. **4**[男女間の愛情表現が甘い]Dengoso; melado.

amá-yádori 雨宿り (< áme[1] + yadóru) O abrigar-se da chuva. *Noki-shita de* ~ *suru* 軒下で雨宿りする Abrigar-se da chuva debaixo dum beiral (duma casa). 同 Amá-yámí; amá-yóké.

amáyákásu 甘やかす Dar mimos; (a)mimar. *Sonna ni kodomo o amayakashite wa ikenai* そんなに子供を甘やかしてはいけない Não se devem mimar assim [tanto] as crianças.

amá-yámí 雨止み (< áme[1] + yamú) **1** [⇨ amé-ágari] **2** [⇨ amá-yádori]

amá-yóké 雨除け (< áme[1] + yokéru) **a)** Um resguardo ou prote(c)ção contra a chuva; **b)** ⇨ amá-yádori.

amá-záké 甘酒 (< amáí + saké) Uma bebida doce feita com arroz fermentado (e tomada quente).

amá-zárashi 雨曝し (< áme[1] + sarású) O deixar「uma cadeira」ao tempo [relento; à chuva; à intempérie]. ★ ~ *ni natte iru* 雨曝しになっている Estar (exposto) ao tempo. ~ *ni suru* 雨曝しにする Deixar à intempérie. ⇨ no-zárashi.

Amázon アマゾン [ギリシャ伝説] As Amazonas. ◊ ~ **gawa** アマゾン川 O rio Amazonas.

amá-zú 甘酢 (< amái + su) O vinagre adocicado.

amá-zúppái 甘酸っぱい (< amái + suppái) Doce-azedo; agridoce. ~ *kaori* 甘酸っぱい香り Um cheiro [aroma] ~ (Como o do limão). *Hatsukoi no* ~ *omoide* 初恋の甘酸っぱい思い出 A lembrança [recordação] ~ do primeiro amor. ⇨ amá-kárai.

áme[1] 雨 A chuva. ~ *ga agatta* [*yanda*] 雨が上がった [やんだ] A chuva parou. ~ *ga furu* 雨が降る Chover [~ *ga furi-dasu* [*-hajimeru*] 雨が降り出す [始める] Romper [Começar] a chover; ~ *ga furi-sō na sora* 雨が降りそうな空 O céu carregado [de chuva]. ~ *ga furō ga* [*futte mo*] *kaze ga fukō ga* [*fuite mo*] 雨が降ろうが [降っても] 風が吹こうが [吹いても] Quer chova quer neve (Lit. faça vento)「vamos a Kyōto」]. ~ *ga ikkitsu mo furanai* 雨が一滴も降らない Não chove [cai] (nem) uma gota [pinga]. ~ *ga oi* [*sukunai*] 雨が多い [少ない] Chove muito [pouco]. ~ *ga paparapara* [*potsupotsu*] [*to*] *futte kita* 雨がばらばら [ぽつぽつ] [と] 降ってきた Estão a cair umas pingas. ~ *ga taki no yō ni furu* 雨が滝のように降る Chover a cântaros [em cascata]. ~ *ga tsuyo-maru* [*yowamaru*] 雨が強まる [弱まる] A chuva aumentar [amainar]. ~ *ga zāzā furu* 雨がざあざあ降る Cair uma bátega (pancada d'água). ~ *ni atar-u* 雨にあたる Ficar à [a apanhar] chuva. ~ *ni au* [*furareru*] 雨に会う [降られる] Apanhar ~; molhar-se. ~ *ni furikomerareru* 雨に降りこめられる Não poder sair [Ficar encerrado em casa] por causa da ~. ~ *ni kemuru machi* 雨に煙る町 Os edifícios da cidade que mal se vêem sob a ~. ~ *ni narisō da* 雨になりそうだ Parece que vai chover. ~ *no hare-ma ni* 雨の晴れ間に Numa aberta da ~. ~ *no ōi ki-setsu* 雨の多い季節 Uma estação de muita ~. (⇨ úki[1]). ~ *o furaseru* 雨を降らせる Trazer ~; fazer chover. *Genkotsu* [*Tekken*] *no* ~ *o furaseru* げんこつ [鉄拳] の雨を降らせる Dar muitos murros/socos. *Hinan no* ~ *hibaseru/tsuyoi* ~ ~ *no hihan* 非難の雨/強い~の批判 Uma ~ de críticas. *Kiri no yō na* ~ 霧のような雨 Uma ~ miudinha [como nevoeiro]; a morrinha; a garoa (B.); o cacimbo. P這入 *futte ji katamaru* 雨降って地固まる No cadinho se purifica o oiro/Há males que são [vêm por] bens. ◊ ~ **arare** 雨霰【E.】 ~ com granizo. ~ **ashi** 雨脚 ⇨ amá-áshí. ~ **kaze** 雨風 ~ e o vento; o temporal. ~ **moyō** 雨模様 ⇨ amá-móyō. ~ **tsubu** 雨粒 A gota [pinga] de ~. ~ **tsuyu** 雨露 ~ e o relento [orvalho]. **Hi-deri** ~ 日照り雨 O sol com chuva. **Namida** ~ 涙雨 **a)** Um tudo-nada [pouquinho] de ~; umas pinguitas; **b)** Uma ~ tristonha.

áme[2] 飴 **a)** O doce de glúten (Feito da fécula ou amido de vegetais); o caramelo; a geleia. 「*Senro ga*」~ *no yō ni magaru*「線路が」飴のように曲がる「Os carris」torcem-se como ~. **b)** O rebuçado (P.); a bala (B.). ★ ~ *o shaburu* 飴をしゃぶる Chupar um [uma] ~. 慣用 ~ *o namesaseru* [*shaburaseru*] 飴をなめさせる [しゃぶらせる]【Fig.】

Deixar ganhar o adversário ao princípio para o despistar. ～ *to muchi* 飴と鞭 A condescendência e a severidade ("O ～ e o látego").
[S/同] Amé-dámá.
amé-ágari 雨上り (<… [1] + agárú) O parar de chover. [S/同] Amá-ágari; úgo.
améba [ée] アメーバ (< Ing. < Gr. amoibé: "que muda") A ame[i]ba. ◇ ～ **sekiri** アメーバ赤痢 A disenteria amebiana. ～ **undō** アメーバ運動 O movimento ameboide. [S/同] Amíba.
amé-dámá 飴玉 (<… [2] + tamá) O rebuçado (P.); a bala (B.). [S/同] Amé.
amé-furi 雨降り (<… [1] + fúru) **1** [降雨] O cair (da) chuva; o chover. ★ ～ *ga tsuzuku* 雨降りが続く A chuva não pára. [S/同] Kṓu. **2** [雨天] Um dia [tempo] chuvoso. ★ ～ *ni dekakeru* 雨降りに出掛ける Sair com [no meio da] chuva. [S/同] Úten.
amé-gáchí 雨勝ち (<… [1] + kátsu) (O tempo) chuvoso.
amé-móyō 雨模様 ⇨ amá-móyō.
ámén [aá] アーメン (< Hebr. āmēn: certo, verdadeiro, eu concordo) Ámen; amém.
aménbó あめんぼ【Zool.】O alfaiate.
Améríká アメリカ (< Amerigo Vespucci) **a)** A América (O continente americano); **b)** Os Estados Unidos da América. ★ ～ *ka suru* アメリカ化する Americanizar(-se). ◇ ～ **bungaku** アメリカ文学 A literatura americana. ～ **eigo** アメリカ英語 O inglês da [dos] ～; o americanismo. ～ **gasshūkoku** アメリカ合衆国 Os Estados Unidos da América (E.U.A.). ～ **senjūmin** アメリカ先住民 Os índios da América do Norte; o ameríndio (B.). ～ **jin** アメリカ人 O americano; o ianque【G.】. **Anguro** ～ アングロアメリカ A América anglo-saxónica (Estados Unidos e parte do Canadá). **Chūō** ～ 中央アメリカ A ～ Central. **Kita** ～ 北アメリカ A ～ do Norte. **Minami** ～ 南アメリカ A ～ do Sul. **Nanboku** ～ 南北アメリカ As Américas. **Raten** ～ ラテンアメリカ A América Latina. ⇨ Beíkókú[2]; Hokúbéí; Chū́bei[1]; Nańbéí.
amérikan アメリカン Americano. ◇ ～ **futtobōru** アメリカンフットボール O futebol ～. ～ **kōhī** アメリカンコーヒー O "café ～" (Pouco forte).
améríshū́mu [úu] アメリシュウム (< Ing. americium < America)【Quím.】O amerício (Am 95).
ámetsuchi 天地【E.】Os céus e a terra.
[S/同] Ténchi (+).
amé-tsúzuki 雨続き (<… [1] + tsuzúkú) O chover sem parar.
amé-záiku 飴細工 (<… [2] + saíkú) Figuras de doce de glúten; caramelo [rebuçado; bala] em forma de animal, boneco, etc.
amí[1] 網 **1** [食品を焼くためのもの] A grelha. ★ ～ *de sakana o yaku* 網で魚を焼く Assar peixe na ～. **2** [魚や鳥を捕らえるもの] A rede. ★ ～ *de sakana o toru* 網で魚をとる Pescar à ～. ～ *ni kakaru* 網にかかる Cair na ～. ～ *no me* 網の目 A malha da ～ [*Nihon zenkoku ni tetsudō ga ～ no me no yō ni hashitte iru* 日本全国に鉄道が網の目のように走っている Os caminhos de ferro percorrem [cobrem] como uma ～ todo o Japão]. ～ *o haru* 網を張る **a)** Lançar (segurando as extremidades) a ～; **b)** Pôr a ～「do té[ê]nis」; **c)**【Fig.】Armar uma emboscada ou andar à procura「do criminoso」. ～ *o utsu* 網を打つ Lançar a ～. *Hō no ～ o kuguru* 法の網をくぐる【Fig.】「saber」Furar as malhas da lei.

amí[2] 糠蝦・醬蝦【Zool.】A aratanha (Camarãozinho).
amí-ágé (gutsu) 編み上げ(靴) (< ámu + agérú + kutsú) **a)** Sapatos com pequenos ganchos (em vez de ilhós) e que se apertam bem até ao peito do pé com cordões compridos; **b)** Os borzeguins (A.).
amí-áwásu 編み合わす ⇨ amí-kómí.
amíba [ii] アミーバ ⇨ améba.
amí-bari 編み針 (< ámu + hári) A agulha de malha [fazer tricô]; o gancho de croché.
⇨ amí-bō; kagí-bári.
amí-bō 編み棒 (< ámu + …) A agulha de malha/tricô. [S/同] Bōbari.
amí-búkuro 網袋 (<… [1] + fukúro) O saco [A bolsa] de malha.
Amídá 阿弥陀 **1** [阿弥陀仏] (< Sân. Amitabha: "luz infinita") Amida (A divindade budista mais popular no Japão, sobretudo na seita "Jṓdo"). [S/同] Amídá-butsu [-nyórai]. **2** [Abrev. de "amídá-kuji"]【G.】Uma maneira japonesa de tirar a sorte escrevendo linhas. ★ ～ *o hiku* 阿弥陀を引く Tirar a sorte. **3** [Abrev. de "amídá-káburi"]【G.】O chapéu "à amida". *Bōshi o ～ ni kaburu* 帽子を阿弥陀にかぶる Ter o chapéu na nuca [levantado para trás].
amí-dáná 網棚 (<… [1] + taná) A rede. *Ressha no ～ ni nimotsu o ageru* 列車の網棚に荷物を上げる Pôr a bagagem na ～ do comboio/trem.
amí-dásu 編み出す (< ámu + …) Inventar [Descobrir/Congeminar]「máquina/dispositivo」. ★ *Senjutsu o ～* 戦術を編み出す ～ uma (boa) estratégia. [S/同] Kańgáé-dásu (+); kṓáń súrú.
amí-dó[1] 網戸 (<… [1] + to) **a)** A rede (para janela, porta); **b)** A porta de rede (De bambu, madeira, arame, nylon).
ámido[2] アミド【Quím.】O amido; amino-.
⇨ amínó-ki; deńpúń.
amí-gása 編笠 (< ámu + kása) Um chapéu de material entrançado (que usavam os "bushi").
amí-jákushi 網杓子 (<… [1] + shákushi) A esc[p]umadeira; o coador.
amí-ki 編み機 (< ámu + …) A máquina de (fazer) malha.
amí-kómí 編み込み (< ámu + kómu) A obra [O trabalho] de malha com fio de várias cores.
amí-mé[1] 網目 **1** [網の目] A(s) malha(s) da rede; o espaço (aberto) entre os nós da rede. ★ ～ *o kuguru* 網目をくぐる Escapar-se pelas ～. **2** [網目模様]「O tecido em」xadrez.
amí-mé[2] 編み目 (< ámu + …) O ponto; a largura da malha (Ou "tricô").
amí-mono 編み物 (< ámu + …) (O trabalho de) malha; o tricô; o croché. ★ ～ *o suru* 編み物をする Tricotar; fazer malha.
amí-mótó 網元 O patrão de um grupo de pescadores. ⇨ amí[1] **2**.
ámin アミン【Quím.】As aminas (Compostos derivados do amoníaco).
amínó-ki アミノ基 (Grupo) amino (-NH2).
amínó-sán アミノ酸【Quím.】Um aminoácido.
amírā́ze [áa] アミラーゼ【Quím.】A amílase.
ámiru アミル (< Al. < Gr. ámylon: "farinha de trigo")【Quím.】O amilo [amílio] (C_5H_{11}-).
amí-úchí 網打ち (<… [1] + útsu) **a)** O lançar a rede; **b)** O pescador. [S/同] Toámí.

amí-záiku 網細工 (< amí-mono + saíkú) O trabalho de malha.

ámoku 亜目【Biol.】A subordem.

ámondo [**áa**] **アーモンド** (Ing. almond < L. amygdala) **1** [木] A amendoeira; *prunus amygdalus*. **2** [実] A amêndoa. [S/同] Hatáńkyō̃.

ámu **編む** (⇨ náu[1]) **1** [毛糸などを] Fazer malha [tricô/crochê]; tecer; entralaçar「vergas/vime/bambu」. ★ *Keito de kutsushita o* ~ 毛糸で靴下を編む Fazer meia de lã. *Take de anda kago* 竹で編んだかご Um cesto de bambu. **2** [髪を] Entrançar o cabelo; fazer as tranças. ★ *Kami o o-sage ni* ~ 髪をお下げに編む Ter tranças. **3** [編集する] Editar; compilar. ★ *Shishū o* ~ 詩集を編む Compilar uma antologia de poesia. [S/同] Heńsáń súrú (+); heńshū̃ súrú (o).

ā́mu [**áa**] **アーム** (< Ing. arm) O braço. ◇ **~ chea** アームチェア A poltrona; a cadeira de braços. **~ hōru** アームホール A cava (da manga). [S/同] Udé (+).

án[1] **案** **1** [意見; 考え] A ideia; a proposta; a sugestão. [S/同] Áidea; kańgáe (+); omóítsúkí. **2** [議案] Um proje(c)to de lei; o proje(c)to-lei. *Seifu wa kokkai ni zōzei ~ o teishutsu shita* 政府は国会に増税案を提出した O governo apresentou um ~ de aumento de imposto na Dieta (Parlamento). [S/同] Gián; hṓán. **3** [草案; 下書き] A minuta; o rascunho. [S/同] Sṓán; shitá-gákí. **4** [計画] O plano; o programa; o proje(c)to. ★ ~ *o neru* 案を練る Fazer [Elaborar] um ~. ~ *o tateru* 案を立てる Plane(j)ar; proje(c)tar; fazer um ~. [S/同] Keíkákú. **5** [予想] A expectativa; a espera; a suposição; a conje(c)tura. ★ ~ *ni sōi shite* 案に相違して Contra (todas) as expectativas. ~ *ni tagawazu* 案に違わず Como se esperava [Como era de esperar]. ◇ ⇨ **~no jō**. [S/同] Yosṓ.

án[2] **餡** **1** [あずきなどで作った甘いジャム] Uma massa doce de feijão. ◇ ⇨ **~ pan**. [S/同] Ánko. ⇨ yṓkan. **2** [中に入れるもの] O recheio.

án[3] **庵** O eremitério (Individual e simples). [S/同] Iórí (+).

aná[1] **穴・孔** **1** [突き抜けた所] O buraco; o orifício; o furo; o rombo; a greta. ★ ~ *ga aku* 穴があく Ter um ~; esburacar-se. ~ *o akeru* [*ugatsu*] 穴をあける [うがつ] Abrir um ~; perfurar; esburacar; furar. ~ *o fusagu* 穴をふさぐ Tapar um ~.
2 [へこんだ所] O buraco; a cova; a cavidade. ★ ~ *o horu* 穴を掘る Fazer uma cova. *Fukai* [*Asai*] ~ 深い [浅い] 穴 ~ fundo/a [baixo/a]. [I/慣用] ~ *ga attara hairitai* 穴があったら入りたい Era capaz de me meter num buraco, com a vergonha. ~ *no aku hodo mitsumeru* 穴のあくほど見つめる Comer (alguém/alguma coisa) com os olhos. [S/同] kubómí.
3 [ほら穴] A caverna; a cavidade; a gruta; a furna; a lapa. [S/同] Dṓkútsu (+); horááná (o).
4 [獣の] A toca; o covil. ★ ~ *ni nige-komu* 穴に逃げ込む Fugir para a/o ~. ◇ **Kitsune ~** 狐穴 ~ da raposa. [S/同] Su (+).
5 [隠れ家] O esconderijo. [S/同] Kakúréga (+). **6** [鉱山の坑] O poço; a mina. **7** [墓] A sepultura; a cova. [P/ことわざ] *Hito o norowaba* [*noroeba*] ~ *futatsu* 人を呪わば [呪えば] 穴二つ Não desejes mal a ninguém, que o teu mal pelo caminho vem (Lit.: "Duas covas para quem amaldiçoa"). [S/同] Haká (+). **8** [空白] O buraco; a lacuna; o espaço vazio [em branco]. *Kare wa chikoku shite shō ni ~ o aketa* 彼は遅刻してショーに穴をあけた Por ele chegar tarde o espe(c)táculo foi interrompido. [S/同] Kū́hákú; sukí-má. **9** [欠点] A falta [falha]; o defeito. ★ ~ *darake no keikaku* 穴だらけの計画 Um plano cheio de ~ s. [S/同] Kettén (+). **10** [金銭上の欠損] A perda; o prejuízo; o rombo. ★ ~ *o akeru* 穴をあける Causar prejuízo. ~ *o umeru* 穴を埋める Compensar o/a ~; tapar buraco【Col.】. [S/同] Akájí; késson. **11** [競馬などの] O acaso; a incógnita. ◇ ⇨ **~ uma**. **ō-~** 大穴 Uma grande incógnita.

ána[2] **アナ**【G.】(Abrev. de "anáúnsā") O locutor. ◇ **Josei ~** 女性アナ A locutora.

aná-áké-ki **穴あけ器** (< ···[1] + akérú + ···) O furador (para papel).

aná-bá **穴場** Um achado (Lugar bom e pouco conhecido). ★ *Kankō* [*Tsuri*] *no* ~ 観光 [釣り] の穴場 ~ para turismo [pesca].

aná-bókó **穴ぼこ** ⇨ aná[1] **2**.

anádórí **侮り** (< anádóru) O desprezo; o desdém; o menosprezo. [S/同] Keibétsú (+).

anádóru **侮る** Desprezar; menosprezar; desdenhar; não fazer caso「de」. *Teki o ~ to itai me ni au zo* 敵を侮ると痛い目にあうぞ É perigoso menosprezar o inimigo. ★ ~ *bekarazaru mondai* 侮るべからざる問題「um problema」Importante [Digno de se ter presente]. [S/同] Baka ni súrú (+).

anáfírákíshī **アナフィラキシー** (< Ing. < Gr. ana: "nova" + phylaxis: "prote(c)ção")【Med.】A anafilaxia [imunização]. [S/同] Kabíńshṓ (+).

aná-fúsagi **穴塞ぎ** ⇨ aná-úmé **1**.

anágáchí **あながち**「não」Necessariamente [Forçosamente]. *Kare no iu koto wa ~ uso tomo iikirenai* 彼の言うことはあながちうそとも言いきれない Nem tudo o que ele diz é mentira.
[S/同] Ichígai ni (+); kanárázúshimo (o).

anágó **穴子**【Zool.】O congro; *astroconger myriaster*.

aná-gúmá **穴熊** (< ···[1] + kumá)【Zool.】Uma espécie de texugo.

aná-gúrá **穴蔵** (< ···[1] + kurá) A cave; o porão; um cubículo subterrâneo.

aná-kágari **穴かがり** (< ···[1] + kagárú) O casear (Abrir casas para botões).

anā́kísuto [**aá**] **アナーキスト** (< Ing. < Gr. ánarkos: "sem chefe") O anarquista.
[S/同] Mu-séífú-shúgísha.

anā́kízumu [**aá**] **アナーキズム** (< Ing. < Gr. anarkhismos: sem governo) O anarquismo.
[S/同] Mu-séífú-shúgi.

anánasu **アナナス** ⇨ paínáppuru.

anárógú **アナログ** (< Ing. analog(ue) < Gr.) Um análogo. ◇ **~ keisan-ki** [**konpyūtā**] アナログ計算機 [コンピュータ] O computador analógico.
[S/同] Déjitaru.

anárojī **アナロジー** (< Ing. < Gr. analogia: "semelhança") A analogia. [S/同] Ruísúí.

anáta[1] **貴方** [**貴女**] (Este (termo de) tratamento não se usa com superiores e até com inferiores se evita) Tu; você. *Nē ~* ねえあなた (Ora) ouve, querido (A mulher ao marido). ◇ ⇨ **~ gata** [**makase**/**tachi**]. ⇨ kimí[3]; omáé.

ánata[2] **彼方**【E.】Além. ★ *Yama no* ~ 山の彼方 ~ [Para lá] das montanhas.
[S/同] Achírá (+); kánata.

anátá-gáta 貴方［貴女］方 (<… [1] + katá[7] **2**) Vós; vocês. [S/同] Anátá-táchi.
anátá-mákase 貴方任せ (<… [1] + makáséru) O deixar ao deus-dará. ～ *ni shinaide jibun de yari nasai* あなた任せにしないで自分でやりなさい Faça isso você, não o deixe ao deus-dará [não pense que tem criados].
anátá-táchi 貴方達 (<… [1] + -tachi[4])【Col.】Vós (É pl. de "anata" e menos cortês do que "anátá-gáta"). ⇨ kimí[3].
aná-úmá 穴馬 O cavalo de corrida de cuja preparação ou forma pouco se sabe; o concorrente que é uma incógnita.
[S/同] Dấkúhốsu. [A/反] Hońméi (ba).
aná-úmé 穴埋め (<… [1] + umérú) **1**［くぼみを埋めること］O tapar um buraco. **2**［損失をつぐなうこと］A compensação (de prejuízo). ★ *Shakkin no* ～ 借金の穴埋め O cobrir de um déficit. **3**［欠員を補うこと］**a)** O preencher uma vaga; **b)** Um tapa-buracos; a solução improvisada. ★ *Ketsuin no* ～ 欠員の穴埋め O preenchimento da vaga.
anáúnsā アナウンサー (< Ing. announcer < L.) O locutor. [S/同] Ána; hốsố-in. ⇨ kyásutā.
anáúnsu アナウンス (< Ing. announcement < L.) O anunciar [dar um aviso]「pelo altifalante」. ★ ～ *suru* アナウンスする Dar um aviso. ◇ **Jōnai** ～ 場内アナウンス O aviso [A informação] pelo altifalante dentro do prédio [recinto].
[S/同] Hốsố. ⇨ shirásé; tsū́chí.
aná-zúrí 穴釣り (<… [1] + tsurú) A pesca "nos buracos" (Ou furando o gelo「dos lagos」ou pondo a isca junto à cova onde o animal se esconde).
ańbá 鞍馬 O cavalo-de-pau (Para ginástica).
ańbái[1] 塩梅 **1**［味］O tempero; o gosto. ★ ～ *o miru* あんばいを見る Provar (a comida a ver se está bem temperada [de gosto]). [S/同] Ají (+); ají-kágen [-tsúké]. **2**［調子］O estado; a forma; a condição; o jeito. *Shiken wa donna* ～ *deshita ka* 試験はどんなあんばいでしたか Como [Que tal] correu [foi] o exame? ★ (*Karada no*)～ *ga yoi* [*warui*] (体の) あんばいが良い［悪い］Estar bem [mal]-disposto; estar com [sem] saúde. *Kono* ～ *de wa* このあんばいでは Pelo [Por este] jeito. *Yoi* [*Ii*] ～ *ni* 良い［いい］あんばいに Por sorte「não caí」. [S/同] Chốshí; guái (+). ⇨ jṓtái[1]; yṓsú.
ańbái[2] 按配［排］**1**［具合よく並べること］O ordenar [dispor] bem. **2**［うまく配分すること］A boa distribuição. ★ *Yakuwari o* ～ *suru* 役割を按配する Fazer uma ～ dos cargos [papéis]. ⇨ haíbúń[1].
ańbákó 暗箱 O fole ou câmara escura (da máquina fotográfica).
ańbáransu アンバランス (< Ing. unbalance < L. in + bilancia: "sem equilíbrio") O desequilíbrio.
[S/同] Fu-kínkō; fu-tsúriai.
ánbu 鞍部 O colo (entre duas vertentes de montanha).
ańbúń[1] 案文 A minuta; o rascunho.
[S/同] Sốáń (+). ⇨ shitágákí.
ańbúń[2] 按［案］分 A divisão proporcional. ★ ～ *suru* 按分する Dividir [Distribuir] proporcionalmente. ⇨ hiréí[1].
ańchákú 安着 A boa [feliz] chegada「do avião, sem acidentes」. ⇨ tốchákú.
ánchan あんちゃん【G.】**1**［自分の兄］Meu irmão (mais velho). [A/反] Nḗchan. ⇨ áni[1]. **2**［若い・勇み肌の男を呼ぶ語］O rapaz; o moço. *Soko no* ～ そこのあんちゃん Ó [Ei]! (meu/seu) moço.
ańchí[1] 安置 A colocação「solene de estátua/cadáver」. ★ *Itai o* ～ *suru* 遺体を安置する Depositar o corpo [os restos mortais]. ◇ ～ **jo** 安置所 A morgue (do hospital).
ánchi-[2] アンチ (< Gr. anti-)【Pref.】Anti-. ★ ～ *miritarizumu* アンチミリタリズム O anti-militarismo. [S/同] Hán- (+).
ańchíkku アンチック (< Fr. antique < L. antíquus: "antigo") **1**［骨董品］Antiguidades (Obje(c)tos artísticos). ◇ ～ **kagu** アンチック家具 Os móveis antigos. [S/同] Ko-bíjutsu; kottố (híń) (+). **2**［肉太の書体］【Tip.】Um tipo de imprensa.
ańchímon アンチモン (< Al. antimon < Gr.)【Quím.】O antimó[ô]nio (Sb 51).
ańchímonī アンチモニー ⇨ ańchímon.
ańchínókkú-zai アンチノック剤 (< Ing. antiknock) Um (agente) antidetonante.
ańchítḗze [ée] アンチテーゼ (< Al. < Gr. antíthesis: "oposição") A antítese. [S/同] Hańrítsú; hańsótei; hańtéiritsu. [A/反] Tḗze.
ańchóbī アンチョビー (< Ing. anchovy)【Zool.】A anchova; o bi[o]queirão. ⇨ katákúchí-íwashi.
ańchókó あんちょこ (< ańchókú)【G.】Um burro [pai-velho]; a sebenta; os apontamentos da aula. [S/同] Torá nó máki.
ańchókú 安直 **1**［安いこと］O ser barato. [S/同] Ánka; rénka. **2**［手軽で容易なこと］O ser fácil [simples]. *Tetsuzuki o* ～ *ni sumasu* 手続きを安直にすます Cumprir as formalidades sem dificuldade. ★ ～ *na hōhō* 安直な方法「usar」Um método ～. [S/同] Áń'i (+); tegárú (+).
ańchū́-híyákú 暗中飛躍 O agir [mexer os cordelinhos] por trás dos bastidores. [S/同] Ań'yákú.
ańchū́-mósákú 暗中模索 O andar às apalpadelas [ao acaso]. *Jiken no tegakari ga nakute* ～ *shite iru jōtai da* 事件の手がかりがなくて暗中模索している状態だ Este incidente [caso] não tem por onde se lhe pegue e nós andamos às apalpadelas.
[S/同] Te-ságuri. ⇨ kurágárí; yamí[1].
ánda 安打【Beis.】O golpe certeiro (Com que se alcança uma base). ★ ～ *o utsu* [*hanatsu*] 安打を打つ［放つ］Dar um ～. [S/同] Hítto (+).
ańdā́hándo アンダーハンド (< Ing. underhand)【(D)esp.】O executar com a mão em baixo. ★ ～ *de nageru* アンダーハンドで投げる Arremessar「a bola」com… [A/反] Ṓbā́hándo.
ańdánte アンダンテ (< It. andante: "a andar")【Mús.】Andante.
ańdā́-pā́ [páa] アンダーパー (< Ing. under par)【Go.】O bater menos que a média.
[A/反] Ṓbā́-pā́. ⇨ pā[1].
ańdāráin アンダーライン (< Ing. underline) O sublinhado. [S/同] Kaséń[3] (+).
ańdā́shátsu アンダーシャツ (< Ing. undershirt) A camisola interior; a camiseta (B.).
⇨ hadági; shitá-gí.
ańdā́súrṓ [óo] アンダースロー (< Ing. underhand throw)【(D)esp.】Atirar (com a mão) por baixo. [S/同] Shitáté-nágé. [A/反] Ṓbā́súrṓ.
ańdā́úéa アンダーウェア (< Ing. underwear) A roupa interior. [S/同] Hadági (+); shitá-gí (o).
Ándesu (sánmyaku) アンデス (山脈) (A cordilheira d) os Andes. ◇ ～ **chihō** アンデス地方 A

região andina [dos ~].

ándo 安堵 O alívio; a tranquilidade. ★ ~ *no mune o nade-orosu* 安堵の胸をなでおろす Respirar de alívio. ⑤同 Ańshíń (+).

ańdóń [**ándó**] 行灯 A lâmpada a óleo coberta com papel; o lampião.

Ándora アンドラ Andorra. ◇ ~ **jin** アンドラ人 O(s) andorrano(s).

Ańdrómeda アンドロメダ Andró[ô]meda (Figura mitológica). ◇ ~**(dai)seiun** アンドロメダ(大)星雲 A nebulosa de ~.

ané 姉 A(s) irmã(s) mais velha(s). ★ *Giri no* ~ 義理の姉 A cunhada (Mas só quando é a mais velha das irmãs; a irmã mais velha de criação). *Ichi-ban ue no* ~ 一番上の姉 A irmã mais velha. ~ *muko* 姉婿 O cunhado casado com a ~. ⇨ **sama** (**ninġyō**) [**san kaburi**/**san nyōbō**]. ⑤同 Né-chan [san]. ⇨ ání[1]; imótó.

anégó 姐御 a) A mulher do patrão; b) A matrona. ◇ ~ **hada** 姐御肌 O ar [temperamento] de matrona.

ań'éi 暗影 1 [暗い影] A sombra. 2 [不安]【Fig.】A sombra. ⑤同 Ań'úń.

anémóne アネモネ【Bot.】A ané[ê]mona. ⇨ kínpóge.

anerόido アネロイド (< Al. < Gr. a + nērós + eídos: "feito sem líquido") Aneróide. ~. ◇ ~ **kiatsukei** アネロイド気圧計 O baró[ô]metro ~.

anerugī アネルギー (< Al. < Gr. an + érgon: sem a(c)ção)【Med.】A anergia (Falta de energia ou de imunidade contra doenças).

ané-sámá (**ninġyō**) 姉様(人形) Uma boneca (Figura estilizada de noiva, em geral de papel).

ané-sań-káburi 姉さん被り (Ter) um lenço ligeiramente apertado na cabeça.

ané-sań nyōbō [**yóo**] 姉さん女房 A mulher que é mais velha que o marido.

anéttai 亜熱帯 A zona subtropical (Quase tropical). ◇ ~ **shokubutsu** [**dōbutsu**] 亜熱帯植物 [動物] As plantas [Os animais] subtropicais.

angái [**áńgai**] 案外 1 [予想外] Mais [Menos] do que se esperava; inesperadamente. *Ani wa hayaku taiin dekita* 兄は案外早く退院できた O meu irmão (mais velho) saiu do hospital mais depressa do que nós pensávamos. ★ ~ *ni omou* 案外に思う Ficar surpreendido. ⑤同 Igái; zóngai. A反 Ań nó jō. 2 [予想外にひどいよう] Pior do que se esperava. *Kekka wa* ~ *datta* 結果は案外だった O resultado foi uma surpresa「desagradável」.

ańgína [**ii**] アンギーナ (< AL. < L. angina) ⇨ kyōshíńshō.

ańgō[1] 暗号 A cifra; o código [a linguagem] secreto [a]. ★ ~ *de kaku* 暗号で書く Escrever em ~. ~ *o toku* [*kaidoku suru*] 暗号を解く [解読する] Ler a cifra; decifrar; descodificar. ~ **buń** 暗号文 Um escrito em ~; o criptograma. ~ **hyō** 暗号表 A lista [O quadro] da/o ~.

ańgō[2] 暗合 A coincidência; o acaso. ★ ~ *suru* 暗合する「o assunto」Coincidir. ⇨ gūzéń nó ítchí.

Ańgóra[1] アンゴラ Angola. ◇ ~ **jin** アンゴラ人 O angolano.

ańgórá[2] アンゴラ Angora (Variedade de vários animais de pelo fino e comprido; vem de "Angora", nome antigo da capital da Turquia, Ancara). ◇ ~ **ori** アンゴラ織 O tecido ~. ~ **usagi** アンゴラ兎 O coelho ~. ~ **yagi** アンゴラ山羊 A cabra ~.

ańgu 暗愚 A idiotice [parvoíce]. ⑤同 Óroka (+). A反 Keńméí.

ańgúri あんぐり【On.】De boca aberta. ★ ~ *to ō-guchi o akeru* あんぐりと大口をあける Ficar boquiaberto「de espanto」.

ańgúró-sákusoń アングロサクソン (< Ing. anglo-saxon) O anglo-saxão. ◇ ~ **minzoku** アングロサクソン民族 Os povos anglo-sax[ô]nicos.

ańguru アングル (< Ing. angle < Fr. < L.) 1 [角] O canto. ⑤同 Kádo (+); súmi (+). 2 [角度]【Geom.】O ângulo. **Kamera** ~ カメラアングル O ângulo da foto [máquina]. ⑤同 Kákudo (+). 3 [視点]【Fig.】O ângulo; o ponto de vista; o aspecto. ⑤同 Shíteń (+).

ańgya 行脚 1 [僧の修業] A peregrinação dos bonzos. ~ **sō** 行脚僧 O bonzo peregrino. ~ Yugyō. ⇨ juńréí. 2 [あちこちを回って歩くこと] A andança. ★ ~ *suru* 行脚する Andar「Peregrinar」por diversas terras.

ání[1] 兄 O irmão mais velho; o irmão maior (B.). ★ *Giri no* ~ 義理の兄 O(s) cunhado(s) (Maridos das irmãs mais velhas). ◇ ~ **deshi** 兄弟子 Um condiscípulo mais antigo [velho]「de "rakugo"」. ~ **yome** 兄嫁 A cunhada (Esposa do irmão mais velho). ⇨ ané[1]; otótó.

áni[2] 豈【E.】Como!; Qual! ★ ~ *hakaran ya* あに図らんや Com grande surpresa minha「ele roubou-me !」 ⑤同 Omóígákéńai koto ni wa; dōshite bou-.

ań'i 安易 1 [易しい] De ser fácil. ★ ~ **na kaiketsu** [*michi*] *o erabu* 安易な解決 [道] を選ぶ Escolher a solução [o caminho] mais fácil. ⑤同 Ańchókú; kań'í. ⇨ yōí[2]. 2 [いい加減] O ser descuidado [pouco sério]. ~ *ni ikiru* 安易に生きる Viver descuidado/a; levar uma vida (de) não-te-rales (G.). ⑤同 Ií-kágéń; nónki.

anii 兄い (< ání[1])【G. de "yákuza"】(Us. pelos mais novos como os mais velhos). ★ *O*-~ *san* お兄いさん Ó chefe!

ániki 兄貴 (< ání[1])【G.】1 [兄] O meu irmão (mais velho). ⑤同 Níí-san. 2 [親しい先輩]【G.】「Ó」Irmão/Velhote/Chefe (Us. às vezes com não irmãos).

ánime アニメ ⇨ animéshoń.

animéshoń [**ée**] アニメーション (< Ing. animation < L.) O filme de desenhos animados; o cinema de animação. ◇ Ánime; dōgá. ⇨ mańgá.

anímízumu アニミズム (< Ing. < L.) O animismo. ⑤同 Seíréí súhai.

anirín アニリン (< Al. anilin < Ár. anil: azul-escuro) 【Quím.】A anilina (C_6H_7N).

ánisu アニス (< P. < L. < Gr.)【Bot.】O anis (Tb. bebida). ◇ ~ **yu** アニス油 A essência [O óleo] de anis. ⑤同 Uíkyō.

ań'ítsu 安逸 A indolência [preguiça]; a ociosidade. ★ ~ *na* 安逸な Ocioso; indolente. ~ *ni fukeru* [*musaboru*] 安逸にふける [安逸をむさぼる] Ser indolente/preguiçoso「Viver na ociosidade」.

ańjí 暗示 1 [間接的意味] O sugerir; a sugestão; o dar uma ideia; a insinuação. ★ ~ *ni tonda* 暗示に富んだ「discurso」Cheio de sugestões. ~ *o ataeru* [*eru*] 暗示を与える [得る] Dar [Captar/Aproveitar] a ideia. ⑤同 Keíjí; shísa. 2 [理性によらない刺激] A sugestão. ★ ~ *ni kakaru* 暗示にかかる a) Ficar sugestionado; b) Ser sugestionável. ~ *o* *kakeru* 暗示をかける Sugestionar. ◇ **~ ryōhō** 暗示療法 A terapêutica pela ~. **Jiko** ~ 自己暗示 A auto-sugestão.

anjín-ryūméi 安心立命 ⇨ ańshín-rítsúméí.

anjiru 案じる ⇨ ańzúru.

anjū 安住【E.】 **1** [落ち着いて住むこと] A paz; o sossego. ★ ~ *no chi o motomeru* [*eru*; *miidasu*] 安住の地を求める [得る; 見出す] Procurar [Encontrar] um lugar de ~. ~ *suru* 安住する Encontrar [Viver em] paz; ser feliz. ⇨ eíjū́. **2** [現状に満足すること] O contentar-se (Ex.: *Genjō ni* ~*suru* = Contentar-se com o *status quo*).

ánka[1] 安価 **1** [値が安いこと] A baratez; a modicidade; um preço módico [baixo]; uma pechincha (G.). ⓢ⒥ **Rénka**. ⇨ yasúí[1]. **2** [安っぽいこと] O ser baratucho [vulgar; banal; comum]. ⓢ⒥ Teíkyū́ (+). ⇨ kudáránái; yasúppói.

anká[2] 行火 Uma escalfeta, braseira ou botija para aquecer 「os pés」.

áńka アンカー (< Ing. anchor < Gr. áṅkyra) **1** [⇨ ikár[2]] **2** [リレーの] O último atleta do grupo de estafetas. ⓢ⒥ Áṅpi (+).

ańkáń 安閑 **1** [安らかで静かなようす] A paz (e o sossego). ★ *Buji* ~ *ni hi o okuru* 無事安閑に日を送る Viver em "santa" paz. ⇨ Áńnóń (+). **2** [危機にのんびり手をこまぬいているようす] A ina(c)tividade. ★ ~ *to shite irarenai* [*iru baai de wa nai*] 安閑としていられない [いる場合ではない] 「perante isto」 Não se pode ficar de braços cruzados.

ań-kásshoku 暗褐色 O castanho [marrom (B.)] escuro.

ańkéń 案件 **1** [議事] Um tema [assunto] 「a discutir」. ⓢ⒥ Gián (+). **2** [訴訟事件] Um caso judicial. ⓢ⒥ Soshṓ jíken (+).

ańkéto [*ée*] アンケート (< Fr. enquête) O questionário [inquérito]. ★ ~ *o toru* [*okonau*] アンケートを取る [行う] Fazer ~. ~ **chōsa** アンケート調査 A investigação com questionário.

ańkí[1] 暗記 A decorar [aprender de cor]. ◇ **~ ryoku; maru ~**. ⓢ⒥ Ańshṓ. ⇨ kiókú.

ańkí[2] 安危 O destino ("a paz ou o perigo"). ★ *Kokka no* ~ *ni kakawaru jūdaiji* 国家の安危に関わる重大事 Um assunto de vital importância para o destino da nação. ⓢ⒥ Áṅpi (+).

ańkí-ryoku 暗記力 (⇨ ańkí[1]) A memória (Capacidade de memorização). *Kare wa* ~ *ga tsuyoi* [*yowai*] 彼は暗記力が強い [弱い] Ele tem boa [fraca] memória. ⓢ⒥ Kiókú-ryoku (+).

áńko 餡子【G.】 **1** [⇨ án[2]] ◇ **~ mochi** 餡子餅 O "mochi" recheado de "án[2]". **2** [ふくらませるための詰め物] O chumaço [estofo/recheio].

ańkṓ 鮟鱇【Zool.】 O diabo-marinho [peixe-pescador].

ańkókú 暗黒 **1** [闇] A escuridão; as trevas. ◇ **~ seiun** 暗黒星雲【Astr.】 Uma nebulosa obscura. ⇨ kuráyámí. **2** [精神的・社会的に不安や悲惨さのある状態] As trevas; o obscurantismo. ★ *Yo no naka no* ~ *men* 世の中の暗黒面 O lado escuro da vida [sociedade]. ◇ **~ gai**. **~ jidai** 暗黒時代 Uma época tenebrosa (de obscurantismo). **~ tairiku** 暗黒大陸【A.】 O continente Negro [Africano].

ańkókú-gai 暗黒街 O mundo do crime e do vício.

ańkókú-shoku 暗黒色 A cor preta.

ańkóró (**mochi**) 餡ころ (餅)【G.】 O "mochí" coberto de "án[2]".

ańkóru [*óo*] アンコール (< Fr. encore) Bis (Em latim significa "duas vezes"). ★ "**~**, **~**" アンコール、アンコール Bis! Bis! ◇ **~** *ni kotaeru* アンコールに応える Responder ao bis. ~ *suru* アンコールする Bisar. ◇ **~ awā** アンコールアワー A (hora de) retransmissão de um programa.

ańkyo[1] 暗渠 A vala coberta (Para drenagem). ⓢ⒥ Méikyo. ⇨ haísúí[1].

ańkyo[2] 安居【E.】 O viver sossegado [em paz].

ańmá 按摩 **1** [マッサージ] A massagem. ★ ~ (*o*) *suru* 按摩 (を) する Massajar [Dar uma ~]. ⓢ⒥ Massáji. ⇨ shiátsú. **2** [マッサージ師] O massagista. ⓢ⒥ Massáji-shi.

ańmákú 暗幕 Uma cortina que não deixa passar luz nenhuma 「para ver filme/proje(c)ções」. ★ ~ *o megurasu* 暗幕をめぐらする Pôr ~.

ańmári あんまり **1** [度を過ぎて] Demasiado; muito. ~ *osoku made okite iru to karada ni warui yo* あんまり遅くまで起きていると体に悪いよ Olhe que ficar a pé até muito tarde, à noite, faz mal à saúde! ⓢ⒥ Ámári (+). **2** [ひどい] Terrível; cruel. *Sorya* [*Sore wa*] ~ *da* そりゃ [それは] あんまりだ Oh! [Não!], isso é demais! ⇨ hidói.

ańmíń 安眠 O sono profundo [sossegado]. ~ *suru* 安眠する Ter um ~; dormir bem. ◇ **~ bōgai** 安眠妨害 O perturbar quem dorme. ⓢ⒥ Jukúsúí (+).

ańmókú 暗黙 O ser tácito. ★ ~ *no ryōkai* 暗黙の了解 O entendimento tácito. ~ *no uchi ni mitomeru* [*yurusu*] 暗黙のうちに認める [許す] Reconhecer [Concordar] tacitamente. ⇨ chíńmókú; dámáru.

ańmónáíto アンモナイト (< Ing. ammonite) As amonites (Fósseis).

ańmóníá アンモニア (< Hol. < L. Amon: Amão, deus egípcio, perto de cujo templo havia sal)【Quím.】 O amoníaco (NH₃). ◇ **~ gasu** アンモニアガス O gás amoníaco. **~ hiryō** アンモニア肥料 O sulfato de ~. **~ sui** アンモニア水 A amó(ô)nia. **Ekitai** ~ 液体アンモニア O álcali volátil.

ańmónyúmu [*úu*] アンモニューム (< ańmónía)【Quím.】 O amó[ô]nio (NH₄).

ańná あんな (< ano yō na) Assim; tão; tal; tais 「pessoas」. *Kare ga* ~ *hidoi otoko datta to wa shiranakatta* 彼があんなひどい男だったとは知らなかった Não sabia que ele era assim (tão) mau. ★ ~ *hito* あんな人 Uma pessoa assim. ⓢ⒥ Anó yō na.

ańnái 案内 **1** [導き] O guiar [acompanhar/mostrar a] alguém (Ex.: *O-kyakusama o 302-gō-shitsu ni go-* ~ *shite* (*kudasai*) = Acompanhe este senhor ao quarto 302). *Machi no go-* ~ *itashimashō* 町を御案内致しましょう Dê-me o prazer de lhe [Vou-lhe] mostrar a cidade. ★ ~ *suru* 案内する Mostrar [Fazer de guia/cicerone]. ◇ **~ zu** 案内図 Um guia [mapa]. **Kankō** ~ 観光案内 O guia turístico; "Turismo". **Nyūgaku** ~ 入学案内 O guia (prospecto) de admissão 「à universidade」. ◇ **~ jo** [**sha**; **sho**]. ⓢ⒥ Gáido. **2** [案内者] O guia [cicerone]. ⓢ⒥ Gáido (+). **3** [招待] O convite. *Kekkon hirōen ni go-shusseki kudasaimasu yō go-* ~ *mōshiagemasu* 結婚披露宴に御出席下さいますよう御案内申し上げます Tenho a honra de lhe enviar o ~ para participar no nosso casamento. ★ ~ *o dasu* 案内を出す Enviar convites. ⓢ⒥ Shōtai (+).

4 [承知] O conhecimento. ★ *Go- ~ no tōri* 御案内の通り Como é do seu ~. ⟨S/同⟩ Shōchí (+).
5 [事情] As particularidades; as peculiaridades; as circunstâncias. ★ *Sono tochi no ~ ni kuwashii* その土地の案内に詳しい Saber muito das ~ da região. ⟨S/同⟩ Jijó. ⇨ fu-ánnai. **6** [取り次ぎ] **a)** O avisar da chegada; **b)** O bater à porta. ★ ~ *o kou* 案内を請う Pedir que alguém avise [previna] da chegada. ⟨S/同⟩ Torí-tsugí. **7** [通知] A notificação; o aviso. ★ ~ *suru* 案内する Notificar; avisar. ⟨S/同⟩ Tsūchí (+).

ańnái-gákari 案内係 (< ··· +kákari) O recepcionista「do hotel」; o guia; o lanterninha (B.) do cinema.

ańnái-jó 案内所 (A se(c)ção de "Informações". ◇ **Kankó ~** 観光案内所 ~ turísticas [Turismo].

ańnái-jō 案内状 **1** [招待状] O convite (escrito). ★ *Kekkon-shiki no ~* 結婚式の案内状 ~ de casamento. **2** [通知状] O aviso (escrito).

ańnái-sha[níń] 案内者 [人] O guia; o cicerone; o acompanhante. ⟨S/同⟩ Gáido (+).

ańnái-shó 案内書 O guia turístico (Livro). ⟨S/同⟩ Ańnái-ki; gaídó búkku (+).

ańnéi 安寧 [E.] A paz [ordem]; o bem-estar. ★ ~ *o midasu* [*tamotsu*] 安寧を乱す[保つ] Perturbar [Manter] ~. ◇ **~ chítsujo** 安寧秩序 A paz e a segurança. ⟨S/同⟩ Ańtáí (+).

án-ni 暗に De maneira implícita; implicitamente; indire(c)tamente. ★ ~ *honomekasu* 暗にほのめかす Dar a entender. *Aite o ~ hínan suru* 相手を暗に非難する Criticar ~ o outro. ⟨S/同⟩ Soré tó náku. ⇨ añjí.

án nó jō 案の定 Como se esperava [Como era de esperar]. ~ *kare wa watashi no iken ni hanron shite kita* ~ 案の定彼は私の意見に反論してきた ~ ele atacou a minha opinião. ⟨S/同⟩ Hatáshite. ⇨ omóu **7** ◇; yosó ◇.

ańnón 安穏 A paz e o sossego. ★ ~ *buji ni seikatsu suru* 安穏無事に生活する Viver em paz e segurança. ⟨S/同⟩ Heíán; heíón (+).

ańnyúi アンニュイ (< Fr. ennui) O tédio. ⟨S/同⟩ Keńtáí (+).

anó あの **1** [話し手からも聞き手からも離れているものをさす語] Aquele. ★ ~ *koro* あのころ Por aquela época [altura]; nesse(s) tempo(s). ~ *toki* あの時 Naquela altura. ⇨ **te kono te;** ~ **yo.** ⇨ aré; konó; sonó. **2** [例の] Aquele/a; o tal; aquilo「que sabemos」. ★ *Anata no gozonji no ~ hanashi* あなたも御存じのあの話 Aquele [O tal] assunto de que o senhor também sabe. ⟨S/同⟩ Réi no.

anó² [anō] あの[あのう]【G.】**1** [呼びかけ] Por favor; ó; ei; oiça. ~ *chotto o-tazune shimasu* あの、ちょっとお尋ねします Por favor [Com licença], senhor, poderia dizer-me「onde é [fica] a estação?」. ⟨S/同⟩ Sumímáséń (+). **2** [口ごもって] Hum; hã. *Ano hito wa ēto ~ tashika Suzuki-san da to omoimasu ga* ···あの人は、ええと、あの、確か鈴木さんだと思いますが Hã, aquele senhor, se não me engano, é o sr. Suzuki.

anódo [óo] アノード (< Ing. < Gr. ánodos: "subida")【Fís.】O ânodo [elé(c)trodo positivo]. ⟨S/同⟩ Yókyókú. ⟨A/反⟩ Kasódo.

anó né [né] あのね [あのねえ]【Col.】Oiça(m)!; ouve lá!; quer ouvir?; olhe! ~ *omoshíroi hanashi o shite agemashō ka* あのね、おもしろい話をしてあげましょうか Olhe, você quer que lhe conte uma coisa interessante [lhe conte uma história engraçada]?

anórákku アノラック (< Esquimó: anoraq) O anoraque (Agasalho de pele com capuz). ⟨S/同⟩ (Uíńdó) yákke.

anó té konó té あの手この手 Todos os meios possíveis. ★ ~ *de kudoki-otosu* あの手この手で口説き落とす Persuadir [Convencer] por ~.

anó yó あの世 O outro mundo; o além(-túmulo). ★ ~ *e tabi- datsu* あの世へ旅立つ Partir para o ~. ~ *no hito to naru* あの世の人となる Morrer. ⟨S/同⟩ Ráise. ⟨A/反⟩ Konó yó. ⇨ meídó²; yómí² (no kuni).

ańpáia アンパイア (< Ing. umpire)【(D)esp.】O árbitro. ⟨S/同⟩ Jájji; réferí; shińpáń¹.

ań-páṅ 餡パン Um pãozinho recheado com doce "áń²".

ańpéa アンペア (< Fr. Ampère: 1775 ~ 1836)【Fís.】O ampere. ◇ ~ **kei** アンペア計 O amperímetro.

ańpi 安否 **a)** O estado「de saúde」; **b)** O estar vivo ou morto. *Yukue fumei-sha no ~ ga kizukawareru* 行方不明者の安否が気づかわれる Há grande preocupação com (a situação d)os desaparecidos.

Ańpo 安保 (Abrev. de *Ańzeń Hóshó Jōyaku*) O Tratado de Segurança (Entre o Japão e os Estados Unidos: 1951). ◇ ~ **(jōyaku)** 安保（条約） ~.

ańpō 罨法【Med.】A cataplasma. ⟨S/同⟩ Shippú (+).

ańpóntan 安本丹【Chum.】Cretino; parvo; imbecil. ⟨S/同⟩ Ahó (+); báka (o); manúké (+).

ańpú 暗譜 A memorização de partituras musicais. ★ ~ *de hiku* 暗譜で弾く Tocar uma partitura de cor; tocar sem ver a música. ⇨ fuó²; gakúfú¹.

ańpu² アンプ (< Ing. amplifier < L.) O amplificador. ◇ **Meiṅ ~** メインアンプ ~ principal. ⟨S/同⟩ Zōfúkúki.

ańpuru アンプル (< Fr. ampoule) Uma ampola. ★ *Kaze- gusuri no ~* 風邪薬のアンプル ~ contra a gripe.

ańrákú 安楽 O conforto [regalo]; a comodidade. ~ *ni kurasu* 安楽に暮らす Viver confortavelmente. ◇ ~ **isu** 安楽椅子 A poltrona; o sofá; a cadeira de encosto. ~ **shi** 安楽死 A eutanásia. ⇨ ańtáí; kirákú; yasúráka.

ańrúi 暗涙 O chorar em segredo [às escondidas]. ⇨ námida.

ańryókúshoku 暗緑色 O verde-escuro[-garrafa]. ⇨ fuká-mídori.

ańryū 暗流 **1** [水底の流れ] A corrente inferior [submarina]. **2** [外部に現れない動き] As influências ocultas. ⟨S/同⟩ Teíryū.

ańsáṅburu アンサンブル (< Fr. ensemble < L. in + simul: ao mesmo tempo) **1** [婦人服の] Um conjunto. ★ *Burausu to sukāto no ~* ブラウスとスカートのアンサンブル ~ de blusa e saia, a combinar. **2** [合奏]【Mús.】O grupo (conjunto) musical. ⟨S/同⟩ (Shō) gasshō (gassó) (dan). **3** [協演] O efeito de conjunto.

ańsátsú 暗殺 O assassinato [assassínio] (às ocultas). ★ ~ *suru* [*sareru*] 暗殺する[される] Assassinar [Ser assassinado]. ◇ ~ **jikeṅ** 暗殺事件 Um caso de ~. ~ **misui** 暗殺未遂 Um atentado; a tentativa de ~. ◇ **~sha**. ⟨S/同⟩ Yamí-úchí.

ańsátsú-sha 暗殺者 O assassino. ⟨S/同⟩ Koróshi-yá. ⇨ satsújíń.

ańséi 安静 O repouso. *Isha ni ~ o meijirareta* 医者に安静を命じられた O médico ordenou-me repouso. ◇ ~ **ryōhō** 安静療法 A cura de ~. **Zettai ~** 絶対

安静 ~ absoluto.

ańséki-shoku 安赤色 O vermelho-escuro.

ańshíń 安心 O estar tranquilo; o alívio; a despreocupação; o descanso; a segurança. *Go- ~ nasai [kudasai]* ご安心なさい［下さい］ Não se preocupe. *Kore de hito ~ da* これでひと安心だ Bem [Ufa!], assim já posso ficar descansado [respirar]. ★ *~ (no) dekiru hito* 安心（の）できる人 Uma pessoa que inspira confiança. *~ suru* 安心する Estar tranquilo [*Mō kiken wa nai kara ~ shite yoroshii* もう危険はないから安心してよろしい Pode ficar tranquilo [descansado] que já não há perigo. *~ shikitta yōsu* 安心し切った様子 O ar confiante. *~ shite o-makase kudasai* 安心してお任せ下さい Deixe o caso comigo e fique sossegado]. ◇ ⇨ **~ kan [ritsumei]**. S/同 Ándo; kyūshíń. A/反 Fuáń; shińpái.

ańshin-kan 安心感 A sensação de alívio [segurança/paz]. ★ *~ o idaku [ataeru]* 安心感を抱く［与える］Ter [Dar] uma ~.

ańshín-rítsúméí 安心立命 A iluminação; a paz espiritual. S/同 Ańjíń-ryūméí. ⇨ satóri.

ańshítsú 暗室 A câmara escura (Para revelação de fotografias).

ańshō[1] 暗誦 A recitação de memória; a declamação de cor. ★ *Shi o ~ suru* 詩を暗誦する Declamar [Recitar] uma poesia de cor. ⇨ ańki[1].

ańshō[2] 暗礁 O recife; o escolho (Tb. fig.). *Wareware no keikaku wa ō-zume ni kite ~ ni nori-agete shimatta* 我々の計画は大詰めに来て暗礁に乗り上げてしまった O nosso proje(c)to, quando estava já quase concluído [aprovado], encalhou. ⇨ iwá[1].

ánshu 按手 A imposição das mãos「para invocar o Espírito Santo」

ańshútsú 案出 A congeminação [invenção]. S/同 Kōáń (+); sóáń.

ańsókkó 安息香 ⇨ ańsókukō.

ańsóku 安息. ⇨ ańsóku-bi) O descanso [repouso]. S/同 Kyūsókú (+).

ańsóku-bi [-jitsu] 安息日 (<… +hi) O dia de descanso; o descanso dominical [sabático].

ańsókukō 安息香【Bot.】O benjoim (Resina do benjoeiro). ◇ ~ **san** 安息香酸 O ácido benzóico.

ańsórojī アンソロジー (< Ing. anthology < Gr. anthos: "flor" + logia: "cole(c)ção") A antologia. S/同 Seńshū; shikáshū.

ánta あんた (Col. de anáta[1]).

ańtái 安泰 [E.] A paz e segurança「do país」; o bem-estar「da família」. S/同 Áńneí.

ańtáń 暗澹 **1**[暗くて無気味なようす] O ser tenebroso. **2**[暗くてうすぐらいようす] O ser tenebroso. ★ *~ to shita kimochi ni naru* 暗澹とした気持ちになる Ficar desesperado [muito apreensivo]. ⇨ kuráí[2]; zetsubō-téki.

ańtéí 安定 **1**[大きな変化がないこと] A estabilidade; o equilíbrio. ★ *~ o eru* 安定を得る Ganhar estabilidade. *~ o tamotsu* 安定を保つ Manter a/o ~. *~ o ushinau [kaku]* 安定を失う［欠く］Perder [Faltar] o/a ~. *~ shita seikatsu [chii; shűnyū]* 安定した生活［地位；収入］Uma vida estável [posição segura; renda certa]. *Kibun ga ~ suru* 気分が安定する Ficar tranquilo. ◇ ~ **ka [sei]**. ~ **seichō** 安定成長 O crescimento estável. ~ **tasū** 安定多数 Uma maioria segura「de deputados」. Fu-ántei. ⇨ ittéí. **2**[落ち着き；均衡；すわり] O equilíbrio「do cálice, mesa」. ★ *~ ga warui* 安定が悪い Não ter equilíbrio. ◇ ⇨ **~ kan [sei]**. **~ sōchi** 安定装置【Fís.】O estabilizador. ⇨ **~zai**. S/同 Kíńkō; ochítsúkí; suwári. A/反 Fu-ántei. **3**[影響を受けないようす]【Quím.】A não-rea(c)ção. ★ *San no ~ na busshitsu* 酸の安定な物質 A substância que não reage aos ácidos.

ańtéi-ká 安定化 A estabilização. ★ *Kawase no ~ 為替の安定化* ~ cambial [do câmbio].

ańtéi-kan 安定感 O sentido [A sensação] de segurança.

ańtéi-séí 安定性 A estabilidade (como qualidade).

ańtéi-zái 安定剤 O produto estabilizador. ◇ **Seishin ~** 精神安定剤【Med.】O tranquilizante [calmante].

ańtéń 暗転 **1**[劇の] A troca de cenário às escuras sem correr o pano do palco. ⇨ yóáń. **2**[悪くなること] O revés; a reviravolta; a mudança para pior. ★ *Unmei ga ~ suru* 運命が暗転する Dar uma reviravolta o destino.

ańténá アンテナ (< Ing. < L. antem[n]na: "verga de navio") **1**[空中線] A antena. ★ *~ o haru [tateru]* アンテナを張る［立てる］. ◇ **Kyōdō ~** 共同アンテナ ~ de uso cole(c)tivo. ◇ **parabora ~**. *Shitsunai ~* 室内アンテナ ~ de interior. **2**[手がかり] A antena; a fonte de informações; os indícios; a chave. ★ *Jōhō nyūshu no ~ o haru* 情報入手のアンテナを張る Ter uma "antena secreta" de informação. ⇨ te-gákari.

ańtō 暗闘 Uma luta [guerra de morte] às escondidas/por trás. *Hyōmen wa odayaka demo ryōsha no aida ni wa susamajii ~ ga atta* 表面は穏やかでも両者の間にはすさまじい暗闘があった Embora exteriormente [por fora] tudo parecesse (estar) calmo, havia entre os dois uma guerra oculta terrível.

ántonimu アントニム ⇨ hańtái-gó.

ántore[ē] アントレ(ー) (< Fr. entrée < L.) A entrada (Primeiro prato da refeição ocidental).

ańtsúká [úu] アンツーカー (< Fr. en-tout-cas) A terra artificial vermelho-escura dos campos de jogos.

ań'úń 暗雲 **1**[黒い雲] A nuvem negra. S/同 Kokúúń. **2**[危険な気配] As nuvens negras. ★ *~ ga tadayotte [tare-komete] iru* 暗雲が漂って［垂れこめて］いる Pairam nuvens [perspe(c)tivas] negras「nas negociações」. A/反 Áńei.

án'ya 暗夜 A noite escura. S/同 Yaíń; yamí-yo (+).

ań'yákú 暗躍 As manobras secretas [por trás dos bastidores]; a manipulação. ★ *Seikai no rimen de ~ suru* 政界の裏面で暗躍する Manobrar nos bastidores da política. S/同 Fuchō-híyákú.

án'yo あんよ [Infa.] **1**[歩くこと] Os primeiros passinhos. ★ *~ wa o-jōzu* あんよはお上手 Olhe como você já anda! ★ *~ (o) suru* あんよ(を)する Dar ~. S/同 Hokó. **2**[足] O(s) pezinho(s). S/同 Ashí.

ań'yú 暗喩 A metáfora. S/同 Ińyú; métáfá. A/反 híyu.

ánzan[1] 安産 O parto normal [fácil]; a eutocia. ★ *~ de aru* 安産である Ser um ~.

ánzán[2] 暗算 O fazer contas de cabeça; o cálculo mental. *Sanjūgo kakeru yonjūhachi o ~ suru [de yaru]* 35 × 48 を暗算する［でやる］Fazer de cabeça 35 a multiplicar por 48. A/反 Hissáń. ⇨ keísáń.

ańzángan 安山岩 O andesito (Rocha).

ańzéń[1] 安全 A segurança. *Sagyō-chū wa ~ no*

tame herumetto chakuyō no koto 作業中は安全のためヘルメット着用のこと (掲示) Por (motivo de) segurança, usar capacete no trabalho! ★ ~ na basho [kikai; kuruma] 安全な場所 [機械; 車] O lugar [A máquina; carro] seguro/a. ~ na shokuhin 安全な食品 Produtos alimentícios seguros [de confiança]. Mi no ~ o hakaru 身の安全を図る Olhar por si [pela própria ~]. ◇ ~ben 安全弁 A válvula de ~. ~beruto 安全ベルト O cinturão [cinto] de ~. ~bō. ~chitai 安全地帯 A zona de ~. ~dai-ichi 安全第一 (標語) Primeiro [Acima de tudo] a ~. ~hoshō jōyaku 安全保障条約 ⇨ Anpo. ~hoshō riji-kai 安全保障理事会 O Conselho de Segurança (da ONU). ~kamisori 安全剃刀 A gilete [lâmina de barbear]. ⇨ ~ken [ki]. ~pin 安全ピン O alfinete de ~ [Uma ~]. ~saku 「o kōjiru [toru]」 安全策を講じる [取る]「Tomar」medidas de ~. ⇨ ~sei. ~sōchi 安全装置 O dispositivo de ~. ~sōgyō 安全操業 O funcionamento seguro. ~tenken 安全点検 A inspe(c)ção de ~. ⇨ ~tō. Kōtsū ~ 交通安全 ~ do trânsito.

anzén² 暗然 【E.】O ser sombrio [soturno; lúgubre]. A/反 Kikén. ⇨ hoán.

anzén-bō 安全帽 (<...¹ + bōshí) O capacete de segurança [prote(c)ção].

anzén-ken 安全圏 O campo [A zona] de segurança.

anzén-ki 安全器 O disjuntor; o fusível (de segurança). S/同 Burēka.

anzén-séi 安全性 A segurança (como qualidade); o grau de ~. ★ Shokuhin no ~ 食品の安全性 ~ dos produtos alimentícios. A/反 Kikén-séi.

anzén-tō 安全灯 [燈] A lâmpada (vermelha) de segurança.

anzú 杏【Bot.】O damasqueiro; prunus armeniaca. ★ ~ (no mi) 杏 (の実) O damasco; o alperce; o abricó; o albricoque.

anzúru 案ずる【E.】 1 [考える; 考え出す] Pensar. ★ Ikkei o ~ 一計を案ずる ~ um plano. 2 [心配する; 気遣う] Recear; preocupar-se. [P ことわざ] ~ yori umu ga yasushi 案ずるより産むが易し「um proje(c)to」Ser mais fácil do que se pensa [Tanta preocupação para nada]. S/同 Anjíru; kizúkáu (+); shínpáí súrú (o).

áo 青 (<aoí¹) 1 [青色] O azul. ★ Sora [Umi] no ~ 空 [海] の青 O azul celeste/do céu [marinho/do mar]. [P ことわざ] ~ wa ai yori idete ai yori mo aoshi 青は藍より出でて藍よりも青し O discípulo ser melhor que o mestre (Lit. O azul vem do índigo [anil] e é mais azul ainda (do) que o índigo). ◇ ~ao-ao; ~arashi. ~aza 青痣 O nevo [A mossa] azulado[a]. ~iro 青色 A cor azul; o azul. ⇨ ~iro subindo. ~midori 青緑 O verde levemente azulado. ⇨ ~suji [tenjō/unabara]. 2 [緑色] O verde (Cor). ⇨ ~kabi [kusa/mono/mushi/na/nori]. ◇ ~ (shingō) 青 (信号) a) O sinal verde (do semáforo); b) A licença (para fazer algo). ⇨ ~ta. ~yasai 青野菜 As verduras; as hortaliças. S/同 Mídori. 3 [⇨ massao].

aó-áo 青々 a) Verdejante; b) Fresco; viçoso. ~ to wakaba no shigeru kisetsu ni natta 青々と若葉の繁る季節になった Chegou a estação das folhas viçosas, todas verdinhas (⇨ áo-ba).

aó-árashi 青嵐 A brisa primaveril [que agita as folhas verdes].

aó-ba 青葉 (<... + ha) 1 [青々とした木の葉] As folhas verdejantes. 2 [若葉] As folhas tenras [viçosas]. ★ ~ no koro [kisetsu] 青葉のころ [季節] A época [altura/estação] das ~. S/同 Wáka-ba (o); shínryókú (+).

aó-bánáí 青鼻汁 [洟] (<... + hanáí) O ranho [muco] (do nariz); as moncas (G.). S/同 Aóppáná.

aó-bíkari 青光り (<... + hikáru) Uma luz fosforescente [azulada].

aó-búkure 青膨れ (<... + fukúrérú) A inchação azul-escura「de hidropisia」. ★ ~(no) shita kao 青膨れ (の) した顔 O rosto azul-escuro e inchado.

aó-byōtan [oo] 青瓢箪 (<... + hyōtan) 1 [熟していない青い瓢箪] A cabaça (ainda) de cor verde. 2 [顔色の青い人] 【G./Fig.】Um magricelas, pálido.

aó-dáíshō 青大将 (<... + táíshō) Uma espécie de cobra não venenosa, comum em todo o Japão.

aó-dáké 青竹 (<... + také) O bambu verde [recém-cortado].

aó-dátami 青畳 Um "tatámí" novo [refeito].

aó-gáeru 青蛙 (<... + kaéru) ⇨ amá-gáeru.

aógi-míru 仰ぎ見る (< aógu + ~) Levantar [Erguer] os olhos; olhar para cima. ★ Ten o ~ 天を仰ぎ見る Levantar os olhos ao [para o] céu; olhar para o céu. S/同 Mí-ágéru.

aó-gíri 青桐 [梧桐]【Bot.】Uma espécie de "kírí"; firmiana platanifolia.

aógu¹ 仰ぐ 1 [見上げる] Erguer [Levantar] os olhos. ★ Hoshi-zora [Fuji] o ~ 星空 (富士) を仰ぐ ~ para o céu estrelado [o monte Fuji]. S/同 Mí-ágéru (+). 2 [尊敬する; 敬う] Venerar; respeitar. S/同 Sonkéí súrú (o); uyámáu (+). 3 [請う; 求める] Pedir; solicitar. ★ Joryoku [Kifu; Kōen] o ~ 助力 [寄付; 後援] を仰ぐ ~ ajuda [donativos; apoio]. S/同 Kóu; motóméru. 4 [一気に飲む] Ingerir de uma só vez. ★ Doku o ~ 毒を仰ぐ Engolir [~] o veneno. S/同 Aóru (+). ⇨ nómu¹.

aógu² 扇 [煽] ぐ Abanar (para agitar o ar). ★ Sensu de ~ 扇子であおぐ Abanar(-se) com o leque. S/同 Aóru.

aó-gúróí 青黒い (<... + kuróí) Azul-ferrete.

aóí¹ 青い (< áo) 1 [青色の] Azul. Sora wa aoku hare-watatte iru 空は青く晴れ渡っている O céu está todo azul, sem nuvens (+). ★ ~ me o shita ningyō 青い眼をした人形 Uma boneca de olhos azuis. 2 [緑の] a) Verde (Cor); esverdeado; b) Verde (Não maduro). ★ ~ mono 青い物 As hortaliças; as verduras. 3 [血の気がない] Pálido. Kyōfu [Samusa] de (kao ga) aoku natta 恐怖 [寒さ] で (顔が) 青くなった Com o medo [frio] ele ficou ~ [amarelo como a) cera]. S/同 Sōhákú; aó-jíróí; aózámérú. 4 [未熟な] Inexperiente; novato. ★ ~ koto o iu 青いことを言う Falar como uma criança; dizer criancices. S/同 Míjúkú ná (+); mí-kéíken na (+). ⇨ aó-nísáí.

aóí² 葵 1 [植物]【Bot.】A malva (Planta). 2 [紋所の一つ] A malva (Brasão dos Tokugawa – "futá-bá-aoi").

aó-íkí-tó-íki 青息吐息 O aperto; o estar com a corda às pescoço. Kono fukyō de kigyō wa doko mo ~ no jōtai da この不況で企業はどこも青息吐息の状態だ Com esta estagnação econó(ô)mica as empresas estão todas com a corda ao pescoço [todas a lutar pela sobrevivência]. ⇨ komári-kíru.

aóíró-shínkoku 青色申告 A declaração de imposto num formulário azul (para quem tem o seu negócio).

aó-jáshin 青写真 (<… + shashíń) **1** [被写用の] A cópia fotográfica (Que pode ser azul ou não). ★ ～ *ni toru* 青写真に撮る Tirar uma ～. **2** [設計図; 未来図] O plano; o esboço; o proje(c)to「da casa」. *Jinsei no ～ wa sude ni kare no atama no naka ni deki-agatte ita* 人生の青写真はすでに彼の頭の中にでき上がっていた Ele já tinha na cabeça o seu plano de vida. [S/同] Mirái-zu; sekkéi-zu.

aó-jíróí 青白い (<… + shirói) Pálido; lívido (como a cera). [S/同] Sṓhákú.

aó-kábí 青黴 O bolor「do pão」; o penicilo.

aókí 青木 **a)** A aucuba (Planta espontânea e de jardim, com bagas vermelhas); *aucuba japonica*; **b)** A árvore verde [viçosa].

aó-kúsá 青草 A erva (verdejante).

aó-kúsái 青臭い【G.】 **1** [臭い] O cheiro (desagradável) a folhas verdes esmagadas. **2** [未熟な] Imberbe; inexperiente. *Kare ni wa mada daibu ～ tokoro ga nokotte iru* 彼にはまだ大分青臭い所が残っている Ele ainda é um ～ [ingé[ê]nuo em muitos pontos].

aómi 青味 **1** [青さ] Um ar de verde [azul]. ★ ～ *gakatta* [*o obita*] *haiiro* 青味がかかった[を帯びた] 灰色 O cinzento azulado [esverdeado]. **2** [吸い物などにそえる青い野菜] As verduras.

aómídoro 青味泥 [水綿]【Bot.】 A lentilha-d'água.

aó-mono 青物 **1** [野菜] Os legumes; as verduras. ◇ **～ ichi (ba)** 青物市(場) O mercado de legumes e frutas. [S/同] Yasáí (+). **2** [青色の魚] Os peixes de pele azulada (e indigestos). ⇨ hikárí-mónó.

aómónó-yá[-uri] 青物屋 [売り] ⇨ yaóyá.

aó-múké[-múkí] 仰向け [向き] (< aó-múku) O estar deitado de costas. ★ ～ *ni naru* 仰向けになる Deitar-se de costas. ～ *ni taoreru* 仰向けに倒れる Cair de costas. [A/反] Utsúbúsé; utsúmúké.

aó-múkéru 仰向ける (< aógu + …) Pôr-se a olhar para o céu; virar「o menino/a carta」para cima. ★ *Kao o ～* 顔を仰向ける Olhar para o céu. [A/反] Utsúmúkéru.

aó-múku 仰向く (< aógu + …) Olhar para o céu; virar-se para cima. [A/反] Utsúmúku.

aó-mushi 青虫【Zool.】 As lagartas verdes, sem pêlos.

aó-na 青菜 As verduras (de folha grande e viçosa). [I/慣用] ～ *ni shio* 青菜に塩 O aspecto murcho; a orelha caída [*Sensei ni shikararete kare wa ～ ni shio to iu tokoro datta* 先生にしかられて彼は青菜に塩というところだった Ele ficou murcho por ter apanhado um raspanete do professor].

aó-nísái 青二才【G.】 O fedelho; o novato; o criançola. *Anna ～ ni nani ga dekiru* あんな青二才に何ができる Que pode [é que sabe] aquele ～? ⇨ mijúkú; wakázṓ.

aó-nori 青海苔 Uma alga comestível.

aórí 煽り (< aóru[1]) **1** [風に吹かれて動くこと] A lufada「de vento」. **2** [余波] O vendaval; o abalo. *Fu-keiki no ～ o kutte tōsan suru kaisha ga ōi* 不景気のあおりを食って倒産する会社が多い São muitas as firmas que vão à falência com o ～ da crise econó[ô]mica. [S/同] Yóha. ⇨ sobá-zúe.

aórí-ashi 煽り足 O golpe [movimento] de tesoura「em natação」.

aórí-dómé 煽り止め (<… + tomérú) O gancho (na parede para impedir que a porta [janela] bata com o vento).

aóru[1] 煽る **1** [風が]「o vento」Soprar; agitar-se o ar. *Hi wa kyōfū ni aorarete matataku ma ni moe-hirogatta* 火は「強風にあおられて」瞬く間に燃え拡がった O fogo, soprado por um vento forte, alastrou num instante. **2** [扇動する] Provocar; incitar; estimular. ★ *Aite no ikari* [*shittoshin*] *o ～* 相手の怒り [嫉妬心] をあおる Provocar a ira [o ciúme] do outro. *Kyōsōshin* [*Kōbai-yoku*; *Kyoeishin*] *o ～* 競争心 [購買欲; 虚栄心] をあおる ～ a concorrência [vontade de comprar; vaidade]. [S/同] Seńdṓ súrú. **3**【Econ.】 Provocar「a subida dos preços」.

aóru[2] 呷る Beber dum trago; engolir. ★ *Sake* [*Doku*] *o ～* 酒[毒]をあおる Beber o vinho de um gole/trago [Engolir o veneno]. ⇨ nómu[1].

aósá 石蓴【Bot.】 Uma espécie [variedade] de alga; *ulva*.

aó-ságí 青鷺【Zool.】 A garça acinzentada; *adrea cinerea*.

aó-shíngō 青信号 **a)** O sinal verde (do semáforo/farol); **b)** A licença (de fazer algo).

aó-sókohi 青底翳 ⇨ ryokúnáíshṓ.

aó-súji 青筋 As veias ("fio azul"). ★ ～ *o tatete okoru* 青筋を立てて怒る Ficar furibundo, com as veias (da testa) dilatadas.

aó-tá 青田 O arrozal verde.

aótá-gáí 青田買い (<… + kaú) **1** [収穫高を見積もって, 稲を取り入れの前に買うこと] A compra da colheita do arroz ainda no campo. **2** [ひゆ的に企業が卒業前の大学生に対して社員に採用する約束をすること] O recrutamento de novos empregados antes do prazo oficial (Que as empresas não respeitam; por isso é comum os universitários escolherem o emprego ainda antes de se formarem).

aótá-gári 青田刈り (<… + karú) ⇨ aótá-gáí **2**.

aó-ténjō 青天井 **a)** ⇨ aó-zóra; **b)** A subida repentina「dos valores」.

aótó 青砥 A pedra de afiar [amolar] de granulação média.

aó-ume 青梅 A "ume" (ainda) verde.

aó-únábara 青海原 A imensidão azul (do mar).

aóyágí 青柳 **1** [青々と茂った柳]【E.】 O salgueiro viçoso. ⇨ yanágí. **2** [貝]【Zool.】 A parte carnuda do "baká-gai".

aózáméru 青ざめる Ficar pálido [Empalidecer]「ao ler a notícia」. ★ *Shinin no yō ni aozameta kao* 死人のように青ざめた顔 Um rosto cadavérico [lívido como a cera]. ⇨ aó-jírói.

aó-zóra 青空 (<… + sóra) **1** [青い空] O céu [firmamento] azul. ★ *Nukeru yō na ～* 抜けるような青空 Um céu todo azulinho. **2** [野外の] Ar livre. ◇ **～ [yagai] ichiba** 青空 [野外] 市場 O mercado [A feira] ao ar livre.

apárútóhéito アパルトヘイト (< Ing. apartheid < Hol.)【H.】 A segregação dos negros na África do Sul.

apā́to [áa] アパート (< Ing. apartment house) **a)** O prédio residencial [de apartamentos]; **b)** O apartamento [andar]. ★ ～ *no kanri-nin* アパートの管理人 O porteiro [zelador] do prédio. ～ *o kariru* [*kasu*] アパートを借りる [貸す] Alugar um apartamento. *Nī-eru-dī-kei no ～* 2 LDK のアパート Um apartamento com dois quartos, sala e cozinha.

aperítifu アペリティフ (< Fr. aperitif < L. aperire; abrir) O aperitivo. ⦗S/同⦘ Shokuzén-shu. ⦗A/反⦘ Digésútifu. ⇨ zeñsáí.

apíru [ií] アピール (< Ing. appeal < L. appellare: chamar) **1** [訴え; 呼びかけ] O apelo. ★ *Seron* [*Taishū*] *ni gensuibaku kinshi o ~ suru* 世論[大衆]に原水爆禁止をアピールする Apelar à opinião pública [ao público] contra a bomba H/de hidrogé[ê]nio. ⦗S/同⦘ Uttáe; yobíkáke. **2** [心を打つこと]O apelo; a atra(c)ção. *Motto wakai hito ni ~ suru shōhin wa nai darō ka* もっと若い人にアピールする商品はないだろうか Não haverá um produto que atraia mais ao (compradores) jovens? ⇨ ukéru. **3** [魅力] A a-tra(c)ção. ◇ ⦗S/同⦘ **sekkusu ~**. ⦗S/同⦘ Miryókú (+).

Áporo(n) アポロ (ン) (O deus) Apolo.

apóstoróf [**apóstórofu**] アポストロフィー [アポストロフ] (< Ing. < Gr. apóstrofos: "que se desvia") O apóstrofo(').

appá (kátto) [aá] アッパー (カット) (< Ing. upper cut) [Boxe] O soco dado de baixo para cima (no queixo).

appáku 圧迫 **1** [力で押さえつけること] A pressão; a coa(c)ção. ★ *~ o kanjiru* 圧迫を感じる Sentir-se oprimido [coagido/pressionado]. *~ suru* 圧迫する Coagir; pressionar; oprimir. ◇ ⇨ **kan**. **2** [威圧] A opressão「dos pobres」; a coa(c)ção. ⇨ atsúryoku; iátsú; kyōátsú.

appáku-kan 圧迫感 O sentir-se coagido; a sensação de coa(c)ção.

appáppá あっぱっぱ 【G.】 Um vestido solto (próprio para o verão). ⦗S/同⦘ Kañtán-fuku.

appáre 天晴れ **1** [見事] Admirável; esplêndido; magnífico. *Teki-nagara ~ de aru* 敵ながら天晴れである É inimigo mas é um valente. ⦗S/同⦘ Mígoto (+); rippá (+). **2** [感動したときのかけ声] 【Interj.】 Bravo! /Muito bem! /Esplêndido! /Maravilhoso! /Formidável! ★ *~ ~ appare* 天晴れ天晴れ Bravo, bravo! ⦗S/同⦘ Dekáshita; mígoto.

áppu アップ (< Ing. up) **1** [上へ] (A)cima; o aumento; a subida. ◇ **~ ritsu** アップ率 O índice de aumento. ◇ **bēsu** [**hōrudo**/**kosuto**/**reberu**]**~**. ⦗A/反⦘ Dáun. ⇨ agárí[¹]; jōshō[¹]. **2** [髪を結い上げること] O penteado alto. ★ *Kami o ~ ni suru* 髪をアップにする Usar ~. ⦗S/同⦘ Yuí-ágé. **3** [写真の大写し] A foto (muito) de perto. ★ *Kao o ~ de toru*[*ni suru*] 顔をアップで撮る [にする] Tirar uma ~ /um instantâneo. ⦗S/同⦘ Ō-útsúshí. **4** [「-アップ」の形で「完了する」の意] Até ao fim; completamente; bem. ◇ **Doresu ~** ドレスアップ Vestir bem [com apuro]. **Wōmingu ~** ウォーミングアップ O exercício preparatório (para aquecer) antes do jogo.

áppu-appu あっぷあっぷ 【On.】 **1** [おぼれて] O debater-se para não se afogar. **2** [困難な状態で] O ver-se [estar] em palpos de aranha. ★ *Shakkin de ~ suru* 借金でああっぷあっぷする Estar em ... com as dívidas.

appúríke アップリケ (< Fr. appliqué < L. applicare: aplicar) O enfeite「no avental」. ⇨ shishū[¹].

appúrúpai アップルパイ (< Ing. apple-pie) A torta de maçã (⇨ riñgó).

áppu-tsū-déto [ée] アップツーデート (< Ing. up-to-date) ⇨ géndai.

apúre (géru) [ée] アプレ (ゲール) (< Fr. après-guerre) ⇨ señgo.

apuróchi [óo] アプローチ (< Ing. approach < L. ad-propiare: "vir para perto") **1** [接近] O tratar. ★ *Kono mondai ni taisuru ~ no hohō* この問題に対するアプローチの方法 A maneira de ~ este problema. ⦗S/同⦘ Sekkíñ (+). **2** [近づく道; 入る道] O caminho de acesso. ⇨ shiññyū[²]. **3** [スキーや跳躍競技の] A pista da descida (antes do salto de esqui). ⦗S/同⦘ Josōro. **4** [寄せること] 【Go.】 O aproximar-se do buraco.

apútó-shíkí アプト式 (< Roman Abt, engenheiro suiço) O sistema Abt.

ará[¹] 粗 (⇨ **aráí**[³]) **1** [欠点] O defeito; a falta. ★ *~ o sagasu* [*mitsukeru*] 粗を探す [見つける] Andar/Estar sempre à procura dos「defeitos」alheios. ◇ ⇨ **~-sagashi**. ⦗S/同⦘ Kettén; óchido. **2** [魚の] **a)** Os desperdícios [restos; miúdos] de peixe ou carne (Que o cozinheiro aproveita); **b)** A moinha (Restos da debulha). **3** [おおざっぱな] 【Pref.】 Geral/「tradução」 Imperfeita/ Mais ou menos. ◇ ⇨ **suji**.

ára[²] あら Ora veja(m)!; Oh!; Ah!; Credo!; Meu Deus!; (Minha) Nossa (Senhora)! *~, hidoi wa* あら, ひどいわ ~, que terrível! ⇨ ára mā. *~, sō desu ka* あら, そうですか Não é possível! ⦗S/同⦘ Mā; óya.

ará[³] 荒 (Pref. de aráí[¹]) "Violento, tempestuoso". ◇ ⇨ **uma** [**umi**].

Ārā アラー (< P. < Ár. "al": o + "ilah": Deus) Alá.

aráárashíí 荒々しい 「a voz」 Rude; 「a maneira/o modo/o rosto」 selvagem; 「temperamento/ cará(c)ter」 violento. *Araarashiku to o akeru* 荒々しく戸を開ける Abrir a porta com força. ⦗S/同⦘ Aráppói; rañbō; sobō.

arábésuku アラベスク (< Ing. < Fr. < It. arabesco) 【Mús./Arte】 O arabesco.

Arábia アラビア A Arábia (Península) (⇨ Saújí-ára-bia). ★ *~ fū* アラビア風 A maneira [O estilo] árabe. ◇ **~ go** アラビア語 O árabe. **~ gomu** アラビアゴム A goma arábica. **~ jin** アラビア人 O/A árabe. **~ sūji** アラビア数字 O(s) número(s) [algarismos] árabe(s). **~ uma** アラビア馬 O cavalo árabe.

Arábián-náito アラビアンナイト (< Ing. The Arabian Nights) As Mil e Uma Noites. ⦗S/同⦘ Señ(ya)-íchí-yá Mónógátari.

Árabu アラブ (< Ing. Arab) [アラビア人] Árabe. ◇ **~ sekai** アラブ世界 O mundo ~. **~ shokoku** アラブ諸国 Os países árabes. **~ shuchō-koku reñpō** アラブ首長国連邦 A Federação dos Emirados Árabes Unidos.

ará-dáteru 荒立てる (< aráí[¹] + tatéru) **1** [物事をもつれさせて面倒にする] Complicar 「o assunto」. ★ *Koto o ~* [*ara-datenai*] 事を荒立てる [立てない] Pôr [Não pôr] as coisas pior do que estavam. ⦗S/同⦘ Meñdō ni suru. **2** [荒くする] Levantar 「ondas」; enfurecer. *~ Gokio ~* 語気を荒立てる Levantar a voz 「zangado」. ⦗S/同⦘ Arákú súrú.

ará-dátsu 荒立つ (< aráí[¹] + tátsú) **1** [荒くなる] Encapelarem-se 「as ondas」. ⦗S/同⦘ Arákú náru. **2** [面倒になる] Complicar-se. *Kare ga dete kita bakari ni kaette koto ga ara-datta* 彼が出てきたばかりにかえってことが荒立った Com a chegada dele ficou tudo pior [as coisas complicaram-se mais].

ará-gáne 粗金 (< ara[¹] + kané) Minério ou ferro em bruto.

arágáu 抗う Lutar 「contra o destino」. ★ *Ken'i ni ~* 権威にあらがう Revoltar-se [~] contra a autoridade. Ⓢ/周 Hamúkáu; teíkó súrú. ⇨ arásóu.

ará-gímó 荒胆 (< aráí² + kimó) 【E.】A ferocidade; os (maus) fígados. Ⓢ/周 Dogímó (+).

ará-gótó 荒事 (< aráí² + kotó) Uma peça épica do teatro kabúki. ◇ ~ **shi** 荒事師 a) O a(c)tor que interpreta o papel violento ou cruel de militar ou divindade; b) Um trabalhador braçal [de trabalhos pesados].

ará-gyō 荒行 (< aráí² + shúgyō) As grandes austeridades (ascéticas).

aráhítógami 荒人神【E.】Um deus vivo「imperador」. Ⓢ/周 Akítsúkami.

aráí¹ 洗い (< aráú) **1** [洗濯] A lavagem. ◇ ~ *ni dasu* 洗いに出す Mandar para lavar. ◇ ~ **maru [mizu]** ~. Ⓢ/周 Señtákú. **2** [刺身の一種] As postas finas de peixe cru, mergulhadas em água gelada, para tomarem maior consistência.

aráí² 荒い (⇨ ará³) **1** [乱暴である] Ríspido; brusco; rude. ★ ~ *kotoba* [*dōsa*] 荒い言葉 [動作] Palavras [Modos] rudes. *Kane-zukai ga* ~ 金遣いが荒い Desbaratar [Gastar à larga] o dinheiro. *Kishō no* ~ *hito* 気性の荒い人 Um indivíduo de temperamento rude. Ⓢ/周 Rañbō; sobó. **2** [激しい] Bravo; violento; duro; rigoroso. *Kyō wa nami ga* ~ 今日は波が荒い Hoje o mar está bravo [encapelado]. ★ *kokyō* 荒い呼吸 A respiração ruidosa/alterada; o resfôlego. Ⓢ/周 Hagéshíi.

aráí³ 粗い (⇨ aráí¹) **1** [細かくない] Grosseiro; grosso;「ponto」largo. ★ ~ *shima-moyō* 粗い縞模様「tecido de」Riscas largas. *Ame no* ~ *sētā* 目の粗いセーター A camisola [O suéter (B.)] de malha larga. A/反 Komákái. **2** [なめらかでない] Rugoso; áspero. ★ *Araku kezuru* 粗く削る Dar (uma aparelada. *Kime no* ~ *hada* きめの粗い肌 A pele áspera. Ⓢ/周 Zárazara shita. A/反 Komákái; namérakana. **3** [綿密でない] Imperfeito; malfeito; feito por alto (à pressa). ★ *Shigoto ga* ~ 仕事が粗い Um serviço mal-acabado. Ⓢ/周 Ōzáppa. A/反 Komákái; meñmítsú ná.

aráí-ágári 洗い上がり (< aráú + agárú) O ficar lavado. *Kono senzai o tsukau to ~ ga masshiro desu* この洗剤を使うと洗い上がりが真っ白です Usando [Com] este detergente fica [a roupa] fica branquinha.

aráí-ágéru 洗い上げる (< aráú + …) **1** [洗い終わる] Terminar de lavar「todas as camisas」. Ⓢ/周 Aráíówaru. **2** [よく洗う]「este sabão」Lavar bem. **3** [よく調べる] Apurar; pôr a limpo. *Karera no sono hi no kōdō wa sukkari arai-agete aru* 彼らのその日の行動はすっかり洗い上げてある Já apurámos tudo o que eles fizeram nesse dia. A/反 Shirábé-águru.

aráí-gámí 洗い髪 (< aráú + kamí) O cabelo acabado de lavar.

aráí-gúmá 洗〔浣〕熊 (< aráú + kumá) Um ursinho norte-americano, parecido ao mão-pelada, que passa a comida por água antes de a comer. Ⓢ/周 Rakúñ.

aráí-hari 洗い張り (< aráú + harú) O pôr a secar as várias partes do quimono depois de lavadas, engomadas e bem esticadas.

aráí-mónó 洗い物 (< aráú + …) O que é [Coisas (+)] para lavar (Louça usada, roupa suja). ★ ~ *o suru* 洗い物をする ⇨ señtákú-mónó.

aráí-nágásu 洗い流す (< aráú + …) Lavar com muita água a correr. ⇨ aráí-ótósu; susúgú.

aráí-ótósu 洗い落とす (< aráú + …) Lavar (e tirar). *Yogore o* ~ 汚れを洗い落とす Lavar a sujidade. ⇨ aráí-nágásu.

ará-ísó 荒磯 (< aráí² + …) A costa aparcelada (de recifes e escolhos). Ⓢ/周 Arísó.

aráí-táté 洗い立て「vestido」Acabado de lavar.

aráí-tátéru 洗い立てる (< aráú + …) **1** [念入りに洗う] Lavar bem. **2** [あばく] Revelar. ★ *Tanin no himitsu o* ~ 他人の秘密を洗い立てる ~ segredos de outra pessoa. Ⓢ/周 Abáku (+).

aráí-zárai 洗い浚い (< aráú + saráú) 【G.】Tudo; uma limpeza. *Saiken-sha ni kazai-dōgu o ~ motte ikareta* 債権者に家財道具を洗いざらい持って行かれた O credor levou-me todo o [fez uma limpeza no meu] mobiliário. Ⓢ/周 Sukkári (+); zéñbu (o).

aráí-zárashi 洗い晒し (< aráú + saráú) O estar puído [gasto; coçado] de tanta lavagem.

ará-kábé 荒壁 (< aráí² + …) A parede nua (só com argamassa). ⇨ ará-núri.

arákájimé 予め De antemão; desde já;「avisar」com antecedência「da chegada」. ★ ~ *yōi suru* あらかじめ用意する Preparar ~ .
Máe kara; maémótte.

arákáruto アラカルト (< Fr. à la carte)「pedir vários pratos」Pela lista. Ⓢ/周 Ippíñ ryōri.

ará-káségí 荒稼ぎ (< aráí² + kaségu) **1** [不当に多くもうけること] A especulação; a exploração. **2** [強盗] Um assalto. ⇨ gótō; olhágí.

arákátá 粗方 a) A maior parte;「esbanjar o dinheiro」quase todo; b) Em geral「o seu livro está bem escrito」. *Shigoto wa mō ~ katazuita* 仕事はもう粗方片づいた Já fiz o trabalho quase todo [terminei praticamente o trabalho]. Ⓢ/周 Arámáshí; daíbúbun; daítáí (+); hotóndo (o); ōkátá.

ará-káwá 荒皮 (< aráí² + …) A casca de fora.

ará-kézúri 荒削り (< aráí² + kezúró) **1** [ざっと削ること] O desbaste; a aparelada. ★ ~ *no ita* 荒削りの板 A tábua por aplainar. **2** [おおまかなようす] Imperfeito [Pouco polido]. ★ ~ *na bunshō* 荒削りな文章 Frases [Escrita] pouco polidas[a]. Ⓢ/周 Ōmáká (+); ōzáppa.

arákú¹ 荒く (Adv. de aráí²).

arákú² 粗く (Adv. de aráí³).

arákúréru 荒くれる (⇨ arérú) Violento. ◇ ~ **mono [otoko]** 荒くれ者 [男] Um tipo ~ ; um bruto. ⇨ rañbō; sobó.

ára mā あらまあ (⇨ ára²) Oh! ~ *zubon ga doro-darake ja nai no* あらあらズボンが泥だらけじゃないの ~ [Meu Deus]! , não vê que tem as calças todas cheias de lama?

arámáki 荒 [新] 巻き **1** [塩鮭] O salmão conservado em sal ("shió-záke"; sobretudo de Hokkaidō, para presente). Ⓢ/周 Arámákízáke. **2** [わらなどで魚を巻いたもの] O peixe embrulhado em folhas de bambu ou palha. Ⓢ/周 Sumáki; tsúmáki.

arámáshi あらまし **1** [大体; おおよそ] Quase; a maior parte. *Shigoto wa ~ katazuita* 仕事はあらまし片づいた O grosso do trabalho já o terminei. Ⓢ/周 Arákátá; daítáí (+); ōkátá; ōyósó. **2** [⇨ ará-súji].

arámódo [óo] アラモード (< Fr. à la mode) **a)**「andar」À moda; **b)** Doce [Fruta] com sorvete.

ará-mónó 荒物 Os utensílios de casa (sobretudo da cozinha). ◇ ~ **ya** 荒物屋 Loja [Lojista] de miudezas.

arámúgó アラム語 O aramaico (Língua também falada por Cristo).

ará-múshá 荒武者 (< aráí² + ⋯) **a)** O samurai turbulento; **b)** O homem perigoso.

ará-námi 荒波 [荒い波] O mar proceloso [encapelado; bravo]. ★ *Fune ga ~ ni momareru* 船が荒波にもまれる O barco ser agitado pelas ondas enfurecidas. Ⓢ/回 Dotō. **2** [世間の] As andanças; as tempestades. ★ *Seken [Ukiyo] no ~ ni momareru* 世間[浮世]の荒波にもまれる Ser sacudido pelas [Lutar com as] ~ da vida. ⇨ kibíshísa; tsurásá.

ará-náwá 荒縄 (< aráí² + ⋯) A corda de palha; o vincelho「para atar lenha」.

arán-kagiri 有らん限り (< áru + ⋯) Tudo (e mais alguma coisa). ★ *~ no chie o shiboru* 有らん限りの知恵を絞る Usar toda a sua sabedoria [Puxar pela cabeça]. *~ no chikara o komete* 有らん限りの力を込めて Com toda a energia [força] e mais alguma. Ⓢ/回 Aríttáke (+).

aranó 荒野 ⇨ aré-no.

aránu あらぬ (< Neg. de áru; ⇨ nái) **1** [見当違いの] Errado [Que não é]. ★ *~ kata o miru* あらぬ方を見る「ela está aí」 Olhar para o lado ~. Ⓢ/回 Betsú nó (+); chigáttá; keńtō-chígai no (+). **2** [無実の; 身にもえのない] Falso. ★ *~ utagai o kakerareru* あらぬ疑いをかけられる Ser vítima de falsas suspeitas. ⇨ mújitsu no.

ará-núri 粗塗り (< aráí² + nurú) Uma só demão de tinta. ★ *~ no kabe* 粗塗りの壁 A parede com ~. *~ suru* 粗塗りする Dar só uma demão.

aráppói 荒[粗]っぽい (< aráí²·³ + pói) **1** [荒々しい] Grosseirote/Grosseirão (< grosseiro); rude. ★ *~ yari-kata [taido; kotoba-zukai]* 荒っぽいやり方[態度; 言葉遣い] A maneira [atitude; linguagem] grosseirona/rude. Ⓢ/回 Aráárásshíí; aráí; rańbō ná; sōya na; te-ará ná. **2** [不完全な] Imperfeito; tosco; canhestro. ★ *~ hon'yaku* 粗っぽい翻訳 A tradução ~. Ⓢ/回 Arái; ōmáká ná; ōzáppa na.

arárágéru 荒げる **a)** Ficar furioso「com os subordinados」; **b)** Perder as estribeiras [o controle]. ★ *Koe [Kotoba] o ~* 声[言葉]を荒らげる Falar aos berros. ⇨ arákū¹ súrú.

araré 霰 **1** [空から降る氷の粒] **[Met.]** O granizo miúdo. ★ *~ ga furu* 霰が降る Cair um pouco de granizo. ⇨ hyō⁵. **2** [さいの目に切ること] (Pequenos) cubos. ⇨ sáí⁴. **3** [あられ餅] "Mochi" em ~, torrados.

araré-mó-nái あられもない「comportamento, vestido」Indecoroso. ★ *~ sugata* あられもない姿 Uma postura ~ [chocante]. Ⓢ/回 Daráshínái (+).

ará-ryōji [óo] 荒療治 (< aráí² + ⋯) [外科の荒い治療] O remédio drástico [forte]. ⇨ chiryō². **2** [思いきった処置] **[Fig.]** A medida drástica [extrema]; as providências. *Koko de ~ o shinakereba wagasha wa izure tōsan suru darō* ここで荒療治をしなければ我が社はいずれ倒産するだろう Neste momento, se não tomarmos medidas drásticas, a nossa firma vai à falência. ⇨ kaízō²; shóchi. **3** [殺傷] **[G.]** O linchamento.

ará-ságashi 粗探[捜]し (< ⋯¹ + sagású) O estar sempre à procura dos defeitos alheios. ★ *Hito no ~ o suru* 人の粗探しをする Estar sempre à ⋯

aráséitō 紫羅欄花 **[Bot.]** O goiveiro [goivo; aleli]; *matthiola incana*.

árashi¹ 嵐 **1** [暴風; 暴風雨] A tempestade [borrasca; tormenta]. *Fune ga ~ ni atta [osowareta]* 船が嵐に遭った [襲われた] O navio apanhou uma ~. *~ ga fuita [kita; okotta]* 嵐が吹いた [来た; 起こった] Caiu [Sobreveio; Levantou-se] uma ~. *~ ga shizumatta [yanda]* 嵐が静まった [やんだ] Passou [Amainou] a ~. Ⓢ/回 Bōfúu; nowáki; shiké; taífú. **2** [激しい気持ち・行動など] **[Fig.]** O vendaval; a saraivada; a chuva(da). *~ no yō na kassai o abiru* 嵐のような喝采を浴びる Receber uma chuva de aplausos. *~ no kōgi* ~ の抗議 Uma saraivada de protestos. ★ *Kōgi no ~* 抗議の嵐 Uma saraivada de protestos. **3** [変事] **[Fig.]** A tormenta. 〖…〗 *~ no mae no shizukesa* 嵐の前の静けさ A calma antes da ~ (Mau presságio).

-árashi² 荒らし (< arású) **a)** O roubo [assalto]; **b)** O ladrão. ◊ **Biru ~** ビル荒らし ~ de prédios.

ará-shigoto 荒仕事 (< aráí² + ⋯) **1** [つらい仕事] O trabalho pesado [duro]. Ⓢ/回 Chikárá-shígoto (+). **2** [荒稼ぎ] Um trabalho perigoso e mau「roubo」. Ⓢ/回 Ará-káségí (+). ⇨ gōtō.

arásóé-nai[-nu] 争えない [ぬ] ⇨ arásówáré-nai.

arásói 争い (< arásóu) **1** [論争; 口論] A disputa; a polé[ê]mica. ★ *~ ga okoru* 争いが起こる Haver [Levantar-se] uma ~. Ⓢ/回 Kōron; rońsō. **2** [不和; 喧嘩] A rixa; a discórdia; a contenda; a briga; a desavença. ★ *~ no tane ga tsukinai* 争いの種が尽きない A causa da ~ continua. Ⓢ/回 Fúwa; isákáí; izákózá; keńká. **3** [競争] A competição; a luta; a disputa. ◊ **Toppu ~** トップ争い A luta pelo primeiro lugar. Ⓢ/回 Kyōsō.

arásóu 争う **1** [論争する] Ter uma polé[ê]mica [disputa]; contestar. ★ *~ yochi no nai* 争う余地のない「um fa(c)to」Incontestável. *Hōtei de ~* 法廷で争う Litigar; pleitear na justiça. *Kokubyaku o ~* 黒白を争う Discutir o que há de certo e errado「no caso」. Ⓢ/回 Rońsō súrú. **2** [不和になる; 喧嘩する] Brigar. Ⓢ/回 Keńká súrú. **3** [競う] Competir. ★ *Eigakan ni hairō to saki o ~* 映画館に入ろうと先を争う ~/Lutar para entrar primeiro na cinema. *Giseki o ~* 議席を争う Disputar um lugar na Dieta. *Ikkoku o ~* 一刻を争う Ser「um problema」urgente;「temos de」lutar contra o tempo. Ⓢ/回 Kisóu; kyōsō súrú.

arásówáré-nai[-nu] 争われない [ぬ] (< Neg. de "arásóu") Incontestável; indiscutível.

arású 荒らす **1** [荒廃させる] Devastar; assolar; arruinar; arrasar. *Sensō ga kokudo o arashita* 戦争が国土を荒らした A guerra devastou o país. Ⓢ/回 Hakái súrú; hasón súrú. **2** [害する; 傷つける] Danificar; estragar. *Arashi [Mushi; Shimo] ga hatake no sakumotsu o arashita* 嵐[虫; 霜] が畑の作物を荒らした O temporal [A praga de inse(c)tos; A geada] danificou as colheitas. Ⓢ/回 Gaí súrú; kizútsúkéru. **3** [略奪する] Saquear; roubar; assaltar. *Rusu no aida ni ie ga dorobō ni arasareta* 留守の間に家が泥棒に荒らされた A「minha」casa foi assaltada quando eu estava ausente [fora] (+). Ⓢ/回 Ryakúdátsú súrú. ⇨ gōdátsú.

ará-súji 粗筋 (< aráí² + ⋯) O esboço [resumo]; o enredo. ★ *Shibai [Shōsetsu] no ~* 芝居 [小説] の粗筋 O enredo da peça (teatral) [do romance]. Ⓢ/回 Arámáshí; aútóráin; ōsújí.

árata 新た (< atárashíí) Novo. ★ *~ na kimochi de* 新たな気持ちで Com nova disposição. *Ketsui o ~ ni suru* 決意を新たにする Renovar o propósito [a resolução].

arátaka あらたか Milagroso [Miraculoso]. *Kono*

arátámaru[1] 改まる (⇨ arátámeru) **1**[新しくなる] Mudar. *Toshi ga aratamatta* 年が改まった Começou o novo [mais um] ano. ⇨ atáráshíkú náru.
2[改正される] Mudar; ser substituído [emendado]. *Kisoku ga aratamatta* 規則が改まった As regras mudaram. ⇨ kaíséí[1].
3[改善される:変わって良くなる] Melhorar. *Kare wa ano jiken irai sokō ga aratamatta* 彼はあの事件以来素行が改まった Desde aquele incidente a conduta [o comportamento] dele melhorou.
4[儀式ばる] Ser formal [cerimonioso]; fazer [estar com] cerimô[ô]nias. ★ *Aratamatta kao [hanashikata; fukusō]* 改まった顔[話し方；服装] O semblante [A maneira de falar; O traje] formal. *Aratamatta seki [basho] de* 改まった席[場所]で Num lugar de cerimô[ô]nia. Ⓢ間 Gishíkí-báru.
arátámáru[2] 革まる Piorar; agravar-se. *Byōki ga kyū ni aratamatta* 病気が急に改まった A doença agravou-se de um momento para o outro. Ⓢ間 Akká súrú (+).
arátámeru 改める (⇨ arátámáru[2]) **1**[新しくする；変える] Mudar; renovar. *Hi o aratamete oide kudasai* 日を改めておいで下さい Venha outro dia, se faz favor [Mude o dia e venha]. ★ *Keiyaku o ~* 契約を改める Renovar o contrato. *Kisoku o ~* 規則を改める Mudar o regulamento. Ⓢ間 Atáráshíku suru; kaérú. **2**[改正する] Corrigir「edição」; reformar. ★ *Ayamari o ~* 誤りを改める Corrigir um erro. *Hō o ~ 法*を改める Emendar a lei. *Kotoba-zukai [Taido] o ~* 言葉遣い[態度]を改める Corrigir a maneira de falar [a atitude]. Ⓢ間 Kaíséí [Shúséí] súrú.
3[調べる] Conferir. *Kingaku o o-aratame kudasai* 金額をお改め下さい Faça o favor de ~ o dinheiro. ★ *Kippu o ~* 切符を改める Ver [~] o bilhete. Ⓢ間 Shírábéru (+).
arátámete 改めて (< arátámáru) **1**[新たに] Novamente; mais uma vez. *Gan no sōki hakken ga jūyō na koto wa ima-sara ~ iu made mo nai* 癌の早期発見が重要なことは今更改めて言うまでもない Não necessito de frisar a importância de [Escusado é dizer que o importante é] dete(c)tar o cancro logo no começo. Ⓢ間 Árata ni; mó íchídó (+). **2**[別の機会に] Outra vez [ocasião]. *~ go-aisatsu ni ukagaimasu* 改めて御挨拶にうかがいます Virei ~ fazer-lhe uma visita. Ⓢ間 Betsú nó kíkai ni.
ará-té 新手 (< árata + …) **1**[まだ戦っていない兵] As tropas frescas (Soldados que ainda não combateram). Ⓐ反 Fúrú-té. **2**[新参者] O novo membro; as caras novas. *Shin-gáō* (+); shinjín (○); shínzáńmónó. Ⓐ反 Fúrú-té. **3**[新しい方法・手段] O novo「método」. ★ *~ no sagi* 新手の詐欺 Um novo gé[ê]nero de fraude/burla. Ⓐ反 Fúrú-té.
arátó 粗砥 A pedra tosca de amolar. ⇨ toíshí.
aráú 洗う **1**[水などで汚れをとる] Lavar; purificar. *Utsukushii e o mite kokoro ga arawareru omoi ga shita* 美しい絵を見て心が洗われる思いがした Ao ver aquela linda pintura, senti-me purificado (cá por dentro). ★ *Ashi o ~* 足を洗う (a) Lavar os pés; **b**) [Fig.]Deixar a má vida; cortar com o mal. *Furo de karada o ~* 風呂で体を洗う Lavar-se na banheira. *Kizu-guchi o ~* 傷口を洗う ~ a ferida. *Sekken de kao [te] o ~* 石鹼で顔[手]を洗う Lavar a cara [as mãos] com sabão/sabonete. ⇨ ashí[1].

2[波がかかる] Bater; ir contra. ★ *Ara-nami ni arawareta kaigan* 荒波に洗われた海岸 A costa batida [banhada] pelas ondas. *Fu-keiki no nami ni arawareru* 不景気の波に洗われる Sofrer os efeitos da [Ser fustigado pela] crise econô[ô]mica.
3[調査する]【Fig.】Apurar; aclarar, esclarecer; investigar; pôr a limpo. ★ *Jiken o ~ 事件を*洗う ~ o caso. *Hannin no mimoto o ~* 犯人の身元を洗う Identificar o criminoso. Ⓢ間 Chōsa suru; shirábéru (+); tańsáú súrú.
ará-úmá 荒馬 (< ará[2] + …) O cavalo não domado.
ará-úmi 荒海 (< ará[2] + …) O mar bravo.
árawa 露わ **1**[物が外に見えていること] Descoberto; nu; exposto. Ⓢ間 Mukí-dáshí. **2**[公然] Publicamente. ★ *Himitsu o ~ ni suru* 秘密をあらわにする Revelar [Fazer público] o segredo. *Fuman o ~ ni kao ni dasu* 不満をあらわに顔に出す Mostrar o descontentamento no rosto. Ⓢ間 Kōkén; ōyáké (+). **3**「露骨] Claramente; abertamente; às claras. ★ *~ na hankan* あらわな反感 Uma clara antipatia. *Tekii o ~ ni suru* 敵意をあらわにする Mostrar [Patentear] abertamente a inimizade. Ⓢ間 Rokótsú.
aráwáré 表れ (< aráwáréru) **1**[徴候・反映] A mostra. *Kono tōhyō-ritsu no hikusa wa waka-mono no seiji ni taisuru mukanshin no ~ da* この投票率の低さは若者の政治に対する無関心の表れだ A baixa percentagem de votação revela [mostra/prova] o desinteresse dos jovens pela política. ⇨ chōkō[1]; hań'éí[2]. **2**[表現] A maneira de exprimir. *Kore wa kare no aijō no ~ da* これは彼の愛情の表れだ Isto é a maneira de ele exprimir o seu carinho. ⇨ Hyōgén. **3**[結果] O resultado [fruto]. ★ *Doryoku no ~* 努力の表れ ~ do esforço. Ⓢ間 Kekká.
aráwáréru 現[表・顕]れる (< aráwásu[1]) **1**[出て来る：出現する] Aparecer; mostrar-se. *Yakusoku no jikan pittari ni kare wa arawareta* 約束の時間ぴったりに彼は現れた Ele apareceu mesmo [justamente] à hora combinada. Ⓢ間 Shutsúgén súrú. **2**[表面に見える] Revelar-se; aparecer. *Kimochi ga taido ni ~ ni arawareru* 気持ちが態度に表れる A atitude tomada revela o coração. ⇨ miéru. **3**[発見・露見する] Descobrir-se. ★ *Akuji [Uso] ga ~* 悪事[嘘]が現れる ~ a má a(c)ção [a mentira]. ⇨ hakkén[1]; rokén. **4**[知れ渡る] Ficar célebre. Ⓢ間 Shiré-wátáru.
aráwásu[1] 表[現]す (⇨ aráwáréru) **1**[示す] Mostrar; revelar. *Kore wa kare no yūnōsa [muchi] o arawashite iru* これは彼の有能さ[無知]を表している Isto mostra a capacidade [ignorância] dele. Ⓢ間 Shimésu; teísúru.
2[さけ出す] Mostrar. ★ *Shōtai o ~* 正体を現す Mostrar o que se é. *Sugata o ~* 姿を現す Aparecer [Vir]. Ⓢ間 Saráké-dásu.
3[表わす] Exprimir; mostrar. ★ *Kangae o kotoba ni ~* 考えを言葉に表す Exprimir por palavras o pensamento. *Yorokobi o kao ni ~* 喜びを顔に表す Mostrar alegria no semblante [rosto]. Ⓢ間 Hyōgén suru.
4[象徴・意味する] Representar; simbolizar; mostrar. *(Nihon de wa) hato wa heiwa o ~* (日本では)鳩は平和を表す (No Japão) a pomba é símbolo da paz. Ⓟことわざ *Na wa tai o ~* 名は体を表す O nomes às vezes são eloquentes. Ⓢ間 Ími suru; shóchō súrú.
5[際立つ] Pôr em evidência. ★ *Kōka o ~* 効果を現す Dar resultado. Ⓢ間 Kiwádátsu.

aráwásu² 著す Publicar. ★ *Taicho o* ～ 大著を著す ～ um grande livro [uma obra-prima]. [S/同] Chosákú súrú.

aráyúru あらゆる Todo(s). ★ ～ *kikai* あらゆる機会 Todas as oportunidades [ocasiões]. ～ *shudan o kokoromiru* あらゆる手段を試みる Tentar todos os meios (possíveis)「para fazer as pazes」. ◇ ⇨ **ari to ～**. [S/同] Súbete no. ⇨ iróíró.

árazu 有らず【E.】⇨ nái¹.

arázú-mó-ga-na 有らずもがな【E.】Desnecessário. ★ ～ *no o-seji* 有らずもがなのお世辞 A lisonja desnecessária. [S/同] Náku-mo-ga-na.

aré¹ あれ **1** [遠くのもの] Aquilo「é o Monte Fuji」; aquele/a. ★ ～ *dake* あれだけ Tanto; tão. ～ *de* (*mo*) あれで(も) Apesar disso [Mesmo assim] (Ex.: *Jōdan bakari itte iru ga kare wa* ～ *de* (*mo*) *shūshi made oete iru no da* = Ele parece que só sabe dizer piadas mas (olhe que) é formado [tem uma licenciatura]). ～ *hodo* あれ程 Tanto〔～ *hodo ki o tsuketa no ni shippai shita* あれ程気をつけたのに失敗した Apesar de (ter tido) todo o cuidado, falhei「o alvo」〕. ～ *irai* あれ以来 Desde então [essa altura]. ～ *ka kore ka* あれかこれか Aquilo [Aquele/a] ou isto [este/a]. ～ *k*[*g*]*urai* あれ位 Tanto (como aquilo)〔～ *kurai nara watashi ni mo dekiru* あれ位なら私にもできる (Tanto como) aquilo, também eu posso/Aquilo até eu〕. ～ *mo kore mo* あれもこれも (Mais) isto e (mais) aquilo. ～ *ya kore ya* あれやこれや Isto e aquilo. ◇ ⇨ **～ shiki**.
2 [自分の妻] A minha mulher. ～ *ni mo zuibun kurō o kaketa* あれにもずいぶん苦労をかけた Fiz sofrer muito a ～. [S/同] Nyṓbō; tsúma; kánai.
3 [婉曲] Como?! *Konna tokoro de* ～ *desu kedo* こんな所であれですけど (Desculpe,) talvez se admire de lhe falar aqui, mas… [S/同] Náni.

aré² 荒れ (< arérú) **1** [荒れること] O temporal. ◇ **～ moyō** 荒れ模様 Os sinais [O aspecto/A cara] de mau tempo. ⇨ árashi¹; ṓ-áré. **2** [皮膚の] A greta. ◇ **～ hada** 荒れ肌 A pele gretada. ⇨ **hada～**.

aré³[**arě**] あれ [あれっ] **1** [驚き] Ui!; Meu Deus!; Nossa (Senhora)! (Exprime espanto). ～, *taihen da* あれ, 大変だ ～, que desgraça! **2** [感嘆] Oh!; Ah! (Admiração). ～ *mā* あれまあ ～ Imagine o que lhe fizeram! ～ *mata shippai shita* あれ又失敗した ～ Vê(em), enganei-me outra vez! ◇ ⇨ **～ yo ～ yo**. **3** [不審] He!; Hum!; Mas que coisa! (Surpresa/Dúvida). ～, *okashii nā* あれ, おかしいなあ ～, que estranho!

aré-chí 荒地 (< arérú + …) A terra devastada [árida].

aré dáké あれだけ ⇨ aré¹.

aré dé(**mo**) あれで(も) ⇨ aré¹.

aré gúrái あれ位 ⇨ aré¹.

aréguretto アレグレット (< It. allegretto)【Mús.】O alegreto.

aréguro アレグロ (< It. allegro < L. alacer, cris: "vivo, rápido")【Mús.】Alegro.

aré-hádá 荒れ肌 (< arérú + …) ⇨ aré² ◇.

aré-hátéru 荒れ果てる (< arérú + …) Estar abandonado [em ruínas]. ★ *Arehateta teien* [*yashiki*] 荒れ果てた庭園 [屋敷] Um jardim [Uma residência] abandonado[a]. [S/同] Kṓhái súrú.

aré-hṓdai [**óo**] 荒れ放題 (< arérú + …) O estar ao abandono. ★ ～ *no niwa* 荒れ放題の庭 Um jardim abandonado.

aréhódó あれ程 ⇨ aré¹ **1**.

aréi 亜鈴 O haltere. ◇ **Tetsu ～** 鉄亜鈴 ～ de ferro.

aré(**k**)**kírí** あれ(っ)きり (< aré + kíru)【Col.】**1** [あの時限り] *Kare to wa* ～ *ni natte iru* 彼とはあれきりになっている Desde então nunca mais o vi [o encontrei]. ～ *otosata ga nai* あれきり音沙汰がない Não tornei a ter notícias dele. **2** [あれだけ] Só. *Kare ga motte ita kane wa* ～ *da* 彼が持っていた金はあれきりだ Ele só tinha aquele dinheiro. [S/同] Aré dáké (+).

aré kore 彼此 ⇨ aré¹.

aré kúrái あれ位 ⇨ aré¹.

aré-kúrúu 荒れ狂う (< arérú + …) Enfurecer-se; estar bravo. ★ ～ *o-ushi* 荒れ狂う雄牛 O toiro bravo. [S/同] Abárérú.

arénji アレンジ (< Ing. arrange) **1** [編曲・脚色する] A adaptação. ★ *Piano-kyoku o ōkesutora-yō ni* ～ *suru* ピアノ曲をオーケストラ用にアレンジする Fazer uma redução de piano para orquestra. [S/同] Heń-kyókú [Kyakúshókú] súrú. **2** [手はずを整える] A preparação「da festa」. [S/同] Totónóéru.

arénjimento アレンジメント O arranjo; a arrumação; a disposição.

aré-nó 荒野 (< arérú + …) O deserto; o terreno árido; o ermo. [S/同] Kṓya. ⇨ aré-chí; sabákú¹.

arérú 荒れる **1** [乱れる] Agitar-se; enfurecer-se. *Konkai no senkyosen wa kanari are-sō da* 今回の選挙戦はかなり荒れそうだ Estas eleições vão dar guerra! [S/同] Midáréru. **2** [荒廃する] Estar ao abandono. *Kono ie wa mō nagai koto* ～ *ni makasete hōtte aru* この家はもう長いこと荒れるに任せて放ってある Esta casa há muito tempo que está ao abandono. ★ *Areta tochi* [*hatake*] 荒れた土地 [畑] A terra [O terreno] árida[o]. [S/同] Kṓhái súrú. **3** [乱暴になる] Ser agressivo. ★ *Areta seikatsu* 荒れた生活 Uma vida desordenada ["sem rei nem roque"]. [S/同] Susámú. **4** [肌などが] Ficar seca; gretar(-se). ★ *Kanpū* [*Sekken*] *de hada ga* ～ 寒風 [石鹸] で肌が荒れる A pele ～ com o frio [sabão].

arérugī アレルギー (< Al. allergie < Gr. allos: outro + ergon: força) **1** [過敏反応]【Med.】A alergia. *Watashi wa sakana* [*miruku; tamago*] *ni taishite* ～ *desu* 私は魚 [ミルク; 卵] に対してアレルギーです Eu sou alérgico ao peixe [leite; aos ovos]. ★ ～ *sei no* アレルギー性の Alérgico. ◇ **～ sei shikkan** アレルギー性疾患 Uma [Um caso de] alergia. ～ *taishitsu* アレルギー体質 A predisposição para a ～. **2** [過剰な拒否反応]【Fig.】A alergia [repugnância]. ◇ **Kaku ～** 核アレルギー ～ às armas nucleares.

aré-shíkí あれしき【Col.】Comum; trivial. ★ ～ *no koto* [*kane*] あれしきの事 [金] Uma ninharia/Muito pouca coisa [Dois vinténs/Muito pouco dinheiro]. [S/同] Aré kúráí. ⇨ koré-shíkí.

aré-shṓ [**óo**] 荒れ性 O ter a pele gretada [muito seca]. ★ ～ *no hito* 荒れ性の人 A pessoa cuja pele greta facilmente. [A/反] Abúrá-shṓ.

áre yo áre yo あれよあれよ Num instante; olhe, olhe!; enquanto o diabo esfrega um olho. ★ ～ *to iu ma ni* あれよあれよという間に Num abrir e fechar de olhos.

arí 蟻【Zool.】A formiga. ★ ～ *no su* アリの巣 O formigueiro. ～ *no yō ni hataraku* アリのように働く Trabalhar como a ～. [P/ことわざ] ～ *no ana kara tsutsumi mo kuzureru* 蟻の穴から堤も崩れる Por pequenina fenda se desmorona o dique. [I/慣用] ～ *no haideru suki mo nai* 蟻の這い出る隙もない「A vigilância é tal que」nem uma ~ pode passar. ◇ ⇨ **~ zuka**.

ária アリア (< It. aria < L.)【Mús.】A ária. [S/同] Eíshṓ.

arí-ámáru 有り余る (< áru[1] + …) Sobrar. *Kono kuni wa sekiyu ga ariamatte iru* この国は石油が有り余っている Este país nada em petróleo. ★ ~ *kane* [*sai-nō*] 有り余る金 [才能] Dinheiro [Talento] de sobra. ⇨ hṓfú[2].

aríári ありあり Claramente; vivamente; nitidamente. ★ *Manzoku* [*Shitsubō*; *Yorokobi*] *no iro o ~ to kao ni ukaberu* 満足 [失望; 喜び] の色をありありと顔に浮かべる Mostrar-se visivelmente satisfeito [decepcionado; contente]. [S/同] Hakkíri; mazámáza.

arí-áwásé 有り合わせ (< áru[1] + awáséru) O que há; o remedeio. ★ ~ (*no zairyō*) *de maniawaseru* 有り合わせ (の材料) で間に合わせる Preparar「a comida」com o que há [se tem à mão].

aríbáí アリバイ (< Ing. alibi < L. alibi: em outro lugar) Um álibi. *Yōgisha ni wa kanzen na ~ ga atta* 容疑者には完全なアリバイがあった O suspeito tinha um ~ perfeito. ★ ~ *ga kuzureta* アリバイが崩れた Desmontou-se o ~. ~ *o detchiageru* アリバイをでっちあげる Inventar um ~. [S/同] (Geńjṓ-)fuzáí-shṓmei.

arí-daka 有り高 (< áru[1] + taká) O「dinheiro」que se tem no momento.

arí-énai 有り得ない (< Neg. de "aríú[é]ru") Impossível; inverossímil. *Kare ga tsumi o okasu nante ~ koto da* 彼が罪を犯すなんて有り得ない事だ É impossível ele cometer um crime. [A/反] Arí-é[ú]ru.

arí-éru 有り得る ⇨ arí-úru.

arí-fúréru 有り触れる (< áru[1] + …) Ser comum [vulgar; trivial]; haver aos montes. ★ *Arifureta koto* [*mono*; *hanashi*; *kangae*; *kotoba*] 有り触れたこと [物; 話; 考え; 言葉] Um fa(c)to [Uma coisa; Uma ideia; Uma palavra] muito comum. [S/同] Aríkítárí nó. [A/反] Mezúráshíi.

arí-gáchí 有り勝ち (< áru[1] + kátsu) Comum; frequente. ★ ~ *na ayamachi* 有り勝ちな過ち Um erro muito ~. *Rōjin ni ~ na byōki* 老人に有り勝ちな病気 Uma doença ~ nas pessoas idosas.

arí-gáné 有り金 (< áru[1] + kané) Todo o dinheiro disponível [à mão]. ★ ~ *nokorazu maki-ageru* 有り金残らず巻き上げる Roubar todo o dinheiro a uma pessoa (, deixando-a sem vintém). ~ *o hataite kau* 有り金をはたいて買う Gastar até ao último centavo em compras.

arígátágáru 有り難がる (< arígátái + -gáru) **1** [感謝する] Ficar muito agradecido. *Tsumaranai okurimono de mo karera ni wa totemo arigatagarareta* つまらない贈り物でも彼らにはとても有り難がられた Eles gostaram muito da nossa pequena prenda. [S/同] Kánsha suru. **2** [尊重する] Dar valor [importância]; apreciar. ★ *Chii* [*Gakureki*] *o ~* 地位 [学歴] を有り難がる Dar muito valor à posição [carreira acadé[ê]mica. [S/同] Sońchṓ súrú; tattóbu.

arígátái 有り難い **1** [感謝する] De [Para] agradecer; grato. *Go-shinsetsu makoto ni arigataku zonjimasu* 御親切まことに有り難く存じます Estou-lhe sumamente grato pela sua amabilidade. ★ ~ *koto ni* 有り難いことに Graças a Deus/Felizmente/Por sorte. [S/同] Kánsha suru. ⇨ katájíkénái. **2** [うれしい; 感謝すべき] Apreciado; desejado; bem-vindo. ★ ~ *ame* 有り難い雨 A chuva benéfica. *Arigatakunai kyaku* 有り難くない客 A visita indesejada. [S/同] Uréshíi. **3** [尊い] Honroso「convite」; alto; precioso. [S/同] Tattói.

arígátá-méiwaku 有り難迷惑 (< arígátái + …) Uma gentileza inoportuna; um favor que bem se dispensava; "amores que matam". ★ ~ *na hanashi* 有り難迷惑な話 Uma proposta embaraçosa.

arígátámi 有り難味 (< arígátái + …) O apreço; o valor. ★ *Kane no ~ o shiru* 金の有り難味を知る Saber o valor do dinheiro. [S/同] Arígátása.

arígátá-námida 有り難涙 (< arígátái + …) As lágrimas de gratidão. ★ ~ *ni kureru* 有り難涙にくれる Derramar lágrimas… ⇨ uréshí-námida.

arígátása 有難さ (< arígátái) A benção; o bem; o apreço. *Kare wa byōki ni natte, hajimete oya no ~ o shitta* 彼は病気になって, はじめて親の有難さを知った Só quando ficou doente é que reconheceu a bênção que é ter pais. [S/同] Arígátámi (+).

arígatō 有り難う (< arígátái) Obrigado[a]! *O-maneki dōmo ~ gozaimasu* [*zonjimasu*] お招きどうも有り難うございます [存じます] Muito obrigado [Os meus sinceros agradecimentos] pelo convite!

arí-jígoku 蟻地獄【Zool.】A formiga-leão.

árika 在処【E.】O esconderijo; o paradeiro. ★ *Teki no ~ ga wakaru* 敵の在りかがわかる Descobrir o ~ do inimigo. [S/同] Shozáí.

arí-káta 在り方 (< áru[1] + … [8]) A maneira (ideal) de ser. *Minshu-shugi no ~ o tou* 民主主義の在り方を問う Perguntar o que é (a verdadeira) democracia.

arí-kítárí 在り来たり Ordinário; comum; vulgar; banal. *Sonna hanashi wa ~-sugite omoshiroku nai* そんな話は在り来たりすぎておもしろくない Essa conversa não tem graça [já tem barbas]. ★ ~ *no shina* 在り来たりの品 Um artigo comuníssimo. ⇨ arí-fúréru.

aríkúí 蟻食【Zool.】O (animal) que se alimenta de formigas.

arímákí 蟻巻【Zool.】O pulgão; o afídio. [S/同] Abúrámushi (+).

ári-mo-shinai 有りもしない (< áru[1] + suru) Inexistente; irreal; falso. ★ ~ *koto o iifurasu* 有りもしない事を言い触らす Espalhar um boato [rumor falso].

arí-nó-mámá 有 [在] りのまま (< áru[1] + no + …) Tal como é [foi]. ★ ~ *no jijō o hanasu* 有りのままの事情を話す Relatar fielmente os acontecimentos. *Monogoto o ~ ni miru* 物事を有りのままに見る Ver as coisas (tal) como (elas) são. [S/同] Arítéí.

aríńsáń 亜燐酸【Quím.】O ácido fosforoso (H_3PHO_3)

arí-sama 有り様 (< áru[1] + …) A situação; o estado; a condição. *Taifū ni osowareta chihō wa miru mo muzan na ~ datta* 台風に襲われた地方は見るも無残な有り様だった Só (de) ver ~ [o espe(c)táculo] das zonas assoladas pelo tufão, cortava o coração. ★ *Kono ~ de wa* この有り様では Nesta situação「não há nada a fazer」. [S/同] Jijṓ; jṓtáí.

árishi-hi 在りし日 (< áru[1] + hi)【E.】 **1** [過ぎ去った日々] Os tempos que já lá vão; o passado. ★ ~ *no omoide* 在りし日の思い出 As lembranças dos ~. [S/同] Sekíjítsú.
2 [生前] Enquanto foi vivo. ★ ~ *no chichi o shinobu* 在りし日の父を偲ぶ Recordar-se do pai quando (ele) ainda era vivo. [S/同] Seízéń.

arí-sṓ [óo] 有りそう (< áru[1] + sō[3]) Provável; vero(s)símil. ~ *na koto da* 有りそうな事だ É~/(muito) possível. ★ ～ *mo nai hanashi* 有りそうもない話 Uma história incrível.

Arísútótéresu tetsúgaku アリストテレス哲学 A filosofia aristotélica [de Aristóteles].

A

Aritá-yákí 有田焼 (<… + yakímónó) A porcelana [louça/cerâmica] Arita (Desde 1598; província de Saga, no norte da ilha de Kyūshū).

arítéi 有り体 A verdade pura [nua e crua]. ★ ～ *ni ieba* 有り体に言えば Para (lhe) falar com (toda a) franqueza. [S/同] Arí nó mámá.

ári to aráyúru 有りと有らゆる Todos e mais alguns. *Kangaerareru ari to arayuru taisaku o kōjiru* 考えられるありとあらゆる対策を講じる Tomar todas as medidas e mais algumas. [S/同] Aráyúru.

arí-tsúku ありつく (< áru[1] + tsúku)【G.】Dar com [Arranjar/Encontrar]. ★ *Go-chisō ni* ～ 御馳走にありつく「Por fim」conseguir algo para meter à boca.

aríttáké 有りったけ (< áru[1] + také[1]) Todo; tudo quanto. ★ ～ *no kane o dasu* 有りったけの金を出す Dar todo o dinheiro. *Chikara no* ～ *o furishibotte* 力の有りったけを振り絞って Com toda a força. [S/同] Súbete.

arí-úru 有り得る【E.】(< áru[1] + …) Ser provável [vero(s)símil]. *Sore wa* ～ *hanashi da* それは有り得る話だ Isso é provável [bem possível]. [A/反] Ariénai.

arí-yṓ [óo] 有り様 **1** [⇨ arí-sama] **2** [⇨ arí-nó-mámá] **3** [あるべき理由] A possibilidade. *Sonna koto wa* ～ *ga nai* そんなことは有り様がない Isso não pode ser [não é possível]. [S/同] Áru hazú.

arí-zúká 蟻塚 (<… + tsuká) O formigueiro. [S/同] Arí nó tṓ; gihṓ; gitétsú.

arṓ [óo] あろう (< áru[1]) Será; haverá; poderá ser; acontecerá. *Nani ga* ～ *to* 何があろうと Aconteça o que acontecer; haja o que houver. ⇨ kotó[1].

aróé アロエ (< Gr. aloe)【Bot.】O aloés.

aróhá-shátsu アロハシャツ (< Havaiano aloha: "amizade" + < Ing. shirt) A camisa havaiana.

áru[1] 有 [在] る **1** [物が存在する] Haver; existir; estar (Coisas; ⇨ iru[1]). *Mukashi koko ni ki ga atta* 昔ここに木があった Antigamente havia aqui uma árvore. *Sonna koto ga* ～ *mono ka* そんなことがあるものか É impossível! /Pode lá ser (tal coisa)! *Atta* あった Encontrei! (Expressão usada quando se encontra o que se procurava). ★ ～ *ka nai* [*naki*] *ka* 有るかない [無き] か「arroz só há」Muito pouco ou nada; pouco, se houver algum. *Chansu sae areba* チャンスさえあれば Se tiver [Se se oferecer a] oportunidade. ⇨ ári-mo-shinai. [S/同] Soñzái súrú. [A/反] Nái.

2 [位置する] Estar situado. *Uruguai wa Burajiru no minami ni* ～ ウルグアイはブラジルの南にある O Uruguai está situado a [fica ao] sul do B. [S/同] Íchi suru.

3 [人が存在する] Haver; existir「uma pessoa」. *Mukashi mukashi aru tokoro ni ojīsan to obāsan ga arimashita* 昔々ある所におじいさんとおばあさんがありました "Era uma vez, um velho casal"「que vivia na montanha」.

4 [ある地位にいる] Estar「numa posição」; ocupar「um cargo」. *Kyōju wa nagaraku gakuchō no yōshoku ni* ～ 教授は永らく学長の要職にある O professor já é [está na importante posição de] reitor há muito tempo.

5 [所有する] Ter; possuir. ★ *Hima* [*Kane*] *ga* ～ 暇 [金] がある Ter tempo livre [dinheiro]. *Kyōyō* [*Chishiki*; *Sekininkan*; *Tairyoku*] *ga* ～ 教養 [知識; 責任感; 体力] がある Ter uma boa educação [Ter conhecimentos; Ter sentido da responsabilidade; Ser forte]. [S/同] Shoyū́ súrú. [A/反] Nái.

6 [備える; 含まれる] Ter. *Gyūnyū ni wa tanpakushitsu to bitamin ga hōfu ni* ～ 牛乳には蛋白質とビタミンが豊富にある O leite (de vaca) contém muitas proteínas e vitaminas. ★ *Niwa no* ～ *ie* 庭のある家 A casa com jardim. [S/同] Fukúmáréru.

7 [数量がある] Ter… *Kare wa shinchō ga hyaku hachijissenchi, taijū ga kyūjikkiro mo* ～ 彼は身長が180センチ, 体重が90キロもある Ele mede um metro e oitenta e pesa noventa quilos. ★ *Omosa* [*Nagasa*; *Takasa*] *ga bai mo* ～ 重さ [長さ; 高さ] が倍もある Ter o dobro do peso [comprimento; da altura].

8 [発生する; 起こる] Ocorrer; acontecer. *Ittai nani ga atta no* 一体何があったの Afinal, o que aconteceu [houve; se passou]? *Saki hodo soko de kaji* [*jiko*] *ga atta* 先程そこで火事 [事故] があった Há pouco houve ali um incêndio [acidente「de automóvel」]. [P/ことわざ] *Nido* ～ *koto wa sando* ～ 二度ある事は三度ある Quem faz um cesto faz um cento (Lit.: o que acontece duas vezes acontece três). [S/同] Hasséí súrú; okóru.

9 [行われる] Realizar-se. *Gogo ni-ji kara kaigi ga* ～ 午後2時から会議がある Às 14: 00 horas [duas da tarde] há uma reunião. [S/同] Kyokṓ súrú; okónáwárérú.

10 [手に入る] Ter. "*Nekutai arimasu ka*" "*Hai, gozaimasu*" (店で)「ネクタイありますか」「はいございます」Têm gravatas? – Sim, temos.

11 [「ことがある・こともある」の形で経験・回数を表す] Ter a experiência. *Ano hito ni wa ichido atta koto ga* ～ あの人には一度会ったことがある Encontrei-me uma vez com aquela pessoa. *Watashi wa tama ni gaishoku suru koto mo* ～ 私はたまに外食することもある Às vezes como fora. **12** […に存する・帰する] Pertencer「a」; depender「de」. *Kettei-ken wa iinkai ni* ～ 決定権は委員会にある O direito de decidir pertence à comissão. [S/同] Kisúru; soñsúru. **13** [「ーてある」の形で現在の状態を表わす] (助動詞的) Estar. *Kabe ni e ga kakete* ～ 壁に絵が掛けてある Na parede há [está dependurado] um quadro. ★ *Sōji shite* ～ *heya* 掃除してある部屋 O quarto (que está) limpo. **14** [「ーである」の形で指定・断定を表わす] (助動詞的) Ser. *Kore wa hon de* ～ これは本である Isto é um livro. ⇨ de áru. **15** [「ーとある」の形で…という結果を表す] (助動詞的) Por ser…; como é [foi]… *Ori-kara nichiyōbi to atte taihen na hito-de datta* 折から日曜日とあって大変な人出だった Como, ainda por cima, foi domingo, a afluência (de gente) foi muito grande. **16** [… と言われる・書かれる] (助動詞的) Haver; ser; ter. ★ *Kunmei to* [*de*] *areba shikata nai* 君命と [で] あればしかたない Se são ordens superiores (do Imperador) não há outro remédio.

áru[2] 或 Um; algum; certo. ～ *mono wa utai* [*naki*] ～ *mono wa odoru* [*warau*] ある者は歌い [泣き] ある者は踊る [笑う] Uns cantam [choram] e outros dançam [riem]. ～ *natsu no hareta hi no koto deshita* ある夏の晴れた日のことでした Era num dia de verão, de [com o] céu límpido. ～ *imi de wa* ある意味では Nalgum [Em certo] sentido. ～ *teido made* 或る程度まで Até certo ponto.

áru [áa] アール (< Ing. < Fr. are – 1795 – < L. area; "a superfície") O are. ⇨ hekútáru.

arúbáito アルバイト (< Al. arbeit) **1** [副業] O emprego [trabalho] extra; o biscate[o]. ★ ~ *de seikatsu-hi o eru* [*kasegu*] アルバイトで生活費を得る [稼ぐ] Ganhar a vida, fazendo biscates. ~ *o suru* アルバイトをする Fazer biscates. ◇ **~ gakusei** アルバイト学生 Os estudantes que fazem ~. [S/同] Fukúgyṓ; naíshókú; pā́tótáimu. **2** [副業をする人] O empregado a tempo parcial. ◇ **~ boshū** アルバイト募集 Aceitamos [Precisamos de] empregados a ….

arúbámú アルバム (< Ing. album < L. albus: "branco") **1** [写真や切手を貼っておくノート] O álbum. ◇ **Sotsugyō kinen ~** 卒業記念アルバム ~ de formatura. [S/同] Shashíń-chṓ. **2** [あるジャンルの曲を収録したレコードや CD] O disco compacto [DC]. ◇ **Keiongaku ~** 軽音楽アルバム ~ de música ligeira.

Arúbáníá (**kyṓwákoku**) アルバニア (共和国) A (República da) Albânia. ◇ **~ jin** アルバニア人 O albanês.

arúbúmíń アルブミン (< Al. albumin < L. albus: "branco") 【Bioq.】 A albumina.

arúchū́ アル中 (Abrev. de "arúkṓrú chū́doku") **1** [アルコール中毒症] O alcoolismo. ◇ **~ kanja** アル中患者 Um (doente) alcoólico. **2** [中毒患者] Um alcoólico.

arúdéhido アルデヒド (< Al. aldehyd < L.) Os aldeídos.

ā́rú-étchi[**éichi**] [**aá**] アールエッチ [エイチ] O Rh [O fa(c)tor Rhesus]. ◇ **~ inshi** アールエッチ因子 O fa(c)tor Rh. **~ purasu** [**mainasu**] アールエッチプラス [マイナス] O Rh positivo [negativo]. **~ shiki ketsueki-gata** アールエッチ式血液型 O tipo sanguíneo com Rh positivo.

árufa アルファ **1** [ギリシア字母の最初の字] O [A letra] alfa (*α*: é a primeira letra do alfabeto grego). ◇ **~ ryūshi** アルファ粒子【Fís.】As partículas alfa. ⇨ **~sei**. **~ sen** アルファ線【Fís.】Os raios alfa. **2** [ある未知数を表す] Uma quantidade indeterminada. ◇ **Purasu ~** プラスアルファ Mais alfa [xis/alguma coisa].

arúfábétto アルファベット (< Gr. alfa + beta) O alfabeto. ◇ **~ jun** アルファベット順 A ordem alfabética. **Rōma-ji ~** ローマ字アルファベット ~ latino. ⇨ gojū́[1] ◇; iróha.

arúfá-séí アルファ星【Astr.】A estrela alfa (A mais brilhante da constelação). [S/同] Shuséí.

áru ga mamá 有るがまま ⇨ arí-nó-mámá.

árugon アルゴン (< Ing. argon < Gr. árgon: "ina(c)tivo")【Quím.】O argo/árgon (Ar 18).

arúiwa 或は **1** [または; もしくは] Ou. *Porutogaru ka ~ Burajiru ni itte mitai* ポルトガルかあるいはブラジルに行ってみたい Quero ir um dia a P. ou ao B. [S/同] Matá wa; móshiku-wa. **2** [ひょっとして] Quem sabe; por acaso. ~ *mada ie ni iru ka-mo shirenai* あるいはまだ家にいるかも知れない (Quem sabe,) talvez ainda esteja em casa. [S/同] Hyottó shítè; móshi ka shitara. **3** [あるものは; ある人は] Uns… outros. *Karera wa ~ migi e ~ hidari e to chitte itta* 彼らはあるいは右へあるいは左へと散っていった Dispersaram-se uns para um lado outros para o outro (Lit. uns para a direita outros para a esquerda).

Arújéríá(**mińshú-jińmíń-kyṓwákoku**) アルジェリア (民主人民共和国) A (República Democrática e Popular da) Argélia. ★ ~ *no* アルジェリアの Argelino. ◇ **~ jin** アルジェリア人 O(s) argelino(s).

áruji 主 **1** [一家の主人] O chefe da casa. [S/同] Shújin; téishu. **2** [店などの主人] O patrão; o dono; o proprietário「de uma loja」. ★ *Yadoya no ~* 宿屋のあるじ O dono de uma estalagem [hospedaria]. [S/同] Shújin; téishu.

A

arúkárí アルカリ (< Hol. alkali < Ár. al: o/a + gali: "cinza")【Quím.】O(s) álcali(s) (Soda, potassa). ◇ **~ chikudenchi** アルカリ蓄電池 O acumulador alcalino. **~ dorui kinzoku** アルカリ土類金属 Os metais alcalino-terrosos. **~ kinzoku** アルカリ金属 Os metais alcalinos. [A/反] Sán. ⇨ énki[2].

arúkárí-séí アルカリ性 A alcalinidade. ◇ **~ hannō** アルカリ性反応 A rea(c)ção alcalina. **~ shokuhin** アルカリ性食品 Os alimentos alcalinos. [A/反] Sańséí.

arúkárí-séń アルカリ泉 (<… + ońséń) A fonte de água alcalina.

arúkáróído アルカロイド (< Al. alkaloid)【Bioq.】O alcalóide.

arúkí 歩き (< arúku) O ir [andar] a pé. [S/同] Tóho. ⇨ sańpó.

arúkí-búrí[**-kátá**] 歩き振り [方] (< arúku) A maneira [O modo] de andar.

arúkí-máwáru 歩き回る (< arúku + …) Andar de um lado para outro; percorrer. ★ *Achi-kochi ~* あちこち歩き回る Andar por toda a parte.

Arúkímédesu no génri アルキメデスの原理【Fís.】O princípio de Arquimedes.

árukiru アルキル (< Al. alkyl < Ár. al-kuhul: "álcool")【Quím.】O alquilo. ◇ **~ ka** アルキル化 A alquilação.

arúkṓrú アルコール (< Hol. alcohol < L. < Ár. al + kuhul: "coisa su(b)til") **1** [エチルアルコール] O álcool. ◇ **~ bun** アルコール分 O teor de ~. **~ hakkō** アルコール発酵 A fermentação do ~. **~(hijū) kei** アルコール (比重) 計 O alcoó[ô]metro. **~ ranpu** アルコールランプ A lâmpada [lamparina] a [de] ~. **~ shōdoku** アルコール消毒 A desinfe(c)ção com ~. ⇨ **~zuke**. **Kōgyō-yō ~** 工業用アルコール ~ industrial. [S/同] Echíru-árukōru; etánṓru. **2** [酒類] As bebidas alcoólicas. *Kyō no atsumari wa ~ nuki de okonawareru* 今日の集まりはアルコール抜きで行われる A reunião de hoje vai ser sem ~. ★ ~ *ga mawaru* アルコールが回る Embebedar-se; embriagar-se. ~ *ni tsuyoi* [*yowai*] アルコールに強い [弱い] Ser capaz de [Não poder] beber muito. ◇ **~ chūdoku** アルコール中毒 ⇨ arúchū́. **~ inryō** アルコール飲料 As bebidas alcoólicas. **Non ~** ノンアルコール Não-alcoólico. [S/同] Saké.

arúkṓrú-zúké アルコール漬け (<… + tsukéru) **1** [アルコールに漬けること] A conservação em álcool. ★ *Hyōhon o ~ ni suru* 標本をアルコール漬けにする Conservar「o espécime(n)」em álcool. **2** [酒浸り]【G./Fig.】O andar metido nos copos; o andar sempre como um odre. [S/同] Sakébítárí (+).

arúku 歩く **1** [自分の足でゆっくり行く] Caminhar; andar; ir a pé. *Gakkō made wa aruite jippun hodo desu* 学校までは歩いて 10 分程です Daqui (até) à escola são uns bons [pelo menos] dez minutos a pé. *Arukinagara hanasu* 歩きながら話す Conversar pelo caminho. *Battā o shikyū de arukaseru* バッターを四球で歩かせる【Beis.】Passar o batedor em quatro bolas. *Kodomo ga yochiyochi* [*chokochoko*] ~ 子供がヨチヨチ [ちょこちょこ] 歩く A criancinha caminha de modo vacilante [a cair]. *Machi o burabura*

~ 街をブラブラ歩く Vaguear [~] pela cidade. *Noronoro [Sassa to]* ~ のろのろ [さっさと] 歩く Caminhar vagarosamente [apressadamente].
2 [移動する] Andar; viajar. *Kare wa sekaijū o aruite iru* 彼は世界中を歩いている Ele anda pelo mundo inteiro/Ele não pára de viajar.

arú-mái shi あるまいし (< Neg. de "árui" + …) Não ser… e… *Akanbō ja [dewa]* ~ *sonna koto wa jibun de dekiru darō* 赤ん坊じゃ[では]あるまいしそんなことは自分でできるだろう Você já não é (nenhum) bebé[é] e (portanto) pode fazer isso sozinho.

arúmájiki あるまじき【E.】Impróprio; inconveniente. ★ *Gakusei ni* ~ *taido [okonai]* 学生にあるまじき態度[行い] Uma atitude [a(c)ção] imprópria de um estudante.
S/同 Atté wá naránai. A/反 Arúbéki.

arúmájiro アルマジロ (< Ing. < Esp. armadillo)【Zool.】O tatu.

Arúméniá アルメニア A Armé[ê]nia. ◇ ~ **go [jin]** アルメニア語 [人] O armé[ê]nio.

arúmí アルミ (< Abrev. de "arúmínyúmu") O alumínio (Al 13). ◇ ~ **gōkin** アルミ合金 A liga de ~. ~ **haku [hoiru]** アルミ箔 [ホイル] A folha (Chapa fina) de ~. ~ **sasshi** アルミサッシ A janela [corrediça] (com caixilhos) de ~. ~ **seihin** アルミ製品 Os obje(c)tos [artigos] de ~; um trabalho em ~.

arúminá アルミナ (< L.)【Quím.】A alumina (Al$_2$O$_3$). S/同 Sańká arúmínyúmu.

arúmínyúmu [úu] アルミニューム (< L. alümen)【Quím.】O alumínio (Al 13). ◇ **Sanka** ~ 酸化アルミニューム O óxido de ~. S/同 Arúmí (+).

arúpáká アルパカ (< Esp. < Quíchua: al-paco: "avermelhado") **1** [動物] A alpaca. **2** [織物] O tecido (de lã) de alpaca.

arúpéjio アルペジオ (< It. arpeggio)【Mús.】O arpejo.

arúpen アルペン (< Al. Alpen) Dos Alpes. ◇ ~ **horun** アルペンホルン A buzina ~. ~ **kyōgi [shumoku]** アルペン競技 [種目] A competição [prova (d)esportiva] alpina/~.

arúpínísuto アルピニスト O alpinista; o montanhista. S/同 Tozán-ká.

arúpínízumu アルピニズム (< Ing. alpinism < L. Alpes: top.) O alpinismo.

Árupusu アルプス Os Alpes. ★ ~ *no* アルプスの Alpino [Dos ~]. ◇ ~ **sanmyaku** アルプス山脈 A cadeia dos ~. ~ **Nihon** ~ 日本アルプス ~ do J.

áruto アルト (< It. alto)【Mús.】O contralto (meio-soprano). ◇ ~ **kashu** アルト歌手 A cantora contralto. ~ **sa(k)kusu [sakisohon]** アルトサ(ッ)クス[サキソホン] O saxofone [saxofone] contralto.

arú tóki-bárai 有る時払い (<…+ haraú) O pagamento「da dívida」quando houver dinheiro. I/慣用 ~ *no saisoku nashi* 有る時払いの催促なし Uma dívida sem exigência de pagamento.

Arúzénchin (kyōwákoku) アルゼンチン (共和国) A (República da) Argentina. ◇ ~ **jin** アルゼンチン人 O(s) argentino(s). ~ **tango** アルゼンチンタンゴ O tango argentino.

aryū 亜流【E.】O imitador; o copiador.
S/同 Epígónen; tsuízúísha.

aryúsán [uú] 亜硫酸【Quím.】O ácido sulfuroso [sulfúreo] (H$_2$SO$_3$). ◇ ~ **gasu** 亜硫酸ガス O gás (de ácido) sulfuroso. ~ **parupu** 亜硫酸パルプ A polpa sulfatada. ~ **sōda** 亜硫酸ソーダ O sulfito de sódio.

ása^1 朝 A manhã. *Ano ie de wa mina* ~ *ga hayai* あの家では皆朝が早い Naquela casa [família] todos se levantam cedo. ★ ~ *hayaku [osoku] okiru* 朝早く [遅く] 起きる Levantar-se cedo [tarde]. ~ *jū-ji ni* 朝 10時に As dez da ~. ~ *kara ban made* 朝から晩まで De manhã (até) à noite. ~ *ni naru [ga kuru]* 朝になる (が来る) Amanhecer. ~ *no inori [reihai]* 朝の祈り [礼拝] A oração [As orações] de ~. ~ *okite kao o arau* 朝起きて顔を洗う Lavar a cara, de manhã ao levantar. ◇ ~-**ban [yu]** 朝晩 [夕] De manhã e à noite. ~ **gohan** 朝御飯 O pequeno almoço; o café (da manhã) (⇨ chōshókú). ~ **ichi** 朝市 O mercado da manhã. ~ **meshi** 朝飯【Col.】O pequeno almoço. ~ **meshi mae** 朝飯前【G.】**a)** Antes do pequeno-almoço; **b)** O ser fácil [canja]【*Konna shigoto wa* ~ *meshi mae da* こんな仕事は朝飯前だ Isto [Este trabalho] (para mim) é canja】. ~ **moya** 朝霧 O nevoeiro matinal. ~ **nagi** 朝凪 ~ calma e fresca à beira-mar. (~) **nebō** (朝) 寝坊【G.】O dorminhoco [*Kare wa yofukashi [yoippari] no* ~ *nebō da* 彼は夜ふかし [宵っぱり] の朝寝坊だ Ele deita-se tarde (é ave no(c)turna) e dorme até tarde de manhã]. ~ **tsuyu** 朝露 O orvalho da ~. A/反 Bań; yóru; yū.

ása^2 麻【Bot.】O cânhamo; *cannabis sativa*. ◇ ~ **himo [ito]** 麻紐 [糸]【Col.】O fio [de] ~. ~ **nuno** 麻布 O pano de ~. ⇨ áma^2.

asá-búró 朝風呂 (<…+ furó) O banho matinal.

asá-dáchi 朝立ち (<…+ tátsu) A partida matinal; o sair cedinho (de casa).

asá-dé 朝出 (< asái + te) A ferida leve. ★ ~ *o ou [ukeru]* 浅手を負う [受ける] Fazer uma ~.
S/同 Keíshō. A/反 Fuká-dé.

asá-gáeri 朝帰り (<…^{1}+ káeru) O chegar a casa de manhã depois de se divertir「com prostitutas」toda a noite. ★ ~ *o suru* 朝帰りをする …

asá-gáké 朝駆け (<…+ kakéru) **1** [朝早く敵陣に攻め込むこと] O ataque (de) surpresa de madrugada. **2** [新聞記者などが朝早く不意に訪問すること]【G.】A visita (de) surpresa, de manhã「de jornalistas」. A/反 Yoúchí.

asá-gao 朝顔 (<…^{1}+ kaó)【Bot.】Os bons-dias; o convólvulo; a ipomeia; *pharbitis nil*.

asá-gátá 朝方 (<…+ kata) A (parte) da manhã「pode ser fria」. A/反 Yúgátá.

asági^1 浅葱 O azul-claro. ◇ ~ **iro** 浅葱色 A cor azul-clara[~].

asági^2 浅黄 O amarelo-claro. ◇ ~ **iro** 浅黄色 A cor amarelo-clara[~].

asá-gíri 朝霧 (<…+ kirí) O nevoeiro matinal.
A/反 Yū-gíri.

asá-gúrói 朝黒い (< asái + kuroí) Moreno. ★ ~ *hada [kao]* 浅黒い肌 [顔] A pele [cara] morena.

asáhaka 浅はか (< asái +…^{2})「pessoa」Superficial; irrefle(c)tido. ★ ~ *na kangae [kōdō]* 浅はかな考え [行動] A ideia [O acto] irrefle(c)tido [irrefle(c)tida].
S/同 Señpákú. A/反 Shiryó-búkái. ⇨ asá-jié.

ása-hi 朝日・旭 O sol nascente [matutino]. ~ *ga nobotta* 朝日が上った (Já) nasceu o sol. A/反 Yūhí.

asái 浅い **1** [底までの距離が短い] Pouco (pro)fundo; baixo. ★ ~ *ike [nagare; pūru]* 浅い池 [流れ; プール] O lago [A corrente; A piscina] ~/~. ~ *sara* 浅い皿 O prato baixo. A/反 Fukái. **2** [時間が長くたっていない] Pouco tempo. *Mada haru wa asaku kaze ga* *tsumetai* まだ春は浅く風が冷たい A primavera começou há pouco, ainda temos este vento frio. *Watashi wa kochira ni kite mada hi ga* ～ 私はこちらに来てまだ日が浅い Eu ainda estou aqui há ～. [S/同] Sukúnái. [A/反] Fukái. **3** [程度の度合が小さい] Pouco. *Ano hito wa rekishi ni tsuite wa nakanaka asakaranu zōkei o motte iru* あの人は歴史についてはなかなか浅からぬ造詣を持っている Aquele senhor tem um conhecimento muito profundo da História. ★ ～ *kizu* 浅い傷 A ferida leve [pouco profunda]. ～ *nemuri* 浅い眠り O sono leve. *Isu ni asaku koshikakeru* 椅子に浅く腰かける Sentar-se na ponta da cadeira. *Keiken ga* ～ 経験が浅い Ter pouca experiência. **4** [浅はかな] Imprudente; superficial; irrefle(c)tido. *Kangae ga* ～ 考えが浅い Ser ～. [S/同] Fukái. ⇨ asáhaka. **5** [色が薄い] Claro. ★ ～ *midori* 浅い緑 Verde ～. [S/同] Usúí. [A/反] Fukáí.

asá-ichi 朝市 A feira [O mercado da manhã].

asá-jíé 浅知恵 (< asái + chíe) A superficialidade; a frivolidade. ⇨ asáhaka.

asákúsá-nori 浅草海苔 Uma alga marinha comestível.

asámáshíi 浅ましい **1** [卑劣な; いやしい] Vil; perverso. ★ ～ *kangae* [*ryōken*] *o okosu* 浅ましい考え[料簡]を起こす Ter um pensamento [uma ideia] perverso [vergonhosa]. [S/同] Hirétsú na; iyáshíi. **2** [みじめな] Miserável. ★ ～ *shini-kata o suru* 浅ましい死に方をする Ter uma morte miserável. [S/同] Míjime na.

asá-méshí-máe 朝飯前 ⇨ ása[1] ◇.

asá-mídori 浅緑【E.】O verde claro. [A/反] Fuká-mídori.

ása na yū na 朝な夕な【E.】⇨ ása-ban.

asá-ne 朝寝 (<…[1] + nerú) O levantar tarde. ★ ～ *o suru* 朝寝をする Levantar-se tarde. [A/反] Asá-oki. ⇨ asá-nébō.

asá-nébō 朝寝坊【G.】⇨ ása[1] ◇.

asá-oki 朝起き (<…[1] + okíru) O levantar cedo; o madrugar. ★ ～ *suru* 朝起きする Levantar-se cedo; madrugar. [S/同] Hayá-oki (+). [A/反] Asá-ne.

asáppárá 朝っぱら (< ása[1])【Col.】Muito cedo; de manhãzinha. *Konna* ～ *kara ittai nani o sawaide iru no da* こんな朝っぱらから一体何を騒いでいるのだ Que barulho estão para aí a fazer tão cedo [a estas horas da manhã]?

asárí 浅蜊【Zool.】A amêijoa.

asárú 漁る **1** [餌・獲物を捜す] Procurar comida. *Inu ga gomi-bako o asatte iru* 犬がごみ箱をあさっている O cão rebusca no balde do lixo. [S/同] Tóru. **2** [捜し求める] Andar à procura. ★ *Shinbun kiji no tane o* ～ 新聞記事の種をあさる Andar à caça de notícias para o jornal. [S/同] Sagáshí-mótóméru.

asásé 浅瀬 O baixio; o banco「de areia」; o vau. ★ ～ *ni nori-ageru* 浅瀬に乗り上げる Encalhar. ～ *o wataru* 浅瀬を渡る Vadear; atravessar o rio a vau. ⇨ zashő[2].

asátte 明後日 Depois de amanhã. ★ ～ *no asa* [*gogo*; *yoru*] 明後日の朝[午後; 夜] Depois de amanhã, de manhã [à tarde; à noite]. [I/慣用] ～ *no hō o muite iru* 明後日の方を向いている Estar virado para uma dire(c)ção completamente errada. [S/同] Myőgónichi.

asá-yáké 朝焼け (<… + yakérú) O arrebol [romper] da manhã. [P/ことわざ] ～ *wa ame, yūyake wa hare* 朝焼けは雨, 夕焼けは晴れ Ao romper da manhã prevê-se chuva e, ao fim da tarde, bom tempo. [A/反] Yű-yáké.

asá-zake 朝酒 (<… + saké) Um copo de vinho logo de manhã; o beber uma pinga (logo) ao levantar.

asá-zúké 浅漬け (< asái + tsukérú) **1** [べったら漬け] O nabo cru conservado em sal, "mirin" e "shōyu". [S/同] Bettárá-zúké. **2** [⇨ ichíyá-zúké]

áse 汗 **1** [汗腺の分泌物] O suor. ★ ～ *bisshori ni naru* [～ *o bisshori kaku*] 汗びっしょりになる[汗をびっしょりかく] Ficar banhado em suor. ～ *ga darada-ra* [*taki no yō ni*] *nagarete iru* 汗がだらだら[滝のように] 流れている Estar (todo/a) a pingar de suor. ～ *ga dete iru* 汗が出ている Estar a transpirar. ～(*to nami-da*) *no kesshō* 汗(と涙)の結晶 O fruto do suor. ～ *o fuku* 汗を拭く Enxugar ～. ～ *o kaku* 汗をかく Suar; transpirar.「*Hitai no*」～ *o nuguu*「額の」汗をぬぐう Enxugar [Limpar] ～ da testa. *Hitai ni* ～ *shite hataraku* 額に汗して働く Trabalhar [Ganhar o pão] com o suor do rosto. *Supōtsu de hito* ～ *kaku* スポーツでひと汗かく Suar praticando desporto [esporte (B.)]. *Tama no yō na* ～ 玉のような汗 Gotas de suor. *Te ni* ～ *nigiru* 手に汗握る Excitante; emocionante. ◇ **～ kusai** 汗臭い O cheiro [Que cheira] a suor. **～ mizu** 汗水 Muito suor [～ *mizu nagashite* [*tarashi-te*] *yatto tameta kane o nusumareta* 汗水流して[垂らして]やっと貯めた金を盗まれた Roubaram-me o dinheiro que ganhei com tanto suor]. **2** [表面につく水滴] A humidade (que se acumula sobre a superfície de algo).

asébámu 汗ばむ Transpirar [Suar] (um pouco). ★ ～ *yō na yōki* 汗ばむような陽気 Um tempo [sol] que até se transpira. [S/同] Áse o káku.

asébí 馬酔木【Bot.】A andró[ô]meda.

aséchírén アセチレン (< Al. azetylen)【Quím.】O acetileno (C_2H_2). ◇ **～ gasu** アセチレンガス O gás acetileno.

aséchírú アセチル (< Al. azetyl)【Quím.】O acetil (CH_3CO-). ～ *serurōsu* アセチルセルロース ⇨ sakúsán.

asé-dákú 汗だく (< áse + dákudaku) A suadela (Muito suor). ★ ～ *ni natte hataraku* 汗だくになって働く Trabalhar todo suado [a transpirar]. [S/同] Asé-mámire [mídóró; mízuku].

asé-jímíru 汗染みる (<… + shimírú) Ficar banhado em suor. ★ *Ase-jimita shita-gi* 汗染みた下着 A roupa interior empapada em [toda molhada de] suor.

asé(k)kaki 汗(っ)かき (<… + káku)【Col.】A pessoa que transpira [sua] muito.

asé-mámire 汗まみれ (<… + mamíréru) ⇨ asé-dákú.

asé-mídóró 汗みどろ ⇨ asé-dákú.

asé-mízuku 汗みずく ⇨ asé-dákú.

asémó 汗疹 A sudâmina; a fogagem. *Kubi no mawari ni* ～ *ga dekita* 首の回りに汗疹ができた「O bebé」tem ～ no pescoço. ⇨ fukí-dé-mónó.

asérí 焦り (< aséru[1]) A precipitação [pressa]. ～ *no iro ga miete kita* 焦りの色がみえてきた「Ele」já está a ficar impaciente.

aséru[1] 焦る Precipitar-se; impacientar-se; estar (muito) impaciente. *Mā sonna ni* ～ *na yo* まあそんなに焦るなよ Calma! [Que febre/pressa é essa?]. ★ *Aserazu ni* 焦らずに Sem pressa; com calma. *Kō o* ～ 功を焦る Querer ver logo o resultado [Preocupar-se demais com o sucesso].

aséru² 42

⇨ Isógu; irádatsu; modókashígáru; séku¹.

aséru² 褪せる **1**「薄くなる」Desbotar; perder a cor. ★ *Iro no aseta kiji* 色のあせた生地 O pano [tecido] desbotado. ⇨ Saméru. **2**「衰える」Esmorecer; esvair-se. ⇨ Otóróéru. **3**「弱まる」Enfraquecer. *Kioku ga* ~ 記憶があせる A memória fica fraca [vai-se perdendo]. ⇨ Yowámáru.

asé-shírazu 汗知らず (< ··· +neg. de "shirú") O (pó de) talco. ⇨ Bebí páudá.

asététo [ée] アセテート (< Ing. acetate < L.) O acetato「de elito」. ◊ ~ **jinken** [rēyon] アセテート人絹 [レーヨン] A seda artificial [O rayon]. ⇨ Sakúsán-sen'i. ⇨ sakúsán.

asétóárúdéhido アセトアルデヒド (< Al. azetaldehyd)【Quím.】O aldeído acético; o etanal (CH₃CHO).

aséton アセトン (< Al. azeton)【Quím.】A acetona (CH₃COCH₃).

asé-tóri 汗取り (< ··· +tóru) A roupa interior. ⇨ Hadá-gi (+). ⇨ ańdáshátsu; shitágí.

asétó-sakúsán-échiru アセト酢酸エチル【Quím.】O ácido acético ou etanóico; CH3CO-OH.

ashí¹ 足・脚 **1**「脚」A perna (Das pessoas, da mesa); a pata (Dos animais); os tentáculos (De alguns peixes e animais). *Byōin ni itte sono* ~ *de kaimono o shita* 病院に行ってその足で買い物をした Fui ao hospital e de caminho fiz as compras. ★ ~ *ga aru* 足がある a) Ter pernas; b) Ter boas pernas *Kono senshu wa* ~ *ga aru* この選手は足がある Este atleta corre muito (depressa). ~ *ga bō ni naru* [~ *o bō ni suru*] 足が棒になる [足を棒にする] Não sentir as pernas「de tanto andar」. ~ *ga deru* 足が出る ⇨ **2**. ~ *ga hayai* 足が速い a) Andar depressa; b)「食べ物」「O creme」Estragar-se facilmente; c)「商品の」Vender-se muito.「*Fumikiri jiko de sanman-nin no*」~ *ga midareta*「踏み切り事故で三万人の」足が乱れた Por causa do acidente na passagem de nível ficaram 30.000 passageiros parados.「*Kumiai-in no*」~ *ga midarete iru*「組合員の」足が乱れている Há falta de união no sindicato. ~ *ga nagai* 足が長い a) Ter as ~ compridas; b) Ser capaz (*Kono hikōki wa* ~ *ga nagai* この飛行機は足が長い Este avião pode fazer longos voos). ~ *ga sukumu* 足がすくむ Ir-se abaixo das pernas「com o medo」. ~ *ga tōnoku* 足が遠のく Não virem「os fregueses à loja」. ~ *no muku mama iku* 足の向くまま行く Ir (para) onde「nos」apetece. ~ *o hakobu* 足を運ぶ Ir「a alguma parte」. ~ *o hayameru* 足を早める Andar mais depressa [Apressar o passo]. ~ *o hipparu* 足を引っぱる Impedir [Parar] alguém de fazer alguma coisa. ~ *o kagiri ni aruki-tsuzukeru* 足を限りに歩き続ける Caminhar até não poder mais. ~ *o kumu* 足を組む Cruzar as pernas. ~ *o mae e dasu* 足を前へ出す Pôr as pernas para a frente. ~ *o mukeru* 足を向ける Ir「para a estação」. ~ *o nobasu* 足を伸ばす a) Estender as pernas; b) Ir「a Kyōto」. ~ *o soroete suwaru* 足をそろえて座る Sentar-se juntando as pernas. ~ *o sukuu* 足をすくう a) Passar uma rasteira「no futebol」; b) Atraiçoar. ~ *o todomeru* [*tomeru*] 足をとどめる [止める] Parar.「*Suto de ōku no tsūkin-kyaku ga*」~ *o ubawareta*「ストで多くの通勤客が」足を奪われた Por causa da greve muitos passageiros ficaram sem (meios de) transporte. *Otoko no* ~ 男の足 O passo de homem (Mais rápido que o de "onna" e "kodomo"). ◊ ~ **koshi** [kuse/waza]; ama ~. Ushiro ~ 後足 As patas traseiras [de trás]. ⇨ kyáku.

2「足首から先の部分」O pé (Das pessoas, do cálice); a pata (Dos animais; ⇨ hizúmé). ★ ~ *de bōru o keru* 足でボールを蹴る Dar um pontapé [chute] na bola. ~ *ga chi ni tsukanai keikaku* 足が地につかない計画 Um plano feito no ar. ~ *ga deru* 足が出る a) Exceder-se o orçamento; b) Descobrir-se「o ladrão/crime」.「*Shimon kara*」~ *ga tsuki hannin ga taiho sareta*「指紋から」足がつき犯人が逮捕された As impressões digitais foram a pista para prender o criminoso. ~ *no fumi-ba mo nai hodo chirakatta heya* 足の踏み場もないほど散らかった部屋 O quarto desarrumado onde nem se pode entrar [passar]. ~ *no kō* [*ura*; *yubi*] 足の甲 [裏; 指] O peito [A planta; Os dedos] do pé. ~ *no saki kara atama no teppen made* 足の先から頭のてっぺんまで「Molhado」dos pés à cabeça.「*Yakuza kara*」~ *o arau*「やくざから」足を洗う Deixar「a vida de "yakuza"」. ~ *o fumareru* 足を踏まれる Ser pisado. ~ *o fumi-hazusu* 足を踏みはずす Pôr o pé em falso [e cair].「*Ni-do to uchi ni*」~ *o fumi-ireru na*「二度とうちに」足を踏み入れるな Não torne a pôr os pés em minha casa.「*Aku no michi ni*」~ *o fumi-ireru*「悪の道に」足を踏み入れる Meter-se por maus caminhos. ~ *o hikizuru* 足を引きずる Arrastar-se (cansado). ~ *o ireru* 足を入れる a) Entrar「num quarto」; b) Meter-se「num negócio」. ~ *o kujiku* 足をくじく Torcer um pé/「Ter uma entorse」.「*Warui nakama kara*」~ *o nuku*「悪い仲間から」足を抜く Deixar as más companhias.「*Nagare ni*」~ *o torareru*「流れに」足を取られる Perder o pé por causa da força da corrente. ◊ ~ **ato** [kase/kubi/oto/ura].

3「交通手段」O meio de transporte. *Hi ni san-bon shika nai basu wa mura no hitobito no yui-itsu no* ~ *de aru* 日に3本しかないバスは村の人々の唯一の足である O único ~ do aldeia é a camioneta da carreira, três vezes ao [por] dia. ★ ~ *no ben no yoi jūtaku-chi* 足の便の良い住宅地 O bairro residencial com bons (Muitos) meios de transporte. ⇨ ashí-bá 4.

áshi 蘆・葦【Bot.】A cana「dos foguetes」; *phragmites communis. Ningen wa kangaeru* ~ *de aru* 人間は考える葦である "O homem é uma cana que pensa". ◊ ~ **bue**. ⇨ Yóshi.

ashí-áto 足跡 **1**「はきものや足の跡」A pegada「do cavalo」; o rasto. ★ ~ *o nokosu* 足跡を残す Deixar as/o ~. ⇨ Sokúsékí. **2**「逃げた人のゆくえ」O rasto. ★ ~ *o kuramasu* 足跡をくらます Desaparecer sem deixar rastos. ⇨ Ashí-dóri.

ashí-bá 足場 **1**「足もとの具合」O piso. ~ *ga warukute aruki-nikui* 足場が悪くて歩きにくい O piso não está bom para andar. **2**「物事をするときのよりどころ」O apoio; o suporte. ★ ~ *o katameru* 足場を固める Firmar-se bem. ⇨ Yorídókóró. **3**「高い所で工事をするための仮設物」【Arqui.】O andaime. ★ ~ *o kizuku* [*tsukuru*] 足場を築く [作る] Construir um ~. ~ *o kumu* 足場を組む Montar [Pôr] um ~. ⇨ Ashí-gákari. **4**「交通の便」As condições de transporte. *Watashi no ie wa* ~ *ga yoi* [*warui*] 私の家は足場が良い [悪い] A minha casa está bem [mal] servida de transportes.

ashí-bárai 足払い (< ···¹ + haráu)【(D)esp.】「passar」Uma rasteira.

ashí-báyá 足早 (<… ¹+hayái) Os passos rápidos. ★ ~ *ni tachi-saru* 足早に立ち去る Raspar-se; sair a correr/a passos rápidos.
ashíbí 馬酔木 ⇨ asébí.
ashí-búe 葦笛 (<… ²+fué) O assobio de cana.
ashí-búmi 足踏み (<… ¹+fumú) **1** [足を踏むこと] O passo. *Heitai ga ~ shite iru* 兵隊が足踏みしている Os soldados estão a marcar passo. ⇨ pedárú. **2** [停滞]【Fig.】A paralização; a estagnação. ★ *Shinpo ga ~ shite iru* 進歩が足踏みしている O progresso parou [estagnou]. ◇ **~ jōtai** 足踏み状態 A situação para(liza)da. [S/同] Teítái.
ashí-byōshi [**óo**] 足拍子 (<… ¹+hyōshí) O ritmo marcado com o pé. ⇨ te-byōshi.
ashídá 足駄 O tamanco.
[S/同] Taká-gétá (+). ⇨ kígutsu.
ashídái 足代【G.】A despesa de [O dinheiro para] transporte. [S/同] Kōtsūhi (o); kurúmá-chin (+); kurúmá-dáí.
ashí-dámari 足溜まり (<… ¹+tamárú) A base (de operações)「para visitar Lisboa」.
[S/同] Końkyó-chi (+); nejíró (+).
ashídémátoi 足手まとい ⇨ ashí-té-mátoi.
ashí-dómé 足止 [留] め (<… ¹+tomérú) **1** [強制して止まらせること] O reter. ★ ~ *o kuu* 足止めを食う Ser retido. ~ *suru* 足止めする Obrigar「os alunos」a ficar「mais tempo na aula」. **2** [客足を引きとめること] O reter os clientes.
ashí-dórí 足取り (<… ¹+tóru) **1** [歩きぶり] O passo; a maneira de andar. ★ ~ *o hayameru* 足どりを早める Apressar o ~. *Abunai* [*Genki na*] ~ *de* 危ない[元気な]足どりで Com passo[andar] vacilante [firme]. *Karui* [*Omoi*] ~ 軽い[重い]足どり Um ~ lesto [pesado]. [S/同] Ashítsúkí; arúkíkátá (+); arúkíbúrí; hochō. **2** [歩いた経路] A pista; o rumo. ★ ~ *o ou* 足どりを追う Seguir a ~. ~ *o tsukamu* 足どりをつかむ Descobrir a ~.
ashí-gákari 足掛かり (<… ¹+kakáru) **1** [足をかける所] O apoio (para os pés). *Kono iwaba wa ~ ga nakute nobori-nikui* この岩場は足掛かりがなくて登りにくい Este rochedo está difícil de subir, não tem [há] onde apoiar o pé. [S/同] Ashí-bá. **2** [いとぐち] A chave; a pista. ★ *Jiken kaiketsu e no ~* 事件解決への足掛かり Uma pista para a solução do problema. [S/同] Itó-guchi (+); kikkáké (+); te-gákari (+); yorídókóró.
ashí-gárami 足搦み (<… ¹+karámu)【(D)esp.】O fazer tesoura com as pernas; a tesourada.
ashígárú 足軽 (<… ¹+karúí)【H.】A classe [categoria] mais baixa de "samurai". ⇨ zōhyō.
ashí-gátame 足固め (<… ¹+katámérú) **1** [足慣らし] O aquecimento「os exercícios de」. ★ ~ *o suru* 足固めをする Fazer ~. [S/同] Ashínárashi (+). **2** [基礎を固めること] O tornar sólida a base. ★ ~ *o suru* 足固めをする Tornar sólida a base.
ashí-gé 足蹴 (<… ¹+kéru) **1** [蹴る] ⇨ kéru. **2** [ひどい扱いをする]【Fig.】Maltratar. *Kare wa onjin made ~ ni suru hitodenashi da* 彼は恩人まで足蹴にする人でなしだ Ele é um ingratão [grande ingrato], maltrata até quem o ajuda. ★ *Hito o ~ ni suru* 人を足蹴にする ~ alguém.
ashí-góshirae 足拵え (<… ¹+koshíráérú) O levar bom calçado「para o frio」.
ashíká 海驢 (< Áinu: asika)【Zool.】O leão marinho. ⇨ azárashi.
ashí-káké 足掛け (<… ¹+kakéru) **1** [足を掛けること] O apoio [lugar] para (pôr) o pé. **2** [最初と最後を計算に入れた年月の数え方] O ser completo. *Kochira e kite kara ~ go-nen ni narimasu* こちらへ来てから足掛け5年になります Há cinco anos exa(c)tos que estou aqui. ⇨ mán²; marú.
ashíkárazu 悪しからず Sinto muito, mas… *Kaigi wa myōnichi ni enki ni narimashita no de ~ go-ryōshō kudasai* 会議は明日に延期になりましたので悪しからず御了承下さい A reunião foi adiada para amanhã; sentimos muito e pedimos a vossa compreensão. ⇨ yoróshíkú.
ashí-kásé 足枷 **1** [罰としての刑具] As peias; os grilhões. **2** [束縛] O entrave; o impedimento. ★ *Saishi ga ~ ni naru* 妻子が足枷になる A mulher e os filhos podem ser um estorvo [~].
[S/同] Ashí-dé-mátoi; o-nímotsu.
ashí-kírí 足切り (<… ¹+kíru) O eliminar candidatos que não conseguiram obter um certo número de pontos (no primeiro exame); o arralar; o fazer uma primeira eliminatória.
ashí-koshi 足腰 Os quadris. ★ ~ *ga jōbu de aru* 足腰が丈夫である Ter bons quadris.
ashí-kubi 足首 O artelho.
ashí-kúsé 足癖 O jeito de andar. ★ ~ *ga warui* 足癖が悪い Ter um mau ~.
ashí-mákase 足任せ (<… ¹+makáséru) O andar à vontade; o ir para onde nos levarem as pernas. ★ ~ *ni machi o sanpo suru* 足任せに町を散歩する Passear à vontade pela cidade.
[S/同] Ashí nó múkú mámá.
ashí-mótó 足下 [元] **1** [足のすぐそば] (O lugar d) os pés. *O- ~ ni go-chūi kudasai* お足下に御注意下さい Cuidado com [Veja onde põe] o pé. *Sūgaku de wa boku wa kare no ~ ni mo oyobanai* [*yoritsukenai*] 数学では僕は彼の足下にも及ばない[寄りつけない] Em matemática nem aos pés lhe chego. ★ ~ *kara tori ga tatsu* 足下から鳥が立つ **a**) Acontecer o inesperado; **b**) Lembrar-se de fazer algo à última (da) hora. ~ *ni hirefusu* 足下にひれ伏す Lançar-se aos pés「de alguém」. ~ *no akarui uchi ni* 足下の明るいうちに **a**) Antes de escurecer [anoitecer]; **b**) Antes do perigo [antes da situação ficar negra]. ⇨ mi-jíká.
2 [歩き方] O passo; o modo de andar. ★ ~ *ga tashika da* [*shikkari shite iru*] 足下が確かだ[しっかりしている] Ter um passo firme. [S/同] Arúkí-búrí.
3 [弱み]【Fig.】O ponto fraco. ★ ~ *o miru* [*ni tsukekomu*] 足下を見る[につけこむ] Aproveitar-se do [Atacar o] ponto fraco. [S/同] Yowámí. **4** [立場; 立脚地] A posição; a situação. ★ ~ *ni hi ga tsuku* 足下に火がつく Ver-se exposto a um perigo/Chegar o fogo às barbas. [S/同] Táchi-ba.
ashí-nágá-bachi 足長蜂 (<… ¹ + nagái + hachí)【Zool.】Uma vespa de pernas compridas.
ashí-námí 足並み **1** [歩く調子] O passo. ★ ~ *ga midareru* 足並みが乱れる Andar desencontrado. [S/同] Hochō. **2** [行動・意向などの] O passo; o afinar pelo mesmo diapasão. *Rigai ga karande tōintachi no ~ ga sorowanai* 利害がからんで党員たちの足並みがそろわない Os membros do(s) partido(s), com vários interesses em jogo, não conseguem entender-se [acertar o passo]. [S/同] Hochō.
ashí-nárashi 足慣 [馴] らし (<… ¹+narású) **1** [足を慣らすこと] **a**) O exercício de andar (depois de

uma doença]; **b)** O treino [exercício de aquecimento]. ★ *Byōgo no* ~ 病後の足慣らし O andar um pouco durante a convalescença. **2** [下準備] A preparação; o ensaio.

ashí-óto 足音 **1** [歩くときの音] O som [ruído] de passos. ★ ~ *o shinobaseru* 足音を忍ばせる Andar sem fazer ruído. **2** [近づく気配] A sensação de algo que se aproxima. *Haru no* ~ 春の足音 A aproximação da primavera.

ashírai あしらい (< ashíráu) **1** [扱い] O trato「dos clientes」. *Kare wa kodomo no* ~ *ga umai* 彼は子供のあしらいがうまい Ele sabe lidar com (as) crianças. ◇ ⇨ **kyaku** ~. Ⓢ両 Atsúkái. **2** [取り合わせ] A combinação [O arranjo]「dos canteiros」. Ⓢ両 Torí-áwáse (+).

ashiráu あしらう **1** [人を扱う] Tratar; lidar com. ★ *Chūkoku no hana de* ~ 忠告を鼻であしらう Desprezar o conselho「de alguém」. *Hito o takumi [ii-kagen; tekitō] ni* ~ 人を巧み [いい加減; 適当] にあしらう Saber lidar com as pessoas [Tratar os outros de qualquer maneira; Lidar com as pessoas sem lhes dar muita importância]. Ⓢ両 Atsúkáu. **2** [取り合わせる; 配合する] Enfeitar; juntar. ★ *Doresu ni hana o* ~ ドレスに花をあしらう Enfeitar o vestido com uma flor. Ⓢ両 Soéráu; torí-áwáséru.

ashí-shígeku 足繁く Frequentemente; amiúde. ★ ~ *kayou* 足繁く通う Ir ~. Ⓢ両 Hińpán ni; shikírí ni (+).

ashísutanto アシスタント (< Ing. assistant < L.) O assistente; o ajudante; o auxiliar. ◇ ~ **pāsā** アシスタントパーサー O comissário de bordo auxiliar. Ⓢ両 Joshú.

ashitá¹ 明日 Amanhã. *Mata* ~ また明日 Até amanhã. Ⓘ/慣用 ~ *tenki ni nare* 明日天気になあれ Que faça [venha] bom tempo amanhã (Canto infantil). ~ *wa* ~ *no kaze ga fuku* 明日は明日の風が吹く Basta a cada dia sua malícia. *Kyō dekiru koto wa* ~ *ni nobasu na* 今日出来ることは明日に延ばすな "Não deixes para ~ o que podes fazer hoje". Ⓢ両 Asú (+); myōnichi.

ashitá² 朝 [E.] a manhã. Ⓢ両 Ása. Ⓐ反 Yūbé.

ashí-té-mátoi 足手纒い (<… + matóu) O empecilho; o estorvo. *Ōkina nimotsu ga tabi no* ~ *ni naru* 大きな荷物が旅の足手纒いになる O viajante com muita bagagem atrapalha [é um ~]. Ⓢ両 Jamá.

ashí-tsúkí 足付き (<…¹ + tsúku) **1** [歩き方] A maneira de andar. Ⓢ両 Ashí-dóri (+); arúkí-káta(o).
2 [足のついた]「脚」Com pé.

ashí-urá 足裏 A planta do pé.

ashí-wázá 足技 [業] O jogo de pernas [do pé] (Drible no futebol, golpe no judo, passos na dança).

ashí-yówá 足弱 (<…¹ + yowái) As pernas fracas. ★ ~ *de aru* 足弱である Ser fraco das pernas.

ashí-zámá 悪し様 (<… + samá) Mal; desfavoravelmente. ★ *Hito o* ~ *ni iu* 人を悪し様に言う Falar mal de [Caluniar] uma pessoa.

ashōsan [**óo**] 亜硝酸 [Quím.] O ácido nitroso [nítrico]. ◇ ~ **natoryūmu** [**sōda**] 亜硝酸ナトリウム [ソーダ] O nitrito de sódio.

áshu 亜種 [Biol./Bot.] A subespécie.

Áshura 阿修羅 (< Sân. Asura) "lutar como" Um titã.

asóbásé-kótoba 遊ばせ言葉 (< gomen asóbásé) A linguagem refinada de senhoras.

asóbásérú 遊ばせる **1** [遊びをさせる; 楽しがらせる] Deixar (a criança) brincar; entreter. ★ *Kodomo o kōen de* ~ 子供を公園で遊ばせる a criança no parque. **2** [使わないで自由にしておく] Não aproveitar [usar]. ★ *Kane [Tochi] o asobasete oku* 金 [土地] を遊ばせておく Ter o dinheiro parado [a terra por cultivar/ao abandono]. Ⓢ両 Yasúmáséru. **3** [固定しないでおく] Deixar「o cinto」frouxo.

asóbí (< asóbú) **1** [仕事以外の楽しみ] O divertimento. *Mata* ~ *ni irasshai* また遊びにいらっしゃい Sempre que queiram visitar-nos dar-nos-ão muito prazer. ★ ~ *ni iku* 遊びに行く Ir brincar. *Kogai [Okunai] no* ~ 戸外 [屋内] の遊び O jogo ao ar livre [de salão]. ◇ ~ **aite** [**tomodachi**] 遊び相手 [友達] A pessoa com quem se brinca; o companheiro de brincadeira「~ *aite ni naru* 遊び相手になる Ser o companheiro de brincadeira」. ~ **ba** 遊び場 **a)** (o pátio de) recreio; **b)** O campo de jogos. ~ **dōgu** 遊び道具 O brinquedo; o jogo infantil. ~ **jikan** 遊び時間 A hora de recreio. ⇨ gému; kyōgí²; yūgí¹.
2 [賭け事や酒色などの道楽] O deboche; a libertinagem. ★ ~ *ni fukeru* 遊びにふける Entregar-se à ~. *Warui* ~ *o oboeru* 悪い遊びを覚える Aprender brincadeiras más [feias]. ◇ ⇨ ~ **nin**. Ⓢ両 Dōrákú; yūtō. **3** [真剣に行わないこと] A brincadeira; o não fazer a sério. *Kanojo to wa hon-no* ~ *datta n'da* 彼女とはほんの遊びだったんだ Foi só por brincadeira que andava com ela. ★ ~ *hanbun* 遊び半分 Meio por brincadeira「meio a sério」. **4** [機械の接合部などのゆとり] A folga; o jogo. ★ *Handoru no* ~ *ga ōkii* [*chiisai*] ハンドルの遊びが大きい [小さい] O volante joga/gira bem [mal].

asóbí-árúku 遊び歩く (< asóbú +…) Vadiar; passear; andar à boa vida. Ⓢ両 Asóbí-máwáru.

asóbí-gi 遊び着 (<… + kírú) A roupa de brincar.

asóbí-gúsé 遊び癖 (<… + kusé) O hábito da ociosidade (vadiagem). ★ ~ *ga tsuku* 遊び癖がつく Adquirir o ~.

asóbí-máwáru 遊び回る (< asóbú +…) Andar a espairecer/passear. Ⓢ両 Asóbí-árúku.

asóbí-nín 遊び人 **1** [道楽者] O libertino; o vadio. Ⓢ両 Dōrákú-mónó. **2** [やくざ] O jogador. Ⓢ両 Bakúchí-uchi; yakúza (+).

asóbú 遊ぶ **1** [興のおもむくままに行動して楽しむ] **a)** Brincar; divertir-se; **b)** Andar「com」. *Yoshiko-chan asobimasho* 良子ちゃん遊びましょ (子供のさそい) Yoshiko! Vamos brincar (os dois as duas). ★ *Onigokko o shite* ~ 鬼ごっこをして遊ぶ Brincar às escondidas [ao esconde-esconde]. Ⓘ/慣用 *Yoku manabi yoku asobe* よく学びよく遊べ Saibam estudar e divertir-se (Aos alunos). ⇨ yūgí¹.
2 [鳥獣などが楽しそうに動き回る] Entreter-se; descansar. ★ *Kishibe ni [de]* ~ *tori no mure* 岸辺に [で] 遊ぶ鳥の群れ O bando de aves entretidas na margem「do lago」.
3 [仕事や勉強をせずにぶらぶらする] Perder o tempo「na ociosidade」. *Ano ko wa eiga da dansu da to asonde bakari ite zenzen benkyō shinai* あの娘は映画だダンスだと遊んでばかりいて全然勉強しない Aquela menina a ~ no cinema e no bailarico e não estuda nada.
4 [職が得られずぶらぶらする] Estar desempregado; não trabalhar. *Kare wa kaisha ga tōsan shita no de ima wa asonde iru* 彼は会社が倒産したので今は遊んでいる Como a firma faliu, ele está sem emprego. ⇨

shitsúgyō. **5**[暗事や酒色などにふける]Entregar-se ao jogo, à bebida ou à libertinagem. ★ *Asonde shindai o tsubusu* 遊んで身代をつぶす Perder toda a fortuna na libertinagem. ⇨ dóraku. **6**[ものが役に立っていない; 利用されていない]Não ser utilizado; ser deixado por [sem] usar. ★ *Asonde iru tochi* 遊んでいる土地 A terra não cultivada [O baldio]. **7**[他郷で学ぶ]【E.】Estudar fora da terra; ser bolseiro. ⓈⒼ Yúgáku súrú. **8**[漫遊する]Fazer uma viagem「a」; visitar. ★ *Kamakura ni* ― 鎌倉に遊ぶ Visitar [Andar por] Kamakura. ⓈⒼ Mań'yú súrú.

asóko あそこ **1**[あの場所]Lá; ali. ★ ~ *ni mo koko ni mo* あそこにもここにも Aqui e ali; em qualquer lugar. ~ *no* [*ni aru*] *ki* あそこの[にある]木 A árvore ali; aquela árvore. ⇨ Asóko. **2**[あの程度]【Col.】Um tal grau; aquele ponto. *Kare ga* ~ *made baka da to wa omowanakatta* 彼があそこまで馬鹿だとは思わなかった Nunca pensei que ele fosse tão tolo. ⇨ Asóku.

Asōresu(-shōtō) アソーレス(諸島)(O Arquipélago d)os Açores (Portugal).

assáku 圧搾 A pressão; a compressão; a prensagem. ◇ ~ **ki** 圧搾機 A prensa. ~ **kūki** 圧搾空気 O ar comprimido. ⇨ Asshúku.

assári あっさり **1**[簡単には: わけなく]Facilmente; sem dificuldade. *Teki wa teikō mo sezu* ~ *kōsan shite kita* 敵は抵抗もせずあっさり降参して来た O inimigo rendeu-se logo, sem resistência [~]. ★ ~ *akirameru* あっさりあきらめる Desistir à primeira [imediatamente]; logo; sem mais]. ⓈⒼ Kańtán ní; wákenaku; yasúyasu. **2**[しつこくないさま]Ser simples [leve/fraco]. ★ ~(*to*) *shita fukusō* あっさり(と)した服装 A roupa simples. ~ *shita hito* [*kishō*] あっさりした人[気性]Uma pessoa [Um carácter] franca[o]. ~ *shita shokuji* あっさりした食事 A comida leve. ⓈⒼ Sappári. Ⓐ/Ⓚ Shitsúkói. ⇨ iságiyói; kánso; tanpáku².

assátsu 圧殺 **1**[圧し殺すこと]O sufocar[esmagar até matar]. ★ ~ *suru* 圧殺する… ⓈⒼ Oshí-kórósu. **2**[おさえつけて無視すること]【Fig.】Oprimir; esmagar. ⇨ appáku.

asséí 圧制 [政]A opressão; a tirania. ★ ~ *ni kurushimu* 圧制に苦しむ Sofrer sob a ~「de」. ⇨ appáku; dokúsái(sha).

asséi-sha 圧制者 (< asséi) O opressor; o tirano; o déspota.

asséń 斡旋 **1**[世話]A mediação; o intermédio; "bons ofícios". ★ *Hito ni shoku o* ~ *suru* 人に職を斡旋する Ajudar「alguém」a arranjar emprego. ⓈⒼ Shúsén; sewá. **2**[取りなし; 調停]A mediação. ★ *Daisansha ni* ~ *o irai suru* 第三者に斡旋を依頼する Pedir a ~ de terceiros. ◇ ~ **an** 斡旋案 O plano conciliador. ~ **sha** 斡旋者 O mediador; o conciliador. ⓈⒼ Chōtéi; chúsái; toríńashi.

asshí 圧死 A morte por sufocamento.

asshō 圧勝 A vitória decisiva [esmagadora]. ★ ~ *suru* 圧勝する Vencer por muitos「pontos/votos」; conseguir[ter]uma ~. ⓈⒼ Kaíshō; kańshō. ⇨ Shíńshō.

asshúku 圧縮 **1**[圧し縮めること]A compressão; a condensação. ◇ ~ **ki** [**ponpu**] 圧縮機[ポンプ]A prensa [O compressor]. ~ **kūki** 圧縮空気 O ar comprimido. ⇨ Assáku. **2**[要約]A condensação. ★ ~ *suru* 圧縮する Resumir; condensar; sintetizar. ⓈⒼ Yōyáku.

assúrú 圧する **1**[押さえつける]Apertar; comprimir. ⓈⒼ Osú (+). **2**[圧倒する]Dominar. ★ *Atari o* ~ *daionjō* あたりを圧する大音声 A voz potente que domina tudo ao redor. ⇨ Attó súrú.

asú 明日 **1**[次の日]Amanhã. ★ ~ *made* 明日まで ★ ~ *no asa* [*yoru*] 明日の朝[夜]― de manhã [à noite]. ⓈⒼ Ashíta; myóńichi. **2**[近い将来]O futuro próximo. ★ ~ *ni sonaeru* 明日に備える Preparar-se para o futuro [o dia de amanhã]. *Nihon no* ~ *o ninau wakamono-tachi* 日本の明日を担う若者達 Os jovens que serão os futuros responsáveis do J. 【慣用】~ *wa waga-mi* 明日は我が身 Amanhã pode ser a minha vez [Num ~ pode-me acontecer a mesma desgraça]. ⇨ shōrai¹.

ásu [**áa**] アース (< Ing. earth)【Ele(c)tri.】A terra. ◇ ~ **sen** アース線 O fio de terra.

asúbésuto アスベスト【Min.】O asbesto. ⓈⒼ Ishí-wátá; sekímén².

asúfáruto アスファルト (< Hol. < Gr. asphaltos) O asfalto. ★ ~ *de hosō suru* アスファルトで舗装する Asfaltar.

asúkó あすこ【Col.】⇨ asóko.

asúkórúbíńsáń アスコルビン酸 (< Al. ascorbinsaure < Gr. a + L. scorbutus)【Bioq.】O ácido ascórbico.

asúnáró[**rō**] 翌檜 (< asu wa hinoki ni narō)【Bot.】 *Thujopsis dolabrata* (⇨ hínókí).

asúpárágasu アスパラガス (< Ing. asparagus < Gr.)【Bot.】O(s) e[a]spargo(s).

asúpíríń アスピリン (< Al. aspirin < azetyl + salizylsavre + in) A aspirina. ★ ~ *o ichi-jō nomu* アスピリンを一錠飲む Tomar uma ~.

asútáchin アスタチン (< Al. astatin < Gr. astatos: instável)【Quím.】O astato.

Asútéká アステカ Os Astecas. ◇ ~ **zoku** アステカ族 O povo Asteca. ⓈⒼ Azútékku.

asútórákan アストラカン (< Astrakhan) O astracã (Pele de cordeiro de Astracã).

asútóríńzén(**to**) アストリンゼン(ト) (< Ing. astringent < L.) O adstringente. ⇨ shúréń².

atáé 与え (< atáérú) A dádiva. ★ *Ten no* ~ 天の与え Uma ~ divina. ⇨ megúmí.

atáérú 与える **1**[やる]Dar. ★ *Kodomo ni omocha o* ~ 子供におもちゃを与える Dar um brinquedo à criança. *Tori ni esa o* ~ 鳥に餌を与える Dar de comer ao pássaro. ⓈⒼ Yarú. **2**[授与する]Conceder; conferir; outorgar. *Nōberu-shō o* ~ ノーベル賞を与える Conceder o Prémio Nobel「a」. ⓈⒼ Júyo suru; sazúkéru. **3**[あてがう; 使うことを認める]Oferecer; dar. ★ *Bengi o* ~ 便宜を与える Proporcionar/~ facilidades「a」. *Kengen o* ~ 権限を与える Conceder poderes [Dar autoridade]「a alguém」. ⓈⒼ Atégáu; kyókyú súrú.

4[仕事・課題などを課す]Dar. *Atarerareta chokusen o ni-tōbun shi nasai* 与えられた直線を二等分しなさい Divida a linha dada em duas partes iguais. *Seito ni mondai o* ~ 生徒に問題を与える Dar o exame aos alunos. ⓈⒼ Wariátéru; kásu⁵.

5[蒙らせる]Dar; causar. ★ *Chijoku o* ~ 恥辱を与える Causar vexame「a」. *Eikyō o* ~ 影響を与える Exercer influência「sobre/em」. *Kanmei o* ~ 感銘を与える Impressionar. *Songai o* ~ 損害を与える Causar dano [prejuízo]「a」. ⓈⒼ Kōmúráseru.

átafuta あたふた【Col.】Com muita pressa e confusão; atropeladamente. *Jiko no shirase ni mina ~ to genba ni kaketsuketa* 事故の知らせに皆あたふたと現場に駆けつけた À notícia do acidente todos correram [se apressaram a ir] para o local ~ *suru na*. あたふたするな Calma! ⇨ awátéru.

atái 価・値 **1**【代金】O preço; o custo; o valor. ⓈⒻ Dáika; daíkín (+); kakákú (+); nedán (o). **2**【価値】O valor; a valia. *Shōsan ni ~ suru* 賞讃に価する Merecer elogio(s). *Sonkei ni ~ suru* 尊敬に価する Ser digno de respeito. ◇ ⇨ **senkin** 価千金 O ser inestimável; o valer uma fortuna. ⓈⒻ Káchi; neúchí. **3**【数値】【Mat.】O valor. ★ *Hōteishiki no ekkusu no ~* 方程式の x の価 O valor de x na equação.

atákamo 恰も **1**【まるで】Como; como se. *Ko-bune wa ~ kaze ni fukareru ko(ki)-no-ha no yō de atta* 小舟はあたかも風に吹かれる木の葉のようであった O barco era como (uma) folha soprada pelo vento. ⓈⒻ Marúdé (+); sanágárá. **2**【ちょうど】Justamente「o ano em que começou a guerra」. ⓈⒻ Chōdó.

atákku アタック (< Ing. attack) O ataque. ★ *Nanmon ni ~ suru* 難問にアタックする Atacar (de frente) uma questão difícil. ⓈⒻ Kōgékí.

atákúshí 私 ⇨ watákúshí.

atamá 頭 **1**[首から上の部分]A cabeça. ★ ~ *ga agaranai* 頭が上がらない a) Não se poder comparar「com ela no estudo」; b) Estar grato [agradecido]. ~ *ga furafura suru* 頭がふらふらする Ter vertigens. ~ *ga itai* 頭が痛い a) Estar com dor de [Doer a] cabeça; b) ⇨ **2**. ~ *ga omoi* 頭が重い Estar com a ~ pesada; sentir um peso na ~. ~ *ga sagaru* 頭が下がる Inspirar respeito. ~ *kara massakasama ni ochiru* 頭から真っ逆様に落ちる Cair de cabeça. ~ *no teppen kara tsumasaki made* 頭の天辺から爪先まで Da ~ (até) aos pés. ~ *o hinette kangaeru* 頭をひねって考える Puxar pela ~ (a pensar). ~ *o kaku [naguru; tataku]* 頭をかく [なぐる、たたく] Arranhar a [Bater na] ~. ~ *o motageru* 頭をもたげる Levantar a ~; surgir à superfície. ~ *o sagete tanomu* 頭を下げて頼む Pedir humildemente (com humildade). ⓅⒸ ~ *kakushite shiri kakusazu* 頭隠して尻隠さず O bancar [ser como a] avestruz. ~ *no ue no hae mo oenai* 頭の上の蝿も追えない Não saber resolver os seus problemas「muito menos os dos outros」. Ⓘ/ⓌⒾ ~ *kara yuge o tateru* 頭から湯気を立てる Estar furioso [(como) uma fera]. ~ *no kuroi nezumi* 頭の黒い鼠 O "rato de cabeça preto" (= ladrão「do bolo」). ⓈⒻ Kashírá; kôbé.
2[頭の働き；考え；精神]A mente. *Kono shigoto o yaru ni wa ~ no kiri-kae ga iru* この仕事をやるには頭の切り替えがいる Para fazer este trabalho, é necessário mudar a sua maneira de pensar. ★ ~ *ga hataraku [mawaru] hito* 頭が働く [回る] 人 Uma pessoa inteligente [esperta]. ~ *ga hen de aru [ni naru]* 頭が変である [になる] Ser [Ficar] louco.「*Wagamama musuko ni*」~ *ga itai*「わがまま息子に」頭が痛い Estar preocupado「por causa do egoísmo do filho」;「este caso」dá-me muita dor de cabeça. ~ *ga karappo de aru* 頭がからっぽである Não ter miolo [juízo]; ter a cabeça oca [vazia]; não conseguir pensar [raciocinar]. ~ *ga konran suru* 頭が混乱する Ficar com a cabeça confusa. ~ *ga surudoi [nibui]* 頭が鋭い [鈍い] Ser perspicaz [lerdo]. ~ *ga yoi [warui]* 頭が良い [悪い] Ser [Não ser] inteligente.「*Nayami ga*」~ *kara hanarenai [saranai]*「悩みが」頭から離れない [去らない] Não poder tirar「a preocupação」da cabeça. ~ *ni egaku* 頭に描く Imaginar. ~ *ni irete oku* 頭に入れて置く Meter bem na cabeça;「convém」ter presente「para o futuro」. ~ *ni kuru* 頭に来る a)「o vinho」Subir à cabeça; b) 【Col.】 Zangar-se; c) 【Col.】 Perder o juízo; enlouquecer. ~ *ni nokotte iru* 頭に残っている Ainda「me」lembro.「*Meian ga*」~ *ni ukabu [hirameku]*「名案が」頭に浮かぶ [ひらめく] Vir「uma boa ideia」à cabeça. ~ *no furui [katai] hito* 頭の古い [固い] 人 A pessoa com ideias antiquadas; um cabeça dura. ~ *no kaiten ga hayai* 頭の回転が早い Ser vivo de inteligência; ser rápido; apanhar logo o que se diz. ~ *o hiyashite kangaeru* 頭を冷やして考える Pensar com a cabeça fria [depois de estar calmo]. ~ *o kakaete* 頭をかかえて (Meditar) com a cabeça apoiada nas mãos.「*Nanmon ni*」~ *o nayamasu [shiboru]* 難問に頭を悩ます [絞る] Quebrar a [Puxar pela] cabeça「com um problema difícil」.
3[髪]O cabelo. ★ ~ *ga shiroku naru* 頭が白くなる Encanecer. ~ *o katte morau* 頭を刈ってもらう Cortar o ~. ~ *o marumeru* 頭を丸める Rapar a cabeça「ao ir para bonzo」. ⓈⒻ Kamí (+).
4[人数]O número de pessoas. ★ *Hitsuyō na ~ o soroeru* 必要な頭を揃える Completar o número necessário de pessoal. ◇ ⇨ **~ kazu**. ⓈⒻ Nínzū.
5[頭と形や機能や位置の似ているもの]A cabeça; a ponta; a parte. ★ ⇨ atamá kara. *Chingin no ~ o haneru* 賃金の頭をはねる Descontar previamente uma parte do salário「de alguém」. *Kugi no ~* 釘の頭 A cabeça do prego. ◇ ⇨ **~ kabu**.
6[－あたま］の形で, 人の単位を表す〕Por pessoa. ★ *Hitori ~ sen-en o chōshū suru* 一人頭千円を徴収する Recolher mil yens por cabeça/pessoa. ⓈⒻ -átari[3]; até[1].

atamá-dékkachi 頭でっかち **1**[頭が大きいこと] a) Um cabeçudo [cabeça-grande]; b) Um monstro. Ⓟⓒⓣ ~ *shiri tsu[su]bomi* 頭でっかち尻つぼみ O começar grandiosamente e terminar em fracasso [na miséria]. **2**[理屈が勝って行動が伴わないこと]【Fig.】O que é só teórico. ★ ~ *na hito* 頭でっかちな人 A pessoa que só tem cabeça [teorias]「e não sabe agir」.

atamá-gónashi 頭ごなし O repreender asperamente「o secretário」logo à primeira, sem o ouvir. ★ ~ *ni shikari-tobasu* 頭ごなしにしかり飛ばす Repreender com palavras ásperas.

atamá-góshi 頭越し (<…+kósú)「passar o braço」Por cima da cabeça「de alguém para cumprimentar o cantor」. *Yakusho no ~ ni kainyū shite kita* 役所の頭越しに介入してきた Os funcionários「do governo」intrometeram-se sem falar con(n)osco [passando por cima de nós].

atamá-kábu 頭株 O chefe; o cabeça.

atamá kara 頭から Desde o começo; completamente. *Kare wa ~ kimi no kotoba o utagatte kakatte iru* 彼は頭から君の言葉を疑ってかかっている Ele não acredita (em) nada do que você diz. ⓈⒻ Hajímé kará.

atamá-kázu 頭数 O número de pessoas. ★ ~ *o soroeru* 頭数を揃える Completar ~. ⓈⒻ Nínzū.

atamá-kín 頭金 O depósito como garantia; o sinal.

★ *Tochi no ~ to shite hyakuman-en harau* 土地の頭金として100万円払う Pagar um milhão de yens, como sinal, pelo terreno.

atámá-úchí 頭打ち (<… +útsu) **1** [上昇が止まること] A paragem de aumento. *Shain no kyūryō wa gojissai de ~ ni naru* 社員の給料は50歳で頭打ちになる O aumento salarial dos empregados chega ao limite aos cinqu[co]enta anos de idade.
2【Econ.】O preço máximo.

atámá-wárí 頭割り (<… + warú) A divisão por cabeça. ★ *Hiyō o ~ ni suru* 費用を頭割りにする Partilhar o custo em quinhões [partes] iguais; custear por cabeça. [S/同] Waríkáń.

átan 亜炭 A lignite/a. [S/同] Akáttan.

atárá 可惜【E.】Lamentavelmente [Por infelicidade]. *~ wakai inochi o ushinau* あたら若い命を失う ~ morrer ainda jovem. [S/同] Óshikumo (+).

atáránáí 当たらない (Neg. de "ataru") Não merecer [valer] a pena; não ser preciso [necessário]. *Odoroku ni wa ~* 驚くには当たらない「calma!」Não é preciso assustar-se. [S/同] Oyóbánáí (+).

atáráshígárí(yá) 新しがり(屋) (< atáráshíi + gáru + …) A pessoa que gosta de novidades.

atáráshíi 新しい **1** [今までと違う] Novo. ★ *~ gijutsu o toriireru* 新しい技術を取り入れる Introduzir técnicas novas. *~ kikaku* 新しい企画 O novo proje(c)to. *~ toshi* 新しい年 O novo ano. [S/同] Árata (na). [A/反] Furúi. **2** [できたばかりの; 新鮮な] Novo; vivo; fresco. ★ *~ niku* [*yasai*] 新しい肉[野菜] A carne [verdura] fresca. *Kioku ni ~* 記憶に新しい Fresco [Ainda bem presente] na memória. [S/同] Árata(na). [A/反] Furúi. **3** [最近の] Novo; recente. ★ *Goku ~ nyūsu* ごく新しいニュース A notícia muito recente. [A/反] Furúi. ⇨ saíkíń[1]. **4** [現代的] Moderno. ★ *~ onna* 新しい女 A mulher moderna. *Kangaekata ga ~* 考え方が新しい Ter ideias modernas [novas]. [S/同] Geńdáítékí. [A/反] Furúi.

atáráshíku 新しく (Adv. de atáráshíi) **1** [今までと違って] Novamente. ★ *~ kaisha o hajimeru* 新しく会社を始める Abrir outra [uma nova] firma. *~ suru* [*naru*] 新しくする[なる] Renovar [Ser renovado]. **2** [最近] Recentemente. ★ *~ dekita mise* 新しく出来た店 A loja recente [construída ~].

atáráshi-sa 新しさ (Sub. de atáráshíi) **1** [今までと違うこと] A novidade. **2** [新鮮さ] A frescura.

atárázú sawárázú 当たらず障らず (Neg. de "atárú" e "sawárú") Evasivo; vago; nem sim nem sopas. ★ *~ no henji o suru* 当たらず障らずの返事をする Responder com uma evasiva; dar uma resposta vaga.

atárí[1] 当たり (⇨ átari[3]) **1** [命中; 的中] O atingir o alvo; o acertar (Ex.: ~! = Acertaste/Adivinhaste!). ◇ **~ kuji** [**fuda**] 当たり籤[札] O bilhete premiado. [S/同] Meíchū; tekíchū. [A/反] Hazúré. **2** [成功] O sucesso; o êxito. ★ *Shēkusupia de ~ o toru* シェークスピアで当たりを取る Ter sucesso com Shakespeare. ◇ ⇨ **~ yaku; ō ~**. [A/反] Hazúré. ⇨ seíkō[1]. **3** [衝撃] O golpe; o choque. ★ *~ o yawarageru* 当たりを和らげる Suavizar ~. **4** [見当] A conje(c)tura. *Daitai kono hen to ~ o tsukete kita ga dō-yara chigatta rashii* 大体この辺と当たりをつけてきたがどうやら違ったらしい Vim por aqui pensando que fosse na vizinhança, mas parece que errei. [S/同] Keńtō (o); méate (+). **5** [印象] A impressão. ◇ **Hito ~** 人当たり A ~ que se [ele/a] dá. [S/同] Hitózáwári. ⇨ ōtái[1]. **6** [味わい] O sabor. ◇ **Kuchi ~** 口当たり O sabor. ⇨ ajíwáí. **7** [打撃]【Beis.】O bater. *Kare mo koko no tokoro ~ ga dete kita* 彼もここのところ当たりが出て来た Ele agora está batendo [jogando] bem. **8** [釣りで, 手ごたえ] A mordedura「da isca」. ★ *~ ga aru* 当たりがある Morder [Picar] a isca. [S/同] Gyoshín; tegótae. **9** [果物の] Pisado;「fruto」podre/tocado. [S/同] Kizú[1] (+).

átari[2] 辺り **1** [付近] Os arredores; a vizinhança. *Kare wa tashika Roppongi ~ ni sunde iru hazu da* 彼は確か六本木辺りに住んでいるはずだ Parece que ele mora perto de Roppongi (Bairro de Tóquio). ★ *~ ichimen no makkura yami* 辺り一面の真っ暗闇 A escuridão completa a toda a volta. *~ ni ki o kubaru* [*ki-gane suru*] 辺りに気を配る[気兼ねする] Ver se alguém está a ouvir. [S/同] Fúkin; kínjo; shūi. **2** [頃] Por; por volta de. ★ *Kondo no nichiyō ~* 今度の日曜辺り Pelo [Lá para o] próximo domingo. [S/同] Kóro. **3** […のような; …程度の] Como. *Kono yaku ni wa Tanaka-kun ~ ga tekinin darō* この役には田中君辺りが適任だろう「um rapaz como」Tanaka seria a pessoa indicada para esta posição [este papel]. [S/同] Nádo.

-átari[3] 当た[中]り **1** [それだけについて] Por; por cada. ★ *Hitori ichi-jikan ~ gohyaku-en no tesūryō* 一人一時間当たり500円の手数料 A comissão de quinhentos yens por hora e por cabeça. **2** [中毒すること] A intoxicação. ◇ ⇨ **shoki** [**shoku**] **~**.

atárí-chírásu 当たり散らす (< atárú + …) Descarregar a raiva nos outros. *Torihiki ni shippai shite kare wa tsuma ni atari-chirashita* 取引に失敗して彼は妻に当たり散らした Saiu-lhe mal o negócio e descarregou a raiva na esposa. ⇨ yatsú-átárí.

atárí-doshi 当たり年 (< atárú + toshí) **1** [収穫などの多い年] O ano de boa colheita. *Kotoshi wa mikan no ~ de aru* 今年はみかんの当たり年である Este é um bom ano para as [Temos um ano de] tangerinas. [S/同] Hōnéń.
2 [何事も成功する年] O ano da sorte grande.

atárí-házúré 当たり外れ (< atárú + hazúrérú) O acertar e desarcertar「no tempo」; o dar para bem ou para mal. ★ *~ no nai shōbai* 当たり外れのない商売 Um negócio seguro.

atárímáé 当たり前 **1** [当然] Justo; natural; lógico. *Haha-oya to shite ~ no koto o shita made desu* 母親として当たり前の事をしたまでです Só fiz o que uma mãe faria. "*Kimi mo iku no ka*" "*~ sa*"「君も行くのか」「当たり前さ」Também vai? — Naturalmente/Claro. [S/同] Juńtō; shitō; tōzéń; mottómo[1]. **2** [普通] Comum; vulgar; normal. ★ *~ no ningen* [*seikatsu*; *ryōri*] 当たり前の人間[生活; 料理] Uma pessoa [vida; comida] ~. [S/同] Futsū.

atárí-sáwárí 当たり障り (< atárú + sawárú) O picar; o pôr o dedo na ferida. ★ *~ no nai henji* [*kotae*] *o suru* 当たり障りのない返事[答え]をする Dar uma resposta evasiva. [S/同] Sashísáwárí; sashítsúkáé.

atárí-yá 当たり屋 **1** [運のいい人] A pessoa com sorte. **2** [打撃好調な人]【Beis.】O batedor de primeira. **3** [わざと車にぶつかる人]【G.】A pessoa que procura ser batida [atropelada] por carro com o propósito de extorquir dinheiro.

atárí-yákú 当たり役 O papel em que se teve maior sucesso「no kabuki」.

atarú 当[中]る **1** [ぶつかる; 打つ] Chocar; bater; colidir. ★ *atárúzú sawárázú*. *Atatte kudakero* 当たって砕けろ Tentarei, seja qual for o resultado. *Bachi ga* ～ 罰が当る ⇨ bachí¹. *Hi [Hikari; Ame] ga mado ni* ～ 日[光; 雨]が窓に当る O sol [A luz; A chuva] bate na janela. *Nami ga hesaki ni atatte kudakeru* 波が舳先に当たってくだける As ondas (em)batem contra a proa. [S/同] Butsúkaru.
2 [触れる; 身をさらす] Tocar「em」; expor-se「a」. ★ *Ame [Hi; Kaze] ni* ～ 雨[日; 風]に当たる Expor-se à chuva [ao sol; ao vento]. [S/同] Furéru.
3 [命中する] Acertar; dar no alvo. ★ *Tama [Ya] ga mato ni* ～ 弾[矢]が的に当たる A bala [flecha] dá no alvo. [S/同] Meíchū súru.
4 [予想が的中する] Acertar. [P:ことわざ] ～ *mo hakke ataranu mo hakke* 当たるも八卦当たらぬも八卦 A adivinhação às vezes acerta, às vezes não.
5 [成功する] Ter sucesso [êxito]. *Shibai ga* ～ 芝居が当たる A peça teatral ～. [S/同] Seíkō súru.
6 [真相をうがつ] Acertar. *Kono hinan [hihan] wa ataranai* この非難[批判]は当たらない Esta crítica não é justa. ★ *Atarazu to iedomo tōkarazu* 当たらずといえども遠からず Embora não tenha acertado, não está muito longe da verdade. [S/同] Atéhámáru.
7 [担当する] Encarregar-se. ★ *Ginkō no keibi ni* ～ 銀行の警備に当たる Da vigilância do banco.
8 [指名される; 割りあてられる] Ser chamado「à lição」. ★ *Shuyaku ga* ～ 主役が当たる Ficar com o papel principal.
9 [相当する] Corresponder, equivaler. *Kare no okashita tsumi wa jū-nen no chōeki ni* ～ 彼の犯した罪は10年の懲役に当たる O crime dele tem (como castigo) dez anos de trabalhos forçados. [S/同] Sōtō súru.
10 [ちょうどその日時である] Cair; ser; calhar. *Kondo no nichiyōbi wa chichi no meinichi ni* ～ 今度の日曜日は父の命日に当たる O domingo que vem é o [cai no] dia do aniversário da morte do meu pai.
11 [調べる; 尋ねる] Consultar; ver; informar-se「de algo」; perguntar. ★ *Genpon [Jisho] ni* ～ 原本[辞書]に当たる Consultar o texto [dicionário].
12 […の関係である] Ser. ★ *Kare wa watashi no oji ni* ～ 彼は私の叔父に当たる Ele é (vem a ser) meu tio. **13** [つらい仕打ちをする] Maltratar. ★ *Buka ni tsuraku* ～ 部下につらく当たる ～ os subordinados. [S/同] Atárichírásu. **14** [引き当てる] Ter sorte. ★ *Takarakuji ga* ～ 宝くじが当たる Ganhar na lota[e]ria. [S/同] Hikítáru. **15** [その方角にある] Estar situado [Encontrar-se; Ficar] na dire(c)ção「de」. *Ōsutoraria wa Nihon no hobo ma-minami ni* ～ オーストラリアは日本のほぼ真南に当たる A Austrália fica quase exa(c)tamente ao sul do Japão. **16** [際する] Estar no momento de. ★ *Shuppatsu ni atatte* 出発に当たって Ao partir; da partida. [S/同] Sái suru. **17** [あたたまる] Aquecer-se. ★ *Sutōbu [Takibi] ni* ～ ストーブ[焚火]に当たる ⇨ atátámáru. **18** [対抗する] Enfrentar; competir「com」; rivalizar「com」. [S/同] Taíkō súru. **19** [よく打つ]【Beis.】Bater bem. *Kono battā wa saikin yoku atatte iru* このバッターは最近よく当たっている Este jogador está batendo bem ultimamente. **20** [中毒する] Intoxicar-se. ★ *Fugu ni atatte shinu* 河豚に当たって死ぬ Morrer de intoxicação (alimentar com veneno) de baiacu. [S/同] Chūdoku suru. **21** [いたむ] Apodrecer; estragar-se. ★ *Atatta ringo* 当たったりんご A maçã podre. [S/同] Itámu¹. **22** [魚が餌を] Morder「a isca」. **23** [剃る] ⇨ sóru¹. **24** [する] Moer. ★ *Goma o* ～ ごまを当たる Moer o sésamo. [S/同] Atáfáka.

atáshí 私【Col.】⇨ watá(kú)shí.

atásshúkesu [ée] アタッシュケース (< Fr. attaché: adido + Ing. case: pasta) A pasta para documentos.

atátáka 暖[温]か (< atátákái) **1** [温度が快く高い] Quente. ★ ～ *na kikō [yōki]* 暖かな気候 [陽気] O clima [tempo] ～. **2** [温情ある] Franco; cordial. ★ ～ *na motenashi* 温かなもてなし O acolhimento ～. [S/同] Atátákái.

atátákái 暖[温]かい **1** [温度が快く高い] Quente. *Kotoshi no fuyu wa itsumo yori* ～ 今年の冬はいつもより暖かい Este inverno está mais ～ do que de costume. ★ ～ *heya* 暖かい部屋 O quarto ～. [A/反] Tsumétái. **2** [好意ある] Cordial; simpático; afe(c)tuoso; franco. ★ ～ *dōjō [enjo; kangei]* 温かい同情 [援助; 歓迎] A simpatia [O auxílio; O acolhimento] ～. ★ ～ *katei* 温かい家庭 O lar feliz [alegre]. [S/同] Atátáka. [A/反] Tsumétái. ⇨ aíjó¹; kōí². **3** [金銭が豊かである] Estar rico [cheio de dinheiro]. [I/慣用] *Futokoro ga* ～ 懐が暖かい Ter muito [os bolsos cheios de] dinheiro.

atátákámi [atátákása] 暖[温]かみ [暖かさ] (< atátákái) O calor. ★ *Katei no* ～ 家庭の温かみ O lar. [A/反] Tsumétása. ⇨ -mi⁵; -sa⁴.

atátámáru 暖[温]まる **1** [温度が上がる] Aquecer-se; esquentar-se. ★ *Danro de* ～ 暖炉で暖まる à lareira. *Seki ga* ～ *hima mo nai* 席が暖まる暇もない Estar muito ocupado (Lit. Nem ter tempo para aquecer o assento). [A/反] Hiéru. **2** [満たされる] Sentir emoção [alegria; satisfação]. ★ *Kokoro* ～ *monogatari* 心温まる物語 Uma história emocionante [de enternecer (o coração)]. [A/反] Hiéru.

atátámeru 暖[温]める **1** [温度を上げる] Aquecer [Esquentar]「o leite」. *Furo de karada o* ～ 風呂で体を温める Aquecer-se [Ficar quente] no "furo". [I/慣用] *Benchi o* ～ ベンチを暖める (Ficar a) ～ o assento [sem poder entrar no jogo」]. [S/同] Hiyásu. **2** [手元におく] Acalentar; guardar com cuidado. ★ *Kangae o kokoro no naka de atatamete oku* 考えを心の中で温めておく Acalentar no peito uma ideia. **3** [回復する] Renovar. *Kyūkō o* ～ 旧交を温める Renovar a velha amizade「com」.

atátchimento アタッチメント (< Ing. attachment) Os acessórios (da máquina).

atátté 当たって ⇨ atarú.

atchí 彼方【Col.】Lá; ali. ～ *e ike!* あっちへ行け Fora daqui [Vai para lá]! [S/同] Achírá.

até¹ 当て **1** [期待; 見込み] A esperança; a expectativa. *Nakama wa kippō o* ～ *ni shite watashi no kaeri o matte iru* 仲間は吉報を当てにして私の帰りを待っている Meus companheiros [Os meus amigos] aguardam a minha volta à espera [na ～ de boas notícias. ★ ～ *ga hazureru* 当てが外れる Ficar decepcionado [desiludido]. [S/同] Mikómí; kitáí. **2** [目当て] O obje(c)tivo. ★ ～ *mo naku samayou* 当てもなくさまよう Andar à toa [sem ～/rumo fixo]. [S/同] Méate; mokúhyō; mokútéki. **3** [たより; 信頼] A confiança. *Kare wa iza to iu toki ni wa* ～ *ni naru (dekiru) otoko da* 彼はいざという時には当てになる[できる]男だ Ele é pessoa com quem se pode contar nos momentos decisivos [críticos]. *Gaiken [Kioku] wa ~ ni naranai* 外見[記憶]は当てにならない As aparências iludem [A memória é falível]. [S/同] Táyori. ⇨ shińráí. **4** [当てるもの] O remendo. ★ *Zubon no hiza ni ~ o suru* ズボンの膝に当てをする Pôr um ~ no joelho das calças.

-até² 宛 **1** [宛名] Endereçado. *Anata ~ no o-tegami ga todoite imasu* 貴方宛のお手紙が届いています Temos aqui uma carta endereçada a si [para o senhor]. **2** [割り当て] Por. ★ *Hitori ~ ichiman-en* 一人宛一万円 Dez mil yens por cabeça. [S/同] Átari.

até-dó 当て所 (< atérú + tokóró) O obje(c)tivo; o fim. ★ *~(mo) naku aruki-tsuzukeru* 当てど(も)なく歩き続ける Andar de um lado para outro sem obje(c)tivo [à deriva]. ⇨ até¹ **2**.

atégáí-búchí 宛がい扶持 (< atégáu + fuchí) 【G.】 O pagamento não estipulado, dado ao aprendiz à discreção do mestre; a gorjeta「do mês」.

atégáu 宛[充]てがう **1** [与える] Dar. ★ *Kodomo ni omocha [o-kashi] o ~* 子供におもちゃ[お菓子]をあてがう Dar um brinquedo [um doce] à criança. [S/同] Atáérú. **2** [決めて与える; 割り当てる] Distribuir; repartir. ★ *Heya o ~* 部屋をあてがう ~ os quartos. [S/同] Wariáteru (+). **3** [ぴったり付ける] Pôr (bem ajustado). ★ *Juwaki o mimi ni ~* 受話器を耳にあてがう ~ o receptor ao ouvido. **4** [仮に物を当てておく] Aplicar; pôr. ★ *Kizu ni hōtai o ~* 傷に包帯をあてがう Tratar a [Pôr uma ligadura na] ferida. [S/同] Atérú (+); kuttsúkéru.

até-hámáru 当て嵌まる (< atérú + ⋯) **1** [適用される] Ser aplicável. *Kono hōsoku wa kondo no baai atehamaranai* この法則は今度の場合当てはまらない Esta regra não se aplica neste caso. ⇨ tekíyṓ¹. **2** [該当する] Corresponder. *Kono jiken wa dai-san-jō no jōkō ni ~* この事件は第3条の条項に当てはまる Este caso corresponde ao artigo três. [S/同] Gaítṓ súrú. **3** [うまく合う] Ser conveniente; adequar-se. *Sono hyōgen wa kono baai ni wa atehamaranai* その表現はこの場合には当てはまらない Essa expressão não é adequada neste caso.

até-háméru 当て嵌める (< atérú + ⋯) **a**) Aplicar「a teoria」; **b**) Pôr num determinado lugar. *Tekitō na go o kūran ni ate-hameyo* 適当な語を空欄に当てはめよ Preencha os espaços em branco com as palavras adequadas. [S/同] Tekíyṓ súrú.

até-házure 当て外れ A decepção. *Kondo koso shōshin dekiru to omottara, mata ~ datta* 今度こそ昇進できると思ったら,また当て外れだった Esperava ser promovido desta vez, mas mais uma vez fiquei decepcionado [frustraram-se-me as esperanças]. [S/同] Kitáí-házure.

até-jí 当[宛]て字 (< atérú + ⋯) **1** [音で当てた字] O ideograma empregado em vez do "kana" japonês mas só com valor fonético sem significado nenhum. **2** [勝手に作る字] O cará(c)ter [ideograma] incorre(c)tamente simplificado.

atékkó 当てっこ 【G.】 (⇨ até-mónó) A adivinha.

até-kómu 当て込む (< atérú + ⋯) Esperar; contar「com」; antecipar. ★ *Kurisumasu [Natsu-yasumi; Renkyū] o ate-konde shōhin o shiireru* クリスマス[夏休み; 連休]を当て込んで商品を仕入れる Fazer o sortimento [Sortir-se (bem) de tudo], na expectativa de fazer boas vendas no Natal [nas férias de verão; nos feriados seguidos].

até-kósúrí 当て擦り (< até-kósúru) A insinuação; a alusão maliciosa; a indire(c)ta; o remoque. *Sore wa watashi e no ~ ka* それは私への当て擦りか Isso é remoque [piada; uma boca] para mim? ★ *~ o iu* 当て擦りを言う ⇨ até-kósúru. [S/同] Até-tsúké; hiníkú (+); iyámí (+); tsurá-áté. ⇨ ańjí.

até-kósúru 当て擦る (< atérú + kosúru) Insinuar; aludir maliciosamente; censurar implicitamente. [S/同] Até-tsúkéru.

até-mí 当て身 (< atérú + ⋯) O murro [soco] que atinge um ponto vital.

até-mónó 当て物 (< atérú + ⋯) **1** [なぞ; 判じ物] A adivinha. ⇨ atékkó; hańjí-mónó; nazó. **2** [あてがう物] A cobertura [prote(c)ção].

até-ná 宛名 (< atérú + ⋯) O endereço; a dire(c)ção. ★ *Fūtō ni ~ o kaku* 封筒に宛名を書く Escrever ~ no envelope. ◇ **~ fumei** 宛名不明 ~ desconhecido/a. [S/同] Na-áté; uwá-gákí.

até-nígé 当て逃げ (< atérú + nigéru) O acidente de viação em que o motorista responsável foge.

até-rékó 当てレコ (< atérú + < Ing. recording) 【G.】 A dobragem (dos diálogos de um filme). [S/同] Afúrékó; fukíkáé (+).

atérú 当[充・宛]てる **1** [あてがう] Pôr. *Dōzo, zabuton o o-ate kudasai* どうぞ,座布団をおあて下さい Use/Ponha a [Sente-se na] almofada, por favor. ★ *Juwaki o mimi ni ~* 受話器を耳に当てる Aplicar o receptor (do telefone) à orelha [ao ouvido (+)]. *Monosashi o atete nagasa o hakaru* 物差しをあてて長さを測る Medir (o comprimento) com a régua. *Mune ni te o atete kangaeru* 胸に手をあてて考える Refle(c)tir bem. [S/同] Atégáu.
2 [ぶつける] Acertar [Atingir] atirando. ★ *Dakyū o ashi ni ~* 打球を足に当てる A bola (re)batida dar no [atingir o] pé do próprio batedor. [S/同] Butsúkéru; uchítsúkéru.
3 [命中させる] Acertar. ★ *Ya o mato ni ~* 矢を的に当てる ~ com a flecha no alvo. ⇨ meíchū́.
4 [予想を的中させる] Adivinhar. *Ano hako no nakami o ateta hito wa shōkin ga moraeru* あの箱の中身を当てた人は賞金がもらえる Quem adivinhar o conteúdo daquela caixa ganha um pré[ê]mio em dinheiro. ⇨ tekíchū́.
5 [成功する] Ter sucesso [êxito]. ★ *Kabu [Keiba] de ~* 株[競馬]で当てる Fazer fortuna no mercado de valores [nas apostas das corridas de cavalos]. *Yama o [Hitoyama] ~* 山を[一山]当てる Ter grande êxito na especulação. ⇨ seíkṓ¹.
6 [さらす] Expor. ★ *Ame [Hi; Kaze] ni ~* 雨[日; 風]にあてる Expor [Deixar] à chuva [ao sol; ao vento]. [S/同] Sarású. **7** [ふり向ける; 割り当てる] Distribuir; repartir; destinar. ★ *Benkyō ni ~ jikan* 勉強にあてる時間 As horas destinadas ao estudo. [S/同] Furiáteru; furímúkéru; jū́tṓ súrú; wariáteru. **8** [あてはめる] Aplicar; adequar. *Porutogarugo no hyōgen ni umai nihongo-yaku o ~ no wa muzukashii koto ga ōi* ポルトガル語の表現にうまい日本語訳をあてるのはむずかしいことが多い Muitas vezes é difícil achar uma tradução japonesa adequada que traduza a expressão portuguesa. [S/同] Até-háméru. **9** [指名する] Chamar. ★ *Sensei ni aterareru* 先生に当てられる Ser chamado (à lição). [S/同] Shiméí súrú. **10** [手紙などを] Endereçar. ★ *Ani ni ateta kozutsumi* 兄に宛てた小包み O pacote endereçado [que mandei] a meu irmão. **11** [影響など

até-sákí 50

を与える」(受け身で) Afe(c)tar. *Kare no dokuke ni aterareta kanji de nani mo ienakatta* 彼の毒気に当てられた感じで何も言えなかった Fiquei sem palavra perante a forma desabrida [cínica] de ele me falar. **12** [見せつける] Fazer [Causar] inveja. *Shinkon-katei ni asobi ni ittara zutto aterare-dōshi datta* 新婚家庭に遊びに行ったらずっと当てられ通しだった Fiquei roído de inveja ao visitar o meu amigo recém-casado. Misé-tsukéro. **13** [当て身を食わせる] Dar um murro [soco] num ponto vital.

até-sákí 宛先 (< atérú + …) O endereço. Até-ná.

até-tsúké 当て付け (< até-tsúkéru) 【G.】 A censura implícita. ★ ~ *o iu* 当て付けを言う Censurar implicitamente. Até-kósúrí.

atétsuké-gámáshíi 当て付けがましい 【G.】 Insinuante. ★ ~ *koto o iu* [*suru*] 当てつけがましいことを言う[する] Censurar indire(c)tamente.

até-tsúkéru 当て付ける (< atérú + …) Censurar implicitamente. Até-kósúru.

até-úmá 当て馬 (< atérú + …) **1** [馬] O garanhão chegado à égua para ver se esta está com o cio. **2** [人] A pessoa enviada como prescrutadora [indagadora; balão de ensaio]. ◇ ~ **kōho** 当て馬候補 O candidato proposto com a intenção de facilitar a campanha eleitoral de um outro candidato mais importante.

até-zúiryō 当て推量 (< atérú + suíryō) A conje(c)tura. ★ ~ *suru* 当て推量する Fazer conje(c)turas. *Ii-kagen na* ~ *de mono o iu* いい加減な当て推量で物を言う Afirmar coisas por ~. Atézúppō; okúsókú.

atézúppō 当てずっぽう 【G.】 A conje(c)tura sem fundamento. ★ ~ *de ateru* [*iu*] 当てずっぽうで当てる[言う] Acertar [Falar] ao calha. ~ *o iu* 当てずっぽうを言う Conje(c)turar [Dizer a primeira coisa que 「lhe」vem à cabeça]. Até-zúiryō.

áto¹ 後 **1** [うしろ] Atrás. *Koinu wa shōnen no* ~ *o chokochoko tsuite aruite ita* 子犬は少年の後をちょこちょこついて歩いていた O cachorrinho, a passos miudinhos, seguia o [ia ~ do] menino. ★ ~ *e hiku* 後へ引く **a)** [譲る] Ceder; **b)** [途中でやめる] Desistir a meio; voltar ~ [*Kore dake no shakkin o shite hajimeta jigyō na no da kara imasara* ~ *e wa hikenai* これだけの借金をして始めた事業なのだから今更へは引けない Agora que criei esta empresa, recebendo muitos empréstimos, não posso vir ~]. ~ *ni nari saki ni nari shite* 後になり先になりして Ora à frente ora atrás. 「*Kokyō o*」 ~ *ni suru* 「故郷を」後にする Deixar a terra (natal). 「*Retsu no ichi-ban*」 ~ *ni tsuku* 「列の一番」後につく Pôr-se no fim da fila. ~ *o ou* 後を追う Seguir; ir [correr] ~ de; perseguir 「alguém」. ~ *no kari (Ganso selvagem) ga saki ni nari shite* 後の雁が先になる Nunca se sabe quem será o primeiro [na arte a chegar/a morrer]. ◇ ⇒ ~ **ashi**. Ushíró. Máe; sakí.

2 [以降] Depois. ~ *kara monku o itte mo hajimaranai* ~ から文句を言っても始まらない Depois não adianta queixar-se. *Mata* ~ *de ne* また後でね Até logo (loguinho). ★ ~ *de* 後で Depois; mais tarde. ~ *de kōkai suru* 後で後悔する Depois vai-se arrepender. ~ *ni mo saki ni mo tatta hitori no musuko ga* 後にも先にもたった一人の息子 O único filho. ~ *no* 後の Posterior 「a」. ⇒ ~ *no matsuri*. ~ *o hiku* 後を引く 「A dor/O vício/O efeito」continua. ◇ ~ ~

go go go 後々 Muito mais tarde. ⇒ ~ **aji [kuchi/shimatsu]**. Ígo; go; nochí. Máe; ízen.

3 [順序の] O seguinte. *O-* ~ [*Tsugi*] *no kata dōzo* お~[次]の方どうぞ「venha」O seguinte, por favor. ★ ~ *ni mawasu* 後に回す Adiar; deixar para depois. ~ *no* 後の Seguinte; próximo [*Ichiban* ~ *no* 一番後の O último]. ◇ ⇒ ~ **saki**. Sakí.

4 [結果] O resultado; as consequências; o resto. ★ ~ *ga kowai* 後が恐い Temer as/o ~. ~ *wa dō narō to kamawanai* 後はどうなろうと構わない Não pensar nas consequências/O resto não importa/Depois, logo se verá. ~ *o tanomu* 後を頼む Deixar o resto a cargo de outrem. ~ *wa no to nare yama to nare* 後は野となれ山となれ Depois, arranjem-se [aconteça o que acontecer, não contem comigo].

5 [残り] O resto. ~ *mikka de o-shōgatsu da* あと三日でお正月だ Faltam [Restam] três dias para o Ano Novo. *Mō* ~ *ga nai zo* もう後がないぞ Esta é a tua última oportunidade! ~ *go-fun de owaru ga* あと5分で終わる Termino em [daqui a] cinco minutos. ~ *wa sōzō ni makaseru* あとは想像に任せる Deixo o ~ à 「tua」imaginação. Nokórí. **6** [死後] Depois da morte. ★ ~ *o ou* 後を追う Morrer logo ~ de [a seguir a] alguém. ~ *o tomurau* 後を弔う Rezar pela alma do defunto. Shígo. **7** [後継者; 後続] O sucessor. *Taishoku suru kōchō no* ~ *wa mada kimatte inai* 退職する校長の後はまだ決まっていない Ainda não foi decidido quem há suceder ao dire(c)tor que se vai reformar. ★ ~ *o tatsu* 後を絶つ Parar [*Kyūkyūsha de katsugikomareru hito ga* ~ *o tatanakatta* 救急車でかつぎこまれる人が後を絶たなかった Os feridos trazidos em ambulâncias não paravam de chegar]. Kōníń; kōkéisha. ⇒ áto². **8** [子孫] Os descendentes. ★ ~ *ga taehateru* 後が絶え果てる Extinguir-se 「a família」; não ter herdeiros 「~」. Shíson (o); kóéi (+); matsúéi (+).

áto² 跡・痕 **1** [印; 痕跡] **a)** O sinal; o vestígio; **b)** O rasto; a pista. ★ ~ *o kuramasu* 跡をくらます Desaparecer, sem deixar rasto. 「*Emono no*」 ~ *o ou* [*mi-ushinau*] 「獲物の」跡を追う[見失う] Seguir [Perder] a pista/o rasto da caça. ~ *o tsukeru* 跡をつける **a)** [たどる] Seguir atrás [*Hannin no* ~ *o tsukeru* 犯人の跡をつける Seguir (atrás do) criminoso]; **b)** [残す] Deixar marcas. *Hikkaita* [*Kanda*; *Tsunetta*] ~ 引掻いた[かんだ; つねった] 痕 A arranhadura [mordedura; beliscadura]. *Namida no* ~ 涙の跡 O vestígio de lágrimas. *Shinpo no* ~ *ga mirareru* 進歩の跡が見られる Mostrar [Dar] sinais de progresso. *Shujutsu* [*Shutō*] *no* ~ 手術[種痘]の痕 A cicatriz da operação [vacinação]. *Tatsu tori* ~ *o nigosazu* 立つ鳥跡を濁さず Quando abandonares um local tem sempre o cuidado de o limpar. ◇ ⇒ **ashi [kizu]** ~. Końsékí. ⇒ shirúshí. **2** [跡目] O sucessor. ★ ~ *o suwaru* 跡 [後] へ座る Suceder 「a」; ocupar a posição deixada por outro. *Chichioya* [*Ie*] *no* ~ *o toru* [*tsugu*] 父親 [家] の跡 [後] を取る[継ぐ] Suceder ao pai. ◇ ⇒ ~ **me**. Átómé; kóéí. ⇒ áto¹ **7**. **3** [遺跡] As ruínas; os vestígios. ★ ~ *o todomeru* [*todomenai*] 跡をとどめる[とどめない] Deixar [Não deixar] vestígios. *Kosenjō no* ~ 古戦場の跡 ~ do antigo campo de batalha. Iséki. **4** [先例] O precedente; o exemplo. ★ ~ *ni narau* 跡にならう Seguir o ~. Señréí.

ā́to [**áa**] **アート** (< Ing. art < L. ars, tis) A arte. ◇ **~ direkutā** アートディレクター O dire(c)tor artístico. **~ pēpā** [**shi**] アートペーパー [紙] O papel couché. [S/同] Géijutsu; gígei. ⇨ bíjutsu; géijutsu.

ató-aji 後味 **1** [口の中に残る味] O sabor que fica na boca depois de comer [beber]. **2** [物事の済んだ後の感じ] ★ ~ *no warui jiken* 後味の悪い事件 O acontecimento [caso] (que deixa uma impressão) desagradável.

ató-ashi 後足 As patas traseiras. [I/慣用] ~ *de suna o kakeru* 後足で砂をかける "Ser cão que não conhece o dono".

ató-átó 後後 Muito mais tarde; o futuro.

ató-bárá 後腹 (<… [1] + hará) **1** [産後の腹痛] As dores depois do parto. ★ ~ *ga yameru* [*itamu*] 後腹が病める [痛む] **a)** Ter ~; **b)** 【Fig.】 O pior「foi」depois [foram as consequências]. **2** [後妻の子] O filho nascido da segunda mulher.

ató-bárai 後払い (<… [1] + harái) **a)** O pagar depois「de comer」; **b)** As prestações. ★ ~ *de shinamono o kau* 後払いで品物を買う Comprar a prestações. [A/反] Sákí-bárái; maé-bárai.

ató-chi 跡地 O terreno「de um edifício demolido」. ◇ **~ riyō** 跡地利用 O aproveitamento do ~.

ató-gákí 後書き (<… [1] + káku) **1** [書物の] O epílogo. [S/同] Bátsu. [A/反] Hashí-gákí; maé-gákí. **2** [手紙の] O pós-escrito; P.S. [S/同] Otté-gákí; tsuíshíń.

ató-gámá 後釜 (<… [1] + kamá) O sucessor. ★ ~ *ni sueru* 後釜に据える Pôr「alguém」no lugar de outro. ~ *ni suwaru* 後釜に据わる Suceder「a」; tomar o lugar「de」. [S/同] Kṓkéisha (+); kṓníń (o).

ató-gúsáré 後腐れ (<… [1] + kusáru) ⇨ ató-kúsáré.

atójísari 後退り ⇨ atózúsari.

ató-kátá 跡形 O traço; o vestígio. ★ ~ *mo naku kie-saru* 跡形もなく消え去る Desaparecer completamente [sem deixar (quaisquer) vestígios]. [S/同] Keíséki (+); końséki; shṓséki. ⇨ áto[2].

ató-kátazuke 後片付け (<… [1] + katázúkéru) A arrumação. ★ *Shokuji no ~ o suru* 食事の後片付けをする Levantar a mesa. [S/同] Ató-shímatsu.

ató-kíń 後金 **1** [⇨ zánkin] **2** [⇨ ató-bárai]

ató-kúchí 後口 **1** [⇨ ató-ájí] **2** [後の申し込み]「A inscrição」posterior/atrasada. [A/反] Seń-kúchí. **3** [残り] O resto「das pessoas que estão à espera」. [S/同] Nokórí.

ató-kúsáré 後腐れ (<… [1] + kusáru) A complicação no futuro. ★ ~ *no nai yō ni suru* 後腐れのないようにする Pôr tudo em ordem para que não haja nenhuma complicação (mais tarde). [S/同] Ató-gúsáré.

ató-máwashi 後回し (<… [1] + mawású) O deixar para mais tarde. ★ *Giron o ~ ni suru* 議論を後回しにする Deixar a discussão para depois [mais tarde].

ató-mé 跡目 O sucessor [herdeiro]. ★ *Sendai no ~ o tsugu* 先代の跡目を継ぐ Suceder ao pai.

ató-módori 後戻り (<… [1] + modóru) **1** [もと来た方へ戻ること] O regresso; o retrocesso; o recuo. ★ ~ *dekinai michi* 後戻りできない道 A rua de sentido único [em que não se pode virar para trás]. **2** [退歩] O recuo; o retrocesso. ~ *suru* 後戻りする Recuar; retroceder. [S/同] Kṓtái; táiho.

átomu アトム (< Gr. atomos: indivisível) O átomo. [S/同] Génshi[1] (+).

átonī アトニー (< Al. atonie < L. < Gr.) 【Med.】 A atonia. ◇ **I ~** 胃アトニー ~ gástrica. [S/同] Shikáń.

áto no matsuri 後の祭 O remédio que chega tarde; "Casa roubada trancas na [à] porta". *Imasara kōkai shite mo sunda koto wa ~ da* 今更後悔しても済んだことは後の祭だ Já não adianta chorar/O que não tem remédio, remediado está.

ató-oshi 後押し (<… [1] + osú) **1** [後から押すこと・人] O empurrar「de trás」. ★ *Niguruma o ~ suru* 荷車を後押しする Empurrar a carreta. **2** [後援] O apoio; a ajuda. ★ ~ *ga aru* 後押しがある Ter apoio. *Gan no kenkyū o ~ suru* 癌の研究を後押しする Patrocinar [Apoiar] o estudo do cancro/câncer. [S/同] Énjo; joryókú; kṓéń.

átopī アトピー (< Ing. atopy < Gr.) 【Med.】 A atopia. ◇ **~ sei hifu-en** アトピー性皮膚炎 A dermatite atópica.

atórákushon アトラクション (< Ing. attraction < L.) O espe(c)táculo「para atrair audiência」;「várias」atra(c)ções. [S/同] Yobí-mónó.

atórándamu アトランダム (< Ing. at random)「escolher」Ao acaso; à toa; a esmo. ★ ~ *no* [*na*] *hairetsu* アトランダムの[な]配列 A disposição [O arranjo] feita[o] ao acaso.

atóríé アトリエ (< Fr. atelier) O atelier [salão de trabalho]; a oficina「de pintor」.

áto-saki 後先 **1** [場所の前後] O que vem [está] antes e depois. [S/同] Zéngo. **2** [先のことと後のこと; 結果] As consequências; as implicações. ★ ~ *no kangae mo naku* 後先の考えもなく Irrefle(c)tidamente. ~ *o kangaete kōdō suru* 後先を考えて行動する A(c)tuar vendo (bem todas) as ~/Agir (só) depois de ponderar bem [ver os prós e contras]. [S/同] Kekká (+). **3** [順序が逆になること] A ordem「era a」inversa. *Hanashi ga ~ ni narimashita ga* 話が後先になりましたが Eu devia ter dito isto primeiro/Inverti [Troquei] a ordem das coisas. [S/同] Abékóbé (+); gyakú. **4** [両端] As duas pontas. [S/同] Ryṓtán.

ā́tó-shi [**aá**] **アート紙** O papel couché. ⇨ ā́to ◇.

ató-shímatsu 後始末 **1** [決着] A liquidação; o resolver inteiramente「o assunto」. ★ ~ *o suru* 後始末をする Liquidar. *Jiken* [*Sōdō*] *no ~* 事件[騒動]の後始末 A ~ do caso [do motim]. **2** [後処理] A arrumação. [S/同] Shímatsu.

ató-tori[**-tsugi**] **跡取り**[**継ぎ**] (<… + tóru [tsugú]) O herdeiro. ◇ **~ musuko** 跡取り息子 O filho herdeiro. [S/同] Kṓkéi-sha. ⇨ yṓshí[4].

ató-zan 後産 (<… + sań) As páreas; as secundinas. [S/同] Nochí-zan.

ató-zúké 後付け (<… [1] + tsukéru) **1** [書物の] Um apêndice (do livro). [A/反] Maé-zúké. **2** [手紙の] O pós-escrito; a data e a assinatura. [S/同] Atogaki; fukubun.

ató-zúkéru 跡付ける (<… [2] + tsukéru) Seguir a pista「da língua j.」. ★ *Jiken no ikisatsu o ~* 事件のいきさつを跡付ける Seguir (todos) os meandros do incidente.

atózúsari 後退り **1** [前を向いたまま後ろへ下がること] O recuo. ★ ~ *suru* 後退りする Recuar; retroceder; dar「um」passo atrás. [S/同] Atójísari. **2** [しりごみ] O recuar [encolher-se/chegar-se atrás] com medo. [S/同] Atójísari; shirígómi (+).

atsú-atsú 熱熱 (< atsúi[1]) **1** [汁などが] O estar muito quente [a escaldar]. ★ ~ *no sūpu* 熱々のス

ーブ「eu gosto da」Sopa muito quente [a escalar/ferver]. **2** [男女の仲が] Apaixonarem-se os dois loucamente. *Futari wa ~ da* 二人は熱々だ Eles têm uma paixão louca um pelo outro.

atsúbóttái 厚ぼったい (< atsúí³) Muito grosso [espesso]. ★ ~ *kuchibiru* 厚ぼったい唇 Uns lábios ~s.

atsú-dé 厚手 (< atsúí³ + te)「papel」Grosso. ★ ~ *no garasu* 厚手のガラス O vidro ~. A/反 Usú-dé.

atsúdénki 圧電気 A piezele(c)tricidade.

atsúén 圧延 A laminação [laminagem]. ◇ ~ **ki** 圧延機 O laminador. ~ **kō** 圧延鋼 O aço laminado.

atsu-gámi 厚紙 (< atsúí³ + kamí) O papel grosso; o papelão [cartão]. A/反 Usú-gámi.

atsúgári(yá) 暑がり(屋) A pessoa muito sensível ao calor. Samúgári(ya).

atsúgaru 暑がる Ser calorento [sensível ao calor]; sofrer com o calor. A/反 Samúgáru.

atsú-géshō 厚化粧 (< atsúí³ + keshō) A pintura [maquil(h)agem] excessiva [pesada]. ~ *o suru* 厚化粧をする Pintar-se muito. A/反 Usú-géshō.

atsú-gí 厚着 (< atsúí³ + kirú) O usar muita roupa (agasalhar-se demasiado). ★ ~ *o shite iru* 厚着をしている Estar com muita roupa. A/反 Usú-gí. ⇨ kasané-gí.

atsú-gíri 厚切り (< atsúí³ + kíru) Uma fatia grossa [O cortar grosso/grossinho]; um naco. ★ ~ *no hamu* [*pan*] 厚切りのハム [パン] Um naco de presunto [pão]. A/反 Usú-gíri.

atsúí¹ 熱い **1** [温度が高い]「uma coisa」 Quente. ★ ~ *furo* [*kōhī; yu*] 熱い風呂 [コーヒー; 湯] O banho japonês [café; A água muito] quente. *Netsu de hitai ga* ~ 熱で額が熱い Ter a testa ardente, com febre. **2** [気持ちが熱くて]「ter」 Muito「coração」 「amor」. ★ ~ *namida o kobosu* 熱い涙をこぼす Desfazer-se em lágrimas; chorar ardentes lágrimas. *Megashira ga atsuku naru* 目頭が熱くなる Subirem as lágrimas aos olhos; ficar com os olhos marejados de lágrimas. **3** [恋している] Apaixonado. ★ ~ *naka no futari* 熱い仲の二人 Dois loucamente apaixonados (um pelo outro). A/反 Hiéta; saméta; tsumétái.

atsúí² 暑い「tempo」 Quente. *Kyōto wa Tōkyō yori natsu atsuku fuyu samui* 京都は東京より夏暑く冬寒い Kyoto é mais quente (do) que Tokyo no verão e mais frio no inverno. *Atsuku natte kita* 暑くなって来た Está a ficar quente [a aumentar o calor]. *Ā ~ aa* あー暑い (Mas) que calor! *Musu* [*Udaru; Yake-tsuku*] *yō ni* ~ 蒸す[うだる; やけつく]ように暑い Está um calor de abafar [assar; rachar]. A/反 Samúi; suzúshíi.

atsúí³ 厚い **1** [厚さが]「bife」 Grosso. ★ ~ *hon* [*mōfu; ōbā*] 厚い本[毛布; オーバー] Um livro [cobertor; sobretudo] ~. A/反 Usúí. **2** [厚い; 心のこもった]「ter」 Muito「coração」;「povo」 cordial;「amor」 extraordinário; bom. ★ ~ *motenashi* 厚いもてなし Uma boa hospitalidade. *Shinkō ni* ~ *hito* 信仰に厚い人 Uma pessoa com uma fé profunda [ardente]. A/反 Omói.

atsúí⁴ 篤い **1** [⇨ atsúí³ **2**] **2** [病気が重い] Perigoso; crítico; sério. *Yamai ga* ~ 病が篤い É uma doença grave. ◇ Omói.

atsú-ítá 厚板 (< atsúí³ + …) Uma prancha; uma tábua grossa. ◇ ~ **garasu** 厚板ガラス A chapa de vidro.

atsú-jí 厚地 (< atsúí³ + kijí⁴) Um tecido grosso. ★ ~ *no kōto* 厚地のコート Um sobretudo (de tecido) grosso. A/反 Usú-jí.

atsúkái 扱い (< atsúkáu) **1** [処理; 使用法] O tratamento [manej(ament)o; manuseamento]. ★ ~ *no muzukashii kikai* 扱いのむずかしい機械 A máquina difícil de manejar/manobrar. S/同 Shóri; toriátsúkái. **2** [待遇] O tratamento「VIP/de escravo」. ★ *Hidoi* [*Mugoi; Reikoku na*] ~ *o suru* ひどい [むごい; 冷酷な] 扱いをする Tratar de maneira horrível [cruel; fria]. ◇ **Jamamono** [**Kodomo/Kyaku/Mamako**] ~ 邪魔者 [子供; 客; 継子] 扱い O tratar como (se fosse) um estorvo [uma criança; hóspede; enteado]. **Tokubetsu** ~ 特別扱い O especial. S/同 Ashírái; moténáshí; taígū.

atsúkámáshii 厚かましい Descarado; atrevido; desavergonhado. *Taihen* ~ *o-negai desu ga gojūman-en hodo kashite itadakemasen ka* 大変厚かましいお願いですが50万円程貸していただけませんか Desculpe o meu atrevimento [este pedido atrevido] mas podia-me emprestar 500.000 yens? *Nan to ~ yatsu da* なんと厚かましいやつだ Que tipo mais ~! /Que cara de lata! S/同 Kōgán na; zúzúshíi. ⇨ hají-shíraxu.

atsúkámáshisa 厚かましさ (< atsúkámáshíi + sa⁴) O descaro「de mentir」; o atrevimento; a pouca vergonha. S/同 Zúzúshísa.

atsúkán 熱燗 (< atsúí² + …¹⁶) O saké aquecido [quente]. ★ *Sake o ~ ni suru* 酒を熱燗にする Aquecer o saké. A/反 Híya.

atsúkáu 扱う **1** [操作する] Manejar; manobrar. ★ *Kikai o jōzu-ni* ~ 機械を上手に扱う Manobrar [Saber manejar] bem a máquina. S/同 Ayátsúru; sōsa² suru. **2** [処理する; さばく] Tratar「a encomenda com cuidado」; negociar. ★ *Denpō o* ~ *eki* 電報を扱う駅 Uma estação (de comboio) que tem serviço de telegramas. *Mondai o shinchō ni* ~ 問題を慎重に扱う Tratar um problema com (todo o) cuidado. *Shinbun ga ōkiku atsukatta nyūsu* 新聞が大きく扱ったニュース Uma notícia muito difundida nos jornais. S/同 Sabáku²; shóri suru. **3** [人を扱う] Tratar「alguém」; lidar com os outros. *Hōmonsaki de wa doko de mo kyaku to shite teichō ni atsukawareta* 訪問先ではどこでも客として丁重に扱われた Durante a minha visita fui tratado em toda a parte com toda a deferência [delicadeza]. ★ *Atsukai-yasui*[-*nikui*] *hito* 扱いやすい [にくい] Uma pessoa de trato fácil [difícil]. *Inu neko dōzen ni atsukawareru* 犬猫同然に扱われる Ser tratado(s) como animais (Lit.: cães ou gatos). S/同 Moténásū; taígū sūrū. ◇ ashírái.

atsú-kúrúshíi 暑苦しい (< atsúí² + …) Quente e abafado. ★ ~ *heya* 暑苦しい部屋 Um quarto ~. ~ *minari o shita hito* 暑苦しい身なりをした人 Uma pessoa abafada com tanta roupa.

atsú-kúrúshísa 暑苦しさ (< atsúkúrúshíi + sa⁴) O calor de abafar. ⇨ ikí-gúrúshísa.

atsúmári 集まり (< atsúmáru) **1** [集まること] A recolha; o ajuntamento. *Ginga wa komaka na hoshi no ~ de dekite iru* 銀河は細かな星の集まりでできている A galáxia [via láctea] é composta por uma multidão de pequenas estrelas. ★ *Kifukin no ~ ga yoi* [*warui*] 寄付金の集まりが良い [悪い] Recolher muito [pouco] dinheiro; [fazer] boa [fraca] recolha de dinheiro. **2** [集合] O conjunto; o grupo. *Kudaranai renchū no ~* くだらない連中の集まり Um bando [~] de malandros. S/同 Muré (+); shūdán;

shūgō (+). **3** [会合] A reunião. ★ ~ *o moyoosu* 集まりを催す Ter [Fazer] uma ~. [S/同] Kaígṓ; shū́káí; tsudóí.

atsúmáru 集まる **1** [寄集する] Juntar-se; afluir; vir. *Sono ikkaku ni wa kutsuya bakari jikken hodo atsumatte iru* その一画には靴屋ばかり 10 軒程集まっている Nesse quarteirão, só sapatarias, são [juntaram-se] dez! *Atsumare* 集まれ (号令) Em forma! ★ *Kankō-kyaku no ~ meisho* 観光客の集まる名所 Um lugar turístico onde aflui muita gente. [S/同] Murágáru; yońátsúmáru. **2** [集中] Concentrar-se. *Higaisha ni dōjō ga atsumatta* 被害者に同情が集まった As vítimas foram rodeadas de compaixão. *Hitobito no shisen ga issei ni kare (no ue) ni atsumatta* 人々の視線がいっせいに彼 (の上) に集まった Os olhos de todos concentraram-se nele. [S/同] Shū́chū́ súrú. **3** [つどう] Reunir-se. *Watashi ga tsuita toki ni wa minna mō atsumatte ita* 私が着いた時にはみんなもう集まっていた Quando eu cheguei, já estava toda a gente [estavam todos reunidos]. [S/同] Tsudóu. **4** [集められる] Recolher-se. *Kifukin ga issenman-en atsumatta* 寄付金が一千万円集まった Recolheram-se dez milhões de yens.

atsúméru 集める **1** [よせ集める] Juntar「as crianças」; recolher. ★ *Atama o atsumete sōdan suru* 頭を集めて相談する Juntar [Reunir] toda a gente e discutir o assunto. *Gomi o ~ kuruma* ごみを集める車 O cami(nh)ão do lixo. *Yūshū na heishi o atsumeta butai* 優秀な兵士を集めた部隊 Um corpo de soldados sele(c)cionados. **2** [集中させる; 引きつける] Atrair. *Kanojo wa ryōshin no chōai o isshin ni atsumete sodatta* 彼女は両親の寵愛を一身に集めて育った Ela foi criada pelos pais com todo o amor. ★ *Chūmoku o ~* 注目を集める Atrair as atenções. *Seken no kanshin o ~* 世間の関心を集める Atrair a curiosidade de todos [toda a gente]. [S/同] Hikítsúkéru. ⇨ shū́chū́. **3** [収集する] Cole(c)cionar. *Shumi wa kitte o ~ koto desu* 趣味は切手を集めることです O meu passatempo (favorito) é ~ selos. [S/同] Shū́shū́ súrú.

atsú-mí 厚み (< atsúí + ... [5]) **1** [厚さ] A grossura; a espessura. ★ ~ *o hakaru* 厚みを測る Medir a ~. [S/同] Atsúsá (+). **2** [深み] A profundidade. *Kare no gei wa saikin ~ o mashite kita* 彼の芸は最近厚みを増してきた Nas últimas produções artísticas dele nota-se [A arte dele adquiriu] maior profundidade. [S/同] Fukámí; okúyúkí.

atsúmónó 羹 A sopa. [P/ことわざ] ~ *ni korite namasu o fuku* 羹に懲りて膾を吹く "Gato escaldado, da água fria tem medo"/Estar bem escarmentado. [S/同] O-tsúyu (+); shíru; suí-mónó.

atsúráe 誂え (< atsúráéru) De [Por] encomenda; sob [por] medida. ◇ **~ mono** あつらえ物 Artigos encomendados. [S/同] Chū́móń; ṓdā. [A/反] Dekíáí.

atsúráé-múkí 誂え向き (< atsúráéru + ...) Próprio「para」. *Kyō wa pikunikku ni wa o- ~ no ii tenki da* 今日はピクニックにはおあつらえ向きのいい天気だ O tempo hoje está mesmo (próprio) para piquenique. ★ ~ *no hito* [*mono*] あつらえ向きの人 [物] A pessoa [coisa] ideal「para este trabalho」. ⇨ pittári; risṓ.

atsúráéru 誂える Encomendar. ★ *Sebiro o yōfuku-ya de ~* 背広を洋服屋であつらえる ~ um fato ao alfaiate. [S/同] Chū́móń súrú.

atsúrékí 軋轢 A discórdia; a desavença; o atrito; a fricção. ★ ~ *o kitasu* [*shōjiru*] 軋轢を来たす [生じる] Provocar/Causar [Haver] discórdia. [S/同] Fúwa (+); hańmókú (+); masátsú (o).

atsúryoku 圧力 **1** [押しつける力] A pressão「atmosférica」. ★ ~ *ga kakaru* [*kuwawaru*] 圧力がかかる [加わる] Estar sob pressão; ser pressionado. ~ *o kuwaeru* 圧力を加える Fazer pressão「sobre」; comprimir. ◇ ⇨ **~ gama**. **~ kei** 圧力計 Um manó[ô]metro; o indicador de pressão. **~ nabe** 圧力鍋 ⇨ ~-gama. **2** [圧迫する力]【Fig.】A pressão; o forçar「alguém」. ★ ~ *o kuwaeru* 圧力を加える Fazer [Exercer] pressão「sobre」. ◇ **~ dantai** 圧力団体 O grupo de pressão. **Seiji-teki ~** 政治的圧力 A pressão política.

atsúryókú-gáma 圧力釜 (< ... + kamá) A panela de pressão. [S/同] Atsúryókú-nábe.

átsusa[1] 暑さ (< atsúí[2] + sa[4]) **1** [暑いこと] O calor. ★ ~ *ni ataru* 暑さに当たる Ser afe(c)tado pelo calor; ter uma insolação. ~ *ni makeru* [*megeru*] 暑さに負ける [めげる] Sucumbir ao calor. ~ *ni tsuyoi* [*yowai*] *dōbutsu* 暑さに強い [弱い] 動物 Um animal muito [pouco] resistente ao ~. ~ *o shinogu* 暑さをしのぐ Mitigar [Aliviar] (os efeitos d)o calor. [P/ことわざ] ~ *samusa mo higan made* 暑さ寒さも彼岸まで Com o equinócio do outono acaba o ~, com o da primavera (acaba) o frio. [A/反] Sámusa. **2** [暑い時候] O tempo [A época] do calor. ★ ~ *ni mukau* 暑さに向かう Estar a entrar na/o ~. [A/反] Sámusa.

atsúsá[2] 厚さ (< atsúí[3]) A espessura; a grossura. ★ ~ *san-senchi no ita* 厚さ 3 センチの板 Uma tábua de três centímetros de ~. [S/同] Atsúmí. [A/反] Usúsá.

atsúsá-shínogi 暑さ凌ぎ (< ... [1] + shinógu) Um alívio para (mitigar) o calor. ★ ~ *ni mizu-asobi o suru* 暑さ凌ぎに水遊びをする Brincar na água para mitigar [tirar/espantar] o calor.

attáka 暖 [温] か【G.】⇨ atátáka.

attákai 暖 [温] かい【G.】⇨ atátákái.

attámáru 暖 [温] まる【G.】⇨ atátámáru.

attáméru 暖 [温] める【G.】⇨ atátáméru.

átto あっと Oh! /Ah! ★ ~ *odoroku* あっと驚く ~, ficar pasmado (de admiração). *Seken o ~ iwaseru* 世間をあっと言わせる Deixar toda a gente admirada [boquiaberta]. ⇨ ā.

attṓ 圧倒 O dominar; o esmagar; o impor-se. ★ *Sekinin no omosa ni ~ sareru* 責任の重さに圧倒される Ser esmagado pelas responsabilidades. *Yunyū-hin ga kokusan-hin o ~ suru* 輸入品が国産品を圧倒する Os artigos importados esmagam os nacionais. ⇨ appákú; attṓ-tékí.

átto iu ma あっと言う間 Um instante; um abrir e fechar de olhos. *Gasorin ni inka shita hi wa ~ ni moe-hirogatta* ガソリンに引火した火はあっという間に燃え広がった A gasolina pegou fogo e, num ~, ficou tudo um mar de chamas. ★ ~ *no dekigoto datta* あっと言う間のできごとだった Aquilo foi (n)um abrir e fechar de olhos.

attṓ-tékí 圧倒的「importância」Dominante; esmagador; completo. ★ ~ *na shōri* 圧倒的な勝利 Uma vitória completa [esmagadora]. ◇ **~ tasū** 圧倒的多数 Uma maioria esmagadora.

áu[1] 合う **1** [適合する] Quadrar; ficar [cair/ir] bem. *Jibun no shō ni atta shigoto o suru no ga ichi-ban da* 自分の性に合った仕事をするのが一番だ O (mais)

importante é ter [fazer] um trabalho que vá com o [que se ajuste ao] carácter [temperamento] de cada um. ★ *Chōdo* ~ *saizu* ちょうど合うサイズ O tamanho exa(c)to. *Kikō ga karada ni* ~ 気候が体に合う Dar-se bem com o clima. *Megane no do ga awanai* 眼鏡の度が合わない Não 「vejo」bem com estes óculos. ⒮/反 Tekígó súrú.
2 [調和する] Combinar; ir [ficar] bem. *Kono doresu ni* ~ *kutsu o misete kudasai* このドレスに合う靴を見せて下さい Mostre-me uns sapatos que vão [combinem/fiquem] bem com este vestido. ★ *Fun'iki ni atta ongaku* 雰囲気に合った音楽 A música apropriada [que o ambiente pedia]. ⒮/反 Chōwá súrú; niau.
3 [一致する] Concordar. *Chōshi ga* ~ 調子が合う **a)** Estar afinado; **b)** Entender-se bem「com」. *Shashin no pinto ga* ~ 写真のピントが合う Estar (bem) focado [focalizado]. ★ *Hanashi ga* ~ *nakama* 話が合う仲間 Companheiros que se entendem. *Iken ga awanai* 意見が合わない Ter opiniões diferentes.
4 [集まって一緒になる] Juntar-se; unir-se. *Futatsu no kawa ga* ~ *chiten ni mura ga dekite ita* 二つの川が合う地点に村ができていた Havia uma aldeia no ponto de confluência dos dois rios [no local onde os dois rios se juntam].
5 [標準・理想と一致] Estar certo; estar corre(c)to. *Chōjiri ga* ~ 帳尻が合う As contas [das receitas e despesas] está certo. ★ *Pittari atte iru tokei* ぴったり合っている時計 O relógio certinho [que está mesmo certo]. ⒮/反 seīkákú¹; tadáshíi. **6** [引き合う] Render. *Genryō-hi ga kō takaku natte wa kono shōbai wa totemo awanai* 原料費がこう高くなってはこの商売はとても合わない Com os preços das matérias-primas (assim) tão elevados [altos] este negócio não pode ~. ⒮/反 Hikáíu. **7** [互いに…する] Fazer mutuamente [reciprocamente]. ★ *Ai-shi* ~ *futari* 愛し合う二人 Duas pessoas que (mutuamente) se amam.

áu² 会 [逢・遭う] **1** [人に会う] Encontrar-se com. *Ano kata to [ni] wa mō san-nen mo o-ai shite imasen* あの方と[に] はもう3年もお会いしていません Há três anos que não vejo [me encontro com] aquela senhora. ★ ~ *yakusoku o suru* 会う約束をする Marcar um encontro. *Ai ni yuku* 会いに行く Ir ver [visitar/encontrar-se com]「alguém」. *Hito ni atta koto ga aru*「人に」会ったことがある Conhecer「alguém」. *Yamanaka sama ni o-ai shitai*「山中様に」お会いしたい Queria ver [falar com] o senhor Yamanaka. ㋪ ~ *wa wakare no hajime* 会うは別れの始め O encontro é o começo da despedida/A companhia não dura para sempre/Chegar é partir. **2** [遭遇する] Encontrar; dar「com」. *Gōtō ni atte kane o zenbu ubawarete shimatta* 強盗に遭って金を全部奪われてしまった Saiu-me ao caminho um ladrão e roubou-me o dinheiro todo. ★ *Abunai [Kiken na] me ni* ~ 危ない [危険な] 目に遭う Correr um grande risco/perigo. *Hakugai ni* ~ 迫害に遭う Sofrer a perseguição「de」; ser perseguido「por」. *Sainan ni* ~ 災難に遭う Ser vítima dum [Ter um] desastre. *Yūdachi [Arashi] ni* ~ 夕立 [嵐] に遭う Apanhar um aguaceiro [uma tempestade]. ⒮/反 Sōgū súrú; keīkén¹.

aún 阿吽【E.】(< Sân. a-hūm) **1** [呼気と吸気] A inspiração e expiração. ★ ~ *no kokyū ga au* 阿吽の呼吸が合う Estar conformes [sintonizados]; pensar exa(c)tamente da mesma maneira. **2** [口の開いたのと閉じたのと一対] **a)** A primeira ("a") e última letra ("h") do alfabeto sânscrito; **b)** O par das duas "divindades", uma com a boca aberta ("a") e outra com a boca fechada ("un") (Os cães-guardiões dos templos shintoístas e os reis Peva dos templos budistas).

áuto アウト (< Ing. out) **1** [野球で] Fora. ★ ~ *ni naru* アウトになる Ficar [Ser posto] fora 「de」. A/反 Séfu. **2** [テニスなどで] Fora. A/反 Ín; séfu. **3** [ゴルフ] A ida. A/反 Ín. **4** [最悪の結果]【G.】A falha; o fracasso. ⒮/反 Fu-seīkō; shikkákú; shippái. **5**【Pref.】Fora; exterior. ◇ ⇨ ~ *kōsu* A/反 Ín.

autópútto アウトプット (< Ing. output) [Ele(c)tri.] A potência; a (capacidade de) saída. ⒮/反 Shutsúryoku. A/反

autóráin アウトライン (< Ing. outline) **1** [輪郭] O esboço. ⒮/反 Ríńkákú. **2** [大要] As linhas gerais. ★ *Keikaku no* ~ *o shimesu [noberu]* 計画のアウトラインを示す [述べる] Apresentar as linhas gerais dum plano. ⒮/反 Arámáshí; gaíryákú; taíyō.

autósáidá アウトサイダー (< Ing. outsider) Um estranho「ao caso」; aquele que está (de) fora. ⒮/反 Bugáishá; kyokúgáishá; mońgáikan.

autósáido アウトサイド (< Ing. outside) O exterior; a parte externa; o lado de fora. ⒮/反 Sotógáwá. A/反 Ínsaido.

autóuéa アウトウェアー (< Ing. outerwear) A roupa exterior.

awá¹ 泡 A espuma; as bolhas. *Kono sekken wa amari* ~ *ga tatanai* この石鹸はあまり泡が立たない Este sabão faz pouca ~. ★ ~ *to kieru* 泡と消える「Um amor」que se desfaz como (a) ~. *Bīru no* ~ ビールの泡 A ~ da cerveja. *Kuchi kara* ~ *o fuku* 口から泡を吹く Deitar espuma pela boca. [I/慣用] ~ *o kuu* 泡を食う Ficar atrapalhado/aterrado [Engolir em seco]. *Hito* ~ *fukaseru* ひと泡吹かせる Atrapalhar [Assustar]「alguém」, [Fazer passar] um mau susto「a」. *Mizu no* ~ 水の泡 "Águas de bacalhau" 「*Koko de tanki o okoshite ima made no kurō ga mizu no* ~ *da* ここで短気を起こせば今までの苦労が水の泡だ Se agora perdermos a paciência, fica tudo perdido [em águas de bacalhau]」. ⒮/反 Abúkú.

áwa² 粟【Bot.】O painço. [P/ことわざ] *Nure-te de* ~ 濡れ手で粟 (Apanhar os) grãozinhos de ~ com a mão molhada/Ganhar dinheiro a cantar [sem o menor esforço].

áwabi 鮑【Zool.】O haliote (Molusco comestível e univalve). [P/ことわざ] *(Iso no)* ~ *no kata-omoi* (磯の)鮑の片思い O amor não correspondido.

awá-dáchi 泡立ち (< awá-dátsu) O fazer espuma. ★ ~ *no yoi [warui] sekken* 泡立ちの良い [悪い] 石鹸 O sabão que faz muita [pouca] espuma.

awádáté-ki 泡立て器 (<…¹ + taté⁺ + …) O batedor de ovos.

awá-dátsu¹ 泡立つ (<…¹ + tátsu) Espumar; fazer [ter] espuma. ⇨ awádáshí.

awá-dátsu² 粟立つ (<…² + tátsu) Ficar arrepiado 「de medo」[com pele de galinha] *Hikareta inu o mita tonan hada ga awa-datta* 轢かれた犬を見た途端肌が粟立った Fiquei arrepiado ao ver o [um] cão atropelado pelo [um] carro. ⇨ toríhádá.

awái 淡い【E.】**1** [薄い] Leve; suave; ligeiro; fraco. ★ ~ *hikari* 淡い光 A luz fraca [pálida]. ⒮/反 Usúí. A/反 Kói. **2** [かすかな] Té[ê]nue; vago. ★

~ *kitai o idaku* 淡い期待を抱く Ter pouca [uma vaga/uma ténue] esperança. ~ *koi* [*koi-gokoro*] 淡い恋 [恋心] O amor ~. ⇨ S/同 Hónoka na.

awá-mori 泡盛 (< … ¹ + *morú*) A aguardente de arroz (Produto típico de Okinawa). ⇨ shōchū¹.

áware 哀 [憐] れ **1** [悲哀; 気の毒なさま] A compaixão; a pena. ★ ~ *ni omou* 哀れに思う Sentir compaixão 「de」; ter pena 「de」. ~ *o kanjiru* [*moyoosu*] 哀れを感じる [催す] Sentir pena. ⇨ Fúbin. ⇨ dōjō¹; kawáísó. **2** [みじめ] A miséria; o ser comovente. ★ ~ *na kyōgū* 哀れな境遇 Um estado miserável. S/同 Míjime; nasáké-nái. **3** [情趣] O encanto; o patos. ★ *Mono no* ~ 物の哀れ O patos [coração] das coisas; o patético. S/同 Fúzei; jōshu; omómúkí. **4** [ああ]【A./Interj.】(Ai que) tristeza! (Exclamação de pesar, compaixão, dó.) ⇨ ā³.

awárémí 哀 [憐] れみ A piedade; a misericórdia; o dó; a compaixão. ★ ~ *o kou* 哀れみを乞う Pedir por piedade [por amor de Deus]; pedir misericórdia. *Hito ni* ~ *o kakeru* 人に哀れみをかける Compadecer [Apiedar/Ter pena] de alguém.
S/同 Dōjō-shin; reñbín.

awárémí-búkai 哀 [憐] れみ深い (< … + fukái) Compassivo; piedoso; caridoso.

awáremu 哀 [憐] れむ Sentir [Ter] pena [compaixão] 「de」; apiedar-se 「de」. ★ ~ *beki hitobito* 哀れむべき人々 A gente digna de compaixão.
⇨ kawáísó; ki-nó-dókú.

awaréppói 哀 [憐] れっぽい Lamuriento; de chorami(n)gas. ★ ~ *hanashi-kata* [*yōsu*] 哀れっぽい話し方 [様子] A maneira de falar ~ a [A cara de choramingas]. ⇨ áichō¹; awaré.

awásaru 合わさる (< áu¹) Juntar-se; ficar unido. *Futa ga bin ni pitari to* ~ ふたが瓶にピタリと合わさる A rolha ajusta-se perfeitamente à garrafa.

awásé 袷 O "kimono" forrado. S/同 Hítoe.

awáse-kágami 合わせ鏡 (< awáséru + …) Os espelhos colocados um diante do outro.

awáse-mé 合わせ目 (< awáséru + … ¹) A junta; a juntura; a ligação. S/同 Tsugí-me; tsunági-mé.

awáséru¹ 合わせる (< áu¹) **1** [一緒にする; くっつける] Juntar. *Zen'in chikara o awasete tatakaeba kitto kateru* 全員力を合わせて戦えばきっと勝てる Se lutarmos todos juntos [unidos], sem dúvida que venceremos. ★ *Eri o* ~ 襟を合わせる Ajustar o colarinho. *Koe o* ~ 声を合わせる 「Dizer」 em uma voz [em uníssono]; 「cantar」 em coro. *Te o* ~ 手を合わせる **a)** [合掌する] Juntar as mãos; **b)** [勝負する] Jogar (uma partida) 「com」. Isshó ni suru; kuttsúkéru.
2 [適合・一致させる] Ajustar. ★ *Ashi ni awasete tsukutta kutsu* 足に合わせて作った靴 Os sapatos feitos sob medida. *Chōjiri o* ~ 帳尻を合わせる Equilibrar as contas 「domésticas」. *Chōshi o* ~ 調子を合わせる **a)** [楽器を] Afinar; **b)** [話の] Concordar [*Aite no hanashi ni chōshi o* ~ 相手の話に調子を合わせる Concordar com tudo o que o outro diz]. *Kuchiura o* ~ 口裏を合わせる ⇨ kuchí-úrá. *Mezamashi o roku-ji ni* ~ 目覚しを6時に合わせる Pôr o despertador às seis. Tekígó saseru.
3 [調和させる] Combinar; harmonizar. ★ *Fuku ni awasete baggu o kau* 服に合わせてバッグを買う Comprar uma bolsa que combine com o vestido. *Ongaku ni awasete utau* [*odoru*] 音楽に合わせて歌う [踊る] Cantar [Dançar] acompanhando a música. *Shūnyū ni awaseta kurashi o suru* 収入に合わせた暮らしをする Viver consoante as posses. S/同 Chōwá sáséru.
4 [合計する] Somar; adicionar. *San to yon o* ~ *to nana ni naru* 3と4を合わせると7になる Três mais quatro são sete. S/同 Gōkéi súrú. **5** [混ぜる] Misturar. ★ *Kusuri o* ~ 薬を合わせる ~ vários tipos de remédio. *Su, satō, shōyu o* ~ 酢、砂糖、しょうゆを合わせる ~ vinagre, açúcar e molho de soja. Chōgō súrú; koñgō súrú; mazérú. **6** [照らし合わせる] Comparar; conferir; verificar. ★ *Mondai no kotae o tomodachi to* ~ 問題の答えを友達と合わせる Verificar a solução [resposta ao problema] com um amigo. S/同 Shōgō súrú; teráshláwáséru.

awáséru² 会 [遭・逢] わせる (< áu²) Deixar [Fazer] ver 「outro」; apresentar 「um ao outro」. ★ ~ *kao ga nai* 合わせる顔がない Não ter cara [coragem] para se apresentar. *Abunai me ni* ~ 危い目に遭わせる Expor 「alguém」 ao perigo. *Hidoi me ni* ~ ひどい目に遭わせる Cometer uma crueldade; ser cruel 「com」. S/同 Keíkén saséru.

awásete 合わせて [併せて] (< awáséru¹) **1** [全部で] Ao todo; no total. ★ *Danjo* ~ *jū-nin* 男女合わせて10人 Homens e mulheres, dez pessoas ~. S/同 Gōkéi; zénbu de. **2** [同時に] Além disso; (para) além do mais. *Shinshun no o-yorokobi o mōshiage* ~ *heiso no go-busata no o-wabi shimasu* 新春のお慶びを申し上げ合わせて平素の御無沙汰をお詫びします Venho desejar-lhe um feliz Ano Novo e além disso (ao mesmo tempo) pedir desculpa do [pelo] meu longo silêncio.

awásé-zu 合わせ酢 (< awáséru¹ + su) O vinagre com açúcar, molho de soja, etc. ⇨ sañ-bái-zu.

awásu¹ 合わす ⇨ awáséru¹.

awásu² 会 [遭・逢] わす ⇨ awáséru².

awátádáshíí 慌 [遽] しい Movimentado; agitado; apressado. ★ ~ *hibi* [*mainichi*] 慌しい日々 [毎日] A azáfama diária [do dia a dia]. ~ *yo no naka* 慌しい世の中 O mundo conturbado [agitado]. *Awatadashiku de-hairi suru hitobito* 慌しく出入りする人々 As pessoas que entram e saem apressadamente [sem parar]. S/同 Sewáshíí.

awáté-fútámékú 慌てふためく (< awátérú + …) Perturbar-se; atrapalhar-se; perder completamente a calma. *Totsuzen no dekigoto ni awatefutameita* 突然の出来事に慌てふためいた Esse acontecimento, tão abrupto, deixou-nos todos perturbados.

awátémónó 慌て者 (< awátérú + …) A pessoa apressada; o pressinhas (G.). S/同 Sokótsú-mónó.

awátérú 慌てる **1** [まごつく] S/同 Atrapalhar-se; perder a calma [presença de espírito]. ★ *Fui o tsukarete* ~ 不意をつかれて慌てる ~ por ser apanhado de surpresa. *Jishin* [*Kaji; Taifū*] *de* ~ 地震 [火事; 台風] で慌てる ~ por causa do [Ficar atrapalhado com o] terremoto [incêndio; tufão]. S/同 Magótsúkú; róbáí súrú; urótáéru. **2** [むやみにせく] Apressar-se muito; afligir-se. *Ima-goro awatete benkyō shite mo mō osoi* 今ごろ慌てて勉強してももう遅い Agora, ainda que você estude à pressa, (já) é tarde. *Sō* ~ *na* そう慌てるな Calma! /Deixate de pressas! S/同 Aséru; séku. ⇨ isógu.

áwaya あわや【E.】 Quase. ★ ~ *to iu tokoro de tasukaru* あわやという所で助かる Ser socorrido no último momento; salvar-se por um triz.

awáyókuba あわよくば【 E.】 Se houver sorte; se as coisas correrem bem; se der [for posssível]. ★ *Me ni mo ~ hito-yama ateyō to [hito-mōke shiyō to]* あわよくば一山当てようと [ひともうけしようと]「lançou-se a este proje(c)to」Esperando triunfar [ganhar dinherio]. S/同 Úmaku ikeba.

awá-yuki 淡[泡]雪 A neve「fina e leve da primavera」que derrete facilmente; uns floccozitos de neve.

ayá[1] 文[彩・綾] **1** [模様や色どり] (⇨ ayá-nasu) A figura; o desenho e as cores. ★ *Me ni mo ~ na* 目にも文な Brilhante; esplêndido. ⇨ iró-ái; iró-dóri; moyō. **2** [巧みな言いまわし] A figura de retórica; o floreado de estilo; o tropo. ★ *Kotoba no ~* 言葉の文 Uma ~. ⇨ buńshókú. **3** [しくみ;うらおもて] O plano; a intenção「oculta」; o enredo. ★ *Hanashi no ~ o nomi-komu* 話の文をのみ込む Compreender o enredo da história. ⇨ shikúmí.

ayá[2] 綾 A sarja [O tecido entrançado「de lã」].

ayábúmu 危ぶむ Temer; preocupar-se「com」. ★ *Jigyō no seikō o ~* 事業の成功を危ぶむ Duvidar do sucesso da empresa. *Seishi ga ayabumareru jōtai* 生死が危ぶまれる状態 O estado crítico「do doente」; o estar entre a vida e a morte. ⇨ Kenéń súrú; kígu! suru; osóréru; shiṅpáí súrú (+).

ayáfúyá あやふや Equívoco; incerto; duvidoso; vago. ★ ~ *na henji o suru* あやふやな返事をする Dar uma resposta vaga [equívoca]. ~ *na taido* あやふやな態度 Uma atitude equívoca [indecisa; evasiva]. S/同 Aímáí; fu-táshika.

ayákáru 肖る Poder ter a mesma [Compartilhar a boa] sorte. *Kimi ni ayakaritai* 君にあやかりたい Quero ter a tua sorte!

ayámachi 過ち **1** [失敗; あやまり] O erro; a falta. ★ ~ *o okasu* 過ちを犯す Cometer um erro; errar; enganar-se. *Hito no ~ o mi-tsukeru [mi-nogasu]* 人の過ちを見つける [見逃す] Andar à procura das faltas alheias [Perdoar as faltas dos outros]. *Mizukara no ~ o mitomeru [aratameru; wabiru]* 自らの過ちを認める [改める;詫びる] Reconhecer os [Corrigir os; Pedir desculpa pelos] próprios erros. ことわざ ~ *o aratamuru ni habakaru koto nakare* 過ちを改むるに憚ることなかれ Nunca é tarde para corrigir os próprios erros. S/同 Ayámári (+); machígái (+); shippáí (+). **2** [偶然犯した罪・過失] O engano;「aquilo foi só」um lapso. S/同 Jíko; kashítsú (+). **3** [男女間の不道徳な関係] A imoralidade; o amor ilícito. ⇨ furíń.

ayámári[1] 誤り (< ayámáru[1]) **1** [正しくないこと] O erro; o engano; o equívoco; a falta. *Watashi no me [kansatsu] ni ~ wa nai* 私の目 [観察] に誤りはない Tenho boa vista [bons olhos]; os meus olhos nunca me enganam. ★ ~ *ga areba tadase* 誤りがあれば正せ [問題の] (Nas perguntas do exame) Corrija se houver erros.「*Watashi no kioku ni*」~ *ga nakereba*「私の記憶に」誤りがなければ Se a memória não me falha; se bem me lembro. ~ *ni kizuku [o hakken suru; o mi-tsukeru]* 誤りに気づく [を発見する; を見つける] Perceber [Achar; Encontrar] um erro. ~ *ni ochiiru* 誤りにおちいる Cair no erro. ~ *no nai yō chūi suru* 誤りのないよう注意する Tomar [Ter] cuidado para não se enganar S/同 Machígáí (+). **2** [失political] O erro; o engano; a falha; o malogro. *Chiisana [Chotto ii; Sasai na] ~* 小さな [ちょっと した; 些細な] 誤り Um erro pequeno [sem importância; menor]. *Fude [Bunpō; Keisan; Tsuzuri] no* ~ 筆 [文法; 計算; つづり] の誤り O erro de escrita [de gramática; de cálculo; de ortografia]. ことわざ *Kōbō mo fude no* ~ 弘法も筆の誤り "Aliquando dormitat Homerus" (L.; *Saru mo ki kara ochiru* ⇨ sáru[1]). S/同 Machígáí (+).

ayámári[2] 謝り (< ayámáru[2]) O pedir desculpa. ★ ~ *no denwa o kakeru [tegami o kaku]* 謝りの電話をかける [手紙を書く] Telefonar [Escrever] a pedir desculpa. S/同 Shazáí (+); wabí (+).

ayámáru[1] 誤る **1** [間違える] (⇨ ayámátte) Enganar-se; errar. ★ *Handan o ~* 判断を誤る Fazer um juízo errado [~]. *Keisan o ~* 計算を誤る Errar as contas; cometer um erro nos cálculos. *Mokusoku no ~* 目測を誤る Errar na medida a olho. S/同 Machígáéru; machígáu. **2** [進むべき方向をふみはずす] Perder-se; desviar-se do caminho certo. ★ *Isshō [Mi] o ~* 一生 [身] を誤る Errar [completamente] na vida [~]. *Seishōnen o ayamaraseru setsu* 青少年を誤らせる説 Uma teoria que leva os jovens à perdição [que desvia os jovens do caminho certo]. *Ayamatta kangae* 誤った考え Uma ideia errada [equivocada]. S/同 Fumí-házusu; shippaí sáséru.

ayámáru[2] 謝る **1** [わびる] Pedir desculpa [perdão]「a alguém por algo」. *Ayamatte sunu koto de wa nai* 謝って済むことではない「Isto」é muito grave, não basta ~. ★ *Dogeza shite [Te o tsuite] ~* 土下座して [手をついて] 謝る Pedir perdão de joelhos [de mãos postas]. S/同 Shazáí súrú; wabírú. **2** [降参する; まいる] **a)** Não aguentar mais. **b)** Recusar (Ex.: *Sonna mendō na shigoto wa ~* = Recuso trabalho tão aborrecido (como esse)). S/同 Kōsáń súrú (+); máiru (o).

ayámátsu 過つ Errar「na vida」; não acertar. *Hanatareta ya wa ayamatazu mato o inuita* 放たれた矢は過たず的を射抜いた A flecha (atirada) acertou mesmo [em cheio] no alvo. S/同 Machígáéru; yarí-sókónáu.

ayámátte 誤[過]って (< ayámáru[1]) Sem querer; por engano [erro]. ~ *kabin o otoshite watte shimatta* 誤って花瓶を落として割ってしまった Deixei cair o vaso sem querer e quebrou-se. S/同 Machígátte; ukkári shite.

ayámé 菖蒲 [Bot.] A íris (Tb. erradamente chamado lírio); *iris sanguinea*. ことわざ *Izure ga ~ ka kakitsubata* いずれが菖蒲かかきつばた Mulheres formosas (a ponto de não ser possível dizer qual é a mais bonita).

ayáméru 殺める【 E.】 **1** [危害を加える] Ferir; prejudicar. **2** [殺す] Matar. ★ *Hito o ~* 人を殺める ~ alguém [uma pessoa]. S/同 Korósú (+).

ayá-nasu 彩 [綾] なす (⇨ ayá[1]) **1** [模様を] Fazer desenhos lindos; enfeitar; pintar de várias cores. **2** [扱う] Tratar. S/同 Atsúkáu (+); ayátsúru (o).

ayá-óri 綾織 (< ayá[2] + óru) A [O fazer] sarja.

ayáshíge 怪しげ (< ayáshíi + ge) **a)** Suspeito; estranho; **b)** Incerto. ★ ~ *na ashidori (de)* 怪しげな足取り (で) A apalpar o terreno [Com passos incertos]. S/同 Ayáshíí; fushíń; ibúkáshíí; ikágawáshíí; utágáwáshíí.

ayáshíí 怪しい **1** [疑わしい] Duvidoso; incerto. *Sono hanashi wa chotto ~ no de* その話はちょっと怪しい História é um pouco [um tanto] duvidosa/Isso traz água no bico! ★ ~ *tenki [soramoyō]* 怪しい天気

azákeru

[空模様] O tempo [céu] 〜/que ameaça chuva. Ⓢ伺 Gimón da; shíńjígátái; utágáwáshíí.

2 [不思議な・神秘的な] Misterioso; estranho; esquisito. ★ *Kuro-daiya no 〜 miryoku* 黒ダイヤの怪しい魅力 A beleza misteriosa do diamante preto. Ⓢ伺 Bukímí na; fu(ká)shígí na; shíńpí-tékí na.

3 [いぶかしい; うさんくさい] Suspeito. *Watashi wa betsu ni 〜 mono de wa arimasen* 私は別に怪しい者ではありません Não sou suspeito (, creio eu). ★ 〜 *monooto* 怪しい物音 Um ruído. 〜 *kyodō [soburi]* 怪しい挙動[素振り] A conduta [O ar] suspeita[o]. 〜 *otoko* 怪しい男 Um homem [de reputação duvidosa]. Ⓢ伺 Ikágáwáshíí; uróń na; usáń na [usáńkúsáí].

4 [犯人の疑いがある] Suspeito「de ser criminoso」. *Keiji wa 〜 to niranda otoko no bikō o kaishi shita* 刑事は怪しいとにらんだ男の尾行を開始した O de(c)tive começou a (per)seguir ocultamente o homem que lhe parecia ser o 〜. Ⓢ伺 Utágáwáshíí. ⇨ kéngí¹; utágáu.

5 [男女が] Suspeito de ter relações amorosas「com alguém」. *Ano futari wa 〜* あの二人は怪しい Desconfio que aqueles dois são amantes. **6** [おぼつかない] Incerto; tremido; inseguro. ★ 〜 *porutogarugo de nan to ka hanasu* 怪しいポルトガル語で何とか話す Falar um português tremido ["tem-te-não-caias"], mas falar. *Yotte ashimoto ga 〜* 酔って足元が怪しい Cambalear [Não se ter nas pernas] de bêbedo. Ⓢ伺 Fuáń na; obótsúkánáí.

ayáshímu 怪しむ [疑う] Duvidar; ter「cá as minhas」dúvidas; desconfiar. *Kare wa keiei ni tsuite wa shirōto na no de sono jigyō no seikō o 〜 mono ga ōi* 彼は経営については素人なのでその事業の成功を怪しむ者が多い Como ele não tem experiência de administração de empresas, muitos desconfiam que tenha [venha a ter] sucesso. Ⓢ伺 Utágáú.

2 [不思議に思う] Estranhar; admirar-se「de」. ★ 〜 *ni tarinai* 怪しむに足りない Não é de estranhar [admirar]「que não passe no exame」. Ⓢ伺 Fushígígáru.

ayásu あやす Mimar; dar mimo; fazer festas [festinhas]. ★ *Akanbō o daite 〜* 赤ん坊を抱いてあやす Pegar no bebé[ê] e fazer-lhe festinhas [dar-lhe mimo].

ayá-tóri 綾取り (< ayá² + tóry) A cama de gato.

ayátsúri-níngyō 操り人形 (< ayátsúri + ···) **1** [人形] O títere; o boneco; a marionete; o fantoche; o bonifrate. ★ 〜 *o ayatsuru [ugokasu]* 操り人形を操る[動かす] Manipular os/as 〜 s. Ⓢ伺 Kugútsú; mariónétto. **2** [傀儡] [Fig.] A pessoa que se deixa controlar por outra. *Kare wa shushō no 〜 da* 彼は首相の操り人形だ Ele é um boneco do primeiro-ministro. Ⓢ伺 Kaírái; kugútsú.

ayátsúru 操る **1** [人形を] Mover; manipular. ★ *Ito de ningyō o 〜* 糸で人形を操る 〜 os títeres com fios [cordéis]. **2** [ものを使いこなす; 操作する] Manipular; manejar; manusear; dominar. ★ *Kenjū [Ken; Uma] o takumi ni 〜* 拳銃[剣; 馬]を巧みに操る Manobrar o revólver [Manejar bem a espada; Dominar o cavalo]. *Nan-ka-koku-go mo jiyū ni 〜 hito* 何か国語も自由に操る人 Uma pessoa que domina [sabe bem] vários idiomas. Ⓢ伺 Sōsa suru; tsukáí-kónásu. **3** [人を動かす] Governar; controlar; trazer「alguém」pela corda; puxar os cordelinhos. ★ *Seiji-ka no kage [ura] de 〜* 政治家を陰[裏]で操る Exercer influência secreta nos [Controlar por trás dos bastidores os] políticos.

ayáui 危うい [E.] Perigoso;「estar」em perigo. *Hitojichi no inochi ga 〜* 人質の命が危うい A vida do refém está em perigo. ★ *Meiyo [Chii; Songen] o ayauku suru* 名誉[地位; 尊厳]を危うくする Arriscar/Comprometer a honra [a posição; a sua dignidade]. ᴾ古ことわざᴾ *Kunshi ayauki ni chika-yorazu* 君子危うきに近寄らず Ⓢ伺 Abúnáí (+).

ayáúkú 危うく (Adv. de ayáúi) Quase; por um triz. ★ 〜 *manugareru [nigeru; sakeru; tasukaru]* 危うく免れる[逃げる; 避ける; 助かる] Escapar por um triz. Ⓢ伺 Abúnákú.

áyu¹ 鮎 [Zool.] Uma espécie de truta.

áyu² 阿諛 [E.] A lisonja; a adulação. Ⓢ伺 Hetsúrái (+); obékka (o).

ayúmí 歩み (< ayúmu) **1** [歩くこと] O andar a pé; o caminhar; a marcha; o passo. ★ 〜 *ga hayai [osoi]* 歩みが速い[遅い] Andar depressa [devagar]. 〜 *o hayameru* 歩みを速める Acelerar o passo. *Ushi [Katatsumuri] no 〜* 牛[蝸牛]の歩み O passo de boi [caracol]. Ⓢ伺 Ashí; hochō; hokō. **2** [物事の進み方] [Fig.] O andamento [progresso] do ensino no J.」. ★ *Rekishi no 〜* 歴史の歩み O (de)curso da história. Ⓢ伺 Shínkō.

ayúmí-ái 歩み合い (< ayúmu + ái¹) ⇨ ayúmí-yóri.

ayúmí-yóri 歩み寄り (< ayúmí-yóru) As concessões mútuas; o compromisso. *Rōshi no 〜 ni yori sutoraiki wa kaihi sareta* 労使の歩み寄りによりストライキは回避された Graças às/ao 〜 entre a administração e os empregados, evitou-se a greve. Ⓢ伺 Ayúmí-ái.

ayúmí-yóru 歩み寄る (< ayúmu + ···) **1** [近寄る] Aproximar-se「do carro」; acercar-se. Ⓢ伺 Chikáyórú (+); chiká-zúku (+). **2** [譲歩する] Ceder「em」; andar meio caminho; fazer concessões (mútuas). *Sōhō ga ayumi-yori dakyō shiawanakereba mondai wa kaiketsu shinai* 双方が歩み寄り妥協し合わなければ問題は解決しない Se não houver concessões de ambos os lados [de ambas as partes/de parte a parte], nunca se solucionará o problema. Ⓢ伺 Jōho suru; ori-áu; yuzúrú.

ayúmu 歩む (⇨ ayúmí) **1** [歩く] Andar「a pé」; caminhar; seguir um caminho. ᴾ古ことわざᴾ *Haeba tate, tateba ayume no oyagokoro* 這えば立て、立てば歩めの親心 O amor dos pais que querem sempre que os filhos cresçam depressa [Lit. "Já gatinhas, agora segura-te de pé; já te seguras de pé, agora anda" — os paizinhos]. Ⓢ伺 Arúku. **2** [すごす; 経る] Acompanhar. ★ *Nōmin to tomo ni ayunde kita seijika* 農民と共に歩んで来た政治家 O político que sempre acompanhou (e defendeu) os agricultores. Ⓢ伺 Héru²; sugósu.

azá¹ 痣 A equimose; o sinal; a mancha; a marca; a negra (Col.). ★ 〜 *darake* あざだらけ Cheio de marcas. ◇ **Ao [Aka] 〜** 青[赤]あざ A marca azul [vermelha]. ⇨ dabókú-shō.

áza² 字 Uma se(c)ção ou o bairro da aldeia. ★ *Yamada-mura 〜 Kawashimo jū-banchi* 山田村字川下 10番地 Aldeia de Yamada, bairro de Kawashimo, no. 10.

azákéri 嘲り (< azákéru) O escárnio; a zombaria; a troça. Ⓢ伺 Chōrō; chōshō.

azákéru 嘲る Escarnecer [Fazer pouco/Zombar/Mofar/Rir-se「de」; chamar nomes. ★「*Hito*

azámí

o」*ō-goe de* 〜「人を」大声であざける Apupar [Vaiar]「alguém」; dirigir chufas [insultos]「a」. ⇨ Soshíru.

azámúku 欺く [E.] **1** [偽ってだます] Burlar; enganar. ★ *Minshū o* 〜 *seiji-ka* 民衆を欺く政治家 O político que engana [ilude] o povo. S/周 Damásu (+); itsúwáru. **2** [⋯にも負けない] Parecer. ★ *Hana o* 〜 *utsukushisa* 花を欺くまでのうつくしさ Uma beleza (de mulher) que parece uma flor. S/周 Madówásu.

azaná 字 (⇨ azá²) **1** [呼び名] O pseudó[ô]nimo. S/周 Yobíná. ⇨ hitsúméi; tsúshó¹. **2** [⇨ adaná]

azánáu 糾う [E.] Entrançar; entretecer; entralaçar. [ことわざ] *Kafuku wa azanaeru nawa no gotoshi* 禍福は糾える縄の如し A felicidade [sorte] e a tristeza [desgraça] são como uma corda, andam sempre entretecidas [juntas]. ⇨ náu¹.

azárashi 海豹 [Zool.] A foca. ⇨ ashíka.

azátói あざとい **1** [小利口] Sem escrúpulos; astuto. ⇨ ko-ríkō. **2** [あくどい] Sujo. ★ 〜 *shōbai* あざとい商売 Um negócio 〜. S/周 Akúdói (+).

azáwárái 嘲笑い (< azáwáráú) O sor(r)iso de escárnio; a zombaria. S/周 Chōshō (+). ⇨ azákéri.

azáwárau 嘲笑う (azá + waráú) Escarnecer [Zombar/Rir-se/Fazer pouco]「de」. ★ *Hito no shippai o* 〜 人の失敗を嘲笑う Rir-se dos erros dos outros. S/周 Chōshō súrú. ⇨ azákéru.

azáyaka 鮮やか **1** [鮮明] Vivo; vívido. ★ 〜 *na inshō* 鮮やかな印象 A impressão vívida. 〜 *na iro* [*moyō*] 鮮やかな色 [模様] A cor [figura] viva. S/周 Senméi. **2** [見事] Brilhante; maravilhoso; excelente. *Kanojo wa Bētōben no sonata o* 〜 *ni hikikonashita* 彼女はベートーベンのソナタを鮮やかに弾きこなした Ela tocou a sonata de Beethoven maravilhosamente [com uma arte consumada]. 〜 *na tesabaki* 鮮やかな手さばき A manipulação [O manejo] maravilhosa[o]「das teclas/do pincel」. S/周 Mígoto; takúmí.

azé 畦・畔 A leiva. ◇ 〜 *michi* 畦道 O caminho (carreiro) entre os arrozais. S/周 Kuró.

azékúrá-zúkuri 校倉造り (<⋯+tsukúrí) O antigo estilo de construção「de armazéns」com paus cortados em triângulo, para evitar a entrada da humidade.

azén 啞然 [E.] Boquiaberto; ató[ô]nito. ★ 〜 *to suru* 啞然とする Ficar 〜「ao ver aquilo」. ⇨ akíréru.

azúkári 預り (< azúkáru) **1** [保管] A guarda; o depositar. ◇ 〜 *kin* 預り金 O dinheiro depositado [em depósito]. 〜 *mono* 預り物 O obje(c)to guardado [recebido em depósito]. 〜 *nushi* 預り主 [人] O depositário. 〜 *shō(sho)* 預り証 (書) O recibo de depósito. *Keitaihin* [*Te-nimotsu*] *ichiji* 〜 *jo* 携帯品 [手荷物] 一時預り所 O vestiário「de um hotel」; o depósito de bagagens「na arrecadação da estação ferroviária」. **2** [勝負の] A competição [partida] adiada. *Kono shōbu wa* 〜 *ni shite gojitsu ketchaku o tsukeru koto ni shiyō* この勝負は預りにして後日決着をつけることにしよう Vamos adiar esta partida para mais tarde.

azúkárí-nín 預かり人 (⇨ azúkárí) O depositante. S/周 Azúkári-nushi. A/反 Azúké-nushi.

azúkáru¹ 預かる (azúké úru) **1** [保管する] Receber「algo」em depósito [Guardar]. *O-kyaku-sama no o-nimotsu wa kurōku de o-azukari itashite orimasu* お客様のお荷物はクロークでお預かりしております Guardamos as coisas dos hóspedes no vestiário. S/周 Hokán súrú. **2** [世話・監督を引き受ける] Tomar conta [Cuidar/Encarregar-se]「de」. ★ *Akanbō o* 〜 *shisetsu* 赤ん坊を預かる施設 A instituição que cuida de bebé[ê]s; o infantário. *Daidokoro o* 〜 *shufu* 台所を預かる主婦 A encarregada da cozinha. *Shujin no rusu o* 〜 主人の留守を預かる 〜 da casa durante a ausência do dono. S/周 Hikíúkéru. **3** [物事を中途でやめて保留する] Deixar por decidir [como está];「vamos」pôr「isso」de molho (G.); não fazer por enquanto. *Sono otoko no shōtai o akasu no wa tōbun azukatte okō* その男の正体を明かすのは当分預かっておこう Por enquanto, não lhes vou dizer a identidade desse [quem é na realidade esse] homem. S/周 Horyū súrú; sashíhíkáéru. **4** [勝ち負けを決めずにおく] Deixar em suspenso. ★ *Shōbu o* 〜 勝負を預かる Deixar uma partida em aberto [a meio]「até amanhã」.

azúkáru² 与る **1** [かかわりを持つ] Participar [Tomar parte]「em」; ter que ver「com」. *Sonna koto wa watashi no azukari-shiru tokoro de wa nai* そんなことは私のあずかり知るところではない Não tenho nada a [que] ver com isso. S/周 Kakáwáru (+); kánchi súru; kańkéi súrú; kán'yo suru. **2** [受ける・被る] Receber. ★ *Shōtai ni* 〜 招待にあずかる Ser convidado [〜 convite]. *Go-chisō ni* 〜 御馳走にあずかる Ser banqueteado/Ir ao「jantar」. S/周 Kōmúru; ukéru.

azúké 預け (< azúkéru) **Depositar.** ◇ 〜 *mono* 預け物 O depósito; o obje(c)to depositado. 〜 *nushi* 預け主 O depositante.

azúké-iréru 預け入れる (< azúkéru +⋯) Depositar. ★ *Ginkō ni kane o* 〜 銀行に金を預け入れる 〜 (o) dinheiro no banco.

azúkéru 預ける (⇨ azúkáru¹) **1** [保管を頼む] Depositar. ★ *Ginkō ni kane o* 〜 銀行に金を預ける 〜 (o) dinheiro no banco. *Nimotsu o eki ni* 〜 荷物を駅に預ける 〜 a bagagem na estação ferroviária. ⇨ hokán. **2** [世話・監督を頼む] Confiar「a」; deixar ao cuidado「de」. ★ *Kodomo o gakkō ni* 〜 子供を学校に預ける Deixar os filhos na escola. [[I/使用]] *Geta o* 〜 下駄を預ける Deixar [Passar] a alguém o pastel/o abacaxi/um caso difícil. ⇨ gétá. **3** [争いなどの決着を人に任せる] Deixar「a decisão」a alguém; incumbir alguém「de decidir」. ★ *Shōbu o* 〜 勝負を預ける Deixar a decisão do desafio [jogo]「com」. S/周 Makáséru. **4** [からだなどを相手に任せる] Pôr-se nas mãos do「médico」. *Kare wa tsuma ni karada o azukete jitto yokotawatte ita* 彼は妻に体を預けてじっと横たわっていた Ele estava de cama, imóvel, entregue aos cuidados da mulher. S/周 Makáséru.

azúki 小豆 [Bot.] Tipo de feijão vermelho miúdo. ◇ 〜 *iro* 小豆色 A cor castanha avermelhada.

azuma 東 [A.] O leste do Japão (Em relação a Quioto, a antiga capital). ◇ 〜 *otoko* 東男 O homem do 〜. [[ことわざ]] 〜 *otoko ni Kyō onna* 東男に京女 Os homens mais varonis [viris] são os de Edo (Hoje Tóquio), as mulheres mais lindas as de Quioto/Homem de Edo e mulher de Miyako.

azúmá-ótoko 東男 ⇨ ázuma.

azúmá-ya 東屋 [四阿] O caramanchão [caramanchel]; a construção rústica「no parque」.

azútékku アズテック ⇨ asúteká.

B

ba[1] 場 **1** [場所] O lugar; o local. *Kore wa, kono ~ kagiri no hanashi ni shite kudasai* これは、この場限りの話にして下さい Isto fica (só cá) entre nós/Isto é segredo. *Sono ~ ni i-awaseta hitobito* その場に居合わせた人々 As pessoas (ali) presentes. ⟨S/同⟩ Ba-Shō (+). **2** [空間] O espaço. ★ *~ o fusagu* [*toru*] 場をふさぐ [取る] Estorvar; ocupar espaço inutilmente. **3** [場合] As circunstâncias; o momento. *Sono ~ no nariyuki ni makaseru* その場の成り行きに任せる Deixar「algo」ao sabor dos/do ~; deixar correr, até ver. ★ *Aratamatta* ~ 改まった場 Uma ocasião formal [cerimoniosa]. ⟨S/同⟩ Baái; bamén; orí; tokí. **4** [状況; 雰囲気] O ambiente. ★ *~ ga shirakeru* 場が白ける Ficar o ~ estragado. *~ o motaseru* 場をもたせる Animar o ~ [a festa]. **5** [劇・芝居の] A cena. ★ *Dai ichi-maku dai ni-* ~ 第1幕第2~ Primeiro a(c)to, segunda cena. ⇨ bamén. **6** [電気・磁気などの] O campo. *Jūryoku no ~* 重力の場 ~ de força [gravidade]. ⟨◇⟩ **ji-~**. **7** 【Econ.】**a)** A sessão; o mercado; o câmbio; **b)** O local de corretagem.

-ba[2] ば **1** [仮定条件を示す] (Desinência verbal que significa "se …"). *Ichi-nichi yasume* ~ *yoku narimasu yo* 一日休めばよくなりますよ Se descansar um dia, fica (logo) bom. ⇨ -t[d]ara[2]. **2** [確定条件を示す] Se …; quando …. *Yūyake ga kirei nara* ~ *ashita wa hare da* 夕焼けがきれいならば明日は晴れだ Quando o arrebol da tarde está lindo, faz tempo bom no dia seguinte. ⇨ -nára(ba). **3** [根拠を示す] De acordo com; segundo; pelo que. ★ *Shinbun ni yore* ~ 新聞によれば Pelo que dizem os jornais「o governo vai cair」. ⇨ yorú[3].

bā[1] [áa] バー (< Ing. bar < L. barra?) 【Sub.】 **1** [酒場] O bar. **2** [横に渡した棒] A barra「fixa, de ginástica」.

bā[2] [áa] ばあ 【Interj.】 **1** [驚かす時に言うことば] Bu! (Para assustar). **2** [赤子をあやす時に言うことば] Ah! *Inai, inai* ~ いない、いないばあ Não está, não está, está! (Ao fazer rir o bebé[ê], tapando-lhe os olhos com as mãos e destapando em seguida).

baái 場合 **1** [ものごとが起きる一つ一つの時] O caso; a ocasião. *Ame no ~ wa ensoku wa enki shimasu* 雨の場合は遠足は延期します Em caso de chuva [Se chover], a excursão será adiada. ★ *~ ni yotte wa* 場合によっては Conforme o caso. *Donna ~ ni* [*de*]*mo* どんな場合に [で]も **a)** [肯定文で] Em qualquer caso; **b)** [否定文で] Em nenhum caso; de maneira nenhuma. *Nesse* [*Em tal*] *caso* …. ⟨S/同⟩ Ba[1] **3**; orí; tokí. **2** [事情] As circunstâncias; a situação. *Sore wa toki to ~ ni yoru* それは時と場合による Isso depende do momento e das circunstâncias. *~ ga ~ da kara* 場合が場合だから É preciso ter em conta as circunstâncias/Aqui não se pode「dizer isso」.

ba-átari 場当たり A improvisação; o acaso. ★ *~ teki na kime-kata* 場当たり的な決め方 A decisão precipitada[ao acaso]. ⇨ iklátaríbáttari.

bába 馬場 O campo de equitação; o picadeiro.
⇨ keíbá ⟨◇⟩.

babá [áa] 婆 【Chu.】 A velha. ⟨◇⟩ **~ nuki**. *Oni ~* 鬼婆 **a)** Sua velha [bruxa]!; **b)** A bruxa (em histórias de crianças). ⟨A/反⟩ Jijí. ⇨ bā-san.

babá-núki 婆抜き **a)** O jogo da sogra [velha] (Jogo de cartas em que há uma carta sem par – o valete – perdendo quem no fim fica com ela); **b)** O não ter de [que] cuidar da sogra.

babáróa ババロア (< Fr. bavaroie) Um doce (feito) de leite, gemas, açúcar, gelatina e essência de frutas.

bábékyū [áa] バーベキュー (< Ing. barbecue) O churrasco; a churrascada (ao ar livre). ⟨◇⟩ yakí-níkú.

Báberu バベル【Bí.】(A cidade de) Babel. ★ *~ no tō* バベルの塔 A torre de Babel.

bábérú [áa] バーベル (< Ing. barbell) 【(D)esp.】 O halter(e).

báchabacha (to) ばちゃばちゃ (と) Chape, chape! (On. de chapinhar na água). ★ *Mizu-tamari o aruku* 水たまりをばちゃばちゃ歩く Chapinhar nas poças de água.

bachán to ばちゃんと Chape! (On. de cair com estampido na água). ⇨ bashán to; batán to.

bachi[1] 罰 (< *bátsu*) **1** [神仏のこらしめ] O castigo do céu [dos deuses]. ⇨ ténbatsu. **2** [悪事のむくい] O castigo; a punição. ★ *~ ga ataru* 罰が当たる Ser castigado; receber a paga pelo erro [mal] cometido. ⇨ Bátsu.

bachi[2] 桴・桴 [太鼓の] A baqueta (De tambor, xilofone, etc.).

bachi[3] 撥 [弦楽器の] O plectro; a palheta (De instrumento de corda).

bachi-átari 罰当たり (< …[1] + *atárú*) O condenado. *~ me* 罰当たりめ Maldito! [Vá para o inferno!]. ★ *~ na koto o suru* 罰当たりなことをする Cometer um a(c)to execrável.

ba-chígai 場違い O estar fora do lugar [como peixe fora da água/como Pilatos no credo]. ★ *~ na gendō* 場違いな言動 Um comportamento impróprio.

Bachikán バチカン O Vaticano. ⟨◇⟩ **~ shikoku** バチカン市国 O Estado [A cidade (+)] do ~.

báchirusu バチルス (< Al. < L. bacillum: vara pequena) O bacilo.

bachi-sábaki 撥捌き (< …[3] + *sabáku*) O manejo do plectro [da baqueta].

bachisukáfu [áa] バチスカーフ (< Fr. bathyscaphe < Gre. bathys: "profundo" + skaphos: "barco") O batíscafo.

ba-dáchi 場立ち (< …[7] + *tátsu*) O corretor (Intermediário numa transa(c)ção).

badái 場代 O preço da entrada [do assento/lugar]. ⟨S/同⟩ Sekíryō (+); shobadái.

bádī [áa] バーディー (< Ing. birdie) 【Go.】 O lance em que o jogador atinge o buraco com uma tacada a menos do que a média de jogadas necessárias.

badómínton バドミントン (< Ing. Badminton: top.)

O badminton (Jogo).

bádo-uíku (aá-ií) バードウィーク (< Ing. Bird Week) A semana (de prote(c)ção) das aves. Ⓢ同 Aíchô shúkan.

báffā バッファー (< Ing. buffer)【Ele(c)tri.】O pára-choques.

báffarō バッファロー (< Ing. buffalo < L. bubalua < bos: "boi") O búfalo.

bafún 馬糞 O esterco [excremento] de cavalo.

ba-fúsagi 場塞ぎ (< ba¹ + o + fuságú) **1** [役に立たないもの] A coisa inútil. **2** [埋め草] O tapa-buracos;o quebra-galho (B.);o pau-para-toda-a-colher [-obra]. **3** [じゃま] O empecilho; o estorvo.

bagái 場外 [Econ.] Fora do preço de mercado. ◇ ~ **kabu** 場外株 As a(c)ções ~. ~ **torihiki** 場外取引 Uma transa(c)ção ~.

bágen [áa] バーゲン (< Ing. bargain) A liquidação [promoção (B.)]; o saldo. ◇ ~ **sēru** バーゲンセール (A venda de) liquidação; saldos! Ⓢ同 Yasú-úri; tokúbái.

bágu 馬具 Os arreios (de cavalo: sela, freio, etc.). ★ ~ *o tsukeru* [*hazusu*] 馬具をつける [外す] Arrear [Desarrear] o cavalo.

Bahámá バハマ As Baamas (País independente em 1973).

bahítsú 馬匹 (Os) cavalos.

baí 倍 **a)** O dobro; **b)** Vez(es). ※ *Burajiru no menseki wa Nihon no ni-jū-san ~ desu* ブラジルの面積は日本の23倍です A superfície do B. é 23 vezes (maior do que) a do J. *Go no ni- ~ wa jū desu* 5 の 2 倍は 10 です Cinco vezes dois (são/é igual a) dez. ★ *Jugyōryō o* ~ *ni suru*「授業料を」倍にする Aumentar「as propinas para」o dobro. ~ *no*「*nedan*」*「no "値段"」* O dobro「do preço」. *Ichi-* ~ *han* 一倍半 Uma vez e meia. *Ni-*[*San-*; *Yon-*; *Go-*; *Roku-*; *Nana-*; *Hachi-*; *Kyū-*; *Jū-*] ~ 2 [3; 4; 5; 6; 7; 8; 9; 10] 倍 Dobro/Duplo [Triplo; Quádruplo; Quíntuplo; Sêxtuplo; Sétuplo; Óctuplo; Nónuplo; Décuplo]. *Sū-* ~ 数倍 Muitas [Várias] vezes.

baíasú バイアス (< Ing. bias < Fr. biais) **1** [ななめぎれ] O corte oblíquo;de viés. ◇ ~ **tēpu** バイアステープ O viés. Ⓢ同 Nanámégire. **2**【Ele(c)tri.】A negativação [polarização] de grade. **3** [偏向] O preconceito; a parcialidade; a prevenção. ★ *Kangae-kata ni* ~ *ga kakaru* 考え方にバイアスがかかる Ter preconceitos; ser parcial.

báibai¹ 売買 (Uma operação de) compra e venda; a transa(c)ção. ★ ~ *suru* 売買する… ◇ ~ **kakaku** 売買価格 O valor [preço] da ~. ~ **keiyaku** 売買契約 O contrato de ~. ~ **shōsho** 売買証書 O instrumento de contrato de ~. ~ **tetsuzuki** 売買手続き Os trâmites legais de uma ~. **Jinshin-** ~ 人身売買 O tráfego humano [de escravos].

báibai² バイバイ (< Ing. bye-bye < goodbye) Adeusinho; até loguinho. Ⓢ同 Sayōnárá (+).

baibún 売文 Algo escrito por dinheiro [encomenda]. ★ ~ *no to* 売文の徒 O escrevinhador (Escritor de pouco valor); o foliculário.

baíbúrētā [éé] バイブレーター (< Ing. vibrator < L. vibrare) O vibrador (elé(c)trico: de campainha, harmó(ô)nio, barbearia, etc.).

Báiburu バイブル (< Ing. Bible < Gr. biblos: "livro") A Bíblia ("livro dos livros" ou "livro por excelência"). ★ *Keizai-gaku no* ~ 経済学のバイブル A Bíblia da Economia (Tratado sobre Economia, com muita autoridade). Ⓢ同 Séisho (+).

báidoku 梅[黴]毒 A sífilis. ★ ~ *ni kakaru* 梅毒にかかる Contrair [Apanhar] a ~.

baién¹ 煤煙 A fuligem e o fumo; a fumaça. Ⓢ同 Súsu (+).

baién² 梅園【E.】O pomar de "ume". Ⓢ同 Baírín.

baígáku 倍額 O dobro do preço (normal).

baihín 売品 O artigo (que está) à venda. ★ ~ 売品 (掲示) (Artigos) à venda! (Anúncio). Ⓢ同 Uri-mónó (+). Ⓐ反 Hi-báíhín.

báika¹ 売価 O preço de venda. Ⓢ同 Uri-né (+). Ⓐ反 Báika².

báika² 買価 O preço de compra. Ⓢ同 Kaí-né (+). Ⓐ反 Báika¹.

baíka³ 倍加【E.】**1** [2 倍に増やすこと] A duplicação; o dobrar [subir para o dobro]. ★ *Yusōryoku o* ~ *suru* 輸送力を倍加する Duplicar a capacidade de transporte. **2** [いちじるしく増えること] O redobrar. ★ *Itami ga* ~ *suru* 痛みが倍加する Redobrar [Sentir muito mais] a dor.

baíkai 媒介 (⇨ baíkái-butsu/sha) A mediação; a transmissão. ★ ~ *suru* 媒介する Ser [Agir como] intermediário.

baíkai-butsu 媒介物 O portador [veículo; transmissor]「de germes」.

baíkái-sha 媒介者 O intermediário [mediador] (Pessoa).

baíkétsú¹ 売血 A venda de sangue (do próprio). ⇨ chi¹; keńkétsú; ketsúeki.

baíkétsú² 買血 A compra de sangue. ⇨ baíkétsú¹; chi¹; ketsúeki.

baíkin 黴菌 O micróbio; o germe; o bacilo; a bactéria. *Kizu-guchi kara* ~ *ga haitta* 傷口から黴菌が入った A ferida infe(c)tou. Ⓢ同 Saíkín.

Báikingu バイキング Os Viquingues (da Escandinávia). ◇ ~ **ryōri** バイキング料理 Uma espécie de bufé[ete] (em que por um preço fixo os clientes podem escolher e comer à vontade).

baíkóku 売国 A traição à pátria; (o crime de) lesa-pátria.

baíkóku-do 売国奴 O traidor à pátria.

báiku バイク (< Ing. motorbike) A (bicicleta) motorizada; a motocicleta. Ⓢ同 Mótó-báiku.

baíkyáku 売却 A venda; o escoar dos [dar saída às] mercadorias. ★ ~ *suru* 売却する Vender. ◇ ~ **eki** [**son**] 売却益 [損] (掲) O lucro [A perda] da ~. ⇨ ~ **nin** [**zumi**].

baíkyáku-nín 売却人 O vendedor.

baíkyáku-zúmí 売却済 (< ··· + súmu) (掲示) Vendido! (Aviso).

baíkyū 倍旧【E.】O dobro; ainda mais. ~ *no o-hikitate o o-negai itashimasu* 倍旧のお引き立てをお願い致します Dê-nos o prazer de o podermos「lojista」continuar a servir ainda mais no futuro.

baímáshí 倍増し (< ··· + mású) O (aumentar para o) dobro.

baíméí 売名 autopropaganda; o auto-elogio. ◇ ~ **ka** 売名家 Um exibicionista [vaidoso]. ~ **kōi** 売名行為 Um[a] a(c)to [tá(c)tica] de propaganda pessoal.

baímétaru バイメタル (< Ing. bimetal < L. bis: "dois" + metal) O bimetal.

baíndā バインダー (< Ing. binder) **1** [事務用品の] A presilha (de mola, etc., para prender folhas soltas).

2 [農業機械の] A ceifeira-atadeira; a enfardadeira.

baínín 売人 O vendedor; o traficante; o contrabandista. ★ *Mayaku no ~* 麻薬の売人 O traficante de droga [tóxicos]. ⟨S/同⟩ Urité (+).

baíon 倍音 **1**【Fís.】Harmó[ô]nica (Diz-se de uma onda cuja frequência é um múltiplo inteiro de outra considerada fundamental. **2**【Mús.】Um (som) harmó[ô]nico.

báioretto バイオレット (< Ing. violet < L. viola: planta, flor e cor de violeta) **1**【すみれ】【Bot.】A violeta. ⟨S/同⟩ Sumíré (+). **2**［色］A cor de [O] violeta. ⟨S/同⟩ Sumíré-író. ⇨ murásaki.

baíóríń バイオリン (< Ing. violin < It. < Lat.) O violino. ★ *~ o hiku* バイオリンをひく Tocar ~. ◇ **Dai ichi [ni] ~** 第一［二］バイオリン O concertino/primeiro-violino [O segundo-violino].

baíórínísuto バイオリニスト (< Ing. violinist < It. violinist) O violinista. ⟨S/同⟩ Baíóríń eñsōsha.

baíórízumu バイオリズム (< Ing. biorhythm < Gr.) O biorritmo.

baípású バイパス (< Ing. bypass) Um desvio (para passar adiante). ◇ **~ shujutsu** バイパス手術 A (operação) ponte no coração. ⇨ wakímíchí.

baí-púréyá バイプレーヤー (< Ing. by-player) O papel secundário [menos importante] ou a pessoa que o representa. ⟨S/同⟩ Joénsha (+); wakí-yáku (o).

baíríń 梅林 Um pomar de "umé"; um ameix(i)al. ⟨S/同⟩ Baíén[2].

baírítsú 倍率 **1**［拡大［縮小］率］【Fís.】O poder de aumento「da lente」; a ampliação. **2**［入学試験などの］O grau de [A] concorrência. *Kono daigaku wa ~ ga takai [hikui]* この大学は倍率が高い［低い］~ nos exames de admissão nesta universidade é grande/muita [pequena/pouca]. ⟨S/同⟩ Kyōsō-ritsu.

baíséki 陪席 O sentar-se junto da pessoa que preside (, o que é uma honra).

baiseń 媒染 A fixação de corantes ou ouro por meio de mordente. ◇ **~ zai** 媒染剤 O (material) mordente.

baísháku 媒酌 O arranjar casamentos. ★ *~ o suru* 媒酌をする Arranjar um… ◇ **~ nin**.

baísháku-níń 媒酌人 O intermediário [mediador] (de um casamento); o casamenteiro. ⟨S/同⟩ Nakōdo (+).

baíshíń[1] 陪審【A.】O júri. ◇ **~ in**. **~ saiban** 陪審裁判 O julgamento com ~.

baíshíń[2] 陪臣【A.】O vassalo de um nobre. ⟨A/反⟩ Jikísáń.

baíshín-in 陪審員 (< ~[1] + íin) O(s) jurado(s); o(s) membro(s) do júri.

baíshō[1] 賠償 A inde(m)nização; a reparação; a compensação. ★ *Songai o ~ suru* 損害を賠償する Inde(m)nizar pelos danos (causados). ◇ ⇨ **kin**.

baíshō[2] 売笑 ⇨ baíshún.

baíshō-kín 賠償金 O dinheiro da inde(m)nização.

baíshū 買収 **1**［買い入れ；買い上げ］A compra total; a expropriação (pelo Governo); o açambarcamento. ⇨ **kakaku** 買収価格 O preço da/o ~. ⟨S/同⟩ Kaí-ágé (+); -íré; -shímé; -tóri]. **2**［わいろで引き入れること］O suborno; a corrupção. ★ *Yakunin o ~ suru* 役人を買収する Subornar os funcionários (públicos). ⇨ wáiro.

baíshún 売春 A prostituição. ★ ~ *suru* 売春する Prostituir-se [Entregar-se à ~]. ◇ **~ bōshi-hō** 売春防止法 A lei contra a ~. ⟨S/同⟩ Baíshō.

baíshún-fu 売春婦 A prostituta; a meretriz.

baíshún-sha 売春【úu】O corruptor. ⇨ baíshú[2].

baísú【úu】 倍数 **1**【Mat.】O (número) múltiplo. ◇ ⇨ **kō**. ⟨A/反⟩ Yakúsú. **2**【Biol.】Diploide. ◇ **~ senshokutai** 倍数染色体 Diploide.

báita 売女【Chu.】A puta. ⇨ baíshún-fu.

baítái 媒体 **1**【Fís.】Um meio. **2**［媒介となる物］O órgão [meio]. ◇ **Jōhō ~** 情報媒体 Os ~s de comunicação. ⇨ baíkáí.

baíteń 売店 A loja (Geralmente pequena, nas estações, escolas, etc.); o quiosque; a banca; a barraca. ★ *~ o dasu* 売店を出す Montar uma ~. ⇨ hañbái-ten; misé; shōten[1].

baító バイト【G.】(Abrev. de arúbáito) O gancho; o bico; o biscate.

báiu 梅雨【E.】As chuvas prolongadas no começo do verão. ◇ **~ zensen** 梅雨前線 A frente de precipitação das ~. ⟨S/同⟩ Tsuyú (+).

báiyā バイヤー (< Ing. buyer) O comprador [importador] (estrangeiro). ⟨S/同⟩ Kaíté (+).

baíyákú[1] 売約 (urú + yakúsókú) O contrato de venda. ◇ ⇨ **~ zumi**.

baíyákú[2] 売薬 O medicamento (vendido na farmácia). ⇨ kusúrí; yakkyókú.

baíyákú-zúmí 売約済 (<···[1] + sumí) (揭示) Vendido [Já tem comprador].

baíyásu バイヤス ⇨ baísú.

baíyō 培養 A cultura「de bacilos」. ★ *~ suru* 培養する Fazer ~. ◇ **~ do** 培養土 O húmus [composto] da ~. ◇ **~ eki** 培養液 O fluido [caldo] da ~. ◇ **~ ki** 培養基 A base da ~. **Junsui ~** 純粋培養 ~ pura.

baízō 倍増 O (subir/aumentar para o) dobro. ★ *Shotoku ~ keikaku* 所得倍増計画 O plano de aumentar a renda「da nação」para o dobro.

bájin【áa】バージン (< Ing. virgin < L. virgo) A virgem. ⟨S/同⟩ Shójo (+).

bájitófú［óó］馬耳東風【E.】O não dar ouvidos (Lit. "vento de primavera em orelhas de cavalo"). *Kare ni ikura itte mo ~ da* 彼にいくら言っても馬耳東風 Aquele, por mais que se lhe diga, entra-lhe por um ouvido e sai-lhe pelo outro. ⇨ umá[1].

bájji バッジ (< Ing. badge) O distintivo; o emblema; o crachá. ★ *Eri ni ~ o tsukeru* えりにバッジをつける Pôr o ~ na gola/lapela (+). ⟨S/同⟩ Kishō.

bajō 馬上 O ir [estar] a cavalo. ⇨ umá[1].

bájutsu 馬術 (< umá + gíjutsu) A equitação; a arte de cavalgar. ◇ **~ kyógí** 馬術競技 Um concurso hípico.

báka 馬鹿・莫迦 **1**［知力の劣っているようす］**a)** O tolo; o tonto; o bobo; o pateta; o simplório; o burro; o asno; o estúpido; o idiota; o parvo; o maluco; o bruto; **b)** Meu tonto [tontinho, …] (Entre amigos). ~ *da na, sonna koto o shite* 馬鹿だね、そんなことをして Que tonto, fazer uma coisa dessas! *Kōtsū-hi datte kesshite ~ ni dekinai* 交通費だって決して馬鹿にできないE as despesas de deslocação [em transportes] também não são brincadeira! ★ ~ *ni sareru* 馬鹿にされる / *Minna kara ~ ni sareru* みんなから馬鹿にされる Rirem-se todos de nós/Ser ridicularizado por todos]. ~ *yobawari suru* 役人を買収する Subornar「alguém」. ⟨P/ことわざ⟩ ~ *ni tsukeru kusuri wa nai* 馬鹿につける薬はない Quem tolo nasce, tolo morre. ~ *no hito-tsu*

oboe 馬鹿の一つ覚え O repetir sempre a mesma coisa, como um tolo. ~ *to hasami wa tsukai-yō* 馬鹿とはさみは使いよう "O tolo e a tesoura é (questão) de os saber usar" (Lit.). ◇ ⇨ **~ yarō**. [S/同] Ahṓ. [A/反] Rikṓ.
2 [愚かなこと] A tolice [estupidez; idiotice; asneira]. ~ *mo yasumi yasumi ie* 馬鹿も休み休み言え (Cale-se e) não diga asneiras [tolices]. ★ ~ *na kangae* 馬鹿な考え Uma ideia absurda [ridícula]. ~ *o iu* 馬鹿を言う Dizer disparates [Falar bobagem (B.)]. ~ *o miru* 馬鹿を見る Fazer papel de bobo [Fazer figura de parvo]. *Oya* ~ 親馬鹿 Os pais-coruja. ⇨ óroka; tsumáránai.
3 [無感覚; 無効] O perder a [ficar sem] força ou sensibilidade. *Karashi ga ~ ni natta* からしが馬鹿になった A mostarda perdeu a força. ⇨ mu-kánkaku; mukṓ[2]. **4** [接頭辞的に用いて程度がはなはなだしいことを示す] (Pref. de "exagero"). ★ ~ *dekai otoko* 馬鹿でかい男 Um homenzarrão. ◇ ⇨ **~ jikara/ni. ~ sawagi** 馬鹿騒ぎ A farra [pândega]; uma barulheira impossível. **~ shōjiki** 馬鹿正直 Um simplório. **~ yasu** 馬鹿安 A pechincha; o ser (tão barato como se fosse) dado.

bakábákáshíi 馬鹿馬鹿しい (< báka) **1** [ばかげているようす] Disparatado; absurdo; ridículo; despropositado. *Sonna koto wa bakabakashikute dekinai* そんなことは馬鹿馬鹿しくてできない Isso é um disparate, en não quero [Vou lá eu aceitar coisa tão ~ a!]. [S/同] Bakáráshíi. **2** [程度が非常にはなはだしい] Extraordinário; extravagante. ★ ~ *nedan* 馬鹿馬鹿しい値段 Um preço ~.

baká-bánashi 馬鹿話 (<… + hanáshí) A léria [tagarelice]; a conversa mole (B.). ★ ~ *o suru* 馬鹿話をする Tagarelar.

baká-gai 馬鹿貝 (<… + kái) A mactra (Molusco acéfalo). ⇨ aóyágí **2**.

bakágéru 馬鹿げる Estar tonto [maluco]. ★ *Bakageta koto o iu* 馬鹿げたことを言う Dizer asneiras [bobagens (B.)].

baká-jíkárá 馬鹿力 (<… + chikára) A força bruta [extraordinária/de elefante]. ★ ~ *o dasu* 馬鹿力を出す Fazer força como um bruto.

baká-mónó 馬鹿者 **1** [愚かな者] O estúpido [bruto; imbecil]. *Kono ~ me ga* この馬鹿者めが Seu estúpido [pedaço de asno]! ◇ **O-~** 大馬鹿者 Um perfeito idiota/~. **2** [思慮のない者] O imprudente; o indiscreto. *Doko ka no ~ ga uchi no hei ni itazura-gaki o shita* どこかの馬鹿者がうちの塀にいたずら書きをした Um indiscreto [estúpido] qualquer rabiscou o muro da minha casa.

baká-ne 馬鹿値 (⇨ báka **4**) O preço absurdo [exorbitante].

báka ni 馬鹿に (⇨ báka **4**) 【G.】 Muito; terrivelmente. *Kyō wa ~ samui* 今日は馬鹿に寒い Hoje está muito frio [está um frio de rachar].
[S/同] Súgoku (+); taíhéń (+); totémó (+).

bákansu バカンス (< Fr. vacances < L. vacatio) As férias. [S/同] Kyū́ká (+).

baká-ráshíi 馬鹿らしい Estúpido; triste; tolo; absurdo; ridículo. *Hone o otte shikararete wa ~ kara yameyō* 骨を折ってしかられては馬鹿らしいからやめよう Andar (para aqui) a moer os ossos e ainda por cima ser repreendido, é triste/tolo [não é para mim]. [S/同] Bakábákáshíi.

-bákari ばかり **1** [およそ] Quase; mais ou menos; aproximadamente; cerca de. ★ *Nijū-nen ~ mae* 20 年ばかり前 Há uns [cerca de] vinte anos. [S/同] Oyósó (+). **2** [だけ] Somente; só; apenas. *Kane-mōke ~ ga jinsei de wa nai* 金もうけばかりが人生ではない A vida não é só ganhar dinheiro. ★ *Kore ~ no kane* こればかりの金 ~ este dinheiro. **3** [ある動作をしてから間もないことを表す] Agora mesmo; há pouco. *Tsuita ~ desu* 着いたばかりです Acabei de chegar [Cheguei ~]. ★ *Saikin tateta ~ no ie* 最近建てたばかりの家 A casa recém-construída [acabada de construir]. **4** [今にもある動作をしそうだという状態を表す] Quase; mesmo. *Futari wa ima ni mo naguri-ai sen ~ datta* 二人は今にもなぐり合いせんばかりだった Os dois estiveram ~ a pegar-se [Os dois por pouco (que) chegavam a vias de fa(c)to]. **5** [用意ができている] Estar pronto 「para」. *Meshi wa taku ~ ni natte iru* 飯は炊くばかりになっている O arroz é só metê-lo na [está pronto para ir para a] panela. **6** [「ばかりに」の形で, 悪い結果を招くことを表す] Só porque. *Watashi ga tsui ukkari kuchi o suberaseta ~ ni, tonde mo nai koto ni natte shimatta* 私がついうっかり口をすべらせたばかりに, とんでもないことになってしまった ~ eu me descuidei e não tive mão na língua [e disse o segredo] não imagina a (confusao) que se armou!

bakásá-kágen 馬鹿さ加減 O grau de estupidez.

bakásu 化かす (⇨ bakéru) Enfeitiçar; encantar. ★ *Kitsune ni bakasareru* きつねに化かされる Ser enfeitiçado [encantado] por uma raposa.
[S/同] Damásu; tabúrákásu.

baká-yárō 馬鹿野郎 O tolo; o idiota. ~! 馬鹿野郎 Seu burro [idiota]!

ba-kázú 場数 A experiência (Ex.: Anata wa mada ~ o funde inai = Você tem pouca ~ [é um inexperiente]). ★ ~ *o fumu* 場数を踏む Ganhar [Adquirir] experiência. ⇨ keíkéń[1].

baká-zúrá 馬鹿面 (<… + tsurá) 【G.】 A cara de bobo/parvo; a aparência idiota. [S/同] Ahṓ-zúrá.

baké-mónó 化け物 (< bakéru + …) O duende; o fantasma. ◇ **~ yashiki** 化け物屋敷 A casa mal-assombrada.
[S/同] Obáke (+); yṓkáí; hénge. ⇨ oní[1]; yū́rei.

bakéń 馬券 O bilhete de aposta (em competições hípicas). ◇ **~ uriba** 馬券売り場 O guiché[ê] de venda de ~.

baké-nó-káwá 化けの皮 O disfarce; a máscara; a falsa aparência. ★ ~ *ga hagareru* 化けの皮がはがれる Ser desmascarado; trair-se.

bakéru 化ける **1** [異形の物に変わる] Tomar a forma 「de」; transformar-se 「em」. **2** [素性を変えてふるまう] Disfarçar-se. ★ *Yakunin ni bakete akuji o hataraku* 役人に化けて悪事を働く Cometer um delito, disfarçado de [fazendo-se passar por] funcionário público. **3** [きれいに化粧して別人のようになる] Maquil(h)ar-se a ponto de parecer outra pessoa.

bakétsú バケツ (< Ing. bucket) O balde. ◇ **~ rirē** バケツリレー O passar baldes com água de uma pessoa para outra 「para apagar o fogo」. **Pori ~** ポリバケツ ~ de plástico.

bakkákú 麦角 【Bot.】 A cravagem 「do centeio」.

-bakkári ばっかり 【G.】 ⇨ -bákari.

Bákkasu バッカス (< L. Bacchus) Baco (O deus romano do vinho).

bakkíń 罰金 A multa. ★ ~ *o kasuru* 罰金を課する Multar. ~ *o (shi) harau* 罰金を(支)払う Pagar ~.

◇ **~ kei** 罰金刑 A penalização por ~.

bákko 跋扈【E.】O domínio; a prepotência. ★ ~ *suru* 跋扈する Ser prepotente.
[S/同] Chṓryṓ; ṓkṓ (+).

bákku バック (< Ing. back) **1** [うしろ] A parte traseira [posterior]. ◇ ⇨ **~ suingu**. **~ sukurīn** バックスクリーン A tela grande ao fundo「de um estádio de basebol」. ⇨ **~ sutoretchi** [A/反] Furóńtó. ⇨ háigo[1]; senáká; ushíró. **2** [後もどり] Retrocesso. ★ ~ *suru* バックする Recuar; retroceder. [S/同] Atómódori; gyakú-módori; kṓtáí. **3** [戻すこと] O devolver. ★ *500 en ~ suru* 500 円バックする Devolver 500 yens. ◇ **~ hōmu** バックホーム【Beis.】O arremessar a bola batida ao aparador na "base de meta". **~ mājin** バックマージン A (margem para pagar de volta como) comissão. **4** [背景] (O pano de) fundo. [S/同] Haíkéí. **5** [後衛] O defesa (Jogador de retaguarda); o zagueiro (B.) (No futebol). [S/同] Kṓéí. [A/反] Fówādo. **6** [後援者] O prote(c)tor; o patrocinador; o padrinho. *Kare ni wa Burajiru Taishikan to iu yūryoku na ~ ga aru* 彼にはブラジル大使館という有力なバックがある Ele tem forte apoio da Embaixada do B. [S/同] Kṓéń (sha) (+); ushíró-dáté. **7** [テニスの逆手打ち] O revés (Bolada que se dá com as costas da mão, no té[ê]nis). **8** [背泳] O nadar de costas.

bakkú-áppu バックアップ (< Ing. back up) **1** [後援] O apoio; a ajuda. ★ ~ *suru* バックアップする Apoiar; ajudar. [S/同] Énjo (o); kṓéń(sha) (+). **2** 【Beis.】A cobertura a um jogador da mesma equipa/e. **3** [データを複写保存すること] O copiar dados「no computador」para guardar. ★ *Dēta no ~ o totte oku* データのバックアップを取っておく Tirar cópia dos dados.

bakkú-bṓn [óo] バックボーン (< Ing. backbone) **1** [背骨] A espinha dorsal; a coluna vertebral. [S/同] Se-bóné (+). **2** [精神的な支え] A fibra; a firmeza de cará(c)ter; a força de ânimo. ★ ~ *ga aru* バックボーンがある Ter firmeza de carácter.

bakkú-gúráundo バックグラウンド (< Ing. background) O fundo [cenário]. [S/同] Haíkéí (+).

bakkúgúráúńdó-myū́jikku [úu] バックグラウンドミュージック (< Ing. background music) O fundo musical. [S/同] Bī́-jī́-ému.

bakkú-hándo バックハンド (< Ing. back hand) O revés (no té[ê]nis).
[S/同] Sakáté-úchí. [A/反] Foáhándo.

bakkú-mírā バックミラー O (espelho) retrovisor.

bakkú-nánbā バックナンバー (< Ing. back number) **1** [雑誌の] O número [A edição] atrasado[a] (de revista). [S/同] Kyū́gṓ. **2** [車の] A matrícula (de carro).

bakkú-nétto バックネット A rede na retaguarda do campo de beisebol.

bákkuru バックル (< Ing. buckle) A fivela.
⇨ tomé-gáné.

bakkú-súingu バックスイング (< Ing. backswing) Movimento de (re)batida de bola no jogo de té[ê]nis ou beisebol, brandindo a raquete ou bastão da frente para as costas.

bakkú-súkín バックスキン (< Ing. buckskin) A (pele de) camurça [veado].

bakkú-sútórétchi バックストレッチ (< Ing. backstretch) A parte posterior da pista de corrida.
[A/反] Hṓmúsútórétchi.

bakkú-sútórṓku [óo] バックストローク (< Ing. backstroke) A braçada de costas (na natação).
[S/同] Haíéí (+); se-óyogi (o).

báku[1] 貘【Zool.】O tapir; a anta.

báku[2] 漠【E.】Vago; indefinido. ⇨ bakúzéń.

báku[3] 縛【E.】A prisão; a captura. [S/同] Hobákú.

bakúchí 博打 [奕] **1** [賭博] O jogo de azar (a dinheiro). ★ ~ *de katsu* [*makeru*] 博打で勝つ[負ける] Ganhar [Perder] no ~. ~ *o utsu* 博打を打つ Jogar (a dinheiro); apostar. [S/同] Tobákú. **2** [比喩的に万一の成功をねらってする試み] O arriscar [averiguar](-se). ★ *Ō- ~ o utsu* 大博打を打つ Apostar [Jogar] alto.

bakúchíkú 爆竹 A bombinha.

bakúchíń 爆沈【E.】O afundamento por explosão.

bakúchí-uchi 博打 [奕] 打ち (<… + útsu) O jogador profissional. [S/同] Bákuto.

bakúdáí 莫大 Imenso; enorme; colossal; incalculável. ★ ~ *na hiyō* [*shakkin; sonshitsu*] 莫大な費用 [借金; 損失] A despesa [dívida; O prejuízo] ~.
[S/同] Kyodáí; tadáí.

bakúdáń 爆弾 A bomba; o explosivo. ★ ~ *o shikakeru* 爆弾を仕掛ける Armar [Pôr/Instalar] um/a ~. ~ *o tōjiru* [*tōka suru*] 爆弾を投じる [投下する] Bombardear/Lançar bombas (do avião). ◇ **~ sengen** 爆弾宣言 Uma bomba [declaração bombástica]. *Genshi* [*Suiso*] ~ 原子 [水素] 爆弾 A bomba ató[ô]mica [de hidrogé[ê]nio]. ⇨ bakúyákú.

bákufu[1] 幕府【A.】O governo feudal do Japão; o x[sh]ogunat[d]o. ◇ **Tokugawa ~** 徳川幕府 O governo feudal de [dos] Tokugawa.

bákufu[2] 瀑布【E.】A catarata; a cascata.
[S/同] Takí (+).

bakúfū 爆風 A explosão. *Mado-garasu ga ~ de tobasare konagona ni kudaketa* 窓ガラスが爆風で飛ばされこなごなに砕けた Os vidros das janelas ficaram estilhaçados pela [com a] força da ~.

bakúgá 麦芽 O malte. ◇ **~ tō** 麦芽糖 A maltose; o açúcar de malte. [S/同] Móruto.

bakúgékí 爆撃 O bombardeio; o bombardeamento. ◇ **~ tai** 爆撃隊 O esquadrão de ~. **Jūtan ~** じゅうたん爆撃 ~ maciço.

bakúgékí-ki 爆撃機 O (avião) bombardeiro. ◇ **Jū ~** 重爆撃機 ~ pesado.

bakúhá 爆破 A explosão; o dinamitar.

bakúhátsú 爆発 **1**【Fís.】A explosão; a detonação; o estouro. ★ ~ *suru* 爆発する Explodir; estourar; rebentar. ◇ **Gasu ~** ガス爆発 A explosão de gás. **2** [たまっていたものなどが一度に破裂すること] A explosão; a eclosão. ★ ~ *suru* 爆発する Explodir; eclodir; rebentar 〔*Higoro no uppun ga ~ shita* 日ごろの鬱憤が爆発した O ressentimento acumulado explodiu〕.

bakúhátsú-butsu 爆発物 O (material) explosivo.

bakúhátsú-ryoku 爆発力 A força explosiva.

bakúhátsú-tékí 爆発的 Explosivo; enorme; imenso. *Sono shōsetsu wa ~ ni ureta* その小説は爆発的に売れた Esse romance teve imensa saída [foi um sucesso]. ★ *Jinkō no ~ zōka* 人口の爆発的増加 A explosão demográfica.

bakúmátsú 幕末【A.】A fase final do regime "bakufu" [dos Tokugawa].

bakúráí 爆雷 A bomba de profundidade [anti-sub-

marina].
bakúréń 莫連【G.】A (mulher) devassa.
bakúóń 爆音 **a**) O estampido; **b**) O estouro.
bákuro 暴露 **1** [秘密·悪事などをさらけ出すこと, またそれらをあばき出すこと] A revelação; a divulgação. ★ ～ *suru* 暴露する Revelar; divulgar; tornar público [*Onore no muchi o* ～ *suru* 己れの無知を暴露する Mostrar a própria ignorância]. ◇ ～ **kiji** 暴露記事 Um artigo de escândalo. ⇨ abáku. **2** [風雨にさらされること, またはさらすこと] A exposição (ao sol, à chuva, etc.). ⇨ sarású.
bakúrṓ 博労 [馬喰·伯楽] O negociante de cavalos.
bakúróń 駁論 A refutação [contestação]. ★ *Seifu ni* ～ *o kuwaeru* 政府に駁論を加える Criticar a política governamental.
bakúryṓ 幕僚 **1** [参謀将校] Um oficial do estado-maior [O alto comando]. [S/同] Sańbṓ shṓkō. **2** [参画者たち] O grupo de colaboradores [participantes].
bakúryū́shu 麦粒腫【Med.】⇨ monó-mórai.
bakúsái 爆砕【E.】A explosão.
bakúshí 爆死 A morte por explosão.
bakúshíń 驀進【E.】A arremetida; a investida. [S/同] Mṓshíń (+); tosshíń (o).
bakúshín (chi) 爆心 (地) O centro da explosão.
bakúshṓ 爆笑 A gargalhada. ★ ～ *suru* 爆笑する Estourar de riso; escangalhar-se a rir. ⇨ ṓ-wárai.
bakúshū́ 麦秋【E.】A época da colheita do trigo. [S/同] Mugí-aki. ⇨ shóka[1].
bakútériá バクテリア (< Ing. < Gr. bacteria: pau) A bactéria; o bacilo. ◇ **Konryū** ～ 根粒バクテリア A bactéria radicícola. [S/同] Saíkíń (+).
bákuto 博徒 O apostador. [S/同] Bakúchí-uchi.
bakúyákú 爆薬 O explosivo. ★ *Eki ni* ～ *o shikakeru* 駅に爆薬をしかける Colocar um ～ na estação. ⇨ bakúdáń.
bakúzéń 漠然 Vago; ambíguo; obscuro. ★ ～ *taru [to shita]* 漠然たる [とした] Vago. ～ *to kangaeru* 漠然と考える Pensar vagamente. ⇨ boń'yári.
bakyákú 馬脚 **1** [馬の脚] As patas do cavalo. **2** [本性] A cauda serpentina; o veneno. ★ ～ *o arawasu* 馬脚を現す Ver-se a ～. [S/同] Hónshō (+). ⇨ shippó **1** ◇.
bakyū́múkā [uú] バキュームカー (< Ing. vacuum + car) O camin(h)ão-tanque de limpeza das fossas.
baméń 場面 **1** [劇·映画の] A cena (Em Teatro). ～ *ga kawatta* 場面が変わった Mudou de ～. [S/同] Shíń. **2** [動作が行われるその場のようす] A situação; o local; o cenário. [S/同] Jṓkéí; kṓkéí. ⇨ yṓsú.
bań[1] 晩 **1** [夜] A noite; o fim do dia. [S/同] Yóru. **2** [⇨ yū́gátá[1]].
bán[2] 番 **1** [見張り] O vigia; o guarda. *Mise no* ～ *o suru* 店の番をする Tomar conta da loja. [S/同] Miháń. **2** [順番] A vez. *Kondo wa dare no* ～ *da* 今度はだれの番だ Quem é agora [Agora é a ～ de quem]? ★ ～ *o matsu* 番を待つ Esperar a sua ～. [S/同] Juńbán (+); júnjo; tṓban. **3** [順位] A classificação; o lugar. *Kimi wa kurasu de nan-*～ *kai* 君はクラスで何番かい Na tua turma em que lugar estás [Qual é a sua classificação na classe]? [S/同] Jún'i. **4** [番号] O número. *O-taku no denwa wa nan-*～ *desu ka* お宅の電話は何番ですか Qual é o (～ do) seu telefone? ★ *Ni* ～ *hōmu* 2番ホーム A plataforma n°2. [S/同] Bańgṓ. **5** [勝負の回数] (Numeral de partidas). ★ *San* ～ *shōbu* 3番勝負 Um jogo em três partidas.
bán[3] 判 O tamanho [formato] (Do papel, livro, etc.). ★ *Ō* ～ *no keishi* 大判の罫紙 Papel pautado de tamanho grande. ◇ **Ē san** ～ A3判 Formato A3. **Sābisu** ～ サービス判「a fotografia de」Tamanho regular (9×12cm). [S/同] Hán.
bán[4] 盤 **1** [レコード] O disco. ◇ **Erupī** ～ LP盤 ～ LP. [S/同] Rekṓdo. **2** [板状の台] O tabuleiro「de gô」. [S/同] Dái. ⇨ gobáń; rashíń[1] ◇; shṓgí ◇.
bán[5] 万 **1** [何とも] Sem ter como. ★ ～ *yamu o enakereba* 万止むを得なければ Se for necessário. [S/同] Nántomo (+). **2** [決して] De modo nenhum. ★ ～ *irō no nai yō ni ki o tsukeru* 万遺漏のないように気を付ける Ter cuidado para que não haja nenhuma falha. [S/同] Bánban; kesshíté (+).
-bán[6] 版【Suf.】A edição. ◇ **Kaitei** ～ 改訂版 ～ revista. **Poketto** ～ ポケット版 ～ de bolso. *Shinbun no Tōkyō* ～ 新聞の東京版 ～ [página local do jornal] de Tóquio. ⇨ hán[3].
bānā [báa-] バーナー (< Ing. burner) A boca de fogão; o bico de gás; o maçarico. ◇ **Gasu** ～ ガスバーナー O bico de gás.
bánana バナナ (< P. < Mandinga) A banana.
ba-náré 場馴れ (<… [1] + naréru) A experiência; o traquejo; a prática. ★ ～ *(ga) suru* 場馴れ (が) する Acostumar-se「a」; ganhar prática.
bánban 万万 **1** [十分に] Muito (bem); bastante; totalmente. [S/同] Bánji (+); bańtáń (+); jū́bún ni (+); súbete (+); yóku (o). **2** [否定の意] Nunca; de modo algum; de jeito nenhum. ～ *sonna koto wa aru mai* 万々そんなことはあるまい Isso é impossível. [S/同] Kesshíté; yómoya (+); zettái (ní) (+).
bánbutsu 万物 Tudo quanto existe no Universo. [S/同] Bań'yū́; shínrabanshō.
bańchá 番茶 O chá ordinário [de qualidade inferior]. [P/ことわざ] *Oni mo jūhachi* ～ *mo debana* 鬼も十八番茶も出花 Não há mulher feia aos dezoito nem chá fraco à primeira infusão. ⇨ ryokúchá; seńchá.
bańchí 番地 O número da casa ou quarteirão.
bánchō 番長【G.】O cabecilha (de um bando de delinquentes juvenis).
bańdái 番台 **1** [台] O posto de vigia; o guiché/ê. **2** [人] O vigilante; o cobrador.
bańdó[1] バンド (< Ing. band) **1** [帯] **a**) (軍服の) O cinto; a faixa; **b**) (腕時計の) A pulseira. ★ ～ *o shimeru [yurumeru]* バンドを締める [ゆるめる] Apertar [Alargar] o/a ～. ◇ **Gomu** ～ ゴムバンド O elástico. **2** [周波数帯] A (faixa [gama] da) frequência (da onda).
bańdó[2] バンド (< Ing. band) **1** [演奏集団] A banda (de música); o conjunto musical. ◇ ～ **masutā** バンドマスター O mestre [maestro] da/o ～. ⇨ burásúbándo; gakúdáń[1]; gakútái. **2** [獣の群れ] Um grupo「de zebras」.
báne 発条 **1** [機械の] A mola. *Rasen* ～ ら旋ばね ～ em espiral. **2** [弾力性] A elasticidade; a flexibilidade. *Ano senshu wa* ～ *ga aru* あの選手はばねがある Aquele atleta tem muita agilidade [parece de borracha / parece que tem molas]. [S/同] Dańryókúséí.
bané-jíkake 発条仕掛け (<… **1** + shikáké) O dispositivo [mecanismo] de mola. ★ ～ *no omocha* ばね仕掛けのおもちゃ O brinquedo de mola.
bańgái 番外 O número extra (do programa); uma

exce(p)ção (de pessoa).
bańgákú 晩学 A aprendizagem [educação] tardia.
bańgárō バンガロー (< Ing. bungalow) O bangalô.
bańgása 番傘 (<… ² + kása) O guarda-chuva de papel impermeável [oleado].
bańgátá 晩方 O crepúsculo.
[S/同] Higúré-dókí; kurégátá; yūgátá (+).
bańgṓ [óo] 番号 O número. ～! 番号 (号令) Digam os seus números. ★ ～ *jun ni narabu* 番号順に並ぶ Pôr-se em fila por ordem numérica. *Wakai* [*Ōkii*] ～ 若い [大きい] 番号 O número baixo [alto]. ～ *o tsukeru* [*utsu*] 番号を付ける [打つ] Numerar [Pôr ～]. ◇ **～ fuda** 番号札 A ficha numerada. **Yūbin ～** 郵便番号 O código [～] postal; CEP. [S/同] Nánbā.
bań-góyá 番小屋 (<… ²**1** + koyá) A guarita; o posto de vigia.
bańgúmí 番組 O programa「de televisão」. ★ ～ *o tsukuru* 番組を作る Fazer um ～. ◇ **～ hensei** 番組編成 A programação. **Kyōyō ～** 教養番組 ～ cultural [educativo]. **Tokubetsu ～** 特別番組 ～ especial. [S/同] Purógúramu.
Bańgúrádéshu バングラデシュ Bangladesh. ◇ **～ jinmin kyōwakoku** バングラデシュ人民共和国 A República Popular de ～.
baníkú 馬肉 A carne de cavalo. [S/同] Sakúrá-niku.
bánira バニラ (< Ing. vanilla) A baunilha; *vanilla fragrans*. ◇ **～ essensu** バニラエッセンス A essência de ～.
bańjákú 盤 [磐] 石【E.】 **1** [巨岩] O penedo/rochedo; a rocha enorme. [S/同] Kyosékí (+). **2** [堅固なようす] A firmeza. ★ ～ *no mamori* 盤石の守り A defesa sólida (como uma rocha). [S/同] Kéngo (+).
bánji 万事 Tudo; todas as coisas. *Kare wa ichiji ga ～ kono chōshi da* 彼は一事が万事この調子だ Ele é sempre assim (em ～). [I/慣用] ～ *kyūsu* 万事休す Pronto, desisto!
bańjíń 蛮人 O bárbaro. [S/同] Yabáń-jín (+).
bańjṓ[1] 万丈 **1** [勢いが盛んであること] O ser grande e vigoroso. ★ ～ *no ki o haku* 万丈の気を吐く Dar livre expansão aos seus sentimentos. ◇ ⇨ **háran ～**. **2** [きわめて高いこと] A altura incrível.
bánjō[2] バンジョー (< Ing. banjo) O banjo.
bańjúkú 晩熟 A maturidade tardia; o amadurecimento tardio. [S/同] Okúté (+). [A/反] Sṓjúkú.
bánka[1] 挽歌 A elegia; o canto fúnebre.
[S/同] Aítṓka (+); chṓka.
bánka[2] 晩夏 Os últimos dias do verão.
[A/反] Shóka. ⇨ natsú.
bánkā バンカー (< Ing. bunker) A depressão do terreno contendo areia e constituindo obstáculo (No golfe).
bańkái 挽回 A recuperação. *Meiyo* (*o*) ～ *suru* 名誉(を) 挽回する Recuperar o prestígio.
bańkáń 万感【E.】Muitas [Um mar de] emoções. ～ *komogomo mune ni sematte kotoba ga denakatta* 万感こもごも胸に迫って言葉が出なかった Com tantas emoções não consegui falar.
bańkárá 蛮カラ【G.】Um desajeitado [estouvado].
[A/反] Haíkárá.
bańkéń 番犬 O cão de guarda.
bánki 晩期 **1** [⇨ mákki]. **2** [⇨ bańnéń].
bańkíń 板 [鈑] 金 A folha [lâmina, chapa] de metal. ◇ **～ kō** 板金工 O bate-chapas. [S/同] Itá-gáné.
bánko 万古 **1** [永久] A eternidade. ★ ～ *fueki no* 万古不易の Perpétuo; eterno. [S/同] Eíéń (+); eíkyū (+); sénko. **2** [Abrev. de "banko-yaki"] Um tipo de cerâmica da era Edo.
bańkṓ [óo] 蛮行 A brutalidade; um a(c)to de selvajaria.
bańkókki 万国旗 As bandeiras de todas as nações.
bánkoku 万国 A comunidade das nações; todos os países do mundo. ◇ **～ hakurankai** 万国博覧会 A exposição internacional [mundial]. **～ hyōjunji** 万国標準時 O tempo universal (de Greenwich) [G.M.T.]. [S/同] Shókoku.
bańkóń 晩婚 O casamento tardio.
[A/反] Sṓkóń. ⇨ kekkóń[1].
bańkótsú 万骨【E.】Milhares de ossadas [mortos]. [P/ことわざ] *Isshō kō natte ～ karu* 一将功成って万骨枯る A glória de um general constrói-se sobre ～ [à custa de muitas vidas].
bań-kúruwase 番狂わせ (<… ² + kurúwáséru) **1** [予想外の出来事で順序の狂うこと] O transtorno dos planos; o sair o tiro pela culatra [o sair o caldo entornado] (G.). **2** [勝負事で予想外の結果が出ること] A surpresa. *Kondo no senkyo wa ～ ga ōkatta* 今度の選挙は番狂わせが多かった Nestas eleições houve muitas surpresas.
bańmén 盤面 **1** [碁・将棋盤の] O [A superfície do] tabuleiro (Ex.: ～ *wa kare ni yūri ni tenkai shita* = Ele agora está a ganhar「no jogo de xadrez」). **2** [レコードの] A face do disco「está riscada」.
bań-méshí 晩飯 A ceia. ★ ～ *o taberu* 晩飯を食べる Cear. [S/同] Yūháń (+); yū-méshí. ⇨ asá[1] ◇; hirú-méshí; yūshókú[1].
bańmíń 万民【E.】Todos os cidadãos (De um país ou do mundo). [S/同] Hyakúséí.
bańnáń 万難【E.】Mil e uma [Um sem-número de] dificuldades. ★ ～ *o haishite* 万難を排して Superando ～. [S/同] Bańshṓ. ⇨ kánnan.
bańnéń 晩年 Os últimos anos da vida. ★ ～ *ni* 晩年に Nos ～. ～ *o shiawase ni okuru* 晩年を幸せに送る Ter uma velhice feliz. [S/同] Rṓnéń.
bańnín[1] 番人 O guarda; o vigia.
[S/同] Kańshí-níń; mihárí-(níń); shuéí.
bańnín[2] 万人 Toda a gente. *Kono chīzu wa ～ muki da* このチーズは万人向きだ Este é um queijo que agrada a todos [para todos os gostos].
[S/同] Moróbító; shūjíń.
bańnṓ 万能 A o(m)nipotência; a polivalência. ★ *Kagaku ～ no yo-no-naka* 科学万能の世の中 A era da supremacia da ciência. ◇ **～ senshu** 万能選手 O atleta completo. [S/同] Zeńnṓ.
bańnṓ-yaku [óo] 万能薬 A panaceia; o remédio para todos os males.
bánpā バンパー (< Ing. bumper) O pára-choques; o amortecedor.
bańpákú 万博 (Abrev. de "bańkókú hakúránkai") A exposição internacional.
bańpáń 万般 Todas as coisas; todos os「cuidados」.
[S/同] Bánji (+); bańtáń.
bańpéí 番兵 O guarda; a sentinela. [S/同] Shṓhéí.
bánpu バンプ (< Ing. vamp) A mulher fatal.
[S/同] Yṓfu.
bańpū 蛮風【E.】Os costumes bárbaros.
⇨ sóya; yabáń.
bańpúkú 万福 Toda a felicidade; muitas felicidades. [S/同] Takṓ (+).
bańrái 万雷【E.】Milhões de trovões; o estrondo.

★ ~ no hakushu 万雷の拍手 Um grande aplauso; uma revoada de aplausos.
bánri 万里 Milhares de quiló(ô)metros de distância. ★ ~ no chōjō 万里の長城 A grande muralha da China.
bańsaku 万策 Todos os recursos [meios]. ~ tsukita 万策尽きた Esgotaram-se ~.
bańsan 晩餐 O jantar; a ceia. ★ Saigo no ~ 最後の晩餐 A Última Ceia. ◇ ~ kai 晩餐会 O banquete; o jantar de festa.
⇨ bań-méshí; yúhań; yúshókú¹.
bańseí¹ 蛮声 A voz esganiçada.
bánsei² 万世【E.】Todas os gerações; a eternidade. ★ ~ ikkei no tennō 万世一系の天皇 O imperador da dinastia ininterrupta (do J.). S/周 Eíkyū (+).
bańseí³ 晩成【E.】O aperfeiçoamento lento [tardio]. ◇ ⇨ **taiki** ~.
báńsha 万謝【E.】 **1**[深く感謝すること]Mil agradecimentos. S/周 Shínsha; tásha. **2**[深く謝罪すること]Mil desculpas. S/周 Shínsha; tásha.
bańsháku 晩酌 A bebida ao jantar.
bánshi 万死【E.】A morte certa. Sono tsumi wa ~ ni atai suru その罪は万死に値する Esse crime é digno de morte.
bańshó¹ 板書 A explicação no quadro. ★ ~ suru 板書する Escrever no quadro. ⇨ kokúbań.
bańshó² 万象 Tudo o que existe no universo. S/周 Bánbutsu. ⇨ shínra banshō.
bańsho³ 万障 Todos os obstáculos. ~ o-kuriawase no ue go-raijō kudasai 万障お繰り合わせの上ご来場ください Contamos com a sua presença. S/周 Bańnań.
bańshó⁴ 晩鐘【E.】O toque das ave-marias (ao fim da tarde). A/反 Gyóshō.
bańshókú 伴食【E.】O ter (só o) título; o ser nominal. ◇ ~ daijin 伴食大臣 O ministro titular.
bańshū 晩秋 O final [fim] do Outono. A/反 Shoshū. ⇨ ákí¹.
bańshún 晩春 O final [fim] da Primavera. A/反 Sōshún. ⇨ háru¹.
bańsó 伴奏 O acompanhamento (musical). ★ ~ (o) suru 伴奏(を)する Acompanhar; tocar o ~. ◇ ~ sha 伴奏者 O acompanhador.
bańsókó 絆創膏 O (penso) adesivo [esparadrapo (B.)]. ★ ~ o haru 絆創膏を貼る Pôr um ~.
bańtámú-kyū バンタム級 (< Ing. bantam weight) A categoria de peso-galo (no boxe).
⇨ féza **2**; furáíkyū.
bańtán 万端 Tudo. Sugu ni junbi ~ totonoesasemasu すぐに準備万端整えさせます Já mando preparar ~. S/周 Bańpań; íssai (+); zeńpań.
bańté 番手 **1**[隊列順位]A categoria dentro de uma certa ordem classificativa. ★ Tōgun no ichi-~ 東軍の一番手 O primeiro posto do exército de leste. **2**[糸の太さ]A espessura「50」do fio.
bánto バント (< Ing. bunt) A tá(c)tica de rebater a bola sem girar o corpo. ★ ~ de sōsha o okuru バントで走者を送る Ajudar a avançar uma base com ~.
bańtó¹ 番頭 **1**[店の支配人]O gerente. ◇ Ō-~ 大番頭 ~ administrativo. **2**[芸人のマネージャー] O empresário. **3**[湯屋の三助]O servente [funcionário] de uma casa de banhos pública.
bańtó² 晩冬【E.】O fim [Já nos últimos dias] do inverno.
bań'yú¹ 万有【E.】Tudo o que existe na natureza.

◇ ~ inryoku 万有引力 A força da gravitação universal. ⇨ bánbutsu; shínra-banshō.
bań'yú² 蛮勇【E.】A temeridade「de enfrentar o leão」.
bańzai 万歳 Viva! Hitobito wa "Tennōheika ~" to sakenda 人々は"天皇陛下万歳"と叫んだ ~ o imperador! - gritou a multidão. ~ (o) sanshō suru 万歳(を)三唱する Dar três vivas.
bańzén 万全 A perfeição; a infalibilidade. ★ ~ no saku o kōjiru 万全の策を講じる Ado(p)tar [Tomar] todas as medidas necessárias.
S/周 Kańpékí (+); kańzén (o).
bánzoku 蛮族 A tribo primitiva [selvagem].
bań-zúké 番付 (< ~² + tsukéru) **1**[順位表]A lista das pessoas importantes. ◇ **Chōja** ~ 長者番付 A lista, por ordem de riqueza, dos milionários. **2**[演芸番組の]Um programa.
bappón-téki 抜本的 Drástico; radical. ★ ~ ni kaiketsu suru 抜本的に解決する Solucionar (um problema) de modo ~.
bará **a)**薔薇 A rosa; **b)**A roseira. ことわざ ~ ni toge ari ばらに刺あり Não há rosa sem espinhos [Não há bela sem senão]. ◇ ~ **en** ばら園 O roseiral. ~ **iro** ばら色 Cor-de-rosa [~ iro no jinsei ばら色の人生 Uma vida cor-de-rosa].
bára² ばら Avulso; separadamente. ★ ~ de uru ばらで売る Vender (em) avulso.
bárabara ばらばら **1**[散らばっているさま]Dispersamente. Kare no heya wa hon ya fuku ga ~ ni chirakatte ita 彼の部屋は本や服がばらばらに散らかっていた O quarto dele estava com os livros e a roupa espalhados numa grande desordem. **2**[雨・あられなどの降るさま]As gotas. Ō-tsubu no ame ga ~ (to) futte kita 大粒の雨がばらばら(と)降ってきた Começou a cair uma chuva em pingas grossas. **3**[解き離すさま][barábárá] Em pedaços. ★ Tokei o bunkai shite ~ ni suru 時計を分解してばらばらにする Desmontar o relógio todo. **4**[方々に別れるさま][bará-bárá] Em separado. ★ ~ ni kaeru ばらばらに帰る Voltar separadamente. **5**[不統一なさま]Diversamente. Kono shina wa mise ni yotte nedan ga ~ da この品は店によって値段がばらばらだ Os preços deste produto variam consoante a loja. S/周 Machímachi.
barádo バラード (< Fr. ballade) A balada.
baráeti バラエティー (< Ing. variety < L.) A variedade. ★ ~ ni tomu バラエティーに富む Ter muita [Ser rico em] ~. ◇ ~ **shō** バラエティーショー O espe(c)táculo de ~. S/周 Hénka (+); tayōséí.
barákku バラック (< Ing. barrack) A cabana; o barracão. S/周 Hottátégóya; karí-góyá.
bará-máku ばら蒔く Espalhar; distribuir. ★ O-kane o hinmin ni ~ お金を貧民に Distribuir muito dinheiro pelos pobres. Uwasa o ~ うわさをまく Espalhar boatos.
Baramón 婆羅門 O [A] brâmane. ◇ ~ **kyō** バラモン教 O bramanismo.
baránsú バランス (< Ing. balance < L.) O equilíbrio. ★ ~ ga torete iru バランスが取れている Estar equilibrado. S/周 Kińkō; tsurháí.
baránsu-shíto[í] バランスシート (< Ing. balance sheet) O balancete; a folha de balanço.
S/周 Táishaku taíshōhyō.
baráraika バラライカ【Mús.】A balalaica.

barásén ばら銭 O dinheiro miúdo; os trocos. [S/同] Hashítá-zéní; kozéní. ⇨ kṓka².

barásu ばらす【G.】 **1** [分解する] Deitar abaixo; desmontar; desfazer. [S/同] Buńkáí súrú (+). **2** [殺す] Matar; liquidar; desfazer-se 「de」. [S/同] Korósú (+). **3** [他人にしゃべる] Revelar; desmascarar. ★ *Himitsu o* ～ 秘密をばらす Revelar o segredo. [S/同] Morásu.

barású (tó) バラス(ト) (< Ing. ballast) O lastro (dos navios). [S/同] Niáshí.

barátsúkí ばらつき A desigualdade 「da qualidade dos produtos」. [S/同] Fu-zóroi.

bará-zúmí ばら積み (< …² + tsumú)「carregar」A granel.

báree バレエ (< Fr. ballet) O bailado. ◇ **～ dan** [**ongaku**] バレエ団 [音楽] O grupo [A música] de ～. ⇨ baréŕīna.

barḗ-bṓru [**óo**] バレーボール (< Ing. volleyball) O volei (bol). [S/同] Haíkyū́.

baréí 馬齢【E.】A própria idade. ★ ～ *o kasaneru* [*kuwaeru*] 馬齢を重ねる [加える] Ficar mais velho.

baréíshó 馬鈴薯 ⇨ jagáímó.

Baréńtáín-dē バレンタインデー (< Ing. St. Valentine's Day) O dia de S. Valentim (14 de Fev.).

baréŕīna [**ii**] バレリーナ (< It. ballerina) A bailarina. ⇨ báree.

baréru¹ ばれる【G.】 Ser descoberto; vir à luz; descobrir-se. *Kanojo ni uso o tsuite ita no ga barete shimatta* 彼女にうそをついていたのがばれてしまった Descobriu-se que eu lhe tinha mentido a ela.

báreru² バレル (< Ing. barrel) O barril; a pipa.

bári¹ 罵詈【E.】A linguagem mal-criada [insultuosa]. ★ *Hito ni* ～ *zōgon o abiseru* 人に罵詈雑言を浴びせる Despejar um chorrilho de asneiras. ⇨ nonóshíru.

-barí² 張り (< harú) **1** [めっき] Galvanizado 「a oiro」. [S/同] Mekkí. **2** [-風] Ao modo. ★ *Sōseki* ～ *no shōsetsu* 漱石張りの小説 A novela ao estilo [～/à maneira] de Soseki. [S/同] -fū́.

báribari ばりばり **1** [強くひっかいたり引き裂いたりする時の音の形容] (Im. do ruído de arranhar). ★ ～ (*to*) *hikkaku* ばりばり(と)ひっかく Fazer ruído ao arranhar. **2** [固いものをかむ音の形容] (Im. do ruído de mastigar alimentos rijos). ★ ～ (*to*) *senbei o kamu* ばりばり(と)せんべいをかむ Mastigar "senbei" ruidosamente. ⇨ pári pari. **3** [こわばっているさま, またはこわばった物にさわった時の音の形容] (Im. de algo rijo). ★ ～ *ni nori no kiita shītsu* ばりばりにのりのきいたシーツ O lençol a estalar com tanta goma. [S/同] Gówagowa. **4** [威勢よく行動するさま] Energicamente [Com genica]. ★ ～ (*to*) *shigoto o suru* ばりばり(と)仕事をする Trabalhar ～. ⇨ jánjan. **5** [活動的なさま] (Im. de a(c)tivo). ★ *Gen'eki* ～ *no kisha* 現役ばりばりの記者 Um jornalista muito a(c)tivo.

baríḗshon [**ée**] バリエーション (< Ing. variation < L.) **1** [変化] A variação. ⇨ hénka¹; heńkéí¹; heńshú. **2** [変奏曲]【Mús.】A variação (musical). [S/同] Heńsṓ (kyoku) (+).

baríkáń バリカン (< Fr. Barriquand et Marre: antr.) A máquina de cortar o cabelo. ★ ～ *de kami o karu* バリカンで髪を刈る Cortar o cabelo à máquina.

baríkḗdo [**ée**] バリケード (< Ing. barricade) A barricada. [S/同] Bṓsáí.

baríkí 馬力 **1** [動力単位] O cavalo(-vapor/-força). ★ ～ *ga deru* 馬力が出る「o motor」Puxar bem. **2** [精力] A energia [força]. ★ ～ *ga aru* 馬力がある Ter ～. ～ *o kakeru* [*dasu*] 馬力をかける [出す] Esforçar-se. [S/同] Séiryoku.

barítóń バリトン O barítono. ◇ **～ kashu** バリトン歌手 O (cantor) ～.

barókku バロック (< Fr.baroque) **1** [いびつな真珠] O barroco; a pérola barroca [tosca/de forma irregular]. ◇ **～ pāru** バロックパール Um barroco. **2** [芸術様式]【Arte】O barroco. ◇ **～ kenchiku** [**ongaku**] バロック建築 [音楽] A arquite(c)tura [música] barroca. **～ yōshiki** バロック様式 O estilo ～.

barómḗtā [**ée**] バロメーター (< Ing. barometer) **1** [気圧計] O baró[ô]metro. [S/同] Kiátsú-kéí (+); seíú-kéí. **2** [指標] O indicador; o índice. *Kami no shōhi-ryō wa bunka no* ～ *da* 紙の消費量は文化のバロメーターだ O consumo de papel é um índice do nível cultural. [S/同] Shishíń.

bā́ru¹ [**áa**] バール (< Ing. bar) O bar (Unidade de medida de pressão). ⇨ mirí-bā́ru.

bā́ru² [**áa**] バール (< Ing. crowbar) A alavanca; o pé-de-cabra. [S/同] Kanátékó (+).

barúbú バルブ (< Ing. < L. valva) A válvula. [S/同] Bén (+).

Barúkáń バルカン Os Balcãs. ◇ **～ hantō** バルカン半島 A Península Balcânica. **～ shokoku** バルカン諸国 Os países balcânicos [dos ～].

barúkónī バルコニー (< Ing. balcony < It. < Gr.) A varanda; a sacada. [S/同] Rodáí.

baryū́mu [**úu**] バリューム【Quím.】(< Al. < Gr. barýs: pesado) O bário(Ba 56).

basabasa ばさばさ **1** [かわいた物のふれあう音] [básabasa] (Im. do farfalhar ou roçar de coisas secas). **2** [髪の毛などの油けがなく乱れたさま] [basábásá] (Im. de coisa crespa e desalinhada). ★ ～ *no kami* ばさばさの髪 O cabelo seco ou desgrenhado. ⇨ pasá-pásá.

bā́-san [**áa**] 婆さん A anciã; a velhinha. [S/同] Babā́. [A/反] Jī́-san.

Basédṓ (shí)-byṓ バセドー(氏)病【Med.】A doença de "Basedow".

baséí 罵声 A vaia; o apupo; o assobio. ★ ～ *o abiseru* 罵声を浴びせる Vaiar; assobiar; apupar.

básha 馬車 O coche; a carroça; a diligência (puxada a cavalos). ◇ **～ uma** 馬車馬 O cavalo de tra(c)ção 「～ *uma no yō ni hataraku* 馬車馬のように働く Trabalhar como um animal」. **Noriai ～** 乗合馬車 A diligência; o coche para várias pessoas.

báshabasha (to) ばしゃばしゃ(と) Chape! Chape! [S/同] Báchabacha (to).

bashán to ばしゃんと Chape!; pás!; trás! ★ *To o* ～ *shimeru* 戸をばしゃんと閉める Bater com a porta. ⇨ bachán to; batán to.

bashíń 馬身 O comprimento do cavalo. ★ *Ichi-[Han-]* ～ *no sa de katsu* 一[半]馬身の差で勝つ Vencer com a diferença de um [de meio] cavalo (Nas corridas).

bashó 場所 **1** [所] O lugar; o sítio; o local. ★ ～ *gara mo wakimaezu* 場所がらもわきまえず「ele deu uma gargalhada」Sem respeitar [ter em conta] o local. [S/同] Tokóró. **2** [位置] A posição; a localização; a situação. ★ ～ *ga ii* [*warui*] 場所がいい [悪い] Estar bem [mal] situado. *Tsukatta mono o moto no* ～ *ni kaesu* 使っ

B

た物を元の場所に返す Tornar a pôr o obje(c)to usado no seu lugar. ⟨S/周⟩ Ichí.
3 [空間] O espaço. ★ ~ *o toru* [*fusagu*] 場所を取る [ふさぐ] Ocupar [Tirar] espaço. ⟨S/周⟩ Kűkań (+).
4 [座席] O lugar; o assento. *Anata ga suwaru ~ o totte okimashita* あなたが座る場所を取っておきました Guardei o lugar para você (se sentar). ⟨S/周⟩ Séki (+); zasékí (+).
5 [相撲の興行] O torneio de sumô. ◊ Aki [Haru] ~ 秋 [春] 場所 O torneio de Outono [Primavera].

bashô 芭蕉 【Bot.】 Uma espécie de bananeira do Japão; *musa basjoo*.

bashókú 馬食 ⇨ gyűín-bashókú; gelín.

bassái 伐採 O corte de árvores, a desarborização. ★ ~ *suru* 伐採する Cortar madeira; abater árvores.

basséki 末席 ⇨ masséki.

basshi[1] 抜糸 【Med.】 A extra(c)ção dos pontos. ★ ~ *suru* 抜糸する Tirar [Extrair] os pontos.

basshi[2] 抜歯 【Med.】 A extra(c)ção de um dente. ★ ~ *suru* 抜歯する Arrancar [Extrair/Tirar] ~.

bassókú 罰則 As cla(ú)sulas (provisões) penais. ★ ~ *ni fureru* 罰則に触れる Infringir as ~/disposições penais. ◊ ~ **kitei** 罰則規定 O código penal.

bassúi 抜粋 [萃] O extra(c)to. ★ ~ *suru* 抜粋する Extrair (um trecho); fazer um「excerpt」. ⟨S/周⟩ Shōrókú. ⇨ nukí-dásu.

bassúrú 罰する Punir; castigar. ⟨S/周⟩ Shóbatsu surú.

básu[1] バス (< Ing. bus < L. omnibus: "para todos") O autocarro (P.); o ônibus (B.); a camioneta「da carreira」. ★ ~ *de iku* バスで行く Viajar [Ir] de ~. **a)** *ni noríokureru* バスに乗り遅れる **a)** Perder o/a ~; **b)** Perder uma boa oportunidade; **c)** Ficar fora da moda. ~ *ni noru* バスに乗る Tomar o/a ~. ~ *o* [*kara*] *oriru* バスを [から] 降りる Descer do/da ~. ◊ ~ **gaido** バスガイド A guia de ~ (de turismo). ~ **tāminaru** バスターミナル O terminal de ~s. ~ **teiryūjo** バス停留所 A paragem [O ponto] de ~. **Kankō** ~ 観光バス ~ de turismo. ⟨S/周⟩ Norlái-jídōsha.

básu[2] バス (< Ing. bath) O banho. ◊ ~ **rūmu** バスルーム O banheiro (B.); o quarto de ~ (P.). ~ **taoru** バスタオル A toalha de ~. ⟨S/周⟩ Furó (+).

básu[3] バス (< Ing. bass) 【Mús.】 O baixo. ◊ ~ **kashu** バス歌手 O (cantor) ~.

basúé 場末 **a)** O arrabalde; o subúrbio (⇨ kôgai[2]); **b)** O bairro pobre [fora do centro da cidade]. ⟨S/周⟩ Machí-házure.

basúkétto バスケット (< Ing. basket) **1** [かご] O cesto. ◊ **Chikin** ~ チキンバスケット O frango frito e servido num cestinho. ⟨S/周⟩ Kagó (+). **2** [Abrev. de "basúkéttóbóru"] O basquetebol; a bola ao cesto. ◊ ~ **shūzu** バスケットシューズ Os sapatos de ~.

basúkétto-bóru [óo] バスケットボール (< Ing. basketball) A bola ao cesto; o basquetebol. ⟨S/周⟩ Rôkyū.

básu-kóńtóróru [aá-óo] バースコントロール (< Ing. birth control) O controlo da natalidade. ⟨S/周⟩ Sańjí séigen (+).

Básuku バスク (< Fr. basque) Basco. ◊ ~ **chihō** バスク地方 As vascongadas [províncias bascas]. ~ **go** バスク語 O basco [vasconço]. ~ **jin** バスク人 Os bascos.

basúń [úu] バスーン (< Ing. basson) O fagote. ⟨S/周⟩ Fágotto.

básuto バスト (< Ing. bust < L.) **1** [胸まわり] O busto; o peito; os seios. ⟨S/周⟩ Muné-máwari. ⇨ kyōbu. **2** [胸像] O busto. ⟨S/周⟩ Kyōzó (+).

bátā バター (< Ing. butter) A manteiga. ★ *Pan ni ~ o nuru* パンにバターを塗る Barrar o pão com ~. ◊ ~ **naifu** バターナイフ A faca de ~.

bátā [báa] バーター (< Ing. barter) A troca [permuta] de bens (géneros). ◊ ~ **bōeki** バーター貿易 O comércio de troca dire(c)ta de produtos. ⟨S/周⟩ Butsúbútsúkōkan (+).

batá-áshi バタ足 (< bátabata + …) A rápida batida de pé/O bater dos pés (na natação).

bátabata ばたばた **1** [物に当たる音] Truz, truz! ★ *Hane o* ~ (*to*) *saseru* 羽をばたばた (と) させる Bater as asas. **2** [駆ける足音] (Im. do som de passos (tropel)). ◊ *Rōka o* ~ (*to*) *hashiru* 廊下をばたばた (と) 走る Ir pelo corredor a correr. **3** [速くはかどるさま] Trás, trás. ★ *Shigoto o* ~ (*to*) *katazukeru* 仕事をばたばた (と) 片付ける Terminar o trabalho num instante [minuto] (, ~). **4** [相次いで倒れるさま] Em sucessão rápida. *Heishi ga go-roku-nin* ~ (*to*) *taoreta* 兵士が五、六人ばたばた (と) 倒れた Tombaram cinco ou seis soldados uns atrás dos outros. **5** [あわてるさま] Precipitadamente. *Imasara ~ shite mo hajimaranai* 今さらばたばたしてもはじまらない Já não adianta ter pressa.

bátafurai バタフライ (< Ing. butterfly) **1** [水泳の] O estilo mariposa (em natação). **2** [ヌードダンサーのつける布片] A tanguinha [folha de figueira] usada pelas mulheres no "show" de "strip-tease".

batā-kúsái バタ臭い (< bátā + …) (Demasiado) ocidental(izado).

batán to ばたんと Pum! Catrapus! Pás! ★ ~ *to o shimeru* ばたんと戸を閉める Bater com a porta. ⇨ bashán to; bashán to.

bátari ばたり ⇨ battári 1.

batátto ばたっと 【On.】 Catrapus! ★ ~ *taoreru* ばたっと倒れる Cair com um baque (, ~).

batéí[1] 馬丁 【E.】 O moço de cavalariça; o estribeiro [palafreneiro] (A.). ⟨S/周⟩ Bettō; mágo (+); umákátá (o).

batéí[2] 馬蹄 O casco「ferrado」do cavalo.

batéi-kéi 馬蹄形 A forma de ferradura. ◊ ~ **jishaku** 馬蹄形磁石 O íman [magneto/ímã] em (forma de) ferradura. ⇨ teítétsú.

bátén (**dā**) [**baátén**; **baáténdaa**] バーテン (ダー) (< Ing. bartender) O empregado de bar.

bátéréń 伴天連 (< P. padre < L. patrem) 【H.】 **1** [宜教師] Os missionários「jesuítas」do J. nos séculos 16 e 17. ⇨ seńkyō[1]; shisáí. **2** [キリスト教] O cristianismo. ⟨S/周⟩ Kírísútókyō (+).

baterú ばてる 【G.】 Ficar esgotado [morto de cansaço]. ⟨S/周⟩ Tsukáréru (+). ⇨ hatéru.

batō 罵倒 O insulto; a afronta. ⟨S/周⟩ Tsúba.

báton バトン (< Ing. baton) O bastão. ★ ~ *o watasu* バトンを渡す **a)** Passar o bastão ao corredor seguinte; **b)** 【Fig.】 Passar a batuta (Cargo) ao sucessor. ◊ ~ **gāru** [**towarā**] バトンガール [トワラー] A moça que vai à frente da fanfarra rodopiando o ~. ~ **pasu** [**tatchi**] バトンパス [タッチ] A passagem do ~.

bátsu[1] 罰 A punição; a penalidade; o castigo. ★ ~

o ataeru [*kasuru*; *kuwaeru*] 罰を与える [課する；加える] Castigar; punir; impor uma pena. ~ *o ukeru* [*kōmuru*] 罰を受ける [こうむる] Ser castigado. bachí. A/反 Shō. ⇨ koráshíme; bassóku. S/同

bátsu² 閥 A fa(c)ção; a panelinha; a clique; a súcia; o círculo de compadres. S/同 Ha; habátsú (+). ⇨ gakúbátsú; zaíbátsú; keíbátsú².

bátsu³ ばつ 【G.】 **1** [その場の具合] A circunstância; a ocasião. ★ ~ *ga warui* ばつが悪い Sentir-se constrangido [mal] (na presença de alguém). ⇨ chôshí¹; guaí. **2** [つごう] O que é condizente.

bátsu⁴ ばつ O cortar; (o estar) errado. ◊ **Maru ~ shiki** ○×式 A maneira automática「de responder no exame」marcando um círculo quando está corre(c)to e um "X" quando está errado. A/反 Marú. ⇨ batsú-jírushi.

bátsu⁵ 跋 ⇨ batsú-búń.

batsú-búń 跋文 O epílogo; o posfácio. S/同 Ató-gákí (+). A/反 Jo.

batsú-jirushi ばつ印 〈… + shirúshí〉 O sinal de cortar/suprimir [×]. ★ ~ *o tsukeru* ばつ印を付ける Marcar com ×. S/同 Péke. A/反 Marú-jirushi.

battá 飛蝗 【Zool.】 O gafanhoto; o saltão (Pop.).

báttá バッター 〈 Ing. batter〉【Beis.】 O (re)batedor. ◊ ~ **bokkusu** バッターボックス O lugar do ~.

battári ばったり **1** [突然] De chofre. ★ ~ *taoreru* ばったり倒れる Cair ~; baquear. S/同 Totsúzéń (+). **2** [思いがけず] Inesperadamente. ★ ~ *de-au* ばったり出会う Encontrar「alguém」por acaso. S/同 Gūzéń (+); omóigákézu (+). **3** [急にとだえるようす] Bruscamente; de repente.

battékí 抜擢 A sele(c)ção [promoção]. S/同 Tó-yō.

battén 罰点 O sinal de reprovado. S/同 Bátsu (+); batsú-jírushi.

battérá バッテラ 〈 P. bateira〉 **1** [ボート] O batel. S/同 Bóto. **2** [さばの押しずし] O "súshi" de cavala enrolado numa folha de "konbu" e servido em travessa de bambu. S/同 Sabá-zúshi.

bátterī バッテリー **1** [蓄電池] A bateria elé(c)trica. **2** [投手と捕手]【Beis.】 O conjunto de arremessador e apanhador.

battíngú¹ バッティング 〈 Ing. batting〉【Beis.】 A batida; o manejo do bastão.

battíngú² バッティング 〈 Ing. butting〉 A cabeçada (No pugilismo).

bátto バット 〈 Ing. bat〉【Beis.】 O bastão.

battō 抜刀 A espada desembainhada.

baúndo バウンド 〈 Ing. bound〉 O salto; o「fazer」ricochete. ★ ~ *suru* バウンドする Saltar. ⇨ hazúmú.

báya [*áa*; *aáyá*] 婆や A criada idosa; a ama. A/反 Jíya.

bázá バザー 〈 P. 〈 Persa bazaar〉 O bazar. S/同 Jizén-ichi.

bazúká-jū [*hō*] バズーカ銃 [砲] 〈 Ing. bazooka〉 A bazuca.

beáríngú ベアリング 〈 Ing. bearing〉 O (apoio do) rolamento [eixo]; a caixa do mancal. ⇨ jikú-úké.

bébí ベビー 〈 Ing. baby〉 **1** [小型のもの] Mini; pequeno. S/同 Kogátá (+). **2** [赤ん坊] O bebé[ê]. S/同 ◊ ~ **fuku** ベビー服 As roupinhas do ~. S/同 Ákachan (o); akánbō (+).

bebí-būmu [*bīi-búu*] ベビーブーム A explosão da natalidade.

bebí-fúdo [*bīi-fúu*] ベビーフード A comida de bebé[ê].

bebí-kā [*ii*] ベビーカー O carrinho de bebé[ê].

bebí-sákuru [*bīi-sáa*] ベビーサークル O parquezinho de bebé[ê].

bebí-shíttā [*ii*] ベビーシッター A ama-seca (Pessoa que toma conta de bebé[ê]s).

béchabecha [*béchakucha*] べちゃべちゃ [べちゃくちゃ]「falar」Blá, blá. S/同 Péchakucha.

béddo ベッド 〈 Ing. bed〉 A cama; o leito. ★ ~ *ni hairu* ベッドに入る Ir para a [Meter-se na] ~. ◊ ~ **rūmu** ベッドルーム O quarto de dormir. **Daburu ~** ダブルベッド ~ de casal. **Ni-dan ~** 二段ベッド O beliche. S/同 Shíndái.

beddó-táun ベッドタウン 〈 Ing. bed + town〉 A cidade dormitório「da capital」.

begónía ベゴニア 〈 Fr. bégonia〉【Bot.】 A begó[ô]nia; *begonia*.

Béi- 米 ⇨ Beíkókú².

béiju 米寿 O octogésimo oitavo [88] aniversário. ★ ~ *no iwai* 米寿の祝い A celebração do ~.

béika 米価 O preço do arroz (fixado cada ano pelo governo).

beíkóku¹ 米穀 O arroz (Só se usa no comércio). ⇨ komé; béika.

Beíkóku² 米国 ⇨ Américá.

beísáku 米作 **1** [米の栽培] A cultura do arroz. ◊ ~ **chitai** 米作地帯 A região produtora de arroz. **2** [米の収穫] A colheita de arroz. S/同 Inásáku.

beishóku 米食 A dieta [alimentação] à base de arroz. ⇨ komé; nikúshóku; saíshókú¹. S/同

béju [*eé*] ベージュ O bege. ★ ~ *iro no* ベージュ色の De cor bege.

-bekárazu べからず 【E.】 ⇨ -béshi.

békarí [*ée*] ベーカリー 〈 Ing. bakery〉 A padaria. S/同 Pán'ya (+).

béki¹ 冪 【Mat.】 A potência. ◊ ~ **kyūsū** 冪級数 A série de potências. ⇨ ruíjō.

-béki² べき (Suf. que significa obrigação; por ex.: *iku-beki* = deve ir). ⇨ -béshi.

bekíngú-páuda [*eé*] ベーキングパウダー O fermento em pó. S/同 Fukúrásh-kó.

bekkáku 別格 O estatuto especial; a categoria à parte. ★ ~ *no atsukai o ukeru* 別格の扱いを受ける Receber tratamento especial. ⇨ tokúbétsú.

bekkán 別館 O anexo do hotel」; a dependência. A/反 Hońkáń. ⇨ shíńkáń².

bekkéi 別掲 O anexo. ~ *no hyō no miyo* 別掲の表を見よ Vejam o gráfico (em anexo). ⇨ keísáí.

bekkén¹ 別件 Um caso à parte. ◊ ~ **taiho** 別件逮捕 A detenção de「alguém」sob pretexto de acusação diversa da que se pretende investigar. ⇨ íken.

bekkén² 瞥見 【E.】 O relance; a olhadela; o olhar rápido. S/同 Ikkéń.

bekki 別記 A anotação à parte. ★ ~ *no tōri* 別記の通り Conforme ~.

békko 別個 [箇] Uma coisa à parte. ★ ~ *ni toriatsukau* 別個に取り扱う Tratar separadamente. ~ *no* 別個の「Um problema」diferente. ⇨ betsú.

bekkō¹ 別項 A cláusula anexa. ★ ~ *no gotoku* 別項記載のごとく Como vem na ~.

bekkō² 鼈甲 A carapaça de tartaruga. ◊ ~ **zaiku** 鼈甲細工 O trabalho em tartaruga.

bekkón 別懇 ⇨ jikkón.
bekkyó 別居 **1** [親子の] O viver separado (dos pais). A/反 Dókyo. **2** [夫婦の] O viver separado (Marido e mulher); a separação judicial. *Ano fūfu wa ~ chū da* あの夫婦は別居中だ Aquele casal está separado. A/反 Dókyo.
békon [ée] ベーコン (< Ing. bacon) O tou[oi]cinho (fumado); o presunto. ◇ **~ eggu** ベーコンエッグ Ovos com toicinho「ao almoço」.
békúráito [eé] ベークライト (< Baekeland: antr.) A baquelite (Um plástico).
-békushite べくして ⇨ -béshi.
békutoru ベクトル (< Al. < L. vector) O vector. **~ no muki** [ōkisa] ベクトルの向き[大きさ] A direc(ç)ão [O tamanho] vectorial. A/反 Sukára.
bén[1] 弁 [瓣・辯] **1** [花弁] A pétala. S/同 Kabén (+). **2** [器具・機械の] A válvula. S/同 Barúbu. **3** [弁舌] A linguagem falada [A fala]; o discurso oral. ★ **~ ga tatsu** 弁が立つ Ser eloquente; ser bem-falante. S/同 Benzétsú. **4** [言葉づかい] O sotaque. ◇ **Tōhoku ~** 東北弁 ~ de Tohoku (⇨ zūzúbén). S/同 Kotóbá-zúkai. ⇨ namári[2].
bén[2] 便 **1** [便利] A conveniência; a utilidade. *Kōtsū no ~ ga yoi* [*warui*] 交通の便が良い[悪い] Ter bons [Estar bem servido de] transportes. S/同 Bénri (+). **2** [排泄物] As fezes. S/同 Haísétsú-butsu. ⇨ daí-bén[1]; shóben.
benbáku 弁 [辯] 駁 【E.】 A refutação.
benbéntaru 便便たる 【E.】 Protuberante; saliente.
benbénto 便便と Ociosamente. ⇨ mudá.
benbétsú 弁 [辨] 別 【E.】 O discernimento; a capacidade de distinguir. ★ *Rihi o ~ suru* 理非を弁別する Discernir o bem do mal. ◇ **~ ki** 弁別器 O processador (de correspondência). S/同 Shikíbétsú (+).
benchára べんちゃら ⇨ obénchára.
bénchi ベンチ **1** [長いす] O banco. S/同 Nagá-ísú. **2** [野球場内の] O banco de abrigo para jogadores.
benchírētā [ée] ベンチレーター (< Ing. ventilator L.) O ventilador. ⇨ kańkí[2]; sófu; tsúfu[1].
ben'éki 便益 【E.】 ⇨ béngi.
Benérukkusu ベネルックス (< Benelux) O Benelux [A Bélgica, a Holanda ("Netherlands") e o Luxemburgo].
Benézúera ベネズエラ A Venezuela. ◇ **~ jin** ベネズエラ人 O venezuelano.
bengáku 勉学 【E.】 O estudo; a busca de conhecimentos. S/同 Benkyó (+).
bengára ベンガラ [弁柄・紅殻] (< P. Bengala) O vermelho-bengala. ⇨ Bení-gára.
Bengárú ベンガル O Bengala (Região). ◇ **~ go** [**jin**] ベンガル語[人] O bengali/bengalês.
béngi 便宜 A conveniência; a facilidade; a comodidade; a vantagem. ★ **~ o hakaru** 便宜を図る Pensar na conveniência [dos clientes]; facilitar. ◇ **~ shugi** 便宜主義 O oportunismo. **~ teki** 便宜的 Conveniente. S/同 Bén'éki. ⇨ bénri.
bengí-jō 便宜上 Por conveniência「dividir em dois grupos」; por questão de comodidade.
béngo 弁 [辯] 護 **1** [親身の] A defesa [da irmã/teoria]; a justificação. ★ **~ no yochi no nai** 弁護の余地のない「essa a(c)ção」 Não tem justificação possível. ◇ **Jiko ~** 自己弁護 A auto-justificação. **2** [法廷での] A defesa. ◇ **~ dan** 弁護団 O corpo de advogados de ~.
bengó-nín 弁護人 O advogado de defesa.
bengó-ryō 弁護料 Os honorários da defesa.
bengó-shi 弁護士 O advogado. ★ **~ o tanomu** 弁護士を頼む Recorrer a um ~. ◇ **~ kai** 弁護士会 A ordem dos advogados.
béni 紅 **1** [化粧用の] O batom. ★ **~ o tsukeru** [*sasu*] 紅を付ける[さす] Pôr [Passar] o batom; pintar os lábios. S/同 Kuchí-béni (+). **2** [紅色] O carmesim; o vermelho-cravo.
bén'i 便意 A vontade de urinar [defecar]. ★ **~ o moyoosu** 便意を催す Ter vontade de ir ao banheiro [à casa de banho].
bení-bana 紅花 (< … + haná) 【Bot.】 A açafroa [O açafrão-bastardo]; *carthamus tinctorius*.
bení-gára 紅殻 ⇨ bengára.
bení-masu 紅鱒 【Zool.】 O salmão vermelho; *oncorhychus nerka*. S/同 Bení-záke.
Bénin ベニン (A República de) Benim.
bení-shōga [óo] 紅生姜 A conserva [Os picles] de gengibre vermelho.
beníyá ベニヤ (< Ing. veneer) A madeira prensada. ◇ **~ ita** ベニヤ板 A tábua de ~; o contraplacado.
bení-zake 紅鮭 【Zool.】 ⇨ bení-masu.
bénjin ベンジン A benzina. ⇨ bénzen.
benjiru[1] 弁 [辯] じる 【E.】 **1** [話す] Falar; discursar. S/同 Benzúru; hanásu (o); nobéru (+); ronzúru. **2** [言いわけする] Justificar; defender「eloquentemente o acusado, no tribunal」. S/同 Béngo [beńkáí] súru (+); iíwáké súru (o). **3** [区別する] Discriminar; distinguir; discernir. ◇ *Kokubyaku o ~* 黒白を弁じる Distinguir o certo e o errado [o bom e o mau/o culpado e o inocente]. S/同 Benbétsú súru; miwákérú (+). **4** [処理する] Resolver [Tratar de] 「um assunto」. I/慣用 *Tata masumasu benzu* 多々益々弁ず a) Quanto mais problemas há, mais fáceis são de resolver; b) Quanto mais, (tanto) melhor. S/同 Shóri suru (+); torí-átsúkáu (+).
benjiru[2] ベンジル (< Ing. benzyl) 【Quím.】 O benzilo.
benjó 便所 A retrete; a casa de banho; a toilette; os lavabos; o banheiro (B.). ◇ **Kōshū ~** 公衆便所 Os sanitários (públicos); as retretes. **Suisen ~** 水洗便所 A sanita com descarga de água [autoclismo]. ◇ **~ O-téárai**; tóire.
benkái 弁 [辯] 解 A desculpa; a justificação; a explicação. ★ **~ *gamashii koto o iu*** 弁解がましいことを言う (Tentar) desculpar-se. **~ suru** 弁解する Justificar; explicar. S/同 Benméi; móshí-hírákí; ií-wáke (+).
Bénkei 弁 [辨] 慶 Benkei (Figura semi-lendária do início da era Kamakura). ★ **~ no nakidokoro** 弁慶の泣きどころ O ponto fraco de ~ (Diz-se da canela, porque mesmo um bravo como ~ não suportaria a dor se levasse um pontapé na canela) (⇨ nakí-dókóro). ◇ **Uchi ~** 内弁慶 Uma pessoa arrogante em casa, mas tímida fora.
bénki 便器 O bacio; o penico (G.). ⇨ shibín.
benkyō 勉強 **1** [学業・レッスン] O estudo (Ex.: *Nakanaka go-~ desu ne* = Você é muito [mesmo] estudioso!). ★ **~ *ga tarinai*** 勉強が足りない Precisar de estudar mais. ◇ **~ beya** 勉強部屋 A sala de ~. **~ jikan** 勉強時間 As horas de estudo. **2** [経験] A lição; uma boa experiência. *Kyō wa ii*

～ *ni narimashita* 今日はいい勉強になりました Hoje aprendi uma boa lição. [S/同] Keíkéń (+). **3** [値引き] O desconto (Ex.: *Mō sukoshi* ～ *dekimasen ka* = Não me podia fazer mais um descontozinho [um pouco de ～]?). ★ ～ *suru* 勉強する Fazer um ～. [S/同] Ne-bíkí (+); wańbíkí (+).

beńkyṓ-ká 勉強家 O estudioso; o aluno aplicado [esforçado].

beńmákú 弁 [瓣] 膜【Anat.】A válvula (do coração).

beńméí 弁 [辯] 明 A defesa; a explicação「de uma atitude」. [S/同] Beńkáí (+).

beńméí-shó 弁 [辨] 明書 A justificação por escrito.

beńmṓ 鞭毛【Biol.】O flagelo.【Bot.】O estolho.

beńmú-kan 弁務官 O comissário. ◇ **Kōtō** ～ 高等弁務官 O alto ～「dos refugiados」.

beńpátsú 弁 [辮] 髪 O rabo-de-cavalo (Um penteado).

beńpí 便秘 A prisão de ventre; a obstipação. ★ ～ *suru* 便秘する Ter [Sofrer de] prisão de ventre. [A/反] Gerí. ⇨ beńtsū́; tsū́jí[1].

beńpṓ 便法 O expediente「temporário」.

beńráń 便覧 ⇨ bińráń[2].

beńréí 勉励【E.】A seriedade; a aplicação (No estudo, no trabalho, etc.). ★ *Kokku* ～ *suru* 刻苦勉励する Ser infatigável. ⇨ dóryoku.

bénri 便利 A conveniência; a utilidade; a comodidade; a facilidade. *Chokkō-bin no unkō de Burajiru e iku no ni* ～ *ni natta* 直行便の運行でブラジルへ行くのに便利になった Com o serviço de voos dire(c)tos, tornou-se mais fácil ir ao B. ★ ～ *na* 便利な Conveniente; útil; prático; có[ô]modo〔～ *na dōgu* 便利な道具 O instrumento útil〕. ～ *no ii* [*warui*] *tokoro* 便利の良い [悪い] 所 A localização conveniente [inconveniente]. [A/反] Fúben. ⇨ béngi.

beńrí-shi 弁 [辨] 理士 O agente de regist(r)o de marcas e patentes.

beńrí-yá 便利屋 Um topa-a-tudo; o que sabe vários ofícios; o ser pau para toda a colher.

beńróń 弁 [辯] 論 **1** [演説] O debate; a oratória; a retórica. ◇ ～ **taikai** 弁論大会 O concurso de oratória. [S/同] Eńzétsú (+). **2** [法廷での] As alegações [A argumentação] (perante o tribunal). ◇ **Saishū** ～ 最終弁論 A última apelação.

beńsáí 弁 [辨] 済 ⇨ heńsáí.

bénshi 弁 [辯] 士 **1** [弁舌の巧みな人] Aquele que fala com eloquência. [S/同] Nṓbéńká. **2** [演説する人] O orador. [S/同] Eńzétsu-sha (+). **3** [無声映画の] O comentador de cinema mudo.

beńshṓ 弁 [辨] 償 A compensação; a inde(m)nização. ⇨ baíshṓ[1]; beńsáí.

beńshṓ-hṓ 弁 [辯] 証法【Fil.】A dialé(c)tica.

beńshṓ-kíń 弁 [辨] 償金 A inde(m)nização monetária.

beńtátsú 鞭撻【E.】O encorajamento; o estímulo. *Kongo mo issō no go-shidō go-* ～ *o o-negai itashimasu* 今後も一層の御指導御鞭撻をお願いします Peço-lhe que me continue a encorajar com a sua orientação e ～. ⇨ gekíréí.

Beńtéń 弁 [辯·辨] 天 **1** [Abrev. de "Beńzáiten"] **2** [美人] A mulher formosa; a beldade. [S/同] Bíjin (+).

beńtṓ [óo] 弁 [辨] 当 A merenda; o lanche; o almoço (Refeição vendida em toda a parte e de todas as formas no J.).

beńtṓ-bako [óo] 弁 [辨] 当箱 (< … + hakó) A marmita.

beńtṓ-dáí [oó] 弁 [辨] 当代 O dinheiro [preço] do "beńtṓ".

beńtṓ-yá [oó] 弁 [辨] 当屋 O fornecedor de "beńtṓ".

beńtsū́ 便通 O funcionamento dos intestinos; a evacuação. ⇨ beńpí; tsū́jí[1].

Beńzáiten 弁 [辨] 財天 A deusa da fortuna e da beleza. ⇨ Beńtéń.

bénzen ベンゼン (< Ing. benzene)【Quím.】O benzeno. ◇ ～ **kaku** [**kan**] ベンゼン核 [環] O núcleo [anel] de ～. [S/同] Beńzṓru; bénjin.

beńzétsú 弁 [辯] 舌 A eloquência. ★ ～ *o furuu* 弁舌を振るう Falar com eloquência.

beńzétsú-ká 弁 [辯] 舌家 O orador eloquente.

beńzṓru [óo] ベンゾール ⇨ bénzen.

beńzúru 弁 [辯] ずる ⇨ beńjíru[1].

béppa 別派 Uma seita [facção] à parte; um partido diferente. ⇨ ryū́ha; shū́ha[1]; tṓha[1].

beppíń 別嬪【G.】A beldade; a mulher bonita [linda]. [S/同] Bíjin (+); bíjo.

beppyṓ 別表 A lista anexa. ～ *o sanshō seyo* 別表を参照せよ (表示) Consulte ～. ⇨ hyṓ[1].

bérabera べらべら ⇨ péra-pera.

berábṓ 箆棒 **1** [程度が激しいようす] A extravagância; a exorbitância. ★ ～ *na* べらぼうな Exorbitante; extravagante〔～ *na yōkyū* べらぼうな要求 A exigência absurda/extravagante〕. **2** [人をののしっていう語] A pessoa estúpida.

beráńdá ベランダ (< P.) A varanda. [S/同] Térasu.

beráńmé [ée] べらんめえ【G.】Seu burro! ◇ ～ **chō** [**kotoba**] べらんめえ調 [言葉] A linguagem rude [baixa]「dos trabalhadores」.

berḗbō [ée] ベレー帽 (< Fr. béret) A boina; o boné; a gorra; o gorro.

berī́rṓru [riíróo] ベリーロール (< Ing. belly roll)【(D)esp.】Um estilo de salto em altura (impulsionando o corpo para a frente).

Berī́zu ベリーズ [国]「Belmopan é capital de」Belize.

bérobero べろべろ **1** [舌でなめるさま] (Im. de lamber). ★ ～ *nameru* べろべろなめる Lamber; passar a língua. **2** [泥酔したさま] [beróbéro] (Im. de embriaguez). ★ ～ *ni you* べろべろに酔う Ficar como um cacho [Ficar a cair de bêbedo]. [S/同] Beróńbéróń; gutéńgútéń.

béru ベル (< Ing. bell) A campainha. *Denwa no* ～ *ga natte iru* 電話のベルが鳴っている O telefone está tocando [a tocar]. ⇨ kané[2]; suzú[1]; yobíríń.

bḗru [ée] ベール (< Ing. < L. velum) O véu. *Nazo no* ～ *ni tsutsumarete iru* なぞのベールに包まれている Está envolto num ～ de mistério.

berúbétto ベルベット (< Ing. velvet) O veludo.

Berúgī́ [ii] ベルギー (< Hol. Belgie) A Bélgica. ◇ ～ **jin** ベルギー人 O(s) belga(s).

berúmótto ベルモット (< Fr. vermouth) O vermute.

berútó ベルト (< Ing. belt) **1** [バンド] O cinto. ★ ～ *o shimeru* ベルトを締める Apertar o ～. ◇ **Anzen** ～ 安全ベルト O ～ [cinturão] de segurança. [S/同] Bańdó. **2** [機械の] A correia (de máquina). **3** [帯状の広がりを持つ地域·地帯] A zona; a faixa. ◇ **Gurīn** ～ グリーンベルト ～ verde「à volta da cidade」. [S/同] Chíiki; chítai.

B

berútó-kóńbéyā ベルトコンベヤー (< Ing. belt conveyor) O tapete [A esteira (B.)] rolante.

-béshi べし (⇨ -béki[2]) 【E./Suf. variável】 **1** [推量を表す] Haver a probabilidade「de」. [S/同] -darṓ(+). **2** [可能を表す] Existir a possibilidade「de」. **3** [義務を表す] Ter o dever「de」. *Ryōshin o uyamau* ～ 両親を敬うべし Os filhos devem respeitar os pais. **4** [当然を表す] Ter「de」; ser forçoso「que」. *Kore wa okoru bekushite okotta koto da* これは起こるべくして起こったことだ Isto tinha necessariamente de acontecer. **5** [命令を表す] Ser imperativo「que」. *Shibafu ni hairu bekarazu* 芝生に入るべからず (表示) Não pisar a relva! **6** [意志を表す] Ter vontade「de」; tencionar.

béso べそ【G.】A cara de quem está quase a chorar. ⇨ nakí-bésó.

besókkaki べそっかき (<… + káku) O choramingas.

bessátsú 別冊 O volume independente; o número extra. ◇ **～ furoku** 別冊付録 O suplemento em separata.

bessékai 別世界 (< betsú + sékai) Um mundo diferente. ⇨ betténchi.

besséki 別席 O assento diferente; o lugar especial.

bésshi[1] 別紙 A folha anexa. ★ ～ *no tōri* [*gotoku*] 別紙の通り[如く] Como vem na ～/folha em anexo.

bésshi[2] 蔑視【E.】O desprezo; o desdém; a desconsideração. [S/同] Keíshí. [A/反] Jū́shi. ⇨ keíbétsú.

besshíté 別して【E.】Especialmente.

besshítsú 別室 A sala especial ou diferente.

besshṓ 別称 ⇨ betsúméí.

bésshu 別種 A espécie [categoria] diferente「de planta, de japonês」.
[S/同] Békko; íshu. [A/反] Dṓshú. ⇨ shúrui.

bessṓ[1] [ṓo] 別荘 A casa de campo [veraneio]. ◇ **～ chi** 別荘地 O lugar com casas… **Kashi ～** 貸し別荘 ～ para alugar. ⇨ bettákú; bettéí.

bessṓ[2] 別送 O envio「por correio」à parte. ★ ～ (*ni*) *suru* 別送(に)する Mandar [Remeter] à parte.

bḗsu [ée] ベース (< Ing. base < L.) **1** [基準] A base; o limite mínimo. ◇ **～ appu** ベースアップ O aumento do salário base [mínimo]. ⇨ dodáí[1]; kihóń; kijúń[1]; kíso[1]. **2** [主成分] A base; o fa(c)tor predominante. ★ *Uisukī o* ～ *ni shita kakuteru* ウイスキーをベースにしたカクテル O coquete(i)l à base de uísque. [S/同] Shu-séibun (+). **3** [基地・根拠地] A base. ◇ **～ kyanpu** ベースキャンプ O acampamento usado como base de operações militares. [S/同] Kíchi (+); końkyóchi (+). **4** [野球の塁]【Beis.】A base. ★ ～ *o fumu* ベースを踏む Pisar a ～.

bésuto[1] ベスト (< Ing. best) **1** [最上級] O melhor. ◇ **～ kondishon** ベストコンディション「o estar na」～ forma. ⇨ saí-jṓkyū; saí-ryṓ[1]. **2** [最善] Todo o empenho. ★ ～ *o tsukusu* ベストを尽くす Pôr ～; fazer o melhor possível; dar o melhor de si. ⇨ saí-zéń[1]; zeńryókú.

bésuto[2] ベスト (< Ing. vest) O colete (De cavalheiro e senhora); o bolero. [S/同] Chokkí.

besútó-dóréssā ベストドレッサー (< Ing. best dresser) Os mais bem vestidos.

besútó-sérā ベストセラー (< Ing. best seller) O「romance」mais vendido; o livro de maior venda.

besútó-tén ベストテン (< Ing. best ten) Os dez melhores「filmes」.

betá- べた (< bétabeta) **1** [全体に同じ状態であることを示す]「o papel」Todo「escrito」. **2** [Abrev. de "～gumi [yaki]"]

bḗtá [bḗtā]-**séń** [ée] ベータ [ベーター] 線 【Fís.】 Os raios beta. ⇨ hṓshásén.

bétabeta べたべた **1** [一面にはりつけるさま] Em toda a superfície. ★ *Kabe ni posutā o* ～ (*to*) *haru* 壁にポスターをべたべた(と)はる Colar cartazes em toda a parede. ⇨ ichíméń. **2** [厚く] Em grande quantidade. ★ *O-shiroi o* ～ (*ni*) *nuru* おしろいをべたべた(に)塗る Cobrir (o rosto) com uma camada espessa de pó-de-arroz. [S/同] Bétobeto. ⇨ atsúí[3]. **3** [ねばりつくさま] (Im. de pegajoso [viscoso]). ★ ～ (*to*) *kuttsuku* べたべた(と)くっつく「açúcar, suor」Pegar-se. [S/同] Bétobeto. ⇨ betátsúkú. **4** [男女が] (Im. de mimo). ★ ～ *suru* べたべたする Estar agarradinhos (Namorados). ⇨ ichátsúkú.

betá-bómé べた褒め (< bétabeta **2** + homéru) O pôr「o cantor」nos píncaros [pelas nuvens].

betá-gúmí べた組み (< bétabeta + kúmu) A impressão (tipográfica) compa(c)ta [densa].

betátsúkú べたつく ⇨ bétabeta **4**.

betá-yákí べた焼き (< bétabeta **1** + yakú)【Fot.】A cópia por conta(c)to (dire(c)to).

betchíń 別珍 (< Ing. velveteen) O bélbute; o veludilho de algodão. ⇨ berúbétto; biródó.

betéráń ベテラン (< Ing. veteran < L. vetus: velho) O veterano. [S/同] Ekísúpāto; furútsúwámono.

bétobeto べとべと ⇨ bétabeta **2**, **3**.

Betónámú ベトナム [越南] O Vietnam. ◇ **～ go** ベトナム語 O vietnamita.

betótsúkú べとつく ⇨ bétabeta **3**.

betsú 別 (⇨ betsúbétsú) **1** [同じでないこと] Diferente; diverso; distinto. *Sore da to hanashi wa mata* ～ *da* それだと話はまた別だ Se é assim, a conversa é outra [Então o caso muda de figura]. ★ ～ *ni* 別に À parte; separadamente; independentemente. ～ *no hito* 別の人 Outra pessoa. ◇ ⇨ **～ mondai**. [A/反] Onájí.
2 [区別] A distinção. *Hon o naiyō* ～ *ni bunrui suru* 本を内容別に分類する Classificar os livros por matérias. ◇ **Shokugyō ～ denwa bangō-bo** 職業別電話番号簿 A lista classificada de telefones ["As páginas amarelas"]. [S/同] Chigáí; kúbetsu; sábetsu.
3 [除外すること] A exce(p)ção; a exclusão. ★ ～ *ni suru* 別にする Deixar [Pôr] à parte [de lado]. *Jōdan wa* ～ *to shite* 冗談は別として Pondo de lado a [Fora de] brincadeira/Falando agora a sério.
4 [特別] Especial. *Kare dake wa* ～ *da* 彼だけは別だ Ele é um caso ～. ★ ～ *ni* 別に Em especial〔～ *ni kore to itta riyū wa nai* 別にこれといった理由はない Não há nenhuma razão (em) especial〕. [S/同] Kakúbétsú; tokúbétsú (+).
5 [余分] Extra. *Tarō wa gekkyū to wa* ～ *ni shūnyū ga aru* 太郎は月給とは別に収入がある Tarô, além do salário, tem outra(s) entrada(s). [S/同] Yobúń.

betsúbétsú 別別 Separado. ★ ～ *ni* 別々に Separadamente. ～ *no* 別々の Separado; respectivo〔～ *no heya ni neru* 別々の部屋に寝る Dormir em quartos separados [nos seus respe(c)tivos quartos]〕. [S/同] Békko; kákko; kákuji; kobétsú; kóko. ⇨ betsú.

betsúbíń 別便 O correio separado [à parte]. ⇨ bessṓ[2]; yū́bíń.

betsúdáń 別段 Em especial. ~ *kawari wa arimasen* 別段変わりはありません Não há nada de especial. [S/同] Táishite; tóku-ni (+); toríwáké.
betsúdṓ-táí 別働［動］隊 Um destacamento.
betsújíń 別人 Uma pessoa diferente.
betsú-jítate 別仕立て (<… +shitáté) Especial. ★ ~ *no sebiro* 別仕立ての背広 O casaco [paletó] de confe(c)ção exclusiva. ⇨ tokúchṹ.
betsújṓ 別状 Algo errado; o perigo. *Hiroshi no kega wa inochi ni ~ wa nai* 宏の怪我は命に別状はない Hiroshi feriu-se mas está fora de perigo. [S/同] Ijṓ.
betsú-kánjō 別勘定 A conta à parte; outra conta; a despesa extra.
betsú-kúchí 別口 **a**) Outra coisa; **b**) Outra conta. ⇨ bésshu.
betsúméí 別名 O pseudó[ô]nimo; o nome fi(c)tício. [S/同] Azáná; besshṓ; betsúmyṓ; iméí; ishṓ.
betsú-móndai 別問題 A questão diferente; o caso à parte; o não importar.
betsú-mónó 別物 **1** [ほかのもの] Outra coisa; a coisa diferente [à parte]. **2** [例外] A exce(p)ção; o caso especial. [S/同] Reígáí (+).
betsú-múné 別棟 O edifício à parte; a dependência; o anexo.
betsú-ní 別に ⇨ betsú.
bétsuri 別離【E.】A separação; a despedida; o adeus. [S/同] Ribétsú. ⇨ wakáré.
betsú-zúrí 別刷り (<… +súru) **1** [本文とは別に印刷すること] O imprimir à parte. **2** [抜き刷り] A separata. [S/同] Nukí-zúrí.
bettákú 別宅 Outra [A segunda] casa. [S/同] Bettéí. [A/反] Hońtákú.
bettárá (zúké) べったら (漬け) O rabanete fresco conservado em sal e malte.
bettári べったり **1** [粘りつくさま] (Im. de agarrar-se). *Zubon ni penki ga ~ (to) tsuita* ズボンにペンキがべったり(と)付いた A tinta agarrou-se à calça (e não sai). ⇨ bettóri. **2** [座り込むさま] (Im. de àvontade). ★ ~ *(to) suwari-komu* べったり(と)座り込む Sentar-se relaxadamente. **3** [一面に書いてあるさま] (Im. de cheio). ★ *Tōan-yōshi ippai ni ~ (to) kaku* 答案用紙一杯にべったり(と)書く Escrever até encher totalmente a folha da prova/do exame. **4** [お互いの関係が密接であるさま] (Im. de agarrar). *Ano ko wa hahaoya ~ da* あの子は母親べったりだ Aquela criança é muito agarrada à mãe.
bettéí 別邸 A outra casa. [S/同] Bettákú (+). [A/反] Hońtéi.
betténchi 別天地 Um outro mundo. ⇨ bessékai.
bétto[1] 別途 À parte; especial. ★ ~ *ni kōryo suru* 別途に考慮する Considerar em separado. ◇ **~ shishutsu** 別途支出 A despesa extra. [S/同] Betsú (+).
bétto[2] ベット ⇨ béddo.
bettṓ 別当 **1** [親王家の首席職員] O superintendente (ao serviço) da casa imperial. **2** [馬丁]【A.】⇨ batéí[1].
bettóri (to) べっとり (と) (Im. de agarrar-se). *Naifu ni chi ga ~ tsuite iru* ナイフに血がべっとりついている A faca está toda cheia de sangue. ⇨ bettári **1**.
bi[1] 美 **1** [美しさ] A beleza; o belo; a formosura. ★ ~ *no megami* 美の女神 Vé[ê]nus; a deusa da ~. ◇ **~ ishiki** 美意識 O sentido estético [do belo]. **Kyakusen ~** 脚線美 A beleza do contorno das pernas. [S/同] Utsúkúshisa. **2** [立派なこと] A perfeição; a excelência. ◇ ⇨ **yūshū no ~**.
bi[2] 微 A minuciosidade; o pormenor. ★ ~ *ni iri sai o ugatta setsumei* 微に入り細をうがった説明 A explicação minuciosa [até ao último pormenor].
bī[1] [íi] びい (擬声語) Trrim! (Campainha).
bī[2] [íi] B A segunda letra do alfabeto. ★ *Ni-~ no enpitsu* 2 B の鉛筆 O lápis B2.
bíbā [íi] ビーバー (< Ing. beaver)【Zool.】O castor; *beaver castor fiber*. [S/同] Káiri; umí-dánuki.
bibā́ku [áa] ビバーク (< Al. biwak) O bivaque; a tenda de campanha.
bíbitaru 微微たる (< bi[2] + taru)【E.】Pequenino. ★ ~ *zaisan* 微々たる財産 A fortuna insignificante. ⇨ chiísái; sukúnái.
bibṓ 美貌【E.】Os traços bonitos; o rosto lindo.
bibṓroku [óo] 備忘録 O caderno de notas ou essas notas. [S/同] Mémo (+).
bibúń[1] 美文 A prosa [frase] elegante.
bibúń[2] 微分【Mat.】O diferencial. ★ ~ *suru* 微分する Calcular o ~. ◇ **~ hōteishiki** 微分方程式 A equação diferencial. [A/反] Sekíbúń.
bi-búnshi 微分子 O átomo; a partícula; o corpúsculo; a molécula.
bibúráhon ビブラホン (< Fr. vibraphone) O vibrafone. [S/同] Baíbúráhon.
bibúrā́to [áa] ビブラート (< It. vibrato)【Mús.】O vibrato (Vibração expressiva).
bibúríó ビブリオ (< L. vibrio)【Med.】O vibrião (Gé[ê]nero de bactéria). ◇ ⇨ **chōen ~**.
bíchabicha (to) びちゃびちゃ (と) Chape, chape. ⇨ bíshabisha.
bī́chi [íi] ビーチ (< Ing. beach) A praia. ◇ **~ bōru** ビーチボール A bola de ~. **~ parasoru** ビーチパラソル O guarda-sol de ~. [S/同] Kaígáń (+); umíbé (+).
bichíkú 備蓄 A reserva para uma emergência; o aprovisionamento [depósito]. ★ ~ *suru* 備蓄する Poupar [Armazenar; Pôr de reserva]. *Sekiyu ~ ryō* 石油備蓄量 A quantidade de petróleo em depósito.
bídan 美談 Uma história comovente [linda].
bidánshi 美男子 O homem bonito [elegante; atraente]. [S/同] Binánshi; hánsamu.
bidéń 美田【E.】A terra [O campo] fértil. [P/ことわざ] *Jison no tame ni ~ o kawazu* 児孫のために美田を買わず Não me vou matar a trabalhar só para deixar uma fortuna aos herdeiros. [S/同] Ryṓdéń; yokúdéń.
bídeo ビデオ (< Ing. < L. video: vejo) O vídeo. ◇ **~ (kasetto) tēpu** ビデオ (カセット) テープ A fita [cassette] de ~. **~ (kasetto) tēpurekōdā** ビデオ(カセット) テープレコーダー O gravador- [aparelho de] vídeo. **~ shoppu** ビデオショップ A loja de ~s. **Rentaru ~** レンタルビデオ ~ para alugar. [A/反] Ódio.
bidṓ 微動 O (mais) pequeno movimento. *Yoshiko no hyōjō wa ~ da ni shinakatta* 美子の表情は微動だにしなかった A expressão (do rosto) de Yoshiko não se alterou nada.
biéń 鼻炎【Med.】A inflamação nasal; a rinite. ⇨ bikátaru.
bifū́[1] 微風 A brisa; a aragem; o sopro de ar. [S/同] Soyókaze.
bifū́[2] 美風【E.】O bom costume; o hábito louvável.

bífu 74

S/同 Ryōfū; ryōzókú. A/反 Akúfū.
- **bífu** [ii] ビーフ (< Ing. beef < L. bos, bovis: boi) A carne de vaca. **~ sutēki** ビーフステーキ O bife. **~ kon** ⇒ **kon**.
- **bifún** 微粉「reduzir a」Pó finíssimo.
- **bifútéki** ビフテキ (< Fr. bifteck) O bife; a posta de carne de vaca. S/同 Bífúsútéki.
- **bígaku** 美学 A estética.
- **bigánjutsu** 美顔術 O cuidado (da beleza) do rosto.
- **bigánsui** 美顔水 A loção para o rosto.
- **bígi** 美技 A a(c)tuação brilhante (Em teatro/(d)es.).
- **bihín** 備品 A mobília; o equipamento; os acessórios [apetrechos]. ◇ **~ mokuroku** 備品目録 O inventário de ~.
- **bihō** [oó] 弥縫【E.】Um expediente. ◇ **~ saku** 弥縫策 As medidas improvisadas. ⇒ maníáwáse.
- **bii** 微意【E.】A lembrança [O presente] simbólica[o].
- **bí-ishiki** 美意識 O senso estético; o sentido do belo.
- **bijáku** 微弱 A debilidade. ⇒ kásuka; yowái[1].
- **bíjiemu** [bíí] ビージーエム (< Ing. B.G.M.) A música de fundo. S/同 Bakkū gúráúndó myūjikku.
- **bíjin** 美人 A beldade; a mulher formosa [bela; bonita; linda]. P こどわざ **~ hakumei** 美人薄命 O triste destino de uma ~/Beleza e felicidade raramente andam juntas. ◇ ⇒ happō **~**. S/同 Beppín; bíjo; kájin; reíjín. A/反 Búsu; fu-bíjin.
- **bíjinesu** ビジネス (< Ing. business) O negócio. ◇ **~ hoteru** ビジネスホテル O hotel barato (Sem luxos, só para dormir). **~ kurasu** ビジネスクラス A classe executiva (no avião). **~ man** ビジネスマン O homem de negócios. **~ raiku** ビジネスライク「modo de pensar」 Prático; seco; frio. **Saido ~** サイドビジネス O bicate [bico]; o negócio à parte. ⇒ jímu[1], shigótó; shôbai.
- **bíji-réiku** 美辞麗句 A linguagem floreada. ★ *Arittake no ~ o naraberu* ありったけの美辞麗句を並べる Usar um estilo muito floreado.
- **bíjo** 美女 Uma mulher bela. ★ **~ to yajū** 美女と野獣 "A bela e a fera". ⇒ bíjin.
- **bijō** 尾錠 A fivela. S/同 Bákkuru (+).
- **bíjon** ビジョン (< Ing. vision) A visão; o ter vista [vistas largas]. S/同 Miráí-zō.
- **bíjutsu** 美術 A arte; as Belas-Artes. ◇ **~ gakkō** 美術学校 A escola [Academia] de Belas-Artes. ⇒ **~gan** [hin]. **~ kōgei-hin** 美術工芸品 O artesanato.
- **bijutsú-gán** 美術眼 O(s) olho(s) de artista.
- **bijútsú-hín** 美術品 A obra [O obje(c)to] de arte.
- **bijútsú-kan** 美術館 O museu [A galeria] (de obras) de arte.
- **bijútsú-shi** 美術史 A história da arte.
- **bíka**[1] 美化 **1**[環境・風俗を美しく良くすること]O embelezamento「de」.
  2[実際よりも美しくよいものとして考えること]A sublimação; a idealização. ★ *Shi o ~ suru* 死を美化する Idealizar a morte.
- **bíka**[2] 鼻下【E.】「um bigode」Por baixo do nariz.
- **bíka**[3] [ii] ビーカー (< Ing. beaker) A proveta.
- **bikáchō** 鼻下長【G.】O mulherengo.
- **bikán** 美観 A vista linda [agradável]「da cidade, dos jardins」.
- **bikátaru** 鼻カタル【Med.】O catarro nasal; a rinite. ⇒ bién.

- **-bíki** 引き (< hiku) **1**[上に塗ること] A aplicação; a camada; a capa. ★ *Gomu ~ no kutsu* ゴム引きの靴 Os sapatos de borracha. **~** nurí. **2**[割引] O desconto. ★ *Ichi-wari ~ de uru* 1 割引きで売る Vender com ~ de dez por cento. ⇒ warí-bíki.
- **bikko** 跛 ⇒ fu-jíyū.
- **bikkúri** 吃[喫]驚 A surpresa; o espanto; a admiração; o pasmo. ★ **~ gyōten suru** びっくり仰天する Ficar estarrecido [estupefa(c)to; ató[ô]nito]. **~ seru** びっくりさせる Espantar; assustar; pregar um susto. **~ suru**「mono」びっくりする「uma coisa de」Espantar; admirar-se; pasmar; apanhar um susto [choque]. [*~ shita kao* [yōsu] *de* びっくりした顔[よう す]で Com cara de surpresa [ar surpreendido]. **~ shite koshi o nukasu** びっくりして腰をぬかす Ficar paralizado de [com o] susto]. S/同 Odóróki. ⇔ okkánábíkkuri.
- **bikkúrí-bako** 吃[喫]驚箱 (<… + hakó) A caixa-surpresa (Para pregar partidas/vender mais).
- **bikō**[1] 尾行 O perseguir [seguir atrás de/trocar as voltas a] alguém. ★ **~ o maku** 尾行をまく Despistar o perseguidor. **~ o tsukeru** 尾行を付ける Mandar「alguém」no encalço「do ladrão」.
- **bikō**[2] 備考 A nota (explicativa); a anotação. ◇ **~ ran** 備考欄 A margem ou espaço) para notas.
- **bikō**[3] 微光【E.】A luz pálida; um vislumbre.
- **bikō**[4] 鼻孔【Anat.】A(s) narina(s). S/同 Haná nó áná (+).
- **bikō**[5] 鼻腔【Anat.】A cavidade nasal; as fossas nasais.
- **bíkon** [ii] ビーコン (< Ing. beacon) A baliza; a luz; o sinal de controlo do tráfego aéreo e marítimo. ◇ **Rajio ~** ラジオビーコン O radiofarol; a sinalização radiofó[ô]nica.
- **bikótsú**[1] 尾骨【Anat.】⇒ bitéikotsu.
- **bikótsú**[2] 鼻骨【Anat.】O osso do nariz.
- **bikú** 魚篭 O cesto de pescador; o samburá.
- **bíkubiku** びくびく Com medo; tefe, tefe【G.】. ★ **~ suru** びくびくする Ter [Estar com; Tremer de] medo.
- **bikún to** びくんと ⇒ bikútto.
- **bíku-to-mo shinái** びくともしない Impávido e sereno; imperturbável; firme. *Yōko no chikara de wa kono ishi wa ~* 洋子の力ではこの石はびくともしない Com a força de Yoko, esta pedra nem mexe.
- **bikútto** びくっと (Im. de sobressalto). **~ suru ~** くっとする Sobressaltar-se; apanhar um susto. S/同 Bikún to.
- **bíkyo** 美挙【E.】A a(c)ção louvável. S/同 Gíkyo; zenkō (+).
- **bimán** 弥[瀰]漫【E.】A difusão. ★ **~ suru** 弥漫する Penetrar; difundir-se; expandir-se; espalhar-se [*Hikan-teki na shisō ga kokumin no aida ni ~ shite ita* 悲観的な思想が国民の間に弥漫していた Espalhara-se uma onda de pessimismo entre o povo].
- **bimei** 美名【E.】 **1**[世間での良い評判] A boa reputação; o bom nome. A/反 Akúmél. **2**[聞こえのよい名目] O nome. *Kare wa shakai jigyō to iu ~ ni kakurete bōri o musabotta* 彼は社会事業という美名に隠れて暴利をむさぼった A pretexto [Sob a capa/Sob o ~] de obras sociais, ele fez lucros fabulosos.
- **bími** 美味【E.】Um rico sabor. ★ **~ na** 美味な Delicioso; gostoso; saboroso. ⇒ oíshíí; umái.

bímoku 眉目【E.】As feições (Lit. "Sobrancelhas e olhos"). ★ ~ **shūrei na** 眉目秀麗な「um moço」Pimpão [De ~ elegantes].

bímu [ii] ビーム (< Ing. beam) O raio de luz; a radiação elé(c)trica. ◇ ~ **antena** ビームアンテナ A antena direc(c)ional. ~ **gan** [jū] ビームガン[銃] A arma direc(c)ional.

bimyó [óó] 微妙 O ser delicado. ★ ~ **na tachiba** 微妙な立場 A posição [situação] delicada.

bín¹ 便 **1**[連絡の手段] **a)** O correio; a correspondência; **b)** A oportunidade. *Kuwashii koto wa tsugi no ~ de o-shirase shimasu* 詳しいことは次の便でお知らせします Seguirão informações detalhadas pelo próximo correio. ⇨ **táyori**¹; **tegámí**. **2**[輸送の手段] O serviço [meio] de transporte. ◇ **Funa ~** 船便 A via marítima. **Kōkū ~** 航空便 A via aérea. **Teiki ~** 定期便 ~ regular. ⇨ **yūbín**.

bín² 瓶・壜 A garrafa「de vinho」; o frasco「do remédio」; a jarra「de flores」.

bín³ 鬢 O cabelo das têmporas. ★ ~ **no hotsure o naosu** 鬢のほつれを直す Alisar as madeixas das têmporas.

bín (**to**) [ii] びいん(と) (Im. de vibração metálica [ruído agudo e penetrante]). *Danpukā ga tōru tabi ni mado-garasu ga ~ naru* ダンプカーが通るたびに窓ガラスがびいんと鳴る Sempre [Cada vez] que passam os (grandes) cami(nh)ões basculantes as janelas fazem iiii).

bínan 美男 O homem belo [atraente]. ◇ ~ **bijo** 美男美女 Um ~ e uma mulher bela. ⇨ **bídánshi**.

Bínasu [ii] ビーナス (< Ing. < L. Venus) A Vé(ê)nus, deusa da formosura [do amor, dos prazeres].

bínbō 貧乏 A pobreza; a penúria; a miséria. ~ *(o) suru* 貧乏(を)する Ser pobre; viver na ~. 「ことわざ」~ *hima nashi* 貧乏暇なし O pobre não tem lazer. ◇ ~ **kuji** 貧乏くじ A sorte de pobre [~ *kuji o hiku* 貧乏くじを引く **a)** Ser [Nascer] pobre; **b)** Tirar um bilhete em branco]. A/反 Dáijin; kané-móchi. ⇨ mazúshíi.

bínbō-gami [óó] 貧乏神 (<… + kámi) O deus da pobreza. ★ ~ **ni tori-tsukareru** 貧乏神にとりつかれる Ficar na miséria.

bínbō-gúrashi 貧乏暮らし (<… + kuráshí) A vida de pobre.

bínbō-nín 貧乏人 A gente pobre; os necessitados; os pobres.

bínbō-shō 貧乏性 O gostar de ser infeliz; o não saber gozar da vida.

bínbō-yúsuri 貧乏揺すり O abanar [mexer/tocar] nervosamente「a perna」.

binétsú 微熱「ter」Um pouco de febre.

bíngo ビンゴ (< Ing. bingo) O bingo; o loto. ◇ ~ **gēmu** ビンゴゲーム O (jogo do) ~.

biní-bón ビニ本 (< bínfru + hón) A revista pornográfica (Assim designada por estar embrulhada em plástico).

bíniron ビニロン Um composto de vinil e náilon.

binfru [ii] ビニール (< Ing. vinyl) O vinil. ◇ ~ **hausu** ビニールハウス A estufa de ~. **Enka ~** 塩化ビニール O cloreto de ~.

bínjó 便乗 **1**[車や船などについでに乗せてもらうこと] A boleia (P.)「carona (B.)」. ~ *suru* 便乗する Apanhar [Ir de] ~ [*Eki made anata no kuruma ni ~ sasete kudasai* 駅まであなたの車に便乗させて下さい Podia dar-me boleia até à estação?]. **2**[機会に乗じること] O aproveitar a oportunidade/boleia. ◇ ~ **neage** 便乗値上げ O aumento oportunista [em cadeia] dos preços.

bínkán 敏感 A sensibilidade; a susce(p)tibilidade. ★ ~ **ni hannō suru** 敏感に反応する Ser muito sensível [impressionável]. *Samusa* [*Atsusa*] *ni taishite ~ de aru* 寒さ[暑さ]に対して敏感である Ser sensível ao frio [calor]. A/反 Dońkán.

bínkátsú 敏活 A prontidão; a vivacidade; a rapidez「em reagir」. ~ ⇨ bínsókú.

bínráń¹ 紊乱 A desordem; a confusão; o distúrbio. ◇ **Fūki ~** 風紀紊乱 Uma afronta à[A(corru(p)ção da] moral pública.

bínráń² 便覧 O manual; o compêndio. S/同 Beńráń; hańdóbúkku.

bínséń¹ 便箋 O papel de rascunho ou de carta; o bloco de papel.

bínséń² 便船「partir no primeiro」Navio「que houver」.

bínshó 敏捷 A agilidade「do gato」; a prontidão; a rapidez. ~ **ni tachi-mawaru** 敏捷に立ち回る Agir com rapidez. S/同 subáshíkkói.

bínsókú 敏速 A rapidez; o despacho; a diligência. ★ ~ **na** 敏速な Rápido; diligente; despachado; expedito. ⇨ bínkátsú.

bínta びんた A bofetada; a chapada; o tafefe.

bínwáń 敏腕 A capacidade; a competência; o ter jeito「para a investigação」. ★ ~ **o furuu** 敏腕をふるう Mostrar a sua ~. ◇ ~ **ká** 敏腕家 A pessoa hábil [capaz; competente]. S/同 Sugó-údé; udé-kíkí.

bín-zúmé 瓶詰め (<…² +tsuméru) O enfrascar. ~ *no pikuruisu* 瓶詰めのピクルス Os picles em frasco. *Jamu o ~ ni suru* ジャムを瓶詰めにする Enfrascar geleia.

bión¹ 微温 A tepidez; a temperatura morna. ◇ ⇨ ~ **teki** [**tō**]. ⇨ namá-núrúi.

bión² 鼻音 A consoante nasal; o som nasal. ◇ ~ **ka** 鼻音化 [Fon.] A nasalação [nasalização].

bión-téki 微温的【E.】Morno; tépido; frouxo. ◇ ~ **shochi** [**seisaku**] 微温的処置[政策] A medida tímida; uma política frouxa.

bióntô 微温湯 A água tépida [morna]. S/同 Nurúmáyu (+).

biórá ビオラ (< It. viola) A viola.

birá びら O folheto; o impresso; o panfleto. ★ ~ **o kubaru** [**maku**] びらを配る[まく] Distribuir [Espalhar] ~ s. S/同 Chiráshí. ⇨ pósutá.

bíran 糜爛【E.】**1**[ただれくずれること] A inflamação; a ulceração; a infe(c)ção. ★ ~ **suru** 糜爛する Inflamar-se; infectar. ◇ ~ **sei doku-gasu** 糜爛性毒ガス O gás venenoso [intoxicante]. ⇨ tadárérú. **2**[腐爛] A diabrose; a decomposição. ~ *suru* 糜爛する Decompor-se. S/同 Furán (+).

bíreí 美麗 ⇨ hadé; utsúkúshíi.

bíri びり O último「da classe」; o lugar da ponta [fundo]. S/同 Biríkkésho; doñjíri; sáigo (+).

bíribiri びりびり [On.] (⇨ biŕtto) **1**[紙・布などゆっくり裂く音] (Im. de rasgar papel ou tecido). ★ ~ *(to/kami[no]yabuku* びりびり[紙][布]を破く Rasgar o papel [pano], rrr. **2**[物が小刻みに震え動くときの音] (Im. de vibração ou tremor). ★ ~ *to shindō suru* びりびりと震動する Vibrar; estremecer. **3**[感電するさま] (Im. de apanhar choque elé(c)trico). *Konsento ni sawatta ~ to kita* コンセントにさ

わったらびりびりと来た Mexi [Pus a mão] na tomada e apanhei um choque.
biríkkétsú びりっけつ【Chu.】O último de todos. [S/同] Bíri (+); doñjírí; sáigo (o).
birítto びりっと【On.】(⇨ bíribiri) Rrr.
biríyā́do [**áa**] ビリヤード (< Ing. billiards) O bilhar. ~ *jō* ビリヤード場 A sala de ~. [S/同] Tamá-tsúkí.
birṓ 尾籠 A indecência; o ser indecoroso. ★ ~ *na hanashi de kyōshuku desu ga* 尾籠な話で恐縮ですが Desculpe o falar disto…「estou com (um pouco de) diarreia」. ⇨ gehín; hiwáí.

B

birṓdó [**oó**] ビロード (< P. < L. velum: "pele/pano") O veludo. [S/同] Betchíń; berúbétto.
bíru[1] ビル (Abrev. de "bírudingu") O edifício; o prédio. ◇ **~ gai** ビル街 A rua com grandes ~. **Eki ~** 駅ビル ~ da estação.
bíru[2] ビル (< Ing. bill) **1** [勘定書] A conta; a fa(c)tura. [S/同] Kanjṓ-gákí (+); seíkyū́-shó (o). **2** [手形] A letra de câmbio; a nota promissória. ⇨ shṓkéń[1]; tegátá.
bī́ru [**ii**] ビール (< Hol. bier; ⇨ bíya) A cerveja. ★ ~ *no awa* ビールの泡 A espuma da ~. ◇ **~ bara** ビール腹 A barriga grande de beber muita cerveja. **~ bin** ビール瓶 A garrafa de ~. **~ ippon** ビール1本 Uma (garrafa de) ~. **Kan ~** 缶ビール ~ em lata. **Kuro ~** 黒ビール ~ preta. **Nama ~** 生ビール O chope (B.); ~ fresca/de barril.
bírudingu ビルディング (< Ing. building) O prédio. [S/同] Bíru[1] (+).
Bíruma ビルマ [Myanmā の旧称] A Birmânia. ◇ **~ go** ビルマ語 O birmanês [birmane; birmã].
bī́rusu [**ii**] ビールス (< Al. < L. virus: "veneno") O vírus. ◇ **~ gaku** ビールス学 A virologia.
biryṓ [**oó**] 微量【E.】A quantidade microscópica [infinitesimal; imponderável]. ◇ **~ genso** 微量元素 O micr(o)elemento]. [A/反] Taíryṓ.
biryókú 微力 O ter pouca força. ~ *nagara yatte mimasu* 微力ながらやってみます Tentarei apesar da minha pouca habilidade.
biryū́shi [**úu**] 微粒子 O corpúsculo; a partícula.
bisáí 微細 A minúcia [minuciosidade]. ★ ~ *na* 微細な「um plano」Minucioso. [S/同] Bishṓ.
biséí 美声 A voz bonita; uma vozinha!
biséibutsu 微生物 O micro(o)rganismo.
bisékíbun 微積分【Mat.】O cálculo diferencial e integral; o cálculo infinitesimal.
biséń 微賤【E.】A obscuridade; a origem humilde. [S/同] Hiséń (+).
bíshabisha びしゃびしゃ Chape, chape (Im. de patinhar na lama ou no chão encharcado de água). ★ ~ *no michi* びしゃびしゃの道 O caminho todo enlameado.
Bishámónten 毘沙門天 (< Sân. Vaisravana) 【Bud.】O deus da riqueza.
bishári to びしゃりと **1** [手の平などで勢いよく打つ音，またはそのさま] Com uma palmada; trás! ★ ~ *utsu* びしゃりと打つ Dar uma palmada; esbofetear. **2** [戸などを手荒くしめるさま] Pum! ★ ~ *to o shimeru* びしゃりと戸を締める Bater com a porta. [S/同] Batán (+). **3** [水などが勢いよくはねるさま]「molhei-o todo」Zape! **4** [押さえつけるようにきっぱりと言うさま]「recusar」Categoricamente. ⇨ pishári to.
bíshibishi びしびし **1** [手きびしく行うさま] Sem dó nem piedade. ★ ~ (*to*) *shobatsu suru* びしびし(と)処罰する Punir ~. **2** [むちなどで物を続けて打つさま]「bater」Pumba, pumba! [S/同] Píshipishi.
bíshījī [**bií-jii**] ビーシージー (< Fr. bacille de Calmette et Guérin) A vacina BCG (Contra a tuberculose e a lepra).
bishíń 微震 O microssismo; o ligeiro tremor [abalo] de terra. ⇨ jishíń[3]; keíshíń[2].
bishí-tékí 微視的 Microscópico. [S/同] Mikúró-tékí (+). [A/反] Kyoshí-tékí.
bishṓ[1] 微笑 O sorriso [A expressão risonha]. ★ ~ *o ukaberu* 微笑を浮かべる Esboçar um sorriso; sorrir. ~ *suru* 微笑する Sorrir(-se). [S/同] Hohóémí.
bishṓ[2] 微小 O ser microscópico [insignificante]. ★ ~ *na* 微小な Minúsculo. [S/同] Bisáí. [A/反] Kyodáí. ⇨ chiísái.
bishṓ[3] 微少 A quantidade [porção] mínima. ★ ~ *na* 微少な Pouquíssimo; diminuto. [S/同] Kińshṓ. ⇨ sukúnái; wázuka.
bishóbíshó びしょびしょ **1** [雨が振り続くさま] Ping, ping. **2** [ひどくぬれたさま] (Im. de muito molhado). *Ase de senaka ga ~ da* 汗で背中がびしょびしょだ Estou com as costas ensopadas de suor. ⇨ bisshóri.
bishókú 美食 As iguarias finas. ◇ **~ ka** 美食家 O apreciador de bons petiscos [de ~/da boa mesa]. [A/反] Soshókú.
bi-shṓnen [**óo**] 美少年 O jovem [moço] bonito; o rapaz bem parecido. ◇ **Kōgan no ~** 紅顔の美少年 ~, de rosto corado. [S/同] Hańsámú-bṓi.
bishó-núré びしょ濡れ (< bishóbíshó + nurérú) Encharcado; ensopado; a pingar água. ★ ~ *ni naru* びしょぬれになる Ficar ~ [como um pito].
bíshū 美醜 A cara (Lit. "bonito ou feio"). ⇨ miníkúí[1]; utsúkúshíí.
bisshíri びっしり Como sardinha em canastra (Sem espaços vazios). ★ *Yohaku ni ~ (to) kaki-komi ga shite aru hon* 余白にびっしり(と)書き込みがしてある本 O livro cheiinho de anotações nas margens.
bisshóri びっしょり (Im. de muito molhado). ★ ~ (*to*) *ase o kaku* びっしょり(と)汗をかく Ficar (todo) alagado em suor. [S/同] Gusshóri. ⇨ bishóbíshó.
bísu ビス (< Fr. vis) O parafuso. [A/反] Nátto.
bisúkétto ビスケット (< Ing. biscuit < L. bis coctus: "duas vezes cozido") O biscoito; a bolacha.
bisúkṓsu [**óo**] ビスコース (< Ing. viscose)【Fís.】A viscose. ◇ **~ sen'i** ビスコース繊維 A fibra viscosa.
bisúmású ビスマス (< Ing. bismuth)【Quím.】O bismuto (Bi 83).
bitáí 媚態 **1** [女が男にこびる態度] O coquetismo; a faceirice. ★ ~ *o miseru* 媚態を見せる Ser coquete. **2** [人のきげんをとる態度] A bajulação; a adulação. ★ ~ *o shimesu* 媚態を示す Bajular; adular.
bíta-ichímon びた[鐚]一文 Um cêntimo/centavo. *Ano mise wa ~ makenai* あの店はびた一文まけない Aquela loja não desconta ~.
bitámin ビタミン (< Ing. vitamin < L. vita: vida + ?) A vitamina. ◇ **~ ketsubō shō** ビタミン欠乏症 A avitaminose. **~ zai** ビタミン剤 O remédio com ~s.
bitéikotsu 尾骶骨【Anat.】O cóccix [cóccige]. [S/同] Bikótsú.
bi-tékí 美的 Estético. ◇ **~ kankaku** 美的感覚 O sentido estético; a sensibilade à beleza.
bi-téń 美点 A beleza; o mérito; um ponto bonito; a virtude; a boa qualidade. [S/同] Chṓsho (+). [A/反] Kettén.
bitṓ 尾灯 O farol [A luz] da retaguarda. [S/同] Térú

ránpu [ráito] (+).

bító[1] **[íi] ビート** (< Ing. beat) **1** [音波のうなり] A vibração sonora. **2** [拍子] O ritmo [compasso]. ★ ～ *no kiita jazu* ビートの利いたジャズ O jazz com muito ritmo. [S/同] Háku; hyṓshí (+). **3** [水泳のばた足] O dar aos pés (na natação). [S/同] Batáá-shí (+).

bító[2] **[íi] ビート** (< Ing. beet < L.) 【Bot.】 A beterraba; *beta vulgaris var. rubra*. ◇ **～ tō** ビート糖 O aúcucar de ～. ⇨ teńsáí[4]; satṓ ◇.

bitókú 美徳 【E.】 A virtude. ★ *Kenjō no* ～ 謙譲の美徳 ～ da modéstia. [A/反] Akútokú.

bítto ビット (< Ing. bit) 【Ele(c)tron.】 O bit; o dígito binário.

bíwa[1] 琵琶 A biva (Instrumento musical japonês de quatro cordas de seda, semelhante ao bandolim). ◇ **～ hōshi** 琵琶法師 O tocador ambulante de ～; o jogral. ⇨ kóto[2]; shamíséń.

bíwa[2] 枇杷 【Bot.】 A nêspera; *eriobotrya japonica*.

bíya ビヤ (< Ing. beer) A cerveja. ◇ **～ daru** ビヤ樽 O barril de ～. **～ gāden** ビヤガーデン A cervejaria ao ar livre. **～ hōru** ビヤホール A cervejaria. [S/同] Bíru (+).

biyákú 媚薬 O afrodisíaco.

biyṓ 美容 A beleza (física). ★ ～ *to kenkō ni yoi* 美容と健康に良い Bom para a saúde e para a ～. ◇ **～ seikei** 美容整形 A cirurgia plástica. ⇨ **～ shi**. **～ shoku** 美容食 O alimento dietético. **～ taisō** 美容体操 A ginástica para manter a forma [～].

biyṓ-in [óo] 美容院 O salão [instituto] de beleza.

biyókú 尾翼 A empenagem (Conjunto da cauda) do avião. ◇ **Suihei** [**Suichoku**] **～** 水平 [垂直] 尾翼 A cauda horizontal [vertical].

biyṓ-shi [óo] 美容師 A [O] esteticista.

bíza ビザ (< Ing. visa < L.) O visto (de passaporte). ★ *Burajiru no* ～ *o toru* ブラジルのビザを取る Tirar o visto para o B.. [S/同] Nyū́kókú sáshō.

bizáí 微罪 A transgressão [O delito] menor.

Bizánchin ビザンチン (< Byzantium) Bizantino (Relativo a Bizâncio, depois Constantinopla e agora Istambul). ◇ **～ shiki** ビザンチン式 【Arqui.】 O estilo ～. **～ teikoku** ビザンチン帝国 O Império ～ [O Império Romano Oriental].

bízu [íi] ビーズ (< Ing. beads) As contas (de colar, de rosário, etc.); as missa[ça]ngas. ★ ～ *no baggu* ビーズのバッグ A bolsa enfeitada de [com] ～.

bṓ[1] 棒 **1** [細長い木] A vara; o pau; o varapau; a estaca; o cacete. ～ *no yō ni tsuttatte nai de sukoshi tetsudai nasai* 棒のようにつっ立ってないで少し手伝いなさい Não fiques assim especado [como uma estaca/estátua] e vem ajudar-me. [P/ことわざ] ～ *hodo negatte hari hodo kanau* 棒ほど願って針ほどかなう Ninguém consegue tudo o que deseja. *Inu mo arukeba* ～ *ni ataru* 犬も歩けば棒に当る **a)** Quem não arrisca não petisca; **b)** A vida tem sempre perigos. ⇨ końbṓ[2]; nobé-bṓ.

2 [筋肉が硬直して思うようにならないこと] O perder a sensibilidade. ★ *Ashi ga* ～ *no yō ni naru* 足が棒のようになる Ficar muito cansado das [Não sentir as] pernas.

3 [単調で変化がないようす] A monotonia. ◇ **～ yomi** 棒読み A maneira monó[ô]tona de ler 「um texto」. **4** [⇨ teńbíńbṓ]. **5** [⇨ shikí-bṓ]. **6** [線] A linha; o traço. ◇ **～ gurafu** 棒グラフ O gráfico com barras. [S/同] Sén. **7** [“棒に振る”の形で無駄にする] Desperdiçar; estragar. *Kare wa buka no misu de buchō no isu o* ～ *ni futta* 彼は部下のミスで部長の椅子を棒に振った Ele perdeu a posição de dire(c)tor de serviços por uma falha dum subordinado.

bṓ[2] **[óo]** 坊 **1** [僧] O bonzo. ◇ **O-～ san** お坊さん Sr. ～. [S/同] Sō (+). **2** [僧の住む所] A casa do bonzo. **3** [⇨ bṓya]. **4** [男の子の名前の下につけて親しみを表すことば] (Suf. que significa rapazinho). ★ *Ken* ～ 健坊 Ken-zinho. **5** [人の状態を表す語につけて親しみ・あざけりの意を表すことば] (Suf. de intimidade ou desprezo). ⇨ abáréń-bṓ.

bō[3] **[óo]** 某 **1** [なにがし] Um tal; o fulano. ★ *Yamakawa* ～ 山川某 Um tal [fulano chamado] Yamakawa. [S/同] Nánigashi. **2** [ことばの上につけてそれとはっきり示さずに言うことば] Um certo. ★ ～ *gakkō no* ～ *sensei* 某学校の某先生 ～ professor da escola. ⇨ bṓjitsu; bṓshi[3]; bṓsho.

bṓ[4] **[óo]** 房 ⇨ dokúbṓ.

bō-[5] **[óo]** 亡 Falecido. ◇ **～ sobo** 亡祖母 A falecida avó. [S/同] Ko-; náki.

bóa ボア (< P. < L. boa) **1** [蛇の一種] A boa; a jibóia. ⇨ hébi. **2** [婦人用えり巻きの一種] A boá (Agasalho de pele que as mulheres usam à volta do pescoço). ⇨ erí-maki. **3** [毛足の長い化繊織物] O tecido sintético parecido a pele.

bṓ-ánki [oó] 棒暗記 ⇨ marú-ánki.

bṓátsú[1] **[oó]** 防遏 【E.】 A prevenção. [S/同] Bṓshí[2] (+).

bṓátsú[2] **[oó]** 暴圧 O dominar [parar] à força.

bṓbákú [oó] 茫漠 【E.】 **1** [広漠] A vastidão. [S/同] Kṓbákú. **2** [ぼうっとしてはっきりしないようす] A incerteza.

bṓbi [óo] 防備 A defesa. ★ ～ *o katameru* 防備を固める Reforçar ～. ～ *suru* 防備する Fortificar-se. ◇ **Kanzen ～** 完全防備 ～ perfeita [completa]. ⇨ mu-bṓbi.

bṓ-bíki [oó] 棒引き (< … [1]6 + hikú) **1** [線を引くこと] O traçar uma linha. **2** [帳消し] O cancelamento 「da dívida」. ★ *Shakkin o* ～ *ni suru* 借金を棒引きにする Cancelar a dívida. [S/同] Chṓkéshí (+).

bóbin ボビン (< Ing. bobbin) **1** [紡織用具の一種] O carreto; a bobina. **2** [ミシンの下糸を巻く金具] A bobina da máquina de coser. **3** [コイルなどの巻きわく] A bobina.

bṓbo 亡母 【E.】 A 「minha」 falecida mãe. [A/反] Bṓfu. ⇨ bō-[5]

bṓbṓ[1] **[boó-]** 茫茫 ⇨ bṓbákú.

bṓbṓ[2] **[bóo-]** ぼうぼう **1** [草や髪などが伸び乱れるさま] (Im. dos cabelos, das ervas, etc., a crescer abundantes e ao natural). ★ *Kusa* ～ *no niwa* 草ぼうぼうの庭 O jardim inçado de erva. **2** [火が勢いよく燃えるさま] (Im. de fogo forte). ★ ～ *(to) hi ga moeru* ぼうぼう(と)火が燃える Levantar [Arder em] labaredas.

bóbusurē ボブスレー (< Ing. bobsleigh) **1** [そりの競技の一つ] A corrida de trenós. **2** [**1** に用いるそり] O trenó de corrida para várias pessoas. [S/同] Sóri (+).

bóchabocha ぼちゃぼちゃ Chape, chape. [S/同] Báchabacha (+).

bochán to ぼちゃんと Chape! *Suichū ni* ～ *tobikomu* 水中にぼちゃんと飛び込む Saltar para a água com um ～!

bóchi 墓地 O cemitério. ◇ **Kyōdō ～** 共同墓地 ～

B

público. [S/同] Hakábá.

bóchibochi ぼちぼち ⇨ bótsubotsu.

bṓchṓ[1] **[boó]** 膨張 **1** [ふくれること] O aumento; a inflação「monetária」. ★ *Fūsen ga ～ suru* 風船が膨張する O balão incha [enche/infla]. [A/反] Shū́shúkú. **2** [発展し増大すること] A expansão; o aumento. ★ ～ *suru* 膨張する Expandir-se; crescer; aumentar. **3** [物体の体積が増大すること]【Fís.】A dilatação. ★ ～ *suru* 膨張する Dilatar-se. ◇ **～ ritsu** 膨張率 O coeficiente de ～. [A/反] Shū́shúkú.

bṓchṓ[2] **[boó]** 傍聴 O assistir「a uma sessão do tribunal」mas sem ter parte a(c)tiva. ★ *Kokkai o ～ suru* 国会を傍聴する Assistir à sessão da Dieta. ◇ **～ sha [nin]** 傍聴者[人] O observador.

bṓchṓ[3] **[boó]** 防諜 A contra-espionagem. ◇ **～ katsudō** 防諜活動 A a(c)tividade de ～. [S/同] Súpai bṓshí.

bṓchū́[1] **[oó]** 防虫 A prote(c)ção contra insectos [a traça]. ★ ～ *kakō no [o shita]* 防虫加工の[をした] À prova de traça. ◇ ⇨ **～ zai**.

bṓchū́[2] **[oó]** 傍注 [旁註] A anotação marginal [à margem]. ★ ～ *o tsukeru* 傍注を付ける Fazer anotacões/Pôr uma ～. ⇨ chū́shaku.

bṓchū[3] **[óo]** 忙中【E.】O estar muito ocupado. [I/慣用] ～ *kan ari* 忙中閑あり Até nos dias mais ocupados se encontra uma folga. [A/反] Kańchū́. ⇨ isógáshíi.

bṓchū́-zai [boóchúu] 防虫剤 A bola de naftalina. ⇨ satchū́-zai.

bṓ-dáchí [oó] 棒立ち (<…[1]+tátsu) O estar de pé como um fuso. ★ ～ *ni naru* 棒立ちになる Ficar direito [aprumado] como um fuso.

bodáí 菩提 (< Sân. bodhi) Bodhi; a iluminação suprema. ★ ～ *o tomurau* 菩提を弔う Rogar a Buda pelo repouso da alma do morto. ◇ ⇨ **～-ji [sho]**.

bṓdáí [oó] 膨[厖]大 O ser enorme [colossal]. ★ ～ *na yosan* 膨大な予算 O orçamento ～. [S/同] Bakúdáí; kyodáí (+).

bodáí-jí[shó] 菩提寺[所] O templo da família.

bodáiju 菩提樹【Bot.】**a**) [インドの] A figueira-dos-pagodes; *ficus religiosa*; **b**) [ヨーロッパの] A tília; *tilia europaea*; **c**) [北米産の] O evó[ô]nimo-da-américa; *evonymus americanus*.

bodái-shin 菩提心 **1** [仏道に入ろうとする心] O espírito de devoção ao budismo. **2** [あわれみの心] A compaixão; a piedade.

bṓdáń [oó] 防弾 À prova de bala. ◇ **～ chokki** 防弾チョッキ O colete à…

bṓ-dárá [oó] 棒鱈 (<…[1]+tára) O bacalhau seco.

bṓdā́ráin [oó] ボーダーライン (< Ing.border line) A linha limítrofe; o limite. ★ *Gōhi no ～ ni iru* 合否のボーダーラインにいる Estar (mesmo) entre o sim e o não.

bódī ボディー (< Ing. body) **1** [人間の胴体] O corpo (humano). ◇ **～ chekku** ボディーチェック O revistar as pessoas「no aeroporto」. **～ konshasu** ボディーコンシャス A roupa de senhora bem justa para mostrar as linhas do corpo. **～ rangēji** ボディーランゲージ A comunicação por (meio de) gestos ou movimentos (do corpo). [S/同] Karádá (+). **2** [機械類の外部構造] A parte principal「de uma máquina」. ★ *Kuruma no ～* 車のボディー A carroçaria do carro.

bodī́-bíru [ií] ボディービル (< Ing. body building) A ginástica para ganhar músculo.

bodī́-búrṓ [ií-óo] ボディーブロー (< Ing. body blow)【(D)esp.】O golpe no ventre.

bodī́-gā́do [diígáa] ボディーガード (< Ing. bodyguard) O guarda-costas; a escolta pessoal. [S/同] Yṓjínbō.

bṓdṓ [boó] 暴動 O distúrbio; o tumulto; a insurreição; o motim; a revolta; a rebelião. ★ ～ *o okosu* 暴動を起こす Provocar um [uma] ～; levantar-se; amotinar-se. ～ *o shizumeru* 暴動を鎮める Dominar ～. [S/同] Hańráń. ⇨ sṓdō.

bṓdóbírian [oó] ボードビリアン (< Ing. vaudevilian) O a(c)tor [artista] de revista. [S/同] Keíéńgékí háiyū.

bṓdóbíru [oó] ボードビル (< Ing. vaudeville) O vaudevile [espe(c)táculo de variedades]; a revista. [S/同] Keíéngeki.

bṓdókú [oó] 防毒 Antigás. ◇ **～ masuku** 防毒マスク A máscara ～.

bṓéí [oó] 防衛 A defesa. *Chanpion no taitoru o ～ suru* チャンピオンのタイトルを防衛する Defender o título de campeão. ◇ ⇨ **～ chō**. **～ daigakkō** 防衛大学校 A Academia Militar. **～ hi** 防衛費 As despesas da ～. **～ honnō** 防衛本能 O instinto de ～.

Bṓéichō [oó] 防衛庁 A Agência de Auto-defesa. ◇ **～ chōkan** 防衛庁長官 O dire(c)tor geral da ～.

bṓékí[1] **[oó]** 貿易 O comércio externo [internacional]. ★ ～ *suru* 貿易する Comerciar; ter [fazer] comércio「com」. ◇ **～ fu-kinkō** 貿易不均衡 O desequilíbrio (da balança) comercial. **～ gai shūshi** 貿易外収支 As rendas e despesas invisíveis (De transportes, seguros, turismo, etc.). ⇨ **～ kō**. **～ masatsu** 貿易摩擦 Os conflitos relacionados com o [causados pelo] ～. **～ shijō** 貿易市場 O mercado internacional. ⇨ **～ shō**. **～ shūshi** 貿易収支 O balanço comercial. **～ tegata** 貿易手形 A letra (comercial). **Hogo ～** 保護貿易 O comércio prote(c)cionista. **Jiyū ～** 自由貿易 O comércio livre. ⇨ shṓbai.

bṓéki[2] **[oó]** 防疫【Med.】A prevenção de epidemias. ◇ **～ taisaku** 防疫対策 A profilaxia [As medidas preventivas] de epidemias.

bṓékí-fū́ [oó] 貿易風 Os ventos alísios; a monção.

bṓékí-gáisha [oó] 貿易会社 (<…+kaíshá) A empresa comercial.

bṓékí-kō [boó] 貿易港 O porto comercial.

bṓékí-shō [boó] 貿易商 Um comerciante [importador; exportador].

bṓéńkyṓ [boó] 望遠鏡 O telescópio. ★ ～ *de miru* 望遠鏡で見る Ver pelo ～. ◇ **Denpa ～** 電波望遠鏡 O rádio-～. **Hansha ～** 反射望遠鏡 ～ refle(c)tor. **Tentai ～** 天体望遠鏡 ～ astronó[ô]mico.

bṓéń-rénzu [oó] 望遠レンズ A lente telefotográfica [telescópica].

bṓfu[1] **[óo]** 亡父【E.】O「meu」falecido pai. [A/反] Bṓbo. ⇨ bō-[5].

bṓfu[2] **[óo]** 亡夫【E.】O「meu」falecido marido. [A/反] Bṓsáí. ⇨ bō-[5].

bṓfú[3] **[oó]** 防腐 O impedir a corrupção; o embalsamar. ◇ **～ zai** 防腐剤 O remédio para…

bṓfū́ [boófúu] 暴風 A tempestade; o temporal; o vendaval; a ventania. ◇ **～ keihō** 暴風警報 O alarme [aviso] de tempestade. **～ ken** 暴風圏 A zona da/o ～. [S/同] Árashi (+).

bṓfúrá[í] **[oó]** 孑孑 [棒振]A larva de mosquito.
bṓfū́-rin **[boófúu]** 防風林 O arvoredo「pinhal」para cortar o vento.
bṓfū́-u **[boófúu]** 暴風雨 A tempestade [O vendaval] com chuva. [S/同] Árashi. ⇨ bṓfū́.
bṓfú-zái **[oó]** 防腐剤 ⇨ bṓfú³.
bṓga **[óo]** 忘我【E.】O êxtase; o arrebatamento; o enlevo; o arroubo. ★ ～ *no kyōchi* [*omomochi*] 忘我の境地 [面持ち] O estado [A expressão] de ～. [S/同] Bótsuga; kṓkótsú (+); múga (+).
bṓgái¹ **[oó]** 妨害 [碍]A obstrução; o impedimento; o estorvo. ★ ～ *suru* 妨害する Obstruir; estorvar [perturbar]; impedir [*Anmin o* ～ *sareru* 安眠を妨害される Perturbarem-nos o sono]. ◇ **～ butsu** 妨害物 O obstáculo. **～ kōi** 妨害行為 Um/a ～. **～ kōsaku** 妨害工作 A sabotagem. **Denpa ～** 電波妨害 A interferência radiofó[ô]nica. **Senkyo ～** 選挙妨害 A ～ das eleições. ⇨ jamá.
bṓgái² **[oó]** 望外「a honra」Que não se esperava. ★ ～ *no yorokobi* 望外の喜び Uma alegria inesperada [com que se não contava].
bṓgéń **[oó]** 暴言 Palavras violentas [A linguagem insultuosa]. [S/同] Akkṓ; hṓgéń.
bógī ボギー (< Ing. bogey) Uma batida acima do "par", o número normal de batidas no jogo do golfe. [A/反] Bā́dī. ⇨ pā¹.
bṓgi **[óo]** 謀議 A conspiração; o conluio.
bógo 母語 **1** [⇨ bokókú-gó]. **2** [系統の源にある言語] A língua de origem「do p. é o l.」. [S/同] Sógo.
bṓgo **[óo]** 防護 A「rede de」prote(c)ção. ◇ **～ heki** 防護壁 O muro de ～.
bṓgu **[óo]** 防具【(D)esp.】O material [aparelho] de prote(c)ção; o prote(c)tor. ★ ～ *o tsukeru* [*hazusu*] 防具を付ける [外す] Pôr [Tirar] o ～.
bṓ-gúí **[oó]** 棒杭 [杙] (<… ¹ + kúi) A estaca; o poste. [S/同] Kúi (+).
bṓ-gúmí **[oó]** 棒組み (<… ¹ + kúmu) **1** [印刷の仮組み] A galé. [A/反] Hoń-gúmí. **2** [相棒] O companheiro. [S/同] Aíbṓ (+).
bṓgyákú **[oó]** 暴虐【E.】A tirania; a crueldade. [S/同] Hidṓ (+).
bṓgyo **[óo]** 防御 [禦]A defesa (Na guerra ou jogo). ★ ～ *ga katai* 防御が固い Bem defendido.「*Kokkyō no*」～ *ni tsuku*「国境の」防御につく Defender「as fronteiras」. ～ *suru* 防御する Defender; guardar. ◇ **～ ritsu** 防御率【Beis.】A média dos pontos que um lançador perdeu. **～ ryoku** 防御力 A força defensiva. [S/同] Bṓéí; shúbi.
bṓhákú **[oó]** 傍白 O aparte「no palco」.
bṓháń **[oó]** 防犯 A prevenção de crimes. ◇ **～ beru** 防犯ベル O alarme contra assaltos. ⇨ hańzái.
bṓhátéí **[oó]** 防波堤 O quebra-mar; o molhe.
bṓhátsú **[oó]** 暴発 **1** [突発] O acontecimento repentino. [S/同] T[B]oppátsú (+). **2** [ピストルなどの誤発] O disparo involuntário [acidental]. ★ ～ *suru* 暴発する「a pistola」Disparar(-se) acidentalmente. [S/同] Gohátsú.
bohéí 募兵 O recrutamento; o alistamento. ★ ～ *suru* 募兵する Recrutar. ⇨ chṓhéí.
bṓhékí **[oó]** 防壁 **1** [防備のための壁] A muralha [O muro] de defesa. [S/同] Torídé (+). ⇨ zańgṓ. **2** [害悪などの侵入を防ぐ手だて] A barreira; o baluarte.
Bohémian ボヘミアン (< Bohemia: top.) O boé[ê]mio; o despreocupado. ⇨ jípushī.
bohí 墓碑 A pedra [lápide] tumular. ◇ **～ mei** 墓碑銘 O epitáfio.
bohyṓ 墓標 [表] O sinal [A indicação] da sepultura. [S/同] Haká-jírushi.
bṓi¹ **[óo]** 暴威【E.】A tirania; a violência「do tufão」. [S/同] Mṓi.
bṓí² **[oó]** ボーイ (< Ing. boy) **1** [男の子; 若い男] O rapaz; o menino; o moço. ★ ～ *hanto o suru* ボーイハントをする Procurar namorado. ◇ **～ sukauto** ボーイスカウト O escuteiro[escuta]. [S/同] Otókó no ko (+); shṓnéń (+). [A/反] Gā́ru. ⇨ bṓya. **2** [飲食店の給仕] O garçom (B.); o empregado de mesa. **3** [ホテルなどの係] O porteiro [bagageiro]「de hotel」.
bṓífúréndo **[oó]** ボーイフレンド (< Ing. boyfriend) O namorado. [S/同] Otókó tómodachi. [A/反] Gā́rúfúréndo.
boíkótto ボイコット (< Ing. boycott) **1** [不買同盟] O boicote; a boicotagem. [S/同] Fubáí dṓmei. **2** [共同で排斥すること] O boicote. ★ *Uragiri-mono o* ～ *suru* 裏切者をボイコットする Boicotar [Excluir] os traidores. [S/同] Haísékí (+). **3** [集会などに参加することを拒絶すること] O boicotar「a reunião」. ★ *Orinpikku o* ～ *suru* オリンピックをボイコットする Boicotar as Olimpíadas. [S/同] Kyozétsú (+).
boíń¹ 母音 A vogal. ◇ **Chō** [**Tan**] **～** 長 [短] 母音 A vogal longa [breve]. **Ni-jū ～** 二重母音 O ditongo. [A/反] Shíín.
boíń² 拇印 A impressão digital do polegar. ★ *Shorui ni* ～ *o osu* 書類に拇印を捺す Pôr/Apor a ～ no documento. [S/同] Tsuméíń.
bṓíń **[oó]** 暴飲 A intemperança [O abuso] (no beber). ★ ～ *suru* 暴飲する Beber em excesso. ◇ **～ bōshoku** 暴飲暴食 ～ na comida e na bebida.
bóirā ボイラー (< Ing. boiler) A caldeira「de aquecimento central」. ◇ **～ man** [**gakari**] ボイラーマン [係] O operador da ～. [S/同] Kikán.
bóiru ボイル (< Ing. boil) O cozer (Ex. Sakana no ～ = O peixe cozido). ⇨ yudéru.
bṓísúkáuto **[oó]** ボーイスカウト (< Ing. Boy Scouts) **a**) O escu[o]tismo; os escu[o]teiros; **b**) O escu[o]teiro. [S/同] Shṓnén-dan. [A/反] Gā́rúsúkáuto.
bṓjákúbújíń **[oó]** 傍若無人 A arrogância; a insolência. ★ ～ *na taido* 傍若無人な態度 A atitude insolente [arrogante]. ⇨ jibúńkátte.
bṓji **[óo]** 房事【E.】O coito; as relações sexuais. ★ ～ *ni fukeru* 房事にふける Viver para as….
[S/同] Seíkṓ.
bṓ-jímá **[oó]** 棒縞 (<… ¹ + shimá) A listra [lista; risca] (vertical).
bṓjíń **[oó]** 防塵 A prote(c)ção contra o pó. ◇ **～ masuku** 防塵マスク A máscara contra o pó [a poeira]. ⇨ chirí²; hokórí¹.
bṓjitsu **[óo]** 某日 Um certo dia. ⇨ bō³ **2**.
bojṓ 慕情【E.】A afeição; o amor; o anseio; o anelo; a paixão. ⇨ shitáú.
bṓjo **[óo]** 防除 A prevenção e exterminação. ★ *Gaichū no* ～ 害虫の防除 ～ de inse(c)tos nocivos.
bṓjṓ **[boó]** 棒状【E.】A forma cilíndrica. ⇨ bṓ¹.
bṓju **[óo]** 傍受【E.】A intercep(ta)ção. *Teki no musen o* ～ *shita* 敵の無線を傍受した Interceptámos [Captámos] a (emissão da) rádio inimiga. ⇨ jushíń; tṓchṓ¹.
bṓká **[oó]** 防火 **1** [火災を防ぐこと] A prevenção contra incêndios. ◇ **～ kōzō** [**kenchiku**] 防火構造

[建築]A estrutura [construção] à prova de fogo. ~ *taisaku* 防火対策 As medidas de ~. ⇨ kasái. **2** [火災の延焼をくいとめること]A prote(c)ção contra incêndios. ◇ ~ **heki**. ~ **kunren** 防火訓練 O treino para caso de incêndio.

bóka-heki [oó] 防火壁 O guarda-fogo; o anteparo de incêndio (de material incombustível).

bokán 母艦 O navio-mãe [O navio auxiliar]. ◇ **Kōkū** ~ 航空母艦 O porta-aviões. ⇨ guńkán.

bokán(to) ぼかん(と) (Im. de pancada ou explosão). ★ ~ *nagurareru* ぼかんとなぐられる Levar uma pancada. ⇨ pokán.

bókán[1] [oó] 防寒 A prote(c)ção contra o frio. ◇ ~ **fuku** 防寒服 O agasalho; o abafo. ⇨ ~ **gu** [**gutsu**]. A/反 Bōsho.

bókán[2] [oó] 傍観 O ver sem fazer nada. ★ ~ *teki taido o toru* 傍観的態度を取る Tomar uma atitude indiferente (de espectador). ◇ ⇨ ~ **sha**. S/同 Bōkén.

bókán[3] [oó] 暴漢 O desordeiro [rufião/rufia]. ★ ~ *ni osowareru* 暴漢に襲われる Ser atacado por um ~. Abáré-mónó.

bókán-gu [oó] 防寒具 (< …[1] + gu) O equipamento contra o frio.

bókán-gutsu [oó] 防寒靴 (< …[1] + kutsú) As galochas de inverno.

bokán-sha [oó] 傍観者 O mirone [mero espe(c)tador]. ⇨ bōkán[2].

bókaru [oó] ボーカル (< Ing. vocal < L.) (A a(c)tuação de) vocalista. ◇ ~ **gurūpu** ボーカルグループ O grupo coral [de cantores]. S/同 Kashō; káshu; seígaku.

bokáshí 暈し (< bokásu) O esbatimento [A degradação] das cores. ★ *Suso ni* ~ *no haitta kimono* すそにぼかしの入った着物 O quimono com uma cor esbatida na aba.

bokásu 暈す **1**[色や形などの境目を不明瞭にする] Esbater; degradar. ★ *Rinkaku o* ~ 輪郭をぼかす ~ o contorno (De uma figura, etc.). **2**[あいまいにする] Ser [Tornar] impreciso [ambíguo; vago]; obscurecer. ★ *Imi o* ~ 意味をぼかす Obscurecer o sentido (de uma expressão). S/同 Boyákásu.

boké[1] 木瓜【Bot.】Uma espécie de marmeleiro (Com picos mais lindas flores); *chaenomeles lagenaria*.

boké[2] 惚[呆]け (< bokéru) **1**[もうろくすること] A senilidade. ⇨ nínchí-shō. S/同 Mōroku.
2[頭の働きがにぶること] O ter a cabeça zonza [pouco clara]. *Jisa* ~ 時差ぼけ O sentir-se mal por ter viajado entre locais de grande diferença de horas e ter o sono trocado.
3[漫才などで滑稽な役を演じる者] O (papel de) bobo (no palco). A/反 Tsukkómí.

bokéi[1] 母系【E.】**1**[母方の系統] A linha materna. A/反 Fukéí. **2**[母方を基準にして家の血統・相続を決める家族形式のこと] O matriarcado. ◇ ~ **kazoku** 母系家族 A família matriarcal. ~ **sei(do)** 母系制(度) O sistema matriarcal. A/反 Fukéí.

bokéi[2] 母型【Tip.】A matriz. S/同 Jíbo.

bokéí[3] [oó] 傍系 A linhagem colateral. ◇ ~ **gai-sha** 傍系会社 A empresa subsidiária. A/反 Chokkéí.

bókéí[4] [oó] 謀計【E.】A conspiração. S/同 Bōryákú (+); hakárígótó.

bōkén[1] [oó] 冒険 A aventura; o risco; a tentativa arriscada. ★ ~ *suru* 冒険する Aventurar-se; arriscar-se. ◇ ◇ ~ **dan** [**ka/shin**].

bōkén[2] [oó] 望見【E.】O ver "o Fuji" ao longe.

bōkén-dan [oó] 冒険談 A narrativa [história] de aventuras.

bōkén-ká [oó] 冒険家 O aventureiro.

bōkén-shin [oó] 冒険心 O espírito aventureiro.

bokéru[1] 惚[呆]ける **1**[意識などがにぶる] Ficar senil [gagá; xexé]. *Kare wa toshi o totte daibu bokete kita* 彼は年をとって大分ぼけて来た Ele ficou bastante ~ com a idade. S/同 Nibúru. ~ mōroku. **2**[上げ相場から下落気味になること] Estar frouxa (a Bolsa).

bokéru[2] 暈ける **1**[色などが鮮明さを失う] Desbotar; perder a cor. ★ *Boketa iro* ぼけた色 A cor desbotada. ⇨ aséru[2]. **2**[像などがはっきりしなくなる] Ficar desfocado. ★ *Pinto no boketa shashin* ピントのぼけた写真 A fotografia desfocada. **3**[果物などのうまみがなくなる] Ficar sem [Perder o] gosto/sabor.

bokétsú 墓穴【E.】A cova; a sepultura. ★ (*Mizukara*) ~ *o horu* (自ら)墓穴を掘る Cavar a própria sepultura (Cometer um erro fatal).

bóki 簿記 A contabilidade; a escrituração; a escrita. ◇ ~ **gakari** 簿記係 O contabilista (guarda-livros). **Shōgyō** [**Kōgyō/Ginkō**] ~ 商業[工業/銀行]簿記 A ~ [industrial/bancária]. **Tan** [**Fuku**] **shiki** ~ 単[複]式簿記 A escrita de partidas simples [dobradas].

bokín 募金 A angariação de fundos [dinheiro]; o peditório; a cole(c)ta. ◇ ~ **undō** 募金運動 A campanha do/a ~ [para angariar dinheiro]. **Kyōdō** ~ 共同募金 O ~ público. ⇨ kífu[1].

bókiré [oó] 棒切れ Um pau (seco). ⇨ bō[1].

bókísáito [oó] ボーキサイト (< Fr. Bauxi: top.) 【Min.】A bauxite.

bokká 牧歌【E.】**1**[牧童のうたう歌] A canção pastoril. **2**[田園の生活を主題とする詩歌] A poesia bucólica; a écloga. ◇ ~ **teki** 牧歌的 Pastoril; bucólico.

bokkén 木剣 O bastão. ⇨ bokútō.

bokki 勃起 A ere(c)ção (do pé(ê)nis).

bokkō 勃興 A ascensão (subida) rápida. ★ ~ *suru* 勃興する Expandir-se rápido [com toda a força]. *Sangyō no* ~ 産業の勃興 O rápido [grande] crescimento da indústria. ⇨ Kōryū.

bokkóshō [kóo] 没交渉 (< bótsu **3**) A falta de relação [ligação] [com]. *Kare wa seken to* ~ *no seikatsu o shite iru* 彼は世間と没交渉の生活をしている Ele vive indiferente [alheio] ao mundo [à sociedade]. S/同 Mu-kánkei. ⇨ kōshó[1].

bókkusu ボックス (< Ing. box < L.) **1**[箱] A caixa; o estojo. ◇ **Meiru** ~ メイルボックス A caixa do correio. S/同 Hakó (+). **2**[枡形の見物席] O camarote (da sala de espe(c)táculos). ◇ ~ **shīto** ボックスシート Um [O assento no] ~. S/同 Sajíkí (+). **3** [酒場のいす席] O compartimento do botequim. S/同 Kaúńtā. **4**[箱形の小さな建物] A cabina. ◇ **Denwa** ~ 電話ボックス ~ telefónica. **5**[野球で打者・コーチの立つ所]【Beis.】O lugar do (re)batedor ou treinador. ◇ **Battā** ~ バッターボックス O canto do rebatedor. **6**[子牛のなめし革](Abrev. de box calf) A vaqueta (Couro curtido).

bokkyákú 没却【E.】O rejeitar; o menosprezo. ⇨ múshi[2].

bókō[1] 母校 A universidade [escola] onde se estudou [formou]; a alma mater. ⒮⒠ Shusshínkō.
bókō[2] 母港 O porto de origem.
bókō[1] [bóo] 暴行 **1** [他人に暴力を加えること] O usar violência; o assalto; o ataque. ★ ~ *suru* [*o hataraku*] 暴行する Assaltar; atacar. **2** [婦女暴行] O estupro; a violação. ⒮⒠ Fújo bőkő; gőkáń.
bókō[2] [bóo] 膀胱【Anat.】A bexiga. ◇ ⇨ ~ *en*. ~ *kesseki* 膀胱結石 O cálculo vesical.
bókoboko ぼこぼこ【Oń.】 **1** [水が泡を立てて流れるさま] Blu, blu, blu (Im. de borbulhar do líquido). **2** [穴やくぼみがあるさま] Com buracos [altos e baixos]. ⇨ dekőbőkő. **3** [中空の物をたたくさま] (Im. de som provocado pelo percutir de um objecto oco).
bókō-en [bookoo] 膀胱炎【Med.】A cistite [urocistite]. ⇨ bőkő[2].
bókoku 母国 **1** [故国] O país natal; a pátria. ⒮⒠ Kókoku; sókoku. **2** [分かれ出る前のもとの国] 【A.】A metrópole.
bókoku [oó] 亡国 **1** [国を滅ぼすこと] A destruição de um país. ⒜⒡ Kókókú. **2** [滅んだ国、または滅びようとしている国] O país arruinado [a caminhar para a ruína]. ★ ~ *no tami* 亡国の民 Os sem-pátria; os apátridas (+).
bokóku-go 母国語 A 「minha」língua materna.
bóku 僕 **1** [下男]【E.】O servical; o servo. ⒮⒠ Gebőkú (+); génan (o); shimóbé (+). **2** [男性の一人称の代名詞] Eu (Us. por jovens do sexo masculino ou homens em ambiente familiar). ◇ ~ *-ra* [*-tachi*] 僕ら[たち]【E.】Nós; a gente. ⒜⒡ Kimí. ~ oré; wata(kú)shí. [小さい男の子を呼ぶ言葉] Ó menino! ~, *ikutsu* 僕、いくつ Quantos anos tens, (meu) menino?
bóku [oó] ボーク (< Ing. balk)【Bas.】O enganar o adversário no arremesso da bola.
bókū [oó] 防空 A defesa do espaço aéreo. ◇ ~ *enshū* [**kunren**] 防空演習 [訓練] As manobras [Os exercícios] de ~. ⇨ ~*gō*. ~ *shisetsu* 防空施設 As instalações para ~.
bokúchíkú 牧畜 A pecuária; a criação de gado. ◇ ~ *gyō* 牧畜業 A (indústria) pecuária.
bokúdō 牧童 O pastor; o vaqueiro; o campino; o gaúcho. ⒮⒠ Kaúbói.
bókū-gō [bookúu] 防空壕 O abrigo anti-aéreo (subterrâneo).
bokúgyū 牧牛 O gado de pastoreio.
bokújō 牧場 A pastagem; a herdade [fazenda] de criação de gado. ⒮⒠ Makíbá. ⇨ bokúsó ◇.
bokújū 墨汁 A tinta-da-china. ⇨ sumí[3].
bokúmétsú 撲滅 A exterminação [supressão] 「da fome no mundo」. ⒮⒠ Końzétsú; tájí (+); zetsúmétsú (+). ⇨ ne-kósógí.
bókúń[1] [óo] 暴君 **1** [暴虐な君主] O tirano; o déspota. ⇨ kúnshu[1]. **2** [横暴な人]【Fig.】O indivíduo cruel [tirano].
bókuń[2] [oó] 亡君 O falecido amo [soberano]. ⇨ bō-[5]; kúńshu[1]; shúkuń[1].
bokunéńjiń 朴念仁 O cabeça-dura; o misantropo. ⒮⒠ Wakárázúyá (+).
bókuri 木履 ⇨ pokkúrí[1].
bókusā ボクサー (< Ing. boxer) **1** [拳闘家] O box(e)ador [boxista]; o pugilista. ⒮⒠ keńtő-ká. **2** [犬の一品種] O boxer (Cão).
bokúsátsú 撲殺 O matar à pancada. ★ ~ *suru* 撲殺する Matar...; espancar. ⇨ nagúrí-kórosu.
bokúséki 木石【E.】 **1** [木と石] As árvores e as pedras. ⇨ ishí[1]; kí[2]. **2** [人情を理解できないもの]「Ele tem」um coração de pedra. *Hito, ~ ni arazu* 人、木石にあらず A gente não é [Eu não sou] de pedra/Uma pessoa sente.
bókusha 牧舎 O estábulo; a estrebaria. ⇨ chikúsha; gyúsha[1]; kyúsha.
bókushi 牧師 O pastor (protestante). ⇨ shínpu[2].
bókushingu ボクシング (< Ing. boxing) O boxe; o pugilismo. ~ *o suru* ボクシングする Praticar boxe. ◇ ~ *senshu* ボクシング選手 ⇨ bókusā **1**.
bókushu 墨守【E.】O apego. ★ ~ *Kyūshū o ~ suru* 旧習を墨守する Apegar [Agarrar]-se a velhos costumes. ⒮⒠ Koshítsú (+).
bokúsō 牧草 O capim; a erva; o pasto. ◇ ~ *chi* 牧草地 A pastagem; o prado; o capinzal.
bokú súru 卜する【E.】 **1** [占う] Ler a sorte; adivinhar o futuro. ⒮⒠ Uránáu (+). **2** [選定する] Escolher. ⒮⒠ Señtéi súrú (+).
bokútákú 木鐸【E.】 **1** [昔、中国で使った鈴] O sino com badalo de madeira (Us. na China antiga). ⇨ suzú[1]. **2** [指導者] O líder; o guia. ⒮⒠ Séńdatsu (+); shidő-sha (o).
bokútō 木刀 O sabre de madeira (para treino). ⇨ katána.
bokútótsú 朴訥 A simplicidade [naturalidade]「de um honrado camponês」. ◇ **Gōkei** ~ 剛[豪]毅朴訥「um homem」Simples e valente. ⒮⒠ Jitchókú (+).
bokuyō [oó] 牧羊【E.】A criação de ovelhas [gado ovino]. ◇ ~ *ken* 牧羊犬 O cão pastor [de gado]. ~ *shin* 牧羊神 (O deus) Pã.
bókyákú [oó] 忘却【E.】O esquecimento. ⇨ wasúrérú.
bókyo [oó] 暴挙【E.】 **1** [無暴な企て] O a(c)to violento ou temerário. **2** [暴動] O tumulto; a insurreição. ⒮⒠ Bődő (+).
bókyō[1] [boó] 望郷【E.】A nostalgia; a saudade da pátria [terra natal]. ⒮⒠ Kaíkyő; shíkyő.
bókyō[2] [boó] 防共 A defesa contra o comunismo. ⒮⒠ Hańkyő. ⇨ kyősań-shúgí.
bōméi [oó] 亡命 O exilar-se [fugir do país]. ◇ ~ *sha* 亡命者 O exilado「político」.
bómíń [oó] 暴民【E.】Os amotinados. ⒮⒠ Bőto (+).
bon 盆 **1** [死者の霊を祭る仏事] O Bon; a festa dos antepassados. ◇ ~ *odori* 盆踊り Urábőń. **2** [bońi] [食器などをのせる平たい器] A bandeja; a salva.
bōnasu [oó] ボーナス (< Ing. < L. bonus) O bónus; a bonificação. ⒮⒠ Shőyo.
bonbe ボンベ (< Al. bombe) A botija [garrafa]. ◇ **Gasu** [**Sanso**] ~ ガス[酸素]ボンベ ~ de gás [oxigé(ê)nio].
bońboń[1] ボンボン (< Fr. bonbon) O bombom.
bońboń[2] ぼんぼん【Im. de bater as horas) Don, don. ★ *Hashira-dokei ga ~ to jihō o ustu* 柱時計がぼんぼんと時報を打つ O relógio de parede dá [bate] as horas. ⇨ hóshírá.
boñbóri 雪洞 A lanterna de papel [de seda]. ⇨ áńdóń.
bońchí 盆地【Geol.】A bacia [depressão]. ⇨ taní.
bónda 凡打【Bas.】A (re)batida de bola falhada.
bőnéńkai [oó] 忘年会 A festa [reunião social] de

despedida do ano velho. ⇨ eń-káí[1].
boñgó 梵語 O sânscrito. [S/同] Sańsúkúrítto.
bońjíń 凡人「eu não sou um gé[ê]nio, sou」Uma pessoa normal. [S/同] Bónpu **2**; bońzókú **2**.
bońkéí 盆景 O jardim (em) miniatura. ⇨ bońsáí[1]; bońsékí.
bońkúrá 凡くら O estúpido; o tolo. [S/同] Manúké.
bón-kure 盆暮れ O "Bon" e o fim de ano. ★ ～ *no tsuke-todoke* 盆暮れの付け届け Os presentes que se trocam no Bon e no fim de ano.
bońnétto ボンネット (< Ing. bonnet) **1** [婦人・子ども用の帽子] O chapéu (De senhora ou criança). ⇨ bṓshí[1]. **2** [自動車のエンジンのおおい] A capota (do motor); o capô.
bońnṓ 煩悩 Os apetites [desejos] mundanos; o apetite carnal. *Hyaku-yattsu no* 百八つの煩悩【Bud.】Os cento e oito ～ s「do homem」. ⇨ yokúbṓ.
boń-ódori 盆踊り As danças do Festival Bon.
bónpu 凡夫【E.】 **1** [凡人] A pessoa vulgar; o medíocre. [S/同] Bońjíń (+). **2** [仏教で煩悩から抜けられない衆生] Um mortal comum preso aos desejos mundanos [que não teve o "satori"]. [S/同] Shujṓ.
bońsáí[1] 盆栽 A arte das árvores anãs [em miniatura]. ⇨ hachí-úé.
bońsáí[2] 凡才 **a**) A habilidade [capacidade] comum [medíocre]; **b**) A pessoa medíocre. [S/同] Bońjíń.
bońsákú 凡作【E.】Uma obra comum [medíocre].
bońsékí 盆石 **1** [盆景] O jardim (em) miniatura, só de pedras [rochas (+)] e areia. [S/同] Bońkéí. **2** [**1** に使う石] As rochas de **1**.
bońshṓ 梵鐘 O sino do templo budista. [S/同] Tsurí-gáné.
bońtáí 凡退【Beis.】A retirada fácil do (re)batedor. ◇ **Sansha** ～ 三者凡退 A retirada fácil de três batedores seguidos.
bońtéń 梵天 Um deus prote(c)tor da lei budista.
boń'yári ぼんやり **1** [はっきりしないさま] Vagamente; indistintamente. ★ ～ *(to) shita kioku* ぼんやり(と)した記憶 Uma vaga memória. [S/同] Bakúzéń; obóró. [A/反] Hakkíri. **2** [茫然としているさま] Distraidamente. *Kanojo wa kare-ha o ～ (to) mitsumete ita* 彼女は枯れ葉をぼんやり(と)見つめていた Ela estava olhando, toda[meio] aérea, as folhas caídas. **3** [無為にしているさま] Ociosamente. ★ ～ *(to) kurasu* ぼんやり(と)暮らす Viver ～. ⇨ mú-i[1]; bóyaboya. **4** [間がぬけていること; 人] Tolamente. ～ *suru na* ぼんやりするな Toma mais cuidado! ⇨ fu-chúí; manúké; ukkári.
boń'yṓ 凡庸【E.】 **1** [⇨ heíbóń]. **2** [⇨ bońjíń].
bonyū 母乳 O leite materno. ★ ～ *de akanbō o sodateru* 母乳で赤ん坊を育てる Alimentar [Criar] o nené/ê com ～. [A/反] Jińkṓ-éíyō.
bońzókú 凡俗【E.】 **1** [平凡で俗っぽいこと] A mediocridade. ★ ～ *na* 凡俗な「ideia」Trivial. ⇨ heíbóń; zokúppói. **2** [⇨ bońjíń].
bṓóń[1] [oó] 防音 A insonorização. ◇ ～ **shitsu** 防音室 A sala insonorizada [impermeável ao som/à prova de som]. ～ **sōchi** 防音装置 O equipamento insonorizador.
bṓóń[2] [oó] 忘恩【E.】A ingratidão. [A/反] Hṓóń.
boppátsú 勃発 A ocorrência súbita. ★ ～ *suru* 勃発する Rebentar [Eclodir]「a guerra」. [S/同] Bokkṓ; toppátsú.
borá 鯔【Zool.】A tainha; o muge(m); *mugil cephalus*.
bṓrákú [oó] 暴落 A queda [baixa] brusca (na Bolsa). ★ *Kabu ga ～ suru* 株が暴落する Haver uma queda brusca no mercado da bolsa. [A/反] Bṓtṓ.
borántia ボランティア (< Ing. volunteer < L.) O voluntário. ◇ ～ **katsudō** ボランティア活動 As a(c)tividades de voluntariado.
bórē ボレー (< Ing. volley)【(D)es.】A bola (re)batida antes de tocar no chão.
bṓréí [oó] 亡霊 **1** [死者の魂] A alma do morto; o espírito. [S/同] Bṓkon. **2** [⇨ yū́rei].
bórero ボレロ (< Esp. bolero) **1** [スペインの舞曲] O bolero (Dança espanhola). **2** [短い上着] A casaquinha de senhora à toureiro.
bṓri [óo] 暴利 O lucro excessivo; os juros exorbitantes; a usura. ★ ～ *o musaboru* 暴利をむさぼる Explorar; ser usurário.
Boríbíá ボリビア A (República da) Bolívia. ◇ ～ **jin** ボリビア人 O boliviano.
bóribori ぼりぼり **1** [ひっかく音] (Im. de coçar). ★ ～ *(to) atama o kaku* ぼりぼり(と)頭をかく Coçar muito a cabeça. **2** [かみくだく音] (Im. de roer「nozes, "takuan"」). ★ *Bisuketto o ～ (to) taberu* ビスケットをぼりぼり(と)食べる Comer bolachas. ⇨ báribari.
bṓríńgú[1] [oó] ボーリング (< Ing. bowling) O boliche. ◇ ～ **jō** ボーリング場 A pista [cancha] de ～.
bṓríńgú[2] [oó] ボーリング (< Ing. boring) A perfuração; a mandrilagem. [S/同] Shikútsú.
bóro 襤褸 **1** [使い古した布切れ] O trapo; o farrapo. [S/同] Boró-kíré. **2** [着古して破れた着物] O farrapo; a roupa esfarrapada [gasta]. ★ ～ *wa kitete-mo kokoro wa nishiki* ぼろは着てても心は錦 Sou pobre mas honrado (Lit. Visto farrapos por fora mas brocado por dentro). **3** [欠点] A falta; o ponto fraco; a falha. ★ ～ *ga deru* ぼろが出る Descobrirem-se os podres (G.) [pontos fracos]. [S/同] Kettén (+). **4** [接頭辞で用いて「こわれているもの」] Estragado [Velho]. ◇ ～ **guruma** ぼろ車 O calhambeque. **5** [接頭辞で用いて「とても」] Muito. ◇ ⇨ ～**-mōke**. ～ **make** ぼろ負け Uma derrota completa. ⇨ borói.
bóroboro ぼろぼろ **1** [粒状のものがこぼれるさま] Às gotas. ★ ～ *(to) namida o kobosu* ぼろぼろ(と)涙をこぼす Ficar debulhado em lágrimas. ⇨ póroporo.
2 [隠されていた事実などが次々に現れ出るさま] Um após outro. *Iroiro shirabete miru to kako no akuji ga ～ (to) akarumi ni dete kita* いろいろ調べてみると過去の悪事がぼろぼろ(と)明るみに出て来た À medida que se foi investigando vieram à tona diversos crimes passados.
3 [固い物が砕けたり壊れたりするさま] Em pedaços [pó]. *Kabe ga ～ (to) kuzureta* 壁がぼろぼろ(と)崩れた A parede desmoronou [esboroou] -se. ⇨ hóro-horo; póroporo.
4 [衣服などがひどく破れているさま] [boróbóró] Em farrapos.
5 [消耗しきっているさま] O estar completamente exausto. *Kare wa rikon-sawagi de mi mo kokoro mo ～ ni natta* 彼は離婚騒ぎで身も心もぼろぼろになった Ele ficou desfeito [completamente em baixo] tanto física como mentalmente, com os problemas do divórcio.
borói ぼろい【Chu.】Fácil; mole (B.). ⇨ boró-

mőke; őkíi.
boró-kúsó ぼろくそ【Chu.】 **1**［劣悪なもの］O artigo sem valor; a porcaria. ⇨ retsúakú. **2**［手厳しくやっつけるさま］O falar muito mal de alguém. ★ *Hito o ～ ni iu* [*kenasu*] 人をぼろくそに言う［けなす］Desfazer [Dizer às últimas] de alguém. ⇨ Kusómísó; kotékótén.
boró-môke [oó] ぼろ儲け【Chu.】(< boróí +…) O ganho exorbitante (sem trabalho); a mina; a pechincha.
bôrón [oó] 暴論 O argumento disparatado; 「isso é」um absurdo. ⇨ gíron.
boró-ya 襤褸家［屋］A casa (que está) a cair aos pedaços.
bôru ぼる【Chu.】Explorar; depenar; tirar a pele. *Watashi wa nomi-ya de borareta* 私は飲み屋でぼられた Fui depenado no bar. ⇨ fukkákéru; fuńdákúru.
bôrú[1] [oó] ボール (< Ing. ball) **1**［球］A bola. Ｓ/同 Kyū; tamá. **2**［ストライク・ゾーンに入らない投球］【Beis.】A bola mal arremessada. Ａ/反 Sutóráiku.
bôrú[2] [oó] ボール (< Ing. bowl) A tigela grande; o alguidar. ⇨ **Sarada ～** サラダボール A saladeira. ⇨ hachí[3].
bôrú-bako [oó] ボール箱 (< Ing. board + hakó) A caixa de papelão (Grande).
bôrú-béaringu [oó] ボールベアリング (< Ing.ball bearing) O rolamento de esferas. ⇨ jikú[1] ◇.
borúdô-eki [óo] ボルドー液 A caldeirada bordalesa.
bôrú-gámi [oó] ボール紙 (< Ing. board + kami) O papelão; o cartão. ⇨ atsú-gámí.
bôrú-nágé [oó] ボール投げ (< Ing. ball + nagéru) O lançar [arremessar] a bola.
bôrú-péń [oó] ボールペン (< Ing. ball-pointpen) A (caneta) esferográfica.
borúshébíki ボルシェビキ (< Ru. bolsheviki) O bolchevique. Ａ/反 Meńshébíki.
borúshichi ボルシチ (< Ru. borshch) O borche (Uma espécie de sopa de legumes russa).
borútéji [ée] ボルテージ (< Ing.voltage) **1**［電圧］A voltagem; a tensão elé(c)trica. Ｓ/同 Deń-átsú. ⇨ borútó[2]. **2**［高まった意気込み］O ardor [entusiasmo]. Ｓ/同 Iki; nekkí.
borútó[1] ボルト (< Ing. bolt) O parafuso de porca; a tarraxa; a cavilha. ★ *～ de shimeru* ボルトで締める Apertar com ～. ⇨ nátto.
borútó[2] ボルト (< Ing. volt < It. Volta: antr.) O volt; o vóltio.
bôryáku [oó] 謀略【E.】O estratagema; o conluio; a conspiração. ★ *～ o megurasu* 謀略をめぐらす Conspirar; montar uma armadilha. Ｓ/同 Hakárígóto; ińbô (+); ińkéí; takúrámí (+).
bôryoku [oó] 暴力 A violência; a força bruta. *～ wa yose* 暴力はよせ Nada de violências! *～ o furuu* 暴力をふるう Usar ～. ◇ **～ kôi** 暴力行為 A(c)to de violência. ⇨ rańbô; wáńryoku.
bôryókú-dan [oó] 暴力団 Um grupo de bandidos [pressão armada]; o banditismo organizado. ◇ **～ in** 暴力団員 Os membros do ～.
bôryû [oó] 傍流 **1**［支流］A afluente. Ｓ/同 Shiryū (+). Ａ/反 Hońryū. **2**［傍系］A ramificação. Ｓ/同 Bókéí. ⇨ Shuryú.
boryúmu [úu] ボリューム (< Ing. volume < L.) **1**［分量］O volume; a quantidade [o tamanho] grande. ★ *tappuri no ryôri* ボリュームたっぷりの料理 O prato muito cheio; a pratada. Ｓ/同 Buńryô (+). **2**［音量］O volume [A intensidade] do som. ★ *Rajio no ～ o ageru* ラジオのボリュームを上げる Pôr o rádio mais alto. Ｓ/同 Ońryô. ⇨ otó.
bosábósa ぼさぼさ **1**［髪が乱れているさま］[bosábósá] (Im. de「pincel」torcido) ◇ **～ atama** ぼさぼさ頭 O cabelo despenteado. **2**[に] bôyaboya (to).
bôsái[1] [oó] 防災 A prevenção contra [de] acidentes. ◇ **～ taisaku** 防災対策 As medidas de ～.
bôsái[2] [oó] 亡妻【E.】A minha falecida esposa. Ａ/反 Bôfu. ⇨ bô-[5].
bosáń 墓参 ⇨ haká-máiri.
bosá-nóbá ボサノバ (< P.) A (música) bossa nova.
bosátsú 菩薩 (< Sân. bodhisattva) Um santo ou divindade budista.
bôsátsú[1] [oó] 謀殺【Dir.】O assassinato [assassínio] premeditado.
bôsátsú[2] [oó] 忙殺【E.】O andar (muito) atarefado. ★ *Zatsumu ni ～ sareru* 雑務に忙殺される Não poder respirar, com mil e uma coisas.
boséi 母性 A maternidade; o ser mãe. ◇ **～ ai** 母性愛 O amor materno [maternal; de mãe]. **～ hogo** [yôgo] 母性保護［擁護］A prote(c)ção materna [Os cuidados maternais]. **～ hońnô** 母性本能 O instinto materno. Ａ/反 Fuséi.
bôséi [oó] 暴政 O governo tirânico [despótico]; a tirania; o despotismo. Ｓ/同 Akúséí; gyákúséí. ⇨ dokúsáí.
boséki 墓石【E.】A lápide [pedra] tumular. Ｓ/同 Hakáíshí (+).
bôséki [oó] 紡績 A fiação. ◇ **～ gyô** 紡績業 A indústria de ～. **～ kikai** 紡績機械 A máquina de ～. **～ kôjô** 紡績工場 A fábrica de ～. ⇨ íto[1]; seíshí[6].
boséń 母船 O navio de abastecimento; o navio-fábrica「da pesca de baleias」.
boséń[2] [oó]［円錐の］【Mat.】A (linha) geratriz. **2** 発電所などの］A barra cole(c)tora.
bôséń[1] [oó] 傍線 A sublinha; o sublinhado (No j. é ao lado da palavra). Ｓ/同 Saídó-ráin. ⇨ kaséń[3].
bôséń[2] [oó] 防戦 A (operação [batalha; luta]) defensiva. ⇨ kaséń[3].
bôsétsú[1] [oó] 暴説【E.】Uma ideia absurda.
bôsétsú[2] [oó] 防雪【E.】A prote(c)ção da [contra a] neve. ◇ **～ rin** 防雪林 O arvoredo para proteger da neve. ⇨ bôfú-rin.
bôshi[1] 母子 A mãe e o filho. ◇ **～ katei** 母子家庭 A família só com a mãe e os filhos menores (Por morte ou separação do pai). **～ (keńkô) techô** 母子（健康）手帳 A caderneta de parturiente; a caderneta de saúde da mãe e do bebé/ê. Ａ/反 Fúshi. ⇨ háha; ko[1].
bôshi[1] 墓誌【E.】O epitáfio; a inscrição tumular.
bôshi[2] [oó] 帽子 O chapéu [A boina; boné; gorro]. ★ *～ no fuchi* [*tsuba*] 帽子の縁［つば］A aba do ～. *～ no hisashi* 帽子のひさし A pala do boné. *～ o kaburu* 帽子をかぶる Pôr o ～. *～ o nugu* [*toru*] 帽子を脱ぐ［取る］Tirar ～; descobrir-se. ⇨ berêbô; shiń-kô-hátto.
bôshi[2] [oó] 防止 A defesa; a prote(c)ção; a prevenção. **～ suru** 防止する Defender; proteger. ⇨ yobô[1]; yokúshí.
bôshi[3] [oo] 某氏 Um fulano [senhor qualquer; senhor A (ou B)]; fulano de tal. Ｓ/同 Dáre dare.

bōshítsú[1] [óó] 防湿 O ser impermeável à [à prova de] (h)umidade; o impermeabilizante. ◇ **~ zai** 防湿剤 O produto contra a (h)umidade; o impermeabilizante. ⇨ shikké.
bōshítsú[2] [óó] 房室【Anat.】O lóculo. ⇨ bō[4].
bōshítsú[3] [óó] 忘失【E.】O lapso da memória. ⓈⒿ Shitsúbō. ⇨ nakúsú; wasúréru.
bósho 墓所【E.】O cemitério. ⇨ bóchi (+) .
bósho 某所 Um certo lugar. ★ *Tonai ~ de* 都内某所で Num lugar de [Algures em] capital.
bōshó[1] [bóó] 傍[旁]証 A prova circunstancial. ⇨ bōshó[2].
bōshó[2] [bóó] 帽章 (< bōshi + kishō) O distintivo do [no] boné.
boshūkú 暮色【E.】O crepúsculo; o anoitecer. ⇨ yū-gúré.
bōshokú[1] [óó] 暴食 A intemperança no comer. ★ **~ suru** 暴食する Ser glutão [um comilão]. ⓈⒿ Bashókú; donshókú. ⇨ bṓin.
bōshokú[2] [óó] 紡織 A fiação e tecelagem.
bōshokú[3] [óó] 防蝕[食] A prote(c)ção contra a corrosão. ⇨ fushókú[1].
boshū [uú] 募集 **1**[志願者などの] O recrutamento; a procura. ★ **~ ni ōjiru** 募集に応じる Inscrever-se [Responder à/ao ~]. *Kaiin o ~ suru* 会員を募集する Procurar sócios. ◇ **~ jin'in** 募集人員 O número de vagas. **~ yōkō** 募集要項 Os requisitos para a inscrição. **Joten'in ~** 女店員募集 (広告) Precisam-se balconistas (B.) [empregadas de balcão (P.)]. **2**[兵隊の] O recrutamento para a tropa; o alistamento. **3**[寄付・債券などの] A subscrição. ★ **~ suru** 募集する Abrir ~ de「títulos de dívida pública」. ◇ **~ gaku** 募集額 A quantia da ~.
boshū [óó] 防臭 A desodorização. ◇ **~ zai** 防臭剤 O desodorante; o desodorizante.
bōsō [boó] 暴走 **1**[車が乱暴に規則を無視して走ること] O (guiar com) excesso de velocidade. **~ zoku** 暴走族 Os grupos de jovens, maníacos da velocidade「nas motos」. **2**[運転する人のいない車が走り出すこと] O veículo andar sem o condutor. **3**[無暴な走塁]【Beis.】 Uma corrida imprudente [perigosa]. **4**[考えなしにどんどんことを進めること] Uma a(c)ção impensada [imprudente; irrefle(c)tida]「do Governo」. *Kare wa ~ shiyasui seikaku da* 彼は暴走しやすい性格だ Ele é um irrefle(c)tido [imprudente/destravado] /Ele perde logo [facilmente] o controle.
bósoboso (to) ぼそぼそ (と) **1**[小声で話すさま] Bche, bche, bche; bs, bs, bs. ★ **~ hanasu** ぼそぼそ話す Cochichar; ciciar; sussurrar. ⇨ hisóhiso. **2**[水分がなくてまずいさま] (Im. de seco e sem sabor). ★ **~ shita pan** ぼそぼそしたパン O pão velho [de ontem].
bosótto ぼそっと [つぶやくさま] (Im. de "dizer a meia voz"). *A shinde shimaitai to kare wa ~ tsubuyaita* ああ死んでしまいたいと彼はぼそっとつぶやいた Só me apetece morrer — segredou ele. ⇨ bósoboso.
bosshó 没書 ⇨ bótsu **2**.
bosshū 没収 A apreensão [confiscação]. ★ **~ suru** 没収する Apreender「o passaporte」.
bosshū-hín [-**butsu**] [uú] 没収品[物] Os artigos apreendidos [confiscados].
bosshúmi 没趣味 (< bótsu + ...) **a**) O não ter nenhum entretimento; **b**) O ser desinteressante. ⓈⒿ Busúí (+); mu-shúmi(o).
bossúru 没[歿]する **1**[沈んでくれる；沈めてかくす] Esconder(-se)「na multidão」; afundar(-se). *Taiyō wa chiheisen ni bosshita* 太陽は地平線に没した O sol pôs-se (no horizonte). ⇨ kakúréru; shizúmú. **2**[無視する] Não dar importância a. ⓈⒿ Múshi suru (+). **3**[死ぬ] Morrer. ⓈⒿ Shinú (+).
bósu ボス (< Ing.boss) O cabecilha; o chefe; o cabeça; o líder. ★ *Gyangu no ~* ギャングのボス ~ dos bandidos. ⓈⒿ Kaóyákú; oyábun; oyákata.
bōsúi[1] [óó] 防水 A prova de água. ★ **~ no tokei** 防水の時計 Um relógio ~ [impermeável]. **~ suru** 防水する Impermeabilizar. ◇ **~ kakō** 防水加工 A impermeabilização. **~ sei** 防水性 A impermeabilidade.
bōsúi[2] [óó] 紡錘 O fuso. ★ **~ gata [kei]** 紡錘型[形] Fusiforme [Em (forma de) ~]. ⓈⒿ Tsúmu.
bōsúi-tái [óó] 紡錘体【Anat.】Um corpo fusiforme.
Bosútón-bággu ボストンバッグ (< Ing. Boston bag) Uma mala de viagem.
bótabota (to) ぼたぼた (と) Pim, pim. *Kizu-guchi kara chi ga ~ tareta* 傷口から血がぼたぼた垂れた O sangue escorria em gotas da ferida. ⇨ bótoboto; pótapota.
bōtái[1] 母体 **1**[母親の体] A gestante. ◇ **~ hogo** 母体保護 A prote(c)ção à vida da ~. ⇨ bōtái[2]. **2**[もと] A matriz; o alicerce; a origem. ◇ **~ kō** 母体行 O banco matriz「de um grupo de companhias financeiras de empréstimo habitacional」. ⓈⒿ Bōtái[2]; motó (+) .
bōtái[2] 母胎 [母親の胎内]【Anat.】A matriz; o ventre; o útero. ⇨ bōtái[1]. **2**[あるものの基盤となるもの] A matriz; o berço; a base. ⓈⒿ Bōtái[1] **2**. ⇨ kibán.
bōtái [óó] ボータイ (< Ing.bow tie) ⇨ chō-nékutai.
bō-tákatobi [óó] 棒高跳び O salto à vara.
botá-mochi 牡丹餅 (< botan + ...) Um bolinho de arroz envolto em farinha de feijão adocicada. 諺 *Tana kara ~* 棚からぼたもち「Saiu-me」a sorte grande! (⇨ tanábóta). ⓈⒿ O-hági.
bótan[1] ボタン・釦 (<P.) **1**[洋服の] O botão. ★ **~ o hazusu** ボタンをはずす Desabotoar o [Desapertar o ~ do]「vestido」. **~ o kakeru** ボタンをかける Abotoar [Apertar os botões]. **~ o tsukeru** ボタンを付ける Pregar ~. ◇ **~ ana [hōru]** ボタン穴 [ホール] A casa do ~; a botoeira. **2**[⇨ oshí-bótan].
bótan[2] 牡丹【Bot.】A peó[ô]nia (arborescente); *paeonia suffruticosa*.
botán-yuki 牡丹雪 Grandes flocos de neve.
botári [ぼたり]「gota que cai」Plim. ⇨ potári.
botáyámá ぼた山【Min.】O montão de cisco de carvão (numa mina).
bótchama 坊ちゃま (Tratamento mais respeitoso que ⇨ "bótchan").
bótchan 坊ちゃん [男の子の敬称] (Tratamento respeitoso a um rapaz) **a**) Ó menino!; **b**)「como está」O seu filho. ⓈⒿ Bōya. Ⓐ反 Jōchan. ⇨ bótchama. **2**[世間知らずの男] Um indivíduo inexperiente. ◇ **~ sodachi** 坊ちゃん育ち ~ criado com mimo. ⇨ sekén-shírazu.
bóto[1] [óo] ボート (< Ing. boat) A canoa; o barquinho. ★ **~ o kogu** ボートを漕ぐ Remar. ◇ **~ rēsu** ボートレース A regata. **~ pípuru** ボートピー プル Os refugiados que fugiram de barco. ⇨ fúne[1].
bóto[2] [óó] 暴徒 Os insurre(c)tos; os revoltosos; os rebeldes. ★ **~ o chin'atsu suru** 暴徒を鎮圧する

bótō¹ [boó] 暴騰【Econ.】A subida brusca [vertiginosa] de preços ou da Bolsa. ★ ~ *suru* 暴騰する Subir vertiginosamente [bruscamente]「o terreno」. ⟨A/同⟩ Bốráku. ⇨ ne-ágári.

bótō² [boó] 冒頭【E.】 **1** [物事の初め] O princípio「do discurso」; a introdução; o cabeçalho. ◇ ~ **chinjutsu** 冒頭陳述 A acusação preliminar. ⇨ hajíme. **2** [前置き] O prefácio. ⟨S/同⟩ Maé-óki (+).

bótō³ [boó] 暴投【Beis.】A bola mal lançada/arremessada. ⟨S/同⟩ Akútō; waírúdó-pítchi.

bótoboto (**to**) ぼとぼと (と) (Im. de gotejar). ⇨ bótabota; pótapota; pótopoto.

bótokú [oó] 冒瀆 A blasfê[é]mia; a profanação; o sacrilégio; o ultraje. ★ ~ *suru* 冒瀆する Blasfemar; profanar; ultrajar. ⟨S/同⟩ Bujókú; shíngáí. ⇨ kegásu; okású².

bótō-nékku [oó] ボートネック O decote canoa.

bótsu 没【死ぬこと】A morte. *1997 nen* ~ 1997年没 Morreu em 1997. ⟨S/同⟩ Shibó (+). [原稿を採用しないこと] O rejeitar o manuscrito. ⟨S/同⟩ Bosshó. **2** [接頭辞で「全然無い」] A falta; a ausência. ◇ ~ *kōshō*[⇨] **bokkóshō**] 没交渉 A falta de relações [O estar de relações cortadas]. ⇨ bosshúmi.

bótsubotsu ぼつぼつ **1** [少しずつ]「avançar」Pouco a pouco; gradualmente. "*Shigoto no chōshi wa dō desu ka*" "*Mā ~ desu*"「仕事の調子はどうですか」「まあぼつぼつです」Como vão os negócios? – Vão bem. ⟨S/同⟩ Bóchibochi; dandán; sukóshízútsu. **2** [そろそろ] Aos poucos. ~ *dekamashō* ぼつぼつ出かけましょう Vamos indo「para fora」. ⟨S/同⟩ Sórosoro. **3** [小さな点・穴・でっぱりなど、またそれがあるさま] [botsúbótsú] Salpicado; (com) buraquinhos. *Nagagutsu no soko ni wa suberanai yō ni gomu no ~ ga aru* 長靴の底にはすべらないようにゴムのぽつぽつがある Ter pequenas protuberâncias de borracha na sola da bota para não escorregar. ⇨ pótsupotsu.

bótsuga 没我 O esquecimento de si mesmo; a abnegação. ★ ~ *no kyō ni hairu* 没我の境に入る Transcender-se até ficar alheio de si mesmo.

bótsugo 没[歿]後【E.】Póstumo; depois da morte. ⟨S/同⟩ Shígo (+). ⟨A/同⟩ Botsuzén.

botsúnéń 没[歿]年【E.】 **1** [死んだ時の年齢] A idade do falecido. ⟨S/同⟩ Gyónéń; kyónéń. **2** [死んだ年] O ano em que faleceu. ⟨A/同⟩ Seínéń.

botsúnyū 没入【E.】A imersão; a absorção.

botsúrákú 没落 A decadência; o declínio; a queda. *Jigyō ga shippai shite kare no ie wa ~ shita* 事業が失敗して彼の家は没落した Fracassada a empresa, a família deleárruinou-se. ⇨ metsúbó.

botsúzén (**tó**) 勃然 (と) **a**) De repente; **b**) Num assomo de cólera.

bottéri (**to**) ぼってり (と) O estar roliço [rechonchudo].

bótto ぼっと **1** [火が音を立てて燃え上がるさま] Em chama [labareda]. *Raitā no hi ga ~ oto o tatete tsuita* ライターの火がぼっと音を立ててついた O isqueiro, pum!, acendeu-se. **2** [ぼ然] ⇨ bóttó.

bóttó [oó] ぼうっと **1** [気分がぼんやりしているさま] Distraidamente. *Ano ko wa itsu mo ~ shite iru* あの子はいつもぼうっとしている Aquele menino anda sempre distraído [zonzo; na lua]. ⟨S/同⟩ Bótto **2**. ⇨ boń'yári. **2** [物がかすんでぼんやり見えるさま] Nebulosamente; vagamente; indistintamente. *Niwa no sumi ni ~ hito-kage ga mieta* 庭の隅にぼうっと人影が見えた Via-se um vulto indistinto num canto do quintal. ⇨ boń'yári.

bottó 没頭 A dedicação [entrega] completa. ★ ~ *suru* 没頭する Dedicar-se; lançar-se de corpo e alma「ao estudo」. ⟨S/同⟩ Botsúnyū; seńshíń.

bóya 小火 Um pequeno [começo de] incêndio. *Tonari no kōjō de ~ ga dashita* 隣の工場でぼやを出した Houve ~ na fábrica vizinha. ⇨ káji¹.

bóya [oó] 坊や O menino (Apelativo carinhoso). ⇨ bótchan; jō-chan.

bóyaboya (**to**) ぼやぼや (と) Distraídamente. ★ ~ *suru* ぼやぼやする Ser distraído [parvo]「e deixar-se roubar」. ⇨ bóttó.

boyakéru ぼやける Ofuscar-se「na distância」; obscurecer(-se)「a memória」. ★ *Rinkaku ga* ~ 輪郭がぼやける O contorno「da montanha/silhueta」「não ser nítido]. ⟨S/同⟩ Bokéru (+); boń'yári.

boyáku ぼやく【D.】Resmungar; queixar-se. *Kare wa itsumo jibun no kyōgū o boyaite ita* 彼はいつも自分の境遇をぼやいていた Ele estava sempre a ~ da vida [sorte]. ⇨ fuhéí; nagéku.

bóyō [boó] 茫洋【E.】O ser vasto [imenso; ilimitado]. ★ ~ *taru unabara* 茫洋たる海原 O oceano ~.

bō-yómi [oó] 棒読み **1** [漢文を字音で読むこと] A leitura de um texto clássico chinês sem o traduzir para japonês. ★ ~ *suru* 棒読みする Ler um ~. **2** [文章を一本調子に読むこと] A leitura monótona (Sem entoação). ⟨S/同⟩ bō']; ippóń-jóshi.

bozén 墓前 Em frente [Junto] do túmulo. ⇨ haká¹.

bózén [oó] 茫[呆]然 Aturdido; Pasmado; Atónito; Sem palavra]. ★ ~ *jishitsu suru* 茫然自失する Ficar ~/fora de si. ★ ~ *to suru* 茫然とする Ficar atordoado/~. ⇨ azén.

bózu [oó] 坊主【G.】 **1** [僧] O bonzo. ⟨ことわざ⟩ ~ *maru mōke* 坊主丸もうけ O ganho fácil (e sem investimento). ~ *nikukerya* [*nikukereba*] *kesa made nikui* 坊主憎けりゃ [憎ければ] 袈裟まで憎い Quem não gosta de alguém não gosta (de nada) do que ele tem (O contrário é: "Quem bem me quer, ama o que eu tiver"). ⇨ Bṓ; só. **2** [表面をおおうものがない状態] A cabeça rapada. *Maru-* ~ *ni naru* 丸坊主になる「a árvore」Ficar "careca"「sem folhas」. ◇ ~ **atama** 坊主頭 A cabeça rapada. ⇨ *gari*. **3** [親しさをこめた男の子の呼び方] (Tratamento carinhoso usado com rapazinhos). ★ *Uchi no* ~ うちの坊主 O meu miúdo [pequeno; garoto]. *Yancha ~ me* やんちゃ坊主め Ó pequeno [Seu mocinho]! ⇨ bóku; bótchan; bóya. **4** [あざけりをこめた呼び方] O garoto (G.). ◇ **Mikka** ~ 三日坊主 Um (~) inconstante.

bōzú-gári [oó] 坊主刈り (< ~ **2** + *karú*) O corte de cabelo "à bonzo". ★ ~ *ni suru* 坊主刈りにする Rapar a cabeça.

bu¹ 部【G.】 **1** [部分] A parte; a se(c)ção; a divisão. *Kore de konsāto no dai-ichi-* ~ *o owarimasu* これでコンサートの第一部を終わります Com isto termina a primeira parte do concerto. ◇ **San-** ~ **gasshō** 三部合唱 O coro a 3 vozes. ⇨ búbun; búmon¹. **2** [団体・組織の] A repartição; o departamento. ~ **Eigyō** [**Keiri**] ~ 営業 [経理] 部 O/A ~ de vendas [contabilidade]. ⟨S/同⟩ Búsho. ⇨ ka⁴; kyóku². **3** [クラブ] O clube. ◇ **Kōrasu** [**Tenisu**] ~ コーラス

[テニス] 部 ～ de canto coral [de té[ê]nis]. [S/同] Kúrabu; sấkuru.
4 [印刷物の数] (Numeral de exemplares impressos). ⇨ busū́.

bu² 分 (⇨ bu-átsúi; búbun) **1** [10 分の 1] O grau; o décimo; a parte. *Gekijō wa hachi-～ no iri da* 劇場は 8 分の入りだ O teatro está com uma lotação de 80%. ★ *Go-～ zaki no sakura* 5 分咲きの桜 As cerejeiras meio floridas. **2** [100 分の 1] A percentagem; o centésimo. ★ *Ni-wari go-～ biki de uru* 2 割 5 分引きで売る Vender com (o) desconto de 25%. **3** [優勢であること] A vantagem. *Sono saiban wa genkoku yori hikoku ni ～ ga aru* その裁判は原告より被告に分がある Nesse julgamento o réu está numa posição de ～ em relação ao acusador. ⇨ waríái. **4** [板などの厚さ] A espessura; a grossura. ★ ～ *no atsui* [*usui*] *ita* 分の厚い [薄い] 板 A tábua/chapa de pouca[muita] espessura.

bu³ 武 **1** [武芸] A arte marcial. [S/同] Búgei (+). ⇨ búnbu. **2** [武力] O poder militar. [S/同] Búryoku (+); guńjí-ryoku (+).

bu⁴ 歩 **1** [面積の単位] Unidade de medida agrária (cerca de 3.3 metros quadrados). **2** [歩合] Quota proporcional. [S/同] Buáí (+). **3** [⇨ bu² **1**].

bu-⁵ 無 Não; in-; des-; dis-. ◇ ⇨ ～ **aisō** [**kiyō**]. ⇨ fu-⁷; hi⁴ **4**; mu.

buáí 歩合【Econ.】 **1** [割合] Quota proporcional; a proporção. ◇ **Kōtei** ～ 公定歩合 A taxa de (re)desconto (Taxa de juro oficialmente fixada pelo governo, que é tomada como base para determinar a taxa de juro a ser fixada pelos bancos privados). [S/同] Waríáí. **2** [百分率の手数料] A comissão proporcional à base de percentagem. ◇ ⇨ ～ **sei**

buáí-sei 歩合制 O sistema de distribuir porporcionalmente o ganho.

bu-áisō 無愛想 (< bu-⁵ …) A insociabilidade; a falta de cortesia. ★ ～ *na* 無愛想な Antipático; grosseiro; seco; frio; insociável; descortês; desagradável. [S/同] Bukkírábō.

buátsú 分厚 ⇨ bu-átsúi.

bu-átsúi 分厚い Grosso; volumoso. ★ ～ *satsutaba* 分厚い札束 Um maço ～ de notas.

bubétsú 侮蔑 ⇨ keíbétsú.

bu-bíkí 歩引き (< … ⁴**1** + hikú) ⇨ warí-bíkí.

bū́bū́ [búu-] ぶうぶう **1** [動物や機械などの声や音] (Im. de ruído de máquina, buzina de automóvel e grunhido de porco). *Buta ga ～ to naite iru* 豚がぶうぶうと鳴いている O porco está a grunhir [roncar]. **2** [不平を言うこと] A queixa. ★ ～ *iu* ぶうぶう言う Queixar-se; reclamar. ⇨ bútsubutsu; fuhéí. **3** [自動車]【Infa.】O popó. [S/同] Jidṓsha; kurúmá.

búbun 部分 A parte; a porção; o quinhão; a fra(c)ção; o componente. ◇ ⇨ ～ **hin** [**shoku**/**teki**]; **dai-**[**ichi**] ～. [S/同] Ichíbu; kyókubu. [A/反] Zeńtáí.

bubúń-híń 部分品 ⇨ buhíń.

bubún-shoku 部分食 [蝕]【Astr.】O eclipse parcial. [A/反] Kaíkíshoku. ⇨ gesshókú; nisshókú.

bubúń-tékí 部分的 Em parte; parcial(mente). *Kono ie wa ～ ni itande iru* この家は部分的にいたんでいる Esta casa está um pouco danificada. [A/反] Zéntáí-tékí.

búchi¹ 斑 A mancha; a pinta; a malha. ★ *Shiro to kuro no ～ no neko* 白と黒のぶちの猫 O gato com malhas pretas e brancas. [S/同] Hańtén; madárá.

buchí-² ぶち (Pref. de verbos que significa "utsu" ou "butsu"). ◇ ⇨ ～ **komu** [**korosu**/**kowasu**].

buchí-kámásu ぶちかます **1**【Sumô】Lançar-se ao adversário de cabeça [com todo o peso do corpo]. **2** [攻撃する]【Fig.】Atirar a matar.

buchí-kómú ぶち込む【G.】Atirar com força. ★ *Hannin o ryūchijo ni* ～ 犯人を留置所にぶち込む Enfiar o criminoso na casa de detenção.

buchí-[**búk**] **kórósu** ぶち [ぶっ] 殺す【G.】Matar; dar cabo「de」.

buchí-kówáshí ぶち壊し (< buchí-kówásu)【G.】 **1** [破壊] A destruição. [S/同] Hakáí. **2** [台なしにすること] O estragar. ★ ～ *ni suru* ぶち壊しにする ⇨ buchí-kówásu. [S/同] Daínáshí.

buchí-kówásu ぶち壊す【G.】 **1** [⇨ kowásu] **2** [台なしにする] Estragar; arruinar. ★ *Keikaku o* ～ 計画をぶち壊す ～ o plano. [S/同] Daínáshí ní súrú.

buchí-mákéru ぶちまける **1** [一度にまき散らす] Despejar「a carteira」. **2** [一切を打ちあける] Contar tudo; soltar a língua. ★ *Uppun o yūjin ni* ～ うっぷんを友人にぶちまける Desabafar a raiva com um amigo. ⇨ uchí-ákérú.

buchí-nómésu ぶちのめす ⇨ uchí-nómésu.

buchí-núku ぶち抜く **1** [うちぬく] Furar「montanha para túnel」. [S/同] Uchí-núkú. **2** [仕切りを除いて一つにする] Tirar o que está de permeio. **3** [予定通りに実行する] Fazer até ao fim. *Mikka no aida suto o* ～ 三日の間ストをぶち抜く Fazer greve durante 3 dias, como estava decidido.

búchiren ブチレン【Quím.】O butileno.

búchiru ブチル【Quím.】O butilo. ◇ ～ **arukōru** ブチルアルコール O álcool butílico.

buchṓ 部長 O chefe de repartição. ⇨ bu¹ **2**.

buchṓhō [**chóo**] 不調法 **1** [失礼] A falta de educação [maneiras; cortesia]; a má educação [criação]. ★ ～ *o suru* 不調法をする Cometer uma descortesia. ⇨ shitsúrei. **2** [酒やたばこが飲めなくてつきあいが悪いこと] **a**) O não poder beber ou fumar; **b**) O não saber falar [tratar] com as pessoas. *Watashi wa sake wa ～ deshite* …私は酒は不調法でして… Desculpe mas eu não bebo ….

budáń 武断【E.】O militarismo. ◇ ～ **seiji** 武断政治 O regime militar. [A/反] Búnji.

Búdda 仏陀【Bud.】**a**) Buda; **b**) O que atinge a iluminação. [S/同] Hotóké; Sháka.

budṓ¹ [**óo**] 葡萄 **a**) A videira; **b**) A uva. ★ *Hito-fusa no* ～ 一房のぶどう Um cacho de uvas. ◇ ～ **batake** [**en**] ぶどう畑 [園] A vinha; o vinhedo. ～ **dana** ぶどう棚 A latada. ～ **iro** ぶどう色 A cor de vinho. ～ **jōkyūkin** ぶどう状球菌【Biol.】O estafilococo. ～ **tō** ぶどう糖 A glicose. [S/同] Gurḗpu.

búdō² 武道【E.】 **1** [武士道] O ideal [A vida] do samurai; o cavalheirismo. [S/同] Bushídō. **2** [武術] A arte [ciência] militar. [S/同] Bújutsu.

bu-dómari 歩留まり (< … ⁴ + tomárú) **1** [製品の原材料に対する割合] O rendimento; a proporção do produto manufa(c)turado com a matéria prima usada. ★ *Seihin no* ～ 製品の歩留まり O ～ do produto [artigo]. **2** [可食部分の全体に対する割合] O aproveitamento.

budṓshu [**óo**] 葡萄酒 O vinho. ◇ **Aka** [**Shiro**]～ 赤 [白] ぶどう酒 ～ tinto [branco]. [S/同] Wáin.

bu-énryo 無遠慮 A sem-cerimó[ô]nia; o atrevimento. ★ ~ *na* 無遠慮な Descarado; atrevido.

bu-fúryū [**fúu**] 無風流 A falta de gosto [elegância]; o prosaísmo.

búgai 部外 Fora da se(c)ção [do se(c)tor; do departamento]. ◇ ~ **hi** 部外秘「um documento」Confidencial [Secreto]. A/反 Búnai. ⇨ bu¹ **2**.

bugái-sha 部外者 (⇨ búgai) A pessoa estranha. ◇ ~ **nyūshitsu kinshi** 部外者入室禁止 (掲示) Entrada proibida a estranhos (ao serviço)!

búgaku 舞楽 A dança e música da corte. ⇨ gágaku.

búgei 武芸 A arte marcial. ◇ ~ **sha** [**no tatsujin**] 武芸者 [の達人] Um perito [mestre] na ~. ⇨ bújutsu.

búgénbíri[**e**]**a** [**uá**] ブーゲンビリ [レ] ア 【Bot.】A buganvília; a primavera [sempre-lustrosa (B.)]; *bougainvillea*.

búgu 武具 A armadura; as armas. ⇨ búki; héiki².

búgyō 奉行【H.】O magistrado「de Nagasaki」. ◇ ~ **sho** 奉行所 O escritório do ~.

buhín 部品 As peças de uma máquina. S/同 Bubúñ-hín.

búi ブイ (< Ing. buoy) **1** [浮標] A bóia (de sinalização no mar). S/同 Fuhyō. **2** [⇨ ukí-búkuro] .

buí-ái-pí [**íi**] ブイ・ア・ピー【V.I.P.】(Abrev. do Ing. very important person) O "V.I.P."; a pessoa importante. S/同 Jū-jūyō kyaku. ⇨ yōjíń².

bu-íń 部員 O membro do clube, departamento, etc.

búiyon ブイヨン (< Fr. bouillon) A sopa de carne (Carcaça) e legumes.

buji 無事 A segurança; a paz; o correr tudo bem. ★ ~ *ni ninmu o hatasu* 無事に任務を果たす Cumprir a sua missão sem problemas [em paz]. *Kōkai no ~ o inoru* 航海の無事を祈る Espero [Rezo para] que faça uma boa travessia. ◇ ~ *kore meiba* 無事これ名馬 O bom cavalo é o que é seguro / "Ganhe ele o pão, e tenha focinho de cão". ⇨ añzéń¹; heíóń¹.

bujíń 武人【E.】O guerreiro. S/同 Búshi. ⇨ gujíń; músha. A/反 Buńjíń.

bujókú 侮辱 O insulto; o desprezo; o desdém; a ofensa; a afronta. ★ ~ *ni taeru* [*o shinobu*] 侮辱に耐える [を忍ぶ] Suportar ~. ~ *suru* 侮辱する Insultar; ofender. ~ *teki na kotoba* 侮辱的な言葉 A palavra insultuosa. ◇ ~ **Hōtei** ~ **zai** 法廷侮辱罪 O desrespeito (desacato) ao tribunal. S/同 Bōtókú; bubétsú; kutsújókú; ryōjókú.

bújutsu 武術【E.】A arte marcial. ⇨ búgei.

búka 部下 O subordinado; o empregado subalterno. S/同 Háika; teshítá. A/反 Jōshi; shújin. ⇨ kérai.

bukábúka ぶかぶか O estar frouxo [largo; grande]. S/同 Dabúdabú. ⇨ yurúi.

bukái 部会 A reunião (dos membros)「do clube」.

bu-kákkō 不恰好 (< bu-⁵+…) **1** [恰好が悪いこと] A deselegância. ★ ~ *na* 不恰好な Deselegante; esquisito; que fica mal. S/同 Bu-zámá. **2** [不器用] A falta de habilidade. ★ ~ *na* 不恰好な Desajeitado; desastrado. S/同 Bu-kíyō (+) .

búke 武家【H.】A família de militares [samurais]. ◇ ~ **seiji** 武家政治 A política [O regime (+)] militar (De 1192 a 1868). ⇨ búshi.

búki 武器 **1** [戦闘に使う道具] A(s) arma(s); o armamento. ★ ~ *o suteru* [*toru*] 武器を捨てる [取る] Largar [Tomar] as armas. ◇ ~ **ko** 武器庫 O depósito de munições; o arsenal. ⇨ búgu; héiki². **2** [目的をとげるための手段] A arma. *Kanojo wa itsumo namida o ~ ni shite jibun no iiti o tōshita* 彼女はいつも涙を武器にして自分の意志を通した Ela sempre conseguia o que desejava usando as lágrimas como arma. ⇨ shúdan.

bu-kími 不[無]気味 A estranheza. ★ ~ *na shizukesa* 不気味な静けさ O silêncio misterioso [estranho; sinistro].

bu-kíryō 不器量 A fealdade. ★ ~ *na* 不器量な 「rapaz」Feio [Desengonçado]. S/同 Bu-sáiku. ⇨ miníkúi¹.

bukítcho ぶきっちょ ⇨ bu-kíyō.

bu-kíyō 不 [無] 器用 **1** [手先が器用でないようす] A falta de habilidade (das mãos). ★ ~ *na* 不器用な Desajeitado; canhestro; desastrado. S/同 Bu-kákkō; bukítcho. **2** [物事を上手に処理できないようす] A falta de habilidade (despacho). *Kare wa ~ da kara shusse ga dekinai* 彼は不器用だから出世ができない Ele não vence na vida porque é um encolhido (atado).

bukká 物価 O(s) preço(s); o custo de vida. ★ ~ *ga agatta* [*sagatta*] 物価が上がった [下がった] Subiu [Baixou] o custo de vida. ~ *no antei* [*tōki*; *geraku*] 物価の安定 [騰貴; 下落] A estabilidade (subida; descida) dos preços. ~ *no hendō* [*kōtei*] 物価の変動 [高低] A flutuação [alta e baixa] dos preços. ◇ ~ **jōshō-rítsu** 物価上昇率 A proporção do aumento do custo de vida. ~ **shisū** 物価指数 O índice do custo de vida. ~ **daka** ⇨ **tōsei** 物価統制 O controlo dos preços. ⇨ **yasu**. ⇨ nedáń; shíka².

bukká-daka 物価高 (< … + takái) O alto custo de vida. A/反 Bukká-yasu.

bukkákéru ぶっ掛ける【G.】Atirar. ★ *Mizu o ~* 水をぶっ掛ける ~ água. S/同 Kakéru.

bukkáki (**góri**) [**óo**] ぶっかき (氷) (< bukkáku + kōri) O gelo esmigalhado. S/同 Kachíwárí.

bukkáku¹ ぶっかく【G.】Desfazer; esmigalhar.

bukkakú² 仏閣 O templo budista. ◇ **Jinja** ~ 神社仏閣 Os templos shintoístas e budistas. ⇨ terá.

bukká-yasu 物価安 (< … + yasúi) O baixo custo de vida. A/反 Bukká-daka.

bukkéń¹ 物件【Dir.】A coisa; o obje(c)to. ◇ **Fudōsan** ~ 不動産物件 O imóvel「à venda」. **Shōko** ~ 証拠物件 A prova material. S/同 Shinámónó.

bukkéń² 物権【Dir.】O direito real. ◇ ~ **hō** 物権法 A lei do ~. ⇨ zaísán-ken.

bukkírábō ぶっきら棒【G.】A rudeza; a aspereza. ★ ~ *na* ぶっきら棒な Rude; bruto; brusco; áspero 「no falar」. S/同 Bu-aísó.

bukkiru ぶっ切る【G.】Cortar (com força); retalhar; estraçalhar. S/同 Kíru.

búkko 物故【E.】A morte. ◇ ~ **sha** 物故者 Os mortos [defuntos/falecidos]. S/同 Séikyo (+) ; shibó (o); shíkyo (+) .

bukkómu ぶっ込む【G.】 **1** [⇨ uchí-kómú¹] . **2** [⇨ nagé-kómu] . **3** [刀を腰にさす] Trazer (a espada à cinta).

bukkú-éndo ブックエンド (< Ing. bookends) O suporte para livros「na estante」. ⇨ Hón-tate.

bukkú-kábā ブックカバー (< Ing. book + cover) A capa de livro. ⇨ hyōshí².

bukkú-rébyū ブックレビュー (< Ing. book review) A crítica [apresentação] de um livro. ⇨ shohyō.

búkkyō 仏教 O budismo. ◇ **~ geijutsu [ongaku]** 仏教芸術［音楽］A arte [música] budista. **~ to** 仏教徒 O budista. S/同 Búppō; butsúdō; shákyō.

bukō [oó] 武功 ⇨ búkun.

bukóku 誣告 A calúnia; a difamação. ◇ **~ zai** 誣告罪 A calúnia.

bukótsú 無［武］骨 **1**［骨ばってごつごつしているようす］A aspereza. **2**［洗練されていないようす］A rusticidade; a impolidez; a incivilidade. ⇨ bu-sáhō.

búkubuku ぶくぶく **1**［太っている・ふくれているさま］(Im. de gordo, bojudo). ★ **~ (to) futotta hito** ぶくぶくに太った人 O gorducho. ⇨ fukkúra. **2**［泡の立っているさま］(Im. de borbulhar「na água」).

búkun 武勲【E.】A proeza [façanha] militar. ★ **Kakkaku taru ~ o tateru** 赫々たる武勲を立てる Realizar uma brilhante ~. S/同 Bukō.

búkyoku¹ 舞曲 **1**［舞と音楽］A dança e a música. ⇨ buyō; óngaku. **2**［曲］A música de [para] dança.

búkyoku² 部局 A repartição; o departamento; o serviço. ◇ **~ chō** 部局長 O chefe da ~. ⇨ bu¹; ka⁴; kákari²; kyóku².

būmeran [úu] ブーメラン (< Ing.boomerang) O bumerangue; o a(c)to virar-se contra o autor.

búmon¹ 部門 O campo; a esfera; o se(c)tor; o ramo; a categoria. ★ **~ betsu ni suru** [**~ ka suru**; **~ ni wakeru**] 部門別にする［部門化する；部門に分ける］Dividir por categorias. ⇨ buńjō¹; hómen¹.

búmon² 武門【A.】A estirpe [família] militar; a linhagem [casa] dos samurais. ★ **~ no homare** 武門の誉れ A honra da ~. ⇨ búke.

būmu [úu] ブーム (< Ing. boom) O surto [aumento rápido]. *Saikin Amerika de nihonshoku ga ~ ni natte iru* 最近アメリカで日本食がブームになっている Agora, nos Estados Unidos, a comida japonesa está na moda. ◇ **~ bebī ~**, ⇨ nińkí¹.

bún 文 **1**［文章］**a)** Um escrito (Breve ou comprido); **b)** O estilo (⇨ buń-tái¹). ★ **~ o neru** 文を練る Polir a frase [o estilo]. *Utsukushii ~* 美しい文 Um estilo [Uma frase] bonito[a]. ことわざ *~ wa hito nari* 文は人なり O estilo é o homem [A escrita revela a pessoa]. ◇ **~ gaku [pitsu; saku [san] ~**. S/同 Búnshō; kaki-mono. **2**【Gram.】**a)** A oração; a proposição; **b)** A frase. ◇ **Kōtei [Hitei/ Gimon/ Kantan] ~** 肯定［否定／疑問／感嘆］文 Uma ~ afirmativa [negativa/interrogativa/exclamativa]. S/同 Séntensu. ⇨ búnshō¹. **3**［学芸］As letras [artes]; o saber; os estudos. Gakúgei. A/反 Bu. ⇨ bún-bu; gakúmon; géijutsu.

bún² 分 **1**［分け前］A parte; a porção; o quinhão. *Watashi wa jibun no ~ dake no kanjō o haratta* 私は自分の分だけの勘定を払った Eu só paguei a minha parte [conta]. **2**［身の程］O lugar; a posição (social). ★ **~ ni yasunjiru** 分に安んじる Estar satisfeito com o seu lugar. **~ o shiru** 分を知る Saber qual é o seu lugar. S/同 Buńgén; buńzái; míbun; mi nó hódó. **3**［状態］O estado. *Kono ~ nara [de wa; de ikeba] byōnin wa kaifuku suru darō* この分なら［では；でいけば］病人は回復するだろう Se o ~ em que está se mantiver, o doente vai curar. ⇨ chōshí¹; guái²; jótái¹.

4［本分］O dever; a obrigação; o encargo. ★ **~ o tsukusu** 分を尽くす Cumprir ~. S/同 Hónbun. **5**［分量］A parte; a dose. *Isshū-kan- ~ no kusuri* 1週間分の薬 O(s) remédio(s) para uma semana. S/同 Buńryō; ryō. **6**［成分］O teor「de álcool」 [elemento; A substância; A matéria]. S/同 Séibun. **7**［関係を表すことば］A ligação. ★ **Kyōdai- ~** 兄弟分 Indivíduos ligados por um pacto de fraternidade, sobretudo os "yakuza". **8**［分割を表すことば］A divisão; a parcela. ★ **San-~ no ichi [ni]** 3 分の 1 [2] Um terço [Dois terços].

bún [**úu**] ぶうん Zzz (Im. de zumbido, zunido, zunzum). ⇨ búnbun.

búna 橅・山毛欅【Bot.】A faia; *fagus crenata*. ◇ **~ ka** ブナ科 Fagáceas. **~ rin** ブナ林 O bosque de ~ s.

búnai 部内 Na [Dentro da] se(c)ção; no「nosso」se(c)tor. **~ no mono** 部内の者 Uma pessoa que está dentro「do assunto」; um veterano/conhecedor. A/反 Búgai. ⇨ ?.

bunán 無難 **1**［安全］Sem perigo. ★ **~ na michi o erabu** 無難な道を選ぶ Escolher o caminho mais seguro. S/同 Ańzén (+); bují (+). **2**［まあまあ］Sem defeito de maior. ★ **~ na** 無難な「uma obra」Razoável; sofrível; passável. ⇨ mámá¹.

buń'an 文案 A minuta; o rascunho; a primeira reda(c)ção. ⇨ shitágáki¹; sōáń¹.

buń'átsú 分圧 A pressão parcial.

buńbai 分売 A venda avulsa. ★ **~ suru** 分売する Vender (em) avulso [separado]. ◇ **~ ka** 分売可 Também vendemos em avulso. ⇨ buńjō¹.

buńbén 分娩 O parto. ★ **~ suru** 分娩する Dar à luz. ◇ **~ shitsu** 分娩室 A sala de ~. **Mutsū ~** 無痛分娩 ~ sem dor. S/同 Shussáń (+).

buńbétsú 別分 A separação; a classificação. ★ **~ suru** 分別する Separar; classificar. *Gomi no ~ shūshū* ゴミの分別収集 A recolha discriminada do lixo. ◇ **~ hō** 分別法 O sistema fra(c)cionado. S/同 Beńbétsú; kúbetsu (+); kuwáké; ruíbétsú. ⇨ fúnbetsu.

búnbo 分母【Mat.】O denominador. ★ **~ o harau** 分母を払う Cancelar/Cortar ~. A/反 Búnshi.

buńbógu [óo] 文房具 Os artigos de papelaria [escritório]. ◇ **~ ya** 文房具屋 A papelaria. S/同 Búngu. ⇨ gakúyōhín.

bún-bu 文武【E.】As letras e a ciência militar; a pena e a espada. *Kare wa ~ ryōdō ni hiidete iru* 彼は文武両道に秀でている Ele é um literato [erudito] e um soldado. ⇨ búdō; búngaku.

buńbun (to) ぶんぶん(と) **1**［うなりを立てているさま］Zzz; zum …; ró, ró. *Puropera ga ~ itte iru* プロペラがぶんぶんいっている A hélice faz ~. ⇨ buń¹. **2**［昆虫の羽音］O zumbido; o zunido. ⇨ buń¹. **3**［ハチやハエのこと］【Infa.】Os inse(c)tos que fazem zumbido.

buńbutsu 文物 A [Os produtos da] cultura/civilização「do J.」. ⇨ búnka¹.

buńchín 文鎮 O pi[e]sa-papéis.

buńchō [óo] 文鳥【Zool.】O pardal de java; *padda oryzivora*. ◇ **Tenori ~** 手乗り文鳥 ~ domado [domesticado], que pousa na mão do homem.

buńdán¹ 文壇 Os círculos literários. ⇨ buńgáku-kai.

buńdán² 分団 **1**［本部から分かれて作った集団］A subdivisão; o ramo. ★ *Shōbō dai-ichi ~* 消防第一分団 O primeiro regimento do corpo de bombei-

ros. **2** [⇨ gurúpu]
buńdań[3] 分断 O dividir「para ganhar」.
⇨ suńdań.
buńdóki 度度器 O transferidor/gonió[ô]metro.
buńdóri-híń 分捕り品 (< buńdóru + …) A presa; o espólio; os despojos de guerra.
buńdóru 分捕 Apreender [Apresar]「tanque inimigo」; pilhar「o escudo do irmão」; apanhar. *Wakemae o* ~ 分け前を分捕る ~ o quinhão do outro. ⇨ hokakú[1]; ryakúdatsu.
búngaku 文学 A literatura; as letras. ★ ~ *no [teki na]* 文学の[的な] Literário. ◇ ~ **bu** 文学部 A Faculdade de Letras. ~ **hakase** 文学博士 Doutor (ado) em Letras. ~ **sakuhin** 文学作品 Um trabalho [Uma produção; Uma obra] literário[a]. ~ **seinen** 文学青年 Um jovem entusiasta da ~. ⇨ ~ **shi**. ~ **sho** 文学書 Um livro de literatura. **Jidô [Taishû; Tsúzoku]** ~ 児童 [大衆; 通俗] 文学 A ~ infantil [popular; de cordel]. **Jun [Kokumin]** ~ 純 [国民] 文学 A ~ séria/propriamente dita [nacional]. **Kindai [Koten]** ~ 近代 [古典] 文学 A ~ moderna [clássica]. [S/同] Búngei. ⇨ gakúgei.
buńgaku-kai 文学界 Os círculos literários; o mundo das letras. ⇨ buńdań[3].
buńgaku-sha 文学者 Um literato. [S/同] Buńjín.
buńgaku-shi[1] 文学史 A história da literatura.
buńgaku-shi[2] 文学士 O bacharelado [grau de bacharel] em literatura.
búngei 文芸 As artes; a arte e a literatura. ◇ ~ **bu** 文芸部 A associação literária; a se(c)ção de arte (num jornal). ~ **fukkô** 文芸復興 O Renascimento. ~ **hihyô** 文芸批評 A crítica literária. ~ **ran** 文芸欄 A coluna [se(c)ção] literária [de belas-artes] 「do jornal」. ~ **zasshi** 文芸雑誌 Uma revista literária. ⇨ búngaku; gakúmon; géijutsu.
buńgén 分限 ⇨ bún[1,2].
buńgó 文語 (⇨ buńgó-tái) **1**[文章を書く時の言葉] **a)** A linguagem literária ou escrita; **b)** Uma palavra literária (Usada em literatura). [S/同] Buńshô-gó; kakí-kótoba. [A/反] Kógo. **2**[昔の文章に使った言葉] A palavra clássica.
buńgó 文豪 Um grande literato [escritor].
buńgó-tái 文語体 (⇨ buńgó) **a)** O estilo literário. [A/反] Kógó-tái. **b)** O estilo「do l.」clássico.
búngu 文具 ⇨ buńbôgu.
buńgyó 分業 **1**[仕事を手分けして行うこと] A divisão do trabalho por especialidades. ★ ~ *de [teki ni] shigoto o suru* 分業で[的に]仕事をする Trabalhar cada um [cada qual] na sua especialidade. ◇ **Iyaku** ~ 医薬分業 A distinção entre as a(c)tividades médicas e farmacêuticas. **2**【Econ.】A especialização (do trabalho).
bún'i 文意【E.】O sentido da frase. ★ ~ *o tsukamu* 文意をつかむ Entender ~.
buń'íń 分院 Uma parte [dependência] do hospital.
buńjákú 文弱 A efeminação resultante de só gostar de livros. ★ ~ *no to* 文弱の徒 Um homem efeminado [amolecido] pelas leituras. ⇨ juńjakú.
buńjín 文人【E.】O artista; o literato; o homem de letras. [S/同] Búnshi. ⇨ Bujín.
buńjín-gá 文人画 A pintura de um amador.
buńjô[1] 分譲 A venda (de terreno ou bairro residencial) por lotes. ★ ~ *suru* 分譲する Vender por

◇ ~ **chi** 分譲地 O terreno à ~. ~ **jûtaku** 分譲住宅 As habitações para [adquiridas em] ~.
buńjô[2] 分乗 O ir [viajar] separados. ★ ~ *suru* 分乗する Ir「em cinco automóveis」.
búnka[1] 文化 **a)** A cultura; **b)** A civilização. ★ ~ *no hi* 文化の日 O Dia da Cultura (3 de novembro, feriado nacional, em que o Imperador confere condecorações a cientistas, etc.). ~ *(no) kôryû* 文化(の)交流 O intercâmbio cultural. ~ *teki na* 文化的な Cultural. ◇ ~ **isan** 文化遺産 Uma herança cultural. ~ **jinrui-gaku** 文化人類学 A antropologia cultural. ~ **katsudô** 文化活動 As a(c)tividades culturais. ~ **kôrô-sha** 文化功労者 Um benemérito da cultura. ~ **kunshô** 文化勲章 A Ordem de Mérito Civil. ~ **suijun** 文化水準 O nível cultural [de cultura]. **Seiyô [Tôyô]** ~ 西洋 [東洋] 文化 A ocidental [oriental]. **Tôzai** ~ **kôryû** 東西文化交流 O intercâmbio entre as culturas oriental e ocidental. ⇨ Buńméi.
buńká[2] 分化 A ramificação; a diferenciação; a especialização「em vários ramos da medicina」. ★ ~ *suru* 分化する wakaréru[1].
búnka[3] 文科 **a)** As Letras [Ciências Humanas (e Sociais)]; **b)** A Faculdade [O curso] de Ciências Humanas. ◇ ~ **kei** 文科系 O se(c)tor [ramo; A linha] de Letras. [A/反] Ríka.
búnka[4] 分科 O ramo「da álgebra, dentro da matemática」; a subdivisão. ◇ ~ **kai** 分科会 A sub-reunião「dos congressistas」. ⇨ gakká[1].
Buńka-chô 文化庁 A Secretaria (Nacional) da Cultura.
buńkái[1] 分解 **1**[部分に分けること] **a)** A desmontagem「da máquina」. ★ ~ *suru* 分解する Desmontar; separar as peças. **b)** O desfazer. ◇ ~ **shashin** 分解写真 A desmontagem fotográfica (Em relação à fotomontagem [fotocomposição]). ~ **shûri** 分解修理 A reparação geral [revisão completa]. **2**【Fís.】A decomposição. ★ ~ *suru* 分解する Decompor-se. ◇ ~ **sayô** 分解作用 O processo da ~.
búnkái[2] 分会 A sucursal [subdivisão] (de uma corporação).
buńkái[3] 分界 A「linha de」demarcação. [S/同] Kyôkái (+).
buńka-jin 文化人 Um intelectual; um homem ilustrado (culto; civilizado). ⇨ búnka[1].
buńkań[1] 分館 O anexo; a dependência. [A/反] Hońkań. ⇨ bekkán.
buńkań[2] 文官 O funcionário civil (Não militar). [A/反] Búkan. ⇨ kánri[2].
buńká-sai 文化祭 A festa, cultural anual, das escolas, feita pelos estudantes. ⇨ uńdô ◇.
buńká-shi 文化史 A história cultural [da civilização].
buńkátsú[1] 分割 A divisão; a repartição. ◇ ~ **shihai [tôchi]** 分割支配 [統治] O dividir para dominar; "divide et impera" (L.).
buńkátsú[2] 分轄 O dividir a [Outra] jurisdição. [S/同] Kańkatsú.
buńkátsú-bárai 分割払い (< ~[1] + harái) O pagamento a [em] prestações. ★ ~ *de kau [uru]* 分割払いで買う [売る] Comprar [Vender] a prestações.
buńká-zai 文化財 O patrim[ó]nio cultural (dum país). ◇ ~ **hogo-hô** 文化財保護法 A Lei de Prote(c)ção do ~. **Mukei** ~ 無形文化財 ~ incorpóreo

[invisível; impalpável].
buńké 分家 Um ramo da família. A/反 Hónke.
buńkéń¹ 文献 **a)** A bibliografia; **b)** Os livros e outros documentos. ★ ~ *o atsumeru* [*shiraberu*] 文献を集める [調べる] Juntar/Reunir [Consultar] bibliografia. *Sankō* ~ 参考文献 A bibliografia (citada). S/周 Shíryō.
buńkéń² 分権 A descentralização do poder. ◇ ⇨ **chihō** ~ S/周 Shúkéń. ⇨ kénryoku.
buńkéń³ 分遣 O destacamento. ◇ ~ **tai** 分遣隊 Um ~. ⇨ hakéń².
buńkéńchízu 分県地図 O mapa [atlas] de uma ou todas as províncias「japonesas」.
buńkétsú 分蘖 A separação dos caules para transplante (de plantas herbáceas ou gramíneas). S/周 Kabú-wákare (+).
buńki 分岐 A ramificação「da linha férrea/do L.」. ★ ~ *suru* 分岐する Ramificar(-se). ◇ ~ **ten** 分岐点 (O ponto de) bifurcação; o entroncamento; a encruzilhada「do caminho/da vida」. ⇨ wakáré-michi.
búnko 文庫 **1**[書庫] A biblioteca (privada); o arquivo. S/周 Shóko. **2**[手文庫] O escrínio; o estojo. S/周 Te-búnko. **3**[小型の双書] O livro de bolso. ◇ ~ **ban** 文庫版 A edição de bolso (18.2 cm × 12.8 cm). ~ **bon** 文庫本 O livro de bolso. **4**[あるわくの中で集められた本] A cole(c)ção「Lello」. ◇ **Gakkyū** ~ 学級文庫 A biblioteca da turma (da escola). **5**[帯結びの一つ] Um estilo de apertar o "obi" (em ocasiões formais, de mulheres jovens). ⇨ o-tálkó.
buńkó¹ 分校 Uma outra escola (Em relação à principal). A/反 Hońko.
buńkó² 分光【Fís.】A decomposição da luz através de um prisma; a difra(c)ção espe(c)tral. ◇ ~ **bunseki** 分光分析 A análise espe(c)tral. **Purizumu [Koshi; Chokushi]** ~ **ki** プリズム[格子; 直視] 分光器 O espectroscópio de prisma [de rede; de raios 「x」].
buńkó-kéi 分光計 O espectró[ô]metro.
buńkótsú 分骨 O sepultar「as cinzas do avô」em várias partes. ★ ~ *suru* 分骨する Sepultar...
buńkyō 文教 A educação; os serviços educacionais. ◇ ~ **chiku** 文教地区 Uma zona escolar. ~ **seisaku** 文教政策 A política educacional. ⇨ búnka¹; gakúmon; kyőíkú.
buńkyōjō 文教場 Um posto escolar.
buńkyókú 分局 Uma sucursal [agência]. A/反 Hońkyókú.
buńkyókú 分極【Ele(c)tri.】A polarização. ★ ~ *ka suru* 分極化する Polarizar.
buńméí¹ 文明 A civilização. ~ *no riki ni kakomarete iru* 文明の利器に囲まれている Estamos rodeados de todas as facilidades da ~ moderna. ◇ ~ **kaika** 文明開化 **a)** O florescimento da ~; **b)** A ocidentalização (do J., sobretudo na era Meiji). ◇ ~-**koku. Busshitsu [Kikai]** ~ 物質 [機械] 文明 ~ material [técnica]. **Kindai** ~ 近代文明 ~ moderna. S/周 Búnka.
buńméí² 文名 A glória [fama] literária. ★ ~ *o ageru* [*haseru*] 文名を挙げる [馳せる] Ganhar fama como escritor.
buńméi-byō 文明病 Os males da civilização.
buńméi-jin 文明人 O (homem/povo) civilizado.

buńméi-koku 文明国 Uma nação civilizada; um país adiantado.
buńméń 文面 O teor [conteúdo; texto] de um escrito.
buńmíń 文民 Um civil; os civis. ◇ ~ **tōsei** 文民統制 O controle [regime/governo] civil. A/反 Guńjín. ⇨ mińkán.
buńmyákú¹ 文脈 **1**[文章の脈絡] O contexto. ★ ~ *o tadoru* 文脈をたどる Seguir [Ver] o ~「para entender o conteúdo」. **2**[⇨ sují-michi]
buńmyákú² 文脈 A ramificação (De uma raiz, montanha ou veio principal).
buńnáguru ぶん殴る【G.】Dar uma surra [um murro; sova]「em alguém」. S/周 Nagúru.
buńnó 分納 O pagamento parcelado (B.) [em prestações]. ★ *Zeikin o* ~ *suru* 税金を分納する Pagar os impostos em... A/反 Zeńnō. S/周 nōnyú.
buńpa 分派 A fa(c)ção; a seita; a ramificação. ◇ ~ **katsudō** 分派活動 As a(c)tividades sectárias. S/周 Buńryú¹; matsúryú.
buńpái 分配 A distribuição; a repartição; a partilha. *Rieki wa nakama ni byōdō ni* ~ *sareta* 利益は仲間に平等に分配された Os lucros foram repartidos equitativamente entre os companheiros. ◇ ~ **gaku** 分配額 A cota; o quinhão. S/周 Haíbúń.
buńpítsú 分筆 O escrever. ◇ ⇨ ~ **gyō** [**ka**].
buńpí(tsú)² 分泌 A secreção. ★ ~ *suru* 分泌する Segregar. ◇ ~ **eki** 分泌液 A secreção. ~ **sen** 分泌腺 A glândula secretora.
buńpítsú-butsu 分泌物【Substância segregada】.
buńpítsú-gyō 文筆業【Fig.】O viver como [ofício de] escritor; a pena. S/周 Chojútsú-gyō.
buńpítsú-ká 文筆家 O escritor. S/周 Sakká (+).
buńpō¹ 文法 A gramática. ★ ~ *jō no [teki na] kisoku* 文法上の [的な] 規則 As regras gramaticais/da ~. ◇ ~ **gakusha** 文法学者 O gramático. **Porutogarugo** ~ **sho** ポルトガル語文法書 Gramática (Livro) de Português [da Língua Portuguesa].
buńpō² 分封 **1**[領主が臣下に領地を分け与えること、またはその土地]【H.】A distribuição de feudos aos vassalos ou o feudo. ⇨ ryóchi. **2**[ミツバチの]A enxameagem das abelhas. ★ ~ *suru* 分封する Enxamear; formar nova coló[ô]nia.
buńpú 分布 A distribuição. ★ ~ *suru* 分布する Distribuir-se. *Dō-shokubutsu no chiri-teki* ~ 動植物の地理的分布 ~ geográfica de animais e plantas. ◇ ~ **zu** 分布図 O quadro distributivo「dos vinhos」.
búnraku 文楽 Um teatro tradicional de marionetes do Japão. ⇨ jōrúrí.
buńrei 文例 O exemplo「num dicionário」; o modelo「de carta comercial」. S/周 Reíbúń; yőréí.
buńrétsú¹ 分裂 **1**[一つのものが分かれてまとまりを失うこと] A divisão; a desunião; a cisão; a dissidência. *Naisen ni yori kuni wa futatsu ni* ~ *shita* 内戦により国は二つに分裂した A guerra civil dividiu o país em dois. **2**[細胞の]【Biol.】A divisão [cisão]「da célula」. ★ ~ *suru* 分裂する Dividir-se. ◇ ~ **seishoku** 分裂生殖 A reprodução por cissiparidade. ~ *soshiki* 分裂組織【Bot.】O meristema. ⇨ **kaku [saibō]** ~.
buńrétsú² 分列 O desfile. ★ ~ *suru* 分列する Desfilar; marchar. ◇ ~ **kōshin** 分列行進 O desfile; a parada. ~ **shiki** 分列式 Um desfile.
buńrétsú-byō 分裂病【Med.】⇨ séishin¹ ◇ .

buńrétsú-shitsu 分裂質 【Med.】 Esquizofré[ê]nico.

buńrétsú-shō 分裂症 [Med.] ⇨ séishin¹ ◊ .

buńrí 分離　**1**［分かれること；分けること］A separação; a segregação「pessoas」. ★ *dekiru [dekinai]* 分離できる［できない］Ser separável [inseparável]. *Seiji to shūkyō no ~* 政治と宗教の分離 A separação da política e religião. ◇ **~ kazei** 分離課税 A taxação separada. **2**［物質を取り出すこと］【Fís.】A separação. ★ *shiyasui [shinikui] busshitsu* 分離しやすい［しにくい］物質 Uma substância fácil [difícil] de separar. ◇ **~ ki** 分離器 O separador. **3**［ラジオの］A sele(c)tividade.

buńrítsú 分立 A separação; a independência. ★ *~ suru* 分立する Separar-se. ◇ **sanken ~. Shōtō ~** 小党分立 O fra(c)cionamento em pequenos partidos.

buńrúi 分類 A classificação. ★ "*A·B·C*" *[Bańgō] jun ni ~ suru* "A·B·C"［番号］順に分類する Classificar por ordem alfabética [numérica]. ◇ **~ gaku** 分類学 A taxi(o)logia; a taxi(o)nomia; a sistemática. *Jin'i [Shizen] ~ hō* 人為［自然］分類法 A classificação artificial [natural]. [S/同] Bu-wáké; kúbun; rúibétsú.

buńryō (óo) 分量 A quantidade「de trabalho, açúcar」; a dose (do remédio). [S/同] Ryō.

buńryókú 分力【Fís.】O [A força] componente. [A/反] Gōryókú.

buńryū¹ 分流　**1**［分れて流れること］A ramificação da corrente. **2**［支流］O afluente. [S/同] Shiryū (+). **3**［分派］O ramo; a seita. [S/同] Buńpá. **4**［電気の］A derivação. ◇ **~ ki** 分流器 O aparelho de ~.

buńryū² 分留［溜］A destilação fra(c)cionada [parcial]. ★ *Sekiyu o ~ suru* 石油を分留する Fazer ~ do petróleo. ⇨ jōryū².

buń-sái 文才 O「ter」talento para a literatura.

buńsáń 分散　**1**［離散］A dispersão「de energias」; o dispersar-se [dividir]. [S/同] Risáń. [A/反] Shūchú. **2**［光が波長によって分かれること］【Fís.】A dispersão. **3**［統計］A variação (da luz).

buńsátsú 分冊 O fascículo; um volume「da enciclopédia」em separado. [A/反] Gassátsú.

buńsékí¹ 分析　**1**［物質を成分に分解すること］A análise (química). ★ *Kagōbutsu o ~ suru* 化合物を分析する Fazer a ~ de um composto. ~ **kagaku** 分析化学 A química analítica. *Teiryō [Teisei] ~* 定量［定性］分析 ~ quantitativa [qualitativa]. [S/同] Buńkái. **2**［物事を要素に分けその性質を明らかにすること］A análise. ★ *Shiryō o tan'nen ni ~ suru* 資料を丹念に分析する Analisar os dados [o material escrito] minuciosamente. ◇ **~ teki shikō** 分析的思考 O pensamento analítico. *Seishin ~* 精神分析 A psicanálise.

buńsékí² 文責 A responsabilidade do que se escreve「num artigo」.

buńseń 文選 A escolha de tipos. ◇ **~ kō** 文選工 O tipógrafo. ⇨ íńsátsú; shokújí².

buńsétsú¹ 文節【Gram.】Uma cláusula da frase (Por ex.: "Kyō wa", "ikimasen"). [S/同] Sétsu.

buńsétsú² 分節 O dividir「nas suas partes」. **2** O articular「bem, cada sílaba」.

búnshi¹ 分子　**1**［物質の］【Fís.】A molécula. ◇ **~ kagōbutsu** 分子化合物 O composto molecular. **~ kōzō** 分子構造 A estrutura molecular. **~ ryō** 分子量 O peso molecular. **~ seibutsu-gaku** 分子生物学 A biologia molecular. **~ shiki** 分子式 A fórmula molecular. ⇨ génshi¹. **2**［分数の］【Mat.】O numerador. [A/反] Búnbo. **3**［成員］O elemento. ★ *Tōnai no fuhei ~* 党内の不平分子 Os ~s descontentes do partido. [S/同] Seíín.

búnshi² 文士 O escritor. ◇ **Sanmon ~** 三文文士 O ~ mediocre. ⇨ buńjíń; sakká.

búnshi³ 分詞【Gram.】O particípio. ◇ **~ kōbun** 分詞構文 A constru(c)ção participial. **Genzai [Kako] ~** 現在［過去］分詞 O gerúndio [O ~ passado].

buńshí 分枝 A ramificação「da planta」.

buńshíń 分身「ele é」O「meu」outro eu.

buńshítsú 分室 O anexo (Sala ou prédio).

búnsho¹ 文書 Um documento escrito. ★ *~ de [nite] tsūchi suru* 文書で［にて］通知する Informar por escrito. ◇ **Gaikō ~** 外交文書 As notas diplomáticas. **~ gizō** 文書偽造 A falsificação de documentos. **~ ka** 文書課 A se(c)ção de ~s [O arquivo]. [S/同] Kiróku. ⇨ kakí-tsúké.

búnsho² 分署 O posto de secção de um serviço do Estado (Ex.: polícia). [A/反] Hónsho.

búnshō¹ 文章 A frase (escrita) [oração 【Gram.】]; a reda(c)ção [o escrever; composição]. *Kare wa ~ ga unai [heta da]* 彼は文章がうまい［下手だ］Ele escreve/redige bem [mal]. ◇ **~ go** 文章語 A linguagem escrita [literária]. **~ ron** 文章論 A sintaxe. [S/同] Búń¹. ⇨ buńtái².

búnshō² 文相 ⇨ móńbu ◊ .

buńshókú 文飾【E.】O estilo floreado [empolado]. [S/同] Shújí.

buńshū 文集 A cole(c)ção de composições literárias「de escritores/estudantes」; a antologia. ◇ **Sotsugyō ~** 卒業文集 ~ dos alunos「feita ao fim do ano」. ⇨ seńshū³.

buńshúkú 分宿 O ficar alojado em「hoteis」diferentes. [A/反] Gasshúkú.

buńsúi-rei 分水嶺 A linha divisória de águas.

buń-tái¹ 文体 (< búń¹ + tái) O estilo. ◇ **~ ron** 文体論 A estilística. **Kōgo ~** 口語文体 ~ falado. [S/同] Sutáiru.

buńtái² 分隊　**1**［小隊］O destacamento; a divisão. [A/反] Hóntai. **2**［軍隊の最小単位］O pelotão. ◇ **~ chō** 分隊長 O chefe de ~.

buńtáń 分担 O repartir. *Hiyō wa kakují ~ seyo* 費用は各自分担せよ Cada qual arcará com a sua despesa. *Shigoto no ~ o kimeru* 仕事の分担を決める Distribuir [Repartir] o trabalho. ◇ **~ kin** 分担金 A cota [quota].

buńtáń² 文旦【Bot.】⇨ zabóń.

buńtéń 文典【E.】⇨ buńpó¹.

buńtsú 文通 A correspondência (por carta). ★ *~ suru* 文通する Corresponder-se「com」. [S/同] Ońshíń; tsūshíń.

bún'ya¹ 分野 A esfera; o ramo; o campo. *Shin- ~ o kaitaku suru* 新分野を開拓する Abrir [Explorar] um novo ~. [S/同] Hán'i; kukákú; ryōíkí.

buń'yá² ブン屋 (< shińbuń-ya) 【G.】O jornalista. [S/同] Shińbuń-kísha.

búń'yo 分与【E.】A distribuição; o repartir「ganhos/herança」. ◇ **Zaisan ~** 財産分与 ~ da herança. [S/同] Buńjó¹; katsújó.

buńzái 分際 A condição social. *Gakusei no ~ de*

bu-ónna 醜女 A mulher feia. [S/同] Shikómé (+); shújo. [A/反] Bu-ótoko.

bu-ónna 醜男 O homem feio. [A/反] Bu-ónna.

buppánasu ぶっ放す (<hanásu)【G.】Disparar. 〜 *zo* ぶっ放すぞ Furo-te já os miolos!

buppín 物品 O artigo; a mercadoria; os bens (móveis). ◇ 〜 **zei** 物品税 O imposto indire(c)to. [S/同] Shiná; shinámónó.

buppōsō [**póo**] 仏法僧 **1** [鳥]【Zool.】O pombo-cambalhota (De bico largo); *eurystomus orientalis*. **2** [仏教で仏と法と僧の三宝] O Buda, a lei budista e o bonzo (Três tesouros do budismo).

búra ブラ【G.】⇨ burája.

burábō ブラボー (< It. bravo) Bravo! [S/同] Sutéki!; umái.

búrabura ぶらぶら **1** [揺れ動く] (Im. de balançar). *Hyōtan ga kaze ni 〜 yurete iru* ひょうたんが風にぶらぶら揺れている A cabaça está balançando ao vento. **2** [ゆっくり歩く] (Im. de passear sem pressa). ★ *Tōri o 〜 aruku* [*suru*] 通りをぶらぶら歩く[する] Passear pela rua. ⇨ fúrafura. **3** [無職無為な] Estar ocioso (sem trabalho). *Kare wa shitsugyō shite mō ni-nen-kan mo 〜 shite iru* [*hi o okutte iru*] 彼は失業してもう２年間もぶらぶらしている[日を送っている] Há dois anos que ficou sem trabalho e anda (para aí) sem fazer nada.

buraí 無頼【E.】O malandrice.

buraíkán 無頼漢 O malandro; o canalha; o patife. [S/同] Gorótsúki; narázú-mónó. ⇨ buraí.

buraíndo ブラインド (< Ing. blind) **1** [日よけのおおい] A persiana. ★ 〜 *o ageru* [*orosu*] ブラインドを上げる[下ろす] Levantar/Abrir [Baixar/Fechar] a 〜. ⇨ hi-yóké[1]. **2** [何も見えない] Às cegas; sem ver [olhar]. ◇ 〜 **tatchi** ブラインドタッチ O tocar [bater] sem ver "as letras do teclado do computador". 〜 *tesuto* ブラインドテスト A prova [de vinhos] com as marcas escondidas.

burájā ブラジャー (< Ing. ; < F. brassiere) O sutiã ["soutien"]. [S/同] Chichí-áté. ⇨ shitá-gí.

Burájíru ブラジル [伯剌西爾] O Brasil; a) República Federativa do Brasil. ◇ 〜 **jin** ブラジル人 O brasileiro. [S/同] Hakkókú.

burákku ブラック (< Ing. black) **1** [黒色] Preto. ◇ 〜 **bokkusu** ブラックボックス (飛行機の) O regist(r)ador (de dados) de voo; a caixa 〜. [S/同] Kokúshōkú; kúro. **2** [Abrev. de "〜 kōhī"] O café preto (Sem leite). **3** [黒人] O preto [negro]. ⇨ kokújín. **4** [悪い秘密] Negro. ◇ 〜 **risuto** ブラックリスト A lista negra. 〜 *yūmoa* ブラックユーモア O humor 〜.

búraku 部落 ⇨ shúrákú.

burándē ブランデー (< Ing. brandy) O aguardente; o conhaque. ⇨ kónyakku.

buránketto ブランケット (< Ing. blanket) O cobertor. [S/同] Kétto; mōfu (+).

buránko ブランコ (< P.) Um baloiço [balancé/balanço]. ◇ **Kūchū 〜** 空中ブランコ O trapézio.

buránku ブランク (< Ing. blank) **1** [紙面の空白] O espaço em branco. [S/同] Kúrán (+); yoháku. **2** [時間的空白] O intervalo.

burári to ぶらりと **1** [ぶらんと下がっているさま] (Im. de pendurado). *Noki-shita ni hechima ga 〜 sagat-te iru* 軒下にへちまがぶらりと下がっている Debaixo do beiral, está (de)pendurada uma bucha. ⇨ burásá-gárú. **2** [何気なくするさま] Ao acaso. ★ 〜 *sanpo ni dekakeru* ぶらりと散歩に出かける (Calhar) dar uma volta. [S/同] Furárito; furátto.

buráságárú ぶら下がる **1** [垂れ下がる] Estar de-pendurado「de」; agarrar-se「a」; pender. ★ *Kōtei no tetsubō ni 〜* 校庭の鉄棒にぶら下がる Pendurar-se na barra (de ferro) do recreio da escola. [S/同] Taré-ságárú.

2 [手に入りそうになる] Estar ao alcance da mão. *Kare no me no mae ni wa kachō no isu ga burasagatte ita* 彼の目の前には課長の椅子がぶら下がっていた Havia uma grande possibilidade de ele ser nomeado chefe de repartição/se(c)ção.

3 [全面的に頼る] Depender totalmente「dos pais」.

buráságerú ぶら下げる **1** [垂れ下げる] Pendurar; dependurar. ★ *Noki ni chōchin o 〜* 軒に提灯をぶら下げる 〜 a lanterna no beiral. [S/同] Taré-ságérú **2** [下げて持つ] Levar (na mão). ★ *Tokkuri o burasagete aruku* 徳利をぶら下げて歩く 〜 uma garrafa de saké.

búrashi ブラシ (< Ing. brush) A escova. ★ *Kutsu o 〜 de migaku* 靴をブラシで磨く Escovar os sapatos. ◇ **Ha 〜** 歯ブラシ 〜 dos dentes. **Yōfuku 〜** 洋服ブラシ 〜 do fato. ⇨ haké[1].

burású-bándo ブラスバンド (< Ing. brass band) A banda (de música); a charanga. [S/同] Suísó gákudan.

burátsukú ぶらつく **1** [ゆれ動く] Estar tremido「das pernas」. [S/同] Búrabura [Fúrafura] suru. **2** [散歩する] Passear ao acaso; dar uma volta. *Hisa-shiburi ni Ginza o buratsuita* 久し振りに銀座をぶらついた Dei uma volta em Ginza, o que não fazia há muito (tempo). [S/同] Furátsúkú; sanpó súrú.

burátto ぶらっと Sem mais; à vontade. ⇨ furári(to)

buraún-kán ブラウン管 (Al. braun) O tubo [A válvula] de raios catódicos「da T.V.」.

buraún-úndō ブラウン運動【Fís.】O movimento browniano.

buraúsu ブラウス (< Ing. blouse) A blusa「de senhora」. ⇨ uwá-gí.

buré ぶれ (< buréru) O movimento involuntário (da máquina no momento de fotografar).

búrei 無礼 A falta de educação [de boas maneiras]; a má educação; a indelicadeza; o atrevimento. ★ 〜 *na koto o iu* [*taido o toru*] 無礼なことを言う[態度をとる] Ser mal-educado. [S/同] Shikkéí; shitsúreí (+). ⇨ reígí.

buréíkō 無礼講「a reunião」 Sem formalidades. *Sā, kyō wa 〜 de yarimashō* さあ、今日は無礼講でやりましょ Hoje vamo-nos esquecer de formalidades [não há (cá) cerimónias].

buréki ブレーキ (< Ing. brake) **1** [制動機] O travão; o(s) freio(s); a travagem. ★ 〜 *ga kiku* ブレーキが利く 〜 funciona bem. 〜 *o kakeru* ブレーキをかける Travar; frear. ◇ **Disuku 〜** ディスクブレーキ 〜 de disco [prato]. **Eā 〜** エアーブレーキ 〜 de ar comprimido; o freio pneumático. **Hando** [**Saido; Shudō**] **〜** ハンド[サイド; 手動]ブレーキ O 〜 de mão. *Kyū 〜* 急ブレーキ A 〜 rápida. [S/同] Seídō(ki). [A/反] Ákuseru.

2 [物事の進行をおさえること] O travar. ★ *Kabu-daka ni 〜 o kakeru* 株高にブレーキをかける 〜 a

bu-sáhō

subida (do valor) das a(c)ções.
burén [ée] ブレーン (< Ing. brain trust) O grupo de entendidos [peritos]. S/同 Chíno komón-dan.
buréru ぶれる Tremer [Mexer]. ⇨ buré; ugóku.
burésuretto ブレスレット (< Ing. bracelet) A pulseira. S/同 Udé-wá.
burézā ブレザー (< Ing. blazer coat) A jaqueta; o casaco curto (de (d)esp.).
búri[1] 鰤 [Zool.] A savelha [saboga]; o olhete; *seriola quinqueradiata*.
⇨ hamáchí; inádá[1]; warásá.
-buri[2] 振り (< furí) **1** [ようすを示す] A maneira; o modo; o estilo; o jeito. *Ō ~ ni* 大振り「「a maça」De tamanho grande. **2** [経過] O decorrer do tempo. ★ *Jū-nen- ~ no saikai* 10年振りの再会 O reencontro (depois) de dez anos.
burífu [ii] ブリーフ (< Ing. briefs) **a)** As cuecas Pántsu. ⇨ shitá-bák[2]. **b)** Os documentos. ◇ **~ kēsu** ~ケース A pasta (de couro) para documentos.
burίjji ブリッジ (< Ing. bridge) **1** [陸橋] A ponte. S/同 Koséńkyō; rikkyō. **2** [船橋] A ponte de comando. S/同 Kańkyō; seńkyō. **3** [入れ歯のつなぎ] A ponte (dentária). **4** [トランプの] O bridge. ◇ **Sebun ~** セブンブリッジ Um jogo de cartas.
burikáéshí ぶり返し (< burikáésú) A volta 「do calor」; o retorno; a recaída. S/同 Saíhátsú.
burikáésú ぶり返す Recair; reincidir; voltar. *Muri o shita no de byōki ga burikaeshita* 無理をしたので病気がぶり返した Tive uma recaída por trabalhar demais. S/同 Saíhátsú súrú.
buríki ブリキ (< Hol. blik) A folha-de-flandres; a lata. ◇ **~ kan** ブリキ缶 A lata 「de cerveja」. ~ *zaiku* ブリキ細工 Os utensílios de ~. S/同 Bańkíń. ⇨ totán.
burikko ぶりっ子 [G.] A (moça) espertinha (que quer ser sempre a melhor e mais bonita).
burízádo [áa] ブリザード (< Ing. blizzard) A nevasca [tempestade de neve]. S/同 Yuki-árashi.
buróchi [óo] ブローチ (< Ing. brooch) O broche. ⇨ ákusesarí.
burókā [óo] ブローカー (< Ing. broker) O agente; o intermediário; o corretor. ★ *Fudōsan (no) ~* 不動産(の)ブローカー O corretor de (bens) imóveis. S/同 Nakagáí-níń; teńbáí-níń.
burókkorī ブロッコリー (< Ing. broccoli < It.) [Bot.] Os brócolos; *brassica oleracea botrytis*.
burókku ブロック (< Ing. block) **1** [コンクリート・ブロック] (Abrev. de "konkurito ~") O bloco (de cimento). ★ ~ *no hei* ブロックの塀 O muro de ~ s. ◇ **~ kenchiku** ブロック建築 A construção com ~ s.
2 [区画] Uma quadra; um quarteirão. S/同 Gáiku; kukáku.
3 [地域] O bloco; a área; a zona. ◇ **~ keizai** [Keizai ~] ブロック経済「経済ブロック」A economia de blocos/grandes espaços [O bloco econó(ô)-mico]. S/同 Chíiki; kén.
4 [遮断すること] [(D)esp.] O bloqueio. ★ *Teki o ~ suru* 敵をブロックする Bloquear o adversário. S/同 Bógáí; sóshi.
5 [バレーボールの] (Vol.) O bloquear a bola batida pelo adversário logo por cima da rede. ◇
~ pointo ブロックポイント O ponto marcado por...
burómáido ブロマイド (< Ing. bromide) O papel de bromo. ◇ **~ shashin** ブロマイド写真 A fotografia de ~. S/同 Shōzō-shāshin.

burónído ブロンド (< Ing. blond(e)) **a)** O cabelo louro (⇨ kińpátsú); **b)** A mulher loura.
buróningu [óo] ブローニング (< Ing. Browning) Um tipo de pistola automática. ⇨ pisútórú.
burónzú ブロンズ (< Brundisium: top) **1** [青銅] O bronze. ◇ **~ zō** ブロンズ像 A figura de ~. S/同 Seídó. **2** [銅像] A estátua de ~. S/同 Dó-zó.
búru ぶる **1** [偉そうに振る舞う] Ser pretensioso; dar-se ares de importante. *Ano okusan wa hidoku butte iru* あの奥さんはひどくぶっている Aquela senhora é toda pretensiosa. S/同 Kidóryó; mottái-búru; teráu. **2** [-búru: ふりをする] Pretender; afe(c)tar. *Sonna shinkoku-butta kao o shite dō shita no* そんな深刻ぶった顔をしてどうしたの Que ar afe(c)tado é esse? S/同 Yosóóu.
burú [úu] ブルー (< Ing. blue) **1** [青色] O azul; a cor azul. ◇ **~ chīzu** ブルーチーズ O queijo azul (Com mofo [penicílio]). **~ karā** ブルーカラー O trabalhador braçal. **~ torein** ブルートレイン O comboio/trem com camas [da noite]. S/同 Aíiró; aó-iró (+).
2 [憂鬱] A melancolia; a depressão. ◇ **~ dē** ブルーデー O dia melancólico [deprimente]. S/同 Yúútsú (+).
3 [猥褻] A indecência. ◇ **~ firumu** ブルーフィルム O filme pornográfico. S/同 Waísétsú (+).
búruburu ぶるぶる (Im. de tremer [tiritar]). *Kare wa osoroshisa de kuchibiru o (to) furuwaseta* 彼は恐ろしさで唇をぶるぶる(と)震わせた Estremeceram-lhe os lábios de medo.
burúdóggu ブルドッグ (< Ing. bulldog) [Zool.] O buldogue.
burúdōzā [óo] ブルドーザー (< Ing. bulldozer) O tra(c)tor para empurrar terra (e aplanar).
Burúgáríá ブルガリア A Bulgária. ◇ **~ go** ブルガリア語 O búlgaro.
búrui 部類 A espécie; a classe; a categoria; o gé(ê)nero; o grupo. S/同 Shúrui.
burújoá ブルジョア (< Fr. bourgeois) O burguês; a burguesia. ◇ **~ kaikyū** ブルジョア階級 A classe burguesa. **~ shumi** ブルジョア趣味 O gosto burguês. A/反 Purórétário.
Burúkína Fáso ブルキナファソ Burkina-Faso.
burúmā (su) **burúmā**[i] [úu] ブルーマー(ズ)[ブルマー] (< Ing. bloomers) **1** [下着] A peça íntima [de roupa interior] de senhora. ⇨ shitá-gí. **2** [運動着] Os calções de treino [(d)esp.] de senhora.
burúnétto ブルネット (< Ing. brunette) A morena.
búrupen ブルペン (< Ing. bull pen) [Béis.] O lugar do campo em que os lançadores de reserva fazem exercício para aquecer.
burúsu [úu] ブルース [Mús.] (< Ing. blues) Uma espécie de foxtrot.
buryó 無聊 [E.] O tédio. S/同 Taíkútsú (+); tsurézúre.
búryoku 武力 A força armada. ★ *Kokkyō mondai no kaiketsu o ~ ni uttaeru* 国境問題の解決を武力に訴える Recorrer à ~ para a solução de conflitos fronteiriços. ◇ **~ kainyū** 武力介入 A intervenção militar [armada]. **~ kōshi** 武力行使 O uso da ~. **~ shōtotsu** 武力衝突 O conflito armado. S/同 Guńjí-ryoku. ⇨ héiryoku; sénryoku.
bu-sáhō 無作法 A falta de educação [de (boas) maneiras]; a má educação. ★ ~ *na furumai o suru* 無作法な振る舞いをする Ser mal-educado. ◇

～ **mono** 無作法者 Um/a mal-educado/a.
[S/同] Bú-rei; bu-shítsuke; shikkéi; shitsúrei.

bu-sáiku 不細工 **1** [下手] Malfeito. ★ ～ *na* 不細工な「Vaso」～. [S/同] Bu-kíyō; buzámá; fu-tégi-wa. **2** [醜い] Feio. ★ ～ *na kao* 不細工な顔 A cara feia. [S/同] Miníkúi.

bu-sátá 無沙汰 ⇨ go-búsátá.

búshi 武士 O samurai; o guerreiro. [P/ことわざ] ～ *ni nigon nashi* 武士に二言なし O samurai tem [é homem de uma só] palavra (Lit.: não tem duas palavras). ～ *wa kuwanedo* [*tabenakute mo*] *taka-yōji* 武士は食わねど［食べなくても］高楊枝 O samurai, por causa da honra, até a fome ignora.
[S/同] Bujíń; músha; samúráí. ⇨ guńjíń; heítáí.

bushí-dō 武士道 O cavalheirismo medieval; o ideal do samurai. ⇨ kishí-dō.

bu-shítsuke 不躾 A má educação; a indiscrição. ★ ～ *na otoko* [*o-negai*] 不躾な男［お願い］O homem [pedido] indiscreto. [S/同] Bu-sáhō.

búsho 部署 O posto; a função. ★ ～ *ni tsuku* 部署に就く Ocupar o seu posto. [S/同] Mochí-bá.

bushố[1] [**óo**] 無［不］精 A indolência; o desleixo; a preguiça; a ociosidade. ～ *o suru* 無精をする Ter preguiça「e não ir à festa」. ◇ ～ **hige** 無精髭 A barba por fazer. ～ **mono** 無精者 O descuidado [desleixado; Um não-te-rales]. ⇨ **de** [**fude**] ～.
[S/同] Daráshínái; monógúsá. [A/反] Kińbéń.

bushố[2] 武将【E.】O general; o capitão dos samurai. [S/同] Táishō.

búshu 部首 O radical [A raiz] do ideograma.
⇨ heń[4]; kańmúrí; tsukúrí[2].

bu-shűgi [**úu**] 不祝儀 Um acontecimento triste「morte」(na família).
[S/同] Sốshíkí. [A/反] Shűgi. ⇨ fukố[1].

busố 武装 O estar armado. ★ ～ *o toku* 武装を解く Desarmar. ～ *suru* 武装する Armar-se [～ *shite iru* 武装している Estar armado]. ◇ ～ **gerira** 武装ゲリラ A guerrilha armada. ～ **hōki** 武装蜂起 A revolta armada. ～ **kaijo** 武装解除 O apreender [tirar] as armas; o desmantelar「a fortificação」. **Hi-～ chitai** 非武装地帯 A zona desmilitarizada. **Kanzen** ～ 完全武装 ～ até aos dentes; (Fig.) o estar completamente preparado「para o inverno」.
[S/同] Gúnbi; guńsố.

bussáń 物産 Os produtos; a produção. ◇ ～ **ten** 物産展 A exposição agrícola (ou de outros ～).
[S/同] Sańbútsú.

busséí 物性 As propriedades da matéria.

busshárí 仏舎利【Bud.】As cinzas [Uma relíquia] de Buda.

bússhi 物資 As riquezas materiais; os recursos; os bens; as matérias primas. *Kono kuni wa* ～ *ga yutaka de aru* [*toboshii; fusoku shite iru*] この国は物資が豊かである［乏しい; 不足している］Este país tem muitos [poucos] recursos. ⇨ shígen[1].

busshíkí 仏式 O「funeral de」rito budista.
⇨ shińshíkí[2].

bússhin 物心 A parte material e espiritual. *Ani wa watashi o* ～ *ryōmen kara shien shite kureta* 兄は私を物心両面から支援してくれた O meu irmão ajudou-me tanto material como moralmente.

busshítsú 物質 A matéria. ★ ～ *fumetsu no hōsoku* 物質不滅の法則 A lei da conservação da ～ (＝Nada se perde, nada se cria, tudo se transforma). ◇ ～ **bunmei** 物質文明 A civilização [O progresso] material. ～ **kai** 物質界 O mundo físico [da ～]. ～ **meishi** 物質名詞 O substantivo concreto (Gram.). ～ **shugi** 物質主義 O materialismo. ⇨ ～**teki**. ～ **yoku** 物質欲 A ganância. [A/反] Séishin.

busshítsú-tékí 物質的 Material. *Watashi wa umareta toki kara* ～ *ni megumarete ita* 私は生まれた時から物質的に恵まれていた Desde criança não tenho tido problemas econó[ô]micos. ◇ ～ **enjo** 物質的援助 A ajuda ～.

busshố[1] 物証 A prova material.
[S/同] Buttékí shốkó. [A/反] Jińshố; shińshố.

busshố[2] 物象【E.】O obje(c)to inanimado; o fenó[ô]meno físico.

busshókú 物色 A busca. ★ ～ *suru* 物色する Buscar; rebuscar「toda a casa」; percorrer tudo「à procura de emprego」. ⇨ erábu; sagású.

bussố [**óo**] 物騒 A insegurança; o perigo (Ex.: *Yoru no hitori-aruki wa* ～ *da*＝É perigoso sair sozinho à noite). ★ ～ *na yo-no-naka* 物騒な世の中 Um mundo conturbado [perigoso/cheio de perigos]. ⇨ abúnái; kikéń[1].

búsu ぶす【G.】A mulher feia.
[S/同] Bu-ónna; shikómé. [A/反] Beppíń.

busű [**úu**] 部数 O número de exemplares「da revista」; a tiragem. ◇ ⇨ **hakkó～**. ⇨ bu[1] **4**.

búsubusu (**to**) ぶすぶす(と)(Im. de fumegar, queixar-se e enterrar a faca). **1** [くすぶっているさま] *Takibi wa itsu made mo* ～ *kusubutte ita* たき火はいつまでもぶすぶすくすぶっていた O lume continuou a fumegar. **2** [不平·不満を唱えるさま] ★ ～ *fuhei o iu* ぶすぶす不平を言う Queixar-se. [S/同] Bútsubutsu (to). **3** [物を何度もつきさす音] *Niku ni kushi de* ～ *ana o akete kara yaku to yoku aji ga shimiru* 肉にくしでぶすぶす穴をあけてから焼くとよく味がしみる É melhor furar bem a carne com um espeto antes de a assar para ficar com mais gosto.

busúí 無［不］粋【G.】A deselegância; a grosseria. ★ ～ *na* 無粋な Deselegante; tosco; grosseiro; prosaico. [S/同] Yábo.

busúri to [**busútto**] ぶすりと［ぶすっと］ **1** [口をきかないさま] De mau humor. **2** [鋭利なもので刺すさま] Zzzz「enterrou a faca no melão」!

butá 豚 **1**【Zool.】O porco; o suíno. ～ *ga būbū* (*to*) *naite iru* 豚がブーブー(と)鳴いている O porco está a grunhir. ★ ～ *no shibō* 豚の脂肪 O toucinho; o lardo; a banha. [P/ことわざ] ～ *ni shinju* 豚に真珠 (Deitar) pérolas a(os) porcos (⇨ néko). ◇ ～ **niku** 豚肉 A carne de porco. *Ko* ～ 子豚 O [A] leitão [leitoa]; o bácoro; o porquinho.
2 [太った人·食いしんぼうなどをののしって言うことば]【G.】「Seu/Grande」porco!

butá-bákó 豚箱 (<… ＋hakó)【Chu.】O chilindró [calabouço] (Prisão). [S/同] Ryűchíjó.

butá-góyá 豚小屋 (<… ＋ koyá) O chiqueiro; a pocilga; a loja dos porcos. [S/同] Tónsha.

bútai 舞台 **1** [演技を見せる場所] O palco. ★ ～ *kara* [*o*] *shirizoku* 舞台から［を］退く Abandonar a carreira de a(c)tor. ～ *ni tatsu* [*deru*] 舞台に立つ［出る］Subir ao palco/Dedicar-se ao teatro. *Hatsu* ～ *o fumu* 初舞台を踏む Estrear-se no ～. ◇ ～ **chūkei** 舞台中継 A transmissão (por rádio ou televisão) da representação「teatral」. ～ **dōgu** 舞台道具 O cenário (kodōgu ＝ os acessórios). ～ **dokyō** 舞台度胸 O não ter medo da ribalta [no palco]. ～ **geijutsu** 舞台芸術 A arte teatral [dramática; Teatro]. ～

haiyū 舞台俳優 O [A] a(c)tor [a(c)triz] de teatro. ~ **ishō** 舞台衣装 O guarda-roupa (Vestuário de teatro). ~ **kantoku** 舞台監督 A dire(c)tora de cena. ~ **shōmei** 舞台照明 A ilumina(ç)ão/As luzes「da ribalta」. ~ **sōchi** 舞台装置 O cenário (Ex.: ~ *o suru* = Montar o cenário). ~ **ura** 舞台裏 Os bastidores. ⓈⓊ Sutéji.
2 [舞台での演技や所作] A representação. ⇨ éngi¹.
3 [活動の場] O palco; a esfera; o campo. ★ *Seiji no ~ ura no ugoki* 政治の舞台裏の動き As manobras nos bastidores da política.

butái-géiko 舞台稽古 (<…+kéiko) O ensaio geral (Último, com roupas e tudo).
butájien ブタジエン【Quím.】O butadieno.
bútan ブタン【Quím.】O butano (C₄H₁₀)
Bŭtan (ŏkoku) [úu] ブータン (王国) O (Reino do) Butão.
butánon ブタノン【Quím.】A butanona.
butchígáí ぶっ違い【G.】(O pôr dois paus em) cruz diagonal. ⇨ Sujíkai.
butchōzúrá [oó] 仏頂面【Chu.】O semblante mal-humorado. ⇨ Fukúré-zúrá.
bútikku ブティック (< Fr. boutique) A botica.
butŏ 舞踏 A dança; o bailado. ◇ ~ **byŏ** 舞踏病【Med.】A coreia [dança de São Vito]. ~ **fuku** 舞踏服 O vestido para ~. ~ **ka** 舞踏家 O bailarino; o dançarino. ~ **kai** 舞踏会 Um baile [*Kamen ~ kai* 仮面舞踏会 O baile de máscaras]. ⓈⓊ Buyŏ; dánsu. ⇨ maí¹; odóri.
bútsu¹ 打 [撲] つ **1** [⇨ tatáku]. **2** [演説を行うの意の荒っぽい言い方]【G.】Palrar; arengar. ★ *Isseki ~* 一席打つ Fazer a arenga「de sempre」. ⓈⓊ Okónáu.
bútsu² 物 **1** [現物]【G.】O obje(c)to; a coisa. ⇨ **kenzō** [**kiken**] **~** ⓈⓊ Geñbutsú (+). **2** [麻薬] A droga. ⓈⓊ Mayákú (+).
bútsu [úu] ブーツ (< Ing. boots) As botas. ★ ~ *o haku* ブーツをはく Calçar ~. ⇨ nagá-gútsú.
butsúbútsú¹ ぶつぶつ **1** [吹き出物] A borbulha. *Kao ni ~ ga takusan dekita* 顔にぶつぶつがたくさんできた Fiquei com muitas ~ s no rosto. ⓈⓊ Fukídémónó; níkibi. **2** [小さい塊] O grânulo.
bútsubutsu² ぶつぶつ (Im. de murmurar, borbulhas, partir-se, furar). **1** [ひとり言をつぶやくさま] ★ ~ *(to) hitori-goto o iu* ぶつぶつ(と)ひとり言を言う Murmurar consigo mesmo. **2** [不平・不満などを言うさま] ★ ~ *guchi o iu* ぶつぶつ愚痴を言う Queixar-se. **3** [物を刺すさま] ★ *Hari de kami ni ~ (to) ana o akeru* 針で紙にぶつぶつ(と)穴をあける Fazer furos no papel com uma agulha. **4** [泡・粒だっているさま] *Nimame ga ~ (to) nieru* 煮豆がぶつぶつ(と)煮える O feijão está a ferver a fogo lento. **5** [細切れになるさま] *Himo ga ~ ni kireru* ひもがぶつぶつに切れる A corda parte-se em muitos pedaços.
butsu-bútsu-kōkan [óó] 物物交換【Econ.】A troca de géneros. ★ *~(o)suru* 物々交換(を)する Trocar uma coisa por outra.
Bútsuda 仏陀 (< Sân. buddha) O Buda. ⓈⓊ Búdda; hotóké. ~ Sháka.
butsúdán 仏壇 O altar [oratório] budista.
butsúdén 仏殿 O templo com estátuas budistas.
butsúdō 仏道 O budismo. ◇ ~ **shugyō** 仏道修業 A prática das austeridades budistas. ⓈⓊ Búppō; búkkyō (+).
butsúgá 仏画 **1** [仏の姿を描いた絵] A pintura de Buda. **2** [仏教画] ⇨ búkkyō ◇.
bútsugi 物議【E.】O celeuma; a censura pública. *Sono seiji-ka no enzetsu wa seikai ni ~ o kamoshita [okoshita]* その政治家の演説は政界に物議をかもした[起こした] O discurso desse político causou grande celeuma no mundo da política.
butsúgírí ぶつ切り【G.】O cortar em pedaços grossos ou esses pedaços.
bútsugu 仏具 Os acessórios para o altar budista. ⓈⓊ Búkki.
bútsuji 仏事 A cerimónia budista (pelos mortos). ⓈⓊ Hōé; hōji (+); hōyō (+).
butsújō 物情【E.】O sentir de toda a gente. ~ *(wa) sōzen to shite iru* 物情(は)騒然としている A insegurança reina por toda a parte. ⓈⓊ Jiñshíñ.
butsúkáru ぶつかる **1** [突き当たる] Ir [Chocar] contra; colidir; bater. *Torakku ga ki ni butsukatta* トラックが木にぶつかった O cami(n)hão foi de encontro à [bateu na] árvore. ⓈⓊ Tsukí-átáru.
2 [出くわす] Encontrar. ★ *Konnan [Nannon] ni ~* 困難[難問]にぶつかる Tropeçar numa dificuldade [num problema]. ⓈⓊ Dekúwású (+).
3 [意見がくいちがう] Não concordar. *Watashi wa shingaku mondai de ryōshin to butsukatte iru* 私は進学問題で両親とぶつかっている Estou em desacordo com meus pais sobre se e onde continuar os estudos.
4 [直接に相手にする] Falar [Dirigir-se] dire(c)tamente (a alguém); entrar em comunicação (com alguém). *Jika ni senpō ni butsukatte o-negai shite mimasu* じかに先方にぶつかってお願いしてみます Eu vou-lhe pedir dire(c)tamente a ele. ⇨ atáru.
5 [かちあう] Calhar; coincidir. *Shukujitsu to nichiyōbi ga butsukatta* 祝日と日曜日がぶつかった O feriado calhou a um domingo. ⓈⓊ Kachiáu.
butsúkéru ぶつける **1** [物を投げて当てる] Lançar [Atirar; Jogar] contra. *Kodomo ga bōru o butsukete mado-garasu o kowashita* 子供がボールをぶつけて窓ガラスをこわした A criança quebrou a vidraça com uma bola.
2 [物にうち当てる] Bater. *Hashira ni atama o butsukete kobu ga dekita* 柱に頭をぶつけてこぶができた Bati com a cabeça na coluna e fiz um galo [carolo]. ⓈⓊ Uchí-átéru.
3 [対抗させる] Fazer confrontar [lutar]; lançar [pôr] como competidor. ★ *Shonichi ni yokozuna to ~* 初日に横綱とぶつける Pô-lo a lutar com um "yokozuna" no primeiro dia (do campeonato).
butsú-má 仏間 A sala do altar budista (numa casa particular).
butsúmétsú 仏滅 **1** [仏の死] A morte de Buda. **2** [凶日] O dia azarento (de mau azar). Ⓐ/Ⓡ Talán.
butsúmón 仏門【E.】O budismo (sobretudo dos bonzos). ★ ~ *ni hairu* [*kie suru*] 仏門に入る [帰依する] Entrar para [abraçar] o bonzo. ⓈⓊ Butsúdó.
butsúnō 物納 O pagamento em espécie. ~ *suru* 納する Pagar~. Ⓐ/Ⓡ Kíñnó.
butsuri 物理 **1** [物の道理] A razão; as leis da natureza. ⇨ dórí¹. **2** [⇨ butsúrí-gaku].
butsúri-gaku 物理学 **1** A física. ◇ ~ **sha** 物理学者 O físico. *Jikken*【*Ōyō*; *Riron*】~ 実験【応用; 理論】物理学 A física experimental [aplicada; teórica].
butsúri-ryŏhō [ryóo] 物理療法 A fisioterapia.
butsúryō 物量 A quantidade de material. ◇ ~

sakusen 物量作戦 A operação militar apoiada na superioridade de material bélico.
butsúyókú 物欲 O desejo das coisas materiais.
butsúzén 仏前 a) A alma do defunto; b) O túmulo. Ⓢ/周 Reízén.
butsúzó 仏像 A imagem budista. Ⓢ/周 Seízó; shakuzó.
buttágíru ぶった切る 【G.】Cortar [Retalhar] com toda a força. Ⓢ/周 Kíru.
buttái 物体 O corpo [obje(c)to] (sólido). ⇨ kotái; monó¹.
buttákúri ぶったくり 【G.】(< buttakúru) **1** [手荒く奪うこと] O roubo. Ⓢ/周 Gôdátsú (+). **2** [暴利をむさぼること] A exploração. *Konna garakuta o ichiman-en de uri-tsukeru nante marude yarazu ~ da* こんながらくたを一万円で売りつけるなんてまるでやらずぶったくりだ Cobrar「Levar」dez mil yens por uma ninharia destas é uma ~.
buttákúru ぶったくる 【G.】**1** [手荒く奪い取る] Roubar. Ⓢ/周 Gôdátsú súru (+); ubáí-tóru (+). **2** [ぼる] Esfolar [Mamar/Chupar] (Cobrar preços exorbitantes). Ⓢ/周 Bóru (+).
buttaóréru ぶっ倒れる 【G.】Estatelar-se [Cair redondo] no chão. Ⓢ/周 Taóréru (+).
buttaósu ぶっ倒す 【G.】Estatelar [Malhar com ele] no chão. Ⓢ/周 Taósu (+).
buttékí 物的 Material; físico. ◇ **~ shôko** 物的証拠 A prova [evidência] material. Ⓢ/周 Busshítsú-tékí. Ⓐ/反 Jíntékí; shíntékí.
buttén 仏典 A sutra [literatura sagrada] do budismo.
buttóbásu ぶっ飛ばす 【G.】a) [⇨ fukí-tóbasu]; b) Dar uma sova; c) Fazer correr [Ir「no carro」] a toda velocidade. Ⓢ/周 Nagúru (+); tobású (+).
buttôshi [oó] ぶっ通し Seguido; sem interrupção. Ⓢ/周 Buttsúzúké. ⇨ reńzókú.
buttôsu [oó] ぶっ通す 【G.】⇨ tôsu.
buttsúké ぶっ付け 【G.】**1** [最初] O começo; o início. Ⓢ/周 Saísho (o); yarí-hájímé (+). **2** [予告・準備なしにすること] O fazer algo sem preparação ou aviso prévio. ★ **~ ni hômon suru** ぶっ付けに訪問する Visitar alguém sem avisar. ◇ **~ honban** ぶっ付け本番「A representação」sem ensaio. ⇨ ikínári.
buttsúkéru ぶっ付ける 【G.】⇨ butsúkéru.
buttsúri (**to**) ぶっつり(と)「a corda partir」Com um estalo. ⇨ puttsúri (to).
buttsúzúké ぶっ続け 【G.】⇨ buttôshi.
búun 武運 【E.】A sorte de não morrer na guerra. ★ **~ chôkyuû o inoru** 武運長久を祈る Rezar pela ~ [para que ganhe e volte vivo].
buwábúwá ぶわぶわ ⇨ buyóbúyó.
buyó 蚋 【Zool.】O borrachudo (Mosquito). Ⓢ/周 Búyu.
buyó [oó] 舞踊 A dança「japonesa」. ◇ **~ geki** 舞踊劇 O drama com dança. **~ ka** 舞踊家 O bailarino (⇨ dánsá). **~ shí** 舞踊史 Maí; odóri.
buyóbúyó ぶよぶよ「morango」Mole; flácido. Ⓢ/周 Buwábúwá.
bu-yójin [óo] 不用心 **1** [用心が足りないようす] O descuido; a imprudência. ★ **~ na ie** 不用心な家 A casa sem segurança. **2** [物騒なようす] O risco. *Onna no hitori-zumai wa ~ da* 女の一人住まいは不用心だ É um ~ uma mulher viver sozinha. Ⓢ/周 Bussô.

búyu 蚋 ⇨ búyo.
búyu 武勇 【E.】A valentia; a bravura; o heroísmo. ◇ **~ dan** 武勇談 Uma história de ~/heróis.
buyû-den [úu] 武勇伝 【E.】**1** [武勇にすぐれた人の伝記] As histórias de heróis. **2** [勇ましい手柄話] a) Uma proeza; b) Um a(c)to de violência.
búza ブザー (< Ing. buzzer) A campainha elé(c)trica. ★ **~ o narasu** [*osu*] ブザーを鳴らす [押す] Tocar a 「Carregar o botão da」~.
buzámá 無[不]様 A falta de elegância [decoro]; o desaire. *Kyô no shiai wa ~ ni mo makete shimatta* 今日の試合は無様にも負けてしまった A derrota de hoje foi um ~. ★ **~ na minari** 無様な身なり A maneira deselegante de vestir. Ⓢ/周 Bukákkô. ⇨ shûtáí.
buzéí 無勢 【E.】A inferioridade numérica. 【I/慣用】*Tazei ni ~ de wa nai mono* 多勢に無勢ではないもの Eles, tantos, e nós, tão poucos!「como poderíamos ganhar?」.
buzén 憮然 【E.】O estar desanimado [descoroçoado; abatido; desalentado]. ★ **~ to shita hyôjô** 憮然とした表情 A expressão abatida. Ⓢ/周 Ańzén.
búzoku 部族 A tribo. Ⓢ/周 Shízoku.
byákko 白狐 A raposa branca. Ⓢ/周 Shiró-gítsune (+).
byakúdan 白檀 【Bot.】O sândalo「de Timor」; *santalum album*.
byákui [e] 白衣 ⇨ hákui.
byákuya [hakuya] 白夜 O sol da meia-noite (No verão, nas zonas polares quando o sol não se põe).
byô¹ [óo] 秒 O segundo. *Ima roku-ji go-fun san- ~ desu* 今 6 時 5 分 3 秒です Agora são 6 horas e 5 minutos e 3 segundos.
byô² [óo] 鋲 **1** [画鋲] A tacha; o percevejo. *Kabe ni ~ de posutá o tomeru* 壁にびょうでポスターを留める Pregar o cartaz à parede com percevejos. Ⓢ/周 Gabyô (+). **2** [リベット] O rebite. Ⓢ/周 Ribétto. **3** [くつの] A brocha (de cabeça larga). ⇨ kugí¹.
byô³ [óo] 廟 O mausoléu. Ⓢ/周 Otámáyá.
byôbô [byoó-] 渺茫 【E.】A vastidão. ★ **~ taru taikai** 渺茫たる大海 O mar [oceano] imenso/sem limites. ⇨ hirôbíro.
byôbótsú [oó] 病没 【E.】⇨ byôshí.
byôbú [oó] 屏風 O biombo (Hoje é obje(c)to de arte, mas antigamente usava-se para "parar o vento" – é o significado dos dois ideogramas – e para intimidade). *~ no yô ni kiritatta dangai* 屏風のように切り立った断崖 O rochedo mesmo a pique. ◇ ⇨ **kin ~**. ⇨ tsuítáté.
byôchu [óo] 病中 O estar doente. Ⓢ/周 Byôkíchû.
byôchûgai [byoóchúu] 病虫害【Agr.】Os danos causados por doenças e inse(c)tos nocivos.
byôdô [byoó] 平等 A igualdade; a imparcialidade. *Subete kokumin wa hô no moto ni ~ de aru* すべて国民は法の下に平等である Os cidadãos são todos iguais perante a lei. Ⓐ/反 Fu-byôdô. ⇨ ichíyô.
byôdôkú [oó] 病毒 【E.】 [Os] vírus (da doença). ★ **~ ni kansen suru** 病毒に感染する Infe(c)tar.
byôga [oó] 病臥 O estar de cama.
byôgén [oó] 病原【Med.】A causa de uma enfermidade. ◇ **~ kin** 病原菌 O micróbio da doença. **~ tai** 病原体 O elemento patogé[ê]nico.
byôgó [oó] 病後 A convalescença. Ⓢ/周 Yamí-ágári.
byôhéi [oó] 病弊 【E.】O mal [vício]「da socie-

byōhéki [oó] 病癖 A mania; o hábito mórbido.
byōín[1] [oó] 病院 O hospital; a clínica; o consultório. ★ ~ *e* [*ni*] *kodomo o tsurete iku* 病院へ[に]子供を連れて行く Levar a criança ao ~. ~ *ni hairu* 病院に入る Hospitalizar-se; internar-se. ◇ ~ **chō** 病院長 O dire(c)tor do hospital [da ~]. **Kyūkyū** ~ 救急病院 O pronto-socorro; a urgência. **Sōgō** ~ 総合病院 Uma policlínica. 〖S/同〗**ín**. ⇨ shinryō ~.
byōín[2] [oó] 病因 A causa de uma enfermidade. 〖S/同〗Byōkín. ⇨ byōgén.
byōjáku [oó] 病弱 Valetudinário; enfermiço; combalido. ◇ ~ **mono** [**na hito**] 病弱者 [な人] A pessoa (constitucionalmente) enferma. ⇨ byōshín[1].
byōjō [byoó] 病状 O estado do doente. *Musuko no* ~ *ga akka* [*kōten*] *shita* 息子の病状が悪化 [好転] した O meu filho ficou pior [melhor]; o estado dele piorou [melhorou].
byōkétsú [oó] 病欠 (< byōkí + kekkín/kesséki) A ausência por doença.
byōkí [oó] 病気 **1** [やまい] A doença; a enfermidade; o mal [a moléstia]. *Chichi no* ~ *wa omoi* [*karui*] 父の病気は重い [軽い] O ~ é grave (ligeira). *Kodomo no* ~ *ga naotta* [*yoku natta*] 子供の病気が治った [良くなった] O meu filho curou(-se) [pôs-se bom]. *Kono ko wa mada ichi-do mo* ~ *rashii* ~ *o shita koto ga nai* この子はまだ一度も病気らしい病気をしたことがない Este filho, doença propriamente dita, nunca teve. ★ ~ *de aru* 病気である Estar doente. ~ *de nete iru* 病気で寝ている Estar de cama. ~ *de shinu* 病気で死ぬ Morrer de [por] ~. ~ *ni kakaru* [*naru*; *okasareru*] 病気にかかる [なる; 冒される] Adoecer; ficar [cair] doente. ~ *ni* (*uchi*) *katsu* 病気に(打ち)勝つ Vencer a ~; (conseguir) curar. ~ *o fusegu* [*yobōsuru*] 病気を防ぐ [予防する] Prevenir [Evitar] a(s) doença(s). ~ *o naosu* (*chiryō suru*) 病気を治す [治療する] Curar-se (da ~). ~ *to tatakau* 病気と闘う Lutar contra a ~. *Karada* [*Kokoro*] *no* ~ 体 [心] の病気 ~ do corpo (da mente). ~ *mimai* 病気見舞い A visita a uma pessoa doente. 〖S/同〗Yámai; wazúrái.
2 [悪い癖や直りにくい欠点] A doença; a mania; a fraqueza; a paixão. *Sugu shōbu-goto ni te o dasu no ga kare no* ~ *da* すぐ勝負事に手を出すのが彼の病気だ Ele tem a ~ de apostar [jogar] a dinheiro. 〖S/同〗Akuhéki.
byōkín [oó] 病菌 O micróbio; o vírus; o bacilo. 〖S/同〗Byōgén-kin (+).
byōkón [oó] 病根 【E.】 **1** [⇨ byōín[2]] **2** [比喩的にある弊害をひき起こしているもと] A causa (dum mal). *Katei-nai bōryoku no* ~ *no hitotsu wa kakukazoku-ka da* 家庭内暴力の病根の一つは核家族化だ Uma das causas da violência doméstica [dentro da família] é a família ser cada vez mais pequena. ⇨ byōhéi.
byōku[1] [oó] 病苦 【E.】 As dores (da doença). ★ ~ *ni nayamu* 病苦に悩む Sentir muitas ~.
byōku[2] [oó] 病軀 【E.】 O corpo doente. *Chichi wa* ~ *o oshite seikatsu no tame ni mainichi hataraita* 父は病軀をおして生活のために毎日働いた O meu pai, apesar de doente, trabalhou todos os dias para ganhar a vida. 〖S/同〗Byōshín[1] (+).
byōméi [oó] 病名 O nome da doença.
byōnín [oó] 病人 O doente; o enfermo; o paciente.
◇ **Han** ~ 半病人 Adoentado; meio doente. 〖S/同〗Kañjá.
byōréki [oó] 病歴 【E.】 A história [Os antecedentes] clínica[os] (As doenças que teve).
byōri(gaku) [oó] 病理 (学) 【Med.】 A patologia. ◇ ~ **kaibō** 病理解剖 A anatomia patológica. **Ge-ka** [**Naika**] ~ **gaku** 外科 [内科] 病理学 ~ externa [interna].
byōséi [oó] 病勢 ⇨ byōjó.
byōshá[1] [oó] 描写 A descrição. ★ ~ *suru* 描写する Descrever [Retratar]. ◇ **Jinbutsu** ~ 人物描写 A cara(c)terização [descrição] das personagens; o retrato dos cara(c)teres. **Shajitsu-teki** ~ 写実的描写 ~ realista.
byōshá[2] [oó] 病舎 【E.】 O hospital; a enfermaria. ⇨ byōtō.
byōshí [oó] 病死 A morte por [de] doença. ★ ~ *suru* 病死する Morrer de doença. 〖S/同〗Byōbótsú.
byōshín[1] [oó] 病身 O ser doente. ★ ~ *no hito* 病身の人 A pessoa doente. 〖S/同〗Byōku[2].
byōshín[2] [oó] 秒針 O ponteiro dos segundos. ⇨ fuñshín; jishín[5].
byōshítsú [oó] 病室 O quarto dos doentes; a enfermaria. ⇨ byōshá[2].
byōshō [byoó] 病床 O leito de doente. ★ ~ *ni fusu* [*tsuku*] 病床に伏す [就く] Ficar acamado/de cama. 〖S/同〗béddo; tokó.
byōshútsú [oó] 描出 【E.】 A descrição. ⇨ byōshá[1].
byōsō [byoó] 病巣 【Med.】 O foco da doença.
byōsóku [byoó] 秒速 A velocidade por segundo. ★ ~ *sanjū-mētoru no kaze* 秒速30メートルの風 O vento à [com a] velocidade de trinta metros por segundo. ⇨ jisóku.
byō-téki [oó] 病的 Mórbido; doentio. ★ ~ *na seikaku* 病的な性格 O cará(c)ter ~ de. ⇨ fu-kénzen; hentái[2].
byōtō [oó] 病棟 Um pavilhão do Hospital. ◇ ~ **kakuri** ~ 隔離病棟 O pavilhão de isolamento.
byō-úchi [oó] 鋲打ち (< ... [2] + útsu) A rebitagem; a cravação.
byō-yómí [oó] 秒読み (< ... [1] + yómu) **1** [秒単位で時間を数えること] A contagem decrescente. *Jinkō eisei hassha no* ~ *ga kaishi sareta* 人工衛星発射の秒読みが開始された Começou a ~ para o lançamento do satélite artificial. **2** [最終段階] O estádio [A fase] final. *Jisho no kansei mo* ~ *no dankai ni haitta* 辞書の完成も秒読みの段階に入った O dicionário entrou na ~ [na fase de acabamento].
byūbyū (**to**) [byúu-] びゅうびゅう (と) Zzzz. *Kaze ga* ~ *fuite iru* 風がびゅうびゅう吹いている O vento assobia (silva; uiva; sibila; faz) ~. ⇨ pyúpyú.
byúffe ビュッフェ (< Ing.buffet) **1** [列車などの] O bufete/bufê (Aparador). **2** [パーティーの] O bufete [copo d'água] (comida e bebidas). ⇨ risshóku.
byūkén [uú] 謬見 【E.】 A noção [ideia] falsa; o engano. ⇨ byūsétsú.
byún [byún] [úu] びゅん [びゅうん] Zás; zzzz; a zunir. ★ ~ (~ *to*) *tobasu* 車をびゅんびゅん (と) 飛ばす Conduzir (o carro) [Arrancar] a toda a velocidade; ir na brasa.
byūrón [oó] 謬論 【E.】 O sofisma; o argumento falso; a falácia.
byūsétsú [uú] 謬説 【E.】 A opinião falsa; o engano. ⇨ byūkén.

C

cha 茶 **1** [樹木] O chá (Arbusto). ★ ~ *no ki* 茶の木 A planta do ~.
2 [茶の葉] As folhas (Geralmente as que já foram colhidas e secadas) de chá; o chá. ★ ~ *no dashigara* 茶の出しがら As folhas (de chá) já usadas. ◇ ⇨ **gara**. ~ *tsumi* 茶摘み A colheita (apanha) do chá. ⇨ **ban [mat/hiki/sen] ~**.
3 [飲料] O chá (Bebida). (*O*) ~ *o ippai kudasai* (お)茶を一杯ください Dava-me uma chávena [xícara] de chá, por favor? (*O*) ~ *o ireru* (お)茶を入れる Fazer [Preparar] chá (⇨ **4**: ~ *o tateru*). *Koi* [*Usui*] (*o*) ~ 濃い [薄い] (お)茶 O chá forte [fraco]. (*O*)*kyaku ni* (*o*) ~ *o dasu* (お)客に(お)茶を出す Servir [Oferecer] chá aos hóspedes/clientes. [S/慣用] (*O*) ~ *o nigosu* (お)茶を濁す Remediar com「uma desculpa」; evadir-se「com uma resposta vaga」. *Heso ga* ~ *o wakasu* へそが茶を沸かす Partir-se [Rebentar] de riso; rir a bandeiras despregadas.
4 [茶の湯] A arte [cerimó(ô)nia] do chá. ★ (*O*) ~ *o tateru* (お)茶を点てる Preparar [Mexer; Bater] o chá (⇨ **3**: ~ *o ireru*).
5 [茶の会] Uma cerimó(ô)nia do chá; um (encontro com) chá.
6 [休憩] Um descanso [intervalo] (para o chá). *O-* ~ *no jikan da* お茶の時間だ É a hora do chá. *Sorosoro o-* ~ *ni shiyō* そろそろお茶にしよう Vamos descansar para o chá.
7 [茶色] A cor castanha; o castanho. ◇ ~ **kasshoku** 茶褐色 O castanho-escuro [marrom-escuro (B.)]. ~ **keitō** 系統 Os tons de castanho.

chabán 茶番 A farsa. *Tonda* ~ *da* とんだ茶番だ Que farsa [fantochada]! ★ ~ *o enjiru* 茶番を演じる Fazer [Representar (no palco)] uma ~; parodiar. [S/同] Dōkéshibai. ⇨ kyōgén.

cha-báori 茶羽織 (< … +haóri) O "haori" curto.

cha-bárá 茶腹 (< … + hará) A sensação de saciedade por ingestão de chá com o estômago vazio. [I/慣用] ~ *mo ittoki* 茶腹も一時 Com um chá no estômago já se aguenta umas horas.

cha-báshira 茶柱 (< … +hashirá) O talo da folha de chá a flutuar verticalmente na chávena [xícara]. ~ *ga tatte iru* 茶柱が立っている Tem um talo ao alto no chá (Sinal de boa sorte).

cha-bín 茶瓶 Uma espécie de chaleira para fazer infusões de folhas de chá ou de outra planta. *Hage* ~ 禿茶瓶 O careca. ⇨ dobín; kyū́sú; yakán².

chábo 矮鶏【Zool.】Um/a garnisé (Ave originária da Indochina).

cha-bṓzu [óo] 茶坊主【A.】**1** [職名] O criado que servia o chá e recebia as visitas em casa do "samurai". **2** [へつらう者] O adulador (de poderosos); o bajulador.

chabúdái 卓袱台 A mesa baixa com pernas de desencaixar ou dobradiças (Redonda ou quadrada). ⇨ shokútákú¹; hardí.

chácha 茶茶【G.】A interrupção. ★ *Hanashi ni* ~ *o ireru* 話に茶々を入れる Interromper (quem fala). ⇨ bōgái¹; jamá; samátágé.

cháchi ちゃち O ser barato [fraco/reles/de má qualidade]. ★ ~ *na ie* ちゃちな家 Uma casinhola [casita]. ⇨ hińjákú; yasúppói.

cha-dáchi 茶断ち (< … + tátsu) O abster-ce de [deixar de tomar] chá (por sacrifício ou promessa).

cha-dái 茶代 **1** [茶の代金] O preço [custo] do chá (servido). **2** [心づけ] A gorjeta; uma pequena gratificação. [S/同] Chíppu (+); kokórózúké; shū́gi.

cha-dána 茶棚 (< … + taná) O móvel com prateleiras onde se guardam os instrumentos da arte [cerimó(ô)nia] do chá e outras louças.

cha-dánsú 茶箪笥 (< … + tánsú) O armário de madeira para utensílios usados na arte [cerimó̂ô̂nia] do chá e outras louças.

Chádo チャド (A República do) Chade. ◇ ~ **jin** チャド人 O(s) habitante(s) do ~.

chádō [óo] 茶道 ⇨ sádō².

cha-dṓgu [óo] 茶道具 Os vários utensílios usados na arte [cerimó(ô)nia] do chá. [S/同] Cháki.

cha-dókoro 茶所 (< … + tokóró) Uma região de (plantações de) chá.

cha-gámá 茶釜 (< … + kamá) A panela de ferro sem pés onde é aquecida a água do chá (no "sadō"). ★ *Bunbuku* ~ 文福茶釜 Uma história de fadas em que um texugo ("tanuki") se transforma em ~.

cha-gárá 茶殻 (< … +kará) As folhas usadas do chá (para deitar fora).

cha-gáshi 茶菓子 (< … + káshi) Os doces [bolos] que se servem com o chá. [S/同] (O-)cha-úké; cha-nó-kó.

cháhan [áa] 炒飯 (< Chi. chao fan) Um prato chinês de arroz frito (Com ovo, camarão, carne, pimentão, etc., bastante comum no J.). [S/同] Yakí-méshi.

cháimu チャイム (< Ing. chime) **a)** A campainha; **b)** O carrilhão (de sinos).

cha-iró 茶色 A cor castanha; o castanho [marrom (B.)]. *Ki no ha ga* ~ *ni naru* 木の葉が茶色になる As folhas da árvore ficam castanhas. ◇ **Koge** ~ 焦げ茶色 O castanho escuro. ⇨ kasshókú.

chāji [aa] チャージ (< Ing. charge) **1** [充電]【Ele(c)tri.】A carga elé(c)trica (de bateria/de acumulador). **2** [体当たり攻撃]【D.】es. O ataque. ★ *Mō* ~ *o kakeru* 猛チャージをかける Atacar (com toda a força). **3** [代金の請求] A conta「da refeição」.

chajín 茶人 **1** [茶道に通じた人] Um cultor [devoto] da arte do chá; um entendido na cerimó(ô)nia do chá. **2** [風流人] Uma pessoa de gostos refinados.

cháka 茶菓 Chá e doces [bolos]. [S/同] Sáka² (+).

cha-kái 茶会 ⇨ chawakai.

chakasu 茶化す【G.】Fazer troça [pouco]; ridicularizar. *Hito no iu koto o chakashicha ikan* [*chakashite wa ikemasen*] 人の言うことを茶化しちゃいかん [茶化してはいけません] Caluda! Não te rias dos outros [Não se deve zombar do que os outros dizem]. [S/同] Hiyákásu; karákáu. ⇨ jō̂dan¹.

cháki 茶器 ⇨ cha-dógu.
chakicháki ちゃきちゃき Verdadeiro; genuíno; puro. *Kare wa ~ no Edokko da* 彼はちゃきちゃきの江戸っ子だ Ele é (um) tokyoense [Edo-kko] legítimo [dos quatro costados]. S/同 Kissúi; seító².
chakín 茶巾 1 [茶わんをふくふきん] O pano de linho usado em "sadō" para enxugar a chávena. 2 [薄焼き卵で包んだ五目ずし] (Abrev. de "~ zushi"). ◇ ~ **zushi** 茶巾ずし A bolinha de arroz cozida com vários legumes e coberta com uma fina camada de ovo batido e frito.
chákká 着荷 A chegada das mercadorias [da carga]. ◇ ~ **barai** 着荷払い O pagamento contra chegada… S/同 Chakúni. A/反 nyúká¹.
chakkári ちゃっかり [G.] Finório; esperto; ladino. ⇨ chakkári-yá.
chakkári-yá ちゃっかり屋 Um esperto [espertalhão/finório].
chakkó¹ 着工 O início de uma obra. ★ ~ *suru* 着工する Iniciar [Começar] uma obra. ◇ ~ **shiki** 着工式 A cerimô[ó]nia da colocação da primeira pedra de um edifício ou do começo de obras grandes. S/同 Kikó. A/反 Shunkó.
chakkó² 着港 O aportamento; a aportada. ★ *no suru* 着港する Aportar; chegar ao (dan de entrada no) porto. S/同 Nyúkó (+). A/反 Shukkó¹.
chákku¹ チャック 1 [ファスナー] O fecho ecler [de correr]; o zíper; o zipe. ★ *~ o hazusu* [*kakeru*] チャックをはずす [かける] Correr ~ para desapertar [apertar]. Isuhá; jippá. 2 [閉じること] O fechar. ★ *Kuchi ni ~ o suru* 口にチャックをする Calar a boca.
chákku² チャック (< Ing. chuck) O mandril; a placa de torno mecânico.
cháko チャコ (< Ing. chalk) O giz de alfaiate. ⇨ chōku¹.
chakórúgúré [**koó-rée**] チャコールグレー (< Ing. charcoal gray) O cinzento antracite.
cha-kóshi 茶漉し (<…+ kósu) O coador do chá.
-cháku 着 1 [衣服を数える語] Unidade de contagem da roupa. *Kare wa sebiro o yon [nan] ~ mo motte ita* 彼は背広を四 [何] 着も持っていた Ele tinha quatro [muitos] casacos [paletós (B.)]. 2 [到着の順番を数える語] Ordem de chegada. *Kare wa rēsu de (dai) itt ~ ni natta* 彼はレースで（第）一着になった Na corrida ele chegou em primeiro lugar. -itt -tô. 3 [到着] A chegada. ★ *Ku-ji ~ tokkyū Hikari-gō* 九時着特急ひかり号 O foguete [trem] "Hikari" que chega às 9. S/同 Tōchákú. A/反 Hátsu.
chakúcháku (**tó**) 着着 (と) Lenta(mente) mas firmemente [sem parar]. *Shigoto wa ~ susunde iru* 仕事は着々 (と) 進んでいる O trabalho está a ir para a frente [ir bem/avançar bem].
chakú-chí 着地 1 [⇨ chakúfukú] 2 [地面に降り立つこと] O tocar o chão (em salto de ginástica). ★ *~ ni seikō* [*shippai*] *suru* 着地に成功 [失敗] する Dar o salto perfeito [falhar].
chakú-dán 着弾 1 [弾丸がある地点に達すること] O alcance de um projé(c)til [uma bala]. ★ *~ suru* 着弾する Alvejar. S/同 Dańcháku.
2 [到着した弾丸] O projé(c)til disparado.
chakú-dén 着電 O receber um telegrama. S/同 Chakúshín; raídén (+).
chakú-éki 着駅 O [A estação de] destino. S/同 Tōcháku-éki. A/反 Hatsú-ékí.

chakúfúkú 着服 O roubo; o meter a [no] bolso. ★ ~ *suru* 着服する Roubar; surripiar. S/同 Ōryō.
chakúgán 着眼 1 [目のつけ所] A vista; o olho; a observação; a maneira de ver; a visão. *Kare wa ~ ga yoi* [*warui*] 彼は着眼が良い [悪い] Ele tem [não tem] olho. ★ ~ **ten** 着眼点 O ponto de vista. ⇨ kénchi¹. 2 [着目] O saber ver [pôr os olhos]. *Kare ga Amazon no shōrai-sei ni ~ shita no wa erai* 彼がアマゾンの将来性に着眼したのはえらい Ele é um gé[ê]nio porque soube ver o futuro da Amazó[ô]nia. ⇨ chakúmóku.
chakú-hyō 着氷 1 [氷の付着] A formação [acumulação] de gelo「sobre um obje(c)to」. 2 [霧氷などの現象] A geada ou neve que nas regiões frias cobre as árvores, etc. 3 [水面に降り立つこと] O aterrar no gelo. ★ *Toripuru-akuseru o tonde migoto ni ~ suru* (フィギュアスケートの) トリプルアクセルを飛んで見事に着氷する Dar um salto de três giros e aterrar no ringue [campo de gelo] com toda a perfeição.
chakui 着衣【E.】 1 [衣服を着ること] O vestir-se; o pôr um vestido. ★ ~ **ten** 着ている衣服 O traje; a roupa (que se tem no corpo).
chakújítsú 着実 O ser constante [persistente; seguro]. ★ ~ *ni* 着実に Com constância [*Ippo ippo ~ ni kenkyū o susumete iku* 一歩一歩着実に研究を進めていく Continuar a (sua) investigação aos poucos mas sem parar. ◇ ~ **sei** 着実性 A constância [segurança]. S/同 Kénjítsú. ⇨ kákko³; majímé.
chakúmóku 着目 ⇨ chakúgán.
chakúnan 嫡男 O filho legítimo [mais velho]; o herdeiro. S/同 Cháku(shutsu)shi (+). A/反 Shōshi. ⇨ chōnán.
chakú-ni 着荷 A chegada da mercadoria [da carga]. S/同 Chákká.
chakúnín 着任 a) A tomada de posse do novo posto de trabalho; b) A chegada ao novo posto. ★ ~ *suru* 着任する a) Tomar posse do novo posto de trabalho; b) Chegar ao novo posto. S/同 Funín². A/反 Ríshoku.
chakú-ríkú 着陸 A aterragem; a aterrissagem (B.). ★ ~ *ni shippai suru* 着陸に失敗する Fazer uma falhada [Não conseguir aterrar]. ~ *suru* 着陸する Aterrar; aterrisar [*Umaku ~ suru* うまく着陸する Fazer uma boa ~]. ◇ ~ **chi** (**ten**) 着陸地 (点) O ponto de ~. ~ **kyori** 着陸距離 A distância de ~. ~ **sōchi** 着陸装置 O trem de ~. **Mu ~ hikō** 無着陸飛行 Um voo dire(c)to [sem escala]. **Nan ~** 軟着陸 ~ suave/perfeita. A/反 Rírikú.
chakúryū 嫡流【E.】 A linha dire(c)ta [legítima] de descendência. ★ *Genji no ~* 源氏の嫡流 A descendência da família Genji por linha dire(c)ta. S/同 Chákkei (+); seító² (+). A/反 Shoryū.
chakúséi-shókúbútsu 着生植物【Bot.】 O epífito (Parasita de outra planta).
chakúsékí 着席 O sentar-se [tomar o assento]. *Minasama go-~ kudasai* 皆様御着席ください Façam favor de se sentar. *Zen'in ~* 全員着席 Todos sentados! ★ ~ *suru* 着席する Sentar-se [*~ shita mama de kiite kudasai* 着席したままで聞いてください Fazem favor de ouvir (assim) sentados [sem se levantar (em)]]. ◇ ~ **jun** 着席順 A ordem dos assentos. S/同 Chákuza. A/反 Kíritsú¹.
chakúsén 着船 A chegada do barco. ⇨ nyúkó.

chákushi 嫡子 **1** [あとつぎ] O herdeiro; o sucessor. [S/同] Atótori (o); atótsugi; chṓshi[3] (o). **2** [⇨ chakúshútsúshi].

chakúshíń 着信 A chegada da correspondência. [S/同] Jushíń (+). [A/反] Hasshíń[1].

chakúshṓ 着床【Biol.】A nidação (Implantação [Fixação] do ovo fecundado na mucosa uterina). ★ ~ *suru* 着床する Fixar-se o ovo… *Juseiran no* ~ 受精卵の着床 ~ do ovo fecundado.

chakúshókú 着色 A coloração; o colorir [dar cor]. *Kono tsukemono wa ~ shite aru* この漬け物は着色してある Este "tsukemono" tem corante. *Jinkō ~ ryō shiyō* 人工着色料使用（表示）Contém corante artificial! ◇ **~ garasu** 着色ガラス O vidro colorido. **~ zai** 着色剤 Uma substância [matéria] corante; um corante.

chákushu 着手 O começo; o início; o deitar [pôr] mãos á obra. ★ *Atarashii shigoto ni ~ suru* 新しい仕事に着手する Começar um novo trabalho.

chakúshútsu 嫡出【E.】A legitimidade de nascimento. [S/同] Seíshútsú. [A/反] Shoshútsú.

chakúshútsú-shi 嫡出子 O filho legítimo.

chakúsṓ 着想 Uma ideia [conce(p)ção]. ★ *Yoi* [*Kibatsu na*] *~ ga ukabu* よい［奇抜な］着想が浮かぶ Surgir [Ter/Vir] uma boa ~ [~ original]. [S/同] Áidea.

chakú-súí 着水 A amaragem [amerissagem (B.)]; o pousar do hidroavião [hidravião] na água. ★ ~ *suru* 着水する Amarar; amerissar (B.) [*Uchūsen ga ~ shita* 宇宙船が着水した A cosmonave pousou na água].

chakútáí 着帯 O pôr a faixa ("iwataobi") de gravidez. ★ ~ *suru* 着帯する Pôr…

chakúyṓ 着用 O vestir [trazer vestido]; o trajar. *Tōjitsu wa reifuku o ~ no koto* 当日は礼服を着用のこと（記載）Traje de cerimó[ô]nia! ★ *Seifuku o ~ shite kinmu suru* 制服を着用して勤務する Trabalhar de uniforme. ⇨ kirú[2].

chákuza 着座 ⇨ chakúsékí.

cháme 茶目 A galhofa; a facécia; a brincadeira; a travessura engraçada. ★ ~ *buri o hakki suru* 茶目ぶりを発揮する Ser muito galhofeiro [brincalhão]. *O-~ na ko* お茶目な子 Uma criança engraçada [brincalhona].

chamékké 茶目っ気 O espírito [ar] brincalhão; a viveza; a diabrura. *Kare wa ~ tappuri ni itta* 彼は茶目っ気たっぷりに言った Ele falou [disse aquilo] com muita graça/piada. ⇨ cháme.

chā́mingu [áa] チャーミング (< Ing. charming < Fr. < L. carmen: canção) Encantador[a]; fascinante; atraente. ★ ~ *na josei* チャーミングな女性 Uma mulher ~.

chā́mu [áa] チャーム (< Ing. charm < Fr. < L. carmen: canção) **1** [魅惑] O encanto; os atra(c)tivos; a fascinação. ◇ **~ pointo** チャームポイント O ponto atraente「dela, são os olhos」. **~ sukūru** チャームスクール A escola para esteticistas. [S/同] Miryóku (+). **2** [女性性器洗浄装置] O bidê[é] [S/同] Bíde.

chán[1] ちゃん【G.】⇨ tósan[2].

-chán[2] ちゃん (Forma Col. e Infa. de ⇨ -san[2]) *Nē Michiko ~* ねえ美智子ちゃん Não é, Michiko? ⇨ -kuń[3].

chańbárá ちゃんばら【G.】(< Abrev. de "chańchán bárabara") **1** [剣劇] Um drama com (muitas) lutas (com espada) entre samurais. ★ ~ *o suru* ちゃんばらをする Representar… ◇ **~ eiga** ちゃんばら映画 Um filme com… [S/同] Keńgékí; tachímáwárí. **2** [けんか] A briga; a luta; a peleja. [S/同] Keńká.

chańchán bárabara ちゃんちゃんばらばら【G./On.】**1** [刃で切り合うようす] A luta com espadas; pumba, pumba, tilim, tilim. **2** [⇨ chańbárá].

chańchánko ちゃんちゃんこ O colete acolchoado de criança. ⇨ hańtén[3]; haórí.

chańchárá ókáshíi ちゃんちゃらおかしい【G.】Ridículo; de [para] rir. *Aitsu ga hito ni sekkyō suru nante ~* あいつが人に説教するなんてちゃんちゃらおかしい Ele pregar [dar lições] aos outros? Isso é (mesmo) ~! [S/同] Katáhárá ítái; shṓshí sénban.

chańkó-nábe[**-ryṓri**] ちゃんこ鍋［料理］【Cul.】A refeição dum lutador de sumō (Um cozido abundante com carne, peixe, "tōfu", vegetais e cogumelos).

chańnérú チャンネル (< Ing. channel) O canal「da televisão」. *Dai-ichi ~ (de) wa nani o yatte imasu ka* 第一チャンネル（で）は何をやっていますか O que está a passar [dar] no primeiro canal? ★ ~ *arasoi* [*no ubai-ai*] *o suru* チャンネル争い［の奪い合い］をする Brigar por causa da escolha do canal da televisão. ~ *o kiri-kaeru* チャンネルを切り替える Mudar de canal. ~ *o mawasu* チャンネルを回す Rodar (o botão d)o [Mudar de] canal. *Yon ~ sutereo* [*rekōdo*] 4チャンネルステレオ［レコード］O estéreo de [O disco gravado em] quatro canais.

cha-nó-má 茶の間 A sala de estar. *O ~ no ninki o dokusen suru* お茶の間の人気を独占する Ganhar grande popularidade entre os telespe(c)tadores. ⇨ imá[2].

cha-nómí-bánashi 茶飲み話 (< cha + nómu + hanáshí) A conversa [O bate-papo (B.)] (tomando chá).

chanómí-jáwan 茶飲み茶碗 (< cha + nómu + chawáń) A chávena [xícara] de chá.

cha-nómi-tómodachi 茶飲み友達 (< cha + nómu + …) **1** [心やすい友] O amigo íntimo (Com quem se conversa frequentemente tomando chá). **2** [年とってから迎えるつれあい]「arranjar」Um marido [Um mulher] para a velhice.

cha-nó-yú 茶の湯 ⇨ sádō[2].

chánpion チャンピオン (< Ing. champion) **1** [選手権保持者；優勝者] O campeão; o vencedor. ◇ **~ shippu** チャンピオンシップ O campeonato. ⇨ seńshúken ◇; yū́shṓ-sha. **2** [第一人者] O maior [rei/número um]. [S/同] Dáiichínínsha.

chánpon ちゃんぽん **1** [肉・野菜・魚介類などを入れたそば] Um prato originário de Nagasaki consistindo de talharim de trigo sarraceno ("soba") frito, com legumes, carne, marisco, peixe e cogumelos. **2** [異なるものをかわるがわるすること] A mistura; a confusão. ★ *Bīru to sake o ~ ni nomu* ビールと酒をちゃんぽんに飲む Beber cerveja e saké ao mesmo tempo. ⇨ kawárú-gáwaru; kṓgo[1].

chánsu チャンス (< Ing. chance) A (boa) ocasião; a oportunidade; a chance. ★ ~ *o nigasu* [*nogasu*; *issuru*] チャンスを逃がす［のがす；逸する］Perder [Deixar fugir] a oportunidade. ~ *o tsukamu* [*eru*] チャンスをつかむ［得る］Aproveitar a ~. ~ *o ukagau* チャンスをうかがう Aguardar a ~. ~ *tōrai*「*da yo!*」チャンス到来「だよ!」Cá está [É agora] a oportunidade! *Isshō ni ichi-do no ~* 一生に一度のチャンス Uma oportunidade única (na vida). *Zekkō no* ~ 絶好のチャンス Uma ~ única [A oportunidade ideal]. [S/同] Kíkai; kṓki.

chań-tó ちゃんと **1** [きちんと] Exa(c)tamente; mesmo bem;「tudo」em ordem. *Jūyō shorui wa* ~ *shimatte aru* 重要書類はちゃんとしまってある Os documentos importantes estão bem guardados. ★ ~ *shita* ちゃんとした Bom; firme; sólido; exacto; seguro〔~ *shita katei* ちゃんとした家庭 Uma família muito digna [respeitável]〕. *Shigoto o* ~ *suru* 仕事をちゃんとする Trabalhar [Fazer o seu trabalho] bem. ⇨ kichin-to.
2 [まちがいなく] Perfeitamente; certamente; sem falta. *Kaimono no kanjō wa* ~ *atte iru* 買い物の勘定はちゃんと合っている A conta das compras está certa. *Kare wa yakusoku no jikan ni* ~ *kita* 彼は約束の時間にちゃんと来た Ele chegou exa(c)tamente [mesmo] à hora marcada. *To-jimari wa* ~ *watashi ga mita* 戸締まりはちゃんと私が見た Eu próprio fui ver se a porta estava fechada. ★ *Mainichi* ~ *shukkin suru* 毎日ちゃんと出勤する Ir todos os dias para o trabalho, sem falta [nunca faltar]. *Yachin o* ~ *harau* 家賃をちゃんと払う Pagar [sem atraso] o aluguel/r da casa. ⇨ shíkato; chṓdó[1].
3 [しっかり] Com força; bem. ~ *tsukamatte inasai* ちゃんとつかまっていなさい Segure-se ~. ⇨ shikkári; shíkato.

cháperu チャペル (< Ing. chapel < L.) A capela. ⇨ reíhái[1].

chárachara ちゃらちゃら **1** [金属のふれ合う音] Tim, tim!「das moedas no bolso」. ★ *Tokei no kusari ga* ~ *iu* 時計の鎖がちゃらちゃらいう A corrente [cadeia] do relógio faz ~. **2** [うわついた様子]「comportamento」Frívolo; leviano. ★ ~ *shita kakkō* ちゃらちゃらした格好 O aspe(c)to ~.

charáńpórán ちゃらんぽらん【G.】(Im. de desleixo ou sem sentido) ★ ~ *na otoko* ちゃらんぽらんな男 Um irresponsável. ~ *ni kurasu* ちゃらんぽらんに暮らす Levar uma vida desleixada. ⇨ íí-kágéń.

charáppókó ちゃらっぽこ【G.】**a**) A charlatanice; a mentira; a intrujice; o embuste; a burla; **b**) Um charlatão; um embusteiro; um aldrabão. ~ *iu na yo* ちゃらっぽこ言うなよ Chega de intrujices! ⇨ detárámé.

charín ちゃりん Tim. ~ *to o-kane no ochiru oto ga shita* ちゃりんとお金の落ちる音がした Ouviu-se uma moeda a cair no chão, tim.

charíńkó ちゃりんこ【G.】 **1** [子供のすり] A ratonice; o surripiar. ⇨ súri[1]. **2** [自転車の俗語] A bicicleta. [S/同] Jiténsha (+).

charítī-shṓ [óo] チャリティーショー (< Ing. charity show) O espe(c)táculo para fins caritativos [de beneficência/caridade].

charúmérá チャルメラ (< P. charamela) A flauta [corneta] do vendedor ambulante「de "soba"」.

chā́rúsuton [aá] チャールストン (< Ing. Charleston) Uma dança de origem americana, em voga por volta de 1925.

cha-sájí 茶匙 **1** [ティースプーン] Uma colher de chá. ★ *Satō o* ~ *ni ippai ireru* 砂糖を茶匙に一杯入れる Deitar [Pôr] ~ (cheia) de açúcar. **2** [⇨ cha-shákú].

cha-sékí 茶席 **1** [茶をたてる席] Lugar para preparar chá. **2** [⇨ chashítsú]. **3** [⇨ cha-nó-yú].

chasén 茶筅 O batedor de chá, usado na "cha-no-yu".

chashákú 茶杓 A colher para "matcha" (Normalmente de bambu).

cha-shíbú 茶渋 O sarro do chá.

cha-shítsú 茶室 O compartimento [A sala] para "cha-no-yu".

chā́shū́ [chaáshúu] 叉焼 (< Chi. cha-shao) O lombinho de porco assado, regado com molho. ◇ ~ **men** 叉焼麺 Sopa chinesa de "soba" com lombinho de porco.

chā́tā [cháa] チャーター (< Ing. charter) **a**) O fretamento [fretar]; **b**) O「navio」fretado. ◇ ~ **ki** チャーター機 O avião fretado.

chatákú 茶托 O pires.

chā́to[1] [áa] チャート (< Ing. chart < L. charta) **1** [海図] A carta náutica [de navegação]; o mapa marítimo ou hidrográfico. **2** [図表] Um gráfico [quadro]; uma tabela [lista]. [S/同] Zuhyṓ.

chā́to[2] [áa] チャート (< Ing. chert) O sílex córneo.

cha-tsúmí 茶摘み (<… + tsumú) A colheita [apanha] do chá.

cha-úké 茶請け (<… + ukéru) O acompanhamento do chá. ⇨ cha-gáshi.

chawákai 茶話会 Uma reunião de amigos em que se toma chá; um chá. [S/同] Sawákai (+). ⇨ cha-káí.

chawáń 茶碗 A tigela; a malga. ◇ ⇨ ~ **mushi; chanomi-jawan**. ⇨ dońbúrí[1]; káppu; yu-nómí.

chawán-mushi 茶碗蒸し (<… + músu) Um prato japonês de ovos de codorniz, carne e legumes, tudo cozido em vapor.

chayá 茶屋 **1** [茶葉を売る店] **a**) Uma loja de chá; **b**) O lojista de chá. **2** [旅行者の休憩所] A tenda de chá. [S/同] Chamísé. **3** [遊興所] Uma casa de chá; a taberna; a tasca. ◇ ~ **asobi** 茶屋遊び A farra com prostitutas. **4** [相撲茶屋] A loja de comidas e bebidas anexa a pavilhão de sumô.

cha-zúké 茶漬け (<… + tsukérú) Arroz cozido, a que se junta "sen-cha" ou "ban-cha".

chě ちぇっ【G.】Bolas [Que diabo]!

chékku チェック (< Ing. check) **1** [小切手] O cheque. ◇ **Toraberāzu** ~ トラベラーズチェック O cheque de viagem. [S/同] Kogítte.
2 [照合] O exame; a verificação. ★ ~ *suru* チェックする Verificar; examinar. ◇ ~ **pointo** チェックポイント O posto de controlo/e. ~ **risuto** チェックリスト A lista (de nomes, etc., para verificação). [S/同] Shṓgṓ.
3 [格子縞] O xadrez (em tecido). [S/同] Kōshí-gárá.
4 [阻止] O parar [refrear].

chekkú-áuto チェックアウト (< Ing. check-out) O sair [A hora de saída] do hotel e pagar. ★ *Hoteru o jūji ni* ~ *suru* ホテルを10時にチェックアウトする Desocupar o quarto do hotel às dez.

chekkú-ín チェックイン (< Ing. check-in) **a**) O ir para o [instalar-se no] hotel; **b**) O ir para o avião.

Chéko チェコ A (República) Checa. ◇ ~ **jin** チェコ人 O checo.

Chéko-suróbákia チェコスロバキア【A.】⇨ Chéko; Suróbákia.

chẽń [ée] チェーン (< Ing. chain < L. catena) **1** [鎖] A cadeia; a corrente; o cadeado. ★ *Doa no* ~ *o kakeru [hazusu]* ドアのチェーンをかける [はずす] Pôr [Tirar] o cadeado à [da] porta.. ◇ ~ **sumōkā** チェ

ーンスモーカー O fumador inveterado [que fuma cigarros uns atrás dos outros]. [S/同] Kusárí. **2** [系列] A cadeia; a série; o conjunto. ◇ **~ sutoa** チェーンストア A cadeia de lojas [armazéns/supermercados]. [S/同] Keírétsú (+).

cheńbáró チェンバロ (< It. cembalo) O cravo. [S/同] Hápúshíkṓdo; kurábúsan.

chénji チェンジ (< Ing. change < L. cambiare: mudar) A mudança. ◇ **~ kōto** チェンジコート【(D)esp.】A troca [O mudar] de campo/quadra. **~ rebā** チェンジレバー A alavanca de câmbio; a mudança de marcha. **Imēji ~** イメージチェンジ ~ de aparência「fisionó[ô]mica」. ⇨ kawárú[1,2].

chérī チェリー (< Ing. cherry < L. ceresia)【Bot.】 **1** [桜] A cerejeira. [S/同] Sakúrá (+). **2** [さくらんぼう] A cereja. [S/同] Sakúráńbṓ.

chéro チェロ (< Ing. cello) O violoncelo.

chésu チェス (< Ing. chess) O xadrez (Jogo). ★ ~ *no ban* チェスの盤 O tabuleiro de ~. ~ *no koma* チェスの駒 A peça de ~. ~ *o suru* チェスをする Jogar ~.

chi[1] 血 (⇨ ketsúeki) **1** [血液] O sangue. *Sensō de ōku no ~ ga nagasareta* 戦争で多くの血が流された Derramou-se muito ~ na guerra. ~ *de ~ o arau* 血で血を洗う **a)** A briga entre familiares; **b)** Responder à violência com a violência. ~ *ga kayou* 血が通う Ser cordial [amável; humano] [~ *ga kayotta kyōiku* 血が通った教育 A educação muito humana].「*Atama ni*」~ *ga noboru*「頭に」血が上る Subir o sangue à cabeça. ~ *ga sawagu* 血が騒ぐ Excitar-se; ferver de entusiasmo. ~ *mo namida mo nai hito* 血も涙もない人 Uma pessoa sem coração. ~ *no ame o furaseru* 血の雨を降らせる Derramar rios de ~ (Matar muita gente). ~ *no ike* [*umi*] 血の池 [海] Um mar de ~. ~ *no meguri no yoi* [*warui*] 血のめぐりの良い [悪い] Sagaz/Perspicaz [Estúpido/Curto de entendimento]. ~ *no nijimu* [~ *no deru*] *yō na doryoku o suru* 血のにじむ [血の出る] ような努力をする Suar sangue; fazer o máximo esforço「para ser aprovado」. ~ *o haku* 血を吐く Vomitar ~; deitar ~ pela boca. ~ *o miru* 血を見る Haver muito derramento de ~. ~ *to ase no kesshō* 血と汗の結晶 O fruto de um esforço extenuante. ~ *to nari niku to naru* 血となり肉となる Ser muito útil para o corpo e para o espírito「da criança o ensino dos pais」; dar nova vida. ~ *waki niku odoru* 血沸き肉踊る Entusiasmar-se「com a (partida) final do futebol」; excitar-se. ◇ ⇨ **~ darake** [**daruma**/**dome**/**mamire**/**manako**/**matsuri**/**mayou**/**midoro**/**namagusai**/**no ke**/**nori**/**shio**/**suji**/**tsuzuki**/**umi**/**zome**].

2 [血統] O sangue; a linhagem. ~ *wa arasoenai* 血は争えない Fica sempre alguma coisa do/a ~; "tal pai tal filho". ~ *wa mizu yori mo koi* 血は水よりも濃い Os laços de sangue são muito fortes. *Kare wa kizoku no ~ o hiite iru* 彼は貴族の血を引いている Ele é de ~ nobre [azul]. ★ ~ *ga tsunagatte iru* 血がつながっている Ser consanguíneo. ~ *o waketa kyōdai* 血を分けた兄弟 Os irmãos carnais. ⇨ chisújí; kettṓ[1].

chi[2] 地 **1** [大地] A terra; o terreno; o solo; o chão. *Kare no meisei mo ~ ni ochita* 彼の名声も地に落ちた A reputação dele caiu por terra [foi-se abaixo]. *Nan da ka ashi ga ~ ni tsukanai kanji da* 何だか足が地に付かない感じだ Ele não tem os pés bem assentes na ~ [parece que anda um pouco na lua]. ★ ~ *no hate made mo* 地の果てまでも「ir」Até ao fim do mundo. ~ *taikū misairu* 地対空ミサイル O míssil terra-ar. [A/反] Tén. ⇨ dáichi[1]; jímen.

2 [特定の場所] Um lugar; uma terra. ★ ~ *no ri o shimeru* 地の利を占める Ocupar uma posição vantajosa. *Gokkan no ~* 極寒の地 Um lugar (de clima) muito frio. *Umarete hajimete sokoku no ~ o fumu* 生まれて初めて祖国の地を踏む Pisar pela primeira vez o solo pátrio [a sua ~]. ⇨ bashó.

3 [荷物や本の下の部分] O fundo; a parte de baixo. ★ *Ten ~ muyō* 天地無用 (表示) Não tombar [mudar de posição]「a caixa」!

chí[3] 知・智 A inteligência; o intelecto. ◇ ⇨ **~ jōi**.

chiáń 治安 A segurança [ordem] pública. ★ ~ *o iji suru* 治安を維持する Manter a ~. ~ *o midasu* 治安を乱す Perturbar a ~. ◇ **~ taisaku** 治安対策 As medidas de [para manter a] ~.

chiánṓze [**óo**] チアノーゼ (< Al. zyanose)【Med.】A cianose.

chibáń 地番 O número de quarteirão [casa]. ◇ **~ seiri** 地番整理 O reajustamento do ~. [S/同] Bańchí.

chi-bánare 乳離れ (< chichí[2] + hanáréru) **1** [離乳(の時期)] A desmama; o desmame [tirar o peito]. ★ ~ *ga hayai* [*osoi*] 乳離れが早い [遅い] Que deixou de mamar cedo [tarde/já crescido]. **2** [精神的自立] A independência psicológica. ★ ~ *dekinai seinen* 乳離れ出来ない青年 O rapaz que se mantém agarrado às saias da mãe; o moço que não sabe ser independente.

Chibétto チベット・西蔵 O Tibete. ◇ **~ go** チベット語 O tibetano (Língua). **~ jin** チベット人 O tibetano.

chíbi ちび【G.】 **1** [背が低いこと] **a)** O ser baixo; **b)** A pessoa baixa. [A/反] Nóppo. **2** [幼い者] O pequenino; o pequerrucho; o pequenito. ★ *Uchi no ~* うちのちび O meu ~.

chíbichibi (**to**) ちびちび (と)【G.】Aos poucos. *Sake o ~ nomu* 酒をちびちび飲む Beber saké aos golinhos. [S/同] Chibíríchíbíri.

chibíkko ちびっこ【G.】⇨ chíbi.

chibíríchíbíri ちびりちびり ⇨ chíbichibi.

chibíru[1] ちびる Gastar-se. ★ *Chibita enpitsu* ちびた鉛筆 O lápis gasto.

chibíru[2] ちびる **a)** Urinar nas calças [Fazer chichi (Infa.) na cama]; **b)** Ser somítico/mesquinho/forreta. ★ *Shōben o ~* 小便をちびる Urinar involuntariamente; mijar-se (G.). ⇨ morásu.

chibṓ 知 [智] 謀 O engenho; o estratagema. ~ *o megurasu* 知謀をめぐらす Preparar [Matutar/Conceber] um estratagema. [S/同] Chikéí; chíryaku; saíryákú.

chíbu 恥部 **1** [陰部] As partes vergonhosas [pudendas]. [S/同] Ínbu. **2** [恥ずべき点] A vergonha [nódoa]. ★ *Nihon-shakai no ~* 日本社会の恥部 Uma ~ da sociedade japonesa. ⇨ Otéń.

chí-busa 乳房 (< chichí[2] + fusá) A mama; a teta (G.); os seios. ★ *Akanbō ni ~ o fukumaseru* 赤ん坊に乳房を含ませる Amamentar o [Dar o peito ao] bebé[ê]. [S/同] Chichí; muné[2]; boin.

chíbusu チブス【Med.】⇨ chífusu.

chíchi[1] 父 **1** [男親] O papá; o papai (B.); o (meu) pai. [S/同] Chichíóyá. [A/反] Háha. ⇨ tṓsan[2].

2 [先駆者] O pai. ★ *Ongaku no ~ Bahha* 音楽の

父バッハ Bach, o pai da música. ⟨S/同⟩ Seńkúsha. **3** [神] (Deus) Pai. ★ ~ *to ko to seirei* 父と子と聖霊 Pai, Filho e Espírito Santo.

chichi² 乳 **1** [乳汁] O leite. *Ano ushi wa ~ ga yoku deru* あの牛は乳がよく出る Aquela vaca tem [dá] muito ~. ◇ ~ *shibori* 乳しぼり A ordenha; o tirar o ~. ⟨S/同⟩ Nyū́jū. **2** [乳ぶさ] A mama. ~ *ga hatte kita* 乳がはってきた Estou com muito leite (nos seios). ⟨S/同⟩ Chí-busa; muné²; básuto.

chíchi³ 遅遅 [E.] A lentidão. ★ ~ *taru* [*to shita*] *ayumi* 遅々たる [とした] 歩み A caminhada lenta.

chichí⁴ ちち Piu, piu. *Kotori ga ~ to naite iru* 小鳥が ちちと鳴いている Os passarinhos estão a chilrear.

chichí-bánare 乳離れ ⇨ chi-bánare.
chichi-haha 父母 ⇨ fúbo.
chichí-kátá 父方 O lado do pai; a linha paterna. ★ ~ *no sofu* 父方の祖父 O avô paterno. ⟨A/反⟩ Hahá-kátá.
chichíkúriáu [**chichíkúru**] 乳繰り合う [乳繰] Ter uma aventura (de carácter amoroso); namoriscar; flertar (B.). ⇨ ichátsúkú.
chichí-kúsái 乳臭い **1** [乳の臭いがするようす] Que cheira a leite. **2** [幼稚な] Pueril; infantil. *Kare wa mada ~ tokoro ga aru* 彼はまだ乳臭い所がある Ele ainda cheira a leite! /Ele ainda precisa de comer muita broa [muito sal]. ⟨S/同⟩ Kodómóppoi. **3** [未熟な] Imaturo; inexperiente. ⟨S/同⟩ Mijúkú ná (+).
chichí-óyá 父親 O pai 「também faz falta em casa」. ⇨ chíchi¹ **1**.
chichú [**uú**] 地中 Dentro da terra. ★ ~ *kara horidasu* 地中から掘り出す Retirar da terra cavando; desenterrar. ~ *ni maibotsu suru* 地中に埋没する Enterrar. ⟨S/同⟩ Chíka.
Chichúkai [**úu**] 地中海 O (Mar) Mediterrâneo (Rodeado de terras). ◇ ~ **sei kikó** 地中海性気候 O clima mediterrâneo.
chidái 地代 ⇨ jidái⁵.
chi-dáráké 血だらけ Muito sangue derramado. ★ ~ *ni naru* 血だらけになる Ficar cheio [coberto] de sangue. ⇨ chi-mámíré.
chi-dáruma 血達磨 O estar (todo) cheio de sangue. ⟨S/同⟩ Chi-dáráké; chi-mámíré.
chi-dóme 血止め (< ··· + toméru) Hemostático. ◇ ~ **gusuri** 血止め薬 O medicamento ~ [para parar o sangue]. ⟨S/同⟩ Shikétsú.
chidón 遅鈍 A estupidez. ⟨S/同⟩ Gudón (+). ⟨A/反⟩ Biński; bińsókú.
chídori 千鳥 [Zool.] A tarambola; a tordeira-do-mar; o maçarico (B.). ◇ ~ **ashi** 千鳥足 O andar tem-te-não-caias (desequilibrado/aos ziguezagues) [*Yotte* ~ *ashi de aruku* 酔って千鳥足で歩く Cambalear de bêbe[a]do].
chíe 知恵 [智慧] **1** [知能] A sabedoria; o saber; a inteligência; a prudência. ★ ~ *ga tsuku* 知恵が付く Crescer em ~. ~ *no asai* [*tarinai*] *yari-kata* 知恵の浅い [足りない] やり方 Uma maneira de agir pouco inteligente. ~ *o hatarakasu* 知恵を働かす Usar a cabeça. ⟨ことわざ⟩ *Ō-otoko sōmi ni ~ ga mawarikane* 大男総身に知恵が回りかね Homem grande, besta de pau [Enquanto a (mulher) grande se abaixa, a pequena varre a casa]. *San-nin yoreba monju no ~* 三人寄れば文殊の知恵 Duas cabeças (Lit. três) pensam melhor do que uma/A união faz a força. ◇ ~ **kurabe** 知恵比べ A competição para ver quem é mais inteligente. ~ **netsu** 知恵熱 A febre por ocasião do nascer dos dentes (Lit.: A febre do uso da razão). ~ **sha** 知恵者 O sábio. ⇨ chínō.
2 [アイデア; 考え] A ideia; a sugestão. *Ii ~ ga aru* いい知恵がある Tenho uma boa ideia. *Soko made ~ ga mawaranakatta* そこまで知恵が回らなかった Não me ocorreu essa ideia [Até aí não chegou a minha inteligência]. ★ ~ *ga aru* [*nai*] 知恵がある [ない] Ter uma ~. ~ *o kariru* 知恵を借りる Pedir conselho. ~ *o kasu* 知恵を貸す Aconselhar. ~ *o sazukeru* 知恵をさずける Ensinar. ~ *o shiboru* 知恵を絞る Puxar pela cabeça. ⇨ áidea; án¹.
chién¹ 地縁 (relação de) vizinhança. ⟨S/同⟩ Chíki. ⇨ ketsúen.
chién² 遅延 O atraso. ~ **suru** 遅延する Atrasar(-se). ◇ ~ **shōmei** 遅延証明 A justificação escrita do atraso (para mostrar ao chegar ao trabalho). ⟨S/同⟩ Okure.
chifu [**ii**] チーフ (< Ing. chief) O chefe. ◇ ~ **manéjā** チーフマネージャー O gerente-chefe. ⇨ chō³; shuníń; shuryō²; shusékí¹.
chífusu チフス (< Hol. typhus < Gr. typhos: estupor) 【Med.】 A febre tifóide; o tifo. ◇ ~ **kin** チフス菌 O bacilo do tifo. **Chō** ~ 腸チフス O tifo intestinal. **Hasshin** ~ 発疹チフス O tifo exantemático. **Para** ~ パラチフス A febre paratifóide. ⟨S/同⟩ Chíbusu.
chigaéru 違える **1** [変える] Mudar; alterar. *Hōhō o chigaete miyō* 方法を変えてみよう Vamos mudar de método. ⟨S/同⟩ Kaéru; kaéru (+). **2** [間違える] Enganar-se 「no endereço e a carta ser devolvida」; trocar. ★ *Kusuri o nomi ~* 薬を飲み違える Tomar o medicamento errado. ⟨S/同⟩ Machigáéru (+); tagáéru. ◇ ⇨ **tori** [**mi**] ~. **3** [やぶる] Quebrar; romper. ★ *Yakusoku o ~ 約束を違える Faltar a [~] um compromisso. ⟨S/同⟩ Tagáéru; yabúru (+). ⟨A/反⟩ Mamóru. **4** (筋肉などを) くいちがわせる] Deslocar; desconjuntar. ★ *Senaka no suji o ~* 背中の筋を違える Torcer [~] um músculo das costas. ◇ ⇨ **ne ~**.
chigái 違い (< chigáu) A diferença. *Miru to kiku to de wa ō-~ da* 見ると聞くとでは大違いだ Há uma grande ~ entre o que se diz e a realidade; o ver é muito diferente do ouvir. *Watashi wa ane to mittsu ~ desu* 私は姉と3つ違いです A minha irmã leva-me três anos. ◇ ~ **nai**. ⟨S/同⟩ Sái; sói.

chigái-dana 違い棚 (< ··· + taná) As prateleiras de largura diferente colocadas junto ao "tokonoma".
chigáihōken [**óo**] 治外法権 【Dir.】 **1** [法律] A exterritorialidade. **2** [領事裁判権の俗称] A jurisdição exterritorial.
chigái nái 違いない **1** [確実な推量] Não há dúvida. *Saifu o doko ka ni otoshita ni ~* さいふをどこかに落としたに違いない Deixei cair a carteira em qualquer lado (sem dúvida). ⟨S/同⟩ Sóí nái. **2** [その通りだ] Não há dúvida/Certamente/Com certeza. *"Yūbe no kaze wa tsuyokatta nā" "~, niwaki ga sanbon mo oreru kurai da mono"* 「昨夜の風は強かったなあ」「違いない、庭木が三本も折れるくらいだもの」Ontem à noite o vento esteve forte, não esteve? — Pois esteve [~]! Até derrubou três árvores do jardim.
chigáu 違う **1** [別である] Ser diferente [diverso] 「de」; diferir 「de」; não ser o mesmo. *Ano kyōdai*

wa haha ga ~ あの兄弟は母が違う Aqueles irmãos são de mães diferentes. *Watashi to chigatte kare wa supōtsu ga tokui da* 私と違って彼はスポーツが得意だ Ao contrário de mim ele é um grande (d)esportista. A/反 onají. ⇨ betsu.
2 [異なる; 差がある] Ser diferente; haver diferença; não ser igual. *Shūkan wa kuni ni yotte* 〜 習慣は国によって違う Os costumes variam de país para país [terra para terra]. ★ *Amari* [*Mattaku*; *Sukoshi mo*/*Sunbun*] *chigawanai* あまり [全く; 少しも / 寸分] 違わない Não fazer muita [nenhuma; a mínima] diferença. *Konomi ga* 〜 好みが違う Ter gostos diferentes. S/同 Kotónáru; sói súrú; tagáu. A/反 Onají; hitóshíi.
3 [間違う] Estar errado; enganar-se. *Awatete chigatta kisha ni notte shimatta* あわてて違った汽車に乗ってしまった Com a pressa tomei o comboio [trem (B.)] errado. *Denwa bangō ga chigaimasu yo* 電話番号が違いますよ (Creio que) marcou o número (do telefone) errado. S/同 Machígáu. A/反 Tadáshíi.
4 [正しい所から外れる] Desviar-se "do normal". *Sore de wa yakusoku ga* 〜 (*de wa nai ka*) それでは約束が違う (ではないか) Não foi isso o prometido [combinado/que nós combinámos]! *Kubi no suji ga chigatta* 首の筋が違った Deu-me uma cãibra no pescoço. *Hanashi ga* 〜 話が違う Não é isso o que você me tinha dito antes. ⇨ kurúu.
5 [否定を示すことば] Não (é)! *"Kono kasa wa kimi no desu ka" "Chigaimasu. Watashi no de wa arimasen"* 「この傘は君のですか」「違います。私のではありません」 Este guarda-chuva é (o) teu? —Não (não é meu). ⇨ iíé.

chigíre-gúmo 千切れ雲 (< chigiréru + kúmo) As nuvens esparsas [espalhadas no céu].

chigíréru 千切れる (⇨ chigíru²) **1** [細かく切れる] Despedaçar-se; rasgar-se o "papel". ★ *Zutazuta ni* 〜 ずたずたにちぎれる Ficar em pedaços [todo desfeito]. **2** [もぎとられる] Despegar-se; arrancar-se. ★ *Ude ga* 〜 *kurai hipparu* 腕がちぎれるくらい引っぱる Puxar até quase arrancar-se o braço.

chigirí 契り (< chigíru¹) 【E.】 **1** [約束] A promessa. ★ 〜 *o musubu* 契りを結ぶ Fazer uma 〜; prometer. S/同 Yakúsóku (+). **2** [夫婦約束] A aliança; o vínculo [a união] conjugal. ★ (*Fūfu no*) 〜 *o musubu* (夫婦の) 契りを結ぶ Contrair matrimó[ô]nio. **3** [情交] Relações sexuais. ★ *Hitoyo no* 〜 一夜の契り De uma só noite.

chigíru¹ 契る Comprometer-se "a"; prometer solenemente. S/同 Chikáú (+); yakúsóku súrú (+).

chigíru² 千切る **1** [細かく裂く] Fazer em pedaços; rasgar. *Kami o* 〜 紙を千切る Rasgar o papel todo [em pedacinhos]. S/同 Hikí-sáku. **2** [小さく分ける] Dividir em pedaços com as mãos. *Mochi o* 〜 もちを千切る Arrancar [Cortar] um pedaço de "mochi" com as mãos. **3** [もぎとる] Colher (Êr); separar (cortando); arrancar (com força). *Chigitte wa nage chigitte wa nage* ちぎっては投げちぎっては投げ Agarrando e atirando "os adversários" uns atrás dos outros. S/同 Hikí-chígíru; mogí-tórú; nejí-kíru.

chígo 稚児 【E.】 **1** [祭事の子供] As crianças que vão nos cortejos [nas procissões] budistas e xintoístas. **2** [乳幼児] 【A.】 Uma criancinha de peito. ⇨ nyūyóji.

chigū 知遇 【E.】 Os favores; a amizade. ★ 〜 *o eru* [*ukeru*] 知遇を得る [受ける] Gozar dos/da 〜 (de alguém).

chíguhagu ちぐはぐ Que não combina "duas luvas diferentes"; que é incoerente. ★ *Hanashi ga* 〜 *ni naru* 話がちぐはぐになる A conversa "do doente" descamba [é uma coisa sem pés nem cabeça].

chígusa 千草【E.】 Várias plantas. ◇ 〜 *iro* 千草色 O verde claro (Cor de rebento de árvore). S/同 Moégíró.

chígyo 稚魚 O filhote de peixe; o alevim. ★ *Sake no* 〜 鮭の稚魚 O filhote de salmão. S/同 Yógyo. A/反 Séigyo.

chihái 遅配 O atraso (na distribuição de …). ★ 〜 *ni naru* [*no*] *kyūryō* 遅配になっている給料 O salário em 〜. *Yūbin* (*butsu*) *no* 〜 郵便 (物) の遅配 〜 do correio. ⇨ keppái.

chihátsú 遅発 A saída [partida] com atraso. ★ 〜 *suru* 遅発する Sair atrasado. S/同 Eñpátsu.

chihéi-sén 地平線 O [A linha do] horizonte. ★ 〜 *jō* [*no ue*] *ni* 地平線上 [の上] に Acima do 〜. 〜 *ka* [*no shita*] *ni* 地平線下 [の下] に Abaixo do 〜. 〜 *no kanata* 地平線の彼方 Para lá do 〜.

chihiro 千尋【A.】 Mil braços. ★ 〜 *no umi* 千尋の海 O mar insondável.

chihitsu 遅筆 O ser lento a escrever. *Ano sakka wa* 〜 *de yūmei da* あの作家は遅筆で有名だ Aquele escritor é conhecido como sendo… A/反 Sokúhítsu.

chího 地歩 A posição; a situação. *Kare wa seijika to shite no* 〜 *o kakuritsu shita* 彼は政治家としての地歩を確立した Ele estabeleceu [afirmou]-se como político. 〜 *o katameru* 地歩を固める Reforçar a posição. ⇨ chíi¹; íchi³; tachíbá.

chihō¹ [óo] 地方 **1** [ある地域] **a)** A região; **b)** O distrito; **c)** A autarquia. ★ *Kono* 〜 *de wa* この地方では Nesta região. *Tōhoku* 〜 東北地方 O [A região do] nordeste. ◇ 〜 *ban* 地方版 A edição [página] local. 〜 *bunken* 地方分権 A descentralização (do poder). 〜 *gikai* 地方議会 Uma assembleia local. 〜 *ginkō* 地方銀行 O banco local. 〜 *gyōsei* 地方行政 A administração local [autárquica]. 〜 *jichi* 地方自治 A autonomia regional [local]. 〜 *jichitai* [*kikan*; *kōkyō dantai*] 地方自治体 [機関; 公共団体] Um grupo [órgão]; Uma organização] local autárquico/a. 〜 *kōmuin* 地方公務員 O funcionário público local. 〜 *saibansho* 地方裁判所 O tribunal distrital [municipal]; a comarca. 〜 *zaisei* 地方財政 As finanças locais. 〜 *zei* 地方税 Os impostos locais. ⇨ chíki.
2 [田舎] O campo; o interior; a província [roça; o sertão]. ★ 〜 *o mawaru* 地方を回る Viajar pela província [pelo interior]. ◇ 〜 *jungyō* 地方巡業 A viagem "do cantor" pela província. 〜 *mawari* 地方回り A volta pela província. 〜 *namari* 地方訛り O sotaque do/a 〜. ◇ 〜*shoku*, 〜 *toshi* 地方市 A cidade de província. A/反 Chūō; toshi. ⇨ ináká.

chihō² 痴呆【Med.】 A demência. ◇ 〜 *shō* 痴呆症 A (Os sintomas de) 〜. **Rójin-sei** 〜 老人性痴呆 〜 senil. **Sōhatsu-sei** 〜 早発性痴呆 〜 precoce. ⇨ boké²; nínchí-shō.

chihō-shoku [óo] 地方色 A cor local. ★ 〜 *yutaka na matsuri* 地方色豊かな祭り A festa característica de uma região [cheia de 〜].

chihyō 地表 A superfície da terra.

S/同 Jímen. A/反 Chikáku; chishín.
chíi[1] 地位 A posição. ★ ~ ga takai [hikui] 地位が高い[低い] Ter uma ~ alta [baixa]. ~ no aru hito 地位のある人 A pessoa bem colocada. ~ o arasou 地位を争う Lutar por uma ~.「Sekinin aru」~ o eru [tamotsu]「責任ある」地位を得る [保つ] Ter [Manter] uma ~「de responsabilidade」. 「Josei no」~ o kōjō saseru「女性の」地位を向上させる Elevar a ~「da mulher」.「Shakai-teki」~ o ushinau [kaifuku suru]「社会的」地位を失う [回復する] Perder [Recuperar] a ~「social」.
chíi[2] 地衣 A [Bot.] O líquen.
chíi[3] 地異 O cataclismo; o desastre natural; uma convulsão da natureza. ◇ ~ **tenpen** ~
chíichái 小ちゃい [Col.] ⇨ chíisái.
chíiki 地域 A zona (área/região). ~ ni betsu ni wakeru 地域別に分ける Dividir em zonas. ~ teki (na) 地域的 (な) Regional; local. ◇ ~ **daihyō** 地域代表 Os representantes locais. ~ **kaihatsu** 地域開発 O desenvolvimento regional. ~ **sa** 地域差 As diferenças regionais. ~ **shakai** 地域社会 A comunidade local. ~ **egoizumu** 地域エゴイズム O bairrismo. S/同 Kúiki. ⇨ shokúfkí.
chíiku 知育 A educação intelectual [da inteligência]. ~ henchō 知育偏重 O dar demasiada importância [ênfase] à ~. A/反 Táiku; tokúfkú.
chiisái 小さい **1** [物の面積・体積がわずかであるようす] Pequeno. Kono fuku wa watashi ni wa chiisasugiru この服は私には小さすぎる Este vestido é apertado demais para mim [fica-me pequeno]. ★ [Sono ko wa o-tōsan ni shikararete chiisaku natte ita その子はお父さんに叱られて小さくなっていた O menino, (depois de ser) repreendido pelo pai, ficou (todo) encolhido] Me ni mienai hodo ~ kizu 目に見えぬ程小さい傷 Uma ferida tão peque(ni)na que mal se via. A/反 Ōkíi.
2 [数量や程度がわずかであるようす] Pequeno. Go wa roku yori ~ 5は6より小さい Cinco é menor do que seis. Tōnan no songai wa chiisakatta 盗難の損害は小さかった O (prejuízo do) roubo foi ~ [pouco]. S/同 Wázuka. A/反 Ōkíi.
3 [年少であるようす] Pequeno. Watashi wa mada chiisakatta no de sono jiken no shiranakatta 私はまだ小さかったのでその事件を知らなかった Desconhecia esse incidente porque eu ainda era ~. ★ ~ kodomotachi 小さい子供たち As crianças pequenas; os miúdos. ~ toki kara 小さい時から Desde ~ [criança]. Ichi-ban ~ kodomo 一番小さい子供 A criança [O filho] mais nova(o) [-]. S/同 Osánái. Ōkíi. ⇨ neñshō[1].
4 [音量が低いようす] Baixo. ★ ~ koe de hanasu 小さい声で話す Falar ~ [em voz baixa]. Rajio no oto o chiisaku suru ラジオの音を小さくする Baixar o [Diminuir o volume do] rádio. S/同 Hikúi. A/反 Ōkíi.
5 [規模などが劣るようす] Pequeno; de pouco valor. Sono nyūsu wa chiisaku atsukawareta そのニュースは小さく扱われた A notícia foi pouco comentada [recebeu pouca cobertura (nos jornais)]. ★ Sukēru no ~ jinbutsu スケールの小さい人物 Uma pessoa que vale pouco. A/反 Ōkíi. ⇨ shō-kíbo. **6** [些細な] Insignificante; de pouco valor. ★ ~ koto ni kuyokuyo suru 小さいことにくよくよする Ser picuinhas [niquento/miudinho]; preocupar-se com ninharias [niquices]. S/同 Sásai; tsumáránai. A/反

Ōkíi. **7** [度量が狭い] Tímido; covarde; medroso. Kare wa jinbutsu ga ~ 彼は人物が小さい Ele é um ~ [não é para grandes voos]. ★ Ki ga ~ 気が小さい Ser tímido. Kimottama ga ~ きもっ玉が小さい Ser covarde [medroso]. A/反 Ōkíi. **8** [金銭の単位である基準より下であるようす] Pequeno. Ichiman-en satsu o chiisaku suru 1万円札を小さくする Destrocar a nota de dez mil yens. S/同 Komákái (+). A/反 Ōkíi.
chíisana 小さな ⇨ chíisái.
chíji 知事 O governador. ★ San Pauro-shū fuku-~ サンパウロ州副知事 O vice-governador do Estado de São Paulo. Tōkyō-to ~ 東京都知事 O governador (da metrópole) de Tóquio.
chijíki 地磁気 [Geol.] O magnetismo terrestre.
chijikómáru 縮こまる Encolher; enroscar-se. Kyōfu [Samusa] de heya no sumi ni chijikomatte ita 恐怖 [寒さ] で部屋の隅に縮こまっていた Estava encolhido num canto do quarto com medo [frio]. ⇨ chijimérú.
chijíku 地軸 [Geol.] O eixo terrestre [da terra].
chijímáru 縮まる「a malha」Encolher. Sa ga chijimatta 差が縮まった A diferença「entre os alunos mais atrasados e adiantados」diminuiu. Fea no kikan ga chijimatta フェアの期間が縮まった O prazo da feira foi reduzido [encurtado]. ⇨ chijimú.
chijímérú 縮める (⇨ chijímú) **1** [短くする] Encurtar; reduzir; diminuir. Kare wa oya ni shinpai bakari kakete oya no jumyō o chijimeta 彼は親に心配ばかりかけて親の寿命を縮めた Encurtou a vida dos pais com as preocupações que lhes deu. ★ Bunshō o hanbun ni ~ 文章を半分に縮める Reduzir o trecho a metade. Taizai kikan o ~ 滞在期間を縮める Encurtar a estadia [Reduzir o tempo de permanência]. Zubon no take o issenchi ~ ズボンの丈を1センチ縮める Diminuir um centímetro do comprimento das calças; tirar [cortar] 1cm à calça. S/同 Mijíkáku súrú; tañshúkú súrú. A/反 Nobásu. **2** [小さくする] Diminuir; encolher. ★ Mi o chijímete semai tokoro o tōru 身を縮めて狭い所を通る Encolher-se e conseguir passar. S/同 Chíísáku suru. A/反 Hirógérú; nobásu.
3 [引っこめる] Encolher. ★ Ashi o ~ 足を縮める Encolher os pés. Kubi o ~ 首を縮める Baixar a cabeça [~ o pescoço]. S/同 Hikkómérú. A/反 Dásu; nobásu.
chijimí 縮み (< chijimú) **1** [縮むこと] O encolher. ★ ~ o mikonde kiji o tatsu 縮みを見込んで生地を裁つ Talhar [Cortar] o pano, calculando [tendo em conta] o que vai ~. S/同 Nobí. **2** [Abrev. de "chijimí-órí"] O crepe. S/同 Chijimí-órí.
chijimí-ágáru 縮み上がる (< chijimí + ...) Torcer-se「com dores」; encolher-se. Kimottama ga ~ 肝っ玉が縮み上る Encolher-se [Estremecer] de horror. ⇨ kimó.
chijimí-órí 縮み織り O crepe. S/同 Chijimí **2** (+).
chijimú 縮む **1** [面積や体積が小さくなる] Encolher; contrair-se; ming(u)ar; diminuir. Sentaku shitara sētā ga chijinda 洗濯したらセーターが縮んだ Esta camisola (Malha) encolheu com a lavagem. S/同 Chijimárú; shukúshó súrú. A/反 Nobíru. **2** [短くなる] Encurtar-se; diminuir. ★ Jumyō ga ~ 寿命が縮む Diminuir a vida「com tanto trabalho」. S/同 Chijimárú; mijíkáku naru. A/反 Nobíru. **3** [おそれなどのために小さくなる] Ficar encolhido (como

um rato». ★ *Mi no ~ omoi ga suru* 身の縮む思いがする Ficar arrepiado 「à vista do crime」[Ter uma experiência horrível].

chijín[1] 知人 O conhecido. ★ *Watashi no ~ no burajiru-jin* 私の知人のブラジル人 Um brasileiro meu ~. [S/同] Chikazúki (o); chíki; chiyū́; shiríái (+).

chijín[2] 痴人【E.】O idiota. [S/同] gujín (+); orókámónó (+); tawáké-mónó (+).

chíji ni 千千に【E.】De várias maneiras. ★ *Kokoro ga ~ midareru* 心が千々に乱れる Perder a paz no meio de tanta confusão. [S/同] Iróiró ní[tó] (+); samázáma ni (o).

chijírású [chijiráséru] 縮らす [縮らせる] a) Enrugar 「a camisa」; b) Encaracolar; frisar; ondular. ★ *Kami o chijirasete iru* 髪を縮らせている Ter o cabelo ondulado. ⇨ chíká[1] **1**.

chijiré-gé [chijirékké] 縮れ毛 (< chijirérú + ke) O cabelo crespo.

chijirérú 縮れる Encrespar-se; encaracolar-se; 「a pele」enrugar-se. ★ *Chijireta kami* 縮れた髪 O cabelo crespo. ⇨ chíká[1] Chijimáru.

chijō[1] 地上 **1**【土地の上】(Em cima de)terra. ★ ~ *de [ni]* 地上で [に] Na terra. ~ *ni oritatsu* 地上に降り立つ Descer à terra. ~ *jūgo-kai chika san-gai no biru* 地上15階地下3階のビル O edifício com quinze andares à superfície e três subterrâneos. ~ *no* 地上の Térreo; terrestre. ⇨ **butai** 地上部隊 Uma unidade de terra [As forças terrestres]. ⇨ **kinmu** 地上勤務 O serviço de (trabalho em) terra. [S/同] Chihyō; jímen. [A/反] Chíka; jōkū́. ⇨ kaíjō[2]. **2**「この世」Este mundo. *Ko ~ de [ni]* 地上で [に] Neste mundo. ~ *no rakuen* 地上の楽園 O paraíso terrestre. [S/同] Génse (+); konó yó (o). [A/反] Teńjō.

chijō[2] 痴情【E.】A paixão excessiva; o amor louco. ★ ~ *kara no [~ ni yoru]hanzai* 痴情からの [による] 犯罪 O crime passional. ◇ ~ *zata* 痴情ざた Um caso de ~. [S/同] Shikíjō[2] (+).

chijōi [óo] 知情意 (< chísei + kańjō + íshi) A inteligência, a sensibilidade [memória] e a vontade.

chijō-ken [óo] 地上権【Dir.】O direito ao terreno 「da casa」.

chijóku 恥辱 A vergonha; a desonra. ★ ~ *o ataeru* 恥辱を与える Insultar; desonrar. ~ *o kōmuru [ukeru]* 恥辱をこうむる [受ける] Ser insultado. [S/同] Hají[1] (o); hazúkáshímé (+); kutsújóku (+).

chíka[1] 地下 **1**【地面の下】Debaixo da terra; o subterrâneo [subsolo]; a cave. ★ ~ *de [ni]* 地下で [に] Debaixo da terra; no subsolo. ~ *hyaku-mētoru made horu* 地下100メートルまで掘る Fazer um furo até cem metros abaixo da terra. ◇ ~ **kēburu** 地下ケーブル O cabo subterrâneo. ~ **shigen** 地下資源 Os recursos minerais [do subsolo]. Chichū́. [A/反] Chijō[1]. **2**「あの世」O outro mundo; a outra vida. ★ ~ *ni nemuru sosen no rei* 地下に眠る祖先の霊 O espírito dos antepassados já falecidos. [S/同] Anó yó (o); meídó (+). **3**「非合法面」A clandestinidade. ★ ~ *ni moguru* 地下にもぐる Entrar na ~. ◇ ~ **kōsaku** 地下工作 As a(c)tividades secretas. ~ **soshiki** 地下組織 A organização clandestina. ~ **undō** 地下運動 O movimento clandestino.

chíka[2] 地価 O preço do terreno. ★ ~ *ga agatta [sagatta]* 地価が上がった [下がった] ~ subiu [baixou].

chíka[3] 治下【E.】O estar sob a administração de.

Katsute Burajiru wa Porutogaru no ~ ni atta かつてブラジルはポルトガルの治下にあった Antigamente o B. esteve sob a administração de P. [S/同] Shihái-ka (o); tṓchi-ka (+).

chíkachíka (to) ちかちか (と) **1**「光が明滅して光るさま」「estrelas」A cintilar. ★ ~ *suru* ちかちかする Cintilar; tremeluzir. *Fuyuzora ni hoshi ga ~ matataku* 冬空に星がちかちかまたたく As estrelas cintilam no céu de inverno. ~ kirakira (to). **2**「強い光などで目が刺激されて断続的に痛むさま」A ver estrelas (Irritação nos olhos). *Mabushikute me ga ~ suru* まぶしくて目がちかちかする Ficar ~ com tanta luz 「do sol」. [S/同] Chíkuchiku (+).

chiká-dō 地下道 A passagem subterrânea. ⇨ chíká[1] **1**.

chiká-gai 地下街 A zona comercial subterrânea. ⇨ chíká[1] **1**.

chikágoro 近頃 (< chíkai[1] + kóro) Ultimamente; recentemente; estes dias. ~ *o-tō-san no go-kigen wa ikaga desu ka* 近頃お父さんの御機嫌はいかがですか Que tal a disposição do seu pai ultimamente? ★ ~ *ni nai ō-yuki* 近頃にない大雪 Uma nevada como não havia ultimamente. ~ *no* 近頃の Recente; a(c)tual; de hoje 「~ *no keikō to shite* 近頃の傾向として A tendência a(c)tual é 「para melhorar」」. [S/同] Kínrai; konógóro; saíkíń[1] (+); tṓsetsu.

chikái[1] 近い (⇨ chikáku) **1**「距離的に短い」Perto; próximo. *Eki wa kono michi kara itta hō ga ~* 駅はこの道から行った方が近い Este é o caminho mais perto [curto] para a estação. *Kaji wa chikasō da* 火事は近そうだ Parece que o incêndio é (aqui) perto. ★ *Doa ni ichi-ban [mottomo] ~ seki* ドアに一番 [最も] 近い席 O assento mais perto da porta. [S/同] Kínjo. [A/反] Tṓi.

2「時間的に短い」Próximo. *Kurisumasu ga ~* クリスマスが近い O Natal está perto [~/a chegar]. *Mō akegata ni ~* もう明方に近い Já está quase a amanhecer. ★ ~ *shōrai (ni)* 近い将来(に) (Num) futuro próximo. ~ *uchi ni* 近いうちに Em breve.

3「関係が親密であるよう」Próximo. *Supeingo [Isupaniago] wa porutogarugo no ~* スペイン語 [イスパニア語] はポルトガル語に近い O esp. é semelhante ao p. ★ ~ *shinseki* 近い親戚 O parente ~ [chegado]. [S/同] Shińmítsú (+); shitáshíi (o). [A/反] Tṓi.

4「ほぼ同じであるよう」Quase. *Chichi wa rokujū ni ~* 父は60に近い Meu pai tem ~ [perto de] sessenta anos. *Kare no yatte iru koto wa sagi kōi ni ~* 彼のやっていることは詐欺行為に近い O que ele está a fazer é ~ (uma) fraude. *Kuro ni ~ kon'iro* 黒に近い紺色 O azul-escuro ~ preto. *Sono keikaku wa hotondo fukanō ni ~* その計画はほとんど不可能に近い Esse plano é ~ impossível (de realizar). ⇨ kíńji[1]; onáji. **5**「近視であるよう」Míope. ★ *Me ga ~* 目が近い Míope (da vista). ⇨ chiká-me; kíńshi[2] (gáń); kíńgáń.

chikái[2] 誓い (< chikáú) **1**「約束」O juramento; o voto; a promessa. ★ ~ *o mamoru [yaburu]* 誓いを守る [破る] Cumprir [Romper] a/o ~. ~ *o tateru* 誓いを立てる Fazer um/a ~; jurar 「*Kare wa kinshu no ~ o tatete iru* 彼は禁酒の誓いを立てている Ele prometeu deixar de [tem voto de não] beber」. ⇨ seíyáku[2]; yakúsóku. **2**【神 (仏) に対する約束】O voto; a promessa. [S/同] Gáń (+); seígán.

chikái[3] 地階 O(s) andar(es) subterrâneo(s).

chikájíka 近近 Dentro em breve; um destes dias.

S/同 Chikáku **2** (+); kińjitsú chū; kińkíń.

chikákei 地下茎【Bot.】O caule subterrâneo「tubérculo da batata」. ⇨ chíká¹ **1**.

chikáku¹ 近く (Adv. de chikái¹) **1**[距離的に短いさま]Perto; próximo; junto de. *Eki wa koko kara sugu ~ desu* 駅はここからすぐ近くです A estação é muito perto daqui [fica logo aqui]. ★ *~ naru* 近くなる Ficar mais perto. *~ ni* 近くに [Kare wa watashi no ie no ~ ni sunde imasu* 彼は私の家の近くに住んでいます Ele mora perto [na proximidade/a pequena distância] da minha casa. *O~ ni o-koshi no setsu wa zehi-tomo waga-ya e o-yori kudasai* お近くにお越しの節はぜひとも我が家へお寄り下さい Quando vier para estes lados não deixe de me visitar. *Kono ~ ni* この近くに Aqui perto [Perto daqui]. *~ no* 近くの Perto; próximo. *Ginkō no ~ made iku* 銀行の近くまで行く Ir até perto do banco. P[ことわざ] *Tōi shinrui yori ~ no tanin* 遠い親戚より近くの他人 Mais vale vizinho à mão que, lá longe, o nosso irmão. S/同 Kínjo; sóba. A/反 Tốku.
2[時間的に短いさま]Perto de. ★ *~ naru* 近くなる Aproximar-se; ir [estar] chegando [*Natsu-yasumi mo iyoiyo owari ni ~ natte kita* 夏休みもいよいよ終わりに近くなって来た As férias de verão vão chegando [estão a chegar] ao fim]. ⇨ kóro¹.
3[ほとんど]Quase; perto de. *Kono tokei wa go-man-en ~ shita* この時計は5万円近くした Este relógio custou ― cinquenta mil yens. *Kare wa itsumo hachi-ji ~ ni ie o deru* 彼はいつも8時近くに家を出る Ele sai sempre de casa perto das oito horas. ★ *Ichi-jikan ~ matsu* 1時間近く待つ Esperar ― uma hora. S/同 Hóbo; hotóndo.
4[まもなく]Brevemente; em breve; dentro de pouco tempo. *Kare wa ~ Burajiru e shuppatsu shimasu* 彼は近くブラジルへ出発します Ele vai partir ― para o B. ⇨ Mamónaku (+); chikájíká; kińkíń.

chikakú² 知覚 A percepção [sensação]. ★ *~ dekiru [dekinai]* 知覚できる[できない] Perceptível [Imperceptível]. *~ suru* 知覚する Apreender; captar「pelos sentidos」. ◇ *~ shinkei* 知覚神経【Biol.】O nervo sensitivo. *~ shōgai* 知覚障害【Med.】O obstáculo sensorial. ⇨ kańkakú².

chikakú³ 地殻【Geol.】O crosta terrestre [da terra]; a litosfera. ◇ *~ hendō* 地核変動 **a**) O diastrofismo da ― ; **b**) Grande abalo (Ex.: *Seikai ni ~ ga okotte iru* = Estão a ocorrer [dar-se] grandes abalos na política).

chiká-ma 近間【G.】Aqui à mão; as cercanias. S/同 Kínjo (+).

chiká-máwari 近回り (< chikáku + mawárú) O caminho mais curto; o atalho. ★ *~ suru* 近回りする Ir pelo ~ ; atalhar(-se); cortar caminho. A/反 Tō-máwari. S/同 Chiká-michi.

chiká-me 近眼 A miopia. S/同 Kińgáń (+); kińshí (o). A/反 Eńshí.

chiká-michi 近道 (< chikái¹ + ...) **1**[距離の近い道]O caminho mais curto; o atalho. ★ *~ o suru* 近道をする Atalhar; ir pelo ~ . *Eki to iku ichi-ban no ~* 駅へ行く一番の近道 ~ para a estação. S/同 Mawári-michi, tō-míchí. **2**[手間のかからない手段・方法]O meio [método] rápido. *Gogaku shūtoku ni ~ wa nai* 語学習得に近道はない Não há método rápido para aprender uma língua (estrangeira). S/同 Hayá-michi.

chikán¹ 痴漢 O molestador (ou violador) sexual; o bolina (B.). ★ *~ ni au* 痴漢にあう Ser vítima de um ~ .

chikán² 置換 A substituição. ★ *"A" o "B" de ~ suru* A を B で置換する Substituir A por B. ⇨ okí-káe.

chikán³ 弛緩【E.】⇨ shikán².

chikára 力 **1**[体の力] A força. *~ ga aru* 力がある Ter força. *~ ga deru [tsuku]* 力が出る[つく] Adquirir [Ganhar] ~ [*Niku o tabetara ~ ga deta [tsuita]* 肉を食べたら力が出た[ついた] Comendo carne já tenho mais força]. *~ ga nukeru* 力が抜ける Perder a [Ficar sem] ~ [*Watashi wa karada-jū no ~ ga nuketa* 私は体中の力が抜けた Sinto-me sem força nenhuma]. *~ tsukiru* 力尽きる Chegar ao limite da força [*Kare wa tsui ~ tsukite dōro ni taoreta* 彼はついに力尽きて道路に倒れた Ele ficou exausto e acabou por cair na rua]. *~ ga yowai* 力が弱い Ser fraco. *~ ni makaseta* 力に任せて ⇨ chikará-mákase-ni. *~ no oyobu [suzuku] kagiri* 力の及ぶ[続く]限り O mais que [Enquanto] puder. *~ o dasu* 力を出す Fazer força; esforçar-se.「*Kata [Zenshin] no」~ o nuku*「肩[全身]」の力を抜く Relaxar a tensão dos ombros [do corpo todo]. *~ o shūchū suru* 力を集中する Concentrar a(s) força(s). *~ o tamesu* 力を試す Experimentar a ~ . *~ o tsukeru* 力をつける Ganhar [Retemperar as] forças. ◇ *~ jiman* 力自慢 O orgulho de ter [O gabar-se da sua] força. S/同 Táiryoku.
2[物理的な力] A força; a energia; a potência. ★ *Buttai ni jōge no ~ o kuwaeru* 物体に上下の力を加える Comprimir/Apertar um obje(c)to「livro」dos dois lados [por cima e por baixo]. *Jōki no ~* 蒸気の力 A energia [força do] vapor. *Shizen no ~* 自然の力 A força da natureza.
3[他を動かす働きなど] A força. *~ ni wa ~ de taikō subeki da* 力には力で対抗すべきだ Deve-se fazer frente ao poder com a força [É preciso resistir sempre]. *Kare no iken wa shanai de hijō ni ~ ga aru* 彼の意見は社内で非常に力がある A opinião dele tem muita ~ dentro da companhia. *~ no seiji [seisaku]* 力の政治[政策] A política da ~ . *~ o furuu* 力を振るう Exercer a ~ . *Hō no ~ ni uttaeru* 法の力に訴える Recorrer à lei. *Kane no ~ de hito o ugokasu* 金の力で人を動かす Usar os outros à ~ de dinheiro; subornar. *Kusuri no ~ de byōki o naosu* 薬の力で病気をなおす Curar-se à ~ de remédios. *Me ni mienu ~ ni shihai sareru* 目に見えぬ力に支配される Ser dominado por uma ~ oculta. *Yoron no ~* 世論の力 ~ da opinião pública. ◇ *~ kankei* 力関係 A relação de forças. ⇨ íryoku¹; kéńryoku¹; kōká¹; kóryoku²; séiryoku¹.
4[気力; 元気] A energia; o vigor. ★ *~ no nai koe de* 力のない声で Com a voz fraca. *~ o subete benkyō ni mukeru [sosogu]* 力を全て勉強に向ける [注ぐ] Concentrar toda a energia no estudo. *~ o ushinau [otosu]* 力を失う[落とす] Perder ~ [ânimo]; desanimar; ficar desalentado [*Ano fūfu wa hitori-musuko no shinarete sukkari ~ o otoshite iru* あの夫婦は一人息子に死なれてすっかり力を落としている Aquele casal anda completamente desalentado porque lhes morreu o filho]. ⇨ génki¹; ikígómi¹; kiryókú¹; séiryoku² **1**.
5[努力] A força; o empenho. *Wa-ga-kō de wa go-gaku kyōiku ni ōkina ~ o irete iru* 我が校では語学

教育に大きな力を入れている A nossa escola põe muita ~ no [dá muita importância ao] ensino das línguas. ★ ~ *o awaseru* 力を合わせる Colaborar; cooperar. ~ *o oshimazu ni* 力を惜しまずに Sem se poupar a esforços. ~ *o tsukusu* 力を尽くす Fazer o melhor possível; empenhar-se「em ajudar os necessitados」. *Kaisha saiken ni* ~ *o sosogu* 会社再建に力を注ぐ Pôr grande [todo o] empenho em levantar a firma. ⇨ dóryoku.
6 [能力; 資力] A força; a capacidade. *Kare ni wa ōzei no hito o matomeru* ~ *ga aru* 彼には大勢の人をまとめる力がある Ele sabe unir as pessoas. *Kare ni wa saishi o yashinau* ~ *ga nai* 彼には妻子を養う力がない Ele não é capaz de levar [sustentar] uma família. *Kare wa sukoshi-zutsu porutogarugo no* ~ *ga tsuite kita* 彼は少しずつポルトガル語の力がついてきた O p. dele tem melhorado aos poucos. *Watashi no* ~ *de dekiru koto nara nan de mo shimasu* 私の力で出来ることならなんでもします Farei tudo o que puder. ★ ~ *o shimesu* [*hakki suru*] 力を示す [発揮する] Mostrar capacidade. ~ *o yashinau* 力を養う Aumentar as suas capacidades. S/同 Jitsúryókú; nóryoku. ⇨ gakúryoku; shíryoku². **7** [助力; 尽力] A força; a ajuda; o auxílio. ★ ~ *ni naru* 力になる Prestar auxílio; ajudar; auxiliar [*Itsu de mo* ~ *ni narimashō* いつでも力になりましょう Estou disposto a ajudá-lo sempre que precisar]. ~ *ni tanomu* 力に頼む [力と頼む] Depender. (⇨ chikará-dánomi.) ~ *o kariru* 力を借りる Pedir ajuda. ~ *o kasu* 力を貸す Dar apoio; ajudar; prestar ajuda. *Hito no* ~ *o ate ni suru* 人の力を当てにする Contar com os [o auxílio dos] outros. *Tsue o* ~ *ni aruku* 杖を力に歩く Andar com uma [apoiado numa] bengala. S/同 Jińryókú; joryoku.

chikará-dámeshi 力試し (< ⋯ + tamésu) O experimentar a força [capacidade]. ★ ~ *ni mogi-shiken o ukeru* 力試しに模擬試験を受ける Fazer um ensaio de exame para testar a própria capacidade.

chikará-dánomi 力頼み (< ⋯ + tanómí) O depender de [contar com] outros.

chikará-íppai (ni) 力一杯 (に) Com [A] toda a força. ★ ~ *hataraku* 力一杯働く Trabalhar ~. ~ *tsuna o hipparu* 力一杯綱を引っ張る Puxar a corda ~. S/同 Isshókénmei (ni); seíppai. ⇨ chikará.

chikará-kobu 力瘤 **1** [腕の筋肉の盛り上がり] A protuberância do músculo retesado do braço; o bicípete. ★ ~ *o dasu* [*tsukuru*] 力瘤を出す [作る] Retesar os braços. **2** [熱心な尽力] O empenho. ★ ~ *o ireru* 力瘤を入れる Empenhar-se; arregaçar as mangas (para trabalhar). ⇨ jińryókú².

chikará-kúrabe 力比 [競] べ (< ⋯ + kurábérú) O medir [A competição] de forças.

chikará-mákase-ni 力任せに (< ⋯ + makáséru + ni) Até não poder mais [Com toda a força「que tinha」]. ★ ~ *to o tataku* 力任せに戸をたたく Bater [Dar murros] à porta com toda a força.

chikará-máke 力負け (< ⋯ + makéró) A derrota por falta de força ou má orientação da mesma. ★ ~ *suru* 力負けする Ser derrotado por⋯

chikará-mizu 力水【Sumô】A água com que os lutadores refrescam a boca, na arena. S/同 Keshō-mizu.

chikará-mochi 力持ち (< ⋯ + mótsu) O homem de grande força física. *Ki wa yasashikute* ~ 気は優しくて力持ち Ele é gentil [meigo] e forte.

chikará-náge-ní 力無げに (< ⋯ + nái + ki + ni) Sem força nenhuma; como um molenga.

chikará-ótoshi 力落とし (< ⋯ **4** + otósu) O desalento; o desânimo; o abatimento; o ficar (todo) descoroçoado. *Sazokashi o-* ~ *de gozaimashō* さぞかしお力落としでございましょう Posso imaginar (qual será) o seu ~ [Imagino como estará descoroçoado]. S/同 Ki-óchí.

chikará-shígoto 力仕事 O trabalho braçal [que exige força muscular]. ★ ~ *o suru* 力仕事をする Fazer um trabalho pesado [Ser trabalhador braçal]. S/同 Chikará-wáza; nikútáírōdō.

chikará-wázá 力業 **1** [⇨ chikará shígoto]. **2** [力技] Um grande feito [Uma mostra de força].

chikará-zóé 力添え (< ⋯ + soérú) A ajuda; o apoio; o amparo. ★ ~ *o suru* 力添えをする Ajudar; apoiar; prestar auxílio. S/同 Énjo (+); joryoku.

chikará-zúkéru 力づける (< ⋯ + tsukérú) Animar; dar ânimo [coragem]; encorajar. ★ *Byōnin o* ~ 病人を力づける Animar um/a doente. S/同 Gekírei súrú; geńki-zúkeru.

chikarázúkú 力ずく O fazer à força. ★ ~ *de ubai-toru* 力ずくで奪い取る Tirar à força [Roubar]. ⇨ góín.

chikará-zúyói 力強い (< ⋯ + tsuyói) **1** [心強い] Sentir-se forte [tranquilo; seguro]. *Konna toki kare ga soba ni ite kuretara* ~ *no ni* こんな時彼がそばに来てくれたら力強いのに Se neste momento difícil ele estivesse aqui ao meu lado, que seguro eu estaria [que forte eu fiquei, com que tranquilizador se sentiria]. S/同 kokóró-zúyói. ⇨ tanómóshíí (+). **2** [力がある] Forte. ◇ ~ **enzetsu** 力強い演説 O discurso vigoroso [enérgico].

chikáshíí 近しい Íntimo; familiar; amigável. ◇ ~ **yūjin** 近しい友人 Um amigo íntimo. S/同 Shitáshíí (+). A/反 Utói.

chiká-shítsu 地下室 O quarto subterrâneo [da cave]; o porão.

chiká-sui 地下水 A água subterrânea; o veio de água. ★ ~ *o kumi-ageru* 地下水を汲み上げる Bombear [Tirar à bomba] água do furo. ⇨ chīka¹.

chiká-tétsú (dō) [tétsudoo] 地下鉄(道) O metro (politano); o metrô (B.). ~ *de iku* 地下鉄で行く Ir de ~. ~ *ni noru* [*o oriru*] 地下鉄に乗る [を降りる] Tomar o/Entrar no ~ [Descer/Sair do ~].

chikáú 誓う Jurar; fazer juramento. ★ *Chikatte nido to akuji wa hatarakimasen* 誓って二度と悪事ははたらきません Juro nunca mais praticar ess ma a(c)ção]. *Kami kakete* ~ 神かけて誓う Jurar por Deus. ⇨ seíyákú².

chiká-yóru 近寄る (< chikáku + ⋯) **1** [ある物の近くに寄る] Aproximar-se. *Kiken,* ~ *na* 危険、近寄るな (揭示) Perigo! Não se aproxime! P.ことば *Kunshi ayauki ni chikayorazu* 君子危きに近寄らず O sábio mantém-se afastado [não se aproxima] do perigo. S/同 Chiká-zúku (+); sekkíń súrú. A/反 Hanárérú; tōzákáru. **2** [ある人物や事柄とかかわりをもつ] Andar com. *Warui nakama ni chika-yoranai* 悪い仲間に近寄らない Eu não ando com [não posso ouvir falar de] má companhia. S/同 Chiká-zúku (+); kakúwaru; shitáshímu.

chiká-yóséru 近寄せる (< chikáku + ⋯) ⇨ chikázúkéru.

chiká-zúkéru 近づける (< chikáku + tsukéru) **1** [あ

る場所・物の近くに寄せる] Aproximar. *Jiki ni chikazukenai koto* 磁気に近づけないこと (表示) Não ser atraído pelo íman/ímã. **2** [そばに寄せる] Associar-se「com」. *Yatsu wa ~ to kiken na jinbutsu da* やつは近づけると危険な人物だ Ele é uma companhia perigosa. ⟨S/同⟩ Chiká-yórú (+).

chikázúki 近づき (< chikázúku) **1** [親しく交際すること] O conhecer de perto e gostar. ★ *~ ni naru* 近づきになる Conhecer-se e ficar amigos. ⇨ Chikázúkí. **2** [知人] Um conhecido. ⟨S/同⟩ Chijín (+); shiríaí (o).

chikázúku 近づく (< chikáki¹ + tsúku) **1** [ある場所・人物などの近くへ寄る] Aproximar-se. *Totsuzen mishiranu hito ga watashi no hō e chikazuite kita* 突然見知らぬ人が私の方へ近づいて来た De repente, um desconhecido aproximou-se de mim. ⟨S/同⟩ Chikáyórú **1**; sekkín súru. ⟨A/反⟩ Hanáréru; tónóku; tózákáru.
2 [日時がさしせまる] Aproximar-se. *Wareware no jigyō mo yatto kansei ni chikazuita* 我々の事業もやっと完成に近づいた Finalmente, a nossa obra está quase terminada. ★ *Nenmatsu ga ~ ni tsurete* 年末が近づくにつれて À medida que o ano se aproxima do fim. ⟨S/同⟩ Sashísémáru; semáru.
3 [親しくなる] Travar conhecimento ou amizade. *Kotoba takumi ni ~* 言葉巧みに近づく Insinuar-se com falinhas mansas [com boas palavras]. ⟨S/同⟩ Shitáshímu. ⟨A/反⟩ Tónóku; tózákáru.
4 [形状・内容などがあるものに似てくる] Aproximar-se. *Kare no gei wa daibu honmono ni chikazuite kita* 彼の芸は大分本物に近づいてきた A arte dele está quase perfeita. ⇨ nirú².

chikéi¹ 地形【Geol.】A configuração do terreno; a topografia. ◇ **~ jō** 地形上 Topográfico. **~ zu** 地形図 A carta topográfica.
chikéi² 笞刑【A.】A chibatada; o açoite.
chi-kémuri 血煙 O esguicho [jorro] de sangue. ★ *~ o agete taoreru* 血煙を上げて倒れる Cair a jorrar sangue.
chi-kén 知見【E.】**1** [見識] O conhecimento. ★ *~ o hiromeru* 知見を広める Ampliar os seus ~. ⟨S/同⟩ Keńshíkí. **2** [意見] A opinião. ★ *~ o noberu* 知見を述べる Dar a sua ~.
chikétto チケット (< Ing. ticket) O bilhete; o cupão. ★ *~ sābisu* チケットサービス Um ~ (oferecido ao cliente para futuros descontos na mesma loja). ⇨ hikíkáe ◇; jóshá ◇; kaísú ◇; kippú; nyūjō ◇.
chíki¹ 知己 **1**[親友] O amigo íntimo. ⟨S/同⟩ Shiń'yū (+). **2**[知り合い] Um conhecido. ★ *Hyakunen no ~ no gotoku* 100 年の知己のごとく Como 「se fossem」amigos há cem anos. ⟨S/同⟩ Chijín (+); chiyū; shiríaí (o).
chiki² 稚気【E.】A puerilidade; a infantilidade. ⇨ kodómóppói.
chikín-katsu (retsu) チキンカツ (レツ) O frango frito à milanesa.
chikín-ráisu チキンライス O risoto de galinha.
chíkki チッキ (< Ing. check) **1**[手荷物預証] A guia (da bagagem); o talão. ⟨S/同⟩ Teńmotsu azúkárí-shō. **2**[託送手荷物] A bagagem não acompanhada. ⟨S/同⟩ Takúsō teńmotsu.
chikkō 築港 A construção de um porto.
chíkku チック (< Fr. cosmétique) A pomada em forma de barra para tornar lustroso o cabelo e a barba.

chikkú-shō チック症 (< Al. tic)【Med.】Um tique (nervoso).
chíkkyo 蟄居【A.】**1** [家にこもっていること] O encerrar [fechar]-se em casa. **2** [閉門; 謹慎; 江戸時代の刑罰の一つ]【H.】O confinamento domiciliário na era Edo. ★ *~ o meizerareru* 蟄居を命ぜられる Ser compelido a ~.
chikō¹ 地硬【Geol.】O sinclinal.
chikō² 遅効 O efeito lento. ◇ **~ sei hiryō** 遅効性肥料 O adubo de ~. ⟨A/反⟩ Sokkō.
chikóku 遅刻 O atraso. ★ *~ suru* 遅刻する Chegar atrasado「à aula」. ◇ **~ todoke** 遅刻届 A justificação de atraso. ⟨A/反⟩ Sōtaí. ⇨ okúréru.
chikótsú 恥骨【Anat.】O púbis (Osso).
chiku 地区 (< chíiki + kúiki) O bairro; a zona. ◇ **Jūtaku ~** 住宅地区 O/A ~ residencial. **~ taikai** 地区大会 Um grande encontro 「desportivo」do/a ~. ⇨ chihō¹.
chíku チーク [ii] (< Ing. teak) A teca. ◇ **~ zai** チーク材 A madeira de ~.
chikúba no tomo 竹馬の友 O amigo [companheiro] de infância; o velho amigo. ⟨S/同⟩ Osáná-nájimi (+).
chi-kubi 乳首 (< chichí² + …) **a)** O mamilo; o bico da mama; **b)** A chupeta.
chikuchiku (to) ちくちく (と) **1** [針を小刻みに動かして縫うさま](Im. de coser depressa, à mão). *Hari de nuno o ~ nuu* 針で布をちくちく (と) 縫う Costurar com ponto miudinho. **2** [針などがとがったもので続けざまに刺すさま] Pim, pim. *~ chikúri to* **1**. **3** [とがったもので刺されるような痛みを感じるさま] (Im. de picar) ★ *Hara ga ~ itamu* 腹がちくちく痛む Sinto uma dor, a picar, no estômago. ⇨ zúkízuki. **4** [意地の悪いことを言ったりしたりするさま] (Im. de picar [acirrar] alguém) *Kare wa yoku ~ hito no ki ni sawaru koto o iu* 彼はよくちくちく (と) 人の気にさわることを言う Ele está sempre a picar os outros. ⇨ chikúri to **2**.
chíkú dánsu [ii] チークダンス (< Ing. cheek dance) O dançar de rosto encostado um ao outro.
chikúdén¹ 蓄電 A acumulação de energia elé(c)trica.
chikúdén² 逐電 A fuga precipitada; o pisgar-se. *Kare wa tagaku no shakkin o nokoshita mama shita* 彼は多額の借金を残したまま逐電した Ele fugiu deixando muitas dívidas. ⟨S/同⟩ Shuppón.
chikúdénchi 蓄電池 (⇨ chikúdén¹) A bateria (elé(c)trica); o acumulador. ◇ **Arukari ~** アルカリ蓄電池 O acumulador alcalino. ⟨S/同⟩ Bátterī (+); dénchi (o).
chikúdénki 蓄電器 (⇨ chikúdén¹) O condensador elé(c)trico. ⟨S/同⟩ Końdénsā (+).
chíkugo 逐語 O ir palavra por palavra. ◇ **~ yaku** 逐語訳 A tradução palavra por palavra [à letra/literal]. ⇨ chokúyáku.
chikúgó-téki 逐語的 Palavra por palavra; à [ao pé da] letra. ★ *~ ni yakusu* 逐語的に訳す Traduzir ~.
chikuichi 逐一 **1** [一つ一つ順を追って] Um por [a] um. ★ *~ setsumei suru* 逐一説明する Explicar ~. ⟨S/同⟩ Ichí ichi (+); súbete (o). **2** [くわしく; 残らず] Minuciosamente; tintim por tintim. ⟨S/同⟩ Kuwáshíku (+).
chíkuji 逐次 Um após outro; um a um. *Atarashii nyūsu ga hairi shidai ~ go-hōkoku itashimasu* 新し

いニュースが入り次第逐次御報告いたします Transmitiremos novas [mais] notícias à medida que chegarem. ⓢ/词 Dandán ni (+); junjún ni (+); tsugítsugi ni (o).

chikújó[1] 築城 A fortificação. ★ ~ suru 築城する Fortificar; construir um castelo. ⇨ shiró[2].

chikújó[2] 逐条 Artigo por artigo.

chikúken 畜犬 O cão de estimação. ◇ ~ tōroku 畜犬登録 O regist(r)o dum ~.

chikúkō 築港 ⇨ chikkō.

chikúnén 逐年 Ano após ano; anualmente. ⓢ/词 Nennén (+).

chikúnōshō 蓄膿症【Med.】O empiema.

chikúonki 蓄音機 O gramofone; o fonógrafo; o toca[gira]-discos; a grafonola (A.); a vitrola (B.). ⓢ/词 Puréya (+). ⇨ sutéréo.

chikúri (to) ちくり (と) 1 [針などのとがったもので刺すさま] Pim! Hachi ga ~ sashita 蜂がちくりと刺した A abelha, ~, picou-o. ⇨ busúri to; chikúchiku (to) 1. 2 [相手を刺激するようなことを言ったりしたりするさま] O usar palavras picantes. ★ ~ hiniku o iu ちくりと皮肉を言う Usar palavras provocadoras; picar[acirrar] alguém; ser cínico. ⇨ chikúchiku (to) 2.

chikúro チクロ (< Ing. cyclamate)【Quím.】O ciclamato; o cicloexilo.

chikúrui 畜類 1 [家畜] Os animais domésticos. ⓢ/词 Kachíku (+). 2 [けだもの] As feras. ⓢ/词 Kedámónó (+).

chikusán 畜産 A pecuária; a criação de gado. ◇ ~ kumiai 畜産組合 A cooperativa de ~.

chikusán-gaku 畜産学 A zootecnia.

chikusán-gyō 畜産業 ⇨ chikusán) A indústria pecuária.

chikúséki 蓄積 a) ★ ~ suru 蓄積する Acumular (Hiro ga ~ shite byōki ni naru 疲労が蓄積して病気になる Ficar doente devido ao cansaço acumulado). Ima made no ~ ga mono o iu 今までの蓄積が物を言う A experiência (acumulada) vale [conta] muito. b) A capitalização ⇨ takúwáé; tamárú.

chikúsha 畜舎 O estábulo. ⇨ umá[1] ◇.

chikúshō[oo] 畜生 1 [けもの] A besta; o animal. ★ Inu ~ ni-mo otoru 犬畜生にも劣る Ser pior do que um cão [bruto; animal]. ⓢ/词 Kedámónó (o); kemónó (+). ⇨ chikúshódō. 2 [ののしって言う言葉] O estúpido. ★ ~! ちくしょう! Seu estúpido [burro; animal]! Kon ~ こんちくしょう Que besta (esta/me saíste)!

chikúshōdō [shoo] 畜生道 1 [六道の一つ；または三悪道の一つ] O purgatório atormentador (Bud.). 2 [人道上許されない極悪の行い] O incesto.

chíkutaku ちくたく Tique-taque. Shizuka na heya ni wa hashira-dokei ga ~ to hibiite ita 静かな部屋には柱時計がちくたくちくたくと響いていた No silêncio do quarto ouvia-se o ~ do relógio de parede.

chikuwá 竹輪 Uma espécie de pasta de peixe, cozida, em forma de bambu. ⇨ kamábóko.

chikúzái 蓄財 A acumulação de dinheiro. ★ ~ suru 蓄財する Juntar [Acumular] dinheiro [riqueza]. ⓢ/词 Chochíku (+); shokusán; shokuzái.

chikúzō 築造 O construir. ★ ~ suru 築造する Construir「escolas」. ⓢ/词 Keńzō; kōchíku.

chikyō 地峡【Geol.】O istmo「da ilha da cidade de Luanda」. ⇨ kaíkyō[1]; únga.

chikyōdai[oo] 乳兄弟［姉妹］O irmão [A irmã] de leite; o irmão colaço.

chikyū 地球 A terra; o globo. ★ ~ jō de [no] 地球上で[の] Terrestre; terráqueo. ◇ ~ butsuri-gaku 地球物理学 A geofísica. ~ kagaku 地球化学 A geoquímica. ~ kansoku eisei 地球観測衛星 O satélite de reconhecimento da/o ~.

chikyúgi[úu] 地球儀 Um globo (terrestre). ⇨ chikyū.

chikyū-jin[úu] 地球人 O habitante da terra. ⇨ chikyū.

chimáki 粽 A massa de arroz cozido embrulhada em folha de bambu (Comida de "Tango-no sekku").

chi-mámé 血豆【Med.】A equimose; a bolha de sangue.

chi-mamíré 血塗れ (< ... + mamíreru) O estar ensanguentado [coberto de sangue]. ★ ~ ni naru 血塗れになる Ficar... ⓢ/词 Chi-dáráké (+); chimídóró. ⇨ doró-mámire.

chi-mánako 血眼 1 [充血した目] Os olhos vermelhos [inflamados]. 2 [一心に奔走すること] A excitação cega. ★ ~ ni natte hannin o sagasu 血眼になって犯人を探す Lançar-se como feras à procura do criminoso. ⇨ nétchū; múchū.

chimátá 巷【E.】1 [別れ道] A encruzilhada. ⓢ/词 Kíro (+); sakái; wakáré-michi(o). 2 [世間；まちなか] A rua; o público. ★ ~ no koe 巷の声 A voz do ~ [povo]. ⇨ gaítō[3]; machínákaí; séken. 3 [大勢の人がある物事をする場所] A invasão de gente; um lugar de confusão. ★ Senran no ~ to kasu 戦乱の巷と化す「o país」Transformar-se em teatro de guerra. ⓢ/词 Bashó (o); tokóró (+).

chi-mátsuri 血祭り A oblação de sangue [A imolação de uma vítima]. ★ ~ ni ageru [suru] 血祭りにあげる[する] Imolar; sacrificar.

chi-máyou 血迷う Ficar fora de si; ficar maluco [louco]. ~ na! 血迷うな! Acalma-te! /Nada de [Pára com essas] loucuras! ★ Chimayotta bōto 血迷った暴徒 Os insurre(c)tos loucos. ⇨ gyakújō.

chiméi[1] 地名 O nome duma terra; o topó[ô]nimo. ◇ ~ jiten 地名辞典 O dicionário toponímico [de topónimos]. ⇨ jińméi[1].

chiméi[2] 知名 O ser conhecido. ⓢ/词 Chomêi (+); kómêi (+); yûmêi (o).

chiméi-do 知名度 O grau de reputação. ★ ~ ga takai [hikui] 知名度が高い[低い] Muito [Pouco] conhecido. ⇨ chiméi[2].

chiméi-jin 知名人 A pessoa famosa [célebre]. ⇨ chiméi[2].

chiméi-shó 致命傷 1 [命取りになるような傷] Um ferimento fatal [mortal]. Kare wa sono kizu ga ~ to natte shinda 彼はその傷が致命傷となって死んだ O ferimento era fatal e ele morreu. ★ ~ o ukeru 致命傷を受ける Sofrer [Receber] ~. ⇨ chiméi-téki 1. 2 [回復不能のひどい痛手・失敗]【Fig.】Uma coisa fatal. Sono oshoku mondai ga naikaku no ~ to natta その汚職問題が内閣の致命傷となった Esse problema de corrupção foi fatal para o Governo. ⇨ chiméi-téki 2.

chiméi-téki 致命的 1 [命取りになるようす] Fatal; mortal. ★ ~ na kega 致命的なけが Uma lesão ~. ⇨ chiméi-shó 1. 2 [回復不能のようす]【Fig.】Fatal [Irreparável]. ⇨ chiméi-shó 2.

chimi 地味 A qualidade do solo. ★ ~ no koeta

[*yaseta*] *nōchi* 地味の肥えた[やせた]農地 Um solo fértil [estéril/pobre]. [S/同] Chíryoku¹; doshítsú.

chimíchí 血道 O sangue das veias. ★ ～ *o ageru* 血道を上げる Estar louco「de amor」; estar obcessionado「pelo futebol」. ⇨ muchū́; netchū́.

chi-mídóró 血みどろ **1** [⇨ chi-mámíré]. **2** [非常に苦しくせっぱつまった状態]【Fig.】Um desespero. ★ ～ *no tatakai o kurihirogeru* 血みどろの戦いをくりひろげる Empreender um luta desesperada [de morte]. ⇨ kutṓ¹.

chímimṓryṓ [**moó**] 魑魅魍魎【E.】Os gé[ê]nios dos rios e das montanhas. [S/同] Yṓkáihénge (+).

chimítsú 緻密 **1** [紙・布などがきめの細かいようす] O ser fino. ★ ～ *na* 緻密な Minucioso; delicado. **2** [細かく正確なようす] A exa(c)tidão; a precisão. ★ ～ *na keikaku o tateru* 緻密な計画を立てる Elaborar um proje(c)to perfeito [minucioso]. ～ *na zunō no mochinushi* 緻密な頭脳の持ち主 Um espírito penetrante. [S/同] Meńmítsú; seímítsú (+).

chimóń 地文 **1** [大地のありさま] O aspecto geográfico do terreno. [S/同] Chiséí (+). **2** [Abrev. de "chimóngaku"]

chimóngaku 地文学 A fisiografia [geografia física].

chī́mu [**íi**] チーム (< Ing. team) A equipa[e]. ★ ～ *de shigoto o suru* チームで仕事をする Trabalhar em ～. ～ *ni zokushite iru* [～ *no ichi-in de aru*] チームに属している [チームの一員である] Pertencer à [Ser da] ～. ～ *o kumu* [*tsukuru*; *hensei suru*] チームを組む [作る; 編成する] Formar [Fazer/Organizar] uma ～. ◇ **～ purē** チームプレー O jogo de ～. **～ mēto** チームメート Os colegas da (mesma) ～. ⇨ **～wāku. Jimoto ～** 地元チーム ～ local. ⇨ gurū́pu; kumí.

chī́mú-wā́ku [**iímúwáa**] チームワーク (< Ing. teamwork) O trabalho de equipe/a [conjunto]. ★ ～ *o midasu* チームワークを乱す Perturbar o ～.

chín¹ 狆【Zool.】O cão pequinês. ★ ～ *ga kushami o shita yō na kao* 狆がくしゃみをしたような顔 Uma cara de ～ a espirrar (Muito feia). ⇨ inú.

chín² 珍 **1** [風変わりでおもしろいようす]「um dito」Raro (e interessante). ⇨ fū́gáwari; omóshírói. **2** [珍しくなかなか得がたいようす]「um incidente」Có[ô]mico; extraordinário. ◇ **～ genshō** 珍現象 Um fenó[ô]meno ～. ⇨ kichṓ¹; mezúráshíi.

chín³ 朕 (A.) Nós (Imperador).

chín⁴ 賃 O pagamento. ★ ～ *zumi no* 賃済みの (Já) pago. ◇ ⇨ **densha ～. ～ shigoto** 賃仕事 O trabalho por peça [tarefa]. [S/同] Dái.

chiń-ágé 賃上げ (< chíngin + agérú) O aumento salarial [de salário]. ★ ～ *o yōkyū suru* 賃上げを要求する Reivindicar [Pedir; Exigir] ～. [S/同] Bḗsú áppu. [A/反] Chiń-ságé.

chi-námágúsái 血腥い **1** [血のにおいがするようす] Que cheira a sangue. **2** [戦争その他で人々が血を流すことが多いようす] Sangrento. ★ ～ *jiken* 血腥い事件 Um incidente ～. ⇨ satsúbátsú.

chinámí 因み【E.】⇨ kańkéí¹.

chinámí-ní 因みに (< chinámu) (Já agora) gostaria de acrescentar「que as nossas vendas continuam aumentando」; a propósito: … [S/同] Tsuídé-ní.

chinámu 因む Relacionar-se; associar-se; estar ligado「com」. *Sono onna no ko wa umareta kisetsu ni chinande Natsuko to nazukerareta* その女の子は生まれた季節に因んで夏子と名づけられた A essa menina, por associação com a [por causa da] estação em que nasceu, puseram-lhe (o nome) Natsuko. ⇨ kańkéí¹; tsunágárí.

chiń'átsú 鎮圧 A supressão; a repressão; a sufocação. ★ *Bōdō o ～ suru* 暴動を鎮圧する Sufocar uma revolta. [S/同] Chińtéí; heítéí; seíátsú.

chińbéń 陳弁 O justificar-se. [S/同] Beńkái (+); beńméí (+).

chińbótsú 沈没 (⇨ chińbótsú-séń) **1** [船が沈むこと] O afundamento. ★ ～ *suru* 沈没する Afundar-se; ir ao fundo.

2 [酔って正体を失うこと] O cair de bêbe[a]do; o ficar como um odre. ⇨ deísúí.

chińbótsú-séń 沈没船 Um navio afundado.

chińbúń 珍聞【E.】Um boato curioso. [S/同] Chińdáń (+); kibúń. ⇨ chín².

chińchákú 沈着 **1** [しみつくこと] O manchar [tingir]-se.

2 [落ち着いているようす] A compostura; a presença de espírito; a serenidade; a calma. ～ *ni kōdō suru* 沈着に行動する Agir com calma [～]. ◇ **～ reisei** 沈着冷静 A calma e o sangue-frio. [S/同] Jijákú; reíséí (+); taízéń. [A/反] Keíṣṓ.

chińchíkúrin ちんちくりん【G.】 **1** [背が低いこと] O pigmeu [meio palmo de gente]. **2** [衣服の丈が短すぎること]「casaco」Curto; curteco. [S/同] Tsuńtsúrúten (+).

chínchin¹ ちんちん **1** [男子の陰茎をさす小児語]【Infa.】O pilau [pipi]. ★ *O-～* おちんちん ⇨ ińkéí. **2** [犬の芸の一つ] A proeza do cão se pôr sobre as patas traseiras. ⇨ o-té.

chínchin² ちんちん【On.】 **1** [鉦などの鳴る金属的な音] Tilim, tilim. **2** [お湯のわき立つようす] (Im. de ebulição da água) *Sutōbu no ue de yakan ga ～ oto o tatete ita* ストーブの上でやかんがちんちん音を立てていた Ouvia-se a água a ferver na chaleira em cima do fogão.

chińchírórin ちんちろりん **1** [まつむしの鳴き声]【On.】Cri, cri (Fretenir do grilo). *Matsumushi ga ～ to naite iru* まつむしがちんちろりんと鳴いている O grilo está a fazer ～.

2 [まつむしの俗称] O nome popular de "matsúmushi" (+).

3 [とばくの一種] Uma espécie de jogo de azar.

chińchṓ¹ 珍重 O grande apreço. ★ ～ *suru* 珍重する Ter em ～ [*Nihon de wa ayu wa ～ sarete iru* 日本では鮎は珍重されている No J. o "ayu" é altamente apreciado]. ⇨ daíjí¹; taísétsú.

chińchṓ² 珍鳥 Um pássaro raro; aves raras. ⇨ torí¹.

chińchṓge [**óo**] 沈丁花【Bot.】⇨ jińchṓge.

chińdáń 珍談 A anedota [história engraçada]. [S/同] Chińsétsú; kídan; kíwa. ⇨ épisōdo; chín².

chińdéń 沈殿 [澱] A precipitação; a sedimentação. ★ ～ *suru* 沈殿 [澱] する Sedimentar.

chińdén-butsu 沈殿物【Quím.】O sedimento; a borra [o depósito]「do vinho」; o precipitado.

chińdóń'yá ちんどん屋 Uma pequena banda de músicos, típicos, meio palhaços, a apregoar pelas ruas. [S/同] Hiróméyá; tṓzáíyá.

chi-nétsú 地熱【Geol.】O calor (do interior) da terra; a geotermia. ◇ **～ hatsudensho** 地熱発電所 A central [usina] elé(c)trica geotérmica. ⇨ jinétsú.

chiń-gárí 賃借り (<… + karí) ⇨ chińshákú.

chiń-gáshí 賃貸し ⇨ chińtáí.

C

chíngin¹ 賃金 O salário [ordenado]. ★ ~ *o ageru* [*sageru*] 賃金を上げる [下げる] Aumentar/Subir [Baixar] o salário. ~ *o eru* 賃金を得る Receber ~. ~ *o shiharau* 賃金を支払う Pagar ~. *Yoi* [*Warui*] ~ *de hataraku* 良い [悪い] 賃金で働く Trabalhar com um bom [mau] ~. ◇ ~ **bēsu** [**suijun**] 賃金ベース [水準] O ~-base. ~ **fu-barai** 賃金不払い O não pagar ~. ~ **kakusa** 賃金格差 A diferença salarial [de ~]. ~ **katto** 賃金カット Um corte salarial [no ~]. ~ **rōdō-sha** [**seikatsu-sha**] 賃金労働者 [生活者] O (trabalhador) assalariado. ~ **tōsei** 賃金統制 O controlo dos ~ s. ~ **tōsō** 賃金闘争 A luta pelo aumento salarial. **Kō** [**Tei**] ~ 高 [低] 賃金 ~ alto [baixo]. **Meimoku** ~ 名目賃金 O salário nominal. ⓈⒹ Rōgin; rōchin. ⇨ kyūryō¹.

chíngin² 沈吟 【E.】 O concentrar-se ou meditar movendo os lábios.

chi-Níchi 知日 A simpatia pelo [para com o] J. ◇ ~ **ka** 知日家 O pró-japonês; o simpatizante do J. ⓈⒹ Shín-Níchi (+).

chínji¹ 珍事 Um acontecimento raro; um fa(c)to imprevisto 「durante o desfile」. ⇨ chín².

chínji² 椿事 Um incidente [contratempo] 「desastroso/chocante」.

chínjō 陳情 (⇨ chínjō-dan) A petição 「ao Governo」. ★ ~ *o uke-tsukeru* [*uke-ireru*] 陳情を受け付ける [受け入れる] Aceitar ~. ~ *suru* 陳情する Fazer ~. ⓈⒹ Seígán (+).

chínjō-dan (**óo**) 陳情団 (< … + dantái) Um grupo de peticionários no parlamento.

chínjō-shó 陳情書 A petição escrita; o requerimento.

chínju 鎮守 A divindade local. ★ ~ *no mori* 鎮守の森 O 「pequeno」 bosque do santuário [da ~].

chinjútsú 陳述 **1** [意見や考えを述べること] A afirmação; a declaração. ★ ~ *suru* 陳述する Afirmar; declarar; expor uma opinião. ⇨ nobéru¹. **2** [裁判の] O depoimento 「da testemunha」; a exposição. ~ *suru* 陳述する Depor (em tribunal) [*Kyogi no* ~ *o suru* 虚偽の陳述をする [Fazer um ~ falso 「um perjúrio」]. ⇨ chinjútsú-shó.

chinjútsú-shó 陳述書 Uma declaração escrita.

chinká¹ 沈下 O afundamento [ceder; baixar]. ★ ~ *suru* 沈下する Afundar [~]. ◇ **Jiban** ~ 地盤沈下 ~ do terreno.

chinká² 鎮火 O apagar-se. *Sono yama kaji wa futsuka-go ni yōyaku* ~ *shita* その山火事は二日後にようやく鎮火した Finalmente, ao fim de 2 dias, o incêndio da mata apagou-se. ⇨ shōká². ⒶⓇ Shukká.

chínki¹ 珍奇 (⇨ chín² 2) A raridade; a singularidade; a rareza. ★ ~ *na* [*fukusō*] 珍奇な [服装] Um vestido raro. ⓈⒹ Chínmyō; kíí; kímyō (+); kítái.

chínki² チンキ (< Hol. tinctuur) A tintura. ◇ **Yōdo** ~ ヨードチンキ ~ de iodo.

chínkō 沈降 A sedimentação. ★ ~ *suru* 沈降する Sedimentar; assentar no fundo. ◇ **Sekkekkyū** ~ **sokudo** 赤血球沈降速度 A velocidade de os glóbulos vermelhos. ⓈⒹ Chinká¹ (+).

chinkón 鎮魂 O repouso da alma do morto. ◇ ~ **kyoku** 鎮魂曲 Um réquie(m).

chínkóro 狆ころ 【G.】 **1** [狆の俗称] O cão pequinês (Pop.). Chín¹ (+). **2** [小犬] Um cão pequeno; o cãozinho; o cachorrinho. ⓈⒹ Inúkkóró (+); koínú(o); wánchan (+); wankóró.

chínkyáku 珍客 Um visitante inesperado; uma visita rara.

chínmári (**to**) ちんまり (と) Jeitoso; catita; bonito. ★ ~ *shita ie* ちんまり (と) した家 Uma casinha confortável [toda catita]. ⓈⒹ Kojínmári (+).

chínmi 珍味 (< chín² + ají) O acepipe; as melhores iguarias; o petisco. ★ *Sankai no* ~ *o taberu* 山海の珍味を食べる Ter um banquete/banquetaço [Comer tudo o que há de melhor].

chínmochi 賃餅 "Mochi" feito de encomenda (Pagando o trabalho).

chínmóku 沈黙 **1** [口をきかないこと] O silêncio. ★ ~ *o mamoru* 沈黙を守る Manter [Guardar] ~. ~ *o yaburu* 沈黙を破る Romper o ~. ~ *suru* 沈黙する Ficar calado [Manter-se em ~]. ⓅⒹ ~ *wa kin yūben wa gin* 沈黙は金雄弁は銀 A palavra é de prata e o silêncio é de ouro. ⇨ chín². **2** [活動しないこと] O silêncio; o parar; o interromper. *Yūgun no shūchū-hōka ga teki o* ~ *saseta* 友軍の集中砲火が敵を沈黙させた O fogo cerrado do nosso exército fez calar o inimigo. ⇨ yamérú¹; yasúmu.

chínmon 珍問 Uma pergunta rara [fora de propósito]. Kímón. ⇨ chíntō.

chínmuruí 珍無類 Único; extraordinário. ⇨ mezúráshii.

chínmyō 珍妙 (⇨ chín² 2) A extravagância; a excentricidade. ★ ~ *na* 珍妙な Esquisito; excêntrico; singular [~ *na* [*kakkō*] 珍妙な [格好] Uma aparência ~ [extravagante]]. ⓈⒹ Hánkyō; kíí (+); yáhō(o).

chínnyū 闖入 【E.】 A intrusão. ★ ~ *suru* 闖入する Ser intruso. ◇ ~ **sha** 闖入者 O intruso. ⓈⒹ Rannyū (+); shinnyū (o).

chínō 知能 A inteligência. ◇ ~ **kensa** [**tesuto**] 知能検査 [テスト] Um exame [teste] de ~. ~ **shisū** 知能指数 O quociente de ~. ⇨ aíkyū. ⓈⒹ Chíe; nōryoku.

chi nó ké 血の気 [血の通っていること] O sangue. ★ *Kao kara* ~ *ga hiku* 顔から血の気が引く Ficar (branco) como a cera; ficar todo pálido. ⇨ kesshōkú¹. **2** [物事に激しやすい性質] O ter sangue na guelra. ~ *no ōi hito* 血の気の多い人 Uma pessoa fogosa/sanguínea/que tem…

chi-nómi-go 乳飲 [呑] み子 [児] (< chich² + nómi + ko) A criança de peito. ⓈⒹ Nyūji; nyūyóji (+).

chi-nóri 血糊 O [A mancha de] sangue seco 「na espada」.

chinpánjí チンパンジー (< Ing. chimpanzee) 【Zool.】 O chimpanzé; *pan satyrus*.

chínpin 珍品 (< chín² + hín) Um artigo raro; uma raridade 「pintura」.

chínpirá ちんぴら 【G.】 **a**) O garotote; **b**) O delinquente; **c**) O bandido(zote). ⇨ akútó¹; furyō¹.

chínpon 珍本 (< chín² + hón) O livro raro. ⓈⒹ Chínsho; kikóbón; kísho.

chínpu 陳腐 O ser banal [gasto]. ★ ~ *na iimawashi* 陳腐な言い回し Uma expressão banal [já gasta]. ⒶⓇ Shínki. ⇨ furú-kúsái; tsukí-námí.

chínpúnkán (**pún**) [**chínpúnkánpun**] ちんぷんかん (ぷん) Uma linguagem [algaraviada] incompreensível; uma salgalhada. *Sono riron wa watashi ni wa* ~ *de nani mo wakaranai* その理論は私にはちんぷんかん (ぷん) で何もわからない Esse argumento para mim é chinês, não entendo nada.

chínrétsú 陳列 A exibição; a mostra; a exposição.

～ *suru* 陳列する Exibir; expor [fazer uma exposição]「de pintura」[～ *shite aru* 陳列してある Estar exposto [à mostra/em exposição]]. ◇ ⇨ **～ hin**. **～ kēsu** 陳列ケース O mostruário (⇨ chińrétsú-dana.) [S/同] Teńjí; teńráń.

chińrétsú-dana 陳列棚 (＜… + taná) O mostruário. ⇨ shṓ-úíndō.

chińrétsúhíń 陳列品 Um artigo à mostra; uma mercadoria em exibição. ⇨ chińrétsú.

chińrétsúkan [**chińrétsújó**] 陳列館 [陳列所] Um museu; a galeria de exposições. ⇨ chińrétsú.

chińrétsú-shitsu 陳列室 A sala de exposições.

chińríń 沈淪【E.】O estar [viver] apagado.

chiń-rṓdō [**róo**] 賃労働 O trabalho assalariado; o trabalhar à jeira. [S/同] Chińgíń-rṓdō (+). ⇨ chiń-shígoto.

chińséí[1] 鎮静 O acalmar. (⇨ shizúmáru.) ◇ **～ sayō** 鎮静作用 O efeito sedativo. ⇨ **～zai**.

chińséí[2] 沈静 **a**) O estabilizar「a inflação」; **b**) O ficar mais calmo. *Yōyaku infure ga ～ shita* ようやくインフレが沈静した Finalmente a inflação estabilizou-se [parou um pouco].

chińséízáí 鎮静剤 O sedativo; o calmante. ⇨ chińséí[1].

chińséń[1] 沈潜【E.】 **1** [水中に沈むこと] O assentar [ficar] no fundo「da água」. ⇨ shizúmú. **2** [心を静めて深く考えること] O ficar [andar] absorto [absorvido]. ★ *Bungaku ni ～ suru* 文学に沈潜する Andar (todo) metido [absorvido] na literatura. ⇨ bottṓ.

chińséń[2] 賃銭 ⇨ chíngin.

chińsétsú 珍説 (⇨ chín[2]) **1** [珍しい話] A história curiosa. [S/同] Chińdáń (+). **2** [風変わりな説] A opinião [teoria] rara [absurda].

chínsha 陳謝 O pedir perdão [desculpa]. *Shitsurei na hatsugen ni tai-shi ～ itashimasu* 失礼な発言に対し陳謝いたします Peço imensa desculpa do [pelo] que eu disse. ⇨ ayámáru[2]; shazáí; wabírú.

chińshákú 賃借 O arrendar [alugar] (De outro). ★ *Heya o ～ suru* 部屋を賃借する Alugar um quarto. ◇ **～ chi** 賃借地 O terreno arrendado. [S/同] Chiń-gárí. [A/反] Chińtáí[2].

chińshákú-ken 賃借権【Dir.】Os direitos do arrendamento.

chińshákú-níń 賃借人【Dir.】O arrendentário; o locatário. [A/反] Chińtáí-níń.

chińshákú-ryō 賃借料 O (preço de) aluguel[r].

chínshi 沈思【E.】A meditação; a contemplação; a reflexão profunda. ～ *mokkō suru* 沈思黙考する Meditar silenciosamente. [S/同] Meísṓ; mókushi; séishi.

chiń-shígoto 賃仕事 O trabalho (manual) à peça (Pago segundo a quantidade produzida). ⇨ naíshókú (o); te-náishoku (+).

chínsho 珍書 (⇨ chín[2]) Um livro raro. [S/同] Chińpóń (+); kikṓbóń; kísho.

chińtáí[1] 沈滞 **a**) A estagnação; a ina(c)tividade; **b**) O estar descoroçoado/desanimado「jogadores」. *Keiki ga ～ shite iru* 景気が沈滞している A economia está estagnada. [S/同] Teítáí (+).

chińtáí[2] 賃貸 O arrendamento [aluguer/l] (A outro). ★ ～ *suru* 賃貸する Arrendar; alugar. ◇ **～ apāto** [**manshon**] 賃貸アパート[マンション] O apartamento para ～. **～ keiyaku** 賃貸契約 O contrato de ～. [S/同] Chiń-gáshí. [A/反] Chińshákú.

chińtáí-butsu 賃貸物 Um obje(c)to para aluguer/l.

chińtáí-níń 賃貸人 O senhorio; o locador. [A/反] Chińshákú-níń.

chińtáí-ryō 賃貸料 O (preço do) aluguel/r.

chińtáishaku 賃貸借 O arrendamento (Contrato). [S/同] Réntaru (+). ⇨ chińtáí[2]; chińshákú.

chińtéí 鎮定【E.】A pacificação (pela força). [S/同] Chiń'átsú (o); heítéí (+). ⇨ shizúméru[2].

chińtṓ 珍答 (⇨ chín[2])【E.】A resposta absurda. ⇨ chińmóń.

chińtsū́[1] 沈痛 (O estar) triste [com pesar]. ～ *na omomochi* 沈痛な面持ち A expressão pesarosa [abatida]. [S/同] Hitsū́ (+).

chińtsū́[2] 鎮痛 A mitigação da dor. ◇ **～ sayō** 鎮痛作用 O efeito de suavizar [suprimir] a dor. ⇨ chińséí[1].

chińtsū́-zai [**úu**] 鎮痛剤 O analgésico; o lenimento. [S/同] Itámí-dómé. ⇨ chińséízáí; chińtsū́[2].

chiń'útsú 沈鬱 A melancolia; o abatimento; o desânimo. ★ ～ *na hyōjō* 沈鬱な表情 O aspecto melancólico. [S/同] Ań'útsú; iń'útsú; yū́útsú (+).

chínza 鎮座 **1** [神霊がその場所にしずまっていること] O estar um espírito presente num lugar. **2** [どっかり坐っていること] O sentar-se como um buda [rei].

chippóke ちっぽけ【G.】O ser minúsculo [muito pequeno]. ★ ～ *na* ちっぽけな Muito pequeno; pequenino. [S/同] Chiíchái; chiísái (+). [A/反] Dekkái. ⇨ hińjákú; misúbóráshií.

chíppu[1] チップ (＜ Ing. tip) **1** [心づけ] A gorjeta; a gratificação. ～ *wa kataku o-kotowari shimasu* チップは固くお断りします Não aceitamos [se aceitam] gorjetas. ★ ～ *o ataeru* [*yaru*] チップを与える[やる] Oferecer [Dar] uma ～. ～ *o hazumu* チップをはずむ Dar uma boa ～. [S/同] Kokórózúké; shū́gi. **2** [野球の] A jogada em que a bola toca de leve. **3** [ボールペンの先] A ponta da (caneta) esferográfica. ★ *Sutenresu ～* ステンレスチップ ～ inoxidável.

chíppu[2] チップ (＜ Ing. chip) **1** [ルーレット・トランプなどの] As fichas da aposta (No jogo da roleta e cartas). **2** [木材の小片] A lasca [apara] de madeira. **3** [集積回路のケース] A caixa do circuito integrado. **4** [ゴルフの] O tiro curto (dado com um movimento do pulso).

chirábárú 散らばる **1** [散り広がっている] Estar espalhado. *Kurai yo-zora ni musū no hoshi ga chirabatte ita* 暗い夜空に無数の星が散らばっていた No céu escuro da noite viam-se disseminadas uma infinidade de estrelas.

2 [ちりぢりになる] Dispersar-se; espalhar-se. *Dōkyūsei mo ima de wa zenkoku ni chirabatte shimatta* 同級生も今では全国に散らばってしまった Os colegas da「minha」turma já andam (aí) espalhados por todo o país. ⇨ chiríjírí.

3 [ちらかる] Estar desarrumado. *Tsukue no ue ni kami-kuzu ga chirabatte iru* 机の上に紙屑が散らばっている A mesa está (toda) cheia de papelada inútil. [S/同] Chirákárú (+); sańráń súrú.

chírachira ちらちら **1** [細かいものが散るさま] (Im. de esvoaçar) *Yuki ga ～ (to) futte iru* 雪がちらちら(と)降っている A neve cai levemente. ⇨ hárahara (to). **2** [明滅するさま] (Im. de tremeluzir) *Kono dentō wa ～ shite me ga tsukareru* この電灯はちらちらして目が疲れる Este (tubo de) néon a tremeluzir cansa-me [a vista/os olhos]. ⇨ píkapika. **3** [少し

ずつ時々見えるさま](Im. de ver aos poucos ou olhar repentinamente) *Hatake ni hito-kage ga ~ shite iru* 畑に人影がちらちらしている Nos campos, aqui e além, vê-se de vez [quando] em quando algum agricultor. ⇨ chirári-to. **4**[時々少しずつ聞こえてくるさま](Im. de ouvir algo disperso) *Kare no uwasa o ~ (to) mimi ni suru* 彼の噂をちらちら(と)耳にする Às vezes chegam-me aos ouvidos boatos dele. ⇨ tokídóki (+).

chírahora (to) ちらほら(と) Aqui e além; esporadicamente. *Juken-sha no naka ni wa josei no sugata mo ~ mirareta* 受験者の中には女性の姿もちらほら(と)見られた Entre os examinandos via-se uma ou outra moça. ⇨ teńtéń²; tokídóki.

chirákárú 散らかる Estar em desordem. ★ *Te no tsuke-yō mo nai hodo chirakatta heya* 手のつけようもない程散らかった部屋 Um quarto tão desarrumado que não há [tem] por onde se lhe pegue [que não se consegue arrumar]. S/同 Chirábárú **3**. ⇨ chirákású.

chirákású 散らかす Esparramar; pôr em desordem. ⇨ chirákáru.

chirári to ちらりと **1**[少し目に入る;見るさま]De relance. *Kanojo no kao ni wa ~ fuan no iro ga ukande ita* 彼女の顔にはちらりと不安の色が浮かんでいた Havia uma certa [um ar de] insegurança no rosto dela. *~ miru* ちらりと見る Relancear os olhos; ver ~; dar uma olhadela. S/同 Chirátto. **2**[ちょっと聞くさま]Por acaso; acidentalmente. *Kanojo no uwasa o ~ komimi ni hasanda* 彼女の噂をちらりと小耳に挟んだ Ouvi ~ uns boatos sobre ela. S/同 Chirátto.

chiráshi 散らし (< chirású) **1**[びら]O folheto (De anúncio); a folha volante. ★ *~ o maku* 散らしを撒く Distribuir folhetos. ⇨ birá. *~ moyō* 散らし模様 O desenho [padrão/enfeite] não geométrico. **3**[散らしずし]Um prato de arroz temperado com vinagre e guarnecido com peixe, legumes e tiras de ovos mexidos.

chirású 散らす (⇨ chirú) **1**[散るようにする]Esparramar; espalhar; dispersar. ★ *Hana o ~* 花を散らす[Deitar ao chão] as flores. *Hibana o ~* 火花を散らす **a)**「o fogo」Fazer [Lançar] centelhas/faíscas; **b)** Competir desesperadamente. *Ki o ~* 気を散らす Distrair(-se). *Kumo no ko o chirashita yō ni nigete iku* くもの子を散らしたように逃げて行く Fugir em debandada (Lit.: como aranhõezinhos).
2[静かにおさめる]Desfazer「o tumor」. *Mōchō o ~* 盲腸を散らす Desfazer o apêndice (Sem abrir a barriga).
3[-chirasu: 荒々しくやたらに何かをする意を表す]Agir à bruta. ★ *Donari ~* どなり散らす Gritar como um louco. *Mawari ni atari ~* まわりにあたり散らす Zangar-se com todos.

chirátsúkásérú ちらつかせる Mostrar bem; acenar com「o lucro」. ★ *Naifu o chiratsukasete odosu* ナイフをちらつかせて脅す Ameaçar mostrando [com] uma faca. *Satsutaba o ~* 札束を散らつかせる Exibir um maço de notas (Dinheiro). ⇨ chirátsúkú.

chirátsúkú ちらつく **1**[雪がちらちら降ること] Cair flutuando. *Koyuki ga chiratsuite kita* 小雪がちらついてきた Já estão a cair uns flocos de neve. ⇨ chírachira **1**.
2[散らちら光る] Tremeluzir; bruxulear. ⇨ chírachira **2**. **3**[ちらちら見える] Lampejar; aparecer; ver por momentos. *Haha no omokage ga me no mae ni ~* 母の面影が目の前にちらつく Por vezes aparece-me a imagem da minha mãe. ⇨ chírachira **3**.

chirátto ちらっと ⇨ chirári to.

chíri¹ 地理 **1**[地理学] A geografia. *~ teki [jō no] ichi [jōken]* 地理的[上の]位置[条件] A posição [As condições] geográfica[s]. ◇ ⇨ **gaku**. **2**[土地のようす] A topografia. *Kare wa Tōkyō no ~ ni akarui* 彼は東京の地理に明るい Ele está familiarizado com (a ~ de) Tóquio.

chíri² 塵 **1**[ほこり;ごみ] O pó; a poeira. ★ *~ hitotsu nai heya* 塵一つない部屋 Um quarto sem uma réstia de ~. P/こと成ざ *~ mo tsumoreba yama to naru* 塵も積もれば山となる Grão a grão enche a galinha o papo. S/同 Akuta; gomí; hokóri; kúzu. **2**[俗世間肌のけがれ] As impurezas do mundo. ★ *Ukiyo no ~ ni somaru* 浮き世の塵に染まる Andar manchado com ~. ⇨ kegáré; yogóré. **3**[取るに足りないもの] O ser insignificante. **4**[ほんの少し] Um pouquinho; a migalha; o mínimo. *Kare ni wa ~ hodo no seii mo nai* 彼には塵程の誠意もない Ele não tem o mínimo [uma ~] de sinceridade. S/同 Chiríppá.

chíri³ ちり (Abrev. de chiri nabe) ◇ *~ nabe* ちり鍋 O peixe cozido com verduras. *Fugu ~* ふぐちり "Chiri" de baiacu.

Chíri⁴ チリ (A República do) Chile. ◇ *~ jin* チリ人 O chileno.

chirí ákuta 塵芥 O lixo; o entulho. S/同 Jiń'áí (+); jińkáí (+). ⇨ chirí²; gomí.

chiribáméru 鏤める Incrustar. ★ *Hōseki o chiribameta kobako* 宝石をちりばめた小箱 A caixinha incrustada de jóias.

chirí-gaku 地理学 A geografia (Ciência; ⇨ chíri¹). ◇ **Jinbun [Shizen] ~** 人文[自然]地理学 ~ humana [física].

chirígámi [chiríshi] 塵紙 O papel higié[ê]nico; as toalhinhas [os guardanap(inh)os] de papel (para asseio). ◇ *~ kōkan (gyōsha)* 塵紙交換(業者) O cole(c)tor que dá ~ em troca de jornais velhos, etc. S/同 Haná-gámí; otóshí-gámí.

chirijírí (bárábárá) 散り散り(ばらばら) Cada qual para o seu lado. S/同 Bárabara; hanárébánare.

chirímén 縮緬 O tecido 「crepe」.

chirímén-jiwá 縮緬皺 (< ··· + shiwá) As rugas finas.

chirímén-za[ja]ko 縮緬雑魚 Os peixinhos novos cozidos e secos.

chirí-nábe ちり鍋 ⇨ chíri³.

chirínchirín (to) ちりんちりん(と)【On.】T(r)im; tr(r)im. *Beru ga ~ natta* ベルがちりんちりん(と)鳴った A campainha tocou: trim-trim.

chirí-nókóru 散り残る (< chirú + ···) Não cair (com as outras flores);「a roseira」ainda ter「uma rosa」.

chirippá 塵っ葉[端] (< ··· + ha)「nunca pedi/roubei」 Uma migalha [de pão]. ⇨ chirí² **4**.

chirírénge 散り蓮華 A colher (chinesa) de porcelana.

chiri-shíkú 散り敷く (< chirú + ···) Cobrir o chão.

chiri-shóseki [óo] チリ硝石【Min.】O salitre do Chile.

chiri-sōsu [óo] チリソース (< Ing. chili sauce) O molho de tomate com pimenta [malagueta].

chirí-tórí 塵取り (<… ²+tóru) O apanhador [A pá] de lixo. [S/同] Gomí-tórí.
chirú 散る **1** [離れて落ち飛ぶ] Cair. ★ *Chitte iru* 散っている「as flores」Estão caindo [no chão]. *Hibana ga* ～ 火花が散る Chispar; faiscar; saltarem chispas/faíscas. *Shibuki ga* ～ しぶきが散る Respingar; cairem borrifos (de água). ⇨ ochíru.
2 [群衆などが解散する] Dispersar-se. ★ *San-san go-go chitte iku* 三々五々散って行く ～ em pequenos grupos. [S/同] Kaísáń súrú (+).
3 [熱·腫れなどが衰える] Desfazer-se; desaparecer. *Hare wa sugu chiru-darō* 腫れはすぐ散るだろう O inchaço vai [deve] desaparecer depressa.
4 [落ち着かない] Distrair-se. ★ *Terebi no oto de ki ga chitte benkyō ga dekinai* テレビの音で気が散って勉強ができない A televisão distrai-me e não posso [consigo] estudar. ⇨ ochítsúkú.
5 [いさぎよく死ぬ] Ter uma morte heróica [honrosa]; cair como um herói. ★ *Tatakai de yūkan ni chitta wakamono* 戦いで勇敢に散った若者 O jovem que teve uma morte heróica na guerra.
chíryaku 知[智]略【E.】O plano inteligente. [S/同] Chibṓ (+); saíryákú.
chíryo 知[智]慮【E.】A perspicácia [sagacidade]; o ter vista; a prudência. [S/同] Kénryo.
chiryṓ 治療 O tratamento (médico). ★ ～ *chū de aru* 治療中である Estar em ～. ～ *o hodokosu* 治療を施す Dar ～ [Tratar]. ～ *o ukeru* 治療を受ける Receber [Submeter-se a] ～; tratar-se [ser tratado]. ～ *suru* 治療する Tratar. *Ha no* ～ *o shite morau* 歯の治療をしてもらう Receber ～ aos dentes. ◇ **～ dai** [**hi**] 治療代[費] Os gastos do ～; as despesas médicas [de ～]. **～ hō** 治療法 A terapia [medicação]. ⇨ téate.
chiryṓ-gaku [**óo**] 治療学 A terapêutica.
chíryoku[1] 地力 A fertilidade do solo. ★ ～ *o tamotsu* 地力を保つ Preservar ～. [S/同] Chími.
chíryoku[2] 知[智]力 A inteligência; a capacidade intelectual. ～ *o hatarakasu* 知[智]力を働かす Usar ～.
[S/同] Chísei (+). ⇨ chínō.
chisá 萵苣 ⇨ chishá[3].
chisáí 地裁 (Abrev. de "chihṓ saíbáńsho") O tribunal distrital.
chisáń[1] 治山【E.】A arborização [O florestamento] (para prote(c)ção dos solos). ⇨ chisúí.
chisáń[2] 治産 A administração dos seus bens. ◇ ⇨ **kin ～**.
chisáń[3] 遅参 ⇨ chikókú.
chísei[1] 知性 A inteligência; o intelecto. ★ ～ *ni uttaeru* 知性に訴える Apelar à ～. ～ *no aru* [*nai*] 知性のある[ない] Inteligente [Pouco inteligente]. ～ *o migaku* 知性を磨く Cultivar a ～. ⇨ chíe; chínō; ríchi; ŕisei.
chiséí[2] 地勢 A topografia. ◇ **～ zu** 地勢図 A carta [planta] topográfica. [S/同] Chikéí (+); chimóń.
chísei[3] 治世 **1** [平和な世] O período pacífico [Uma era de paz]. [S/同] Taíhéí nó yó. [A/反] Ránsei. **2** [在位の間] O reinado [regime]. ⇨ tṓchi[2].
chísei[4] 治政 O exercer a política. ⇨ seíjí[1].
chisékí[1] 地積 A extensão em acres. ◇ **～ sokuryō** 地積測量 A avaliação cadastral. ⇨ ménseki[1].
chisékí[2] 地籍 O regist(r)o predial [de terrenos].
chisékí[3] 治積【E.】Os resultados de uma administração [um governo].
chisétsú 稚拙 A ingenuidade [falta de arte]. ★ ～ *na bunshō* 稚拙な文章 Uma reda(c)ção infantil. [S/同] Yṓchí. ⇨ kodómóppói.
chísha[1] 知[智]者【E.】**1** [かしこい人] O sábio [indivíduo avisado]. [S/同] Kénja.
2 [知識の広い人] O intelectual; o erudito; o literato. [S/同] Shikísha.
chísha[2] 治者【E.】**1** [統治者] ⇨ tṓchí[2] ◇. **2** [主権者] O soberano [monarca]. [S/同] Shukén-sha.
chishá[3] 萵苣【Bot.】A alface.
⇨ rétasu; sárada ◇.
chíshi[1] 地誌 A topografia [descrição geográfica] local.
chíshi[2] 致死 O ser mortal. ◇ **～ ryō** 致死量 A dose ～ [fatal]. **Kashitsu ～** 過失致死 O homicídio involuntário. **Shōgai ～** 傷害致死 O ferimento mortal.
chíshi[3] 知[智]歯【Med.】O dente do siso.
[S/同] Chié-ba; oyá-shírazu (+).
chíshiki[1] 知識 O conhecimento; o saber. ★ ～ *ga aru* 知識がある Saber. ～ *ga fukai* [*asai*] 知識が深い[浅い] Ter um conhecimento profundo [superficial]. ～ *o eru* 知識を得る Adquirir conhecimentos. ～ *o fukameru* 知識を深める Aprofundar os seus conhecimentos. ◇ ⇨ **～ jin** [**kaikyū**]. **～ sangyō** 知識産業 A indústria da ciência. ⇨ **～yoku**. **Kiso ～** 基礎知識 O conhecimento básico. **Senmonteki ～** 専門的知識 O conhecimento profissional [especializado]. ⇨ **shin～**. **Yobi ～** 予備知識 O conhecimento elementar.
chíshiki[2] 智識 **1** [知恵と見識] A sabedoria. ⇨ chíe; keńshíkí. **2** [名僧]【A.】Um sacerdote budista famoso.
chishíkí-jin 知識人 O sábio; o erudito; o intelectual.
chishíkí-káikyū[**sō**] 知識階級[層] A classe intelectual [instruída].
chishíkí-yoku 知識欲 O desejo de saber.
Chishímá-káiryū 千島海流 ⇨ oyá-shíó.
chishíń 地心 O centro da terra.
chishínji 遅進児 A criança mentalmente atrasada.
chi-shíó 血潮[汐] **1** [流れ出る血] O sangue. ★ ～ *ni somaru* 血潮[汐]に染まる Estar manchado de ～. ⇨ chi[1]. **2** [熱情] O ardor. ★ *Wakai* ～ 若い血潮[汐] ～ juvenil. ⇨ chi[1]; nekkétsú; netsújṓ.
chishítsú[1] 地質 A geologia [natureza do solo]. ◇ **～ bunseki** 地質分析 A análise do solo. **～ chōsa** 地質調査 A sondagem geológica. ⇨ **～ gaku**. **～ kōgaku** 地質工学 A geotecnia. **～ zu** 地質図 A carta geológica.
chishítsú[2] 知悉【E.】O conhecimento completo. ★ ～ *suru* 知悉する Conhecer completamente. [S/同] Júkuchi (+); seítsū (+).
chishítsú-gaku 地質学 A geologia. ◇ **～ sha** 地質学者 O geólogo.
chishṓ 知[智]将【E.】Um general expedito [engenhoso].
chíso 地租 O imposto territorial [fundiário]. ◇ **～ wari** 地租割 A taxa de ～. ⇨ chízei; sózei.
chisṓ[1] 地層【Geol.】O estrato; a camada. ◇ ⇨ **～ gaku**.
chisṓ[2] 馳走 ⇨ go-chísṓ.
chisṓ[3] 地相 **1** [土地のありさま] A configuração de um terreno; a topografia. **2** [土地のありさまでする占い] A adivinhação pela análise da terra.
chisṓ-gaku [**óo**] 地層学 A estratigrafia.

C

chísso 窒素【Quím.】O nitrogé[ê]nio (N 7); o azoto. ◇ **~ dōka** 窒素同化 A assimilação de ~. **~ gasu** 窒素ガス O gás de ~. **~ hiryō** 窒素肥料【Agr.】O fertilizante [adubo] azotado. **~ kagōbutsu** 窒素化合物 O composto nitrogenoso. **Sanka ~** 酸化窒素 O óxido nítrico.

chissókú 窒息 A asfixia. ★ **~ suru** 窒息する Asfixiar(-se); sufocar-se. ◇ **~ gasu** 窒息ガス O gás asfixiante. **~ shi** 窒息死 A morte por ~.

chisúi 治水 Os melhoramentos fluviais; o controle/o das cheias. ◇ **~ kōji** 治水工事 As obras de ~. ⇨ chisán[1].

chi-súji 血筋 A linhagem; o(s) laços de) sangue; a família; a raça; o parentesco. ★ **~ ga íi** 血筋がいい Ser de boa família. *Kizoku no ~ o hiku* 貴族の血筋を引く Ser de família nobre. ⇨ ketsúen; kettō[1].

chíta【íi】チータ (< Ing. cheetah)【Zool.】A chita.

chítai[1] 地帯 A zona; a área; a região. ◇ **Jūtaku ~** 住宅地帯 A zona residencial. **Kokusō ~** 穀倉地帯 A zona cerealífera. **Sabaku ~** 砂漠地帯 A região desértica. **Sangaku [Sanrin] ~** 山岳[山林]地帯 ~ montanhosa. S/周 Chíki; chíku. ⇨ chihō[1].

chítai[2] 遅滞【E.】O atraso「no pagamento」. ★ **~ naku** 遅滞なく Logo [Prontamente]. ◇ **~ kin** 遅滞金 Os pagamentos em ~. S/周 Chién. ⇨ okúre.

chitái[3] 痴態【E.】A tolice; a asneira; o disparate.

chítan [chitáníumu] チタン[チタニウム] (< Al. titan < Gr.)【Quím.】O titânio (Ti 22). ◇ **~ furēmu** チタンフレーム A armação「dos óculos」de ~.

chitchái ちっちゃい【G.】Pequenininho; muito pequenino. S/周 Chísái (+).

chitéi 地底 As entranhas [profundezas] da terra.

chitéki 知的 **1**[知性や知識に富んでいるようす] Inteligente; ★ **~ na hyōjō** 知的な表情 A expressão [O ar] ~. S/周 Richí-téki. **2**[知性に関係あるようす] Intelectual [Mental]. ◇ **~ seikatsu** 知的生活 A vida intelectual [do espírito].

chitéki-shōgái 知的障害 O problema (de diminuído) mental; a falta de inteligência.

chíten 地点 O ponto「no mapa」; o lugar; a posição. *Kono wa koko kara jikkiro no ~ ni aru* bus は ここから10キロの地点にある A ilha fica a dez quilô[ô]metros daqui. ⇨ íchi[3].

chitó ちと【G.】⇨ chótto.

chítose 千歳[年]【E.】Mil [Muitos] anos. ◇ **~ ame** 千歳[年]飴 Um rebuçado [chupa-chupa] j. muito comprido. S/周 Eién; chíyo; momótose.

chitsú[1] 帙 A sobrecapa (caixa) de livro (de valor).

chitsú[2] 膣【Anat.】A vagina. ◇ **~ en** 膣炎 A vaginite; a inflamação da ~.

chítsujo 秩序 A ordem; a disciplina. ★ **~ no aru** [nai] 秩序のある[ない] Ordenado; metódico; sistemático [Desordenado; desarrumado]. **~ o kaifuku suru** 秩序を回復する (R)estabelecer a ordem. **~ o kakuritsu suru** 秩序を確立する Garantir a ordem. **~ o mamoru** 秩序を守る Manter ~. **~ seizen to** 秩序整然と Em (perfeita/boa) ordem. *Shakai no ~ o midasu* 社会の秩序を乱す Perturbar a ordem social (pública). ⇨ kigén[1]; kimári; séiri[1].

chi-tsúzuki 血続き (<… [1] + tsuzúkí) Os laços de sangue; o parentesco. S/周 Ketsúén; ketsuzoku.

chittó ちっと【G.】⇨ chótto.

chittó mo ちっとも Nada. *Kare wa ~ benkyō shinai* 彼はちっとも勉強しない Ele não estuda ~. S/周 Ikkóni; sukóshí-mó.

chi-úmí 血膿 O pus sangrento [com sangue].

chíwa 痴話 **1**[情話] A conversa de namorados. S/周 Jōwá (+). **2**[情事] O caso de amor; a aventura amorosa. S/周 Jóji.

chiwá-génka 痴話喧嘩 (<… + kéñká) A briga entre namorados.

chiwáwá チワワ (< Esp. Chihuahua)【Zool.】Um cão de raça mexicano.

chíyahoya ちやほや Com festinhas [mimo]. ★ **~ suru** ちやほやする Amima(lh)ar「uma criança」; estragar com mimos. ⇨ kigén[1]; odáte.

chíyo 千代【E.】Mil [Muitos] anos. ★ **~ ni kawaranu** 千代に変わらぬ Eterno; perpétuo. **~ ni ya ni** 千代に八千代に Eternamente; para (todo o) sempre. S/周 Chítose; eién (+); eíkyū (+); señzái; yorózúyo.

chiyó-gami 千代紙 (<… + kamí) O papel j. de enfeite estampado a cores.

chíyu 治癒【E.】A cura. ★ **~ suru** 治癒する Curar; sarar (S/周 Naoru.) ◇ **~ ritsu** 治癒率 O índice de ~. **~ ryoku** 治癒力 A virtude [O poder] curativa/o. S/周 Kaifúkú (+); zénchi; zeñkái.

chíyú[1] 知勇 **1**[知恵と勇気] A sabedoria e a coragem. ★ **~ kenbi no taishō** 知勇兼備の大将 O general inteligente e corajoso. ⇨ chíe; yúki. **2**[知者と勇者の] O「homem」sábio e corajoso.

chiyú[2] 知友【E.】O amigo íntimo [muito chegado]. S/周 Chíki; shiríái (+); tomo(dachi)(o).

chízei 地税 O imposto fundiário. S/周 Chíso (+).

chi-zómé 血染め (<… [1] + sómérú) Tinto de sangue.

chízu 地図 O mapa; a carta geográfica; a planta; o atlas. ★ **~ de sagasu** 地図で捜す Procurar (um lugar) no ~. **~ ni dete iru** 地図に出ている Estar no/a ~. **~ o kaku** 地図を描く Desenhar [Fazer] um mapa. **~ o miru** [*shiraberu; yomu*] 地図を見る[調べる; 読む] Ver o mapa. *Go-man bun no ichi no ~* 5万分の一の地図 O mapa na escala de 1/50000. ◇ **Haku [Ansha] ~** 白[暗射]地図 O mapa em branco [mapa-mudo] (só com os contornos das terras). **(Jidōsha) dōro ~** (自動車)道路地図 O mapa das estradas. **Shigai ~** 市街地図 A planta [O mapa] da cidade.

chízu【íi】チーズ (< Ing. cheese < L. caseus) **1**[食品の] O queijo. **2**[笑顔を写すためにいう言葉] O passarinho. *Hai ~* はいチーズ Olha o ~!

cho[1] 著【E.】Obra [Da autoria] de. *Mishima Yukio ~* "Kinkakuji" 三島由紀夫著「金閣寺」"Kinkakuji", ~ [escrito por] Mishima Yukio. ⇨ chojútsú.

cho[2] 緒【E.】O princípio; o começo. ★ **~ ni tsuku** 緒に就く「o inquérito」Começar. S/周 Sho. ⇨ hajímé; itóguchi.

-cho[3] ちょ inho[a]. ◇ **Futot ~** 太っちょ O gordinho. **Yokot ~** 横っちょ O ficar um pouco「inclinado」para o lado [puxado para a beirinha].

chō ちょっ Ora (bolas)! (Quando não nos fazem o que esperávamos). ⇨ Che.

chō[1] [ō] 腸【Anat.】O intestino; as entranhas; as tripas. ◇ **~ chifusu** 腸チフス【Med.】O tifo; a febre tifóide. **~ en; ~heisoku**【Med.】**~ kekkaku** 腸結核【Med.】A tuberculose intestinal. **~ kesseki** [nenten]. ⇨ harawátá; dáichō; shốchō.

chō[2] [ō] 蝶 A borboleta. ★ **~ yo hana yo to sodaterareru** 蝶よ花よと育てられる Ser criado com todos os cuidadinhos. ◇ ⇨ **musubi** [**nekutai**]. ⟦S/同⟧ Chōchō. ⇨ ga⁵.

chō³ [**óo**] 長 **1** [かしら] O chefe. ★ *Ikka no* ～ 一家の長 ― da família. ⟦S/同⟧ Kashíra. **2** [年上] 【E.】O ser「um ano」mais velho. Nénchō (+); toshí-ué (o). **3** [長所] 【E.】O (ponto) forte. ★ ～ *o totte tan o oginau* 長を採って短を補う Aproveitar os pontos fortes para compensar os pontos fracos. Chósho (+). ⟦A/反⟧ Tán. ⇨ itchō/fttán. **4** [すぐれていること] A superioridade; a excelência; a primazia.

-chō⁴ [**óo**] 調 **1** [音楽の調子] 【Mús.】A clave. ★ *Ha-chō* [*tan*] ～ ハ長[短] 調 ― de dó maior [menor]. ⇨ chóchō³; tánchō². **2** [詩歌の調子] O metro; a medida de verso. ★ *Shichi-go* ～ *no shi* 七五調の詩 O poema com versos de 7 e 5 sílabas. **3** [おもむき] A tendência; o pendor [estilo]. ★ *Fukko* ～ 復古調 Saudosismo (+). ⟦S/同⟧ Omómúki.

chō⁵ [**óo**] 丁 **1** [偶数] O (número) par. ★ ～ *ka han ka* 丁か半か Par ou ímpar. ⟦S/同⟧ Gúsū (+). ⟦A/反⟧ Hán. **2** [和本の本文の一枚] A folha. ⇨ **raku** [**ran**] ～. **3** [豆腐を数える語] Um pedaço. **4** [料理を数える語] A dose; o prato. ★ *Karē* [*Tenpura*] *itchō* カレー［天ぷら］一丁 Um/a ― de caril [peixe frito].

chō⁶ [**óo**] 庁 A Repartição (etc.) do Governo. ◇ **Bōei** ～ 防衛庁 A Agência de Defesa (Exército).

chō⁷ [**óo**] 町 **1** [地方公共団体の一つ] A vila ou sua divisão. ⇨ machí¹²; kánē¹; murá¹; shi⁸. **2** [市街地の区画] O quarteirão [bairro]. ◇ **Chiyoda-ku Jinbo** ～ 千代田区神保町 O bairro de Jinbo do sub-município de Chiyoda. **3** [距離を示す単位] Um "chō" (109 metros). **4** [面積を示す単位] Um "chō" (9917 metros quadrados).

chō⁸ [**óo**] 兆 **1** [吉凶の前ぶれ] O sinal; o agouro; o presságio. ★ *Ransei no* ～ 乱世の兆 ～ de tempos turbulentos. ⟦S/同⟧ Chōkō (+); kizáshí (+); maébúré (+); zénchō (+). **2** [億の一万倍の数] Um bilião (= 1 milhão de milhões = 1000 000 000 000). ★ *Ni* ～ *en* 二兆円 Dois biliões de yens.

chō⁹ [**óo**] 徴 【E.】**1** [自然現象の前ぶれ] O sinal「de tempestade」; o indício. ⟦S/同⟧ Chōkō (+); kizáshí (+); maébúré (+). **2** [呼び出すこと] ⇨ yobí-dáshí.

chō¹⁰ [**óo**] 朝 **1** [朝廷] A corte (real). ⟦S/同⟧ Chōtéí (+). **2** [一人の君主またはその系統の在位期間] A「primeira」dinastia「afonsina/de Avis」. ◇ **Min** [**Shin**] ～ 明［清］朝 A dinastia Ming [Ching]. ⇨ chíseí³; mí-yo; óchō. **3** [時代] O período; a era; a época. ◇ **Heian** ～ 平安朝 A era Heian do J. (794 – 1192). ⇨ óchō.

chō¹¹ [**óo**] 寵 【E.】O favor「do soberano」. ★ ～ *o eru* 寵を得る Ganhar o ～ [Conquistar as boas graças]. ⟦S/同⟧ Chōái² (+).

chō¹² [**óo**] 超 **1** [程度が非常にはなはだしいようす] Mais que. ★ ～ *onsoku rokketto* 超音速ロケット O foguete supersô[ô]nico. **2** [極端なようす] Levado ao extremo; super; supra. ◇ ～ **genjitsu-shugi** 超現実主義 O surrealismo. **3** [超えていること] 【Econ.】O excesso「dos gastos」. ◇ **Yushutsu** [**Yunyū**] ～ 輸出［輸入］超 O superávit [déficit] da balança comercial.

-chō¹³ [**óo**] O livro [caderno/álbum]. ◇ **Nikki** [**Shashin**] ～ 日記［写真］帳 O diário [álbum de fotografias]; ⇨ chōbó; chōmén.

-chō¹⁴ 張 **1** [弦を張っている道具を数える語] Um objeto feito de corda. ★ *Ni* ～ *no yumi* 二張の弓 Dois arcos de corda. **2** [張りめぐらすものを数える語] Uma fiada「de corda」a toda a volta「do lote」.

-chō¹⁵ 挺 [挺・丁] (Numeral de "jinrikisha" e violinos).

chōái¹ [**oó**] 帳合 [帳合にすること] **1** O balanço. ★ ～ *o suru* 帳合をする Fazer o ～ ; chōbó. **2** [収支を記入すること] A contabilidade.

chōái² [**oó**] 寵愛 【E.】A benevolência; o favor; a afeição. *Kanojo wa ryōshin no* ～ *o isshin ni ete* [*ukete*] *sodatta* 彼女は両親の寵愛を一身に得て［受けて］育った Ela foi criada pelos pais com toda a afeição [todo o carinho]. ★ ～ *o ushinau* 寵愛を失う Cair em desgraça [Perder ～]. ⟦S/同⟧ Netsúáí.

chōáku [**oó**] 懲悪 A punição; o castigo. ◇ ⇨ **kanzen** ～.

chōba¹ [**oó**] 丁［町］場 **1** [宿場と宿場との距離] A distância entre estações. **2** [工事などの受け持ち地域] O troço. ⇨ mochí-bá. **3** [受け持ちの範囲] A parte. *Kono maku* [*shigoto*] *wa nagaichōba da* この幕［仕事］は長丁［町］場だ Este a(c)to (De peça teatral) [trabalho] é longo.

chōba² [**oó**] 帳場 O balcão. ★ *Kichōhin o* ～ *ni azukeru* 貴重品を帳場に預ける Deixar os obje(c)tos de valor no ～. ◇ ～ **gakari** 帳場係 O balconista (da recepção). ⟦S/同⟧ Kanjóbá (+); kanjódáí; kaúntá (+).

chōba³ [**oó**] 調馬 O treinar [amansar] cavalos. ◇ ～ **shi** 調馬師 O treinador de ～.

chōba⁴ [**oó**] 跳馬 O plinto. ⟦S/同⟧ Tobí-úmá.

chōba⁵ [**oó**] 嘲罵 【E.】O insulto. ⟦S/同⟧ Bári; bató; ménba. ⇨ nonóshíru.

chōbatsu [**oó**] 懲罰 【制裁】A punição; o castigo; a pena. ★ ～ *o ukeru* 懲罰を受ける Ser punido. ⟦S/同⟧ Chōkáí. **2** [国会・地方議会の] Uma a(c)ção disciplinar. ★ ～ *suru* 懲罰する Instaurar o ～. ◇ ～ **dōgi** 懲罰動議 A moção para ～. ～ **kitei** 懲罰規定 O regulamento disciplinar. ⟦S/同⟧ Chōkáí.

chōbi [**oó**] 掉尾 【E.】O (bom) fim. ★ ～ *o kazaru* 掉尾を飾る Terminar bem [gloriosamente]. ⟦S/同⟧ Sáigo (+); tóbi.

chobihíge ちょび髭 O bigodinho. ⇨ kuchí-hígé.

chobítto ちょびっと 【G.】⇨ chótto.

chōbo [**oó**] 床 **1** [点] O ponto. ⟦S/同⟧ Póchi; teń (+). **2** [歌舞伎の] O acompanhamento da recitação de "gidayu".

chōbo [**oó**] 帳簿 O livro de contas [da contabilidade]. ★ ～ *o gomakasu* 帳簿をごまかす Falsificar [Aldrabar] as contas. ～ *o shimekiru* 帳簿を締め切る Fechar [Encerrar] as contas [a escrituração]. ～ *o shiraberu* 帳簿を調べる Ver ～. ～ *o tsukeru* 帳簿をつける Escriturar; fazer o regist(r)o das contas. ◇ ～ **gakari** 帳簿係 O guarda-livros; o contabilista.

chōbō [**choó**] 眺望 A vista; o panorama. *Takadai ni aru waga-ya wa* ～ *ga yoi* 高台にある我家は眺望が良い Da nossa casa lá no alto disfruta-se um grande ～. ～ *no kiku sanchō* 眺望のきく山頂 O cume (da montanha) com「largas」vistas. ⟦S/同⟧ Kañbó; mi-háráshí (o); nagamé (+); teńbó.

chobókú 貯木 A provisão de madeira. ◇ ～ **jō** 貯木場 O depósito de madeiras.

chō-bu¹ [**óo**] 腸部 A região intestinal.

-chōbu² [**óo**] 町歩 Uma unidade de medida agrá-

chōbúku [oó] 調伏 **1** 【魔除けの祈り】【Bud.】 O exorcismo; o esconjuro. ⇨ akúmá-bárai. **2** [人を呪い殺すこと] A imprecação [praga]. ★ *Onteki o ~ suru* 怨敵を調伏する Rogar pragas a um inimigo declarado.

chōbún[1] [oó] 長文 Uma frase [composição] longa. ★ *~ no kiji* 長文の記事 Um artigo longo.

chōbún[2] [oó] 弔文 A oração [O pequeno discurso] fúnebre (Lido). ⓈⓀ Chōjí (+) ; chōshí.

chōbútsú [oó] 長物 A muyō (nó chōbútsú).

chōcháku [oó] 打擲 【E.】 O espancamento. ★ *~ o kuwaeru* 打擲を加える Espancar; dar pancadas. *~ suru* 打擲する Espancar. ⓈⓀ Dabókú (+); ōda (+). ⇨ nagúru; tatáku; útsu[1].

chochiku 貯蓄 A poupança; o aforro. ◇ **~ ginkō** 貯蓄銀行 A caixa econó[ô]mica [de depósitos]. **~ shin** 貯蓄心 O espírito de ~. ⓈⓀ Chikúzái; chokín; yokín.

chōchín [oó] 提灯 A lanterna (de papel). Ⓘ慣用 *~ o motsu* 提灯を持つ ⇨ chōchín-mochi **2**. Ⓟことわざ *~ ni tsurigane* 提灯に釣鐘 O casal que não combina bem. ◇ **~ gyōretsu** 提灯行列 O desfile (festivo) de ~s.

chōchín-mochi [oó] 提灯持ち (<... + mótsu) **1** O que leva a lanterna. **2** [他人の手先]【G.】 O adulador. ★ *~ no kiji o kaku* 提灯持ちの記事を書く Escrever um artigo servilmente lisonjeiro. *Uwayaku no ~ o suru* 上役の提灯持ちをする Ser um adulador dos superiores.

chōchō[1] [chóo-] 蝶蝶【Zool.】 ⇨ chō[2].

chōchō[2] [chóo-] 町長 O presidente da câmara duma vila ou sua sub-divisão. ⇨ chō[7].

chōchō[3] [chóo-] 長調 A clave maior. ◇ **Ha ~** ハ長調 O C maior. ⇨ Tánchō. ⇨ chō[4].

chōchō[4] [chóo-] 丁丁 [打打]【On.】 Zás, trás! ★ *~ to utsu* 丁々[打々]と打つ Ser [Levar tudo] à paulada. ◇ **~ hasshi** 丁々 [打々] 発止 Encarniçadamente [*Gijō de ~ hasshi to watariau* 議場で丁々[打々]発止と渡り合う Bater-se em duelo de palavras na Dieta].

chōchō[5] [chóo-] 喋喋【E.】 Loquazmente. ◇ **~ nannan** 喋々喃々 Docemente [*~ nannan to sasayakiau* 喋々喃々とささやき合う Trocar falinhas doces 「namorados」].

chōda[1] [óo] 長蛇【E.】 Uma cobra enorme. ★ *~ no retsu o tsukuru* 長蛇の列を作る Fazer uma fila muito comprida. *~ o issuru* 長蛇を逸する Deixar escapar [Perder] uma boa oportunidade.

chōda[2] [óo] 長打 A tacada de longa distância [para longe]. ★ *~ o hanatsu* 長打を放つ Dar um ~. ⓈⓀ Rongú hítto. ⇨ Tándá.

chōdái[1] [oó] 頂戴 **1** [もらうこと] O receber. *Ne o kashi no ~ ne,* お菓子を頂戴 Dás-me um doce, dás? ★ *~ suru* 頂戴する Receber [*O-home no kotoba o ~ suru* お褒めの言葉を頂戴する Ser elogiado. ◇ **~ mono.** ⇨ itádáki-monó; morái. **2** [食べること; 飲むこと] Comer; tomar; beber. *Jūbun ~ itashimashita* 十分頂戴致しました Já estou satisfeito. ⇨ nómu[1]; tabéru. **3** [...してください] Faça favor de me dar. *Denwa shite ~ ne* 電話して頂戴ね ~ um telefonema [Telefone-me, sim?]. ⓈⓀ Kudásái.

chōdái[2] 長大【E.】 O ser enorme. ★ *~ na keikaku* 長大な計画 O plano grandioso [de grande escala].

◇ **Jūkō ~** 重厚長大 O ser grandioso, magnífico. ⒶⒺ Tánshō. ⇨ endái[1].

chōdái-mónó [oó] 頂戴物 O presente (recebido). ★ *~ o suru* 頂戴物をする Receber um presente. ⓈⓀ Itádáki-monó; morái-monó.

chōdatsú [oó] 超脱【E.】 A transcendência; o desprendimento. ★ *Sezoku o ~ suru* 世俗を超脱する Viver [Estar] desprendido do mundo. ⓈⓀ Chōétsu; chōzóku; datsúzóku.

chōdén [oó] 弔電 O telegrama de pêsames [condolências]. ★ *~ o utsu* 弔電を打つ Enviar [Mandar] um ~. ⒶⒺ Shukúdén. ⇨ chōjí[2]; denpō[1].

chōdendo [oó] 超伝導【Ele(c)tri.】 A supercondução. ◇ **~ tai** 超伝導体 O supercondutor; o supracondutor.

chōdo[1] [oó] 丁 [恰] 度 **1** [ぴったり]【E.】 Exa(c)tamente; justamente; precisamente. *~ dekakeyō to suru tokoro ni kare ga kita* ちょうど出掛けようとするところに彼が来た Ele chegou ~ quando eu estava a sair. *Ima jūni-ji ~ desu* 今12時ちょうどです É meio-dia em ponto. ★ *~ hyaku-en* ちょうど100円 Exa(c)tamente cem yens. *~ yoi toki ni* [*~ maniatte*] ちょうど良い時に [ちょうど間に合って] Mesmo a tempo. *Kono shigoto ni ~ ii hito* この仕事にちょうどいい人 A pessoa certa [ideal] para este serviço. ⓈⓀ Kikkári; kítchíri; oríyóku; pittári.

2 [まるで] Como. *Sakura ga chitte ~ yuki no yō da* 桜が散ってちょうど雪のようだ O chão está todo coberto de flores de cerejeira, parece neve. ⇨ Marúdé (+) ; sanágárá.

chōdo[2] [oó] 調度 Os utensílios (domésticos); a mobília. ★ *~ tsuki no manshon* 調度付きのマンション A residência mobilada. ⇨ dōgú; kágu[1].

chōdōkyū [oó] 超弩級 Super. ★ *~ no taisaku* 超弩級の大作 A obra ~. ◇ **~ kan** 超弩級艦 O supernavio de guerra.

chōei [oó] 町営 「mercado」 Municipal.

chōeki [oó] 懲役 A pena de prisão (com trabalhos forçados). ★ *~ jū-nen no hanketsu* 懲役十年の判決 A sentença de dez anos (de cadeia). *Muki ~ ni shoserareru* 無期懲役に処せられる Ser condenado à prisão perpétua. ◇ **~ kei** 懲役刑 A pena de prisão. **~ shū** 懲役囚 O preso (condenado). ⇨ **muki ~.** ⇨ kínkō[2]; kōryū[1].

chōen[1] [oó] 腸炎【Med.】 A enterite; a inflamação intestinal. ◇ **~ bíbúrio** 腸炎ビブリオ O vibrião que causa ~. ⇨ chō[1].

chōén[2] [oó] 長円 A elipse. ⓈⓀ Daén (+).

chōétsú [oó] 超越 **1** [ぬきん出ること; かけ離れること] O ultrapassar; o estar por cima [de invejas ridículas」. ★ *Jiko o ~ suru* 自己を超越する Transcender o seu egoísmo [Superar-se a si próprio]. *Sezoku o ~ suru* 世俗を超越する Viver desprendido. ◇ **~ teki taido** 超越的態度 Uma atitude desprendida [superior]. ⇨ chōdátsú.

2 【Fil.】 A transcendência. ⓈⓀ Chōzétsu. ⒶⒺ Naízaí.

chōfúku [oó] 重複 A repetição [redundância 「de palavras na frase」]; a sobreposição; a duplicação 「de reserva de hotel por engano」. ★ *~ o sakeru* 重複を避ける Evitar ~. *~ suru* 重複する Duplicar; repetir; sobrepor. ⓈⓀ Chōshútsú; jūfúkú. ⇨ dabúrí; kuríkáéshí.

chō-gákú [oó] 鳥学 A ornitologia.

chō-gáta [oó] 蝶形 (<... [2] + katá) 「nó/lacinho」 Em

[A forma de] borboleta. ⇨ chō-nékutai

chogén 諸言【E.】O prefácio.
Ｓ/周 Shogén; jobún (+).

chō-genjítsú-shúgi[ha] [oó] 超現実主義[派]O surrealismo. Ｓ/周 Shúrúreárízumu.

chógi[1] [oó] 朝議【E.】O conselho Privado [da Corte]. ◇ ~ **ikketsu** 朝議一決 A decisão「unânime」 do ~.

chógi[2] [oó] 朝議 ⇨ chógíkai.

chógíkai [oó] 町議会 A assembleia "municipal". ◇ ~ **giin** 町議会議員 O vereador.

chōgō [choó] 調合 A mistura; a composição; a preparação. *Kusuri no ~ o machigaeru* 薬の調合を間違える Preparar mal um [Enganar-se na ~ do] medicamento. Ｓ/周 Chóyákú; chózái; haízái.

chōgō[2] [choó] 調号【Mús.】O sinal da clave.

chōha 長波 As ondas longas. ◇ ~ **hōsō** 長波放送 A radioemissão [transmissão] de/em ~ . ⇨ chūha; tanpa.

chóhan [oó] 丁半 **1**【さいころの目】O (número) par e ímpar de dados. ⇨ gūsū; kisū[1]. **2**【Abrev. de "~ bakuchi"】◇ ~ **bakuchi** 丁半ばくち O jogo de azar de dados.

chōhátsu[1] [oó] 長髪 O cabelo longo [comprido].

chōhátsú[2] [oó] 挑発 A provocação; a incitação; a excitação. ★ ~ *suru* 挑発する Provocar「a guerra」; incitar; atiçar. ◇ ~ *teki* 挑発的 Yúhátsú.

chōhátsú[3] [oó] 徴発 **1**【物を取り立てること】A requisição. ◇ ~ **rei** 徴発令 A ordem de ~ . **2**【人を召し出すこと】O chamamento. ★ ~ *suru* 徴発する Responder ao ~ . ~ *suru* 徴発する Convocar. ◇ ~ **hei** 徴発兵 O recruta. Ｓ/周 Chóyō. ⇨ chōhéi.

chōhátsu[4] [oó] 調髪【E.】O corte de cabelo. ★ ~ (*o*)*suru* 調髪(を)する Cortar [Aparar] o cabelo. Ｓ/周 Rihátsu; seíhátsu.

chōhátsú-téki [oó] 挑発的 Provocante; provocativo; provocatório. ~ *na genji o rōsuru* 挑発的の言辞を弄する Usar linguagem ~ . ~ *na fukusō* 挑発的な服装 A roupa provocante.

chōhéi [oó] 徴兵 O recrutamento [alistamento]; o serviço militar. ★ ~ *o kihi suru* 徴兵を忌避する Evadir-se ao ~ . ◇ ~ **kan** 徴兵官 O oficial de ~ . ~ **kensa** 徴兵検査 A inspe(c)ção militar. ~ *kihisha* 徴兵忌避者 O refra(c)tário. ~ **menjo** 徴兵免除 A dispensa da tropa [do serviço militar]. ~ **seido** 徴兵制度 O serviço militar obrigatório. ~ **yūyo** 徴兵猶予 O adiamento do serviço militar.

chō-héisoku(shō) [oó] 腸閉塞(症)【Med.】A obstrução intestinal. ⇨ chō[1].

chōhéki [oó] 腸壁 A parede intestinal [do intestino]. ⇨ chō[1].

chōhén [oó] 長編 Uma obra longa [grande]. ◇ ~ **eiga** 長編映画 Um filme de longa metragem. ~ *shōsetsu* 長編小説 Um romance (longo) (~ "sakka" é romancista). ⇨ chūhén; tañpén.

chōhō[1] [choó] 重宝【調法】**1**【大切な宝】O tesouro; a preciosidade. ⇨ Júhō. ⇨ takárá. **2**【便利なようす】A conveniência; a utilidade. ★ ~ *na daidokoro dōgu* 重宝な台所道具 O utensílio de cozinha conveniente [útil/jeitoso/prático]; ~ *suru* 重宝する Achar「este dicionário」útil. Ｓ/周 Bénri (+). ⇨ Chóhō[2].

chōhō[2] [choó] 諜報【E.】As informações secretas. ◇ ~ **in** 諜報員 O agente secreto. ~ **katsudō** 諜報活動 A (a(c)tividade de) espionagem. ~ **kikan** 諜報機関 O serviço [A agência] de ~ .

chōhō[3] [choó] 弔砲 **1**【葬儀の】A salva de tiros no funeral「do rei」. Ｓ/周 Chójú (+). **2**【礼砲の】A salva de tiros de celebração. Ａ/反 Shukúhō.

chōhógaru [choó] 重宝【調法】がる Achar útil. ⇨ chōhō[1].

chōhōkei [choóhóo] 長方形 O re(c)tângulo; o quadrilongo. ★ ~ *no* 長方形の Re(c)tangular. Ｓ/周 Nagá-shíkaku.

chōhónnin [oó] 張本人 O autor; o cabecilha.

chōi[1] [oó] 弔意【E.】As condolências; os pêsames. ★ ~ *no tegami* 弔慰の手紙 A carta de ~ . ◇ ~ **kin**. Ｓ/周 Aító; chómón; o-kúyámí.

chōi[2] [oó] 弔意【E.】A condolência; o pesar. ~ *o hyōsuru* 弔意を表する Exprimir ~ . Ａ/反 Gái.

chōi[3] [oó] 潮位 O nível da maré. ★ *Manchō-ji no ~* 満潮時の潮位 ~ alta [máxima]. ⇨ Chōkō.

chóichoi ちょいちょい【G.】**a)** Às vezes; **b)** Frequentemente; amiúde. *Kare wa ~ gakkō o yasumu* 彼はちょいちょい学校を休む Ele falta ~ à escola. Ｓ/周 Chókuchoku (+); tabítábí (+).

chōi-kín [oó] 弔慰金 O dinheiro de condolências.

chōín [oó] 調印 A assinatura. ★ ~ *suru* 調印する Assinar「o tratado de paz」. ◇ ~ **shiki** 調印式 A cerimô[ó]nia de ~ .

choíto[1] ちょいと ⇨ chótto.

chóito[2] ちょいと【Interj.】Ei!; ouça!; olhe aqui! *o-mae-san* ちょいとお前さん Ei! você, (aí).

chōjá [oó] 長者【E.】**1**【金持ち】O milionário. ☒ *No mantō yori hinja no ittō* 長者の万灯より貧者の一灯 Vale mais o pouco do pobre que o muito do rico [O óbolo da viúva]. ◇ ~ **banzuke** 長者番付 A lista dos ~ s. **Okuman** ~ 億万長者 O bilionário (multi ~). Ｓ/周 Fugō; kané-móchí (+). **2**【目上の人】O "nosso" patriarca. Ｓ/周 Chōjó (+); neńchō-sha (+); neńchó-shá (+).

chōjákúmónó 長尺物 De longa metragem. ★ *Firumu no ~* フィルムの長尺物 O filme ~.

chōji[1] [oó] 丁子【字】【Bot.】O cravo aromático [-da-índia]; o cravinho.

chōji[2] [oó] 弔辞【字】A mensagem [As palavras; o discurso] de condolências [pêsames]. ~ *o noberu* 弔辞を述べる Dizer um/as ~. ⇨ chōhō[2].

chōji[3] [oó] 寵児【E.】**1**【特に愛される子】A filha querida; o filho predile(c)to). Ｓ/周 Aíji (+); hizókkó; itóshí-go (+). **2**【世間でもてはやされる人物】O ídolo; a pessoa com sorte. ★ *Bundan [Gakudan] no ~* 文壇［楽壇］の寵児 O escritor [músico] popular. *Jidai no ~* 時代の寵児 O ~ do dia. Ｓ/周 Hanágátá; niŋ́kí-mónó.

chō-jikan [oó] 長時間 Muito tempo. ★ ~ *ni watatte* 長時間にわたって Durante ~ [(longas) horas]. Ａ/反 Tań-jíkan.

chōjín[1] [oó] 超人 O super-homem. ◇ ~ **teki doryoku** 超人的の努力 Um esforço sobre-humano. ⇨ súpáman.

chōjín[2] [oó] 鳥人【E.】O grande aviador. ⇨ paírótto.

chōjíri [oó] 帳尻 O balanço (das contas). ★ ~ *ga awanai* 帳尻が合わない As contas não dão certo. ~ *o awaseru* 帳尻を合わせる Fazer ~; equilibrar [acertar] as contas. ⇨ chōbó; késsan.

chṓjíru [**oó**] 長じる ⇨ chṓzúru.
chṓjítsúgetsu [**oó**] 長日月【E.】Muito tempo. ★ ~ *o hete* 長日月を経て Depois de ~. [S/同] Chṓnéngetsu.
chṓjítsú-shókúbutsu [**oó**] 長日植物 A planta cuja flor abre depois de apanhar muito sol「nabo」.
chṓjo [**óo**] 長女 A filha mais velha; a primeira filha. [S/同] Ichíjo; sṓryṓ músume.
chṓjṓ[1] [**choó**] 頂上 **1** [いただき] O topo [cume; pico; o cimo; alto] (da montanha). ★ ~ *o kiwameru* [*seifuku suru*] 頂上を極める[征服する] Alcançar [Conquistar] ~. [S/同] Chṓten; itádákí; teppén. **2** [極点] O zé[ê]nite「de glória/dos preços」; o ápice; o auge [apogeu]「do calor」. [S/同] Chṓten (+); kyokútén (+); zetchṓ (+). ⇨ chṓjṓ-káidan; sámitto.
chṓjṓ[2] [**choó**] 長上【E.】O mais velho; o superior. ⇨ me-úé; toshíúé.
chṓjṓ[3] [**choó**] 重畳【E.】 **1** [重なっていること] Colocado um em cima do outro「montanhas」; amontoado; empilhado. ⇨ kasánárú. **2** [結構なようす] Excelente; muito bom; ó(p)timo; esplêndido. *Buji de ~ da* 無事で重畳だ O senhor está de excelente saúde. ⇨ kekkṓ[1].
chṓjṓ-káidan [**choó**] 頂上会談 A cimeira; a conferência de alto nível. [S/同] Sámitto (+).
chṓju [**óo**] 長寿 A longa vida; a longevidade. *Hyakusai no ~ o tamotsu* 百歳の長寿を保つ Viver até aos cem anos. ◇ **~ hō** 長寿法 O segredo da ~. ~ *bangumi* 長寿番組 Um programa de rádio ou televisão de ~. [S/同] Nagá-íki (+); chṓméí.
chṓjū́[1] [**oó**] 鳥銃 A caçadeira [espingarda] para (caça de) aves.
chṓjū́[2] [**oó**] 鳥獣 As aves e os bichos. ◇ **~ hogoku** 鳥獣保護区 A reserva da fauna animal. [S/同] Kiñjū́. ⇨ kemónó; torí.
chṓjū́[3] [**oó**] 弔銃 ⇨ chṓhṓ[3] **1**.
chojútsu 著述 O escrever livros. ★ ~ *suru* 著述する … ◇ ⇨ **~ gyō** [**ka**] [S/同] Chosákú.
chojútsu-gyō 著述業 A profissão de escritor.
chojútsú-ká 著述家 O escritor; o autor. [S/同] Sakká (+).
chṓka[1] [**óo**] 町家 **1** [町の中にある家] A casa num centro [na cidade]. [S/同] Machíyá. **2** [商家] A casa [família] de comerciante. [S/同] Shṓka (+).
chṓká[2] [**oó**] 超過 O excesso. ★ *Seigen nenrei o ~ suru* 制限年齢を超過する Ultrapassar a idade limite. ◇ **~ kinmu teate** 超過勤務手当 O pagamento (do trabalho) das horas extraordinárias.
chṓka[3] [**óo**] 長歌 O poema longo (sobretudo j.). [A/反] Tánka. ⇨ wáka.
chṓka[4] [**óo**] 弔歌【E.】A endecha; a elegia; o canto fúnebre. [S/同] Bánka (+).
chṓka[5] [**óo**] 弔花【E.】As flores de funeral.
chṓka[6] [**óo**] 釣果【E.】A pescaria. ★ *Yozuri no ~* 夜釣りの釣果 ~ que se teve na pesca no(c)turna.
chṓkáí[1] [**oó**] 懲戒 **1** [制限すること] A reprimenda; a repreensão. ★ ~ *suru* 懲戒する Repreender; censurar; admoestar. **2** [公務員の] A a(c)ção disciplinar. ◇ **~ menshoku** 懲戒免職 A demissão disciplinar. **~ shobun** 懲戒処分 A medida disciplinar.
chṓkáí[2] [**oó**] 町会 **1** [町議会] ⇨ chṓgíkai. **2** [町内会] ⇨ chṓnai ◇.
chṓkáí[3] [**oó**] 朝会 A reunião da manhã. [S/同] Chṓréí (+).
chṓkáí[4] [**oó**] 潮解 A deliquescência. ★ ~ *suru* 潮解する Deliquescer. ⇨ fūkáí.
chṓkákú[1] [**óo**] 聴覚 A audição; o ouvido. ★ ~ *o ushinau* 聴覚を失う Perder a/o ~ [Ficar surdo]. ◇ **~ ki** (**kan**) 聴覚器 (官) Os órgãos auditivos [da ~]. **~ shinkei** 聴覚神経 O nervo auditivo.
chṓkákú[2] [**oó**] 弔客【E.】A visita de condolências. [S/同] Chṓmón-kyaku. ⇨ chṓí[1].
chṓkaku[3] [**óo**] 頂角 O ângulo vertical.
chṓkáń[1] [**oó**] 長官 Um funcionário superior (do governo). ◇ **Chihō ~** 地方長官 O dire(c)tor regional. **Kanbō ~** 官房長官 O chefe de gabinete.
chṓkáń[2] [**oó**] 朝刊 Um (jornal) matutino. [A/反] Yū́káń. ⇨ shińbúń.
chṓkáń[3] [**oó**] 腸管【Anat.】O aparelho [tra(c)to (+)] intestinal. [S/同] Shṓkákan. ⇨ chṓ[1].
chṓkáń[4] [**oó**] 鳥瞰【E.】A vista aérea. *Hikōki kara shigai o ~ shita* 飛行機から市街を鳥瞰した Pude ver a [ter uma ~ da] cidade do avião. ◇ **~ zu** 鳥瞰図 A planta [O mapa] aérea[o]. [S/同] Fukáń; teńbṓ.
chṓ-kańkákú-tékí [**óo**] 超感覚的 Extra-sensorial. ⇨ chṓ[12].
chṓ-kátaru [**oó**] 腸カタル【Med.】A enterite. [S/同] chṓen[1]. ⇨ chṓ[1].
chṓkéí[1] [**oó**] 長兄 O irmão mais velho. ⇨ áni; chṓnán; kyṓdai.
chṓkéí[2] [**oó**] 長径 O eixo maior (de elipse). [S/同] Chṓjiku. [A/反] Tańkéí.
chṓ-kékkaku [**oó**] 腸結核【Med.】A tuberculose intestinal. ⇨ chṓ[1].
chṓkéń [**oó**] 長剣 Uma espada comprida. [A/反] Tańkéń.
chṓkéshí [**oó**] 帳消し **1** [借りがなくなること] A liquidação. ★ *Shakkin o ~ ni suru* 借金を帳消しにする Liquidar a dívida. [S/同] Bṓbíkí. **2** [損得がないこと] **a**) A quitação [O ficar quites]; **b**) O reduzir a nada.
chṓ-késseki [**oó**] 腸結石【Med.】O enterólito [cálculo intestinal]. [S/同] Chṓseki (+). ⇨ chṓ[1].
chṓki[1] [**óo**] 長期 O longo prazo. ◇ **~ kashitsuke** [**shōsho**] 長期貸付[証書] O empréstimo [A escritura] a ~. **~ keikaku** 長期計画 O plano a ~. **~ tegata** 長期手形 A letra a ~.
chṓki[2] [**óo**] 弔旗 A bandeira a meia haste (Sinal de luto). ⇨ chṓí[1]; hánki[2]; hatá[1].
chṓki[3] [**óo**] 寵姫【E.】A amante favorita. [S/同] Aíshṓ.
chókichoki (**to**) ちょきちょき(と)【On.】★ ~ *kiru* ちょきちょき切る Cortar「o cabelo」à tesoura. ⇨ chokín to.
chokíń 貯金 A poupança; o dinheiro [depósito] de aforro. ★ ~ *o hikidasu* [*orosu; sageru*] 貯金を引き出す[おろす; さげる] Retirar [Levantar] ~. ~ *o tsukai-hatasu* 貯金を使い果たす Gastar todas as economias. ~ *suru* 貯金する Poupar; aforrar; economizar. ◇ ⇨ **~ bako**. **~ tsūchō** 貯金通帳 A caderneta bancária [de ~]. **Tsumitate ~** 積立貯金 ~ a prestações. ⇨ chochíkú; tsumítáté (kíń); yokíń.
chṓkíń[1] [**oó**] 彫金 A gravura em metal.
chṓkíń[2] [**oó**] 超勤 (< Abrev. de "chṓká[2]kínmu") O trabalho em [As] horas extraordinárias. ◇ **~ teate** 超勤手当 O pagamento de ~.
chokín-bako 貯金箱 (<… + hakó) O cofre das poupanças.

chokín to ちょきんと【On.】★ *Hana o ~ kiritoru* 花をちょきんと切り取る Cortar a flor de [com] uma tesourada. ⇨ chókichoki (to).

chóki-sén¹ [oó] 長期戦 (<⋯¹ + sensó) A guerra [luta; partida] longa. ★ *~ ni motsurekomu* 長期戦にもつれこむ Entrar numa ~. A/反 Tańki-sén.

chókka 直下 **1** [すぐ下] Mesmo [Justamente] debaixo. ◊ *~ gata jishin* 直下型地震 O terre[a]moto mesmo no seu epicentro. S/同 Ma-shítá. A/反 Chokújó². **2** [まっすぐ下がること] A queda vertical. ⇨ **kyūtén** ~.

chókkai ちょっかい O (intro)meter-se [meter o nariz]. *Shōbai onna ni ~ o dashite hidoi me ni atta* 商売女にちょっかいを出してひどい目にあった Fui-me meter com uma prostituta e foi terrível.

chokkákkō 直滑降【D)es.】O descer [deslizar] a direito.

chokkáku¹ 直覚 A intuição. ★ *~ ni yotte shiriuru* 直覚によって知り得る Poder captar [entender] por ~. S/同 Chokkáku² (+).

chokkáku² 直角 O ângulo re(c)to; a esquadria. ★ *~ ni majiwaru* 直角に交わる Cruzar re(c)to. ~ **jōgi** 直角定規 O esquadro; a esquadria. **~ sankakkei** 直角三角形 O triângulo re(c)tângulo.

chokkán¹ 直感 A intuição sensível. ★ *~ de wakaru* 直感で分かる Sentir intuitivamente. *~ suru* 直感する Intuir; adivinhar por ~. *~ teki ni handan suru* 直感的に判断する Decidir intuitivamente. S/同 Chokkáku¹.

chokkán² 直観 A intuição. ◊ *~ ryoku* 直観力 O poder de ~. **~ shugi** 直観主義 O intuicionismo. S/同 Chokkáku¹.

chokkátsú 直轄 O controle dire(c)to「do governo」; a jurisdição dire(c)ta.

chokkéí¹ 直径 O diâmetro. S/同 Sashiwátáshí. ⇨ hánkei.

chokkéí² 直系 **1** [血筋] A linha [descendência] dire(c)ta. ★ *~ no shison [senzo]* 直系の子孫 [先祖] O descendente [antepassado] dire(c)to. ◊ **~ hizoku** 直系卑属 O descendente em ~. **~ ketsuzoku** 直系血族 O parentesco de ~. **~ sonzoku** 直系尊属 Os「meus」antepassados dire(c)tos. S/同 Chakúryū. A/反 Bōkéí. **2** [師系・財閥などの] A dependência [filial]. ◊ **~ gaisha** 直系会社 A companhia subsidiária. S/同 Bōkéí.

chokkétsú 直結 A conexão [relação; ligação 「elé(c)trica」] dire(c)ta. *Seikatsu hitsuju-hin no neage wa katei seikatsu ni ~ shita mondai da* 生活必需品の値上げは家庭生活に直結した問題だ A subida de preço dos artigos de primeira necessidade é um problema que afe(c)ta dire(c)tamente as famílias.

chokkí チョッキ O colete. S/同 Bésuto; jakétsú.

chokkíri ちょっきり【G.】Exa(c)tamete「mil yens」. S/同 Chōdó (o); kakkíri (+); kikkári (+).

chokkō¹ 直行 **1** [まっすぐに行くこと] O percurso (terrestre) dire(c)to. ◊ **~ ressha** 直行列車 O comboio [trem] dire(c)to. ◊ 反 Ukái. **2** [思い通りに行うこと] A a(c)ção consequente. ◊ **Chokúgén ~** 直言直行 A fala franca e ~. ⇨ chokujó¹ ◊. **3**【正しい行ない】A re(c)tidão. S/同 Kyokkó.

chokkō² 直航 A viagem (marítima /aérea)dire(c)to [sem escala]. ◊ **~ bin** 直航便 O voo dire(c)to. **~ sen** 直航船 O barco dire(c)to.

chokkúra ちょっくら【G.】⇨ chótto (+).

chókkyo 勅許 A sanção [autorização] imperial. ◊ **~ jō** 勅許状 A carta de ~.

chokkyū 直球 A bola dire(c)ta. ★ *~ o nageru* 直球を投げる Lançar uma ~. ◊ Sutóréto(bōru). A/反 Heńkákyū.

chóko 猪口 A tacinha de saqué. ★ *Sake o o-~ de nomu* 酒をお猪口で飲む Tomar [Beber] saqué por uma tacinha. S/同 Chóku; sakázúkí.

chōkō¹ [choó] 徴 [兆] 候 O indício; o sinal; o sintoma. *Keiki ga kaifuku no ~ ga nai* 景気は回復の徴[兆] 候がない Não há ~ s de melhoria (recuperação) econó[ô]mica. ★ *~ o shimesu* 徴 [兆] 候を示す Dar ~ s. *Haien no ~ ga aru [mieru]* 肺炎の徴[兆] 候がある [見える] Ter sintomas de pneumonia. S/同 Kizáshí; shirúshí.

chōkō² [choó] 聴講 O frequentar「uma aula」. *~ suru* 聴講する Assistir a [Frequentar] uma aula. ◊ **~ ryō** 聴講料 A propina de frequência. ⇨**~sei** [sha].

chōkō³ [choó] 長講 **1** [長い講義・講演] Uma prele(c)ção longa. ⇨ kóén³; kōgí¹. **2** [長時間にわたる法句]【Bud.】Uma reza budista longa.

chōkō⁴ [choó] 長考 O pensar demoradamente [com tempo]; o ponderar. ★ *~ ni fukeru* 長考にふける Passar longas horas a pensar.

chōkō⁵ [choó] 朝貢 [E.] O pagar tributo à corte imperial. ◊ **~ bōeki** 朝貢貿易 O comércio tributário [que tem de pagar um tributo à corte/coroa]. S/同 Raíkó.

chōkō⁶ [choó] 彫工【E.】O escultor. S/同 Chōkókú-ká[-shí] (+); horí(móno)shi.

chōkō⁷ [choó] 調香 (A mistura de) perfumes.

chókochoko ちょこちょこ【On.】**1** [小またに歩くさま] ★ *~ (to) aruku akanbō* ちょこちょこ歩く赤ん坊 A criança a dar passinhos. **2** [落ち着かないさま] *Kare wa asa kara ban made ~ arukimawatte iru* 彼は朝から晩までちょこちょこ歩きまわっている Ele não pára de manhã à noite. S/同 Chókomaka. **3** [しばしば] *Kare wa sono mise ni ~ kao o dasu* 彼はその店にちょこちょこ顔を出す Ele aparece frequentemente nessa loja. S/同 Chóichoi; chúkuchoku; shibáshiba.

chō-kogátá [oó] 超小型 Minúsculo. ◊ **~ kamera** 超小型カメラ A minicâmara; a miniatura de máquina fotográfica. ⇨ chō¹².

chō-kokká-shúgi [oó] 超国家主義 O ultranacionalismo. ◊ **~ sha** 超国家主義者 O ultranacionalista. ⇨ chō¹².

chōkókú¹ [oó] 彫刻 A escultura; a gravação. ★ *~ suru* 彫刻する Esculpir; gravar; cinzelar; (en)talhar [*Kinzokuban ni moyō o ~ suru* 金属板に模様を彫刻する Gravar em placa de metal]. ◊ **~ butsu** 彫刻物 Uma escultura [gravura; obra de talha]. **~ ka, ~ tō** 彫刻刀 O cinzel; o buril; o formão; o escopro. S/同 Horí-mono.

chōkókú² [oó] 超克【E.】O sobrepujar [vencer; ultrapassar]「a dor」. ⇨ chō¹².

chōkókú-ká[-shi] 彫刻家 [師] O escultor; o gravador; o cinzelador.

chókomaka ちょこまか Para cá e para lá. ★ *~ (to) suru* ちょこまかとする Andar ~ [numa azáfama]「a tratar do jantar」. ⇨ chókochoko.

chokonán to ちょこなんと Sossegadamente. *Kaeru ga hasu no ha no ue ni ~ suwatte iru* 蛙が蓮の葉の上にちょこなんとすわっている A rã está poisada ~ na folha de lódão [loto]. S/同 Chokón to.

chokón to ちょこんと **1** [軽く打つさま] De leve. ★ *Yubisaki de ~ odeko o tsutsuku* 指先でちょこんとおでこをつつく Tocar de leve a fronte com a ponta dos dedos. **2** [ちょこなんと] ⇨ chokónán to.

chokoréto [ée] チョコレート (< Ing. chocolate) O chocolate. ★ ~ *iro no* チョコレート色の Cor de ~. ◇ ~ **kyandē** チョコレートキャンデー O rebuçado [A bala (B.)] de ~.

chốkó-sei [**chookóo**] 聴講生 (⇨ chốkó²) (O aluno) ouvinte.

chốkó-sha [**chookóo**] 聴講者 (⇨ chốkó²) Os ouvintes. ⓢ/回 Chōshū (+). ⇨ kańkyákú; kańshū.

chō-kōsoku [**choó-kóo**] 超高速 O super-rapidez. ◇ ~ **ressha** 超高速列車 O comboio [trem] ultra-rápido. ⇨ chō¹².

chokó-zai 猪口才 A petulância; a insolência. ~ *na koto o iu yatsu da* 猪口才なことを言うやつだ É um insolente [atrevido]. ⇨ kozákáshíí; namáíki.

chốkózetsu [**chookóo**] 長広舌 A verborreia; o falar muito. ★ ~ *o furuu* 長広舌を振るう Fazer uma lengalenga. ⓢ/回 Tabén.

chóku¹ 直 A massúgu; ań[sot]chókú; tadáshíí.

chóku² 猪口 ⇨ chóko.

chóku³ 勅 A ordem imperial. ★ ~ *o hōzuru* 勅を奉ずる Obedecer a ~. ⓢ/回 Mikótónóri.

chốku¹ [óo] チョーク (< Ing. chalk) O giz. ⓢ/回 Hakúbóku.

chốku² [óo] 長駆 【E.】 ⇨ tónóri.

chốku³ [óo] 長軀 【E.】 A estatura alta. ⓢ/回 Chōshíń (+). Ⓐ/反 Tánku.

chokúbái 直売 A venda dire(c)ta. ◇ **Sanchi ~ hin** 産地直売品 Os produtos vendidos no local de fabrico. Ⓐ/反 Chokúsétsú hańbai.

chokúchō 直腸 【Anat.】 O re(c)to. ~ *gan [kaiyō]* 直腸癌 [潰瘍] 【Med.】 O cancro [A úlcera] do ~. ⇨ chō¹²; dáichō².

chókuchoku ちょくちょく 【G.】 ⇨ chóichoi; oríórí; tokíóri.

chokúéi 直営 A gestão dire(c)ta. ★ *Seifu ~ no kōjō* 政府直営の工場 A fábrica sob ~ do governo. ⓢ/回 Chokúsétsú kéiei.

chokúgéki 直撃 O ataque [golpe] dire(c)to. ★ ~ *suru* 直撃する Lançar um ~. ◇ ~ **dan** 直撃弾 A bala dire(c)ta.

chokúgén 直言 A conversa franca; o falar claro; o dizer o que pensa. ★ ~ *suru* 直言する Falar francamente 「ao superior」; não ter papas na língua.

chokúgo¹ 直後 Imediatamente depois; mesmo atrás 「do carro」. ★ *Shūsen ~ (ni)* 終戦直後 (に) Logo depois do [a seguir à] guerra; no pós-guerra. Ⓐ/反 Chokúzeń.

chokúgo² 勅語 A mensagem imperial; o rescrito imperial (de Meiji) 「sobre a educação」. ⓢ/回 Mikótónóri; o-kótóbá (+); rińgeń.

chokúhái 直配 A distribuição dire(c)ta.

chokúhítsú 直筆 **1** [筆を直立して書くこと] O pincel direito [vertical] ao escrever. **2** [ありのまま書くこと] O escrever nua e cruamente. ★ ~ *suru* 直筆する... Ⓐ/反 Kyokúhítsú.

chokúhōtái 直方体 【Geom.】 O paralelepípedo re(c)tangular. ⇨ rippōtái.

chokújō 直情 【E.】 O sentimento sincero [franco]; o impulso imediato. ★ ~ *o toro suru* 直情を吐露する Dizer abertamente o que sente. ◇ ~ **keikō** 直情径行 **a)** A frontalidade; a franqueza; **b)** A impulsividade. ⓢ/回 Shíjó.

chokújō² 直上 Justamente [Mesmo] em cima de. ⓢ/回 Ma-úé (+). Ⓐ/反 Chókka **1**.

chokúméi 勅命 Uma ordem imperial. ⓢ/回 Mikótónóri. ⇨ chokúréi.

chokúmen 直面 O enfrentamento. ★ *Ima ~ shite iru mondai* 今直面している問題 O problema com que 「me」 enfrento neste momento. *Kiken [Shi] ni ~ suru* 危険 [死] に直面する Enfrentar/Encarar o perigo [a morte].

chokúon 直音 【Gram.】 O som básico [fundamental] 「do silabário」 j. ⇨ sokúon; yốon.

chokúréi 勅令 【E./Dir.】 O mandato [decreto] imperial. ★ ~ *o motte happu suru* 勅令を以て発布する Publicar por ordem do imperador. ⇨ chokúméi.

chokúrétsú 直列 【Fís.】 (A ligação) em série. ★ *Denchi o ~ ni tsunagu* 電池を直列につなぐ Ligar as pilhas em série. ◇ ~ **kairo** 直列回路 O circuito em série. Ⓐ/反 Héirétsú.

chokúrítsú 直立 **1** [まっすぐに立つこと] A posição ere(c)ta [vertical]; a verticalidade. ★ ~ *suru* 直立する Pôr-se em ~; aprumar-se. ◇ ~ **enjin** 直立猿人 *Pithecanthropus erectus* [O pitecantropo ere(c)to]. ~ **fudō** 直立不動 A posição de sentido [~ *fudō no shisei o toru* 直立不動の姿勢をとる Pôr-se em (posição de) sentido]. ⇨ suíchóku. **2** [そびえ立つこと] O elevar-se. ⇨ sobíéru.

chokúryū 直流 【Fís.】 A corrente contínua (dire(c)ta). ◇ ~ **dendóki** [**hatsudenki**] 直流電動機 [発電機] O motor [dínamo] de ~. ~ **kairo** 直流回路 O circuito de ~. Ⓐ/反 Kốryú.

chokúsái 勅裁 【E.】 A decisão imperial.

chokúsái² 直截 【E.】 ⇨ chokúsétsú².

chokúsén¹ 直線 A (linha) re(c)ta. ★ ~ *o hiku* 直線を引く Traçar uma ~. ~ *kōsu* 直線コース **a)** O curso dire(c)to; **b)** A última etapa 「da corrida」. ~ *kyori* 直線距離 A distância em ~. ~ *undō* 直線運動 O movimento re(c)tilíneo. *Han ~* 半直線 O raio; a meia ~. Ⓐ/反 Kyokúsén.

chokúsén² 勅撰 【E.】 A compilação 「de "waka"」 por ordem imperial. Ⓐ/反 Shiséń.

chokúsén³ 勅選 A nomeação imperial.

chokúsétsú¹ 直接 Dire(c)to. ~ *(ni) atte o-hanashi shimashō* 直接 (に) 会ってお話ししましょう Vamos conversar pessoalmente sobre o assunto. ★ ~ *(ni) atatte miru* 直接 (に) 当たって見る Tratar [Ver] pessoalmente [dire(c)tamente]. ◇ ~ **jinmon** 直接尋問 O interrogatório ~. ~ **kōdō** 直接行動 A a(c)ção dire(c)ta. ~ **senkyo** 直接選挙 A eleição dire(c)ta. ~ **shōmei** 直接照明 A iluminação dire(c)ta. ~ **teki** 直接的 Dire(c)tamente [~]. ~ **wahō** 直接話法 O discurso [estilo] ~. ~ **zei** 直接税 O imposto ~. ⓢ/回 Jíka. Ⓐ/反 Kańsétsú.

chokúsétsú² 直截 【E.】 **1** [ためらわないようす] A rapidez [de decisão]. **2** [まわりくどくないようす] A clareza. ★ ~ *kanmei na setsumei* 直截簡明な説明 A explicação clara e concisa. ⓢ/回 Chokúsái².

chokúsetsu-hō 直説法 【Gram.】 O modo indicativo 「do verbo "ser"」 é: eu sou, tu és, ...」.

chokúshá¹ 直射 **1** [まっすぐ射ること] O tiro a descoberto. ★ ～ *suru* 直射する Atirar a… ◇ ～ **hō** 直射砲 A bala [O fazer fogo] à queima-roupa. **2** [まともに照らすこと] A incidência dire(c)ta de luz. ★ *Nikkō no ～ o ukeru* 日光の直射を受ける Receber dire(c)tamente os raios solares [a luz do sol; o sol].

chokúshá[2] 直写【E.】A descrição real(ista).

chókushi[1] 直視 **1** [正視] O estigmatismo. [S/同] Seíshí (+). ⇨ chū́shí[2]; gyṓshí; júkushí[2]. **2** [真実を正しく見つめること] O encarar [olhar de frente]. ★ *Genjitsu o ～ suru* 現実を直視する …a realidade. ⇨ chokúmén.

chókushi[2] 勅使 O enviado imperial. ⇨ chóku[3].

chokúshíń 直進 **1** [まっすぐ進むこと] O avançar [ir] dire(c)tamente/a direito. *Fune wa mokutekichi e mukatte ～ shita* 船は目的地へ向かって直進した O navio foi dire(c)to ao destino. [S/同] Chokkṓ. **2** [ためらわずに進むこと] O avanço firme [decidido]. ⇨ maíshíń.

chókusho 勅書 Uma carta oficial do imperador.

chokúsṓ 直送 O envio dire(c)to; a remessa dire(c)ta. ★ ～ *suru* 直送する Enviar [Remeter; Mandar] dire(c)tamente.

chokútṓ 直答 **1** [即答] A resposta pronta [imediata]. [S/同] Sokútṓ (+). **2** [直接相手に答えること] A resposta pessoal [dire(c)ta]. [S/同] Jikítṓ.

chokútsū́ 直通 A ligação dire(c)ta. ◇ ～ **basu** 直通バス O autocarro [ônibus] dire(c)to. ～ **denwa** 直通電話 O telefone dire(c)to [de ～]. ～ **unten** 直通運転 O serviço de condução dire(c)to. *Daiyaru ～* ダイヤル直通 A ～.

chokúyákú 直訳 A tradução literal [palavra por palavra]. ★ ～ *suru* 直訳する Traduzir literalmente [～]. [S/同] Chikúgóyákú. [A/反] Iyákú.

chokúyú[1] 直喩 O símile; a comparação [analogia]. [S/同] Meíyú. [A/反] Ań'yú; iń'yú. ⇨ híyu; shṓchṓ[1].

chokúyú[2] 勅諭 **1** [天皇のことば]【E.】A palavra ou escrito imperial. **2** [Abrev. de "gunjin ～"] ◇ **gunjin ～** 軍人勅諭 A instrução [ordem] imperial ao exército.

chokú-yúnyū 直輸入 A importação dire(c)ta. ★ ～ *suru* 直輸入する Importar dire(c)tamente. ◇ ～ **hin** 直輸入品 Artigos de ～.
[A/反] Chokú-yúshutsu.

chokú-yúshutsu 直輸出 A exportação dire(c)ta.
[A/反] Chokú-yúnyū.

chokúzéń 直前 **a**) Mesmo antes; **b**) Mesmo diante [em frente]. ★ *Shuppatsu no ～ ni* 出発の直前に Mesmo antes da partida.
[S/同] Suńzéń. [A/反] Chókugo.

chokúzókú 直属 A dependência dire(c)ta. ★ *Arai-buchō ～ no buka* 新井部長直属の部下 Os subordinados dire(c)tos do chefe de serviços Arai.

chṓkyṓ 調教 O domar [amansar; domesticar]. ★ *Uma o ～ suru* 馬を調教する …o cavalo. ◇ ～ **shi** 調教師 O domador; o treinador.

chṓ-kyóri [oó] 長距離 **1** [長い距離] A longa distância. ◇ ～ **bakugeki-ki** [**dandōdan**] 長距離爆撃機 [弾道弾] O bombardeiro [míssil] de grande alcance. ～ **basu** 長距離バス O autocarro/ônibus de longo traje(c)o [curso]. ～ **denwa** 長距離電話 A ligação [O telefonema] de ～. ～ **hikō** 長距離飛行 O voo de ～. [A/反] Tań-kyóri.
2 [Abrev. de "～ kyōsō"] ◇ ～ **kyōsō** 長距離競走 A corrida de fundo. ～ **senshu** 長距離選手 O fundista [corredor de fundo]. ⇨ chū́kyóri ◇ ; tańkyóri ◇.

chṓkyū́ [oó] 長久【E.】A longa duração. ★ *Buun ～ o inoru* 武運長久を祈る Pedir que a vitória das armas sempre o acompanhe.
[S/同] Eíkyū́ (+) ; tokóshíé.

chṓ-mán'in [oó] 超満員 A superlotação. *Gekijō wa ～ datta* 劇場は超満員だった O teatro estava superlotado.

chomeí 著名 A celebridade; a fama. ★ ～ *no shi* 著名の士 Uma personalidade muito conhecida [célebre]. [S/同] Chiméí; kṓméí; yū́méí (+).

chṓméí[1] [óo] 長命 A vida longa; a longevidade; a macróbia. ★ ～ *na hito* 長命な人 Uma pessoa longeva [macróbia]; o macróbio. ～ *no kettō* [*sō*] 長命の血統 [相] A linhagem de longevos [A fisionomia de ～].
[S/同] Chṓju; nagá-íki (+). [A/反] Tańmei.

chṓméí[2] [oó] 澄明【E.】A limpidez; a pureza. ★ ～ *na* [*no*] *kūki* 澄明な [の] 空気 O ar límpido [puro].
[S/同] Seíchṓ.

chṓméí[3] [oó] 町名 O nome da "cidade" [rua].

chṓmén [oó] 帳面 **a**) O caderno (de apontamentos); **b**) O livro de contas. ★ ～ *ni tsukeru* 帳面につける Anotar [Apontar/Escrever] no ～. ～ *o tsukeru* 帳面をつける Ter um livro de contas. ◇ ⇨ ～ **zura** [S/同] Nṓto(bukku). ⇨ chṓbó.

chṓ(méń)-zúrá [oó] 帳 (面) づら (< … + tsurá) **1** [帳薄面] As contas. ★ ～ *o awaseru* 帳(面)づらを合わせる Balançar [Ajustar] ～. ～ *o gomakasu* 帳(面)づらをごまかす Falsificar ～. **2** [うわべ] A aparência. [S/同] Uwábé (+).

chṓmi [óo] 調味 A condimentação; o tempero. ★ ～ *suru* 調味する Condimentar; temperar. ◇ ～ **ryō** 調味料 O condimento [tempero]. **Kagaku ～ ryō** 化学調味料 O condimento químico [artificial]. ⇨ ají[1].

chṓmíń [oó] 町民 A gente da vila [do burgo/do bairro]; a população urbana [citadina]. ⇨ keńmíń; kokúmíń; kúmin; shímin; sońmíń; tómin.

chṓmóń[1] [oó] 弔問 A visita de condolências [pêsames]. ★ ～ *o ukeru* 弔問を受ける Receber visitas… ～ *suru* 弔問する Fazer uma ～. ◇ ～ **sha** [**kyaku**] 弔問者 [客] ～ (Pessoa). [S/同] Chṓi.

chṓmóń[2] [oó] 聴聞【E.】 **1** [聞くこと] O ouvir. **2** [行政機関の] A audiência. ◇ ～ **kai** 聴聞会 Uma ～ [audição/Um interrogatório].

chṓmóń nó ísshíń 頂門の一針【E.】O bater no ponto; o tocar no ponto vulnerável. *Shi no hitokoto wa masa-ni ～ datta* 師の一言はまさに頂門の一針だった Ele, só com uma palavra, tocou no ponto central do problema [no fulcro da questão].

chṓ-músubi [oó] 蝶結び (< … + musúbú) O nó de borboleta [laço corredio].

chón ちょん【On.】 **1** [拍子木の音] Pom, pom. **2** [物を切るさま] ★ *Kubi o ～ to kiru* 首をちょんと切る Decapitar [Cortar-lhe a cabeça] de um golpe. **3** [点を打つさま] ★ *Ten o ～ to utsu* 点をちょんと打つ Pôr o ponto「no i」. **4** [物事の終わり]【G.】O fim [ponto final]. ★ *Assari ～ ni naru* あっさりちょんになる Terminar facilmente. [S/同] Oshímáí (+) ; owárí (+). **5** [しるしに打つ点]【G.】Um sinal para marcar. ★ ～ *o utsu* ちょんを打つ Marcar com sinais (Ex. ✓). [S/同] Póchi; chóbo; teń.

chṓná [oó] 手斧・釿 A enxó.

chṓnai [**óo**] 町内 O bairro; a rua [vizinhança]. ◇ **~ kai** 町内会 A associação do ~.
chṓnán [**oó**] 長男 O primogé[ê]nito [filho mais velho]. [S/同] Chakúnan; chákushi; chṓshi; sṓryṓ (músuko).
chṓ nékutai [**oó**] 蝶ネクタイ A gravata de laço; o lacinho.
chṓnéngetsu [**oó**] 長年月【E.】Muito tempo. [S/同] Chṓjítsúgetsu.
chṓ nénten(shō) [**oó**] 腸捻転(症)【Med.】O volvo [nó na tripa]; a obstrução intestinal.
chóngā チョンガー (< Core. chonggak)【G.】O solteirão. ⇨ dokúshíń.
choń-gíru ちょん切る (< chón + kíru) Cortar rente [de um golpe]. ★ *Eda o* ~ 枝をちょん切る ~ o galho/ramo (+). *Kubi o* ~ 首をちょん切る **a)** Decapitar; degolar; **b)** Despedir (do emprego).
chṓníń [**oó**] 町人【A.】O homem da "cidade" [do pequeno comércio]. ◇ **~ katagi** [**konjō**] 町人気質[根性] O espírito burguês [mercantil]. ⇨ shṓnin[2].
chońmágé 丁髷 O penteado [A poupa] à samurai.
chṓ-ṓgátá [**chóo-oó**] 超大型 O tamanho extra (grande). ◇ **~ ryokakuki** 超大型旅客機 O avião gigante [jumbo]. ⇨ tokúdáí.
chṓon[1] [**óo**] 長音 A vogal longa. ◇ **~ fugō** [**kigō**] 長音符号[記号] O sinal de ~「é "-" no o de "fugō"」. ◇ ⇨ **~ pu** [**kai**]. [S/同] Tań'óń.
chṓóń[2] [**oó**] 調音 **1** [音声学の] A entoação. **2** [調律] A afinação. [S/同] Chṓrítsú[2].
chṓóń[3] [**oó**] 聴音【E.】A audição; o detectar [captar] o som.
chṓ-ónkai [**oó**] 長音階【Mús.】A escala maior. [A/反] Tań'ónkai.
chṓ-ónpa [**oó**] 超音波【Fís.】As ondas supersónicas [ultrasônicas].
chṓ-ónpu [**oó**] 長音符【Lin.】O sinal de aumentação [som longo].
chṓónsa [**oó**] 調音叉 O diapasão; o lamiré.
chṓ-ónsoku [**oó**] 超音速 A velocidade supersó[ô]nica. ◇ **~ jettoki** 超音速ジェット機 O avião (a ja(c)to) supersônico.
choppíri (to) ちょっぴり(と)【G.】Um pouquinho「de bolo」. [S/同] Chótto (+); sukóshi (+); wázuka.
chóppu チョップ (< Ing. chop) **1** [肉] A posta. ◇ **Pōku ~** ポークチョップ ~ de porco. **2**【(D)esp.】O golpe rápido, para baixo. ◇ **Karate ~** 空手チョップ ~ de karatê.
chṓrákú [**oó**] 凋落【E.】O secar e cair「árvore」; a ruína. ★ ~ *suru* 凋落する Decair; arruinar-se. [S/同] Botsúrákú (+); reírákú; súibi; suítáí (+).
chṓréí [**oó**] 朝礼 A reunião matutina「de toda a escola, com avisos do dire(c)tor」. [S/同] Chṓkáí.
chṓréíbokáí [**oó**] 朝令暮改 A inconsistência; a incoerência. ★ ~ *no seisaku* 朝令暮改の政策 A política incoerente [inconsistente].
chṓren [**óo**] 調練 O treino militar. [S/同] Kyṓren; reńpéí (+).
chṓri [**óo**] 調理 A cozinha [O cozinhar]. ★ ~ *suru* 調理する Cozinhar. ◇ **~ ba** 調理場 A cozinha (Local). **~ dai** 調理台 A mesa de ~. **~ hō** 調理法 A culinária. **~ nin** 調理人 O [A] cozinheiro[a]. **~ shi** 調理師 O cozinheiro diplomado; o mestre de [em] culinária. [S/同] Kappṓ; ryṓri (+); suíjí.
chṓrítsú[1] [**oó**] 町立 "Municipal". ★ ~ *no shōgakkō* 町立の小学校 A escola primária ~. ⇨ kokúrítsú; kúritsu; shíritsu[1]; sońrítsú[1].
chṓrítsú[2] [**oó**] 調律 A afinação. ★ ~ *suru* 調律する Afinar. *Piano no* ~ ピアノの調律 ~ do piano. ◇ **~ shi** 調律師 O afinador. [S/同] Chṓóń[2] **2**.
chṓrṓ[1] [**choó**] 長老 **1** [年とった人] O ancião; o velho venerando. *Seikai no* ~ 政界の長老 O político veterano. [S/同] Korṓ. ⇨ rṓjín. **2** [年長の高僧]【Bud.】O velho superior. ⇨ kṓsṓ[6]. **3** [キリスト教の] O presbítero. ◇ **~ kyōkai** 長老教会 A Igreja Presbiteriana. ~ *ha* 長老派 O presbiterianismo; os presbiterianos.
chṓrṓ[2] [**choó**] 嘲弄【E.】O escárnio; a zombaria; o desprezo; o desdém. ★ ~ *sareru* [*o ukeru*] 嘲弄される[を受ける] Ser escarnecido; ser alvo de ~. [S/同] Chṓba; gurṓ. ⇨ azákéru; karákáu.
chórochoro ちょろちょろ【On.】 **1** [水が流れるさま] *Jaguchi kara mizu ga* ~ *(to) nagarete iru* 蛇口から水がちょろちょろ(と)流れている A torneira está a deitar água. **2** [炎が立つさま] *Hi ga* ~ *(to) moete iru* 火がちょろちょろ(と)燃えている O fogo bruxuleia (em pequenas labaredas). [S/同] Chírochiro. **3** [小さいものが動くさま] *Nezumi ga* ~ *shite iru* ねずみがちょろちょろしている Os ratos não param, a correr para cá e para lá.
chorói ちょろい【G.】 **1** [たやすい] Fácil; simples. *Sonna koto wa* ~ そんなことはちょろい Isso é ~ [canja/Isso não custa nada]. [S/同] Tayásúi (+). ⇨ kańtáń[1]. **2** [⇨ amátchórói].
chorómákásu ちょろまかす【G.】 **1** [ごまかす] Enganar; levar. [S/同] Damásu; gomákásu (+). **2** [くすねる] Furtar; roubar; surripiar. ★ *Mise no kane o* ~ 店の金をちょろまかす ~ o dinheiro da loja. [S/同] Kusúnéru (+).
choróń 緒論【E.】⇨ shoróń.
chorórí to [**chorótto**] ちょろりと[ちょろっと]【On.】 **1** [少し水が出るさま] *Suidō no mizu ga* ~ *deta kiri de tomatte shimatta* 水道の水がちょろりと[ちょろっと]出たきりで止まってしまった A torneira só deitou um pouquinho de água e parou. **2** [素早くするさま] *Kare wa pātī ni* ~ *kao o dashita ga sugu kaette shimatta* 彼はパーティーにちょろりと[ちょろっと]顔を出したがすぐ帰ってしまった Ele apareceu um pouco na festa mas foi-se logo embora. ⇨ chórochoro.
chṓrui [**óo**] 鳥類 As aves. ◇ **~ gaku** 鳥類学 A ornitologia. **~ hogo** 鳥類保護 A prote(c)ção das aves. ⇨ torí[1].
chṓryṓ [**choó**] 跳梁【E.】 **1** [とびまわること] O andar à solta. ⇨ hané-máwáru; tobí-máwáru. **2** [のさばりはびこること] O grassar. [S/同] Bákko; ṓkṓ. ⇨ habíkóru; nosábáru.
chṓryoku[1] [**óo**] 聴力 A audição; o ouvido; o poder auditivo. ~ *o ushinau* 聴力を失う Perder o ouvido; ficar surdo.
chṓryoku[2] [**óo**] 張力【Fís.】A tensão; a força tensora [de contra(c)ção]. ◇ **Hyōmen ~** 表面張力 ~ de superfície.
chṓryoku[3] [**óo**] 潮力 A força da maré. ◇ **~ hatsuden** 潮力発電 A geração [produção] de energia pela ~. ⇨ chṓryū.
chṓryū [**oó**] 潮流 **1** [海水の流れ] A corrente (marítima). ⇨ kaíryū. **2** [時勢の傾向] A onda [maré]; a corrente; a tendência. ★ *Jidai no* ~ *ni noru/shitagau* [*sakarau*] 時代の潮流に乗る / 従う [逆らう] Ir

na onda [Remar contra a maré]. ⟦S/同⟧ Jiryū.

chósa [óo] 調査 A averiguação; a pesquisa; o exame; o inquérito. ◇ ~ *chū de aru* 調査中である Estar em [sob/para] ~. ~ *o uchikiru* 調査を打ち切る Interromper ~. ~ *suru* [*o okonau*] 調査する [を行う] Fazer ~. ◇ ~ **dan** 調査団 A missão de ~. ~ **hōkoku** 調査報告 O relatório do/a ~. ~ **iinkai** 調査委員会 A comissão de ~. ~ **sho** 調査書 O relatório (escrito) do/a ~. **Mimoto** ~ 身元調査 A identificação do passado da pessoa. **Shijō** ~ 市場調査 A pesquisa de mercado. ⇨ Toríshírábé.

chósa-in[**kan**] [óo] 調査員 [官] O inspe(c)tor; o examinador.

chosaku 著作 O escrever. ~ *suru* 著作する Escrever. ◇ ~ **katsudō** 著作活動 As a(c)tividades de escritor.

chosakú-butsu 著作物 O livro; a obra. ⇨ chósho.

chosakú-ká 著作家 O escritor [autor]. ◇ ~ **kyōkai** 著作家協会 A associação de escritores; a sociedade de autores.
⟦S/同⟧ Chojútsúká; chósha (+); sakká (+).

chosakú-ken 著作権 Os direitos de autor. ★ ~ *o kakutoku suru* 著作権を獲得する Adquirir ~. ~ *o shingai suru* 著作権を侵害する Violar ~. ◇ ~ **hō** 著作権法 A lei dos ~. ~ **shiyōryō** 著作権使用料 Os direitos autorais [~] (Dinheiro). ~ **shoyū-sha** 著作権所有者 O proprietário dos ~.

chosakú-sha 著作者 O autor.
⟦S/同⟧ Chósha (+); chosakúká.

chosei¹ [óo] 調整 O regular [ajustar] 「o relógio」. *Koshō ni tsuki* ~ *chū* 故障につき調整中 (掲示) 「maquinismo」 Avariado! ★ ~ *suru* 調整する ~. ◇ **Bi** ~ 微調整 A sintonização. *Nenmatsu* ~ 年末調整 O reajuste do fim do ano. ⟦S/同⟧ Chōsétsú.

chosei² [óo] 調製 A preparação (confe(c)ção; o fazer de encomenda. ★ ~ *suru* 調製する Fazer; confe(c)cionar; preparar. ⇨ koshíráéru.

chosei³ [óo] 町制 O sistema (administrativo) de "vila". ★ *Mura ni* ~ *o shiku* 村に町制をしくConceder a uma aldeia ~.

chosei⁴ [óo] 町政 A administração "municipal". ⇨ shisei³.

chosei⁵ [óo] 長征 A longa marcha [caminhada]. ★ *Arekisándá-daiō no* ~ アレキサンダー大王の長征 ~ de Alexandre Magno. ⇨ enséi¹.

chosei⁶ [óo] 長生 [E.] A longevidade.
⟦S/同⟧ Chōju (+); chōméí (+); nagá-íki (o).

chosei⁷ [óo] 長逝 [E.] A morte; o falecimento.
⟦S/同⟧ Eímín (+); séikyo (+); shibō (o); shíkyo (+).

chóseki¹ [óo] 潮汐 O fluxo e refluxo das águas do mar. ⇨ hikí-shió; michí-shió.

chóseki² [óo] 朝夕 [E.] **1** [朝と夕方] A manhã e a noite. ★ ~ *no meshi* 朝夕の飯 **a)** As refeições da manhã e da noite; **b)** A vida do dia-a-dia. ⟦S/同⟧ Āsaban (+); ásayū (+). **2** [いつも] Sempre; de manhã à noite. ⇨ Ítsumo.

chosen 緒戦 ⇨ shosén².

chósen¹ [óo] 挑戦 **1** [戦いをしかけること] O desafio; a provocação. ★ ~ *ni ōjiru* 挑戦に応じる Responder à ~; aceitar o desafio. ~ *o ukeru* 挑戦を受ける Ser desafiado [provocado]. ~ *suru* 挑戦する Provocar; desafiar. *~ teki taido ni deru* 挑戦的態度に出る Tomar uma atitude de ~. ◇ ~ **jō** 挑戦状 O cartel (desafio por escrito). ⟦S/同⟧ Yūsén. **2** [困難

な物事に立ちむかうこと] O desafio; o repto; o enfrentar. ★ *Sekai kiroku ni* ~ *suru* 世界記録に挑戦する Tentar o [Lançar-se à conquista do] recorde mundial.

Chósen² [óo] 朝鮮 A Coreia. ◇ ~ **go** 朝鮮語 O coreano. ~ *ninjin* 朝鮮人参 A cenoura coreana. ⇨ Kánkoku².

Chósen mínshú shúgi jinmín kyōwákoku [óo] 朝鮮民主主義人民共和国 A República Popular Democrática da Coreia. ⟦S/同⟧ Kitá Chōsen.

chósen-sha [óo] 挑戦者 **a)** O desafiante; o provocador; **b)** O concorrente [pretendente] a um título.

chósetsú [óo] 調節 O controle; o ajustamento; a regulação; a sintonização. ◇ ~ **ben** 調節弁 A válvula de controle. ~ **jutai** ~. **Sanji** ~ [**seigen**] 産児調節 [制限] O controle de natalidade. ~ *kinō* 調節機能 「ter」 Uma função controladora [reguladora]. ⟦S/同⟧ Chōséi; kontórōru.

chósha 著者 O autor. ◇ ~ **mokuroku** [**sakuin**] 著者目録 [索引] O catálogo [índice] de autores.
⟦S/同⟧ Chósakú-sha; sákusha.

chósha [óo] 庁舎 Um edifício governamental.

chóshí¹ [óo] 調子 (⇨ -chō⁶) **1** [音の高低] O tom; o timbre. ★ ~ *ga atte* [*hazurete*] *iru* 調子が合って [外れて] いる Estar afinado [desafinado]. ~ *no takai* [*hikui*] *koe* 調子の高い [低い] 声 A voz alta [baixa]. ~ *o soroete utau* 調子を揃えて歌う Cantar em uníssono. *Koe no* ~ *o ageru* [*sageru; kaeru*] 声の調子を上げる [下げる; 変える] Subir [Baixar; Mudar] a voz. ◇ ~ **hazure** 調子外れ Ónchō; onrítsú; pítchi. **2** [口調; 語調] O tom [soar]; a ento(n)ação. ~ *o tsukete yomu* 調子をつけて読む Ler com entoação. *Koe no* ~ *o kaeru* 声の調子を変える Mudar o tom de voz. *Tsuyoi* [*Okotta*] ~ *de iu* 強い [怒った] 調子で言う Falar num tom forte [irritado].
3 [具合] O andamento; o jeito; o modo. *Shigoto no* ~ *wa dō desu ka* 仕事の調子はどうですか Como vai o seu trabalho? *Sono* ~ *sono* ~ その調子その調子 É assim mesmo (como está a fazer) [É esse jeito]. ★ ~ *ga deru* 調子が出る Animar-se; aquecer; ficar em boa forma. *Tekitō ni* ~ *o awasete oku* 適当に調子を合わせておく Responder com palavras agradáveis, mas sem se comprometer. ~ *o torimodosu* 調子を取り戻す Recuperar; ficar de novo em forma. *Karada no* ~ *ga ii* [*warui*] からだの調子がいい [悪い] Estar em boa [má] forma física. *Kono* ~ *de wa* この調子では Desta maneira [Por este andar] 「não acabamos o serviço」. ⟦S/同⟧ Ánbai; kagen.
4 [上べだけのようす; 態度] O ser postiço. ★ ~ *no ii koto bakari iu* 調子のいいことばかり言う Dizer algo postiço só para agradar.
5 [勢い] O arranque; o entusiasmo; a euforia; a garra. ★ ~ *ni noru wa* 調子に乗るな Cuidado com as [Não se deixe levar pelas] euforias! *Kuruma wa itsumo no* ~ *ga denai* 車はいつもの調子が出ない O carro está com falta de arranque. ⟦S/同⟧ Hazúmí; iklói.

6 [拍子] O ritmo. ★ ~ *no yoi kyoku* 調子のよい曲 Uma canção com ~. ⟦S/同⟧ Hyōshí; rízumu. ⇨ ma¹.

7 [相場] A tendência (da bolsa de valores). ★ *Kenzen na* [*Tegatai*] ~ *o shimesu* [*hoji suru*] 健全な [手堅い] 調子を示す [保持する] Apresentar [Manter] uma ~ sólida [estável].

chṓshí[2] [**oó**] 銚子 A garrafinha de barro de saqué. ★ *(o) ～ o tsukeru* (お) 銚子をつける Aquecer uma ～. [S/同] Tok(k)úrí.

chṓshi[3] [**óo**] 長子 O primogé[ê]nito. [S/同] Sṓryṓ. [A/反] Masshí. ⇨ chṓnán.

chṓshi[4] [**óo**] 聴視 O ouvir e [ou] ver. ◇ **～ kaku** 聴視覚 O sentido do ouvido e da vista. **～ sha** 聴視者 O「rádio」ouvinte; o assistente; o「tele」espe(c)tador; a assistência.

chṓshí-házure [**oó**] 調子外れ (<… [1] + hazúrérú) **1** [正しい音階からはずれていること] O desafinamento; a desafinação; a dissonância. **2** [奇妙なこと] Discordante. ★ ～ *na furumai* 調子外れな振る舞い A atitude ～ [O procedimento estranho].

chṓshímónó 調子者 **1** [得意になりやすい人] A vítima fácil dos elogios; o que se deixa levar facilmente por outros. **2** [無責任に迎合する人] O oportunista.

chṓshíń[1] [**oó**] 長身 A estatura alta. [S/同] Chṓku.

chṓshíń[2] [**oó**] 長針 O ponteiro comprido [dos minutos]. [S/同] Fuńshíń. [A/反] Tańshíń.

chṓshíń[3] [**oó**] 聴診 A auscultação; a estetoscopia. ★ ～ *suru* 聴診する Auscultar. ◇ ⇨ **～ ki**. ⇨ dashíń; shińdáń; shińsátsú.

chṓshíń[4] [**oó**] 寵臣【E.】O valido「da corte」.

chṓ-shínkei [**oó**] 聴神経【Anat.】O nervo acústico [auditivo].

chṓshín-ki [**oó**] 聴診器 O auscultador; o estetoscópio. ★ ～ *o ateru* 聴診器を当てる Auscultar [Pôr ～].

chṓshíńrukótsú [**oó**] 彫心鏤骨【E.】O trabalho aturado [laborioso]. ★ ～ *no saku* 彫心鏤骨の作 A obra「literária」(que foi) fruto de ～.

chṓshíppázure [**oó**] 調子っ外れ【G.】⇨ chṓshí-házure.

chṓ-shizén [**óo**] 超自然 A sobrenatureza; o sobrenatural. ★ ～ *teki na genshō* 超自然的な現象 O fenô[ó]meno solrenatural. [S/同] Shińpí-tékí.

chṓshí-zúku [**oó**] 調子づく (<… [1] + tsúku) **1** [勢いがつく] **a**) Pegar o ritmo; entrar no ritmo; aquecer; **b**) Animar-se「no discurso」. **2** [得意になる] Entusiasmar-se; envaidecer-se. *Aitsu wa sugu ～* あいつはすぐ調子づく Aquele sujeito fica logo todo vaidoso.

chósho 著書 Uma obra [publicação]; o livro. ★ ～ *o dasu* 著書を出す Publicar um livro. [S/同] Chosákú; jutsúsákú.

chṓsho[1] [**óo**] 長所 **a**) O (ponto) forte; **b**) O valor; as vantagens「e desvantagens」. *Kare no ～ wa nintaizuyoi koto da* 彼の長所は忍耐強いことだ O forte dele é a paciência. ～ *o nobasu* 長所を伸ばす Desenvolver os pontos fortes [bons]「da criança」. [P/ことわざ] ～ *wa tansho* 長所は短所 O forte de alguém pode ser também o seu fraco; os defeitos das suas virtudes. [S/同] Bitéń. [A/反] Tánsho.

chṓsho[2] [**óo**] 調書 **1** [しらべがき] O relatório; a relação por escrito. ★ ～ *o sakusei suru* 調書を作成する Fazer ～. [S/同] Shirábé-gákí **2**. **2** [訴訟法に基く]【Dir.】O protocolo [registo] público. ★ ～ *ni toru* 調書に取る Regist(r)ar [Pôr em ～]. ⇨ kṓbúnsho.

chṓshṓ[1] [**choó**] 嘲笑【E.】O riso de escárnio [desdém]; a chacota; a mofa [troça]. ★ ～ *no mato ni naru* 嘲笑の的になる Ser alvo de ～. ～ *o abiseru* 嘲笑を浴びせる Cobrir de ridículo [escárnio]. ～ *suru* 嘲笑する Ridicularizar [Zombar/Mofar/Troçar de] alguém. [S/同] Azáwárái; reíshṓ. ⇨ monó-wárai.

chṓshṓ[2] [**choó**] 弔鐘【E.】O toque a finados [defuntos].

chṓshókú [**oó**] 朝食 O pequeno almoço; o café. [S/同] Asáháń; asáméshí. ⇨ chū́shókú; yū́shókú[1].

chṓshu [**óo**] 聴取 A audição. ◇ **～ ritsu** 聴取率 O índice de ～「rádio」. **～ sha** 聴取者 O ouvinte.

chṓshū́[1] [**oó**] 徴収 A arrecadação; a cobrança. ★ *Zei o ～ suru* 税を徴収する Arrecadar [Cobrar] impostos. ◇ **～ gaku** 徴収額 O montante arrecadado. [A/反] Nṓnyū́.

chṓshū́[2] [**oó**] 徴集 A requisição; o alistamento; o recrutamento. [S/同] Chṓbó; chṓyṓ; shṓshū́[1].

chṓshū́[3] [**oó**] 聴衆 O auditório; a audiência; a assistência. ★ ～ *o hikitsukeru enzetsu* 聴衆を引き付ける演説 O discurso que prende [cativa] ～. [S/同] Kikí-té. ⇨ kańshū́[3].

chṓso [**óo**] 彫塑 As artes plásticas; a plástica. ⇨ chṓkókú; sozṓ.

chṓsṓ [**choó**] 鳥葬 O sepultar「como os parses」expondo o cadáver às aves.

chṓsókú [**oó**] 長足 O passo grande. ★ ～ *no shinpo o suru [togeru]* 長足の進歩をする [遂げる] Fazer grandes progressos「no estudo」.

chṓson [**óo**] 町村 As vilas e aldeias. ◇ **～ chō** 町村長 Os prefeitos (B.); os presidentes das Câmaras e Juntas. **～ gappei** 町村合併 A união [unificação] de ～. ⇨ machí[1]; murá[1]; shichṓson.

chosúí 貯水 A reserva [O depósito] de água. ◇ **～ ryō** 貯水量 A quantidade [O volume] de água em reserva. **～ sō** 貯水槽 O reservatório de água.

chosúichi 貯水池 O tanque [poço]; a represa pequena. ⇨ dámu.

chṓsúru[1] [**oó**] 徴する【E.】 **1** [呼び出す] Recrutar. ★ *Hei o ～* 兵を徴する ～ soldados. [S/同] Mésu (+); yobí-dásu (+). **2** [取りたてる] Arrecadar; cole(c)tar; cobrar. ★ *Zei o ～* 税を徴する ～ impostos. [S/同] Chṓshū́ súrú (+); torítátéru. **3** [要求する] Solicitar; pedir. ★ *Iken o ～* 意見を徴する ～ pareceres. [S/同] Motóméru (+); yṓkyū́ súrú (+). **4** [照らし合わせる] Confrontar「com」; ver à luz「de」. [S/同] Teráshí-áwáséru (+). ⇨ sańkṓ; shṓgṓ.

chṓsúru[2] [**oó**] 寵する【E.】⇨ kawáígáru.

chṓsúru[3] [**oó**] 弔する【E.】**a**) Estar de luto; **b**) Dar os pêsames. ⇨ itámu[3]; tomúráu.

chṓ-táikoku [**oó**] 超大国 A superpotência. ⇨ chṓ[12].

chṓtáisoku [**oó**] 長大息【E.】Um longo suspiro. [S/同] Chṓtáń[2]. ⇨ taméíki.

chṓtákú [**oó**] 彫琢【E.】 **1** [彫り磨くこと] Cortar e polir. **2** [文章を練りみがくこと] Polir. ★ ～ *o kiwameta utsukushii bunshō* 彫琢をきわめた美しい文章 A frase [O estilo] muito polida[o].

chotáń 貯炭 O carvão em depósito. ◇ **～ jo [jō]** 貯炭所 [場] O depósito do carvão.

chṓtan[1] [**óo**] 長短 **1** [長さ] O comprimento (relativo)「de dois fios」. [S/同] Nágasa (+). **2** [長所と短所] O ponto forte [bom] e o ponto fraco [mau]; as virtudes e os defeitos. *Hito ni wa sorezore ～ ga aru* 人にはそれぞれ長短がある Todos temos virtudes e defeitos. ★ ～ *ai-oginau* 長短相補う Os pontos bons「dela」compensam os maus. ⇨ yū́retsu; chṓsho[1]; tánsho[1].

chṓtáń[2] [**oó**] 長嘆【E.】⇨ chṓtáisoku.

chṓ-tánpa [oó] 超短波 A onda ultracurta. ◇ **~ hōsō** 超短波放送 A irradiação em ~s. ~ *jushin* [*sōshin*] *ki* 超短波受信［送信］器 O receptor [transmissor] de ~. ⇨ chṓ[12].

chṓtátsú[1] [oó] 調達 **a**) O fornecimento「de remédios」; **b**) O conseguir [juntar]. ★ ~ *suru* 調達する Suprir; fornecer, prover. ◇ **Shikin ~** 資金調達 O juntar dinheiro. **Genchi ~** 現地調達 O fornecimento local「de mantimentos」. [S/同] Chṓshíń.

chṓtátsú[2] [oó] 暢達【E.】A fluência. [S/同] Ryū́chō (+).

chṓtéí[1] [oó] 調停 A mediação; a intervenção; a arbitragem. ★ ~ *de kaiketsu suru* 調停で解決する Resolver por ~. ~ *ni noridasu* 調停に乗り出す Recorrer à ~.「*Arasoi o*」~ *suru*「争いを」調停する Arbitrar「a luta」. ◇ **~ an** 調停案 O plano de ~. **~ nin** [*sha*] 調停人［者］O mediador; o árbitro. **~ saiban** 調停裁判 O arbítrio judicial. **~ sho** 調停書 O documento de compromisso. [S/同] Assén; chū́sáí.

chṓtéí[2] [oó] 朝廷 **1** [天子が政治をとる所] A corte imperial. **2** [天皇] O imperador. [S/同] Teńnṓ (+).

chṓtéí[3] [oó] 長汀【E.】O areal extenso. ◇ **~ kyokuho** 長汀曲浦 A linha de praia longa e tortuosa. ⇨ nagísá.

chṓtékí [oó] 朝敵【E.】O inimigo do governo imperial. [S/同] Kokúzókú (+).

chṓten [óo] 頂点 **1** [最も高い所] O cume; o pico; o cimo; o topo. [S/同] Chṓjṓ; itádákí; teppén. **2** [絶頂] O auge; o apogeu; o píncaro; o ponto culminante [mais alto]. ★ *Ninki no ~ ni iru* 人気の頂点にいる Estar no auge [apogeu] da popularidade/fama. [S/同] Chṓjṓ; píku; zetchṓ. **3** [角の部分]【Mat.】O vértice. ★ *Sankakkei no ~* 三角形の頂点 ~ do triângulo.

chṓto [óo] 長途【E.】O percurso [curso] longo; a viagem [caminhada] longa. [S/同] Énro (+).

chṓ-tṓha [choó-tóo] 超党派 Suprapartidário. ◇ **~ gaikō** 超党派外交 A diplomacia suprapartidária. ⇨ chṓ[12]; seítṓ[3].

chṓ-tókkyū [oó] 超特急 **1** [列車の] O (trem) superexpresso; o (comboio) foguete. ★ ~ *Hikari-gō* 超特急ひかり号 ~ "Hikari". ⇨ shińkánsen.
2 [非常に速いこと] O ser muito rápido [veloz]. ★ ~ *de kansei suru* 超特急で完成する Terminar「o trabalho」a grande velocidade [num instante/num abrir e fechar de olhos]. [S/同] Ō-ísogi.

chótotsu mṓshíń [oó] 猪突猛進 O avanço temerário [às cegas; à maluca]. ★ ~ *suru* 猪突猛進する Avançar às cegas [como um louco].

chṓ-tsúgai [oó] 蝶番 **1** [金具] O gonzo; a dobradiça; a charneira. *To no ~ ga hazurete iru* 戸の蝶番がはずれている A porta está desengonçada. **2** [二つの物をつなぎとめる役をするもの] O eixo; a junta; a articulação. ⇨ tsunágí- ◇.

chótto ちょっと **1** [少しの間] Um pouco; um momento; um instante. ~ *matte kudasai* ちょっと待ってください Espere ~ por favor. ★ ~ *no ma* ちょっとの間 Um segundo. [S/同] Shibáraku.
2 [すこし] Um pouco. ~ *o-hanashi shitai koto ga arimasu* ちょっとお話ししたいことがあります Queria (dizer)-lhe uma palavrinha. ★ ~ *miru to* ちょっと見ると À primeira vista. *Sen-en* (*to*) ~ 千円(と)ちょっと ~ mais de mil yens. [S/同] Íkura-ka; sukóshi; yáya.
3 [気軽にするさま] Com licença; só. ~ *soko made itte kuru yo* ちょっとそこまで行ってくるよ Só vou dar uma voltita e volto já.
4 [かなり] Bastante; assás; um tanto. *Kare wa sono machi de wa ~ na no shireta otoko da* 彼はその町ではちょっと名の知れた男だ Ele é bastante conhecido nessa cidade. ~ *shita zaisan* ちょっとした財産 Uma fortuna razoável. [S/同] Kánari; kekkṓ; zóngai.
5 [容易には] Tão facilmente; bem. ~ *kentō ga tsukanai* ちょっと見当がつかない Não sei bem. *Sore wa ~* (*ya sotto de wa*) *mane ga dekinai koto da* それはちょっと(やそっとでは)まねができないことだ Isso não é assim tão fácil de imitar.
6 [よびかけ] Ei!; eh!; olhe!; por favor. *Nē ~ kimi* ねぇちょっと君 Ei você (aí)! ~ *sumimasen ga* ちょっとすみませんが Por favor [gentileza]「podia dizer-me onde é a estação」. ~, *anmari ja nai no* ちょっと、あんまりじゃないの Eh [Oiça lá], você está (insuportável) de mais!

chottó-mí ちょっと見 (<… + míru) O vislumbre; uma vista de olhos; uma olhadela. *Kono imitēshon no kegawa wa ~ ni wa wakaranai* このイミテーションの毛皮はちょっと見にはわからない À primeira (vista) não se sabe que isto é (uma) imitação de pele.

chṓwá [oó] 調和 O combinar; a harmonia; a concordância. ★ ~ *o kaku* 調和を欠く Não combinar [estar em harmonia]. ~ *suru* [*ga toreru*] 調和する［が取れる］Combinar. ~ *no* [*ga*] *toreta haishoku* 調和の［が］とれた配色 Uma boa [feliz/harmó[ô]nica] distribuição de cores].

chṓya[1] [óo] 長夜【E.】 **1** [長い夜] Uma noite longa. ★ ~ *no nemuri kara sameru* 長夜の眠りから覚める Despertar dum longo sono [Cair na conta da sua ignorância]. ~ *no yume o samasu* 長夜の夢を覚ます Despertar alguém dum longo sono [do seu isolamento]. [S/同] Yo-nágá (+). [A/反] Tán'ya. **2** [夜通し] Toda a noite. ★ ~ *no en o haru* 長夜の宴を張る Passar ~ a comer e a beber. [S/同] Tetsúyá (+); yo-dṓshí (+). ⇨ yo-ákashi.

chṓya[2] [óo] 朝野【E.】O governo e o povo; a nação inteira. ★ ~ *o agete shi o kangei suru* 朝野をあげて師を歓迎する A nação em peso dar as boas-vindas a sua excelência. ⇨ séken; ténka[1].

chṓyákú [oó] 跳躍 **1** [飛びはねること] O pulo; o salto. ★ ~ *suru* 跳躍する Saltar; pular. ◇ **~ ban** 跳躍板 O trampolim. **~ undō** 跳躍運動 O exercício de saltos. ⇨ hanéru[1]; tobú[2]. **2** [競技] O salto. ◇ **~ kyōgi** 跳躍競技 A competição de ~. **~ senshu** 跳躍選手 O atleta de ~. ⇨ jánpu.

chṓyṓ[1] [choó] 徴用 O recrutamento; a requisição. *Senjichū wa ~ sarete kōjō de hataraita* 戦時中は徴用されて工場で働いた Eu fui requisitado durante a guerra para trabalhar numa fábrica. ◇ **~ sen** 徴用船 O navio requisitado. [S/同] Chṓhátsú; chṓshū́.

chṓyṓ[2] [choó] 長幼【E.】Os velhos e os novos. ~ *jo ari* 長幼序あり Os mais novos devem dar a preferência aos mais velhos. [S/同] Rṓjákú; rṓnyákú; rṓyṓ.

chṓzá [oó] 長座【E.】Uma visita demorada. [S/同] Nagái (+).

chṓzáí [oó] 調剤 A preparação de remédios. ★ ~ *suru* 調剤する Preparar… ◇ **~ shi** 調剤師 O farmacêutico; o boticário. [S/同] Chṓgṓ; chṓyákú.

chṓ-zámé [oó] 蝶鮫 (<… + samé)【Zool.】O estur-

chōzéí¹ [oó] 徴税 A cobrança de impostos. ★ ~ *suru* 徴税する Cobrar... ◇ **~ kan** 徴税官 O cobrador de... [A/形] Nōzéí.

chōzéí² [oó] 町税 O imposto "municipal".

chōzén [oó] 超然 O estar por cima de tudo. *Zokkai kara ~ to shite iru* 俗界から超然としている Estar por cima [Conservar-se acima] das pequenezes da vida.

chōzétsú [oó] 超絶 A transcendência; a superioridade. ★ *Sekai-teki ni ~ shita pianisuto* 世界的に超絶したピアニスト Um pianista de craveira [categoria] mundial. [S/同] Takuétsú. ⇨ tobínúkeru.

chozō [oó] 貯蔵 A armazenagem; o armazenamento. ★ ~ *no kiku tabemono* 貯蔵の利く食べ物 A comida que se conserva [que não se estraga]. ~ *suru* 貯蔵する Armazenar. *Chōki no ~ ni taenai* 長期の貯蔵に堪えない (Que) Não se conserva (por) muito tempo. ~ *hin* [hín] 貯蔵[物][品] As provisões. **~ ko** 貯蔵庫 O armazém; o depósito. **~ shitsu** 貯蔵室 A câmara de ~. **Reitō ~** 冷凍貯蔵 A câmara frigorífica.

chōzō [choó] 彫像 A estátua; uma escultura.

chōzókú [oó] 超俗 【E.】 O desprendimento do mundo. [S/同] Chōzétsu; dátsúzókú.

chōzu [óo] 手水 **1** [手や顔を洗うための水] A água (para lavagem). ★ ~ *o tsukau* 手水を使う Lavarse [Lavar as mãos e a cara]. **Ir à** ○ ~ *ni iku* お手水に行く a privada. **2** [便所] A privada; o quarto de banho; o banheiro (B.). ★ *O-~ ni iku* お手水に行く Ir à ○. Benjó; kawáyá; teárai. **3** [便所に行くこと] O ir ao quarto de banho. [S/同] Yōbén.

chō-zúmé 腸詰め (< ... ¹ + tsuméru) A salsicha; o chouriço. [S/同] Sōsējí (+).

chōzúru [oó] 長ずる **1** [成長する] Crescer. ★ ~ *ni oyonde* 長ずるに及んで Ao crescer「e chegar à adolescência」. [S/同] Chōjíru; seichō súrú (+). **2** [すぐれている] Ser excelente [proeminente]. ★ *Kaiga ni chōjite iru* 絵画に長じている Ser um excelente pintor. [S/同] Masáru (+); sugúrérú (+). **3** [年上である] Ser mais velho. ⇨ neńchō.

chū チュッ【On.】 ★ ~ *to kisu o suru* チュッとキスをする Dar um(a) (grande) beijo(ca).

chū¹ [úu] 中 **1** [まんなか] O meio; o centro; o meio. ◇ **Jō ~ ge** 上中下 O primeiro, o segundo e o terceiro「volume」 (do livro). **Dai ~ shō** 大中小「tamanho」 grande, o médio e o pequeno. [S/同] Chūkán; chūō; náka. **2** [なかほどの順位] A média; a mediania. ~ *ika ni ochiru* 中以下に下がる Descer abaixo da ~. ⇨ dái-shō²; jō-ge. **3** [中辺] O meio termo; a via moderada. [S/同] Chūyō (+). **4** [Abrev. de ⇨ chūgaku] Os três primeiros anos do ginásio (liceu). ★ ~ *kō ikkan-kyōiku* 中高一貫教育 A educação liceal [ginasial] completa. **5** [Abrev. de ⇨ Chūgoku] A China.

-chū² [uú] 中 [...のうち] Durante; entre; dentro. ★ *Gozen ~ ni* [*zutto*] 午前中に[ずっと] De manhã [(Durante) toda a manhã]. ★ *Fukō ~ no saiwai* 不幸中の幸 Do mal o menos. *Shūsai ~ no shūsai* 秀才中の秀才 O génio [maior] dos gé[ê]nios. *Kūki ~ no sanso* 空気中の酸素 O oxigé[ê]nio do ar. ◇ **jit ~ hakku**. ⇨ **sui**(+). **2** [...をしている最中] No meio [decurso] de. *O-hanashi ~ shitsurei shimasu* お話中失礼します Desculpe estar a interromper a meio da conversa. ★ *Kaigi ~* 会議中 Na reunião. **3** [命中すること] O acertar no alvo. ◇ ⇨ **hyappatsu hyaku ~**. **4** [Abrev. de ⇨ chūgaku] ★ *Kuritsu san ~* 区立三中 A Terceira Escola Ginasial [O Terceiro Liceu] do bairro「de Setagaya」. **5** [Abrev. de "Chūgoku"].

chū³ [úu] 宙 **1** [空中] O ar; o espaço; o céu. *Kamifubuki ga ~ ni matta* 紙吹雪が宙に舞った O ar ficou cheio de papelinhos (a voar). ★ ~ *ni uku* 宙に浮く **a)** Pairar no ar; **b)**「o plano」Estar muito no ar; não ser realista. ~ *o tobu* 宙を飛ぶ Voar「'Voltar a' correr『para casa』」. ⇨ kokū; kūchū; kūkán; ō-zóra; sórá¹. **2** [暗記] O saber de cor; o decorar. ★ ~ *de yomu* 宙で読む Recitar de cor. [S/同] Sóra (+). ⇨ ańkí¹.

chū⁴ [úu] 注・註 A nota [anotação; N.B.]. ★ ~ *o tsukeru* [*ireru*] 注を付ける[入れる] Pôr uma nota (Acrescentar notas). ⇨ chūshaku.

chū⁵ [úu] 忠 **1** [⇨ chūjítsú]. **2** [⇨ chūgi].

chūba [úu] チューバ (< Ing. tuba) A tuba.

chūbáika [uú] 虫媒花【Bot.】 A flor entomófila. ⇨ chōbáika; fūbáika; suíbáika.

chūbán [uú] 中盤 O centro no meio「da campanha」. ◇ **~ sen** 中盤戦「em」Plena luta. ⇨ jobán; shūbán.

Chūbéi [uú] 中米 A América Central. [S/同] Chūō Ámerika (⇨ chūō¹ ◇)

chū-Béí [uú] 駐米 (Residente) nos E.U. ◇ **~ Nihon taishi** 駐米日本大使 O embaixador j. nos Estados Unidos.

chū-bí [uú] 中火 (< ... **1** + hi) O fogo médio [de média intensidade]. ⇨ toró-bí; tsuyó-bí; yowá-bí.

chūbō [uú] 厨房【E.】 A cozinha. [S/同] Chōriba(+); daídókóró (o); kítchin (+); kuríyá; ryōríshitsu.

chū-bósó [uú] 中細 (< ... ¹ + hosói) A meia grossura [grossura média] (De fio de lã, aparo, etc.).

chūbu¹ [úu] 中部 O centro. ◇ **~ chihō** 中部地方 A zona [região] central [~]. **~ Nippon [Burajiru]** 中部日本[ブラジル] A parte central [~] do J. [B.].

chūbu² [úu] チューブ (< Ing. tube < L.) **1** [くだ] O tubo. ★ *Gomu no ~* ゴムのチューブ ~ de borracha. ◇ **~ iri neri-ha-migaki** チューブ入り練り歯磨 ~ de pasta de dentes. [S/同] Kúda. ⇨ hōsu; kan¹. **2** [タイヤの] A câmara de ar.

chūbúku [uú] [chuuó] 中腹 ⇨ chūkí¹.

chūbún [uú] 中分 A divisão ao meio [em duas partes]. ~ *suru* 中分する Dividir... ⇨ tōbuń¹.

chūbúrárín [uú] 宙[chuú]ぶらりん【G.】 **1** [空中にぶらさがっていること] O ficar dependurado (no ar). *Zairu ga kirete iwaba ni ~ ni natta* ザイルが切れて岩場に宙ぶらりんになった A corda partiu(-se) e fiquei pendurado na rocha「só seguro pela corda da cinta」. **2** [中途半端なこと] O estar imperfeito [feito a meias]. *Koto o ~ ni shite oku* ことを宙[中]ぶらりんにして置く Deixar uma coisa malfeita [Fazer as coisas a meias]. [S/同] Dotchí-tsúkazu; chūtó-hánpa.

chū-búrú [uú] 中古 (< chū¹ + furúi) ⇨ chūko **2**.

chūcho [úu] 躊躇 A hesitação, a indecisão; a dúvida; o escrúpulo. ~ *suru* 躊躇する Duvidar; hesitar; vacilar [*Amari nedan ga takai no de kau no ~ shita* あまり値段が高いので買うのを躊躇した Duvidei [Estive hesitante/indeciso] em comprar porque era caro demais]. [S/同] Shuńjún. ⇨ tamérau.

chūchū (**to**) [chúuchúu] ちゅうちゅう(と)【On.】 **1** [ねずみの鳴き声] *Nezumi ga ~ naite iru* ねずみがち

ゅうちゅう(と)鳴いている O rato está a guinchar. **2** [汁などをすする音]★ *Sutorō de jūsu o ~ suu* ストローでジュースをちゅうちゅう(と)吸う Sorver o sumo por [com] uma palhinha.

chúdán¹ [**uú**] 中段 **1** [中程の段] O degrau do meio. ★ *Shindai no ~* 寝台の中段 O leito médio [do meio]「do beliche」. ⇨ gedán; jōdán². **2** [剣道の] A posição média. ★ *ni kamaeru* 中段に構える Pôr-se em ~ (a postos para o ataque). [S/同] Seígán. ⇨ gedán; jōdán².

chúdán² [**uú**] 中断 O corte [A interrupção] ao meio. ★ *suru* 中断する **a)** Interromper「o trabalho/o discurso」; **b)** Romper「as negociações」. [S/同] Chúzétsu.

chúdō [**uú**] 中道 [E.] **1** [中正であること] O caminho do meio; o meio termo; a moderação. ★ *~ o ayumu* [*iku*] 中道を歩む[行く] Ser moderado. **◊ ~ ha** 中道派 A corrente moderada [centrista]. [S/同] Chúdō; seídō. **2** [途中] ficar a 「Meio caminho」「morrer」antes de「terminar o livro」. [S/同] Chūtō (+); nakába (+); tochū (o).

chúdoku [**uú**] 中毒 [有毒性にあたること] O envenenamento; a intoxicação. ★ *~ o okosu* 中毒を起こす Causar [Ter um(a)] ~. *~ suru* 中毒する Ficar [Ser] intoxicado (envenenado). **~ shi** 中毒死 A morte por ~. **~ shō** 中毒症 A toxicose. **Arukōru** ~ アルコール中毒 O alcoolismo. **Gasu ~** ガス中毒 ~ por gás. **Shoku ~** 食中毒 A alimentar. **2** [異状に好むこと] A doença; a mania; a paixão. *Katsuji ~* 活字中毒 A ~ pela letra impressa. Dokú-átari.

chúéi [**uú**] 中衛 [(D)esp.] O médio (Da defesa). [S/同] Háfú(bákku). ⇨ kóéi³; zen-éi.

chúfu (**chuuí**) [**uú**] 中風. ⇨ chúkí¹.

chúfúku [**uú**] 中腹 O meio da encosta. [S/同] Sanpúkú.

chū-gáeri [**uú**] 宙返り (<...³+káeru) **1** [とんぼ返り] O salto mortal (com cambalhota completa no ar). ★ *~ (o) suru* 宙返りをする Dar um ~. **◊ ~ tobikomi** 宙返り飛び込み 【(D)esp.】 O mergulho acrobático. [S/同] Toñbō-gáeri. **2** [飛行機の飛び方の一つ] A acrobacia aérea. **◊ ~ hikō** 宙返り飛行 O voo acrobático.

chúgái [**uú**] 虫害 O dano causado pelos inse(c)tos.

chúgákkō [**uú**] 中学校 ⇨ chúgaku.

chúgaku [**uú**] 中学 Os três primeiros anos do ensino médio (liceal/ginasial). **◊ ~ sei** 中学生 O estudante des ~. [S/同] Chúgákkō. ⇨ daígákú²; kōkó²; shōgákkō; chū¹.

chúgakunen [**uú**] 中学年 O terceiro e quarto ano do ensino básico [primário]. ⇨ kōgákunen; teígákunen.

chú-gátá¹ [**uú**] 中形 (<...¹+katachí) O「quimono」tamanho [modelo] médio. ⇨ ko-gátá; ō-gátá.

chú-gátá² [**uú**] 中型 (<...¹+katá) O tamanho médio. **◊ ~ sha** 中型車 O carro de ~. ⇨ ko-gátá; ō-gátá.

chúgén¹ [**uú**] 中元 **1** [陰暦七月十五日の] O dia 15 de julho do ano lunar. **2** [1 の日にする贈り物] Os presentes que se oferecem a meio do ano. **◊ ~ ō-uridashi** 中元大売り出し A liquidação [Os saldos] do meio do ano. ⇨ seíbó².

chúgén² [**uú**] 中原 [E.] **a)** O centro do campo; b) O pomo da discórdia. ⇨ *~ ni shika o ou* 中原に鹿を逐う Disputar a presa [o lugar] /Dois cães a um osso.

chúgén³ [**uú**] 忠言 [E.] A advertência; o conselho; a admoestação. [ここわざ] *~ mimi ni sakarau* 忠言耳に逆らう Os bons conselhos ferem os ouvidos/Ninguém gosta de ouvir as verdades. ⇨ Chúkóku.

chúgén⁴ [**uú**] 中間 [A.] O lacaio do samurai. ⇨ komónó.

chúgi [**uú**] 忠義 A fidelidade; a lealdade; a dedicação. *~ o tsukusu* [*tateru*] 忠義を尽くす [立てる] Mostrar ~ [Ser fiel]. **◊ ~ mono** 忠義者 A pessoa fiel [leal]. [S/同] Chū⁵; chúsêí; chūsêtsú.

chúgi-dáté [**uú**] 忠義立て (<...+tatéru) **a)** A mostra [prova] de fidelidade; **b)** A aparência [máscara] de fidelidade. ★ *~ suru* 忠義立てする **a)** Dar mostras de...; **b)** Fingir-se fiel.

Chúgoku [**uú**] 中国 A China. **◊ ~ fuku** 中国服 O vestido [trajo/o] chinês. **~ go** 中国語 A língua chinesa; o chinês. **~ jin** 中国人 O chinês. **~ ryōri** 中国料理 O prato chinês; a comida chinesa. [S/同] Cháina; Shína. ⇨ Chúka.

chúgókú-chíhō [**uú**] 中国地方 A zona [região] oeste da ilha Honshu (A maior do J.).

chú-góshí [**uú**] 中腰 (<...¹+koshí) O corpo curvado.

chú-gúráí [**uú**] 中位 (<...¹+kuráí) Mediano. *Kare no seiseki wa ~ da* 彼の成績は中位だ Ele tem notas medianas. [S/同] Chú-kúráí; nakáhódó.

chúha¹ [**uú**] 中波 A onda média. **◊ ~ hōsō** 中波放送 A transmissão em ~. ⇨ chōha; tánpa.

chúha² [**uú**] 中破 Algum estrago [dano]. ⇨ shōha; taíha.

chú-hábá [**uú**] 中幅 A largura média. **◊ ~ obi** 中幅帯 Um "obi" de ~. ⇨ kohábá; ōhábá.

chúhen [**uú**] 中編 **1** [中間の長さの作品] Uma obra literária de tamanho médio. **◊ ~ shōsetsu** 中編小説 Um romance curto [de ...]. ⇨ chōhén; tanpén. **2** [第二編] A segunda parte. ⇨ kōhéñ; zenpén.

chúi¹ [**uú**] 注意 **1** [気をつけること] A atenção; o cuidado; o sentido; a cautela; o tino. *Sagyō-chū ni ~ o sorasu to kega o suru yo* 作業中に注意をそらすと怪我をするよ No trabalho, se te distrais, vai machucar-se [é ferida certa]. **~ bukai**. ~ *ga tarinai* 注意が足りない Ser distraído [descuidado]. *~ no ue ni mo ~ o kasaneru* 注意の上にも注意を重ねる Prestar toda a atenção. *~ o hiku* 注意を引く Atrair a atenção. *~ o okotaru* 注意を怠る Descuidar-de; não prestar atenção; não tomar sentido. *~ o unagasu* 注意を促す Chamar a atenção. *~ suru* 注意する Prestar atenção a; tomar sentido; ter cuidado [tino]. *~ shite kiku* [*miru*] 注意して聞く [見る] Ouvir [Ver] com atenção. *Hi no moto ni ~ suru* 火の元に注意する Ter cuidado com o fogo. *Kenkō ni ~ suru* 健康に注意する Ter cuidado com a saúde. *Sekai no ugoki ni ~ o harau* [*mukeru*] 世界の動きに注意を払う[向ける] Dar importância ao que se passa no mundo. *Tori-atsukai ~* 取り扱い注意 (掲示) Tratar com cuidado! *Zujō* [*Ashimoto ni*] *~* 頭上 [足元に] 注意 (掲示) Cuidado com a cabeça [os pés]. **◊ ~ gaki** 注意書き A nota; a chamada de atenção; as instruções. **~ jikō** 注意事項 Os avisos; os pontos importantes. **~ jinbutsu** 注意人物 Um elemento [sujeito] perigoso. **~ ryoku**. **~ sanman** 注意散漫 A distra(c)ção. **~ shingō** 注意信号 O sinal vermelho [de aviso de perigo].

chūi² [S/周] Ryúi. ⇨ yójin¹.
2 [忠告] **a)** O aviso [chamar a atenção]; **b)** A advertência séria. *Kare wa isha no ~ o mamoranakatta no de byōki wa masumasu waruku natta* 彼は医者の注意を守らなかったので病気はますます悪くなった Ele não seguiu os conselhos do médico e ficou cada vez pior. ★ *Hito no ayamari o ~ suru* 人の誤りを注意する Corrigir os outros. ◊ **~ hō** 注意報 O aviso「de tempestade」. [S/周] Chūkóku; keíkoku.

chūi² [úu] 中位 ⇨ chū-gúraí.

chūi³ [úu] 中尉 O primeiro tenente. ⇨ shói¹; táii¹.

chūi-búkai [uú] 注意深い (< ⋯ ¹ + fukái) Cuidadoso; cauteloso; atento; prudente. ★ *Chūi-bukaku shigoto o suru* 注意深く仕事をする Trabalhar com cuidado [esmero]. [A/反] Chūi sanmái ná.

chūíngamu [uú] チューインガム (< Ing. chewing gum) O chiclete [A pastilha elástica]. [S/周] Gámu (+).

chūi-ryoku [uú] 注意力 A (capacidade de) atenção. ★ *~ ga tarinai* 注意力が足りない Ser descuidado [distraído]. ⇨ shúchū-ryoku.

chūji [úu] 中耳【Anat.】O tímpano. ◊ **~ en** 中耳炎【Med.】A timpanite [inflamação do ~]. ⇨ gáiji; naíji².

chū-jíkú [uú] 中軸 **1** [中央をつらぬく軸] O eixo. **2** [中心となる人・もの] A figura [peça] central; o homem-chave. ★ *Kaisha no ~* 会社の中軸 A grande força da empresa. ★ *~ dasen* 中軸打線 Os batedores principais [mais fortes] da equipe/a「de beis.」. ⇨ chūsú; sújíkú.

chūjítsú [uú] 忠実 **1**[誠実であるようす] A fidelidade; a lealdade; a dedicação. *Inu wa ningen ni ~ da* 犬は人間に忠実が O cão [cachorro] é fiel ao dono. ★ *~ na shimobe* 忠実なしもべ O servo fiel [leal]. *Shokumu ni ~ de aru* 職務に忠実である Ser fiel ao trabalho [à sua obrigação]. [S/周] Seíjítsú; tokújítsú. [A/反] Fújítsu.
2 [正確であるようす] A fidelidade; a exa(c)tidão. ★ *Genbun o ~ ni yakusu* 原文に忠実に訳す Fazer uma tradução fiel do original.

chūjō¹ [uú] 柱状 Em forma de coluna. ◊ **~ setsuri** 柱状節理 As rachaduras em forma de prisma regular que aparecem mais rochas vulcânicas. ⇨ hashíra.

chūjō² [uú] 衷情【E.】**a)** O verdadeiro sentir; **b)** O coração. ★ *~ o uchiakeru[hireki suru]* 衷情を打ち明ける[披瀝する] Abrir o coração. [S/周] Shín'i (+).

chūjō³ [uú] 中将 O general de divisão. ⇨ shōshō²; táishō¹.

chūjún [uú] 中旬 Os dez dias do meio do mês (10-20). ★ *Nigatsu ~ ni* 二月中旬に Nos meados de fevereiro. ⇨ gejún; jōjún.

Chūka [úu] 中華 A China. ◊ **~ gai** 中華街 O bairro chinês. **~ jinmin kyōwakoku** 中華人民共和国 A República Popular da China. **~ nabe** 中華なべ A frigideira chinesa [Fundo redondo e fundo]. **~ ryōri** 中華料理 A cozinha [comida] chinesa; o prato chinês. **~ ryōriten** 中華料理店 O restaurante chinês. **~ soba** 中華そば O talharim chinês. **~ shisō** 中華思想 O sinocentrismo (O pensar que a China é o centro do mundo). ⇨ Chūgoku.

chūkái¹ [uú] 仲介 A mediação; o intermédio. ★ *~ no rō o toru* 仲介の労を取る Ser [A(c)tuar como] intermediário「entre os beligerantes」. *~ suru* 仲介する Mediar; servir de mediador. ◊ ◊ **~ sha**. **~ tesūryō** 仲介手数料 A comissão do intermediário. [S/周] Asséń; baíkaí; naká-dáchí; shúsén.

chūkái² [uú] 注 [註] 解 A nota; o comentário; a glosa; a anotação. [S/周] Chū; chúshaku.

chūkái-sha [uú] 仲介者 O mediador [medianeiro]; o intermediário. ⇨ chúkaí¹.

chūkákú [uú] 中核 O núcleo「do grupo」; a medula; a base; o fundamento. [S/周] Káku; shín.

chūkán¹ [uú] 中間 **1**[二つの物の間] O meio. *Gakkō wa eki to waga-ya no ~ ni aru* 学校は駅とわが家の中間にある A escola fica a meio-caminho entre a minha casa e a estação. ◊ **~ bu** 中間部 A parte do ~. **~ chiten** 中間地点 O ponto intermédio. **~ sō** 中間層 As camadas médias「do país」. ⇨ **~shi[shoku].** **2** [両極端の間] A posição intermédia; o meio termo. **~** *no tachiba o toru* 中間の立場を取る Tomar uma ~. **3** [途中] O intermédio. ◊ **~ hōkoku** 中間報告 O relatório interino. **~ shiken** 中間試験 O exame semestral [de frequência]. [S/周] Chūtó; tochú.

chūkán² [uú] 昼間 Diurno; de dia. ◊ **~ jinkō** 昼間人口 A população ~ a. [S/周] Hakúchú; hirúmá (+). [A/反] Yákan.

chūkánshoku [uú] 中間色 **1** [純色と無彩色の中間の色] A cor neutra. **2** [色環の主要色相の間の色] A cor intermédia. ★ *Ao to ki no ~* 青と黄の中間色 ~ entre verde [azul] e amarelo. ⇨ chúkaní¹.

chūkéi¹ [uú] 中継 **1**[なかつぎ] A transmissão. ◊ **~ bōeki** 中継貿易 O comércio de trânsito. [S/周] Nakátsugí; riré. **2**[Abrev. de "~ hōsō"] A ligação em cadeia. ◊ **~ hōsō** 中継放送 A retransmissão [~]. **~ kyoku** 中継局 A estação retransmissora. **~ rokuga** 中継録画 A emissão gravada. **Butai ~** 舞台中継 A transmissão do palco. **Eisei ~** 衛星中継 A transmissão via satélite. **Jikkyō ~** 実況中継 A transmissão de cenas reais. **Nama ~** 生中継 A transmissão dire(c)ta. **Uchū ~** 宇宙中継 A transmissão planetária [espacial].

chūkéi² [uú] 中啓 Uma espécie de leque cerimonial. [S/周] Suéhíró(gari)(+). ⇨ ōgí¹.

chūkén¹ [uú] 中堅 **1** [軍の中心となる部隊] O corpo principal do exército. [S/周] Chūgún. **2**[中心となって活動する人] O meio [centro]. ★ *Shakai no ~ sō* 社会の中堅層 A classe [camada] média (da sociedade). ◊ **~ kanbu** 中堅幹部 Os dire(c)tores de repartição. **~ sakka** 中堅作家 O escritor médio. **~ sararīman** 中堅サラリーマン O empregado de salário médio. **3**[Abrev. de "~shu"] ◊ **~ shu** 中堅手 (O jogador do) centro. [S/周] Sénta (+). ⇨ gaíyáshu. **4**[剣道・柔道の] O terceiro competidor numa partida em equipe/a de "kendō" ou "jūdō". ⇨ táishó²; fukúshó²; senpō².

chūkén² [uú] 忠犬 O cão [cachorro] fiel. ◊ **~ Hachi-kō** 忠犬ハチ公 ~ Hachi-kō (Célebre, em Tóquio). ⇨ inú.

chūki¹ [uú] 中気 A paralisia. ★ *~ ni naru* 中気になる Ficar paralítico. [S/周] Chúbú; chūfú.

chūki² [úu] 中期 **1** [なかほどの時期] O (período do) meio. ⇨ kōki²; zenkí². **2**[なかぎり]「o plano a」Meio prazo. [S/周] Nakágírí (+).

chūki³ [uú] 注 [註] 記 A nota [N.B.; anotação]. ★ *~ suru* 注 [註] 記する Anotar; pôr ~s. ⇨ chū⁴;

chū́shákú.
chū́kíń[1] [**uú**] 忠勤 O serviço fiel [dedicado/devotado].
chū́kíń[2] [**uú**] 鋳金 A fundição. ◇ **~ ka** 鋳金家 O fundidor; o operário metalúrgico. [S/同] Chū́zṓ (+); imónó (o).
Chū́kíntō [**uú**] 中近東 O Médio e o Próximo Oriente. ⇨ chū́tṓ[1]; kińtṓ[2].
chū́ko [**úu**] 中古 **1** [日本史の時代区分の一つ] A época medieval (Da h. j.; era de Heian (e Kamákura)). ⇨ chū́sei[1]; jṓko; kínko[3]. **2** [ちゅうぶる]「o carro em」Segunda mão; o (já) estar usado. ◇ ⇨ **~ hin** [**sha**]. [S/同] Chū́búrú; sekóháń.
chū́kṓ[1] [**uú**] 中高 **1** [中学校と高等学校] O ensino médio (Do 7° ao 12° grau); a escola secundária básica e complementar (Todo o liceu/ginásio). ★ *~ no seito* 中高の生徒 Os alunos da/o ~. **2** [中くらいと高い程度] Médio e superior. ◇ **~ nenrei-sō** 中高年齢層 O grupo etário da meia (idade) e terceira idade.
chū́kṓ[2] [**uú**] 中興 A restauração「de Meiji」. ★ *~ no so* 中興の祖 O (grande) restaurador.
chū́kō[3] [**úu**] 忠孝 A lealdade (ao seu senhor) e a piedade filial. ⇨ chū́gi; kṓkō[1].
chū́kṓ[4] [**uú**] 昼光 A luz do dia.
chū́kó-híń [**uú**] 中古品 O artigo em [de] segunda mão; o obje(c)to (meio) usado. [S/同] Chū́búrú; sekóháń. [A/反] Shińpíń.
chū́kókú [**uú**] 忠告 O aviso; a advertência; a admoestação; o conselho; a admonição. *~ ni shitagau* 忠告に従う Seguir o conselho. *~ ni somuku* 忠告にそむく Ir contra [Não seguir] o conselho. *~ o mamoru* 忠告を守る Seguir [Acatar] o conselho. *~ o mushi suru* 忠告を無視する Não fazer caso do/a ~. *~ suru* 忠告する Avisar; advertir; aconselhar. [S/同] Chū́géń[3]; chū́i[1]; jogéń.
chū́kónhi [**uú**] 忠魂碑【E.】O monumento aos mortos pela pátria.
chū́kṓon(bu) [**chū́kṓon; chū́kṓónbu**] 中高音(部)【Mús.】O alto. ⇨ áruto.
chū́kó-sha [**uú**] 中古車 O carro usado [em segunda mão]. ⇨ chū́ko.
chū́kū́ [**chuú-**] 中空【E.】**1** [そら] O céu; o ar; o espaço. [S/同] Chū́téń; nakázórá; sóra (+). **2** [がらんどう] O「pilar」oco. [S/同] Garáńdṓ (+); utsúró.
chū́kúń [**uú**] 忠君【E.】A fidelidade ao (seu) senhor. ◇ **~ aikoku** 忠君愛国 A lealdade [~] e o patriotismo.
chū́-kúrái [**uú**] 中位 ⇨ chū́-gúráí.
Chū́kyṓ [**uú**] 中共 O comunismo [partido comunista] chinês; a China comunista. ⇨ Chū́ka ◇.
chū́-kyóri [**uú**] 中距離 **1** [中くらいの距離] A distância média. ◇ **~ dandōdan** 中距離弾道弾 O projé(c)til [míssil (balístico)] de médio alcance. **~ kaku-heiki** 中距離核兵器 As armas nucleares de médio alcance. **2** [Abrev. de "~kyōsō"] ◇ **~ kyōsō** 中距離競争 A corrida de média distância (de 800 e 1.500m). ⇨ chṓ-kyóri; tań-kyóri.
chū́kyū́ [**chuú**] 中級 O nível médio. *~ Porutogarugo* 中級ポルトガル語 O (curso de) p. de ~. [S/同] Chū́tṓ. ⇨ jṓkyū́; kakyū́[1]; kṓkyū́[1]; shokyū́.
chū́mítsú [**uú**] 稠密【E.】A densidade (muito alta/grande). [S/同] Misshū́ (+); shū́mítsú.
chū́mókú [**uú**] 注目 A atenção; a observação; o reparo. *Kono eiga wa ~ ni atai shinai* この映画は注目に値しない Este filme não é digno de atenção. ★ *~ no mato ni naru* 注目の的になる Ser alvo de atenção [das atenções]. *~ o abiru* 注目を浴びる Ser alvo de atenção. *~ o hiku* 注目を引く Atrair [Chamar] a atenção. [S/同] Chakúmókú; chū́shí.
chū́móń [**uú**] 注[註]文 **1** [あつらえ] A encomenda. *Chūshoku ni soba o ~ shita* 昼食にそばを注文した Encomendei talharim para o almoço. ★ *~ ni ōjiru* 注文に応じる Aceitar uma ~. *~ ni owareru* 注文に追われる Estar sobrecarregado de [Não conseguir satisfazer todas as] ~ s. *~ o torikesu* 注文を取り消す Cancelar ~. *~ o toru* 注文を取る Aceitar/Recolher ~s. *~ o ukeru* 注文を受ける Receber encomendas. ◇ **~ denpyō** 注文伝票 O talão de ~. **~ hin** 注文品 O artigo encomendado [feito por ~]. ⇨ **~ kiki** [**nagare**]. **~ saki** 注文先 O que fez ou recebeu ~. **~ sho** 注文書 A nota de ~. ⇨ **~ tori**. **Ōguchi** [**Koguchi**] ~ 大口[小口]注文 ~ grande [pequena]. **Sai ~** 再注文 Nova/Outra ~. [S/同] Atsúráé. ⇨ iráí[1]. **2** [希望] O pedido; a condição; a exigência. *Anata ni hitotsu ~ ga arimasu* あなたに一つ注文があります Tenho um pedido a fazer-te/Queria pedir-te um favor. ★ *~ o tsukeru* 注文をつける Fazer um pedido especial; pôr condições. *Muri na ~* 無理な注文 ~ impossível [absurdo/a]. [S/同] Nozómí; shomṓ; yṓkyū́; kibṓ.
chū́món-kiki [**uú**] 注[註]文聞き (<… + kikú) ⇨ chū́món-tori.
chū́móń-nágare 注[註]文流れ (<… + nagáréru) O cancelamento de encomenda.
chū́món-tori 注[註]文取り (<… + tóru) O angariador de encomendas; o vendedor.
chū́nā [**úu**] チューナー (< Ing. tuner < L.) O sintonizador「FM」. [S/同] Dṓchṓki.
Chū́-Nánbei [**uú**] 中南米 (< Chū́béí + Nańbéí) A América Central e do Sul. [S/同] Ratéń Ámerika.
chū́néń [**uú**] 中年 A meia-idade. ◇ ⇨ **~ butori**. **~ ki** 中年期 A idade madura; a fase dos 40. **~ sō** 中年層 A camada da população entre os trinta e os sessenta (anos). [S/同] Jukúnéń; sṓnéń[1]. ⇨ rṓnéń; seínéń[2].
chū́néń-bútori [**uú**] 中年太り (<… + futóru) O engordar [A gordura] da meia-idade.
chū́nichi[1] [**úu**] 中日 O dia de 12 horas. ★ *Higan no ~* 彼岸の中日 O dia equinocial [do equinócio].
chū́-Níchí[2] [**uú**] 駐日 Residente no Japão. ◇ **~ Burajiru taishi** 駐日ブラジル大使 O embaixador do B. (acreditado) no J. ⇨ chū́záí.
Chū́-Níchí[3] [**uú**] 中日 A China e o Japão. ⇨ Nítchū[2].
Chuníjíá チュニジア A (República da) Tunísia. ◇ **~ jin** チュニジア人 O tunisiano [tunisino].
chū́-níkai [**uú**] 中二階 O andar mezanino; a sobreloja.
chuníkkú kṓto [**óo**] チュニックコート (< Ing. tunic coat) O casaco-túnica.
chū́níkú [**uú**] 中肉 **1** [ほどよい肉付き] Bom de carnes (Nem magro nem gordo). ★ *~ chūzei no hito* 中肉中背の人 Uma pessoa de constituição média. **2** [中くらいの品質の肉] A carne de média qualidade.
chū́níń [**uú**] 中人 O [A] adolescente. ⇨ daínín[3].
chū́nṓ[1] [**uú**] 中農 O médio agricultor.

⇨ daínṓ²; shṓnṓ³.

chū́nṓ² [**uú**] 中脳【Anat.】O mesencéfalo [cérebro médio].

chū́-nórí [**uú**] 宙乗り(<…³+norú) A acrobacia「no kabuki」. [S/同] Chū́-zúrí.

chū́nyū́ [**chuú**] 注入 **1** [注ぎ入れること] O inje(c)tar [deitar]. ⇨ sosógú. **2** [ある物事を一か所に集中して送り込むこと]【Fig.】O inculcar [meter] (à força). ◇ **~ kyōiku** 注入教育 O ensino à base de decorar [a martelo]. [A/反] Kaíhátsú.

chū́ṓ¹ [**uúóo**] 中央 O centro. ◇ **~ America** 中央アメリカ A América Central. **~ bu** 中央部 A parte central. **~ bunritai** 中央分離帯 A faixa central da via. **~ seifu** 中央政府 O governo (central). **~ shūken** 中央集権 A centralização do poder. **~ yūbinkyoku** 中央郵便局 A central dos correios. ⇨ chū́shíń¹.

Chū́ṓ² [**uú**] 中欧 A Europa central. ⇨ Hokúṓ.

chū́óń [**uú**] 中音 **a**) A voz normal; **b**) O barítono; o contralto [meio-soprano]. ◇ **~ bu** 中音部 O meio-tom. ⇨ kṓóń³; teíóń¹.

chū́ppárá [**uú**] 中っ腹【G.】A cólera [ira; raiva]; os fígados; o ressentimento.

chū́rippu チューリップ (< Ing. tulip)【Bot.】A túlipa.

chū́rítsú [**uú**] 中立 A neutralidade; a imparcialidade. ★ ~ *no* [*teki*] *tachiba o toru* 中立の[的]立場を取る Tomar uma posição neutra. ◇ **~ chitai** 中立地帯 A zona neutra. **~ gaikō** 中立外交 A diplomacia neutra. **~ ha** 中立派 O grupo dos neutros. **~ ka** 中立化 A neutralização. **~ koku** 中立国 O país neutro. **Busō** [**Gensei**] **~** 武装[厳正]中立 A neutralidade armada [absoluta].

chū́ryákú [**uú**] 中略 A omissão [...]「no meio duma frase」. ⇨ shṓryákú¹.

chū́ryṓkyū́ [**chuú-**] 中量級【(D)esp.】A classe de peso-médio. ⇨ jū́ryṓ-kyū́; keíryṓ.

chū́ryū́¹ [**chuú-**] 中流 **1** [川の] O curso médio. ★ *Amazongawa no* ~ アマゾン川の中流 ~ do Rio Amazonas. ⇨ jṓryū́¹; karyū́¹. **2** [階級] A classe média. ◇ **~ ishiki** 中流意識 A consciência de ~ (É a da maioria dos j.). **~ kaikyū** 中流階級 ~. **~ katei** 中流家庭 A família de ~. [S/同] Chū́sáńkái-kyū. ⇨ jṓryū́¹; karyū́¹.

chū́ryū́² [**chuú**] 駐留 O estacionamento [A permanência] de tropas. ◇ **~ gun** 駐留軍 As tropas estacionadas [forças de ocupação]. ⇨ chū́tóń.

chū́sá [**uú**] 中佐 O tenente-coronel. ⇨ shṓsá²; taísá¹.

chū́sáí [**uú**] 仲裁 A mediação [arbitragem]. ★ *Kenka no* ~ *o suru* けんかの仲裁をする Arbitrar a [Fazer de árbitro na] contenda. ◇ **~ nin** [**sha**] 仲裁人[者] O mediador. **~ saitei** 仲裁裁定 A (re)solução por arbitragem.

chū́sáń-káikyū [**uú**] 中産階級 A classe média. [S/同] Chū́ryū́¹ **2**.

chū́sei¹ [**úu**] 中世【H.】A Idade Média. ◇ **~ shi** 中世史 A história medieval. ⇨ kíndai; kínsei¹; kódai¹.

chū́séí² [**uú**] 中性 **1** [酸とアルカリの]【Quím.】A neutralidade (Nem alcalino nem ácido). ◇ **~ senzai** 中性洗剤 O detergente neutro. **2** [性別の] O ser assexuado [estéril]. ★ ~ *teki na otoko* [*onna*] 中性的な男[女] O homem [A mulher] ~. **3** [言語学の]【Gram.】(O gé[ê]nero) neutro「de "bónus, a, um" no L. é "bonum"」. ⇨ dańséí¹; joséí¹.

chū́séí³ [**uú**] 中正【E.】A imparcialidade. ⇨ chū́yṓ.

chū́séí⁴ [**uú**] 忠誠【E.】A fidelidade「ao compromisso matrimonial」; a lealdade. ★ *Shukun ni* ~ *o chikau* 主君に忠誠を誓う Prometer [Jurar] ~ ao seu senhor.

chū́séibu [**uú**] 中西部 A zona centro-oeste「dos Estados Unidos」.

chū́séidai [**uú**] 中生代【Geol.】A era mesozóica [secundária].

chū́séishi [**uú**] 中性子 (⇨ chū́séí²) O neutrão. ◇ **~ bakudan** 中性子爆弾 A bomba de neutrões. [S/同] Nyū́toron.

chū́sékí [**uú**] 沖積【Geol.】O aluvião. ◇ **~ do** 沖積土 O terreno aluvial. **~ heiya** [**chi**] 沖積平野[地] A planície aluviana [aluvial]. **~ sei** [**ki**] 沖積世[期] A época [O período] aluvial.

chū́séń [**uú**] 抽選[籤] O sorteio; a lotaria; a rifa. ~ *ni ataru* [*hazureru*] 抽選に当たる[外れる] Acertar [Perder] na ~. ~ *suru* 抽選する Sortear; rifar; tirar à sorte. ◇ **~ bangō** 抽選番号 O número da/o ~. **~ kai** 抽選会 Um [Uma] ~. **~ ken** 抽選券 O bilhete do/a ~. [S/同] Kují-bíkí.

chū́sétsú [**uú**] 忠節【E.】A fidelidade; a lealdade; a dedicação. ⇨ chū́séí⁴.

chū́shá¹ [**uú**] 注射 A inje(c)ção. ★ ~ *suru* 注射する Aplicar [Dar] uma ~; inje(c)tar. ◇ **~ bari** 注射針 A agulha da seringa [~]. **~ eki** [*yaku*] 注射液[薬] ~ (conteúdo). **~ ki** 注射器 A seringa.

chū́shá² [**uú**] 駐車 O estacionamento (de carros). *De iriguchi ni tsuki* ~ *kinshi* 出入り口につき駐車禁止 (掲示) (É) proibido estacionar diante da porta! ★ ~ *suru* 駐車する Estacionar (o carro). ◇ **~ ihan** 駐車違反 O estacionamento proibido. **~ jō** 駐車場 O (parque/local de) ~. ⇨ teíshá.

chū́shaku [**úu**] 注[註]釈 A anotação; a nota; a glosa. *Kono hon ni wa kuwashii* ~ *ga tsuite iru* この本には詳しい注[註]釈がついている Este livro tem muitas (e pormenorizadas) notas. ★ ~ *suru* 注[註]釈する Explicar em nota. [S/同] Chū́⁴; chū́káí².

chū́shí¹ [**uú**] 中止 A suspensão; a interrupção; a paralização. ★ ~ *suru* 中止する Suspender; interromper; parar〔*Shikinnan no tame kōji wa ichiji* ~ *shite iru* 資金難のため工事は一時中止している A obra está parada [interrompida] por algum tempo por falta de verba/capital. [S/同] Chū́dáń; chū́zétsú.

chū́shí² [**uú**] 注視 O olhar atento [fixo]「do polícia」. ★ ~ *o abiru* 注視を浴びる Atrair a [Ser alvo da] atenção「do público」. [S/同] Chū́mókú (+).

chū́shíń¹ 中心 **1** [まん中] O centro. ★ *En no* ~ 円の中心 ~ do círculo [da circunferência]. ◇ **~ jiku** [**ten**] 中心軸[点] O eixo [ponto] central. **~ kiatsu** 中心気圧【Met.】A pressão atmosférica central. **~ ten** 中心点【Mat.】O centro. [A/反] Shū́héń. **2** [一番大事なところ] O centro; o foco; o cerne. ★ *Shi no* ~ *bu* 市の中心部 O centro da cidade. ◇ **~ chi** 中心地 O centro (principal)「do comércio」. **~ jinbutsu** 中心人物 A personalidade [figura] importante.

chū́shíń² [**uú**] 中震 O abalo [sismo; terre[a]moto] de média intensidade. ⇨ jakúshíń; kyṓshíń²; shíndo¹.

chū́shíń³ [**uú**] 忠臣【E.】O vassalo fiel; o sú(b)dito

leal; o servidor devotado.
S/同 Kōshín. A/反 Gyakúshín.

chūshín[4] [uú] 衷心【E.】O fundo [íntimo] do coração. *O-haha-ue no kyūshū no hō ni sesshi ~ yori o-kuyami mōshiagemasu* お母上の急死の報に接し衷心よりお悔やみ申し上げます Apresento-lhe os meus profundos [sentidos] pêsames pela perda [morte] repentina de sua mãe.
S/同 Chūjō; hónshin (+) ; ma-gókoro (+) .

chūshín[5] [uú] 注進 A (pronta) informação. ★ ~ *suru* 注進する Informar; notificar; avisar「prontamente/imediatamente ao chefe」. S/同 Hōkókú (+).

chūshō[1] [uú] 中傷 A calúnia; a difamação. *Kare wa yūjin no hitori kara hidoi ~ o uketa* 彼は友人の一人からひどい中傷を受けた Ele foi indecentemente caluniado [difamado] por um dos seus amigos.
S/同 Hibō; zangén.

chūshō[2] [uú] 抽象 A abstra(c)ção. ★ ~ *ka suru* 抽象化する Abstrair. ~ *teki (na)* 抽象的 (な) abstra(c)to. ◇ ~ **bijutsu (geijutsu)** 抽象美術 [芸術] A arte abstra(c)ta. ~ **ga** 抽象画 A pintura abstra(c)ta. ~ **meishi** 抽象名詞【Gram.】O substantivo abstra(c)to (Ex.: beleza). ~ **ron** 抽象論 Um argumento [A discussão] abstra(c)to/a.
A/反 Gushō; gutái.

chūshō[3] [úu] 中小 A pequena e média dimensão. ◇ ~ **kigyō** 中小企業 As pequenas e médias empresas. ⇨ dái[1].

chūshókú [uú] 昼食 O almoço. S/同 Hirú-góhan [-meshí]. ⇨ yūshókú[1].

chūshū [chuú] 中秋【E.】O meio do outono. ★ ~ *no meigetsu* 中秋の名[明]月 A lua cheia「tão romântica」do ~ .

chūshútsú [uú] 抽出 **a)** A extra(c)ção (por destilação) (quím.); **b)** O recolher amostras. ★ *Mihon o ~ suru* 見本を抽出する Recolher uma amostra. ◇ ~ **kensa** 抽出検査 A inspecção de amostra(s).

chūsū [chuuusū] 中枢 O centro, o núcelo [suporte]「do sistema/da empresa」; a espinha dorsal. *Kokkai wa minshu seiji no ~ de aru* 国会は民主政治の中枢である O Parlamento [A Dieta] é o pilar da democracia. ◇ ~ **shinkei** 中枢神経 O nervo central. **Shinkei** ~ 神経中枢 O centro nervoso.

chūsúi[1] [uú] 虫垂【Med.】O apêndice (vermiforme). ◇ ~ **en** 虫垂炎 A apendicite.
S/同 Chūyótókki. ⇨ môchō.

chūsúi[2] [uú] 注水 **a)** A rega; **b)** O encher「o tanque」de água. ⇨ kañgái[5].

chūtái[1] [uú] 中隊 A companhia; o esquadrão. ◇ ~ **chō** 中隊長 O comandante da/o ~ .
⇨ daítái[2]; shōtái[3].

chūtái[2] [uú] 中退 (Abrev. de "chūtó táigaku")O sair a meio da escola. *Kare wa daigaku o ~ shita* 彼は大学を中退した Ele abandonou [deixou] a universidade a meio.

chūtén[1] [uú] 中天【E.】O firmamento [alto do céu]. *Tsuki ga ~ ni kakatte iru* 月が中天にかかっている A lua brilha no ~ . S/同 Chūkú; nakázórá (+).

chūten[2] [úu] 中点【Mat.】O meio [ponto central]「da linha」.

chūtétsú [uú] 鋳鉄 O ferro fundido.

chūtó [uú] 中途 O meio「do caminho/processo」. *Keikaku wa ~ de zasetsu shita* 計画は中途で挫折した O proje(c)to malogrou-se a meio. ◇ ~ **taigaku** 中途退学 chūtái[2]; chūtó hánpa. ⇨ Tochū.

Chūtó[1] [uú] 中東 O Médio Oriente.

chūtó[2] [uú] 中等 O nível médio. ◇ ~ **gakkō** 中等学校 A escola secundária (⇨ chūkō[1]). ~ **kyōiku** 中等教育 A instrução [O ensino] média/o.
S/同 Chūkyū. ⇨ kōtō[2]; shotō[1].

chūtó hánpa [uú] 中途半端 **a)** A coisa inacabada [mal acabada]; **b)**「ele não é (homem) para」Meias medidas. ★ ~ *na taido o toru* 中途半端な態度をとる Tomar uma atitude indefinida [pouco séria). *Monogoto o ~ ni suru* 物事を中途半端にする Deixar as coisas meio feitas [por acabar].
S/同 Namáháñká.

chūtón [uú] 駐屯 O estacionamento de tropas. ★ ~ *suru* 駐屯する Estacionar as.... ◇ ~ **chi** 駐屯地 A guarnição [O posto militar]. ⇨ chúryú[2].

chūwá [uú] 中和 A neutralização. *Arukari wa san o ~ suru* アルカリは酸を中和する O álcali neutraliza o ácido. ◇ *Dokusei o ~ suru* 毒性を中和する Neutralizar o veneno. ◇ ~ **zai** 中和剤 O neutralizador.

chūya [úu] 昼夜 O dia e a noite. ★ ~ *kenkō de hataraku* 昼夜兼行で働く Trabalhar [Funcionar] dia e noite [24 horas por dia]. ~ *o wakatazu* 昼夜を分かたず「Trabalhar」Dia e noite sem parar [descansar]. ⇨ hirú[1]; yóru[1].

chūyō [uú] 中庸 O equilíbrio; a moderação; o meio-termo. *Nanigoto ni mo ~ o mamoru koto ga daiji da* 何事にも中庸を守ることが大事だ Em tudo se deve ser comedido [moderado]. ~ *no toku* 中庸の徳 A virtude de do/a ~ . S/同 Chūdō; chūsé[3].

chūyú [uú] 注油 A lubrificação. *Enjin ni ~ suru* エンジンに注油する Lubrificar o [Pôr óleo no] motor.

chūzá [uú] 中座 A saída a meio. *Kyūyō ga dekita no de kaigi no tochū de ~ shita* 急用ができたので会議の途中で中座した Saí a meio da reunião porque surgiu um assunto urgente.

chūzái [uú] 駐在 A permanência; a estadia; a residência. ★ ~ *suru* 駐在する Permanecer; estar; residir. *Risubon ~ no taishi* リスボン駐在の大使 O embaixador residente [acreditado] em Lisboa. ◇ ~ **in** 駐在員 Um funcionário residente「naquele país」. ~ **sho** 駐在所 O posto policial.

chūzétsú [uú] 中絶 **1**[中断]A interrupção [suspensão]「do proje(c)to」. S/同 Chūdán (+); chūshí (+). **2**[妊娠中絶]O aborto; a interrupção (voluntária) da gravidez. ★ *(Ninshin) ~ suru* (妊娠)中絶する Fazer um ~ . ◇ ~ **shujutsu** 中絶手術 A operação de ~ ; o aborto provocado.

chūzō [uú] 鋳造 A fundição; a cunhagem. ★ *Kahei o ~ suru* 貨幣を鋳造する Cunhar moeda(s). ◇ ~ **sho** 鋳造所 A casa da moeda.

chū-zúri [úu] 宙吊り (＜ ... [3] ＋tsurúsú) A suspensão no ar. ★ ~ *ni naru* 宙吊りになる Ficar suspenso no ar.

D

da¹ だ (Col. de ⇨ "dé aru"). **1** [断定を表す] Ser. *Kyō wa ii tenki ~* 今日はいい天気だ Hoje está [faz] bom tempo. *San-ji ~, o-cha ni shiyō* 3 時だ、お茶にしよう São as três, vamos tomar chá. **2** [他の動詞の代用] Ser (Mas usado em vez de outros verbos). *"Kimi wa nani o tanomu." "Boku wa karē-raisu ~"*「君は何を頼む?」「ぼくはカレーライスだ」(O) que vai pedir [querer]? — Eu quero arroz com [de] caril. *"Dare ga koko ni atta ringo o tabeta." "Boku ~"*「誰がここにあったりんごを食べた?」「ぼくだ」Quem comeu a maçã que aqui estava? — Fui eu.

da-² 駄 Uma carga (O que leva uma besta de carga). ◇ **~ gashi** [jare].

dába 駄馬 **1** [荷馬] O cavalo de carga. **2** [下等の馬] O sendeiro; o rocim [rocinante].

dabén 駄弁 O palavreado; a tagarelice; a charlatanice. ★ **~ o rōsuru hito** 駄弁を弄する人 Um tagarela. S/同 Mudá-bánashi (+); mudá-gúchí (+).

dabéru だべる 【G.】 Cavaquear; tagarelar; bater (um) papo (B.). ⇨ mudá-bánashi; o-shábari.

dábi 茶毘 【Bud.】 (< Chi. < Sãns. daha) A cremação; a incineração. ★ *Igai o ~ ni fusu* 遺骸を茶毘に付す Cremar [Incinerar] o cadáver. S/同 Kasō⁴ (+).

Dábī [áa] ダービー (< Ing. Derby) **a)** A (grande) corrida de cavalos do ano; **b)** O grande desafio.

dabíngú ダビング (< Ing. dubbing) **1** [録音済みのフィルムテープにせりふや音楽などを加え編集すること] A dobragem; a gravação sincró[ô]nica (simultânea). ★ *Eiga no serifu to ongaku o ~ suru* 映画のせりふと音楽をダビングする Gravar a [Fazer — da] fala e música do filme. **2** [再録音] A regravação. ★ *CD o tēpu ni ~ suru* CD をテープにダビングする Passar o disco compa(c)to para a fita. ⇨ rokúón; kópí.

dabó 打棒 【Beis.】 A batida. *Wagachīmu no ~ ga saeta* 我がチームの打棒が冴えた A da nossa equipa foi excelente. S/同 Dagéki.

dabóhaze だぼ鯊・蝦虎魚 【Zool.】 O gobião; *tridentiger obscurus.*

dabóku 打撲 A pancada; o golpe.

dabóku-shō 打撲傷 A contusão. *Zenchi tōkakan no ~ o uketa [otta]* 全治 10 日間の打撲傷を受けた [負った] Tive [Sofri] uma ~ que vai [há-de] levar dez dias a curar. S/同 Uchí-kizu; uchí-mí.

da-bóra 駄法螺 (< da-² + hóra) 【G.】 A fanfarr(on)ice [fanfarronada]; a bazófia. ★ *~ o fuku* 駄法螺を吹く Fanfarronar; dizer ~ s. S/同 Detáramé (o); ô-búróshiki (+). ⇨ úso¹.

dabúdabú だぶだぶ **1** [衣服が大きすぎるさま] Folgado; largo; grande. *Yaseta no zubon ga ~ da* やせての ズボンがだぶだぶだ Como emagreci, as calças ficam [estão]-me largas. S/同 Bukábúke. **2** [体がふとっててしまりがないさま] Gordo e flácido. S/同 Búkubuku (+); buyóbúyó (+). **3** [液体が揺れ動くさま] [dábudabu] O movimento de líquido. *Sonna ni mizu o nomu to i ga ~ suru yo* そんなに水を飲むと胃がだぶだぶするよ A beber tanta água, ficas como um odre. **4** [水分の多いさま] Muito. ★ *Sutēki ni sōsu o ~ ni kakeru* ステーキにソースをだぶだぶにかける Pôr ~ molho no [Regar o] bife.

da-bún 駄文 **1** [くだらない文章] A prosa [escrita] sem qualidade (nenhuma). **2** [自作の文章を謙遜していう語] Uns rabiscos (Ao falar, com modéstia, do que o próprio escreve). S/同 Setsubún.

dáburu¹ ダブル (< Ing. double < L.) Duplo; dobrado, duplicado; o dobro. ★ *~ no uwagi* ダブルの上着 O casaco [paletó (B.)] assertoado. *Uisukī o ~ de nomu* ウイスキーをダブルで飲む Beber dose dupla de uísque. ◇ **~ beddo** ダブルベッド A cama de casal. **~ fōruto** ダブルフォールト 【(D)esp.】 A falta dupla. **~ haba** ダブル幅 A largura dupla do tecido (1.42m). **~ heddā** ダブルヘッダー 【Beis.】 Dois jogos pelas mesmas equipes, no mesmo dia e no mesmo campo. **~ kyasuto** ダブルキャスト A representação de um mesmo papel por dois a(c)tores. **~ panchi** ダブルパンチ **a)** O golpe seguido; a rajada de murros (com a mesma mão); **b)** O duplo golpe [desastre] (*Ōyuki to jishin no ~ panchi o ukete mura no hitobito no seikatsu wa kiki ni hinshita* 大雪と地震のダブルパンチを受けて村の人々の生活は危機にひんした Com o duplo golpe dos danos do nevão e do terremoto as aldeias ficaram numa situação crítica). **~ purē** ダブルプレー 【Beis.】 Passe que põe dois jogadores fora do campo. **~ sukoa** ダブルスコアー 【(D)esp.】 O uma equipe a marcar mais do dobro dos pontos da outra. **~ supēsu** ダブルスペース O espaço duplo. A/反 Shínguru.

dáburu² ダブる 【G.】 **1** [重なる] Duplicar-se; sobrepor-se; coincidir. *Nichiyō ni wa shiken to shiai ga ~ no de taihen isogashii* 日曜には試験と試合がダブるので大変忙しい Vou estar ocupadíssimo porque tenho o exame e o jogo no domingo. *Shinbun no katsuji no ga dabutte mieru* 新聞の活字がダブって見える As letras do jornal estão (encavalitadas) umas nas [sobre as] outras. S/同 Chōfúkú súrú; Kasánárú. **2** [落第する] Repetir o ano. *Kōkō jidai karada o kowashite ichi-nen dabutta* 高校時代からだをこわして1年ダブった No curso colegial [secundário] uma vez tive de ~ por motivo de saúde. ⇨ rakúdáí; ryūnén. **3** [併殺する] 【Beis.】 Eliminar dois com uma jogada (⇨ dáburú¹).

dáburusu ダブルス (< Ing. doubles < L.) 【(D)esp.】 A dupla. ★ *~ o yaru* ダブルスをやる Jogar em duplas. ◇ *Danshi [Joshi] ~* 男子 [女子] ダブルス A dupla masculina [feminina]. A/反 Shíngurusu.

dabúryū shí [ii] ダブリューシー (< Ing. W.C. = water closet) O quarto de banho. S/同 Benjó; te-árai (+); tóire (+).

dabutsúkú だぶつく **1** [たるむ] Ser [Ficar] muito grande [largo]. *Zubon ga dabutsuite iru* ズボンがだぶついている As calças estão largas demais. S/同 Dáburuku suru. **2** [有り余る] Sobrar; haver de sobra. *Shijō ni mikan ga dabutsuite iru* 市場にみかんがだぶついている Há demasiada laranja no mercado.

dachín 駄賃 **1** [荷物を運ぶ料金] O frete; o custo do transporte. ⟨S/同⟩ Únchin. **2** [骨折り賃] Uma (pequena) paga [gorjeta]. *O-tetsudai ni o-kashi o age-yō* お手伝いの（お）駄賃にお菓子をあげよう Toma lá estes doces pela ajuda. ★ *Ikigake no* ～ 行きがけの駄賃 ⇨ ikígake.
dachō 駝鳥【Zool.】A/O avestruz; *struthio camelus*.
dáda 駄駄 A rabugice; a teimosia. ★ ～ *o koneru* 駄々をこねる Rabujar; ser rabugento ⇨ dadákko.
dadáisuto ダダイスト【Arte】O dadaísta.
dadáizumu ダダイズム【Arte】O dadaísmo.
dadákko 駄駄っ子 Uma criança mimada [rabugenta/birrenta]. ⟨↔⟩ dadákko.
dadáppírói だだっ広い【G.】Demasiado espaçoso. *Nani mo nai no de heya ga dadappiroku kanjiru* 何もないので部屋がだだっ広く感じる Como está vazio, o quarto parece ～. ⟨↔⟩ híroi.
dadén 打電【E.】O envio do telegrama. ◇ ～ *suru* 打電する Telegrafar; mandar [enviar] um telegrama. ⟨A/反⟩ Nyūdén. ⇨ deñpō¹.
daéki 唾液【Biol.】A secreção salivar; a saliva. ★ ～ *o bunpi suru* 唾液を分泌する Segregar saliva. ◇ ～ **sen** 唾液腺 A(s) glândula(s) salivar(es). ⟨S/同⟩ Tsúba¹ (t); tsubáki¹ (o).
daén 楕円【Mat.】A elipse. ◇ ～ **kidō** 楕円軌道 A órbita elíptica [em ～.] ⟨↔⟩ én¹.
daén-kéi 楕円形【Mat.】O elipsóide.
daéntái 楕円体【Mat.】O elipsóide; a figura [o corpo] oval/em elipse.
daffúrú-kóto [óo] ダッフルコート (< Ing. duffle coat) O casaco [sobretudo] de baeta (Tecido de lã grosseiro e felpudo).
dafú-ya だぶ屋【G.】O açambarcador de bilhetes.
dá ga だが Mas. *Sekai heiwa e no michi wa tōi.* ～ *watashi wa akiramenai* 世界平和への道は遠い。だが私はあきらめない O caminho para a paz no mundo é longo ～ eu não desisto (de a procurar). ⟨S/同⟩ Kéredomo; nímo kakáwarazu; shikáshi.
da-gákki 打楽器【Mús.】O(s) instrumento(s) de percussão. ⇨ geñ-gákki; kañ-gákki.
dagáshi 駄菓子 (< da-² + káshi) Os doces mais comuns e baratos. ◇ ～ **ya** 駄菓子屋 Uma pequena confeitaria popular.
dagéki 打撃 **1** [強く打つこと] O soco (Sô); o golpe; a pancada [na cabeça]. **2** [衝撃] O choque [abalo]. ★ *Chichi no shi to iu* ～ *kara tachi-naoru* 父の死という打撃から立ち直る Recuperar-se do ～ da morte do pai. **3** [損害] O golpe [prejuízo]. *Sekiyu shokku de gyōkai wa hidoi* ～ *o kōmutta* [uketa] 石油ショックで業界はひどい打撃をこうむった [受けた] As empresas sofreram um grande ～ com a crise do petróleo. ⟨S/同⟩ Soñgái. **4** [打者がボールを打つこと]【Beis.】A batida. ★ ～ *ga furuu* [furuwanai] の打撃が振るう [振るわない] Ter boas [más] ～s. ～ *ō* 打撃王 O rei dos batedores. ～ *ritsu* 打撃率 ⇨ darítsu.
da(g)gúáuto ダ(ッ)グアウト【Beis.】(< Ing. dugout) A cabina/e (Abrigo para os jogadores). ⟨S/同⟩ Bénchi.
dáha 打破 【E.】 **1** [打ち負かすこと] O derrotar [vencer]. ★ *Teki no kōgeki o* ～ *suru* 敵の攻撃を打破する Vencer o inimigo. ⟨S/同⟩ Gékiha. **2** [取り] A abolição 「desse costume」.
dáho 拿捕 A captura; o apreender. ★ *Ryōkai shinpan-sen o* ～ *suru* 領海侵犯船を拿捕する Apreender o navio que invadiu as águas territoriais. ⟨S/同⟩ Hokáku; hosókú; torí-ósáe.

dái¹ 大 **1** [大きいこと] Grande. ～ *chū shō no mittsu no saizu ga arimasu* 大中小の三つのサイズがあります Há de [Temos] três tamanhos: ～, médio e pequeno. *Hito wa mina* ～ *nari shō nari nayami ga aru.* 人は誰大なり小なり悩みがある Desgostos, ～ s ou pequenos, todos (os) temos. ～ *no otoko ga namida o misetara mittomo-nai* 大の男が涙を見せたらみっともない É feio um homem chorar). ～ *no tsuki* 大の月 Os meses de 31 dias. *Koe o* ～ *ni shite sakebu* 声を大にして叫ぶ Gritar em altos brados [alta voz]. ⟨Pことわざ⟩ ～ *wa shō o kaneru* 大は小をかねる O ～ também faz [serve] de pequeno. ⟨A/反⟩ Shô². ⇨ ókíi.
2 [すぐれていること] A grandeza; a importância. ★ ～ *o nasu* 大をなす Vir a ser alguém [*Kare wa neru ma mo oshimu hatarakiburi de konnichi no* ～ *o nashita* oie は寝る間も惜しむ働きぶりで今日の大をなした Ele fez-se [veio a ser o que é] por ter trabalhado dia e noite].
3 [非常に] Muito; grande. *Watashi wa tenpura ga* ～ *no kōbutsu da* 私はてんぷらが大の好物だ Eu adoro [Gosto muito de/Sou louco por] fritos.
4 [dai-で, 大きい・重要・すぐれた・甚だしいなどの意を表す]【Pref.】Grande; grave; sério. ◇ ～ **bubun** 大部分 A maior parte. ～ **jigyō** 大事業 O grande empreendimento; a obra monumental. ～ **jiken** 大事件 O caso [incidente] de grande repercussão. ～ **mondai** 大問題 Um problema sério.
5 [-dai で, 大きさを表す]【Suf.】O tamanho. *Jitsubutsu* ～ *no shōzōga* 実物大の肖像画 O retrato de tamanho natural [real]. **6** [Abrev. de "daígákú"] ◇ **Joshi** ～ 女子大 A universidade feminina. ～ **sotsu** 大卒 O formado na universidade.

dái² 台 **1** [載せるもの] A estante [mesinha; O suporte]. ★ *Mono o* ～ *ni noseru* [no ue ni oku] 物を台に載せる [の上に置く] Pôr algo na ～. ◇ **Fumen** ～ 譜面台 A estante de música. **Tobikomi** ～ 飛込み台 O trampolim. **2** [-dai で, 数量の範囲を示す] O nível; a marca. ★ *Shinchō ga hyaku-rokujusenchi* ～ *no hito* 身長は160 cm 台の人 Uma pessoa com um metro e sessenta e tal centímetros de altura. **3** [台地] O planalto. ◇ **Akiyoshi** ～ 秋吉台 ～ de Akiyoshi. ◇ **taka**～. ⟨S/同⟩ Daíchi. **4** [-dai で, 台数を数える語]【Suf.】(Para contagem de máquinas). ★ *Mishin no seisan wa tsuki niman* ～ *de aru* ミシンの生産は月2万台である A produção mensal de máquinas de costura é de 20 mil (unidades).

dái³ 題 **1** [題目] O tema; o assunto. ★ *Shōsetsu no* ～ *o kimeru* 小説の題を決める Decidir o ～ do romance. ⟨S/同⟩ Daímókú; shudái. **2** [表題] O título. *Kono kiji ni wa donna* ～ *o tsuketara yokarō* この記事にはどんな題をつけたらよかろう Que ～ poderíamos pôr a este artigo? ⟨S/同⟩ Hyōdáshi; midáshí; táitoru. **3** [-dai で, 問題の数を数える語] A pergunta; o problema. *Sūgaku no tesuto mondai wa nan* ～ *dasaremasu ka?* 数学のテスト問題は何題出されますか Quantos são [vão ser] os ～ do exame de matemática?

dái⁴ 代 **1** [家・地位を継いでいる間] A geração. *Ano mise wa* ～ *ga kawatta* あの店は代が替わった O dono daquela loja mudou de pai para filho. **2** [-dai で, 世代を数える語]【Suf.】A geração; a era; o reinado.

Ano ie wa ima no shujin de mō hachi ~ mo tsuzuite iru kyūka da あの家は今の主人でもう8代も続いている旧家だ É uma família antiga que, com o chefe a(c)tual, já tem [conta] oito gerações. ◇ **San ~ shōgun Tokugawa Iemitsu** 三代将軍徳川家光 O terceiro "Shogun"... ⇨ -séi[11]. **3** [-dai de, 年代を示す] 【Suf.】 A década. ★ *Sen-kyūhyaku-rokujū-nen ~ no hajime* 1960 年代の初め No começo da década de mil novecentos e sessenta. **4** [-dai; 地質時代の最大の区分を表す] 【Suf.】 A era (geológica). ◇ *Kosei-~* 古生代 A era paleozóica. Ⓢ同 Kí⁶.

-daí⁶ 代 **1** [料金] O preço. *O-~ wa o-ikura desu ka* お代はおいくらですか Quanto é a conta [~], por favor? 【慣用】*O-~ wa mite no o-kaeri* お代は見てのお帰り Só se paga na saída. **2** [-dai; Abrev. de ⇨ daíkín] 【Suf.】 O preço. ◇ **Heya ~** 部屋代 O preço do quarto. Ⓢ同 Daíkín; ryókin.

daí⁷ 第 【Pref.】 (Para indicar ordem). ◇ **~ nikan** 第二巻 O segundo volume.

daiágúramu ダイアグラム ⇨ dáiya¹.

daián 代案 Uma (proposta) alternativa. ★ *~ o dasu* 代案を出す Apresentar ~.

dáiarī ダイアリー (< Ing. diary < L.) O diário. Ⓢ同 Nikki(chō) (+).

daiárōgu [óo] ダイアローグ (< Ing. dialogue < Gr. dialogos) O diálogo. Ⓢ同 Taíwá (+). A反 Monórógu.

daí-bákari 台秤 (<═+hákarí) A báscula (Balança para grandes pesos).

daí-bén¹ 大便 As fezes. ★ *~ o suru* 大便をする Defecar; evacuar (+). Ⓢ同 Bén²; kusó; únko. A反 Shō-bén.

daibén² 代弁 O falar ou pagar em lugar [vez] de outrem. ★ *Yūjin no tachiba o ~ suru* 友人の立場を代弁する Falar em nome do amigo. ◇ **~ sha** 代弁者 O porta-voz「do povo」; o representante.

dáibingu ダイビング (< Ing. diving) **1** [水泳の飛び込み] O salto de mergulho. ◇ **~ pūru** ダイビングプール A piscina para ~. Ⓢ同 Tobíkómí. **2** [潜水] O mergulho. ◇ **Sukin [Sukyūba] ~** スキン[スキューバ]ダイビング ~ sem [com] bomba [câmara] de oxigé(ê)nio. ◇ **~** [飛び込むこと] O lançar-se. ◇ **Sukai ~** スカイダイビング O paraquedismo. **4** [飛行機の急降下] A descida brusca do avião; o afocinhar. Ⓢ同 Kyū-kôka.

dáibo 代母 【Crist.】 A madrinha de ba(p)tismo. ⇨ dáifu.

daíbu 大分 Bastante; muito. ★ *Kyō wa ~ kibun ga ii* 今日は大分気分がいい Hoje estou [sinto-me] melhor. Ⓢ同 Kánari; sōtó¹; yohódó; zúibun.

daí-búbun 大部分 Quase; a maior parte. *Hiyō no ~ wa kaiin no kifu de makanawareta* 費用の大部分は会員の寄付で賄われた A maior parte das despesas foram pagas com contribuições dos sócios. *Pātī no junbi wa ~ owatta* パーティーの準備は大部分終わった As preparações para a festa estão quase prontas. Ⓢ同 Hotóndo; taítéi; Ichí-búbun.

daibún 大分 ⇨ daíbu.

daibútsú¹ 大仏 A estátua grande de Buda. ★ *Nara [Kamakura] no ~* 奈良[鎌倉]の大仏 em ...

daibútsú² 代物 O substituto; a troca. ◇ **~ bensai** 代物弁済 O pagar com substitutos. ⇨ daíyō ◇.

dáichi¹ 大地 O solo; a terra; o chão. ★ *~ ni ashi o tsuketa ikikata* 大地に足をつけた生き方 A vida com os pés bem firmes na terra [assentes no chão]. *Haha naru ~* 母なる大地 A terra-mãe.

daichi² 台地 O planalto; o terreno elevado. Ⓢ同 Taká-dái.

daichi³ 代地 【E.】 Outro terreno (dado em troca). Ⓢ同 Kaé-chí.

daichi⁴ 代置 【E.】 O substituir「A por B」.

dáicho¹ 台帳 **1** [もとになる帳簿] O livro-mestre (da escrituração). ★ *~ ni tsukeru [kinyū suru]* 台帳につける[記入する] Regist(r)ar no ~; fazer a escrituração. ◇ **Baibai ~** 売買台帳 O livro de compras e vendas. **Tochi ~** 土地台帳 O livro de regist(r)o de terrenos; o cadastro (de bens de raiz). Ⓢ同 Chōbó; genbó; motóchó.
2 [(芝居の)台本] O original de uma peça teatral ou de um filme. Ⓢ同 Daíhoñ (+).

dái-chō² 大腸 【Anat.】 O intestino grosso. ◇ **~ en [kataru]** 大腸炎[カタル] A colite [inflamação do cólon]. **~ kin** 大腸菌 O colibacilo. ⇨ shōchō².

daídá 代打 【Beis.】 **1** [あるバッターの代わりに打つこと] A substituição do batedor. ★ *Yasuda-kun no ~ ni tatsu [deru]* 安田君の代打に立つ[出る] Substituir o Yasuda. **2** [Abrev. de "~sha"] O substituto. Ⓢ同 Pinchí-híttá.

dái-daí¹ 代代 De geração em geração. *Sono ie wa ~ isha de aru* その家は代々医者である É uma família de médicos há várias gerações. Ⓢ同 Rekídái; yó-yo.

daidái² 橙【Bot.】A laranja amarga; *citrus aurantium*. ◇ **~ iro** 橙色 Alaranjado.

dai-daíhyō 大代表 A central [O quadro de distribuição] telefó(ô)nico.

daidái-téki 大大的 (< dái¹) Amplamente; em grande escala. ★ *~ na mayaku torishimari* 大々的な麻薬取り締り O amplo controle dos narcóticos. Ⓢ同 Daí-kíbo.

daídan'en 大団円 O grande final; o desfecho; o desenlace. ★ *Medetashi medetashi de ~ ni naru* めでたしめでたしで大団円になる Terminar bem [Ter um final feliz]. Ⓢ同 Shúkyóku.

daidō¹ 大同 【E.】 **1** [大体同じ] Praticamente o mesmo. ◇ **~ shōi** 大同小異 ~ com (alg)uma pequena diferença. Ⓢ同 Gojíppó hyáppó; shói.
2 [目的を同じにする者が一つに集まること] O ajuste. ◇ **~ danketsu** 大同団結 A união [*Shoha wa ~ danketsu shite kenpō kaisei ni hantai shita* 諸派は大同団結して憲法改正に反対した As várias fa(c)ções aliaram-se contra a emenda da constituição].

daídō² 大道 **1** [大通り] A rua principal; a via pública. ◇ **~ enzetsu** 大同演説 O discurso de rua [charlatão]. **~ geinin** 大道芸人 O saltimbanco. Ⓢ同 Ō-dóri (+). **2** [道義] A moral [Os Grandes princípios morais]. ★ *~ o ayumu* 大道を歩む Seguir a ~. Ⓢ同 Dōgi.

daidókóro 台所 **1** [調理場] A cozinha. ◇ **~ dōgu** 台所道具 Os utensílios da ~. **~ shigoto** 台所仕事 O trabalho da ~. Ⓢ同 Chōríbá; chūbó; katté¹; suíjí-bá. **2** [会計; 財政] As finanças. ◇ **~ ga kurushii [hi no kuruma da]** 台所が苦しい[火の車だ] ~ estão mis. *Ikka no ~ o azukaru* 一家の台所を預かる Responsabilizar-se pelas ~ da família. ⇨ kaíkéi; kéizai; zaísēn¹.

daidókú 代読 O ler em nome [vez] de outro.

daí-dómyaku 動脈大動脈 **1** [(人体の) 最も太い動脈]【Anat.】A aorta. ⇨ dáijómyaku. **2** [交通上最も重要な道路・鉄道]【Fig.】A linha principal [Uma grande artéria]. *Tōkaidō-sen wa Tōkyō to Ōsaka o musubu ~ de aru* 東海道線は東京と大阪を結ぶ大動脈である A ferrovia [linha férrea] Tokaido é a ~ que liga Osaka e Tokyo. ⟨S/同⟩ Kańsén.

daíei 題詠 A composição de um poema sobre um dado tema; o mote.

daién 代演 O substituir outro a(c)tor. ◇ **~ sha** 代演者 O a(c)tor [A a(c)triz] substituto[a].

dáifu 代父【Cri.】O padrinho. ⇨ dáibo.

daífúkú 大福 **1** [大きな幸運] A grande sorte. **2** [Abrev. de "~mochi"] O bolinho de massa de arroz recheado de feijão doce.

daífúkúchō 大福帳 O livro-caixa (de contas; A.). ⟨S/同⟩ Motóchō.

daígáe 代替え ⇨ daítáí².

daígakkō 大学校 A academia (Semelhante à universidade e que não consta na lei da educação). ◇ **Bōei ~** 防衛大学校 A Academia da Defesa. **Keisatsu ~** 警察大学校 A Academia de Polícia.

daígáku 大学 A universidade ("Faculdade" é "Gakubu" mas também se usa em vez de universidade). ★ *~ ni hairu [nyūgaku suru]* 大学に入る [入学する] Ingressar na ~. *~ ni susumu [iku]* 大学に進む [行く] Prosseguir estudos na ~. *~ o deru [sotsugyō suru]* 大学を出る [卒業する] Concluir/Terminar ~ [Formar-se]. ◇ **~ byōin** 大学病院 O hospital universitário. **~ de [shusshinsha/sotsugyō-sei]** 大学出 [出身者/卒業生] A pessoa formada [com formação universitária]. **~ nyūshi** 大学入試 O exame vestibular [de admissão à ~]. **Sōgō ~** 総合大学 A universidade. **Tanka ~** 単科大学 A faculdade (independente). **Tanki ~** 短期大学 ~ só com bacharelado.

daígakuín 大学院 O curso de pós-graduação universitária. ◇ **~ sei** 大学院生 O (estudante) pósgraduado.

daigakusei 大学生 O (estudante) universitário.

daígán 代願 **1** [本人に代わって願い出ること] O pedido [requerimento] por procuração. ★ *Tsuma no sashō no ~ o suru* 妻の査証の代願をする Pedir o visto em lugar da esposa. **2** [本人に代わって「神仏」に祈願すること] A súplica por [em lugar de] outrem.

daí-gáwari 代替わり (＜…¹＋kawárú) A mudança. *Ano mise wa ~ ga atta [ni natta; shita] bakari da* あの店は代替わりがあった [になった; した] ばかりだ Aquela loja acaba de mudar de dono [passar para o filho].

daí-géiko 代稽古 (＜…¹＋kéiko) O dar aula「de piano」em vez de outro professor.

daigi¹ 台木 O cavalo [porta-enxerto].

daigi² 代議 A representação popular. ◇ **~ seido** 代議制度. **~ seiji** 代議政治 O governo representativo. ⇨ daigí-séi.

daigiin 代議員 O representante「dos estudantes」; o membro duma delegação.

daigí-séi 代議制 O parlamentarismo [sistema representativo/parlamentar]. ⇨ gíkai.

daigishi 代議士 O deputado. ★ *~ ni rikkōho suru* 代議士に立候補する Candidatar-se a ~. ◇ **Fujin ~** 婦人代議士 A deputada. *Tōkyō-to senshutsu ~* 東京都選出代議士 ~ por Tóquio. ⟨S/同⟩ Kokkái-gíin.

daígómi 醍醐味 O prazer [gosto; sabor]; o verdadeiro encanto. ★ *Jinsei no ~* 人生の醍醐味 ~ da vida. ⟨S/同⟩ Myōmí; omóshírómí.

daíháchígúruma 大八車 A carroça grande. ⇨ ni-gúruma.

daíhén 代返【G.】O responder à chamada em vez de outro「aluno」. ★ **~ suru** 代返する …

daíhín 代品 O artigo substituto. ⟨S/同⟩ Daíyó-híń.

daíhítsú 代筆 O escrever「uma carta」em lugar de outrem. ⟨A/反⟩ Jikíhítsú.

daíhón 代本 O guião [texto]「do filme」. ◇ **~ sakka** 台本作家 O autor do ~. ⇨ kyakúhóń; shinárío.

daí-hón'ei 大本営 O quartel-general do imperador. ◇ **~ happyō** 大本営発表 O anúncio do ~.

daí-hónzan 大本山 A sede [O Templo principal] de uma seita bud. ⇨ só-hónzan.

daihyō 代表 **a)** A representação; **b)** O ser「um livro」representativo. *Kanojo wa Nihon o ~ shite kaigi ni resseki shita* 彼女は日本を代表して会議に列席した Ela participou da assembleia representando o J. ◇ **~ bangō** 代表番号 (電話の) O número chave [principal]. **~ saku** 代表作 A obra-prima (A melhor e mais representativa). **~ shitsumon** 代表質問 As perguntas dos representantes「dos partidos na Dieta」. **Hirei ~ seido** 比例代表制度 O sistema de ~ proporcional.

daihyō-bu [óo] 代表部 A representação [missão]「do J. na ONU」.

daíhyó-dan [óo] 代表団 Uma delegação (dos representantes).

daíhyó-mei [óo] 代表名 Um nome típico [representativo].

daíhyó-sha [óo] 代表者 O representante.

daíhyó-téki 代表的 Representativo; típico.

dái-ichi 第一 (＜大第＋…) **1** [一番目] Primeiro; antes de mais nada (nada). *Burajiru e ittara ~ ni Iguasú no taki ga mitai* ブラジルへ行ったら第一にイグアスーの滝が見たい Primeira coisa que quero fazer quando chegar ao B., é visitar as Quedas do Iguaçú. ◇ **~ dankai** 第一段階 A primeira etapa. **~ inshō** 第一印象 A primeira impressão [~ *inshō no yoi [warui] hito* 第一印象の良い [悪い] 人 Uma pessoa que causa boa [má] impressão à primeira vista]. **~ raundo** 第一ラウンド【(D)esp.】A primeira volta. ⟨S/同⟩ Ichí-báń-mé.
2 [大事; 重要] O principal; o primeiro; o mais importante. *Nani o suru ni mo mazu kenkō ga ~ da* 何をするにもまず健康が第一だ A saúde é sempre o mais importante. ◇ **Anzen ~** 安全第一 Primeiro a segurança [A segurança antes de tudo]. ⟨S/同⟩ Daíjí; taísétsú.
3 [最高] O maior; o melhor; o mais célebre [famoso; conhecido]. *Fuji-san wa Nihon ~ no yama desu* 富士山は日本一の山です O Monte Fuji é a primeira (Em beleza, tamanho, etc.) montanha do J. ⟨S/同⟩ Saíkō.
4 [そもそも] Primeiro; para começar [já]. *Ie o tateru nante totemo muri da. ~ kane ga nai* 家を建てるなんてとても無理だ。第一金がない Fazer uma casa? Impossível! ~, onde está o dinheiro? [não tenho dinheiro] ⟨S/同⟩ Sómosomo.

dái-ichí-gi 第一義 **a)** O primeiro significado; **b)** O ponto [princípio] essencial. ★ *~ teki ni wa* 第一義的には Essencialmente; fundamentalmente.

dái-ichí-ji 第一次 Primeiro. ◇ **~ sekai taisen** 第

一次世界大戦 A Primeira Guerra Mundial (1914).

dái-ichí-méń 第一面 A primeira página. ★ *Shinbun no* ～ 新聞の第一面 ～ do jornal.

dái-ichínín-sha 第一人者 A maior autoridade [O melhor]「em compilação de dicionários」.

dái-ikkí 第一期 O primeiro período; a primeira fase. ◇ **～ kōji** 第一期工事 A ～ das obras. **～ (sotsugyō) sei** 第一期（卒業）生 Os [O curso] da primeira formatura; os primeiros estudantes「deste Departamento」.

daíín 代印 A assinatura por procuração. ⇨ ín[1].

dái-íppo 第一歩 O primeiro passo; o começo; o início. ★ ～ *o shirusu* 第一歩をしるす Pôr pé「em terra/na ilha」. *Minshuka e no* ～ *o fumidasu* 民主化への第一歩を踏み出す Dar o primeiro passo para a democratização.

dái-isséí 第一声 As primeiras palavras「do presidente, ao chegar」.

D

dái-isséń 第一線 **1** [戦争の最前線] A vanguarda; a frente. [S/同] Saízénsen. **2** [仕事の最先端] A primeira linha. ★ ～ *de katsuyaku shite iru* 第一線で活躍している Estar (a trabalhar) na ～. *Eigyō no* ～ *ni tatsu* 営業の第一線に立つ Estar na ～ dos negócios. [S/同] Saíséntan; saí-zénsen.

dái-isshíń 第一審 O primeiro julgamento; a primeira instância [audiência].

dái-ísshu 第一種 A primeira classe [categoria]. ◇ **～ (unten) menkyo** 第一種（運転）免許 A carta de condução [licença de motorista] de ～ (para veículos de quatro rodas). **～ yūbin (butsu)** 第一種郵便（物）A correspondência de ～.

dái-ittṓ 第一党 O partido mais forte. ◇ **Yatō ～** 野党第一党 O primeiro partido da oposição.

dáija 大蛇 A cobra [serpente] gigante(sca). [S/同] Órochi; uwábámí. ⇨ hébi.

dáijesuto ダイジェスト (< Ing. digest < L.) O resumo. ★ *Koten sakuhin no* ～ *ban* 古典作品のダイジェスト版 ～ de uma obra clássica. [S/同] Yṓyákú.

daíjí[1] 大事 **1** [重要なこと] **a)** Uma coisa importante; **b)** O ser sério [grave]. ～ *arimasen. Shinpai muyō desu* 大事ありません. 心配無用です Não se preocupe, (pois「o ferimento」)não foi grave. ★ ～ *o nashi-togeru* 大事をなしとげる Realizar uma tarefa [um proje(c)to] importante. [P/ことわざ] ～ *no mae no shōji* 大事の前の小事 **a)** Ninharias sem importância; **b)** Pequenas coisas (necessárias) para realizar uma grande. [A/反] Shṓji. **2** [大切] A importância; o cuidado; o valor. "*O-* ～ *ni*" "*Arigatō gozaimasu*"「お大事に」「ありがとうございます」Estimo as melhoras. — Muito obrigado. ★ ～ *na* 大事な Importante; valioso; precioso〔*Kare wa watashi no ichi-ban* ～ *na hito datta* 彼は私の一番大事な人だった Ele era a pessoa mais querida para mim〕. ～ *o toru* 大事を取る Ter cuidado. *Haha no katami o* ～ *ni shimatte oku* 母の形見を大事にしまっておく Guardar com cuidado [carinho] uma lembrança da mãe. *Karada o* ～ *ni suru* 体を大事にする Cuidar da saúde. [S/同] Taísétsú. ⇨ itóshíí; jǘyṓ[1]; kichṓ[1].

daíjí[2] 題辞 A epígrafe; o título de um escrito; a frase breve em local destacado.

dáijin[1] 大尽 **1** [金満家] O milionário. ★ ～ *kaze o fukasu* 大尽風を吹かす Exibir-se como milionário. [S/同] Kińmáńká; ṓ-gánemochi. **2** [金を多く使う家] A pessoa gastadora; o mãos-rotas.

dáijin[2] 大臣 O ministro. ★ ～ *ni naru* 〔*ninmei sareru*〕 大臣になる [任命される] Ser nomeado ministro. ◇ **～ kanbō** 大臣官房 O secretariado ministerial.

daí-jínbutsu 大人物 Uma grande figura; uma grande personalidade; uma pessoa magnânima.

daí-jírí 台尻 (< dái[2] + shirí) A coronha「de espingarda」.

daíjṓ 大乗 O Grande Veículo [Mahayana]. ◇ **～ bukkyō** 大乗仏教 O budismo do ～. **～ teki kenchi** 大乗的見地 O ponto de visto amplo. [S/同] Shṓjṓ.

daíjṓbu [óo] 大丈夫 Não haver problema. ～ *ashita wa tenki ni narimasu yo* 大丈夫明日は天気になりますよ Não tem problema [Não se preocupe] que amanhã vai fazer bom tempo. *Kono mizu wa nonde mo* ～ *desu* この水は飲んでも大丈夫です Esta água é potável [não tem perigo/pode-se beber]. *Mō* ～ *da. kiken wa nai* もう大丈夫だ. 危険はない Não se preocupe, o perigo já passou.

daíjṓdan [óo] 大上段 **1** [剣道の] A postura com a espada em riste. ★ ～ *ni kamaeru* 大上段に構える Segurar a espada em riste. **2** [相手を威圧する態度]【Fig.】O empertigar-se. ★ ～ *ni furi-kabutta* [*kamaeta*] *mono no iikata* 大上段に振りかぶった [構えた] 物の言い方 Um modo de falar empertigado [autoritário; arrogante].

daí-jṓmyaku [óo] 大静脈【Anat.】A veia cava superior e inferior. [A/反] Daí-dṓmyaku.

dáika 代価 **1** [代金] O preço. [S/同] Daíkíń (+); kakákú. **2** [犠牲]【Fig.】O custo; o preço. ★ *Ikanaru* ～ *o haratte mo* いかなる代価を払っても A qualquer [todo] ～;「não vou desistir」custe o que custar. [S/同] Giséí (+).

daí-káko 大過去【Gram.】Pretérito mais-que-perfeito「de "ir" é "fora" ou "tinha ido"」.

daíkáń[1] 大寒 O período mais frio (No J. entre janeiro e Fevereiro). [A/反] Shṓkáń[4].

dáikan[2] 代官【H.】O Administrador local (da era Edo). ◇ **～ sho** 代官所 A sede do ～.

Daíkáńmínkoku 大韓民国 A (República da) Coreia do Sul. ⇨ Kánkoku[2].

daíkátsú 大喝 O berro; o grito. *Kare wa "bakamono" to* ～ *(issei) shita* 彼は「馬鹿者」と大喝（一声）した Seu estúpido! — bradou ele.

daí-kázoku 大家族 **a)** Uma família grande [numerosa]; **b)** A família patriarcal [toda]. [A/反] Kakú-kázoku; shṓ-kázoku.

daíkéí 台形【Mat.】O trapézio. [S/同] Teíkéí.

daí-kénshō 大憲章【H.】A Magna Carta (Carta constitucional imposta ao rei João pelos nobres ingleses em 1215).

daí-kíbo 大規模 Grande escala. ★ ～ *na keikaku* 大規模な計画 O plano em [de] ～. [S/同] Daídáítékí; ṓ-gákari.

daí-kíchí 大吉 A sorte grande. [A/反] Daíkyṓ. ⇨ omíkújí.

daí-kígyō 大企業 A grande empresa. ⇨ chǘshō[3] ◇.

daíkíń 代金 O preço; o pagamento; a importância; o custo. ★ ～ *o (shi) harau* 代金を（支）払う Pagar. ～ *o seikyū suru* 代金を請求する Cobrar. ～ *o toritateru* 代金を取り立てる Receber o pagamento. ～ *to hikikae ni shinamono o watasu* 代金と引き換えに品物を渡す Entregar a mercadoria ao receber o pagamento. ◇ **～ hikikae yūbin** 代金引き換え郵便 O reembolso postal. [S/同] Dáika; kakákú; nedáń; ryṓkin.

dái-kirai 大嫌い Detestável; que tem nojo; detestar [odiar]「mentiras」. Ⓢ/反 Dái-suki.

daikṓ[1] 代行 A interinidade; a procuração; o desempenho de um cargo em lugar de outrem. ★ *Gichō no shoku o ~ suru* 議長の職を代行する Substituir o presidente「da assembleia」interinamente. ◇ **~ ken** 代行権【Dir.】O direito de procuração. **~ kikan** 代行機関 Uma agência. **~ sha** 代行者 O interino; o substituto. Ⓢ/同 Daírí.

daikṓ[2] 代講 O dar a aula em lugar de outrem. ★ *~ suru* 代講する Substituir outro professor.

daí-kóbutsu [óo] 大好物 A comida favorita. *Supagetti wa watashi no ~ desu* スパゲッティーは私の大好物です[Macarronada] é o meu prato predile(c)to [a minha ~]. ➪ dái-suki.

daikókúbáshira 大黒柱 [< … + hashirá] **1** [家の中央にある太い柱] A coluna mestra [principal] da casa. **2** [団体や家族の中心となる人] O sustentáculo; o esteio; o ganha-pão. ★ *Ikka no ~* 一家の大黒柱 O bastião「~」da família.

daikón 大根 **1** [野菜]【Bot.】O nabo grande (sobretudo o comprido); *raphanus sativus*. **~ ashi** 大根足 As pernas grossas. **~ oroshi** 大根下ろし **a)** ~ralado; **b)** O ralador (de ~). ➪ hatsuka~. **2** [下手な役者] O mau [fraco] a(c)tor.

dáiku 大工 O carpinteiro. ★ *~ no tōryō* 大工の棟梁 O mestre ~. *~ shigoto o suru* 大工仕事をする Ser ~. ◇ **~ dōgu** 大工道具 A ferramenta do ~. **Nichiyō ~** 日曜大工 ~ amador.

daí-kyō 大凶 **a)** A má sorte; o mau agoi[ou]ro; **b)** A atrocidade [vilania] (do vilão). Ⓢ/反 Daí-kíchí.

daí-kyū 代休 O descanso para compensar. *Nichiyōbi ni shukkin shita no de kyō wa ~ o totta* 日曜日に出勤したので今日は代休を取った Como trabalhei (no) domingo, hoje (tiro) descanso.

daí-kyúshi [úu] 大臼歯【Anat.】O (dente) molar. ➪ óku-ba.

daiméi 題名 O título「do livro」. Ⓢ/同 Dái; táitoru.

daiméishi 代名詞 **1** [言語の]【Gram.】O pronome. ◇ **Futei [Gimon; Kankei] ~** 不定[疑問;関係]代名詞 ~ indefinido [interrogativo; relativo]. **Ninshō [Saiki; Shiji] ~** 人称[再帰;指示]代名詞 ~ pessoal [reflexivo; demonstrativo]. **2** [同類であること]【Fig.】O sinó[ô]nimo. *Bokura no aida de wa kare no na na kechi no ~ ni natte ita* 僕らの間では彼の名はけちの代名詞になっていた Entre nós o nome dele era sinônimo de avarento.

daimókú 題目 **1** [標題] O título. Ⓢ/同 Hyōdái. **2** [主題] O tema; o tópico. Ⓢ/同 Shudái [+]. **3** [日蓮宗の経文] A oração da seita bud. Nichiren. *O-~ o tonaeru* お題目を唱える Repetir [Cantar] ~.

daimónji 大文字 **1** [太く大きな文字] A letra garrafal [grande]. **2** [京都の大文字焼の火] A queimada em forma de 大「que se realiza no dia 16 de agosto em Kyoto」.

daimyṓ [óo] 大名 Um daimyô (Senhores feudais que detinham o poder militar e administrativo nas suas províncias – "kuni" – até à Restauração Meiji, 1868). ★ *~ ryokō o suru* 大名旅行をする Viajar como um príncipe ou pelo governo. ◇ **~ gyōretsu** 大名行列 **a)** O séquito do ~; **b)** Um desfile.

dáin ダイン【Fís.】A dina (Unidade de força).

dainágon 大納言【H.】O conselheiro-mor de estado.

daínámáito ダイナマイト A dinamite. *Furui biru o ~ de kaitai suru* 古いビルをダイナマイトで解体する Dinamitar um prédio velho.

daínámíkku ダイナミック (< Ing. dynamic < Gr.)「uma dança」Dinâmica. Ⓢ/同 Rikídō-téki; yakúdō-téki. Ⓐ/反 Sutátíkku.

daínámó ダイナモ ➪ hatsúdén ◇.

dainán 大難 O desastre grande; a calamidade.

dai-náshi 台無し O estrago. *Imawashii jiko ga kanojo no isshō o ~ ni shite shimatta* 忌まわしい事故が彼女の一生を台無しにしてしまった Aquele acidente horrível estragou a vida dela (para sempre).

dái-ni 第二 O segundo. *Go-gatsu no ~ nichiyō wa haha no hi de aru* 五月の第二日曜は母の日である ~ domingo (do mês) de maio é o dia da mãe das mães. ★ *~ ni* 第二に Em segundo lugar. **~ no kokyō** 第二の故郷 A「minha」segunda pátria. ◇ **~ baiorin** 第二バイオリン ~ violino. ➪ **giji**.

dái-ni-gi 第二義 O significado (mais/muito) secundário. **~ teki (na)** 第二義的(な) De importância secundária.

dái-ni-ji 第二次 Segundo; secundário. ◇ **~ sangyō** 第二次産業 As indústrias secundárias. **~ sekai taisen** 第二次世界大戦 A segunda guerra mundial.

dainín[1] 代人 O procurador; o representante; o agente. Ⓢ/同 Daírí-nín (+); myōdái.

dainín[2] 代任 O encarregar-se do trabalho de outrem.

dainin[3] 大人 O adulto. ★ *Nyūjōryō ~ sen-en* 入料大人1000円(掲示) Entrada: adultos – 1000 yens.

dainíngú-kítchin ダイニングキッチン (< Ing. dining + kitchen) A sala de jantar e cozinha.

dainṓ[1] [óo] 大脳【Anat.】O cérebro. ◇ **~ hankyū** 大脳半球 O hemisfério cerebral. **~ hishitsu** 大脳皮質 O córtex cerebral.

dainṓ[2] 大農 **1** [大規模農業] A agricultura em grande escala. ◇ **~ hō** 大農法 O método de ~. Ⓐ/反 Shōnō. **2** [大農家] O grande fazendeiro [lavrador]. Ⓐ/反 Shōnō. ➪ gōnō.

dainṓ[3] 代納 O pagar por outrem ou com outra coisa.

dái no otóko 大の男 ➪ dái[1] **1**.

dainyū 代入【Mat.】A substituição「de A por B」.

daiṓ[1] [óo] 大王 O grande rei. ◇ **Arekisandā ~** アレキサンダー大王 Alexandre Magno [, o Grande).

daiṓ[2] 大黄【Bot.】O ruibarbo; *rheum officinale*.

dái-ōdo [óo] ダイオード【Ele(c)trón.】 (< Ing. diode) O díodo. ➪ daírekuto.

dái-ōjō [óo] 大往生 A morte serena (passiva). *Nemuru ga gotoki ~ o togeta* 眠るがごとき大往生を遂げた Expirou serenamente como se tivesse adormecido.

daí-on 大恩 Um grande favor. ★ *~ no aru hito* 大恩のある人 Uma pessoa a quem se deve um ~. ➪ ón[1].

daiónjo 大音声【E.】A voz alta [estrondosa; estentórea]. ★ *~ de yobawaru [o hariageru]* 大音声で呼ばわる[を張りあげる] Gritar com ~; clamar. Ⓢ/同 Ō-góe.

dáirekuto ダイレクト (< Ing. direct < L.) Dire(c)to. ★ *Bōru o ~ de kyacchi suru* ボールをダイレクトにキャッチする Apanhar a bola dire(c)ta(mente) (antes de tocar no chão). ◇ **~ mēru** ダイレクトメール A propaganda enviada pelo correio aos fregueses.

⇨ Chokúsétsú¹ (+).

dairí 代理 **1** [その行為] A representação; a substituição; a procuração. *Shachō no rusu-chū wa fuku-shachō ga ~ o suru* [*tsutomeru*] 社長の留守中は副社長が代理をする [務める] Durante a ausência do presidente, substitui-o o vice-presidente. ★ ~ *no sensei* 代理の先生 O professor substituto. ◇ ~ **gyō** ~ 業. ~ **ken** 代理権【Dir.】O direito de procuração. ~ **kōshi** 代理公使 O agente diplomático da legação. ⇨ ~ **nin** [**ten**]. Ｓ[同] Daíkó. **2** [その人] O representante. ★ *Taishi no ~ to naru* 大使の代理となる Substituir [Representar] o embaixador. ◇ **Gichō** [**Kōchō; Shachō**] ~ 議長 [校長; 社長] 代理 O presidente da assembleia [dire(c)tor da escola; presidente da firma] interino. Ｓ[同] Daíkó; dairínín.

dairí-bína 内裏雛 (< ... + *hína*) Um par de bonecos representando imperador e imperatriz.

dairí-gyō 代理業 O negócio de intermediário. ◇ ~ **sha** 代理業者 A agência. **Kōkoku** ~ 広告代理業 A agência de publicidade.

dairíki 大力 A força extraordinária (hercúlea). ◇ ~ **musō** 大力無双「o homem com」Uma ~, sem par [igual]. Ｓ[同] Góríki (+).; kaíríki (+).

dairín 大輪 A corola grande. ◇ ~ *no kiku* (*no hana*) 大輪の菊 (の花) O crisântemo de ~.

dairí-nín 代理人 O procurador (representante; substituto). ★ *Higai-sha no ~ to naru* 被害者の代理人となる Ser ~ dos lesados. ◇ **Hōtei** ~ 法定代理人 O delegado [~ legítimo].

dairíseki 大理石【Min.】O mármore. ★ ~ *no chōkoku* 大理石の彫刻 A escultura de ~. Ｓ[同] Máburu.

dairí-tén 代理店 A agência. ◇ ~ **keiyaku** 代理店契約 O contrato de ~. *Ryokō* ~ 旅行代理店 ~ de turismo. Ｓ[同] Ejenshī.

dái-rokkán 第六感 O「meu」sexto sentido; a intuição. ★ ~ *de wakaru* 第六感でわかる Saber por intuição. Ｓ[同] Chokkán. ⇨ gokán.

daisakú 代作 **1** [本人に代わって作ること] O escrever ou pintar com nome falso [de outrem]. ◇ ~ **sha** 代作者 O escritor mercenário. **2** [本人に代わって作った作品] A obra espúria.

daisán¹ 代参 O visitar o templo em nome de「minha idosa mãe」. ★ ~ *suru* 代参する ...

dái-san² 第三 O terceiro. ~ *ni* 第三に Em ~ lugar. ◇ ~ **goku** [**ji-sangyō**]. ~ **kaikyū** [**mibun**] 第三階級 [身分] ~ estado; a burguesia; o povo. ~ **ki** 第三紀【Geol.】A era terciária. ~ **sekai** 第三世界 (H.) Ur terceiro mundo.

dái-sángoku 第三国 O país não dire(c)tamente interessado. ◇ ~ **jin** 第三国人 A gente dum ~.

dái-sánji-sángyō 第三次産業 As indústrias terciárias [O se(c)tor terciário] (do comércio e serviços).

dái-sánsha 第三者 Os terceiros [não dire(c)tamente interessados]. ★ ~ *no tachiba de* [*ni tatte*] 第三者の立場で [に立って] Tomando uma posição neutra [de ~]. Ａ[反] Tójisha.

daíshá 台車 **a)** O vagão (de comboio/trem); **b)** A carroça; o carro de mão.

daíshárin 大車輪 **1** [大きな輪] A roda grande. **2** [器械体操] O giro gigante na barra (de ginástica). **3** [一生懸命] O fazer a todo o vapor. *Kōjō* *wa ~ de sōgyō shite iru* 工場は大車輪で操業しているA fábrica está a trabalhar a todo o vapor.

daíshi¹ 台紙 O papelão; o cartão; a cartolina (Para colar fotografias, desenho, etc.). ★ *Shashin o ni haru* 写真を台紙にはる Colar a fotografia no cartão.

daíshi² 台詞【E.】As palavras que um a(c)tor diz no palco. Ｓ[同] Sérífu (+).

daíshi³ 大師【Bud.】**1** [仏, 菩薩の尊称] Um Grande Mestre. **2** [高僧の敬称] O santo [mestre].

dái-shi⁴ 第四 ⇨ dái-yón.

dai-shíkkō 代執行【Dir.】A sub-rogação.

daí-shíkyō 大司教【Cri.】O arcebispo. ◇ ~ (**kan**)**ku** 大司教 (管) 区 O arcebispado; a arquidiocese.

daishín 代診 O médico substituto. ★ *Ichō no ~ o suru* 医長の代診をする Examinar em lugar [vez] do médico responsável. Ｓ[同] Daímyákú.

dai-shízen 大自然 A natureza. ◇ ~ *no kyōi* 大自然の驚異 A maravilha de ~.

daishó 代書 O escrever por outrem. ★ *Byōnin no tegami no ~ o suru* 病人の手紙の代書をする Escrever a carta em lugar do enfermo. Ｓ[同] Daíhítsú (+). Ａ[反] Jihítsú.

daishó¹ 代償 **1** [弁償; つぐない] A reparação; a inde(m)nização. ★ ~ *to shite hyaku-man-en o yōkyū suru* 代償として百万円を要求する Exigir um milhão de yens de ~. ⇨ beñshó; tsugúnáí. **2** [報酬] A remuneração. *Kono shigoto wa kiken ga ōkii ga sono kawari jūbun na ~ ga erareru* この仕事は危険が大きいがそのかわり十分な代償が得られる Este serviço tem muitos riscos, mas também é bem remunerado. **3** [ある事を成就するための犠牲・損害] O preço [custo]. ★ *Donna ~ o haratte mo* どんな代償を払っても Por qualquer preço/A todo o custo. ⇨ giséí; soñ-gáí. **4** [欲求が満たされないときの埋め合わせ] A compensação.

dái-shō² 大小 **1** [大きいのと小さいのと] O grande e o pequeno. *Nimotsu wa ~ awasete rokko atta* 荷物は大小合わせて六個あった A bagagem tinha seis volumes, grandes e pequenos. **2** [大きさ] O tamanho. *Shinamono no ~ ni yori tashō nedan no chigai ga aru* 品物の大小により多少値段の違いがある Dependendo do ~ do artigo (Ex.: pratos) há uma ligeira diferença no preço. Ｓ[同] Ókísa (+). **3** [大刀と小刀] As duas espadas, a maior e a menor, usadas pelos samurais.

daishóben [óo] 大小便 A urina e as fezes.

daí-shóri [óo] 大勝利 A grande vitória.

daisó 代走【Beis.】**1** [塁上の走者に代わって走ること] O correr em vez de outro. ★ ~ *suru* 代走する ... ◇ ~ **sha** 代走者 O corredor substituto. **2** [Abrev. de "~sha"] Ｓ[同] Piñchí-ránnā.

daishóbō [sóo] 大僧正 **a)** O arcebispo; **b)** O bispo superior; o prelado.

daisóreta 大それた「exigência」Inaceitável; imoderado; presunçoso; horrível. ★ ~ *mane o suru* 大それた真似をする Fazer uma coisa horrível. ~ *nozomi o idaku* 大それた望みを抱く Ter uma ambição desmedida [louca].

daisótsú 大卒【Col.】(Abrev. de "daígákú sótsúgyō-sei") Formado.

dáisu ダイス (< Ing. dice) **1** [さいころ] O dado. Ｓ[同] Saíkóró (+). **2** [とばく] O jogo de azar. Ｓ[同] Tobákú (+).

daísú(gaku)[**úu**] 代数(学) A álgebra. ★ ~ *de toku* 代数で解く Resolver algebricamente. ◇ ~ **gakusha** 代数学者 O algebrista. ~ **hōteishiki** [**kansū**] 代数方程式 [関数] A equação [função] algébrica.

dái-suki 大好き Gostar muito「de」; ter grande predile(c)ção [simpatia]「por」. *Watashi wa dōbutsu no naka de mo toku ni inu ga* ~ *da* 私は動物の中でも特に犬が大好きです Entre os animais, o de que gosto mais é o cachorro. A/反 Dái-kirai. ⇨ daí-kóbutsu.

daítai[1] 大体 **1**[おおよそ] Mais ou menos「mil」; aproximadamente; em geral; praticamente; quase. *Kono bun no naiyō wa* ~ *tsugi no tōri desu* この文の内容は大体次の通りです O conteúdo deste escrito é mais ou menos o seguinte. S/同 Gái shite; hotóndo; ōkátá; ōyóso.
2[あらまし] As linhas gerais; o resumo; a essência. *Jiken no* ~ *wa ika no tōri desu* 事件の大体は以下の通りです O resumo do que aconteceu é (em grandes linhas) o seguinte. ★ ~ *ni oite* 大体において No geral [essencial/conjunto]. S/同 Arámáshí; daí-búbun.
3[そもそも]「ele é preguiçoso」Por natureza; em primeiro lugar; antes de tudo. ~ *sonna koto o kangaeru no ga machigai da* 大体そんなことを考えるのが間違いだ Antes de tudo [mais nada], é um erro pensar tais coisas. S/同 Sómosumo (+).

daítai[2] 大隊 O batalhão.

daítai[3] 代替 A substituição. ◇ ~ **butsu** [**hin**] 代替物 [品] Um produto [artigo] alternativo. S/同 Daígáe.

daítai[4] 大腿【Anat.】A coxa. ◇ ~ **bu** 大腿部 A parte da ~. ◇ ~ **kotsu** 大腿骨 O fé[ê]mur; o osso da ~.

daítán 大胆 Corajoso; audaz; bravo; atrevido; intrépido. ★ ~ *na kuwadate* [*keikaku*] 大胆な企て [計画] O plano arrojado. ~ *ni koto ni ataru* 大胆に事に当たる Enfrentar (as coisas) corajosamente [com coragem]. ~ *ni naru* 大胆になる Ser ~. ◇ ~ **futeki** 大胆不敵 Audacioso; danado (G.); intrépido; destemido. ◇ ~ **sa** 大胆さ O atrevimento; a ousadia; a audácia. S/同 Gótán. A/反 Shótán.

daí-tásū 大多数 A (larga [grande]) maioria. *Kaiin no* ~ *wa sore ni hantai da* 会員の大多数はそれに反対だ ~ dos membros é contra (isso). S/同 Daí-búbun. ★ ~ *no sansei o eru* 大多数の賛成を得る Obter a aprovação da ~.

daí-tókai 大都会 A metrópole; a cidade grande.

daítóryō[**óo**] 大統領 **1**[共和国の最高指導者] O presidente (da República). ~ **fujin** 大統領夫人 A primeira dama do país. ~ **kantei** 大統領官邸 A residência [O palácio] presidencial. **2**[感嘆をこめた呼びかけ] O chefe. *Yō* ~ よう大統領 Olá chefe!

daí-wáré 台割れ【Econ.】(< ... [2] + warérú) A quebra na bolsa (de valores).

dáiya[1] ダイヤ (< Ing. diagram < Gr.) O horário [A tabela] dos trens/comboios. *Dassen jiko no eikyō de JR aru no* ~ *ga ō-haba ni midareta* 脱線事故の影響で JR のダイヤが大幅に乱れた Devido ao descarrilamento, ~ JR ficou todo trocado. ★ ~ *dōri ni unten suru* ダイヤ通りに運転する Andar à tabela. ◇ ~ **kaisei** ダイヤ改正 A revisão [alteração] do ~.

dáiya[2] ダイヤ (< Ing. diamond) **1**[⇨ daíyámondo

1] **2**[トランプの] (O naipe de) ouros「das cartas」.

daíyáku 代役 **1**[本人の代わりに出ること] A substituição (de um a(c)tor). ★ *Arai-shi no* ~ *o tsutomeru* 新井氏の代役を務める Substituir o [Fazer o papel do] sr. Arai. S/同 Fukíkáé. **2**[代わりに出る人] O substituto. ★ ~ *o tateru* 代役を立てる Pôr um ~. S/同 Fukí-káe. A/反 Hoń'yáku.

daiyámondo ダイヤモンド (< Ing. diamond < L.) **1**[宝石]【Min.】O diamante. ★ ~ *no yubiwa* ダイヤモンドの指輪 O anel de ~. ~ *kenmakō* ダイヤモンド研磨工 O polidor de ~s. **2**[野球場の内野] O quadrado (de Bas.). ★ ~ *o isshū suru* ダイヤモンドを一周する Dar uma volta ao ~. S/同 Naíyá (+).

daíyárú ダイヤル (< Ing. dial < L. dies)**1**[ラジオなどの目盛板] A faixa de frequências. ★ ~ *o Enu-Et-chi-Kē ni awaseru* ダイヤルを NHK に合わせる Sintonizar [Ligar] para a NHK. **2**[電話機などの(数字盤)] O disco「de telefone」. ★ ~ *o mawasu* ダイヤルを回す Discar [Marcar] o número. ~ *suru* ダイヤルする Telefonar.

daiyō 代用 A substituição. *Hako o isu ni* ~ *shita* 箱を椅子に代用した Usei uma caixa em vez [a fazer] de cadeira. ◇ ~ **hin** 代用品 Um substituto「do leite」. ~ **shoku** 代用食 O alimento alternativo. S/同 Daí-gáé; daítái.

dái-yón 第四 O quarto. ★ ~ *no* 第四の Quarto. ◇ ~ **ki** 第四紀【Geol.】O período quaternário.

daízá 台座 O pedestal. ★ *Butsuzō no* ~ 仏像の台座 ~ de uma estátua de Buda.

daizái[1] 題材 a) O tema; b) O assunto [material]. ★ *Eiga* [*Shōsetsu*] *no* ~ *o atsumeru* 映画 [小説] の題材を集める Coligir material para o filme [romance]; S/同 Shíryō; shudái; zaíryó.

daizái[2] 大罪 Um grande crime [pecado]. ★ ~ *o okasu* 大罪を犯す Cometer ~.

daí-zéntei 大前提 **a)** A premissa maior; **b)** O primeiro princípio ou condição「deste caso」.

daízú 大豆【Bot.】O soja; o feijão-soja; *glycine max*. ★ ~ **abura** 大豆油 O óleo de ~.

dajáku(na) 惰[懦]弱(な)「um povo」Fraco. S/同 Nañjáku (o); nyújáku (+).

da-járé 駄酒落 (< da[2] + sharé)【G.】Uma piada sem graça. ★ ~ *o iu* 駄酒落を言う Dizer ~.

daí-jún 打順【Beis.】A ordem dos batedores.

-daká 高 **1**[数量] A quantidade. ◇ **Gyokaku** ~ 漁獲高 ~ da pesca. **2**[金額] O montante. ◇ **Uriage** ~ 売上高 ~ da venda. **3**[高値] O aumento. *Kabuka ga san-en* ~ *to natta* 株価が3円高となった As a(c)ções subiram três yens.

dakái 打開 A solução [saída]. ★ *Yukizumari* [*Kiki*] *o* ~ *suru* 行き詰まり [危機] を打開する Resolver [Encontrar uma ~ para] o impasse [a crise]. ◇ ~ **saku** 打開策 Uma solução [medida]「~ *saku o kōjiru* 打開策を講じる Tomar medidas」.

dakán 兌換 A conversão. ◇ ~ **ginkō** 兌換銀行 O banco emissor [central]. ~ **shihei** 兌換紙幣 O papel-moeda convertível. A/反 Fukán.

dá kara だから Por isso; pois; por conseguinte; logo; portanto. ★ ~ *to itte kimi ga okoru koto wa nai darō* だからと言って君が怒ることはないだろう Isso não é razão para você se zangar. S/同 Désu kara; soré yúe.

dakátsú 蛇蝎【E.】A peste (Lit.: a serpente e o escorpião). *Kare wa yakuza o* ~ *no gotoku imikiratte iru* 彼はやくざを蛇蝎のごとく忌み嫌っている Ele foge dos bandidos como da ~.

daké だけ **1** [限度を表す] Apenas; só「um livro」; somente. *Ano jiken wa kangaeta ~ de mo zotto suru* あの事件は考えただけでもぞっとする Sinto arrepios só de [em] pensar naquele incidente. *Kimi ga ite kureru ~ de boku wa manzoku da* 君がいてくれるだけで僕は満足だ Contigo a meu lado estou satisfeito [sou feliz]. *Kondo ~ wa yurushite ageyō* 今度だけは許してあげよう Desta vez ainda te perdoo. *Shin no yūjin to yoberu no wa kimi ~ da* 真の友人と呼べるのは君だけだ Amigo/a amigo/a, só tu. *Shōrai no tame kōkō ~ wa sotsugyō shita hō ga yoi* 将来のため高校だけは卒業した方がよい Para o seu futuro, é bom que conclua pelo menos o curso secundário. *Tsukizuki ichiman-en ~ wa chokin suru tsumori da* 月々１万円だけは貯金するつもりだ Quero pôr em depósito「Pretendo depositar na poupança」pelo menos dez mil yens mensais [por mês]. ★ *Isshō ni ichi-do ~ no chansu* 一生に一度だけのチャンス A única oportunidade na [em toda a] vida. **2** [程度・範囲を表す] Suficiente; tudo; pelo menos. *Iru ~ no kane wa o-kashi shimashō* 要るだけのお金はお貸ししましょう Empresto-lhe todo o dinheiro [que for] necessário. *Yameru mae ni iu ~ no koto wa itta hō ga ii* やめる前に言うだけのことは言った方がよい Antes de sair「desta firma」é melhor dizer tudo o que tem a dizer. **3** [比例して；準じて] Quanto mais... mais; ... também é... *Bukka ga takaku nareba naru ~ seikatsu wa kurushiku naru* 物価が高くなればなるだけ生活は苦しくなる Quanto mais aumentam os preços, mais difícil se torna a vida. *Kare wa nagaku Amerika ni ita ~ ni eigo ga perapera da* 彼は長くアメリカにいただけに英語がペラペラだ Como ele viveu muito tempo nos Estados Unidos também fala inglês fluentemente.

dakékanba 岳樺【Bot.】Uma espécie de bétula ("kaba").

dakén 駄犬 Um cão inferior [vira-lata (B.)].

dakén(hō) 打鍵（法）【Arte】A maneira de tocar「piano」.

dakétsu 妥結 A solução de compromisso; o acordo; o entendimento. ★ ~ *suru* 妥結する Chegar a um ~. *Rōshi no chin-age kōshō wa ichiman-en gurai no tokoro de ~ shi-sō da* 労使の賃上げ交渉は一万円ぐらいのところで妥結しそうだ Parece que os trabalhadores e os patrões vão concordar num aumento salarial à volta de dez mil yens. ◊ ~ **gaku** 妥結額 O valor「do aumento de salário」. ~ **ten** 妥結点 O ponto de ~.

dáki 唾棄 O detestar; o abominar. ★ ~ *subeki hiretsu-sa* 唾棄すべき卑劣さ A infâmia abominável [detestável]. ⇨ tsúba¹.

daki-agéru 抱き上げる (< dakú + ...) Tomar [Pegar] nos braços.

daki-áu 抱き合う (< dakú + ...) Abraçar-se. *Oyako wa hisashi to dakiatte naita* 親子はひしと抱き合って泣いた O pai e o filho abraçaram-se com toda a força e choraram.

daki-awáse 抱き合わせ (< dakú + awáséru) **a)** A venda em conjunto; **b)** O propor duas coisas (uma fácil e outra difícil) ao mesmo tempo ★ *Kamera to firumu o ~ de uru* カメラとフィルムを抱き合わせで売る Vender a máquina fotográfica com o filme.

daki-kakáeru 抱き抱える (< dakú + ...) Ter [Levar] nos braços. ★ *Keganin o daki-kakaete beddo ni nekaseru* 怪我人を抱きかかえてベッドに寝かせる Levar o ferido nos braços e deitá-lo (na cama).

dakí-kómu 抱き込む (< dakú + ...) **1**「腕の中へかえこむ」Apertar ao [contra o] peito. *Kanojo wa akanbō o ryō-ude ni suppori to daki-konda* 彼女は赤ん坊を両腕にすっぽりと抱きこんだ Ela escondeu o filhinho no peito, com os braços. **2**「悪い計画の仲間に引き入れる」Induzir; atrair; seduzir. *Karera wa wairo o tsukatte shichō o dakikonda* 彼らは賄賂を使って市長を抱き込んだ Eles conquistaram o presidente da câmara [o prefeito] com suborno.

dakí-né 抱き寝 (< dakú + nerú) O dormir no [ao] colo.

dakí-ókosu 抱き起こす (< dakú + ...) Ajudar「alguém」a levantar-se. ★ *Nete iru byōnin o ~* 寝ている病人を抱き起こす Ajudar o doente...

dakí-shimeru 抱き締める (< dakú + ...) Abraçar com (toda a) força; apertar ao peito. *Haha wa musuko no mune ni gyutto dakishimeta* 母は息子を胸にぎゅっと抱き締めた A mãe abraçou o filho...

daki-súkumeru 抱きすくめる (< dakú + ...) Agarrar; abraçar; apertar; segurar「o ladrão」com força. S/同 Daki-shímeru.

dakí-tómeru 抱き止める (< dakú + ...) Agarrar; segurar [reter] nos braços. *Kawa e tobikomō to shita otoko o tsūkōnin ga ushiro kara dakitometa* 川へ飛び込もうとした男を通行人が後ろから抱き止めた O transeunte agarrou por trás o homem que se ia atirar ao rio.

dakí-tsúku 抱き付く (< dakú + ...) Atirar-se para os braços「do pai」; abraçar (demoradamente). ★ *Koibito no kubi ni ~* 恋人の首に抱き付く Ficar abraçada ao pescoço do namorado.

dakí-yóseru 抱き寄せる (< dakú + ...) Atrair [Puxar]「alguém」para si abraçando-o.

dakkái¹ 脱会 O sair de uma associação; a defecção. ★ *Furyō-kaiin o ~ saseru* 不良会員を脱会させる Expulsar do grupo um mau elemento. ◊ ~ **sha** 脱会者 O desistente; a desistência. ~ **todoke** 脱会届 O pedido de saída. A/反 Nyūkái.

dakkái² 奪回 ⇨ dakkán.

dakkán 奪還 A retomada「da cidade」; a reconquista. S/同 Dakkái².

dakkíngú ダッキング (< Ing. ducking)【(D)esp.】O baixar e levantar da cabeça (para evitar os) golpes do adversário. ★ ~ *suru* ダッキングする ...

dákko 抱っこ【G.】(< dakú + ...) **a)** O abraçar; **b)** O levar ao colo [nos braços]. *Nē ~ shite* ねえ、抱っこして Quero colo [Leve-me...]. ★ *O-ningyō o ~ suru* お人形を抱っこする Abraçar [Levar ao colo] à boneca.

dakkō¹ 脱稿 O acabar o manuscrito [de escrever].

dakkō² 脱肛【Med.】Prolapso re(c)tal [anal].

dakkoku 脱穀 A debulha; a malhada. ◊ ~ **ki** 脱穀機 A (máquina) debulhadora; a malhadeira.

dakkusúfunto ダックスフント (< Al. dachshund)【Zool.】Um cão baixo e comprido.

dakkyáku 脱却 O libertar-se「de um mau hábito」. ★ *Kiken o ~ suru* 危険を脱却する Escapar [Livrar-se] do perigo. ⇨ nogáreru; nuké-déru.

dakkyū 脱臼【Med.】A luxação; o deslocamento [a deslocação] (do osso). *Migi-kata o ~ shita* 右肩を脱臼した O ombro direito deslocou-se-me.

dakō 蛇行 O ziguezaguear; o serpear [serpentear].

Kawa ga heiya o ～ shite iru 川が平野を蛇行している O rio serpe(nte)ia na planície.

dakú 抱く **1** [腕に抱える] Ter [Segurar] nos braços [ao peito/ao colo/no regaço]. *Haha-oya ga akan-bō o daite iru* 母親が赤ん坊を抱いている A mãe tem [leva] o filhinho… **2** [抱擁する] **a**) Abraçar; apertar contra o peito [nos braços]. *Kare wa tsuma o mune ni shikkari to daita* 彼は妻を胸にしっかりと抱いた Ele estreitou a mulher [esposa] nos braços. ★ *Kata o* ～ 肩を抱く Abraçar os [pelos] ombros. [S/同] Hṓyṓ súrú. **b**) Ter relações sexuais (Ex.: *Nē, daite* = Vem dormir comigo). **3** [鳥が卵を温める]「a galinha」Chocar (os ovos).

dakúdákú だくだく Abundantemente; em corrente. *Ni-san-pun hashitta dake de ase ga ～ (to) nagarete kita* 2,3 分走っただけで汗がだくだく(と)流れて来た Só corri dois ou três minutos e estou alagado em suor. [S/同] Dáradara.

dáku-hi 諾否 Sim [Aceita] ou não. ～ *o go-ippō kudasai* 諾否を御一報下さい Diga-nos se ～.

dā́kúhṓsu [**aá-óo**] ダークホース (< Ing. dark horse) **1** [競馬] O cavalo desconhecido, que, inesperadamente ganhou uma corrida. **2** [実力はわからないが有力とみなされる競争相手] O candidato forte, desconhecido.

dakúóń 濁音 O som [A consoante] sibilado[a] (Em j.: ga, za, da, ba). ⇨ hań-dákuon; seíóń; dakútén.

dakúryū́ 濁流 A corrente de lama. ★ ～ *ni nomareru* 濁流にのまれる Ser tragado [levado] pela ～. [A/反] Seíryū́.

dákuse(i) 濁世 【Bud.】 O mundo corru(p)to [Este mundo].

dakútén 濁点 O sinal ortográfico ゛, que se coloca na parte superior direita dos sons sibilados do silabário j. "*Ka*" *ni* ～ *o utsu* [*tsukeru*] *to* "*ga*" *ni naru*「か」に濁点を打つ [つける] と「が」になる Colocando ～ no "ka" fica "ga". ⇨ dakúóń.

dakyṓ 妥協 O compromisso; a concessão. *Kare no iken ni wa ～ no yochi ga nai* 彼の意見には妥協の余地がない Ele não admite compromissos [não muda de opinião]. ★ ～ *suru* 妥協する Fazer um ～. ～ *teki (na) taido o toru* 妥協的(な)態度を取る Tomar uma atitude conciliatória [de ～]. ◇ **～ an** 妥協案 Um plano de ～. **～ ten** 妥協点 Um ～ [meio-termo]. [S/同] Ayúmí-yórí; jṓho.

dakyū́ 打球【(D)esp.】A bola batida「foi pelos ares fora」; o bater a bola.

damá(kúrá)kásu 騙(くら)かす【G.】⇨ damásu.

damáráséru 黙らせる (< damáru + sasérú) Fazer calar (a boca); silenciar. ★ *Naku ko o* ～ 泣く子を黙らせる Calar a criança.

damárí-kókúru 黙りこくる (< damáru + …) Andar [Permanecer] calado. *Koibito no shi irai kanojo wa kurai kao de ～ hi ga ōku natta* 恋人の死以来彼女は暗い顔で黙りこくる日が多くなった Após a morte do namorado, ela anda cada dia mais triste e calada (como uma concha). [S/同] Oshí-dámáru.

damárí-kómu 黙り込む (< damáru + …) Emudecer; mergulhar no silêncio; calar-se. *Sono jiken no koto o tazuneru to kare wa kyū ni damari-konda* その事件のことを尋ねると彼は急に黙り込んだ Quando perguntei sobre esse [o] caso, de repente ele emudeceu.

damáru 黙る **1** [物を言うのをやめる] Calar-se; calar a boca; guardar silêncio. *Damatte ite wa wakaranai. Iu beki koto wa chanto ii nasai* 黙っていてはわからない。言うべきことはちゃんと言いなさい Se você não diz nada, eu também não posso saber/adivinhar (+). Diga lá tudo o que tem para [a] dizer. *Damare* 黙れ Cale a boca! [I/慣用] *Naku ko mo ～* 泣く子も黙る Medonho (Lit, (capaz) de cortar o choro a uma criança) [*Kare wa naku ko mo ～ oni-gunsō datta* 彼は泣く子も黙る鬼軍曹だった Ele era um sargento que só o nome metia medo]. **2** [「黙って」の形で, 無断である] Não avisar. *Damatte kesseki shite wa naranai* 黙って欠席してはならない Não vir, sem avisar, está mal. [S/同] Mudán. **3** [「黙って」の形で, 文句を言わずにいる] Não reclamar; ficar calado. *Damatte meirei ni shitagau* 黙って命令に従う Obedecer sem reclamar. *Konna koto o sarete wa damatte irarenai* こんなことをされては黙っていられない Depois de me fazerem isto [tratarem assim] eu não posso ficar calado. [S/同] Otónáshiku. **4** [「黙っている」の形で, 秘密にする] Guardar segredo. *Kono hanashi wa dare ni mo damatte ite kudasai* この話は誰にも黙っていて下さい Não diga nada (disto) a ninguém/Guarde segredo.

damáshí-áí 騙し合い (< damásu + áu) O enganar um a outro.

damáshí-úchí 騙し討ち (< damásu + útsu) Um ataque traiçoeiro. ★ ～ *ni au* 騙し討ちにあう Ser vítima dum ～. ～ *ni suru* 騙し討ちにする Atacar à traição [Armar uma cilada]. ⇨ fuí-úchí.

damásu 騙 [瞞] す **1** [欺く] Enganar; iludir; lograr; ludibriar. *Kare wa rōjin kara kane o damashi-totta* 彼は老人から金を騙し取った Ele roubou dinheiro ao velhinho. *Sonna te de damasarete tamaru ka* そんな手で騙されてたまるか Você pensa que me engana [que eu vou nessa (história)? /Deixa-te de artimanhas. ★ *Damasare-yasui hito* 騙されやすい人 A pessoa fácil de enganar. [S/同] Azámúku; katárú. **2** [すかしなだめる] Conseguir [Levar] com jeito. ★ *Damashi damashi* 騙し騙し Com cuidado [Às boas].

damé 駄目 **1** [囲碁の無駄目] O ponto nulo [desnecessário]. ★ ～ *o osu* 駄目を押す **a**) Obter um ～; **b**) Assegurar. ◇ **～ oshi** 駄目押し **a**) O ponto de garantia; **b**) O assegurar (algo que já está seguro). **2** [無駄] Não; o ser inútil. *Iiwake shite mo ～ da* 言い訳しても駄目だ É inútil [Não vale a pena; Não adianta] justificar-se. [S/同] Mudá; múeki. **3** [不可能] Impossível; não. *Yatte mita ga ～ datta* やってみたが駄目だった Tentei, mas foi impossível [não consegui]. [S/同] Fu-kánō. **4** [望みがないさま] Sem esperança. *Byōnin wa mō ～ da* 病人はもう駄目だ O doente já não tem esperança (de cura). **5** [いけない] Não (ser permitido). *Kare ni atte wa ～ da* 彼に会っては駄目だ Não quero que (você) fale com ele. *Motto yoku kangae-nai to* [*-nakereba*] ～ *da yo* もっとよく考えないと [なければ] 駄目だよ Você precisa [deve; tem que] pensar mais/melhor. **6** [悪い; 劣った; くさった] Mau. *Niku wa reizōko ni irenai to sugu ～ ni naru* 肉は冷蔵庫に入れないとすぐ駄目になる A carne se não se põe logo no frigorífico, estraga-se.

daméji [**ée**] ダメージ (< Ing. damage < L.) O prejuízo. ★ ～ *o ataeru* ダメージを与える Causar ～ [dano]. [S/同] Hígai (o); itádé; sońgáí (+).

dámī ダミー (< Ing. dummy) **1** [射撃の標的人形] O

boneco que serve de alvo. **2** [衝突・落下などの実験に使う人形] O boneco [manequim] usado nas experiências de colisão, etc. **3** [替え玉] O testa-de-ferro. S/周 Kaé-dámá; mi-gáwari. **4** [同一企業で別名にしている会社] A firma camuflada. ◇ **~ gaisha** ダミー会社 – [só com nome diferente]. **5** [ラグビーでパスするとみせかけて相手をだますこと] O lance simulado; a finta.

damígoe 濁声 A voz rouca [grossa]. ★ **~ de hanasu** 濁声で話す Falar com ~.

damín 惰眠 A indolência. ★ **~ o musaboru** 惰眠をむさぼる Passar o tempo a dormir [a vida na ~].

dámu ダム (< Ing. dam) A barragem; a represa. ★ *Kawa ni ~ o tsukuru* [*kensetsu suru*] 川にダムを造る[建設する] Construir uma ~ (no rio). ◇ **~ saito** ダムサイト O local da ~.

dán¹ 団 O grupo. ★ *Gakusei no ichi ~* 学生の一団 Um ~ de estudantes. ◇ **Bōryoku ~** 暴力団 A quadrilha de criminosos. **Shōbō ~** 消防団 O corpo de bombeiros. ⇨ **~chō[in]**.

dán² 段 **1** [階段] O degrau. ★ *Ichido ni ni-zutsu kaidan o noboru* [*oriru*] 一度に二段ずつ階段を上る[下りる] Subir [Descer] (as escadas) dois ~s de cada vez. ⇨ dan-dan¹; dán-dán¹. **2** [重なりの一つ一つ] O andar; a camada. *Hondana no shita no ~ ni wa jisho ga oite aru* 本棚の下の段には辞書が置いてある Na prateleira de baixo [No fundo] da estante estão os dicionários. ◇ *Ni-(shiki) beddo* 二段(式)ベッド O beliche (de duas camas). **3** [印刷物の欄] A coluna. ★ *San ~ nuki no midashi* 三段抜きの見出し O cabeçalho (de jornal) a três ~s. **4** [段落] O parágrafo. ★ *Bunshō no mittsu no ~ ni wakeru* 文章を三つの段に分ける Escrever a reda(c)ção em três ~s. *Fushi saikai no ~* 父子再会の段 A passagem [~] do reencontro do pai com o filho. S/周 Dañrákú; kudári; kugíri. **5** [劇などの] A passagem [cena]. ⇨ ba¹ **5**; makú¹. **6** [等級] A posição. ★ *Kawada-shi wa shakai-teki chii ga watashitachi yori sū- ~ ue da* 川田氏は社会的地位が私達より数段上だ O sr. Kawada tem uma ~ social muito acima da nossa. S/周 Tókyú. **7** [段位] A classe; o grau; a graduação. ★ **~ ga agaru** 段が上がる Subir de ~. *Jūdō* [*Go*; *Karate*; *Kendō*; *Shōgi*] *sho- ~* 柔道[碁;空手;剣道;将棋]初段 O primeiro grau de judo [gô; karate; kendô; xôguí]. ⇨ **Dán'i**. **8** [場合] O ponto; a ocasião; a hora. *Iza kaku ~ ni naru to atama ni nan imo ukande konai* いざ書く段になると頭に何も浮かんでこない Quando chega a hora de escrever, não me vêm as ideias. S/周 Baái; kyokúméń. **9** [程度の強調を表す] Mais que. *Atsui no nan no to iu ~ dewa nai* 暑いの何のという段ではない Nem é preciso dizer que está quente [Que faz calor? E é pouco!]. **10** [手紙で使う点・こと・くだり] O fa(c)to. *Gobusata no ~ o-yurushi kudasai* 御無沙汰の段おゆるし下さい Peço desculpa pelo [meu longo silêncio]. **11** [五十音図の横の並び] A cinco filas do silabário ι. ★ *Sa gyō go ~ katsuyō no dōshi* サ行五段活用の動詞 Os verbos da conjugação da fila "sa" (Ex.: "hanasu"). ◇ *Gyō*. **12** [掛け算の] A casa. ★ *Go no ~ no kuku* 5の段の九九 A tabuada de multiplicação (da casa) cinco (5×1, ×2...).

dán³ 壇 **1** [一段高い所] O estrado; a plataforma; a tribuna. ★ ~ (*jō*) *ni tatsu* 壇(上)に立つ Subir ao ~. ◇ ⇨ **En** [**Kyō**/**Sai**] **~**. **2** [-dan で、世界・社会の意] O círculo; o mundo. ⇨ **bun** [**ga**/**ka**] **~**.

dán⁴ 断 A decisão. ★ **~ o kudasai** 断を下す Decidir; tomar uma ~.

dán⁵ 暖 O calor; o aquecimento. ★ *Sutōbu de ~ o toru* ストーブで暖を取る Chegar-se ao aquecedor. S/周 Atátákámí.

dán⁶ 談 A conversa; o relato; a descrição. ◇ **Ryokō ~** 旅行談 A narrativa da viagem.

dan'án 断案 **a)** A conclusão (Fil.); **b)** A decisão. S/周 Kettéí (+).

dan'átsú 弾圧 A (o)pressão; a repressão; a coerção. ★ **~ o kuwaeru** 弾圧を加える Oprimir; reprimir; exercer ~. **~ teki (na)** 弾圧的(な) Opressivo; repressivo; coercivo. *Hantai undō o ~ suru* 反対運動を弾圧する Reprimir [Esmagar] o movimento oposicionista.

dánberu ダンベル・啞鈴 (< Ing. dumbbell) O haltere. S/周 Aréí.

dañbírá 段平【G.】 A espada de lâmina larga.

dañbō 暖[煖]房 O aquecimento; a calefa(c)ção. ★ **~ o ireru** [*kiru*] 暖房を入れる[切る] Ligar [Desligar] o aquecedor [~]. ◇ **~ kigu** 暖房器具 O aquecedor. **Shūchū ~ sōchi** 集中暖房装置 ~ central. **Yuka ~** 床暖房 ~ por baixo (do soalho). A/周 Reíbō.

dan-bōru [**óo**] 段ボール O papelão「canelado」. ★ **~ no hako** 段ボールの箱 A caixa de ~.

dañ-bukuro 段袋 (< ··· +*fukuro*)【G.】 **1** [荷袋] O saco grande de pano. **2** [ズボン] As calças largas de homem.

dañchi¹ 団地 O bairro [complexo] habitacional. ◇ **~ zoku** 団地族 Os (habitantes) dos ~.

dañchi² 段違い ⇨ dañ-chígai.

dañ-chígai 段違い Uma diferença muito grande. *Ryōnin no ude wa ~ da* 両人の腕は段違いだ (Eles) nem se comparam: um é melhor do que o outro.

dañchō¹ 団長 O chefe do grupo. ⇨ dán¹.

dañchō² 断腸「mágoa」 De cortar o coração; de se revolverem as entranhas. *Kare wa ~ no omoi de naganen no yume o akirameta* 彼は断腸の思いで長年の夢をあきらめた Com o coração a sangrar [Partido de dor], ele desistiu do seu sonho de tantos anos.

dán-dan¹ 段段 (⇨ dan²) Em degraus [socalcos]. ★ **~ ni natte iru michi** 段々になっている道 O caminho em degraus. S/周 Kaídán (+).

dandan だんだん Um após outro「sairam todos」; aos poucos; pouco a pouco; gradualmente. **~ yo ga akete yuku** だんだん夜が明けてゆく Pouco a pouco o dia vai rompendo. *Sōon wa ~ hageshiku natta* 騒音はだんだん激しくなった O barulho tornou-se insuportável. ★ **~ ōkiku naru** だんだん大きくなる Crescer sempre. S/周 Jójo ni; masúmasu; shidáí ní.

dañdán-bátake 段段畑 (< ··· +*hatáké*) O campo [terreno] em socalcos.

dañdará 段だら Em camadas [degraus] irregulares. ◇ **~ moyō** 段だら模様 O padrão em listras [com riscas] de várias cores.

dañdará-jímá 段だら縞 (< ··· +*shimá*)「o tecido」 Em xadrez; listras de várias cores.

dándī ダンディー (< Ing. dandy) O homem chique [galhardo]; o janota. S/周 Daté-ótoko.

dańdṓ 弾道 A taje(c)tória de um projé(c)til. ◇ **~ dan** 弾道弾 O míssil. **~ dan geigeki misairu** 弾道弾迎撃ミサイル O anti-míssil. **~ gaku** 弾道学 A balística. **Tairiku-kan ~ dan** 大陸間弾道弾 O míssil (de alcance) intercontinental.

dań-dórí 段取り (< … + tóru) **a**) Os preparativos; as providências; **b**) O plano; o programa. ★ ~ *o kimeru* [*tateru*] 段取りを決める[立てる] Marcar [Fazer] o ~. ~ *o tsukeru* [*totonoeru*] 段取りをつける[整える] Fazer os ~. [S/同] Téhazu; tejúń.

dańgáí¹ 断崖 O precipício; o despenhadeiro. ◇ **~ zeppeki** 断崖絶壁 ~ a pique. [S/同] Keńgáí.

dańgáí² 弾劾 A acusação (por alta traição). ★ *Saibankan* [*Seifu*; *Shushō*] *o ~ suru* 裁判官[政府; 首相]を弾劾する Acusar o juíz [governo; primeiro ministro]. ◇ **~ enzetsu** 弾劾演説 O discurso de ~. **~ saiban** 弾劾裁判 O processo de ~. **~ saiban-sho** 弾劾裁判所 O Tribunal de ~. [S/同] Kyū́dáń; mońsékí.

dańgáń 弾丸 **1** [たま] O projé(c)til; a bala. ★ ~ *no ame o furaseru* 弾丸の雨を降らせる Lançar uma rajada de balas. ~ *o sōten suru* 弾丸を装填する Carregar 「o canhão」. [S/同] Tamá. **2** [速度の速いもののたとえ] 「rápido」 Como uma bala. ★ ~ *ressha* 弾丸列車 O trem-bala; o (comboio) foguete.

dańgén 断言 A afirmação [asserção] categórica. *Kare wa "sekinin wa jibun ga toru" to ~ shita* 彼は「責任は自分が取る」と断言した Ele afirmou (categoricamente) [disse claramente] que tomava [assumia] a responsabilidade. ★ *Meiyo ni kake ~ suru* 名誉にかけて断言する Juro por [pela] minha honra. [S/同] Geńméí; meígéń.

dángi 談義 [議] **1** [自由な議論] A discussão. *Naga ~* 長談義 Uma ~ longa e cansativa. **2** [仏教などの説教] O sermão bud. [S/同] Sekkyṓ; séppō. **3** [小言] A prele(c)ção; a repreensão; a lição. [S/同] Íken; kogótó (+).

dańgó 団子 O bolinho de massa. ◇ **~ bana** 団子鼻 O nariz redondo [de batata]. **Kibi ~** 黍団子 ~ de milhete. ⇨ **niku ~**. [P/ことわざ] *Hana yori ~* 花より団子 Primeiro viver, depois filosofar (Lit.: "Antes bolinhos comer que flores de cerejeira ver").

dańgṓ 談合 Um entendimento [acordo] secreto 「de [entre] duas firmas para fixar preços」. ★ ~ *suru* 談合する Ter ~. [S/同] Dángi; sṓdáń (+).

daní だに **1** [昆虫]【Zool.】A carraça; o parasita. ★ ~ *ni sasareru* だにに刺される Ser picado por uma ~. **2** [ごろつき] A praga; a peste. ★ *Machi no ~* 町のだに ~ cá da terra. [S/同] Yakkáí-mónó.

dań'íń 団員 O membro de um grupo. ◇ **Gasshō ~** 合唱団員 O membro de um coro. [S/同] Kumí-in; ménbā. ⇨ dán¹.

dánji 男児 **1** [男の子] O menino [mocinho]. [S/同] Otókó no ko. [A/反] Jóji; ońná no ko. **2** [りっぱな男] Um homem às direitas. ◇ **Nippon ~** 日本男児 Um verdadeiro j. [S/同] Dánshi. [A/反] Jóshi.

dańjíkí 断食 O jejum. ★ ~ (*o*) *suru* 断食(を)する Jejuar. ◇ **~ ryōhō** 断食療法 O (método de) tratamento por ~. ⇨ zesshókú.

dańjí-kómu 談じ込む (< dańjírú² + …) Ir protestar 「ao vizinho por causa do cão」.

dańjírú¹ 断じる **1** [断定する] (⇨ dańjíté) Afirmar (terminantemente). [S/同] Dańtéí súrú (+). **2** [裁く] Julgar. ★ *Rihi o ~* 理非を断じる ~ se é justo ou não [injusto]. [S/同] Sabáku (+).

dańjírú² 談じる **1** [話す] Conversar. **2** [談判する] Consultar. [S/同] Dańjíkómu; dánpan suru; dańzúrú²; hanásu (o); katárú (+).

dańjíté 断じて (< dańjírú¹) **1** [必ず] Infalivelmente; com certeza; sem falta. *Wareware wa ~ katsu tsumori da* 我々は断じて勝つつもりだ Vamos ganhar ~ [de qualquer maneira/custe o que custar]. [S/同] Kanárázú (+); kittó (+). **2** [決して] Nunca, jamais. *Kare wa ~ sonna koto wa shinai* 彼は断じてそんなことはしない Ele ~ faria [fará/faz] isso. [S/同] Kesshíté (+); zettáí ní (+).

dánjo 男女 O homem e a mulher. ★ ~ *kaku jū-nin* 男女各十人 Dez homens e dez mulheres. ~ *o towazu* 男女を問わず Independentemente do sexo. [P/ことわざ] *Tōkute chikaki wa ~ no naka* 遠くて近きは男女の仲 A amizade [O amor] entre ~ é uma coisa imprevisível. ◇ **~ dōken** 男女同権 A igualdade de direitos dos homens e das mulheres. **~ kankei** 男女関係 O relacionamento entre ~; as relações entre os sexos. **~ kyōgaku** 男女共学 A coeducação.

dańjṓ 壇上 (⇨ dán³) No estrado [Na tribuna]. ★ ~ *ni tatsu* 壇上に立つ Tomar lugar na [Subir à] tribuna. ⇨ bútai; kṓdán³; kyṓdáń¹.

dańká 檀家 O fiel adscrito a um templo budista.

dańkáí¹ 段階 (⇨ dán²) **1** [等級] A classe; o grau; o nível. *Seiseki wa san ~ de hyōka sarete iru* 成績は3段階で評価されている As notas dividem-se em três categorias [~]. ★ ~ *o mōkeru* 段階を設ける Estabelecer ~; graduar. [S/同] Júnjo; kaíkyū́; tṓkyū́. **2** [過程の一時期] A fase; a etapa. *Kenkyū wa sude ni shiage no ~ ni kite iru* 研究はすでに仕上げの段階に来ている A pesquisa já está na fase final. ★ *Kaku-heiki no ~ teki haishi* 核兵器の段階的廃止 A abolição gradual das armas nucleares.

dańkáí² 団塊【E.】O torrão [montão]. ★ ~ *no sedai* 団塊の世代 A geração da [que nasceu na] década a seguir à segunda guerra mundial.

dańkéí 男系 A linha masculina [Por parte do pai/dos varões]. [A/反] Jokéí.

dańkétsú 団結 A união; a solidariedade. ~ *wa chikara nari* 団結は力なり A união faz a força. ★ ~ *o katameru* 団結を固める Aumentar ~. ~ *o tsuyomeru* [*iji suru*] 団結を強める[維持する] Fortalecer [Manter] ~. ~ *suru* 団結する Unir-se; formar um (só) corpo 「*Kōgai higaisha wa ~ shite kigyō ni kōgi shita* 公害被害者は団結して企業に抗議した As vítimas da poluição uniram-se todas e foram protestar à empresa」 ◇ **~ ken** 団結権 O direito de associação. **~ ryoku** 団結力 A força do grupo. **~ shin** 団結心 O espírito de grupo. [S/同] Kesshū́; kessókú.

dánki 暖気 O calor; o clima quente. [A/反] Kánki.

dánko 断固 Firme, decisivo; resoluto; rigoroso. *Kare wa ~ to shite sono mōshide o ukenakatta* 彼は断固としてその申し出を受けなかった Ele recusou terminantemente tal proposta. ★ ~ *taru shochi o toru* 断固たる処置をとる Tomar medidas rigorosas. [S/同] Dańzéń.

dańkṓ¹ 団交 (Abrev. de "dańtáí kṓshō") A negociação cole(c)tiva. *Rōdō kumiai wa keieisha-gawa to ~ ni haitta* 労働組合は経営者側と団交に入った O sindicato entrou em ~ com os empresários. ◇ **~ ken** 団交権 O direito de ~. [A/反] Kojíń kṓshō.

dańkṓ² 断交 A rup[ro]tura [O corte] de relações.

D

Zannen-nagara ryōkoku wa ~ jōtai ni aru 残念ながら両国は断交状態にある Infelizmente os dois países continuam de [com as] relações diplomáticas cortadas. ◇ **Keizai ~** 経済断交 A econô[ô]micas. ⟨Ｓ/同⟩ Zekkō. ⟨Ａ/反⟩ Wagō.

dańkó³ 断行 O executar com firmeza. ★ **~ suru** 断行する... ⟨Ｓ/同⟩ Kańkó; kekkó. ⟨Ａ/反⟩ Chúcho.

dańkon¹ 男根 O pé[ê]nis; o falo; o membro viril. ◇ **~ sūhai** 男根崇拝 O culto fálico. ⟨Ｓ/同⟩ Chínko; ińkél (+); pénisu (+); yőbutsu.

dańkón² 弾痕 A marca [O lugar] das balas.

dańkyū 段丘【Geol.】O terraço (das margens do rio ou das costas marítimas).

dańmakú 弾幕 A barragem [cobertura/cortina] (de fogo de artilharia).

dańmári 黙り 1 [無言] O silêncio. ★ **~ o kime-komu** 黙りを決めこむ Manter ~. ◇ **~ senjutsu** 黙り戦術 A tá(c)tica do ~. ⟨Ｓ/同⟩ Chińmókú; mugón. 2 [歌舞伎の] A pantomima (nos entrea(c)tos de kabúki). ⟨Ｓ/同⟩ Ańtó.

dańmátsúma 断末魔 A agonia; os últimos momentos; a hora da morte. ★ **~ no kurushimi** [*sakebi*] 断末魔の苦しみ[叫び] A agonia [O último grito/estertor]. ⟨Ｓ/同⟩ Shińi-giwá.

dańmen 断面 1 [物の切り口の面] A se(c)ção; o corte. ◇ **~ zu** 断面図 A se(c)ção; o corte. **Chokuritsu**[**Sha**; **Suihei**] 直立[斜;水平] 断面 ~ vertical [oblíquo; horizontal]. ⟨Ｓ/同⟩ Saídan-men. 2 [ある観点からみた状態]【Fig.】Um aspecto. ★ *Shakai no ichi ~* 社会の一断面 ~ da sociedade.

dańná 旦[檀]那 1 [男主人] O dono; o patrão; o amo; o chefe (da família). *O nanoshokuji no yōi ga dekimashita* 旦那さま、お食事の用意ができました Senhor, 「o jantar」está pronto. ◇ **O**[**Waka**] **~** 大[若] 旦那 O patrão-pai [-filho]. 2 [夫] O marido. *O-tonari no ~ sama* お隣の旦那様 ~ (aqui) da nossa vizinha. ⟨Ｓ/同⟩ Go-shújin. 3 [めかけの主人] O amante. ⟨Ｓ/同⟩ Patórón. 4 [商人が男の客を呼ぶ語]【G.】Chefe; cavalheiro; patrão. 5 [目上の男性や警察官などをさす語]【G.】Chefe; senhor. *Satsu no ~* サツの旦那 Senhor [Seu] guarda! / O chefe.

dańnén 断念 A desistência. *Chichi no kyūbyō no tame ryokō o ~ sezaru o enakatta* 父の急病のため旅行を断念せざるを得なかった Tive que desistir da viagem por causa da doença repentina de meu pai. ★ *Keikaku o ~ suru* 計画を断念する Desistir do [Abandonar o] plano. ⟨Ｓ/同⟩ Akíramé; kánnen.

dańnétsú 断熱【Fís.】A intercep(ta)ção do calor. ◇ **~ sen** 断熱線 A linha adiabática. **~ zai** 断熱材 O (material) isolador.

dá no だの Ou; e; ora...ora. *Natsu-yasumi ni wa ōku no hito ga yama ~ umi ~ ni dekakeru* 夏休みには多くの人が山だの海だのに出かける Nas férias de verão muitas pessoas vão ou para as montanhas ou para as praias. ⇨ nádo; ya³.

dańpan 談判 1 [互いに話し合うこと] A negociação; a discussão「do preço」. ★ **~ ga matomaru** 談判がまとまる Chegar a um acordo. ⟨Ｓ/同⟩ Kyōgi. 2 [抗議すること] A reclamação. ★ **~ suru** *terebi no oto o chiisaku suru yō ni ~ suru* 隣のテレビの音を小さくするように談判する Reclamar [Dizer] ao vizinho para baixar o som da televisão. ◇ **Hízazume ~** 膝詰談判 ~ dire(c)ta; o ultimato.

dańpátsú 断髪 O cabelo curto (Normal). ★ **~ suru** 断髪する Cortar o penteado「de Sra./Sumô」. ◇ **~ shiki** 断髪式 A cerimó[ô]nia de corte do lutadores de sumô no fim da carreira.

dańpén 断片 O fragmento; o pedaço. ★ **~ teki (na) chishiki** 断片的(な)知識 Um conhecimento fragmentário [desconexo; incompleto]. **~ teki ni mono o iu** 断片的に物を言う Falar sem nexo.

dánpingu ダンピング (< Ing. dumping) 1 [ソーシャルダンピング] O despejo; a venda no exterior a preços inferiores aos do mercado interno. ◇ **~ bōshi kanzei** ダンピング防止関税 Direitos aduaneiros anti-"dumping". 2 [投げ売り] A venda por qualquer preço. ⟨Ｓ/同⟩ Nagé-úri.

dańpu(ká) ダンプ (カー) (< Ing. dump + car) O cami(nh)ão basculante.

dańráku 段落 1 [文章の切れ目] O parágrafo. ★ **~ ni wakeru** [*o tsukeru*] 段落に分ける [をつける] Dividir em [Abrir] parágrafos. 2 [物事の区切り] Uma fase. ★ *Shigoto no ~ o tsukeru* 仕事の段落をつける Terminar [Concluir] ~ do trabalho. ◇ ⇨ **Ichi ~**. ⟨Ｓ/同⟩ Kejímé; kugíri.

dańrán 団欒 Uma roda ou um círculo de amigos. *Ikka ~ no tanoshimi* 一家団欒の楽しみ O prazer de estar em família. ⟨Ｓ/同⟩ Madói.

dánro 暖[煖]炉 **a**) A lareira; **b**) O aquecedor. ⇨ péchika; ro¹; sutőbu.

dańrón 談論 A discussão. ⇨ dańwá; gíron.

dańryōkú 弾力 1 [はずむ力] A elasticidade; a força elástica. *Gomu wa furuku naru to ~ o ushinau* ゴムは古くなると弾力を失う A borracha, com o tempo, perde ~. 2 [その場に応じて自由に変化する性質] A flexibilidade. ★ **~ teki ni taisho suru** 弾力的に対処する Tomar medidas flexíveis; tratar「o problema」com ~.

dańryōkú-séi 弾力性 1 [弾性] A elasticidade. ⟨Ｓ/同⟩ Dańséí². 2 [融通のきくこと] A flexibilidade; a ada(p)tabilidade. ⟨Ｓ/同⟩ Jūnán-séí; yūzú-séí.

dańryú 暖流 A corrente (marítima) quente [equatorial]. ⟨Ａ/反⟩ Kańryú.

dánsa 段差 1 [碁・将棋などの段位の差] A diferença de grau. 2 [道路などの段差] O desnível (do terreno). *Kono saki ~ ari* この先段差あり (掲示) Atenção ao ~!

dánsā ダンサー (< Ing. dancer) O dançarino; o bailarino. ⇨ buyō ◇ ; odórí-kó.

dańséí¹ 男性 1 [主に成人した男] O homem; o varão; o sexo masculino. ◇ **~ horumon** 男性ホルモン As hormonas masculinas. ⟨Ｓ/同⟩ Dánshi; otokó. ⟨Ａ/反⟩ Joséí¹. 2 [男らしい性質] A virilidade. **~ teki (na)** 男性的(な) Másculo; viril. ◇ **~ bi** 男性美 A beleza masculina. **~ ka** 男性化 A masculinização. 3 [言語学]【Gram.】O (gé[ê]nero) masculino. ◇ **~ kei** 男性形 A forma masculina. **~ meishi** 男性名詞 O substantivo masculino. ⟨Ａ/反⟩ Joséí¹.

dańséí² 弾性 A elasticidade. ★ **~ no hōsoku** 弾性の法則 A lei da ~. ◇ **~ genkai** [*gendo*] 弾性限界 [限度] O limite da ~. ⇨ dańryōkú.

dańséí³ 男声 A voz maculina. ◇ **~ gasshō** 男声合唱 O coro masculino ou o canto dos homens.

dańsén 断線 A rup[ro]tura do fio [cabo] elé(c)trico. *Taifū ni yori kakuchi de ~ shita* 台風により各地で断線した Houve cabos elé(c)tricos partidos em várias regiões devido ao tufão.

dańshaku 男爵 1 [爵位] O barão. ◇ **~ fujin** 男

爵夫人 A baronesa. ⇨ shákui. **2** [Abrev. de "~imo"] ◊ **~ imo** 男爵芋 A batata doce "barão" (Introduzida no J. pelo ~ Kawada).

dánshi 男子 **1** [男の子] O menino; o moço; o rapaz. ◊ **~ kō** 男子校 A escola masculina [para ~s]. S/同 Otókó no ko. A/反 Jóshi. **2** [成人の男] O homem. ~ *yō toire* 男子用トイレ Homens. S/同 Dańséí; otókó. A/反 Jóshi. **3** [りっぱな男] O cavalheiro. S/同 Dánji.

danshō 談笑 A conversa animada [amigável]; o cavaco; o bate-papo (B.). ★ ~ *suru* 談笑する Cavaquear; conversar animadamente. S/同 Kańdań. ⇨ kaíwá.

danshō² 断章 Uma passagem (Pedaço) literária.

danshō³ 男娼 ⇨ o-kámá.

danshóku¹ 男色 A sodomia; a pederastia; o homossexualismo. ◊ **~ ka** 男色家 O pederasta; o homossexual. S/同 Nańshóku. ⇨ dőséí-ai.

danshóku² 暖色 Uma cor quente (Vermelho, amarelo). A/反 Kańshóku.

danshū 男囚 O prisioneiro. A/反 Joshū. ⇨ shújirí¹.

danshú(shújutsu) 断種(手術) A castração; a esterilização. ★ ~ *suru* 断種する Castrar; esterilizar. ⇨ kyoséí².

dansō¹ 断層 **1** [地層] **a)** O desnivelamento; a falha. ◊ **~ jishin** 断層地震 O terremoto causado por ~. **~ men** 断層面 O plano da falha. **b)** A camada fina. ~ *shashin* 断層写真 A tomografia. **2** [くいちがい] A diferença (de opinião). ★ *Sedai no* ~ 世代の断層 ~ de [entre] gerações. S/同 Kuí-chígáí; zuré.

dansō² 男装 O vestuário [traje] masculino; o vestir-se de homem. ★ ~ *no reijin* 男装の麗人 A belda-de vestida de homem. ~ *suru* 男装する… A/反 Josó.

dansō³ 弾奏 【E.】 O tocar um instrumento de corda.

dansón-jóhi 男尊女卑 O predomínio dos homens sobre as mulheres; o machismo. S/同 Josón-jóhi.

dánsu ダンス (< Ing. < Fr. dance) A dança. ★ ~ *o suru* ダンスをする Dançar. ◊ **~ hōru** ダンスホール O salão de baile/~. **~ pāti** ダンスパーティー O baile. S/同 Shakő dánsu. ⇨ odórí.

dańsúi 断水 O corte da água. ★ ~ *suru* 断水する Cortar a água.

dańtái 団体 (⇨ dán¹) **1** [一団] O grupo (de pessoas). ~ *ni kuwawaru* 団体に加わる Entrar no ~. ~ *o tsukuru* 団体を作る Formar um ~. ◊ **~ hoken** 団体保険 O seguro cole(c)tivo [de ~]. **~ jōsha-ken** 団体乗車券 A passagem cole(c)tiva. **~ kōdō** 団体行動 Uma a(c)ção cole(c)tiva [O agir em ~]. **~ kyaku** 団体客 Um ~ de hóspedes. **~ kyōgi** 団体競技 ⇨ **3**. **~ ryokō** 団体旅行 A viagem em grupo. **~ seikatsu** 団体生活 A vida cole(c)tiva [em ~]. **~ waribiki** 団体割引 O desconto de ~. S/同 Kumí; shúdań. **2** [組織] A organização [associação]. ~ *o kessei suru* 団体を結成する Criar uma ~. ◊ **~ kōshō** 団体交渉 ⇨ dańkő¹(◊). **~ kyōyaku** 団体協約 O contrato cole(c)tivo. **Kókyō ~** 公共団体 ~ pública. **Shúkyō [Seiji] ~** 宗教[政治]団体 ~ [Institução] religiosa [política]. A/反 Kójin. **3** [Abrev. de "~kyōgi"] A competição em [de] equipas. S/同 Kojíń-kyōgi.

dańtéi 断定 A decisão; a afirmação; a conclusão. ★ ~ *o kudasu* 断定を下す Tomar uma decisão; tirar uma conclusão. ~ *suru* 断定する Decidir; concluir [*Keisatsu wa kare o hannin to* ~ *shita* 警察は彼を犯人と断定した A polícia considerou-o criminoso]. ~ *teki (na)* 断定的(な) Peremptório; categórico [*Kare wa* ~ *teki na kuchő de sō itta* 彼は断定的な口調でそう言った Ele afirmou isso de maneira [forma] peremptória]. ⇨ kaíwá.

dańtő¹ 弾頭 A ogiva; o projé(c)til. ◊ **Kaku [Netsu kaku] ~** 核[熱核]弾頭 ~ nuclear [termonuclear].

dańtő² 暖冬 O inverno suave. ◊ **~ ihen** 暖冬異変 Um inverno extraordinariamente brando [~].

dańtő-dái 断頭台 A guilhotina. ★ ~ *no tsuyu to kieru* 断頭台の露と消える Morrer na ~. S/同 Gíróchín; kubíkírí-dáí.

dańtsú 緞 [段] 通 (< Chi. dantsu) Um tapete bordado. ⇨ jútan.

dańwá 談話 **1** [うちとけて話すこと] A conversa 「em família」; a palestra. ★ ~ *suru* 談話する Conversar. ~ *shitsu* 談話室 A sala de estar (De hotel, etc.). S/同 Hanáshí; kaíwá. **2** [意見] A declaração [O comentário] informal 「do ministro」. ★ ~ *no keishiki de happyő suru* 談話の形式で発表する Anunciar de forma extraoficial.

dań'yáku 弾薬 As munições. ★ ~ *o sőten suru* 弾薬を装填する Carregar 「uma espingarda」. ~ *ko* 弾薬庫 O paiol. ~ *shō* 弾薬廠 O depósito das ~.

dań'yú 男優 O a(c)tor. A/反 Joyú. ⇨ haíyú; yakúshá¹.

dańzái 断罪 **1** [犯罪の処断] A condenação. *Kare wa sono tsumi de* ~ *sareta* 彼はその罪で断罪された Ele foi condenado por esse crime. S/同 Dańgoku. **2** [斬首] A decapitação. S/同 Uchí-kúbi (+); zánshu; zańzái.

dańzeń 断然 **1** [きっぱりと] Absolutamente; inteiramente. *Kotoshi koso* ~ *kin'en suru zo* 今年こそ断然禁煙けるぞ Este ano vou deixar ~ [é que vou mesmo deixar] de fumar. S/同 Dánko. **2** [他とかけはなれたさま] De longe; sem comparação. *Akagumi no hő ga* ~ *yúri da* 赤組の方が断然有利だ A equipa vermelha leva uma vantagem absoluta [enorme].

dańzétsú 断絶 **1** [絶えること] A extinção. *Kakumei ni yori Romanofu-chő wa* ~ *shita* 革命によりロマノフ朝は断絶した A dinastia Romanov extinguiu-se com a revolução. ◊ **Ikka ~** 一家断絶 ~ da família. **O-ie ~** お家断絶 ~ de uma família de "samurai". S/同 Haízétsú; zetsúmétsú. **2** [関係をたちきること] A rup[ro]tura; o corte. *Tőtő ryőkoku wa kokkő o* ~ *shita* とうとう両国は国交を断絶した Finalmente os dois países cortaram relações diplomáticas. ★ *Sedai no* ~ 世代の断絶 A diferença de [O fosso entre as] gerações. S/同 Dańkő; zekkő.

dańzóku 断続 A intermitência. ★ ~ *shite furu ame* 断続して降る雨 A chuva intermitente (a cair e a parar). ~ *teki na jishin* 断続的な地震 O terremoto intermitente.

dańzúrú¹ 断ずる ⇨ dańjírú¹.

dańzúrú² 談ずる ⇨ dańjírú².

Dáomē ダオメー Daomé(A., ⇨ Benin).

dappí 脱皮 **1** [昆虫・蛇などの] **a)** A mudança da pele; **b)** O「pinto」sair da casca. **2** [古い考え方や習慣を捨て切ること] A transformação [metamorfose];

o renascer. *Chīsana gyoson wa atarashiku kōgyō toshi ni* ～ *shita* 小さな漁村は新しく工業都市に脱皮した A peguena aldeia piscatória transformou-se numa cidade industrial.

dáradara だらだら【On.】 **1** [なだらかな傾斜が続くさま] ◇ **～ zaka** だらだら坂 A ladeira [O declive] suave. **2** [大量にしたたるさま] ★ *Yodare o* ～ *(to) nagasu* よだれをだらだら（と）流す Babar-se muito. **3** [物事がしまりなく長く続くさま] ～ *suru na* だらだらするな Despache-se [Não seja molengas]. ★ ～ *(to) shita bunshō* だらだら（と）した文章 Uma frase [maneira de escrever] prolixa/monótona.

dará-káń だら幹 (＜darákéru＋kánbu)【G.】O chefe corrupto「dum sindicato」.

-dárake だらけ【G.】Cheio de. *Kare no kaisha wa mikake to hantai ni shakkin* ～ *da* 彼の会社は見かけと反対に借金だらけだ Ao contrário do que parece, a firma dele está cheia de dívidas. ★ *Doro* ～ *no zubon* 泥だらけのズボン A calça cheia de lama.

darákéru だらける **1** [だらしなくなる] Desleixar; ficar [sentir-se] mole. ★ *Daraketa seikatsu o okuru* だらけた生活を送る Levar uma vida desleixada. **2** [怠ける] Ser indolente [preguiçoso]. *Atsui no de minna wa darakete ita* 暑いのでみんなはだらけていた Estavam todos indolentes com o calor. [S/同] Namákéru. [A/反] Shimáru.

darákú 堕落 **1** [宗教上の] A apostasia; a relaxação. **2** [身をもちくずすこと] A degradação; a corrupção. ★ ～ *suru* 堕落する Degenerar; degradar-se; extraviar-se; corromper-se; perder-se [*Kare wa sake ga moto de* ～ *shita* 彼は酒がもとで堕落した Ele, com o vinho, degradou-se [ficou um farrapo de homem (Id.)]. *Seinen o* ～ *saseru* 青年を堕落させる Corromper os jovens].

darári to だらりと (Im. de caído, dependurado, desapertado). *Inu ga* ～ *shita o dashite ita* 犬がだらりと舌を出していた O cachorro estava com a língua de fora. ★ ～ *ude o tarasu* だらりと腕を垂らす Deixar cair os braços.

daráshí(nó)nái だらし（の）ない **1** [規律がない] Relaxado; negligente; desmazelado; sem linha. *Kare wa* ～ *seikatsu o okutte iru* 彼はだらしない生活を送っている Ele leva uma vida ～. ★ *Onna ni* ～ *otoko* 女にだらしない男 Um (homem) lascivo [licencioso]. **2** [なさけない] Vergonhoso「chorar por se ferir」. ★ ～ *makekata o suru* だらしない負け方をする Perder vergonhosamente. ⇨ fugáínái; nasáké-nái.

dáre 誰 **1** [正体不明の人] Quem? ～ *ga sonna koto o shita no ka* 誰がそんな事をしたのか ～ fez isso? ～ *ni go-yō deshō ka* 誰にご用でしょうか Com ～ deseja falar?「*Are wa*」～ *no jisho desu ka*「あれは」誰の辞書ですか De ～ é aquele dicionário? ～ *o matte iru no* 誰を待っているの ～ (é que você) está esperando [Por ～ espera]? ～ *to issho ni kita no* 誰と一緒に来たの Com ～ veio? "*Ano hito wa* ～ *desu ka.*" "～ *da ka atete goran*"「あの人は誰ですか」「誰だか当ててごらん」～ é aquele senhor? — Adivinhe [Veja se adivinha] (～ é). *Kare wa doko no* ～ *to iu hodo no hito de wa nai* 彼はどこの誰と言う程の人ではない Ele não é ninguém importante. [S/同] Naní-mónó.
2 [任意の人] Alguém; um qualquer. ～ *de mo kare o sonkei shite iru* 誰でも彼を尊敬している Todos o respeitam. ～ *de mo pianisuto ni nareru to wa kagiranai* 誰でもピアニストになれるとは限らない Nem todos podem ser pianistas. ～ *hitori [mo kare mo] kore o shiranai mono wa nai* 誰一人［も彼も］これを知らない者はない Não há ninguém que não saiba isto [Toda a gente sabe isto]. ～ *(to) iu koto mo naku hōka no hannin wa kare da to iu uwasa ga tatta* 誰（と）言うこともなく放火の犯人は彼だといううわさがたった Sem saber quem [como], correu o rumor que fora ele o autor do fogo posto. ～ *ka denwa ni dete kudasai* 誰か電話に出て下さい Vá alguém [Vão] atender o telefone. ～ *ka ga uketsuke de anata o yonde iru* 誰かが受付であなたを呼んでいる Está ali alguém [uma pessoa] na recepção que quer falar consigo. ～ *ka hisho to shite tekitō na hito o shōkai shite kudasai* 誰か秘書として適当な人を紹介して下さい Apresente-me alguém [uma pessoa qualquer] para secretária. ～ *ka hoka no hito ni kiite kudasai* 誰かほかの人に聞いて下さい Pergunte a outra pessoa. ～ *ka imasen ka* 誰かいませんか Está alguém [Ó de casa]? ～ *ka yonde kudasai* 誰か呼んで下さい Chame alguém. ～ *(ni) de mo ketten wa aru* 誰（に）でも欠点はある Todos (nós) temos defeitos.「*Kono koto wa*」～ *ni mo itte wa ikemasen*「このことは」誰にも言ってはいけません Não diga「isto」a ninguém.「*Sore wa*」～ *no me ni mo akiraka na jijitsu da*「それは」誰の目にも明らかな事実だ Para quem tenha olhos de ver, isso é evidente [Isso é um fa(c)to que ninguém pode negar]. ～ *shi mo sō omou ni chigai nai* 誰しもそう思うに違いない Com certeza que toda a gente há-de pensar isso. [S/同] Naní-mónó.
3 [特定のある人] Um (fulano). *Watashi wa* ～ *ka san to wa chigaimasu yo* 私は誰かさんとは違いますよ Eu não sou como esse(s) (que você diz). ★ *Kinjo no* ～ *sore* [～] *(san) no hanashi ni yoru to* 近所の誰それ［誰］（さん）の話によると Segundo (dizia) um vizinho, não sei quem,…

daréru だれる **1** [だらける] Ficar murcho/mole. *Seitotachi wa atsusa no sei de sukkari darete shimatta* 生徒たちは暑さのせいですっかりだれてしまった Os alunos ficaram todos moles devido ao calor. ★ *Daregimi no hanashiai* だれ気味の話し合い Uma conversa murcha. [S/同] Darákéru. **2** [株価が下がる]【Econ.】Haver uma pequena baixa no merdado de a(c)ções. *Takane keikai kibun ga dete negasa kabu kara dare-hajimeta* 高値警戒気分が出て値がさ株からだれ始めた Surgiu a cautela contra a alta das a(c)ções e o mercado começou a afrouxar, partindo das a(c)ções altas. **3** [劇などの筋がつまらなくなる] Perder a [Ficar sem] graça;

dária ダリア (＜Dahl, botânico sueco) A dália. [S/同] Teńjíkú bótan.

darítsú 打率【Beis.】A média de rebatidas. ★ ～ *ni-wari hachi-bu yon-rin o ageru* 打率２割８分４厘をあげる Conseguir ～ de 0.284. [S/同] Ańdá-ritsu; battíńgú-ábéréji.

darṓ [óo] だろう (Col. de "deshō"). **1** [話し手の推量・疑問の意] *Kare wa kore kara dō suru no* ～ *ka* 彼はこれからどうするのだろうか Que (é que) ele vai fazer agora?
2 [断定に推量・疑問を加えた意] *Asoko ni mieru no ga Fuji-san* ～ あそこに見えるのが富士山だろう Aquilo (que se vê) além deve ser o monte Fuji.
3 [相手に対する念押し；同意を求める] "*Aitsu wa kuru* ～ *na.*" "*Kuru* ～ *yo*"「あいつは来るだろうな」「来るだろうよ」O tipo [cara] virá? [Espero que venha] — Vem, não te [se] preocupes[pe] **4** [ある事態を

頭に思い浮かべさせる] *Taoreta mama pikuri to mo shinai* ～. *Tekkiri shinda no ka to omotta yo* 倒れたままぴくりともしないだろう。てっきり死んだのかと思ったよ Caiu no chão e assim ficou, só pensei que tivesse morrido.
5 [強調·反語の意] *Dare ga sonna koto o iu* ～ *ka* 誰がそんなことを言うだろうか Quem pode dizer tal coisa [Como poderia alguém afirmar isso]?

darúí だるい Lânguido; cansado; mole. ★ *Karada ga* ～ からだがだるい Sentir o corpo ～. [S/同] kattárúi. ⇨ monóúi.

darúmá 達磨 (< Sân. Dharma) **1** [仏教] (Abrev. de "～daishi"). ◇ **～ daishi** 達磨大師 O grande mestre budista Dharma. **2** [おもちゃ] O boneco redondo (como o joão-teimoso), da boa sorte. **3** [丸いもの] Baixo e bojudo [aterracado]. ◇ **～ sen** 達磨船 A barcaça. **～ sutōbu** 達磨ストーブ O aquecedor ～. ⇨ **chi**[**hi; yuki**]**～**.

dárusa だるさ (< darúí) A languidez; a moleza.

daryókú[1] 惰力 A (força da) inércia. ⇨ daséí.

daryókú[2] 打力【Beis.】A força da batida. ⇨ dagékí**4**.

dasákú 駄作 A obra reles [sem valor]; o trabalho mal feito [mal acabado]. [A/反] Kessákú.

dasáń 打算 O cálculo; o interesse. *Kare wa* ～ *teki na otoko da* 彼は打算的な男だ Ele é um (homem) interesseiro [calculista]. ⇨ keísáń[1].

daséí 惰性 **1** [慣性]【Fís.】A inércia. *Bōru ga* ～ *de korogatte itta* ボールが惰性で転がっていった A bola continuou rolando com a (força da). [S/同] Kanséí. **2** [なれ; 習慣] O hábito; o costume. *Ima made no kisoku o tada* ～ *de tsuzukete iru ni suginai* 今までの規則をただ惰性で続けているにすぎない (Olhe) continuamos com as mesmas regras só por ～.

daséki 打席【Beis.】A posição do batedor. ★ ～ *ni tsuku* [*hairu*; *tatsu*] 打席につく[入る; 立つ] Ficar a batedor. [S/同] Battā bókkusu.

daséń[1] 打線【Beis.】A ordem dos batedores. [S/同] Dajíń.

daséń[2] 唾腺【Anat.】As glândulas salivares.

dásha 打者【Beis.】O batedor. ◇ **Kyō ～** 強打者 ～ valente; um grande ～. [S/同] Báttā.

dashí[1] 出し (< dásu) **1** [だし汁] O suco. *Kono sūpu wa* ～ *ga kiite iru* このスープは出しがきいている Esta sopa ficou com o bom gosto do ～「da cenoura」. ★ ～ *o toru* 出しを取る Preparar ～. ◇ **～ jiru.** だし汁 A sopa com ～「de carne」. ～ *konbu* 出しこんぶ A alga para tempero. **2** [自分のために利用するもの] O pretexto; o instrumento; a isca. ★ *Hito o* ～ *ni tsukau* 人を出しに使う Usar alguém como isca. [S/同] Hṓben; kṓjítsú; shúdan; otórí.

dashí[2] 山車 O carro alegórico (no desfile da festa). ★ ～ *o hiku* 山車を引く Puxar [Rebocar] o ～. [S/同] Dańjírí; yamá; yamá-bókó.

dashí-áu 出し合う (< dásu + …) Compartilhar「as despesas」. ★ *Iken o* ～ 意見を出し合う Trocar opiniões.

dashí-gárá 出し殻 (< dashí[1] + kará) **1** [ものを煮出した後のかす] O resíduo da extra(c)ção. ★ *Sūpu no* ～ スープの出し殻 O resíduo da sopa. **2** [茶の] As borras do chá (Folhas usadas). [S/同] Cha-gárá.

dashí-ire 出し入れ (< dásu + irérú) O tirar e pôr; o depositar e retirar. ★ *Ginkō e no kane no* ～ 銀行への金の出し入れ ～ dinheiro no banco.

dashí-jíru 出し汁 (< shíru) ⇨ dashí[1] **1**.

dashí-mono 出し物 (< dásu + …) O programa. *Kongetsu no Kabuki-za no* ～ *wa nan desu ka* 今月の歌舞伎座の出し物は何ですか Qual é ～ deste mês no (teatro) "Kabuki-za"?

dashíń 打診 **1** [医者が] A percussão. *Isha ga kanja no mune o* ～ *shita* 医者が患者の胸を打診した O médico auscultou, percutindo「com os dedos」o peito do paciente. ◇ **～ ki** 打診器 O plessímetro. ⇨ chṓshíń[3]; shokúshíń. **2** [探ること] O sondar. *Gakuchō no ikō o* ～ *shita* 学長の意向を打診した Sondei「um pouco」a intenção do reitor.

dashí-núké 出し抜け (< dashí-núkú) O improviso. ★ ～ *ni hōmon suru* 出し抜けに訪問する Visitar sem avisar [de repente/de surpresa]. [S/同] Tṓtótsú. ⇨ ikínárí; totsúzéń.

dashí-núkú 出し抜く (< dásu + …) Antecipar-se [Adiantar-se/Levar a melhor]「a」. *Tanin o dashinuite made mo rieki o eyō to wa omowanai* 他人を出し抜いてまでも利益を得ようとは思わない Não me quero adiantar aos outros só para eu enriquecer [ficar eu a lucrar].

dashí-oshímí 出し惜しみ (< dashí-óshímu) A relutância em dar. ★ ～ (*o*) *suru* 出し惜しみ(を)する Dar de má vontade; ser mesquinho.

dashí-óshímu 出し惜しむ (< dásu + …) Ser mesquinho [agarrado/relutante em dar]. [S/同] Dashí-shíbúru.

dashíppánáshí 出しっ放し (< dásu + hanásu)【G.】O deixar como está. *Suidō no mizu o* ～ *ni suru na* 水道の水を出しっ放しにするな Não deixe a (água da) torneira a correr. ★ *Omocha o* ～ *ni suru* おもちゃを出しっ放しにする Não arrumar [guardar] os brinquedos.

dashí-shíbúru 出し渋る ⇨ dashí-óshímu.

dashí-té 出し手 (< dásu + …) O investidor. *Dare mo shikin no* ～ *ga nakatta* 誰も資金の出し手がなかった Não houve investidores. [S/同] Shusshí-sha.

dáshu 舵手 O timoneiro; o patrão do barco; o homem do leme. [S/同] Kají-tori; kókkusu.

dasókú 蛇足 O ser desnecessário [supérfluo; redundante]. ★ ～ *o kuwaeru* 蛇足を加える Perder o tempo e o feitio. [S/同] Fuyṓ; mudá.

dasséń 脱線 **1** [汽車などの] O descarrilamento. *Kisha ga* ～ *shite tenpuku shita* 汽車が脱線して転覆した O comboio [trem] descarrilou e tombou [virou-se]. **2** [わき道へそれること]【Fig.】O desvio; a divagação; a digressão. *Kare no hanashi wa tokidoki* ～ *shita* 彼の話は時々脱線した Às vezes ele desviou-se [saiu] do assunto.

dasshí-fúnnyū 脱脂粉乳 O leite em pó desnatado.

dasshí-men 脱脂綿 O algodão hidrófilo.

dasshí-nyū 脱脂乳 O leite desnatado.

dasshókú 脱色 A descoloração. ★ ～ *suru* 脱色する Desco(lo)rar; branquear; pôr à cora. ◇ **～ zai** 脱色剤 O desco(lo)rante. [A/反] Chakúshókú. ⇨ hyṓhákú[1].

dásshu[1] ダッシュ (< Ing. dash) **1** [突進すること] A arrancada. ★ ～ *suru* ダッシュする Arrancar a toda a velocidade. **2** [ローマ字の右上につける記号] A plica (Lê-se "linha"). ★ ～ *o tsukeru* ダッシュをつける Pôr ～. *Ē* ～ エーダッシュ "A" linha [A′]. *Bītsū* ～ ビーツーダッシュ ～ "B"duas linhas (B″). **3** [短い線で表した記号] O travessão [−].

dásshu[2] 奪取【E.】O conquistar [apoderar-se「do

trono」]. ★ *Teki no jinchi o* ～ *suru* 敵の陣地を奪取する Conquistar a posição inimiga. ◇ **Seiken ～** 政権奪取 A conquista do poder (político). ⇨ gṓdátsú; ryakúdátsú.

dasshū́ 脱臭 O desodorizar [tirar o (mau) cheiro]. ◇ **～zai** 脱臭剤 O desodorizante.

dasshútsú 脱出 (⇨ dassúrú) A fuga; a evasão. *Hannin wa kokugai e* ～ *shita* 犯人は国外へ脱出した O criminoso fugiu [evadiu-se] para o estrangeiro.

dásso 脱疽【Med.】A gangrena. ★ ～ *ni kakaru* 脱疽にかかる Gangrenar. ～ *sei* (*no*) 脱疽性（の）Gangrenoso. [S/同] Éso (+).

dassṓ 脱走 (⇨ dassúrú) A fuga; a evasão; a deserção. *Heiei kara nannin ka* ～ *shita* 兵営から何人か脱走した Alguns soldados desertaram [fugiram/escaparam-se] do quartel. ◇ **～ hei** 脱走兵 O desertor. **～ sha** 脱走者 O fugitivo. [S/同] Tṓbṓ.

dassúí 脱水 A desidratação; a evaporação. ★ ～ *suru* 脱水する Desidratar. ◇ ⇨ **～ ki**. **～ shō (jō)** 脱水症（状）【Med.】A desidratação〔～ *shō* (*jō*) *o okosu* 脱水症（状）を起こす Apresentar sinais de…〕.

dassúi-ki 脱水機 O desidratador. ⇨ kańsṓ-ki[1].

dassúrú 脱する **1**［のがれ出る］Escapar; ultrapassar; superar; recuperar. ★ *Fukyō kara* ～ 不況から脱する Superar a crise. *Kiken o* ～ 危険を脱する Escapar do perigo. ⇨ nuké-dásu.

2［ぬける；やめる］Abandonar; retirar-se. ★ *Kumiai o* ～ 組合を脱する Sair do sindicato. ⇨ nuké-déru; yamérú.

3［原稿を書き終える］Terminar. ★ *Kō o* ～ 稿を脱する ～ o manuscrito.

dásu 出す (⇨ déru) **1**［内から外へ移動する］Pôr fora [Tirar/Enviar/Mandar]. *Densha no mado kara ude o* ～ *to abunai desu yo* 電車の窓から腕を出すと危ないですよ (Olhe que) é perigoso pôr o braço fora da janela do comboio [trem]. *Mō sukoshi tsukue o mae ni dashite kudasai* もう少し机を前に出してください Chegue a mesa um pouco mais para a frente, se faz favor. ★ *Kodomo o gakkō ni* ～ 子供を学校に出す **a**) Mandar o filho para a escola (Todos os dias, depois de os preparar); **b**) Meter o filho numa escola [Mandar a estudar]. *Ago o* ～ 顎を出す Esticar o queixo〔*Kare wa marason no gōru o mokuzen ni shinagara* ～ *o dashite shimatta* 彼はマラソンのゴールを目前にしながら，顎を出してしまった Já perto do fim da maratona ele ficou mesmo esfalfado [ele ia com o queixo esticado]〕. *Ashi o* ～ 足を出す **a**) Estender as pernas; **b**) Pôr o pé de fora「do 'futon'」. *Rinji ressha o* ～ 臨時列車を出す Pôr [Mandar] um comboio [trem] extra. *Shita o* ～ 舌を出す Pôr a língua de fora. *Te o* ～ 手を出す **a**) Estender o braço; **b**) Pôr a mão de fora. [I/慣用] *Ago o* ～ 顎を出す Ficar esgotado; esfalfar-se; desistir. *Ago o* ～ *na* 顎を出すな Não desista! /Aguente até ao fim! *Ashi o* ～ 足を出す Ir além「de」〔*Kongetsu wa o-kane o tsukai-sugite yosan yori ashi o dashita* 今月はお金を使い過ぎて予算より足を出した Este mês o gasto foi tão grande que excedeu o orçamento〕. *Shita o* ～ 舌を出す Mostrar desdenhosamente a língua; desdenhar; menosprezar; falar mal pelas costas〔*Shushō na kao o shite ite mo o-naka no naka de shita o dashite iru* 殊勝な顔をしていてもおなかの中で舌を出している Ele está com cara de santarrão, mas por dentro está zombando de todos〕. *Te o* ～ 手を出す Meter-se「em」〔*Ano onna ni dake wa te o* ～ *na, hidoi me ni au zo* あの女にだけは手を出すな，ひどい目にあうぞ Não se meta com aquela mulher, senão vai-lhe sair caro! *Kare wa keiba* [*sōba*] *ni te o dashite zen-zaisan o ushinatta* 彼は競馬［相場］に手を出して全財産を失った Ele meteu-se em apostas nas corridas de cavalo [em especulações] e deu cabo de tudo o que tinha. *Omae ga saki ni te o dashita n' ja nai ka* おまえが先に手を出したんじゃないか（喧嘩で）Não foste tu que começaste (a briga)?〕.

2［人から人へ届ける］Mandar [Enviar]「algo a alguém」. *Kurīningu-ya ni waishatsu o ni-mai dashita* クリーニング屋にワイシャツを２枚出した Mandei duas camisas para lavar. ★ *Kozutsumi o* ～ 小包を出す ～ um pacote「pelo correio」. *Tegami o* ～ 手紙を出す ～ uma carta. *Tsūchi o* ～ 通知を出す ～ um aviso; avisar. *Tsukai o* ～ 使いを出す ～ um mensageiro.

3［動植物の体内から外へ生み出す］Pôr em a(c)ção [movimento]; emitir; gerar. *Kigi ga me o* ～ *koro da* 木々が芽を出すころだ As árvores estão agora a rebentar. ★ *Koe o* ～ 声を出す Falar. *Namida o* ～ 涙を出す Chorar. *Netsu o* ～ 熱を出す Ter febre. *Umi o* ～ 膿を出す Espremer [Deitar fora] o pus.

4［内に隠れていたものを表に現す］Fazer aparecer「o que estava dentro」. *Kare wa mada jitsuryoku o dashite inai* 彼はまだ実力を出していない Ele ainda não mostrou [revelou] o que vale. ★ *Chikara o* ～ 力を出す Esforçar-se; fazer força. *Ikari o kao* [*omote*] *ni* ～ 怒りを顔［面］に出す Mostrar-se zangado. *Yūki o* ～ 勇気を出す Animar-se; ganhar coragem. [I/慣用] *Boro o* ～ ぼろを出す Mostrar os podres [o defeito; a fraqueza]〔*Kare wa shaberi-sugite boro o dashita* 彼はしゃべりすぎてぼろを出した Ele falou demais e viram-se-lhe os podres/os fracos (+)〕.

5［物理的な力などを生じたり，増したりする］Produzir; emitir; gerar; criar; ganhar; cobrar. ★ *Bariki o* ～ [*kakeru*] 馬力を出す［かける］Empregar [Usar] toda a sua energia. *Denpa o* ～ 電波を出す Emitir ondas elé(c)tricas. *Enerugī o* ～ エネルギーを出す Produzir energia. *Nioi o* ～ 匂いを出す Cheirar. *Supīdo o* ～ スピードを出す Ganhar [Aumentar de] velocidade. *Tsuya o* ～ 艶を出す Dar brilho [lustre]; polir.

6［人の目にふれるようにする］Expor; pôr; lançar; exibir. *Kondo no tenrankai ni sakuhin o* ～ *tsumori desu* 今度の展覧会に作品を出すつもりです Vou [Tenho intenção de] expor as minhas obras nesta exposição. ★ *Kanban o* ～ 看板を出す Pôr uma tabuleta (com letreiro). *Keiji o* ～ 掲示を出す Pôr um aviso (na tabela de avisos). *Shinbun* [*Terebi*] *ni kōkoku o* ～ 新聞［テレビ］に広告を出す Pôr um anúncio no jornal [na televisão]. [I/慣用] *Kao o* ～ 顔を出す Comparecer [Ir]「a」; aparecer〔*Sono kai ni wa tokidoki kao o dashite imasu* その会には時々顔を出しています Às vezes apareço nessa reunião〕. *Kuchi o* ～ 口を出す Interromper uma conversa; intrometer-se; intervir.

7［発行する］Publicar. ★ *Hon* [*Rekōdo*] *o* ～ 本［レコード］を出す Publicar um livro [Gravar um disco]. ⇨ hakkṓ[1]; keísái; shuppáń[1].

8［提出する］Entregar; dar; apresentar. *Hikkoshi o shitara yakusho ni todoke o dasanakereba narimasen* 引っ越しをしたら役所に届けを出さなければなりません Ao mudar de residência tem de se dar parte à [notificar a] Câmara Municipal [Prefeitura]. ★ *Jihyō o* ～ 辞表を出す Entregar o pedido de demis-

são. *Shukudai o* ～ 宿題を出す **a**) (O estudante) Entregar os deveres escolares; **b**) (O professor) Marcar [Dar] os… [S/同] Teíshútsú súrú.
9 [与える] Dar; oferecer. *O-kyaku-san ni o-cha o dashite kudasai* お客さんにお茶を出してください Sirva chá aos hóspedes (se faz favor). ★ *Go-chisō o* ～ ご馳走を出す Servir uma rica refeição. *Kyoka o* ～ 許可を出す Dar [Conceder] licença. *Meirei o* ～ 命令を出す Mandar; dar (uma) ordem. *Mondai o* ～ 問題を出す **a**) Marcar os exercícios (na aula); **b**) Apresentar um problema. [I/慣用] *Hima o* ～ 暇を出す Despedir [*Kare wa saikin naganen tsukatte ita untenshu ni hima o dashita* 彼は最近, 長年使っていた運転手に暇を出した Há pouco, ele despediu o motorista de [que tinha] há muitos anos]. [S/同] Atáérú.
10 [払う] Pagar. *Anata wa kono ie o kau no ni ikura dashimashita ka* あなたはこの家を買うのにいくら出しましたか Quanto pagou por esta casa? ★ *Hiyō o* ～ 費用を出す Pagar as despesas. *Kane o* ～ 金を出す Pagar. [S/同] Haráu.
11 [結果を表す] Ver-se「o resultado」. *Sono mondai ni ichiō no kaiketsu [ketsuron] ga dasareta* その問題に一応の解決 [結論] が出された (Para já) pode-se dizer que se chegou a uma solução do problema. ★ *Kotae [Kaitō] o* ～ 答え [解答] を出す Responder; dar a resposta.
12 [悪い結果を生じる] Causar; provocar (um resultado mau). ★ *Fushō-sha [Kega-nin] o* ～ 負傷者 [怪我人] を出す Houve「um/dois/muitos」ferido/s. *Higai o* ～ 被害を出す ～ danos. *Kaji o* ～ 火事を出す ～ um incêndio. [S/同] Motárásu.
13 [輩出する] Dar; produzir. *Kono daigaku wa seikai ni yūmeijin o ōzei dashite iru* この大学は政界に有名人を大勢出している Esta universidade tem dado [formado] muitos políticos célebres. [S/同] Umí-dásu. **14** [選び出す] Escolher; eleger. *Minasan no naka kara daihyō o hitori dashite kudasai* 皆さんの中から代表を一人出してください Escolham, entre todos, um representante. [S/同] Erábí-dásu.
15 [開く] Abrir [Montar/Inaugurar]「loja」. *Kondo yūjin ga eki-mae ni atarashii mise o dashita* 今度友人が駅前に新しい店を出した Agora um amigo meu abriu uma loja em frente da estação. [S/同] Hiráku. **16** [-dasu (Ligado a outros verbos)**A**)[ある動作·作用の開始を示す] Começar a「fazer algo」. *Kumorizora kara ame ga furidashita* 曇り空から雨が降り出した Estava nublado e agora começou a chover. *Jukensei ga issei ni tōan o kakidashita* 受験生が一斉に答案を書き出した À uma os examinandos começaram o exame. ★ *Hashiri [Kake]* ～ 走り [駆け] 出す Deitar a correr. *Naki* ～ 泣き出す **a**) Começar a chorar; **b**) Romper a chorar. *Ugoki* ～ 動き出す Começar a andar; pôr-se em movimento. *Uri* ～ 売り出す Pôr à venda. *Warai* ～ 笑い出す Desatar a rir. [S/同] Hajíméru. **B**) [あるものを外へ出すようにする] Fazer sair. *Tanin no himitsu o abaki* ～ *no wa yoku nai* 他人の秘密を暴き出すのは良くない Não se devem revelar os segredos de outrem. ★ *Shokudō e haitte kita inu o oi* ～ 食堂へ入って来た犬を追い出す [Pôr fora] o cão [cachorro] que entrou no refeitório/restaurante.

dasū̃ [úu] 打数【Beis.】O número de batidas ou de vezes que foi batedor.

dā̃su [áa] ダース (< Ing. dozen < L. duodecim: doze) A dúzia.

dasútó-shū̃to [úu] ダストシュート (< Ing. dust chute) O buraco [cano] do lixo.

datáí 堕胎 O aborto provocado. ★ ～ *suru* 堕胎する Abortar. ◇ **～ zai** 堕胎罪 O aborto ilegal. [S/同] Mabíkí; (niṅshíṅ) chūzétsú (+). ⇨ ryūzan.

datchṓ 脱腸【Med.】A hérnia. ★ ～ *ni naru* 脱腸になる Ter uma ～. ◇ **～ tai** 脱腸帯 A funda para ～. ⇨ herúníá.

daté[1] 伊達 **1** [いきがること] O ser janota. ★ ～ *no usugi* 伊達の薄着 Vestir pouca roupa no frio para… ◇ **～ otoko** 伊達男 O janota; o peralta. [S/同] Ikí; inásé. **2** [みえをはる] A ostentação; o fazer só para mostrar; a vaidade; a afe(c)tação. ～ *ya suikyō de shigoto o shite iru no de wa nai yo* 伊達や酔狂で仕事をしているのではないよ Não estou (aqui) a trabalhar por brincadeira. ◇ **～ megane** 伊達眼鏡 Os óculos só para mostrar.

-daté[2] 建て (< tatéru) **1** [家などの建て方を示す] O tipo de construção. ★ *San-gai* ～ *no ie* 三階建ての家 Uma casa de três andares. ◇ **Ikko ～** 一戸建て Uma casa independente (De 4 frentes). **2** [貿易でその通貨により支払われることを示す] Pagável em. ★ *En* ～ *no yushutsu keiyaku* 円建ての輸出契約 O contrato de exportação ～ yens.

-daté[3] 立て (< tatéru) **1** [とりたててすることを示す] Propositadamente. ★ *Kabai* ～ *suru* かばい立てする Proteger ～ [em especial] (alguém). *Kakushi* ～ *suru* 隠し立てする Esconder ～. **2** [牛馬に車をつけることを示す] O atrelar. ★ *Yon-tō* ～ *no basha* 4頭立ての馬車 Uma carruagem com quatro cavalos. **3** [映画などいくつかの作品を同時に上映することを示す] **a**) O programa「da sessão」; **b**) A composição/paginação「do jornal」. ★ *Ni-hon* ～ *no eiga o mi ni iku* 二本立ての映画を見に行く Ir (assistir) a uma sessão de dois filmes. **4** [同時にいくつかの方法を立てることを示す] Simultaneamente. ★ *Riku to umi to ni-hon* ～ *de semeru* 陸と海と二本立てで攻める Atacar ～ [ao mesmo tempo] por terra e por mar.

daté-mákí 伊達巻 (<… [1] + makú) **1** [帯の] A faixa utilizada por baixo do "obi". **2** [料理の] Uma espécie de omelete enrolada, com farinha de peixe e açúcar, servida geralmente nas festas de Ano Novo.

-dátera だてら Para. *Hanako wa onna* ～ *ni ō-zake-nomi da* 花子は女だてらに大酒飲みだ Hanako bebe demais, ～ uma mulher.

datṓ[1] 打倒 O derrube. ★ *Dokusai seiken o* ～ *suru* 独裁政権を打倒する Derrubar [Deitar abaixo] o governo despótico.

datṓ[2] 妥当 O ser apropriado [exa(c)to/digno/justo]. *Mondai no sōki kaiketsu ni wa kono hōhō ga [wa]* ～ *de arō* 問題の早期解決にはこの方法が [は] 妥当であろう Para a solução rápida do problema, seria este o método apropriado. ★ ～ *na ketsuron* 妥当な結論 A conclusão ideal [adequada]. ◇ **～ sei** 妥当性 A justeza; o valor. [S/同] Oṅtṓ; shitṓ; sōtṓ; tekítṓ. [A/反] Futṓ.

datsú- 脱 Ex-「presidente」.

dā̃tsu [áa] ダーツ (< Ing. dart) **1** [洋裁の] A pence [pinça/prega]. ★ ～ *o toru* ダーツをとる Fazer uma ～「nos ombros」. **2** [投げ矢遊び] O jogo de flechas. [S/同] Nagé-yá.

datsúbō̃ 脱帽 O tirar o chapéu [boné]; o descobrir-se. *Kare no doryoku ni wa ~ shita* 彼の努力には脱帽した Fiquei admirado do [Tiro o meu chapéu ao] esforço dele. *~!* 脱帽 (号令) Descubram-se! ⒶⒻ Chakúbō. ⇨ bốshí¹.

datsúgókú 脱獄 A fuga da prisão. ★ *~ suru* する Fugir da prisão. ◇ **~ shū [sha]** 脱獄囚 [者] O fugitivo. ⇨ dassố.

datsúi 脱衣 O tirar a [mudar de] roupa; o despir-se. ◇ **~ jō [jo; shitsu]** 脱衣場 [所; 室] O vestiário. ⒶⒻ Chákui. ⇨ núgu.

datsújí 脱字 A omissão duma palavra [letra]. ⇨ gó-ji.

datsúmố 脱毛 **1** [毛が抜けること] A queda do cabelo; a calvície. ◇ *~ shō* 脱毛症 A alopecia; a calvície. **2** [毛を抜くこと] A depilação. ◇ *~ zai* 脱毛剤 O depilatório. Ⓢ周 Jomố.

datsúrákú 脱落 **1** [抜け落ちること] A omissão; a perda [queda] ¨das penas da ave¨; a falta. ★ *Ichi-gyō ~ shite iru* 1 行脱落している Falta uma linha. **2** [落伍] A desistência. ★ *~ suru* 脱落する Desistir ¨a meio da competição¨. ◇ **~ sha** 脱落者 O desistente. Ⓢ周 Rakúgố.

datsúrố 脱漏 A omissão. *Gobyū ~ wa kono kagiri ni arazu* 誤謬脱漏はこの限りにあらず À exce(p)ção de erros e omissões [EOE].

datsúryū 脱硫 【Quím.】 A dessulfuração. ★ *Gen'yu o ~ suru* 原油を脱硫する Dessulfurar o petróleo bruto. ⇨ iố.

dátsu-sará(ríman) [íi] 脱サラ (リーマン) **a)** O ex-empregado; **b)** O deixar um emprego. *Watashi wa ~ o shite omocha-ya o hiraita* 私は脱サラをしておもちゃ屋を開いた Deixei o emprego [Saí da firma] e abri uma loja de brinquedos.

datsúzéi 脱税 A sonegação de imposto. ★ *~ suru* 脱税する Não pagar o imposto. ◇ **~ hin** 脱税品 O artigo de contrabando. ⇨ zéikín.

datsúzókú 脱俗 【E.】 O desprendimento das coisas mundanas. Ⓢ周 Chōzókú.

dattái 脱退 A saída; a separação. ★ *Kokuren kara ~ suru* 国連から脱退する Sair das Nações Unidas. ◇ **~ sha** 脱退者 O dissidente. Ⓢ周 Ridátsú. ⒶⒻ Kanyū.

dátte¹ だって【Col.】 **1** [だが] Mas; então. *~ sore wa muri na yōkyū ja nai ka* だってそれは無理な要求じゃないか ~ você não acha que isso é (pedir o) impossível?! Ⓢ周 Dá ga. **2** [なぜなら] Porque. *"Naze konakatta no."* " *~ o-naka ga itakatta n' da mono*"「なぜ来なかったの」「だっておなかが痛かったんだもの」Por que não veio? ‒ Porque estava com dor de barriga. Ⓢ周 Náze nara.

dátte² だって (< da + to + itté) 【Col.】 **1** [といって] (Eles) dizem que… *Minna wa watashi o baka ~ warau no yo* みんなは私を馬鹿だって笑うのよ Todos se riem e dizem que sou tolo. *Sō ~* そうだって Assim ouvi dizer/Parece [Dizem] que é assim. Ⓢ周 To itté. **2** [(で)も] Mesmo [Até]. *Sore wa kodomo ni ~ dekiru* それは子供にだってできる (Isso) ~ uma criança pode [é capaz]. Ⓢ周 Démo; sáe; súra.

dattố 脱兎 【E.】 O correr da lebre. *Dorobō wa ~ no gotoku nigete itta* 泥棒は脱兎のごとく逃げて行った O ladrão parecia uma lebre a correr [O ladrão, pernas para que vos quero (senão para correr?)].

dattố 脱党 A defe(c)ção [deserção]; o abandono. ★ *Seitō o ~ suru* 政党を脱党する Abandonar o partido. Ⓢ周 Ritố. ⒶⒻ Nyūtố.

daú(shíkí héikín kábúka) ダウ (式平均株価) A cotação Dow-Jones.

dáun ダウン (< Ing. down) **1** [下げること] O baixar. ★ *Kyūryō o ~ suru* 給料をダウンする …o salário. ◇ **Iméji ~** イメージダウン O perder a reputação. **Kosuto ~** コストダウン O ~ o custo de fabrico. ⒶⒻ Áppu. **2** [ボクシングで] A derrota. Ⓢ周 Nokkú-dáun. **3** [まいること] 【Fig.】 O ir-se abaixo. *Nomi-sugi de ~ shita* 飲み過ぎでダウンした Fui-me abaixo [Fiquei fora de combate] por ter bebido demais. **4** [羽毛]「almofada de」Plumas. ◇ **~ jaketto** ダウンジャケット O casaco forrado de ~. Ⓢ周 Umố.

daún-shō ダウン症 【Med.】 O síndroma de Down; o mongolismo.

de¹ で **1** [場所を示す] Em. *Hoteru ~ aimashō* ホテルで会いましょう Vamos encontrar-nos no hotel. **2** [時を示す] Ser. *Ima ~ mo ano dekigoto wa wasurerarenai* 今でもあの出来事は忘れられない Ainda hoje me lembro daquilo [não (se) me esquece aquele caso]. **3** [状態を示す] Com; a; por. *Futari ~ kyōkai e itta* 二人で教会へ行った Fomos juntos [os dois] à igreja. *Jikan ~ yatou* 時間で雇う Contratar à hora [por horas de serviço]. *Kyūjissai ~ shinu* 90歳で死ぬ Morrer com [aos] noventa anos. *Ureshisō na kao ~ hanasu* うれしそうな顔で話す Falar todo contente. **4** [手段を示す] A; de; por; com. ★ *Enpitsu ~ kaku* 鉛筆で書く Escrever a lápis. *Fune ~ iku* 船で行く Ir de navio [barco]. *Kami wa ki ~ tsukuru* 紙は木で作る O papel faz-se da madeira. *Tegami ~ shiraseru* 手紙で知らせる Avisar por carta. *Toho ~ iku* 徒歩で行く Ir a pé. **5** [原因・理由を示す] Devido a; (por causa) de. *Kare wa haibyō ~ shinda* 彼は肺病で死んだ Ele morreu de tuberculose (pulmonar). ★ *Doro ~ yogoreta kutsu* 泥で汚れた靴 Sapatos sujos da lama. *Fuchūi ~ kega o suru* 不注意で怪我をする Ferir-se por descuido. *Samusa ~ furueru* 寒さで震える Tremer de [com o] frio. **6** [動作の主体を示す] *O-tonari ~ o-kashi o motte kite kudasatta wa* お隣でお菓子を持って来てくださったわ O vizinho trouxe-nos doces!

dé² で (< déru) **1** [出ること] O sair. *Hi no ~ wa asa roku-ji da* 日の出は朝6時だ O sol nasce às seis. *Joyū ga butai no ~ o matte iru* 女優が舞台の出を待っているA a(c)triz está a esperar a sua entrada em cena. **2** [出身] A origem. *Kanojo wa Kagoshima no ~ de aru* 彼女は鹿児島の出である Ela é de Kagoshima. ★ *Daigaku-~ no shain* 大学出の社員 Um empregado formado (na universidade). Ⓢ周 Shusshín (+). **3** [-de で, 分量を示す] A substância [O conteúdo]. *Kono hon wa yomi-~ ga aru* この本は読み出がある Este livro tem (muito) conteúdo. ★ *Tabe-~ ga aru* 食べ出がある (Uma comida) Ser substancioso.

de³ で (< dé aru) 【E.】 *Tarō wa chōnan ~ Jirō wa jinan desu* 太郎は長男で次郎は次男です Tarō é o「meu」irmão mais velho e Jirō é a seguir (a ele) [é o segundo mais velho].

de⁴ で 【Conj.】 Ir (e então). *~ dō shita no* でどうしたの ~ depois [o que aconteceu]? Ⓢ周 Sokó de; soré dé.

de-ái 出会い (< de-áu) O encontro. ★ *Sensei to no ~* 先生との出会い ~ com o professor. Ⓢ周 Megúrí-ái.

deaí-gáshira 出会い頭 (<… +kashirá) O cruzar-se (de repente). *Futari wa ~ ni butsukatta* 二人は出会い頭にぶつかった Foi [Deram de caras] um contra [com] o outro.

dé aru である Ser. *Kare wa nihon-jin de ari-nagara kabuki no koto wa mattaku shiranai* 彼は日本人でありながら歌舞伎のことは全く知らない Ele não sabe nada de "Kabúki", apesar de ser j. *Keizai no hatten ni wa bukka no antei ga jūyō* ~ 経済の発展には物価の安定が重要である Para o crescimento da economia, a estabilidade dos preços é (muito) importante. *Watashi wa anata no meshitsukai de (wa)[ja]nai* 私はあなたの召し使いで(は)[じゃ]ないEu não sou seu criado. ⇨ *dáro*.

de-árúku 出歩く (< *déru* + …) **a)** Sair (de casa); **b)** Vadiar. *Ano oku-san wa shotchū de-aruite ite ie ni inai* あの奥さんはしょっちゅう出歩いていて家にいない Aquela mulher anda sempre a vadiar [não pára em casa].

deashí 出足 (< *déru* + …) **1** [人出の程度] O fluxo [A afluência] de pessoas. *Ame no tame tōhyōsha no ~ ga warukatta* 雨のため投票者の出足が悪かった Devido à chuva, votou pouca gente. **2** [物事を始める時のはやさ] A arrancada [O arranque]. ★ *~ no hayai [yoi] kuruma* 出足の早い[良い]車 O carro que arranca bem [com bom ~]. **3** [商品の売れるはやさ] A saída [aceitação]. ★ *Shinsaku no ~ ga hayai* 新作の出足が早い A nova produção「musical」tem boa ~. **4** [攻める勢い]【Sumō】A saída [O primeiro embate]. ★ *~ ga surudoi* 出足が鋭い Ser forte no/a ~.

de-áu 出会[合]う (< *déru* + *áu*) **1** [偶然に会う] Encontrar(-se tem). *Machikado de sensei to battari deatta* 街角で先生とばったり出会った Encontrei-me com o professor ali numa esquina [na rua]. **2** [ふと目にとまる] Encontrar; deparar. ★ *Subarashii bun ni ~* すばらしい文に出会うう Ler uma coisa maravilhosa. **3** [思いがけない受ける] Ter [Encontrar]. ★ *Jiko ni ~* 事故に出会う Ter [Ser vítima de] um acidente.

de-bá 出場 ⇨ de-bán **1**.

debá-bóchō 出刃庖丁 (< *déru* + ha + *hóchō*) A faca de cozinha pontiaguda e de lâmina grossa, para trinchar peixe ou galinha.

debá-kámé 出歯亀【G.】O espreitador (Diz-se principalmente de ~es maníacos nos banhos públicos).

de-bán 出番 (< *déru* + …) **1** [舞台などの] A vez de entrar em cena [no palco]. **2** [活躍の機会] A oportunidade. *Mina ga amari tassha na no de kochira no ~ ga nai* みんなあまり達者なのでこちらの出番がない Não vou ter ~ de brilhar [a(c)tuar] porque são todos melhores do que eu.

debáná[1] 出花 A primeira infusão. ⇨にほぼ *Musume jū-hachi, bancha mo ~* 娘十八番茶も出花 Na mulher, a juventude, no chá, a ~. A/反 Degáráshi.

de-báná[2] 出鼻 [端] (< *déru* + *haná*) **1** [山の端・岬などの突き出した所] Uma saliência「da montanha」. **2** [始め] O começo. ★ *~ o kujiku* 出鼻をくじく Fazer desanimar alguém logo no ~; cortar logo o pio [a crista].

de-bárú 出張る ⇨ deppáru.

de-béso 出臍 (< *déru* + *hesó*) O umbigo saliente.

débu でぶ【G.】O gorducho. S/同 Himán. Yáse.

de-búne 出船 ⇨ de-fúne.

de-búshō 出無[不]精 **a)** A sedentariedade [O não gostar de sair de casa]; **b)** O sedentário.

débyū デビュー (< Fr. début: começo) A estreia. ★ *Bundan ni ~ suru* 文壇にデビューするFazer a sua ~ no mundo literário. ◇ ~ **kyoku** デビュー曲 A música de ~ de um artista. S/同 Hatsúbutai; hatsú-tójo.

dedáshi 出だし A partida; o início; o começo. ★ *~ ga yoi [warui]* 出だしが良い [悪い] Ter um bom [mau] início. S/同 Deáshí; de-hájímé; shi-hájímé; subéri-dáshí.

deddó-bóru デッドボール【Beis.】(< Ing. dead ball) A bola fora de jogo. ★ *~ de rui ni deru* デッドボールで塁に出る Ganhar [Correr para] a primeira base por ~. *~ o ku(ra)u* デッドボールを食(ら)う Levar um ~. S/同 Shikyū.

deddó-híto デッドヒート (< Ing. dead heat) Uma competição renhida [quase igual; sem equilibrada]. *Hoshu kakushin no kōho ga ~ o enjita* 保守革新の候補がデッドヒートを演じた Os candidatos conservadores e os reformistas tiveram uma ~. S/同 Serí-áí; sessén.

deddó-rókku デッドロック (< Ing. deadlock) O impasse; o escolho; o beco sem saída. *Kaigi ga ~ ni ochiitta* 会議がデッドロックにおちいった A reunião ficou/caiu num [chegou a um] impasse. S/同 Ańshō. ⇨ yukí-zúmári.

de-dókoro 出所[処] (< *déru* + *tokóró*) **1** [しゅっしょ] A fonte; a origem. *Kane no ~ ga wakaranai* 金の出所がわからない Não se sabe de onde veio [qual é a fonte do] dinheiro. ★ *Uwasa no ~* うわさの出所 ~ do rumor/boato. S/同 Shusshó. **2** [出口] **a)** A saída; **b)** A「minha」oportunidade. S/同 Dé-guchi (+).

defórume デフォルメ (< Fr. déformer)【Arte】A deformação; a estilização.

de-fúne 出船 (< *déru* + fúne) O (navio que está a) zarpar. ★ *~ no shitaku o suru* 出船の仕度をする Fazer os preparativos para zarpar. S/同 Shukkō; shuppań. A/反 Irí-fúné; nyū-kō.

defúré デフレ (< Ing. deflation) A deflação. ◇ ~ **seisaku** デフレ政策 A política deflacionária; o deflacionismo. S/同 Infúré [Ińfúrêshon].

degáke 出掛け (< *déru* + *kakéru*) **1** [出しな] O estar para [a] sair. *~ ni haha kara kōtsūhi dake o moratte dete kita* 出掛けに母から交通費だけをもらって出た Ao [Na hora de] sair, recebi da minha mãe apenas o dinheiro da condução [para o transporte]. S/同 De-gíwa; deshíná. **2** [出かけて行く途中] O caminho. *~ ni nani ka temiyage demo katte ikō* 出掛けに何か手土産でも買って行こう Vamos comprar um presente no ~.

de-gáráshí 出がらし (< *déru* + *karásu*) Fraco (por ter sido usado várias vezes). ★ *~ no o-cha* 出がらしのお茶 O chá (já) fraco [fraquinho]. A/反 De-bána.

de-géiko 出稽古 (< *déru* + *kéiko*) A aula「de "ikebana"」dada fora de casa. S/同 Shutchō-géiko.

de-gozáru [-gozáímásu] でござる[ございます] (Cor. de ⇨ dé aru).

dé-guchi 出口 (< *déru* + *kuchí*) A saída. *Eigakan [Ie; Chikatetsu] no ~ wa doko desu ka?* 映画館［家；地下鉄］の出口はどこですか Onde é a ~ do cinema [da casa; do metrô/o]? ★ ~ *o sagasu* [*fusagu*] 出口を探す [ふさぐ] Procurar [Tapar] a ~. Ⓐ反 Iri-gúchí.

de-háírí 出入り (< *déru* + *háiru*) ⇨ de-írí.

de-hájímé 出始め (< de-hajimeru) As primeiras safras; o começo da safra [do lote]. ★ ~ *no budô* 出始めのぶどう As primeiras uvas. ⇨ hashírí.

de-hájímérú 出始める (< *déru* + …) Começar a aparecer [surgir] "no mercado".

de-háná 出端 [鼻] (< *déru* + …) **1** [⇨ degáké]. **2** [やり始め] O começo. ★ *Aite no* ~ *o kujiku* [*oru*] 「相手の」出端を挫く [折る] Trocar as voltas "ao parceiro"; logo de entrada; ser um balde de água fria; ser desmancha-prazeres. Ⓢ同 Debáná.

de-háráu 出払う (< *déru* + …) **1** [物がすっかり出てしまう] Vender [Sair] tudo; acabar o estoque. *Zaikohin wa subete deharaimashita* 在庫品はすべて出払いました Vendemos todo o estoque. Ⓢ同 De-kírú; de-tsúkúsu. **2** [誰もいなくなる] Não ficar ninguém; sair toda a gente. *Ie no mono wa mina de-haratte ainiku dare mo imasen* 家の者はみな出払ってあいにく誰もいません Os de casa saíram todos, infelizmente não está ninguém.

de-hódai [óo] 出放題 (< *déru* + …) **1** [出るがまま] O ficar a correr. *Suidô no mizu ga* ~ *ni natte iru* 水道の水が出放題になっている A torneira está aberta 「sempre」 a correr]. **2** [勝手なことを言うこと] O disparate; o falar sem pensar. Ⓢ同 De-mákasé (+).

deichú 泥中 [E.] O estar na lama. P/俳句 ~ *no hachisu* 泥中の蓮 a) O lódão no meio da lama; b) Uma pessoa que se mantém pura num ambiente mau.

deínéi 泥濘 [E.] O lamaçal; o lodaçal; o atoleiro. Ⓢ同 Nukárúmí (+).

de-írí 出入り [出たり入ったりすること] A entrada e saída 「dos carros」; o entrar e sair. *Koko wa hito no* ~ *ga hageshii* ここは人の出入りが激しい Aqui há sempre muita gente a entrar e (a) sair. ★ *Jiyû ni* ~ *suru* 自由に~するTer livre acesso 「a」. Ⓢ同 De-háírí. **2** [ひんぱんな訪れ] A visita constante. ★ ~ *no shônin* 出入りの商人 O comerciante que está sempre a vir a nossa casa. ~ *o sashitomeru* [*kinjiru*] 出入りを差し止める [禁じる] Fechar [Proibir] a entrada. **3** [収支] A entrada e saída de dinheiro. Ⓢ同 De-háírí. **4** [超過と不足] A diferença; o variar 「nas notas da escola」. *Pâtî no shusseki-sha wa tôjitsu ni-san-nin no* ~ *ga aru kamo shirenai* パーティーの出席者は当日2,3人の出入りがあるかもしれない No dia da festa talvez haja uma diferença de dois ou três no número de participantes (com que contamos). Ⓢ同 Zôgén. **5** [でこぼこ] Os altos e baixos; os recortes. ★ ~ *no ôi kaigansen* 出入りの多い海岸線 A costa [linha litoral] recortada [cheia de reentrâncias]. Ⓢ同 Ôtótsú. **6** [もめごと] A briga; a luta; o problema. *Nawabari arasoi de* ~ *ga atta* 縄張り争いで出入りがあった Houve um/a ~ 「entre eles」por questões de esferas de influência. Ⓢ同 Keńká; momé-gótó.

de-írí-guchi 出入り口 [< … + *kuchi*] A (porta de) entrada e saída.

deísuí 泥酔 A embriaguez; a bebedeira. *Kare wa sukkari* ~ *shite ie ni kaetta* 彼はすっかり泥酔して家に帰った Ele voltou para casa completamente embriagado [bêbedo].

Ⓢ同 Fuká-yói; meítéí. ⇨ gudén-gúdén.

deitán 泥炭 A turfa. ◇ ~ *chi* 泥炭地 A turfeira. Ⓢ同 Píto.

déjitaru デジタル Digital. ◇ ~ *dokei* デジタル時計 O relógio ~. Ⓐ反 Anárógu.

déka でか【G.】 ⇨ kéiji².

dekádan デカダン (< Fr. décadent) **1** [文学の傾向] O decadentismo; o decadismo. ◇ ~ *ha* デカダン派 A escola decadentista. **2** [退廃的な生活をする人] O decadentista; o nefelibata.

dekádéká to でかでかと (< *dekái*) 【G.】 Em grandes títulos [letras garrafais]. *Sono jiken wa shinbun no dai-ichimen ni* ~ *notte ita* その事件は新聞の第一面にでかでかと載っていた Esse caso saiu ~ na primeira página dos jornais. ⇨ ókiku.

de-kákérú 出掛ける (< *déru* + *kakéru*) **1** [出向く] Sair; ir; partir. ★ *Gaikoku e* ~ 外国へ出掛けて ir ao exterior; ~ para o estrangeiro. *Ryokô ni* ~ 旅行に出掛ける ~ de viagem. Ⓢ同 Demúku; omómúku. **2** [出ようとする] Estar de saída [para sair]. ~ *tokoro e kyaku ga kita* 出掛けるところへ客が来た Quando estava de saída chegou uma visita. Ⓢ同 De-kákárú. ⇨ mukáú.

de-káségi 出稼ぎ (< *déru* + *kaségu*) O ir trabalhar noutra terra [noutro país]. *Fuyu no aida, otoko-tachi wa Tôkyô e* ~ *ni iku* 冬の間、男たちは東京へ出稼ぎに行く Durante o inverno, os homens vão trabalhar em Tokyo. ~ *suru* 出稼ぎする …

de-kátá 出方 (< *déru* + …) **a)** O sair; o correr 「da água」; **b)** A atitude; a rea(c)ção; a maneira de agir. ★ *Aite no* ~ *o miru* 相手の出方を見る (Esperar e) ver os movimentos [a ~] do adversário. Ⓢ同 Deyô; hôhô; táido; yarí-kúchí.

dekí 出来 **1** [できばえ] O trabalho [fabrico]; a habilidade; o acabamento. ★ ~ *no yoi* [*warui*] *sakuhin* [*sûtsu*] 出来の良い「悪い」作品 [スーツ] A obra [O fato/terno] bem [mal] feita[o]. ◇ *Fu* ~ 不出来 Mal acabado [feito]. *Jô* ~ 上出来 ~ excelente. Ⓢ同 Dekí-báé; shi-ágárí. **2** [成績] O resultado; o êxito; o sair [ser]. ★ *Shiken no* ~ *ga yoi* 試験の出来が良い Ter [Fazer] bom exame. ⇨ seíséki. **3** [収穫] A colheita; a safra; a produção. *Kotoshi wa kome no* ~ *ga yoi* 今年は米の出来が良い Este ano a colheita de arroz foi boa. Ⓢ同 Dekí; dekí-báé. ⇨ shûkákú¹.

dekí-ágari 出来上がり (< *dekí-ágárú*) **1** [できあがること] O completar [acabar; ficar pronto]. *Shashin no* ~ *wa itsu goro ni narimasu ka?* 写真の出来上がりはいつごろになりますか Quando ficarão prontas as fotos? Ⓢ同 Shi-ágárí. **2** [できばえ] O acabamento. *Kono chawan no* ~ *wa jôjô da* この茶碗の出来上がりは上々だ ~ desta tigela é perfeito [primoroso]. Ⓢ同 Dekí; dekí-báé.

dekí-ágárú 出来上がる (< *dekíru* + …) **1** [完成する] Completar-se; concluir-se; terminar; ficar pronto. *Kono e mo ato hito-iki de dekiagaru* この絵もあと一息で出来上がる Esta pintura está quase concluída [terminada]. Ⓢ同 Kańséí súru. **2** [酒を飲んですっかり酔う]【G.】 Embriagar-se; ficar a cair de bêbedo. Ⓢ同 Yoppáráu.

dekí-áí¹ 出来合い (< *dekíru* + *áu*) O artigo feito em série. ~ *no yôfuku de nan to ka maniawaseta* 出来合いの洋服でなんとか間に合わせた Lá me arranjei com um fato feito [de pronto-a-vestir]. Ⓢ同 Kiséí; redímédó. Ⓐ反 Atsúráe.

dekí-áí² 溺愛 O amor cego [louco]; a paixão. ★

Hitori-musuko o ～ *suru* 一人息子を溺愛する Ter um/a ～ pelo [Só ver o] filho único.

dekí-báé 出来栄[映]え (< dekíru + haéru) **a**) O resultado; a a(c)tuação「no palco/na escola」; **b**) A feitura; o acabamento. *Kono sakuhin wa migoto na* ～ *da* この作品は見事な出来栄えだ Esta obra (de arte) é excelente. [S/同] Dekí.

dekí-daka 出来高 **1** [できあがりの総量] A produção; o rendimento; a quantidade. ◇ **～ barai** 出来高払い O pagamento por produção [peça]. **2** [収穫量] A [O rendimento da] colheita. ★ *Kome no* ～ 米の出来高 ～ do arroz. [S/同] Shúkákú-ryṓ. **3** [売買取引の成立した総額] O valor total do negócio realizado「na banca」.

dekí-gókóró 出来心 (< dekíru + kokóro) O impulso momentâneo [do momento]; o capricho. *Kare wa hon-no* ～ *de kane o nusunda* 彼はほんの出来心で金を盗んだ Ele roubou o dinheiro, levado pelo impulso do momento [sem saber por quê] ★ ～ *o okosu* 出来心を起こす Deixar-se levar pelo ～.

dekí-goto 出来事 (< dekíru + kotó) O acontecimento; a ocorrência. *Kyō wa taishita* ～ *mo nakatta* 今日は大した出来事もなかった Hoje não houve [ocorreu] nada de extraordinário/especial. ★ *Hibi no* ～ 日々の出来事 Um/a ～ normal [do dia-a-dia].

dekí-mono 出来物 (< dekíru + …) O tumor; o inchaço; a espinha「na cara」; o exantema; a bolha「na mão」; o cravo [a verruga]. *Ashi ni* ～ *ga dekita* 足に出来物ができた Tenho uma bolha [um cravo] no pé. [S/同] Fukídé-mónó; haré-mónó; odéki.

dekí-né 出来値【Econ.】(< dekíru + …) O valor cambial [de venda de a(c)ções].

dekíru 出来る **1** [その方面の能力がある] Saber; ser bom [forte]「em」. *Kare wa benkyō wa* ～ *ga undō wa dekinai* 彼は勉強はできるが運動は出来ない Ele é bom nos estudos mas fraco (d)esportista. *Suzuki-san wa kurasu de eigo ga ichiban yoku* ～ 鈴木さんはクラスで英語が一番よくできる A menina Suzuki é a que sabe mais inglês na turma. ★ *Porutogaru-go no* ～ *hito* ポルトガル語のできる人 Quem sabe português「também entende espanhol」. *Shigoto no* ～ *shain* 仕事のできる社員 Um bom empregado. *Unten ga* ～ 運転ができる Saber guiar [conduzir]. ⇨ tokúí[1].

2 [可能である] Poder; poder ser; ser possível; ser capaz. ～ *koto wa nan-de-mo itashimasu* できることは何でもいたします Farei tudo o que puder「para lhe ser útil」. *Kono shigoto wa totemo watashi ni wa dekisō ni mo nai* この仕事はとても私にはできそうもない Eu não consigo [sou capaz de] fazer este trabalho, de maneira nenhuma. *Sore wa dekinai sōdan da* それはできない相談だ Não, não posso fazer isso [Isso é impossível, nem vale a pena discutir]. *Watashi nimo* ～ *to omou* 私にもできると思う Acho que eu também posso [sou capaz de] (fazer isso). ★ ～ *dake* [*kagiri*] できるだけ[限り] Quanto [Na medida do] possível. ～ (*koto*) *nara* [*Dekireba*] できる（こと）なら[出来れば] Se for possível. *Gaman dekinai itasa* 我慢できない痛さ Uma dor insuportável [que não se pode suportar]. *Sen-nin shūyō* ～ *gekijō* 千人収容できる劇場 Um teatro que leva [com capacidade para] mil pessoas.

3 [苦労した結果, 人間が立派である] Ser perfeito [a sério/às direitas]. *Kare wa ningen ga dekite iru* 彼は人間ができている Ele é uma pessoa às direitas [muito humana]. ★ *Yoku dekita hito* よくできた人 Uma pessoa de cará(c)ter.

4 [新しく生じる] Aparecer; nascer; fazer. *Eki mae ni ōkina biru ga dekita* 駅前に大きなビルができた Construiram [Fizeram] um prédio grande em frente da estação. *Futari no aida ni onna no ko ga dekita* 二人の間に女の子ができた Nasceu-lhes [Tiveram] uma menina. *Ashi ni mame ga dekita* 足にまめができた Tenho uma bolha [um cravo] no pé. *Kyū na yōji ga dekita* 急な用事ができた Tenho um compromisso urgente. *Niwa ni mizutamari ga dekita* 庭に水たまりができた O jardim ficou empoçado [com poças de água]. [S/同] Shṓjíru.

5 [完了する; 完成する] Fazer. *Dekita koto wa shikata ga nai* できたことは仕方がない Agora「um prédio feio」está feito, paciência [está feito]. *Kakugo ga dekite iru* 覚悟ができている Estou preparado para tudo [o que der e vier/aceitar todas as consequências]. *Shokuji ga dekimashita yo* 食事ができましたよ A comida está pronta [na mesa] (vamos「jantar」). *Yōi ga deki shidai ni* 用意ができしだいに Quando [Logo que] estiver tudo preparado. [S/同] Kańryṓ [Kańséí] súrú.

6 [作られている] Fazer de. *Ano tobira wa tetsu de dekite iru* あの扉は鉄でできている Aquela porta é de ferro. ★ *Ki* [*Ishi*; *Kami*] *de dekite iru* 木[石; 紙]でできている Ser (feito) de madeira [pedra; papel]. [S/同] Tsukúráréru.

7 [生産される] Produzir-se; dar-se. *Kono tochi de kōhī ga* ～ この土地でコーヒーができる Este terreno é bom para café/Neste terreno poduz-se [dá-se bem o] café.

8 [男女が深い仲になる]【G.】Amancebar-se; ser amantes. *Dō-yara ano futari wa dekite iru rashii* どうやらあの二人はできているらしい (Parece que) eles são amantes!

dekírú dáké[kágiri] 出来るだけ[限り] O máximo; o (mais) possível; quanto possível. ～ *hayaku eki made kite kudasai* 出来るだけ早く駅まで来て下さい Por favor, venha imediatamente [o mais depressa possível] à estação. *Anata no tame ni* ～ *no koto o shimashō* あなたのために出来るだけのことをしましょう Faremos tudo o que pudermos [nos for possível] por você. ★ *Heiwa no tame* ～ *doryoku suru* 平和のため出来るだけ努力する Fazer tudo [o máximo possível] pela para à paz.

dekíshí 溺死 (A morte por) afogamento. ★ ～ *suru* 溺死する Morrer afogado. ◇ **～ sha** 溺死者 O afogado. **～ tai** 溺死体 O cadáver de um afogado. [S/同] Obóré-jíní; suíshí (+).

dekísókónáí 出来損ない (< dekí-sókónáú) **1** [不出来な] Imperfeito; mal feito; defeituoso; disforme; falhado. ★ ～ *no kashi* 出来損ないの菓子 O doce malfeito [que saiu/ficou mau]. **2** [能力的に人並みよりも劣っている人を軽蔑していう語] O trambolho; o inútil [que não serve para nada]. *Kono* ～ *me!* この出来損ないめ Seu trambolho!

dekí-sókónáú 出来損なう (< dekíru + sokónáu) Falhar; ficar imperfeito [mal「assado」]. *Kono ryōri wa isoida no de dekisokonatta* この料理は急いだので出来損なった Este prato, com a [por causa da] pressa, não ficou bom.

dekí-táté 出来立て (< dekíru + tatéru)「edifício」Novo; acabado de fazer; novo em folha. ★ ～ *no*

D

hoya hoya 出来立てのほやほや「pão」Acabado de cozer [de sair do forno].

dekkái でっかい【G.】「casa/elefante」Enorme [Muito grande].

dékki デッキ (< Ing. deck) **1** [船の甲板] A coberta [O convés] do navio. ◇ **~ cheā** デッキチェアー A cadeira de bordo. [S/同] Kańpáń. **2** [列車の昇降口の床] O vestíbulo da carruagem. **3** [テープデッキの略] O leitor (Aparelho) de cassetes.

dekkúwásu 出っくわす【G.】⇨ dekúwású.

dekóbókó 凸凹 **1** [表面の高低] A desigualdade [irregularidade] da superfície. ~*(no) michi* 凸凹(の)道 O caminho acidentado [cheio de buracos]. **2** [不均衡] A desigualdade; a diferença. *Seisandaka wa tokoro ni yotte ~ ga aru* 生産高は所によって凸凹がある O volume [A quantidade] de produção é desigual, conforme o lugar. ★ *Kyūryō no ~ o nakusu [chōsetsu suru]* 給料の凸凹をなくす[調節する] Eliminar [Regular] as diferenças de salário.

dekóréshon [ée] デコレーション (< Ing. decoration < L.) A decoração; o enfeite. ★ *Kurisumasu no ~* クリスマスのデコレーション As decorações de Natal. ◇ **~ kēki** デコレーションケーキ O bolo guarnecido (De casamento [aniversário; Natal]). ⇨ kazárí; sṓshókú[1].

déku 木偶 O boneco (de pau). [S/同] Dekú-nó-bō; nińgyṓ.

dekú-nó-bō 木偶の坊 **1** [⇨ déku]. **2** [役に立たない人をののしって呼ぶ語] Um boneco [trambolho/inútil/tipo sem personalidade]. *Kono ~ me!* この木偶の坊め Seu inútil! [S/同] Deki-sokonai **2**.

dekúwású 出くわす ⇨ deáu.

déma デマ (< Al. demagogie < Gr.) O falso rumor; o boato. *O-jishin ga kuru to iu ~ ga tonde iru* 大地震が来るというデマが飛んでいる Anda por aí o boato que vai haver um grande terremoto. ~ *o tobasu [nagasu]* デマを飛ばす[流す] Levantar [Espalhar] boatos. [S/同] Chū́shṓ; ryū́gén-hígó. ⇨ uwásá.

de-mádó 出窓 (< déru + …) A janela saliente [de sacada].

de-máé 出前 As [O serviço de] refeições (entregues) a domicílio. ★ ~ *o suru* 出前をする Fazer uma entrega de [Levar] refeições. ~ *o tanomu [no chūmon o suru]* 出前を頼む[の注文をする] Encomendar [Pedir] uma refeição. ◇ **~ mochi** 出前持ち O empregado para entrega de refeições. ⇨ shi-dáshí.

de-mákásé 出任せ (< déru + makáséru) O palrar; o ser fala-barato; o falar à toa [sem pensar]. *Kuchi kara ~ o iu* 口から出任せを言う Dizer o que vem à cabeça [~]. [S/同] De-hṓdai.

de-máwárí 出回り (< de-máwárú) A oferta; o abastecimento「do mercado」; o fornecimento. *Kotoshi wa ichigo no ~ ga ōi* 今年はいちごの出回りが多い Este ano há muito (abastecimento de) morango.

de-máwárú 出回る (< déru + …) Circular [Haver muito]「relógio falsificado」; haver muito à venda; haver oferta [abastecimento]. *Natsu no yasai ga demawatte iru* 夏の野菜が出回っている Agora há muitas [é a época das] verduras de verão.

dé-me 出目【G.】(< déru + …) Os olhos salientes [esbugalhados]. ◇ **~ kin** 出目金 O telescópio (Uma espécie de peixe dourado com ~).

de-mísé 出店 (< déru + …) **1** [支店] A filial; a sucursal. ★ ~ *o dasu* 出店を出す Abrir uma ~. [S/同] Buńtéń; shitéń (+). **2** [露店] A banca [barraca]; o posto de venda. [S/同] Rotéń.

démó[1] デモ (< Ing. < L. demonstratio) A manifestação. ★ ~ *ni sanka suru* デモに参加する Participar numa ~. ~ *o suru [okonau]* デモをする[行う] Fazer uma ~. ◇ **~ kōshin** デモ行進 Uma (marcha de) ~. **~ tai** デモ隊 Os [O grupo de] manifestantes.

démo[2] でも (< de(su) + (keredo)mo; ⇨ -témo) **1** [しかし] Mas; porém. *O-tenki wa yoi. ~, watashi wa ie ni itai* お天気は良い. でも, 私は家に居たい O tempo está bom, mas quero ficar em casa. [S/同] Dá ga; shikáshi. **2** [弁解するときに使うことば] Porque. ~ *tsumaranai n' desu mono* でもつまらないんですもの「não gosto」~「o plano」não tem interesse. [S/同] Dátte.

-démo[3] でも **1** [さえ] Até; mesmo; até mesmo. *Donna baka ~ sore kurai wakaru* どんな馬鹿でもそれくらいわかる Até (mesmo) um burro [Qualquer estúpido] entende uma coisa dessas. ★ *Kodomo ~ shitte iru* 子供でも知っている ~ uma criança sabe isso. [S/同] Sáe.
2 [であっても] Qualquer. *Doko e ~ iku* どこへでも行く Vou seja onde for/Vou a ~ lugar. *Sore ~ ii desu* それでもいいです Pode ser assim「como você quer」; esse「carro」também serve [chega].
3 [強め] Se (por acaso). *Kowashi ~ shitara taihen da* こわしでもしたら大変だ Se quebrar「a estátua」não sei quais serão as consequências.
4 [でもなりと] Por exemplo; que tal. *Kōhī ~ ikaga desu ka* コーヒーでもいかがですか Que tal, um [Aceita] café? **5** [並立を示す] Nem … nem …. *Kare wa isha ~ bengoshi ~ nai* 彼は医者でも弁護士でもない Ele nem é médico nem advogado.

de-módórí 出戻り (< déru + modóru) **1** [女が離婚して実家へ戻ること, またその女性] O voltar [A mulher que volta] para casa dos pais, por divórcio. **2** [一旦去った勤め先などに再び戻ること] O voltar outra vez「ao emprego」.

demókúráshī デモクラシー (< Ing. democracy < Gr.) A democracia. *Taishō ~* 大正デモクラシー O movimento democrático que surgiu no Japão depois da primeira guerra mundial (1920 ±). [S/同] Mińshú séiji; mińshú-séitai; mińshú-shúgi (+).

de-mónó 出物 (< déru + …) **1** [吹き出物] A erupção; o exantema; a espinha (G.). [S/同] Fukí-démónó (+); haré-mónó; o-déki. **2** [割安な売り物] O artigo à venda (sobretudo em saldos ou em segunda mão). **3** [屁]【Chu.】O peido [traque]; o bufo. [P/ことわざ] ~ *haremono tokoro kirawazu* 出物腫れものところ嫌わず O traque e a erupção em qualquer lugar se dão. [S/同] He; onárá (+).

demóńsútórḗshon デモンストレーション (< Ing. < L. demonstratio) **1** [宣伝·注目をひくための行為] A demonstração [explicação]「de arranjo floral」. **2** [公開演技] A demonstração; a exibição. ◇ **~ hikō** デモンストレーション飛行 O voo de ~.

de-múkáé 出迎え (< de-múkáéru) A recepção; o ir esperar. *Tomodachi o ~ ni eki e iku* 友達を出迎えに駅へ行く Vou esperar o meu amigo à estação.

de-múkáéru 出迎える (< déru + …) Receber; ir esperar. *Kare o ~ tame ni hikōjō e itta* 彼を出迎えるために飛行場に行った Fui esperá-lo ao aeroporto.

de-múku 出向く (< déru + …) Ir「de propósito

D

para pedir desculpa」. *Watakushi no hō kara demuite mairimasu* 私の方から出向いて参ります Eu mesmo irei. ⇨ **De-kákérú**; ikú.

dén[1] 伝 **1** [方法] O modo; a maneira. ★ *Itsumo no ~ de* いつもの伝で Da maneira usual; como sempre. ⟨S/同⟩ Hōhō; shikátá; yaríkátá. **2** [den-; 伝記] A biografia. ◇ **Naporeon ~** ナポレオン伝 A vida [~] de Napoleão. ⟨S/同⟩ Deńkí. **3** [den-; 言い伝え] A tradição [do evangelho segundo S. Lucas」. ★ *~ Tōfu hitsu* 伝道風筆 O escrito de Tōfu (Ono) (Famoso calígrafo j. do séc. X), segundo a ~. ií-tsútáé.

dén[2] 殿【A.】 (Suf. de casa ou posto governamental importante).

de nákereba でなければ (< Neg. de "de aru") Se não; caso contrário「não quero ir」.

de-náósu 出直す (< déru + naósu) **1** [改めて出掛ける] Vir [Ir] novamente/outra vez. *Mata denaoshite mairimasu* また出直して参ります Virei novamente. **2** [やり直す] Recomeçar [Tentar outra vez] (a partir do zero). *Ichi kara denaosō to omou* 一から出直そうと思う Resolvi ~/Vou começar uma nova vida. ⟨S/同⟩ Yarí-náósu.

deń'átsú 電圧 A voltagem「no J. é 110 volts」; a tensão elé(c)trica. ★ *ga takai [hikui]* 電圧が高い [低い] A voltagem está alta [baixa]. ~ *o ageru [sageru]* 電圧を上げる [下げる] Aumentar [Baixar] a ~. ~ *kei* 電圧計 O voltímetro. ~ *kōka* 電圧降下 A queda de voltagem [potencial]. *Kō [Tei] ~* 高 [低] 電圧 Alta voltagem/Alta tensão「perigo de morte!」[A voltagem baixa].

deńbá 電場【Ele(c)tri.】 O campo elé(c)trico [ele(c)tromagnético]. ⟨S/同⟩ Deńjó; deńkái. ⇨ deńjí[2].

dénbu[1] 田麩 A carne de peixe estufada, esmigalhada e temperada com açúcar, molho de soja etc.

dénbu[2] 臀部【E.】 As nádegas (de pessoa); a anca (de animal grande). ⟨S/同⟩ Shirí (+).

deńbún[1] 伝聞【E.】 O ouvir dizer. ~ *suru* 伝聞する Saber em segunda mão; ouvir dizer「que iria haver eleições antecipadas」. ⟨S/同⟩ Matá-gíkí; tsutáégíkí.

deńbún[2] 電文 As palavras [O teor] do telegrama. ⇨ deńpó[1].

dénchi[1] 電池 A pilha (elé(c)trica); a bateria; o acumulador.

dénchi[2] 田地 ⇨ déńji[1].

deńchíkú 電蓄 (< denki + chikuonki) O toca[gira]discos; a vitrola [grafonola] (A.); o gramofone. ⟨S/同⟩ Puréyā (+).

deńchú 電柱 O poste de ele(c)tricidade. ⟨S/同⟩ Deńshín-báshira.

deńdén-dáiko でんでん太鼓 (< ... + taikó) O tamborzinho (Brinquedo).

deńdénmushi でんでん虫【Zool.】 O caracol. ⟨S/同⟩ Katátsúmuri (+).

deńdó[1] 伝導 A transmissão; a condução.【Fís.】 *Netsu o ~ suru* 熱を伝導する Conduzir o calor. ◇ **~ sei** 伝導性 A condutividade. **~ tai [butsu]** 伝導体 [物] O「cobre é bom」condutor「de ele(c)tricidade」.

deńdó[2] 伝道 A evangelização. ★ *~ suru* 伝道する Evangelizar; propagar a religião. ◇ **~ sha [shi]** 伝道者 [師] O missionário; o evangelizador [pregador do evangelho]. ⟨S/同⟩ Fukyō (+). señkyō[1].

deńdó[3] 殿堂 **1** [神仏をまつる建物] O santuário; o templo, a capela. **2** [広大な建物・施設] O palácio; um grande e nobre salão.

deńdó[4] 電動 O mover-se [trabalhar/ser] a ele(c)tricidade. ◇ **~ ryoku** 電動力 A força ele(c)tromotriz [ele(c)tromotora]. ⇨ **~ki**.

deńdó-ki 電動機 O motor ele(c)trico [a ele(c)tricidade]. ⟨S/同⟩ Mōta.

deń'éń 田園 **1** [田と畑] Os campos (e as hortas). ⇨ hatáké[1]; ta[1]. **2** [いなか] O campo; a roça (B.); a zona rural. ★ *~ no fūkei* 田園の風景 A paisagem rural [bucólica]. ◇ **~ seikatsu** 田園生活 A vida rural. **~ shijin** 田園詩人 O poeta bucólico [pastoral]. **~ toshi** 田園都市「Curitiba」A cidade-jardim.

deńgákú 田楽 **1** [芸能の一種] Uma dança popular [rural] da era Heian. **2** [食べもの] Um prato de peixe, legumes e "tōfu" no espeto, temperados com "miso". ◇ **~ dōfu** 田楽豆腐 "Tōfu" assado no espeto e temperado com "miso".

deńgéki 電撃 **1** [感電によるショック] O choque elé(c)trico. ◇ **~ ryōhō** 電撃療法 O tratamento por (meio de) ~s. **2** [稲妻のように急にはげしいこと] O ataque relâmpago; o ser「de efeito」imediato. ◇ **~ kekkon** 電撃結婚 O casamento súbito [instantâneo]. **~ sakusen** 電撃作戦 A tá(c)tica relâmpago. **~ sen** 電撃戦 A operação relâmpago [de limpeza].

deńgén 電源 **1** [電流をとる源] A tomada (de ele(c)tricidade). ★ *~ ni tsunagu* 電源につなぐ Ligar (o fio) à ~. *~ o ireru* 電源を入れる Ligar a ele(c)tricidade. *~ o kiru* 電源を切る Cortar [Desligar] a ele(c)tricidade/corrente. **2** [電力を供給する源] A fonte de energia ele(c)trica.

deńgón 伝言 A mensagem; o recado. *Sensei ni nani ka ~ ga arimasu ka* 先生に何か伝言がありますか Tem alguma ~ para o professor? ★ *~ o ukeru* 伝言を受ける Receber a/o ~. *Yūjin e no nokoshite oku* 友人へ伝言を残しておく Deixar um/a ~ para o amigo. ◇ **~ ban** 伝言板 O quadro de ~s「nas estações」.

deńgú-netsu デング熱【Med.】 (< Al. denguefieber) O dengue [A febre-dos-três-dias].

deńgúrí-gáeru[-káeru] でんぐり返る【G.】 **1** [体操の] Dar cambalhotas [reviravoltas]. ★ *Kururi to ~* くるりとでんぐり返る ~ com muita habilidade [agilidade]. **2** [ひっくりかえる] Mudar completamente,「a situação」dar uma reviravolta. ⟨S/同⟩ Hikkúrí-káeru (+).

deńgúrí-gáeshi[-káeshi] でんぐり返し A cambalhota. ⟨S/同⟩ Teńkáí.

deń'i 電位 O potencial elé(c)trico. ◇ **~ kei** 電位計 O ele(c)trô[ó]metro. **~ sa** 電位差 A diferença de potencial.

dénímu デニム (< Fr. de Nimes) A sarja grossa de algodão (usada「em fatos-macacos」); a ganga. ★ *~ no sukāto* デニムのスカート A saia de ~.

deníru デニール (< Ing. denier < L.) A unidade de espessura「de linha de seda」(Equivale a 0.05 gramas por 450 metros).

déńji[1] 田地 O arrozal. ⟨S/同⟩ Déńchi[2]. ◇ **~ denpata** 田地田畑 O campo cultivado.

deńji[2] 電磁 O ele(c)tromagnetismo. ◇ **~ ba** 電磁場 O campo ele(c)tromagnético [deńbá]. **~ yūdō** 電磁誘導 A indução ele(c)tromagnética.

deńji-ha 電磁波 As ondas ele(c)tromagnéticas.

[S/周] Dénpa.

denjíki 電磁気 O ele(c)tromagnetismo. ◇ **~ gaku** 電磁気学 O estudo do ~. [S/周] Denjí².

deñ-jíshaku 電磁石 (< denki + jishakú) O ele(c)troímã[man]; o ele(c)tromagnete.

denjó 電場 ⇨ deñbá.

dénju 伝授 A iniciação; o ensinar. ★ *Ōgi o ~ suru* 奥義を伝授する Iniciar nos segredos「da arte」.

deñká¹ 電化 A ele(c)trificação. ★ *Tetsudō o ~ suru* 鉄道を電化する Ele(c)trificar a ferrovia [linha (dos caminhos de ferro)]. ◇ **~ jigyō** 電化事業 Os serviços [trabalhos] de ~. **Katei ~ seihin** 家庭電化製品 O (aparelho) ele(c)trodoméstico.

dénka² 殿下 Sua Alteza [Sua Majestade Imperial]. 殿下 (呼びかけ) Majestade[~]「faz favor de dizer」! ◇ **Hi ~** 妃殿下 Sua Alteza, a Princesa. **Kōtaishi ~** 皇太子殿下 Sua Alteza, o Príncipe Herdeiro. ⇨ héika²; Teñnó.

deñká³ 電荷 A carga elé(c)trica「positiva/negativa」.

dénka⁴ 伝家【E.】 **1**［家に代々伝わること］Um tesouro da família. ★ ~ *no hōtō* 伝家の宝刀 A espada guardada na família de geração em geração.
2［比喩的に］O trunfo; o útlimo recurso.［Ⅰ/慣用］~ *no hōtō o nuku* 伝家の宝刀を抜く Usar o último ~. ◇ kirifuda; okú nó te. [S/周] Kadén.

deñkái 電解【Quím.】(< Abrev. de denki bunkai) A ele(c)trólise [ele(c)trolisação]. ★ ~ *suru* 電解する Ele(c)trolisar. ◇ **~ butsu** [**eki**] 電解物［液］O ele(c)trólito. ⇨ **~shitsu**. **~ kondensā** [**seiryūki**] 電解コンデンサー［整流器］O condensador [re(c)tificador] ele(c)trolítico.

deñkai-shitsu 電解質 O ele(c)trólito [A substância ele(c)trolítica]. ◇ **Hi ~** 非電解質 Não-ele(c)trolítico. **Kyō ~** 強電解質 ~ forte.

dénki¹ 電気 **1**［エネルギーの一種］A ele(c)tricidade. *Kono kinzoku ni wa ~ ga nagarete [tótte] iru* この金属には電気が流れて［通って］いる Este metal está ele(c)trizado. ★ ~ *de ugoku omocha* 電気で動く「おもちゃ O brinquedo movido a ~.「*Karada ni*」~ *o kanjiru*「体に」電気を感じる Sentir [Apanhar] um choque (elé(c)trico). ~ *o okosu* 電気を起こす Gerar [Produzir] ele(c)tricidade. ◇ **~ airon** 電気アイロン O ferro elé(c)trico (de passar roupa). ~ **bunkai** 電気分解 A ele(c)trólise. [S/周] Deñkái. ~ **bunseki** 電気分析 A ele(c)troanálise. ~ **(chi) ryōhō** 電気(治)療法 A ele(c)troterapia. ~ **gaku** 電気学 A ciência de ~; a ele(c)trologia (⇨ denkíyá). ~ **gitā** 電気ギター ⇨ eréki-gítā. ~ **isu** 電気椅子 A cadeira elé(c)trica. ~ **kagaku** 電気化学 A ele(c)tro-química. ~ **kairo** 電気回路 O circuito ele(c)trico. ~ **kamisori** 電気剃刀 O barbeador [A máquina de barbear] elé(c)trico[a]. ~ **keisanki** 電気計算機 A calculadora elé(c)tró[ô]nica. ~ **keitō** 電気系統 O sistema elé(c)trico. ~ **kigu** 電気器具 O aparelho elé(c)trico. ~ **kikansha** 電気機関車 A locomotiva ele(c)trica. ~ **kōgaku** 電気工学 A engenharia ele(c)trica. ~ **kōgaku** 電気光学 A ele(c)troóptica; a óptica ele(c)tró[ô]nica. ~ **koji** 電気工事 A obra de ele(c)trificação [A instalação de ~]. ~ **kōritsu** 電気効率 A eficiência elé(c)trica. ⇨ **~kurage**. ~ **mekki** 電気メッキ A galvanização. ~ **mishin** 電気ミシン A máquina elé(c)trica de costura. ~ **mōfu** 電気毛布 O cobertor elé(c)trico. ~ **reizōko** 電気冷蔵庫 O frigorífico [A geladeira (B.)] elé(c)trico[a]. ~ **rikigaku** 電気力学 A ele(c)trodinâmica. ~ **ro** 電気炉 O forno elé(c)trico. ~ **ryō** 電気量 A quantidade de ~. ~ **ryō (kin)** 電気料(金)「pagar」A (taxa de) ~. ~ **seihin** 電気製品 O artigo elé(c)trico. ~ **sentakki** 電気洗濯機 A máquina de lavar (roupa). ~ **sōjiki** 電気掃除機 O aspirador elé(c)trico. ~ **sutando** 電気スタンド A lâmpada de mesa. ~ **sutōbu** 電気ストーブ O aquecedor elé(c)trico. ~ **yakin** (**hō**) 電気冶金(法) A ele(c)trometalurgia. ~ **yōsetsu** 電気溶接 A soldagem elé(c)trica.
2［電灯］A luz elé(c)trica. *Chichi no heya ni wa mada ~ ga tsuite ita* 父の部屋にはまだ電気がついていた O pai ainda tem a luz do quarto acesa. ★ ~ *o tsukeru [kesu]* 電気をつける［消す］Acender [Apagar] a luz. [S/周] Deñtó².

deñki² 電機 A máquina [O equipamento/O aparelho] elé(c)trica[o]. ◇ **~ gaisha** 電機会社 A companhia elé(c)trica. **~ kōgyō** 電機工業 A indústria de maquinaria elé(c)trica/~s.

deñki³ 伝記 A biografia [vida]. ◇ **~ sakusha** 伝記作者 O biógrafo. **~ shōsetsu** 伝記小説 O romance biográfico.

deñki⁴ 伝奇 A fantasia; a fábula. ★ **~ teki na hanashi** 伝奇的な話 Uma história fantástica (inventada). ◇ **~ shōsetsu** 伝奇小説 O romance fantasiado. [S/周] Kídan.

denki-dókei 電気時計 (< …¹ + tokéi) O relógio ele(c)tró[ô]nico.

denki-gama 電気釜 (< …¹ + kamá) A panela elé(c)trica「para cozer arroz e o conservar quente」.

deñki-jíkake 電気仕掛け (< …¹ + shikáké) O dispositivo [mecanismo] elé(c)trico.

deñki-kúrage 電気水母【Zool.】A urtiga-do-mar (Medusa grande de picada venenosa); *physalia physalis utriculus*. [S/周] Katsúó-nó-éboshi (+).

deñkíseki 電気石 A turmalina. [S/周] Torúmáríñ.

deñki-únagi 電気鰻【Zool.】O peixe-elé(c)trico; o poraquê; *gymnotus electricus*.

deñki-yá 電気屋 **1**［電気工］O ele(c)tricista. **2**［電気店］A loja de ele(c)trodomésticos [ele(c)tr.].

deñkō 電光 **1**［いなびかり］O relâmpago; o raio; o corisco. ◇ **~ sekka** 電光石火 A faísca (dum relâmpago)「」~ *sekka no hayawaza* 電光石火の早業 Uma coisa feita com uma rapidez impressionante. [S/周] Inábíkari (+); ínázuma (○). **2**［電灯の光］A luz elé(c)trica. ◇ **~ keijiban** 電光掲示板 A tabela iluminada「do jogo」. **~ nyūsu** 電光ニュース As notícias ele(c)tró[ô]nicas.

deñkyókú 電極 O ele(c)trodo; o pólo「positivo/negativo」.

deñkyū 電球 A lâmpada (elé(c)trica). ~ *ga kireta* 電球が切れた Fundiu-se a ~. ★ *Yon-jū-watto no ~* 40ワットの電球 ~ de 40 watts. ◇ **Hadaka ~** 裸電球 ~ sem globo. **Mame ~** 豆電球 ~ pequena (Para decoração, etc.). ⇨ deñtó²; keíkótó.

Deñmáku【áa】デンマーク O Dinamarca. ◇ **~ jin** デンマーク人 O dinamarquês (Tb. língua).

denomí(néshon)【ée】デノミ(ネーション) A reavaliação (do valor nominal) da moeda.

dénpa¹ 電波 A onda elé(c)trica [hertziana]. *Sono jiken wa sugu ni ~ ni notte Nihon-jū ni hirogatta* その事件はすぐに電波に乗って日本中に広がった O acontecimento foi logo transmitido pelo rádio e televisão a [para] todo o Japão. ★ ~ *o tsūjite* 電波を通じ

て「falar/transmitir」Por rádio. ◇ ~ **bōenkyō** 電波望遠鏡 O radiotelescópio. ~ **bōgai** 電波妨害 A interferência; o bloquear a transmissão. ~ **gaku** 電波学 A ciência de radiotransmissão. ~ **kei** 電波計 O ondímetro. ~ **shōgai** 電波障害 As interferências (nas ondas da radiotransmissão). ~ **tenmongaku** 電波天文学 A radioastronomia.

dénpa² 伝播 **1** [広く伝わっていくこと] A propagação; a difusão; a disseminação; a divulgação. ◇ ~ **suru** 伝播する Propagar; difundir; disseminar; divulgar; espalhar. *Akushitsu na dema ga kokumin no aida ni ~ shite itta* 悪質なデマが国民の間に伝播していった Começaram a espalhar-se boatos perniciosos [maus] entre o povo. ★ *Kirisuto-kyō no ~* キリスト教の伝播 A propagação do cristianismo. **2** [波動が広がること] A transmissão; a propagação. ◇ ~ *Netsu no ~* 熱の伝播 A transmissão do calor.

dénpata 田畑 Os campos cultivados; as propriedades. ◇ ~ *o uriharau* 田畑を売り払う Vender as ~. ⓈⓅⓆ Táhata (+) . hatáki¹; ta¹.

dénpō¹ 電報 O telegrama; a mensagem telegráfica. *Haha kara chichi kitoku to iu ~ ga kita* 母から父危篤という電報が来た Recebi um ~ da minha mãe a dizer que o meu pai está a [para] morrer. ◇ ~ *o utsu* 電報を打つ Mandar um ~. ~ **ryō (kin)** 電報料 (金) A tarifa dos ~s. ~ **(toriatsukai) kyoku** 電報(取扱)局 A repartição de ~s. ~ **uketsuke** 電報受付 (掲示) Aceitam-se [Atendimento de] telegramas. **Angō** ~ 暗号電報 O cifrado. **Shikyū** ~ 至急電報 O ~ urgente.

dénpō² 伝法 a) A fanfarronada; a bravata; b) O fanfarrão. ★ ~ *na kuchi de kiku* 伝法な口をきく Ser fanfarrão [Fanfarronar/Dizer fanfarronadas]. ~ *hada no onna* 伝法肌の女 A mulher valente [valentona/de-armas-tomar]. ⓈⓅⓆ Tekka-hada.

dénpō-gáwase 電報為替 (<‥¹ + kawásé) A transferência telegráfica.

dénpu 田夫 O caipira (B.); o rústico; o provinciano. ◇ ~ **yajin** 田夫野人 Um campónio [saloio/caipira]. ⓈⓅⓆ Ináká-mónó (+) .

dénpún 澱粉 O amido; a fécula「da batata」. ◇ ~ **shitsu** 澱粉質 A feculência [~ *shitsu no* 澱粉質の Feculento; amiláceo].

dénpyō 伝票 A fa(c)tura; o vale. ★ ~ *o kiru* 伝票を切る Fazer [Passar] a ~. ~ *o seisan suru* 伝票を精算する Liquidar [Pagar] a ~. **Furikae** ~ 振替伝票 O ~ de transferência. **Nyūkin** ~ 入金伝票 O vale de entrada (de dinheiro). **Shiharai** ~ 支払い伝票 O vale de pagamento. **Shukkin** ~ 出金伝票 O ~ de saída.

dénrái 伝来 **1** [外国から伝わってくること] A introdução; a vinda; a importação. *Nippon e no bukkyō ~ wa roku-seiki no koto da* 日本への仏教伝来は六世紀のことだ A introdução do budismo no Japão foi no século sexto. ◇ ~ *suru* 伝来する Ser introduzido [*Seiyō igaku wa jūroku-seiki ni Ruisu de Arumeida ni yotte ~ shita* 西洋医学は16世紀にルイス・デ・アルメイダによって伝来した A medicina ocidental foi introduzida (no J.) por Luís de Almeida, no século deza[e]sseis. Gaírái; torái. **2** [先祖から代々伝えられてきたこと] A transmissão (dos antepassados). ★ *Fuso ~ no tahata* 父祖伝来の田畑 Os campo [terreno] herdado da família. *Senzo ~ no takaramono* 先祖伝来の宝物 O tesouro guardado [transmitido] de geração em geração.

denréí¹ 伝令 **1** [命令の伝達] A mensagem; a ordem. **2** [命令を伝える人] O mensageiro.

denréí² 電鈴 A campainha elé(c)trica. ⓈⓅⓆ Béru (o); yobírí (+) .

dénri 電離 **1** [原子や分子がイオンになること] A ionização. ◇ ~ **sō** 電離層 A ionosfera. ⓈⓅⓆ Deńshí-káiri; ióń-ká. **2** [溶液中でイオンに分かれること] A dissociação ele(c)trolítica. ⓈⓅⓆ Deńkáí.

dénro 電路 O circuito elé(c)trico. ⓈⓅⓆ Káiro³ (+) .

dénryoku 電力 A energia elé(c)trica. ~ *(no shōhi) o setsuyaku suru* 電力(の消費) を節約する Economizar (o consumo de) . *Kōjō ni ~ o kyōkyū suru* 工場に電力を供給する Fornecer energia elé(c)trica à [para a] fábrica. ~ *o shōhi suru* 電力を消費する Consumir energia elé(c)trica [Gastar ele(c)tricidade]. *Hyakuman bariki no ~* 100万馬力の電力 de 1.000.000 HP [de Cavalos-vapor]. ◇ ~ **busoku** 電力不足 A falta de ~. ~ **gaisha** 電力会社 A campanhia de ~. ~ **kei**. ~ **kōgyō** 電力工業 A indústria de ~. ~ **ryōkin** 電力料金 A tarifa de ~. ~ **sai** 電力債 A obrigação [debentura (B.)] da companhia de ~.

dénryókú-kéi 電力計 O wattímetro.

dénryū 電流 A corrente elé(c)trica. ★ ~ *ga kite [nagarete; tsūjite] iru* 電流が来て [流れて;通じて] いる Haver [Estar ligada a] ~. ~ *o tatsu [kiru]* 電流を断つ [切る] Desligar [Cortar] a ~. ~ *o tsūjiru [tōsu; nagasu]* 電流を通じる [通す;流す] Ligar [Deixar passar] a ~ 「à TV」. ◇ ⇨ ~**kei**.

dénryú-kéi 電流計 O amperímetro. ⓈⓅⓆ Anpéaméta.

dénsánki 電算機 O computador. ⓈⓅⓆ Deńshí késánki (+) ; końpyūtā (+) . deńtáku (+) .

dénseíkán 伝声管 O tubo [cano] acústico.

dénsén¹ 伝染 (◇ densén-byō) **1** [病気がうつること] O contágio; a infe(c)ção. ◇ ~ **suru** 伝染する Contagiar; transmitir. *Kazoku minna ni infuruenza ga ~ shita* 家族みんなにインフルエンザが伝染した A gripe contagiou toda a família [Apanhámos todos a gripe]. ◇ ~ **sei** 伝染性 A contagiosidade. *Kūki* ~ 空気伝染 ~ pelo ar. **Sesshoku** ~ 接触伝染 ~ pelo conta(c)to. ⓈⓅⓆ Kańséń.
2 [移って染まること] O contágio; o pegar-se「o riso a todos」. ★ *Akubi ga ~ shita* あくびが伝染した Começaram todos a bocejar por contágio.

dénsén² 伝線 Uma malha caída, um fuguete (G.). *Sutokkingu ga ~ shite imasu yo* ストッキングが伝線していますよ Você tem um/a ~ na meia. ⇨ hotsuréru.

dénsén³ 電線 O fio [cabo] de ele(c)tricidade.

densén-byō 伝染病 (<‥¹ + byōki) A epidemia; a doença infe(c)ciosa. ★ ~ *ga hayatte iru* 伝染病がはやっている Há um surto de [Está a grassar uma] epidemia. ◇ ~ **kanja** 伝染病患者 O paciente contagiado. **Hōtei** ~ 法定伝染病 As「onze」espécies de ~ determinadas por lei.

dénsétsu 伝説 A lenda; a tradição. ~ *ni yoru to kono mizuumi ni wa ryū ga sunde iru to iu* 伝説によるとこの湖には龍が住んでいるという Segundo a lenda (dizem que) neste lago mora um dragão. ◇ ~ **teki** 伝説的 Lendário [*Kare no buyūden wa mohaya ~ teki da* 彼の武勇伝はもはや伝説的だ A bravura dele já é lendária].
ⓈⓅⓆ Fúbúń; fúsétsú; íí-tsútáé (+) .

dénsha 電車 O comboio [trem] (elé(c)trico). *Chōdo*

chikaku o ～ *ga tōtte iru* ちょうど近くを電車が通っている ～ passa mesmo perto「desse local」. ★ ～ *de iku* 電車で行く Ir de ～. ～ *kara oriru* 電車から降りる Descer do ～. ～ *ni noru* 電車に乗る Tomar o ～. ～ *no ben ga yoi* 電車の便がよい Ter muitos [Estar bem servido de] ～s. ～ *o nori-kaeru* 電車を乗り換える Baldear [Mudar] de ～. ◇ **～ chin** 電車賃 A passagem [tarifa do ～]. **Kōgai ～** 郊外電車 ～ suburbano. **Romen ～** 路面電車 O (carro) elé(c)trico [bonde (B.)].

déńshi 電子 O ele(c)trão; o ele(c)tró[ô]nio. ◇ **～ kan** 電子管 O tubo [A válvula] ele(c)trônico[a]. ⇨ **～ keisanki**. **～ kenbikyō** 電子顕微鏡 O microscópio ele(c)trônico. **～ kōgaku** 電子工学 A ele(c)tró[ô]nica. **～ kōgaku** 電子光学 A ele(c)tro-óptica. **～ kōgyō** 電子工業 A indústria ele(c)trônica. **～ kōzō** 電子構造 A estrutura ele(c)tró[ô]nica. **～ ongaku** 電子音楽 A música ele(c)tró[ô]nica. **～ orugan** 電子オルガン O órgão ele(c)tró[ô]nico. **～ renji** 電子レンジ O (forno de) micro-ondas (ele(c)trônico). **～ zunō** 電子頭脳 O cérebro ele(c)tró[ô]nico. **In ～** 陰電子 O negatrão; o negatrônio. **Yō ～** 陽電子 O positrão; o positrônio. [S/同] Erékútóron.

deńshí-kéisánki 電子計算機 O computador (ele(c)trônico). [S/同] Deńsánki; końpyū́tā (+).

deńshíń 電信 A telegrafia [comunicação telegráfica]; o telégrafo. ★ ～ *de* 電信で Por telégrafo. ◇ ⇨ **～ bashira**. **～ gishi [gishu]** 電信技師[技手] O telegrafista. **～ kawase** 電信為替 A transferência telegráfica. **～ ki** 電信機 O telégrafo (Aparelho). **～ kyoku** 電信局 A estação telegráfica; o posto de ～. **Musen ～** 無線電信 A radiotelegrafia. ⇨ deńpṓ[1].

deńshín-báshira 電信柱 (<… + hashírá) **1** [電柱] O poste de ele(c)tricidade. [S/同] Deńchū́ (+). **2** [背の高い人] Um poste [altanaz]. [S/同] Nóppo (+).

deńshṓ 伝承 A transmissão; a tradição「oral」. *Furui iitsutae o atarashii sedai ni* ～ *suru* 古い言い伝えを新しい世代に伝承する Transmitir as lendas antigas [velhas tradições] à nova geração. ◇ **～ bungaku** 伝承文学 A literatura oral [folclórica]. **Minkan ～** 民間伝承 O folclore; as tradições populares. ⇨ deńsétsú.

deńshó-bato 伝書鳩 (<… + háto) O pombo-correio. ★ ～ *o hanatsu* 伝書鳩を放つ Soltar [Largar] o ～.

deńshóku 電飾 O anúncio luminoso. [S/同] Irúmínéshon.

deńsṓ 電送 A transmissão radiotelegráfica. ★ *Shashin no* ～ *o suru* 写真の電送をする Enviar uma fototelegrafia. ◇ **～ shashin** 電送写真 A fototelegrafia.

dénsuke 伝助【G.】 **1** [小型録音機] O gravador portátil. **2** [伝助賭博] Uma espécie de jogo de roleta.

deńtákú 電卓 A calculadora [máquina ele(c)tró[ô]nica de calcular]. ◇ **Kādo ～** カード電卓 ～ pequena e fina, do tamanho de um cartão (de crédito). ⇨ deńsánki.

deńtátsú 伝達 A transmissão; a comunicação「a todos os interessados」; a notificação. ◇ **～ jikō** 伝達事項 O (assunto a ser) comunicado; a mensagem; o recado. [S/同] Tsū́tátsú.

deńtétsú 電鉄 A ferrovia ele(c)trificada. [S/同] Deńkí tétsudō.

dén to でんと【G.】(Im. de majestoso, firme, seguro). ★ ～ *kamaeru* でんと構える Tomar uma atitude de imponente [serena/firme]; postar-se, decidido a resistir. ～ *suwaru* でんと座る Sentar-se majestosamente. [S/同] Dosshíri to.

deńtṓ[1] 伝統 A tradição. *Kono matsuri ni wa sennen ijō no* ～ *ga aru to iu koto da* この祭りには千年以上の伝統があるということだ Dizem que este festival tem uma ～ de mais de mil anos. ★ ～ *ni shitagatte* 伝統に従って Segundo [De acordo com] a ～. ～ *o mamoru* [*iji suru*] 伝統を守る[維持する] Manter a ～. ～ *o omonjiru* [*mushi suru*] 伝統を重んじる[無視する] Respeitar a [Não fazer caso da] ～. ～ *o yaburu* 伝統を破る Romper a ～. ～ *teki* 伝統的 Tradicional〔*Waga-kō wa* ～ *teki ni undō ga sakan da* わが校は伝統的に運動が盛んだ Tradicionalmente, a nossa escola dá grande importância ao desporto [esporte (B.)]〕. ◇ **～ shugi** 伝統主義 O tradicionalismo. **～ shugisha** 伝統主義者 O tradicionalista. ⇨ rekíshí[1].

deńtṓ[2] 電灯 [燈] A luz [lâmpada] elé(c)trica. ～ *ga tsuita* [*kieta*] 電灯がついた[消えた] Acendeu-se [Apagou-se] a ～. ★ ～ *o kesu* [*tsukeru*] 電灯を消す[つける] Apagar [Acender] a ～. ～ *o kuraku suru* 電灯を暗くする Diminuir [Baixar] a luz. ⇨ akárí; dénki[1] **2**; deńkyū; keíkṓtō.

deńwá 電話 **1** [電話機による通話] O telefonema; a chamada telefó[ô]nica; o telefone; a ligação. ～ *ga tsunagarimashita. Dōzo o-hanashi kudasai* 電話がつながりました. どうぞお話し下さい Pode falar, a ligação está feita [o telefone está ligado]. *Anata ni* ～ *desu* あなたに電話です O telefonema é para você. *Kaisha ni* ～ *o kudasai* 会社に電話を下さい Telefone-me para a firma. *O-*～ *kawarimashita* お電話代わりました Faz favor (de dizer), (já) sou eu (ao telefone). *Suzuki-san kara o* ～ *desu* 鈴木さんからお電話です É um telefonema do senhor Suzuki. ★ ～ *de hanasu* 電話で話す Falar ao [pelo] telefone. ～ *ga aite iru* 電話が空いている O telefone está livre. ～ *ga fusagatte iru* 電話がふさがっている O telefone está ocupado. ～ *ga kakatte iru* 電話がかかっている O telefone está tocando [a tocar]. ～ *ga kireta* 電話が切れた Caiu a linha; o telefone desligou; cortou-se a ligação. ～ *ga konsen shite iru* 電話が混線している As linhas (do telefone) estão cruzadas. ～ *ga tōi no desu ga* 電話が遠いのですが Não se ouve (bem)! ～ *ga tsūjinai* [*futsū da*] 電話が通じない[不通だ] O telefone não liga [O telefone está interrompido/cortado]. ～ *ni deru* 電話に出る Atender o ～. ～ *ni dete iru* 電話に出ている Estar ao telefone. ～ *o ireru* 電話を入れる Instalar [Pôr] o telefone. ～ *o kiru* 電話を切る Desligar [Cortar o telefone]〔～ *o kirazu ni sono mama o-machi kudasai* 電話を切らずにそのままお待ち下さい Aguarde sem desligar〕.「*Uketsuke e*」～ *o mawasu*「受付へ」電話を回す Passar a ligação à [para a] recepção. ～ *suru* 電話する Telefonar [Fazer um telefonema/uma chamada]〔*Ie e* ～ *shitai no desu ga* 家へ電話したいのですが Queria ligar [telefonar] para casa. *Mata* ～ *shimasu* また電話します Telefonarei novamente〕. ◇ **～ bangō** 電話番号 O número de telefone. **～ bokkusu** 電話ボックス A cabina telefô[ó]nica. ⇨ **～chō**. **～ denpō** 電話電報 O telegrama encomendado por ～. ⇨ **～guchi**. **～ kaisen** 電話回線 O circuito telefô[ó]-

nico. ~ **kōkan-ki[-dai]** 電話交換機 [台] O quadro [painel] de distribuição [ligação] telefô[ó]nica; o quadro comutador; o PBX. ~ **kōkanshu** 電話交換手 O telefonista. ~ **ma** 電話魔 **a)** O maníaco do ~ (gosta de telefonar); b)O que faz telefonemas obscenos. ~ **renraku** 電話連絡 A comunicação por telefone. ~ **sen** 電話線 A linha [O fio; O cabo] telefó[ô]nica[o]. **Chokutsū** ~ 直通電話 A ligação dire(c)ta. **Kokusai** ~ 国際電話 A ligação internacional. **Machigai** ~ 間違い電話 O engano (telefó[ô]nico); o número errado. **Naga** ~ 長電話 Um longo telefonema. **Yobidashi** ~ 呼び出し O usar o [ser chamado ao] telefone de outra pessoa.
2 [電話機の略] O telefone (Aparelho). *Chotto ~ o kashite kudasai* ちょっと電話を貸して下さい Podia usar o ~? ★ ~ *o hiku* [*tori-tsukeru*] 電話を引く [取り付ける] Instalar o ~. ◇ ⇨ ~ **ki;** ~ **kyoku;** ~ **ryō**. **Aka** [**Ao; Kīiro; Pinku**] ~ 赤 [青; 黄色; ピンク] 電話 ~ vermelho [azul; amarelo; cor-de-rosa]. **Kōshū** ~ 公衆電話 ~ público. **Musen** ~ 無線電話 O radiofone. **Oyako** ~ 親子電話 Dois ou mais ~s só com um número. **Rusuban** ~ 留守番電話 ~ (com) gravador. **Terebi** ~ テレビ電話 ~ (com) televisor.

deńwá-chṓ 電話帳 A lista telefó[ô]nica. ★ ~ *ni notte iru* 電話帳に載っている Estar [Vir] na ~. ~ *o hiku* 電話帳を引く Procurar/Ver「o nome de alguém」na ~.

deńwá-guchi 電話口 (< … + kuchí) O (bocal do) telefone.

deńwá-ki 電話機 (< … + kí) O (aparelho do) telefone. [S/同] Deńwá **2** (+).

deńwá-kyoku 電話局 A estação [central] telefó[ô]nica.

deńwá-ryō 電話料 (< … + ryṓkin) A taxa [conta; tarifa] de telefone.

depā́to デパート (< Ing. department store) O armazém. [S/同] Hyakkáten.

déppa 出っ歯【G.】Os dentes salientes; a dentuça.

deppárí 出っ張り (< deppáru) A saliência「do prédio」; a protuberância.

deppáru 出っ張る【G.】(< déru + harú) Proje(c)tar-se (para fora); formar saliência. ★ *Hara no deppata oji-san* 腹の出っ張ったおじさん O homem barrigudo; um pançudo.

deppúri でっぷり【G.】Com corpulência. ~ *futoru* でっぷり太る Ficar obeso. [S/同] Zuńgúri.

derákkusu デラックス (< Fr. de luxe) De luxo; luxuoso. ★ ~ *na mūdo* デラックスなムード Um ambiente ~. [S/同] Gṓka; zeítákú.

déredere でれでれ【G.】 **1** [しまりのないさま] (Im. de desleixo, desalinho). ★ ~ (*to*) *aruku* でれでれ(と)歩く Andar desleixadamente. ⇨ daráshínái; shímari. **2** [だらしなくこびるさま] A namoriscar [arrastar a asa]. ★ *Onna ni ~ suru* 女にでれでれする Namoriscar as mulheres.

deríkḗto デリケート (< Ing. delicate < L.) **1** [繊細] O ser frágil/delicado/sensível. *Kanojo wa ~ na shinkei no mochinushi da* 彼女はデリケートな神経の持ち主だ Ela tem uns nervos muito frágeis/delicados [Ela é muito sensível]. [S/同] Seńsái.
2 [微妙] O ser perigoso [delicado]. ★ ~ *na mondai* デリケートな問題 Uma questão delicada. [S/同] Bimyṓ (+).

derínjá-génshō デリンジャー現象 O fenó[ô]meno [efeito] de Dellinger.

déru 出る (⇨ dásu) **1** [内から外へ行く] Sair. *Chichi wa yōji de dete iru* 父は用事で出ている O (meu) pai saiu a fazer qualquer coisa (e não está). *Dete ike* 出て行け Fora daqui!; rua! ★ *Ie o ku-ji ni ~* 家を9時に出る Sair (de casa) às 9 (horas). *Namida ga ~* 涙が出る Chorar; correrem as lágrimas. [P/ことわざ] ~ *kui* [*kugi*] *wa utareru* 出る杭 [くぎ] は打たれる Evite [Não é bom] sobressair (Lit. "A estaca [O prego] saída[o] é que apanha" (com o martelo)).
2 [去る] Deixar; terminar. ★ *Daigaku o ~* 大学を出る Formar-se; terminar a universidade [o curso]. 「*Ryōshin no iru*」*ie o ~*「両親のいる」家を出る Deixar a [Sair da] casa dos pais.
3 [出発する] Partir; avançar. *Ōsaka e no densha wa nan-ji ni demasu ka* 大阪への電車は何時に出ますか A que horas sai [parte] o comboio [trem] para Ōsaka?
4 [ある所へ達する] Ir dar [sair]「a」. *Kono roji o iku to eki e ~* この路地を行くと駅へ出る Se for [Indo] por esta ruazinha vai dar à estação.
5 [表れる; ある] Aparecer; ter; haver. *Kono ie wa gokiburi ga takusan ~* この家はゴキブリがたくさん出る Esta casa tem muitas baratas. *Kono kotoba wa jisho ni dete imasen* この言葉は辞書に出ていません Esta palavra não vem no dicionário. ★「*Eki kara shiyakusho-yuki no*」*basu ga dete iru*「駅から市役所行きの」バスが出ている Tem autocarro [ônibus], da estação para a Câmara Municipal. *Hi ga deta* 火が出た Nasceu o sol.「*Nakushita*」*hon ga dete kita*「なくした」本が出て来た Apareceu o livro que eu tinha perdido. *Kyoka ga deta* 許可が出た Já há [temos] licença. *Kyūryō ga ~ hi* 給料が出る日 O dia do pagamento do salário.「*Chūrippu no*」*me ga deta*「チューリップの」芽が出た As tulipas já nasceram.「*Osu Rujiadasu no*」*nihongo-yaku* [*hon*] *ga deta*「オス・ルジアダスの」日本語訳 [本] が出た Saiu a tradução japonesa d' "Os Lusíadas". *Shinbun* [*Terebi*] *ni ~* 新聞 [テレビ] に出る Sair no jornal [na televisão].
6 [人前に現れる] Participar「em」; assistir「a」. ★ *Kaigi ni ~* 会議に出る Ir [Assistir] à reunião. *Sekiri no kanja ga deta* 赤痢の患者が出た Houve casos de [gente com] disenteria. *Senkyo ni ~* 選挙に出る Concorrer às eleições. *Shiai ni ~* 試合に出る Participar no desafio. [I/慣用] *Kimi no ~ maku de wa nai* 君の出る幕ではない Não és para aqui chamado.
7 [起こる] Ter origem; surgir; haver. *Porutogarugo wa ratengo kara dete iru* ポルトガル語はラテン語から出ている O p. vem do L. **8** [産出する] Haver. *Kono yama kara wa tetsu ga ~* この山からは鉄が出る Este monte tem minério [depósitos] de ferro. **9** [商品が売れる] Ter saída. *Kono shōshin* [*hon*] *wa yoku ~* この商品 [本] はよく出る Este artigo [livro] vende-se bem [vende-se muito/tem muita saída].
10 [態度を表す] Mostrar-se; pôr-se. *Kare wa dō ~ ka mi-mono da* 彼はどう出るか見ものだ Vamos [Quero] ver a atitude que ele toma. *Shitate ni dereba tsukeagari-yagatte* 下手に出ればつけあがりやがって Eu a condescender e você a ~ assim arrogante?

derútá デルタ (< Ing. < Gr. delta) **a)** O [A letra grega] delta; **b)** O delta「do rio Nilo」. ◇ ~ **chitai** デルタ地帯 O [A zona do] ~. [S/同] Sańkákú-su.

de-sákárí 出盛り (< déru + …) **1** [果物・野菜などの]

D

A (melhor) época. *Ima wa ringo no ~ da* 今はりんごの出盛りだ Estamos no tempo [Agora é a ~] das maçãs. [S/同] Shún. **2** [人の] A hora de ponta [mais movimento].

de-sákí 出先 (< déru + …) **1** [外出先] O destino. ★ ~ *kara tegami o dasu* 出先から手紙を出す Enviar uma carta do lugar aonde [para onde] foi. [S/同] Gaíshútsú sákí. **2** [出先機関の略] Um representante. ◇ ~ **kikan** 出先機関 **a)** A sucursal [filial]; **b)** A agência governamental no estrangeiro.

deshábárí 出しゃばり【G.】**a)** A intromissão; **b)** O intrometido. *Kono ~ me!* この出しゃばりめ Seu intrometido [atrevido]! [S/同] De-súgí.

deshábáru 出しゃばる **a)** Intrometer-se; interferir; meter o nariz onde não é chamado; **b)** Querer sobressair [dar nas vistas]. *Yoku shiri mo shinai kuse ni ~ na* よく知りもしないくせに出しゃばるな Não te metas [Cala o bico], (já) que estás (por) fora do assunto! [S/同] De-súgíru.

deshí 弟子 (⇨ séito[1]) O discípulo「de Cristo」; o aluno; o seguidor; o aprendiz「de carpinteiro」. ⇨ deshí-írí. ★ ~ *o toru* 弟子を取る Aceitar discípulos. [S/同] Mońjíń; mońtéí; oshíé-gó. [A/反] Shíshō.

deshí-írí 弟子入り (< … + irú) O fazer-se [entrar como] discípulo. ★ *Rakugo no shishō ni ~ suru* 落語の師匠に弟子入りする Fazer-se discípulo de um mestre de "rakugo".

déshiberu デシベル【Fís.】(< Ing. decibel < L. decem + A.G. Bell) O decibel (Unidade da intensidade de som, equivalente à décima parte de bel).

deshíná 出しな ⇨ de-gáké.

deshṓ [óo] でしょう (Forma gram. de ⇨ "dé aru", que exprime probabilidade, dúvida).

de-sóróu 出揃う (< déru + …) Aparecerem todos; estarem todos (presentes). *Asagao no me ga desorotta* 朝顔の芽が出揃った Os brotos da ipoméia [madrugada/dos bons-dias] já despontaram todos. ★ *Yūryoku kōho ga ~* 有力候補が出揃う ~ os principais candidatos.

déssan デッサン (< Fr. dessin) O esboço; o debuxo; o rascunho; o bosquejo. ★ *Aburae no ~ o suru* 油絵のデッサンをする Fazer o esboço de uma pintura a óleo. [S/同] Shitá-é; sobyṓ; sugákí.

désu です (Presente do verbo ⇨ "dé aru"; é muito usado e mais cortês do que ⇨ "da[1]"). *Kore wa nan ~ ka* これは何ですか Que é isto?

de-súgíru 出過ぎる (< déru + …) **1** [ある基準以上に出る] Sair demais. *Gasu no honō ga desugite iru* ガスの炎が出過ぎている A chama do gás está grande [forte] demais. **2** [出しゃばる] **a)** Intrometer-se; **b)** Ser mandão; querer sempre ganhar. ★ *Desugita koto o iu* 出過ぎたことを言う Ser atrevido (no que diz). [S/同] Deshábáru (+). **3** [茶などが] Ficar forte demais. *Kono o-cha wa desugite iru* このお茶は出過ぎている Este chá ficou [está] forte demais.

désuku デスク (< Ing. desk) **1** [事務机] A escrivaninha; a mesa. ◇ ~ **wāku** デスクワーク O trabalho de escritório. [S/同] Tsukúé. **2** [新聞社の] O chefe de reda(c)ção. ★ *Shakai-bu no ~* 社会部のデスク ~ do departamento de notícias sociais [da coluna social]. [S/同] Heńshúchṓ.

desú-másuku デスマスク (< Ing. death mask) A máscara mortuária. ★ ~ *(no kata) o toru* デスマスク(の型)をとる Fazer o molde da ~. [S/同] Shí-men.

dḗta [ée] データ (< Ing. data < L.) O dado. ★ ~ *o atsumeru [toru]* データを集める[取る] Juntar [Recolher] ~s. ◇ ~ **banku** データバンク O banco [reservatório] de ~s. ~ **shori sōchi** データ処理装置 O processador [A máquina de processamento] de ~s. ~ **tsūshin** データ通信 A comunicação [transmissão] de ~s. ⇨ jṓhṓ[1]; shíryō[1].

detárámé 出鱈目 O disparate; a mentira; a bobagem; o absurdo; a tolice. *Ano uwasa wa mattaku no ~ desu* あのうわさは全くのでたらめです Aquele boato [rumor] é totalmente falso. ★ ~ *na hanashi* でたらめな話 Uma história sem pés nem cabeça [toda inventada/toda disparatada]. ~ *na seikatsu o okuru* でたらめな生活を送る Levar uma vida dissoluta [desregrada]. ~ *o iu* でたらめを言う Dizer disparates/bobagens; não saber o que diz. [S/同] Mechákúchá.

detátókó shṓbu [óo] 出たとこ勝負 O que for soará; o deixar à sorte. *Shinpai suru na. ~ de ikō* 心配するな。出たとこ勝負でいこう Não se preocupe, que [porque] a sorte há-de estar do nosso lado. [S/同] Ikíátárí-báttari.

detchí 丁稚 O aprendiz. ◇ ⇨ ~ **bōkō**. [S/同] Kozṓ.

detchíágé でっち上げ (< detchíágéru)【G.】A invenção; a patranha (G.). *Keisatsu no shōko wa mattaku no ~ da* 警察の証拠は全くのでっち上げだ As provas da polícia são uma ~ [completamente forjadas]. ★ ~ *no jiken* でっち上げの事件 Um caso forjado/inventado. [S/同] Netsúzṓ.

detchíágéru でっち上げる **1** [捏造する] Inventar; forjar. ★ *Hanashi o ~* 話でっち上げる ~ uma história qualquer. [S/同] Netsúzṓ súrú. **2** [何とか作り上げる]【G.】Despachar; arrumar; fazer de qualquer maneira. ★ *Nan-to-ka repōto o kijitsu made ni ~* なんとかレポートを期日までにでっち上げる Despachar o trabalho「de sociologia」dentro do prazo [a tempo].

detchí-bṓkō [bóo] 丁稚奉公 (< … + hṓkō[2]) **a)** A aprendizagem; **b)** O (andar a) servir.

dḗto [ée] デート (< Ing. date) **1** [日付け] A data. [S/同] Hizúké (+). **2** [あいびき] O encontro de namorados. ★ ~ *no aite* デートの相手 O (companheiro de) namoro. ~ *no yakusoku o suru* デートの約束をする Marcar um encontro com o [a] namorado[a]. ~ *(o) suru* デート(を)する Namorar.

déwa[1] では Então; bem; nesse caso「eu não posso ir」. ~ *kyō wa kore de shitsurei itashimasu* では今日はこれで失礼いたします Bem, vou-me despedir [Então, muito obrigado, e até qualquer dia]. ~ *hajimemashō* では始めましょう Então vamos começar. ~ *mata* ではまた Então, até à próxima. [S/同] Ja[Jā]; soré déwa.

-déwa[2] では Em. *Ano yōdai ~ [ja] asu made motsu-mai* あの容態では[じゃ]明日まで持つまい No estado em que está, o doente não aguenta até amanhã. *Kono kawa de oyoi ~ ikemasen* この川で泳いではいけません É proibido nadar neste [no] rio.

deyṓ [óo] 出様 ⇨ de-kátá.

dezáin デザイン (< Ing. design) O plano; o risco「do edifício」; a planta; o desenho. ★ ~ *suru* デザインする Fazer o/a ~. *Shaneru no ~ ni yoru sūtsu* シャネルのデザインによるスーツ O fato [terno] desenhado por Chanel. ◇ **Gurafikku ~** グラフィックデザイン O desenho gráfico. **Interia ~** インテリアデザイン A decoração [planta] de interiores.

dezaínā デザイナー (< Ing. designer) O desenhista. ◇ **Fukushoku ~** 服飾デザイナー ~ de modas. **Kōgyō ~** 工業デザイナー ~ de modelos「de carros」.

de-zákárí 出盛り (< déru + sakarí) ⇨ de-sákárí.

dezáto [áa] デザート (< Ing. dessert) A sobremesa. ★ ~ *o dasu* デザートを出す Servir a ~. ⇨ shokúgó.

de-zóméshiki 出初め式 O desfile de Ano Novo do corpo de bombeiros, em que apresentam também espe(c)táculos de acrobacia em trajes tradicionais.

diféńsú ディフェンス【(D)es.】(< Ing. defence < L.) A defesa. [S/同] *Mamóri; shúbi.* [A/反] *Ofénsu.*

dípíí [dii-ii] ディーピーイー【D.P.E.】(Abrev. de Ing. developing, printing, enlarging) O processo de revelação, impressão e ampliação do filme.

dirékutā ディレクター (< Ing. director < L.) **1** [監督・演出家] **a)** O realizador de filme; **b)** O encenador. [S/同] *Kańtóku; eńshútsúk(a).* ⇨ *puródyûsâ.* **2** [楽団の指揮者] O regente de orquestra. [S/同] *Końdakutā* (+); *shikísha* (o).

disúkásshon ディスカッション (< Ing. discussion < L.) O debate. ★ ~ *suru* ディスカッションする Debater; discutir. ◇ **Paneru ~** パネルディスカッション ~ público「sobre ecologia」. [S/同] *Tógi* (+); *tóron* (o).

disúkáunto ディスカウント (< Ing. discount < L.) O desconto; a liquidação. *Zenpin nijippāsento ~ sēru* 全品 20 ％ディスカウントセール (掲示) Liquidação [Desconto] geral de 20 ％！ ◇ **~ shoppu** ディスカウントショップ A loja que vende as mercadorias a preços muito mais baixos do que os preços fixos. [S/同] *Ne-bíkí* (+); *warí-bíkí* (+).

dísuko ディスコ (< Ing. disco) A discoteca.

disúkótéku [ée] ディスコテーク (< Fr. discothéque) ⇨ *dísuko.*

dísuku ディスク (< Ing. disk < L.) **a)** O disco; **b)** A disquete (de computador). ◇ **Jiki ~** 磁気ディスク O ~ magnético. **Furoppī** [**Rēzā**] **~** フロッピー[レーザー]ディスク A disquete "floppy"/O disco flexível.

disúkú-jókkī ディスクジョッキー (< Ing. disc[k] jockey) O locutor de programas musicais [de rádio].

disúpōzā [óo] ディスポーザー (< Ing. disposer < L.) O triturador elé(c)trico de lixos, instalado na cozinha.

disúpúré [ée] ディスプレー (< Ing. display) **1** [展示] A exposição; a exibição. [S/同] *Chińrétsu; teńji.* ⇨ *kazári-tsúké.* **2** [ディスプレー装置] O sistema de apresentação visual.

dízérú-énjin ディーゼルエンジン (< Ing. diesel engine) O motor Diesel.

dízérú-kā [íi-áa] ディーゼルカー (< Ing. diesel car) A carruagem Diesel.

dízérú-kíkansha [íi] ディーゼル機関車 A locomotiva Diesel.

do¹ 度 **1** [程度] O (devido) limite; a sua [devida] medida. *Sake mo ~ o kosu* [*sugosu*] *to karada ni warui* 酒も度を越す[過ごす]と体に悪い A bebida [O vinho/O álcool] quando passa da ~ é má[mau] para a saúde. [S/同] *Hodó; téido.* *Shinmitsu no ~ o kuwaeru* 親密の度を加える Crescer a [Aumentar o grau de] intimidade. [S/同] *Doái.* **2** [心の平静] O equilíbrio; a calma; a presença de espírito. ★ ~ *o ushinau* 度を失う Perder o/a ~.

3 [角度の単位] O grau. ★ *Sanjū- ~ no kaku* 30度の角 O ângulo de trinta graus. ⇨ *kákudo.* **4** [温度の単位] O grau. *Watashi wa kinō sanjūku- ~ mo netsu ga atta* 私は昨日 39度も熱があった Ontem tive 39° de febre. ★ *Mainasu* [*Purasu*] *san- ~* マイナス[プラス]3度 Três graus negativos [positivos]. *Reika jū- ~* 零下 10度 Dez graus abaixo de zero. *Sesshi yon- ~* 摂氏 4度 Quatro graus centígrados. **5** [経緯度の単位] O grau. ★ *Hokui sanjū-, tōkei nijū go- ~* 北緯 30度東経 25度「situado a」Trinta graus de latitude norte e vinte e cinco de longitude este. **6** [回数] O número de vezes; a vez. *Kare ni wa ni- ~ to aitaku nai* 彼には二度と会いたくない Aquele fulano, não o quero tornar a ver. *Tōkyō ni kita no wa kore de san- ~ -me desu* 東京に来たのはこれで3度目です (Com) esta é a terceira vez que venho a Tóquio. ★ ~ *o kasaneru* 度を重ねる Fazer várias vezes [uma e outra vez]「e acostumar-se」. *Ichi-narazu, ni- ~ made mo* 一度ならず二度までも Não uma, (mas) duas vezes. [P/ことわざ] *Ni- ~ aru koto wa san- ~ aru* 二度あることは三度ある Ninguém diga: "desta água não beberei". [S/同] *-kái.* ⇨ *tab*². **7** [レンズの屈折率] A dioptria; a graduação; a potência. *Kono megane wa ~ ga awanai* この眼鏡は度が合わない Estas lentes não me servem. ★ ~ *no tsuyoi megane* 度の強い眼鏡 As lentes [Os óculos] muito fortes/com muita graduação. ~ *o hakaru* 度を計る Ver [Medir] as dioptrias (da lente). **8** [音程] O intervalo (musical). *Chō* [*Tan*] *san- ~* 長[短]3度 ~ maior [menor] de terceira. *Yon- ~ no waon* 4度の和音 O acorde de quarta. ⇨ *ońtéi.* **9** [アルコール分] O grau. ★ ~ *no tsuyoi uisukī* 度の強いウィスキー O uísque forte [de elevado grau/teor alcoólico]. *Arukōru-bun jū- ~ no wain* アルコール分 10度のワイン O vinho com 10 graus de álcool.

dó² ド【Mús.】(< It. do) ⇨ [A/同] A nota do.

do-³ ど【Pref.】(Pref. de ênfase) ◇ ⇨ **gitsui** [**konjō**/**mannaka**].

dō¹ [óo] 胴 **1** [胴体] O tronco (do corpo). ★ ~ *ga nagai* 胴が長い Ter o ~ comprido. [S/同] *Dōtai*¹. **2** [からだのまんなかあたり] A cintura. ★ ~ *ga hosoi* 胴が細い Ter a ~ fina. *Fukúbu.* **3** [物の胴体] O corpo; a parte principal [maior] de um obje(c)to. ★ *Hikōki no ~* 飛行機の胴 O corpo do avião; a fuselagem. [S/同] *Dōtai*¹. **4** [剣道の防具] **a)** O plastrão [peitilho] (Prote(c)ção para o peito); **b)** [胴打ち] Um ponto (ganho por atingir o peitilho). ★ ~ *o ippon toru* 胴を一本取る Ganhar um ponto. ~ *o tsukeru* 胴をつける Pôr [Colocar] o peitilho. **5** [三味線・太鼓などの楽器で、皮をはった部分] A caixa de ressonância「da guitarra」.

dō² [óo] どう **1** [状態の疑問を示す]「ない sei」Como「dizer」; de qualquer maneira; (o) que; que tal? *Ano hito wa ~ shite iru no kashira* あの人はどうしているのかしら Que será feito dele [Como é que ele estará]? *O-karada no guai wa ~ desu ka* お体の具合はどうですか Como [Que tal] está de saúde? *Kinō no shiken* (*wa*) ~ *deshita ka?* きのうの試験(は)どうしたか。 Como foi [correu] a prova [o exame] de ontem? *Riyū wa ~ de atte mo* 理由はどうであっても Seja qual for o motivo [a razão].

2 [方法の疑問を示す] Como; de que maneira. ~ *ni de mo anata no suki na yō ni shi nasai* どうにでもあな

たの好きなようにしなさい Faça como (você) quiser. *Anata no namae wa ~ kaku no desu ka?* あなたの名前はどう書くのですか Como se escreve o seu nome? ★ **~ shiyō** どうしよう Não sei que faça. — **~ shiyō mo nai** どうしようもない Não há nada a fazer; paciência!
3 [相手の意向をたずねる] Como; então. *~ boku no purezento ki ni itte kureta?* どう僕のプレゼント気に入ってくれた Que tal o [Gostou do] meu presente? *Ano sukāto (wa)~ kashira?* あのスカート(は) どうかしら Que tal aquela saia? *Hitotsu yatte mitara ~ desu* ひとつやって見たらどうです Por que não tenta [experimenta]? *~ da, wakatta ka* どうだ, 分かったか Então, entendeu?

dō³ [óo] 銅 O cobre (Cu 29). ★ **~ iro no** 銅色(の)(Da)cor de ~. ◇ **~ medaru** 銅メダル A medalha de bronze「em natação」. **~ seihin** 銅製品 Os artigos [produtos] de ~. **~ zaiku** 銅細工 Os trabalhos em ~. [S/同] Akágané.

dō⁴ [óo] 堂 **1** [神仏をまつる建物] O templo; o santuário. [I/慣用] **~ ni iru** 堂に入る Ser perfeito [excelente/de mestre] *Kare no engi wa ~ ni itta mono da* 彼の演技は堂に入ったものだ A arte de representar dele é primorosa [perfeita] /Ele é um grande a(c)tor. **2** [集会所] O salão; a academia; a sala de sessões. ⇨ reíháí ◇. [S/同] Shūkáíjō (+).

dō⁵ [óo] 同 **1** [同じ] Mesmo; igual; idêntico. ◇ ⇨ **~ jidai**. **~ nenrei** 同年齢 A mesma idade. ⇨ **~sedai**. [S/同] Onáji. **2** [前に述べたものと同じであることを表す] O mesmo; o referido; este. **~** *Satō Tarō, ~ Jirō* 佐藤太郎, 同次郎 O sr. Satō Tarō e Jirō (do mesmo apelido). [S/同] Onájiku.

dō⁶ [óo] 動 [E.] O movimento. ◇ **~** *teki (na)* 動的(な) Dinâmico. [A/反] Séi. ⇨ ugóku.

dō⁷ 道 O caminho (Us. em palavras compostas, por ex. "ken~"). ⇨ michí¹.

dóa ドア (< Ing. door) A porta. ★ **~ o akeru** [*shimeru*] ドアを開ける [閉める] Abrir [Fechar] a ~. ◇ **~ chēn** ドアチェーン A corrente de segurança da ~. **Jidō ~** 自動ドア ~ automática. **Kaiten ~** 回転ドア ~ giratória.
[S/同] To; tobírá. ⇨ génkan¹; irí-gúchí; món¹.

dō-áge [óo] 胴上げ (< ~¹ + agéru) O atirarem uma pessoa ao ar segurando-a nas palmas das mãos (Como saudação ou felicitação).

doái 度合い (< do¹ + áí) O grau; a intensidade. [S/同] Hodoáí; téido (+).

dō-bán [óo] 銅版 (< ~³ + hán) A calcografia [gravura em cobre]. ◇ **~ ga** 銅版画 O quadro calcografado.

dobéi 土塀 O muro [A parede] de barro. ⇨ heí².

dobín 土瓶 O bule de barro. ◇ **~ mushi** 土瓶蒸し Uma espécie de sopa com peixe, galinha, cogumelos e outros legumes, preparada num ~ e cozida ao vapor (Ao servir tira-se pela tampa do ~).

dóboku 土木 (Abrev. de "~kōgaku" e "~kōji") As obras de construção ou construção civil. ◇ **~ gishi** 土木技師 O engenheiro civil. **~ jigyō** 土木事業 O serviço [a obra] de construção (civil). **~ kenchiku** 土木建築 A (indústria de) construção civil. (⇨ dokén.). **~ (kō)gaku** 土木(工)学 A engenharia civil. **~ kōji** 土木工事 As obras de construção civil.

dobón どぼん ⇨ dobún.

dobú 溝 O fosso; a vala; a sarjeta; a valeta; o esgoto. *~ ga tsumatta no sōji o shita* どぶが詰まったのでそうじをした ~ estava entupida/o e limpámo-lo/a. *Anna tōsan shikakatta kaisha e tōshi suru no wa ~ e kane o suteru yō na mono da* あんな倒産しかかった会社へ投資するのはどぶへ金を捨てるようなものだ Investir (dinheiro) naquela firma que está a ir à falência é deitar dinheiro ao lixo. **~** *o sarau* どぶをさらう Limpar o/a ~. ◇ **~ nezumi** どぶ鼠 O leirão. **~ nezumi iro** どぶ鼠色 O cinzento escuro.
[S/同] Gesúí.

dobúdóbú どぶどぶ ⇨ dókudoku.

dobú-gáwá 溝川 (< ~ + kawá) O rio lamacento/lodoso.
[S/同] Bochán; boshán; dobón.

do-bún [óó] 同文 **1** [異異なる国家・民族間で使用する文字が同じであること] A mesma escrita. *Nitchū ryōkoku wa ~ dōshu da* 日中両国は同文同種だ Os japoneses e os chineses são da mesma raça e utilizam [têm] a ~. **2** [同じ文, 文章] **a)** Este [O referido] texto; **b)** o mesmo texto. ★ *Ika ~* 以下同文 O resto do texto é igual「ao outro」. ◇ **~ denpō** 同文電報 Telegramas idênticos.

dobúrókú 濁酒 [G.] O saqué não refinado [feito em casa].
[S/同] Morómí-zake; nigórí-zake; shiróúmá.

dōbútsú [óó] 動物 **1** [生物の二大区分の一つ] O animal [Os animais]. ◇ **~ aigo de** [*no hi*] 動物愛護デー[の日] O dia de prote(c)ção dos animais. ⇨ **~en**. **~ gaku** 動物学 A zoologia. **~ gakusha** 動物学者 O zoologista/zoólogo. **~ jikken** Experiência com ~s. **~ kai** 動物界 O reino animal. **~ ken'eki** 動物検疫 A quarentena [inspe(c)ção médica] dos ~s. ⇨**~sei**. **~ seitaigaku** 動物生態学 A zoo-ecologia. **~ shakaigaku** 動物社会学 A zoo-sociologia. ⇨ **~ shitsu**. ⇨ shokúbutsu.
2 [動物から人間をのぞいたもの, 特にけもの] O animal; a fera; a besta; o bruto. [S/同] Ke(dá)mónó.

dōbútsú-en [óó] 動物園 O jardim zoológico.

dōbútsú-séi [óó] 動物性 A animalidade. ◇ **~ tanpaku** (**shitsu**) 動物性蛋白(質) A proteína animal. [S/同] Júséi. [A/反] Shokúbútsú-séi.

dōbútsú-shitsu [óó] 動物質 A matéria animal. [A/反] Shokúbútsú-shitsu.

do[don]-byákushō 土百姓 [G.] O campónio; o saloio; o caipira.

dobyō 同病 A mesma doença; o mesmo mal. [P:ことわざ] *~ ai-awaremu* 同病相憐む Quem sofre do mesmo mal é que sabe.

dochákú 土着 O indigenato, o ser autóctone. ★ **~ suru** 土着する Fixar [Estabelecer]-se num lugar. ◇ **~ min** 土着民 Os aborígenes; os indígenas; o povo autóctone. ⇨ sumí-tsúku.

dōchákú¹ [óó] 撞着 [E.] A contradição; a incoerência. ◇ *Jiko* [*Jika*] **~** 自己 [自家] 撞着 A auto-contradição; o contradizer-se a si mesmo. [S/同] Mujún (+).

dōchákú² [óó] 同着 A chegada simultânea [ao mesmo tempo] 「a Tóquio」. ⇨ tōchákú.

dóchíra どちら **1** [どこ] Onde. *~ no o-umare desu ka* どちらのお生まれですか Onde (é que o senhor) nasceu? *Kyō wa ~ e o-dekake desu ka* 今日はどちらへお出かけですか (Para) onde (é que o senhor) vai

hoje? [S/同] Dóko (+) ; dótchi.
2 [どれ] Qual (dos dois); que. ～ *o erabō to anata no jiyū desu* どちらを選ぼうとあなたの自由です O senhor pode [tem a liberdade de] escolher qualquer um dos dois. ★ ～ *de mo yoi* どちらでもよい Qualquer dos dois「livros」serve. *Ryokō ni ikō to ikumai to jiyū desu ga, ～ ni shite mo hayaku henji o shite kudasai* 旅行に行こうと行くまいと自由ですが, どちらにしても早く返事をして下さい Se quer viajar ou não, depende de você, mas dê-nos depressa uma resposta. [S/同] Dóre.
3 [どなた] Quem. *Shitsurei desu ga ～-sama deshō ka?* 失礼ですがどちら様でしょうか Podia dizer(-me) o seu nome [Desculpe-me, quem é o senhor]? [S/同] Dáre; dónata(-sama) (+) .

dṓchṓ[1] [**doó**] 同調 **1** [調子を合わせること] O pôr-se de acordo; o seguir; o adaptar-se; o pôr-se do lado「de」; o simpatizar; o concordar; o sintonizar; o aceitar. *Kare wa sugu tanin no iken ni ～ suru* 彼はすぐ他人の意見に同調する Ele aceita facilmente o parecer dos outros. ◇ **～ sha** 同調者 O simpatizante; o seguidor. [S/同] Kyṓméí. **2** [共振] 【Ele(c)tri.】 A sintonização. ★ *Efu-emu-ha ni ～ saseru* FM波に同調させる Sintonizar「o rádio」para a FM.

Dṓchō[2] [**dóo**] 道庁 A sede do governo de Hokkaidō.

dṓchū [**óo**] 道中 A viagem. ～ *nani-goto mo nakatta* 道中何事もなかった Não aconteceu nada durante a ～. ★ ～ *de* [*ni*] 道中で[に] Durante a ～. ◇ **～ ki** 道中記 **a**) O diário de ～; **b**) O guia de ～. [S/同] Ryokṓ (+) ; tabíjí (+) .

dodáí[1] 土台 **1** [建築物の基礎] O alicerce; os fundamentos. *Kono ie wa ～ ga shikkari shite iru* この家は土台がしっかりしている Esta casa é sólida [tem bons alicerces]. ★ ～ *o katameru* 土台を固める Reforçar os [Fazer uns bons] alicerces. ～ *o sueru* 土台を据える Lançar [Pôr/Fazer] os alicerces. [S/同] Ishízúé. **2** [物事の基礎] A base; o fundamento; o alicerce. ★ *Jijitsu o ～ ni shite shōsetsu o kaku* 事実を土台にして小説を書く Escrever um romance, baseado num caso real. *Seikō no ～ o kizuku* 成功の土台を築く Construir a base do seu sucesso. [S/同] Kíso; motóí.

dodáí[2] どだい **1** [最初から] À partida/Do princípio. *Wareware ga ano chīmu ni katō nante ～ muri na hanashi datta* 我々があのチームに勝とうなんてどだい無理な話だった Era impossível ～ ganharmos àquela equipa. [S/同] Motómótó. **2** [まったく] **a**) Totalmente; **b**) Nunca. *Kimi no nayami to boku no to de wa ～ keta ga chigau yo* 君の悩みとぼくのとではどだいけたがちがうよ A sua aflição nunca foi como a minha. [S/同] Marúdé (+) ; mattákú (+) .

dṓdáń [**oó**] 同断【E.】⇨ dṓyṓ[1].

dṓ de mo [**óo**] どうでも (⇨ dṓ[2]) **1** [特に問題にしない] Indiferente. *Hito no koto nan ka ～ ii* 人のことなんかどうでもいい Os outros não importa [interessa/não faz diferença「que pensem assim」]. **2** [どうとでも] Como quiser; à vontade. ～ *katte ni shiro* どうでも勝手にしろ Faça como [o que] quiser「que para mim é o mesmo」! [S/同] Dṓ to demo. **3** [どうしても] De qualquer maneira. ★ ～ *kō demo* どうでもこうでも De uma maneira ou de outra. [S/同] Dṓ shite mo (+) ; zéhi. **4** [どう考えてみても] Por mais que se pense/se queira.

dṓdṓ[1] [**doó-**] 堂堂 **1** [立派なさま] Com dignidade; imponentemente;「casa」em grande estilo. ★ ～ *taru* [*to shita*; *no*] 堂々たる[とした; の] Digno; majestoso; grande; magnífico; esplêndido. [*Kare no ～ to shita taido ni hitobito wa kanmei o uketa* 彼の堂々とした態度に人々は感銘を受けた Todos ficaram impressionados com a digna atitude dele]. ～ *no kōshin* 堂々の行進 A marcha solene [toda imponente/em grande estilo]. ◇ ⇨ **～ meguri**.
2 [つつみかくしのないさま] Às claras; claramente; francamente. ★ ～ *to hatsugen suru* 堂々と発言する Falar com franqueza [honestidade; clareza; dignidade]. [S/同] Seíséí dṓdṓ.

dṓdṓ[2] [**doó-**] 同道 ⇨ dṓháń; dṓkṓ[2].

dṓdṓ[3] [**dóo-**] どうどう【On.】Com estrondo. *Nami ga ～ to iwa o utta* 波がどうどうと岩を打った A onda bateu ～ na rocha.

dodóitsu 都都逸 Um poema humorístico e popular originado nos fins da época Edo, que trata principalmente de temas amorosos.

dṓdṓ-méguri [**doó-**] 堂堂巡り (< … [1] + megúrú)
1 [国会での採決の方法] O votar na Dieta (indo) a passo de lesma [boi]. **2** [同じ論議が繰り返されて少しも先へ進まないこと] O círculo vicioso. *Giron ga ～ shita* [*ni natta*] 議論が堂々巡りした[になった] A discussão caiu num ～. [S/同] Akú-júnkan.

do-érái ど偉い (< do[3] + …)【G.】Imenso; enorme; formidável; extraordinário. ～ *koto o shidekashita* [*yatta*] *mon'da* ど偉いことをしでかした[やった]もんだ Que coisa extraordinária [grande disparate] você fez! [S/同] Monósúgói.

dṓfú [**oó**] 同封 O incluir [enviar junto] na mesma carta. *Henshin-yō no hagaki o ～ shite kudasai* 返信用の葉書を同封して下さい Por favor, inclua [mande também] o postal-resposta. ★ ～ *no shorui* 同封の書類 O(s) documento(s) apenso(s) [incluído(s)].

dṓ-fúbo [**oó**] 同父母「temos」O mesmo pai e a mesma mãe. [A/反] I-fúbo.

dṓ-fúkú [**oó**] 同腹 **1** [同じ母親から生まれたこと・人] O mesmo útero [ventre]. ★ ～ *no kyōdai* 同腹の兄弟 Os irmãos uterinos. [S/同] Dṓbo; hitóhára. [A/反] Ifúkú. **2** [心を同じくする人] ⇨ dṓshi[2].

dṓgá [**oó**] 動画 ⇨ aníméshon.

dogáishi 度外視 O não ter em conta [consideração]; o não fazer caso「do custo da obra」. ★ ～ *suru* 度外視する … *Saisan o ～ shite shigoto ni torikumu* 採算を度外視して仕事に取り組む Lançar-se à obra sem se importar com [sem ter em conta] o custo. [S/同] Múshi (+) .

dṓ-gákú[1] [**oó**] 同額 A mesma importância [soma/quantia]. ★ *Ikkagetsu no kyūryō to ～ no bōnasu* 一か月の給料と同額のボーナス O bó[ô]nus igual ao salário dum mês.

dṓgákú[2] [**oó**] 同学 **a**) O andar na mesma escola; **b**) O ter a mesma especialidade. [S/同] Dṓsṓ.

dṓgákú[3] [**oó**] 道学 **a**) A filosofia de Confúcio; a ética confuciana; o taoísmo; **b**) A filosofia moral. ◇ **～ sha** 道学者 O moralista.
⇨ júgaku; shińgákú[2].

dṓgáń [**oó**] 童顔 **1** [子供の幼い顔つき] A carinha do menino. **2** [子供のような顔つき] A cara de menino. ★ ～ *de aru* 童顔である Ter cara…

dogézá 土下座 O prostrar-se reverentemente no chão (quando passava um Senhor). ★ ～ *shite ayamaru* 土下座して謝る Pedir humildemente per-

D

dógi¹ [óo] 同義 A sinonímia [O ser sinón[ô]nimo]. ◇ ~ **go**. (S/同) Dógi¹; dô-ígi.

dógi² [óo] 動議 A moção (Proposta). ★ ~ *ni sansei suru* 動議に賛成する Concordar com a ~. ~ *o kaketsu suru [seiritsu saseru]* 動議を可決する [成立させる] Ado(p)tar [Aprovar] a ~. ~ *o dasu [teishutsu suru]* 動議を出す [提出する] Apresentar uma ~. ◇ **Kinkyū** ~ 緊急動議 ~ urgente.

dógi³ [óo] 胴衣 [衣] **1** [上着と肌着の間に着る袖なしの保温用下着] A roupa interior [de baixo]. ⇨ shitá-gí. **2** [人の胴にまとうもの] O colete. ◇ **Kyūmei** ~ 救命胴衣 ~ salva-vidas. (S/同) Dói³. ⇨ chokkí.

dógi⁴ [óo] 道義 A moral; a moralidade; os princípios morais. ~ *chi ni otsu* 道義地に落ちる A moral caiu por terra [Parece que já não há moral]! ★ ~ *jō [teki ni]* [的に] Moralmente [falando]. ~ *ni han suru* 道義に反する Ser contra a [contrário à] moral; ser imoral. ~ *o omonjiru* 道義を重んじる Dar importância à moral. ◇ ~ **shin** 道義心 O senso moral [de moralidade]. (S/同) Dōtoku; tókuji.

dógi-gó [óo] 同義語 O sinón[ô]nimo. (A/反) Han'ígó.

dógimagi どぎまぎ A atrapalhação; a confusão. ~ *suru* どぎまぎする Atrapalhar-se; ficar atrapalhado [aflito/nervoso]. *Kyū-ni shitsumon sarete* ~ *shita* 急に質問されてどぎまぎした Não estava à espera da [a contar com a] pergunta e fiquei todo atrapalhado [confuso]. ★ ~ *shinagara benkai suru* どぎまぎしながら弁解する Defender-se atrapalhadamente/como pode.

do-gímó 度胆 (< do-³ + kimó) **a)** A coragem; o valor; **b)** As entranhas. ★ ~ *o nukareru* 度胆を抜かれる Ficar apavorado「com a conta」. ~ *o nuku yō na hanare-waza* 度胆を抜くような離れ技 Uma proeza [façanha] espantosa/assombrosa. (S/同) Kimótúkéru. ⇨ kokóro.

do-gítsúi どぎつい [G.] (< do-³ + kitsúi) Extravagante; espalhafatoso; berrante; farfalhudo. ~ *iro* どぎつい色 A cor berrante. ~ *keshō* どぎつい化粧 A maquil(h)agem exagerada.

dógo 土語 A língua nativa; o diale(c)to. ⇨ hógén¹.

dogo 怒号 O grito「de raiva」; o bramir「do vento/das ondas」; o brado「da multidão」. ★ ~ *o ageru* 怒号をあげる Dar um grito; bradar. ⇨ donáru.

dogú 土偶 **1** [土で作った人形] O boneco de barro. (S/同) Tsuchi níngyō. **2** [縄文時代の土人形] 【Arqueo.】 A estatueta de barro da Era Jōmon (8000 a 200 A.C.).

dógú [óo] 道具 **1** [用具] O instrumento; o aparelho; o utensílio; a ferramenta. ◇ **Daiku** ~ 大工道具 As ferramentas de carpinteiro. **Kazai** ~ 家財道具 Os utensílios domésticos. ⇨ Chódo; kígu; yōgu.
2 [家具] A mobília; os móveis. ◇ **Yomeiri** ~ 嫁入り道具 O enxoval da noiva. (S/同) Kágu (+).
3 [そのものの構成をなすもの]「do corpo」. (S/同) Búbun. **4** [手段] O meio; o instrumento. *Kekkyoku kare wa sono seijika no* ~ *ni shika suginakatta* 結局彼はその政治家の道具にしかすぎなかった Afinal, ele foi apenas um ~ para aquele político. ★ *Kekkon o shusse no* ~ *ni suru* 結婚を出世の道具にする Fazer do casamento um meio para subir na vida. (S/同) Hōben (+); shúdan (o); zaíryō. **5** [舞台の] O cenário, guarda-roupa e demais accessórios teatrais. ◇ **Ko** ~ 小道具 Os aderèços [accessórios] teatrais. **O** ~ 大道具 O cenário; a cenografia.

dógú-bako [óo] 道具箱 (< … 1 + hakó) A caixa da ferramenta. ⇨ dógú-ire.

dógú-dáté [óo] 道具立て (< … 3 / 5 + tatéru) **1** [道具をととのえておくこと] O preparar「o cenário」. **2** [準備をすること] O preparar-se. ★ ~ *o suru* 道具立てをする Fazer os preparativos. ⇨ júnbi. **3** [目鼻立ち] ⇨ zōsákú.

dógú-ire [óo] 道具入れ (< … 1 + irérú) O saco [A caixa] da ferramenta. ⇨ dógú-bako.

dógú-kátá [óo] 道具方 【Te.】 O cenógrafo; o maquinista; o encarregado do guarda-roupa.

dóguma ドグマ (< Al. < Gr.dogma) **1** [宗教上の道義] O dogma; uma verdade. (S/同) Kyōgi (+).
2 [独断的な説] O dogmatismo [autoritarismo].

dógú-yá [óo] 道具屋 O antiquário. ⇨ furú-dogu.

dógyó [dóo] 同業 O mesmo negócio [comércio]; A mesma profissão. *Kare wa watashi to* ~ *da* 彼は私と同業だ Ele e eu temos o/a ~. ◇ ~ **kumiai** 同業組合 A associação [corporação]; O sindicato [dos trabalhadores da ~]. ~ **sha** 同業者 A [Os da] profissão「médica」.

dóhái [óo] 同輩 O colega [companheiro; camarada] que é igual「em idade」. (S/同) Dóryō. ⇨ dōkyú(sei); kōhái²; senpái¹.

dóhán [óo] 同伴 A companhia. ★ ~ *suru* 同伴する Acompanhar. *Fujin* ~ *de shusseki suru* 夫人同伴で出席する Participar, acompanhado da esposa. ◇ ~ **sha** 同伴者 O companheiro「de passeio」.

dóhítsu [óo] 同筆 A mesma escrita [letra].

dóhō [dóo] 同胞 **1** [同じ腹から生まれた者; 兄弟] Os irmãos. ~ *ai-hamu* 同胞相食む ~ são「sempre」 rivais. ◇ ~ **ai** 同胞愛 A fraternidade「universal」. (S/同) Harákárá. **2** [同じ国土に生まれた者] Os compatriotas. ★ *Kaigai no* ~ 海外の同胞 ~ do exterior [que estão no estrangeiro].

dohyō 土俵 [相撲の土俵場] **a)** O ringue [A arena] de sumô (Círculo de 4,545 metros de diâmetro); **b)** (Fig.) O palco [lugar]「das conversações」. ★ ~ *giwa ni oi-tsumerareru* 土俵ぎわに追い詰められる **a)** Ser empurrado até à beira da ~; **b)** Ser colocado numa situação crítica; ficar por um fio; correr grande risco. ~ *o waru* 土俵を割る **a)** Perder [Ser empurrado para fora da ~]; **b)** Perder [Ceder; Ser derrotado].

dói¹ [óo] 同意 **1** [同じ意味] O mesmo significado. ⇨ Dógi. **2** [承諾; 賛成] O consentimento; a anuência; a aquiescência. ★ ~ *o eru* 同意を得る Obter o ~. ~ *suru* 同意する Consentir; concordar; aquiescer; anuir. ◇ ~ **sho** 同意書 O ~ (por) escrito. (S/同) Gōí; sán'í.

dói² [óo] 同位 [同じ位置] A mesma posição [colocação]「na equipa」. ⇨ ~ **genso**. (S/同) Tói.

dói³ 胴衣 ⇨ dógi³ **2** (+).

dói-gênso [óo] 同位元素 ⇨ aísótópu.

dô-ígi [óo] 同意義 ⇨ dógi¹.

dói-gó [óo] 同意語 O sinón[ô]nimo. (S/同) Dógí-gó.

dṓí-kaku [oó] 同位角【Geom.】Os ângulos correspondentes.
dṓ-íken [oó] 同意見 A mesma opinião. *Watashi wa anata to* ~ *de aru* 私はあなたと同意見である Eu tenho a ~ que você/[sou da ~].
dṓín[1] [oó] 動員 (⇨ dṓín-rei) **1** [戦時に軍隊を編成すること] A mobilização「de tropas」. ★ ~ *o toku* [*kaijo suru*] 動員を解く[解除する] Desmobilizar. ~ *suru* 動員する Mobilizar. **2** [戦時に工場・労働力などを集中させること] A mobilização em tempo de guerra. ★ *Rōdō-ryoku o sō-* ~ *suru* 労働力を総動員する Mobilizar toda a mão-de-obra. **3** [ある目的のために人やものをかり出す] A mobilização. *Sono shō wa kanari no hito o* ~ *shita* そのショーはかなりの人を動員した Esse espe(c)táculo mobilizou muita gente (com a preparação, etc).
dṓín[2] [oó] 動因【E.】O motivo; a causa. [S/同] Dṓkí (+); kikkáké (o); yṹín.
dṓín-rei [oó] 動員令 A ordem de mobilização. ★ ~ *o kudasu* 動員令を下す Decretar a mobilização.
dóirī ドイリー (< Ing. doily) O paninho [assento]「do copo/vaso」. ⇨ kabín[1] ◇.
dṓí-táí [oó] 同位体 O isótopo. [S/同] Aísótṓpu (+); dṓí-génso.
dṓ itashimashite [óo] どう致しまして Não tem que agradecer [De/Por nada].
Dóitsu[1] ドイツ (< Hol. Duitch) A Alemanha. ◇ ~ **go** ドイツ語 A língua alemã; o alemão.
dóitsu[2] 何奴【G.】**1** [どのやつ] Quem; que「cara?」. *Kono itazura wa* ~ *no shiwaza da* このいたずらはどいつの仕業だ ~ [Qual foi o tipo que] fez esta brincadeira? [S/同] Dóno yatsu; doyátsu. **2** [どれのぞんざいな言い方] Qual. ~ *o kuō ka* どいつを食おうか「de vários doces」Qual vou comer? ⇨ dóre[1].
dṓítsú [oó] 同一 **1** [同じであること] Igual; mesmo; idêntico. ★ ~ *suijun ni aru* 同一水準にある Estar no [ao] mesmo nível. *Kore to* ~ *no shina* これと同一の品 Um artigo igual [idêntico] a este. ◇ ~ **genri** 同一原理【Fil.】O princípio de identidade. ~ **jinbutsu** 同一人物 A mesma pessoa. ⇨ onájí. **2** [程度に差がないこと] A igualdade. ◇ ~ **shi** 同一視 O considerar「o direito alheio」igual「ao meu」. ⇨ byṓdṓ; mu-sábetsu.
dṓítsú-séí 同一性 A「própria」identidade.
dṓ iu [óo] どういう Como; que. ~ *wake de* どういう訳で Por que (razão)? *Sore wa* ~ *kaze no fukimawashi desu ka* それはどういう風の吹きまわしですか Mas por que (carga de água) foi fazer isso? ★ ~ *fū ni* どういう風に「vou explicar」Como [De que maneira]「se faz」. [S/同] Dónna (+).
dóji どじ【G.】**1** [まのぬけた失敗(をすること)] A asneira; a estupidez [burrice]. ★ ~ *na mane o suru* どじなまねをする Cometer [Fazer] uma ~; ser aselha. ~ *o fumu* [*suru*; *yaru*] どじを踏む[する;やる] Cometer [Fazer] uma ~. [S/同] Héma. **2** [まのぬけた人をののしって言う語] O idiota; o imbecil; o tolo. *Sonna shippai o suru nan'te! Nan'te o-mae wa* ~ *nan'da* そんな失敗をするなんて! なんてお前はどじなんだ Que estúpido você é, cometer [fazer] uma asneira assim [destas]! (*Kono*) ~ *me* (この)どじめ Seu idiota [imbecil]! [S/同] Manúké; tónma.
dṓjí[1] [oó] 同時 **1** [同じ時] O mesmo tempo [momento/instante]; simultâneo. *Eki ni tsuku no to ressha ga dete iku no to* ~ *de atta* 駅につくのと列車が出ていくのと同時であった O comboio [trem] partiu no momento em que eu cheguei à estação. ★ ~ *ni* 同時に Ao mesmo tempo; simultaneamente. ◇ ~ **hassei** 同時発生 O aparecimento simultâneo. ~ **hōsō** 同時放送 A emissão simultânea. ~ **tsūyaku** 同時通訳 A tradução simultânea. ~ **tsūyakusha** 同時通訳者 O intérprete [tradutor] simultâneo.
2 [一方では] Também; e; ao mesmo tempo. *Kanojo wa sakka de aru to* ~ *ni kashu demo aru* 彼女は作家であると同時に歌手でもある Ela é escritora e (ao mesmo tempo) cantora. [S/同] Tomó.
dṓjí[2] [oó] 同次【Mat.】A homogeneidade. ◇ ~ **hōtei-shiki** 同次方程式 A equação homogé[ê]nea.
dṓ-jídai [oó] 同時代 A mesma época; a contemporaneidade. ★ ~ *no* 同時代の Da mesma época; contemporâneo. ⇨ dṓ[5].
dṓ-jímé [oó] 胴締め (<…[1] + shiméru)【(D)esp.】O golpe de tesoura (em que se aperta a cintura do adversário).
dṓjín [oó] 同人 ⇨ dṓnín.
dṓjírú [oó] 動じる Perturbar-se; atrapalhar-se; perder a calma. *Kare wa nanigoto ni mo dōjinakatta* 彼は何事にも動じなかった Ele nunca perdeu a calma [manteve-se imperturbável]. [S/同] Dṓzúrú.
dṓjítsú [oó] 同日 **1** [同じ日] O mesmo dia. **2** [その日] Nesse dia. [S/同] Sokújítsú; tṓjítsú (+).
dojjí-bṓru [óo] ドッジボール (< Ing. dodge ball) Um jogo em que se ganha acertando com a bola no (corpo do) adversário.
dojṓ[1] 土壌 **1** [土] A terra; o solo (para cultivo). ★ *Hiyoku na* ~ 肥沃な土壌 ~ fértil. ◇ ~ **gaku** 土壌学 A edafologia [O estudo dos solos]. ~ **gakusha** 土壌学者 O edafologista. **Arukari** [**Sansei**] ~ アルカリ[酸性]土壌 ~ alcalino[a]. [S/同] Tsuchí (+).
2 [そのような結果を生む環境] O terreno [ambiente]. ★ *Hanzai o umi-dasu* ~ 犯罪を生み出す土壌 ~ que produz os crimes. ⇨ kańkyṓ[1].
dojṓ[2] 泥鰌・鰌 O cadoz(ete) (Peixinho de água doce); *misgurnus anguillicaudata*. ◇ ~ **hige** 泥鰌ひげ O bigode fino. [P/ことわざ] *Yanagi no shita ni itsumo* ~ *wa inai* 柳の下にいつも泥鰌はいない "Nem sempre se acha um ~ debaixo do salgueiro" (Nem a estratégia que costuma dar certo é 100% segura).
dṓjo [óo] 童女【E.】⇨ shṓjo.
dṓjṓ[1] [dóo] 同情 A compaixão; a pena; a piedade; a simpatia. *Go-* ~ *mōshiagemasu* 御同情申し上げます O senhor tem toda a minha simpatia [Nós estamos consigo]. ~ *ni atai suru* 同情に値する Merecer compaixão. ~ *o eru* [*ushinau*] 同情を得る[失う] Ganhar [Perder] a simpatia「de」. ~ *o hiku* [*kanki suru*] 同情を引く[喚起する] Despertar simpatia; dar pena. ~ *o motomeru* 同情を求める Procurar quem nos compreenda. ~ *suru* 同情する Compadecer-se; apiedar-se; compreender a situação「do outro」. ~ *teki na iken* 同情的な意見 O parecer [A opinião] compreensivo[a]. ◇ ~ **hyō** 同情票 O voto de solidariedade [simpatia]「para com o mais fraco」. ~ **shin** 同情心 O espírito de compaixão; a simpatia〔*Minshū no* ~ *shin ni uttaeru* 民衆の同情心に訴える Apelar ao coração [à simpatia] do povo/dos cidadãos〕. ⇨ kyṓkán[1].
dṓjṓ[2] [dóo] 道場 **1** [仏道を修行するところ] O local para práticas de ascética budista. **2** [武芸の] O

D

dójó³ ginásio [A academia] 「de judo」. *Kendō [Jūdō] no ~* 剣道［柔道］の道場 ~ de kendo [judō]. ◇ *~ yaburi [arashi]* 道場破り［荒し］A visita-desafio a outro/a. **3** [からだや心を鍛える場所] O local de treinamento físico e espiritual. ◇ *Danjiki ~* 断食道場 O local de ascese através do jejum.

dójó³ [doó] 同乗 O ir no mesmo meio de transporte. ★ *Takushī ni ~ suru* タクシーに同乗する Ir juntos no (mesmo) táxi. ◇ *~ sha* 同乗者 O companheiro (casual) de viagem. ⇨ aí-nóri.

dójó¹ [doó] 同上【E.】a) O (mesmo que o) acima mencionado; b) [記号的に用いて] Idem (L.); dito. ★ *~ no riyū de [ni yori]* 同上の理由で［により］Pela dita [referida] razão 「não posso ir」.

dō ka¹ [óo] どうか **1** [どうぞ] Por favor. *~ watashi no negai o kiite kudasai* どうか私の願いをきいて下さい ~ ou[oi]ça o meu pedido. ⇨ Dózo (+); naní tózó; zéhi. **2** [何とか] De uma forma [maneira] ou de outra. *Taberu dake wa jibun de ~ shimasu* 食べるだけは自分でどうかします Quanto a comer, ~ eu resolvo o problema. ◇ ⇨ *~ kō ka [naru; shite; suru; suru to].* S/画 Dō-ní-ka; nán to ka. **3** [普通と違っているさま] Às vezes…; não sei…; fora do estado normal. *Saikin kare wa ~ shita rashii* 最近彼はどうかしたらしい Não sei, mas ele recentemente teve qualquer coisa de anormal. *~ suru to harusaki ni yuki ga furu koto mo aru* どうかすると春先に雪が降ることもある Às vezes (ainda que não é frequente) neva no início da primavera. ⇨ dō ka suru (to). **4** [疑問] Se; não sei. ★ *~ to omou* どうかと思う Duvido disso [Não sei se isso vai dar certo]. **5** [などを] どうか で, 疑念を示す] Se… ou não. *Sore ga hontō ka ~ shirimasen* それが本当かどうか知りません Não sei se isso é verdade ou não.

dōká¹ [oó] 同化 **1** [性質の違ったものが同じ性格のものに変わること] A integração; a assimilação. *Imintachi wa jojo ni tochi no hitobito ni ~ shite itta* 移民たちは徐々に土地の人々に同化して行った Os e[i]migrantes, pouco a pouco, foram-se integrando na sociedade. ★ *~ suru* 同化する Integrar-se; assimilar-se. ⇨ jun(n)ō; kánka¹; tekíó. **2** [完全に自分の知識にすること] A assimilação. ★ *~ suru* 同化する Assimilar; fazer seu; digerir「o que aprendeu」. S/画 Shóká (+). **3** [生物の] A assimilação; a digestão. ◇ *~ sayō* 同化作用 O anabolismo [processo de ~]. S/画 Ruíká. ⇨ Íká.

dōká³ [oó] 銅貨 A moeda de cobre「de dez yens」. ⇨ gínka; kínka¹; kôka².

dókadoka どかどか **1** [大勢の人が急に入ってくるさま] Em tropel「para as aulas」. *Keikan ga ~ to kaijō ni haitte kita* 警官がどかどかと会場に入って来た A polícia entrou ~ no salão. ⇨ dóyadoya. **2** [物事が一時にたてこむさま] Em rápida sucessão; aos montes; um após outro.

dokái 土塊【E.】O torrão; o pedaço de terra. S/画 Tsuchíkúré (+).

dō ká kō ka [oó dó-kóo] どうかこうか ⇨ dō ní ká.

dō-káku [oó] 同格 **1** [同じ資格に] A pessoa em pé de」igualdade; a mesma posição. **2** [文法の] (Gram.) A aposição. ◇ *~ go* 同格語 [continuado]. *~ meishi* 同格名詞 O substantivo aposto [continuado].

dokán¹ 土管 O cano de barro; a manilha.

dokán² どかん【On.】Bum「cair no sofá」!; Pum!; Pumba「pagou um milhão de yens à vista」!★*~ to oto ga shite haretsu suru* どかんと音がして破裂する「a bomba」Explodir com um grande estrondo.

dókań¹ [oó] 同感 a) O simpatizar; b) O concordar [pensar da mesma maneira]. *Boku mo ~ da* 僕も同感だ Também acho [estou de acordo] /Sou da mesma opinião.

dōkán² [oó] 導[道] 管 **1** [水・ガスなどを送るくだ] O cano; o tubo; o canal. **2** [植物の] A traqueia.

dō ka náru [óo] どうかなる **1** [都合がつく] Arranjar; dar-se um jeito. *Shinpai suru na. ~ darō kara* 心配するな。どうかなるだろうから Não se preocupe, lá se há-de dar um jeito. **2** [変になる] Enlouquecer. *Konna ni atsui to atama ga dō ka natte shimai-sō da* こんなに暑いと頭がどうかなってしまいそうだ Estou ficando com a cabeça tonta com este calor. ⇨ dō ka¹.

dókansū 導関数【Mat.】A (função) derivada.

dōkán to どかんと ⇨ dokátto.

dokári to どかりと ⇨ dokkári (to).

dókásén [oó] 導火線 **1** [火をつけるために引いた線] A espoleta「de bomba/granada」; o rastilho. ★ *~ o tsukeru* 導火線をつける Colocar [Pôr] (o/a) ~; espoletar. S/画 Kuchíbí; michíbí. **2** [事件の起こるきっかけ] A causa; o incentivo. *Sasai na koto ga sono dai-jiken no ~ to natta* ささいな事がその大事件の導火線となった Uma coisa insignificante provocou esse grande incidente.

dō ka shite [óo] どうかして De qualquer maneira; a toda a custa. *Haha wa ~ watashi o rippa na pianisuto ni shiyō to shita* 母はどうかして私を立派なピアニストにしようとした A minha mãe queria-me fazer pianista. ⇨ dō ká kō ka.

dō ka suru どうかする **1** [普通と違っている] Haver problema; acontecer qualquer coisa [contratempo]. *Dō ka shita ka* どうかしたか Aconteceu alguma [qualquer] coisa? *Enjin no chōshi ga warui. dōka shita rashii* エンジンの調子が悪い。どうかしたらしい O motor não está bom [funcionando bem]. Aconteceu [Há ali] qualquer avaria. *Kare wa atama ga dō ka shite iru* 彼は頭がどうかしている Ele está bom da cabeça [do juízo]. ⇨ dō ka¹**3**. **2** [何とかする] Tomar medidas; fazer algo; dar um jeito. *Dō ka shite mimashō* どうかしてみましょう Vamos tentar ~. ⇨ dō ka¹**2**.

dō ka suru to [óo] どうかすると **1** [時によると] Às vezes; de vez em quando; ocasionalmente. *~ kare wa ichinichi-jū heya ni tojikomotte iru koto ga aru* どうかすると彼は一日中部屋に閉じこもっていることがある (É raro, mas) às vezes, ele fica o dia inteiro trancado no quarto. ⇨ dō ka¹**3**. **2** [やりようでは] Em certos casos; dependendo do jeito. *~ umaku iku koto mo aru* どうかするとうまくいくこともある Em certos casos dá [Com jeito até pode dar] certo. S/画 Baáí[Toki] ní yórú tó. **3** [⇨ *yáya mo sure ba*].

dokátá 土方 O trabalhador de construção civil. S/画 Nínpu; rômúsha.

dókátsú [oó] 恫喝【E.】A ameaça; a intimidação. ★ *~ suru* 恫喝する Ameaçar「de morte」; intimidar. S/画 Ikáku (+); kyóhákú (+); kyókátsú (+); odókáshí(o).

dokátto どかっと **1** [重い物が勢いよく落ちる、または重い物を勢いよく落とすさま] Com todo o peso. *Kare wa ōkina kaban o ~ iriguchi ni oroshita* 彼は大きなかばんをどかっと入り口に下ろした Ele deixou cair ~

a sua malona [grande mala] na entrada. ⓈⒾ Dokári to; dokkári (to) **1**,**2**; dokká to.
2 [一度にたくさん] Aos montes. *Kare wa takarakuji ga atatte taikin ga ～ korogarikonda* 彼は宝くじが当たって大金がどかっところがり込んだ Ele ganhou uma batelada de dinheiro na lotaria. ⓈⒾ Dokári to; dokkári (to) **3**; dokká to.

dóké [oó] 道化 **a)** A palhaçada; a chocarrice; **b)** O palhaço. ★ ～ *jimita* 道化じみた Có[ô]mico; burlesco. ◇ ～ **mono** 道化者 O brincalhão; o cômico; o farsante. ～ **shibai** 道化芝居 A farsa. ～ **yaku** 道化役 O papel de palhaço. ～ **yakusha** 道化役者 ⇨ dóké-shi.

dóké[i¹ [oó] 同系 A mesma linha [linhagem]; a afinidade; o parentesco. ★ ～ *no shikisai* 同系の色彩 As cores afins. ⇨ keírétsú.

dókéi² [oó] 同形 [Da] mesma forma. ⇨ katáchí.

dókéi³ [oó] 同型 O mesmo modelo「de carro」. ⇨ katá⁴.

dókéi⁴ [oó] 憧憬 【E.】 A admiração「por Camões」; a adoração; a fascinação. ⓈⒾ Akógáré (+); shókéi.

dókéi⁵ [oó] 同慶 【E.】 As (mútuas) felicitações. *Medetaku go-sotsugyō no yoshi go-～ no itari desu* めでたく御卒業の由、御同慶の至りです Quero apresentar as minhas ～ pela sua formatura.

dókén [oó] 道建 A construção (civil). ◇ ～ **gaisha** 土建会社 A empresa de ～. ～ **gyō** 土建業 A empreitada [～]. ～ **gyōsha** [ya] 土建業者 [屋] O empreiteiro.

dókén [oó] 同権 A igualdade de direitos. ◇ **Danjo ～** 男女同権 ～ de ambos os sexos.

dókénjin [oó] 同県人 As pessoas da mesma província; o conterrâneo.

dokéru 退ける Tirar; remover. *Soko no isu o dokete kure* そこの椅子をどけてくれ Tire(-me) essa cadeira daí. ⓈⒾ Torí-nózóku.

dokéru [oó] 道化る Gracejar;「dizer só a」brincar; galhofar. ★ *Dōketa mane o suru* 道化たまねをする Fazer palhaçadas. ⇨ fuzákéru; odókéru.

dóké-shi [oó] 道化師 O palhaço.
ⓈⒾ Dōké yákusha; píero (+); sañmáímé.

dókétsú [oó] 洞穴 【E.】 ⇨ dōkidoki.

dóki¹ 土器 O artefa(c)to [obje(c)to] de barro; a cerâmica. ◇ **Jōmon [Yayoi]-shiki ～** 縄文 [弥生] 式土器 ～ (de estilo/da era) Jōmon [Yayoi].
ⓈⒾ Kawáráké.

dóki² 怒気 【E.】 A cólera; a ira. ★ ～ *o fukunda [obita] kotoba* 怒気を含んだ [帯びた] 言葉 Palavras carregadas de ～. ⓈⒾ Ikári (+).

dóki³ [oó] 動機 **1** [きっかけ] O motivo; a causa. ★ *Fujun na ～* 不純な動機 ～ imoral [desonesto]. *Hanzai no ～* 犯罪の動機 ～ do crime. ⓈⒾ Dōín; kikkáké. **2** [音楽の主題] O motivo [tema]. ⇨ Mochífu.

dóki² [oó] 動悸 A palpitação; o bater do coração; a pulsação. ★ ～ *ga suru* 動悸がする Palpitar [Bater; Pulsar; Latejar「com muita força」]. ⓈⒾ Kodō.

dóki³ [oó] 同期 **1** [同時期] O mesmo período; a mesma época. *Kotoshi wa kyonen no ～ yori uriage ga nobite iru* 今年は去年の同期より売り上げが伸びている Este ano as vendas aumentaram, em relação ao ～ do ano passado. **2** [同じ学校で入学・卒業が同じ年度であること] A mesma classe. *Daigaku de boku-tachi wa ～ datta* 大学で僕達は同期だった Nós na faculdade éramos do mesmo ano [curso]. ★ ～ *sei [no sakura]* 同期生 [の桜] O colega (de curso). ⓈⒾ Dōgáku.

dóki⁴ [oó] 銅器 O utensílio de cobre [bronze]. ◇ ～ **jidai** 銅器時代 A Idade do Bronze.
ⓈⒾ Seidō-ki. ⇨ tekkí².

dókidoki どきどき 【On.】 (⇨ dōkí²) **1** [動悸がするさま] A palpitar. ★ ～ *to shinzō ga takanaru* どきどきと心臓が高なる Estar com o coração aos pulos/a ～. ⇨ wákuwaku. **2** [胸騒ぎがするさま] A palpitar「de apreensão」. ⇨ muná-sáwagi.

dókín [oó] 同衾 【E.】 O dormir junto [com]. ★ ～ *suru* 同衾する ⇨ Tomó-né.

dokín to どきんと 【On.】 De modo impressionante. *Sensei no kotoba ga ～ mune ni kotaeta* 先生の言葉がどきんと胸にこたえた As palavras do professor tocaram-me muito [impressionaram-me profundamente]. ⓈⒾ Dōkítto.

dokíri to どきりと ⇨ dokítto.

dókisei [oó] 同期生 ⇨ dōkí³.

dokítto どきっと 【On.】 (⇨ dokín to) *Sono shirase o kiite ～ shita* その知らせを聞いてどきっとした Fiquei assustado ao ouvir essa notícia.
ⓈⒾ Dokíri to. ⇨ bikúttó.

dokkái 読解 A leitura e análise「de um texto」. ★ *Chōbun o ～ suru* 長文を読解する Ler e analisar um trecho comprido.

dokkái-ryoku 読解力 A capacidade de (compreensão da) leitura. ★ ～ *o tsukeru [yashinau]* 読解力をつける [養う] Ganhar [Desenvolver a] ～.

dokkári no どっかり (と) 【On.】 **1** [重いものをおろすさま] Com todo o peso. ★ *Sofā ni ～ koshi o orosu* ソファーにどっかり腰を下ろす Deixar-se cair (～) no sofá. ⓈⒾ Dokári to; dokká to. **2** [落ちつくさま] Para ficar. *Kanojo wa antei shita shufu no za ni ～ agura o kaite ita* 彼女は安定した主婦の座にどっかりあぐらをかいていた Ela não abdicava da sua posição de dona de casa. ⓈⒾ Dén to; dokká to; dokátto **1**. **3** [急に増減するさま] Muito e de repente. ⓈⒾ Dokári to; dokká to **2**.

dokká to どっかと ⇨ dokkári (to).

dokké 毒気 ⇨ dokkí.

dokkéshi 毒消し (< dokú + kesú) O contra-veneno; o antídoto.
ⓈⒾ Dokú-késhi; dokú-yóké; gedókú (zai) (+).

dokki 毒気 **1** [毒になる成分] O ar [gás] venenoso [tóxico]. *Metan-gasu no ～ ni ataru* メタンガスの毒気にあたる Ficar intoxicado com gás metano. **2** [悪意] [Fig.] A malícia; o acinte; o veneno. *Ano otoko no ～ ni aterareta* あの男の毒気に当てられた Fui vítima da/o ～ daquele indivíduo. ★ ～ *o fukunda iikata* 毒気を含んだ言い方 Palavras maliciosas. ～ *o nukareru* 毒気を抜かれる Ficar estupefato [aturdido]. ⓈⒾ Ákui; dokú⁴; dokkí.

dokkíngu ドッキング (< Ing. docking) O acoplamento de duas naves espaciais. ★ ～ *suru* ドッキングする Acoplar.

dokkinhō 独禁法 ⇨ dokúsén-hō.

dokkósén [oó] 独航船 Um barco de pesca particular [isolado].

dokkói どっこい 【G.】 (< dóko e) **1** [⇨ dókkoisho]. **2** [待った] Alto aí! *Otto ～, sō wa ikanai yo* おっとどっこい、そうはいかないよ ～ Isso assim não!

dokkói dokkói どっこいどっこい 【G.】 Igual. *Wa-*

tashi no seiseki wa kare no to ~ da 私の成績は彼のとどっこいどっこいだ As minhas notas e as dele são mais ou menos iguais [andam ela por ela]. ★ ~ no shōbu どっこいどっこいの勝負 A competição equilibrada [~]. Ⓢ/同 Tontón.

dókkoisho どっこいしょ【G.】 Ufa! /Ai! /Ah! Ā tsukareta. Chotto suwatte yasumu yo. ~ ああ疲れた。ちょっと座わって休むよ。どっこいしょ Puxa [~]! Como estou cansado! Vou-me sentar um pouco para descansar. Ⓢ/同 Yóisho.

dókku ドック (< Ing. dock < L. ductio) **1**［船舶の］A doca. ★ Fune o ~ ni ireru 船をドックに入れる Meter o navio na ~. ◇ **Kan** ~ 乾ドック ~ seca. **Shitsu** ~ 湿ドック ~ de carga e descarga. **2**［入院設備の一種］O local de exame médico completo. ◇ **Ningen** ~ 人間ドック A hospitalização para um...

D dóko 何処 Onde; que lugar. ~ e iku no desu ka どこへ行くのですか (Para) onde (é que) vai? ~ ga itai no desu ka どこが痛いのですか Onde [Em que lugar] é que lhe dói? ~ kara kita no desu ka どこから来たのですか De onde [Donde] veio? ~ kara hajimete ii ka wakaranai どこから始めていいか分からない Não sei por onde começar. ~ made iku tsumori desu ka どこまで行くつもりですか Até onde quer ir? ~ ni o-sumai desu ka どこにお住まいですか Onde (é que) (o senhor) mora? ~ no go-shusshin desu ka どこの御出身ですか De onde é (Em que nasceu/Qual é a sua terra)? Koko wa ~ desu ka ここはどこですか Que lugar é este? /Onde (é que) estamos? Kyō wa ~ kara desu ka (Na aula) 今日はどこからですか (教室で) (Por) onde vamos começar, hoje? Watashi no ~ ga warui to iu no desu ka 私のどこが悪いというのですか Que mal é que eu fiz [Em que é que eu estou errado]? ★ ~ e de mo iku どこへでも行く Ir, seja para onde for. ~ e iku to iu ate mo naku [~ e to mo naku] どこへ行くというあてもなく [どこへともなく] Sem destino certo. ~ e nari to mo どこへなりとも Seja para onde for. ⇨ dóko ka [made; made mo]. ~ mo koko mo どこもここも Por toda a parte. ~ ni (de) mo どこに (で) も Em qualquer lugar. ⇨ dóko soko; dokó tó náku. I/慣用「~ fuku kaze」 to kiki-nagasu 「どこ吹く風」と聞き流す 「Ele」não se importa 「com as críticas」, é como se não fosse nada「com ele」. Yatsu wa ~ no uma no hone da ka wakaranai やつはどこの馬の骨だかわからない Nunca o vi nem mais gordo nem mais magro.

dokó 土工 **1**［土木工事の作業］A obra de construção. ⇨ dóboku ◇. **2**［土木工事の労働者］O operário de construção. Ⓢ/同 Dokátá (+).

dókō[doó] 動向 A tendência. ◇ Seron no ~ ni taezu chūi shite iru 世論の動向に絶えず注意している Estar constantemente atento às ~ s da opinião pública. Ⓢ/同 Keísei; naríyúkí; ugókí. ⇨ keíkó[1].

dókō[doó] 同行 O acompanhar. Keikan ni ~ o motomerareta 警官に同行を求められた O polícia [policial (B.)] pediu-lhe que o acompanhasse. ◇ ~ **sha** 同行者 O companheiro de viagem. ~ **kisha** 同行記者 Os jornalistas que acompanham 「o presidente da república」. Ⓢ/同 Zuíhán; zuíkó.

dókō[doó] 同好 Os mesmos gostos [interesses]. ★ ~ no shi 同好の士 Pessoas que partilham ~. ◇ ~ **kai** 同好会 O clube de aficionados [fãs; amadores]. ⇨ aíkó.

dókō[doó] 瞳孔【Anat.】A pupila. Sono kanja wa mō ~ ga hiraite ita その患者はもう瞳孔が開いていた Esse doente já tinha as ~ s dilatadas. ◇ ~ **hansha** 瞳孔反射 O reflexo pupilar. Ⓢ/同 Hitómí (+).

dókóíkyoku[doó] 同工異曲【E.】a) Músicas diferentes, mas tocadas com a mesma perícia; b) A identidade substancial com diferenças acidentais mínimas. Dochira no shite mo ~ da どちらにしても同工異曲だ Os dois são praticamente iguais [Idem idem, aspas aspas]. Ⓢ/同 Daídó shóí (+); nítári yóttári.

dóko ka どこか **1**［ある所］Algum lugar; algures. Natsu yasumi ni wa ~ e ikaremasu ka 夏休みにはどこかへ行かれますか Nas férias de verão, vai a algum lugar? ★ ~ de mita kao どこかで見た顔 Uma cara conhecida. **2**［なんとなく］Um quê; algo. Kare wa ~ jōhin na tokoro ga aru 彼はどこか上品な所がある Ele tem ~ de distinto [elegante]. Ⓢ/同 Nań tó náku.

dókókú[1] [doó] 同国 **1**［同じ国］O mesmo país. ◇ ~ **jin** 同国人 O compatriota; o (com)patricio. **2**［前に述べたその国］O referido [mencionado] país.

dókókú[2] [doó] 慟哭【E.】O pranto; o brado [grito] de dor. ~ **suru** 慟哭する Gritar de dor; carpir. Ⓢ/同 Gókyū. ⇨ nakú[1].

dóko made どこまで Até onde. Sono michi wa ~ itte mo sakura namiki datta その道はどこまで行っても桜並木だった Por mais que se andasse, a alameda de cerejeiras parecia não ter fim. Kanojo no hanashi wa ~ shinjitsu ka wakaranai 彼女の話はどこまで真実かわからない Não sei até que ponto é verdade o que ela diz. Anata wa ~ o-hito-yoshi na no desu ka あなたはどこまでお人好しなのですか ~ vai a sua credulidade? [Tu és parvo/bom demais].

dóko made mo どこまでも **1**［限りなく］Sem fim; infinito. ~ **tsuzuku ao-zora** どこまでも続く青空 Um céu todo azul. **2**［どんな事があっても］Aconteça o que acontecer; haja o que houver. ~ **shujin ni tsuite ikimasu** どこまでも主人に付いて行きます ~, acompanharei o meu marido. **3**［最後まで］Até ao fim. ~ **arasou** どこまでも争う Lutar ~. Ⓢ/同 Sáigo made. **4**［徹底的に］Extremamente「meticuloso」. Ákumade; tettéí-tékí ni. **5**［どう見ても］Sempre. Kodomo wa ~ kodomo da 子供はどこまでも子供だ A criança é (sempre) criança.

-dókoro どころ (< tokóró) 【Suf.】 De modo algum. Rio no natsu wa atsui ~ (no sawagi) dewa nai リオの夏は暑いどころ (の騒ぎ) ではない O verão carioca (não é quente) é super-quente. Kōtsū jiko wa heru ~ dewa nai 交通事故は減るどころではない Os acidentes de trânsito estão longe de diminuir.

-dókoro ka どころか **1**［その反対］Pelo contrário; longe de. Kare wa chokin ~ kyō no kurashi ni mo komatte iru 彼は貯金どころか今日の暮らしにも困っている Ele, ter dinheiro no banco? Até para comer, sabe Deus (as dificuldades que tem)! ★ Sore ~ それどころか Longe disso; de maneira nenhuma. **2**［…に言うに及ばず］Muito menos. Kare wa pobun ~ wabun mo manzoku ni kakenai 彼は葡文どころか和文も満足に書けない Ele nem sabe escrever bem em j., ~ em p.

dóko soko どこそこ Tal e tal lugar. Kare o ~ de mitsuketa to hakkiri ii nasai 彼をどこそこで見つけたとはっきり言いなさい Diga claramente onde é que o encontrou.

dokó tó náku 何処となく Algo; um tanto (ou quanto); de algum modo. *Kyō wa kare no taido ga ~ chigau* 今日は彼の態度がどことなく違う Hoje ele está algo [um pouco] estranho. *~ aikyō ga aru* どことなく愛嬌がある「Ele」tem a sua graça [Eu não desgosto「dele」]. ⇨ Nan tó náku (+).

dokú¹ 毒 **1**［毒物；毒薬］O veneno; o tóxico; a peçonha. *Kare wa hebi no ~ ga karada-jū ni mawatte shinda* 彼は蛇の毒が体中に回って死んだ Ele morreu (porque foi) mordido por uma cobra venenosa. ★ *~ o aoide shinu* 毒をあおいで死ぬ Envenenar-se. *~ o kesu* 毒を消す Neutralizar ~. *~ o moru* 毒を盛る Envenenar「alguém」. *Fugu no ~ ni ataru* ふぐの毒にあたる Ter uma intoxicação de baiacu. ［Ｉ／慣用］ *~ ni mo kusuri ni mo naranai* 毒にも薬にもならない「Essa sugestão」nem tira nem põe/「Ele」é um inútil (nem bom nem mau). ［Ｐ／ことば］ *~ o kurawaba sara made* 毒を食らわば皿まで Perdido por um, perdido por mil. *~ o motte ~ o seisu* 毒を以て毒を制す Veneno, com veneno se cura. *Kō no kusuri wa otsu no ~* 甲の薬は乙の毒 O que é remédio para um, é veneno para outro. **2**［病毒；毒素］O vírus. ⇨ byōdókú; dókuso. **3**［害］A tentação. *Konna kirei na doresu wa wakai josei no me no ~ da* こんなきれいなドレスは若い女性の目の毒だ Um vestido tão lindo é uma ~ para as jovens. Ⓢ／同 Gái (+). **4**［悪意］A malícia. *Kanojo no shita ni wa ~ ga aru* 彼女の舌には毒がある Ela tem [é] má língua (~ o dokúzétsú). ★ *~ no aru iikata* 毒のある言い方 Uma afirmação maliciosa. Ⓢ／同 Ákui (+); dokkí **2**.

dokú² 退く【Ｇ.】Sair do caminho; arredar(-se). *Chotto doite kudasaimasen ka* ちょっとどいて下さいませんか Faça o favor de ~ [se chegar um pouco para lá]. Ⓢ／同 Nokú; shirízóku.

dokúbō 独房 (< Abrev. de dokkyō kánbō) A prisão celular. ◇ *~ kankin* 独房監禁 A reclusão em ~.

dokúbútsú 毒物 A substância venenosa; o tóxico. ◇ *~ gaku* 毒物学 A toxicologia. Ⓢ／同 Dokúyákú; gekíbútsú; gekíyákú.

dokúdámí どくだみ【Ｂｏｔ.】Uma planta vivaz, malcheirosa, da família das saururáceas; *houttuynia cordata*. Ⓢ／同 Júyáku.

dokúdán 独断 Uma decisão arbitrária; o dogmatismo. ★ *~ de kimeru* 独断で決める Decidir arbitrariamente. *~ senkō suru* 独断専行する Agir a seu bel-prazer. Ⓢ／同 Hitórí-gímé. ⇨ dóguma **2**; hitórí-gáten.

dokúdánjō 独壇場 O não ter rival. *Sono shibai wa kare no ~ de atta* その芝居は彼の独壇場であった Ele foi a grande estrela da peça. Ⓢ／同 Dokúsénjō; hitórí bútai (+). ⇨ dokúsén.

dókudoku どくどく【Ｏｎ.】Copiosamente; em abundância. *Kizu(guchi) kara chi ga ~ deta* 傷(口)から血がどくどく出た O sangue jorrou ~ da ferida.

dokúdókúshíí 毒々しい **1**［色がどぎつくようす］**a)** Perigoso [Venenoso]; **b)** Vistoso; berrante. *~ akai kinoko* 毒々しい赤いきのこ Um cogumelo vermelho venenoso. *Kuchibeni o dokudokushiku nuru* 口紅を毒々しく塗る Pintar muito os lábios. Ⓢ／同 Dogítsúi. **2**［悪意のある］Venenoso; malicioso. ★ *~ kuchi o kiku* 毒々しい口を利く Falar sarcasticamente. *~ mono no iikata o suru* 毒々しい物の言い方をする Ter uma língua afiada/de víbora. Ⓢ／同 Ni-

dokúéi 独泳 O nadar sozinho [muito à frente dos demais]. ★ *~ suru* 独泳する ... ⇨ dokúsō³.

dokúén 独演 O solo; o recital; a exibição (individual). ◇ *~ sha* 独演者 O único a(c)tor.

dokúén-kai 独演会 **1**［一人だけが出演する演会こと］A sessão (Espectáculo) individual. **2**［会議で他人に話をさせないで自分一人で意見の発表を独占すること］O monólogo. *Kyō no kaigi wa shachō no ~ ni owatta* 今日の会議は社長の独演会に終わった A reunião de hoje acabou sendo um ~ do presidente.

dókufu¹ 毒婦 A mulher má; uma peçonha. Ⓢ／同 Ákujo (+); kánpu.

dókufú² 読譜 Ｄ「não saber」ler música.

dókuga¹ 毒牙 **1**［毒を出す牙］O dente de víbora [com veneno]. ⇨ kíba¹. **2**［毒手］【Ｆｉｇ.】A garra. ★ *~ ni kakaru* 毒牙にかかる Cair nas garras「do inimigo」. Ⓢ／同 Dókushu.

dokú-gá² 毒蛾【Ｚｏｏｌ.】Uma espécie de mariposa venenosa; *euproctis subflava*.

dokúgákú 独学 O autodidatismo. *Kare wa ~ de porutogarugo no mananda* 彼は独学でポルトガル語を学んだ Ele aprendeu p. por si mesmo. ◇ *~ suru* 独学する Estudar sozinho [por si; sem professor]. ◇ *~ sha* 独学者 O autodidata. Ⓢ／同 Jishú.

dokúgán 独眼【Ｅ.】O ser zarolho; o ter só [ser cego de] um olho. Ⓢ／同 Sekígán.

dokú-gású 毒ガス O gás venenoso [tóxico]. ★ *~ de [ni] yarareru* 毒ガスで［に］やられる Ser intoxicado por ~. ◇ *~ dan* 毒ガス弾 Uma bomba [granada] de ~.

dokúgín 独吟 **1**［ひとりで詩歌・謡曲を声に出して吟ずること］O solo [recital]. Ａ／反 Réngín. ★ *~ suru* 独吟する Ter um ~. **2**［ひとりで連歌・俳諧を作ること、またはその連歌・俳諧］O fazer [poeta que faz] uma "renka" sozinho. Ｋ／反 Katágín; Ｌ／反 Ryōgín.

dokúgo 独語 **1**［ひとりごと］【Ｅ.】O monólogo; o solilóquio. Ⓢ／同 Dokúgén; dokúhákú; hitórí-gótó (+). **2**［ドイツ語］⇨ Dóitsu ◇.

dokúgokan 読後感 As impressões do livro. ★ *Shōsetsu no ~ o noberu* 小説の読後感を述べる Dizer [Dar] as「suas」~ do romance.

dokuha 読破【Ｅ.】O ler tudo [até ao fim]. *'Genji Monogatari' o isshu-kan de ~ suru*「源氏物語」を一週間で読破する Ler a História de Genji (Romance) até ao fim numa semana. Ⓢ／同 Dokúryō.

dokúhákú 独白【Ｅ.】O monólogo; o solilóquio「de S. Agostinho」. ★ *~ suru* 独白する Monologar. ◇ *~ geki* 独白劇 O monólogo. Ⓢ／同 Hitórígótó (+); monórōgu.

dokú-hébi 毒蛇【Ｚｏｏｌ.】A serpente [cobra] venenosa. Ⓢ／同 Dókuja. ⇨ mamúshí.

dokúhítsu 毒筆 A pena satírica (carregada de veneno/fel). ★ *~ o furuu* 毒筆をふるう Escrever com veneno [muito sarcasmo]. ⇨ dokúzétsú.

dókuja 毒蛇 ⇨ dokú-hébi.

dokuja 独自 O ser original [peculiar; próprio; pessoal]. ★ *~ no kenkai* 独自の見解 A visão [opinião] ~. *~ no gafū* 独自の画風 O estilo ~ de um pintor. ◇ *~ sei* 独自性 A originalidade; a peculiaridade. Ⓢ／同 Dokútókú; tokúyú.

dokúké 毒気 ⇨ dokkí.

dokú-késhí 毒消し ⇨ dokkéshí.

dokúmí 毒味［見］**1**［飲食物を人にすすめる前に毒の

有無をためすこと] O provar (para ver se tem veneno). ★ ～ *o suru* 毒味をする … ◇ **～ yaku** 毒味役 O provador「do rei」. **2** [料理の味加減をみること] O provar (a comida). ⇨ shiíń³; shishókú.

dokú-múshí 毒虫 O inse(c)to venenoso. ⇨ gaíchū¹.

dokúrítsú 独立 **1** [ひとり立ち] A independência. ★ ～ *no seishin* 独立の精神 O espírito de ～. ～ *suru* 独立する Tornar-se independente; viver por sua conta [～ *shite shōbai o hajimeru* 独立して商売を始める Começar um negócio por conta própria]. ◇ ⇨ **～doppo**. [S/同] Hitórí-dáchí.
2 [一国または一団体が完全に権限を行使すること] A independência [autonomia]. ★ ～ *o iji suru* [*kaifuku suru; kakutoku suru; mamoru; ushinau*] 独立を維持する [回復する; 獲得する; 守る; 失う] Manter [Recuperar; Conseguir; Defender; Perder] a ～. ～ *o mitomeru* 独立を認める Reconhecer a ～. ～ *o sengen suru* 独立を宣言する Proclamar a independência; proclamar-se independente. ～ *suru* 独立する Tornar-se independente [autónomo]. ◇ **～ ken** 独立権 O direito à ～. **～ kokka** 独立国家 O Estado [país] independente; a nação soberana. **～ sengen** 独立宣言 A proclamação da independência. **～ shin** 独立心 O espírito de ～.
3 [個人が一家を構え完全に私権を行使すること] O sustento próprio. ★ ～ *no seikei o itonamu* 独立の生計を営む Ganhar a vida. ◇ ⇨ **～ saisansei**.
4 [一つだけ離れていること] O isolamento. ★ ～ *shita mine* 独立した峰 O pico isolado [solitário]. ◇ ⇨ **～ hensū**. [S/同] Buńrí; korítsú.

dokúrítsú-dóppo 独立独歩 **1** [独立して自分の信ずる通りにすること] A autosuficiência; a autoconfiança; o andar pelo próprio pé. [S/同] Dokúrítsú dokkṓ. **2** [特色があって他と同じに扱えないこと] O ser peculiar [um caso à parte].

dokúrítsú-héńsū 独立変数【Mat.】A variável independente. [A/反] Jūzókú héńsū.

dokúrítsú-koku 独立国 O país independente. [A/反] Zokkókú.

dokúrítsú-sáísańséí 独立採算制【Econ.】O sistema de contabilidade independente.

dókuro 髑髏 A caveira. [S/同] Sa[Sha]rékṓbe.

dokúryṓ 読了 O acabar de ler um livro. [S/同] Dókuha (+).

dokúryókú 独力 O próprio esforço. *Kare wa sono jigyō o ～ de nashitogeta* 彼はその事業を独力で成し遂げた Ele levou a obra a cabo graças ao ～. [S/同] Jiríkí.

dokúsái 独裁 **1** [ひとりで決めて事を行うこと] O autoritarismo. **2** [専制] A ditadura. ★ ～ *suru* 独裁する Ter uma autoridade absoluta; governar ditatorialmente. *Gunbu no ～* 軍部の独裁 ～ militar. ◇ **～ kokka** 独裁国家 O estado despótico. **～ seiji** 独裁政治 ～ [O governo ditatorial].

dokúsátsú 毒殺 O envenenamento. ★ ～ *suru* 毒殺する Matar com veneno. [S/同] Yakúsátsú.

dokú-séí 毒性 A virulência. *Sono kusuri no ～ wa kiwamete yowai* [*tsuyoi*] その薬の毒性は極めて弱い[強い] Esse remédio é muito [pouco] virulento.

dokúsén 独占 **1** [専有] A posse exclusiva; o monopólio. ★ *Hanashi o ～ suru* 話を独占する Monopolizar a conversa. ◇ **～ intabyū** 独占インタビュー A entrevista exclusiva. **～ yoku** 独占欲 O desejo de posse exclusiva「de algo」. [S/同] Seńyū. **2** [市場を支配して利益をひとりじめすること] O monopólio; o açambarcamento. ★ ～ *suru* 独占する Monopolizar; açambarcar. ◇ **～ jigyō** 独占事業 Um monopólio. **～ ken** 独占権 O direito de monopólio. **～ kinshi-hō** 独占禁止法 A lei antimonopolista/contra os monopólios.

dokúséńjṓ 独擅場 ⇨ dokúdáńjṓ.

dókusha 読者 O leitor. ★ ～ *no koe* 読者の声 "Dizem os ～ es". ◇ **～ ran** 読者欄 A coluna dos ～ es [Cartas ao editor]. **～ sō** 読者層 A classe [camada] dos leitores「desta revista, são intelectuais」.

dokúshákú 独酌 O beber ou servir-se sozinho. ⇨ te-jákú.

dokúshíń 独身 O ser célibe [solteiro; celibatário]; o celibato「cristão」. ★ ～ *de kurasu* 独身で暮らす Ser solteiro. *Isshō ～ de tōsu* 一生独身で通す Viver sempre [toda a vida (+)] solteiro. ◇ **～ kizoku** 独身貴族 O solteiro abastado. **～ seikatsu** 独身生活 A vida de ～. ～ *sha* 独身者 O [A] solteiro[a]. **～ shugisha** 独身主義者 O defensor do celibato. [S/同] Hitórí-mónó; mikón-sha.

dokúshínjutsu[1] 読心術 A telepatia; a arte de ler o pensamento alheio.

dokúshínjutsu[2] 読唇術 A arte「do surdo」de ler os movimentos dos lábios.

dókusho 読書 A leitura. ★ ～ *ni fukeru* 読書にふける Absorver-se na ～. ～ *suru* 読書する Ler. ◇ **～ ka** 読書家 O grande leitor; a pessoa muito lida. **～ kai** 読書界 O público leitor. **～ kai** 読書会 O círculo de ～ [leitores]. **～ ryoku** 読書力 A capacidade de ～. **～ shitsu** 読書室 A sala de ～. **～ shūkan** 読書週間 A semana do livro. [S/同] Shokéń.

dokúshṓ[1] 独唱 O solo (vocal). ★ ～ *suru* Cantar um ～. ◇ **～ ka** [**sha**] 独唱家 [者] O solista. **～ kai** 独唱会 O recital. **～ kyoku** 独唱曲 O solo (Trecho musical para ser executado por uma só voz). [S/同] Sóro. [A/反] Gasshṓ. ⇨ dokúsṓ².

dokúshṓ[2] 読誦【E.】A recitação. ★ ～ *suru* 読誦する Recitar. [S/同] Rṓdókú (+).

dókushu[1] 毒手【E.】A trama; o golpe baixo. *Wareware wa manma-to kare no ～ ni kakatta* 我々はまんまと彼の毒手にかかった Caímos redondamente na ～ dele.

dókushu[2] 毒酒 A bebida (alcoólica) com veneno.

dokúshū 独習 O autodidatismo. ★ ～ *suru* 独習する Aprender sem mestre. ◇ **～ sho** 独習書 O (manual)「p.」sem mestre. [S/同] Dokúgákú (+); jigákú; jishū (+).

dókuso 毒素【Biol.】A toxina; a substância venenosa. ◇ **Kō ～** 抗毒素 A antitoxina.

dokúsṓ[1] 独創 A criação original [pessoal]. ★ ～ *teki* (*na*) 独創的(な) Original; criativo. ◇ ⇨ **～ sei**. [S/同] Sṓzṓ. [A/反] Mohṓ.

dokúsṓ[2] 独奏【Mús.】O solo (instrumental). ★ ～ *suru* 独奏する Executar um ～. ◇ **～ kai** 独奏会 O recital. **～ sha** 独奏者 O solista. [S/同] Sóro. [A/反] Gassṓ. ⇨ dokúshṓ¹.

dokúsṓ[3] 独走 **1** [他を引き離して一番を走ること] O correr [ir] destacado dos demais competidores. ◇ **～ taisei** 独走態勢 O「a equipa」não ter rival. **2** [仲間と相談せずに，勝手に行動すること] O agir sem contar com os outros. *Dantai kōdō ni wa ～ wa yurusarenai* 団体行動には独走は許されない Num trabalho de grupo não se permite ～. ★ ～ *suru* 独走

dōmo

する Ser demasiado independente.

dokúsō⁴ 毒草 A planta venenosa.

dokusón 独尊【E.】⇨ yúiga-dokuson.

dókusō-ryoku 独創力 A capacidade [força] criativa. ★ ~ ni tomu 独創力に富む Ter uma grande ~.

dokusō-séi 独創性 A originalidade; a criatividade. ★ ~ no aru sakuhin 独創性のある作品 Uma obra com ~.

dokúsúru 毒する Envenenar [Contaminar/Corromper]「a juventude」. ⇨ gaí súru.

dókutā ドクター (< Ing. doctor < L.) **1**[医者] O médico; o doutor. S/同 Ishá (+). **2**[博士] O doutor. ◇ ~ **kōsu** ドクターコース O curso de doutoramento/~. S/同 Hákushi.

dokútā-sútóppu ドクターストップ (< Ing. doctorstop) O parar (tb. de trabalhar) por ordem do médico.

dokutókú 独特〔得〕O ser peculiar [próprio; típico; único; característico]. *Kono ronbun wa kare ~ no riron de tsuranukarete iru* この論文は彼独特の理論で貫かれている Esta tese mostra, toda ela [do princípio ao fim], a teoria própria do autor.

dókutsu 洞窟 A caverna; a gruta; a furna. ◇ ~ **hekiga** 洞窟壁画 O fresco da ~ [A pintura rupestre]. ~ *tanken* 洞窟探検 A exploração de ~s.

doku-yá 毒矢 A flecha envenenada.

dokuyáku 毒薬 Um veneno. S/同 Dokúbútsú; gekíbútsú; gekíyáku.

dokuzén 独善【E.】A autocomplacência; a vaidade. ★ ~ *ni ochiiru* 独善におちいる Cair na ~. ~ *teki na* 独善的な「a atitude」Autocomplacente; vaidoso. S/同 Hítóryógari (+).

dokuzétsú 毒舌 A língua viperina [envenenada/de víbora]. ~ *o furuu* 毒舌を振るう Ser mordaz. ◇ ~ **ka** 毒舌家 O sarcástico. S/同 Dokúgén.

doku-zúku 毒突く (<… + tsúku) Cuspir veneno; ser mordaz. S/同 nonóshíru.

dókyō¹ 度胸 A coragem; a intrepidez; a bravura. ★ ~ *o kimeru [sueru]* 度胸を決める[すえる] Encher-se de coragem. ~ *o tamesu* 度胸をためす Ver quem tem [Experimentar a] coragem. ᴾᶜᵒᵗᵇᵒ *Otoko wa ~ onna wa aikyō* 男は度胸女は愛嬌 No homem a ~, na mulher o encanto. S/同 Tányoku.

dokyō² 読経 A recitação do sutra. ★ ~ *suru* 読経する Recitar o sutra. S/同 Dokújú; dokúshō. ⇨ kańkyō³.

dókyo [oó] 同居 A coabitação; o viver na mesma casa. ★ *Musuko fūfu to ~ suru* 息子夫婦と同居する Viver com o filho casado (e a nora). A/反 Bekkyó. ⇨

dókyō² [doó] 同郷 A mesma terra (natal). ★ ~ *no yoshimi* 同郷のよしみ A amizade dos da ~. ◇ ~ **jin** 同郷の O conterrâneo. ⇨ dókénjin.

dokyō-nín [oó] 同居人 O inquilino [hóspede].

dókyū¹ [oó] 同級 **1**[同じ学級] A mesma classe (da escola). *Watashi to kare wa ~ desu* 私と彼は同級です Eu e ele somos da ~. ◇ ~ **kai** 同級会 A reunião da classe. ~ **sei**. ⇨ gakkyū¹. **2**[同じ等級] A mesma categoria. ⇨ tōkyū¹.

dókyū² [oó] 撞球【E.】O bilhar. S/同 Biríyádo (+); tamátsúkí (+).

dokyúméntárī ドキュメンタリー (< Ing. documentary < L.) O documentário. ◇ ~ **eiga** ドキュメンタリー映画 O (filme) documentário.

dókyū-sei [doókyúu] 同級生 O colega [companheiro; condiscípulo (da classe).

domá 土間 **1**[家の] O chão [soalho] de terra (batida). **2**[劇場の] A plateia.

dō-máki [oó] 胴巻 A faixa [cinta] para guardar dinheiro e objectos de valor. S/同 Hará-maki (+).

dománjū 土饅頭 O túmulo [A elevação tumular].

do-mánnaka [oó] ど真ん中【G.】O centro. ★ *Tōkyō no ~ ni* 東京のど真ん中 Mesmo no ~ de Tóquio. S/同 Mańnáká (+).

dō-máwari [oó] 胴回り A cintura. S/同 Uésuto.

dōméi¹ [oó] 同名 O mesmo nome. ★ ~ *no hito* 同名の人 O homónimo. ◇ ~ **no dóséi**.

dōméi² [oó] 同盟 A aliança; a liga [associação] 「dos abstémios」. ★ ~ *o musubu* 同盟を結ぶ Aliar-se [Fazer uma ~]「com」. ◇ ~ **gun** 同盟軍 As forças aliadas. ~ **higyō** 同盟罷業 A greve (⇨ sutóráiki). ~ **jōyaku** 同盟条約 O tratado de aliança. **Fu** [**Hi**]-**bai** 不[非]買同盟 A boicotagem de um produto. **Gunji** ~ 軍事同盟 A aliança militar.

dōméi-koku [oó] 同盟国 As nações aliadas [Os aliados]. ~ **Hi** ~ 非同盟国 Os não aliados.

doméishi [oó] 動名詞【Gram.】O gerúndio.

domín 土民 O nativo; o aborígine; o indígena; o autóctone. S/同 Dojín.

Domínīká ドミニカ **1**[~koku] A Dominica. **2**[~kyōwakoku] A República Dominicana.

dómino ドミノ O dominó. ◇ ~ **daoshi** ドミノ倒し O cair como um [fazer cair as pedras do] ~.

dō mite mo [oó] どう見ても De qualquer maneira [forma]; seja como for.

-dómo¹ ども **1**[多数を表す] (Suf. de pluralidade). *Yarō ~ yoku kike* 野郎どもよく聞け Oiçam todos o que eu vou dizer! S/同 -ra; -tachi. **2**[謙遜の気持ちを表す] (Suf. de modéstia). *Watakushi ~ de wa nichiyōbi wa kyūgyō sasete itadakimasu* 私どもでは日曜日は休業させていただきます Nós (Loja) fechamos aos domingos.

-dómo² ども【E.】(< -tómo) **1**[…とはいうものの] Embora; ainda que; se bem que; mesmo que. *Tenki seirō nare ~ nami takashi* 天気晴朗なれども波高し Haverá ondas altas, embora faça bom tempo. S/同 Ié-domo. **2**[…したけれども] Por mais que. *Ose ~ hike ~ doa wa ugokanakatta* 押せども引けどもドアは動かなかった ~ empurrei e puxei, a porta não se moveu. S/同 -temo. ⇨ kéredomo; shikáshi.

dómo [oó] どうも **1**[どうしても] De maneira nenhuma. ~ *kare no yarikata wa nattoku ga ikanai* どうも彼のやり方は納得がいかない Não concordo com o modo de agir dele. S/同 Dō shite mo (+). **2**[どことなく; 何だか] Sem saber bem. ~ *karada no chōshi ga warui* どうもからだの調子が悪い Não sei porquê, mas não me sinto bem. S/同 Dokó tó náku; tori ná, náku (+). **3**[どうやら] Parece que. *Asu wa ~ ame rashii* 明日はどうも雨らしい ~ amanhã vai chover. **4**[あいさつに使うことば] Muito. ~ *arigatō* どうもありがとう ~ obrigado. ~ *shitsurei itashimashita* どうも失礼いたしました ~ obrigado e até outro dia. *Kono tabi wa ~ omedetō gozaimasu* この度はどうもおめでとうございます Os meus (mais) sinceros parabéns! *Yā, ~* ~ やあ、どうもどうも Olá, como vai [está]?

dômô [doó] 獰猛【E.】「cão」Feroz. ★ ~ *na seishitsu* 獰猛な性質 O cará(c)ter ~ [violento].

dômókú [oó] 瞠目 O arregalar os olhos de admiração. ★ ~ *ni atai suru dekigoto* 瞠目に値する出来事 Um caso digno de admiração. ~ *suru* 瞠目する Ficar de olhos arregalados.

domón[1] [oó] 同門 O condiscípulo; o colega.

domón[2] [oó] 洞門【E.】⇨ horááná.

domórí[1] 吃り (< domóru) A gaguez (Ser gago). ⇨ kitsúófn.

do-mórí[2] 度盛り ⇨ me-mórí.

domóru 吃る Gaguejar; tartamudear.

dômótó [oó] 胴元 **1**【さいころばくちの親】O banqueiro; o apostador profissional. **2**【物事をしくくりまとめる人】O superintendente. [S/同] Motó-jímé.

dômu [oó] ドーム (< Ing. dome < L.) A cúpula; a abóbada. ★ ~ *jō no* ドーム状の Abobadado [Em ~]. ◇ **Hiroshima genbaku ~** 広島原爆ドーム duma das ruínas de Hiroshima. **Tōkyō [Fukuoka] ~** 東京[福岡]ドーム O estádio coberto de...

dômyákú [oó] 動脈 **1**【血管】A artéria. ◇ ~ **kōka (shō)** 動脈硬化(症) A arterio(e)sclerose. **~ ryū** 動脈瘤 O aneurisma. ◇ **dai ~. Hai ~** 肺動脈 ~ pulmonar. [A/反] Jōmyákú. **2**【大切な道筋】【Fig.】A artéria. *Oranda de wa suiro ga shōgyō no ~ de aru* オランダでは水路が商業の動脈である Na Holanda os canais são as grandes ~s do comércio.

dômyák(u)ketsu [oó] 動脈血【Anat.】O sangue arterial. [A/反] Jōmyák(u)ketsu.

dón[1] 鈍 **1**【刃物の切れが鈍ること】O estar embotado [rombo]. *Kono nata wa ~ ni natta* このなたは鈍くなった Este cutelo ficou~. [A/反] Éi. **2**【頭の働きなどが鈍ること】A obtusidade. ★ ~ *na yatsu* 鈍なやつ O sujeito tapado (obtuso; estúpido). [S/同] Donkán (+). [A/反] Éi.

dón[2]【On.】 **1**【大砲などの音の形容】B[P]um! *Yōi ~* ようい, ドン (かけ足の競走で) A postos, ~. **2**【重い物が何かにぶつかったり, 落ちたりするさま】Bum(ba)! ★ ~ *to ochiru* どんと落ちる Cair, ~! [S/同] Dosún to. ⇨ dón to.

don-[3] どん (Pref. que exprime a ideia de "muito mal"). ◇ **~-jiri [-zoko].**

donabé 土鍋 A panela de barro. ◇ **~ ryōri** 土鍋料理 O prato feito em ~.

dô-nágá [oó] 胴長 (< dô[1] + nagái) O tronco desenvolvido [comprido].

dô-nákâ [oó] 胴中 **1**【胴の中ほど】【E.】O 「"obi" no」meio do tronco. **2**【真ん中】O centro; o meio. [S/同] Mannákâ (+).

donarí-ái 怒鳴り合い (< donarí-áu) O ralharem「os dois」. ★ ~ *no kenka o suru* 怒鳴り合いの喧嘩をする Brigar aos gritos.

donarí-áu 怒鳴り合う (< donaru + ...) Ralharem.

donarí-chírásu 怒鳴り散らす (< donaru + ...) Gritar a torto e a direito (Ser um espirra-canivetes).

donarí-kómu 怒鳴り込む (< donaru + ...)「o vizinho」Ir [Entrar a] protestar「do ruído da TV」.

dô narí kô nari どうなりこうなり De algum modo; de alguma forma; sempre. ~ *kanja no inochi wa tasukaru rashii* どうなりこうなり患者の命は助かるらしい Parece que o doente escapa [sempre se salva]. [S/同] Dô ká kô ka; dô ni ka (+).

donarí-tátéru 怒鳴り立てる (< donaru + ...) Falar aos berros; vociferar; explodir.

donarí-tsúkéru 怒鳴りつける (< donaru + ...) Ralhar a alguém. *Chichi ni donari-tsukerareta* 父に怒鳴りつけられた O meu pai ralhou-me.

donaru 怒鳴る **1**【大声を出す】Gritar; berrar. [S/同] Sakébu. **2**【大声で叱る】Zangar-se [Ralhar]. *Seito-tachi ga amari ni urusai no de sensei wa donatta* 生徒たちがあまりにうるさいので先生は怒鳴った Como os alunos estavam muito barulhentos o professor gritou-lhes [zangou-se com eles]. [S/同] Ikkátsú súrú.

dónata どなた Quem (Mais cortês do que "dare"). ~ *(sama) desu ka* どなた(様)ですか Quem é?

dónatsu [oó] ドーナツ (< Ing. doughnut) A rosca (filhó). ◇ **~ genshō** ドーナツ現象 O fenó(ô)meno rosca (O fa(c)to de o centro das cidades ficar vazio por serem muito altos os preços do terreno ou aluguel/r).

doñbúri 丼 [Abrev. de "doñbúri-bachi"] ◇ ⇨ **kañjō. 2**【丼に入った食物】Pratos servidos em tigela. ◇ **Oyako ~** 親子丼 O arroz com galinha e ovo (Lit. "mãe e filho")... **3**【職人が腹巻きの前につけたかくし】O bolso da frente do "haragake".

doñbúri[2] どんぶり ⇨ dobún.

doñbúri-bachi 丼鉢 (<... + hachí) A tigela/malga (de barro).

donburi-kañjō 丼勘定【G.】A contabilidade de merceeiro [sem método]. *Ano mise no keiri wa ~ da* あの店の経理は丼勘定 Aquela loja tem uma ~.

doñbútsú 鈍物 (⇨ dón[1] **2**) O estúpido; o obturante; o obtuso. [S/同] Doñsaí (+); norómá (o).

doñcháñ-sáwagi どんちゃん騒ぎ【G.】A festa (rija); a farra. *Ichidō wa yoru osoku made ~ o yatta [shita]* 一同は夜遅くまでどんちゃん騒ぎをやった[した] ~ continuou até altas horas da noite. [S/同] Baká-sawagi.

doñchō[1] 鈍調【Econ.】A estagnação do mercado.

doñchō[2] 緞帳 **1**【厚地の模様入りの幕】O cortinado. ⇨ makú[1]. **2**【劇場のたれ幕】O pano do palco. ★ ~ *o ageru [orosu]* 緞帳を上げる[下ろす] Subir/Abrir [Baixar/Fechar] ~. ⇨ hikí[taré]-makú.

dondén-gáeshi どんでん返し **1**【上下が反対になるように引っ繰り返ること】A reviravolta; a cambalhota; o virar de cabeça para baixo. **2**【逆転】【Fig.】A reviravolta. *Kono eiga ni wa saigo ni ~ ga ari igai na ketsumatsu o mukaeru* この映画には最後にどんでん返しがあり, 意外な結末を迎える No final do filme há [dá tudo] uma reviravolta e o desfecho é inesperado.

dóndon (to) どんどん(と)【On.】 **1**【続けて強く打つ音】Pum! Pum! ★ *To o ~ tataku* 戸をどんどんたたく Bater à porta ~ [com (toda a) força]. ⇨ tónton[2]. **2**【太鼓・花火・大砲などが続けて鳴る音】Pum, pum, pum! *Taiko ga ~ natte iru* 太鼓がどんどん鳴っている Ouve-se o rufar do tambor ~. **3**【盛んに続くさま】Rapidamente; cada vez mais; sucessivamente. *Saikin bukka ga ~ agatte iru* 最近物価がどんどん上がっている Ultimamente os preços estão a subir de dia para dia [a um ritmo!]. ★ ~ *aruite iku* どんどん歩いて行く Andar depressa [rápido] nos negócios [no trabalho]. [S/同] Dōshidoshi (to) **1**. ⇨ gúngun.

doñdo(yáki) どんど(焼き) A cerimó(ô)nia da queima das decorações do Ano Novo, a 15 de janeiro.

dónen [oó] 同年 **1** [同じ年] O mesmo ano. *Kare wa watashi to ~ no umare de aru* 彼は私と同年の生まれである Ele e eu nascemos no ~. **2** [同じ年齢] A mesma idade. *Ano hito wa watashi to ~ desu* あの人は私と同年です Ela tem a minha idade. **3** [その年] [dónen] Esse [O mesmo] ano.

dō-nénpai [oó] 同年輩 A mesma idade. *Tabun kare wa wareware to ~ da* 多分彼は我々と同年輩だ Ele deve ter ~ que nós. ⇨ dóhái.

dónfan ドンファン (< Esp. Don Juan) Um dom-João; o sedutor; o libertino. ★ ~ *buri no hakki suru* ドンファンぶりを発揮する Armar-se em ~. S/同 onná-tárashi.

dónguri 団栗【Bot.】A glande; a bolota「do sobreiro」. *Karera no seiseki wa ~ no sei-kurabe da* 彼らの成績は団栗の背比べだ As notas deles são mais ou menos iguais. ⇨ káshi[10], kunúgi; nára; shíí[1].

donguri-mánako 団栗眼 Os olhos grandes e redondos (Vivos, bonitos).

dō ni ka [oó] どうにか **1**[かろうじて] Sempre; com muita dificuldade. *Watashi wa ~ (kō ni ka) shūshoku dekita* 私はどうにか(こうにか)就職できた Com grande dificuldade (lá) [Sempre] consegui emprego. *~ (kō ni ka) seikatsu suru* どうにか(こうにか)生活する「a pensão dá para」Ir vivendo. **2**[どのようにか] De algum modo; de alguma maneira. *Rei no keiyaku ~ narimasen ka* 例の契約どうにかなりませんか Então aquele [o nosso] contrato não se resolve? S/同 Nán to ka.

dō ni mó (kónimo) [doó-kóo] どうにも (こうにも) **1**[どのようにも] De forma [maneira] nenhuma; de modo nenhum. *Kanojo wa uta mo shibai mo heta de ~ o-hanashi ni naranai* 彼女は歌も芝居も下手でどうにもお話にならない Ela não é capaz ~ porque nem sabe cantar nem representar. S/同 Dō shite mo; mattákú. **2**[なんとも] Deveras; na verdade; realmente. S/同 Nán to mo.

dónin [oó] 同人 **1**[同じ人] A mesma pessoa. A/反 Betsújín. **2**[前に述べたその人] A pessoa referida [em questão]; (acima) mencionada. **3**[同じ志の人々] A roda「de interessados」. ◇ ~ **zasshi** 同人雑誌 A revista de uma roda literária. Dójin (+).

doń-jírí どん尻【G.】(< doń-[3] + shirí) A cauda; o último「da corrida」. ★ ~ *ni hikaeru* どん尻に控える Ir na ~. ~ *ni naru* どん尻になる Ficar em último. S/同 Bíri (+); sáigo (o).

donjū 鈍重 A obtusidade; a estupidez; a lentidão. ★ ~ *na otoko* 鈍重な男 Um (tipo) obtuso [tapado]. A/反 Bínshó. ⇨ nibúi; noróí[2].

dónka 鈍化 A perda de qualidade. ★ ~ *suru* 鈍化する「o ritmo」Baixar.

donkáku (dónkaku) 鈍角【Mat.】O ângulo obtuso. ◇ ~ **sankakkei** 鈍角三角形 O triângulo obtuso. Eíkákú.

donkán 鈍感 A insensibilidade; a obtusidade. ★ ~ *na hito* 鈍感な人 A pessoa insensível [obtusa; bruta]. A/反 Bínkán. ⇨ nibúi.

dónki 鈍器 **1**[よく切れない刃物] O instrumento cortante cego [embotado; rombo; sem gume/fio]. S/同 Dońtō. **2**[刃のついてない道具]【Dir.】O instrumento não cortante. ★ ~ *ni yoru satsujin* 鈍器による殺人 O assassinato com um ~.

Doń-kíhóte [oó] ドン・キホーテ (< Don Quixote: antr.) Um Dom Quixote; o irrealista. ★ ~ *shiki no furumai* ドンキホーテ式の振る舞い O quixotismo; o comportamento quixotesco.

donkō (réssha) 鈍行 (列車) O comboio [trem] ronceiro (G.) [que pára em todas as estações].

dónna どんな (⇨ dóno[1]) **1**[どのような] Qual; que (coisa). ~ *go-yō desu ka* どんなご用ですか (O) que deseja? ~ *mon da* [dai] どんなもんだ [だい] Que tal [lhe parece]?! *Kyō wa ~ guai desu ka* 今日はどんな具合ですか Como se sente hoje? **2**[いかなる] Qualquer coisa; tudo. ~ *koto ga atte mo yakusoku wa mamorimasu* どんな事があっても約束は守ります Haja o que houver, cumpro o prometido. ~ *koto o shite mo byōki no haha o tasuketai* どんなことをしても病気の母を助けたい Farei tudo (o que for necessário) para que a minha mãe (se) cure. *Watashi ga dekiru koto nara ~ koto de mo hiki-ukemasu* 私ができることならどんなことでも引き受けます Farei tudo o que estiver ao meu alcance [Se for coisa que eu possa, conte comigo]. S/同 Ikánaru.

dónna ni どんなに **1**[どれほど] Como; quanto. *Chichi ga sore o kiitara ~ yorokobu deshō* 父がそれを聞いたらどんなに喜ぶでしょう ~ o meu pai se alegrará ao ouvir isso! S/同 Doré hódó. **2**[どれほど…でも] Por mais que…não. ~ *ganbatte mo aitsu ni wa kanawanai* どんなにがんばってもあいつにはかなわない ~ me esforce, não consigo ser tão bom como ele. **3**[いかように] Como. ~ *shite de mo ii kara jibun de yatte mi nasai* どんなにしてでもいいから自分でやってみなさい Faça ~ quiser [à sua maneira] mas ponto. S/同 Ikáyō ni.

dóno[1] どの (⇨ dónna) **1**[不定のものを指して] Qual; que. ~ *hon o saisho ni yomimasu ka* どの本を最初に読みますか Que livro vai ler primeiro? *Tokyō no ~ hen ni o-sumai desu ka* 東京のどの辺にお住まいですか Em que parte de Tóquio mora? S/同 Dóre no; izúré no. **2**[すべてのものを指して] Todos; quaisquer. *Sore wa ~ mise de mo kaemasu* それはどの店でも買えます Isso compra-se em qualquer loja. ~ *ten kara mite mo* どの点から見ても De qualquer ponto de vista.

-dóno[2] 殿 (< tóno) Senhor. ★ *Yamada Ichirō ~* 山田一郎殿 Exmo. [Ilmo.]「 ~ 」⇨ -samá.

donō 土嚢 O saco de areia. ★ ~ *o tsumikasaneru* 土嚢を積み重ねる Pôr sacos…「nas margens do rio」. S/同 Tsuchí-búkuro. ⇨ sanō.

dō nó kō no [doó-kóo] どうのこうの Isto e aquilo; assim e [ou] assado. *Watashi wa anata ni ~ sashizu sareru sujiai wa nai* 私はあなたにどうのこうのの指図される筋合いはない Eu não estou (aqui) às suas ordens [Você não tem direito de me mandar]. S/同 Dō kō.

donó kúrái どの位 **1**[距離が] Quanto. *Koko kara eki made ~ arimasu ka* ここから駅までどの位ありますか Qual é a distância [~ é] daqui [à estação)? **2**[時間が] Quanto. *O-hana o naratte imasu ka* どの位お花を習っていますか Há ~ tempo está a aprender arranjo floral [a arte das flores]? *Nippon ni korarete ~ ni narimasu ka* 日本に来られてどの位になりますか ~ tempo faz que [Há ~ tempo] chegou ao J.? **3**[数・量が] Quanto. *Bin ni ~ abura ga nokotte imasu ka* びんにどの位油が残っていますか ~ óleo há na garrafa? **4**[金額が] Quanto. *Sono hon wa ~ shimashita ka* その本はどの位しましたか ~ custou este livro? S/同 Ikura (+). **5**[大小・高低など] Quanto. *Ano ki wa ~ no takasa desu ka*

あの木はどの位の高さですか Qual é a altura daquela árvore [Aquela árvore ~ tem de altura]?
- **donó míchí** どの道 De qualquer maneira [modo; forma]. ~ *yaranakereba naranai shigoto da* どの道やらなければならない仕事だ É um trabalho que (~) tem de ser feito.
- **dóno yō** どの様 Como. *Kōji no susumi-guai wa desu ka* 工事の進み具合はどの様ですか ~ vão as [está o andamento das] obras? ★ ~ *na* どの様な Qual [~ *na shōjō desu ka* どの様な症状ですか Quais são os sintomas?]. ~ *ni* ...の様に Como [~ *ni shita tokoro de taishita kawari wa nai* どの様にしたところでたいしたかわりはない Seja como for, não faz grande diferença].
- **dońsái** 鈍才 O bruto [estúpido/tapado]. S/周 Boñsái; hísái. A/反 Eísái; shūsái; teńsái. ⇨ donkán.
- **dónsu** 緞子 O damasco (de seda). ◇ **Kinran ~** 金襴緞子 ~ com brocado dourado.
- **dóntaku** ドンタク (< Hol. zondag) O festival「de Hakata」.
- **dońtén** 曇天 O tempo fusco; o céu nublado. *Kyō wa ichinichijū ~ datta* 今日は一日中曇天だった Hoje (o tempo) esteve nebuloso [todo o dia] nublado. S/周 Kumóri(zóra)(+). ⇨ seítéń[1]; úten.
- **dón to** どんと【On.】Pum (ba) [Catrapum]! ~ *ikō* どんと行こう Vamos lá (, em força)!
- **dońtō** 鈍刀 A espada embotada. A/反 Namákúrá gátana.
- **dońtsū** 鈍痛 A dor surda [indefinida]. ★ *Kafukubu ni ~ o oboeru* 下腹部に鈍痛をおぼえる Sentir uma ~ na bacia [região inferior da barriga]. A/反 Gekítsū.
- **dónyō [doó]** 導尿【Med.】O tirar a urina. ★ ~ *suru* 導尿する .... ~ *yō katēteru* 導尿用カテーテル O cateter para a uretra.
- **don'yóku** 貪欲 A avareza; a ganância; a avidez「de dinheiro」; a cobiça. ★ ~ *na* 貪欲な Avaro; avarento; cobiçoso; ávido; ganancioso. S/周 Góyóku; yokú-fúka.
- **don'yóri** どんより[曇って薄暗いさま] Nublado; nebuloso; fusco. ★ ~ (*to*)*shita sora* どんより(と)した空 ~. 2[色合いが濁ってはっきりしないさま] Opaco; fosco; baço.
- **dónyū [oó]** 導入 1[本論に導くための最初の部分] A introdução. ★ ~ *suru* 導入する Introduzir. ◇ ~ **bu** 導入部【Mús.】 ~ [O prelúdio]. S/周 Yúchi; yūdō. 2[新しい理論・条件などを取り入れること] A introdução; a ado(p)ção. ★ ~ *suru* 導入する Introduzir; ado(p)tar「um novo método」. S/周 Dōshútsu.
- **doń-zókó [oó]** どん底 (< doń-[3] + sokó[1]) 1[物の一番底] O ponto mais fundo「do lago」. 2[最悪の状態] O pior; as profund(ez)as [do inferno]. *Sono koro no kare wa binbō no ~ ni atta* そのころの彼は貧乏のどん底にあった Naquela época ele vivia na maior miséria. *Fukō no ~ ni ochiru* 不幸のどん底に落ちる Desgraçar-se. *Shitsui no ~ ni aru* 失意のどん底にある Estar no mais profundo desespero.
- **doń-zúmárí** どん詰まり (< doń-[3] + tsumáru)【G.】O beco sem saída. ★ ~ *no jōtai ni aru* どん詰まりの状態になる Estar num ~ [sem saber que fazer]. S/周 Ikí-dómárí(+).
- **dōóń [oó]** 同音 1[同じ音・発音] O mesmo som; a mesma pronúncia; a homofonia. *Kami to kami wa ~ da* 髪と紙は同音だ Cabelo e papel (em j.) são homófonos (Ex. em p.: conselho e concelho). ◇ ~ **igigo** 同音異義語 O homó[ô]nimo (Ex.: canto de música e canto de sala). 2[同じ高さの音・音声] A enarmonia; a unissonância. ★ ~ *de utau* 同音で歌う Cantar em unissono. 3[同時に言うこと] O falarem todos ao mesmo tempo. ◇ **Iku ~** 異口同音 Todos a uma só voz; unanimente; por unanimidade.
- **dóppo** 独歩【E.】1[一人で歩くこと] O andar [caminhar] sozinho. S/周 Dokkō. 2[自分一人で行うこと] O agir por si [por sua própria conta]. ◇ **Dokurítsu ~** 独立独歩 A independência total. S/周 Dokkō. 2[たぐいなくすぐれていること]【Ímpar; sem rival. ★ *Kokon ~ no geijutsuka* 古今独歩の芸術家 Um artista inigualável em toda a história [até hoje]. S/周 Múhi(+).
- **dorá** 銅鑼 O gongo; o tantã. *Shuppan no ~ ga nari-hibiita* 出帆の銅鑼が鳴り響いた Soou ~ da partida do navio.
- **doráfútó-séido** ドラフト制度 (< Ing. draft)【Beis.】O sistema de sele(c)ção de novos jogadores.
- **dorággú-sútóa** ドラッグストア (< Ing. drugstore) A drogaria; a botica; a farmácia.
- **dorá-góe** 銅鑼声 (<... + kóe) A voz rude [rouca; áspera]. S/周 Damígóe.
- **dorái** ドライ (< Ing. dry) 1[乾燥していること] Seco; árido. ★ ~ *na kikō* ドライな気候 O clima seco. ◇ ~ **heá** ドライヘアー O cabelo seco. A/反 Uétto. 2[義理などにこだわらず物事を割り切るようす] Insensível; seco; prático; calculista; interesseiro. *Saikin no wakamono wa ~ da to iwareru* 最近の若者はドライだと言われる Diz-se dos jovens de hoje são ~s. A/反 Uétto. ⇨ geńjítsú; górí. 3[洋酒であまみを加えてないようす] Seco. ◇ ~ **pōto wain** ドライポートワイン Um (vinho do) porto seco. S/周 Karákúchí. A/反 Súito.
- **dorái-áisu** ドライアイス (< Ing. dry ice) O gelo seco.
- **doráibā** ドライバー (< Ing. driver) 1[ねじ回し] A chave de fenda [parafusos]. S/周 Nejí-máwashi. 2[運転手] O motorista. ◇ **Pēpā ~** ペーパードライバー Que tem carta de condução mas não conduz. S/周 Uńten-shu(+). 3[ゴルフのクラブ] O taco de golfe para longas distâncias. S/周 Ichíbań-úddo.
- **doráibu** ドライブ (< Ing. drive) 1[自動車を運転すること] O passeio [A excursão/A volta] de carro; o guiar. ★ ~ *suru* ドライブする Passear... ◇ ~ **mappu** ドライブマップ O mapa rodoviário [das estradas]. ~ **uē** ドライブウェー A auto-estrada; a rodovia. 2[テニス・卓球などでボールを上をこするように打つこと] O bater a bola a raspar para fazer girar para a frente. ★ ~ *o kakeru* ドライブをかける Bater a bola...
- **doráibú-in** ドライブイン (< Ing. drive-in) O restaurante com estacionamento.
- **dorái-fúráwā** ドライフラワー (< Ing. dry flower) A flor ornamental seca. ◇ *zōka*[2].
- **dorái-kurīningu** ドライクリーニング (< Ing. dry cleaning) A lavagem a seco. ★ ~ *suru* ドライクリーニングする Lavar a seco.
- **dorái-míruku** ドライミルク (< Ing. dry milk) O leite em pó. S/周 Fuńnyū; koná-míruku(+).
- **doráiyā** ドライヤー (< Ing. drier) O secador. ◇ **Heá ~** ヘアードライヤー ~ de cabelo. S/周 Kańsō-ki.
- **dōrákú [oó]** 道楽 1[趣味] O passatempo [entre-

timento]. ◇ ~ **shigoto** 道楽仕事 Um trabalho como ~. **Kui** ~ 食い道楽 O gastrónomo. [S/同] Shúmi. **2** [酒色にふけること] A libertinagem; a licenciosidade. ★ ~ *no kagiri o tsukusu* 道楽の限りをつくす Ser um devasso. ◇ ~ **musuko** 道楽息子 O filho pródigo. [S/同] Hṓtṓ; yū́tṓ.

dṓrákú-mónó [**oó**] 道楽者 O libertino; o depravado; o devasso. [S/同] Asóbí-níń; tṓjí.

dórama ドラマ O drama. ◇ **Hōmu** ~ ホームドラマ ~ familiar. ⇨ géki[1].

dorámā ドラマー (< Ing. drummer) O que toca; o tambor; o tamborileiro. ⇨ dóramu.

dorámáchíkku ドラマチック (< Ing. dramatic) Dramático; impressionante. ★ ~ *na ketsumatsu* ドラマチックな結末 O fim dramático. [S/同] Gekí-tékí.

dóramu ドラム (< Ing. drum) **1** [洋楽で使う太鼓類の総称] A bateria. **2** [大太鼓] O tambor. [S/同] Bḗsú dóramu; ṓ-dáiko. **3** [機械類で円周形の部分の総称] O tambor「da máquina」.

dorámú-káń ドラム缶 (< Ing. drum can) O tambor [bidão]「de gasolina」.

dorá-músuko どら息子【G.】⇨ dṓrákú ◇.

dṓráń[1] [**oó**] 動乱 A sublevação; a revolta. ★ ~ *o chin'atsu suru* 動乱を鎮圧する Reprimir [Abafar] ~. ★ ~ *o okosu* 動乱を起こす Provocar [Fazer] uma ~. [S/同] Seńráń. ⇨ bṓdṓ.

dṓráń[2] [**oó**] ドーラン (< Al. dohran) Um cosmético.

dṓráń[3] [**oó**] 胴乱 Uma sacola ou caixa para material de estudo. ★ ~ *o sageru* ~を提げる Levar a ~「à cintura/às costas」.

dorá-nékó どら猫【G.】O gato vadio. [S/同] Norá-nékó.

dóre[1] どれ Qual「é?」; que「livro?」. *Dono kasa mo yoku nite iru no de ~ ga ~ da ka wakaranai* どの傘もよく似ているのでどれがどれだかわからない Os guarda-chuvas são tão parecidos que quase não se distinguem [já não sei qual é o meu]. ⇨ ~demo [hodo; ka]. ~ *kurai* どれくらい Quanto「custa」mais ou menos? ⇨ ~mo. ~ *ni shiyō ka to mayou* どれにしようかと迷う Estar indeciso com qual ficar.

dóre[2] どれ **1** [ひとり言のように] Bem; então. ~ *botsubotsu dekakeru to suru ka* どれ, ぼつぼつ出かけるとするか Bem, acho que vou indo. **2** [人をうながして] Então; ora. ~ *misete goran* どれ, 見せてごらん Ora, mostre(-me) lá [deixe(-me) ver].

doré démó どれでも Qualquer; qualquer um [dos dois]; quaisquer deles. *Kono naka kara ~ suki na no o o-tori nasai* この中からどれでも好きなのをお取りなさい Leve qualquer um destes [o que quiser].

doré hódó どれ程 Por mais (que). ~ *kane ga atte mo shiawase da to wa kagiranai* どれ程金があっても幸せだとは限らない O dinheiro nem sempre traz a felicidade. [S/同] Dónna ni; donó kúráí.

doréí 奴隷 **1** [主人の私有物として使われて全く自由を持たない人] O escravo. ★ ~ *ni suru* 奴隷にする Escravizar; reduzir à escravidão. ~ *no yō ni tsukawareru* 奴隷のように使われる Ser usado como escravo. ◇ ~ **baibai** 奴隷売買 O comércio de ~s; o tráfico humano. ~ **haishi undō** 奴隷廃止運動 O movimento abolicionista [anti-esclavagista]. ~ **kaihō** (**undō**) 奴隷解放 (運動) (O movimento de) libertação dos ~s. ~ **sei**(**do**) 奴隷制 (度) A escravatura. [A/反] Jiyū́-jin. **2** [ある物に縛りつけられている人]【Fig.】O escravo [prisioneiro]. ★ *Kinsen no ~ to naru* 金銭の奴隷となる Tornar-se escravo do dinheiro. [S/同] Toríkó (+); yakkó.

dóre ka どれか Um (qualquer). *Kono naka kara ~ hitotsu o erabi nasai* この中からどれかひとつを選びなさい Escolha ~ [qualquer um] destes.

do ré mí (**fá**) ドレミ (ファ) (< It. do re mi(fa)) **1** [七音音階] O dó-ré-mi; a escala musical. ★ ~ *de utau* ドレミで歌う Cantar o ~; solfejar. ⇨ ońkáí. **2** [音楽の初歩] O dó-ré-mi; os rudimentos da música.

dóre mo どれも「não gosto de」Nenhum; todos. *Kongetsu jōei no eiga wa ~ tsumaranai* 今月上映の映画はどれもつまらない Os filmes em cartaz este mês são todos fracos [sem interesse]. ★ ~ *kore mo* どれもこれも Todos e cada um.

dorésshī ドレッシー (< Ing. dressy < L.) Elegante; chique. ★ ~ *na fuku* ドレッシーな服 Um fato ~. [A/反] Supṓtī. ⇨ yū́ga.

dorésshingu ドレッシング (< Ing. dressing) O molho (para salada). ◇ **Furenchi** ~ フレンチドレッシング ~ de azeite, vinagre, sal e pimenta.

dóresu ドレス (< Ing. dress < L.) O vestido. ◇ ~ **appu** ドレスアップ O vestir bem; o ir bem vestido. ⇨ ífuku; kimónó.

dorésú-mḗkā [**ée**] ドレスメーカー (< Ing. dressmaker) A costureira; a modista. [S/同] Yṓsáishi.

dṓrétsú [**oó**] 同列 **1** [同じ列] A mesma [dita] fila. ★ ~ *ni narabu* 同列に並ぶ Pôr-se na ~. **2** [同じ程度・地位など] O mesmo nível; a mesma categoria. *Kono futatsu no mondai wa ~ ni wa ronjirarenai* この二つの問題は同列には論じられない Estes dois problemas não podem ser tratados ao/na ~.

dṓrí[1] [**oó**] 道理 **1** [真理] A razão; a lógica; a verdade. *Dochira no iu koto ni ~ ga aru no ka* どちらの言うことに道理があるのか Qual dos dois terá razão (no que diz)? ★ ~ *ga wakaru* 道理がわかる Entender a razão. ~ *ni awanai koto o iu* 道理に合わない事を言う Dizer disparates [coisas contrárias à ~]. ~ *ni kanau* [*hazureru*] 道理にかなう [はずれる] Ser razoável [irracional]. ~ *o wakimaeru* 道理をわきまえる Saber o que é bem e o que é mal. [P/ことわざ] *Muri ga tōreba ~ hikkomu* 無理が通れば道理引っ込む Onde domina a força, adeus razão. [S/同] Kotówárí; sují-michi; wáke.
2 [当然のこと] O ter razão; o ser natural. ~ *de kanojo wa genki ga nai* 道理で彼女は元気がない Então é por isso que [Agora sei por que (razão)] ela está abatida.

-dṓri[2] [**óo**] 通り (< tṓrí[1]) **1** […のまま] Conforme; segundo; consoante. *Kare wa nan de mo jibun no omoi ~ ni suru* 彼は何でも自分の思い通りにする Ele faz tudo como [~] lhe parece [à maneira dele]. ★ *Jikan ~* (*ni*) *tsuku* 時間通り (に) 着く Chegar a horas [a tempo/à hora marcada]. *Yotei ~* 予定通り ~ o plano [Como estava planeado]. [S/同] -no mamá. **2** […くらい] Mais ou menos; cerca de; quase. *Sono kōji wa mō ku-bu ~ kansei shita* その工事はもう9分通り完成した A obra já está ~ 90% feita. [S/同] -kúrai.

-dṓri[3] [**óo**] 通り (⇨ tṓrí[1]) ◇ **Shinjuku** ~ 新宿通り A rua [avenida] (de) Shinjuku (Tóquio).

dórian ドリアン (< Mal. durian)【Bot.】O durião (Árvore e fruto).

doríburu ドリブル (< Ing. dribble)【(D)esp.】A driblagem. ★ ~ *suru* ドリブルする Driblar.

D

dṓríkígaku [oó] 動力学 【Fís.】 A dinâmica; a cinética.

dṓríń [oó] 動輪 【Fís.】 A roda (de trás) com tra(c)ção.

doríppu ドリップ (< Ing. drip) A gota; o pingo. ★ ～ *shiki kōhī wakashi* ドリップ式コーヒー沸かし A cafeteira elé(c)trica.

dóriru ドリル (< Ing. drill) **1** [きり] A perfuradora; o broca; a pua; a verruma. ◇ **Denki ～** 電気ドリル ～ elé(c)trica. [S/同] Kíri; seńkṓ(ki). **2** [繰り返してする練習] O exercício. [S/同] Reńshū (+).

dṓ-rítsú [oó] 同率 **a**) A mesma quantidade (ou grau) [proporção]; **b**) O empate. *Kono kēki no haigō wa kona to satō to tamago ga ～ desu* このケーキの配合は粉と砂糖と卵が同率です Este bolo é feito com farinha, açúcar e ovos, em quantidades iguais. [S/同] Dṓ-wárí.

D

doró 泥 **1** [水分の混じった軟らかい土] A lama; o lodo; o barro. ★ ～ *darake* [*mamire*] *ni naru* 泥だらけ[まみれ]になる Ficar todo enlameado. ～ *darake no fuku* 泥だらけの服 A roupa enlameada [cheia de ～]. [I/慣用] ～ *no yō ni nemuru* 泥のように眠る Dormir como [que nem] uma pedra. ◇ **～ asobi** 泥遊び O brincar na lama. **～ michi** 泥道 O caminho enlameado. **2** [不面目] O crime; a culpa [vergonha]. ★ ～ *o haku* 泥を吐く Confessar o crime. ～ *o kaburu* 泥をかぶる Ficar com a/s culpa/s [*Kare wa mizukara ～ o kabutte kaisha no fusai no hensai ni tsutometa* 彼は自ら泥をかぶって会社の負債の返済に努めた Ele reconheceu-se culpado e esforçou-se por devolver as dívidas à firma]. *Kao ni ～ o nuru* 顔に泥を塗る Desonrar. **3** [泥棒の略] O ladrão. ◇ **Koso ～** こそ泥 O larápio [surripiador]. [S/同] Dorốbṓ (+).

dṓro [óo] 道路 A estrada; a rua. (⇨ tṓrí[1]) ★ ～ *o tsukuru* 道路を作る Fazer ～. ◇ **～ hyōshiki** 道路標識 A sinalização [O sinal] de trânsito. **～ kensetsu** 道路建設 A construção de estradas. **～ kōfu** [**ninpu**] 道路工夫[人夫] O cantoneiro. **～ kōji** 道路工事 A obra (de sonstrução ou reparação) de ～s. **～ kōtsū** (**torishimari**) **hō** 道路交通（取締）法 O código da estrada; a lei do trânsito. **～ mō** 道路網 A rede rodoviária.

doróbṓ 泥棒 [坊] **1** [盗む人] O ladrão; o larápio; o gatuno. *Sakuya watashi no ie ni ～ ga haitta* 昨夜私の家に泥棒が入った A noite passada, entrou um ～ em minha casa. ◇ **～ konjō** 泥棒根性 A cleptomania [mania de roubar]. [Pことわざ] ～ *ni mo san-bu no dōri* 泥棒にも三分の道理 Até o um ladrão tem a sua razão. ～ *ni oisen* 泥棒に追い銭 Ser roubado e ainda por cima pagar ao ～. ～ *o toraete nawa o nau* 泥棒を捕らえて縄をなう Casa roubada, trancas à porta (⇨ doró-náwá). *Hito o mitara ～ to omoe* 人を見たら泥棒と思え Desconfia sempre dos desconhecidos. [S/同] Monó-tórí; nusúttó.
2 [盗むこと] O roubar. ★ ～ *ni hairu* 泥棒に入る Roubar uma casa. ～ *suru* 泥棒する Roubar. [S/同] Settṓ.

dórodoro[1] どろどろ【On.】 **1** [かみなりが遠くで鳴る音] *Enrai ga ～ (to) natte iru* 遠雷がどろどろ（と）鳴っている Ao longe ouve-se o ribombar do trovão. ⇨ górogoro. **2** [芝居で幽霊などが出入りする時鳴らす大太鼓の音] [dorodoro] ～ *to yūrei ga dete kita* どろどろと幽霊が出てきた O fantasma apareceu (no palco) ao som sinistro dos tambores.

doródóró[2] どろどろ (< doró)【On.】 **1** [軟らかいさま] Espesso; mole; gelatinoso. ★ ～ *no sūpu* どろどろのスープ A sopa espessa. ⇨ tórotoro. **2** [ひどく汚れたさま] Muito [Todo] sujo. ★ *Abura de ～ ni natta shatsu* 油でどろどろになったシャツ A camisa toda besuntada/porca [suja de óleo]. ⇨ bétobeto. **3** [泥で汚れたさま] Cheio de lama. ★ ～ *no kutsu* どろどろの靴 Os sapatos enlameados. **4** [濁って不快なさま] Muito complicado e desagradável. ★ ～ *shita ningen-kankei* どろどろした人間関係 Relações humanas complicadas. ⇨ odóróódórόshíí.

doró-énogu 泥絵具 A tinta em pó (Barata).

doró-jíai 泥仕合 (<… + shiái) **a**) A calúnia [roupa suja]; **b**) O jogo sujo. ★ ～ *o suru* 泥仕合をする Fazer jogo sujo [baixo].

doró-kúsái 泥臭い **1** [泥のにおいがするようす]「batata」Que cheira a terra. ★ ～ *sakana* 泥臭い魚 O peixe ～. **2** [垢抜けない]「moço」Não polido [refinado]. [S/同] Aká-núkénai; yabóttái.

doró-mizu 泥水 **1** [汚水] A água suja [lamacenta]. ⇨ osúí. **2** [遊女の境遇・社会] A prostituição. ◇ **～ seikatsu** [**kagyō**] 泥水生活 [稼業] A vida de prostituta. ⇨ geíshá; shṓgi[3].

dorón どろん【On.】 **1** [動きがなく重く沈んで濁っているさま] Parado e turvo. ★ ～ *to shita mizu* どろんとした水 A água turva. **2** [姿をくらますさま] O desaparecer; o esconder-se. ★ ～ *o kime-komu* どろんを決めこむ Desaparecer [Sumir-se; Fugir].

doró-náwá 泥縄【G.】(“dorobō o toraete nawa o nau”) O fazer algo à última hora [tarde demais; à pressa; improvisadamente]. *Kōgai taisaku wa ～ shiki de atte wa naranai* 公害対策は泥縄式であってはならない A poluição não se resolve com expedientes. ⇨ ichíyá-zúké.

dorón-gḗmu [ée] ドロンゲーム (< Ing. drawn game) O empate. ⇨ hikí-wáké.

doróńkó 泥んこ O barro; a lama. *Ame de michi ga ～ ni natta* 雨で道が泥んこになった Com a chuva, o caminho ficou todo lamacento.
[S/同] Doró-dárake[mámire].

doró-númá 泥沼 **1** [泥深い沼] O pântano; o atoleiro. **2** [悪い状態]【Fig.】O atoleiro. ★ ～ *kara nuke-dasu* 泥沼から抜け出す Sair do ～. ～ *ni ochi-komu* 泥沼に落ち込む Cair [Meter-se] num ～. ⇨ ikí-zúmárí.

doróppu ドロップ (< Ing. drop) **1** [菓子] [dóroppu] A bala (B.); o rebuçado (P.). ⇨ amé[2]; kyándē. **2** [野球の] A bola com efeito que cai perto do batedor. ⇨ kā́bu. **3** [試験に落ちること] A reprovação. ★ ～ *suru* ドロップする Ser reprovado. [S/同] Rakúdáí (+). **4** [一般に脱落すること] A omissão. [S/同] Datsúrákú (+).

doróppú-áuto ドロップアウト (< Ing. dropout) **1** [落伍者] O fracassado; o reprovado. [S/同] Datsúrákú(sha) (+); rakúgó(sha) (+). **2** [ラグビーの] O chuto a partir da linha dos 22 metros quando o adversário falha um “try” (Râ.).

doró-yóke 泥除け O guardalama(s).

dóru ドル (< Ing. dollar) **1** [アメリカ合衆国の通貨] O dólar「americano」. ◇ **～ chiiki** ドル地域 A área do ～. **～ date** ドル建て A cotação em ～. **～ gai** ドル買い A compra do ～. **～ sōba** ドル相場 A cotação do ～. **～ yasu** ドル安 A cotacão baixa do ～.
2 [転じてお金] ⇨ dorú-bákó. [S/同] Kané (+).

dorú-báko ドル箱【G.】(<⋯ **1** + hakó) **1** [金もうけの種] A mina [galinha dos ovos] de ouro. *Tōkyo-Okinawa sen wa kōkū-gaisha no ～ de aru* 東京―沖縄線は航空会社のドル箱である A linha Tóquio-Okinawa é a ～ das companhias aéreas. ◇ ～ **sutā** ドル箱スター O artista [A estrela] que dá grande bilheteira. **2** [経済的援助者] O patrocinador. [S/同] Patorón (+). **3** [金庫] A caixa das notas; o cofre. [S/同] Kínko (+).

dorúfín-éihō ドルフィン泳法 (< Ing. dolphin) O estilo mariposa (de natação).

dóruí [oó] 同類 **1** [同種類] A mesma espécie [classe; categoria]. *～ ai-atsumaru* 同類相集まる Cada qual com seu igual. *Karera wa mina ～ da* 彼らは皆同類だ Eles são todos da mesma espécie [laia]. ◇ ～ **kō** 同類項 **a)** O termo semelhante (em mat.); **b)** O「ladrão」da mesma igualha. **2** [共謀者] O cúmplice. [S/同] Kyōbōsha; nakamá (+).

dorúmen ドルメン (< Ing. dolmen < L. tabula) [Arqueo.] O dólmen.

doryō 度量 **1** [心の広さ] A magnanimidade; a generosidade; a liberalidade. ★ *～ no hiroi hito* 度量の広い人 A pessoa generosa [magnânima]. [S/同] Kíryō. **2** [長さと容積] [E.] O comprimento e o volume.

dóryō [doó] 同僚 O companheiro; o colega. *Shokuba no ～* 職場の同僚 ～ de trabalho. [S/同] Dōhái; dōshóku; hōbái. ⇨ nakamá; tomódáchi.

doryōkō [ryóo] 度量衡 O comprimento, o volume e o peso; pesos e medidas.

dóryoku 努力 O esforço; o empenho. *～ no kai atte, watashi wa porutogarugo no tsūyaku shiken ni gōkaku dekita* 努力のかいあって、私はポルトガル語の通訳試験に合格できた Graças ao meu [À custa de muito] esforço consegui passar no exame de intérpretes de p. ★ *～ ga mukuirareru* [*mukuwareru*] 努力が報いられる [報われる] Ver os seus esforços recompensados. *～ no tamamono* [*kesshō*] 努力の賜 [結晶] O fruto [resultado] do esforço. ⇨ *suru* 努力する Esforçar-se; empenhar-se [*Mokuteki ga tassei suru tame ni wa ima isso ～ shinakereba naranai* 目的を達成するためには今一層努力しなければならない Para atingirmos o nosso obje(c)tivo é preciso esforçarmo-nos ainda mais].

dóryoku [óo] 動力 A energia; a força motriz. *～ de ugoku* 動力で動く Movido a motor. ～**gen** 動力源 A fonte de energia. ～**-kêi** 動力計 O dinamó(ô)metro. ～ **sha** 動力車 O carro a motor.

doryókú-ká 努力家 O esforçado; o diligente.

dósa [óo] 動作 **1** [からだの動き] A a(c)ção; o movimento; o comportamento; a a(c)tuação. *Kare wa ～ ga subayai* [*noroi*] 彼は動作がすばやい [のろい] Ele é muito ágil [lento]. **2** [機械が働くこと] O funcionamento「da máquina」. [S/同] Sadō (+).

dósadosa どさどさ ⇨ dókadoka.

dosákúsa どさくさ【E.】 A confusão; a bagunça [barafunda]. ★ *～ magire ni akuji o hataraku* どさくさ紛れに悪事をはたらく Praticar uma maldade no meio da ～. [S/同] Kónfujō; kónzatsu.

dosá-máwari どさ回り【G.】**1** [地方巡業] O andar de terra em terra. ★ *～ no ichidan* どさ回りの一団 Um grupo de teatro ambulante. [S/同] Chihō júngyō. **2** [地回り] O vagabundo. [S/同] Ji-máwari. ⇨ yákuza; yotámóno.

dosán¹ 土産【E.】**a)** O produto local; **b)** A lembrança [recordação]. [S/同] Miyáge(móno) (+).

dosán² どさん ⇨ dosári to.

dosán [oó] 動産 Os bens móveis. [A/反] Fu-dósan.

dosánkó 道産子【G.】O nativo de Hokkaido (Originariamente era cavalo de Hokkaido).

dosári to どさりと Pumba! ★ *～ nimotsu o yuka no ue ni orosu* どさりと荷物を床の上に降ろす Atirar a bagagem ao chão com todo o peso, ～!. [S/同] Dosán²; dosátto.

dósátsú [oó] 洞察【E.】O discernimento; a intuição; a perspicácia. ★ *～ suru* 洞察する Discernir; intuir; perceber. [S/同] Meísátsú; sátchi.

dósátsú-ryoku [oó] 洞察力 A capacidade de percepção [discernimento]. ★ *～ no aru hito* 洞察力のある人 A pessoa perspicaz [intuitiva].

dosátto どさっと【On.】Com um baque [ruído surdo]. [S/同] Dosán²; dosári to.

dósé [oó] どうせ De qualquer forma; em todo o caso; isto [a vida] afinal. *～ kono yo wa shaku no tane* どうせこの世は癪の種 (Isto) a vida é um vale de lágrimas. *～ watashi wa baka desu yo* どうせ私は馬鹿ですよ Você bem sabe que eu sou um tonto. *～ shinu no nara isagiyoku shinitai* どうせ死ぬのなら潔く死にたい Já que tenho de morrer, quero morrer dignamente. [S/同] Dotchí míchí; shosén.

do-sédai [oó] 同世代 A mesma geração/época.

doséí¹ 土星【Astr.】(O planeta) Saturno.

doséí² 土製【E.】De barro. ★ *～ no ningyō* 土製の人形 O boneco ～. ⇨ tsuchí¹.

doséí³ 怒声【E.】O grito de cólera; a voz encolerizada. ★ *～ o ageru* 怒声をあげる Gritar com cólera. [S/同] Baséí; dogó. ⇨ dónaru.

dóséí¹ [oó] 同性 O mesmo sexo. [A/反] Iséí. ⇨ doséi-ai.

dóséí² [oó] 同姓 O mesmo apelido [sobrenome]. *Sono hito wa watashi to ～ dōmei da* その人は私と同姓同名だ Essa pessoa tem o ～ e nome que eu. [S/同] Dōmyō. ⇨ dōméí¹.

dóséí³ [oó] 同棲 A coabitação; o concubinato. ★ *～ suru* 同棲する Viver juntos [em mancebia/em concubinato]. ⇨ Vivér juntos.

dóséí⁴ 動静【E.】A situação; o andamento [movimento]. ★ *Seikai no ～* 政界の動静 A situação política. *Teki no ～ o ukagau* 敵の動静をうかがう Espiar os movimentos do inimigo. [S/同] Shōsókú (+). ⇨ yósú.

dóséí⁵ [oó] 銅製 Feito de cobre ou bronze. ★ *～ no nabe* 銅製の鍋 A panela de cobre.

dóséí⁶ [oó] 動勢【Arte】O movimento.

dóséi-ai [oó] 同性愛 A homossexualidade; o lesbianismo; a sodomia; a pederastia. *Futari wa ～ da* 二人は同性愛だ Os dois são homossexuais/As duas são lésbicas. ★ *～ no otoko* 同性愛の男 O homossexual; o pederasta; o sodomita. [A/反] Iséi-ai. ⇨ hómo **2**; resúbian.

doséki 土石「a extracção de」Terra e pedras.

doséki [oó] 同席 **1** [同座] O estar no mesmo lugar [ao lado]. ★ *～ suru* 同席する Estar presente. ◇ ～ **sha** 同席の者 Os presentes. [S/同] Dōzá. **2** [同じ地位] O mesmo posto. ★ *～ no jūyaku* 同席の重役 Os co-dire(c)tores. ⇨ chíí¹; sekíjī.

doséki-ryū 土石流 A avalancha de terra e pedras.

dósén¹ [oó] 同船 O mesmo navio. ★ *～ suru* 同船する Embarcar no ～. ⇨ dójō³.

dósén² [oó] 導線【Ele(c)tri.】O fio condutor. S/同 Deńsén (+).

dósén³ [oó] 銅線 O fio de cobre.

dósén⁴ [oó] 銅銭 A moeda de cobre. S/同 Dōka (+).

dósha 土砂 A terra e areia. ◇ ⇨ **~ buri**. **~ kuzure** 土砂崩れ A enxurrada de ~.

dósha [oó] 同社 A mesma empresa.

doshá-búri 土砂降り (< … + fúru) A chuva forte [torrencial]; a chuvada. *Kinō wa hidoi ~ datta* 昨日はひどい土砂降りだった Ontem choveu a cântaros [caiu uma chuvada!].

dóshi¹ [oó] 同士 O companheiro [colega/irmão/amigo]. *Watashi to kare wa itoko ~ (no aidagara) da* 私と彼はいとこ同士（の間柄）だ Ele e eu somos primos. ★ *Sukiatta ~* 好き合った同士 Bons ~s. ◇ *Gakusei ~* 学生同士 Os estudantes. **Koi-bíto ~** 恋人同士 Os namorados. ⇨ **~uchi**.

dóshi² [oó] 同志 O camarada (com mesmo ideal); o companheiro「mártir」. ★ *Kakumei no ~* 革命の同志 ~ de revolução. S/同 Nakámá (+).

dóshi³ [oó] 動詞 O verbo. ★ *~ no henka* [*katsuyō*] 動詞の変化 [活用] A conjugação verbal [dos ~s]. ◇ *Kisoku* [**Fu-kisoku**] *~* 規則 [不規則] 動詞 ~ regular (irregular). ⇨ *jidóshi*; *tadóshi*.

dóshi⁴ 道士 **a)** O taoísta; **b)** O monge [asceta] budista; **c)** ⇨ *seńnín¹*.

dóshi⁵ [oó] 導師 O sacerdote (budista).

dóshi⁶ [oó] 同氏【E.】Essa [A mesma] pessoa.

dóshi⁷ [oó] 同視【E.】⇨ *dóitsú*.

-dóshi⁸ [oó] 通し (< *tōsu*) Ininterruptamente; do começo até ao fim. ★ *Shaberi ~ ni shaberu* しゃべり通しにしゃべる Falar sem parar. *Yo ~ okite iru* 夜通し起きている Ficar acordado toda a noite; passar a noite em claro. ⇨ *-chú²*; *-jú⁵*.

dóshidoshi (to) どしどし（と）【On.】 **1** [続けざまにするさま] Sem parar. ★ *~ hon o yomu* どしどし本を読む Ler muito/Devorar livros. *Shigoto o ~ katazukeru* 仕事をどしどし片付ける Despachar trabalho. S/同 Dóndon (to) **3** (+). **2** [荒々しく踏みつけるさま] Pum, pum. ★ *~ aruku* どしどし歩く Fazer ruído「~」ao andar. ⇨ *doshín*[*dosún*] *to*.

doshi-gátái 度し難い (< *dosúru* + *katái*) Incorrigível; impossível; sem salvação [remédio]. *Ano otoko no gudon-sa wa ~* あの男の愚鈍さは度し難い A estupidez [imbecilidade] daquele homem não tem remédio [cura]. S/同 Sukúí-gátái (+).

dóshín¹ [oó] 童心 A inocência; a ingenuidade; o coração da criança; a candura infantil. ★ *~ ni kaette asobu* 童心にかえって遊ぶ Brincar como nos tempos de criança. *~ o kizutsukeru* 童心を傷つける Desiludir uma criança. S/同 Kodómó[Osáná]-gókoro.

dóshín² [oó] 同心 **1** [同じ意見、また心]【E.】O mesmo pensamento [sentimento]; a alma gé[ê]mea. **2** [中心が同じであること] A concentricidade. ★ *~ no en* 同心の円 ⇨ *dóshín-en*. **3** [江戸時代の下級役人]【H.】O polícia.

dóshín³ [oó] 道心【E.】[仏教を信じる心] A fé (crença) budista.

doshíń doshíń to どしんどしんと【On.】Com muito barulho [ruído]「das obras」. ★ *~ aruku* どしんどしん歩く Andar「no corredor」fazendo barulho「batendo com os sapatos no chão」.

dóshín-en [oó] 同心円【Mat.】O círculo concêntrico.

doshín to どしんと【On.】Pum! ★ *~ ochiru* どしんと落ちる Cair (e fazer) ~ [Cair com um baque]. S/同 Dón to; dosún to; zushín to.

dō shita [óo] どうした Que. *Kare wa ittai ~ no darō* 彼は一体どうしたのだろう Mas afinal o que lhe terá acontecido? *Sore ga ~* それがどうした E daí/Qual é o problema? *~ no* どうしたの O que aconteceu? ★ *~ mono ka* どうしたものか Por qualquer razão. *~ wake ka* どうしたわけかNão sei(bem) porquê.

dō shitatte [óo] どうしたって Por mais que; de modo algum. *~ kare ni wa katenai* どうしたって彼には勝てない Não consigo vencê-lo por mais que faça [de jeito nenhum/que é que tu queres?]. S/同 Dō shite mo (+).

dō shite [óo] どうして **1** [どうやって] Como; de que modo [jeito; maneira]. *Watashi wa ~ yoi ka wakaranai* 私はどうしてよいかわからない Não sei como fazer [que faça]. ★ *~ de mo* どうしてでも De qualquer modo [jeito]; seja como for「temos de ir」.

2 [なぜ] Por que (razão). *~ kare wa jisatsu shita no darō* どうして彼は自殺したのだろう Por que será que ele se matou? ⇨ Náze.

3 [それどころかそれよりも] Pelo contrário; (qual) quê; longe disso; nem pensar. *Kanojo wa otonashiso ni mieru ga ~ (~) nakanaka shikkari mono da* 彼女はおとなしそうに見えるがどうして（どうして）なかなかしっかり者だ Ela parece parada [tímida] mas, ~, é uma pessoa de cará(c)ter!

4 [いやはや] Puxa!; meu Deus do céu! *O-matsuri wa ~ taishita hitode desu ne* お祭りはどうして大した人出です ~ quanta gente nesta romaria! S/同 Iya haya.

dō shite mo [óo] どうしても **1** [どんなことをしても] A todo o custo; seja como for; de qualquer maneira. *Kono doa wa ~ akanai* このドアはどうしても開かない Esta porta não abre de jeito nenhum [não há maneira de abrir].

2 [必ず] Sem falta; haja o que houver. *~ kyōjū ni kono shigoto o oeru no da* どうしても今日中にこの仕事をおえるのだ Termine esse serviço hoje, ~.

3 [とかく] Inevitavelmente; certo certinho; como dois e dois serem quatro. *Haha-oya ga byōki da to ~ ie no naka ga kuraku naru* 母親が病気だとどうしても家の中が暗くなる Quando a mãe está doente, a casa fica triste, inevitavelmente.

doshitsú 土質 A natureza do solo.

dóshitsú¹ [oó] 同室 O mesmo quarto. ★ *~ no yūjin* 同室の友人 O colega de quarto. *~ suru* 同室する Estar no ~.

dóshitsú² [oó] 同質 A mesma natureza [substância; qualidade]; a homogeneidade「das duas culturas」.

dóshi-uchi [oó] 同士討ち (< … + *utsu*) A luta intestina [entre irmãos]. *Teki wa ~ o yatta* 敵は同士討ちをやった O inimigo envolveu-se em lutas intestinas.

dósho¹ [oó] 同所 **1** [同じ場所] O mesmo lugar. **2** [その場所] Esse [O referido] lugar [endereço]. *O-tegami wa dōzo ~ ate ni negaimasu* お手紙はどうぞ同所あてに願います Mandem as cartas para este endereço. S/同 Sokó (+).

dósho² [oó] 同書 **1** [同じ書物] O mesmo livro. **2** [その書物] O citado [Esse] livro. ★ *~ yori* 同書よ

り Ib. [Ibidem].
dṓshṓ [doó] 道床 O leito [tapete] da estrada.
do-shṓbóné [oó] 土性骨【G.】A força de vontade; a espinha dorsal; o cará(c)ter; o nervo. ★ ～ *o ireru* 土性骨を入れる Ganhar mais firmeza. ～ *o tatakinaosu* 土性骨をたたき直す Tirar o medo [a falta de vontade] a alguém.
[S/同] Do-kónjō (+); (do)shṓné.
dṓshókú [oó] 同色 A mesma cor.
dṓshókúbutsu [oó] 動植物 (< dṓbútsú + shokúbutsu) Os animais e as plantas; a fauna e a flora.
dṓshú [óo] 同種 A mesma espécie; o mesmo tipo「de doce/erro」. ★ ～ *ni zokusuru* 同種に属する Ser da [Pertencer à] mesma espécie.
[S/同] Dṓrúí. [A/反] Besshú; íshu.
dṓshū́ [oó] 同舟【E.】O estarmos todos no mesmo barco (Perigo).
dṓshúkú [oó] 同宿 O estar na mesma hospedaria. ★ ～ *no hito* 同宿の人 Os que estão na… ～ *suru* 同宿する Hospedar-se no mesmo hotel.
dosṓ [oó] 土葬 O enterro. ★ ～ *ni suru* 土葬にする Enterrar; inumar.
⇨ chṓsṓ; fū́sṓ; kasṓ[4]; suísṓ[2].
dṓso [óo] 同素【Quím.】A alotropia. ◇ **～ tai** 同素体 O corpo alotrópico [alótropo].
dṓsṓ [doó] 同窓 O ter estudado na mesma escola [classe]. *Karera wa ～ da* 彼らは同窓だ Eles são colegas de escola. ★ ～ *no yūjin* 同窓の友人 Amigos de escola. ◇ **～ kai** 同窓会 **a**) A reunião de colegas de escola; **b**) A Associação de Antigos Alunos. [S/同] Dṓgákú; dṓkyū́; dṓmóń.
dṓsójin [oó] 道祖神 A divindade prote(c)tora dos viajantes.
dṓsṓ-kai 同窓会 ⇨ dṓsṓ ◇.
dosókú 土足 Os sapatos (enlameados). ～ *de agaranaide kudasai* 土足で上がらないでください Tire [Não entre com] ～! ★ *Hito no kōi o ～ de fuminijiru* 人の好意を土足で踏みにじる Recusar rudemente um favor. ◇ **～ genkin** 土足厳禁 (掲示) Proibido entrar com ～.
dossári (to) どっさり(と)【On.】Em grande quantidade. [S/同] Takúsán.
dosshíri (to) どっしり(と)【On.】 **1** [手に持って重みを感じるさま]「livro」Pesado;「edifício」maciço [sólido]. [S/同] Zushíri (to). **2** [重々しいさま] Imponente; digno. ★ ～ *shita hito* どっしりした人 Uma pessoa toda digna. *Shōmen ni ～ kamaeru* 正面にどっしり構える Sentar-se todo solene [imponente] na presidência [à frente].
dosú どす **1** [小さな刀] A faca; o punhal. ⇨ aíkúchí[1]; tańtṓ[2].
2 [すごみ] A ameaça. ★ ～ *no kiita koe* どすの利いた声 A voz ameaçadora. [S/同] Sugómí.
dosū́ [úu] 度数 **1** [回数] O número de [As] vezes. ◇ **～ kei** 度数計 O contador de impulsos. **～ ryōkin** 度数料金 A taxa por impulso; o custo da chamada (telefónica). [S/同] Kaísū́ (+). **2** [温度・角度などの] Os graus. *Kandankei no ～ ga gungun agatte iru* 寒暖計の度数がぐんぐん上がっている A temperatura indicada pelo termó[ô]metro está a subir rapidamente.
dṓsū́ [oó] 同数 O mesmo número. ★ *Sanpi ～ no tōhyō* 賛否同数の投票 ～ de votos pró e contra.
⇨ hańsū́[1].
dosúgúrói どす黒い (< … + kurói) **a**)「sangue」Escuro; negro; **b**)「conluio」Tenebroso.
dó-sukin ドスキン (< Ing. doe skin) O tecido de lã que imita pele de gamo para trajes formais de homem. [S/同] Shusú; rásha.
dosúndosún どすんどすん ⇨ doshín doshín to.
dosún to どすんと【On.】Pum! [S/同] Dón to; doshín to; zushín to.
dótabata どたばた【On.】 **1** [騒ぐさま] Em (grande) algazarra. *Ie no naka de ～ suru na* 家の中でどたばたするな Não façam algazarra [banzé/chinfrim] dentro de casa! ★ ～ *hashiru* どたばた走る Correr ～. ⇨ sáwagi. **2** [あわてるさま] Em grande correria [confusão]. Armar uma grande confusão. ★ ～ *o enjiru* どたばたを演じる ◇ **～ sawagi** どたばた騒ぎ Uma confusão. **3** [どたばた喜劇の略] A comédia de pancadaria.
dótadota (to) どたどた(と)【On.】Pum, pum. ★ *Dorogutsu no mama ～ agarikomu* 泥靴のままどたどた上がり込む Entrar casa adentro com os sapatos enlameados.
dotágútsú どた靴【G.】As sapatorras (Sapatos grandes, desajeitados, malfeitos).
dṓtai[1] [óo] 胴体 O tronco「humano」; o corpo「da máquina」; a fuselagem (do avião). ◇ **～ chakuriku** 胴体着陸 A aterr(iss)agem de barriga [bojo]. [S/同] Dō[1].
dṓtáí[2] [oó] 同体 **1** [一体となること, またその体] O mesmo [Um só] corpo. ◇ ⇨ **isshin ～**. **2** [相撲で同じ体勢] A queda simultânea e na mesma posição do corpo de ambos os lutadores de sumô, e que conduz ao empate. ★ ～ *de ochiru* 同体で落ちる Cair juntos.
dṓtáí[3] [oó] 動体 **1** [動いているもの] Um corpo em movimento. ◇ **～ shashin** 動体写真 A cronofotografia. **2**【Fís.】O fluido; a substância gasosa ou líquida. [S/同] Ryū́dṓtáí (+); ryū́tái. ⇨ ekí-táí; kitáí[2].
dṓtáí[4] [oó] 動態 O movimento. ★ *Jinkō no ～ tōkei* 人口の動態統計 A estatística do ～ demográfico. [A/反] Seítáí.
dṓtáí[5] [oó] 導体【Fís.】O (corpo) condutor (de ele(c)tricidade). ◇ **Fu-～** 不導体 O isolador. **Furyō [Ryō] ～** 不良[良]導体 O mau [bom] condutor. **Han-～** 半導体 O semicondutor.
dotáńbá 土壇場 O momento crítico; a beira do perigo. ★ ～ *de nigeru* 土壇場で逃げる Escapar por um triz. ～ *ni oikomareru* 土壇場に追い込まれる Ficar entre a espada e a parede.
dotán to どたんと Pum! ★ ～ *taoreru* どたんと倒れる Cair com estrondo. [S/同] Batán (+).
dotári to どたりと【On.】 **1** [⇨ batári]. **2** [だるそうにすわったりするさま] Pesadamente. ⇨ dosári to.
dótchi どっち【G.】 **1** [方向; 場所] Que dire(c)ção [lugar; lado]? ～ *e ikō ka* どっちへ行こうか Para que lado vamos? [S/同] Dóchira (+). **2** [2つのものから1つ選ぶ] Qual dos dois? *Ano futago wa ～ ga ～ da ka miwake ga tsukanai* あの双子はどっちがどっちだか見分けがつかない Aqueles gé[ê]meos não se distinguem (um do outro). ★ ～ *e koronde mo*「*son wa nai*」どっちへ転んでも「損はない」Seja qual for o resultado [Dê para onde der] não se perde nada. ～ *ka to ieba* どっちかと言えば Preferivelmente. ～ *ni shite mo* どっちにしても Em todo o caso; de qualquer forma; como quer que seja; seja como for. [S/同] Dóchira (+).

dotchí míchí どっち道【G.】De qualquer forma; 「eu perdi」; seja como for. *Kore wa ～ yaranakereba naranai shigoto da* これはどっち道やらなければならない仕事だ ～, este trabalho tem de ser feito. [S/同] Donó míchí (+).

dotchí tsúkazu どっち付かず (<… +Neg. de tsúku) Neutro; indefinido; ambíguo. ★ ～ *no henji o suru* どっち付かずの返事をする Dar uma resposta ambígua [indefinida]. ～ *no taido o toru* どっち付かずの態度を取る Tomar uma atitude ambígua.

doté 土手 **1** [堤防] O dique. ★ ～ *o kizuku* 土手を築く Construir um ～. [S/同] Eńtéí; teíbṓ; tsutsúmí. **2** [カツオ・マグロなどの大きな切り身] A posta grande de peixe. ◇ ⇨ **～ nabe**.

dṓtéí[1] [**oó**] 道程 **1** [みちのり] A distância; o traje(c)to [percurso]; a caminhada. ★ *Ichi-nichi yonjikkiro no ～ o tadoru* 一日 40 キロの道程をたどる Percorrer num dia um traje(c)to de quarenta quiló[ô]metros. [S/同] Kṓtéí (+); michínórí (+); ritéí; rotéí. **2** [過程] O caminho; a vida. *Gakumon kenkyū no ～ wa nagaku katsu kewashii* 学問研究の道程は長くかつ険しい O estudo [A pesquisa] é um ～ longo e árduo. [S/同] Katéí (+).

dṓtéí[2] [**oó**] 童貞 **1** [処女に対して] O homem virgem. ⇨ shójo. **2** [カトリックの尼僧] A freira. [S/同] Shū́dójo (+). ⇨ áma[1]; nisṓ.

dṓtéí[3] [**oó**] 同定 A identificação「da planta」.

dṓtékí [**oó**] 動的 Dinâmico; vivo; com muito movimento. ★ ～ *na byōsha* 動的な描写 A descrição viva. [S/同] Daínámíkku. [A/反] Seítékí.

dṓtéń[1] [**oó**] 動転 A perplexidade [atrapalhação]; o medo. ★ ～ *suru* 動転する Ficar aterrado; perder a cabeça [*Ki ga ～ shite ita no de sono jiken no koto wa yoku oboete imasen* 気が動転していたのでその事件のことはよく覚えていません Fiquei tão atrapalhado que não me lembro bem do incidente]. [S/同] Gyṓtéń.

dṓtéń[2] 同点 **1** [同じ点数] [doótéń] **a**) A mesma nota (no exame); **b**) O mesmo número de pontos; o empate. *Ryōgun no tokuten wa go tai go no ～ ni natta* 両軍の得点は 5 対 5 の同点になった As duas equipas empataram 5 a 5. ◇ **～ kesshō-sen** 同点決勝戦 O [A partida de] desempate. **2** [前述のその点] [dóoten] O mesmo ponto. ★ *Nin'i no ten pī narabi ni ～ o tōru chokusen ei-bī* 任意の点 P 並びに同点を通る直線 AB O ponto arbitrário P e a linha re(c)ta A B que passa pelo ～.

dṓten[3] [**óo**] 同店 A mesma [tal] loja.

doté-nábé 土手鍋 Um prato j. de ostras e legumes cozidos, com "miso" colocado no bordo do tacho, como se fosse um dique.

doté-ppárá 土手っ腹 (<… +hará)【G.】 **1** [腹部] A barriga; o bandulho; a pança. ★ ～ *ni kaza-ana o akeru* 土手っ腹に風穴をあける Dar uma facada na barriga. [S/同] Hará (+); o-náká (+). **2** [外に面して広がっているもののまん中] O bojo. ★ *Akazawadake no ～ ni aketa tonneru* 赤沢岳の土手っ腹にあけたトンネル O túnel aberto no ～ da serra Akazawa.

dotérá 褞袍 O quimono acolchoado/de inverno. ⇨ kaímákí.

dotṓ 怒濤 **1** [海の大波] O vagalhão; a grande onda [vaga]. *Teki wa ～ no yō ni oshiyosete kita* 敵は怒濤のように押し寄せて来た O inimigo avançou como um ～. ★ ～ *sakamaku taikai* 怒濤さかまく大海 O mar bravo [encapelado]. [S/同] Aránámí (+); gekírṓ; kyṓráń. **2** [激しく移りかわること] A transformação [mudança] brusca e violenta; a reviravolta. [S/同] Gekídṓ (+).

dṓ tó [**óo**] どうと Pumba! *Taiboku ga ～ taorete kita* 大木がどうとと倒れて来た A árvore gigantesca, ～, caiu [tombou] redonda. [S/同] Doshín to; dosún to; dótto; zushín to.

dṓtṓ[1] [**doó**] 同等 **1** [等しいこと] A igualdade. ★ ～ *no kenri* 同等の権利 Os direitos iguais; ～ de direitos. *Danjo o ～ ni atsukau* 男女を同等に扱う Tratar com ～ homens e mulheres. [S/同] Byṓdṓ; dṓyṓ. **2** [同じ程度] ★ *Daijin to ～ no shikaku* 大臣と同等の資格 A posição [qualificação] equiparada a ministro. [S/同] Dṓkákú (+); dṓrétsú.

dṓtō[2] [**dóo**] 同党 Esse [O mesmo] partido.

dṓtoku [**óo**] 道徳 A moral. ★ ～ *jō no mondai* 道徳上の問題 Um problema de (ordem) ～. ～ *ni somuku* 道徳に背く Ser contra a ～; cometer uma imoralidade. ～ *o mamoru* 道徳を守る Respeitar a moral. ◇ **～ ishiki** 道徳意識 A consciência moral. **～ ka** 道徳家 O homem virtuoso. **～ kyōiku** 道徳教育 A educação ～. ～ *shin* 道徳心 O senso moral. ⇨ **～teki**. **Kōtsū ～** 交通道徳 As regras do trânsito. **Kōshū ～** 公衆道徳 ～ pública. [S/同] Dṓgi; rínri.

dṓtókú-tékí [**oó**] 道徳的 Moral; ético.

dṓ tomo [**óo**] どうとも Como; o que. *Ano ko no seikaku wa watashi ni wa ～ shiyō ga nai* あの子の性格は私にはどうともしようがない Não sei que fazer com o cará(c)ter daquela criança. ～ *ienai* どうとも言えない Não sei que dizer. ～ *nare* どうともなれ Tanto faz. [S/同] Dṓ[2] (+).

dótto どっと【On.】 **1** [その場がどよめくさま] Aaaa. *Sono kashu ga butai ni agaru ya inaya ～ kansei ga okotta* その歌手が舞台に上がるや否やどっと歓声がおこった Mal o cantor apareceu no palco, irromperam os gritos de aplauso. **2** [人や物が急に多く集まる・押し寄せるさま] Repentinamente e em massa; em vagalhão. *Kyabetsu ga shijō e ～ demawatta* キャベツが市場へどっと出まわった O mercado ficou inundado de repolho. ★ *Hirō ga ～ deta* 疲労がどっと出た Tive um grande cansaço. **3** [急に倒れるさま] ⇨ dṓ tó. **4** [病気になって寝つくさま] De repente. ★ ～ *yamai no toko ni tsuku* どっと病の床に就く ～ cair de cama.

dṓwá[1] [**oó**] 童話 O conto [A história] infantil/para crianças. ◇ **～ geki** 童話劇 O teatro infantil. ～ *sakka* 童話作家 O autor de ～ is.

dṓwá[2] [**oó**] 同和 (< dṓhṓ + ichíwa) A igualdade [harmonia] social. ◇ **～ kyōiku** 同和教育 O ensino da ～ (Para abolir preconceitos contra as classes sociais marginalizadas).

dṓ-wárí [**oó**] 同割 ⇨ dṓrítsú.

dowásure 度忘れ A falha repentina da memória; o esquecimento momentâneo. ★ ～ *suru* 度忘れする Ter um [muitos] lapso[s] de memória

dóya どや (< yadó-yá)【G.】A barraca; o albergue. ◇ **～ gai** どや街 O bairro degradado. [S/同] Yadó(-yá) (+). ⇨ súramu.

dóyadoya (to) どやどや(と)【On.】**a**) Em algazarra; **b**) De roldão. *Keikan ga ～ shitsunai ni haitte kita* 警官がどやどや室内に入ってきた A polícia invadiu-lhe a casa. ⇨ dótabata.

dṓ yara [**óo**] どうやら **1** [かろうじて] Com dificuldade; de qualquer maneira. *Isshōkenmei hashitte ～ ressha ni maniatta* 一生懸命走ってどうやら列車に

間に合った Corri, corri e lá consegui apanhar o comboio [trem]. ★ ~ shiken ni gōkaku suru どうやら試験に合格する Passar resvés [à tangente] no exame. Ⓢ回 Dō ni ka **1**; karójítẹ; yattọ; yōyáku. **2** [どうも] Quiçá; se calhar. ~ michi ni mayotta yō da どうやら道に迷ったようだ enganámo-nos no caminho. Ashita wa ~ ame ni narisō da 明日はどうやら雨になりそうだ [Parece que] amanhã vai chover.

dō-yárá kō-yara [doó-kóo] どうやらこうやら Com dificuldade; de uma maneira ou doutra.

doyásu どやす [G.] **1** [なぐる] Surrar; chegar a roupa ao pelo; dar um soco/uma surra. ★ Genkotsu [Konbō] de ~ げんこつ[棍棒]でどやす Dar um croque/um carolo/uma cacetada. Ⓢ回 Nagúru (+); útsu. **2** [どなりつける] Dar um rapanete. Aniki ni doyasareta 兄貴にどやされた Apanhei [Levei] um rapanete do meu irmão (mais velho). Ⓢ回 Donárítsúkéru (+).

doyō 土用 A canícula (Os dias mais quentes do verão). ~ ni wa unagi o taberu shūkan ga aru 土用には鰻を食べる習慣がある É costume comer enguia nos dias de ~. ◇ ~ **boshi**. ~ **nami** 土用波 As grandes ondas de ~.

dōyō¹ [doó] 同様 A mesma maneira. Watashi mo kare to ~ kaigai ryokō no keiken ga nai 私も彼と同様海外旅行の経験がない Eu, (tal) como ele, nunca fui ao estrangeiro. ★ Dorobō ~ no koto o suru 泥棒同様のことをする Agir como um ladrão. Kyōdai ~ ni atsukau 兄弟同様に扱う Tratar como (se fosse) irmão. Ni-ka-kokugo o ~ ni hanasu 2か国語を同様に話す Falar igualmente duas línguas. Ⓢ回 Dōtō; dōzén; onájí yō ni.

dōyō² [doó] 動揺 **1** [揺れて動くこと] O tremor; o balanço; a oscilação. ★ ~ suru 動揺する Tremer; [carro/barco] balançar; oscilar. ⇨ yuré. **2** [落ちつかぬこと] A agitação [política]; a perturbação; o abalo. Kanojo no kao ni wa ~ no iro ga mieta 彼女の顔には動揺の色が見えた Ela parecia (estar) inquieta [inquieta] /Lia-se-lhe uma certa ~ no rosto. ★ ~ suru 動揺する Inquietar-se; agitar-se; perturbar-se [Kaisen no uwasa ni jinshin ga ~ shite ita 開戦のうわさに人心が動揺していた A gente estava inquieta [agitada] com o rumor (de) que tinha começado a guerra]. Kakaku no ~ 価格の動揺 A oscilação dos preços. Kokoro no ~ o kakusu 心の動揺を隠す Esconder a/o ~ interior.

dōyō³ [doó] 童謡 A música infantil; a canção de embalar. ◇ ~ **shū** 童謡集 A coletânea [O livro] de canções de embalar.

doyōbi [óo] 土曜日 O sábado.

doyō-bóshi [oó] 土用干し (< ⋯ + hósu) O arejar roupa ao sol no verão.

dóyóku [oó] 胴欲 **1** [貪欲] A avareza; a ganância. ★ ~ na kóri-kashi 胴欲な高利貸 O usurário [agiota; onzenário] ganancioso. Ⓢ回 Don'yó- kú (+). **2** [無慈悲] A crueldade. ★ ~ na shiuchi 胴欲な仕打ち O tratamento cruel. ⇨ hidō; mu-jíhi.

doyómeki どよめき (< doyómeku) **a)** O alvoroço; a vozearia; a ovação; **b)** A excitação [interior]. Kaijō kara banzai no ~ ga agatta [okotta] 会場から万歳のどよめきが [起こった] Uma explosão de vivas ressoou na sala.

doyómeku どよめく **1** [鳴り響く] Ressoar. Kansei ga sora ni doyomeita 歓声が空にどよめいた Os vivas [aplausos] ressoavam nos ares. Ⓢ回 Narí-híbíku. **2** [ざわざわと騒ぐ] Explodir; alvoroçar-se; excitar-se. Sekai shin-kiroku no tassei ni kanshū wa doyomeita 世界新記録の達成に観衆はどよめいた A assistência explodiu de entusiasmo com o novo recorde mundial. **3** [心が騒ぐ] Agitar-se; excitar-se.

dō yū [óo] どうゆう ⇨ dō-iu.

dozáémón 土左衛門 [G.] Um afogado. ~ ga agatta 土左衛門があがった Apareceu ~. Ⓢ回 Suíshínín (+); suíshítái (+).

dōzái [oó] 同罪 O mesmo crime. Kono jiken de wa futari tomo ~ da この事件では二人とも同罪だ Neste caso, ambos são igualmente culpados. ⇨ tsúmi¹.

dōzan [oó] 銅山 A mina de cobre. ⇨ gínzan; kínzan.

dōzéi [oó] 同勢 O grupo「de dez pessoas」.

dōzén¹ [oó] 同然 Igual「a」; o mesmo「que」; como. Yatsu wa shinda mo ~ da やつは死んだも同然だ Ele está quase [como] morto. ★ Kami-kuzu ~ no hon 紙屑同然の本 Um livro reles [que é lixo]. Ⓢ回 Dōyō (+).

dōzén² 同前 [E.] ⇨ dójó⁴.

dozō 土蔵 O depósito [armazém] com paredes grossas de barro. ★ ~ o yaburu 土蔵を破る Assaltar um ~. Ⓢ回 Kurá; sōko.

dōzo [óo] どうぞ **1** [なにとぞ] Por [Faça/Se faz] favor. ~ go-yukkuri どうぞゆっくり Fique à vontade ~. ~ meshiagatte kudasai どうぞ召し上がってください Sirva-se ~. ~ yoroshiku どうぞよろしく **a)** Muito prazer (em conhecê-lo); **b)** Conto com o seu apoio. Ⓢ回 Dō ka¹; nanító zo. **2** [さし出すときの言葉] Faça favor. "Pen o kashite kudasai." "Hai" 「ペンを貸してください」「はいどうぞ」 Empreste-me a caneta. — [Tome/Aqui está].

dōzō [doó] 銅像 A estátua de bronze. ★ ~ o tateru 銅像を建てる Erigir [Levantar] uma ~. Ⓢ回 Burónzú.

dozóku 土俗 O folclore [Os costumes locais]. ⇨ fūzoku; mínzoku².

dōzóku [oó] 同族 A mesma raça [tribo/família]. ◇ ~ **gaisha** 同族会社 A empresa afiliada [dirigida pelos membros de uma mesma família]. ~ **ishiki** 同族意識 O sentido da ~.

dozúrú [oó] 動ずる ⇨ dójíru.

dyúetto デュエット (< It. duetto) [Mús.] **1** [二重唱] O dueto. ⇨ nijūshō; nijūsō. **2** [バレエで二人で踊ること] O par (de dança).

E

e[1] へ【Prep.】 **1** [方向] Para; a; na dire(c)ção de. *Asu Tōkyō* ~ *[ni] tatsu yotei da* 明日東京へ[に]立つ予定だ Penso partir amanhã para Tóquio. ★ *Eki* ~ *no michi* 駅への道 O caminho para a estação.
2 [帰着点] Em. ★ *Tana* ~ *[ni] ageru* 棚へ[に]上げる Pôr na prateleira.
3 [対象] A; para; para com. ★ *Haha* ~ *no tegami* 母への手紙 Uma carta à [para a] minha mãe. *Ongaku* ~ *no jōnetsu* 音楽への情熱 A paixão pela música.

e[2] 絵 [画]【Sub.】A pintura; o quadro; o desenho; a ilustração. *Kare wa* ~ *ga umai [heta da]* 彼は絵がうまい[へただ] Ele pinta bem [mal] /Ele é bom [fraco] pintor. ⇨ e-írí[3].

e[3] 柄【Sub.】O cabo「da faca, vassoura, machado」; a asa. ★ *nabe no* ~ なべの柄 A pega [asa] da panela. [S/同] Totté; nigírí.

e[4] 餌 ⇨ esá.

e[5][ě] え [えっ]【Interj.】Oh!; Eh!; (O) quê? ~ *nan desutte* えっ, なんですって Eh! O que (é que) você disse?

-e[6] 重【Suf.】Dobro; vezes. ⇨ hitó-e[1]; yá-e.

ē [ée] ええ【Interj.】 **1** [肯定する意を表す] Sim; pois (é). ~ *machigai naku mairimasu* ええ間違いなく参ります Sim, vou sem falta [conte comigo]. [S/同] Hái.
2 [ためらいを表す] Bem; ora. ~, *mā* … ええ, まあ… Bem, … vamos ver. ⇨ ēto. **3** [いらだち; 驚きを表す] **a**) Pronto; **b**) Heim?! ~*! Hontō desu ka* ええ, 本当ですか Heim?! É verdade?

éa エア (< Ing. air < L. aer; só se usa em palavras de origem estrangeira) O ar. ◇ **~ basu** エアバス O aerobus. **~ burēki** エアブレーキ O travão pneumático [a ar comprimido]. ⇨ **~kon.** **~ konpuressā** エアコンプレッサー O compressor de ar. **~ mēru** エアメール O correio aéreo [por via aérea]. **~ poketto** エアポケット O poço [A bolsa] de ar. **~ pōto** エアポート O aeroporto. **~ rógúramu** エアログラム O aerograma. ⇨ kū́ki.

eá-kóń エアコン **1** (< Ing. air conditioner) O aparelho de ar condicionado; o condicionador de ar. **2** (< Ing. air-conditioning) O condicionamento de ar; o ar condicionado; a climatização. [S/同] Kū́kí-chṓsetsu. ⇨ kū́ki ◇.

ebā́-míruku [aá] エバミルク (< Ing. evaporated milk) O leite magro/desidratado.
[S/同] Mutṓ rénnyū.

ebí 海老・蝦 **a**) ("ko-ebi") O camarão; o lagostim (de água doce); **b**) ("Ise-ebi") A lagosta (grande). [P/ことわざ] ~ *de tai o tsuru* 海老で鯛を釣る Fazer um pequeno gasto para obter um grande lucro (Lit.: "pescar pargo com camarão").

ebí-chá (író) 海老茶 (色) O [A cor] castanho-avermelhado[a].

ebígání 海老蟹 ⇨ zarígání.

é-bī-shī エービーシー (< Ing. the a, b, c) **1** [英語の字母の最初の三字] O á-bê-cê; o alfabeto. ★ ~ *jun ni* エービーシー順に Por ordem alfabética. **2** [物事の最初] O abc; os rudimentos (duma ciência). *Do re mi wa ongaku no* ~ *da* ドレミは音楽のエービーシーだ A escala [O dó, ré, mi] é o ~ da música. [S/同] Iróha; shóho (+). ⇨ kíso[1].

Ebísú 恵比寿 O deus ~. ◇ **~ gao** 恵比寿顔 A cara de Páscoa. ⇨ shichí-fúkújin.

ebónáito エボナイト (< Ing. ebonite < Gr.) A ebonite.

échiketto エチケット (< Fr. étiquette) A etiqueta; as regras de (boa) educação; as boas maneiras.
[S/同] Reígí; sáhō. ⇨ gyṓgí; mánā.

Echíópiá エチオピア A Etiópia. ◇ **~ jin** エチオピア人 O(s) etíope(s).

échiren エチレン【Quím.】O etileno.

échiru エチル【Quím.】O etilo. ◇ **~ arukōru** エチルアルコール O álcool etílico; o etanol.

échūdo エチュード (< Fr. étude < L. studium) **1** [美術] O modelo artístico. ⇨ shisáku[3]; shū́sákú[2]. **2** [音楽] O trecho de música para estudo/prática. ⇨ reńshū́ ◇.

edá 枝 **1** [植物の] O ramo (de árvore); o galho; a ramagem/copa (Conjunto dos ramos). ★ ~ *ga nobiru* 枝が伸びる Os ramos crescem [estendem-se]. ~ *o oru* 枝を折る Quebrar um ~. ◇ ⇨ **~-buri [ha/ mame]**. ◇ **Ko ~** 小枝 O raminho; o galho.
2 [元から分かれ出たもの] A ramificação「de veia」; o afluente「de rio」. ⇨ buńpá; shiryū́.

edá-búrí 枝振り (< … **1** + furí) A forma [ramificação] dos ramos.

edá-gé 枝毛 (edá + ke) Um cabelo「de senhora」espigado [rachado na ponta].

edá-há 枝葉 **1** [枝と葉] Os ramos e as folhas. **2** [枝葉末節] A divagação; a digressão; a palha (G.). [S/同] Shíyō (massétsú).

edá-mámé 枝豆 O feijão-soja [A soja] ainda verde e na vagem (Come-se passado por água quente「bebendo cerveja」). ⇨ daízú.

edá-míchí 枝道・岐路 ⇨ yokómíchí.

Éden no sono エデンの園 O Éden; o paraíso terreal.

Édipusu エディプス [ギリシア神話] Édipo. ◇ **~ konpurekkusu** エディプスコンプレックス O complexo de ~.

Edó 江戸【H.】(A cidade de) Edo (Capital do governo militar de 1603 a 1868; hoje Tóquio). [P/ことわざ] ~ *no kataki o Nagasaki de utsu* 江戸の仇を長崎で討つ Pagar o justo pelo pecador (Lit.: vingar-se dum inimigo de ~ em Nagasaki). ◇ **~ bakufu** 江戸幕府 O shogunado [governo militar] de ~ (dos Tokugawa). **~ jidai** 江戸時代 A era ~. ⇨ **~kko.**

edókkó 江戸っ子 A pessoa nascida e criada em Tóquio (antiga Edo), sobretudo na Baixa.

ē-émú[1] [eé] A.M. (Abrev. do L. "ante meridiem": antes do meio-dia). ★ ~ *san-ji* A.M. 3 時 As três horas da manhã. [S/同] Gózen (+). [A/反] Pí-émú.

ē-émú[2] [eé] A.M. (Abrev. do Ing. "amplitude modulation") A modulação de amplitude.
[A/反] Efú-émú.

éfuda 絵札 O(s) naipe(s) (As cartas de jogar "toran-

é-fude 絵筆 O pincel para pintura.
efú-emú エフエム (< Ing. F.M.) A modulação de frequência [F.M.]. ◇ ~ **hōsō** エフエム放送 A emissão [radiodifusão] em ~. ⇨ é-emú².
egáku 描[画]く 1 [絵にかく] Pintar; desenhar; esboçar; delinear; fazer uma pintura [um desenho]. *Tonbi ga sora ni en o egaite tonde iru* とんびが空に円を描いて飛んでいる O milhafre vai, lá no alto, anda a voar às voltas, às voltas… 2 [表現する] Descrever; pintar. 3 [心にうかべる] Imaginar; sonhar. *Kanojo wa koibito no sugata o mainichi kokoro ni egaite ita* 彼女は恋人の姿を毎日心に描いていた Ela sonhava todos os dias com o namorado.
égao 笑顔 A cara risonha; o rosto sorridente [radiante]; o semblante risonho [alegre]. ★ ~ *de mukaeru* 笑顔で迎える Acolher「alguém」com um sorriso.
egárá 絵柄 ⇨ zugárá.
e-gátái 得難い (< éru + kataí) Difícil de conseguir; fora do alcance「de」; raro. ★ ~ *shina* 得難い品 O obje(c)to「artigo」raro; a raridade.
egétsúnái えげつない「maneira」Indecente; nojento; repulsivo; cruel; terrível.
⇨ akúdói; iyárashíi.
égo エゴ【Psic.】 1 [自我] O eu [ego]. 2 [⇨ egoísuto].
egóísútikku エゴイスティック (< Ing. egoistic < L.) Egoístico [Egoísta].
egóísuto エゴイスト (< Ing. egoist < L.) O egoísta; a pessoa interesseira. S/同 Rikóshúgí-sha.
egóízumu エゴイズム (< Ing. egoism < L.) O egoísmo. ⇨ Rikóshúgi. ◇ é-gókoro.
e-gókoro 絵心 (< e² + kokóro) O temperamento [gosto] artístico. ★ ~ *ga aru* 絵心がある **a)** Ter inclinação para a pintura; **b)** Apreciar pintura.
e-góyomi 絵暦 (< e² + koyómí) O calendário ilustrado.
eguí えぐい ⇨ igárappói.
egúru 抉[剔]る 1 [穴を開ける] Escavar; tirar (deixando um buraco). 2 [心に苦痛を与える] Dilacerar. *Kanashimi ga kokoro o fukaku egutta* 悲しみが心を深くえぐった A tristeza dilacerou-me「deixoume uma ferida no」coração. 3 [重要な部分を取り上げる] Revelar; descobrir. ★ *Mondai no kakushin o* ~ 問題の核心をえぐる Descobrir a raiz do problema.
ehéhé えへへ Ei!, *umaku itta, ōmōke da* えへへ、うまくいった、大儲けだ [Ei]na pá! o negócio resultou e fiquei [estou] rico!
ehén えへん Hm, hm. ★ ~ *to sekibarai suru* えへんと咳払いする Dar uma tossidela; limpar a garganta.
Éhoba エホバ Jeová. ⇨ kámi¹.
ehón 絵本 O livro ilustrado [com figuras]「para crianças」.
éi¹ 栄【E.】⇨ kóéi¹.
éi² えい Vamos!; Pronto! ~, *katte ni shiro* えい、勝手にしろ Então [Pronto], faça como quiser.
Ei-Béi 英米 A Inglaterra e os Estados Unidos.
eíbín 鋭敏 1 [才知がするどくさといさま] A agudeza; a perspicácia; a sagacidade. ★ ~ *na「eigyō-man」* 鋭敏な「営業マン」「Um gerente」sagaz [esperto]. S/同 Éiri; meíbín. ⇨ Chidón. 2 [感覚が非常にするどいさま] O ter apurada sensibilidade. ★ ~ *na shinkei* 鋭敏な神経 Os nervos (muito) sensíveis.

eibún 英文 Um escrito em inglês. ★ ~ *o wayaku suru* 英文を和訳する Traduzir do inglês para o japonês. ◇ ~ **taipu** 英文タイプ **a)** O que está dactilografado em inglês; **b)** O teclado (em) inglês.
ei-bún-gaku 英文学 A literatura inglesa.
éichi 英知[叡智] A sabedoria; a inteligência; o entendimento.
eidán¹ 英断 A decisão drástica [sábia; rápida]「do responsável」. ★ ~ *o kudasau* 英断を下す Tomar uma ~. ⇨ sokúdán.
eidán² 営団 (Abrev. de keiei-zaidan) A corporação pública. ◇ ~ **chikatetsu** 営団地下鉄 O metropolitano público. ⇨ kódán¹.
eiéi 営営「trabalhar」Diligentemente; eia!; hm!; força! ★ *Naganen* ~ *to tsukiagete kita seika* 長年営々と築き上げて来た成果 O fruto do esforço constante de longos anos.
eién 永遠 A eternidade. ★ ~ *no ai* 永遠の愛 Um amor eterno. ~ *no nemuri ni tsuku* 永遠の眠りに就く Dormir o sono eterno [Morrer]. ⇨ eíkyú.
éiga¹ 映画 **a)** O cinema (Arte); filmes; **b)** Um filme; uma fita. ★ ~ *ka [ni] suru* 映画化 [に] する Cinematografar「um romance」; adaptar para cinema. ~ *o fūkiru [jōei suru]* 映画を封切る [上映する] Passar pela primeira vez [Proje(c)tar/Passar] um filme. ~ *o mi ni iku* 映画を見に行く Ir ao cinema; ir ver um filme. ◇ ~ **haiyū [joyū]** 映画俳優 [女優] O a(c)tor [A a(c)triz] de cinema ~; uma estrela. ~ **kai** 映画界 O mundo do cinema. ~ **kan** 映画館 O [A casa/sala de] cinema. ~ **kantoku** 映画監督 O cineasta; o realizador [dire(c)tor] do filme. ~ **sutā** 映画スター A estrela [O astro] de cinema.
éiga² 栄華 (Abrev. de "eiyo eiga") A pompa; o fausto; a glória「de Salomão」. ◇ ~ **eiyō** 栄耀.
eigó 英語 O inglês; a língua inglesa. ◇ ~ **kaiwa** 英語会話 ⇨ eíkaiwa.
eigó 永劫 A eternidade. ◇ *Mirai* ~ 未来永劫 Para (todo o) sempre. S/同 Eién (~); eíkyú (~).
eigyō 営業 O negócio; o comércio. ◇ ~ **bōgai** 営業妨害 A obstrução do negócio. ~ **bu** 営業部 O departamento de vendas. "~ **chū**"「営業中」(揭示) "Aberto". ~ **seiseki** 営業成績 Os resultados dos negócios. A/反 Kyūgyō.
eihéi 衛兵 A sentinela; o guarda.
eihó¹ 泳法 A(s) modalidade(s) [técnica(s)] de natação. ⇨ suíéi.
eihó² 鋭鋒 O peso [embate] do ataque/argumento.
eii 鋭意 Ardentemente; com ardor [energia]; de alma e coração. ★ ~ *koto ni shitagau [ataru]* 鋭意事に従う [当たる] Dedicar-se a uma coisa ~ [com todo o entusiasmo].
eíji¹ 嬰児 O bebé[ê]; a criancinha; a criança de peito. ◇ ~ **goroshi** 嬰児殺し O infanticídio.
eíji² 英字 As letras do inglês. ◇ ~ **shinbun** 英字新聞 O jornal (em) inglês.
eijíru 映じる ⇨ utsúru².
eijú 永住 A residência permanente. ★ ~ *suru* 永住する Estabelecer-se (num lugar); fixar residência (permanente). ~ *-ken o toru* 永住権を取る Adquirir o direito de ~.
éin 英資 ⇨ shíkin.
ei-káiwa 英会話 A (aula de) conversação inglesa.
eíkákú 鋭角【Geom.】O ângulo agudo. ◇ ~ **sankakkei [sankakukei]** 鋭角三角形 O triângulo acu-

tângulo. A/反 Dónkaku.

eikán 栄冠 A coroa [palma; Os louros] da vitória. ★ ~ *o itadaku* [*eru*] 勝利の栄冠を戴く [得る] Receber [Conquistar/Ganhar] a/os ~.

éiki 英気 O vigor; as forças; a energia. ★ ~ *o yashinau* 英気を養う Acumular energias.

éiko 栄枯【E.】A prosperidade e a adversidade. ◇ ~ **seisui** 栄枯盛衰 As vicissitudes da vida. S/同 Kōbō; kōhái; sonbō.

eikō[1] 栄光 A glória; a aura; a palma; os louros. ★ ~ *ni kagayaku* 栄光に輝く Estar cheio [coberto] de glória. S/同 Éiyo; kōéi.

eikō[2] 曳航 O (puxar a) reboque「outro barco」. ★ ~ *suru* 曳航する Rebocar. ⇨ ken'ín[1].

Eikókú 英国 A Grã-Bretanha; a Inglaterra. S/同 Igirisu.

eikyō 影響 A influência; o efeito; a repercussão; as consequências. *Suto no* ~ *de hyakuman-nin no ashi ga midareta* ストの影響で百万人の足が乱れた Houve um milhão de passageiros afe(c)tados pela greve. ★ ~ *o ataeru* [*oyobosu*] 影響を与える [及ぼす] Ter/Exercer influência. ~ *suru* 影響する Influenciar. *Jūdai na* [*Yoi*; *Warui*] ~ *o oyobosu* 重大な [良い; 悪い] 影響を及ぼす Exercer grande [boa; má] influência. ◇ ~ **ryoku** 影響力 O「grande / poder de; a influência. **Aku** ~ 悪影響 A influência má.

eikyū 永久 A permanência; o ser [durar] para sempre. ◇ ⇨ ~ **shi**. ⇨ eién.

eikyū-shi 永久歯 A segunda dentição; os segundos dentes.

eimín 永眠 O sono eterno; a morte. ★ ~ *suru* 永眠する Morrer [Dormir o ~]. S/同 Séikyo; shíkyo.

éin 会陰【Anat.】O períneo. ★ ~ *bu* 会陰部 A região perineal.

eiréi 英霊【E.】A alma [memória] gloriosa (dos heróis mortos). ⇨ réikon.

éiri[1] 営利 O ganho; o lucro; o fazer dinheiro. *Kono jigyō wa* ~ *o mokuteki to shinai* この事業は営利を目的としない Esta obra não tem fins lucrativos.

éiri[2] 鋭利 O ser afiado [fino/cortante/aguçado]. ★ ~ *na hamono* 鋭利な刃物 Um instrumento cortante muito afiado [aguçado]. A/反 Dón; nibúi. ⇨ surúdói.

e-írí 絵入り (< e[2] + íru) O que tem [Com] figuras.

eirín 営林 A silvicultura; a plantação de floresta (para corte). ◇ ~ **sho** [**kyoku**] 営林署 [局] O posto [departamento] florestal.

éi-ryō 英領 Uma possessão britânica.

eisái 英[穎]才【E.】**a)** O talento [gé[ê]nio]; **b)** Um talento; uma pessoa brilhante. ◇ ~ **kyōiku** 英才教育 A educação (só) para gé[ê]nios; o elitismo. S/同 Teńsáí. A/反 Donsái.

ei-sákubun 英作文 Uma composição [reda(c)ção] em inglês.

eiséi[1] 衛生 A higiene; a saúde. ★ ~ *ni chūi suru* 衛生に注意する Cuidar da [Ter cuidado com a] ~. ~ *teki* [*jō no*] 衛生的 [上の] (do ponto de vista) Higié[ê]nico [sanitário]. ◇ ~ **gaku** 衛生学 A (ciência da) higiene. **Hi** ~ **teki** 非衛生的 Anti-higié[ê]nico. **Kōshū** ~. **Kōshū** ~ 公衆衛生 A ~ pública.

eiséi[2] 衛星【Astr.】O satélite. ★ ~ *chūkei suru* 衛星中継する Transmitir por [via] ~. ~ **chūkei** 衛星中継 A transmissão dire(c)ta por [via] ~. ~ **hōsō** 衛星放送 A transmissão por [via] ~. ~ **sen** 衛星船 A nave espacial. ~ **toshi** 衛星都市 A cidade-satélite. **Jinkō** ~ 人工衛星 ~ artificial. [*Jinkō* ~ *o uchiageru* 人工衛星を打ち上げる Lançar um ~ artificial]. **Kishō** ~ 気象衛星 ~ meteorológico.

eiséi[3] 永世【E.】A permanência. ◇ ~ **chūritsu-koku** 永世中立国 Um país neutro. S/同 Elén (+); eíkyū (+).

eishá 映写 A proje(c)ção de imagens. ◇ ~ **ki** 映写機 O proje(c)tor [A máquina de proje(c)ções]. ⇨ utsúsu[2].

eisha[2] 泳者 O nadador.

eishō 詠唱【Mús.】**a)** A ária. S/同 Ária (+). **b)** 【Cri.】O "Glória ao Pai".

eisō 営倉 **a)** A casa da guarda; **b)** A prisão militar.

éitai 永代 A perpetuidade. ◇ ~ **shoyūken** 永代所有権 A posse perpétua.

eitán 詠[咏]歎 A exclamação [admiração]. ⇨ kańtán[2].

eitátsú 栄達 ⇨ shussé.

eitén[1] 栄典 **1** [栄誉] O título honorífico; a distinção. **2**【めでたい儀式】A cerimó[ô]nia.

eitén[2] 栄転 A promoção honrosa [para um posto de destaque]. ⇨ saséń.

eiwá 英和 Inglês-Japonês; Anglo-Nipónico. ◇ ~ **jiten** 英和辞典 O dicionário Inglês-Japonês.

éiya えいや Eia!; Força!; Vamos!

eiyákú 英訳 A tradução [versão] inglesa/em inglês.

éiyo 栄誉 A honra. S/同 Homaré; méiyo.

eiyō 栄養 A nutrição; o alimento. ★ ~ *ga aru* 栄養がある Ser nutritivo [alimentício]. ◇ ~ **bun** [**ka**] 栄養分 [化] O valor nutritivo. ~ **gaku** 栄養学 A dietética. ~ **shi** 栄養士 O dietista. ~ **shitcho** [**furyō**] 栄養失調 [不良] A subnutrição [desnutrição]; a inanição. ~ **shōgai** 栄養障害 A perturbação da nutrição. ~ **zai** 栄養剤 O tó[ô]ni-co. S/同 Jiyó. ⇨ yōbun.

eiyō-éiga 栄耀栄華 O cúmulo do poder, do luxo e da glória. ★ ~ *o kiwameru* 栄耀栄華をきわめる Atingir o [Viver no] ~.

eiyū 英雄 O herói; a heroína. ★ ~ *teki kōi* 英雄的行為 Um a(c)to heróico [de heroísmo]. ◇ ~ **sūhai** 英雄崇拝 O culto dos heróis. S/同 Híro.

eizén 営繕 A construção e a reparação. ◇ ~ **hi** 営繕費 O(s) custo(s) de ~.

eizō[1] 映像 A imagem「da televisão」. ◇ ~ **bunka** 映像文化 A cultura da ~.

eizō[2] 影像 **a)** O retrato pintado. ⇨ shōzō[2]. **b)** A sombra (de um corpo).

eizō[3] 営造 **a)** A construção; **b)** As obras públicas. ◇ ~ **butsu** 営造物 O edifício [prédio].

eizókú 永続 A continuidade; a permanência. ~ *teki* (*na*) 永続的 (な) Permanente; contínuo. ◇ ~ **sei** 永続性 O cará(c)ter de ~. ⇨ éikyū.

éjento [ée] エージェント (< Ing. agent < L. agere: fazer) O agente. ★ *Genchi no* ~ *to kōshō suru* 現地のエージェントと交渉する Negociar com o ~ local. S/同 Daíri-nín.

éjiki 餌食 **1** [食物] O alimento; a isca; a presa. *Sono usagi wa ōkami no* ~ *to natta* そのうさぎは狼の餌食となった O coelho foi presa do [foi devorado pelo] lobo. S/同 Esá. **2**【欲望の犠牲となるもの】A vítima [presa]. ⇨ giséí.

Ejíputó エジプト O Egi(p)to. ◇ ~ **gaku** エジプト学 A egiptologia. ~ **jin** エジプト人 O egípcio.

moji エジプト文字 (H.) O(s) hiero[ó]glifo(s); a escrita hieroglífica. **Kodai ~ ōcho** [**bunmei**] 古代エジプト王朝[文明] A monarquia [civilização] egípcia [do antigo ~].

éká [**ée**] エーカー (< Ing. acre) O acre (medida de supefpície igual a 40,467 ares).

Ekáfe エカフェ (< Ing. ECAFE: Economic Commission for Asia and the Far East) A comissão Econó[ô]mica para a Ásia e Extremo Oriente [CEAEO].

e-káki 絵描き (< e² + káku) S/同 Gaká. O pintor.

éki[1] 駅 **1** [鉄道の] A estação (do trem/comboio ou metropolitano). ◇ **~ biru** 駅ビル O edifício da ~. ⇨ **chó**[1][**in**]. ~ **mae hiroba** 駅前広場 A praça (em frente) da ~. ☞ teíryū². **2** [宿場] [A.] A(s) pousada(s) 「nos caminhos」. S/同 Shukúbá; shukúkéki.

éki[2] 易 A adivinhação. ★ ~ o miru [tateru] 易を見る [立てる] Dizer a sorte; adivinhar; augurar. ◇ **~ gaku** 易学 A arte da ~.

éki[3] 益 O ganho [lucro; proveito]. ★ ~ no nai 益のない Inútil; sem proveito. ~ **suru** 益する Aproveitar; lucrar; ganhar. A/反 Gái. ⇨ mókéi¹; ríeki.

éki[4] 液 O líquido. ⇨ ekí-táí.

ekí-bén 駅弁 (< ... ¹ + bentó) O "bentô" vendido nas estações de comboio [trem].

ekíbyō 疫病 Uma epidemia; a peste. S/同 Densénbyō.

ekícho[1] 駅長 O chefe da estação. ◇ **~ shitsu** 駅長室 A sala [o escritório] do ~.

ekícho[2] 益鳥 (< éki + torí) A ave útil 「à agricultura」. A/反 Gaícho. ⇨ torí¹.

ekíchū 益虫 O inse(c)to útil (Por ex.: a libélula, o bicho-da-seda). A/反 Gaíchū.

ekidén 駅伝 [A.] A mala-posta. ◇ **~ kyōsō** 駅伝競争 A corrida de estafetas de longa distância.

ekidóme 駅止[留]め (< ... ¹ + toméru) (O que é) entregue na estação do remetente e destinatário). ◇ **~ kozutsumi** [**nimotsu**] 駅留め小包 [荷物] A encomenda [bagagem] que é…

ekigaku 易学 A epidemiologia; o estudo das doenças epidêmicas.

ekí-ín 駅員 O pessoal [empregado] da estação.

ekijíbishon エキジビション (< Ing. exhibitio) A exibição. ◇ **~ gēmu** エキジビションゲーム O exibicionismo. ⇨ teñjí¹⁵; teñráñ¹⁵.

ekijō 液状 O estado líquido [de liquefação]. ◇ **~ ka genshō** 液状化現象 A liquefação do solo 「causada por terra[e]moto」. ⇨ ekíká.

ekíká 液化 (⇨ éki¹) A liquefação. **~ suru** 液化する Liquefazer-se. ◇ **~ gasu** 液化ガス O gás liquefeito [líquido]. ⇨ ekí¹.

ekimu 役務 O serviço [trabalho]. ◇ **~ baishō** 役務賠償 A inde(m)nização (paga) com dias de trabalho.

ekiri 疫痢【Med.】 A disenteria infantil 「no verão」. ⇨ sékiri.

ekisáito エキサイト (< Ing. excite < L. excitare) O excitar-se. S/同 Kōfuń (+).

ekishá[1] 易者 O adivinho.

ekishá[2] 駅舎 O edifício da estação.

ékisu エキス (< Ing. extract < L. extractus) **1** [抽出物] O extracto. ◇ **Gyūniku ~** 牛肉エキス ~ de carne de vaca. ⇨ Chūshútsúbutsu; séi. **2** [本質] A essência. S/同 Hoñshítsú.

ekísúpándá エキスパンダー (< Ing. expander < L.) O extensor ginástico.

ekísúpáto [**áa**] エキスパート (< Ing. expert < L. expertus) O especialista [perito]. *Kare wa kaisekigaku no ~ da* 彼は解析学のエキスパートだ Ele é (um) ~ em analítica. S/同 Betéráń (+); jukúréñsha; señmóñká (+).

ekisutora エキストラ (< Ing. < L. extra) **a)** Extra; **b)** 【Cine.】 A pessoa contratada temporariamente para um papel secundário.

ekítái 液体 (⇨ ekíká) O (corpo) líquido; o fluido. ◇ **~ kūki** 液体空気 O ar líquido. ~ **neñryō** 液体燃料 O combustível líquido. **~ sanso** 液体酸素 O oxigé[ê]nio líquido. ⇨ kitái²; kotái¹.

ekító 駅頭 (As proximidades da estação).

ekízóchikku エキゾチック (< Ing. < Lat. exoticus) O que é exótico. S/同 Ikókú-tékí.

ekkén[1] 越権 O abuso de confiança; o ir além dos seus poderes. ◇ **~ kōi** 越権行為 Um (caso de) ~. ⇨ señ'etsú.

ekkén[2] 謁見 A audiência (de pessoa importante). S/同 haíétsú; meñkái; sekkéñ³.

ékkusu エックス (< Ing. "X") O x. ◇ **~ kyaku** エックス脚 As pernas cambaias [com os joelhos para dentro].

ekkúsú-sen X 線 O(s) raio(s) X. ★ ~ *shashiñ* X 線写真 A radiografia. ⇨ reńtógéń.

ekkyō 越境 O saltar [violar/atravessar] a fronteira.

ekō[1] 回向【Bud.】 O rezar pelo(s) defunto(s).

ekō[2] エコー (< Ing. < L. echo) O eco. S/同 Hañkyō; kodámá; yamábíkó.

ekōhíiki 依怙贔屓 A parcialidade; o favoritismo. *Ano sensei wa dono seito ni mo ekohiiki o shinai* あの先生はどの生徒にも依怙贔屓をしない Aquele professor trata todos os alunos igual(mente), sem ~.

ekoji 依怙地 A teimosia; a obstinação. *Kodomo wa tomeru to nao ~ ni naru mono da* 子供は止めるとお依怙地になるものだ As crianças são assim, quando as contrariam ficam ainda mais teimosas. S/同 Íkoji.

ekónómí-kúrasu エコノミークラス (< Ing. economy class) A classe turística. S/同 Tsúrísútó kúrasu. ⇨ fásúto ◇.

ekóroji エコロジー A ecologia. ⇨ seítáí² ◇.

Ekuádoru エクアドル O Equador. ◇ **~ jin** エクアドル人 O(s) equatoriano(s).

ekubo 靨・笑窪 A(s) covinha(s) no rosto. I/慣用 *Abata mo ~* あばたもえくぼ O amor é cego.

ekuréá エクレア (< Fr. éclair) Um pastel de creme.

ekúsútáshī エクスタシー (< Ing. < Gr. écstasis) O êxtase; o arrebatamento; o enlevo. S/同 Kōkótsú.

éma 絵馬 (< e² + umá) Um ex-voto (shintoísta) de um animal pintado numa tabuinha.

émaki[**emákímóno**] 絵巻 (物) Uma pintura (com muitos quadros) em rolo.

emérárudo エメラルド (< Ing. emerald) A esmeralda. ★ ~ *no yubiwa* エメラルドの指輪 O anel de ~. ◇ **~ gurīn** エメラルドグリーン O verde-esmeralda.

émi 笑み【E.】 ⇨ hohóémí.

émo-iwarenu 得も言われぬ【E.】 Indescritível; inefável.

e-móji 絵文字 A escrita com figuras; o ideograma.

emóń 衣紋 A gola do quimono ou a maneira formal de vestir. ◇ **~ kake** 衣紋掛け O cabide.

emónó 獲物 **a)** A presa [caça; pesca]; **b)** Os despojos. *Kare wa neratta ~ wa kesshite nigasanai* 彼は狙った獲物は決して逃がさない Ele nunca deixa fugir a caça [consegue sempre os seus fins].

eń¹ 円 **1**［円形］O círculo (⇨ eńshū¹). ★ *~ o egaku* 円を描く Fazer [Desenhar] um ~. ◇ *~* **undō** 円運動 O movimento circular. **2**［貨幣単位］O yen [¥] (Moeda japonesa; é esta a grafia preferível por ser mais parecida com o original japonês: "en"). ★ *~ no geraku* [*tōki*] 円の下落［騰貴］A queda [subida] do ~. ◇ *~* **daka** [*yasu*] 円高［安］O câmbio alto [baixo] do ~. *~* **kawase** 円為替 O câmbio do ~. *~* **sōba** 円相場 O mercado [A cotação] do ~.

eń² 縁 a) A ligação [afinidade; relação]; b) A coincidência; o destino; o carma. *Kare wa kane ni ~ ga nai* 彼は金に縁がない Ele nunca teve muito dinheiro. *Kore o go ~ ni kore kara mo dōzo yoroshiku* これをご縁にこれからもどうぞよろしく Já que nos conhecemos vamos manter o conta(c)to. ★ *~ dōi musume* 縁遠い娘 A moça com poucas esperanças de casar. *~ ga fukai* 縁が深い Ter grande afinidade. *Fūfu no ~ o musubu* 夫婦の縁を結ぶ Casar. *Oyako* [*Kyōdai*] *no ~ o kiru* 親子［兄弟］の縁を切る Cortar relações com os pais [irmãos]. ｺﾄﾜｻﾞ *~ wa i na mono aji na mono* 縁は異なもの味なもの Os fios [caminhos] que levam (duas) pessoas ao casamento são uma surpresa e encanto. *Kane no kireme ga ~ no kireme* 金の切れ目が縁の切れ目 O fim do dinheiro é o fim da amizade [Enquanto fores rico não te faltarão os amigos].

eń³ 宴【E.】A festa; o banquete. ★ *~ o haru* 宴を張る Dar um/a ~. 〖S/同〗Sakámóri; utágé. ⇨ eńkái¹.

enámérú エナメル (< Ing. enamel) **a)**［塗料］O esmalte; **b)** O verniz [charão]. ◇ *~* **sen** エナメル線 O fio「de cobre」esmaltado. *~* **shitsu** エナメル質「dentes」De esmalte. ⇨ hōrō².

eńbákú 燕麦 A aveia. 〖S/同〗karású-múgi.

eńbán¹ 円盤 O disco (Diferente de "rekōdo"). ◇ *~* **nage** 円盤投げ（陸上競技）O lançamento do ~. **Sora tobu ~** 空飛ぶ円盤 ~ voador; o OVNI (obje(c)to voador não identificado).

eńbán² 鉛版 O estereótipo [A impressão em chapa de cara(c)teres fixos].

eńbífuku 燕尾服 A casaca. ⇨ móningu; takíshído.

eńbō¹ 遠望 A perspectiva; o ver「o Monte Fuji」à distância. 〖S/同〗Tōmí. ⇨ chōbō²; teńbōn.

eńbō² 遠謀【E.】As vistas largas; a visão (do futuro). ★ *~ shinryo o megurasu* 遠謀深慮を巡らす Conceber [Proje(c)tar] grandes planos. 〖S/同〗Shińbō⁵.

eńbu 円舞 A valsa (Dança de roda). ◇ *~* **kyoku** 円舞曲 A valsa (composição). 〖S/同〗Wárutsu; rínbu.

eńbujó 演舞場 Um local para espe(c)táculos.

eńbun¹ 塩分 A quantidade/pe[o]rcentagem de sal. 〖S/同〗Shióké.

eńbún² 艶聞 A aventura amorosa; o romance. ★ *~ ga aru* 艶聞がある Ter um/a ~.

eńchákú 延着 A chegada atrasada. 〖A/反〗Sōcháku. ⇨ chikókú; okúrérú.

eńchíten 遠地点【Astr.】O apogeu. 〖A/反〗Kińchíten.

eńchō¹ 延長 **a)** O prolongamento; **b)** O comprimento「do rio」. ★ *~ suru* 延長する Prolongar「a estrada/reunião/estadia」. ◇ *~* **kigō** 延長記号【Mús.】A suspensão; a fermata. *~* **sen** 延長線 **a)** Um prolongamento da linha「do trem/comboio」; **b)** A mesma linha「de pensamento」; **c)** O produto [A consequência]「da educação da escola」. *~* **sen** 延長戦 O prolongamento do desafio [jogo].

eńchō² 園長 O dire(c)tor dum jardim zoológico [botânico; de infância].

eńchókú 鉛直 A perpendicularidade. ★ *~ ni* 鉛直に「estar」A prumo. *~ no* 鉛直の Perpendicular. *~* **sen** 鉛直線 A linha de prumo. 〖S/同〗Suíchókú.

eńchū 円柱 (< eń¹ + hashíra) O poste [A coluna] redondo/a. ★ *Korinto* [*Doria*; *Ionia*]*-shiki no ~* コリント［ドリア；イオニア］式の円柱 A coluna coríntia (dórica; jónica).

eńdái¹ 遠大 O que é de longo alcance. ★ *~ na keikaku* 遠大な計画 Um plano grande [ambicioso/a longo prazo/com grandes repercussões].

eńdái² 演題 O título [tema] da conferência/do discurso.

eńdái³ 縁台 O banco (comprido, de jardim). 〖S/同〗Koshíkakédái.

eńdái⁴ 演台 O atril. ⇨ eńdán².

eńdán¹ 縁談 Uma proposta de casamento. *~ o kotowaru* 縁談を断る Recusar uma ~. *~ o matomeru* 縁談をまとめる Arranjar um casamento.

eńdán² 演壇 A tribuna; o estrado; o púlpito. ★ *~ ni agaru* 演壇に上がる Subir s/ao ~. 〖S/同〗Michíbátá.

eńdén 塩田 A salina; a mina de sal.

eńdō¹ 沿道 A margem [beira] da estrada. *~ ni wa kangei no hitobito ga tachinaranda* 沿道には歓迎の人々が立ち並んだ O caminho estava ladeado pelos que vieram dar as boas-vindas. 〖S/同〗Michíbátá.

eńdō² 豌豆 A ervilha (Planta); *pisum sativum*. ◇ *~* **mame** えんどう豆 Ervilhas (Vagem ou grão). ⇨ saya-*~*.

eńdoku 鉛毒 O envenenamento pelo chumbo; o saturnismo.

eń'éi 遠泳 O nadar longas distâncias. ⇨ suíéi.

eń'éki 演繹 A dedução (Em filosofia). ★ *~ suru* 演繹する Deduzir. *~ -teki* (*na*) 演繹的 (な) Dedutivo. ◇ *~* **hō** 演繹法 O método dedutivo. 〖A/反〗Kińō.

eń'éń¹ 延延 Muito comprido. ★ *~ chōda no retsu* 延々長蛇の列 Uma fila que não tem fim.

eń'éń² 奄奄【E.】⇨ kisókú².

enérugī エネルギー (< Al. < Gr. energeia: a(c)tividade) **1**［物体に運動をさせるもとになるもの］【Fís.】A energia. ◇ *~* **hozon** [**fumetsu**] **no hōsoku** エネルギー保存［不滅］の法則 A lei da conservação da ~. *~* **shigen** エネルギー資源 Os recursos energéticos. *Shō ~* 省エネルギー A poupança de ~. **2**［精力］A energia.

enérúgísshu エネルギッシュ (< Al. energisch) Enérgico「para trabalhar」. 〖S/同〗Seíryókú-tékí.

eńgái¹ 塩害 O estrago [dano] causado pelo sal (aos campos).

eńgái² 煙害 O dano causado (às pessoas) pelo fumo「nas minas」.

eńgái³ 円蓋 A cúpula [abóbada]; o zimbório. 〖S/同〗Dōmu; kyúpora.

eńgán¹ 沿岸 A costa; o litoral. ◇ *~* **bōeki** 沿岸貿易 O comércio costeiro. *~* **chihō** 沿岸地方 O [A região] litoral. *~* **gyogyō** 沿岸漁業 A pesca costeira. *~* **keibi-tai** 沿岸警備隊 A guarda costeira.

eńgán² 眼眼 ⇨ eńshí.

engáwá 縁側 Uma espécie de varanda (mas fechada) da casa típica japonesa. ⇨ nuré-én.

engéi¹ 園芸 a) A jardinagem; b) A horticultura. ◇ **~ gaku** 園芸学 A ciência [arte] da –. **~ ka** 園芸家 a) O jardineiro; b) O horticultor.

engéi² 演芸 A representação; a festa; o divertimento. ◇ **~ jō** 演芸場 O teatro de variedades. **~ kai** 演芸会 Um espe(c)táculo.

engéjiringu エンゲージリング (< Ing. engagement ring) O anel de noivado. ⟦S/同⟧ Koń'yákú yúbiwa.

engéki 演劇 a) O teatro; o drama; a arte dramática; b) A representação teatral [de uma peça]. **~ o yaru** 演劇をやる Representar uma peça. ◇ **~ gakkō** 演劇学校 A escola de teatro. **~ kai** 演劇界 O mundo do teatro.
⟦S/同⟧ Dórama; géki; shibái. ⇨ éngi¹; eńjiru.

Engéru-keisū エンゲル係数 (< Al. Engel) O coeficiente de Engel.

éngi¹ 演技 a) A arte de representar; b) A exibição; c) A atuação. *Ano yakusha wa ~ ga umai [heta da]* あの役者は演技がうまい［へただ］ Aquela[e] a(c)triz [a(c)tor] representa bem [mal]. **~ suru** 演技する Representar. ◇ **~ sha** 演技者 O artista「có(ô)mico」. ⇨ engéki.

éngi² 縁起 **1** [由緒; 由来] A história da origem「dum templo」. **①** yúisho; yurái. **2** [きざし; 前兆] O presságio; o agoi[ou]ro. **~ de mo nai koto o iwanai de** 縁起でもないことを言わないで Não diga coisas dessas, que dão má sorte. ★ **~ naoshi ni** 縁起直しに Para conjurar a sorte. **~ no ii [warui]** 縁起のいい［悪い］ De bom [mau] agoiro. **~ o katsugu** 縁起をかつぐ Ser supersticioso [Crer em agouros]. ◇ **~ katsugi** 縁起かつぎ O supersticioso. **~ mono** 縁起物 Coisas que dão sorte (Decorações do Ano Novo, amuletos, etc.). ⇨ kizáshí.

éngo¹ 援護 O apoio; a ajuda「financeira」. ⇨ éngo²; hígo¹.

éngo² 掩護 A cobertura [prote(c)ção]. ◇ **~ shageki** 掩護射撃 O fogo de –. ⇨ éngo¹; hígo¹.

en-gúmi 縁組み (< ... ² + kúmu) O laço matrimonial; o casamento. *Ryōke no ~ ga totonotta* 両家の縁組みが整った Realizou-se a ligação entre as duas famílias por este casamento.

engún 援軍 Um reforço「de 3.000 soldados」. ★ **~ o okuru** 援軍を送る Mandar reforços. ⟦S/同⟧ Eńpéi².

en'ín¹ 延引 A demora「em escrever」. ⟦S/同⟧ Chién¹; chitái; eńki (+); eńtái.

en'ín² 遠因 A causa remota. ⟦S/同⟧ Kiń'ín. ⇨ gen'ín.

enishida 金雀児 (< L. genista; entrou no J. em 1675) A giesta (No J. é só planta de jardim).

énja 縁者 O parente.
⟦S/同⟧ Ińséki¹; shińrúi; shińséki.

énji¹ 園児 As crianças do infantário [Jardim de infância].

énji² 臙脂 A cochonila-do-carmim. ◇ **~ iro** 臙脂色 O carmesim (Cor vermelha-escura).

enjin エンジン (< Ing. engine < L. ingenium: natureza, engenho) O motor. *Dōmo ~ no chōshi ga warui* どうもエンジンの調子が悪い Sem saber por que, tem alguma avaria. *Shigoto ni yōyaku ~ ga kakatta* 仕事にようやくエンジンがかかった Finalmente o trabalho está a render [está a carburar bem]. ★ **~ o kakeru [mawasu]** エンジンをかける［回す］ Ligar o –.
◇ **~ burēki** エンジンブレーキ A travagem com o –.
⇨ mótā.

enjín² 円陣 Uma roda「de gente」. ★ **~ o kumu** 円陣を組む Pôr-se em [Formar/Fazer uma] roda.

enjín³ 猿人 O pitecantropo [antropopiteco]. ◇ **Chokuritsu ~** 直立猿人 ~ere(c)to; *pithecanthropus-erectus*.

enjínia エンジニア (< Ing. engineer < L. ingeniare: inventar) O engenheiro. ⟦S/同⟧ Gijútsú-sha; gishí.

enjíru 演じる a) Representar; fazer o papel de「rei」; b) Desempenhar. ★ *Jūyō na yakuwari [Shuyaku] o enjiru* 重要な役割［主役］を演じる Desempenhar um papel importante [o papel principal].

enjitsúten 遠日点【Astr.】O afélio.
⟦A/反⟧ Kińjítsúten.

énjo 援助 A ajuda [assistência]; o auxílio [apoio]. ★ **~ o motomeru [kou]** 援助を求める［請う］ Pedir ~. **~ o ukeru** 援助を受ける Receber ~. **~ suru** 援助する Dar ~; ajudar; auxiliar. ◇ **Keizai ~** 経済援助.

enjō 炎上 A arder [incêndio].

enjúku 円熟 A maturidade; o amadurecimento. ★ **~ no iki ni tassuru** 円熟の域に達する Chegar à maturidade. **~ suru** 円熟する Amadurecer; chegar à perfeição. ◇ **~ ki** 円熟期 O período de ~.

énka¹ 演［艶］歌 A canção típica popular japonesa (Começou na era Meiji).

énka² 円価 O valor do yen. ⇨ én¹**2**.

enká³ 塩化【Quím.】A cloração [cloretação]; a salificação. ★ **~ suru** 塩化する Salificar; clorar [cloretar]. ◇ **~ anmoniumu** 塩化アンモニウム O cloreto de amó[ô]nio. **~ binīru** 塩化ビニール O cloreto de vinilo. **~ butsu** 塩化物 Um cloreto. **~ kariumu** 塩化カリウム O cloreto de potássio. **~ natoriumu** 塩化ナトリウム O cloreto de sódio; o sal (⇨ shokúen). **~ suiso** 塩化水素 O ácido clorídrico.

enká⁴ 嚥下【E.】A deglutição.

eńkai¹ 宴会 O banquete; a festa. ★ **~ o hiraku [o-hiraki ni suru]** 宴会を開く［お開きにする］ Começar [Terminar] o/a ~. ◇ **~ jō** 宴会場 O salão de festas; o lugar do ~.

eńkai² 沿海 O litoral; a costa. ◇ **~ gyogyō** 沿海漁業 A pesca costeira. ⇨ Eńgáń¹. ⇨ eńkai².

eńkai³ 遠海 O alto mar; o oceano. ◇ **~ gyogyō** 遠海漁業 A pesca de alto mar.
⟦S/同⟧ Eń'yō¹. ⟦A/反⟧ Hénshō; rekíshi¹. ⇨ eńkai².

eńkakú 沿革 A história [evolução]「da nossa empresa」. ⟦S/同⟧ Heńshō; rekíshi¹.

eńkakú² 遠隔 O que está remoto [longe; distante].
◇ **~ sōsa [sōjū]** 遠隔操作［操縦］ O comando [controle] à distância.

eńkán 鉛管 O cano de chumbo (Para gás, etc.).

eńkatsú 円滑 A harmonia; o decorrer「tudo」sem acidentes. *Chitsujo ga aru kara shakai seikatsu ga ~ ni hakobu* 秩序があるから社会生活が円滑に運ぶ Como há ordem, as pessoas vivem em paz.

eńkei¹ 円形 A forma circular. ◇ **~ datsumōshō** 円形脱毛症【Med.】A calvície precoce.

eńkei² 遠景 A vista distante「do Monte Fuji」.

eńki¹ 延期 O adiamento; a transferência. *Kaigi wa isshūkan ~ shimasu* 会議は一週間延期します Adiamos a reunião uma semana. ⟦S/同⟧ Eń'ín.

eńki² 塩基【Quím.】Uma base. ★ **~ sei no** 塩基性の Básico. ◇ **~ do** 塩基度 A basicidade.

eńkíń 遠近 O longe e o perto; a distância. ◇ ~ **(ga) hō** 遠近(画)法「o desenho feito segundo」A lei da perspe(c)tiva. ⇨ chikái¹; tōí¹.

eń-kíri 縁切り (<…² + kíru) O corte de vínculos de família (Divórcio, etc.). ★ ~ (ni)suru 縁切り(に)する Cortar os… ⇨ ríen; rikón.

énko¹ 縁故 A relação de parentesco ou amizade. ⇨ kóne; té-zuru.

énko² エンコ【G.】**1**[動かなくなること] O ir-se abaixo. Kuruma ga ~ shite shimatta 車がエンコしてしまった Olha, o carro foi-se abaixo! ⇨ eńsútó. **2**[小児語ですわること]【Infa.】O sentar-se. ★ ~ suru えんこする… ⇨ suwárú.

énko³ 円弧 O arco; a curva.

énko⁴ 塩湖 O lago de água salgada.
S/周 Kánko. A/反 Tánko. ⇨ mizúúmi.

eńkón 怨恨 O rancor. Satsujin no dōki wa ~ da 殺人の動機は怨恨だ O motivo do homicídio foi rancor. S/周 Urámí (+).

eńkyóku 婉曲 O eufemismo; a insinuação; a indire(c)ta; o rodeio. ★ ~ na kotoba [iimawashi] 婉曲な言葉[言い回し] (O falar com) rodeios. ◇ ~ (go) hō 婉曲(語)法 O eufemismo (Figura de retórica). ⇨ tō-máwashi.

eńkyóri 遠距離 Uma longa (grande) distância. ◇ ~ tsūkin 遠距離通勤 O trabalhar longe [ter de viajar muito até ao (local do) trabalho]. S/周 Chōkyóri. A/反 Kíńkyóri.

Énma 閻魔 (< Sân. Yama)【Bud.】O rei do inferno e juiz dos mortos. ◇ ~ **chō** 閻魔帳 A caderneta das notas (do professor).

éńmaku 煙幕 Uma cortina de fumo (para não ser visto). Kare wa kekkon mondai ni tsuite wa ~ o hari-megurashite iru 彼は結婚問題については煙幕を張り巡らしている Ele pôs uma ~ à volta do problema do casamento.

eńmáń 円満 O ser amável [cordato/pacífico/harmonioso/feliz/perfeito/maduro]. ★ ~ na fūfu 円満な夫婦 O casal perfeito [muito unido]. ~ ni kurasu 円満に暮らす Viver em harmonia [paz].

eńméi 延命 O prolongar a vida; a longevidade. ★ ~ saku o kōjiru 延命策を講じる Buscar maneira de [Fazer planos para viver muito].

eńmu 煙霧 O fumo e o nevoeiro (juntos)「na cidade」.

eń-músubi 縁結び (<…² + musúbú) **1**[結婚] O casamento; o laço do matrimó(nio). ⇨ Kekkóń (+). **2**[縁結びの祈願に紙などを結んだもの] Um papelinho com o nome e idade da pessoa amada que se deixa atado a uma árvore junto dos templos.

ennétsú 炎熱 O calor de rachar; a caloraça. S/周 Énsho¹; kókusho¹.

énnichi 縁日 O dia de festa [feira]「dum templo shintoísta」.

eń-nó-shita 縁の下 Debaixo do soalho「da "engawa"」. にたとえ ~ no chikara-mochi 縁の下の力持ち O verdadeiro (embora desconhecido) herói.

enógú 絵の具 As tintas; as cores. ★ ~ o nuru 絵の具を塗る Pintar. ◇ ~ **bako** 絵の具箱 A caixa das tintas. ~ **zara** 絵の具皿 A paleta.

enóki 榎【Bot.】O lódão-bastardo [A agreira] (Planta grande e de boa madeira).

enóki-dake 榎茸【Bot.】Uma espécie de cogumelo.

eńpátsu 延発 A partida adiada.

eńpéi¹ 援兵 Um reforço militar; reforços. ★ ~ o okuru 援兵を送る Mandar ~. S/周 Eńgúń.

eńpéi² 掩蔽 O ocultar [esconder/eclipsar]-se.

eńpítsu 鉛筆 O [Os]lápis. ★ ~ no shin 鉛筆の芯 A grafite; a mina (B.). Katai [Yawarakai] ~ 硬い[軟らかい] 鉛筆 ~ duro [mole]. ◇ ~ **kezuri** 鉛筆削り O afia-lápis [apontador (B.)]. Aka [Ao; Gayō] ~ 赤[青; 画用] 鉛筆 ~ vermelho [azul; para desenho]. ⇨ shápú-péńshiru.

eńpō 遠方 O lugar distante; longes terras. ★ ~ ni ite 遠方にいて Lá (ao) longe. ~ no 遠方の Distante; longínquo. ⇨ énro.

eńpúkú 艶福 Os sucessos amorosos. ★ ~ ka 艶福家 Um galã (galanteador) muito requestado.

eńrái¹ 遠雷 O trovão distante. ⇨ kaminári.

eńrái² 遠来 O vir de (muito) longe. ★ ~ no kyaku 遠来の客 Um visitante estrangeiro [que veio de (muito) longe].

éńréi 艶麗【E.】A beleza fascinante; o encanto.

énro 遠路 O caminho longo; a longa caminhada [distância]. ~ harubaru o-koshi itadaki makoto ni arigatō gozaimasu 遠路はるばる御越しいただき誠にありがとうございます Agradeço-lhe o (incómodo de) ter vindo de tão longe.

éńrui 塩類 Matérias com boa parte de sal; o ser salino [salgado].

eńryó 遠慮 **1**[控え目にすること] O fazer cerimó(ô)nia; o acanhamento. Dōzo go ~ naku どうぞご遠慮なく Não faça cerimó(ô)nia(s). ~ **bukai** 遠慮深い Cerimonioso; envergonhado; acanhado. ~ gachi na hito 遠慮がちな人 A pessoa que está sempre a fazer cerimónia. ~ (eshakumo) naku iu 遠慮(会釈)もなく言う Dizer bem claro; não ter papas na língua. ~ suru 遠慮する Fazer cerimó(ô)nia. ⇨ hikáémé.
2[差し控えること; 辞退すること] O não fazer [algo]. Sekkaku no o-sasoi desu ga ~ sasete itadakimasu せっかくのおさそいですが遠慮させていただきます Agradeço o seu convite mas não posso「ir」. ⇨ jitai²; sashí-híkáérú.

énsa 怨嗟【E.】O ressentimento. ★ ~ no koe 怨嗟の声 A(s) queixa(s).

eńsáki 縁先 A beira [ponta] da varanda.

eńsáń 塩酸【Quím.】O ácido clorídrico.

eńséi¹ 遠征 **a)** A expedição「ao pólo Norte」; **b)** A deslocação「da equipa de basebol」. ~ suru 遠征する Fazer uma ~. ◇ ~ **tai** 遠征隊 A força expedicionária.

eńséi² 厭世 O desengano da vida; o derrotismo [pessimismo]. ★ ~ teki 厭世的 Derrotista. ◇ ~ **ka** 厭世家 Um derrotista.
S/周 Hikán. A/反 Rakútéń.

eńséi³ 延性【Fís.】A ductilidade「do ouro」.

éńséki¹ 宴席 (O lugar do) banquete. ⇨ eńkáí¹.

éńséki² 塩析【Quím.】A granulação「do sabão」.

eńséki³ 縁戚 ⇨ shińséki.

eńséń 沿線 A(s) proximidade(s) da linha do comboio [trem]. ★ Tetsudō no ~ ni aru 鉄道の沿線にある Ficar ao lado [longo] da…

eńséń 厭戦 O antibelicismo; o ser contra a guerra. ◇ ~ **kibun** [shisō] 厭戦気分[思想] O sentimento [pensamento] antibelicista.
A/反 Kōséń. ⇨ hańsóń¹.

eńshí(gáń) 遠視(眼) A hipermetropia (É o con-

enshín¹ 円心 O centro da circunferência [do círculo].

enshín² 遠心 Centrífugo. ◇ **~ bunri-ki** 遠心分離機 O centrifugador [A (máquina) centrífuga]. **~ ryoku** 遠心力 A força centrífuga.

ensho¹ 炎暑 O calor intenso [abrasador]. S/同 Eńnétsú; kókushó¹.

ensho² 艶書【E.】A carta de amor. S/同 Koíbúmí (+); rabú-rétá (o).

enshō¹ 延焼 A propagação do fogo. ★ ~ *o fusegu* 延焼を防ぐ Parar o incêndio. **~** *suru* 延焼する Estender-se [Alastrar] o fogo. ⇨ ruíshō.

enshō² 炎症【Med.】A inflamação [da garganta」. ★ ~ *o okosu* 炎症を起こす Inflamar-se.

enshókúhánnō 炎色反応【Quím.】A rea(c)ção à chama.

enshū¹ 円周【Geom.】A circunferência (⇨ én¹). ◇ ~ **kaku** 円周角 O ângulo central. **~ ritsu** 円周率 A relação da ~ para o diâmetro; a (constante) π(Pi).

enshū² 演習 **1**【練習】Um exercício prático「de ensino」; (parte) prática [exercícios]. S/同 Reńshū. ⇨ jisshū; kéiko. **2**[大学での授業] Um seminário (Aulas práticas). ◇ **~ shitsu** 演習室 A sala de ~s. S/同 Sémína. **3**[擁軍] As manobras (militares);o treino [de tiro」. ★ **~** *o okonau* 演習を行なう Fazer manobras. ◇ **jō** 演習場 O campo de treino; a carreira de tiro.

enshútsú 演出 **a**) A representação; **b**) Personagens「do filme/drama」. ★ **~** *suru* 演出する **a**) Representar「uma peça」; a(c)tuar「num filme」; **b**) Ser o dire(c)tor「da representação」. ◇ **~ ka** [sha] 演出家[者] O dire(c)tor [encenador]. ◇ **~ kōka** 演出効果 A encenação. ⇨ éngi¹.

enso 塩素【Quím.】O cloro (Cl 17). **~** *hyōhaku* 塩素漂白 O branqueamento [de tecidos]「com ~」. **~** *san kariumu* 塩素酸カリウム O clorato de potássio. **~** *shōdoku* 塩素消毒 A desinfe(c)ção com ~.

ensō 演奏 **a**) A execução duma peça musical; **b**) O recital「de piano」. ★ **~** *suru* 演奏する Executar [Tocar]. ◇ **~ kai** 演奏会 O concerto. **~** *ryoko* 演奏旅行 Uma digressão de concertos. **~** *sha* 演奏者 O executante; o instrument(al)ista; o tocador「de piano」.

ensókú 遠足 A excursão; o piquenique. ★ **~** *ni iku* 遠足に行く Sair em/de ~.

ensúi¹ 円錐【Geom.】O cone. ◇ **~ kajo** 円錐花序 A (flor em) panícula. **~ kei** 円錐形 Em ~; a forma có(ô)nica. **~ kyokusen** 円錐曲線 A se(c)ção cônica.

ensúi² 塩水 **a**) A água salgada [do mar]; **b**) A salmou[oi]ra. S/同 Shió-mizu. ⇨ kaísúí; ma-mízú; tańsúí.

ensútó エンスト【G.】(< engine + stop) A greve do motor. ★ **~** *suru* エンストする「O motor」 fazer greve.

entái 延滞 **a**) O estar atrasado [em atraso]; **b**) Os atrasados (Dinheiro). ◇ **~ kin** 延滞金 Os pagamentos atrasados. **~ rishi [risoku]** 延滞利子[利息] O juro atrasado.

entáku 円卓 A mesa (que é) redonda. ◇ **~ kaigi** 円卓会議 Uma mesa-redonda (Conferência). S/同 Marú-téburu.

entéi 園丁 O jardineiro. S/同 Niwáshi (+).

⇨ uéki ◇ .

entén 炎天 O tempo [sol] abrasador. ★ ~ *(ka) de [ni]* 炎天(下)で[に] Sob um sol ardente [abrasador]. ⇨ eńnétsú; énshō¹; kókushó¹.

entō 円筒 Um cilindro. ★ ~ *jō [kei] no* 円筒状[形]の Cilíndrico. S/同 Eńchū.

entorī エントリー (< Ing. entry < L. intrare: entrar) A inscrição「numa competição (d)esportiva」. ★ ~ *suru* エントリーする Inscrever(-se). ◇ **~ nanbā** エントリーナンバー O número de ~. S/同 Tórókú (+).

entóropī エントロピー【Fís.】(< Ing. < Gr.) A entropia.

entótsú 煙突 A chaminé. ~ *ga tsumatte iru* 煙突がつまっている ~ está obstruída. ◇ **~ sōji** 煙突掃除 A limpeza da ~.

en-tsúzuki 縁続き (< én² + tsuzúkí) O ser parente. ★ ~ *no hito* 縁続きの人 Alguém aparentado. S/同 Miúchí; shińrúí; shińsékí.

en'yó¹ 遠洋 O alto mar, o oceano (longínquo). ◇ **~ gyogyō** 遠洋漁業 A pesca de alto mar. **~** *kōkai* 遠洋航海 A navegação transoceânica. **~** *kōro* 遠洋航路 A rota de navegação transoceânica, as grandes rotas da navegação. ⇨ eńkáí²³; kińkáí³.

en'yō² 援用 A citação「para corroborar」. ⇨ iń'yō¹¹.

en'yúkai [úu] 園遊会 Uma (grande) festa ao ar livre. ~ *ni shōtai sareru* 園遊会に招待される Ser convidado para ~. S/同 Gádén pátí.

enzái 冤罪 A calúnia; a acusação falsa. ★ ~ *o harasu* 冤罪を晴らす Desfazer uma ~; provar que se está inocente. S/同 Nurégínú (+); mújitsu.

enzán 演算【Mat.】O cálculo; a conta; a operação. ◇ **Gyaku (en) zan** 逆(演)算 fazer / a operação inversa. **~ seigyosōchi** 演算制御装置 O mecanismo de controle da operação. S/同 Uńzań.

enzerúfisshu エンゼルフィッシュ (< Ing. angel-fish) O anjo-do-mar.

enzétsu 演説 O discurso; a arenga; o falar em público. ★ **~** *ga umai* 演説がうまい Ser bom [grande] orador. **~** *suru* 演説する Discursar; fazer um/a ~. ◇ **~ kai** 演説会 Uma reunião com discursos. **~ sha** 演説者 O orador. ⇨ Supíchi. ⇨ kóén³.

enzui 延髄【Anat.】A medula alongada [O bolbo raquidiano].

en-zúkeru 縁付ける (< …² + tsukéru) Casar alguém. ⇨ Katázúkéru.

en-zúku 縁付く (< …² + tsúku) Casar. ⇨ katá-zúku.

epigonen エピゴーネン (< Al. epigonen) Os epígonos「da Boémia」.

epīrógu [óo] エピローグ (< Ing. < Gr. epílogos) O epílogo「do discurso」. S/同 Musúbí (+). A/反 Puróógu. ⇨ shūkyókú¹.

episōdo エピソード (< Ing. < Gr. episodion: algo que acontece) Um episódio. S/同 Itsúwá; sówá.

epókku エポック (< Ing. < Gr. epoké : pausa) A época; a era. ★ **~** *o kakusuru* エポックを画する Inaugurar uma (nova) era. S/同 Jidái (+).

epókkú-mēkingu [éé] エポックメーキング (< Ing. epoch-making) Marcante; histórico. ★ **~ *na dekigoto* エポックメーキングな出来事 Um acontecimento ~「que marca uma época」. S/同 Kakkí-téki (+).

eppéi 閲兵 A revista「inspe(c)ção」às tropas. ★ **~** *suru* 閲兵する Passar revista às tropas. ◇ **~ shiki** 閲兵式 A cerimó(ô)nia de ~; a parada.

épúrírúfúru [eé; úu] エープリルフール (< Ing. April fool) a) O dia dos enganos [das mentiras]; b) A pessoa que é enganada no dia 1 de abril. ⟨S/同⟩ Shigátsú-báka.

épuron エプロン (< Ing. apron < L. mappa: guardanapo) O avental. ◇ ~ **sutéji** エプロンステージ A boca do palco; o proscénio. ⇨ maékáké.

erá 鰓 A guelra [brânquia].

érá¹ エラー (< L. error) O erro. ⟨S/同⟩ Ayámári (+); mísu; shippái.

erábu 選ぶ 1 [選択する] Escolher; tirar; sele(c)cionar. *Futatsu no uchi hitotsu o erabi nasai* 2つのうち1つを選びなさい Tire [Escolha] um destes [dos dois. *Kare wa mokuteki no tame ni wa shudan o erabanai* 彼は目的の為には手段を選ばない Ele quando quer algo não escolhe os [não olha a] meios. ★ ~ *tokoro ga nai* 選ぶ所がない Não há muita opção [por onde] escolher. ⟨S/同⟩ Señtákú súrú. 2 [選挙する] Eleger; escolher. *Kare wa gichō ni erabareta* 彼は議長に選ばれた Ele foi eleito [escolhido] (para) presidente da conferência. ⟨S/同⟩ Séñkyo suru.

erábútsú 偉物 Um grande homem.

erágáta 偉方 【G.】 ⇨ o-erágáta.

erái¹ 偉い Importante; destacado; 「pessoa」de peso. ~ *zo* 偉いぞ Bravo [Eu admiro-o]! ★ ~ *hito de aru* 偉い人である Ser um grande homem. *Eraku natta* 偉くなった Agora é (uma pessoa) importante. *Erasō na fū o shite* 偉そうな風をして Com ares de importância. ⇨ erásō.

erái² えらい Terrível; sério; grave. ~ *samusa da* えらい寒さだ Que frio terrível (de rachar)! *Kore wa ~ koto ni natta* これはえらい事になった Que problema?! [E agora?! /Por esta é que eu não esperava!].

erámónó 傑物 【G.】 ⇨ erábútsú.

erásō [óo] 偉そう (< erái + -só) Que parece [Como se fosse] importante. ~ *na koto o iu na* 偉そうな事をいうな Não te gabes (assim) [Não diga bravatas; Deixe-se de bazófias]! ★ ~ *na kuchi o kiku* 偉そうな口をきく Ser fanfarrião; dizer fanfarronices.

erébétā [ée] エレベーター (< Ing. < L. elevare: levantar) O elevador; o ascensor. ◇ ~ *ni noru* エレベーターに乗る Tomar o ~. ⟨S/同⟩ Shōkóki.

eréji エレジー (< Gr. élegos: lamento) A elegia. ⇨ áika; báñka¹; híka².

eréki-gítá エレキギター (< Ing. electric guitar) A guitarra elé(c)trica.

erékútóron エレクトロン (< Ing. < Gr. élektron: âmbar) O ele(c)trão; o elétron. ⟨S/同⟩ Déñshi.

erékútórónikusu エレクトロニクス (< Ing. electronics) A ele(c)tró(o)nica. ⟨S/同⟩ Deñshí kōgaku.

erí 襟・衿 a) A gola do quimono (A parte mais importante, de seda escolhida); b) A gola do casaco [paletó (B.)]; c) O colarinho da camisa. ★ ~ *o tateru* 襟を立てる Levantar a/o ~. ~ *o tsukamu* 襟をつかんで Agarrar pela ~. [慣用] ~ *o tadasu* 襟を正す Pôr-se direito; pôr-se sério; compor-se [~ *o tadashite kiku* 襟を正して聞く Ouvir a sério [com atenção]]. ◇ ~**aka** 襟垢 A sujidade na ~. ~**ashi**[**kubi**; **gami**; **moto**; **shō**]

erí-áshi 襟脚 [足] A nuca (Parte de trás do pescoço e da cabeça).

eri-gami 襟髪 (< ⋯ + kami) A nuca (sobretudo a parte com cabelo). ⇨ erí-kubi; kubí-sújí.

eri-gónómí 選り好み ⇨ yorí-gónómí.

eri-kubi 襟首 [頚] O pescoço; o gasganete. ★ *Hito no ~ o tsukamu* [*toraeru*] 人の襟首をつかむ [捕える] Agarrar alguém pelo ~.

eri-maki 襟巻き (< ⋯ + makū) O cachecol; o lenço do pescoço. ⟨S/同⟩ Máfurá.

erí-mótó 襟元 O pescoço (e parte dos ombros). ⟨S/同⟩ Erí-kubi; kubí-sújí; unáji.

eri-núkí 選り抜き (< erí-núkú) A escolha [sele(c)ção]. ⟨S/同⟩ Yorí-núkí.

eri-núkú 選り抜く (< éru + ⋯) Escolher [Sele(c)cionar] 「os melhores jogadores」. ⟨S/同⟩ Yorínúkú.

erishō 襟章 O distintivo para pôr na gola.

eríto [íi] エリート (< Fr. < L. electus: escolhido) A elite; o escol; a gente sele(c)ta. ◇ ~ **ishiki** エリート意識 A consciência de elite. ~ **kōsu** エリートコース Um curso 「de estudos」só para a ~.

eri-wákéru 選り分ける Escolher separando. ⇨ Señbetsú súrú.

éro エロ 【G.】 (< Abrev. de "eróchíkku") Erótico; pornográfico. ◇ ~ **h[b]on** [**zasshi**] エロ本 [雑誌] Livros [Revistas] ~ s.

eróchíkku エロチック (< Ing. < Gr. erótikos: de amor) O que é erótico. ⟨S/同⟩ Iróppói.

eróchíshízumu エロチシズム (< Ing. < Gr.) O erotismo.

Érosu エロス (< Gr. Erōs) O Eros/Cupido (Deuses mitológicos da Grécia e Roma respe(c)tivamente).

éru 得 [獲] る 1 [手に入れる] Obter; adquirir; conseguir. *Kare no kōen o kiite ōi ni ~ tokoro ga atta* 彼の講演を聞いて大いに得るところがあった Aprendi muito da [Fiquei a saber muitas coisas com a] conferência dele. ★ *Shin'yō o ~* 信用を得る Ganhar a confiança de alguém. *Shoku o ~* 職を得る Arranjar [Conseguir] emprego. *Shōri* [*Shō*] *o ~* 勝利 [賞] を得る Vencer [Ganhar um pré[ê]mio]. ⟨S/同⟩ Kakútókú súrú.

2 [理解する] Entender. *Kare no hanashi wa ikkō ni yōryō o enakatta* 彼の話は一向に要領を得なかった Não tenho a mínima ideia [entendi nada] do que ele quis dizer.

3 [⋯しないわけにはいかない] 【Neg.】 Ter de fazer. ★ *Sō sezaru o enai* そうせざるを得ない ~ [Não poder deixar de fazer] assim.

4 [できる] Poder. *Ii-ete myō da* 言い得て妙だ Olha, (que estranho)! [Até o menino conseguiu dizer!].

erugu エルグ 【Fís.】 (< Ing. < Gr. érgon: trabalho) O erg (Unidade de trabalho).

erú-pí (**rékōdo**) [óo] エルピー (レコード) (< Ing. L P = long-playing(record)) O disco microgravado [L. P.]. ⇨ resŭpí.

esá 餌 1 [餌食] A comida para animais; a forragem; a ração. 2 [誘惑物] A isca; o chamariz; a atra(c)ção.

e-ságashi 絵探し (< ⋯ ² + sagású) A pintura quebra-cabeças (jogo). ⇨ kúizu.

esé- 似 (而) 非 Pseudo-; falso; assim chamado; pretenso. ◇ ~ **gakusha** 似非学者 Um pseudo-erudito. ⇨ nisé¹.

éshaku 会釈 Um cumprimento 「com a cabeça」; uma (ligeira) saudação. ★ ~ *suru* 会釈する Fazer ~. ⇨ áisatsu; o-jígí; réi¹.

éshi¹ 絵師 O pintor.

éshi² 壊死 A necrose.

éso 壊疽 【Med.】 A gangrena 「das extremidades」. ⟨S/同⟩ Dássō. ⇨ éshi².

esórágoto 絵空言 [事] A invenção; a mentira.

éssei エッセイ (< Ing. essay) Um ensaio. S/同 Zuíhítsú.
esséisuto エッセイスト (< Ing. essayist) Um ensaísta. S/同 Zuíhítsú-ká.
éssensu エッセンス (< Ing. essence) **1** [精粋; 本質] A essência「desta teoria」. S/同 Hońshítsú; seísúí. **2** [香料] A essência; o extra(c)to concentrado. ⇨ Kóryô[1].
ésu エス **1** [アルファベットの] O s (Ésse). ★ ～ (no) ji-gata no エス (の) 字形の Em forma de S. **2** [洋服のサイズ] (< Ing. small size) O tamanho pequeno「da cueca」.
ésu [ée] エース (< Ing. ace) **1** [さいころ・トランプなどの] O ás「de oiros」. **2** [主戦投手] O ás [melhor arremessador]「da equipa[e] de beisebol」. **3** [主戦力である] A maior força「de ataque」.
esú-éfú エスエフ (< Ing. S.F. = science fiction) A ficção científica. ◊ ～ **shōsetsu** エスエフ小説 Um romance de ...
e-súgata 絵姿 Um retrato (pintado). ⇨ shôzó.
esúkáréshon [ée] エスカレーション (< Ing. escalation < L.) A escalada. ★ *Sensō no* ～ 戦争のエスカレーション ～ da guerra. S/同 Kakúdáí (+).
esúkárétā [ée] エスカレーター (< Ing. escalator < L. scala) A escada rolante.
esúkáréto [ée] エスカレート (< Ing. escalate < L.) ★ ～ *suru* エスカレートする Aumentar. ⇨ esúkáréshon; masúmasu.
esúkepu [ée] エスケープ【G.】(< Ing. escape) O faltar à escola. ⇨ namákéru; sabóru.
Esúkímō エスキモー O(s) esquimó(s). ⇨ Inúítto.
esú-ō-ésu エスオーエス (< Ing. SOS = Save Our Souls) Um S.O.S.(ésse ó ésse). ★ ～ *o hassuru* エスオーエスを発する Mandar um ～.
Esúpéránto (**go**) エスペラント (語) O Esperanto.
esú-pí(**rékódo**) [óo] エスピー (レコード)(< Ing. SP record)【A.】O disco de 78 rotações.
esúpúrí エスプリ (< Fr. esprit < L.) **1** [精神] O espírito. S/同 Séishin. **2** [機知] O humor; a graça. S/同 Kíchi; sáiki; úítto.
ésuteru エステル (< Al. ester)【Quím.】O éster (Éter salino).
Esútónía エストニア A Estó[ô]nia.
etái 得体 O que se é; a verdadeira figura. ★ ～ *no shirenai* 得体の知れない「pessoa, doença, animal」Indefinido; estranho; enigmático. S/同 Shōtai. ⇨ hónshō[1]; sujó.
étan エタン (< Al. athan)【Quím.】O etano (CH₃CH₃).
etánōru [óo] エタノール (< Al. athanol)【Quím.】O etanol.
etari 得たり【E.】É agora (a ocasião)!; Força!; Ó(p)timo! ★ ～ *gao de* 得たり顔で Todo triunfante. S/同 Shímeta (+).
étchi エッチ **a**; A letra H (pronunciada à inglesa); **b**); ⇨ heńtáí[2]; **c**); A letra que indica o grau de dureza da grafite do lápis/da lapiseira.
etchíngú エッチング (< Ing. etching) A gravura a água forte.
étchíra-ótchira えっちらおっちら「trabalhar」Laboriosamente;「subir as escadas」penosamente; a custo.
eté 得手 O「meu」(ponto) forte「é a informática」. ◊ ～ **fuete** 得手不得手 O ponto forte e o ponto fraco. S/同 Tokúí (+). ⇨ chôsho[1].
eté-kátte 得手勝手 O egoísmo. ★ ～ *na* 得手勝手な「maneira de pensar」Egoísta. ⇨ katté[1]; wagámáma.
étérú [eé] エーテル (< Al. < Gr. aither: ar) O éter.
éteshite 得てして Em geral. S/同 Tokáku.
etó 干支 (O conjunto dos) signos do zodíaco.
éto [eé] ええと (⇨ ē) Vamos ver; deixe(-me)ver; ora; âā. ～, *nan to iu hana datta ka na* ええと, 何という花だったかな A [Vamos] ver se me lembro do nome desta flor.
e-tóki 絵解き (< e² + tóku³) O explicar numa pintura [com pinturas/desenhos].
etókú 会得 O entender bem「o uso do pincel」; o domínio; o jeito「de chutar a bola」. ★ ～ *shi-gatai* 会得し難い Difícil de compreender.
etóranze エトランゼ (< Fr. étranger) O estrangeiro. ⇨ gaíkōkú-jin; ihójin.
Etórúría エトルリア【H.】A Etrúria. ◊ ～ **jin** エトルリア人 Os etruscos.
etosétora エトセトラ (< L. et caetera: e o resto) Etc. ⇨ nádo (+).
étosu エトス (< Gr. ethos) O etos [espírito/cará(c)ter]「dum povo」.
étsu 悦 O prazer; a alegria.
etsúdókú 閲読【E.】A leitura atenta. ★ ～ *suru* 閲読する Ler atentamente. ⇨ etsúráń.
etsúnéń 越年 A passagem de ano (Do velho para o novo). ★ ～ *sei no* 越年生の「a planta」Bienal. ～ *suru* 越年する Celebrar a ～. ◊ ～ **shikin** 越年資金 O bónus de fim do ano. S/同 Toshíkóshi.
etsúrákú 悦楽 Um contentamento [gozo; prazer]. ⇨ kánraku[1]; kyôrákú.
etsúráń 閲覧 A leitura「na Biblioteca Pública」. ★ ～ *suru* 閲覧する Ler; consultar「livros」. ◊ ～ **sha** 閲覧者 O utente da sala de leitura. ～ **shitsu** 閲覧室 A sala de leitura.
ettō 越冬 O passar o inverno. ★ ～ *suru* 越冬する ... ⇨ tōmíń[1]. ◊ **Nankyoku** ～ **tai** 南極越冬隊 A expedição à zona antár(c)tica para lá passar o inverno. ⇨ etsúnéń.
ezōmatsu 蝦夷松【Bot.】O pinheiro-abeto.
é-zu 絵図 **1** (⇨ e²). **2** [平面図] Um plano [mapa; desenho]. ⇨ Heímén-zu.
e-zúké 餌付け (< e⁴ + tsukéru²) O comer. ★ ～ *suru* 餌付けする Acostumar um animal selvagem a comer.

F

fa ファ (< It. fa) 【Mús.】 O fá.

fádo ファド (<P. < L. fatum: destino) O fado (Canção típica portuguesa, sobretudo de Lisboa e Coimbra).

fágotto ファゴット (< It. fagotto) O fagote. ◇ ~ **sōsha** ファゴット奏者 O fagotista. ⓈⓄ Basún.

fáibā ファイバー (< Ing. fiber < L. fibra) A fibra. ◇ ~ **gurasu** ファイバーグラス ~ de vidro. ~ **sukōpu** ファイバースコープ O fibroscópio. ⇨ sén'i[1].

faíndā ファインダー (< Ing. finder) O visor.

faínpurē [ēe] ファインプレー (< Ing. fine play) Um jogo bonito. ⓈⓄ Bígi; myógi.

fáiru ファイル (< Ing. file < L. filum: fio) O arquivo; o ficheiro; o fichário (B.). ◇ ~ **kyabinetto** ファイルキャビネット O arquivo [ficheiro; fichário] (Gaveta, caixa ou armário). **Dēta** データファイル ~ de dados.

fáito ファイト (< Ing. fight) **1** [闘志] O espírito de combate; o ânimo. *Kare wa ~ manman da* 彼はファイト満々だ Ele tem muito ~. ~ (かけ声) ファイト Ânimo [Força]! ★ *~ o dashite tatakau* ファイトを出して戦う Lutar com toda a força. ⓈⓄ Tōshi. **2** [試合] A luta. ◇ ~ **manē** ファイトマネー A remuneração do lutador de boxe profissional. ⓈⓄ Shiái.

fájī-seigyo ファジー制御 (< Ing. fuzzy + …) O controle aproximado [múltiplo]「do sistema/aparelho de ar condicionado」.

fákkusu ファックス ⇨ fákushimiri.

fákushimiri ファクシミリ (< Ing. < L. fácere; fazer + símile: semelhante) O fac-símile (Sobretudo a telefotocópia). ⓈⓄ Fákkusu. ⇨ fukúshá[1].

fán[1] ファン (< Ing. fan < L. fanaticus: de templo, inspirado) O fanático [admirador; apaixonado]; o/a fã. *Watashi wa sakkā ~ desu* 私はサッカーファンです Eu sou um grande fã do futebol. ◇ ~ **kurabu** ファンクラブ O clube de fãs. ~ **retā** ファンレター A carta de um admirador. ⓈⓄ Aíkó-sha.

fán[2] ファン (< Ing. fan < L. vannus) O ventilador. ⇨ kańkí[2] ◇ ; senpú-ki.

fańdango ファンダンゴ (< P.) O fandango.

fańdēshon [ēe] ファンデーション (< Ing. foundation < L. fundatio: fundação) **1** [化粧下加の] A base de maquil(h)agem. **2** [婦人の下着] O modelador; o espartilho ou cinta de mulher. ⓈⓄ Ránjerī. ⇨ shitá-gí.

fańdo ファンド (< Ing. fund < L. fundus) O fundo. ⓈⓄ Kíkin (+) ; shíkin (o).

fańfāre [āa] ファンファーレ (< Fr. fanfare) A fanfarra.

fanī-fēsu [ii-ēe] ファニーフェース (< Ing. funny face) Um rosto engraçado (de mulher). ⇨ aíkyō.

fańtajī ファンタジー (< Ing. fantasy < L. < Gre. phantasía) **1** [幻想] A fantasia (ilusão); o devaneio. ⓈⓄ Geńsō (+) ; kūsō (+) . **2** [幻想曲] 【Mús.】 A fantasia. ⓈⓄ Geńsō-yoku (+) .

fańtásútíkku ファンタスティック (< Ing. fantastic < L. < Gre. phantastikós: que aparece) Fantástico. ⓈⓄ Geńsō-téki (+) ; kūsō-téki (+) .

fáradei ファラデイ (< Ing. Faraday: 1791-1867) 【Quím.】 Um faraday.

fashísuto ファシスト (< Ing. fascist < It. fascista) O fascista. ⇨ fashízumu.

fashízumu ファシズム (< Ing. fascism < It. fascismo) O fascismo.

fássho ファッショ (< It. fascio) ⇨ fashízumu.

fásshon ファッション (< Ing. fashion < L. factio: maneira de fazer) **1** [流行] A moda. ⇨ ~ **moderu** ファッションモデル O modelo (Nos desfiles de ~ s). ~ **shō** ファッションショー O desfile de ~ s. **Nyū ~** ニューファッション A última ~ . Hayárí; ryūkō. **2** [様式] O estilo.

fásunā ファスナー (< Ing. fastener) O fecho de correr; o fecho ecler [o zíper] (B.). ★ *o akeru [shimeru]* ファスナーをあける [しめる] Abrir [Fechar] ~ . ⓈⓄ Chákku; jíppā.

fásūto [āa] ファースト (< Ing. first) **1** [一番目の] O primeiro. ◇ ~ **kurasu** ファーストクラス A [De] ~ classe [categoria]. ~ **nēmu** ファーストネーム ~ nome. ~ **redī** ファーストレディ A ~ a dama dos EUA. **Redī** ~ レディーファースト Primeiro, as senhoras; a prioridade às senhoras. ⓈⓄ Dái-ichi; ichí-báń-mé. **2** [一塁] 【Beis.】 A primeira base. ⓈⓄ Ichí-rui. **3** [一塁手] 【Beis.】 O defesa da primeira base. ⓈⓄ Ichírúi-shu.

fásūto-fúdo [āa-úu] ファースト・フード A comida comprada já feita.

fáuru ファウル (< Ing. foul) **1** [(競技の) 反則] A falta; a infra(c)ção. ★ *o torareru* ファウルをとられる Ser contado como falta. Hańsóku. **2** [野球]【Beis.】 A bola fora. ★ *~ suru [o utsu]* ファウルする [を打つ] (Re)bater para fora do campo. Ⓐ/反 Féa.

féā フェアー (< Ing. fair) **1** [公平な] Justo; honesto; leal; imparcial. *Kare wa ~ de nai* 彼はフェアーでない Ele não é ~ . ◇ ~ **purē** フェアープレー Um jogo limpo. ⓈⓄ Kōméí-séídáí (+) ; kōséí (o). **2** [野球の]【Beis.】 A (re)batida para dentro do campo. Ⓐ/反 Fáuru. **3** [展示即売会] A feira「internacional」.

féauē フェアウエー (< Ing. fairway) 【(D)esp.】 A parte lisa do campo de golfe.

feińto フェイント 【(D)esp.】 A finta; o ataque simulado; o drible. ★ *~ o kakeru* フェイントをかける Fintar; driblar. ⇨ mayákáshí; misé-káké.

femínísuto フェミニスト (< Ing. feminist < L. femina: mulher) **1** [女性を大切にする男性] O cavalheiro (gentil para as mulheres). ⇨ shínshí[1]. **2** [女権拡張論者] O/A feminista. ⓈⓄ Dańjo-dōkéń-shúgísha; jokéń-kakúchō-rónsha.

femínízumu フェミニズム O feminismo. ⓈⓄ Dańjo-dōkéń-shúgí. ⇨ josēí[1].

féńdā フェンダー (< Ing. fender) **1** [防蝕物; 防護材] A defesa. **2** [自動車の] O pára [guarda]-lamas. ⓈⓄ Doró-yóké.

fḗń-génshō [eé] フェーン現象 (< Al. föhn)【Met.】 O fenó[ô]meno foehn.

feníkkusu フェニックス (< Ing. < L. phoenix) **1** [不死鳥] A fé[ê]nix. [S/同] Fushíchṓ (+). **2** [やし]【Bot.】Uma (espécie de) palmeira.

fenírú-kí フェニル基 (< Ing. phenyl)【Quím.】O fenilo (C_6H_5).

fenṓru [óo] フェノール (< Al. phenol) O fenol [ácido fénico] (C_6H_6O). ◇ **~ futarein** フェノールフタレイン A fenolftaleína ($C_{20}H_{14}O_4$). [S/同] Sekítáńsáń.

fénshingu フェンシング (< Ing. fencing) A esgrima.

fénsu フェンス (< Ing. fence) A cerca; a sebe. ⇨ heí[2]; kakóí; sakú[3].

ferí-bṓto [óo] フェリーボート (< Ing. ferry-boat) O barco-ponte.

ferúmā́ta [áa] フェルマータ (< It. fermata)【Mús.】A suspensão [fermata/ 𝄐].

fe[fue]rútó フェルト (< Ing. felt) O feltro. ◇ **~ pen** フェルトペン A caneta com ponta de ~.

fésutibaru フェスティバル (< Ing. festival < L.) O festival; o grande festejo. ⇨ matsúrí; saítéń[2]; shukútéń.

fetíshízumu フェティシズム (< Ing. fetishism < P. feitiço < L.) O feiticismo; o fetichismo.

fézā フェザー (< Ing. feather) **1** [鳥の羽] A pena; a pluma de ave. [S/同] Hané (+). **2** [体重別の階級] O peso-pluma. ⇨ bańtámú-kyū́; ráito[1].

fíanse フィアンセ (< fr. fiancé) O/A noivo/a. [S/同] línázúké; koń'yáku-sha (+).

fíburin フィブリン (< Al. fibrin < L.)【Biol.】A fibrina. [S/同] Seń'íso (+).

fibúrínógen フィブリノゲン (< Al. fibrinogen)【Biol.】O fibrinogé[ê]nio. [S/同] Seń'ísó-gen.

fī́dó-bákku [ií] フィードバック (< Ing. feedback)【Ele(c)tri.】A realimentação.

fifútī́-fífutī フィフティーフィフティー (< Ing. fifty-fifty: 50%)【G.】Metade metade; em partes iguais. *Kono jōken nara sōhō ~ de torihiki dekiru* この条件なら双方フィフティーフィフティーで取引きできる Nestas condições pode-se fazer um acordo a meias. [S/同] Gobú-góbú (+).

figyúá-súkḗto [ée] フィギュアスケート (< Ing. figure skating) A patinagem artística. ⇨ aísú ◇; rṓrā-súkḗto.

Fíjī フィジー (A República de) Fiji.

fíkushon フィクション (< Ing. fiction) A ficção. ◇ **Saiensu ~** サイエンスフィクション ⇨ esú-éfú. [S/同] Kakū́; kyokṓ; tsukúrí-gótó. [A/反] Noń-fíkushon.

finā́re [áa] フィナーレ (< It. finale) **1** [音楽]【Mús.】O final [desfecho]「da sinfonia」. [S/同] Shū́gákushō; shū́kyókú. **2** [演劇] A cena final「da peça」. [S/同] Ō-zúmé; shū́mákú.

fińgā́bōru [óo] フィンガーボール (< Ing. finger bowl) A tacinha com água, que se põe na mesa para lavar os dedos.

fínisshu フィニッシュ (< Ing. finish < L.) O fim; o remate; o acabamento. ⇨ gṓru; owárí; shiágé; shū́kyókú[1].

Fínrando フィンランド A (República da) Finlândia. ◇ **~ go [jin]** フィンランド語[人] O finlandês.

fíramento フィラメント (< Ing. filament < L.)【Ele(c)tri.】O filamento. [S/同] Seńjṓ.

firáríá フィラリア (< Ing. < L. filaria)【Zool.】A filária.

fīríńgú [ií] フィーリング (< Ing. feeling) A sensibilidade; o sentimento; a sensação; a impressão. ★ *~ ga au* フィーリングが合う Sentir-se bem「com ele」. ⇨ kańjṓ[1]; kańkákú[2]; kimóchí.

Fíripin フィリピン (< Ing. < Esp.) As [A República das] Filipinas. ◇ **~ guntō** フィリピン群島 O arquipélago das ~. **~ jin** フィリピン人 O filipino.

fīrúdó [ií] フィールド (< Ing. field) **1** [競技場] O campo [estádio]. **2** [陸上競技で] A parte interna do campo de atletismo, cercada pela pista de corridas. [A/反] Torákku. **3** [現地] O campo [local]. ◇ **~ wāku** フィールドワーク A investigação no ~. ⇨ yágai.

firúhā́monī [áa] フィルハーモニー (< Al. philharmonie < Gr.) A orquestra (filarmó[ô]nica). [S/同] Kańgéń-gákudan.

fírumu フィルム (< Ing. film) O filme; a película. ★ *Kamera ni ~ o ireru* [*sōten suru*] カメラにフィルムを入れる[装填する] Colocar o ~ na máquina (fotográfica). *Nijūyon-mai-dori no ~* 24枚撮りのフィルム Um ~ [rolo] de 24 fotografias. ◇ **Karā [Shiro kuro] ~** カラー[白黒]フィルム O ~ colorido[a cores /a preto e branco]. [S/同] Fuírúmú.

fírutā フィルター (< Ing. filter < L. filtrum) O filtro. ★ *Renzu ni ~ o kakeru* レンズにフィルターをかける Colocar o ~ na lente [máquina]. *~ tsuki tabako* フィルター付きタバコ O cigarro com ~. ⇨ roká.

fī́to [ii] フィート (< Ing. feet) O pé (30,48 cm). ⇨ ínchi[1].

fítto フィット (< Ing. fit: ajustar) O ajuste; a adaptação. ★ *Yoku karada ni ~ suru fuku* よく体にフィットする服 A roupa que se ajusta bem ao corpo. [S/同] Pittári.

fíttónésú-kúrabu フィットネスクラブ O clube [As instalações (d)esportivas] para manter a boa forma física.

fiyórudo フィヨルド (< Ing. < Norueguês fjord) O fiorde. [S/同] Kyṓkṓ; kyṓwáń.

fízu フィズ (< Ing. fizz) O champanhe. ◇ **Jin ~** ジンフィズ O gin com soda e limão. ⇨ tańsáń[1].

fóa フォア (< Ing. four) A quadrirreme [galera de quatro remadores].

foábṓru [óo] フォアボール (< Ing. four-balls)【Beis.】O lançar quatro bolas fora do ângulo de batida. [S/同] Shikyū́.

foáhándo フォアハンド (< Ing. forehand)【(D)esp.】A batida da bola de té[ê]nis com a raquete pela direita. [A/反] Bakkúhándo.

fṓbísumu [oó] フォービスム (< Fr. fauvisme)【Arte】O fauvismo. [S/同] Yajū́-há.

fóiru フォイル (< Ing. foil) ⇨ hóiru.

fṓkasu [óo] フォーカス (< Ing. < L. focus) O foco [focar]. ◇ **Ōto ~** オートフォーカス ~ automático. [S/同] Shṓten (+).

fokkúsútórótto フォックストロット (< Ing. fox-trot)「dançar」O foxtrote.

fṓku [óo] フォーク (< Ing. fork < L. furca) **a**) O garfo; **b**) A forcada「para juntar a palha」.

fṓkú-bṓru [oó-óo] フォークボール (< Ing. fork-ball)【Beis.】A bola arremessada com os dedos em gancho e de ricochete.

fṓkú-dánsu [oó] フォークダンス (< Ing. folk dance) A dança folclórica [popular]. ⇨ fṓkúróa.

fṓkú-rífuto [oó] フォークリフト (< Ing. forklift) A empilhadeira de forquilha.

F

fókúróa [oó] フォークロア (< Ing. folklore) O folclore; as tradições populares.

fókú-sóngu [oó] フォークソング (< Ing. folk song) A música folclórica [popular].

fómaru [óo] フォーマル (< Ing. formal < L.) Formal; a rigor; cerimonioso. ★ ~ *na yosooi* フォーマルな装いO traje ~. ◇ ~ **doresu** [uea] フォーマルドレス [ウェア] O vestido de cerimó[ô]nia. A/反 Kájuaru; infórmaru. ⇨ giréí; keíshíki; kóshíkí[1].

fómeshon [oó-ée] フォーメーション (< Ing. formation < L.) A formação「de combate」. ◇ ~ **purē** フォーメーションプレー O jogo em ~.

fómu [óo] フォーム (< Ing. form < L.) A forma; o estilo. S/同 Katáchí; sutáiru; shiséí.

fómúrábā [oó] フォームラバー (< Ing. foam rubber) A borracha esponjosa「da almofada」.

fón フォン (< Ing. phon) ⇨ hón[2].

fóndyu フォンデュ (< Fr. fondue < L. fundere: derreter) Um prato suíço de queijo.

fóramu [óo] フォーラム (< Ing. < L. forum) O foro [fórum]「público」.

fóru [óo] フォール (< Ing. fall) 【(D)esp.】A queda.

forúmárín フォルマリン ⇨ horúmárín.

fórute フォルテ (< It. forte) 【Mús.】Forte. A/反 Piánó.

forútísshimo フォルティッシモ (< It. fortissimo) 【Mús.】Fortíssimo. A/反 Pianíssimo.

fóruto [óo] フォールト (< Ing. fault) A falta no saque; o bolar mal. ◇ **Daburu** ~ ダブルフォールト Dois saques falhados; o bolar mal duas vezes. S/同 Mísu; shissákú.

fossá-mágúna フォッサマグナ (< L. fossa magna) 【Geol.】A maior depressão terrestre do J.

fóto フォト (< Ing. photograph < Gr.) A foto. ◇ ~ **gurabia** フォトグラビア A fotogravura. S/同 Shashín (+).

fówādo フォワード (< Ing. forward) 【(D)esp.】O avançado. S/同 Zen'éí. A/反 Bákku.

fu[1] 府 1【行政区画】Uma divisão administrativa do J.; uma "prefeitura". 2【ものごとの集まる所】【E.】O centro; a sede. ★ *Gakumon no* ~ 学問の府 ~ do saber [estudo].

fu[2] 譜 1【楽譜】A partitura [música]. ★『*Kashi ni*』~ *o tsukeru*「歌詞に」譜を付ける Compor a música「para esta letra」. ~ *o yomu* 譜を読む Ler ~. S/同 Fumén; gakúfú (+). ónpú. 2【系譜】A árvore genealógica. S/同 Keífú (+).

fu[3] 腑 1【臓腑】As entranhas. ★ *I no* ~ 胃の腑 O estômago. S/同 Zófu. 2【心】O coração [Cá por dentro]. *Kare no setsumei wa dōmo* ~ *ni ochinakatta* 彼の説明はどうも腑に落ちないよ A explicação dele não me convenceu.

fu[4] 負【Mat./Fís.】Menos; negativo. ★ ~ *no kigō* 負の記号 O sinal ~[–](⇨ fugó[4]). ~ *no sū* 負の数 O número negativo. S/同 Maínású. A/反 Séi.

fu[5] 麩 O glúten; sem glúten.

fu[6] 歩 O peão (no jogo de "shōgi"). ★ ~ *o naraseru* 歩をならせる Elevar ~ a rainha. ~ *o toru* [*utsu*] 歩を取る [打つ] Tirar [Pôr] ~.

fu-[7] 不【Pref.】Não-; des-; in-; ir-; anti-. ◇ ⇨ **gōkaku** [*keiki* / *shizen*]. ⇨ bu-[5]; mu.

fú[1] [úu] 風 1【ようす; ふり】A aparência; o ar; o aspecto; o estilo. *Watashi wa heiki na* ~ *o yosootte ita ga naishin bikubiku shite ita* 私は平気な風を装っていたが内心びくびくしていた Eu aparentava calma mas por dentro estava com medo. ★ *Erasō na* [*Jōhin na*/ *Kidotta*] ~ *o shite* 偉そうな [上品な; 気取った] 風をして Com um ar importante [elegante; afe(c)tado]. *Shitta* ~ *na kuchi o kiku* 知った風な口をきく Falar como se realmente soubesse. ⇨ furí[2]; narí-furi; yōsú. 2【風格】A personalidade. ★ *Kunshi no* ~ *no aru hito* 君子の風のある人 A pessoa com um cará(c)ter distinto [nobre]. ⇨ fūkákú. 3【具合; あんばい】A maneira; o jeito; o estado; o modo. *Shachō ga anna* ~ *de wa kaisha no shōrai wa kurai* 社長があんな風では会社の将来は暗い Com um presidente assim, a firma não tem bom futuro. ★ *Anna* [*Donna*/*Konna*] ~ *ni* あんな [どんな; こんな] 風に Daquela [De que/Desta] maneira ⇨ anbáí[1]; chōshí[1]. 4【風習】O costume; o hábito. ★ *Tochi no* ~ *ni somaru* 土地の風に染まる Acostumar-se aos [Seguir os] hábitos do lugar. *Fūshū* (+); shikítárí (+); shūkán (+). 5【傾向】A tendência. *Kare ni wa gekishiyasui to iu* ~ *ga aru* 彼には激しやすいという風がある Ele excita-se com facilidade. ⇨ **kisetsu** [*bōeki*] ~. S/同 Kazé. 7【型; 流; 式 (接尾語的)】O estilo; o tipo; a forma. ★ *Tōyō* ~ *kenchiku* 東洋風建築 A arquite(c)tura de ~ oriental. *Shōnin* ~ *no otoko* 商人風の男 O homem, tipo [com ares de] comerciante. S/同 Katá; ryū; shiki.

fū[2] [úu] 封 O fecho. ★ *Tegami no* ~ *o kiru* [*akeru*] 手紙の封を切る [あける] Abrir a carta. *Tegami no* ~ *o suru* 手紙の封をする Fechar a carta [o envelope]. S/同 Fújí-mé; tojí-mé.

fúaí [uú] 風合 A sensação (ao ta(c)to). *Kono akuriru no mōfu wa kashimiya no yōna* ~ *da* このアクリルの毛布はカシミヤのような風合だ Este cobertor de fibra acrílica até parece caxemira. ⇨ te-záwari.

fuán 不安 1【気がかり】A ânsia; o receio; o desassossego; a apreensão; a inquietação; a preocupação. *Watashi wa rōgo no seikatsu ga* ~ *da* 私は老後の生活が不安だ Estou preocupado com a velhice. ★ ~ *na ichi-ya o akasu* 不安な一夜を明かす Passar uma noite inquieta [ansiosa]. ~ *ni naru* [*kanjiru*; *omou*] 不安になる [感じる; 思う] Ficar preocupado. ~ *ni ononoku* 不安におののく Tremer de ~. ~ *ni osowareru* 不安に襲われる Ser invadido pela ~. ~ *o idaku* 不安を抱く Sentir-se preocupado. *Hito o* ~ *ni saseru* 人を不安にさせる Preocupar (os outros). *Sukoshi mo* ~ *wa nai* 少しも不安はない Não ter nenhuma preocupação. S/同 Kenén; ki-gákari; shinpái. A/反 Ánshín. 2 [不安定] A instabilidade; a insegurança. ◇ **Shakai** ~ 社会不安 ~ social. ~ **zairyō** 不安材料 Os fa(c)tores de ~「no mercado de a(c)ções」. S/同 Fuántei. A/反 Antéí.

fu-ánnai 不案内 A ignorância; a falta de familiaridade. *Hōritsu no mondai ni wa mattaku* ~ *desu* 法律の問題には全く不案内です Sou completamente ignorante em questão de leis. ★ ~ *na basho* 不案内な場所 O local novo [desconhecido]. S/同 Bu-ánnai.

fu-ánshin 不安心 ⇨ fuán.

fu-ántei 不安定 A instabilidade; a falta de firmeza; a insegurança; a incerteza. ★ ~ *na seikatsu* [*shūnyū*] 不安定な生活 [収入] Uma vida [Um salário] instável. *Seijō no* ~ *na kuni* 政情の不安定な国 O

fú-átsú [**uú**] 風圧 A força do vento. *Tatsumaki no susamajii ~ o ukete yane ga atto iu ma ni tonde shimatta* 竜巻のすさまじい風圧を受けて屋根があっという間に飛んでしまった Com a força violenta do furacão [re(de)moinho de vento], o telhado foi logo pelo ar. ◇ **~ kei** 風圧計 O anemômetro.

fúbái [**uú**] 風媒【Bot.】A anemofilia [polinização pelo vento]. ◇ **~ka.** ~ **shokubutsu** 風媒植物 Planta anemófila. ⇨ chúbáika.

fubái-dómei [**óo**] 不買同盟 O boicote comercial. ⇨ boíkótto.

fúbái-ka [**uú**] 風媒花 A flor anemófila. ⇨ fubái.

fú-bako 文箱・筥 (< fumi+hakó) A caixa das cartas [onde se guarda a correspondência].

fu-bárai 不払い (< fu-[7] + haráu) A falta de pagamento. *Hōsōjushinryō no ~* 放送受信料の不払い O não-pagamento da taxa de recepção [do direito] de onda (da TV/rádio). ⓈⒾ Mi-hárai.

fubátsú 不抜【E.】A firmeza. *Kakko ~ no seishin* 確固不抜の精神 ~ de caráter. ◇ **~ kennin ~.** ⓈⒾ Kákko.

fúben 不便 A inconveniência; o incó[ô]modo; o transtorno. ★ **~ *na omoi o suru*** 不便な思いをする Sentir ~. *Keitai ni ~ na kaigu* 携帯に不便な器具 O aparelho pouco portátil. *Kōtsū no ~ na basho* 交通の不便な場所 O lugar com poucos [maus] transportes. ~ *ni[o]kanjiru* 不便に[を]感じる Sentir ~. ~ *o shinonde* 不便を忍んで Suportando o incômodo. *Hito ni ~ o kakeru [ataeru]* 人に不便をかける [与える] Causar incômodos aos outros. ⓈⒾ Fu-jíyū. Ⓐ Bénri; chóhō.

fu-bénkyō 不勉強 A falta de estudo. *Higoro no ~ ga tatatte tesuto no seiseki ga warukatta* 日頃の不勉強がたたってテストの成績が悪かった Por não ter estudado ultimamente, caí mal de prova.

fúbi 不備 **1** [十分にととのわないこと] A deficiência [falta/falha]; a imperfeição; a carência. *Kono shorui ni wa ~ ga ōi* この書類には不備が多い Há muitas imperfeições neste documento. *Man'ichi seihin ni ~ ga gozaimashitara tadachi ni o-torikae itashimasu* 万一製品に不備がございましたら直ちにお取り替えいたします Caso o artigo tenha algum defeito trocá-lo-emos imediatamente. *A Ronshō no ~ o tsuku* 論証の不備をつく Apontar as falhas da prova [demonstração/do argumento]. ⓈⒾ Fúgu. Ⓐ Kánbi. **2** [手紙の終わりに書く語] Atenciosamente (No final das cartas). ⓈⒾ Fúitsu; fúshitsu.

fúbi [**úu**] 風靡 A influência; o domínio. *Sono sutairu wa issei o ~ shita* そのスタイルは一世を風靡した Esse estilo dominou a época. ⇨ nabíku.

fu-bíjin 不美人 A mulher feia. ⓈⒾ Bu-ónna; búsu; shikómé. Ⓐ Bíjin; bíjo.

fúbin 不憫 A compaixão; a pena. ★ **~ *garu*** [*ni omou*] 不憫がる [に思う] Ter pena [*Kare wa koji ni natta shōjo o ~ gatte [ni omotte] jibun no yōjo ni shita* 彼は孤児となった少女を不憫がって[に思って]自分の養女にした Ele sentindo [com] pena da órfã ado(p)tou-a como filha]. ~ *na* 不憫な Pobre; miserável; coitado. ⇨ áware; ki-nó-dóku.

fúbo 父母 O pai e a mãe; os pais. ◇ **~ *no ai*** 父母の愛 O amor dos pais. ◇ **~ kai** 父母会 A associação de pais. ⓈⒾ Ryōshin (+). ⇨ chíchi[1]; háha.

fúbō [**uú**] 風貌【A.】A aparência; o ar; as feições. ★ **~ *Dōdō taru ~ o sonaete iru*** 堂々たる風貌を備えている Ter um ar digno. ⓈⒾ Yōshi (+). ⇨ fúsái; yóbō[2].

fúbō[2] [**uú**] 風防 A prote(c)ção contra o vento. ◇ **~ garasu** 風防ガラス O pára-brisas. ⓈⒾ Kazé-yóké (+).

fúbuki 吹雪 (~ fubúku) A nevada; a tempestade de neve. *Soto wa hidoi ~ da* 外はひどい吹雪だ Temos um nevão [Está a cair uma ~]! ★ **~ *ni au*** 吹雪に遭う Ter [Apanhar] uma ~ [nevasca].

fubúku 吹雪く Nevar tempestuosamente.

fúbún [**uú**] 風聞【E.】⇨ fúsétsu[1].

fubúnritsu 不文律 A lei não escrita. *Josei o irenai no ga sono kurabu no ~ de atta* 女性を入れないのがそのクラブの不文律であった A não admissão de mulheres era ~ desse clube. ⇨ kimári.

fúbutsu [**úu**] 風物【E.】**1** [ながめに入るもの] A paisagem; o cenário. ★ **~ *Den'en no ~*** 田園の風物 ~ bucólica/o. ⓈⒾ Fūkei; nagámé. **2** [風俗事物] Os obje(c)tos característicos; os usos e costumes de certa região ou época. ★ *Nippon no ~* 日本の風物 Os ~ /típicos do Japão.

fúbútsú-shi [**uú**] 風物詩【E.】**1** [風物を歌った詩] A poesia que canta a natureza. **2** [季節感をあらわす事物] Algo poético próprio da estação do ano. *Kingyo-uri no koe wa natsu no ~ da* 金魚売りの声は夏の風物詩だ O pregão do vendedor de peixinhos vermelhos traz-nos a sensação de verão.

fu-byōdō [**oo**] 不平等 A desigualdade. ★ **~ *na toriatsukai*** 不平等な取り扱い O tratamento desigual. ◇ **~ jōyaku** 不平等条約 O pa(c)to [tratado] desigual/injusto. Ⓐ Byōdō. ⇨ fu-kōhei.

fuchákú 付着 A adesão; a aderência. ★ **~ *suru*** 付着する Pegar-se [Aderir] [*Sono kirehashi ni wa doro to kekkon ga ~ shite ita* その切れ端には泥と血痕が付着している Esse pedaço [de vestido] tinha lama e manchas de sangue]. ◇ **~ butsu** 付着物 Coisas pegadas (a algo). ⇨ kuttsúku; tsúku[1].

fuchá-ryóri [**óo**] 普茶料理 A cozinha vegetariana chinesa.

fuchi[1] 縁 **a)** A borda; a beira; a orla; o contorno; **b)** O aro; a bainha. ★ **~ *nashi no megane*** 縁なしの眼鏡 Os óculos sem aro. ~ *no kaketa chawan* 縁のかけた茶わん A chávena com a borda rachada [com uma boca]. ~ *o toru* 縁を取る ⇨ fuchí-dóru. *Gake no ~ ni tatsu* がけの縁に立つ Estar à beira do precipício. ◇ **~ kazari** 縁飾り O enfeite da borda; a franja. ⇨ hashí[3]; herí[1]; mawárí[2]; tsúba[2].

fuchi[2] 淵 **1** [川などで水がよどんで深くなっている所] A parte funda. ⓈⒾ Shín'én. Ⓐ Se. **2** [いちばん底]【Fig.】O abismo. *Kare wa zetsubō no ~ ni shizunda* 彼は絶望の淵に沈んだ Ele caiu num profundo [~ de] desespero.

fúchi[3] 不治【E.】A incurabilidade; o não ter cura. ★ **~ *no yamai*** 不治の病 A doença incurável. ⓈⒾ Fúji.

fúchi [**úu**] 風致【E.】A beleza (natural). ★ **~ *o gaisuru*** [*sokonau*] 風致を害する [そこなう] Estragar a ~. ~ *o masu* [*soeru*] 風致を増す [添える] Aumentar a ~. ◇ **~ chiku** 風致地区 A zona protegida. ⇨ ajíwaí; fúzei[1]; omómúkí.

fuchí-dóri 縁取り O enfeite à volta (Ex: o recorte numa foto). ★ **~ *(o)suru*** 縁取り(を)する ⇨ fuchí-dóru.

fuchí-dóru 縁取る (<…¹ + tóru) Debruar; orlar; ornar em volta. ★ *Akaku fuchi-dorareta shiroi hankachi* 赤く縁取られた白いハンカチ Um lenço branco debruado a vermelho.

fuchín 浮沈【E.】 **1**[浮き沈み]⇨ ukí-shízúmí. **2**[盛衰]【Fig.】Os altos e baixos; as vicissitudes. *Kore wa wa-ga-sha no ~ ni kakawaru daimondai da* これは我が社の浮沈に関わる大問題だ Isto é um problema muito importante que afe(c)ta (a sorte d)a nossa companhia.

fuchí-tóri 縁取り ⇨ fuchí-dóri.

fuchō¹ 不調 **1**[不成立]O malogro; o fracasso. *Kōshō wa ~ ni owatta* 交渉は不調に終わった As negociações fracassaram. S/同 Fu-séiritsu(+). **2**[調子が悪いこと]A má forma; o não estar bom. ★ *~ o [kara] dassuru* 不調を[から]脱する Recuperar. *Karada no ~ o uttaeru* 体の不調を訴える Dizer que não se sente bem (de saúde). S/同 Suránpu. A/反 Kóchō.

fuchō² 府庁 A sede do governo da "fu¹". ◇ **Osaka ~** 大阪府庁 ~ de Osaka. ⇨ kén³◇.

fuchō³ 婦長 A enfermeira-chefe. S/同 Kángófu-chō.

fuchō⁴ 符丁[牒] **1**[値段を示すための隠語]O código (Marca secreta). ★ *Nedan o ~ de tsukeru* 値段を符丁で付ける Marcar o preço em ~. S/同 Nefúdá(+). **2**[仲間どうしの暗号]A (contra-)senha; a linguagem secreta. ★ *~ de hanasu* 符丁で話す Falar em código/~. S/同 Aíkótoba; angō(+).

fúchō [úo] 風潮 A corrente; a tendência. ★ *Yo no ~ ni sakarau [shitagau]* 世の風潮に逆う[従う] Ir contra a [Ir na] corrente. S/同 jiryū; narí-yúkí.

fu-chōwa [óo] 不調和 A desarmonia. ★ *Heya ni ~ na kagu* 部屋に不調和な家具 A mobília que não condiz [que está em ~] com a sala.

fuchū [úu] 不忠 A deslealdade; a infidelidade. ★ *~ no shin* 不忠の臣 O vassalo infiel [desleal]. A/反 Chūgi.

fu-chūi [úu] 不注意 A falta de atenção; o descuido. *Kare no chotto shita ~ ga dai-jiko no moto ni natta* 彼のちょっとした不注意が大事故のもととなった Por um pequeno ~ causou um grande desastre. ★ *~ kara okoru shippai [machigai]* 不注意から起こる失敗[間違い] A falha [O erro] por ~. *~ na ~* 不注意な Descuidado. *~ o wabiru* 不注意を詫びる Pedir desculpa pelo ~. ⇨ fu-yōi; karúházúmí.

fu-chūjitsu [úu] 不忠実 A infidelidade. A/反 Chūjítsu.

fudá 札 **1**[文字などをしるした小さな紙片・木片・金属片など]A etiqueta; o rótulo; o letreiro. *Bin ni wa gekiyaku to kakareta ~ ga hatte aru* びんには劇薬と書かれた札が貼ってある Na garrafa tem [está colado] o rótulo de "Veneno". ★ *~ o haru [kakeru/tsukeru]* 札を貼る[掛ける/付ける]Colar [Pendurar/Pôr] ~. ◇ **Bangō ~** 番号札 A ficha (numerada). ⇨ **na** [**ne**]**~**. **2**[トランプ]O baralho [de cartas]. ★ *~ o kiru* 札を切る Baralhar. *~ o kubaru* 札を配る Dar (as cartas). *~ o mekuru* 札をめくる Virar as cartas. ◇ **hana** [**te**] **~**. ⇨ Kádo(+). **3**[⇨ o-fúdá]. **4**[Abrev. de -iré-~⁻] A concorrência nos negócios. ★ *~ ga ochiru* 札が落ちる Ter ~. *~ o ireru* 札を入れる Fazer ~.

fudá-dóme 札止め (<… + toméru) 「teatro」Cheio [Superlotado]. ★ *Man'in ~ no seikyō* 満員札止めの盛況 Um êxito (com casa cheia).

fudán¹ 不断 A constância; a continuidade. ★ *~ no doryoku ga mi o musunda* 不断の努力が実を結んだ O esforço constante [dele] deu resultado [teve êxito].

fúdan² 普段 Comum(m)ente; normalmente [geralmente]; sempre (Ex.: *~ wa roku-ji ni okiru* = Habitualmente levanto-me às seis). *Kare wa ~ to kawatta yōsu wa nakatta* 彼は普段と変わった様子はなかった Não notei nele nada de anormal [especial]. ★ *~ kara yoku benkyō suru* 普段からよく勉強する Estudar sempre muito. *~ no kokorogake* 普段の心がけ A disposição [atitude] habitual. *~ no tōri* 普段の通り Como de costume. S/同 Futsū; héijō; nichíjō.

fudán-gi 普段着 (<… + ki de gaishutsu suru) A roupa de trazer por casa. ★ *~ no mama de gaishutsu suru* 普段着のまま外出する Sair sem mudar de roupa [com ~]. A/反 Harégí; yosóyúkí.

fudánsō 不断草【Bot.】 A (a)celga; *beta vulgaris*.

fudá-shó 札所 Templo [Lugar] com amuletos.

fudá-tsúki 札付き (<… + tsúku) **1**[札がついていること]Com etiqueta. ★ *~ no shōhin* 札付きの商品 O artigo ~. **2**[悪評の高いこと]A má fama. ★ *~ no akutō [petenshi]* 札付きの悪党[ペテン師]O malfeitor [vigarista] de ~. *Kare wa ~ no chikoku-jōshūhan da* 彼は札付きの遅刻常習犯だ Ele tem a ~ de chegar sempre atrasado.

fudé 筆 **1**[毛筆]O pincel. ★ *~ de ji o kaku* 筆で字を書く Escrever com ~. *~ no atō* 筆の跡 A [minha] escrita. *~ no ikioi* 筆の勢い A pincelada enérgica. *~ o orosu* 筆を下ろす **a**) Usar um novo pincel; **b**) Começar a escrever. [ことわざ] *Kōbō mo ~ no ayamari* 弘法も筆の誤り Até os mestres se enganam. *Kōbō ~ o erabazu* 弘法筆を選ばず Para bom artista não há má ferramenta. ◇ **~ arai** [**saki**]. S/同 Móhítsú.
2[書くこと; または書いた物] O pintar. *Kono e wa Sesshū no ~ ni naru mono desu* この絵は雪舟の筆になるものです Este quadro é obra [pintura] de Sesshū.
3[文を書くこと] O escrever; a pena. *Akutagawa-shō wa ~ de mi o tateyō to suru hitotachi no akogare no mato de aru* 芥川賞は筆で身を立てようとする達の憧れの的である O pré(é)mio Akutagawa é o grande alvo dos escritores [que vivem da pena]. ★ *~ ga hayai* 筆が速い Escrever depressa. *~ ga tatsu* 筆が立つ Escrever bem. *~ no sae o miseru* 筆のさえを見せる Ter um estilo brilhante. *~ o furuu* 筆をふるう Manejar a pena; ser escritor [*Furī no ruporaitā to shite kare wa ōi ni ~ o furuhajimeta* フリーのルポライターとして彼は大いに筆をふるい始めた Ele, como repórter autó(ó)nomo, lançou-se agora a escrever]. *~ o hashiraseru* 筆を走らせる Escrever depressa. *~ o ireru [kuwaeru]* 筆を入れる[加える] Corrigir「o manuscrito do amigo」. *~ o oru [suteru; tatsu]* 筆を折る[捨てる; 断つ] Deixar de escrever. *~ o toru* 筆を執る Pegar na caneta; escrever. ⇨ pén.
4[筆を紙から離す回数を数える語] Uma pincelada. ★ *Hito ~ de kaku* 一筆で書く Escrever de uma (só) ~. *Shiage ni hito ~* 仕上げに一筆入れる Dar mais ~ [o último retoque]. ◇ **Hito-~ gaki** 一筆書き O escrever sem levantar o pincel.

fudé-árai 筆洗い (<… + aráu) O recipiente para

fudé-báko 筆箱 (<… + hakó) A caixa dos lápis [pinceis]; o estojo. Ⓢ伺 Fudé-íre.

fudé-búsho 筆不精 A preguiça para escrever cartas. ★ ~ *de aru* 筆不精である Ser mau correspondente. Ⓐ反 Fudé-mámé.

fudé-bútó 筆太 (<… + futói) A letra garrafal. ★ ~ *ni kakareta kanban* 筆太に書かれた看板 A placa [O letreiro (+)] em letras garrafais.

fudé-íre 筆入れ (<… + iréru) ⇨ fudé-báko.

fu-déki 不出来【fato】Mal feito; 「colheita」má. ★ ~ *na musuko* 不出来な息子 O filho mau [que não faz nada]. Ⓐ反 Jō-déki.

fudé-mámé 筆まめ Que escreve assiduamente. ★ ~ *de aru* 筆まめである Ser bom correspondente. ~ *na hito* 筆まめな人 A pessoa assídua a escrever. Ⓐ反 Fudé-búsho.

fudé-sáki 筆先 **1**[筆の先] A ponta do pincel. **2**[筆の運び] A maneira de escrever; o traço. ★ *Kiyō na* ~ 器用な筆先 ~de mestre;「ter」letra bonita. **3**[筆で書く言葉・文章] O escrito. ★ ~ *de chōjiri o gomakasu* 筆先で帳じりをごまかす Falsificar as contas.

fudé-táté 筆立て (<… + tatéru) O porta-pinceis. ⇨ fudé-báko.

fudé-zúkai 筆使い (<… + tsukáu) O manejo do pincel. ★ ~ *ga arai* 筆使いが荒い Escrever desleixadamente. Ⓢ伺 Hippō; hisséi; hítchí; uṅpítsú.

fudō[1] 不同 **1**[同一でないこと] O não ser o mesmo. *Chūsha ryōkin wa kisetsu ni yotte* ~ *de aru* 駐車料金は季節によって不同である O preço do estacionamento varia com a época. Ⓐ反 Dōtsú; onáji. **2**[整っていないこと] O não ser igual. ★ *Junjo ga* ~ *de aru* 順序が不同である Não estar por ordem. ◇ **Daishō** ~ 大小不同 Vários tamanhos.

fudō[2] 不動 **1**[動かない; 動かされないこと] O ser estável/imóvel/inabalável/seguro. ★ ~ *no shinnen* ~の信念 A convicção [fé] inabalável. *Chokuritsu* ~ *no shisei o toru* 直立不動の姿勢を取る Pôr-se [Ficar] em posição de sentido. **2**[⇨ Fudómyōō].

fudō[3] 浮動 A flutuação; a variação; a oscilação. ★ ~ *suru* 浮動する Flutuar [Variar]. ◇ ~ **hyō** 浮動票 O voto variável [útil]. Ⓐ反 Kotéi.

fūdo[1] [úu] 風土 O clima [meio] (Tb. cultural). *Burajiru no* ~ *ni nareru* ブラジルの風土に慣れる Adaptar-se ao ~ b. ◇ ~ **byō** 風土病 A doença endé[ê]mica. ~ **gaku** 風土学 A climatologia; o estudo do ~. *Seishin teki* ~ 精神的風土 O ambiente [clima] espiritual. ⇨ kańkyō[1]; haíkéi[1].

fūdo[2] [úu] フード (< Ing. hood) O capuz「do sobretudo」; a touca.

fūdō [úu] 風洞 O túnel aerodinâmico. ◇ ~ **shiken** 風洞試験 O teste do ~.

fu-dói [óo] 不同意 ⇨ fu-sánsei.

fudóki 風土記 A topografia (e história da região).

Fudō-myōō [dóo-óo] 不動明王 Uma divindade bud.

fudōsan [óo] 不動産 Os bens imóveis; a propriedade imobiliária. ~ **izōshi** 不動産遺贈者 O testador. ~ **kanteishi** 不動産鑑定士 O avaliador de ~. ~ **shutoku zei** 不動産取得税 O imposto predial (de transação de ~). ~ **ya** [(**baibai**) **gyōsha**] 不動産屋[(売買)業者] A empresa imobiliária; o corretor de imóveis. Ⓐ反 Dōsán.

fudōtái [óó] 不導体【Fís.】O não-condutor; o isolador. ★ *Denki no* ~ 電気の不導体 ~de ele(c)tricidade. *Netsu no* ~ 熱の不導体 O mau condutor de calor. Ⓢ伺 Zetsuéntái. Ⓐ反 Dōtái; ryōdótái.

fu-dótoku [óo] 不道徳 A imoralidade. ★ ~ *na* 「*hito; okonai*」 不道徳な「人；行ない」「A pessoa/a(c)ção」imoral.

fué 笛 O assobio; o apito. ★ ~ *fuke-domo odorazu* 笛吹けども踊らず Nós tocámos flauta mas vocês não dançaram.

fué-fúki 笛吹き (<… + fúku) O flautista.

fuéi 府営 (Sob a administração) da "fu"[1].

fu-éisei 不衛生 A falta de higiene; as condições anti-higié[ê]nicas. ★ ~ *na mise* 不衛生な店 O restaurante anti-higiénico. Ⓢ伺 Hi-éisei.

fuéki 不易【E.】A imutabilidade. ★ ~ *no shinri* 不易の真理 A verdade imutável [eterna].

fúen[1] 不縁 **1**[離縁] O desfazer-se o matrimó[ô]nio. 古ことば *Tsuriawanu wa* ~ *no moto* つり合わぬは不縁の元 Se queres casar, casa com teu igual. Ⓢ伺 Ríen (+). ⇨ rikóń. **2**[縁遠いこと] A pouca esperança de casar. ★ ~ *na musume* 不縁な娘 A moça com [que tem] ~. ⇨ én[2]. **3**[縁組みがまとまらないこと] O não chegar a acordo para casar. *Endan wa* ~ *ni owatta* 縁談は不縁に終った A proposta de casamento fracassou.

fuén[2] 敷衍 O desenvolver [falar mais de] um assunto. ★ ~ *suru* 敷衍する 「vou agora」 Explicar em pormenor 「este proje(c)to」. ⇨ shōjútsú; shōsétsú[4].

fuéru 増える (⇨ fuyásu) Aumentar. *Jigyō wa umaku ikazu shakkin ga* ~ *ippō de atta* 事業はうまく行かず借金が増える一方であった Os negócios não iam bem e as dívidas iam aumentando [e as dívidas era só ~]. ★ *Ni* [*San*]-*bai ni* ~ 2[3] 倍に増える Duplicar [Triplicar]. *San kara go ni* ~ 3から5に増える ~ de três para cinco. *Taijū ga* ~ 体重が増える ~ de peso. Ⓢ伺 Masú. Ⓐ反 Herú.

fu-éte 不得手 O (ser) fraco. *Watashi wa sūgaku ga* ~ *de aru* 私は数学が不得手である Eu sou ~ em [O meu fraco é a] matemática. ★ ~ *na kamoku* 不得手な科目 A matéria de que se gosta menos. Ⓢ伺 Fu-tókui; nigaté (+). Ⓐ反 Eté; tokúí.

fūfu [úu] 夫婦 O casal; os cônjuges. ◇ ~ **kidori de iru** 夫婦気取りでいる Comportar(em)-se como se estivessem casados. ~ *no chigiri o musubu* 夫婦の契りを結ぶ Contrair aliança; casar. ~ *no chikai o tateru* 夫婦の誓いを立てる Fazer o juramento conjugal. *Nita mono* ~ 似合いの夫婦 O casal perfeito [harmonioso]. *Nita mono* ~ 似た者夫婦 Tal marido, tal mulher. *Nomi no* ~ 蚤の夫婦 O ~ em que a esposa é maior que o marido (Como as pulgas). *Yamamoto-san go-~* 山本さんご夫婦 O casal Yamamoto [Sr. ~ de esposa/Sr. e Sra. ...]. *~ wa ni-se* 夫婦は二世 O laço conjugal prolonga-se além túmulo. ◇ ~ **naka** 夫婦仲 As relações do casal [~ *naka ga yoi* [*warui*] 夫婦仲が良い[悪い] O casal que se dá bem [mal]]. ~ **seikatsu** 夫婦生活 A vida conjugal [matrimonial]. ~ **wakare** 夫婦別れ O divórcio. **Rō** [**Waka**] ~ 老[若]夫婦 O casal idoso [jovem]. Ⓢ伺 Fúsai; meótó.

fūfū [fúu-] ふうふう 【On.】 **1**[口をすぼめて息を吹きかけるようす] Fu, fu. ★ ~ *samashinagara o-cha o nomu* ふうふうさましながらお茶を飲む Soprar o chá e beber. **2**[苦しそうに息をするようす] Ufa, ufa. *Tō-*

ku kara ~ *iinagara hashitte kuru kare no sugata ga mieta* 遠くからふうふう言いながら走って来る彼の姿が見えた Via-se ele, ao longe, a correr, ofegante. [S/同] Hā́hā. ⇨ aégu. **3** [苦労しているようす]【Fig.】Ufa! ★ *Isogashikute* ~ *iu* 忙しくてふうふう言う Bufar com tanto trabalho.

fū́fú-génka [úú] 夫婦喧嘩 (<⋯ + keńká) A briga conjugal. ★ ~ *o suru* 夫婦喧嘩をする Brigar. [P/ことわざ] ~ *wa inu mo kuwanai* 夫婦喧嘩は犬も食わない Entre marido e mulher não metas a colher.

fufúkú 不服 **a**) O descontentamento; a insatisfação; a queixa; **b**) A obje(c)ção. *Genkoku-gawa wa hanketsu o* ~ *to shite kōso shita* 原告側は判決を不服として控訴した A acusação, insatisfeita, apelou da sentença. *Nani mo* ~ *wa arimasen* 何も不服はありません Não tenho nada de que me queixar. ★ ~ *o iu* 不服を言う Queixar-se. ~ *o mōshitateru* 不服を申し立てる Obje(c)tar [Protestar; Fazer um protesto]. ⇨ fuhéí; fumáń.

fufún ふふん Hum! (Exprime ironia) ★ ~ *to hana de ashirau* ふふんと鼻であしらう Olhar com sobranceria [desprezo]. [S/同] Fún; hén.

fū́ga[1] [úu] 風雅【E.】O refinamento; o gosto; a elegância. ★ ~ *na hito* 風雅な人 Pessoa requintada [de/com gosto]. ~ *o kaisuru* [*kaisanai*] 風雅を解する [解さない] Ter [Não ter] gosto. [S/同] Fū́ryū (+).

fū́ga[2] [úu] フーガ (< It. fuga)【Mús.】A fuga. [S/同] Tońsṓ-kyoku.

fū́gáí [úú] 風害 O dano causado pelo vento. ⇨ suígáí.

fugáínái 腑甲斐ない Covarde; medroso; poltrão. *Kanojo wa* ~ *otto ni mikiri o tsuketa* 彼女は腑甲斐ない夫に見切りをつけた Ela abandonou o poltrão do marido.

fū́-gáwari [úú] 風変り (<⋯[1]+kawárú) A excentricidade. ★ ~ *na hito* 風変りな人 O indivíduo excêntrico [raro/esquisito]. ⇨ iyṓ[1]; kímyō.

fugéń 付言【E.】A nota adicional; o pós-escrito [post scriptum/P.S.]. ★ ~ *suru* 付言する Acrescentar「na carta」que「a mulher tb. vem」.

fúgen-jikkṓ 不言実行 Obras, não palavras. *Watashi wa* ~ *o mottō to shite iru* 私は不言実行をモットーとしている Eu tenho como lema [mote]: ~. ⇨ mugóń.

fū́getsu [úu] 風月【E.】A brisa e o luar. ◇ ⇨ **kachō** ~. ⇨ kazé[1]; tsukí[1].

fúgi[1] 不義【E.】 **1** [不正] A injustiça. [S/同] Fuséí (+). **2** [密通] O adultério. ★ ~ *no ko* 不義の子 O filho adulterino. ~ *o hataraku* 不義をはたらく Cometer ~. [S/同] Kańtsū́ (+); mittsū́ (+).

fúgi[2] 付 [附] 議 O propor para discussão. ★ *Gian o iinkai ni* ~ *suru* 議案を委員会に付議する Submeter [Propor] o proje(c)to à comissão.

fúgi[3] 府議 A câmara da "fu[1]".

fū́gi [úu] 風儀 **1** [行儀作法] As maneiras; a educação. [S/同] Gyṓgí sáhō (+). **2** [風習] O costume. [S/同] Fū́shū́ (+); naráwáshí (+); shikítárí (+); shū́káń (o). **3** [⇨ fū́ki[1]].

fugíkái-gíin 府議会議員 O vereador da câmara da "fu[1]". ⇨ kéń[3] ◇; to[2] ◇.

fú-giri 不義理 **1** [義理をかくこと] A ingratidão [O faltar às obrigações sociais]. ★ *Yūjin ni* ~ (*na koto*) *o suru* 友人に不義理(なこと)をする Ser ingrato para com um amigo. **2** [借金を返さないこと] O não pagar a dívida.

fugṓ[1] 符号 A marca; o símbolo; o sinal; o código. ★ ~ *o tsukeru* 符号をつける Marcar「com um "x"」; pôr um sinal. [S/同] Aíjírushi; kigṓ; shirúshí.

fugṓ[2] 符合 A coincidência; a concordância; a correspondência. *Hannin no jikyō wa mokugekisha no shōgen to* ~ *shita* 犯人の自供は目撃者の証言と符合した A confissão do culpado coincidiu com o depoimento das testemunhas. [S/同] Itchí (+).

fugṓ[3] 富豪 O milionário; o capitalista; o ricaço. [S/同] Ṓgánemochi (+). ⇨ okúmáń ◇; kińmáńká; shisáń[1] ◇.

fugṓ[4] 負号【Mat.】O sinal negativo [menos/−]. [S/同] Maínású. [A/反] Seígṓ. ⇨ fu[4].

fu-gṓkaku [óo] 不合格 A reprovação; a desclassificação. ★ ~ *ni suru* 不合格にする Reprovar. ◇ ~ **hin** 不合格品 Os artigos desclassificados. ~ **sha** 不合格者 Os reprovados.

fu-gṓri [óo] 不合理 O ser irracional. *Majime ni hataraku mono ga shiawase ni narenai nante sonna* ~ *ga aru mono ka* 真面目に働く者が幸せになれないなんてそんな不合理があるものか É absurdo dizer que o trabalho honesto não traz a felicidade. ★ ~ *kiwamaru hanashi* 不合理きわまる話 Uma história inteiramente irracional. ~ *na* 不合理な Irracional;「o que você diz é」ilógico;「um preço」absurdo. [S/同] Hi-gṓri. [A/反] Gṓrí(-tékí).

fúgu 不具 ⇨ shṓgáí[2].

fúgu[2] 河豚【Zool.】O baiacu; o sapo-do-mar. ★ ~ (*no doku*) *ni ataru* フグ(の毒)にあたる Ter uma intoxicação de ~. [P/ことわざ] ~ *wa kuitashi inochi wa oshishi* 河豚は食いたし命は惜しし Ainda que doce seja o mel, ferroada da abelha é cruel. ◇ ~ **chūdoku** フグ中毒 O envenenamento de ~.

fugū́ 不遇 **a**) A obscuridade; **b**) O infortúnio; a desgraça; a pouca sorte. ★ ~ *na shōgai* 不遇な生涯 Uma vida infeliz [triste/desgraçada]. *Isshō* ~ *de owaru* 一生不遇で終る Viver e morrer como um infeliz. ⇨ fú-un; gyakkyṓ.

fúgutaiten 不倶戴天【E.】Mortal [Figadal]. ★ ~ *no ada* [*teki*] 不倶戴天の仇 [敵] O inimigo ~.

fúgyō 俯仰【E.】Todas as palavras e obras. [P/ことわざ] ~ *tenchi ni hajizu* 俯仰天地に愧じず Não ter nada de que o acuse a consciência.

fu-gyṓgi [óo] 不行儀 ⇨ bu-sáhō.

fu-gyṓseki [óo] 不行跡 A vida desvairada [de vício]. ★ ~ *o suru* [*hataraku*] 不行跡をする [働く] Levar uma ~. [S/同] Fu-hínkō (+). ⇨ hṓtṓ[1].

fū́ha [úu] 風波【E.】 **1** [波と風] As ondas e os ventos; a tempestade [tormenta/procela]. *Kaijō wa* ~ *ga hageshii* 海上は風波が激しい O mar está bravo/tormentoso. ★ ~ *o tsuite* [*okashite*] 風波をついて [冒して] Desafiando ~. [S/同] Namí-kaze (+). **2** [もめごと] A discussão; a briga; a borrasca. [S/同] Arásóí-gótó (+); fuńsṓ (+); momégótó (o); mónchaku (+); namíkaze (+).

fuhái[1] 腐敗 **1** [腐ること] O apodrecimento; a putrefa(c)ção; a decomposição. ★ ~ *o fusegu yakuhin* 腐敗を防ぐ薬品 O anti-séptico. ~ *suru* 腐敗する Apodrecer; putrefazer-se; decompor-se; deteriorar-se「~ *shiyasui shokumotsu* 腐敗しやすい食物 O alimento deteriorável」. ◇ ~ **kin** 腐敗菌 A bactéria putrefaciente. ~ **shū** 腐敗臭 O cheiro pútrido. ⇨ kusáru. **2** [堕落] A corrupção; a depravação.

★ ~ *suru* 腐敗する Perverter-se; corromper-se [~ *shita seishin* 腐敗した精神 O espírito corrupto]. ⇨ daráku.

fuhái² 不敗【E.】O ser invencível. **★** ~ *shinwa* 不敗神話 A lenda de um homem [uma equipa; exército] invencível; a lenda heróica. ⇨ Muhái.

fuhái-dóme 腐敗止め (<⋯¹+tomérú) ⇨ bófu ◇.

fuháku 浮薄【E.】A frivolidade; a superficialidade. ◇ ~ **keichō** 浮薄軽佻. [S/同] Keíháku (+).

fuhátsú 不発 **1** [弾丸が発射されないこと] O não disparar「arma」[explodir]. ~ *no* 不発弾 A bomba que não explodiu. **2** [成功しないこと] O falhar [fracassar]. *Keikaku wa* ~ *ni owatta* 計画は不発に終わった O plano falhou.

fuhéi 不平 O descontentamento; a queixa. *Konna koto de* ~ *o itte mo hajimaranai* こんなことで不平を言っても始まらない Queixar-se por uma coisa destas [tão insignificante] não vale a pena. **★** ~ (*fuman*) *no koe* 不平（不満）の声 A voz de) protesto; a queixa [*Futō na taigū ni taisuru* ~ *no koe ga agatta* 不当な待遇に対する不平の声が上がった Houve protestos contra o mau atendimento]. ~ *o idaku* [*motsu*] 不平を抱く [持つ] Ter queixas contra alguém; não estar contente com alguém. ~ *o morasu* 不平をもらす Queixar-se. ~ *o narasu* 不平を鳴らす Queixar-se aos gritos. ~ *o naraberu* [*narabetateru*] 不平述べる [並べ立てる] Fazer várias queixas. ◇ ~ **bunshi** 不平分子 Os descontentes. [S/同] Fufúku; fumán.

fuhéi-gaó 不平顔 (<⋯+kaó) A cara de descontente. [S/同] Fumángáo.

fuhéi-ká 不平家 O resmungão.

fuhén¹ 不変 A imutabilidade. **★** ~ *no shinri* 不変の真理 A verdade eterna [imutável]. ◇ ~ **ryō** [**sū**] 不変量 [数] A capital constante [fixo]. ~ **shiki** 不変式 A invariável. [S/同] Fúeki. [A/反] Kahén.

fuhén² 普遍【Fil.】A universalidade. **★** ~ *teki (na) shinri* [*negai*] 普遍の（な）真理 [願い] A verdade universal [O desejo geral「da paz」]. ◇ ~ **datōsei** 普遍妥当性 O valor universal「duma teoria」. ~ **gainen** 普遍概念 O conceito universal. [S/同] Ippán. [A/反] Tókushu. ⇨ fuhén-ká[séi²].

fuhén³ 不偏 A imparcialidade; a indiferença. **★** ~ *futō no* ~ 不偏不党の Imparcial; justo; neutral. [S/同] Chúritsú; chúyō.

fuhén-ká 普遍化 A generalização. **★** *Genri o* ~ *suru* 原理を普遍化する Generalizar um princípio.

fuhén-séi¹ 不変性 A imutabilidade.

fuhén-séi² 普遍性 A universalidade [generalidade].

fu-hínkō 不品行 A imoralidade [má conduta]. **★** ~ *na hito* 不品行な人 Um imoral [devasso]. [S/同] Fugyósekí; hótó.

fu-hítsuyō 不必要 O não ser necessário [preciso]. **★** ~ *na* 不必要な Desnecessário; escusado; supérfluo. [S/同] Fuyō (+). [A/反] Hítsúyo.

fuhō¹ 不法 **a)** A ilegalidade; a ilegitimidade; **b)** A injustiça. **★** ~ *na shudan* 不法な手段 Os meios ilegais. *Gyosen o* ~ *ni daho suru* 漁船を不法に拿捕する Prender ilegalmente um barco de pesca. ◇ ~ **kankin** 不法監禁 A detenção ilegal. ~ **nyūkoku** 不法入国 A entrada ilegal (num país). ~ **shoji** 不法所持 A posse ilegal. [S/同] Ihō; higōhō. [A/反] Junpō¹; gōhō.

fuhō² 訃報【E.】A notícia de morte. **★** *Chichi no* ~ *ni sessuru* 父の訃報に接する Receber a notícia do falecimento do pai. [S/同] Fuín; hihō.

fu-hón'i 不本意 **a)** A relutância; **b)** O ter muita pena (custar muito)「não poder ir ao casamento」. **★** ~ *na kekka ni owatta* 不本意な結果に終わった Não ficou ao meu gosto.

fuhyō¹ 不評 **a)** A má reputação; **A)** A impopularidade. *Kare no yarikata wa nenchōsha no* ~ *katta* 彼のやり方は年長者の不評を買った O procedimento dele criou-lhe má fama entre os mais idosos. [S/同] Akúhyō. ◇ Kōhyō. ⇨ fu-nínki.

fuhyō² 付表 A lista anexa.
fuhyō³ 浮標 ⇨ Búi.
fuhyō⁴ 浮氷 O gelo flutuante [banco de gelo].
fuhyō⁵ 譜表【Mús.】A pauta; o pentagrama. [S/同] Gosén-fu.
fuhyō⁶ 付箋 A etiqueta; o rótulo. **★** *Toranku ni* ~ *o tsukeru* トランクに付箋を付ける Colocar uma ~ na mala. ⇨ Tagú. ◇ ~ fudá; ní-fuda.
fúhyō [**uú**] 風評【E.】O boato; o rumor. [S/同] Fúbufn; fúsef; fúsétsú; uwásá (+).

fui¹ 不意 O ser repentino [inesperado/imprevisto]. **★** ~ *ni* 不意に De repente「foi despedido」; subitamente; inesperadamente「ele foi despedido」; repentinamente. ~ *no raikyaku* 不意の来客 A visita inesperada. *Kare no* ~ *o tsuku* [*utsu*] 相手の不意をつく [討つ] Surpreender [Apanhar distraído] o adversário (⇨ fuí-úchí). [S/同] Totsúzén; ikínárí. ⇨ fuí tó.

fúi² ふい【G.】A perda; o desperdício. *Kare no doryoku mo* ~ *ni natta* 彼の努力もふいになった O seu esforço foi em vão [um/a ~]. [S/同] Mudá.

fúi [**úu**] 風位 A direc(ç)ão do vento. [S/同] Fúkō (+); kazá-múkí (o).

fuichō 吹聴 A propaganda; a difusão; a divulgação. **★** ~ *suru* 吹聴する Fazer propaganda; espalhar; divulgar [*Kare wa sono uwasa o machijū ni* ~ *shite mawatta* 彼はその噂を町中に吹聴して回った Ele espalhou o boato em toda a cidade].
fuí-kyó-mawáru; ií-fúrasu.

fuifúi-kyō 回回教 ⇨ káikyō².

fuígó 鞴 O fole. **★** ~ *de hi o okosu* ふいごで火をおこす Afolar (o lume). ~ *o fumu* ふいごを踏む Dar ao ~ (de pedal). [S/同] Tatárá.

fúin [**uú**] 封印 O sinete; o lacre. **★** ~ *no shite aru tsutsumi* 封印のしてある包み O pacote lacrado. ~ *o osu* [*suru*] 封印を押す [する] Lacrar; fechar com [pondo] um sinete. ~ *o yaburu* [*kiru*] 封印を破る [切る] Romper o lacre; abrir「a carta」.

fu-irí 不入り O ter pouca assistência. *Sono kōgyō wa* ~ *datta* その興行は不入りだった Esse espe(c)táculo teve⋯ [foi um fracasso]. ⇨ Ō-írí.

fu-irí² 斑入り O ser matizado [variegado]. ⇨ madárá.

fu-ítchi 不一致 A divergência; a discordância; a discrepância「entre」; a desunião; a incompatibilidade. *Rikon no riyū wa seikaku no* ~ *ga mottomo ōi* 離婚の理由は性格の不一致が最も多い O maior motivo dos divórcios é A incompatibilidade de temperamentos. ~ *na* 不一致な Divergente; discordante; discrepante. ⇨ mujún. [A/反] Ítchí.

fuí tó ふいと De repente; inesperadamente; repentinamente. *Kare wa ikisaki mo iwazu ni* ~ *ie o dete itta* 彼は行先も言わずにふいと家を出て行った Ele saiu

～, sem dizer para onde ia.
[S/同] Futó. ⇨ hyottó; fuí[1].
fúitsu 不一・不乙【E.】Atenciosamente.
[S/同] Fúbi **2**; fújin; fúji.
fuí-úchí 不意討ち (<… [1] + útsu) A surpresa; o ataque (de) surpresa. ★ ～ *no hōmon* [*kōgeki*] 不意討ちの訪問[攻撃] A visita [O ataque] de surpresa. ～ *o kuu* 不意討ちを食う Ser surpreendido [apanhado de ～]. [S/同] Kishū; kyūshū; nukí-úchí.
fují[1] 藤【Bot.】A glicínia; *wisteria floribunda*. ◇ ⇨ **～ bakama** [**dana**]. **～ iro** 藤色 A cor de púrpura clara [de lilás].
fúji[2] 不時【E.】A emergência; a eventualidade. ★ ～ *ni sonaeru* 不時に備える Preparar-se para uma ～ [um imprevisto]. ～ *no shuppi* 不時の出費 A despesa imprevista. ◇ ⇨ **～ chaku**.
fúji[3] 不治【E.】⇨ fúchi[3].
Fúji[4] 富士 ⇨ fují-bítai; Fúji-san.
-fūji [úu] 封じ (< fūjírú) O fechar [tapar]. *Kare wa jibun no akuji ga shireru no o osorete kuchi ～ ni nakama o koroshite shimatta* 彼は自分の悪事が知れるのを恐れて口封じに仲間を殺してしまった Para que não se soubesse o mal que fizera, matou o companheiro.
fují-bákama 藤袴 (<… [1] + hakámá)【Bot.】O eupatório.
F **fují-bítai** 富士額 (<… [4] + hitáí) O bico-de-viúva (B.); a orla "em forma de monte Fuji" do couro cabeludo (no meio) da testa.
fují-chákú (**riku**) 不時着(陸) A aterragem forçada [de emergência]. *Ryokakki ga sanchū ni ～ shita* 旅客機が山中に不時着した O avião fez uma ～ na montanha.
fují-dáná 藤棚 (< … [1] + taná) A latada [armação] para glicínias.
fūjí-kómé [uú] 封じ込め (< fūjí-kóméru) A contenção. ◇ **～ sakusen** 封じ込め作戦 A operação (militar) de ～.
fūjí-kóméru [uú] 封じ込める (< fūjírú + …) **1** [気体を詰める] Encher (de ar/gás). [S/同] Fūnyū suru; jūten. **2** [閉じ込める] Encerrar. ★ *Onryō o dōkustu ni* ～ 怨霊を洞窟に封じ込める Encerrar os espíritos malignos dentro da caverna. ⇨ tojíkóméru.
fūjí-mé [uú] 封じ目 (< fūjírú + …) O lacre [sinal de fechado] na pala do envelope.
fujímí 不死身 **1** [異常に強い肉体を持っていること] A invulnerabilidade. ★ ～ *no heishi* 不死身の兵士 O soldado invulnerável. **2** [どんな困難にもくじけないこと] A intrepidez; a audácia; o arrojo. *Kare wa ～ da* 彼は不死身だ Ele é intrépido [corajoso].
fují-múrásaki 藤紫 O roxo-escuro. ⇨ fují[1].
fujíń[1] 婦人 A senhora. ★ *Kikon* [*Mikon*] *no* ～ 既婚[未婚]の婦人 ～ casada [solteira]. ◇ **～ byō** 婦人病 As doenças de ～s. **～ fuku** 婦人服 A roupa de ～s. ⇨ **～ka**. **～ kai** 婦人会 A Associação de ～s. **～ kei** (**satsu**) **kan** 婦人警(察)官 A (mulher) polícia. **～ ran** 婦人欄 A secção [página] feminina「do jornal」. **～ zasshi** 婦人雑誌 A revista para senhoras.
[S/同] Joséí; ońná. [A/反] Shínshi; tonógátá.
fujíń[2] 夫人 A esposa [mulher/senhora]. ★ ～ *dōhan de shusseki suru* 夫人同伴で出席する「o presidente」Partcipar「no banquete/na recepção」acompanhado da (sua) esposa. *Tanaka* ～ 田中夫人 A senhora [D.] Tanaka. [S/同] Óku-san [sama] (+); (go)reíshítsú. ⇨ keńpújin; reífújin.
fujíń[3] 布陣 **1** [戦の陣をしくこと] O alinhamento das tropas. ★ ～ *suru* 布陣する Alinhar as tropas. **2** [論争などの構え]【Fig.】Os preparativos. [S/同] Jiń-dáté (+); jiń-gámae; jiń'yṓ.
fūjíń[1] [uú] 風塵【E.】 **1** [風に吹き立つ塵] O pó no ar [levantado pelo vento]. ⇨ chiri[2]. **2** [俗世間] As coisas banais [seculares]. ⇨ séji[1]; zókuji[1]; zokú-sékeń.
fūjíń[2] [uú] 風神 O deus do vento.
fujíń-ká 婦人科 A ginecologia. ◇ **～ i** 婦人科医 O ginecologista. ⇨ sańfújíńká.
fūjírú [uú] 封じる **1** [封をする] Fechar. [S/同] Fūzúrú; tojíru (+). **2** [呪力で閉じ込める] Encerrar「um mau espírito」com força mágica. ★ *Mushi o* ～ 虫を封じる Fazer a magia [Rezar] para acabar com a irritabilidade「da criança」. **3** [使えないようにする] Fechar; bloquear「o porto」. ★ *Kuchi o* ～ 口を封じる Fazer calar. *Kikiude o* ～ 利き腕を封じる Parar [Inutilizar] o braço mais forte do adversário. [S/同] Fūzúrú; fuságú (+). **4** [抑えつけること] Reprimir. ★ *Yatō no hantai o* ～ 野党の反対を封じる ～ [Parar] o partido da oposição. [S/同] Fūzúrú; osáé-tsúkéru.
Fúji-san 富士山 O Monte Fúji.
fūjí-té [uú] 封じ手 (< fūjírú) **1** [碁・将棋の] A primeira jogada「de "shōgi"」do segundo dia de jogo guardada escondida do dia anterior. **2** [相撲などで使うことを禁止されているわざ] O golpe baixo [proibido]「no sumô」.
fújitsu[1] 不実 **1** [不誠実] A deslealdade; a infidelidade; a falta de sinceridade. ★ ～ *na otto* 不実な夫 O marido infiel [traidor]. [S/同] Fu-séii; fu-séijitsu (+); fushíń; hakújṓ. [A/反] Seíjítsú. **2** [虚偽] A falsidade; a mentira. *Shōnin wa ～ no mōshitate o shita* 証人は不実の申し立てをした A testemunha fez uma declaração falsa. [S/同] Kyógi (+). [A/反] Shínjitsu.
fújitsu[2] 不日【E.】Brevemente. [S/同] Chikáí úchí ní (+); kińjítsú chū́ ní (+).
fujítsúbó 富士壺【Zool.】O barnacle [ganso do mar].
fu-jíyū 不自由 **1** [不便] ⇨ fúben. [A/反] Bénri. **2** [欠乏して困ること] A falta; a míngua; a escassez. ★ *Kane ni ～ naku kurasu* 金に不自由なく暮らす Viver sem privações [problemas de dinheiro]. ～ *suru* 不自由する Carecer de; ter falta de. **3** [身体がきかない] A deficiência física. ★ ～ *na* 不自由な Defeituoso; estropiado; deficiente; inválido〔*Karada no ～ na rōjin* 体の不自由な老人 Um velho inválido〕. *Me* [*Kuchi*/*Mimi*] *ga ～ na hito* 目[口, 耳]が不自由な人 O cego/invisual [mudo/surdo]. *Ashi ga ～ de aru* 足が不自由である Ser paraplégico [coxo]. ⇨ shṓgáí[2].
fújo[1] 扶助 A ajuda; o auxílio; a assistência. ★ ～ *suru* 扶助する Ajudar; auxiliar; assistir; sustentar. *Ken no ～ o ukeru* 県の扶助を受ける Receber ～ da "ken". ◇ ⇨ **～ ryō**. **Sōgo ～** 相互扶助 ～ mútuo/a. [S/同] Énjo (+); joryókú.
fújo[2] 婦女【E.】A mulher. ◇ **～ bōkō** 婦女暴行 A violação; o estupro〔～ *bōkō o hataraku* 婦女暴行を働く Violar; violentar; estuprar. ～ *bōkō-han* 婦女暴行犯 O estuprador; o violador〕.
[S/同] Fujíń (+); fujóshi **1**; joséí (o); ońná.
fujṓ[1] 不浄【E.】 **1** [清浄でないこと] A impureza; a

sujidade. ★ ~ *no zai* 不浄の財 A fortuna mal adquirida. 〔A/反〕 Seijō. **2**〔⇨ go-fújó〕.

fujō² 浮上 **1**〔水中から浮かび上がること〕〔⇨ ukábí-ágáru. **2**〔悪い状態から浮かび上がること〕【Col.】O arrebatar (sair/recuperar (de repente)〕. ◇ *Donzoko no seikatsu kara ~ suru* どん底の生活から浮上する Sair da miséria. ⇨ ukábí-ágáru.

fu-jóri〔óo〕不条理 O absurdo; o disparate. ★ ~ *na shakai* 不条理な社会 Uma sociedade absurda (irracional). ⇨ fu-gốri.

fujó-ryō 扶助料 A pensão. ⇨ fújo¹.

fujóshi 婦女子【E.】**1**〔女性〕⇨ fújo². **2**〔女性や子供〕As mulheres e as crianças.

fu-júbun〔úu〕不十分 A insuficiência; a falta. *Chichi ni nattoku saseru ni wa sore de wa setsumei ga ~ da* 父を納得させるにはそれでは説明が不十分だ O meu pai não se vai convencer só com essa explicação. ★ *Shōko ~ de shakuhō saseru* 証拠不十分で釈放する Ser posto em liberdade por ~ de provas. 〔A/反〕 Júbun. ⇨ fu-kánzen; fusókú¹.

fu-jún¹ 不純 A impureza; a imoralidade. ★ ~ *na* 不純な Impuro; imoral;「motivo」desonesto.

fu-jún² 不順 (O ser) irregular. *Mainen ima-goro wa tenkō ga ~ desu* 毎年今ごろは天候が不順です Todos os anos nesta época, o tempo é ~. ★ ~ *na* 不順な ~; variável. ◇ *Seiri*〔*Gekkei*〕~ 生理〔月経〕不順 A menstruação 〔~〕. 〔A/反〕 Junchō.

fujún-butsu 不純物 As impurezas. ★ ~ *o nozoku* 不純物を除く Eliminar ~. ⇨ fu-jún¹.

fúka¹ 付加 A adição; a anexação. ★ ~ *suru* 付加する Adicionar; anexar. ◇ ~ **kachi** 付加価値「imposto sobre」O valor acrescentado. ~ **zei** 付加税 A sobretaxa; o imposto complementar [suplementar]. 〔S/同〕 Tenká; tsuiká. ⇨ tsuké-kúwáéru.

fúka² 府下 (A região) sob a administração do "fu¹".

fúka³ 負荷 **1**〔任務を負うこと〕O「ficar com o」encargo. ★ ~ *no tainin* 負荷の大任 A sucessão num cargo importante. **2**〔荷重〕【Fís.】A carga (elé(c)trica). ◇ ~ **ritsu** 負荷率 O coeficiente de ~. **Saidai** ~ 最大負荷 ~ limite. 〔S/同〕 Kajū.

fúka⁴ 賦課 O imposto. ★ *Zei o* ~ *suru* 税を賦課する Lançar ~. ◇ ~ **chōshū** 賦課徴収 A determinação e a arrecadação de ~.

fúka⁵ 孵化 A incubação. ★ ~ *suru* 孵化する Chocar; incubar〔*Tamago o ~ saseru* 卵を孵化させる Pôr(ovos) a chocar〕. ◇ ~ **ki** 孵化器 A incubadora; a chocadeira. ~ **kikan** 孵化期間 O choco. **Jinkō** ~ 人工孵化 ~ artificial.

fúka⁶ 不可 **1**〔ある基準に照らし合わせてよくないこと〕O ser insuficiente [mau/reprovado]. ★ *Ka mo naku* ~ *mo naku* 可もなく不可もなく Não ser bom nem mau. 〔A/反〕 Ka. **2**〔落第点〕A reprovação〔O não ter nota〕. ★ *Sūgaku de ~ o toru* 数学で不可をとる Tirar (nota) negativa〔Ser reprovado〕em matemática. 〔S/同〕 Rakúdái-ten; fu-gőkaku. ⇨ ka⁶; ryō⁸; yū¹.

fuká⁷ 鱶【Zool./G.】O tubarão (grande/marracho). 〔S/同〕 Samé (+).

fúká〔úu〕風化 **1**〔岩石などの自然破壊〕【Geol.】A erosão causada pelo vento. ★ ~ *suru* 風化する Sofrer ~. ◇ ~ **sayō** 風化作用 A a(c)ção da ~. **2**〔風解〕【Quím.】A eflorescência. 〔S/同〕 Fúkái (+). **3**〔記憶などが次第に薄れていくこと〕O desvanecer-se. ★ *Sensō taiken ga ~ shitsutsu aru* 戦争体験が風化しつつある As memórias da guerra vão-se desvanecendo.

fukábun 不可分 A indivisibilidade; o andar sempre juntos. ★ ~ *na*「*kankei ni aru*」不可分な「関係にある」「ser」Indivisível; inseparável. ⇨ missétsu.

fukáchi 不可知【Fil.】O ser incognoscível; o mistério [enigma]. ◇ ~ **ron** 不可知論 O agnosticismo. ~ **ronsha** 不可知論者 O agnóstico.

fuká-dé 深手 (< fukái + te) O ferimento grave. ★ ~ *o ou* 深手を負う Sofrer〔Ter〕um ~. 〔A/反〕 Asá-dé; usú-dé. ⇨ júshō².

fukáfuká ふかふか Fofo. ★ ~ *no jūtan* ふかふかのじゅうたん O tapete macio〔~〕. ⇨ fúwafuwa.

fukáhi 不可避【E.】A inevitabilidade. *Sutoraiki wa ~ da* ストライキは不可避だ A greve é inevitável. ★ ~ *na*〔*teki*〕不可避な〔的〕「rup[ro]tura」Inevitável「das conversações」.

fukái¹ 不快 **1**〔不愉快〕O desagrado; o desconforto. ★ ~ *kiwamaru hanashi* 不快きわまる話 Uma história desagradabilíssima. *Tanin ni ~ na omoi o saseru* 他人に不快な思いをさせる Causar ~ a [Desgostar] alguém. ~ *ni kanjiru*〔*omou*〕不快に感じる〔思う〕Sentir-se ofendido〔magoado〕. ◇ ~ **shisū** 不快指数 O índice de desconforto. 〔S/同〕 Fu-yúkai. **2**〔byốki〕A indisposição.

fukái² 深い **1**〔底までの距離が長い〕Fundo; profundo. ★ ~ *ido*〔*pūru*〕深い井戸〔プール〕O poço [A piscina] ~. *Ana o fukaku horu* 穴を深く掘る Cavar [Fazer] um buraco fundo. 〔A/反〕 Asái. **2**〔奥までの距離が長い〕*mori* 深い森 O bosque extenso [denso]. *Kōto o fukaku mamoru* コートを深く守る (バレーボールなどで) Defender o campo em ~〔no todo o campo〕. 〔S/同〕 Asái. **3**〔はなはだしい〕【Fig.】Profundo. *Fukaku iki o suu* 深く息を吸う Respirar fundo. *Sono hitokoto ni wa ~ imi ga atta* 深い一言には深い意味があった Havia um significado ~ naquela palavra「que ele usou」. ★ ~ *chishiki* 深い知識 O conhecimento profundo. ~ *inshō*〔*kandō*〕*o ukeru* 深い印象〔感動〕を受ける Ficar muito impressionado [emocionado]. ~ *kanashimi*〔*yorokobi*〕深い悲しみ〔喜び〕A tristeza [alegria] profunda. ~ *nemuri ni tsuku* 深い眠りにつく Entrar num sono ~. *Jō ga ~* 情が深い Ser afe(c)tuoso [amoroso]. *Tsumi ga ~* 罪が深い Ser muito culpável. *Yoku no ~ hito* 欲の深い人 O ganancioso. 〔A/反〕 Asái. **4**〔霧や霞などが濃い〕「o nevoeiro」Denso; cerrado. *Fukaku moya ga kakatte iru* 深くもやがかかっている Está [Temos] uma neblina cerrada. 〔S/同〕 Kói. **5**〔色・味・香りが濃い〕Escuro. ★ ~ *ajiwai o motsu kotoba* 深い味わいを持つ言葉 A palavra com sentido profundo/denso. ~ *ao*〔*midori*〕深い青〔緑〕O azul [verde] ~. 〔S/同〕 Kói (+). 〔A/反〕 Asái; usúi. **6**〔時間的にたけなわである〕【Fig.】Avançado. *Aki ga fukaku natta* 秋が深くなった Já estamos bem entrados no outono.

fúkái〔úu〕風解 A eflorescência. ⇨ Fúká **2**.

fu-káinyū 不介入 O não envolvimento; a não interferência. *Tōhō wa sono mondai ni tsuite wa ~ o tsuranuku tsumori desu* 当方はその問題については不介入をつらぬくつもりです Não tencionamos interferir〔pensamos envolver-nos〕nessa questão. ⇨ fu-kánshō².

fuká-íri 深入り (< fukái² + háiru) O envolver-se em demasia. ★ *Kakegoto*〔*Akuji*〕*ni ~ suru* 賭事〔悪

事]に深入りする Meter-se em jogos de apostas a dinheiro [Embrenhar-se no caminho do mal].

fukákai 不可解 A incompreensibilidade. ★ ～ *na kōdō [jiken]* 不可解な行動 [事件] Um agir/a(c)tuar [caso] misterioso/incompreensível.
[S/同] Fukáshigi; fushígí (+).

fukáketsu 不可欠 O essencial; o indispensável; a condição "sine qua non". *Ningen ga ikite iku ni wa sanso to mizu ga ～ de aru* 人間が生きて行くには酸素と水が不可欠である O oxigé[ê]nio e a água são indispensáveis à vida (do homem). ⇨ hissú.

fuká-kṓryoku [óo] 不可抗力 A inevitabilidade; a força maior [superior/irresistível]. ★ ～ *ni yoru songai* 不可抗力による損害 O dano inevitável.

fukákú[1] 不覚 **1** [無意識] O não sentir [se dar conta]. ★ ～ *no* 不覚の Inconsciente; involuntário. ◇ **Zengo ～** 前後不覚 ⇨ zéngo. [S/同] Mu-íshiki (+).
2 [油断; 失敗] A imprudência; o erro; a falha; o descuido. ★ ～ *no haiboku o kissuru* 不覚の敗北を喫する Perder (só) por descuido/Perder quando podia facilmente ganhar. ～ *o toru* 不覚を取る Apanhar [Ser derrotado/comido(G.)] [*Tsui yudan shite teki ni omowanu ～ o totta* つい油断して敵に思わぬ不覚を取った Descuidámo-nos e, olha, apanhámos]. ⇨ yudáń.

fukákú[2] 俯角【Fís.】O declive. ◇ **Suihei ～** 水平俯角 ～ do horizonte. [A/反] Gyṓkákú.

fúkaku[3] 深く (Adv.de "fukái[2]").

fū́kákú [uú] 風格 **1** [味わいのある人柄] O ar; a presença. ★ *Ōja no* ～ 王者の風格 ～ de rei [campeão]. [S/同] Hitógárá; jińpín. **2** [おもむき] A característica; o estilo. ★ ～ *no aru bunshō [sakuhin]* 風格のある文章 [作品] A escrita [obra] com estilo [originalidade]. [S/同] Omómúkí.

fu-kákujitsu 不確実 O ser incerto [precário; inseguro]. ★ ～ *na hōdō* 不確実な報道 A notícia incerta. [S/同] Fu-táshika. ⇨ fu[7].

fu-kákutei 不確定 A indeterminação. ★ ～ *no* 不確定の Indeterminado; indefinido [～ *no yōso o fukumu* 不確定の要素を含む (Con)ter algumas incertezas]. ◇ **～sei genri** 不確定性原理 O princípio da ～ física (de Heisenberg).
⇨ fu[7]; futéí[1]; mitéí.

fuká-má 深間 (< fukái[2] + …)【G.】 **1** [⇨ fukámí]. **2** [男女の深い仲] As relações íntimas entre homem e mulher.

fukámáru 深まる Aumentar. ★ *Utagai ga fukamatta* 疑いが深まった As suspeitas aumentaram.

fukáméru 深める Aprofundar; cultivar; fomentar. ★ *Rikai o* ～ 理解を深める ～ a compreensão. *Shinkō o* ～ 親交を深める ～ a amizade.

fukámí 深み (< fukái[2]) **1** [深い所] O (lugar) fundo. ★ *Kawa no ～ ni hamaru [ochiru]* 川の深みにはまる [落ちる] Ficar [Cair] no fundo do rio.
2 [深入りしすぎて抜けられない状態]【Fig.】O meter-se demasiado. ★ *Zuruzuru to ～ ni hairikomu [hamarikomu]* ずるずると深みに入りこむ [はまりこむ] …「em grupos de delinquentes」.
3 [深い味わい] A profundidade. ★ ～ *no aru hitogara* 深みのある人柄 A pessoa com ～ [Um carácter sério]. ⇨ fúkasa.

fuká-mídori 深緑 (< fukái[2] + …)【E.】O verde escuro. [S/同] Shińryókú.

fukáń[1] 不換 Inconvertível. ◇ **～ shihei** 不換紙幣 O dinheiro [A nota] ～. [A/反] Dakáń.

fukáń[2] 俯瞰【E.】A vista de cima「duma torre」. ★ ～ *suru* 俯瞰する Ver [Avistar] de cima/do ar/do alto. ◇ **～ zu** 俯瞰図 O mapa aéreo.
[S/同] Chṓkáń.

fū́káń [uú] 封緘 O fechar [lacrar] a carta. ◇ **～ shi** 封緘紙 O papel para lacrar. [S/同] Fū́[2].

fuká-násake 深情け (< fukái[2] + …) A afeição excessiva (Geralmente com o sexo oposto). ★ *Akujo no* ～ 悪女の深情け ⇨ ákujo.

fu-kánō 不可能 A impossibilidade. ★ *Jikkō ～ na an* 実行不可能な案 Um plano irrealizável. ～ *o kanō ni suru* 不可能を可能にする Fazer o que parecia impossível. [S/同] Funṓ.

fukáń-shṓ[1] 不感症 **1** [感じない症状]【Med.】A frigidez. ★ ～ *no onna* 不感症の女 A mulher frígida. **2** [鈍くなること]【Fig.】A insensibilidade. ★ *Sōon ni wa ～ ni natta daitokai no hitobito* 騒音には不感症になった大都会の人々 As pessoas das grandes cidades insensíveis [imunes] ao barulho.
[S/同] Dońkáń (+).

fu-kánshō[2] 不干渉 A não-intervenção. ◇ **～ shugi seisaku** 不干渉主義政策 A política de ～. **Sōgo ～** 相互不干渉 ～ mútua [de parte a parte].

fu-kánzen 不完全 A imperfeição; a falta; a deficiência; o sub「emprego」. ★ ～ *na* 不完全な「conhecimento」Imperfeito; incompleto;「mesa」malfeita. ◇ **～ nenshō** 不完全燃焼 A combustão incompleta. **～ ta [ji] dōshi** 不完全他 [自] 動詞【Gram.】O verbo transitivo indire(c)to[intransitivo incompleto].

fuká-óí 深追い (< fukái[2] + oú) O perseguir muito (tempo)「a caça/o inimigo/uma mulher」.

fu-káppatsu 不活発 A estagnação「da economia」; o ser lento; a inércia. *Shōkyō wa ～ de aru* 商況は不活発である O negócio está fraco [estagnado]. ★ ～ *na kodomo* 不活発な子供 Uma criança indolente [pouco a(c)tiva]. ⇨ fu[7].

fúkasa 深さ (< fukái[2]) A profundidade. ～ *o hakaru* 深さを測る Medir ～. *Aijō no* ～ 愛情の深さ ～ do amor. ⇨ fukámí.

fukáshi 不可視【E.】A invisibilidade. ◇ **～ kōsen** 不可視光線 O raio invisível.

fukáshigi 不可思議 O mistério; o enigma. ★ ～ *na genshō* 不可思議な現象 O fenó[ô]meno misterioso. [S/同] Fukákai; fushígí (+).

fukáshin 不可侵 A não agressão. ◇ **～ jōyaku** 不可侵条約 O pacto de ～.

fu-kássei 不活性 A ina(c)tividade; a inércia. ◇ **～ gasu** 不活性ガス O gás inerte [nobre].

fukásséí-ká 不活性化【Fís./Quím.】A ina(c)tivação. ★ ～ *suru* 不活性化する Ina(c)tivar.

fukásu[1] 吹かす **1** [吸ったたばこの煙を口から出す] Fumar. ★ *Tabako o* ～ たばこを吹かす ～ um cigarro. ⇨ suú[1]. **2** [エンジンを速く回転させる] Acelerar. ★ *Kuruma no enjin o* ～ 車のエンジンを吹かす ～ o (motor do) carro. **3** [ことさらそれらしくふるまう] Mostrar-se arrogante; ter o rei na barriga(Id.). ★ *Senpai-kaze o* ～ 先輩風を吹かす Dar-se ares de importância por ser maior [mais antigo].

fukásu[2] 蒸す (Pôr a) cozer a vapor.
[S/同] Músu. ⇨ fukéru[4].

fukásu[3] 更かす Ficar acordado até tarde. *Boku wa dokusho o shite yo o ～ koto ga aru* 僕は読書をして夜を更かすことがある Por [Às] vezes fico a ler toda a [até altas horas da] noite. ⇨ yo-fúkashi.

fuká-záké 深酒 (< fukái² + saké) A bebedeira「provocou-lhe uma cirrose」.

fuká-zúmé 深爪 (< fukái² + tsumé) A unha cortada muito rente. ~ o suru [kiru] 深爪をする [切る] Cortar as unhas muito rentes.

fuké 雲脂・頭垢 A caspa. ★ ~ ga deru ふけが出る Ter caspa. ~ o toru [otosu] ふけを取る [落とす] Tirar a ~. ~ tori-shanpū ふけ取りシャンプー O x[ch]ampu/ó para [contra] a ~.

fukéi¹ 父兄 1 [父と兄] O pai e o irmão mais velho. A/反 Shitéi. 2 [保護者] Os pais. ~ dōhan de 父兄同伴で「ir」Com os pais. ◇ ~ kai 父兄会 A reunião dos pais e professores (⇨ pítée). S/同 Hogó-sha. A/反 Shitéi.

fukéi² 不敬 A irreverência; a falta de respeito; o desacato. ⇨ ~ zái².

fukéi³ 父系 A linhagem paterna. ◇ ~ (kachō) sei 父系 (家長) 制 O patriarcado. ~ shakai 父系社会 A sociedade patriarcal. A/反 Bokéi.

fukéi⁴ 婦警 (< Abrev. de "fujín keísátsukan") A mulher polícia.

fúkei [úu] 風景 A paisagem; a cena; a vista; o panorama. ★ ~ o egaku 風景を描く Pintar uma paisagem. ◇ Den'en ~ 田園風景 A paisagem bucólica. Renshū ~ 練習風景 A cena「dos nadadores」a treinar. Shinshō ~ 心象風景 Uma ~ imaginária. S/同 Késhiki; kōkéi; kōkéi¹.

fúkéi-gá [úu] 風景画 A paisagem (pintada). ◇ ~ ka 風景画家 O paisagista.

fu-kéiki 不景気 1 [不況] A crise [depressão] económi[ó]mica. ★ ~ ni naru 不景気になる Piorar a situação económica. ~ no donzoko 不景気のどん底 A situação económica péssima. S/同 Fukyō. A/反 Kō-kéiki. 2 [繁盛しないこと] A estagnação; a falta de movimento. ★ ~ na 不景気な Estagnado; parado. 3 [陰気] A tristeza; o pesar. ★ ~ na 不景気な Sombrio; triste; tristonho [~ na kao o shite iru 不景気な顔をしている Estar com ar triste/sombrio]. S/同 Ínkí (+).

fu-kéizai¹ 不経済 A má [falta de] economia. Denki kigu no tsukeppanashi wa hijō ni ~ da 電気器具のつけっ放しは非常に不経済だ É antieconó[ô]mico deixar os aparelhos eléc[tr]icos ligados. A/反 Keízaí-téki. ⇨ fu⁷.

fukéi-zai² 不敬罪 [A.] O crime de lesa-majestade. ⇨ fukéi².

fuké-kómú 老け込む (< fukéru¹ + …) Envelhecer muito [de repente]. Haha wa saikin sukkari fuke-konde shimatta 母は最近すっかり老け込んでしまった Ultimamente a minha mãe envelheceu muito.

fukén¹ 父権 O direito patriarcal. A/反 Bokén. ⇨ chíchi¹.

fukén² 夫権 O direito marital. ⇨ ottó¹.

fu-kén³ 府県 As "fu" e as "ken". ◇ ~ to-dō ⇨ to-dō 1.

fu-kénkō 不健康 A falta de [O ser mau para a] saúde. ★ ~ na「seikatsu」不健康な「生活」Uma vida「pouco sadia. A/反 Kenkō. ⇨ fu⁷; fu-kénzen.

fu-kénshiki 不見識 A insensatez; a falta de dignidade. Kinmu-chū ni sake o nomu to wa ~ kiwamari nai 勤務中に酒を飲むとは不見識極まりない É indigno [vergonhoso/mau (+)] beber nas horas de trabalho. ⇨ fu⁷.

fu-kénzen 不健全 1 [健康的でないこと] A insalubridade. A/反 Kenzén. 2 [心身に悪い影響を及ぼすこと] O ser doentio [mórbido; nocivo; pernicioso]. ★ ~ na「shisō」不健全な「思想」Ideias ~ s. ⇨ fu⁷; mu-téiken.

fukéru¹ 老ける Envelhecer. ★ Fukete mieru 老けて見える Parecer mais velho do que é. S/同 Oíru. ⇨ fuké-kómú.

fukéru² 更ける・深ける 1 [夜が深くなる] Ficar tarde. ★ Yo ga ~ ni tsurete 夜が更けるにつれて À medida que a noite avança. ⇨ yo-fuké. 2 [ある季節が深まる] Avançar [Entrar]. ★ Aki ga fukete kuru to 秋が更けてくると À medida que avança o outono.

fukéru³ 耽る 1 [おぼれる] Entregar-se a. ★ Inshu [Kairaku; Shushoku] ni ~ 飲酒 [快楽; 酒色] に耽る ～à bebida [aos prazeres; à libertinagem]. S/同 Obórérú. 2 [没頭する] Dedicar-se a; ficar absorto em. ★ Mono-omoi ni ~ 物思いに耽る Pôr-se a meditar/pensar. Kūsō ni ~ 空想に耽る Devanear [Deixar-se levar pela imaginação]. S/同 Bottō súrú; netchū súrú (+).

fukéru⁴ 蒸ける Cozer a vapor. ★ Imo ga fuketa 芋がふけた As batatas já cozeram [estão cozidas]. S/同 Mushí-ágáru. ⇨ fukásu².

fukétsú 不潔 A sujidade (Tb. moral); a porcaria; a falta de asseio; a imundície. ★ ~ na 不潔な [copo] Sujo; imundo; impuro;「um proceder/a(c)to」sórdido;「quarto de banho」nojento [~ na heya 不潔な部屋 O quarto sujo]. ~ ni shite oku 不潔にしておく Deixar sujo. S/同 Fujō. A/反 Seíkétsú.

fu-kétsudan 不決断 A indecisão. ◇ ~ na 不決断な [o homem] Indeciso; irresoluto. S/同 Yújú-fúdán (+).

fuké-yákú 老け役 (< fukéru¹ + …) O papel de pessoa idosa. ★ ~ o enjiru 老け役を演じる Representar o ~.

fuki¹ 蕗・款冬【Bot.】O ruibarbo; petasites japonicus Mig. ★ ~ no tō 蕗の薹 O rebento do ~.

fúki² 付記 A nota adicional; o anexo; o apêndice. ★ ~ suru 付記する Acrescentar um/a ~.

fúki³ 不羈【E.】 1 [束縛を受けないこと] O ser livre. ★ Dokuritsu ~ no seishin 独立不羈の精神 O espírito livre e independente. ~ no honpō 不羈奔放 O espírito livre, sem restrições. S/同 Jiyū (+). 2 [才能などが並はずれていること] Extraordinário.

fúki⁴ 不帰【A.】A irreversibilidade; a morte. Kare wa ~ no kyaku to natta 彼は不帰の客となった Ele morreu. ⇨ shinú; sékyo.

fúki¹ [úu] 風紀 A disciplina; o comportamento moral; a moral pública. ★ ~ o midasu [gai suru] 風紀を乱す [害する] Corromper a moral pública; fazer uma indecência. ~ o torishimaru 風紀を取り締まる Manter o ~. ◇ ~ binran 風紀紊乱 A corrupção da moral pública. ⇨ kirítsú².

fúki² [úu] 富貴【E.】A riqueza e as honrarias. S/同 Fúkkí. ⇨ Hínsen.

fukí-ágáru 吹き上がる (< fúku⁶ + …) 1 [風で舞い上がる] Voar com o vento. 2 [水蒸気などが勢いよく出る] Levantar-se. Yu ga futtō shite yakan no futa ga fukiagatte iru 湯が沸騰してやかんのふたが吹き上がっている A água ferveu e a tampa da chaleira levantou-se.

fukí-ágéru 吹き上げる (< fúku⁶ + …) 1 [噴出させる] Fazer jorrar; esguichar. 2 [風が吹いてものを上に上らせる] Levantar. ★ Kaze ga hokori o ~ 風が埃を吹き上げる O vento levanta o pó. 3 [風が下から上に向かって吹く] O soprar para cima. ★ Tani-

zoko kara ~ *kaze* 谷底から吹き上げる風 O vento que sopra do fundo do vale. **4** [感情などがわきあがる]【Fig.】Irromper. ★ *Hageshii ikari ga fukiagete kuru* 激しい怒りが吹き上げてくる ~ numa fúria.

fukí-áréru 吹き荒れる (< fúku[6] + …) Soprar violentamente. *Kaze ga fuki-arete iru* 風が吹き荒れている O vento está a ~. [S/同] Fukí-súsábú.

fukí-chírásu 吹き散らす (< fúku[6] + …) Espalhar; deitar ao chão. *Kaze ga ochiba o fukichirashita* 風が落葉を吹きちらした O vento varreu as folhas secas.

fukí-dámárí 吹き溜り (< fúku[6] + tamárú) **1** [雪などの] O montículo de coisa levada pelo vento. ★ ~ *ni ashi o torareru* 吹き溜りに足をとられる Perder o equilíbrio, ao pôr o pé num montículo「de neve」feito pelo vento. **2** [落ちぶれた人などが集まる場所]【Fig.】O ponto de reunião「dos vencidos」. *Boku no busho wa kaisha no* ~ *to iwarete iru* 僕の部署は会社の吹き溜りと言われている Todos dizem que na minha se(c)ção se reúnem os que não têm esperança de ser promovidos.

fukí-dáshí 吹き出し (< fukí-dásu) **1** [吹き出す口] O ja(c)to [jorro]. **2** [漫画の] O "balão" (onde se escrevem os dizeres das caricaturas/das histórias aos quadr(ad)inhos).

fukí-dásu[1] 吹き出す **1** [風が吹き始める] Começar a soprar. *Gogo kara tsuyoi kaze ga fuki-dashi umi wa aremoyō to natta* 午後から強い風が吹き出し海は荒れ模様となった À tarde começou a soprar um vento forte e o mar agitou-se.
2 [芽などが勢いよく出る] Brotar.
3 [息を吹いて出す] Expelir o ar; expirar. [S/同] Hakídásu (+). [A/反] Suí-kómu.
4 [笛などを吹き始める] (Começar a) tocar. *Issei ni fue o fuki-dashita* いっせいに笛を吹き出した Começaram todos à uma a tocar flauta.

fukí-dásu[2] 噴き出す **1** [液体・気体・感情などが勢いよく出る] Jorrar; esguichar. *Ase ga dotto fuki-dashita* 汗がどっと噴き出した O suor correu abundante (mente) [em abundância]. *Kikansha ga jōki o fukidashite iru* 機関車が蒸気を噴き出している A locomotiva está a fumegar [deitar vapor].
2 [失笑する] Rir-se (sem querer). *Koneko no hyōkin na yōsu ni omowazu fukidashite shimatta* 子猫のひょうきんな様子に思わず噴き出してしまった Ri-me da graça [do jeito engraçado] do gatinho. ★ *Putto* ~ ぷっと噴き出す Dar uma risada. [S/同] Shisshṓ súrú.

fukí-dé-mónó 吹き出物 (< fúku[6] + déru + …) A erupção (cutânea); a exantema; a pústula. *Zenshin [Kao] ni* ~ *ga dekite iru* 全身[顔]に吹き出物が出来ている Tem o corpo [rosto] coberto de ~s. ⇨ dekímono; níkibi.

fukí-déru 吹[噴]き出る (< fúku[6] + …) Sair com força. *Kao ni ase ga fukidete iru* 顔に汗が吹き出ている O suor cai-lhe pelo rosto. ⇨ fukí-dásu[2].

fu-kígen 不機嫌 O mau humor; o desagrado. ★ ~ *de aru* 不機嫌である Estar de mau humor. ~ *na kao o suru* 不機嫌な顔をする Fazer [Ter] cara-de-poucos-amigos. ~ *ni tanin ni atarichirasu* 不機嫌に他人に当たり散らす Descarregar o ~ nos outros. ~ *sō na yōsu* 不機嫌そうな様子「Com」ar de ~ [mal-humorado]. [A/反] Jṓ-kígen. ⇨ fu[7].

fukí-háráu 吹き払う (< fúku[6] + …) Soprar (e afastar)「as nuvens」. ★ *Chiri o futto* ~ ちりをふっと吹き払う Soprar o pó. [S/同] Haráí-nókéru.

fukí-káé[1] 吹き替え (< fukí-káéru[1]) **1** [スタンドイン] O duplo (do a(c)tor). [S/同] Sutáńdó-ín (+). ⇨ sutáńtóman. **2** [せりふの翻訳] A dobragem ou pessoa que a faz. ★ ~ *o suru* 吹き替えをする ⇨ fukíkáéru[1] **2**. **3** [⇨ kaíchū[4]].

fukí-káé[2] 葺き替え ⇨ fukí-káéru[2].

fukí-káéru[1] 吹き替える (< fúku[6] + …) **1** [スタンドインをする] Ser duplo. **2** [せりふを翻訳する] Fazer a dobragem; dobrar. ★ *Nihon-go ni* ~ 日本語に吹き替える ~ em j. **3** [⇨ kaíchū[4]].

fukí-káéru[2] 葺き替える (< fúku[9] + …) Refazer o telhado. ★ *Warayane o* ~ わら屋根を葺き替える ~ de colmo.

fukí-káesu 吹き返す (< fúku[6] + …) [ふたたび吹く] Tornar a respirar. *Oboreta hito wa jinkō kokyū de iki o fukikaeshita* 溺れた人は人工呼吸で息を吹き返した Com a respiração artificial, o afogado voltou a si [tornou …].

fukí-kákéru 吹き掛ける (< fúku[6] + …) **1** [息を勢いよく吹いてかける] Soprar; bafejar. ★ *Kagami ni iki o* ~ 鏡に息を吹き掛ける ~ no espelho. [S/同] Fukítsúkéru; hakí-kákéru (+). **2** [液体を霧状にしてかける] Borrifar. ★ *Ueki ni satchūzai o* ~ 植木に殺虫剤を吹き掛ける Deitar inse(c)ticida nas plantas. [S/同] Fukí-tsúkéru. **3** [⇨ fukkákéru].

fukí-késu[1] 吹き消す (< fúku[6] + …) Apagar com o sopro. ★ *Ranpu o futto* ~ ランプをふっと吹き消す Fu, apagar o candeeiro.

fukí-késu[2] 拭き消す (< fukú[8] + …) Apagar; limpar.

fukí-kóbóréru 噴き零れる (< fúku[7] + … [1]) Ferver até deitar (por) fora. *Nabe no sūpu ga fuki-koboresō da* 鍋のスープが噴きこぼれそうだ A panela da sopa está a deitar fora.

fukí-kómí 吹き込み (< fukí-kómu[1]) **1** [レコード・テープの] A gravação. ★ *Rekōdo no* ~ *o oeru* レコードの吹き込みを終える Terminar ~ do disco. **2** [風雨の侵入] A entrada do vento ou da chuva puxada pelo vento. *Ame no* ~ *ga hageshii* 雨の吹き込みが激しい Como a chuva entra por aqui!

fukí-kómu[1] 吹き込む (< fúku[6] + …) **1** [風などが中に入る] Entrar; penetrar. *Mado no sukima kara yokaze ga fukikonde kita* 窓の隙間から夜風が吹き込んで来た De noite o vento penetrava pelas frinchas das janelas. **2** [息などを入れる] Soprar; encher de ar; insuflar. **3** [鼓吹する]【Fig.】Incutir「coragem」; meter; infundir. ★ *Gadan ni shinpū o* ~ 画壇に新風を吹き込む Trazer um novo estilo ao mundo da pintura. *Wakōdo ni atarashii kangae o* ~ 若人に新しい考えを吹き込む Inspirar [Infundir] novas ideias aos jovens. [S/同] Kosúí súrú. **4** [レコード・テープを録音する] Gravar. ★ *Shinkyoku o (rekōdo ni)* ~ 新曲を(レコードに)吹き込む ~ uma música nova. ⇨ rokúóń.

fukí-kómu[2] 拭き込む (< fukú[8] + …) Limpar bem. ⇨ migákú.

fukí-mákúru 吹き捲る (< fúku[6] + …) **1** [風が激しく吹く] Soprar furiosamente. *Hageshii kaze ga mikka mi-ban fukimakutta* 激しい風が三日三晩吹き捲った Foi uma ventania 3 dias e 3 noites! **2** [ある現象が長時間激しく襲う]【Fig.】Avassalar; atingir. ★ *Yōroppa-jū o fukimakutta fukyō* ヨーロッパ中を吹き捲った不況 A depressão que atingiu toda a Europa.

fukí-máwáshí 吹き回し ⇨ kazé[1].

fúkin¹ 付近 Os arredores; os arrabaldes; os subúrbios; a vizinhança. ★ ~ *no* 付近の Vizinho; que está perto. *Kono* ~ *ni* この付近に Aqui na ~. ⓢ/㊢ Átari; kínjo (+); kínpen; shúhéń; shúi.

fukín² 布巾 O pano de limpar a lou[oi]ça; o pano da cozinha.

fúkíń [uú] 風琴 **1** [⇨ orúgáń]. **2** [⇨ akódeon].

fukí-nágáshi 吹き流し (< fúku⁶ + nagásu) A bandeirola; o galhardete. ㊥ *Satsuki no koi no* ~ 五月の鯉の吹き流し As carpas desfraldadas (como bandeir(ol)as) ao vento (para festejar o dia das crianças), são belas e livres como quem não guarda ressentimentos. ⓢ/㊢ Fukí-núke.

fuki-ne 吹き値 (< fúku⁶ + …) 【Econ.】 A subida repentina de preços.

fu-kinkō 不均衡 【E.】 O desequilíbrio; a desproporção「da cabeça com o resto」; a desigualdade「de salários」. ★ ~ *no nai yō ni* 不均衡のないように Para não haver ~. *Kokusai shūshi no* ~ *o zesei suru* 国際収支の不均衡を是正する Corrigir os ~ internacionais da balança de pagamentos.

fu-kinshin 不謹慎 A imprudência. ★ ~ *na genkō* 不謹慎な言行 O comportamento imprudente [indiscreto].

fukí-núké 吹き抜け (< fukí-núkeru) **1**[風が良く通ること] A boa ventilação. ⓢ/㊢ Fukí-núkí. **2**[天井が二階分ある場所]【Arqui.】 O vão-caixa [-bomba]「da escada」. *Genkan ga* ~ *ni natte iru* 玄関が吹き抜けになっている O vestíbulo tem o te(c)to alto, ao nível do (te(c)to do) primeiro andar. ⓢ/㊢ Fukí-núkí.

fukí-núkéru 吹き抜ける (< fúku⁶ + …) Soprar através. ★ *Shiokaze ga fukinukete iru machi* 潮風が吹き抜けている町 A cidade refrescada pela brisa do mar.

fukí-núkí 吹き抜き ⇨ fukí-núke.

fukí-órósu 吹き降ろす (< fúku⁶ + …) Soprar de cima. ★ *Yama kara tani e* ~ *kaze* 山から谷へ吹き降ろす風 O vento da serra [que sopra (lá do alto) da montanha]. Ⓐ/㊌ Fukí-ágéru.

fú-kírí [uú] 封[切り] (< fú-kíru) **1**[封を切ること] O deslacrar. **2**[新しい映画を上映すること] A primeira exibição; a estreia. ◇ ~ **eiga** 封切り映画 O filme em ~. ~ **kan** 封切り館 O cinema (Sala) de ~ (Que só passa filmes de ~).

fú-kíru [uú] 封切る Apresentar em estreia. ★ *Saikin fūkirareta eiga* 最近封切られた映画 O filme estreado há pouco.

fu-kíritsu 不規律 A desordem; a indisciplina. ⇨ fu-kísoku; mu-chítsujo.

fukí-sáráshi 吹き曝し (< fúku⁶ + sarási) O estar exposto ao vento. *Sono ie wa* ~ *no samuzamu to shita basho ni tatte iru* その家は吹きさらしの寒々とした場所に建っている Essa casa está num lugar frio e desabrigado.

fu-kiso 不起訴 A não-instauração do processo. *Sono jiken wa* ~ *ni natta* その事件は不起訴になった Esse caso não foi (levado) a tribunal. ◇ ~ *ni suru* 不起訴にする Suspender [Arquivar] o processo. ◇ ~ **shobun** 不起訴処分 A solução de um caso fora de tribunal [sem instaurar processo]. ⇨ fu⁷.

fukí-sōji [óo] 拭き掃除 (< fúku⁶ + …) O limpar com o pano (húmido). ★ ~ *(o) suru* 拭き掃除(を)する Passar o pano.

fu-kísoku 不規則 A irregularidade; o não ser sistemático. ★ ~ *na seikatsu o suru* 不規則な生活をする Levar uma vida irregular. *Shokuji ga* ~ *ni naru* 食事が不規則になる Não comer a horas certas. ◇ ~ **dōshi** 不規則動詞 O verbo irregular. ~ **henka** 不規則変化 A conjugação irregular. Ⓐ/㊌ Kisókú-téki. ⇨ fu⁷.

fukí-súsábu[-súsámu] 吹き荒ぶ [荒む] (< fúku⁶ + …) Venta(neja)r com força; uivar. *Watashi wa* ~ *arashi no naka o kakenukete itta* 私は吹き荒ぶ嵐の中を駆け抜けていった Deitei a correr no meio do vendaval [ciclone]. ★ *Kokoro no naka o* ~ *kanjō no arashi* 心の中を吹き荒ぶ感情の嵐 Uma tempestade de sentimentos que abalam o coração. ⓢ/㊢ Fukí-áreru.

fukí-taósu 吹き倒す (< fúku⁶ + …) Deitar abaixo soprando. *Arashi de ki ga fuki-taosareta* 嵐で木が吹き倒された As árvores foram derrubadas pela tempestade.

fukí-tóbásu 吹き飛ばす (< fúku⁶ + …) **1**[吹いてとばす] Levar pelo ar. *Kare no kushami de haizara no hai ga fukitobasareta* 彼のくしゃみで灰皿の灰が吹き飛ばされた Com o espirro dele, as cinzas do cinzeiro voaram. **2**[いやなことを一挙に払いのける] Dissipar; fazer esquecer. *Sono hi wa yūutsu na kibun o* ~ *yō na subarashii tenki de atta* その日は憂鬱な気分を吹き飛ばすようなすばらしい天気であった Nesse dia o tempo estava tão maravilhoso que até espantava o tédio. ⇨ futtóbásu. **3**[大言壮語して相手を圧倒する] Fanfarronar; blasonar; gabar-se. ★ *Jigyō no seikō o* ~ *suru* 事業の成功を吹き飛ばす ~ do sucesso da sua obra.

fukí-tóbu 吹き飛ぶ (< fúku⁶ + …) **1**[風などが吹いてなくなる] Ir pelo ar; ser levado pelo vento. *Taifū de kawara ga zenbu fukitonda* 台風で瓦が全部吹き飛んだ As telhas caíram [voaram] todas com o tufão. **2**[いやなことが一挙になくなる] Dissipar-se; ir-se; desvanecer-se. *Shiken gōkaku no shirase ni iya na kibun ga ippen ni fukitonda* 試験合格の知らせに嫌な気分がいっぺんに吹き飛んだ Ao saber que tinha passado no exame foi-se-lhe a má disposição.

fukí-tóru 拭き取る (< fúku⁶ + …) Enxugar; limpar; passar o pano. ★ *Namida o hankachi de* ~ 涙をハンカチで拭き取る Enxugar as lágrimas com o lenço.

fukí-tōsu [óo] 吹き通す (< fúku⁶ + …) **1**[吹き続ける] Soprar sem parar. *Kaze ga ichi-nichi-jū fukitōshita* 風が一日中吹き通した O vento soprou o dia inteiro [Ventou todo o dia]. **2** ⇨ fukí-núkéru.

fukítsú 不吉 O mau agou[i]ro (presságio). ★ ~ *na yokan* 不吉な予感 Um mau pressentimento. ~ *na yume* 不吉な夢 Um sonho agoi[u]rento [sinistro]. ⓢ/㊢ Kyō; fushō. Ⓐ/㊌ Kíchi. ⇨ taíáń.

fukí-tsúkéru 吹き付け (< fukí-tsúkeru) A pulverização. ◇ ~ **tosō** 吹き付け塗装 A pintura com pistola automática.

fukí-tsúkéru 吹き付ける (< fúku⁶ + …) **1**[風が吹いて当る] Soprar contra. *Mado ni fūu ga fuki-tsukete ita* 窓に風雨が吹き付けていた A chuva puxada pelo vento batia nas janelas. **2**[液体などを霧にして塗る] Pulverizar. ★ *Toryō o hei ni* ~ 塗料を塀にに ~ Pintar o muro com pistola.

fukí-tsúnóru 吹き募る (< fúku⁶ + …) Soprar cada vez com mais intensidade. *Fubuki ga* ~ *naka o kare wa dete itta* 吹雪が吹き募る中を彼は出て行った Ele saiu para a neve (que caía) cada vez mais forte.

fukí-wákéru 吹き分ける (< fúku⁶ + …) **1** [吹いて分ける] Separar soprando; joeirar ao vento. **2** [鉱石を溶かして含有物を分ける] Refinar. ★ *Tekkōseki kara tetsu o* ～ 鉄鉱石から鉄を吹き分ける Separar [～] o ferro do minério.

fukí-wátáru 吹き渡る (< fúku⁶ + …) Soprar ao longo duma superfície. ★ *Kawamo o* ～ *soyokaze* 川面を吹き渡るそよ風 A brisa que sopra no rio.

fukí-ya 吹き矢 (< fúku⁶ + …) A zarabatana.

fukí-yámu 吹き止む (< fúku⁶ + …) Parar de soprar.

fukí-yósé 吹き寄せ (< fukí-yósérú) O juntar「pássaros assobiando」. ★ *Ochiba no* ～ 落葉の吹き寄せ As folhas caídas, acumuladas pelo vento. *Higashi no* ～ 干菓子の吹き寄せ Um sortido de vários tipos de confeitos.

fukí-yósérú 吹き寄せる (< fúku⁶ + …) **1** [風が吹いて一方に押しやる] Arrastar soprando. *Kaze ga bōto o kishi no hō ni fukiyoseta* 風がボートを岸の方に吹き寄せた O vento levou o barco à costa. **2** [風が吹いて物を一か所に集める] Juntar soprando.

fukká 弗化【Quím.】O flúor combinado com outro elemento. ◇ **～ karushiumu** [**suiso**] 弗化カルシウム[水素] O fluoreto de cálcio [hidrogé[ê]nio]. ⇨ **～butsu**.

fukká-butsu 弗化物【Quím.】Um fluoreto.

fukkákéru 吹っ掛ける (< fúku⁶ + …)【G.】 **1** [息などを] ⇨ fukí-kákéru. **2** [けんかを] Desafiar; provocar. *Furyō ni kenka o fukkakerareta* 不良にけんかを吹っ掛けられた Um malandro brigou comigo [desafiou-me]. **3** [高値を] Pedir muito dinheiro; cobrar demais; pedir uma exorbitância; carregar no preço. *Konna garakuta ga hyakuman-en to wa zuibun fukkaketa mono da* こんながらくたが百万円とは随分吹っ掛けたものだ Um milhão de yens por esta bugiganga? Isso é roubar!

fukkákú 伏角【Mat.】A [O ângulo de] inclinação. [S/同] Kéikaku.

fukkáń¹ 副官 ⇨ fukúkáń¹.

fukkáń² 復刊 A reedição. [S/同] Saíkáń.

fukkátsú 復活 **1** [蘇生] A renascença; o voltar à vida. ★ ～ *suru* 復活する Renascer. [S/同] Soséí. **2** [もとの状態にもどること] A restauração; a readopção; o ressurgimento. ★ *Sutareta gyōji o* ～ *saseru* すたれた行事を復活させる Restaurar uma comemoração [um costume] que tinha desaparecido. ⇨ fukkṓ¹; kaífúkú; saíséí¹. **3** [宗教の] A Ressurreição. ★ *Kirisuto no* ～ キリストの復活 ～ de Cristo. ◇ ⇨ **～ sai**.

fukkátsú-sai 復活祭 O dia [domingo] de Páscoa; a festa da Ressurreição. [S/同] Īsutā.

fukkéń 復権 A reabilitação「dos direitos」. ★ ～ *suru* 復権する Reabilitar.

fukkí 復帰 A volta [O regresso]「à mesma posição」. ★ *Gen'eki ni* ～ *suru* 現役に復帰する Voltar ao (serviço) a(c)tivo. *Shokuba ni* ～ *suru* 職場に復帰する Voltar a trabalhar; reassumir o cargo [as suas funções]. [S/同] Kámu-bakku.

fukkíń 腹筋【Anat.】Os músculos do abdómen. ★ ～ *undō* 腹筋運動 O exercício para fortalecer os ～. ⇨ haíkíń¹.

fukkíréru 吹っ切れる (< fúku⁶ + …) **a**) Rebentar e sair「o pus da ferida」; **b**) Desfazer-se [Passar]. *Kare no hito-koto de mune no naka no moyamoya ga fukkireta* 彼の一言で胸の中のもやもやが吹っ切れた Com uma palavra dele, foram-se(-me) todas [desapareceram] as preocupações.

fúkko 復古 A volta ao antigo; a rea(c)ção; a restauração. ◇ **～ chō** 復古調 A tendência rea(c)cionária; a nostalgia do passado. **Ōsei ～** 王政復古 A restauração da monarquia.

fukkṓ¹ 復興 **a**) A reconstrução; **b**) O ressurgimento「artístico」. *Hakai sareta machi wa wakamonotachi no doryoku ni yori migoto ni* ～ *shita* 破壊された町は若者達の努力により見事に復興した A cidade em ruínas foi toda reconstruída graças ao esforço dos jovens. ◇ ⇨ **bungei ～**. [S/同] Saíkéń; saíkṓ.

fukkṓ² 復校 O tornar a entrar para a escola; a readmissão. ★ ～ *o mitomeru* [*yurusu*] 復校を認める[許す] Autorizar ～. [S/同] Fukúgákú (+).

fukkṓ³ 復航 O voo [A viagem] de regresso. [S/同] Kikṓ. [A/反] Ōkṓ. ⇨ ōfúkú.

fukkṓ⁴ 腹腔【Anat.】⇨ fukúkṓ.

fukkókú 覆[復]刻 O reeditar (igual ao original). ⇨ fukkáń²; saíkáń¹.

fukkókú-báń 覆[復]刻版 (< … + hán) A reimpressão.

fukkókú-bóń 覆[復]刻本 (< … + hón) O livro reimpresso.

fúkku フック (< Ing. hook) **1** [⇨ hókku¹] **2** [ボクシングの] O gancho (Boxe). ★ ～ *o hanatsu* [*utsu*] フックを放つ[打つ] Dar um ～. **3** [ゴルフなどの] A tacada curvada「no go.」. ★ ～ *suru* フックする Dar uma ～. [A/反] Suráisu.

fukkúra [**fukkúri**] (**to**) ふっくら [ふっくり] (と) Rechonchudo; gorducho; fofo [fofinho]「arroz cozido」. ★ ～ *shita hō* [*te*] ふっくらした頬[手] As bochechas [mãos] ～ as.

fukkyū́ 復旧 O voltar ao normal; a reparação. ～ *no mitōshi ga tatanai* 復旧の見通しが立たない Não se sabe quando voltará ao normal. ◇ **～ sagyō** 復旧作業 Os trabalhos de reparação.

fukṓ¹ [**óo**] 不幸 **1** [よくないこと; 不運] A desgraça; a infelicidade; o revés [os reveses]「da vida」; a adversidade; a tristeza; as misérias; o mal; o infortúnio. *Sonna daijiko ni mo kakawarazu shisha ga denakatta no wa* ～ *chū no saiwai datta* そんな大事故にもかかわらず死者が出なかったのは不幸中のさいわいだった Num desastre tão grande, ainda foi uma felicidade não ter havido mortos. ★ ～ *ga furikakaru* 不幸が降りかかる Ter [Acontecer (a alguém)] uma desgraça. ～ *na dekigoto* 不幸な出来事 Um acontecimento [caso] triste. ～ *na hito* 不幸な人 Uma pessoa infeliz [desafortunada]. ～ *na koto ni* [*ni mo*; *ni shite*] 不幸なことに[にも; にして] Infelizmente; por desgraça; desgraçadamente. ～ *ni mimawareru* 不幸に見舞われる Acontecer [Ter] uma desgraça. [S/同] Fushíáwase. [A/反] Kō; kṓfúkú. ⇨ fugū́; fúun; hakkṓ⁶. **2** [死] A morte (de uma pessoa da família). *Kinō shinseki de* ～ *ga arimashita* 昨日親戚で不幸がありました Ontem, faleceu-me um parente. *Kono tabi no go-*～ *o kokoro kara o-kuyami mōshiagemasu* この度のご不幸を心からお悔やみ申し上げます (Dou-lhe) os meus (mais) sentidos pêsames. [S/同] Shi (+).

fukṓ² [**óo**] 不孝 O ser desobediente [ingrato] aos pais; o ser mau filho. *Sakidatsu* ～ *o o-yurushi kudasai* 先立つ不孝をお許し下さい Perdoem-me (por) preceder os pais na morte [por não cuidar dos pais]. ★ ～ *na* 不孝な Desobediente; ingrato; mau.

◇ **~ mono** 不孝者 Um[a] mau [má] filho[a]; o filho desnaturado. ⟨A/反⟩ Kōkō. ⇨ oyá-fúkō.

fúkó[1] **[uú]** 風向 A dire(c)ção do vento. ⟨S/同⟩ Fúi; kazá-múkí (+).

fúkó[2] **[uú]** 風光 〖E.〗 Um panorama (lindo); uma vista [paisagem] (linda). ★ ~ *meibi no chi* 風光明媚の地 Uma terra rica em beleza natural [terra com lindas paisagens]. ⟨S/同⟩ Fúkei (+); késhiki (o); nagamé (+).

fu-kóhei [óo] 不公平 A injustiça; a parcialidade; o favoritismo. ★ ~ *o nakusu* [*zesei suru*] 不公平をなくす[是正する] Acabar com [Corrigir] as injustiças. ~ *zeisei* 不公平税制 O sistema tributário parcial [injusto]. ⟨A/反⟩ Fu-byódó. ⟨S/同⟩ Kōhéi. ⇨ fu[7].

fúkó-kéi [uú] 風向計 O anemoscópio [catavento]. ⟨S/同⟩ Kazá-mí.

fu-kókoroe 不心得 A imprudência; a indiscrição; a insensatez [falta de juízo]; o descuido; o disparate. ★ ~ *na okonai* 不心得な行い Um a(c)to [comportamento] insensato. ◇ **~ mono** 不心得者 Uma pessoa imprudente [indiscreta]. ⇨ fu[7].

fukókú 布告 **1** [政府が一般に知らせることである法律や命令] O edital; o decreto. ★ ~ *dai nijuu-gō* 布告第 20 号 Decreto no. 20. ~ *o dasu* 布告を出す Promulgar um decreto. **2** [国家の意思を公式に知らせること] A promulgação; a declaração; a proclamação. ★ *Sensen o ~ suru* 宣戦を布告する Declarar guerra.

fukókú-kyōhéi [oó] 富国強兵 〖E.〗 O país rico e militarmente forte. ◇ **~ saku** 富国強兵策 A política de criar um ~.

fukú[1] 服 O vestido; vestidos; um vestido; a roupa; roupas; o traje; o vestuário; a roupagem; as vestes; o fato. ★ ~ *o atsuraeru* [*shinchō suru*] 服をあつらえる [新調する] Mandar fazer um fato [terno] (Para homem)/Mandar fazer um vestido (Para mulher). ~ *o kigaeru* 服を着替える Mudar de roupa. ~ *o kiru* [*nugu*] 服を着る[脱ぐ] Vestir-se [Despir-se; Tirar a roupa]. ◇ **Ai [Fuyu; Natsu] ~** 合[冬; 夏]服 A roupa de meia estação [inverno; verão]. ⟨S/同⟩ Yōfúkú. ⇨ kímonó.

fukú[2] 福 A boa sorte; a fortuna; a bênção; a felicidade. ★ ~ *no kami* 福の神 O(s) deus(es) da fortuna. *Wa uchi, oni wa soto!* 福は内、鬼は外 Entre a sorte e fora a desgraça! *Warau kado ni wa ~ kitaru* 笑う門には福来たる Casa que ri, casa feliz/Quem canta, seu mal espanta. *Wazawai o tenjite ~ to nasu* [*suru*] 災いを転じて福と成す [する] A casa está a arder, aqueçam-se! /Fazer da necessidade virtude. ⟨S/同⟩ Kōfúkú (+); kōún (+); saí-wái (+); shiáwásé (o). ⟨A/反⟩ Ka; yakú.

fukú[3] 副 **1** [ひかえ; 写し] 〖Suf.〗 A cópia; o duplicado. ★ *Sei ~ ni-tsū no shorui* 正副 2 通の書類 Um papel [documento] em duas folhas, o original e o duplicado. ⟨A/反⟩ Séi-. ⇨ hikaé; utsúshí. **2** [補助となる人] 〖Pref.〗 Vice-; sub-. ◇ **~ shachō** 副社長 O vice-presidente (duma empresa). ⇨ hójo. **3** [副次的] 〖Pref.〗 Secundário; acessório. ◇ **~ sayō**. ⇨ fukújí-téki.

fukú[4] 複 **1** [⇨ dáburusu]. **2** [二つ以上であること] Plural; mais de um; composto. ◇ **~ hirei** 複比例 A proporção composta. ⟨A/反⟩ Tán.

fukú[5] 幅 〖E.〗 **1** [⇨ kaké-jiku]. **2** [掛け軸を数える語] "O rolo" (Numeral). ★ *Ni ~ no kakejiku* 二幅の掛け軸 Dois [Dois rolos de] "kakejiku".

fúku[6] 吹く **1** [風が動く] Venta(neja)r; soprar; fazer vento. *Soyokaze ga fuite iru* そよ風が吹いている Faz uma brisa(sinha). (Pop.); soprar. ★ *Shabon-dama o ~* シャボン玉を吹く Fazer bolas de sabão. *Sūpu o fuite samasu* スープを吹いて冷ます Soprar a sopa. ⟨I/慣用⟩ *Fukeba tobu yō na otoko* 吹けば飛ぶような男 O indivíduo insignificante; um zé-ninguém. ⟨A/反⟩ Suú. **3** [息といっしょに出す] Deitar fora com sopro. *Kujira ga shio o fuite iru* 鯨が潮を吹いている A baleia está a esguichar água. **4** [吹き鳴らす] Assobiar; tocar. *Kare wa kuchibue o fuite inu o yonda* 彼は口笛を吹いて犬を呼んだ Ele chamou o cachorro com um assobio. ⟨S/同⟩ Suísó súrú. **5** [大げさなことやおませを言う] Fanfarronar. *Kare wa warugi wa nai no da ga yatara ~ kuse ga aru* 彼は悪気はないのだがやたら吹く癖がある Ele não é má pessoa, mas tem uma bazófia [está sempre a ~]! ⟨S/同⟩ Taígén súrú. **6** [芽を出す] Rebentar; brotar. *Michi no yanagi ga issei ni me o fuita* 道の柳がいっせいに芽を吹いた Os chorões da rua brotaram de uma vez. **7** [粉などを表面に出す] Ficar coberto de pó; polvilhar. ★ *Hyōmen ni ko o fuita budō* 表面に粉を吹いたぶどう As uvas cheias de pó.

fúku[7] 噴[吹]く **1** [勢いよく出る] Esguichar; incendiar-se; lançar. *Enjin ga hi o fuita* エンジンが火を噴いた O motor incendiou-se. *Kakō kara kemuri ga fuite iru* 火口から煙が噴いている Está a sair fumo da cratera. ⟨S/同⟩ Háku. **2** [失笑する] Deitar-se a rir; não poder conter o riso. *Omowazu fuite shimatta* 思わず噴いてしまった Não me podia [pude (+)] conter mais, e dei uma risada [deitei-me a rir]. ⇨ fukí-dásu; fukí-déru.

fukú[8] 拭く Enxugar; passar o pano; esfregar; limpar. *Hankachi de kao no ase o ~* ハンカチで顔の汗を拭く Enxugar o suor do rosto com o lenço. ⟨S/同⟩ Nugúu.

fukú[9] 葺く Telhar [Fazer o telhado]; cobrir. ★ *Yane o kawara* [*kaya; wara; yaneita*] *de ~* 屋根を瓦 [茅; わら; 屋根板] で葺く ~ com telhas [colmo; palha; tabuas].

fukúán 腹案 A ideia [O esboço do plano; O proje(c)to]; o esquema. ★ ~ *ga aru* 腹案がある Ter já um plano (na manga). ~ *o tateru* [*tsukuru*] 腹案を立てる [作る] Conceber [Fazer] o ~.

fukú-bíki 福引き (<...[2] + hikú) A rifa. ★ ~ *de ittō o ateru* 福引きで一等を当てる Tirar o primeiro pré[ê]mio na ~. ~ *o hiku* [*suru*] 福引きを引く [する] Rifar. ◇ **~ ken** 福引き券 O bilhete de ~. ⇨ kují-bíki.

fukúbóku 副木 〖Med.〗 A tala. ⟨S/同⟩ Soé-gí (+).

fukú-bu 腹部 O abdome; o abdó(ô)men; a região abdominal; a barriga; o ventre. ⟨S/同⟩ Hará; o-náká.

fukú-búkuro 福袋 (<...[2] + fukúro) O saco das surpresas (nas primeiras vendas do ano/de uma loja).

fukúbúkúshíi 福福しい Gorducha e alegre.

fukúbún 複文 〖Gram.〗 A oração subordinada. ⇨ fukú[4]; júbún[2]; tañbún[2].

fukucha 福茶 Um chá de várias misturas para dias de festa. ⇨ cha.

fukúchō[1] 副長 **1** [長を補佐する役や人] O sub-dire(c)tor [-gerente]. **2** [軍艦で] O imediato. ⇨ fukú[3].

fukúchō[2] 復調 **a)** A volta à forma física normal; **b)**

O desmodular ou detectar (Ele(c)tro.).

fukúchū 腹中【E.】 **1** [腹のなか] Dentro da barriga [No ventre]. [S/同] Táinai (+). **2** [⇨ shínchū¹] O pensamento; o sentimento; a intenção secreta.

fukú-dáí 副題 O subtítulo. ⇨ fukú³.

fukúdókú 服毒 O ingerir veneno. ◇ **~ jisatsu** 服毒自殺 O suicídio por envenenamento.

fukú-dókuhon 副読本 (<⋯ ³**3** + tokúhóń) O livro de leitura suplementar [complementar].

fukúékí 服役 **1** [懲役の] (A pena de) trabalhos forçados. ★ ~ *chū de aru* 服役中である Estar a cumprir ~. ~ *suru* 服役する Cumprir ~. ◇ **~ kikan** 服役期間 O período da ~. ⇨ chṓékí. **2** [兵役の] O serviço militar. ⇨ heíékí.

fukúéń 復縁 A reconciliação conjugal. ★ ~ *o semaru* 復縁をせまる Pedir para tornar a viver juntos. ~ *suru* 復縁する Reconciliar-se. ⇨ ríen.

fukú-fúkúséń 複複線 A via (férrea) quádrupla. ⇨ fukú⁴; fukúséń¹; tańséń.

fukúgákú 復学 O reingresso na escola. ★ ~ *suru* 復学する Reingressar「na universidade」. [S/同] Fukkṓ².

fukúgáń 複眼【Zool.】O olho composto (dos artrópodes). [A/反] Tańgáń. ⇨ fukú⁴.

fukúgéń 復元 [原] A reconstrução「do castelo」; a restauração. *Yaketa hekiga o ~ suru* 焼けた壁画を復元する Restaurar a pintura mural queimada.

fukúgén-ryoku 復元 [原] 力 A força restituitória; a estabilidade. ★ ~ *ga tsuyoi fune* 復原力が強い船 Um navio estável.

fukú-gíchō 副議長 O vice-presidente「da Dieta」.

fukúgṓ 複合 O composto. ★ ~ *no* 複合の Composto; complexo; agrupado. ~ *suru* 複合する Juntar. ◇ **~ go** 複合語【Gram.】A palavra composta. **~ kyógi** 複合競技 (スキーの) A prova combinada「de esqui」. **~ meishi** 複合名詞【Gram.】O substantivo composto. **~ osen** 複合汚染 A contaminação [poluição] múltipla. ⇨ gṓséí¹; kagṓ.

fukúgṓ-táí 複合体 O (corpo) composto.

fukúgyṓ¹ 副業 A ocupação paralela. *Kono hen ni wa mingeihin-zukuri o ~ to* [*ni*] *suru nōka ga ōi* この辺には民芸品作りを副業と [に] する農家が多い Por aqui há muitas famílias de agricultores que, como ~, fazem artesanato. [S/同] Arúbáito; naíshókú. [A/反] Hońgyṓ; hońshókú. ⇨ fukú³.

fukúgyṓ² 復業【E.】A volta ao trabalho.

fukúhái 腹背【E.】A frente e a retaguarda. [S/同] Zéngo (+).

fukúhéí 伏兵 **1** [伏せ勢] A emboscada. ★ ~ *ni au* 伏兵に遭う Cair numa ~. [S/同] Fusézéí. **2** [思わぬ反対者·対抗者]【Fig.】A emboscada.

fukúhékí 腹壁【Anat.】A parede abdominal.

fukú-hírei 複比例【Mat.】A regra dos três composta. [S/同] Gṓrítsú hírei. [A/反] Tań-pírei. ⇨ fukú⁴.

fukúhóń 副本 A cópia「do original」. [A/反] Geńpóń; shṓhóń. ⇨ fukú³ **1**.

fukú-hón'i 複本位【Econ.】O bimetalismo. [A/反] Tań-hón'i. ⇨ fukú⁴.

fukúi¹ 復位 O tornar a ocupar「o trono/seu posto」.

fukúi² 腹囲 A (medida da) cintura. [S/同] Dṓ-máwari (+); uésuto (+).

fukúíkú 馥郁【E.】Aromático. ★ *Hana no ~ taru kaori* 花の馥郁たる香り A fragrância [O suave aroma] das flores.

fukúín¹ 福音 **1** [喜ばしいおとずれ]【Cri.】O evangelho; a boa nova. ★ ~ *o toku* 福音を説く Evangelizar; pregar [anunciar] o/a ~. ◇ **~ dendōsha** 福音伝道者 O evangelizador; o missionário. **~ kyōkai** 福音教会 A Igreja Evangélica. ⇨ **~sho**. **~ shugi** 福音主義 O evangelismo. **2** [喜ばしい知らせ]【Fig.】Uma bênção [grande notícia]. *Kono shin'yaku wa gan-kanja e no ~ to naru darō* この新薬は癌患者への福音となるだろう Este novo medicamento será ~ para os doentes cancerosos.

fukúíń² 復員 A desmobilização. *Kare wa Biruma kara ~ shita* 彼はビルマから復員した Ele foi desmobilizado e repatriado da Birmânia. ◇ **~ gunjin** [**heishi**] 復員軍人 [兵士] O soldado desmobilizado. [A/反] Dṓíń.

fukúíń³ 幅員 A largura「da estrada/do navio」. [S/同] Habá (+).

fukúíń-shó 福音書 O Evangelho. ★ *Matai* [*Maruko*; *Ruka*; *Yohane*] *ni yoru* ~ マタイ [マルコ; ルカ; ヨハネ] による福音書 ~ segundo S. Mateus [Marcos; Lucas; João].

fukú-jí 服地 O tecido (Para confe(c)ção de roupas).

fukújíń 副腎【Anat.】A glândula ad-renal [supra-renal]. ◇ **~ en** 副腎炎 A supra-renalite. **~ hishitsu horumon** 副腎皮質ホルモン A hormona do córtex das glândulas supra-renais; a adrenalina.

fukújíń-zúké 福神漬け Os picles (Conservas em salmoura) cozidos com molho de soja e outros condimentos (Após picar e secar as verduras).

fukújí-tékí 副次的【E.】Secundário. [S/同] Nijí-tékí (+).

fukújū 服従 A obediência「aos pais/à lei」; a sujeição「à força」. ★ *Jōshi ni ~ suru* 上司に服従する Obedecer ao superior. ◇ **Zettai** [**Mōmoku-teki**] **~** 絶対 [盲目的] 服従 A obediência absoluta [cega]. [S/同] Jū́zókú; kijúń. [A/反] Hańkṓ.

fukújúsṓ 福寿草【Bot.】O adó[ô]nis; *adonis amurensis*.

fukú-káichō 副会長 O vice-presidente「da associação」.

fukúkáń¹ 副官 **a**) O ajudante de campo [oficial às ordens]; **b**) Um vice-「secretário do governo」.

fukúkáń² 復刊 ⇨ fukkáń².

fukúkṓ 腹腔【Anat.】A cavidade abdominal. ⇨ kyṓkṓ⁶.

fukú-kṓkáńshínkei 副交感神経【Anat.】O (nervo) parassimpático. ◇ **~ kei** 副交感神経系 O sistema (nervoso) ~.

fukúmáden 伏魔殿 Um inferno. ★ *Seikai no ~* 政界の伏魔殿 O ~ [ninho de víboras] do mundo político.

fukúmáku 腹膜【Anat.】 **1** [腹部内蔵の表面をとりまく薄い膜] O peritó[ô]nio [peritoneu]. ◇ **~ en** 腹膜炎【Med.】A peritonite. **2** [Abrev. de "~-én"]

fukúmáséru 含ませる **1** [口にくわえさせる] Pôr [Meter] na boca. **2** [しみ込ませる] Molhar; embeber/empapar. ★ *Suponji ni mizu o ~* スポンジに水を含ませる ~ a esponja em água. [S/同] Shimí-kómáséru (+). ⇨ fukúméru. **3** [暗示する] Aludir. ★ *I o gengai ni ~* 意を言外に含ませる Fazer alusão a outra coisa que não foi dita/Piscar o olho/Indicar o que se pensa sem palavras (⇨ íshin-deńshíń). [S/同] Áńjí súrú.

fukúméí 復命 O relatório. ★ ~ *suru* 復命する Fazer ~「da missão ao superior」. ★ ~ *sho* 復命

書 ~ escrito.

fukúmén 覆面 **1** [布で顔をかくすこと] A máscara; o disfarce; o véu; a viseira. ~ o hagu 覆面を剝ぐ Desmascarar. ~ o toru [nugu] 覆面をとる [脱ぐ] Arrancar a máscara [Desmascarar-se]. ~ suru 覆面する Mascarar-se [Pôr ~]. ⇨ másuku. **2** [本名や正体を現わさずに活動すること] O fazer às ocultas. ★ ~ no sakka 覆面の作家 O escritor com pseudó[ô]nimo. ⓈⒻ Fukúméi (+).

fukúmé-ní 含め煮 (< fukúmén + nirú) O cozer「arror」em calda「água, legumes, peixe」.

fukúmeru 含める **1** [包含する] Incluir. Watashi o fukumete koko ni yonin iru 私を含めてここに4人いる Estamos aqui quatro, comigo. **2** [言い含める] Dar a entender「que hoje não vai」. ⓈⒻ Iífukúmeru (+).

fukúmi 含み (< fukúmu) O sentido oculto; as entrelinhas. ★ Hijō ni ~ no aru kotoba 非常に含みのある言葉 A expressão com um ~ muito profundo. ◇ ~ **shisan** 含み資産 A propriedade latente [não declarada]; o fundo de reserva. ⇨ ~goe [warai]. ⓈⒻ Gañchíkú.

fukúmí-góe 含み声 (< fukúmi + kóe) A voz velada [abafada].

fukú-mímí 福耳 Orelhas carnudas (Sinal de boa sorte).

fukúmi-wárai 含み笑い (< fukúmu + ...) O riso significativo. ★ ~ o suru 含み笑いをする Rir significativamente.

fukúmo 服喪 O luto. ~ suru 服喪する Pôr [Andar de/Vestir de] luto. ⇨ mo².

fukúmu¹ 含む **1** [口に入れている] Ter na boca. ★ Kuchi ni sake o ~ 口に酒を含む Ter saké na boca. **2** [要素として包含・含有する] Conter; incluir. Kanjōgaki ni wa sábisu-ryō ga fukumarete ita 勘定書にはサービス料が含まれていた Na conta estava incluído o serviço. ★ Iroiro na imi o fukunda kotoba 色々な意味を含んだ言葉 A palavra que tem várias acepções [vários sentidos]. Shio-ke o fukunda kaze 塩気を含んだ風 O vento com [que traz] salitre. Hōgañ súrú; gañ'yú súrú. **3** [事情を理解して心に留める] Entender. Kono ten o yoku o-fukumi oki kudasai この点をよくお含みおき下さい Tenha bem presente este ponto. **4** [恨みなどを心の中に包み持つ] Guardar [Ter]「rancor」. Kare wa nani ka ~ tokoro ga aru yō da 彼は何か含んでいる様だ Parece que ele tem lá qualquer coisa dentro. **5** [表情などにそのようすを表す] ★ Urei o fukunda me 愁いをふくんだ眼 Um olhar de tristeza.

fúkumu² 服務 「as horas de」 O serviço [trabalho]. Watashi wa keisatsukan to shite ~ shite iru [~ chū da] 私は警察官として服務している [服務中だ] Estou agora de serviço como polícia/policial.

fukú nó kami 福の神 ⇨ fukú².

fukúráhági 脹ら脛 [Anat.] A panturrilha; a barriga da perna. ⓈⒻ Kómura.

fukúrámáséru [fukúrámású] 膨らませる [膨らます] Encher; intumescer; dilatar; fazer [deixar] crescer; inflar. Shinnyūsei wa kitai ni mune o fukuramasete ita 新入生は期待に胸をふくらませていた Os novos estudantes estavam cheios de esperanças. ★ Hō [Hana no ana] o ~ ほお [鼻の穴] を膨らませる **a)** Encher as bochechas [narinas]; **b)** Ficar aborrecido. Fūsen [Taiya] o ~ 風船 [タイヤ] を膨らませる Encher o balão [pneu].

fukúrámi 膨らみ (< fukúrámú) O intumescimento; o inchaço; o inflar; a saliência. ★ Kami ni ~ o motaseru [tsukeru] 髪に膨らみをもたせる [つける] Dar volume ao cabelo.

fukúrámú 膨らむ Intumescer; inflar; crescer; inchar. Kaze de yotto no ho ga fukuranda 風でヨットの帆が膨らんだ O vento enfunou [inflou] as velas do iate. Tsubomi wa mada fukurande inai つぼみはまだ膨らんでいない O botão ainda não começou a abrir. ★ Fukuranda saifu 膨らんだ財布 A carteira recheada. ⓈⒻ Fukúréru. ⒶⒻ Shibómú.

fukúráshí-kó 膨らし粉 (< fukúrámáséru + ko) O fermento em pó. ⓈⒻ Békíngú-páudá.

fukúré-ágáru 膨れ上がる (< fukúréru + ...) Inchar; aumentar (de volume); exceder; ultrapassar. Yosan ga ō-haba ni ~ 予算が大幅に膨れ上がる Ultrapassar muito o orçamento.

fukúrérú 膨れる **1** [物がふくらむ] Inchar; crescer; aumentar「de volume/número」. ⇨ fukúrámú. **2** [きげんが悪くなる] Ficar amuado [mal-humorado]. Hanako wa kogoto o yū to sugu ~ 花子は小言を言うとすぐふくれる Hanako, se é repreendida fica logo amuada. ⓈⒻ Mukúrérú. ⒶⒻ okóru¹.

fukúréttsúrá 膨れっ面 (< fukúréru + tsurá) A cara carrancuda [amuada]. ★ ~ o suru 膨れっ面をする Ser rabugento; amuar. ⇨ butchózúrá.

fúkuri¹ 複利 Os juros moratórios. ★ ~ de keisan suru 複利で計算する Calcular aos ~. ◇ ~ **hō** 複利法 A Lei dos ~. ⓈⒻ Tánri.

fúkuri² 福利 A assistência social. ◇ ~ **kōsei shisetsu** 福利厚生施設 As instituições [Os serviços] de ~. ⇨ kōfukú¹; ríeki.

fukúro¹ 袋・嚢 O saco; a sacola; a bolsa (Também dum「gomo de laranja」). ★ ~ kara dasu 袋から出す Tirar do ~. ~ ni ireru 袋に入れる Ensacar; pôr [meter] no ~. ~ o ippai [kara] ni suru 袋を一杯 [空] にする Encher [Esvaziar] o ~. Mikan no ~ みかんの袋 A pele dos gomos de tangerina. Ⓘ/慣用 ~ no nezumi 袋の鼠 O não ter escapatória [Shi-hō happō kara oitsumerarete dorobō wa mō ~ no nezumi da 四方八方から追いつめられてどろぼうはもう袋の鼠だ Perseguido por todos os lados, o ladrão está como rato apanhado na ratoeira [já não tem escapatória/saída]]. ◇ ~ **dataki** [kōji/mimi]. ~ **mono-shō** [ten] 袋物商 [店] A loja de bolsas. ⓈⒻ Bággu.

fúkuro² 複路 O caminho de volta. ⓈⒻ Kaéri-michi. ⒶⒻ Ōro.

fukúrō 梟 [Zool.] A coruja; strix uralensis. ~ ga naite iru フクロウが鳴いている ... está a piar. ◇ ~ **butai** フクロウ部隊 A patrulha no(c)turna. ⇨ mímízuku.

fukúró-dátaki 袋叩き (< ...¹ + tatáku) A sova [surra] (Vários contra um). Kare wa nakama kara ~ ni atta 彼は仲間から袋叩きにあった Ele foi sovado pelos [levou uma ~ dos] colegas. ★ ~ ni suru 袋叩きにする Dar uma ~; surrar.

fukúro-kōji 袋小路 **1** [行きどまりになっている小路] O beco sem saída. **2** [物事が行きづまって先に進めない状態] O impasse; o beco sem saída. ★ ~ ni hairikomu 袋小路に入り込む Meter-se num ~. ~ ni oikomareru 袋小路に追い込まれる Ficar [Ser metido] num ~.

fukúrókuju 福禄寿 **1** [子供がたくさんいて財産があり長生きすること] A longa vida com riqueza e descendentes. **2** [七福人の一つ] O deus da riqueza e longevidade. ⇨ shichí-fúkújin

fukúró-mimi 袋耳 **1** [地獄耳] **a)** O ouvido apurado para o mal; **b)** O ouvir uma coisa e nunca mais esquecer. S/同 Jigokú-mímí (+). A/反 Zarú-mímí. **2** [織物の耳を袋縫にしたもの] A bainha dupla [com folhos].

fukúró-nui 袋縫い (< ··· + núu) A dupla costura.

fukúró-óbi 袋帯 O "obi" com dobra [bolsa].

fukúró-tódana 袋戸棚 Um pequeno armário (usado para guardar os utensílios da arte do chá).

fukúró-tóji 袋綴じ (< ··· + tojíru) 「O livro」(encadernado) com folhas duplas.

fukúryū 伏流【Geol.】A corrente subterrânea; o veio [lençol] de água. ◇ ~ **sui** 伏流水 A água de ~ [de furo].

fukúsa 袱紗・服紗・帛紗 **1** [小形の絹のふろしき] "furoshiki" pequeno. **2** [茶の湯の] O pano pequeno de seda quadrado utilizado na cerimónia de chá.

fukú-sánbutsu 副産物 (< ···³ + ···) O subproduto; o derivado (de uma indústria). A/反 Shu-sánbutsu.

fukú-sáyō 副作用 (< ···³ + ···) O efeito secundário [colateral]. ★ ~ *ga* [*no*] *nai kusuri* 副作用が [の] ない薬 O remédio sem efeitos secundários. ~ *o okosu* 副作用を起こす Causar [Ter] ~.

fukúséi 複製 A reprodução; o "fac-simile". ★ ~ *suru* 複製する Reproduzir; reimprimir. ◇ ~ **ga** 複製画 A réplica (Também pelo pintor). ⇨ **fukyo** ~. S/同 Mozô. ⇨ fukúshá¹.

fukúséki 復籍 O voltar a registr(r)ar-se na sua família. ★ ~ *suru* 復籍する ... S/同 Kiséki.

fukúsén¹ 複線 A via (férrea) dupla. ★ ~ *ni suru* 複線にする Fazer ~. ◇ ~ **fuku** ~. A/反 Tańséń.

fukúsén² 伏線 A pista. ★ ~ *o haru* 伏線を張る **a)** Precaver-se 「para a pior das hipóteses; **b)** Dar uma pista 「para entender」.

fukúshá¹ 複写 A reprodução; a cópia. ★ ~ *suru* 複写する Tirar (foto)cópia; copiar. ◇ ~ **ki** 複写機 O (copia)dor [copiógrafo]. S/同 Fukúséi. ⇨ fukú⁴.

fukúshá² 輻射【Fís.】A radiação. ★ ~ *no* 輻射の Radial. ~ *suru* 輻射する Radiar; irradiar. ◇ ~ **netsu** 輻射熱 O calor radiante. ⇨ hôshá¹.

fukúshá³ 伏射 O atirar [disparar] deitado/debruçado. S/同 Ne-úchí; risshá; shisshá.

fukúshi¹ 福祉 A previdência social. ◇ ~ **jigyō** 福祉事業 As obras sociais. ~ **jimusho** 福祉事務所 O escritório de ~. ~ **kokka** 福祉国家 O Estado com ~. S/同 Fukúri.

fukúshi² 副詞【Gram.】O advérbio「bem/"yoku"」. ◇ ~ **ku** 副詞句 A locução adverbial.

fukúshi³ 副使 O Embaixador [vice-] delegado. S/同 Séishi.

fukúshíki 複式 O sistema duplo. ◇ ~ **boki** 複式簿記 A contabilidade por partida dobrada. ~ **kazan** 複式火山 O vulcão duplo. A/反 Tańshíkí.

fukúshíki-kókyū 腹式呼吸 A respiração abdominal. ◇ ~ **fuku** ~. A/反 Kyôshíkí kókyū.

fukúshín¹ 腹心 **a)** O íntimo do coração; **b)** O confidente. ★ ~ *no buka* 腹心の部下 O subordinado de maior confiança.

fukúshín² 副審 (< fukú² + shińpáń) O juiz assistente. A/反 Shúshíń.

fukúsho 副署 A referenda [contrafirma]. ★ ~ *suru* 副署する Referendar; assinar como responsável por baixo da assinatura「do chefe de Estado」.

fukúshō¹ 復唱 [誦] O dizer outra vez「o recado a ver se está certo」.

fukúshō² 副賞 (< ···³ + ···) O pré[ê]mio suplementar. *Yūshōsha ni wa* ~ *to shite kamera ga okuraremasu* 優勝者には副賞としてカメラが贈られます O vencedor receberá como pré[ê]mio ··· uma máquina fotográfica.

fukúshō³ 副将 (< fukú²·**2** + shushō) O sub-chefe.

fukúshokú¹ 服飾 O vestuário (e outros adereços). ◇ ~ **dezainā** 服飾デザイナー O desenhista de modas; o figurinista.

fukúshokú² 復職 A recondução ao posto「de ensino/trabalho」. ★ ~ *suru* 復職する Reconduzir. S/同 Fukúnín.

fukúshokú(butsu) 副食(物) Os alimentos ou pratos além do básico「arroz」. S/同 Okázú. A/反 Shushókú.

fukúshokú-hín 服飾品 Os adereços de vestuário.

fukúshō-shiki 複勝式 O sistema de aposta(r) em três cavalos (nas corridas).

fukúshū¹ 副手 ⇨ joshú.

fukúshū² 復讐 A vingança; a desforra; a represália [retaliação]. ★ ~ *no nen ni moeru* 復讐の念に燃える Arder em desejo de ~. ~ *o chikau* 復讐を誓う Prometer vingar-se [Jurar vingança]. ~ *o kuwadateru* [*hakaru*] 復讐を企てる [謀る] Tentar vingar-se. ~ *suru* 復讐する Vingar-se. S/同 Adáúchí; hôfúkú; katákí-uchi; shikáéshí.

fukúshū³ 復習 O repassar as lições (já estudadas). *Watashi wa ie de kokugo no* ~ *o shita* 私は家で国語の復習をした Eu repassei a lição de J. [P.] em casa. S/同 Osárál. A/反 Yoshú.

fukú-shúnyū [**shúu**] 副収入 (< ···³ + ···) Um ingresso extra.

fukúsō¹ 服装 O traje[o] 「da era Heian」; o vestido; o vestuário. ★ ~ *ni mu-tonchaku de aru* 服装に無頓着である Não ligar ao seu vestuário. ~ *o aratameru* 服装を改める **a)** Mudar [Trocar] de roupa; **b)** Revistar. ~ *o totonoeru* 服装を整える **a)** Vestir-se a rigor; **b)** Comprar roupa. S/同 Mínari; yosóóí.

fukúsō² 輻輳 [湊] A acumulação; o abarrotamento「de mercadorias」; o congestionamento. *Shigoto ga* ~ *shite ite tema ga kakaru* 仕事が輻輳していて手間がかかる Tenho muito trabalho acumulado, o que me atrapalha mais ainda. S/同 Kónzatsu (+); rásshu; zattô.

fukúsókú-rui 腹足類【Zool.】Os gastrópodes.

fukú-sósū 複素数【Mat.】O número complexo.

fukúsū [úu] 複数 O (número) plural. ◇ ⇨ ~ **kei**. ~ **meishi** 複数名詞 O substantivo plural. A/反 Tańsú.

fukúsuí¹ 覆水【E.】A água derramada. ことわざ ~ *bon ni kaerazu* 覆水盆に返らず Com águas passadas não moem moinhos/O que está feito, está feito.

fukúsuí² 腹水【Med.】**a)** As serosidades acumuladas no abdome/ê]; **b)** A ascite; a barriga-dágua.

fukúsuke 福助 O boneco da felicidade.

fukúsū-kéi 複数形【A forma】plural.

fukúsúru¹ 服する【E.】**1** [命令などに従う] Obedecer「a」; submeter(-se)「a」; sujeitar(-se)「a」; render-se. ★ *Heieki ni* ~ 兵役に服する Prestar serviço militar. *Meirei ni* ～ 命令に服する Obedecer às ordens「dos pais」. [S/同] Fukújū́ súrú (+). **2** [刑罰に従う] Cumprir. ★ *Kei ni* ～ 刑に服する ～ a sentença. **3** [社会習慣に従う] Observar. ★ *Mo ni* ～ 喪に服する ～ o [Pôr] luto. **4** [承知して従う] Submeter-se. [S/同] Shitágáú. **5** [薬や茶などを飲む] Tomar「chá/o remédio」.

fukúsúru[2] 復する【E.】Voltar「a estar como antes」; restabelecer; recuperar. *Chichi no kenkō wa kyū ni fukushita* 父の健康は旧に復した O pai recuperou-se. ⇨ modóru.

fukútṓ 復党 O retorno a um partido. ★ ～ *suru* 復党する Reingressar no partido.

fukútókú-eńmáń 福徳円満 A felicidade e prosperidade totais.

fukú-tóshin 副都心 O segundo [outro] centro urbano「de Tóquio é Shinjuku」.

fukútsú 不屈【E.】Forte; corajoso. ★ *Futō ～ no seishin* 不撓不屈の精神 Um espírito destemido e firme/ ～. [S/同] Fubátsú; futṓ.

fukútsū́ 腹痛 A dor de estômago [de barriga]; a gastralgia. [S/同] Hará-ítá.

fukúwá-jutsu 腹話術 A ventriloquia. ★ ～ *o suru* 腹話術をする Ser ventríloquo.

fukú-wárai 福笑い Um jogo de Ano Novo.

fukúyṓ[1] 服用 A medicação; o tomar um remédio. ★ ～ *suru* 服用する Tomar …. *Ichi-nichi san-kai mai-shoku-go* ～ 一日三回毎食後服用 (表示) Tomar três vezes ao dia, após as refeições. ◇ **～ ryō** 服用量 A posologia; a dose. ⇨ nómu[1]; fukúsúru[1].

fukúyṓ[2] 複葉 **1**【Bot.】A folha composta. [A/反] Tań'yṓ. **2** [飛行機の主翼が上下二枚になっていること] O「avião」ter dois planos de sustentação. ◇ **～ ki** 複葉機 O biplano. [A/反] Tań'yṓ.

fukúyoka ふくよか **1** [形がやわらかにふっくらとしているようす] Rechonchudo「de cara」; cheio. ★ ～ *na mune* ふくよかな胸 Um peito cheio. **2** [感じのよい豊かな香りがするようす] Agradável.

fukúzáí[1] 伏在 O estar latente. [S/同] Naízáí; seńzáí (+).

fukúzái[2] 服罪 A aceitação da sentença. ★ ～ *suru* 服罪する Confessar-se culpado. [S/同] Fukúékí (+).

fukúzátsú 複雑 **1** [種々の心理状態がいりくんでいること] Complicado; confuso. ★ ～ *na kimochi* 複雑な気持ち Sentimentos desencontrados [opostos]. [A/反] Tańjúń. **2** [物事がいりくんでいること] Complexo; complicado; emaranhado; intricado; difícil. ★ ～ *na jiken* 複雑な事件 Um acontecimento [caso] complicado. ～ *na mondai* 複雑な問題 O problema complicado [difícil]. ◇ **～ kossetsu** 複雑骨折 A fra(c)tura múltipla. [S/同] Sakúsṓ. [A/反] Kańtáń; tańjúń.

fukúzátsú-sa 複雑さ A complexidade. *Shakai no ～ wa nennen mashite iku* 社会の複雑さは年々増して行く ～ da nossa sociedade aumenta de ano para ano.

fukúzṓ 腹蔵【E.】O não se descoser; a camuflagem. *Kimi no ～ no nai iken o watashi wa zehi kikitai* 君の腹蔵のない意見を私は是非聞きたい Quero que me dês [digas] a tua franca opinião.

fukyṓ[1] 不況 A crise econó[ô]mica; a depressão. ～ *no nami ga oshiyoseru* 不況の波が押し寄せる Vem aí a ～. ◇ **～ karuteru** 不況カルテル O cartel para enfrentar ～. [S/同] Fu-kéiki. [A/反] Kṓkyṓ.

fukyṓ[2] 不興 O desagrado. ★ ～ *o kau* [*kōmuru*] 不興を買う [蒙る] Incorrer no ～「do patrão」. [S/同] Fu-kígen (+).

fukyṓ[3] 布教 A evangelização; o trabalho missionário; a propagação da fé. ★ ～ *suru* 布教する Propagar a fé; evangelizar. ◇ **～ sha** [**shi**] 布教者 [師] O missionário [evangelizador]「S.F.Xavier」.

fúkyo-fukúséí 不許複製 Reprodução proibida!

fukyṓwáon [**oó**] 不協和音 **1**【Mús.】A dissonância; a desafinação; a desarmonia. [A/反] Kyṓwáon. **2** [仲がよくないこと]【Fig.】O desacordo; a desarmonia. *Sono jiken irai Nichi-Bei kan ni ～ ga shōjita* その事件以来日米間に不協和音が生じた Desde esse incidente, surgiram desentendimentos [desacordos] entre o J. e os Estados Unidos.

fukyū́[1] 普及 A difusão. *Kyōiku no ～ ni tsutomeru* 教育の普及に努める Esforçar-se por difundir a educação. ◇ **～ ban** 普及版 A edição barata [popular]. **～ ritsu** 普及率 O índice de ～.

fukyū́[2] 不朽【E.】A imortalidade. *Sono sakuhin wa kare no na o ～ no mono to shita* その作品は彼の名を不朽のものとした Esta obra imortalizou o nome dele. ★ ～ *no meisaku* 不朽の名作 A obra imortal. [S/同] Fumétsú (+).

fukyū́[3] 不急【E.】Não urgente; sem pressa. ◇ **～ fuyō** 不急不要 Sem urgência.

fukyū́[4] 腐朽【E.】A deterioração「dos edifícios」. ★ ～ *suru* 腐朽する Deteriorar-se; estragarse. ⇨ fuháí[1].

fumáéru 踏まえる **1** [動かぬ様に力を入れ，足を物の上におく] Pisar; assentar pé. ★ *Daichi o* ～ 大地を踏まえる Pisar terra firme. ⇨ fumú; fumíshíméru. **2** [基礎・基盤とする] Basear-se; estar bem assente. *Jijitsu o* ～ 事実を踏まえる ～ em fa(c)tos.

fu-májime 不真面目 A frivolidade [falta de seriedade]. ★ ～ *na seito* 不真面目な生徒 Um aluno preguiçoso [frívolo/indisciplinado]. ～ *na taido* 不真面目な態度 Uma atitude pouco séria. [A/反] Majímé. ⇨ fu[7].

fumáń 不満 A insatisfação; o descontentamento; o desagrado; a queixa. *Kono shōsetsu no deki ni wa ～ na tokoro ga ōi* この小説の出来には不満な所が多い Este romance deixa muito a desejar. ～ *ni omou* [～ *o kanjiru*] 不満に思う [不満を感じる] Não estar satisfeito. ～ *o kuchi ni suru* 不満を口にする Queixar-se. ～ *o idaku* 不満をいだく Sentir-se insatisfeito. [S/同] Fufúkú; fuhéí; fusókú.

fu-mánzoku 不満足 A insatisfação; o descontentamento. *Kyōju wa deshi no shigoto ni tsuite ～ na yōsu ga mieta* 教授は弟子の仕事について不満足な様子が見えた O professor parecia insatisfeito [descontente] com o trabalho do aluno. ⇨ fu[7]; fumáń. [A/反] Mánzoku.

fuméí 不明 **1** [物事を見抜く力のないこと] A ignorância; a falta de vista. *Kono jiken wa mattaku watashi no ～ no itasu tokoro desu* この事件は全く私の不明のいたす所です A culpa deste incidente é toda minha [Foi tudo por ～ minha]. ★ *Jiko no ～ o hajiru* 自己の不明を恥じる Envergonhar-se da sua ～. [S/同] Fúbin (+).

2 [はっきりしないこと] Desconhecido; não ser claro; obscuro; incerto. *Gen'in ～ no shi* 原因不明の死 A morte por causa desconhecida. *Mimoto ～ no shitai* 身元不明の死体 O cadáver não identificado. *Yukue ～ no musuko* 行方不明の息子 O filho desaparecido.

fu-méirō 不明朗 **1** [性格が明るくないこと]「carácter」Tristonho [Triste]. Ⓐ/反 Meiró. **2** [物事があいまいですっきりしない]Falso; suspeito; pouco claro. ★ *Inshokuten de no ~ na kaikei* 飲食店の不明朗な会計 As contas falsas [muito duvidosas] dos restaurantes. Ⓐ/反 Meiró. ⇨ fu⁷.

fu-méiryō 不明瞭 Ininteligível; pouco claro. ★ *~ na hatsuon* 不明瞭な発音 A pronúncia ~. S/同 Fuméi (+). Ⓐ/反 Meiryó. ⇨ fu⁷.

fu-méiyo 不名誉 A desonra; a infâmia. *Sonna koto o suru to kimi no ~ ni [to] naru* そんな事をすると君の不名誉に[と]なる Se fizeres uma coisa dessas será uma ~. Ⓐ/反 Méiyo. ⇨ fu⁷.

fu-ménboku; na-oré. Ⓐ/反 Méiyo. ⇨ fu⁷.

fumén 譜面 A partitura [O papel da música]. ◇ **~ dai** 譜面台 A estante para ~. S/同 Gakúfú (+); fu.

fu-ménboku 不面目 A vergonha; a desgraça. ★ *~ na kōi* 不面目な行為 A a(c)ção vergonhosa. ⇨ fu⁷.

fumétsú 不滅【E.】A imortalidade. *Inryoku no hakken ga Nyūton no na o ~ no mono ni [to]shita* 引力の発見がニュートンの名を不滅のものに[と]した A descoberta da gravidade imortalizou (o nome de) Newton. ★ *~ no igyō* 不滅の偉業 Uma façanha inolvidável. *Busshitsu ~ no hōsoku* 物質不滅の法則 A lei da conservação da matéria [de Lavoisier]. ◇ **Reikon ~** 霊魂不滅 ~ da alma. S/同 Fukyū.

fúmi 文 **1** [書きしるしたもの]Um escrito. ⇨ búnsho¹; shómotsu. **2** [手紙]Carta. ◇ **Koibumi** 恋文 A carta de amor. ⇨ Tegámi (+).

fúmi [uó] 風味 **1** [洗練された味]Sabor [gosto]. *Kono o-cha wa ~ ga yoi [warui]* このお茶は風味が良い[悪い] Este chá tem bom [mau] ~. ★ *~ no aru [nai] tabemono* 風味のある[ない]食べ物 A comida com [sem] ~. **2** [おもむき; 味わい] O sabor. S/同 Ajíwái (+); ornómúkí (o).

fumí-árásu 踏み荒らす (< fumú + …) Espezinhar; estragar. *Kuma ni hatake o fumiarasareta* 熊に畑を踏み荒らされた O urso estragou-me [deu-me cabo d]tudo no campo.

fumí-bá 踏み場 (< fumú + …) (O lugar) onde pôr os pés. *Kodomo no heya wa omocha ga chirabatte ite ashi no ~ mo nai* 子供の部屋はおもちゃが散らかしていて足の踏み場もない Tem tantos brinquedos espalhados no quarto das crianças que não há onde pôr os pés.

fumí-chigáeru 踏み違える (< fumú + …) **1** [足をくじく] Torcer o pé. **2** [道を誤る] **a)** Pôr o pé fora do sítio; **b)** Sair do bom caminho. ⇨ fumí-házusu.

fumí-dái 踏み台 (< fumú + …) **1** [高い所の物を取ったり高い所に上ったりするために乗る台] O escadote. S/同 Ashí-dái. ⇨ kyatátsú. **2** [ある目的の為に一時利用するもの]【Fig.】O trampolim. *Tōru wa dōryō o ~ ni shite shusse shita* 徹は同僚を踏み台にして出世した Tōru usou os companheiros como trampolim para subir na vida.

fumí-dán 踏み段 (< fumú + …) O degrau; a escada. ⇨ hashígó; kaí-dán¹.

fumí-dásu 踏み出す (< fumú + …) **1** [足をある場所へ出す] Dar um passo em frente「da linha」. **2** [歩き出す] Andar pela própria pé; começar uma nova vida. *Emiko wa jinsei no dai-ippo o fumidashita* 恵美子は人生の第一歩を踏み出した Emiko deu o primeiro grande passo na vida. **3** [新しい分野にとりかかる] Começar. ★ *Sekai saidai no jiten no henshū ni ~* 世界最大の辞典の編集に踏み出す Lançar-se à [~ a] compilação do maior dicionário do mundo.

fumí-dókóro 踏み所 (< fumú + tokóró) (O lugar) onde pôr os pés. S/同 Fumí-bá.

fumí-é 踏み絵 (< fumú + ~²) **1** [キリシタン改めに用いられたもの]【H.】As gravuras santas que eram utilizadas na perseguição aos cristãos (Quem as "pisava" não era morto). **2** [人の忠実心などをためすもの]【Fig.】Uma prova dura [de fogo].

fumí-házusu 踏み外す (< fumú + …) **1** [踏むべき場所をまちがえる] Pisar [Pôr o pé] em falso. *Daisuke wa kurayami no naka de kaidan o fumi-hazushita* 大輔は暗やみの中で階段を踏み外した No escuro, Daisuke pisou em falso na escada「e caiu」. **2** [失敗して地位を失う] Fracassar e perder a posição. *Heta o suru to shusse no michi o ~ zo* 下手をすると出世の道を踏み外すぞ Se não tomas cuidado, perdes a carreira! **3** [人として行うべき道からそれた行いをする] Sair do bom caminho. ★ *Hito no michi no ~* 人の道を踏み外す Extraviar-se [~]. ⇨ fumí-chígáeru.

fumí-iréru 踏み入れる (< fumú + …) Entrar; pôr os pés. ★ *Aku no michi ni ashi o ~* 悪の道に足を踏み入れる Entrar no caminho do vício [Meter-se por maus caminhos].

fumí-ishi 踏み石 (< fumú + …) **1** [くつぬぎの所においてある石] O degrau de pedra para mudar os sapatos. **2** [とび石] A passagem com pedras espaçadas; as alpondras (Na água). S/同 Tobí-íshí (+).

fumí-itá 踏み板 (< fumú + …) **1** [架け渡して踏んで歩くための板] A tábua para passar. **2** [階段の段板] O degrau de madeira. **3** [オルガンの空気を送るために踏む板]【de órgão】O pedal「de órgão」.

fumí-káeru 踏み換える (< fumú + …) Trocar de [Pôr o outro] pé.

fumí-katámeru 踏み固める (< fumú + …) Calcar「a terra」com os pés.

fumí-késu 踏み消す (< fumú + …) Apagar pisando.

fumí-kiri 踏(み)切り (< fumú + …) **1** [鉄道線路を横切る道路] A passagem de nível. ★ *~ o wataru* 踏切を渡る Atravessar a linha/~. ◇ **~ jiko** 踏切事故 O acidente na ~. **~ shadanki** 踏切遮断機 A cancela de ~. **Mujin ~** 無人踏切 ~ sem vigia. **2** [競技での踏み切って身をおどらすこと] O pé de arranque. ◇ **~ ban** 踏み切り板 A prancha do salto. **3** [相撲で足を土俵の外に踏み出すこと] O pisar fora da arena/do ringue (Sumô).

fumí-kiru 踏み切る (< fumú + …) **1** [陸上競技で地面を強く踏んで反動をつけて跳ぶ] Dar o arranque. *Sono senshu wa hidari-ashi de fumikiru* その選手は左足で踏み切る Esse atleta faz [dá] o arranque com o pé esquerdo. **2** [思い切ったことを行う] Lançar-se a. ★ *Shin-seihin no tairyō seisan ni ~* 新製品の大量生産に踏み切る Lançar-se à fabricação em massa dum novo produto. **3** [相撲で土俵の外に足を踏み出す] Pisar fora do ringue (Sumô).

fumí-kóeru 踏み越える (< fumú + …) **1** [踏んで越える] Passar por cima. **2** [ある範囲の外側になって出る] Passar [Exceder] o limite. *Karera wa tōtō issen o fumikoete shimatta* 彼らはとうとう一線を踏み越えてしまった Finalmente eles saltaram[passaram] o limite「moral」. **3** [克服する] Vencer. ★ *Konnan o ~* 困難を踏み越える ~ as dificuldades.

Norí-kóeru (+).

fumí-kómi 踏み込み (< fumí-kómu) **1**[踏み込むこと] O entrar. *Kare no hatsugen wa tēma ni taisuru ~ ga tarinai* 彼の発言はテーマに対する踏み込みが足りない O que ele disse não entrava no [atingia o centro do] tema. **2**[玄関などのはきものを脱いでおく所] O lugar de mudar os sapatos à entrada de casa.

fumí-kómu 踏み込む (< fumú + …) **1**[足を内部に踏み入れる] Entrar em lugar perigoso. *Watashi wa doro-numa ni ashi o fumikonda* 私は泥沼に足を踏み込んだ Meti-me por um lamaçal. **2**[一歩前に出る] Dar um passo para a frente. *Naikaku no tama o fumikonde uchi* 内角の球を踏み込んで打つ Bater a bola que passa perto do batedor, dando um passo em frente. **3**[他人の家などにいきなり入り込む] Invadir. *Keiji wa hannin no kakurete iru ie ni fumikonda* 刑事は犯人の隠れている家に踏み込んだ O dete(c)tive entrou de roldão na casa onde se escondia o criminoso. ⇨ 同 Shínnyū súru. **4**[物事の奥深くはいりこむ] Entrar a sério. *Watashi wa mi-kaitaku no kenkyū bunya ni ippo fumikonda* 私は未開拓の研究分野に一歩踏み込んだ Eu comecei uma investigação ainda inexplorada. **5**[足である物を深く踏む] Pisar com força.

fumí-kórosu 踏み殺す (< fumú + …)「elefante」 Matar com as patas. ⇨ fumí-tsúbúsu.

fumí-kótáeru 踏み堪える (< fumú + …) Resistir「ao ataque」.

fumí-kúdáku 踏み砕く (< fumú + …) Partir [Espatifar] com os pés.

fumí-máyou 踏み迷う (< fumú + …) **1**[野や山に踏み入って迷うこと] Perder-se. ★ *Yama-michi ni ~* 山道に踏み迷う ~ na montanha. **2**[精神的に悩む] Andar perdido. ★ *Kokoro no yami ni ~* 心の闇に踏み迷う ~ interiormente. **3**[あやまちよるす] Desencaminhar-se; extraviar-se. ★ *Aku no michi ni ~* 悪の道に踏み迷う Andar por maus caminhos.

fu-mímochi 不身持ち A depravação [má conduta]. S/同 Fu-hínkō (+).

fumín 不眠 A falta de sono. ★ ~ *fukyū no doryoku o suru* 不眠不休の努力をする Trabalhar sem dormir nem descansar. ◇ ⇨ **shō**.

fumí-nárasu[1] 踏み均す (< fumú + …) Pisar; aplanar com os pés. ★ *Fumi-narashita michi* 踏みならした道 O caminho batido.

fumí-nárasu[2] 踏み鳴らす (< fumú + …) Bater o pé.

fumí-nijiru 踏み躙る (< fumú + …) **1**[踏みつぶす] Esmagar「as flores」com os pés; calcar aos pés「a lei」. **2**[ひどくきずつける] Ofender; humilhar. ★ *Hito no kōi o ~* 人の好意を踏みにじる Ferir a boa vontade das pessoas.

fumín-shō 不眠症【Med.】A insó[ô]nia. ★ ~ *ni kakaru* 不眠症にかかる Ter insónias.

fumí-núku 踏み抜く (< fumú + …)【強く踏んで物に穴をあける】Meter o pé. ★ *Yuka o ~* 床を踏み抜く O soalho ceder ao peso do pé num buraco. **2**[とげ・くぎなどを踏んで足の裏に突きさす] Espetarse na planta de pé. ★ *Kugi o ~* くぎを踏み抜く Espetar-se um prego no pé.

fumí-shíméru 踏み締める (< fumú + …) Ter os pés firmes [bem assentes] no chão. *Ishidan o ippo ippo ~ yō ni agatte itta* 石段を一歩一歩踏み締めるように上がって行った Fui subindo a escada de pedra devagar [com cuidado].

fumí-táosu 踏み倒す (< fumú + …) **1**[踏みつけて倒す] Deitar ao chão「flores」com os pés [as patas (Animais)]. **2**[代金を払わずそのままにしてしまう] Não pagar; calotear [ferrar o calote]. *Sono otoko wa shakkin o fumitaoshite nigete shimatta* その男は借金を踏み倒して逃げてしまった Esse homem fugiu deixando a dívida por pagar.

fumí-tódómáru 踏み止まる (< fumú + …) **1**[足に力を入れてその場に止まる] Parar. *Saka no tochū de ayauku fumi-todomatta* 坂の途中であやうく踏み止まった Com muito custo [Sabe Deus como(Id.)] consegui parar a meio da rampa. **2**[危険な所などに他人が去ったあとまで残る] Permanecer até o fim. ★ *Saigo made fumi-todomatte tatakau* 最後まで踏み止まって戦う Lutar até ao fim (sem arredar pé). **3**[先に進まず、そこで打ち切る] Parar. *Keikaku henkō o funitodomatte yokatta* 計画変更を踏み止まってよかった Valeu a pena [Foi bom] ter parado a alteração do plano.

fumí-tsúbúsu 踏み潰す (< fumú + …) **1**[踏んでつぶす] Esmagar com os pés「a centopeia」. **2**[他人の面目をひどく傷つける] Ferir a honra de alguém. **3**[敵をうちほろぼす] Esmagar o adversário.

fumí-tsúké 踏み付け (< fumí-tsukéru) **1**[踏みつけること] A pisadela. **2**[人の面目・心情・態度を無視すること] O pisar; a bofetada. *Sono toki no shachō no taido wa shain no shinjō o fumitsuke ni shita mono datta* その時の社長の態度は社員の心情を踏みにしたものだった Aquela atitude do presidente ofendeu [foi uma bofetada para] os empregados.

fumí-tsúkéru 踏み付ける (< fumú + …) **1**[足で強く踏んでおさえつける] Pisar; carregar com o pé. **2**[人の面目・心情・態度を無視する] Pisar[Calcar] os outros. *Sore wa amari ni hito o fumitsuketa yarikata da* それはあまりに人を踏み付けたやり方だ Isso é calcar demais as pessoas.

fumí-wákéru 踏み分ける (< fumú + …) Abrir caminho (com os pés). ★ *Yamamichi o fumi-wakete susumu* 山道を踏み分けて進む Prosseguimos abrindo caminho pela montanha.

fumō 不毛 **1**[地味がやせて作物が生育しないこと] Árido; estéril. ★ ~ *no chi* 不毛の地 A terra estéril. **2**[成果の上がらないこと]【Fig.】Estéril. ★ ~ *na giron* 不毛な議論 A discussão ~ [inútil].

fumón 不問【E.】O não falar「do assunto」. ★ ~ *ni fusu* 不問に付す Não falar mais do caso.

fűmón[uú] 風紋 As ondas feitas pelo vento na areia.

fumóto 麓 O sopé do monte.

fumú 踏[履]む **1**[足の裏で上から押さえる] Pisar; calcar. ★ *Akuseru [Pedaru] o ~* アクセル[ペダル]を踏む Carregar [~] no acelerador [pedal]. *Kimono no suso o fumanai yō ni takushiageru* 着物の裾を踏まないようにたくし上げる Levantar a falda [do quimono para não o pisar. ⇨ fundári-kéttari.
2[足をおろす] Bater o pé; marcar passo. ★ *Jidanda o ~* 地団駄を踏む jidánda. *Ni-no-ashi o ~* 二の足を踏む ⇨ ni-nó-áshí. *Suteppu o ~* ステップを踏む **a**) Dar um passo; **b**) **c**) Dançar.
3[その土地・場所に立つ] Ir; pisar. *Haha wa gojūnenburi ni sokoku no tsuchi o funde namida o nagashita* 母は50年ぶりに祖国の土をふんで涙を流した Minha mãe chorou de emoção ao pisar o solo pátrio após 50 anos.

4 [そのような場面を経験する] Fazer a experiência. ★ *Bakazu o ～ 場数を踏む* Passar por várias experiências. *Doji o ～ どじを踏む* Cometer uma estupidez; fazer um disparate. *Hakuhyō o ～ 薄氷を踏む* Correr perigo. 慣用 *Zensha no tetsu o ～ 前車の轍を踏む* Passar por caminho já trilhado; seguir exemplo anterior.
5 [ある段取りを経て行う] Cumprir; seguir. ★ *Tetsuzuki o ～ 手続きを踏む* ～ as formalidades. **6** [推測する] Supor; calcular. *Sono shigoto wa mikka de dekiru to funda* その仕事は三日でできるとふんだ Calculei que podia terminar essa obra em três dias. **7** [見当をつける] Calcular; avaliar; estimar. **8** [時などで同じ韻を用いる] Fazer rima. ★ *In o ～ 韻を踏む* Rimar.

fu-múki 不向き Impróprio; não ser 「para」; não dar. *Nanigoto de mo hito ni wa muki ～ ga aru* 何事でも人には向き不向きがある Há sempre pessoas que são ou não são para uma determinada tarefa. S同 Fu-níai. 反 Múki.

fún¹ 分 **1** [時間の単位の1つ] O minuto. ★ *San-ji jū-go-～ hatsu no shinkansen* 3時15分発の新幹線 O foguete das três (horas) e um quarto (quinze ～s). ◇ *Mai ～ 毎分* Cada ～. ⇨ byō¹; ji⁶. **2** [角度の単位の1つ] O grau. ★ *Tōkei hyaku-sanjū-go-do go ～ 東経135度5分* Cento e trinta e cinco graus e cinco ～s [135°5′] de longitude este.

fún² ふん 【Interj.】 **1** [友達・目下の者に軽く返事をする時発する語] Há! *Watashi no shitsumon ni ani wa ～ to itta* 私の質問に兄は「ふん」と言った À minha pergunta, meu irmão apenas resmungou um "hã". S同 Fúmu; ún. ⇨ fúnfun¹. **2** [不満・軽視の気持ちを表す語] H(u)m! ★ *～ to hana de ashirau* ふんと鼻であしらう Fazer pouco caso.

fún³ 糞 O excremento 「de ave/peixe/cão」 (⇨ bafún). ★ *～ o suru* 糞をする Fazer cocó (Infa.); cagar (G.); defecar. S同 Daíbén; kusó.

fún⁴ フン (< Chi. hun) O huno. ◇ *～ zoku* フン族 Os hunos.

fūn ふうん 【Interj.】 H(u)m. ⇨ fún² **2**.

fúna 鮒 【Zool.】 O carássio; *carassius auratus*. ◇ ⇨ **hera** [kan]-**buna**.

funá-áshi 船足 [脚] (< fúne + …) **1** [船の進む速さ] A velocidade do navio. *Kono fune wa ～ ga hayai [osoi]* この船は船足が早い [遅い] Este navio é rápido [lento]. **2** [船の吃水] O calado. ★ *～ ga fukai [asai]* 船足が深い [浅い] De ～ alto [baixo]. S同 Kissúi.

funá-ásobi 船遊び (< fúne + …) O passeio de barco.

funá-bashi 船橋 (< fúne + hashí) A ponte flutuante [de barcas].

funá-báshigo 船梯子 (< fúne + hashígo) A escada de costado. 同 Taráppu.

funá-báta 船端 [舷] (< fúne + hatá) A amurada; o bordo do navio. S同 Funá-bérí; gén.

funá-bérí 船縁 (< fúne + herí) O bordo (de navio). S同 Funá-báta; gén.

funá-bín 船便 (< funé + …) **1** [人や物の移動に船が使われること] O serviço de transporte marítimo. **2** [船で荷物・郵便を送ること] A via marítima. ★ *Kozutsumi o ～ de okuru* 小包を船便で送る Mandar a encomenda de barco [por ～]. ◇ kókū-bín.

funá-chin 船賃 **1** [乗船賃] (O preço da) passagem de navio. **2** [荷物の運賃] O (preço do) trans-

porte de navio. **3** [船を雇うときの料金] O (preço do) aluguer[l] do navio.

funá-dámá 船霊 (< fúne + tamá) O deus tutelar do barco/junco.

funá-dé 船出 (< fúne + déru) A partida [saída] do navio. ★ *～ suru* 船出する Levantar ferro/âncora; sair do porto. S同 Funá-dáchí; shukkó.

funá-dón'ya 船問屋 (< fúne + toń'yá) A agência de navegação. S同 Kaísén-dón'ya.

funá-gáisha 船会社 (< fúne + kaishá) A companhia de navegação. S同 Kaíún-gáisha.

funá-góyá 船小屋 (< fúne + koyá) O alpendre [A casa] dos barcos.

funágu 船具 (< fúne + dógu) O equipamento [Os apetrechos] de barcos.

funá-gúrá 船倉 (< fúne + kurá) O porão do navio.

fúnai 府内 **1** [府の区域内] No [Dentro do] "fu" (Ōsaka/Kyoto). **2** [御府内] (H.] Edo.

funá-ítá 船板 (< fúne + …) **a)** A tábua móvel que fecha a escotilha; **b)** A madeira para fazer barcos.

funáji 船路 [E.] **1** [船の行き来する道] A rota de navio. 同 Kōro. **2** [⇨ funá-tábí].

fu-náka 不仲 【G.】 A desavença. S同 Fúwa.

funá-kájí 船火事 (< fúne + …) O incêndio a bordo (de navio).

funákátá 船方 O marinheiro; o marujo. S同 Funáko; funánori (+); sendō (+).

funákó 船子 (< fúne + …) O marinheiro. S同 Funákátá; funá-nori (+); sendō (+); súifu (+).

funá-kúi-mushi 船喰虫 (< fúne + kúu + …) 【Zool.】 O ta[e]redo; *teredo navalis japonica*.

funá-mushi 船虫 (< fúne + …) 【Zool.】 A barata-da-praia; a lígia; *megaliggia escotica*.

funá-ní 船荷 (< fúne + …) A carga do navio. ★ *～ o tsumu* 船荷を積む Carregar o navio. ◇ *～ nushi* 船荷主 O expedidor(da ～). *～ shōken* 船荷証券 O conhecimento de embarque.

funá-nori 船乗り (< fúne + norú) O marinheiro; o marujo; o tripulante; o homem do mar. S同 Funákátá; sendō; seń'ín; súifu.

funá-nushi 船主 (< funé + …) O proprietário do navio. S同 Sénshu.

fú-nare 不慣 [馴] れ A inexperiência; a falta de prática [conhecimento]; a falta de familiaridade. ★ *～ na eigo* 不慣れな英語 O inglês pobre.

funá-tábí 船旅 (< fúne + tabí) A viagem de barco. ★ *～ ni deru* 船旅に出る Fazer uma ～.

funá-uta 舟歌・船唄 (< fúne + …) **1** [船乗りが船をこぐ時にうたう歌] A cantiga de marujos. **2** [バルカロール] 【Mús.】 A barcarola.

funá-wátashí 船渡し (< fúne + watású) **1** [船で人や物を対岸へ渡すこと] O transporte de barco entre as margens de rio ou lago. **2** [本船(積み込み)渡し] (< Ing. free on board) Franco a bordo; FOB. ◇ *～ nedan* 船渡し値段 O preço ～. 同 Hońsén-wátashi.

funá-yádó 船宿 (< fúne + …) **1** [船の運送を業とする家] A agência de navegação. **2** [船遊び・魚つりなどの貸船を仕立てることを業とする家] A empresa de aluguer[l] de barcos para pesca ou passeio.

funá-yákata 船屋形 (< fúne + …) A casa construída na barca no estilo da mansão dos senhores feudais.

funá-yói 船酔い (< fúne + yóu) O enjoo de navio.

★ ～ *suru* 船酔いする Enjoar… [S/同] Funáyámai.
funá-zókó 船底 (< fúne + sokó) **1** [船の底] O porão [fundo do navio]. **2** [船底のような弓形] A forma arqueada.
funá-zúmí 船積み (< fúne + tsumú) O carregamento do navio. ◇ **～ kō** 船積み港 O porto de ～.
fuń-bárí 踏ん張り (< fuń-báru) **1** [力を入れて踏みしめること] O sustentar-se firmemente com os pés. *Ashikubi o itamete ～ ga kikanai* 足首を痛めて踏ん張りがきかない Tenho o tornozelo ferido, e não posso pisar firme [com firmeza]. **2** [がんばり] O esforço. ★ *Mō hito ～ suru* もうひと踏ん張りする Fazer mais um ～. [S/同] Gańbárí.
fuń-báru 踏ん張る (< fumú + harú) **1** [足に力をこめて大きく開く] Fincar os pés no chão com as pernas bem escarranchadas/abertas. **2** [がまんしてがんばる] Aguentar firme. ★ *Saigo made ～* 最後まで踏ん張る ～ até ao fim. [S/同] Gańbáru.
fuń-béń 糞便 As fezes. [S/同] Fún; Bén. ⇨ kusó.
fúnbetsu 分別 A discrição; o juízo;「ter」o sentido das coisas; a sensatez; o discernimento. ★ ～ *no aru hito* 分別のある人 A pessoa judiciosa [prudente; sensata; discreta]. ～ *no nai koto o suru* 分別のないことをする Agir de maneira insensata. ～ *no tsuku toshigoro* 分別のつく年頃 A idade da razão. ～ *o ushinau* 分別を失う Perder o juízo.
[S/同] Shían; shíryo.
fuńbétsú-zákari 分別盛り (<… + sakárí) A idade madura [do bom senso/da sabedoria].
fúnbo 墳墓【E.】O túmulo; a sepultura. ★ ～ *no chi* 墳墓の地 A terra onde está ～ dos antepassados; a terra natal. [S/同] Okútsúkí.
fuń-byṓ 分秒【E.】O momento. *Sore wa ～ o arasou byōki da* それは分秒を争う病気だ Isso é uma doença que tem de ser tratada imediatamente. [S/同] Ikkókú (+).
fuńdákúru ふんだくる【G.】**a**) Tirar à força; sacar; **b**) Extorquir;「o governo, com impostos」roubar. *Tarō wa yūjin ni kane o fundakurareta* 太郎は友人に金をふんだくられた O amigo de Tarô sacou-lhe o dinheiro. [S/同] Tóru; torí-ágérú.
fuńdáń ní ふんだんに Em abundância; à farta. ★ *Kane* [*Mizu*] *o ～ tsukau* 金[水]をふんだんに使う Gastar dinheiro [água] à farta.
[S/同] Hṓfú ní; jū́bún ni; takúsán; tappúri.
fuńdárí-kéttari 踏んだり蹴ったり (< fumú + kéru) A desgraça pegada; o azar sobre azar. *Man'in densha de o-kane wa surareru wa ashi wa fumareru wa ～ da* 満員電車でお金はすられるわ足は踏まれるわ踏んだり蹴ったりだ Hoje, num comboio [trem] à cunha, roubaram-me, pisaram-me, foi um dia de azar. [S/同] Sańzán.
fúndo 憤怒【E.】A cólera; a ira; o furor; a raiva. [S/同] Fúnnu; ikárí (+).
fuńdṓ 分銅 O peso; o contrapeso. ◇ **～ bakari** 分銅秤 A balança de contrapeso. [S/同] Omórí.
fuńdóshí 褌 A cueca típica j. de homem (Género tanga, hoje pouco usada). [I/慣用] ～ *o shimete kakaru* 褌をしめてかかる Lançar-se a sério a um trabalho; arregaçar as mangas (G.). *Hito no ～ de sumō o toru* 人の褌で相撲を取る Ganhar à custa dos outros. ◇ **Roku-shaku ～** 六尺褌 ～ grande (Feita com uma tira de pano de quase 2 metros).
[S/同] Shitá-óbí; mawáshí.
fuńdóshí-kátsugi 褌担ぎ (<… + katsúgu) **1** [相撲取りの中で最下級の者] O lutador de sumô principiante [de baixa categoria]. **2** [その部門で他の人のために働く最下級の者] A pessoa da mais baixa categoria de um se(c)tor.
fúne[1] 舟・船 **1** [水の上を走る乗り物] O barco; o navio. ★ ～ *de iku* 船で行く Ir de ～. ～ *kara oriru* 船から降りる Desembarcar. ～ *ni noru* 船に乗る Embarcar. ～ *ni yowai* 船に弱い Enjoar de ～. ～ *o kogu* 船を漕ぐ **a**) Remar; **b**) Cabecear [Cochilar (B.)]. [I/慣用] *Norikakatta ～* 乗りかかった船 Agora não podemos [se pode] voltar atrás. ⇨ ikádá; sénpaku[1].
2 [さしみをのせる容器] O prato raso e rectangular, para servir o "sashimi". *Maguro no sashimi hito ～* まぐろのさしみ一舟 Um prato de "sashimi" de atum.
fúne[2] 槽 **1** [水・酒などを入れる直方体の入れ物] O recipiente grande, de forma re(c)tangular. ◇ **Yubune** 湯槽 A banheira. ⇨ suísṓ[1]. **2** [馬のかいば桶] A manjedoura [pia]. **3** [さしみなどを入れる底の浅い入れ物] O prato raso rectangular (principalmente para servir "sashimi").
fuń-éń[1] 噴煙 O fumo. ⇨ kemúrí.
funéń[2] 不燃 Incombustível; não-inflamável. ◇ **～ kenchiku** 不燃建築 A construção à prova de incêndio. [A/反] Kanéń.
funéń-séí 不燃性 A incombustibilidade. ◇ **～ kenzai** 不燃性建材 O material incombustível para construção. [A/反] Neńséí.
fu-nésshin 不熱心 Sem [A falta de] estusiasmo;「mostrar-se」indiferente「ao plano」. *Haruo wa benkyō ni wa ～ de aru* 春雄は勉強には不熱心である Haruo tem pouco entusiasmo pelo estudo [não gosta muito de estudar]. [A/反] Nesshín. ⇨ fu[7].
fúnfun[1] ふんふん【Interj.】Ah é; hã hã. *Ani wa watashi no hanashi o ～ to kiite ita* 兄は私の話をふんふんと聞いていた Meu irmão mais velho escutava a conversa, concordando comigo. ⇨ fún[2] **1**.
fúnfun[2] ふんふん A fungadela. ★ *Hana o ～ (to) narasu* 鼻をふんふん(と)鳴らす Fungar. ⇨ kúnkun.
fuńgáí 憤慨 A indignação; a zanga; a revolta. ★ ～ *shite donaritsukeru* 憤慨してどなりつける Ralhar revoltado. [S/同] Fúndo; fuńgékí.
fuńgékí 憤激【E.】⇨ fuńgáí.
fúngi 紛議 A dissenção; a polémica; a controvérsia; a disputa. ★ ～ *o kamosu* 紛議をかもす Causar uma ～. [S/同] Fuńsṓ (+).
fuń-gírí 踏ん切り (< fuń-gíru) A decisão. *Shingaku ka shūshoku ka ～ ga tsukanai* 進学か就職か踏ん切りがつかない Não sei se devo continuar a estudar ou se devo empregar-me. ★ ～ *o tsukeru* 踏ん切りをつける Decidir-se (de uma vez).
fuń-gíru 踏ん切る (< fumú + kíru) Decidir-se.
fuńgṓ 吻合 **1** [物事がぴったり合うこと] A coincidência. *Kare no hanashi to jijitsu ga ～ suru* 彼の話と事実が吻合する Os fa(c)tos coincidem com o que ele diz. [S/同] Fugṓ; gatchí; itchí (+). **2** [縫口]【Med.】O anastomosar. ◇ **～ jutsu** 吻合術 A anastomose. ⇨ hṓgṓ.
fu-níai 不似合い **a**) O「chapéu」não ficar bem; **b**) O não ser digno [capaz]. *Ano musume wa waga-ya no yome ni wa ～ da* あの娘は我が家の嫁には不似合いだ Aquela moça não pode entrar (como nora) na nossa família. [A/反] Niáí. ⇨ fu[7].
fuń'íki 雰囲気 A atmosfera; o ambiente;「a senhora com um certo」ar. ★ ～ *o midasu* 雰囲気を乱す

F

funíkú 218

Estragar o ambiente. ~ *o tsukuru* 雰囲気を作る Criar um ambiente (agradável).

funíkú 腐肉 A carne podre; o cadáver.

funín[1] 不妊 **1** A esterilidade. ◇ ~ **sho** 不妊症 [Med.] A esterilidade. ⇨ nińshín.

funín[2] 赴任 O ir para o novo posto. *Umibe no chīsana mura ni wakai onna no sensei ga ~ shite kita* 海辺の小さな村に若い女の先生が赴任して来た Uma professora jovem chegou para assumir o cargo na aldeia pequena do litoral. ◇ ~ **chi** 赴任地 O novo local de trabalho. ⇨ chakúnín.

fu-nínjō 不人情 A desumanidade; a insensibilidade; a falta de simpatia. ★ ~ *na otoko* 不人情な男 O homem desumano [sem coração; insensível]. ~ *na shiuchi* 不人情な仕打ち O tratamento cruel.

fu-nínki 不人気 A impopularidade「entre os colegas」. -ki ⇨ fu[2].

fuńjibáru ふん縛る 【G.】 Atar [Amarrar] com toda a força. *Tarō wa suri o funjibatte keisatsu ni tsukidashita* 太郎はすりをふん縛って警察に突き出した Tarō amarrou o carteirista [punguista(B.)] e entregou-o à polícia. ⇨ shibáru.

fuńjō[1] 紛擾 【E.】 O conflito「político」. [S/周] Arásói-gótó; momé-gótó.

fuńjō[2] 栓状 O pó「de cortiça」. ⇨ koná.

funká 噴火 A erupção vulcânica. ★ ~ *suru* 噴火する Entrar em a(c)tividade [*Sono kazan wa ~ shite iru* その火山は噴火している Esse vulcão está em erupção].

funká-kō 噴火口 A cratera. ⇨ funká.

fuńkéi[1] 刎頸 【E.】 A decapitação. ★ ~ *no majiwari* 刎頸の交わり Uma amizade eterna. ~ *no tomo* 刎頸の友 Um amigo para sempre [a vida e para a morte].

fuńkéi[2] 焚刑 【E.】 O suplício do fogo. [S/周] Hi-áburi no kei.

fúnki[1] 奮起 【E.】 O animar-se. ★ *Hito o ~ saseru* 人を奮起させる Animar [Estimular/Arrastar] alguém. [S/周] Fuńpátsú.

fúnki[2] 噴気 O (expelir) vapor [gás]. ◇ ~ **kō** 噴気孔 A fumarola.

fuńkyū 紛糾 A complicação. ★ ~ *suru* 紛糾する Complicar-se [~ *shita kaigi* 紛糾した会議 Uma reunião complicada [em que ninguém se entende]]. [S/周] Końrán (+).

fuńmán 憤「怒」懣 【E.】 A indignação; a ira; a revolta. ★ ~ *yaru-kata-nai* 憤懣やる方ない Não sei como manifestar a minha ~ [Estou indignado]! [S/周] Fúndo; funmón[2]; uppún (+).

fuńmátsú 粉末 O pó「de carvão」; o polvilho; a limalha「de ferro」. ★ ~ *jō no* 粉末状の Em pó. ~ *ni suru* 粉末にする Reduzir a pó; pulverizar. ⇨ koná.

fuńmón[1] 噴門 【Anat.】 A cárdia. ◇ ~ **bu** 噴門部 A região cardial.

fuńmón[2] 憤悶 ⇨ fuńmán.

fuńmú-ki 噴霧器 O vaporizador; o borrifador.

fuń-nyō 糞尿 A urina e as fezes. ◇ ~ **shori** 糞尿処理 A limpeza da ~.

fuń-nyū 粉乳 O leite em pó. ◇ **Dasshi** ~ 脱脂粉乳 O leite desnatado em pó. [S/周] Koná-míruku (+).

funō[1] 不能 **1** [できないこと] A impossibilidade. ★ *Kaishū ~ no kashitsuke* 回収不能の貸し付け O empréstimo [A dívida] perdido/a. ◇ **Saiki** ~

再起不能 Irrecuperável. [S/周] Fu-káno (+). **2** [能力・才能がないこと] A incapacidade; a incompetência. [S/周] Munō (+). **3** [インポテンツ] A impotência [O ser impotente]. ◇ **Seiteki** [**Kōsetsu**] ~ 性的[交接]不能 A impotência (sexual). [S/周] In'í; inpóténtsu.

funō[2] 不納 O não pagamento. ★ *Zeikin no ~* 税金の不納 ~ dos impostos. [S/周] Fu-bárai.

funō[3] 富農 O agricultor rico. [S/周] Gōnō. [A/周] Hińnō.

funóri 布海苔 **1** 【Bot.】 Uma espécie de alga; *gloiopeltis furcata*. **2** [1 を煮て網状にひろげて干し固めたもの；またこれをとかして糊にしたもの] As algas [Comida].

fuńpán 噴飯 【E.】 O desatar a rir. ◇ ~ **mono** 噴飯物 O「pedido」absurdo [ridículo].

fuńpátsú 奮発 **1** [気力をふるいおこすこと] O esforço. ★ *Hito ~ suru* ひと奮発する Fazer (mais) um ~. [S/周] Fúnki; happún. **2** [思いきって金や物を出すこと] Pagar generosamente; permitir-se o luxo「de」. ★ *Kyaku ni totte-oki no wain o ~ suru* 客にとっておきのワインを奮発する Dar aos hóspedes um vinho que estava bem guardado.

fuńpón 粉本 【E.】 **1** [絵の下書き] O esboço. **2** [絵の手本] 「A pintura」modelo para cópia.

fuńpún[1] 紛紛 【E.】 Confusamente; em desordem. *Kono genshō ni tsuite wa shosetsu ~ to shite iru* この現象については諸説紛々としている Acerca deste fenó[ó]meno as opiniões dividem-se [estão divididas].

fuńpún[2] 芬芬 【E.】 Penetrantemente. ◇ **Akushū** ~ 悪臭芬々 Um cheirete! **Kōki** ~ 香気芬々 O cheirinho (agradável).

fuńréi 奮励 【E.】 O esforço entusiasta. ★ ~ *doryoku suru* 奮励努力する Fazer todo o esforço; esforçar-se (a)o máximo. [S/周] Seíréi.

fuńryū 噴流 O ja(c)to; o esguicho; o jorro.

fuńsái 粉砕 **1** [細かく打ち砕くこと] O esmigalhar. **2** [徹底的に打ち破って再び立ち上がれない様にすること] A aniquilação; o extermínio. ★ *Teki o ~ suru* 敵を粉砕する Exterminar o inimigo.

fuńséki 糞石 【Geol.】 O coprólito.

fuńsén 奮戦 **1** [気力をふるって力いっぱい戦うこと] A luta renhida. ★ ~ *suru* 奮戦する Combater renhidamente/furiosamente. [S/周] Fuńtō. **2** [懸命にがんばること] 【Fig.】 A luta sem tréguas. ★ *Benchā bijinesu ni ~ suru* ベンチャービジネスに奮戦する Matar-se trabalhando num empreendimento de alta tecnologia. [S/周] Fuńtō.

fuńshá 噴射 **1** [気体・液体に圧力を加えて勢いよく出させること] O ja(c)to; o esguicho. ★ ~ *suru* 噴射する Esguichar [Sair em ja(c)to]. ◇ ~ **ki** 噴射機 O motor a ja(c)to. **2** [噴油] A inje(c)ção de óleo diesel. ◇ ~ **suishinshiki** 噴射推進式 O sistema de propulsão por [a] ja(c)to. [S/周] Fuń'yú.

fuńshí 憤死 **1** [憤死して死ぬこと] 【E.】 O morrer num ataque de ira. **2** [惜しくもアウトになること] 【Beis.】 O ser morto. ★ *Ichi ni-rui kan de ~ suru* 一、二塁間で憤死する Ser morto [Perder] entre a primeira e segunda base.

fuńshín 分針 O ponteiro dos minutos. ⇨ byōshín[2].

fuńshítsú 紛失 A perda; o sumiço. ◇ ~ **nushi** 紛失主 O dono da coisa perdida. ~ **todoke** 紛失届け A declaração de ter perdido algo/um obje(c)to.

otoshí-móno.

fuńshitsú-butsu 紛失物 O obje(c)to perdido.

fuńshóku¹ 粉[扮]飾【E.】O enfeite; o embelezamento. ◇ **~ kessan** 粉飾決算 O balanço fictício (Para esconder prejuízos).

fuńshóku² 粉食 A comida à base de farináceos. ⇨ beíshóku; nikúshóku.

fuńshutsú 噴出 O esguichar. ◇ **~ butsu** 噴出物 A lava (Ou outros produtos). ⇨ Fuńshá.

fuńsó¹ 紛争 A disputa; o conflito; a revolta. ◇ **Daigaku ~** 大学紛争 O conflito universitário; a revolta estudantil. **Kokusai ~** 国際紛争 Os conflitos internacionais. ⓈⓀ Moméngótó.

fuńsó² 扮装 O disfarce; a cara(c)terização. ★ *Hamuretto ni ~ shita yakusha* ハムレットに扮装した役者 O a(c)tor cara(c)terizado [que faz] de Hamlet. ⓈⓀ Heńsó; kasó. ◇ **~** fuńsúru.

fuńsúi 噴水 O repuxo [ja(c)to de água]. **~** *ga dete iru* 噴水が出ている Estar a sair [jorrar] água do repuxo. ◇ **~ ki** 噴水器 O aparelho com **~**.

fuńsúru 扮する **a)** Disfarçar-se「para fugir」; **b)** Representar; fazer o papel de. *Gakugeikai de Yōko wa Jurietto ni fuńshita* 学芸会で洋子はジュリエットに扮した Yōko representou [fez o papel de] Julieta na festa da escola. ⇨ Fuńsó² súrú.

fuńtán 粉炭 O carvão em pó. ⇨ koná; sumí¹.

fuńtó 奮闘 **1** [力いっぱい闘うこと] A luta corajosa [renhida/valente]. ★ *Kogun ~ suru* 孤軍奮闘する Lutar só. ⓈⓀ Keńtó; rikíseń; rikító. **2** [力をふるってがんばること] O esforço estrénuo [denodado]. ★ *Jitai shūshū no tame ~ suru* 事態収拾のため奮闘する Fazer um **~** para dominar a situação. ⓈⓀ Fuńseń. ⇨ dóryoku.

fu-núke 腑抜け 「<…³+nukérú」【G.】O palerma; o indivíduo frouxo; o banana. *Kare wa ~ de yakutazu da* 彼は腑抜けで役立たずだ Ele é um palerma e um inútil. ⓈⓀ lkújí-nashi; kofú-núké (+).

fuńwari (to) ふんわり(と)【On.】**1** [物が軽やかに浮かんだり飛んだりするようす] Levemente; suavemente. *Shabondama ga ~ sora ni maiagatte iku* シャボン玉がふんわり空に舞い上っていく As bolas de sabão sobem levezinhas no ar. **2** [柔らかくふくらんださま] Fofamente. *Pan ga ~ fukuranda* パンがふんわりふくらんだ O pão saiu fofinho[cresceu bem]. **3** [そっと軽く乗せるようす] Ao de leve.

funya-fúnya ふにゃふにゃ【On.】**1** [やわらかで張りのないさま] Mole. ⓈⓀ Gunyá-gúnyá. **2** [しっかりしていないさま] Débil; lânguido; indolente; mole. ★ **~** *(to) shita taido* ふにゃふにゃ(と)した態度 A atitude **~**. ⓈⓀ Gunyá-gúnyá.

fu-nyó-i 不如意 **1** [思いのままにならぬこと] O correr mal; a contrariedade. ★ **~** *na hibi no kurashi* 不如意な日々の暮らし A vida cheia de contrariedades. **2** [生計の困難なこと] A vida difícil [apertada]. ★ *Temoto ~ de aru* 手許不如意である Estar com falta de dinheiro.

fúnyū [fuú] 封入 O conter [encerrar]. ★ *Henshin-yō no kitte o ~ shita tegami* 返信用の切手を封入した手紙 A carta com selos incluídos para a resposta.

fuńzén¹ 奮然【E.】Corajosamente. ★ **~** *to shite* 奮然として ⇨ furúi-tátsu.

fuńzén² 憤然【E.】A indignação; a ira; a raiva. ★ **~** *to shite seki o tatsu* 憤然として席を立つ Levantar-se todo zangado [indignado] e sair. **~** *to suru* 憤然とする Zangar-se; indignar-se; enfurecer-se.

fuńzóri-káeru 踏ん反り返る **1** [威張って上体を後ろへそらす様にする] Empertigar-se. *Akira wa isu ni funzorikaette suwatte ita* 明はいすに踏ん反り返って座っていた Akira estava todo empertigado na cadeira. **2** [人を見下して威張った態度をとる] Empertigar-se. *Kare wa kokkai giin ni natte funzorikaette iru* 彼は国会議員になって踏ん反り返っている Ele, desde que é deputado, tem o rei na barriga [anda todo empertigado].

fuón 不穏 A perturbação; a ansiedade; a agitação; o mal-estar; a inquietação. ★ **~** *na* 不穏な Inquietante; preocupante; ameaçador [*Kaigishitsu ni wa ~ na kūki ga nagarete ita* 会議室には不穏な空気が流れていた Na sala da reunião pairava um ar de **~**]. ⓈⓀ Keń'áki (+). Ⓐ Heíón.

fu-óntó 不穏当 A impropriedade. ★ **~** *na hyōgen* 不穏当な表現 Uma expressão imprópria. ⇨ fu-tékisetsu; fu-tékitó.

fu-ráchi 不埒 A sem-vergonha; a insolência. ★ **~** *na* 不埒な Ultrajante; imperdoável; insolente; rude. **~** *senban de aru* 不埒千万である Que **~**! ⓈⓀ Futódoki. ⇨ keshíkáran.

furá-dánsu フラダンス (< Ing. hula dance) A hula (hula); a dança havaiana.

fúrafura (to) ふらふら(と)【On.】**1** [足どりがしっかりせずよろめくようす] Com vertigens; a tremer. ★ **~** *shita ashidori de aruku* ふらふらした足取りで歩く Andar com passo pouco firme. **~** *(to)* tachí-agaru ふらふら(と)立ち上がる Levantar-se com dificuldade. ⇨ yótayota. **2** [当てもなくあちこち歩くようす] Sem rumo. *Kare wa ~ de-aruku kuse ga aru* 彼はふらふら出歩くくせがある Ele tem a mania de sair [vaguear] à toa. ⓈⓀ Búrabura. **3** [心が定まらずあれこれ迷うようす] A vacilar. **~** *shite inai-de hayaku kime nasai* ふらふらしていないで早く決めなさい Não fique (para aí) indeciso「**~** e resolva-se (mas é depressa). ⇨ gúzu guzu. **4** [前後の考えもなく行動するようす] Sem dar bem conta. *Kanojo wa tsui ~ to kane o nusunda* 彼女はついふらふらと金を盗んだ Ela roubou o dinheiro sem saber por quê nem para quê.

furái¹ フライ (< Ing. fry < L. frigere) Frito. ★ **~** *poteto* フライポテト Batatas fritas.

furái² フライ (< Ing. fly)【Beis.】A bola alta. ★ **~** *o utsu* フライを打つ Bater a **~**.

furái-kyu フライ級 (< Ing. fly +…)【(D)esp.】O peso mosca. ◇ **Sekai ~ senshuken** 世界フライ級選手権 O título de campeão mundial peso mosca.

furaíngú フライング (< Ing. flying)【(D)esp.】A saída falsa.

furái-pán フライパン (< Ing. frying pan) A frigideira [sertã].

furáisu フライス (< Ing. fraise) A fresa. ◇ **~ ban** フライス盤 A bancada de fresagem.

furaító フライト **1** [航空機の飛行] O voo (dos aviões). ◇ **~ rekōdā** フライトレコーダー O regist(r)o de **~**. ⇨ bíń¹; hikó¹. **2** [スキーのジャンプ競技の空中姿勢と動作] O salto [A acrobacia] no esqui.

furákú 不落「城」Inexpugnável. ◇ **nankō**

furáménko フラメンコ (< Esp. flamenco) O flamenco (Dança ou canção).

furámingo フラミンゴ (< Ing. flamingo < P.) 【Zool.】O flamingo; *phoenicopterus ruber*.

furán¹ 腐乱 [爛] 【E.】A decomposição; a putrefação. ◇ **~ shitai** 腐乱死体 O cadáver em ~. Ⓢ/同 Birán. ⇨ fuhái¹.

fúran² フラン (< Fr. franc) O franco (Moeda).

furánchaizu フランチャイズ (< Ing. franchise) **1** [地域の根拠地] 【Beis.】O direito [A franquia] de promover jogo de ba[ei]sebol. **2** [一手販売権] O direito de agente exclusivo. ◇ **~ sei [hōshiki]** フランチャイズ制[方式] O sistema de agente exclusivo. **~ ten** フランチャイズ店 O agente exclusivo.

furán-ki 孵卵器 A incubadora.

furánku フランク (< Ing. frank) Franco; claro; honesto. *Kare wa ~ na seikaku no mochi-nushi da* 彼はフランクな性格の持ち主だ Ele tem um caráter ~. Ⓢ/同 Sotchókú (+).

furánkú(fúruto) フランク(フルト) (< Al. Frankfurt, top.) Frankfurt. ◇ **~ sōsēji** フランク(フルト)ソーセージ A salsicha ~.

furánnéru フランネル (< Hol. flannel) A flanela. **~** *no shatsu* フランネルのシャツ A camisa de ~.

fúrano フラノ (< Ing. flano) O tecido de flanela.

Furánsu フランス A França. ◇ **~ go** フランス語 O francês. **~ jin** フランス人 O francês. **~ kakumei** フランス革命 A Revolução Francesa. **~ ryōri** フランス料理 A culinária francesa.

furáppā フラッパー (< Ing. flapper) A maria-rapaz. Ⓢ/同 Hanékaérí-músume; oténbá-músume.

furáppe フラッペ (< Fr. frappé) O frapé (Bebida).

furáppu フラップ (< Ing. flap) A aba.

furárerú 振られる (< furú) **1** [捨てられる] Ser rejeitado [recusado]. *Tarō wa Yōko ni furareta* 太郎は洋子に振られた O Tarô foi rejeitado pela Yoko. **2** [動かされる] Ser abalado.

furári (to) ふらり(と) 【On.】★ **~** *dekakeru* ふらりと出かける Sair à toa. Ⓢ/同 Burátto; furátto ¹.

furásshu フラッシュ (< Ing. flash) **1** [暗い所で写真撮影をする時用いる瞬間的な強い電光] O "flash" [clarão]. ★ **~** *o taku* フラッシュを焚く Usar ~. *Hōdōjin no ~ o abiru* 報道陣のフラッシュを浴びる Ser fotografado pelos repórteres. **2** [映画の瞬間的な短い場面] Um instantâneo. ◇ **~ bakku** フラッシュバック A retrospectiva. **3** [通信社の速報] As notícias relâmpago. ◇ **Nyūsu ~** ニュースフラッシュ (O programa das) ~.

furásu 降らす (< fúru) (Fazer) chover; trazer chuva; derramar. ★ *Chi no ame o ~* 血の雨を降らす Derramar (muito) sangue.

furásúkó フラスコ (< P.) O frasco; o balão de vidro [ensaio]; o matraz. ◇ **Maru-zoko ~** 丸底フラスコ O frasco de fundo abaulado. ⇨ bín².

furásútóréshon [ēe] フラストレーション (< Ing. frustration < L.) 【Psic.】A frustração. Ⓢ/同 Yokkyúfúman (+).

furátsúkú ふらつく **1** [足元が安定せずふらふらする] Cambalear; andar sem firmeza. *Sake ni yotte ashi (moto) ga furatsuita* 酒に酔って足(元)がふらついた Ele ficou a cambalear de bêba[e]do. Ⓢ/同 Fúrafura suru. **2** [気持ち・考え・態度などが定まらずあれこれ迷う] Ficar [Estar] indeciso [confuso]; hesitar; vacilar. *Mada kangae ga furatsuite iru* まだ考えがふらついている Ainda está indeciso. Ⓢ/同 Fúrafura suru. **3** [あてもなくあちこち歩く] Perambular; deambular; caminhar [passear] sem rumo [destino]. *Yoru no machi o atemonaku ~* 夜の町をあてもなくふらつく **~** *pelas ruas à noite*. Ⓢ/同 Burátsúkú; fúrafura suru; urótsúkú.

furátto¹ ふらっと ⇨ furári (to).

furátto² フラット (< Ing. flat) **1** [平らなこと] **a)** Plano; liso; **b)** Trivial; insípido. **2** [音を半音下げる記号] 【Mús.】O bemol. Ⓐ/反 Shápu. **3** [競争の記録で所要時間に秒以下の端数がつかずちょうどであること] Exa(c)to. ★ *Jū-byō ~ de hashiru* 10秒フラットで走る Correr em 10 segundos ~s. Ⓢ/同 Jásuto.

furáwā-bókkusu フラワーボックス (< Ing. flower box) A caixa [O vaso] para flores.

furé¹ 触れ (< furérú) A nota [O aviso] oficial [ao público]. ★ *O ~ o dasu* お触れを出す Emitir um(a) ~.

furé² 振れ (< furérú) O desvio; o afastamento; a deflexão. ★ *Jishaku no ~* 磁石の振れ O desvio da bússola.

furē [ēe] フレー (< Ing. hurray) (H)urra!; viva! **~** *shirogumi* フレーフレー白組 Viva a equipa branca!

furēā フレアー (< Ing. flare) A roda (da saia). ◇ **~ sukāto** フレアースカート A saia rodada. Ⓢ/同 Furéya.

furé-ái 触れ合い (< furé-áu) O conta(c)to; o relacionamento; o entendimento. ★ *Oya to ko no ~ ga aru* 親と子の触れ合いがある Haver (bom) relacionamento entre pais e filhos.

furé-áruku 触れ歩く (< furérú¹ + ...) ⇨ furé-máwáru.

furé-áu 触れ合う (< furérú¹ + ...) **1** [互いに触れる] Tocar-se; roçar-se. ★ *Te to te ga ~* 手と手が触れ合う As mãos tocarem-se. **2** [互いにわかり合った気持ちになる] Simpatizar. *Futari wa kokoro to kokoro ga fureatta* 二人は心と心が触れ合った Os dois simpatizaram com o outro.

furé-dáiko 触れ太鼓 (< furérú¹ + taíkó) O tocar de tambor para anunciar o início de um espe(c)táculo [torneio de sumô].

furéi 布令 A publicação de uma lei.

furékishiburu フレキシブル (< Ing. flexible < L.) Flexível. ★ **~** *na zunō* フレキシブルな頭脳 A mentalidade ~. Ⓢ/同 Júnán ná (+); furékkusu.

furé-kómí 触れ込み (< furé-kómu) O anúncio; a proclamação. *Burajiru-gaeri no kare wa porutogaru-go ga perapera to iu ~ datta* ブラジル帰りの彼はポルトガル語がペラペラという触れ込みだった Depois de regressar do B. ele espalhou [anda aí a proclamar aos quatro ventos] que vinha a falar p. fluentemente. Ⓢ/同 Maé-sénden.

furé-kómu 触れ込む (< furérú¹ + ...) **1** [前もって宣伝をする] Anunciar; proclamar; espalhar. Ⓢ/同 Senden súrú (+). **2** [自称する] Proclamar-se; fazer-se passar 「por」. *Kare wa isha da to furekonda* 彼は医者だと触れ込んだ Ele espalhou que era [fez fez-se passar por] médico.

furé-máwáru 触れ回る (< furérú¹ + ...) **1** [触れを伝えて歩く] Apregoar; promulgar. **2** [言いふらして歩く] Divulgar; espalhar [propagar] 「rumores」. ★ *Akuhyō o ~* 悪評を触れ回る Difamar. ⇨ ií-furásu.

furému [ēe] フレーム (< Ing. frame) **1** [わく; ふち] A armação; a moldura; o caixilho. ★ *Megane no ~* めがねのフレーム **~** *dos óculos*. Ⓢ/同 Fuchí; wakú; gakú. **2** [温床] O estufim (Pequena estufa para plantas novas). **3** [自動車・自転車の車体の骨

組み] O chassi [esqueleto](do carro); a armação.

fureńchí-dóresshingu フレンチドレッシング (< Ing. french dressing) O molho francês.

fureńchí-tṓsuto [óo] フレンチトースト (< Ing. french toast) O pão passado por ovo e frito.

fu-reńzókú-séń 不連続線【Met.】A linha de descontinuidade.

furérú[1] 触れる **1** [さわる] Tocar; roçar. *Tenji-hin ni te o furenai koto* 展示品に手を触れないこと (掲示) Não mexer nos artigos expostos! [S/同] Sawárú. ⇨ sawárú. **2** [目などで知覚する] Chamar [Atrair] a atenção「de」. ★ *Wakaba ga me ni* ~ 若葉が目に触れる As folhas novas atraem a atenção/vista. ⇨ kikú[1]; miéru. **3** [ある機会・物事などに出会う] Deparar-se; encontrar-se「com」. ★ *Koto [Ori] ni furete* 事[折り]に触れて Quando calha [a ocasião se proporciona]; ocasionalmente. **4** [言及する] Referir; mencionar; aludir「a」. *Kono kōgi wa seiji mondai ni furete inai* この講義は政治問題に触れていない Esta conferência não trata de política. [S/同] Geńkyū́ súrú. **5** [規則に違反する] Infringir; transgredir; violar; desrespeitar. ★ *Hō ni* ~ *kōi* 法に触れる行為 Um a(c)to ilegal [que vai contra a lei]. [S/同] Iháń súrú. **6** [さわって反応を起こさせる] Tocar. ★ *Kirai ni* ~ 機雷に触れる ~ numa mina. *Kyūsho ni* ~ 急所に触れる ~ no ponto vital. **7** [広く知らせる] Difundir; propagar; espalhar. *Furete aruku* 触れて歩く Andar espalhando「o rumor」.

furérú[2] 振れる **1** [ゆれ動く] Oscilar; balançar. *Gasu mētā no hari ga fureta* ガスメーターの針が振れた O ponteiro do contador do gás oscilou. ⇨ yurérú. **2** [正しい方向から少しずれる] Desviar-se; deslocar-se. *Jishaku no hari ga nishi ni fureta* 磁石の針が西に振れた A agulha da bússola desviou-se para oeste. **3** [「振れている」の形で,「よく打っている」]【Beis.】(Re)bater. *Ano battā wa batto ga yoku furete iru* あのバッターはバットがよく振れている Aquele jogador tem um bom (re)bater de bola.

furérú[3] 狂れる Enlouquecer. ★ *Ki ga* ~ 気がふれる Ficar louco; perder o juízo. [S/同] Kurúu (+).

furésshu フレッシュ (< Ing. fresh) Fresco. ★ ~ *na kankaku* フレッシュな感覚 Uma sensação nova [diferente]. ◇ **~ man** フレッシュマン O calou[oi]ro; o novato. **~ jūsu** フレッシュジュース O sumo [suco] de fruta. [S/同] Shińséń.

furésúkó フレスコ (< It. fresco) O fresco; a pintura mural. ◇ **~ ga** フレスコ画 O fresco.

furéyā フレヤー (< Ing. flare) ⇨ furéā.

furḗzu [ée] フレーズ (< Ing. phrase) **1** [句] A frase. ◇ **Kyatchi ~** キャッチフレーズ O lema; a divisa; a frase-chamariz. [S/同] Kú. **2** [メロディーの一区切り]【Mús.】A frase.

fúri[1] 不利 A desvantagem. ★ ~ *na* 不利な Desvantajoso; adverso [*Hikoku ni* ~ *na shōgen o suru* 被告に不利な証言をする Prestar um testemunho desfavorável ao acusado].
[S/同] Fu-ríeki; són. [A/反] Yū́ri.

furí[2] 振り (< furú) **1** [振ること] O balanço; a oscilação. ★ *Batto no* ~ *ga nibui* バットの振りが鈍い Ter um mau (re)bater de bola. **2** [舞台で音楽に合わせて演じる踊りやしぐさ] A coreografia. ★ ~ *o tsukeru* 振りをつける Fazer a ~ de uma música. ⇨ furí-tsúké. **3** [ある人が外面に表しているようす] O fingimento; a simulação. ★ *Mite minai* ~ *o suru* 見て見ない振りをする Fingir que não viu [vê]. [P/ことわざ] *Hito no* ~ *mite waga* ~ *naose* 人の振り見て我が振り直せ Aprende com os erros dos outros. **4** [紹介や予約のない客] Ocasional; de passagem. ★ ~ *no kyaku* 振りの客 O cliente ~ [sem marcação/reserva]. [S/同] Ichígéń nó kyákú.

furí[3] 降り (< fúru) O chover [cair neve]. *Hidoi* ~ *da* ひどい降りだ Que chuvada [nevada]! /Como ela cai! [A/反] Terí. ⇨ amé-furi.

furī́ [íi] フリー (< Ing. free) **1** [束縛・制限がないこと] Livre. ~ *na tachiba de hatsugen suru* フリーな立場で発言する Falar com (toda a) isenção. ◇ **~ battingu** フリーバッティング【Beis.】O exercício de manejo do bastão. ⇨ **~pasu**. **~ surō** フリースロー (バスケットボールの) O lançamento livre. **~ sutairu** フリースタイル O estilo livre (Natação). [S/同] Jiyū́. **2** [フリーランサーの略]「O escritor/jornalista」livre [independente]. ~ *ni naru* フリーになる Ficar ~. [S/同] Jiyū́ (+). **3** [ただであること] Gratuito; grátis.

furí-ágéru 振り上げる (< furú[2] + …) Levantar [Erguer] (alto/com vigor). ★ *Okotte genkotsu o* ~ おこってげんこつを振り上げる Erguer, colérico, o punho. [S/同] Furí-kázásu.

furí-áí 振り合い (< furú[2] + áu) O equilíbrio; a comparação. [S/同] Baráńsú (+); tsurí-áí (o).

furí-átéru 振り当てる (< furú[2] + …) Atribuir; dar; distribuir. ★ *Yaku o* ~ 役を振り当てる Atribuir uma função; distribuir/dar os papéis (Teatro). [S/同] Warí-átéru (+); warí-fúru.

furí-dáshí 振り出し (< furí-dásu) **1** [抽選のときガラガラと振って中のものを小さな穴から出す器具] Uma máquina para tirar coisas à sorte (Nas lojas). **2** [すごろくのさいを振り始める所] A primeira casa「do "sugoroku"」. ★ ~ *ni modoru* 振り出しにもどる Voltar à ~. **3** [物事をやりはじめる最初の状態] O início, o começo. *Kare wa gyūnyū-haitatsu o* ~ *ni shoku o tenten to kaeta* 彼は牛乳配達を振り出しに職を転々と変えた Ele começou por andar a distribuir leite e (desde então) tem mudado muito de emprego. **4** [出発点] O ponto de partida. ★ *Tōkyō o* ~ *ni zenkoku o mawaru* 東京を振り出しに全国を回る Dar uma volta por todo o país, começando por Tóquio. [S/同] Shuppátsú-ten (+). **5** [振り出し薬の略] A infusão. **6** [為替手形・小切手を発行すること] A emissão「de um cheque」. ◇ **~ kyoku** 振り出し局 A entidade emissora.

furídáshí-níń 振り出し人 O emissor; o sacador.

furí-dásu[1] 振り出す (< furú[2] + …) **1** [振って出す] Sacudir para fora; expelir sacudindo. **2** [湯の中で振り出し薬を振ってその成分を出す] Infundir; pôr de infusão. **3** [為替手形・小切手を発行する] Passar; emitir; sacar「uma letra」.

furí-dásu[2] 降り出す (< fúru[1] + …) Começar a chover.

furí-dṓshí 降り通し (< fúru[1] + tṓsu) O chover ininterruptamente [sem parar (+)]. ★ ~ *no ame* 降り通しの雨 A chuva ininterrupta.

fu-ríeki 不利益 A desvantagem; o prejuízo. *Kono torihiki de waga-sha wa ichijirushii* ~ *o kōmutta* この取り引きで我が社はいちじるしい不利益を被った Este negócio causou grande prejuízo à nossa companhia. [S/同] Fúri (+); són. [A/反] Ríeki. ⇨ fu[7].

furí-gána 振り仮名 (< furú[2] + kaná) "Kana" que se escreve ao lado do "kanji" para indicar a sua leitura. [S/同] Kaná; rúbi. ⇨ okúrí-gána.

furígḗtó-káń フリーゲート艦 (< Ing. frigate) A fra-

F

gata. ⇨ kuchíkú-káń.

furí-gómá 振り駒 (< furú² + kóma) O deitar [tirar] as pedras do "shōgi" para decidir quem começa.

furí-hánásu 振り離 [放] す (< furú² + …) **1** [くっついている物を強く振って離す] Soltar「a mão」; sacudir; libertar. [S/同] Furí-kíru **1** (+). **2** [後ろから迫って来る者を追いつかせないようにする] Livrar-se do perseguidor. [S/同] Furí-kíru **3** (+).

furí-hárau 振り払う (< furú² + …) Espanar [Limpar]「o pó」; sacudir. ★ *Namida o* ~ 涙を振り払う Enxugar [Limpar] as lágrimas.

furí-hódóku 振り解く (< furú² + …) Desembaraçar(-se); libertar(-se); desenvencilhar(-se); soltar (-se). ★ *Nawa o furi-hodoite nigeru* 縄を振り解いて逃げる ~ (d)a corda e fugir. [S/同] Furí-kíru.

furíjiya [íi] フリージヤ (< Ing. freesia)【Bot.】A frésia; *freesia refracta*.

furí-kábúru 振りかぶる (< furú² + …) Erguer [Elevar] sobre a cabeça. *Pitchā dai-ikkyū o furi-kaburimashita* ピッチャー第一球を振りかぶりました O lançador ergueu a bola sobre a cabeça para efectuar o seu primeiro lançamento.
[S/同] Furí-ágéru (+); furí-kázásu.

furíkáé 振替 (< furí-káéru²) **1** [別のものと入れ替えること] A troca; a mudança; a transferência. ◇ ~ **kyūjitsu** 振替休日 O feriado que, caindo num domingo é mudado [transferido] para o outro dia. ~ **yusō** 振替輸送 A mudança de transporte (Motivado por acidente, etc.). **2** [簿記である勘定科目の記載を他の勘定科目に移すこと] A transferência bancária. **3** [郵便振替の略] A transferência postal. ★ ~ *de kane o okuru* 振替で金を送る Enviar o dinheiro por vale [Fazer uma transferência] postal. ◇ ~ **kōza** 振替口座 A conta para ~.

furí-káéru¹ 振り返る (< furú² + …) **1** [後ろを向いて見る] Virar-se [Voltar-se] para trás; olhar por cima do ombro. [S/同] Furí-múku. **2** [思い出して見る] Relembrar; recordar. ★ *Jinsei o* ~ 人生を振り返る ~ o passado. [S/同] Kaérí-míru.

furí-káéru² 振り替える (< furú² + …) **1** [取り替えて使う] Transferir; mudar; trocar. ★ *Kyūjitsu o* ~ 休日を振り替える ~ o feriado. **2** [振替勘定をする] Transferir. ★ *Futsū yokin o teiki yokin ni* ~ 普通預金を定期預金に振り替える ~ uma soma do depósito à ordem para o depósito a prazo.

furí-kákáru 振り掛 [懸] かる (< furú² + …) **1** [細かいものが落ちてくる] Cair「sobre; em cima」. [S/同] Furí-sósógu. **2** [よくない事が身の上に起こる] Acontecer; sobrevir; ocorrer; suceder. *Sainan ga totsuzen kanojo ni furi-kakatta* 災難が突然彼女に振りかかった Subitamente aconteceu-lhe um desastre [uma catástrofe].

furí-káké 振り掛け (< furí-kákéru) Alimentos secos e moídos, para polvilhar sobre o arroz.

furí-kákéru 振り掛ける (< furú² + …) Polvilhar; deitar「sal」; borrifar.

furí-kátá 振り方 (< furú² + …) **1** [物を振る方法] O manejo. ★ *Raketto no* ~ ラケットの振り方 ~ da raqueta. **2** [処置のしかた] O arranjo; o arrumo; a disposição. ★ *Kongo no mi no* ~ *o kangaeru* 今後の身の振り方を考える Pensar que arranjo [rumo] dar à vida.

furí-kázásu 振り翳す (< furú² + …) **1** [頭の上に振り上げて構える] Brandir; erguer. [S/同] Furí-ágéru (+); furí-kábúru. **2** [正面に公然と出してかかげる] Declarar; mostrar「a sua força」. ★ *Kenryoku o* ~ 権力を振りかざす Brandir o poder; abusar do poder.

furí-kíru 振り切る (< furú² + …) **1** [しがみつく手を離す] Sacudir [Libertar-se de]. *Sugaru hahaoya no te o* ~ すがる母親の手を振り切る ~ a [da] mão da mãe suplicante. [S/同] Furí-hánásu **1**; furí-hódóku. **2** [ことわる] Recusar; rejeitar; repelir. ★ *Kongan o furikitte kaeru* 懇願を振り切って帰る ~ (todas as) súplicas e virar costas. [S/同] Kotówáru. **3** [逃げ切る] Escapar [Deixar para trás]. ★ *Otte o* ~ 追っ手を振り切る Escapar aos perseguidores. [S/同] Furí-hánásu; nigé-kíru (+). **4** [十分に振る] Brandir vigorosamente. ★ *Batto o* ~ バットを振り切る ~ o bastão [(Re)bater a bola com força].

furíkó 振り子 O pêndulo. ◇ ~ **tokei** 振り子時計 A pêndula; o relógio de ~.

fu-ríkō 不履行 O não cumprimento; a falta. ★ *Saimu no* ~ 債務の不履行 O não pagar a dívida. ◇ **Keiyaku** ~ 契約不履行 O ~ [A quebra] do contrato.

furí-kómérárému 降り籠められる (< furíkómú) Ficar retido [bloqueado]「em casa」. ★ *Ame* [*Yuki*] *ni* ~ 雨 [雪] に降りこめられる ~ pela chuva [neve].

furí-kómú¹ 降り込む (< fúru¹ + …) Entrar. *Ame ga ie no naka ni furikonde iru* 雨が家の中に降り込んでいる Está a ~ chuva dentro de casa.
[S/同] Fukí-kómu.

furí-kómú² 振り込む (< furú² + …) **1** [振って中へ入れる] Sacudir para dentro. **2** [預金の口座に払い込む] Transferir. ★ *Gosen-en o kare no kōza ni* ~ 5000円を彼の口座に振り込む ~ 5000 yens para a conta dele. **3** [麻雀で上がり牌を捨てる] Jogar a pedra que dá a vitória ao adversário.

furí-máku 振り撒く (< furú² + …) Espalhar (profusamente). ★ *Aikyō o* ~ 愛嬌を振りまく ~ encanto [gentileza]「por toda a parte」.
[S/同] Makí-chírásu (+).

furí-máwásu 振り回す (< furú² + …) **1** [振りながら回す] Brandir. ★ *Sutekki o* ~ ステッキを振り回す ~ a bengala. **2** [誇示する] Exibir; vangloriar-se「de」. ★ *Chishiki o* ~ 知識を振り回す ~「a sua」sabedoria. [S/同] Kóji suru (+). **3** [乱用する] Abusar. ★ *Kenryoku o* ~ 権力を振り回す ~ do poder. [S/同] Rań'yṓ súrú (+). **4** [人を思いのままに動かす] Manobrar. ★ *Kare wa itsumo nyōbō ni furimawasarete iru* 彼はいつも女房に振り回されている Ele é sempre manobrado pela mulher.

furí-mídásu 振り乱す (< furú² + …) Desgrenhar; desalinhar.

furí-múkéru 振り向ける (< furú² + …) **1** [顔・上体をその方へ向ける] Voltar a cara「para a mãe」. **2** [当てる] Usar [Aplicar]. *Kifu-kin o tosho kōnyū-hi ni* ~ 寄付金を図書購入費に振り向ける ~ os donativos para a aquisição de livros. [S/同] Jū́tō súrú.

furí-múku 振り向く (< furú² + …) Virar-se; olhar por cima do ombro.

furíń 不倫【E.】A imoralidade. ★ ~ *no koi* 不倫の恋 O amor ilícito.
[S/同] Fu-dṓtoku; fúgi; haítókú; hidṓ.

fū́ríń [uú] 風鈴 Uma sineta pequenina que tilinta com o vento (Para sensação de frescura no tempo quente).

fū́ríńsō [uú] 風鈴草【Bot.】A campânula; a campainha; *campanula medium*.

furí-órosu 振り下ろす (< furú² + …) Descarregar「a espada em」. ★ *Konbō o ~* こん棒を振り下ろす Dar uma paulada (cacetada). A/反 Furí-ágeru.

furí-ótosu 振り落とす (< furú² + …) Derrubar; sacudir「castanhas da árvore」.

furí-pásu [ii] フリーパス **1** [無料の入場券] O bilhete de entrada livre「nos meios de transporte」. **2** [自由に通行すること] O poder entrar livremente. *Gakusei-shō o misereba kono toshokan wa ~ da* 学生証を見せればこの図書館はフリーパスだ Com [Se mostrar] o cartão de estudante pode … nesta biblioteca. **3** [無試験の合格] A aprovação sem exame. *Kare wa ~ de nyūsha shita* 彼はフリーパスで入社した Ele entrou na empresa sem fazer os testes de admissão.

fúriru フリル (< Ing. frill) O folho「na blusa」. ⇨ hída.

furí-shíbóru 振り絞る (< furú² + …) Fazer algo com força. ★ *Koe o ~* 声を振り絞る Forçar a voz; gritar com força.

furi-shikíru 降り頻る (< fúru¹ + …) Chover [Nevar] com força [sem parar]. ★ *ame no naka o aruku* 降りしきる雨の中を歩く Andar debaixo duma grande chuvada.

furí-sóde 振り袖 (< furú² + …) O quimono (de manga comprida). A/反 Tomé-sóde.

furí-sósogu 降り注ぐ (< furú² + …) **1** [続けざまに集中して降りかかる] Cair. *Nikkō ga sansan to furisosoide iru* 日光がさんさんと降り注いでいる Que sol! S/同 Furí-kákáru. **2** [ある人や事例をめがけて集中する] Cair. ★ *~ hinan no koe* 降り注ぐ非難の声 A chuva de críticas. ⇨ shūchū.

furí-sútéru 振り捨てる (< furú² + …) **1** [振り放し捨てる] Abandonar; deixar; repudiar. **2** [きっぱりと断ち切る] Cortar. ★ *Miren o ~* 未練を振り捨てる um apego「ilícito」. S/同 Furí-kíru.

furí-tátéru 振り立てる (< furú² + …) **1** [激しく振る] Sacudir; abanar. **2** [声をはり上げて] Levantar muito. ★ *Kanakirí-goe o ~* 金切り声を振り立てる ~ [Esganiçar] a voz. S/同 Harí-ágeru (+). **3** [振って力を込めて] Tocar com força.

fúritsu 府立 Do "fu¹". ⇨ chōrítsú¹; keńrítsú; kokúrítsú; shíritsú¹,²; sońrítsú¹.

furi-tsúké 振り付け (< furí-tsúkéru) A coreografia. ★ *~ o suru* 振り付けをする Compor a dança [o bailado]; coreografar. ⇨ furí-tsúkéru. ◇ **~ shi** 振り付け師 O coreógrafo.

furí-tsúkéru 振り付ける (< furú²+…) Compor bailados; coreografar. ★ *Kashu ni mi-buri o ~* 歌手に身ぶりを振り付ける Coreografar a a(c)ção da(s) cantora.

furi-tsúzúku 降り続く (< fúru¹ + …) Continuar a chover. *Ame ga itsu made mo furi-tsuzuita* 雨がいつまでも降り続いた A chuva continuou por muito tempo [não houve maneira de parar].

furí-wáké 振り分け (< furí-wákéru) **1** [二つに分けること] A divisão em duas partes. **2** [荷物を肩の前後に分けてかつぐこと] O levar dependurado ao ombro. ◇ **~ nimotsu** 振り分け荷物 A carga …. **3** [仕事の割当] A distribuição. ★ *Shigoto no ~ o kimeru* 仕事の振り分けを決める Fazer ~ do [Distribuir o] trabalho.

furí-wákéru 振り分ける (< furú² + …) **1** [二つに分ける] Repartir em dois. *Kami o sayū ni ~* 髪を左右に振り分ける Fazer [Usar] risca (no cabelo). **2** [割り当てて分配する] Dividir; distribuir. ★ *Shigoto o sannin ni ~* 仕事を三人に振り分ける ~ o trabalho por três (pessoas). S/同 Haíbúń súrú (+).

furí-yámu 降り止む (< fúru¹ + …) Parar de chover. *Ame ga furi-yanda* 雨が降り止んだ A chuva parou.

furízā [ii] フリーザー (< Ing. freezer) **1** [冷凍装置] O frigorífico. S/同 Reítōko. **2** [冷蔵庫の冷凍室] O congelador. S/同 Reítōshitsu.

furó 風呂 **1** [湯ぶね; 浴槽] O banho de imersão. ★ *~ ni hairu* 風呂に入る Tomar ~. ◇ **Goemonburo** 五衛門風呂 A banheira de ferro com forro solto de madeira no fundo. **2** [入浴するための湯] (A água d)o banho. ★ *ga atsui* 風呂が熱い ~ está quente. ~ *ga waita* 風呂が沸いた O banho já está pronto. ~ *o taku* 風呂をたく Aquecer ~. ◇ **~ ba** (お)風呂場 (O) casa [quarto] de banho. **~ oke** 風呂桶 A banheira (funda). **3** [風呂屋; 銭湯] O banho [balneário] público. ★ *~ ni iku* 風呂に行く Ir ao ~. ◇ **~ ya** 風呂屋 ~ o dono. S/同 Sénto (+).

furó 不老 A eterna juventude. ★ *~ chōju no hiketsu* 不老長寿の秘訣 O segredo da ~ (a longevidade). *~ fushi no reiyaku* 不老不死の霊薬 O elixir da ~.

fúrō¹ [uú] 風浪 O vento e as ondas; o mar agitado.

fúrō² [uú] 封蠟 O lacre.

furōā フロアー (< Ing. floor) **1** [ゆか] O piso; o soalho; o chão; o pavimento. ◇ **~ shō** フロアーショー O espe(c)táculo de "boite" ou "cabaret". ~ *sutando* フロアースタンド O candeeiro de [com] pé. S/同 Yuká (+). **2** [階] O andar [piso]. S/同 Kái (+).

furóggúman フロッグマン (< Ing. frogman) O mergulhador; o homem rã. S/同 Seńsúifu.

furō-ji [óo] 浮浪児 O menino vadio; o moleque da rua; a criança abandonada. ⇨ furō-sha.

furókku フロック (< Ing. frock) **1** [修道僧などが着る服] O hábito [A batina]. **2** [コート] A sobrecasaca; o fraque.

furókú 付[附]録 **1** [本文の後についている図表や説明] O apêndice. ◇ **Kanmatsu ~** 巻末付録 ~ no final do livro. **2** [雑誌などにおまけとして別についているもの] O suplemento. ★ *~ o tsukeru* 付録をつけて Juntar ~. S/同 Omáké. S/同 Hónshi.

furóntia フロンティア (< Ing. frontier < L.) **1** [国境地方] A fronteira. S/同 Heńkyō; kokkyō. ⇨ sakái. **2** [アメリカ西部の開拓地の最前線] A fronteira. ◇ **~ seishin** フロンティア精神 O espírito (de) pioneiro.

furónto フロント (< Ing. front < L.) **1** [正面] A frente; a dianteira. ◇ **~ garasu** フロントガラス O pára-brisas. S/同 Máe (+). A/反 Bákku. **2** [ホテルの正面玄関にある受付] A recepção (do hotel). **3** [球団事務局] A secretaria de uma equipe de ba[ei]sebol profissional.

furō-sha [óo] 浮浪者 O vagabundo; o vadio. ⇨ furō-ji.

furóshíkí 風呂敷 O pano resistente usado como bolsa. ★ *~ o hirogeru* 風呂敷をひろげる Estender [Desatar] ~. ◇ **~ zutsumi** 風呂敷包み Embrulhado no ~. ⇨ **ō-~**.

furō-shótoku 不労所得 O rendimento obtido sem trabalho [esforço].

furōto [óo] フロート (< Ing. float) **1** [浮き] A bóia. S/同 Ukí (+). **2** [水上飛行機の浮き舟] A bóia; o flutuador (de hidroavião). **3** [アイスクリームを浮かせ

た冷たい飲み物] O refresco「de café」com gelado.

fúru[1] **降る** **1** [上の方から落ちてくる] Cair; chover. *Ame ga furihajimeta* 雨が降り始めた Começou a chover. ★ *Endan ga* ~ *hodo aru* 縁談が降るほどある Ter inúmeras propostas de casamento. **2** [思いがけないことが急に現れる] Acontecer [Sobrevir] inesperadamente. ★ *Futte waita yō na hanashi* 降ってわいたような話 O assunto [negócio] inesperado.

furú[2] **振る** **1** [固定したものの一部を大きく動かす] Sacudir; agitar「o frasco」; voltear. ★ *Shikibō o* ~ 指揮棒を振る Agitar a batuta.
2 [手・足などを動かす] Menear; sacudir; balancear. *Te o* ~ 手を振る Agitar [Fazer gestos com/ Menear] as mãos [os braços]. *Kubi o tate [yoko] ni* ~ 首を縦[横]に振る Fazer sinal afirmativo [negativo] com a cabeça.
3 [別の方向に動かす] Fazer mudar [trocar] de dire(c)ção. *Hikōki wa kishu o migi ni futta* 飛行機は機首を右に振った O avião virou o nariz para a direita. *Feinto o kakete difendā o* ~ フェイントをかけてディフェンダーを振る Desviar o defesa com um movimento [uma jogada] simulado[a].
4 [手を動かし握った物を投げる] Lançar; jogar. ★ *Saikoro o* ~ さいころを振る ~ os dados. *Sakana ni shio o* ~ 魚に塩を振る Deitar [Pôr] sal no peixe.
5 [割り当てる] Atribuir; distribuir「os cargos」; destinar. ★ *Mi no furi-kata* 身の振り方 Os planos do [para o] futuro. [S/同] Waríátéru.
6 [文字の脇に読みがな記号を付ける] Escrever "furigana". ★ *Kana o* ~ かなを振る Pôr [Indicar/Escrever] a leitura do "kanji" em "kana". **7** [為替・手形を発行する] Emitir「uma letra/promissória」. **8** [きらって相手にしない] Rejeitar; recusar; abandonar. *Kare wa koibito o futta* 彼は恋人を振った Ele deixou a namorada. [S/同] Sodé ní súrú; sutérú. ⇨ furárérú. **9** [捨てる；無駄にする] Jogar fora; desperdiçar. ★ *Shachō no isu o bō ni* ~ 社長のいすを棒に振る Ser um mau presidente.

F

fúru[3] **古** (< furúi[1]) **1** [⇨ o-fúru]. **2** [furú-: 古くなったの意を表す] Antigo; velho. ◇ **~ shinbun** 古新聞 O jornal ~. **~ zasshi** 古雑誌 A revista ~. **3** [以前の意を表す] Anterior. ◇ ⇨ **~ su**.

fúru[4] **フル** (< Ing. full) Completamente; plenamente; ao máximo. ★ *Moteru chikara o* ~ *ni hakki suru* 持てる力をフルに発揮する Mostrar toda a sua força [capacidade]. ◇ **~ bēsu** フルベース【Beis.】As bases cheias de jogadores. **~ kōsu** フルコース A refeição completa. **~ supīdo** フルスピード A velocidade máxima. ⇨ kanzéń[1].

furúbíru **古びる** a) Envelhecer; b) Ser antiquado. ★ *Furubita tatemono* 古びた建物 O edifício velho. *Furubite mieru* 古びて見える Parecer velho. ⇨ furúi[1].

furúbókéru **古ぼける** Ter um aspe(c)to [Tornar-se] antiquado [velho; gasto].

furú-dánuki **古狸** (< furúi[1] + tánuki) **1** [年老いた狸] O texugo velho. **2** [一筋縄ではいかない人]【Fig.】O espertalhão; a raposa velha; o macaco de rabo coçado. [S/同] Furú-gítsune; rṓréń-ká.

furú-dérá **古寺** (< furúi[1] + terá) **1** [古くて荒れはてた寺] O templo velho [em ruínas]. **2** [古くて由緒のある寺] O templo antigo [histórico]. [S/同] Kosátsú.

furú-dṓgu [**óo**] **古道具** (< furúi[1] + …) O artigo velho [em segunda mão]; o bricabraque. ◇ **~ ya** 古道具屋 A loja de ~. [S/同] Kottṓ.

furúé **震え** (< furúérú) O tremor; o calafrio; o arrepio; o estremecimento. ★ ~ *ga kuru* 震えが来る Ter um ~.

furúé-ágáru **震え上がる** (< furúérú + …) Estremecer; sobressaltar-se; tremer com frio [de medo]; atemorizar-se; arrepiar-se. ★ *Hito o furue-agaraseru* 人を震え上がらせる Fazer tremer「de medo」. *Samukute* ~ 寒くて震え上がる Tremer com [Tiritar de] frio.

furúé-góe **震え声** (< furúérú + kóe) A voz tremida.

furúérú **震える** **1** [震動する] Vibrar; estremecer; tremer; trepidar. *Densha ga tōru tabi ni garasu-mado ga biriri to* ~ 電車が通る度にガラス窓がビリリと震える A vidraça vibra sempre à passagem do comboio [trem]. [S/同] Shińdṓ súrú. **2** [感情のたかぶりで体などがゆれ動く] Tremer; estremecer「de emoção」.

furú-gáó **古顔** (< furúi[1] + kaó) O veterano [rosto familiar]. *Watashi wa kaisha no naka de wa* ~ *da* 私は会社の中では古顔だ Eu sou um ~ nesta empresa. [S/同] Furú-kábú; kosáń. [A/反] Shiń-gáó.

furú-gí **古着** (< furúi[1] + kimónó) A roupa usada [velha; em segunda mão]. ◇ **~ ya** 古着屋 O comerciante ou a loja de ~.

furú-gítsune **古狐** (< furúi[1] + kitsúné) **1** [年とったきつね] A raposa velha. **2** [ずるがしこい人]【Fig.】O indivíduo astuto [manhoso]; o raposão; a raposa velha. [S/同] Furú-dánuki (+).

furú-hóń **古本** (< furúi[1] + …) **1** [読み古した本] O livro usado [em segunda mão]. ◇ **~ ya** 古本屋 A livraria [O vendedor] de ~s; o alfarrabista. **2** [昔、刊行された書物] O livro antigo; o incunábulo. [A/反] Shińpóń.

furúi[1] **古い** **1** [長い年月がたっている様子] Antigo; velho. *Sore wa* ~ *mukashi no hanashi da* それは古い昔の話だ Essa história já é muito antiga. ★ ~ *kitte* 古い切手 O selo (postal) usado. [A/反] Atáráshíí. ⇨ furúmékáshíí. **2** [時代おくれである様子] Antiquado; obsoleto. *Sono te wa mō* ~ その手はもう古い Essa maneira「de fazer」[trama] já é velha/~. [A/反] Atáráshíí. ⇨ jidáí[1].

furúí[2] **篩** (< furúú[2]) A peneira; o crivo. ★ ~ *ni kakeru* ふるいにかける a) Peneirar; b) Escolher.

furúí-ókósu **奮い起こす** (< furúú[1] + …) Despertar; animar; estimular. ★ *Yūki o* ~ 勇気を奮い起こす Animar-se; ganhar [encher-se de] coragem.

furúí-ótósu[1] **振るい落とす** (< furúú[1] + …) a) Sacudir; b) Abandonar.

furúí-ótósu[2] **篩い落とす** (< furúú[2] + …) a) Peneirar; b) Passar pelo crivo e eliminar os maus. ★ *Shorui senkō de shigan-sha o* ~ 書類選考で志願者をふるい落とす Fazer a eliminatória dos candidatos por exame dos documentos.

furúí-tátsu **奮い立つ** (< furúú[1] + …) Excitar-se; estimular-se; animar-se. *Shiai o mae ni senshu wa furuitatta* 試合を前に選手は奮い立った Os atletas estavam excitados antes da partida. [S/同] Fúnki suru (+).

furúí-tsúku **震い付く** (< furúú + …) Abraçar-se com paixão. *Ano josei wa furuitsukitaku naru hodo no bijin da* あの女性は震い付きたくなるほどの美人だ Ela é uma jovem tão bonita que dá vontade de a abraçar. [S/同] Mushábúrí-tsúku.

furúí-wáké **篩い分け** (< furúí-wákéru) A peneiração; a tamisação; a crivação.

furúí-wákéru 篩い分ける (< furúú² + …) Peneirar [Limpar] e separar. ★ *Doro to sakin o* ～ 泥と砂金をふるい分ける Separar as areias auríferas da lama.

furú-kábú 古株 (< furúi¹ + …) **1** [草木の古い株] O toro [cepo] velho. **2** [古顔] O veterano. *Kare wa kono kaisha no* ～ *da* 彼はこの会社の古株だ Ele é um ～ nesta firma. [S/同] Furú-gáó.

furú-kizu 古傷 (< furúi¹ + …) **1** [以前に受けた傷] A cicatriz; a ferida antiga. [A/反] Namá-kizu. **2** [旧悪] A ferida [falta] antiga. ★ ～ *o abaku* 古傷をあばく Reabrir [Falar de] feridas passadas.

fúruku 古 [旧] く (Adv. de furúi¹) Antigamente; outrora. ★ ～ *kara no shiriai* 古くからの知り合い Um velho amigo. ～ *naru* 古くなる「o carro」Ficar velho.

furú-kúsái 古臭い (< furúi¹ + …) Antiquado; retrógrado; com barbas. ★ ～ *iimawashi* 古臭い言い回し A expressão antiquada [gasta].

furú-mái 振る舞い (< furú-máu) **1** [行動; 動作のしかた] O comportamento; o procedimento; a conduta; a atitude. ★ *Onna-rashii* ～ *o suru* 女らしい振る舞いをする Portar-se como mulher. **2** [ごちそうをすること] O dar [fazer/oferecer] uma festa. ◇ **～ zake**「**o nomu**」振る舞い酒「を飲む」Beber à custa de alguém. ⇨ ōban-burumai.

furú-máu 振る舞う (< furú² + …) **1** [行動する] (Com)portar-se; proceder; agir. ★ *Aisō yoku* ～ 愛想よく振る舞う Ser amável. [S/同] Kṓdṓ súrú. **2** [ごちそうする] Convidar「para jantar」. ★ *O-sushi o* ～ おすしを振る舞う ～ para um sux[sh]i. [S/同] Gochísṓ súrú; moténású.

furúmékáshii 古めかしい Antigo; fora de moda. ⇨ furú-kúsái.

furú-mónó 古物 (< furúi¹ + …) A antiqualha; a velharia. [S/同] Tsukáí-fúrúshí.

fúrusa 古さ (Sub. de "furúi") A antiguidade. [A/反] Atáráshisa.

furúsato 故郷 [古里・故里] **1** [生まれ育った土地] A terra natal. [S/同] Kókyō (+); kyṓdo; kyṓri. **2** [物事・精神を育てた所] A pátria; o berço; a terra. ★ *Kokoro no* ～ 心の故郷 A terra do「meu」coração; um lugar querido「dos j. é o monte Fuji」.

furú-sú 古巣 (< furúi¹ + …) **1** [以前住んでいた巣] O ninho velho. **2** [以前住んでいた土地や勤めたことのある職場] O antigo ninho. ★ ～ *ni kaeru* 古巣に帰る Voltar ao ～ (Casa, empresa, etc.).

furú-té 古手 (< furúi¹ + …) **1** [使いふるしたもの] A coisa usada [em segunda mão]. ★ ～ *no dōgu* 古手の道具 O obje(c)to usado. **2** [その職に長くたずさわっている人] O veterano. ★ ～ *no yakunin* 古手の役人 O funcionário público veterano. [S/同] Aráté.

furū́to [úu] フルート (< Ing. flute) A flauta. ★ ～ *o fuku* フルートを吹く Tocar ～; flautear.

furū́tsu [úu] フルーツ (< Ing. fruit < L.) A fruta. ◇ **～ kēki** フルーツケーキ O bolo de ～s. **～ pārā** フルーツパーラー A loja de ～s com sala de chá. [S/同] Kájitsu; kudámono (+).

furú-tsúwámono 古強者 (< furúi¹ + …) **1** [戦争の経験が豊かで強い兵士] O soldado veterano. ★ *Sengunbanba no* ～ 千軍万馬の古強者 ～ de muitas batalhas. **2** [老練家] O tipo muito batido; a raposa velha. ★ *Seikai no* ～ 政界の古強者 ～ do mundo político. [S/同] Betéráń.

furúttá 振るった (< furúú¹) **a)**「um discurso」Esplêndido; extroradinário; **b)**「uma ideia」Rara [Brilhante]. ★ ～ *koto o iu* 振るった事を言う Dizer coisas extraordinárias [boas].

furútté 奮って (< furúú¹) Com ânimo [todo o coração]. ～ *sanka shite kudasai* 奮って参加して下さい Estão cordialmente convidados a participar「na festa」/Venham todos [quantos quiserem]「ao piquenique」. [S/同] Susúńdé.

furúú¹ 振るう・奮 [揮] う **1** [勢いよく動かす] Manejar; empunhar. ★ *Fude o* ～ 筆を揮るう Manejar o pincel [a pena]. **2** [発揮する] Exibir; mostrar; demonstrar; exercer. *Infuruenza ga mōi o furutte iru* インフルエンザが猛威を振るっている A gripe está a alastrar [Esta influenz[ç]a está terrível]. *Ryōri no udemae o* ～ 料理の腕前を振るう Mostrar as (suas) habilidades culinárias. **3** [心をわきたたせる] Estimular; avivar; animar. ★ *Yūki o* ～ 勇気を奮う Ganhar ânimo [coragem]. **4** [充実して盛んになる] Prosperar; crescer. *Seiseki ga sappari furuwanai* 成績がさっぱり振るわない Não consigo melhorar as notas [o resultado]. ⇨ sakáń¹. **5** [奇抜・とっぴで目をひく] Ser insólito [extravagante; original; excêntrico]. *Kono pātī no shukō wa nakanaka furutte iru* このパーティーの趣向はなかなか振るっている O plano desta festa é extraordinário. ⇨ kibátsú; toppí.

furúú² 篩う **1** [ふるいでより分ける] Peneirar. ★ *Jari o* ～ 砂利をふるう ～ o cascalho. **2** [試験をして合格・不合格を選び分ける] Sele(c)cionar; escolher. *Shiken o suru mae ni shorui-senkō de* ～ 試験をする前に書類選考でふるう Peneirar [Selecionar]「os candidatos」pelos documentos antes de fazer o exame. [S/同] Seńbátsú súrú (+); yorí-wákéru.

furúwásérú 震わせる (⇨ furúérú) Tremer; tiritar; estremecer. ★ *Ikari de* [*ni*] *karada o* ～ 怒りで [に] 体を震わせる ～ de cólera.

furú-zúké 古漬け (< furúi¹ + tsuké-mónó) Os vegetais muito tempo em salmoura. [A/反] Asá-zúké.

fúryo¹ 不慮【E.】O inesperado; o imprevisto. ★ ～ *no sainan ni au* 不慮の災難に遭う Ter um acidente incrível. [S/同] Fusókú; igáí.

fúryo² 俘虜 ⇨ hóryo.

furyṓ¹ 不良 **1** [能力・性質・状態などが悪い様子] Mau. *Tenkō* ～ *no tame unkō chūshi* 天候不良のため運行中止 (掲示) Trânsito impedido [cortado] devido ao ～ tempo! ◇ **～ dōtai** 不良導体 O mau [não-] condutor「de ele(c)tri.」. ⇨ **～hin**. **Shōka ～** 消化不良 A dispepsia; a indigestão. [A/反] Ryṓkṓ. **2** [品行が悪い人・様子] A delinquência. ★ ～ *ni naru* 不良になる Tornar-se delinquente. ◇ **～ shōnen** 不良少年 O delinquente juvenil. **Sokō ～** 素行不良 A má conduta.

furyṓ² 不漁 A pesca(ria) pobre [fraca/má]. [A/反] Hṓryṓ; taíryṓ.

furyṓ³ 不猟 A caça(da) pobre [fraca/má].

furyṓ-híń [oó] 不良品 O artigo defeituoso [de qualidade inferior]. ⇨ furyṓ¹; shiná¹.

furyṓ-ken [óo] 不料簡・不了見・不量見 A imprudência「de dizer tal coisa」; a má intenção「de roubar」.

fúryoku¹ 浮力【Fís.】A força ascensional; a capacidade de flutuação; a flutuabilidade「dos gases」.

fúryoku² 富力【E.】Os bens; a riqueza; os recursos. [S/同] Shíryoku (+); záiryoku (o).

fū́ryoku [úu] 風力 A velocidade [intensidade; força] do vento. ★ ～ *ga masu* 風力が増す ～ aumenta. ◇ **～ hatsudensho** 風力発電所 A cen-

F

tral eólico-elé(c)trica (Movida a vento).
fûryókú-kéi [**uú**] 風力計 O anemó[ô]metro.
furyú 浮流 Fuyû (+).
fúryū [**fúu**] 風流 **1** [上品で心の落ち着くような雰囲気] A elegância; a distinção; a graça; o bom gosto; o requinte. **2** [和歌・俳句・書・画・茶道などの世界] O lirismo; a poesia; a arte; o belo. ★ ～ *no michi* 風流の道 A busca [via] do ～ [elegância].
fusá 房 **1** [糸・毛・草などの束] A borla; o tufo; a franja. ★ ～ *no aru* [*tsuita*] *bōshi* 房のある [付いた] 帽子 O chapéu com borla. **2** [花・草の房] O cacho. ★ *Budō no* ～ ブドウの～ de uvas.
fûsá [**uú**] 封鎖 **1** [出入り・出し入れできないようにとざすこと] O bloqueio; a obstrução. ★ ～ *o toku* 封鎖を解く Levantar o ～. ～ *o yaburu* 封鎖を破る Romper o ～. ～ *suru* 封鎖する Bloquear. *Keizai* ～ 経済封鎖 O [boicote] econó[ô]mico. **2** [実力で相手国の海上交通をさえぎること] O bloqueio. ◇ *Kaijō* ～ 海上封鎖 O ～ marítimo.
fúsa-fusa(**to**) 総総 [房房] (と) (< fusá + …) Em tufos; franjado. ★ ～ *shita kami* ふさふさした髪 Os cabelos abundantes.
fuságáru 塞がる **1** [つまって通らなくなる] Estar impedido [entupido; bloqueado; obstruído]. *Dōro ga dosha de fusagatte iru* 道路が土砂で塞がっている O caminho está obstruído com terra/entulho. ★ *Kanashimi de mune ga* ～ 悲しみで胸が塞がる Trazer uma mágoa no peito. S/周 Tsumáru. **2** [開いていたものが閉じる] Fechar-se; tapar-se. ★ *Kizuguchi ga* ～ 傷口が塞がる Cicatrizar [Fechar] a ferida. I/慣用 *Aita kuchi ga fusagaranai* あいた口が塞がらない Ficar boquiaberto. S/周 Shimáru; tojíru. **3** [他に使われていて使えない状態] Estar cheio [repleto; lotado; preenchido; ocupado]. ★ *Beddo ga* ～ ベッドが塞がる Estar a cama ocupada. A/反 Akú.
fuságí-kómu 塞ぎ込む (< fuságí + …) Preocupar-se com alguma coisa; estar triste [abatido; deprimido]. *Yōko wa shōrai no kibō o ushinai fusagi-konde iru* 洋子は将来の希望を失い塞ぎ込んでいる A Yôko está abatida por ter perdido a esperança (no futuro).
fuságú 塞ぐ **1** [さえぎって通じなくする] Tapar; fechar; bloquear; obstruir. ★ *Ana o tsuchi de* ～ 穴を土で塞ぐ Encher [Tapar] o buraco com terra. *Kuchi o* ～ 口を塞ぐ **a**) Tapar a boca; **b**) Calar a boca [*Dōryō ni uwaki no genba o mirareta no de kuchi o* ～ *tame ni ippai ogotta* 同僚に浮気の現場を見られたので口を塞ぐために一杯おごった Convidei o meu colega a tomar um copo para ele não falar a ninguém do meu namorico]. S/周 Shiméru; tojíru; tozásu; tsuméru. A/反 Akéru. **2** [場所を占めюいにする] Ocupar; encher. ★ *Seki o* ～ 席を塞ぐ Ocupar o lugar [assento]. S/周 Señryō súru; shimeru. A/反 Akéru. **3** [どうにか責任を果たす] Cumprir; executar; realizar. *Kare wa yatto seme o fusaida* 彼はやっと責めをふさげた Ele cumpriu finalmente a sua obrigação. **4** [気分がすぐれない状態になる] Estar indisposto [deprimido; desanimado]. *Tarō wa taichō ga sugurezu fusaide iru* 太郎は体調がすぐれず塞いでいる O Tarô está desanimado [abatido] por não se sentir fisicamente bem. S/周 Meíru; shizúmú.
fusái[1] 負債 A dívida. ◇ ～ **kanjō** 負債勘定 O débito [passivo]. S/周 Sáimu; shakkín.
fúsai[2] 夫妻 O casal. ★ *Aoki* ～ 青木夫妻 O casal [senhor e a senhora] Aoki. ⇨ fûfu.

fúsái [**uú**] 風采 A aparência; a figura; o aspecto; a presença. ★ ～ *no agaranai hito* 風采の上がらない人 A fraca figura. S/周 Fúshi; fútei.
fusái-sha 負債者 O devedor. ⇨ fusái[1].
fusákú 不作 **1** [農作物の出来が悪いこと] A colheita má [fraca]. S/周 Kyōsákú. A/反 Hōsákú. **2** [一般に出来の悪いこと] A má qualidade. *Kotoshi wa bungei sakuhin* ～ *no toshi da* 今年は文芸作品不作の年だ Este ano foi fraco em produção literária.
fu-sákui 不作為 【Dir.】 A omissão; a abstenção; a passividade. ◇ ～ **han** 不作為犯 O crime por omissão.
fusáń 不参 A ausência [não comparência]; a falta. ◇ ～ **sha** 不参者 A pessoa ausente. S/周 Fu-sánka (+).
fu-sánka 不参加 A ausência. S/周 Fusáń.
fu-sánsei 不賛成 A desaprovação; a discordância; o desacordo. *Kare no iken ni wa* ～ *de aru* 彼の意見には不賛成である Eu discordo [não concordo com a opinião] dele. S/周 Sańséí; hańtái.
fûsátsú [**uú**] 封殺 【Beis.】 O "out " forçado ["force out ″]. ★ ～ *suru* 封殺する Eliminar por ～.
fusáwashíi 相応しい Apropriado; adequado; certo. ★ *Shinshi ni fusawashikunai kōdō* 紳士にふさわしくない行動 O comportamento não honroso num [indigno de um] cavalheiro. ⇨ nitsúkawáshíi.
fusé 布施 O donativo; a esmola. ★ *O-* ～ *o tsutsumu* お布施を包む Oferecer uma ～; entregar um envelope.
fuségu 防 [禦] ぐ **a**) Defender; proteger; **b**) Prevenir; precaver; evitar; impedir. ★ *Densen-byō o* ～ 伝染病を防ぐ Precaver-se contra o contágio (de uma doença). *Jiko o* ～ 事故を防ぐ Evitar os acidentes. S/周 Habámu; yobō súru.
fuséi[1] 不正 A injustiça; a desonestidade; a deslealdade; a ilegalidade. ★ ～ *na* 不正 Injusto; desonesto; desleal; ilegal [～ *na mōke* 不正なもうけ O lucro desonesto]. ～ *o abaku* 不正をあばく Desmascarar ～. ～ *o hataraku* 不正を働く Cometer irregularidades; fazer uma coisa desonesta. ～ *o tadasu* 不正を正す Remediar [Corrigir] a injustiça. ～ **jōsha** 不正乗車 O andar em transportes públicos sem bilhete. ～ **kōi** 不正行為 O a(c)to desonesto; a injustiça.
fuséi[2] 父性 A paternidade. ◇ ～ **ai** 父性愛 O amor paternal [paterno]. A/反 Boséí. ⇨ chíchi[1].
fuséi[3] 不整 A assimetria; a irregularidade; a desigualdade. ◇ ～ **myaku** 不整脈 A arritmia; a pulsação irregular.
fúsei[4] 府政 A política [administração] local [regional]. ⇨ fu[1].
fu-séijitsu 不誠実 A falsidade; a insinceridade. ★ ～ *na taido* 不誠実な「態度」A atitude falsa. A/反 Seijitsu. ⇨ fu[7].
fu-séikaku 不正確 A inexa(c)tidão; a incorre(c)ção; a imprecisão. ★ ～ *na hon'yaku* 不正確な翻訳 A tradução incorre(c)ta [errada]. ⇨ fu[7].
fu-séikō 不成功 O fracasso; o insucesso; o malogro. S/周 Fu-shúbi; shippái. ⇨ fu[7].
fu-séirítsu 不成立 O fracasso; o malogro; o insucesso. ★ *Sono gian wa* ～ *ni owatta* その議案は不成立に終わった Esse proje(c)to de lei não passou [foi aprovado]. ⇨ fu[7].
fu-séiseki 不成績 O resultado fraco [insatisfatório]; o mau resultado. *Uriage wa* ～ *ni owatta* 売上

げは不成績に終わった As vendas foram fracas. [A/反] Kṓ-séiseki. ⇨ fu⁷.

fu-séishutsu 不世出【E.】A raridade. ★ ～ *no tensai* 不世出の天才 O gé[ê]nio extraordinário [ímpar]; o prodígio. [S/同] Kídai; zesséí. ⇨ fu⁷.

fu-séiton 不整頓「está tudo em」A desordem; a desorganização;「é」a confusão「total」. [S/同] Rańzátsú (+). [A/反] Seítóń. ⇨ fu⁷.

fusé-jí 伏せ字 (< fuséru + …) **1** [印刷物でそのまま公表出来ない事を表す空白または×○の印] As reticências [...]. **2** [活字組み版で必要な活字がない個所にさかさに入れるありあわせの活字] A letra de cabeça para baixo.

fusékí 布石 **1** [囲碁で対局の初めの石の配置] A disposição inicial das pedras no jogo de "go". **2** [将来に備える用意; 準備] Os preparativos; a medida de precaução.

fusén¹ 不戦 A renúncia à guerra. ◇ **～ jōyaku** 不戦条約 O pacto [tratado] de não-beligerância. ⇨ **～pai[shō]**. ⇨ fu⁷

fusén² 付箋 A etiqueta; o papelinho; o talão. [S/同] Tsukí-gámí.

fū́sén [uú] 風船 O balão. ★ ～ *o fukuramaseru* 風船をふくらませる Encher ～. ◇ **～ dama** 風船玉 ～ para crianças.

fu-sénmei 不鮮明 A falta de nitidez [clareza]; a ambiguidade; a obscuridade. ★ ～ *na taido* 不鮮明な態度 A atitude ambígua.

fu-sénpái 不戦敗 A derrota por não-comparência.

fu-sénshṓ 不戦勝 A vitória por não-comparência do adversário.

fusé-núí 伏せ縫い (< fuséru¹ + núu) A sobrecostura. ★ ～ *ni [o] suru* 伏せ縫いに[を]する Sobrecoser.

fuséru¹ 伏せる **1** [下に向ける] Virar para baixo; baixar. ★ *Kao o* ～ 顔を伏せる Baixar o rosto. *Mi o* ～ 身を伏せる Debruçar-se. **2** [物の上の方を下に向けて置く] Pôr [Virar] de cabeça para baixo. *Kare wa tsukue no ue ni hon o fuseta* 彼は机の上に本を伏せた Ele colocou o livro virado para baixo em cima da mesa. **3** [見えない様に配置する, またはかくす] Esconder; ocultar; encobrir. *Kono mondai wa shibaraku fusete oite kudasai* この問題はしばらく伏せておいて下さい Encubra este problema por enquanto. **4** [物でおおいかぶせて捕らえる] Apanhar. ★ *Tori ni kago o* ～ 鳥にかごを伏せる ～ uma ave com um cesto.

fuséru² 伏[臥]せる Ficar de cama; adoecer. *Sono rōjin wa yamai no toko ni fusette ita* その老人は病の床にふせっていた Esse ancião estava de cama.

fu-séssei¹ 不摂生 A falta de cuidado com a saúde. ★ ～ *o suru* 不摂生をする Não ter cuidado com a saúde. [S/同] Fu-yṓjō.

fu-séssei² 不節制 A intemperança; os excessos. ★ ～ *na seikatsu o suru* 不節制な生活をする Levar uma vida desregrada[de ～].

fusétsú¹ 符節 A marca; a talha.

fusétsú² 敷設 A construção; a colocação「de minas」. ★ *Tetsudō o* ～ *suru* 鉄道を敷設する Construir o caminho [a estrada (B.)] de ferro. ◇ **～ kirai** 敷設機雷 A mina submarina.

fusétsú³ 付[附]設 O anexo.

fusétsú⁴ 浮説【E.】O boato falso. ⇨ fū́sétsú¹.

fū́sétsú¹ [uú] 風説 O boato; o rumor; o falatório. *Hiroshi wa Yōko ni tsuite warui* ～ *o tateta* 宏は洋子について悪い風説を立てた O Hiroshi andou a espalhar boatos sobre a Yōko. [S/同] Déma (+); fū́bún; fū́hyṓ; fusétsú⁴; ryū́géń.

fū́sétsú² [uú] 風雪 **1** [風と雪] O vento e a neve. ⇨ kazé¹; yukí¹. **2** [強い風をともなって降る雪] A tempestade de neve; a nevasca. ◇ **～ chūi-hō** 風雪注意報 O alarme de ～. **3** [人生のきびしい試練] As agruras. ★ *Jinsei no* ～ *ni taeru* 人生の風雪に耐える Suportar ～ da vida. ⇨ kúnan.

fúsha 富者【E.】O rico. [A/反] Hínja.

fū́sha [úu] 風車 O moinho de vento. ◇ **～ goya** 風車小屋 A casa [casota] do ～.

fushí¹ 節 **1** [長い棒状の物のふくれた部分] O nó. ★ *Take no* ～ 竹の節 ～ do bambu. **2** [板の中にある枝のあと] Os nós. ★ *Ki no* ～ 木の節 ～ da madeira. **3** [区切り] O ponto marcante. *Kono shigoto wa watashi no jinsei no* ～ *to natta* この仕事は私の人生の節となった Este trabalho foi um ～ na minha vida. ⇨ kugírí. **4** [音楽の旋律] A melodia. ★ *Omoshiroi* ～ *de utau* 面白い節で歌う Cantar uma melodia jocosa. **5** [ことばや文章の抑揚; 音声などの調子の高低] A entoação; a modulação. ★ ～ *o tsukete iu* 節を付けて言う Falar com ～. **6** [かつおぶしの略] Os flocos de bonito seco. ◇ ⇨ **kezuri-bushi**. **7** [目につく所] O ponto; a parte. *Tarō no hanashi ni wa tashō utagawashii* ～ *ga aru* 太郎の話には多少疑わしい節がある Na história de Tarō há alguns pontos duvidosos. [S/同] Kásho (+); teń (+).

fúshi² 不死【E.】A imortalidade. ◇ **～ chō** 不死鳥 A fé[ê]nix. **Furō ～** 不老不死 A eterna juventude.

fúshi³ 父子 O pai e o filho. ⇨ chíchi¹; ko¹; óyako.

fū́shí¹ [uú] 諷刺 A sátira. ★ ～ *suru* 諷刺する Satirizar〔*Kono manga wa gendai no seiji o* ～ *shita mono desu* このマンガは現代の政治を諷刺したものです Esta caricatura [banda desenhada] é uma sátira à política a(c)tual〕. ◇ **～ bungaku** 諷刺文学 A literatura satírica; a sátira. [S/同] Hiníkú.

fū́shi² [úu] 夫子【E.】O mestre.

fū́shi³ [úu] 風姿 A figura elegante [grácil/airosa]. [S/同] Fū́bṓ; fū́sáí; fū́táí.

fushí-áná 節穴 **1** [板などの節が取れたあとの穴] O orifício do nó da madeira. ★ ～ *kara nozoku* 節穴からのぞく Espreitar pelo ～. **2** [物事を見抜けない目] O ser tolo [cego]. *Ano otoko no me wa* ～ *dōzen da* あの男の眼は節穴同然だ Aquele homem não sabe nada [não tem olhos de ver].

fu-shiáwase 不幸せ·不仕合わせ A infelicidade. [S/同] Fukṓ.

fushí-bushi 節節 (< … + fushí¹) **1** [木·竹·糸などのあちこちの節] Os nós. **2** [からだのあちこちの関節] As articulações. *Itsumo haha wa* ～ *no itami o uttaete ita* いつも母は節々の痛みを訴えていた A mãe queixava-se constantemente de dores nas ～. **3** [気にかかるようないろいろな箇所] Os pontos. ★ *Gimon no* ～ 疑問の節々 ～ duvidosos.

fushídara ふしだら **1** [生活態度が規則正しくないこと] O desregramento; o descuido. [S/同] Hṓjū́; jidáraku. ⇨ daráshínái. **2** [品行が良くないこと] A má conduta; a imoralidade; a licenciosidade. ★ ～ *na*「*seikatsu*」ふしだらな「生活」「a vida」Imoral; devasso; corru(p)to; dissoluto. [S/同] Dṓrákú; hṓtṓ.

fushígí 不思議 O mistério; o enigma; o ser extraordinário; a maravilha. *Nanra* ～ *wa nai* 何ら不思議はない Isso não tem nada de extraordinário. ★ ～ *na meguriawase* 不思議なめぐりあわせ A coincidência estranha [misteriosa/inexplicável]. *Sekai no nana-*

F

～ 世界の七不思議 As sete maravilhas do mundo (H.). ◇ **Maka ～** 摩訶不思議 O profundo mistério.

fushíkúré-dátsu 節くれ立つ (< fushí[1] + kuré + tátsu) **1** [木などの節が多くでこぼこする] Ser nodoso [rugoso]. **2** [手・足・指の筋や骨が出っぱってでこぼこする] Ser nodoso [ossudo].

fu-shímatsu 不始末 **1** [あと始末をきちんとしないこと] A negligência; o descuido; o desleixo. *Kaji no gen'in wa tabako no ～ de atta* 火事の原因はたばこの不始末であった A causa do incêndio foi uma ponta de cigarro mal apagada. **2** [あと始末に困るような不都合な行いをすること] O mau comportamento; a falta. ★ ～ *o shidekasu* 不始末を仕出かす Cometer uma falta. [S/同] Furáchi; fu-yúkitodoki; sósō.

fushí-máwashi 節回し (<… + mawásu) A modulação; a melodia. [S/同] Kyokúchṓ.

fushí-mé 伏し目 (< fuséru + …) Os olhos baixos. *Aiko wa hazukashisō ni ～ gachi ni mite ita* 愛子は恥ずかしそうに伏し目がちに見ていた Aiko, envergonhada [embaraçada], estava a olhar para o chão [com ～].

fushíń[1] 不振 A depressão「econó[ô]mica」; o declínio「da equipa」. ◇ **Keiei ～** 経営不振 A fraca administração. **Shokuyoku ～** 食欲不振 A falta de apetite. [S/同] Chińtáí.

fushíń[2] 不審 A dúvida; a suspeita. ★ ～ *na ten o shitsumon suru* 不審な点を質問する Perguntar as dúvidas. *Otto no kōdō ni ～ o idaku* 夫の行動に不審をいだく Ter suspeitas do marido. ◇ **～ bi** 不審火 O incêndio suspeito. **～ gao** 不審顔 A cara de dúvida. **～ jinmon** 不審尋問 O interrogatório policial. ⇨ fushígí; gimóń; kegéń.

fushíń[3] 不信 **1** [約束を守らず誠実さがないこと] A infidelidade; a falsidade. ★ ～ *no kōi* 不信の行為 O a(c)to de má fé. [S/同] Fújitsu; fu-séijitsu; futókugi. **2** [信用できないこと] A desconfiança; o descrédito. ★ ～ *no nen o idaku* 不信の念を抱く Desconfiar; suspeitar. ◇ **Seiji ～** 政治不信 ～ da política. ⇨ **～kan**. [S/同] Fu-shínnin.

fushíń[4] 普請【A.】A construção. ★ ～ *chū no ie* 普請中の家 A casa em ～. ～ *suru* 普請する Construir; edificar. *Yasu-bushin no ie* 安普請の家 A casa de material inferior [barato]. ◇ **Michi-bushin** 道普請 ～ de estradas. ⇨ kṓji[1].

fushíń[5] 腐心【E.】A trabalheira [canseira]; a consumição. [S/同] Kúshin.

fushíń[6] 浮心【Fís.】O centro de flutuação.

fū́shíń [uú] 風疹【Med.】A rubéola.

fushínbáń 不寝番 A vigia; o guarda no(c)turno. ★ ～ *ni tatsu* 不寝番に立つ Estar de vigia [de sentinela]. [S/同] Nezú nó bán.

fu-shínjin 不信心 A descrença; a falta de fé; a impiedade. [S/同] Fu-shínkō. ⇨ fu[7].

fushín-kan 不信感 A [O sentimento de] desconfiança; a suspeita. ★ ～ *o idaku* 不信感をいだく Desconfiar; suspeitar.

fu-shínnin 不信任 A desconfiança; a não-confiança. ◇ **～ an** 不信任案 A moção de censura. [S/同] Fushíń. ⇨ fu[7].

fu-shínsetsu 不親切 A descortesia; a indelicadeza. *Sono mise wa kyaku-atsukai ga ～ da* その店は客扱いが不親切だ Essa loja atende mal (os clientes). [S/同] Jáken; reítán. ⇨ fu[7].

fushí-ógámu 伏し拝む (< fúsu + …) Adorar (prostrado em terra)「o Menino」.

fúshite 伏して (< fúsu)【E.】(< fúsu) Humildemente. ～ *o-negai mōshiagemasu* 伏してお願い申し上げます Peço-lhe ～ este favor.

fu-shízen 不自然 A artificialidade. ★ ～ *na* 不自然な Artificial; forçado; não natural; afe(c)tado「～ *na warai* 不自然な笑い O sorriso ～」. [S/同] Sakúí-tékí. ⇨ fu[7].

fushṓ[1] 負傷 O ferimento; a ferida. ◇ **～ sha** 負傷者 O ferido. ⇨ kegá.

fushṓ[2] 不肖 **1** [父親に似ずにおろかなこと] O ser indigno. ★ ～ *no ko* 不肖の子 O filho indigno. **2** [おろかなこと；自分が至らぬ者であることをへりくだって表す] O ser indigno [pobre]. *Watashi mo ～ nagara geijutsuka no hashikure desu* 私も不肖ながら芸術家の端くれです Eu sou artista, ainda que fraco (Cor.) **3** [自分] Eu. *Hakarazu-mo ～「Yamashita」ga kono shoku ni ninmei saremashita* はからずも不肖「山下」がこの職に任命されました Eu…, sem contar, fui nomeado para este posto.

fushṓ[3] 不詳【E.】O「autor」ser desconhecido [não identificado]. ◇ **Seibotsu-nen ～** 生没年不詳 O ser desconhecida a data de nascimento e de falecimento. [S/同] Fuméí (+); mishṓ.

fū́shó [uú] 封書 A carta selada [fechada]. ★ ～ *de tegami o dasu* 封書で手紙を出す Expedir uma ～.

fushṓbúshō(ni) [shoó-] 不承不承(に) Relutantemente; de má vontade. ★ ～ *shōdaku suru* 不承不承承諾する Aceitar ～. [S/同] Shibúshíbú.

fu-shṓchi [óo] 不承知 A desaprovação; a recusa; a obje(c)ção; a discordância.

fushṓ-fuzúí [óo] 夫唱婦随 O marido manda e a mulher obedece. *Kare no uchi wa ～ da* 彼の家は夫唱婦随だ Em casa dele ～.

fu-shṓji [óo] 不祥事 O escândalo; o assunto deplorável.

fu-shṓjiki [óo] 不正直 A desonestidade. ★ ～ *na hito* 不正直な人 A pessoa desonesta [mentirosa].

fu-shṓka [óo] 不消化 **1** [食物の消化不良] A dispepsia; a indigestão. ★ ～ *na tabemono* 不消化な食べ物 A comida indigesta. **2** [知識などをよく理解していないこと] A não-assimilação. ★ ～ *na chishiki* 不消化な知識 O conhecimento mal digerido [mal/não assimilado].

fushókú[1] 腐食 **a**) A corrosão; a decomposição; **b**)【Med.】O cautério. ★ ～ *suru* 腐食する **a**) Cauterizar; **b**) Corroer. ◇ **～ dome** 腐食止め O anticorrosivo.

fushókú[2] 扶植 O implantar [estabelecer; alargar].

fū́shókú[1] [uú] 風食【Geol.】A erosão eólica [do vento]. ⇨ shińshókú[2].

fū́shókú[2] [uú] 風色 ⇨ késhiki[1].

fushókú-do 腐植土 A terra vegetal; o húmus.

fushókúfu 不織布【Quím.】O pano não tecido.

fu-shṓnin [óo] 不承認 A reprovação; o veto「do plano na Dieta」.

fúshu 浮腫【Med.】O hidropisia; o edema. ⇨ suíshú.

fushū́ 腐臭 O cheiro a「peixe」podre.

fū́shū́ [fuú-] 風習 O costume; o uso; o hábito. ★ ～ *o yaburu* 風習を破る Romper ～. [S/同] Fū́zoku; ińshū́; kańshū́.

fu-shúbi 不首尾 **1** [失敗] O insucesso; o fracasso; o malogro. *Kōshō wa ～ ni owatta* 交渉は不首尾に終わった As negociações fracassaram [acabaram em fracasso]. [S/同] Fu-séikō. **2** [気受けの悪いこと]

O cair em desgraça.
fushútsú 不出 O não (deixar) sair. ◇ ⇨ **mongai ~**.
fushū-zai [**úu**] 付臭剤 [Quím.] O odorizante.
fúso 父祖 [E.] O antepassado. ★ ~ *denrai no tochi* 父祖伝来の土地 O terreno herdado dos ~s. ⇨ sénzo; sósen.
fúsō [**úu**] 風葬 A sepultura ao ar livre「dos Parses」.
fusókú¹ 不足 [たりないこと] A falta; a insuficiência; a carência; a escassez. ★ ~ *suru* 不足する Faltar; escassear. *Nani ~ nai seikatsu o suru no* 何不足ない生活をする Viver bem [sem「nos」faltar nada]. ◇ ~ *gaku* 不足額 O dinheiro que falta. ⇨ ketsúbō. **2** [満足でないこと] A insatisfação. *Aite ni totte ~ wa nai* 相手にとって不足はない O meu parceiro está contente (comigo). ★ ~ *o iu* 不足を言う Queixar-se. S/同 Fumán.
fusókú² 付 [附] 則 A cláusula adicional. A/反 Honsóku. ⇨ hŏrél¹.
fusókú³ 不測 [E.] O imprevisto; o inesperado. ★ ~ *no jitai* 不測の事態 A situação ~.
S/同 Fuí; fújyi; fúryo; yosó-gai.
fusókú [**úu**] 風速 A velocidade do vento. ★ ~ *o hakaru* 風速を計る Medir ~. ◇ ~ **kei**. **Shunkan saidai** ~ 瞬間最大風速 ~ máxima atingida.
fusókúfúri 不即不離 A neutralidade. ★ ~ *no taido o motsu* 不即不離の態度を持つ Manter uma atitude neutra. S/同 Tsúkaru hanárézu.
fusókú-gáchi 不足勝ち A escassez; a míngua.
fusókú-kéi [**úu**] 風速計 O anemó(ô)metro. ◇ **Jiki ~** 自記風速計 O anemômetrógrafo.
fusón 不遜 [E.] A altivez; a arrogância. ★ ~ *na furumai o suru* 不遜な振る舞いをする Ser arrogante. ~ *na otoko* 不遜な男 Um homem arrogante [orgulhoso]. S/同 Gógán; gómán; kyōgō; kŏmán.
fu-sōō [**sóo-**] 不相応 O ser impróprio [do lugar」; o não condizer「com a pessoa」; o não convir. ★ *Mibun ~ na seikatsu o suru* 身分不相応な生活をする Levar uma vida que não condiz com a sua posição. S/同 Fu-tékitō; futō.
fusshókú 払拭 [E.] O apagar [desarraigar]. ★ *Kyūhei o ~ suru* 旧弊を払拭する Acabar com um mau costume arreigado/antigo. S/同 Jókyo (+).
fússo 弗素 [Quím.] O flúor (F 9).
fúsu¹ 伏す **1** [顔を下げる姿勢をする] Baixar [Inclinar]a cabeça. ★ *Fushite ogamu* 伏して拝む Adorar com reverência. **2** [身をかくす] Esconder-se; ocultar-se.
fúsu² 付 [附] す [E.] **1** [従う] Seguir; ir atrás. ★ *Fumon ni ~* 不問に付す Deixar passar; ignorar. *Kibi ni ~* 驥尾に付す ~ na cauda. S/同 Fusúru¹; shitágáu (+). **2** [そえる] Anexar; juntar; incorporar. ★ *Jōken o ~* 条件を付す Pôr condições. S/同 Soérú (+); tsukéru (+). **3** [渡す] Entregar. ★ *Shōsho o ~* 証書を付す O certificado. S/同 Watású (+). **4** [委ねる] Submeter. ★ *Shingi ni ~* 審議に付す ~ à deliberação. S/同 Yudánéru (+).
fusū [**úu**] 負数 [Mat.] O número negativo [menor que zero]. A/反 Seísú.
fúsúigai [**úu**] 風水害 O prejuízo [dano] causado por ventos e inundações.
fusúmá 襖 A porta de papel corrediça. ◇ ~ **gami** 襖紙 O papel de ~. ⇨ shŏjí¹.
fusúru¹ 付 [附] する ⇨ fúsu².
fusúru² 賦する **1** [漢詩などを作る] Compor 「um poema chinês」. **2** [労役・租税を課する] Dar「um trabalho」.
futá 蓋 **1** [入れ物の口などをおおうもの] A tampa; o tampo; o tampão. ★ ~ *o akeru* 蓋を開ける **a)** Destapar; **b)** Iniciar; começar [*Kōen no ~ o akeru* 公演の蓋を開ける ~ o espe(c)táculo. **c)** Revelar「o resultado」. ~ *o suru* 蓋をする Pôr ~. ~ *o toru* 蓋を取る Tirar ~. ピこトば *Kusai mono ni wa ~ o seyo* 臭い物には蓋をせよ A roupa suja lava-se em casa/Não se fala de coisas tristes. I/慣用 *Mi mo ~ mo nai* 身も蓋もない Falar abertamente [Ser demasiado dire(c)to]. ◇ **Otoshi-buta** 落し蓋 A tampa (「de madeira」que se põe dentro da panela, sobre o conteúdo. **Soto-buta** 外蓋 A tampa (de fora). **Uchi-buta** 内蓋 A tampa de dentro.
2 [巻蓋の蓋] O opérculo.
futá-áké 蓋明け (< … + akérú) **a)** A estreia; a abertura; **b)** O início. ★ *Renkyū no ~* 連休の蓋明け O início da ponte [dos feriados seguidos]. S/同 Makú-áké.
futá-ba 双葉・二葉 (< futátsú + ha) **1** [芽を出したばかりの二枚の葉] As dicotiledó[ô]neas. **2** [人の幼年時代] A infância. ピこトば *Sendan wa ~ yori kanbashi* 栴檀は双葉より芳し O gé[ê]nio revela-se logo na ~/Maribondo pequenino já mostra que tem ferrão (Lit. O sândalo cheira logo ao nascer).
futa-ban 二晩 (< futátsú + …) Duas noites.
futá-e 二重 Duplo; dobrado. ★ ~ *ni suru* 二重にする Dobrar. ◇ ~ **mabuta** 二重まぶた A pálpebra grande ("Que desdobra/tem dobra") [bonita].
futá-gó 双子 (< futárí + ko) O gé[ê]meo.
futá-gókoro 二心 (< futátsú + kokóro) **1** [うわき心] A duplicidade; a leviandade. S/同 Uwákígókoro (+). **2** [味方にそむいて敵につこうとする心] A traição. ★ ~ *o idaku* 二心を抱く Fazer jogo duplo; ter duas caras.
Futágó-zá 双子座 [Astr.] (O signo de) gé[ê]meos.
futái 付 [附] 帯 O ser inerente [incidente; colateral; associado]; o pertencer. ◇ ~ **jigyō** 付帯事業 A empresa subsidiária. ~ **jikō** 付帯事項 O item suplementar. ~ **jōken** 付帯条件 A condição colateral. S/同 Fuzókú (+).
fútai [**úu**] 風袋 **1** [包装重量] A tara. ~ *komi no jūryō* 風袋込みの重量 O peso bruto. **2** [みかけ] A aparência; a apresentação. S/同 Gaíkán (+).
futáiten 不退転 **1** [仏教で悟りを開いてもう元に戻らないこと] [Bud.] A iluminação. **2** [固く信じて心をまげないこと] A determinação firme. ★ ~ *no ketsui de nozomu* 不退転の決意でのぞむ Enfrentar「a questão」com uma resolução inabalável.
futáketa 二桁 (< futátsú + …) Dois dígitos [algarismos]. ★ ~ *no kazu* 二桁の数 O número de ~.
futá-kótó-mé 二言目 O repetir constantemente. *Haha wa ~ ni wa Burajiru e ikitai to iu* 母は二言目にはブラジルへ行きたいと言う A minha mãe está sempre a dizer que quer ir ao B.
futákú¹ 付託 O entregar [submeter]. ★ *Gian o iinkai ni ~ suru* 議案を委員会に付託する Submeter o proje(c)to de lei à comissão. S/同 Inín.
futákú² 負託 A incumbência; o incumbir [encarregar]. ★ ~ *o ukeru* 負託を受ける Aceitar a ~.
futá-mátá 二股 **1** [元一つで先が二つに分かれているもの] A bifurcação. ◇ ~ **sokétto** 二股ソケット A tomada em T. **2** [一方に決めず両方から利益を得よ

うとすること] O usar [jogar com] várias possibilidades. ★ ~ o kakeru 二股をかける Jogar com um pau de dois bicos [...]. ◇ ⇨ **~gōyaku**.

futámátá-góyaku [óo] 二股膏薬 O (ser) oportunista. *Anna ~ no otoko ni wa kakawaranai hō ga ii* あんな二股膏薬の男にはかかわらない方がいい É melhor não te envolveres com um ~ daqueles.

futá-me[1] 二目 1 O olhar uma segunda vez. *Ano onna no kao wa ~ to mirarenai* あの女の顔は二目と見られない Ela é muito feia.

fu-táme[2] 不為 O ser prejudicial. S/同 Fu-rĭeki (+).

futá-mónó 蓋物 O recipiente [A tigela] com tampa.

fután 負担 1 [仕事・義務・責任を引き受けること] O encargo; o ó[ô]nus; a responsabilidade; a incumbência. ★ ~ *suru* 負担する Tomar [Assumir] ~. 2 [過度な仕事・義務・責任] O ó[ô]nus; a carga; o peso. *Zeikin wa kokumin ni omoi ~ de aru* 税金は国民に重い負担である Os impostos são um grande ~ para o povo. ★ ~ *ga omosugiru* 負担が重すぎる É um/a ~ demasiado pesado/a.

futá-náno[u]ka 二七日 O serviço religioso celebrado no décimo quarto dia após a morte.

futánári 両形・二形・双成り O ter as duas coisas (Sobretudo dos sexos).

futánó 二幅 [布] 1 [並幅の布を二枚縫い合わせた幅] O pano duplo. 2 [女性の腰巻き] A combinação (saia de baixo).

futá-óyá 父親 (< futári + ...) Os pais; o pai e a mãe. S/同 Ryōshin (+). A/反 Katá-óyá.

futári 二人 Duas pessoas. *Anna ii hito wa kono yo ni ~ to inai* あんないい人はこの世に二人といない Bom como ele não há (outro). ~ *nori no jitensha* 二人乗りの自転車 A bicicleta para ~; o tandem. *Fūfu ~ dake [kiri] no himitsu* 夫婦二人だけ [きり] の秘密 Os segredos do casal.

futárí-máé 二人前 A (dose de) comida para duas pessoas. ★ *Sushi o ~ chūmon suru* 寿司を二人前注文する Mandar vir "sushi" para dois. S/同 Ninín-máé.

futári-zúré 二人連れ (< ... + tsurérú) O grupo de duas pessoas. ★ ~ *de dekakeru* 二人連れで出掛ける Sair com alguém.

fu-táshika 不確か a) O ser incerto [inseguro]; b) O ser fraco [periclitante] 「no inglês」. ★ ~ *na henji* 不確かな返事 A resposta indefinida. S/同 Aímáí; fu-kákujitsu; fu-méiryō; fu-séikaku. ⇨ fu[7].

futá-súji-michi 二道筋 (< futátsú + ...) O ter dois caminhos (e não saber qual escolher).

futátábí 再び Novamente; de novo; outra (segunda) vez; uma vez mais. ★ ~ *okoru* 再び起こる Acontecer ~. *Ni-do to ~ modoranai* 二度と再びもどらない Nunca mais voltar.
S/同 Sáido; nidó.

futá-té 二手 Dois grupos. ★ ~ *ni wakareru* 二手に分かれる Separar-se em ~.

futá-tōri 二通り (< futátsú + ...) Duas 「maneiras」. *Kono mondai wa ~ ni kaishaku dekiru* この問題は二通りに解釈出来る Esta questão tem duas interpretações possíveis.

futátsú 二つ 1 [物を数える時に使う] Dois; duas. *Ikiru ka shinu ka ~ ni hitotsu da* 生きるか死ぬか二つに一つだ A alternativa é viver ou morrer. ★ *Kono yo ni ~ to nai takara* この世に二つとない宝 O tesouro único [sem par]. ◇ **~ henji**. 2 [二歳] Dois anos de idade.

futátsú-hénji 二つ返事 O dizer logo que sim. ★ ~ *de shōdaku suru* 二つ返事で承諾する Consentir [Concordar] logo, de boa vontade.

futátsú-mé 二つ目 1 [数えられるものの2番目] O segundo. 2 [落語で前座の上の格の芸人] O artista [narrador] de "rakugo" que está na segunda posição.

futátsú-nágara 二つながら Juntamente; um e outro. ★ *Bunbu ~ kane-sonaeta hito* 文武二つながら兼ね備えた人 O perito nas letras e artes militares. S/同 Futátsú-tómó; ryōhō-tómó.

futátsú-óki 二つ置き (< ... + okú) Cada três 「anos」.

futátsú-óri 二つ折り (< ... + óru) O dobrar em dois.

futá-yákú 二役 A dupla função. ★ *Hitori de ~ o tsutomeru* 一人で二役を勤める a) Desempenhar duas funções [dois cargos]; b) Representar dois papéis.

futébútéshíi ふてぶてしい Atrevido; descarado; insolente; ousado. ★ ~ *taido* ふてぶてしい態度 A atitude [postura] ~.
S/同 Zūzūshíi.

fu-tégiwa 不手際 A falta de jeito [habilidade]; a inépcia. ★ ~ *ga shōjiru* 不手際が生じる Malograr-se. ~ *na koto o yaru* 不手際な事をやる Fazer uma barafunda; estragar tudo; deitar 「algo」 a perder.

futéi[1] 不定 O ser indefinido [indeterminado]. ★ *Jūsho ~ no otoko* 住所不定の男 O homem sem residência fixa; o vagabundo. ◇ **~ daimeishi [kanshi]** 不定代名詞 [冠詞] 【Gram.】 O pronome [artigo] indefinido. **~ kei** 不定形 【Gram.】 A forma indeterminada. **~ hō** 不定法 【Gram.】 O (modo) infinitivo (⇨ futéi-shi [shō]). **~ hōtei-shiki** 不定方程式 【Mat.】 A equação indefinida [indeterminada]. **~ sū** 不定数 【Mat.】 O número indefinido. **Hi-ninshō [Ninshō] ~ hō** 非人称不定法 [人称] 不定法 O infinitivo impessoal ("Amar") [pessoal ("Amar eu/Amarem eles")].

futéi[2] 不貞 【E.】 A infidelidade. *Ano fujin wa otto ni taishite ~ o hataraita* あの婦人は夫に対して不貞を働いた Aquela senhora foi infiel ao marido.

futéi[3] 不逞 【E.】 A insubordinação. ★ ~ *no yakara* 不逞のやから Os sem lei; os recalcitrantes.
S/同 Futódoki.

fútei [úu] 風体 A aparência; o aspecto. ★ *Ayashii ~ no otoko* 怪しい風体の男 O homem de ~ suspeito/a. S/同 Fūsái (+); fūshi; fūtéi; súgata (+).

fu-teíkéí-shi 不定型詩 O verso livre.

fu-teíki 不定期 O não estar determinado [programado]. ◇ **~ bin** 不定期便 O serviço (de transporte) especial [não regular]. **~ kei** 不定期刑 A pena de prisão por tempo indeterminado. **~ kōro** 不定期航路 A rota especial. **~ [Rinji] ressha** 不定期 [臨時] 列車 O comboio/trem especial.

fu-teísai 不体裁 O mau aspecto [gosto]; o indecoro; a impropriedade; a indecência. ★ ~ *na hanashi* 不体裁な話 A conversa indecorosa [imprópria; indecente]. ⇨ fu[7].

futéi-shi 不定詞 【Gram.】 O infinitivo. ◇ **~ kō-bun** 不定詞構文 A proposição [frase] infinitiva.

futéi-shō 不定称 【Gram.】 Indefinido.

futékí 不敵 A audácia; a coragem; a intrepidez. ★ ~ *na furumai* 不敵な振る舞い A atitude audaz/corajosa/intrépida. ⇨ daítán.

fútékí [úu] 風笛 【Mús.】 A gaita de foles.

fu-tékigō 不適合 A incompatibilidade 「de cará(c)ter」. ◇ **Ketsueki-gata ~** 血液型不適合 ~ sanguínea. **Seiteki ~** 性的不適合 ~ sexual.

fu-tékikaku 不適格 A desqualificação. ★ *Kyōshi ni ~ na hito* 教師に不適格な人 A pessoa não qualificada para ser professor. [S/同] Fu-tékkaku.

fu-tékinin 不適任 A inaptidão. ◇ **~ sha** 不適任者 O inapto.

fu-tékiō 不適応 A inadaptação; o desajustamento「da econ.」. ◇ **~ shō** 不適応症【Psic.】O desajustamento.

fu-tékisetsu 不適切 O ser impróprio;「uma frase/expressão」infeliz. ★ *Byōnin ni ~ na tabemono* 病人に不適切な食べ物 A comida imprópria para doentes.

fu-tékitō 不適当 O ser inapropriado; o não convir. ★ *Sono ba ni ~ na hatsugen* その場に不適当な発言 A observação infeliz [descabida; imprópria] para a ocasião. [S/同] Futéki; futṓ. ⇨ fu⁷.

fu-tékkaku 不適格 ⇨ fu-tékikaku.

futékúsáré 不貞腐れ (< futékúsáréru) A rabugice [O ser rabugento]; o resmungar. ★ *~ o iu* ふて腐れを言う Rabujar.

futékúsáréru 不貞腐れる Ficar rabugento [de mau humor]. *Kono ko wa shikarareru to sugu futekusarete hansei shiyō to shinai* この子はしかられるとすぐにふて腐れて反省しようとしない Quando é repreendida, esta criança fica logo rabugenta e não se corrige.

futéń 付点【Mús.】O ponto de aumentação [.] (À direita da nota). ◇ **~ onpu** 付点音符 A nota com ~.

fū́téń [uú] 瘋癲 **1** [狂気] A loucura. [S/同] kyṓki (+). **2** [定職をもたずにぶらぶらしている人] O (jovem) vadio.

futéné 不貞寝 (< futéru + néru)【G.】O ficar amuado na cama. *Shiken ni shippai shite ~ o shite iru* 試験に失敗してふて寝をしている Como reprovou no exame ficou ….

fu-téttei 不徹底 O ser insuficiente [imperfeito]. ★ *~ na shochi* 不徹底な処置 A medida fraca [pusilânime]. [S/同] Chū́tó-hánpa. [A/反] Tettéí. ⇨ fu⁷.

futó ふと **1** [突然] De repente; subitamente; repentinamente. *Kare wa ~ tachi-domatte ushiro o furi-kaetta* 彼はふと立ち止まって後ろを振り返った ~ ele parou e olhou para trás. [S/同] Totsúzéń. **2** [偶然] Por coincidência; casualmente. *~ aru kangae ga atama ni ukanda* ふとある考えが頭に浮かんだ ~ veio-me uma ideia à cabeça [tive uma ideia]. [S/同] Gū́zéń. **3** [何気なく] Sem saber como [por quê]. *Watashi wa yonaka ni ~ me ga sameta* 私は夜中にふと目がさめた De noite, acordei ~. ⇨ ~ shita. [S/同] Nanígénáku.

futṓ[1] 不当 A injustiça. ★ *~ na nedan* 不当な値段 O preço absurdo [exorbitante]. *~ na yōkyū* 不当な要求 A exigência aburda [injusta]. *Hito o ~ ni gūsuru* 人を不当に遇する Tratar os outros injustamente [Ser injusto]. ◇ **~ hyōji** 不当表示 A indicação erró[ô]nea「na embalagem」. **~ kaiko** 不当解雇 O despedimento injusto. **~ rōdō-kōi** 不当労働行為 A prática laboral injusta. [S/同] Fu-tékitō; fuséí; shittṓ. [A/反] Datṓ; seítṓ.

futṓ[2] 不凍 O não congelar. ◇ **~ eki** 不凍液 A solução anticongelante. **~ ko** 不凍湖 O lago sem gelo. **~ zai** 不凍剤 O anticongelante.

futṓ[3] 埠頭 O cais; o desembarcadouro. [S/同] Hatóbá.

fū́tṓ [uú] 封筒 O envelope. ◇ **Henshin-yō ~** 返信用封筒 ~ (com selos) para a resposta.

fu-tódoki 不届き (< …⁷ + todóku) **1** [不行き届き] A negligência; o descuido. ★ *~ o wabiru* 不届きをわびる Pedir desculpa pelo/a ~. **2** [無礼なこと] A insolência; o desaforo. ◇ **~ mono** 不届き者 O insolente. **~ senban** 不届き千万 A insolência extraordinária. [S/同] Furáchi.

futṓ-fukútsú [óo] 不撓不屈【E.】A pertinácia; a tenacidade; a perseverança. ★ *~ no doryoku* 不撓不屈の努力 O esforço incansável [perseverante].

futó-gákí 太書き (< futói + káku) O escrever grosso. [A/反] Hosó-gákí. ⇨ futó-jí.

fu-tṓgō [óo] 不等号【Mat.】O sinal de desigualdade[≧ / ≦ / > / <].

fu-tṓhen [óo] 不等辺【Mat.】Escaleno. ◇ **~ sankakukei** 不等辺三角形 O triângulo ~. **~ shihenkei** 不等辺四辺形 O quadrilátero irregular; o trapézio.

futói 太い **1** [まわりが大きい] Grosso. ★ *~ enpitsu* 太い鉛筆 O lápis ~. *~ yubi* 太い指 O dedo ~. [A/反] Hosói. **2** [巾が広い] Grosso. ★ *~ sen* 太い線 A linha [O traço] grossa/o. [A/反] Hosói. **3** [声が低くてよく響く] Forte; grosso. ★ *Futoku takumashii koe* 太くたくましい声 A voz grossa [baixa] e forte. [A/反] Hosói. **4** [充実している様子] Cheio; fecundo. *Futoku mijikaku ikiru* 太く短く生きる Ter uma vida curta, mas cheia. **5** [大胆である様子]【G.】Descarado; desavergonhado; atrevido. *Kare wa shinkei ga ~* 彼は神経が太い Ele tem nervos fortes [é um descarado]. *~ yarō da* 太い野郎だ Que (tipo) ~ [sem vergonha]! [S/同] Futébútéshíi; zubútói; daítán.

fu-tṓitsu [óo] 不統一 A desunião; a desarmonia; a luta. ★ *Kakunai no ~* 閣内の不統一 ~ [falta de união] entre os ministros. [A/反] Tṓítsú.

futó-jí 太字 (< futói + …) A letra grossa [em negrito]; o escrever grosso. [A/反] Hosó-jí. ⇨ futó-gákí.

futó-jímá 太縞 (< futói + shimá) As raias [riscas] grossas. [A/反] Hosó-jímá.

futókóró 懐 **1** [着衣と胸との間] O colo; o peito; o seio. ★ *~ ni shinobaseru* 懐に忍ばせる Esconder no seio. **2** [懐中のお金] A carteira; a bolsa; o dinheiro; o bolso. ★ *~ ga atatakai* 懐が暖かい Ter a carteira recheada. *~ ga sabishii [samui]* 懐がさびしい [寒い] Ter a carteira vazia. *~ o atatameru [koyasu]* 懐を暖める [肥やす] Meter dinheiro ao bolso; encher os bolsos (de dinheiro). *~ o itameru* 懐を痛める Pagar do seu bolso; desembolsar. *~ to sōdan suru* 懐と相談する Contar o dinheiro. ◇ **~ guai** 懐具合 A situação financeira〔*~ guai ga yoi [warui]* 懐具合が良い [悪い] Estar bem [mal] de dinheiro/massas〕. **3** [内部] O centro; o coracão. ★ *Teki no ~ ni tobi-komu* 敵の懐に飛び込む Saltar para o meio do inimigo. ⇨ náibu; uchí-mákú. **4** [物の間に囲まれたところ] O centro; o meio; o coração. ★ *Yama [Shizen] no ~ ni idakareta mura* 山 [自然] の懐に抱かれた村 Uma aldeia no coração da montanha [no meio da natureza]. **5** [心の中; 考え] O interior; a intenção. ★ *~ ga fukai* 懐が深い (Ser) tolerante [compreensivo/magnânimo]. *~ o misukasu* 懐を見透かす Ler [Adivinhar] ~. ⇨ hará¹;

kyṓchū.

futókóró-dé 懐手 (< … + te) Os braços cruzados (e metidos no quimono). ★ ～ *de kurasu* 懐手で暮らす Viver de ～ [na ociosidade].

futókóró-gátana 懐刀 (< … + katána) **1** [懐剣] O punhal; a adaga. [S/同] Kaíkéń. **2** [腹心の部下] O homem de confiança; o braço-direito. ★ *Shachō no ～ to shite jūyō sareru* 社長の懐刀として重用される Ser respeitado como ～ do presidente (da companhia).

futókú[1] 不徳【E.】 **1** [徳の足りないこと] A falta de virtude [prudência]. *Subete watashi no ～ no itasu tokoro desu* 全て私の不徳の致すところです Foi tudo por culpa minha. **2** [背徳] O vício; a imoralidade. ◇ **～ kan** 不徳漢 O depravado. [S/同] Fu-dṓtoku (+).

futókú[2] 婦徳【E.】As virtudes femininas.

fútoku[3] 太く (Adv. de "futói").

fu-tókugi 不徳義 A imoralidade; a falta de ética [princípios]. ★ ～ *na* 不徳義な Imoral.

fu-tókui 不得意 O (ponto) fraco. ◇ **～ (na) kamoku** 不得意(な)科目 A matéria em que se é fraco. [S/同] Fu-éte; nigáté.

fu-tókusaku 不得策 A má política [medida]. *Sore wa ～ da* それは不得策だ Isso é uma ～.

fu-tókutei 不特定 Não especificado [Indeterminado]. ◇ **～ tasū** 不特定多数 Um grande número de pessoas.

futókú-yṓryō [yóo] 不得要領 A ambiguidade. ★ ～ *na hanashi* 不得要領な話 A história [conversa] vaga [evasiva; despropositada; que não tem nada a ver (com o assunto)].

futó-mákí 太巻き (< futói + makú) O rolo grosso. [A/反] Hosó-mákí.

fu-tṓmei [óo] 不透明 **1** [光を通さないこと]【Fís.】A opacidade. ◇ **～ do** 不透明度 O grau de ～. **～ (na) garasu** 不透明(な)ガラス O vidro opaco [fosco]. **2** [色がにごっていること] Turvo; baço. **3** [見通せないこと]【Fig.】A incerteza. *Nihon keizai no sakiyuki wa ～ da* 日本経済の先行きは不透明だ O futuro da economia j. é incerto.

futó-mómó 太股 [腿] (< futói + …) A coxa.

futóń 布[蒲]団 **1** [座布団] A esteira. [S/同] Zabúton. **2** [夜具] A coberta acolchoada; o edredão [frouxel]; o acolchoado. ★ ～ *o ageru* [*shimau*] 布団をあげる[しまう] Arrumar ～. ～ *o kakeru* 布団を掛ける Cobrir com [Pôr] ～. ～ *o shiku* 布団を敷く Estender ～; fazer a cama (no chão). ～ *o tatamu* 布団畳む Dobrar ～. ◇ **～ gawa [ji]** 布団皮[地] A parte de fora [O pano] do ～. [S/同] Yágu. ⇨ kaké[shikí]-búton.

futóń-múshí 布[蒲]団蒸し (< … + músu)【G.】O pôr muitos "futon" em cima de alguém por brincadeira. ★ ～ *ni suru* 布団蒸しにする Meter「alguém」debaixo de muitos "futon".

futóppárá 太っ腹 (< futói + hará) O ser「um chefe」magnânimo [corajoso].

futórijíshí 太り肉 A corpulência. ★ ～ *no* 太り肉の **a**) Corpulento; **b**)「menino」Gorducho [Gordo/Bochechudo].

futóru 太る **1** [からだに肉がつく] Engordar. ★ *Futotta hito* 太った人 A pessoa gorda. ～ *tachi de aru* 太るたちである Ter tendência a ～. *Futorigimi no hito* 太りぎみの人 O gorducho [A pessoa a puxar para gorda]. *Futorisugi o fusegu* 太り過ぎを防ぐ Prevenir-se contra o excesso de peso [Procurar não ～]. *Marumaru to futotte iru* 丸々と太っている Estar (como) uma bola. [A/反] Yasérú. **2** [量が増す] Aumentar; crescer. *Zaisan ga ～* 財産が太る A fortuna aumenta. [S/同] Fuéru (+); masú.

fútosa 太さ (< futói) A grossura. *Kono bō wa ～ ga go senchi aru* この棒は太さが五センチある Este pau tem cinco centímetros de ～.

futṓ-shiki [óo] 不等式【Mat.】A (expressão de) desigualdade.

fúto-shita ふとした (< futó + surú) Casual; acidental; imprevisto; inesperado. ★ ～ *hazumi de* ふとしたはずみで Por mero acaso [acidente]. ～ *koto kara* ふとしたことから Por uma coisa de nada; devido a um pequeno incidente.

futótcho 太っちょ (< futói)【G.】O gorducho. ★ *Kono ～ me!* この太っちょめ! O [Seu] gorducho! [S/同] Débu. [A/反] Yaséppóchi.

futó-záó 太棹 (< futói + saó) **1** [さおの太い三味線] O "shamisen" de braço grosso. **2** [⇨ gidáyū́-búshí].

futsū́[1] 不通 **1** [通じなくなること] A interrupção. *Jishin no tame denshin-denwa ga ～ ni natta* 地震のため電信電話が不通になった Os serviços telegráficos e telefó[ô]nicos ficaram interrompidos [cortados] por causa do terremoto. **2** [便りがないこと] A falta de notícias [correspondência]. ◇ **Onshin～** 音信不通 O estar sem notícias「do filho」.

futsū́[2] 普通 **1** [通常] Geralmente. *Burajiru dewa nani ka to chippu o yaru no ga ～ de aru* ブラジルではなにかとチップをやるのが普通である No B. é normal dar gorjeta por qualquer coisa. [S/同] Ippáń; tsū́jō. [A/反] Tokúbétsú.

2 [並み] Ordinário; comum; vulgar; normal. *Kare wa ～ no shijin de wa nai* 彼は普通の詩人ではない Ele não é um poeta comum. ★ ～ *no atama o motta hito* 普通の頭を持った人 Uma pessoa de inteligência normal. ★ ～ *ijō* [*ika*] *no* 普通以上[以下]の Acima [Abaixo] do normal. ～ *no jōtai ni modoru* 普通の状態にもどる Voltar ao [à situação] normal. *Nichijō ～* (*ni*) *okoru dekigoto* 日常普通(に)起こる出来事 A coisa comum [do qu[c]otidiano]. ◇ **～ ka** 普通科 O curso [As matérias] ～ [normais]. **～ kyōiku** 普通教育 A educação [formação] ～. **～ meishi** 普通名詞【Gram.】O substantivo comum. **～ yūbin** 普通郵便 O correio normal. [S/同] Namí. [A/反] Tokúbétsú; tókushu.

3 [打ち消しを伴って「正常でない」こと]「Não ser」comum [normal]. *Kare no metsuki wa ～ de wa nai* 彼の目つきは普通ではない O olhar dele tem algo de anormal [não é normal]. [A/反] Ijṓ.

futsú-búń 仏文 **a**) A literatura francesa; **b**) O texto em francês.

futsú-futsu ふつふつ **1** [湯などが煮えたぎるさま] O ferver. ～ *to nie-tagitte iru* ふつふつと煮えたぎっている「o guisado」Está a ～. **2** [泉がわき出るさま; 汗がふき出るさま] O jorrar [borbulhar]. ～ *to ase ga deru* ふつふつと汗が出る O suor jorra.

fu-tsúgō 不都合 **1** [都合の悪いこと] A inconveniência. *Watashi ga kyō no kaigi ni kesseki shita kara to itte ～ wa nai darō* 私が今日の会議に欠席したからといって不都合はないだろう Não deve haver problemas por [pelo fa(c)to de] eu não ir à reunião de hoje. ★ ～ *na* 不都合な「horário」Inconveniente. [A/反] Kṓ-tsúgō. **2** [道理に合わないこと] A irregularidade; a má conduta. *Sono otoko wa ~ ga atta no de kaisha o kubi ni natta* その男は不都合があったので会社を首になった Esse homem [fulano] foi despedido da firma por má conduta. ★ ~ *na* 不都合な Impróprio. ~ *senban de aru* 不都合千万である Ser ultrajante [chocante; escandaloso; imperdoável]. [S/同] Futódoki (+).

futsúgyṓ 払暁【E.】A madrugada; a alvorada; o amanhecer. [S/同] Miméí (+).

futsú-ká 二日 **1** [月の第2の日] O dia dois (Segundo dia do mês). ★ *Sangatsu no* ~ 三月の二日 ~ de março. **2** [1日の2倍; その日数] Dois dias. ★ ~ *bun no shokuryō* 二日分の食糧 A ração [Os mantimentos] para ~. ~ *oki ni* 二日置きに De três em três dias; com ~ de intervalo.

futsúká-yóí 二日酔い・宿酔 A ressaca. ★ ~ *ni naru* 二日酔いになる Ficar com [Vir a] ~.

fu-tsúriai 不釣り合い A desarmonia; o desequilíbrio; a incompatibilidade; a desproporcão. ★ ~ *na* 不釣り合いな Desequilibrado; desproporcionado [~ *na kekkon* 不釣り合いな結婚 O casamento desigual]. [S/同] Aǹbáransu; fu-chṓwa; fu-kínkō; fu-ní-ai; fu-sṓō.

futsútsuka 不束 O ser desajeitado [inexperiente; incompetente; ignorante]. ◇ **~ mono** 不束者 Um ~ [~ *mono desu ga yoroshiku o-negai shimasu* 不束者ですがよろしくお願いします【Cor.】Eu sou um pobre ~ mas estou disposto a fazer tudo o que o Sr. achar bem [tudo o que eu puder]]. [S/同] Buchṓhō; bukótsú; mijúkú.

futtéí 払底 A escassez; a falta; a carência. ★ ~ *suru* 払底する Escassear; faltar [*Toshi de wa jūtaku ga ~ shite iru* 都市では住宅が払底している Nas cidades há ~ de casas de habitação]. ⇨ shiná-gí-ré.

fútten 沸点 O ponto de ebulição. [S/同] Futtṓ-ten.

fútto ふっと **1** [不意に] De repente; por acaso. *Aru toki ~ kare no itta koto o omoidashita* ある時ふっと彼の言ったことを思い出した Certo dia vieram-me ~ à cabeça as palavras dele. [S/同] Futó. **2** [息を吹きかけるさま] Com um sopro; fu. ★ *Rōsoku o ~ fuki-kesu* ろうそくをふっと吹き消す Apagar a vela ~.

futtṓ 沸騰 **1** [煮え立つこと] A ebulição; a fervura. ★ ~ *suru* 沸騰する Ferver [*Mizu o ippunkan ~ saseru* 水を1分間沸騰させる Deixar ferver a água (durante) 1 minuto]. ◇ **~ kyokusen** 沸騰曲線【Fís.】A curva de ebulição. **~ ten** 沸騰点 O ponto de ebulição. **2** [騒ぎ立つこと] A agitação; o alvoroço; a efervescência. ★ ~ *suru* 沸騰する Estar [Ficar] agitado [alvoroçado] [*Sono mondai de seron ga ~ shite iru* その問題で世論が沸騰している A opinião pública está agitada [em (grande) alvoroço] por causa dessa questão].

futtóbásu 吹っ飛ばす (< futtóbu) **1** [すっかりなくす] Pôr de parte [lado]; esquecer. ★ *Sake de uppun o ~* 酒でうっぷんを吹っ飛ばす Afogar o rancor [a ira] em vinho. **2** [勢いよく走らす] Dar velocidade; acelerar. ★ *Ōtobai de ~* オートバイで吹っ飛ばす Ir a toda a velocidade [Sair disparado] na moto(cicleta).

futtó-bṓru [óo] フットボール (< Ing. football) O futebol americano. [S/同] Shū́kyū́. ⇨ sákkā.

futtóbu 吹っ飛ぶ【G.】**1** [激しい勢いで吹き飛ぶ] Voar; ir pelo ar. *Taifū de kanban ga futtonda* 台風で看板が吹っ飛んだ O furacão levou a tabuleta pelo ar. [S/同] Fukítóbu. ⇨ futtóbásu. **2** [すっかりなくなる] Passar; desvanecer-se. *Atsui yu ni tsukattara tsukare mo futtonda* 熱い湯につかったら疲れも吹っ飛んだ O cansaço passou-me com um (bom) banho quente. **3** [勢いよく走る] Voar; correr velozmente.

futtó-ráito フットライト (< Ing. footlights) A ribalta. ★ ~ *o abiru* フットライトを浴びる **a)** Estar na ~; ser alvo das atenções; **b)** Estar em cena. [S/同] Kyakkṓ (+).

futtó-wā́ku [áa] フットワーク (< Ing. footwork) 【(D)esp.】O jogo de pernas. ★ ~ *ga midareru* フットワークが乱れる Desequilibrar-se. [S/同] Ashí-sábaki.

futtsúri(to) ふっつり(と) **1** [糸や髪を切るさま] 【On.】★ ~ *(to) kami o kiru* ふっつり(と)髪を切る Pim, cortar um cabelo. ⇨ putsún. **2** [継続していた物事が急に絶えてしまうさま] O cortar-se repentinamente. *Are irai ~ (to) onshin ga todaete shimatta* あれ以来ふっつり(と)音信が止絶えてしまった Desde então, pronto, ficámos sem notícias. **3** [継続していた物事を急に全くやめてしまうさま] O parar (de uma vez) para sempre.

fū́u [úu] 風雨 **1** [風と雨] O vento e a chuva; a intempérie. ★ ~ *ni sarasareru* 風雨にさらされる Estar (exposto) à ~. ~ *ni taeru* 風雨に耐える Resistir ao [à] ~. **2** [暴風雨] A tempestade. ★ ~ *o okashite shukkō suru* 風雨を冒して出航する Partir desafiando ~. ◇ **~ chūi-hō** 風雨注意報 O alerta de temporal [~]. [S/同] Bṓfū́u (+).

fú-un 不運 O infortúnio; a pouca sorte. ★ ~ *de aru* 不運である Ser desafortunado. ~ *na* 「*isshō*」不運な「uma vida」Desafortunada/de ~. ~ *ni mo* 不運にも Desafortunadamente; infelizmente. ~ *to akirameru* 不運とあきらめる Resignar-se com ~. *Mi no ~ o nageku* 身の不運を嘆く Lamentar a sua triste sorte. [S/同] Fukṓ; híun. [A/反] Kṓúń.

fū́ún [uú] 風雲 **1** [風と雲] O vento e as nuvens. ⇨ kazé[1]; kúmo[1]. **2** [事変の起こりそうな形勢] A situação; a maré. ~ *kyū da* [*o tsugeru*] 風雲急だ[を告げる] A situação está tensa/crítica. **3** [すぐれた人物が機会を得て世に出るたとえ] O aventureiro com sorte. ★ ~ *no kokorozashi* 風雲の志 A ambição [O instinto] do ~. ◇ ⇨ **~ji**.

fū́ún-ji [uú] 風雲児 O homem para os tempos de crise [para resolver problemas].

fúwa 不和 A discórdia; a desavença; a desarmonia. ★ ~ *de aru* 不和である Andar desavindo [malquisto]. ~ *ni suru* 不和にする Provocar ~. ~ *no moto* 不和の元 O pomo de discórdia. ~ *no tane o maku* 不和の種をまく Semear a discórdia. *Katei no ~* 家庭の不和 ~ doméstica [do lar]. *Ryōkoku no ~* 両国の不和 O diferendo [~] entre os dois países. [S/同] Haǹmókú; riháń. [A/反] Shińwá.

fúwafuwa(to) ふわふわ(と)【On.】**1** [軽く漂っているさま] *Kumo ga ~ (to) ukande iru* 雲がふわふわ(と)浮かんでいる As nuvens pairam, leves, no céu. [S/同] Púka-puka. **2** [柔らかくふくらんださま] ★ ~ *no* [*shita*] *hane-buton* ふわふわの羽布団 O acolchoado de penas muito fofo. **3** [落ちつかないさま] ★ *Kimochi ga ~ shite iru* 気持ちがふわふわしている Estar irrequieto [de cabeça oca].

fuwákú 不惑【E.】O não vacilar. ★ ~ *no toshi* 不惑の年 A idade dos quarenta, na qual「um homem」não mais vacila.

fúwa-raídô 付和雷同【E.】Ir atrás dos outros. ★ ~ suru 付和雷同する Ser rebanho [maria-vai-com-as-outras].

fuwári to ふわりと **1** [軽く漂うさま] Suavemente; levemente. *Fūsen ga ~ sora ni maiagatta* 風船がふわりと空に舞い上がった O balão subiu, leve, no ar. **2** [静かに物の上に置くさま] Com delicadeza [jeitinho]. ★ *Akanbō ni ~ mōfu o kakete yaru* 赤ん坊にふわりと毛布をかけてやる Cobrir ~ o bebé[ê] com o cobertor.

fu-wátari 不渡り O não pagamento; a falta de pagamento. ★ ~ *ni naru* 不渡りになる Não ter provisão; ir para protesto. ~ *o dasu* 不渡りを出す Não honrar um cheque [uma letra]. ◇ ~ **kogitte** 不渡り小切手 O cheque sem cobertura [provisão]. ~ **tegata** 不渡り手形 A letra protestada.

fuwátsúkú ふわつく Ser instável [inconstante]. ★ *Fuwatsuita kokoro* ふわついた心 O coração instante [volúvel]. ⇨ fúwa-fuwa.

fuwátto ふわっと ⇨ fuwári to.

fuyájô 不夜城【E.】**a)** O estar sempre iluminado (de noite); **b)** A zona de diversões no(c)turnas.

fuyákasu ふやかす (⇨ fuyákéru) Pôr de molho. ★ *Mizu ni tsukete mame o ~* 水につけて豆をふやかす Pôr o feijão de molho.

fuyákéru ふやける (⇨ fuyákasu) **1** [水分を含んで柔らかくなる] Amolecer. ★ *Fuyaketa mame* ふやけた豆 O feijão demolhado. **2** [精神的にだらける] Ficar lânguido [preguiçoso] psiquicamente. ★ *Fuyaketa kangae* ふやけた考え Uma ideia balofa.

fuyásu 増やす (⇨ fuéru) Aumentar. ★ *Hitode o ~* 人手を増やす Aumentar a mão-de-obra. *Zaisan o ~* 財産を増やす ~ a fortuna. A/反 Herású.

fúyo[1] 付与 A outorga ["do grau de doutor"]; a concessão. ★ *Kengen o ~ suru* 権限を付与する Conferir [Dar/Outorgar/Conceder] autoridade. S/同 Fúyo[2]; júyo.

fúyo[2] 賦与【E.】O dom natural. ★ ~ *suru* 賦与する Dotar. *[Tenpu no sainō o ~ sarete iru]* 天賦の才能を賦与されている Ter [Ser dotado de] talento natural]. ⇨ Fúyo[1]; júyo.

fuyô[1] 不用 O desuso [que não é usado]. ★ ~ *na* 不用な Inútil; sem serventia. ~ *to naru* 不用となる Tornar-se inútil; ficar sem uso. ◇ ⇨ ~ **hin**. ~ **kikan** 不用器官【Biol.】O órgão vestigial.

fuyô[2] 不要 Não ser preciso; desnecessário. *Kono bijutsukan wa nyūjō-ryō wa ~ desu* この美術館は入場料は不要です Neste museu não se paga entrada. ◇ ~ **fukyū sangyō** 不要不急産業 A indústria não prioritária. S/同 Fu-hítsuyô. A/反 Hitsúyô.

fuyô[3] 不溶 O ser insolúvel. ◇ ~ **sei** 不溶性 A insolubilidade. S/同 Kayô. ⇨ tokéru[1].

fuyô[4] 扶養 O sustento. ★ ~ *suru* 扶養する Sustentar; alimentar; manter. ◇ ~ **gimu fu-rikô**【Dir.】O não cumprimento do dever de sustentar os dependentes. ~ **kazoku** 扶養家族 Os familiares dependentes. ~ **kōjo** 扶養控除 A dedução familiar. ~ **teate** 扶養手当 O abono de família.

fuyô[5] 浮揚 A flutuação. ★ ~ *suru* 浮揚する Flutuar [Boiar; Pairar]. *[Kikyū o ~ saseru]* 気球を浮揚させる Lançar o balão. ◇ ~ **ryoku** 浮揚力 A força ascensional [de impulsão].

⇨ ukábú; ukábérú.

fuyô[6] 芙蓉【Bot.】**1** [アオイ科の植物] A rosa-de-são-francisco; a aurora; *hibiscus mutabilis*. **2** [蓮の花] A flor de loto; *nelumbo nucifera*.

fuyô-do [óo] 腐葉土 O húmus.

fuyôhai [óo] 芙蓉蟹 Uma iguaria chinesa preparada com siri e ovos. S/同 Kaní-támá.

fuyô-hín [óo] 不用品 O artigo [A mercadoria] sem uso [serventia]; a tralha. ⇨ fuyô[1].

fu-yôi [óo] 不用意 A inadvertência; a imprudência; o descuido. ★ ~ *na hatsugen* 不用意な発言 A observação imprudente [feita sem querer]. ~ *ni himitsu o morasu* 不用意に秘密を漏らす Revelar o segredo inadvertidamente [por descuido].

fu-yôjô [óo] 不養生 A intemperança; a falta de cuidado com a saúde. ★ ~ *na* 不養生な Intemperado; imoderado. ~ *o suru* 不養生をする Não cuidar da saúde; ser imoderado. P/ことわざ *Isha no ~* 医者の不養生 Casa de ferreiro, espeto de pau/Médico cura-te a ti mesmo. ⇨ Fuséssei.

fuyú 冬 O inverno. *Geijutsuka ni totte senjichū wa ~ no kisetsu datta* 芸術家にとって戦時中は~の季節だった Os anos de guerra foram uma época sombria para os artistas. ◇ ~ fuyú-méku. ~ *rashii [no yō na]* 冬らしい[のような] Invernoso. ⇨ ~ **ba** 冬場 A época do ~. ⇨ ~ **bi** (gákoi/gáre/géshiki/gi/gómori/jitaku/zora). ~ **fuku** 冬服 O vestuário [A roupa] de ~. ~ **mono** 冬物 As roupas de ~. ~ **shōgun** 冬将軍 O senhor inverno; a invernia. ~ **yama** 冬山 A montanha (desolada) do [no] ~. ~ **yasumi** 冬休み As férias de Natal.

fuyú[1] 富裕【E.】A opulência. ★ ~ *na* 富裕な Rico; opulento; abastado. ◇ ~ **kaikyū** 富裕階級 A classe abastada. S/同 Yúfuku (+).

fuyú[2] 浮遊 A flutuação; a suspensão. ★ ~ *sei no* 浮遊性の Flutuante. ~ *suru* 浮遊する Flutuar; boiar; pairar. ◇ ~ **butsu** 浮遊物 O obje(c)to flutuante「partículas suspensas」. ~ **kirai** 浮遊機雷 A mina (flutuante). ~ **seibutsu** 浮遊生物 Um ser vivo flutuante. ⇨ puránkuton. S/同 Hyōryú.

fuyú-bí 冬日 (< ⋯+ hi) **a)** O sol de inverno; **b)** O dia de inverno.

fuyú-gákoi 冬囲い (< ⋯+ kakói) O guardar para o inverno. ~ *o suru* 冬囲いをする Conservar ....

fuyú-gáré 冬枯れ (< ⋯+ karéru) **1** [草木が枯れること] A desolação da natureza no inverno. **2** [不景気] A baixa de movimento [vendas]「no inverno」. *Uchi no mise wa maitoshi nigatsu goro ga ~ desu* うちの店は毎年2月頃が冬枯れです Na minha loja, fevereiro é sempre um mês morto [muito parado]. S/同 Fu-kéiki (+). A/反 Natsú-gáré.

fuyú-géshiki 冬景色 (< ⋯+ késhiki) A paisagem de inverno.

fuyú-gi 冬着 (< ⋯+ kirú) A roupa de inverno.

fuyú-gómori 冬籠り (< ⋯+ komóru) A hibernação. ★ ~ *suru* 冬籠りする **a)** Hibernar; **b)** Passar o inverno em casa, ao borralho. S/同 Tōmín. ⇨ hikán[2].

fuyú-góshi 冬越し (< ⋯+ kosú) O passar o inverno. ~ *suru* 冬越しする ....

fuyú-jítaku 冬支度 (< ⋯+ shitakú) O preparar-se [fazer os preparativos] para o inverno. ★ ~ (*o*) *suru* 冬支度(を)する ....

fu-yúkai 不愉快 O desagrado; a contrariedade. ★ ~ *na hito* 不愉快な人 A pessoa desagradável. ~

na me ni au [~ *na omoi o suru*] 不愉快な目に遭う [不愉快な思いをする] Ter [Passar por] uma experiência desagradável; ter uma contrariedade. ~ *ni kanjiru* 不愉快に感じる Sentir desagrado; ficar contrariado. ~ *ni naru* 不愉快になる Tornar-se [Ser] desagradável. *Hito o ~ ni suru* 人を不愉快にする Contrariar [Causar desagrado a] outrem [alguém] /Indispor as pessoas. [S/同] Fukáí.

fu-yúkitodoki 不行き届き A negligência; o descuido [desleixo]; o serviço mau [fraco]. *O-kyaku-sama ni ~ no nai yō ni komakai ten made ki o kubatta* お客様に不行き届きのないように細かい点まで気を配った Pensámos em todos os pormenores para servir bem os nossos (estimados) clientes. *Taiiku no jugyō-chū ni kyōshi no kantoku ~ de seito ga kega o shita* 体育の授業中に教師の監督不行き届きで生徒が怪我をした Um aluno feriu-se durante a aula de educação física, por descuido do professor. ★ ~ *na* 不行き届きな Descuidado; negligente. [S/同] Fuchûi; sorô.

fuyú-méku 冬めく【E.】Entrar (a sério) no inverno. ★ *Fuyu-meita kikō* 冬めいた気候 O tempo invernoso.

fuyú-zóra 冬空 (<… + sóra) O céu de inverno.

fuzáí 不在 A ausência. ★ ~ *chū ni* 不在中に Na「minha」~. ~ *de aru* 不在である Estar ausente. ★ *Kokumin ~ no seiji* 国民不在の政治 A política sem a participação do povo. ◇ **~ jinushi** 不在地主 O (proprietário) absentista. **~ sha tōhyō** 不在者投票 A votação por envio do voto. **~ shōmei** 不在証明 O「ter um」álibi. [S/同] Rúsu (+).

fuzáké ふざけ (< fuzakéru) A brincadeira; a graça; o gracejo; o chiste; a pilhéria; a troça; a galhofa; a folia. *O-~ de nai yo* おふざけでないよ Não brinque [Isto/O caso não é para brincadeira]! ★ ~ *hanbun ni* ふざけ半分に Meio por brincadeira; meio a brincar. ◇ **Waru ~** 悪ふざけ ~ de mau gosto.

fuzákéru ふざける **1** [おどける] Fazer palhaçadas; brincar; gracejar; troçar; galhofar. *Fuzakete warawaseru* ふざけて笑わせる Fazer rir com palhaçadas [graças]. ⇨ odókérú. **2** [遊び騒ぐ] Fazer uma farra. ★ *Fuzakete asobu* ふざけて遊ぶ Brincar em grande algazarra [~]. **3** [男女がたわむれる] Namori(s)car. *Futari wa hito-mae de fuzaketa* 二人は人前でふざけた Os dois namoriscaram à vista de todos. [S/同] Ichátsúkú. **4** [人をばかにする] Zombar; troçar; mofar. ~ *na* ふざけるな Não gozes [faças chacota]!

fúzei[1] 風情 **1** [趣] A elegância; o encanto; a graça. ★ ~ (*no*) *aru* 風情(の)ある Elegante; refinado; encantador. **2** [様子; 姿] A aparência; o aspecto; o ar. *Kanojo wa sabishi-ge na ~ o tadayowasete iru* 彼女はさびしげな風情をただよわせている Ela tem um (certo) ar de tristeza. [S/同] Yôsú (+). **3** [もてなし] A hospitalidade. *Nan no ~ mo arimasen ga yukkuri nasatte kudasai* 何の風情もありませんがゆっくりなさって下さい Desculpe a nossa pobre ~ mas esteja à vontade. [S/同] Moténáshí (+). **4** […のようなつまらない者] A laia [raça]; o jaez. *Watashi ~ ni wa sonna ō-shigoto wa dekimasen* 私風情にはそんな大仕事はできません Isso é uma tarefa demasiado importante para pessoas como eu [do meu jaez].

fúzei[2] 府税 O imposto [A taxa] da "fu[1]". [S/同] Kenzéí; tózei.

fuzéń[1] 不善【E.】O mal; o pecado; o vício. ★ ~ *o okonau* 不善を行う Praticar o mal. [P/ことわざ] *Shōjin kankyo shite ~ o nasu* 小人閑居して不善をなす A ociosidade é a mãe de todos os vícios.

fuzéń[2] 不全【Med.】A falta [falha]; a insuficiência. ◇ **Hatsuiku ~** 発育不全「O animal」que não se desenvolveu desde o nascer. ⇨ **shin~**.

fûzéń nó tómóshíbí [úú] 風前の灯 [燈] 火 (Lit. "uma chama ao vento") O perigo [O estar (seguro) por um fio(zinho)]. *Ano kuni no unmei mo ~ da* あの国の運命も風前の灯火だ Aquele país está em perigo [por um fio].

fuzókú 付属 Anexo. ★ ~ *suru* 付属する Estar ~. ◇ ⇨ **~ butsu**. **~ byōin** 付属病院 O hospital anexo「à universidade」. **~ go** 付属語【Gram.j.】O aposto [A forma auxiliar] (Ex. "ta, nai, masu, ga"; [A/反] Jiritsugo). ⇨ **~hin**. **~ shisetsu** 付属施設 As instalações anexas; o(s) anexo(s). **~ shorui** 付属書類 O documento anexo.

fûzoku [úu] 風俗 **1** [風習; しきたり] Os costumes. ◇ ⇨ **~ ga**. **~ shūkan** 風俗習慣 Os hábitos e ~. [S/同] Fûshû; shûzoku. **2** [風紀] A moral pública. ~ *ga midarete iru* 風俗が乱れている ~ está corrompida. ★ ~ *o midasu* 風俗を乱す Destruir a ~. ◇ **~ eigyō** 風俗営業 Os negócios que afe(c)tam mais o público (Cinemas, etc). [S/同] Fûki (+).

fuzókú-butsu 付属物 O equipamento; os apetrechos; os acessórios. ★ *Ie to sono issai no ~* 家とその一切の付属物 A casa e tudo o que faz parte dela. ⇨ fuzókú-híń.

fûzókú-gá [úú] 風俗画 A pintura de costumes.

fuzókú-híń 付属品 O acessório. ⇨ fuzókú-butsu.

fu-zóroi 不揃い (<… + sorói) A desigualdade; a irregularidade; a falta de uniformidade. *Watashi wa ha-narabi ga ~ da* 私は歯並びが不ぞろいだ Eu tenho os dentes desalinhados. *Daishō ~ no ringo* 大小不ぞろいのりんご Maçãs de todos os tamanhos. [S/同] Fudô[1]; fuséí. ⇨ fu[7].

fúzu 付図 O desenho [mapa; gráfico; proje(c)to; diagrama; a figura] anexo/a.

fuzúí[1] 不随 A paralisia. ◇ **Zen** [**Han**] **shin ~** 全 [半] 身不随 ~ total [parcial].

fuzúí[2] 付随 O que acompanha. *Sono kenri no rikō ni wa samazama na gimu ga ~ shite kuru* その権利の履行には様々な義務が付随してくる A obtenção desse direito implica [inclui/traz consigo] várias obrigações. ◇ **~ jōkō** 付随条項 As cláusulas anexas. ◇ ⇨ **~ butsu**. [S/同] Fuzókú (+); jûzókú; zuíháń.

fuzúi-butsu 付随物 O que é concomitante.

fu-zúii 不随意 Involuntário. ◇ **~ kin** 不随意筋【Anat.】O músculo ~. **~ undō** 不随意運動【Zool.】O movimento ~.

F

G

ga[1] が [格助詞]【Prep.】(Não tem tradução em p.; põe em relevo o sujeito e liga-o ao verbo mais fortemente que "wa"). **1** [主格を示す] *Ame ~ agatte hi ~ dete kita* 雨が上がって日が出て来た Parou a chuva e veio o sol. *Sono heya ni (wa) piano ~ aru* その部屋に(は)ピアノがある Naquela sala há um piano. *Umi ~ aoi* 海が青い O mar é azul. ⇨ ga[2]; wa[1]. **2** [対象を示す] *Kare wa eigo de naku poruto-garu-go ~ hanaseru* 彼は英語でなくポルトガル語が話せる Ele sabe falar p., inglês não. *Watashi wa kōcha yori mo kōhī ~ suki da* 私は紅茶よりもコーヒーが好きだ Eu gosto mais de café do que de chá. **3** [強調を示す] *Kore wa ima ~ ima no hanashi da* これは今が今の話だ Isto é urgente [Ou agora ou nunca]. ⇨ no[1]; o[1]; wa[1].

ga[2] が [接続（助）詞]【Conj.】 **1** [しかし] Mas; porém; contudo; todavia; no entanto. *Dekake-yō to omotta ~ ame ga futte ita no de yameta* 出かけようと思ったが雨が降っていたのでやめた Pensei (em) sair, mas desisti, porque estava chovendo [a chover]. [S/同] Kéredomo; shikáshi. **2** [そして] E. *Watashi ga Yamaguchi desu ~ nani ka go-yō desu ka* 私が山口ですが何か御用ですか Yamaguchi sou eu, desejava alguma coisa? [S/同] Soshíté. **3** […とも] Mesmo que; quer ... quer .... *Hito ga mite iyō ~ mite imai (imasen) ~ tadashikunai koto wa shite wa ikenai* 人が見ていようが見ていまい（いません）が正しくないことはしてはいけない Quer os outros vejam quer não (vejam), o que é mau não se faz. [S/同] Tatóé[2]; -tómo.

ga[3] が [終助詞] (Inter. "no fim de frase"). **1** [念を押す意を示す] (Requer o consentimento do outro). *Dō desu. Umai sake deshō ~* どうです．うまい酒でしょうが Que tal? Isto é que é [o que se diz] saquê! **2** [願望を示す] Oxalá; tomara「eu」que; Deus queira que. *Ashita harereba ii ~* 明日晴れればいいが Quem (me) dera que amanhã fizesse bom tempo. **3** [婉曲を示す] Que tal? *Kore ga yoroshii to omoimasu ~* これがよろしいと思いますが Que tal este? **4** [高圧的な意を示す] (Dá ênfase). *Kono baka-mono-me ~* このばか者めが (Seu) idiota [estúpido]! *Da kara itta darō ~* だから言っただろうが Então?! Eu bem te avisei!

ga[4] 我 **1** [⇨ jíga]. **2** [我意] O egoísmo; o amor próprio. ★「*Ano hito wa*」*~ ga tsuyoi*「あの人は」我が強い「Ele」é teimoso [tem um cará(c)ter forte]. *~ o haru* 我を張る Teimar; insistir; obstinar-se. *~ o tōsu* 我を通す Não ceder [Levar a sua (opinião) por diante]. [S/同] Gái. ⇨ hitórí-yógari; wagámámá.

ga[5] 蛾【Zool.】A mariposa; a traça.

gabáń 画板 A prancheta (para pintar [desenhar]).

gabá(t)to がば（っ）と【On.】De repente「deitou a chorar」. ★ *~ tobi-okiru* がば(っ)と飛び起きる Levantar-se ~ [no mesmo instante/de um pulo].

gabéí 画餅【E.】O insucesso; o nada. *Wareware no keikaku wa ~ ni kishita* 我々の計画は画餅に帰した O nosso plano caiu por terra. [S/同] Esórágoto.

gấbérá [aá] ガーベラ (< Ing. gerbera)【Bot.】A gérbera; a margarida-do-transval; *gerbera hybrida*.

Gábon ガボン O Gabão. ◇ **~ jin** ガボン人 O gabonês.

gábotto ガボット (< Fr. gavotte)【Mús.】A gavota.

gábugabu (to) がぶがぶ（と）【On.】Como um odre. ★ *Mizu o ~ nomu* 水をがぶがぶ（と）飲む Beber depressa [a grandes goles]. [A/反] Chibíríchíbíri. ⇨ gókugoku.

gabúri (to) がぶり（と） **1** [大きな口でかみつくようす] Ham! ★ *~ kami-tsuku* がぶり（と）かみつく「o cão」Dar uma grande dentada. **2** [一息に飲みこむようす] Pumba!「para o papo」. ★ *~ nomi-komu* がぶり（と）飲み込む Tragar [Beber de um gole].

ga-byṓ 画鋲 A tacha; o percevejo. ★ *Posutā o ~ de hei ni tomeru* ポスターを画鋲で塀に留める Fixar [Pregar] o cartaz na parede com percevejos. ⇨ pín[1].

gácha gacha がちゃがちゃ **1**【On.】T(e)lim! ★ *~ (to) saseru [oto o tateru]* がちゃがちゃ（と）させる [音をたてる] Estrepitar. **2** [乱雑さ] Numa grande confusão. *Kowareta tokei no naka wa buhin ga ~ ni natte ita* こわれた時計の中は部品ががちゃがちゃになっていた Dentro do relógio quebrado, as peças estavam ~ [todas misturadas]. **3** [くつわむし]【Zool.】Um gafanhoto; *mecopoda elongata*. [S/同] Kutsúwámushi.

gachán to がちゃんと Pum! (Com um ruído seco). *Donburi ga ochite ~ kowareta* どんぶりが落ちてがちゃんとこわれた A tigela, ~, caiu e partiu-se. ★ *~ denwa o kiru* がちゃんと電話を切る ~, desligar o telefone.

gachári to がちゃりと Com um estalido. ★ *~ jō o orosu* がちゃりと錠をおろす Fechar [Trancar] ~.

gachátto がちゃっと ⇨ gachári to.

-gachí 勝ち (< kátsu) **1** [そういう傾向があるようす] (Suf. que significa "tender [puxar] para"). *Wakai mono wa kyokutan ni hashiri ~ da* 若い者は極端に走り勝ちだ Os jovens tendem para os extremos. ★ *Byōki ~ no hito* 病気勝ちの人 A pessoa adoentada. **2** [割合が多いようす] (Suf. que significa "ocupar a maior parte"). ★ *Kurome ~ no me* 黒目勝ちの目 Os olhos com grandes íris escuros (Em comparação com a parte esbranquiçada).

gáchigachi がちがち **1** [固いものがぶつかる音] (Im. de coisas duras a bater). *Amari no samusa ni ha ga ~ itta* あまりの寒さに歯ががちがちいった Estava com os dentes a bater de frio. **2** [固くなるさま] (Im. de ficar rígido). *Dōro ga ~ ni kōtte iru* 道路ががちがちに凍っている A estrada está toda gelada. ⇨ kachíkáchí.

gachítto がちっと Com firmeza [força]. ★ *~ katai akushu o kawasu* がちっと固い握手を交わす Dar um forte aperto de mão [uma grande mãozada].

gachṓ 鵞鳥【Zool.】O ganso. ⇨ gán[4].

gadái 画題 O título ou tema da pintura.

gadáń 画壇 O mundo [círculo] dos pintores.

gáden-ińsúí 我田引水 O puxar a brasa para a sua sardinha/O levar a água ao seu moinho. [S/同] Jíga-jisáń.

gādo[1] [**áa**] **ガード** (< Ing. girder) A ponte [O viaduto] de ferro. ◇ **~ shita** ガード下 Debaixo da [do] ~. ⇨ rikkyṓ; tekkyṓ.

gādo[2] [**áa**] **ガード** (< Ing. guard) **1** [防衛] A defesa. ★ ~ *o katameru* ガードを固める Segurar ~. ◇ ⇨ **~ rēru**. **2** [護衛] O guarda(r). ★ *Yōjin o ~ suru* 要人をガードする Ser guarda-costas de pessoa importante. ◇ ⇨ **~ man**. [S/同] Goéí.

gādo-man [**áa**] **ガードマン** (< Ing. guard + man) O guarda; o (agente de) segurança; o vigia. [S/同] Goéí; keíbíin.

gādó-réru [**gaá-rée**] **ガードレール** (< Ing. guardrail) **a**) O contracarril; **b**) A segurança (de ferro) instalada nas ruas e estradas para prote(c)ção;

gādórú [**aá**] **ガードル** (< Ing. girdle) A cinta (Larga, para beleza).

gafū 画風 O estilo [gé[ê]nero] de pintura.

gága 峨峨【E.】「o monte」Escarpado.

gāgā [**áa-**] **があがあ**【On.】(Im. da voz do pato, etc.). *Ahiru* [*Gachō*] *ga ~ naite iru* あひる[がちょう]があがあ鳴いている Os patos [gansos] estão a grasnar, cuá, cuá.

gágaku 雅楽 A música da corte imperial j. (Antiga). ⇨ hṓgákú[3].

ga-gákusei 画学生 O aluno de belas-artes.

gagáńbó 蚊蜷 [大蚊]【Zool.】⇨ ka-tónbo.

gágo 雅語 As palavras elegantes [refinadas]. [A/反] Zokúgó.

gágō 雅号 O pseudó[ô]nimo. [S/同] Gō. ⇨ hitsúméí.

gáhaku 画伯【E.】Um grande pintor [mestre da pintura].

gahṓ[1] 画法 A arte [técnica; as regras] da pintura.

gahṓ[2] 画報 A revista ilustrada [de pintura]. ◇ **Jiji ~** 時事画報 Notícias ilustradas (de acontecimentos recentes).

gái[1] 害 O dano; o prejuízo; o mal. *Tabako wa karada ni ~ ga aru* たばこは体に害がある O cigarro é prejudicial [faz mal] à saúde. ★ ~ *o ataeru* [*oyobosu*] 害を与える [及ぼす] Dar prejuízo; causar dano; fazer mal. ⇨ gaí súru. [A/反] Éki.

gái[2] 我意 ⇨ ga[4].

-gái[3] 外 **1** [外側] Fora. ★ *Oku ~ de* 屋外で Ao ar livre; fora. [A/反] -nái. **2** [ある範囲をはずれること] Não fazer parte. *Sono bun'ya wa senmon ~ de aru* その分野は専門外である Essa área fica fora [não faz parte] da minha especialidade. [A/反] -nái.

-gái[4] 街 A rua; a zona. ◇ **Chika ~** 地下街 A zona「comercial」subterrânea. **Hanka ~** 繁華街 A zona com muito comércio [movimento]. **Shōten ~** 商店街 A zona comercial [com muitas lojas].

gáiaku 害悪 O mal; o dano. ★ *Shakai ni ~ o nagasu* 社会に害悪を流す Espalhar o mal pela sociedade. [S/同] Gáidoku.

Gaíáná **ガイアナ** A Guiana. ◇ **~ jin** ガイアナ人 O guianense [guianês].

gaíátsú 外圧 A pressão exterior. ★ ~ *ni kussuru* 外圧に屈する Ceder à ~. [A/反] Naíátsú.

gaíbṓ 外貌【E.】A aparência [feição] externa; o aspecto externo. [S/同] Gaíkéń (+); mikáké (+).

gáibu 外部 **1** [物の外側] A parte externa [de fora]. ★ *Tatemono no ~* 建物の外部 ~/O exterior de um edifício. [S/同] Gaímén. [A/反] Náibu. **2** [仲間や関係者以外の人] (A pessoa de) fora; o estranho. *Himitsu ga ~ ni moreta* 秘密が外部に漏れた O segredo transpirou (para fora). ★ ~ *kara no enjo* [*kanshō*] 外部からの援助[干渉] A ajuda[interferência] externa. [A/反] Náibu.

gaíbúń 外聞 **1** [世間の評判] A reputação; a fama. ★ ~ *o habakaru* 外聞をはばかる Preocupar-se com o que os outros pensam. ⇨ hyṓbáń. **2** [世間体] A respeitabilidade. ★ *Haji mo ~ mo naku nakisakebu* 恥も外聞もなく泣き叫ぶ Chorar em altos gritos sem vergonha nenhuma. [S/同] Hitó-gíkí; sekéńtéí (+); teísáí.

gáichi 外地 **1** [外国(の土地)] O estrangeiro [exterior (B.)]. ◇ **~ kinmu** 外地勤務 O serviço no ~. **2** [日本の旧領土] As antigas coló[ô]nias j./Os antigos territórios ultramarinos j.

gaíchṓ 害鳥 As aves prejudiciais [nocivas] (à agricultura). [A/反] Ekíchṓ.

gaíchū[1] 害虫 O inse(c)to nocivo; a praga. ◇ **~ kujo** 害虫駆除 A exterminação dos ~s. [A/反] Ekíchū.

gaíchū[2] 外注 Uma encomenda feita a alguém fora da firma. ★ ~ *suru* 外注する Encomendar produtos… ◇ **~ saki** 外注先 A firma a quem se faz a encomenda. ⇨ chūmóń.

gáidansu **ガイダンス** (< Ing. guidance) A orientação. ★ ~ *o okonau* [*suru*] ガイダンスを行う [する] Orientar「os novos alunos na vida escolar」.

gaídéń 外電 (Abrev. de "gaíkókú dénpō") O telegrama (Notícia) do estrangeiro.

gáido **ガイド** (< Ing. guide) **1** [案内; 案内人] O guia; o cicerone. ★ ~ *o suru* [*tsutomeru*] ガイドをする[務める] Guiar[Ser ~]. ◇ **Basu ~** バスガイド ~ de autocarro/ônibus. [S/同] Ańnái. **2** [手びき] O guia [folheto]. ◇ **~ bukku** ガイドブック ~ turístico/de viagem. [S/同] Té-biki.

gáidoku 害毒 O mal; o dano; a influência maléfica; o veneno. [S/同] Gaí[1] (+); gáiaku.

gaíéń[1] 外苑 O jardim [recinto] exterior (dos templos ou palácio imperial). ◇ **Meiji jingū ~** 明治神宮外苑 ~ do templo Meiji. [A/反] Naíéń.

gaíéń[2] 外延【Fil.】A extensão「do conceito」. [A/反] Naíhṓ.

Gaígā-kéisūkáń **ガイガー計数管**【Fís.】O contador Geiger.

gaíhákú[1] 外泊 O dormir fora de casa. ★ ~ *suru* 外泊する Pernoitar fora de casa. ◇ **Mudan ~** 無断外泊 ~ sem licença「dos pais」.

gaíhákú[2] 該博【E.】A profundidade; a amplitude. [S/同] Hakúgákú (+).

gaíhékí 外壁 O muro exterior. ★ ~ *o hoshū suru* 外壁を補修する Reparar o ~. [A/反] Naíhékí. ⇨ kabé.

gáihi 外皮 **1** [植物の] A cutícula; a epiderme. [A/反] Náihi. **2** [動物の] A epiderme [pele]; o tegumento. [A/反] Náihi. **3** [外側を包む皮] A crosta; a concha「dos moluscos」; a côdea「do pão」; a casca「do ovo」. [A/反] Náihi.

gaíhyṓ 概評 O comentário geral「do livro」.

gáiji 外耳【Anat.】O ouvido externo. ◇ **~ en** 外耳炎【Med.】A otite externa [no ~]. ⇨ chūji; náiji[2].

gaíjí-ká 外事課 A se(c)ção de assuntos externos.

gaíjíń 外人 O estrangeiro; o alienígena. ◇ **~ butai** 外人部隊 O batalhão composto por ~s.

G

ⓈⓂ lhôjin; ijín. ⒶⓇ Hójín.

gaíji-shínbun 外字新聞 O jornal em língua estrangeira.

gaijū-naígó 外柔内剛「人」Suave por fora mas forte por dentro. ⒶⓇ Naíjū-gaígó.

gáika[1] 外貨 **1** [外国の通貨] A moeda estrangeira. ★ ~ o kakutoku suru 外貨を獲得する Obter divisas estrangeiras [~]. ◇ ~ **sai** 外貨債 A dívida externa. ~ **tegata** 外貨手形 A letra de câmbio em ~. **Te-mochi** ~ 手持ち外貨 A reserva de ~. ⒶⓇ Hōka. **2** [外国から輸入する商品・貨物] As mercadorias estrangeiras [importadas].

gáika[2] 凱歌 A canção triunfal. ★ ~ o ageru 凱歌を揚げる Ganhar; cantar vitória. ⇨ kachídókí.

gaikaí[1] 外界 O mundo exterior. ⒶⓇ Naíkaí.

gaikaí[2] 外海 ⇨ sotó-úmi.

gaikakú[1] 外郭「廓」【E.】 **1** [いちばん外側の囲い] A sebe exterior. ⒶⓇ Naíkákú. **2** [物事の輪郭] O perfil [contorno] das coisas; os traços gerais. ◇ ~ **dantai** 外郭団体 O órgão [grupo] afiliado「a um partido político」.

gaikakú[2] 外角 **1** [図形の]【Geom.】 O ângulo externo. ⒶⓇ Naíkákú. **2** [野球で] バッターから遠い所]【Beis.】 O canto externo. ◇ ~ **kyū** 外角球 A bola arremessada ao ~. ⒶⓇ Naíkákú.

gaíkan[1] 外観 A aparência; a vista externa. ★ ~ o kazau o kazaru 外観を飾る Dar mas vistas; gostar de aparentar「riqueza」. ⇨ Gaíkén; mikáké.

gaíkan[2] 概観 A vista [perspectiva/O aspecto/O esboço] geral. ★ Kindai-shi o ~ suru 近代史を概観する Dar um/a ~ da história moderna. ⇨ gaíkátsú.

gaíkan[3] 外患【E.】 ⇨ naíyú.

gaíkátsú 概括 O resumo [sumário]; a síntese. ★ ~ suru 概括する Resumir; fazer ~; sintetizar. ⓈⓂ Ikkátsú (+); sōkátsú; yōyákú (o). ⇨ gaíkan[2].

gaíkeí[1] 外形 A forma externa. ★ ~ jō no [teki na] 外形上の[的な] Externo. ⓈⓂ Gaíkán[1] (+); gaíkén (o). ⒶⓇ Naíyō.

gaíkeí[2] 外径 O diâmetro externo「do tubo」. ⓈⓂ ⒶⓇ chokkéí[1].

gaíkén 外見 A aparência. ★ ~ jō (wa) 外見上(は) Aparentemente; pela ~. ⓈⓂ Gaíkán[1]; mikáké; uwábé.

gáiki 外気 O ar (livre). ★ ~ ni ataru 外気に当たる Tomar ar.

gaíkín 外勤 O serviço externo (Fora do escritório). ⓈⓂ Sotó-máwari. ⒶⓇ Naíkín.

gaíkō 外交 **1** [外国との交渉] A diplomacia; as relações diplomáticas; a política externa. ★ ~ teki (na) [jō no] 外交的(な)[上の] Diplomático. ~ teki shuwan 外交的手腕 A habilidade diplomática. ◇ ~ **bunsho** 外交文書 O documento diplomático. ~ **jirei** 外交辞例 A linguagem [etiqueta] diplomática. ◇ ~**kan.** ~ **kankei** 外交関係 As relações diplomáticas. ~ **mondai** 外交問題 Um problema diplomático. ~ **seisaku [hōshin]** 外交政策[方針] A linha da política diplomática [externa]. ⒶⓇ Naíséí.
2 [外まわりの仕事] O serviço externo [por fora]「do banco/da companhia de seguros」. ★ Hoken no ~ o suru 保険の外交をする Vender seguros a domicílio. ⇨ ◇ ~ **in.** ⇨ gaíkín; gaíshō[4]; shōgái[4].

gaíkō-in[óo] 外交員 A pessoa em serviço externo; o vendedor.

gaíkō-kan [óo] 外交官 O diplomata.

gaíkóku 外国 O (país) estrangeiro; o exterior. ★ ~ de kurasu 外国で暮らす Viver no ~. ~ e [ni] iku 外国へ[に]行く Ir ao ~. ~ sei no kuruma 外国製の車 O carro de fabrico ~. ◇ ~ **bōeki** 外国貿易 O comércio com o ~. ~ **bungaku** 外国文学 A literatura estrangeira. ⇨ **go;jin; kawase**. ~ **ryokō** 外国旅行 A viagem ao exterior [estrangeiro]. ~ **yūbin** 外国郵便 A correspondência internacional. ⓈⓂ Ikóku; takóku.

gaíkókú-gó 外国語 A língua estrangeira. ◇ ~ **gakubu** 外国語学部 A Faculdade de ~s.

gaíkókú-jin 外国人 O estrangeiro. ⓈⓂ Gaíjín.

gaíkókú-káwase 外国為替 O câmbio estrangeiro. ◇ ~ **kanri-hō** 外国為替管理法 A lei de da fiscalização cambial. ~ **sōba** 外国為替相場 A cotação de câmbio. ~ **tegata** 外国為替手形 O título em moeda estrangeira.

gaíkō-séí 外向性【Psic.】 A extroversão. ⒶⓇ Naíkō-séí. ⇨ gaikō-téki.

gaíkō-sén 外航船 O transatlântico.

gaíkō-téki 外向的 Extrovertido; sociável; comunicativo. ★ ~ na hito 外向的な人 A pessoa ~. ⒶⓇ Naíkō-téki.

gáiku 街区 O quarteirão (Bloco entre 4 ruas).

gaíkyō 概況 A situação geral; o panorama; a vista (geral). ◇ **Tenki** ~ 天気概況 ~ do tempo. ⓈⓂ Gaíkán; gaíryákú; taíséí.

gaímaí 外米 O arroz importado [estrangeiro]. ⓈⓂ Yushū-mái. ⒶⓇ Naíchí-mái. ⇨ komé.

gaímén 外面 **1** [物の外側の表面] O lado externo; o exterior. ⒶⓇ Naímén. **2** [外観] A aparência; o exterior. ★ ~ teki na utsukushisa 外面的な美しさ A beleza exterior. ⓈⓂ Gaíkán; mikáké; uwábé.

gáimu 外務【E.】 Os negócios estrangeiros; as relações exteriores. ◇ ~ **daijin** 外務大臣 O ministro dos ~ [das ~]. ~ **jikan** 外務次官 O secretário de Estado das [dos] ~. ~ **shō** 外務省 O Ministério dos/das ~. ⒶⓇ Náimu.

gáinen 概念 [意味内容]【Fil.】 O conceito; a concepção; a ideia. ★ ~ teki na 概念的な Conceptual; nocional. ◇ **Chūshō** ~ 抽象概念 ~ abstra(c)to/a. ⇨ kánnen; imeíjí. **2** [大ざっぱな意識内容] A ideia [noção] geral. ⇨ iméji.

gairaí 外来 **1** [よそから来ること] O vir de fora. ◇ ~ **sha** 外来者 O estranho. **2** [外国から来ること] O vinda do estrangeiro/exterior. ◇ ~ **go** 外来語 A palavra de origem estrangeira. ~ **shisō** 外来思想 A ideia [ideologia] estrangeira [importada]. **3** [通院して診察を受けること] O vir ao hospital. ◇ ~ **kanja** 外来患者 O paciente de fora [ambulatório].

gaírin-zan 外輪山【Geol.】 O rebordo exterior da cratera (vulcânica). ⒶⓇ Naírín-zan.

gáiro 街路 A rua; o logradouro. ⇨ ◇ ~ **ju**.

gaíro-ju 街路樹 As árvores das [que orlam as] ruas.

gaírón 概論 a) As considerações gerais; b) A introdução. ⓈⓂ Gaísétsú; tsūrón.

gaíryákú 概略 a) O resumo; o sumário; b) Em síntese [poucas palavras]. Ketsuron wa ~ tsugi no tōri desu 結論は概略次の通りです A conclusão, em síntese, é a seguinte. ★ ~ o noberu 概略を述べる Relatar sumariamente.
⇨ arákátá; daítáí[1]; taíryákú.

gaísáí 外債 (Abrev. de gaíkókúsai) A dívida externa. ★ ~ *o tsunoru* 外債を募る Emitir [Levantar] um empréstimo exterior. [S/同] Gaíkókú-sai.
gaísáń 概算 A estimativa aproximada. *Hiyō no ~ wa tsugi no tōri desu* 費用の概算は次の通りです ~ da despesa é a seguinte. ★ ~ *suru* 概算する Calcular aproximadamente. ◇ **~ barai** 概算払い O pagamento por cálculo aproximado. **~ yōkyū** 概算要求 O pedido [A requisição] por ~. [A/反] Seísáń.
gaíséki 外戚 O parente materno. [A/反] Naíséki. ⇨ shińséki.
gaíséń[1] 外線 **1** [屋外の電線] O fio elé(c)trico externo. [A/反] Naíséń. **2** [電話の] A linha (telefó[ô]-nica) externa; a rede. ★ ~ *ni tsunagu* 外線につなぐ Ligar à ~. [A/反] Naíséń.
gaíséń[2] 凱旋 **1** [戦勝して帰ること] O regresso triunfal「das tropas」. ◇ **~ mon** 凱旋門 O arco de triunfo. **2** [成功して帰ること]【Fig.】O regresso triunfante/glorioso.
gaísétsú[1] 概説 O sumário; o resumo [compêndio]; a apresentação geral. ★ ~ *suru* 概説する Compendiar; resumir. [S/同] Gaíróń.
gaísétsú[2] 外接【Geom.】A circunscrição. ★ ~ *suru* 外接する Circunscrever. ◇ **~ en** 外接円 O círculo circunscrito. [A/反] Naísétsú.
gaíshá 外車 (< gaíkókú + jidṓsha) O carro importado/estrangeiro. [A/反] Kokúsán-sha.
gáishi[1] 外資 (< gaíkókú + shíhon) O capital estrangeiro. ◇ **~ dōnyū** 外資導入 A introdução do ~. ~ *kei kigyō* 外資系企業 A empresa de ~.
gáishi[2] 碍子【Ele(c)tri.】O isolador.
gaíshíń 外信 As notícias do exterior. ◇ **~ bu** 外信部 O departamento de ~「de jornal」.
gáishite 概して Geralmente;「de maneira」geral. ★ ~ *ieba* 概して言えば Geralmente falando.
gaíshṓ[1] 外傷 **a)** O ferimento externo; **b)** O traumatismo「psicológico」. *Shitai ni ~ wa nakatta* 死体に外傷はなかった Não havia nenhum ~ no cadáver.
gaíshṓ[2] 外相【E.】⇨ gáimu ◇.
gaíshṓ[3] 街娼 A prostituta [mulher da rua]. [S/同] Pańpáń(-gā́ru); tsujígimi; yótaka. ⇨ baíshún-fu.
gaíshṓ[4] 外商 **a)** A firma [O comerciante] estrangeira[o]; **b)** A venda por fora (Cartas, etc.). ★ *Depāto no ~ bu* デパートの外商部 A se(c)ção de vendas para fora do armazém.
gaíshókú 外食 A refeição fora de casa. ★ ~ *suru* 外食する Comer fora「no restaurante」. ◇ **~ sangyō** 外食産業 A indústria de serviços alimentícios [de restaurantes].
gaíshútsú 外出 A saída. ★ ~ *chū* 外出中 (提示)「estou」Fora. ~ *chū de aru* 外出中である Estar fora (de casa). ~ *suru* 外出する Sair. ◇ **~ gi** 外出着 A roupa de sair; o traje domingueiro. **~ saki** 外出先 O destino. [S/同] O-dékáké. [A/反] Zaítákú.
gaísṓ 外装 **1** [建物や器具の外側の体裁・装備] **a)** O revestimento. ★ *Biru no ~* ビルの外装 ~ do prédio. ◇ **~ kōji** 外装工事 As obras de ~. **b)** A parte de fora「carro/parede」. **2** [包装などの外側] O revestimento「do cabo」[A embalagem]. ⇨ hṓsṓ[2].
gaí-sófu 外祖父 O avô materno.
gaísū́ [úu] 概数 O número redondo [aproximado]. ~ *de ichiman to iu koto ni naru* 概数で一万ということになる Em números redondos, são (uns) dez mil.
gaí súru 害する (< gái) **1** [害を与える] Prejudicar; ofender; ferir. ★ *Kenkō o ~ suru* 健康を害する Prejudicar [Ser mau para] a saúde. **2** [殺す] Matar. ★ *Hito o ~* 人を害する ~ um homem. [S/同] Korósú (+).
gaítáń 慨嘆【E.】O lamento.
gaitékí[1] 外敵 O inimigo externo.
gaí-tékí[2] 外的 **1** [外の] Externo. ★ ~ *na gen'in* 外的な原因 A causa externa. ◇ **~ jōken** 外的条件 As condições externas. [A/反] Naí-tékí. **2** [(精神に対し) 肉体・物質に関するようす] Carnal; material. [A/反] Naí-tékí. **3** [客観的] Obje(c)tivo. [S/同] Kyakkáń-tékí. [A/反] Naí-tékí.
gaítṓ[1] 外套 O sobretudo. [S/同] Ṓbā (+).
gaítṓ[2] 街灯 [燈] A iluminação [lâmpada] das ruas.
gaítṓ[3] 街頭 A rua [cidade]. ★ ~ *de* 街頭で Na ~. ◇ **~ bokin** 街頭募金 A cole(c)ta feita [O recolher dinheiro] na ~. **~ enzetsu** 街頭演説 O discursar [arengar] nas praças. [S/同] Machí-kádó.
gaítṓ[4] 該当 O corresponder a [entrar「nessa categoria」]; aplicar-se a. *Sore wa keihō dai gojūnana-jō ni ~ suru* それは刑法第 57 条に該当する Isso entra no [Aqui aplica-se o] artigo 57 do código penal. ★ *Jōken ni ~ suru jinbutsu* 条件に該当する人物 A pessoa que satisfaz as condições. ◇ **~ sha** 該当者 A pessoa a quem「isto」se aplica.
gaíyá 外野 **1** [内野の後ろの方の地帯]【Beis.】O campo externo. [A/反] Naíyá. **2** [外野手]【Beis.】O jogador colocado no campo externo. [S/同] Gaíyáshu. [A/反] Naíyá. **3** [局外者] O curioso [intrometido]. ~ *urusai zo* 外野うるさいぞ Cala-te, (por) que não é nada contigo. ⇨ yajíúmá.
gaíyṓ[1] 外用 O uso externo. ◇ **~ yaku** 外用薬 O remédio de ~. [A/反] Naífúkú; naíyṓ.
gaíyṓ[2] 外洋 O alto mar; o oceano. ◇ **~ kōkai** 外洋航海 A navegação de alto mar. [S/同] Eń'yṓ; gaíkáí. [A/反] Kińkáí[1].
gaíyṓ[3] 概要 ⇨ gaíryákú.
gaíyū́ 外遊 A viagem ao estrangeiro. [S/同] Yṓkṓ.
gaízéń-séí 蓋然性 A probabilidade. ★ ~ *ga takai* 蓋然性が高い Ser muito provável; ter grande ~. ⇨ kakúrítsú[2]; kanṓ-séí; kṓsáń[2].
gajṓ[1] 賀状【E.】A carta de felicitações; o cartão de ano novo. ◇ ⇨ **Nen ~**.
gajṓ[2] 牙城【E.】**1** [城の中心] A torre principal do castelo; o baluarte. *Teki no ~ ni semaru* 敵の牙城に迫る Aproximar-se do [Atacar o] baluarte do inimigo. [S/同] Hónjin. **2** [大きな組織の中心の所] O quartel general [centro] de uma organização. [S/同] Hónkyo.
gaká[1] 画家 O pintor. [S/同] E-káki.
gáka[2] 画架 O cavalete (de pintor). [S/同] Ī́zeru (+).
gakáí 瓦解 O colapso「total」. [S/同] Hṓkáí.
-gákari がかり (< -gakáru) **1** [費やすこと] O usar [levar]. ★ *Go-nin ~ de ikkagetsu no shigoto* 五人がかりで一か月の仕事 O trabalho de um mês para 5 pessoas. **2** [何かに依存すること] A dependência. ★ *Oya ~ no mi* 親がかりの身 O filho que depende dos pais. **3** [何かするついで] O aproveitamento da oportunidade. ★ *Tōri ~ ni* 通りがかりに De passagem「aproveitei para o ver」. **4** [何かのふう] De modo [maneira]「teatral」.
-gákáru がかる (< kakáru) Puxar [Inclinar-se]「para」. ★ *Akami-gakatta murasaki* 赤みがかった紫 Cor púrpura [roxa] avermelhada [a puxar para o vermelho]. *Shibai gakatta shigusa* 芝居がかったしぐさ O gesto teatral.

gaké 崖 O precipício; o despenhadeiro; o barranco; a ribanceira. ◇ **kuzure** 崖くずれ O desabamento de terra. ⇨ dańgái¹; zeppékí.

-gake 掛［懸］け **1**［あるものをつけたまま］Em「pijama」; com［de］「gravata」. ★*Tasuki ~ de hataraku* たすき掛けで働く Trabalhar com uma faixa a prender a roupa. **2**［座ること］O sentar-se. ★*Go-nin ~ no isu* 5 人掛けの椅子 O banco para cinco pessoas. **3**［価格の割合］A percentagem. ★*Teika no hachi ~ de uru* 定価の 8 掛けで売る Vender por 80 por cento do preço. **4**［倍数］O múltiplo. **5**［あることついでに］Ao［No momento de］. 〖I慣用〗*Iki ~ no dachin* 行き掛けの駄賃 O aproveitar a ocasião para ganhar uns vinténs. **6**［懸けている］O arriscar. ★*Inochi ~ de* 命懸けで Arriscando a vida/Disposto a tudo. **7**［いつも思っていること］O ter sempre em mente. ★*Kokoro ~ ga warui* 心掛けが悪い Ser imprudente［descuidado］.

gaképpúchí 崖っ淵（< gaké + fuchí）A beira do precipício. ◇ ~ *ni tatasareru* 崖っ淵に立たされる Ver-se em apuros［a ~］; ficar numa situação difícil［Encontrar-se num beco bem saída］.

gakí 餓鬼 **1**［亡者の一つ］［Bud.］O demônio da fome. **2**［子どもの卑称］［G.］O menino travesso; o diabrete. ◇ **daishō** 餓鬼大将 O cabecilha da garotada/da molecada. ⇨ jarí.

gakká¹ 学科 **1**［学問の科目］O curso［departamento］. ◇ **Porutogarugo ~** ポルトガル語学科 O Departamento de P. **2**［学校教育の教科の科目］A matéria escolar. ⇨ Kyōka. ⇨ kamókúi¹.

gakká² 学課「preparar」 A lição（da escola）.

gakkái¹ 学会 **1**［団体］A sociedade［academia］「de História」. **2**［学術上の会合］O congresso científico（Com apresentação de trabalhos）.

gakkái² 学界 O mundo acadé(ê)mico.

gakkán 学監 O assessor do reitor ou dos decanos nas universidades particulares.

gakkári がっかり【Interj./On.】 **1**［落胆するさま］「*Haha-oya o*」~ *saseru*［母親を］がっかりさせる Decepcionar「a mãe」. ~ *suru* がっかりする Ficar desanimado［desiludido; decepcionado］（*Takara-kuji ga hazurete ~ shita* 宝くじがはずれてがっかりした Fiquei desiludido porque não acertei na lota[e]ria. ~ *shita yōsu de* がっかりした様子で Com ar desanimado）. ⇨ rakútán; shitsúbó. **2**［疲労］★ ~ *suru* がっかりする Ficar exausto［cansado］「da festa」.

gakki¹ 学期 O período do ano escolar; o semestre（二学期制）; o trimestre（三学期制）. ◇ **~ matsu shiken** 学期末試験 Os exames do fim do ~; o exame semestral［trimestral］. **Ichi**［**Ni**; **San**］ **~** ［二; 三］学期 O primeiro［segundo; terceiro］trimestre. ⇨ gakúnén.

gakki² 楽器 O instrumento musical. ◇ ⇨ **Da** [**Gen**; **Kan**] **~**.

gakkō 学校 O estabelecimento de ensino; a escola; o colégio. *Asu wa ~ ga nai* 明日は学校が無い Amanhã não há aulas/escola. ★ ~ *e agaru* [*hairu*] 学校へ上がる［入る］ Entrar na escola. *Kodomo o ~ e ageru* [*ireru*] 子供を学校へ上げる［入れる］ Mandar o[a] filho[a] para a escola. ~ *ga hajimaru* [*owaru*] 学校が始まる［終わる］ Começarem [Terminarem] as aulas. ~ *o deru* 学校を出る Sair da [Terminar a] ~. ~ *o yameru* 学校をやめる Desistir [Sair] da ~. ◇ **~ chō** 学校長 ⇨ kōchō². **~ hōjin** 学校法人 A Instituição Escolar com personalidade jurídica. **~ hōsō** 学校放送 O sistema sonoro [radiofó(ô)nico] da ~. **~ kyōiku** 学校教育 O ensino escolar [A educação da ~]. **~ kyūshoku** 学校給食 A refeição de [oferecida pela] ~. **~ seikatsu** 学校生活 A vida (na) ~. ⇨ **chū** [**mō**; **shō**] **~**. ⇨ bíjutsu ◇; kákushu¹ ◇; kőrítsu ◇; rőa ◇; señmón ◇; yősái¹ ◇.

gakkótsú 頬骨【Anat.】A maxila; o osso maxilar.

gakkú 学区 O distrito escolar.

gakkúri (**to**) がっくり（と）【Interj.】*Sono shirase de haha-oya wa ~ kita* その知らせで母親はがっくり来た Com essa notícia a minha mãe ficou profundamente abalada [sofreu um grande abalo].

gakkyókú 楽曲（< óngaku + kyókú）A peça [composição] musical.

gakkyū¹ 学級 A classe [turma]（da escola）. ◇ **bunko** 学級文庫 A biblioteca da ~. **~ heisa** 学級閉鎖 O dar feriado a uma ~「por causa da gripe」. **Hahaoya ~** 母親学級 A classe para as mães.「Kúrasu」.

gakkyū² 学究【E.】O intelectual; o estudioso. ★ ~ *hada no hito* 学究肌の人 A pessoa com costela de ~. ⇨ gakúshá.

gakōsō [**kóo**] 鵞口瘡【Med.】**a**）A afta [Sapinhos]; **b**）A inflamação dos cascos「do cavalo」.

gáku¹ 学【E.】 **1**［学ぶこと］O estudo; a aprendizagem. ★ ~ *o osameru* 学を修める Cultivar ~ [Instruir-se]. 〖S/周〗Gakúmon (+). **2**［知識］A erudição/instrução. ★ ~ *ga aru* 学がある Ser instruído. 〖S/周〗Chíshiki. **3**［専門領域］【Suf.】A ciência.

gakú² 額 **1**［額ぶち（に入ったもの）］［gakú］ A moldura; o quadro. **2**［金額］［gakú］ O montante [valor]. ★*Yosan no ~* 予算の額 ~ do orçamento. 〖S/周〗Kíngákú.

gáku³ 楽【E.】 ⇨ óngaku.

gakú⁴ 萼【Bot.】O cálice（constituído pelas sépalas）.

gakúbátsú 学閥（< gakuha + habátsú）O fa(c)ciosismo acadé(ê)mico. ⇨ guńbátsú; zaíbátsú.

gakúbō 学帽（< gakkō + bōshi）O boné da escola.

gakúbú 学部 A Faculdade. ◇ **~ chō** 学部長 O dire(c)tor [decano] da ~. **Bun ~** 文学部 ~ de Letras.

gakú-búchí 額縁（<⋯¹ + fuchí）**1**［額］A moldura （de pintura）. ⇨ Gakú. **2**［窓やドアなどのわく］O caixilho「da janela」.

gakúchō 学長 O reitor da universidade. ⇨ sőchō².

gakúdán¹ 楽団 **a**）A orquestra; **b**）A banda de música. ◇ **~ in** 楽団員 O membro de uma ~. **Kangen ~** 管弦楽団 A orquestra sinfó[ô]nica. 〖S/周〗Gakútái.

gakúdán² 楽壇 O mundo da música. 〖S/周〗Ońgakukai.

gakúdō 学童 As crianças da escola. ◇ **~ hoiku** 学童保育 A creche para ~ mais pequeninas. 〖S/周〗Jídō; shōgakúsei.

gakúén 学園 A escola; o colégio. ◇ **~ funsō** 学園紛争 A revolução estudantil [dos estudantes] (1968-70). **~ sai** 学園祭 O festival da/o ~. **~ toshi** 学園都市 A cidade universitária「de Tsukuba/S.Paulo/Lisboa」.

〖S/周〗Gakkō. ⇨ gakuín; kyánpasu.

gakúfú¹ 楽譜 A partitura; o livro de música.

S/同 Fu; fumén. ⇨ ońpú.

gákufu² 学府【E.】A escola [instituição educacional]. ◇ **Saikō ~** 最高学府 (+) (de ensino) superior.

gakúfu³ 岳父 O sogro. S/同 Shūtō (+).

gakúfú 学風 **1** [学問研究上の傾向] A tradição [O método] de estudo. **2** [校風] As tradições [O cará(c)ter; o espírito] da escola. S/同 Kōfú (+).

gakúgai 学外 Fora da universidade. S/同 Kōgai. ⇔ Kōgai.

gakúgaku がくがく【On.】**1** [ゆるんでいるさま] *Tsukue no ashi ga ~ shite iru* 机の脚がくがくしている As pernas da mesa estão bambas [frouxas]. **2** [からだの関節などが強く小刻みに動くさま] ★ *Kowakute hiza ga ~ suru* 怖くて膝ががくがくする Ficar com as pernas a abanar [tremer] de medo.

gakúgei 学芸 (< gakúmon + géijutsu) As artes liberais; a cultura. ◇ **~ kai** 学芸会 A academia literária「dos estudantes」. **~ ran** 学芸欄 A coluna cultural de jornal. S/同 Gakújutsu.

gakúgéki 楽劇 A ópera; o drama musical. ⇨ kágeki².

gakúgyō 学業 O estudo; o trabalho escolar. ★ *~ o oeru* 学業を終える Terminar os estudos. ◇ **~ seiseki** 学業成績 Os resultados acadé[ê]micos; as notas. ⇨ beńkyō².

gakúha 学派 A escola [linha/corrente].

gakúhí 学費 As propinas [despesas] escolares. S/同 Gakúhí².

gákui 学位 O grau [título] acadé[ê]mico. ★ *~ o motte iru* 学位を持っている Ter um ~.

gakúín 学院 A academia; o instituto [o estabelecimento] educacional. S/同 Gakkō.

gakújutsu 学術 **1** [学問] O saber; a ciência; a especialização. ◇ *~ jō no* 学術上の Científico. ◇ **~ chōsa** 学術調査 O inquérito [estudo] científico. **~ sho** 学術書 O livro científico. **~ yōgo** 学術用語 Os termos técnicos. S/同 Gakúgei; gakúmon. **2** [学問と芸術] As ciências e as artes. ⇨ gakúmon, géijutsu.

gakúméi 学名 O nome científico「de bot.」.

gakúmén 額面 **1** [掛け額] O quadro. S/同 Gakú² (+); kaké-gaku. **2** [株価の表示価格] (Abrev. de "gakúmén kákaku") O valor nominal [par]. ★ *~ o waru* [koeru] 額面を割る [超える] Não chegar ao [Ultrapassar o] ~. **3** [表面の意味] O que parece [se vê por fora]. *Ano hito no iu koto wa ~ dōri ni wa uketorenai* あの人の言うことは額面通りには受け取れない O que ele diz não se pode tomar a sério [se escreve].

gakúmon 学問 **1** [学び覚えること] A aprendizagem; os estudos. ★ *~ ga yoku dekiru* 学問がよくできる Ser para os estudos. *~(o) suru* 学問(を)する Estudar; prosseguir os seus estudos. **2** [学識] A erudição; o saber. ★ *~ no aru*[nai]*hito* 学問のある[ない]人 A pessoa sábia; o cientista; o erudito. ⇨ gakúshíkí. **3** [学術の一分野] Um ramo da ciência [A especialidade]. ◇ *~ teki na* 「学問的な」 **~ no hihyō** 「~の批評」 A crítica científica. S/同 Gakújutsu.

gakúmu 学務 Os assuntos escolares [acadé[ê]micos]. ◇ **~ ka** 学務課 A se(c)ção de ~.

gakúnai 学内 (Dentro) da escola. ★ *~ no dekigoto* 学内の出来事 O assunto ~.

gakúnén 学年 **1** [一年間の修学期間] O ano le(c)tivo. **2** [学生の所属する段階] O grau [ano]. ◇

Tei ~ 低学年 Os primeiros anos/Os ~s inferiores [mais atrasados]. ⇨ gakkyū¹.

gakún to がくんと【On.】**1** [急に動くさま] Pum! *Densha wa fumikiri no temae de gakun to tomatta* 電車は踏切の手前でがくんと止まった O comboio [trem] parou de repente antes da passagem de nível. **2** [急に大きく変わるさま] Pum! *Ikioi ga ~ nibutta* 勢いががくんと鈍った De repente perdeu a força [o vigor; a velocidade]. ⇨ hákkúri (to).

gakúón 楽音【Mús.】O som musical. A/反 Sóón.

gakúréki 学齢 A idade escolar. ★ *~ ni tassuru* 学齢に達する Atingir ~. ◇ **~ ki** 学齢期 O período da ~ (6-15 anos).

gakúréki 学歴 As habilitações acadé[ê]micas; o currículo. ◇ *~ ga aru* 学歴がある Ter estudos. ◇ **~ shakai** 学歴社会 A sociedade onde se dá importância a ~s. ⇨ keíréki; riréki; shokúréki.

gákuri 学理 A teoria; o princípio científico.

gakúri (to) がくり (と) ⇨ gakún to.

gakúryō 学寮 O lar [dormitório/A casa] de estudantes.

gakúryoku 学力 A capacidade intelectual; o conhecimento. ★ *~ ga teika shite iru* 学力が低下している ~ dos alunos baixou. ◇ **~ tesuto** 学力テスト O exame de frequência [avaliação]. **Kiso ~** 基礎学力 O ~ básico.

gakúsáí-teki 学際的 Interdisciplinar. ★ *~ na kenkyū* 学際的な研究 A pesquisa [O estudo] ~.

gakúséí¹ 学生 O estudante; o universitário. ◇ *~ fuku* [bō] 学生服［帽] O uniforme [boné] de estudante. ~ **jidai** 学生時代 O tempo de ~. **~ shō** 学生証 O cartão [passe] de ~. **~ undō** 学生運動 O movimento estudantil. **~ waribiki** 学生割引 O desconto para ~s.
⇨ gakúwárí; gákuto; jídō²; séito¹.

gakúséí² 学制 O sistema educacional.

gakúséki 学籍 A matrícula.

gakúsétsú 学説 A teoria (científica). ★ *Atarashii ~ o tateru* 新しい学説を立てる Criar uma nova ~.

gakúsha 学者 **1** [研究者] O especialista; o cientista; o estudioso. ★ *~ buru* 学者ぶる Ser pedante. S/同 Gakkyū²; kenkyū-sha. **2** [知識のある人] O erudito; o sábio. *Kimi wa nakanaka ~ da nē* 君はなかなか学者だねえ Você é realmente um ~.

gákushi¹ 学士 O bacharel. ◇ **~ gō** 学士号 O grau de ~. **Bun** [**Ri**] **~** 文［理］学士 ~ em Letras [Ciências]. ⇨ gákui; hákushi²; shūshi².

gakúshí² 学資 ⇨ gakúií.

gakúshí³ 楽士 O músico (da banda).

gakúshíkí 学識 A erudição; o conhecimento.

gakúshó 楽章【Mús.】O movimento (de uma sinfonia). ◇ **Daiichi ~** 第一楽章 O primeiro ~.

gakúshū 学習 **1** [勉強] O estudo. ~ **(~) juku** (学習) 塾 A escola privada de estudo intensivo. **~ (sankō) sho** 学習 (参考) 書 O livro de consulta [exercícios]; o compêndio. **~ shidō yōryō** 学習指導要領 Orientações didá(c)ticas「do governo」. S/同 Beńgakú; beńkyō. **2** [後天的に獲得すること] O estudo prático [com experiências].

gakúsókú 学則 O regulamento [As regras] da escola. S/同 Kōsókú (+).

gakútái 楽隊 A banda de música. S/同 Gakúdáń.

gakútén 楽典【Mús.】As regras para transcrição

da música ocidental numa partitura.
gákuto 学徒 **1** [学問の研究に従事している人] O estudioso; o pesquisador. [S/同] Gakkyū́; gakúshá (+). **2** [勉強中の学生・生徒] O estudante; o aluno. ◇ **~ dōin** 学徒動員 A mobilização dos estudantes「para a guerra」. ⇨ gakúséí[1].
gakúwárí 学割 O desconto para estudantes. ◇ **~ shōmeisho** 学割証明書 O certificado de ~.
gakúyá 楽屋 **1** [出演者の控室] O camarim (onde se vestem e esperam os a(c)tores). **2** [内幕] 【Fig.】 Os bastidores. ★ *Seikai no ~ ura* 政界の楽屋裏 O que se passa (por trás) nos ~ da política. ◇ **~ banashi** 楽屋話 As conversas nos [de] ~. [S/同] Uchí-mákú; rímen.
gakúyṓ-híń 学用品 Os artigos escolares. ⇨ buńbṓgu.
gakúyū́ 学友 O condiscípulo; o colega [companheiro] de escola. [S/同] Kṓyū́.
gakúzéń 愕然 Ató[ô]nito. *Kare wa musuko no daigaku fu-gōkaku no shirase o kiite ~ to shita* 彼は息子の大学不合格の知らせを聞いて愕然とした Ele ficou ~ [varado] ao saber que o filho reprovara na admissão à universidade. [S/同] Azéń.
gáma[1] 蒲 【Bot.】 A tabua; *typha dominguensis*. [S/同] Kába; káma.
gáma[2] 蝦蟇 【Zool.】 O sapo; *bufo vulgaris*. ★ *~ no abura* 蝦蟇の油 O óleo [A banha] de sapo. [S/同] Hikígáeru (+); gamágáeru.
gamá-gúchí 蝦蟇口 (<… ² + kuchí) A carteira [O porta-moedas] (Lit. boca de sapo). [S/同] Saífú (+).
gáman 我慢 **1** [辛抱] A paciência; a perseverança; a resistência. *Koko ga ~ no shidokoro da* ここが我慢のしどころだ Agora é que é precisa a sua ~. ★ *~ dekinai atsusa* 我慢できない暑さ O calor insuportável. *~ ni ~ o kasaneru* 我慢に我慢を重ねる Suportar o insuportável. *~ suru* 我慢する Suportar; aguentar; ter paciência〔*~ shi-kirezu ni tōtō kare o shikatte shimatta* 我慢しきれずにとうとう彼をしかってしまった Perdi a paciência e acabei por me zangar com ele. *Itai no o ~ suru* 痛いのを我慢する Suportar a dor〕. ⇨ kánnin; níntai; shínbō[1].
2 [大目に見ること] A tolerância; o perdão. *Kondo dake wa ~ shite yaru* 今度だけは我慢してやる Desta vez ainda te perdoo.
gamáń-zúyói 我慢強い (<… + tsuyói) Muito paciente; capaz de aguentar tudo.
-gamáshíi がましい Parecer「uma desculpa」; saber [cheirar] a. ★ *Atetsuke ~ koto o iu* 当て付けがましいことを言う Insinuar. ◇ ⇨ **on-kise** [**oshi-tsuke; sashide; hare; miren**] **~**.
gaméń 画面 **1** [映画・テレビの] A imagem (na tela/no ecrã). *Terebi no ~ ga akarui [kurai]* テレビの画面が明るい[暗い] ~ da televisão está clara [escura]. ⇨ gazṓ. **2** [絵の] A pintura [tela]. **3** [フィルムの] A face do filme.
gamétsúi がめつい 【G.】 Ganancioso; arrebanhador. ⇨ kéchí.
gámu ガム (< Ing. chewing gum; ⇨ gómu) O chicle; a goma de mascar. ★ *~ o kamu* ガムをかむ Mascar [Mastigar] chicle. ◇ **~ tēpu** ガムテープ A fita (Pegajosa, de papel ou pano) para empacotamento. [S/同] Chū́íńgamu.
gamúshárá がむしゃら 【G.】 O ser excessivo. ★ *~ ni hataraku* がむしゃらに働く Trabalhar excessivamente [como louco].
gán[1] 癌 **1** [悪性腫瘍] O cancro [câncer (B.)]; o carcinoma [tumor maligno]. ◇ **~ kenshin** 癌検診 O exame (preventivo) do ~. **~ saibō** 癌細胞 A célula cancerosa [cancerígena]. ◇ ⇨ **hai ~**. [S/同] Gánshu. ⇨ shuyṓ[2]; nikúshú. **2** [根強い障害] 【Fig.】 O cancro. ★ *Shakai no ~* 社会の癌 Um ~ social [da sociedade]. ⇨ shṓgáí[2].
gán[2] 眼 O olho. ★ *~ o tsukeru* 眼をつける Olhar com desprezo. [S/同] Mánako; me (+).
gán[3] 願 A prece; a invocação. ★ *~ o kakeru* 願をかける Fazer uma prece. [S/同] Negáígótó (+).
gán[4] 雁 【Zool.】 O ganso selvagem. [S/同] Kári; karígáné. ⇨ kámo.
gán[5] ガン (< Ing. gun) A arma. ◇ **~ beruto** ガンベルト O coldre. [S/同] Keńjū́ (o); pisútórú (+); teppṓ (+).
Gā́na [áa] ガーナ O [A República do] Gana. ◇ **~ jin** ガーナ人 O ganês.
ganáru がなる 【G.】 ⇨ waméku.
gańbáń 岩盤 A camada rochosa [O leito de rocha].
gańbárí 頑張り (< gańbáru) A perseverança [tenacidade]. ◇ **~ ya** 頑張り屋 Um sujeito esforçado [tenaz; trabalhador].
gańbáru 頑張る **1** [忍耐・努力する] **a**) Perseverar; aguentar; esforçar-se; **b**) Trabalhar a sério. *Ganbare* 頑張れ Força [Avante/Coragem]! ⇨ dóryoku; níntai. **2** [主張する] Insistir; persistir; teimar. *Kare wa dare no chikara mo karinai to ganbatta* 彼は誰の力も借りないと頑張った Ele teimou em não pedir ajuda a ninguém. [S/同] Shuchṓ súrú. **3** [ある場所にいつまでも居る] Ficar postado [(ali) a pés juntos]. *Kare wa iriguchi ni ganbatte ita* 彼は入り口に頑張っていた Ele estava plantado na entrada. ⇨ fuń-báru.
gańbṓ 願望 【E.】 O desejo. ★ *~ suru* 願望する Desejar (ardentemente). ⇨ kibṓ; neńgáń.
gańbyṓ 眼病 A enfermidade da vista.
gańchíkú 含蓄 【E.】 O significado profundo. ★ *~ no aru kotoba* 含蓄のある言葉 Uma palavra significativa [com um ~; prenhe de sentido].
gánchū 眼中 **1** [眼の中] Dentro do olho. **2** [関心を持つ範囲] O importar-se [dar importância]. *Kanojo ni totte watashi no sonzai nado mattaku ~ ni nakatta* 彼女にとって私の存在など全く眼中になかった Para ela eu não existia [não contava para nada].
gań'éń 岩塩 【Min.】 O sal-gema.
gā́netto [áa] ガーネット (< Ing. garnet) 【Min.】 A granada (Boa para joalharia).
gań-gáké 願掛け (<… ³ + kakéru) ⇨ gán[3].
gángan (**to**) がんがん(と) 【On.】 **1** [大きな音がするさま] *Dōro-kōji no oto ga ~ hibiite iru* 道路工事の音ががんがん(と)響いている Olhem a barulheira da construção da rua! **2** [大きな声] ★ *~ donaru* がんがん(と)どなる Ralhar aos gritos. **3** [頭が痛むさま] ★ *Atama ga ~ suru* 頭ががんがんする Sentir a cabeça a latejar. **4** [火を勢いよく燃やすさま] *Sutōbu o ~ taku* ストーブをがんがんたく Pôr a estufa muito forte [quente]. **5** [物事を積極的にするさま] ★ *~ hataraku* がんがん(と)働く Trabalhar muito [com unhas e dentes]. ⇨ dóndon.
gángu 玩具 O brinquedo. [S/同] Omócha (+).
ganímátá がに股 【G.】 As pernas arqueadas [tortas]; o cambaio (人). [S/同] Ō-kyákú.
gańjí-gárame[**i**] 雁字搦め[み] **1** [ひもなどをかたく巻きつけること] O amarrar firmemente com uma

corda. ★ *Geshunin o* 〜 *ni shibaru* 下手人をがんじがらめに縛る Amarrar bem, bem, o criminoso. **2** [強く束縛されていること] A coa(c)ção. ★ *Kisoku de* 〜 *ni natte iru* 規則でがんじがらめになっている Estar coagido「na escola」por restrições regulamentares.

gańjítsú 元日 O dia de Ano Novo; o primeiro dia do ano. [S/同] Gańtáń.

gańjṓ 頑丈 Sólido; forte; resistente; firme. ★ 〜 *na taikaku* 頑丈な体格 O corpo [físico] robusto/〜.

gánka[1] 眼下 Debaixo dos「nossos」olhos「via-se o lago」. 〜 *ni Nihonkai o mi-orosu* 眼下に日本海を見下ろす Ver [Olhar] de cima o Mar do Japão.

gáńka[2] 眼科【Med.】A oftalmologia. ◇ **〜 i** 眼科医 O oftalmologista; o médico da vista.

gánka[3] 眼窩【Anat.】A órbita [cavidade ocular].

gań-káké 願掛け (<…[3]+kakéru) ⇨ gán[3].

gańkéń 頑健 A saúde robusta; a robustez. [S/同] Gańjṓ (o); kyṓkéń (+).

gánkin 元金 **1** [もとの金額] O capital (sem os juros). [S/同] Motókíń. [A/反] Ríshi. **2** [⇨ motó-dé].

gánko 頑固 **1** [強情; 頑迷] A obstinação; a teimosia. [S/同] Gańméí; gṓjṓ; katákúná. **2** [しつこいようす] A insistência. ★ 〜 *na mizumushi* 頑固な水虫 A micose difícil de curar. [S/同] Shitsúkói.

gańkṓ[1] 眼孔【E.】 **1** [⇨ gánka[3]]. **2** [見識の範囲] A perspicácia; a visão. [S/同] Keńshíkí (+).

gankṓ[2] 眼光【E.】 **1** [眼の光] O brilho dos olhos. ★ 〜 *surudoku nirami-tsukeru* 眼光鋭くにらみつける Lançar um olhar agudo [penetrante]. **2** [眼力] A perspicácia. [I/慣用] 〜 *shihai ni tessu* 眼光紙背に徹す Ler nas entrelinhas. [S/同] Dṓsátsú-ryoku (+).

gańkṓ[3] 雁行【E.】 **1** [空を飛ぶ雁の列] A formatura em "V" dos gansos a voar. **2** [優劣なく進むこと] O marchar lado a lado.

gań-kúbí 雁首 (< gan[4] + …) **1** [きせるの頭部] O fornilho do cachimbo. **2** [片方がきせるの頭の形をした土管] A curva do cano. **3** [人の首]【G.】O pescoço [gargalo]. *Futari wa* 〜 *o soroete ayamatta* 二人は雁首をそろえてあやまった Ambos pediram desculpa um ao outro.

gańkútsú 巌[岩]窟【E.】A caverna; a gruta. [S/同] Dṓkútsu (+); iwá-áná (+); sekkútsú.

gańkyṓ 頑強 **1** [意志が強いようす] A tenacidade. ★ 〜 *na* 頑強な Tenaz; inflexível; inabalável. **2** [体が丈夫なようす] A robustez. ★ 〜 *na karada* 頑強な体 O corpo robusto [forte/saudável].

gańkyū́ 眼球【Anat.】O globo ocular. [S/同] Me-dámá (+).

gánma ガンマ【Fís.】O gama [γ] (Terceira letra do alfabeto grego que corresponde ao "g"). ◇ **〜 sen** ガンマ線 Os raios gama.

gańméí(-kórṓ) 頑迷(固陋)【E.】A obstinação; a teimosia. ★ 〜 *na hito* 頑迷(固陋)な人 O teimoso; obstinado. [S/同] Gánko (+); katákúná (+).

gańméń 顔面 A face; o rosto. ★ *Osoroshisa ni* 〜 *sōhaku ni naru* 恐ろしさに顔面蒼白になる Empalidecer de medo. ◇ **〜 shinkei-tsū** 顔面神経痛【Med.】A neurite [nevralgia] facial.

gánmi 玩[含]味【E.】 **1** [食物の] O gosto; o sabor. **2** [文言などを] O sabor; o apreço. ◇ **Juku-doku 〜** 熟読玩味 A leitura saboreada.

gańmókú 眼目 O ponto [obje(c)to principal]「do plano」. [S/同] Kanámé; shugáń; yṓtén (+).

gańnéń 元年 O primeiro ano de uma era「Heisei = 1989」.

gańpékí[1] 岩壁 A parede rochosa [alcantilada]「do litoral」.

gańpékí[2] 岸壁 O cais.

gánpon 元本 O capital. [S/同] Motó-dé (+); shíkin (+). ⇨ gánkin; gánri.

gánrai 元来 **a**) Originariamente; **b**) Para começar「a culpa foi tua」; **c**) Naturalmente; por natureza. *Kanojo wa* 〜 *yasashii hito da* 彼女は元来やさしい人だ Ela é (uma pessoa) amável por natureza. [S/同] Hónrai (+); motómótó (+).

gánri 元利 (< gánkin + ríshi) O capital e os juros. ◇ **〜 gōkei gaku** 元利合計額 〜 somados.

gańríkí 眼力【E.】O poder de observação; a perspicácia [intuição]. [S/同] Gańshíkí.

gańryṓ [óo] 顔料 **1** [着色剤] O corante [pigmento]「anilina」. [S/同] Chakúshókú-zai (+). **2** [絵の具] As cores/tintas. [S/同] Enógú (+).

gańsákú 贋作 ⇨ gisákú.

gańséí-hírō 眼精疲労【Med.】A astenopia.

gánseki 岩石【Geol.】A rocha. ★ 〜 *no ōi* 岩石の多い Rochoso. ◇ **〜 gaku** [**ron**] 岩石学[論] A litologia [petrologia]. **〜 ken** 岩石圏 A litosfera [cru[o]sta terrestre]. [S/同] Iwá.

gańshíkí 眼識 O olho; a intuição; a perspicácia. [S/同] Kańshíkí.

gánsho 願書 O requerimento [pedido] por escrito. ★ 〜 *o dasu* [*teishutsu suru*] 願書を出す[提出する] Apresentar 〜. ◇ **Nyūgaku 〜** 入学願書 〜 para (exame de) admissão numa escola.

gańshṓ[1] 岩床【Geol.】A camada rochosa.

gańshṓ[2] 岩礁 O recife. [S/同] Ańshṓ (+).

gańshṓ[3] 岩漿【Geol.】O magma. [S/同] Máguma (+).

gánshoku 顔色【E.】A cor do rosto; o semblante. ★ 〜 *nashi* 顔色無し O ficar pálido [sem pinga de sangue]. [S/同] Kaó-író (+).

gánshu 癌腫【Med.】O epitelioma. [S/同] Gán[1]. ⇨ nikúshú; shuyṓ.

gánso 元祖 **1** [先祖] Os antepassados. [S/同] Sénzo (+). **2** [創始者] O fundador; o iniciador; o pai; o pioneiro「dos supermercados」. [S/同] Káiso; shíso; sṓshísha. **3** [物事のもととなったもの] A origem. ★ *Feijoāda no* 〜 フェイジョアーダの元祖 〜 da feijoada.

gańsúí 含水【Quím.】O hidrato. ★ 〜 *no* 含水の Hidratado. ◇ **〜 tanso** 含水炭素 ⇨ tańsúíká-butsu.

gańtáí 眼帯 O penso [A venda] no olho. ★ 〜 *o kakeru* 眼帯を掛ける Pôr um/a 〜.

gańtáń 元旦 O dia de Ano Novo. [S/同] Gańjítsú.

gańtéí 眼底 O fundo do olho. ◇ **〜 shukketsu** 眼底出血【Med.】A oftalmorragia [hemorragia na conjuntiva ocular].

gán to がんと【On.】Bum! ★ 〜 *atama o utsu* がんと頭を打つ 〜, bater com a cabeça.

gán-to-shite 頑として Teimosamente; obstinadamente; firmemente. 〜 *ugokō to shinai* 頑として動こうとしない Recusar-se 〜 a mover-se. [S/同] Gánko ni; katákúná ní.

gań'yákú 丸薬【Med.】A pílula; o comprimido; a cápsula. ⇨ sań'yákú; jṓzái[1].

gań'yū́ 含有 O conteúdo. ★ *Bitamin shī o* 〜 *suru* ビタミンCを含有する Conter vitamina C. ◇ **〜 ryō** 含有量 O teor; a quantidade contida.

G

gańzéń 眼前 Diante; à vista「de」. ★ ~ *no kōkei* 眼前の光景 O panorama que se vê. 熟 Me nó máe (+). ⇨ gánka¹.

gańzénai 頑是ない Inocente. ★ ~ *kodomo* 頑是ない子供 A criança ~. ⇨ adókénái; ósánai.

gańzó 贋造【E.】A falsificação. ◇ ~ **shihei** 贋造紙幣 O dinheiro (Notas) falso. 熟 Gańsáku; gizō (+); heńzó.

gappéi 合併 A união; a fusão. ◇ ~ **jugyō** 合併授業 A aula conjunta. ⇨ **shō**. **Shichōson** ~ 市町村合併 ~ de cidades, vilas e aldeias. 熟 Gattái; gōdō; ketsúgō.

gappéi-shō 合併症【Med.】A complicação provocada por outra doença. 熟 Heihátsú-shō; yobyó.

gappí 月日 A data (Mês e dia). ⇨ neń-gappi.

gappón 合本 O encadernar「revistas」em volume. 熟 Gassátsú; gōkań; gōsátsú.

gappyō 合評 A crítica conjunta. ◇ ~ **kai** 合評会 A reunião de ~.

gará¹ 柄 1 [模様] O padrão (desenho). ◇ ~ **mono** 柄物 O tecido enfeitado (com ~). 熟 Moyō. 2 [体格] O corpo (⇨ migáshira). ★ ~ *no chiisai (ōkii) kodomo* 柄の小さい (大きい) 子供 A criança de ~ grande (pequeno). 熟 Karádátsuki; nari; taíkáku. 3 [品位; 品格] O cará(c)ter [temperamento]. ★ ~ *no warui yatsu* 柄の悪いやつ O sujeito (de ~) grosseiro. 熟 Hín'i; hińkáku. 4 [分際] O estofo [A qualidade]. *Watashi wa hito ni mono o oshieru nante iu ~ de wa nai* 私は人にものを教えるなんていう柄ではない Não tenho ~ [capacidade (+)] para ensinar os outros. ★ ~ *ni mo naku* 柄にもなく Impropriamente; inadequadamente. 熟 Buńzái. 5 [性質・状況を示す]【Suf.】Devido [Em atenção] a. *Jisetsu* ~ *kenkō ni wa ki o tsukete kudasai* 時節柄健康には気をつけて下さい Em vista da estação em que estamos, tenha cuidado com a saúde. ★ *Basho* ~ *o wakimaenai furumai* 場所柄をわきまえない振る舞 Uma conduta imprópria do [para o] local. ◇ ⇨ **hito** [**ie**] ~.

gára² 殻 (< kará) A carcaça. ◇ ~ (< gará-gára + …) Quase vazio. *Densha wa* ~ *datta* 電車はがら空きだった O comboio [trem] estava ~. 熟 Gará-gará **5** (+).

gará-gára がらがら【On.】 1 [転がったり、ぶつかったりする音] [garágara] Trrr. ★ ~ *to kuzure-ochiru* がらがらと崩れ落ちる Ir「a parede/fama」toda abaixo. 2 [うがいをする音] ~ *to ugai o suru* がらがらとうがいをする Gargarejar (fazendo muito ruído). 3 [がさつなさま] [gárgara] ★ ~ *shita hito* がらがらした人 A pessoa rude (grosseira). 熟 gasátsú. 4 [声が濁った] ◇ ~ **goe** がらがら声 A voz rouca. 5 [空虚なようす] [garágará] ★ ~ *no hoteru* がらがらのホテル O hotel vazio. 熟 Garáákí. 6 [玩具の一種] [garágárá] O guizo (Chocalho) de bebé[ê].

garágárá-hébi がらがら蛇【Zool.】O [A cobra] cascavel.

garákúta がらくた A bugiganga; o traste; os obje(c)tos usados.

-gárami 絡み (< karámu)【Suf./G.】 1 [それと関連して] O ter relação com. *Seikyoku wa sō-senkyo* ~ *da* 政局は総選挙がらみだ A situação política depende das eleições gerais. 2 [ぐらい] Aproxi-

madamente; cerca de. ★ *Shijū* ~ *no otoko* 40 がらみの男 O homem com ~ [uns] 40 anos. 熟 -gúrai (+).

gárán 伽藍 O templo/mosteiro budista.

garán to がらんと【On.】 1 [音の形容] Dom! 熟 Garán garán. 2 [空虚なさま] (< kará) ~ *shita heya* がらんとした部屋 A sala vazia (deserta).

garándō がらんどう【G.】O vazio; o oco「por dentro da estátua」.

garán-garán がらんがらん Dim, dom. ★ *Kane ga* ~ *(to) naru* 鐘ががらんがらん (と) 鳴る O sino fazer ~.

garári to がらりと 1【On.】★ ~ *to o akeru* がらりと戸を開ける Abrir a porta (corrediça) com barulho. 2 [急に変わるさま] *Kanojo wa Tōkyō ni dete kara* ~ *yōsu ga kawatta* 彼女は東京に出てからがらりとようすが変わった Ela mudou completamente [de repente] desde que foi para Tóquio.

garású ガラス・硝子 (< Hol. glas) O vidro. ◇ ~ **bin** ガラスびん A garrafa de ~. ~ **do** ガラス戸 A porta de ~. ~ **ita** 硝子板 A chapa de ~. ~ **kiri** ガラス切り O diamante corta-vidro. ~ **sen'i** ガラス繊維 As fibras de ~. ~ **zaiku** ガラス細工 O trabalho em ~. **Anzen** ~ 安全ガラス O vidro inquebrável. **Ita** [**Kōgaku**] ~ 板 [光学] ガラス ~ ó(p)tico [para espelhos]. **Kumori** [**Suri**] ~ 曇り [磨り] ガラス ~ opaco (fosco). **Mado** ~ 窓ガラス ~ de janela. **Tainetsu** ~ 耐熱ガラス ~ refra(c)tário.

garású-bári ガラス張り (< … + harú) 1 [ガラスをはめてあること] Envidraçado. 2 [公明正大] Transparente como cristal. *Seiji wa* ~ *no naka de okonawareru beki da* 政治はガラス張りの中で行われるべき A política deve ser ~. 熟 Kōméi (séídái).

garéji [ée] ガレージ (< Ing. < Fr. garer: guardar) A garagem. 熟 Sháko.

garéki 瓦礫【E.】O entulho de telhas e pedras. *Sensō ni yotte sono machi wa* ~ *no yama to kashita* 戦争によってその町は瓦礫の山と化した Devido à [Com (+)] guerra a cidade ficou um monte de ruínas. ⇨ kawárá¹; ko-ishí.

-gari 狩り【E.】 1 [鳥獣の] A caça. ◇ **Tora** ~ 虎狩り ~ aos tigres. 2 [魚貝の] O apanhar. ◇ **Shiohi** ~ 潮干狩り ~ conchas. 3 [採集] A apanha. ◇ **Matsutake** ~ まつたけ狩り ~ de … 熟 Saíshū. 4 [観賞] O ver. ◇ **Momiji** ~ もみじ狩り O piquenique para [apreciar] as folhas vermelhas de bordo (ácer). 熟 Kańshō. 5 [捜索] A caça. ◇ **Yama** ~ 山狩り A busca total de uma montanha「à caça de um criminoso」.

-garí がり ⇨ hazukashi (kura; samu) ~.

garí-báń がり版 A mimeografia. 熟 Tōshá-báń.

garí-béń がり勉【G.】O empinar para o exame.

gári-gari がりがり 1 [固いものをかじったりひっかいたりする音]【On.】[gárigari] *Inu ga to o* ~ *hikkaite iru* 犬が戸をがりがりひっかいている O cão está a arranhar a porta「para entrar」. 2 [やせているさま] ★ ~ *ni yaseta kodomo* がりがりにやせた子供 A criança magricela. 3 [寸暇を惜しんで勉強するさま] [garígarí] ★ ~ *(to) benkyō suru* がりがり (と) 勉強する Estudar com afinco [unhas e dentes].

garígárí-mója [óó] 我利我利亡者 O ambicioso. *Kare wa kane-mōke no* ~ *da* 彼は金もうけの我利我利亡者だ Ele é maluco ~ por dinheiro.

gáron ガロン (< Ing. gallon < L.) O galão (Medida de líquidos que corresponde a 4,5460*l*).

-gáru がる　**1** [気持ちを外に表す]【Suf.】Sentir-se. ◇ ⇨ **ita** [**kanashi; omoshiro; samu**] **~**. **2** [ふり をする] Fingir.

gáru [**áa**] ガール (< Ing. girl) A menina; a garota. ◇ **~ furendo** ガールフレンド **a)** A amiga; **b)** A namorada. **~ hanto** ガールハント A caça à ~. **~ sukauto** ガールスカウト A (~) escuteira. 〚S/同〛Shójo. ⇨ **Bói**.

garyō 雅量 A tolerância; a generosidade; a magnanimidade. ★ **~ no aru** 雅量のある Tolerante; generoso; magnânimo.

gáryō-teńséi 画竜点睛 O último retoque. 〚Pことわざ〛 ~ **o kaku** 画竜点睛を欠く Falta ~.

garyū [**uú**] 我流 O「meu」estilo próprio「de cozinhar/aprender piano」. ★ **~ de yaru** 我流でやる Fazer à sua maneira.

gásagasa がさがさ【On.】**1** [乾いたものがふれあう さま・音]★ **Shorui o ~ saseru** 書類をがさがささせる Mexer nos papeis com muito barulho. ⇨ **kásakasa**[2]. **2** [ざらざらしている さま] *Watashi no te wa arete ~ shite iru* 私の手は荒れてがさがさしている As minhas mãos gretaram e estão ásperas. 〚A/反〛Súbesube. ⇨ kasákása[1]; zárazara. **3** [がさつである さま] Áspero; grosseiro; rude. ★ **~ shita hito** がさがさし た人 A pessoa ~. ⇨ gasátsú.

gasái 画才 O talento para a pintura. 〚S/同〛Gókoro.

gasátsú がさつ A grosse[a]ria; a rudeza. ★ **~ na** がさつな Grosseiro「palavra」; rude.

gáshi 餓死 A morte à fome (de inanição). ★ **~ suru** 餓死する Morrer ~. 〚S/同〛Katsúé-jíní; ué-jíní(+).

gáshin-shōtáń [**oó**] 臥薪嘗胆【E.】A perseverança; muito trabalho (e luta). ~ *suru koto jū-nen no nochi tsui ni oya no kataki o utta* 臥薪嘗胆すること 10年の後ついに親の敵を討った Após dez anos de「ele」vingou a morte do pais.

gashō[1] 画商 O comerciante de quadros.

gashō[2] 賀正 Feliz Ano Novo! 〚S/同〛Gashúń.

gáshu 雅趣 A elegância; o (bom) gosto. ★ **~ ga aru** 雅趣がある Ter ~. 〚S/同〛Fúshu; gáchi.

gashū[1] 画集 O álbum [A cole(c)ção; o livro] de pinturas. 〚S/同〛Gajó.

gashū[2] 我執 O egoísmo (egocentrismo). ★ **~ no tsuyoi hito** 我執の強い人 A pessoa egoísta (egocêntrica). ⇨ **ŕko**.

gasóríń ガソリン (< Ing. gasoline) A gasolina. **~ ga kire-kakatte iru** ガソリンが切れかかっている ~ está-se a acabar. ◇ **~ sutando** ガソリンスタンド O posto de ~.

gassákú 合作 **a)** O produzir [fazer]「livro/filme」 em conjunto; o co-autorar; **b)** A obra conjunta. ◇ **Nippaku ~ eiga** 日伯合作映画 O filme realizado conjuntamente pelo Japão e Brasil. 〚S/同〛Kyōsákú.

gassáń 合算 A soma; o total. *Sore o ~ suru to gosen-en ni naru* それを合算すると 5000 円になる Somando tudo são [dá] cinco mil yens. 〚S/同〛Gőkéí(+); kasáń.

gassátsú 合冊 ⇨ gappóń(+).

gasshíri (**to**) がっしり(と)「agarrar」Bem [Com força]. ★ **~ shita tsukue** がっしりした机 A mesa forte (sólida/resistente).

gasshō[1] 合唱 O coro. ★ **~ suru** 合唱する Cantar em coro. ◇ **~ dan** [**tai**] 合唱団[隊] ~ [grupo coral]. **Konsei ~** 混声合唱 ~ de vozes mistas. **Ni-bu ~** 二部合唱 O dueto. ⇨ dokúshō[1]; gassō; seíshō.

gasshō[2] 合掌 O juntar [pôr] as mãos「para rezar」. ★ **~ suru** 合掌する ...

gasshō-zúkuri [**oó**] 合掌造り (< ~[2] + tsukúrí) A construção com telhado inclinado.

gasshúkoku [**úu**] 合衆国 **1** [連合国] A federação [Estados federados]. 〚S/同〛Reńgō-koku. **2** [⇨ Amériká].

gasshúkú 合宿 O acampamento (em hospedaria). ★ **~ suru** 合宿する Fazer um ~. ◇ **~ jo** 合宿所 O local do ~. **Kyōka ~** 強化合宿 ~ de treino [trabalho intensivo]. ⇨ kyánpu.

gassō 合奏 A concerto [conjunto]. ★ **~ suru** 合奏 する Tocar num ~. **Ni-bu ~** 二部合奏 O dueto. 〚A/反〛Dokúsō. ⇨ gasshō[1].

gassúrú 合する **1** [合わせる] Juntar. 〚S/同〛Awásérú(+). **2** [合う] Juntarem-se「dois rios/grupos/caminhos」. 〚S/同〛Áu(+).

gásu ガス・瓦斯 (< Hol. gas < Gr. khaos: abismo) **1** [気体] O gás. ★ **~ chūdoku de shinu** ガス中毒で死 ぬ Morrer intoxicado de [com] ~. **~ ga hiite aru** ガ スが引いてある Ter ~ encanado [da rede (pública)]. *~ jisatsu suru* ガス自殺する Suicidar-se com ~. **~ kusai no ni kizuku** ガス臭いのに気付く Sentir o cheiro a [de] ~. **~ no moto-sen o shimeru** ガスの元 栓をしめる Fechar a torneira do ~. **~ o hiku** ガスを 引く Encanar ~. **~ o tsukeru** [**kesu**] ガスをつける [消す] Acender [Apagar] ~. ◇ **~ bakuhatsu** ガス 爆発 A explosão de ~. **~ bāna** ガスバーナー O bico do ~. **~ gaisha** ガス会社 A companhia de ~. **~ ka** ガス化 A (~)ificação. **~ kan** ガス管 O tubo do ~. **~ kōji** ガス工事 A instalação de ~. **~ konro** ガス コンロ O fogareiro a ~. **~ masuku** ガスマスク A máscara anti-gás. **~ more** ガス漏れ O escape [A fuga] de ~. **~ renji** ガスレンジ O fogão a ~. **~ sutōbu** ガスストーブ O aquecedor a ~. **~ tābin** ガ スタービン A turbina movida a ~. **~ tanku** ガスタン ク O tanque de ~. **~ yōsetsu** ガス溶接 A soldagem a ~. **~ yu-wakashi-ki** ガス湯沸かし器 A (aparelho) aquecedor de água a ~. **Aryúsan ~** 亜硫酸 ガス aryúsáń. **~ doku** [**hai; haiki; metan**] **~**. **Moku ~** 木ガス ~ de hulha. **Sairui** [**Sekitan; Suisei; Tennen**] **~** 催涙 [石炭；水性；天然] ガス ~ lacrimogé[ê]neo [de carvão; líquido; natural]. ⇨ teńnéń. **2** [ガソリン] A gasolina. ⇨ **~ ketsu** ガス 欠 A falta de ~. 〚S/同〛Gasóríń(+). **3** [濃霧]【G.】 A neblina; a cerração; o nevoeiro. *Kaijō wa hidoi ~ datta* 海上はひどいガスだった Havia tal ~ no mar! 〚S/同〛Nőmu. **4** [胃・腸内のガス] A flatulência. ★ *Hara ~ ga tamaru* 腹にガスがたまる Ter ~ [(acumulação de) gases].

gata[1] がた (< gatátsúkú)【G.】O "caruncho" [A "ferrugem"]. ★ **~ ga kuru** がたがくる Estar com ~ [*Kono jitensha wa atarashii no ni mō ~ ga kita* この自転車は新しいのにもうがたがきた Esta bicicleta é nova mas já está com o ~.

-gata[2] 方 (< katá[8])　**1** [複数であることを示す] 【Suf. de Pl.】**~ Anata ~** あなた方 Vocês. ~ **-tachi**. **2** [味方である人を示す] Do lado de. ★ **Tokugawa ~** 徳川方 ~ Tokugawa. **3** [頃；時 分] Quase; perto. ★ **Yoake ~** 夜明け方 Quase ao amanhecer. ⇨ yūgátá. 〚S/同〛-góro; jíbun. **4** [約] Aproximadamente; mais ou menos. 〚S/同〛Yáku.

-gata[3] 形 (< katáchí) A forma. ★ *Bui ji* [*Tamago*

-gata[4] 〜V字 [卽] 形 Em 〜 de V [ovo].

-gata[4] (< katá[3]) O tipo; o modelo. ★ *Ketsueki* 〜 血液型 O tipo sanguíneo「A」. *Saishin* 〜 最新型 O último modelo「de carro」.

gátā [gáa] ガーター (< Ing. garter) **1** [靴下留め] A liga (das meias). **2** [Abrev. de "〜ami": O ponto de meia]. **3** [Abrev. de "〜kúnshō": A jarreteira].

gátagata がたがた【On.】 **1** [固いものがぶつかる音] *Kaze de mado ga* 〜 *itte ita* 風で窓ががたがたいっていた A janela fazia barulho com o vento. **2** [揺れるさま] *Kuruma ga* 〜 *yurete iru* 車ががたがた揺れている O carro vai aos solavancos. ⇨ kátakata. **3** [強く震えるさま] *Osoroshikute karada ga* 〜 *furueta* 恐ろしくて体ががたがたと震えた Fiquei a tremer de medo. ⇨ búruburu; gáchigachi. **4** [こわれかかっているさま] [gatágatá] 〜 *no jitensha* がたがたの自転車 A bicicleta velha [a cair aos pedaços]. **5** [よく合わないさま] *Ire-ba ga* 〜 *suru* 入れ歯ががたがたしてる A dentadura mexe [não se ajusta bem]. **6** [うるさく不平などを言うさま] 〜 *iu na* がたがた言うな Acaba(-me) com as tuas queixas!

gátagoto がたごと O ruído「de máquinas」. *Kasha ga* 〜 *hashitte itta* 貨車ががたごと走って行った O comboio [trem] de mercadorias ia aos solavancos.

-gatái 難い (< katáí[2]) [Suf.] Difícil de. *Sono keikaku wa jikkō shi* 〜 その計画は実行し難い Esse plano é 〜 realizar.

gatán to がたんと【On.】 **1** [かたい物が落ちたり・倒れたり・ぶつかったりする音] Pum(ba)! ⇨ gatárito; katári (to). **2** [急に悪い方に下がるさま] *Saikin kare no seiseki ga* 〜 *ochita* 最近彼の成績ががたんと落ちた Ultimamente as notas dele baixaram muito. ⇨ gatári to.

gatá-óchi がた落ち (< gatán + ochíru) **a)** A grande diferença「de capacidade」; **b)** A queda brusca. *Ano jiken irai kare no hyōban wa* 〜 *da* あの事件以来彼の評判はがたと落ちた Depois daquele incidente, a reputação dele caiu bruscamente. ⇨ bŏrakú.

gátapishi がたぴし **1** [たてつけが悪くて音がするさま]【On.】(Im. de chiar de porta empenada). *Kono amado wa* 〜 *shite iru* この雨戸はがたぴししている Esta porta corrediça exterior chia. **2** [働きがうまく行かないようす]【Fig.】 (Im. de não funcionar bem). *Kaisha no keiei ga* 〜 *shite iru* 会社の経営がたぴししている A administração da companhia não roda [funciona] bem.

gatári to がたりと【On.】 *Daidokoro no hō de* 〜 *oto ga shita* 台所の方でがたりと音がした Ouvi um ruído de qualquer coisa a cair na cozinha. ⇨ gatán to **1**.

gatátsúkú がたつく **1** [がたがたいう] Tremer. *Kono tsukue wa gatatsuite iru* この机はがたついている Esta mesa treme. **2** [体が震える] Tremer (o corpo). ⓈⒻ Furúérú (+). **3** [調子が悪くなる] Não funcionar bem. *Kono kikai wa gatatsuite kita* この機械はがたついてきた Esta máquina já não funciona bem.

gatátto がたっと ⇨ gatán to.

gatchí 合致 ⇨ itchí.

gatchíri (to) がっちり (と)【On.】 **1** [⇨ gasshíri]. **2** [堅実に物事を行うさま] ★ 〜 *shōko no nigiru* がっちり(と)証拠を握る Obter provas seguras. **3** [抜け目のないさま] ★ 〜 *kane o tame-komu* がっちり(と)金をためこむ Acumular dinheiro astutamente [por meios seguros, bem calculados].

Gatémárá ガテマラ ⇨ Guátémárá.

gatén 合点 A compreensão; o entender [convencer-se]. ★ 〜 *ga hayai* 合点が早い Ser rápido em compreender as coisas. 〜 *ga [no] iku* 合点が[の] いく Compreensível; convincente. ◇ 〜 **haya** [**hítori**] 〜. ⓈⒻ Nattókú; ryōkái. ⇨ gattén.

-gátera がてら [Suf.] Ao mesmo tempo; de caminho. *Sanpo* 〜 *kare o tazunete miyō* 散歩がてら彼を訪ねてみよう Vamos visitá-lo ao ir de passeio. ⇨ -katágata[2]; tsuídé[1].

gátsugatsu がつがつ【On.】 **1** [むさぼり食うさま] ★ 〜 *taberu* がつがつ食べる Comer vorazmente [como um porco]. **2** [欲張りなさま] ★ *Kane ni* 〜 *suru* 金にがつがつする Ser sôfrego por dinheiro.

gattái 合体 A união; a fusão. ★ 〜 *suru* 合体する Unir-se. ⓈⒻ gappéi; gŏdŏ.

gattén 合点 O consentimento; a anuência. *Otto* 〜 *da* おっと合点だ Certamente, estou de acordo. ［慣用］ *Hyaku mo shōchi, nihyaku mo* 〜 百も承知、二百も合点 Já sei muito bem/Estou farto de saber/Isso é mais que sabido.
ⓈⒻ Gatén; ryōkái (+); shŏchí (+).

gátto[1] ガット (< Ing. gut) A corda「de guitarra/raquete (feita) de tripa」.

Gátto[2] ガット (< Ing. GATT: General Agreement on Tariffs and Trade) O Acordo Geral do Comércio e Direitos Aduaneiros.

gáttsu ガッツ (< Ing. guts) A garra [energia]. *Kare wa* 〜 *ga aru* 彼はガッツがある Ele tem [é homem de] 〜. ◇ 〜 **pōzu** ガッツポーズ O levantar os punhos cerrados em sinal de vitória. ⓈⒻ Kónjō (+).

gattsúkú がつつく [G.] **1** [がつがつ食べる] Devorar. ★ *Gattsuite taberu* がっついて食べる Comer como um glutão. ⇨ gátsugatsu suru. **2** [むやみに仕事をする] Ser escravo do trabalho. ⇨ garí-bén.

gáun ガウン (< Ing. gown) **1** [欧米の裁判官・牧師・大学教授・学生などの法服] A batina; a capa; a toga. **2** [室内用上着] O roupão.

gáusu ガウス (< Al. Gauss: antr.) [Ele(c)tri.] O gauss [G.].

gawá[1] 側 **1** [相対するものの一方] O lado「inimigo」. **2** [ある物の一方・一面; または一方の方向・立場]【Suf.】O lado. ◇ **Kata** [**Ryō**] 〜 片 [両] 側 Um [Ambos os] lado [lados]. **Mukai** 〜 向かい側 〜 oposto (Do outro 〜; Em frente). **Soto** [**Uchi**] 〜 外 [内] 側 de fora [dentro]. **3** [ある物のまわり、またそれを取り囲んでいるもの] A bolsa. ★ *Futon no* 〜 ふとんの側 〜 do acolchoado. **4** [傍ら; 側面、また立場] *Tōjisha yori* 〜 *no mono ga sawagi-tatete iru* 当事者より側の方が騒ぎ立てている 〜 fazem mais barulho que o próprio interessado.
ⓈⒻ Hatá (+); katáwárá.

-gawa[2] 川 [Suf.] (< kawá[1]) O rio. ◇ **Amazon** 〜 アマゾン川 〜 Amazonas.

gáyagaya (to) がやがや(と)(Com) grande banzé.

gayóku 我欲 O interesse pessoal [próprio]; o egoísmo. ⓈⒻ Gái; shíyoku (+). ⇨ kayókú.

gayó-shi [óo] 画用紙 O papel de desenho.

gáze [áa] ガーゼ (< Al. gaze) A gaze. ◇ **Mekkin** 〜 滅菌ガーゼ 〜 esterilizada.

gazén 俄然 Repentinamente.
ⓈⒻ Níwaka-ni (+); totsúzén (o).

gazŏ 画像 **1** [絵姿] O retrato. ⓈⒻ E-súgata. **2** [テレビの] A imagem.

ge¹ 下 **1** [下等] A classe [categoria] baixa; a inferioridade「de carácter」. *Aitsu wa ningen to shite ~ no ~ da* あいつは人間として下の下の Como homem, aquele sujeito é baixo [é do piorio]. ⇨ Katô¹. ⇨ chū¹; jō¹. **2** [下の巻] O segundo [terceiro (se o livro tem 3)] volume. S/同 Ge-kán. ⇨ chū¹; jō¹.

-ge² 気 (⇨ ki¹) O ar「triste」. *Kare wa manzoku ~ ni suwatte ita* 彼は満足げに座っていた Ele estava sentado, todo satisfeito [com ar de satisfação]. S/同 -sô.

géba ゲバ (Abrev. de "gebáruto") A violência; a força. ★ ~ **bô** ゲバ棒 O pau cortado em ângulo e usado pelos estudantes a(c)tivistas.

gebáhyô 下馬評 O rumor「que o Partido Liberal vai perder」.

gebáruto ゲバルト (< Al. gewalt) ⇨ géba.

gébita 下卑た [G.] Obsceno; baixo. ★ ~ *warai* 下卑た笑い O riso ~. ⇨ gehín; gerétsú; iyáshíí.

gedái 外題 **1** [表題] O título「de livro」. A/反 Naídái. S/同 Hyôdái (+). **2** [歌舞伎・浄瑠璃などの芸題] O título「de peça teatral」.

gedán 下段 **1** [下の段] O degrau [A cama de beliche] de baixo. **2** [刀・槍の構え] A posição baixa [de defesa]. ⇨ chûdán¹; jôdán².

gedátsú 解脱 [Bud.] **a)** A libertação dos desejos maus; **b)** O nirvana [A salvação]. S/同 Nehán.

gedô 外道 **1** [邪道] O ser herético (Para o Bud.);「a música」heterodoxa. *Sonna koto wa ~ no suru koto da* そんなことは外道のすることだ Isso é próprio de brutos. S/同 Itán (+); jadô (+). **2** [目的としていない獲物] O apanhar gato por lebre.

gedókú 解毒【Med.】A desintoxicação. ◇ ~ **sa-yô** 解毒作用 O efeito desintoxicador. ~ **zai** 解毒剤 O antídoto [contraveneno]. S/同 Dokú-késhí.

gehín 下品 A grosseria; a indecência. ★ ~ *na jôdan* 下品な冗談 A piada grosseira [indecente/verde (B.)]. S/同 Jôhín. ⇨ búrei; hiwáí; sóya.

géi¹ 芸 A arte; a habilidade. *Hito no mane o suru to wa ~ no nai hanashi da* 人のまねをするとは芸のない話だ Imitar o que os outros fazem não é habilidade nenhuma. ★ ~ *ga komakai* 芸が細かい Ser muito meticuloso/Ter tudo bem estudado. ~ *o migaku* 芸を磨く Cultivar uma arte; aperfeiçoar-se. ~ *o mi ni tsukete iru* 芸を身につけている Ter uma arte. *Saru ni ~ o shikomu* 猿に芸を仕込む Ensinar habilidades ao macaco. ┏どこでも┓ ~ *wa mi o tasuku [tasukeru]* 芸は身を助く [助ける] Quem tem uma arte em todos os lugares tem parte.

géi² ゲイ (< Ing. gay) O homossexual. S/同 O-kámá.

geigéki 迎撃 A intercep(ta)ção (de um ataque). ◇ ~ **yô misairu** 迎撃ミサイル O míssil de ~; o antimíssil. A/反 Kôgékí; shutsúgékí.

géigi 芸妓 ⇨ geísha.

geigô 迎合 A adulação; o captar as graças「do público」. *Jiryû [Tanin no setsu] ni ~ suru* 時流 [他人の説] に迎合する Deixar-se ir na corrente [Ser "Maria vai com as outras"]. S/同 Raígô (+); omónéry.

geí-gótó 芸事 (< ··· ¹ + kotó) Uma arte.

geíhinkan 迎賓館 A casa [O palácio] dos hóspedes ilustres do Governo.

geiín 鯨飲 O beber muito (Lit. como uma baleia). ★ ~ *suru* 鯨飲する ··· ◇ ~ **bashoku** 鯨飲馬食 ~ e comer como um cavalo. ⇨ Gyúín.

géijutsu 芸術 A arte. ★ ~ *teki (na) [jô no]* 芸術的 (な) [上の] Artístico. ◇ ~ **in** 芸術院 A Academia de Belas Artes. ~ **ka** 芸術家 Um artista. ~ (**saku**) **hin** 芸術 (作) 品 A obra de arte. ~ **shijô shugi** 芸術至上主義 A arte pela arte. **Seiyô [Tôyô]** ~ 西洋 [東洋] 芸術 ~ Ocidental [Oriental].

geimei 芸名 O nome de artista.

geinín 芸人 **1** [芸能を職業とする人] O artista (profissional). **2** [しろうとで多芸な人] A pessoa com muitos talentos artísticos.

geinô 芸能 **1** [身につけた芸] [E.] ⇨ geí-gótó. **2** [大衆的娯楽] O espe(c)táculo; a representação popular. ◇ ~ **jin** 芸能人 O artista. ~ **kai** 芸能界 O mundo artístico [dos artistas]. ~ enéjtó.

geishá 芸者 A gueix[sh]a (Mulher que canta, ri e dança à maneira j. para distrair as pessoas). ★ ~ *o ageru* 芸者を揚げる Chamar [Contratar] ~. ◇ ~ **asobi** 芸者遊び O divertir-se numa casa de ~s. S/同 Géigi; geikô.

géitô 芸当 **1** [演芸] A representação; a habilidade. S/同 Engéi; kyokúgéi. **2** [ふつうではできないような行為] A façanha perigosa; a proeza. *Sonna ~ wa kare ni wa dekinai darô* そんな芸当は彼にはできないだろう Ele não é capaz dessa ~. S/同 Hanárewáza.

geíyú 鯨油 O óleo de baleia. ⇨ kujíra.

géji [**ée**] ゲージ (< Ing. gauge) **1** [測定用計器・器具] Os aparelhos [instrumentos] de medida. **2** [レールの幅] A bitola da ferrovia [do caminho de ferro]. **3** [編み物の] O modelo para fazer malha.

gejigéji げじげじ **1** [Zool.] Uma espécie de centopeia. **2** [嫌われ者] A pessoa detestada. ◇ ~ **yarô** げじげじ野郎 Seu patife [chato/canalha].

géjo 下女 A criada doméstica. ◇ Jochû (+); káhi. A/反 Génan.

gejún 下旬 (< ge¹ + jún¹) Os últimos dez dias do mês. ★ *Shigatsu no ~ ni* 四月の下旬に Em fins [Na última semana] de abril. ⇨ chûjún; jôjún.

geká 外科 A cirurgia. ★ ~ *no [teki na] chiryô* 外科の治療 A intervenção cirúrgica. ◇ ~ **i** 外科医 O cirurgião. **Nô [Shinzô; Rinshô; Seikei]** ~ 脳 [心臓; 臨床; 整形] 外科 A neuro-cirurgia [~ cardíaca; ~ clínica; ~ plástica]. ⇨ Naíká.

gekái 下界 **1** [人間界; この世] O mundo cá de baixo; este mundo. S/同 Konó yó; níngén-kai. A/反 Jôkái; teñjôkai. **2** [高い所から見た地上] A terra「vista da nave espacial」.

gekán 下疳 [Med.] O cancro venéreo (da sífilis).

géki¹ 劇 O drama; o teatro; a peça teatral. ★ ~ *o enjiru* 劇を演じる Representar (uma peça teatral). ◇ ~ **hyô**. ~ **sakka** 劇作家 O dramaturgo.

géki² 檄 O manifesto [A declaração; apelo]. ★ ~ *o tobasu* 檄を飛ばす Lançar ~. ◇ ~ **bun** 檄文 O escrito.

gekichín 撃沈 O atacar e afundar um navio.

gekidán 劇団 A companhia teatral [de teatro].

gekidán 劇壇 O palco; o (mundo do) teatro. S/同 Gekíkái. ⇨ buñdán¹; bútai; kadán³.

gekído 激怒 A fúria [zanga/cólera]. ★ *Chichi o ~ saseru* 父を激怒させる Fazer zangar muito ao pai. S/同 Fuñgékí; gekkô².

gekidô 激動 **a)** O abalo [movimento] violento; **b)** a agitação [convulsão]「social」. ◇ ~ **ki** 激動期 O período de ~. S/同 Gekíhén.

gekíétsú 激越 [E.]「discurso」Violento; veemente. S/同 Gekírétsú (+).

gekíga 劇画 A história aos quadradinhos [em qua-

gekígén 激減 A diminuição drástica. *Reigai no tame kome no shūkaku-ryō ga ~ shita* 冷害のため米の収穫量が激減した Por causa do frio a produção de arroz diminuiu drasticamente. [S/同] Gekízó; kyūzó.

gékiha 撃破 a) A derrota; b) O refutar「o adversário, a discutir」. ★ *Teki o ~ suru* 敵を撃破する Derrotar [Desbaratar] o inimigo.

gekihátsú 激発 A explosão; a irrupção. ★ *~ suru* 激発する Explodir; irromper.

gekíhén 激変 A mudança brusca [violenta]. *Yama no tenkō wa ~ shiyasui* 山の天候は激変しやすい O tempo nas montanhas muda facilmente/de repente. [S/同] Kyūhén (+).

gekihyó 劇評 A crítica teatral. ★ *~ o suru* 劇評をする Fazer uma ~. ◇ **~ ka** 劇評家 O crítico teatral.

gekíjó[1] 劇場 Um teatro. ⇨ shibái ◇.

gekíjó[2] 激情 A emoção [paixão] compulsiva [violenta]「de fúria」. ★ *~ ni karareru* 激情に駆られる Ser levado pela [Sentir uma] ~. [S/同] Kyōjó.

gekíká[1] 劇化 A dramatização. [S/同] Kyakúshóku.

gekíka[2] 激化 A intensificação; o agravamento. *Sensō ga ~ shita* 戦争が激化した A guerra intensificou-se. [S/同] Gekká.

gekimétsú 撃滅 A destruição; a exterminação; o aniquilamento. [S/同] Zenmétsú.

gekimu 激[劇]務 O trabalho exaustivo [penoso; excessivo]. ★ *~ ni ataru* 激務に当たる [就く] Ter um ~. [S/同] Gekíshóku.

gekíréi 激励 O encorajamento; o estímulo; a animação. ★ *~ no kotoba* 激励の言葉 Palavras de ~. *~ suru* 激励する Encorajar; estimular; animar. [S/同] Kóbu; kosúi.

gekírétsú 激[劇]烈 O ser violento [veemente]. ★ *~ na tōron* 激烈な討論 A discussão violenta. [S/同] Kyōrétsú (o); mōrétsú (+); shirétsú.

gekírín 逆鱗【E.】 A ira imperial [de um superior]. ★ *~ ni fureru* 逆鱗に触れる Incorrer na ~. ⇨ ikáh[1].

gekírón 激論 A discussão acalorada; a altercação (violenta). ★ *~ suru [o takawasu]* 激論する [を戦わす] Pegar-se; altercar. [S/同] gíron.

gekíryū 激流 A corrente (rápida); a torrente. ★ *~ ni nomareru* 激流に飲まれる Ter tragado pela ~. [S/同] Honryū; kyūryū (+).

gekísáku 劇作 O escrever um drama; a peça teatral. ◇ *~ hō* [jutsu] 劇作法 [術] A dramaturgia ("gekisakka" é dramaturgo).

gekísén 激[劇]戦 A batalha renhida; a guerra violenta; a luta encarniçada. ◇ **~ chi** 激戦地 O campo de ~. [S/同] Nessén; nettó; shitó.

gekíshín 激[劇]震 O terremoto violento「desta manhã」. *Rengō seiken tanjō de Nagatachō ni ~ ga hashitta* 連合政権誕生で永田町に激震が走った O surgir do governo de coligação causou grande abalo no mundo da política do Japão. ⇨ jishín[3]; shíndo[1].

gekíshó 激賞 O elogio entusiástico; a admiração incondicional [enorme]. ★ *~ suru* 激賞する Elogiar [Admirar] muito. [S/同] Zessán (+).

gekíshóku 激[劇]職 O posto com muito trabalho. ★ *~ ni aru* 激職にある Estar num ~. [S/同] Gékimu (+). [A/反] Kañshóku.

gekísúru 激する【E.】 a) Excitar [Zangar]-se; b)「onda」 Bater「contra a rocha」. ★ *Gekishi-yasui seishitsu* 激しやすい性質 O cará(c)ter facilmente excitável. ⇨ gekkó[2]; kōfún[1].

gekítáí 撃退 O repelir; o afugentar. *Teki o ~ suru* 敵を撃退する Repelir o inimigo.

gekí-téki 劇的 Dramático. ★ *~ na shōgai* 劇的な生涯 Uma vida dramática. *~ na kōka* 劇的な効果 O efeito ~. [S/同] Dorámáchíkku.

gekítótsú 激突 A colisão violenta「de carros」. ★ *~ suru* 激突する Colidir violentamente (Tb. a discutir). ⇨ shōtótsú.

gekítsú 激[劇]痛 A dor aguda [forte; violenta]. ★ *Fukubu ni ~ o oboeru* 腹部に激痛を覚える Sentir uma ~ no abdó(ō)men. [A/反] Dontsú.

gekítsúi 撃墜 O derrube. ★ *Hikōki o ~ suru* 飛行機を撃墜する Derrubar o avião.

gekíyáku 劇薬 O medicamento forte. ⇨ dokúyáku.

gekízó 激増 O aumento repentino [rápido; brusco]「dos crimes」. ★ *~ suru* 激増する Aumentar repentinamente. [S/同] Kyūzó. [A/反] Gekígén.

gekka 激化 ⇨ gekíká[2].

gékkahyójin [oó] 月下氷人 (< gékkarōjin + ...) O casamenteiro. [S/同] Nakódo (+).

gekkán 月刊 A publicação mensal. ◇ *~ (zas)shi* 月刊(雑)誌 A revista mensal. ⇨ kikán[6]; nikkán[1]; shūkán[3].

gekkéi 月経【Fisiol.】 A menstruação; o mênstruo. ★ *~ ga aru* 月経がある Ter/o fluxo menstrual/~. ◇ *~ fujun* 月経不順 ~ irregular. [S/同] Mênsu (+); séiri (o).

gekkéiju 月桂樹【Bot.】 O lour(eir)o; *laurus nobilis*. [S/同] Rórie.

gekkéikan 月桂冠【E.】 A coroa de louros.

gekkó[1] 月光 O luar. ★ *~ o abiru* 月光を浴びる Estar ao ~. *Tsukí-kágé.* ⇨ tsukí[1].

gekkó[2] 激昂 A indignação. *Gunshū wa sono shirase o kiite ~ shita* 群衆はその知らせを聞いて激昂した A multidão ficou indignada [cheia de ~] ao ouvir a notícia. [S/同] Gékido; fungéki.

gekkyū 月給 O salário [ordenado] (mensal). *Kare wa ni-jū-man-en no ~ o totte iru* 彼は20万円の月給を取っている Ele ganha um ~ de ¥200.000. ★ *~ ga agaru* 月給が上がる Ter aumento de ~. ◇ *~ bi* 月給日 O dia de receber ~. *~ tori* 月給取り O (as)salariado. ⇨ hókyú; kyūryó[1]; nikkyú; sárarī.

géko 下戸 A pessoa que não bebe bebidas alcoólicas; o abste(ê)mio. [A/反] Jógo.

gekó 下校 A saída da escola. [A/反] Tōkó.

gekókújó 下剋上【E.】 O inferior suplantar o superior.

gêmu [ee] ゲーム (< Ing. game) O jogo; a partida; a rodada. *~ setto* ゲームセット【(D)esp.】 Acabou ~! ★ *~ (o) suru* ゲーム (を) する Jogar; disputar uma partida. ◇ *~ sa* ゲーム差 A diferença de pontos. *~ sentá* ゲームセンター O centro de jogos.

gén[1] 元 **1** [中国の貨幣単位] A unidade monetária da China; yuan. **2** [中国の王朝名] A Dinastia Yuan [mongol] (da China). **3** [未知数]【Mat.】 A incógnita. ◇ *Ichi ~ ichi-ji hōtei-shiki* 一元一次方程式 A equação simples.

gén[2] 弦 **1** [弓のつる] A corda do arco. **2** [円周上の二点を結ぶ直線]【Mat.】 A corda. **3** [弦楽器の糸] A corda (de instrumento musical). ◇ ⇨ *~*

gakki.

gén³ 減 A diminuição. Ⓢ/反 Zō. ⇨ herú¹.

gén⁴ 験 O agouro [agoiro]; o presságio; a sorte. ★ ~ *o katsugu* 験をかつぐ Acreditar em agouros; fazer algo para dar sorte. Ⓢ/同 Eńgí (+).

gén⁵ 言 A palavra; o dizer. ★「*Senmonka no* ~」*ni yoreba*「専門家の」言によれば De acordo com「os especialistas」. ~ *o sayū ni suru* 言を左右にする Falar evasivamente. Ⓢ/同 Góku; kotóbá (+).

gén⁶ 舷【Mar.】O talabardão [alcatrete]. Ⓢ/同 Funá-bátá; funá-bétú.

gén⁷ 現 **1**[現職の](⇨ geń'éki) No a(c)tivo. *Yamada-shi mushozoku* ~ 山田氏無所属現 Sr. Yamada, candidato independente no ~. **2**[gen-; genaikaku 現内閣で] O gabinete ~. ◇ ~ **dankai** 現段階 A fase ~. ~ **naikaku** 現内閣 O gabinete ~.

génan 下男 O criado. Ⓢ/同 Gebóku. ⇨ géjo.

geń'án 原案 a) O plano; b) A proposta original「do governo」. ★ ~ *dōri ni jikkō suru* 原案通りに実行する Executar ~. Selán. ⇨ sōań¹; tatáki-dái.

geń'átsú 減圧 A descompressão. ~ *suru* 減圧する Descomprimir. ◇ ~ **ben** 減圧弁 A válvula de ~. Ⓐ/反 Kaátsú.

geńbá 現場 **1**[事件・事故などが実際に行われている・行われた場所] O local「do acidente」. ★ ~ *e kyūkō suru* 現場へ急行する Correr [Ir logo] para ~. ◇ ~ **kenshō** 現場検証 A inspe(c)ção no ~. **Jiko** ~ 事故現場 ~ do acidente. Ⓢ/同 Geńjō. **2**[作業・工事などの実務を行っている場所] O local「da obra/a(c)ção」. ★ ~ *no ningen* 現場の人間 Os que vivem [ensinam] no ~. ◇ ~ **kantoku** 現場監督 O mestre de obras. **Kenchiku** ~ 建築現場 O local da construção. ⇨ geńchi¹.

geńbáku 原爆 (Abrev. de "geńshí bákudan") A bomba ató[ô]mica. ◇ ~ **shō** 原爆症【Med.】Os efeitos [A doença causada pela radiação] da ~.

geńbán 原板 O negativo (fotográfico). Ⓢ/同 Ińgá; néga (+).

geńbátsú 厳罰 O castigo pesado [A punição severa]. *Satsujin-han wa* ~ *ni shosareta* 殺人犯は厳罰に処された O assassino foi severamente castigado.

geńbo 原簿 (livro de) regist(r)o original. ◇ **Koseki** ~ 戸籍原簿 O regist(r)o civil original. Ⓢ/同 Motóchō.

geńbúgan 玄武岩【Geol.】O basalto.

geńbún 原文 O (texto) original. ★ ~ *no mama* 原文のまま (表示) Sic (L.)[Segundo ~]. Ⓐ/反 Iń'yō; yakúbún.

geńbún-ítchí 言文一致 A unificação das linguagens falada e escrita (No J. fez-se na era Meiji): o buńgó; kōgó².

geńbútsú 現物 **1**[⇨ jitsúbútsú]. **2**[金銭に対する物品・品物] A espécie [Os gé[ê]neros] (Em lugar de dinheiro). ◇ ~ **baibai** 現物売買 A troca (comercial) em ~. ~ **kyūfu** 現物給付 Os salários em espécie. **3**[直物]【Econ.】Os títulos disponíveis. ◇ ~ **sōba** 現物相場 A cotação no ~ disponível. ~ **torihiki** 現物取引 A transa(c)ção à vista. Ⓐ/反 Sakímóno.

geńchi¹ 現地 O próprio local. ◇ ~ **chōsa** 現地調査 O estudo [A pesquisa] no ~ [in loco (L.)]. ~ **chōtatsu** 現地調達 O abastecimento no ~. ~ **hōkoku** 現地報告 A informação enviada dire(c)tamente do lugar. ~ **jikan** 現地時間 A hora local. ~ **saiyō** 現地採用 O emprego no ~. Ⓢ/同 Geńbá.

geńchi² 言質 A promessa; a palavra. ★ ~ *o toru* 言質を取る Obrigar a prometer; conseguir ~.

geńcho 原著 O trabalho (Livro) original. Ⓢ/同 Geńsáku (+).

geńchō 幻聴【Psic.】A alucinação acústica; o tinido. Ⓢ/同 Sorá-mímí.

geńchū 原虫 O protozoário. ◇ **Mararia** ~ マラリア原虫 ~ da malária. Ⓢ/同 Geńséi-dóbutsu.

géndai 現代 **1**[今の世；現今] A época a(c)tual [contemporânea]; os nossos dias; agora; os tempos modernos. ◇ ~ *de wa* 現代では Na a(c)tualidade; hoje em dia. ◇ ~ **bun** 現代文 O estilo [A escrita] a(c)tual do ~. ~ **jin** 現代人 O moderno; a pessoa de hoje. ~ **ka** 現代化 A modernização. ~ **kanazukai** 現代仮名遣い A ortografia a(c)tual do silabário j. ~ **kko** 現代っ子 O rapaz todo moderno; a moça toda moderna. **2**[時代区分の一つ]【H.】A época [geração] contemporânea; a nossa era. ◇ ~ **bungaku [ongaku; shi]** 現代文学 [音楽；史] A literatura [música; história] contemporânea.

géndo 限度 O limite. *Gaman ni mo* ~ *ga aru* 我慢にも限度がある A paciência também tem limite(s). ★ ~ *o koeru* 限度を越える Passar dos [Ultrapassar os] limites. Ⓢ/同 Geńkái.

geńdō 言動 As palavras e as a(c)ções [o comportamento]. ★ ~ *o tsutsushimu* 言動を慎む Ser prudente nas ~[no falar e no agir]. Ⓢ/同 Geńkō.

géndō-ki (óo) 原動機 O motor. ◇ ~ **tsuki jitensha** 原動機付自転車 A motocicleta. ⇨ énjin².

geńdō-ryoku (óo) 原動力 **1**[機械に運動を起こせる力] A força motriz. **2**[活動を起こすともになる力] A energia; a força propulsora. *Kare no taiken ga hansen katsudō no* ~ *ni natte iru* 彼の体験が反戦活動の原動力となっている As experiências dele são o seu movimento contra a guerra.

geń'éi 幻影 A visão (ilusão); a fantasmagoria. Ⓢ/同 Maboróshí.

geń'éki 現役 (⇨ gen⁷) **1**[現在，軍務にあること] O estar no a(c)tivo/em serviço. ◇ ~ **hei** 現役兵 O soldado no ~. Ⓐ/反 Kōbéki; yobéki. **2**[現在，社会の第一線で活躍していること] A vida a(c)tiva [de trabalho]. ★ ~ *de aru* 現役である Estar a trabalhar. ~ *no senshu* 現役の選手 O atleta que ainda joga. ~ *o shirizoku* 現役を退く Retirar-se da ~. ⇨ geńshóku². **3**[在学中の受験生] O estar ainda. ★ ~ *de daigaku nyūshi ni gōkaku suru* 現役で大学入試に合格する Passar no exame de admissão à universidade estando ainda no ensino médio. Ⓐ/反 Rōnín.

geń'én 減塩【Med.】A redução do sal. ◇ ~ **shoku** 減塩食 A dieta com pouco sal.

genétsú 解熱【Med.】O passar a [ficar sem] febre. ◇ ~ **zai** 解熱剤 O antipirético [remédio para a febre].

geńgá 原画 A pintura [O quadro] original. Ⓐ/反 Fukúséi-gá.

geńgai¹ 言外 O sentido implícito. ★ ~ *ni honomekasu [niowaseru]* 言外にほのめかす [匂わせる] Insinuar [Dar implicitamente a entender]「que não concorda」. *(Bun no)* ~ *no imi o yomu (toru)* (文の) 言外の意味を読む [取る] Ler nas entrelinhas.

geńgai² 限外 Extra [Ultra].

gen-gákki 弦楽器 O instrumento (musical) de cordas. ⇨ da-gakki; kań-gakki; gen² **3**.

geńgákú¹ 弦楽【Mús.】A música de cordas. ◇ ~

shijūsō 弦楽四重奏 O quarteto de cordas.
geńgákú² 減額 A redução; o corte. ★ *Kyūryō o ~ suru* 給料を減額する Reduzir o salário. (A/反) Zōgáku.
geńgákú³ 衒学 【E.】 O pedantismo.
geńgé 紫雲英 【Bot.】 ⇨ reńgé◇.
geńgi 原義 O sentido primitivo [original]. (A/反) Téngi. ⇨ hóngi.
geńgo¹ 言語 A língua; a linguagem; o idioma; a fala. ★ *~ ni zessuru kurō* 言語に絶する苦労 O sofrimento indizível [indescritível]. ⇨ *~ chizu* 言語地図 O atlas linguístico. *~ chūsū* 【Med.】 O centro da fala (Do sistema nervoso central). ⇨ **~gaku**. ⇨ **kyōiku** 言語教育 O ensino das línguas [A educação linguística]. ⇨ **ryōhōshi** 言語療法士 O fonoaudiólogo. ⇨ **shītchō** [**shōgai**] 言語失調【障害】 【Med.】 A afasia [disfasia]; o problema da fala. *Jinkō ~* 人工言語 O idioma artificial. *Shizen ~* 自然言語 A linguagem natural. (S/同) Kotóbá.
geńgo² 原語 O [A língua] original「da obra」. ⇨ gaíkókú-go; gogén.
geńgó-gaku 言語学 A linguística. ◇ **~ sha** 言語学者 O linguista. **Kōzō ~** 構造言語学 ~ estrutural.
geńgórō 源五郎 【Zool.】 O besouro mergulhador j.; *cybister japonicus*.
geńgyō 現業 O trabalho manual (Qualquer: de maquinista, carteiro, etc.). ◇ **~ in** 現業員 O trabalhador manual.
geń-hánketsu 原判決 (< geńshín + ⋯) 【Dir.】 A sentença original. ★ *~ o haki suru* 原判決を破棄する Anular ~ (do tribunal inferior).
geń'ín 原因 A causa; a origem. *Kasai no ~ wa hi no moto no fu-shimatsu de atta* 火災の原因は火の元の不始末であった ~ do incêndio foi (um) descuido em não apagar bem「o cigarro」. *Kare wa nomisugi ga ~ de byōki ni natta* 彼は飲み過ぎが原因で病気になった Ele adoeceu por beber demais. *~ fumei no* 原因不明の De ~ desconhecida. *~ o tsukitomeru* 原因を突き止める Investigar ~. (A/反) Kekká. ⇨ riyū.
geńji 言辞 【E.】 As palavras; a linguagem. ★ *Fuson na ~ o rōsu* 不遜な言辞を弄する Usar ~ arrogante[s]. ⇨ kotóbá; kotóbá-zúkai.
geńjín 原人 【Pal.】 O homem primitivo. ◇ **Chokuritsu ~** 直立原人 Homo erectus. ⇨ eńjín³.
geńjíru 減じる **1**「引き算をする」Deduzir [Subtrair]「de」. (S/同) Geńzúru; hikú (+). **2**「減らす」Diminuir. *Tsumi ittō o ~* 罪一等を減じる ~ a pena um grau. (S/同) Herású (+).
geńjítsu 現実 A realidade. ★ *~ banare shita* 現実離れした Desligado [Fora] da ~. *~ ni [wa]* 現実[は]Na ~; realmente. *~ ni soguwanai [awanai]* 現実にそぐわない [合わない] Não estar de acordo [ser compatível] com ~. *~ ni sokushite keikaku o tateru* 現実に即して計画を立てる Plane(j)ar realisticamente. *~ teki na* 現実的な Real. ◇ **~ ka** 現実化 A realização「~ *ka suru* 現実化する Pôr em prática; realizar-se」. **~ sei** 現実性 O ser realista. ◇ **~ shugi** 現実主義 O realismo. **~ shugisha** 現実主義者 O realista. (A/反) Risō.
geńjō¹ 現状 A situação; o estado a(c)tual [status quo (L.)]. ★ *~ ni manzoku suru* 現状に満足する Estar contente [satisfeito] com a/o ~. *~ o daha [iji] suru* 現状を打破[維持]する Romper com [Manter] ~. (S/同) Geńkyō. ⇨ jitsújō.
geńjō² 原状 O estado original「da cidade」. ★ *~ ni fukusuru* 原状に復する Voltar ao ~.
geńjō³ 現場 ⇨ geńbá.
geńjū 厳重 **a)** A severidade; o rigor; **b)** A firmeza, a força. ★ *~ na torishirabe* 厳重な取調べ A investigação rigorosa [severa]. *~ ni* 厳重に Severamente; rigorosamente;「fechar」bem [com firmeza]. (S/同) Geńkákú; geńsél.
geńjūmin [úu] 原住民 A população nativa; o nativo; o indígena; o aborígene. (S/同) Dochákú-min; seńjú-min; geńchi-jin.
geń-júsho [úu] 現住所 (< geńzai + ⋯) A Residência [O endereço] a(c)tual.
geńjútsú 幻術 A magia [feitiçaria; bruxaria]. (S/同) Mahó (◇); yōjútsú.
génka¹ 原価 **1** [生産原価] (O preço de) custo [de produção]. ◇ **~ keisan** 原価計算 O cálculo do ~. (S/同) Seíshán-hi. **2** [仕入れ原価] O preço de fa(c)tura. ★ *~ de [ika de] uru* 原価で[以下で]売る Vender pelo [abaixo do] ~. *~ o waru* 原価を割る Não chegar ao ~ [Ficar por menos do] ~. (S/同) Motó-né; shíré-né.
génka² 減価 **a)** A redução de preço; **b)** A depreciação. ◇ **~ shōkyaku** 減価償却 A depreciação. **~ shōkyaku hikiatekin** 減価償却引き当て金 O fundo de depreciação.
génka³ 下価 O ser pronto「em rejeitar」. ★ *~ ni kotaeru* 言下に答える Responder prontamente [à primeira]. *~ ni hitei suru* 言下に否定する Dizer logo que não. ⇨ súgu.
génka⁴ 現下 【E.】 O [problema do] momento; a a(c)tualidade. (S/同) Génzai (+); íma (o); mókka (+).
geńkáí 限界 O limite; as「minhas」limitações; a margem. ★ *~ ni tassuru* 限界に達する Atingir o ~. *~ o sadameru* 限界を定める Estabelecer o ~. ◇ **~ jōkyō** 限界状況 A situação crítica [extrema]. **~ kōyō** 限界効用 【Econ.】 A utilidade marginal. (S/同) Géndo; kagíri. ⇨ jōgén²; kagén³; kyokúgén¹.
geńkáí² 厳戒 【E.】 A vigilância rigorosa. ◇ **~ taisei** 厳戒態勢 A posição [O estado (+)] de alerta.
geńkákú¹ 幻覚 【Psic.】 A alucinação. ★ *~ no* 幻覚の Alucinatório. *~ (shōjō) o okosu* 幻覚(症状)を起こす Ter alucinações; ver coisas.
geńkákú² 厳格 O ser rigoroso [severo; rígido]. *Kanojo wa ~ na katei ni sodatta* 彼女は厳格な家庭に育った Ela teve uma educação rigorosa em família. *~ ni* 厳格に **a)** Rigorosamente; severamente; **b)**「distinguir」Claramente. ⇨ kíbíshíi.
geńkan¹ 玄関 A entrada (da casa). *~ kara o-hairi kudasai* 玄関からお入り下さい Entre pela (porta da) frente. ◇ **~ barai**. **~ saki** 玄関先 A entrada [porta]. **Omote ~** 表玄関 ~ da frente; o vestíbulo 「*Narita kūkō wa Nihon no omote ~ da* 成田空港は日本の表玄関だ O aeroporto de Narita é o ~ principal [a sala de visitas] do Japão」. (A/反) Katté-guchi; katté-guchi; urá-gúchi. ⇨ irí-gúchi.
geńkán² 厳寒 【E.】 O frio rigoroso. ★ *~ no kō* 厳寒の候 Em pleno inverno. (S/同) Gokkán; kokkán. (A/反) Génsho.
geńkán-bárai 玄関払い O despedir [impontar] à entrada. (< ⋯ + háráu) ◇ **~ o kuwaseru** 玄関払いを食わせる Fechar [Dar com] a porta na cara; negar-se a receber uma pessoa.
geńkéí¹ 原形 A forma original. ⇨ motó².

geńkéi² 原型 O modelo [protótipo] 「deste palácio」.

geńkéi³ 減刑 A redução [comutação; mitigação] da pena. *Kinko jū-nen ga ~ sarete kinko san-nen to natta* 禁固十年が減刑されて禁固三年となった A pena de dez anos de reclusão foi comutada para três. ◇ **~ tangan** 減刑嘆願 A petição da ~.

geńkéi-shitsu 原形質【Biol.】O protoplasma.

génki¹ 元気 **1** [気力の盛んなこと] O vigor; o ânimo; a força. *Dō shita no, baka ni ~ ga nai ne* どうしたの、ばかに元気がないね Que aconteceu? Está tão desanimado! *Sā ~ o dashi nasai* さあ元気を出しなさい Vamos! Coragem! *Tsukarete mō kuchi o kiku mo nai* 疲れてもう口をきく元気もない Estou tão cansado que não posso falar. ★ **~ ippai ni asobu** 元気一杯に遊ぶ Brincar animadamente; divertir-se à farta. **~ na** 元気な Animado; vigoroso. ~ *zúkéru*. **2** [健康なこと] A (boa) saúde; a robustez. "*Go-kazoku wa o ~ desu ka?*" "*O-kage-sama de minna ~ desu*" 「御家族はお元気ですか」「おかげさまでみんな元気です」A família está bem? — Graças a Deus estão todos bem. *O ~ de. Sayónara* お元気で.さようなら Adeus, passe bem. **~ de kurasu** 元気で暮らす Estar bem de saúde. *Yatto ~ ni natta* やっと元気になった Finalmente consegui recuperar a saúde/ficou bom. ⇨ *Keńkō; sōkéń*.

génki² 原器 A medida-padrão. ◇ **Mētoru** ~ メートル原器 O metro-padrão.

geńkín¹ 現金 **1** [金] O dinheiro. ★ **~ de shiharau** 現金で支払う Pagar em ~. *Kawase [Kogitte] o ~ ni suru [kaeru]* 為替 [小切手] を現金にする [換える] Converter a ordem de pagamento [o cheque] em ~. **~ de baibai** 現金売買 A compra e venda a ~ [à vista]. **~ jidō shiharai-ki** 現金自動支払機 A máquina de pagar [comprar] automática. **~ kakitome** 現金書留 A carta registr(a)ada com ~ dentro. **~ kanjō** 現金勘定 A conta em ~. **~ shūnyū [shishutsu]** 現金収入 [支出] Os recebimentos [pagamentos] em ~. **~ suītōchō** 現金出納帳 O livro caixa. **~ torihiki** 現金取引 A transa(c)ção à vista. **~ yusōsha** 現金輸送車 O carro para transporte de ~. S/同 Geńńámá; kyásshu. **2** [打算的] O ser interessado [calculista]. *O-kashi o morattara sugu ni naki-yamu to wa ~ na kodomo da* お菓子をもらったらすぐに泣きやむとは現金な子供だ Que criança ~! Paraste logo de chorar quando [assim que] te deri o doce. *Dasań-téki*.

geńkín² 厳禁 A proibição (estrita); a interdição. ★ **~ suru** 厳禁する Proibir estritamente [terminantemente]. *Eigakan de no kitsuen wa ~ sarete iru* 映画館での喫煙は厳禁されている É estritamente proibido fumar no cinema. ◇ **Kakí** ~ 火気厳禁 (掲示) Cuidado com o fogo! Inflamável!

geńkí-zúkéru 元気付ける (<… + *tsukéru*) Encorajar.

geńkō 拳固【G.】⇨ geńkótsú.

geńkō¹ 原稿 O manuscrito. ★ **~ o kaku** 原稿を書く Escrever ~. ◇ **~ ryō** 原稿料 A remuneração por um [pelo] ~. **~ yōshi** 原稿用紙 O papel (quadriculado) de ~. S/同 Shitágáki; sōkō².

geńkō² 言行 A palavra e a a(c)ção. ◇ **~ itchi** 言行一致 A concordância [consistência] entre as palavras e os a(c)tos [o falar e o agir]. **~ roku** 言行録 A narração [cró(ô)nica] do que 「ele」fez e disse. S/同 Geńdō.

geńkō³ 現行 O ser vigente [a(c)tual]. ◇ **~ hō** 現行法 A lei ~ [em vigor].

geńkō-han [óo] 現行犯 (<… + *hańzái*) O delito flagrante. *Suri ga ~ de tsukamatta* スリが現行犯で捕まった O carteirista [punguista (B.)] foi apanhado em flagrante.

geńkókú 原告【Dir.】O acusador; o queixoso; o reclamante; o litigante. A/反 Hikóku.

geńkón 現今 De agora; de hoje. ★ **~ no sekai jōsei** 現今の世界情勢 A a(c)tual situação mundial. S/同 Sákkon.

geńkótsú 拳骨 **a)** O murro [piparote]; **b)** O punho fechado. ★ **~ o furiageru** 拳骨を振り上げる **~ o kurau** 拳骨を食らう Levar um murro 「na cabeça」. S/同 Geńkō kobúshí. ~ naguru.

geńkyō¹ 現況 A situação a(c)tual 「da firma」. ◇ **Kishō ~** 気象現況 As condições meteorológicas neste momento. S/同 Geńjō (+).

geńkyō² 元凶 [兇] O grande [maior] culpado [causador]. ★ *Taiki osen no ~ wa* 大気汚染の元凶 ~ da poluição atmosférica. S/同 Chōhónnin (+); ōmótó.

geńkyū¹ 言及 A referência. ★ **~ suru** 言及する Referir-se 「à P. na conferência」. ⇨ *furéru¹*.

geńkyū² 原級 **1** [もとの級] A classe [O curso] em que se está. **2** [形容詞の]【Gram.】O grau positivo. ⇨ *hikáku-kyū; saíjō-kyū*.

geńkyū³ 減給 A redução [O corte] de salário. ◇ **~ shobun** 減給処分 ~, como castigo. S/同 Geńpō. A/反 shōkyú.

geńmai 玄米 O arroz integral [não beneficiado]. ◇ **~ pan** 玄米パン O pão (de farinha triga) integral. A/反 Hakúmai. ⇨ komé.

geńméi¹ 言明 A declaração; a afirmação; a asserção. *Daijin wa hakkiri shita ~ o saketa* 大臣ははっきりした言明を避けた O ministro evitou fazer uma ~ clara. S/同 Dańgén.

geńméi² 厳命 A ordem terminante [peremptória] 「dada pelo comandante」. ⇨ meíréi.

geńmén¹ 原綿 O algodão em rama. ⇨ watá¹.

geńmén² 減免 **a)** A redução [isenção] da taxa; **b)** A comutação (da pena). ★ **~ suru** 減免する **a)** Reduzir a taxa; **b)** Comutar a pena. *Zeikin no ~ sochi* 税金の減免措置 Uma medida de redução [isenção] de impostos.

geńmétsú 幻滅 A desilusão; a decepção. ★ **~ suru** 幻滅する Desilludir-se; ficar decepcionado.

geńmítsú 厳密 A precisão; o rigor. ★ **~ na** 厳密な Preciso; exa(c)to; estrito; rigoroso [~ *na imi de* 厳密な意味で No sentido estrito 「Na rigorosa acepção」da palavra」. **~ ni chōsa suru** 厳密に調査する Fazer uma pesquisa rigorosa.

geńmō 原毛 A lã bruta. ⇨ ke¹.

geńnámá 現生【G.】O dinheiro; a massa (G.). S/同 Geńkín¹ (+).

geńńári げんなり O enjoo; o estar saciado [farto; aborrecido]. *Tesuto tesuto de omotta dake de mo ~ suru* テストテストで思ったたけでもげんなりする Testes e mais testes: só de pensar neles sinto enjoo. S/同 Uńzári.

gén ni¹ 現に Na realidade; realmente; de fa(c)to. S/同 Jissái ní.

gén ni² 厳に **a)** Severamente. ★ **~ imashimeru** 厳に戒める Admoestar ~. **b)** 「vigiar」Bem 「a entrada」. S/同 Geńmítsú ní; kibíshíku. ⇨ geńjú.

geńnō 玄翁 O martelo grande; a marra [marreta].

⇨ kaná-zúchi.
genpái 減配 A redução do dividendo「distribuído aos sócios」. [A/反] Zṓhái.
genpátsú 原発 (Abrev. de "geńshíryoku hatsúdén-shó") A central nuclear. ~ *kensetsu hantai* 原発建設反対 (標示) Abaixo à construção da ~!
genpín 現品 **a)** A mercadoria em depósito [estoque]; **b)** O artigo em questão. ◇ ~ **hikikae-barai** 現品引き換え払い O pagamento contra entrega da mercadoria. ~ **kagiri** 現品限り (掲示) Estoque limitado! ⇨ geńpbútsú.
genpó[1] 減俸 ⇨ geńkyú[3].
genpó[2] 減法【Mat.】A subtra(c)ção. [S/同] Hikíkae (+) . [A/反] Káhō.
genpón 原本 **1**[原really] O original (de livro [documento]). [S/同] Geńshó. [A/反] Yakúhón. **2**[証書] O certificado original. [A/反] Shóhón; utsúshí.
genpúkú 元服【H.】⇨ seíjín[1] ◇ .
genri 原理 O princípio「democrático do poder do povo」. ⇨ hōsókyō.
genró 元老 O veterano「da escola de pintura」. ★ *Seikai no* ~ 政界の元老 ~ da política. ◇ ~ **in** 元老院 O senado「romano」.
genrón 言論 A fala (e escrita); a expressão. ★ ~ *no jiyū* 言論の自由 A liberdade de expressão. ◇ ~ **kai** 言論界 A imprensa. ~ **kikan** 言論機関 Os órgãos da imprensa [comunicação]. ⇨ happyō; hyōgén[1]; séron.
genrón 原論 Os princípios「da fís.」.
genryṓ[1] [óo] 原料 A matéria-prima. ◇ ~ **yunyū** 原料輸入 A importação de matérias primas. [A/反] Seíhín. ⇨ zaíryō.
genryṓ[2] 減量 **a)** O diminuir「os gastos」; **b)** A perda de peso「por fazer dieta」. *Shiai no mae ni* ~ *de kurō suru* 試合の前に減量で苦労する Fazer muito esforço para「Custar a」perder peso antes do campeonato. ◇ ~ **keiei** 減量経営 A administração de poupança. [A/反] Zṓryō.
genryū 源流 **a)** A fonte [origem]; **b)** A nascente. ★ *Amazon no* ~ アマゾンの源流 A nascente do Rio Amazonas. [S/同] Geńsén; minámóto (+) .
geńsái[1] 減債 A amortização [O pagamento parcial da dívida]. ★ ~ *suru* 減債する Amortizar. ◇ ~ **kikin** 減債基金 O fundo de ~.
geńsái[2] 減殺 A diminuição「do som/gosto」.
geńsákú 原作 O (trabalho) original; a (obra) original. ◇ ~ **sha** 原作者 O autor.
geńsákú-dóbutsu [óo] 原索動物 Os protocordados [tunicados].
geńsán[1] 原産 (O produto) originário. *Tabako wa Nanbei* ~ *de aru* タバコは南米原産である O tabaco é originário da América do Sul. ◇ ~ **chi** 原産地 A terra de origem.
geńsán[2] 減産 A diminuição de produção「de ferro」. ★ ~ *suru* 減産する Diminuir「Baixar」a produção. [A/反] Zṓsán.
gense 現世 Este mundo. [S/同] Końjó; konó yó. ⇨ ráise.
geńséi[1] 厳正 A exa(c)tidão; o rigor; a imparcialidade. ★ ~ *na* 厳正な Exa(c)to; rigoroso; imparcial; justo[~ *na saiban* 厳正な裁判 Um julgamento justo]. ◇ ~ **chūritsu** 厳正中立 A neutralidade absoluta [completa].
geńséi[2] 原生【Biol.】A vida nas suas formas mais simples. ◇ ~ **dōbutsu** 原生動物 O protozoário

「ame[i]ba」. ~ **rin** 原生林 A floresta virgem.
geńseki[1] 原籍 ⇨ hónseki.
geńseki[2] 原石 O minério bruto. ★ *Daiyamondo no* ~ ダイヤモンドの原石 O diamante (em) bruto.
geńsén[1] 源[原]泉 A fonte「de energia」; a origem. ◇ ~ **kazei [chōshū]** 源泉課税 [徴収]【Econ.】A retenção [cobrança] de impostos na ~. [S/同] Geńryū; minámóto.
geńsén[2] 厳選 A sele(c)ção rigorosa「dos pilotos」. ★ ~ *suru* 厳選する Sele(c)cionar rigorosamente.
geńshi[1] 原子【Fís.】O átomo. ◇ ~ **bakudan** 原子爆弾 A bomba ató[ō]mica. ~ **bangō [ryō]** 原子番号[量] O número [peso] ató[ō]mico. ~ **butsurigaku** 原子物理学 A física nuclear. ~ **ka** 原子価 O valor ató[ō]mico [A valência]. ~ **kaku** 原子核 O núcleo ató[ō]mico. ~ **kaku bunretsu [yūgō]** 原子核分裂[融合] A fusão nuclear. ~ **kōzō [hōkai]** 原子構造[崩壊] A estrutura [desintegração] do ~. ~ **ro** 原子炉 O rea(c)tor ató[ō]mico. ⇨ búnshi[1]; chúseíshi; deńshí; yóshi[6].
geńshi[2] 原始 O começo; a origem. ★ ~ *teki na* 原始的 Primitivo. ◇ ~ **jidai** 原始時代 A idade [era] primitiva. ~ **jin** 原始人 O homem primitivo. ~ **rin** 原始林 A floresta virgem. ~ **shakai [shūkyō]** 原始社会 [宗教] A sociedade [religião] primitiva.
geńshi[3] 減資 A redução de capital「duma empresa」. [A/反] Zṓshí.
geńshi[4] 原紙 O papel estêncil [químico].
geńshín 原審【Dir.】O primeiro julgamento ou sentença. ★ ~ *o haki suru* 原審を破棄する Anular ~.
geńshí-ryoku 原子力【Fís.】A energia ató[ō]mica [nuclear]. ~ *o heiwa-riyó suru* 原子力を平和利用する Utilizar a ~ para fins pacíficos. ◇ ~ **enjin** 原子力エンジン O motor nuclear. ~ **hatsuden-sho** 原子力発電所 A central nuclear. ~ **iinkai** 原子力委員会 A Comissão de ~. ~ **jidai** 原子力時代 A era atómica. ~ **sen [sensuikan]** 原子力船[潜水艦] O navio [submarino] atómico.
geńshó 原書 O (livro [texto]) original. [S/同] Geńpón **1**. ⇨ yóshó[2].
geńshṓ 現象 **a)** O fenó[ō]meno [acontecimento]; **b)**「ver só」A aparência. *Fushigi na* ~ *ga okotta* 不思議な現象が起った Ocorreu um ~ estranho. ★ *Ichijiteki na* ~ 一時的な現象 A fase passageira [da adolescência]. ◇ ~ **gaku** 現象学【Fil.】A fenomenologia. ~ **kai** 現象界 O mundo fenoménico [dos ~s]. ~ **ron** 現象論【Fil.】O fenomenismo. *Shizen* ~ 自然現象 ~ natural.
geńshó 減少 O decréscimo; a diminuição. *Shusshō-ritsu wa nennen* ~ *keikō ni aru* 出生率は年々減少傾向にある A natalidade tende a diminuir de ano para ano. [A/反] Zṓdái; zṓka.
geńshokú[1] 原色【Arte】**1**[もとになる色] A cor primitiva [original]. **2**[純粋の色] A cor pura. ◇ **San** ~ 三原色 As três ~ [fundamentais; primárias]. [A/反] Chūkán-shoku.
geńshokú[2] 現職 **a)** O posto a(c)tual; **b)** O estar no a(c)tivo. ~ *no kōmuin* 現職の公務員 O funcionário público em serviço. [S/同] Geń'ékí.
geńshokú[3] 減食 A redução de alimento; a dieta. ★ ~ *suru* 減食する Fazer regime [dieta].
⇨ geńryṓ[2].

génshu[1] 元首 O soberano; o chefe de estado.
⇨ daítōryō; kúnshu[1].

génshu[2] 厳守 A estrita observância. *Ni-ji kaikai jikan ~ no koto* 二時開会時間厳守のこと (掲示) Abertura da reunião às duas horas, sejam pontuais! ★ *Himitsu o ~ suru* 秘密を厳守する Guardar com rigor o segredo.
S/同 Júnshu. ⇨ mamóru.

génshu[3] 原種 **a)** A raça pura [original]; **b)** A 「batata para」semente. A/反 Heńshú; kaíryō-shu.

génshú 減収 O decréscimo na produção ou no rendimento. *Kotoshi komugi wa reinen ni kurabete go-pāsento no ~ datta* 今年小麦は例年に比べて5パーセントの減収だった A colheita de trigo deste ano foi 5% menor que a normal [que a dos anos normais]. A/反 Zōshú.

génshukú 厳粛 A gravidade; a seriedade; o rigor; a austeridade; a solenidade. *Kekka o ~ ni uketomeru* 結果を厳粛に受け取める Aceitar inteiramente o resultado. ★ *~ na* 厳粛な Grave; sério; rigoroso; austero; solene 「*~ na kimochi ni naru* 厳粛な気持ちになる Ficar sério」. S/同 Ogósoka.

génso 元素【Fís.】O elemento (químico). ◇ **~ bunseki** 元素分析 A análise elementar. **~ kigo** 元素記号 O símbolo químico「do azoto é N」.

génsō[1] 幻想 A fantasia, a ilusão; o sonho; a quimera. ★ *~ o idaku* 幻想を抱く Sonhar [Alimentar] ~. ◇ **~ kyoku** 幻想曲【Mús.】A fantasia. S/同 Mōsō. ⇨ kūsō; sōzō[1].

génsō[2] 舷窓 A vigia (portinhola). ⇨ mádo.

génsokú[1] 原則 O princípio; a regra; a norma. ★ *~ o tateru* 原則を立てる Estabelecer algumas ~s. *~ teki na gōi ni tasshita kōshō* 原則的な合意に達した交渉 As negociações que chegaram a um acordo de princípio. ◇ **Konpon ~** 根本原則 ~ básico[a]. ⇨ hōsókú; kísoku[1].

genśokú[2] 舷側 O lado do navio. ◇ **~ watashi** 舷側渡し Entregue [Livre de despesas] no costado do navio/FOB. S/同 Funá-bátá; funá-béri.

génsokú[3] 減速 A redução da velocidade. ★ *~ suru* 減速する Reduzir a ~; desacelerar. ◇ **~ sōchi** 減速装置 O redutor 「A engrenagem de redução」 da ~. A/反 Kasóku.

génsoń[1] 現存 Ter existir. *Hōryūji wa ~ suru sekai saiko no mokuzō kenchiku de aru* 法隆寺は現存する世界最古の木造建築である O templo Horyuji é a construção de madeira mais antiga do mundo. S/同 Geńzón.

génsoń[2] 厳存【E.】O estar em vigor 「lei」.

gensui[1] 元帥 **a)** O marechal; **b)** O almirante.

gensui[2] 減水 O baixar [A diminuição] da água. ★ *~ suru* 減水する ... ⇨ S/同 Zōsúi.

gensui[3] 減衰【E.】O amortecimento. ★ *Oto no ~* 音の減衰 ~ do som.

gensuíbaku 原水爆 As bombas atô[ô]mica e de hidrogé[ê]nio. ★ *~ kinshi undō* 原水爆禁止運動 O movimento contra ~.

gensún 原寸 O tamanho natural. ★ *~ dai no shashin* 原寸大の写真 A fotografia em [de] ~.

gentái 減退 O declínio 「das forças」; a diminuição; a perda 「da vista」. A/反 Zōshín.

gentán 減反[段]【Agr.】A redução da área de cultivo. ◇ **~ seisaku** 減反政策 A política [medida] de ~.

géntéi 限定 **a)** A limitação; a restrição; **b)** A determinação. ★ *~ suru* 限定する **a)** Limitar; **b)** Determinar [*Pairotto no juken shikaku o dansei ni ~ suru* パイロットの受験資格を男性に限定する Restringir só a homens o exame para piloto]. ◇ **~ ban** 限定版 A edição limitada/restrita. **~ sensō** 限定戦争 A guerra limitada. **~ sōzoku** 限定相続 A herança condicionada. ⇨ seígén[1].

géntén[1] 減点 O baixar pontos (nas notas). ◇ **~ hō** 減点法 O método de ~. A/反 Katén.

génten[2] 原点 **1**[基準点] A origem. ★ *Zahyō-jiku no ~* 座標軸の原点 O de eixos de coordenadas. **2**[出発点] O ponto de partida. ★ *~ ni kaeru [modoru]* 原点に帰る [戻る] Voltar ao ~. S/同 Kijun-ten.

géntén[3] 原典 O (texto) original「da Bíblia」. ⇨ geńbún; geńshó.

gentō[1] 幻灯[燈] **a)** A lanterna mágica (A.); **b)** surádeo. ◇ **~ ki** 幻灯機 O proje(c)tor.

gentō[2] 厳冬 O inverno rigoroso. ⇨ ma-fúyu.

gentō[3] 舷灯[燈] A luz lateral das embarcações. S/同 Kōkáí-tō.

genwákú 眩惑 O deslumbramento. ⇨ madōu.

gén'ya 原野 O descampado; a planície. ★ *~ o kirihiraku* 原野を切り開く Desbravar [Cultivar] ~. ⇨ kōya[2]; nó-hara.

gen'yú 原油 O petróleo (em) bruto. ⇨ sekiyú.

gen'yū 現有 O ter (dispor de) 「cinco toneladas de arroz」. ◇ **~ seiryoku** 現有勢力 Os efe(c)tivos 「militares」.

ginzái[1] 現在 **1**[今] **a)** Agora; presentemente; neste momento; a(c)tualmente; **b)** À data [hora]. *Tōshi no jūgatsu tsuitachi ~ no jinkō wa ni-jū san-man-nin da* 当市の十月一日現在の人口は二十三万人だ A população desta [da (dita)] cidade, à data de 1 de Outubro, é de 230.000 (pessoas). ★ *~ (de) wa* 現在(で)は A(c)tualmente. *~ made ni* 現在まで に Até agora [ao presente/à data]. ◇ **~ chi** 現在地 Local [Posição] 「do mapa」 onde se está [encontra no momento]. **~ daka** 現在高 A quantia disponível. S/同 Íma. **2**[現在時制]【Gram.】O (tempo) presente. *Dōshi no ~ kei* 動詞の現在形 (A forma do) ~ do verbo「ir é "vou"」. ◇ **~ bunshi** 現在分詞 O gerúndio「é "indo"」. ⇨ káko; mírai.

genzái[2] 原罪 O pecado original.

genzéi 減税 A redução dos impostos. ★ *~ suru* 減税する Reduzir o ~. A/反 Zōzéi.

genzén 厳[儼]然 「O ar」 Solene; grave; severo.

genzō 現像 A revelação 「das fotografias」. ★ *~ suru* 現像する Revelar. ◇ **~ eki** 現像液 O revelador (Líquido usado na câmara escura).

génzókú 還俗 O retorno à vida secular. ◇ **~ suru** 還俗する Secularizar-se. S/同 Bōzú[Hōshí]-gáeri; fukúshúkú. ⇨ sezōkú.

génzón 現存 ⇨ geńsoń[1].

genzúrú 減ずる ⇨ geńjíru.

geppō 月報 O boletim mensal. ⇨ neńpó[2]; nippó; shúhó.

geppú[1] げっぷ O arroto; a eructação. ★ *~ ga deru* げっぷが出る Arrotar/Ter ~; eructar. S/同 Okúbí.

geppú[2] 月賦 A prestação mensal. ◇ **~ hanbai** 月賦販売 A venda a prestações mensais. ⇨ neńpú[1].

geppyō 月評 A crítica 「literária」 mensal. ⇨ hihyō.

gerá ゲラ (< Ing. galley < Gr.) A galé. ◇ **~ zuri** ゲラ

刷り A prova de granel (Tip.).

géragera げらげら [On.] Gargalhadas. *Kare wa ~ (to) waratta* 彼はげらげら(と)笑った Ele deu [soltou] uma grande gargalhada. ⇨ kérakera.

gerákú 下落 A queda [baixa]. *Kabuka ga kyū ni ~ shita* 株価が急に下落した O valor das a(c)ções caiu [baixou] de repente. A反 Tóki⁴. ⇨ ne-ságárí.

geréndé ゲレンデ (< Al. gelande) A rampa para esqui.

gerétsú 下劣 A baixeza; a torpeza. ★ *~ na kōi* 下劣な行為 Uma a(c)ção torpe [vil]. ⇨ gehín.

gerí 下痢 [Med.] A diarreia. *~ o okosu* 下痢を起こす Ter [Estar com/Sofrer de] ~. ◇ *~ dome* 下痢止め O remédio para a ~. A反 Beńpí.

gérira ゲリラ (< Esp. guerrilla) A guerrilha. ◇ *~ butai* ゲリラ部隊 O grupo de guerrilheiros. *~ sen* ゲリラ戦 O combate [A guerra] de ~.

géro げろ [Chu.] ⇨ hédo.

gerú ゲル (< Al. gel) [Quím.] O gel. ★ *jō no* ゲル状の Gelatinoso. ⇨ zóru.

Géruman ゲルマン (< Al. Germane) [H.] A Germânia. ◇ *~ minzoku* ゲルマン民族 A raça germânica; os germanos. ⇨ Dóitsu¹.

gerúmániumu ゲルマニウム (< Al. germanium) [Fís.] O germânio (Ge 32).

gesén¹ 下賤 A origem humilde. A反 Kōki. ⇨ iyáshí.

gesén² 下船 O desembarque. A反 Jóséń.

gesénai 解せない Não compreender [entender]; ser incompreensível. *Saikin no kare no taido wa dō mo ~ [wakaranai]* 最近の彼の態度はどうも解せない [わからない] A atitide dele nestes últimos dias é...

geséwa 下世話 「é」Como se costuma dizer [O que se diz (+)] 「um chato!」. ★ *~ na hanashi* 下世話な話 Uma história comum [vulgar].

gésha 下車 O descer 「do carro」. ★ *~ suru* 下車する … ⇨ **tochū**. ◇ Kōshá⁴. A反 Jósha.

geshi 夏至 [Astr.] O solstício de verão. ◇ *~ ten* 夏至点 O ponto solsticial. ⇨ Tōji.

geshúkú 下宿 A pensão. ★ *~ suru* 下宿する Ficar numa ~. ◇ *~ dai* [*ryō*] 下宿代 [料] O preço da ~. *~ nin* 下宿人 O pensionista hóspede. *~ ya* 下宿屋 A casa com ~ [quartos para alugar].

geshúnín 下手人 [E.] **a)** O assassino; **b)** O criminoso. S/同 Hánnín (+).

gesókú 下足 O calçado. ◇ *~ ban* 下足番 O guarda do ~ 「nos banhos públicos」. ⇨ hakí-mónó.

gessán 月産 A produção mensal 「de ferro」. ★ *Kuruma no ~ daisū* 車の月産台数 ~ de automóveis. ⇨ neńsáń; nissáń².

gessékai 月世界 [E.] A lua; o mundo da lua.

gesshá 月謝 A mensalidade; as propinas. ★ *~ o osameru* 月謝を納める Pagar a/as ~ (da escola).

gesshókú 月食 [蝕] [Astr.] O eclipse lunar [da lua]. ◇ Kaiki [Bubun] *~* 皆既 [部分] 月食 ~ total [parcial] da lua. ⇨ nisshókú.

gesshū 月収 A renda mensal (Salário, etc.). ⇨ neńshū.

gessóri(to) げっそり(と) [On.] **1** [急にやせて衰えるさま] (Im. de emagrecer de repente). *Kare wa byōki de ~ yaseta* 彼は病気でげっそり(と)やせた Ele emagreceu muito em pouco tempo com a doença. **2** [がっかりして元気がなくなるさま] (Im. de perder o ânimo). ★ *~ suru* げっそり(と)する Ficar abatido [desanimado]. S/同 Gakkári; uńzári.

gesú 下種 [衆] **a)** A pessoa de baixo nascimento; a ralé; **b)** O sujeito baixo [ordinário; vil; torpe]. I/慣用 *~ no ato-jie* 下種の後知恵 O que o sábio faz primeiro, faz o néscio derradeiro. *~ no kanguri* 下種の勘繰り A suspeita ridícula.

gesuí 下水 O esgoto. *~ ga tsumatta* 下水が詰まった ~ entupiu [está entupido]. ◇ *~ dō* 下水道 (O sistema de) esgotos. A反 Jósuí.

gesúto ゲスト (< Ing. guest < L.) **1** [お客] O hóspede; o convidado. ◇ *~ rūmu* ゲストルーム O quarto [A sala] para os ~s. S/同 Kyakú (+). **2** [臨時出場者] O convidado especial. A反 Régyurā.

getá 下駄 Os tamancos [socos] j. abertos. ★ *~ o haku* 下駄を履く Calçar ~. I/慣用 *~ o azukeru* 下駄を預ける Deixar tudo nas mãos de alguém; passar o abacaxi (B.). *~ o hakaseru* 下駄を履かせる Fazer render o peixe (Mostrar mais do que é). ◇ *~ baki jūtaku* 下駄履(き)住宅 O prédio de apartamentos com lojas no andar térreo. *~* [Kutsu] *bako* 下駄 [靴] 箱 O armário para calçado, à porta. *~ ya* 下駄屋 O tamanqueiro.

getémónó 下手物 **1** [粗末で大衆的なもの] O artigo simples (e popular). **2** [珍奇なもの] O artigo curioso [bizarro; extravagante]. ◇ *~ gui* 下手物食い O apreciador de artigos ou comidas fora do vulgar. *~ shumi* 下手物趣味 O gosto bizarro [gostar de artigos esquisitos].

géto ゲート (< Ing. gate) O portão. ⇨ móń¹.

gétó-bóru ゲートボール (< Ing. gate ball) Uma espécie de críquete.

gétóru ゲートル (< Fr. guêtres) As polainas. ★ *~ o maku* ゲートルを巻く Pôr ~. ⇨ kyaháń.

getsúgákú 月額 O pagamento mensal 「na firma」. *Kaihi wa ~ sen-en desu* 会費は月額千円です ~ dos sócios são [é de] 1.000 yens. ⇨ neńgákú.

getsúmátsú 月末 O fim do mês. S/同 Tsukí-zúé.

getsúméń 月面 A superfície da lua. ◇ *~ chakuriku* 月面着陸 A alunagem (O aterrar na lua).

getsúréi¹ 月例 Mensal. ◇ *~ hōkoku* 月例報告 O relatório ~.

getsúréi² 月齢 A idade da lua.

getsúyō(bi) 月曜 (日) A segunda(-feira).

géya 下野 O retirar-se da vida pública.

géza 下座 **1** [しもざ] O último assento. S/同 Shimóza (+).
2 [舞台の向かって左手] O lado direito do palco 「para os músicos」.

gezái 下剤 O purgante; o laxante; o laxativo. ◇ ⇨ **kan ~**.

gezáń 下山 O descer a montanha. A反 Tózan.

gi¹ 義 **1** [正義] O que é justo [re(c)to/certo/honroso]. P/ことわざ *~ o mite sezaru wa yū naki nari* 義を見てせざるは勇無きなり Saber ~ e não o fazer é covardia [falta de coragem]. ★ *~ o omonjiru* 義を重んじる Respeitar ~. ⇨ jińdó. **2** [gi-; 義理の] Por afinidade [justiça]. ◇ ⇨ **kei [kyōdai]**.

gi² 儀 **1** [儀式] A cerimó(ô)nia. ★ *Konrei no ~* 婚礼の儀 *~* de casamento. S/同 Gishiki (+). **2** [事柄] O assunto; a coisa. *Sono ~ bakari wa o-yuru-shi kudasai* その儀ばかりはお許し下さい Peça-me tudo menos isso. ⇨ kén³; kotógárá; wáke. **3** [-gi; に He して] Em relação 「a」. ◇ **Watakushi ~** 私儀 Eu [Quanto a mim].

gi³ 議 [E.] **1** [相談すること] A consulta; a deliberação. ⟨S/同⟩ Sódań. ⇨ gógi[1]; kyōgi[1]; tōgi[1]. **2** [提案] A proposta. ⟨S/同⟩ Teían (+).

gī(tto)[ii] ぎい(っと) 【On.】 *Tobira ga ~ kishinda* 扉がぎいっときしんだ A porta rangeu (chiou; fez ~).

gía ギア (< Ing. gear) A engrenagem [embreagem]. ★ ~ *chenji suru* ギアチェンジする Mudar de velocidade. ~ *o rō [sekando; sādo; toppu] ni ireru* ギアをロー［セカンド；サード；トップ］に入れる Meter [Engatar] a primeira [segunda; terceira; quarta] velocidade.

gián 議案 A proposta「de lei」. ★ ~ *o kaketsu [hiketsu] suru* 議案を可決［否決］する Aprovar [Rejeitar] ~. ~ *o teishutsu suru* 議案を提出する Apresentar ~.

gíbo 義母 a) A sogra; **b)** A madrasta; **c)** A mãe ado(p)tiva. ⟨A/反⟩ Jítsubo. ⇨ gífu; kéibo[1]; mamá-háhá; shūtómé; yóbo.

gíboshi[gibóshi; gihóju] (óo) 擬宝珠 1 [欄干のかざり] O ornamento metálico, redondo no topo「da balaustrada」. **2** [ねぎの花] A flor da cebola. **3** [紫色の花をつける植物]【Bot.】 Uma espécie de açucena.

gíchō 議長 O presidente da reunião [assembleia]. ~ *o suru [tsutomeru]* 議長をする［務める］Ser ~. ◇ ~ **shokken** 議長職権 As prerrogativas do ~. ~ **seki** 議長席 A cadeira「do ~」. **Shūgiin ~** 衆議院議長 O presidente da Câmara dos Deputados.

gída 犠打【Beis.】 A tacada fatal [imparável].

gídai 議題 O tema [assunto; tópico; obje(c)to] da discussão. ★ ~ *ni naru [noboru; suru]* 議題になる［上る；する］Ser tratado. ⇨ gián[1]; gíji[1].

gidayū 義太夫 1 [人名]Takemoto Gidayū. **2** [義太夫節] A narrativa dramática cantada. ◇ ~ **katari** 義太夫語り O contador/trovador.

gién-kín 義捐[援]金 O donativo. ★ ~ *o tsunoru* 義捐金を募る Recolher donativos. ⟨S/同⟩ Kifúkín[1]; kyūfń-kín.

gífu 義父 a) O padrasto; **b)** O pai ado(p)tivo; **c)** O sogro. ⟨A/反⟩ Jippú. ⇨ gíbo; kéifu[2]; shūtó[1]; yófu[1].

gífún 義憤 A justa indignação. ★ *O kanjiru* ~ *o kanjiru*「perante tantas crianças abandonadas」. ~ *ni karareru* 義憤に駆られる Sentir-se indignado com uma injustiça. ⟨S/同⟩ Kōfún[3].

gífuto ギフト (< Ing. gift) O presente. ◇ ~ **setto** ギフトセット O conjunto de artigos para「Um」~. ⟨S/同⟩ Miyágé (+); okúrí-móno.

gíga 戯画 A caricatura. ★ ~ *ka suru* 戯画化する Caricaturar「a sociedade」. ◇ **Chōjū ~** 鳥獣戯画 "Caricaturas de Animais" (Famosa obra desenhada nos séculos XII e XIII). ⟨S/同⟩ Fúshi-gá; karíkakchua. ⇨ mańgá.

gigán 義眼 O olho artificial [postiço].

gígei 技芸 A habilidade; a arte「do artesanato」. ⟨S/同⟩ Gíjutsu; udémáé; wazá.

gígi 疑義 A dúvida. ★ ~ *o idaku* 疑義を抱く Ter「as suas」~ s. ~ *o tadasu* 疑義を正す Averiguar algumas ~ s. ⟨S/同⟩ Gimón[1]; gitén[1].

gígī(to)[gii-] ぎいぎい(と)【On.】 Gui, gui.

gigóchínáí ぎごちない Desajeitado; deselegante. *Kanojo wa ~ tetsuki de kyaku ni cha no settai o shita* 彼女はぎごちない手つきで客に茶の接待をした Ela serviu chá aos hóspedes de maneira ~.

gigókú 疑獄 Um grande escândalo [Um caso de corrupção]. ★ ~ *jiken ni renza suru* 疑獄事件に連

座する Estar envolvido [metido] num ~.

gihítsú 偽筆 A falsificação [imitação]. ⟨A/反⟩ Shinpítsú.

gihō 技法 A「nova」técnica「artística」.

gíin[1] 院議 A Dieta [Assembleia/O Congresso/O Parlamento]. ~ *un'ei iinkai* 議院運営委員会 A comissão permanente da [para a administração da/o] ~. ⇨ **san[shū] ~**. ⇨ gíkai.

gíin[2] 議員 O membro「da Dieta」. ◇ ~ **rippō** 議員立法 A legislação apresentada por membros de uma assembleia legislativa. **Kokkai ~** 国会議員 O ~ da Dieta. ⇨ Shūgí-in[Sańgí-in] ◇ .

gíji[1] 疑似 Para-「militar/sífilis」. ◇ ~ **sekiri** 疑似赤痢 A paradisenteria. ⟨S/同⟩ Kaséí. ⇨ Shińséí.

giji-dō 議事堂 O Palácio da Assembleia (Nacional). ◇ **Kokkai ~** 国会議事堂 (O Palácio Nacional da) Dieta.

gijín[1] 擬人 Uma personificação. ★ ~ *ka suru* 擬人化する「Esopo」Personificar「animais」. ◇ ~ **hō [ka]** 擬人法［化］ A personificação「do bem」.

gijín[2] 義人 O (homem) justo [re(c)to].

gijō 議場 A sala [bancada] da Assembleia. ⟨S/同⟩ Kaígí-jó.

gijō-hei (óo) 儀仗兵 A escolta [guarda de honra].

gíjutsu 技術 1 [工業・科学などの] A técnica. ◇ ~ **dōnyū** 技術導入 A introdução de técnica estrangeira. ~ **enjo** 技術援助 O auxílio tecnológico. ~ **kakushin** 技術革新 A inovação [revolução] tecnológica. ~ **sha** 技術者 O técnico. **2** [物事の] Uma técnica [arte]. ★ ~ *o mi ni tsukeru* 技術を身につける Aprender ~. ◇ **Bunshō ~** 文章技術 ~ de escrever. ⟨S/同⟩ Gígei; gínō; gíryō.

gíkai 議会 A Dieta [O Congresso/O Parlamento/Assembleia]. ★ ~ *o shōshū [kaisan] suru* 議会を招集［解散］する Convocar [Dissolver] ~. ◇ ~ **seido** 議会制度 O sistema parlamentar(ista). ~ **seiji** 議会政治 O parlamentarismo. ~ **sei minshushugi** 議会制民主主義 A democracia parlamentar(ista). ⇨ **ken ~**. ⇨ kokkái.

gíkan 技官 O funcionário técnico「do Ministério da Educação」. ⟨A/反⟩ Jimú-kan.

gíkei 義兄 O cunhado (O irmão mais velho do cônjuge). ⟨A/反⟩ Jikkéí. ⇨ gitéí.

giketsu 議決 O deliberar e votar. ◇ ~ **ken** 議決権 O direito de voto. ⟨S/同⟩ Kétsugí.

gikkúrí-goshi ぎっくり腰 (< gikuri to + koshí)【Med.】 A dor aguda na coluna.

gíko 擬古【E.】 A imitação do estilo clássico; o arcaísmo; o pseudoclássico. ◇ ~ **bun** 擬古文 A obra [escrita] pseudoclássica. ⇨ kotéń-shúgi.

gikō[1] 技巧 A arte; a técnica; o esmero; o artifício. ~ *o korashita bunshō* 技巧を凝らした文章 A obra (literária) bem elaborada. ~ *o rōsuru* 技巧を弄する Ser artificial. ⟨S/同⟩ Tékunikku.

gikō[2] 技工 O protético dentário [odontológico]. ◇ **Shika ~ shi** 歯科技工士 O protético dentário [odontológico].

gikóchínáí ぎこちない ⇨ gigóchínáí.

gikúri to [gikútto] ぎくり と [ぎくっと]【On.】 (Im. de medo, surpresa ou revelação). ★ *Yowai tokoro o tsukarete ~ suru* 弱いところをつかれてぎくりと

[ぎくっと]する Assustar-se ao tocarem-lhe no [ao ser apontado o seu] ponto fraco.

gikushaku ぎくしゃく【On.】(Im. de desequilíbrio). ★ ~ *shita kankei* ぎくしゃくした関係 Um relacionamento difícil [tenso].

gikyō 義侠 O cavalheirismo (de quem defende os fracos com heroísmo). ◇ ~ **shin** 義侠心 O espírito cavalheiresco. ⇨ Nińkyō; otókó-gi.

gi-kyódai 〖oo〗義兄弟 **1** [約束を結んで兄弟の交わりをする人] O irmão por juramento. ★ ~ *no chigiri o musubu* 義兄弟の契りを結ぶ Jurar ser irmãos. **2** [婚姻・縁組みなどによる義理の兄弟] O cunhado.

gikyokú 戯曲 O drama; a peça de teatro. ★ *Shōsetsu o* ~ *ka suru* 小説を戯曲化する Dramatizar o romance. ◇ ~ **ka** 戯曲家 O dramaturgo. 〖S/同〗Dórama.

gimái 義妹 A cunhada (A irmã mais nova do cônjuge). 〖A/反〗Jitsúmái. ⇨ gíshi⁴.

gimán 欺瞞 O engano; o logro; a burla; a fraude. ◇ *Jiko* ~ 自己欺瞞 O enganar-se [iludir-se] a si próprio. ⇨ azámúku; itsúwári.

giméi 偽名 O nome falso [fictício]. ★ ~ *o tsukau* 偽名を使う Usar ~. 〖A/反〗Hónmyō; jitsúméi.

-gimi 気味 (< kimi¹) O sintoma [sintomas de]. ★ *Kaze* ~ *da* 風邪気味だ Estou com sintomas de resfriado [constipação].

gimón 疑問 A dúvida. *Kare ga kuru ka dō ka wa* ~ *da* 彼が来るかどうかは疑問だ Não sei [se sabe] se ele virá ou não. *Kare no shōri wa* ~ *no yochi ga nai* 彼の勝利は疑問の余地がない Não há nenhuma ~ que ele vai ganhar. ★ ~ *o idaku* [*motsu*] 疑問を抱く [持つ] Ter dúvidas; duvidar. ~ *o toku* 疑問を解く Tirar ~. ◇ ~ **bun** 疑問文【Gram.】A frase interrogativa. ~ **daimeishi** 疑問代名詞【Gram.】O pronome interrogativo「qual」. ~ **fu** 疑問符【Gram.】O ponto de interrogação [?]. ~ **shi** 疑問詞【Gram.】O「pronome」interrogativo. ~ **ten** 疑問点 Os pontos duvidosos. ⇨ Fushíń; ikágá.

gimu 義務 O dever; a obrigação. ★ ~ *o hatasu* [*suikō suru*] 義務を果たす [遂行する] Cumprir ~. ~ *o kasu* 義務を課す Impôr um/a ~. ~ *o okotaru* 義務を怠る Faltar ao [Não cumprir o] ~. ~ *o ou* 義務を負う Ter ~. ◇ ~ **kan'nen** 義務観念 O conceito de ~. ~ **kyōiku** 義務教育 A educação obrigatória. 〖A/反〗Kénri. ⇨ sekíníń.

gín 銀 **1**[金属元素]A prata. ◇ ~ **seihin** 銀製品 Os artigos de ~. ⇨ **~zaiku**. 〖S/同〗Shirógáné. ⇨ kíń¹. **2**[将棋の駒]"Gin" (Ficha do xadrez j.). **3** [-gin; Abrev. de「ginkō」] Abrev. de "Banco". ◇ **Toshi** ~ 都市銀 Os bancos principais, que têm a sede nas grandes cidades.

gin-báń 銀盤 **1**[銀で作った皿ն]A salva de prata. **2**[平らな氷の表面]O ringue de patinagem de gelo. ★ ~ *no joō* 銀盤の女王 A rainha do ~. ⇨ sukéto.

gin-búchi 銀縁(<… + fuchí)A orla [A beira; O aro; O caixilho] prateado/a [de prata]. ★ ~ (*no*) *megane* 銀縁(の) 眼鏡 Os óculos com armação de prata.

gin-búrá 銀ぶら(< Gińzá + búrabura)【G.】O passear na Guinza. ★ ~ (*o*) *suru* 銀ぶら(を) する …

gindéi 銀泥 A pintura de prata.

ginén 疑念 A suspeita; as dúvidas. ★ ~ *o harasu* 疑念を晴らす Acabar com as ~. ~ *o idaku* 疑念を抱く Suspeitar. 〖S/同〗Gishíń; giwákú; utágáí.

gínga 銀河【Astr.】a) A Via Láctea [Estrada de Santiago]; b) Uma Galáxia. ◇ ~ **kei** (**uchū**) 銀河系 (宇宙) O Sistema Galáctico. 〖S/同〗Amá-nó-gawa.

gín-gami 銀紙(<… + kamí) **1**[銀色にぬった紙]O papel prateado. **2**[アルミニウムなどの箔]O papel alumínio.

gín-gítsune 銀狐(<… + kitsuné)【Zool.】A raposa (de cor) prateada.

ginjírú 吟じる ⇨ gińzúru.

ginka 銀貨 A moeda de prata.

ginkō 銀行 **1**[金を預ける所]O Banco. ★ ~ *kara kane o orosu* 銀行から金を下ろす (Re)tirar dinheiro do ~. ~ *ni kane o azukeru* 銀行に金を預ける Depositar dinheiro no ~. ◇ ~ **gōtō** 銀行強盗 Assaltante [de Assalto a um] ~. ~ **in** 銀行員 O bancário. ~ **ken** [**shihei**] 銀行券 [紙幣] O bilhete de ~. (⇨ tsúchō¹) ~ **yokin** 銀行預金 A poupança [O depósito] bancária[o]. **Futsū** [**Sōgo**] ~ 普通 [相互] 銀行 O banco normal (mútuo/A caixa económ[ó]mica). **2**[必要なものを保管・提供するところ]O depósito; o banco「de dados」; o centro. ◇ **Jinzai** ~ 人材銀行 Um centro de emprego (onde estão inscritas pessoas com talento). 〖S/同〗Bánku. ⇨ ketsúeki ~.

ginkón-shiki 銀婚式 As bodas de prata. ⇨ kińkón-shiki.

gin-mákú 銀幕 **1**[スクリーン]A tela do cinema. 〖S/同〗Sukúríń. **2**[映画]O cinema [filme]. ★ ~ *no joō* 銀幕の女王 A estrela de cinema. 〖S/同〗Eígá.

gin-mékki 銀鍍金 A cromagem de prata.

ginmi 吟味 O examinar bem. *Kono mise no ryōri wa zairyō o yoku* ~ *shite aru* この店の料理は材料をよく吟味してある Esta casa só cozinha com produtos bem sele(c)cionados.

gin-múkú 銀無垢 A prata pura. 〖S/同〗Juńgíń.

ginnán 銀杏【Bot.】O fruto (Comestível) do "ichō".

ginō 技能 **a**) A habilidade; **b**)「ter」Uma técnica [arte]. ◇ ~ **kentei** 技能検定 (O Exame de) aprovação [autorização] oficial. **Tokushu** ~ 特殊技能 ~ especial. 〖S/同〗Gikó; gíryō; udémáe.

gin-páí¹ 銀杯(<… + hái) A taça de prata. ⇨ kiń-páí¹.

gin-páí² 銀牌(<… + hái) A medalha de prata.

gin-pákú 銀箔(<… + hakú) A folha [lâmina] de prata. ⇨ kiń-pákú.

gin-pátsú 銀髪 Os cabelos prateados [a ficar brancos]. ⇨ kiń-pátsú; shirá-gá.

gin-pún 銀粉 O pó de prata; a prata em pó.

gin-séi 銀製「O produto」De prata. ⇨ kiń-séi³.

gin-sékai 銀世界 A paisagem coberta de neve. 〖S/同〗Yuki-géshiki.

gínshō 吟唱 [誦] A recitação; a declamação. ★ ~ *suru* 吟唱 [誦] する Recitar; declamar「poesia」. 〖S/同〗Gin'éi.

gin'yū-shíjin 吟遊詩人 O trovador.

gin-záiku 銀細工 (<… + saíkú) O trabalho (de artesanato) [em] prata; uma peça [um artefa(c)to] de [em] prata.

gínzan 銀山 A mina de prata.

ginzúru 吟ずる Recitar [Fazer] um poema.

gión 擬音 O som「no palco」. ◇ ~ **go** 擬音語【Gram.】A onomatopeia. ~ **kōka** 擬音効果 ~ [O efeito sonoro]. ⇨ gitáí.

gión-gó 擬音語 ⇨ gióń.

gípusu ギプス (< Al. gips) O (aparelho de) gesso.
gíragira (to) ぎらぎら (と)【On.】 *Taiyō ga ichinichijū ~ teritsukete ita* 太陽が一日中ぎらぎら(と)照りつけていた Fez um sol escaldante (durante) o dia todo [inteiro].
girári ぎらり【On.】 *Raion no me ga ~ to hikatta* ライオンの目がぎらりと光った Os olhos do leão reluziram. ⇨ gíragira.
giréi 儀礼 A cortesia「diplomática」; ◇ **~ teki hōmon** 儀礼的訪問 A visita de ~. **Tsūka ~** 通過儀礼 ~ convencional. ⇨ reígí.
girí 義理 **1**[道理]**a)** A justiça; o direito; **b)** A cortesia. *Kare wa o~ ni mo seijitsu to wa ienai* 彼はお義理にも誠実とは言えない Ele nem (mesmo) por cortesia se pode dizer honesto. *Kimi ga sonna koto o ieta ~ ka* 君がそんなことを言えた義理か Como te atreveste a dizer-lhe isso? /Tu não tinhas o direito de [Não era justo] dizer isso. ⇨ P にとわざ ～ *to ninjō no itabasami* 義理と人情の板挟み O dilema entre o (que exige o) dever e o (que pede o) coração. ⇨ dōri. **2**[他人に対する責任] O dever; a obrigação para com outrem; a dívida (de gratidão). ★ **~ gatai otoko** 義理堅い男 Um homem cumpridor dos seus deveres sociais. **~ ni shibarareru** 義理に縛られる Estar preso por obrigações sociais. **~ o hatasu** 義理を果たす Cumprir as suas obrigações sociais. **~ o kaku** 義理を欠く Ser ingrato. **~ o tateru** 義理を立てる Retribuir o favor recebido. **3**[戸籍上] A relação de parentesco com a família do cônjuge. **~ no ani** 義理の兄 O cunhado. **~ no musuko** 義理の息子 O ...
girigiri ぎりぎり【On.】 **1**[限度一杯であるさま][girígirí](Im. de quase não conseguir). *Jikan ~ no tokoro ga gakkō ni maniatta* 時間ぎりぎりのところを学校に間に合った Consegui chegar a tempo à escola, mas só por um triz. ⇨ kyokúgén[1]. **2**[きしる音] [girigiri] (Im. de ranger). *Kare wa ~ to ha-gishiri shita* 彼はぎりぎりと歯ぎしりした Ele rangeu os dentes. **3**[強くしめつけるさま](Im. de fazer com força). *Nimotsu o rōpu de ~ to shibaru* 荷物をロープでぎりぎりと縛る Amarrar [Atar] a embalagem com uma corda com toda a força.
Gírishia ギリシア (< P.) A Grécia. ◇ **~ bunmei** ギリシア文明 A civilização grega. **~ go** ギリシア語 O grego. **~ seikyō** ギリシア正教 A igreja ortodoxa grega. **~ shinwa** ギリシア神話 A mitologia grega.
giróchin ギロチン (< Fr. guillotine) A guilhotina. S/剛 Dañtō-dái.
gíron 議論 A discussão; a argumentação; a controvérsia; o debate. ★ *~ no yochi ga aru[nai]* 議論の余地がある[ない] Ser discutível [indiscutível]. **~ suru** 議論する Discutir; debater; trocar opiniões; argumentar. S/剛 Róngi¹, tōgi¹, tōron¹.
gírudo ギルド (< Ing. guild)【H.】 A guilda [confraria].
gíryō 技量[倆] A habilidade;「ter」a técnica「mas não ter prática」. S/剛 Gikō¹, gínō², shúwan; udémáe.
gisákú 偽作 A imitação [falsificação]「de pintura」. S/剛 Gańsákú, 反 Shińsákú. ⇨ tōsákú¹.
giséi 犠牲 **a)** O sacrifício; **b)** A vítima [imolação]. ★ *~ ni naru* 犠牲になる Sacrificar-se. **~ ni suru** 犠牲にする Sacrificar. **~ o harau** 犠牲を払う Fazer sacrifícios [*Donna [Ika-naru] ~ o haratte mo* どんな[いかなる]犠牲を払っても「quero ser médico」A todo o custo]. ◇ **~ furai** 犠牲フライ【Beis.】O "fly". **~ sha** 犠牲者 A vítima; o mártir.
giséi-gó 擬声語 A onomatopeia (Ex. "gíshigishi"/"wan-wan"); a palavra onomatopa[e]ica. ⇨ gióñgó; gitáí ⇨.
giséki 議席 O lugar (Assento). ★ *Kokkai no ~ o eru [ushinau]* 国会の議席を得る[失う] Ganhar [Perder] ~ na Dieta. ◇ **~ sū** 議席数 O número de lugares/assentos.
gíshi¹ 技師 O engenheiro. ◇ **Denki [Doboku; Nōgyō] ~** 電気[土木; 農業] 技師 ~ elé(c)trico [civil; agró(ô)nomo]. S/剛 Eñjínia; gijútsú-sha.
gíshi² 義肢 O membro artificial. ⇨ gíshu¹; gísókú.
gíshi³ 義歯 A dentadura [O dente] postiça/o. A/反 Iré-bá (+).
gíshi⁴ 義姉 A cunhada (Irmã mais velha do cônjuge). A/反 Jisshí. ⇨ gimáí.
gíshi⁵ 義士【E.】 **a)** O guerreiro fiel; **b)** O homem re(c)to.
gíshigishi ぎしぎし **1**[きしる音]【On.】(Im. de ranger/chiar). *Sono kaidan wa aruku tabi ni ~ natta* その階段は歩く度にぎしぎし鳴った Essa escada rangia quando se passava. ⇨ míshimishi. **2**[いっぱいにつめこむさま][gishigishi] (Im. de muito cheio). ★ *Todana ni ~ ni yōfuku o tsumekomu* 戸棚にぎしぎしに洋服を詰め込む Encher o guarda-roupa de vestidos até abarrotar. **3**[容赦なく言うさま](Im. de queixa).
gíshiki 儀式 **a)** A cerimó(ô)nia (Tb. religiosa); **b)**「cumprir」uma formalidade. ◇ **~ o toriokonau** 儀式を執り行う Fazer uma cerimó(ô)nia.
gishikí-báru 儀式張る (<… + harú) Ficar [Pôr-se todo/a] formal. **~ gishiki-barazu ni** 儀式張らずに Sem cerimó(ô)nias [formalidades].
gishín 疑心【E.】 A suspeita; a desconfiança. ★ *~ anki ni naru* 疑心暗鬼になる ~ fica a roer(-nos ca por dentro). P にとわざ ～ *anki o shōzu* 疑心暗鬼を生ず ~ cria fantasmas. S/剛 Utágáí (+).
gishō 偽証 O falso testemunho. ★ **~ suru** 偽証する Jurar falso; perjurar. ◇ **~ zai** 偽証罪 O perjúrio.
gíshu¹ 義手 O braço postiço [artificial]. ⇨ gíshi²; gísókú.
gíshu² 技手 O técnico assistente「dos telefones」.
gisō¹ 偽 [擬] 装 A camuflagem; o disfarce; a dissimulação; a fraude. **~ suru** 偽装する Camuflar; disfarçar. ◇ **~ tōsan** 偽装倒産 A falência falsa [fraudulenta]. **~ kōsaku** 偽装工作 As manobras de camuflagem. ⇨ kamúfúráju.
gisō² 艤装 O equipamento [apetrechamento] de barco.
gisókú 義足 A perna postiça [artificial]. ⇨ gíshi²; gíshu¹.
gisshíri ぎっしり (と)【On.】(Im. de estar apertado「como sardinha na canastra/em lata」). ★ *~ tsumatta hondana* ぎっしり(と)詰まった本棚 A estante [prateleira] abarrotada (cheiinha) de livros. S/剛 Gitchíri.
gisugisu ぎすぎす O ser frio e seco [insociável/antipático]. ★ *~ shita ningen kankei* ぎすぎすした人間関係 O relacionamento (humano) seco [frio/desagradável].
gisúru 議する【E.】 Deliberar; discutir. ⇨ shíngi²; tōgi¹ ◇.

gisúru² 擬する【E.】 **1**[体に当てる]Apontar. ⇨ atéru; tsukí-tsúkéru. **2**[似せる]Representar 「a bondade nesta estátua」. ★ *Daishō no niwaishi o uchū no banbutsu ni* ~ 大小の庭石を宇宙の万物に擬する Colocar as pedras do jardim (de areia) a representarem [o] universo. ⇨ nazóráéru; nisérú. **3**[仮に予定する]Apontar como possível candidato.

gitá ギター (< Ing. guitar < Gr.) A guitarra「portuguesa」. ★ ~ *o hiku* ギターを弾く Tocar ~. ◇ ~ **sōsha** ギター奏者 O guitarrista.

gitái 擬態 **1**[動物が周りの環境に姿を似せること]【Zool.】O mimetismo「do camaleão」. **2**[動物のようすをまねること]O imitar「um animal」. ◇ ~ **go** 擬態語【Gram.】A mimese. ⇨ gión.

gitchíri ぎっちり ⇨ gisshíri.

gitéi 義弟 O cunhado (Marido da irmã mais nova ou irmão mais novo do cônjuge). A/反 Jittéí. ⇨ gikéí.

gitéi-shó 議定書 O protocolo de um acordo.

gitén¹ 疑点 Os pontos duvidosos. ⇨ gimón.

gitén² 儀典 As regras de uma cerimô[ô]nia; os ritos.

giwáku 疑惑 A suspeita. ★ ~ *no me de miru* 疑惑の目で見る Ver com suspeita. ~ *o maneku* 疑惑を招く Provocar suspeitas. ~ *o toku* 疑惑を解く Ficar livre de suspeitas. S/周 Ginén; kéngi.

gíya ギヤ ⇨ gía.

giyū 義勇【E.】A lealdade e a coragem; o heroísmo. ◇ ~ **gun** 義勇軍 O corpo de voluntários. ~ **hei** 義勇兵 O soldado voluntário. ⇨ chūgi; yūki¹.

gizágízá ぎざぎざ (Im. de ranhadura/recorte denteado/linha em ziguezague). ★ *Fuchi ni* ~ *no aru kōka* 緑にぎざぎざのある硬貨 A moeda (metálica) com serrilhas na periferia [à volta].

gizén 偽善 A hipocrisia; o fariseísmo. ★ ~ *teki na* 偽善的な Hipócrita; farisaico. ◇ ~ **sha** 偽善者 O [A pessoa] hipócrita.

gizō 偽造 A falsificação. ◇ ~ **suru** 偽造する Falsificar. ◇ ~ **shihei** 偽造紙幣 A nota falsa. **Bunsho** ~ 文書偽造 ~ de documentos. S/周 Gañzō.

go¹ 五 Cinco. ◇ ~ **bai** 五倍 Cinco vezes; quíntuplo. ~ **ban me** 五番目 O quinto. ~ **bun no ni** 五分の二 Dois quintos (2/5). ⇨ itsú-tsu.

go² 語 **1**[言葉]A palavra; o termo; o vocábulo. ◇ ~ **tō [chū; bi]** 語頭[中; 尾] O começo [meio/fim] da ~. ⇨ kotóbá; tañgó¹. **2**[一つの言語体系]A linguagem; a língua; o idioma. ◇ **Gendai Porutogaru** ~ 現代ポルトガル語 A língua portuguesa [O português] a(c)tual. ⇨ kyótsū¹.

go³ 御 **1**[go-; 尊敬を表す](Pref. de Cor.). ◇ ~ **ryōshin** 御両親 Os seus (respeitosos) pais. S/周 O-; ón¹. **2**[go-; 謙遜を表す](Pref. de modéstia). *Watashi ga* ~-*annai itashimasu* 私が御案内いたします Eu vou mostrar-lhe「a cidade」[dizer-lhe onde é「a biblioteca」]. **3**[-go; 丁寧の意を付け加える](Suf. de respeito). ◇ *Oya* ~ *san* 親御さん Os seus pais [Os respeitosos pais「do médico」].

-go⁴ 後 Após; depois (de). ◇ *Hyaku-nen* ~ 百年後 Depois de cem anos [Cem anos depois]. *Sono* ~ そ の ~ o que「fugiu」. ⇨ átó; nochí.

go⁵ 碁 (O jogo de) go. ★ ~ *o utsu* 碁を打つ Jogar ~. ◇ ⇨ **~ban**. ~ **ishi** 碁石 As pedras do ~.

go¹ [óo] 号 **1**[ペンネーム]O pseudó[ô]nimo「de artista」. S/周 Gágō; peññénume (+). **2**[-gō; 称呼番号などを示す](Suf. de números, carruagens, tamanho, ordem). ★ *Hoteru no jū* ~ *shitsu* ホテルの10号室 O quarto (número) 10 do hotel. ◇ **Chōtokkyū Hikari** ~ 超特急ひかり号 O trem (B.) [comboio] super-expresso "Hikari".

gō² [óo] 郷【E.】A província (O campo). P[ことわざ] ~ *ni itte wa* ~ *ni shitagae* 郷に入っては郷に従え Em Roma, (faz) como os romanos. S/周 Ináká; sató.

gō³ [óo] 業 O carma [destino]. ★ ~ *ga fukai* 業が深い Ser pecador. ~ *o niyasu* 業を煮やす Irritar-se.

gō⁴ [óo] 剛 A valentia. P[ことわざ] *Jū yoku* ~ *o seisu* 柔よく剛を制す O fraco [flexível] pode vencer o forte.

-gō⁵ [óo] 合 **1**[容量]Um ~ (180 cl [centilitros]). **2**[山の高さ]Um ~ (Um décimo da altitude de uma montanha). ★ *Fujisan no go* ~ *me* 富士山の5合目 No ~ nº 5 do monte Fuji「descansei」.

gō⁶ [óo] **a)** Um fosso「de castelo」; **b)** A trincheira. S/周 Horí (+); zañgō.

Góa ゴア Goa. ◇ ~ **jin** ゴア人 O goês.

go-bán 碁盤 O tabuleiro de gô. ◇ ~ **no me** 碁盤縞[格子]O desenho em xadrez. ⇨ go⁵.

gōben [óo] 合弁[辨]**1**[共同経営]A administração conjunta. ◇ ~ **gaisha** 合弁会社 Uma empresa com vários ramos de a(c)tividades ou com capital estrangeiro. **2**[植物の]Gamopétalo. ◇ ~ **ka [kakan]** 合弁花[花冠]A flor [A corola] gamopétala/simpétala. A/反 Ribén.

góbi 語尾 **1**[ことばじり]O final de uma palavra. ★ ~ *o nigosu* 語尾を濁す Engolir [Não pronunciar bem] o final das palavras. S/周 Kotóbá-jírí. **2**[単語の末尾]【Gram.】A desinência; a terminação. ◇ ~ **henka** 語尾変化 A flexão; a conjugação.

gobō [óo] 牛蒡【Bot.】A bardana (Raiz comprida, comestível); a pegamassa. ◇ ~ **nuki ni suru**(Id.) ごぼう抜きにする **a)** Arrancar de uma vez; levantar「uma pessoa」ao ar; **b)** Ultrapassar em série [*Suwarikomi no gakusei o hitori zutsu* ~ *ni suru* 座り込みの学生を一人ずつごぼう抜きにする Arrancar um por [a] um os estudantes que estão fazendo greve sentados].

góbogobo (to) ごぼごぼ (と)【On.】Gluglu. ~ *mizu ga dete kita* ごぼごぼ(と)水が出てきた A água saiu em gorgolhões [a gorgolhar].

góbu 五分 **1**[一寸の半分]A metade de um "sun" ("sun" = 3,03 cm). **2**[一割の半分]Cinco (Metade de dez) por cento. **3**[全体の半分]Meio「florida」. ◇ gobú-góbu.

gobú-gári 五分刈り (< … 1 + *karú*) O cabelo curto. ★ *Kami o* ~ *ni shite morau* 髪を五分刈りにしてもらう (Mandar) cortar o cabelo curto.

gobú-góbu 五分五分 **a)** A metade de probabilidades; **b)** O empate「no jogo」. *Sono kanja ga tasukaru mikomi wa* ~ *da* その患者が助かる見込みは五分五分だ A probabilidade de salvar o doente é de cinquenta por cento. ◇ gokákú; taító¹.

go-búsátá 御無沙汰 O silêncio; o descuido「em escrever/visitar」. *Taihen* ~ *itashimashita* 大変御無沙汰いたしました Desculpe o meu longo ~.

gobyū 誤謬【E.】O equívoco; o engano. S/周 Ayámáró (+); ayámári.

gochagócha ごちゃごちゃ【On.】**1**[乱雑なさま](Im. de desarrumo). ★ *Hikidashi no naka o* ~ *ni suru* 引き出しの中をごちゃごちゃにする Desarrumar a gaveta. **2**[うるさく言うさま][góchagocha] (Im. de queixa/resmungo). ★ ~ *monku o iu* ごちゃごちゃ

ゃ文句を言う Queixar-se por tudo e por nada; resmungar. ⒮⒥ Gótagota.
góchi(kku) ゴチ(ック) goshíkku.
go-chisó 御馳走 **a)** A refeição agradável; **b)** O tratar bem「as visitas」. ~ *sama* (*deshita*) 御馳走様(でした) Muito obrigado「pelo banquete/pela sua hospitalidade」! *Go-shujin, sonna ni yasashii no,* ~ *sama* ご主人、そんなに優しいの、御馳走様 Tão amável é o seu marido!? Que bom! ★ ~ *suru* 御馳走する **a)** Oferecer [Pagar/Convidar para] uma refeição; **b)** Tratar bem. ~ *ni naru* [*azukaru*] 御馳走になる[あずかる] Ser [Fazer-se] convidado para comer.
gochó 語調 O tom de voz; a entoação. ~ *o tsuyomeru* [*yawarageru*] 語調を強める[和げる] Subir [Baixar] a voz. ⒮⒥ Góki; goséí.
gochó[2] 伍長 O cabo「do exército」.
gódátsú [óo] 強奪 A extorsão; o saque; o assalto. ⒮⒥ Ryakúdátsú.
gódó [góo] 合同 **1**「一つになること」A união; a combinação; a junção. ★ ~ *suru* 合同する Unir. ◇ ~ *jigyō* 合同事業 Um empreendimento conjunto. ⇨ gappéí; gattáí; góryú. **2**「全く同じ」【Mat.】A congruência「dos triângulos」. ⇨ sójí[2].
goéi 護衛 A escolta; o guarda(-costas). ★ ~ *o tsukeru* 護衛をつける Colocar ~. ~ *suru* 護衛する Escoltar; guardar. ◇ ~ **kan** 護衛艦 O navio de escolta. ⇨ hógó[1]; yōgó[3].
go-éika 御詠歌 O hino do peregrino (Bud.).
góetsu-dōshū 呉越同舟 Fa(c)ções [Dois] rivais que se encontram no mesmo barco.
gofú 護[御]符 O amuleto; o talismã. ⒮⒥ O-mámóríí (+).
go-fujó 御不浄 [E.]. ⇨ beñjó.
gofúkú 呉服 O tecido [A fazenda] para quimono. ◇ ~ **ya** 呉服屋 A loja de ~ ou o seu dono. ⒮⒥ Tañmóñó; wafúkú; kímóñó.
gofún 胡粉 A oca branca (para pintura). ⇨ gañryō.
gógáí [óo] 号外 A edição extra [especial]「de folha de jornal」. ~ ~! 号外号外 É ~「comprem」!
gógaku 語学 (O estudo das) línguas. ★ ~ (*jō*) *no* 語学(上)の Linguístico. ◇ ~ **kyōiku** 語学教育 O ensino das ~. ⒮⒥ gaíkókú-gó; geñgó-gaku.
gogán 護岸 A prote(c)ção contra a água (do mar ou rio). ◇ ~ **kōji** 護岸工事 A construção de diques, etc..
gógatsu 五月 Maio. ◇ ~ **byō** 五月病 A ressaca (de cansaço) dos calouros universitários que entraram em abril. ~ **ningyō** 五月人形 Os bonecos do festival dos meninos (5 de maio). ⒮⒥ Satsúkí.
gogén 語源 A etimologia; a origem da palavra. *"Arukōru" no* ~ *wa arabiago da*「アルコール」の語源はアラビア語だ A origem da palavra "álcool" é árabe (O alcool vem do árabe).
gógi 語義 O sentido [significado]; A acepção da palavra/do termo. ⒮⒥ Ímí.
gógi[1] [óo] 合議 A consulta em reunião. ◇ ~ **sei** 合議制 O sistema de ~. ⒮⒥ Kyōgí (+).
gógi[2] [óo] 豪儀[豪儀] O ser esplêndido [formidável]「ganhar um milhão de yens por mês」.
gógo 午後 A tarde. ★ ~ *go-ji ni* 午後 5 時に Às cinco (horas) da ~. *Doyō no* ~ 土曜の[de] tarde. ⒮⒥ Gózen.
gógo [óo] 豪語 A fanfarronice; a jactância; a bazó-

fia. ★ ~ *suru* 豪語する Gabar-se「de ser rico」. ⒮⒥ Kōgén; taígén-sōgo.
gógó[1] [góo-] 囂囂 Ruidoso. ★ ~ *taru hinan o abiru* 囂々たる非難を浴びる Ser vaiado [apupado] por toda a gente. ◇ ⇨ **kenken** ~.
gógó[2] [góo-] 轟轟【On.】 *Ressha ga* ~ *to tekkyō o watatta* 列車が轟々と鉄橋を渡った O comboio [trem] atravessou a ponte (de ferro) com grande estrondo.
gógó[3] [góogóo] ゴーゴー (< Ing. go-go) A dança ~.
gogún 語群【Gram.】 O grupo de palavras.
gohan 御飯 **1**「米を炊いたもの」O arroz cozido. ★ ~ *o taku* 御飯を炊く Fazer [Cozer] (o) arroz. ◇ ~ **tsubu** 御飯粒 O grão de ~. ⒮⒥ Meshí. ⇨ komé. **2**「食事」A refeição. ★ ~ *o taberu* 御飯を食べる Comer [Almoçar/Jantar]. ◇ **Asa** ~ 朝御飯 ⇨ chōshókú. ⒮⒥ Meshí; shokújí.
góhárá [óo] 業腹 A ira; a indignação.
go-hásán 御破算 **1**「そろばんで」A anulação a(o) meio do cálculo (Do ábaco). ~ *de negaimashite wa* ... 御破算で願いましては... Começando outra vez... **2**[物事を白紙の状態にすること]【Fig.】 O voltar ao princípio [ficar como estava]. *Sono keikaku wa subete* ~ *ni natta* その計画はすべて御破算になった Esse plano foi pela água abaixo. ⇨ hakúshí[1].
go-hátto 御法度 A proibição「por lei」; o tabu「falar de carecas cá em casa」. ⇨ iñó[1]; kíñshí; tabú.
gohéi[1] 御幣 Um amuleto "xintoísta" de papéis cortados e presos a um pau/ramo. ◇ ~ *o katsugu* 御幣を担ぐ Ser supersticioso.
gohéi[2] 語弊 A inexa(c)tidão. *Ano ko wa, baka da to iu to* ~ *ga aru kamo shirenai ga, sukunaku to mo rikō de wa nai* あの子は、馬鹿だと言うと語弊があるかもしれないが、少なくとも利口ではない Talvez seja i-nexa(c)to dizer que aquela criança é parva, mas pelo menos não é inteligente.
góhi [óo] 合否 A aprovação ou reprovação「no exame」. ★ ~ *o kettei suru* 合否を決定する Decidir se passa [aprova] ou não. ⇨ fu-gōkaku; gókákú.
góhō[1] 語法 **1**【Gram.】 A gramática. ⒮⒥ Buñpó (+). **2**[表現法] O uso「errado/idiomático」.
góhō[2] 誤報 A informação [notícia] errada.
góhō[3] [góo] 号砲 O tiro de aviso [para o ar].
góhō[4] [góo] 合法 A legalidade; a legitimidade. ★ ~ *ka suru* 合法化する Legalizar; legitimar. ~ *teki* (*na*) *shudan* 合法的(な) 手段 O meio legal. ~ *teki ni* 合法的に Legalmente. ⒮⒥ Tekíhō. ⒜⒡ Ihō.
góhō[5] [góo] 豪放 A magnanimidade. ★ ~ *na* 豪放な Generoso [Magnânimo]. ◇ ~ **rairaku** 豪放磊落 ~ e a abertura [franqueza]. ⒮⒥ Gókáí (+).
gohon to ごほんと【On.】 ★ ~ *seki o suru* ごほんと咳をする Tossir (Tb. de propósito para anunciar a sua presença).
góí 語彙 **a)** O vocabulário; **b)** O vocábulo. ◇ **Kihon** ~ 基本語彙 O vocabulário básico. ⒮⒥ Bokyáburarí.
góí [óo] 合意 O acordo; a concordância. ★ ~ (*no ue*) *de* 合意(の上)で De comum acordo. ~ *suru* 合意する Concordar. ⇨ dóí[1].
góín [óo] 強引 O forçar; a coerção. ★ ~ *na yarikata* 強引なやり方 A maneira coerciva. ⇨ muríyárí.
goí-sagi 五位鷺【Zool.】 O taquiri; a garça-cinzenta; o dorminhoco; *nycticorax nycticorax*.
gójasu [óo] ゴージャス (< Ing. gorgeous < Fr.)

Deslumbrante; luxuoso. ⇨ gôka¹, karéí¹.

góji 誤字 a) O "kanji" errado; b) O erro de ortografia (Só de uma letra). ～ *datsuji ni chūi suru* 誤字脱字に注意する Ter cuidado com os erros e omissões (de letras). ⇨ goshóku; machígái.

gojíppó-hyáppo 五十歩百歩 O ser praticamente o mesmo; o não haver diferença significativa. *Dochira o totte mo ～ da* どちらをとっても五十歩百歩だ Ambos são praticamente o mesmo. [S/同] Daídō-shōi; nitári-yóttári.

gójitsu 後日 Outro dia; depois; futuramente. *Kono ken ni tsukimashite wa ～ aratamete o-shirase itashimasu* この件につきましては後日改めてお知らせいたします Sobre este ponto/caso, tornaremos a informá-lo「em data oportuna」. ◇ ～ **dan** 後日談 A continuação「da história」. ⇨ końgo¹; shōrai¹.

gójo 互助 [E.] A cooperação; a ajuda mútua. ◇ ～ **kai** 互助会 A associação de「amigos」. [S/同] Sōgó-fújo.

gójō [goó] 強情 A teimosia; a insistência; a obstinação. ～ *o haru* 強情を張る Ser teimoso. ◇ ⇨ **ppari**. [A/反] Gánko; íjí.

gojóppárí [goó] 強情張り (＜…＋*harú*) O teimoso (como um burro). *Kono ～ me!* この強情張りめ! Seu「Que」teimoso!

goji¹ [úu] 五十 Cinqu[co]enta. ★ ～ *dai no hito* ～ 十代の人「O homem」na casa dos ～ [dos seus ～ e tal anos]. ～ **kata** 五十肩【Med.】A dor [tensão] dos ombros comum ao quinquagenário. ～ **on** 五十音 O silabário j.

goji² 五重 De cinco (Quíntuplo é "gobai"). ◇ ～ **no tō** 五重の塔 O pagode de ～ andares. ～ **shō** [só] 五重唱[奏] O quinteto (musical).

góka¹ [óo] 豪華 O luxo; o ser magnífico [esplêndido; maravilhoso; sun[mp]tuoso; faustoso]. ◇ ～ **ban** 豪華版 a) A edição de luxo; b) Luxuoso [*Shokuji wa ～ ban de ikō* 食事は豪華版で行こう Vamos ter uma refeição lauta [de luxo]]. ～ **sen** 豪華船 Um navio luxuoso. [S/同] Gôsei²; gōsha.

góka² [óo] 業火【Bud.】O fogo do inferno.

gokái¹ 誤解 O equívoco; o mal-entendido. ★ ～ *o maneku* [*umu*] 誤解を招く[生む] Dar lugar a [Criar] ～ s [um ～]. ～ *o toku* 誤解を解く Desfazer ～. ～ *suru* 誤解する Interpretar mal「a intenção」; haver um ～. [S/同] Kańchígai. ⇨ kyok(ú)kái.

gokái² 砂[沙]蚕【Zool.】O biscalongo [A arenícola] (Muito us. como isca para pescar).

gōkái [óo] 豪快 O ser maravilhoso [extraordinário]. ★ ～ *ni warau* 豪快に笑う Dar uma grande risada. ⇨ Gôhô³.

go-káisho 碁会所 O clube dos jogadores de gô.

gokaku 互角 O serem iguais「as duas equipas」. ★ ～ *no shōbu* 互角の勝負 A luta [partida] bem equilibrada. [S/同] Gobú-góbu.

gokákú [oó] 合格 A aprovação; o passar no exame. ◇ ～ **iwai** 合格祝い A festa [O presente] para celebrar o ～「passagem」no exame. ～ **sha** 合格者 O aprovado. [A/反] Fu-gōkaku.

gokák(u)kei 五角形【Geom.】O pentágono. ◇ **Sei ～** 正五角形 ～ regular.

gokań¹ 五官 Os cinco órgãos dos sentidos: ver, ouvir, cheirar, gostar, apalpar. ⇨ kańkákú² ◇.

gokań² 五感 Os cinco sentidos. ★ ～ *o togisumasu* 五感を研ぎすます Aguçar os ～. ⇨ kańkákú².

gokań³ 語幹【Gram.】O radical [A raiz] (da palavra). [A/反] Góbi. ⇨ gokóń.

gokán⁴ 語感 1 [ことばのひびき] Os matizes da palavra. [S/同] Nyúansu. 2 [ことばに対する感覚] A sensibilidade linguística.

gôkáń [oó] 強姦 A violação; o estupro. ★ ～ *suru* 強姦する Violar; estuprar. ◇ ～ *zai* 強姦罪 O crime de ～. [S/同] Bōkó; tegómé.

gókáto [gookáa] ゴーカート (＜ Ing. go-cart) O carrinho para aprender a andar.

goke 後家 A viúva. [S/同] Káfu; mibójin; yamóme.

gokei¹ 互恵 A reciprocidade; o benefício mútuo. ◇ ～ **jōyaku** 互恵条約 O tratado recíproco/mútuo/justo. [S/同] Sōgo.

gokei² 語形 A estrutura [forma] do vocábulo [da palavra]. ◇ ～ **henka** 語形変化 Flexão [Inflexão; Desinência] da palavra.

gókei [oó] 合計 A soma; o total. *Shuppi wa ～ de* [*suru to*] *hachi-man-en ni naru* 出費は合計で[すると]八万円になる A despesa total são [fica em] 80 mil yens. ★ ～ *o dasu* 合計を出す Dar o resultado total; fazer a soma. ～ *suru* [*o dasu*] 合計する [を出す] Somar (tudo). [S/同] Gassáń; sōkéí; tōtaru.

gokéń [oó] 合憲【Dir.】A conformidade com a Constituição. ◇ ～ **sei** 合憲性 A constitucionalidade. [A/反] Ikén.

gōkéń² [oó] 剛健 O vigor. ◇ ～ **shitsujitsu ～**. [S/同] Kyōkén (+).

goken-úndo 護憲運動 O movimento de defesa da Constituição.

gōkétsú [oó] 豪傑 O herói [atrevido]「estar de beber 20 cervejas」. [S/同] Mósa.

góki 語気 O tom de voz; a maneira de falar. ★ ～ *o tsuyomeru* 語気を強める Enfatizar ～. ～ *o yawarageru* 語気を和げる Suavizar as palavras. [S/同] Goséí; kuchí-búrí; kuchō.

góki¹ [óo] 剛毅【E.】A firmeza de cará(c)ter.

góki² [óo] 豪気【E.】A heroicidade [intrepidez]. ★ ～ *na* 豪気な Heróico [Intrépido/Corajoso/Destemido]. [S/同] Gōhō.

gokíbúri ごきぶり【Zool.】A barata. [S/同] Abúramushi.

go-kígén 御機嫌 1 [機嫌の尊敬語] A disposição; o humor. ～ *ikaga desu ka* 御機嫌いかがですか Que tal essa ～? ◇ ～ **naname** 御機嫌斜め「estar de Mau humor. ～ **tori** 御機嫌とり a) O adulador; b) O pôr「o amigo」de bom humor. ～ **yō** 御機嫌よう a) Como está?; b) Passe bem. ～ **ukagai** 御機嫌伺い O perguntar [ver] como está「o chefe」. 2 [上機嫌] A boa disposição. ★ ～ *na kao* 御機嫌な顔 A cara radiante [de ～]. ⇨ Jō-kígen.

gókíń [oó] 合金 A liga. ★ *Tetsu to arumi no ～* 鉄とアルミの合金 ～ de ferro e alumínio. ◇ ～ **kei ～**.

gokkań 極寒 O frio intenso [rigoroso]. [S/同] Geńkań. [A/反] Kókusho.

-gókko ごっこ O brincar「ao esconde-esconde」. ★ *O-miseya-san ～ o suru* お店屋さんごっこをする Brincar às lojinhas. ～ ⇨ **oni ～**.

gókō 後光 O halo [nimbo]; a auréola.

gókoku 五穀 Os (cinco) cereais. ◇ ～ **hōjō** 五穀豊穣 Uma grande colheita de cereais: arroz, trigo, sorgo, painço e feijão. ⇨ kokúmotsu.

gokóń 語根【Gram.】A raiz da palavra.

gó-ku¹ 語句 A cláusula [expressão]; o grupo de palavras. ⇨ kotóba-ya; reńgó; seífku.

góku² 獄【E.】A prisão. ★ ～ *ni tōjiru* 獄に投じる

Meter na 〜. 〜 *chū de* 獄中で Na 〜. [S/同] Keímúsho (o); rō (+); rṓgókú (+); rṓyá (+).

góku[3] 極く「livro」Muito「bom」; perfeitamente. ★ 〜 *atarimae no* 極くあたりまえの 〜 normal [natural]. [S/同] Hijṓ ní (o); kiwámete (+).

gokú-ákú 極悪 A atrocidade; a malvadez. ★ 〜 *hidō no kōi* 極悪非道の行為 Um comportamento atroz. ◇ **〜 nin** 極悪人 Um monstro.

gokú-chṓtánpa 極超短波 A microonda [onda ultra-curta].

gokúdō 極[獄]道 O deboche; a libertinagem; a devassidão. ◇ **〜 mono** 極道者 O devasso; o libertino. [S/同] Hṓtṓ.

gókugoku (to) ごくごく(と)【On.】★ *Mizu o 〜 nomu* 水をごくごく(と)飲む Beber água a grandes goles/tragos. ⇨ gokúri to.

gokúhí 極秘 O segredo absoluto [rigoroso]; o sigilo máximo. ★ 〜 *de chōsa suru* 極秘で調査する Investigar em 〜. ◇ **〜 shorui** 極秘書類 O documento estritamente secreto. ⇨ himítsú.

gokúhíń 極貧 A pobreza extrema; a penúria. ★ 〜 *ni aegu* 極貧にあえぐ Viver na penúria/miséria. [S/同] Sekíhíń.

gókui 極意 O segredo「do judo/da arte do chá」. ★ 〜 *o kiwameru* 極意を究める Aprender todos os segredos. [S/同] Okúgi. ⇨ hikétsú[2].

gokúíń 極印 **1** [品質を証明するために品物に押す印] O selo [carimbo]「de autenticação」; a marca. **2** [悪いと決める証拠] O ferrete [estigma/labéu]. *Kare wa supai no 〜 o osareta* 彼はスパイの極印を押された Ele foi apontado como espião. [S/同] Kokúíń.

gokújṓ 極上 Da melhor [mais alta] qualidade. [S/同] Saíjṓ (+). ⇨ jṓtṓ[1].

gokúmóń 獄門 As portas [grades] da cadeia.

gokúrákú 極楽 **1** [極楽浄土]【Bud.】**a**) O paraíso; **b**) O Elísio (Mit.). ★ 〜 *ōjō (o) suru* 極楽往生(を)する Ter uma morte suave [tranquila]. ◇ **〜 tonbo** 極楽とんぼ【G.】Um despreocupado [pateta alegre]. **2** [安楽な境遇] Um céu [lugar muito bom]「casa」. [P/ことわざ] *Kiite 〜 mite jigoku* 聞いて極楽見て地獄 Diziam que era o céu [um paraíso], mas isto é o inferno. [A/反] Jigókú.

gokúrákú-chṓ 極楽鳥【Zool.】A ave-do-paraíso.

gókuri 獄吏【E.】O carcereiro. [S/同] Kánshu (+).

gokúri to ごくりと【On.】★ 〜 *nomikomu* ごくりと飲み込む Beber「a cerveja」de um trago [gole].

gokú-sáishiki 極彩色 O colorido brilhante [extravagante; rico].

gókusha 獄舎 (O edifício da) prisão. [S/同] Kańgókú (+); keímúsho (o); rō (+); rṓgókú (+); rṓyá (+).

gokú-shí 獄死 A morte/O morrer na prisão.

gokú-tsúbushi 穀潰し (<… + tsubúsú)【G.】O que não vale o pão que come; o parasita. [S/同] Yakútátázu.

gṓkyū[1] [oó] 剛[強]球【Beis.】Uma bola rápida. ◇ **〜 tōshu** 剛球投手 O arremessador [lançador] rápido. ⇨ sokkyū́.

gṓkyū[2] [oó] 号泣 O pranto [grande choro]. ★ 〜 *suru* 号泣する Prantear; carpir. ⇨ dṓkókú[2].

gomá 胡麻【Bot.】O gergelim [sésamo]. ★ 〜 *o suru* 胡麻をする **a**) Moer 〜; **b**) Adular; lisonjear. ◇ **〜 abura** 胡麻油 O óleo de 〜. **〜 shio** 胡麻塩 〜 misturado com sal. **〜 shio atama** 胡麻塩頭 Os cabelos grisalhos. **〜 suri** 胡麻すり O adulador [engraxa(dor)].

gomákáshí 誤魔化し (< gomákásu) A farsa [burla]; a camuflagem; o subterfúgio [logro]; a falsificação; a tapeação (B.). ★ 〜 *no kikanai hito* 誤魔化しの利かない人 A pessoa difícil de [que não se deixa] enganar.

gomákásu 誤魔化す **1** [欺く] Enganar (Tb. o estômago); roubar; falsificar. ★ *Nenrei o 〜* 年齢をごまかす Falsificar a idade. **2** [金品を盗む] Roubar. ★ *Tsuri-sen o 〜* 釣り銭をごまかす 〜 no troco. ⇨ chorómákásu. **3** [取りつくろう] Despistar; disfarçar; camuflar. ★ *Sono ba o waratte 〜* その場を笑ってごまかす Rir-se para 〜. ⇨ torí-tsúkúróu.

gomámé 鱓 A sardinha miudinha, seca e adoçada (Prato de Ano Novo). [I/慣用] 〜 *no hagishiri* ごまめの歯ぎしり Isso é inútil [Isso não adianta/não mete medo a ninguém].

gṓmáń [oó] 傲慢 A arrogância; a altivez; a presunção; a insolência; o orgulho. ★ 〜 *na taido o toru* 傲慢な態度をとる Tomar uma atitude arrogante. [S/同] Gṓzéń; ṓhei. [A/反] Kénkyo.

gomá-súri 胡麻すり (<… + súru[2]) ⇨ gomá ◇.

gṓméí-gáisha [oó] 合名会社【Dir.】A sociedade cole(c)tiva [companhia ilimitada].

gomén 御免 **1** [免許・許可の尊敬語] **a**) A licença; **b**) A desculpa. 〜 *kudasai* 御免下さい **a**) Está alguém? **b**) Posso entrar? 〜 *(nasai) [ne]* 御免(なさい)[ね] Perdão [Desculpe]! ⇨ yṓsha; yurúshí. **2** [断り] Inadmissível; intolerável; inaceitável. *O-sekkyō wa 〜 kōmuru [da]* お説教は御免こうむる[だ] Não aceito sermões. ⇨ kotówárí[1]. **3** [免職・免官などの尊敬語] A exoneração. *Yōyaku o-yaku 〜 to natta* ようやくお役御免となった Finalmente fui exonerado [despedido]. ⇨ meńkáń; meńshókú.

go-méńsṓ 御面相【G.】A cara. ★ *Hidoi 〜* ひどい御面相 〜 terrível [horrenda]. [S/同] Kaó.

gomén-tái 五面体【Geom.】O pentaedro.

gomí 塵芥 **a**) O lixo; o entulho; **b**) A sujidade; o pó. 〜 *o suteru bekarazu* ごみを捨てるべからず(掲示) Proibido deitar lixo! ◇ **〜 bako** ごみ箱 O cesto [caixote] do lixo. **〜 sute-ba** ごみ捨て場 A lixeira. **〜 ya** ごみ屋 O lixeiro. **Sodai [Nama] 〜** 粗大[生]ごみ O lixo volumoso [degradável/de restos de cozinha]. ⇨ chirí-ákuta; kúzu[1]; seísṓ[1].

gómigomi ごみごみ【On.】Cheio de lixo.

gṓmṓ [goó] 剛毛 A cerda [seda] (Pêlo rijo sobretudo do focinho dos animais).

gomókú 五目 O misturar várias coisas. ◇ **〜 meshi** 五目飯 O prato「de massa/arroz」misturado com peixe, verdura, etc.. **〜 narabe** 五目並べ O gobán(g) (Jogo de tabuleiro semelhante ao jogo-da-velha). **〜 zushi** 五目鮨 Iguaria de arroz temperado com açúcar e vinagre, a que se adicionam verduras, carnes, camarões, etc.

gṓmóń [oó] 拷問 A tortura. ★ 〜 *ni kakeru* 拷問にかける Torturar. ⇨ sékkan[1].

go-móttomo 御尤も Sem dúvida; certamente; logicamente. *Sō ossharu no mo 〜 desu* そうおっしゃるのもごもっともです Você tem razão. ⇨ mottómo[1].

gómu ゴム (< Hol. gom) A borracha. ★ 〜 *no ki* ゴムの木 A seringueira [árvore da 〜]. ◇ **〜 fūsen** ゴム風船 O balão de 〜. **〜 himo** ゴムひも O elástico. **〜 in** ゴム印 O carimbo de 〜. **〜 mari** ゴムまり A bola de 〜. ⇨ gámu; keshí[wa]gómu.

G

gońdórá ゴンドラ (< It. gondola) **a)** A gôndola; **b)** A carruagem [cabina] de teleférico.
goné-dókú ごね得 (< gonéru + tokú) 【G.】 Vamos fazer barulho/Quem não chora não mama!
gonéru ごねる 【G.】 **a)** Insistir; teimar; reclamar; **b)** Morrer. [S/同] Gotéru.
gónge 権化 A encarnação; a personificação. *Kare wa aku no* ～ *da* 彼は悪の権化だ Ele é ～ do mal [o diabo em pessoa]. ★ *Bi no* ～ 美の権化 ～ da beleza. [S/同] Keshíń.
góngodṓdáń [oó] 言語道断 O ser inqualificável [abominável]. ★ ～ *na furumai* 言語道断な振る舞い A atitude ～/inconcebível. ⇨ mottó no hoka.
góngu ゴング (< Ing. gong) O gongo「chinês」. ～ *ga natta* ゴングが鳴った Tocou o gongo「para o boxe começar」.
gońgyṓ 勤行 【Bud.】 O serviço religioso. ★ ～ *o suru* 勤行をする Fazer um ～. [S/同] O-tsútómé.
gonín 誤認 O engano. ★ "*A*" *o* "*B*" *to* ～ *suru* AをBと誤認する Confundir A com B. ◇ **～ taiho** 誤認逮捕 A detenção por engano. **Jijitsu ～** 事実誤認 A interpretação erró[ô]nea de um fa(c)to.
gṓnṓ [goó] 豪農 O lavrador rico. [S/同] Funṓ.
gṓóń [oó] 轟音 O ruído ensurdecedor「das motos」.
goráíkṓ[gṓ] 御来光 [迎] O nascer do sol (contemplado de uma montanha). ★ ～ *o aogu* 御来光を仰ぐ Contemplar ～. [S/同] Hi nó dé (+).
gorákú 娯楽 O entret(en)imento [lazer]; a distra(c)ção; a diversão; a recreação. ◇ **～ eiga** 娯楽映画 O filme recreativo. **～ gai [jō; sentā]** 娯楽街 [場; センター] O bairro [lugar/centro] de lazer/diversões. **～ shitsu** 娯楽室 A sala de recreio/jogos. ⇨ etsúrákú; kánraku[1] yṹkyṓ.
gorán 御覧 **1** [見るの尊敬語] 【Cor.】 O ver [A vista]. ★ ～ *no tōri* 御覧の通り Como estão observando [vendo]. ～ *ni ireru* 御覧に入れる Mostrar. ⇨ míru[1]. **2** [見ることを勧める意] (< Abrev. de "～nasai")「está a」Ver「que eu tinha razão?」. *Tonikaku kono hon o yonde* ～ *(nasai)* とにかくこの本を読んで御覧(なさい) De qualquer modo, leia este livro.
gṓréí [oó] 号令 A voz de comando; a ordem. ★ ～ *o kakeru* 号令をかける Dar uma ordem.
gṓri [óo] 合理 A racionabilidade. ★ ～ *teki na hōhō* 合理的な方法 Um método racional [prático]. ～ *teki ni* 合理的に Racionalmente. ◇ **～ ka** 合理化 A racionalização [eficiência]「da firma」. **～ shugi** 合理主義 O racionalismo. **～ shugisha** 合理主義者 O racionalista. [A/反] Fu[Hi]-gṓri.
gṓríkí [oó] 強[剛]力 **1** [肉体的に力が強いこと・人] A grande força física. [S/同] Daíríkí. **2** [山で荷物を背負う人] O carregador (que vai com os alpinistas).
góri-muchū 五里霧中 O desnorteamento [estar perdido/estar às escuras/estar a leste]. ★ ～ *de aru* 五里霧中である ～/Não saber que fazer.
gorín 五輪 ⇨ oríńpíkku.
gorí-óshí ごり押し 【G.】 O (fazer) passar à força「um proje(c)to de lei」.
górira ゴリラ (< Ing. gorilla) 【Zool.】 O gorila.
go-ríyaku 御利益 O favor dos deuses. *Kare no me ga naotta no wa Kannon-sama no* ～ *da* 彼の目が治ったのは観音様の御利益だ Graças à deusa Kannon ficou bem dos olhos. ⇨ reígéń[2].
goró[1] 語呂 A consonância [harmonia] das palavras. ★ ～ *ga yoi* [*warui*] 語呂が良い[悪い] Ser eufó[ô]nico [cacofónico]. ◇ **～ awase** 語呂合わせ O jogo de palavras; o trocadilho.
-góro[2] 頃 Por volta de; aproximadamente; perto「do fim」; mais ou menos「em Agosto」. *Kanojo wa san-ji* ～ *yatte kita* 彼女は三時ごろやって来た Ela chegou pelas [por volta das] três. ◇ ⇨ **tabe ～**.
-góro[3] ごろ (< Abrev. de "gorótsúkí") 【G.】 O vagabundo; o malandro.
góro[4] ゴロ (< Ing. grounder) 【Beis.】 A bola rasteira. ⇨ furáí[2].
górogoro ごろごろ 【On.】 **1** [雷が鳴りひびく音] (Im. de ruído do trovão). *Kaminari ga* ～ *(to) natta* 雷がごろごろ(と)鳴った Ouviu-se o ribombar [ruído] do trovão. **2** [猫などがのどを鳴らす音] Ronrom「do gato」. **3** [腹が不快に鳴るさま] (Im. de ruído desagradável da barriga). *Gyūnyū o nomu to o-naka ga* ～ *suru* 牛乳を飲むとおなかがごろごろする Quando bebo leite, a barriga parece um odre. **4** [重くて大きいものがころがるさま] (Im. de coisa grande e pesada a rolar). *Saka-daru o* ～ *korogasu* 酒樽をごろごろ転がす Rolar o barril [pipo] de saké/vinho. **5** [重くて大きいものがたくさんあるようす] (Im. de coisas grandes). *Kawara ni wa ōkina ishi ga* ～ *shite ita* 河原には大きな石がごろごろしていた Havia muitas pedras grandes no rio. **6** [異物が入って不快なさま] A sensação desgradável de ter algo estranho「no olho」. **7** [ざらにあるさま] (Im. de abundância). *Sonna hanashi nara seken ni* ～ *shite iru* そんな話なら世間にごろごろしている Histórias dessas são [há-as] aos montões em qualquer lugar. **8** [遊び暮らすさま] (Im. de ociosidade). *Kare wa shitsugyō shite ie de* ～ *shite iru* 彼は失業して家でごろごろしている Ele ficou desempregado e passa os dias em casa sem fazer nada. [S/同] Búrabura.
góroku 語録 【E.】 Os ditos「do mestre/sábio」.
gorón ごろん ⇨ gorórí.
goró-né 転寝 (< gorórí + nerú) O dormir vestido [sem mudar de roupa]. ⇨ utátáné.
gorórí (**to**) ごろり(と) 【On.】 ★ ～ *yoko ni naru* ごろり(と)横になる Deitar-se ao comprido no chão. [S/同] Gorón.
gorótsúkí ごろつき O vadio; o vagabundo; o malandro. [S/同] Narázúmónó; yakúzámónó. ⇨ buráíkáń.
gṓru [óo] ゴール (< Ing. goal) **a)** A meta「nas corridas」; **b)** A baliza「do futebol」; **c)** O gol(o). ★ ～ *suru* ゴールする Marcar o gol(o). ◇ **～ kīpā** ゴールキーパー O guarda-redes; o goleiro; o arqueiro. **～ rain** ゴールライン A linha do ～.
gṓrúdéń [oó] ゴールデン (< Ing. golden) Áureo; dourado. ◇ **～ awā** ゴールデンアワー O horário nobre (De maior audiência「da TV」) (19: 00 — 21: 00h.). **～ uīku** ゴールデンウィーク A semana de mais feriados (29 de abril — 5 de maio).
górufā ゴルファー (< Ing. golfer) O golfista; o jogador de golfe.
górufu ゴルフ (< Ing. golf) O golfe. ★ ～ *o suru* ゴルフをする Jogar ～. ◇ **～ jō** ゴルフ場 O campo de ～. **～ kurabu** ゴルフクラブ O clube de ～.
gṓrú-in [oó] ゴールイン (< Ing. goal in) **1** [ゴールに入ること] O gol(o). **2** [結婚すること] O casar. ★ ～ *suru* ゴールインする Casar. [S/同] Kekkóń (+).
góryō[1] 御陵 A sepultura [O mausoléu] imperial. [S/同] Kṓryṓ; misásági.
góryṓ[2] 御料 A propriedade imperial.
gṓryū [oó] 合流 **1** [川の] A confluência. ★ ～

G

suru 合流する a) Confluir; b) Desaguar「no rio Arakawa」. **2**［人の］A convergência. ★ ~ *suru* 合流する Convergir; juntar-se.

gósa 誤差 A margem de erro. ★ *Keisan no* ~ 計算の誤差 ~ do cálculo. ⇨ kuí-chígaí; kuruí.

gosái 後妻 A segunda esposa. ★ ~ *o mukaeru* 後妻を迎える Casar-se pela segunda vez.
[S/同] Nochízói. [A/反] Señsái. ~ *tsúma*¹.

gosán¹ 誤算 O erro de cálculo. *Sono ken dewa ōkina* ~ *ga atta* その件では大きな誤算があった Nesse caso houve um grande ~. ⇨ mikómí-chígai.

gosán² 午餐【E.】O almoço.
[S/同] Chúshóku (+). ~ bañsán.

gosei¹ 悟性 O entendimento [entender]; a sabedoria.

gosei² 語勢 O tom da voz. [S/同] Gochő (+); góki.

gősei¹ [óó] 合成 a) A composição; b) A síntese. ◇ ~ *butsu* 合成物 O composto [produto sintético]. ~ **go** 合成語【Gram.】A palavra composta. ~ **gomu** 合成ゴム A borracha sintética. ~ **jushi** 合成樹脂 A resina sintética. ~ **sen'i** 合成繊維 A fibra sintética.

gősei² [óó] 豪勢 O luxo; a pompa. ★ ~ *ni kurasu* 豪勢に暮らす Viver luxuosamente.
[S/同] Gőka¹; gősha.

goséñ 互選 A eleição entre os participantes. ★ ~ *suru* 互選する Eleger de entre os...

gősétsú [óó] 豪雪 A nevada grande [forte]; o nevão. ◇ ~ *chitai* 豪雪地帯 A região de grandes nevões. ⇨ gő-yúki.

gósha [óó] 豪奢 O luxo. [S/同] Gőka¹; gősei² (+).

-goshi 越し (< kosu) **1**［場所を示す］Através; por. ★ *Hei* ~ *ni nozoku* へい越しにのぞく Espreitar pela [por cima da] cerca/sebe. **2**［時を示す］De mais de. *San-nen* ~ *no kōsai* 三年越しの交際 As relações ~ três anos.

gőshi [óó] 合資「fazer」Uma sociedade. ◇ ~ **gaisha** 合資会社 ~ limitada.

góshigoshi (to) ごしごし (と)【On.】★ ~ *arau* ごしごし (と) 洗う Lavar bem lavadinho [esfregando com força].

góshiki 五色 a) As cinco cores principais (Branco, preto, azul, amarelo, vermelho); **b**) As muitas cores; multicolor; variegado; **c**) As muitas espécies.

goshíkku ゴシック (< Ing. gothic < L. < Al.) O (estilo) gótico. ◇ ~ **kenchiku** ゴシック建築 A arquite(c)tura de estilo. ~ **tai katsuji** ゴシック体活字 A letra (Tipo de imprensa) gótica. ~ **(yō) shiki** ゴシック (様) 式 O estilo gótico.

goshíñ¹ 誤診 O erro de diagnóstico. ⇨ shíndáñ.

goshíñ² 誤審 O erro judiciário. ★ ~ *suru* 誤審する Errar na arbitragem; cometer um ~. ⇨ hañtéí.

goshíñ³ 護身 A defesa própria [pessoal]; a autodefesa. ◇ ~ **jutsu** 護身術 A arte de ~.

goshíppu ゴシップ (< Ing. gossip) A bisbilhotice; a fofoca (B.); o mexerico. [S/同] Uwásá-bánashi.

gósho 御所 Um palácio imperial. ◇ **Kyōto** ~ 京都御所 O ~ de Kyoto.
[S/同] Dáiri; kínchú; kókyo (+).

gósho 後生【Bud.】A vida futura; a outra vida. ★ ~ *daiji ni totte oku* 後生大事にとっておく Guardar zelosamente [cuidadosamente/religiosamente].

gőshő [góó] 豪商 O comerciante rico.
[S/同] Daí-shóniñ.

goshóku 誤植 O erro de impressão; a gralha.

[S/同] Misú-púriñto. ⇨ góji.

Gőshū [óó] 豪州 ⇨ Ōsútórária.

goshū-kyőgi [óó] 五種競技【D) esp.】O pentatlo.

goső 護送 A escolta. ★ *Shūjiñ o* ~ *suru* 囚人を護送する Escoltar o preso. ◇ ~ **sha** 護送車 O carro de ~.

gőső [góó-] 豪壮 O esplendor; a magnificência.

gósogoso (to) ごそごそ (と)【On.】(Im. de fazer ruído). *Soko de* ~ *nani o shite iru n' da* そこでごそごそ (と) 何をしているんだ (Por) que é que você está para aí a fazer ruído? *Poketto o* ~ *masaguru* ポケットをごそごそ (と) まさぐる Andar a mexer nos bolsos com ruído. ⇨ kósokoso.

go-sókurő 御足労 O trabalho de vir. *Mō ichido* ~ *negaemaseñ deshō ka* もう一度御足労願えませんでしょうか Podia pedir-lhe para [~] vir outra vez?

gossóri (to) ごっそり (と)【On.】「fizeram-me」Uma limpeza「ao dinheiro」; completamente. *Arigane o* ~ *nusumareta* 有り金をごっそり (と) 盗まれた Roubaram-me o dinheiro todo.

gosúru 伍する Figurar; estar ao lado de. ★ *Beteran ni goshite hataraku* ベテランに伍して働く Trabalhar com os [ao lado dos] veteranos.
[S/同] Hikéñ súru.

gő-sútóppu [óó] ゴーストップ (< Ing. go + stop) O sinal de tráfico. ⇨ shiñgő.

gótabúñ 御多分 Todos [Os outros]. *Rōjiñ no* ~ *ni morezu sofu mo haya-oki desu* 老人の御多分にもれず祖父も早起きです Como todos os idosos, meu avô também é madrugador.

gótagota ごたごた **1**［乱雑なさま］[gótagota]【Im.】(Im. de desordem). *Heya no naka ga* ~ *(to) shite iru* 部屋の中がごたごた (と) している O quarto está (todo) em desordem. **2**［文句をうるさく言うようす］[gótagota] (Im. de queixar-se/resmungar). ~ *iu na* ごたごた言うな Não resmungue. **3**［もめごと］[gótagota] (Im. de briga/rixa). ★ ~ *o okosu* ごたごたを起こす Causar brigas. ~ [gótagota] *suru* ごたごたする Haver briga. [S/同] Momégotó (+).

gótai 五体 Todo o corpo. ★ ~ *manzoku na kodomo* 五体満足な子供 A criança fisicamente sadia/sã.

go-táiső [óó] 御大層【G.】O exagero. ★ ~ *na koto o iu* 御大層な事を言う Alardear; vangloriar-se.

go-tákú 御託 (< go-takúséñ) a) A basófia; o descaro; **b**) A lengalenga maçadora. ★ ~ *o naraberu* 御託を並べる Moer a「nossa」paciência com uma ~.

gotá-máze ごた混ぜ (< gótagota **1** + mazéru) ⇨ gochágócha.

gotáñ 剛胆 A audácia; a coragem; a intrepidez; o arrojo. ⇨ gőyú².

gotátsúkú ごたつく ⇨ gótagota **1,3**.

gotchá ごっちゃ A confusão; a mistura. *Kare wa Porutogarugo to Supeingo o* ~ *ni shite shaberu* 彼はポルトガル語とスペイン語をごっちゃにしてしゃべる Ele mistura o ~ e o espanhol (ao falar).
[S/同] Gochágócha (+).

goté 後手 a) O deixar-se ultrapassar; **b**) O ser o segundo「no jogo」. ★ ~ *ni mawaru* 後手に回る Ficar para trás (ao reboque de outrem).
[A/反] Señté.

gótegote (to) ごてごて (と)【On.】**1**［濃厚なさま］Abundantemente; exageradamente; excessivamente. ★ ~ *keshő suru* ごてごて (と) 化粧する Maquil(h)ar-se exageradamente. ⇨ nṓkṓ[2]. **2** [⇨ kúdokudo].

góten 御殿 O palácio [solar]. ◇ **~ jochū** 御殿女中 A criada da corte. ⇨ gósho.

-goto[1] ごと Com tudo. ★ *Ringo o kawa ~ taberu* りんごを皮ごと食べる Comer a maçã com casca e tudo. ⇨ isshó; tomó[3].

-goto[2] 毎 Cada. *Kono kusuri o yo-jikan ~ ni nonde kudasai* この薬を四時間毎に飲んでください Tome este remédio cada [de quatro em] quatro horas. ★ *Nichiyōbi ~ ni* 日曜日毎に ~ [Todos os/Aos] domingo/s. [S/同] Tabí.

-gotó[3] 事 (< kotó) ◇ ⇨ **narai** [**yakusoku**] **~**.

gṓtṓ [**goó**] 強盗 **1** [その行為] O roubo; o assalto. ★ *~ o hataraku* 強盗を働く Roubar [Assaltar] (à mão armada). ◇ **Ginkō ~** 銀行強盗 ~ ao banco. [S/同] Ryakúdátsú; sésshu. **2** [その人] O ladrão [assaltante]. [S/同] Dorobō.

gotókú[1] 五徳 **1** [儒教で] As cinco virtudes. ⇨ tokú[2]. **2** [道具の] A trempe.

gótoku[2] 如く (< gótoshi) 【E.】 Como. ★ *Kaze no ~ tachisaru* 風のごとく立ち去る Ir-se embora como o vento. [S/同] No yṓ ni.

gótoshi 如し【E.】Como. *Shi wa nemuri no ~* 死は眠りのごとし A morte é (como) um sono. [S/同] -yṓ da.

go-tsúgṓ-shúgi 御都合主義 O oportunismo. [S/同] Hiyórímí-shúgi. ⇨ tsugṓ[1].

gótsugotsu (**to**) ごつごつ (と) 【On.】 **1** [でこぼこして堅いさま] ★ *~ shita te* ごつごつ (と) した手 As mãos duras e ásperas. **2** [無骨で荒っぽいさま] ★ *~ shita bunshō* ごつごつ (と) した文章 Um texto [estilo] tosco/seco. ⇨ aráppói; bukótsú.

gotsúi ごつい 【G.】 **1** [角ばってごつごつしているようす] Áspero. ★ *~ kaotsuki* ごつい顔つき A cara áspera. ⇨ gótsugotsu. **2** [無骨なようす] Rude. ★ *~ otoko* ごつい男 O homem ~.

gotsún to ごつんと【On.】Com força [uma pancada]. *Hashira ni atama o ~ butsuketa* 柱に頭をごつんとぶつけた Bati com a cabeça no poste.

gottá-gáesu ごった返す Estar abarrotado [uma salgalhada/em confusão]. *Depāto wa kaimono-kyaku de gottagaeshite iru* デパートは買い物客でごった返している A loja de departamentos está abarrotada de clientes. ⇨ końráń ◇.

gottá-ní ごった煮 O cozido [guisado] com várias coisas misturadas. ⇨ gótagota; nirú[1].

gṓttó [**oó**] ごうっと【On.】Com grande estrépito.

gṓu [**óo**] 豪雨 A chuva torrencial. ⇨ shū́chū́ ◇.

gówagowa ごわごわ 【On.】 ★ *~ na* [(*to*) *shita*] *shatsu* ごわごわな [(と) した] シャツ A camisa rija [dura] com goma.

goyákú 誤訳 A tradução errada. ⇨ hoń'yákú.

go-yṓ[1] [**óo**] 御用 (Pref. de cor. + yō(ji)) **1** [用事・用件の尊敬語] O assunto. *~ ga arimashitara enryo naku osshatte kudasai* 御用がありましたら遠慮なくおっしゃってください Se precisar de mim, é só [faz favor de] dizer. *Nan no ~ deshō ka* 何の御用でしょうか (O) que deseja? /Posso ser-lhe útil nalguma coisa? *O-yasui ~ desu* お安い御用です Com certeza [todo o prazer]! ⇨ yṓjí[1]; yṓkén[1]. **2** [注文の尊敬語] O pedido; a encomenda. ◇ **~ kiki** 御用聞き O abastecedor a domicílio. [S/同] Chū́móń. **3** [宮中・政府などの用務・用命] O trabalho para gente importante. ◇ **~ gakusha** 御用学者 O cientista comprado. **~ hajime** [**osame**] 御用始め [納め] O início [fim] do trabalho desse ano dos funcionários do governo. **Kunaichō ~ tashi** [**tatsu**] 宮内庁御用達 O fornecimento, fornecedor ou artigo fornecido à Casa Civil do Imperador.

goyṓ[2] 誤用 O erro [uso errado]; a catacrese. ★ *~ suru* 誤用する Usar erradamente [mal] 「os termos de cor.」.

gṓyókú [**oó**] 強欲 A avareza; a cobiça; a ganância; a avidez. [S/同] Doń'yókú; dṓyókú.

gṓyū́[1] [**oó**] 剛勇 【E.】 A bravura; a valentia; a coragem; a intrepidez. ⇨ gṓtán; isámáshíí; yū́mṓ.

gṓyū́[2] [**oó**] 豪遊 A patuscada [pândega]. ★ *~ suru* 豪遊する Divertir-se à grande; 「foi」 uma ~.

gozá (茣) 蓙 A esteira-manta. ★ *~ o shiku* ござを敷く Estender ~ 「no parque」. ⇨ mushíró[1].

gozáímásu 御座います (Cor. de de-aru) **a**) Ser; **b**) Haver [Ter]; **c**) Estar. *Sensei, o-hayō ~* 先生, お早う御座います Bom dia, professor. *Okusama go-chūmon no shina wa koko ni ~* 奥様ご注文の品はここに御座います O artigo que deseja [pediu] está aqui, minha Sra. *Sayō de ~* さようで御座います É sim Sr. ⇨ gozáru.

gozáre 御座れ ⇨ gozáru.

gozáru 御座る【E.】Ser (⇨ de-áru). *Kare wa supōtsu nara nan de mo gozare da* 彼はスポーツなら何でも御座れだ Ele é um ás [artista] em qualquer (d)esp…

gózen[1] 午前 A manhã (Metade do dia; ⇨ ása[1]). ★ *~ chū zutto* 午前中ずっと Durante toda a ~; ~ inteira. *Kyō no ~ chū ni* 今日の午前中に Da parte da ~ (de hoje). ◇ ⇨ **~ sama**. [A/反] Gógo.

gozéń[2] 御前 **1** [貴人の前] Na presença do Imperador. ◇ **~ kaigi** 御前会議 A assembleia com a ~. **2** [男女共に 2 人称・3 人称の敬称] Sua Alteza.

gṓzéń[1] [**oó**] 傲然 A arrogância. *Kare wa itsumo ~ to kamaete iru* 彼はいつも傲然と構えている Ele é arrogante [muito altivo]. [S/同] Gṓmáń; sońdáí.

gṓzéń[2] [**oó**] 轟然 「o ruído」 Ensurdecedor. ★ *~ taru dai-onkyō* 轟然たる大音響 O estrondo ~.

gozéń-sámá 午前様【G.】O vir [que vem] para casa depois da meia-noite. *Saikin wa maiban ~ da* 最近は毎晩午前様だ Ultimamente 「o marido」 tem voltado para casa sempre depois…

gózoku 語族 A família [O grupo] de línguas. ◇ **Uraru-Arutai ~** ウラル・アルタイ語族 As línguas uralo-altaicas.

gṓzókú [**oó**] 豪族 O clã [A família] poderoso[a].

go-zónji 御存じ (Cor.; ⇨ zońjíru) Ser do seu conhecimento *Ano hito o ~ desu ka* あの人を御存じですか Conhece aquela pessoa? *Tōkyō ni donata ka ~ no kata ga irasshaimasu ka* 東京にどなたか御存じの方がいらっしゃいますか Conhece alguém [Tem algum conhecido] em Tokyo? ★ *~ no tōri* 御存じの通り Como sabe [é do seu conhecimento]… [S/同] Go-shṓchí. ⇨ shirú[1].

gozṓ-róppu [**oó**] 五臓六腑 As (cinco) vísceras e os intestinos; as entranhas. *~ ga niekuri-kaeru* 五臓六腑が煮えくりかえる Até se me revolvem as entranhas [tripas] cá por dentro 「com nojo/raiva」.

gu[1] 愚 A estupidez; a besteira (G.); a tolice. *~ ni mo tsukanu koto o iu na* 愚にもつかぬことを言うな Não diga ~s. *Sore wa ~ no kotchō da* それは愚の骨頂だ Isso é o cúmulo da ~. ⇨ kudáránáí; óroka[1].

gu[2] 具 **1** [道具] O instrumento [meio] 「para os seus intentos」. **2** [料理の実] Os ingredientes.

★ *Gomoku-zushi no* ～ 五目ずしの具 ～ de...
gū [**uú**] ぐう【On.】*Hara ga* ～ *to natta* 腹がぐうと鳴った Já estou com a barriga a dar horas. ⇨ gūgū **2**; gū nó né.
guáí 具[工]合 **1** [調子] A condição; o estado. *Byōnin no* ～ *wa dō desu ka* 病人の具合はどうですか Como está o [Qual é o ～ do] doente? *Enjin no* ～ *ga dōmo hen da* エンジンの具合がどうも変だ O motor (do carro) está meio esquisito. [S/同] Añbái; chōshí; jōtái; kagéñ. **2** [体裁] A aparência; o aspecto. *Pātī ni sono kakkō de wa* ～ *ga warui* パーティーにその格好では具合が悪い Esse traje não fica bem numa festa. [S/同] Taíméñ; teísáí. **3** [都合] A conveniência. *Ima kare ni au to* ～ *ga warui* 今彼に会うと具合が悪い Não é conveniente encontrar-me com ele neste momento. [S/同] Tsugō. **4** [やり方] A maneira. *Konna* ～ *ni yari nasai* こんな具合にやりなさい Faça assim [desta ～]. [S/同] Hōhō; yaríkátá.
Guátémárá グアテマラ A Guatemala. ◇ ～ **jin** グアテマラ人 O guatemalteco.
gúbi 具備 O ter; a posse. ⇨ sonáéru[1].
gúbigubi (**to**) ぐびぐび(と)【On.】★ ～ *koppuzake o nomu* ぐびぐび(と)コップ酒を飲む Engolir copos de saké.
gubíjíńsō 虞美人草【Bot.】⇨ hinágeshi.
guchágúchá ぐちゃぐちゃ【On.】**1** [水分を含んで形がくずれたさま] *Ame ga futte michi ga* ～ *ni natta* 雨が降って道がぐちゃぐちゃになった Choveu e o caminho ficou resvaladiço. ★ ～ *no gohan* ぐちゃぐちゃの御飯 O arroz aguado. **2** [整っていたものが乱れるさま] ★ ～ *ni kakimazeru* ぐちゃぐちゃにかき混ぜる Misturar tudo 「no prato」de qualquer maneira. ⇨ gochágóchá.
guchí 愚痴 A queixa; o resmungo. ★ ～ *o kobosu* [*iu*] 愚痴をこぼす[言う] Resmungar; queixar-se; ser resmungão. [S/同] Kuŕígótó. ⇨ kujō.
guchíppói 愚痴っぽい (<... +pói) Rabugento; resmungão.
guchíru 愚痴る【G.】⇨ guchí.
guchókú 愚直【E.】O ser honesto de mais. [S/同] Baká-shōjiki (+).
gudéń gúdéń ぐでんぐでん【On.】★ ～ *ni you* ぐでんぐでんに酔う Estar completamente bêbedo; estar como um cacho. [S/同] Beróbéró; beróńbéróń.
gudóń 愚鈍 A estupidez; a burrice. [S/同] Gumáí.
gufū 颶風【Met.】O tufão; o ciclone; o furacão. [S/同] Kyōfū; ō-káze. ⇨ haríkéń; taífū.
gugéń 具現 A realização; a encarnação 「de uma ideia」; a materialização. ⇨ jitsúgéń.
gūgū (**to**) ぐうぐう(と)【On.】**1** [よく寝ているさま] ★ ～ *nemuru* ぐうぐう(と)眠る Dormir profundamente. **2** [空腹で腹が鳴るさま] *O-naka ga* ～ *natta* おなかがぐうぐう(と)鳴った Já estou com fome [com a barriga a dar horas].
gūhátsú [**uú**] 偶発 O ocorrer acidentalmente. ★ ～ *teki* (*na*) *dekigoto* 偶発的(な)出来事 O acontecimento casual; a ocorrência acidental. ◇ ～ **jiko** 偶発事故 Um acidente (casual).
gūi [**úu**] 寓意 **a**) A alegoria; **b**) A moral [O significado]「da história」. ◇ ～ **geki** 寓意劇 A peça (teatral) alegórica. ⇨ fūshí[1]; híyu.
gúigui (**to**) ぐいぐい(と)【On.】**1** [強い力で続けてものごとをするさま] Com força. ★ ～ *hipparu* ぐいぐい(と)引っ張る Puxar ～. **2** [勢いよく続けて飲むさま] A grandes tragos; sem parar. ★ ～ *nomu* ぐいぐい(と)飲む Beber ～.
gúi to [**guítto**] ぐいと[ぐいっと] **1** [力を入れ急にものごとをするさま] Com força. ⇨ gúigui. **2** [勢いよく一息で飲むさま] De uma vez; de um trago.
gūji [**úu**] 宮司 O sacerdote-mor de templo x[sh]intoísta. ⇨ kán-nushi; shińkáń[4].
gukō 愚行 O a(c)to de loucura; o desatino.
gūkyo [**úu**] 寓居【E.】A residência temporária. [S/同] Kari-zúmai (+).
gumáí 愚昧 A estupidez; a ignorância. [S/同] Gudóń (+); rodóń.
gúmi[1] 胡頽子・茱萸【Bot.】O oleastro [zambujeiro].
-gumi[2] 組 (< kumí) A turma; a equipa; o par; o grupo. ★ *Masuda* ～ 増田組 O grupo Masuda. ◇ **Aka** [**Shiro**] ～ 赤[白]組 Os vermelhos [brancos] 「na corrida da escola」. *Yo-nin* ～ *no gōtō* 四人組の強盗 Um grupo de quatro assaltantes.
gumíń 愚民【E.】O povo ignorante. ◇ ～ **seisaku** 愚民政策 A política obscurantista [de manter ～].
gún[1] 軍 **1** [軍隊] As forças armadas; o exército. ★ ～ *no kimitsu* 軍の機密 O segredo militar. ◇ ～ **shireibu** 軍司令部 O Quartel General. ～ **shireikan** 軍司令官 O comandante das forças armadas. [S/同] Gúntai. **2** [-gun; チーム] A equipa. [S/同] Chímu.
gún[2] 郡 O subdistrito 「de Nishitama」.
gún[3] 群 O grupo. ★ ～ *o nasu* 群をなす Andar em ～. ～ *o nuku* 群を抜く Sobressair; destacar-se〔*Kare wa sūgaku dewa kurasu de* ～ *o nuite iru* 彼は数学ではクラスで群を抜いている Ele, em Matemática, está acima de todos os colegas〕. [S/同] Muré.
gúnba 軍馬 O cavalo do exército.
guńbáí[**pái**] 軍配 O leque (do juiz de sumô). ★ ～ *o ageru* 軍配を上げる Declarar vencedor「A ou B」.
guńbátsú 軍閥 Uma fa(c)ção militar; o militarismo. ◇ ～ **seiji** 軍閥政治 O governo [A ditadura] militar. ⇨ gún-bu[1]; gúnji.
gúnbi 軍備 **a**) Os preparativos bélicos; **b**) Os armamentos. ★ ～ *o kakuchō* [*shukushō*] *suru* 軍備を拡張[縮小]する Aumentar [Reduzir] os armamentos. ～ *teppai* 軍備撤廃 O desarmamento. [S/同] Sénbi.
gún-bu[1] 軍部 O exército. ◇ ～ **dokusai** 軍部独裁 A ditadura militar.
gún-bu[2] 郡部 O distrito suburbano. [A/反] Toshí-bu.
gúnbu[3] 群舞 A dança em grupos. ⇨ ránbu.
guńdáń 軍団 Um corpo do exército; a legião; a falange. ⇨ gún[1]; shídan[1].
guńgákú-tái 軍楽隊 A banda militar.
gúngun (**to**) ぐんぐん(と)【On.】★ ～ *jōtatsu suru* ぐんぐん(と)上達する Progredir [Crescer] rapidamente. [S/同] Dóndon (to); gúigui (to). ⇨ mékimeki.
gún'i 軍医 O médico militar.
gúnji 軍事 Os assuntos militares. ★ ～ *jō no* 軍事上の Estratégico [Militar]. ◇ ～ **hi** 軍事費 As despesas militares. ～ **kichi** 軍事基地 A base militar. ～ **ryoku** 軍事力 A força militar. ～ **saiban** 軍事裁判 A corte marcial [O supremo tribunal militar]. ～ **seiken** 軍事政権 O governo militar.
guńjíń 軍人 O militar; o soldado. ◇ ～ **onkyū** 軍人恩給 A pensão militar.
guńjō 群青 O ultramar (Tinta azul extraída do

G

lápis-lazúli. ◇ ~ **iro** 群青色 A cor ultramarina.
gúnju 軍需 A procura de munições ou provisões militares. ◇ ~ **hin** 軍需品 O material militar [Munições]. ~ **sangyō** 軍需産業 A indústria de ~.
gúnka 軍歌 A canção militar.
guńkáń 軍艦 O navio de guerra.
gúnki[1] 軍旗 O estandarte militar.
gúnki[2] 軍紀 [規] A disciplina militar. ★ ~ *o midasu* 軍紀[規]を乱す Perturbar ~. S/同 Guńrítsú.
gúnki[3] 軍機 O segredo militar. ★ ~ *o morasu* 軍機を漏らす Revelar ~ es. ◇ ~ **rōei** 軍機漏洩 A revelação de ~ es.
guńkō 軍港 O porto militar.
gunkókú-shúgi 軍国主義 O militarismo. ◇ ~ **sha** 軍国主義者 O militarista.
gúnkyo 群居 **1** [群がっていること] O agrupamento. ◇ ~ **suru** Guńshú(+). **2** [群棲] A vida gregária; o gregarismo. S/同 Gunséí(+).
guńmón 軍門 A entrada do aquartelamento. ★ ~ *ni kudaru* 軍門に下る Render-se.
gúnmu 軍務 a) O serviço militar; b) Os assuntos militares. ⇨ gúnji.
guńnyári ぐんにゃり 【On.】 Sem força [nervo]. S/同 Gunyári.
gū nó né [ué] ぐうの音 O pio. ~ *mo denai* ぐうの音も出ない Nem piar; 「ele」está vencido [sem saber que dizer].
gunpō-káigi 軍法会議 O tribunal militar; a corte marcial.
guńpúkú 軍服 A farda [O uniforme] (militar). ⇨ guńsō[2].
guńpyō 軍票 A moeda militar; a nota de guerra.
guńrákú 群落 【Bot.】a) A coló[ô]nia de plantas; b) O lugarejo.
guńrítsú 軍律 a) A disciplina militar; b) A lei marcial.
guńryákú 軍略 A estratégia [tá(c)tica] militar; o estratagema. S/同 Seńryákú(+).
gunséí[1] 軍政 O governo militar. ★ ~ *o shiku* 軍政をしく Impor um ~. A/反 Mińséí. ⇨ gúnji ◇.
gunséí[2] 群生 A vida gregária; o gregarismo. ★ ~ *suru* 群生する Crescer em coló[ô]nias. ◇ ~ **shokubutsu** 群生植物 A planta gregária. S/同 Gúnkyo.
gunséí[3] 群棲【Zool.】A vida gregária. ★ ~ *suru* 群棲する Viver gregariamente. S/同 Gúnkyo.
guńséki 軍籍 O regist(r)o do exército.
gúnshi[1] 軍使 O enviado militar.
gúnshi[2] 軍師 O estrategista; o tá(c)tico.
guńshi-kíń 軍資金 **1** [戦いに必要な金] Os fundos para a guerra [campanha]. **2** [行動をおこすのに必要な金] Os fundos [O capital] para desenvolver uma a(c)ção.
guńshíń 軍神 a) O deus da guerra (⇨ hachímán); Marte; b) O soldado [herói] divinizado.
guńshō 軍小 [E.] O ser pequeno [vulgar/insignificante]. ◇ ~ **kokka** 群小国家 Os países pequenos.
guńshúū 群衆 [衆] A multidão. ◇ ~ **shinri** 群集[衆]心理【Psic.】A psicologia das massas [da ~].
guńshúkú 軍縮 (Abrev. de "gúnbi shukúshō") A redução dos armamentos. ◇ ~ **kaigi** 軍縮会議 A conferência para ~. A/反 Guńkákú.
gúnsō[1] 軍曹 O sargento.
gúnsō[2] 軍装 A farda (e equipamento) de combate. ⇨ guńpúkú.

gúntai 軍隊 A tropa; o exército. ★ ~ *ni hairu* 軍隊に入る Alistar-se no ~; ir para a ~.
guńtō[1] 軍刀 O sabre.
guńtō[2] 群島 O arquipélago「do J./dos Açores/da Madeira」. ◇ **Hawai** ~ ハワイ群島 ~ de Hawai.
gunyágunyá ぐにゃぐにゃ 【On.】*Bínīru ga netsu de* ~ *ni natta* ビニールが熱でぐにゃぐにゃになった O vinil(o) deformou-se [amoleceu] com o calor.
gunyári ぐにゃり ⇨ guńnyári; gunyágunyá.
guń'yō 軍用 Militar; do exército. ◇ ~ **dōro** 軍用道路 A estrada ~. ~ **ki** 軍用機 O avião ~.
guń'yū-kákkyo 群雄割拠 A rivalidade entre chefes regionais.
gunzei 軍勢 a) A força militar [Um exército]; b) O número de soldados.
guńzō 群像 O grupo「escultórico Laocoonte」. ◇ **Seishun** ~ 青春群像 O grupo de personagens jovens「que aparecem num romance/filme」.
gunzoku 軍属 O civil ao serviço do exército.
gúppi グッピー (< Ing. guppy)【Zool.】Um peixe ciprinídeo de colorido brilhante do mar das Antilhas; *lebistes reticulatus*.
gurábíá グラビア (< Fr. gravure) **1** [写真製版の 1つ] A fotogravura. ◇ ~ **insatsu** グラビア印刷 A (impressão por) ~. **2** [雑誌などの写真] (< Abrev. de " ~ pēji") As páginas ilustradas「da revista」.
gúrabu グラブ (< Ing. glove) ⇨ guróbu.
gurafíkku グラフィック (< Ing. graphic < Gr.) A revista ilustrada. ◇ ~ **dezain** グラフィックデザイン A ilustração. ~ **dezainā** グラフィックデザイナー O ilustrador.
gúrafu グラフ (< Ing. graph < Gr.) **1** [図表] O gráfico. ◇ ~ *ni suru* グラフにする Fazer [Representar por meio de] um ~. S/同 Zuhyō. **2** [画報] A revista ilustrada. S/同 Gahō; gurafíkku.
gúragura (to) ぐらぐら(と)【On.】 **1** [揺れるさま] *Jishin de ie ga* ~ *shita* 地震で家がぐらぐら(と)した Com o terremoto, a casa estremeceu. ⇨ gurátsúkú. **2** [湯が煮えたぎっているさま] *O-yu ga* ~ *niette iru* お湯がぐらぐら(と)煮え立っている A água está a ferver.
-gúrai ぐらい ⇨ -kúraí[2].
guráidā グライダー (< Ing. glider) O planador.
guráińdā グラインダー (< Ing. grinder) O afiador; o amolador. S/同 Keńmá-ki; keńsákú-báń.
gurájíorasu グラジオラス (< Ing. gladiolus < L.)【Bot.】O gladíolo; a palma-de-santa-rita; *gladiolus communis*.
gurámā グラマー (< Ing. glamour girl) A moça sexualmente atraente.
gúramu グラム (< Fr. gramme)【Fís.】O grama. ◇ ~ **bunshi** グラム分子 A molécula- ~. ~ **genshi** グラム原子 O átomo- ~. ~ **ion** グラムイオン O ião- ~. ~ **jū** グラム重 ~-força.
guráńdo グランド ⇨ guráúńdo.
guráńdo-ópera グランドオペラ (< Ing. grand opera)【Mús.】A ópera dramática.
guráńdo-píano グランドピアノ (< Ing. grand piano) O piano de cauda.
guráńpuri グランプリ (< Fr. grand prix) O grande préi[ê]mio. S/同 Taíshō.
guráńyū-tō グラニュー糖 (< Ing. granulated sugar) O açúcar granulado [cristal].
gúrasu グラス (< Ing. glass) a) O cálice; b) Os óculos「de sol」. ⇨ garású; koppú.

gurású-fáibā グラスファイバー A fibra de vidro.
gurátáń グラタン (< Fr. gratin) Um cozinhado. ◇ **Makaroni ～** マカロニグラタン O macarrão com queijo, farinha, etc. e feito no forno.
gurátsúkú ぐらつく **a**) Vacilar; **b**) Abanar. *Kono isu wa guratsuite iru* この椅子はぐらついている Esta cadeira abana. ⇨ gúragura.
guráúńdó グラウンド (< Ing. ground) O campo de jogos. ◇ ⇨ **hōmu～**. [S/同] Guráńdó; kyṓgí-jō.
Gurégórí-reki [íi] グレゴリー暦 O calendário gregoriano. [S/同] Taíyṓ-reki (+).
gurékórṓman [óo] グレコローマン (< P.) 【(D)esp.】「estilo」Greco-Romano.
guréń-tái 愚連隊 (< guréru + tái) A quadrilha de vadios [bandidos].
gurḗpu [ée] グレープ (< Ing. grape) A uva. ◇ **～ jūsu** グレープジュース O suco de ～. [S/同] Budṓ (+).
gurḗpú-fúrū́tsu [eé-úu] グレープフルーツ A toranja.
guréru ぐれる Transviar-se. ★ *Gureta seinen* ぐれた青年 O rapaz transviado. ⇨ darákú; furyṓ[1].
gurétsú 愚劣 Estúpido; absurdo; tolo; insensato.
guríddo グリッド (< Ing. grid)【Fís.】A grade「de válvula ele(c)tró[ô]nica」.
gurígúri ぐりぐり **1** [リンパ腺がはれたもの] A íngua. *Waki no shita ni ～ ga dekita* 腋の下にぐりぐりができた Estou com ～ no sovaco. **2** [いかにもまるくて大きいさま] [gúriguri] (Im. de grande e redondo). *Kare wa me o ～ (to) saseta* 彼は目をぐりぐり(と)させた Ele esbugalhou [arregalou] os olhos. **3** [押しつけて回すさま] [gúriguri] (Im. de movimento rotativo). ★ *Hiji de ～ (to) osu* 肘でぐりぐり(と)押す Apertar com o cotovelo.
guríkṓgen [óo] グリコーゲン (< Al. glykogen < Gr.)【Quím.】O glicogé[ê]nio.
guríń [íi] グリーン (< Ing. green) **1** [緑色] Verde. ◇ ⇨ **～ pīsu**. **～ sha** グリーン車 A carruagem de primeira classe. **～ beruto** グリーンベルト O cinturão ～「de Londres」. [S/同] Mídori. **2** [⇨ shibáfú].
Guríníjji-(hyṓjún)ji グリニッジ(標準)時 A hora padrão [de Greenwich].
guríń-písu [rií-píi] グリーンピース【Bot.】A ervilha.
gúriru グリル (< Ing. grill) **1** [焼きあみ] A grelha. **2** [西洋料理店] O restaurante de comida ocidental. **3** [あみ焼き料理] O grelhado. ◇ **～ chikin** グリルチキン O frango grelhado [na grelha].
gurísérín グリセリン (< Ing. glycerin)【Quím.】A glicerina.
gurṓ 愚弄 O escárnio; a zombaria; a mofa. ⇨ karákáu.
gurṓbu [óo] グローブ (< Ing. glove) A luva de boxe ou beisebol. [S/同] Gúrabu. ⇨ tebúkuro.
guróKkī グロッキー (< Ing. groggy) Atordoado; zonzo. ★ *～ ni naru* グロッキーになる Ficar ～「com murros/vinho」.
guróń 愚論 A opinião disparatada; o argumento estúpido. ⇨ bṓróń.
gúrosu グロス (< Ing. gross) **1** [12 ダース] A grosa (12 dúzias)「de ovos」. **2** [統計; 概算] **a**) O total [conjunto]; **b**) O「peso em」bruto.
gurótésuku グロテスク (< Fr. grotesque) O「estilo」grotesco. ⇨ bu-kímí; iyṓ[1]; kikáí[4].
gúru ぐる【G.】O conspirador [cúmplice]. [S/同] Kyṓbṓ-sha.
gúruguru (to) ぐるぐる(と)【On.】 **1** [何度も巻くさま]「via o tecto andar」Às voltas; o enrolar várias vezes. ⇨ kúrukuru. **2** [何度も回転するさま] Às voltas. ★ *Onaji tokoro o ～ mawatte bakari iru* 同じ所をぐるぐる(と)回ってばかりいる Andar só [sempre] ～ no mesmo lugar.
-gúrui 狂い (< kurúu) Louco por. ◇ **Onna ～** 女狂い ～ mulheres (Doentio).
-gúrumi ぐるみ Abrangendo tudo. ★ *Kazoku ～ no kōsai* 家族ぐるみの交際 As relações「com eles」são de toda a família. ⇨ -goto[1].
gurū́pu [úu] グループ (< Ing. group) O grupo. ★ *～ ni wakeru* グループに分ける Dividir em ～s. *～ o tsukuru* グループを作る Formar ～. ◇ **～ katsudō** グループ活動 A a(c)tividade em ～. ⇨ gún[3]; kumí; nakámá; muré; shū́dáń.
gurúri ぐるり【On.】 **1** [周囲] O redor [A volta]「da casa」. ★ *Ike no ～* 池のぐるり ～ da lagoa. [S/同] Mawárí (+); shū́i (+). **2** [物が一回回るさま] O virar uma vez (ou mais「o pescoço」para exercício). ★ *～ to furimuku* ぐるりと振り向く Olhar para trás. **3** [すっかり取り囲むさま] O cercar. *Karera wa teki no shiro o ～ to torikakonda* 彼らは敵の城をぐるりと取り囲んだ Eles cercaram o castelo inimigo.
gurútámíń グルタミン (< Ing. glutamine)【Quím.】A glutamina. ◇ **～ san** グルタミン酸 O ácido glutâmico. **～ san sōda** グルタミン酸ソーダ O monosódio glutâmico. ⇨ kágaku[1] ◇
gúruten グルテン (< Al. < L. gluten: cola) O glúten.
gúsha 愚者 O idiota; o ignorante. [S/同] Gujíń; oróká-mónó (+). [A/反] Kénja.
gushágúshá ぐしゃぐしゃ【On.】(Im. de molhado, etc.). ★ *Dōro ga ～ shite iru* 道路がぐしゃぐしゃしている A rua está toda molhada. ⇨ guchágúchá; kushákúshá.
gushíń 具申【E.】O relato (minucioso). ◇ **～ sho** 具申書 O relatório.
gushṓ 具象 A encarnação; o dar forma「a uma ideia」. ★ *～ teki na* 具象的な Concreto; figurativo. ◇ **～ ga** 具象画 A pintura figurativa. **～ meishi** 具象名詞【Gram.】O substantivo concreto. [S/同] Gutái. [A/反] Chū́shṓ.
gushógúshó ぐしょぐしょ【On.】*Ame ni nurete fuku ga ～ da* 雨にぬれて服がぐしょぐしょだ Apanhei chuva e fiquei com a roupa completamente molhada. ⇨ gushónúré; gusshóri.
gushó-núré ぐしょ濡れ (< gusshóri + nurérú) O estar todo molhado [como um pinto].
gusshóri (to) ぐっしょり(と)【On.】★ *～ nureru* ぐっしょり(と)ぬれる Ficar todo molhado [como um pinto]. [S/同] Bishóbíshó; bisshóri; gushógúshó.
gussúri (to) ぐっすり(と)【On.】Profundamente. ★ *～ nemuru* ぐっすり(と)眠る Dormir ～ [como uma pedra].
gū́sū́ [guúsúu] 偶数【Mat.】O número par. [A/反] Kisū́.
gū́súru [uú] 遇する「saber」Tratar「as visitas」. [S/同] Moténású (+); taígū́ súrú (+).
gutái 具体 A concretização. ★ *～ ka suru* 具体化する Concretizar-se [*Sono keikaku wa ～ ka shi-hajimeta* その計画は具体化し始めた Esse plano começou a concretizar-se]. *～ teki na hanashi* 具体的な話 O assunto concreto. *～ teki ni iu to* 具体的に言うと Falando concretamente. ◇ **～ an** [**saku**] 具体案[策] O plano [A medida] concreto[a]. **～ sei** 具体性

O ser concreto. [S/同] Gushṓ. [A/反] Chū́shṓ.
gū́tárá [**uú**] ぐうたら O mandrião [A mandriona]; o preguiçoso. ★ ～ *na seikatsu o okuru* ぐうたらな生活を送る Levar uma vida ociosa [de ～].
gútsugutsu ぐつぐつ【On.】★ *Shichū o ～ niru* シチューをぐつぐつ煮る Cozer o guisado a fogo brando.
guttári (to) ぐったり(と)【On.】*Atsusa de minna ～ shite iru* 暑さでみんなぐったり(と)している Estão todos esgotados [a cair de cansaço] com o calor.
guttó ぐっと **1** [力をこめて一気に行うさま]【On.】[gútto] De uma vez. ★ ～ *hipparu* ぐっと引っぱる Dar um puxão. *Ikari o ～ koraeru* 怒りをぐっとこらえる Conter a raiva com dificuldade. [S/同] Íkki ni. **2** [段階が大きいさま] [guttó] Consideravelmente; notavelmente; muito. *Yunyū-hin ga ～ yasuku natta* 輸入品がぐっと安くなった Os produtos importados estão ～ mais baratos. [S/同] Ichídáń tó. **3** [心に衝撃を受けるさま] [gútto] Com emoção. ★ *Mune ni ～ kuru* 胸にぐっと来る Comover [Emocionar]-se; ficar (muito) comovido.
gū́wá [**uú**] 寓話 A fábula (Ex. "As Fábulas de Esopo"); a narração alegórica; o apólogo.
gū́zéń [**uú**] 偶然 O acidente; a casualidade; a eventualidade; o acaso. ★ ～ *ni* 偶然に Acidentalmente; por acaso. ～ *no* 偶然の Acidental; contingente; fortuito 〔～ *no itchi* 偶然の一致 A (mera) coincidência; o calhar〕. ◇ **～ sei** 偶然性 A contingência. [A/反] Hitsúzéń.
gū́zṓ [**uú**] 偶像 O ídolo. ★ ～ *ka* [*shi*] *suru* 偶像化 [視] する Idolatrar. ◇ **～ hakai** 偶像破壊 O iconoclasmo; a iconoclastia. **～ sūhai** 偶像崇拝 A idolatria.

G

gúzu 愚図 A lentidão; a ronceirice. ★ ～ *na* 愚図な Vagaroso; pachorrento; molenga[gão]; ronceiro. [S/同] Norómá.
gúzu-guzu ぐずぐず [愚図愚図]【On.】 **1** [のろまなさま] [gúzuguzu] (Im. de lento/vagaroso). ★ ～ *suru* 愚図愚図する Molengar. [S/同] Nóronoro. **2** [不平を言うさま] [gúzuguzu] (Im. de queixa/resmungo). ～ *iu na* 愚図愚図言うな Não se queixe tanto [Basta de resmungar]! [S/同] Bútsubutsu. **3** [元の形がくずれるさま] [guzúgúzú] (Im. de frouxo). *Nimotsu no himo ga yurunde ～ ni natta* 荷物のひもがゆるんで愚図愚図になった O fio [barbante] da embalagem ficou frouxo e isto vai-se desfazer. [S/同] Yurú yúrú.
guzúru 愚図る **a**) Queixar-se「do salário」; **b**) Ser rabugento. [S/同] Dáda o koneru; guzútsúkú.
guzú-tsúkú 愚図付く **1** [⇨ gúzu-guzu **1**]. **2** [⇨ guzúru]. **3** [天気の状態がはっきりしない] O tempo estar instável. *Kono tokoro guzutsuita tenki ga tsuzuite iru* このところ愚図付いた天気が続いている Ultimamente o tempo anda instável.
gyā [**áa**] ぎゃあ ⇨ kyā.
gyába(jin) ギャバ(ジン) (< Ing. gabardine < Fr.) A gabardina.
gyafún to ぎゃふんと【On.】*Yatsu o ～ iwasete yaru* やつをぎゃふんと言わせてやる Vou obrigá-lo [obrigar aquele tipo] a render-se [a baixar a crista].
gyágu ギャグ (< Ing. gag) A piada; a pilhéria. ★ ～ *o tobasu* ギャグを飛ばす Dizer uma piada.
gyágyā (to) [**gyáa-**] ぎゃあぎゃあ(と)【On.】★ ～ *iu* [*sawagu*] ぎゃあぎゃあ(と)言う [騒ぐ] Reclamar ruidosamente/Fazer uma fita/Gritar.
gyakkṓ[1] 逆行 O andar para trás; o retrocesso; o recuo. ⇨ ató-módori.
gyakkṓ[2] 逆光 A contraluz. ⇨ gyakkṓsen.
gyakkyṓ 逆境 A adversidade; o infortúnio; a situação difícil; as dificuldades. *Kare wa ima ～ ni aru* 彼は今逆境にある Ele está numa situação difícil no momento. [S/同] Kukyṓ; kyū́chi. [A/反] Juńkyṓ.
gyakú 逆 O inverso; o contrário; o oposto. ★「*Jun-jo o*」～ *ni suru*「順序を」逆にする Inverter「a ordem」. ～ *no hōkō ni susumu* 逆の方向に進む Avançar no sentido contrário.
[S/同] Abékóbé; hańtáí; sakásámá.
gyakúfū́ 逆風 O vento contrário [de proa]. [S/同] Mukáí-kaze (+). [A/反] Juńpū́.
gyakú-hírei 逆比例【Mat.】⇨ hańpírei.
gyakújṓ 逆上 O frenesi. ★ ～ *suru* 逆上する Ficar fora de si; ter um ～; perder a cabeça 〔*Kare wa gekido no amari ～ shita* 彼は激怒のあまり逆上した Ele, com a fúria, perdeu a cabeça〕.
⇨ kattó[1]; nobósérú[1].
gyak(u)kṓka [**óo**] 逆効果 O efeito [resultado] contrário. *Seiseki no warui ko o shikaru to ～ o motarasu* [*kitasu*] 成績の悪い子をしかると逆効果をもたらす [来たす] Repreender a criança pelo mau desempenho escolar pode ter o ～.
gyak(u)kṓsen [**óo**] 逆光線 A contraluz.
gyak(u)kṓsu [**óo**] 逆コース (<… + Ing. course) **1** [反対の方向] O caminho [sentido] contrário. ★ ～ *o toru* 逆コースをとる Tomar o ～. **2** [反動化] A tendência rea(c)cionária. ⇨ gyakkṓ[1].
gyakú-módori 逆戻り (<… + modóru) **a**) O voltar (para trás)「no caminho」; **b**) O retrocesso「à barbárie」; o voltar「aos maus caminhos」. *Atsusa ga ～ shita* 暑さが逆戻りした O calor voltou.
gyakúryū́ 逆流 A contracorrente; o refluxo.
gyakúsáń 逆算 O cálculo inverso. ★ ～ *suru* 逆算する Calcular ao inverso [Fazer o ～].
gyakúsátsú 虐殺 O massacre; a carnificina; a chacina. ★ ～ *suru* 虐殺する Massacrar; chacinar. ◇ **～ sha** 虐殺者 O carrasco. [S/同] Zańsátsú.
gyakúséí-sékken 逆性石鹼 O sabonete dos médicos. ⇨ kurézṓru.
gyakú-sénden 逆宣伝 A contrapropaganda.
gyakúsétsú[1] 逆説 O paradoxo. ～ *teki ni ieba* 逆説的に言えば Falando paradoxalmente/Usando [Para usar] um ～… [S/同] Parádókkusu.
gyakúsétsú[2] 逆接【Gram.】A relação de duas frases ligadas por uma conjunção que exprime oposição, diferença, etc., tais como "mas"/"porém"…
gyakúshíń 逆臣【E.】O vassalo traidor [rebelde]. [A/反] Chū́shíń.
gyakúshū́ 逆襲 O contra-ataque; o ripostar「ao insulto」. ⇨ hańkṓ[1].
gyakúsū́ [**úu**] 逆数【Mat.】O (número) recíproco. *Roku no ～ wa roku-bun no ichi da* 六の逆数は 1/6 だ ～ de 6 é 1/6.
gyakútáí 虐待 As sevícias; o mau trato; o tratamento cruel. ★ *Dōbutsu o ～ suru* 動物を虐待する Maltratar o animal.
⇨ ijímérú; kókushi[1]; shiítágéru.
gyakú-tánchi 逆探知 A detecção do emissor. ★ *Denwa o ～ suru* 電話を逆探知する Detectar a origem da ligação telefó[ô]nica.
gyakú-té 逆手 **1** [柔道の技] Uma técnica do judo. **2** [鉄棒の握り方] O agarrar-se à barra (de

ferro) por baixo. A/反 Juntér. **3** [相手の攻撃を利用して攻めること]【Fig.】O usar a lógica [palavra] do adversário. ★ ~ *ni deru* 逆手に出る Responder usando as armas do adversário.

gyakutén 逆転 **1** [逆回転] A (re)viravolta; o giro em sentido oposto. ◇ ~ *suru* 逆転する Dar uma ~. S/同 Hantén. **2** [反対の状態になること] A viragem. ★ ~ *gachi or gume* 逆転勝ちをする Ganhar virando o jogo. ◇ ~ *suru* 逆転する Virar.

gyakuyó 逆用 O abuso. ★ ~ *suru* 逆用する Abusar 「da regra/da delicadeza」. ⇨ akúfcóngó.

gyaku-yúnyū 逆輸入 A reimportação. ★ ~ *suru* 逆輸入する Reimportar. ◇ ~ *hin* 逆輸入品 O produto reimportado. A/反 Gyaku-yúshutsu.

gyaku-yúshutsu 逆輸出 A reexportação. ★ ~ *suru* 逆輸出する Reexportar. ◇ ~ *hin* 逆輸出品 O produto reexportado. A/反 Gyaku-yúnyū.

gyánburu ギャンブル (< Ing. gamble) O jogo de azar. S/同 Bakúchi; kakégoto; tobáku.

gyángu ギャング (< Ing. gang) O ladrão armado; o bandoleiro [bandido]. ◇ **Ginkō** ~ 銀行ギャング O assaltante/~ de banco.

gyáppu ギャップ (< Ing. gap) A diferença; a discrepância; a divergência; a lacuna; a brecha. *Futari no kangaekata ni wa ōkina ~ ga aru* 二人の考え方には大きなギャップがある Há uma grande divergência de ideias entre ambos. ★ ~ *o umeru* ギャップを埋める Preencher a lacuna. ◇ **Jenerēshon** ~ ジェネレーションギャップ A diferença de gerações. ⇨ hedátari; kuíchigáí.

gyára ギャラ (< Ing. guarantee) O preço (mínimo) de apresentação de um programa 「de T.V.」. S/同 Keíyakú-kín.

gyárarī ギャラリー (< Ing. gallery < L.) A galeria. S/同 Garō.

gyázā ギャザー (< Ing. gathers) O franzido; as pregas. ★ ~ *o toru* ギャザーを取る Tirar ~. ⇨ hída.

gyō[1] [óó] 行 [文字の並び] A linha. ★ ~ *o aratameru* [*kaeru*] 行を改める [かえる] Nova [Mudar de] linha. *Ichi* ~ *oki ni kaku* 一行おきに書く Escrever deixando (sempre) uma ~ de intervalo 「de duas em duas linhas」. ◇ ~ **sū** 行数 O número de ~s. **2** [宗教] A ascese; o exercício espiritual. ★ ~ *o suru* 行をする Praticar a ~. S/同 Shugyō (+).

gyō[2] [óó] 業 **1** [職業] A profissão; a ocupação. ★ *I o* ~ *to suru* 医を業とする Praticar a medicina, ter a medicina como profissão. ⇨ shokugyō. **2** [学業] 「completar」Os estudos. ★ ~ *o osameru* 業を修める Estudar. S/同 Gakúgyō (+). **3** [-gyō; 事業] (Suf.: negócio [indústria]). ◇ ~ **kenchiku** ~ 建築 ~ jígyō.

gyoén 御苑 Um jardim imperial.

gyofu 漁夫 [父] O pescador. I/慣用 ~ *no ri* 漁夫の利 Enquanto os cães se engalfinham come o lobo a ovelha. S/同 Ryōshi.

gyofún 魚粉 A farinha de peixe.

gyógi 行儀 As maneiras; o comportamento; a maneira de se portar. ◇ ~ **sahō** 行儀作法 Boas maneiras; a etiqueta [boa educação]; o decoro. ⇨ tanín ⇨ reígí.

gyógu 漁具 Os instrumentos de pesca.

gyogún 魚群 O cardume. ◇ ~ **tanchiki** 魚群探知器 O detector de ~.

gyógyō 漁業 A pesca; a indústria pesqueira. ◇ ~ **ken** 漁業権 O direito de pesca. ~ **kumiai** 漁業組合 O sindicato de pescadores; a cooperativa pesqueira. ~ **senkansuiiki** 漁業専管水域 A zona reservada de pesca. **Nichiro** ~ **kyōtei** 日ロ漁業協定 O acordo pesqueiro nipo-russo.

gyógyōshii [óó] 仰仰しい Exagerado; bombástico; 「estilo」pomposo [grandíloquo]. ★ ~ *katagaki* 仰々しい肩書き O título bombástico.

gyói 御意 「como for do」Seu agrado. ★ ~ *ni kanau* 御意にかなう Ser do agrado de Sua Excelência.

gyója 行者 O asceta. ⇨ gyō[1] **2**.

gyóji[1] [óó] 行事 **a)** O acontecimento [A efeméride]; **b)** A celebração; a festa. ◇ ~ *yotei* (**hyō**) 行事予定 (表) Programa dos principais ~s. ⇨ neńchū.

gyóji[2] [óó] 行司【Sumō】O juiz [árbitro].

gyojō 漁場 A zona de pesca. ⇨ gyóku.

gyójō [goó] 行状 A conduta; o comportamento; o procedimento. ★ ~ *o aratameru* 行状を改める Corrigir [Emendar] a[o] ~; corrigir-se. S/同 Hinkō (+); mimóchí.

gyokái 魚介[貝] Os peixes e moluscos. ◇ ~ **rui** 魚介類 A fauna marítima. ⇨ kaísán[2] ◇.

gyokái [óó] 業界 O meio [mundo/campo]. ◇ ~ **shi** 業界紙 O jornal do comércio [da indústria].

gyokáigan [óó] 凝灰岩【Min.】O tufo (vulcânico e calcário). S/同 Oyáishi.

gyokakú 漁獲 A pesca. ◇ ~ **daka** 漁獲高 A quantidade de pesca.

gyókakú [óó] 仰角【Mat.】O ângulo de elevação. A/反 Fukákú.

gyokán [óó] 行間 A(s) entrelinha(s); o espaço entre duas linhas. ★ ~ *o akeru* [*tsumeru*] 行間を空ける [詰める] Escrever espaçado [apertado/(bem) apertadinho].

gyokétsú[1] [óó] 凝血【Med.】A coagulação sanguínea; o coágulo de sangue. ★ ~ *suru* 凝血する Coagular. ◇ ~ **inshi** 凝結因子 O gene [elemento] coagulante.

gyokétsú[2] [óó] 凝結【Fís.】O congelamento 「da água」, a coagulação 「do sangue/leite」; a condensação 「de gás」. ⇨ gyóko; gyōshúkú.

gyóki 漁期 A temporada [O tempo] de pesca.

gyōkō 漁港 O porto pesqueiro.

gyōkō [óó] 凝固【Fís.】**a)** A solidificação; **b)** A coagulação; a congelação. ◇ ~ *suru* 凝固する **a)** Solidificar; **b)** Coagular; **c)** Congelar. ◇ ~ **ten** 凝固点 O ponto de solidificação [coagulação; congelamento]. A/反 Yúkáí. ⇨ gyōkétsú[2].

gyōkō[1] [gyoó] 僥倖【E.】A (boa) sorte. ⇨ saíwáí.

gyōkō[2] [gyoó] 行幸 A visita do Imperador. S/同 Miyúkí.

gyoku 漁区 A área [zona] de pesca.

gyokúsáí 玉砕【催】A morte heróica [suicida] (para não ficar prisioneiro). ◇ ~ **senpō** 玉砕戦法 A tá(c)tica suicida.

gyokúséki-konkó 玉石混交 [淆] (O) metal puro e escória [grão e palha]. *Kare no sakuhin wa ~ de aru* 彼の作品は玉石混交である O autor tem de tudo nas suas obras: ~.

gyokuza 玉座【E.】O trono. S/同 Gyóza.

gyōmátsú [óó] 行末 O fim da linha. ★ ~ *o soroeru* 行末をそろえる Alinhar 「a página」.

gyomín 漁民 Os pescadores.

S/同 Gyófu; ryōshi (+).

gyómu [óo] 業務 O serviço; o expediente; o trabalho; a obrigação. ◇ ~ **shikkō bōgai** 業務執行妨害 A interferência no desempenho do 「meu」 serviço. ~ **jikan** 業務時間 As horas de expediente. ~ **jō kashitsu chishi** 業務上過失致死 A morte causada por negligência profissional. ~ **meirei** 業務命令 A ordem superior [da firma].

gyoníku 魚肉 (A carne de) peixe. ◇ ~ **sōsēji** 魚肉ソーセージ A salsicha de ~.

gyorái 魚雷 O torpedo. ◇ ~ **tei** 魚雷艇 O torpedeiro. S/周 Gyokél-súirai.

gyórétsú [óo] 行列 **1** [人の列] A fila. ★ ~ *ni wari-komu* 行列に割り込む Furar ~. ~ *suru* [*o tsukuru*] 行列する [を作る] Fazer [Pôr-se em] ~. **Kasō** [**Chōchin**] ~ 仮装 [ちょうちん] 行列 O desfile de fantoches (Figuras vestidas de fantasia)[lanternas]. ⇨ rétsú. **2** [数学の]【Mat.】 A matriz. ◇ ~ **shiki** 行列式 O determinante.

gyórogyoro (to) ぎょろぎょろ (と)【On.】★ *Me o* ~ *saseru* 目をぎょろぎょろ(と)させる Fazer arregalar os olhos. ⇨ kyórokyoro.

gyorόri (to) ぎょろり(と)【On.】★ ~ *niramu* ぎょろりとにらむ Olhar fixamente; lançar um olhar 「de indignação」.

gyórui 魚類 Os peixes. ◇ ~ **gaku** 魚類学 A ictiologia. ~ **gakusha** 魚類学者 O ictiólogo.

gyόséi [óo] 行政 A administração. ★ ~ *(jō)no fu-sei* 行政（上）の不正 O Administrativo. ◇ ~ **hō** [**ken**] 行政法[権] O direito [poder] administrativo. ~ **kaikaku** [**kantoku**] 行政改革[監督] A reforma [O controle] administrativo[a]. ~ **kan** 行政官 O funcionário administrativo. ~ **kikan** [**kukaku; kyōtei; meirei; sochi; shobun**] 行政機関[区画; 協定; 命令; 措置; 処分] O órgão [distrito/A divisão; acordo; A ordem; A medida; A providência administrativa[o]. ~ **soshō** 行政訴訟 O litígio administrativo. ⇨ rippō[1]; shihō[2].

gyóséki[1] [óo] 業績 O trabalho realizado; a contribuição prestada [dada]; os resultados. ★ ~ *o age-ru* 業績を上げる Aumentar ~; resultar; dar resultado. S/周 Kóséki.[2] ⇨ jissékí; seíséki.

gyόséki[2] [óo] 行跡 A conduta; o comportamento. S/周 Gyójō; hínkō(+); mi-móchí.

gyosen 漁船 O barco de pesca.

gyósha [óo] 御 [駅] 者 O cocheiro; o condutor. ◇ ~ **dai** 御者台 O assento do ~.

gyósha [óo] 業者 O comerciante; o negociante; o industrial; o empresário. ★ *De-iri no* ~ 出入りの業者 O 「nosso」 fornecedor. ◇ ~ **kan kyōtei** 業者間協定 O acordo firmado entre os ~s. ⇨ eígyō; jitsúgyō-ká; kígyō-ká.[1]

gyóshí [óo] 凝視 O olhar fixo; o fitar; o cravar [fixar] os olhos. S/周 Júkushi.

gyóshó [óo] 行書 A escrita [caligrafia] semicursiva. ⇨ kaíshó[1]; sōshó[1].

gyóshó [óo] 行商 O comércio ambulante. ★ ~ *suru* 行商する Vender pelas ruas [terras].

gyóshu [óo] 業種 (segundo) O ramo [A categoria] de negócio/indústria/comércio. ⇨ shókushú[1].

gyóshukú [óo] 凝縮 **1** [気体が液体になること]【Fís.】A condensação. ★ *Suijōki ga* ~ *suru* 水蒸気が凝縮する Condensar-se o vapor. **2** [まとまって中味が濃くなること] O concretizar.

gyósó [gyoó] 形相 A fisionomia; as feições; o semblante; a cara. ★ *Hisshi no* ~ 必死の形相 A ~ de

desespero. ⇨ kaó-tsúkí.

gyosón 漁村 A aldeia pesqueira.

gyosúru 御する Manejar; levar [tratar]; controlar; governar; dominar. *Aitsu wa ohitoyoshi de gyoshi-yasui* あいつはお人好しで御しやすい Aquele sujeito é fácil de controlar por ser bonzinho.

gyotákú 魚拓 Uma estampa impressa com o próprio peixe apanhado e guardada como troféu.

gyótén [óo] 仰天 O ficar ató[ô]nito [estupefa(c)to/pasmado]. *Kare no nyūin o kiite bikkuri* ~ *shita* 彼の入院を聞いてびっくり仰天した Fiquei ~ ao saber que ele tinha dado entrada no hospital. ⇨ odóroku.

gyottó ぎょっと【On.】 *Fui ni kata o tatakarete* ~ *shita* 不意に肩をたたかれてぎょっとした De repente bateram-me no ombro e eu fiquei sobressaltado [com medo].

gyoyú 魚油 O óleo de peixe.

gyózúí [óo] 行水 O banho de tina (bacia grande). I/慣用 *Karasu no* ~ 烏の行水 O banho rápido. ⇨ kárasu[1]; nyúyókú.

gyúba [úu] 牛馬 A besta [O animal de carga]. *Karera wa* ~ *no yō ni kokitsukawareta* 彼らは牛馬のようにこき使われた Eles foram usados como animais de carga.

gyúgyú [**gyuu-**] ぎゅうぎゅう【On.】 **1** [強く責めて降参させるさま] ~ *(to)iu me ni awasete yaru* ぎゅうぎゅう(と)いう目にあわせてやる Vais levar uma sova que até hás-de gemer. **2** [強く押しつけたりしめつけたりするさま] [gyúgyū] *Kaban ni nimotsu o* ~ *(ni) tsumekonda* かばんに荷物をぎゅうぎゅう(に)詰め込んだ A mala ficou abarrotada. **3** [物がこすれたりきしんだりして出る音] *Kono kutsu wa aruku to* ~ *(to) naru* この靴は歩くとぎゅうぎゅう(と)鳴る Estes sapatos rangem [fazem barulho] ao andar.

gyúhō [úu] 牛歩 O passo de boi [lesma/tartaruga]. ◇ ~ **senjutsu** 牛歩戦術 A tá(c)tica dos oposicionistas irem votar na Dieta mexendo-se devagarinho para atrasar a votação.

gyúín-bashókú [úu] 牛飲馬食 O ser um glutão [comer e beber em demasia]. ★ ~ *suru* 牛飲馬食する... ⇨ geíín ◇.

gyújiru [úu] 牛耳る (Lit. "levar o boi pela orelha") Controlar; levar 「o marido」 pela trela; dominar. S/周 Shíhai suru (+).

gyú-nábé [úu] 牛鍋 ⇨ sukí-yákí.

gyú-níkú [úu] 牛肉 A carne de vaca.

gyúnyú [**gyuu-**] 牛乳 O leite (de vaca). ◇ ~ **hai-tatsunin** 牛乳配達人 O leiteiro. S/周 Míruku.

gyúsha[1] [úu] 牛舎 O curral [estábulo] das vacas. S/周 Ushí-góyá.

gyúsha[2] [úu] 牛車 O carro [A carroça] de bois. S/周 Ushí-gúruma; gíssha.

gyúshi [úu] 牛脂 A gordura [O sebo] de boi. S/周 Hétto.

gyútō [úu] 牛刀 O cutelo. ことわざ ~ *o motte niwa-tori o saku* 牛刀をもって鶏を割く Deitar fogo à casa para matar os ratos (Lit. "cortar galinha com ~").

gyútto ぎゅっと【On.】Com força. 「*Taoru o*」 ~ *shiboru* 「タオルを」ぎゅっと絞る Torcer bem 「a toalha」. ~ *te o nigiru* ぎゅっと手を握る Apertar firmemente [com toda a força] a mão.

gyú-zúmé [úu] ぎゅう詰め (< gyúgyū + tsuméru)【G.】 O estar como sardinha na canastra (Só pessoas como sujeito). S/周 Sushí-zúmé. ⇨ gyúgyū.

H

ha¹ 歯 **1** [動物の] O(s) dente(s); a dentadura. ★ ~ *ga guragura suru* 歯がぐらぐらする Ter a mexer/a cair. ~ *ga haeru* 歯が生える Estarem [Começarem] a nascer os dentes. ~ *ga itai* [*itamu*] 歯が痛い [痛む] Doerem os [Ter uma dor de] dentes/Doem-me os [Tenho uma dor de] dentes. ~ *ga nukeru* 歯が抜ける Cair um ~. ~ *ga tatanai* 歯が立たない (Id.) Não ser capaz [*Sono mondai wa watakushi ni wa totemo* ~ *ga tatanai* その問題は私にはとても歯が立たない Eu não sou capaz de resolver esse problema]. ~ *ga uku* 歯が浮く Ter os ~ embotados [~ *ga* [*no*] *uku yō na o-seji o iu* 歯が[の]浮くようなお世辞を言う Ser um adulador [bajulador] que (até) dá nojo]. ~ *ga yoi* [*warui*] 歯が良い [悪い] Ter dentes bons [maus]. ~ *ni semento o tsumeru* 歯にセメントを詰め Obturar [Chumbar] um ~. ~ *no ne ga awanai* 歯の根が合わない Bater o queixo [os ~]. ~ *o chiryō shite morau* 歯を治療してもらう Tratar os ~. ~ *o seseru* 歯をせせる Palitar os ~. ~ *o kuishibaru* 歯を食いしばる Cerrar os ~. ~ *o migaku* 歯を磨く Lavar [Escovar] os ~. 「*Shiroi* ~」*o misete niyaniya warau*「白い」歯を見せてにやにや笑う Verem-se-lhe os ~ num sorriso largo. ~ *o nuku* 歯を抜く Arrancar um ~. *Ue* [*Shita*] *no* ~ 上 [下] の ~ de cima [baixo]. [慣用] ~ *ni kinu o kisenai* 歯に衣を着せない Não ter papas na língua/Falar claro [sem rodeios]. ◇ ⇨ **~ burashi** / **gami** / **gata** / **gayui** / **gire**¹ / **gishiri** / **guruma** / **isha**¹ / **ita**² / **kuso** / **migaki** / **mukau** / **narabi** / **nuke**]. **2** [器具などの] O dente. *Kushi no* ~ *ga ippon kakete iru* 櫛の歯が1本欠けている O pente tem um ~ partido. *Kessekisha ga ōkute kushi no* ~ *ga kaketa yō na sabishii kyōshitsu da* 欠席者が多くて櫛の歯が欠けたような寂しい教室だ Faltou muita gente e o ambiente estava murcho (, só uns gatos pingados na sala). ★ *Haguruma no* ~ 歯車の歯 Os ~ de engrenagem [roda dentada]. **3** [はきものの] As travessas. ★ *Geta no* ~ げたの歯 As travessas (Espécie de saltos) da "geta" (Tamancos abertos, de madeira).

ha² 葉 A(s) folha(s); a folhagem. ★ ~ *ga ochiru* 葉が落ちる As ~ caem. ~ *ga irozuku* 葉が色付く As ~ tingem-se de cores. [S/同] Happá.

ha³ 刃 A lâmina; o fio; o gume. ★ *Naifu* [*Kanna*] *no* ~ *o togu* ナイフ [かんな] の刃を研ぐ Afiar uma faca/navalha (plaina). ~ *ga koboreru* 刃がこぼれる ~ *o nikuru* 鈍い [鋭い] ~ afiada [embotada/romba].

ha⁴ 派 O grupo; o partido; a fa(c)ção; a seita; a escola. ★ ~ *ga chigau* 派が違う Ser de [Pertencer a] ~ s diferentes. ◇ **Araragi-~** アララギ派 A escola de Araragi.

ha⁵ 覇 [E.] A hegemonia; o domínio. ★ ~ *o tonaeru* 覇を唱える Ter a/o ~. ⇨ kényroku; shudóken.

ha⁶ ハ [Mús.] O dó. ★ ~ *chō* [*tan*] *chō* ハ長 [短] 調 ~ maior [menor]. ⇨ háchó².

ha⁷ [*hā*] [*áa*] は [はあ] **1** [応答の声] Sim, senhor. ~, *kashikomarimashita* は、かしこまりました ~, (com todo o gosto). ~ *hahá*. **2** [笑い・驚きなどの声] Ah, ah, ah.; quê? (Exprime riso ou admiração). **3** [呼吸の音] Ah. (Ruído da respiração).

haáku 把握 **1** [手中におさめること] O ter na mão; o ter o domínio; o agarrar. ★ ~ *suru* 把握する Ter na mão; agarrar; dominar. **2** [理解すること] O compreender; o captar; o entender. ★ *Hanashi no yōten* [*Jōsei*] *o* ~ *suru* 話の要点 [情勢] を把握する Compreender os pontos essenciais da conversa [a situação]. [S/同] Ríkai (+).

ha-ári 羽蟻 [Zool.] A formiga alada (com asas).

habá 幅・巾 **1** [横の長さ] A largura. ★ ~ *no hiroi* 幅の広い Largo. ~ *no semai* 幅の狭い Estreito. ~ *o hirogeru* 幅を広げる Alargar. *Dōro no* ~ 道路の幅 ~ da estrada. [S/同] Fukúín. **2** [布地の幅を数える語] A largura (padrão) (De uma peça de tecido: 70cm). ★ *Daburu* ~ ダブル幅 Dupla ~ [Duas s]. **3** [高低の差; へだたり] A gama; a escala; a margem; a amplitude. ★ ~ *hiroi chishiki* 幅広い知識 Uma cultura muito vasta. *Rieki no* ~ 利益の幅 A margem de lucro. **4** [ゆとり] O espaço [lugar]; a madureza. *Kare wa kurō o shite ningen ni* ~ *ga dekita* 彼は苦労をして人間に幅ができた Depois de muitos sofrimentos e trabalhos ele ficou mais tolerante [compreensivo; humano; amadurecido]. ★ *Kijitsu* [*Kingaku*] *ni* ~ *o motaseru* 期日 [金額] に幅を持たせる D(eix)ar uma margenzinha no prazo [dinheiro]. ⇨ *Yutóri* (+); *yūzū-séi* (+), *yoyū* (o). **5** [はぶり] A influência. ~ *ga kiku* 幅が利く Ter ~. ~ *o kikaseru* 幅を利かせる Exercer [Fazer sentir] a sua ~ [*Ano kaisha de wa gakubatsu ga* ~ *o kikasete iru* あの会社では学閥が幅を利かせている Naquela companhia têm muita força as cliques das várias universidades de origem]. [S/同] Habúrí; iséi; séiryoku (+).

habákari 憚り (< habákáru) **1** [遠慮] O receio; o medo; o escrúpulo; a hesitação; a dúvida. ★ ~ *ga aru* はばかりがある Recear; ter medo; hesitar; estar na dúvida. ⇨ *habákari-nágara*. **2** [便所] [A.] A latrina. [S/同] Beñjó (+).

habákari-nágara はばかりながら (< habákáru + …) ~ *kore de mo watashi wa daigaku-de da* はばかりながらこれでも私は大学出だ Desculpe a imodéstia, mas eu também me formei numa universidade!

habákáru 憚る Ter receio [medo]; temer; recear. *Shinjitsu o iu no ni* ~ *koto wa nai* 真実を言うのには はばかることはない Por que ter medo de dizer a verdade? ★ ~ *tokoro naku* はばかるところ無く Sem receio [vergonha] de ninguém. *Gaibun o* ~ 外聞をはばかる Ter medo do que dirão. *Hitome o* ~ 人目をはばかる Agir às escondidas; b) Recear ser visto [*Futari wa hitome o* ~ *yō ni shite atta* 二人は人目をはばかるようにして会った Os dois encontraram-se longe de quem os visse]. *Tabun o* ~ 他聞をはばかる **a)** Ter medo de ser ouvido; **b)** Ser segredo [confidencial].

habámu 阻む Impedir; obstruir; barrar; deter. *Fubuki ni habamarete chōjō o kiwamerarenakatta* 吹雪に阻まれて頂上を極められなかった Impedidos por um nevão, não pudemos subir até (a)o cume (da montanha).

habátáku 羽搏く **1** [鳥が両翼を広げて上下に動かす] Bater as asas. **2** [飛ぶ] Voar; pairar. ★ *Ō-zora ni* ～ 大空にはばたく「ave」Voar alto no céu. [S/同] Tobú (+). **3** [自由に行動する] Deixar o ninho; ganhar asas; tornar-se independente. ★ *Mirai ni* ～ 未来にはばたく ～ e partir para a vida.

habá-tóbi 幅跳び (<… + tobú) O salto em comprimento. ◇ ⇨ **hashiri ～**.

habátsú 派閥 A fa(c)ção; o grupo rival [de pressão]. ★ ～ *o tsukuru* 派閥を作る Criar ～s. ◇ **～ kaishō** 派閥解消 A eliminação das [de todas as] ～s. **～ arasoi** 派閥争い O conflito entre as fa(c)ções「políticas」. [S/同] Ha[4]. ⇨ buńpá.

habá-yósé 幅寄せ (<… + yosérú) O encostar [acostamento].

habéru 侍る【A.】Servir; estar ao lado. ★ *Bijo o haberaseru* 美女を侍らせる Ser servido (e ladeado) por beldades. ⇨ kyū́ji ◇.

habíkóru 蔓る **1** [茂って広がる] Grassar; alastrar. ★ *Zassō ga* ～ 雑草がはびこる Estar inçado [cheio] de ervas (daninhas). **2** [よくない物が広がって勢いをふるう] Grassar. *Kōzui no ato ni wa osoroshii byōki ga habikotte ita* 洪水の後には恐ろしい病気がはびこっていた Depois das inundações grassou uma epidemia terrível. [S/同] Nosábáru; mań'éń-súrú.

habṓhō [bóo] 破防法【Dir.】⇨ hakái[1] ◇.

ha-bótan 葉牡丹 (< ha[2] + …)【Bot.】Uma espécie de couve ornamental; *brassica oleracea var. acephala*. [S/同] Kańráń; tamána. ⇨ kyábetsu.

H

hábu 波布【Zool.】Uma "habu" (Víbora de Okinawa); *trimeresurus flavoviridis*.

habú-cha 波布茶 O chá de "habú-sṓ".

habúku 省く **1** [取り除く] Suprimir; eliminar; excluir; omitir; abreviar; poupar. ★ *Muda o* ～ 無駄を省く Eliminar o supérfluo; não (deixar) estragar nada; poupar. *Setsumei o* ～ 説明を省く Deixar de lado [～] a explicação. [S/同] Nakúsú; torí-nózókú. **2** [減らす] Reduzir; poupar; diminuir; evitar. ★ *Jikan to rōryoku o* ～ 時間と労力を省く Poupar tempo e trabalho [e mão de obra]. [S/同] Herású.

ha-búrashi 歯ブラシ (< ha[1] + Ing. brush: escova) A escova de dentes.

ha-búrí 羽振り (< hané + furú) A influência; o poder; a força. ★ ～ *ga ii* 羽振りがいい Ter (muita) ～. [S/同] Habá **5**; iséí; séiryoku (+).

habú-sṓ 波布草【Bot.】O fedegoso; *cassia torosa* [*senna*]. ⇨ habú-cha.

ha-bútae 羽二重 (< hané + futáe) (Um tecido de) seda de alta qualidade. ◇ **Shiro-～** 白羽二重 ～ branco/a. ⇨ kinú-órímono.

hachí[1] 八 (O número) oito. ★ ～ *bai (no)* 八倍(の) O óctuplo; oito vezes (mais). ～ *bun no ichi* 八分の1 Um oitavo(1/8); a oitava parte. ～ *no ji* 八の字 O ideograma oito ou a sua forma [*Hitai ni* ～ *no ji o yoseru* 額に八の字を寄せる Franzir [Carregar] o sobrolho [as sobrancelhas]]. *Dai* ～*(ban-me no)* 第八(番目の) O oitavo. ◇ **～ jikan rōdō** 八時間労働 Oito horas de trabalho「por dia」. [S/同] Ya; yattsú. ⇨ yṓká[1].

hachí[2] 蜂 **a)** A abelha; **b)** A vespa. ★ ～ *ni sasareru* ハチに刺される Ser picado por uma ～. ～ *no ko* ハチの子 A larva. ～ *no su* ハチの巣 **a)** A colmeia; **b)** O ninho de vespas [～ *no su o tsutsuita yō na sawagi ni naru* 蜂の巣を突ついたような騒ぎになる Armar-se (para ali) uma grande zaragata]. [P/ことわざ] *Nakittsura ni* ～ 泣きっ面に蜂 Depois de um mal, outro vem.

hachí[3] 鉢 **1** [食器] A malga grande; o alguidar. ⇨ o-háchí. **2** [植木鉢] O vaso. ★ ～ *ue (no ki)* 鉢植え(の木) A planta de vaso. **3** [頭蓋] O crânio. ★ *Atama no* ～ 頭の鉢 A cabeça; o crânio. ◇ ⇨ **～ maki**. ⇨ híbachi; uékí-bachi.

hachí-áwase 鉢合わせ (<…[3] + awáséru) **1** [互いに頭をぶつけること] O dar uma cabeçada [turra] (um no outro). **2** [衝突] O encontrão; o choque. [S/同] Shṓtótsú (+). **3** [ばったり会うこと] O dar de caras.

hachí-bu 八分 **1** [10 分の 8] **a)** Oito décimos (8/10); oitenta por cento(80%); **b)** O estar quase「feito」. ★ ～ *dōri* 八分通り Uns 80%. ◇ **Hara ～** 腹八分 O estômago não inteiramente cheio; o comer moderadamente. [S/同] Hachí-wari; jū́búń-nó-háchí. **2** [100 分の 8] Oito centésimos [por cento]. **3** [Abrev. de "muráháchíbu"] O banir「de um grupo」; o votar ao ostracismo. **4** [8 分の 1] Um oitavo. ◇ **～ onpu** 八分音符 A colcheia.

hachígátsu 八月 (O mês de) agosto. [S/同] Házuki.

hachíjṓ-gínu 八丈絹 A seda "hachijō". ⇨ kínu[1].

hachíjū́ [úu] 八十 Oitenta. ★ ～ *dai no* 八十代の **a)** Do anos ～(1980-1989); **b)** 80 a 89 anos (de idade).

hachíjū́-háchí-ya 八十八夜 A octogésima oitava noite a contar do início da primavera (do calendário lunar), que cai aproximadamente a dois de Maio (a partir de quando se faz a apanha das folhas do chá).

hachíkíréru はち切れる **1** [満ちあふれる] Rebentar (de cheio/a). ★ *Hachikire-sō na kaban* はち切れそうなカバン A mala a rebentar de cheia. [S/同] Harétsú súrú. **2** [非常に元気である] Estar cheio de vida [vigor]; ter muita vitalidade. ★ ～ *yō na wakasa* はち切れるような若さ Uma juventude transbordante [cheia] de vida.

hachíkú 破竹 (Lit: cortar bambu) A pujança; a força. ★ ～ *no ikioi* 破竹の勢い A força [O vigor] irresistível.

hachí-maki 鉢巻き (<…[3] + makú) A tira [faixa] de pano que se ata em volta da cabeça. ★ *Tenugui de* ～ *o suru* 手ぬぐいで鉢巻きをする Fazer uma ～ com uma toalha.

hachímán 八幡 Hachiman (O deus da guerra, no x[sh]intoísmo). ◇ **～ gū** 八幡宮 O templo (do deus) ～.

hachíméń-róppi 八面六臂 **1** [仏像などの] Uma estátua budista de oito rostos e seis braços. **2** [数人の仕事をする手腕] A versatilidade; os muitos talentos. ★ ～ *no daikatsuyaku* 八面六臂の大活躍 Uma a(c)tividade extraordinária nos mais diversos campos.

hachí-miri 八ミリ O proje(c)tor de filme [A máquina de filmar] de 8 milímetros. ⇨ hachí[1].

hachí-mítsú 蜂蜜 (<…[2] + …) O mel (de abelha).

hachí nó ji 八の字 ⇨ hachí[1].

hachí-úé 鉢植え (<…[3] + uérú) A planta de vaso.

hachṓ[1] [óo] 波長 **1** [波動の長さ] O comprimento de onda. ★ *Enu-etchi-kei ni* ～ *o awaseru* NHKに波長を合わせる Sintonizar com [Apanhar; Captar; Ligar para] a NHK. **2** [互いの調子] A sintonia.

★ ～ *ga au* 波長が合う Sintonizar/Ter os mesmos gostos.
háchō[2] ハ調 (<… [6] + chō[4])【Mús.】A nota [clave de] dó. ★ *Ei* ～ 嬰ハ調 O dó sustenido.
hachū-rui [úu] 爬虫類 Os répteis; o réptil.
háda 肌・膚 **1** [皮膚] A pele. ★ ～ *ga kirei* 肌がきれい Ter a pele lisa [linda; macia]. ～ *ni awa o shōzuru* 肌に粟を生ずる Sentir arrepios; ficar com pele de galinha (G.). ～ *o sasu yō na samusa* 肌を刺すような寒さ Um frio de rachar. *Otoko ni* ～ *o yurusu* 男に肌を許す Entregar-se a um homem. ◇ ⇨ **～ iro**. **2** [きめ; 表面] A superfície; a textura; o grão. ★ ～ *no utsukushii zai* 肌の美しい材 A madeira com uma ～ [uns veios] linda/os. ◇ ⇨ **yama ～**. **3** [気質] O cará(c)ter; o temperamento; o tipo; a espécie; a natureza. ★ ～ *ga au* 肌が合う Ser do mesmo tipo; dar-se bem. [S/同] Hachō[1] **2**; hadá-áí; kishítsú.
hadá-áí 肌合い (<… **2** + áu) **1** [表面の感じ] A impressão ao tacto. ★ ～ *no yoi nunoji* 肌合いの良い布地 Um pano [tecido] macio [agradável ao tacto]. [S/同] Háda **2**. **2** [気質] O tipo; o cará(c)ter; o temperamento. ★ ～ *ga chigau* 肌合いが違う Não afinar pelo mesmo diapasão/Não ter o mesmo ～. [S/同] Háda **3**; seíkákú (+).
hadá-gi 肌着 A roupa interior [de baixo]. [S/同] Shitágí (+).
hadá-író 肌色 (<… + no + iró) A cor da pele.
hadáká 裸 **1** [裸身] O (corpo) nu; a nudez. ★ ～ *de* 裸で Nu; despido; em pêlo. ～ *ni naru* 裸になる Ficar nu; despir-se; tirar a roupa. ～ *ni sareru* 裸にされる Ser despido. ～ *ni suru* 裸にする Despir alguém. **2** [むきだし] O estar à vista [a descoberto]. ★ ～ *ni naru* 裸になる Ficar nu [descoberto] [*Ha ga ochite ki ga* ～ *ni natte iru* 葉が落ちて木が裸になっている As árvores estão despidas das (suas) folhas]. ◇ **～ denkyū** [**densen**] 裸電球 [電線] A lâmpada [O fio elé(c)trico] à vista. **3** [ありのまま] A franqueza [O não ter disfarce]. ★ ～ *ni naru* 裸になる Ser franco [～ *ni natte yoku hanashiaō* 裸になって良く話し合おう Vamos conversar com toda a franqueza]. **4** [何も持たぬこと] O não ter nada. ★ ～ *ni naru* 裸になる Ficar sem nada [*Yakedasarete sukkari* ～ *ni natta* 焼け出されてすっかり裸になった Perdi a casa num incêndio e fiquei sem nada]. ◇ ⇨ **～ ikkan** [**uma**].
hadáká-íkkán 裸一貫 (<… **4** + …) O zero [não ter nada]. *Kare wa* ～ *kara shachō ni natta* 彼は裸一貫から社長になった Ele começou do nada e conseguiu chegar a Presidente de uma empresa. ★ ～ *de* 裸一貫で Sem nada; só com a camisa (Id.) [a roupa que se traz no corpo].
hadáká-múgi 裸麦 A cevada; *hordeum vulgare*. ⇨ ō-múgí.
hadáká-mushi 裸虫 **1** [昆虫の幼虫] A larva de inse(c)to; a lagarta. ⇨ kemúshí; yṓchū́. **2** [衣服のない人] A pessoa pobre; o remendado.
hadákáru はだかる **1** [手足をひろげて人前に立つ] Estar [Pôr-se à frente de alguém] de braços e pernas abertos. [S/同] Tachíhádákáru (+). **2** [着ている衣服の合わせ目が開く] Abrir-se o vestido à frente. ⇨ hadákéru.
hadáká-uma 裸馬 O cavalo em pêlo [sem sela/albarda]. [A/反] Kuráókí-uma.
hadákéru はだける Abrir; descobrir. ★ *Mae o* ～ 前をはだける Abrir a frente (do vestido). *Munamoto* [*Mune*] *o* ～ 胸元 [胸] をはだける Descobrir o peito.
háda-mi 肌身 O corpo. ★ ～ *hanasazu motsu* 肌身離さず持つ Trazer sempre consigo. [S/同] Háda.
hadáń 破談 O cancelamento [A anulação; o rompimento]「de acordo/promessa」. ★ ～ *ni naru* 破談になる Ficar cancelado [anulado]. ～ *ni suru* 破談にする Cancelar; anular; romper「o noivado」; quebrar「o acordo」.
hadá-sámúi[**-zamui**] 肌寒い **1** [うすら寒い] Frio. ★ ～ *hi* 肌寒い日 Um dia ～. ～ *kaze* 肌寒い風 O vento ～. **2** [ぞっとする感じ] Arrepiante; horripilante. ★ ～ *omoi* 肌寒い思い A sensação ～.
hadáshí 跣・裸足 (< hadáká + ashí) **1** [素足] O(s) pé(s) descalço(s) [nus]. ★ ～ *de* はだしで「ir」Descalço. [S/同] Súashi. **2** [顔負け]【Suf.】O envergonhar. ★ *Kurōto* ～ *no gei* くろうとはだしの芸 Uma arte [habilidade] que envergonha um profissional [deixa um profissional de cara à banda/de boca aberta]. [S/同] Kaó-máké.
hadá-záwari 肌触り (<… + sawárú) **1** [肌に触れた時の感じ] O ta(c)to [toque]; a sensação. ★ ～ *ga ii* [*warui*] 肌触りがいい [悪い] Ser agradável [desagradável] ao ta(c)to; ser macio [áspero]. **2** [印象] A impressão. ⇨ ińshṓ[1].
hadé 派手 **1** [はなやか] O ser vistoso [garrido/berrante]. *Kono uwagi wa kanojo ni wa* ～ *da* この上着は彼女には派手だ Este casaco é muito vistoso para ela. ★ ～ *na fukusō* [*gara*; *iro*; *sugata*] 派手な服装 [柄; 色; 姿] A roupa [O padrão; cor; O aspecto] vistoso/a. ～ *na seikatsu o suru* 派手な生活をする Viver luxuosamente; levar uma vida pomposa [de (grande) aparato]. **2** [程度がはなはだしいようす] O ser muito [exagerado]. ～ *ni kane o tsukau* 派手に金を使う Gastar prodigamente; esbanjar o dinheiro. ～ *ni sawagu* 派手にさわぐ Fazer [Armar] uma (grande) algazarra. [S/同] Hadéyaka; hanáyaka; kábi. [A/反] Jimí[1].
hadṓ 波動 O movimento ondulatório; a propagação das ondas.
hā́do [áa] ハード (< Ing. hard) **1** [堅いこと] Duro. ◇ **～ renzu** ハードレンズ A lente de conta(c)to dura (De vidro). [S/同] Katáí[1]. **2** [はげしいこと] Duro; rigoroso; intenso; violento. ◇ **～ torēningu** ハードトレーニング O treino ～. [S/同] Kibíshíi. **3** [Abrev. de ⇨ hā́dóúéa].
hā́do-bóirudo [aá] ハードボイルド (< Ing. hard boiled) A「literatura de」violência. [S/同] Hijṓ.

H

ha-dómé 歯止め (< ha[1] + o + tomérú) **1** [制動機] O freio; o travão. [S/同] Burḗki (o); seídṓki (+). **2** [物事の変化を食いとめる手だて] O travão. ★ ～ *ga kakaru* 歯止めがかかる Ficar/Ser travado.
hā́dórú [aá] ハードル (< Ing. hurdle) **1** [障害物]【(D)es.】A barreira; o obstáculo. ★ ～ *o koeru* ハードルを超える **a**) Saltar um/a ～; **b**) Vencer um/a ～; resolver uma dificuldade. [S/同] Shṓgái-butsu. **2** [Abrev. de "hā́dórú rḗsu"] A corrida com barreiras.
hā́dó-úéa [aá] ハードウェア (< Ing. hardware) A maquinaria ["hardware"]「dos computadores」. [A/反] Sofútóúéa.
haé[1] 蠅【Zool.】A mosca. ～ *ga* (*makkuro ni*) *takatte iru* ハエが (まっ黒に) たかっている Estar coberto de ～s. [I/慣用] *Goma no* ～ 胡麻の蠅 O vigarista. [P/ことわざ] *Jibun no atama no* ～ *o oe* 自分の頭の蠅

を追え Meta-se na sua vida [Não se meta onde não é chamado]. ◇ **~ tataki** ハエ叩き O mata-moscas. **~ torigami** ハエ取り紙 O papel apanha-moscas. [S/同] Haí⁵.
haé² 栄え A glória; o esplendor; o brilho. ★ ~ *aru shōri* 栄えある勝利 A vitória gloriosa [brilhante]. [S/同] Homáré; kṓéí; méiyo (+).
haé-gíwá 生え際 (< haéru¹ + kiwá) A linha (frontal) do cabelo; as entradas.
haénáwá 延縄 O espin(h)el. ◇ **~ gyogyō** 延縄漁業 A pesca com ~.
haé-núkí 生え抜き (< haéru + nukú) **1** [きっすい] O ser nascido e criado. ★ ~ *no Edokko* 生え抜きの江戸っ子 Um "Edokko" (Natural de Tóquio) de gema [dos quatro costados]. [S/同] Kissúí. **2** [ずっとそこに勤務し続けていること] O trabalhar [estar] 「na organização」 desde o começo. *Kare wa kono kaisha no ~ da* 彼はこの会社の生え抜きだ Ele trabalhou sempre nesta firma.
haéru¹ 生える **1** [植物が成育する] Nascer; germinar; brotar; crescer. *Koke [Kusa] ga haete iru* 苔[草]が生えている Ter musgo [erva]. [P/ことわざ] *Makanu tane wa haenu* まかぬ種は生えぬ Quem não semeia, não colhe. **2** [動物の体の一部が成育する] Nascer; crescer. ★ *Ha ga ~* 歯が生える Nascerem os dentes. *Hige ga ~* ひげが生える Nascer a barba. *Haesorou* 生え揃う Nascerem todos 「os dentes」.
haéru² 映[栄]える **1** [光に照らされてあざやかである] Brilhar; reluzir; resplandecer. *Kaki no mi ga yūhi ni haete iru* 柿の実が夕日に映えている Os diospiros [caquis] brilham à luz do sol poente. **2** [調和してよく見える] Brilhar; sobressair.
hafú 破風【Arqui.】O coruchéu; a tábua de empena. [S/同] Kirízúmá.
hā́fú-bákku [aá] ハーフバック (< Ing. halfback)【(D)esp.】O médio [jogador de meio-campo]. [S/同] Chū́éí.
hā́fú-kṓto [aá-óo] ハーフコート (< Ing. half + coat) O casaco três-quartos.
hā́fú-mḗdo [aá-ée] ハーフメード (< Ing. half + made) O meio-pronto-a-vestir. ⇨ redímḗdo.
hā́fú-táimu [aá] ハーフタイム (< Ing. half + time) **1** [制限時間の半分] O meio período [turno] 「de trabalho」. ⇨ pā́tó-táimu. **2** [試合の中間の休憩時間] O (intervalo de) meio tempo 「do jogo de futebol」.
hagáí-jímé 羽交い締め (< ··· + shiméru) O manietar [amarrar]. ★ *Hito o ~ ni suru* 人を羽交い締めにする Atar as mãos a alguém atrás das costas.
hagákí 葉書 O (bilhete) postal. ★ ~ *o dasu* 葉書を出す Escrever [Mandar] um ~. ◇ **E ~** 絵葉書 ~ ilustrado. **Kansei ~** 官製葉書 ~ oficial. **Ōfuku ~** 往復葉書 ~ duplo [com resposta paga].
ha-gámi 歯噛み (< ··· ¹ + kámu) O rangido de dentes. ★ ~ *(o) suru* 歯噛み(を)する Ranger os dentes. [S/同] Ha-gíshiri (+).
hagáné 鋼 O aço. [S/同] Kṓ; kṓtétsu (+); suchī́ru.
hágan'isshṓ 破顔一笑【E.】O sorriso largo [aberto; rasgado]. ★ ~ *suru* 破顔一笑する Fazer um ~.
hagáréru 剝がれる (⇨ hágu¹) Soltar-se; descolar-se; despegar-se. ★ *Bake no kawa ga ~* 化けの皮が剝がれる Ser desmascarado. [S/同] Hagéru.
hagásu 剝がす Arrancar; esfolar; descascar 「o sobreiro」. ★ *Kitte o ~* 切手を剝がす Arrancar [Descolar] o selo. [S/同] Hagí-tóru (+); hágu¹.
ha-gátá 歯形[型] (< ··· ¹ + katá) **1** [歯でかんだあと] A marca dos dentes [da dentada]. ★ ~ *no* 歯形の「recorte」 Dentado [Dentiforme]. **2** [歯の型] A fôrma [O molde] dos dentes. ★ ~ *o toru* 歯型をとる Tirar ~.
ha-gáyúi 歯痒い (< ··· ¹ + kayúi) Irritante; que faz perder a paciênica. *Kare no osoi shigotoburi o mite iru to hagayuku naru* 彼の遅い仕事ぶりを見ていると歯痒くなる Fico impaciente [irritado] com a molenguice [morosidade] dele. [S/同] Jiréttái; modókáshíi.
háge 禿げ (< hagéru²) **1** [頭の] A calvície; a acomia; a calva; a careca (G.). **2** [禿げ頭の人] O careca (G.); o calvo. [S/同] Hagé-átama (+); hagéchábín. **3** [山などに木がないこと] Nu; escalvado; sem vegetação. ◇ **~ yama** 禿げ山 A montanha nua [~].
hagé-ágáru 禿げ上がる (< hagéru² + ···) Ficar calvo. ★ *Hageagatta hitai* 禿げ上がった額 A testa alta [já com entradas].
hagé-átama 禿げ頭 (< hagéru² + ···) A (cabeça) careca; o (homem) careca. [S/同] Háge; tokútṓ.
hagé-chábín 禿げ茶瓶【G.】⇨ hagé-átama.
hagé-chóró 禿[剝]げちょろ【G.】Meio careca. ⇨ hagéru¹·².
ha-géitō 葉鶏頭 (< ha² + keítṓ)【Bot.】O amaranto; *amaranthus tricolor*.
hagémásu 励ます **1** [元気づける] Encorajar; animar; estimular. ★ *Tomo no kotoba ni hagemasareru* 友の言葉に励まされる Ficar (mais) animado com as palavras do amigo. [S/同] Geńkí-zúkéru. **2** [声を強める] Elevar a voz.
hagémí 励み (< hagému) O encorajamento; o incentivo; o estímulo. ★ ~ *ga deru* 励みが出る Sentir-se encorajado [incentivado; estimulado]. ~ *ni naru* 励みになる Ser encorajante [um ~]. [S/同] Beńréí.
hagému 励む Aplicar-se; dedicar-se. ★ *Gakumon ni ~* 学問に励む ~ aos estudos; estudar com afinco.
hagéru¹ 剝げる **1** [塗ったものが] Saltar; sair. *Mekki ga hageta* めっきが剝げた O galvanizado [cromo] saltou. [S/同] Hagáréru. **2** [あせる] Desbotar; descorar. ★ *Some no hageta kiji* 染めの剝げた生地 O tecido desbotado [descorado]. [S/同] Aséru² (+).
hagéru² 禿げる **1** [頭の毛が抜ける] Ficar calvo [careca (G.)]. ★ *Hagekakatta atama* 禿げかかった頭 A cabeça que está a ficar calva. **2** [何もなくなる] Ficar sem 「vegetação」. ★ *Chōjō no hageta yama* 頂上の禿げた山 A montanha sem vegetação no cume.
hagéshii 激[烈]しい **1** [風雨などが] Violento; forte; intenso. ★ ~ *ame [kaze]* 激しい雨[風] A chuvada [ventania/O vendaval]. [S/同] Hidói. **2** [行為が] Violento; furioso; feroz. ★ ~ *giron* 激しい議論 A discussão violenta. ~ *tatakai* 激しい戦い A luta feroz. **3** [感覚·感情が] Intenso. ★ ~ *itami* 激しい痛み A dor aguda [intensa]. *Dōki ga hageshiku naru* 動悸が激しくなる Ficar com a palpitação acelerada. [S/同] Hidói. **4** [動きが] Intenso. *Kono tōri wa jidōsha no ōrai ga ~* この通りは自動車の往来が激しい Esta rua tem um movimento infernal.
hagé-táká 禿鷹【Zool.】O falcão [condor/abutre] de pescoço nu.
hagé-wáshí 禿鷲【Zool.】A águia de pescoço nu.
hagé-yámá 禿げ山 (< hagéru + ···) O monte escal-

vado/nu.
hagi[1] 接ぎ (< hágu) ⇨ tsugí[2].
hagi[2] 脛 ⇨ suné.
hagi[3] 萩 [Bot.] Um arbusto da família das Leguminosas; *lespedeza bicolor*.
hagi-áwáséru 接ぎ合わせる (< hágu[2] + …) Remendar [Pôr um remendo]. S/同 Tsugí-áwáséru.
ha-giré[1] 歯切れ (< ha[1] + kiré) 1 [食物の] A sensação que algo oferece ao ser mordido [trincado]. ⇨ ha-gótae. 2 [言葉や態度などの] A articulação; o modo. ★ *Kare no henji wa ~ ga warukatta* 彼の返事は歯切れが悪かった A resposta dele não foi clara [tinha algo de ambíguo].
ha-giré[2] 端切れ (< hashí + kiré) O retalho [A sobra] de tecido.
ha-gíshiri 歯軋り (< …[1] + kishíru) 1 [歯をこすり合わせること] O rangido de dentes; o frendor. ★ ~ *(o) suru* 歯ぎしり(を)する Ranger os dentes; frender. S/同 Ha-gámí. 2 [悔しがること] [Fig.] O despeito; o vexame; a raiva. I/慣用 *Gomame no* ~ ごまめの歯ぎしり ⇨ gomámé.
hagí-tórú 剥ぎ取る (< hágu[1] + …) 1 [はがして取る] Arrancar [Tirar]. ★ *Hon no hyōshi o* ~ 本の表紙を剥ぎ取る → a capa do livro. 2 [強奪する] Roubar. *Gōtō ni migurumi hagitorareta* 強盗に身ぐるみ剥ぎ取られた Fui assaltado e até a roupa (que trazia no corpo) me levaram.
hagó-ita 羽子板 A raquete de [para jogar o] volante.
ha-górómó 羽衣 (< hané + korómó) O traje de plumas. ★ *Tennyo no* ~ 天女の羽衣 As vestes celestiais de um anjo [uma ninfa].
ha-gótae 歯応え (< …[1] + kotáéru) 1 [食物などの] A resistência que se sente nos dentes ao mastigar. ★ ~ *ga aru* [*nai*] 歯応えのある[ない] Ser duro [fácil de mastigar]. 2 [仕事など] [Fig.] O ser duro (difícil). ★ ~ *no aru hon* 歯応えのある本 O livro difícil (com conteúdo).
hágu[1] 剥ぐ 1 [表面をむき取る] Tirar; arrancar; esfolar. ★ *Futon o haide hito o okosu* 布団を剥いで人を起こす Puxar/Arrancar o cobertor para tirar alguém da cama. *Kamen o* ~ 仮面を剥ぐ Arrancar a máscara. S/同 Hagásu. *mukó*[2]. 2 [奪う] Tirar. ★ *Migurumi* ~ 身ぐるみ剥ぐ Tirar tudo. S/同 Hakúdátsú súrú; ubáu (+).
hágu[2] 接ぐ Coser [dois panos]; juntar; colar「duas tábuas」. S/同 Tsugú[1] (+).
hagúkúmu 育む 1 [大事に育てる] Criar [Educar]. *Shōnen wa ryōshin no ai[jo] ni hagukumarete takumashiku sodatta* 少年は両親の愛情に育まれてたくましく育った O menino cresceu forte e sadio, rodeado do amor e cuidados dos pais. ⇨ sodátéru; yashínáú; yókú. 2 [保護し発展させる] [Fig.] Alimentar; cultivar; encorajar; fomentar. ★ *Jiyū no seishin o* ~ 自由の精神を育む ~ o espírito de liberdade.
hagúrákásu はぐらかす 1 [そらす; ごまかす] Rodear [Esquivar-se a; fugir a] 「a pergunta/questão」. *Hagurakasanaide shitsumon ni kichin to kotae nasai* はぐらかさないで質問にきちんと答えなさい Deixa-te de rodeios [sofismas] e responde (mas é) à pergunta. S/同 Gomákásu; sorásu. 2 [逃げ抜く] Escapar-se [Livrar-se]「de alguém」. S/同 Máku (+).
hagúréru 逸れる 1 [連れを見失う] Perder alguém

de vista. ★ *Tsure to* ~ 連れとはぐれる Perder-se dos companheiros. 2 [「-hagureru」の形で, ~しそこなう] *Shokugyō ni nai shokugyō* 食いっぱぐれのない職業 Uma profissão estável [sem perigo de perder o meio de viver].
ha-gúruma 歯車 (< …[1] + kurúmá) A roda dentada; a engrenagem. ★ ~ *ga kamiawanai* 歯車が噛み合わない As rodas dentadas não engrenam [entrosam]. ★ ~ *no ha* 歯車の歯 O dente de ~. ◇ *Hira* ~ 平歯車 ~ cilíndrica [frontal]. S/同 Gí(y)a.
ha-gúrúmá 母 1 [女親] A mãe. ★ ~ *no hi* 母の日 O dia da(s) ~(s). *Jitsu* [*Umi*] *no* ~ 実 [生み]の母 ~ verdadeira. *Mikon no* ~ 未婚の母 ~ solteira. *Sodate no* ~ 育ての母 ~ de criação. ◇ ~ *kata* 母方 O lado materno. 2 [物事のもと] [Fig.] A fonte; a origem. ★ ~ *naru daichi* ~ なる大地 A terra-mãe. ことわざ *Hitsuyō wa hatsumei no* ~ 必要は発明の母 A necessidade é a mãe da invenção.
hahá [áa] はあ Bem/Realmente/Certo/Agora entendo/Ah (sim)/Ah-ah! ★ ~, *sō iu koto datta no ka* はあ, そういうことだったのか Agora entendo como foi isso/Ah-ah! Então era isso. ⇨ ha[7]; narúhódó.
háha [haa-] はあはあ [On.] Uf! Uf! ★ ~ *iu* はあはあ言う Ofegar [Ficar ofegante]; respirar penosamente; arfar. ⇨ fúfú; zéizei.
hahakó-gusa 母子草 [Bot.] O cotonário; o gnafálio; *gnaphalium affine*.
hahei 派兵 O envio de tropas.
hahén 破片 O fragmento; a lasca; o estilhaço; o pedaço; o caco. S/同 Kakérá (+); saihén.
hahón 端本 A cole(c)ção incompleta [Um volume da cole(c)ção]. A/反 Kanpón.
hái[1] はい 1 [肯定; 受け入れ] Sim; certo; certamente; corre(c)to. "*Anata wa nihonjin desu ka.*" "~, *sō desu*" 「あなたは日本人ですか」「はい, そうです」 O senhor é japonês? — Sim, sou. "*Kōhī o kudasai.*" "~, *kashikomarimashita*" 「コーヒーを下さい」「はい, かしこまりました」 Dê [Traga]-me um café, por favor. — Com certeza. A/反 Iié. o un[2]. 2 [呼びかけに対して] Sim; presente; aqui estou. "*Tanaka-san.*" "~, *nan deshō ka*" 「田中さん」「はい, 何でしょうか」 "Sim, Tanaka!" "Sim, (o) que deseja"? 3 [相手に注意を促す] Eh!; olá!; alô! (B.); ei! ~, *kochira o muite* はい, こちらを向いて Eh! olha/e para cá!
hái[2] 灰 O cinza. ★ ~ *ni naru* 灰になる Ficar reduzido a cinzas [*Kūshū de izisan ga subete* ~ *ni natta* 空襲で財産がすべて灰になった Perdi tudo no bombardeio aéreo]. ~ *ni suru* 灰にする a) Reduzir a cinzas; b) Cremar. *Shi no* ~ 死の灰 As cinzas radioa(c)tivas 「da bomba ató(ô)mica」. ◇ ⇨ ~ *gara* [*iro*/*zara*].
hái[3] 肺 [Anat.] O pulmão. ◇ ⇨ ~ *byō.* ~ *dō* [*jō*] *myaku* 肺動 [静] 脈 A artéria [veia] pulmonar. ⇨ ~ *katsuryō.* ~ *kishu* 肺気腫 O enfisema pulmonar. ~ *shinjun* 肺浸潤 A pneumoconiose. ⇨ ~ *zō*.
hái[4] 胚 [Bot./Zool.] O embrião; o feto.
hái[5] 蝿 ⇨ haé[1].
-hái[6] 敗 [Suf.] A derrota. ★ *Isshō ni* ~ 一勝二敗 Uma vitória e duas ~.
hái[7] 拝 [E.] **a)** O rezar fazendo uma reverência; **b)** A palavra que se escreve numa carta depois da assinatura, para mostrar respeito. ⇨ háigu; hái-

kei²; haísúru³; sańpái-kyū́hái.
-hai[8] 杯 (Suf. numeral para contagem de quantidade de ingerida) A dose. ★ *Bīru [Cha; Sake] o ippai nomu* ビール[茶; 酒]を一杯飲む Tomar um copo de cerveja [uma xícara de chá; de vinho].
haí-ágáru 這い上がる (< háu + …) **1** [這って上がる] Subir rastejando. ★ *Mizu no naka kara kanpan ni* ~ 水の中から甲板に這い上がる Subir da água para o convés. [S/同] Haí-nóbóru; yojí-nóbóru. **2** [困難に勝って地位を得る]【Fig.】Subir [Trepar] na vida (vencendo dificuldades). *Kare wa binbō no donzoko kara haiagatte, ima de wa kono kaisha o keiei suru made ni natta* 彼は貧乏のどん底から這い上がって, 今ではこの会社を経営するまでになった Ele subiu da maior pobreza e é agora gestor desta firma.
haíáń 廃案 O proje(c)to rejeitado. ★ ~ *ni [to] suru* 廃案に[と]する Rejeitar um proje(c)to.
haíbéń 排便 A evacuação; a defecação. ★ ~ *suru* 排便する Evacuar; defecar.
[S/同] Dappúń. ⇨ daíbéń¹; haísétsú.
háibi¹ 配備 A disposição; a colocação. ★ ~ *suru* 配備する Dispor; colocar. *Gun no* ~ 軍の配備 ~ de tropas. ⇨ haíchí.
háibi² 拝眉【E.】O encontro; a audiência.
[S/同] Haígáń.
haíbísukasu ハイビスカス (< Ing. hibiscus < L.)【Bot.】O hibisco.
haíbókú 敗北 A derrota. ★ ~ *o kissuru* 敗北を喫する Sofrer uma ~. ◇ ~ **shugi** 敗北主義 O derrotismo. [S/同] Haísṓ¹. [A/反] Shṓri.
haíbṓru [óo] ハイボール (< Ing. highball) O uísque com soda.
haíbúń¹ 配分 A distribuição; a divisão; a partilha. ★ *Rieki o byōdō ni* ~ *suru* 利益を平等に配分する Distribuir [Repartir] o lucro equitativamente.
haíbúń² 俳文 O verso livre; a prosa poética.
haíbútsú 廃物 O artigo [material] inútil; o resíduo; a sucata. ★ ~ *ni naru* 廃物になる Ser deitado fora; ir para a sucata. ◇ ~ **riyō** 廃物利用 A reciclagem de「papel」usado. [S/同] Haíhín.
haíbyṓ 肺病【Med.】A doença pulmonar; a tuberculose. ⇨ haí³; haí-kékkaku.
haíchákú 廃嫡 A deserdação.
haíchí 配置 A disposição; a colocação. ★ ~ *suru* 配置する Dispor; colocar [*Yōsho yōsho ni keikan ga ~ sareta* 要所要所に警官が配置された Foram colocados guardas nos pontos estratégicos]. ◇ ⇨ ~ **gae**. ~ **tenkan** 配置転換 A mudança de pessoal (⇨ haítéń²). **Kiatsu** ~ 気圧配置 A distribuição da pressão atmosférica.
haíchí-gáé 配置換え (< … + kaérú) A transferência. ★ ~ *ni naru* 配置換えになる Ser transferido [colocado noutro posto]. [S/同] Haíchí-ténkan.
haíchṓ 拝聴【E.】O ouvir atentamente [respeitosamente]. *Go-iken o zehi ~ sasete itadakitai* 御意見をぜひ拝聴させていただきたい Gostaria muito de ouvir a sua opinião. ⇨ kikú¹.
haídáń 俳壇 O mundo [Os círculos] do "háiku".
haí-dásu 這い出す ⇨ haí-déru.
haídéń¹ 配電 O fornecimento de ele(c)tricidade [energia elé(c)trica]. ◇ ~ **ban** 配電盤 O painel [quadro] de distribuição. ~ **sen** 配電線 O fio [cabo] elé(c)trico/de ~. ⇨ sṓdéń¹.
haídéń² 拝殿 A ante-sala de um templo x[sh]intoísta.
haí-déru 這い出る (< háu + …) **a**) Sair de rastos [gatas]; **b**) Escapulir(-se); escapar(-se). [I/慣用] *Ari no ~ suki mo nai* 蟻の這い出る隙もない「O local」está rigorosamente guardado [vigiado].
haídókú 拝読【E.】O ler (respeitosamente). *O-tegami ~ itashimashita* お手紙拝読いたしました Recebi a sua estimada carta. ⇨ yómu¹.
haí-dṓmyaku [óo] 肺動脈【Anat.】⇨ haí³.
haíéi 背泳 O nado [nadar] de costas.
[S/同] Bákku; se-óyogi.
haíéki 廃液 Os resíduos líquidos. ◇ **Kōjō** ~ 工場廃液 Os efluentes [~] industriais.
haí-éń¹ 肺炎 A pneumonia. ★ *Kaze kara ~ ni naru* 風邪から肺炎になる A constipação evoluir para uma ~. ◇ **Kyūsei** [**Shōyōsei**] ~ 急性[小葉性] 肺炎 ~ aguda [lobar/fibrinosa].
haíéń² 排煙 O fumo.
haíéná ハイエナ【Zool.】(< Ing. hyena < L.) A hiena. [S/同] Tatégámí-inu.
haíétsú 拝謁【E.】A audiência. ★ *Heika ni ~ o yurusareru* 陛下に拝謁を許される Ser concedida ~ com o Imperador. ⇨ ekkéń².
haífái ハイファイ (< Ing. hi-fi: high fidelity) A alta-fidelidade. ◇ ~ **sutereo** ハイファイステレオ A aparelhagem estereofó[ô]nica de ~.
haífú¹ 配布 A distribuição. ★ *Senden-yō no panfuretto o ~ suru* 宣伝用のパンフレットを配布する Distribuir panfletos [folhetos] de propaganda. ⇨ kubáru.
háifu² 肺腑【E.】**1** [⇨ haízṓ] **2** [心の奥] O coração. ★ ~ *o eguru* 肺腑をえぐる Cortar ~. ~ *o tsuku* 肺腑を衝く Tocar ~; comover.
haífúku 拝復【E.】Em resposta à sua (prezada) carta. ⇨ háikei².
háifun ハイフン (< Ing. hyphen < L.) O hífen; o traço de união.
haígá 胚芽【Bot.】O germe; o embrião.
haígái 排外 A xenofobia. ★ ~ *teki(na)* 排外的(な) Anti-estrangeiro; xenófobo. ◇ ~ **shisō** [**shugi**] 排外思想[主義] O xenofobismo. ⇨ haítá¹.
haígá-mái 胚芽米 O arroz integral.
hai-gáń¹ 肺癌【Med.】O câncer (B.) [cancro] pulmonar/do pulmão.
haígáń² 拝顔【E.】O ser recebido (em audiência).
[S/同] Háibi²; haíétsú.
haí-gárá 灰殻 (< …² + kará) A cinza. ★ *Tabako no ~* たばこの灰殻 ~ [O morrão] do cigarro.
haígékí 排撃 A rejeição; a condenação.
háigo¹ 背後 **1** [うしろ] A retaguarda「do inimigo」; a traseira. ~ *ni hito no kehai o kanjita* 背後に人の気配を感じた Senti alguém atrás de mim. [S/同] Ushíró (+). **2** [黒幕] Os bastidores. *Jiken no ~ ni wa ōmono no kage ga aru* 事件の背後には大物の影がある Por trás [Nos ~] desse caso há algum peixe grande [figurão importante]. ◇ ~ **kankei** 背後関係 O pano de fundo; as ligações por trás「de um caso」; ~.
haígó² 廃語 A palavra que caiu em desuso [O termo obsoleto].
haígṓ¹ 配合 **1** [取り合わせ] A combinação; a harmonia. ★ *Iro no ~ ga yoi* 色の配合が良い Ter uma boa combinação de cores. [S/同] Kumí-áwásé (+); torí-áwásé (+). ⇨ chṓwá. **2** [混合] A mistura; a composição. ★ *Kusuri o ~ suru* 薬を配合する Pre-

parar um remédio. ~ *shiryō* 配合飼料 A ração composta. ⇨ chōgó[1]; kongó[1].

haigó[2] 俳号 O pseudó[ô]nimo「de um poeta de háiku」. S/同 Haímeí.

háigu 拝具【E.】Atenciosamente (Nas cartas). ⇨ hái[1]; kéigu.

haigún 敗軍【E.】O exército derrotado. ことわざ ~ *no shō wa hei o katarazu* 敗軍の将は兵を語らず Um general derrotado não deve falar da derrota.

haigū-sha [úu] 配偶者 O cônjuge; o/a esposo/a. ◇ ~ **kōjo** 配偶者控除 A dedução (de imposto sobre os rendimentos) concedida a quem tem a cargo um cônjuge. ⇨ tsuréáí.

haigyō 廃業 O abandonar [desistir de] uma a(c)tividade [um negócio; um comércio; carreira; profissão]. ★ *Bengoshi* [*Ishi*] *no* ~ *suru* 弁護士[医師]を廃業する Deixar [~] a advocacia [medicina]. ◇ ~ **todoke** 廃業届 O pedido de encerramento de (um) a(c)tividade. ⇨ Káígyó[1].

háihai はいはい (< háu) 【Infa.】O andar de gatas.

haihán 背反【E.】**1** [そむくこと] A desobediência. ★ ~ *suru* 背反する Desobedecer; desobedecer. ⇨ ihán[1]; somúku. **2** [相入れないこと] A contradição; o desacordo; a incompatibilidade. ◇ **Niritsu** ~ 二律背反 A antinomia. ⇨ mujún.

haihin 廃品 O lixo; a sucata; as coisas usadas. ◇ ~ **kaishū** 廃品回収 A recolha de ~. S/同 Haíbútsú.

hai-híru [íi] ハイヒール (< Ing. high-heeled shoes) O (sapato de) salto alto. ⇨ rô-híru.

haihō 敗報 A notícia da derrota. A/反 Shōhō.

haihón 配本 A entrega [distribuição/venda] de livros. ★ ~ *suru* 配本する Fazer ~.

háii 廃位 O destronamento.

haiín 敗因 A causa da derrota. A/反 Shōín.

haiíró 灰色 **1** [灰のような色] O cinzento; a cor cinzenta. ★ ~ *gakatta* 灰色がかった Acinzentado. ⇨ nezúmí-író. **2** [暗く憂鬱であること]【Fig.】O ser triste. ★ ~ *no seishun o okuru* 灰色の青春を送る Ter [Levar] uma juventude triste. **3** [黒白はっきりしないこと]【Fig.】O ser turvo [ambíguo/um pouco escuro]. ◇ ~ **giin** [**kōkan**] 灰色議員 [高官] Um deputado [alto funcionário público] suspeito「de corrupção」.

haijákku ハイジャック (< Ing. hijack) O sequestro [desvio]「de um avião」. *Tōkyō-yuki jettoki ga kagekiha ni* ~ *sareta* 東京行きジェット機が過激派にハイジャックされた Um avião com destino a Tóquio foi sequestrado [desviado] por um grupo de radicais.

haijín[1] 俳人 O poeta de "haiku".

haijín[2] 廃人 O inválido.

haijítsú-séí 背日性【Bot.】O heliotropismo [fototropismo] negativo. A/反 Kōjítsúséí.

háijo 排除 A exclusão; a eliminação; a remoção. *Kiken bunshi no* ~ 危険分子の排除 ~ dos elementos perigosos. ⇨ Jókyo.

háiju 拝受【E.】O (ter a (subida) honra de) receber [aceitar]. *O-tegami arigataku* ~ *itashimashita* お手紙ありがたく拝受いたしました Tive a honra de receber a sua carta. ⇨ hikí-úkéru; uké-tóru.

háika[1] 配下 O subordinado; o discípulo. S/同 Búka (+); teshítá (+).

háika[2] 廃家【E.】**1** O vaguear [deambular]. ⇨ arúkí-máwáru; burátsúku; urótsúku.

haikái[2] 俳諧 **1** [こっけい味のある和歌] O "waka" humorístico. **2** [⇨ haíkú].

haikán[1] 配管 A canalização. ◇ ~ **kōji** 配管工事 A obra de ~ [pichelaria].

haikán[2] 廃刊 A suspensão da edição de um jornal [uma revista]. A/反 Sōkán.

haikán[3] 拝観 O ver uma preciosidade「artística」. ◇ ~ **ryō** 拝観料 A admissão para ver…

haikán[4] 廃艦 O navio de guerra desa(c)tivado.

haikára ハイカラ (< Ing. high collar)【G.】Elegante. ★ ~ *na fukusō* ハイカラな服装 A roupa chique [moderna]; ~.

haikátsú-ryō 肺活量 A capacidade respiratória. ★ ~ *ga ōi* [*sukunai*] 肺活量が多い[少ない] Ter grande [pouca] ~. ◇ ~ **kei** 肺活量計 O espirómetro.

haikei[1] 背景 **1** [バック;背] O fundo (de cena). *Fuji-san o* ~ *ni shashin o totta* 富士山を背景に写真を撮った Tirámos uma foto(grafia) com o monte Fuji como fundo. S/同 Bákku; se. **2** [舞台正面の絵]【Te.】O cenário. S/同 Kakíwárí. **3** [背後の勢力や事情]【Fig.】**a)** O apoio「político/financeiro」; **b)** As circunstâncias. ★ *Jiken no* ~ 事件の背景 A história [Os antecedentes] de um caso. ◇ **Jidai** ~ 時代背景 O ambiente de uma época; os tempos.

háikei[2] 拝啓【E.】Exmo. Sr.; Meu caro [prezado] amigo (Nas cartas). ⇨ kéigu; haífúkkú.

hai-kékkaku 肺結核【Med.】A tuberculose (pulmonar). S/同 haíbyō; haí-shínjun.

haikén 拝見 O ver [ler]. *Chotto* ~ ちょっと拝見 Pode mostrar-me? / Posso ver [ler]? *O-tegami* ~ *itashimashita* お手紙拝見いたしました Recebi a sua estimada carta. ★ ~ *suru* 拝見する …

haikétsú-shō 敗血症【Med.】A septicemia.

haiki[1] 排気 A exaustão. ◇ ~ **gasu** 排気ガス O gás de escape [~]. ◇ ~ **kō**. ◇ ~ **ryō** 排気量 A cilindrada. ⇨ haíshótsú[1]; kankí[2].

háiki[2] 廃棄 **1** [捨てること] O deitar [jogar (B.)] fora. *Fuyō-hin o* ~ *suru* 不用品を廃棄する Deitar fora o lixo. ◇ ~ **butsu** 廃棄物 O lixo; os desperdícios. **Kōjo** [**Kōgyō**; **Sangyō**] ~ **butsu** 工場[工業;産業]廃棄物 Os resíduos industriais; os efluentes; os detritos. **2** [条約などの] A ab-rogação; a abolição. ★ ~ *suru* 廃棄する Ab-rogar「uma lei」. ⇨ hákí[1].

haikí-kō 排気口 O escape.

haikín[1] 背筋 Os músculos dorsais. ⇨ fukkín.

haikín[2] 拝金 O culto do dinheiro. ◇ ~ **shū** [**shugi**] 拝金宗[主義]A religião [O espírito] de Mamona.

háikingu ハイキング (< Ing. hiking) A excursão [O passeio] a pé; a caminhada. ★ ~ *ni iku* ハイキングに行く Fazer uma ~. ◇ ~ **kōsu** ハイキングコース O caminho para passear.

haikō[1] 廃坑 A mina abandonada. ⇨ tankō[1].

haikō[2] 廃校 **a)** O encerramento de uma escola; **b)** A escola encerrada.

haikú 俳句 O háiku; a poesia j. de deze[e]ssete sílabas. ★ ~ *o tsukuru* 俳句を作る Fazer [Compor] um ~. S/同 Haíkái[2] **2**.

hai-kúrasu ハイクラス (< Ing. high-class)「um hotel」 De primeira (classe/categoria). S/同 Kōkyū.

háikyo 廃墟 As ruínas「do castelo」. ★ ~ *ni naru* 廃墟になる Ficar em ~.

haikyō 背教【E.】A apostasia [abjuração].

háikyū[1] 配給 O racionamento; a distribuição. ★

haikyū² 排球 ⇨ baré-bóru.

haikyū-mai 配給米 O arroz racionado.

haimátsu 這い松【Bot.】Uma espécie de pinheiro rasteiro; *pinus pumila*.

hai-máwaru 這い回る (< háu + …) Rastejar [Andar às voltas pelo chão].

haiméi 拝命【E.】O ser nomeado.

haimén 背面 A parte de trás; a retaguarda. ★ *Teki no ~ o semeru* 敵の背面を攻める Atacar a retaguarda do inimigo. ◇ **~ kōgeki** 背面攻撃 O ataque pela ~. ⟨S/岡⟩ Háigo (+). ⇨ shómen; soKúmén.

haimísu ハイミス (< Ing. high + miss) A solteirona. ⟨S/岡⟩ Órúdómisu.

hainékku ハイネック (< Ing. high necked) O colarinho alto; a gola subida [alta; chinesa].

hainétsu 廃熱 As perdas de calor. ◇ **~ riyō** 廃熱利用 O aproveitamento das ~.

hai-nichi 排日 (O ser) anti-japonês. ◇ **~ undō** 排日運動 O movimento ~. ⟨S/岡⟩ Hań-níchi²; kō-níchi. ⟨A/反⟩ Shíń-níchi.

hainín 背任 O abuso de confiança; a má-fé. ◇ **~ koi** 背任行為 O a(c)to de má-fé. **~ zai** 背任罪 O crime de ~.

hainō 背嚢 A mochila. ⟨S/岡⟩ Nappúzákku; ryukkúsákku.

hai-nóboru 這い登る (< háu + …) Trepar rastejando. ★ *Ganpeki o ~* 岩壁を這い登る Trepar à rocha. ⟨S/岡⟩ Hai-ágaru. ◇ yoji-nóboru.

hainyō 排尿【Med.】A micção. ★ *~ suru* 排尿する Urinar. ◇ **~ shōgai** 排尿障害 O problema em urinar. ⇨ haibén.

hainyū 胚乳【Bot.】O endosperma; o albume(n) primário.

haiókú 廃屋【E.】A casa abandonada [em ruínas]. ⟨S/岡⟩ Abáraya (+); háika².

hai-ókutan ハイオクタン (< Ing. high-octane) (A gasolina) de alta octana.

hai-pēsu ハイペース (< Ing. high pace) O ritmo rápido [acelerado]; a rapidez. ★ **~ *ni tsuite ikenai*** ハイペースについていけない Não posso acompanhar o「seu」ritmo. ⟨S/岡⟩ Haí [Kyū́]-pítchi.

haíráito ハイライト (< Ing. highlight) O ponto alto [O melhor momento]「do jogo」.

hairán 排卵 A ovulação. ◇ **~ yūhatsuzai** 排卵誘発剤 O remédio para produzir ~.

hairéi 拝礼【E.】⇨ reíhái¹.

hairétsú 拝[排]列 A disposição; a colocação; o arranjo. ★ *~ suru* 配列する Dispor 「*Ōkii jun ni ~ suru* 大きい順に配列する Dispor por ordem de altura [tamanho]」. ◇ **Gojūon-jun ~** 五十音順配列 A ordem do silabário j.

háiri 背理 A irracionalidade; o absurdo; o ilogismo [não ter lógica]. ◇ **~ hō** 背理法 O reduzir [A redução] ao absurdo.

hairí-kómu 入り込む (< háiru + …) Penetrar; entrar; introduzir-se. *To no sukima kara reiki ga hairikonde kita* 戸のすきまから冷気が入り込んで来た Um ar gélido penetrava a frincha da porta.

háiru 入る[這入る] **1**[外から内へ] Entrar. *Michi kara sukoshi haitta tokoro ni mon ga aru* 道から少し入ったところに門がある Ao lado da estrada, entrando um pouco, há um portão. *Muyō no mono ~ bekarazu* 無用の者入るべからず É proibida a entrada a estranhos (ao serviço). *O-hairi* お入り Entre, faz favor. ★ *Dorobō ni hairareru* 泥棒に入られる Ser assaltado. *Genkan [Uraguchi] kara ~* 玄関[裏口]から入る ~ pela porta da frente [de serviço; trás]. ⟨A/反⟩ Déru.

2[中にある；含まれる] Conter; incluir. *Kono sūpu ni wa butaniku ga haitte iru* このスープには豚肉が入っている Esta sopa tem carne de porco. *Zeikin to sābisuryō mo kanjō ni haitte imasu* 税金とサービス料も勘定に入っています A conta [O preço] inclui as taxas de serviço e de valor acrescentado.

3[参加する；一員となる] Entrar. *Kare ga kondo atarashiku waga-sha ni haitta Sakotsubo-kun da* 彼が今度新しく我が社に入った迫坪君だ Aquele é Sakotsubo, que entrou agora para a nossa empresa. ★ *Nakama ni ~* 仲間に入る ~ no grupo; passar a ser um「de nós」.

4[入学する] Entrar [Ser admitido] num estabelecimento de ensino. ★ *Daigaku ni ~* 大学に入る ~ na universidade. ⟨A/反⟩ Déru.

5[加わる] Entrar também「no grupo」. ★ *Te ga ~* 手が入る Haver uma busca「da polícia」[*Bōryokudan no jimusho ni keisatsu no te ga haitta* 暴力団の事務所に警察の手が入った A polícia fez uma rusga ao escritório dos bandidos].

6[属する；分類される] Pertencer. *Hito mo honyūrui ni ~* 人も哺乳類に入る O homem tb. pertence aos mamíferos. *Sonna koto wa shippai no uchi ni hairanai* そんなことは失敗のうちに入らない Isso não se pode chamar um fracasso.

7[ある時期になる] Entrar. *Jūni-gatsu ni ~ to hiekomi ga ichidan to kibishiku natta* 十二月に入ると冷え込みが一段と厳しくなった Depois de entrarmos em dezembro ficou (ainda mais) frio. **8**[いれることができる] Caber. *Heya ga semakute hyakunin wa totemo hairanai* 部屋が狭くて百人はとても入らない A sala [O quarto] é tão pequena/o que não cabem [dá para] cem pessoas, de modo nenhum. **9**[収入がある] Entrar「dinheiro」. *Hon'yaku no shigoto de tsuki ni jūman-en hodo ~* 翻訳の仕事で月に十万円ほど入る Ganho [Faço] uns cem mil yens por mês com traduções. **10**[自分の所有になる] Adquirir; conseguir. *Mezurashii hon ga te ni haitta* 珍しい本が手に入った Adquiri um livro raro. ⇨ nyū́ké¹; nyū́shū́. **11**[酒が]【G.】Beber bebida alcoólica. **12**[理解する；認識する；集中する] Compreender; entrar; reter. ★ *Ki ga chitte atama ni hairanai* 気が散って頭に入らない Não me posso concentrar「no estudo」e não compreendo nada「nem me entra nada na cabeça」. *Mi ga ~* 身が入る ⇨ mi¹. *Mimi ni ~* 耳に入る ⇨ mimí. *Me ni ~* 目に入る ⇨ me¹.

háiryo 配慮 A atenção (fineza); o cuidado [ter em conta]. ★ *~ suru* 配慮する Cuidar; dar atenção; ter em consideração. ⟨S/岡⟩ Kokóró-zúkai. ⇨ kłryo; shíńpái.

hairyō 拝領【E.】O receber「um presente」de um superior. ⇨ chódai¹ …

haisátsú 拝察【E.】A suposição [esperança]. *Go-kazoku mo go-yorokobi wa ikabakari ka to ~ itashimasu* 御家族のお喜びいかばかりかと拝察いたます「suponho/imagino que」Será uma grande alegria para toda a sua estimada família. ⇨ suísatsú.

haíséki 排斥 A rejeição「das ditaduras」; o repúdio; o ostracismo; o boicote「desse produto」.

haísén[1] 配線 A instalação elé(c)trica; o pôr os fios da ele(c)tricidade. ★ ~ *suru* 配線する Ele(c)trificar「os caminhos de ferro」. ◇ ~ **ban** 配線盤 O quadro de distribuição [comando]. ~ **koji** 配線工事 As obras de ele(c)trificação. ~ **zu** 配線図 O diagrama do circuito [das ligações].

haísén[2] 敗戦 A derrota; o revés. ★ ~ *suru* 敗戦する Ser derrotado (Sofrer um/a ~). ◇ ~ **koku** 敗戦国 O país derrotado. ~ **tōshu** 敗戦投手【Beis.】O lançador causador da ~. ⇨ haíbóku.

haísén[3] 廃船 O barco [navio] fora de serviço.

haísén[4] 配船 A repartição dos navios「pelas várias linhas」.

haísén[5] 廃線 A linha [carreira] de transportes suprimida.

haísén[6] 肺尖【Anat.】O vértice do pulmão. ⇨ haí[1].

haí-sénsu ハイセンス (< Ing. high + sense) O bom gosto. ★ ~ *na ki-konashi* ハイセンスな着こなし O vestir bem [com ~].

haísétsú 排泄【Biol.】A excreção; eliminação「de suor」; a evacuação. ★ ~ *suru* 排泄する Excretar; evacuar. ◇ ~ **butsu** 排泄物 O excremento; o excreto. ~ **ki(kan)** 排泄器(官) Os órgãos excretores. ~ **sayō** 排泄作用 A função excretório.

há-isha[1] 歯医者 O dentista; o odontologista. ⇨ Shikai.

háisha[2] 配車 A colocação [distribuição] de viaturas [carros; carruagens; composições]. ★ ~ *suru* 配車する ...

háisha[3] 敗者 Os derrotados [que perderam]. ◇ ~ **fukkatsusen** 敗者復活戦 O jogo de consolação. Ⓢ/反 Shósha.

háisha[4] 廃車 O carro para a sucata.

haísháku 拝借【E.】O pedir emprestado. *Kono hon o ni-san-nichi* ~ *sasete itadakemasu ka* この本を二、三日拝借させていただけますか Poderia fazer o favor de me emprestar este livro por dois ou três dias? ⇨ karíru.

haíshí 廃止 A abolição. ★ ~ *suru* 廃止する Abolir; anular; ab-rogar [revogar]「uma lei」. ◇ **Dorei** ~ 奴隷廃止 ~ da escravatura.

háishi[2] 胚子 ⇨ haí[4].

haíshín 背信 A traição; a deslealdade; a má-fé. ★ ~ *kōi o suru [hataraku]* 背信行為をする[働く] Trair; cometer uma traição; atraiçoar.

haí-shínjun 肺浸潤 A infiltração pulmonar. ⇨ haí-kékkaku.

haíshítsú 廃疾【E.】A incapacidade [invalidez].

haíshóku[1] 配色 A combinação de cores; o colorido. ★ ~ *ga yoi [warui]* 配色が良い[悪い] As cores combinam bem [mal].

haíshóku[2] 敗色 Os sinais de derrota. ~ *ga koku natte kita* 敗色が濃くなってきた A derrota parece cada vez mais provável/「Eles」vão perder!

háishu 胚珠【Bot.】O óvulo.

haíshútsú[1] 排出 A descarga; a saída「da água」; a excreção (Biol.); o escape (Eng.). ★ ~ *suru* 排出する Descarregar; escoar; expelir. ◇ ~ **kijun** 排出基準 O padrão [A norma] de influência [emissão]. ⇨ haíkí[1].

haíshútsú[2] 輩出【E.】O formar [A formação de] pessoas. *Kono gakkō kara idai na seijika ga kazu-ōku* ~ *shita* この学校から偉大な政治家が数多く輩出した Esta escola formou [deu] muitos políticos famosos. ⇨ zokúshútsú.

háiso 敗訴【Dir.】O perder um processo [uma a(c)ção judicial]. ★ ~ *ni [to] naru* 敗訴に[と]なる Ser um processo perdido (Para o queixoso). ~ *suru* 敗訴する ... Ⓐ/反 Shóso. ⇨ soshú[1].

haísó[1] 敗走 A debandada; a fuga. ★ ~ *suru* 敗走する Debandar; pôr-se em ~.

haísó[2] 配送 A distribuição [entrega]; o envio. ★ ~ *suru* 配送する Entregar; fazer a/o ~ 「*Depāto kara o-iwai-hin o* ~ *shite morau* デパートからお祝い品を配送してもらう A procederá ao/à] ~. ◇ ~ **ryō** 配送料 Os custos de ~. ~ **saki** 配送先 O consignatário. ~ **sentā** 配送センター O centro de ~.

haí-sókkusu ハイソックス (< Ing. high socks) A meia alta [comprida].

haí-sósáetī ハイソサエティー (< Ing. high society) A alta sociedade. Ⓢ/同 Jōryū-shakai.

haísuí[1] 排水 **1**[水を外へ出すこと] A drenagem; o escoamento. ★ ~ *suru* 排水する Escoar(-se); drenar. ◇ ~ **kan** 排水管 O cano de ~. ~ **kō** 排水溝 O dreno. ~ **ponpu** 排水ポンプ A bomba para tirar água. ⇨ mizú-háke. **2**[水をおしのけること]【Mar.】O deslocamento. ★ ~ *suru* 排水する Deslocar. ~ *ton-sū* 排水トン数 A tonelagem.

haísuí[2] 配水 O abastecimento de água. ◇ ~ **kan** 配水管 O cano [tubo] de água. ⇨ kyúsuí[1].

haísuí[3] 廃水 As águas residuais; os efluentes. **Kōjō** ~ 工場廃水 Os ~ industriais [das fábricas]. ⇨ haíkí[1].

haísuí[4] 背水 O estar contra [entre a espada e] a parede. ★ ~ *no jin* 背水の陣 A situação sem recuo possível; o caso de vida ou de morte.

haísúru[1] 排する【E.】Excluir; rejeitar; repelir. *Bannan o haishite* 万難を排して Haja o que houver; a todo o custo; contra tudo e todos; contra ventos e marés. Ⓢ/同 Háijo suru (+); shirízókéru (+).

haísúru[2] 廃する【E.】**1**[それまで続いてきた制度・習慣などをなくす] Abolir; suprimir. Ⓢ/同 Haíshí súrú (+); nakúsú (+); yamérú (+). **2**[地位を退かせる] Depor; destronar. ★ ~ *Ō o* ~ 王を廃する ~ o rei.

haísúru[3] 拝する【E.】**1**[拝む] Adorar. Ogámu. **2**[拝受する] Receber. Ⓢ/同 Haíju suru (+). **3**[拝見する] Ver. ★ *Songan o* ~ *suru* 尊顔を拝する「Tenho a honra」de o ~. Ⓢ/同 Haíkén súrú (+). ⇨ míru[1].

haísúru[4] 配する【E.】**1**[取り合わせる] Juntar; combinar; harmonizar. ★ *Seiyō kenchiku ni Nihonfū teien o* ~ 西洋建築に日本風庭園を配する Acrescentar um jardim j. à casa ocidental. Ⓢ/同 Toríáwásérú (+). **2**[物を適当な場所に置く] Dispor; colocar. **3**[人を配置する] Colocar; dispor; postar. ★ *Keikan o yōsho yōsho ni* ~ 警官を要所要所に配する ~ guardas nos vários pontos estratégicos. Ⓢ/同 haíchí; haízóku. **4**[結婚させる] Casar「o filho」. Ⓢ/同 Meáwásérú (+).

haítá[1] 排他 A exclusão. ★ ~ *teki* 排他的 Exclusivista. ◇ ~ **shugi** 排他主義 O exclusivismo.

ha-itá[2] 歯痛 (< ~[1] + *itái*) A dor de dentes.

haítáí 敗退 A derrota「militar」. ★ ~ *suru* 敗退する Ser derrotado [eliminado]「no jogo」. ⇨ haíbóku.

haítátsú 配達 A entrega; a distribuição「do cor-

haitén¹ 配達 reio」. ★ *Chūmon no shina o ~ suru* 注文の品を配達する Entregar as encomendas. ◇ **~ muryō** 配達無料 (提示) (Fazemos) entrega gratuita. **~ nin** 配達人 O portador. **~ saki** 配達先 O destinatário. **Shinbun ~** 新聞配達 ~ dos jornais. ⇨ kubáru.

haitén¹ 配点 A repartição de pontos. *Kono mondai no ~ wa ichi-mon nijitten desu* この問題の配点は一問二十点です Nesta prova cada pergunta vale vinte pontos. **~ suru** 配点する Repartir os...

haitén² 配転 ⇨ haíchí ◇.

hai-tín [ii] ハイティーン (< Ing. high teen) A idade de deza[e]sseis a vinte anos. Ⓐ/Ⓡ Rô-tín.

haító 配当 a) A quota [parte]; b) 【Econ.】 O dividendo. ◇ **~ gaku [kin]** 配当額 [金] (A quantia de) um ~. **~ ritsu** 配当率 A percentagem do ~. **~ tsuki** 配当付き Com (direito a) ~. **Kabushiki ~** 株式配当 ~ em a(c)ções. **Mu ~** 無配当 Sem ~.

haítokú 背徳 A imoralidade. ◇ **~ kōi** 背徳行為 O a(c)to [A conduta] imoral.

háitsu ハイツ (< Ing. heights) O conjunto residencial num local elevado. ⇨ takádái.

hai-tsúkúbárú 這い蹲る ⇨ haítsúkúbáu.

hai-tsúkúbáu 這い蹲う 【G.】 Prostrar-se「diante da autoridade」.

haiúé [ee] ハイウェー (< Ing. highway) A rodovia (B.); a auto-estrada; a via rápida. ⇨ kôsokú-dôro.

háiya ハイヤー (< Ing. hire) O carro de aluguer/l. ⇨ tákushī.

haíyakú 配役 (O elenco das) personagens. ◇ **~ o kimeru** 配役を決める Escolher os a(c)tores「duma peça teatral」.

haiyō 佩用【E.】O usar (trazer). ★ *Katana [Kunshō] o ~ suru* 刀 [勲章] を佩用する Usar [Trazer] espada [condecorações]. ⇨ chakúyó.

haíyú 廃油 O óleo usado.

haíyū 俳優 O a(c)tor (A a(c)triz). ◇ **Butai ~** 舞台俳優 ~ de teatro. **Eiga ~** 映画俳優 ~ de cinema. Ⓢ/Ⓙ Yakúshá¹. ⇨ dañ'yū; joyú.

haízái 配剤【E.】A providência. ★ *Ten no ~* 天の配剤 ~ divina.

haízan¹ 敗残 (戦いで) O sobreviver à [não morrer na] guerra. ◇ **~ hei** 敗残兵 O soldado que escapou à morte. 2 [人生などで]【Fig.】O falhar. *Kare wa jinsei no ~ sha da* 彼は人生の敗残者だ Ele é um falhado na vida.

haízan² 廃山 A mina abandonada [desa(c)tivada]. ⇨ haíkó¹.

hai-zárá 灰皿 (< ~² + sará) O cinzeiro.

haízen 配膳 O servir à mesa. ★ **~ suru** 配膳する... ◇ **~ shitsu** 配膳室 A copa.

haízō 肺臓【Anat.】O(s) pulmão(ões). ⇨ haí³.

haízóku 配属 A nomeação; o ser destacado. *Raigetsu kara kikaku-shitsu ni ~ to naru* 来月から企画室に配属となる A partir do mês que vem vou para a se(c)ção de proje(c)tos. ⇨ haíchí.

haizúri-máwaru 這いずり回る ⇨ haí-máwáru.

hají 恥 A vergonha. ★ **~ mo gaibun mo nai** 恥も外聞もない Não ter vergonha nenhuma. **~ no uwa-nuri o suru** 恥の上塗りをする Passar por uma dupla ~「Ser ainda maior」. **~ o kaku** 恥をかく Passar (por) uma ~. **~ o sarasu** 恥をさらす Fazer má figura. **~ o shinobu** 恥を忍ぶ Engolir (a ~). **~ o shiranai** [~ o ~ to mo omowanai] 恥を知らない [恥を恥とも思わない] Não ter ~ (na cara); ser descarado [desavergonhado]. **~ o shiru** 恥を知る Ter vergonha [brio]「~ *o shire* 恥を知れ Tenha [Que pouca] ~!/Seu desavergonhado! **~ o sosogu [susugu]** 恥をそそぐ [すすぐ] Limpar o seu nome; reabilitar a sua honra. (ことわざ) *Tabi no ~ wa kaki-sute* 旅の恥はかき捨て Longe dos conhecidos, longe da honra.

haji² 端 ⇨ hashí³.

hají-iru 恥じ入る (< hajíru + …) Ficar (muito) envergonhado [embaraçado].

hajikéru 弾ける 1 [豆などが] Rebentar; estoirar; estalar; saltar; abrir(em)「as vagens/os ouriços」. 2 [勢いがいい]【Fig.】Irradiar. ★ **~ wakasa** 弾ける若さ A juventude radiosa [cheia de vida].

hajíki 弾き (< hajíku) 1 [ピストル]【G.】O revólver; a pistola. Ⓢ/Ⓙ Pisutórú. 2 [⇨ o-hájiki].

hajíki-dásu 弾き出す (< hajíku + …) 1 [弾いて外へ出す] Afastar [Pôr fora] 「da roda」 com um piparote. 2 [退け者にする] Expulsar [Pôr fora] 「do clube/grupo」. ★ *Soshiki kara hajiki-dasareru* 組織から弾き出される Ser expulso da organização. ⇨ noké-mónó. 3 [算出する] Calcular (⇨ hajíku 3). Ⓢ/Ⓙ Sañshútsú súrú.

hajíkkó 端っこ【G.】A ponta; o extremo. ⇨ Hasshíkkó; súmi.

hajíku 弾く 1 [はねかえす] Dar um piparote「à formiga」. ★ *Gen o ~* 弦を弾く Dedilhar as cordas「da guitarra」. ⇨ hané-káesu (tóbású). 2 [はねける; 受けつけない] Repelir. *Kono kōto wa yoku mizu o ~* このコートはよく水を弾く Este casaco é bom para a chuva. ⇨ hané-nókéru. 3 [そろばん玉を] Calcular [Mover as bolinhas do ábaco].

hajimaránái 始まらない (Neg. de hajimáru) Não adiantar (nada). *Ima sara sonna koto o itte mo ~* 今さらそんなことを言っても始まらない (Dizer) isso agora já não adianta [serve de nada].

hajimári 始まり ⇨ hajimé.

hajimárú 始まる 1 [開始する] Começar; principiar; abrir「a época」. *Jugyō wa hachi-ji-han kara ~* 授業は八時半から始まる As aulas começam às oito e meia. Ⓢ/Ⓙ Kaíshí súrú. 2 [起こる; 勃発する] Ocorrer; acontecer; haver. *Asoko de nani ka hajimatta rashii* あそこで何か始まったらしい Parece que aconteceu algo ali. ★ *Kenka ga ~* 喧嘩が始まる Vamos ter [Vai haver] briga. *Sensō ga ~* 戦争が始まる Rebentar a guerra. Ⓢ/Ⓙ Okóru³. ⇨ boppátsú. 3 [起源; 由来] Ter origem「em」. *Kare no sake-zuki wa ima no hajimatta koto de wa nai* 彼の酒好きは今に始まったことではない A paixão [O fraco] dele pelo álcool não é de agora. 4 [いつもの〈せ〉が出る] Repetir; recomeçar. *Mata kare no jiman-banashi ga hajimatta* また彼の自慢話が始まった Lá começou [vem] ele (outra vez) com as suas gabarolices.

hajimé 初 [始] め (< hajímérú) 1 [始めること] O começar; a (re)abertura. ◇ **Goyō ~** 御用始め A ~ das repartições」 depois dos feriados do Ano Novo. 2 [発端; 最初] O princípio [início; começo]. *Raigetsu no ~ ni shuppatsu suru yotei da* 来月の初めに出発する予定だ Partirei no ~ do mês que vem. ★ **~ kara owari made** 初めから終わりまで Do [Desde o] princípio (até) ao fim. **~ kara yarinaosu** 初めからやり直す Fazer tudo outra vez desde o ~. **~ ni** 初めに a) Ao [No] ~; b) Em

hajimemáshite 初めまして Muito prazer (em conhecê-lo/a). ★ *Tanaka to mōshimasu* 初めまして田中と申します Muito prazer. Chamo-me [Meu nome é] Tanaka. ⇨ hajímete.

hajimerú 始める **1** [開始する] Começar. *Piano o hajimeta no wa go-sai no toki desu* ピアノを始めたのは五歳のときです Comecei a tocar piano aos cinco anos. *Sā hajimeyō* さあ始めよう Mãos à obra/Vá, vamos ～ [a isto]! ★ *Ichi kara* 一から始める do princípio [zero]. S/同 Kaíshí súrú. **2** [開業する] Abrir. ★ *Resutoran o* ～ レストランを始める um restaurante. S/同 Kaígyō súrú. **3** [いつものくせを出す] Repetir (Uma mania) (Ex.: "*Sā－zo*" ＝ (Pronto) lá está ele!). **4** [「-hajimeru」の形で，何かをし出す] Começar a. *Kanojo wa totsuzen naki-hajimeta* 彼女は突然泣き始めた De repente ela começou a chorar. ★ *Aruki* ～ 歩き始める a andar. S/同 -dásu (+) .

hajímete 初めて (< hajímérú) **1** [最初に] A [Pela] primeira vez. *Kirisuto-kyō ga Nihon ni tsutaerareta no wa Muromachi-jidai no koto da* キリスト教が初めて日本に伝えられたのは室町時代のことだ O cristianismo foi pela ～ difundido no J. na era Muromachi. ～ *o-me ni kakarimasu* 初めてお目にかかります Muito prazer (em conhecê-lo/a). ⇨ hajímémáshite. ★ *Umarete* ～ 生まれて初めて「fumar」～ na vida. ⇨ saíshó. **2** [やっと] Só quando. *Byōki ni natte* ～ *kenkō no arigatasa ga wakatta* 病気になって初めて健康のありがたさがわかった ～ caí [fiquei] doente (é que) vi [reconheci] a importância da saúde. ⇨ arátámete; yattó.

ha-jírami 羽虱 (< hané + shirámí) 【Zool.】O pulgão (das plantas).

hajiráu 恥じらう Acanhar-se; envergonhar-se; ter vergonha. ★ *Hana mo* ～ *bijin* 花も恥じらう美人 Uma mulher linda que deixa envergonhadas as próprias flores [mais linda que uma rosa]. S/同 Hazukáshígáru (+) .

hajirú 恥[羞・愧・慚]じる **1** [恥ずかしく思う] Envergonhar-se; ter vergonha. ★ *Hazubeki okonai* 恥ずべき行い Uma a(c)ção vergonhosa. *Tenchi ni hajinai okonai* 天地に恥じない行い O procedimento re(c)to (perante Deus e os homens). **2** [そぐわない] Envergonhar [Causar vergonha]. ★ *Na ni hajinai* 名に恥じない行いな Vergonhoso; desonroso.

haji-sárashi 恥曝し (< … + sarású) A vergonha [desonra; desgraça]. *Aitsu wa ikka no* ～ *da* あいつ一家の恥さらしだ Ele é a ～ [ovelha negra] da família. ★ ～ *na* 恥さらしな Vergonhoso; desonroso.

hají-shírazu 恥知らず (< …¹ + Neg. de "shirú") O desavergonhado [sem-vergonha]. *Kono* ～ *me* この恥知らずめ Este [Seu] ～ !

hajō 波浄【E.】**a)** Ondulado; **b)** Sucessivo; em vagas. ◇ ～ **kōgeki** 波浄攻撃 Os ataques seguidos [sucessivos]. ⇨ namí.

haká¹ 墓 O túmulo; a sepultura [campa]; o sepulcro. ★ ～ *mairi o suru* [～ *ni mōderu*] 墓参りをする [墓にもうでる]Visitar ～ [o cemitério]. *A* ～ *no* 墓穴 A cova do ～. ⇨ **ba.** ～ **ishi** 墓石 A laje [pedra/campa] do ～. ⇨ ～ **mairi** [**mori**], ⇨ bóchi.

haká² 捗 O andamento [progresso] 「do trabalho/das coisas」. ★ ～ *ga iku* [*ikanai*] 捗が行く [行かない]Progredir [Não progredir] bem; ir/andar [não ir] bem. ⇨ hakadóru.

haká-bá 墓場 O cemitério. S/同 Bóchi (+) ; bósho.

hakábákáshíi 捗捗しい **1** [すばやく進んでいる] Rápido. *Ame no hi ga tsuzuite iru no de kōji no shinkō ga hakabakashiku nai* 雨の日が続いているので工事の進行がはかばかしくない A obra não anda [não vai mais depressa] por causa da chuva. **2** [思わしい状態である] Satisfatório. *Byōnin no yōdai wa ikkō ni hakabakashiku nai* 病人の容態は一向にはかばかしくない O estado do doente [paciente] não é nada ～. S/同 Omówáshíi.

ha-kábú 端株 (< hashí + …) 【Econ.】O título frac(c)ionário [As a(c)ções frac(c)ionadas].

hakadóru 捗る Progredir satisfatoriamente; andar [correr/avançar] bem. *Kōshō ga nakanaka hakadoranai* 交渉がなかなかはかどらない As negociações não estão a ～.

hakaí¹ 破壊 A destruição. *Sono jiken ni yotte watashitachi no heiwa na katei wa* ～ *sareta* その事件によって私達の平和な家庭は破壊された Esse incidente destruiu a paz que havia [reinava] na nossa família. ～ *teki* 破壊的 Destruidor. *Shizen kankyō no* ～ 自然環境の破壊 ～ da natureza [do meio ambiente]. ◇ ～ **katsudōbōshihō** 破壊活動防止法【Dir.】A lei de prevenção de sabotagem [a(c)tividades subversivas]. ～ **kōsaku** 破壊工作 A manobra de destruição. ～ **ryoku** 破壊力 O poder destrutivo. ～ **shugi** 破壊主義 O anarquismo. A/反 Kénsétsú.

hakaí² 破戒 A violação dos preceitos budistas. ◇ ～ **sō** 破戒僧 O bonzo anarquista [depravado].

hakaku 破格 **1** [特別であること] O ser especial. ★ ～ *no atsukai* [*taigū*] *o suru* 破格の扱い [待遇]をする Dar um tratamento especial(mente bom). ～ *no nedan de teikyō suru* 破格の値段で提供する Vender por preço especial. ⇨ tokúbétsú. **2** [文法に合わないこと] 【Gram.】O solecismo [erro].

hakámá 袴 **1** [衣類] A ～ (Peça de vestuário j.). **2** [つくしの] 【Bot.】A bainha. **3** [徳利を入れる受け皿] O suporte da jarrinha do saké aquecido.

haká-máiri 墓参り (< …¹ + máiru) O ir ao cemitério. ～ (*o*) *suru* 墓参り(を)する Visitar o túmulo 「dos antepassados」. S/同 Bosán.

haká-mόri 墓守り O coveiro [encarregado do cemitério].

hakánái はかない **1** [もろい] Efé[ê]mero; fugaz; fugidio; passageiro; transitório. ～ *isshō* [*jinsei*] はかない生[人生]「Esta」vida efémera. *Hakanaku chitta koi* はかなく散った恋 Um amor ～. ⇨ moróí; munáshíi. **2** [あてにならない] Fútil; vão.

~ nozomi o idaku はかない望みを抱く Acalentar uma esperança vã. ~ yume はかない夢 Uma quimera [utopia]. **3**[哀れな] Infeliz; triste. ★ ~ saigo o togeru はかない最期を遂げる Ter um fim ~.

hakánámu はかなむ Desenganar-se「do dinheiro e ir para o convento」; cansar-se. *Kare wa yo o hakanande mi-nage o shita* 彼は世をはかなんで身投げをした Ele, desenganado da vida, suicidou-se.

hakánáisa はかなさ (< hakánái) A futilidade; a fugacidade; a vaidade.

hakárái 計らい (< hakáráu) O tratar [encarregar-se] de algo; os bons ofícios. *Yūjin no iki na ~ de kare wa akogare no hito to hanasu kikai o eta* 友人の粋な計らいで彼は憧れの人と話す機会を得た Graças aos ~ do amigo, ele conseguiu falar à [com a] mulher dos seus sonhos. ⇨ asséń; shóchi; torí-átsúkái.

hakáráu 計らう「E.」Providenciar; cuidar; tratar; tomar medidas. *Sōgi no hō wa kochira de banji o-hakarai itashimasu* 葬儀の方はこちらで万事お計らいいたします Nós trataremos inteiramente [tudo] do funeral. ★ *Ii yō [Tekitō] ni ~* いいよう[適当]に計らう Ver(emos) o que se pode fazer.
S同 Torí-hákáráu (+).

hakárázumo 図らずも (< hakáráu) Inesperadamente; por acaso; quando menos se esperava. ~ *watashi ga sono taiyaku o hikiukeru koto ni natta* 図らずも私がその大役を引き受けることになった Não sei por quê, coube-me (agora) aceitar este importante cargo. S同 Omóígákéńáku (+).

hakári 秤 A balança. ★ ~ *de omosa o hakaru* はかりで重さを計る Pesar na ~. *Son-toku o ~ ni kakeru* 損得をはかりにかける Pesar os prós e os contras.

hakári-gátái 計り難い (< hakáru[+ …])**1**[数量が] Incalculável. *Sensei ni wa ~ hodo o-sewa ni natta* 先生には計り難いほどお世話になった Incalculáveis favores ao professor. S同 Hakári-shírénai. **2**[予測し難い] Imprevisível. *Kono saki dō naru ka mattaku ~* この先どうなるか全く計り難い Não faço a menor ideia do que o futuro nos reserva [vai trazer].

hakárígótó 謀 A trama; a intriga; o ardil; o estratagema; a conspiração. ★ ~ *o megurasu* はかりごとをめぐらす Tramar; conspirar. S同 Keíryákú (+); kuwádáté; sakúryákú (+). ⇨ íńbō.

hakári-shírénai 計り知れない (< hakáru[1] + Neg. de "shíru") **a)** Imenso; incalculável; **b)** Insondável; impenetrável. *Kare no hyōjō kara wa sono shinchū wa hakarishirenakatta* 彼の表情からはその心中は計り知れなかった Pelo rosto, não se podia saber o que ele realmente pensava. ~ *hodo no kurushimi* 計り知れないほどの苦しみ Um sofrimento imenso. S同 Hakári-gátái.

hakári-úri 量り売り (< hakáru[1] + urú) A venda a peso [por medida]. ★ ~ *suru* 量売りをする Vender …

hakáru[1] 計[量・測]る **1**[重さ・長さ・面積・体積を] **a)** Pesar (Só na balança); **b)** Medir; **c)** Calcular. ★ *Kami no nagasa to haba o monosashi de ~* 紙の長さと幅を物差しで測る Medir o comprimento e a largura do papel com a régua. *Taijū o ~* 体重を量る Pesar-se. *Yama no takasa o ~* 山の高さを測る Calcular a altura do monte. *Jikan o ~* 時間を計る Calcular o tempo. ⇨ sókútéi; sókútéí. **2**[予推し測る] Imaginar; conje(c)turar. *Kimi ga nani o kangaete iru no ka hakari-kaneru yo* 君が何を考えているのか測りかねるよ Não consigo ~ o que estás a pensar. S同 Oshí-hákáru; suíryō súrú. **3**[予測する] Prever. ★ *Eikyō no doai o ~* 影響の度合を測る ~ (a extensão d)as consequências. ⇨ sańtéí; suítéí; yosóku.

hakáru[2] 図[計・謀]る **1**[企てる] **a)** Plane(j)ar; tentar; **b)** Conspirar. *Shushō ansatsu o hakatta otoko ga taiho sareta* 首相暗殺を図った男が逮捕された O homem que conspirou contra (a vida d)o primeiro-ministro foi preso. S同 Keíkákú súrú; kuwádátéru. **2**[意図する] Ter a intenção [o propósito] de; prever. ★ *Ani hakaran ya* あに図らんや Para minha surpresa. *Bengi o ~* 便宜を図る Facilitar as coisas; ver o que convém. *Hakarazaru kekka* 図らざる結果 Um resultado imprevisto [inesperado] (⇨ hakárázumo). ⇨ kokórózásu; tsutóméru[1]. **3**[だます] Enganar. *Manmato hakarareta* まんまと謀られた Fui completamente enganado. S同 Azámúku (+); damásu (o).

hakáru[3] 諮る Consultar; pedir a opinião. ★ *Gikai [Iinkai] ni ~ giji* 議会[委員会]に諮る Submeter「algo」 à apreciação da Dieta [comissão]. S同 Shímóń [Sódáń] súrú.

hákase 博士 [その道に通じた人] O sábio. ◇ **Mono-shiri ~** 物知り博士 A pessoa sabedora [bem informada]. **2**[⇨ hákushi[2]].

hakásu 捌かす (⇨ hakéru) **1**[水をよく流れるようにする] Esvaziar. **2**[売り尽くす] Vender tudo. *Sēru no shōhin o ~* セールの商品を捌かす ~ o que havia para liquidação.

haké[1] 刷毛 A escova; a brocha; a trincha; o pincel. S同 Búrashi (+).

haké[2] 捌け (< hakáru) **1**[排水] O escoamento. ★ *Mizu no ~ ga ii [warui] tochi* 水の捌けがいい[悪い]土地 O terreno com um bom [mau] ~ de águas. ◇ ⇨ **mízu**. S同 Haísúi[1]. **2**[売れ行き] A venda; a saída. ★ ~ *no warui shōhin* 捌けの悪い商品 A mercadoria que se vende mal [que tem pouca saída]. S同 Uré-gúai; uré-yúki (+).

haké-guchi 捌け口 (< … + kuchí) **1**[流れていくものの出口] A saída; o escoadouro; o ralo; a descarga; o escape. **2**[商品の売れ口] O mercado; a saída. ★ *Zaiko-hin no ~ o sagasu* 在庫品の捌け口を捜す Procurar saída para as mercadorias em armazém [estoque]. S同 Uré-kúchí (+). **3**[感情の] A vazão; o escape; a fuga. ★ *Ikari [Kanashimi] no ~* 怒り[悲しみ]の捌け口 ~ para a cólera [tristeza].

hakéń[1] 派遣 O envio. ★ ~ *suru* 派遣する Enviar [*Taishi to shite ~ sareru* 大使として派遣される Ser enviado como embaixador]. ◇ ~ **in** 派遣員 O membro de uma delegação.

hakéń[2] 覇権 A hegemonia; a supremacia; o domínio「dos mares」. ★ ~ *o arasou* 覇権を争う Lutar pela ~. ~ *o nigiru* 覇権を握る (Ob)ter ~.

háken [aa] ハーケン (< Al. maurhaken) [Alp.] O grampo [gato]. S同 Píton.

hakéru 捌ける (⇨ haké[2]) **1**[水などが] Escoar-se; vazar. **2**[売れる] Vender-se; ter saída. S同 Sabákéru; urérú (+).

háki[1] 破棄 **1**[破り棄てること] A destruição. ★ *Fuyō shorui o ~ suru* 不用書類を破棄する Destruir os documentos [papéis] inúteis. ⇨ sutéru. **2**[無効にする] A revogação; a anulação; o cancelamento. ★ ~ *suru* 破棄する Revogar「um decreto」; anular; cancelar. *Genhanketsu no ~* 原判決の破棄 A ~ da sentença original. *Jōyaku [Kyōtei] o ~ suru* 条約

[協定]を破棄する Romper o tratado [acordo]. ⇨ mukō².

háki² 覇気 **a)** O ânimo; o vigor; a energia; a genica (G.); **b)** A ambição. ★ ~ ga aru 覇気がある **a)** Ser ambicioso; **b)** Ter energia.

hakí-átsúméru 掃き集める ⇨ hakí-yóséru.

hakí-chígáeru 履き違える (< hakú² + ···) **1** [はき物を間違えて履く] Calçar por engano. ★ Hito no kutsu o ～ 人の靴を履き違える os sapatos de outra pessoa. **2** [意味を取り違える] Confundir; baralhar. Kare wa jibun-katte o jiyū to hakichigaete iru 彼は自分勝手を自由と履き違えている Ele confunde egoísmo com liberdade.

hakí-dámé 掃き溜め (< háku³ + tamérú) O depósito [vazadouro] do lixo; a lixeira. ᴾ²ᶜᴼᵗᵒʷᵃ ~ ni tsuru 掃き溜めに鶴 Uma jóia (Lit. cegonha no meio do lixo).

hakí-dásu¹ 吐き出す (< háku¹ + ···) **1** [胃の中の物を口から外へ出す] Vomitar; lançar fora; cuspir; expe(c)torar. **2** [言葉に出して言う] [Fig.] Dizer; desabafar; confessar. ★ Hontō no kimochi o ～ 本当の気持ちを吐き出す Dizer o que sente. **3** [一度に大量に外へ出す] Expelir; despejar. Entotsu ga kokuen o mōmō to hakidashite iru 煙突が黒煙をもうもうと吐き出している A chaminé está a expelir uma fumaça espessa. **4** [たくわえていた金品を手離す] Desembolsar. ★ Yokin o subete ~ 預金をすべて吐き出す ~ to save economias.

hakí-dásu² 掃き出す (< háku³ + ···) Varrer. ★ Gomi o kogai e ~ ごみを戸外へ掃き出す Varrer o lixo para a rua.

hakí-gókóchí 履き心地 (< hakú² + kokóchí) A sensação ao calçar. ★ ~ no yoi kutsu 履き心地のよい靴 Um sapato que calça bem.

hákihaki (to) はきはき(と) [On.] Com vivacidade [clareza; rapidez]. ★ ~ hanasu はきはきと話す Falar ~. ~ shite iru はきはきしている Ser vivo [rápido]. ⒶⓇ Gúzu guzu (to). ⇨ hakkíri.

hakí-káéru 履き替える (< hakú² + ···) Mudar [de meias; ~]. ★ Kutsu o ~ 靴を履き替える ~ de sapatos [calças].

hakí-ké 吐き気 (< háku¹ + ···) A(s) náusea(s); a vontade de vomitar; o enjoo. ★ ~ ga suru 吐き気がする Sentir ~ [ao ver tanta crueldade]; ter [estar com] ~ [por ter apanhado uma indigestão]. ~ o moyoosu 吐き気を催す Dar ~ [Causar enjoo]. ⇨ mukátsúkí.

hakí-mónó 履物 (< hakú² + ···) O calçado.

hakí-sútéru 吐き捨てる (< háku¹ + ···) Cuspir; deitar para fora. ★ ~ yō ni iu 吐き捨てるように言う Falar rispidamente [num tom seco/brusco/ríspido].

hakí-yóséru 掃き寄せる (< háku³ + ···) Juntar varrendo [com a vassoura]. ★ Ochiba o ~ 落ち葉を掃き寄せる Juntar [Varrer] as folhas secas. Ⓢ⁄ᴺ Hakí-átsúméru.

hakká¹ 発火 A ignição; a inflamação; a combustão. ★ ~ saseru 発火させる Acender; inflamar. ~ suru 発火する Acender-se; pegar; fazer faísca. ~ shiyasui 発火しやすい Inflamável. ◇ ~ ten 発火点 **a)** O ponto de ignição; **b)** [～ en no hikui (takai) busshitsu 発火点の低い[高い]物質 Uma substância com ponto de ignição baixo [alto]. Funsō no ~ ten 紛争の発火点 A origem da guerra]. Shízen ~ 自然発火 A combustão espontânea.

hakká² 薄荷 [Bot.] A hortelã.

hakkái 発会 **a)** A inauguração「de uma associação」; **b)** A primeira sessão (do mês) da Bolsa. ★ ~ suru 発会する Inaugurar [Fazer a ~].

hakkakú 発覚 A descoberta. ★ ~ suru 発覚する Descobrir-se [Datsuzei [Ōryō] ga ~ shita 脱税[横領]が発覚した Descobriu-se uma fuga aos impostos [fraude]]. Ⓢ⁄ᴺ Rokén.

hakkakú(kei) 八角(形) O octógono. ★ ~ no 八角の Octogonal; octangular.

hakkán¹ 発刊 O lançamento; a publicação; a edição. Sono zasshi wa itsu ~ ni narimasu ka その雑誌はいつ発刊になりますか Quando vai ser ~ dessa revista? ⇨ hakkō¹; sókán⁴.

hakkán² 発汗 A transpiração/O suor. ★ ~ o unagasu 発汗を促す Fazer transpirar. ~ suru 発汗する Transpirar. ~ sayō 発汗作用 A transpiração.

hakké 八卦 **1** [易の卦] As 8 figuras principais usadas pelos adivinhos. **2** [うらない] A adivinhação. ★ ~ o miru 八卦を見る Ler [Adivinhar] a sina [sorte]. ᴾ²ᶜᴼᵗᵒʷᵃ Ataru mo ~ ataranu mo ~ 当たるも八卦当たらぬも八卦 ~ às vezes acerta, às vezes não. Ⓢ⁄ᴺ Ekí; uránái (+).

hakkékkyū 白血球 [Anat.] O leucócito [glóbulo branco]. ◇ ~ **genshōshō** 白血球減少症 [Med.] A leucemia. ◇ ~ **sū** 白血球数 O número de ~s [glóbulos brancos] no sangue. ⇨ sekkékkyū.

hakkén¹ 発見 A descoberta; o descobrimento; a dete(c)ção「de um erro/roubo」. ★ ~ suru 発見する Descobrir; encontrar; dete(c)tar. Byōgen-kin no ~ 病原菌の発見 O isolamento [a ~] de um germe patológico. ◇ ~ **sha** 発見者 O descobridor「Fernão de Magalhães」.

hakkén² 発券 A emissão de notas [cédulas (B.)] bancárias. ★ Jidō kenbaiki de ~ suru 自動券売機で発券する Emitir notas pela [no] máquina automática. ◇ ~ **ginkō** 発券銀行 O banco emissor.

hákkeyoi はっけよい [Sumō] Hei! (Inter.).

hakkí 発揮 A mostra; a prova; a exibição. ★ Sainō o ~ suru 才能を発揮する Mostrar [Provar] os seus talentos.

hakkín¹ 白金 [Quím.] A platina. Ⓢ⁄ᴺ Puráchíná.

hakkín² 発禁 A proibição de publicação [venda]. ◇ ~ **shobun** 発禁処分 O proibir publicar [vender]. ⇨ hatsúbái ².

hakkíri はっきり [On.] **1** [明瞭なさま] Claramente. Furui koto na no de amari kioku ga ~ shinai 古いことなのであまり記憶がはっきりしない Aconteceu há tanto tempo que não me lembro bem. ★ ~ hatsuon suru はっきり発音する Pronunciar distintamente [com clareza]. ~ kikoeru [mieru] はっきり聞こえる[見える] Ouvir-se [Ver-se] ~. ~ shita me-hana-dachi はっきりした目鼻立ち Um rosto de feições bem definidas. Imi no ~ shinai bunshō 意味のはっきりしない文章 Um texto confuso [Uma frase pouco clara]. ~ ieba [iwasete moraeba] はっきり言えば[言わせてもらえば] Para falar com franqueza. ~ shinai tenki はっきりしない天気 Um tempo incerto. ⒶⓇ Boń'yari. ⇨ akíraka; meíryō. **2** [確かなさま; 率直なさま] Com franqueza; sem falta. Asu made ni wa ~ go-henji itashimasu 明日までにははっきり御返事いたします Dou-lhe uma resposta definitiva até amanhã. ⒶⓇ Áímáí; bakúzén. ⇨ kakújítsú⁴. **3** [気分などがさっぱりしているさま] Bem. "Guai wa dō da" "Dōmo ~ shinai" 「具合はどうだ」「どうもはっきりしない」"Como se sente?" "Não me sinto (lá) muito bem". ★ *Atama ga ~ shinai* 頭がはっきりしない Sentir a cabeça pesada. ⓢ Sukkíri.

hakkō¹ 発行 **1** [書籍などの] A publicação. ★ *~ suru* 発行する Publicar; editar. *Maishū (Maitsuki; Tsuki ni-kai) ~ no zasshi* 毎週［毎月；月二回］発行の雑誌 Uma revista (de ~) semanal [mensal; quinzenal]. ◇ ⇨ **bi.** ~ **busū** 発行部数 A circulação [tiragem]. ~ **jo** 発行所 O escritório de edições. ~ **nin [sha]** 発行人[者] O editor. ⇨ hakkán¹. **2** [紙幣・債券の] A emissão. ★ *~ suru* 発行する Emitir. *Ginkō-ken no ~* 銀行券の発行 A emissão de notas. ◇ ~ **daka** 発行高 O montante da ~. ~ **kakaku** 発行価格 O custo de ~.

hakkō² 発光 A (ir)radiação; a fosforescência [luminescência]. ★ *~ sei no* 発光性の (Ir)radiante; fosforescente; luminoso. *~ suru* 発光する (Ir)radiar; iluminar. ◇ ~ **dōbutsu [shokubutsu]** 発光動物[植物] A [planta] fosforescente. ~ **bakuteria** 発光バクテリア A bactéria fosforescente. ~ **tai** 発光体 O corpo luminoso.

hakkō³ 発酵【Fís.】 A fermentação. ★ *~ saseru* 発酵させる Deixar [Pôr a] fermentar. *~ suru* 発酵する Fermentar; levedar.

hakkō⁴ 発効 A validade. ★ *~ suru* 発効する Ter efeito [~]; entrar em vigor. Ⓐ/反 Shikkó.

hakkō⁵ 白光 **1** [白い光] A luz esbranquiçada [pálida]. **2** [⇨ kórona].

hakkō⁶ 薄幸[倖]【E.】 A infelicidade; a desventura. ★ *~ no bijo* 薄幸の美女 Uma mulher bonita mas pouco feliz. ⓢ Fukō; fu-shíawase. Ⓐ/反 Takó.

hakkō-bi [oo] 発行日 (< … ¹ + hi) A data de publicação ou emissão.

hakkótsu 白骨 O esqueleto; os ossos. ◇ ~ **shitai** 白骨死体 O cadáver reduzido ao(s) ~.

hakkútsu 発掘 **1** [埋まっているものを掘り出す] **a)** A escavação; **b)** A exumação. ★ *~ suru* 発掘する **a)** Escavar; **b)** Exumar. *Iseki no ~* 遺跡の発掘 A escavação de ruínas. *Shitai no ~* 死体の発掘 A exumação [O desenterrar] de um cadáver. ◇ ~ **sagyō** 発掘作業 As escavações. ⇨ horí-dasu. **2** [隠れているものを見つけ出す]【Fig.】 O descobrir. ★ *Jinzai o ~ suru* 人材を発掘する Descobrir pessoal [pessoas hábeis].

hakkyō 発狂 A loucura; a demência. ★ *~ saseru* 発狂させる Levar à ~; pôr louco. *~ suru* 発狂する Enlouquecer; endoidecer; ficar louco [*Kodomo o korosareta haha-oya wa kanashimi no amari tsui ni ~ shita* 子供を殺された母親は悲しみのあまりついに発狂した A mãe a quem mataram o filho, enlouqueceu com a mágoa].

hakkyū¹ 薄給 O salário baixo [de fome]. ★ *~ no sarari-man* 薄給のサラリーマン O empregado de ~. ⓢ Yasú-gékkyū. Ⓐ/反 Kókyū.

hakkyū² 発給 A emissão. ★ *Ryoken o ~ suru* 旅券を発給する Emitir um passaporte.

hakkyū³ 白球 A bola branca「de beis.」. ★ *Gurando de ~ o ou* グランドで白球を追う Jogar beis. (Lit. correr atrás da ~ no campo).

hakó 箱 **1** [四角い入れ物] A caixa. ★ *~ ni ireru [tsumeru]* 箱に入れる[詰める] Meter [Colocar] num ~; encaixotar. *Ringo o ~ de kau* りんごを箱で買う Comprar maçãs à(s) ~(s). **2** [箱型の乗り物] A vagoneta. ⇨ sharyó.

hakō 跛行【E.】 **1** [片足を引いて歩くこと] O coxear. **2** [ちぐはぐに進むこと] O claudicar [progredir com altos e baixos].

hakóbe 繁縷【Bot.】 O morrião-dos-passarinhos; *stellaria media*.

hakóbí 運び (< hakóbú) **1** [進め方] **a)** O levar「a bagagem」; **b)** O passo; o andar. ★ *Ashi no ~ ga osoi* 足の運びが遅い Ser lento no andar. *Hanashi no ~ ga umai* 話の運びがうまい Saber (como) conduzir [levar] uma conversa. **2** [物事の進行状態] O desenrolar; o andamento. ★ *Shigoto no ~ o tazuneru* 仕事の運びを尋ねる Ver [Inquirir sobre] o ~ do trabalho. ⇨ susúmí ◇. **3** [進行上のある段階] A fase; o estágio. *Yuinō mo sumi aki ni wa kyoshikí no ~ to natta* 結納も済み秋には挙式の運びとなった Os esponsais já foram celebrados e a boda será realizada no Outono. ⇨ dańkáí¹.

hakóbí-dásu 運び出す (< hakóbú + …) Carregar [Transportar] para fora「da sala」. Ⓐ/反 Hakóbí-kómu.

hakóbí-kómu 運び込む (< hakóbú + …) Carregar [Transportar] para dentro「da sala」. Ⓐ/反 Hakóbí-dasu.

hakóbí-sáru 運び去る (< hakóbú + …) Carregar [Levar] consigo.

ha-kóbore 刃毀れ (< …³ + kobóréru) A falha [boca] da lâmina.

hakóbú 運ぶ **1** [物を移動させる] Carregar; transportar; levar; trazer. *Hoteru no bōi ni toranku o genkan made hakonde moratta* ホテルのボーイにトランクを玄関まで運んでもらった O empregado do hotel levou-me a(s) mala(s) até à porta [entrada]. *Kuruma [Torakku] de ~ 車* [トラック] で運ぶ Levar no carro [Transportar de cami(nh)ão]. **2** [動かし進める] Manejar; usar. ★ *Fude o ~* 筆を運ぶ O pincel. **3** [身体・足を] Deslocar-se; vir; ir. *Wazawaza o-hakobi kudasatte arigatō gozaimashita* わざわざ運び下さって有難うございました Muito obrigado pela (sua) visita [pelo incómodo de se deslocar até à minha casa]. ★ *Ashi o ~* 足を運ぶ Ir; deslocar-se. **4** [物事を推し進める] Conduzir; encaminhar. ★ *Koto o umaku ~* ことをうまく運ぶ ~ bem o assunto [as coisas]. **5** [進む] Progredir [Avançar; ir]「bem」; fazer progresso(s); adiantar-se. *Hanashi wa tonton-byōshi ni hakonde ato wa keiyakusho ni sain suru nomi to natta* 話はとんとん拍子に運んであとは契約書にサインするのみとなった As conversas progrediram rapidamente e só falta assinar o contrato. ⓢ Hakádóru (+); susúmú (+).

hakó-búne 箱「方」舟 (< … + fúne) (O barco em forma de) arca. ★ *Noa no ~* ノアの方舟 A arca de Noé.

hakó-gáki 箱書き (< … + káku) O certificado de autenticidade escrito na caixa.

hakó-írí 箱入り **1** [箱に入ったもの] Que vai na caixa. ⓢ Hakó-zúmé. **2** [大切にしまってあるもの]【Fig.】 Que está numa redoma. ◇ ~ **musume** 箱入り娘 A menina criada numa redoma.

hakó-níwá 箱庭 O jardim em miniatura.

hakó-shi 箱師【G.】 O carteirista [batedor de carteiras] dos transportes públicos.

hakó-yánagi 箱柳・白楊【Bot.】 O choupo-branco. ⓢ Yamanárashi.

hakó-zúmé 箱詰め (< … + tsuméru) O colocar em caixa. ★ *~ ni suru* 箱詰めにする Meter em caixa.

[S/同] Hakó-írí.

háku[1] 吐く **1** [体内のものを口から出す] Vomitar; lançar fora; cuspir. *Kanojo wa nani o tabete mo haite shimatta* 彼女は何を食べても吐いてしまった O estômago dela rejeitava logo qualquer comida. *Iki o* ～ 息を吐く Expirar; soprar. *Tabako no kemuri o* ～ たばこの煙を吐く Deitar fora o fumo do cigarro. *Tsuba o* ～ つばを吐く Cuspir.
2 [中から吹き出す] Jorrar; emitir; expelir. *Sakurajima ga mōmō to kokuen o haite iru* 桜島がもうもうと黒煙を吐いている O (vulcão) Sakurajima está a lançar [～] muito fumo negro. [S/同] Fukí-dásu. ⇨ fuńshútsú. **3** [口に出して言う] Dizer. ★ *Honne o* ～ 本音を吐く ～ [Deitar para fora] o que realmente pensa. *Yowane o* ～ 弱音を吐く Lamentar-se; queixar-se; lamuriar. **4** [白状する] Confessar; revelar. ★ *Hakaseru* 吐かせる Fazer ～. *Doro o* ～ 泥を吐く Desembuchar [～「o crime」]. ⇨ hákujō[1]; jihákú.

hakú[2] 履 [穿] く Calçar. ★ *Kutsu o* ～ 靴を履く ～ os sapatos. *Kutsu o hakikaeru* 靴を履きかえる Mudar os [de] sapatos.

háku[3] 掃く **1** [ほうきで] Varrer. ★ *Hōki de heya o* ～ ほうきで部屋を掃く ～ o quarto [a sala] (com a vassoura). [I/慣用] *Haite suteru hodo aru* [*iru*] 掃いて捨てるほどある [いる] Ter [Haver] de sobra [a rodos/para dar e vender].
2 [ブラシなどで] Dar uma pincelada「com a brocha」. ★ *Usuku haita yō na kumo* 薄く掃いたような雲 Uns farrapos de nuvens.

hakú[4] 箔 **1** [薄く延ばした金属] A folha. ★ *Arumi* [*Dō*; *Suzu*] ～ アルミ [銅; 錫] 箔 ～de alumínio [cobre; estanho]. **2** [貫禄]【Fig.】O prestígio; a reputação. *Doitsu ryūgaku de kare wa ichi-dan to* ～ *ga tsuita* ドイツ留学で彼は一段とはくが着いた Com os estudos concluídos na Alemanha, ele passou a ter grande ～.

-haku[5] 泊【Suf.】O pernoitar fora de casa. ★ *Ni* ～ *mikka no ryokō o suru* 2泊3日の旅行をする Fazer uma viagem de três dias (com duas pernoitas).

-háku[6] 伯【E.】O conde. ⇨ hakúshákú.

-háku[7] 拍【Mús.】O compasso. ★ *Ippaku yasumi* 一拍休み Um ～ de espera.

hákua 白亜 [堊] **1** [チョーク] A greda; o giz. ◇ **～ ki** 白亜紀【Geol.】O período cretáceo. **～ shitsu** 白亜質 Que é gredoso [cretáceo]. [S/同] Chṓku (o); hakúbókú (+). **2** [白壁]【E.】A parede branca. ★ ～ *no dendō* ～の殿堂 O templo todo branquinho. ◇ **～ kan** 白亜館 A Casa Branca. [S/同] Shirákábé (+).

hakúái 博愛 A filantropia; o amor à humanidade. ◇ **～ shugi** 博愛主義 O filantropismo.

hákuba 白馬 O cavalo branco. ★ ～ *no kishi* 白馬の騎士 O cavaleiro montado no seu ～.

hákubi 白眉【E.】O supra-sumo [A obra-prima].

hákubo 薄暮【E.】⇨ yū́gátá[1].

hakúbókú 白墨 O giz. [S/同] Chṓku (+); hákua **1**.

hakúbutsu 博物 Todos os seres da natureza (Animais, vegetais e minerais). ◇ **～ gaku** 博物学 As ciências naturais. **～ gakusha** 博物学者 O naturalista. **～ shi** 博物誌 A revista de ciências naturais.

hakúbútsú-kan 博物館 O museu. ★ ～ *iki no shiromono* 博物館行きの代物 Uma peça de ～.

hakú-chízu 白地図 O mapa em branco (Só com os contornos「dos países」).

hakúchṓ 白鳥【Zool.】O cisne. ◇ **～ za** 白鳥座【Astr.】A constelação do ～.

hakúchū́[1] 白昼 Pleno dia. ★ ～ *dōdō to gōtō ni hairu* 白昼堂々と強盗に入る Assaltar descaradamente em ～.
[S/同] Hakújítsú; ma-hírú; mappíruma.

hakúchū́[2] 伯仲 O estar ao mesmo nível [à altura「do campeão」]. *Ryōsha no jitsuryoku wa* ～ *shite iru* 両者の実力は伯仲している Ambos têm a mesma capacidade [Estão um para o outro].

hakúchū́-mu [úu] 白昼夢 O devaneio; o sonhar de dia [de olhos abertos]; a fantasia.
[S/同] Hakújítsú-mu.

hakúdákú 白濁 A mancha esbranquiçada「na córnea」.

hakúdátsú[1] 剝奪 A confiscação; a privação. ★ ～ *suru* 剝奪する Despojar; espoliar; privar; confiscar. *Kōminken* ～ 公民権剝奪 ～ dos direitos civis. ⇨ ubáu.

hakúdátsú[2] 剝脱 O saltar「a pele/casca」.

hakúdṓ[1] 拍 [搏] 動 A pulsação. ★ *Shinzō no* ～ 心臓の拍動 ～ cardíaca.

hakúdṓ[2] 白銅 O níquel (Ni 28). ◇ **～ ka** 白銅貨 A moeda de ～.

hakúéń 白煙【E.】O fumo branco.
[A/反] Kokúéń. ⇨ kemúrí.

hakúgái 迫害 A perseguição. ★ ～ *o kōmuru* [*ukeru*] 迫害をこうむる [受ける] Sofrer perseguição; ser perseguido. ～ *suru* 迫害する Perseguir. ◇ **～ sha** 迫害者 O perseguidor.

hakúgákú 博学 A erudição. ★ ～ *na* 博学な Erudito; culto; douto. [S/同] Hakúshíkí.

hakúgánshi 白眼視 O olhar com desconfiança [frieza]. ★ *Atarashii bunka o* ～ *suru* 新しい文化を白眼視する Olhar com desconfiança as coisas modernas [uma nova cultura].

hakúgíń 白銀 **1** [銀] A prata. [S/同] Gín (+). **2** [雪]【Fig.】A neve. ～ *no sekai* 白銀の世界 Uma paisagem toda coberta de ～. [S/同] Yukí (+).

hakúhéí-séń 白兵戦 A luta corpo-a-corpo com arma branca (Espada ou baioneta).

hakúhéń 薄片【E.】Um pedaço「de tinta da parede/de porcelana」.

Hakúhṓ-jídai 白鳳時代【Arte do J.】O período "Hakúhô"(645-710).

hakúhyṓ[1] 白票 **1** [国会の] O voto a favor. [A/反] Seíhyṓ. **2** [白紙の投票] O voto em branco.

hakúhyṓ[2] 薄氷【E.】A camada muito fina de gelo. ★ ～ *o fumu omoi de aru* 薄氷を踏む思いである Ter a impressão de ir a pisar ovos [Ter um medo enorme]. [S/同] Usú-gṓri (+).

hákui 白衣 A veste branca. ★ ～ *no tenshi* 白衣の天使 O anjo vestido de branco [A enfermeira]. [S/同] Byákue.

hakuíń-bṓshṓ 博引旁証【E.】「livro cheio de」Citações de várias fontes.

hakújákú 薄弱 (⇨ yowái) O ser fraco [débil]. *Kimi no suiri wa konkyo ga* ～ *da* 君の推理は根拠が薄弱だ A base do seu raciocínio é débil. ★ *Ishi* ～ *na* 意志薄弱な「a pessoa」De vontade débil. ⇨ séíshin[1] ◇.

hákuji 白磁 A porcelana branca.

hakújíń[1] 白人 A (pessoa de) raça branca; o(s) branco(s). ⇨ kokújíń.

hakújíń[2] 白刃 O sabre [A espada] desembainha-

H

do/a.
hakújítsú 白日【E.】 **1** [くもりない太陽] O [A luz do] sol (brilhante). ★ ～ *no moto ni sarasu* 白日の下にさらす **a**) Expor ao sol; **b**) Fazer vir a público [*Ranmyaku keiri no jittai ga* ～ *no moto ni sarasareta* 乱脈経理の実態が白日の下にさらされた O caos [estado caótico] da administração [gestão] veio a público]. **2** [白昼] (A luz do) dia. [S/同] Hakúchū́ (+); mahírú (o). **3** [身の潔白]【Fig.】 O ser inocente. ⇨ seítéń² ◇.
hakújítsú-mu 白日夢【E.】 ⇨ hakúchū́mu.
hákujō¹ 白状 A confissão; a admissão da culpa. ～ *shiro* 白状しろ Confesse! ★ ～ *saseru* 白状させる Fazer [Obrigar a] confessar. ⇨ jihákú.
hakújṓ² 薄情 O não ter coração; a crueldade. ★ ～ *ni mo* 薄情にも Friamente; cruelmente; sem coração.
hákuju 白寿 O nonagésimo nono (99) aniversário.
hakúmai 白米 O arroz sem casca.
[S/同] Seímáí. [A/反] Génmai. ⇨ komé.
hakúmákú 薄膜 A película [membrana fina].
hakúméí¹ 薄命【E.】 **1** [不運] A má sorte; a infelicidade. [S/同] Fukṓ (+); fúun (+). **2** [短命] O morrer novo [ter uma vida curta]. ◇ **Kajin** ～ 佳人薄命 A mulher bonita raramente é feliz (e morre nova). [S/同] Tańméí (+).
hakúméí² 薄明【E.】 A penumbra; o crepúsculo; a alvorada. ⇨ usú-ákari.
hakúméń 白面【E.】 **1** [⇨ súgao]. **2** [青白い顔] A tez pálida [clara]. ★ ～ *no kikōshi* 白面の貴公子 O jovem nobre de ～. **3** [若く経験に乏しいこと] O ser inexperiente.
hakúnáíshṓ 白内障【Med.】 A catarata.
[S/同] Shiró-sókohi. ⇨ ryokúnáíshō.
hakúnétsú 白熱 **1** [温度の] A incandescência. ◇ ～ **tō** 白熱灯 A luz [lâmpada] incandescente. **2** [最高潮に達すること] O auge [aquecer]. ★ ～ *shita tōron* 白熱した討論 A discussão inflamada [acalorada]. ◇ ～ **sen** 白熱戦 A luta renhida.
hakúnétsú-séń 白熱戦 ⇨ hakúnétsú **2**.
hakúráí 舶来 O ser importado [estrangeiro]. ◇ ～ **hin** 舶来品 O artigo… [A/反] Kokúsáń. ⇨ yunyū́.
hakúrákú¹ 剥落 O descamar 「da pele/rochas」.
hakúraku² 伯楽【E.】 O perito em [comerciante/veterinário de] cavalos.
hakúráń 博覧【E.】 **1** [広く書を読むこと] O ler muito. ★ ～ *kyōki no hito* 博覧強記の人 A pessoa que lê muito e tem boa memória; a enciclopédia viva. **2** [広く人に見せること] O expor [apresentar] (ao grande) público. ◇ ～ **kai** 博覧会 A exposição; a (grande) feira.
hákuri¹ 剥離 (⇨ hagáréru)【E.】 O despegar(-se). ★ ～ *suru* 剥離する … ⇨ mṓmaku ◇.
hákuri² 薄利【E.】 A pequena margem de lucro. ◇ ～ **tabai** 薄利多売 A venda com ～ mas em grande quantidade.
hakúríkí-kó 薄力粉 A farinha fraca [com baixo teor de glúten]. ⇨ komúgi ◇.
hakúrṓ 白蝋 A cera refinada.
hakúryoku 迫力 A força. ★ ～ *ga aru* 迫力がある Ser impressionante; ter ～. ～ *manten no bamen* 迫力満点の場面 Uma cena arrebatadora [emocionante; impressionante; com muita força].
hakúsái 白菜【Bot.】 Uma espécie de couve chinesa; *brassica pekinensis*.
hakúséí 剝製 O empalhamento; a taxidermia. *Dōbutsu o* ～ *ni suru* 動物を剝製にする Empalhar um animal.
hakúséń¹ 白線 A linha [risca] branca 「de segurança, na plataforma das estações」.
hakúséń² 白癬【Med.】 A tinha; a impigem.
hakúshá¹ 拍車 **1** [乗馬用の] A espora. ★ *Uma ni* ～ *o ateru* 馬に拍車を当てる Esporear o [Apertar as ～ s ao] cavalo. **2** [進行に力をそえるもの]【Fig.】 O incitamento. ★ ～ *o kakeru* [*kuwaeru*] 拍車をかける [加える] Incitar; instigar.
hákusha² 薄謝 A pequena remuneração 「a quem encontrar a mala」. [S/同] Hákushi; súnshi.
hakúshákú 伯爵 O conde. ◇ ～ **fujin** 伯爵夫人 A condessa. ⇨ kṓshaku¹·²; shíshaku.
hakúshí¹ 白紙 **1** [白い紙] O papel branco. **2** [書くべきところに何も書いていない紙] O papel em branco. ★ *Tōan o* ～ *de dasu* 答案を白紙で出す Entregar a prova em branco [sem escrever nenhuma resposta]. ◇ ～ **ininjō** 白紙委任状 A carta branca (Que dá plenos poderes). **3** [先入観を持たないこと]【Fig.】 O estar sem preconceitos. ★ *Kaigi ni* ～ *de nozomu* 会議に白紙で臨む Comparecer à reunião inteiramente aberto a tudo. **4** [もとの状態]【Fig.】 O princípio. ★ ～ *ni modosu* [*kaesu*] 白紙に戻す [返す] Fazer voltar ao ～. ◇ ～ **tekkai** 白紙撤回 O anular tudo e voltar ao ～/ponto de partida.
hákushi² 博士 O doutor. ◇ ～ **gō** 博士号 O doutoramento [grau (académico)/título de ～] [～ *gō o ataeru* [*toru*] 博士号を与える [取る] Conferir [Receber] o ～]. ～ **katei** 博士課程 O (curso de) doutoramento. [S/同] Hákase.
hakúshíń 迫真 A verosimilhança [verossemelhança; verosimilitude]. ★ ～ *no engi* 迫真の演技 Uma representação viva [convincente].
hákusho 白書 O livro branco (Publicação oficial do governo). ◇ **Keizai** ～ 経済白書 ～ da economia.
hakúshókú 白色 O branco; a cor branca. ◇ ～ **jinshu** 白色人種 A raça branca. ⇨ shíro¹.
hákushon はくしょん【On.】 Atchim!
hákushu 拍手 O bater palmas. ★ ～ *suru* 拍手する Aplaudir; bater palmas. ◇ ～ **kassai** 拍手喝采 A salva de palmas.
hákuso 歯屎 [糞] A pedra dos dentes; o tártaro [odontólito]. ⇨ shisékí².
hakúsúru 博する Ganhar; obter; receber. ★ *Meisei o* ～ 名声を博する Ganhar fama [Fazer-se famoso]. [S/同] Éru (+); kakútókú súrú.
hakútṓ 白桃【Bot.】 O pêssego de polpa branca. ⇨ momó²; ṓtṓ³.
hakútṓ-yu [óo] 白灯油 O querosene (refinado). ⇨ tṓyú.
hakúúń 白雲 A nuvem branca.
[A/反] Kokúúń. ⇨ kúmo¹.
hákuya 白夜 ⇨ byákuya.
Hakúyṓkyū [óo] 白羊宮【Astr.】 A constelação [O signo] de Áries; o Carneiro.
[S/同] O-hítsújí-zá.
hakyókú 破局 A catástrofe; o colapso; a ruína. ★ ～ *ni chokumen suru* 破局に直面する Acabar tragicamente; 「o casamento」 chegar ao fim.
hakyū́ 波及 O estender-se [espalhar-se]. ◇ ～ **kōka** 波及効果 O efeito que se estendeu [espalhou]. ⇨ hirógárú.

hamá 浜 A praia. [S/同] Hamábé. ⇨ kaígán[1]; nagísá; namí-úchí-gíwá.
hamáchí 魬【Zool.】O filhote de olhete; *seriola carolinensis*. ⇨ búri[1]; inádá[1].
hamá-chídori 浜千鳥【Zool.】A tarambola; o maçarico (das praias).
hamá-guri 蛤 (< hamá + kurí)【Zool.】Uma espécie de amêijoa; *meretrix lusoria*.
hamákí 葉巻 O charuto. ◇ **~ ire** 葉巻入れ A charuteira.
hamá-nású 浜茄子 [梨]【Bot.】A rosa-amarela; *rosa rugosa*. [S/同] Hamá-nashi.
hamárí-kómu 嵌 [塡] まり込む (< hamárú + …) Atolar-se; cair. ★ *Doro-numa ni* ~ 泥沼にはまり込む ~ no pântano. [S/同] Ochíírú; ochí-kómú.
hamárí-yákú 嵌まり役 (< hamárú + …) O papel [posto] apropriado [talhado para「ele」]. [S/同] Tekíyákú (+).
hamárú 嵌 [塡] まる **1** [穴などぴったり入る] Entrar; encaixar; caber. ★ *Garasu no hamatta doa* ガラスのはまったドア Uma porta envidraçada [com vidraça]. **2** [合う; あてはまる] Ajustar-se; adaptar-se; servir. *Furare-yaku hodo kare ni ~ mono wa nai* ふられ役ほど彼にはまるものはない O papel que ele representa melhor é o de apaixonado despedido pela namorada. ⇨ até-hámáru; áu[1]. **3** [陥る] Cair; atolar-se. ★ *Fukami ni ~* 深みにはまる Cair num atoleiro (Tb. do vício). *Shakkin jigoku ni ~* 借金地獄にはまる Enterrar-se em dívidas. [S/同] Ochííru; ochíru (+). **4** [だまされる] Ser enganado. ★ *Keiryaku [Wana] ni ~* 計略 [わな] にはまる Cair na cilada. [S/同] Hikkákáru (+); ochííru (+). **5** [類型化する] Encaixar-se「numa forma」; ser estereotipado. ★ *Kata ni hamatta aisatsu* 型にはまった挨拶 A saudação formal [da praxe; banal; estereotipada].
hamáya 破魔矢 A flecha para exorcizar o mal, usada como amuleto [decoração] de Ano Novo.
hamé 羽目 **1** [板を並べて張ったもの] O lambril. [I/慣用] ~ *o hazusu* 羽目を外す Fazer uma farra [pândega]; pintar a manta (G.). ◇ **~ ita** 羽目板 A tábua de ~. **2** [いやな局面] A embrulhada; o apuro. *Yokei na o-sekkai o yaita o-kage de watashi made jiken ni makikomareru ~ ni natta* 余計なお節介を焼いたおかげで私まで事件にまきこまれる羽目になった Meti-me onde não era chamado e acabei também eu no meio daquela ~.
hamé-kómí 嵌め込み (< hamé-kómu) O encaixe. ◇ **~ shiki** はめ込み式 De ~.
hamé-kómu 嵌 [塡] め込む ⇨ hamérú.
hamérú 嵌 [塡] める **1** [穴・わくなどにぴたりと合うように入れる] Encaixar; assentar; embutir; inserir; montar. ★ *Garasu o mado-waku ni ~* ガラスを窓枠にはめる Encaixar [Pôr] o vidro no caixilho da janela. *Kata ni ~* 型にはめる Meter「todas as crianças」no「mesmo」molde. **2** [ぴったりしたものを身につける] Pôr; calçar. ★ *Yubiwa o ~* 指輪をはめる Pôr o anel. **3** [陥る]【G.】Apanhar. ★ *Teki o wana ni ~* 敵をわなにはめる ~ [Fazer cair] o inimigo numa armadilha. [S/同] Damásu; hikkákéru; otóshííréru. **4** [制限する] Limitar. ★ *Kata ni hamerareru* 型にはめられる Ficar limitado. *Yosan no sōgaku ni waku o ~* 予算の総額に枠をはめる Estabelecer o te(c)to para o orçamento total [geral].
hamétsú 破滅 A ruína; a desruição; a perda; a queda. ★ ~ *saseru* 破滅させる Arruinar. ~ *shita* 破滅した Arruinado. ~ *suru* 破滅する Arruinar-se. *Mi no ~ o maneku [kitasu]* 身の破滅を招く [きたす]「o álcool」Causar a (própria) ~.
hámi 馬銜 O freio.
hamí-dásu 食み出す (< hámu[3] + …) **1** [枠内におさまらない] Sair fora「de」; sair [deitar] por fora. ★ *Rinkaku kara hamidasanai yō ni enogu o nuru* 輪郭からはみ出さないように絵の具を塗る Pintar de modo que as cores não saiam do contorno. **2** [範囲の外に出ている] Ultrapassar; exceder. ★ *Jōshiki kara hamidashita otoko* 常識からはみ出した男 Um homem sem senso comum [bom senso]. ⇨ afúréru.
hamí-déru 食み出る ⇨ hamí-dásu.
ha-mígaki 歯磨き (< … [1] + migákú) **1** [歯をみがくこと] O escovar os dentes. **2** [歯をみがくもの] A pasta dentífrica [de dentes]; o dentifrício.
hámingu ハミング (< Ing. humming) O trautear; o cantarolar.
hámo 鱧【Zool.】A enguia marinha; o congro; *muraenesox cinereus*.
hamón[1] 波紋 **1** [水面にひろがる模様] A ondulação. *Koishi ga ike ni ochiru to ~ ga shizuka ni hirogatta* 小石が池に落ちると波紋が静かに広がった A pedrinha caiu no tanque e fez ondinhas na água. **2** [周囲へ次々と影響が及ぶこと]【Fig.】A repercussão. *Jiken no ~ wa tsui-ni seikai ni made oyonda* 事件の波紋はついに政界にまで及んだ O incidente acabou por ter ~ no mundo político. ⇨ eíkyō.
hamón[2] 破門 **1** [師弟間の] A expulsão. ★ *Deshi o ~ suru* 弟子を破門する Expulsar um discípulo. **2** [宗教上の] A excomunhão.
Hamóndó-órugan ハモンドオルガン (< Ing. Hammond organ) [商標名] Um modelo de órgão (elé(c)trico).
hā́monī [áa] ハーモニー (< Ing. harmony < L.) **1** [調和] A harmonia; a concórdia. [S/同] Chṓwá (+). **2** [和声]【Mús.】A harmonia. [S/同] Wásei.
hā́móníká [aá] ハーモニカ (< Ing. harmonica < L.) A gaita(-de-beiços); o realejo.
há-mono[1] 刃物 O instrumento cortante. ★ ~ *o togu* 刃物を研ぐ Afiar「a faca」.
ha-mónó[2] 葉物 **1** [野菜の] As verduras. **2** [観葉植物] A planta de bela folhagem. [S/同] Kań'yṓ shókúbutsu. [A/反] Haná-mono.
hámu[1] ハム (< Ing. ham) O presunto; o fiambre. ◇ **~ eggu** ハムエッグ Os ovos com ~.
hámu[2] ハム (< Ing. ham) O rádio-amador com licença do governo. [S/同] Amáchúá-músen tsū́shín-sha.
hámu[3] 食む【E.】**1** [食う] **a)** Pastar; **b)** Devorar. *Bokujō de wa ushi ga nonbiri kusa o hande iru* 牧場では牛がのんびり草を食んでいる As vacas pastam sossegadas no prado. ⇨ kúu; tabéru. **2** [禄などを] Receber「um salário」.
ha-múkáu 歯 [刃] 向かう Levantar-se「contra」; rebelar-se; opor-se「a」; ser contra「a natureza」. ★ *Kenryoku ni ~* 権力に歯向かう Rebelar-se contra a autoridade. [S/同] Sakáráu; tatétsúku; temúkáu.
ha-múshí 羽虫【Zool.】⇨ ha-jírami.
hámusutā ハムスター (< Ing. hamster)【Zool.】O criceto (Marmota); *mesocricetus auratus*.
Hamú-zoku ハム族 Os camitas.
hán[1] 判 **1** [はんこ] O carimbo. ★ ~ *o osu [tsuku]*

H

hán² 判を押す[突く] Carimbar [Pôr ~]. ⌈/慣用⌉ ~ de oshita yō na 判で押したような「うまresposta」Sempre igual/Rotineira. ⇨ hañ-gí.; iñbáñ.; iñkáñ. **2** [書籍の大きさ] O formato do papel.

hán³ 半 **1** [半分] Meia. ★ ~ dāsu 半ダース ~ dúzia. Ichi-jikan ~ 一時間半 Uma hora e ~. Jū-ji ~ 十時半 As dez e ~. ⇨ hañbún. **2** [なかば; ほとんど; 不完全など] Meio; semi-. ◇ ⇨ **~ biraki [byōnin; eikyū-teki; en; goroshi]**.

hán⁴ 版 **1** [版木; 印刷版] O bloco (de impressão). ★ ~ no kumikata 版の組み方 A composição. ⇨ hañ-gí. *O aratameru* 版を改める Publicar uma nova [Fazer outra] ~. ~ *o kasaneru* 版を重ねる Ter várias edições. *Dai-go-* ~ 第五版 A quinta edição.

hán⁵ 班 O grupo; o esquadrão. ◇ **~ chō** 班長 O chefe de ~.; o gurúpu.

hán⁶ 犯 O crime ou o criminoso [delinquente]. ◇ **Jōshū** ~ 常習犯 O delinquente habitual. **Zenka go ~ [jippan; san-pan]** 前科五犯 [十犯; 三犯] (O criminoso com) cinco [dez; três] antecedentes criminais.

hán⁷ 範 【E.】O modelo; o exemplo. ★ *o shimesu [tareru]* 範を示す[垂れる] Dar o exemplo 「aos alunos/filhos」. ⌈S/同⌉ Mohán (+) ; tehón (o).

hán⁸ 煩 【E.】O trabalho; a maçada. ★ ~ *o itowazu* 煩をいとわず Sem se poupar a ~s. ⌈S/同⌉ Meñdō; wazuráwáshisa.

hán⁹ 藩 【A.】**a)** O feudo [domínio feudal]; **b)** O clã.

hán⁹ 反 **1** [反対意識] A antítese. ⌈A/反⌉ Añchítéze. **2** [対する; そむく; 逆の方] ★ ~ *seifu undō* 反政府運動 O movimento antigovernamental [contra o governo]. ⌈S/同⌉ Áñchi-.

hán¹⁰ 汎 (< Ing. < Gr. pan-: tudo) 【Pref.】Pan-; todo (Ex.: pancromático/panteísmo). ★ ~ *taiheiyō kaigi* 汎太平洋会議 A conferência pan-pacífica.

haná¹ 花・華 **1** [草木の] A flor. ~ *ga chiru* 花が散る Caírem as flores. ~ *ga saku* 花が咲く Florir; desabrochar; florescer. ~ *no* 花の Floral. *~ o ikeru* 花を活ける Pôr ~s; fazer um arranjo floral. 「*Hanashi ni*」 *~ o sakaseru* 「話に」花を咲かせる Brilhar; animar「a conversa」. *~ o motaseru* 花を持たせる Ceder o (melhor) lugar 「a outrem」; atribuir o mérito「aos outros」; ceder as honrarias「a outro」. ⌈ことわざ⌉ *~ yori dango* 花より団子 Não me dês flores, dá-me pão/Primeiro viver e depois filosofar. ◇ **~ goza** 花茣蓙 ⇨ gozá. **~ kago** 花籠 A cesta de ~. **~ kotoba** 花言葉 A linguagem das ~. **~ taba** 花束 O ramo de ~s. **~ wa** 花輪 A coroa (grinalda) de ~s.
2 [桜の花] A flor de cerejeira. **3** [華道] A arte j. do arranjo floral; o adornar com ~s. ★ *O- ~ o narau* お花を習う Aprender [Praticar] ~. ⌈S/同⌉ Ikébana; kadó. **4** [最上のとき]【Fig.】A glória; o apogeu; o triunfo. *Wakai uchi ga* ~ 若いうちが花 É aproveitar enquanto (se é) jovem!/A juventude é um tesouro. **5** [精髄]【Fig.】A essência; o espírito; a fina flor「da sociedade」. ★ *Kindai bunmei no* ~ 近代文明の花 A essência da civilização moderna. ⇨ seízúí; shiñzúí. **6** [はなやかなもの]【Fig.】A beleza. ★ ~ *no kanbase* 花の顔 Um bonito palmo de cara. ~ *no miyako Pari* 花の都パリ A bela Paris. *~ o soeru* 花を添える Dar ainda mais brilho「à festa com a sua presença」; embelezar.

Hito ~ *sakaseru* 一花咲かせる Ter um triunfo. ⌈/慣用⌉ ~ *mo mi mo aru* 花も実もある「conselho」 Lindo e bom. *Ryōte ni* ~ 両手に花 O ter [conseguir] duas coisas boas [bonitas] ao mesmo tempo [*Kyō no enkai wa ryōte ni* ~ *datta* 今日の宴会は両手に花だった No banquete de hoje fiquei entre duas rosas [flores]. **7** [⇨ haná-fuda]. **8** [祝儀] A gratificação; a gorjeta. ⇨ shūgi¹.

haná² 鼻 **1** [人・動物の] O nariz; o focinho (De animal); a tromba (De elefante). ★ ~ *de warau* 鼻で笑う Rir com escárnio [desdém]. ~ *ga takai* 鼻が大きい **a)** Ter nariz grande (comprido); **b)** Ser orgulhoso [*Musuko ga homerareru to oya no watashi mo* ~ *ga takai* 息子がほめられると親の私も鼻が高い Fico todo orgulhoso [inchado] quando meu filho é elogiado]. ~ *ga tsumaru* 鼻が詰まる Entupir-se o nariz. ~ *ni tsuku* 鼻につく [*Ka* ~ *ni tsuku shigekishū* 鼻につく刺激臭 Um cheiro forte e desagradável]; **b)** Enjoar; fartar-se; cansar-se [*Kanojo no torisumashita taido ga shidai ni* ~ *ni tsuku yō ni natta* 彼女のとりすました態度が次第に鼻につくようになった Já estou a ficar cansado com o ar presunçoso dela]. *~ o ugomekasu* 鼻を動めかす Encher-se de orgulho; ufanar-se. *~ takadaka to* 鼻高々と Orgulhosamente; ufano. *Me to* ~ *no saki de aru* 目と鼻の先である Estar bem à vista [mesmo à frente do nariz]. *Takai [Hikui]* ~ 高い[低い]鼻 Um nariz saliente/grande [pequeno/achatado]. ⌈/慣用⌉ ~ *ga magaru* 鼻が曲がる Cheirar muito mal; feder. *~ ni kakeru* 鼻に掛ける Gabar-se; vangloriar-se; ufanar-se. *~ (no saki)de ashirau* 鼻(の先)であしらう Tratar com desdém; não fazer caso; ignorar [*Daijin ni chinjō ni ittara hisho ni* ~ *de ashirawareta* 大臣に陳情に行ったら秘書に鼻であしらわれた Quando fomos apresentar uma petição ao Ministro, o secretário tratou-nos com desdém]. ~ *no shita ga nagai* 鼻の下が長い Ser femeeiro [mulherengo]. ~ *o akasu* 鼻を明かす Levar a melhor. *~ o (heshi)oru* 鼻を(へし)折る Fazer baixar a crista. *~ o tsumamarete mo wakaranai* 鼻をつままれてもわからない Ser completamente escuro (Lit. Ser「um corredor」tão escuro que não se veria quem nos apertasse o nariz). ⌈P/慣用⌉ *Ki de* ~ *o kukuru* 木で鼻をくくる Ser indelicado [brusco; rude] [*Nani o tazunete mo kare wa ki de* ~ *o kukutta yō na henji shika shinai* 何を尋ねても彼は木で鼻をくくったような返事しかしない Ele só sabe dar respostas ásperas [rudes/...]. ◇ ⇨ **~ iki**. **~ jiru** 鼻汁 ⇨ haná³. **~ kaze** 鼻風邪 O catarro (nasal). **~ kuso** 鼻糞 ⇨ haná³. **~ kuso [megane]**. **~ suji** 鼻筋 A cana do nariz [*~ suji no tōtta hito* 鼻筋の通った人 Uma pessoa de nariz perfeito/comprido]. **~ uta** 鼻歌 O cantarolar. **~ wa** 鼻輪 A argola do [para] ~.

⇨ kagí-bâná; shishíppáná; washíbáná.

2 [嗅覚] O olfato; o faro「dos cães」. ★ ~ *ga kiku* 鼻が利く Ter bom ~. ⇨ kyūkáku.

haná³ 洟 O ranho [monco/As moncas]; o pingo do nariz; o muco (nasal). *Kaze o hiita no de yatara ni* ~ *ga deru* 風邪をひいたのでやたらに洟が出る Apanhei um resfriado e o nariz não pára de pingar. ★ ~ *o susuru* 洟をすする Fungar. *~ o tarashita kodomo* 洟を垂らした子供 Uma criança ranhosa [moncosa]. *Hankachi de* ~ *o kamu* ハンカチで洟をかむ Assoar-se [Limpar o nariz] com um lenço. ⌈/慣用⌉ ~ *mo hikkakenai* 洟もひっかけない Não prestar

[dar] atenção; não ligar (nenhuma) 「a」; não dar bola 「para」(B.). ◇ **~ mizu. ~ tare kozō** 洟た れ小僧 Um (garoto) moncoso; um moleque (B.).

hána¹ 端 **1** [初め] O princípio. *Anna ii-kagen na yatsu wa ~ kara aite ni shinai hō ga ii* あんない加減なやつはははから相手にしないほうがいい De um irresponsável como ele, mais vale desistir logo [desde o ~]. ⓈⓃ Hajímé (+); nokké; saíshó (+); shoppáná. **2** [突端] A ponta; a beira. ⓈⓃ Hashí (+); seńtań (+).

hanábánáshii 華華しい Esplêndido; brilhante; deslumbrante; magnífico; espe(c)tacular. ★ *~ katsuyaku* 華々しい活躍 Uma a(c)tividade [a(c)ção] . *Hanabanashiku tōjō suru* 華々しく登場する Fazer [Ter] uma entrada espe(c)tacular 「no palco」. ⓈⓃ Hanáyaka. ⇨ hadé; karéi¹.

haná-básami 鼻鋏 (<...¹ + hasámí) A tesoura de podar.

haná-báshira 鼻柱 (<...² + hashíra) **1** [鼻の中隔] O septo nasal. **2** [鼻筋] A cana do nariz. **3** [自尊心] 【Fig.】 ⇨ hanáppashíra.

haná-bátake 花畑 (<...¹ + hatáké) O campo (coberto) de flores; um jardim.

hána-bi 花火 (<...¹ + hí) O fogo de artifício; o foguete; o rojão. ★ *~ o ageru* 花火を揚げる Lançar [Deitar] foguetes. ◇ **~ taikai** 花火大会 A sessão [O festival] de fogo de artifício.

hanábíra 花弁 A pétala. ⓈⓃ Kabéń. ⇨ kakáń².

haná-dáyori 花便り (<...² + táyori) A notícia do desabrochar das flores de cerejeira 「na TV」.

haná-dókei 花時計 (<...¹ + tókéi) O relógio (feito) de flores.

haná-dóki 花時 (<...² + tokí) A época das flores de cerejeira.

haná-fúbuki 花吹雪 A chuva de pétalas de flores de cerejeira.

haná-fuda 花札 O baralho de cartas japonesas.

haná-gámi 花紙 (<...² + kamí) O lenço de papel.

haná-gátá 花形 (<...¹ + katá) **1** [花の形] A forma de flor; **b)** O desenho [padrão] de flores. ★ *~ ni kitta ninjin* 花形に切った人参 A cenoura cortada em forma de flor. **2** [人気者] A flor; o astro; a estrela. ★ *Shakōkai no ~* 社交界の花形 A fina flor da vida social. ◇ **~ sangyō** 花形産業 A rainha das indústrias 「é a dos computadores」. **senshu** 花形選手 O ás/rei 「da bola」.

haná-gé 鼻毛 (<...² + ke) As vibrissas; os pêlos das ventas. ★ *~ o nuku* 鼻毛を抜く Passar a perna 「em」(B.); ludibriar; levar a melhor 「a」. *~ o yomareru* 鼻毛を読まれる Ser levado (Diz-se sobretudo da mulher que faz 「do marido」o que ela quer).

haná-góe 鼻声 (<...² + kóe) A voz roufenha [fanhosa]. ★ *Kaze de ~ ni naru* 風邪で鼻声になる Ficar fanhoso (com a constipação [o resfriado]).

haná-gúmórí 花曇り (<...¹ + kumóri) O dia nublado [anuviado] na primavera [época das flores de cerejeira].

haná-gúsuri 鼻薬 (<...² + kusúri) 【G.】 **a)** O remédio para o nariz; **b)** O suborno; as luvas (G.); **c)** 「Um docinho」 para sossegar a criança. ★ *~ o kikaseru* 鼻薬を利かせる Subornar. *~ o kagaseru* [tsukau] 鼻薬を嗅がせる[使う] Subornar. ⓈⓃ Sodé-nó-shitá; wáiro (+).

hanáhádá 甚だ Muito. *~ ikan de aru* 甚だ遺憾である É extremamente [~] lamentável [desagradável]. ⓈⓃ Hídoku (+); sukóbúru; táisō (+).

hanáhádáshii 甚だしい 「um caso」Extremo; 「erro」enorme; excessivo; muito; 「engano」grave; 「frio」intenso. *Shōtotsu no shokku de kuruma no zenbu wa hanahadashiku hason shite ita* 衝突のショックで車の前部は甚だしく破損していた O impacto da colisão causou danos graves na frente do carro. ★ *~ songai* 甚だしい損害 O prejuízo grave [enorme]. ⇨ hagéshíí; hídói; kádo³.

haná-iké 花生け (<...¹ + ikéru) O vaso de flores (raso, usado em "ikebana"). ⓈⓃ Haná-táté; káki (+).

haná-iki 鼻息 **1** [鼻で息をすること] A respiração nasal [pelo nariz]; o bufar; o resfôlego. **2** [意気込み] 【Fig.】 A disposição; o humor; a maré. *Kare wa kono-goro gyanburu ni kachi-tsuzukete iru no de yatara ~ ga arai* 彼はこの頃ギャンブルに勝ち続けているのでやたら鼻息が荒い Como agora anda com sorte no jogo, ainda se mostra mais rompante [cheio de bazófia]. ⓈⓃ Ikígómi. ⇨ kénmaku.

haná-jí 鼻血 (<...² + chi) A epistaxe (Med.); a hemorragia nasal. *~ ga deru* 鼻血が出る Deitar sangue pelo nariz. *~ ga tomaranai* 鼻血が止まらない Não parar de sangrar pelo nariz.

haná-jírómu 鼻白む (<...² + shirámu) Ficar constrangido.

haná-kúsó 鼻屎 [糞] (⇨ haná²) O ranho [muco nasal] seco; uma monca. ★ *~ o hojikuru* 鼻くそをほじくる Esgravatar o [Meter a mão no] nariz.

haná-machi 鼻街 A zona [O bairro] de prostituição. ⓈⓃ Iró-machi (+); iró-zato.

haná-mátsuri 花祭り A festa do aniversário de Buda (Oito de abril). ⓈⓃ Kańbútsú-e.

haná-mégane 鼻眼鏡 O monóculo; a luneta.

haná-mí¹ 花見 (<...² + míru) O passeio [piquenique] para ver as cerejeiras em flor. ★ *~ ni iku* 花見に行く Ir ver... ◇ **~ doki** 花見時 A época das...

ha-námí 歯並み ⇨ ha-narábi.

haná-michi 鼻道 **1** [歌舞伎の] A passagem elevada, através da audiência, por onde os a(c)tores de kabúki entram [saem de] cena. **2** [華々しい部分]【Fig.】 O triunfo final; a chave de oiro. ★ *Intai no ~ o kazaru* 引退の花道を飾る Apresentar-se depois do último triunfo da carreira.

haná-mízú 洟水 O muco. ⇨ haná³.

haná-móchinárانai 鼻持ちならない (<...²+mótsu + ...) **1** [臭気をがまんできない] Pestilento; fétido; fedorento. **2** [不快な]【Fig.】 Repugnante; nojento. *~ yatsu da* 鼻持ちならないやつだ Que sujeito ~ [detestável]!

haná-móji 花文字 [大文字] A maiúscula [letra grande]. ⓈⓃ Ō-mójí.

hanámúké 餞 Um presente de despedida. *Zaikōsei daihyō ga sotsugyōsei ni ~ no kotoba no okutta* 在校生代表が卒業生に餞の言葉を贈った O representante dos alunos fez um discurso de despedida aos finalistas. ⓈⓃ Seńbétsú (+).

hanámuko 花婿 【聟】 O noivo. ⓈⓃ Shińró. 🅐 Hanáyome.

haná-músubi 花結び (<...¹ + musúbí) **a)** A roseta (Laço em forma de rosa); **b)** O laço (Nó desatável). ★ *Himo o ~ ni suru* ひもを花結びにする Laçar 「os sapatos」; dar 「sou um ~」.

haná-ó 鼻緒 As correias [tiras] das "zōri" e "geta".

★ ～ *o sugeru* 鼻緒をすげる Colocar ～.

hanáppáshírá 鼻っ柱 O cabeça-dura (Lit. cana do nariz). ★ ～ *ga tsuyoi* 鼻っ柱が強い (Ser) teimoso [obstinado; arrogante; atrevido; orgulhoso]. ～ *o heshioru* 鼻っ柱をへし折る Fazer baixar a crista; tirar as peneiras. [S/同] Haná-báshira.

ha-nárabi 歯並び O alinhamento dos dentes. ★ ～ *ga yoi* 歯並びが良い Ter uns dentes bonitos [direitinhos]. [S/同] Ha-námí².

hánare 離れ (< hanáréru¹) ⇨ hanáré-ya.

hanáré-bánare 離れ離れ (< hanáréru¹) O estar separado [cada qual para seu lado]. ★ ～ *ni naru* 離れ離れになる Separar-se; apartar-se; dispersar-se. ～ *ni suru* 離れ離れにする Separar「os irmãos」; apartar「o gado」. ⇨ betsúbétsú; chiríjírí-bárábárá; wakáré-wákare.

hanáré-jima 離れ島 (< hanáréru¹ + shimá) A ilha isolada. [S/同] Kotố (+); ritố (+).

hanáréru¹ 離れる **1** [くっついていたものが分かれる] Separar-se; despegar-se; afastar-se. *Kore wa kyōryoku na jishaku de ichido kuttsuitara yōi ni hanarenai* これは強力な磁石で一度くっついたら容易に離れない Isto é um íman tão forte que depois de agarrar é difícil ～. ★ *Densha ga hōmu o* ～ 電車がホームを離れる O comboio [trem] afasta-se da plataforma. **2** [愛情がなくなる] Afastar-se「o coração」; perder o amor. ★ *Hanarerarenai naka* 離れられない仲 A relação inseparável. ⇨ wakáréru². **3** [距離・間隔があいている] Ser distante. *Chichi to haha wa toshi ga hanarete iru* 父と母は年が離れている Os meus pais têm diferença de idade. *Kyōto to Ōsaka wa gojukkiro shika hanarete inai* 京都と大阪は50キロしか離れていない Kyōto e Ôsaka distam só cinquenta quilómetros (uma da outra). **4** [ある場所から去る] Sair; deixar; afastar-se; arredar「de」. ★ *Kanshoku o* ～ 官職を離れる Deixar a função pública. *Mochiba* [*Senretsu*] *o* ～ 持ち場 [戦列] を離れる Sair [Afastar-se] do posto [da linha de batalha]. *Tokai o* ～ 都会を離れる Deixar a cidade. **5** [別とする]【Fig.】Ficar [Ser posto] de lado [parte]. *Hanashi ga hondai kara hanareta* 話が本題から離れた A discussão afastou-se do tema principal. ★ *Sontoku o hanarete kangaeru* 損得を離れて考える Pensar desinteressadamente/Ser imparcial. *Kodomo ga oya no te o* ～ 子供が親の手を離れる O filho tornar-se independente dos pais.

hanáréru² 放れる Soltar-se; desprender-se; fugir. *Inu ga kusari o hanarete inaku natta* 犬が鎖を放れていなくなった O cão soltou-se (da trela/corrente) e desapareceu.

hanáré-uma 放れ馬 (< hanáréru² + …) O cavalo fugido [que se escapou]. [S/同] Hónba.

hanáré-wázá 離れ技[業] (< hanáréru¹ + …) A proeza; a façanha. ★ ～ *o enjiru* 離れ業を演じる Fazer uma ～. ⇨ kamí-wázá.

hanáré-ya 離れ家 A casa solitária [isolada].

haná-sákí 鼻先 **1** [鼻の先端] A ponta do nariz. ★ ～ *de ashirau* 鼻先であしらう Tratar com desdém [desprezo]; não fazer caso; ignorar. **2** [すぐ目の前] (Mesmo) em [à] frente do nariz. *Gōtō ga tantō o* ～ *ni tsukitsuketa* 強盗が短刀を鼻先に突きつけた O ladrão pôs-me a faca ～. ⇨ me-nó-máe.

hanáséru 話せる (< hanásu) **1** [話すことができる] Saber [Conseguir] falar. *Kare wa eigo wa* ～ *ga porutogarugo wa hanasenai* 彼は英語は話せるがポルトガル語は話せない Ele fala [sabe falar] inglês mas não (fala [sabe falar]) p. **2** [話のよくわかる]【Col.】Ser compreensivo [bom]; ter bom senso. *Kimi no otōsan wa nakanaka* ～ *ne* 君のお父さんはなかなか話せるね Tens um pai muito compreensivo!

hanáshí 話 (Sub. de hanasu¹) **1** [談合; 会話] A conversa; o falar. *O-*～*-chū* お話中 (電話で) O telefone está impedido/A linha está ocupada. *Shachō ga anata ni o-* ～ *ga aru sō desu* 社長があなたにお話があるそうです O presidente diz que tem um assunto para [a] falar consigo. *Watashi ni* ～ *to iu no wa nan deshō* 私に話というのは何でしょう Então que me queria [tem para me] dizer? ★ ～ *ga hazumu* 話がはずむ A ～ anima-se. ～ *ni hana ga saku* 話に花が咲く Animar-se (e prolongar-se) a ～. ～ *ni mi ga hairu* 話に実が入る Ficar absorto na ～. ～ *ni mochidasu* 話に持ち出す Trazer「um assunto」[Puxar] à ～. ～ *ni naranai* 話にならない Estar fora de questão/Ser inaceitável. ～ *ni naranai hodo hidoi* [*takai*] *shinamono* 話にならないほどひどい [高い] 品物 Um artigo tão mau [caro] que nem vale a pena falar. ～ *no kuchibi o kiru* 話の口火を切る Começar a ～; quebrar o silêncio「em torno de um assunto」. ～ *no nakama-iri o suru* 話の仲間入りをする Entrar [Meter-se] na ～. ～ *no tane* 話の種 O assunto [tema] de ～. ～ *o suru* 話をする ⇨ hanásu¹. *Koko dake no* ～ *da ga* ここだけの話だが (Isto) aqui só para nós …. ◇ **～ hanbun** 話半分 O descontar à ～ [*Kare no iu koto wa* ～ *hanbun ni kiite oita hō ga yoi* 彼の言うことは話半分に聞いておいた方がよい Ele é um exagerado, é preciso descontar muito ao que ele diz]. **～ zuki** 話し好き「Uma pessoa」faladora [conversadora/tagarela]. ⇨ dańwá; kaíwá.
2 [演説; 講演など] O discurso; a palestra; a conferência. ★ ～ *no jōzu na hito* 話の上手な人 Uma pessoa que sabe falar/fala bem. *Hirōen de* ～ *o suru* 披露宴で話をする Fazer um discurso [Proferir algumas palavras] numa festa de casamento. ⇨ eńzétsú; kṓéń³; supíchi.
3 [話題] O assunto; o tópico; o tema. ～ *wa chigau* [*kawaru*] *ga* 話は違う [変わる] が Mudando de assunto… *Shokuji no* ～ *to ieba* 食事の話と言えば A propósito de [Por falar em] comer… *Sore de wa* ～ *ga chigau* それでは話が違う Mas isso não é o que nós combinámos/Ah, isso é outra coisa! *Yagate* ～ *wa kare no kekkon mondai no koto ni natta* [*oyonda*] やがて話は彼の結婚問題のことになった [及んだ] A conversa enveredou depois para o (problema do) casamento dele. ★ ～ *ga au* 話が合う Ter temas de interesse comum; entender-se; falar a mesma língua. ～ *ga tobu* 話が飛ぶ Saltar de um assunto para outro. ～ *ga umasugiru* [*dekisugite iru*] 話がうますぎる [できすぎている] Ser bom demais para ser verdade. ～ *o kaeru* 話を変える Mudar de ～. ～ *o moto e modosu* 話を元へ戻す Voltar ao ～ (de que estava a falar). ～ *o sorasu* 話をそらす Desviar o assunto [a conversa]. [S/同] Wadái.
4 [物語] A história; o conto; a lenda; o episódio; o caso. ★ *Kodomo ni* ～ *o shite kikaseru* 子供に話をして聞かせる Contar histórias às crianças. *Mukashi no* ～ 昔の話 Um/a ～ antigo[a]. *Uso no yō na* ～ うそのような話 Um/a ～ incrível. [S/同] Monógátari.
5 [うわさ] O boato; o rumor. *Ano hito wa gan de nyūin shita to iu* ～ *da* あの人は癌で入院したという話だ Dizem que foi hospitalizado com cancro. ★ ～

ni kiite ita hito 話に聞いていた人 Uma pessoa de quem (já) se ouviu falar. *Minna no ~ ni yoreba* みんなの話によれば Segundo (o que todos) dizem. ⟨S/画⟩ Uwásá.
6 [相談事; 談判] O assunto; o negócio; a proposta; a conversa. *O-taku no o-jōsan ni ii o-~ ga arimasu* お宅のお嬢さんにいいお話があります Encontrei um bom partido [pretendente] para a sua filha (j. eñdáń¹). ★ *~ ni noru* 話に乗る Ir [Deixar-se ir/Ser levado] na conversa [*Kare wa umai ~ ni noserarete ō-zon o shita* 彼はうまい話に乗せられて大損をした Ele foi [deixou-se levar] na conversa e teve um grande prejuízo]. *~ o mochikomu* [*kakeru*] 話を持ちこむ[かける] Fazer uma proposta/oferta/um pedido; *~ o tsukeru* 話をつける Resolver um ~; entender-se "com _". ⇨ dáñpaṅ; kôshô¹; sôdáń.
7 [事情; すじみち; わけ] A situação; as circunstâncias; o caso. *Ginkō ga yūshi o suru ka shinai ka de ~ ga kawatte kuru* 銀行が融資をするかしないかで話が変わってくる O fa(c)to de o banco financiar ou não, muda completamente o/a *~*. ★ *~ ga [no] wakaru hito* 話が[の]わかる人 Uma pessoa (que está) a(o) par do assunto. ⇨ jijô¹; sují-michi; wáke.
8 [落語] Uma história humorística tradicional j. (Te.) ⟨S/画⟩ Rakúgó.

hanáshí-áí 話し合い A reunião; a conversa; a negociação; o encontro [entre todos, para resolver o problema]; a consulta; a combinação. *Jūbun ni ~ ga tsuku* 十分に話し合いがつく Chegar a um acordo. ⟨S/画⟩ Dáñgô.

hanáshí-áite 話し相手 a) Alguém com quem falar; b) O confidente; o conselheiro. ★ *~ ga aru* 話し相手がある Ter um *~* [com quem falar]. *~ ni naru* 話し相手になる Ouvir [Fazer companhia]. ⇨ kikí-te.

hanáshí-áu 話し合う (< hanásu¹ + *~* ; ⇨ hanáshíáí) Conversar; falar. ★ *Hanashiatte kimeru* 話し合って決める Decidir depois de discutir [*~*]. *Shōrai no yume o ~ sobre os sonhos do futuro.* ⟨S/画⟩ Katári-áu.

hanáshí-bétá 話し下手 (< ··· +hetá) O ser desajeitado à falar. ⟨S/画⟩ Kuchí-bétá. ⟨A/反⟩ Hanáshí-jôzu.

hanáshí-búri 話し振り (< ··· + furí) O modo [A maneira; jeito] de falar.

hanáshí-gái 放し飼い (< hanásu³ + káu²) O criar "o gado」à solta (no pasto). ★ *~ ni suru* 放し飼いにする Deixar andar「o animal」em liberdade.

hanáshí-góe 話し声 (< ··· + kóe) A voz. *Rinshitsu kara kare no ~ ga kikoete kita* 隣室から彼の話し声が聞こえて来た Ouvia-se ele a falar [a voz dele] no quarto [na sala] ao lado.

hanáshí-hánbun 話し半分 ⇨ hanáshí **1** ◇.

hanáshí-jôzu (óo) 話し上手 O falar bem [ter facilidade de expressão]; o (ser) bom conversador. ⟨S/画⟩ Hanáshí-té. ⟨A/反⟩ Hanáshí-bétá. ⇨ hanáshí-zúki.

hanáshí-ká 咄[噺]家【Te.】O a(c)tor humorista. ⟨S/画⟩ Rakúgóká (+). ⇨ hanáshí **8**.

hanáshí-kákéru 話し掛ける a) Falar [Dirigir-se a alguém]; b) Começar a falar「mas parar de repente」. *Ima isogashii kara hanashikakenaide kure* 今忙しいから話し掛けないでくれ Não me fales [interrompa], que agora estou ocupadíssimo.

hanáshí-kátá 話し方 **1** ⇨ hanáshí-búri. **2** [話法] A elocução (Maneira de falar).

hanáshí-kómu 話し込む Ter [Ficar absorto em] uma longa conversa; conversar longamente; ficar na conversa (batendo um bate-papo (B.)).

hanáshí-kótoba 話し言葉 A linguagem falada; o termo [a expressão] coloquial. ⟨S/画⟩ Kôgó.

hanáshí-té 話し手 **1** [話す側の人] O falante; a pessoa que fala; o locutor. ⟨A/反⟩ Kikí-té. **2** [話のうまい人] ⇨ hanáshí-jôzu.

hanáshí-zúki 話し好き (< hanásu¹ + sukí) a) O ser loquaz; b) O bom conversador. ★ *~ na hito* 話し好きな人 Uma pessoa faladora [comunicadora; conversadora].

hanáshóbu [óo] 花菖蒲【Bot.】O íris; *iris ensata*.

hanásu¹ 話す **1** [しゃべる] Falar; conversar; exprimir-se. ★ *Denwa de ~* 電話で話す Falar ao [por/pelo] telefone. *Porutogarugo de* [o] *~* ポルトガル語で[を]話す *~* em p. (Falar p.). ⟨S/画⟩ Shabéru. **2** [人前で演説する] Fazer um discurso; falar em público. *Kodaishi ni tsuite ~* 古代史について話す Falar da história antiga. **3** [人に何かを告げる] Dizer; contar; relatar. *Kono koto wa dare ni mo hanasanaide kudasai* このことは誰にも話さないで下さい Por favor, não conte [diga] isto a ninguém. *Hanasebanagakunaru ga* 話せば長くなるが「isso」É uma longa história mas ···. ⟨S/画⟩ Iú; katárú; nobéru; shabéru; tsugérú. **4** [相談する] Combinar; discutir; negociar; consultar. *Komakai koto wa nochihodo ~ koto ni shimashō* 細かいことは後程話すことにしましょう Vamos deixar os pormenores para depois. ★ *Hanaseba wakaru* 話せばわかる Falando, é que a gente se entende/Se nós conversarmos poder-nos-emos entender. ⟨S/画⟩ Hanáshí-áú; sôdáñ súru.

hanásu² 離す **1** [くっついている物を] Separar; despegar; desligar. ★ *Niku o hone kara ~* 肉を骨から離す Tirar os ossos. ⇨ buñri. **2** [へだたりを大きくする] Afastar(-se). *Kare wa ni-i ika o ōkiku hanashite yūshō shita* 彼は二位以下を大きく離して優勝した Ele venceu com muita [uma grande] distância do segundo classificado. ★ *Ki o ni-mētoru-zutsu hanashite ueru* 木を2メートルずつ離して植える Plantar as árvores com dois metros de distância entre elas. *Tesuri kara te o ~* 手すりから手を離す Tirar a mão do corrimão. **3** [自分から遠ざける] Afastar; deixar ir; largar. *Donna koto ga atte mo kimi o hanasanai yo* どんなことがあっても君を離さないよ Aconteça o que acontecer, estarei sempre (junto) com você [jamais te abandonarei]. **4** [「Me o ~」の形で, 視線をそらす] Afastar「a vista」. *Me o ~* 目を離す Distrair-se; afastar a vista. ⟨S/画⟩ Tôzákéru (+).

hanásu³ 放す **1** [つかんでいる物をやめる] Soltar; largar. *Rōpu kara te o hanashitara tachimachi tanizoko e tenraku suru zo* ロープから手を放したらたちまち谷底へ転落するぞ Se largar a corda cai no (fundo do) abismo. **2** [つないだりしてあるものを自由にする] Soltar; libertar. *Tsutta sakana o kawa ni ~* 釣った魚を川に放す Tornar a deitar o peixe ao rio. *Ushi o bokujō ni ~* 牛を牧場に放す Largar o gado no pasto. ⟨S/画⟩ Hanátsu **1**.

haná-súji 鼻筋 ⇨ haná² ◇.

haná-tárashí 洟垂らし (< ··· ³ + tarásu)【G.】⇨ haná-táré.

haná-táré 洟垂れ (< ··· ³ + taréru) O moncoso.

haná-táté 花立て (< ··· + tatéru) O vaso (para [de]

hanátsu 放つ【E.】 **1**〔⇨ hanásu³ **2**〕. **2**〔発射する〕Disparar; atirar; lançar. ★ *Shitsumon (no ya) o tsugitsugi to ~* 質問（の矢）を次々と放つ Bombardear com perguntas. Ⓢ[同] Hassúrú¹. ⇨ hasshá¹; íru⁵; tobású; útsu². **3**〔香・光などを発する〕Exalar; emitir; soltar. ★ *Akushū o ~* 悪臭を放つ Exalar mau cheiro. *Isai o ~* 異彩を放つ Ser conspícuo; sobressair; ressaltar. *Koe o hanatte naku* 声を放って泣く Chorar em voz alta. Ⓢ[同] Hassúrú¹. **4**〔火をつける〕Deitar fogo. ★ *Ie ni hi o ~* 家に火を放つ ~ à casa. Tsukéru (+). **5**〔スパイなどを送る〕Despachar; enviar; mandar. ★ *Tekikoku ni supai o ~* 敵国にスパイを放つ ~ um espião ao país inimigo. Ⓢ[同] Okúrí-kómu (+).

haná-tsúmámí(mónó) 鼻摘まみ（者）A pessoa nojenta [abje(c)ta; detestável]. *Kare wa doko e itte mo ~ da* 彼はどこへ行っても鼻つまみ者だ Ele é detestado em toda a parte.

haná-tsúmári 鼻詰まり ⇨ haná-zúmári.

haná-tsúmí 花摘み〔<…¹+tsumú〕A apanha de [O colher] flores.

haná-úri 花売り〔<…¹+urú〕**a)** O vender flores; **b)** O [A] florista (ambulante). ⇨ haná-ya.

haná-utá 鼻唄 ⇨ haná² **1** ◇.

haná-wá¹ 花輪 ⇨ haná² **1** ◇.

haná-wá² 鼻輪 ⇨ haná² **1** ◇.

haná-ya 花屋 O/A florista; a loja de flores. ⇨ haná-úri.

hanáyágu 華やぐ Ganhar brilho [animação]「com a presença de lindas jovens」. ★ *Hanayaida fun'iki* 華やいだ雰囲気 Um ambiente alegre [animado].

hanáyaka 華やか **1**〔はでで美しい〕Esplendoroso; deslumbrante; sun[mp]tuoso; espe(c)tacular; grandioso;「estilo」florido「de Eça de Queirós」. ★ *~ na pāti* 華やかなパーティー Uma festa espe(c)tacular. *~ na yosooi* 華やかな装い O traje vistoso. Ⓢ[同] Karéí; kirábíyaka. **2**〔盛んなようす〕O estar no apogeu; abundante. ★ *Nikibi ~ narishi koro* にきび華やかなりし頃 Na idade em que a cara fica cheia de espinhas.

hanáyáka-sa 華やかさ A magnificência; o esplendor.

haná-yásai 花野菜【Bot.】⇨ karíflúráwa.

hanáyome 花嫁 A noiva. ◇ **~ gakkō** 花嫁学校 A escola de futuras donas-de-casa. **~ shugyō** 花嫁修業 O curso para ~s. **~ sugata** 花嫁姿「Vestida」de ~. ⇨ Hanámuko.

haná-zákari 花盛り〔<…¹+sakárí〕**1**〔花の盛り〕O apogeu da floração. *Mito no ume wa ima ga ~ da* 水戸の梅は今が花盛りだ As ameixeiras de Mito estão em plena flor [no ~/estão agora todas florid(ính)as]. **2**〔女性が一番美しい頃〕【Fig.】A flor da juventude. **3**〔一番盛んなとき〕【Fig.】O apogeu; o auge. *Ano koro wa gakusei undō ga ~ de atta* あの頃は学生運動が花盛りであった Naquele tempo [Nessa altura], o movimento estudantil estava no ~. ◇ saíséeiki.

haná-zónó 花園〔<…¹+sónó〕O jardim [horto].

haná-zúmári 鼻詰まり〔<…²+tsumáru〕O nariz entupido. Ⓢ[同] Haná-tsúmári.

haná-zúrá 鼻面〔<…²+tsurá〕O focinho (Só de animais).

haná-zútsú 花筒〔<…¹+tsutsú〕A jarra de flores (em forma de tubo). Ⓢ[同] Haná-íké[táté]; kabín (+).

hanbá 飯場 As instalações dos operários da construção.

hanbágā【áa】ハンバーガー（< Ing. hamburger）O hambúrguer no pão.

hanbágu-sutéki【áa】ハンバーグステーキ（< Ing. Hamburg steak）O bife de carne picada.

hanbái 販売 A venda; a comercialização. ★ *~ sarete iru* 販売されている Estar à venda. *~ suru* 販売する Vender; comercializar. ◇ **~ bu [ka]** 販売部 [課] O departamento comercial [A se(c)ção] de vendas. **~ gakari [in; nin]** 販売係 [員; 人] O vendedor. **~ mō** 販売網 A rede de vendas. **~ sokushin** 販売促進 A promoção de vendas. **~ ten** 販売店 A loja; o posto de venda. **~ tesūryo** 販売手数料 A comissão (sobre a venda). *Jidō ~ ki* 自動販売機 A máquina (automática) de venda「de café」. **Tsūshin ~** 通信販売 A venda por correspondência [pelo correio].

hanbákú 反駁 A refutação; a contestação; a réplica. ★ *~ no yochi no nai giron* 反駁の余地のない議論 Um argumento irrefutável [que não tem/admite refutação]. Ⓢ[同] Hañpákú¹; hañrón.

han-béi 反米 Anti-americano. ◇ **~ kanjō** 反米感情 O sentimento ~.

hanbétsú 判別 A distinção. *Nisesatsu wa chotto mita me ni wa ~ ga tsukanai hodo seikō ni dekite ita* にせ札はちょっと見た目には判別がつかないほど精巧にできていた As notas (falsas) estavam tão bem falsificadas que à primeira vista não se distinguiam das outras. ◇ **~ shiki** 判別式 A discriminante. Ⓢ[同] Shikíbétsú.

han-bíráki 半開き〔<…²+híraku〕**1**〔ドアなどが〕O estar entreaberto [meio aberto]. **2**〔花が〕O estar「a flor」a abrir [meio desabrochada]. Ⓢ[同] Hañkáí¹.

hanbō 繁［煩］忙【E.】A pressão do trabalho; os múltiplos afazeres. ◇ **~ ki** 繁忙期 A época muito ocupada [atarefada/com muito trabalho]. ⇨ tabō.

han-bóin 半母音 A semivogal (Vogal que quase não se pronuncia, como o "i" em "herói" e o "u" em "troféu").

hanbún 半分 **1**〔2つに分けたものの1つ〕A metade. *Jū no ~ wa go de aru* 10の半分は5である ~ de dez é cinco. *Sanchō made no ~ mo noboranai uchi ni kutabire-hatete shimatta* 山頂までの半分も登らない内にくたびれはててしまった Ainda nem tinha chegado ao meio da subida do monte e já estava morto de cansaço. ★〔*Kare to ~ no shusshi de jigyō o hajimeta* 彼と半分半分の出資で事業を始めた Ele e eu abrimos um negócio, entrando cada um com ½ metade do capital. *~ no nedan* 半分の値段 ~ do preço. *Keihi o ~ ni herasu* 経費を半分に減らす Cortar as despesas pela metade. *Ringo o ~ ni suru [kiru; waru]* りんごを半分にする[切る；割る] Cortar [Partir] a maçã ao meio. **2**［-hánbun；なかばの意］【Suf.】Meio; semi-; quase; assim assim. ★ *Asobi ~ ni* 遊び半分に De [Por] brincadeira; meio a sério (meio a brincar). ◇ **omoshiro ~**.

hánburu ハンブル（< Ing. fumble）【D】esp.】O deixar fugir a bola.

han-byōnín 半病人 Meio doente [Adoentado].

hanchíngú(kyáppu) ハンチング（キャップ）(< Ing. hunting cap) O boné de caçador. ⇨ hán-daka ⇨ Torfúchíbō.
hánchō 班長 O chefe (de um grupo). ⇨ hán⁴.
hanchú 範疇 A categoria; o ramo. ★ *Keizaigaku no ~ ni hairu* [*zokusuru*] 経済学の範疇に入る［属する］Pertencer ao ramo da economia. S/両 Jánru. ⇨ búrui.
handá はんだ [半田] A solda. ★ *~ de tsukeru* はんだでつける Soldar. ⇨ handá-zúké.
handái 飯台 A mesa j. (Baixinha) de jantar. S/両 Chabúdái (+) ; shokúdái.
han-dákuon 半濁音 O som pa, pi, pu, pe, po, pya, pyu, pyo (O sinal diacrítico deste som foi introduzido pelos jesuítas em 1598). ⇨ dakúón.
handan 判断 **1** A decisão; o raciocínio; o julgamento. *Go- ~ ni o-makase shimasu* 御ご判断におまかせします Deixo isso[-o] ao seu julgamento [critério]. ★ *~ ga tsukanai* 判断がつかない Não chegar a uma conclusão [conseguir decidir]. *~ o ayamaru* 判断を誤る Enganar-se; errar [fazer um juízo errado]. *~ suru (o kudasu)* 判断する［を下す］Decidir; chegar a uma conclusão. *Mikake de hito o ~ suru* 見かけで人を判断する Julgar as pessoas pelas aparências. ◇ *~ ryoku* 判断力 A capacidade de julgar. **2** [占い] A adivinhação. ◇ **Seimei ~** 姓名判断 ― pelo nome.
handá-zúké はんだづけ [半田付け] (< … + *tsukéru*) A soldagem. ★ *~ suru* はんだづけする Soldar.
hánde(di) ハンデ（ディ）(Abrev. de "haňdíkyáppu"). **1** [競馬などで] A vantagem (dada aos mais fracos). ★ *~ nijū no gorufā* ハンデ20のゴルファー O golfista com 20 de ~. *~ o tsukeru* ハンデをつける Dar ~. **2** [不利な事柄] A desvantagem. *Gakureki no nai koto ga kare ni totte ōkina ~ to natta* 学歴のないことが彼にとって大きなハンデとなった A falta de um curso (superior) foi uma grande ~ para ele.
hándī ハンディ (< Ing. handy) De manejo fácil; prático (fácil de usar). ⇨ bénri.
hándi-kyáppu ハンディキャップ (< Ing. handicap) ⇨ hánde.
handō 反動 **1** [反作用] **a)** A rea(c)ção [O efeito]; **b)** O coice (da arma de fogo). *Endaka no ~ de kaigai ryokō o suru nihonjin ga fueta* 円高の反動で海外旅行をする日本人が増えた Por efeito da valorização do yen, aumentou o número de j. que vão ao estrangeiro. ⇨ hań-sáyō. **2** [保守] A rea(c)ção. ★ *~ teki* 反動的 Reac(c)ionário. *~ bunshi* [*shisō*] 反動分子［思想］O elemento [A ideologia] rea(c)cionário[a]. ⇨ hóshu¹.
han-dóa 半ドア (< … + Ing. door) A porta mal fechada (do carro). *Mae no doa ga ~ ni natte iru* 前のドアが半ドアになっている A porta da frente está… ⇨ han-bírákí.
handó-bággu ハンドバッグ (< Ing. handbag) A bolsa [ma(lin)h(a) de mão]. ⇨ te-ságé.
handó-bóru [óo] ハンドボール (< Ing. handball) O andebol.
handó-búkku ハンドブック (< Ing. hand book) O manual. S/両 Tébiki; mányuaru. ⇨ kyōkásho.
handó-búréki [ée] ハンドブレーキ (< Ing. hand brake) O travão [freio] de mão.
handókú 判読 A decifração; o ler. ★ *~ dekinai moji* 判読できない文字 A letra indecifrável [ilegível]. S/両 Káídókú.

handón 半どん (< …² + dóntaku < Hol. zontag) **1** [半日の休み] O meio-feriado. *Kyō wa ~ da* 今日は半どんだ Hoje é feriado de tarde. **2** [⇨ do-yóbi].
handóru ハンドル (< Ing. handle) **a)** O volante「do carro」; **b)** O guiador「da bicicleta」; **c)** A alavanca; **d)** A maçaneta [O punho]「da porta」.
handótai [óo] 半導体 【Fís.】O semicondutor.
hané¹ 羽 [羽毛] A pena; a pluma; a plumagem. ★ *~ ga haeru* 羽が生える Nascerem as penas. *~ ga nukeru* 羽抜ける Depenar-se [Caírem as penas]. *~ no yō ni karui mōfu* 羽のように軽い毛布 Um cobertor leve(zinho) como uma pluma. ⇨ umó. **2** [翼] A asa (Tb. de avião). *~ o hirogeru* [*tatamu*] 羽を広げる［たたむ］Abrir [Fechar] as asas. *~ o nobasu* 羽を伸ばす Ficar à vontade; fazer uma festa [o que quer]. Tsubásá. **3** [昆虫のはね] A asa de inse(c)to. 【1/慣用】*~ ga haete tobu yō* [*~ ga haeta yō*] *ni ureru* 羽が生えて飛ぶよう［羽が生えたよう］に売れる「os pêssegos」Voam num instante. **4** [翼状のもの] A pá [palheta]. ★ *Buraindo no ~* ブラインドの羽 As tabuinhas [palhetas] da persiana.
hané² 羽根 A peteca.
hané³ はね [どろなどの] O salpico. *Kimono no suso ni hidoku ~ ga agatte iru* 着物のすそにひどく跳ねが上がっている A bainha do quimono está toda salpicada. **2** [興行の] O fim「do espe(c)táculo ou hoje」.
hané-ágári 跳ね上がり (< hané-ágáru) **1** [飛び上がること] O salto [pulo]. **2** [高騰] O salto. *Bukka no ~ 物価の跳ね上がり ― [aumento súbito] dos preços. ⇨ bōtō¹; kōtō⁴. **3** [暴挙] O excesso. ★ *Ichibu kagekiha no ~ o osaeru* 一部過激派の跳ね上がりを抑える Conter os ~ s de alguns extremistas. **4** [⇨ hanékíáderí].
hané-ágáru 跳ね上がる (< hanéru¹ + …) **1** [飛び上がる] Saltar; pular. S/両 Tóbí-ágáru (+). **2** [物価などが] Subir repentinamente. *Gōu no eikyō de yasai no nedan ga ikkyo ni hane-agatta* 豪雨の影響で野菜の値段が一挙に跳ね上がった O preço das verduras subiu de repente por causa das chuvas torrenciais. **3** [過激な行動をする] Agir precipitadamente.
hané-ágéru 跳ね上げる (< hanéru¹ + …) **1** [どろなどを] Fazer saltar; salpicar. *Kuruma ga doro no hane-ageta* 車が泥を跳ね上げた O carro fazia saltar lama. **2** [物価などを] Fazer subir muito.
hané-ári 羽蟻 【Zool.】⇨ ha-ári.
hané-bashi 跳ね橋 (< hanéru¹ + hashí) A ponte levadiça. S/両 Chōkádíçá.
hané-bóki [óo] 羽箒 (< …¹ + hōki) O espanador de penas. S/両 Ha-bóki.
hané-búton 羽蒲団 (< …¹ + futón) O acolchoado de penas.
hań'ei¹ 反映 **1** [反射して映ること] O reflexo. ★ *~ suru* 反映する Refle(c)tir-se. **2** [影響] O reflexo.
hań'ei² 繁栄 A prosperidade「do país」. *Go-ikka no ~ o o-inori shimasu* 御一家の繁栄をお祈りします Faço votos pela ~ da sua família. ★ *~ suru* 繁栄する Prosperar. ⇨ hánjō¹; sakáé.
hané-káéri 跳ね返り (< hané-káeru) **1** [はねかえること] **a)** O ressalto [ricochete]「da bola」; **b)** A recuperação「da bolsa」. **2** [影響が戻ってくること] A repercussão. *Yunyū seigen wa kokusai bōeki ni ōkina ~ o motarasu* 輸入制限は国際貿易に大きな跳

ね返りをもたらす O controle das importações tem grandes repercussões no comércio internacional. ⇨ hañdó. **3**[おてんば]【G.】A menina traquinas [maria-rapaz]. ⓈⒻ Hanékkáérí; o-kyán; o-téñ-bá (+).

hané-káeru 跳ね返る (< hanéru¹ + …) **1**[はずんで返る]Ressaltar [Tornar a saltar/Fazer ricochete]. *Bōru wa kabe ni atatte hanekaette kita* ボールは壁に当たって跳ね返って来た A bola bateu na parede e saltou para cá [fez…]. **2**[影響が戻って来る]Afe(c)tar; repercutir(-se). *Jinken-hi no ne-agari wa kosuto-daka to natte shōhisha ni* ~ 人件費の値上がりはコスト高となって消費者に跳ね返る O aumento do custo da mão-de-obra aumenta o preço do produto e isso afe(c)ta o consumidor.

hané-káesu 撥ね返す (< hanéru¹ + …) Repelir; afastar; rejeitar. *Kanojo wa fuan o* ~ *yō ni waza-to ō-goe de waratta* 彼女は不安を撥ね返すようにわざと大声で笑った Tentando repelir a ansiedade, ela deu uma gargalhada. ⓈⒻ Hané-tóbásu (+).

hané-kákáru 跳ね掛かる (< hanéru¹ + …) Ser aspergido/salpicado.

hané-kákéru 撥ね掛ける (< hanéru¹ + …) Aspergir; salpicar; borrifar.

hanékkáérí 跳ねっ返り【G.】⇨ hané-káéri **3**.

hané-máwáru 跳ね回る (< hanéru¹ + …) Saltitar. *Inu wa ureshisō ni yuki no ue o hane-mawatta* 犬はうれしそうに雪の上を跳ね回った O cão andava a [correr e aos saltos] todo contente sobre a neve. ⓈⒻ Tobí-máwáru.

hanemúñ [úu] ハネムーン (< Ing. honeymoon) A lua-de-mel; a viagem de núpcias. ⓈⒻ Shíñkóñ-ryókó (+).

hañ-éñ 半円 O semicírculo. ★ ~ (*kei*) *no* 半円(形) の Semicircular.

hané-nókéru 撥ね除ける (< hanéru¹ + …) **1**[押しのける]Atirar com. ★ *Futon o hane-nokete okiru* ふとんを撥ね除けて起きる Levantar-se atirando com o acolchoado. ⒶⓈⒻ Oshí-nókéru; tsukí-nókéru. **2**[除き去る]Deitar fora. *Furyō-hin o* ~ 不良品を撥ね除ける ~ os artigos defeituosos.

hané-ókíru 跳ね起きる (< hanéru¹ + …) Levantar-se de [com] um salto. ★ *Nedoko kara* ~ 寝床から跳ね起きる Pular para fora da cama [~]. ⓈⒻ Tobí-ókíru (+).

hañ-érí 半襟 A gola de enfeite [prote(c)ção].

hanéru¹ 跳[撥]ねる **1**[跳び上がる]Saltar「bola/cavalo/rã/lama/castanhas a assar」; pular; dar [pôr-se aos] saltos/pulos. *Batta ga kusamura kara pyon to haneta* バッタが草むらからぴょんと跳ねた O gafanhoto, pum, saltou da erva. *Hanenai abura* 跳ねない油 O azeite [óleo] que não respinga [salta]. **2**[弾く; 勢いよく上げる]Arrebitar; empinar; levantar. *Pin to haneta hige* ぴんと撥ねた髭 Um bigode arrebitado. **3**[当たってはじき飛ばす] Atropelar. ★ *Jidōsha ni hanerareru* 自動車に撥ねられる Ser atropelado por um carro. **4**[飛び散らせる](Fazer) espirrar. ★ *Doro-mizu o* ~ 泥水を撥ねる ~ água lamacenta. **5**[筆の先を]Fazer saltar a ponta do pincel「ao terminar o traço」. **6**[除去する]Excluir; eliminar; rejeitar. ★ *Furyōhiñ o* ~ 不良品を撥ねる ~ os produtos defeituosos. **7**[一部をかすめ取る]Roubar. ★ *Uwamae o* ~ うわまえを撥ねる ~ [Ficar com/Meter ao bolso] uma comissão. ⇨ piñ-háne. **8**[芝居が]Terminar; acabar. **9**[相

場が]Subir repentinamente;「a bolsa」disparar. **10**[「ん」の音]【Lin.】O som do "n" j.

hané-tóbású 撥ね飛ばす (< hanéru¹ + …) **1**[はねてとばす]**a)** Atirar「água/alguém pelo ar」; **b)** Atropelar「com o carro」. *Waipā ga ame-tsubu o* ~ ワイパーが雨粒を撥ね飛ばす O limpador do pára-brisas atira para os lados as gotas da chuva. **2**[勢いよく除去する]Repelir; afastar; afugentar「a febre com uísque」. ★ *Byōki o wakasa de* ~ 病気を若さで撥ね飛ばす ~ [Espantar] a doença com o vigor da mocidade. ⓈⒻ Fukí-tóbásu; hané-káesu.

hané-tsúkérú 撥ね付ける (< hanéru¹ + …) Rejeitar (à primeira). *Kōsai no mōshikomi o tehidoku hane-tsukerareta* 交際の申し込みを手ひどく撥ねつけられた Pediu「-lhe」namoro mas levou com a porta na cara. ⇨ kotówáru; kyozétsú.

hané-tsúkí 羽根突き (< ⁻² + tsukí) A peteca.

hañgá 版画 A (lito/xilo)gravura. ◇ ~ **ka** 版画家 O gravador.

háñgā ハンガー (< Ing. hanger) O cabide. ★ *Sebiro o* ~ *ni kakeru* 背広をハンガーにかける Pendurar o paletó (B.)[casaco] no cabide. ⓈⒻ Emóñ-kake.

hañ-gáku 半額 A metade do preço. *Shōgakusei ika wa otona ryōkin no* ~ *desu* 小学生以下は大人料金の半額です A entrada para crianças com menos de doze anos é ~ da dos adultos.

hañgáñ¹ 半眼 Os olhos meio [semi]-abertos.

háñgañ² 判官【A.】**1**[⇨ saíbáñ-kañ]. **2**[源義経] Minamotono Yoshitsune. ◇ ~ **bíiki** 判官晶屓 ⇨ hōgáñ-bíiki.

Háñgarī ハンガリー A Hungria. ◇ ~ **go** ハンガリー語 O húngaro.

hañgā-sútóráikí ハンガーストライキ (< Ing. hunger strike) A greve da fome.

hañgéki 反撃 O contra-ataque. ★ ~ *ni deru* 反撃に出る Lançar ~. ~ *suru* 反撃する Contra-atacar.

hañgéñ 半減 O reduzir à metade [50%]. ★ *Kachi ga* ~ *suru* 価値が半減する Perder a metade do valor. ◇ ~ **ki** 半減期 A meia-vida.

háñgetsu 半月 A meia-lua. *Koñ'ya wa* ~ *da* 今夜は半月だ Esta noite é meia-lua. ★ ~ *kei no* 半月形の Semicircular. ⓈⒻ Yumíhárí-zuki.

hañ-gí 版木 (< ⁻¹ + kí) O bloco xilográfico.

hañgó 反語 **1**[皮肉] A ironia. ★ ~ *o tsukau* 反語を使う Ironizar. ~ *teki* 反語的 Iró(ô)nico. ⓈⒻ Hiníkú (+). **2**[意味を強めるため肯定・否定を逆にした疑問文] A pergunta retórica.

hañgó [óo] 飯盒 A marmita. ◇ ~ **suisan** 飯盒炊爨 O cozer o arroz na ~.

hañ-górósí 半殺し (< ⁻² + korósú) O deixar meio-morto/a. ★ ~ *ni suru* 半殺しにする …. ~ *no me ni au* 半殺しの目に遭う Quase morrer [ser morto].

hañgú-guráidā ハンググライダー (< Ing. hang glider) A asa-delta.

háñguru ハングル (< Core. hangeul) O alfabeto coreano.

hañgyáku 反[叛]逆 A traição; o revoltar-se. ★ ~ *o kuwadateru* 反逆を企てる Conspirar. ◇ ~ **ji** 反逆児 O rebelde. ~ **sha** 反逆者 O traidor. ~ **zai** 反逆罪 O crime de ~. ⇨ múhoñ.

hañháñ 半半 Metade metade. ★ *Shio to satō o* ~ *ni ireru* 塩と砂糖を半々に入れる Pôr sal e açúcar em

porções [partes] iguais.
hán'i¹ 範囲 O alcance; a extensão; o campo [a esfera]; o limite; o conteúdo. *Karera no katsudō no ~ wa kono chiiki ni kagirarete iru* 彼らの活動の範囲はこの地域に限られている As a(c)tividades deles limitam-se a esta área. *Watashi no shiru ~ de wa sonna otoko wa koko ni arawarete inai* 私の知る範囲ではそんな男はここに現れていない Que eu saiba, esse homem não apareceu por aqui. *Dekiru ~ de dekiru han'i de* できる範囲で Dentro do possível. *Yosan no ~ nai de yaru* 予算の範囲内でやる Executar dentro dos limites do [Limitar-se ao] orçamento. ◇ **Kōsai ~** 交際範囲 O「meu」círculo de relações.
hán'i² 犯意 A intenção criminosa (Um crime premeditado).
han'í-gó 反意語 O antó(ô)nimo. ⟦S/㊦⟧ Hańgí-gó; hańtáí-go. ⟦A/反⟧ Dō(g)-gó.
haníkamu はにかむ Acanhar-se; ser envergonhado. ★ *Hanikande warau* はにかんで笑う Sorrir meio-acanhado [-envergonhado].
hań'ín'yō 半陰陽 O hermafrodita [hermafroditismo]. ⟦S/㊦⟧ Futánári.
haníwá 埴輪 Os bonecos e jarros cilíndricos de argila (Do período dos grandes túmulos da h. j., séc. 4-7).
hánji 判事 O juiz. ◇ **~ ho** 判事補 O assistente do ~. **~ seki** 判事席 O assento dos juízes; o tribunal. *Shuseki [Jiseki] ~* 首席 [次席] 判事 = presidente [secundário]. ⟹ saíbán-kan.
hańji-mónó 判じ物 (< *hańjíru + …*) O quebra-cabeças. ⟹ Nazó.
hańjíru 判じる **1**「判断する」「a」Julgar「pelo que ele diz」. Hańzúru. ○ hańdan; hańtéí. **2**「解く」 Decifrar; resolver. ⟹ kaídóku¹; kaíméí; káishaku¹. **3**「推測する」 Imaginar; conje(c)turar; pressupor. ○ suísókú; suítéí¹; yosókú.
hánjō¹ 繁盛 [昌] A prosperidade「do negócio」; o sucesso「do médico」. ⟹ Han'éí.
hánjō² [**ōo**] 半畳 **1**「畳半分」Meio tatámi (Uns 90 x 90 cm). **2**「揚げ足取り」 *~ o ireru* 半畳を入れる Vaiar; interromper [cortar a fala]; patear.
hanjúkú 半熟 **1**「ゆで卵の」 Escalfado; meio-cozido. ★ *(no) tamago* 半熟の卵 O ovo ~. ⟦A/反⟧ Katá-yúdé. **2**「果実の」 Meio-maduro.
hánká¹ 繁華 O ser movimentado (próspero).
hánká² 反歌 O poema breve no fim do "chōka", como fecho e síntese deste.
hańkáchí ハンカチ (< Ing. handkerchief) O lenço. ⟦S/㊦⟧ Hańkéchi; hańchíífu.
hańká-gai 繁華街 A zona (comercial) muito movimentada. ⟹ Sakári-bá.
hańkái¹ 半開 **1**「ドアなどの」「A porta」entreaberta [meio aberta]. ⟦S/㊦⟧ Hań-bírákí (+). Zeńkáí. **2**「花の」 A flor」 meio aberta. ⟦A/反⟧ Mańkáí.
hańkái² 半壊 【E.】A destruição parcial. ★ *~ no [shita] ie* 半壊の [した] 家 A casa meio destruída. ⟦A/反⟧ Zeńkáí.
hań-káiten 反回転 Uma meia volta.
hań-káko 半過去 【Gram.】O (pretérito) imperfeito「de "ir" é "ia"」.
hań-kákumei 半革命 A contra-revolução.
hańkáń¹ 反感 A antipatia; a inimizade; a aversão. ★ *~ o idaku* 反感を抱く Ter [Sentir] antipatia [~]. *Hito no ~ o kau* 人の反感を買う Suscitar antipatia [Provocar antagonismo].
hańkáń² 繁簡【E.】「O dizer」muito「em」poucas「palavras」.
hańkáń-hańmín 半官半民 Semi-estatal. ★ *~ no kaisha* 半官半民の会社 A empresa ~.
hańkátsu 半可通 (A pessoa com) um conhecimento superficial「da h. j.」. ⟦S/㊦⟧ Namákájíri. ○ shittákábúrí.
hań-káwáki 半乾き (< … + *kawáku*) ⟹ namá-gáwáki.
hańkéchí ハンケチ ⟹ hańkáchi.
hánkei 半径 O raio. ★ *~ issenchi no en* 半径1センチの円 O círculo com um centímetro de raio. ⟹ chokkéí¹.
hańkén¹ 版権 (< *shuppán + kenri*) Os direitos autorais [de autor]. ★ *Chosho no ~ o eru [jōto suru]* 著書の版権を得る [譲渡する] Conseguir [Conceder] ~. ◇ **~ shoyū** 版権所有 (記載) Todos os direitos reservados. ○ chosákúken.
hań-kén² 半券 O talão (do bilhete).
hańkétsú 判決 **1**「正・不正などを決めること」O juízo. **2**「裁判の」A sentença. *Kono jiken no ~ wa kyō kudasareru* この事件の判決は今日下される ~ deste caso é [vai ser dada] hoje. ★ *~ ni fukusuru* 判決に服する Aceitar ~. *~ o kudasu* 判決を下す Julgar; dar ~. *~ o kutsugaesu* 判決をくつがえす Revogar ~. *Yūzai (Muzai) no ~* 有罪 [無罪] の判決 O ser declarado culpado/réu (inocente). ◇ **~ bun** 判決文 ⟹ saíbán-kan.
hánki¹ 半期 **1**「一期の半分」A metade de um termo. **2**「半年」O semestre; o meio ano. ◇ **Kami [Shimo] ~** 上 [下] ~ O primeiro [segundo] semestre.
hánki² 半旗 A bandeira (hasteada) a meio mastro. ★ *~ o kakageru* 半旗を掲げる Hastear ~. ⟦S/㊦⟧ Chōkí. ○ hatá¹.
hánki³ 反 [叛] 旗 【E.】A bandeira da revolta. ★ *Seifu ni ~ o hirugaesu* 政府に反旗を翻す Hastear ~ contra o governo.
hańkin 半金.
hańkō 判子【Col.】O carimbo (Com o nome da pessoa, us. no J., em lugar da assinatura). ★ *Shorui ni ~ o osu* 書類に判子を押す Assinar um [Pôr ~ num] documento. ⟦S/㊦⟧ Hán¹; íńbáń.
hańkō¹ 反抗 A resistência; o opor-se; o desobedecer「aos pais」. ★ *Kenryoku ni ~ suru* 権力に抗する Desafiar o poder. ◇ **~ ki** 反抗期 O período de auto-afirmação (da criança). ⟦S/㊦⟧ Hańgyákú; teíkō. ○ Fukújū. ○ tekítáí.
hańkō² 犯行 O crime; o delito. ★ *~ o hinin suru* 犯行を否認する Negar ~. *~ o kasaneru* 犯行を重ねる Reincidir. *~ o mitomeru* 犯行を認める Admitir ~. ◇ **~ genba** 犯行現場 O local do ~. ⟦S/㊦⟧ Hańzáí-kōí.
hańkō³ 反攻 O contra-ataque [A contra-ofensiva]. *~ suru* 反攻する Contra-atacar. ⟦S/㊦⟧ Hańgékí.
hańkóń 瘢痕 A cicatriz. ⟹ Kizú-átó (+).
hánku 半句 **1**「一句の半分」Meio verso (ou frase). **2**「少しの言葉」Meias palavras. *Kare wa shi no kotoba o ichigon ~ mo kiki-morasu-mai to shita* 彼は師の言葉を一言半句も聞きもらすまいとした Ele não queria perder a mais pequena palavra do [proferida pelo] mestre.
hańkyō¹ 反響 **1**「音のはね返り」O eco; a ressonância「da sala」. ★ *~ suru* 反響する Ecoar; fazer eco.

⇨ kodamá. **2** [影響] A rea(c)ção [sensação]; a repercussão; a ressonância. *Hon ga shuppan sarete hito-tsuki mo shinai uchi ni dokusha kara ōkina ~ ga atta* 本が出版されて一月もしないうちに読者から大きな反響があった O livro, em menos de um mês da publicação, teve grande repercussão nos leitores [A rea(c)ção (dos leitores) ao livro não se fez esperar/foi imediata]. ★ *~ ga chiisai [ōkii]* 反響が小さい[大きい] Ter grande/muita [pouca] repercussão/ressonância. *~ o makiokosu [yobu]* 反響を巻き起こす [呼ぶ] Provocar rea(c)ção/sensação; ⇨ hańńō[1].

hańkyō[2] 反共 Anti-comunista. A/反 Yókyō.
hań-kyōran 半狂乱 A semi-loucura. ★ *~ ni naru* 半狂乱になる Ficar meio [semi-]louco.
hańkyū[1] 半球 O hemisfério. ◊ *Kita [Minami] ~* 北 [南] 半球 ~ norte [sul].
hańkyū[2] 半休 O meio feriado. S/同 Hańdóń **1**.
hańkyū[3] 半弓 O arco pequeno (Com que se pode atirar sentado). A/反 Daíkyū.
hánmā ハンマー (< Ing. hammer) O martelo 「do carpinteiro/piano」. ◊ *~ nage* ハンマー投げ (D.esp.) O lançamento do ~. ⇨ Tsuchí[2].
hańmai 飯米 O arroz para gasto [para consumo, da família]. ⇨ hakúmai; komé.
hańméi 判明 O esclarecer [provar/descobrir]-se 「que era falso」. ★ *Mimoto no ~ shinai shitai* 身元の判明しない死体 Um cadáver não identificado.
hańméń[1] 反面 O outro lado. *Kare wa kichōmen na no wa yoi ga ~ kata-sugite yūzū no kikanai tokoro ga aru* 彼は几帳面なのは良いが反面堅すぎて融通の利かない所がある Ele é muito metódico mas, por ~ é demasiado duro e inflexível. ◊ *~ kyōshi* 反面教師 Um professor ao contrário 「"não façais o que eu faço"」.
hańméń[2] 半面 **1** [顔の] A metade do rosto. ◊ *~ zō* 半面像 O perfil. **2** [コートなどの] Um dos lados 「da quadra de té[ê]nis」; Um lado; uma parte 「da verdade」. *Hitori-gurashi wa fujiyū de taikutsu de wa aru ga ~ tanoshiku mo aru* 一人暮らしは不自由で退屈ではあるが半面楽しくもある Viver só é incó(ô)modo e monótono mas também tem o seu lado agradável. ⇨ ichímén.
hań-mí 半身 **1** [身構えの] O lado do corpo. **2** [魚の] Um lado 「da enguia, cortada ao comprido」; a metade.
hań-míchi 半道 **1** [一里の半分] Meio "ri". **2** [道程の半分] O meio caminho. S/同 Tochū (+).
hánmo 繁茂 [E.] O viço; o vicejar; o ficar luxuriante. ⇨ oi-shígéru.
hańmókú 反目 A hostilidade; o antagonismo. S/同 Taírítsú.
hańmóń[1] 反問 O retorquir [redarguir/retrucar/retruque]; a réplica; a refutação.
hańmóń[2] 煩悶 A preocupação 「do emprego」; a aflição; a ansiedade; a angústia; o tormento; o desespero. ★ *~ suru* 煩悶する Preocupar-se; afligir-se; atormentar-se. S/同 Kúnō; nayámí.
hańmóń[3] 斑紋 As manchas; as pintas; as nódoas, os borrões; a malha. S/同 Hańtéń[1] (+); madárá (+).
hán-mon[4] 半文 Meio pataco.
hańmóto 版元 O editor; a (casa) editora. S/同 Hakkójō (+); shuppánmóto (+).

hańnágá(gutsu) 半長 (靴) As botinas [botas de meio cano].
hańné 半値 A metade do preço. ★ *~ de kau* 半値で買う Comprar pela [por] ~. S/同 Hańgáku.
hańnéń 半年 ⇨ hań-tóshí.
hańníchi[1] 半日 Meio dia. ★ *~ kakatte shigoto o shiageru* 半日かかって仕事を仕上げる Terminar o trabalho [a obra] em ~.
hań-nichi[2] 反日 Anti-j. ◊ *~ kanjō* 反日感情 O sentimento ~. S/同 Kō-níchi. A/反 Shiń-níchi.
hań-nié 半煮え (< ... [2] + niérú) Meio cozido[a]. S/同 Namá-nié (+).
hánnin 犯人 O criminoso. ★ *~ o taiho suru* 犯人を逮捕する Prender ~.
hańnín-máe 半人前 O não ter suficiente habilidade. *Nani o yatte mo mada ~ da* 何をやってもまだ半人前だ Ainda não faz o trabalho dum homem. A/反 Ichínín-máe.
hańnō[1] 反応 **1** [物質間の] A rea(c)ção. ★ *~ o okosaseru* 反応を起こさせる Haver uma ~. *~ suru* 反応する Reagir. *Arukari-sei no ~ o shimesu* アルカリ性の反応を示す Ter ~ alcalina. ◊ *Kagaku ~* 化学反応 ~ química. *Rensa ~* 連鎖反応 ~ em cadeia. **2** [刺激への応答] A rea(c)ção. *Inu wa nioi ni binkan ni ~ suru* 犬は臭いに敏感に反応する O cão tem muito olfato [faro (+)]. ◊ *Arerugī ~* アレルギー反応 ~ alérgica. *Kyohi [Kyozetsu] ~* 拒否 [拒絶] 反応 A rejeição 「de um corpo estranho」. ⇨ tsuberúkúrin ◊ . **3** [反響] A rea(c)ção; a resposta; o efeito. *Sono komāshāru ni wa shōhisha no ōkina ~ ga atta* そのコマーシャルには消費者の大きな反応があった Esse anúncio teve grande ~ entre os consumidores. S/同 Hańkyō.
hańnō[2] 半農 [E.] O meio agricultor. ◊ *~ hangyo* 半農半漁 O viver da agricultura e da pesca. ⇨ keńgyō ◊ .
hán-no-ki 榛の木 [Bot.] O amieiro; *alnus japonica*.
hánnya 般若 (< Sâ. prajñā) **1** [知恵] [Bud.] A suprema sabedoria. ◊ *~ kyō* 般若経 A sutra "hannya". **2** [妖怪] A ogra. ◊ *~ men* 般若面 A máscara de ~ (Com dois chifres, usada no teatro nô, que expressa o ciúme e a raiva de mulher).
hańnyú 搬入 A entrega. A/反 Hańshútsú.
hań'óń 半音 [Mús.] O semi [meio]-tom. ◊ *~ kai* 半音階 A escala cromática. S/同 Zeń'ón.
hańpá 半端 **1** [はした; 不完全] A 「cole(c)ção」 incompleta; a sobra. ★ *~ na jikan* 半端な時間 Os momentos [As horas] livres. S/同 Hashítá. **2** [どっちつかず] Incerto; indefinido. ⇨ chūtō-hańpa; dotchí tsúkazu. **3** [まぬけ] O ter um parafuso a menos. ◊ *~ mono* 半端者 Ele falta-lhe um parafuso [tem ...].
hańpákú[1] 半白 Grisalho; meio branco. S/同 Shirágá-májiri. ⇨ gomá ◊ .
hańpákú[2] 反駁 ⇨ hańbáku.
hańpátsú 反発 [撥] **1** [はね返すこと] A repulsa. ★ *~ suru* 反発する Repelir [*Jishaku no enu-kyoku dōshi wa ~ shiau* 磁石のN極同士は反発し合う Os polos negativos do íman [ímã (B.)] repelem-se (mutuamente)]. ◊ *~ ryoku* 反発力 A força repulsiva; a repulsão. **2** [反抗] A revolta; a rebeldia; a antipatia. ★ *~ o kau [maneku]* 反発を買う [招く] Provocar antipatia. ⇨ hańkō[1]. **3** [Econ.] A re-

cuperação「da economia」. [S/同] Hańrákú.

hańpén 半平 O bolinho de farinha de peixe.

hańpérá 半ぺら【G.】A meia folha「de papel」.

hań-pírei 反比例 (<… ⁹ + hiréi)【Mat.】A proporção inversa; a razão inversamente proporcional. *Inryoku wa kyori no jijō ni ～ suru* 引力は距離の二乗に反比例する A (força da) gravidade é inversamente proporcional ao quadrado da distância. [S/同] Gyakú-hí(rei). [A/反] Seí-hírei.

hánpu 頒布 A distribuição「gratuita」. ★「*Panfuretto o*」～ *suru*「パンフレットを」頒布する Distribuir folhetos. ⇨ haífú[1]; haíkyū́[1].

hańpúkú 反復 A repetição. ◇ **～ kigō** 反復記号【Mús.】O sinal de ～ [D.C.; 𝄇]. [S/同] Kurí-káéshí.

hánra 半裸 Meio nu; seminu. ★ ～ *no shitai* 半裸の死体 O cadáver seminu.

hańrákú 反落【Econ.】A baixa「na bolsa」como rea(c)ção. [S/同] Hańpátsú **3**.

hańrán[1] 反[叛]乱 A rebelião; a insurreição; o levantamento; a revolta. *Ō no amari no assei ni tsui ni ～ ga okita* 王のあまりの圧政についに反乱が起きた Devido ao [Dado o] despotismo do rei acabou por haver [se dar] um/a ～. ★ ～ *o okosu* 反乱を起こす Levantar-se; rebelar [revoltar]-se. ～ *o shizumeru* 反乱を鎮める Sufocar [Reprimir; Dominar; Esmagar] ～. ◇ **～ gun** 反乱軍 O exército revoltoso/ rebelde. ⇨ hańgyákú; múhon.

hańrán[2] 氾濫 **1** [川の] O transbordar; a enchente [inundação]. *Taifū de kawa ga ～ shi ōku no ie ga shinsui shita* 台風で川が氾濫し多くの家が浸水した O rio transbordou por causa do tufão e muitas casas ficaram alagadas [inundadas]. **2** [供給過剰]【Fig.】A abundância; a enchente. *Teizoku na zasshi ga chimata ni ～ shite iru* 低俗な雑誌が巷に氾濫している Observa-se a afluência de revistas vulgares na praça.

hańréí[1] 判例【Dir.】Um precedente (legal).

hańréí[2] 凡例 A advertência; as normas [notas explicativas]「do dicionário」.

hánro 販路 O mercado; a saída. *Yatto Nanbei ni ～ ga hiraketa* やっと南米に販路が開けた Finalmente conseguimos uma ～「para os nossos produtos」na América do Sul. ★ ～ *o kaitaku suru* 販路を開拓する Buscar mais ～s. ⇨ haké-guchi.

hańrṓ 煩労【E.】O trabalho. ★ ～ *o itou* 煩労をいとう Poupar-se ao ～「de consultar o dicionário」.

hańróń[1] 反論 O argumento [A opinião] contra;「este argumento não tem」refutação. ★ ～ *suru* 反論する Opinar contra; obje(c)tar. ⇨ hańbákú.

hańróń[2] 汎論【E.】Os princípios [elementos] gerais. [S/同] Sṓróń (+); tsūróń (+). [A/反] Kakúróń.

hánryo 伴侶【E.】O companheiro. ★ *Isshō no ～* 一生の伴侶 ～ para (toda) a vida. *Shomotsu o tabi no ～ to suru* 書物を旅の伴侶とする Levar um livro como companheiro de viagem. ⇨ nakámá; tsuré.

hánsa 煩瑣 O ser complicado. ★ ～ *na tetsuzuki* 煩瑣な手続き As formalidades complicadas. [S/同] Hańzátsú (+).

hánsamu ハンサム (< Ing. handsome)「o homem」Bonito. [S/同] Bidánshi; bínan.

hańsátsú 藩札【H.】O papel-moeda do [só válido num] feudo (Era Edo).

hań-sáyō 反作用【Fís.】A [O efeito da] rea(c)ção. ★ ～ *suru* [*o oyobosu*] 反作用する[を及ぼす] Reagir「um elemento ao outro」.

hańséí[1] 反省 **a**) A autocensura; a contrição; o arrependimento; a retratação; **b**) A reflexão. ◇ **～ kai** 反省会 Reunião para refle(c)tir「sobre o campeonato e fazer melhor para a próxima vez」. *Kare wa ～ no iro ga koi* [*usui*] 彼は反省の色が濃い[薄い]Ele mostra muito [pouco] arrependimento. ★ ～ *o motomeru* [*unagasu*] 反省を求める[促す] Exigir a retra(c)tação. ～ *suru* 反省する **a**) Refle(c)tir [Pensar melhor/de novo]; **b**) Fazer um exame de consciência; retractar-se; arrepender-se〔*Kare wa anna ni minna ni meiwaku o kaketa no ni zenzen ～ shite inai* 彼はあんなにみんなに迷惑をかけたのに全然反省していない Apesar do grande transtorno que causou a todos não mostra o menor sinal de arrependimento〕. [S/同] Jiséí; naíséí.

hánsei[2] 半生 A metade de uma vida「dedicada a esta obra」.

hań-séífu 反政府 Contra o governo. ◇ **～ seiryoku** 反政府勢力 As forças antigovernamentais.

hań-séíhíń 半製品 O produto semi-manufa(c)turado.

hań-séiki 半世紀 Meio século. ◇ **Shi ～** 四半世紀 Um quarto de século.

hańséki 犯跡 As evidências do crime.

hańséń[1] 反戦 Contra a guerra. ◇ **～ ron** [**shugi**] 反戦論[主義] O pacifismo. **～ shisō** 反戦思想 As ideias pacifistas.

hańséń[2] 帆船 O barco à vela.

Hańséń-byō ハンセン病【Med.】A lepra; o mal de Hansen. ◇ **～ kanja** ハンセン病患者 O leproso.

hańshá 反射 **1** [光などの]【Fís.】O reflexo; a reflexão; a reverberação. ★ ～ *suru* 反射する Refle(c)tir; reverberar〔*Shiro wa hikari o ～ shi, kuro wa kyūshū suru* 白は光を反射し, 黒は吸収する O branco refle(c)te a luz e o preto absorve-a〕. ◇ **～ bōenkyō** 反射望遠鏡 O telescópio por reflexão. **～ kaku** 反射角 O ângulo de reflexão. **～ kō** 反射光 A luz reflexa [indire(c)ta]. **～ kyō** 反射鏡 O refle(c)tor. **～ netsu** 反射熱 O calor refle(c)tido. **Ran** [**Sei**] **～** 乱[整]反射 A reflexão irregular [regular].
2 [生理上の] O reflexo; a rea(c)ção. ★ ～ *teki ni* 反射的に Instintivamente〔*Kyū-burēki no oto ni ～ teki ni furikaetta* 急ブレーキの音に反射的に振り返った Voltei-me instintivamente ao ouvir o ruído da travagem〕. **～ sayō** 反射作用 A função reflexa. **～ shińkei** 反射神経 Os reflexos. **～ undō** 反射運動 O movimento reflexo. **Jōken ～** 条件反射 O reflexo condicionado.

hán-shakái-tékí 反社会的 Antisocial. ◇ **～ kōi** 反社会的行為 O a(c)to ～.

hánshi[1] 半死 Meio morto. ★ ～ *hanshō no me ni awasareru* 半死半生の目にあわされる Quase morrer. ⇨ hínshi[1].

hánshi[2] 半紙 O papel de caligrafia j. (Fino e barato).

hánshi[3] 藩士【A.】O sú(b)dito de um domínio feudal.

hańshíń[1] 半身 A metade do corpo. ◇ **～ fuzui** 半身不随 A hemiplegia. **～ zō** 半身像 O busto. **Hidari** [**Migi**] **～** 左[右]半身 O lado esquerdo [direito] (do corpo). **Jō** [**Ka**] **～** 上[下]半身 A parte superior [inferior] do corpo. [A/反] Zeńshíń[1].

Hánshin[2] 阪神 (Abrev. de Ōsaka e Kobe). ◇ **～ chihō** 阪神地方 A região Ōsaka-Kobe.

hańshíń-hángi 半信半疑 A dúvida. *Mina kare no hanashi o ~ de kiite ita* 皆彼の話を半信半疑で聞いていた Todos ouviam, meio incrédulos, o que ele contava.

hańshíń-ron¹ 汎心論【Fil.】O panpsiquismo.

hańshíń-ron² 汎神論【Fil.】O panteísmo. ◇ **~ sha** 汎神論者 O panteísta. ⇨ hán¹⁰.

hań-shitá 版下 A matriz [prancha] para xilogravura.

hańshó¹ 反証 A contraprova [prova em contrário]. ★ *~ o ageru* 反証を上げる Apresentar ~.

hańshó² 半焼 A destruição parcial por incêndio. *Kaji de ie ga ~ shita* 火事で家が半焼した A casa ficou meio destruída pelo…. Ⓢ/同 Hań-yáké. Ⓐ/反 Zeńshó.

hańshó³ 半鐘 O sino [A sineta] de alarme. ★ *~ o narasu* 半鐘を鳴らす Dar o sinal de alarme [Tocar a rebate].

hańshó⁴ 反照【E.】**1** [⇨ terí-káéshí]. **2** [⇨ yū-báé].

hańshókú 繁殖 A procriação; a reprodução; a propagação. ★ *~ suru* 繁殖する Procriar; reproduzir-se; proliferar; grassar「erva」(*Tekido na ondo wa bakuteria o ~ saseru* 適度な温度ではバクテリアを繁殖させる As bactérias desenvolvem-se a temperatura moderada). ◇ **~ ki** 繁殖期 A época da procriação. **~ ryoku** 繁殖力 A fecundidade.

hánshu 藩主【H./J.】O senhor (de um domínio) feudal. ⇨ daímyó.

hańshū 半周 O semicírculo;「dar」meia volta「ao mundo」. ★ *Guraundo o ~ suru* グラウンドを半周する Dar meia volta à arena.

hańshútsú 搬出 O tirar「do armazém」. ★ *~ suru* 搬出する …. Ⓐ/反 Hańnyū.

hánso 反訴【Dir.】A contra-acusação. ★ *Meiyo kison de ~ suru* 名誉毀損で反訴する Contra-acusar por difamação.

hańsó¹ 帆走 O velejar; o navegar [ir] à vela.

hańsó² 搬送 O transporte [enviar]; o transmitir.

hań-sódé 半袖 A manga curta [meia manga (+)]. ⇨ nagá-sódé; sódé.

hańsóku 反則 A infra(c)ção; a falta「no jogo」. *~ o okasu* [*suru*] 反則を犯す[する] Cometer uma ~. ◇ **~ make** 反則負け A eliminação (Perder o jogo) por infra(c)ção.

hańsú¹【úu】半数 A metade (em número). ★ *~ ni mitanai* 半数に満たない Não chegar à [a] ~. *~ o kosu* 半数を越す Passar da ~.

hańsú² 反芻 **1**「牛などの」A ruminação. ★ *~ suru* 反芻する Ruminar. ◇ **~ dōbutsu** 反芻動物 O「boi é」(animal) ruminante. **2**「繰り返し考える」[Fig.] O ruminar「o problema」. *Watashi wa kare no kotoba o ~ shita* 私は彼の言葉を反芻した Eu pensei uma e outra vez sobre o que ele me disse.

hańsúi 半睡【E.】(O estar) meio dormido.

hańsúru 反する **1**「反対である」Ser diferente; não estar de acordo. ★ *Dōtoku ni ~ kōi* 道徳に反する行為 Uma a(c)ção imoral. *Ishi ni hanshite* 意志に反して Sem querer. *Yoki* [*Yosō*] *ni hanshite* 予期[予想]に反して Ao contrário das「nossas」previsões. ⇨ hańtái; motóru. **2**「違反する」Ir contra. ★ *Keiyaku ni ~* 契約に反する Violar [~] o contrato. Ⓢ/同 Iháń súru. **3**「そむく」Desobedecer. ★ *Oya no oshie ni ~* 親の教えに反する ~ aos ensinamentos dos pais. Ⓢ/同 Somúku.

hańsútó ハンスト (Abrev. de hańgá-sútóráiki) A greve de fome. *~ suru* ハンストする Fazer ~.

hánta 繁多 O estar (muito) ocupado.

hánta ハンター (< Ing. hunter) O caçador. Ⓢ/同 Káryōdo; ryōshi (+); shuryōká.

hańtái 反対 **1**「逆」O oposto; o contrário; o avesso [reverso; inverso]. *Ano fūfu wa seikaku ga marude ~ da* あの夫婦は性格がまるで反対だ O marido e a mulher têm índoles inteiramente opostas. *Kita-hankyū to minami-hankyū de wa natsu to fuyu ga ~ de aru* 北半球と南半球では夏と冬が反対である No hemisfério norte e sul o verão e o inverno são ao contrário [em épocas opostas]. ★ *~ ni mawaru* [*ugoku*] 反対に回る[動く] Girar [Andar] ao contrário. *~ no hōkō e iku* 反対の方向へ行く Ir para o lado [a dire(c)ção] oposto/a. *Junjo o ~ ni suru* 順序を反対にする Inverter a ordem. ◇ **~ gawa** 反対側 O lado oposto; o outro lado. ⇨ **~ go**. **~ jinmon** 反対尋問 O interrogatório; o a(c)to de instar. **Sei** ~ 正反対 Inteiramente contrário. Ⓢ/同 Abékóbé; gyakú; uráhará. **2**「賛成しないこと」A oposição; o ser contra. *Hōan wa sansei hyaku ~ gojū de kaketsu sareta* 法案は賛成100反対50で可決された O proje(c)to de lei foi aprovado por cem a favor e cinquenta contra. ★ *~ no ishi o hyōmei suru* 反対の意志を表明する Mostrar-se contrário「à ideia」. *~ suru* Opor-se. *Kazoku no ~ o oshi-kiru* 家族の反対を押し切る Vencer a ~ da família. ◇ **~ ha** 反対派 O grupo (do)contra. **~ ron** 反対論 O argumento contra. **~ sha** 反対者 Os contrários. **~ undō** 反対運動 O movimento contra. **~ yumi**; Hańkó; talkó. **~ Sańsei**.

hańtái-gó 反対語 ⇨ hań/ígó.

hán-taisei 反体制 O anti-regime; o oposicionismo「à ordem estabelecida」.

hańtéi 判定 O julgamento; a decisão; a declaração; o veredicto. ★ *~ de makeru* 判定で負ける Perder por arbítrio [por pontos]. *~ o kudasu* 判定を下す Dar um juízo [veredicto]. *~ suru* 判定する Julgar; dar um juízo [*Tsuberukurin hannō de yōsei to ~ sareta* ツベルクリン反応で陽性と判定された Foi declarado positivo no teste de tuberculina]. ◇ **~ gachi** 判定勝ち A vitória por arbítrio [pontos].

hańtén¹ 反転【ころぶ; ころげすこと】O virar. *Kuruma wa gādo rēru ni gekitotsu shite ~ shita* 車はガードレールに激突して反転した O carro bateu na grade de prote(c)ção e virou-se [capotou]. **2**「向きを逆にすること」A (re)viravolta; a volta; a inversão. *~ suru* 反転する Virar; mudar. ◇ **~ firumu** 反転フィルム A revelação (fotográfica) por inversão.

hańtén² 斑点 A pinta; a malha; a mancha; a nódoa. Ⓢ/同 Hańmón; madará.

hańtén³ 半纏 Uma espécie de quimono curto para o trabalho.

hańtén⁴ 飯店 O restaurante chinês. ⇨ Chūká ◇ .

hánto¹ 版図【戸籍と地図】**1**「戸籍と地図」O regist(r)o e mapa das terras. **2**「領土」[Fig.] O território; o domínio. Ⓢ/同 Ryōdo (+). ◇ séiryoku¹ ◇ .

hánto² 反「叛」徒【E.】Os rebeldes. Ⓢ/同 Gyákuto; gyakúzóku; hańgyákusha (+).

hańtó¹ ハント (< Ing. hunt) A conquista (amorosa).

hańtó² 半島 A península「Ibérica」.

hańtó³ 反騰 A rea(c)ção「na bolsa (de valores)」. ★ *~ suru* 反騰する Voltar à alta. ⇨ hańrákú.

hańtṓ[3] 反党 O revoltar-se contra o seu próprio partido; o dissidente.
hańtṓ-maku [ṓo] 半透膜【Biol.】A membrana semipermeável.
hań-tṓmei [ṓo] 半透明 A semitransparência.
hań-tóshí 半年 Meio ano; seis meses [o semestre]. ★ ～ *goto ni* 半年ごとに Cada semestre [～]; de seis em seis meses.
hań-tsúkí 半月 Quinze dias; meio mês; uma quinzena. [S/同] Hankagetsu.
ha-núké 歯抜け (<… [1]+nukérú)【G.】O banguela (B.); o desdentado.
hań-yáké 半焼け (<… [2]+yakérú) **1** [料理が]「carne」Meio assada. [S/同] Namá-yáké (+). **2** [家が] Meio queimado por incêndio. [S/同] Hańshṓ[2] (+). [A/反] Marúyáké; zeńshṓ.
hań'yṓ 汎用 O uso múltiplo. ◇ **～ konpyūtā** 汎用コンピューター O computador usado para tudo [de ～]. ⇨ hán[10].
hań-yṓshi [ṓo] 反陽子 O antiprotão[próton].
hanyū́ 埴生【E.】A terra barrenta. ★ ～ *no yado* 埴生の宿 O casebre de barro [argila].
hańzáí 犯罪 O crime; o delito. ★ ～ *o okasu* 犯罪を犯す Cometer um ～. ◇ **～ kōi** 犯罪行為 O a(c)to criminoso. **～ nin** [**sha**]犯罪人[者] O criminoso. **～ shinri-gaku** 犯罪心理学 A criminologia [psicologia do ～]. **～ sōsa** 犯罪捜査 A investigação do ～. **Kanzen ～** 完全犯罪 O crime comissivo [doloso]. **Kei** [**Jū**] **～** 軽[重]犯罪 ～ menor [grave].
hańzátsú 繁[煩]雑 A complexidade [complicação]. ★ ～ *na tetsuzuki* 繁雑な手続き As formalidades complicadas. ⇨ meńdṓ-kúsái.
hańzéń 判然【E.】A distinção; a clareza; a nitidez. *Kare no taisha riyū wa ～ to shinai* 彼の退社理由は判然としない As razões de ele sair da companhia não são muito claras. ⇨ hakkíri.
hań-zúbon 半ズボン As calças curtas.
hańzúru 判ずる ⇨ hańjíru.
haórí 羽織 Um traje j. de meio-comprimento, vestido sobre o quimono. ◇ **～ hakama** 羽織袴 O traje j. masculino completo.
haóru 羽織る Vestir [Deitar/Pôr pelos ombros]「o sobretudo」.
ha-ótó 羽音 O ruído de asas; o zumbido.
happá[1] 発破 **a**) O dinamitar; **b**) O incitar. ★ ～ *o kakeru* 発破を掛ける **a**) Dinamitar; **b**) Incitar; instigar; picar; puxar por; estimular〔*Kodomo ni ～ o kakete hayaku shukudai o oesaseta* 子供に発破をかけて早く宿題を終えさせた Incitei o meu filho e fi-lo acabar os deveres escolares depressa/logo〕.
happá[2] 葉っぱ【G.】⇨ ha[2].
happí 法被 Uma espécie de quimono curto, de trabalho (e com o nome da profissão).
háppī ハッピー (< Ing. happy) Feliz. ◇ **～ endo** ハッピーエンド O final feliz.
happṓ[1] [ṓo] 八方 Todos os lados; todas as dire(c)ções. *Jitai wa ～ maruku osamatta* 事態は八方丸くおさまった A situação resolveu-se, ficando todos satisfeitos. ★ ～ *ni me o kubaru* 八方に目を配る Olhar para todos os lados; cuidar de tudo. ～ *te o tsukushite sagasu* 八方手を尽くして探す Procurar por todos os cantos. ◇ **～ bijin** 八方美人 A pessoa que quer agradar a toda a gente〔*Kare wa ～ bijin da kara amari shin'yō shinai hō ga yoi* 彼は八方美人だからあまり信用しない方がよい É melhor não confiar muito nele porque ele tenta agradar a todos〕. ⇨ **～ fusagari** [**yabure**].
happṓ[2] 発泡 O ser de espuma.
happṓ[3] 発砲 O disparo; a descarga; o tiro. ★ ～ *suru* 発砲する Disparar; atirar; abrir fogo.
happṓ-fúsagari [oó] 八方塞がり (<… [1] + fuságárú) O estar perdido [sem escapatória]. *Ginkō ni wa yūshi o kotowarareru shi tegata no kigen wa semaru shi, mō ～ da* 銀行には融資を断わられるし手形の期限は迫るし，もう八方塞がりだ O banco não me faz empréstimos, o prazo da letra está a chegar, estou perdido!
happṓ-yábure [oó] 八方破れ (<… [1] + yabúréru)「isto agora é」O salve-se quem puder.
happú 発布【E.】A promulgação. ◇ **Kenpō ～** 憲法発布 ～ da constituição. ⇨ kṓfú[2].
happúń 発奮 [憤] O ganhar ânimo [coragem]. ★ ～ *suru* 発奮する Animar-se [～].
happyákú-yáchō 八百八町 Toda a cidade. ★ *O-Edo ～* お江戸八百八町 ～ de Edo.
happyṓ 発表 A publicação; a declaração [participação]. ★ ～ *suru* 発表する Publicar「no jornal」; declarar「publicamente」〔*Kon'yaku o ～ suru* 婚約を発表する Participar o [Fazer participação do] noivado〕. ◇ **～ kai** (ピアノ等の) 発表会 A apresentação de trabalhos (em público) (Ex.: o recital de piano). ⇨ kṓhyṓ[1].
hāpu [áa] ハープ (< Ing. harp < L.) A harpa. ◇ **～ sōsha** ハープ奏者 O harpista [tocador de ～]. [S/同] Taté-goto.
hápuningu ハプニング (< Ing. happening) O acontecimento (surpresa).
hā́púshíkṓdo [aá-óo] ハープシコード (< Ing. harpsichord < L.)【Mús.】O cravo.
hará[1] 腹・肚 (⇨ haráwátá) **1** [人間・動物の腹部] A barriga (Sobretudo de animal); o ventre (De pessoas); o abdome [abdómen] (Geral). ★ ～ *ni chikara o ireru* 腹に力を入れる Fazer força na/o ～. ～ *o kakaete warau* 腹をかかえて笑う Torcer-se de riso [de tanto rir]. ～ *o kiru* 腹を切る Fazer haraqui[ki]ri. [I/慣用] ～ *ga tatsu* [*o tateru*] 腹が立つ[を立てる] Ter [Ficar com] raiva; zangar-se; irritar-se. ～ *no mushi ga osamaranai* 腹の虫がおさまらない Estar com ganas [vontade] de se vingar. ～ *no mushi no idokoro ga warui* 腹の虫の居所が悪い Estar de mau humor. [P/ことわざ] *Mono iwanu wa ～ fukururu waza nari* 物言わぬは腹ふくるるわざなり Se não digo isto, rebento. ◇ ⇨ **～ gei**. **～ obi** 腹帯 **a**) A cinta; **b**) A cilha「da sela do cavalo」; **c**) A cinta de maternidade. ⇨ **～ tsuzumi**. [S/同] Fukúbu; o-náká.
2 [胃腸] O estômago e (os intestinos). ★ ～ *ga haru* 腹が張る Ter gases [o estômago pesado]. ～ *ga heru* [*suku*] 腹が減る[すく] Sentir [Ter; Ficar com] fome. ～ *ga itamu* 腹が痛む Ter dor de ～ [barriga; ventre]. ～ *ga kudaru* [*o kudasu*] 腹が下る[を下す] Ter diarreia/os intestinos soltos. ～ *ga pekopeko de aru* 腹がぺこぺこである Estar morto [morrendo] de fome. ～ *hachi-bu ni shite oku* 腹八分にしておく Ficar com o ～ um nadinha vazio「é bom para a saúde」; comer moderadamente. ～ *ni kotaeru* 腹にこたえる Afe(c)tar o [Fazer mal ao] ～. ～ *ni motareru* 腹にもたれる Pesar no ～; ser indigesto. ～ *ni tamaru* 腹にたまる「comida que」Enche. ～ *o kowasu* 腹をこわす Ter indigestão; ter [apanhar] uma dor de ～ [barriga]. [P/ことわざ] ～ *ga hette wa*

H

ikusa wa dekinu 腹が減っては軍はできぬ Saco vazio não se põe em pé [Sem óleo o motor não trabalha]. ~ *hachi-bu ni isha irazu* 腹八分に医者いらず Pouca fartura não mata [A moderação no comer dispensa o médico]. ~ *mo mi no uchi* 腹も身の内 Não abuses do ~, que também faz parte do corpo. ◇ ~ **ippai** 腹一杯 A fartadela; a barrigada. ⇨ i-chō¹. **3**[心中] O coração; o pensamento. ★ ~ *ni ichimotsu aru* 腹に一物ある Ter segundas [más] intenções; estar tramando algo. ~ *ni osamete* [*shimatte*] *oku* 腹に収めて[しまって]おく Guardar só para si. ~ *ni suekaneru* 腹に据えかねる Não aguentar [suportar] (mais). ~ *no kuroi hito* 腹の黒い人 A pessoa má [matreira; mal intencionada]. ~ *no naka o misenai* 腹の中を見せない Não deixar transparecer o que pensa [sente]; ser imperscrutável. ~ *o katameru* [*kimeru*] 腹を固める[決める] Resolver-se; decidir-se; tomar uma resolução. ~ *o kukuru* [*sueru*] 腹をくくる[据える] Dispor [Determinar]-se「a fazer um trabalho」. ~ *o misukasu* 腹を見透かす Penetrar [Adivinhar] as intenções. ~ *o saguru* 腹を探る Sondar as intenções. ~ *o watte hanasu* 腹を割って話す Falar com toda a franqueza; abrir-se. *Hito no ~ o yomu* 人の腹を読む Adivinhar [Ler] o pensamento [coração] de uma pessoa. *Itaku mo nai ~ o saguwareru* 痛くもない腹を探られる Suspeitam「de mim」sem razão. *Tagai ni ~ no saguri-ai o suru* 互いに腹の探り合いをする Sondar as intenções um do「outro [Estudar-se mutuamente]. ⇨ *hónshin*¹.

4[胆力] A coragem; o cará(c)ter. ★ ~ *no futoi* [*ōkii*] *hito* 腹の太い[大きい]人 Uma pessoa generosa/tolerante/liberal/indulgente/pródiga. ~ *no suwatta* [*dekita*] *hito* 腹のすわった[できた]人 Uma pessoa decidida, de cará(c)ter (firme)/corajosa. S/周 Kimō. ⇨ *dókyō*¹; *doryō*. **5**[胎内] O ventre materno; o seio. ★ ~ *o itameta ko* 腹を痛めた子 O/A próprio/a filho/a. 「ことわざ」~ *wa karimono* 腹は借り物 Quem transmite a nobreza de sangue ao filho é o pai e não a mãe. **6**[物のふくらんだ所] A parte. ★ *Fune no* ~ 舟の腹 ~ do navio. *Yubi no* ~ 指の腹 A polpa do dedo. ⇨ se¹.

hára² 原 **1**[平原] A planície. ⇨ *heígén*; *heíyá*. **2**[耕していない土地] O terreno inculto. ⇨ *gén'ya*; *hárappa*; *kōya²*; *nó-hara*.

hará-áte 腹当て(< … ¹ + *atéru*) ⇨ *hará-gáke*.

hará-báí 腹這い(< … ¹ + *háu*) (O estar) de bruços. ~ *de susumu* 腹這いで進む Andar de rastos. ~ *ni naru* 腹這いになる Deitar-se de barriga para baixo.

hará-bíré 腹鰭 (< … ¹ + *hiré*) A barbatana ventral.

hará-chígai 腹違い(< … ¹ + *chigáu*) O meio-irmão (Não nascido da mesma mãe). ★ ~ *no shimai* 腹違いの姉妹 A meia-irmã. A/反 Tané-chígai. ⇨ *íbo²*.

hará-dáchi 腹立ち(< … ¹ + *tátsu*) O zangar-se. *O-* ~ *wa go-mottomo desu* お腹立ちはごもっともです Tem toda a razão em ~. S/周 Fungái; rippúku (+).

hará-dátashii 腹立たしい Irritante.

hará-dátashísa 腹立たしさ A irritação.

hará-dókei 腹時計 (< … ¹ + *tokéi*) O relógio de estômago. *Boku no ~ de wa sorosoro hiru da* 僕の腹時計ではそろそろ昼だ Pelo [Segundo o] meu ~, já é quase meio-dia.

hará-fúsagi 腹塞ぎ (< … ¹ + *fusági*) O enganar o estômago.

hará-gáke 腹掛け(< … ¹ + *kakéru*) **1**[職人の] Uma espécie de avental com um grande bolso. **2**[赤ん坊の] O babeiro [babadouro].

hará-gámae 腹構え ⇨ *kokóró-gámae*.

hará-géí 腹芸 **1**[役者の] O talento para representar. **2**[腹で行う曲芸] A acrobacia com a barriga. **3**[胸経験で物事を処理すること] A astúcia [arte/O dedo]. *Sono seijika wa ~ o miseta* その政治家は腹芸を見せた Esse político mostrou que tem dedo [~].

hará-gónashi 腹ごなし (< … ¹ + *konásu*) A digestão. ★ ~ *ni sanpo suru* 腹ごなしに散歩する Passear para ajudar [fazer] a ~.

hará-góshirae 腹ごしらえ (< … ¹ + *koshíráéru*) O comer qualquer [alguma] coisa「para aguentar o trabalho」. ★ ~ *suru* 腹ごしらえする …

hará-gúai 腹具合 (< … ¹ + …) O estado da barriga. ★ ~ *ga warui* 腹具合が悪い Estar mal da ~「do estômago/dos intestinos」.

hará-gúrói 腹黒い (< … ¹ + *kuróí*) Mau; matreiro. ★ ~ *hito* 腹黒い人 Uma pessoa má.

hárahara はらはら **1**[落ちるさま] (Im. de cair aos poucos). *Ko-no-ha ga* ~ (*to*) *mai-ochita* 木の葉がはらはら(と) 舞い落ちた As folhas caíam às duas e às três. ~ (*to*) *namida o otosu* はらはら(と) 涙を落とす Derramar lágrimas (silenciosamente). ⇨ *bárabara*; *parápara* (*to*). **2**[危ぶむさま] Ansiosamente. ★ ~ *suru* はらはらする Preocupar-se. ~ *saseru yō na shōbu* はらはらさせる様な勝負 Um jogo difícil [que causava ansiedade]. S/周 Híyahiya.

haráí¹ 払い (< *haráu*¹) **1**[支払い] O pagamento (⇨ *haráí-kómi*). ⇨ *kanjō²*; *maé* [*ató*] *bárai*; *shiháráí*; *shíshútsu*. **2**[掃除] O varrer [sacudir「o pó」; deitar fora「coisas inúteis」]. ◇ ~ **susu** ~.

haráí² 祓い (< *haráu²*) A benção [purificação] (X). ★ *Yaku-yoke no o-* ~ *o suru* 厄よけのお祓いをする Fazer uma ~ para afugentar o mal.

haráí-kíyómeru 祓い清める (< *haráu²* + …) Purificar; exorcismar.

haráí-kómi 払い込み (< *haráí-kómu*) O pagamento. ★ ~ *o suru* 払い込みをする Pagar. ◇ ~ **gaku** [**kin**] ~ 額[金]A quantia paga (do ~). ~ **shihon** 払い込み資本 O capital pago [depositado].

haráí-kómu 払い込む (< *haráu*¹ + …) Pagar. ★ ~ *Ginkō ni kane o* ~ 銀行に金を払い込む ~ ao [pelo] banco.

haráí-módóshi 払い戻し (< *haráí-módósu*) O reembolso. ★ *Unchin no* ~ *o seikyū suru* 運賃の払い戻しを請求する Solicitar [Pedir] ~ da passagem. ◇ ~ **kin** 払い戻し金 O (dinheiro do) ~.

haráí-módósu 払い戻す (< *haráu*¹ + …) **a)** Reembolsar; **b)** Retirar do banco.

haráí-nókéru 払い除ける (< *haráu*¹ + …) Afastar「os curiosos」; espantar「as moscas」. ★ *Fuan o* ~ 不安を払いのける Pôr de lado a preocupação.

haráí-nókórí[**nókóshi**] 払い残り[残し] (< *haráu*¹ + *nokóru*) A quantia por pagar [em atraso].

haráí-ótósu 払い落とす (< *haráu*¹ + …) Espanar [Tirar]「o pó」.

haráí-ságé 払い下げ (< *haráí-ságéru*) A venda de propriedade (Artigos ou terreno) estatal. ★ *Kokuyūchi no ~ o ukeru* 国有地の払い下げを受ける Comprar um terreno do estado.

harái-ságeru 払い下げる (< haráu[1] + …) Vender uma propriedade estatal.

hará-isé 腹いせ A desforra; a vingança por despeito; a represália. *Kōsai o kotowarareta ~ ni kare wa onna no waru-kuchi o ii-furashita* 交際を断られた腹いせに彼は女の悪口を言いふらした Ela recusou o namoro e ele, como desforra [em paga], falou mal dela.

harái-súgi 払い過ぎ (< haráu[1] + sugíru) O pagamento em excesso.

hará-ítá 腹痛 (<… + itái) A dor de barriga. [S/同] Fukútsú.

harákárá 同胞【E.】 **1** [⇨ kyódai[1]]. **2** [⇨ dóhō].

hará-kíri 腹切り (<…[1] + kíru)【A.】 ⇨ seppúku.

hará-kúdashi 腹下し (<…[1] + kudasú) **1** [⇨ gerí]. **2** [⇨ gezái].

hará-maki 腹巻き (<…[1] + makú) Uma faixa larga de malha para não esfriar o ventre. ★ *~ o suru* 腹巻きする Usar "haramaki".

hará-móchi 腹持ち (<… + mótsu) O ter muito alimento. *Mochi wa ~ ga yoi* 餅は腹もちがよい "mochi" alimenta muito.

harámu 孕む **1**[みごもる] Conceber; ficar grávida. ★ *Haranda inu* 孕んだ犬 A cadela prenhe. [S/同] Migómóru. [⇨] niñshíñ. **2** [中に含む] Conter; encerrar; estar cheio「de」. *Sono keikaku wa ōku no kiken o harande ita* その計画は多くの危険を孕んでいた Esse proje(c)to era muito arriscado. ⇨ fukúmu[1].

harán 波瀾[乱] **1** [もめごと] A agitação; o tumulto. *Kondo no kokkai wa zōzei mondai de ~ -bukumi ni natte iru* 今度の国会は増税問題で波瀾含みになっている Com o problema do aumento dos impostos, a próxima sessão da Dieta vai ser agitada. ★ *~ o (maki) okosu* 波瀾を(巻き)起こす Criar [Causar/Levantar] tumulto. ⇨ momégótó; sáwagi. **2** [もめごとに起伏があること] A aventura; o risco. *Kare wa ~ banjō no isshō o okutta* 彼は波瀾万丈の一生を送った Ele teve uma vida cheia de aventuras [altos e baixos]. ★ *~ ni tonda (no ōi) jinsei* 波瀾に富んだ[の多い] 人生 A vida de ~s [aventureiro]. ⇨ hénka[1]; kifukú[1].

harápékó 腹ぺこ【G.】 O estar com muita fome. *Asa kara hatarakidōshi datta no de ~ da* 朝から働き通しだったので腹ぺこだ Estou morrendo de fome porque desde manhã não parei de trabalhar. ⇨ péko-peko.

hárappa 原っぱ O campo. ⇨ hára[2].

harári to はらりと (Im. de leve ou pouco). *Ha ga ichi-mai ~ ochita* 葉が一枚はらりと落ちた Uma folha caiu levemente. ⇨ hárahara **1**.

harásu[1] 晴らす Dissipar; desfazer; apagar; esclarecer. ★ *Giwaku o ~* 疑惑を晴らす Esclarecer [Desfazer] uma dúvida. *Sake de uppun o ~* 酒でうっぷんを晴らす Dar largas à raiva bebendo [Descarregar a raiva no vinho]. *Urami o ~* うらみを晴らす Vingar-se. ⇨ haréru[1].

harásu[2] 腫らす Inchar; inflamar. ★ *Naite me o ~* 泣いて目を腫らす Chorar e ficar com os olhos inchados.

hará-tsúzumi 腹鼓 A barriga cheia. ★ *~ o utsu* 腹鼓を打つ **a)** Fazer da barriga um tambor; **b)** Empanturrar-se; fartar-se.

haráu[1] 払う **1** [支払う] Pagar; liquidar. *Takushī-dai gosen-en o haratta* タクシー代五千円を払った Paguei cinco mil yens pelo táxi. *Kanjō o ~* 勘定を払う ~ a conta. [S/同] Shiháráu. **2** [注意などを向ける] Prestar; dar importância; interessar-se por. *Kare wa jibun no kenkyū ni mukankei na mono ni wa hotondo kanshin o harawanai* 彼は自分の研究に無関係なものにはほとんど関心を払わない Ele quase não presta [dispensa] nenhuma atenção ao que não se refere às suas pesquisas. ★ *Chūi o ~* 注意を払う Prestar atenção「ao problema」. *Keii o ~* 敬意を払う Respeitar; tratar com reverência. **3**[取り除く] Sacudir; tirar. ★ *Hokori o ~* ほこりを払う ~ o pó. *Shita-eda o ~* 下枝を払う Cortar os ramos [galhos] baixos. [S/同] Haráí-nókéru. **4**[追い払う] Afastar; repelir; expulsar; dispersar; espantar; afugentar. ★ *Hae o ~* ハエを払う Espantar as moscas. [S/同] Oí-háráu. **5**[剣などを] Brandir. ★ *Katana o ~* 刀を払う ~ a espada. **6**[廃品を] Deitar fora [Desfazer-se de]. ★ *Boro [Furumono] o ~* ぼろ[古物]を払う ~ trapos [artigos velhos e em desuso]. **7**[引き払う] Sair. ★ *Yado o ~* 宿を払う ~ da pensão. **8**[無にする] Limpar; esgotar; liquidar; esvaziar; extinguir; acabar; desaparecer. ★ *Kura o ~* 蔵を ~ Esgotar [Liquidar] todo o estoque [depósito].

haráu[2] 祓う【X.】 Purificar. ⇨ haráí[2].

haráwátá 腸 **1** [腸] **a)** As vísceras [entranhas/tripas]; **b)** O coração; os fígados [as tripas]. *Sono dekigoto ga omoi-kaesu to ~ ga niekurikaeru hodo kuyashii* その出来事を思い返すと腸が煮えくり返るほど くやしい Ao lembrar-me desse acontecimento fico com tal raiva que até se me revolvem as tripas. ★ *Sakana no ~ o nuku* 魚の腸を抜く Tirar as tripas do peixe. ⇨ chō[1]; naízō[1]; zōmótsú. **2** [うりなどの] As pevides; a semente「do melão」. **3** [性根] O cará(c)ter. [⇨同] *~ ga kusaru* 腸が腐る Corromper-se [*~ no kusatta otoko* 腸の腐った男 Um homem corrupto [perverso/de maus fígados]].

hará-zúmori 腹づもり (<…[1] + tsumóri) A intenção; o plano. *Rainen sōsō kaiten suru ~ da* 来年早々開店する腹づもりだ Pretendo [Estou cá a pensar em/Estou com ideias de] abrir a loja no início do próximo ano. ⇨ fukúán.

haré[1] 晴れ **1** [天気] Bom tempo; céu limpo; sol. [S/同] Seítéñ. [A/反] Kumórí. **2** [表立っていること] A solenidade; o ser「um concurso」público. ★ *~ no basho* [*za*] *de* 晴れの場所[座]で Num lugar público; [ser elogiado] numa ocasião especial. **3** [疑いが晴れること] O ser inocente. ★ *~ no mi to naru* 晴れの身となる Ser declarado inocente. ⇨ harásu[1].

haré[2] 腫れ (< haréru[2]) A inchação; o inchaço. *Shippu de ~ ga hiita* 湿布で腫れが引いた ~ passou [diminuiu] com a (aplicação da) compressa.

haré-ágáru[1] 晴れ上がる (< haréru[1] + …) Limpar; vir sol. ★ *Karari to hareagatta sora* からりと晴れ上がった空 O céu azul [limpo].

haré-ágáru[2] 腫れ上がる (< haréru[2] + …) Inchar.

haré-báre 晴れ晴れ (< haréru[1]) **1** [天気が] Límpido; clarinho. ★ *~* (*to*) *shita sora* 晴れ晴れ(と)した空 Um céu ~ [azul, azul]. **2** [気分などが] Radiante; alegre; animado. *Tabi ni deru to kibun ga ~* (*to*) *suru* 旅に出ると気分が晴れ晴れ(と)する Para mim viajar é uma alegria. ★ *~* (*to*) *shita kaotsuki* 晴れ晴れ(と)した顔付き Um rosto ~.

harébóttái 腫れぼったい Inchado. *Nebusoku de ~*

me o shite iru 寝不足で腫れぼったい目をしている Estar com os olhos inchados de sono.

harégámáshíi 晴れがましい Solene; esplêndido; maravilhoso; que dá nas vistas. ★ ~ *seki ni deru* 晴れがましい席に出る Participar numa cerimó[ô]nia solene.

harégí 晴れ着 O melhor traje; o traje domingueiro. [S/同] Seisô; yosóyúkí. [A/反] Fudángi.

haré-má 晴れ間 a) Uma aberta (Intervalo); b) A nesga (de céu). ★ *Ame no ~ o matsu* 雨の晴れ間を待つ Esperar uma aberta (Paragem da chuva).

haré-móno 腫れ物 (< *harérú²* +…) A espinha; o tumor; o furúnculo. *Minna wa sono kimuzukashii rōjin o ~ ni sawaru yō ni atsukatte iru* みんなはその気むずかしい老人を腫れ物にさわるように扱っている Todos tratam esse velho rabugento com um cuidadinho! ★ *Kao ni ~ ga dekiru* 顔に腫れ物ができる Ter um/a ~ no rosto. ⇨ dekí-mono; shuyô².

háremu[háremu] [áa] ハ(ー)レム (< Ing. harem < Ar. haram) O harém.

harénchi 破廉恥 O descar(ment)o; a falta de vergonha. ★ ~ *zai* 破廉恥罪 O crime infame [de atentado ao pudor]. [S/同] Hajíshírazu (+); kógáń-múchí.

haréru¹ 晴れる 1 [天気が] Fazer sol; aclarar. *Ashita wa harete atsuku narisō da* 明日は晴れて暑くなりそうだ Amanhã parece que vai fazer sol e calor. *Kiri ga hareta* 霧が晴れた A névoa desfez-se. [S/同] Kumóru. 2 [雨・雪が] Parar; passar. *Ame [Yuki] ga hareta* 雨[雪]が晴れた Parou de chover [nevar]. [S/同] Agáru (+); yamú (o). 3 [気分が] Alegrar-se; animar-se. *O-hanashi shitara ki ga haremashita* お話ししたら気が晴れました Depois de falar consigo fiquei (mais) aliviado. 4 [疑いが] Desfazer-se. ⇨ harásu¹.

haréru² 腫れる Inchar. *Hentōsen [Rinpasen] ga harete iru* 扁桃腺[淋巴腺]が腫れている Ter as amí(g)dalas [os vasos linfáticos] inflamadas/os.

haréruya ハレルヤ (< Heb. hallelujah) Aleluia!

haréshon [ée] ハレーション (< Ing. halation)【Fot.】 O halo.

haré-súgata 晴れ姿 1 [晴れ着をつけた姿] O vestir traje de gala. *Kekkonshiki no ~* 結婚式の晴れ姿 "aqui é ela" Vestida de noiva. 2 [雄姿] Ela no seu grande dia; ele todo triunfante. [S/同] Yûshi.

hárete 晴れて (< *harérú¹*) Abertamente; às claras; em público; oficialmente. ★ *Tenka ~ fūfu ni naru* 天下晴れて夫婦になる Casar-se [Tornar-se marido e mulher] oficialmente.

harétsú 破裂 A explosão [detonação]; a ruptura 「das negociações/duma veia」; o「cano」rebentar. ★ *Kanshaku-dama o ~ saseru* かんしゃく玉を破裂させる a) Deitar busca-pés [bichinhas de rabear]; b) Explodir [Ficar como uma fera]. *Shinzō ga ~ shisō ni naru* 心臓が破裂しそうになる Ser de cortar o coração. ◇ ~ **on** 破裂音 a) O estouro; b) O som [A consoante] explosivo/a (Gram.). ⇨ bakúhátsú; sakúrétsú.

haré-wátáru 晴れ渡る (< *harérú¹* +…) Aclarar; desanuviar-se.

haréyaka 晴れやか a) Radiante; feliz; muito alegre. ★ ~ *na kao* 晴れやかな顔 O rosto ~. b) Festivo; garrido. ~ *ni yosoou* 晴れやかに装う Vestir-se de gala [com trajes ~s].

hári¹ 針 1 [縫い針] A agulha. ★ ~ *ni ito o tōsu* 針 に糸を通す Enfiar a (linha na) ~. ~ 【慣用】 ~ *hodo no koto no bō hodo ni iu* 針ほどのことを棒ほどに言う Fazer de um arqueiro um carpinteiro; fazer de uma ninharia (um) bicho de sete cabeças; exagerar. ~ *no mushiro ni suwaru omoi o suru* 針のむしろに座る思いをする Sentir-se mal [como se estivesse sentado num formigueiro]. ◇ ~ **kuyō** 針供養 O dia 8 de fevereiro ou dezembro, em que se celebram as exéquias das ~s velhas. ⇨ **bako** [**sáshi/shi-goto**]. [S/同] Nuí-bári. 2 [留め針] O alfinete. [S/同] Tomé-bári. 3 [釣り針] O anzol. [S/同] Tsurí-bári. 4 [動物の] O ferrão. ★ ~ *de sasu* 針で刺す Dar ferroada; picar. 5 [植物の] O espinho. ⇨ togé. 6 [注射の] **chiryo** ~ *Chūsha-ki no ~* 注射器の針 ~ *de seringa* (de injecções). 7 [目盛りを指すもの] O ponteiro「da bússola」. *Tokei no ~* 時計の針 Os ~ do relógio. 8 [縫い目] O ponto. ★ *Kizu o mi ~ nuu* 傷を三針縫う Dar três ~ na ferida. 9 [陰険な心]【Fig.】O ferrão. ★ ~ *o fukunda kotoba* 針を含んだ言葉 A ferroada [As palavras mordazes]. [S/同] Togé (+).

hári² 鍼 (agulha de) acupun(c)tura. ★ *Kanja ni ~ o utsu* 患者に鍼を打つ Fazer (tratamento de) ~. ◇ ~ **chiryo** 鍼治療 A ~ [O tratamento de ~].

hári³ 張り (< *harú²*) 1 [張力] A força; o retesamento; o retesar. ★ ~ *no tsuyoi [yowai] yumi* 張りの強い[弱い]弓 Um arco teso/muito retesado [frouxo]. ⇨ chóryoku² (+). 2 [心の張り] O ânimo; o interesse; o entusiasmo. ★ *Ikiru ~ o nakusu* 生きる張りを失くす Perder o interesse na vida. *Shigoto ni ~ ga deru* 仕事に張りが出る Trabalhar com entusiasmo [gosto]. ⇨ haríáí. 3 [引き締まって生き生きしていること] A firmeza; a vida. ★ ~ *no aru koe* 張りのある声 A voz firme [forte/cheia de vida].

hári⁴ 梁 A viga; a trave.

hári⁵ 玻璃 O vidro; o cristal. ⇨ rúri.

harí-ágéru 張り上げる (< *harú²* +…) Levantar [Erguer]. ~ *Koe o ~ o de voz* 声を張り上げる ~ o tratamento de ~.

harí-ái 張り合い (< *harí-áu*) 1 [競争] A rivalidade 「entre as duas escolas」. ★ *Iji no ~ o suru* 意地の張り合いをする Ver quem é mais teimoso. [S/同] Kyôsô; taíkô. 2 [かいのあること] O que vale a pena; o entusiasmo. *Hatarakeba hataraku hodo shūnyū ga fueru no de ~ ga aru* 働けば働くほど収入が増えるので張り合いがある A gente entusiasma-se (com o trabalho) porque quanto mais se trabalha mais se ganha. ★ ~ *no aru shigoto* 張り合いのある仕事 Um trabalho com [que tem] interesse. [S/同] Kaí; yarí-gaí. 3 [手応え] A rea(c)ção [resposta]; o interesse. ⇨ Te-gótae.

haríái-núké 張り合い抜け (< … + nukérú) O ficar desiludido.

hari-áu 張り合う (< *harú²* +…) Ser rival; competir. ★ *Hitori to onna o ~* 一人の女を張り合う Ser rival de outro; disputar uma mulher. [S/同] Kyôsô [Taíkô] súrú.

harí-áwáséru 張[貼]り合わせる (< *harú²* +…) Colar; juntar. ★ *Ni-mai no kami o ~* 二枚の紙を張り合わせる Colar duas folhas de papel.

harí-bako 針箱 (<…¹+hakó) A caixa de costura.

harí-bán 張り番 (< *harú²* +…) 1 [見張ること] A vigia [vigilância]. ★ ~ *ni tatsu* 張り番に立つ Ficar de ~. 2 [見張る人] A sentinela; o guarda; o vigia. [S/同] Mihári (+). ⇨ bán²; tôban.

harí-bóté 張りぼて ⇨ haríkô¹.

harí-dáshí 張り出し (< harí-dásu) **a)** A sacada (Ex.: a varanda em ~). ◇ **~ mado** 張り出し窓 A janela saliente. **b)** A exposição 「dos desenhos dos alunos」; **c)** O cartaz [anúncio]; **d)** O campeão de sumô de terceiro grau ou inferior.

harí-dásu¹ 張り出す (< harú² + …) Estender-se; alongar-se; aparecer; sair. *Kōkiatsu ga Nihon fukin ni haridashite iru* 高気圧が日本付近に張り出している Há uma onda [frente] de alta pressão atmosférica que se estende até perto do J.

harí-dásu² 張[貼]り出す (< harú² + …) Pôr [Colocar; Afixar]. ★ *Keijiban ni gōkakusha no shimei o* ~ 掲示板に合格者の氏名を張り出す ~ na tabela la lista dos aprovados. Ⓢ[周] Keiji súrú.

harí-fúdá 張[貼]り札 (< harú² + …) O cartaz. ⇨ harígámí.

harí-gámí 張[貼]り紙 **a)** O anúncio [cartaz]. *Kyūjin no* ~ *o dasu* 求人の張り紙を出す Pôr [Afixar] um ~ de vagas. ◇ **~ kinshi** 張り紙禁止 (掲示) Afixação proibida. **b)** O rótulo [de garrafa].

harí-gáné 針金 (< … ¹ + kané) O arame.

harí-ítá 張り板 (< harú² + …) A fula [calandra] para calandrar [esticar] pano.

harí-káé 張[貼]り替え (< harí-káéru) O mudar 「o papel/o estofo do sofá」. ★ *Shōji no* ~ *o suru* 障子の張り替えをする Mudar o papel das portas corrediças.

harí-káéru 張[貼]り替える (< harú² + …) Mudar. ★ *Fusuma o* ~ ふすまを張り替える ~ o papel das portas corrediças. *Gitā no gen o* ~ ギターの弦を張り替える ~ as cordas do violão/da guitarra.

harikén [ée] ハリケーン (< Ing. hurricane) O furacão (ciclone). Ⓢ[周] Taífú.

harí-kíru 張り切る (< harú² + …) **1** [一杯に張る] Esticar [Puxar] ao máximo. ★ *Pin to harikitta taiko no kawa* ぴんと張り切った太鼓の革 A pele bem esticada de um tambor. **2** [元気一杯である] Estar animado [entusiasmado; cheio de vigor]. ★ *Harikitte hataraku* 張り切って働く Trabalhar com entusiasmo. **3** [緊張する] Ficar tenso [nervoso]. ★ *Harikiitta ki kimochi ga yurumu* 張り切っていた気持ちがゆるむ Relaxar; já não estar ~. Ⓢ[周] Harí-tsúméru (+); kinchō súrú.

harikó¹ 張り子 O papel-machê (Usado para moldagem 「de cenários」. ★ ~ *no tora* 張り子の虎 O tigre de papelão 「~」.

harí-kó² 針子 A costureira.

harí-kómí 張り込み (< harí-kómu) A espreita; a vigia. ★ ~ *o suru* 張り込みをする Fazer de vigia.

harí-kómu 張り込む (< harú² + …) **1** [見張る] Vigiar; espiar. *Yōgisha no ie no shūi ni wa ōzei no keikan ga harikonde iru* 容疑者の家の周囲には大勢の警官が張り込んでいる Tem muitas polícias a ~ em volta da casa do suspeito. ⇨ mi-háru. **2** [奮発する] Abrir os cordões à bolsa [~ e comprar um carro de luxo」. ★ *Goman-en* ~ 五万円張り込む Dar-se (a)o luxo de pagar 50 mil yens 「por um jantar」. Ⓢ[周] Fuñpátsú súrú.

harí-mégúrásu 張り巡らす (< harú² + …) Cercar. ★ *Zenkoku ni sōsamō o* ~ 全国に捜査網を張り巡らす Lançar uma rede de busca 「do criminoso」 por todo o país.

harí-nézumi 針鼠【Zool.】O ouriço-cacheiro.

harí-sákéru 張り裂ける (< harú² + …) Rebentar 「de raiva」; cortar(-se) 「o coração」. *Koibito o ushinatta kanashimi de [ni] kanojo no mune wa harisaken bakari de atta* 恋人を失った悲しみで[に]彼女の胸は張り裂けんばかりであった O coração dela estava prestes a rebentar de dor pela perda [morte] do namorado.

harí-sáshi 針刺し (< … ¹ + sásu) O agulheiro. Ⓢ[周] Harí-yámá.

harí-shígoto 針仕事 A costura. ★ ~ *o suru* 針仕事をする Costurar.

harí-táósu 張り倒す (< harú² + …) Dar socos [murros] e deitar ao chão.

harí-té 張り手 (< harú² + …)【Sumô】A pega à lapada [bofetada].

harí-tóbásu 張り飛ばす (< harú² + …) Dar um bofetão e atirar para longe.

harítsúkéi 磔 A crucificação [crucifixão]; o suplício da cruz. ★ ~ *ni suru* 磔にする Crucificar; pregar na cruz.

harí-tsúkéru 張り付ける (< harú² + …) **1** [貼付する] Colar; grudar; agarrar-se 「à parede para fugir dos carros」. ★ *Kabe ni posutā o* ~ 壁にポスターを張り付ける Colar cartazes nas paredes. **2** [専従させる] Amarrar.

harí-tsúku 張[貼]り付く (< harú² + …) **1** [貼付する] Colar-se; grudar-se; pegar-se. *Ase de shatsu ga senaka ni haritsuita* 汗でシャツが背中に張り付いた Com o suor fiquei com a camisa coladaás [nas] costas. **2** [専受する] Dedicar-se. Ⓢ[周] Señjū súrú.

harí-tsúméru 張り詰める (< harú² + …) **1** [すきなく張る] Cobrir inteiramente [por completo]. *Ike ni kōri ga haritsumete iru* 池に氷が張り詰めている O lago está todo coberto de gelo. **2** [神経などが] Ficar tenso. *Shiki ga owaru to haritsumete ita kimochi ga kyū ni yurunda* 式が終わると張り詰めていた気持ちが急にゆるんだ Senti-me aliviado (da tensão) ao terminar a cerimó[ô]nia.

harō¹ 波浪 As ondas. ◇ **~ chūhō** 波浪注意報 O alarme [alerta] de ~ grandes [mar encapelado]. ⇨ namí¹.

hárō² ハロー (< Ing. hello) Alô (B.); Olá. Ⓢ[周] Móshi-moshi (+).

hárogen ハロゲン (< Al. halogen < Gr.) O halogê[ê]neo. ◇ **~ ranpu** ハロゲンランプ A lâmpada de ~.

háru¹ 春 **1** [季節] A primavera. ★ ~ *no hajime [nakaba; sue]* 春の初め[半ば; 末] O início da ~; No fim da ~. ★ ~ *no nanakusa* 春の七草 As sete hortaliças da ~ (Usadas numa canja especial que se come no dia sete de janeiro). ◇ **~ basho**「sumō」春場所「相撲」O torneio de sumô de março [da ~]. ⇨ **~ gasumi[geshiki/gi]**. **~ ichiban** 春一番 A (primeira) rajada de vento sul que anuncia ~. **~ kaze** 春風 A brisa primaveril. ⇨ **~ maki[meku/same]**. **~ mono** 春物 A roupa de meia-estação. **~ ranman** 春爛漫 ~ em flor [cheia de flores]. ⇨ ákií; fuyú; natsú. **2** [盛りの間] A melhor época. ★ *Waga yo no* ~ 我が世の春 O auge do ~; a melhor etapa da vida. ⇨ sakári. **3** [春情] **a)** A puberdade. ★ ~ *no mezame no* 春の目覚め O despertar dos sentidos [da ~]. **b)** A prostituição. ~ *o hisagu* 春をひさぐ Entregar-se à ~. Ⓢ[周] Shikíjō; shuñjō.

háru² 張る **1** [伸ばし広げる] Estender; pôr; fazer. *Ike ni kōri ga hatte iru* 池に氷が張っている A lagoa está gelada. ★ *Fukaku ne no hatta taiboku* 深

く根を張った大木 A árvore grande de raízes compridas. *Ho o* ～ 帆を張る Desfraldar [Soltar ao vento; Largar] as velas. *Seiryoku o* ～ 勢力を張る Ter influência. *Tento o* ～ テントを張る Armar uma barraca [tenda].
2 [突き出す] Deitar [Pôr] para fora. ★ *Hōbone no hatta kao* 頬骨の張った顔 Um rosto de malares salientes. *Kata-hiji o hatte ikiru* 肩肘を張って生きる Ser orgulhoso. *Tokuige ni mune o* ～ 得意気に胸を張る Ufanar-se「de」.
3 [満たす] Encher. ★ *Mizu o hatta oke* 水を張った桶 Um balde cheio de água. [S/同] Mitású.
4 [押し通す] Insistir. ★ *Ga o* ～ 我を張る Manter a sua opinião. *Iji o* ～ 意地を張る Teimar; obstinar-se.
5 [見かけをよくしようとする] Exibir(-se). ★ *Kyosei o* ～ 虚勢を張る Fanfarronar. *Mie o* ～ 見栄を張る Fazer algo, só para mostrar [só por vaidade].
6 [設ける] Fazer; montar. ★ *Mise o* ～ 店を張る ～ uma loja. *Shotai o* ～ 世帯を張る Estabelecer residência; montar casa. [S/同] Kamáéru (+); mṓkéru.
7 [対抗する] Competir. ★ *Mukō o* ～ 向こうを張る ～ um com o outro.
8 [平手でなぐる]【G.】Dar uma palmada. ★ *Hito no yokottsura o* ～ 人の横面を張る Dar uma [tapa(da)/bofetada] na cara.
9 [見張る]【G.】Vigiar. *Kono atari wa keisatsu ga hijōsen o hatte iru* このあたりは警察が非常線を張っている A polícia tem isto aqui tudo cercado. ★ *Hannin no kakurega o* ～ 犯人の隠れ家を張る ～ o esconderijo do criminoso. ⇨ mi-hárú.
10 [賭ける] Apostar; arriscar. *Hatta, hatta* 張った, 張った Apostem todos! ★ *Karada o hatte tasukeru* 体を張って助ける Salvar (alguém) arriscando a vida [pele]. [S/同] Kakéru (+). **11** [張りつける] Cobrir; pôr. ★ *Fūtō ni kitte o* ～ 封筒に切手を張る Colar [Pôr] o selo no envelope [Selar a carta]. *Yuka ni tairu o* ～ 床にタイルを張る Ladrilhar o chão. **12** [つっぱる] Encher-se; ficar rígido. ★ *Chichi ga* ～ 乳が張る Ficar com os seios cheios (de leite). *Kata ga* ～ 肩が張る Doerem os ombros (⇨ kóru). **13** [値が] Ser caro. ★ *Ne(dan) no* ～ *shinamono* 値(段)の張る品物 O artigo caro. **14** [緊張する] Ficar tenso [muito atento]. ★ *Ki ga [o]* ～ 気が[を]張る Prestar toda a atenção. **15** [大声を出す] Gritar.

harúbáru (to) 遥遥(と) **1** [遠くから] De um lugar longínquo [distante; afastado; remoto]; de (lá) longe. *Kare wa* ～ *Burajiru kara Nihon e yatte kita* 彼は遥々ブラジルから日本へやって来た Ele veio ao J. lá do B. **2** [遠くまで] Ao [Até lá] longe; à distância.

harú-gásumi 春霞 (<… ¹ + kasúmí) Uma neblina de primavera.

harú-géshiki 春景色 (<… ¹ + késhiki) Uma paisagem primaveril.

harú-gí 春着 (<… ¹ + kirú) **1** [春の衣服] O traje primaveril. **2** [正月の晴れ着] O traje do Ano Novo.

háruka 遥か (= muito; ⇨ harúbáru) **1** [距離が遠いこと] Muito longe. ★ ～ *ni Fuji o nozomu takadai* 遥かに富士を望む高台 O morro de onde se avista (lá) muito ao longe o monte Fuji. **2** [時間が隔たっていること] Muito tempo. ★ ～ *mukashi kara* 遥か昔から Desde antigamente [tempos remotos]. ～ *na omoide* 遥かな思い出 Uma lembrança remota [vaga]. **3** [程度が離れていること] Incomparável.

harú-mákí¹ 春蒔き (<… ¹ + máku) A sementeira da primavera.

harúmákí² 春巻【Cul.】O rolinho de primavera.

harúméku 春めく Haver [Dar] sinais (da aproximação) da primavera.

harú-sámé 春雨 (<… ¹ + áme) **1** [春の雨] A chuva na primavera. **2** [食品の]【Cul.】A aletria chinesa (De fécula de feijão verde).

hasáí 破砕【E.】O britamento; a trituração; a fragmentação. ★ ～ *suru* 破砕する Britar; triturar; fragmentar. ◇ ～ **ki** 破砕機 A britadeira.

ha-sákí 刃先 A ponta da lâmina「da espada」.

hasámáru 挟まる **1** (< hasámu¹) [対立している人の間に] Ficar entalado. *Futari no aida ni hasamatte komari-hateta* 二人の間に挟まって困り果てた Entalado entre as duas「a mulher e a mãe」, vocês não imaginam o que eu passei. **2** [物と物の間に] Ficar entalado. *Shimari-kaketa densha no doa ni kōto no suso o hasamareta* 閉まりかけた電車のドアにコートの裾を挟まれた A porta do comboio [trem] estava a fechar e fiquei com a ponta do sobretudo entalada. [I/慣用] *Oku-ba ni mono ga hasamatta yō na ii-kata* 奥歯に物の挟まったような言い方 O (falar a) mastigar as palavras.

hasámi¹ 鋏・剪刀 (⇨ hasámu²) **1** [紙などを切るための] A tesoura (De costura, podar, tosquiar…). ★ ～ *o ireru* 鋏を入れる Cortar com ～. **2** [切符切り] O (per)furador; o picador. ★ *Kippu ni* ～ *o ireru* 切符に鋏を入れる Picotar [Furar] o bilhete. **3** [じゃんけんの] A tesoura. ⇨ jańkén.

hasámi² 螯 A tenaz; a pinça「do caranguejo」.

hasámí-kómu 挟み込む (< hasámu¹ + …) Inserir; pôr「uma marca no livro」. ★ *Shinbun ni chirashi o* ～ 新聞にちらしを挟み込む ～ uma folha volante (de anúncio) no jornal.

hasámí-mushi 挟み虫【Zool.】Alacrainha [tesourinha] (B.); a bicha-cadela; *anisolabis maritima*.

hasámí-shṓgi [óo] 挟み将棋 (< hasámu¹ + …) Uma espécie de xadrez.

hasámí-uchi 挟み撃ち (< hasámu¹ + útsu) O ataque convergente [em tenaz]. ★ *Teki o zengo kara* ～ *ni suru* 敵を前後から挟み撃ちにする Atacar o inimigo pela frente e (pela) retaguarda em movimento convergente.

hasámu¹ 挟[挿]む **1** [間におく] Colocar [Pôr] entre; inserir. *Futari wa tēburu o hasande mukaiatte suwatta* 二人はテーブルを挟んで向かい合って座った Os dois sentaram-se à mesa frente a frente. ★ *Pan ni hamu o* ～ パンにハムを挟む Pôr presunto entre duas fatias de pão. *Ni-hen ni hasamareta kaku* 二辺に挟まれた角 O ângulo formado por duas re(c)tas. *Yubi o to ni* ～ 指を戸に挟む Entalar o dedo na porta. **2** [つまむ] Segurar com pinça [com os dedos]. *Yowamushi kemushi hasande sutero* 弱虫毛虫挟んで捨てろ "Vamos apanhar os covardes e as lagartas e atirar com eles ao lixo" (Um canto infantil a ridicularizar os chorões). ★ *Hashi de tsuke-mono o* ～ はしで漬け物を挟む Agarrar um pedaço de verdura em conserva com os pauzinhos. **3** [さし入れる] Inserir; pôr; meter. ★ *Ginen o* ～ *yochi ga nai* 疑念を挟む余地がない Não haver dúvida [lugar para dúvidas]. *Komimi ni* ～ 小耳に挟む Ouvir sem querer [por acaso]. *Kotoba o* ～ 言葉を挟む Interromper (a conversa). *Kuchi o* ～ 口を挟む Introme-

H

ter-se; meter o bico.

hasámu[2] 剪む Cortar com (a) tesoura. ★ *Eda o* ~ 枝を剪む Podar; cortar um ramo [galho]. [S/同] Seńtéí súrú.

hasáń 破産 A falência; a bancarrota (G.). ★ ~ *no senkoku o ukeru* 破産の宣告を受ける Receber sentença de ~. ~ *suru* 破産する Falir; abrir falência [ir à ~]. ◇ **~ kanzainin** 破産管財人 O administrador de ~. **~ sha** 破産者 O falido. ⇨ tősáń[1].

haséí 派生 A derivação; a origem; a procedência. ★ ~ *suru* 派生する Derivar; vir de. ◇ **~ go** 派生語【Lin.】O [A palavra] derivado[a]. ⇨ buńpá.

hasé-múkáu 馳せ向かう (< haséru + …)【E.】Ir ao encontro「do inimigo」.

haséń[1] 波線 A linha ondulada. [S/同] Namíséń.

haséń[2] 破線 A linha tracejada; o tracejado. ⇨ teńséń[1].

haséru 馳せる **1** [走る] Correr; apressar-se. [S/同] Hashíru (o); kakéru (+). **2** [馬などを走らせる] Galop(e)ar. **3** [気持ちを遠くへ向ける] Devanear. *Kanojo wa tōi ikoku ni omoi o haseta* 彼女は遠い異国に想いを馳せた Ela devaneava [sonhava] com o país longínquo. **4** [名をとどろかせる] Ter fama. ★ *Sekaijū ni yūmei o* ~ 世界中に勇名を馳せる Ser conhecido no mundo inteiro pelo seu heroísmo.

hasé-sáńjírú 馳せ参じる (< haséru + …)【E.】⇨ kaké-tsúkéru.

hásha 覇者 **1** [武力による征服者] O conquistador. ⇨ seífúkú ◇. **2** [優勝者] O campeão [vencedor]. [S/同] Yűshő-sha (+).

hashágu 燥ぐ Alegrar-se; fazer folia [farra]; excitar-se de alegria. ★ *Hashagi-mawaru* はしゃぎ回る Andar todo excitado. *Hashaida koe* はしゃいだ声 A voz animada. ⇨ sawágu.

hashí[1] 橋 A ponte. ★ ~ *no tamoto* 橋のたもと O pé da ~.「*Kawa ni*」~ *o kakeru*「川に」橋を架ける Construir uma ~. ~ *o wataru* 橋を渡る Atravessar ~. [I/慣用] *Abunai* ~ *o wataru* 危い橋を渡る Arriscar-se; aventurar-se.

háshi[2] 箸 Os pauzinhos para comer. ★ ~ *o oku* 箸を置く Acabar de comer; terminar a refeição. ~ *o tsukeru* 箸をつける Comer; provar; tocar na comida. ~ *o yasumeru* 箸を休める Parar de comer. *Jōzu ni* ~ *o tsukau* 上手に箸を使う Usar bem ~. [I/慣用] ~ *ga koronde mo okashii toshigoro* 箸が転んでもおかしい年頃 A idade em que as meninas riem por tudo e por nada. ~ *ni mo bō ni mo kakaranai* 箸にも棒にもかからない「Um plano」que não presta para nada. ~ *no age-oroshi ni mo urusai* 箸の上げ下ろしにもうるさい Ver defeitos em tudo. ~ *yori omoi mono o motta koto ga nai* 箸より重いものを持ったことがない Ter sido criado com mimo (Lit. Nunca ter carregado coisa mais pesada que os pauzinhos). ◇ ⇨ **~ oki** [**tate**/**yasume**].

hashí[3] 端 (⇨ hashítá) **1** [細長いものの末端] A ponta; a extremidade. ★ *Bō no* ~ 棒の端 ~ do pau. ◇ **Kata** [**Ryō**] **~** 片 [両] 端 Uma ~ [As duas ~s]. **2** [周辺に近い部分] A borda [beira/ponta/extremidade]. ★ *Kami no* ~ *o oru* 紙の端を折る Dobrar o canto [~] do papel. *Michi no* ~ *ni yoru* 道の端に寄る Arredar-se para o lado [~] do caminho. **3** [ものごとの一部分] Um pormenor(zinho) [Uma ponta「de malícia」]. *Chotto shita kotoba no* ~ *ni mo hito no honshin ga arawareru* ちょっとした言葉の端にも人の本心があらわれる Uma pessoa às vezes revela-se numa pequena coisa que diz. [S/同] Hashí-bashi. **4** [はじめ] O primeiro [do começo]. *Kare wa dasareta ryōri o* ~ *kara tairageta* 彼は出された料理を端から平らげた Ele limpou (Comeu) todos os pratos que lhe serviram, um após outro. ⇨ tsugí-tsugi.

hashíbámí 榛【Bot.】A aveleira (Fruto: avelã); *corylus heterophylla var. Thunbergii*.

hashí-bashi 端端 (<… + hashí[3]) Os restos; cada pequena coisa. *Kanojo no kotoba no* ~ *kara* [*ni*] *sono kurushii seikatsu ga ukagawareta* 彼女の言葉の端々から [に] その苦しい生活がうかがわれた Notava-se, por cada palavra dela, que levava uma vida de muito sofrimento.

hashí-gákí 端書き (<… [3] + káku) O prefácio; a introdução; o prólogo. [S/同] Jobúń; maé-gákí.

hashí-gétá 橋桁 (<… [1] + ketá) O jacente (Viga longitudinal da ponte).

hashígó 梯子 A escada (de mão). ★ ~ *o noboru* [*oriru*] 梯子を登る [下りる] Subir na [Descer da] ~. *Hei ni* ~ *o kakeru* へいに梯子を掛ける Pôr [Apoiar/Encostar] ~ (contra o muro). ◇ **~ dan** 梯子段 O degrau [A travessa] da ~. **~ sha** 梯子車 O carro de bombeiros com ~ corrediça. [I/慣用] *Eiga no* ~ *o suru* 映画の梯子をする Ir de cinema em cinema (a ver filmes). ⇨ hashígó-zake.

hashígó-zake 梯子酒 (<… + saké)【G.】A ronda pelos bares a beber. ★ ~ *o suru* 梯子酒をする Andar de bar em bar; contar as capelinhas (G.).

hashíká 麻疹【Med.】O sarampo.

hashíké(-búne) 艀 (舟) (<… + fúne) A barcaça.

hashíkkó 端っ子【G.】⇨ hajíkkó.

hashí(k)kói はし (っ) こい Esperto; inteligente. ⇨ kibíń; subáshíkkói.

hashí-kúré 端くれ **1** [⇨ kiré-háshí]. **2** [つまらないもの] Uma insignificância.

hashínáku (mo) 端無く (も) (<… [3] + nái)【E.】Por acaso; acidentalmente. *Kare no hitokoto ga* ~ *gokai o maneku moto to natta* 彼の一言が端無くも誤解を招くもととなった Foi uma palavra dele que causou, ~, o mal-entendido. [S/同] Hakárázumo.

hashí-óki 箸置き (<… [2] + okú) O apoio [suporte] dos pauzinhos.

hashírá 柱 **1** [建物の] O pilar; a coluna; o poste. ★ ~ *o tateru* 柱を建てる Levantar [Colocar] ~. **2** [中心となるもの] O pilar. *Heiwa-shugi wa Nihonkoku-kenpō no ōkina* ~ *no hitotsu de aru* 平和主義は日本国憲法の大きな柱の一つである O pacifismo é um dos grandes pilares da constituição j. **3** [たよりとする人] O apoio; o amparo; o pilar; o suporte. ★ *Ikka no* ~ 一家の柱 ~ da família. **4** [⇨ kaí-báshira]. **5** [神霊などを数える数詞] (Adje(c)tivo numeral para deuses e mártires pela pátria). ★ *Mi* ~ *no ikotsu* 三柱の遺骨 Os restos mortais de três soldados.

hashírá-dókei 柱時計 (<… + tokéí) O relógio de parede. ⇨ kaké-dókei.

hashíráséru 走らせる (< hashíru) **1** [乗り物を] Fazer correr. ★ *Kuruma o* ~ 車を走らせる Ir de carro. **2** [人を] Mandar alguém. ★ *Hito o tsukai ni* ~ 人を使いに走らせる Mandar alguém a dar [levar] um recado. **3** [なめらかに速く動かす] Deslizar suavemente. ★ *Fude o* ~ 筆を走らせる Deixar correr o pincel. *Me o* ~ 目を走らせる Passar a vista「pelo jornal」. **4** [逃走させる] Pôr em fuga.

hashírásu 走らす ⇨ hashíráséru.

hashírí 走り (< hashíru) **1** [走ること] **a)** A corrida; **b)** O deslizar. *Kono fude wa* ～ *ga yoi* [*warui*] この筆は走りが良い [悪い]Este pincel é macio/desliza bem [é áspero]. ★ *Subarashii* ～ *o suru* [*miseru*] 素晴らしい走りをする [見せる]Correr muito/Ser um grande corredor. **2** [初物] O primeiro (produto) da estação. ⇨ hatsú-mónó. **3** [物事のはじめ; さきがけ] O início. ★ *Tsuyu no* ～ 梅雨の走り ～ da época [estação] das chuvas. [S/同] Sakígáké.

hashírí-gákí 走り書き (< hashíru + káku) A escrita à pressa. ★ ～ *suru* 走り書きする Rabiscar.

hashírí-hába-tobi 走り幅跳び【(D)esp.】O salto em distância.

hashírí-máwáru 走り回る (< hashíru + …) **1** [あちこち走る] Correr para lá e para cá. **2** [あちこち忙しく働く] Ir de um lado para o outro. ★ *Kinsaku ni* ～ 金策に走り回る Andar por todos os lados procurando angariar fundos [dinheiro]. [S/同] Kaké-máwáru; tobí-máwáru.

hashírí-táka-tobi 走り高跳び【(D)es.】O salto em altura.

hashíri-tṓsu [óo] 走り通す (< hashíru + …) Correr até (a)o fim. [S/同] Kańsṓ súrú.

hashírí-yómí 走り読み (< hashíru + yómu) A leitura rápida. ★ ～ *suru* 走り読みする Passar a vista [os olhos]「pelo jornal」.

hashírí-zúkai 走り使い (< hashíru + tsukái) **a)** O recado; **b)** O paquete [mocinho de recados]; a recadeira. [S/同] Tsukái-báshírí.

hashíru 走る **1** [速い速度で移動する] **a)** Correr; **b)** Deslizar com grande velocidade. *Shinkansen wa jisoku nihyak(u)-kiro ijō de* ～ 新幹線は時速200キロ以上で走る O "shinkansen" dá [corre a] mais de duzentos quiló[ô]metros por hora. *Sora ni inazuma ga hashitta* 空に稲妻が走った Um relâmpago atravessou o céu. *Totsuzen mune kara hara e tsukisasu yō na itami ga hashitta* 突然胸から腹へ突きさすような痛みが走った De repente senti uma dor lancinante no peito e no ventre. **2** [逃げる] Virar-se「para a revolução」. *Kare wa saishi o sutete aijin no moto e hashitta* 彼は妻子を捨てて愛人のもとへ走った Ele abandonou a esposa e os filhos e foi viver com a amante. **3** [ある方向に通っている] Passar; estender-se「a cordilheira」. ★ *Nanboku ni* ～ *dōro* 南北に走る道路 A estrada que passa de norte a sul. **4** [ある傾向になる] Transparecer; ter; praticar; tender「para」. *Kanojo wa sugu kanjō ni* ～ 彼女はすぐ感情に走る Ela é muito emocional. ★ *Akuji ni* ～ 悪事に走る Praticar o mal. *Tama ga yoku hashitte iru* 球がよく走っている「O arremessador」está arremessando bem [bolas rápidas]. **5** [スムーズに動く] Mover-se [Agir/Correr] facilmente/bem (⇨ hashírí **1**).

hashítá 端 (⇨ hashí[3]) O resto (Ex.: *10 o 3 de waru to* ～*ga 1 deru* = 10 a dividir por 3 são [dá] 3, resto 1); a fra(c)ção. ◇ ⇨ ～ **gane**. [S/同] Hańpá (+). ⇨ hasū́.

hashítá-gáné 端金 (<… + kané) Uns troc(ad)os [vinténs].

hashítámé 端女・婢【E.】A serva [criada/escrava]「do Senhor」. [S/同] Géjo; jochū́.

hashítánái はしたない Vergonhoso; indecente. ★ ～ *furumai* はしたない振る舞い O comportamento ～. ⇨ gehín.

hashí-tate 箸立て (<… [2] + tatéru) O copo para os pauzinhos. ⇨ hashí-óki.

hashí-wátashi 橋渡し (<… [1] + watású) A ponte de ligação; o intermediário. ★ ～(*o*) *suru* 橋渡し(を)する Ser ～. ⇨ chū́káí[1]; naká-dáchí.

hashí-yásume 箸休め (<… + yasúméru) A guloseima servida entre um prato e outro.

hashṓfū́ [oó] 破傷風【Med.】O tétano.

hashórú 端折る (< hashí[3] + óru) **1** [からげる] Arregaçar. ★ *Suso o* ～ すそを端折る ～ o vestido. [S/同] Karágéru. **2** [省略する] Cortar「partes do discurso」; saltar. ★ *Hanashi o* ～ 話を端折る Encurtar o discurso/a história. [S/同] Shṓryákú súrú.

hashútsú 派出 O despacho; o envio. ★ ～ *suru* 派出する Enviar. ◇ ～ **jo** 派出所 O posto de polícia.

hasóń 破損 O dano「do tufão」; o estrago. ★ *Jiko de* ～ *shita kuruma* 事故で破損した車 O carro (que ficou) estragado no acidente. ◇ ～ **kasho** 破損箇所 O lugar danificado.

hassákú 八朔【Bot.】Uma variedade de tangerina.

hassáń 発散 **1** [放出] A exalação; a emanação; a emissão. ★ *Ikari o* ～ *saseru* 怒りを発散させる Dar largas à raiva. *Tsuyoi nioi o* ～ *suru* 強いにおいを発散する Emitir [Exalar] um cheiro forte. [S/同] Hṓsáń; hṓshútsú. **2** [放射] A radiação; a irradiação. ～ *suru* 発散する Irradiar. [S/同] Hṓshá (+). **3** [広がること]【Mat./Met./Fís.】A divergência. ★ ～ *suru* 発散する Divergir. ◇ ～ **kōsoku** 発散光束 O feixe de raios luminosos divergentes. [A/反] Shū́sókú.

hasséí[1] 発生 **1** [物・事が生じること] A ocorrência「do acidente/tufão」. ★ ～ *suru* 発生する Ocorrer; haver; dar-se〔*Kōsoku dōro de tsuitotsu jiko ga* ～ *shita* 高速道路で追突事故が発生した Houve [Deu-se] um acidente de colisão de carros na via rápida〕. *Sekiri no* ～ 赤痢の発生 O surto [～] da disenteria. **2** [生物・自然現象の] O nascimento; o desenvolvimento; a geração「espontânea/de mosquitos」. ◇ ～ **gaku** 発生学 A embriologia. **Kotai** ～ 個体発生 A ontogé[ê]nese/ontogenia.

hasséí[2] 発声 **1** [声を出すこと] A fala; a voz; a emissão de palavras [sons]; a expressão (oral). ★ ～ *suru* 発声する Emitir palavras [sons]; falar. ◇ ～ **hō** 発声法【Mús.】A vocalização. ～ **kikan** 発声器官 Os órgãos vocais. ⇨ kóe[1]. **2** [音頭を取ること] O dirigir「o canto」. *Shachō no* ～ *de banzai o san-shō shita* 社長の発声で万歳を三唱した Com o presidente a dirigir, demos (os) três vivas. ⇨ óndo[2].

hasshá[1] 発射 **a)** O disparo; a descarga; **b)** O lançamento. ★ *Kenjū o* ～ *suru* 拳銃を発射する Disparar o revólver [a pistola]. *Roketto o* ～ *suru* ロケットを発射する Lançar o foguetão. ◇ ～ **dai** 発射台 A rampa de lançamento.

hasshá[2] 発車 A partida. *Ressha wa ni-ji ni Tokyō-eki o* ～ *shita* 列車は二時に東京駅を発車した O comboio [trem] saiu [partiu] da estação de Tóquio às duas (horas). ★ ～ *no beru* 発車のベル O sinal da ～. ◇ ⇨ **mikiri**～.

hasshíń[1] 発信 O despacho [envio] de uma mensagem. ★ ～ *suru* 発信する Enviar「um telegrama」. ◇ ～ **chi** 発信地 O lugar [local] do ～. ～ **kyoku** 発信局 O posto [escritório] emissor. ～ **nin** 発信人 O remetente. ～ **on** 発信音 O som [O sinal] de ligação. [S/同] Sṓshíń. [A/反] Jushíń.

hasshín[2] 発進 A partida; o arranque. ◇ **Kinkyū ~** 緊急発進 A partida de emergência [à pressa] 「para interce(p)tar o inimigo」.

hasshín[3] 発疹【Med.】O exantema; a erupção cutânea. *Hifu ni ~ ga deta* 皮膚に発疹が出た Apareceu-me um ~ na pele. ◇ **~ chífusu** 発疹チフス O tifo exantemático.

hasshín[4] 発振 O oscilar. ★ ~ *suru* 発振する … ◇ **~ ki** 発振器 O oscilador.

hásshi to 発止と【E.】(Im. de força e rapidez). ★ *Chōchō ~ iken o tatakawaseru* 丁々発止と意見を戦わせる Ter uma discussão violenta.

hasshō 発祥 A origem. ◇ **~ suru** 発祥する Originar-se. ◇ **~ (no) chi** 発祥(の)地 O berço [lugar de ~]「duma civilização」.

hasshókú 発色 A coloração. ◇ **~ zai** 発色剤 O revelador.

hassō[1] 発想 **1**［着想］A ideia; a concepção. ★ ~ *ga yoi* 発想が良い「um plano」Bem concebido. ★ ~ *no tenkan* 発想の転換 A mudança de ~. ◇ **~ hō** 発想法 A maneira de se exprimir「do j.」. S/同 Chakúsō. **2**【Mús.】A expressão.

hassō[2] 発送 O despacho; a remessa; o envio. *Kekkon-shiki no shōtaijō o ~ suru* 結婚式の招待状を発送する Enviar os convites do casamento. **~ gakari** 発送係 O encarregado do/a ~. **~ saki** 発送先 O destinatário.

hassō[3] 発走 A primeira [O começo da] corrida.

hassóku 発足 ⇨ hossóku.

hassúrú 発する **1**［出発する］Começar em; ter origem em; partir. *Ressha ga Kyōto-eki o ~* 列車が京都駅を発する O comboio [trem] parte da estação de Kyoto. ⇨ hajímáru; okóru[3]; shójiru; shuppátsú. **2**［外へ現れる］Dar sinais de. I/慣用 *Ikari shintō ni ~* 怒り心頭に発する Inflamar-se de raiva. ⇨ aráwárerú; déru. **3**［起こす; 始める］Vir de. ★ *Junsui na kimochi kara hasshita kōi* 純粋な気持ちから発した行為 Uma a(c)ção fruto [que vem] de um coração puro. *Tan o ~* 端を発する Ter início em. **4**［放射・発射する］Exalar; soltar; disparar; irradiar. *Hikari o ~ buttai* 光を発する物体 O corpo irradiador de luz. *Kōki o ~* 香気を発する Exalar perfume. **5**［出す］Emitir「um som」; proferir. ★ *Hito-koto mo hasshinai* 一言も発しない Não dizer [proferir] uma palavra. **6**［情報・命令などを発表する］Publicar; transmitir. ★ *Keikoku o ~* 警告を発する Advertir; alertar. *Meirei [Shirei] o ~ 命令[指令]を発する* Dar [~] uma ordem. Happyō súrú. **7**［派遣する］Enviar. S/同 Hakén súrú.

hássuru[2] ハッスル (< Ing. hustle)【G.】O atirar-se com energia a um trabalho.

hasú[1] 斜 O ser oblíquo [em diagonal]. ★ ~ *ni kiru* 斜に切る Cortar diagonalmente [de viés/de lado]. S/同 Naname (+).

hasú[2] 蓮【Bot.】O loto; *nelumbo nucifera*. ★ ~ *no utena* 蓮の台【Bud.】O assento de flor de ~ para os que se salvam.

hasū【úu】端数 A fra(c)ção; o resto. ~ *o kirisuteru* 端数を切り捨てる Arredondar o número (cortando ~). ⇨ hanpá; hashitá.

hasúi 破水【Med.】A evacuação da água.

hasúkai 斜交い ⇨ hasú[1].

hásukī ハスキー (< Ing. husky) Rouco. ★ ~ *na koe* ハスキーな声 A voz rouca [rouquenha]. ⇨ kasú-

ré ◇ ; kasúréru; shagárérú.

hasúppá 蓮っ葉【G.】O ser leviano. ★ ~ *na onna* 蓮っ葉な女 A mulher leviana.

hasúru 派する【E.】⇨ hakén[1]; hassúrú **7**.

hatá[1] 旗 A bandeira; o estandarte. ★ ~ *o ageru* 旗を揚げる **a)** Içar [Hastear] a ~; juntar um exército; **b)**【Fig.】Abrir um negócio; começar um empreendimento. ~ *o furu* 旗を振る Desfraldar [Agitar] a ~; **b)** Promover. ~ *o maku* 旗を巻く **a)** Enrolar a ~; **b)**【Fig.】Desistir. ~ *o orosu* 旗を下ろす Arriar a ~. ◇ **~ age** 揭[bi/furi/zao].

hatá[2] 端・傍 **1**［ふち］A beira. ★ *Ike no ~ de* 池の端で A beira do tanque. **2**［ある人のかたわら・周囲］O lado; fora. *Kono shigoto wa ~ de miru hodo raku de wa nai* この仕事は端で見るほど楽ではない Este trabalho não é tão fácil como parece [como pode parecer a quem está de fora]. ★ ~ *kara kuchi o dasu* 端から口を出す Intrometer-se na conversa (dos outros). ★ ~ *me* 端目 O espectador「*Kare wa ~ me ni wa genki-sō ni mieta* 彼は端目には元気そうに見えた Ele parecia (estar) com saúde」. **~ meiwaku** 端迷惑 O incomodar os outros. S/同 Mawárí; shúi. ⇨ katáwárá; sóba[1]; yokó.

hatá[3] 畑 ⇨ hatáké[1].

hatá[4] 機 O tear. ⇨ hatá-óri.

hatá-áge 旗揚げ (< … [1] + agérú) **1**［挙兵］O levantar um exército. S/同 Kyohéí. **2**［新たに始めること］O começar. ~ *suru* 旗揚げする **a)** Abrir um negócio; **b)** Começar um empreendimento. *Shintō o ~ suru* 新党を旗揚げする Fundar um novo partido. ◇ **~ kōgyō** 旗揚げ興行 O primeiro espe(c)táculo (A inauguração).

ha-tábako 葉煙草 ⇨ tabákó.

hatá-bi 旗日 (< … [1] + hi) A data comemorativa. ⇨ shukújítsú.

hátachi[1] 二十歳 (Os) vinte anos (de idade). ★ ~ *ni naru* 二十歳になる Completar [Fazer] ~. ◇ **~ dai** 二十歳代 A casa dos ~. ⇨ níjū[1].

hatá-chí 畑地 ⇨ hatáké[1].

hatá-fúri 旗振り (< … [1] + furú) **1**［合図をする人］O juiz de partida. **2**［音頭取り］【Fig.】O líder [chefe de um movimento]. ⇨ ońdo-tori.

hatá-gáshira 旗頭 (< … [1] + kashíra) O líder [chefe] 「da ala progressista」.

hatágó 旗籠【A.】⇨ ryokán; yadó-yá.

hatáhátá[1] 鰰・鱩【Zool.】O peixe-areia; *arctoscopus japonicus*.

hátaháta[2] はたはた【On.】(Im. de tremular). *Kokki ga kaze ni ~ (to) hirugaette iru* 国旗がはたはたと翻っている A bandeira está a tremular ao vento.

hatá-iró 旗色 **a)** A situação (da batalha「); **b)** As circunstâncias [O estado/O pé]「em que as coisas estão」. ★ ~ *ga warui* 旗色が悪い「Isto está a ir mal; a situação [coisa] está má. ★ ~ *o miru* 旗色を見る Esperar e ver em que tudo vai parar. S/同 Keíséí; seńkyō.

hatá-jirushi 旗印 (< … [1] + shirúshí) **1**［戦場での目印］A bandeira; o pendão. **2**［主義］A divisa; o lema. ★ *Sensō hantai o ~ ni suru* 戦争反対を旗印にする Ter como divisa "não à guerra".

hatáké[1] 畑・畠 **1**［水を張らない耕地］O campo; a horta. ★ ~ *o tagayasu* 畑を耕す Cultivar [Lavrar] a terra [~]. S/同 Hatá[3]. ⇨ suídén; ta[1]. **2**［専門分野］O ramo [campo/A área] (de especialização). ★ *Ongaku-batake no hito* 音楽畑の人 Uma pessoa especializada em música. ◇ ~ **chigai** 畑違い「ter」Uma especialização diferente. [S/同] Señmón-bún'ya (+).

hatáké² 疥【Med.】A pitiríase; a psoríase.
hatákí 叩き (< hatáku) O espanador; o espanejador. ★ *Heya-jū ni ~ o kakeru* 部屋中に叩きをかける Espanar [Sacudir o pó de] toda a sala.
hatáku 叩く 1 [打つ] Bater. ★ *Hiza o pon to ~* 膝をぽんと叩く [Dar uma palmada] no joelho. [S/同] Tatáku (+); útsu (+). 2 [ほこりを払う] Espan(ej)ar. ★ *Chiri o ~* ちりを叩く [Tirar] o pó. 3 [はたき込み]【Sumô】Agarrar o adversário e pô-lo fora da arena [do ringue]. 4 [すっかりなくす] Esvaziar a bolsa. ★ *Ari-gane o ~* 有り金を叩く Ficar sem um tostão [vintém] no bolso/~.
hátamata 将又【E.】⇨ sorétómo.
hatá-mé 傍目 ⇨ hatá² **2**.
hatáméku はためく Tremular; ondular. ★ *Hirahira ~ hata* ひらひらはためく旗 Uma bandeira a ~ ao vento. [S/同] Hirúgáeru.
hatámótó 旗本【A.】O vassalo às ordens do "shôgun".
hatán 破綻 O colapso; o desfazer-se; a quebra; a falha; a ruína. *Wareware no kekkon seikatsu mo tsui-ni ~ o kitashita* 我々の結婚生活もついに破綻をきたした Finalmente o nosso casamento desfez-se.
hatánkyó 巴旦杏【Bot.】Uma espécie de ameixa ou pêssego careca. ⇨ sumómó.
hatá-óri 機織り (< ~ ' + óru) **a)** A tecelagem; **b)** A tecedeira [O tecelão].
hatáóri-mushi 機織り虫【Zool.】⇨ kiríghírisu.
határákásérú 働かせる (< határáku) 1 [人や機械を] Fazer [Pôr a/Deixar] trabalhar. *Zehi kono kaisha de hatarakasete kudasai* ぜひこの会社で働かせて下さい Peço-lhes que me deixem trabalhar nesta firma. 2 [能力などを] Usar. *Sukoshi atama o hatarakasereba kantan ni tokeru mondai da* 少し頭を働かせれば簡単に解ける問題だ É um problema fácil, basta usar um pouco a cabeça. ★ *Sōzōryoku o ~* 想像力を働かす ~ a imaginação.
határákású 働かす ⇨ határákásérú.
határákí 働き (< határáku) 1 [労働] O trabalho (⇨ határákí-búri). ★ *~ ni deru* 働きに出る Ir trabalhar; trabalhar fora. [S/同] Rōdō (+). 2 [作用] A função「do verbo」; a a(c)ção; o trabalho; o funcionamento. *Shinzō no ~ wa ketsueki o okuridasu koto de aru* 心臓の働きは血液を送り出すことである A função do coração é fazer circular o sangue. ★ *Atama no ~ ga nibui* 頭の働きが鈍い Ser lento de raciocínio. *Kusuri no ~* 薬の働き O efeito do remédio. *Kīnō; sáyō.* 3 [実績; 成果] O mérito; a contribuição. *Shigoto no seikō wa kare no ~ ni ou tokoro ga ōkii* 仕事の成功は彼の働きに負うところが大きい O bom êxito foi bem sucedido, em grande parte graças à contribuição dele. ★ *Rippa na ~ o suru* 立派な働きをする Distinguir-se; dar uma boa ~; produzir bons [grandes] resultados. 4 [働き] O rendimento do trabalho. ★ *~ no aru hito* 働きのある人 Uma pessoa capaz [que trabalha bem]. ⇨ káségi.
határákí-ari 働き蟻【Zool.】A formiga obreira.
határákí-bachi 働き蜂 (< ~ ' + hachí)【Zool.】A (abelha) obreira.
határákí-búri 働き振り (< ~ ' + furí) O modo de trabalhar; o desempenho no trabalho.

határákí-gúchi 働き口 (< ~ + kuchí) O emprego; a colocação. ★ *Atarashii ~ o sagasu* 新しい働き口を探す Procurar outro/a ~. ⇨ shoku¹; tsutómé-sáki.
határákí-káke 働き掛け (< határákí-kákéru) A sugestão; a pressão.
határákí-kákéru 働き掛ける (< határákí + ~) Pressionar [Trabalhar; "primeiro as autoridades"]; apelar「a」. ★ *Jōsō-bu ni ~* 上層部に働き掛ける Apelar às altas camadas「do partido」.
határákí-mónó 働き者 O indivíduo trabalhador [diligente; aplicado].
határákí-té 働き手 (< ~ + te) A pessoa que trabalha; o trabalhador. ★ *~ o ushinau* 働き手を失う「a família」Perder o [a] ~.
határákí-zákari 働き盛り (< ~ ' + sakári) Os anos com mais vigor. *Kare wa ima ~ de aru* 彼はいま働き盛りである Ele está no forte da carreira [na idade mais produtiva da vida].
határákú 働く 1 [労働する] Trabalhar. *Hatarakazaru mono kuu bekarazu* 働かざる者食うべからず Quem não trabuca [trabalha] não manduca [come]. ★ *Hatarakisuguru* 働き過ぎる ~ demais. *Shū itsuka hataraki futsuka yasumu* 週5日働き2日休む Trabalhar cinco dias na [por] semana e descansar dois. [S/同] Rōdō [Shigótó] súrú. 2 [職を持つ] Ter uma ocupação. ★ *Hatarakinagara daigaku no deru* 働きながら大学を出る Formar-se (na universidade) sem deixar de trabalhar (num emprego). 3 [器官を働かす] 「の ouvido/rim」Funcionar. *Atsusa ni makete ichō ga hatarakanai* 暑さに負けて胃腸が働かない Perco o apetite por causa do [com o] calor. ★ *Atama ga ~ hito* 頭が働く人 A pessoa inteligente. *Risei ga ~* 理性が働く Raciocinar; a razão ~. *Warujie ga ~* 悪知恵が働く Ser astuto [ladino]; ter astúcia [manha]; ser esperto para (fazer) o mal. 4 [機能する] Funcionar. ★ *Keihōsōchi ga ~* 警報装置が働く O alarme ~. 5 [悪事などを行う] Cometer; praticar; perpetrar. *Fujin ni ranbō o ~* 婦人に乱暴を働く Fazer mal a uma mulher.
hatá-sáku 畑作 A plantação「de hortaliças」(em terreno seco) (Ao contrário do arrozal).
hatásérukana 果たせるかな【E.】⇨ hatashite **1**.
hatáshíái 果たし合い【A.】O duelo. ★ *~ o suru* 果たし合いをする Bater-se em ~. [S/同] Kettō (+).
hatáshí-jō 果たし状【A.】O cartel; a carta de desafio para um duelo.
hatáshite 果たして (< hatásu) 1 [やはり] Realmente; com efeito; de fa(c)to; como se pensava; mesmo. [S/同] Añ nó jō (+); yahári (o). 2 [疑問を表] De fa(c)to; ~ mesmo. ★ *~ sore wa hontō darō ka* 果たしてそれは本当だろうか Será ~ verdade?
hatásu 果たす 1 [成し遂げる] Cumprir. ★ *Gimu o ~ 義務を果たす ~ o seu dever [a sua obrigação]. *Shimei o ~* 使命を果たす ~ uma missão. [S/同] Nashí-tógéru; rikō [súíkō] súrú. 2 [実現させる] Realizar. ⇨ jitsúgéñ. 3 [あることを尽くす]【Suf.】Fazer até (a)o fim. ★ *Kane o tsukai ~* 金を使い果たす Gastar todo o dinheiro. [S/同] ~ -tsukúsu.
háta はた 1 [打つ] Pum. ★ *~ hiza o utsu* はたと膝を打つ ~ dar uma palmada no joelho. 2 [突然] De repente. *Kaze ga ~ yanda* 風がはたと止んだ ~, o vento parou. ★ *~ omoi-ataru* はたと思い当た

hatá-záo 旗竿 (<…¹+saó) O mastro [pau; A haste] da bandeira.

hatchákú 発着 A chegada e a partida ˹de aviões˼. ★ ~ *jo* 発着所 O cais ˹do barco˼ (⇨ hômu³).

hátchi ハッチ (< Ing. hatch)【Mar.】A escotilha. ⇨ shôkô-guchi.

hátchô 八丁【挺】A destreza; a habilidade. [I/慣用] *Kuchi mo ~ te mo ~* 口も八丁手も八丁 (Uma pessoa de) boca eloquente e mão diligente.

hátchú 発注 A encomenda; o pedido. ★ ~ *suru* 発注する Encomendar ˹mobília˼; fazer um/a ~. A/反 Juchú.

haté 果て (< hatéru) **1** [終わり] O fim. ★ *Tabiji no ~* 旅路の果て ~ da jornada [viagem]. [S/同] Owári; sáigo; shimái. **2** [最終的結果] O resultado. ★ *Kôron no ~ ni kenka ni naru* 口論の果てにけんかになる A discussão acabar em briga. ⇨ agékú; narénó-háté. **3** [はし] O extremo; o cabo; os confins. [S/同] Hashí; saíháté.

háte(na) はて (な) Mau!; Bem!; Ora! ~ *myô da na* はてな妙だな Mau! Que estranho [esquisito]!

haténkô 破天荒【E.】Sem precedente [igual]; extraordinário; inaudito; nunca visto. ★ ~ *no dekigoto* 破天荒のできごと Um acontecimento ~. [S/同] Mizóu; zéndai-mimón.

hatéru 果てる **1** [終わる; 尽きる] Acabar; terminar. *Itsu ~ to mo (shire) nai kôron* いつ果てるとも (知れ) ない口論 Uma disputa interminável. ⇨ owárú; tsukíru; yamú¹. **2** [死ぬ]【E.】Morrer. ★ *Aenaku ~* あえなく果てる ~ em vão. [S/同] Shinú (+). **3** [すっかりある状態になる][Suf.] Ir até ao extremo. ★ *Tsukare ~* 疲れ果てる Sentir-se morto de cansaço [Ficar exausto]. ⇨ akíré-hatéru; -ki chú³.

hátesate はてさて (な) ⇨ háte(na).

haté-shínai 果てしない Sem fim [limite]; infinito; ˹guerra/queixa/tagaralice˼ incessante. ★ ~ *ō-unabara* 果てしない大海原 O mar imenso [~].

háto 鳩【Zool.】O/A pombo/a. ★ ~ *ga kūkū ni naku* 鳩がくーくーと鳴く (faz ru-ru). [I/慣用] ~ *ga mame-deppô o kutta yô na kao o suru* 鳩が豆鉄砲を食ったような顔をする Ficar sem palavra (saber que dizer). ◇ ~ **dokei** 鳩時計 O relógio de cuco. ~ *goya* 鳩小屋 O pombal. ◇ ~ **ha.** ~ **mune** 鳩胸 O peito saliente; a protuberância do esterno.

hatō¹ 波濤【E.】As ondas [águas] do alto-mar. ★ ~ *o kette susumu* 波濤を蹴って進む Sulcar ~ [os mares].

hatō² 波頭 ⇨ namí-gáshírá.

háto [aá] ハート (< Ing. heart) **1** [心; 心臓] O coração (Tb. espírito). ★ ~ *gata no* ハート形の Em forma de ~. [S/同] Kokóro (+); shínzô (+). **2** [トランプの] As copas.

hatóbá 波止場 O cais [ancoradouro]. [S/同] Futó.

hato-há 鳩派 Os (políticos) moderados. [S/同] Kyúkén-há. A/反 Taká-há.

hatóko 再従兄弟[姉妹] ⇨ matá-ítoko.

hato-múgi 鳩麦【Bot.】As lágrimas-de-job; *coix lacryma-jobi L. var. frumentacea* Makino.

hátopoppo 鳩ぽっぽ [Infa.] ⇨ háto.

hatorón-shi ハトロン紙 (< Hol. patroonpapier) O papel pardo [almaço/de embrulho].

hatsú¹ 初 O primeiro; a primeira vez. *O-~ ni o-me ni kakarimasu* お初にお目にかかります Muito prazer em conhecê-lo/a. ★ ~ *no kokoromi* 初の試み A primeira tentativa. ◇ ⇨ ~ **kao-awase** [koi/mimi/mōde/nari]. ~ **shigoto** 初仕事 O trabalho [emprego]. [S/同] Hajíme (+); saíshó (+).

-hatsu² 発 **1** [出発] A partida; a saída. ★ *Hachiji ~ no hikōki* 8時発の飛行機 O voo [avião] das oito. *Tōkyō ~ Ōsaka-yuki Kodama-gō* 東京発大阪行きこだま号 O trem Kodama (que parte) de Tóquio para Osaka [O comboio Kodama Tóquio-Osaka]. [S/同] Shuppatsú. A/反 -cháku. **2** [発信] Que foi enviado de. ★ *Risubon ~ no hōdō ni yoreba* リスボン発の報道によれば Segundo notícia vinda [proveniente] de Lisboa…. **3** [弾丸など] (Numeral de disparos). ★ *Tama o go-* ～ *kuu* 弾を五発[六発]射つ Disparar cinco [seis] tiros. **4** [打撃など] (Numeral de murros). *Panchi o sū-* ～ *kuu* パンチを数発食う Apanhar uns poucos de murros.

hatsúán 発案 **1** [意見を出すこと] A sugestão; a proposta; a ideia. ★ ~ *suru* 発案する Sugerir; propor. [S/同] Hátsugi; hátsui. **2** [動議] A moção (proposta). ★ ~ *suru* 発案する Apresentar [Propor] uma ~. ◇ ~ **ken** 発案権 O direito de propor uma ~. ◇ ~ **sha** 発案者 O proponente da ~. [S/同] Hátsugi. ⇨ kián; teían.

hatsúbái 発売 A circulação [venda]. ★ ~ *chū de aru* 発売中である Estar à venda [em circulação]. ~ *suru* 発売する Vender. ◇ ~ **busū** 発売部数 O número de exemplares. ~ **kinshi** 発売禁止 O livro [produto] proibido. ~ **moto** 発売元 [所] O(s) distribuidor(es) [A agência distribuidora].

hatsu-bashó 初場所 A primeira temporada de sumô do ano.

hatsú-bútai 初舞台 A estreia de um artista. ★ ~ *o fumu* 初舞台を踏む Estrear-se; subir pela primeira vez ao palco.

hatsúbyō 発病 O ficar doente. ⇨ byōki.

hatsúdén 発電 A geração [produção] de ele(c)tricidade [energia elé(c)trica]. ★ ~ *suru* 発電する Produzir [Gerar] ele(c)tricidade. ◇ ~ **ki** 発電機 O gerador. ◇ ~ **sho. Genshiryoku** [**Karyoku; Suiryoku**] ~ 原子力 [火力; 水力] 発電 ~ de energia nuclear ˹térmic(o)/elé(c)trica/hidroelé(c)trica˼. **Jika** ~ 自家発電 ~ particular.

hatsúdén-shó 発電所 A central [usina (B.)] elé(c)trica. ◇ ~ **Genshi-ryoku** [**Karyoku; Suiryoku**] ~ 原子力 [火力; 水力] 発電所 A central nuclear ˹térmica/hidroelé(c)trica˼.

hatsúdō 発動 **1** [活動を開始する; させること] O a(c)cionar [pôr em movimento] ˹a máquina˼. **2** [法的権限の] O usar [invocar]. ★ *Kyōken o ~ suru* 強権を発動する Usar a força para lei [o poder do Estado].

hatsúdō-ki [óo] 発動機 O motor.

hatsúén-tō 発煙筒 A granada de fumo.

hatsúgá 発芽 A germinação.

hatsúgán 発癌 A canceração; a carcinose. ★ ~ *sei no* 発癌性の Cancerígeno; canceroso. ◇ ~ (**sei**) **busshitsu** 発癌 (性) 物質 A substância cancerígena.

hatsú-gátsuo 初鰹 (<…¹+katsuó) Os primeiros bonitos (Peixe) da temporada. ★ *Me ni wa aoba yama hototogisu* ~ 目には青葉山ほととぎす初鰹 O verde dos montes, o cuco a cantar e ~ são as três coisas ideais na primavera.

hatsúgén¹ 発言 O falar; o usar da palavra; o pronunciar-se. ★ ~ *o kinshi [kyoka] suru* 発言を禁止[許可]する Proibir de [Deixar] falar. ~ *o motomeru* 発言を求める Pedir a palavra [para falar]. ~ *o torikesu* 発言を取消す Retirar o que disse. ◇ ⇨ ~ **ken [ryoku].** ~ **sha** 発言者 Os que falaram「na reunião」.

hatsúgén² 発現【E.】A revelação; a manifestação; o aparecimento; a aparição「de Nossa Senhora em Fátima」. ⇨ aráwáré.

hatsúgén-ken 発言権 O direito à palavra [de falar]. ★ ~ *ga aru* 発言権がある Ter ~.

hatsúgén-ryoku 発言力 A voz a(c)tiva.

hátsugi 発議【意見を言い出すこと】A proposta; a sugestão. ★ ~ *suru* 発議する Propor; sugerir. Ⓢ/Ⓐ Hatsuán **1** (+). **2**【動議】A moção. Ⓢ/Ⓐ Dógi; hatsuán **2**.

hatsúgó¹ 初語 A fala.

hatsú-gó² 初子 (<...¹+ko) O primeiro filho.

hatsú-góri [óo] 初氷 (<...+kóri) O primeiro gelo.

hatsú-háru 初春 **1**【春のはじめ】O princípio da primavera. Ⓢ/Ⓐ Shunnin (o); shinshún (+). **2**【新年】O Ano Novo. Ⓢ/Ⓐ Shinnen (o); shinshún (+).

hatsú-hí(no de) 初日 (の出) O ogamu 初日 (の出) を拝む Ver [Contemplar] ~「da praia/do monte」.

hatsúhó 初穂 **1**【最初の稲】As primeiras espigas. **2**【最初の作物】a) A primeira colheita; b) O primeiro salário. **3**【神仏に供えるもの】As primícias.

hátsui 発意 A ideia; a sugestão. Ⓢ/Ⓐ Hatsuán (+).

hatsú-ichi 初市 O primeiro dia de negócio do novo ano.

hatsuíkú 発育 O crescimento; o desenvolvimento. ★ ~ *no yoi [warui] ko* 発育の良い[悪い]子 Uma criança bem desenvolvida [fraquinha/raquítica]. ~ *o samatageru* 発育を妨げる Impedir [Afe(c)tar] ~. ~ *suru* 発育する Crescer; desenvolver-se. ◇ ~ **fuzen** [furyó] 発育不全 [不良]~ incompleto (Ex.: atelencefalia/atelocardia). ~ **ki** 発育期 A idade de crescer [se desenvolver]. Ⓢ/Ⓐ Seíchó; seífkú.

hatsuíkú-zakari 発育盛り (<...+sakári) A força [fase mais forte] do crescimento.

hatsujó 発情 O cio. ◇ ~ *shita inu* 発情した犬 O cão com cio. ◇ ~ **ki** 発情期 A época do ~.

hatsujú 二十日 **1**【日数】Vinte dias. **2**【第二十日】O dia vinte.

hatsuká-dáikon 二十日大根【Bot.】O rabanete; *raphanus sativus*. Ⓢ/Ⓐ Rádisshu.

hatsuká-nézumi 二十日鼠【Zool.】O musaranho; o camundongo; *mus musculus brevirostris*.

hatsú-kaó-áwase 初顔合わせ **1**【初めての集まり】O primeiro encontro; a primeira reunião; o conhecer-se. **2**【演劇・相撲などの】A primeira a(c)tuação. ★ *Yokozuna to ~ no taisen* 横綱と初顔合わせの対戦 A primeira luta com um "yokozuna".

hatsukóí 初恋 O primeiro amor [namoro]; a primeira paixão; o amor da adolescente. ★ ~ *ni yabureru* 初恋に破れる Falhar no primeiro namoro. ~ *no hito* 初恋の人「Ela foi a minha」primeira paixão.

hatsú-kókai¹ [óo] 初公開 A primeira apresentação [exibição]. ★ ~ *suru* 初公開する Apresentar pela primeira vez.

hatsú-kókai² [óo] 初航海 A viagem de estreia (dum barco). Ⓢ/Ⓐ Shojó-kókai.

hatsú-mágó 初孫 O primeiro neto. Ⓢ/Ⓐ Uí-mágó.

hatsúméi 発明 A invenção. ★ ~ *no sai ga aru* 発明の才がある Ter inventiva; ser inventor. *Shin ~ no shinseihin* 新発明の新製品 Recém-inventado. ◇ ~ **hin** 発明品 Um novo produto [Uma「nova」~/descoberta]. ~ **ka** [sha] 発明家[者]O inventor.

hatsú-mími 初耳 O ouvir por [pela] primeira vez. *Sore wa ~ da* それは初耳だ Isso é novidade (para mim)/É a primeira vez que ou[i]ço isso.

hatsú-móde [óo] 初詣 A primeira visita que se faz aos templos (xintoístas) no Ano Novo.

hatsú-mónó 初物 Os primeiros produtos da estação;「os figos」temporões. Ⓢ/Ⓐ Hashírí.

hatsú-nári 初生り (<...+náru) O primeiro「melão」.

hatsú-né 初音 O primeiro canto dos pássaros na primavera.

hatsú-nétsú 発熱 **1**【熱を出すこと】A produção de calor. **2**【体温】O acesso de febre. ★ ~ *suru* 発熱する Ter [Ficar com] febre.

hatsú-ni 初荷 O primeiro carregamento (da primeira venda) do ano.

hatsú-nóri 初乗り (<...¹+norú) **1**【初めて乗り物に乗ること】O viajar [ir「de avião」] pela primeira vez. **2**【電車・タクシーの最低料金区間】A bandeirada (do táxi). ◇ ~ **ryokin** 初乗り料金 O preço mínimo da passagem [viagem].

hatsúón¹ 発音【言語の】A pronúncia; a articulação. ★ ~ *ga yoi [warui]* 発音が良い[悪い]Ter boa [má] pronúncia. ~ *suru* 発音する Pronunciar; articular. ◇ ~ **kigó** 発音記号 Os acentos; a acentuação. ~ **kikan** 発音器官 Os órgãos da fala. Ⓢ/Ⓐ Hasséí.

hatsú-ón² 撥音 O som nasal; o n.

hatsúratsú 溌剌【溂】Com vida e animação. ★ ~ *to shita* 溌剌とした Vivo; animado. *Genki ~ to shite iru* 元気溌剌としている Estar cheio de vida.

hatsúréi 発令 O anunciar「os novos cargos」; o dar aviso/ordem. ★ ~ *suru* 発令する ...

hátsuro 発露【E.】A manifestação; a expressão; a demonstração; a prova「de patriotismo」. ★ ~ *suru* 発露する Manifestar.

hatsú-shímó 初霜 A primeira geada (do inverno).

hatsú-táiken 初体験 A primeira experiência (pessoal).

hatsútáke 初茸【Bot.】Um cogumelo comestível; *lactarius hatsudake*.

hatsú-úmá 初午 O (primeiro) dia do cavalo, em fevereiro, que é festejado nos templos Inari.

hatsúyó 発揚【E.】A exaltação; o aumento; o levantar. ★ ~ *suru* 発揚する ... *Kokui no ~ no hatsuyó* 国威の発揚 O promover [exaltar] o prestígio da nação.

hatsú-yúki 初雪 A primeira neve (do inverno).

hatsú-yúmé 初夢 O sonho na segunda noite do Ano Novo. ★ ~ *o miru* 初夢を見る Ter um...

hatsú-zan 初産 (...¹+san) O primeiro parto. Ⓢ/Ⓐ Uízan.

hattári はったり A fanfarrice [fanfarronada]. ★ ~ *o kakeru* [kikaseru] はったりをかける[きかせる] Fanfarre[on]ar. ◇ ~ **ya** はったり屋 O fanfarrão. ⇨ koké-ódóshíi.

háttato はったと【On.】Com olhar feroz [ameaçador]. ★ ~ *nirami-tsukeru* はったとにらみつける Fulminar com o olhar; deitar uns olhos!

hattátsú 発達 O progresso; o avanço; o desenvolvimento; a evolução. *Neko-ka no dōbutsu wa shita-ago ga yoku ～ shite iru* ネコ科の動物は下あごがよく発達している Os felídeos têm a maxila inferior muito desenvolvida. ★ *～ o tasukeru* 発達を助ける Ajudar o ～. *Gijutsu no ～ 技術の発達* — da técnica. *Ichijirushii [Kyūsoku na] ～ o togeru* 著しい[急速な]発達を遂げる Desenvolver-se/Progredir imenso [Dar um salto no progresso]. *Shinshin no ～ 身心の発達* O desenvolvimento físico e espiritual [mental]. ◇ **～ dankai** 発達段階 Uma fase de (grande) ～. **～ shinri-gaku** 発達心理学 A psicologia evolutiva. ⇨ hattén; seíchó[1]; shínpo[1].

hattén 発展 **1** [伸び広がること] A expansão; a extensão; o desenrolar. ★ *～ suru* 発展する Expandir-se; estender-se; dilatar-se [*Machi wa kawa ni sotte dandan jōryū e to ～ shite itta* 町は川に沿って段々上流へと発展していった A cidade expandiu-se pela margem do rio acima. *Hanashi wa igai na hōkō e ～ shita* 話は意外な方向へ発展した A conversa tomou um rumo inesperado]. **2** [隆盛] A prosperidade; o progresso. ★ *～ suru* 発展する Prosperar; florescer; progredir [*Mise ga ～ shita* 店が発展した A loja cresceu/prosperou. *Sangyō no ～ 産業の発展* O ～ industrial. ◇ **～ tojōkoku** 発展途上国 O país em vias de desenvolvimento. **～ teki kaishō** 発展的解消 A dissolução [de um partido] positiva [para melhor]. **3** [遊園] [G.] O gostar de namoricos. ◇ **～ ka** 発展家 A pessoa libertina [namoradeira].

hátto[1] 法度 【A.】 **1** [法令] A lei; a ordem. ⇨ hóréi[1]; hóritsú; kimári; okíte. **2** [禁令] A proibição. ⇨ kinshí.

hátto[2] はっと 【On.】 De repente; com grande surpresa. *Mono-oto ni ～ shite atari o mi-mawashita* 物音にはっとしてあたりを見回した Surpreendido por um ruído, fui ver o que era. ★ *～ suru yō na zanshin na aidea* はっとするような斬新なアイデア Uma ideia inteiramente nova.

hátto[3] ハット (< Ing. hat) O chapéu. ◇ **Chirorian ～** チロリアンハット ～ tirolês. ⇨ **Bōshi** (+).

hattōshin [óo] 八頭身 O corpo feminino ideal (Que é ter oito vezes o comprimento da cabeça). ★ *～ no bijin* 八頭身の美人 A mulher bonita e bem proporcionada.

háu 這う **1** [手足を地につけて進む] Gatinhar; andar de gatas; arrastar-se. ★ *Hatte susumu* 這って進む Ir de gatas [a gatinhar]. ᴘ[ᴇᴛᴄʜ.] *Haeba tate tateba ayume no oyagokoro* 這えば立て立てば歩めの親心 A impaciência dos pais que, quando a criança gatinha, querem que se tenha em pé, e quando já se tem em pé querem que ～. ⇨ háihai. **2** [腹ばいになる] Deitar-se [Cair/Ficar] de bruços. ★ *Dohyō ni ～* 土俵に這う Cair de bruços [Ser derrotado] no sumô. **3** [足のない・短い動物が進む] Rastejar; serpear. **4** [植物が伸びる] Agarrar-se; trepar. ★ *Kabe ni tsuta o hawaseru* 壁にツタを這わせる Cobrir a parede com hera [trepadeiras].

ha-úchiwa 羽団扇 O leque de plumas.

háujingu ハウジング (< Ing. housing) A habitação; a construção de habitações [casas]. ⇨ jūtakú; súmai.

háusu ハウス (< Ing. house) A casa. ⇨ ié[1]; bíniru ◇ .

haúta 端唄 Uma modinha [cantiga] j.

haútsū [úu] ハウツー (< Ing. how to) Como. ◇ **～ mono** ハウツー物 Os livros ～ (Que ensinam como se fazem diversas coisas). ⇨ hayá-wákari **2**.

Háwai ハワイ Havai.

hawáian ハワイアン Havaiano. ◇ **～ gitā** ハワイアンギター A guitarra ～ a.

ha-wátari 刃渡り **1** [刃の長さ] O comprimento de uma lâmina. **2** [曲芸の一種] O andar descalço na lâmina duma espada.

háya[1] 早 (< hayái) Já; depressa. *～ hi ga kure-kakatte iru* はや日が暮れかかっている O sol já se está a pôr. S/冏 Háyaku mo.

háya[2] 鮠 【Zool.】 Uma espécie de leucisco (Peixe).

hayá-áshi 早足 [ter] O passo rápido.

hayábá-mái 早場米 O arroz ceifado [distribuído] cedo.

hayá-bán 早番 O primeiro turno [O ir trabalhar cedo]. ⇨ hayá-dé.

hayá-báya (to) 早々 (と) (< háya + háya) Tão pronto [rápido/depressa]; logo. *～ o-koshi itadaki, arigato gozaimasu* 早々とお越しいただき、ありがとうございます Obrigado por ter vindo ～.

hayá-bíké 早引け (< ～[1] + hikérú) O sair antes do trabalho [da escola]. ★ *Zutsū no tame kaisha o ～ suru* 頭痛のため会社を早引けする Voltar mais cedo da empresa por lhe doer a cabeça. S/冏 Sōtái.

hayá-bíki 早引[退] き (< ～[1] + hikú) ⇨ hayá-bíké.

hayábúsá 隼 【Zool.】 O falcão; o gavião.

hayá-dáchi 早立ち (< ～[1] + tátsu) A partida de manhã cedo. ★ *～ suru* 早立ちする Partir…[cedinho].

hayá-dé 早出 (< ～[1] + déru) O sair cedo. ⇨ hayá-bán.

hayá-gáeri 早帰り (< ～[1] + káeru) **1** [⇨ hayá-bíké]. **2** [⇨ asá-gáeri].

hayá-gáné 早鐘 (< ～[1] + kané) A sineta de alarme; o sino a tocar a rebate. ★ *Shinzō ga ～ o utsu* 心臓が早鐘を打つ O coração bater rapidamente [descompassadamente].

hayá-gá(t)ten 早合点 Uma dedução [conclusão] apressada [prematura; precipitada]. ★ *～ shite shippai suru* 早合点して失敗する Errar por fazer um juízo precipitado. S/冏 Hayá-nómikomi.

hayá-gáwari 早変わり (< ～[1] + káwárú) A transformação rápida. ★ *～ suru* 早変わりする「pôr umas barbas brancas e」Transformar-se [num velho].

hayái 早[速]い (Adv. de ～[1] "hayaku") **1** [速度が速い] Rápido; depressa. *Kono atari wa shio no nagare ga ～ no de chūi ga hitsuyō da* このあたりは潮の流れが速いので注意が必要だ É preciso ter cuidado porque aqui a corrente é muito forte. *Kore ga sekai-ichi ～ jettoki da* これが世界一速いジェット機だ Este é o avião a jacto mais rápido [veloz] do mundo. *～ hanashi ga* 早い話が Em suma [resumo]; em poucas palavras「ele foi traidor」; para ser breve. *Hayaku aruku [hashiru]* 速く歩く[走る] Andar ～ [Correr muito]. *Hayaku mo go-nen ga sugita* 早くも5年が過ぎた Já passaram [lá vão] cinco anos desde que isso aconteceu. *Mimi ga ～* 耳が早い Ter ouvido apurado/aguçado. /A/反 Noróí; osóí; yurúi. **2** [時が早い] Cedo. *Asu wa asa hayaku okiyō* 明日は朝早く起きよう Vou levantar cedo amanhã. *Kyūkō wa futsū yori jippun ha _ _ _ aku suru* 急行は普通より10分早く到著 _ _ _ mboio) ex-

hayá-jímai 早仕舞 (<⋯+shímái) O fechar mais cedo que de costume.

hayá-jíni 早死に (<⋯+shínú) A morte prematura. *Kare wa hatarakisugi de ~ shita* 彼は働きすぎで早死にした Ele morreu novo por trabalhar demais. ⟦S/同⟧ Sōsèí; waká-jíní; yōséí; yósétsui.

hayákú[1] 破約 A revogação [rescisão; O rompimento] de um contrato. ⟦S/同⟧ Iyákú(+). ⇨ kaíyákú.

hayákú[2] 端役 Um papel secundário [de pequena importância]. ★ ~ *de shutsuen suru* 端役で出演する Representar um ~. ⟦A/反⟧ Shuyákú.

hayá-kuchi 早口 A fala rápida. ★ ~ *de[ni]hanasu* 早口で[に]話す Falar depressa [muito rápido]. ◊ ~ **kotoba** 早口言葉 O trava-língua.

háyaku mo[to mo] 早くも[とも](Adv. de hayái) Cedo/Depressa [O mais cedo「no fim do mês」].

hayamáru 早まる **1** [時期が早くなる] Adiantar-se; ser mais cedo. *Kotoshi no tsuyu-ake wa reinen yori hayamari-sō da* 今年の梅雨明けは例年より早まりそうだ Este ano parece que a época da chuva vai terminar mais cedo (do que é normal). **2** [よく考えずに軽率なことをする] Precipitar-se; afobar-se. *Hayamaru na, ochitsuke* 早まるな、落ち着け Calma, não se afobe.

hayámé 早[速]め (< hayái) [時刻が早め] Cedinho; com tempo; antes da hora. ★ ~ *ni ie o deru* 早めに家を出る Sair de casa ~. **2** [速度が速め] Um pouco mais depressa. ★ ~ *ni aruku* 速めに歩く Andar ~.

hayaméru 早[速]める **1** [時期を早める] Adiantar; antecipar. ★ *Kaishi jikoku o* ~ 開始時刻を早める ~ a abertura「da reunião」. **2** [速度を速める] Apressar; acelerar. ⇨ hayáki; kasókú.

hayá-méshí 早飯 **1** [食べ方が速いこと] O comer depressa. **2** [早めの食事] O comer mais cedo.

hayá-michi 早道 **1** [⇨ chiká-michi]. **2** [手近な手段] A maneira mais fácil [rápida]「era falar pessoalmente」.

hayá-mí-hyō 早見表 A tabela sinó(p)tica; o quadro sinó(p)tico; a lista.

hayá-mímí 早耳 O ouvido apurado. *Kare wa ~ da* 彼は早耳だ Ele sabe tudo「ouve (até) demais」.

hayá-ne 早寝 (<⋯+nerú) O deitar-se cedo. ◊ ~ **haya-oki** 早寝早起き Deitar cedo e cedo erguer (Levantar-se)「dá saúde e faz crescer」.

hayá-nómikomi 早呑み込み A dedução [conclusão] apressada [precipitada]. ⟦S/同⟧ Hayá-gá(t)ten (+).

hayá-oki 早起き (<⋯+okíru) O madrugar [levantar-se cedo]. ⟦ことわざ⟧ ~*wa san-mon no toku* 早起きは三文の得 A quem madruga, Deus ajuda (Lit.: ganha 3 vinténs). ⇨ hayá-ne.

hayárí[2] 流行り (< hayáru) A moda. ★ ~ *no fuku* 流行りの服 O traje da ~. ◊ ~ **kotoba** 流行り言葉 Uma palavra [frase] que está em ~. ◊ ~ **me** 流行り目 ⇨ ketsumákú. ◊. ~ **sutari** 流行りすたり As mudanças da ~. ⟦S/同⟧ Ryūkō.

hayáru[1] 流行る **1** [流行する] Ficar [Entrar na] moda. *Kotoshi wa awai iro no fuku ga hayatte iru* 今年は淡い色の服が流行っている Este ano está na moda vestir cores pálidas. **2** [客が多く繁盛する] Ser popular [Ter muitos clientes]. ★ *Hayaranai mise* 流行らない店 Uma loja de pouca clientela. **3** [病気が] Grassar; reinar; alastrar-se; propagar-se. *Kotoshi no fuyu wa ryūkan ga hayatta* 今年の冬は流感が流行った A influenz[ç]a [gripe maligna] grassou [propagou-se] com grande intensidade neste inverno. ⟦S/同⟧ Ryūkō súrú.

hayáru[2] 逸る (nervoso). ★ ~ *kimochi o osaeru* 逸る気持ちを抑える Controlar-se; conter-se. *Kekki ni* ~ 血気に逸る Ter o sangue quente; ser ardente [fogoso/sanguíneo].

háyasa 早[速]さ (< hayái) **1** [はやいこと] A rapidez. *Shokunin-tachi no shigoto no* ~ *ni odoroita* 職人たちの仕事の速さに驚いた Fiquei admirado com a ~ do trabalho dos operários. ⟦A/反⟧ Osósa. **2** [速力] A velocidade. ★ ~ *de cinqu[co]enta quiló[ô]metros por[à] hora* 速50 kmの速さで cinqu[co]enta quiló[ô]metros por[à] hora. ⟦S/同⟧ Sókudo; sokúryoku.

hayásé 早瀬 O rápido; a torrente. ⟦S/同⟧ Kyūryū (+).

hayáshí[1] 林 [木の集まり] O bosque; o arvoredo [matagal]; o souto「de castanheiros」; a mata. ★ *Matsu no* ~ 松の林 O pinhal. ⇨ kó-dachi¹; mori¹; shiríríri. **2** [たくさん人集まっている所] Um bosque.

hayáshí[2] 囃子 O acompanhamento musical (Em representações, como kabuki, etc.). ★ (*o*)~ *iri de* (お)囃子入りで Com ~. ◊ ~ **kotoba** 囃子言葉 Palavras para manter o ritmo do canto.

hayáshi-ráisu ハヤシライス (< Ing. hash rice) O arroz com molho de tomate, cebola e carne picada.

hayáshí-tátéru 囃し立てる (< hayásu² + ⋯) **a)** A-plaudir [Animar]; **b)** Vaiar; sapatear.

hayásu[1] 生やす Deixar crescer「a erva」. ★ *Hige o* ~ ひげを生やす ~ a barba. ⇨ haéru¹.

hayásu[2] 囃す **1** [伴奏する] **a)** Fazer o acompanhamento; acompanhar; **b)** Marcar o compasso. **2** [声をそろえてからかう] Vaiar; chamar; apupar; zombar. *Tomodachi ni yowamushi to hayasarete kare wa nakidashita* 友達に弱虫と囃されて彼は泣き出した Os amigos chamaram-lhe medroso e ele começou a chorar. ⇨ hiyákasu. **3** [おだてる] Aplaudir. ⇨ odátéru.

hayáté 疾風 O pé-de-vento; a rajada [ventania]. ⟦S/同⟧ Shíppú; toppú (+).

hayá-té-máwashi 早手回し A prevenção; o preparar-se com antecedência [de antemão/a tempo]. ★ ~ *ni keikaku o tateru* 早手回しに計画を立て Plane(j)ar com antecedência.

hayá-tóchiri 早とちり (<⋯+tochíru) 【G.】O erro por precipitação. ⇨ hayá-gá(t)ten.

hayá-úchí 早射ち (<⋯+útsu) O atirar [dar tiros] com velocidade. ★ ~ *no meijin [meishu]* 早射ちの名人 [名手] Um grande atirador.

hayá-úmá 早馬 【E.】「mandar a notícia num」 Cavalo veloz.

hayá-úmare 早生まれ (<···¹+umárérú) O nascer entre o primeiro de janeiro e o primeiro de abril. A/反 Osó-úmare.

hayá-wákari 早分かり (<···¹+wakáru) **1** [簡単に分かること] O entendimento rápido. ★ ~ *suru* 早分かりする Entender logo [「ele apanha tudo」]. **2** [手引き] O compêndio; a sinopse; o manual.

hayá-wáza 早業 A agilidade. *Suri wa me ni mo tomaranu ~ de saifu o suritotta* すりは目にも止まらぬ早業で財布をすり取った O carteirista roubou a carteira com tal ~ que ninguém viu.

hayá-záki 早咲き (<···¹+sakú) O florescer cedo. ★ ~ *no sakura* 早咲きの桜 A cerejeira que floresce cedo.

hazákái-ki 端境期 A entressafra.

ha-zákura 葉桜 (<···²+sakúrá) A cerejeira coberta de folhas novas (Logo que caem as flores).

hazámá 狭間 [E.] **1** [狭間] **a)** O vão「entre duas grandes potências」; **b)** A fenda「no muro」. S/同 Aída (+); sukímá (+). **2** [谷あい] O desfiladeiro. S/同 Kyōkóku (+); taníái (+); tanimá (o).

háze¹ 沙魚 [Zool.] O gobião; o muçurango. ⇨ dabóházé.

háze² (**no ki**) 黄櫨 [Bot.] A carnaúba [árvore-da-cera]; *rhus silvestris*.

hazéru はぜる Rebentar; estourar. *Kuri ga hi no naka de hazeta* 栗が火の中ではぜた Estourou (no lume) uma castanha. S/同 Hajíkéru.

hazú¹ 筈 Dever ser. *Sonna koto o kimi ga shiranai ~ ga nai* そんな事を君が知らない筈がない É impossível que você não saiba isso [uma coisa dessas]/Tu deves [tens de] saber isso/Não digas que não sabes disso. *Kare wa tabun shusseki suru ~ da* 彼は多分出席する筈だ Acho que ele também era para vir/comparecer. *Konna ~ de wa nakatta* こんな筈ではなかった Não era isto o que estava combinado! *Sonna ~ wa nai* そんな筈はない Não deve [pode] ser assim [verdade].

házú² ハズ (< Ing. husband) [Chu.] O marido. ⇨ ottó¹.

hazúbéki 恥ずべき (< hajíru) [E.] Vergonhoso; ignominioso. ★ *Shinshi to shite ~ okonai* 紳士として恥ずべき行い Uma a(c)ção indigna de um cavalheiro [homem bem educado]. S/同 Hazúkáshíí **1**.

ha-zúé 葉末 (<···²+sué) [E.] A ponta da folha.

hazúkáshíí 恥ずかしい **1** [面目ない] Vergonhoso. *Sonna koto o shite hazukashikunai no ka* そんな事をして恥ずかしくないのか Não tem vergonha disso [de fazer tal coisa/de fazer uma coisa dessas]? ★ ~ *to* [*hazukashiku*] *omou* 恥ずかしいと [恥ずかしく] 思う Envergonhar-se; ter vergonha; achar ~. *Do-ko ga dashite wa hazukashikunai hito* どこへ出しても恥ずかしくない人 A pessoa capaz [que nunca nos deixará ficar mal/envergonhados]. *O- ~ hanashi da ga* お恥ずかしい話だが Desculpe o atrevimento [Até sinto vergonha] mas··· **2** [きまりが悪い] Envergonhado; acanhado. *Hazukashikute jibun no kimochi ga uchiakerarenai* 恥ずかしくて自分の気持ちをうちあけられない Não poder dizer o que sente por vergonha [acanhamento/ser ~]. ★ *Hazukashi-sō ni* 恥ずかしそうに Meio ~. S/同 Kimárí-wárúí; terékúsái.

hazúkáshígári(yá) 恥ずかしがり (や) A pessoa acanhada [envergonhada].

hazúkáshígáru 恥ずかしがる (< hazúkáshíí + ···)

Ser envergonhado [Sentir acanhamento]; envergonhar-se. *Hazukashigatte utsumuite bakari iru* 恥ずかしがってうつむいてばかりいる Estar sempre [só] a olhar para o chão por acanhamento.

hazúkáshíkáránu 恥ずかしからぬ [E.] Decente [De maneira digna].

hazúkáshímé 辱め (< hazúkáshímérú) A humilhação; o vexame; o insulto; a afronta. ★ ~ *o ukeru* 辱めを受ける Ser humilhado [vexado/insultado]. S/同 Bujóku; chijóku; ryójóku.

hazúkáshímérú 辱める **1** [恥をかかせる] Envergonhar; humilhar; insultar. ★ *Kōshū no menzen de hazukashimerareru* 公衆の面前で辱められる Ser humilhado em público. **2** [地位・名誉を傷つける] Desonrar. ★ *Kamei o ~* 家名を辱める Causar desonra à [~ a/o nome da] família. S/同 Kegásu. **3** [女性を犯す] Violar. S/同 Gōkán súrú; okásu. ⇨ ryójóku ◇.

hazúkáshisa 恥ずかしさ (< hazúkáshíí) O acanhamento; a vergonha. ★ ~ *de akaku naru* 恥ずかしさで赤くなる Corar de vergonha.

házuki 葉月 [E.] (< ha²+tsukí) (O mês de) agosto. ⇨ hachígátsú.

ha-zúkuroi 羽繕い (< hané¹+tsukúrou) O alisar as penas com o bico. ★ ~ *o suru* 羽繕いをする ···

hazúmí 弾み (< hazumú) **1** [はねかえること] **a)** O salto; **b)** A mola「do sofá」. ★ ~ *no yoi bōru* 弾みのよいボール A bola que salta bem [muito]. **2** [勢い] O impulso; o estímulo; o incentivo. ★ ~ *o tsukeru* 弾みをつける Impulsionar; estimular. S/同 chōshí¹; ikíói. **3** [偶然の成り行き] Sem saber porquê; por acaso; acidentalmente. *Mono no ~ watashi wa sono shigoto o hikiukete shimatta* 物の弾みで私はその仕事を引き受けてしまった ··· aceitei esse trabalho. ★ *Dō shita ~ ka* どうした弾みか Por casualidade. *Nani ka no ~ de* 何かの弾みで Sem querer; por um motivo qualquer. S/同 Naríyúkí. **4** [拍子; とたん; 動作の余勢] Ao fazer (algo); por [como] consequência. *Kuruma o yokeyō to shita ~ ni subette koronde shimatta* 車をよけようとした弾みにすべってころんでしまった Ao tentar desviar-me do carro escorreguei e caí. ★ ~ *o ku(ra)u* 弾みを食(ら)う Sofrer as consequências. S/同 Hyōshí.

hazúmú 弾む **1** [はね返る] Saltar. ★ *Yoku ~ mari* よく弾まり A bola [péla] que salta bem. S/同 Hané-káeru. **2** [調子づく] Ficar todo contente [animado/entusiasmado]. *Asu Burajiru e shuppatsu suru ka to omou to kokoro ga hazunda* 明日ブラジルへ出発するかと思うと心が弾んだ Fiquei ··· ao pensar que vou partir amanhã para o B. ★ *Kitai ni mune o hazumaseru* 期待に胸を弾ませる Encher-se [Palpitar] de esperança. **3** [息が荒くなる] Ofegar; arfar. ★ *Iki o hazumasete kaidan o agaru* 息を弾ませて階段を上がる Subir as escadas a ~. **4** [奮発して金を出す] Desembolsar; dar [gastar] à vontade. ★ *Chippu* [*Shūgi*] *o ~* チップ [祝儀] を弾む Dar uma boa gorjeta.

hazúré¹ 外れ (< hazúrérú) **1** [当たらないこと] A falha; o erro; o insucesso. *Kare no suiri mo kondo wa ~ datta* 彼の推理も今度は外れだった [Desta vez errou/não acertou]. ★ ~ *no nai kuji* 外れのないくじ O sorteio com pré(ê)mios para todos. ◇ *Kitai* ~ 期待外れ A desilusão. *Jōshiki* ~ 常識外れ A falta de senso comum; a excentricidade. A/反 Atári. **2** [はし]

A beira. ★ *Machi no* 〜 *ni* 町の外れに「viver」Nos arrabaldes da cidade. [S/同] Hashí[3]; haté.

ha-zúré[2] 葉擦れ (<…[2]+suréru) O roçar das folhas.

hazúrérú 外れる (⇨ hazúsú) **1** [はまっていたものが] Sair「da cidade」; deslocar-se. *Botan ga hazurete iru* ボタンが外れている「o vestido」Está desabotoado. [A/反] Hamárú; kakáru. **2** [当たらない] Falhar; não acertar; errar. ★ *Ate ga* 〜 当てが外れる Sofrer uma decepção [「As coisas não correram como eu esperava」]. *Tenki yohō ga hazureta* 天気予報が外れた A previsão do tempo [O boletim meteorológico] falhou. [A/反] Atárú. **3** [合わない; ずれる] Estar em desarmonia. ★ *Chōshi ga* 〜 調子が外れる Desafinar. *Ontei ga* 〜 音程が外れる Desafinar. [S/同] Zuréru. [A/反] Áu. **4** [中心から離れる] O ficar longe; o não ser central. ★ *Hankagai kara hazureta tokoro* 繁華街から外れた所 Um lugar longe do centro do comércio [da baixa (da cidade)]. **5** [正しくない] Ir [Ser] contra. ★ *Hito no michi ni hazureta okonai* 人の道に外れた行い O a(c)to desumano [imoral]. [S/同] Hańsúru.

hazúsú 外す (⇨ hazúrérú) **1** [はめてあるものを取り除く] Tirar. ★ *Megane* [*Nekutai*] *o* 〜 眼鏡 [ネクタイ] を外す Tirar os óculos [a gravata]. [I/慣用] *Hame o* 〜 羽目を外す ⇨ hamé. [A/反] Hamérú; kakérú. **2** [そらせる; かわす] Evitar; desviar; fugir de. ★ *Nerai o* 〜 ねらいを外す Não acertar. *Shisen o* 〜 視線を外す Desviar a vista. [S/同] Kawású; sorásu. **3** [席をはなれる] Ausentar-se. *Kachō wa ima chotto seki o hazushite orimasu* 課長は今ちょっと席を外しております O chefe de se(c)ção agora [neste momento] não está. **4** [のがす] Perder [Deixar escapar/fugir]. *Kono kikai o* 〜 *to ni-do to aenai kamo shirenai* この機会を外すと二度と会えないかもしれない Se perco esta oportunidade, talvez não o torne a ver. [S/同] Nogásu. **5** [除外する] Excluir. *Kare wa kaigai ensei chī-mu no menbā kara hazusareta* 彼は海外遠征チームのメンバーから外された Ele foi excluído da equipa que vai jogar no estrangeiro. [S/同] Jogái súrú; nozókú.

he[1] へ【Mús.】A nota [O] fá. [S/同] Fa (+).

he[2] 屁 **1** [おなら] A ventosidade; o traque; o peido (Chu.). ★ 〜 *o hiru* [*koku*] 屁をひる[こく] Soltar uma 〜; dar um 〜. [S/同] Onárá. **2** [取るに足りないもの]【Fig.】A coisa insignificante [sem valor]. *Sonna koto wa* 〜 *demo nai* そんなことは屁でもない Isso é uma 〜 [não vale nada/um tostão]. [I/慣用] 〜 *no kappa* 屁の河童 Não ser nada; ser muito fácil.

-he[3] へ ⇨ e[1].

hḗ へえ **1** [驚き・感心などを表す] Eh!; Oh!; Nossa (Senhora)!; Meu Deus! 〜 *koitsu wa odoroita* へえこいつは驚いた 〜! Coisa assim! [S/同] Hō. **2** [疑問を表す] Eh?; Oh?; Hem? [Heim?] Quê? 〜 *hontō ka ne* へえ本当かね 〜 Será verdade? ⇨ e[5].

héa ヘア (< Ing. hair) O cabelo. ◇ **〜 burashi** ヘアブラシ A escova de [para] 〜. **〜 doraiyā** ヘアドライヤー O secador para 〜. **〜 kurīmu** ヘアクリーム O creme para 〜. **〜 pin** ヘアピン O gancho do 〜. **〜 pin kābu** ヘアピンカーブ A curva muito fechada. **〜 pīsu** ヘアピース A meia-peruca [-cabeleira]. **〜 supurē** ヘアスプレー A laca para 〜. **〜 sutairu** ヘアスタイル O penteado. **〜 tonikku** ヘアトニック O tó[ô]nico para 〜. **Rongu** [**Shōto**] **〜** ロング [ショート] ヘア 〜 comprido [curto]. [S/同] Kamí (+). ⇨ ke[1].

hebárítsúku へばり付く【G.】Aderir; pegar-se; colar-se; grudar-se; agarrar-se; prender-se. ★ *Chii ni* 〜 地位にへばりつく Agarrar-se ao posto/à posição. [S/同] Harí-tsúku (+).

hebáru へばる【G.】Cansar-se. *Chotto hashitta dake de sukkari hebatte shimatta* ちょっと走っただけですっかりへばってしまった Fiquei cansado [a deitar os bofes pela boca] só de correr um pouquinho. [S/同] Hetábáru; tsukáré-kíru.

hebéréké へべれけ【G.】O "odre". ★ 〜 *ni yopparau* へべれけに酔っぱらう Embriagar-se completamente [Ficar como um cacho/odre]. [S/同] Beróbéró; gudéń gúdéń. ⇨ deísúí.

hébi 蛇 A cobra. ★ 〜 *no yō ni shūnenbukai* 蛇のように執念深い Ser mau [vingativo] como as 〜s. [I/慣用] 〜 *ni mikomareta kaeru* 蛇に見込まれた蛙 Ficar aterrado (como sapo encantado por 〜). ◇ **〜 za** 蛇座 A Serpente (Constelação). **Doku 〜** 毒蛇 〜 venenosa. ⇨ dáija; mamúshí.

hébī ヘビー (< Ing. heavy) **1** [重いこと] Pesado. ◇ **〜 kyū** ヘビー級 O peso-〜. **2** [はなはだしいこと] Grande. ◇ **〜 sumōkā** ヘビースモーカー O 〜 fumador.

hébo へぼ【G.】 **1** [へた] Desajeitado; azelha; incapaz; desastrado. ◇ **〜 shōgi** へぼ将棋 O xadrez oriental fraco. [S/同] Heppókó. ⇨ hetá[1]. **2** [つまらない] Insignificante; qualquer; medíocre. ◇ **〜 yakunin** へぼ役人 Um funcionário público 〜.

hebóń-shíkí-rṓmáji ヘボン式ローマ字 A transliteração do j. em alfabeto latino ado(p)tada por Hepburn (1815 - 1911) (e usada tb. neste dicionário).

Héburai ヘブライ (< Gr. Hebraios)【H.】O「povo」hebreu [judeu]. ◇ **〜 go** ヘブライ語 O hebraico.

hechímá 糸瓜 **1**【Bot.】A bucha; *luffa cylindrica Roem.* **2** [何の役にも立たないもの; つまらないもの]【Fig.】Uma porcaria. *Kisoku mo* 〜 *mo aru mono ka* 規則も糸瓜もあるものか Quais regras ou qual história [〜].

hé-chō へ調【Mús.】A escala de fá.

hedátárí 隔たり (< hedátáru) **1** [⇨ kańkákú[1]]. **2** [差] A diferença. *Ryōsha no iken ni wa ōkina* 〜 *ga aru* 両者の意見には大きな隔たりがある Há uma grande 〜 entre as opiniões dos dois [de ambos]. ★ *Nenrei no* 〜 年齢の隔たり 〜 de idade. [S/同] Chigái; sa; sṓí. **3** [疎遠] A divergência; a desavença; o afastamento. ⇨ soéń.

hedátáru 隔たる **1** [空間・時間的に遠ざかる] Ficar longe [afastado] de. *Tōkyō to Ōsaka wa yaku gohyakkiro hedatatte iru* 東京と大阪は約 500 キロ隔たっている Tóquio e Ôsaka estão a uns [a cerca de] 500 km de distância. [S/同] Hanáréru. **2** [疎遠になる] Afastar-se; distanciar-se. **3** [差・開きができる] Ter [Haver] diferença. *Yo-yatō no shuchō wa ōi-ni hedatatte iru* 与野党の主張は大いに隔たっている Há uma grande diferença de opiniões entre os partidos do governo e da oposição.

hedáté 隔て (< hedátéru) **1** [差別] A discriminação; a segregação. ★ 〜 *o tsukeru* 隔てをつける Fazer discriminação. [S/同] Sábetsu (+); wákehedáté. **2** [遠慮; 打ちとけないこと] A reserva; a cerimó[ô]nia. ★ 〜 *no nai aidagara* 隔てのない間柄 Um relacionamento franco. [S/同] Eńryó (+). **3** [隔てる物] A partição [divisão]; a barreira.

hedátéru 隔てる **1** [間に物を置く; 仕切る] Dividir; separar; partir. *Futari wa tsukue o hedatete mukai-*

H

atte ita 二人は机を隔てて向かい合っていた Estavam os dois de cada lado da mesa virados um para o outro. ⇨ shikíru. **2** [遠ざける] Alienar; separar; afastar. ★ *Koibito no naka o* ~ 恋人の仲を隔てる Desfazer um namoro; separar os namorados. S/same Hanásu (+); tōzákéru (+). **3** [さえぎる] Obstruir; vedar; bloquear; cortar; impedir. **4** [月日を過ごす] Decorrer; passar. ♦ *Jū-nen no saigetsu o hedatete saikai suru* 十年の歳月を隔てて再会する Reencontrar-se passados [depois de] dez anos. ⇨ héru².

he(d)díngú ヘ(ッ)ディング (< Ing. heading) A cabeçada. ◇ ~ *suru* ヘディングする Dar uma ~ (na bola). — **shūto** ヘディングシュート O lançamento de cabeça.

héddo ヘッド (< Ing. head) A cabeça. ◇ ~ **fon** ヘッドフォン Os auriculares. — **kōchi** ヘッドコーチ O instrutor [treinador]-chefe. — **rain** ヘッドライン O cabeçalho [do jornal]. — **raito** ヘッドライト Os faróis da frente (do carro). S/same Atámá (+).

hédo 反吐 [Chu.] O vó(ô)mito. *Aitsu no kao o mita dake de* ~ *ga desō ni naru* あいつの顔を見ただけで反吐が出そうになる Ele é um sujeito nojento [Só de o ver sinto náuseas]. ★ ~ *o haku* 反吐を吐く Vomitar. ◇ **chi** ~ 血反吐 ⇨ Géro.

hédomodo へどもど Com atrapalhação. ★ ~ *shinagara* [*shite*] *iiwake o suru* へどもどしながら[して]言い訳をする Desculpar-se, todo atrapalhado/Atrapalhar-se todo dando uma desculpa. ⇨ dógimagí; shidoró-módoro.

hedóró へどろ **a)** A vasa [dos rios]; **b)** A lama [das fábricas]. ◇ ~ **kōgai** へどろ公害 ~ poluída.

hegemoní ヘゲモニー (< Al. hegemonie < Gr.) A hegemonia. S/same Shi(ů)dō-ken (+).

héi¹ 兵 **1** [兵士] O soldado. S/same Gunjín; heishi; heítai. **2** [軍隊] O exército. ★ ~ *o hikiiru* 兵を率いる Comandar. S/same Gúntai; gunzei. **3** [いくさ] A guerra; as hostilidades. ★ ~ *o ageru* 兵を挙げる Abrir as ~. S/same Gúnji; ikusá (+); senső (+). ⇨ héiryoku.

héi² 塀 A cerca; o muro; a sebe. ★ ~ *o megurasu* 塀をめぐらす Fazer um/a ~. ⇨ kakí³; sakú³.

héi³ 丙 A classificação mais baixa [Um C]. ⇨ kō⁵; ótsu¹.

héi⁴ 弊 [E.] **1** [自分のものをけんそんする言葉] (Pref. de cor.) Meu. ◇ ~-*sha*[-*ten*] 弊社[店] A nossa companhia [loja]. S/same Kí-.

heián¹ 平安 A tranquilidade; a paz [do espírito]. ★ ~ *ni kurasu* 平安に暮らす Viver tranquilamente [em paz]. ⇨ heión¹; heíwá.

Heián² 平安 [A.] **1** [平安京] O nome primitivo de Quioto. ◇ ~ **jídai** 平安時代 A era Heian do J. (794 a 1192). ◇ ~ **chō** 平安朝 A dinastia [corte] Heian.

héiba 兵馬 [E.] **1** [兵士と軍馬] A cavalaria. ⇨ gúnba; haihai. **2** [軍隊] As tropas. ★ ~ *no ken* 兵馬の権 O poder militar. ⇨ gúnbi; gúntai.

heibán 平板 ("tábua lisa") A monotonia. ★ ~ *na bunshō* 平板な文章 O estilo monótono. ⇨ tańchō¹.

heibón 平凡 O ser comum [normal/vulgar]. *Kare wa goku* ~ *na sararīman da* 彼はごく平凡なサラリーマンだ Ele é um assalariado ~. ★ ~ *ni kurasu* 平凡に暮らす Levar uma vida simples [~]. A/rev Hibón. ⇨ boń'yō.

heichárá 平ちゃら [G.] O não importar [não ser nada]. *Kore kurai no kega nado* ~ *da* これくらいの怪我など平ちゃらだ Isto é uma ferideca/feridazita [não é nada]. S/same Héihí (+).

heichí¹ 平地 O terreno plano. P/もことわざ ~ *ni haran o okosu* 平地に波瀾を起こす Criar um conflito [Levantar ondas] sem necessidade.

heichí² 並 [併] 置 A justaposição; o pôr lado a lado.

heídán 兵団 O corpo "expedicionário"; a unidade militar.

heidókú 併読 A leitura simultânea de duas ou mais coisas. ★ *Ni-shi o* ~ *suru* 二紙を併読する Ler dois jornais simultaneamente [ao mesmo tempo]; concomitantemente.

heidón 併呑 [E.] A anexação "ilegal dum país"; a absorção; a incorporação.

heiéi 兵営 O quartel; a caserna.

heiéki 兵役 O serviço militar. ★ ~ *ni fukusuru* [*tsuku*] 兵役に服する [つく] Prestar ~; assentar praça. ◇ ~ **menjo** 兵役免除 A dispensa do ~.

heién 閉園 O fechar "para sempre" o parque [do público". A/rev Kaíén.

hei-fū 弊風 [E.] O mau costume [hábito]. S/same Akúfū (+); akúshū (+).

heifúkú¹ 平伏 A prostração. ★ ~ *suru* 平伏する Prostrar-se "diante do senhor". ⇨ híshihín-téitó; hiréfúsu.

heifúkú² 平服 O traje decente [civil]. ~ *de go-shusseki kudasai* 平服で御出席下さい (招待状で) Traje comum [informal]. A/rev Reifúkú; shikífúku. ⇨ fudán-gi.

hei-gái 弊害 O dano; o estrago; o prejuízo; **b)** O mal; o abuso; a má influência. ★ ~ *o nozoku* 弊害を除く Acabar com os abusos. S/same Akúhéi.

hei-gákkō 兵学校 A escola [academia] militar.

hei-gákú 兵学 [A.] A ciência [estratégia] militar.

heigéi 睥睨 [E.] O olhar sobranceiro [dominador] "do general". ★ *Atari o* ~ *suru yōsai* あたりを睥睨する要塞 Uma fortaleza que domina (sobranceiramente) os arredores.

heigén 平原 A planície; a campina; a lezíria "do Tejo". ⇨ heíyá.

heigó 併合 A fusão "de duas empresas"; a anexação; o amalga(ma)mento. ★ ~ *suru* 併合する Fundir(-se); anexar. S/same Gappéi (+); tōgō (+).

heihán 平版 A litografia. ◇ ~ **insatsu** 平版印刷 A impressão pelo processo litográfico. ⇨ toppán; óhán.

heihátsú 併発 **a)** A ocorrência simultânea [de desastres]; **b)** O complicar-se "a apendicite e provocar uma peritonite". *Kare wa ryūkan ni haien o* ~ *shita* 彼は流感に肺炎を併発した Em cima da influenza, apanhou uma pneumonia.

héihei へいへい **1** [はいはい] Sim, senhor/a; claro; pois não. ⇨ háihai. **2** [相手にこびるように] A lisonja servil. S/same Héikora; pékopeko (+). ⇨ hetsúráu; heíshin.

héihéi-bónbón 平平凡凡 ⇨ heíbón.

héihō¹ 平方 **1** [二乗] O quadrado [A segunda potência] de um número (Ex.: $4^2 = 16$). S/same Jijó (+); nijó. ◇ ~ **kon** 平方根 A raiz quadrada. **2** [正方形の面積] O quadrado.

héihō² 兵法 A estratégia [tá(c)tica] "militar". ◇ ~ **ka** [**sha**] 兵法家 [者] O estrategista/estratego/tá(c)tico. ⇨ seńjútsú; seńryákú.

héii 平易 A simplicidade; a clareza. ★ ~ *na kotoba de setsumei suru* 平易な言葉で説明する Explicar em [com] palavras simples [claras; fáceis]. ⟨S/同⟩ Heíméí.

heíín[1] 閉院 a) O encerramento [A clausura] da Dieta; b) O fechar do hospital [consultório] (Fim das consultas). ⟨A/反⟩ Kaíín.

heíín[2] 兵員 O número de soldados [As forças]. ★ ~ *o masu* [*genzuru*] 兵員を増す [減ずる] Aumentar [Reduzir] ~.

héiji 平時 1 [ふだん] Normalmente「levanto-me às seis」. ⟨S/同⟩ Fúdan (o); heízéí (+). 2 [平和な時] A época [O tempo] de paz. ⟨A/反⟩ Sénji; yúji.

heijítsú 平日 1 [ふつうの日] O dia normal. ★ ~ *wa* 平日は Normalmente. 2 [日曜日祝日以外の日] O dia útil [da semana]. ◇ ~ *daiya* 平日ダイヤ O horário dos dias úteis. ⟨S/同⟩ Shújítsú; uíkudē.

héijo[1] 平叙【E.】 1 [ありのままにのべること] A descrição obje(c)tiva dos fa(c)tos [da realidade]. 2 [ふつうの文]【Gram.】A frase declarativa.

héijo[2] 平常 Normalmente「ele é falador」; normal; sempre; de costume [ordinário]; ordinariamente; habitualmente. ★ ~ *ni modoru* [*fukusuru*] 平常に戻る [復する] Voltar [Fazer vir「tudo」] ao normal; normalizar-se. ~ *dōri* [*no tōri*] 平常通り (の通り) Como sempre「ele saiu às oito」. ⟨S/同⟩ Fúdan (+); héiso; heízéí; tsúne (higóró).

heijō[2] 閉場 O fechar (um lugar). ⟨A/反⟩ Kaíjó. ⇨ heíkái; heíkán.

heijún 平準【E.】A igualdade. ★ *Chingin no* ~ *ka* 賃金の平準化 A equiparação dos salários.

héika[1] 平価 A paridade; o valor nominal; o par. ◇ ~ *kiriage* [*kirisage*] 平価切り上げ [切り下げ] A valorização [desvalorização] da moeda.

héika[2] 陛下 Sua [Vossa] Majestade. ◇ **Kōgō** ~ 皇后陛下 ~ a Imperatriz. **Tennō** ~ 天皇陛下 ~ o Imperador de J.

héika[3] 兵火【E.】⇨ sénka[2].

heíkái 閉会 O encerramento「da sessão」. ★ ~ *no ji o noberu* 閉会の辞を述べる Fazer o (discurso de) ~. ~ *suru* 閉会する Encerrar [Dar por encerrada]「a sessão」. ◇ ~ *shiki* 閉会式 A cerimó(ô)nia de ~. ⟨A/反⟩ Kaíkáí.

heíkán 閉館 O fechar (de) um edifício. *Honjitsu* ~ 本日閉館 (掲示) Fechado! ◇ ~ *jikoku* 閉館時刻 A hora de ~. ⟨A/反⟩ Kaíkán.

heíkátsú 平滑 O ser liso. ◇ ~ *kin* 平滑筋【Anat.】O músculo liso.

Héike 平家【A.】 1 [平氏] Os Heike; o clã [a família] Taira. ◇ ~ *monogatari* 平家物語 A cró(ô)nica [gesta/história] dos ~. 2 [Abrev. de ~ *monogatari*]

heíkei(ki) 閉経 (期)【Biol.】A menopausa. ⇨ kōnénki.

heíkén 兵権【E.】O (supremo) comando militar.

héiki[1] 平気 A calma; o sangue-frio [não se importar ou perturbar]; a indiferença; a impassibilidade; a serenidade. *Hito ni nan to iwareyō to watashi wa* ~ *da* 人に何と言われようと私は平気だ Não me incomodo [importo] com o que (os outros) dizem. *Donna ni ōkina jishin ga kite mo kono ie ni ireba* ~ *da* どんなに大きな地震が来てもこの家にいれば平気だ Esta casa aguenta os maiores terre[a]motos (, não há perigo). ★ ~ *de* 平気で Sem sentir nada [~ *de uso o tsuku* 平気で嘘をつく Mentir descaradamente]. ~ *o yosoou* 平気を装う Fingir calma. ⟨I/慣用⟩ ~ *no Heiza* (*emon*) 平気の平左 (衛門) Com a [Na] maior calma.

héiki[2] 兵器 As armas; o armamento. ◇ ~ *sangyō* 兵器産業 A indústria de armamentos. ~ *shō* 兵器廠 O arsenal. **Kagaku** [**Seibutsu**] ~ 化学 [生物] 兵器 As ~ químicas [biológicas]. **Kaku** ~ 核兵器 ~ nuclear(es).

héiki[3] 併記 O escrever [regist(r)ar] no mesmo lugar「todas as opiniões」. ★ ~ *suru* 併記する …

héikín 平均 1 [数量をならすこと] A média. *Nijū to yonjū no* ~ *wa sanjū da* 20 と40の平均は30だ ~ de vinte e [mais] quarenta é trinta. ★ ~ *ijō* [*ika*] 平均以上 [以下] Acima [Abaixo] da ~. ~ *o dasu* [*toru*/*suru*] 平均を出す [取る/する] Tirar a ~. ~ *teki na* 平均的な Médio. ~ *teki ni miru to* 平均的に見ると Generalizando [Tirando ~]. ◇ ~ *chi* 平均値 O valor médio. ~ *jumyō* 平均寿命 A esperança de vida. ~ *kion* 平均気温 A temperatura média. ~ *nenrei* 平均年齢 ~ de idade. ~ *shinchō* [*taijū*] 平均身長 [体重] ~ de altura [peso]. ~ *ten* 平均点 ~ das notas [dos resultados]. **Nen** [**Tsuki**] ~ 年 [月] 平均 ~ anual [mensal]. 2 [平衡; つりあい] O equilíbrio; a proporção. ★ ~ *o tamotsu* 平均を保つ Manter o ~. ~ *o ushinau* 平均を失う Perder o ~; desequilibrar-se. ◇ ~ *dai* 平均台 A barra-fixa. ⟨S/同⟩ Heíkó[2] (+); kínkó; tsurláí (+).

heíkō[1] 平行 O ser paralelo. ★ ~ (*na*) *sen* 平行 (な) 線 As linhas paralelas (Ex.: *A to B no sen wa* ~ *shite iru* = As linhas A e B são…). ◇ ~ *bō* 平行棒【(D)esp.】As barras paralelas. ~ *shihenkei* 平行四辺形 O paralelogramo. *Danchigai* ~ *bō* 段違い平行棒【(D)esp.】As (barras) paralelas assimétricas. ⇨ heíkó[5].

heíkō[2] 平衡 O equilíbrio. ★ ~ *o tamotsu* 平衡を保つ Manter ~; equilibrar(-se). ~ *o ushinau* 平衡を失う Perder ~; desequilibrar(-se). ◇ ~ *kankaku* 平衡感覚 O sentido de ~.

heíkō[3] 並行 a) O ir lado a lado [um ao lado do outro]; b) O fazer simultaneamente. *Basu ga sensha to* ~ *shite hashitte iru* バスが電車と並行して走っている O ônibus (B.)/autocarro corre paralelamente ao [ao lado do] trem (B.)/comboio. ★ *Ikutsu ka no shigoto o* ~ *shite okonau* いくつかの仕事を並行で行う Fazer vários trabalhos ao mesmo tempo. ⇨ heíkó[1].

heíkō[4] 閉口 a) O ficar apanhado [sem resposta]; b) O ficar aborrecido; o não aguentar. *Ano otoko no jimambanashi ni wa itsumo* ~ *shite iru* あの男の自慢話にはいつも閉口している Aquele sujeito já me aborrece com as suas gabarolices. ⟨S/同⟩ Hekíékí. ⇨ oté-áge; unzári.

heíkō[5] 閉校 O fechar a escola「para sempre/à noite」. ⟨S/同⟩ Haíkó[2]. ⟨A/反⟩ Kaíkó.

heíkora へいこら【G.】Humildemente; com atitude de bajulador. ~ *suru* へいこらする Rebaixar-se; rastejar-se; lamber as botas「ao/do professor」. ⟨S/同⟩ Pékopeko (+); héihei.

heimákú 閉幕 a) O correr (Fechar) (d)o pano (da boca do palco); b) O encerramento [fim]. ★ ~ *suru* 閉幕する Encerrar/Terminar. ~ *to* [*ni*] *naru* 閉幕と [に] なる Terminar. ⟨A/反⟩ Kaímákú.

heíméi 平明 A clareza; a simplicidade. ★ ~ *ni noberu* 平明に述べる Explicar claramente [em palavras simples]. [S/同] Héii.

heímén 平面 A superfície; o plano. ★ ～ *teki na iken* 平面的な意見 A opinião superficial. ◇ **～ kikagaku** 平面幾何学 A geometria plana; a planimetria. **～ kyō** 平面鏡 O espelho plano. **～ zu** 平面図 A planta; o plano. [A/反] Kyokúméń.

heímíń 平民 O plebeu [A plebeia]; a plebe; o povo; o vulgo. ★ ～ *no de* [*umare*] *de aru* 平民の出［生まれ］である Ser de origem humilde. [S/同] Shómin.

heímóń 閉門 **1** [門を閉じること] O fechar o portão. ★ ～ *suru* 閉門する … [A/反] Kaímóń. **2** [江戸時代の刑罰]【A.】A residência vigiada.

heímyákú 平脈 O pulso [A pulsação] normal. ⇨ fuséí[3] ◇.

heínéń 平年 **1** [うるう年でない年] O ano de 365 dias. [A/反] Urū́doshi. **2** [例年] O ano normal. ★ ～ *nami no uryō* 平年並みの雨量 A precipitação normal. ～ *ni kurabe* 平年に比べ Em comparação com os outros anos. ◇ **～ saku** 平年作 A safra normal [média]. [S/同] Reínéń.

heíóń[1] 平穏 A calma; a serenidade; a tranquilidade; o sossego. ★ ～ *na hibi* [*kurashi*] 平穏な日々［暮らし］Os dias tranquilos [A vida sossegada]. ～ *ni naru* 平穏になる「a cidade」Voltar ao normal「depois das festas」. [A/反] Fuóń.

heíóń[2] 平温 A temperatura normal.

heírétsú 並列 A colocação em paralelo. ★ *Denchi o* ～ *ni tsunagu* 電池を並列につなぐ Montar [Ligar] as pilhas em paralelo. ◇ **～ kairo** 並列回路【Ele(c)tri.】O circuito ligado em paralelo.

heírítsú 並立 **a**) A coexistência; **b**) O estar ao lado um do outro. ★ ～ *suru* 並立する Coexistir [Haver dois「centros de poder」]. ⇨ ryṓrítsú.

héiryoku 兵力 As forças (Número de soldados). ★ ～ *o zōkyō suru* 兵力を増強する Aumentar ～. [S/同] Sénryoku; gúnji-ryoku.

heísá 閉鎖 **a**) O encerramento; o fechar; o parar [suspender] (as a(c)tividades); **b**) O ser fechado. *Fukyō no tame ōku no tankō ga* ～ *sareta* 不況のため多くの炭鉱が閉鎖された Muitas minas de carvão pararam [foram fechadas] por causa da [devido à] crise econó[ô]mica. ◇ **～(teki) shakai** 閉鎖(的)社会 Uma sociedade fechada [exclusiv(ist)a]. **～ kekkankei** 閉鎖血管系 O sistema de vasos sanguíneos fechados. [A/反] Kaíhṓ.

heísátsú 併殺【Beis.】⇨ dáburu[1] ◇.

heíséí[1] 平静 A calma; a compostura; a serenidade; a tranquilidade; a paz. ★ ～ *ni kaeru* [*o torimodosu*] 平静に返る［を取り戻す］Recuperar a calma.「*kokoro no*」～ *o tamotsu* 心の平静を保つ Manter「a presença de espírito」. ～ *o ushinau* 平静を失う Perder ～. ⇨ heíóń[1]; ochítsúkí.

heíséí[2] 兵制 O regime militar.

heísékí 兵籍 **a**) A posição de militar; **b**) O regist(r)o militar. [S/同] Guńsékí (+).

heísétsú 併設 O fundar [criar/fazer] duas coisas「Faculdade de medicina e hospital」. [S/同] Heíchí[2].

héisha[1] 兵舎 O quartel; a caserna; o aquartelamento. [S/同] Heíéí.

héisha[2] 弊社【E./Cor.】A nossa empresa. [A/反] Kísha. ⇨ héi[4].

héishi[1] 兵士 O soldado; o militar; o guerreiro. [S/同] Heísótsú; heítáí.

heíshí[2] 閉止 O parar [fechar]. ★ ～ *suru* 閉止する … ◇ **Gekkei ～** 月経閉止 A menopausa.

héishíń-téítṓ 平身低頭 A prostração. ★ ～ *suru* 平身低頭する Prostrar-se「para pedir perdão」.

héisho 兵書【E.】O manual militar [de guerra].

heíshṓ 併称【E.】O igualar「Camões a Homero」.

héisho-kyṓfúshṓ [oó] 閉所恐怖症 A claustrofobia.

héiso 平素 Normalmente; de costume [ordinário];「ter」sempre「cuidado com a saúde」. ★ ～ *no tōri* 平素の通り Como sempre [de costume]. [S/同] Fúdan (+); héíjṓ[1]; heízéí; tsúne-higóró.

heísókú[1] 閉塞 O bloqueio「do porto」; a imperfuração (Med.); a obstrução. ⇨ heísá.

heísókú[2] 屏息 O ficar caladinho, quase sem respirar「por/com medo」.

heísóń 併［並］存 A coexistência; o「não poder」estar juntos.

heísótsú 兵卒 O soldado raso. [S/同] Héi; héishi[1]; heítáí.

heítáí 兵隊 O soldado; o militar. ★ ～ *ni deru* [*naru*] 兵隊に出る［なる］Alistar-se no exército; ir para a tropa. ◇ **～ agari** 兵隊上がり O ex-～. [S/同] Héi[1]; héishi[1]; heísótsú. ⇨ gúntai.

heítáń[1] 平坦 O ser plano. ⇨ taírá.

heítáń[2] 平淡【E.】O「aspe(c)to」simples.

heítáń[3] 兵站 As provisões. ◇ **～ kichi** 兵站基地 A base de abastecimento [das ～].

heítéí[1] 閉廷 A suspensão [O encerramento] de uma sessão do Tribunal. [A/反] Kaítéí.

heítéí[2] 平定 A subjugação「dos rebeldes」; a pacificação「do país」. ★ ～ *suru* 平定する Pacificar; subjugar.

heítéń 閉店 **1** [店をしまうこと] O fechar a loja「para sempre」. ◇ **～ jikoku** 閉店時刻 A hora de fechar. **Honjitsu ～** 本日閉店（掲示）Fechado! [A/反] Kaítéń.

heíwá 平和 A paz. ★ ～ *na* [*teki*] *katei* 平和な［的］家庭 Um lar pacífico/harmonioso. ～ *ni kurasu* 平和に暮らす Viver em paz. ～ *o iji suru* [*tamotsu*] 平和を維持する［保つ］Manter a paz. ～ *o kaifuku* [*sokushin*] *suru* 平和を回復［促進］する Restaurar [Promover] a paz. *Katei no* ～ *o midasu* 家庭の平和を乱す Perturbar a paz [harmonia] doméstica. *Kokoro no* ～ 心の平和 ～ interior [de espírito]. ◇ **～ aikō-sha** 平和愛好者 O amante da ～. **～ jōyaku** 平和条約 O tratado de paz. **～ kaigi** 平和会議 O congresso sobre a paz. **～ kokka** 平和国家 O país pacífico [amante da ～]. **～ kyōzon** 平和共存 A coexistência pacífica. **～ shugisha** [**ronsha**] 平和主義者［論者］O pacifista. **～ undō** 平和運動 O movimento pacifista. ⇨ heíóń[1]; taíhéí; wáhei.

heíyá 平野 A planície. ◇ **Kantō ～** 関東平野 ～ de Kantō (Tóquio). [A/反] Sánchi. ⇨ heígéń.

heíyṓ 併用 O uso simultâneo. ★ *Chintsūzai to igusuri o* ～ *suru* 鎮痛剤と胃薬を併用する Tomar (simultaneamente) um analgésico [sedativo] e um remédio para o estômago.

héiyu 平癒【E.】A cura. ★ ～ *o inoru* 平癒を祈る Desejar a [Pedir pela] ～「de alguém」. [S/同] Kaífúkú (+).

heíyū́ 併有 O possuir (duas ou mais coisas) em conjunto「a casa e o terreno」. ★ ～ *suru* 併有する … [S/同] Kénbi; awásé-mótsu.

heízáń 閉山 **a**) O vedar a montanha aos alpinistas antes do inverno (Por ser perigosa; ⇨ tózan); **b**) O

H

parar a exploração da mina (⇨ kṓzan[2]).

heízéí 平生 Normalmente; sempre; geralmente; ordinariamente. ★ ~ *no kokorogake* 平生の心がけ As precauções diárias [de sempre]. [S/同] Fúdan; ítsu-mo.

heízéń 平然 Imperturbável; impassível; inalterável; inabalável. *Nani o iwarete mo kare wa* ~ *to shigoto o tsuzuketa* 何を言われても彼は平然と仕事を続けた Ele continuou, imperturbável, o seu trabalho, sem se importar com o que diziam. ★ ~ *to shite iru* 平然としている Manter-se [Permanecer] ~「em frente da casa a arder」. ⇨ heíkí[1]; heíséí[1].

heízóń 併[並]存【E.】⇨ héísóń.

héki[1] 壁 (⇨ kabé)【E.】A parede. ◇ **Bōka ~** 防火壁 ~ contra incêndios. **Chō** [**I**] **~** 腸[胃]壁 ~ do intestino [estômago].

héki[2] 癖【E.】A mania; o vício. *Kare ni wa hōrō no* ~ *ga aru* 彼には放浪の癖がある Ele tem ~ de andar pelo [a correr] mundo [de andar na vagabundagem]. ◇ **Kanshō ~** 感傷癖 O sentimentalismo. [S/同] Kusé (o); seíhékí (+).

hékichi 僻地 O ermo [lugar remoto]. ◇ **~ iryō** 僻地医療 O tratamento médico num ~ [longe de hospitais]. [S/同] Hénchi; katáínaka.

hekíékí 辟易 **1** [しりごみすること] A vacilação; o recuo. ★ ~ *suru* 辟易する Vacilar; chegar-se atrás「com medo/nojo」; recuar. [S/同] Shiríǵómi (+). ⇨ hirúmu; tajírógu. **2** [迷惑・うんざり・閉口すること] O estar [ficar] aborrecido. *Kare no naganagashii osekkyō ni wa* ~ *suru* 彼の長々しいお説教には辟易する O longo sermão dele aborrece [enjoa]-me. ⇨ heíkṓ[4]; méiwaku; uńzári.

hekígá 壁画 O [A pintura a] fresco.

hekígáń 碧眼【E.】Os olhos azuis. ★ ~ *no hito* 碧眼の人 A pessoa com [de] ~. ◇ **Kōmō ~** 紅毛碧眼 O ocidental「holandês」de cabelo ruivo e ~.

H

hekíméń 壁面【E.】A (superfície da) parede.

hekírékí 霹靂【E.】O ribombar do trovão; o raio. [I/慣用] *Seiten no* ~ 青天の霹靂 O acontecimento inesperado/O ficar a ver estrelas ao meio-dia. [S/同] Ikázúchí (+); kamínárí (o).

hekísóń 僻村【E.】Uma aldeia remota.

hekítṓ 劈頭【E.】O início; o começo. ★ *Kaigi no* ~ 会議の劈頭 ~ da reunião. [S/同] Bṓtṓ (+); saíshó (o).

hekómású 凹ます (< hekómú) **1** [くぼませる] Achatar; amolgar. ★ *Yubi de hako o* ~ 指で箱を凹ます ~ com a mão uma caixa. **2** [やりこめる]【G.】Partir a cara; dar uma lição; fazer calar. *Ichido aitsu o hekomashite yaranai to ki ga sumanai* 一度あいつをへこましてやらないと気が済まない Enquanto não der uma lição (bem dada) àquele sujeito, não descanso.

hekómí 凹み (< hekómú) A concavidade; a depressão. [S/同] Kubómí. [A/反] Deppárí; fukúrámí.

hekómú 凹む **1** [くぼむ] Ficar côncavo; achatar-se; amolgar-se. *Kaban o otoshitara kado ga hekonda* かばんを落としたら角が凹んだ Deixei cair a mala e ficou achatada no canto. [S/同] Kubómú. [A/反] Deppáru. **2** [屈服する]【G.】Render-se; ceder. *Shikarareta kurai de* ~ *yō na yatsu ja nai* しかられたくらいで凹むようなやつじゃない Esse tipo [cara] não se rende só com repreensões. ⇨ kujíkéru. **3** [損をする]【G.】Perder.

hekó-óbí 兵児帯 Uma faixa simples (para apertar o quimono).

hekótárérú へこたれる **1** [元気を失う] Desanimar. *Ichi-do ya ni-do no shippai de* ~ *na* 一度や二度の失敗でへこたれるな Não desanime só por ter falhado uma ou duas vezes. [S/同] Kujíkéru. **2** [疲れて動けなくなる] Ficar extenuado. *Tozan no tochū de hekotareta* 登山の途中でへこたれた Fiquei extenuado (e desisti) a meio da subida do monte. [S/同] Batéru (+); hebáru; hetábáru.

hekútā̆ru [**áa**] ヘクタール (< Ing. hectare) O hectare.

héma へま【G.】**1** [失敗] O erro; o disparate. ★ ~ *o suru* [*yaru*] へまをする[やる]「só」Fazer disparates. **2** [気の利かないこと] A azelhice; a estupidez; a inépcia. ~ *na koto o iu* へまなことを言う Dizer estupidezes. [S/同] Dóji.

he-mégúru 経廻る (< héru + …) ⇨ megúrú.

hemógúróbíń ヘモグロビン (< Al. hemoglobin < L.)【Bioq.】A hemoglobina. [S/同] Kesshíkíso.

heń[1] 辺 **1** [多角形の]【Mat.】O lado (de um polígono). ★ ~ *no nagasa* 辺の長さ O comprimento de um ~. **2** [等式の]【Mat.】O membro (de uma equação). ◇ **U** [**Sa**] **~** 右[左]辺 O segundo [primeiro] ~. **3** [地域] Um lugar e as suas proximidades; a volta; o redor. *Sono* ~ *made go-issho shimashō* その辺まで御一緒しましょう Eu acompanho-o [vou consigo] até lá. [S/同] Átari; fúkin. **4** [程度] O ponto [grau; A altura]. *Sono* ~ *de sake o yamenai to karada ni warui* その辺で酒をやめないと体に悪い Se não parar por aí de beber, é mau para a saúde. [S/同] Átari; téido. ⇨ kúraí[3]. **5** [事柄] O (redor de um) assunto. *Sono* ~ *no kagen wa boku ni wa wakaranai* その辺の加減は僕にはわからない Não sei bem como é isso [é o caso].

hén[2] 変 **1** [不思議; 奇異; 妙] Estranho; duvidoso; suspeito; raro; especial; excêntrico. ★ ~ *na hanashi* 変な話 Uma história estranha. ~ *na hito* 変な人 A pessoa esquisita [~]. ~ *ni omou* 変に思う Estranhar; achar ~. [S/同] Fushígí; kíi; kímyō; myṓ. **2** [異常] Estranho; anormal. ★ *Atama ga* ~ *ni naru* 頭が変になる Enlouquecer; ficar mal da cabeça. ⇨ okáshíi; ijṓ[2]. **3** [変事・事件] A insurreição. ⇨ hénji[2]; jíken. **4** [半音下げること]【Mús.】O bemol. ◇ **~ kigō** 変記号 O (sinal) bemol. [A/反] Éi.

hén[3] 編 **1** [編集] A compilação; a edição. ★ *Monbushō* ~ 文部省編 Editado pelo Ministério da Educação. ⇨ heńshū́[1]. **2** [巻] O volume; o tomo; o livro. ◇ **Jō** [**Chū; Ge**] **~** 上[中; 下]編 O volume I [II; III]. [S/同] kán. **3** [-heń; 詩文の数を表す] (Numeral de obras literárias). ★ *Ippen no shi* 一編の詩 Um poema.

heń[4] 偏 O sinal do lado esquerdo (de vários ideogramas/caracteres). "*Kami*" *to iu ji wa ito* ~ *da*「紙」という字は糸偏だ ~ de "kami" (papel) é "ito" (fio). [A/反] Tsukúrí.

hén[5] へん【Chu.】Então!; Heim!; Ora!; Chi! ~ *donna mondai* へんどんなもんだい Então pá, qual é o problema? (Isto para mim é canja). ⇨ fún[2].

-hén[6] 遍 A vez. ★ *Go* ~ 五遍 Cinco vezes. *Hyakuman-ben* 百万遍 Um milhão de vezes. *Ip-pen* 一遍 Uma vez. *Nan-ben mo* 何遍も Muitas vezes. [S/同] Do (+); kái (+).

henáchókó へなちょこ【Chu.】O fedelho. ⇨ aónísáí; mijúkú ◇.

henáhéná へなへな【On.】 **1**［すぐへこんだり曲がったりするさま］Mole; fraco. **2**［だらしないさま］Mole; fraco. ★ ~ *shita otoko* へなへなした男 Um ~ [efeminado]. ⇨ funyá-fúnyá; náyonayo.

heń'ái 偏愛 O favoritismo; a parcialidade.
S/同 Ekóhíiki (+).

heń'átsú 変圧【Ele(c)tri.】A transformação (de energia elé(c)trica). ◇ ~ **ki** 変圧器 O transformador.

heńbō 変貌 A transformação; a metamorfose; a transfiguração. ★ *Kyūgeki na ~ o togeru* 急激な変貌をとげる Sofrer [Ter] uma ~ completa. ⇨ heń'yō.

heńbútsú 変物 ⇨ heńjíń.

héńchi 辺地 ⇨ hékichi.

heńchikú[kí]ríń へんちく(き)りん【G.】⇨ heńtékó(tńh).

heńchō¹ 変調 **1**［調子が狂うこと］A complicação; a mudança; a anomalia. ★ ~ *o kitasu* 変調を来たす Trazer complicações. **2**［曲の調を変えること】【Mús.】A mudança de tom. A/反 Seíchō. S/同 Ichō; teńchō. **3**［通信の］A modulação. ★ ~ *suru* 変調する Modular. ◇ **Shinpuku [Shūhasū]** ~ 振幅［周波数］変調 ~ de amplitude [frequência].

heńchō² 偏重 O dar demasiada importância. ★ ~ *suru* 偏重する... *Gakureki* ~ 学歴偏重 ~ à carreira acadé[ê]mica [aos títulos].

heńdéń 返電 (< heńji + déntō) A resposta a um telegrama [telex/uma mensagem radiofó[ô]nica].

heńdéń-shó 変電所 A subestação.

héndo 辺土【E.】⇨ hékichi.

heńdō 変動 A mudança; a alteração; a flutuação; a oscilação. ★ ~ *suru* 変動する Mudar; oscilar; variar. *Bukka no* ~ 物価の変動 — dos preços. *Shakai no dai* ~ 社会の大変動 A revolução [convulsão] social. ◇ **haba** ~ 幅変動 A extensão [amplitude] da ~. **kawase sōba** ~ 変動為替相場 A cotação [taxa de câmbio] flutuante. ⇨ Kotéí.

heń'éí 片影【E.】**1**［物の姿の一部分］A sombra; o traço;「não ter」um pedacinho [mínimo]「de decência」. **2**［面影・性格などの一部］O vestígio. ★ *Kojin no* ~ *o mono-gataru* 個人の片影を物語るエピソード Um episódio que nos dá um/a ~ do falecido.

hénge 変化【E.】O fantasma.
S/同 Baké-mónó (+); yókáí (+).

heńgéń¹ 片言【E.】「ter cuidado com」Cada palavra「que se diz」. S/同 Sekígó.

heńgéń² 変幻 A transformação rápida [constante]. ★ ~ *jizai no seishin* 変幻自在の精神 Um espírito muito flexível.

hén'í¹ 変異 **1**［⇨ ihéń］. **2**［形質の相違】【Biol.】A variação. ★ ~ *suru* 変異する Variar. ◇ **Totsuzen** ~ 突然変異 A mutação.

hén'í² 変移【E.】A mudança; a alteração; a transmutação. S/同 Utsurí-káwárí (+). ⇨ héńka¹.

heńji¹ 返事 **1**［質問への応答］A resposta「à pergunta do professor」. ★ ~ *ga aru* 返事がある Ter resposta. ~ *ni komaru* 返事に困る Não saber como [que] responder. ~ *(o) suru* 返事(を)する Responder; dar (uma) ~. *Iro-yoi* ~ 色よい返事 ~ positiva. *Futatsu* ~ *de hikiukeru* 二つ返事で引き受ける Aceitar [Prometer] imediatamente. ★ ~ **Kara** ~ 空返事 Uma ~ falsa [mentirosa]. **Nama** ~ 生返事 Uma ~ à toa [ao acaso]. S/同 Heńtō. A/反 Shitsúmóń.

2［手紙の返信］A resposta (a uma carta). *O-~ ni o-machi shite orimasu* お返事をお待ちしております Aguardo a [Fico à espera da] sua resposta. ★ ~ *ga kuru* 返事が来る Receber ~. *Tegami no ~ o dasu* 手紙の返事を出す Responder a uma carta.

heńji² 変事 **a)** O caso inesperado; **b)** O desastre.
S/同 Ihéń (+).

heńjíń 変人 A pessoa excêntrica [rara].
S/同 Kawári-mónó; heńbútsú.

heńjiru 変じる Transformar(-se); mudar. *Fune wa kōro no kita e henjita* 船は航路を北へ変じた O navio mudou o rumo para norte. ⇨ kawárú²; kaérú⁵.

heńjō 返上 A devolução; a renúncia. ★ *Kyūka o ~ shite hataraku* 休暇を返上して働く Renunciar às férias e trabalhar. ⇨ káesu¹.

héńka¹ 変化 **1**［変えること; 変えること］A mudança; a variação; a transformação; a alteração; a modificação. ★ ~ *shinai* 変化しない Inalterável; imutável; invariável; estável. ~ *shiyasui*「tempo」Instável. ~ *suru* 変化する Mudar. *Kikō no ~ no rumo* 気候の変化 As mudanças do clima. ◇ ~ **kyū** 変化球【Beis.】O arremesso de bola que não é re(c)tilíneo. **Kagaku** ~ 化学変化 A rea(c)ção química. ⇨ heńdō; heń'í²; heńkō¹; heńsén; heńtén. **2**［多種多様］A variedade; a diversidade. ★ ~ *ni tonda [no aru] fūkei* 変化に富んだ［のある］風景 Uma paisagem muito variada. **3**［語尾の]【Gram.】A conjugação; a flexão; a declinação. ★ *Dōshi [Meishi; Kaku] no ~* 動詞［名詞; 格］の変化 A conjugação de um verbo; a flexão/flexão de um substantivo/dos casos]. *Fu-~ no* 不変化の Inconjugável; inflexível; invariável; indeclinável. ◇ **Dōshi ~ [katsuyō] hyō** 動詞変化［活用］表 O quadro da conjugação dos verbos. **Gobi ~** 語尾変化 A flexão. ⇨ katsuyō.

héńka² 返歌 O "tanka"-resposta.

heńkákú¹ 変革 A reforma; a mudança; a revolução. ★ ~ *suru* 変革する Reformar; mudar「todo o sistema」; revolucionar「os transportes」.

heńkákú² 偏角【Geol.】A declinação. ◇ ~ **kei** 偏角計 O declinó[ô]metro. **2**【Mat.】A amplitude. **3**【Fís.】A variação.

heńkákú³ 変格 **1**［⇨ heńsókú¹］. **2**［正格でない】【Gram.】A irregularidade. ◇ ~ **katsuyō** 変格活用 A conjugação [flexão] irregular.

heńkáń¹ 返還 A devolução; a restituição. ★ ~ *suru* 返還する Devolver [Restituir]「a casa」. *Senryō-chi no ~* 占領地の返還 ~ do território ocupado.

heńkáń² 変換 A mudança「de política/código do computador」; a transformação「genética/mat.」. ★ ~ *suru* 変換する Mudar; transformar. *Kanakanji ~* かな漢字変換 A conversão do "kana" em "kanji" (do processador de textos). ◇ ~ **ki** 変換器【Ele(c)tri.】O conversor; o transformador.

heńkéí¹ 変形 O mudar de forma; a metamorfose. ★ ~ *suru* 変形する Mudar; transformar-se; metamorfosear-se. ◇ ~ **bunpō** 変形文法 A gramática transformativa. ⇨ héńka¹; heńtáí².

heńkéí² 変型 A variedade; o ser diferente do normal.

heńkéí-dóbutsu [óo] 扁形動物 Os platelminto[e]s; *platelminto[e]s*.

heńkéń 偏見 O preconceito. ★ ~ *o idaku* [*motsu*] 偏見を抱く[持つ] Ter ~ s. ~ *o suteru* 偏見を捨てる Deitar fora os ~ s. *Jinshuteki* ~ 人種的偏見 O racismo [~ racial].

heńkín 返金 O reembolso. ★ ~ *suru* 返金する Reembolsar. ⇨ heńsái.

heńkō[1] 変更 A alteração; a mudança. *Shuppatsu yotei jikoku ga* ~ *ni natta* 出発予定時刻が変更になった A hora da partida foi mudada. ★ ~ *suru* 変更する Alterar; mudar.

heńkō[2] 偏向 1 [考えなどが偏っていること] A tendência; a inclinação; a propensão. ~ *kyōiku* 偏向教育 A educação tendenciosa. ⇨ keíkō[1]. 2 【Fís.】 O desvio; a deflexão.

heńkō[3] 偏光 【Fís.】 A polarização "ele(c)trolítica". ◇ ~ *firutā* 偏光フィルター O filtro polarizador. ~ *kei* 偏光計 O polarímetro. ~ **kenbikyō** 偏光顕微鏡 O microscópio de ~. ~ **ki** 偏光器 O polariscópio. ~ *purizumu* 偏光プリズム O prisma de ~.

heńkósei [óo] 変光星 【Astr.】 A estrela variável.

heńkútsú 偏屈 A obstinação; a teimosia. ★ ~ *na hito* 偏屈な人 Um casmurro [*teimoso*]. ⓢ/園 Gánko (+); katálíi. ⇨ ikóji.

heńkyákú 返却 A devolução; a restituição.

heńkyō[1] 辺境 【E.】 A região fronteiriça [remota]. ◇ ~ *chiiki* 辺境地域 ~. ⇨ kokkyō[1]; hékichi.

heńkyō[2] 偏狭 A intolerância; a parcialidade; a tacanhez de espírito. ★ ~ *na* 偏狭な Curto [Estreito] de vistas; intolerante. ⓢ/園 Kyōryō (+).

heńkyoku 編曲 【Mús.】 O arranjo; a adaptação. ★ *Kyoku o piano-yō ni* ~ *suru* 曲をピアノ用に編曲する Adaptar uma peça [composição] (musical) para piano.

heńkyū 返球 【Beis.】 O devolver a bola.

heńméi 変名 1 [本名以外の別の名] O nome falso [fictício]. ★ ~ *o tsukau* 変名を使う Usar um ~. ⓢ/園 Giméi (+). ⇨ betsúméi. 2 [名を変えること] A troca de nome. ★ ~ *suru* 変名する Mudar o [de] nome. ⓢ/園 Kaíméi (+).

heńmú 片務 A obrigação unilateral. ◇ ~ **keiyaku** 片務契約 【Dir.】 O tratado unilateral. A/反 Sōmu.

heńnén-shi 編年史 Os anais; a (história) cró ̂ ni ca. ⓢ/園 Neńdáiki (+).

heńnén-tái 編年体 O escrever por ordem cronológica. ⇨ neńdái.

heńnō 返納 A restituição. ★ ~ *suru* 返納する Devolver; restituir「o dinheiro」. ⓢ/園 Heńkán[1] (+); heńkyákú (o).

heńnō-yu [óo] 片脳油 O óleo canforado.

heńnyū 編入 A entrada; o ingresso; a incorporação; a inclusão. ★ ~ *suru* 編入する Entrar; ingressar; incorporar(-se); incluir [*Kono chiku wa rainen kara shigai-ka chiiki ni* ~ *sareru* この地区は来年から市街化地域に編入される A partir do próximo ano esta zona será incluída no programa de urbanização]. ◇ ~ *shiken* 編入試験 O exame de admissão (a uma escola) a meio do curso.

he-nó-ji への字 A letra ~. ★ *Kuchi o* ~ *ni musubu* 口をへの字に結ぶ Fechar firmemente os lábios; fazer beicinha (e chorar).

heń'óń 変音 O bemol. ◇ ~ **kigō** 変音記号 O (sinal) bemol. ⇨ heń[2]**4**.

heń'óń-dōbutsu [óo] 変温動物 【Zool.】 O animal de sangue frio. ⓢ/園 Reíkétsú-dōbutsu. A/反 Ońkétsú-dōbutsu; teíóń-dōbutsu.

hénpa 偏頗 O favoritismo; a parcialidade; a discriminação. ★ ~ *na iken* 偏頗な意見 A opinião parcial. ⓢ/園 Ekóhíki (+); fu-kōhei (+).

heńpái 返杯 [盃] O retribuir a cortesia de servir saké. *Go* ~ 御返杯 Agora é a sua vez (de beber).

heńpéi 扁平 Chato. ◇ ~ **soku** 扁平足 O pé ~. ⓢ/園 Hírabéttái (o); taíra (+).

heńpéń 片々 1 [とるに足らないようす]「opinião」Sem importância. 2 [細かい断片が風で舞うようす] Os pedacinhos (Ex.: farrapos de nuvens/ conhecimento fragmentário).

hénpi 辺鄙 Remoto; solitário. ★ ~ *na basho* 辺鄙な場所 Um lugar ~. ⓢ/園 fúben; hitózátó.

heńpín 返品 O artigo [A mercadoria] devolvido/a. ★ ~ *suru* 返品する Devolver ~. ~ *o-kotowari* 返品お断り (掲示) Não aceitamos devolução.

heńpō 返報 1 [好意にむくいること] A retribuição. ⓢ/園 Heńréi. 2 [仕返し] A retaliação; a vingança (Ex.: *Kono* ~ *wa shite yaru zo* = hás-de pagá-las). ⓢ/園 Fukúshū (+); hōfúkú; shikáéshí (+).

heńpóń[1] 返本 Os livros devolvidos à editora. ★ ~ *suru* 返本する Devolver os exemplares não vendidos.

heńpóń[2] 翻翻 【E.】 O pano agitado pelo vento. ★ ~ *to hirugaeru hata* 翻翻とひるがえる旗 Uma bandeira a esvoaçar ao vento. ⓢ/園 Hírahira.

heńréi 返礼 A retribuição. ★ ~ *suru* 返礼する Pagar favores (atenções); dar um presente em troca; retribuir. *Shōtai no* ~ *ni* 招待の返礼に Em retribuição [troca] do convite. ⇨ o-káéshí; tōréí.

heńréki 遍歴 【E.】 1 [各地をめぐり歩くこと] O viajar [peregrinar]「por todo o país」. ★ ~ *suru* 遍歴する 2 [様々な経験をすること] 【Fig.】 As aventuras. ◇ **Josei** ~ 女性遍歴 ~ com mulheres.

hénrī ヘンリー (< Ing. Henry) 【Ele(c)tri.】 O henri (Unidade de auto-indução).

heńrín 片鱗 【E.】 Um pedacinho [lampejo]. ★ *Sainō o* ~ *no nozokaseru* 才能の片鱗をのぞかせる Mostrar um lampejo do seu talento. ⓢ/園 Ittáń.

hénro 遍路 【Bud.】 A peregrinação. ◇ **O-** ~ **san** お遍路さん O romeiro [peregrino]. ⓢ/園 Juńréí (+).

heńryō 変量 【Mat.】 A quantidade variável. A/反 Teíryō.

hénsa 偏差 O desvio; a variação; a declinação. ◇ ⇨ ~ **chi**.

hénsa-chi 偏差値 O valor de desvio (da média). ★ ~ *o hakaru* 偏差値を測る Medir [Calcular] o ~.

heńsái 返済 A devolução; o pagamento. ★ ~ *suru* 返済する *Shakkin o* ~ *suru* 借金を返済する Pagar uma dívida. ◇ ~ **kigen** 返済期限 O prazo de ~. ⇨ heńkyákú.

heńsán 編纂 A compilação; a edição. ★ ~ *suru* 編纂する Compilar; editar. *Jiten no* ~ 辞典の編纂 ~ de um dicionário. ⓢ/園 Heńshū[1] (+).

heńséi[1] 編成 A formação; a organização; a composição; a estruturação; o arranjo; a constituição. ★ ~ *suru* 編成する Organizar; arranjar [*Jikan-wari o* ~ *suru* 時間割りを編成する Fazer o horário]. ◇ **Bangumi** ~ 番組編成 A organização do programa. **Yosan** ~ 予算編成 A preparação do orçamento.

heńséi[2] 編制 A formatura/formação. ★ *Guntai o* ~ *suru* 軍隊を編制する Dispor as tropas (em ~) 「para o combate」.

heńséi[3] 変性 A desnaturação 「do álcool/açucar」.

★ ～ *saseru* 変性させる Desnaturar. ⇨ heńshítsú[1].
heńséí-fū 偏西風【Met.】O vento oeste.
heńséigan 変成岩【Geol.】A rocha metamórfica.
heńséi-ki 変声期 A idade da mudança de voz. ⇨ koé-gáwari.
heńséń 変遷 A mudança; as vicissitudes [os vai-véns/os altos e baixos]「da vida」. ★ ～ *suru* 変遷する Mudar. *Jidai no* ～ 時代の変遷 A ～ dos tempos. [S/同] Súii; utsúríkáwárí (+).
heńsétsú 変節【E.】A apostasia; a traição. ★ ～ *suru* 変節する Trair. ◇ **～ kan** 変節漢 O traidor. ⇨ heńshíń[3]; kokóró-gáwari; urá-gírí.
hénsha [**ja**] 編者 O compilador; o organizador de uma edição. ⇨ heńsáń; heńshū́[1].
heńshí 変死 A morte violenta. ★ ～ *suru* 変死する Ter uma ～. ◇ ⇨ **～ tai**. ⇨ ṓshí.
heńshíń[1] 変身 A transformação; a transfiguração; a metamorfose. *Shujinkō ga tsuru ni ～ shita* 主人公が鶴に変身した O protagonista transformou-se em grou [cegonha].
heńshíń[2] 返信 A resposta (por escrito). ★ ～ *suru* 返信する Responder. ◇ **～ yō hagaki** 返信用葉書 O postal para ～. [S/同] Hénsho. [A/反] Ōshíń.
heńshíń[3] 変心 A volubilidade; o mudar facilmente (e atraiçoar). ★ ～ *suru* 変心する Ser volúvel. [S/同] Kokórógáwari (+). ⇨ heńsétsú.
heńshí-táí 変死体 O cadáver de alguém que teve morte violenta.
heńshítsú[1] 変質 **1** [性質が変わること] A degeneração; a deterioração「dos alimentos」; a degradação; a corrupção. ★ ～ *suru* 変質する Mudar (para pior). ⇨ fuháí[1]. **2** [異常性格] A perversão; a degeneração. ◇ **～ sha** 変質者 Um perverso [degenerado].
heńshítsú[2] 偏執 ⇨ heńshū́[2].
hénsho 返書【E.】A resposta (escrita). [S/同] Heńshíń[2] (+).
heńshókú[1] 変色 O「pano」desbotar [perder a cor]. ⇨ dasshókú; taíshókú[3].
heńshókú[2] 偏食 A alimentação desequilibrada.
heńshú 変種 Uma nova variedade [espécie]. [S/同] Kawárí-dáné. [A/反] Geńshú.
heńshū́[1] 編集 [輯] A edição. ★ *Zasshi o ～ suru* 雑誌を編集する Editar uma revista; ◇ **～ bu** 編集部 A (se(c)ção da) reda(c)ção. **～ chō** 編集長 O chefe de reda(c)ção. **～ sha** 編集者 O editor. [S/同] Heńsáń.
heńshū́[2] 偏執【E.】A megalomania; o fanatismo. ◇ **～ byō** 偏執病 A paranóia. **～ kyō** 偏執狂 O fanático/maníaco. [S/同] Heńshítsú[2].
heńsṓ[1] 返送 O reenvio「da carta/encomenda」. ★ ～ *suru* 返送する Reenviar [Mandar de volta]; devolver.
heńsṓ[2] 変装 O disfarce. ★ *Onna ni ～ suru* 女に変装する Disfarçar-se de mulher.
heńsókú[1] 変則 A irregularidade; a anormalidade; a anomalia「de linguagem」. ★ ～ (*teki*) *na* 変則(的)な Irregular; anó[ô]malo. [S/同] Hakákú.
heńsókú[2] 変速 A mudança de velocidade. ★ ～ *suru* 変速する Mudar a velocidade. *Jū-dan ～ no jitensha* 十段変速の自転車 A bicicleta com dez mudanças. ◇ **～ ki** [**sōchi**] 変速機 [装置] A caixa de velocidades [transmissão].
heńsṓ-kyoku [**óo**] 変奏曲【Mús.】A variação.
heńsū́ [**úu**] 変数【Mat.】A variável. [A/反] Teísū.
heńsúru 偏する【E.】「juiz」Inclinar-se「para uma das partes」; ser parcial. [S/同] Katáyóru (+).
heńtáí[1] 編隊 A formação. ★ ～ *o kumu* 編隊を組む Voar em ～. ◇ **～ hikō** 編隊飛行 O voo em ～.
heńtáí[2] 変態 **1** [生物が生長に従って形態を変えること]【Biol.】A metamorfose. ★ ～ *suru* 変態する Metamorfosear-se. ◇ **Kanzen** [**Fu-kanzen**] **～** 完全 [不完全] 変態 ～ completa [incompleta]. **2** [異常] A anormalidade; a perversão [tara]「sexual」. ★ ～ *no* [*teki*] 変態の [的] Anormal. ◇ **～ seiyoku** 変態性欲 A sexualidade anormal [tarada]. ⇨ ijṓ[2].
heńtáí-gáná 変体仮名 (＜… + kaná) A variante em estilo cursivo das letras "kana".
heńtékó(**ríń**) へんてこ (りん)【G.】Estranho. ★ ～ *na fukusō* へんてこな服装 O vestido esquisito [～]. [S/同] Hén (o); heńchíkúríń; kímyō (+).
heńtéń 変転 A mudança; o salto; as vicissitudes. ★ ～ *kiwamari nai sesō* 変転きわまりない世相 O mundo cheio de ～s. [S/同] Teńpéń (+). ⇨ hénka[1]; utsúrí-káwárí.
heńtétsú 変哲 A novidade. ★ *Nan no ～ mo nai hanashi* 何の変哲もない話 Um caso normal [sem ～ nenhuma]. ⇨ heíbóń.
heńtṓ 返答 A resposta「à pergunta do professor」. ★ ～ *suru* 返答する Responder. [S/同] Heńjí[1] (+).
heńtṓséń 扁桃腺【Anat.】A(s) amígdala(s). ★ ～ *ga harete iru* [～ *o harasu*] 扁桃腺が腫れている [～を腫らす] Estar com [Ter] as ～s inflamadas. ◇ **～ en** 扁桃腺炎 A amigdalite. **～ hidai** 扁桃腺肥大 A hipertrofia das ～ s.
heńtsū́ [**úu**] 変通【E.】A flexibilidade. ⇨ yū́zū́.
heń'yṓ 変容 ⇨ heńbṓ.
heńzáí[1] 偏在【E.】A distribuição desigual. ★ ～ *suru* 偏在する Distribuir mal.
heńzáí[2] 遍在【E.】A o(m)nipresença. ★ ～ *suru* 遍在する「Deus」Ser o(m)nipresente.
heńzṓ 変造【Dir.】A alteração; a falsificação. ★ *Shihei o ～ suru* 紙幣を変造する Falsificar papel moeda/notas. ◇ **～ kahei** 変造貨幣 A moeda falsa [falsificada]. ⇨ gańzṓ; gizṓ.
heńzúru 変ずる ⇨ heńjíru.
heńzútsū 偏頭痛【Med.】A enxaqueca; a hemialgia; a hemicrania.
heppírí-goshi 屁っぴり腰 (＜ he + híru + koshí)【G.】**1** [尻を突き出した中腰の姿勢] A postura muito inclinada [com o rabo saído (G.)]. ★ ～ *de bōru o keru* 屁っぴり腰でボールを蹴る Dar na bola em ～ (Bas.). **2** [びくびくした姿]【Fig.】A timidez; o ser encolhido. ★ ～ *de kotaeru* 屁っぴり腰で答える Responder com medo [～]. [S/同] Oyóbí-góshí.
heppókó へっぽこ【Chu.】「presidente」Que não presta [não vale nada]. [S/同] Hébo (+).
héra 箆 A espátula「de ceramista」; a paleta「de pintor」.
herá-búná 箆鮒 (＜… + fúna)【Zool.】Uma espécie de carpa.
hérahera へらへら【G.】A palermice. ★ ～ (*to*) *warau* へらへらと笑う Ter um riso apalermado.
herású 減らす (＜ herú[1]) **1** [少なくする] Reduzir; diminuir; baixar. ★ *Ninzū o ～* 人数を減らす Reduzir o número de pessoas. *Taijū o ～* 体重を減らす Emagrecer; diminuir [baixar] de peso. [A/反] Fuyásu; masú. **2** [腹をすかす] Esvaziar. ★ *Hara o ～* 腹を減らす Ficar com fome [o estômago vazio]. [S/同] Sukású.

H

herázú-gúchí 減らずロ (< Neg. de herú + kuchí) O descaro de dizer. ★ ~ *o tataku* [*kiku*] 減らずロをたたく[きく] Ter ~. ⇨ nikúmáré-gúchí.

herénízumu ヘレニズム (< Ing. hellenism < Gr.) O helenismo.

herí[1] 縁 A beira; a bainha; a margem; o limite; a orla; a aba; a bainha; o remate. ★ ~ *o tsukeru* 縁を付ける Fazer uma bainha. *Bōshi no* ~ 帽子の縁 A aba do chapéu. *Kāten no* ~ カーテンの縁 A fímbria [franja] da cortina. *Tatami no* ~ 畳の縁 A borda [faixa de tecido] do "tatami". S/同 Fuchí; hashí; kiwá.

herí[2] 減り (< herú[1]) O desgaste; o uso; o gasto. *Kutsu-zoko no* ~ *ga hayai* 靴底の減りが早い A sola dos sapatos gasta-se logo [depressa]. ⇨ geńshō[2]; me-berí; sońshítsú.

herí(kóputā) ヘリ（コプター）(< Ing. helicopter < Gr.) O helicóptero.

herikúdáru 遜る Humilhar-se; rebaixar-se. ★ *Herikudatta taido* 遜った態度 Uma atitude humilde. ⇨ híge[2]; keńsón.

he-ríkutsu 屁理屈 O sofisma; o jogo de palavras. ★ ~ *o iu* [*koneru*] 屁理屈を言う[こねる] Usar de evasivas/ ~ s [Jogar com as palavras].

heríótórópu [óo] ヘリオトロープ (< Ing. heliotrope < Gr.) O heliotrópio; a balsamina.

herípōto [óo] ヘリポート (< Ing. heliport < L.) O heliporto.

heríumu ヘリウム (< Al. helium < Gr. hélios: sol)【Quím.】O hélio (He 2).

heroín ヘロイン (< Al. heroin < Gr.) A heroína; a deacetilmorfina. ⇨ mayáků.

herú[1] 減る 1) Diminuir; baixar; gastar-se. *Shussei-ritsu wa nennen* ~ *keikō ni aru* 出生率は年々減る傾向にある O índice de natalidade tende a baixar de ano para ano. *Taijū ga ni-kiro hetta* 体重が２キロ減った Perdi [Baixei] dois quilos. b) Ter fome. *Hara ga hetta* 腹が減った Tenho [Estou com] fome. I/慣用 *Kuchi ga heranai* 口が減らない ⇨ kuchí. S/同 Heḱyō súrú. ⇔ Fuéru.

héru[2] 経る 1 [経過する] Passar; decorrer. ★ *Toki* [*Tsukihi*] *o* ~ *ni shitagai* [*tsure*] 時[月日]を経るに従い[つれ] A medida que o tempo passa. ⇨ Tátsu. ⇨ keíka. 2 [通過する] Passar por; ir através de. ★ *Kyōto o hete Ōsaka ni hairu* 京都を経て大阪に入る Ir para Osaka passando por Kyōto. ⇨ Tôru (+). ⇨ tsúkå[2]. 3 [過程・道筋をたどる] Passar; experimentar. ★ *Tetsuzuki o* ~ 手続きを経る Cumprir [todas] as formalidades. *Nan-nin mo no hito no te o hete* 何人もの人の手を経て O plano chega ao dire(c)tor [Depois de passar pelas mãos de muitos.

herúmétto ヘルメット (< Ing. helmet) O capacete.

herúníá ヘルニア (< Lat. hernia) A hérnia. ◇ **Tsuikanban** ~ 椎間板ヘルニア ~ da coluna. ⇨ datchó.

hérupā ヘルパー (< Ing. helper) O ajudante; o voluntário; o orientador. ◇ **Hōmu** ~ ホームヘルパー ~ doméstico.

hérupesu ヘルペス (< Al. < Gr. herpes) O(s)herpes; a impigem. ⇨ mayáků.

herúsú-mḗtā [ée] ヘルスメーター (< Ing. health + meter) A balança. S/同 Taíjúkéí (+).

herúsú-séńtā ヘルスセンター (< Ing. health + center) a) A estação balneária [de cura]; b) O centro de exercício físico. S/同 Hoyōjó.

hérutsu ヘルツ (< Al. Herz) O hertz. ◇ **Kiro** ~ キロヘルツ O quilohertz.

hesáki 舳先 A proa. ★ ~ *o mawasu* 舳先を回す Virar de rumo [bordo]. S/同 Miyóshí; sénshu. A/反 Tomó.

heshí-áu 圧し合う【G.】⇨ oshí-áu.

heshí-óru 圧し折る【G.】Espatifar [Partir]. ★ *Aite no hanappashira o* ~ 相手の鼻っ柱を圧し折る Partir o focinho/as ventas/a cara [Fazer baixar a crista] ao adversário. ⇨ óru[1].

hesó 臍 O umbigo (Tb. da laranja). ★ ~ *no o* 臍の緒 O cordão umbilical. ~ ~ *ga cha o wakasu* 臍が茶を沸かす「Você chama a isto uma obra-prima?」É mesmo para rir! ~ *o mageru* 臍を曲げる Zangar-se; ficar de mau humor. ◇ ~ **kuri** [**magari**]. S/同 Hózo.

hesó-kúrí(gáne) 臍[綜麻]繰り(金) (< … + kúru + kané) O pé-de-meia (Dinheiro economizado secretamente). ★ ~ *o suru* ヘそ繰りをする ⇨ hesókúru.

hesó-kúru 臍[綜麻]繰る Fazer [Ter] o seu pé-de-meia. ⇨ hesókúrí.

hesó-mágárí 臍曲がり (< … + magarú)【G.】O tipo perverso [retorcido]; conflituoso. ★ ~ *na koto o iu* [*suru*] 臍曲がりなことを言う[する] Contrariar; ser mau/cínico/retorcido. S/同 Amánójaku; heńkútsú; tsumújímágari; hinékúŕémónó.

hetá[1] 下手 1 [まずいこと]A falta de jeito [qualidade]. ★ ~ *na Porutogarugo de hanasu* 下手なポルトガル語で話す Falar um p. mascavado [(muito) fraco/mau/pobre]. *Uta ga* ~ *de aru* 歌が下手である Cantar mal. P/ことわざ ~ *na teppō mo kazu uchi* [*utteba*] *ataru* 下手な鉄砲も数打ちゃ[打てば]当たる Tentando muitas vezes, alguma deve dar certo. ⇨ mazúí. ⇨ Jōzú. 2 [うまくできない人]Uma pessoa que não tem jeito; o desajeitado. P/ことわざ ~ *no kangae yasumu ni nitari* 下手の考え休むに似たり Quem não tem ideias não perca tempo a pensar. ~ *no yokozuki* 下手の横好き Gostar de [tocar piano] apesar de não ter jeito. A/反 Jōzú. 3 [不注意なこと]O descuido; o erro; o disparate. ~ *o suru to kondo mo shippai shi-kanenai* 下手をすると今度も失敗しかねない Podemos tornar a falhar (outra vez). ~ *na koto wa ienai* 下手なことは言えない Não diga [se devem dizer]disparates. 4 [値打ちの劣っていること]A trivialidade. *Kare wa* ~ *na ongaku-ka yori mo umaku piano o hiku* 彼は下手な音楽家よりもうまくピアノを弾く Ele toca piano melhor do que alguns profissionais que são uma ~.

hetá[2] 蔕 O cálice [do tomate/morango]. ★ *Kaki no* ~ 柿の蔕 ~ do caqui (dióspiro). ⇨ gakú[4].

hetábáru へたばる【G.】Desfalecer; ficar exausto. ★ *Ichi-nichi-jū hataraite* ~ 一日中働いてへたばる Estar morto de cansaço; ficar extenuado [estafado/estoirado] de um dia todo de trabalho. ⇨ kutákútá.

hetáhétá へたへた (Im. de estar exausto). ★ *Yuka ni* ~ (*to*) *suwari-komu* 床にへたへた(と)座り込む Sentar-se exausto [sem forças/morto de cansaço] no chão.

hetá-kuso 下手糞【G.】O ser desajeitado. ★ ~ *na ji* 下手糞な字 A letra feia [reles]. ⇨ hetá[1] 1.

hetárí-kómu へたり込む Cansar-se.

hetchárá [**heíchárá**] へっちゃら [へいちゃら] ⇨ heíkí[1].

hetóhétó へとへと (Im. de estar exausto [esgotado]). ★ ~ *ni naru* [*tsukareru*] へとへとになる [疲れる]Ficar extenuado/exausto/esgotado/morto de cansaço. S/同 Kutákútá.

hetsúráí 諂[諛]い (< hetsúráu) A adulação; a

bajulação. Ⓢ/慣 Obékka (o); tsuishô (+). ⇨ kóbi.

hetsuráu 諂[諛]う Adular; bajular. ★ *Uwayaku ni* ～ 上役に諂う Ser adulador do superior. Ⓢ/慣 Kobíru; omónéru.

hettákúré へったくれ【G.】Para quê? /Não tem valor [interesse]. *Ima no jidai ni kazoku mo* ～ *mo nai* 今の時代に華族もへったくれもない Hoje em dia, que vale ser aristocrata/nobre?

hétto ヘット (< Hol. vet < Al. fett) O sebo「de vaca」. ⇨ rádo; shibô².

hettsúí 竈 ⇨ kamádó.

heyá 部屋 **1**［家の］O quarto; a sala. ～ *wa arimasu ka* 部屋はありますか Têm quartos livres? ★ ～ *o kariru [kasu]* 部屋を借りる［貸す］Alugar um quarto. *Hoteru no* ～ *o toru* ホテルの部屋を取る Reservar (um) ～ no hotel. ◇ ～ **dai** 部屋代 O aluguel[r]. ⇨ ～ **gi.** ～ **wari** 部屋割り A distribuição dos quartos 「pelo grupo」. **2**［相撲］O clube (A casa levada por ex-campeões autorizados a treinar novos lutadores).

heyá-gí 部屋着 (<… + *kímono*) O roupão.

hi¹ 日 **1**［太陽］O sol. ★ ～ *ga deru [noboru]* ～ が出る［昇る］Nascer ～. ～ *ga shizumu* 日が沈む Pôr-se ～. ～ *ga katamuku* 日が傾く Entardecer; cair o dia. ～ *ga ochiru* 日が落ちる Escurecer; anoitecer. ～ *no hikari* 日の光 A luz solar［do ～］. ～ *no takai uchi ni* 日の高い内に Em pleno dia; durante o dia. Ⓢ/慣 Táiyô. **2**［陽光］(Os raios [A luz] do) sol. *Beranda ni wa* ～ *ga ippai ni atatte iru* ベランダには日がいっぱいに当たっている Está a dar muito sol na varanda. ★ ～ *ga kageru* 日がかげる Esconder-se o sol por trás das nuvens. ～ *ni ataru* 日に当たる Pôr-se ao sol. ～ *ni ateru [sarasu]* 日に当てる［さらす］Pôr ao sol. ～ *ni hosu* 日に干す Secar ao sol. ～ *ni yakeru* 日に焼ける Ficar queimado do sol. Ⓢ/慣 Níkkô; yôkô. **3**［昼間］O dia; a luz do dia. ～ *ga kureta* 日が暮れた Escureceu. ★ ～ *ga mijikaku [nagaku] naru* 日が短く［長く］なる Os dias diminuírem [aumentarem]. *Yo o* ～ *ni tsuide* 夜を日について Noite e dia; sem descanso; sem parar. ㋮ことわざ ～ *kurete michi tōshi* 日暮れて道遠し Não dar conta do recado [ter tempo suficiente para fazer tudo o que é preciso]. Ⓐ Yóru. ⇨ hirú-má. **4**［～日］O dia; a data. ～ *ga warui* 日が悪い Ser um dia mau「para ir」. ～ *ichi-nichi (to)* 日一日（と）Dia a dia. ～ *ni san-do shokuji o suru* 日に三度食事をする Comer três vezes por dia. ～ *o aratameru* 日を改める Deixar para (um) outro dia. *Aru* ～ ある日 Um dia; um certo [belo] dia. **5**［日数］Os dias; o tempo. ～ *ga asai* 日が浅い Haver pouco tempo. ～ *ga tatsu* 日がたつ Passarem os dias. ～ *o heru [kasaneru] ni shitagai* 日を経る［重ねる］に従い Com o passar dos/do ～. **6**［時間］；［期限］O prazo; o tempo; o dia. ～ *o nobasu* 日を延ばす Adiar. ⇨ kígen²; kíjitsu; nichígén. **7**［頃］Um dia [tempo]. ★ *Tōi* ～ *no dekigoto* 遠い日の出来事 Um acontecimento remoto. ⇨ kóro². **8**［場合］O caso; a eventualidade. *Shippai o osorete ita* ～ *ni wa nani mo dekinai* 失敗を恐れていた日には何もできないSe temos medo do fracasso, não conseguimos [se consegue] nada.

hi² 火 **1**［燃える火］O fogo; o lume; a chama; a fogueira. ～ *ga moete iru* 火が燃えている O fogo está aceso. *Chotto (tabako no)* ～ *o kashite kudasai* ちょっと（たばこの）火を貸してください Podia dar-me lume? ～ *ga kieta yō na* 火が消えたような Triste [Frio] *Kare no shi to tomo ni ie no naka wa marude* ～ *ga kieta yō ni natta* 彼の死とともに家の中はまるで火が消えたようになった Com a morte dele, a casa ficou às escuras). ～ *ga tsuku* 火がつく **a)** Acender-se; pegar; inflamar-se; **b)** Inflamar-se 【Fig.】[*Kokkyō funsō ni* ～ *ga tsuite sensō ni natta* 国境紛争に火がついて戦争になった A disputa de fronteiras inflamou-se e causou uma guerra. *Akanbō wa* ～ *no tsuita yō ni nakidashita* 赤ん坊は火のついたように泣き出した O bebé[ê] desatou a chorar com toda a força). ～ *no yō ni okoru* 火のように怒る Encolerizar-se muito. ～ *o fuku* 火を噴く **a)** [Lançar; Cuspir] labaredas; **b)** Disparar; **c)** Explodir; inflamar-se [*Fuman ga* ～ *o fuita* 不満が火を噴いた O descontentamento explodiu]. ～ *o kiru* 火を切る Acender com pederneira. ～ *o tsukeru* 火をつける **a)** Acender [*Tabako ni* ～ *o tsukeru* たばこに火を付け Acender o cigarro]; **b)** Dar início a; provocar [*Ronsō ni* ～ *o tsukeru* 論争に火をつける Provocar uma disputa]. *Ichimen* ～ *(no umi) ni naru* 一面火（の海）となる Transformar-se num mar de chamas. *Kao kara* ～ *ga deru yō ni hazukashii* 顔から火が出るように恥ずかしい Corar como uma brasa, de vergonha. Ⓘ/慣用 ～ *ni abura o sosogu* 火に油を注ぐ Deitar achas na fogueira; atiçar o fogo. ～ *o miru yori mo akiraka* 火を見るよりも明らか Ser mais claro que a luz do dia [(a) água]. Ⓟことわざ ～ *no nai tokoro ni kemuri wa tatanu* 火のない所に煙は立たぬ Onde há fumo há fogo. *Tatoe* ～ *no naka mizu no naka* たとえ火の中水の中 Não se poupar a sacrifícios. *Tonde* ～ *ni iru natsu no mushi* 飛んで火に入る夏の虫 A mariposa que se queima atraída pela chama. **2**［火事］O incêndio; o fogo. ～ *ga deru* 火が出る Haver um ～；「a casa」incendiar(-se). ～ *no moto* 火の元 A origem [causa] do ～. ～ *no yōjin* 火の用心 As precauções contra ～. ～ *no dasu* 火を出す Originar (Causar) ～. ～ *o hanatsu [kakeru; tsukeru]* 火を放つ［かける；つける］Pegar/Deitar fogo「à casa」. Ⓢ/慣 Káji.

3［調理・暖房用の］O fogo [lume]; a lareira. ★ ～ *ni ataru* 火にあたる Aquecer-se ao lume. ～ *(nai) heya* 火の（ない）部屋 O quarto sem lareira. ～ *no ke* 火の気 O aquecimento. ～ *o hosoku/yowaku [tsuyoku] suru* 火を細く／弱く［強く］する Baixar/Pôr mais fraco [Aumentar] o aquecedor. ～ *o okosu [takitsukeru]* 火をおこす［たきつける］Acender (Atiçar) o ～. ～ *o otosu* 火を落とす Apagar o lume (fogão). *Nabe o* ～ *ni kakeru* 鍋を火にかける Pôr a panela no fogão. ～ *[火熱]* O calor do fogo. ～ *o tōsu* 火を通す Cozinhar; aquecer. ⇨ kanétsu¹. **5**［⇨ hi¹⁰］.

hi³ 比 **1**［割合］【Mat.】A razão; a relação; a proporção「de homens e mulheres」. ★ ～ *no atai* 比の値 O valor da razão. "A" *to* "B" *to no* ～ A と B との比 A razão A : B; a proporção de A e B. ⇨ waríaí; hirítsú. **2**［比較］A comparação; o igual; o par. *Kare no atama no yosa wa tōtei watashi nado no* ～ *de wa nai* 彼の頭の良さは到底私などの比ではい Quanto a inteligência, não me posso comparar com ele. Ⓢ/慣 Hikákú (+).

hi⁴ 非 **1**［正しくないこと］O mal; o pecado; a injustiça. ★ *Ze o ze* ～ *o* ～ *to suru* 是を是 非を非とする Aprovar o bem e condenar o mal. Ⓢ/慣 Fuséi.

hi⁵ A/反 Ze. **2** [誤り] O erro; a culpa; a falta. ★ *Jibun no ~ o mitomeru* 自分の非を認める Reconhecer a sua ~. S/同 Ayámáchí; ayámári; tsumí. **3** [欠点] O defeito. ★ ~ *no uchidokoro ga nai* 非の打ちどころがない Ser impecável [perfeito; irrepreensível]. S/同 Ketten (+); tánsho (+). **4** [hi-; 否定]【Pref.】Anti-; contra-; in-; des-; não-. ◇ **~ busō chitai** 非武装地帯 A zona desmilitarizada. **~ jindō-teki** 非人道的 Inumano; desumano. **~ kōkai** 非公開 Secreto; privado.

hi⁵ 否 Não [Contra]; a negativa. *Gian o ~ to suru mono ga tasū de atta* 議案を否とする者が多数であった A maioria votou contra o proje(c)to (de lei). S/同 Ína. A/反 Dáku; ka.

hi⁶ 碑 **1** [墓碑] A lápide [lousa] tumular [do túmulo]. S/同 Bohí. **2** [記念碑] A lápide; o monumento. S/同 Ishíbúmí; sekíhí.

hi⁷ 秘【E.】O segredo. ★ *Hichū no ~* 秘中の秘 ~ absoluto [dos segredos]. ◇ **Maru ~** マル秘 "Secreto". **Maru ~ bunsho [jiko]** マル秘文書[事項] O documento [assunto] "secreto".

hi⁸ 緋 O escarlate; o carmesim. ◇ **~ iro** 緋色 A cor escarlate [~].

hi⁹ 妃 A princesa. ◇ **Kōtaishi ~** 皇太子妃 ~ [esposa do príncipe herdeiro]. S/同 Kísaki.

hi¹⁰ 灯 A luz. *~ ga kieta* 灯が消えた Apagou-se a luz. S/同 Akari (+), tomóshíbi.

hi-¹¹ 被【Pref.】「voto」Passivo [Que recebe]. ◇ **~ hoken-sha** 被保険者 O assegurado. **~ senkyoken** 被選挙権 O direito de ser eleito; o ter voz passiva.

-hi¹² 費【Suf.】As despesas; o dinheiro. ◇ **Kōtsū ~** 交通費 ~ para transporte. ⇨ híyō; kéihí¹.

hi-áburi 火炙[焙]り (< … + abúru)【A.】O suplício do fogo. ★ *~ ni naru* 火炙りになる Ser condenado à (morte na) fogueira; ser queimado vivo. S/同 Kakéí.

hi-ágáru 干[乾]上がる Secar. ★ *Hiagatta ike* 干上がった池 A lagoa seca. I/慣用 *Ago [Kuchi] ga ~* あご[口]が干上がる Ficar sem ter com que viver. ⇨ kawákú¹⁻².

hiái 悲哀 A tristeza; a melancolia; o pesar; a mágoa. *~ o kanzuru* 悲哀を感ずる Sentir mágoa; estar melancólico. S/同 Kanáshímí; yūshú. A/反 Kánki.

hiáríngú ヒアリング (< Ing. hearing) **1** [聞き取り] O (exercício de) ouvir; o ditado. ★ *~ no jugyō* ヒアリングの授業 A aula de ~. S/同 Kikí-tóri. **2** [聞きとり調査] O interrogatório. ◇ **Kōkai ~** 公開ヒアリング A audição. ⇨ kôchōkai.

hi-áshi¹ 日脚[足] **1** [昼間] O dia. ★ *~ ga nagaku naru* 日脚が長くなる Os dias ficarem mais compridos. ⇨ hiru-má. **2** ⇨ hi-záshí.

hi-áshi² 火脚[足] O fogo [incêndio].

hi-ásobi 火遊び (< … + atábú) **1** [火で遊ぶこと] O brincar com o fogo (Crianças). **2** [危険な企て]【Fig.】O jogo perigoso. ★ *Abunai ~ o suru* 危い火遊びをする **a)** Namorar levianamente; **b)** Brincar com o fogo (Ditadores).

hi-átári 日当たり (< … + atárú) **1** [日の当たり具合] O ter sol. ★ *~ no yoi [warui] heya* 日当たりの良い[悪い]部屋 O quarto com muito sol [sem sol]. **2** [⇨ hízáshí].

híba 檜葉 **1** [⇨ hínoki]. **2** [ひのきの葉] A folha da criptoméria. **3** [⇨ asúnáró].

hí-bachi 火鉢 (< … + hachí) O braseiro j.; a braseira.

hibái-úndō 非買運動 A boicotagem. ⇨ boíkótto.

hibáku 被爆[曝] **1** [被爆: 爆撃を受けること] O ser bombardeado [vítima da bomba ató[ô]mica]. ⇨ bakúgékí. **2** [被曝: 放射能を受けること] O ser afe(c)tado por radioa(c)tividade. ◇ **~ sha** 被曝者 A vítima da radioa(c)tividade da bomba ató[ô]mica. ⇨ hōshánó.

hibán 非番 O folga; o ficar livre. A/反 Tōban.

hí-bana 火花 (< … + haná) A faísca; a centelha; a chispa; a faúlha; a fagulha. ★ *~ ga chiru* 火花が散る Cairem faíscas [~s]; faiscar. *~ o chirasu* 火花を散らす **a)** Lançar faíscas; faiscar. **b)**【Fig.】Lutar [Deitar chispas「pelos olhos」]. ⇨ hí no ko.

hi-bárá 脾腹 (< … + hará)【E.】⇨ wakí-bárá.

hibári 雲雀【Zool.】A cotovia [calhandra/cantadeira].

hi-bashi 火箸 (< … ² + háshi) "Hashi" de metal para pegar nas brasas; a(s) tenaz(es).

hi-báshira 火柱 (< … ² + hashíra) A coluna de fogo. *~ ga tatta [tachinobotta]* 火柱が立った[立ち昇った] Elevou-se uma「da explosão」.

híbi¹ 日日 Todos os dias. ★ *~ no kurashi [seikatsu]* 日々の暮らし[生活] A vida c[qu]otidiana/diária. S/同 Máinichi.

hibi² 皹 **a)** A racha; a fenda; **b)** O corte; o afastamento「das duas famílias」. *Chawan ni ~ ga haitta* 茶碗にひびが入った A tigela rachou(-se). *Yūjō ni ~ ga haitta* 友情にひびが入った Houve um corte na amizade.

híbi³ 罅 O cieiro; a greta (na pele).

hibíkáséru 響かせる **1** [音を] Fazer soar. ★ *Kane no ne o ~* 鐘の音を響かせる Tocar [Repenicar] o sino/a sineta. **2**【Fig.】Ter fama. ★ *Akumei o tenka ni ~* 悪名を天下に響かせる ~ de mau em todo o país.

hibíki 響き (< hibíku) **1** [音響] O som「longínquo do trovão」. ★ *Gakki no ~* 楽器の響き ~ de um instrumento (musical). S/同 Oñkyô. **2** [反響; 余韻] A ressonância「do salão」; o eco. ★ *~ no yoi hōru* 響きのよいホール O salão que tem boa ~ [acústica]. S/同 Hañkyō. ⇨ yoíñ. **3** [声の調子] O tom「de convicção」. ★ *Keibetsu no ~* 軽べつの響き Um tom de desprezo.

hibíki-wátáru 響き渡る (< hibíku + …) **1** [鳴り渡る] Ressoar「o canhão」. S/同 Narí-híbíku (+); todórókú (+). **2** [名声などが広く知れる]【Fig.】Espalhar-se. *Kare no yūki wa kuni-jū ni hibiki-watatta* 彼の勇気は国中に響き渡った A fama da coragem dele espalhou-se [ressoou] por todo o país. S/同 Narí-híbíku (+); todórókú (+).

hibíku 響く **1** [音が伝わる] Soar; ressoar. ★ *Yoku ~ koe* よく響く声 Uma voz ressonante [penetrante; vibrante]. **2** [反響する] Ressoar; ecoar. *Uteba ~ yō ni* 打てば響くように Com muita esperteza. ⇨ hañkyō¹. **3** [振動する] Vibrar. *Kazan no meidō ga watashi-tachi no ashi-moto made hibiite kita* 火山の鳴動が私達の足元まで響いて来た A vibração do vulcão a explodir sentia-se mesmo onde nós estávamos. ⇨ shindō¹⁻². **4** [影響する] Repercutir; afe(c)tar. *Amari muri o suru to karada ni ~ yo* あまり無理をすると体に響くよ Não trabalhe demais que lhe afe(c)ta à saúde. ⇨ eíkyô. **5** [知れ渡る] Tornar-se conhecido; propagar-se. *Sono na wa sekai ni hibiite iru* その名は世界に響いている O nome dele é conhecido em todo o mundo. S/同 Todóróku (+).

6 [相手に通じる] Tocar; comover. ★ *Kokoro [Mune] ni ~ kotoba* 心［胸］に響く言葉 Palavras comoventes. **7** [⋯と聞こえる] Soar; parecer. ★ *Kō iu to myō ni ~ ka mo shirenai ga* こう言うと妙に響くかも知れないが Talvez pareça estranho o que vou dizer, mas⋯. ⟨S/同⟩ Kikóérú (+).

hibi-wáré 罅割れ (< + hibí-wáréru) A racha; a boca [mossa]「da tigela/faca」. ★ ~ *suru* ひび割れする ⇨ hibí-wáréru.

hibí-wáréru 罅割れる Rachar. ★ *Hibi-wareta kuchibiru* ひび割れた唇 Os lábios rachados/gretados.

hibó 誹謗【E.】A difamação; a calúnia; a maledicência. ⟨S/同⟩ Chūshō (+).

hibón 非凡 O ser extraordinário. ★ ~ *na hito* 非凡な人 A pessoa extraordinária [fora do comum]; o prodígio; o géênio. ⟨A/反⟩ Heíbón.

hi-bóshi[1] 干乾し O definhamento; a inanição. ★ ~ *ni naru* 干乾しになる Definhar [Ficar como um esqueleto/Morrer de fome]. ⇨ kíga[1].

hi-bóshi[2] 日干し (< ⋯ + hósu) O secar ao sol. ⟨A/反⟩ Kagé-bóshi.

hibu 日歩【Econ.】O juro diário. ★ ~ *san-sen* 日歩三銭 Três "sen" de juro por dia. ⇨ nénri.

hi-búkure 火脹れ (< ⋯ + fukúréru) A bolha (causada por queimadura). ⇨ suíhó[2].

hi-búsō 非武装 O desarmamento; a desmilitarização. ◇ ~ **chitai** 非武装地帯 A zona desmilitarizada.

hí-buta 火蓋 (< ⋯ + futá) A pranchada [espoleta]. ★ ~ *o kiru* 火蓋を切る Despoletar [*Senkyo-sen no ~ ga zenkoku issei ni kitte otosareta* 選挙戦の火蓋が全国一勢に切って落とされた A campanha eleitoral começou [foi despoletada] em todo o país].

hibútsú 秘仏 A estátua budista que não costuma estar patente ao público.

hichíríki 篳篥 A flauta para "gagaku".

hichō[1] 飛鳥【E.】A ave a voar.

hichō[2] 悲調【E.】O tom [A melodia] triste.

hichō[3] 秘帖【E.】Um livro [caderno] secreto.

hichū 秘中 O ser secreto. ★ ~ *no hi* 秘中の秘 Super-secreto.

hída 襞 A prega「da montanha/saia」. ★ *Kokoro no ~ ni fureru* 心の襞に触れる Tocar na parte mais sensível do coração.

hi-dáchi 肥立ち **1** [成長] O crescimento「da criança」. ⟨S/同⟩ Hatsúkú (+); seíchō (o). **2** [産後の回復] A convalescença do parto. *Sango no ~ ga yoi [warui]* 産後の肥立ちが良い［悪い］Ter uma ~ rápida [lenta].

hidái 肥大 **1** [肥満すること] A obesidade. **2** [組織・器官が大きくなること]【Med.】A hipertrofia. ★ ~ *suru* 肥大する Hipertrofiar-se. ◇ **Shinzō** ~ 心臓肥大 ~ do coração.

hi-dámari 日溜まり (< ⋯ + tamárú) O lugar soalheiro (Banhado de sol).

hidán 被弾 O ser atingido por uma bala.

hi-dáne 火種 (< ⋯[2] + táne) **1** [火のもと] A brasa. **2** [騒ぎのもと]【Fig.】A faísca [causa]. ★ *Sensō no ~* 戦争の火種 da [que provocou a] guerra.

hí-dara 干鱈 O bacalhau seco. ⇨ tára[1].

hidári 左 **1** [右の反対] O lado esquerdo; a esquerda. ~ *muke* ~ 左向け［号令］Esquerda, volver! ★ ~ *ni [e] magaru* 左に［へ］曲がる Virar à esquerda. *Mukatte ~ no ie* 向かって左の家 A casa do [ao] ~ de quem olha. ◇ ⇨ **mae** [**te**; **uchiwa**]. ⟨A/反⟩ Migí. **2** [左翼] A esquerda (política). ⟨S/同⟩ Sáyoku. ⟨A/反⟩ Migí.

hidári-gáwá 左側 (< ⋯ + kawá) O lado esquerdo; a esquerda. ◇ ~ **tsūkō** 左側通行（掲示）Trânsito [Siga] pela ~.

hidári-gítcho 左ぎっちょ【G.】⇨ hidári-kíki **1**.

hidári-kíki 左利き (< ⋯ + kikú) **1** [左手がうまく使えること] O canhoto (Pop.); o esquerd(in)o. ★ ~ *no hito* 左利きの人 A pessoa canhota. ⟨S/同⟩ Gítcho. ⟨A/反⟩ Migí-kíkí. **2** [酒飲み] O bebedor. ★ ~ *de aru* 左利きである Ser um grande ~ [amigo da pinga]. ⟨S/同⟩ Jōgo, saké-nómí (+), sató.

hidári-máe 左前 **1** [着物の前の] A maneira errada de vestir o quimono (apertando-o com o lado esquerdo sobre o direito). **2** [商売などの不振] O (mau) aperto. *Fukyō no sei de mise wa ~ ni natta* 不況のせいで店は左前になった Devido à recessão, o negócio está apertado [mau/a ir mal].

hidári-mákí 左巻き (< ⋯ + makú) **1** [左に巻いていること] O girar para a esquerda [no sentido contrário ao dos ponteiros do relógio). ⟨A/反⟩ Migí-mákí. **2** [頭がおかしいこと]【G.】O maluco; o ter um parafuso a menos; o regular mal (da cabeça).

hidári-máwari 左回り (< ⋯ + mawárú) O girar para a esquerda. ⟨A/反⟩ Migí-máwari.

hidári-té 左手 **1** [左の手] A mão esquerda. **2** [左の方] O lado esquerdo. ⟨A/反⟩ Migí-té. ⇨ hidári-gáwá.

hidári-úchíwa 左団扇 O leito de rosas. *Musume ga sutā ni natta no-kage de oya wa ~ da* 娘がスターになったおかげで親は左団扇だ A filha é agora uma (grande) estrela e por isso os pais estão num ~.

hidári-wáké 左分け (< ⋯ + wakéru) O fazer a risca do cabelo do lado esquerdo. ⟨A/反⟩ Migí-wáké.

hidári-yóri 左寄り (< ⋯ + yorú) As tendências esquerdistas. ⟨S/同⟩ Sakéí. ⟨A/反⟩ Migí-yóri.

hidári-zúmá 左褄 (< ⋯ + tsumá) O segurar a aba do quimono com a mão esquerda, como as gueixas. ★ ~ *o toru* 左褄を取る Fazer-se gueixa.

hidárúí ひだるい【G.】⇨ himójíí.

hi-dáruma 火達磨 Uma bola de fogo [chamas]. ★ ~ *ni naru* 火達磨になる「pessoa num incêndio」Ficar ~.

hidén 秘伝 O segredo. ★ ~ *o sazukeru* 秘伝を授ける Ensinar [Transmitir/Passar] o ~.

hi-dénka 妃殿下 Sua Alteza a Princesa. ★ *Masako* ~ 雅子妃殿下 ~ Masako.

hidéri 日照り **1** [早魃] A seca; a estiagem. ⟨S/同⟩ Kańbátsú. **2** [必要なものが手に入らないこと]【G./Fig.】A carestia [escassez]. ◇ **Onna** ~ 女日照り ~ de mulheres.

hidó 非道 A crueldade; a atrocidade; a injustiça. ◇ **Gokuaku** ~ 極悪非道 A maior [pior] ~.

hidói 酷［非道］い **1** [むごい]「você é」Cruel [Mau]; desumano. ★ ~ *me ni au* 酷い目にあう Ser maltratado; ter uma experiência desagradável/terrível. ~ *shiuchi* 酷い仕打ち O tratamento ~. ⟨S/同⟩ Mugói. **2** [程度が甚だしい] Grande; terrível; tremendo. ★ ~ *ame* 酷い雨 A chuva tremenda. ~ *kaze o hiku* 酷い風邪をひく Apanhar um resfriado terrível. ⟨S/同⟩ Hagéshíí; hanáhádáshíí. **3** [とても悪い] Mau [Má]; péssimo;「casa」pobre. "*Shiken wa dō datta.*" "*Hidokatta yo*" 「試験はどうだった」「酷かったよ」Como correu o

hi-dókei 日時計 (<…¹+tókéi) O relógio de sol.
hídoku 酷く (Adv. de hidói) Muito; terrivelmente… *Kaze wa hirusugi kara ichidan to… natte kita* 風は昼過ぎから一段と酷さくっって来た O vento aumentou ~ [ainda mais] depois do meio-dia. ★ ~ *yopparatte iru* 酷く酔っ払っている Estar muito embriagado.
hi-dómei [óo] 非同盟 Não aliado. ◇ ~ **koku** 非同盟国 Os países ~ s.
hi-dóri 日取り (<…¹+tóri) A data [O dia]. ★ *Kekkon-shiki no ~ o kimeru* 結婚式の日取りを決める Marcar o ~ do casamento. ⇨ tsúkí-gáké; Kíjitsu.
hié¹ 冷え (<hiéru) O frio. ⇨ hié-kómi.
hié² 稗 [Bot.] O (milho) painço; o sorgo.
hié-bie (to) 冷え冷え (と) (<…+hié) **1** [冷たいさま] Frio; 「quarto」gélido. **2** [空しく空虚なさま] Indiferente; frio. ★ ~ *shita kimochi* 冷え冷えした気持ち O sentimento ~.
hi-éisei 非衛生 Anti-higi[ê]nico; insalubre. ⒮同 Fu-éisei.
hiéki 神益 [E.] O benefício [bem] 「desta descoberta para a sociedade」. ★ ~ *suru* 神益する Beneficiar; servir. ⇨ kíyo¹; kókén¹.
hié-kómi 冷え込み (<hié-kómú) O arrefecer. ★ *Asa-ban no ~* 朝晩の冷え込み ~ de manhã e à noite.
hié-kómu 冷え込む (<hiéru+…) **1** [強く冷える] Esfriar [Arrefecer] muito. **2** [体が冷える] Arrefecer; ficar com frio 「nos pés」.
hiéru 冷える **1** [寒くなる; 寒さを感じる] Arrefecer; fazer frio. *Yoru wa ~ kara gaitō o kite oide* 夜は冷えるから外とうを着ておいで Vá de [Vista o] casaco porque à noite faz frio. ⇨ hié-kómú. **2** [体が冷える] Ter [Ficar] com frio (Pessoas); ficar fria「a comida」; arrefecer (Em geral). *Ryōri ga hiete shimatta* 料理が冷えてしまった A comida arrefeceu. ★ *Yoku hieta bīru* よく冷えたビール A cerveja gelada. ⒜反 Atatámáru. ⇨ saméru¹. **3** (冷たくなる) [Fig.] Esfriar; esmorecer「o ânimo」. *Aijō ga hieta* 愛情が冷えた O amor esfriou. ⒮同 Saméru.
hié-shō 冷え性 O ser excessivamente sensível ao frio 「por má circulação」. ★ ~ *de aru* 冷え性である Ser friorento.
hífu¹ 皮膚 A pele. *Areta [Kime no arai] ~* 荒れた [きめの荒い] 皮膚 ~ áspera/rija. *Namaraka na [Kime (no) komakai] ~* なめらかな [きめの細かい] 皮膚 ~ lis(inh)a. ~ **byō** 皮膚病 A dermatose; a doença da ~. ~ **en** 皮膚炎 A inflamação cutânea/da ~. ~ **ka** 皮膚科 A dermatologia. ~ **kokyū** 皮膚呼吸 A respiração cutânea [pelos poros]. ⇨ Háda.
hifu² 被布 Um casaco de senhora, amplo, usado por cima do quimono.
hi-fúkí-dake 火吹き竹 (<…+fúku+také) O tubo de bambu para soprar [acender] o lume.
hifuku¹ 被服 [E.] A roupa. ◇ ~ **hi** 被服費 As despesas do vestir [para ~]. ⒮同 Ífuku (+).
hifuku² 被覆 O revestimento [do fio]; o invólucro; a capa. ★ ~ *suru* 被覆する Revestir. ⇨ óf¹.
hifún 悲憤 [E.] A indignação. ◇ ~ **kōgai** 悲憤慷慨「sentir」Profunda ~ 「contra a corrupção」.
higa 彼我 [E.] Eles e nós「temos os mesmo direito」.
hi-gáérí 日帰り (<…+káeru) A ida e volta no mesmo dia. ★ ~ *no ryokō* 日帰りの旅行 A viagem de um dia. ⒜反 Tomárí(gáké).

hígai 被害 O dano; o prejuízo; o estrago. ★ ~ *o ataeru* 被害を与える Causar dano. ~ *o kōmuru [ukeru]* 被害をこうむる [受ける] Ser danificado [prejudicado]; sofrer o ~. *Taifū no [ni yoru] ~* 台風の [による] 被害 ~ causado pelo tufão. ~ **chi** 被害地 A área afe(c)tada [danificada]. ~ **mōsō** 被害妄想 A mania de perseguição.
higái-sha 被害者 O prejudicado; a vítima. ⒜反 Kagái-sha.
hi-gáké 日掛け (<…+kakéru) A prestação diária. ★ ~ *o suru* 日掛けをする Pagar em prestações diárias. ⇨ tsúkí-gáké.
higá-me 僻目 (<higámu+me) **1** [斜視] O olhar vesgo; o estrabismo. ⒮同 Sháshi (o); súgame (+); yabúnírámí (+). **2** [目の誤り] O erro de visão. ⒮同 Mi-áyámárí; mi-sókónái. **3** [偏見] O preconceito. *Ano hito no koto o sonna fū ni iu no wa kimi no ~ da* あの人のことをそんな風にいうのは君の偏見だ Tu falas assim porque não o vês com bons olhos [porque tens ~s contra ele]. ⒮同 Heñkén (+).
higámi 僻み (<higámu) A desconfiança doentia; o preconceito. ◇ ~ **konjō** 僻み根性 O espírito mórbido 「por inveja/ciúme」. ~ netámí; sonému.
higámu 僻む Ter preconceitos, por inveja ou ciúme. ★ *Higamippoi* 僻みっぽい Invejoso.
higán¹ 彼岸 **1** [春分; 秋分] A semana do equinócio. ★ ~ *no chūnichi* 彼岸の中日 O equinócio. *Aki [Haru] no ~* 秋 [春] の彼岸 O equinócio do outono [da primavera]. ことわざ *Atsusa samusa mo ~ made* 暑さ寒さも彼岸まで Passado o equinócio, passado está também o calor e o frio. ◇ ~ **bana [zakura]**. **2** [あの世] [E.] O outro mundo. ⒮同 Shígan.
hígan² 悲願 O desejo ardente [veemente].
hígana(ichí-níchí) 日がな (一日) O dia inteiro「sem fazer nada」. ⒮同 Himósúgárá; hinémósu; ichínichíjū (+).
higán-bana 彼岸花 (<…+haná) [E.] Uma espécie de amarílis; *lycoris radiata*. ⒮同 Mañjúshage.
higán-zákura 彼岸桜 (<…+sakurá) [Bot.] Uma cerejeira que floresce cedo; *prunus subhirtella*.
higará 日柄 O agouro do dia. ★ *(O)~ ga yoi [warui]* (お) 日柄が良い [悪い] Ser dia de bom [mau] agouro.
hi-gása 日傘 (<…¹+kása) A sombrinha; o guarda-sol.
higashi¹ 東 O este; leste; o oriente; o nascente; o levante. ★ ~ *e iku [mukau]* 東へ行く [向かう] Ir para leste. ◇ ~ **gawa**. ~ **kaze** 東風 O vento (do) leste. ⒜反 Níshi. ⇨ tôbu²; tōhō²; tôyo.
hi-gáshi² 干菓子 O doce seco 「bolacha」. ⒜反 Namá-gáshi. ⇨ káshi².
hi-gáshi³ 日貸し (<…¹+kasú) O aluguer[l] diário.
higáshi-gáwá 東側 (<…¹+kawá) O leste 「da casa/Europa」.
Higashi-Timóru 東ティモール Timor Leste. ◇ ~ **jin** 東ティモール人 O/A timorense.
higatá 干潟 A marisma (Terreno alagadiço à beira-mar). ⒮同 Katá.
higé¹ 髭・髯・鬚 **1** [人間の] A barba; o bigode (⇨ kuchí-hígé). ★ ~ *ga nobiru [haeru]* 髭がのびる [生える] ~ crescer. ~ *o hayasu/takuwaeru* 髭をはやす / 蓄える Deixar crescer a ~. ~ *o soru (ataru)* 髭

を剃る［あたる］Fazer a barba; barbear-se. *Koi* [*Usui*] ～ 濃い[薄い]髭 ～ espessa [rala]. ◇ ⇨ **～ sori** [**zura**]; **bushō** [**chobi; dojō; kuchi**] **～**. **Yagi ～** 山羊髭 A pêra [O cavanhaque]. **2** [動物の] Os bigodes; a barba; os barbilhões[os]「do peixe」. **3** [植物の] As radículas. ★ *Kyūri no maki* ～ 胡瓜の巻き髭 As gavinhas do pepino. **4** [ぜんまいの] O cabelo da mola de relógio.

híge[2] 卑下 A humildade. ★ ～ *suru* 卑下する Humilhar-se; rebaixar-se. [S/同] Keńjṓ; keńsóń (+). [A/反] Jimáń; jisóń. ⇨ kénkyo[2]; kutsújókú.

hígeki 悲劇 A tragédia. ～ *teki na*「*jiken*」悲劇的な「事件」「o caso」Trágico [Triste]. ◇ **～ joyū** 悲劇女優 A a(c)triz trágica. [A/反] Kígeki. ⇨ hikígeki.

higémójá 髭もじゃ O barbudo/hirsuto.

hí-gengyō 非現業 O trabalho de escritório. ◇ **～ in** 非現業員 O empregado de escritório.

hí-genjitsu-teki 非現実的 Irreal;「pensar」no ar; irrealizável. [S/同] Kū́sṓ-tékí.

higé-sórí 髭剃り (<… [1]+sóru) **1** [髭を剃ること] O fazer a barba. **2** [Abrev. de "～dōgu"] ◇ **～ dōgu** 髭剃り道具 O estojo de ～. ⇨ kamísórí.

higé-zúrá 髭面 (<… [1]+tsurá) O estar com a barba por fazer.

hígi[1] 秘技 A técnica secreta.

hígi[2] 秘儀 A cerimó[ô]nia secreta; o mistério.

higí-sha 被疑者 O suspeito. ⇨ yṓgí-sha.

hígo[1] 庇護 A prote(c)ção; o patrocínio; o amparo. ★ ～ *suru* 庇護する Proteger; patrocinar. ◇ **～ sha** 庇護者 O patrocinador. ⇨ hógo[1].

hígo[2] 卑語【E.】A linguagem baixa; o calão. ⇨ zokúgó.

hígo[3] 飛［蜚］語【E.】O boato. ◇ ⇨ **ryūgen ～**. [S/同] Déma (+).

higó[4] 籤 Uma tira fina de bambu.

higṓ 非業 O ser contra o destino natural de uma pessoa. ★ ～ *no shi* [*saigo*] *o togeru* 非業の死［最期］を遂げる Morrer de morte violenta.

hi-gṓhō [**góo**] 非合法 Ilegal. ◇ **～ katsudō** 非合法活動 O movimento ～. [A/反] Gṓhṓ. ⇨ fuhṓ[1]; ihṓ[1].

hi-gói 緋鯉 (<… [8]+kói) A carpa vermelha. [A/反] Magóí.

hi-gṓri [**óo**] 非合理「medida」Irracional. [S/同] Fu-gṓri (+).

higóró 日頃 **1** [平生] Habitualmente; normalmente「come pouco」; ordinariamente「estuda muito」. ◇ **Tsune ～** 常日頃 Sempre. [S/同] Fúdan; heízéí. **2** [かねてから] Há muito tempo. ～ *no nozomi* [*omoi*] *ga kanatta* 日頃の望み［思い］がかなった Realizou-se/Realizei o meu velho sonho. [S/同] Kánete-kara. ⇨ máe.

higótó 日毎 **1** [毎日] Todos os dias. ◇ **～ yogoto** 日毎夜毎 Dias e noites. [S/同] Híbi (+); máinichi (o). **2** [日を重ねるたび] Dia após dia. ～ *ni atatakaku natte kita* 日毎に暖かくなってきた O calor tem aumentado ～ [de dia para dia].

híguma 羆【Zool.】O urso castanho; *ursus arctos*. ⇨ kumá[1].

higúráshí 蜩【Zool.】Uma cigarra (esverdeada que canta de madrugada e ao crepúsculo); *tanna japonensis*. [S/同] Kanákáná(zemi). ⇨ semí.

hi-gúré 日暮れ (< hi[1] + kurérú) O anoitecer; o cair da noite. ★ ～ *mae ni* 日暮れ前に Antes do anoitecer. [S/同] Tasógáré; yū́gúré. [A/反] Yoáké. ⇨ nichíbótsú; yū́bé[1]; yū́gátá[1]; yū́kókú[1].

higyṓ 罷業 ⇨ sutó(ráiki).

híhan 批判 **a**) A crítica; o comentário (⇨ hihyṓ); **b**) O ataque; a censura (⇨ mónku). ～ *suru* 批判する **a**) Criticar「o chefe」; **b**) Fazer uma crítica「do livro」. ◇ **～ sha** 批判者 O crítico「literário」. ⇨ **～ teki**. **Jiko ～** 自己批判 A autocrítica.

hiháń-tékí 批判的 Crítico. *Kare wa* ～ *na taido o totta* 彼は批判的な態度を取った Ele tomou uma atitude crítica.

hihéí 疲弊【E.】O enfraquecimento; o ficar exausto. ★ *Kokuryoku ga* ～ *suru* 国力が疲弊する A nação enfraquecer [ficar exausta].

híhi 狒狒 **1** [猿] O cinocéfalo; o mandril. ◇ **Manto ～** マントヒヒ A hamadríada[e] (Macaco com juba). **2** [好色漢] O mulherengo; o libertino; o devasso. ◇ **～ jijī** [**o-yaji**] 狒狒じじい［おやじ］O velho mulherengo [femeeiro]. ⇨ kṓshókú[2].

hihṓ[1] 秘方【E.】A receita secreta da medicina chinesa.

hihṓ[2] 秘法 O método [processo] secreto.

hihṓ[3] 秘宝【E.】O tesouro (escondido).

hihṓ[4] 悲報 A notícia triste [de uma morte]. ★ ～ *ni sessuru* 悲報に接する Receber uma ～. [S/同] Fuhṓ. [A/反] Rṓhṓ.

hí-hokénsha 被保険者 O segurado. ⇨ hi[11].

hihóń 秘本【E.】**a**) O livro precioso [bem guardado]; **b**) O livro secreto [proibido].

hihyṓ 批評 O comentário; a crítica「literária」; a avaliação. ★ ～ *suru* 批評する Comentar; criticar; avaliar; fazer uma crítica「a um livro」. ◇ **～ gan** 批評眼「ter」Olho crítico. **～ ka** 批評家 O crítico. ⇨ híhan; hyṓróń; rońpyṓ; shohyṓ.

hiídéru 秀でる Sobressair; distinguir-se; ser superior. ★ *Hiídeta ago* [*hitai*] 秀でたあご［額］O queixo [A testa] saliente. *Ichigei ni* ～ 一芸に秀でる ～ numa arte [num ramo; profissão]. [S/同] Nukíńdéru. ⇨ masáru; sugúrérú.

hiíki 贔屓 **1** A predile(c)ção [preferência]; o patrocínio; o apoio (Ex.: *Kare wa Nihonbiiki da* = Ele apoia o [é amigo do] J.). *Anata no* ～ *no yakusha wa dare desu ka* あなたの贔屓の役者は誰ですか Qual é o seu a(c)tor predile(c)to? ★ ～ *ni azukaru* 贔屓にあずかる Receber o apoio. [P/ことわざ] ～ *no hikitaoshi* 贔屓の引き倒し O arruinar [causar dano a] alguém por lhe dar excessivo apoio. ◇ **～ kyaku** [**suji**] 贔屓客［筋］O bom freguês. ⇨ **～ me**. [S/同] Áiko. ⇨ fán[1]; mikátá[1]; ṓéń.
2 [偏愛] O「ser promovido por」favoritismo; a parcialidade. ★ ～ (*o*)*suru* 贔屓(を)する Ser parcial. [S/同] Ekóhíiki (+); heń'áí.

hiíkí-mé 贔屓目 O olhar de predile(c)ção. ★ ～ *ni miru* 贔屓目に見る Ver com bons olhos/com ～.

hií-mágó 曾孫 O bisneto. [S/同] Himágo; sṓsóń.

hií-óbásan [**áa**] 曾お祖母さん A bisavó. [S/同] Sṓsóbo.

hií-ójísan [**ii**] 曾お祖父さん O bisavô. [S/同] Sṓsófu.

híiragi 柊【Bot.】O azevinho; *osmanthus aquifolium*.

hi-íré 火入れ (<… [2]+irérú) **1** [たばこの火種を入れる小さいうつわ] Um braseirinho para acender「o cachimbo」. **2** [溶鉱炉などに初めて点火すること] O acender pela primeira vez um forno (de fundição). ★ ～ *suru* 火入れする Inaugurar um forno. **3** [加熱] **a**) O aquecer「a comida fria」; **b**) O deitar fogo「ao capim」. [S/同] Kanétsú (+).

híite wa 延いては E por sua vez. *Kore wa kono chihō no tame ～ kuni no tame ni naru shigoto da* これはこの地方のため延いては国のためになる仕事だ Isto é um trabalho bom para a região ～ para o país.

hijí[1] 肘・肱・臂 O cotovelo. *Uwagi no ～ ga surikire-ta* 上着の肘がすり切れた O casaco está puído [coçado/gasto] nas mangas. ★ ～ *o haru* 肘を張る Pôr os ～ s para os lados. ⇨ hijí-déppō.

híji[2] 秘事【E.】O segredo. ⇨ himítsú.

hijí-déppō 肘鉄砲 (<…[1]+teppṓ)【G.】 **1** [肘で他人を強く押しのけること]「dar」Uma cotovelada. ★ ～ *o kurau* [*kuu*] 肘鉄砲を食らう [食う] Levar uma ～. [S/同] Hijítétsú. **2** [先方の申し込みを強くはねつけること] A rejeição [recusa] absoluta; o dar com a porta na cara. ★ ～ *o kurawasu* [*kuwasu*] 肘鉄砲を食らわす [食わす] Rejeitar; dar com… ～ *o kuu* [*kurau*] 肘鉄砲を食う [食らう] Ser rejeitado; levar com… [S/同] Hijítétsú.

hijí-gáné 肘金 (<…[1]+kané) O puxador「do fecho」.

hijí-káké 肘掛け (<…[1]+kakéru) O apoio para o(s) cotovelo(s) (sobretudo quando sentado no tatámí). ◇ **～ isu** 肘掛け椅子 A poltrona; a cadeira de braços.

híjiki 鹿尾菜【Bot.】Uma alga comestível.

hijí-mákura 肘枕 O apoiar a cabeça no braço. ★ ～ *o suru* 肘枕をする「Dormir」apoiando… ⇨ hṓzúe.

hí-jińdṓ-tékí 非人道的 Inumano; desumano; cruel; brutal; bárbaro. ★ *Horyo o ～ ni atsukau* 捕虜を非人道的に扱う Tratar cruelmente [de maneira ～ a] os prisioneiros de guerra.

híjiri 聖【E.】 **1** [⇨ seíjíń[2]]. **2** [⇨ teńnṓ]. **3** [学問・技術などのすぐれた人] O grande mestre. ★ *Uta no ～* 歌の聖 O grande poeta. **4** [⇨ kṓsṓ[6]].

H

hijṓ[1] 非常 **1** [普通でなくさし迫った事態] A emergência. ★ ～ *ni saishite* [*no sai ni* (*wa*)] 非常に際して[の際に (は)] Numa [Em caso de] ～. ～ (*no toki*) *ni sonaeru* 非常 (の時) に備える Preparar-se para uma [qualquer] ～. ◇ ⇨ **～ guchi** [**ji; jitai**]. **～ kaidan** 非常階段 As escadas de ～. **～ keihō** 非常警報 O alarme. ⇨ **～ sen**. **～ shoku** 非常食 Os víveres de reserva. **～ shudan** 非常手段 Uma medida de ～. ⇨ **～ yō**. [A/反] Tsújṓ. ⇨ kińkyū́. **2** [程度が普通でない; はなはだしい] Exce(p)cional; extraordinário. ★ ～ *na atsusa* 非常な暑さ Um calor ～. ～ *ni* 非常に Muito「lindo」; extremamente; exce(p)cionalmente; extraordinariamente.

hijṓ[2] 非情 **1** [喜怒哀楽の感情がないこと] Insensível; cruel. ★ ～ *na shiuchi o ukeru* 非情な仕打ちをうける Ser tratado cruelmente. [A/反] Ujṓ. ⇨ reíkókú[1]. **2** [木石の類] O「ser/obje(c)to」inanimado. [A/反] Ujṓ.

hijṓ-guchi [óo] 非常口 (<…[1]+kuchí) A saída de emergência.

hijṓ-ji [óo] 非常時 A [O tempo de] crise.

hijṓ-jítai 非常事態 O estado de emergência. ◇ (**Kokka**) **～ sengen** (国家) 非常事態宣言 A declaração de ～ (nacional).

hi-jṓkin [óo] 非常勤 O emprego de horário parcial. ◇ **～ kōshi** 非常勤講師 O professor「só」a tempo parcial.

hijṓ-sén 非常線 O cordão policial [da polícia]. ★ ～ *o haru* 非常線を張る Formar um ～. ～ *o toppa suru* 非常線を突破する Romper o ～.

hi-jṓshiki [óo] 非常識 A falta de bom senso. *Kare wa ～ (na otoko) da* 彼は非常識 (な男) だ Ele não tem senso comum.

hi-jósū 被除数【Mat.】O dividendo. [A/反] Josū́.

hi-jṓsū 被乗数【Mat.】O multiplicando. [A/反] Jṓsū́.

hijṓ-yṓ 非常用 Para (uso em) caso de emergência. ◇ **～ hashigo** 非常用梯子 A escada ～.

hijū́ 比重 **1** [物質の水の重さとの比]【Fís.】O peso específico. ◇ **～ kei** 比重計 O densímetro. **2** [重点] A importância relativa; o peso. ★ *Taiiku yori chiiku ni ～ o oku* 体育より知育に比重を置く Dar mais importância à educação intele(c)tual do que à (educação) física. [S/同] Jū́tén; uéto.

hijúń 批准 A ratificação. ★ *Jōyaku o ～ suru* 条約を批准する Ratificar um tratado. ◇ **～ sho** 批准書 O instrumento de.

híjutsu 秘術 Os segredos da arte. [S/同] Okú nó te.

hiká[1] 皮下 A hipoderme. ◇ **～ chūsha** 皮下注射 A inje(c)ção subcutânea [hipodérmica]. **～ shibō** 皮下脂肪 A gordura subcutânea. **～ shukketsu** 皮下出血 A hemorragia subcutânea; a maçadura.

híka[2] 悲歌【E.】A elegia; o canto triste [fúnebre]; o lamento. [S/同] Áika; érejī.

hikáé 控え (< hikáéru) **1** [メモ] A nota; a anotação; o apontamento. [S/同] Mémo (+); obóégákí. **2** [副本] A cópia; o duplicado [a duplicata]. ★ ～ *o toru* [*tsukuru*] 控えを取る [作る] Tirar [Fazer] um/a ～. [S/同] Utsúshí. ⇨ kópī. **3** [順番を待つこと] A espera. ★ ～ *no ma* 控えの間 A sala de ～; a antecâmara. **4** [予備] A reserva「de material」. ★ ～ *no senshu* 控えの選手 O jogador suplente [de ～].

hikáé-chṓ 控え帳 (<… + chṓmén) O caderno [A caderneta] de anotações.

hikáémé 控え目 (< hikáéru + …) **1** [遠慮して言ったり行動したりするようす] A modéstia; a moderação. ★ ～ *na taido* 控え目な態度 A atitude moderada「dos trabalhadores」. **2** [内輪にとどめるようす] O ser moderado/modesto/cauteloso. ★ ～ *na sūji* 控え目な数字 O número calculado muito por baixo「para o orçamento da ponte」.

hikáéru 控える **1** [遠慮して制限する] Abster-se「de」; não fazer [dizer/…]. ★ *Gaishutsu o ～* 外出を控える Abster-se de passeios; procurar não sair. ⇨ osáéru; seígén[1] ◇. **2** [引きとめる] Puxar (para trás); refrear. ★ *Tazuna o ～* たづなを控える Puxar a rédea. ⇨ hikú[1]. **3** [書きとめる] Anotar; escrever. ★ *Yōten o nōto ni ～* 要点をノートに控える ～ os pontos principais num caderno. [S/同] Kakítóméru; mémo suru. **4** [近くにいる] Esperar [Aguardar]. ★ *Rinshitsu ni ～* 隣室に控える ～ na sala ao lado. **5** [近くにそのものがある] Ter (por) perto. ★ *Minami ni yama o ～* 南に山を控える「a casa」Ter um monte [as montanhas] ao sul. **6** [近い将来に予定する] Estar perto de. ★ *Shiken o asu ni ～* 試験を明日に控える Estar em vésperas de exame. **7** [内輪に言う] Dizer antes de menos do que de mais. ★ *Jissai yori hikaete hōkoku suru* 実際より控えて報告する Não dizer [relatar] tudo. ⇨ osáéru.

hikáé-shitsu 控え室 A sala de espera; a antecâmara. [S/同] Machíái-shitsu.

hi-kágákú-tékí 非科学的 Anticientífico.

hi-kágé 日陰 [蔭] **1** [日光のあたらない所] A sombra「da casa」. A/反 Hinátá. **2**［表立って世に出られないこと］[Fig.] O viver meio escondido. ★ ~ *no mi* 日陰の身 A pessoa que vive ao lado da sociedade.

hikágé-mónó 日陰［蔭］者 **a**) A pessoa banida da sociedade; **b**) O [A] amante.

hi-kágen 火加減 O (grau/estado do) lume「para assar carne」.

hi-káki 火掻き (<… ² + káku) O atiçar o fogo. ◇ ~ **bō** 火掻き棒 O atiçador [ferro de ~].

hikákú¹ 比較 A comparação. *Sore to kore to wa ~ ni naranai* それとこれとは比較にならない Esse e este nem se comparam. ★ ~ *ni naranai hodo muzukashii* 比較にならないほど難しい Incomparavelmente mais difícil. ~ *suru* 比較する Comparar. ⇨ ~ **bungaku** 比較文学 A literatura comparada. ~ **gengogaku** 比較言語学 A filologia [linguística] comparada. ⇨ ~ **kyū** [**teki**].

hikákú² 皮革 O couro; a pele (de animal). ◇ ~ **seihin** 皮革製品 O artigo de ~. **Gōsei** ~ 合成皮革 O ~ sintético. S/同 Kawá.

hikákú³ 非核 Não-nuclear. ◇ ~ **busō** (**ka**) 非核武装 (化) O armamento ~. ~ **san-gensoku** 非核三原則 Os três princípios anti-nucleares (Não possuir, não fabricar, não deixar entrar no J. armas nucleares). ⇨ kakú-búsō.

hikákú-kyū 比較級【Gram.】O comparativo. ⇨ geńkyū²; saíjōkyū.

hikákú-téki 比較的 Relativo. S/同 Warláí (ní).

hikán¹ 悲観 **1**［希望を失うこと］O desespero; o desânimo. ★ *Jinsei o ~ suru* 人生を悲観する Desesperar da vida. A/反 Rakkán. **2**［この世を苦痛や悪いことばかりだと考えること］O pessimismo [derrotismo]. ★ ~ *teki na kangae* 悲観的の考え A ideia pessimista. ◇ ~ **ron** 悲観論 O pessimismo [negativismo]. ~ **ronsha** 悲観論者 O pessimista. A/反 Rakkán.

hikán² 避寒 O fugir do frio [passar o inverno num lugar de clima ameno]. ◇ ~ **chi** 避寒地 O lugar de invernadouro. A/反 Hishó. ⇨ tōmín¹.

hikarábíru 干［乾］涸らびる **1**［すっかり水分がなくなる］Secar; ressequir; murchar. ★ *Hikarabita happa* 乾涸らびた葉っぱ As folhas murchas [ressequidas]. S/同 Shinábíru. ⇨ karérú¹; kawáku¹. **2**［生気やうるおいがなくなる］Secar-se「a emoção」; encarquilhar.

hikárásu 光らす Fazer brilhar; polir. ★ *Me o hikarasete nagameru* 目を光らせて眺める Olhar atentamente [com interesse].

hikáré-mónó 引かれ者 (< hikárérú + …) O condenado à morte. P[ことわざ] ~ *no kouta* 引かれ者の小唄 A bravata cov[b]arde de um vencido.

hikárérú 引［惹］かれる (< hikú) Ser atraído「pela luz」. ★ *Isei ni ~* 異性に引かれる Sentir atra(c)ção pelo sexo oposto.

hikári 光 **1**［光ること; もの］A luz; o brilho; os raios de luz; a claridade; a cintilação. ★ ~ *ga yowai* [*tsuyoi*] 光が弱い [強い] Haver pouca [muita] luz. ~ *o hanatsu* [*hassuru*] 光を放つ [発する] Emitir luz; brilhar; iluminar. *Hoshi no ~* 星の光 O brilho [cintilar] das estrelas; *Hotaru no ~* 蛍の光 A luz do pirilampo [vaga-lume]. *Taiyō no ~* 太陽の光 A luz [Os raios] do sol. ◇ ~ **disuku** 光ディスク O disco laser. ~ **faibā** 光ファイバー A fibra óptica. ~ **kādo** 光カード O cartão óptico de memória. ~ **tsūshin** 光通信 A comunicação óptica. S/同 Akári. ⇨ kagáyákí. **2**［光沢］O brilho; o polimento; o lustre. ★ *Hōgyoku no ~* 宝玉の光 O brilho de uma jóia. S/同 Kōtákú. ◇ tsuyá¹. **3**［視力］A vista; a visão; a luz dos olhos. *Sono jiko de kanojo wa ~ o ushinatta* [*ubawareta*] その事故で彼女は光を失った［奪われた］ Ela perdeu a vista nesse desastre [acidente]. S/同 Shíryoku. **4**［人の心を明るくするもの］A iluminação; a inspiração; a luz espiritual. ★ *Zento ni ~ ga mieta* 前途に光が見えた Vi uma luz de esperança no meu caminho. **5**［威光］A influência; o poder; a glória. S/同 Ikō.

hikári-goke 光り苔 (< hikáru + koké) O musgo luminoso; *schistostega osmundacea*.

hikári-mónó 光り物 (< hikáru + …) **1**［発光体］Um obje(c)to brilhante; uma estrela cadente. **2**［金属］Qualquer metal brilhante. **3**［すしの光のある種物］O peixe para sushi que tem pele de cor metálica.

hikáru 光る **1**［光を放つ］Brilhar; luzir; fulgurar; cintilar; resplandecer; reluzir; faiscar; fuzilar; lampejar. ★ *Aoku ~ hoshi* 青く光る星 A estrela de luz azulada. *Namida de hikatta me* 涙で光った目 Os olhos reluzentes de lágrimas. *Tsuki ga kōkō to ~* 月がこうこうと光る A lua「hoje, está muito」brilhante. S/同 Kagáyákú. ◇ kiráméku; matátáku. **2**［抜きん出る］Brilhar; sobressair; distinguir-se. *Kanojo no utsukushisa wa minna no naka de hitokiwa hikatte ita* 彼女の美しさはみんなの中でひときわ光っていた A beleza dela sobressaía de todas as demais [outras]. ◇ medátsu; nukíndéru. **3**「「目が ~」の形で監視される」Vigiar. ★ *Oya no me ga hikatte iru* 親の目が光っている Os pais estão sempre a vigiar (os filhos).

hikásárérú 引かされる (< hikú) Ser levado [atraído]「por amor do amigo」. ⇨ hodásáréru.

hi-kázei 非課税 A isenção de imposto. ◇ ~ **hin** 非課税品 O artigo isento de imposto. A/反 Kazéí.

hi-kázú 日数 O número de dias. S/同 Nissú (+).

hiké 引け (< hikérú) **1**［退出］A hora de terminar o trabalho (do dia); o largar. S/同 Taíshútsú. **2**［負け］A perda; a derrota. ★ ~ *o toru* 引けを取る Ser derrotado; ficar atrás. S/同 Okúré. **3**【Econ.】O encerramento da bolsa. S/同 Ō-bíké. ⇨ hiké-sōba.

hiké-átó 引け後【Econ.】Depois do encerramento da bolsa. ⇨ hiké **3**.

hiké-dóki 引け時 A hora de encerramento da bolsa. ⇨ hiké **3**.

hiké-giwá 引け際 (< hikú + kiwá) **1**［⇨ hiké-dóki］. **2**［⇨ Ō-biké］.

hiké-mé 引け目 A desvantagem; a fraqueza; o ficar acomplexado. ★ *Keiken-busoku no tame ni ~ o kanjiru* 経験不足のために引け目を感じる Sentir-se [Ficar] acomplexado por falta de experiência. S/同 Rettōkan.

hikén¹ 比肩【E.】A comparação. ★ ~ *suru* 比肩する Comparar-se; igualar(-se). ⇨ hittéki.

hikén² 披見【E.】O abrir e ler「a carta」.

hikén³ 卑［鄙］見【E.】A minha modesta [humilde] opinião. ★ ~ *de wa* 卑見では Na ~.

hiké-né 引け値 A cotação [a hora de encerramento da bolsa]. ⇨ Hiké-sōba.

hikén-sha 被験者 O examinando. ⇨ hi¹¹; shikén¹.

hikérákásu ひけらかす Exibir. ★ *Daiya no yubi-*

hikérú 引［退］ける (< hikú¹)　**1**［終わる］Terminar o trabalho do dia. *Gakkō wa yo-ji ni* ~ 学校は4時に引ける A escola termina às quatro. ［S/同］Owárú (+).　**2**［臆する］Acanhar-se; envergonhar-se. ⇨ hiké-mé.

hi-késhí 火消し (< ‑² + kesú) O apagar o fogo; o bombeiro. ◇ ~ **yaku** 火消し役 O ofício de bombeiro (Pessoa que resolve todos os problemas).

hiké-sóba [óo] 引け相場 A cotação à hora de encerramento da bolsa. ［S/同］Hiké-né; ó-bíké sóba; owárí-ne (+). ［A/反］Yorí-tsúkí sóba.

hikétsú¹ 否決 A rejeição; o veto; a votação contra. *Genzei-an wa* ~ *sareta* 減税案は否決された O proje-(c)to de redução de impostos foi rejeitado. ◇ ~ **ken** 否決権 O veto. ⇨ Kakétsú.

hikétsú² 秘訣 O segredo; a chave; o método melhor [mais eficaz]. *Hayaoki wa kenkō no* ~ *desu* 早起きは健康の秘訣です O levantar cedo é o segredo da boa saúde. ⇨ kotsú².

hikétsú³ 秘結【E.】⇨ benpí.

hikí¹ 引き (< hikú)　**1**［引くこと］O puxão; o estirão. *Sakana no* ~ *ga tsuyoi* 魚の引きが強い O peixe está puxando com força [dá cada ~!]. ［A/反］Oshí.　**2**［つて］A conexão; o intermediário. *Kare wa yūjin no* ~ *de nyūsha shita* 彼は友人の引きで入社した Ele foi admitido na companhia por intermédio de um amigo. ［S/同］Énko; tsuté (+).　**3**［引き立て］O apoio; a recomendação. *Kare wa shachō no* ~ *de shōshin shita* 彼は社長の引きで昇進した Ele foi promovido por recomendação do presidente (da companhia). ［S/同］Híiki (+); hikítaté (o).

hikí² 悲喜【E.】A alegria e a tristeza. ★ ~ *komogomo* 悲喜こもごも Uma sensação indefinida [de alegria misturada de tristeza]. ［S/同］Aíkán.

-hikí³ 匹・疋　**1**［動物や虫を数える語］(Numeral de animais pequenos ou selvagens). *Go* ~ *no kaeru* 五匹のカエル Cinco rãs [sapos]. *Ippiki no neko* 一匹の猫 Um gato. *San-biki no ko-inu* 三匹の小犬 Três cachorrinhos. ⇨ -tō¹¹; -wa⁶.　**2**［布地 2 反］Unidade de medida de tecidos = 20m × 34cm. ★ *Tanmono ni* ~ 反物二疋 2 ~ Dois rolos de tecido.

-hikí⁴ 引き (< hikú)　**1**［塗ってあること］O revestir. ★ *Gomu-biki no kutsu* ゴム引きの靴 Os sapatos (revestidos) de borracha.　**2**［割引］O desconto.

hikí-ágé 引き上［揚］げ (< hikí-águru)　**1**［引っぱって上げること］O levantar puxando.「*難破船*・沈没船」O salvamento「de um navio naufragado」.　**3**［値段の］O aumento「de salário/dos preços」.　**4**［もとの場所に帰ること］A retirada [O regresso]. ◇ ~ **sen** 引き揚げ船 O navio para transporte de repatriados [retornados].

hikí-águru 引き上［揚］げる (< hikú + …)　**1**［引っぱって上げる］Puxar para levantar. ★ *Nanpa-sen o* ~ 難破船を引き揚げる Puxar um navio naufragado.　**2**［値段などを高くする］Aumentar; subir. *Jōshachin o* ~ 乗車賃を引き上げる ~ o preço da passagem. ［A/反］Sagéru. ★ *Buchō ni* ~ 部長に引き上げる Promover. ★ *Buchō ni* ~ 部長に引き上げる A chefe de se(c)ção.　**3**［もとの場所に帰る］**a)** Retirar「o exército」; **b)** Fazer as malas「e ir até à capital」; **c)** Voltar; regressar; repatriar-se. ★ *Gaichi kara* ~ 外地から引き揚げる Repatriar-se.

hikí-ái 引き合い (< hikí-áu)　**1**［引っぱり合うこと］O puxar de ambos os lados.　**2**［例］O citar「um exemplo」; a citação. *Senpai no ronbun o* ~ *ni dasu* 先輩の論文を引き合いに出す Citar a tese de um antecessor. ［S/同］Inréi.　**3**［参考人］A testemunha. *Jiken no* ~ *ni dasareru* 事件の引き合いに出される Ir (Ser chamado) como testemunha do caso. ［S/同］Sankóníń; shóníń (+).　**4**［売買の取引］O pedido. *Shin-seihin ni tsuite Burajiru kara mo* ~ *ga kite iru* 新製品についてブラジルからも引き合いが来ている Temos pedidos do novo produto, também do B.

hikí-ámi 引[曳]き網 (< hikú + …) A rede de arrasto. ◇ jibíkí-ami; sokó-bíkí-ami; torōru ~.

hikí-áté 引き当て (< hikí-áteru)　**1**［抵当］O penhor. ［S/同］Katá (+); teítō (+).　**2**［あらかじめ資金を準備しておくこと］O fundo [A reserva]. ◇ ~ **kin** 引き当て金 Um/a ~「para despesas imprevistas」.

hikí-áteru 引き当てる (< hikú + …)　**1**［くじを引いて当てる］Ganhar na lotaria.　**2**［⇨ até-háméru］.

hikí-áu 引き合う (< hikú + …)　**1**［互いに引く］Puxar um de [um para] cada lado. ★ *Te o* ~ 手を引き合う Puxar um pelo outro. ［A/反］Oshí-áu.　**2**［利益になる］Lucrar; render; ser proveitoso [vantajoso]; pagar (bem). ★ ~ *shōbai* 引き合う商売 Um bom negócio.　**3**［骨折りがいがある］Valer a pena; compensar. ［S/同］Kaí gá áru; warí ní áu.

hikí-áwáse 引き合わせ (< hikí-áwáseru)　**1**［紹介］O encontrar-se providencialmente. ［S/同］Shōkái (+).　**2**［照合による］O comparar [ver]「no local」. ［S/同］Shōgó; taíshó.

hikí-áwáseru 引き合わせる (< hikú + …)　**1**［紹介する］Apresentar. *Shachō ni o-hiki-awase itashimashō* 社長にお引き合わせいたしましょう Vou apresentá-lo ao presidente da nossa firma. ［S/同］Shōkái súrú (+).　**2**［照合する］Comparar; verificar; cotejar. ★ *Genkō to* ~ 原稿と引き合わせる ~ com o manuscrito. ［S/同］Shōgó súrú (+); teráshí-áwáseru; tsukí-áwáseru.　**3**［引き寄せて合わせる］Juntar [Ajustar] puxando. ★ *Eri-moto o* ~ 襟元を引き合わせる Ajustar o colarinho.

hiki-chá 挽[碾]き茶 (< hikú + …) O chá em pó. ［S/同］Matchá (+). ［A/反］Hácha.

hikí-chígíru 引きちぎる (< hikú + …) Puxar até rasgar [esgaçar「a flor」].

hikí-dáshi 引出し (< hikí-dásu)　**1**［机などの］A gaveta. ★ ~ *o akeru* [*shimeru*] 引き出しを開ける [閉める] Abrir [Fechar] a ~.　**2**［引き出すこと］O retirar. *Yokin no* ~ 預金の引き出し ~ [levantar] dinheiro de um depósito [uma conta].

hikí-dásu 引き出す (< hikí-dásu)　**1**［引っぱって出す］Puxar; tirar (da gaveta/do bolso); retirar. ［A/反］Hikí-íréru; oshííreru; oshíkómu.　**2**［働きかけてとり出す］Extrair; arrancar「dinheiro ao pai」; puxar; extorquir. ★ *Sainō o* ~ 才能を引き出す Desenterrar o talento「dos [Puxar pelos] alunos」.　**3**［結論を出す］Tirar「a conclusão」.　**4**［貯金や預金などをおろす］(Re)tirar「dinheiro do banco」. ［S/同］Orósu.

hikidé-mónó 引出物 O presente. ★ *Kekkonshiki no* ~ 結婚式の引出物 ~ oferecido aos convidados no banquete do casamento. ［S/同］Hikí-mónó.

hikí-dó 引き戸 (< hikú + to) A porta corrediça [de correr]. ［S/同］Yarí-dó. ［A/反］Hirákí-do.

hikí-fúda 引き札 (< hikú + …) **1** [ちらし] O folheto. S/周 Birá (+); chiráshi (o). **2** [くじびきの札] O bilhete de rifa.

hikí-fúne 引[曳]き船 (< hikú + …) O rebocador (Ex.: ~o suru = rebocar outro barco).

hikí-gáeru 蟇蛙 【Zool.】 O sapo. S/周 Gamá[Ibó]-gáeru. ⇨ kaérú¹.

hikí-gáne 引き金 (< hikú + …) **1** [銃の発射装置] O gatilho. ★ ~ o hiku 引き金を引く Puxar o [Dar ao] ~. **2** [誘因] A causa. Sekiyu-busoku ga ~ ni natte sho-bukka ga agatta 石油不足が引き金となって諸物価が上がった Os preços de vários produtos subiram por ~ da crise do petróleo. S/周 Yúin.

hikí-gáshi 引き菓子 (< hikú + káshi) O bolo para presente. ⇨ hikidé-mónó.

hikí-gátári 弾き語り (< hikú + katarú) O cantar [recitar] fazendo o próprio acompanhamento com instrumento de cordas. S/周 Hikí-útái.

hikígeki 悲喜劇 A tragicomédia. ★ ~ no 悲喜劇の 「um acontecimento」 Trágico[ô]mico. ⇨ hígeki; kígeki.

hikí-gíwá 引[退]き際 (< hikú + kiwá) A altura de [para] se retirar. Ningen wa ~ ga kanjin da 人間は引き際がかんじんだ É importante (para) uma pessoa saber quando se deve retirar.

hikí-hágásu[hagu] 引き剥がす[剥ぐ] (< hikú + …) Arrancar [Tirar]. ★ Denchū no posutā o ~ 電柱のポスターを引き剥がす o cartaz do poste de ele(c)tricidade.

hikí-hánásu 引き離す (< hikú + …) **1** [引っぱって離す] Separar à força. ★ Futari no naka o ~ 二人の仲を引き離す ~ dois amantes. ⇨ sákuᵇ; wakéru. **2** [優位に立つ] Ultrapassar; passar à frente 「na corrida」.

hikí-háráu 引き払う (< hikú + …) Desocupar 「a casa」; deixar 「Tóquio」.

hikí-íréru 引き入れる (< hikú + …) **1** [引いて内部に入れる] Fazer entrar 「na sala」; puxar [conduzir; trazer] para dentro 「do quarto」. A/周 Hikí-dásu. **2** [誘い入れる] Atrair; induzir; puxar. ★ Mikata ni ~ 味方に引き入れる ~ para o nosso lado. ⇨ Hikí-kómu.

hikiíru 率[帥]いる **1** [ひきつれる] Conduzir; dirigir; guiar [levar]; chefiar. Sensei wa seito o hikiite dōbutsuen ni itta 先生は生徒を率いて動物園に行った O professor levou os alunos ao jardim zoológico. S/周 Hikítsúrérú; insótsú súrú. **2** [指揮する] Comandar; chefiar. ★ Kantai o ~ 艦隊を率いる ~ a armada. S/周 Shíki suru; tôsótsú súrú.

hikí-káé 引き換[替]え (< hikí-káéru) A troca; a entrega 「do produto por pagamento à vista」. ◇ ~ ken 引き換え券 O bilhete [talão]; a senha. ⇨ kôkán; torí-káé.

hikí-káeru 引き換[替]える (< hikú + káéru) Trocar 「um cheque」; converter. ★ Atariken o keihin to ~ 当り券を景品と引き換える Trocar o bilhete premiado por um presente. S/周 Kôkán súrú; toríkáérú.

hikí-káesu 引き返す (< hikú + …) Voltar (atrás); retornar; regressar. ★ Tochū kara ~ 途中から引き返す Voltar a meio do caminho. S/周 Modóru.

hikí-káe(te) 引き換えて (< hikí-káéru) Enquanto; por outro lado; ao contrário de; em contraste com; mas em troca. Ane wa ochitsuite iru no ni ~ imôto wa shinkeishitsu da 姉は落ち着いているのに引き換えて妹は神経質だ Enquanto a (irmã) mais velha é calma, a mais nova é nervosa.

hikí-kómí-sén 引き込み線 (< hikí-kómu + …) **1** [鉄道の] O desvio [A linha de manobra]. **2** 【Ele(c)tri.】 O fio de entrada; a baixada de antena. ⇨ hikkómí.

hikí-kómóru 引き籠もる (< hikú + …) **1** [外出しないで内に閉じこもる] Fechar-se em [Não sair de] casa. ⇨ tojí-kómóru. **2** [ひっそりと暮らす] Levar uma vida retirada 「da política」. ★ Inaka ni ~ 田舎に引き籠もる ~ na província [no interior]. ⇨ hikkómu.

hikí-kómu 引き込む (< hikú + …) **1** [⇨ hikí-íréru] . **2** [強く引きつける] Arrebatar. ★ Tamashii o ~ yō na miryoku 魂を引き込むような魅力 Um encanto (arrebatador). ⇨ hikí-tsúkéru. **3** [風邪をひく] Apanhar 「gripe」. **4** [⇨ hikí-kómóru].

hikí-kórósu 轢き殺す (< hikú + …) Atropelar e matar 「um cão」.

hikí-kúrábéru 引き比べる (< hikú + …) Comparar. ★ Wagami ni ~ 我が身に引き比べる Pôr-se no lugar de alguém 「para sentir o problema」. S/周 Kurábéru (+).

hikí-mádó 引き窓 (< hikú + …) A clarabóia. ⇨ akarí-tori; tenmádó.

hikí-máku 引き幕 (< hikú + …) A cortina [O pano] de correr. ⇨ Agé-máku.

hikí-máwáshí 引き回し (< hikí-máwásu) **1** [指導] A orientação. Yoroshiku o ~ no hodo o negaimasu よろしくお引き回しのほどを願います Coloco-me inteiramente sob a sua ~. **2** [刑罰としての] Levar (os criminosos) pelas ruas 「da cidade」.

hikí-máwásu 引き回す (< hikú + …) **1** [ぐるりに引く] Cercar. ★ Maku o ~ 幕を引き回す ~ com cortinado; pôr cortinas à volta. **2** [あちこち連れて歩く] Levar para lá e para cá. S/周 Tsuré-máwáru. **3** [指導する] Orientar alguém.

hikí-módósu 引き戻す (< hikú + …) **1** [連れ帰る] Fazer voltar 「para casa」; levar [trazer] de volta. S/周 Tsuré-módósu[-káeru] (+). **2** [引っぱって元の所にもどす] Puxar para trás [a posição normal].

hikí mo kirazu 引きも切らず Sem interrupção; continuamente; constantemente. ~ kuruma ga tōru 引きも切らず車が通る Passam carros ~ [Estão sempre a passar carros]. S/周 Hikkírínáshi ni (+); taémé náku (+); tsugítsugí to (+).

hikí-mónó 引き物 ⇨ hikidé-mónó.

hikín 卑近 O ser bem conhecido; 「uma razão」 simples. ★ ~ na rei o ageru 卑近な例を挙げる Dar [Citar] um exemplo simples. ⇨ mijíká; zokú¹.

hikí-náosu 引き直す (< hikú + …) **1** [⇨ naósu¹]. **2** [線などを再び引く] Traçar de novo 「a linha」. **3** [風邪に再びかかる] Tornar [Voltar] a apanhar uma constipação.

hikí-nígé 轢き逃げ (< hikú + nigéru) O atropelar e fugir. ★ ~ suru 轢き逃げする ... ⇨ até-nígé.

hikí-níkú 挽き肉 (< hikú + …) A carne picada [moída]. S/周 Mínchi.

hikí-nóbáshí 引き延[伸]ばし (< hikí-nóbásu) **1** [延長·延期] O obstrucionismo. ◇ ~ saku 引き延ばし策 A tá(c)tica obstrucionista [de dilação]. **2** [写真を拡大すること] A ampliação de foto.

hikí-nóbásu 引き延[伸]ばす (< hikú + …) **1** [引っぱって長く大きくする] Distender 「os músculos」; esticar 「a borracha」; estender; malhar 「o ferro」 para adelgaçar. **2** [長引かせる] Prolongar; adiar「a data/o prazo」. ★ *Hanashi o* ～ 話を引き延ばす Prolongar [Alongar] uma conversa. **3** [写真を拡大する] Ampliar (a foto). **4** [水などを加えて薄める] Diluir. ★ *Nori o* ～ のりを引き延ばす ～ a cola.

hikí-núkí 引き抜き (< hikí-núku) **1** [他に属する者を自分の方に移すこと] O atrair [puxar/roubar]「um bom jogador para a sua equipa」. ★ *Yūryoku sha-in no* ～ 有力社員の引き抜き O atrair um bom empregado para a sua firma. **2** [歌舞伎の早業] Um método de mudar de roupa no kabúki num instante, puxando um fio escondido.

hikí-núku 引き抜く (< hikú + …) **1** [引いて抜く] Arrancar. ★ *Daikon o* ～ 大根を引き抜く ～ um nabo. [S/同] Hikkónúku. **2** [よりよい待遇で自分の方に移す] Atrair [Puxar/Levar]. ⇨ hikí-núkí.

hi-kínzoku[1] 卑金属 O metal vil [inferior]. [A/反] Ki-kínzoku.

hi-kínzoku[2] 非金属【Quím.】O metalóide [elemento (químico) não metálico]. [A/反] Kínzoku.

hikí-ókósu 引き起こす (< hikú + …) **1** [起こし立てる] Levantar「o ferido」; erguer. **2** [生じさせる] Levantar; causar; criar; suscitar; provocar. ★ *Funsō o* ～ 紛争を引き起こす Provocar uma revolta.

hikí-órósu 引き下ろす (< hikú + …) (A)baixar; puxar para baixo; descer. ★ *Hata o* ～ 旗を引き下ろす Recolher [～] a bandeira; [A/反] Hikí-ágéru.

hikí-ótóshí 引き落とし (< hikí-ótósu) **a)** O debitar da conta. **b)**【Sumô】O deitar o adversário ao chão puxando-o para si [a frente].

hikí-ótósu 引き落とす (< hikú + …) **a)** Deitar abaixo puxando (⇨ hikí-ótóshí); **b)** Debitar. ★ *Ginkō kōza kara* ～ 銀行口座から引き落とす Debitar [Tirar dinheiro] da conta bancária.

hikí-ságáru 引き下がる (< hikú + …) **1** [退く] Sair「da sala」; retirar-se. [S/同] Shirízóku. **2** [負けて手をひく] Desistir「do seu direito」. *Kono mama dewa hikisagaranai zo* このままでは引き下がらないぞ Nesta situação não vou ～.

hikí-ságé 引き下げ (< hikí-ságéru) A redução; a baixa; o corte「dos salários」. ★ *Kōkyō ryōkin no* ～ 公共料金の引き下げ ～ das tarifas de serviços públicos. [A/反] Hikí-ágé.

hikí-ságéru 引き下げる (< hikú + …) **1** [引いて下げる] Puxar para baixo. **2** [値段などを安くする] Baixar; reduzir. ★ *Kanzei o* ～ 関税を引き下げる ～ as tarifas alfandegárias. **3** [取り下げる] Retirar. ★ *Teian o* ～ 提案を引き下げる ～ a proposta. [A/反] Hikí-ágéru.

hikí-sáku 引き裂く (< hikú + …) **1** [引っぱって裂く] Rasgar; romper; fazer em pedaços. [S/同] Sáku. **2** [無理に離す] Separar (à força). ★ *Futari no naka o* ～ 二人の仲を引き裂く Obrigar os dois「apaixonados/amantes」a romper um com o outro. [S/同] Sáku.

hikí-shíbóru 引き絞る (< hikú + …) Puxar com toda a força. ★ *Yumi o* ～ 弓を引き絞る Retesar o arco (até) ao máximo. [S/同] Shibóru.

hikí-shímáru 引き締まる (< hikú + …) **1** [固くしまる] Ganhar [Ter] força e coesão. ★ *Hikishimatta bunshō* 引き締まった文章 Uma escrita [frase] concisa [sóbria] e elegante. **2** [気持ちが緊張した状態になる] Estar [Ficar; Pôr-se] tenso/firme/teso. ★ *Hikishimatta hyōjō* 引き締まった表情 Um semblante firme [tenso].

hikí-shíméru 引き締める (< hikú + …) **1** [強く締める] Apertar (com força). ★ *Kuchibiru o* ～ 唇を引き締める Cerrar os lábios. [S/同] Shiméru. **2** [緊張させる] Concentrar「a força」. ★ *Ki* [*Kokoro*] *o* ～ 気[心]を引き締める Fortalecer o espírito [coração]. **3** [無駄な費用をなくす] Limitar; reduzir. ★ *Kakei o* ～ 家計を引き締める Apertar os cordões à bolsa; reduzir os gastos domésticos.

hikí-shíó 引き潮 (< hikú + …) A maré baixa. ★ ～ *ni naru* 引き潮になる Baixar a maré. [S/同] Ochí-shíó; sagé-shíó. [A/反] Michí-shíó. ⇨ kańchō[2]; mańchō.

hikí-táósu[1] 引き倒す (< hikú + …) Deitar abaixo [ao chão]; derrubar. ⇨ taósu.

hikí-táósu[2] 轢き倒す (< hikú + …) Atropelar. *Torakku ga hito o hiki-taoshita* トラックが人を轢き倒した O cami(nh)ão atropelou uma pessoa. ⇨ hané-ru[1]; hikú[4].

hikí-táté 引き立て (< hikí-tátéru) A prote(c)ção; o estímulo; o apoio. ◇ **～ yaku** 引き立て役 O fazer brilhar ou sobressair outra pessoa「mais bonita」. [S/同] Áiko; híiki.

hikí-tátéru 引き立てる (< hikú + …) **1** [目をかける] Proteger; apoiar; ajudar. *Buka* [*Kōshin*] *o* ～ 部下[後進]を引き立てる ～ os [Cuidar bem dos] subordinados [mais novos]. [S/同] Híiki suru. **2** [鼓舞する] Animar; estimular; incitar; alentar. *Akarui nyūsu ga watashi-tachi no kimochi o hiki-tateta* 明るいニュースが私たちの気持ちを引き立てた Ficámos animados com a alegre notícia (que recebemos). [S/同] Hagémásu. **3** [良く見えるようにする] Realçar. *Bara no burōchi ga kanojo no doresu o hikitatete ita* バラのブローチが彼女のドレスを引き立てていた O broche de rosas realçava ainda mais o lindo vestido dela. **4** [無理に連れて行く] Conduzir [Arrastar] à força. *Suri no genkō-han o kōban ni* ～ すりの現行犯を交番に引き立てる ～ o batedor de carteiras apanhado em flagrante ao posto da polícia.

hikí-tátsu 引き立つ (⇨ hikí-tátéru) **1** [一段と良く見える] Ficar (ainda) melhor. *Kami ni ribon o tsukeru to ichidan to* ～ *yo* 髪にリボンをつけると一段と引き立つよ Com uma fita no cabelo parecerá ainda melhor. **2** [元気づく] Ganhar forças [ânimo].

hikí-té[1] 引き手 (< hikú + …) **a)** A mão [maçaneta] do fecho「da porta」; **b)** O puxador「da "fusuma"」.

hikí-té[2] 弾き手 (< hikú + …) O tocador de instrumento musical de cordas.

hikí-tóméru 引き留める **1** [客などを] Deter; reter; parar「o cavalo」. *Kare wa watashi o nanjikan mo hikitomete hanashi o shita* 彼は私を何時間も引き留めて話をした Ele reteve-me horas e horas a falar. **2** [阻止する] Não deixar avançar; parar; opor. *Musuko no kaigai ryūgaku o muri ni hikitometa* 息子の海外留学を無理に引き留めた Ele opôs-se com toda a força e o filho não pôde ir estudar no estrangeiro.

hikítórí-níń[te] 引取人[手] (⇨ hikí-tóru) **a)** O reclamante [requerente]「do cadáver」; **b)** O guarda. ★ ～ *no nai kamotsu* 引取人のない貨物 A mercadoria sem reclamante [não reclamada].

hikí-tóru 引き取る (< hikú + …) **1** [受け取る] Receber; retirar. ★ *Urenokori o* ～ 売れ残りを引き取る Retirar [Levar] os artigos não vendidos. [S/同] Uké-tórú. **2** [引き受けて世話をする] Tomar ao seu cuidado. ★ *Koji o* ～ 孤児を引き取る Tomar conta dum órfão. **3** [他人の話の後を受け継ぐ] Falar a se-

hikí-tsúgí 引き継ぎ (< hikítsúgu) A troca [mudança] de pessoas num cargo. ★ *Zenninsha kara kōninsha e ~ o suru* 前任者から後任者へ引き継ぎをする Fazer a troca dos encarregados [a transferência dos cargos].

hikí-tsúgu 引き継ぐ (< hikú + ···) **1** [継承する] Suceder「a」; herdar. ★ *Kagyō o ~* 家業を引き継ぐ Continuar o negócio [trabalho] da família. **2** [引き渡す] Entregar; passar. *Riré de tsugi no sōsha ni hikitsuida* リレーで次の走者に引き継いだ Passei a faixa [o bastão] ao seguinte, na corrida de estafetas.

hikí-tsúké 引き付け (< hikí-tsúkéru **4**) Uma convulsão. ⇨ keíréń.

hikí-tsúkéru 引[惹]き付ける **1** [引き寄せる] Atrair. *Jishaku wa tetsu o ~* 磁石は鉄を引き付ける O íman atrai o ferro. S/回 Hiki-yóséru (+). **2** [魅する] Fascinar; atrair; cativar; encantar; seduzir. *Kare ni wa doko ka hito o ~ tokoro ga aru* 彼にはどこか人を引きつける所がある Ele tem algo que cativa [fascina/atrai] as pessoas. **3** [けいれんする] Ter uma convulsão. ★ *Akanbō ga ~* 赤ん坊が引き付ける O bebé[ê] tem ~.

hikí-tsúréru 引き連れる (< hikú + ···) Levar「alguém」em sua companhia. *Kare wa kazoku o hikitsurete hisho-chi ni itta* 彼は家族を引き連れて避暑地に行った Ele foi para um local de veraneio com (toda) a família.

hikí-tsúri 引き攣り (< hikí-tsúru) **1** [やけどや怪我などの跡] A cicatriz [marca] (de queimadura ou ferida). ★ *Kao ni ~ ga[no] aru otoko* 顔に引き攣りが[の]ある男 Um homem com cicatrizes [uma ~] no rosto. **2** [けいれん] A cãi(m)bra [breca]. ⇨ Keíréń.

hikí-tsúru 引き攣る **1** [けいれんを起こす] Ter cãi(m)bra [breca]; contrair-se (o músculo). *Ashi ga hikitsutte arukenai* 足が引き攣って歩けない Tenho cãimbras nas pernas e não posso andar. ⇨ keíréń. **2** [こわばる] Crispar-se. *Kinchō de hoo [kao] ga ~* 緊張で頬[顔]が引き攣る Ter o rosto crispado [os músculos do rosto rígidos] (por causa) da tensão. ⇨ Kowábáru.

hikí-tsúzúkí 引き続き (< hikí-tsúzúku) **1** [すぐ続いて] A seguir; em seguida. *~ tsugi no happyō ni utsurimasu* 引き続き次の発表に移ります E agora [Seguidamente] vamos ouvir a comunicação seguinte. **2** [つづけざまに] Sem interrupção. *Tenrankai wa shichigatsu tōka made ~ kaisai sareru sō da* 展覧会は7月10日まで引き続き開催されるそうだ A exposição permanecerá aberta [estará aberta] ~ até a(o) dia 10 de julho. ⇨ Hikí-tsúzúíté.

hikí-tsúzúku 引き続く (< hikú + ···) Continuar; durar; prosseguir. S/回 Tsuzúku.

hikí-úké 引き受け 【Econ.】 A aceitação「de letra」. ◇ **~ nin[te]**. **~ tegata** 引受手形 Uma letra aceite [aceitável].

hikíúke-nín[te] 引受人[手] **a)** O aceitante「de letra」. **b)** O fiador「de alguém」.

hikí-úkéru 引き受ける (< hikú + ···) **1** [責任を負う; 請け負う] Aceitar; responsabilizar-se「por」. *Ato wa hiki-ukéta kara shinpai suru na* あとは引き受けてから心配するな Pronto, eu já aceitei, agora você não se preocupe. ★ *Chūmon o ~* 注文を引き受ける Aceitar a encomenda. *Shigoto o ~* 仕事を引き受ける Encarregar-se dum trabalho. *Shōbai o ~* 商売を引き受ける Aceitar um negócio. **2** [受け持つ] Aceitar; adquirir; fazer. ★ *Kabu o ~* 株を引き受ける Comprar a(c)ções. **3** [保証する] Garantir; responder「por」. ★ *Hiyō no shiharai o ~* 費用の支払を引き受ける Comprometer-se a pagar as despesas. *Mimoto o ~* 身元を引き受ける Ser fiador de alguém.

hikí-úsu 碾き臼 (< hikú² + ···) O moinho manual. S/回 Ishí-úsú. ◇ seífúń ◇. súisha.

hikí-útsúshí 引き写し (< hikú + utsúsu) A cópia (pura e simples). *Kare no repōto wa sankōsho no ~ da* 彼のレポートは参考書の引き写しだ O trabalho dele é uma ~ do livro. ⇨ kańníńgú.

hikí-wáké 引き分け (< hikí-wákéru) O empate; o jogo empatado. ★ *Go tai go no ~ ni owaru* 5対5の引き分けに終わる Terminar empatados 5 a 5. S/回 Aíkó.

hikí-wákéru 引き分ける (< hikú + ···) **1** [引いて離す] Separar「os dois」; dividir. **2** [引き分けになる; する] Empatar「com」. *Jikan-gire de hikiwaketa* 時間切れで引き分けた Empatámos quando o jogo estava mesmo a [para] terminar.

hikí-wári 碾き割り (< hikú² + warú) Um cereal pouco [só meio] moído.

hikí-wátáshí 引き渡し (< hikí-wátásu) A entrega. ★ *Horyo no ~* 捕虜の引き渡し ~ dos prisioneiros (de guerra).

hikí-wátásu 引き渡す (< hikú + ···) **1** [先方に渡す] Entregar. ★ *Mise o saikensha ni ~* 店を債権者に引き渡す Trespassar a loja ao credor. S/回 Hiki-tótóru. **2** [長く渡して張る] Pôr. ★ *Kochira no hashira kara achira no hashira ni tetsuna o ~* こちらの柱からあちらの柱に綱を引き渡す ~ a corda duma coluna à outra. ⇨ harú².

hikí-yóséru 引き寄せる (< hikú + ···) Puxar para si. ★ *Haizara o temoto ni ~* 灰皿を手元に引き寄せる ~ o cinzeiro.

hikizan 引き算 【Mat.】 A subtra(c)ção; a conta de subtrair. S/回 Geńpó². A/反 Tashízan.

hikí-zúrú 引き摺る (< hikú + ···) **1** [人が地面などをすって進む] Arrastar. **2** [物を地面にさわったまま動かす] Levar de rastos (pelo chão). ★ *Suso o hikizutte aruku* すそを引き摺って歩く Ir [Caminhar] com「a capa」a arrastar. **3** [無理に引き連れる] Levar à força.

hikka 筆禍 【E.】 Um processo por difamação (por) escrito. ⇨ zekká¹.

hikkabúru 引っ被る (< hikú + ···) 【G.】 **1** [頭からすっぽりかぶる] Pôr「o boné」com força; enfiar. ★ *Mōfu o ~* 毛布を引っ被る Puxar o cobertor para cima da cabeça. S/回 Kabúru (+). **2** [他人の負うべき責任を負う] Tomar sobre si a responsabilidade. ★ *Tanin no tsumi o ~* 他人の罪を引っ被る Aceitar as culpas de outrem. S/回 Kabúru (+).

hikkákárí 引っ掛かり (< hikkákáru) **1** [ひっかかる所] A pega; o apoio. **2** [心配] A preocupação. *Kokoro ni ~ ga aru* 心に引っ掛かりがある Andar [Estar] preocupado; ter uma ~ qualquer. **2** [関係] A relação [conexão]. S/回 Kańkéí (+).

hikkákáru 引っ掛かる (< hikú + …) **1** [かかって離れない] Ficar preso「em」; enganchar-se. *Sode ga kugi ni hikkakatte iru* 袖が釘に引っ掛かっている A manga está [ficou] presa no prego. **2** [待ちかまえていたものにとめられる] Ser apanhado; cair no laço. ★ *Ken'etsu ni* ~ 検閲に引っ掛かる Ser apanhado [proibido] pela censura. **3** [やっかいな事柄に関り合う] Estar implicado「em」. ★ *Warui onna ni* ~ 悪い女に引っ掛かる Estar em maus lençóis com uma megera. (S/同) Kakárîaku (o); kakázúrau (+). **4** [だまされる] Ser enganado. ★ *Keiryaku ni* ~ 計略に引っ掛かる Cair na emboscada. (S/同) Damásáreru (+). **5** [気にかかる] Causar preocupação. *Kare no hanashi ni wa chotto* ~ *tokoro ga aru* 彼の話にはちょっと引っ掛かるところがある A conversa dele deixa-me um pouco preocupado.

hikkákéru 引っ掛ける **1** [掛けておく] Pendurar「o sobretudo」. *Gakubuchi no himo o kugi ni* ~ 額縁のひもを釘に引っ掛ける Pendurar o quadro (com o fio) no prego. **2** [掛けて衣類を破る] Ficar preso; prender-se; agarrar-se. ★ *Kugi ni hikkakete yabuku [ru]* 釘に引っ掛けて破く [る]「o casaco/paletó」Rasgar-se no prego. **3** [掛けて止める] Prender-se; tropeçar. ★ *Otobai ni hikkakerareru* オートバイに引っ掛けられる Ser atropelado por uma moto(cicleta). **4** [無造作に着る] Vestir à pressa. *Gaitō o hikkakete dekaketa* 外套を引っ掛けて出かけた Vestiu à pressa o sobretudo e saiu. **5** [液体を物に浴びせる] Atirar「um copo de água a alguém」. ★ *Tsuba o* ~ つばを引っ掛ける Cuspir (na cara de alguém). **6** [だます] Enganar. ★ *Manmato hikkakerareru* まんまと引っ掛けられる Ser enganado redondamente. (S/同) Damásu (o); otóshírréru (+). **7** [勢いよく飲む] Beber de um trago. ★ *Sake o ippai* ~ 酒を一杯引っ掛ける ~ um copo de saké.

hikkákí-máwasu 引っ掻き回す (< hikú + kakímáwású) **1** [乱暴にかき回す] Remexer「a gaveta, a lama」; pôr tudo em desordem. *Shorui o* ~ 書類を引っ掻き回す Remexer toda a papelada (dos documentos). **2** [専横に振る舞う] Fazer espalhafato; perturbar; causar confusão. ★ *Kaigi o* ~ 会議を引っ掻き回す Perturbar a reunião.

hikkáku 引っ掻く (< hikú + kakú) Arranhar; dar arranhões. *Kare wa neko no kao o hikkakareta* 彼は猫に顔を引っ掻かれた Ele levou uma arranhadela [um arranhão] do gato na cara. (S/同) Kaku.

hikkéi 必携 [E.] O ser obrigatório trazer. ★ *Gakusei* ~ *no shō* 学生必携の書 Um livro indispensável aos estudantes.

hikkén 必見 O ter de ver. ★ ~ *no meiga* 必見の名画 Um quadro famoso que tem de se [não se pode deixar de] ver.

hikki 筆記 O escrever [tomar notas]. ★ *Yōten o* ~ *suru* 要点を筆記する Tomar notas do essencial/dos pontos principais. ~ *shiken* 筆記試験 A prova escrita; o exame escrito ((A/反) Kōtō-shíken). ◇ ~ **tai** 筆記体 A letra manuscrita; a caligrafia. ◇ ~ **yōgu** 筆記用具 O estojo de escrever [dos lápis]. **Kōjutsu** ~ 口述筆記 O tomar notas da exposição oral ; ~ kakí-tóri).

hikkíri-náshi ひっきりなし Ininterruptamente; continuamente. ★ ~ *no raikyaku* ひっきりなしの来客 Visitas [Visitantes/Clientes] sem parar.

hikkō 筆耕 O trabalho remunerado de copista ou escritor. ~ *suru* 筆耕する Copiar.

hikkómásu 引っ込ます [G.] ⇨ hikkómeru.
hikkómeru 引っ込める (< hikkómu) **1** [出ていたものをさげる] Encolher. *Ashi o hikkomero* 足を引っ込めろ Encolhe[a] as pernas! **2** [とりさげる] Retirar. ★ *Jihyō o* ~ 辞表を引っ込める Retirar o (seu) pedido de demissão.

hikkómí 引っ込み (< hikkómu) O recuo; a retirada. *Ima to natte wa mō* ~ *ga tsukanai* 今となってはもう引っ込みがつかない Agora [Chegados a este ponto] não podemos recuar.

hikkómí-jian 引っ込み思案 (< … + shían) O ser tímido [introvertido; acanhado; passivo; retraído]. ★ ~ *no seikaku* 引っ込み思案の性格 Um temperamento ~. (S/同) naíkó[1] ◇.

hikkómí-sén 引っ込み線 ⇨ hikkómí-sén.

hikkómu 引っ込む **1** [引き退く] Retirar-se; recolher-se; afastar-se. ★ *Inaka e [ni]* ~ いなかへ[に] 引っ込む Retirar-se para o campo. (S/同) Hikí-ságáru; shirízóku. **2** [奥まる] Estar afastado. *Kare no ie wa dōro kara sukoshi oku ni hikkonde iru* 彼の家は道路から少し奥に引っ込んでいる A casa dele está um pouco afastada da estrada. (S/同) Okúmáru. **3** [くぼむ] Estar metido para dentro. ★ *Hikkonda me* 引っ込んだ目 Olhos encovados. (S/同) Hekómú; kubómú.

híkkorī ヒッコリー (< Ing. hickory) Uma nogueira norte-americana. ⇨ kurúmí.

hikkóshi 引っ越し (< hikkósu) A mudança de casa [residência]. ◇ ~ *nimotsu* 引っ越し荷物 A mobília da ~. ◇ ~ **saki no jūsho** 引っ越し先の住所 O endereço da nova casa. ◇ ~ **ya** 引っ越し屋 A empresa de mudanças de casa (Têm serviço porque os japoneses mudam muito de casa). (S/同) Itén; teńkyó; teńtáku.

hikkósu 引っ越す Mudar de casa. ★ *Ōsaka kara Tōkyō e* ~ 大阪から東京へ引っ越す Mudar de Ōsaka para Tóquio. ⇨ hikkóshi.

hikkúri-káeru 引っくり返る (< hikú + káesu) **1** [さかさまになる] Virar-se; dar uma reviravolta [cambalhota]; ficar de pernas para o ar. *Fune ga hikkurikaete san-nin dekishi shita* 舟が引っくり返って3人溺死した O barco virou-se e morreram afogadas três pessoas. ★ *Yo no naka ga* ~ 世の中が引っくり返る Ficar tudo mudado [de pernas para o ar]. **2** [倒れる] Cair; tombar. ★ *Tatami no ue ni hikkurikaette terebi o miru* 畳の上に引っくり返ってテレビを見る Ver televisão deitado [ao comprido] no tatámí. **3** [逆転する] Falhar; dar em águas de bacalhau; inverter-se [mudar] 「a situação」. ★ *Shiai ga* ~ 試合が引っくり返る Inverter-se o jogo ⇨ gyakutén.

hikkúri-káesu 引っくり返す (< hikú + …) **1** [さかさまにする] Virar; pôr de pernas para o ar. ★ *Keisei o* ~ 形勢を引っくり返す Inverter a situação. *Teisetsu o* ~ 定説を引っくり返す Deitar abaixo uma teoria (até agora) aceite por todos. **2** [横に倒す] Tombar; entornar. ★ *Baketsu o* ~ バケツを引っくり返す ~ o balde. **3** [裏返す] Virar do avesso. ★ *Toranpu no kādo o* ~ トランプのカードを引っくり返す Virar a(s) carta(s). (S/同) Urágáesu. **4** [あちこち調べる] Procurar por toda a parte; revirar tudo. ★ *Shorui o hikkurikaeshite miru* 書類を引っくり返して見る Revirar toda a papelada (à procura do que se quer). **5** [逆転させる] Inverter; inutilizar. ★ *Keikaku o* ~ 計画を引っくり返す ~ o proje(c)to.

hikkúrúméru 引っ括める (< hikú + …) Incluir; juntar. *Issai hikkurumete hanashite kudasai* 一切引っ括めて話して下さい Fale de tudo 「o que vai ser tratado na reunião」. S/同 Kurúméru; matóméru; sōkátsú súru.

hikkyó 畢竟【E.】⇨ kekkyókú.

hikó[1] 曾孫 ⇨ hímágo.

hikó[1] 飛行 O voo. ★ ~ *chū no hanguguraidā* 飛行中のハングライダー A asa-delta em [durante o] ~. ◇ ~ *suru* 飛行する Voar. ◇ ~ *jikan* 飛行時間 A duração do [O tempo de] ~. ◇ ~ *jō* [**ki; sen; tei**] ~ *tai* 飛行隊 A esquadrilha de aviões. **Keiki ~** 計器 飛行 ~ cego [por instrumentos]. **Mu-chakuriku ~** 無着陸飛行 ~ dire(c)to [sem escala]. **Shiken ~** 試験飛行 ~ experimental. **Suihei ~** 水平飛行 ~ horizontal (Normal). **Teikū ~** 低空飛行 ~ rasteiro (baixo/a rasar). **Teisatsu ~** 偵察飛行 ~ de reconhecimento. **Yakan ~** 夜間飛行 ~ [A carreira] no(c)turno[a]. ⇨ kókú[1].

hikó 非行 A delinquência; o mau comportamento. ★ ~ *ni hashiru* 非行に走る Meter-se no crime; ter um comportamento desregrado. ◇ ~ **shōnen** [**shōjo**] 非行少年 [少女] O [A] jovem delinquente; o/a delinquente juvenil.

hikóbáé 蘖 A vergôntea; o rebento (do tronco).

hikó-jō [**koó**] 飛行場 O aeroporto; o campo de aviação; o aeródromo. S/同 Kúkó.

hi-kókai [**óo**] 非公開 Privado [Não aberto ao público/Secreto]. ★ ~ *no yotei desu* 裁判は非公開の予定です O julgamento será secreto. ★ ~ *no kaigi* 非公開の会議 A reunião não aberta ao público. S/同 Kókái.

hikó-ki [**óo**] 飛行機 (⇨ hikó[1]) O avião; o aeroplano. ★ 「*Hokkaidō made*」 ~ *de iku* 「北海道まで」飛行機で行く 「Ir a Hokkaidō」 de ~. ~ *kara oriru* 飛行機から降りる Baixar [Descer] do ~. ~ *ni noru* 飛行機に乗る Tomar o ~. ◇ ~ **gumo** 飛行機雲 O fumo [rast(r)o] do ~. ◇ ~ **jiko** 飛行機事故 O acidente aéreo [de ~]. **Kei ~** 軽飛行機 A avioneta.

hi-kókumin 非国民 (く人) O antipatriota.

hikókuniń [**níń**] 被告(人) O acusado; o arguido; o réu [a ré]. ◇ ~ **bengonin** 被告弁護人 O advogado de defesa [do réu]. A/反 Geńkóku.

hikó-séń [**oó**] 飛行船 O dirigível; a aeronave.

hi-kóshiki [**óo**] 非公式 Não oficial; sem cará(c)ter oficial; oficioso; confidencial. ★ ~ *no happyō ni yoreba* 非公式の発表によれば Segundo (uma) declaração oficiosa.

hikó-tei [**oó**] 飛行艇 O hidroavião; o barco voador. S/同 Sújó-hīkóki.

hikú[1] 引[退] く **1**[引っ張る] Puxar; arrastar. ★ *Maku o* ~ 幕を引く Correr [Fechar] a cortina. *Tsuna o* ~ 綱を引く Puxar a [pela] corda. *Yumi o* ~ 弓を引く Retesar o arco. Hippáru. A/反 Osú. **2**[引きずる] Levar; puxar. ★ *Suso o hīte aruku* すそを引いて歩く Ir com a aba 「da capa」 a arrastar. S/同 Hikí-zúrú (+). **3**[自分の方に引き寄せる] Puxar (para si); encolher 「os ombros」. ★ *Hikigane o* ~ 引き金を引く Puxar o [Dar ao] gatilho. S/同 Hikí-yóséru (+). **4**[導く] Conduzir; guiar; levar. *Kanojo wa sono rōjin no te o hīte kaidan o nobotte itta* 彼女はその老人の手を引いて階段を上っていった Ela subiu as escadas levando ao velh(inh)o pela mão. **5**[引きつける] Atrair; captar; conquistar. ★ *Chūi o* ~ 注意を引く Captar a atenção 「de alguém」. *Dōjō o* ~ 同情を引く Ganhar a simpatia 「de」. *Me o* ~ 目を引く Atrair os olhares (a atenção). **6**[書く] Desenhar; delinear; traçar. ★ *Sen o* ~ 線を引く Traçar uma linha. *Zumen o* ~ 図面を引く Fazer um plano [mapa]. **7**[のばす] Desenrolar. ★ *Nattō ga ito o* ~ 納豆が糸を引く O "nattō" traz [faz] fios (ao tirá-lo da tigelinha). ★ *Hikō wa kizoku no chi o hīte iru* 彼は貴族の血を引いている Ele tem [é de] sangue nobre. **9**[書く] Trazer; instalar. ★ *Denki o* ~ 電気を引く Instalar a ele(c)tricidade 「em casa/na aldeia」. *Denwa o* ~ 電話を引く Instalar o telefone. **10**[引用する] Citar; aduzir; dar. ★ *Kakugen o* ~ 格言を引く Citar um provérbio. *Rei o* ~ 例を引く ~ um exemplo. **11**[辞書で調べる] Consultar. ★ *Jisho o* ~ 辞書を引く Ver [~] o dicionário. **12**[減ずる] Subtrair; descontar. *Jūka kara ni* ~ *to hachi nokoru* 10から2を引くと8残る Dez menos dois são (dá/é igual a) oito; $10 - 2 = 8$. ★ *Gekkyū kara sen-en* ~ 月給から千円引く Descontar mil yens do salário. S/同 Tá-sú; tóru. **13**[塗る] Pôr. *Furaipan ni usuku abura o hīte kudasai* フライパンに薄く油を引いて下さい Deite 「Ponha」um pouco de óleo na sertã. ★ *Kuchibeni o* ~ 口紅を引く Pintar os lábios. S/同 Nurú (+). **14**[風邪などを] Apanhar. ★ *Kaze o* ~ 風邪を引く ~ uma constipação [um resfriado]; constipar-se. **15**[抜く] Tirar. ★ *Kuji o* ~ くじを引く Tirar à sorte. **16**[後退する] Retroceder; recuar. *Oshite mo dame nara hīte mina* 押してもだめならひいてみな Se não conseguimos avançar, vamos ~. *Hike!* 退け!〈号令〉 Retirar! Sagáru; shirízóku. **17**[引退する] Retirar-se; largar. ★ *Dai-issen kara mi o* ~ 第一線から身を退く Deixar a [Retirar-se da] vanguarda/frente. S/同 Yaméru. **18**[減退する] Baixar[Diminuir]. ★ *Netsu ga* ~ 熱が引く A febre baixa [diminui]. *Shio ga* ~ 潮が引く A maré baixa. S/同 Nakúnárú. **19**[引っ込める] Retirar. *Watashi wa sono jiken kara te o hikimashita* 私はその事件から手を引きました Eu já não tenho nada a ver com o caso [essa questão].

hikú[2] 挽[碾] く **1**[のこぎりで切る] Serrar. ★ *Nokogiri de ita o* ~ のこぎりで板を挽く ~ uma tábua (com serrote). **2**[細かく砕く] Moer. ★ *Kōhī-mame o* ~ コーヒー豆を挽く Moer café.

hikú[3] 弾く Tocar. ★ *Piano o* ~ ピアノを弾く piano. I/慣用 *Shamisen o* ~ 三味線を弾く **a)** ~ "shamisen"; **b)** Dissimular; fingir; tapear (B.).

hikú[4] 轢く Atropelar 「alguém」. *Kare wa kuruma ni hikarete sokushi shita* 彼は車に轢かれて即死した Ele foi atropelado por um carro e morreu logo. S/同 Hanéru.

hikúi 低い **1**[高さが少ない] Baixo. ★ *Shinchō no ~ hito* 身長の低い人 Uma pessoa (de estatura) baixa. A/反 Takái. **2**[卑しい] Baixo; humilde; inferior. ★ *Mibun [Chii] ga* ~ *hito* 身分 [地位] が低いSer de posição social baixa (Ter um posto baixo). Iyáshíi. A/反 Takái. **3**[音声が高くない] Baixo. *Kare wa ~ koe de sono onna ni sasayaita* 彼は低い声で彼女にささやいた Ele segredou qualquer coisa àquela senhora (em voz baixa). **4**[音声が小さい] Baixo. ★ *Rajio no oto o hikuku suru* ラジオの音を低くする Baixar o (volume do) rádio. **5**[能力が劣っている] Baixo; pobre. ★ *Chinō ga* ~ 知能が低い Ter pouca inteligência. [A/反] Takái. **6** [程度が小さい] Baixo. ★ *Ketsuatsu ga* ~ 血圧が低い Ter a tensão baixa. *Ondo ga* ~ 温度が低い A temperatura está baixa. [A/反] Takái.

hikú-té 引く手 O pretendente; o interessado; o comprador; a procura. *Saikin konpyūtā no gijutsusha wa* ~ *amata da* 最近コンピューターの技術者は引く手あまただ Agora os técnicos de computadores têm muita procura.

hikútsú 卑屈 O ser servil [subserviente; abje(c)to; ignóbil]. ★ ~ *ni warau* 卑屈に笑う Ter um sorriso .... ⇨ ijíkéru.

hikyákú 飛脚【A.】O mensageiro especial.

hikyṓ[1] [óo] 卑怯 A cov[b]ardia; a pusilanimidade. *Ima-sara watashi o mi-suteru to wa* ~ *da* 今更私を見捨てるとは卑怯だ É uma covardia abandonar-me agora! ◇ ~ **mono** 卑怯者 O/A covarde [pusilânime]. [S/同] Hirétsú. [A/反] Yū́káń.

hikyṓ[2] 秘境 As terras [regiões] inexploradas [envoltas em mistério]. ★ ~ *no chi Amazon* 秘境の地アマゾン A Amazó[ô]nia misteriosa.

hikyókú 悲曲【E.】Uma melodia triste. ⇨ áika; híka[2].

hikyū́ 飛球【Beis.】Uma bola alta/rebatida no ar. [S/同] Furáí[2].

himá[1] 暇・隙 **1** [時間] O tempo. *Amari o-*~ *wa torasemasen* あまりお暇はとらせません Não lhe vou tirar (muito) tempo. ★ ~ *o nusunde dokusho suru* 暇を盗んで読書する Ler, aproveitando cada minuto. [S/同] Jikáń; ma. **2** [手のあいている時間] O tempo livre; as horas vagas [livres]; os momentos de folga. *Gogo wa o-*~ *desu ka* 午後はお暇ですか Você está livre [tem tempo] esta [de] tarde? *Kare wa* ~ *sae areba e o kaite iru* 彼は暇さえあれば絵をかいている Ele, sempre que está livre, pinta. ★ ~ *ga aru* 暇がある Ter ~. ~ *o tsubusu* 暇をつぶす Passar o tempo sem fazer nada [Matar o tempo]. ~ *o mote amasu* 暇をもてあます Não saber o que fazer ao tempo [Ter tempo de sobra]. ◇ ⇨ ~ **jin** [**tsubushi**]. **3** [商売の閑散] O estar parado. *Shōbai* [*Shigoto*] *wa taisō* ~ *desu* 商売[仕事]はたいそう暇です O negócio [trabalho] está muito parado. [S/同] Tesúkí. **4** [休暇] O descanso; a folga; as férias. ★ ~ *o toru* [*morau*] 暇を取る[もらう] Tirar [Receber] uns dias de ~. [S/同] Kyū́ká; yasúmí (+). **5** [解雇] A demissão. ★ ~ *o dasu* [*yaru*] 暇を出す[やる] Mandar embora; despedir. [S/同] Itómá. **6** [妻を離縁すること] O despedir a [divorciar-se da] mulher. ★ *Tsuma ni* ~ *o dasu* [*yaru*] 妻に暇を出す[やる] Pôr a mulher fora de casa.

himá[2] 隙 A fenda; a abertura. [I/慣用] ~ *yuku* [*suguru*; *no*] *koma* 隙行く[過ぐる; の]駒 O rodar veloz do tempo. [S/同] Sukímá (+).

hi-mágo 曾孫 O bisneto. [S/同] Hikó; sṓsóń.

himá-jíń 閑[暇・隙]人 (⇨ himá[1] **2**) A pessoa ociosa [que não tem trabalho].

himáń 肥満 A obesidade [gordura]. ★ ~ *suru* 肥満する Engordar. ◇ ~ **ji** 肥満児 A criança demasiado gorda. ~ **shō** 肥満症 A adipose [obesidade]. ⇨ débu.

hi máshí ní 日増しに Dia após dia; a olhos vistos; depressa. *Kare no byōki wa* ~ *waruku natte itta* 彼の病気は日増しに悪くなっていった A doença dele piorava cada dia mais. [S/同] Higótó ní.

himáshí-yu 蓖麻子油 O óleo de rícino.

himátsú 飛沫【E.】O borrifo; o espirro. ◇ ~ **kansen** 飛沫感染 A contaminação por tosse e espirro. [S/同] Shibúkí (+).

himá-tsúbúshí 暇潰し (<…[1]+tsubúsú) **1** [ひまな時間を使うこと] O passar o tempo (livre). ~ *ni doko ka burabura dekakemasen ka* 暇潰しにどこかぶらぶら出かけませんか Vamos dar (por aí) uma volta para passar [matar] o tempo? [S/同] Taíkútsú-shínogi. **2** [時間の無駄使い] O gastar o tempo à toa; o perder tempo. *Sonna* ~ *ni tsukiau yoyū wa nai* そんな暇潰しにつきあう余裕はない Eu não posso perder tempo como você, em coisas assim [dessas].

himáwari 向日葵【Bot.】O girassol; *helianthus annuus*.

híme 姫 **1** [女子の美称] Uma menina [garotinha]. [I/慣用] *Ichi* ~ *ni Tarō* 一姫二太郎 Primeiro uma menina, a seguir um rapaz (No Japão, o ideal é ter primeiro uma filha). [S/同] Jóshi. [A/反] Híko. **2** [貴人の娘] Uma princesa.

himéí[1] 悲鳴 **1** [叫び声] Um grande grito; o berro. **2** [弱音] A queixa; o lamento; a lamúria. ★ ~ *o ageru* 悲鳴をあげる Queixar-se; lamentar-se; lastimar-se. [S/同] Nakígótó (+); yowáné (o).

himéí[2] 碑銘【E.】Uma inscrição (num monumento); um epitáfio. [S/同] Hibúń.

himéń 罷免 A exoneração [demissão]. ★ *Saibankan o* ~ *suru* 裁判官を罷免する Exonerar [Demitir] (do cargo) o juiz. [S/同] Kubí; meńshókú. [A/反] Niń-méí. ⇨ nińméń.

himéru 秘める Guardar em segredo [só para si]. ★ *Omoi o mune ni* ~ 思いを胸に秘める Guardar a lembrança só [toda] para si. [A/反] Akású. ⇨ himítsú.

himítsú 秘密 **1** [隠して人に知らせないこと] O segredo. ★ ~ *ga moreru* 秘密が漏れる Saber-se o ~. ~ *ni suru* [*shite oku*] 秘密にする[しておく] Guardar segredo. ~ *o abaku* 秘密をあばく Revelar [Descobrir] um ~. ~ *o akasu* 秘密を明かす Revelar o ~. ~ *o mamoru* 秘密を守る Guardar um [o] ~. ~ *o morasu* 秘密を漏らす Revelar [Deixar escapar] o ~. ~ *o saguru* 秘密を探る Tentar saber um ~. *Kōzen no* ~ 公然の秘密 Um ~ público [que toda a gente sabe]. ◇ ~ **rōei** 秘密漏洩 A divulgação de informação oficial secreta. **2** [一般に公開しないこと] O sigilo; o que é secreto [clandestino]. ◇ ~ **bunsho** 秘密文書 Um documento secreto. ~ **gaikō** 秘密外交 A diplomacia secreta. ~ **keisatsu** 秘密警察 A polícia secreta. ~ **kessha** 秘密結社 Uma sociedade secreta. ~ **soshiki** 秘密組織 Uma organização secreta. ~ **tōhyō** [**senkyo**] 秘密投票[選挙] O [A eleição por] voto secreto.

himó 紐 **1** [太い糸] O fio [cordel; baraço]; o cordão [os cordões]「dos sapatos」. ★「*Tsutsumi o*」~ *de musubu*「包みを」紐で結ぶ Atar [Amarrar] o embrulho com um fio.「*Haori no*」~ *o hodoku* [*toku*]「羽織の」紐をほどく[解く] Desapertar (os cordões/as fitas d)o "haori". *Kutsu no* ~ *o musubu* 靴の紐を結ぶ Atar os (cordões [atacadores] dos) sapatos. ⇨ nawá; rṓpu; tsuná[1]. **2** [制限; 条件] A condição. [S/同] Jṓkén; seígén. **3** [情夫]【G.】Um chulo [rufião]; o cáften (B.). [S/同] Jṓfu.

hi-móchí[1] 火持[保]ち (<…+mótsu) O durar (aceso) muito (tempo).

hi-móchí[2] 日保ち (<… + mótsu) O aguentar [conservar-se] bem. *Kono shokuhin wa* ~ *ga suru* この

H

食品は日保ちがするEste produto (alimentar) aguenta muito (tempo) sem se estragar.
himójíí ひもじい Faminto; 「filho」esfomeado [a morrer de fome]; famélico. ⇨ kúfúkú.
himókáwá-údon 紐革饂飩 Um "udon" às tiras (achatadas). S/同 Kishímén.
himókú 費目 Os gastos, artigo por artigo [claramente discriminados].
himónó 干「乾」物 O peixe seco [defumado/salgado].
hi-mótó 火元 **a)** A origem [causa] do incêndio. *Kondo no kaji no ~ wa furoya datta* 今度の火事の火元は風呂屋だった Desta vez, ~ foi o quarto de banho. **b)** O causador [culpado]「de toda a confusão」.
himótóku 繙く・紐解く Ler; abrir um livro.
himó-tsúkí 紐付き **1**「紐のついた」「a bolsa」Com [Que tem] cordão. **2**「条件の付いた」Com condições. ★ *~ no enjo* 紐付きの援助 A ajuda ~. **3**「女に情夫のついる」O chulo. ★ *~ no onna* 紐付きの女 Uma mulher com um ~.
hímuro 氷室 O frigorífico grande; a geleira; a neveira; a câmara frigorífica [do gelo]. S/同 Hyōshítsú.
hín[1] 品 **1** [品格] A distinção; a dignidade; a nobreza. ★ *~ no warui kotoba* 品の悪い言葉 A linguagem grosseira [baixa]. *~ o sageru* 品を下げる A viltar-se. **2** [-hin; 品目] Um artigo [item]. *Saijō ~* 最上品 ~ de primeira qualidade. **Shokuryō ~** 食料品 Os gé[ê]neros alimentícios.
hín[2] 貧【E.】A pobreza. ★ *~ suru*[1]. 「P にとわざ」*Kasegu ni oitsuku ~ nashi* 稼ぐに追い付く貧なし A diligência é a mãe do êxito(Lit. ~ não vai atrás de quem trabalha). ⇨ Bínbō (+). A/反 Fu.
hín [ii] ひいん Iiii. *Uma ga ~ to inanaita* 馬がひいんといななった O cavalo relinchou [fez] ~.
hina[1] 雛 **1** [雛鳥] O pintainho [pinto] (Da galinha); **b)** O filho(te)s das aves. ★ *~ o kaesu* 雛をかえす Chocar [Incubar] (os ovos). A/反 Oyá-dori. **2** [雛人形] As bonecas da Festa das Meninas (3 de março). ★ *~ no sekku* 雛の節句 A Festa das Bonecas. ◇ **~ matsuri**. S/同 Hiná-níngyō; o-hína-sama. **3** [小さい; かわいらしい] (Pref. que significa pequeno e bonito). ⇨ hinágeshi; hinágiku.
hina[2] 鄙【E.】O campo. *Kanojo wa ~ ni wa mare na bijo da* 彼女は鄙にはまれな美女だ Ela é uma beldade raramente vista no ~. S/同 Ináká (+). A/反 Miyákó.
hinábíru 鄙びる (⇨ hína[2]) 【E.】Ficar um rústico [caipira (B.)]. ★ *Hinabita ryokan* 鄙びた旅館 Uma estalagem rústica/de província. S/同 Miyábíru.
hiná-dan 雛壇 **1** [雛祭の] O palanque em degraus para pôr as "hina"[1,2]. **2** [一段高く設けられた座席] A tribuna de honra. *Daijin ga ~ ni narabu* 大臣が雛壇に居並ぶ Olhem os ministros em fila na ~.
hi-nágá 日長「永」(< hi[1] + nagái) Os dias mais compridos. ★ *Haru no ~ ni* 春の日長に Na primavera, quando os dias são já …. A/反 Yo-nágá.
hiná-gáta 雛形 (< …[3] + katá) **1** [模型] A miniatura. S/同 Mokéi (+). **2** [書式] O modelo. *~ ni naratte kaite kudasai* 雛形にならって書いてください Escreva de acordo com o ~. S/同 Mihón; shoshíkí; yōshíkí.

hinágeshi 雛芥子 (< …[3] + keshí) 【Bot.】A papoila-do-campo. S/同 Gubíjínsō.
hinágiku 雛菊 (< …[3] + kikú) 【Bot.】A margarida; a bonina; *bellis perennis*. S/同 Déjī.
hi-náká 日中 À luz do dia [sol]. A/反 Hirúmá (+). A/反 Yo-náká.
hiná-mátsuri 雛祭 A Festa das Meninas.
hínan[1] 非難 A crítica; a censura [acusação]. ★ *~ gamashii kotoba* [*tegami; kaotsuki*] 非難がましい言葉[手紙; 顔つき]Palavras [Carta; Olhar] de ~. *~ no mato ni naru* 非難の的になる Tornar-se o alvo das ~. *~ no yochi no nai* 非難の余地のない Ser impecável [irrepreensível]. *~ o abiru* [*ukeru*] 非難を浴びる [受ける] Ser criticado/acusado/censurado. *~ o maneku* 非難を招く Expor-se a ~. S/同 Híhan.
hínan[2] 避難 O refúgio; o abrigo; a fuga do perigo. ★ *Anzen na basho e ~ suru* 安全な場所へ避難する Refugiar-se em lugar seguro. ◇ **~ bashigo** 避難ばしご A escada-de-salvamento. **~ jo** 避難所 O lugar de ~. **~ kunren** 避難訓練 Os exercícios de salvamento [socorro/fuga do perigo]. **~ meirei** 避難命令 A ordem para se refugiar nos abrigos. **~ min** [**sha**] 避難民[者] O refugiado.
hináta 日向 O lugar soalheiro [ensolarado]; o sol. ★ *~ kusai* 日向臭い「a roupa」Cheirar a sol. ◇ **~ bokko** 日向ぼっこ O gozar do [pôr-se/ficar ao] sol. S/同 Hi-kágé.
hináwá-jū-zutsu 火縄銃 (<…+jū[tsutsu]) A espingarda (antiga) de mecha [de pederneira]; o arcabuz. ⇨ teppō.
híndo 頻度 A frequência. ★ *Shiyō ~ no takai kotoba* 使用頻度の高い言葉 Uma palavra muito usada [com alto nível de ~].
hinékúréru ひねくれる O ficar retorcido/torcido. *Binbō de seishitsu ga hinekurete shimatta* 貧乏で性質がひねくれてしまった A pobreza deformou-lhe o cará(c)ter [fê-lo retorcido].
hinékúru ひねくる **1** [もてあそぶ] Brincar「com」. *Kanojo wa yubisaki de hankachi o hinekutte iru* 彼女は指先でハンカチをひねくっている Ela não pára de mexer no lenço com os dedos. ⇨ hinéru; nejíru. **2** [理屈をつけて言いまわす] Torcer as [o sentido das] coisas; sofismar.
hinémósu 終日【E.】「Durante」todo o dia. ★ *~ dokusho ni fukeru* ひねもす読書にふける Ler ~ [Passar o dia a ler]. S/同 Ichínichíjū (+); shújítsú. A/反 Yomósúgará.
hinéri 捻「拈」り (< hinéru) O torcer.
hinéri-tsúbúsu 捻り潰す (< hinéru+…) **1** [ひねってつぶす] Esmagar. ★ *Yubi-saki de chiisana mushi o ~* 指先で小さな虫を捻り潰す ~ um bichinho na ponta dos dedos. **2** [滅ぼす] Derrotar completamente. *Hanran-gun o atto iu ma ni ~* 反乱軍をあっという間に捻り潰す ~ num instante as forças rebeldes. S/同 Horóbósu; yattsúkéru.
hinéru 捻「拈・捩」る **1** [指先でねじる] Torcer [Dar a volta] com os dedos; ligar. ★ *Sen o hinette gasu o dasu* [*tomeru*] 栓をひねってガスを出す [止める] Abrir o [a válvula do] gás. *Suitchi o ~* スイッチをひねる Ligar o interruptor. ⇨ Nejíru. **2** [体をねじ曲げる] Torcer. ★ *Koshi o hidari e ~* 腰を左へひねる ~ o tronco para a esquerda. **3** [負かす]【G.】Vencer com facilidade; limpar. *Anna aite wa hito-hineri da* あんな相手はひとひねりだ Aquele adversá-

rio para mim é canja [sopa (B.)] /Àquele, limpo-o eu à primeira [sem dificuldade nenhuma]. **4** [趣向をこらす] Elaborar; fazer; complicar. ★ *Hinetta shiken mondai* ひねった試験問題 Uma pergunta complicada do exame. **5** [俳句·歌などを作る] Compor「canção」. ★ *Ikku* ~ 一句ひねる ~ um "haiku". **6** [考えをめぐらす] Puxar pelo bestunto (G.) [pela cabeça]. *Gen'in ga wakarazu kubi o hinetta* 原因がわからず首をひねった Não pude descobrir a causa, e fiquei em dúvida.

híneta ひねた (< hinéru) **1** [大人びた] Adulto antes de tempo. ★ ~ *kodomo* ひねた子供 Criança retorcida [adulta…]. **2** [古びた]「pessegueiro」Velho.

hinétsú 比熱【Fís.】O calor específico. ~ *ga ōkii* [*chiisai*] 比熱が大きい [小さい] ~ é elevado [baixo].

hín'i 品位 **1** [品格] A dignidade (de cará(c)ter); a autoridade; a grandeza (moral). ★ ~ *o takameru* [*sageru*] 品位を高める [下げる] Crescer em [Perder a] ~. ~ *o tamotsu* 品位を保つ Manter a sua ~. [S/同] Hiń (+); hínkákú. ⇨ igéń. **2** [品等] O grau; o quilate. ★ ~ *jūhachi no kin* 品位 18 の金 O ouro de 18 quilates.

hiníchí 日日 **1** [期日] A data; o dia. *Kekkon-shiki no ~ wa mō kimarimashita ka* 結婚式の日にちはもう決まりましたか Já decidiram a/o ~ do casamento? [S/同] Hidóri; kíjitsu. ⇨ hi[1]. **2** [日数] Os dias. [S/同] Hi-kázú; nissū́.

hiníkú 皮肉 (< hífu + …) **1** [あてこすり] A ironia; o remoque. ★ ~ *na warai* 皮肉な笑い Um riso iró[ô]nico. ~ *o iu* 皮肉を言う Ser iró[ô]nico. ◇ **~ ya** 皮肉屋 Um iró[ô]nico; um ironista. [S/同] Atékósúri. **2** [思い通りにならないこと] O paradoxo; a contradição; o estranho. ~ *ni mo fu-benkyō datta sūgaku no shiken ga ichiban yoku dekita* 皮肉にも不勉強だった数学の試験が一番良くできた Vejam (lá) a ironia: o meu melhor exame foi o que menos preparei – matemática! ★ *Unmei no* ~ 運命の皮肉 ~ do destino.

hiníń[1] 否認 O negar; a recusa. ★ *Hankō o ~ suru* 犯行を否認する Negar o crime. ◇ **~ ken** 否認権 O direito de recusa「da falência」. [A/反] Zeníń.

hiníń[2] 避妊 O impedir [evitar] a gravidez. ★ ~ *suru* 避妊する Evitar a concepção [gravidez]. ◇ **~ hō** 避妊法 Os métodos anticoncepcionais. **~ ringu** 避妊リング O anel anticoncepcional. **~ yaku** [**zai**] 避妊薬 [剤] A pílula anticoncepcional.

hí-niñgéń 非人間 Desumano; inumano. ★ ~ *teki kōi* 非人間的行為 Um a(c)to desumano.

hi-nínjō 非人情 O não ter coração; a crueldade. [S/同] Fu-nínjō (+).

hi-nínshō 非人称【Gram.】Impessoal. ◇ **~ dōshi** [**kōbun**] 非人称動詞 [構文] O verbo [A construção] ~ (Por ex. "haver pouco ou nada").

hínja 貧者【E.】O pobre [indigente/necessitado]. [P/ことわざ] ~ *no ittō o yoseru* [*sasageru*] 貧者の一灯を寄せる [捧げる] Oferecer [Dar] o pouco que se tem. [S/同] Biñbṓníñ (+). [A/反] Fúsha.

hiñjákú 貧弱 **1** [とぼしいこと] O ser pobre [falho/escasso]. ★ ~ *na naiyō no enzetsu* 貧弱な内容の演説 Um discurso sem [pobre em] conteúdo. **2** [見劣りすること] Pobre [Insignificante/Miserável] (de aspecto). ★ ~ *na karada* 貧弱な体 Um corpo franzino. [S/同] Misúbóráshíi.

hiñkákú 品格 **a**) A dignidade; a autoridade; **b**) A beleza; a graça; a elegância. [S/同] Hiń (+); hín'i; kihíń.

hiñkétsú(shō) 貧血 (症)【Med.】**a**) A anemia; **b**) A fraqueza súbita; o ficar sem forças de repente. ★ ~ *o okosu* 貧血を起こす Ter um ataque de ~.

hiñkṓ 品行 O comportamento; a conduta. ◇ **~ hōsei** 品行方正 ~ exemplar. [S/同] Gyṓjō.

hiñkóń 貧困 **1** [貧乏] A (extrema) pobreza; a indigência; a penúria; a miséria. [S/同] Bínbō (+). ⇨ híñku; kíga[1]. **2** [欠けていること; とぼしいこと] A pobreza; a falta. ★ *Seisaku no* ~ 政策の貧困 A falta de (contra)medidas.

híñku 貧苦 As agruras [angústias; Os apertos] da pobreza. ⇨ hiñkóń.

hiñkyákú 賓客 Um hóspede ilustre [de honra].

hiñkyū́ 貧窮【E.】Os apertos da pobreza. [S/同] Hiñkóń (+); híñku.

hiñmín 貧民 Os pobres; os indigentes; os necessitados; os miseráveis. ◇ **~ gai** 貧民街 Um bairro pobre. **~ kutsu** 貧民窟 O bairro de lata; a favela. [S/同] Biñbṓníñ. [A/反] Fumíñ.

hiñmókú 品目 **a**) O artigo (Produto); **b**) A lista de artigos. ★ *Shōhin o ~ betsu ni wakeru* 商品を品目別に分ける Separar a mercadoria por artigos. ◇ **Hikazei ~** 非課税品目 Os ~ isentos de imposto.

hiñnṓ 貧農 O(s) lavrador(es) pobre(s). [A/反] Funṓ; gṓnṓ.

hi-nóbé 日延べ **a**) O adiamento; **b**) O prolongamento. *Shuppatsu ga ~ ni natta* 出発が日延べになった A partida foi adiada. [S/同] Eñkí (+).

hi-nó-dé 日の出 **a**) O nascer do sol (⇨ ása-hi); **b**) O vigor. *Kare no kaisha wa ima ~ no ikioi de nobite iru* 彼の会社は今日の出の勢いでのびている A empresa dele está em fase de grande expansão [está muito vigorosa/forte]. [A/反] Hi nó írí.

hi-nó-írí 日の入り O pôr do sol. [S/同] Iríáí; nichíbótsú. [A/反] Hi nó dé.

hi-nó-ké 火の気 (Presença [Sinais] de) fogo/lume/aquecimento. *Mattaku ~ no nai heya de kare wa benkyō shite ita* 全く火の気のない部屋で彼は勉強していた Ele estudava num quarto sem qualquer aquecimento.

hínoki 檜【Bot.】Um cipreste japonês parecido ao cedro (⇨ sugí), de folha suave ao ta(c)to e boa madeira.

hinókí-bútai 檜舞台 **1** [ひのきで張った舞台] O palco de madeira de "hinoki". **2** [晴れの場所] Um grande [O melhor] palco; a ribalta. ★ ~ *o fumu* 檜舞台を踏む Representar num ~ [Subir à ~].

hí-no-ko 火の粉 A faísca [faúlha; chispa] (de fogo). *Hoshōnin ni natta hito no tōsan de chichi mo daibu ~ o kabutta* 保証人になった人の倒産で父もだいぶ火の粉をかぶった (Id.) Com a falência do endossante, meu pai também ficou queimado [perdeu dinheiro].

hi-nó-kúrúmá 火の車 **a**) O carro de fogo do inferno; **b**) O estar com apuros de dinheiro. *Wagaya no daidokoro wa ~ da* 我が家の台所は火の車だ Não sei onde o (Dinheiro) hei-de ir buscar para dar de comer à família.

hi-nó-márú 日の丸 A bandeira nacional (Do Japão; Lit.: "o disco solar"). [S/同] Nisshṓki. ⇨ hatá[1]; kokkí[2].

hi-nó-mé 日の目 A luz do dia. *Sono keikaku wa ~ o minai mama ni owatta* その計画は日の目を見ないま

H

まに終わった Esse proje(c)to ficou arquivado [na gaveta] sem ver a 〜.
hi-nó-mí(-yágura) 火の見(櫓) A torre de vigia de incêndios.
hí-nṓrítsú-tékí 非能率的 「uma administração」 Ineficiente; ineficaz.
hinóshí 火熨斗 ⇨ aírón.
hi-nó-támá 火の玉 **1** [火のかたまり] A bola de fogo. ★ 〜 *ni natte tatakau* 火の玉になって戦う Lutar unidos e com toda a força. [S/同] Kakyū́. **2** [鬼火] O fogo fátuo. [S/同] Hitódámá; oníbi.
hí-no-te 火の手 **1** [火の勢い] A labareda; a chama. ★ 〜 *ga agaru* 火の手があがる Subirem alto as 〜s; haver um grande incêndio. **2** [敵対行為] O ataque; o protesto; o grito. *Seifu kōgeki no* 〜 *ga agatta* 政府攻撃の火の手があがった Os 〜s contra o governo fizeram-se ouvir.
hińpáń 頻繁 Frequente. ★ 〜 *ni iku* 頻繁に行く Ir frequentemente [com frequência] 「àquela loja」. [S/同] Shótchū; tabítábí.
hińpátsú 頻発 A frequência. [S/同] Zokúhátsú.
hińpíń 頻頻 ⇨ hińpáń; tabítábí.
hínpu 貧富 Os pobres e os ricos. ★ 〜 *no sa ga hageshii* 貧富の差が激しい A diferença entre 〜 é enorme.
hinpyṓ-kai [óo] 品評会 A exibição 「de pinturas」; a feira.
hínsei 品性 O cará(c)ter. ★ 〜 *no rippa-na* [*iyashii*] *hito* 品性の立派な[卑しい]人 A pessoa de 〜 nobre [baixo]. [S/同] Hitógárá (+).
hínshi[1] 瀕死 As portas da morte. *Kare wa jiko de* 〜 *no jūshō o otta* 彼は事故で瀕死の重傷を負った Com aquele grave acidente ficou às 〜.
hińshí[2] 品詞【Gram.】Os elementos da frase [As categorias gramaticais] (São: sub., adj., adv., v., pron., prep., conj., interj., e art.).
hińshítsú 品質 A qualidade. ◇ **〜 hoshō** 品質保証 A garantia de 〜「do vinho」. **〜 kanri** 品質管理 O controle de 〜. [S/同] Shinágárá. ⇨ shitsú[1].
hińshú 品種 **1** [品物の種類] A espécie 「dos artigos」. ◇ **Ta 〜 shōryō seisan** 多品種少量生産 O fabrico de vários artigos, e em pouca [pequena] quantidade. **2** [農作物や家畜などの] A variedade 「de uva」; a raça 「de cavalo」. ★ *Ine no* 〜 *kairyo* 稲の品種改良 O melhoramento das plantas [variedades] de arroz.
hińshúkú 顰蹙【E.】O desagrado; o escândalo. *Kare no migatte na gendō wa mina no* 〜 *o katta* 彼の身勝手な言動は皆の顰蹙を買った O comportamento caprichoso dele desagradou a todos.
hínsō 貧相 **1** [貧乏そうな顔つき] A cara de pobre [fome]. ★ 〜 *na hito* 貧相な人 Um pobretanas. [A/反] Fukúsṓ. **2** [みすぼらしいようす] Maltrapilho. ⇨ misúbóráshíi.
hińsúru[1] 貧する Ser pobre; viver na miséria 「é mau para o corpo e para o espírito」. [P/ことわざ] *Hinsureba don suru* 貧すれば鈍する A pobreza embota o espírito.
hińsúru[2] 瀕する Estar à beira [a ponto] 「de」. ★ *Hametsu* [*Hasan*; *Kiki*] *ni* 〜 破滅[破産; 危機]に瀕する Estar à beira da ruína [falência; crise].
hínto ヒント (< Ing. hint) A dica; a achega; a sugestão; a ideia. ★ 〜 *o ataeru* ヒントを与える Dar uma 〜. 〜 *o eru* ヒントを得る Ter [Vir] a ideia 「e pintar」. [S/同] Ańjí; kagí.
hi-nyṓ-ki [óo] 泌尿器【Anat.】Os órgãos urinários. ◇ **〜 ka** 泌尿器科 A 「se(c)ção de」 urologia.
hińzū́ ヒンズー Hindu. ◇ **〜 kyo** ヒンズー教 O hinduísmo. **〜 kyōto** ヒンズー教徒 O hindu.
hío 氷魚 A espadilha (Peixe miúdo; ⇨ áyu[1]).
hi-ṓi [óo] 日覆い Algo 「toldo/cortina」 para proteger do sol. [S/同] Hi-yóké (+).
hipókóńdérī ヒポコンデリー【Med.】(< Al. < Gr. hypochondrios: "o cimo do abdómen") A hipocondria. ★ 〜 *no kanja* ヒポコンデリーの患者 Um hipocondríaco.
hippákú 逼迫 **1** [事態がさしせまること] O aperto; a tensão. ★ *Jitai ga* 〜 *suru* 事態が逼迫する A situação ficar (cada vez mais) tensa. **2** [困窮すること] A escassez de dinheiro. ★ *Zaisei ga* 〜 *suru* 財政が逼迫する Haver 〜 no mercado. [S/同] Kyū́há-kú.
hippárí-dáko 引っ張り凧 (< hippáru + táko) Uma pessoa muito requisitada. *Kare wa shikai-sha to shite ninki ga dete ima-ya dono bangumi kara mo* 〜 *da* 彼は司会者として人気が出て今やどの番組からも引っ張り凧だ Ele ganhou fama como orientador [encarregado] 「de festas」 e agora querem-no para toda a espécie de programas.
hippárí-kómu 引っ張り込む (< hippáru + …) Meter puxando. *Kare wa mājan no nakama ni hipparikomareta* 彼はマージャンの仲間に引っ張り込まれた Ele foi puxado para o grupo de majan. [S/同] Hikí-íréru.
hippáru 引っ張る **1** [強く引く] Puxar com força. *Kare wa kanojo no ude o gui-to* [*tsuyoku*] *hippatta* 彼は彼女の腕をぐいと[強く]引っ張った Ele puxou-a pelo braço com toda a força. [S/同] Hikú (+). **2** [牽引する] Rebocar. ★ *Esueru ga kyakusha o* 〜 SL が客車を引っ張る A locomotiva a vapor reboca as carruagens de passageiros. **3** [張る] Esticar. ★ *Gomu-himo o* 〜 ゴムひもを引っ張る 〜 o elástico. [S/同] Harú; hikú (+). **4** [無理に連れてくる] Levar 「alguém」 à força [contra vontade]. *Kare wa keisatsu ni hippareta* 彼は警察に引っ張られた Ele foi levado pela polícia. **5** [のばす] Adiar; prolongar; arrastar. ★ *Gobi o* 〜 語尾を引っ張る Arrastar o final das palavras. [S/同] Hikú. **6** [引用する] Citar.
hippátáku 引っぱたく【G.】Dar uma palmada [bofetada/lambada (na cara)]. ★ *O-shioki ni kodomo no shiri o* 〜 お仕置きに子供の尻を引っぱたく De castigo dar uma palmada no rabo [na bunda (B.)] ao filho. [S/同] Hatáku. ⇨ tatáku.
hippī́-zoku [ii] ヒッピー族 (< Ing. hippie) Os hípis.
hippṓ[1] 筆法 **1** [運筆法] O uso do pincel; as regras da (boa) caligrafia. [S/同] Shohṓ; uńpítsú. **2** [やり方] A maneira; o modo. *Watashi wa onaji* 〜 *de semeta* [*yatte noketa*] 私は同じ筆法で攻めた[やってのけた] Eu ataquei [ganhei-lhe] usando a mesma maneira [técnica] dele. [S/同] Yaríkátá (+).
hippṓ[2] 筆鋒【E.】**1** [筆の穂先] A ponta do pincel. [S/同] Ho-sákí. **2** [文字・文章の勢い] O estilo; o fraseado. *Surudoi* 〜 *de hanron shita* 鋭い筆鋒で反論した Ele retorquiu (por escrito), num estilo vigoroso/muito inteligente.
híppu[1] ヒップ (< Ing. hip) Os quadris [O quadril]; a anca. ★ 〜 *o hakaru* ヒップを測る Medir os 〜. [S/同] Koshí-máwari; shirí[1].
híppu[2] 匹夫【E.】Um homem da plebe; a plebe [ralé]. [P/ことわざ] 〜 *no yū* 匹夫の勇 A temeridade

[coragem imprudente]. ⇨ ko-mónó; shójín²; záko.

híra 平 (Pref. que exprime a ideia de comum, geral, plano ("te no hira"), simples). ★ ~ **híra ni**. ◇ ~ **shain** 平社員 O simples empregado (Que não tem posição de mando). ⇨ futsú²; hirátái; ippán.

hirá-áyamari 平謝り (⇨ híra ni) O pedir sincera e repetidamente perdão. ★ ~ **ni ayamaru** 平謝りに謝る Pedir perdão uma e outra vez.

hirábéttái 平べったい【G.】Plano; raso; chato. ★ ~ **kao** 平べったい顔 O rosto ~. 〖S/同〗 Hirátái (+).

hirá-gána 平仮名 A escrita "hiragana" do silabário j. 〖A/反〗 Katákána. ⇨ kaná¹.

hirá-gúmó 平蜘蛛 (< ... + kúmo) Uma aranha de forma achatada. ★ ~ **no yō ni natte ayamatta** 彼は平蜘蛛のようになって謝った Ele pediu perdão prostrado por terra. 〖S/同〗 Hirátágúmo.

hirahira ひらひら 1 [軽いもの;薄いものが動くさま]【Adv.】(Exprime a ideia de coisa leve que se move). *Sakura ga kaze ni* ~ (*to*) *matta* 桜が風にひらひら(と)舞った As folhas das cerejeiras mexiam, agitadas pelo vento. 2 [軽く翻る薄いもの]【Sub.】[hiráhirá] O folho 「da blusa」.

hirái 飛来【E.】O vir voando 「aves de arribação/gafanhotos」. *Tekki ga* ~ *shite kita* 敵機が飛来してきた O avião inimigo veio na nossa dire(c)ção.

hiráishin 避雷針 Um pára-raios.

hirákéru 開ける 1 [広がっている] Estender-se. *Zenpō ni oka to mori ga hirakete mieta* 前方に丘と森が開けて見えた Em frente estendiam-se [descortinavam-se] colinas e bosques. 2 [発展する] Progredir; desenvolver-se. *Kono hen mo chikagoro daibu hirakete kita* この辺も近頃だいぶ開けてきた Isto [Esta terra] ultimamente tem-se desenvolvido muito. ★ *Yo no naka ga* ~ 世の中が開ける O mundo progride [avança]. 〖S/同〗 Hatténsúru (+); shínpo suru (+). 3 [世情に通じる] Ser aberto [sociável]. *Ano hito wa nakanaka hirakete iru* あの人はなかなか開けている Ele é uma pessoa muito aberta. 〖S/同〗 Sabákéru. 4 [開通する] Abrir [Inaugurar]-se 「uma carreira」. ★ *Michi ga* ~ 道が開ける ~ uma estrada. 5 [よい方に向かう] Melhorar. *Yatto boku no un mo hirakete kita* (*zo*) やっと僕の運も開けてきた(ぞ) Até que enfim a sorte me começa a sorrir.

hiráketa 開けた (⇨ hirákéru) 1 [広がっている] Aberto; amplo; panorâmico; livre. ★ *Shikai no* ~ *basho* 視界の開けた場所 Um lugar panorâmico [com vistas amplas]. 2 [発展した] 「lugar」 Civilizado. *Kare wa nakanaka* ~ [*sabaketa*] *jinbutsu da* 彼はなかなか開けた[さばけた]人物だ Ele é uma pessoa muito aberta. 3 [世情に通じた] Aberto; sociável.

hiráki 開き (< hiráku) 1 [開く事] A abertura; o abrir 「a boca」. *Kotoshi wa hana no* ~ *ga osoi* 今年は花の開きが遅い Este ano as [cerejeiras] desabrocham [abrem] tarde. 2 [差異] A diferença 「de idades/entre o ideal e o possível」. 〖S/同〗 Hedátárí; sa (+); sái. 3 [おひらき]【fim da festa/reunião】.

hiráki-do 開き戸 (< hiráku + to) A porta articulada (com dobradiça e que abre para os dois lados). ⇨ hikí-dó.

hiráki-fú 開き封 (< hitáku + ...) A carta em envelope aberto.

hiráki-náoru 開き直る (< hiráku + ...) Zangar-se; levar a sério; ficar bravo. *Kanojo wa hirakinaotte jibun wa machigatte inai to itta* 彼女は平気になって自分は間違っていないと言った Ela, zangada, disse que tinha razão.

hiráku 開〖啓〗く 1 [あける] Abrir. ★ *Fū* ~ 封を開く ~ o envelope. *Hon o* ~ 本を開く ~ o livro. *Kuchi o* ~ 口を開く ~ a boca. *To o* ~ 戸を開く ~ a porta. *Tsutsumi o* ~ 包みを開く ~ o embrulho [Desembrulhar a encomenda]. 〖S/同〗 Akéru; hirógéru. 2 [広がった状態になる] Abrir-se; alargar. ★ *Kizuguchi ga* ~ 傷口が開く ~ a ferida. 〖S/同〗 Akú; hirógáru. 3 [始める] Abrir; começar; fundar. *Kanojo wa machi ni chīsana mise o hiraita* 彼女は町に小さな店を開いた Ela abriu uma pequena loja na cidade. 〖S/同〗 Hajímérú. 4 [開催する] Fazer. ★ *Tenrankai o* ~ 展覧会を開く ~ uma exposição. 5 [開拓する] Desbravar; explorar. ★ *Tochi o hiraite hatake ni suru* 土地を開いて畑にする Desbravar um terreno para cultivo. 6 [へだたりができる] Aumentar. ★ *Kyori ga* ~ 距離が開く Distanciar-se (mais); a distância ~. *Sa ga* ~ 差が開く a diferença ~. 7 [道を作る] Abrir um caminho. ★ *Ketsuro o* ~ 血路を開く Abrir caminho; encontrar uma saída 「para o problema」. 8 [咲く] Florescer; desabrochar; florir. ★ *Sakura ga* ~ 桜が開く Florescerem as cerejeiras. 〖S/同〗 Sakú (+). 9 [滞りがとれてはればれする] Serenar; tranquilizar-se. ★ *Shūbi o* ~ 愁眉を開く Respirar de alívio. 10 [乗根を求める]【Mat.】Extrair [Tirar]. ★ *Ni o heihō ni* ~ 2 を平方に開く ~ a raiz quadrada de 2. 11 [知恵をつけてわかるようにする] Progredir. ★ *Mō o* ~ 蒙を啓く Acabar com a ignorância.

hirámé 平目・比目魚【Zool.】A solha (É parecida ao linguado: "shitabirame").

hirámékasu[**hirámékáseru**] 閃かす[閃かせる] 1 [きらっと光らせる] Fazer cintilar. 〖S/同〗 Hikárasu. 2 [ちらりと示す] Mostrar um pouco. ★ *Sainō o* ~ 才能を閃かす Dar uma pequena amostra do [~ o] seu talento.

hirámékí 閃き (< hirámékú) 1 [一瞬光ること] O clarão. 2 [頭脳の鋭い働き] O lampejo [clarão]. ★ *Kanjusei no* ~ 感受性の閃き Um ~ de sensibilidade.

hirámékú 閃く 1 [一瞬きらめく] Reluzir; chispar. ★ *Inazuma ga* ~ 稲妻が光る Brilhar [~] o relâmpago. ⇨ kagáyákú; kirámékú. 2 [ひらひらする] Flutuar. *Hata ga kaze o ukete hirameite iru* 旗が風を受けて閃いている A bandeira está a ~ ao vento. ⇨ híraʰira. 3 [するどく働く] Saltar; surgir. *Yoi kangae ga hirameita* 良い考えが閃いた Surgiu-me [Tive] uma boa ideia. 〖S/同〗 Ukábú.

hira ni 平に Muito; encarecidamente. ~ *go-yōsha negaimasu* 平に御容赦願います Peço mil vezes perdão. 〖S/同〗 Dōka (+); hitásúrá ni; naní tó zó (+); tetsu-ni. ⇨ hirá-áyamari.

hirá-óyógí 平泳ぎ A natação de bruços. 〖S/同〗 Burésútó; kyōéí.

hirári to ひらりと Agilmente; com leveza. ★ ~ *mi o kawasu* ひらりと身をかわす Desviar agilmente o corpo.

hirátái 平たい (⇨ híra) 1 [偏平な] Liso. ★ ~ *ishi*

平たい石 A pedra lisa. ⇨ heítán¹; heńpéí; taírá. **2** [平易な] Simples; comum. ~ *kotoba de [Hiratakú] ieba* 平たい言葉で[平たく] 言えば Dito [Posto] em termos [palavras] simples···. ⟨S/同⟩ Heíí na; wakáríyásúi (+).

hirátáku 平たく (Adv. de hiratai).

hirá-té 平手 A mão aberta. ★ ~ *uchi o kuwaseru* 平手打ちを食わせる Dar uma lambada/palmada. ⟨A/反⟩ Geńkótsú; kobúshí. ⇨ karáté.

hiráyá 平家[屋] Uma casa, só com rés-do-chão. ⟨S/同⟩ Ikkái-daté.

hiré¹ 鰭 A barbatana.

hiré² ヒレ (< Fr. filet) O filete [filé]. ◇ ~ *katsu* ヒレカツ ~ de porco.

hiréfúsu 平伏す Prostrar-se「e pedir perdão ao ofendido」. *Kōtei wa Hōō no ashimoto ni hirefushita* 皇帝は法王の足元に平伏した O Imperador prostrou-se aos pés do Pontífice. ⟨S/同⟩ Heífúkú súrú.

hireí¹ 比例 [2つの量の比が他の2つの量の比に等しいこと] 【Mat.】 A proporção. ★ *Ekkusu wa wai ni ~ suru* XはYに比例する O x é proporcional ao y. ~ *haibun* 比例配分 A distribuição proporcional. **Sei** [**Han**; **Gyaku**] ~ 正[反; 逆]比例 ~ dire(c)ta [inversa]. **2** [2つのものが一定の関係をもって互いに対応すること] A proporção; a relação. *Chie wa nenrei ni ~ suru to wa kagiranai* 知恵は年齢に比例するとは限らない Nem sempre a inteligência é proporcional à [tem relação com a] idade. **3** [物の各部分の間の割合] A proporção.

hireí² 非礼 【E.】 A descortesia. ~ *ni wa ataranai* 非礼にはあたらない Isso não é descortesia (nenhuma). ⟨S/同⟩ Búreí (+); shitsúreí (o).

hirékí 披瀝 【E.】 O exprimir-se. ★ *Kyōchū o ~ suru* 胸中を披瀝する Dizer [Exprimir] o que tem no íntimo [lá dentro].

híren 悲恋 【E.】 O amor infeliz [trágico/fatal].

hirétsú 卑劣 O ser servil/baixo/ignóbil. *Kare wa ~ ni mo tomo o uragitta* 彼は卑劣にも友を裏切った Ele teve a baixeza de atraiçoar [foi tão ignóbil que atraiçoou] o amigo. ★ ~ *na shudan* 卑劣な手段 Meios [Estratagemas] ignóbeis/sujos/indecentes. ⟨S/同⟩ Híkyô.

hirihiri (to) ひりひり(と) (Im. de ardência de ferida, mostarda, ···). *Surimuita tokoro ga ~ suru* すりむいた所がひりひりする Sinto ardência na parte arranhada [onde me arranhei].

hirítsú 比率 A pe[o]rcentagem; a razão; a proporção. ★ *Hobo onaji ~ de* ほぼ同じ比率で Em ~ quase igual.

-hiro 尋 A braça (1.8m). ★ *Fukasa go-* ~ 深さ5尋 Cinco ~ s de profundidade.

hirō¹ 披露 O apresentar; o anúncio; a notícia [nova]; o dar a conhecer; o exibir. ★ ~ *no utage no haru* 披露の宴を張る Dar um jantar para celebrar a boa nova [do casamento]. ◇ ~**-en**. **Kekkon** ~ 結婚披露 A notícia do casamento. ⟨S/同⟩ Kôhyô; kôkái.

hirō² 疲労 A fadiga; o cansaço; o esgotamento. ~ *suru* 疲労する Cansar-se [Ficar esgotado]. *Kinzoku no ~ shiken* 金属の疲労試験 O teste de resistência「do metal」.

híro [ii] ヒーロー (< Ing. < Gr. héros) **1** [英雄] Um herói. ⟨S/同⟩ Eíyū (+). **2** [主人公] O protagonista. ⟨S/同⟩ Shujíńkô (+). ⇨ híroin.

híroba 広場 A praça; o largo. ◇ *Ekimae* ~ 駅前広場 ~ (em frente) da estação.

hiróbiro (to) 広々(と) (< hirói) Extenso; 「quarto」 amplo; 「um lugar」 espaçoso; vasto 「panorama」.

hirō-en 披露宴 O banquete de casamento. ⇨ hirō¹.

hirógári 広[拡]がり (< hirógárú) O espraiar [estender]-se「da planície」.

hirógárú 広[拡]がる (⇨ hirógérú) **1** [開いて広くなる] Estender-se; alargar-se. ★ *Saki ga hirogatta eda* 先が広がった枝 Ramos frondosos [largos nas pontas]. ⟨S/同⟩ Sebámáru. **2** [ひろまる] Espalhar-se. ★ *Ekibyô ga* ~ 疫病が広がる ~ a epidemia. ⟨S/同⟩ Hirómáru (+). **3** [規模が大きくなる] Aumentar. ★ *Gakuryoku sa ga* ~ 学力差が広がる A diferença nos estudos「entre os dois」···. *Kaji ga* ~ 火事が広がる ~ o incêndio.

hirógérú 広[拡]げる (⇨ hirógárú) **1** [広くする] Alargar [Ampliar]. ★ *Michi o* ~ 道を広げる ~ o caminho. **2** [規模を大きくする] Expandir. ★ *Jigyô o* ~ 事業を広げる ~ a empresa [os negócios]. **3** [開く] Abrir. ★ *Bentō o* ~ 弁当を広げる ~ a marmita [caixa do lanche]. *Ryô-ude[-te] o* ~ 両腕[手]を広げる ~ os braços. ~ hiráku. **4** [そこらへんいっぱいに並べる] Espalhar; estender. ★ *Omocha o heyajū ni* ~ おもちゃを部屋中に広げる Espalhar os brinquedos na sala.

hirói 広い [面積・幅が大きい] Extenso; extenso; largo (Para os lados). ★ ~ *niwa [heya]* 広い庭 [部屋] O jardim [quarto] (muito) grande/espaçoso. *Katahaba no* ~ *hito* 肩幅の広い人 Uma pessoa espadaúda [de ombros largos]. ⟨A/反⟩ Semái. **2** [大きく広がっている] Amplo; largo; vasto; lato. *Ano hito no jigyô wa haba ga* ~ あの人の事業は幅が広い Ele dedica-se a várias a(c)tividades. ★ *Kao ga* ~ 顔が広い Ser muito conhecido [Ter muitos conhecidos]. ~ *shiya ni tatte* 広い視野に立って Vendo as coisas no seu conjunto/Com larguezas de vistas. *Chishiki ga* ~ 知識が広い Ter muitos [vastos] conhecimentos. ⟨A/反⟩ Semái. **3** [こせこせしない] Aberto. *Kare wa kokoro no* ~ *hito desu* 彼は心の広い人です Ele é magnânimo [tem um coração grande/espírito aberto]. ⟨A/反⟩ Semái.

hirói-ágéru 拾い上げる (< hiróú + ···) **1** [拾う] Apanhar (do chão). ⟨S/同⟩ Hirôú. **2** [選び] Escolher「alguns exemplos/bons colaboradores」.

hirói-átsúméru 拾い集める (< hiróú + ···) Apanhar (juntando); ~ *castanhas*. ◇ *Ochiba o* ~ 落ち葉を拾い集める Juntar as folhas secas.

hirói-dásu 拾い出す (< hiróú + ···) Tirar [Apanhar]. ★ *Gomi no yama kara meboshii mono o* ~ ゴミの山から目ぼしい物を拾い出す ~ do (monte de) lixo coisas que ainda servem [se aproveitam].

hirói-mónó 拾い物 (< hiróú + ···) **1** [拾った物] Um achado [Uma coisa encontrada]. ★ ~ *o suru* 拾い物をする Apanhar [Encontrar] uma coisa. ⟨A/反⟩ Otôshí-mónó. ⇨ hirói-nushi. **2** [もうけもの] Uma pechincha; um achado. *Kono hon ga sen en to wa* ~ *da* この本が千円とは拾い物だ Mil yens por este livro, é dado [um/a ~]. ⟨S/同⟩ Môké-mónó.

hiróin ヒロイン 【E.】 A heroína. ★ *Higeki no* ~ 悲劇のヒロイン [protagonista] da tragédia. ⇨ hírô.

hirói-nushi 拾い主 (< hiróú + ···) O que encontra uma coisa perdida. ⟨A/反⟩ Otôshí-nushi.

hirói-yómi 拾い読み (< hiróú + yómu) **1** [文章を飛び飛びに読むこと] O ler só partes「do livro」; o fo-

hiróízumu ヒロイズム (< Ing. heroism < Gr.) O heroísmo. [S/同] Eiyū-shúgi.

híroku[1] 広く (Adv. de hiroi) **1**[広い状態に] Largamente. ★ *Michi o* ~ *suru* 道を広くする Alargar a rua. **2**[あまねく；一般に] Muito; em extensão. ★ ~ *asaku manabu* 広く浅く学ぶ Estudar muitas coisas mas superficialmente (só pela rama).

hiróku[2] 秘録【E.】Um documento secreto.

híroma 広間 (< híroi + ma) A sala grande [espaçosa].

hirómáru 広まる (⇨ hirómérú) **1**[広くなる] Alargar-se. [A/反] Sebámáru. **2**[広く知られる；行われる] Divulgar-se; espalhar-se; propagar-se. ★ *Densenbyō ga* ~ 伝染病が広まる Propagar-se [Alastrar] a epidemia. *Uwasa ga* ~ うわさが広まる O boato.

hirómé 披露目 ⇨ o-híromé.

hirómérú 広める (⇨ hirómáru) **1**[広くする] Alargar. ★ *Chishiki o* ~ 知識を広める Aumentar [~] os seus conhecimentos. [S/同] Hirogeru. [A/反] Sebameru. **2**[広く知らせる] Divulgar; propagar. *Sono meicho ga kare no na o sekaijū ni hirometa* その名著が彼の名を世界中に広めた Essa obra-prima tornou-o conhecido em todo o mundo. ★ *Kirisuto no oshie o* ~ キリストの教えを広める /Pregar o que Cristo (nos) ensinou.

hi-rónrí-téki 非論理的 Ilógico; não racional.

hírosa 広さ (Sub. de hiroi) A grandeza [extensão] 「do parque」. ⇨ habá; ménseki[1].

hiróu 拾う **1**[落ちているものを取り上げる] Apanhar (do chão) 「uma pedra」. ★ *Ochiba o* ~ 落葉を拾う Respigar (o restolho). *Saifu o* ~ 財布を拾う ~/Encontrar uma carteira. [A/反] Hirúmá. **2**[あやうく手に入れる] Apanhar [Agarrar] por um triz. ★ *Kachi o* ~ 勝ちを拾う Vencer uma partida [um jogo] praticamente perdida[o]; ganhar por um triz. **3**[選び取る] Escolher. ★ *Katsuji o* ~ 活字を拾う ~/Tirar a um os tipos (de imprensa). **4**[引取る人を取り立てる] Recolher [Ajudar]. *Futo shita koto de Suzuki-shi ni hirowareta* ふとしたことで鈴木氏に拾われた Por acaso tive a sorte de ser ajudado pelo sr. Suzuki. **5**[タクシーなどに乗る] Apanhar. ★ *Kuruma o* ~ 車を拾う ~ um táxi.

hirú[1] 昼 **1**[日の出から日没まで] O dia (Oposto a noite). ★ *Yoru to naku* ~ *to naku* 夜となく昼となく De dia e de noite; continuamente. [S/同] Hirúmá; nitchû. **2**[正午] O meio-dia. ★ ~ *goro* 昼頃 Por volta [Cerca] do ~. ~ *kara* [*sugi ni*] 昼から [過ぎに] Depois do ~. [S/同] Shōgo. **3**[昼飯] O almoço. *Sorosoro* ~ *ni shiyō* そろそろ昼にしよう Vamos almoçar [indo para o almoço]. [S/同] Chūshóku (o); hirú-góhan (+); hirú-méshí (+).

hiru[2] 蛭【Zool.】A sanguessuga. ★ ~ *no yō ni suitsuite hanarenai* 蛭のように吸いついて離れない Ficar ali agarrado como uma ~.

hirú-ándon 昼行灯 Um inútil/espantalho(G.) (Lit: "Uma lanterna de dia"). [S/同] Úsunórō (+).

hirúgáeru 翻[飜]る **1**[まったく改まる] Mudar completamente. ★ *Taido ga* ~ 態度が翻る ~ de atitude. **2**[ひらひらする] Ondular; tremular 「ao vento」. ★ *Kokki ga* ~ 国旗が翻る A bandeira nacional ~. [S/同] Hatámékú. ⇨ hírahira.

hirúgáesu 翻[飜]す **1**[うら返す] Virar. ★ *Te no hira o* ~ てのひらを翻す ~ a (palma da) mão. [S/同] Hikkúríkáesu (+); urá-gáesu (+). **2**[まったく改める] Mudar「de」. ★ *Zengen* [*Zensetsu*] *o* ~ 前言 [前説] を翻す Desdizer(-se)/Retirar o que disse [~ a (de) teoria]. **3**[身をおどらせる] Desviar; esquivar. **4**[ひらひらさせる] Desfraldar 「ao vento」. ★ *Hanki o* ~ 反旗を翻す ~ a bandeira da oposição (sua bandeira). [S/同] Hatámékásu.

hirúgáo 昼顔【Bot.】O convólvulo; a ipomeia; *calystegia japonica*. ⇨ asá-gao.

hirú-hínaka 昼日中 O pleno dia. ★ ~ *ni* [*kara*] 昼日中に [から] Em pleno dia.

hirúi 比類【E.】O ser igual [par/paralelo]. *Nippon wa sekai ni* ~ *o minai jishin-koku da* 日本は世界に比類を見ない地震国だ O Japão é um país de terramotos, sem igual no mundo.

hirú-má 昼間 (< hirú[1] + ma) De [Durante o] dia. *Kare wa* ~ *hataraite yoru gakkō e iku* 彼は昼間働いて夜学校へ行く Ele trabalha de dia e à noite tem aulas. [S/同] Chúkán; nitchû.

hirú-méshí 昼飯【G.】O almoço. [S/同] Chūshóku (+); hirú-góhan.

hirúmu 怯む Temer; vacilar; intimidar-se. ★ *Konnan ni* ~ 困難に怯む Vacilar perante as dificuldades. *Sukoshi mo hirumazu ni* 少しも怯まずに Sem a menor hesitação/vacilação. [S/同] Oјkérú.

hirú-né 昼寝 (< hirú[1] + nerú[1]) A sesta. [S/同] Gosúí.

hirú-ságari 昼下がり O início da tarde; o passar do meio-dia.

hirú-súgi 昼過ぎ Depois do meio-dia [das 12 (horas)]. [S/同] Gógo. [A/反] Hirú-máe.

hirú-yásumi 昼休み O descanso [intervalo] do meio-dia [do almoço].

hiryō 肥料 O estrume [adubo/fertilizante]. ★ *Hatake ni* ~ *o hodokosu* [*yaru*] 畑に肥料を施す [やる] Adubar [Estrumar] a terra. ◇ *Jinzō* [*Gōsei*] ~ 人造 [合成] 肥料 Adubo artificial [sintético]. *Kagaku* ~ 化学肥料 Adubo químico. ⇨ Koyáshí.

hí-ryōshín-téki [oó] 非良心的 Falto de [Contra a] consciência; irresponsável; 「pessoa」 inconsciente; desonesto.

hisái 被災 A catástrofe [calamidade] natural; o desastre. ★ *Jishin de* ~ *suru* 地震で被災する Sofrer grandes danos do [com o] terramoto. ◇ ~ **chi** 被災地 A região afe(c)tada pela/o ~. ~ **sha** 被災者 As vítimas da/o ~.

hisán[1] 悲惨 [酸] A desgraça; a tragédia; o infortúnio. ★ ~ *na saigo o togeru* 悲惨な最期を遂げる Morrer tragicamente. ~ *o kiwameru* 悲惨を極める Chegar ao auge do/a ~; experimentar todas as ~ s.

hisán[2] 飛散【E.】O espalhar-se 「no ar; ao vento」.

hisáshi 庇【E.】**1**[小屋根] O toldo (⇨ noki). 「ことわざ」 ~ *o kashite omoya o torareru* 庇を貸して母屋を取られる **a**) Dar a mão e levarem-me o braço; **b**) Pagar o bem com o mal; **c**) Abusar de quem é bom. **2**[帽子の] A pala. ★ ~ *no tsuita bōshi* 庇のついた帽子 O boné com pala (⇨ tsúba[2]).

hisáshibúri 久し振り (⇨ hisáshíi) Depois de muito tempo. *Kare kara* ~ *ni tegami* [*tayori*] *o moratta* 彼から久し振りに手紙 [たより] をもらった Recebi carta dele ~. ~ *no* ~ お久し振りですね Que gosto vê-lo/a ~! [Há quanto tempo que não a/o via]! ★ ~ *no kōten* 久し振りの好天 O sol [bom tempo] há

tanto esperado. [S/同] Hisákátábúri.
hisáshii 久しい Longo (no tempo). *Watashi wa ~ izen ni atta koto ga aru* 私は久しい以前に彼と会ったことがある Encontrei-me com ele, uma vez, há muito tempo. ★ ~ *hanashi* 久しい話 Uma velha história.
hí-seísán-téki 非生産的「capital」Improdutivo.
hiséki[1] 砒石【Min.】O (anidrido) arsé[ê]nico.
hiséki[2] 秘蹟【Cri.】O sacramento. ★ ~ *o ukeru* [*sazukeru*] 秘蹟を受ける [授ける] Receber [Administrar] ~ o [da ba(p)tismo].
hisén 卑賎【E.】A condição humilde. [A/反] Kóki.
hí-seńkyónín 被選挙人 O que tem voz passiva (Que é elegível) [e a(c)tiva].
hisén-ron 非戦論 O pacifismo [ser contra a guerra]. ◇ ~ **sha** 非戦論者 O pacifista. ⇨ heíwá ◇.
hi-seńtóin [õo] 非戦闘員 Os não-combatentes (Médicos, etc., do exército e todos os civis).
hishá 飛車 A torre (do xadrez).
hishágeru ひしゃげる Ficar achatado [amarrotado]. [S/同] Hishigeru. ⇨ hishígu.
hí-shakái-téki 非社会的 Antissocial.
hí-shakó-téki 非社交的 Insociável; [um] solitário; pouco comunicativo.
hisháku 柄杓 **a)** A concha (de sopa); **b)** O caço (Espécie de tacho com cabo mais ou menos comprido, para tirar água).
hishátái 被写体 Alguém ou algo para ser fotografado.
hishí 菱【Bot.】O tríbulo [abrolho]-aquático.
hishí-gáta 菱形 O losango [rombo]. ◇ ~ **moyó** 菱形模様 Desenho decorativo aos losangos.
hishígu 拉ぐ **1**[押し潰ぶす]. **2**[勢いをくじく] Aniquilar; deitar abaixo; fazer perder o orgulho. ★ *Kōman no hana o* ~ 高慢の鼻を拉ぐ Fazer baixar a crista [Dar nas trompas]「a alguém」(Lit.: "partir o orgulhoso nariz"). ⇨ kujíku.
híshi-híshi (to) 犇犇 **(to)** Com força (repetida). *Kanojo no kotoba ga* ~ *mune ni kotaeru* 彼女のことばがひしひしと胸にこたえる As palavras dela ficaramme bem gravadas cá dentro [no peito]. [S/同] Híshi to.
hí-shikíjí 非識字 A iliteracia; o analfabetismo. [A/反] Skíkíjí. ~ **sha** 非識字者 O iletrado; o analfabeto. ~ **ritsu** 非識字率 O indice de ~.
hishímékí-áu 犇めき合う (< hishíméku + …) Comprimir-se (uns aos outros).
hishímeku 犇めく Aglomerar-se; comprimir-se. *Kaijō no iriguchi ni wa hōdō-jin ga hishimeite ita* 会場の入り口には報道陣がひしめいていた À entrada da sala da reunião comprimiam-se [acotovelavam-se] os repórteres.
hishí-shokúbutsu 被子植物【Bot.】A planta angiospérmica. [A/反] Rashí-shokúbutsu.
híshi to 犇と **1**[強く迫るさま] Muito; fortemente; profundamente. *Imashime ga* ~ *mi ni kotaeta* 戒めがひしと身にこたえた Nunca mais esqueci aquela admoestação. ⇨ hishíhíshí to. **2**[強く抱くさま]「abraçar」Com força. ★ *Akanbō o* ~ *dakishimeru* 赤ん坊をひしと抱き締める Estreitar o bebé[ê] ao coração [peito]. [S/同] Kitsúkú; shikkári to.
hishó[1] 秘書 O secretário particular. ◇ ~ **ka** 秘書課 A secretaria [O Secretariado] [do Reitor]. ~ **kan** 秘書官 O secretário.
hishó[2] 避暑 O veraneio. ★ *Karuizawa e* ~ *ni iku* 軽井沢へ避暑に行く Ir veranear em [para]… ◇ ~ **chi** 避暑地 Uma estância de ~. [A/反] Hikán[2].
hishó[3] 費消 **a)** O gastar [usar]; **b)** O fazer desaparecer [o dinheiro/todo o estoque].
hishó[2] 飛翔【E.】O voo (a grande altura). *Tobi ga ōzora o* ~ *shite iru* トビが大空を飛翔している Olhem um milhafre a voar lá alto no céu! [S/同] Hikó (+).
híso 砒素【Quím.】O arsén(c)o (As 33). ◇ ~ **chúdoku** 砒素中毒 O envenenamento de ~.
hisó[1] 皮相 **1**[外観] O exterior; a aparência. *Monogoto no* ~ *nomi mite ite wa ikenai* 物事の皮相のみ見ていてはいけない (Olhe que) as aparências iludem [a ~ às vezes engana]. [S/同] Gaíkán (+); uwábé (+). **2**[浅薄] A superfície; a rama; a pele. ★ ~ *na kenkai* 皮相な見解 Uma maneira de ver (muito) superficial.
hisó[2] 悲壮 A heroicidade trágica. ★ ~ *na kakugo* [*ketsui*] 悲壮な覚悟 [決意] A disposição [decisão] de lutar até morrer.
hisó[3] 悲愴 Trágico; patético. ◇ ~ **kan**.
hisohiso ひそひそ (⇨ hisómu) Em segredo [voz baixa]. ~ **banashi** ひそひそ話 O cochicho; o sussurro. ~ **goe** ひそひそ声 Voz muito baixinha.
hísoka 密 [私・窃] か O ser secreto; o estar escondido. ~ *na ketsui* 密かな決意 A decisão secreta. *Kokoro* ~ *ni* 心密かに No (seu) íntimo.
hisó-kan [õo] 悲愴感 (< ～[3] + kan) Um sentimento patético [de tragédia].
hisómeru[1] 潜める (< hisómu) **1**[そっと隠す] Esconder. [S/同] Kakúsu (+); shinóbáséru. **2**[静かにする] Baixar. ★ *Iki o* ~ 息を潜める [Conter] a respiração. **3**[秘めて待つ] Ter escondido. ★ *Akui o* ~ 悪意を潜める Ter dentro [escondida] a maldade.
hisómeru[2] 顰める Franzir as sobrancelhas [o sobrolho] (de desagrado). *Kanojo wa mayu o hisomete watashi no kao o niranda* 彼女は眉をひそめて私の顔をにらんだ Ela lançou-me um olhar de desagrado [reprovação]. [S/同] Shikaméru.
hisómu 潜む (⇨ hisómeru[1]) **1**[潜在する] Estar oculto. *Sono jiken no ura ni nani ga hisonde iru ka shirenai* その事件の裏に何が潜んでいるか知れない Ninguém sabe o que está [há] por (de)trás deste caso. ⇨ sezáró[2]. **2**[忍び隠れる] Esconder-se. *Jitto monokage ni* ~ じっと物陰に潜む Esconder-se atrás de alguma coisa. [S/同] Kakúréru (+).
hissageru 引っ提げる **1**[手にさげる] Trazer na mão. *Kare wa kaban o hissagete yatte kita* 彼はかばんを引っ提げてやって来た Ele veio [chegou] trazendo na mão uma mala/pasta. (⇨ mótsu[1]; sagéru (+). **2**[率いる] Chefiar. *Kare wa hei sanzen o hissagete shutsujin shita* 彼は兵三千を引っ提げて出陣した Ele partiu para o combate, chefiando [à frente de] 3.000 soldados. [S/同] Hikííru (o); hikí-tsúréru (+). **3**[物事の基盤としてかかげる] Levantar [Pôr] um caso. [S/同] Kakágéru (+). **4**[無理に動かす] Arrastar. ★ *Byōku* [*Rōku*] *no* ~ *hissagete* 病軀 [老軀] を引っ提げて ~ com os males [trabalhos] da doença [velhice].
hissán 筆算 O fazer as contas [o cálculo] no papel (e não de memória). ⇨ añzán[2]; shuzáń.
hisséi[1] 畢生【E.】Uma vida (toda). ★ ~ *no jigyō* 畢生の事業 Uma obra importante [de (toda) uma vida]. [S/同] Hikkó (+); shúsei (+).
hisséi[2] 筆勢【E.】Uma pincelada. [S/同] Fudé-zúkai; hítchí; hitsúryoku.

hisséki 筆跡［蹟］A escrita [(cali)grafia/letra]. **~ o kantei suru** 筆跡鑑定する Analisar a letra「de alguém」. ◇ **~ gaku [kansōgaku/kantei]** 筆跡学／鑑定〔観相学／鑑定〕A análise da escrita; a grafologia. [S/同] Te; ji.

hissén 筆洗 O lavar [bidão para limpar/lavar] o pincel. [S/同] Fudé-árai.

hissha¹ 筆者 O escritor; o autor. [S/同] Chósha (+); sákusha (+); shippítsúsha.

hisshá² 筆写 A cópia [transcrição] (à mão, de um escrito). *O-tehon o ~ suru* お手本を筆写する Vou copiar o seu modelo.

hisshi¹ 必死 **1** ［必ず死ぬこと］A morte certa [inevitável]. **2** ［一生懸命］O esforço extraordinário; o "ou vai ou racha" (G.). ★ **~ ni benkyō suru** 必死に勉強する Estudar com toda a força [unhas e dentes]. [S/同] Isshōkénmei. ⇨ shiní-mónó-gúrui.

hisshi² 必至【E.】O ser inevitável. *Kono mama de wa jiko ga okoru koto wa ~ da* このままでは事故が起こることは必至だ Com isto assim [esta estrada tão má] é inevitável que haja acidentes. [S/同] Hitsúzén (+).

hisshi³ 筆紙 O pincel e o papel; a expressão. ★ **~ ni tsukusenu** 筆紙に尽くせぬ Não se poder exprimir 「em palavras, tanta beleza」; ser indescritível.

hisshō 必勝 A vitória certa [infalível].

hisshū-kámoku [uú] 必修科目 A matéria [disciplina] obrigatória. [S/同] Séika.

hissóri ひっそり［静かなようす］Calmo; quieto; silencioso. *Uchi no naka wa ~ (to) shite ita* 家の中はひっそり(と)していた Em casa reinava o silêncio.

hissú 必須【E.】O ser obrigatório [imprescindível/indispensável]. ★ **~ no jōken** 必須の条件 A condição necessária [essencial; "sine qua non"]. ◇ **~ kamoku** 必須科目 ⇨ hisshū-kámoku. [S/同] Hitsúyō (+); nákute wa naranai.

hisuí 翡翠 **1** ［宝石］O jade. **2** ［かわせみの別称］【E.】O pica-peixe [martim-pescador]. ⇨ kawá-sémí.

hisúru¹ 比する Comparar. [S/同] Kurábéru (+). ⇨ hikakú¹ (+).

hisúru² 秘する【E.】Guardar「uma coisa」em segredo. [S/同] Kakúsu (+).

hisútámín ヒスタミン (< Ing. histamine)【Quím.】A histamina. ◇ **Kō ~ zai** 抗ヒスタミン剤 Um (agente) anti-histamínico.

hisútérí ヒステリー (< Al. < Gr. hyster: ventre) A histeria. **~ o okosu** ヒステリーを起こす Ter um ataque de ~; ficar histérico. ◇ **~ kanja** ヒステリー患者 Um histérico [doente de ~]. [S/同] Hísu.

hisútérikku ヒステリック (< Ing. hysteric < Gre. hysterikós: de ventre) Histérico. ★ **~ ni sakebu** ヒステリックに叫ぶ Gritar histericamente.

hitá- ひた- (Pref. que significa "a direito, com força, sem mudar"; ⇨ hitá-háshírí [múkí/súrá]).

hītā [ii] ヒーター (< Ing. heater) **1** ［電器品］O aquecedor elé(c)trico. [S/同] Deñnétsúki. **2** ［暖房］O radiador elé(c)trico. **~ o tsukeru [kesu]** ヒーターをつける［消す］Ligar [Desligar] o ~. ◇ **Gasu-fan ~** ガスファンヒーター A estufa a gás com ventoinha.

hitá-háshírí 直走り (<… + *hashíri*) A corrida louca/sem parar; uma correria. ★ *Gakkō made ~ ni hashiru* 学校までひた走りに走る Ir a correr até à escola, sem parar.

hitáhita ひたひた **1** ［波が打ち寄せるさま］【On.】 (Im. do bater leve das ondas). ★ *Kishibe o ~ arau nami* 岸辺をひたひたと洗う波 As ondas baixas [pequenas] a banhar a praia. **2** ［どんどん迫ってくるさま］(Im. de ataque iminente). ★ **~ to semaru teki-hei** ひたひたと迫る敵兵 O exército inimigo a avançar sobre [cada vez mais]. **3** ［水が効いっている程度にはいっているさま］(Im. de meter em água). ★ **~ no mizu de mame o niru** ひたひたの水で豆を煮る Cozer o feijão com a panela bem cheia de água. ⇨ hitású.

hitái 額 A testa; a fronte; o rosto. ★ **~ ni ase shite hataraku** 額に汗して働く Trabalhar muito; ganhar o pão com o suor do rosto. **~ o atsumete sōdan suru** 額を集めて相談する Conferenciar em segredo. **~ o kumoraseru** 額を曇らせる Ficar de rosto carregado. *Hiroi [Semai] ~* 広い［狭い］額 A testa larga [estreita]. [S/同] O-déko.

hitá-kákúshí 直隠し (<… + *kakúsu*) O esconder bem. ★ *Jijitsu o ~ ni kakusu* 事実をひた隠しに隠す Esconder a verdade bem escondid(inh)a.

hitá-múkí 直向き (<… + *mukú*) Ser re(c)to [sério/quase obsessivo]. ★ **~ ni ikiru** ひた向きに生きる Levar a vida a sério; ser re(c)to. [S/同] Ichízu.

hitán 悲嘆［歎］O desgosto; o pesar; a amargura. ★ **~ ni kureru** 悲嘆にくれる Estar morto de ~.

hitá-óshí 直押し (<… + *osú*) Teimar; fazer muita pressão「para tomar a cidade」. ★ *Jibun no kangae o ~ ni osu* 自分の考えをひた押しに押す Teimar com「a sua ideia; teimar, teimar, teimar.

hitárú 浸る (⇨ hitású) **1** ［つかる］Ficar banhado「de luz」/inundado「de água」/mergulhado. *Nonbiri to yu ni ~ のんびりと湯に浸る Ficar todo regalado dentro da banheira [no banho quente]. [S/同] Tsukárú (+). **2** ［ふける］Entregar-se [Dar-se]「a」. ★ *Kangai ni ~* 感慨に浸る Ficar dominado por uma profunda emoção. [S/同] Fukéru.

hitású 浸す (⇨ hitárú) **1** ［つける］Meter; deixar em água「a roupa」. *Kutsu o nugi ashi o nagare ni hitashita* 靴を脱ぎ足を流れに浸した Descalcei-me e meti os pés na (água da) corrente. [S/同] Tsukéru. **2** ［ぬらす］(H)umedecer; molhar; embeber. *~ shōdokueki ni men o ~* 消毒液に綿を浸す (H)umedecer o algodão-em-rama no desinfe(c)tante. [S/同] Nurású; shimésú.

hitásúrá ひたすら Muito; sempre; totalmente; só [somente]; insistentemente. ★ **~ bengakyō ni hagemu** ひたすら勉学に励む Entregar-se todo [de alma e coração] ao estudo. [S/同] Ichízu-ni. ⇨ señshín¹.

hítchí 筆致 **1** ［筆勢］A pincelada; o traço. ⇨ Hisséi; hisshōkú. **2** ［文体］O estilo (literário). ★ *Keimyō na ~* 軽妙な筆致 O estilo leve e colorido. [S/同] Buñtaí (+).

hítchí-háíkā ヒッチハイカー (< Ing. hitch-hiker) Pessoa que vai de [à] boleia.

hítchí-háíku ヒッチハイク (< Ing. hitch-hike) A boleia (P.) [carona (B.)].

hitchū¹ 必中【E.】O acertar no alvo. ★ *Ippatsu ~ o kisuru* 一発必中を期する Acertar à primeira.

hitchū² 筆誅【E.】O ataque na imprensa [por escrito].

hitéi 否定 A negação. *Kare wa sono jijitsu o ~ shita* 彼はその事実を否定した Ele negou o fa(c)to [disse que não era verdade]. ◇ **~ bun [kei]** 否定文［形］A frase [forma] negativa. [A/反] Kōtéi.

hitétsú-kínzoku 非鉄金属 Os metais não ferrosos.

hitó¹ 人 **1** [人間] A pessoa; o homem (Ser humano); a mulher. ～ wa pan nomi nite ikuru mono ni arazu [dake ni ikiru mono de-wa nai] 人はパンのみにて生くる者にあらず「Nem só de pão vive o homem" (Bí.). ★ ～ no michi o fumihazusu 人の道を踏み外す Desviar-se do bom caminho. Ichū no [Ii] ～ 意中の [いい] 人 O [A] namorado[a]; um/a amante. Otoko [Onna] no ～ 男 [女] の人 Um homem [Uma mulher]. ｢ことわざ｣ ～ ni wa sōte miyo, uma ni wa notte miyo 人には添うてみよ、馬には乗ってみよ Pela obra é que se conhece o artista. ～ wa ichi-dai na wa matsu-dai 人は一代 名は末代 Morra o homem, fique a fama. ～ wa mikake ni yoranu mono 人は見かけによらぬもの Os homens não se medem aos palmos; As aparências iludem. ｢I/慣用｣ ～ o to mo omowanu zangyaku na kōi 人を人と思わぬ残虐な行為 Um a(c)to tirânico [cruel]. ◇ ～ **ka** ヒト科 A espécie humana. ｢S/同｣ Ningén.
2 [他人] Os outros; alguém; gente desconhecida. Ima ～ ga kite imasu 今人が来ています Está ali alguém [Há gente ali]. ★ ～ ni ienai kurushimi 人に言えない苦しみ Um sofrimento indescritível. ｢ことわざ｣ ～ no fundoshi de sumō o toru 人のふんどしで相撲を取る Pagar com o dinheiro dos outros. ～ no furi mite waga furi naose 人のふり見て我がふり直せ Escarmentar em cabeça alheia. ～ no senki ＝ (Cólica) o zutsū ni yamu ～ 人の疝気を頭痛に病むな Não se meta onde não é chamado! ～ o mitara dorobō to omoe 人を見たら泥棒と思え Cuidado com estranhos! /"Homo homini lupus" (L.). ～ o norowaba ana futatsu 人を呪わば穴二つ Quem roga pragas, em cima (do corpo) lhe caem. ～ wa ～, ware wa ware 人は人、我は我 Os outros são os outros, eu sou eu [Cada qual tem a sua vida]. ◇ ～ **sama**. ｢S/同｣ Tanín.
3 [世間の人] O mundo; (toda) a gente. ★ ～ ni shirareta naka 人に知られた仲 Saber-se que eram amantes. ｢ことわざ｣ ～ no kuchi ni wa tateraremu 人の口には戸はたてられぬ Há-de haver sempre quem fale (mas não se preocupe). ～ no uwasa mo shichi-jū-go-nichi 人のうわさも七十五日 A fama não dura sempre.
4 [自分] Eu; o filho do meu pai. ～ o nan da to omotte iru-n'da 人を何だと思っているんだ Mas com quem pensa você que está falando(a falar)? ～ no kimo shiranaide 人の気も知らないで Não sabe que estou fazendo [que isto é] tudo para seu bem?
5 [人柄] O interior (cará(c)ter) das pessoas. ★ ～ ga [no] ii 人が [の] いい Ser bom [bondoso]. ～ ga [no] warui 人が [の] 悪い Ser mau. ～ o miru me ga aru 人を見る目がある Ser um grande conhecedor do coração humano. ｢ことわざ｣ ～ o mite hō o toku 人を見て法を説け É preciso ver primeiro com quem se fala [conhecer o auditório antes de pregar]. ｢S/同｣ Hitógárá | kídáté (+) | seíkákú (+).
6 [すぐれた人; しかるべき人] A pessoa capaz [de valor]. ★ ～ o eru 人を得る Conseguir um bom elemento [uma ～]. ～ o kaishite kekkon o mōshikomu 人を介して結婚を申し込む Usar uma pessoa muito respeitada como intermediário para propor [pedir] casamento. ～ ga tarinai 人が足りない Haver falta de gente capaz [preparada].

hitó-² — (< hítsú²) Um (Us. em palavras compostas; ⇨ hitó-ame [mazu/mukashi]).

hító-ame 一雨 **1** [ひとしきりの雨] Um aguaceiro; a chuva passageira [de trovoada]. ～ ki-sō da 一雨来そうだ Parece que vamos ter [vem aí] um ～. **2** [一回の降雨] O chover (uma vez). ～ goto ni atatakaku naru 一雨ごとに暖かくなる O calor vai aumentando com [a] cada chuvada que cai.

hító-ánshin 一安心 Um pequeno sossego [certo alívio].

hító-are 一荒れ Uma tempestade. ～ ki-sō (na sora-moyō) da 一荒れしそう (な空模様) だ Parece que vai haver [O céu está a ameaçar] tempestade.

hító-ashi¹ 一足 **1** [一歩] Um passo. ｢S/同｣ Íppo (+). **2** [非常に近い距離] Dois passos; um saltinho. Eki made wa hon no ～ desu 駅まではほんの一足です Até a estação são dois passos. **3** [非常に短い時間] Um triz [segundo]. Hon no ～ chigai de kare ni aenakatta ほんの一足違いで彼に会えなかった Não o vi, [Perdi-o] por um ～.

hitó-áshi² 人足 O movimento de peões [pedestres (B.)]. ｢S/同｣ Hitódé; hitódőri (+); őráí.

hitó-átári 人当たり Os modos; as maneiras [os modos]; o conta(c)to com as pessoas. Kare wa ～ ga yoi 彼は人当たりが良い Ele é simpático [causa boa impressão/é de trato agradável]. ｢S/同｣ Atári.

hitó-awa 一泡 (< hito-² + …) Um susto (Brincadeira). Aitsu ni ～ fukasete yarō あいつに一泡吹かせてやろう Vamos dar um susto [meter medo] ao tipo.

hító-ban 一晩 Uma noite.

hitó-bárái 人払い (< …¹ + haráu) O mandar sair toda a gente [da sala]. (O)～ o negaimasu (お)人払いを願います Deixe primeiro sair a gente, que quero falar a sós com você.

hitó-báshírá 人柱 (< …¹ + hashírá) O sacrifício [holocausto] humano.

hitó-bito 人人 (Pl. de hitó¹; como "hitotachi"). Mazushii ～ o tasukeru 貧しい人々を助ける Ajudar os pobres.

hitó-chígai 人違い (< …¹ + ga + chigáú) O confundir uma pessoa (com outra); o pensar que era outro.

hitó-dákári 人だかり (< …¹ + takáru) Uma multidão [O mar de gente]. Kōban no mae de ～ ga shite ita 交番の前で人だかりがしていた Havia ～ em frente do posto policial. ★ Kuroyama no ～ 黒山の人だかり Uma chusma (de gente)/～.

hitó-dámá 人魂 (< …¹ + no + támáshii) O fogo-fátuo; a alma do outro mundo. ｢S/同｣ Hi-nó-támá; oní-bi.

hitó-dánomi 人頼み (< …¹ + tanómí) O estar 「sempre」 a contar com os outros.

hitó-dásúké 人助け (< …¹ + tasúké) Uma boa obra; a obra de misericórdia. ～ to omotte yatte kudasai 人助けと思ってやって下さい É uma ～ que faz [Faça-me essa ～].

hitó-dé¹ 人出 (< …¹ + déru) A (afluência de) gente. Doyōbi no Shinjuku wa hijō [taihen] na ～ de atta 土曜日の新宿は非常 [大変] な人出であった (O bairro de) Shinjuku, no sábado, era um mar de gente.

hitó-dé² 人手 (< …¹ + te) **1** [他人の手] Mão(s) alheia(s). ★ ～ ni kakaru 人手に掛かる Ser assassinado. ★ ～ ni wataru 人手に渡る Passar [Ir parar] a ～. **2** [他人の力] A ajuda alheia. ★ ～ o kariru 人手を借りる Pedir ajuda. **3** [働く人手] A mão-de-obra. ◇ ～ **busoku** 人手不足 A falta de ～. ｢S/同｣ Határáki-té.

hitódé[3] 海星・海盤車・人手【Zool.】A estrela-do-mar.

hitó-de-náshi 人でなし (<…[1] + de wa nai) Um animal em forma humana; um monstro「de crueldade」. *Kono ~ me* この人でなしめ Seu carrasco [monstro]!

hitó-dőri 人通り (<…[1] + tőri) O movimento de peões [pedestres (B.)]. ★ *~ no ōi [hageshii] tōri* 人通りの多い[激しい]通り Uma rua muito movimentada. [S/周] Ōrái.

hitó-e[1] 一重 (<…[2] + e[6]; ⇨ yá-e) [そのもの一枚がけであること] Uma só camada ou coisa. ★ *Kami no sa* 紙一重の差 Uma diferença mínima [de nada]. ◇ *~ mabuta* 一重まぶた A pálpebra simples ([A/反] Futáe mábuta). ⇨ yá-e.

hitóe[2] 単 O que não tem forro. ◇ *~ mono* 単物 Roupa sem forro「quimono de verão」. [A/反] Awáse.

hitóe ni 偏に **1** [全く] Completamente; pura e simplesmente. *Kono seikō wa ~ kare no doryoku no tamamono da* この成功はひとえに彼の努力のたまものだ Este êxito é ~ fruto do esforço dele. [S/周] Mattáku. **2** [ひたすら] Imensamente. *Senjitsu no shitsurei o ~ o-wabi mōshi-agemasu* 先日の失礼をひとえにお詫び申し上げます Peço imensa desculpa do [pelo que lhe fiz] outro dia. [S/周] Hitásúra.

hitó-fude 一筆 **1** [書画の] Um (só) traço de pincel. ◇ *~ gaki* 一筆書き O escrever「uma figura」sem levantar o pincel. **2** [いっぴつ] Umas linhas; uma palavrinha. *~ mōshi-agemasu* 一筆申し上げます Escrevo-lhe umas linhas「para dizer que …」. [S/周] Ippítsú.

hitó-furo 一風呂 Um banho [banhito]. ★ *~ abiru* 一風呂浴びる Tomar ~.

hitó-gáki 人垣 (<…[2] + kaki) A muralha de gente.

hitó-gárá 人柄 **1** [人の性質] O tipo de pessoa; a índole; o cará(c)ter. *Kanojo wa ~ ga yoi [warui]* 彼女は人柄がよい[わるい] Ela é boa [fraca] pessoa. **2** [品格のあること] A pessoa boa [digna]; a personalidade. *Oji-san wa o~ desu ne* 叔父さんは御人柄ですね Que senhor é uma pessoa boa [digna de respeito].

hitó-gíki 人聞き (<…[1] + kikú) O chegar aos ouvidos da gente. *~ no warui koto o iu na* 人聞きの悪いことを言うな Não digas coisas que podem desonrar-nos (ao chegar…). [S/周] Gaíbún.

hitó-góé 人声 A voz humana.

hitó-gókóchi 人心地 (<…[1] + kokóchí) O sentir-se gente; o ser「outra vez」o mesmo; o vir a si. *Yōyaku ~ ga tsuita* やっと人心地がついた Agora「depois desta cerveja」já sou outra vez eu.

hitó-gómí 人込み (<…[1] + kómu) ★ *~ o oshiwakete [nutte] aruku* 人込みを押し分けて[縫って]歩く Romper pela ~. *Tokai no ~ ni magireru* 都会の人込みに紛れる Sumir [Perder]-se na (~ da) cidade. [S/周] Zattó. ⇨ kónzatsu.

hitó-góróshí 人殺し (<…[1] + korosú) **1** [殺人者] O homicida [assassino]. [S/周] Satsújínsha (+). **2** [殺人] Um homicídio [assassínio/assassinato]. *Sakuya kinjo de ~ ga atta* 昨夜近所で人殺しがあった A noite passada houve um ~ [uma morte] perto da minha casa. Satsújín (+).

hitó-gótó (他) 人事 (<…[2] + kotó) ★ *~ no yō na koto o iu* 人事のようなことを言う Falar como se nada tivesse a ver com ele [como se o problema fosse dos outros].

hitó-hádá 人肌 (<…[1] + …) A pele [O calor do corpo humano]. ★ *~ ga koishii* 人肌が恋しい Sentir falta de calor humano.

hitó-hada[2] 一肌 (<…[2] + …) Uma mão. ★ *Yūjin no tame ni ~ nugu* 友人のために一肌ぬぐ Dar uma ajuda [mão/um jeito] a um amigo.

hitó-hana 一花 (<…[2] + …) Um êxito [sucesso]. *Mō ~ sakasete mitai mono da* もう一花咲かせてみたいものだ Quero ver se ainda consigo brilhar uma vez [Quero tentar novos êxitos]. ⇨ hitó-hata.

hitó-háshiri 一走り (<…[2] + hashíru) Uma volt(it)a [corridita]; um pulo [pulinho]. *Machi made ~ itte koyō* 町まで一走り行ってこよう Vamos dar uma volta até à cidade.

hitó-hata 一旗 (<…[2] + …) O tentar algo novo. *Kare wa ~ ageyō to tokai ni dete kita* 彼は一旗あげようと都会に出て来た Ele veio para a cidade tentar fortuna [a sorte]. ⇨ hitó-hana.

hitó-hira 一片「floco de neve」.

hitó-ichíbáí 人一倍 (<…[1] + yóri + …) O ser fora do [mais do que o] comum. ★ *~ no doryoku* 人一倍の努力 Um esforço grande [fora do comum].

hitó-iki 一息 (<…[2] + …) **1** [一休み] A pausa; o descanso. *~ tsuku [ireru] hima mo nai* 一息つく[入れる]暇もない Não tenho tempo para respirar/tirar um ~/fazer uma ~. [S/周] Hitó-yásumi. **2** [一気] Um fôlego [Uma vez]. ★ *~ ni bīru o nomihosu* 一息にビールを飲み干す Beber a cerveja dum trago [duma vez]. [S/周] Ikki. **3** [もう少し] Um fôlego [pouquinho]. *Kare wa mō ~ no tokoro de maketa* 彼はもう一息のところで負けた Ele perdeu quando lhe faltava só ~ para a vitória.

hitó-íkíré 人いきれ (<…[1] + …) O cheiro a gente (Em lugar fechado). *Kaijō wa ~ de munmun shite ita* 会場は人いきれでむんむんしていた O ar da sala estava saturado.

hitó-jichí 人質 (<…[1] + shichí[2]) O refém. *Karera wa haijakku ni atta to natta* (ハイジャックに遭った) 人質となった [に取られた]Houve um sequestro「de avião」e eles ficaram [foram levados] como reféns.

hitó-kado 一角 [廉] O ser importante [uma pessoa à parte]. ★ *~ no jinbutsu* 一角の人物 Uma pessoa~. *~ no yaku ni tatsu* 一角の役に立つ Ser verdadeiramente útil「a」.

hitó-kágé 人影 [影法師] A sombra [silhueta] duma pessoa. *Shōji ni ~ ga utsutte iru* 障子に人影が映っている Vê-se ~ no "shôji". ⇨ kagé-bōshi. **2** [人の姿] Sinais de gente; vivalma. *Rojō ni ~ wa nakatta* 路上に人影はなかった Não havia ~ na rua.

hitó-kakae 一抱え (<…[2] + kakáéru) Uma braçada「de lenha/de livros」.

hitó-kakera 一かけら ⇨ ippén[3].

hitó-karage 一からげ (<…[2] + karágéru) Um montão [conjunto]. ◇ ⇨ jippa ~.

hitó-kásane 一重ね (<…[2] + kasánéru) Uma rima「de pratos/caixas de laca」.

hitó-kata 一方 **1** [一人] Uma (só) pessoa. ◇ **O ~ [Ichi-mei sama]** お一方 [一名様] Um senhor/Uma senhora (Cor.). **2** [ひととおり] O comum [ordinário]. *Kare no kanashimi-yō wa ~ de nakatta* 彼の悲しみようは一方でなかった Era uma tristeza fora do comum, a dele. [S/周] Hitó-tőri; namí.

hitó-kata naranu [narazu] 一方ならぬ[ならず]

(< hitó-kata **2** + Neg. de "naru")「recebi dele um apoio」Imenso [Extraordinário/Especial/Fora do comum]. ～ *o-sewa ni nari, makoto ni arigatō gozaimashita* 一方ならぬお世話になり，まことにありがとうございました Agradeço-lhe muito o imenso favor que me fez.

hitó-ké 人気 (< hitó[1] + no + kéhai) Sinais de gente [presença humana].

hitó-kire 一切れ (< … [2] + kíru) Um pedaço [Uma fatia]. ★ *Pan* ～ パン一切れ ～ de pão.

hitó-kiwa 一際 De maneira notória [especial]. *Kanojo no bibō wa* ～ *medatte ita* 彼女の美貌は一際目立っていた A beleza dela sobressaía de [entre] todas as outras. [S/同] Ichídáń tó; issṓ; tóku ni (+).

hitókkó 人っ子【G.】Vivalma [Uma alma viva]. *Tōri ni wa* ～ *hitori mienakatta* 通りには人っ子ひとり見えなかった Não se via ～ na rua. [S/同] Hitó-kágé **2**.

hitó-koe 一声 Um grito [sinal] (de aviso). *Rusu ni suru nara tonari ni* ～ *kakete kudasai* 留守にするなら隣に一声かけて下さい Se sair de casa avise o vizinho. [P/ことわざ] *Tsuru no* ～ 鶴の一声 ⇨ tsúru[7].

hitó-koma 一齣 **a**) Um período (de tempo, bem limitado); uma fase; **b**) Um pequeno todo. ★ *Jinsei no* ～ 人生の一こま Uma fase da vida. ◇ **～ manga** 一こま漫画 Página [Canto] de caricaturas.

hitó-koro 一頃 (< hitó-[2] + …) **1** [一時] Um tempo [período]. *Kanojo mo* ～ *wa zuibun shiawase-sō datta* 彼女も一頃はずいぶん幸せそうだった Também ela, por algum tempo, parecia muito feliz. [S/同] Ichí-ji. **2** [以前] O … de antes. ★ ～ *no genki ga nakunaru* 一頃の元気がなくなる Perder a energia de antes [que tinha]. [S/同] Ízen.

hitó-koto 一言 (< … [2] + kotóbá) **1** [一つの言葉] Uma palavra. *Ano otoko wa itsumo* ～ *ōi* あの男はいつも一言多い Aquele fulano fala sempre demais. [S/同] Ichígóń. **2** [わずかな言葉] Uma palavra; umas palavrinhas. ★ ～ *de ieba* 一言で言えば Numa palavra:「recusou!」; resumindo: …; dizendo [para dizer] em poucas palavras… [S/同] Ichígóń.

hitó-kuchi 一口 **1** [飲食物を一回口に入れること] Um gole; uma dentada; uma garfada [colherada]. ～ *ikaga desu ka* 一口いかがですか Que tal um/a ～. **2** [まとめて言うこと] Uma [Poucas] palavra/s. ★ ～ *ni wa ienai* 一口には言えない「Isto」não se pode dizer em poucas palavras. ◇ **～ banashi** 一口話 [噺]Uma piada. [S/同] Hitó-koto (+). **3** [寄付などの一単位] Uma quota. ★ ～ *go-hyaku en no kifu* 一口五百円の寄付 Um donativo em quotas de 500 yens (Em geral, uma por pessoa). **4** [割り当て，分けまえ] O「meu」quinhão (Parte). *Boku mo sono hanashi ni* ～ *norō* 僕もその話に一口乗ろう Eu também quero entrar nessa conversa [nesse negócio].

hitó-kúí 人食い (< … [1] + kúu) A antropofagia; o comer carne humana. ◇ **～ jinshu** 人食い人種 Uma raça antropófaga.

hitó-kusari 一くさり (hitó-[2] + … [2]) Um pedaço ou se(c)ção. ★ ～ *enzetsu o butsu* 一くさり演説をぶつ Fazer um pequeno discurso. [S/同] Hitó-kiri; hitó-kugiri; ichí-dánraku.

hitó-kuse 一癖 A (arti)manha. *Kare wa* ～ *mo futa-kuse mo ari-sō na yatsu da* 彼は一癖も二癖もありそうな奴だ Ele deve ser um sujeito manhoso.

hitó-máchí-gáó 人待ち顔 (< … [1] + mátsu + kaó) O olhar [ar] de quem espera por alguém.

hitó-máé 人前 (< hitó[1] + …) **1** [他人の見ている所] Diante dos outros [Em público]. ★ ～ *mo habakarazu naki-sakebu* 人前もはばからず泣き叫ぶ Chorar aos gritos sem se importar que alguém esteja a ver. ～ *ni deru koto o kirau* 人前に出ることを嫌う Não gostar de aparecer ～. **2** [体裁] A aparência. ★ ～ *o tsukurou* 人前を繕う Salvar/Manter as aparências. [S/同] Teísáí (+).

hitó-mákase 人任せ (< … [1] + ni + makáséru) O ser irresponsável; deixar (tudo) para os outros. ★ *Jibun no shigoto o* ～ *ni suru* 自分の仕事を人任せにする Deixar o trabalho para os outros. [S/同] Hitó-dánomi.

hitó-maku 一幕 **1** [演劇の一句切り] Um a(c)to. ◇ **～ mono** 一幕物 A peça (teatral) num só ～. **2** [一つの事件；場面] Uma cena「de briga」.

hitó-máné 人真似 A imitação. ★ ～ *o suru* 人真似をする「ele só sabe」Imitar os outros. ～ *ga umai* 人真似がうまい Que tem muita mímica; imitar bem.

hitó-mátome 一纏め (< … [2] + matóméru) Um monte; um maço; o pôr tudo junto. ★ *Shorui o* ～ *ni suru* 書類を一まとめにする Juntar os documentos todos.

hitó-mawari 一回り (< … [2] + mawárú) **1** [一周] Uma volta; um giro. ★ *Kōen o* ～ *suru* 公園を一回りする Dar ～ pelo parque. [S/同] Ichíjúń; isshū́. **2** [順に全部まわること] Uma rodada [volta]. ★ *Tokui-saki o* ～ *suru* 得意先を一回りする Fazer uma rodada de visitas aos clientes. **3** [十二年] Doze anos; um ciclo do zodíaco. ★ *Toshi ga* ～ *chigau* 年が一回り違う Ter doze anos de diferença (na idade). **4** [物の大きさなどの段階] Um tamanho. *Kare wa watashi ni kurabete ningen ga* ～ *ue da* 彼は私に比べて人間が一回り上だ Ele é pessoa muito superior a mim. ⇨ ketá.

hitó-mazu 一先ず Por enquanto; provisoriamente; em todo o caso; de qualquer jeito [forma; maneira]; seja como [o que] for. *Kore de* ～ *anshin da* これで一先ず安心だ Assim, ～ já ficamos tranquilos. [S/同] Ichíṓ; sashíátátté; tónikaku.

hitó-mé[1] 人目 O ser visto; (o verem-nos) os outros. ～ *ga urusai* 人目がうるさい Não「gosto」que me vejam「aqui」. ★ ～ *ni tatsu* [*tsuku*] 人目に立つ[つく]Atrair [Chamar] a atenção; ser conspícuo〔～ *ni tsukanai basho* 人目につかない場所 O lugar secreto〕. ～ *o habakarazu* 人目をはばからず Publicamente; sem se importar de ser visto; indecorosamente. ～ *o hiku* 人目を引く Atrair [Chamar] a atenção. ～ *o ki ni suru* 人目を気にする Ter medo [vergonha] de ser visto. ～ *o shinobu* 人目を忍ぶ Evitar ser visto.

hitó-me[2] 一目 (< … [2] + me) **1** [ちょっと見ること] Um relance; uma vista rápida. ～ *mite* [*de*] *kare to wakatta* 一目見て[で] 彼とわかった Reconheci-o (logo) à primeira vista/Olhei e vi que era ele. 丘の上からは市内が一目で見渡せる Vê-se a cidade toda de um ～ do topo da colina [do morro]. [S/同] Ichíbṓ. **2** [編み目の一つ] Um ponto「de coser」. **3** [網目の一つ] Uma malha; um nó.

hitómé-bóré 一目惚れ【G.】(< … [2] + horérú) O amor à primeira vista.

hitómí 瞳 **1** [瞳孔] A pupila [menina] do(s) olho(s). ★ ～ *o korasu* 瞳をこらす Fixar a vista [o olhar; os olhos]; olhar fixamente「para」. [S/同] Dṓkṓ; kuró-me. **2** [目] O olho. ★ *Tsubura na* ～ つぶらな瞳 Os olhos redondos (e bonitos). ⇨ me[1].

hitómí-gókū 人身御供 **a**) O sacrifício humano;

b) O bode expiatório.

hitó-míshíri 人見知り O acanhamento; a vergonha; o constrangimento. *Ano ko wa yoku ~ (o) suru* あの子はよく人見知り(を)する Aquela criança estranha as pessoas (desconhecidas). ⇨ hitó-ójí.

hitó-móji 人文字 A letra formada por pessoas. *~ o kaku [tsukuru]* 人文字を書く「作る]Formar as letras/Fazer todos um「BEM-VINDO!」.

hitó-móke 一儲け (<…¹ + mókéru¹) O tirar lucro. ★ *~ suru* 一儲けする Lucrar; ganhar dinheiro.

hi-tómóshí-góró 火点し頃 (< hí² + tomósu + kóro) [E.] O crepúsculo; o entardecer. Ⓢ囲 Tasógáré-dókí (+); yúgátá (o); yūgúré (+).

hitó-mukashi 一昔 Uma eternidade [década]; que tempos. *Sore wa ~ mae no hanashi da* それは一昔前の話だ Isso já é velho [tem barbas/foi há ~]! Ⓘ慣用 *Jū-nen ~* 十年一昔 Dez anos é muito tempo/Em dez anos muita coisa muda.

hitó-náka 人中 O público. *~ e deru* 人中へ出る Aparecer em ~. ⇨ hitó-máe; séken.

hitó-nákase 人泣かせ (<…¹ + nakásérú) O aborrecimento. ★ *~ na itazura* 人泣かせないたずら A travessura aborrecida [de mau gosto].

hitó-námi¹ 人波 A multidão [aglomeração]; o rio de gente. ★ *~ ni momareru* 人波に揉まれる Ser empurrado [acotovelado] pela ~.

hitó-námi² 人並み O ser comum [normal/ordinário/médio]. *~ ni kurasu* 人並みに暮らす Levar uma vida normal; viver como a maioria da gente. *~ no doryoku* 人並みの努力 O esforço normal.

hitó-náré 人馴れ (<…¹ + naréru) O「animal」acostumar-se às pessoas. ★ *~ suru* 人馴れする.

hitó-nátsúk(k)oi 人懐(っ)こい (<…¹ + natsúku) Afe(c)tuoso; carinhoso; amistoso; afável. *Hito-natsukoku warau* 人懐こく笑う Sorrir afe(c)tuosamente [Ter um sorriso ~].

hitó-néiri[-némuri] 一寝入り[眠り]Uma soneca.

hitó-nigiri 一握り (<…² + nigíru) **1** [片手で握ること] Um punhado. ⇨ hitó-tsukami. **2** [わずかな量] Um punhado; pouco.

hitó-nomi 一飲[呑]み (<…² + nómu) Um gole [trago]. *Dakuryū ga minka o ~ shita* 濁流が民家を一飲みした A torrente de lama engoliu as casas. ★ *Gyūnyū o ~ ni nomu [suru]* 牛乳を一飲みに飲む[する] Beber o leite de ~. Ⓢ囲 Hitó-kuchi **1** (+).

hitó-ójí 人怖じ (<…¹ + ójíru) O acanhamento. ★ *~ shinai* 人怖じしない Não estranhar as pessoas. Ⓢ囲 Hitó-míshíri (+). ⇨ monó-ójí.

hitó-ómoi 一思いに Sem mais hesitações [delongas]. *Isso ~ ni shinde shimaō* いっそ一思いに死んでしまおう O melhor era morrer, ~. Ⓢ囲 Omóíkítte (+).

hitó-oshi 一押し (<…² + osú) **a)** Um empurrão; **b)** Um esforço. *Mō ~ sureba aite mo oreta no ni* もう一押しすれば相手も折れたのに Com mais um empurrãozinho ele teria cedido.

hitóppashiri 一走り ⇨ hitó-háshiri.

hitóri¹ 一人 Uma pessoa. *Kare wa sekai de mo yūsū no sūgakusha no ~ de aru* 彼は世界でも有数の数学者の一人である Ele é um dos mais famosos matemáticos do mundo. ★ *~ de ryokō suru* 一人で旅行する Viajar sozinho [só]. *~ nokorazu* 一人残らず Todos; sem exce(p)ção. *~ [zutsu]* 一人一人[ずつ] Cada um; um de cada vez; um por um. *Jibun ~ no kangae de* 自分一人の考えで Por conta própria (Sem consultar os outros). ◇ **~ asobi** 一人遊び A paciência [O solitário](Jogo). **~ futa-yaku** 一人二役 (~ com [a representar] dois papéis. ⇨ **~ guchi**. **~ musuko [musume]** 一人息子[娘]O filho único [A filha única].

hitóri² 独り [一人] **1** [自分だけでいること] Só; sozinho; solitário. *~ no hō ga kiraku da* 独りの方が気楽だ Fica-se mais à vontade sozinho. ★ *~ de kurasu [iru]* 独りで暮らす[いる] Viver só [Estar só]. **2** [自分だけですること] Sozinho; sem auxílio; a sós. *Akanbō ga ~ de tateru yō ni natta* 赤ん坊が独りで立てるようになった O bebé[ê] já se tem em pé (sozinho). ⇨ hitóri-dé-ní. **3** [独身] Solteiro. *Kare wa mada ~ da* 彼はまだ独りだ Ele ainda é [está] ~. ◇ **~ mi**. Ⓢ囲 Dokúshín (+). ⇨ hitóri-mónó. **4** [ただ独に] Só; somente. *Heiwa mondai wa ~ Nippon dake de naku sekai no mondai de aru* 平和問題は独り日本だけでなく世界の問題である A paz não é um problema ~ do Japão, é um problema mundial.

hitóri-áruki 独り歩き (<…² + arúku) **1** [自分だけで歩くこと] O andar sozinho. *Konna yo-fuke ni onna no ~ wa abunai* こんな夜ふけに女の独り歩きは危ない A estas horas da noite é perigoso uma mulher andar sozinha. ★ *~ suru* 独り歩きする. **2** [独立] A independência; o ir pelo próprio pé. ★ *~ o hajimeru* 独り歩きを始める Tornar-se independente; começar a viver por conta própria. Ⓢ囲 Dokkō; hitóri-dáchí; ippón-dáchí.

hitóri-átari 一人当たり Por pessoa ["Per capita"].

hitóri-bótchi 独りぼっち (+ bóshi) [G.]「deixaram-no」Sozinho;「ficar」só. *Ryōshin ni shinare ~ ni natte shimatta* 両親に死なれ独りぼっちになってしまった Morreram-me os pais e fiquei ~.

hitóri-bútai 独り舞台 **1** [ひとりだけ演じている舞台] O ser o único a(c)tor. Ⓢ囲 Dokúén (+). **2** [ひとりがきわ立っていること] O ser a grande estrela. *Sono dorama wa kanojo no ~ to natta* その時ドラマは彼女の独り舞台となった Ela sobressaiu nesse drama entre todos os a(c)tores/Ela foi a ~ do drama. **3** [ひとりが思うままに振るまうこと] O não ter rival. *Bungaku no hanashi to nareba kare no ~ da* 文学の話しとなれば彼の独り舞台だ De literatura, ninguém sabe mais do que ele. Ⓢ囲 Dokúdánjó.

hitóri-dáchí 独り立ち (<…² + tátsu) A independência; o aguentar-se nas [das] pernas. Ⓢ囲 Dokúrítsú (+); hitóri-áruki; ichínín-máé; ippón-dáchí.

hotóri-dé-ní 独りでに Por si; automaticamente; sem ninguém lhe tocar; sozinho. *Doa wa ~ aita* ドアは独りでに開いた A porta abriu-se sozinha. Ⓢ囲 Shizén ní[tó].

hitóri-dénka 独り天下 (<…² + ténka) O domínio absoluto [completo]; o ser rei; o dar cartas (G.). Ⓢ囲 Hitóri-bútai **2**.

hitóri-gáten 独り合点 O juízo apressado [subje(c)tivo]; a conclusão precipitada. *Kare wa banji umaku itte iru to ~ shite iru* 彼は万事うまくいっていると独り合点している Ele pensa que está tudo a correr bem「mas engana-se」.

hitóri-gímé 独り決め (<…² + kiméru). **1** [自分の考えだけで決めること] A decisão arbitrária [individual]. *Sōdan sezu ni ~ sarete wa komaru* 相談せずに独

り決めされては困る Uma ～, sem nós sermos consultados, é inaceitável. **2** [そう思いこむこと] ⇨ hitórí-gáten. [S/同] Dokúdáń (+).

hitórí-gótó 独り言 (< … [2] + kotóbá) O monólogo; o solilóquio. ★ *Butsubutsu ～ o iu* ぶつぶつ独り言を言う Resmungar.

hitórí-gúchí 一人口 (< … [1] + kuchí) Uma boca (a sustentar). [P/ことわざ] ～ *wa kuenakute mo futari-guchi wa kueru* 一人口は食えなくても二人口は食える É mais fácil viver a dois do que só/sozinho.

hitórí-gúrashi 独り [一人] 暮らし (< … [2] + kuráshí) A vida solitária; o viver só. ⇨ dokúshíń.

hitórí-h[-b]ítóri 一人一人 Cada um; um a [por] um. *Shōhin o ～ ni te-watashita* 賞品を一人一人に手渡した Entreguei os pré[ê]mios a cada um. [S/同] Kákujin; meíméí. ⇨ hitórí[1].

hitórí-jímé 独り [一人] 占め (< … [2] + shiméru) O monopólio; a monopolização; o açambarcamento; a exclusividade. *Kare wa mōke o ～ ni shita* 彼はもうけを独り占めにした Ele açambarcou [ficou com todos] os lucros. [S/同] Dokúséń (+). ⇨ seń'yū́[3].

hitóríkko[go] 一人 [独り] 子 (< … [1] + ko[1]) O/A filho/a único/a. ⇨ hitóri.

hitórí-máé 一人前 ⇨ ichíníń-máé.

hitórí-mí 独り身 O solteiro. [S/同] Dokúshíń (+); hitórí-mónó. ⇨ hitórí-gúrashi; tańshíń.

hitórí-mónó 一人 [独り] 者 O solteiro. [S/同] Dokúshíń (+); hitórí-mí.

hitóri-shíbai 一人 [独り] 芝居 O monólogo. ⇨ hitórí-bútai.

hitórí-tabi 一人 [独り] 旅 O viajar sozinho.

hitórí-úranai 独り占い **a**) A adivinhação「com cartas」; **b**) A paciência [O solitário] (Jogo).

hitórí-yógari 独り善がり A presunção; a satisfação pessoal. ★ ～ *no kangae* 独り善がりな考え Uma ideia presunçosa [egoísta]. [S/同] Dokúzéń.

hitórí-zúmō 独り相撲 (< … [2] + sumō) O lutar sozinho [contra moinhos de vento]. ～ *ni owaru* 独り相撲に終わる Fazer muito barulho para nada.

hitó-sama 人様 Os outros; as pessoas. ～ *ni meiwaku o kakeru yō na koto wa suru na* 人様に迷惑をかけるようなことはするな Não se deve causar incó[ô]modo aos [às] ～.

hitó-sárai 人攫い (< … [1] + saráú) O rapto ou o raptor. ⇨ yū́káí[1].

hitó-sashi 一差し (< hitótsu + sásu) Uma volta de dança ou uma jogada de "shōgí". ★ *Shōgi o ～ sasu* 将棋を一差しさす Jogar…

hitó-sáshí-yubi 人差指 (< … [1] + o + sásu + …) O (dedo) indicador. [S/同] Shókushi.

hitó-sáwagase 人騒がせ (< … [1] + sawágásu) O sobressalto; o alarme. ★ ～ *na yatsu* 人騒がせなやつ O alarmista.

hitó-shigoto 一仕事 **1** [一つの仕事] Um trabalho. **2** [手間のかかる仕事] Um trabalho difícil; uma trabalheira. *Muzukaru akanbō o nekashi-tsukeru no ga ～ datta* むずかる赤ん坊を寝かしつけるのが一仕事だった O nené[ê] estava rabugento e foi ～ pô-lo a dormir.

hitóshíi 等 [均・斉] しい **1** [同じである] Igual. *Kono futatsu no sankakkei wa menseki ga ～* この二つの三角形は面積が等しい Estes dois triângulos têm a mesma [são iguais em] superfície. ⇨ dṓtó. **2** [似ている] Semelhante; parecido. *Sore wa sagi ni mo ～ kōi da* それは詐欺にも等しい行為だ Mas (então) isso não é uma fraude? ★ *Hotondo mu ni ～* ほとんど無に等しい Quase nada. ⇨ dṓyṓ[1]; dṓzéń[1]. **3** 【Mat.】 Igual. *Hōteishiki no sahen to uhen wa ～* 方程式の左辺と右辺は等しい Numa equação, o primeiro membro é ～ ao segundo.

hitó-shikiri 一頻り (Por [Durante]) algum tempo. *Ame ga ～ futte yanda* 雨が一頻り降って止んだ Choveu ～ e [mas] parou. [S/同] Hitókkiri; ittókí.

hitóshiku 等しく (< Adv. de "hitóshíí") **1** [同じく]「dividir a herança pelos filhos」Igualmente. ★ *Nagasa o ～ suru* 長さを等しくする Igualar o comprimento. **2** [全員そろって] Mesmo; em conjunto. ★ *Toki o ～ shite* 時を等しくして Ao mesmo tempo; à [nessa] mesma hora.

hitóshió[1] 一入 Mais; ainda mais; especialmente; particularmente. *Ame no naka no kōyō wa ～ utsukushii* 雨の中の紅葉はひとしお美しい As variegadas folhas outonais ficam ainda mais bonitas com a chuva. [S/同] Hitókíwá (+); ichídáńtó (+); issṓ(o).

hitóshio[2] 一塩 (O pôr) pouco sal. ★ ～ *no sake* 一塩の鮭 O salmão levemente salgado. [S/同] Amá-jíó (+); usú-jíó (o).

hitó-shírénú 人知れぬ (< … [1] + ga + Neg. de "shireru") Desconhecido; secreto; interno. *Kanojo ni wa ～ kurō ga atta* 彼女には人知れぬ苦労があった Ela sofria sem nós sabermos.

hitó-shírézú 人知れず (< … [1] + ga + Neg. de "shireru") Secretamente; sem ninguém ver. *Kanojo wa ～ kokoro o itamete ita* 彼女は人知れず心を痛めていた Ela sofria ～. [S/同] Hísoka ni (+); kossóri to (+).

hitó-shízuku 一雫 Uma gota.

hitó-soroi 一揃い Um jogo「de loiça」; uma cole(c)ção; uma série; um conjunto. ★ *Reifuku ～* 礼服一揃い Um traje de cerimó[ô]nia completo.

hitó-suji 一筋 **1** [一線] Um fio; uma linha; um traço. ★ ～ *no michi* 一筋の道 Um caminho (dire(c)to [único]). ～ *no kōmyō* 一筋の光明 Um raio (de luz) de esperança. ⇨ íppon; isséń[2]. **2** [一途] O viver só para uma coisa. ★ *Shigoto ～ ni ikiru* 仕事一筋に生きる Não ter outro interesse na vida além do trabalho. [S/同] Ichízu; seńshíń.

hitósújí-nawa 一筋縄 Os meios ordinários [comuns]. ★ ～ *de wa ikanai* 一筋縄では行かない Não ir [se resolver] às boas.

hitó-tabi 一度 **1** [いちど] Uma vez. ★ *Ima ～* 今一度 Mais ～. [S/同] Ichídó (+); ikkái (+). **2** [いったん] Uma vez. ★ ～ *kesshin shitara* 一度決心したら ～ tomada a decisão… [S/同] Ittáń (+).

hitó-támárí mo nai 一たまりもない (< … [2] + tamárú) O não resistir [aguentar] nada. *Taifū ga kitara ～* 台風が来たら一たまりもない「um casebre destes」Se vier um tufão não resiste nem um minuto.

hitó-toki 一時 Um (curto período de) tempo; um momento「de ócio」; umas horas. ★ *Tanoshii ～ o sugosu* 楽しい一時を過ごす Passar umas horas agradáveis [divertidas].

hitó-tó-nárí 人となり O temperamento; o cará(c)ter. ★ *Seijitsu na ～* 誠実な人となり ～ honesto. [S/同] Hitógárá; umárétsúkí (+).

hitó-tṓrí 一通り **1** [あらまし] Rapidamente; por alto; uma vista de olhos. *Kono shorui ni ～ me o tōshite oite kudasai* この書類に一通り目を通しておいて下さい Faça o favor de dar uma ～ [olhada] a estes documentos. [S/同] Arámáshí; hitó-watari;

zattó. **2** [一応] O principal 「sobre este assunto」; o fundamental. *Suiji-dōgu wa ~ sorotte iru* 炊事道具は一通りそろっている Temos aqui quase todos os utensílios necessários para a cozinha. ⓈⒻ Ichió; súbete; zénbu. **3** [普通] O ordinário; o comum; o normal. *~ no kyōiku* 一通りの教育「fiz」Os estudos normais. ⓈⒻ Futsú(+); namí(+).

hitótsu 一つ **1** [いち] Um [Uma]. *Kare no iu koto wa ~ to shite hontō no koto ga nai* 彼の言う事は一つとして本当の事がない Não há nenhuma verdade no que ele diz [Ele só sabe dizer mentiras]. ★ ~ *ni naru* 一つになる Unir-se. ~ *shika nai* 一つしかない Só ter [haver] ~; único. ⇨ hitótsu hitótsu[zutsu]. *Mikan* ~ みかん一つ ~ tangerina. *Mō* ~ もう一つ Mais ~. *Nani* ~ *shiranai* 何一つ知らない Não saber (de) nada. *Tada* ~ ただ一つ Só ~. ⓈⒻ Ichí; íkko. **2** [それだけであること] Só; somente; unicamente. *Subete wa kimi no kesshin ~ da* すべては君の決心一つだ Tudo [Só] depende da tua decisão. **3** [同じであること] O mesmo. *Mina no kangae wa ~ da* みなの考えは一つだ Todos têm a mesma ideia. ★ ~ *yane no shita de kurasu* 一つ屋根の下で暮らす Viver [Morar] sob o mesmo te(c)to; viver juntos. *Kokoro o ~ ni suru* 心を一つにする Unir-se nos mesmos sentimentos. **4** [一方]「por」Um lado「não tenho tempo e por outro (lado) não quero」; outro lado; em parte; primeiro… e depois. *Kare ga rakusen shita no wa ~ ni wa kare no ga gōman-sa ga mina no hankan o katta kara da* 彼が落選したのは一つには彼の傲慢さが皆の反感を買ったからだ Ele perdeu, em parte por ser orgulhoso e assim as pessoas não gostarem dele. ⓈⒻ Ichímén; ippó. **5** [さえ] Nem (um); qualquer; nada. ★ ~ *Kaze* ~ *hikanai* 風邪一つひかない Nunca ficar resfriado/「Eu」 nunca me constipo. **6** [ちょっと] Um instante; uma vez. ~ *kiite kudasai* 一つ聞いて下さい Pode ouvir(-me) um instante? /Ora oi[ou]ça, se faz favor. ~ *yatte miru ka* 一つやってみるか Vamos tentar? ⓈⒻ Chótto (+); taméshí ni. **7** [どうぞ] Espero que…; bem [pronto]. ~ *ganbatte kudasai* 一つがんばって下さい Animo, contamos consigo/Pronto, estamos torcendo por você (B.).

hitótsu-ana 一つ穴 A mesma toca/laia; o mesmo covil. *Karera wa ~ no mujina da* 彼らは一つ穴のむじなだ Eles são farinha do mesmo saco [vinho da mesma pipa] (Igualmente malandros).

hitótsú-bánashi 一つ話 (<… + hanashí) **1** [いつも得意になってする話] A história favorita「do pai」. **2** [いつも話題になる話] Uma história famosa [que é sempre relembrada]; a anedota.

hito-tsubu 一粒 Um grão「de trigo」.

hitótsúbú-dáne 一粒種 (<… + táne) O único filho. ⓈⒻ Hitóri-go; hitórikko (+).

hitó-tsuki 一月 Um mês. ⓈⒻ Ikkágetsú.

hitó-tsumami 一摘み (<…¹ + tsumámí) Uma pitada. ★ ~ *no shio* 一つまみの塩 ~ de sal.

hitótsú-óboe 一つ覚え (<… + obóéru) A única coisa que se sabe. *Baka no ~* 馬鹿の一つ覚え「Ele é」 um bobo [tolo], só sabe dizer isto.

hitótsú-óki 一つ置き (<… + okú) Um sim, um não; alternado.

hitó-uchi 一打ち (<…² + útsu) Um golpe;「com」 uma pancada「tombar o outro」.

hitó-watari 一渡り (<…² + watárú)「dar」Uma olhada「aos papéis」. ★ *Kaijō o ~ mimawasu* 会場を一渡り見回す Dar ~ por toda a sala「a toda a assistência」. ⓈⒻ Hitó-tốri (+); ichíó; zattó (o).

hitó-yaku 一役 (<…² + yakúwári) Um trabalho. ★ ~ *kau* 一役買う Oferecer-se [Prontificar-se] para ajudar.

hitó-yama 一山 **1** [山ひとつ] Um monte. ★ ~ *koeta tonari-mura* 一山越えた隣村 A aldeia vizinha por trás [do lado de lá] do monte. **2** [山の形に積み上げたもの一つ] Uma rima. ★ ~ *go-hyaku en no ringo* 一山五百円のリンゴ Maçãs, a quinhentos yens a rima. **3** [ばくち・投機で] Um filão「de ouro」. ★ ~ *ateru* 一山当てる Encontrar ~; ganhar uma fortuna; ter grande sucesso.

hitó-yamá² 人山 Um monte de gente;「atrair」 muita gente; uma multidão.

hitó-yasumi 一休み Um fôlego; um pouco de descanso; um intervalo. ~ *suru* 一休みする Descansar um pouco. ⓈⒻ Ippúkú; shōkéí.

hitó-yo 一夜 (<…² + yó(ru)) Uma noite. ◇ ~ **boshi** 一夜干し「o peixe」Secado numa noite. ~ **zuma** 一夜妻 A prostituta (Lit. a esposa de ~). ⓈⒻ Hitó-ban (+); ichíya.

hitó-yóse 人寄せ (<…¹ + o + yosérú) O chamariz (para atrair gente). ◇ ~ **panda** 人寄せパンダ O panda muito popular (no jardim zoológico).

hitó-zátó 人里 (<…¹ + sató) O povoado; o lugar habitado. ★ ~ *hanareta ie* 人里離れた家 Uma casa solitária [perdida].

hitó-zúkai 人使い [遣]い (<…¹ + o + tsukáú) O tra(tamen)to. ★ ~ *ga arai* 人使いが荒い Tratar os empregados「funcionários; outros」 como escravos.

hitó-zúki 人好き (<…¹ + súku) A afabilidade; a meiguice. ★ ~ *no suru kao* 人好きのする顔 O rosto atraente [meigo; afável; amável; simpático].

hitó-zúkiai 人付き合い (<…¹ + ni + tsukéáu) O trato [convívio] com as pessoas. ★ ~ *ga heta de aru* 人付き合いが下手である Não saber tratar com as pessoas [conviver].

hitó-zúmá 人妻 (<…²+ tsúma) A mulher casada [de outro].

hitó-zúré 人擦れ (<…¹ + surérú) A sofisticação. ★ ~ *no shita* 人擦れのした Sofisticado; batido. ~ *suru* [*shinai*] 人擦れする[しない]Ser sofisticado [inocente/simples/sem malícia]. ⇨ warú-zúré.

hitó-zúté 人伝て (<…¹ + tsuté) O ouvir dizer; o boato. ⇨ uwásá.

hitsú 櫃 **1** [大きな箱] A arca; o baú. ◇ ⇨ **kome-bitsu**. **2** [飯びつ] A vasilha [O tarro] do arroz. ◇ **O** ~ 御櫃 A vasilha para levar o arroz para a mesa. ⓈⒻ Meshí-bítsú (+).

hitsú 悲痛 O pesar; a dor; a amargura. ★ ~ *na omomochi* 悲痛な面持ち[叫び] Um rosto cheio de ~ [Um grito doloroso].

hitsúdán 筆談 A conversa por escrito. ★ ~ *suru* 筆談する Entenderem-se por escrito「j. e chineses」.

hitsúdóku 必読 A leitura obrigatória. ★ *Gakusei ~ no sho* 学生必読の書 Um livro que todo (o)

estudante deve ler.
hitsúgí 棺・柩 O ataúde; o esquife; o caixão. [S/同] Kań(óke) (+).
hitsújí[1] 羊 **a)** O carneiro; **b)** A ovelha; **c)** O cordeiro. ★ ~ *no kawa* 羊の皮 A pele de carneiro; a carneira [~ *no kawa o kabutta ōkami* 羊の皮をかぶった狼 O lobo com pele de ovelha]. ~ *no niku* 羊の肉 A carne de cordeiro. ~ *no yō ni otonashii* 羊のようにおとなしい Ser manso como um cordeirinho. *Mayoeru* ~ 迷える羊 A ~ desgarrada [perdida]. ◇ **~ gumo** 羊雲 Carneirinhos. **~ kai** 羊飼い O pastor. **Ko ~** 子羊 O cordeiro [borrego].
hitsújí[2] 未【A.】 **1** [十二支の八番目] O Carneiro (Oitavo signo do zodíaco chinês). ◇ **~ doshi** 未年 O ano do ~. **2** [昔の時刻の名] A hora do ~ (entre as 13 e as 15 horas). ★ ~ *no koku* 未の刻~. **3** [昔の方角の名] A dire(c)ção do ~ [O sudoeste].
hitsújíń 筆陣【E.】A lide [luta] por escrito entre escritores (Como "As Farpas" de Ramalho Ortigão com Eça de Queirós). ⇨ rońjín.
hitsújṓ 必定【E.】O ser mais que certo.
hitsújú 必需 De primeira necessidade. ◇ **~ hin** 必需品 Os artigos ~ [S/同] Fu-káketsu; hissú.
hitsújúń 筆順 A ordem dos traços. ★ *Kanji o ~ tadashiku* [~ *o machigatte*] *kaku* 漢字を筆順正しく[筆順を間違って]書く Escrever um ideograma pela ordem corre(c)ta [errada] dos traços.
hi-tsúké 火付け (<… + tsukéru) **1** [⇨ hṓká[1]]. **2** [事件を起こすこと] A instigação; o atiçar. ◇ **~ yaku** 火付け役 O instigador; o agitador; o desordeiro; o cabecilha.
hi-tsúkí 火付き (<… + tsúku) A ignição; a inflamação; o pegar fogo.
hitsúméí 筆名 O pseudó[ô]nimo (de escritor). [S/同] Peńnḗmu (+).
hitsúryoku 筆力【E.】 **1** [筆勢] A força do traço [desenho]. [S/同] Hisséí. **2** [文筆によって人に訴える力] O estilo vigoroso.
hitsúyṓ 必要 A necessidade. ~ *wa hatsumei no haha* 必要は発明の母 ~ é a mãe das invenções. ★ ~ *ga aru* 必要がある Ter/Haver ~; ser necessário. ~ *ijō ni* 必要以上に Além do [Mais do que é] necessário. ~ *na shochi* 必要な処置 A medida necessária. ~ *ni ōjite* 必要に応じて Conforme [De acordo com] as ~s. ~ *ni semararete* 必要に迫られて Por ~. ~ *to areba* 必要とあれば Se for necessário [preciso]; em caso de [se houver] ~. ◇ **~ aku** 必要悪 O mal necessário [inevitável]. **~ jō** 必要上 Por ~. **~ jōken** 必要条件 O requisito; a condição (necessária). **~ jūbun jōken** 必要十分条件 A condição necessária e suficiente. **~ keihi** 必要経費 As despesas [Os gastos] necessárias[os]. [A/反] Fuyṓ.
hitsúzéń 必然 A inevitabilidade; a necessidade. ★ ~ *no* [*teki na*] 必然の[的な]「consequência」Inevitável; natural; necessário. ~ *teki ni* 必然的に Inevitavelmente; logicamente; naturalmente. ◇ **~ sei** 必然性~. [S/同] Hisshí; tṓzéń (+). [A/反] Gū́zéń.
hitsúzétsú 筆舌【E.】O escrever e o falar. *Kanojo no kurushimi wa ~ ni tsukushi-gatakatta* 彼女の苦しみは筆舌に尽くし難かった O sofrimento dela foi indescritível [indizível; inexprimível]. ⇨ kotóbá.
hittákúrí 引ったくり (< hittákúru) **a)** O roubo; **b)** O ladrão; o trombadinha (B.); o carteirista.
hittákúru 引ったくる Arrebatar [Arrancar]; roubar. ★ *Te kara handobaggu o* ~ 手からハンドバッグを引ったくる ~ a bolsa [pasta]. ⇨ hikú; hippáru.
hittátéru 引っ立てる (< hikú + tatéru) Puxar à força e fazer andar. ★ *Hannin o* ~ 犯人を引っ立てる Conduzir o criminoso à força. [S/同] Hikítátéru (+).
hittékí 匹敵 O ser igual [estar à altura; poder competir]. *Kurasu de wa porutogarugo no chikara de kare ni ~ suru mono wa inai* クラスではポルトガル語の力で彼に匹敵するものはいない Em (capacidade no) p., ele não tem rival [igual/outro] na classe. ⇨ hikákú[1]; hikéń[1]; káta[1] ◇; sṓtṓ[1].
hítto ヒット (< Ing. hit) **1** [安打]【Beis.】A pancada [(re)batida]. ◇ **~ endo ran** ヒットエンドラン Bater a bola e correr. [S/同] Ánda. **2** [大当たり] O sucesso; o êxito. *Kono uta wa dai-~ shita* [*datta*] この歌は大ヒットした[だった] Esta canção fez muito [foi um] ~. ◇ **~ songu** ヒットソング A canção de [com] ~. [S/同] Ṓ-átari.
hittṓ[1] 筆頭 O primeiro da lista. *Kare ga chōja ban-zuke no ~ de aru* 彼が長者番付の筆頭である Ele é o primeiro na lista de milionários. ★ *Sōri daijin o ~ ni* 総理大臣を筆頭に Começando pelo Primeiro Ministro. ◇ **(Koseki) ~ nin** (戸籍) 筆頭人 O cabeça de casal (no regist(r)o civil).
hittṓ[2] 筆答【E.】A resposta por escrito. [A/反] Kṓtṓ. ⇨ hikkí.
hittóráéru 引っ捕らえる (< hikú + …)【G.】Prender; apanhar; agarrar. [S/同] Toráéru (+).
hittsúkámu 引っ摑む (< hikú + …) Agarrar.
hittsúku 引っ付く (< hikú + …) Pegar; colar. [S/同] Kuttsúku; tsúku.
hittsúmé-[gámí] 引っ詰め(髪) O corucho (Penteado).
hi-úchí-ishi 火打ち[燧]石 (<… + útsu + …) A pederneira.
híun 悲運 A desgraça; a má sorte. ★ ~ *ni naku* 悲運に泣く Lamentar a sua ~ [o seu infortúnio]. [A/反] Kṓúń.
híwa[1] 秘話 O episódio [A história] secreto/a. ◇ **Taisen ~** 大戦秘話 ~ da grande guerra. [S/同] Híshi; itsúwá.
híwa[2] 悲話【E.】A história triste [patética]. [S/同] Áiwa.
híwa[3] 鶸【Zool.】O verdelhão; *carduelis spinus*.
hiwádá 檜皮 (< hínoki + háda) A casca de "hinoki". ◇ **~ buki** 檜皮葺き O telhado de ~.
hiwáí 卑猥 A indecência; a obscenidade; a torpeza. ⇨ gehín; mídarana.
hi-wáréru 干割れる (< híru + warérú)「o leito seco do rio」Rachar com o calor. *Hideri de tanbo ga hiwareta* 日照りで田んぼが干割れた O arrozal secou e ficou gretado [com rachas] por causa do sol.
hi-wárí 日割り (< hi + warú; ⇨ hi-yátói) **1** [給料などを一日いくらと割り合てること] A jeira; o salário diário. ★ ~ *de harau* 日割りで払う Pagar ao dia. ◇ **~ keisan** 日割り計算 O pagamento (a tanto) por dia. **2** [仕事などを一日一日割り合てること] O programa [horário]. ★ *Shiken no ~ o kimeru* 試験の日割りを決める Fixar ~ [a data] dos exames.
híya 冷や **1** [冷たい水] A água fria. ★ *O-~* お冷や ~ (para beber). **2** [冷たい酒] O saké frio. ★ ~ *de nomu* 冷やで飲む Beber「o leite」frio. [S/同] Hiyá-zake. **3** [「冷や ―」の形で「冷たい」の意]【Pref. "frio"】◇ ⇨ **~ ase** [**meshi; mizu; yakko; zake**].

H

hiyá-áse 冷や汗 O suor frio 「de medo」. ★ ~ *o kaku* 冷汗をかく Ter um ~.

híya-hiya 冷や冷や **1** [冷たいさま] Frio. **2** [恐れるさま] Preocupado; com medo. *Kanojo ga ukkari sono koto o shaberi wa shinai ka to ~ shita* 彼女がうっかりそのことをしゃべりはしないかと冷や冷やしたFiquei ~ ao pensar se ela, distraída, ia [se punha a] falar do assunto.

hiyákáshí 冷やかし (< hiyákásu) **1** [からかい] A troça; a brincadeira. ★ ~ *hanbun ni* 冷やかし半分にSó[Mais/Em parte]para brincar. **2** [買わずに店などを見て歩くこと] O passeio pelas lojas, perguntando preços e sem comprar nada.

hiyákásu 冷やかす **1** [からかう] Caçoar; gracejar; troçar; brincar. ★ *Abekku o ~* アベックを冷やかすTroçar dos namorados. S/同 Karákáku (+). **2** [買わずに店などを見て歩く] Passear. ★ *Roten o hiyakashite aruku* 露店をひやかして歩く Andar a ver as barracas.

hi-yáké 日焼け A queimadura do sol. ★ *Makkuro ni ~ suru* まっ黒に日焼けするFicar todo preto de sol. ◇ **dome kurīmu** 日焼け止めクリーム O creme [cosmético] contra ~.

hiyákú¹ 飛躍 **1** [高く躍り上がること] O salto [pulo]. S/同 Chóyáku. **2** [急激な進歩出世] O salto. ★ ~ *teki hatten o togeru* 飛躍的発展を遂げる Dar um (grande) ~; fazer grandes progressos. ◇ **Ichi dai** ~ 一大飛躍 Um progresso extraordinário. **3** [論理などが正しい段階をふまないこと] O saltar. *Hanashi ga ~ shita* 話が飛躍したA conversa saltou ilogicamente para outro ponto. ★ *Ronri no ~* 論理の飛躍O salto ilógico, a falsa ilação.

hiyáku² 秘薬 O remédio secreto; o elixir.

hiyá-méshi 冷や飯 O arroz frio; o bóia-fria (B.). ★ ~ *o kuwasareru* 冷や飯を食わされるSer tratado friamente [como inferior].

hiyá-mizu 冷や水 A [O balde de] água fria. P(ことわざ) *Toshiyori no ~* 年老りの冷や水Uma imprudência de quem já tem [tinha] idade para ter juízo. ⇨ reísúí; híya.

hiyá-múgi 冷や麦 Um prato de macaronete ("sōmen") servido com gelo.

hiyári to 冷やりと **1** [冷たくなるさま] Com frio. ★ ~ *suru* ひやりとするSentir frio. **2** [恐ろしさを感じるさま] Com calafrios. *Kodomo ga kuruma no mae ni tobidashite kite ~ shita* 子供が車の前に飛び出して来て冷やりとした Fiquei arrepiado [~] ao ver a criança aparecer subitamente na frente do carro. S/同 Zottó.

hiyáshínsu ヒヤシンス (< Ing. hyacinth) 【Bot.】 O jacinto.

hiyásu 冷やす **1** [冷たくする] Esfriar; refrigerar; refrescar. ★ *Hiyashita bīru* 冷やしたビール A cerveja fresca [gelada]. A/反 Atátáméru. **2** [冷静にする] Acalmar(-se). *Atama o ~* 頭を冷やす Refrescar a cabeça [~]. **3** [ぞっとする] Ter calafrios; horrorizar-se; espantar-se. *Kimo o ~* 肝を冷やすter arrepios.

hi-yátói 日雇い (< hi + yatóu) O trabalho a dias. ◇ ~ **rōdosha** 日雇い労働者 O jornaleiro; o trabalhador a dias. ⇨ hi-wári.

hiyáyaka 冷やや **1** [寒冷な] O ser frio. ★ ~ *na kaze* 冷ややかな風 O vento frio. **2** [冷淡] A indiferença; a frieza. ★ ~ *na shisen[me;manazashi]* 冷ややかな視線[目;まなざし]O olhar indiferente [de ~]. ~ *ni kotaeru* 冷ややかに答えるResponder friamente. S/同 Bu-áisō; reítán.

hiyá-yákko 冷や奴 O "tôfú" servido gelado.

hiyá-záké 冷や酒 (<~ + *saké*) O saké frio. A/反 Kań-záke.

hiyō 費用 A despesa; o custo; o gasto. ★ ~ *no kasamu kōji* 費用のかさむ工事 A obra dispendiosa. ~ *o futan suru* 費用を負担するPagar [Arcar com] ~. ~ *o kiritsumeru* 費用を切り詰めるReduzir [Cortar] ~. ~ *wa jibun-mochi de* 費用は自分持ちでPor conta própria; pagando (cada um) do seu bolso. *Kaisha no ~ de* 会社の費用で「viajar/deslocar-se」Com dinheiro [À custa] da companhia.

hiyódori 鵯 【Zool.】 O bulbul (Ave canora); *hypsipetes amaurotis*.

hí-yóké¹ 日除け (<~ ¹ + *yokéru*) O toldo [que protege do sol]. ★ ~ *o orosu* 日除けを下ろすBaixar o toldo. ~ *o suru* 日除けをするProteger do sol.

hí-yóké² 火除け (<~ ² + *yokéru*) A prote(c)ção do [contra o] fogo. ⇨ bôka.

hiyók(k)ó 雛 [ひよこ] **1 a)** O pinto; o pintainho; **b)** O filhote de ave. S/同 Hiná-dori. **2** [年少未熟者] [G.] O frangote; o novato; o criançola; o inexperiente. *Aitsu wa mada ~ da* あいつはまだひよこだEle ainda é um ~. S/同 Aónísái.

hiyók¹ 比翼 [E.] O parzinho [casal] (de aves) junto. ★ ~ *renri no chigiri o musubu* 比翼連理の契りを結ぶCasar-se para sempre. ◇ ~ **zuka** 比翼塚O túmulo de um casal unido até à morte.

hiyóku² 肥沃 A fertilidade. ★ ~ *na tochi[dojō]* 肥沃な土地[土壌] O terreno [solo] fértil. *Tochi o ~ ni suru* 土地を肥沃にするFertilizar [Adubar] ~.

hiyóri 日和 **1** [天気] O tempo. *Kyō wa yoi o-~ desu ne* 今日は良いお日和ですねHoje faz bom tempo, não? S/同 Ténki (+). **2** [晴天] O tempo bom. P(ことわざ) *Mateba kairo no ~ (ari)* 待てば海路の日和(あり) Esperança, esperança, para quem espera sempre alcança. ◇ **Kōraku-biyori** 行楽日和 ~ para passeio. ◇ **geta** 日和下駄 Os tamancos (mais baixos) para quando faz bom tempo. S/同 Seítéń; kaíséí (+). ⇨ hiyóri-mí.

hiyóri-mí 日和見 (<~ + *míru*) O oportunismo. ★ ~ *suru* 日和見するNão se (querer) comprometer. ◇ ~ **shugi [shugisha]** 日和見主義[主義者] O oportunismo [oportunista].

hiyówá ひ弱 O ser fraco [delicado]. ★ ~ *na kodomo* ひ弱な子供Uma criança delicada (débil; doente). S/同 Yowáyówáshíi. ⇨ kyojáku; zeíjáku.

hiyówáí ひ弱い Fraco [Fraquinho]; delicado 「de saúde」.

híyu 比喩 A alegoria; a alusão; a figura. ★ ~ *teki ni ieba* 比喩的に言えば Em sentido figurado [alegórico]; figurativamente; metaforicamente. S/同 Tatóe. ⇨ chokúyú¹; íń'yú.

hizá 膝 O joelho. ★ ~ *ga gakugaku shite iru* 膝がくがくしているEstar a tremer das pernas. ~ *ga waratte iru* 膝が笑っているNão se aguentar nas pernas (canetas (G.)). ~ *o kagameru* 膝を屈めるSubmeter-se; dobrar os joelhos. ~ *o kumu* 膝を組むCruzar as pernas. ~ *o kussuru* 膝を屈するDobrar ~. ~ *o kuzusu* 膝を崩すSentar-se informalmente [com as pernas cruzadas]. ~ *o majiete kataru[hanashiau]* 膝を交えて語る[話し合う]Falar com franqueza [à vontade]; abrir-se um ao outro. ~ *o noridasu* 膝を乗り出すMostrar interesse. ~ *o oru* 膝を折るDobrar ~. ~ *o susumeru* 膝を進める

Aproximar [Chegar]-se. ~ *o tadasu* 膝を正す Sentar-se com toda a etiqueta. ~ *o tateru* 膝を立てる Sentar-se com um dos joelhos erguido. ~(*o*)*tsukiawasu* 膝(を)突き合わす Sentar-se apertado contra os outros. ~ *o utsu* 膝を打つ Concordar [É isso mesmo/Ora aí está!]. ⌈P こと ば⌉ ~ *tomo dangō* 膝とも談合 Aconselhar-se com toda a gente.

hizá-gáshíra 膝頭 (<… + *kashíra*) A rótula. ⌈S⌉⌈同⌉ Hizá (+); hizá kózó.

hizá-káké 膝掛け (<… + *kakéru*) O cobertor para as pernas; a manta de viagem.

hi-zákana 乾[干]魚 (< *hósu* + *sakáná*) O peixe seco (ao sol). ⌈S⌉⌈同⌉ Himónó (+).

hi-zákárí 日盛り (<… + *sakárí*) O forte do calor. ★ *Natsu no* ~ *o aruku* 夏の日盛りを歩く Andar sob o sol escaldante [quente] do verão. ⇨ ma-hírú.

hizá-kózó [óo] 膝小僧 【G.】 Os joelhos. ★ ~ *o dasu* 膝小僧を出す Ficar com ~ [as pernas] à mostra. ⌈S⌉⌈同⌉ Hizá (+); hizá-gáshíra.

hizá-mákura 膝枕 O colo. ★ ~ *o suru* 膝枕をする Apoiar [Descansar] a cabeça no colo de alguém.

hizamázúku 跪く Ajoelhar-se; pôr-se de joelhos; dobrar o joelho. ★ *Hizamazuite inoru* 跪いて祈る Rezar ajoelhado [de joelhos].

hizá-mótó 膝元 **1** ⌈膝のそば⌉「ter o cinzeiro」Perto de si. **2** ⌈身の近く⌉ Perto de uma pessoa. ★ *Oya no* ~ *de sodatsu* 親の膝元で育つ Ser criado [educado] pelos pais. ⌈S⌉⌈同⌉ Mi-jíká; shíkka. **3** ⌈権力者のいるところ⌉ A base [sede/O solar] ⌈dos Tokugawa⌉. ◇ *hízá móto* (+).

hizá-ókuri 膝送り (<… + *okúrí*) O chegar-se mais para a frente ou para o lado.

hi-zara 火皿 (<… + ² + *sará*) **1** ⌈たばこの葉をつめる所⌉ O fornilho (de cachimbo). **2** ⌈火薬を盛る所⌉ A caçoleta de escorva (para a pólvora, nas antigas armas de fogo).

hi-záshí 日差⌈射⌉し (<… + ¹ + *ga* + *sásu*) O sol; a luz [os raios] do sol. ★ ~ *o abiru* 日差しを浴びる Tomar sol; expor-se ao sol. ◇ níkkó.

hizá-zúmé 膝詰 (め) (<… + *o* + *tsuméru*) O insistir [forçar]. ★ ~ *danpan o suru* 膝詰め談判をする Conferenciar [Discutir] (dire(c)ta e) insistentemente [a sério (+)].

hizén 皮癬 【Med.】 A sarna [tinha]; a coceira; o prurido. ⌈S⌉⌈同⌉ Kaísén (+).

hizéní 日銭 O entrar dinheiro todos os dias. ★ ~ *no hairu shōbai* 日銭の入る商売 O negócio que está sempre a pingar (G.) [dar dinheiro].

hizó¹ 秘蔵 **1** ⌈大切にしまっておくこと; もの⌉ O guardar como um tesouro. ★ *Meiga o* ~ *suru* 名画を秘蔵する Guardar um quadro famoso. **2** ⌈大切に育てかわいがること⌉ O proteger com carinho. ◇ ~ **kko** 秘蔵っ子 A filha predile(c)ta.

hizó² 脾臓 【Anat.】 O baço.

hizóbutsu [óo] 被造物 As criaturas; a criação; o que é criado. ⌈S⌉⌈同⌉ Sōzó-buts[-shu].

hizókú 卑俗 A vulgaridade; a grosseria; a rudeza. ★ ~ *na shumi* ⌈*kotoba*⌉ 卑俗な趣味⌈言葉⌉ O mau gosto [A palavra grosseira]. ◇ gehín.

hizókú⁴ 卑属 【Dir.】 O descendente. ◇ **Chokkei** [**Bōkei**] ~ 直系⌈傍系⌉卑属 ~ dire(c)to [colateral]. ⌈S⌉ Shíson. ⌈同⌉ Sónzoku.

hizoku 匪賊 O bandido [bandoleiro]. ⌈S⌉⌈同⌉ Dóhi; dózoku; zókuto. ⇨ tózókú.

hi-zúké 日付け (<… ¹ + *tsukéru*) A data. ★ ~ *no aru* [*nai*] *tegami* 日付けのある[ない]手紙 A carta com [sem] ~. ~ *o ireru* 日付けを入れる Pôr ~. ◇ ~ **henkō sen** 日付け変更線 A linha divisória de datas. ~ **in** 日付け印 **a)** O datador; **b)** O carimbo da data.

hizúmé 蹄 O casco ⌈do cavalo⌉. ★ ~ *no ato* 蹄の跡 O rasto [As pegadas] de ~.

hizúmí 歪み **1** ⌈物体に外力を加えた時の変化⌉【Fís.】A distorção. ★ *Tekkin no* ~ 鉄筋の歪み ~ no reforço de ferro (do cimento armado). **2** ⌈ゆがみ⌉ A deformação; o efeito mau ⌈do progresso⌉; o desequilíbrio. ★ *Kōdo keizai seichō no* ~ 高度経済成長の歪み Os desequilíbrios produzidos pelo grande crescimento econó(ô)mico. *Kokoro no* ~ 心の歪み A ~/perversão do espírito. ⌈S⌉⌈同⌉ Ibítsú; nejíré; yugámí.

hizúmú 歪む Torcer; deformar-se; encurvar; empenar. *Ita ga hizunde kita* 板が歪んできた A tábua empenou. ⌈S⌉⌈同⌉ Yugámú (+).

ho¹ 帆 A vela. ★ ~ *o ageru* 帆を揚げる Içar a ~. ~ *o haru* [*tatamu*] 帆を張る⌈畳む⌉ Largar [Amarrar] ~; fazer-se à ~. ~ *o maku* 帆を巻く Prender ~. ~ *o orosu* 帆を下ろす Baixar ~. *Oikaze ni* ~ *o agete hashiru* 追い風に帆を上げて走る Velejar com vento de popa. ⌈I/慣用⌉ *Shiri ni* ~ *o kake* (*te nige*) *ru* 尻に帆を掛け (て逃げ) る Fugir à pressa; dar às de vila-diogo. ⌈S⌉⌈同⌉ Sankaku ~ 三角帆 A bujarrona.

ho² 歩 【E.】 O passo. ★ ~ *o susumeru* [*hakobu*] 歩を進める⌈運ぶ⌉ Andar; pôr-se a caminho. *Ni* ~ *mae e deru* [*ushiro ni sagaru*] 二歩前に出る [後ろに下がる] Dar dois passos em [para a] frente [para trás/Recuar dois passos]. ⌈S⌉⌈同⌉ Ashídórí ~; ayúmí (+).

ho³ 穂 **1** ⌈穀物の⌉ A espiga. *Ine no* ~ *ga deta* [*desorotta*] 稲の穂が出た [出そろった] O arroz espigou. **2** ⌈とがったものの先⌉ A ponta ⌈da lança⌉.

ho⁴ ホ 【Mús.】 O 3º naipe mi. ◇ ~ **chōchō** [**tanchō**] ホ長調 [短調] O mi maior [menor].

-ho⁵ 補【Suf.】Estagiário [Adjunto]. ◇ **Gaikōkan** ~ 外交官補 O diplomata ~.

hō¹ [óo] **1** ⌈方向⌉ A dire(c)ção; o sentido; o rumo; o lado. *Kare wa sasareta* ~ *o mita* 彼は指された方を見た Ele olhou para onde [o lado que] lhe indicaram. ★ *Achira* [*Kochira*] *no* ~ *ni* あちら[こちら] の方に Para lá [cá]. *Hidari no* ~ *ni* 左の方に À [Para a] esquerda. *Higashi no* ~ 東の方 O la(d)o leste. ⌈S⌉⌈同⌉ Hógáků; hőkô. **2** ⌈部面; 方面⌉ O lado, a área. *Benkyō no* ~ *wa dame da ga undō no* ~ *ni wa jishin ga aru* 勉強の方はだめだが運動の方には自信がある Não sou bom nos estudos mas no (d)esp. não há problema. ⌈S⌉⌈同⌉ Búmon; hómén. **3** ⌈部類⌉ O grupo; a categoria. *Kanojo wa amatō no* ~ *da* 彼女は甘党の方だ Ela é lambareira [amiga de (coisas) doces]. ⌈S⌉⌈同⌉ Búrui. **4** ⌈相対するものの一つ⌉ O (la-do). *Watashi ga iku yori wa (mushiro) kare ga iku* ~ *ga yoi daró* 私が行くよりは (むしろ) 彼が行く方がよいだろう Será melhor ir ele e não eu. *Watashi no dewa* 私の方では Da minha parte [Cá por mim] ⌈não há problema⌉. **5** ⌈そのものをあらわす語⌉ Lá ⌈eles; isso⌉; o caso [assunto]. *Genkō no* ~ *yoroshiku o-negai shimasu* 原稿の方をよろしくお願いします Tenha o [isso do] manuscrito pronto, por favor. **6** ⌈方形⌉ O quadrado. ★ ~ *hyaku mētoru* 方百メートル Cem metros quadrados.

hṓ² 法 **1** [おきて] **a)** A lei; **b)** O direito; **c)** O código. ★ ～ *ni fureru* 法に触れる Infringir [Violar] a lei. ～ *ni hansuru* 法に反する Ser contra a lei; ser ilegal. ～ *ni somuku* 法にそむく Violar [Ir contra] a lei. ～ *ni terashite shobun suru* 法に照らして処分する Tratar [Castigar/Resolver] segundo a lei. ～ *ni uttaeru* 法に訴える Recorrer à lei [justiça]. ～ *no shihai* 法の支配 A supremacia da lei. ～ *o mamoru* [*ni shitagau*] 法を守る [に従う] Cumprir a lei. ～ *o yaburu* [*okasu*] 法を破る [犯す] Infringir [Violar] a lei. ◇ **Kaisha ～** 会社法 O direito das sociedades comerciais. **Kyōkai ～** 教会法 O direito canó[ô]nico. **Rōma ～** ローマ法 O direito romano. [S/同] Kimárí (+); hṓtéń; okíté. ⇨ hṓrítsú. **2** [方法] O método; o meio; a maneira; o modo; o sistema; a arte; a técnica. *Kore o umaku yaritogeru ～ wa nai darō ka* これをうまくやりとげる法はないだろうか Será que não há um meio de levar a cabo isto? ◇ **Kyōju ～** 教授法 A didá(c)tica [O método de ensino]. [S/同] Hṓhṓ (+); shúdan; yaríkátá. **3** [作法] As boas maneiras. ★ ～ *ni kanau* [*hazureru*] 法にかなう [はずれる] Ficar bem [Ir contra ～/a etiqueta]. [S/同] Reígí(+); sáhō(+). **4** [道理] A razão; o direito. *Nusumi o shite yoi nado to iu ～ wa nai* 盗みをして良いなどという法はない Não é justo roubar. [S/同] Dṓrí. **5** [仏法] A doutrina budista. [P/ことわざ] *Nin* [*Hito*] *o mite ～ o toke* 人を見て法を説け Ponha-se ao nível do ouvinte. [S/同] Buppṓ. **6** 【Gram.】 O modo. ⇨ chokúsétsú¹ ◇.

hṓ³ [**óo**] 砲 O canhão. [S/同] Káhō; taíhṓ (+).

hṓ⁴ 報 A notícia; a informação. ★ *Shikyo no ～ ni sessuru* 死去の報に接する Receber a notícia da morte「do avô」. [S/同] Hṓchí (+); hṓdṓ (+); hṓkókú (+); shirásé (+); tsū́chí; tsū́kókú.

hṓ⁵ [**óo**] 朴【Bot.】 ⇨ hóo-no-ki.

hṓ⁶ [**óo**] 苞【Bot.】 A bráctea.

hṓ⁷ [**óo**] 頬 ⇨ hóo.

hṓ⁸ ほう Ah [Oh]! ～, *sō datta no ka* ほう, そうだったのか ～ então foi isso!

hoáń 保安 A manutenção [preservação] da ordem (e paz [segurança]). ◇ **～ gakari** 保安係 O guarda [segurança]. **～ jōrei** 保安条例 O regulamento da ～ pública. ⇨ **～ kan**. **～ rin** 保安林 A reserva [O parque] natural. **～ taisaku** 保安対策 A medida de segurança. **～ yōin** 保安要員 O pessoal de ～ (nas fábricas para evitar acidentes). **Kaijō ～ chō** 海上保安庁 O Departamento da Segurança marítima. ⇨ chiáń; chítsujo; hoshṓ².

hṓáń [**oó**] 法案 (< hṓrítsú + geń'áń) O proje(c)to de lei. ★ ～ *o kaketsu* [*hiketsu*] *suru* 法案を可決 [否決] する Aprovar [Rejeitar] ～. ～ *o teishutsu suru* 法案を提出する Apresentar um ～.

hoán-kan 保安官 O guarda [xerife].

hṓbá [**oó**] 朴歯 (<… ⁵ + ha) As travessas (Salto).

hṓbáí [**oó**] 朋 [傍] 輩【E.】 O colega. [S/同] Dṓháí; nakámá (+); tomódáchí (+).

hobákú 捕縛【E.】 A prisão; a captura. ★ ～ *suru* 捕縛する Prender; deter; capturar. [S/同] Táiho.

hṓbā́kúráfuto ホーバークラフト (< Ing. Hovercraft) O aerodeslizador [veículo anfíbio].

hṓ-báru [**oó**] 頬張る (<… ⁷ + harú) **1** [口一杯に食物を入れる] Encher muito a boca. ★ *Kuchi ippai ni go-han o ～* 口一杯にご飯を頬張る ～ de comida [arroz]. **2** [食べる] Comer. [S/同] Tabéru (+).

ho-báshira 帆柱 (<… ¹ + hashírá) O mastro. [S/同] Másuto.

hṓ-béí [**oó**] 訪米 A visita aos Estados Unidos da América. ⇨ hṓ-hákú[-po].

hṓbén [**óo**] 方便 O subterfúgio; o expediente. [P/ことわざ] *Uso mo ～* うそも方便「para proveito próprio」Qualquer ～ serve, até mentir. [S/同] Hṓhṓ (+); shúdan (+).

hṓ-béní [**oó**] 頬紅 O ruge. ★ ～ *o tsukeru* [*sasu*] 頬紅をつける [さす] Usar [Passar] ruge.

hṓbí [**oó**] 褒美 O pré[ê]mio; o troféu. ★ ～ *o ataeru* 褒美を与える Dar um ～. ～ *o morau* 褒美をもらう Receber ～.

hóbo¹ 保母 A mestra [professora/ama seca] de jardim de infância.

hóbo² 略略 Quase; mais ou menos. *Kōji wa ～ kansei shita* 工事はほぼ完成した A obra já está ～ pronta. [S/同] Arámáshí; daítáí; ṓkátá; ṓmúné.

hṓbō¹ [**hóo**] 方方 Diversos [Vários] lugares; todos os lados; toda a parte. ～ *kara toiawase ga atta* 方々から問い合わせがあった Recebemos [Vieram] perguntas de ～. *Kaji wa ～ ni hirogatta* 火事は方々に広がった O incêndio espalhou-se [alastrou] em todas as dire(c)ções. ★ ～ *arukimawaru* 方々歩き回る Ir a vários lugares. [S/同] Achíkóchi.

hṓbṓ² [**hoó**] 魴【Zool.】 O ruivo [A cabrinha] (Peixe).

hṓbókú [**oó**] 放牧 A pastagem. ★ *Uma o ～ suru* 馬を放牧する Tocar o cavalo a pastar. ◇ **～ jō** 放牧場 O pasto [lameiro]. ⇨ bokúchíkú.

hṓ-bóné [**hoó**] 頬骨 (<… ⁷ + honé) Os (ossos) malares. ★ ～ *ga takai* 頬骨が高い Ter ～ salientes.

hṓbúń¹ [**oó**] 邦文 O escrito em j. [S/同] Wabúń (+). [A/反] Ōbúń.

hṓbúń² [**oó**] 法文 **1** [法令の条文] O texto [A letra] da lei. *Sono jikō wa chanto ～ ni meiji sarete iru* その事項はちゃんと法文に明示されている Esse artigo [ítem] consta claramente na lei. ★ ～ *ka suru* 法文化する Fazer uma lei. **2** [法学部と文学部] A Faculdade de Direito e Letras. ◇ **～ gakubu** 法文学部 A faculdade de ～.

hṓbútsú-men [**oó**] 放 [抛] 物面【Mat.】 O parabolóide.

hṓbútsú-séń [**oó**] 放 [抛] 物線【Mat.】 A parábola; a linha parabólica. ◇ **～ kidō** 放物線軌道 A órbita parabólica. **～ undō** 放物線運動 O movimento parabólico.

hṓchákú [**oó**] 逢着【E.】 O enfrentar. ★ *Nankan ni ～ suru* 難関に逢着する Deparar com [～] um grande problema. [S/同] Chokúmén (+); sṓgū́ (+).

hṓchí¹ [**oó**] 法治 O regime [governo] constitucional. ◇ **～ kokka** [**koku**] 法治国家 [国] O estado [país] de ～ [com leis]. ⇨ keísátsú ◇.

hṓchi² [**óo**] 放置 O abandono. *Ekimae ni jitensha o ～ suru na* 駅前に自転車を放置するな Não deixem as bicicletas em frente da estação! [S/同] Hṓkyákú; hṓtékí.

hṓchi³ [**óo**] 報知 O aviso; a informação; a notícia. ◇ **Kasai ～ ki** 火災報知器 O alarme de incêndio. [S/同] Shirásé (+).

hóchikisu ホチキス ⇨ hótchikisu.

hṓchíkú [**oó**] 放逐【E.】 A expulsão; o exílio; o desterro. [S/同] Tsuíhṓ (+).

hochṓ¹ 歩調 **1** [歩行の調子] O passo. ★ ～ *o hayameru* [*yurumeru*] 歩調を早める[緩める] Apertar [Afrouxar] ～. ～ *o midasu* 歩調を乱す Desacertar

H

[Trocar] ～. ～ *o soroeru* 歩調をそろえる Acertar ～. [S/同] Ashínámí (+). **2** [行動の調子] O passo [ritmo]. *Kare to ～ o awasete kōdō shita* 彼と歩調を合わせて行動した Eu fiz como ele [adaptei-me ao ritmo dele]. [S/同] Ashínámí (+); pēsu.

hó-chō² ホ調 ⇨ hó⁴.

hṓchṓ¹ [**hoó**] 包 [庖] 丁 A faca (de cozinha). ★ ～ *o ireru* 包丁を入れる Cortar.

hṓchṓ² [**hoó**] 放鳥 **a**) O soltar [pôr em liberdade] uma ave; **b**) Essa ave. ★ ～ *suru* 放鳥する …

hochṓ-ki [**óo**] 補聴器 A corneta acústica; o aparelho para ouvir.

hochū́ 補注 [註] A explicação [nota] suplementar. [S/同] Chū́shaku.

hochū́-ami [**úu**] 補虫網 A rede de caçar inse(c)tos.

hṓdáí¹ [**oó**] 砲台 A bateria [O forte]. [S/同] Daíbá.

-hṓdai² [**óo**] 放題 Como bem entender; à vontade; à discrição. ★ *Iitai ～ no koto o iu* 言いたい放題のことを言う Dizer tudo e mais alguma coisa; falar sem reservas. *Shitai ～ ni sasete oku* したい放題にさせて置く Deixar fazer ～; dar toda a liberdade. *Tabe ～ no mise* 食べ放題の店 O restaurante em que se pode comer quanto se quiser pelo mesmo preço.

hṓdáń¹ [**oó**] 放談【E.】A conversa informal. [S/同] Hṓgéń.

hṓdáń² [**oó**] 砲弾 A bala [O tiro] de canhão. ～ *ga ame arare to futta* 砲弾が雨あられと降った Caíram sobre nós rajadas de artilharia「pesada」.

hodásáréru 絆される Deixar-se levar/mover/prender. *Jō ni hodasarete kare to wa wakarerarenakatta* 情に絆されて彼とは別れられなかった Presa [Movida] pelo sentimento, não pude romper as relações com ele. [S/同] Hikásárérú. ⇨ shibáru.

hṓdéń¹ [**oó**] 放電 A descarga elé(c)trica. ◇ **～ kan** 放電管 O tubo de ～. **Kūchū ～** 空中放電 ～ atmosférica. **Shinkū ～** 真空放電 ～ no vácuo. [A/反] Jū́déń.

hṓdéń² [**oó**] 宝殿 **1** [宝物殿] O (repositório do) tesouro「de um templo」. [S/同] Hṓmótsúden. **2** [⇨ shińdéń¹].

hodó¹ 程 **1** [程度] A medida; o grau. ★ *Kiken no ～ o kangaeru* 危険の程を考える Calcular [Ter em conta] o perigo. [S/同] Hodóáí; téido. **2** [限度] O limite. *Jōdan [Itazura] ni mo ～ ga aru* 冗談 [いたずら] にも程がある A brincadeira também tem limites. [S/同] Géndo; kagírí; kyokúgéń. **3** [空間的な距離] A distância. ◇ ⇨ **～ chikai** [**tōi**]. **4** [時間] O tempo. ◇ ⇨ **～ naku. Nochi ～** 後程 Depois; mais tarde. [S/同] Jíbun; jikáń; jíkoku; kóro. **5** [身分の程度] A posição (social); a capacidade. *Mi no ～ o shire* 身の程を知れ Mantenha-se no seu lugar/Não queira ser mais do que é! [S/同] Buńgén; buńzáí. **6** [こと; ようす] O estado de um caso [uma coisa] particular. *Shingi no ～ wa sadaka de wa nai* 真偽の程は定かではない Não se sabe ao certo se é verdade ou não. ◇ ⇨ **～ai**[**chikai**/**hodo**/**naku**/**tói**/**yoi**].

-hodó² 程【Suf.】**1** [およその程度] Aproximadamente; mais ou menos; quase; perto [cerca]「de」. ★ *Ichi-man en ～ de kaeru* 一万円程で買える Pode-se comprar por uns [cerca de] dez mil yens. [S/同] Bákari; kúrai. **2** [はなはだしい程度に] Tanto (que); tão (que). *Ano hito ni wa tsukai-kirenai ～ zaisan ga aru* あの人には使い切れない程財産がある Aquela pessoa é tão rica que não sabe em que gastar o dinheiro. *Watashi wa shinu ～ shinpai shita* 私は死ぬ程心配した Eu quase morri de [com] tanta preocupação. [S/同] Kúrai. **3** [程度の軽いものとしての程度] Simplesmente; quase; apenas. *Ukkari shabette shimatta to iu ～ no koto da kara yurushite age nasai* うっかりしゃべってしまったという程のことだから許してあげなさい Perdoe-lhe, poque「ela」disse aquilo sem pensar [querer]. **4** [程度のはなはだしいものとしての程度] Propriamente dito; bom. *Niwa to iu ～ no mono wa nai* 庭という程のものはない (O que há) não chega a ser [merece o nome de] jardim. **5** [比較の基準を示す] Tanto [Tão] como. *Jibun no ie ～ yoi tokoro wa nai* 自分の家程良い所はない Não há (lugar) como a nossa casa [terrinha]. *Me wa kuchi ～ ni mono o iu* 目は口程に物を言う Os olhos são tão eloquentes como a língua. [S/同] Kúrai. **6** [… につれて] Quanto mais…melhor. *Hayakereba hayai ～ yoi* 早ければ早い程良い Quanto mais cedo melhor.

hodṓ¹ 歩道 A calçada; o passeio (para peões/pedestres). ◇ **～ kyō** 歩道橋 A ponte para peões; a passarela (B.). **Ōdan ～** 横断歩道 A passadeira [faixa de segurança]. [S/同] Jińdṓ **2**. [A/反] Shadṓ.

hodṓ² 舗 [鋪] 道 O caminho [A rua] pavimentado[a]. [S/同] Hosṓ-dóro.

hodṓ³ 補 [輔] 導 A dire(c)ção; a orientação. ★ *Hikō shōnen o ～ suru* 非行少年を補導する Orientar [Guiar] os jovens delinquentes. [S/同] Shidṓ.

hṓdo [**óo**] 封土【E.】O feudo. [S/同] Chígyō.

hṓdṓ [**hoó**] 報道 A informação; a notícia; a reportagem; a divulgação; o relatório. ★ ～ *ni sessuru* 報道に接する Receber ～; ser informado. ～ *no jiyū* 報道の自由 A liberdade de imprensa. ～ *o kisei suru* 報道を規制する Controlar a informação. ～ *suru* 報道する Fazer uma reportagem; informar. ◇ **～ bu** [**ka**] 報道部 [科] O se(c)tor da imprensa. **～ in** 報道員 O [A] repórter. **～ jin** 報道陣 (O grupo de) repórteres. **～ kan** 報道官 O porta-voz. **～ kansei** 報道管制 A censura. **～ kikan** 報道機関 O órgão de informação. **～ shashin** 報道写真 A foto de jornal [revista; reportagem]. **Shinbun ～** 新聞報道 As notícias dos jornais. [S/同] Hṓchi; hṓkókú.

hodó-áí 程合い O grau (ideal)「de aquecimento」. [S/同] Hodó¹ **1**; koróáí (+).

hodó-chíkái 程近い (Muito) perto「de casa」. [A/反] Hodótṓi.

hodóhódó 程程 Moderadamente; dentro dos devidos limites. ★ ～ *ni suru* 程々にする Não exceder os limites; não exagerar; não abusar. [S/同] Hodó yoku; tekítṓ ní.

hodókéru 解ける (⇨ hodóku) **1** [とける] Desamarrar(-se); desatar(-se); desprender(-se); desfazer(-se); desmanchar(-se); soltar(-se). *Kutsu no himo ga hodoketa* 靴のひもが解けた Desamarrou-se o laço do [Desapertou-se-me o] sapato. [S/同] Tokéru. ⇨ hodóku. **2** [うちとける] Desfazer(-se) [Desaparacer]「toda a tensão」. [S/同] (Uchí)tókérú.

hodókóshí 施し (< hodókósu) A esmola. ★ ～ *o kou* 施しを乞う Pedir ～. ～ *o suru* 施しをする Dar ～. [S/同] Fusé. ⇨ kojíkí.

hodókósu 施す **1** [恵み与える] Dar; doar. ★ *Kinpin o ～* 金品を施す Fazer doação [～] dinheiro e obje(c)tos. [S/同] Atáérú (+); megúmú (+). **2** [行

う] Fazer; executar. *Saku no hodokoshi-yō ga nai* 策の施しようがない Não há nada a fazer. [S/同] Okónáú (+); sekṓ súrú. **3** [広く示す] Ficar. ★ *Menboku o* ~ 面目を施す ~ bem visto「por ser filho do presidente」. **4** [飾り付ける] Ornar; enfeitar. [S/同] Aráwásu; shimésu.

hodóku 解く (⇨ hodókéru) Desatar; desamarrar; desfazer; soltar; desprender. ★ *Nuime o* ~ 縫い目を解く Desmanchar a costura. *Tsutsumi o* ~ 包みを解く Abrir [Desembrulhar] o pacote. [S/同] Tóku.

hodó-náku 程なく Sem demora; daqui a pouco. *Kare wa* ~ *yatte kuru deshō* 彼は程なくやって来るでしょう Ele não demora [tarda] a vir/Ele deve estar a chegar. [S/同] Mamó naku (+); yagáté (+).

hodó-tṓi 程遠い (Muito) longe. *Kare wa gakusha to yobu ni wa* ~ 彼は学者と呼ぶには程遠い Ele está ~ de ser um erudito. [A/反] Hodó-chíkái.

hodó-yói 程良い Bom; ideal; conveniente; apropriado. ★ ~ *yu-kagen* 程良い湯加減 A água boa [à temperatura ideal] (para tomar banho). ⇨ tékido; tekítṓ.

hṓé[1] [óo] 法会【Bud.】 **1** [説法のための会合] A sessão com sermão. **2** [追善供養] O ofício funerário. [S/同] Bútsuji; hṓjí (+); hṓyṓ.

hṓe[2] [óo] 法衣【Bud.】Os paramentos. [S/同] Hṓfúkú[2]; hṓi[3]; sṓfúku; sṓi.

hoé-góe 吠[吼]え声 (< hoéru + kóe) **a)** O uivo; **b)** O latido. [S/同] Hṓkṓ; nakí-góe (+).

hṓéí [óo] 放映 (< hṓsṓ + éiga) A transmissão televisiva. ★ *Meiga o* ~ *suru*「名画を」放映する Televis(ion)ar um bom filme.

hṓéń[1] [óo] 方円【E.】O quadrado e o redondo. [P/ことわざ] *Mizu wa* ~ *no utsuwa ni shitagau* 水は方円の器に従う O ambiente faz a pessoa (Lit. A água toma a forma da vasilha).

hṓéń[2] [óo] 砲煙 O fumo da pólvora.

hṓéń[3] [óo] 豊艶【E.】Cheia e bela.

hoéru 吠[吼]える **1** [けものが鳴く] Latir; ladrar; uivar; berrar; urrar; rugir; bramir. *Raion* [*Tora*] *ga* ~ ライオン[トラ]が吠える O leão [tigre] ruge [brama; urra]. [P/ことわざ] ~*inu wa kamanai* 吠える犬はかまない Cão que ladra não morde. [S/同] Hṓkṓ súrú. **2** [大声で泣く・どなる]【G.】Gritar; bradar; berrar. *Yoku* ~ *kamisan da* よく吠えるかみさんだ Esta patroa anda sempre a ~. [S/同] Donáru; waméku.

hoé-tátéru 吠え立てる (< hoéru + …) ⇨ hoéru (+).

hṓétsú [óo] 法悦 **1** [神仏の教えに対する喜び] A exultação religiosa. [S/同] Hṓki. **2** [うっとりするような喜び] O êxtase; o arrebatamento; o rapto; o enlevo. ★ ~ *ni hitaru* 法悦に浸る Ter um êxtase; ficar extasiado「com a paisagem」. [S/同] Ekúsútashī; kṓkótsu. ⇨ satórí.

hoé-zúrá 吠え面 (< hoéru + tsurá) A cara triste [de choro]. *Ato de* ~ *o kaitatte shiranai zo* 後で吠え面をかいたって知らないぞ Você vai-se arrepender, mas depois não venha cá chorar! [S/同] Nakí-gáó; nakíttsúrá.

hṓfú[1] [óo] 抱負 A aspiração; a ambição; o plano. ★ ~ *o noberu* 抱負を述べる Falar dos seus planos. ⇨ taímṓ[1]; táishi[2]; yáshin.

hṓfú[2] [óo] 豊富 A abundância; a riqueza; a fartura. *Kono kuni wa tennen shigen ga* ~ *da* この国は天然資源が豊富だ Este país é rico em recursos naturais. ★ ~ *na* 豊富な Abundante; rico; opulento〔~ *na chishiki* 豊富な知識 Os vastos conhecimentos. *Goi o* ~ *ni suru* 語彙を豊富にする Enriquecer [Aumentar] o seu vocabulário〕. [S/同] Takúsán; yútaka. [A/反] Hińjákú.

hofúkú 匍匐【E.】O rastejar [andar de rastos]. ★ ~ *suru* 匍匐する … ◇ **~ zenshin** 匍匐前進 O avanço de rastos. ⇨ hará-báí; háu.

hṓfúkú[1] [óo] 報復 A retaliação; a vingança; a represália; a desforra. ★ ~ *shudan o toru* [*ni uttaeru*] 報復手段を取る[に訴える] Exercer represálias. ~ *suru* 報復する Retaliar; vingar-se; desforrar-se. [S/同] Fukúshū (+); heńpṓ; shikáéshí(o).

hṓfúkú[2] [óo] 法服 **1** [裁判官の] A toga「do juiz」. **2** [僧侶の] Os paramentos budistas. [S/同] Hṓe; hṓi; sṓfúkú; sṓi.

hṓfúkú-zéttṓ [hoó] 抱腹絶倒【E.】A gargalhada [risada]. ★ ~ *suru* 抱腹絶倒する Rir às gargalhadas; rebentar de riso [a rir]

hofúru 屠る **1** [鳥や獣のからだを切りさく] Abater (gado); matar. [S/同] Korósú (+); tasátsú súrú (+). **2** [皆殺しにする] Massacrar; chacinar. ⇨ miná-górṓshí. **3** [試合で相手を負かす] Derrotar; bater; vencer. ⇨ yabúru.

hṓfútsú [óo] 彷彿・髣髴【E.】 **1** [目に見えるように感じられること] O lembrar [recordar; imaginar]. *Kono e wa Risubon no keshiki o* ~ *to saseru* この絵はリスボンの景色を彷彿とさせる Este quadro faz lembrar (as vistas de) Lisboa. ⇨ nirú[2]; omóí-dásu; omóí-úkábu. **2** [ぼんやりしているさま] O ser nebuloso. ★ *Suiten* ~ *taru chōbō* 水天彷彿たる眺望 A vista em que o mar e o céu não se distinguem. ⇨ boń'yári.

hṓgá[1] [óo] 邦画 **1** [日本画] A pintura j. [S/同] Nihóńgá. [A/反] Yṓgá. **2** [日本映画] O filme [cinema] j. [S/同] Nihóń-éiga. [A/反] Yṓgá.

hṓga[2] [óo] 奉加 **1** [⇨ kishíń[1]] **2** [金を出し合うこと] A subscrição [cole(c)ta].

hṓga[3] [óo] 萌芽 **1** [発芽] O germinar; o brotar. ~ *suru* 萌芽する … [S/同] Hatsúgá (+); mebáé (+). **2** [芽] O broto; o botão; o embrião. **3** [きざし] O sintoma; o sinal; o despertar. ★ *Ren'ai no* ~ 恋愛の萌芽 O despontar [despertar] do amor. [S/同] Kizáshí (+); mebáé (+).

hṓgá-chṓ [hoó] 奉加帳 O regist(r)o [livro] da cole(c)ta. ⇨ hṓga[2] **2**.

hṓgáí [óo] 法外 A exorbitância. ★ ~ *na nedan* 法外な値段 O preço absurdo [exorbitante]. [S/同] Kádo; ketá-házure (+). ⇨ tohṓ.

hṓgákú[1] [óo] 方角 **1** [東西南北などの方位] A dire(c)ção. ★ *Higashi* [*Nishi*; *Minami*; *kita*] *no* ~ 東[西; 南; 北]の方角 A ~ [O] Este/Oeste/Sul/Norte. **2** [方向] A dire(c)ção. ★ ~ *no warui ie* 方角の悪い家 A casa virada para ~ que dá azar (O Norte). ~ *o machigaeru* 方角を間違える Enganar-se na ~. [S/同] Hṓkṓ; múki. **3** [見当] A suposição. ◇ **~ chigai** 方角違い O engano. [S/同] Keńtṓ (+).

hṓgákú[2] [óo] 法学 A jurisprudência; o direito. ◇ **~ bu** 法学部 A Faculdade de Direito. **~ sha** 法学者 O jurista; o jurisconsulto.

hṓgákú[3] [óo] 邦楽 A música j. [S/同] Wágaku. [A/反] Yṓgákú.

hṓgáń[1] [óo] 砲丸 **1** [大砲のたま] A bala de canhão. ⇨ taíhṓ; tamá[3]. **2** [砲丸投げのたま]【(D)esp.】O peso (~ o nageru = arremessar ~). ◇ ⇨ **~ nage**.

hṓgáń[2] [óo] 包含【E.】A inclusão. ★ ~ *suru* 包含

する Incluir; (con)ter; encerrar [*Kono kotoba wa hitei-teki na imi mo ~ shite iru* この言葉は否定的な意味も包含している Esta palavra também tem um sentido negativo]. ⟨S同⟩ Gan'yū; ⇨ fukumu¹.

hōgán-bíiki [oó] 判官晶屓 (⇨ hǐiki) A simpatia por quem perde. ★ ~ *o suru* 判官晶屓をする Torcer (B.) por [Apoiar] quem perde; animar「o último na corrida」. ⟨A反⟩ Hangán-bǐiki.

hōgán-nágé [oó] 砲丸投げ (< … '2 + nagéru) O arremesso de peso.

hōgan-shi 方眼紙 O papel quadriculado.

hogáraka 朗らか **1** [空が明るく晴れているようす] O ser límpido [claro]. ⟨A反⟩ hogúmí. **2** [快activityのようす] A alegria. *Kyō mo ichi-nichi ~ ni sugosō* 今日も一日朗らかに過ごそう Hoje também vamos passar alegres o dia.

hōgei 捕鯨 A pesca da baleia. ~ **sen** 捕鯨船 A baleeira. ~ **sendan** 捕鯨船団 A frota de baleeiras. **Kokusai ~ kyōtei** 国際捕鯨協定 A convenção internacional de ~.

hōgei [oó] 奉迎 [E.] As boas-vindas「ao Imperador」. ★ ~ *suru* 奉迎する Dar ~.

hōgeki [oó] 砲撃 O ataque de artilharia [com canhões]; o bombardeamento. ⇨ kōgekí; táihō.

hōgen¹ 方言 [ある地方の言語体系] Um dialec(c)to. ★ ~ *de hanasu* 方言で話す Usar ~. ◊ ~ **gaku** [**kenkyū**] 方言学 [研究] A dialec(c)tologia [o estudo dos ~s]. ⟨A反⟩ Kyōtsū-go; Hyōjúń-go. **2** [一地方に行われる単語・語法] O regionalismo. "*Shindoi*" *wa Kansai no ~ da*「しんどい」は関西の方言だ "Shindoi" é um ~ de "Kansai". ⟨S同⟩ Kunínamari; rigén; satō-kótoba.

hōgen² [oó] 放言 Palavras indiscretas. ★ ~ *suru* 放言する Dizer ~; ser indiscreto (no falar). ⟨S同⟩ Bōgén; hōdán.

ho-gétá 帆桁 (<… ¹ + ketá) A verga (da vela).

hógo¹ 保護 A prote(c)ção「da Embaixada」; a defesa; o abrigo; o amparo. ★ ~ *o motomeru* 保護を求める Pedir ~. ~ *o ukeru* 保護を受ける Ser protegido [Receber ~]. *Keisatsu ni ~ sareru* 警察に保護された Ser colocado sob a prote(c)ção da polícia. *Kokunai sangyō o ~ suru* 国内産業を保護する Proteger a produção nacional. ◊ ~ **azukari** 保護預かり O guardar (obje(c)tos de valor) no banco. ~ **bōeki; ~ kansatsu; ~ kanzei** 保護関税 A tarifa prote(c)cionista. ~ **rin** 保護林 A reserva florestal. ~ **ryō** 保護料 o preço; o tutor. ~ **sha** 保護者 O prote(c)tor; os pais; o tutor. ~ **shi. ~ shobun** 保護処分 A pena de liberdade vigiada. ~ **shoku. Chōjū ~ chi** 鳥獣保護地 O parque natural (ecológico de aves e animais); a zona interdita à caça; a reserva. ⟨S同⟩ Hígo; yōgo.

hógo² 補語 [Gram.] O complemento. ◊ **Shukaku** [**Mokutekikaku**] ~ 主格 [目的格] 補語 O ~ do sujeito [dire(c)to].

hógo³ 反故 [古] **1** [書き損じた紙] O papel inutilizado. ⇨ kamí-kúzu. **2** [役に立たない物事] O ser em vão. *Boku to no yakusoku o ~ ni suru ki ka* 僕との約束を反故にする気か Quer faltar ao prometido [à promessa que me fez]? ★ ~ *ni naru* 反故になる Perder o efeito [valor]; ficar inutilizado.

hōgō¹ [oó] 邦語 O (idioma) japonês. ⟨S同⟩ Nihóńgo (+). ⟨A反⟩ Gaígó.

hōgō [hoó] 縫合 A sutura. ★ *Kizuguchi o ~ suru* 傷口を縫合する Suturar a ferida. ⇨ nuí-áwáséru.

hogo-bōeki [óo] 保護貿易 O comércio prote(c)cionista. ◊ ~ **shugi** 保護貿易主義 O prote(c)cionismo. ⟨A反⟩ Jiyū-bōeki.

hogo-chō 保護鳥 A ave protegida. ◊ **Kokusai ~** 国際保護鳥 ~ internacionalmente.

hogo-kánsatsu 保護観察 [Dir.] A liberdade vigiada [suspensão condicional de uma pena]. ◊ ~ **kan** 保護観察官 O agente (policial) encarregado de fiscalizar os que recebem ~. ~ **seido** 保護観察制度 O sistema de ~.

hogo-shi 保護司 O funcionário encarregado da vigilância de réus jovens com "hōgo kánsatsu".

hogó-shoku 保護色 O mimetismo.

hogósu 解す ⇨ hogúsu.

hogúréru 解れる Desfazer-se; desemaranhar-se; desenlear-se. *Kare no tawai no nai jōdan de kataku nat-ta kanojo no kokoro mo sukoshi hogureta* 彼の他愛のない冗談で固くなっていた彼女の心も少しはぐれた A tensão dela passou um pouco, com a conversa leve e brincalhona dele. ★ *Ito no motsure ga ~* 糸のもつれが解れる Desemaranhar-se o fio [a linha]. ⇨ hogúsu.

hogúsu 解す **1** [ほどく] Desemaranhar. ★ *Motsureta ito o ~* もつれた糸を解す ~ o fio [a linha]. ⟨S同⟩ Hodóku; tóku. **2** [固まったものを柔らかくする] Relaxar「os músculos」. ★ *Kibun o ~* 気分を解す Descansar; distrair-se; aliviar. ⇨ hogúréru.

hōgyo [oó] 崩御 [E.] O falecimento「do rei/imperador」. ⇨ shíkyo; shibō¹.

hōgyóku [oó] 宝玉 A jóia. ⇨ hōséki.

ho-hába 歩幅 A passada. ⇨ hō²; íppo; í[ko]-mátá.

hōhái [oó] 澎湃 [E.] O irromper. *Heiwa undō ga ~ to shite okotta* 平和運動が澎湃として起こった O movimento pacifista irrompeu com toda a força.

hō-hakú [oó] 訪伯 A visita [O ir] ao B. ⇨ hō-po.

hōhei 歩兵 O soldado de [a] infantaria. ~ **tai** 歩兵隊 A「ligeira」. ⟨S同⟩ Heísótáí. ⇨ hō².

hōhei [oó] 砲兵 A artilharia; o artilheiro. ⇨ hō³.

hōhi¹ [oó] 放屁 O peido (Chu.); o traque (G.); a ventosidade. ⇨ he²; onára.

hōhi² [oó] 包皮 **1** [陰茎の先端を包んでいる皮] [Anat.] O prepúcio. **2** [表面を包む皮] [E.] A casca (película).

hōhige [oó] 頬髯 [髯] As barbas. ⇨ agó[kuchí]-hige.

hohítsu¹ 補筆 [E.] O aditamento; o retoque. ★ ~ *suru* 補筆する Retocar. ⇨ hosókú²¹; kahítsú.

hohítsu² 輔 [補] 弼 [E.] O conselheiro (do monarca). ⇨ hósa.

hōhō 頬 ⇨ hóo.

hōhō¹ [hoó-] 方法 O método; a maneira; o modo; a medida; o processo. *Sono hoka ni ~ wa nai* その外に方法はない Não há outro/a ~. ★ ~ *o ayamaru* 方法を誤る Tomar uma medida errada; usar um método errado. *Arayuru ~ de* あらゆる方法で Usando [Por] todos os meios. *Nan-ra ka no ~ de* 何らかの方法で De alguma maneira. ◊ ~ **ron** 方法論 A metodologia. ⟨S同⟩ Shikátá; shúdan; yaríkátá.

hōhō² [hoó-] 這う這う [E.] ⇨ hōhō nó téi.

hohoémáshíi 微笑ましい Agradável; encantador. *Kodomo-tachi ga mujaki ni asonde iru yōsu wa ~ kagiri da* 子供たちが無邪気に遊んでいる様子はほほえましいかぎりだ Que encanto ver as crianças a brincar com aquela [com toda a] inocência!

hohoémí 微笑み (< hohoému) O sorriso. ★ *Kuchi-*

moto ni ~ *o ukabete* 口元に微笑みを浮べて Com um ~ nos lábios [S/同] Bishṓ. ⇨ émi.

hohóému 微笑む Sorrir; esboçar um sorriso. *Unmei wa tsune ni kare ni hohoende ita* 運命は常に彼に微笑んでいた A sorte sempre lhe sorria. ★ *Kamera ni mukatte* ~ カメラに向って微笑む ~ para (tirar) a fotografia. ⇨ waráú.

hṓhṓ nó téi [oó] 這う這うの体 O sair [fugir] logo. ★ ~ *de nige-dasu* 這う這うの体で逃げ出す Fugir com o rabo entre as pernas (G.). ⇨ karṓjíté.

hói 補遺【E.】O suplemento; o apêndice「de dicionário」. ◇ ~ **ban** 補遺版 A edição suplementar. [S/同] Hosókú (+) ; zṓho.

hṓi[1] [óo] 方位 **1** [方角] Os pontos cardeais; a dire(c)ção. ★ ~ *o sadameru* 方位を定める Orientar-se. ◇ ~ **kaku** 方位角【Astr.】O ângulo do azimute. [S/同] Hṓgákú. **2** [方向の吉凶] A sorte de acordo com a dire(c)ção. ★ ~ *o uranau* 方位を占う Adivinhar ~.

hṓi[2] [óo] 包囲 O cerco; o sítio. ★ ~ *o toku* 包囲を解く Levantar ~. ~ *suru* 包囲する Cercar [Sitiar]「a cidade」; pôr cerco「à cidade」. ◇ ~ **gun** 包囲軍 O exército sitiante. ~ **mō** 包囲網 A rede do ~.

hṓi[3] [óo] 法衣 ⇨ hṓé[2].

hṓ-ígaku [oó] 法医学 A medicina legal [forense]. ◇ ~ **sha** 法医学者 O médico-legista.

hoíkú[1] 保育 O cuidar de crianças. ◇ ⇨ ~ **en** [**jo**]. ~ **ki** 保育器 A incubadora.

hoíku[2] 哺育 A amamentação. ★ ~ *suru* 哺育する Amamentar. ⇨ honyū́.

hoíkú-en[**-jó**] 保育園 [所] O infantário; a escola maternal; a creche. ⇨ takújí-shó.

hóiru ホイル (< Ing. foil) A folha; a chapa.

hoíssuru ホイッスル (< Ing. whistle) O apito. ★ ~ *o fuku* ホイッスルを吹く Apitar; tocar ~. [S/同] Fué (+) . ⇨ kitékí; kuchíbúé.

hṓítsú [oó] 放逸【E.】A dissipação; a licenciosidade. ⇨ hṓjū́.

hóji 保持 O (continuar a) ter. ★ ~ *suru* 保持する Manter; conservar; reter [*Kare wa sekai kiroku o* ~ *shite iru* 彼は世界記録を保持している Ele tem o recorde mundial]. ◇ **Kiroku** ~ **sha** 記録保持者 O recordista [detentor do recorde]. [S/同] Íji (+) .

hṓjí[1] [oó] 邦字【E.】A escrita japonesa. ◇ ~ **shinbun** 邦字新聞 O jornal (publicado no estrangeiro) em japonês. [S/同] Hṓgó. ⇨ kaná[1]; kańjí[2].

hṓji[2] [oó] 法事【Bud.】O ofício budista pelos defuntos. [S/同] Bútsuji; hṓé.

hṓjí-chá [oó] 焙じ茶 (< hṓjíru + …) O chá (japonês) de folhas torradas.

hojíkúri-dásu 穿り出す (< hojíkúru + …) **1** [掘って出す] Desenterrar. **2** [あばく] Mexericar.

hojíkúru 穿る【G.】 **1** [掘る] Cavar; esg(a)ravatar; revolver. ★ *Hana* [*Mimi*] *o* ~ 鼻 [耳] を穿る Esg(a)ravatar o nariz [as orelhas]. [S/同] Hojíru. **2** [穿鑿する] Procurar; descobrir; bisbilhotar [mexericar]「sobre」. ★ *Hito no ara o* ~ 人のあらを穿る ~ os defeitos alheios. [P/ことわざ] *Jūbako no sumi o yōji de* ~ 重箱の隅を楊枝で穿る Ser niquento/picuinha (Como quem limpa os cantos de uma caixa com um palito). ⇨ hóru[2].

hṓjín[1] [oó] 方陣 A formação (militar) em quadrado.

hṓjín[2] [oó] 邦人 O(s) japones(es)「fora do J.」.

hṓjín[3] [oó] 法人【Dir.】A pessoa jurídica. ◇ ~ **zei** 法人税 O imposto de [sobre a] renda de uma ~. **Gakkō** [**Shadan; Zaidan**] ~ 学校 [社団; 財団] 法人 A fundação educacional [A corporação; A fundação] com personalidade jurídica.

hojíru 穿る Esg(a)ravatar. ★ *Hanakuso o* ~ 鼻糞を穿る ~ o [Meter o dedo no] nariz. [S/同] Hojíkúru (+) ; sesékúru.

hṓjírú[1] [oó] 奉じる **1** [献上する] Dedicar; oferecer. [S/同] Keńjṓ súrú; sashíágérú (+); tatémátsúru. **2** [従う] Seguir. ★ *Mei o* ~ 命を奉じる ~ as ordens「do rei」. **3** [勤める] Trabalhar. *Kanto ni shoku o* ~ 官途に職を奉じる ~ como [Ser] funcionário público.

hṓjírú[2] [oó] 報じる **1** [むくいる] Pagar; retribuir. ★ *On ni* [*o*] ~ 恩に [を] 報じる ~ um favor. [S/同] Mukúíru (+) . **2** [知らせる] Comunicar; informar; avisar. ★ *Jikoku o* ~ 時刻を報じる「relógio」Dar as horas. *Shinbun no* ~ *tokoro* 新聞の報じるところ Segundo (o que diz) o jornal. [S/同] Shirásérú (+) .

hṓjírú[3] [oó] 焙じる Torrar. ★ *Cha o* ~ 茶を焙じる ~ (folhas de) chá. ⇨ íru[3]; abúru.

hṓjírú[4] [oó] 崩じる【E.】「o rei」Morrer. [S/同] Hṓgyo suru; o-kákúré ní náru. ⇨ shinú.

hójo 補助 **1** [援助] A ajuda; o auxílio. ★ ~ *o ukeru* 補助を受ける Receber ~. ◇ ~ **in** 補助員 O ajudante. ~ **kin** 補助金 O subsídio. [S/同] Énjo. **2** [補足] O suplemento; o「lugar」extra; o ser secundário. ★ ~ *no* [*teki na*] *shudan* 補助の [的な] 手段 O meio suplementar [supletivo]. ◇ ~ **isu** 補助椅子 A cadeira extra [de reserva]. ~ **kahei** 補助貨幣 A moeda divisionária [pequena/de trocos]. ~ **yoku** 補助翼 O ailerão [leme de inclinação lateral]; a aleta.

hojṓ 捕縄【E.】A corda para amarrar os presos.

hṓjo [óo] 幇助 **1** [手助けすること] A ajuda. [S/同] Énjo (o); hójo (+) ; te-dásuke (+) . **2** [犯罪・自殺の]【Dir.】A cumplicidade. ★ *Hanzai o* ~ *suru* 犯罪を幇助する Ser cúmplice num crime. *Jisatsu* ~ *zai* 自殺幇助罪 O crime de ~ no suicídio. ⇨ kyṓhán-sha.

hṓjṓ[1] [hoó] 方丈 **1** [一丈四方の部屋] Um "jō" (3.03m) (ao) quadrado. **2** [⇨ jū́shoku[1]]

hṓjṓ[2] [hoó] 豊穣【E.】A boa colheita [safra]. ★ *Gokoku* ~ *o iwau* 五穀豊穣を祝う Festejar ~. [S/同] Hṓjúkú; hṓsákú (+) .

hṓjṓ[3] [hoó] 豊饒【E.】A fertilidade; a produtividade. ★ ~ *na tochi* 豊饒な土地 O terreno fértil. [S/同] Hiyókú (+) ; hṓjúkú.

hṓjṓ[4] [hoó] 放生【Bud.】O soltar animais do cativeiro. ◇ ~ **e** 放生会 A cerimó[ô]nia de ~.

hojū́ 補充 O complementar. ★ *Ketsuin o* ~ *suru* 欠員を補充する Substituir quem faltou. *Shokuryō o* ~ *suru* 食糧を補充する Repor [Suprir] os mantimentos/as provisões. ◇ ~ **hei** 補充兵 O reservista.

hṓjū́[**hṓshṓ**] [oó] 放縦【E.】A libertinagem. ★ ~ *na seikatsu o suru* 放縦な生活をする Levar uma vida dissoluta [de ~/de licenciosidade]. [S/同] Hṓítsú; hṓshi. ⇨ wagámámá.

hṓjúń [oó] 芳醇【E.】O ganhar força e sabor. ★ ~ *na sake* 芳醇な酒 O saqué sazonado [macio].

hṓjútsú [oó] 砲術 A (técnica [ciência] da) artilharia. ⇨ hṓ[3].

hoká 外・他 **1** [他所] Outro lugar. *Doko ka* ~ *o atatta* [*sagashita*] *hō ga yoroshii to omoimasu* どこか外を当たった [捜した] 方がよろしいと思います Acho que é melhor procurar ～. ★ ～ *de* [*ni*] 外で [に] Noutro lugar; algures. [S/同] Yosó. **2** [その範囲からはずれた所] Além [Fora] de. ★ *Kangae no* ～ 考えの外 Mais [Melhor; Pior; ～] do que se esperava. **3** [他; 別] Outro; mais. ★ ～ *no hi* 外の日 Outro dia. ～ *no koto* 外の事 Outra coisa. (*Dare ka*) ～ *no hito* (誰か) 外の人 Outra pessoa, não sei quem. (*Doko ka*) ～ *no tokoro* (どこか) 外の所 Outro lugar qualquer. [S/同] Betsú; ta. **4** [以外] Além [À exce(p)ção] de. *Sono* [*Kono*] ～ その[この]外 Além desse [deste]. *Kare no* ～ *wa minna kai ni shusseki shita* 彼の外はみんな会に出席した Todos compareceram exce(p)to [menos] ele. *Sō suru yori* ～ *ni shikata ga nai* そうするより外に仕方がない Não tem outro jeito [outra maneira] /Não há mais remédio. *Yamada-shi* ～ *sanmei ga watashi ni dōkō shita* 山田氏外３名が私に同行した Acompanhou-me o senhor Yamada e mais [outros] três. [S/同] Ígai. **5** [肯定を強めて] Mesmo [Só]「isto」. ～ *de mo nai kimi no koto o hanashite ita no da* 外でもない君のことを話していたのだ Era ～ de você que estávamos a falar. ⇨ hoká-nářánai[nářánu].

hṓká¹ [**oó**] 放火 O fogo posto. ★ ～ *suru* 放火する Incendiar; deitar [pôr] fogo. ◇ **～ han** 放火犯 O incendiário; o ateador. [S/同] Tsukébi. ⇨ shikká¹.

hṓka² [**óo**] 法科 A faculdade [O curso] de direito. [S/同] Hṓgákúbu.

hṓka³ [**óo**] 法貨【Econ.】A moeda legal.

hṓka⁴ [**óo**] 砲火 O fogo de artilharia; o canhoneio; a fuzilaria. ★ ～ *o abiru* 砲火を浴びる Estar debaixo de fogo. ～ *o hiraku* [*majieru*] 砲火を開く [交える]Abrir fogo [Disparar um contra o outro].

hṓka⁵ [**óo**] 放歌【E.】O cantar alto. ★ ～(*kōgin*) *suru* 放歌(高吟)する Cantar alto, aos berros.

hṓka⁶ [**óo**] 邦貨【E.】A moeda j. ★ ～ *ni kansan suru* 邦貨に換算する Trocar/Cambiar em ～ [yens]. [A/反] Gáika.

ho-kágé 火影 (< hí² + …)【E.】A luz. [S/同] Akárí(+); tomóshíbí.

hṓkágó [**oó**] 放課後「espere até」Depois das aulas.

hókahoka ほかほか【On.】Quente. ★ ～ *no* [*shita*] *pan* ほかほかの[した]パン O pão ～ [quentinho].

hṓkáí¹ [**oó**] 崩壊 [潰] **1** [くずれこわれること] O desmoronamento; a ruína; o desabamento; o desfazer-se; a desintegração. ★ ～ *suru* 崩壊する Arruinar(-se); desabar; desmoronar-se; cair; vir abaixo; ruir; desintegrar(-se). *Katei no* ～ 家庭の崩壊 ～ da família [do lar]. [S/同] Gakáí; tṓkáí. **2** [放射性元素の] A desintegração (por radiação dos átomos).

hṓkáí² 抱懐【E.】O acalentar [conceber] uma ideia ou a sua conce(p)ção.

hṓkáiseki [**oó**] 方解石【Min.】A calcite.

ho-káké-búne 帆掛け船 (< …¹ + kakéru + fúne) O barco à vela; o veleiro. [S/同] Hańséń.

hokákú¹ 捕獲 **1** [いけどること] A captura; o apanhar. ◇ **～ butsu** 捕獲物 A presa. **～ daka** 捕獲高 A (quantia da) pesca [caça; Os despojos]. [S/同] Ikédórí. ⇨ toráéru. **2** [拿捕] O apresamento. ★ *Teki no fune o* ～ *suru* 敵の船を捕獲する Apresar [Capturar] um navio inimigo. [S/同] Dáho.

hokákú² 補角【Geom.】O ângulo suplementar.

hókaku³ 保革 Os conservadores e os progressistas. ◇ **～ gyakuten** 保革逆転 Os progressistas, que antes eram a minoria, ganharem as eleições e passarem a ser o partido maioritário (ou vice-versa)/Os conservadores trocarem com os progressistas. ⇨ hóshu¹; kakúshíń³.

hokáń¹ 保管 A guarda; a conservação. ★ ～ *suru* 保管する Guardar; conservar〔*Shorui wa kare ga* ～ *shite iru* 書類は彼が保管している Ele é que(m) guarda os documentos〕. ★ ～ *saseru* 保管させる Mandar guardar). ◇ **～ butsu** 保管物 O obje(c)to [A coisa] guardado[a]. **～ nin** 保管人 O depositário. **～ ryō** 保管料 Os gastos de ～; a taxa de armazenagem.

hokáń² 補巻【E.】O suplemento (Livro).

hṓkáń¹ [**oó**] 法官 O juiz [magistrado]. ⇨ shihṓ² ◇.

hṓkáń² [**oó**] 宝冠【E.】A coroa.

hṓkáń³ [**oó**] 砲艦 A canhoneira.

hṓkáń⁴ [**oó**] 幇間 O arlequim; o palhaço. [S/同] Taíkó-mochi.

hṓkáń⁵ [**oó**] 奉還【E.】O devolver ao Imperador. ★ *Taisei o* ～ *suru* 大政を奉還する Devolver o governo [poder] ao Imperador. ⇨ Méiji² ◇.

hoká-nárának[-náránu] 外ならない[ならぬ] (< hoká + Neg. de "náru") Que não é nada mais que …; que não é outro senão …. ～ *kimi no tanomi da kara tasukeyō* 外ならない君の頼みだから助けよう Ajudarei, por ser você que(m) me pede.

hṓkátsú [**oó**] 包括【E.】O「livro」que inclui [trata de] tudo. ★ ～ *teki ni* 包括的に De maneira global; globalmente.

hṓkéí¹ [**oó**] 方形 O quadrado; a forma quadrada. [S/同] Shihénkei; shikákú (o); shikákukei (+). ⇨ chṓhṓkei; seíhṓkei.

hṓkéí² [**oó**] 包茎【Med.】A fimose (do prepúcio).

Hoké-kyṓ 法華経 A sutra do loto. [S/同] Myṓhṓréńgé-kyṓ. ⇨ kyṓ³; namú.

hokéń¹ 保険 **1** [保険制度] O seguro. ★ ～ *o kakeru* [*tsukeru*] 保険をかける [付ける]Segurar; fazer um [pôr no ～]. ～ *o kaiyaku suru* 保険を解約する Resgatar a apólice de pôr no ～. ◇ **～ dairiten** 保険代理店 A agência de ～s. **～ gaisha** 保険会社 A companhia de ～s. **～ kan'yū [gaikō] in** 保険勧誘[外交]員 O agente [negociante] de ～s. **～(keiyaku) sha** 保険(契約)者 O segurador; o portador de apólice de ～. **～ kin** 保険金 O dinheiro do ～. **～ kin uketorinin** 保険金受取人 O beneficiário. **～ ryō** 保険料 O pré[ê]mio [preço] do ～. **～ shōsho** 保険証書 A apólice de ～. **Dantai ～** 団体保険 ～ cole(c)tivo. **Hi ～ butsu [sha]** 被保険物[者]A coisa [pessoa] segurada. **Kaijo ～** 海上保険 ～ marítimo. **Kan'i ～** 簡易保険 ～ postal [dos correios] (de vida). **Kasai ～** 火災保険 ～ de [contra] incêndio. **Kenkō ～** 健康保険 ⇨ **3**. **Koyō[Shitsugyō] ～** 雇用[失業]保険 ～ de desemprego. **Kokumin kenkō ～** 国民健康保険 ～ nacional de saúde (⇨ neńkíń ◇). **Kyōsei [Nin'i] ～** 強制[任意]保険 ～ obrigatório [livre]. **Rōsai ～** 労災保険 ～ contra acidentes do trabalho. **Saigai ～** 災害保険 ～ contra desastres. **Seimei ～** 生命保険 ～ de vida. **Shōgai ～** 傷害保険 ～ de [contra] ferimentos. **Shūshin ～** 終身保険 ～ vitalício. **Yōrō ～** 養老保険 O seguro dotal [de legado/dote]. **2** [⇨ hoshṓ²]. **3** [Abrev. de "kenkō～"] O seguro de saúde. ◇ **～ i** 保険医 O médico dos seguros. **～ shō** 保険証 A certidão de ～.

hokéń² 保健 A (preservação da) saúde. ◇ **～ fu** 保

H

hókén[1] [oó] 封建 【E.】 O feudalismo. ★ ~ *teki na kangae* 封建的な考え A ideia feudal [do ~]. ◇ ~ **jidai** 封建時代 A época/O período feudal [do ~]. ~ **sei**(*do*) 封建制(度) O ~ [sistema feudal]. ~ **shakai** 封建社会 A sociedade feudal. ~ **shugi** 封建主義 O feudalismo.

hókén[2] [oó] 奉献 【E.】 O ofertório; a oblação. ★ ~ *suru* 奉献する Oferecer a Deus. [S/同] Hōnō.

hokétsú 補欠 **1**[補うこと] O suprir. ◇ ~ **boshū** 補欠募集 O recrutamento「de alunos」「para preencher vagas」. ~ **senkyo** 補欠選挙 A eleição parcial [suplementar]. **2**[控え] O suplente; o substituto. ◇ ~ **senshu** 補欠選手 O (jogador) ~. [A/反] Régyurá.

hóki[1] [oó] 箒・帚 A vassoura. ★ ~ *de heya o haku* 箒で部屋を掃く Varrer o quarto [a sala] (com ~). ◇ **Takebōki** 竹箒 ~ de bambu.

hóki[2] [oó] 法規 A lei; a norma; a regra; o regulamento. ◇ **Genkō** ~ 現行法規 ~ vigente [em vigor]. **Kōtsū** ~ 交通法規 As regras do trânsito. ⇨ hōritsú; kísoku[1].

hóki[3] [oó] 放[抛]棄 【E.】 O abandono; a renúncia; a desistência. *Kenri o* ~ *suru* 権利を放棄する Renunciar aos direitos. *Sekinin o* ~ *suru* 責任を放棄する Não cumprir o seu dever. *Sensō no* ~ 戦争の放棄 A renúncia à guerra. ⇨ sutérú.

hóki[4] [oó] 蜂起 【E.】 A insurreição; a rebelião; o levantamento; a revolta「dos camponeses」. ★ ~ *suru* 蜂起する Revoltar-se [Fazer uma ~]. ◇ **Busō** ~ 武装蜂起 ~ armada/o. [S/同] Hatá-gáe; kékki. ⇨ hañráñ[1]; kakúméi.

hóki[5] [oó] 芳紀 【E.】 A flor da idade de uma moça. *Kanojo wa* ~ *masa ni jūhassai da* 彼女は芳紀まさに十八歳だ Ela está na flor dos seus dezoito anos. ⇨ onná-zakari.

hóki-boshi [oó] 箒星 (< ... [1] + hoshí) O cometa. [S/同] Suíséi (+).

hokín 保菌 O ter o vírus. ★ *Sekiri no* ~ *sha* 赤痢の保菌者 O portador de vírus de disenteria.

hokkái 北海 **1**[北方の海] Os mares do norte. [S/同] Hokúyō. [A/反] Nañkái. ⇨ hokkyókú ◇. **2**[ヨーロッパの] O Mar do Norte.

hokké[1] 鯥 【Zool.】 Uma espécie de cavala; *pleurogrammus azonus*.

hokké[2] 法華 【Bud.】 ⇨ Hoké-kyō.

hókkē ホッケー (< Ing. hockey) O hóquei. ◇ **Aisu** ~ アイスホッケー ~ sobre o gelo.

Hokké-shū 法華宗 【Bud.】 A seitas de Tendai e Nichiren.

hokki 発起 **1**[新たにくわだてること] A proposta; o lançamento; a promoção; a iniciativa. *Kare no* ~ *de [ni yori] kaisha ga setsuritsu sareta* 彼の発起で[により]会社が設立された A companhia foi lançada por ele. ★ ~ *suru* 発起する Propor; promover; organizar. ◇ ~ **nin** 発起人 O promotor. ~ **nin kai** 発起人会 A reunião dos promotores. **2**[発心]「tomar」A resolução firme. ★ *Ichinen* ~ *suru* 一念発起する ⇨ ichínéñ[1]. [S/同] Hatsugáñ; hátsui; hosshíñ.

hokkókú 北国 As regiões [terras; Os países] do norte. [S/同] Kitá-guni (+). [A/反] Nañgókú.

hókku[1] ホック (< Ing. hook) A mola. ★ ~ *o hazusu* ホックをはずす Desapertar ~. ~ *o hameru [kakeru]* ホックをはめる[掛ける] Apertar ~. ◇ **Kagi** ~ かぎホック O colchete [gancho]. ⇨ tomégáné.

hokkú[2] 発句 **1**[和歌の第一句の五文字] O primeiro verso「da estrofe/quadra」. **2**[俳諧・連歌の第一句] A primeira estrofe (17 sílabas)「de "renga"」. [A/反] Agékú. **3**[俳句] O "haiku"/"haikai". ⇨ haíkú.

hokkyókú 北極 O polo norte. ◇ ~ **chihō** 北極地方 A região ár(c)tica [boreal]. ~ **guma** 北極グマ O urso branco [polar]. ~ **kai**[**yō**] 北極海[洋]O oceano (glacial) ár(c)tico. ~ **ken** [**chitai**] 北極圏[地帯] A zona polar. ~ **sei** 北極星 【Astr.】 A estrela polar [do norte]. [A/反] Nañkyókú.

hōko 矛・鉾・戈 【E.】 (< hokó-sáki) **a)**O pique [chuço]; **b)** As armas. ★ ~ *o majieru* 矛を交える Travar batalha; lutar. ~ *o mukeru* 矛を向ける Atacar. ~ *o osameru* 矛を収める Depor as ~; terminar a luta.

hokō[1] 歩行 O andar. ★ ~ *suru* 歩行する Andar; caminhar; ir [vir] a pé. ◇ ~ **ki** 歩行器 **a)** A(s) andadeira(s); **b)** O apoio [carrinho com rodas para andar]. ~ **kon-nan** 歩行困難 A dificuldade de [em] andar.

hokō[2] 補講 【E.】 A aula suplementar. ⇨ hoshū[1].

hōko [oó] 宝庫 **1**[宝のくら] (O depósito de) tesouros. **2**[産物の多い所] A mina「de riquezas/informações」. *Burajiru wa kōbutsu shigen no ichidai* ~ *to iwareru* ブラジルは鉱物資源の一大宝庫と言われる O B. é considerado uma grande ~ de riquezas minerais.

hōkō[1] [hoó] 方向 **1**[方角]A dire(c)ção; o rumo; o sentido; o lado. ★ ~ *o ayamaru* [*machigaeru*] 方向を誤る[間違える]Tomar (uma) ~ errada; errar o caminho [a ~]. ~ *o tenzuru* 方向を転ずる Mudar o [de] rumo. *Hantai no* ~ *e* 反対の方向へ Para o/a ~ contrário/a. *Sono* ~ *ni* [*e*] その方向に[へ] Para esse lado. *Zen* ~ *ni* [*ni*] 全方向に[に] Em todas as dire(c)ções. ◇ ~ **da.** ~ **hyōjiban** 方向標示板 A placa que indica a ~. ~ **kankaku** 方向感覚 O sentido de dire(c)ção [orientação]. ~ **onchi** 方向音痴 A pessoa que não tem sentido de orientação. ~ **shiji-ki** 方向指示器 O farol intermitente; o indicador de dire(c)ção. ~ **tanchi-ki** 方向探知機 O radiogonió(ô)metro; o radar. ~ **tenkan** 方向転換 A mudança de rumo. *Shinkō* ~ 進行方向 A dire(c)ção da marcha [em que se segue]. [S/同] Hōgákú; múki. **2**[方針] O rumo; a carreira. *Shōrai no* ~ *wa mada kimatte inai* 将来の方向はまだ決っていない Ainda não sei que ~ vou seguir. [S/同] Hōshíñ (+) ; mokúhyō; mokútékí.

hōkō[2] [oó] 奉公 **1**[国家につかえること] O servir「o país/uma grande causa」. **2**[他人につかえること] **a)** O emprego [servir]; **b)** O trabalhar como aprendiz. ★ ~ *ni deru* [*iku*] 奉公に出る[行く] Empregar-se; ir trabalhar como aprendiz. ◇ ~ **guchi** 奉公口 O emprego; a colocação. ~ **nin** 奉公人 O empregado [criado]. ~ **saki** 奉公先 O patrão.

hōkō[3] [hoó] 放校 A expulsão da escola. ★ ~ *sareru* [*shobun ni naru*] 放校される[処分になる] Ser expulso da escola. [S/同] Taígákú; taíkō.

hōkō[4] [hoó] 砲口 砲口 A boca dos canhões. ★ ~ *o mukeru* 砲口を向ける Apontar os canhões.

hōkō[5] [hoó] 芳香 【E.】 O perfume; o aroma; a fragrância; o cheirinho [cheiro bom]. ★ ~ *o ha*-

natsu 芳香を放つ Emitir [Ter] (um) bom cheiro; cheirar bem. ◇ **~ zai** 芳香剤 A substância aromática. **~ zokukagōbutsu** 芳香族化合物 O composto aromático.
S/同 Kaórí; kốki. A/反 Akúshú.

hốkó[6] [**hoó**] 彷徨【E.】A perambulação; a andança. ★ *Nohara o ~ suru* 野原を彷徨する Perambular [Andar] pelos campos. ⇨ samáyóu.

hốkó[7] [**hoó**] 咆哮【E.】O rugido; o berro; o urro; o bramido. ★ **~ suru** 咆哮する Rugir [Berrar; Urrar; Bramir]. *Yajū no ~* 野獣の咆哮 ~ da fera.

hốkó-da [**hoókóo**] 方向舵 O leme de dire(c)ção. ⇨ hốkó[1]; kájí[3].

hốkókú[1] [**hoó**] 報告 A informação; a notícia; o relato; a reportagem; a descrição. ★ *o ukeru* 報告を受ける Receber ~; ser informado. **~ sha** 報告者 O relator; o informador. **~ sho** 報告書 O relatório [*Jiko no ~ sho o sakusei suru* 事故の報告書を作成する Fazer [Escrever] um relatório do acidente]. **Chūkan ~** 中間報告 O relatório provisório. **Kaikei ~** 会計報告 O informe financeiro [prestar contas]. **Kenkyū ~** 研究報告 O relatório [sobre a] sua pesquisa.

hốkókú[2] [**hoó**] 報国【E.】O patriotismo; o amor à pátria. ⇨ aíKóKú ~.

hokorá 祠 O pequeno santuário x[sh]intoísta. ⇨ jínja; yáshíró.

hokoraka 誇らか O triunfo [orgulho]. ★ *~ ni sakebu* 誇らかに叫ぶ Gritar com orgulho.

hokoráshígé 誇らしげ (< hokóráshíi) O ar de orgulho [triunfo]. ★ *~ ni* 誇らしげに Orgulhosamente.

hokóráshíi 誇らしい Triunfante; orgulhoso. *Bokó o hokorashiku [hokori ni] omou* 母校を誇らしく[誇りに]思う Sentir orgulho da sua escola/Alma Mater. ⇨ jimáń; tokúfí.

hokórí[1] 埃 A poeira; o pó. *Hidoi ~ da* ひどい埃だ Que poeira! **~ *darake* [*mamire*] *no kagu* 埃だらけの家具 A mobília cheia [coberta] de ~. **~ *o harau* 埃を払う Espanar; limpar [tirar] o pó. **~ *o tateru* 埃をたてる Fazer [Levantar] pó. 1/慣用 *Tatakeba ~ ga deru* 叩けば埃が出る Não há sujeito sem defeito. ◇ **~ yoke** 埃除け Algo contra o pó.
S/同 Chirí; jín'áí.

hokórí[2] 誇り (< hokóru) O brio; o orgulho; a honra; a dignidade; a ufania. ★ *~ ni omou* 誇りに思う Sentir-se orgulhoso. *o kizutsukeru* 誇りを傷つける Ferir o orgulho [a dignidade]. *~ o motsu* 誇りを持つ Ter [Sentir] orgulho [da dignidade]. 「*Kinben o*」*~ to suru*「勤勉を」誇りとする Orgulhar-se de ter ~ [a diligência ~]. *Kuni* [*Kyōdo*; *Mura*] *no ~* 国[郷土; 村]の誇り O orgulho [A honra] da nação [da terra; da aldeia]. ◇ **~ takai** 誇り高い Orgulhoso; ufano; brioso; altivo. ⇨ jimáń; jifú[1]; méiyo.

hokoríppói 埃っぽい Poeirento. ★ *~ heya* 埃っぽい部屋 O quarto ~.

hokoróbáséru 綻ばせる (< hokóróbíru) **1**[花がつぼみを]「a flor」Desabrochar. **2** [ほほえむ]Sorrir.

hokoróbí 綻び (< hokóróbíru) A descosedura. **~ *o nuu* [*tsukurou*] 綻びを縫う[繕う]Coser a parte descosida.

hokoróbíru 綻びる **1**[衣類が]Descoser-se. *Nuime ga hokoronde iru* 縫い目が綻んでいる A costura descoseu-se. ⇨ tokéru[2]. **2** [花が]Desabrochar; abrir. *Ume no hana ga hokorobi-hajimeta* 梅の花が綻び始めた As flores de ameixieira começam

[estão] a ~. **3** [笑顔になる] Sorrir. *Kao* [*Kuchimoto*] *ga hokoronda* 顔[口元]が綻んだ「ela」Sorriu. ⇨ waráú.

hokóru 誇る **1** [自慢する] Ter orgulho; sentir orgulho; orgulhar-se; gabar-se; sentir-se ufano「de」. *Kore ga Nippon ga sekai ni ~ Shinkansen da* 「これ」が日本が世界に誇る新幹線だ Este é o super-expresso [foguete/trem-bala] Shinkansen de que o Japão tanto se orgulha. ★ *Dentō o ~* 伝統を誇る Orgulhar-se da sua tradição. S/同 Jimáń súrú. **2** [高ぶる] Vangloriar-se. **~ *Kachi ni ~* 勝ちに誇る ~ da vitória. S/同 Ogórú; takábúru.

hokó-sáki 鉾先 **1** [攻撃のねらい] **a)** A ponta da lança; **b)** O alvo de ataque. **~ *o kawasu* [Evitar] um ataque 鉾先をかわす Esquivar-se a [Evitar] um ataque. **~ *o mukeru* 鉾先を向ける Dirigir o ataque [Atacar]. **2** [論鋒] O argumento [ataque]. ⇨ hóko.

hokó-sha [**óo**] 歩行者 O peão [pedestre (B.)]. ◇ **~ sen'yō (kōtsū)** 歩行者専用 (交通) / 信号 O sinal de trânsito para ~s. **~ tengoku** 歩行者天国 O paraíso dos peões (Ruas fechadas ao trânsito). **~ yūsen** 歩行者優先 A prioridade「é」dos ~.

Hokúbéi 北米 A América do Norte.
S/同 Kitá Amerika (+). A/反 Nańbéí. ⇨ Chūbéí[1].

hókubu 北部 (A zona) norte. ★ *~ no sangakuchitai* 北部の山岳地帯 A região montanhosa do norte. A/反 Nánbu. ⇨ kitá.

Hokúchō 北朝【H.J.】A corte do norte (1336-1392: período em que houve duas cortes no J.). ⇨ náńboku. ⇨ Nańchố[3].

hókuhoku ほくほく [On.]. **1** [喜ぶさま] ★ *~ gao* ほくほく顔 O ar satisfeito; a cara cheia de alegria. **2** [食物が] *Kono imo wa ~ shite umai* この芋はほくほくしてうまい Que rica batata, fof(inh)a e seca!

hokúhokúséí 北北西 O nor-noroeste.

hokúhokútō 北北東 O nor-nordeste.

hokui 北緯 A latitude norte. *Tōkyō wa ~ sanjūgo-do yonjūgo-fun ni aru* 東京は北緯35度45分にある Tóquio fica a trinta e cinco graus e quarenta e cinco minutos de ~.
A/反 Náń'i. ⇨ ído[2]; kéido[1].

hokujō 北上【E.】O ir para o norte. ★ *~ suru* 北上する. S/同 Hokúshín. A/反 Nańká.

Hokú-ō 北欧 Os países nórdicos; a Escandinávia. ◇ **~ jin** 北欧人 O nórdico; o escandinavo.
S/同 Kitá Yóróppa (+).

Hokúríkú(chíhō) 北陸 (地方) (A região de) ... (Províncias de Fukui, Ishikawa, Toyama e Niigata).

hokúró 黒子 A pinta; o lunar; o sinal na pele. **~ Nakibokuro** 泣き黒子 ~ por baixo do olho. **Tsukebokuro** 付け黒子 A pintinha (Enfeite).

hokúséi 北西 O noroeste. A/反 Nańtố.

hokusóému ほくそ笑む Ficar todo contente; rirse. *Kare wa tanin no shippai o hokusoende iru yō na otoko da* 彼は他人の失敗をほくそ笑んでいるような男だ Ele gosta de se rir do mal dos outros. ⇨ shímeshíme.

hokután 北端 A extremidade norte; o extremo norte「do país」. A/反 Nańtáń.

hokútō 北東 O nordeste. A/反 Nánséí.

hokútō-shíchíséí 北斗七星 【Astr.】A (constelação da) Ursa Maior.
S/同 Ōkúmáza.

hokúyṓ 北洋 Os mares do norte. ◇ **~ gyogyō** 北洋漁業 A pesca nos ~ (do Japão). [S/同] Hokkáí. [A/反] Nań'yṓ.

hokyṓ 補強 O reforço. ◇ **~ jin'in** [**busshi**] 補強人員 [物資] O pessoal [material] de ~. **~ kōji** 補強工事 As obras de ~「do dique」.

hokyū́[1] 補給 O (re)abastecimento; o fornecimento. ★ ~ *ga kireru* 補給が切れる Acabar [Cessar] ~. *Kuruma ni gasorin o ~ suru* 車にガソリンを補給する Pôr [Meter] gasolina (no carro). *Zensen ni shokuryō o ~ suru* 前線に食糧を補給する Abastecer a frente de batalha. ◇ **~ kichi** 補給基地 A base de ~. **~ ro** 補給路 A linha de ~. **~ sen** 補給船 O navio de ~.

hokyū́[2] 補球 O apanhar a bola.

hṓkyū [**hoó**] 俸給 ⇨ kyū́ryō[1].

hṓmā [**hóo**] ホーマー【Beis.】⇨ hṓmúran.

homáé-séń 帆前船 ⇨ hańséń[2].

hṓmáń[1] [**oó**] 豊満 **1** [肉づきのよいこと] O ser cheio [corpulento; rechonchudo]. ★ ~ *na nikutai* 豊満な肉体 O corpo roliço [voluptuoso]. **2** [物が豊かなようす] A abundância.

hṓmáń[2] 放漫 A frouxidão; o desleixo; o relaxamento; o descuido. ★ ~ *na seikatsu* 放漫な生活 A vida desleixada. ◇ **~ keiei** 放漫経営 A administração desleixada. **~ zaisei** 放漫財政 A administração financeira descuidada [frouxa]. [S/同] Kimámá (+); yaríppánáshí (+).

homáré 誉れ **1** [名誉] A honra; a glória. ★ *Kuni no* ~ 国の誉れ ~ da nação. [S/同] Éiyo; méiyo. **2** [名声] A fama; a reputação; o bom nome. [S/同] Meíséí.

hṓmátsú 泡沫【E.】**1** [あわ] A bolha; a espuma. [S/同] Abúkú (+); awá (+). **2** [はかない存在] A existência fugaz. ◇ **~ gaisha** 泡沫会社 A companhia de espuma [sem base]. **~ kōho** 泡沫候補 O candidato sem futuro.

homé-chígíru 褒[誉]めちぎる (< homéru + …) Tecer elogios; pôr pelas nuvens. *Karera wa kanojo no sūgaku no sainō o kuchi o kiwamete home-chigitta* 彼らは彼女の数学の才能を口をきわめて褒めちぎった Eles teceram os maiores elogios ao talento dela em [para a] matemática. [S/同] Gekíshṓ súrú; homésóyásu; zessáń súrú.

hṓméí [**oó**] 芳名 O (bom) nome. *Go-~ wa kanete kara uketamawatte orimashita* ご芳名はかねてから承っておりました Já o conhecia de nome. ◇ **~ bo** [**roku**] 芳名簿 [録] A lista de nomes (de visitas). [S/同] O-námáé.

homé-kótoba 褒[誉]め言葉 (< homéru + …) O elogio; o louvor. [S/同] Sánji.

hṓmen[1] [**óo**] 方面 **1** [そのあたり] O lado; a banda (G.). ★ *Kansai* ~ 関西方面「lá para」Os ~s de Kansai. [S/同] Hṓ[1]. **2** [分野] A área; o ramo; a parte; o campo; a esfera; o se(c)tor. *Watashi ni wa sono ~ no koto wa nani mo wakarimasen* 私にはその方面のことは何もわかりません Eu desse/a ~ não sei nada. [S/同] Bún'ya (+).

hṓmén[2] [**oó**] 放免 **1** [はなし許すこと] A dispensa; o pôr em liberdade; a libertação. ★ *Shigoto kara ~ sareru* 仕事から放免される Ser liberto [dispensado] do trabalho. **2** [釈放すること] A absolvição. ★ *Muzai ~ to naru* 無罪放免となる Ser absolvido. ⇨ shakúhṓ.

homéru 褒[誉]める Elogiar; louvar; falar bem de. *Amari hometa hanashi ja nai* あまり褒めた話じゃない Isso não é nada louvável. ★ ~ [*Homu*] *beki* 褒める[ほむ]べき Elogiável; digno de louvor; louvável. *Hito o homete gekirei suru* 人を褒めて激励する Animar [Estimular] alguém com elogios. [S/同] Tatáérú. [A/反] Kenású.

homé-sóyásu[**-tátéru**] 褒[誉]めそやす[立てる] Exaltar. [S/同] Homé-chígíru.

homé-tátáéru 褒[誉]め称える (< homéru + …) Louvar (e enaltecer)「a Deus」. ★ *Yūkan na kōdō o ~* 勇敢な行動を褒め称える ~ [Exaltar] o heroísmo. [S/同] Shṓsáń súrú.

hómo ホモ **1** [均質化] (< Ing. homogenized < Gr.) Homogeneizado. **2** [男の同性愛] (< Ing. < L. homo) O homossexual. [S/同] Dṓséiai(sha). ⇨ resúbian.

hṓmṓ [**hoó**] 法網【E.】(As malhas da) justiça.

hṓmóń[1] [**oó**] 訪問 A visita. ★ ~ *o uke(tsuke)ru* 訪問を受け(つけ)る Receber visitas. ~ *suru* 訪問する Visitar〔*Kinō kare o jitaku ni ~ shita* 昨日彼を自宅に訪問した Ontem, fui fazer-lhe uma visita [fui visitá-lo] a casa〕. ◇ **~ gi** 訪問着 O quimono semi-formal. **~ kyaku** [**sha**] 訪問客[者] A visita. **~ saki** 訪問先 O local da ~. ⇨ **hyōkei** [**katei**] **~**. **Kōshiki ~** 公式訪問 ~ oficial.

hṓmóń[2] [**oó**] 砲門 **a**) A boca de canhão; **b**) A troneira [bombardeira]; **c**) A portinhola [janela de tiro]. [S/同] Hṓkṓ[4].

hṓmóń[3] [**oó**] 法門 O ensinamento de Buda. [S/同] Buppṓ; butsúmóń.

hómo-sápiensu ホモサピエンス (< L. homo sapiens) O homo sapiens (Racional).

hṓmótsú [**oó**] 宝物 O tesouro; as preciosidades. ◇ **~ den** 宝物殿 O tesouro [depósito das ~] dum templo. [S/同] Takárámóńó (+). ⇨ kokúhṓ[2].

hṓmu[1] [**óo**] 法務 Os assuntos legais [jurídicos]. ◇ **~ daijin** 法務大臣 O ministro da justiça. **~ kyoku** 法務局 A secretaria da justiça. **~ shō** 法務省 O ministério da justiça.

hṓmu[2] [**óo**] ホーム **1** [家庭] (< Ing. home) O lar; a casa. ◇ **~ dokutā** ホームドクター O médico da ~. **~ dorama** ホームドラマ O drama (de televisão) sobre a vida c[qu]otidiana. **~ herupā** ホームヘルパー O empregado [ajudante] doméstico. **~ sutei** ホームステイ O estudante estrangeiro viver numa casa de família. ◇ **Rōjin ~** 老人ホーム ~ de idosos. [S/同] Ié [Katéí/Uchí] (+). **2** [本塁]【Beis.】(< Ing. home base) A meta. ◇ **~ in** ホームイン O chegar à ~ (e marcar um ponto). [S/同] Hṓmúbésu; hónrui.

hṓmu[3] [**óo**] ホーム (< Ing. platform) A plataforma.

hṓmú-gúrándo [**oó**] ホームグランド (< Ing. home ground) O próprio campo (de jogo).

homúrá 焰·炎【E.】A labareda [chama]. [S/同] Hónoo (+).

hṓmúran [**oó**] ホームラン (< Ing. home run)【Beis.】A paulada da volta às quatro bases. ★ ~ *o utsu* [*kattobasu*] ホームランを打つ[かっ飛ばす] Dar uma ~. ◇ **~ ō** ホームラン王 O rei das ~ (desse ano). [S/同] Hṓmā; hońrúi-da.

hṓmuresu [**óo**] ホームレス (Os) sem-lar[-casa].

hṓmúru [**oó**] 葬る **1** [埋葬する] Enterrar; sepultar. *Kare no igai wa teatsuku hōmurareta* 彼の遺骸は手厚く葬られた Sepultaram-no [os seus restos mortais] com todo o respeito. [S/同] Maísṓ súrú.

hómú-rūmu [**hoó-rúu**] ホームルーム (< Ing. home room) A reunião do professor com os alunos.

hómú-shíkku [**oó**] ホームシック (< Ing. homesickness) A nostalgia; a saudade. ★ ~ ni kakaru ホームシックにかかる Sentir ~; ter saudades. ⟨S/同⟩ Kaikyṓbyō; kyṓshū. ⇨ bṓkyō[1].

hómúsúpan [**oó**] ホームスパン (< Ing. homespun) O tecido (de fabrico) caseiro.

hómú-sútórétchi [**oó**] ホームストレッチ (< Ing. home stretch) A re(c)ta de chegada (nas pistas de corrida). ⟨A/反⟩ Bakkú-sútórétchi.

hómyṓ [**hoó**] 法名 O nome budista; (na seita "shinshū") ⇨ káimyō. ⟨S/同⟩ Zokúmyō.

hón[1] 本 **1** [書物] O livro. *Kare no zuihitsu ga ~ ni natte deta* 彼の随筆が本になって出た Os ensaios dele sairam em livro. ★ ~ *no mushi* 本の虫 Um rato de biblioteca [apaixonado por ~ s]. ~ *o dasu* [*shuppan suru*] 本を出す[出版する] Publicar um ~. ~ *o yomu* [*himotoku*] 本を読む[ひもとく] Ler (um livro). *Igaku* [*Bungaku*] *no* ~ 医学[化学;文学]の本 ~ de medicina [química; literatura]. ⟨S/同⟩ Shó(motsu). **2** [当の] 【Pref.】 Este; o presente; o referido (citado). ◇ ~ **an** ~ の案 ~ proje(c)to. ~ **ken** 本件 ~ caso [assunto]; konó; sonó[1]; tōno. **3** [自分の] 【Pref.】 Meu; nosso. ◇ ~ **kō** 本校 A nossa [Esta] escola. ◇ [正式・本当の] 【Pref.】 O verdadeiro; o real; o autêntico. ◇ ~ **kawa** 本革 O couro autêntico; a pele genuína. **5** [糸や棒などを数える語] (Numeral para contar obje(c)tos longos e finos). ★ *Matchi ni* ~ マッチ2本 Dois fósforos. **6** [作品の数] (Numeral para contar fitas, telas de pintura, rolos). ★ *Ni* ~ *date no eiga* 二本立ての映画 Uma sessão de dois filmes. **7** [手紙などの数] (Numeral para contar correspondência). *Tegami no ippon kurai kake-sō na mono da* 手紙の一本くらい書けそうなものだ Não custaria nada mandar uma carta. **8** [勝負の回数] (Numeral para contar partidas de judo, etc.). ◇ **Rokujippun ippon shōbu** 60分1本勝負 Uma partida de uma hora.

hón[2] ホン (< Ing. phon) 【Fís.】 O fon (unidade de som).

ho-námi 穂波 【E.】 As searas (espigadas a ondular ao vento).

hon'án 翻案 A adaptação. ★ ~ *suru* 翻案する Adaptar; fazer uma ~.

honán [**oó**] 法難 【Bud.】 A perseguição religiosa.

hon-bá[1] 本場 **1** [主産地] O centro produtor. *Burajiru wa kōhī no ~ da* ブラジルはコーヒーの本場だ B. é um ~ de café. ◇ **mono** 本場物 O produto autêntico [genuíno]. **2** [本来そのことが行われている所] O lugar de origem; a terra. ★ ~ *jikomi no Porutogarugo* 本場仕込みのポルトガル語 O p. estudado no ~ [em Portugal]. ⟨S/同⟩ Zeñbá. **3** [前場] 【Econ.】 A sessão da manhã.

hon-bá[2] 本葉 (< ... + ha) A folha anotina [definitiva]. ⇨ futá-ba.

hónba[3] 奔馬 【E.】 O cavalo veloz [cego na corrida].

hon-bako 本箱 (< ... [1] + hakó) O armário de livros. ⇨ hoñdana.

honbán 本番 A representação (a sério). ◇ ⇨ **Buttsuke ~**. ⟨A/反⟩ Rihásaru; tésuto.

hon-báshó 本場所 O torneio (oficial) de sumô.

hónbu 本部 A sede; o centro de operações; o quartel general. ◇ **Taisaku** ~ 対策本部 O ~ 「de salvamento」. ⟨A/反⟩ Shíbu.

hónbun[1] 本分 O dever; a obrigação; a função. ★ ~ *o tsukusu* 本分を尽くす Cumprir o (seu) dever. ⇨ gímu; tsutómé.

hónbun[2] 本文 **a**) O texto (central); o corpo 「da carta」; **b**) Este texto; **c**) O texto original. ★ *Jōyaku no* ~ 条約の本文 ~ de um tratado. ⇨ geñbúñ; jobúñ; zeñbúñ[1,2].

hon-búri 本降り (< ... [1] + furí) A chuva a sério [a valer]. *Ame ga iyoiyo* ~ *ni natta* 雨がいよいよ本降りになった Isto agora é ~ /Agora está mesmo a chover (a sério). ⟨A/反⟩ Ko-búri.

hon-bútai 本舞台 **1** [歌舞伎劇場の正面の舞台] O palco central. **2** [本式の晴れの場所] **a**) A representação (a sério, da peça); **b**) O aparecer em público.

hónchō 本庁 **1** [中心になる官庁] A sede de uma repartição pública. ⟨A/反⟩ Shichō. **2** [この庁] 【E.】 Esta repartição.

hon-chóshi [**oó**] 本調子 **1** [本来の調子] (O estado) normal. ★ ~ *ni naru* 本調子になる Ficar (outra vez) em forma. **2** [三味線で] O tom [A nota] normal [principal] (do shamisen).

hoñdái[1] 本題 O assunto principal; o tema. ★ ~ *ni hairu* 本題に入る Entrar no ~.

hon-dái[2] 本代 (< ... [1] + daikíñ) **a**) O preço do livro; **b**) O dinheiro para livros. ~ *ga kasanda* 本代がかさんだ Gastei muito em livros.

hon-dana 本棚 (< ... [2] + taná) A estante [prateleira] de livros. ⟨S/同⟩ Hónbako; shodáná; shóka.

hoñdáwara 馬尾藻・神馬藻 【Bot.】 O sargaço [moliço]; *sargassum fulvellum*.

hóñden 本殿 O santuário principal [interior] de um templo. ⟨S/同⟩ Seídén. ⇨ haídén[2].

hóndo 本土 **1** [本国] A sua pátria. *Mazeran wa Porutogaru* ~ *ni modorazu shite shinda* マゼランはポルトガル本土に戻らずして死んだ Magalhães faleceu sem (poder) voltar a ~, Portugal. ⟨S/同⟩ Hóngoku. **2** [主な国の] O território principal de uma nação. ◇ **Porutogaru** ~ ポルトガル本土 Portugal continental. ⇨ zokkókú; Hónshū.

hóndō[1] 本堂 O santuário principal de um templo budista. ⇨ kúri[3].

hóndō[2] 本道 **1** [本街道] A artéria [estrada principal]. ⟨S/同⟩ Hoñ-káidō. ⟨A/反⟩ Kañdō. **2** [正しい道で] O bom caminho; a melhor maneira. ★ ~ *ni tachi-kaeru* 本道に立ち返る Voltar ao ~. ⟨S/同⟩ Seídō.

hon-dóri [**oó**] 本通り (< ... [1] + tórí) A rua [avenida] principal.

honé 骨 **1** [生物の] **a**) O osso; **b**) A espinha. ★ ~ *ga hazureru* 骨が外れる Luxar; deslocar [desconjuntar] um osso. ~ *made shaburu* 骨までしゃぶる Explorar; chupar o sangue [os olhos da cara] *Sagishi ni* ~ *made shaburareta* 詐欺師に骨までしゃぶられた Fui explorado por um vigarista]. ~ *made tōsu* [*ni tassuru*] 骨で通す[に達する] Penetrar fundo [até aos ossos]. ~ *ni kizamu* 骨に刻む Gravar para sempre na memória 「o que disse o pai」. ~ *ni naru* 骨になる Morrer. ~ *ni shimiru* [*tessuru*] 骨に沁みる[徹する] ⇨ honé-mi. ~ *no ōi sakana* 骨の多い魚 O peixe com muitas espinhas. ~ *no zui made* 骨の髄

honé-báru 骨張る (< ⋯ + harú) **1** [やせる] Ficar chupado [esquelético/só ossos]. ★ *Hone-batta te* 骨張った手 As mãos descarnadas [só pele e osso]. **2** [意地を張る] Ser obstinado [teimoso]. ⟦S/周⟧ Kadó-báru. ⇨ ijí².

honé-bútó 骨太 (< ⋯ + futói) **a)** Ossudo; **b)** Sólido. ★ *~ no sakuhin* 骨太の作品 A obra「literária」bem arquite(c)tada.

honé-gúmí 骨組み (< ⋯ + kúmu) **1** [骨格] O esqueleto [arcabouço]; a constituição física; a armação (dos ossos). ◇ kokkákú. **2** [構造] A estrutura; a armação「da casa」. ★ *Soshiki no ~ o tsukuru* 組織の骨組みを作る Fazer a estrutura [o esqueleto] da organização. ◇ kôzô. **3** [大筋] O esboço. ★ *Keikaku no ~* 計画の骨組み [A ideia geral] do plano. ⟦S/周⟧ Ô-sújí.

honʼéí 本営 O quartel-general. ⟦S/周⟧ Hónjin (+). ⇨ sô-shíréibu.

honé-mi 骨身 O corpo; (a carne e) os ossos. ★ *~ ni kotaeru* 骨身にこたえる Sentir profundamente. *~ ni shimiru samusa* 骨身にしみる寒さ O frio penetrante. *~ o kezuru* 骨身を削る Não se poupar ao trabalho; moer os ossos; sacrificar-se. *~ o oshimazu hataraku* 骨身を惜しまず働く Dar o corpo ao trabalho [ao manifesto (G.)].

hônén¹ [oó] 豊年 O ano de fartura [boa colheita]. *Kotoshi wa ~ (mansaku) da* 今年は豊年(満作)だ Este ano foi um ~. ◇ Kyônén.

hônén² [oó] 放念 [E.] O sossego; a tranquilidade. ⟦S/周⟧ Anshín (o); hôshín (+).

honé-náshí 骨無し (< + nái; ⇨ honé 3) Mole; sem fibra [cará(c)ter]. *Aitsu wa ~ da kara tayori ni naranai* あいつは骨無しだから頼りにならない Ele é um (tipo) molenga [~], não se pode contar com ele.

honé-núki 骨抜き (< ⋯ + nukú) **1** [魚などの骨を抜き取ること] O dessossamento; O tirar os ossos ou as espinhas. **2** [主要点を抜き去ること] A emasculação. ★ *Gian o ~ ni suru* 議案を骨抜きにする Emascular [Tirar a força a] um proje(c)to de lei. **3** [気骨のないこと・人] O enfraquecimento; a moleza. *Kare wa kanojo ni ~ ni sareta* 彼は彼女に骨抜きにされた Ele deixou-se dominar por ela.

honé-óri 骨折り (< honé-óru) O trabalho; o esforço; as canseiras. ★ *~ gai ga aru* 骨折りがある Valer [Merecer] a pena/~. *Muda na ~* 無駄な骨折り ~ em vão. ◇ *~ chin* 骨折り賃 A gratificação pelo ~. ⟦S/周⟧ Kúrô (+); rôku.

honéórí-zón 骨折り損 (< ⋯ + són) O esforço inútil; o trabalho perdido. *Koko de yametara ima made no kurô ga ~ ni natte shimau* ここでやめたら今までの苦労が骨折り損になってしまう Desistir agora era trabalho perdido. ⟦ことわざ⟧ *~ no kutabire môke* 骨折り損のくたびれ儲け Ensaboar cabeça de asno é perder tempo e sabão.

honé-óru 骨折る Esforçar-se; matar-se. *Hone-otta kai atte migoto shiken ni tôtta* 骨折った甲斐あってみごと試験に通った Valeu a pena ter-me esforçado, porque passei no exame.

honé-óshimi 骨惜しみ (< ⋯ + oshímu) O poupar-se [trabalhar pouco e com pouca vontade].

honéppói 骨っぽい **1** [小骨が多い] Que tem [Com] muitas espinhas. ★ *~ sakana* 骨っぽい魚 O peixe ~. **2** [しっかりしている] Enérgico; sólido. *Fude o toru to nakanaka ~ mono o kaku otoko da* 筆をとるとなかなか骨っぽいものを書く男だ Quando ele escreve, escreve coisa sólida (que se vê).

honéppúshí 骨っ節 (< honé + fushí) [G.] **1** [関節] A junta [articulação]. **2** [気骨] A fibra; o nervo; o cará(c)ter. ★ *~ no aru otoko* 骨っ節のある男 O homem com ~. ⟦S/周⟧ Iki; kigái; kikótsú.

hônétsú [oó] 放熱 A (ir)radiação de calor. ◇ *~ ki* 放熱器 O radiador.

honé-tsugí 骨接ぎ (< ⋯ + tsugú) **1** [術] O endireitar [consertar] ossos. ⟦S/周⟧ Seíkótsú; sekkótsú. **2** [接骨医] O endireita [algebrista].

honé-yásume[-yásumi] 骨休め[休み] (< ⋯ + yasúmu) O repouso; a folga; o descansar os ossos. *~ ni onsen ni itte koyô* 骨休めに温泉に行って来よう Vamos às termas para descansar um pouco [os ossos]. ⟦S/周⟧ Kyûkéí (+); kyûsókú (+).

hongán 本願 **1** [弥陀の] [Bud.] O grande voto da deusa Amida de salvar todos os seres vivos. **2** [宿願] O maior desejo. ★ *~ o jôju suru* 本願を成就する Realizar o seu ~. ⟦S/周⟧ Hoñkáí; hoñmô; shukúgáñ.

hóngén 本源 [E.] A origem「do fenó[ô]meno」; a fonte; o princípio; a causa「primeira − Deus」. ⟦S/周⟧ Koñgén (+); minámótó (+); ômótô (+).

hóngi 本義 [E.] **1** [本来の意味] O verdadeiro sentido; a significação original. ⟦A/京⟧ Téngi. **2** [根本の意義] Os princípios「da educação」.

hon-gímárí 本決まり (< ⋯ + kimárú) A decisão final [definitiva]. *Kare no Burajiru haken wa ~ ni natta* 彼のブラジル派遣は本決まりになった Já é definitivo que ele vai para o B. ⟦S/周⟧ Kakútéí. ⇨ naítéí³.

hóngoku 本国 **1** [国籍のある国] O seu país (de origem). ◇ *~ seifu* 本国政府 O governo metropolitano [do ~]. ⟦S/周⟧ Bókoku; sókoku. **2** [植民地に対して] [H.] A Metrópole. ⟦S/周⟧ Hóndo. ⇔ Shokúmíñ-chi.

hoñ-góshí 本腰 (< ⋯ + koshí) O ser [ir] a sério. ★ *~ o ireru* 本腰を入れる Arregaçar as mangas [Lançar-se ao trabalho] [*~ o irete torikumu* 本腰を入れて取り組む Arregaçar as mangas e lançar-se á tarefa]

hoñgyô 本業 A ocupação principal; a profissão.

S/間 Hoñshókú (+). A/反 Fukúgyō. ⇨ arúbáito; shokú¹; shokúgyō.
hón'i¹ 本位 **1** [もとの位置] A posição primitiva. ◇ ⇨ ~ **kigō**. **2** [基準] A prioridade; a base; a medida; o padrão; o critério. ★ *Hiñshitsu ~ no mise* 品質本位の店 A loja cujo critério é a qualidade. *Jibun ~ no hito* [*kangaekata*] 自分本位の人［考え方］A pessoa [ideia] egocêntrica. S/間 Hyójúñ (+); kijúñ (+). **3** [貨幣制度の基準] O padrão. ⇨ **kahei** 本位貨幣 A moeda ~. **Kin**[**Gin**] **~ 金**[銀] 本位 ~ ouro [prata].
hón'i² 本意 **a)** A verdadeira intenção; **b)** A vontade. ~ *o togeru* 本意を遂げる Conseguir o seu obje(c)tivo. S/間 Hói; shíñ'i.
hón'i³ 翻意 【E.】O mudar de ideia. ★ ~ *o unagasu* 翻意を促す Pedir para [Levar a] mudar... ~ *suru* 翻意する.
hō-níchi [oó] 訪日 A visita ao J. ★ ~ *chū no Burajiru daitōryō* 訪日中のブラジル大統領 O presidente do B. em [que está de] ~. ~ *suru* 訪日する Visitar o J. S/間 Raí-níchí. A/反 Ri-níchí.
hoñ'í-kigō 本位記号 【Mús.】O bequadro. S/間 Náchuraru (+). ⇨ hén².
hōníñ [oó] 放任 O não interferir; o deixar (correr); o dar carta branca. ~ **shugi** 放任主義 O princípio de não intervenção. *Jiyū ~* 自由放任 O deixar tudo à liberdade de cada um. A/反 Kañshó.
hoñji 本字 **1** [漢字] O ideograma; a letra chinesa. S/間 Kañji (+). ⇨ Kaná. **2** [ある漢字のもとになる漢字] O ideograma original [não simplificado].
hoñjiñ 本陣 **1** [本営] O quartel general. S/間 Hoñ'éí. ⇨ sō-shíréibu. **2** [江戸時代の宿場]【H.】A pousada [estalagem] oficial dos "daimyō", no percurso para a capital, Edo.
hoñji-suijáku(**setsu**) 本地垂迹 (説)【Bud.】O avatar; a manifestação de Buda em forma x[sh]iñtoísta.
hóñjitsu 本日 Hoje; o presente dia. ~ *kagiri yūko* 本日限り有効 (表示)「bilhete」 Válido só no [para o] dia da emissão. ◇ ~ **kyūgyō** 本日休業 (揭示) Fechado; ⇨ **b)** kóñnichi.
Hóñjurasu ホンジュラス (A República de) Honduras. ◇ ~ **jiñ** ホンジュラス人 Hondurenho.
hóñka¹ 本科 **1** [正規の科] O curso normal [regular]. ◇ ~ **sei** 本科生 O estudante do ~. A/反 Békka. ⇨ sénka⁶; yóka². **2** [この科]【E.】Este curso.
hóñka² 本歌 O poema original [famoso]. ◇ ~ **dori** 本歌取り O compor uma poesia inspirada num ~. S/間 Motó-útá.
hóñkáí 本懐【E.】⇨ hóñmō; hoñgañ **2**.
hoñ-káigi 本会議 **1** [本式の会議] A reunião [assembleia] geral. ⇨ sōkáígi. **2** [国会の] A sessão plenária. **3** [この会議] [hóñkaigi]【E.】Esta sessão.
hóñkákú 本格 A autenticidade; a genuinidade. ★ ~ *ka suru* 本格化する Atingir a perfeição. ~ *teki na* 本格的な Genuíno; autêntico; verdadeiro (*Iyoiyo ~ teki na samusa ga yatte kita* いよいよ本格的な寒さがやって来た O frio a sério está a chegar). ~ *teki ni naru* 本格的になる Tornar-se sério [verdadeiro]. ◇ ~ **ha** 本格派 A escola ortodoxa [linha clássica]. S/間 Hoñshíkí.
hoñkáñ¹ 本管 O cano [conduto / A conduta] principal. A/反 Shikáñ.

hoñkáñ² 本館 **a)** O prédio [edifício; pavilhão] central [principal]; **b)** Este prédio. A/反 Bekkáñ.
hoñkáñ³ 本官 **1** [正式の官職] [hoñkañ] A função pública; o cargo oficial; o ofício permanente. **2** [官吏としての私] [hoñkan] Eu, titular [na função] "~".
hóñke¹ 本家 **1** [一門・一族の中心となる家筋] O tronco familiar [da linhagem]. S/間 Hoñmoto 本家本元 O autor「do proje(c)to」; a origem「do chá」. S/間 Hoñgañji (+); sōke. **2** [家元] O fundador da linhagem. ~ *hoñmoto* 本家本元 O autor「do proje(c)to」; a origem「do chá」. S/間 lémótó (+); sōke. **3** [本店] A sede; a matriz. A/反 Buñké.
hóñke² 本卦 O signo zodíaco do seu ano de nascimento (no calendário chinês, que tem um ciclo de 60 anos). ◇ ~ **gaeri** 本卦還［帰］りO fazer 60 anos de idade (Lit.: o voltar ao ~). ⇨ kañréki.
hóñken 本件 Este caso; o assunto em questão. A/反 Bekké'ñ.
hoñki 本気 A seriedade; a convicção. ★ ~ *de* 本気 で Seriamente; a sério; com toda a seriedade [honestidade] [~ *de itte iru no desu* 本気で言っているのです Estou a falar muito seriamente; não estou a brincar. ~ *ni naru* 本気になる Ficar sério; deixar-se de brincadeiras. ~ *ni suru* 本気にする Tomar [Levar] a sério「uma brincadeira」; acreditar. S/間 Hoñshiñ; shiñkéñ; shōkí. A/反 Jōdañ.
hoñkō 本校 **1** [分校に対して] A sede de uma instituição de ensino. A/反 Buñkō. **2** [当校]【E.】[hóñkō] Esta [A nossa] escola.
hoñkókú 本刻 A reprodução; a reimpressão; a edição fac-similada. ~ *suru* 翻刻する Reproduzir; reimprimir.
hoñkyo 本拠 A base「do trabalho」; a sede; o quartel-general; a central. ◇ ~ **chi** 本拠地 O local onde está instalado「o inimigo」. S/間 Kóñkyo; yorí-dókóró. ⇨ chūshíñ¹; kíchi¹.
hoñkyókú 本局 **1** [中心になる局] O escritório central; a repartição principal. **2** [この局]【E.】 [hóñkyoku] Este escritório; esta repartição.
hoñkyū 本給 O salário base [por inteiro]; o salário normal. S/間 Hōñpō; kihoñkyū (+).
hoñmárú 本丸 A torre de menagem (de um castelo).
hóñmatsu 本末 A devida ordem (das coisas); os meios e o fim; o essencial e o secundário. ◇ ~ **tentō** 本末転倒 A inversão de valores.
hoñméí 本命 **a)** O「cavalo」favorito (numa competição); o provável vencedor「é o Porto」; o preferido. *Kare no ~ wa Hanako-san da* 彼の本命は花子さんだ A preferida [paixão] dele é Hanako. ★ ~ *ni kakeru* 本命に賭ける Apostar no favorito.
hóñmō 本望 **1** [宿願] A grande aspiração; o sonho de toda a vida; a coisa há muito (tempo) desejada [ansiada]. ★ ~ *o tassuru* 本望を達する Realizar o seu grande sonho. S/間 Hogáñ; hoñkáí; shukúbō; shukúgáñ. **2** [満足] A satisfação; o contentamento; a alegria. *Kanojo ni aereba ~ da* 彼女に会えれば本望だ A minha ~ é [era] encontrar-me com ela. S/間 Mañzoku.
hoñmon 本文 ⇨ hóñbuñ²; geñbuñ.
hoñmónó 本物 **1** [本当のもの] Uma coisa genuína [verdadeira]. *Kono Porutinari wa* ~ *da* このポルティナリは本物だ Este (quadro de) Portinari é genuíno. ★ ~ *no* 本物の Genuíno; autêntico; verdadeiro; puro. ~ *no shiñju* 本物の真珠 A pérola ver-

dadeira [natural]. ～ *sokkuri ni niseru* 本物そっくりに似せる Imitar (o original) com perfeição; fazer uma réplica perfeita「da Pietá」. [S/同] Jitsúbútsú. [A/反] Nisémónó. **2** [本格的] Uma coisa de boa qualidade. *Kanojo no seigaku mo ～ ni nari-sō da* 彼女の声楽も本物になりそうだ Ela canta muito bem, pode vir a ser uma profissional.

hońmótó 本元 A origem; a fonte; a génese; a causa primeira. ★ ～ *o saguru* 本元をさぐる Procurar as origens; determinar ～. [S/同] Ō-mótó (+). ⇨ hónke[1].

hónmu 本務 **a)** O seu dever; a sua obrigação. ★ ～ *o wasureru* 本務を忘れる Esquecer a/o ～. **b)** O emprego [trabalho] principal.

hónmyō 本名「dizer o seu」Verdadeiro nome. [S/同] Jitsúméí. ⇨ adáná; hitsúméí.

hońné 本音 O que (realmente) se pensa; a verdadeira intenção; o coração; o íntimo. ★ ～ *o haku* 本音を吐く Tirar a máscara; mostrar o que é; dizer o que sente. ～ *o tsukamu* [*ga wakaru*] 本音をつかむ [本音がわかる] Perceber o que o outro pensa. [S/同] Hónshin. ⇨ tatémáé.

hónnen 本年 Este ano; o ano corrente [em curso]; o presente ano. ～ *mo dōzo yoroshiku* 本年もどうぞよろしく Também este ano conto consigo [Que no ano que acaba de começar continuemos bons amigos]. [S/同] Kotóshí (+); tōnen.

hónnin 本人 A própria pessoa; o próprio (em pessoa)「explicou o que lhe acontecera」. ～ *jishin mōshikomaretashi* 本人自身申し込まれたし (表示) A pessoa interessada deve solicitar [requerer] por si própria.

hoń-nó ほんの Só; apenas; somente; meramente; unicamente. ～ *sukoshi machigatta dake da* ほんの少し間違っただけだ Errou apenas um pouco. *Shachō to itte mo ～ na bakari da* 社長と言ってもほんの名ばかりだ De presidente, ele só tem o nome; ele é presidente apenas [só] de nome. ★ ～ *chotto no aida* ほんのちょっとの間「empreste-me o binóculo」Apenas (por) um minuto [instante]. [S/同] Gókugoku; mattákú.

hónnō 本能 O instinto「dos animais」. ★ ～ *ni shitagau* 本能に従う Seguir o ～. ～ *no mama ni furumau* 本能のままにふるまう Agir instintivamente; deixar-se governar pelos ～s. ～ *teki (na)* 本能的(な) Instintivo [*Kare wa ～ teki ni mi no kiken o kanjita* 彼は本能的に身の危険を感じた Ele pressentiu instintivamente o perigo]. ◇ **Bosei ～** 母性本能 ～ materno. ⇨ yokúbō.

hońnóri (**to**) ほんのり(と) (⇨ hoń-nó) Um pouco; ligeiramente; levemente. *Kanojo wa ～ hoo o akarameta* 彼女はほんのり頰を赤らめた Ela ficou ～ corada; um leve rubor roseou-lhe o rosto.

honó- ほの (Pref. que significa "ligeiramente", "um pouco", "meio"; ⇨ honó-gúráí).

hōnō [hoó] 奉納 A oferenda [oferta] ao templo; o ex-voto. ⇨ hōkéń[2].

honóbóno 仄仄 (< honó-) Como o despontar do dia. ～(*to*) *shita kimochi ni natta* 仄々(と)した気持ちになった Senti-me como se a luz [o calor] do sol me fosse invadindo (pouco a pouco). ⇨ hońnóri (to); hónoka.

honó-gúráí 仄暗い (< honó- + kurái) Meio-escuro; obscuro; fosco. *Mada sora wa ～* まだ空は仄暗い O céu ainda está meio-escuro.

honó-jírói 仄白い (< honó- + shirói) Esbranquiçado. *Yū-yami no naka ni hono-jiroku hito-kage ga ukande iru* 夕闇の中に仄白く人影が浮かんでいる Vê-se uma figura humana ～ a, à luz fraca do crepúsculo [lusco-fusco].

hónoka 仄か (⇨ honó-) Vago; indefinido; obscuro. ★ ～ *na aijō o kanjiru* 仄かな愛情を感じる Experimentar um certo [vago sentimento de] amor. ～ *na tomoshibi no hikari* 仄かなともしびの光 A débil [ténue] claridade de uma luz [lâmpada]. ～ *ni mieru* 仄かに見える Deixar-se ver indistintamente「a casa, ao longe」; ser vagamente visível. ～ *ni niou* 仄かに匂う Cheirar um pouco [a algo indefenido]. [S/同] Boń'yári; hońnóri; kásuka; wázuka.

honómékásu 仄めかす Dar a entender de modo su(b)til ou indire(c)to; insinuar; sugerir; aludir. ★ *Hinto o ataete kotae o ～* ヒントを与えて答えを仄めかす Sugerir a resposta [Ajudar a responder] (dando palpites). *Jii o ～* 辞意を仄めかす Insinuar a vontade de se demitir.

honóméku 仄めく Ser vagamente visível; assomar「um leve rubor na face」; deixar-se vislumbrar; aparecer de relance.

hónoo 炎·焰 **1** [火の先] A chama; a labareda. ★ ～ *ni tsutsumareru* 炎に包まれる Ficar envolto em [cercado pelas] chamas. [S/同] Kaéń. ⇨ hí[2]. **2** [激しい気持ち] O ardor; o entusiasmo; a paixão; a flama. *Shitto no ～ o moyasu* 嫉妬の炎を燃やす Ter [Sentir] ciúmes.

hónpo 本舗 ⇨ hońtéń.

hońpō[1] 奔放 A libertinagem; o descomedimento; a extravagância. *Jiyū ～ ni ikiru* 自由奔放に生きる Viver livre e desenfreadamente [como「lhe」dá na gana].

hónpō[2] 本邦【E.】Este [O nosso] país. ～ *hatsu kōkai* 本邦初公開 A primeira exposição「do pintor」no país.

hónpō[3] 本俸 O salário base (Sem ajudas extra); [S/同] Hónkyū; kihónkyū.

hónrai 本来 **1** [元来] Originariamente; inicialmente; no princípio [começo/início]. *Ningen ～ mu-ichimotsu* 人間本来無一物 O homem, ao nascer, não possui nada e deve por isso ser livre toda a vida. ★ ～ *no* 本来の「o fim」Original「desta escola é a formação humana dos alunos」; inicial; primário. ⇨ gánrai. **2** [天性] Naturalmente; por natureza; essencialmente「igual」. *Akarusa wa kare ～ no mono de atta* 明るさは彼本来のものであった Ele era uma pessoa alegre [bem disposta] por natureza. **3** [たてまえ; すじ] Propriamente falando; por [em] princípio; normalmente. ～ *nara yurusanai tokoro da* 本来なら許さないところだ Em princípio isto é uma coisa inadmissível. ★ ～ *kara iu to* 本来から言うと Normalmente「faz-se assim」.

hońréí 本鈴 O toque final da campainha「para começar a aula」. [A/反] Yoréí.

hońrō 翻弄 O dominar [brincar com]. *Bōto wa fūha ni ～ sareta* ボートは風波に翻弄された O barco andou ao sabor dos ventos e das ondas.

hónron 本論 **1** [主となる議論·論文] O tema [assunto] principal; a questão central. ★ ～ *ni hairu* 本論に入る Entrar na/no ～. ～ *ni tachikaette* 本論に立ち返って Voltando ao [Retomando o] tema principal. ⇨ jorón; ketsúron. **2** [この論] Este tema [assunto].

H

hónrui 本塁 **1** [ホームベース]【Beis.】A base (-base). ★ ～ *o fumu* 本塁を踏む Pisar a [Entrar na] base. ◇ **～ da** 本塁打 A volta a todo o campo (com retorno à base). [S/同] Hṓmú-bḗsu. **2** [根城; 根拠地] A base; a fortaleza; o quartel-general.

hońryṓ 本領 **a**)【H.】O feudo (do "daimyô"); **b**) O cará(c)ter específico [A função própria]「da polícia é manter a ordem」; **c**) O talento [forte/A especialidade]「dele é [são as] relações públicas」. ★ ～ *o hakki suru* 本領を発揮する Mostrar os próprios talentos; estar no seu terreno. ⇨ tokúchṓ[1].

hońryū́[1] 本流 **1** [川の主流] A corrente [O curso] principal do rio. [S/同] Shuryū́. [A/反] Buńryū́; shiryū́. **2** [主な流派] A escola [corrente] principal.

hońryū́[2] 奔流 A torrente; o caudal torrencial「até levou casas」; o rápido.
[S/同] Gekíryū́ (+); hayásé; kyū́ryū́ (+).

hońsáí 本妻 A esposa legítima.
[S/同] Seísáí. [A/反] Mekáké. ⇨ óku-san; tsúma[1].

hónseki 本籍 O domicílio oficial; a residência fixa. ★ ～ *o utsusu* 本籍を移す Transferir o domicílio「para」. ◇ **～ chi** 本籍地 O local de domicílio. [S/同] Génseki. ⇨ kosékí[1].

hońséń[1] 本船 **1** [親船] [hońséń] O navio de abastecimento. **2** [この船] [hónsen] Este navio.

hónsen[2] 本線 **1** [鉄道の幹線] A linha principal da rede ferroviária「JR」. [S/同] Kańséń. [A/反] Shiséń. **2** [鉄道のこの線] Esta linha.

hónsha 本社 **1** [神社の中心となる社殿] O templo shintoísta principal. [A/反] Buńshá; masshá. **2** [会社の] **a**) Esta firma; **b**) A sede da firma. ★ ～ *zume to naru* 本社詰めとなる Ser nomeado [Ir tabalhar] para a ～. *Tōkyō* ～ 東京本社 A sede da firma em Tóquio. [A/反] Shísha. ⇨ kaíshá.

hónshi[1] 本旨 O obje(c)tivo principal; o verdadeiro fim. ★ ～ *ni kanau* 本旨にかなう Corresponder ao ～. ～ *ni somuku* 本旨に背く Ser contra o ～.

hónshi[2] 本紙 Este [O nosso] jornal. ★ ～ *no aidokusha* 本紙の愛読者 Os leitores deste jornal; os nossos leitores. ⇨ shińbúń.

hónshi[3] 本誌 Esta revista. ⇨ zasshí.

hoń-shíken 本試験 O exame final.

hońshíkí 本式 O estilo tradicional [clássico; autêntico]. ★ ～ *ni baiorin o narau* 本式にバイオリンを習う Aprender a tocar violino formalmente [a sério]. ～ *no Nihon ryōri* 本式の日本料理 A cozinha [culinária] japonesa autêntica.
[S/同] Seíshíkí. [A/反] Ryakúshíkí.

hónshin[1] 本心 **1** [本来の正しい心] O juízo; o tino; o siso; o seu perfeito estado mental. ★ ～ *ni tachikaeru* [*tachimodoru*] 本心に立ち返る [立ち戻る] Recuperar o ～; voltar ao estado normal. **2** [本当の気持ち] O verdadeiro intuito; o sentir íntimo; o (fundo do) coração. ★ ～ *kara deta kotoba* 本心から出た言葉 Uma palavra franca [sincera]; a expressão saída do coração. ～ *o uchiakeru* 本心を打ち明ける Desabafar; abrir-se; abrir o coração; ser franco. [S/同] Hońkí; shínri.

honshín[2] 本震 O abalo maior [mais forte] (do terre[a]moto). ⇨ yoshíń[1].

hońshítsú 本質 A essência「da democracia」; a verdadeira natureza [substância]; o ser; o valor intrínseco. ★ ～ *o tsukamu* [*kiwameru*] 本質をつかむ [究める] Compreender [Alcançar/Atingir] a/o ～. ～ *teki ni kotonaru* 本質的に異なる「uma opinião」Ser essencialmente diferente. [S/同] Hónsei; ténsei. [A/反] Samátsú. ⇨ końpón ◇.

hónsho 本署 [支署・分署・派出所などに対して] A sede [O posto central] da polícia. ⇨ buńshó[2]; hashútsú ◇; shísho[1].

hónshō[1] 本性 **1** [本来の性質] O verdadeiro cará(c)ter; o temperamento nato; a índole natural. *Kare wa you to* ～ *o arawasu* 彼は酔うと本性を現す Quando fica bêbedo revela o seu verdadeiro cará(c)ter [bebe é que mostra o que é]. [S/同] Hónsei; ténsei. **2** [正気] O juízo; o tino. ★ ～ *ga aru* [*nai*] 本性がある [ない] Estar [Não estar] no seu perfeito juízo. ～ *o ushinau* 本性を失う Perder o ～ [a cabeça]; desatinar. [S/同] Shṓkí. [A/反] Kyṓki.

hónshō[2] 本省 **1** [管下の役所に対して] [hońshṓ] O departamento [A secretaria] central; o ministério. **2** [この省] [hónshō] Este departamento [ministério]; esta secretaria.

hońshókú 本職 **1** [本業] A profissão (regular); a ocupação principal. *Ano otoko* [*Kare*] *no* ～ *wa daiku da* あの男 [彼] の本職は大工だ A profissão dele é (a de) carpinteiro. [A/反] Keńshókú; naíshókú.
2 [専門家] O profissional; o perito; o especialista. ～ *ni wa kanawanai* 本職にはかなわない Não posso competir com [chego a] um ～. ◇ ⇨ **～ hadashi**. ⇨ púro.

hońshókú-hadáshí 本職はだし O profissionalismo [A perícia] excepcional. *Kare no e wa* ～ *da* 彼の絵は本職はだしだ Os quadros dele são de causar inveja a um (pintor) profissional; as pinturas dele superam as de um profissional.

Hónshū 本州 A ilha principal do Japão (⇨ hóndo).

hońsṓ[1] 奔走 **a**) A correria; a pressa; a azáfama; **b**) A dedicação [colaboração/ajuda]「dos amigos」. *Kare wa shikin-atsume ni* ～ *shita* 彼は資金集めに奔走した Ele andou numa correria para arranjar [angariar] o capital.

hońsṓ[2] 本葬 O funeral oficial (⇨ kokúsṓ[1]).
[A/反] Kasṓ; missṓ. ⇨ sṓshíkí[1].

hoń-sújí 本筋 **a**) O tema central「da reunião」; o fio「do discurso」; o rumo certo de a(c)ção. ★ ～ *kara hazureru* 本筋からはずれる Desviar-se do assunto; divagar; perder-se nos trâmites da acção. *Hanashi o* ～ *ni modosu* 話を本筋に戻す Retomar o fio da conversa; voltar ao tema principal. **b**) O mais natural [A primeira coisa a fazer]「era consultar o médico」.

hóntai[1] 本体 **1** [正体] A forma genuína [original]; a figura autêntica. [S/同] Shṓtai. **2** [⇨ hónzon]. **3** [哲学の] O número; o ser; a essência. ◇ **～ ron** 本体論 A ontologia; a metafísica (⇨ keíjíjṓ ◇). **4** [機械などの] A parte principal [O corpo]「da máquina」(Em relação aos acessórios).

hóntai[2] 本隊 O corpo [principal contingente] do exército. [A/反] Buńtáí; shitáí.

hoń-tákú 本宅 A residência [casa] principal. [S/同] Hońtéí. [A/反] Bessṓ; bettákú; bettéí; shṓtákú.

hón-tate 本立て (＜… ＋ tatéru) O suporte [anteparo] de livros. [S/同] Bukkú-éndo.

hońtéń 本店 **1** [支店・分店・出張所などに対して] [hońtéń] A loja [O armazém] principal [central]. [A/反] Buńtéń; shitéń. **2** [この店] [hónten] Esta [A nossa] loja; o meu estabelecimento (comercial).

hońtṓ 本当 **1** [うそでないこと] A verdade; o que

existe de fa(c)to. ★ ～ *ni suru* 本当にする Levar a sério. ～ *no hanashi* 本当の話 A história verdadeira [autêntica]; o fa(c)to. ～ *no kyōdai* 本当の兄弟 Os irmãos verdadeiros [carnais/de sangue]. ～ *rashii* 本当らしい「um caso」Vero(s)símil; provável; plausível. [S/同] Jíjitsu; makótó; shínjitsu. [A/反] Úso. **2** [甚だしいこと] Muito. ～ *ni arigatō* 本当にありがとう ～ [Muitíssimo] obrigado[a]. ～ *ni kanashii* [*tanoshii*; *ureshii*; *kuyashii*] 本当に悲しい [楽しい; うれしい; くやしい] ～ [Extremamente] triste [alegre; feliz; lamentável]. ⇨ taíhén[1]; totémó. **3** [本来; 正当] O que é próprio [exacto/adequado]; o que deve ser. *Watashi no karada wa mada* ～ *de nai* 私のからだはまだ本当でない Ainda não me sinto inteiramente bem (de saúde). ★ ～ *no yarikata* 本当のやり方 O procedimento adequado [corre(c)to]. ～ *wa sō dekinai no da ga* 本当はそうできないのだが Estritamente [Propriamente] falando isso não se devia fazer, mas …. **4** [本物] Verdadeiro; genuíno; autêntico. *Kono zōka wa marude* ～ *no hana no yō da* この造花はまるで本当の花のようだ Esta flor artificial parece mesmo autêntica [natural]. [S/同] Hoń-mónó (+).

hón'ya 本屋 **a**) O livreiro; **b**) A livraria. [S/同] Shotéń.

hoń'yákú 翻訳 A tradução; a versão. ★ *Porutogarugo ni* ～ *suru* ポルトガル語に翻訳する Traduzir [Verter] em português. ◇ **～ ka** [**sha**] 翻訳家 [者] O tradutor. **～ ken** 翻訳権 Os direitos de ～. **～ ryō** 翻訳料 O custo da [pagamento pela] tradução. ⇨ yáku[4]; yakúsu[2].

hónyṓ [**hoó**] 放尿【E.】A urinação; a micção. ★ ～ *suru* 放尿する Urinar. ⇨ nyṓ; shṓbén.

hoń-yómí 本読み **1** [演劇で] A leitura (em ensaio) de uma peça de teatro (⇨ kyakúhóń). ★ ～ *o suru* 本読みをする Fazer a ～. **2** [本を読むこと; 読書の好きな人] Um grande leitor [amigo de livros].

honyū́ 哺乳 A lactação; a amamentação; a aleitação. ◇ **～ dōbutsu** 哺乳動物 O (animal) mamífero. **～ ki** [**bin**] 哺乳器 [瓶] O biberão; a mamadeira. **～ rui** 哺乳類 Os mamíferos.

hónzan 本山 **a**) O templo principal [A sede] (duma seita); **b**) O centro; a sede principal. [A/反] Mátsuji.

hońzéń[1] 翻然【E.】Subitamente; de repente「vi que me tinha enganado」; repentinamente.

hońzéń[2] 本然 ⇨ hónrai.

hónzon 本尊 **1** [主仏] A imagem principal do Buda; o orago. *Kono tera no* (*go*)～ *wa Amida-sama da* この寺の(御)本尊は阿弥陀様だ Este templo é dedicado a Amida. [S/同] Hóntai. **2** [物事の中心になる人・物]【G.】O sujeito da a(c)ção; a mola dos acontecimentos. ★ *Ichimi no* ～ 一味の本尊 O cérebro [cabecilha]「do partido」. **3** [本人]【E.】「aparecer」A própria pessoa「de quem se falava」. *Sora, go-*～ *ga arawareta* そら, 御本尊が現れた Ora, aí vem ele! [S/同] Hónnin (+); tṓnin (+).

hóo 頰 A bochecha. ★ ～ *ga kokete iru* 頰がこけている Ter as ～s caídas [o rosto chupado]. ～ *o akarameru* [*someru*] 頰を赤らめる [染める] Corar; ruborizar-se; ficar corado [com a cara corada/com as ～s coradas]. ⇨ hóppeta.

hṓō[1] [**hoóoo**] 法王 O Papa; o Sumo Pontífice; o Santo Padre. ◇ **～ chō** 法王庁 O Vaticano; a Cúria Romana [Pontifícia]. **Rōma ～** ローマ法王 O Pontífice Romano. [S/同] Kyṓkṓ[4] (+).

hṓō[2] [**hoóoo**] 鳳凰 A fénix.

hṓō[3] [**hoóoo**] 法皇【H.】O imperador feito monge budista [retirado para a vida monástica].

hṓ-ṓ[4] [**hoó**] 訪欧【E.】Uma visita à Europa.

hoójíró 頰白 (< … + shíro)【Zool.】O trigueirão; *emberiza cioides*.

hoó-káburi[**-kámuri**] 頰被 [冠] り **1** [頭にすっぽりかぶること] O cobrir o rosto com uma toalha. ★ ～(*o*) *suru* 頰被り(を)する … **2** [知らぬ振りをすること] O fingir inocência [fingir que não sabe]. *Kare wa itsumo tsugō no warui koto wa* ～ *suru* 彼はいつも都合の悪いことは頰被りする Ele, quando não lhe convém, finge que não sabe. ⇨ shirán-kao.

hoóń 保温 A conservação do calor. ★ ～ *suru* 保温する「as cortinas ajudam a」Conservar o calor; manter-se aquecido. ◇ **～ sōchi** 保温装置 O sistema para conservar o calor. ⇨ atátákái.

hṓóń [**hoó**] 報恩【E.】A gratidão; o reconhecimento; a retribuição do favor recebido. [A/反] Bṓóń.

hóo no ki ほおの木【Bot.】Uma espécie de magnólia. ⇨ mókuren.

hoó-zúe 頰杖 (< hóo + tsúe) O apoio da cabeça na mão [entre as palmas das mãos]. ★ ～ *o tsuku* 頰杖を突く Apoiar [Descansar] a cabeça [o queixo] ...

hoó-zúrí 頰擦り O encostar a face à face「da criança」.

hṓ-po 訪ポ A visita [ida] a P. ⇨ hṓ-Haku.

hóppeta 頰っぺた【G.】As bochechas. ★ ～ *ga ochiru hodo umai* 頰っぺたが落ちるほどうまい「o bolo」Ser muito saboroso [gostoso (B.)]; estar uma delícia. [S/同] Hóo (+).

hoppṓ 北方【E.】**1** [北の方向] A dire(c)ção norte. ◇ **～ ryōdo** 北方領土 O território do norte「reclamado pelo J.」. **2** [北の地方] A região norte. ◇ **～ jin** 北方人 O nortenho; o nortista. [A/反] Nańpṓ.

hóppu[1] ホップ・忽布 (< Hol. hop)【Bot.】O lúpulo. ★ ～ *de nigami o tsukeru* ホップで苦味をつける Dar o amargor [travo]「à cerveja」com ～.

hóppu[2] ホップ (< Ing. hop) **1** [片足で跳ぶこと] O pulo; o salto. ◇ **～ steppu** (**ando**) **janpu** ホップステップ(アンド)ジャンプ O salto triplo. ⇨ sańdáń-tóbí. **2** [野球] O lançamento por alto da bola no beisebol.

Hoppyṓyō [**pyóo**] 北氷洋 O Oceano Glacial Ár(c)tico. [S/同] Hokkyókukai (+). [A/反] Nańpyṓyō.

hṓpu [**óo**] ホープ (< Ing. hope) A esperança [O homem]「do partido」.

horá[1] 法螺 **1** [⇨ horá-gai]. **2** [大げさな話] A gabarolice; a fanfarrice [fanfarronice]; a bazófia; a jactância; a presunção; o exagero. ★ ～ *o fuku* 法螺を吹く Gabar-se; fanfarrear [fanfarronar]; vangloriar-se; buzinar. ◇ **～ fuki** 法螺吹き O gabarolas; o fanfarrão; o bazófia; o jactancioso. [S/同] Hṓgo; kógo; taígéń(sṓgo); úso (+).

hóra[2] ほら【Interj.】～ *goran* ほらご覧 Olhe ali!; olha, olha!; veja! ～ *ne, boku no itta tōri darō* ほらね, 僕の言った通りだろう Veja [Então]! Não é como eu disse/dizia?

horá(**áná**) 洞 (穴) A caverna; a cova; a gruta; a toca; o antro.

horá-gai 法螺貝 **1** [貝] O búzio. **2** [ほら貝で作った吹くもの] A buzina. ★ ～ *o fuku* 法螺貝を吹く Fazer soar o búzio; tocar a buzina [corneta de

búzio)「para o combate」. ⇨ yamábushi.
horágátòge [óo] 洞が峠 A neutralidade (oportunista); o abster-se de tomar partido「por」. ★ ~ *o kimekomu* 洞が峠を決め込む Adoptar uma posição neutra. (S/同) Hiyórími (+).
horítsú [oó] 放埒 O desregramento; a devassidão; a licenciosidade. (S/同) Hōtō. ⇨ darákú.
hore-bóre 惚れ惚れ (< horérú + horérú) Com encanto/agrado. ★ *Kankyaku o* ~ *(to)saseru engi* 観客を惚れ惚れ(と)させる演技 Uma a(c)tuação de encantar a assistência. *Bisei ni* ~ *to suru* 美声に惚れ惚れとする Ficar encantado com uma bela voz. ⇨ uttóri.
hóri[1] [oó] 法令 A lei; a norma; a regra; o estatuto. ◇ ~ **zensho** 法令全書 A compilação de todas as leis. ⇨ hórítso; meírêi.
hóri[2] [oó] 法例 A legislação regulamentadora da aplicação das leis.
horékómu 惚れ込む (< horérú + …) a) Apaixonar-se「por alguém」. b) Ficar encantado [cativado]. ★ *Kare no hitogara ni* ~ 彼の人柄に惚れ込む Ficar encantada com a personalidade [maneira de ser] dele.
hórênsō [hoó] ほうれん草 【Bot.】 O espinafre.
horérú 惚れる 1 [恋いしたう] Apaixonar-se「por」, enamorar-se「de」. 2 [感心して心をひかれる] Ficar fascinado「com a voz do tenor」; admirar. *Kare no kippu no yosa ni horeta* 彼の気っ風の良さに惚れた A bondade de temperamento dele ganhou a minha admiração. (S/同) Shínsúí súrú.
hórétsú[1] [oó] 放列 1 [大砲を横に並べた隊列砲列] O armamento da artilharia; a posição de tiro. ★ ~ *o shiku* 放列を敷く Alinhar a artilharia; colocar os canhões em posição de tiro. 2 [ずらりと並んだ形] A barreira「de gente」.
hórétsú[2] 芳烈 O aroma「do vinho do Porto」.
horí[1] 彫り (< hóru) O entalhar [cinzelar]; o relevo「do rosto」. ★ ~ *no fukai kao* 彫りの深い顔 Um rosto de feições bem vincadas.
horí[2] 堀・壕・濠 1 [城の周囲の] O fosso; a vala. ★ ~ *o megurasu* 堀をめぐらす Cercar com「Fazer」um/a ~. ⇨ sotó-bóri; uchí-bóri. 2 [掘り割り] O canal; o rego. (S/同) Horíwári (+).
hóri 法理 【Dir.】 O fundamento da lei; os princípios legais.
hóri-ágéru [oó] 放[抛]り上げる (< hórú + …) Lançar「a bola」ao ar.
horí-átéru 掘り当てる (< hóru + …) Descobrir; encontrar, a char. ★ *Kinkō o* ~ 金鉱を掘り当てる ~ uma mina de ouro.
horídáshí-mónó 掘出し物 (< horídásu + …) O tesouro encontrado; o achado [a descoberta] valioso[a]. ★ ~ *o suru* 掘出し物をする Fazer uma boa descoberta [um grande achado].
horí-dásu 掘り出す (< hóru + …) 1 [掘って取り出す] Escavar; desenterrar; exumar「o corpo」. ★ *Kin o* ~ 金を掘り出す Extrair ouro (de uma mina). (S/同) Hakkútsú súrú. 2 [掘り出し物をする] Fazer uma boa descoberta; encontrar; achar. ★ *Chinsho o* ~ 珍書を掘り出す Descobrir/Achar um livro raro. ⇨ horídáshí-mónó.
hóri-dásu [oó] 放[抛]り出す (< hórú + …) 1 [投げて外に出す] Deitar [Lançar; Atirar; Jogar; Botar] fora. ★ *Mado no soto e kaban o* ~ 窓の外へかばんを投げ出す Atirar a mala pela janela fora.

Nagé-dású. (A/反) Hórí-kómu. 2 [乱暴に投げ出す] Arremessar; atirar com força. ★ *Yomikaketa shinbun o* ~ 読みかけた新聞を放り出す Arremesser (com) o jornal que estava a ler. (S/同) Nagé-dású. 3 [するのをやめる] Desistir「de」; renunciar「a」; abandonar「os filhos」. ★ *Yarikakete shigoto o* ~ やりかけた仕事を放り出す Desistir do trabalho a meio [Mandar à fava/Abandonar o trabalho]. 4 [集団からはじきだす] Despedir「do emprego」; expulsar; mandar embora. ★ *Gakkō o hōridasareru* 学校を放り出される Ser expulso da escola. 5 [惜しい気もなく出す] Desfazer-se (de algo sem pena); desapossar-se; desbaratar.
hóri-gaku [hoó] 法理学 (⇨ hóri) A jurisprudência; o direito. ◇ ~ **sha** 法理学者 O jurisconsulto.
horí-káesu 掘り返す (< hóru + …) 1 [掘り起こす] Lavrar (e virar) a terra; escavar; revolver. *Michi ga tokorodokoro horikaesarete iru* 道がところどころ掘り返されている O caminho está revolto [estragado/esburacado em alguns/vários] sítios. (S/同) Horí-ókósu. 2 [再び掘る] Tornar a revolver a terra. ★ *Haka o* ~ 墓を掘り返す Tornar a fazer o túmulo [o cova]. 3 [再び取り上げて問題にする] Remexer; mexer de novo「no assunto」.
hórí-kómu [oó] 放[抛]り込む (< hórú + …) Meter「o ladrão na cadeia」; deitar [lançar] para dentro「a carta pela janela」; atirar「para」. ★ *Posuto ni tegami o* ~ ポストに手紙を放り込む Meter a carta na caixa do correio.
horí-mono 彫り物 (< hóru + …) 1 [彫刻] A escultura; o baixo-relevo; a obra de talha. ★ ~ *o suru* 彫りものをする Esculpir; lavrar; cinzelar; gravar. (S/同) Chōkókú (+). 2 [入れ墨] A tatuagem. ◇ ~ **shi** 彫物師 O tatuador. (S/同) Irézúmí (+).
hórí-nágéru [oó] 放[抛]り投げる (< hórú + …) 1 [遠くへ投げる] Atirar para longe; lançar; arremessar. 2 [途中でやめて放っておく] Abandonar a meio. *Shigoto o hōrinagete doko no asobiaruite iru no ka* 仕事を放り投げてどこを遊び歩いているのか Por onde andará a passear sem ter acabado o trabalho? (S/同) Hórí-dásu.
horínúkí-ído 掘り抜き井戸 (< horínúku + ído) O poço artesiano. (S/同) Horí-ído.
horí-núku 掘り抜く (< hóru + …) Perfurar「a parede」; fazer um furo; abrir「um túnel」.
horí-ókósu 掘り起こす (< hóru + …) 1 [土を掘り返す] Cavar; revolver a terra. (S/同) Horí-káesu (+). 2 [掘って取り出す] Desenterrar. 3 [隠れていた事柄や事実を探して表面に出す] Descobrir「novos talentos/autor do crime」. ★ *Umoreta jinzai o* ~ 埋もれた人材を掘り起こす ~ talentos escondidos [desconhecidos].
horí-ságéru 掘り下げる (< hóru + …) 1 [下へ深く掘る] Escavar para o fundo. ⇨ horí-núku. 2 [深く考える] Investigar [Examinar] exaustivamente. *Kono mondai o motto horisagete mimashō* この問題をもっと掘り下げてみましょう Examinemos com mais profundidade [Vamos aprofundar mais] este problema.
hórítsú [oó] 法律 A lei. *Miseinensha no inshu wa* ~ *de kinjirarete iru* 未成年者の飲酒は法律で禁じられている O consumo de bebidas alcoólicas é proibido por lei aos de menor idade. ★ ~ *jō* 法律上 Legalmente; do ponto de vista legal. ~ *ni akarui* [*tsūjite iru*] 法律に明るい[通じている] Ser especialista [en-

tendido; perito] em leis [jurisprudência]. ~ *ni ihan suru* 法律に違反する Infringir [Ser contra] a lei. ~ *ni terasu* 法律に照らす Consultar a lei. ~ *ni uttaeru* 法律に訴える Recorrer à lei [justiça]. ~ *o mamoru* 法律を守る Cumprir [Observar] a lei. ~ *o okasu* [*yaburu*] 法律を犯す [破る] Infringir [Violar; Transgredir] a lei. ◇ **~ an** 法律案 O proje(c)to de lei. ~ *gaku* 法律学 A jurisprudência. **~ gakusha** 法律学者 O jurista; o jurisconsulto. **~ ihan** 法律違反 A violação da lei; a ilegalidade. **~ jimusho** 法律事務所 O escritório de advogado. **~ ka** 法律家 O jurista; o jurisconsulto. **~ kōi** 法律行為 A a(c)ção legal. **~ komon** 法律顧問 O consultor jurídico. **~ mondai** 法律問題 A questão legal. **~ sho** 法律書 O livro de Direito. **~ sōdan** 法律相談 A consulta jurídica. **~ yōgo** 法律用語 O termo jurídico; a terminologia jurídica.

horítsúkéru 彫り付ける (< hóru[1] + …) Gravar.

horíwárí 掘り割り O canal「de irrigação」; o rego; a agueira (grande). [S/同] Horí[2]. ⇨ jósúí[1].

hóro 幌 A capota (de automóvel); o capô; o coberto. ★ ~ *o ageru* [*orosu*] 幌を上げる [下ろす] Levantar [Descer/Fechar] a capota. ~ *o kakeru* [*toru*] 幌をかける [取る] Colocar [Retirar] a/o ~. ◇ **~ basha** 幌馬車 O coche [A carroça] coberto[a].

hṓrṓ[1] [**hoó**] 放浪 A vadiagem; o vaguear「por toda a parte」; a vagabundagem. ★ ~ *seikatsu o suru* 放浪生活をする Levar vida de vagabundo. ◇ **~ heki** 放浪癖 Os hábitos de vadiagem. **~ sha** 放浪者 O vagabundo; o vadio; o andarilho.

hṓrṓ[2] [**hoó**] 琺瑯 O esmalte. ★ ~ *biki no nabe* 琺瑯びきの鍋 A panela esmaltada [de ~]. ◇ **~ shitsu** 琺瑯質 (生理) O esmalte「dos dentes」. [S/同] Enáméru. ⇨ setóbiki; shippṓyákí; urúshí.

horóbíru 滅びる (⇨ horóbósu) Entrar em decadência; ficar em ruínas; perecer; extinguir-se. *Sono bunmei wa sanzen-nen mae ni horobita* その文明は3千年前に滅びた Essa civilização extinguiu-se há 3 mil anos. ★ *Horobiyuku yasei dōbutsu* 滅びゆく野生動物 Os animais selvagens em (perigo de) extinção. [S/同] Metsúbō[Zetsúmétsú] súrú; taéru.

horóbósu 滅ぼす Arruinar; destroçar; aniquilar; exterminar. ★ *Kuni o* ~ 国を滅ぼす Arruinar [Destroçar] o país. *Mi o* ~ 身を滅ぼす Arruinar-se. *Teki o* ~ 敵を滅ぼす Aniquilar [Exterminar; Desbaratar] o inimigo. [S/同] Tayásu. ⇨ horóbíru.

horóhóró-chṓ ほろほろ鳥・珠鶏【Zool.】A galinha-de-angola.

hórohoro (**to**) ほろほろ (と)【On.】 **1** [涙などが流れるさま] Em gotas. *Amari no kanashisa ni* ~ *namida ga koboreta* あまりの悲しさにほろほろ涙がこぼれた De tanta tristeza as lágrimas caíam-lhe ~ pela face. ⇨ bóroboro; póroporo. **2** [散りこぼれるさま] Dispersamente. *Yamabuki no hana ga* ~ *chitta* 山吹の花がほろほろ散った As pétalas do "yamabuki" cairam dispersas no chão. **3** [小鳥などの鳴き声] Melodiosamente; maviosamente. ~ *yamadori ga naite iru* ほろほろと山鳥が鳴いている Ouve-se o canto mavioso de um faisão.

hṓrókú [**oó**] 焙烙 A caçarola de barro.

horó-nígái ほろ苦い Ligeiramente [Um pouco] amargo. *Bīru no aji wa* ~ ビールの味はほろ苦い O sabor da cerveja é ~. ★ ~ *omoide* ほろ苦い思い出 As recordações um tanto [pouco] amargas.

horóri-to ほろりと【On.】(⇨ hórohoro) **1** [涙を落とすさま] Em gotas. ★ *Namida o* ~ *otosu* 涙をほろりと落とす Deixar cair duas (gotas de) lágrimas. **2** [涙ぐむさま] Pateticamente; com comoção. ★ ~ *saseru hanashi* ほろりとさせる話 Uma história comovente [patética]. **3** [酒に少し酔うさま] Em estado de ligeira embriaguez. ★ ~ *you* ほろりと酔う Ficar alegre [ligeiramente embriagado]. [S/同] Kásukani.

horóyóí ほろ酔い O estado de leve embriaguez; o estar com uns copitos. ◇ **~ kigen** ほろ酔い機嫌 A disposição jovial [alegre] sob a influência da bebida.

hóru[1] 彫る **1** [彫刻する] Gravar; cinzelar; lavrar a buril; esculpir. ★ *Ishi ni namae o* ~ 石に名前を彫る ~ o nome na pedra. [S/同] Chṓkókú súrú; kizámú. **2** [入れ墨をする] Tatuar. ★ *Senaka ni ryū o* ~ 背中に竜を彫る ~ um dragão nas costas. ⇨ irézúmí.

hóru[2] 掘る **1** [地面穴をあける] Cavar (a terra) (⇨ tagáyásu); perfurar「parede」; abrir cova [buraco]. ★ *Ana* [*Tonneru*] *o* ~ 穴 [トンネル] を掘る Fazer/Abrir um buraco [túnel]. *Ido o* ~ 井戸を掘る Fazer um poço. **2** [掘って中のものを取り出す] Desenterrar; escavar; extrair do solo. ★ *Imo o* ~ 芋を掘る Arrancar batatas. *Sekitan* [*Sekiyu*] *o* ~ 石炭 [石油] を掘る Extrair carvão [petróleo].

hṓrú[1] [**óo**] 放 [抛] る **1** [投げる] Atirar「uma pedra」; lançar「a moeda ao ar para decidir」; arremessar; deitar [jogar] fora. *Norainu ni esa o pon to hōtte yatta* 野良犬に餌をぽんと放ってやった Atirou com os restos de comida a um cão vadio. **2** [あきらめてやめる] Desistir; deixar a meio; abandonar. *Mondai ga muzukashikute chuto de hōtte shimatta* 問題がむずかしくて中途で放ってしまった Era um problema muito difícil e desisti (a meio). **3** [捨てて顧みない] Não dar importância; não fazer caso; não ligar. *Anna otoko wa hōtte oke* あんな男は放っておけ Não ligue a esse [faça caso desse] sujeito.

hṓru[2] [**oó**] ホール (< Ing. hall) **1** [大広間] O salão; a sala grande. ◇ **Konsāto ~** コンサートホール O ~ de [para] concertos. **2** [広い空間] O vestíbulo「do museu」. ◇ **Genkan ~** 玄関ホール ~ da entrada.

hṓru[3] [**oó**] ホール (< Ing. hole) **1** [穴] O buraco. ◇ **Botan ~** ボタンホール ~/A casa do botão. **2** [ゴルフの] O buraco do golfe. ◇ **~ in wan** ホールインワン Acertar [Meter a bola] no ~ com [de] uma tacada.

horúmáríń ホルマリン (< Al. formalin)【Med.】O formol; a formalina. ~ *zuke* ホルマリンづけ A aplicação de formol「para desinfe(c)tar」.

horúmíumu ホルミウム (< Ing. holmium < Stockholm: top.)【Quím.】O hólmio (Ho 67).

hórumon ホルモン (< Al. hormon < Gr.) **1** [内分泌物] A hormona; o hormônio (B.). ◇ **~ zai** ホルモン剤 O medicamento à base de ~s. **Dansei** [**Josei**] **~** 男性 [女性] ホルモン As ~ s masculinas [femininas]. **2** [牛・豚などの臓物] As vísceras「de porco」. ◇ **~ yaki** ホルモン焼き ~ assadas. ⇨ zṓmótsú.

horúmúárúdéhido ホルムアルデヒド (< Al. formaldehyd) Um soluto de aldeído fórmico. ⇨ horúmáríń.

hórun ホルン (< Al. horn: chifre) **1** [管楽器の一つ] A trompa; a corneta. **2** [⇨ tsunó-búé].

hóryo 捕虜 O prisioneiro de guerra. ★ ~ *ni naru* 捕虜になる Ficar prisioneiro. ~ *ni suru* 捕虜にする

Fazer prisioneiro. ◇ ~ **shūyōjo** 捕虜収容所 O campo de concentração de prisioneiros de guerra. [S/同] Fúryo; toríkó.

hṓryṓ [**hoó**] 豊漁 A grande pescaria. [S/同] Taíryṓ. [A/反] Furyṓ.

horyū́[1] 保留 A reserva; o deixar「o [a admissão do] aluno」em aberto [suspenso]. ★ *Shobun o ~ suru* 処分を保留する Deixar o castigo em suspenso. ◇ ~ **jōken** 保留条件 ~ com condições. [S/同] Ryū́ho.

horyū́[2] 蒲柳【E.】**a**) A salgueirinha (planta); **b**) O ser débil. ★ ~ *no shitsu de aru* 蒲柳の質である Ter fraca saúde; ser de compleição delicada [débil]. [S/同] Jakútái (+); kyojákú (o).

hṓryū [**oó**] 放流 **1** [魚を放つこと] O deitar à água. ★ *Kawa ni sakana o ~ suru* 川に魚を放流する Soltar peixes no rio (para criação). **2** [水を放出すること] O deixar correr a água. ★ *Suimon o akete ~ suru* 水門をあけて放流する Abrir a comporta para (deixar) correr a água. [S/同] Hṓsúí (+).

hósa 補[輔]佐 O assistente; o assessor; o adjunto. ◇ **Daitōryō ~ kan** 大統領補佐官 O assessor do presidente. **Kachō ~** 課長補佐 ~ do chefe da se(c)ção.

ho-sákí 穂先 **1** [穀物の] A (ponta da) espiga. ★ *Ine no ~* 稲の穂先 ~ de arroz. **2** [槍·筆などの] A ponta de um obje(c)to agudo. ★ ~ *o soroeru* 穂先をそろえる Colocar「os pincéis」bem alinhados pelas [nas] pontas. **3** [⇨ hokó-sákí].

hṓsákú[1] [**oó**] 豊作 A boa colheita; a colheita abundante. [S/同] Mańsákú. [A/反] Fusákú; kyṓsákú.

hṓsákú[2] [**oó**] 方策 O plano「para juntar dinheiro」; o esquema; o estratagema; os meios. ★ ~ *ga tsukita* 方策が尽きた Esgotaram-se todos os ~. ~ *o megurasu* 方策をめぐらす Ponderar [Pensar em] vários ~. ~ *o kōjiru* 方策を講じる Conceber um plano. [S/同] Hakárígótó (+); hṓhṓ (o); tédate (+). ⇨ hṓshíń[1]; keíkákú.

hṓsáń[1] [**oó**] 放散 A irradiação「de calor do aquecedor」; a difusão; a emanação「de cheiro」.

hṓsáń[2] [**oó**] 硼酸 O ácido bórico. ◇ ~ **en** 硼酸塩 O borato. ~ **nankō** 硼酸軟膏 O unguento bórico.

hoséí 補正 A emenda; a「roda/o pêndulo de」compensação; a revisão. ★ ~ *suru* 補正する Emendar; corrigir; re(c)tificar. ◇ ~ **yosan** 補正予算 O orçamento suplementar. ⇨ teíséí; shū́séí[1].

hṓséí[1] [**oó**] 法制【Dir.】**1** [法律と制度] A legislação; as leis. ◇ ~ **kyoku** 法制局 A comissão legislativa. ⇨ hṓrítsú. **2** [法律で定めた制度] O sistema legal.

hṓséí[2] [**oó**] 砲声 O tiroteio; o troar [a troada; estrondo] de artilharia.

hṓsékí [**oó**] 宝石 A pedra preciosa; a gema; a jóia. ◇ ~ **bako** 宝石箱 O cofre [A caixa] das jóias. ~ **rui** 宝石類 As pedras [gemas] preciosas; a pedraria. ~ **shō** 宝石商 O joalheiro. ~ **ten** 宝石店 A joalharia. ⇨ génseki[2]; hṓshókú[3].

hoséń 保線 A manutenção das linhas ferroviárias. ◇ ~ **kōfu** [**sagyōin**] 保線工夫[作業員] O funcionário de ~. ~ **kōji** 保線工事 As obras de ~. ~ **ku** 保線区 Uma se(c)ção de ~.

hṓsénka [**oó**] 鳳仙花【Bot.】A balsamina; o beijo-de-frade; *impatiens balsamina*.

hṓshá[1] [**oó**] 放射 A irradiação; a emissão. ◇ ⇨ ~ **jō**. ~ **netsu** 放射熱 O calor radiante. ⇨ ~ **nō** [**sei**/**sen**].

hṓsha[2] [**óo**] 硼砂【Quím.】O bórax [tincal].

hṓshá-jṓ [**oó**] 放射状 (⇨ hṓshá[1]) Actinomorfo; que tem forma [simetria] radiada. ◇ ~ **dōro** 放射状道路 As estradas [ruas] em radial (a partir dum centro comum).

hoshákú 保釈【Dir.】A fiança; a caução; o penhor; a garantia. ★ ~ *chū de aru* 保釈中である Estar sob fiança [caução]. ~ *de shussho* [*shutsugoku*] *shite iru* 保釈で出所[出獄]している Estar em liberdade [fora da prisão] sob fiança. ~ *ni naru* 保釈になる Ser liberto [solto] sob fiança. ~ *suru* 保釈する Pôr em liberdade sob fiança. ◇ ~ **kin** 保釈金 A quantia paga em fiança.

hṓshá-nō [**oó**] 放射能 A radioa(c)tividade. ★ ~ *o abiru* 放射能を浴びる Estar exposto à ~. ~ *o obita* 放射能を帯びた Contaminado pela ~. ◇ ~ **ame** [**yuki**] 放射能雨[雪] A chuva [neve] radioa(c)tiva. ~ **bōgyō shisetsu** 放射能防御施設 O abrigo anti-radioa(c)tividade. ~ **jiko** 放射能事故 O acidente de ~. ~ **jin** 放射能塵 A poeira radioa(c)tiva. ~ **osen** 放射能汚染 A poluição radioactiva. ~ **shōgai** 放射能障害 A doença (causada) por ~. ⇨ hṓshá[1]; hṓshá-séí.

hṓshá-séí [**oó**] 放射性 A qualidade [natureza] radioa(c)tiva; a radioa(c)tividade. ◇ ~ **busshitsu** 放射性物質 A substância radioa(c)tiva. ~ **dōi genso** 放射性同位元素 O isótopo radioa(c)tivo. ~ **genso** 放射性元素 O elemento rodioa(c)tivo. ~ **kōka-butsu** 放射性降下物 A precipitação radioa(c)tiva.

hṓshá-séń [**oó**] 放射線 A irradiação; os raios radioa(c)tivos. ★ ~ *o ateru* [*shōsha suru*] 放射線をあてる[照射する] Irradiar [Aplicar ~]. ◇ ~ **ka** 放射線科 O departamento de radiologia [radioterapia]. ~ **igaku** 放射線医学 A radioterapêutica. ~ **more** 放射線漏れ A fuga [O escape] de ~. ~ **nesshō** 放射線熱傷 A queimadura por ~. ~ **ryōhō** 放射線療法 A radioterapia. ~ **shahei** 放射線遮蔽 O avental [anteparo] contra a/os ~. ~ **shōgai** 放射線障害 A doença por ~.

hoshí 星 **1** [天体] A estrela. ~ *ga dete iru* 星が出ている Vêem-se as ~s [O céu está estrelado]. ~ *ga kagayaite iru* 星が輝いている As ~s estão a brilhar [luzir]. ~ *ga nagareta* 星が流れた Uma ~ cruzou o céu. ★ ~ *no hikari* 星の光 O luzir [brilho] das ~s. ◇ ⇨ ~ **akari** [**kuzu**]. **2** [星の印] O asterisco [sinal gráfico em forma de estrela]. ◇ ~ **jirushi** 星印 O asterisco. **3** [小さな丸い点] A pinta; a dedada「na foto/no papel」; a mancha; a nódoa. ★ *Me ni ~ ga dete iru* 目に星が出ている Ter uma mancha「branca」no olho. **4** [勝負の成績] A vitória; os pontos. ★ ~ *o kasegu* [*hirou*] 星をかせぐ[拾う] Ganhar pontos; alcançar uma vitória. ~ *o ushinau* [*otosu*] 星を失う[落とす] Perder pontos; sofrer uma derrota. **5** [犯人]【G.】O criminoso. ★ ~ *o ageru* 星を挙げる Prender [Capturar] o ~. [S/同] Hánnin. **6** [運勢] O destino; a sorte; o fado (⇨ únsei). ★ *Fukō na ~ no shita ni umareru* 不幸な星の下に生まれる Nascer sob o signo da má sorte. ◇ ⇨ ~ **uranai**. **7** [花形] A pessoa eminente [de alta categoria]; o astro [a estrela]; a fina-flor. *Kare wa waga kurabu no ~ da* 彼はわがクラブの星だ Ele é o astro do nosso clube. [S/同] Haná-gátá; sutā́.

hóshi¹ [óo] 奉仕 **1** [仕えること] O serviço; o servir. **2** [他人のためつくすこと] O (prestar um) serviço; o ajudar. ★ *Shakai ni ~ suru* 社会に奉仕する Trabalhar em prol da sociedade; servir o público. ◇ **~ jigyō** 奉仕事業 A obra de voluntariado [ajuda voluntária] 「ao público」. **Shakai ~** 社会奉仕 O serviço público voluntário. **3** [値引き] O desconto. ◇ **~ kakaku de** 奉仕価格で A preço reduzido [Com desconto]. ◇ **~ hin** 奉仕品 A pechincha [oferta (B.)]; o artigo com … [S周] Sábisu.

hóshi² [óo] 法師 [E.] **1** [僧] O bonzo. ◇ **Ara ~** 荒法師 o bruto [rude/violento]. [S周] Bōzu (+); sō (+). **2** [人の意] O "nosso" homem「é um valente!」. ⇨ *Issún-bōshi; kagé-bōshi.*

hóshi³ [óo] 胞子 【Bot.】 O esporo.

hóshi⁴ [óo] 奉祀 A saudação respeitosa「aos espíritos dos seus antepassados」.

hóshi⁵ [óo] 芳志「sua」gentileza [fineza].

hoshí-ákari 星明かり O brilho [luzir/A luz] das estrelas. ⇨ *hoshi-kágé.*

hoshí-bá 干[乾]し場 (< hósu + …) O sequeiro. [S周] Monóhoshí-bá.

hoshí-búdō 干[乾]し葡萄 (< hósu + …) A passa de uva. [S周] Sábisu.

hoshí-gáki 干[乾]し柿 (< hósu + kakí) O dióspiro [caqui] seco. [S周] Korógaki; tsurúshígaki.

hoshigáru 欲しがる (< hoshíi + gáru) Desejar; querer; cobiçar; ansiar「por」.

hoshíi¹ 欲しい **1** [手に入れたい] Desejar; cobiçar; apetecer; ambicionar; ter vontade. *Ano e ga nodo kara te ga deru hodo ~* あの絵ののどから手が出るほど欲しい Tenho (cá) uma vontade de adquirir aquele quadro! *Kōhī ga ~ mono da* コーヒーが欲しいものだ Apetece-me (muito) um café. **2** [必要だ] Necessitar; precisar. *Kimi ni wa mō sukoshi shinchō-sa ga ~* 君にはもう少し慎重さが欲しい Você devia ter [precisa de] um pouco mais de prudência. **3** [… してもらいたい] Querer que. *Kono shigoto wa anata ni yatte ~* この仕事はあなたにやって欲しい Quero que seja você a fazer este serviço. [S周] -te morắitái.

hoshíi² 干し飯・糒 O arroz cozido e seco.

hoshí-ichíjiku 干[乾]しいちじく (< hósu + …) Os figos secos.

hoshíi-mama 縦・恣・擅 A seu bel-prazer; caprichosamente. ★ *Kenryoku o ~ ni suru* 権力をほしいままにする Mandar「à vontade」; ser "eu quero, posso e mando". [S周] Omóu-mama. ⇨ *wagá-mámá.*

hoshí-jirushi 星印 **1** (< ' + shírushi) O asterisco; uma estrela (Sinal: * / ☆).

hoshí-kágé 星影 A luz [claridade/O brilho] das estrelas. [S周] Hoshi-ákari.

hōshíki [óo] 方式 A fórmula; o modelo; a maneira; o método; o estilo「tradicional do casamento」; o sistema. ★ *Ittei no (de)* 一定の方式 (で) (Conforme) o modelo determinado/indicado. ◇ **Tsumitate ~** 積立方式 O sistema de passar, periodica e automaticamente, dinheiro de uma conta à ordem para outra a longo prazo. [S周] Yarí-kátá.

hoshí-kúsá 干[乾]し草 (< hósu + …) O feno; o capim seco; a erva seca.

hoshí-kúzú 星屑 A poeira de estrelas (Muitas).

hoshí-máwari 星回り O próprio destino; o meu fado; a sorte; a「minha」estrela. *Ano hito wa ~ ga warui* あの人は星回りが悪い Ele é azarento [tem pouca sorte]. [S周] Megúrí-áwásé; únsei.

hoshí-mono 干[乾]し物 A roupa para (pôr a) secar. ★ *~ o dasu* 干し物を出す Pôr a roupa a secar. *~ o torikomu [ireru]* 干し物を取り込む [入れる] Recolher a roupa.

hōshín¹ [óo] 方針 **1** [磁石の針] A agulha magnética. [S周] Jishín (+). **2** [行動の方向] A orientação; o rumo; a linha (dire(c)tiva de a(c)ção); a política. **~ ni shitagau** 方針に従う Seguir a/o ~ marcada/o. *~ o jikkō suru* 方針を実行する Pôr em prática o/a ~ traçado/a. *Ittei no ~* 一定の方針 Uma política clara [bem definida]. ◇ **Eigyō ~** 営業方針 A política comercial; o programa de negócios. **Kihon ~** 基本方針 A política básica [fundamental]. **Shisei [Kyōiku] ~** 施政 [教育] 方針 A política administrativa [educacional]. [S周] Shínro; shishín¹.

hōshín² [óo] 放心 **1** [他事に心を奪われてぼんやりすること] A distra(c)ção; a falta de atenção; o estar na lua. ★ *~ suru* 放心する Ser distraído. *~ jōtai de aru* 放心状態である Estar distraído. **2** [放念] A paz; o estar à-vontade. [S周] Ándo; anshín (+); hōnén; kyūshín.

hōshín³ [óo] 砲身 O cano de espingarda.

hoshí-tóri-hyō 星取表 (⇨ hoshí 4) A tabela da marcação de pontos「do sumō」.

hoshí-uo 干[乾]し魚 ⇨ himónó.

hoshí-úranai 星占い A horoscopia; a astrologia. ★ *~ o suru* 星占いをする Adivinhar o futuro pela leitura dos astros. ◇ **~ shi** 星占い師 O astrólogo [adivinho]. [S周] Senséjútsu.

hoshí-zóra (< … + sóra¹) 星空 O céu estrelado. ★ *~ o aogu* 星空を仰ぐ Contemplar o ~.

hoshí-zúki-yo 星月夜 (< … + tsuki¹ + yóru) A noite clara/com luar.

hoshō¹ 保証 A garantia; o penhor; a fiança; a abonação; a caução. *Ano otoko no jinbutsu wa watashi ga ~ suru* あの男の人物は私が保証する Eu lhe garanto a idoneidade de cará(c)ter daquele indivíduo. ◇ **~ keiyaku** 保証契約 O contrato de garantia. **~ kikan** 保証期間 O termo [período de validade] da garantia. **~ kin** 保証金 O depósito de fiança. **~ nin** 保証人 O fiador; o garante; o abonador. **~ sho** 保証書 O documento [A escritura] de garantia. **~ tsuki** 保証付き Com garantia「de um ano」. **Jin-teki [Butsujō] ~** 人的 [物上] 保証 A garantia humana [material].

hoshō² 保障 A segurança. ★ *Seikatsu no ~ o ataeru* 生活の保障を与える Assegurar a vida [sobrevivência] a「alguém」. ◇ **(Anzen) ~ jōyaku** (安全) 保障条約 O tratado [pacto] de ~. **Anzen ~ riji kai** 安全保障理事会 O Conselho de ~「das Nações Unidas」.

hoshō³ 補償 A compensação. ★ *Songai o ~ suru* 損害を補償する Compensar os [alguém pelos] danos; ~ *sayō* 補償作用 O mecanismo de ~.

hoshō⁴ 歩哨 A sentinela. ★ *~ ni tatsu* 歩哨に立つ Estar de ~ [guarda; vigia]. *~ o oku [tateru]* 歩哨を置く [立てる] Colocar sentinela. [S周] Mihári(hei).

hōshō 奉書 **a)** Uma ordem superior por escrito; **b)** Papel japonês grosso de primeira qualidade. ◇ **~ gami** 奉書紙 O papel…

hōshō¹ 法相 ⇨ hōmu¹ ◇.

hōshō² 報償 A compensação.

⟨S/周⟩ Baishô (+) . ⇨ hôshû.

hóshō³ [hoó] 報奨 O prémio; o bó[ô]nus; o incentivo. ◇ ~ **kin** 報奨金 — pecuniário. ~ **seido** 報奨制度 O sistema de ~s. ⇨ bônasu; shōréí (+) .

hóshō⁴ [hoó] 褒章 A medalha de honra. ◇ ⇨ **ran[kon]-ju** ~ [kon]ju.

hoshōkú¹ 補色 A cor suplementar.

hoshōkú² 捕食 A (de)predação. ◇ ~ **dōbutsu** 捕食動物 O (animal) (de)predador.

hoshōkú¹ [oó] 奉職 O emprego [trabalho] 「no Ministério das Finanças」; a função. *Shōgakkō ni* ~ *suru* 小学校に奉職する Trabalhar numa escola primária. ⇨ kínmu.

hoshōkú² [oó] 飽食 【E.】 O comer lautamente [até à saciedade]; a fartura. ★ ~ *no jidai* 飽食の時代 Uma época de fartura. ◇ ⇨ **dan'í** ~.

hoshōkú³ [oó] 宝飾 As jóias e pedrarias; a joalharia. ◇ ~ **hin** 宝飾品 Uma jóia. ~ **ten** 宝飾店 **a)** Uma joalharia; **b)** Um joalheiro. ⇨ hōsékí.

hoshō-nin [oó] 保証人 O fiador. ⇨ hoshō¹.

hóshu¹ 保守 **1** 「革新に対して」 O conservadorismo; o ser conservador. ◇ ~ **teki na kangae-kata** 保守的な考え方 A mentalidade conservadora. ◇ ~ **(sei)tō** 保守 (政) 党 O partido conservador. *shugi* ~ 主義 O conservadorismo. **2** 「正常な状態を守ること」 A manutenção 「das máquinas」. ◇ ~ **tenken** 保守点検 O exame [A inspe(c)ção] para a ~. ◇ íji².

hóshu² 捕手 【Beis.】 O apanhador (da bola). ⟨S/周⟩ Kyátchā. ⇨ Tôshu.

hoshū¹ 補習 As lições suplementares. ◇ ~ **jugyō** 補習授業 As aulas suplementares.

hoshū² 補修 O conserto; a reparação. ◇ ~ **kōji** 補修工事 As obras de ~. ⇨ tsukúrôu.

hoshu [oó] 歩手 O artilheiro.

hōshū¹ [oó] 報酬 A remuneração; a recompensa; a paga; a gratificação. ★ ~ *no yoi* [*warui*] *shigoto* 報酬の良い [悪い] 仕事 O trabalho bem [mal] remunerado/pago. ★ ~ *o ukeru* 報酬を受ける Receber remuneração. *Mu* ~ *de shigoto o suru* 無報酬で仕事をする Trabalhar de graça [sem ~]. *Rōdō no* ~ *to shite* 労働の報酬として Em [Como] paga do serviço prestado. ⟨S/周⟩ Heñréí; mukúí.

hōshūkú [oó] 奉祝 【E.】 A celebração solene 「do nascimento do príncipe herdeiro」. ⇨ iwáu.

hōshútsú [oó] 放出 **1** 「吹き出すこと」 A libertação 「de gás」; a emissão. ◇ **Enerugī** ~ **ryō** エネルギー放出量 A quantidade de energia libertada. **2** 「貯えてあったものを一般に出すこと」 **a)** A entrega; **b)** O pôr à venda; **c)** A livrança; o livramento. *Kabu no* ~ 株の放出 A livrança de fundos [a(c)ções].

hosō 舗 [铺] 装 O pavimento. ★ *Asufaruto de* ~ *suru* アスファルトで舗装する Asfaltar; deitar [pavimentar com] asfalto. ◇ ~ **dōro** 舗装道路 A estrada asfaltada.

hōso [oó] 硼素 【Quím.】 O boro (B 5).

hōsō¹ [hoó] 放送 A transmissão televisiva ou radiofó[ô]nica; a emissão. ★ ~ *chū de aru* 放送中である Estar em transmissão [a transmitir/no ar]. ★ *Rajio* [*Terebi*] *de* ~ *suru* ラジオ [テレビ] で放送する Transmitir pela rádio [televisão]. ◇ ~ **bangumi** 放送番組 O programa de rádio ou televisão. ~ **daigaku** 放送大学 A universidade livre [aberta]; a tele-escola. ~ **eisei** 放送衛星 O satélite transmissor. ~ **geki** 放送劇 A peça de teatro para televisão. ~ **kyoku** 放送局 A estação transmissora [emissora]. ~ **mō** 放送網 A rede de transmissão [difusão]. **Ē-emu** [**Efu-emu**/**Tanpa**] ~ AM[FM/ 短波] 放送 A transmissão em amplitude modulada [frequência modulada/onda curta]. **Nama** ~ 生放送 A transmissão dire(c)ta [ao vivo]. **Nikakoku-go** ~ 二か国語放送 A transmissão bilíngue [em duas línguas].

hōsō² [hoó] 包装 O empacotamento; o embrulhar. ★ ~ *o toku* 包装を解く Desempacotar; desembrulhar. ~ *suru* 包装する Embrulhar; empacotar. ◇ ~ **(yō)shi** 包装 (用) 紙 O papel de embrulho. ⟨S/周⟩ Ráppingu.

hōsō³ 法曹 Um oficial [funcionário] de justiça. ⇨ **kai**.

hōsō [hoó] 疱瘡 **1** 「天然痘」 A varíola; as bexigas-negras. ⟨S/周⟩ Teñneñtó (+) . **2** 「種痘」 A vacina contra a varíola. ★ ~ **Shutō** (+)

hosó-bikí 細引き (< hosói + hikú) O cordel; a correia; a guita; o barbante. ⇨ nawá.

hosóbóso (to) 細細 (と) (< hosói + hosói) (Im. de 「braço」 muito fino, 「pão」 seco, voz baixinha, caminho estreito, pobreza). ★ ~ *kurasu* 細細暮らす Viver pobremente [com dificuldades].

hosó-gákí 細書き (< hosói + káku) A 「caneta de」 escrita fina. ⇨ Futó-gákí.

hosóí 細い **1** 「断面積の小さい」 Fino; delgado; magro. ★ ~ *ito* [*sen*] 細い糸 [線] O fio [A linha] fino [a]. ~ *ude* 細い腕 O braço ~. ⟨A/反⟩ Futói. **2** 「幅が狭い」 Estreito; apertado. ★ ~ *michi* 細い道 O caminho ~. *Me o hosoku suru* 目を細くする Fechar um pouco os olhos. ⟨A/反⟩ Futói. **3** 「声が小さい」 Fraco; débil. ★ ~ *koe* 細い声 A voz fraca [débil/baixa]. ⟨A/反⟩ Futói. ⇨ chíísáí; yowáí¹. **4** 「量が少ない; 乏しい」 Parco; frugal. *Shoku ga* ~ 食が細い Ser ~ na alimentação; comer pouco. ⟨A/反⟩ Futói. ⇨ sukúnáí; tobóshíí. **5** 「力が弱い」 Fraco; débil; ténue. ★ *Ranpu no hi o hosoku suru* ランプの火を細くする Baixar [Diminuir] a luz da lâmpada. *Shinkei ga* ~ 神経が細い Ser nervoso [fraco dos nervos]. ⟨I/慣用⟩ *Hosoku nagaku ikiru* 細く長く生きる Viver longa e comedidamente.

hōsō-kai [hoó] 法曹界 【E.】 Os círculos [meios] legais [judiciais].

hosóku¹ 補足 O complemento; o suplemento; o aditamento. ◇ ~ *suru* 補足する Completar; acrescentar; adicionar. ~ *teki na setsumei o kuwaeru* 補足的な説明を加える Acrescentar uma explicação com[su]plementar [adicional]. ⟨S/周⟩ Hojú; zōhó.

hosóku² 補則 Regras [Artigos] suplementares. ⇨ fusōku²; saísóku².

hosóku³ 捕捉 【E.】 **a)** A captura 「do criminoso」; a apreensão 「da mercadoria」; **b)** O captar [entender/apanhar/pescar (G.)]. ⇨ toráéru; tsukámáéru.

hosóku⁴ [oó] 歩測 O medir a distância com os passos. ★ ~ *suru* 歩測する... ⇨ mokúsókú.

hōsókú [oó] 法則 **1** 「きまり」 A lei estabelecida. ★ ~ *ni atta* [*hazureta*] *yarikata* 法則に合った [はずれた] やり方 O procedimento conforme [contrário] à lei. ⟨S/周⟩ Kímárí; norí; okíté. **2** 「事物相互間の関係」 As leis da matéria. ★ *Ban'yū inryoku no* ~ 万有引力の法則 A lei da gravitação universal. *Shizen no* ~ 自然の法則 A lei da natureza.

hosó-mé¹ 細目 (< hosói + me¹) **a)** Os olhos piscos [pequenos/semi-abertos「do doente」] (⇨ hosómérú); **b)** O ponto de costura apertado [estreito].

hosómé² 細め「o cinto」A puxar para o estreito [fino];「vestido」um pouco apertado. ★ ~ no ito 細めの糸 O fio mais fino. A/反 Futómé. ⇨ hosói.

hosómeru 細める Fazer mais estreito [apertado/fino]. ★ Konro no hi o ~ こんろの火を細める Baixar a chama do fogão「a gás」. Me o ~ 目を細める Fechar um pouco os olhos.

hosó-mí 細身 (< hosói + ···) O corpo delgado [fino/estreito]. ★ ~ no dezain 細身のデザイン「um vestido」De forma estreita. ⇨ kyashá.

hosó-michi 細道 (< hosói + ···) O caminho estreito; o carreiro; o caminhito.

hosó-nágái 細長い (< hosói + ···) Longo e estreito; oblongo; comprido. ★ ~ kao 細長い顔 O rosto alongado. Hosonagaku kiru 細長く切る Cortar perpendicularmente [ao comprido].

hosó-ómote 細面 (< hosói + ···) O rosto oval [miúdo/fino]. A/反 Marú-gáó. ⇨ urízánégáó.

hosóru 細る **a)** Emagrecer; **b)** Ficar encolhido/fraco; diminuir. Shinpai de karada[mi] ga ~ omoi ga shita 心配で体[身]が細る思いがした Com a preocupação, até me arrepiei. ★ Shoku ga hosotta 食が細った O apetite baixou [diminuiu].

hosó-údé 細腕 (< hosói + ···) **1**[やせた腕]O braço magro [delgado]. S/同 Yasé-údé. **2**[か弱い力]A fraqueza; o pouco que se pode. ★ Onna no ~ de ikka o sasaeru 女の細腕で一家を支える Sustentar a família com o pouco que pode uma mulher. S/同 Yasé-údé.

hossá 発作 O ataque「de coração」; o acesso「de febre」; o espasmo「de epilepsia」. ★ ~ ni osowareru [mimawareru] 発作に襲われる [見舞われる] Ter um「de」. ~ o okosu[ga okoru] 発作を起こす[が起こる] Ter um ataque. ~ teki na hankō 発作的な犯行 O crime praticado por um ~ repentino.

hosshín¹ 発心 **1**[信仰心を起こすこと]【Bud.】Um forte despertar da consciência religiosa. ★ ~ suru 発心する Tornar-se religioso; ir para bonzo. S/同 Hokkí; hótsui. ⇨ shukké. **2**[思い立ってあることをること]A decisão séria. ★ ~ shite bengaku ni hagemu 発心して勉学に励む Decidir-se a dedicar-se ao estudo. ⇨ omói-tátsu.

hosshín² 発疹 ⇨ hasshín³.

hossóku 発足【E.】O começo; a inauguração. ★ ~ suru 発足する Começar; dar princípio「à Associação」; inaugurar. S/同 Kaíshí (+).

hossóri (to) ほっそり (と) De maneira fina [esguia/esbelta]. ★ ~ shita karada ほっそりした体 Um corpo esguio (e esbelto). ⇨ hosói.

hossú 法主【Bud.】Uma espécie de espanador, usado nos funerais.

hossúrú 欲する【E.】Desejar; querer. [ことわざ] Onore no ~ tokoro o hito ni hodokose おのれの欲するところを人に施せ Faz aos outros como「o que」 desejarias que te fizessem a ti. ★ ~ ga mama ni 欲するがままに Ao seu gosto. Heiwa o ~ 平和を欲する ~ a paz. S/同 Hoshígaru (+); negáu (+); nozómú (+). ⇨ hoshíi¹.

hósu 干[乾]す **1**[水分除去のために日などにあてる] Secar; enxugar; arejar. ★ Sentaku-mono o ~ 洗濯物を干す Pôr a roupa lavada a secar. S/同 Kawákásu; sarású. **2**[中の水などをすっかり抜く] Esvaziar「o estômago para observação médica」; despejar. Ike no mizu o ~ 池の水を干す Esvaziar o [a água do] tanque. **3**[すっかり飲み尽くす] Esvaziar; beber tudo [até à última gota]. ★ Bīru o ikki ni ~ ビールを一気に干す Beber a (garrafa de) cerveja de um trago [gole]. S/同 Akéru. **4**[人に仕事などを与えないでおく]【G.】Deixar (alguém) sem trabalho. Kare wa eiga-gaisha kara hosareta 彼は映画会社から干された Ele foi rejeitado pela empresa cinematográfica.

hosú [úu] 歩数「contar」O número de passos. ◇ ~ kei 歩数計 O pedómetro [conta-passos] (Seria preferível "passímetro").

hōsu [óo] ホース (< Hol. hoos) A mangueira.

hōsúi [óó] 放水 **1**[水を導き出すこと] **a)** A drenagem (de terreno alagadiço ou pântano); **b)** A saída da água「do tanque para regar」. ★ Damu kara suiden ni ~ suru ダムから水田に放水する Canalizar/Levar a água do dique [da barragem] para o arrozal. ◇ ~ ro 放水路 O canal [rego; A vala; A agueira]. S/同 Hóryū. ⇨ gesúi. **2**[水を飛ばすこと] O atirar [lançar] água. ~ sha 放水車 O camião-cisterna「para limpar as ruas」.

hosúru 補する【E.】Nomear「o dire(c)tor」.

hósuteru ホステル (< Ing. hostel) A pousada; a hospedaria; a estalagem. ◇ Yūsu ~ ユースホステル A pousada de juventude.

hósutesu ホステス (< Ing. hostess; ⇨ hósuto) **1**[女主人 (役)] A patroa; a dona de casa; a anfitriã. ★ Pāti de ~ yaku o tsutomeru パーティーでホステス役を務める Ser a anfitriã da festa. **2**[女性司会者] A organizadora (orientadora). **3**[客をもてなす女性] **a)** A empregada de bar. ★ Bā no ~ バーのホステス~. **b)** ⇨ suchúwādesu.

hósuto ホスト (< Ing. host; ⇨ hósutesu) **1**[男主人 (役)] O patrão; o anfitrião. ◇ ~ koku ホスト国 O país anfitrião; o shújin; shusái-sha. **2**[男性応客者] O organizador [animador]「de festas」. **3**[客をもてなす男性] O empregado de bar ou clube de diversão. ~ kurabu ホストクラブ O clube de diversão atendido por homens.

hōtái¹ [óó] 包[繃]帯 A ligadura; a faixa [tira de pano/gaze. ★ ~ o maku [suru] 包帯を巻く[する] Enfaixar「o braço」; pôr uma ~「na perna」. ~ o toku [toru] 包帯を解く[取る] Tirar a ~.

hōtái² [óó] 奉戴 O recebimento honroso; a honra de ter「o príncipe como presidente」.

hótaru 蛍【Zool.】O pirilampo; o vaga-lume; o caga-lume (G.). ★ ~ no hikari 蛍の光 A luz dos pirilampos. ◇ ~ bi 蛍火 **a)** A luz do ~; **b)** Uma brasinha. ~ gari 蛍狩り O ir ver [apanhar] pirilampos. ~ ika 蛍烏 A lula brilhante. ~ ishi 蛍石 A fluorite [fluorina].

hotátégai 帆立貝【Zool.】O pente-do-mar; a vieira; a concha dos romeiros; pactinopecten yessoensis.

hótchikisu ホッチキス (< Ing. Hotchkiss: antr.) A grampadora; a máquina de brochar [grampar]「livros」. ★ ~ no hari ホッチキスの針 O grampo. S/同 Sutépurā.

hotéi¹ 補訂 O rever e aumentar「a segunda edição do livro」.

hotéi² 布袋 O deus ~ (Barrigudo). ⇨ shichí-fúkú-jin.

hōtéi¹ [oó] 法廷 O tribunal (⇨ sáiban). ★ ~ de arasou 法廷で争う Ir a tribunal; recorrer à justiça. ~ ni tatsu 法廷に立つ Ser julgado (em ~); responder (perante a justiça). Jiken o ~ ni mochidasu 事件を法廷に持ち出す Pôr a questão em tribunal. ◇ ~ **bujokuzai** 法廷侮辱罪 A ofensa contra o ~. **Dai** [**Shō**] ~ 大[小]法廷 O Supremo Tribunal (de justiça) [O tribunal de primeira instância]. ~ **tōsō** 法廷闘争 O combate no ~. S/同 Saíbańshó.

hōtéi² [oó] 法定 [E.] Legal; legítimo; determinado por lei. ~ **densenbyō** 法定伝染病 A doença infe(c)ciosa determinada por lei (e que se tem de relatar às autoridades). ~ **kakaku** 法定価格 O preço fix(ad)o por lei. ~ **rishi** [**buai**] 法定利子[歩合] O juro legal. ~ **sōzokunin** 法定相続人 O herdeiro legítimo. ~ **tokuhyōsū** 法定得票数 O número mínimo de votos exigido por lei para um cargo público. ⇨ hō-téki¹.

hotéi-bárá 布袋腹 (<…²+hará) A barriga grande [do deus Hotei]; a pança.

hōtéi-shiki [oó] 方程式 A equação. ★ ~ o tateru 方程式を立てる Equacionar; formular uma. ~ o toku 方程式を解く Resolver uma. ◇ **Bibun** ~ 微分方程式 ~ diferencial. **Daisū** (**Kagaku**) ~ 代数[化学]方程式 ~ algébrica [A fórmula química]. **Ichi** [**Ni**; **San**]-**ji** ~ 一[二;三]次方程式 ~ simples [de segundo grau; de terceiro grau]. **Renritsu** ~ 連立方程式 As equações simultâneas.

hō-téki¹ [oó] 法的 Legal; legítimo. ★ ~ na konkyo wa nai 法的な根拠はない Sem [Não ter] fundamento legal. ~ **shudan ni uttaeru** 法的手段に訴える Recorrer aos meios [às vias] legais. ⇨ hōtéi².

hōtéki² [oó] 放[抛]擲 [E.] O abandono; a renúncia. ★ Kenri o ~ suru 権利を放擲する Renunciar aos seus direitos. ⇨ Hōchi (+); hōki (+). ⇨ na-gé-dású; uchí-sútérú.

hotén 補塡 [E.] O preenchimento; a compensação. ★ Sonshitsu o ~ suru 損失を補塡する Compensar os danos. ◇ ~ **kin** 補塡金 A ~ monetária. S/同 Anáúmé (+); hojú (+); hosókú (+); ténpo.

hōtén¹ 法典 O código 「de Hamurabi/de Direito Canó[ô]nico」.

hōtén² [oó] 宝典 [E.] **1** [貴重な書物] O livro precioso [raro]; a preciosidade [raridade] bibliográfica. **2** [便利な書物] O manual; o livro (prático) de consulta. S/同 Hōhō (+).

hōtéri 火照り (< hotérú²) **a)** O ardor [calor] 「das bochechas」; **b)** O brilho [rubor] 「do sol poente」.

hóteru ホテル (< Ing. < Fr. L. hospitale) O hotel. ★ ~ **ni tomaru** ホテルに泊る Ficar [Hospedar-se] no ~. ⇨ ryokań; yadó-yá.

hotérú² 火照る Sentir calor; estar corado [a arder] de calor. Hazukashisa ni hoo ga hotetta 恥かしさに頬が火照った As faces coraram-lhe de vergonha.

hōto [oó] 方途 **1** [方法] O meio; a maneira. Kaiketsu no ~ o mosaku suru 解決の方途を模索する Ta(c)tear [Sondar] a melhor maneira para a solução [do caso]. S/同 Hōhō (o); shúdan (+); té-date (+). **2** [進むべき道] O caminho [rumo] a seguir; a dire(c)ção a tomar. S/同 Michí.

hōtō¹ [hoo] 放蕩 A dissipação; a libertinagem; a devassidão; o vício; o desregramento. ★ ~ **ni fukeru** 放蕩にふける Entregar-se aos vícios. ◇ ~ **mono** 放蕩者 O dissoluto; o libertino. ~ **musuko** 放蕩息子 O filho pródigo (Bí.).

S/同 Dōráku (+); gokúdō; hōrátsú; yūtō.

hōtō² [hoo] 宝刀 A espada antiga [guardada como tesouro]. ☝/慣用 Denka no ~ o nuku 伝家の宝刀を抜く Jogar o último trunfo. S/同 Hōkén.

hōtō³ [hoo] 砲塔 A torre [O torreão] para peças de artilharia.

hotóbáshíri 迸り (< hotóbáshíru) O brotar em gorgolhões; o jorro [esguicho].

hotóbáshíru 迸る Golfar; jorrar (às golfadas/aos borbotões); esguichar 「sangue」; irromper. Izumi kara chikasui ga ~ 泉から地下水が迸る A água jorra da nascente. ★ ~ **nekki** 迸る熱気 Uma lufada de ar quente.

hotóbóri 熱り・余熱 **1** [残った熱] O calor remanescente. ★ Nichū no ~ 日中の熱り O resto do calor [~] do dia. S/同 Yonétsú. **2** [評判のなごり] Os restos da excitação pública. Jiken no ~ ga sameru made matō 事件の熱りが冷めるまで待とう Aguardemos que os ânimos se acalmem [a excitação do acontecimento esfrie]. **3** [感情のなごり] Os restos「do entusiasmo」. ★ Kenka no ~ けんかの熱り Os [resquícios] da rixa.

hotóhótó ほとほと 【On.】 Muito; completamente. Ano ko no itazura ni wa ~ te o yaite iru あの子のいたずらにはほとほと手をやいている Muito me custa aturar as diabruras daquela criança/Não sei que fazer com criança tão travessa.

hotóké 仏 **1** [悟りを得た者] O Buda. ☝/ことわざ ~ no kao mo sando 仏の顔も三度 Até a paciência de um santo tem limites. Jigoku de ~ de 地獄で仏 O amigo em tempo de aflição [quando é preciso]. Shiranu ga ~ 知らぬが仏 Santa ignorância! ◇ ~ **gokoro** 仏心 O coração de santo [ouro]; a compaixão. S/同 Shakúsón. ⇨ Búdda; Shaka. **2** [仏像] A imagem de Buda. ☝/ことわざ ~ tsukutte tamashii irezu 仏作って魂入れず Deixar uma obra inacabada [ir a Roma e não ver o Papa]. **3** [仏教] Butsúzō. **[**法**]** A doutrina do budismo. ★ ~ **no michi** 仏の道 O viver conforme à ~. S/同 Buppō. **4** [死人] O morto. ~ **ni naru** 仏になる Morrer.

hotóndo 殆ど **1** [もう少しのところで] Quase; com pouca diferença; por um triz; por pouco. Ōnami ni sarawarete ~ shinu tokoro datta 大波にさらわれて殆ど死ぬところだった (Tendo sido) levado pelas ondas, estive quase a [a ponto de] morrer. ~ **íma ni mo**; **sundé (no koto) ni**. **2** [大方] Quase tudo [todos]; na maior parte; praticamente. ~ no hito ga sono iken ni sansei shita 殆どの人がその意見に賛成した A maioria concordou com a ideia. Kare ga mudan de kesseki suru koto wa ~ nai 彼が無断で欠席することは殆どない Ele quase nunca falta [É raro ele faltar] 「às reuniões」sem avisar. ★ ~ **shinjigatai** 殆ど信じ難い É quase inacreditável. S/同 Daíbúbun; ōkátá.

hotóri 辺り A beira「do rio」; perto [ao lado] de. S/同 Átari; katáwárá; kiwá; shúhén.

hotótógisu 時鳥・杜鵑・子規・不如帰 【Zool.】 O cuco.

hotsúré 解れ (< hotsúrérú) O descompor-se; o estragar-se. ◇ ~ **ge** 解れ毛 O cabelo despenteado [por pentear].

hotsúrérú 解れる Descoser-se; descompor-se 「o cabelo」. ★ Nuime ga ~ 縫い目が解れる Descoser-se [Desfazer-se] a costura. ⇨ hodókéru; tokéru².

hottán 発端 A origem; 「vou contar tudo desde」o começo. ★ *Jiken [koto] no* ~ 事件 [事] の発端 ~ do incidente [do caso; da novela]. [S/同] Itóguchi; kikkáké (+); okóri. [A/反] Shūmátsú.

hottárákasu ほったらかす Abandonar; pôr de lado; descurar; desleixar. ★ *Kodomo o hottarakashite oku* 子供を放ったらかしておく Não fazer caso da [Abandonar a] criança. [S/同] Hótté-óku (+). ⇨ hóchi²; hótéki².

hottáté-góya 掘っ建て小屋 A cabana [choupana] (feita com paus a pique).

ho[hó]tté-ókú [oó] 放 [抛] って置く (< hórú¹ + okú) Deixar ficar [como está]. *Kono mondai wa hotte-okenai* この問題は放っておけない Não se pode adiar mais [deixar assim] este problema. *Hotte-oite kudasai* 放っておいて下さい Deixe-me em paz.

hottó¹ ほっと【On.】 **1** [ため息が出るさま] Como quem suspira de alívio. ★ ~ *(tame)iki o tsuku* ほっと (ため) 息をつく Dar [Soltar] um suspiro de alívio. **2** [安心するさま] Como quem se sente tranquilizado. ★ ~ *(anshin) suru* ほっと (安心) する Tirar um peso da cabeça/do coração.

hótto² ホット (< Ing. hot) **1** [熱いこと] Quente. ★ *Kōhī o ~ de nomu* コーヒーをホットで飲む Tomar o café ~. ◇ ⇨ **doggu [kēki]**. ~ **kāppetto** ホットカーペット O tapete elé(c)trico. ~ **miruku** ホットミルク O leite ~. ~ **rain** ホットライン A linha telefónica dire(c)ta (ao dispor dos chefes de estado para comunicação imediata entre si). [S/同] Atsúi. [A/反] Áisu; kōrudo; kūru. **2** [強烈なこと] Forte; intenso. **3** [新しいこと] Novo. ★ *Saikin ~ na wadai* 最近ホットな話題 Uma assunto quente [muito falado]. ◇ ~ **nyūsu** ホットニュース A última notícia.

hottó-dóggu ホットドッグ (< Ing. hotdog) O pãozinho com salsicha; o cachorro-quente.

hottó-kḗki [ée] ホットケーキ (< Ing. hot cake) A panqueca.

hottsúkí-árúku ほっつき歩く (< hottsúku + …)【G.】Vaguear; andar às voltas. ★ *Yoru no machi o ~* 夜の町をほっつき歩く ~ de noite pela cidade. [S/同] Burátsúkú (+); urótsúkú (+).

hottsúku ほっつく Vaguear.

hówá¹ [oó] 飽和【1 [極限に達した状態] A saturação. ◇ ~ **jinkō** 飽和人口 ~ demográfica. ~ **jōtai** 飽和状態 O estado de ~. **2** [溶液・蒸気の] A saturação. ★ ~ *suru* 飽和する Ficar saturado. ◇ ~ **jōtai** 飽和状態 O estado de ~. ~ **ten** 飽和点 O ponto de ~. ~ **yōeki [kagōbutsu]** 飽和溶液 [化合物] A solução [O composto] saturada(o).

hówá²[oó] 法話【Bud.】O sermão. [S/同] Sekkyō.

howáito ホワイト (< Ing. white) Branco. ◇ ~ **hausu** ホワイトハウス A Casa Branca (do presidente dos E.U.). ~ **karā** ホワイトカラー O funcionário; o empregado de escritório. ~ **kurisumasu** ホワイトクリスマス O Natal com neve. ~ **sōsu** ホワイトソース O molho branco.

hóya¹ 火屋 O globo de vidro (para candeeiro).

hóya² 海鞘・老海鼠【Zool.】A ascídia.

hoyáhóyá ほやほや【On.】**1** [湯気が立っているさま]「sopa」A fumegar. ★ ~ *no niku-man* ほやほやの肉饅 O bolo recheado de carne, (ainda) a fumegar. **2** [出来たばかりのようす] [pão] Acabado de fazer. ★ *Shinkon ~ no fūfu* 新婚ほやほやの夫婦 O par de recém-casados.

hō-yáku 邦訳 **a)** A tradução japonesa. **b)** A tradução vernácula 「j./p.」◇ ~ **Seisho** 邦訳聖書 A Bíblia em japonês. ⇨ hoń'yáku.

hoyō 保養 O cuidar da saúde; o descanso [repouso]. ★ ~ *(o) suru* 保養 (を) する Cuidar da saúde; descansar. *Me no ~ o suru [ni naru]* 目の保養をする [になる] Repousar a vista 「nas flores」[Ser um descanso para a vista]. ◇ ~ **chi** 保養地 A estância de saúde. ~ **jo** 保養所 O sanatório. ⇨ seíyō²; yōjō².

hōyō¹ [hoó] 包容【E.】**a)** A inclusão; **b)** A compreensão [tolerância]. *Kare ni wa hito o ~ suru garyō ga aru* 彼には人を包容する雅量がある Ele é magnânimo [compreensivo/tolerante] (para) com todos. ◇ ~ **ryoku** 包容力 A (capacidade de) tolerância.

hōyō² [hoó] 抱擁 O abraço; o apertar 「o filho」nos braços. *Koibito o ~ suru* 恋人を抱擁する Abraçar o namorado.

hōyō³ [hoó] 法要 O serviço religioso budista. [S/同] Bútsuji; hōé; hōji (+).

hoyū [uú] 保有 A posse [fruição] 「de」; a retenção [conservação]. ★ ~ *suru* 保有する Possuir; ter em seu poder; reter; conservar. ◇ ~ **chi** 保有地 A propriedade. **Kaku ~ koku** 核保有国 O país com (que tem) armas nucleares. **Kin [Seika] ~ daka** 金 [正価] 保有高 O ouro [A moeda/A espécie] em depósito.

hōyū [oó] 朋友 O amigo. [S/同] Tomódáchí (+).

hozáku ほざく【G.】Dizer; ladrar. *Nani hozaite iru n'da* 何ほざいているんだ Que está (para aí) você a ladrar/cantar (+) ?

hozéí 保税 O reter na alfândega. ◇ ~ **chīki** 保税地域 A área sob fiscalização alfandegária.

hozén 保全【E.】A integridade, a preservação. ★ *Kokudo [Ryōdo] no ~* 国土 [領土] の保全 ~ do território nacional. *Zaisan o ~ suru* 財産を保全する Preservar o património [os bens].

hózo¹ ほぞ O macho [A cavilha/A espiga]. ◇ ~ **ana** ほぞ穴 A mortagem [mecha] 「para fazer encaixe na madeira」.

hozó² 臍 O umbigo (Tb.「da laranja」). [I/慣用] ~ *o kamu* 臍をかむ Arrepender-se amargamente; ficar com pena [remorso]. ⇨ Hesó (+).

hozón 保存 A preservação, a conservação; a prote(c)ção. ★ ~ *ga kiku [kikanai]* 保存がきく [きかない] Ser [Não ser] conservável. ~ *jōtai ga yoi* 保存状態がよい (que está) Em bom estado de conservação. ~ *suru* ~する Preservar; conservar; proteger. ~ *shoku* 保存食 A comida durável [conservável/não degradável (+)].

hōzúki [oó] 酸漿・鬼灯 [燈]【1 [植物]【Bot.】O lampiãozinho vermelho; *physalis alkekengi*. ◇ **Umi ~** 海ほおずき O saco em que alguns caramujos marinhos guardam os ovos, parecido ao ~. ~ **ichi** ほおずき市 A feira do ~ (Aberta em vários lugares de Tóquio em julho; a mais famosa é a de Asakusa). **2** [口に入れて鳴らすもの] O apito; a buzina; o assobio.

hōzúrú 報ずる ⇨ hōjírú².

hyakká-jíten 百科事典 A enciclopédia.

hyakká-ryōrán [oó] 百花繚乱 A floração luxuriante de inúmeras flores.

hyakká-sōméí 百家争鳴 A livre exposição & discussão de teorias entre intelectuais de todos os ramos do saber.

hyakkáten 百貨店 O centro comercial; uma grande mercearia. ⟨S/同⟩ Depáto (+).

hyakká-zénsho 百科全書 A enciclopédia (dos enciclopedistas franceses do século 18).

hyákki-yagyō[-yakō] 百鬼夜行 **1** [化け物が歩くこと] A fantasmagoria. **2** [悪人どもがわがもの顔に振る舞うこと] A malandragem.

hyakú 百 **1** [10 の 10 倍] Cem; um cento; uma centena. ★ *Nanbyaku to iu* 何百という Várias centenas「de」. ◇ **Dai ~[~ ban-me no]** 第百「百何目の」O centésimo「visitante」.「百歳」Cem anos; muito tempo. ◇ [百歳] Cem anos; muito tempo. *Mitsugo no tamashii wa hyaku made wasurezu* 三つ子の魂は百まで [三つ子の魂は百まで] O que se aprende no berço dura até à sepultura/O que o berço dá, só a cova o tira. ⟨S/同⟩ Hyakú-sai. **3** [多数] Muito. ⟨I/慣用⟩ ~ *mo shōchi* 百も承知 Mais que sabido; farto de saber (*Sonna koto wa* ~ *mo shōchi datta* そんなことは百も承知だった Isso estava eu farto de saber/Isso bem sabia!).

hyakú-bái 百倍 Uma centena de vezes. ★ *Genki [Yūki]* ~ *da* 元気[勇気]百倍の「Tarō」Está cheio de saúde [coragem].

hyakúbún[1] 百分 A centésima parte; um centésimo. ★ ~ *no hyaku bu no* 百分の Centesimal. ~ *no 1* 百分の1 Um por cento. ◇ ~ **ritsu [hi]** 百分率[比] A pe[o]rcentagem. ⇨ bu[2]; buái; pásénteji; pásénto; warláf.

hyakúbún[2] 百聞 [E.] O ouvir muitas vezes. [ことわざ] ~ *wa ikken ni shikazu* 百聞は一見に如かず É vendo, mais que ouvindo, que as pessoas acreditam/Ver para crer (+).

hyakú-do 百度 **1** [百回] Cem vezes. **2** [⇨ hyákúdó] **3** [温度の]「a água ferve aos」Cem graus.

hyakú-gái 百害 [E.] Toda a espécie de males. [ことわざ] ~ *atte ichiri nashi* 百害あって一利なし「beber demais traz」 ~ e proveito nenhum.

hyakú-háchijū-do [úu] 百八十度 **1** [角度] Cento e oitenta graus. *Sankakkei no naikaku no wa wa* ~ *de aru* 三角形の内角の和は百八十度である A soma dos três ângulos internos de um triângulo é ~. **2** [正反対であるさま] O oposto [contrário]. *Sengo, kare no shisō wa* ~ *tenkan shita* 戦後、彼の思想は百八十度転換した Depois da guerra a ideologia dele mudou radicalmente [para o lado ~].

hyakújū 百獣 [Muitos] os animais. ◇ ~ **no ō** 百獣の王「o leão e」O rei dos animais.

hyakúmán 百万 **1** [万の百倍] Um milhão. ~ *bun no ichi* 百万分の一 A milionésima parte]. ◇ ~ **chōja** 百万長者 O milionário. **2** [非常に多いことのたとえ] Um grande número. ★ ~ *no mikata o eta yō na ki ga suru* 百万の味方を得たような気がする Ter a impressão de ter milhões de apoiantes. ◇ ~ *gen* 百万言 [Centenas de palavras] (~ *gen o tsuiyashite mo nao iitsukusenai utsukushisa* 百万言を費やしてもなお言い尽くせない美しさ Uma beleza indescritível [indizível/que não há palavras que a possam exprimir]).

hyakúménsō 百面相 A multiplicidade de faces [formas/caretas/matizes/fases「da vida」].

hyakú-nen 百年 **1** [百の年] Cem anos; um século. ◇ ~ **ki** 百年忌 O centenário da morte. ~ **sai** 百年祭 A comemoração centenária; o centenário. ⇨ séiki[1]. **2** [多くの年] Muitos anos; uma eternidade; longo tempo.

★ ~ *no fusaku* 百年の不作 **a)** A pior colheita há muitos anos; **b)** O infortúnio; a maior desgraça「foi casar com ele」. ~ *no kei* 百年の計 Um plano a longo prazo「para o país」. [ことわざ] ~ *kasei o matsu* 百年河清を待つ Esperar que as galinhas tenham dentes (Lit. "o rio Amarelo fique claro").

hyakú-nichí 百日 **1** [1 日の 100 倍の日数] Cem dias. **2** [多くの日数] Muitos dias. ★ ~ *kōshō* 百日交渉 As negociações que nunca mais acabam. [ことわざ] ~ *no seppō he hitotsu* 百日の説法屁一つ Num dia se pode destruir o que levou uma vida a construir.

hyakúníchí-sō 百日草 [Bot.] A zínia; *zinnia elegans*.

hyakúníchí-zeki 百日咳 (< … + *sekí*) A tosse convulsa; a coqueluche.

hyakúnín-ísshu 百人一首 A cole(c)tânea de cem poemas dos cem mais célebres poetas.

hyakunín-ríki 百人力 A força de cem homens. *Kimi ga mikata shite kurereba* ~ *da* 君が味方してくれれば百人力だ O seu apoio seria precioso [para mim vale por cem].

hyakú-pāsénto 百パーセント **a)** Cem por cento [100%]; **b)** Inteiramente「certo」.

hyakurái 百雷 [E.] Uma grande trovoada [Cem troadas de trovão].

hyakusén[1] 百戦 Cem guerras. ★ ~ *hyakushō* 百戦百勝 O conseguir tantas vitórias quantas as guerras; o ser invencível. ~ *renma no shi* 百戦錬磨の士 O veterano.

hyakusén[2] 百選 A sele(c)ção dos 100 melhores. ◇ **Geinō ~** 芸能百選 – dos 100 melhores espe(c)táculos.

hyakushō [óo] 百姓 [G.] **1** [農民] O agricultor; o lavrador; o camponês. ◇ ~ **ikki** 百姓一揆 O levantamento a revolta] campesino/a. **~ shigoto** 百姓仕事 A agricultura; a lavoura; o trabalho agrícola. ⟨S/同⟩ Nōmín (+). **2** [いなかもの] O aldeão. ⟨S/同⟩ Ináká-mónó (+).

hyakúshútsú 百出 [E.] O aparecer em grande número. *Sono mondai de giron* ~ *shita* その問題で議論百出した Esse problema provocou acalorada [grande] discussão.

hyakú-tén 百点 Os cem pontos. ◇ ~ **manten** 百点満点 A escala [O ir] de 1 a 100 [~ *manten no dekibae* 百点満点の出来ばえ O resultado [A classificação/nota] máximo/a]. ⇨ mań-tén[1]; hyóten[2].

hyakútóban [óo] 百十番 O 110, número telefó[ô]nico de emergência para chamar a polícia no J. (Para fogos e ambulância é o 119). ★ ~ *o yobu* 百十番を呼ぶ Chamar a polícia. ~ *suru* 百十番する Avisar a polícia. ◇ **Akachan ~** 赤ちゃん百十番 O número telefónico de consulta (para esclarecimento) de doenças infantis.

hyakúyákú 百薬 Toda a espécie de medicamentos; as drogas e mezinhas. [ことわざ] ~ *no chō* 酒は百薬の長 O saké [Uma boa pinga] é o melhor medicamento que existe.

hyakúyō-bako [-sō] 百葉箱 (< … + hakó) O abrigo meteorológico [termométrico].

hyappán 百般 [E.] A multiplicidade [totalidade]「de」. ◇ **Bugei ~** 武芸百般 Toda a espécies de artes marciais. ⟨S/同⟩ Iróíró; samázama.

hyappátsú-hyákúchū 百発百中 **1** [弾丸が全

部当たること」O acerto no alvo de tantos tiros quantos os disparos. ★ ～ **suru** 百発百中する Nunca falhar o alvo. ★ 2[誤りがないこと] O ser「um médico」infalível. ★ **no yosō** 百発百中の予想 A previsão infalível.

hyappō [oó] 百方 Todos os meios; todas as vias [maneiras]. ★ ～ **te o tsukusu** 百方手を尽くす Tentar ～ (possíveis); envidar todos os esforços. S/同 Happō.

hyō[1] 表 A lista; o rol; o catálogo; a tabela; o quadro; o diagrama. ◇ *Henka o ～ ni yotte shimesu* 変化を表によって示す Pôr a mudança na tabela [no quadro]. ◇ **Jikoku [Jikan]** ～ 時刻 [時間] 表 O horário. **Teika** ～ 定価表 A tabela dos preços. S/同 Gúrafu; risuto; zu.

hyō[2] 票 1 [ふだ] A ficha; o cartão de identificação). S/同 Fudá. 2 [選挙の入れふだ] O voto; o boletim de voto. ～ *ga futatsu ni wareta* 票が2つに割れた Os votos repartiram-se entre as duas fa(c)ções. ★ ～ *o nobasu* 票を伸ばす Aumentar o número de votos. ～ *o tōjiru* 票を投じる Votar. ～ *o toru* 票を取る Receber [Conseguir] votos. ～ *o yomu* 票を読む a) Calcular os votos que vai receber; b) Contar os votos. ◇ ～ **atsume** 票集め A caça ao voto. **Fudō** ～ 浮動票 O voto oscilante [útil]. **Soshiki** ～ 組織票 Os votos em fa(c)ções. ⇨ tōhyō. 3 [-hyō; 投票数を数える言葉] A votação; o sufrágio; o voto. *Kiyoki ippyō o* 清き一票を Dê-nos o seu precioso voto.

hyō[3] 評 a) O parecer; a crítica「de um livro」(⇨ hihyō); b) A reputação [fama] (⇨ hyōbán). ★ *Senja no ～ o kiku* 選者の評を聞く Ouvir o parecer [comentário] do júri.

hyō[4] [oó] 豹【Zool.】O leopardo; a pantera; a onça.

hyō[5] [óo] 雹 A saraiva; o granizo. ★ ～ *ga furu* 雹が降る Saraivar; cair granizo. ⇨ aráré.

hyō[6] [óo] 俵 1 [たわら] O saco; a saca. S/同 Tawárá (+). 2 [俵に入れたものを数える言葉] (Suf. e numeral) Um saco「de arroz」.

hyōbán [oó] 評判 1 [批評すること; 世評] A fama; a reputação; a opinião. *Kanojo wa bijin no ～ ga takakatta* 彼女は美人の評判が高かった Ela era muito famosa pela sua beleza. ～ *no yoi* [*warui*] *eiga* 評判の良い [悪い] 映画 O filme bem [mal] recebido pelo público. ～ *o suru* 評判をする Comentar; dar a sua opinião. ～ **Sehyō**. 2[うわさ] O boato; o rumor. ★ ～ *ga tatsu* 評判が立つ Levantar-se o boato. ～ *o makiokosu* 評判を巻き起こす Levantar boatos [rumores]. *Seken no ～ de wa* 世間の評判では (Segundo o que corre) na boca do povo. S/同 Uwásá; torízátá. 3 [名高くて] O renome; a fama; a celebridade. *Karera wa seken de mo ～ no naka no ii fūfu datta* 彼らは世間でも評判の中のいい夫婦だった Era até fama (entre o povo) que eles formavam um casal unido. 4 [名声] A fama; a reputação. ★ ～ *o otosu* 評判を落とす Perder a ～.

hyōbō [oó] 標榜 1 [かけふだ] O cartaz (de esclarecimento ao público); o edital. 2 [主義・主張などをかかげること] A proclamação; o advogar [professar]「a democracia」. ★ *Jindō-shugi o ～ suru* 人道主義を標榜する Proclamar o humanitarismo. S/同 Hatá-jírushi.

hyōchákú [oó] 漂着【E.】O arribar à costa; o chegar a terra (transportado pelas ondas do mar). ★ *Mujin-tō ni ～ suru* 無人島に漂着する Ir dar [Chegar] a uma ilha deserta. ◇ ～ **butsu** 漂着物 Detritos trazidos pelo mar à praia.

hyōchū[1] [oó] 標柱 1 [目じるしの柱] O marco; o poste de sinalização. 2 [水準測桿] A baliza; a bóia.

hyōchū[2] [oó] 標註 [注] A glosa; a nota; o comentário. ⇨ chūshaku.

hyōchū[3] [oó] 氷柱 1 [つらら]【E.】O sincelo. S/同 Tsurárá (+). 2 [夏，室内に立てる氷の柱] O bloco de gelo para refrescar um recinto. S/同 Hanágóri.

hyōdái [oó] 表 [標] 題 O título. ★ ～ *o tsukeru* 表題をつける Intitular; dar [pôr] ～. ◇ ～ **ongaku** 表題音楽 A música de programa.

hyōdén[1] [oó] 評伝 A biografia crítica.

hyōdén[2] [oó] 票田 O círculo eleitoral favorável. S/同 Jibán.

hyōga [oó] 氷河 O glaciar. ◇ ～ **jidai** 氷河時代 A idade dos glaciares. ⇨ hyōzan.

hyōgén[1] [oó] 表現 A expressão. ★ ～ *no jiyū* 表現の自由 A liberdade de ～. *Haru no yorokobi o ongaku de ～ suru* 春の喜びを音楽で表現する Exprimir através da música a alegria da primavera. ◇ ～ **ha** 表現派 O expressionismo; a corrente [escola] expressionista. ～ **ryoku** 表現力 O poder de ～. ～ **shugi** 表現主義 O expressionismo. **Gengo** ～ 言語表現 ～ linguística.

hyōgén[2] [oó] 氷原 A massa de gelo; o banco de gelo. S/同 Setsúgén.

hyōgi [oó] 評議 A deliberação; a consulta; a discussão. ～ ～ *chū de aru* 評議中である Estar em ～. ～ *suru* 評議する Deliberar; discutir. ◇ ～ **in** 評議員 O membro do conselho (consultivo). ～ **kai** 評議会 O [A reunião do] Conselho. ⇨ káigi[1]; tōgi[1].

hyōgō [oó] 標語 A palavra de ordem; o lema; a divisa. ★ *Kōtsū anzen no ～* 交通安全の標語 O lema do [para promover a] segurança no trânsito. S/同 Móttō; súrgan.

hyōgu [oó] 表具 O encaixilhar「quadros」; o emoldurar. ◇ ～ **shi** [ya] 表具師 [屋] O encaixilhador. S/同 Hyōsō.

hyōhákú[1] [oó] 漂白 a) O branqueamento「da farinha」; b) A descoloração. ★ *Fukin o ～ suru* 布巾を漂白する Branquear (com um lixívia ou detergente) o pano da louça. *Mu ～ pan* 無漂白パン O pão integral. ◇ ～ **zai** 漂白剤 O descolorante; a lixívia. ⇨ dasshókú.

hyōhákú[2] [oó] 漂泊 a) O flutuar; o andar ao sabor das ondas; b) O vaguear (⇨ hōró[1]; sasúrái). ★ ～ *no tabi* 漂泊の旅 A viagem sem plano.

hyōhéki [oó] 氷壁 A escarpa de gelo.

hyōhén [oó] 豹変【E.】A mudança súbita (repentina); a reviravolta. ★ ～ *suru* 豹変する Mudar de repente; dar uma reviravolta. ことわざ *Kunshi ～ su* 君子豹変す O (homem) sábio sabe mudar. S/同 Hensétsú; ippén (+); kyūhén (+).

hyōhi [oó] 表皮 A epiderme (de animais e vegetais). ◇ ～ **soshiki** 表皮組織 O tecido epidérmico [cutâneo]. A/反 Shínpi.; kawá[2].

hyōhon [oó] 標本 1 [実物見本] O espécime「embalsamado/empalhado」; o exemplar. ◇ ～ **shitsu** [**chinretsujo**] 標本室 [陳列所] A sala-museu de espécimes. **2** [見本] A amostra. ～ *chūshutsuhō* 標本抽出法 ～ ao acaso. [S/同] Mihóń; sánpuru. **3** [典型] O tipo; o modelo (típico). [S/同] Teńkéí.

hyṓhyṓ [**hyoó**] 飄飄【E.】**a**) (Im. de vento e neve a cair); **b**) O ser aéreo [vagabundo]; **c**) O ser desprendido [livre「de convenções」]. ★ ～ *taru jinbutsu* [*seishin*] 飄飄たる人物 [精神] Um cará(c)ter um pouco aéreo. ⇨ yū́yū́.

hyói-hyoi (**to**) ひょいひょい (と)【On.】**a**) Com ligeireza [agilidade];「o gafanhoto」aos saltos. ★ *Tobi-ishi-zutai ni* ～ *aruku* 飛び石づたいにひょいひょい歩く Saltitar de pedra em pedra. **b**) (⇨ orí-órí; hyói tó).

hyṓí-mójì [**oó**] 表意文字 (⇨ hyṓón) O ideograma; o símbolo ideográfico; o "kanji".

hyói to ひょいと【On.】**1** [不意にふと] De repente [súbito; chofre]; por acaso; acidentalmente. *Yoi kangae ga* ～ *mune ni ukanda* 良い考えがひょいと胸に浮かんだ ～ ocorreu-me uma boa ideia. [S/同] Fúi ni; fúto; hyótto. **2** [手軽に] Com agilidade [ligeireza]. ★ ～ *mi o kawasu* ひょいと身をかわす Esquivar-se [Desviar o corpo] ～. [S/同] Assári to; karúgáru to; rakúráku to; tegárú ní. ⇨ hyói-hyoi.

hyṓítsú [**oó**] 飄逸 O ser despreocupado [livre/sem cuidados]. ⇨ nobínóbi; nónki.

hyṓjí [**oó**] 表示【E.】**1** [はっきりと示すこと] A indicação; a manifestação; o exprimir. ★ *Shinamono no nedan o* ～ *suru* 品物の値段を表示する Indicar o preço dos produtos. ◇ **～ yaku** 表示薬 Um indicador. **Ishi ～** 意思表示 A declaração de intenções. **Jūkyo ～** 住居表示 A indicação da morada「na parede」. **Seibun ～** 成分表示 A indicação dos componentes [ingredientes]. **2** [表にして示すこと] A exposição; o expor; o mostrar. ★ *Chōsa no kekka o* ～ *suru* 調査の結果を表示する Expor os resultados da investigação.

hyṓjṓ[1] [**hyoójoo**] 表情 **1** [感情を外部に表すこと] A expressão fisionómica [do rosto]; a cara; o rosto. ★ ～ *no aru* [*ni tonda*/*no yutaka na*] 表情のある [に富んだ / の豊かな]「um rosto」Expressivo [Rico em expressão]. ～ *no nai* [*ni toboshi*] 表情のない [に乏しい] Inexpressivo. ～ *o kataku suru* 表情を固くする Ficar [Pôr-se] sério; fazer cara feia. ～ *o yomitoru* 表情を読み取る Ler o pensamento de alguém [Ver pela cara]. *Akarui* [*Kurai*] ～ 明るい [暗い] 表情 A expressão/cara alegre [sombria]. **2** [外観; 見かけ] O aspecto [ar]「das pessoas/cidades」.

hyṓjṓ[2] [**hyoó**] 氷上「(d)es. praticado」No [Sobre o] gelo.

hyṓjṓ[3] [**hyoójoo**] 評定 A reunião (deliberativa). [I/慣用] *Odawara*～ 小田原評定 ～ sem resultado. [S/同] Hyṓgi (+); hyṓkétsú.

hyṓjúń [**oó**] 標準 **1** [基準] O padrão; o nível; a norma; o critério; o modelo; a média; o paradigma. ★ ～ *ika* [*ijō*] *no tairyoku* 標準以下 [以上] の体力 A força física superior [inferior] à média. ～ *ni tassuru* [*tasshinai*] 標準に達する [達しない] Atingir o [Ficar aquém do] padrão requerido. ～ *o sadameru* [*tateru*] 標準を定める [立てる] Estabelecer [Fixar] o critério. ～ *teki na* 標準的な「o estudante liceal」Médio. ◇ ⇨ **～go**. **～ hensa** 標準偏差 O desvio médio. ⇨ **～ji**. **～ ka** 標準化 A estandardização. ⇨ kijúń[1]. **2** [最も普通のもの] O comum; o ordinário; o médio; o normal. ◇ **～ gata** 標準型 O modelo comum. **～ mai** 標準米 O arroz ～. **～ saizu** 標準サイズ O tamanho ～ [mais comum].

hyṓjúń-gó [**oó**] 標準語 A língua-padrão; a linguagem corrente. [S/同] Kyṓtsū́-gó. [A/反] Hṓgén.

hyṓjun-ji 標準時 A hora legal. ◇ **Gurinijji ～** グリニッジ標準時 A hora de Greenwich.

hyṓka[1] [**óo**] 評価 **1** [物の貨幣価値の決定] O cálculo; a estimativa. ★ *Kaisha no zaisan o* ～ *suru* 会社の財産を評価する Avaliar [Calcular] o capital da empresa. ◇ **～ gaku** 評価額 O valor calculado. ⇨ kańtéí[1]. **2** [価値判断] O julgar; o avaliar. *Gaiken de hito o* ～ *suru mono de wa nai* 外見で人を評価するものではない Não devemos julgar as pessoas [os outros] pelas aparências. ◇ **Jinbutsu ～** 人物評価 A avaliação do valor da pessoa. **3** [よい価値判断] O dar valor; a valorização; o louvar. *Kare no doryoku wa* ～ *dekiru* 彼の努力は評価できる O esforço dele é digno de louvor.

hyṓka[2] [**óo**] 氷菓 ⇨ shábetto; kṓrí[1]; kṓrígáshi[1].

hyṓkáí[1] [**oó**] 氷塊 A massa [O bloco] de gelo. ⇨ kṓrí[1].

hyṓkáí[2] [**oó**] 氷海 O mar gelado.

hyṓkáí[3] [**oó**] 氷解 O degelo; o descongelamento. *Gimon ga* ～ *shita* 疑問が氷解した Esclareceu-se a dúvida [o mal-entendido].

hyṓkáń [**oó**] 剽悍【E.】A ferocidade e intrepidez.

hyṓkétsú[1] [**oó**] 氷結 O「lago」gelar; o ficar gelado. *Minato ga* ～ *shita* 港が氷結した O porto gelou/ficou gelado. ◇ **～ bōshi sōchi** 氷結防止装置 O sistema anticongelante. [S/同] Keppyṓ; tṓkétsú.

hyṓkétsú[2] [**oó**] 票決 A votação; o decidir por votos. ★ *Gian o* ～ *suru* 議案を票決する Votar a proposta de lei. ⇨ hyṓ[2]; tṓhyṓ.

hyṓkétsú[3] [**oó**] 表決 A decisão; a votação「secreta/de mão levantada」. ⇨ gikétsú.

hyṓkétsú[4] [**oó**] 評決 O veredicto; a sentença. ★ *Muzai* [*Yūzai*] *no* ～ *o kudasu* 無罪 [有罪] の評決を下す Pronunciar o veredicto de inocência [culpa]; declarar inocente [culpado]. ⇨ hyṓgi.

hyṓki[1] [**óo**] 表記 **1** [表書き] A indicação escrita. ～ *no tokoro ni hikkoshimashita* 表記の所に引っ越しました Mudei para a morada indicada. [S/同] Omoté-gákí. **2** [内容を表し記すこと] A declaração. ◇ **～ kakaku** 表記価格 O valor declarado. **3** [文字で書き表すこと] A grafia; a escrita. ★ *Gendai kana-zukai de* ～ *suru* 現代かなづかいで表記する Usar [Escrever com] a ～ moderna de "kana". ⇨ kakí-kátá; seíjí-hṓ. ◇ **～ hō** 表記法 O método de transcrição「fonética」.

hyṓki[2] [**óo**] 標記 A marca; o sinal.

hyṓkín [**oó**] 剽軽 O gracejo; a graça; a piada; o chiste; a pilhéria. ◇ **～ mono** 剽軽者 O brincalhão; o pândego; o ponto (G.). ⇨ kokkéí; odókérú.

hyokkóri (**to**) ひょっこり (と)【On.】Subitamente; inesperadamente; acidentalmente; por acaso. *Michi de* ～ *yūjin ni atta* 道でひょっこり友人にあった ～, na rua, encontrei-me [dei de caras] com um amigo.

hyṓkṓ [**hyoó**] 標高 A altitude (Altura em relação ao nível do mar). ★ ～ *ni sen mētoru* 標高二千メートル 2000 metros de ～. [S/同] Kaíbátsú.

hyóko-hyóko ひょこひょこ【On.】(Im. de movimentos repetidos「de boneco, de criança que começa a andar」).

hyṓméí [**oó**] 表明 A manifestação; o declarar「o que pensa」; o anúncio. ★ *Hantai o* ～ *suru* 反対を

H

hyőmén

表明する Mostrar-se [Dizer que é] contrário「ao plano」; manifestar oposição「a」. ◇ **Shoshin ~** 所信表明 A apresentação da sua opinião [política].

hyőmén [oó] 表面 **1**[おもて] **a)** A face; a superfície; **b)** A parte de cima「do papel é lisa」; **c)** O pretexto「foi a doença」. *Mizu no ~ ni abura ga uite iru* 水の表面に油が浮いている À superfície [tona] da água tem óleo (a boiar). ★ *Chikyū no ~* 地球の表面 A face da Terra; a superfície do globo terrestre. ◇ **~ chōryoku** 表面張力 A tensão superficial. S/同 Omóte; sotógáwá. A/反 Rímen. ⇨ asái. **2** [他人の目につくところ] O aparecer; o vir a público; por fora. *Jiken ga ~ ni arawareta [deta]* 事件が表面に現れた[出た] O caso tornou-se público [veio a lume]. *Kanojo wa ~ wa reisei o yosootte ita* 彼女は表面は冷静を装っていた Ela, por fora, mostrava calma; ela aparentemente estava calma. ~ *jō no riyū* 表面上の理由 A razão [O motivo] aparente. ◇ **~ ka** 表面化 O vir a [tornar-se] público (*Mondai ga* **~ ka shita** 問題が表面化した A questão tornou-se pública). **~ teki henka** 表面的変化 A transformação superficial [mudança aparente]. S/同 Gaíkén; uwábé. A/反 Rímen.

hyő-ménseki [oó] 表面積 A (área da) superfície.

hyőn na ひょんな【G.】 Estranho; singular; raro; esquisito. ~ *koto kara akuji ga bareta* ひょんなことから悪事がばれた O crime veio a descobrir-se por um acaso. ★. S/同 Igáí na; myő nas; toñdé mó nái.

hyőnō [hyoó] 氷嚢 O saco [A bolsa] de gelo. ★ *Hitai o ~ de hiyasu* 額を氷嚢で冷やす Esfriar a testa com um/a ~. ⇨ kőrí-mákura.

hyőōn [oó] 表音 A representação fonética. ◇ **~ kigō** 表音記号 O sinal [símbolo] fonético; a letra. ~ *moji* A/反 Hyői. ⇨ hyőkí[1] **3**.

hyőōn-móji [oó] 表音文字 A escrita fonética; as letras do alfabeto latino 「.

hyőri [oó] 表裏 **1**[表と裏] O interior e o exterior; o verso e o reverso. ◇ **~ ittai** 表裏一体 A união total [perfeita];「eles são」unha e carne.「全く違う二つの面] Duas caras; dois lados. ★ ~ *ga aru [nai]* 表裏がある[ない] Ter duas caras (⇨ nimáí-jita) [Ter uma só cara.]. S/同 Káge hinata; urá ómote.

hyőrő [hyoó] 兵糧[粮] **1**[軍の] As provisões; os mantimentos. ◇ **~ zeme** 兵糧攻め O cortar ~ ao inimigo. **2**[⇨ shokúryő[1,2]]【G.】Os géneros alimentícios; os víveres.

hyőrohyoro ひょろひょろ【On.】**1**[足もとがしっかりしないさま] De modo vacilante; a cambalear 「com o encontrão」; todo trôpego. ★ ~ *to shinagara) aruku* ひょろひょろ(としながら)歩く Andar cambaleando [aos solavancos]. **2**[細くやせてひょわいさま] De aspe(c)to alto e franzino [débil/magro].

hyőróku(dama) 表六(玉)【G.】⇨ ma-núké; oróká-móno.

hyőrón [oó] 評論 A crítica; a análise; o comentário. ★ ~ *suru* 評論する Criticar; fazer a análise crítica; tecer [fazer] comentários. ◇ **~ ka** 評論家 O crítico; o pensador. **Bungei ~** 文芸評論 A crítica literária. ⇨ hyőí; roñpyó.

hyoronágai ひょろ長い (⇨ hyőrohyoro) Fino e comprido.

hyorotsúkú ひょろつく【G.】Cambalear; não se ter nas pernas [canetas (G.)]. ⇨ hyőrohyoro **1**.

hyőryō [hyoó] 秤量 **a)** A pesagem [O pesar]「na balança」; **b)** O peso máximo (da balança); **c)** O sopesar [avaliar]「a importância do caso」.

hyőryū [oó] 漂流 O flutuar [andar ao sabor「da corrente」]. ★ *Kaijō o ~ suru* 海上を漂流する Flutuar [Boiar/Andar à deriva] no mar. ◇ **~ butsu** 漂流物 O obje(c)to [Os destroços] a ~.

hyősátsú [oó] 標[表]札 A placa [chapa] com o [a inscrição do] nome. S/同 Moñpyó; moñsátsú.

hyősétsú[1] [oó] 剽窃 O plágio; o plagiato. ★ *Kamon'isu no shi o ~ suru* カモンイスの詩を剽窃する Plagiar os versos de Camões. S/同 Tősáí; tősákú.

hyősétsú[2] [oó] 氷雪 O gelo e a neve.

hyősha [oó] 評者 O crítico; o comentador; o analista. S/同 Hihyőká (+).

hyőshákú [oó] 評釈 A nota; a glosa; o comentário; a observação. ★ ~ *suru* 評釈する Anotar; esclarecer com comentários [observações].

hyőshí[1] [oó] 拍子 **1**[リズム] O compasso; o ritmo. ★ ~ *ga hazurete iru* 拍子が外れている Estar descompassado [fora do ritmo]. ~ *o awaseru* 拍子を合わせる Acompanhar [Seguir] o ritmo (da música). *Te [Ashi] de ~ o toru* 手[足]で拍子を取る Acompanhar [Marcar] o ritmo com as mãos [os pés]. *Yon bun no ni [Hachi bun no san] byőshi* 4分の2 [8分の3] 拍子 O compasso de 2 por 4 [3 por 8]. ◇ **~ kigō** 拍子記号 O sinal musical「de clave/andamento」. ⇨ **~ gi**. **2**[機会; はずみ] O momento; a oportunidade; a ocasião. ★ *Nani ka no ~ ni [de]* 何かの拍子に[で] No momento oportuno; quando a ~ se proporcionar; oportunamente. ◇ **~ nuke**. S/同 Hazúmí.

hyőshí[2] [oó] 表紙 A capa (de livro); a encadernação (⇨ seíhőn[1]). ◇ **~ ura** 表紙裏 A parte interior da capa. **Kami [Katagami; Kawa; Nuno] byōshi** 紙[堅紙; 革; 布] 表紙 A encadernação de papel (Ou brochura (+)) [cartão; couro; pano]. **Omote [Ura] byōshi** 表[裏]表紙 A capa por fora [dentro].

hyőshi-gi [oó] 拍子木 (<··· + kí) As castanholas. ★ ~ *o utsu* 拍子木を打つ Tocar as ~.

hyőshíkí [oó] 標識 A marca; a indicação; o sinal; o marco「de pedra」. *Ichi-kiro goto ni ~ ga dete iru* 1キロごとに標識が出ている Existe um [há um marco de] quilo(ô)metro em quilómetro. ◇ **~ tō** 標識灯 O farol (⇨ tődáí!; shíngő); o sinal luminoso. **Dōro [Kōtsū] ~** 道路[交通]標識 A sinalização das estradas [do trânsito]. **Kōkū ~** 航空標識 O farol de carril (⇨ aviso à marcação; as luzes da pista. **Kōro ~** 航路標識 A bóia luminosa (Na água); a balizafarol. ⇨ hyőjí; mejírushi.

hyőshí-nuke 拍子抜け (<··· + nukérú) O ficar triste [cabisbaixo]「por não poder ir à festa」.

hyőshítsú 氷室 O depósito para guardar gelo no verão. ⇨ hímuro.

hyőshō[1] [oó] 表彰 A condecoração; a distinção honrosa; o reconhecimento público. *Kare wa jinmei kyūjo de ~ sareta* 彼は人命救助で表彰された Ele foi condecorado por [pelo mérito de] ter salvo vidas humanas. ◇ **~ daí** 表彰台 O estrado de honra. ~ **jō** 表彰状 O diploma do/a ~. **~ shiki** 表彰式 A cerimó[ô]nia de condecoração. S/同 Keñshő.

hyőshō[2] [hyoó] 表象 **1**[心像]【Fil.】A imagem; o conceito; a noção. **2**[象徴] O símbolo「da

paz」; o emblema「da justiça」. [S/同] Shínboru (+); shōchō (+).
hyōshō[3] **[hyoó]** 氷晶 Os cristais [As agulhas] de gelo.
hyōshō[4] **[hyoó]** 標章 A insígnia; o emblema; o distintivo. ⇨ kishō[4].
hyōshútsú [oó] 表出 O exprimir「os seus sentimentos」. ⇨ hyōgén[1].
hyōsó [oó] ひょう疽【Med.】O panarício; o unheiro; o fleimão; o panariz; a paroníquia.
hyōsō[1] **[hyoó]** 表装 A montagem「de pintura em pano ou papel reforçado」. ⇨ hyōgú.
hyōsō[2] **[hyoó]** 表層【E.】A camada externa; a crosta; o estrato exterior. ◇ **~ nadare** 表層雪崩 A avalancha[e] de superfície. [A/反] Shińsó.
hyōsóku [oó] 平仄 **a**) Os vários tons da pronúncia dos ideogramas chineses; **b**) A coerência [consistência]. ★ ~ *ga awanai* 平仄が合わない Não ter coerência. ⇨ tsujítsúmá.
hyōsū [oó-úu] 票数 O número de votos.
hyōsúru[1] **[oó]** 表する Exprimir; expressar; manifestar; mostrar. ★ *Taishini chōi* [*keii*; *shai*; *shukui*] *o* ~ 大使に弔意[敬意; 謝意; 祝意]を表する Expressar ao senhor embaixador as「nossas」condolências [o respeito; o reconhecimento; as felicitações].
hyōsúru[2] **[oó]** 評する Comentar; tecer críticas [observações]. *Kare wa Suzuki-shi o hyōshite yamashi to itta* 彼は鈴木氏を評して山師と言った Ele criticou o sr. Suzuki, apelidando-o de charlatão. [S/同] Hihyō súrú (+).
hyōtán[1] **[oó]** 瓢箪 A cabaça (Fruto da cabaceira e que, seca e limpa por dentro, serve para levar líquidos). [P/ことわざ] ~ *kara koma* (*ga deru*) 瓢箪から駒（が出る）Acontecer o impossível (Lit. sair um cavalinho da ~). ◇ **~ namazu** 瓢箪鯰 Um tipo com quem não se pode contar; um vira-casaca [uma enguia]. [S/同] Fukúbé; hiságó.
hyōtán[2] **[oó]** 氷炭 O gelo e a brasa; a contradição. [P/ことわざ] ~ *ai-irezu* 氷炭相容れず Ser inteiramente opostos/Ser como a água e o azeite (que não se misturam).
hyōtéí [oó] 評定 A avaliação. ◇ **Kinmu ~** 勤務評定 ~ do [da eficiência no] trabalho.
hyōtékí [oó] 標的 **a**) O alvo; o obje(c)to「de ridículo」. **b**) O obje(c)tivo. ★ ~ *o sadameru* 標的を定める Decidir o「nosso」obje(c)tivo. [S/同] Mató (+).
hyōten[1] **[óo]** 氷点【Fís.】O ponto de congelação「da água é 0°」. ⇨ hyōtén-ká.
hyōtén[2] **[oó]** 評点 A nota (do exame). ★ ~ *o tsukeru* 評点をつける Dar a ~. ⇨ seísékí.
hyōtén-ká [oó] 氷点下 Abaixo de zero; negativo. *Kyō no saitei kion wa ~ san-do datta* 今日の最低気温は氷点下3度だった A temperatura mínima hoje foi de 3 graus negativos [abaixo de zero]. ★ ~ *ni sagaru* 氷点下に下がる Descer abaixo de zero. [S/同] Réika.
hyottó ひょっと **1** [思いがけないさま] Por acaso; casualmente; de repente. ★ ~ *omoitsuita* ひょっと思いついた Lembrei-me [Veio-me aquela ideia] ~. **2** [「~して / ~したら / ~すると」の形で] Por acaso; porventura; pode ser「que ele esteja a mentir」; quem sabe; talvez. ~ *shitara asu wa ame ka mo shirenai* ひょっとしたら明日は雨かもしれない Pode ser que chova amanhã. ~ *shite kare ga shindara dō shiyō* ひょっとして彼が死んだらどうしよう Se porventura [por acaso] ele morrer, que farei? [S/同] Mán'ichi; móshiya. ⇨ móshi ka shitara.
hyottókó ひょっとこ **1** [面] **a**) Uma máscara masculina de lábios saídos e olhos vesgos; **b**) Um palhaço. ⇨ dōké. **2** [男をののしる言葉] Um homem feio [com cara de cão]. *Nanda, kono ~ me!* 何だ，このひょっとこめ! Que é que pretende [você quer] seu feio [mal-encarado]?
hyō-yómí [oó] 票読み (<…[2]**2**+yómu) **1** [得票数の見積もり] A previsão do número de votos. ★ ~(*o*) *suru* 票読み(を)する Fazer a ~. **2** [票を読み上げること] A contagem dos votos.
hyōzan [óo] 氷山 O (a)icebergue (Monte de gelo flutuante). [I/慣用] ~ *no ikkaku* 氷山の一角「este caso de corrupção é só」A ponta do ~. ⇨ hyōga.
hyōzéń [oó] 飄然【E.】**1** [ただよっているさま] Ao acaso; à toa. [S/同] Hyōko. **2** [ふらりと] Abruptamente; sem mais nem menos; de repente. *Kare wa ~ to* (*shite*) *tabi ni deta* 彼は飄然と（して）旅に出た Ele partiu [saiu de viagem] (assim) de repente sem mais explicações. [S/同] Hyōko. ⇨ burári to; furári; hyokkóri.
hyūhyū(to) [úu-] ひゅうひゅう(と)【On.】(Im. de silvo [sibilo]). ★ ~ *naru* ひゅうひゅう鳴る「a bala」Assobiar; silvar. *Kaze ga ~ fuku* 風がひゅうひゅう吹く O vento assobia [uiva/silva].
hyūman [úu] ヒューマン (< Ing. human < L.) Humano. [S/同] Nińgéń-tékí.
hyūmánísuto [uú] ヒューマニスト (< Ing. humanist < L. homo) O humanista. [S/同] Jińdō-shúgí-sha.
hyūmánízumu [uú] ヒューマニズム (< Ing. humanism < L. homo) O humanismo. [S/同] Jińdōshúgi.
hyūmú-káń [uú] ヒューム管 (< Ing. Hume + …) O tubo [cano] de betão/concreto (B.).
hyútte ヒュッテ (< Al. hutte) A casa de montanhismo; a cabana. [S/同] Yamá-góyá (+).
hyūzu [úu] ヒューズ (< Ing. fuse < L. fusus: fundido/derretido) O fusível. ~ *ga tonda* [*kireta*] ヒューズが飛んだ[切れた] Saltou/Fundiu-se o ~.

I

i[1] 胃 O estômago. *Watashi wa ～ ga yowai* [*jōbu da*] 私は胃が弱い［丈夫だ］Tenho um ～ delicado [forte/de avestruz]. ★ ～ *ga itai* 胃が痛い「Dói-me」o ～. ～ *ga omoi* 胃が重い Sinto o ～ pesado. ～ *ga warui* 胃が悪い「Estou」mal do ～. ～ *ni motareru* 胃にもたれる Ser indigesto/pesado [Causar indigestão]. ～ *no* 胃の Gástrico; estomacal. ◇ ⇨ **～ atonī** [**byō; gan; heki; kaiyō; kakuchō**]. **～ kamera** 胃カメラ A gastrocâmara〔～ *kamera o nomu* 胃カメラを飲む Meter a gastrocâmara pela garganta〕. [S/同] I-búkuro.

i[2] 意 **1**［心の動き］A atenção; o sentimento. ★ ～ *ni kaisuru* 意に介する Prestar atenção「aos conselhos da mãe」. ～ *o hyōsuru* 意を表する Exprimir os「meus」sentimentos「de pesar」. ～ *o kumu* 意を汲む Ter em conta os ～s「de alguém」. ～ *o sosogu* 意を注ぐ Estar atento「a」. ～ *o tsuyoku suru* 意を強くする Ganhar confiança (em si próprio); sentir-se encorajado. **2**［考え］O pensamento; a vontade. *Jibun no ～ no mama ni kōdō shi-nasai* 自分の意のままに行動しなさい Proceda [Haja/A(c)tue] como achar (que é) melhor. ★ ～ *ni han suru* 意に反する Contrariar a ～. ～ *ni kanau* 意にかなう Satisfazer a ～. ～ *ni mitanai* 意に満たない Não satisfazer [contentar]. ～ *ni somuku* 意にそむく Contrariar a ～. ～ *o kaisuru* 意を解する Compreender o ～. ～ *o kessuru* 意を決する Decidir-se「a falar ao dire(c)tor」. ～ *o mukaeru* 意を迎える Aceitar o/a ～ de outrem. ～ *o taisuru* 意を体する Tomar em consideração「o parecer dos empregados」. ～ *o tsukusu* 意を尽くす Patentear [Exprimir] bem o seu pensamento. *Waga ～ o eru* 我が意を得る Ficar satisfeito. ⇨ íken[1]; ikṓ[2]; kańgáe; kimóchí. **3**［意味］O significado. [S/同] Ígi (+); ími (+).

i[3] 異 (⇨ kotónáru) **1**［違っていること］O ser diferente. ★ ～ *o tateru* 異を立てる Levantar [Pôr] uma obje(c)ção. ～ *o tonaeru* 異を唱える Defender outra opinião. ⇨ ígi[2]. **2**［妙なこと］Estranho; excêntrico; raro. ★ ～ *na koto o iu yō da ga* …異な事を言うようだが… Talvez lhes possa parecer ～ o que vou dizer, mas…. [P/ことわざ] *En wa ～ na mono, aji na mono* 縁は異なもの，味なもの O que leva um homem e uma mulher a juntar-se no casamento é algo estranho e interessante.
[S/同] Fushígí (+); myṓ (+).

i[4] 威【E.】A dignidade [nobreza]; a autoridade; o poder. ★ ～ *o furuu* 威を振るう Exercer o seu poder sobre outros; usar [abusar] da sua autoridade. [P/ことわざ] *Tora no ～ o ka* (*ri*) *ru kitsune* 虎の威を借（り）る狐 A pessoa que pretende mostrar aquilo que não é (Lit.: raposa imitando tigre).
[S/同] Igéń (+); ikṓ; íryoku; kén'i (+).

i[5] 井【E.】O poço. [P/ことわざ] ～ *no naka no kawazu* [*kaeru*] *taikai o shirazu* 井の中の蛙大海を知らず A rã do ～ não conhece o oceano. [S/同] Ido (+).

i[6] 亥［十二支の］【E.】O Javali (Signo do zodíaco). ★ ～ *no hōgaku* 亥の方角 A dire(c)ção nor-noroeste. ～ *no koku* 亥の刻 O período das 21 às 23 horas. ～ *no toshi* 亥の年 O ano do ～. ⇨ inóshíshi.

i[7] 医【E.】A medicina. [P/ことわざ] ～ *wa jinjutsu* 医は仁術 ～ é uma ciência beneficente. ⇨ ígaku; íjutsu.

i[8] 藺【Bot.】Uma espécie de junco; *juncus effusus*. [S/同] Ígusa (+); tṓshíngusa.

i[9] イ【Mús.】O [A nota] lá. ★ ～ *chō* [*tan*] *chō* イ長［短］調 O lá maior [menor].

-i[10] 位 **a**) O lugar; a posição; **b**) A categoria; o grau; **c**) A casa. ★ *Kyōgi de ni ～ ni naru* 競技で２位になる Ficar em segundo lugar (na competição (d)esportiva). *Shōsū dai-go ～ made* 少数第５位まで「escrever até」A décima cinco (Ex.8,5).

iái-núkí 居合い抜き O desembainhar a espada sem se levantar do chão「para matar」.

iáń 慰安 **a**) A consolação; o conforto; **b**) O recreio [A recreação]. ★ ～ *suru* 慰安する Consolar. ◇ **～ fu** 慰安婦 (H.) A mulher alistada à força para prostituição. **～ kai** 慰安会 O encontro recreativo. **～ ryokō** 慰安旅行 O passeio recreativo. ⇨ ki-barashí; nagúsámé.

i-átonī 胃アトニー【Med.】A atonia [fraqueza] de estômago.

iátsú 威圧 A coerção [obediência forçada]; o autoritarismo. ★ ～ *suru* 威圧する Coagir [Oprimir]「os súbditos」. ～ *teki ni hanasu* 威圧的に話す Falar autoritariamente. ◇ **～ kan** 威圧感 O ar autoritário.

i-áwáséru 居合わせる (< irú[1] + …) Calhar estar presente. ★ *Chōdo sono ba ni i-awaseta hito* ちょうどその場に居合わせた人 As pessoas que calhou estarem ali presentes. *Tamatama genba ni ～* たまたま現場に居合わせる Calhar [Por acaso] estar no local「do acidente」.

ibárá 茨・荊・棘 **a**) O espinheiro (E outras plantas espinhosas); **b**) O(s) espinho(s). ★ ～ *no michi* 茨の道 O caminho árduo [de espinhos]. ⇨ togé.

ibárí-yá 威張り屋 (< ibáru + …) O gabarolas (G.) [fanfarrão/vaidoso].

ibáru 威張る (< … [4] + harú) Vangloriar-se; ensoberbecer-se. *Ano hito wa totemo ibatte iru* あの人はとても威張っている Aquela pessoa é muito soberba [arrogante/orgulhosa]. *Konna seiseki de wa totemo ibareta mono de wa nai* こんな成績ではとても威張れたものではない Como poderei orgulhar-me com estas notas? ★ *Ibarichirasu* 威張り散らす Pavonear-se; ter o rei na barriga (Id.). *Ibatte aruku* 威張って歩く Andar com porte orgulhoso.
[S/同] Ebáru. ⇨ ogórú[2]; takábúru.

i-báshó 居場所 (< irú[1] + …) O lugar onde se está; o paradeiro. *Mō kono ie ni wa watashi no ～ ga nai* もうこの家には私の居場所がない Já não me sinto bem nesta casa. *Yatsu no ～ o shitte iru ka* やつの居場所を知っているか Sabe onde é que ele está? ⇨ i-dókó (ró).

ibéntó イベント (< Ing. event < L.) ⇨ dekí-goto; gyṓji[1].

ibíkí 鼾 O ressonar; o ronco. *Kare wa ～ ga hidoi* 彼は鼾がひどい Ele ressona [ronca] muito. ★ ～ *o* *kaku* 鼾をかく Ressonar; roncar.

ibíru いびる Tratar mal「os animais/as crianças」. ★ *Ibiri-dasu* いびり出す Maltratar até expulsar「de casa」. *Yome* [*Shinjin*] *o* ~ 嫁 [新人] をいびる ~ a nora [o novato]. [S/同] Ijímérú (+).

ibítsú 歪 O estar torto [torcido]. *Hako ga* ~ *ni natte futa to awanaku natta* 箱が歪になってふたと合わなくなった A caixa entortou-se [ficou torcida/amolgada] e a tampa já não fecha. ★ ~ *na* 歪な「o poste」Torcido「com o terramoto」;「o círculo redondo ficou」oval. ⇨ yugámú.

íbo[1] 疣 A verruga; o calo [cravo]. *Te ni* ~ *ga dekita* 手に疣ができた Tenho verrugas nas mãos. ◇ ⇨ **~ gaeru** [**ji**].

íbo[2] 異母【E.】A madrasta. ◇ **~ kyōdai** [**shimai**] 異母兄弟 [姉妹] O meio-irmão [A meia-irmã] (De mães diferentes). [A/反] Ífu.

ibó-gáeru 疣蛙 (<… [1] + kaérú)【Zool.】Um sapo com verrugas. [S/同] Hiki-gáeru; tsuchí-gáeru.

ibó-ji 疣痔【Med.】As hemorróides não-fluentes.

íbu[1] イブ (< Ing. eve) A véspera (⇨ zeń'yásái). ◇ **Kurisumasu ~** クリスマスイブ A Noite de Natal.

íbu[2] 慰撫【E.】O acalmar [apaziguar/pacificar]. ⇨ itáwáru; nagúsáméru.

ibúkáru 訝る【E.】Duvidar; suspeitar「que ninguém fará o trabalho」. [S/同] Ayáshímu (+); utágáu (+).

ibúkáshíi 訝しい【E.】Desconfiado. [S/同] Ayáshíi (+); utágáwáshíi (+).

íbuki 息吹 O sopro (de vida) (Tb. do Espírito Santo); o ar. *Soro-soro haru no* ~ *ga kanjirareru koro ni natta* そろそろ春の息吹が感じられる頃になった (Isto agora) já se começam a sentir os ares da primavera. ★ *Seishun no* ~ 青春の息吹 O entusiasmo [ardor] da juventude.

i-búkuro 胃袋 (<… [1] + fukúró)【Col.】O bandulho; a barriga [pança]. [S/同] I[1] (+); o-náká (+).

ibúníńgú-dóresu イブニングドレス O traje[o] de cerimó[ô]nia.

i-búnshi 異分子 O(s) elemento(s) estranho(s)「à sociedade」. ★ ~ *o kuchiku suru* 異分子を駆逐する Eliminar ~. ⇨ i[3].

ibúru 燻る Fazer [Deitar] fumo. [S/同] Kebúrú; kusúbúrú (+).

ibúshí 燻し (< ibúsu) **1** [食品などの] O defumar「carne/peixe」. ★ ~ *o kakeru* 燻しをかける ⇨ ibúsu. **2** [金属の] A oxidação; a pátina. ◇ **~ gin** 燻し銀 A prata patinada [oxidada]. ⇨ sańká[2]. **3** [⇨ kayárí].

ibúsu 燻す **1** [食品などを薫製にする] Defumar「chouriços/salmão」. ★ *Niku o* (*kemuri de*) ~ 肉を(煙)で燻す ~ carne. [S/同] Kebúráséru. ⇨ kuńséí. **2** [金属を酸化させる] Oxidar. **3** [虫などを煙で追う] Fumigar. ★ *Ka o* ~ 蚊を燻す Fazer a fumigação「da casa」contra os mosquitos.

ibútsú[1] 異物 O corpo [A matéria] estranho[a]「no estômago」. ★ ~ *ga konnyū suru* 異物が混入する Entrar um/a ~「na comida」. ⇨ i[3].

ibútsú[2] 遺物 **1** [後の世まで残った品物] A relíquia; os restos. *Kono ishi-ono wa sekki-jidai no* ~ *da* この石斧は石器時代の遺物だ Este machado é (uma ~) da idade da pedra. *Watashi no chichi wa kyū-jidai no* ~ *da* 私の父は旧時代の遺物だ Meu pai é uma ~ do passado. **2** [⇨ ihíń].

ibyṓ 胃病 As doenças do estômago. ⇨ i[1].

ichátsúkú いちゃつく【G.】Namorar; estar agarradinhos. *Koibito-dōshi ga hito-me mo habakarazu ichatsuite ita* 恋人同志が人目もはばからずいちゃついていた Os namorados estavam agarradinhos um ao outro sem fazer caso de quem via.

ichí[1] 一·壱 **1** [ひとつ] Um [Uma]. ★ ~ *ka bachi ka no shōbu* 一か八かの勝負 O desafio em que se arrisca [joga] tudo. [I/慣用] ~ *kara jū made* 一から十まで Tudo [De ponta a ponta]. ~ *mo ni mo naku* 一も二もなく「aceitar o plano」Imediatamente [Sem mais dúvidas]. ~ *o kiite jū o shiru* 一を聞いて十を知る A [Para] bom entendedor meia palavra basta; apanhar as coisas à primeira; entender logo. ◇ ⇨ **ichi-ichi**. **2** [第一] Primeiro/a. ~ *ni kanbyō ni ni kusuri* 一に看病二に薬 O cuidado com a saúde é o melhor remédio. ~ *nuketa* 一抜けた Eu vou embora (Sobretudo crianças)! ★ ~ *kara yarinaosu* 一からやりなおす Começar tudo de novo. [I/慣用] ~ *hime ni tarō* 一姫二太郎 Primeiro uma menina, a seguir um menino (A ordem ideal de nascerem os filhos). ⇨ dái-ichi; hajímé; ichi-ban. **3** [最高] O maior [melhor]. *Kare wa kono machi de* ~ *to itte ni to sagaranai ōganemochi da* 彼はこの町で一と言って二と下がらない大金持だ Ele, em riqueza, não fica atrás de ninguém cá na terra. [P/ことわざ] ~ *Fuji ni taka san nasubi* 一富士二鷹三茄子 Os 3 sonhos mais auspiciosos do Ano Novo: primeiro o Fuji, depois o falcão e depois a beringela.

íchi[2] 市 O mercado; a feira. *Donna byōki mo naoru to iu hyōban de kono byōin wa monzen* ~ *o nasu arisama da* どんな病気も治るという評判でこの病院は門前市を成すありさまだ Este hospital tem fama de curar todas as doenças e à porta [entrada] é [parece] uma feira. ★ ~ *no tatsu hi* 市の立つ日 O dia de feira. *Mihon* ~ *o kaisai suru* 見本市を開催する Realizar uma ~ industrial. ◇ ⇨ **asa ~**; **~ ba**.

íchi[3] 位置 **1** [場所] O lugar [A localização]; a posição. *Kono mise wa* ~ *ga yoi* [*warui*] この店は位置が良い[悪い] Esta loja está bem situada [localizada]. ★ ~ *ni tsuku* 位置につく Pôr-se no seu lugar [~ *ni tsuite!* 位置について Todos em posição [nos seus lugares/a postos] (porque vamos começar a aula/o desafio!]. ~ *o kimeru* 位置を決める Determinar o lugar. ~ *suru* [*o shimeru*] 位置する [を占める] Ficar「situado」. ◇ **~ enerugī** 位置エネルギー A energia potencial [O trabalho virtual]. ⇨ bashó. **2** [立場] A posição. *Aite no* ~ *ni mi o oite kangaeru koto ga taisetsu da* 相手の位置に身を置いて考える事が大切だ É importante ver o problema colocando-se na ~ do outro. ★ *Bungakushi ni okeru Sōseki no* ~ 文学史における漱石の位置 O lugar de Sōseki na história da literatura. [S/同] Táchiba. **3** [地位] O posto; a posição. *Ani wa kachō no* ~ *ni aru* 兄は課長の位置にある Meu irmão mais velho é [tem o posto de] chefe de repartição. [S/同] Chíi (+).

íchi-ba 市場 O mercado. ◇ **Uo** [**Aomono**] **~** 魚 [青物] 市場 ~ do peixe [das verduras (e frutas)].

ichíban 一番 **1** [第一番] Um; o[a] primeiro[a]. *Takara-kuji ga* ~ *chigai de hazureta* 宝くじが一番違いではずれた Não ganhei na lota[e]ria por um (número). *Porutogarugo no shiken ni kare wa* ~ *de gōkaku shita* ポルトガル語の試験に彼は一番で合格した Ele passou no exame de p. com a melhor nota. ★ ~ *dake no uta* 一番だけの歌 A canção que só tem uma estrofe [letra]. ～ *nori suru* 一番乗りする Ser o primeiro「a entrar no cinema」. *I no* ～ *ni kaketsukeru* いの一番にかけつける Ser o primeirinho a chegar「à festa」. ◇ **～ boshi** 一番星 A primeira estrela (a aparecer). **～ deshi** 一番弟子 O primeiro discípulo. **～ dori** 一番鶏 O primeiro canto do galo. **～ ressha** 一番列車 O primeiro comboio [trem] (do dia). **2** [最も] O mais [melhor/maior]. *Kaze ni wa suimin ga* ～ *da* 風邪には睡眠が一番だ Para curar a gripe o melhor (remédio) é dormir. *Watashi wa kore ga* ～ *suki* [*kirai*] *da* 私はこれが一番好き [嫌い] だ Isto é a coisa de que eu gosto mais [menos]. [S/同] Mottómo. **3** [試しに] Para experimentar. *Umaku iku ka dō ka* ～ *yatte miyō* うまくいくかどうか一番やってみよう Vamos tentar [experimentar primeiro] (para ver se isto dá). [S/同] Taméshí ni (+). **4** [勝負の一回] **a**) Uma partida「do campeonato」; **b**) Um「só」jogo. ★ *Go* [*Shōgi*] *o* ～ *yaru* 碁 [将棋] を一番やる Jogar "go" ["shōgi"] só uma vez. *Sumō o* ～ *toru* 相撲を一番とる Jogar só um sumô. ◇ **～ shōbu** 一番勝負 Só um desafio (para decidir a vitória).

ichíbétsú[1] 一別【E.】A (última) despedida. ★ ～ *irai* 一別以来 Desde a「nossa」～.

ichíbétsú[2] 一瞥 A olhadela [espiadela]; um olhar. ★ ～ *suru* 一瞥する Dar uma ～; lançar um ～. *Aite ni* ～ *o ataeru* [*kureru*] 相手に一瞥を与える [くれる] Lançar um olhar ao interlocutor.

ichíbō 一望【E.】Uma vista; um relance (de olhos). *Sono oka kara zen-shi ga* ～ *no moto ni nagamerareru* その丘から全市が一望のもとに眺められる Desse morro pode-se ver toda a cidade num ～. ★ ～ *senri no unabara* 一望千里の海原 A vastidão ilimitada (da vista) do oceano.

ichí-bu[1] 一部 **1** [一部分] Uma parte; um pouco [pedaço]; algum. *Kanojo wa* ～ *no hito ni wa hyōban ga warui* 彼女は一部の人には評判が悪い Entre algumas pessoas ela tem má fama. *Keikaku no* ～ *ga happyō sareta* 計画の一部が発表された O proje(c)to foi publicado, em parte. *Porutogaru wa Iberia-hantō no* ～ *o nasu* ポルトガルはイベリア半島の一部を成す Portugal faz [é] parte da Península Ibérica. [S/同] Ichí-búbun. [A/反] Daíbúbun; zénbu; zeńtáí. **2** [1 冊] Um exemplar. *Panfuretto* ～ パンフレット一部 ～ do panfleto. **3** [書物のひとそろえ] O volume. ★ *Jikkanbon* ～ 十巻本一部 Um livro em [de] 10 volumes. **4** [スポーツの最も上のリーグ] O primeiro lugar. *Waga chīmu wa* ～ *kara ni-bu ni ochita* 我がチームは 1 部から 2 部に落ちた A nossa equipa[e] baixou do primeiro para o segundo lugar.

ichí-bu[2] 一分 **a**) Um décimo [por cento]; **b**) Um pouquinho; uma parte mínima. ★ ～ *no suki mo nai* 一分のすきもない Estar bem; não faltar nada; estar perfeito [impecavelmente「vestido」].

ichí-búbun 一部分 ⇨ ichí-bu[1] **1**.

ichíbú-ichírin 一分一厘 (⇨ rín[6]) A insignificância. ★ ～ *no kurui mo nai* 一分一厘の狂いもない Não divergir nada.

ichíbúń 一分【E.】A honra. *Kore ja otoko no* ～ *ga tatanai ja nai ka* これじゃ男の一分が立たないじゃないか Assim, onde está ～ de (ser) um homem? ⇨ meńbókú.

ichíbú-shíjū 一部始終 De cabo a rabo [ponta a ponta];「saber/ver」tudo. *Kare wa jiken no* ～ *o hanashita* 彼は事件の一部始終を話した Ele contou-me o caso todinho [com todos os pormenores/tintim por tintim]. [S/同] Ténmatsu.

ichí-dai 一代 **1** [一世代] Uma vida [geração]. *Kare wa* ～ *de bakudai na zaisan o kizuita* 彼は一代でばく大な財産を築いた Ele, sozinho, acumulou uma fortuna enorme. ★ ～ *no fukaku* 一代の不覚 O maior erro da「minha」vida. ◇ **～ ki** 一代記 Uma biografia. **2** [その時代] A época; o tempo. *Kare wa* ～ *no eiyū* [*dai-shijin*] *datta* 彼は一代の英雄 [大詩人] だった Ele foi o herói [grande poeta] da/o ～.

ichí-dáiji 一大事 Uma coisa muito importante [séria]. *Suwa,* ～ すわ, 一大事 Meu Deus, é uma emergência! ★ *Kokka* [*O-ie*] *no* ～ 国家 [お家] の一大事 Algo importante [de grande transcendência] para o país [a família]. [S/同] Daí-jíken; ốgóto.

ichídáń[1] 一団 O grupo; o bando「de malvados」; o corpo. *Ōzei no hitobito ga* ～ *to natte aruite itta* 大勢の人々が一団となって歩いて行った A multidão partiu em massa [formando um só corpo]. ★ *Kankōkyaku no* ～ 観光客の一団 Um grupo de turistas. [S/同] Ichígúń; shúdáń.

ichí-dan[2] 一段 **1** [一つのステップ] [ichí-dan] **a**) Um degrau; **b**) A categoria; o grau. *Kare wa kaidan o* ～ *zutsu nobotta* 彼は階段を一段ずつ登った Ele subiu a escada, um degrau de cada vez. *Mukō no hō ga kimi yori* ～ *uwate da* 向こうの方が君より一段うわ手だ Ele é de categoria superior à tua [Ele está num grau superior ao teu]. **2** [ひときわ] [ichídáń] Notavelmente; muito. *Sono kimono o kiru to kanojo wa* ～ *to miryoku-teki ni naru* その着物を着ると彼女は一段と魅力的になる Com esse quimono ela fica ainda [～] mais bonita. [S/同] Hitókíwá; issố. **3** [文章のひとまとまり] **a**) Um parágrafo; **b**) Uma (pequena) passagem「do texto」. *Heike Monogatari no* ～ *o katatte kikaseru* 平家物語の一段を語って聞かせる Narrar uma passagem [um trecho] de "Heike Monogatari". ⇨ dań-rákú; issétsú[2].

ichí-dánraku 一段落 **a**) Um parágrafo; **b**) Uma boa parte [fase] do trabalho. *Kore de shigoto mo* ～ *tsuita* [*shita*] これで仕事も一段落ついた [した] Com isto [Para já], a primeira [uma boa] parte [fase] do trabalho está terminada. [S/同] Hitó-kúgiri.

ichí-dó 一度 **1** [一回] Uma vez. ～ *uchi ni asobi ni irasshai* 一度うちに遊びにいらっしゃい Venha ～ a minha casa. ～ *yarasete mite kudasai* 一度やらせてみてください Deixe-me experimentar ～. *Amerika ni wa* ～ *mo itta koto ga arimasen* アメリカには一度も行ったことがありません Nunca fui [Não fui uma única vez] à América. *Isshō ni* ～ *de ii kara sonna zeitaku o shite mitai* 一生に一度でいいからそんなぜいたくをしてみたい Quero saborear esse luxo, (ainda que seja só) ～ na vida. *Kare wa* ～ *iidashitara ato ni hikanai* 彼は一度言いだしたら後に引かない Ele quando diz uma coisa, nunca cede [volta atrás]. ★ ～ *dake* [*kagiri*] 一度だけ [限り] Só ～. ～ *narazu* 一度ならず Mais que ～; várias [muitas] vezes. *Mō* ～ もう一度 Outra [Mais uma] vez. *Nen* [*Shū/Tsuki*] *ni* ～ 年 [週 / 月] に一度 Uma vez por ano [semana/mês]. [P/ことわざ] ～ *aru koto wa ni-do aru* 一度あることは二度ある Quem faz um cesto faz um cento (Sobretudo coisas más). ⇨ ikkái[1]; ippén[2]; ittáń[2].
2 [一時に] De uma vez. ～ *ni kono shigoto o shiageru no wa muzukashii* 一度にこの仕事を仕上げるのはむずかしい É difícil terminar este trabalho ～. ★

~ ni futatsu no koto o suru 一度に二つの事をする Fazer duas coisas ~ [ao mesmo tempo]. ⇨ dōji¹. **3** [角度・経緯度・温度など] Um grau. *Kion ga jōshō suru* 気温が一度上昇する A temperatura sobe um grau. ★ ~ *no gosa* 一度の誤差 O erro de ~.

ichidō¹ [óo] 一同 【E.】Todos (os do grupo). *Shussekisha ~ de kinen-shashin o totta* 出席者一同で記念写真をとった Todos os participantes [presentes] tiraram uma foto comemorativa. ★ ~ *(uchi) sorotte* 一同（打ち）揃って Todos juntos [em peso]. *Ware-ware ~* 我々一同 Todos nós [Nós, em uníssono]. S/同 Zén'in.

ichidō² [óo] 一堂 【E.】 O mesmo local. ◇ ~ *ni kai suru* 一堂に会する Congregar [Reunir]-se (no ~).

ichidō³ 一道 【E.】 a) Uma arte ou caminho (⇨ sadō²; kendō¹); b)「~ *no hikari*」Um raio「de luz」. S/同 Ichidō.

ichidōki-ni 一時に ⇨ ichí-do **2**.

ichidokú 一読 O ler uma vez. *Kono hon wa ~ no kachi ga aru* この本は一読の価値がある Este livro merece ser lido [vale a pena lê-lo/é digno de leitura]. ★ ~ *suru* 一読する ...

ichi-én 一円 a) Todo/a; b) Um yen. ★ *Kyūshū ~ ni* 九州一円に Em toda a ilha de Kyūshū. S/同 Ittái; zéńtai.

ichigaí-ni 一概に Como uma só coisa; sem mais (explicação); em bloco; indiscriminadamente; metendo tudo no mesmo saco. *Kare ga mujitsu ka dō ka ~ ni wa ienai* 彼が無実かどうか一概には言えない Não posso dizer, sem mais, se ele é inocente ou culpado. S/同 Hikkúrumete; ichíyóni; oshínábate.

ichigáń¹ 一丸 Um só bloco;「formando」 um todo 「contra a opressão」. *Chīmu ga ~ to natte yūshō o mezasu* チームが一丸となって優勝を目指す A equipa/e, unida, quer ganhar [conseguir a vitória]. S/同 Hitókátamari.

ichigáń² 一眼 a) Um olho; b) Uma lente. ◇ ~ *refu* 一眼レフ A máquina fotográfica de espelho e uma só obje(c)tiva. ⇨ Dokúgáń; katamé (+). A/反 Sōgáń.

ichigatsu 一月 (O mês de) Janeiro. S/同 Mútsuki (A.).

ichigeí 一芸 Uma arte. ★ ~ *ni hiideru* 一芸に秀でる Ser mestre numa ~. S/同 Ichídō.

ichigékí 一撃 Um golpe; uma pancada. ★ ~ *no moto ni taosareru* 一撃の下に倒される Ser derrubado ao primeiro [de um] golpe. ~ *o kuwaeru* 一撃を加える Dar [Desferir] um/a ~. S/同 Hitóuchi.

ichigéń¹ 一見 A primeira vista ou encontro. ★ ~ *no kyaku* 一見の客 O freguês que veio pela primeira vez. S/同 Shotáimen (+).

ichigéń² 一元 Uma só origem (de tudo). ★ ~ *teki (na)* 一元的な「governo」Monolítico;「filosofia」 monista. ◇ ~ **ka** 一元化 A centralização「~ *ka suru* 一元化する Centralizar; unificar」. ~ **ni-ji hōteishiki** 一元二次方程式【Mat.】A equação de segundo grau. ~ **ron** 一元論【Fil.】 O monismo.

ichigo¹ 一語 Uma palavra. *Watashi wa ~ mo morasu-mai to mimi o katamuketa* 私は一語も漏らすまいと耳を傾けた Eu prestei a máxima atenção para não perder uma só palavra. ★ ~ *~ to* 一語一語 Palavra por palavra. S/同 Hitó-koto (+).

ichigo² 苺 O morango. ◇ ~ **jamu** 苺ジャム O doce de ~.

ichigo³ 一期 【E.】 Uma vida (inteira). ⇨ isshō¹; shōgai¹.

ichigo-ichíe 一期一会 O que acontece uma só vez na vida. ★ ~ *no deai* 一期一会の出会い O encontro uma vez na vida.

ichi-góń 一言 Uma palavra. *Sō iwareru to ~ mo nai* そう言われると一言もない Se é assim, não tenho nada a dizer. ★ ~ *mo tagaezu ni* 一言もたがえずに「declamar a poesia」Sem errar ~. ~ *no moto ni hanetsukeru* 一言の下にはねつける Recusar [Rejeitar] secamente「Não!」. ◇ ~ **ikku [hanku]** 一言一句 [半句] Cada palavra「~ *ikku mo iyashiku [orosoka-ni] shinai* 一言一句もいやしく [おろそかに] しない Pesar cada palavra」. S/同 Hitó-koto (o); ichígo.

ichigú 一隅 Um canto [recanto]「da sala」. S/同 Katásúmi (+).

ichi-gúń 一群 Um grupo. ★ ~ *no ushi* 一群の牛 Uma manada de gado (bovino). S/同 Hitó-mure; ichí-dáń.

ichi-gyō 一行 Uma linha. ★ ~ *oki ni* 一行おきに Deixando ~ de intervalo [Linha sim, linha não]. S/同 Hitónárabi; ichíretsu.

ichíhátsú 一八・鳶尾 ⇨ ayámé.

ichí-háyaku 逸早く (⇨ hayái) Imediatamente; logo. *Kare wa sore o kiku to ~ genba e kaketsuketa* 彼はそれを聞くと逸早く現場へ駆けつけた Ao ouvir isso [a notícia] ele acorreu ~ ao local.

ichií 櫟【Bot.】O teixo; *taxus baccata*.

ichi-ichi ── [一つ一つ] Um a [por] cada; cada coisa. *Shinamono o ~ shirabete mita* 品物をいちいち調べてみた Examinei bem os produtos [artigos] um por um. S/同 Hitótsú-hítotsu; hitósúzútsu. **2** [ことごとく] Tudo; sempre. ~ *gomottomo desu* いちいちごもっともです Você tem toda a razão. *Haha wa watashi no suru koto ni ~ monku o iu* 母は私のすることにいちいち文句を言う A minha mãe critica tudo [está sempre a criticar] o que eu faço. S/同 Kotógótoku; miná.

ichí-íń¹ 一員 (-íń¹) Um membro「do clube」.

ichi-íń² 一因 Uma (das) causa(s). ⇨ géń'íń.

ichí-íń-seí 一院制 O sistema uni-camarário「da Assembleia da República de ~」.

ichíi-senshin 一意専心 De alma e coração; com toda a alma.

ichí-ji¹ 一時 **1** [時刻] Uma hora. *Ima gozen ~ desu* 今午前一時です Agora é ~ [a uma] da manhã. **2** [過去のある時] Um tempo [em que ~]. *Burajiru wa ~ Porutogaru no shokuminchi de atta* ブラジルは一時ポルトガルの植民地であった Antes [Antigamente] o B. foi coló(ô)nia de P. ⇨ ízeń¹; kátsute. **3** [その場限り] Temporário; momentâneo. ★ ~ *nogare o suru* 一時逃れをする Escapar momentaneamente. ~ *teki (na) genshō* 一時的な現象 Um fenó(ô)meno ~. ~ *shinogi no hōhō* 一時しのぎの方法 O expediente; a solução de ocasião. ⇨ tōzá¹. **4** [しばらく] Por um tempo; provisório; passageiro. *Asu wa hare ~ kumori* 明日は晴れ一時曇り Amanhã, céu claro, por vezes nublado. ★ ~ *azuke ni suru* 一時預けにする Deixar「a mala no cacifo」por algum tempo. ◇ ~ **azukarisho** 一時預り所 O vestiário. ~ **chūdan** 一時中断 A interrupção provisória [Interrompemos「a emissão」por momentos]. ~ **chūshi** 一時中止 A interrupção [suspensão] provisória; a pausa. ~ **kaiko** 一時解雇 O despedimento provisório. ~ **kari-ire-kin** 一時借入金 O empréstimo provisório. ~ **teishi** 一時

停止 Uma breve paragem. **5** [一度に] Uma vez. ★ ~ *ni* 一時に De ~. ◇ ~ **barai** 一時払い O pagar de ~. **Kaki [Nenmatsu] ~ kin** 夏期[年末]一時金 A bonificação/O bó[ô]nus de verão [fim de ano].

ichíji² 一事 Uma coisa [vez]; um caso. [I/慣用] ~ *ga banji* 一事が万事 Quem faz um cesto faz um cento [*Ano hito wa ~ ga banji kono chōshi da* あの人は一事が万事この調子だ Vê (o que ele fez)? Ele é sempre assim [isto]].

ichíji³ 一次 Primeiro「exame」. ◇ ~ **denchi** 一次電池 A bateria primária [de pilhas]. ~ **hōteishiki** 一次方程式【Mat.】A equação do primeiro grau. ~ **sanpin** 一次産品 O(s) produto(s) primário(s). ~ **shiken** 一次試験 O ~ exame. **Dai-**~ **sekai taisen** 第一次世界大戦 A Primeira Guerra Mundial [A Grande Guerra]. (1914–1918)

ichí-ji⁴ 一字 Um ideograma; uma letra [palavra]. ★ ~ *ikku tagaezu ni* 一字一句たがえずに À [Ao pé da] letra; literalmente.

ichíjiku 無花果 O figo (~ *no ki* = a figueira).

ichíjín 一陣【E.】**1** [先陣] A primeira leva; a vanguarda; os da frente. ~ *Senshudan no dai*-~ 選手団の第一陣 O primeiro grupo de atletas. [S/同] Senjín. **2** [風のひと吹き] A rajada. ★ ~ *no kaze* 一陣の風 ~ de vento. [S/同] Hitó-fuki.

ichíjirúshíi 著しい Notável [Digno de nota]; extraordinário. ★ ~ *shinpo* 著しい進歩 Um progresso ~. *Ichíjírúshíku* 著しく Extraordinariamente; de maneira notável [*Kinnen shoku-seikatsu wa ichíjírushíku henka shita* 近年、食生活は著しく変化した Nos últimos anos os hábitos alimentares mudaram muito [extraordinariamente]].

ichíjítsú 一日【E.】Um dia. ★ ~ *[Ichí-níchí] senshū no omoi de matsu* 一日千秋の思いで待つ Esperar com grande ansiedade/impaciência [que até parece uma eternidade]. ~ *no chō* 一日の長 A superioridade; o ganhar; o levar vantagem (Lit: "um dia mais"). [S/同] Ichí-níchí (+).

ichíjo 一助 Uma ajuda. *Honsho ga Porutogarugo no kenkyū suru tame no ~ to nareba saiwai de aru* 本書がポルトガル語を研究するための一助となれば幸いである Se este livro for ~ [de alguma ajuda] no estudo do p., dar-me-ei [o autor dar-se-á] por satisfeito. ◇ tasúké.

ichíjō¹ 一条 **1** [ひと筋] Um fio [raio]; uma linha. ★ ~ *no kōsen [hikari]* 一条の光線[光] Um raio de luz. [S/同] Hitósuji. **2** [ひとくだり] Uma cláusula; um artigo「da Constituição」. [S/同] Hítókudari; issétsú.

ichíjō² 一場 Esse lugar [momento]. ★ ~ *no yume to kasu* 一場の夢と化す Desvanecer-se nesse [num] momento como um sonho.

ichíjún 一巡 Uma volta [O circuito]「da cidade」; uma ronda「da polícia」. *Keikan ga atari o ~ shite iru* 警官があたりを一巡している O policial (B.) está fazendo [O/A polícia anda a fazer] a ronda. [S/同] Hitómeguri.

ichí-mai 一枚 (⇨ maí³) **1** [薄くて平いものの一つ] Uma folha「de papel」. ~ *jūen no gayōshi o kudasai* 一枚10円の画用紙をください Dê-me o papel de desenho [que é a] dez yens a folha. ★ ~ *mekuru* 一枚一枚めくる Virar uma página. *Hankachi* ~ ハンカチ一枚 Um lenço. ◇ ~ **iwa**. ~ **kanban** 一枚看板 **a**) O melhor「a(c)tor da companhia」; **b**) O único「fato bom/ponto de que se pode orgulhar o país」. **2** [ひときわ] A categoria. *Kimi no hō ga yakusha ga ~ ue da* 君の方が役者が一枚上だ Você, como a(c)tor daria acima dele [é muito superior a ele]. **3** [ひとり] O fazer parte「de」; o estar (metido)「em」. *Sono keikaku ni wa kare ga kande iru* その計画には彼が一枚かんでいる Parece que ele também está metido nesse proje(c)to.

ichímái-iwa 一枚岩 O monólito; uma lápide. ★ ~ *no danketsu* 一枚岩の団結 A coesão monolítica.

ichímátsú 一抹 Um toque [assomo/ar/pouco]. *Watashi wa isshun ~ no fuan o kanjita* 私は一瞬一抹の不安を感じた Ainda tive um assomo de inquietação. [S/同] Ichímyáku; wázuka.

ichímátsú(-móyō) 市松(模様) O desenho「de tecido」em xadrez.

ichi-mei¹ 一名 **1** [一人] Uma pessoa. *Kaihi wa go* ~ *sama sanzen en desu* 会費は御一名様三千円です A inscrição [quota de participação] na reunião são 3.000 yens por pessoa. [S/同] Hitóri. **2** [ichí-meí] [⇨ betsúmeí¹].

ichi-meí² 一命 (Um)a vida. ★ ~ *o toritomeru* 一命を取り止める Escapar à morte; salvar-se. [S/同] Ínochi (+); séimei (+).

ichíméń 一面 **1** [ある面; 別の面] Um aspecto [lado]. *Kore wa sesō no ~ o han'ei shite iru sakuhin da* これは世相の一面を反映している作品だ Esta obra refle(c)te ~ da sociedade. *Kare no iken wa tadashii ga ~ futsugō na ten mo aru* 彼の意見は正しいが一面不都合な点もある A opinião dele, em geral, é corre(c)ta mas, tem pontos discutíveis. ★ ~ *teki na* 一面的な「opinião」 Parcial [Unilateral]. **2** [全面] Toda a superfície. *Amazon wa miwatasu kagiri ~ no mitsurin da* アマゾンは見渡す限り一面の密林だ A Amazô[ô]nia é toda uma floresta virgem, a perder de vista. [S/同] Zeńtái. **3** [新聞の第一ページ] A primeira página (do jornal). ★ ~ *no nyūsu* 一面のニュース A notícia de ~. ◇ ~ **kiji** 一面記事 O artigo de ~. **4** [一つの琴, 鏡] (Numeral para contar coisas largas, como "koto", espelhos, quadras de té[ê]nis).

ichímén-shiki 一面識 O conhecimento só de vista. *Kanojo to wa ~ mo nai* 彼女とは一面識もない Não a conheço nem de vista [Nunca a vi].

ichími 一味 **1** [仲間] A mesma laia (corja); o mesmo bando. *Aitsu wa dorobō no ~ datta* あいつは泥棒の一味だった Ele era um bandoleiro. [S/同] Dóshi; mikáta; nakáma. **2** [一つの味] Um só gosto. ◇ ~ **tōgarashi** 一味唐辛子 A pimenta em pó, sem outras misturas. ⇨ Ichímyáku.

ichímódájín 一網打尽 A captura numa redada. *Akutō o ~ ni (kenkyo) shita* 悪党を一網打尽に(検挙)した Apanhámos os facínoras todos juntos [de uma vez/como ratos].

ichi-mókú 一目 **1** [ひと目] Um olhar. ★ ~ *ryōzen de aru* 一目瞭然である Ser claro como água [Ver-se logo/Bastar ver]. [S/同] Ikkéń; hitóme. **2** [一石]【(D)esp.】Uma pedra de "go". ◇ ~ *oku* 一目置く **a)** Colocar ~; **b)** "Tirar o chapéu" (Reconhecer a superioridade) [*Kare ni wa minna ga* ~ *oite iru* 彼にはみんなが一目置いている A ele toda a gente lhe tira o chapéu].

ichímókusan 一目散 O fugir a toda a pressa [sem olhar para trás]. *Kare wa ~ ni nigedashita* 彼は一目散に逃げ出した Ele, pernas para que vos quero, parecia um galgo, a fugir.

ichímon¹ 一門 **1** [一族] Um clã. ★ *Heike* ~ 平家一門 O clã (dos) Taira [Os Heike]. ⟨S/同⟩ Ichízoku (+). **2** [同門] Uma seita「budista」ou escola.

ichímon² 一文 ("Mon" era a moeda mais pequena do J.) Um vintém [chavo/tostão (furado)]. ★ *Sore wa ~ no kachi mo nai* それは一文の価値もない Isso não vale ~. ★ ~ *nashi ni naru* 一文無しになる Ficar sem cheta (G.)[um ~]. ~ *oshimi* 一文惜しみ O furreta [sovina/avarento]; a mesquinhez [furretice][~ *oshimi no hyaku ushinai* 一文惜しみの百失い [知らず]Poupar o farelo e gastar a farinha]. ⇨ **bíta** ~.

ichí-mónji 一文字 a) O número 1; b) A linha re(c)ta (Como " ─ "); c) Uma letra (⇨ mó(n)ji). *Kare wa「okotte」kuchi o ~ ni musunde iru* 彼は「怒って」口を一文字に結んでいる Ele está com os lábios cerrados, de zanga(do). ★ ~ *ni yokogiru* 一文字に横切る Cortar a direito [em linha re(c)ta]「pelo campo fora」. ⟨S/同⟩ Itchókusen (+); massúgu (+).

ichímō-saku [óo] 一毛作 Uma só safra [colheita] (por ano). ⇨ Nimó-saku.

ichímótsu¹ 一物 **1** [一つの物]「em casa não há」 Uma única coisa. **2** [魂胆] Um plano secreto; uma trama. *Kare wa dōmo hara*[*mune*]*ni ~ ari-sō da* 彼はどうも腹[胸]に一物ありそうだ Parece que ele anda a tramar alguma (coisa). ⟨S/同⟩ Kóntan (+); takúrámí (+). **3** [男性器] O abono-de-família (G.); o pé[ê]nis.

ichímótsu² 逸物 O「cavalo」melhor de todos. ⟨S/同⟩ Itsúbútsú.

ichí-myákú 一脈 Um fio; uma ligação; algo (em/de) comum. *Kare to watashi no aida ni wa ~ ai-tsūjiru mono ga aru* 彼と私の間には一脈相通じるものがある Há algo de comum entre ele e mim. ⟨S/同⟩ Hitó-suji.

ichí-nán 一難 Uma desgraça. ⟨I/慣用⟩ ~ *satte mata ~* 一難去ってまた一難 Desgraças sobre [e mais] desgraças.

ichínén¹ 一念 Uma ideia (que arrasta a pessoa); toda a alma; o desejo ardente [de uma vida]. *Kore wa watashi ga ~ komete kaita e desu* これは私が一念込めて描いた絵です Pus toda a alma nesta pintura. ★ ~ *hokki suru* 一念発起する Decidir-se a sério [a estudar japonês]. ⟨I/慣用⟩ ~ *iwa o mo tōsu* 一念岩をも通す Querer é poder. ⟨S/同⟩ Isshín; negái.

ichí-nen² 一年 **a)** Um ano; **b)** O primeiro ano (da escola). ★ ~ *buri de* [*ni*] *kokyō e kaeru* 一年ぶりで[に]故郷へ帰る Voltar à terra depois dum ano. 「*Koko wa*」 ~ *jū 「attakai*」ここは一年中暖かい「Aqui faz calor」(durante) todo o ano. ~ *oki ni* 一年おきに Cada dois anos [Ano sim ano não] 「tenhos este curso na universidade」. ⟨P/ことわざ⟩ ~ *no kei wa gantan ni ari* 一年の計は元旦にあり Quem bem começa bem acaba (Lit.: "Planos bem feitos, no Ano Novo são feitos"). ◇ ~ **sei** 一年生 **a)** O aluno do primeiro ano; **b)** Um principiante「no negócio」. ~ **sō** 一年草 A planta anual.

ichi-ni 一二 **1** [ひとつふたつ] Um ou dois; alguns. ◇ ~ **do** 一二度「fui a Nikkō」Uma ou duas vezes. ~ **nen** 二年 Um ou dois anos. ⟨S/同⟩ Wázuka. **2** [一番と二番] O primeiro e o segundo. ★ ~ *o arasou* 一二を争う Disputar a primazia (G.). *Kare wa kono chihō de ~ o arasou zaisanka da* 彼はこの地方で一二を争う財産家だ Ele é (ou) o maior ou (o) segundo maior capitalista daqui]. **3** [行進のかけ声] Um, dois, um, dois! *Mae e susume*, ~, ~ 前へ進め, 一二, 一二 Em frente (marchar): ~ !

ichí-níchi 一日 **1** [日数] Um dia. ★ ~ *mo hayaku kaeritai* 一日も早く帰りたい Quero voltar quanto antes 「para o B.」. ~ *mo kakasazu ni kono kusuri o nomi nasai* 一日も欠かさずにこの薬を飲みなさい Tome este remédio todos os dias sem falta [sem falhar um dia]. ★ ~ *to* 一日一日と「estudar」 Cada dia [Dia após dia/Todos os dias]. ~ *ka futsuka de* 一日か二日で Num ou dois dias. ~ *ni* (*tsuki*) 一日に(つき)「três refeições」Por dia. ~ *oki ni* 一日おきに Dia sim dia não [Cada dois dias]. ~ [*Ichijitsu*] *senshū no omoi de matsu* 一日千秋の思いで待つ Esperar com impaciência [como se os dias fossem anos]. **2** [終日] Todo o dia. ★ ~ *gakari no shigoto* 一日がかりの仕事 O trabalho de um dia. ~ *jū* 一日中 Todo o dia [O dia inteiro]. ⟨S/同⟩ Shújítsú. **3** [ある日] Certo [Um] dia. *Aki no momiji-gari ni dekaketa* 秋の紅葉狩りに出かけた ~ *de outono fui ver "momiji"*. **4** [ついたち] O dia 1 (Do mês). ⟨S/同⟩ Tsuítáchí (+).

ichínín 一任 O confiar a alguém. *Kare wa kono shigoto o watashi ni ~ shita* 彼はこの仕事を私に一任した Ele confiou(-me) este trabalho (a mim).

ichínín-máe 一人前 **1** [一人分] Uma dose [porção](Para 1 pessoa). ★ ~ *gohyaku en* 一人前500円 500 yens por pessoa. *Sushi* ~ [~ *no sushi*] すし一人前 [一人前のすし]Uma dose de sushí. **2** [成人であること] O homem [A mulher] feito(a), de adulto. *Sore de mo ~ no otoko ka* それでも一人前の男か Você assim não é um homem. ★ ~ *ni naru* 一人前になる Ficar um ~ a. **3** [玄人の域に達すること] A mestria. *Kare mo yatto ~ no kokku ni natta* 彼もやっと一人前のコックになった Depois de muito esforço, é já um chef de bom cozinheiro.

ichió 一応 [往] **1** [ひととおり] Em princípio. ~ *kore de maniau to omou* 一応これで間に合うと思う isto devia bastar, creio eu. *Kimi no iu koto mo ~ mottomo da* 君の言う事も一応もっともだ Tu ~ tens razão. *Kyō no benkyō wa ~ owatta* 今日の勉強は一応終わった O estudo, por hoje, terminou. **2** [一度] Uma vez. ★ ~ *mo niō mo* 一応も二応も Uma e outra vez; repetidamente. *Ima* ~ 今一応 Mais ~. ⟨S/同⟩ Ichídō (+); ikkái (+).

ichírán 一覧 **1** [一見] Uma vista de olhos; o ver. *Go ~ kudasai* ご一覧下さい Dê uma ~「aos papéis」. ◇ ~ **barai** 一覧払い O pagamento imediato [à vista]. ~ **go sankagetsu-barai** [**teiki-barai**] 一覧後3か月払 [定期払] O pagamento 3 meses depois de receber a fa(c)tura [O pagamento a prestações]. ~ **hyō** 一覧表 O guia [manual]. ◇ ~ **hyō**. **Gakkō** ~ 学校一覧 ~ da escola.

ichírán-hyō 一覧表 Uma lista; um catálogo.

ichírán-séi 一卵性 【Med.】A uniovulação. ◇ ~ **sōseiji** 一卵性双生児 Gé(ê)meos monozigóticos [do mesmo óvulo]. ⇨ nirán-séi.

ichí-réi¹ 一例 Um exemplo. *Kore wa hon no ~ ni suginai* これはほんの一例にすぎない Isto é apenas ~ (mas há mais). ~ *o agereba* 一例を挙げれば Por exemplo [Para dar um ~]. ~ *to shite* 一例として Como exemplo. ⟨S/同⟩ Réi.

ichí-réi² 一礼 Um cumprimento(zinho) (Pequena saudação feita sobretudo com inclinação do corpo). *Kanojo wa ~ shite satta* 彼女は一礼して去った Ela cumprimentou [fez ～] e saiu. ⇨ o-jígí; réi[1].

ichí-réń 一連 Uma série ou cadeia. ★ ～ *no jiken* 一連の事件 Uma série de incidentes. ◇ **～ bangō** 一連番号 Números consecutivos [seguidos]「das notas do livro」.

ichíréń-tákúshṓ 一蓮托生 O estar juntos (Lit. pôr a vida no mesmo lódão). *Nakama to natta kara ni wa o-mae mo ～ da* 仲間となったからにはお前も一蓮托生だ Como [Uma vez que] você ficou nosso camarada, tem de partilhar as mesmas condições.

ichí-retsu 一列 Uma fila. ★ ～ *ni narabu* 一列に並ぶ Pôr-se em [Fazer] fila. ～ *ni natte* 一列になって「ir」Em fila. *Tate* [*Yoko*] ～ 縦 [横] 一列 Fila vertical [horizontal]. [S/同] Hitó-narabi.

ichíri 一理 Alguma [A sua] razão. *Kare no iibun ni mo ～ aru* 彼の言い分にも一理ある O que ele diz também tem ～.

ichí-ri ichí-gái 一利一害 Os prós e os contras; as vantagens e desvantagens. *Ōkii ie o motsu no mo ～ da* 大きい家を持つのも一理一害だ Ter uma casa grande tem prós e contras. [S/同] Ittókú isshítsú.

ichí-rin[1] 一輪 **1** [花の] Uma flor. ◇ **～ zashi** 一輪挿 (し) A jarrinha (estreita) para [com] uma ou duas flores. **2** [車の] Uma roda. ◇ **～ sha** 一輪車 O monociclo; a carreta「das obras」.

ichí-rin[2] 一厘 Um "rin".

ichírítsú 一律 O mesmo tom, padrão ou regra; a uniformidade. [S/同] Ichíyṓ; kińtṓ.

ichírí-zuka 一里塚 (< ichí[1] + ri + tsuká) O marco miliário [importante].

ichíro 一路 **1** [一筋の道] (Um) caminho. *Kanojo wa hametsu no ～ o tadotte iru* 彼女は破滅の一路をたどっている Ela está no ～ da perdição. **2** [まっすぐに] Dire(c)tamente. *Fune wa ～ San Pauro ni mukatta* 船は一路サンパウロに向かった O navio foi dire(c)to [～] a São Paulo. [S/同] Hitásúrá; massúgu ni (+).

ichírókú-shṓbu [óo] 一六勝負 **1** [ばくち] O jogo (de azar); a aposta. ★ ～ *o yaru* 一六勝負をやる Jogar a dinheiro. [S/同] Bakúchí (+); tobákú (+). **2** [冒険的試み] O arriscar [risco]. ★ ～ *o yaru* 一六勝負をやる Aventurar-se [Tentar a sorte]. [S/同] Daí-bṓken[-shṓbu] (+).

ichíru 一縷 Um pouco. *Tōtō ～ no nozomi mo kiete shimatta* とうとう一縷の望みも消えてしまった Perdi a pouca esperança que tinha [Lá se foi o último raio de esperança]. [S/同] Kásuka (+); wázuka (+).

ichí-rui 一塁【Beis.】A primeira base. ★ ～ *o mamoru* 一塁を守る Defender ～. ◇ **～ shu** 一塁手 O jogador da ～.

ichí-ryṓ-jitsu [óo] 一両日 Um ou dois dias. ★ ～ *chū ni* 一両日中に Dentro de ～.

ichíryū́ 一流 **1** [第一級] A primeira categoria [classe]. ★ ～ *no hoteru* 一流のホテル O hotel de ～. ◇ **～ daigaku** 一流大学 Uma grande universidade. **～ dokoro** 一流どころ Um lugar de ～. **～ senshu** 一流選手 O atleta de ～. ⇨ saíkṓ[1]. **2** [独特] Peculiar; próprio. *Kore wa kare ～ no kakikata da* これは彼一流の書き方だ Isto é o estilo [a maneira de escrever] peculiar dele. ★ *Shi ～ no yūmoa* 氏一流のユーモア O humorismo ～ deste senhor. [S/同] Dokútókú (+); tokúyū́ (+).

ichí-wari 一割 Dez por cento; 10%. ★ ～ *no neage* 一割の値上げ O aumento de ～ (do preço). ◇ **～ biki** 一割引き O desconto [abatimento] de ～.

ichíya 一夜 **1** [ひと晩] Uma noite. ★ ～ *ni shite* 一夜にして Passada uma [Numa só] noite; de um dia para o outro. ～ *no uchi ni* 一夜のうちに Durante [Dentro de] ～. ～ *no yado o kou* 一夜の宿を請う Pedir alojamento por ～. ～ *o akasu* [*sugosu*] 一夜を明かす[過ごす] Passar a ～「a beber」. ～ *o yūjin to katari-akasu* 一夜を友人と語り明かす Passar a ～ na conversa com os amigos. ～ *zukuri no sake* 一夜作りの酒 A bebida alcoólica fermentada numa só noite. ◇ **～ narikin** 一夜成金 O novo rico (Endinheirado de um dia para o outro). ⇨ **～zuke**. **2** [ある晩] Uma certa noite.

ichíyákú 一躍 De um salto [pulo]; de repente; subitamente. ★ ～ *yūmei ni naru* 一躍有名になる Ficar repentinamente famoso [célebre]. ～ *toppu ni odori-deru* 一躍トップに躍り出る Tornar-se ～ o primeiro [Saltar para o topo].

ichíyá-zúké 一夜漬け (<… + tsukéru) **1** [漬物] A demolha por uma noite. ★ ～ *no kyūri* 一夜漬けのきゅうり O pepino que ficou de molho [em salmoura] uma só noite. [S/同] Hayá-zúké; sokúsékí-zúké. **2** [急ごしらえの準備] O que é feito a correr [à pressa]. *Watashi wa ～ de shiken benkyō o shita* 私は一夜漬けで試験勉強をした Eu preparei-me a correr para o exame. ★ ～ *no chishiki* 一夜漬けの知識 O conhecimento encaixado à pressa.

ichíyṓ 一様 A uniformidade; a igualdade. ★ ～ *ni* 一様に Uniformemente; do mesmo modo〔*Subete o ～ ni atsukau koto wa dekinai* すべてを一様に扱うことはできない Não se pode tratar tudo da mesma maneira [do mesmo modo]〕. ～ *no* 一様の Uniforme; igual〔*Karera wa mina ～ no kuroi fuku o kite ita* 彼らはみな一様の黒い服を着ていた Todos eles estavam uniformemente vestidos de preto〕. [S/同] Dṓítsú; dṓyṓ; onájí (+).

ichíyō-raífúkú 一陽来復【E.】A chegada da primavera [de melhores dias]. *Keizai jōtai ni ～ no kizashi ga aru* 経済状態に一陽来復の兆がある Há indícios de recuperação na economia.

ichíza 一座 **1** [満座] Toda a assitência; todos os presentes. ～ *ga dotto waratta* 一座がどっと笑った Toda a assistência deu uma grande gargalhada [Foi uma gargalhada geral]. [S/同] Mańzá. **2** [興行団] A companhia [o grupo] teatral. [S/同] Gekídáń; kṓgyṓdan.

ichí-zen 一膳 **1** [一杯] Um prato; uma tigela. ★ ～ *no gohan* 一膳のご飯 Uma tigela de arroz. ◇ **～ meshiya** 一膳飯屋 A casa de pasto. [S/同] Íppai. **2** [一対] Um par. ★ ～ *no hashi* 一膳の箸 Uns [Um par de] pausinhos. ⇨ kumí ◇; ittsúí.

ichízoku 一族 A parentela; toda a família; o clã. ★ ～ *rōtō o hikitsurete* 一族郎党を引き連れて Levando consigo toda a família e vassalos. ◇ **Tokugawa ～** 徳川一族 ～ de [Os] Tokugawa. [S/同] Dṓzókú; ichímon[1]; ketsúzoku; shínzoku.

ichízóń 一存 A apreciação [O julgamento] pessoal. *Kono yō na koto wa watashi no ～ de wa kimekaneru* このような事は私の一存では決めかねる Um assunto destes não pode ser decidido só por mim. ⇨ hándan.

ichízu 一途 Um só caminho; uma só [única] ideia. ★ ～ *na kokoro* 一途な心 O coração devotado. ～ *ni omoikomu* 一途に思い込む Só pensar numa coisa「, estudar」. ⇨ hitá-súrá.

ichí-zúkéru 位置づける (<…[3] + tsukéru) Localizar;

posicionar; situar「o problema」. *Jibun no tachiba o meikaku ni* ~ 自分の立場を明確に位置づける Definir claramente a sua posição; definir-se.
ícho 遺著 O obra póstuma.
i-chō¹ 胃腸 O estômago e os intestinos. *Kare wa* ~ *ga yowai* [*tsuyoi*] 彼は胃腸が弱い[強い] Ele tem um mau [bom] funcionamento gastr(o)intestinal/Ele sofre do estômago e intestinos [tem bom estômago e intestinos]. ★ ~ *no kowasu* 胃腸［おなか］をこわす Ter uma dor de estômago; ficar mal dos intestinos [da barriga]. ◇ ~ **byō** 胃腸病 A desordem gastr(o)intestinal. ~ **byōgaku** 胃腸病学 A gastr(o)enterologia. ~ **shōgai** 胃腸障害 A gastr(o)enterite. ~ **yaku** 胃腸薬 O medicamento para ~. S/同 I¹.
ichō² 移調【Mús.】O transporte (Mudança de tom). ★ *Ha-chō kara he-chō ni* ~ *suru* ハ調からへ調に移調する Transportar do dó para o ré.
ichō³ 銀杏・公孫樹【Bot.】O leque-dourado; a árvore-avenca; ginkgo biloba.
ichō⁴ 医長 O dire(c)tor clínico.
ichō⁵ 移調【Mús.】O lá maior.
ichū¹ 意中 O íntimo; a mente; o coração; o pensamento; "in pectore". ★ ~ *no hito* 意中の人 A pessoa querida [que se traz no coração]. ~ *o akasu* [*uchiakeru*] 意中を明かす[打ち明ける] Abrir o coração; revelar o que tem no íntimo. ~ *o saguru* 意中を探る Perscrutar [Sondar] o pensamento de alguém. S/同 Kyōchū.
ichū² 移駐 A transferência. ★ ~ *suru* 移駐する Transferir「soldados para outro local」; deslocar.
idái 偉大 Grande「homem/figura」;「um papel/contributo」notável [eminente/magnífico]. ★ ~ *na gyōseki* 偉大な業績 Um grande feito. S/同 Erái; rippá.
idáku 抱く **1** [⇨ dakú¹]. **2** [心に持つ] Guardar [Nutrir; Alimentar] no coração. ★ *Fuan o* ~ 不安を抱く Sentir-se (des)inquieto; ter receio. *Taishi o* ~ 大志を抱く Ter [Acalentar] grandes ambições.
idátén 韋駄天【Bud.】**a**) A divindade prote(c)tora de pagodes e bonzos, muito veloz na corrida; **b**) O que corre muito. ★ ~ *no gotoku hashiru* 韋駄天の如く走る Correr como um galgo/uma seta.
idén 遺伝 A hereditariedade; a transmissão hereditária (genética). *Kare no se ga takai no wa chichioya kara no* ~ *da* 彼の背が高いのは父親からの遺伝だ Ele saiu ao pai na altura [herdou a altura do pai]. ★ ~ *ni yotte* 遺伝によって Por ~. ~ *sei no* 遺伝性の De natureza hereditária; transmissível. ~ *suru* 遺伝する Transmitir-se (de pais a filhos). ◇ ~ **byō** 遺伝病 A doença hereditária. ~ **gaku** 遺伝学 A genética. ~ (**in**)**shi** 遺伝(因)子 O gene. ~ **ron** 遺伝論 As teorias da ~.
ideórogī イデオロギー (< Al. ideologie < L.) A ideologia. ⇨ shisō¹.
idétáchí 出で立ち O traje; a vestimenta; o fato; a roupa(gem). *Idégaishii* ~ *de tachi-hataraku* 甲斐甲斐しい出で立ちで立ち働く Trabalhar afincadamente com roupa de trabalho. *Tabibito* [*Junrei*] *no* ~ *de* ~ *no tabi-bito* [巡礼] の出で立ちで Vestido [Com traje] de caminhante (peregrino).
idéyú 出で湯【E.】As águas termais. ★ ~ *no sato* 出で湯の里 Uma terra com [de] ~. S/同 Ońsén (+).

ído¹ 井戸 O poço; o furo; a nora. ~ *ga karete shimatta* 井戸が枯れてしまった ~ secou (completamente). ★ ~ *kara* [*no*] *mizu o kumu* 井戸から[の]水を汲む Tirar água do ~. ~ *o horu* 井戸を掘る Fazer um ~. ~ *o sarau* 井戸をさらう Limpar o ~. ◇ ~ **bata** 井戸端 A borda [redor] do ~. ~ **bata kaigi** 井戸端会議 A bisbilhotice de mulheres à beira [roda/ao pé] do ~. ~ **mizu** 井戸水 A água do ~. ⇨ iké.
ído² 緯度 A latitude. ◇ ~ **sen** 緯度線 O paralelo (de ~). **Kō** [**Chū**; **Tei**] ~ 高[中; 低]緯度 ~ grande [média; pequena]. ⇨ hóku-i; kéido¹; nán'i¹.
idō¹ 移動 O movimento; a deslocação. ★ ~ *suru* 移動する Mover-se; transferir-se; deslocar-se; mudar [tirar「o carro」] do lugar. *Jinkō no* ~ 人口の移動 A migração populacional; ~ da população. ◇ ~ **denwa** 移動電話 O telemóvel (⇨ kéitaí²). ~ **keisatsu** 移動警察 A polícia rodoviária. ~ **sei kōkiatsu** 移動性高気圧 O anticiclone variável. ~ **taishi** 移動大使 O embaixador itinerante. ~ **toshokan** 移動図書館 A biblioteca itinerante [ambulante].
idō² 異動 A mudança; a transferência. *Kono haru yakuin ni dai* ~ *ga atta* この春役員に大異動があった Esta primavera houve grandes mudanças de pessoal. ◇ **Jinji** ~ 人事異動 ~ de pessoal.
idō³ 異同 A diferença「entre os dois」. S/同 Chigaí (○); sái (+).
i-dóko(ro) 居所 O paradeiro; **b**) O endereço; a residência. ★ ~ *o tsukitomeru* 居所を突き止める Localizar alguém. *Mushi no* ~ *ga warui* 虫の居所が悪い Estar de mau humor. S/同 I-báshó; jūkyo; yukué.
idómu 挑む **1** [戦いなどを仕掛ける] Desafiar; lançar um repto; provocar; disputar. ★ *Kessen o* ~ 決戦を挑む Disputar a batalha [o desafio] decisiva[o]. *Teki ni* ~ 敵に挑む Desafiar o inimigo. ⇨ chōsén¹; tachímúkáu. **2** [挑戦する] Lançar-se; desafiar. ★ *Fuyu-yama ni* ~ 冬山に挑む Lançar-se a escalar uma montanha no inverno. *Sekai kiroku ni* ~ 世界記録に挑む Lançar-se à conquista do recorde mundial. **3** [女に恋をしかける] Procurar captar [o amor de] alguém; atirar-se「a」; tentar avançar. ⇨ íf-yóru.
ié¹ 家 **1** [家屋] A casa; a residência; a moradia; a habitação; a vivenda. ★ ~ *no naka* [*soto*] *de* 家の中[外]で Dentro [Fora] de casa. ~ *o akeru* [*tachinoku*] 家を空ける[立ち退く] Deixar [Largar] a casa. ~ *o kasu* [*kariru*] 家を貸す[借りる] Alugar [Tomar de aluguer/l] uma casa. ~ *o sagasu* 家を捜す Procurar uma casa. ~ *o tateru* 家を建てる Construir uma casa. *Onaji* ~ *ni sumu* 同じ家に住む Morar na mesma casa; coabitar. *Jibun no* ~ 自宅] A própria casa. *Watashi wa mainichi goji ni* ~ *ni kaeru* 私は毎日5時に家に帰る Volto todos os dias para casa às cinco. ~ *ni inai* 家にいない Estar em casa. *Tomodachi no ie* 友達の家 A casa do amigo. S/同 Jitákú; uchí (+). **3** [家屋] O lar; a casa; a família. *Kanojo no* ~ *wa yūfuka da* 彼女の家は裕福だ Ela é de uma família rica [abastada]. ★ ~ *no kirimori* ~ *o deru* 家の切り盛りをする Governar a/o ~. ~ *o deru* 家を出る Sair de casa. ~ *o suteru* 家を捨てる Deixar [Abandonar] o/a ~. S/同 Katéi; kázoku. ⇨ shotáí. **4** [家] A família; a linhagem; a estirpe. *Watashi no* ~ *wa daidai isha no* 私の ~ 代々医者だ Somos uma família de médicos há

ie² 390

várias gerações. ★ ~ *ga yoi [warui]* 家が良い[悪い]Ser de boa [má] ~. ~ *o okosu* 家を興す Restabelecer o prestígio da [Levantar a] família. ~ *o tsugu* 家を継ぐ Herdar o patrimó[ô]nio da [Continuar a] família.

ie² いえ ⇨ ié.

ié-bae 家蝿 (< … + haé) A mosca (doméstica).

ié-bátó 家鳩 (< … + háto) O pombo doméstico. ⇨ Dobáto.

ié-dáni 家だに (< … + daní) A carraça [O carrapato] de casa. ⇨ Nañkín¹ ◇.

ié-dé 家出 (< … + déru) O fugir [A fuga] de casa. ★ ~ *suru* 家出する Desaparecer [Fugir] de casa. ◇ ~ **nin** 家出人 O fugido de casa; o fugitivo. ~ **shōnen [shōjo]** 家出少年[少女] O[A] jovem fugido[a] de casa. ⇨ jōhátsú **2**.

iédomo いえども (< iéru + -tómo)【E.】Embora; contudo; no entanto; apesar de. *Oitari to ~ kono gurai no yama nara mada noboreru* 老いたりといえどもこのぐらいの山ならまだ登れる Embora seja [Possa ser] velho, esta montanha ainda sou capaz de a subir. ⇨ démo²; dómo¹; kéredo.

iégámae 家構え (< … + kamáé) A estrutura [O estilo; aparência] de uma casa. ★ *Rippa na ~* 立派な家構え A casa imponente [bem construída]. S/周 Ya-zúkuri. ⇨ moñ-gámae.

iégárá 家柄 **1** [家の格] O estrato social de uma família. *Kare wa kōki no ~ da* 彼は高貴の家柄だ Ele é de sangue nobre. ★ ~ *ga yoi* 家柄が良い Ser de boa família. ⇨ Chisújí; kakákú; kakéí. **2** [名家] A família aristocrática [nobre]. *Kare wa ~ no de da* 彼は家柄の出だ Ele descende [é] de ~. S/周 Méika.

iéí 遺影 O retrato de uma pessoa falecida. ★ ~ *o kazaru* 遺影を飾る Colocar o ~ [na parede].

iéji 家路 O caminho de casa. ~ *ni tsuku* 家路につく Pôr-se a caminho de casa; dirigir-se para casa.

i-éki 胃液 O suco gástrico.

iémótó 家元 **a)** O tronco familiar principal; **b)** O mestre-mor [grão-mestre] de uma arte. ★ *Kadō [Sadō] no ~* 華道[茶道]の家元 O mestre-mor de arranjo floral [da arte do chá].

ien¹ 以遠 Para lá [além] de. ◇ ~ **ken** 以遠権 O direito de tráfego (Aéreo) de sexta liberdade.

iéñ² 胃炎【Med.】A gastrite.

iénámi 家並み A fila [fileira/O grupo] de casas. *Kono atari ni wa mada furui ~ ga nokotte iru* この あたりにはまだ古い家並みが残っている Nesta zona se podem ver muitas casas antigas.

iénókó-rōtō 家の子郎党 [o chefe e] Os seus sequazes [seguidores]. S/周 Ichízoku-rōtō.

iénushi 家主 O dono de casa; o chefe de família. ⇨ árují; yánushi.

iérókádo イエローカード (< Ing. yellow card) 【D)esp.】O cartão amarelo.

iéru 癒える【E.】⇨ naóru².

iésu イエス (< Ing. Yes.) Sim. ★ ~ *no ishi hyōji* イエスの意思表示 A declaração de consentimento. ◇ ~ **man** イエスマン Aquele que diz ~ a tudo; a pessoa sem personalidade. S/周 Hái (+). ⇨ Há¹ No.

Iésu (Kirisuto) イエス (キリスト) Jesus (Cristo).

iétsúkí 家付き O que faz parte da [está vinculado à] casa. ~ *no musume* 家付きの娘 A (filha) herdeira (da casa). ~ *no tochi* 家付きの土地 O terreno junto [vinculado] à casa.

ié-yashiki 家屋敷 A casa e [com] os terrenos.

ifu¹ 畏怖【E.】O medo; o pavor; o terror. ★ ~ *no nen o okosaseru [shōzeshimeru]* 畏怖の念を起こさせる[生ぜしめる] Inspirar [Provocar] medo; aterrorizar. ~ *suru* 畏怖する Amedrontar-se; ficar apavorado; ter [ficar cheio de] medo.

ifu² 異父【E.】O padrasto. ◇ ~ **kyōdai [shimai]** 異父兄弟[姉妹] Os meio-irmãos/Os irmãos uterinos [As meio-irmãs/As irmãs uterinas]. ⇨ Ibo².

ifu³ 委付【Dir.】A desistência; a renúncia.

ifū¹ 威風【E.】A dignidade; a majestade; a imponência. ★ ~ *dōdō taru* 威風堂々たる Majestoso; [o general todo] imponente.

ifū² 遺風 O costume ancestral (passado de geração em geração); a tradição antiga. *Kono machi ni wa mada hōken-jidai no ~ ga aru* この町にはまだ封建時代の遺風がある Nesta cidade ainda há 「muitos」 costumes feudais.

ifuku 衣服 A roupa; o traje; 「vendemos」 roupas. S/周 Fukú; hífuku; íshō; kimónó.

igá 毬 O ouriço [do castanheiro]. *Kuri no ~ o muku* 栗のいがをむく Tirar as castanhas do [Abrir o] ~.

igái¹ 以外 **a)** Fora; menos; à exce(p)ção de; exce(p)to; **b)** Além de 「Portugal visitei Angola」. *Kankeisha ~ tachi-iri kinshi* 関係者以外立ち入り禁止 (揭示) Proibida a entrada a [de] pessoas alheias ao serviço! *Nama no sakana ~ nara nan-demo tabemasu* 生の魚以外なら何でも食べます Como (de) tudo exce(p)to [menos/fora] peixe cru. *Kare ~ ni dare ga kimasu ka?* 彼以外に誰が来ますか (Para) além dele, quem (é que) vem? *Sore ~ ni hōhō wa nai* それ以外に方法はない Não há outra maneira (além dessa). *Watashi wa tsuri ~ nan no tanoshimi mo nai* 私は釣り以外に何の楽しみもない Fora a pesca, não tenho mais nenhum entret(en)imento. ★ *Gakusei ~ no mono* 学生以外の者 Qualquer pessoa exce(p)to estudantes. ⇨ hoká.

igái² 意外 O inesperado; o imprevisto; a surpresa. *Kare ga jisatsu shita nante mattaku ~ da* 彼が自殺したなんて全く意外 O suicídio dele foi para mim totalmente inesperado. ~ *na dekigoto* 意外な出来事 Um caso surpreendente [impensável/inesperado]. ~ *na ketsumatsu* 意外な結末 O desfecho [fim] imprevisto. ~ *ni* 意外に Inesperadamente; contra todas as expectativas. ~ *ni mo* 意外にも Para grande surpresa 「de todos」. ⇨ omóí-gákénai.

igái³ 遺骸 Os restos mortais; o cadáver; o corpo do morto. S/周 Itáí (+); nakígárá; shigái (+). ⇨ ikótsú.

igái⁴ 貽貝【Zool.】O mexilhão de concha dura.

igaku 医学 A medicina; a ciência médica. ★ ~ *(-jō) no* 医学 (上) の 「do ponto de vista」 Médico. ~ *teki ni* 医学的に Medicamente. ◇ ~ **bu** 医学部 A faculdade de medicina. ~ **hakushi** 医学博士 O Doutor [doutorado] em medicina. ~ **kai** 医学界 Os meios médicos [O mundo da ~]. ~ **sei** 医学生 O estudante de medicina. ⇨ í¹; íjutsu.

igámíái 啀み合い (< igámíáu) **a)** O arreganhar os dentes (Animais); **b)** O resmungar. ~ *o suru* 啀み合いをする Resmungar [Andar à briga]. ⇨ arásóí; keñká¹.

igámíáu 啀み合う **a)** [o cão] Arreganhar os dentes; **b)** Resmungar; andar em guerra. *Ano fūfu wa igamiatte kurashite iru* あの夫婦はいがみ合って暮らし

ている Marido e mulher passam a vida a pegar-se um com o outro [Aquele casal anda sempre em guerra]. ⇨ arásóu; keńká[1].

igáń 胃癌【Med.】O cancro [câncer] do estômago.

ígan-menkan[-taishoku] 依願免官[退職] A demissão por vontade própria. ★ ～ *to naru* 依願免官となる Ser liberto「do seu posto de funcionário」a pedido próprio.

igáráppói いがらっぽい irritadiço(G.); irritável. ★ *Nodo ga* ～ のどがいがらっぽい Ter a garganta irritada「hoje」. [S/同] Egárái. ⇨ egúi.

igátá 鋳型 O molde. ★ ～ *ni hameru* 鋳型にはめる Ajustar ao molde; moldar〔～ *ni hameta kyōiku* 鋳型にはめた教育 A educação que tem um ～ fixo〕. ～ *o hazusu* [*toru*] 鋳型を外す[取る] Tirar o ～.

igéń 威厳 A dignidade; a solenidade; a majestade. ★ ～ *no aru* [*nai*] *hito* 威厳のある[ない]人 A pessoa digna [indigna/sem dignidade]. ～ *o tamotsu* [*ushinau*] 威厳を保つ[失う] Manter [Perder] a dignidade.

igétá 井桁 **1** [井戸の縁] O parapeito do poço. **2** [井桁の形] As linhas paralelas cruzadas. ★ ～ *ni kumu* 井桁に組む Dispor em ～.

ígi[1] 意義 **1** [意味] O significado; o sentido. ★ ～ *no aru* [*nai*] 意義のある[ない]「uma coisa」Com [Sem] sentido. [S/同] Ími (+). **2** [価値] O valor. *Ware-ware wa* ～ *no aru jinsei o okuranakereba naranai* 我々は意義のある人生を送らなければならない Nós devemos levar uma vida que tenha sentido [que valha a pena (ser vivida)]. [S/同] Káchi.

ígi[2] 異議 A obje(c)ção; o protesto. ～ *ari* 異議あり Protesto [Sou contra/Tenho uma ～]! ～ *nashi* 異議なし Não tenho objecções [qualquer objecção]. ～ *o mitomemasu* [*kyakka shimasu*] 異議を認めます[却下します] Aceito [Rejeito] o/a ～. ★ ～ *ga aru* 異議がある Haver alguma objecção〔*Kono ken ni tsuite* ～ *ga arimasu ka* この件について異議がありますか Há alguma objecção a isto?〕. ～ *o tonaeru* 異議を唱える Erguer a voz de protesto [Protestar em voz alta]. *Manjō* ～ *naku* 満場異議なく Unanimemente; por consenso geral「de toda a sala」. ◇ **～ mōshitate** 異議申し立て A apresentação de uma objecção. **～ mōshitatenin** 異議申立人 O objectante. **～ mōshitatesho** 異議申立書 A objeção por escrito. ⇨ iróń.

ígi[3] 威儀【E.】A dignidade; a solenidade. ★ ～ *o tadasu* 威儀を正す Pôr-se todo solene. ⇨ igéń.

Igírísú イギリス (< P. inglês) A Inglaterra. ◇ **～ jin** イギリス人 O inglês. [S/同] Eíkókú.

ígo[1] 以後 **1** [今後]【E.】A partir de agora; daqui para diante [a frente]; doravante; de agora em diante; no [de] futuro. ～ *ki o tsukemasu* 以後気をつけます Daqui por [para] diante vou tomar [ter] cuidado. ～ *o mishiri oki o* 以後お見知りおきを Não se esqueça de mim/Continue a lembrar-se de mim. ★ *Kyō* ～ 今日以後 A partir de hoje; de hoje em diante. [S/同] Kóngo. **2** [その後] Desde [A partir de] então; depois disso. *Ano dekigoto* ～ *kanojo wa egao o misenaku natta* あの出来事以後彼女は笑顔を見せなくなった ～ [A partir daquela ocorrência], apagou-se o sorriso da cara dela. ★ *Shigatsu tsuitachi* ～ 4月1日以後 Depois do primeiro de Abril. *Sore* ～ *no* それ以後の Depois disso. [S/同] Íkō; írai; sonó gó. [A/反] Ízen.

ígo[2] 囲碁 O jogo de gô. [S/同] Go.

i-gókóchí 居心地 (< irú + kokóchí) A maneira como a gente se sente num lugar. *Kare no heya wa totemo* ～ *ga yoi* 彼の部屋はとても居心地が良い Está-se muito bem [É confortável] no quarto dele. ⇨ sumí-gókóchí.

i-gúí 居食い (< irú + kúu) A vida só a comer. ★ ～ *suru* 居食いする Viver sem trabalhar [para comer]. [S/同] Asóbí-gúí; ne-gúí; toshókú; zashókú.

ígusa 藺草【Bot.】O junco. ⇨ i[8].

igyṓ[1] 偉業 O grande feito; a façanha; a obra notável. ★ ～ *o nasu* 偉業を成す Realizar um/a ～.

igyṓ[2] 遺業 A obra deixada por acabar [a meio] por morte do autor. ★ *Bōfu no* ～ *o tsugu* 亡父の遺業を継ぐ Retomar a obra incompleta do pai.

ígyō[3] 医業 A profissão médica. ⇨ i[7].

ihái 位牌 **a**) A tabuleta [lápide] com o nome do morto; **b**)「não sujar」O nome [A memória]「dos antepassados」.

iháń[1] 違反 A violação [infra(c)ção; transgressão]「da lei/regra」. ★ ～ *suru* 違反する Infringir [Violar; Transgredir]〔*Kono hōritsu ni* ～ *suru mono wa bakkin ni shoserareru* この法律に違反する者は罰金に処せられる Quem violar esta lei está sujeito a multa〕. ◇ **～ sha** 違反者 O infra(c)tor; o transgressor. **Kōtsū ～** 交通違反 ～ das regras de trânsito. **Senkyo ～** 選挙違反 ～ da lei eleitoral.

iháń[2] 異版 A edição diferente do original.

ihátsú[1] 衣鉢 Os ensinamentos [O manto/A tradição] do mestre. ★ ～ *o tsugu* 衣鉢を継ぐ Prosseguir no caminho apontado pelo mestre.

ihátsú[2] 遺髪 O cabelo do morto「como lembrança」.

ihékí 胃壁 A parede do estômago. ⇨ i[1].

ihéń 異変 O acidente; a ocorrência imprevista; um problema; a perturbação; a alteração; o caso raro [anormal]. ★ *Seikai no* ～ 政界の異変 Um ～ [abalo] nas esferas políticas. *Tenkō no* ～ 天候の異変 A alteração climática. ⇨ dantō ◇. [S/同] Hénji; hénka.

ihíń 遺品 O obje(c)to que pertenceu a um morto; a relíquia [lembrança]. *Kono tokei wa chichi no* ～ *desu* この時計は父の遺品です Este relógio é uma lembrança do meu「falecido」pai. [S/同] Katámí.

ihṓ[1] 違法 A ilegalidade; ilegal. *Inshu unten wa* ～ *da* 飲酒運転は違法だ Guiar/Conduzir com álcool [depois de beber] é ilegal. ◇ **～ kōi** 違法行為 A a(c)ção [coisa/O a(c)to] ilegal; o delito.

ihṓ[2] 異邦 A terra estrangeira. [S/同] Gaíkókú (o); ikókú.

ihṓjin [óo] 異邦人【E.】**a**) O estrangeiro; o forasteiro. [S/同] Gaíkókújin (+). **b**) O pagão. ⇨ ikyṓ[2].

íhoku 以北 A [Para] norte「de Tóquio」.

ihyṓ 意表 A surpresa; o imprevisto. ★ *Hito no* ～ *o tsuku* [～ *ni deru*] 人の意表を突く[意表に出る] Causar surpresa; surpreender「o povo com a sua demissão」. [S/同] Igái.

íi 良[好・善]い (⇨ yói[1]) **1** [性質; 状態などがすぐれていて好ましい] Bom. ～ *mono wa nagamochi suru* いい物は長持ちする O bom artigo dura (muito tempo). *Hito ni wa sorezore* ～ *tokoro ga aru* 人にはそれぞれいい所がある Todas as pessoas têm qualidades [o seu lado bom]. ★ ～ *keshiki* いい景色 A bela paisagem. ～ *tenki* いい天気 O bom tempo. [A/反] Warúi. **2** [適当な; 好都合な] Conveniente; apropriado; preparado. *Dōshite* ～ *ka wakaranai* どうしていいか

わからない Não sei (o) que fazer. *Yōi wa ~ ka* 用意はいいか Já estão prontos/preparados [Está tudo pronto]? [S/同] Yói. [A/反] Warúi. ⇨ kṓ-tsúgō; tekítṓ. **3** [構わない; 差支えない] Indiferente; que não importa [tem importância]. *Nan demo ~ kara ii-nasai* 何でもいいから言いなさい Diga qualquer coisa, não importa o quê [Fale sem medo]. *Sonna koto wa dō demo ~* そんな事はどうでもいい Isso não importa; tanto faz; isso, a mim, tanto se me dá como se me deu. [S/同] Kamáwánai; sashítsúkáé nái; yói **3**. **4** [容易な]【Suf.】Fácil; bom. *Kono kutsu wa haki ~* この靴ははきいい Estes sapatos são fáceis de calçar. [S/同] -yasúi (+) ; -yói **4**. **5** [皮肉をこめて] (Iró[ô]nico) Bom [Lindo/Encantador]! *Mayonaka ni piano o hikarecha kinjo wa ~ meiwaku da* 真夜中にピアノを弾かれちゃ近所はいい迷惑だ É um grande encanto para a vizinhança (que quer dormir) estar a ouvir tocar piano a altas horas da niote! … [S/同] Hidói.

ií-áí 言い合い (< ií-áu) A discussão; a altercação. *Tsumaranu koto kara ~ ni natta* つまらぬことから言い合いになった Começaram a discutir [altercar] por (uma coisa de) nada. [S/同] Ií-árásóí; kṓron.

ií-árátáméru 言い改める (< iú + …) Dizer de outra maneira [por outras palavras]. ⇨ ií-náósu.

iíárawáshí-kátá 言い表し方 (< ií-áráwásu + …) A expressão; a maneira de exprimir [dizer]. ★ *Kansha no kimochi no ~* 感謝の気持ちの言い表し方 A maneira de exprimir gratidão. ⇨ hyṓgén[1].

ií-áráwásu 言い表す (< iú + …) Exprimir. *Kansha no kimochi o nan to ii-arawashite yoi ka wakaranai* 感謝の気持ちを何と言い表してよいかわからない Não sei como lhe agradecer [Não encontro palavras para (lhe) ~ a minha gratidão]. ★ *Iiarawasenai hodo no kanashimi* 言い表せない程の悲しみ Uma tristeza indizível [imensa/indescritível].

ií-átéru 言い当てる (< iú + …) Adivinhar; acertar em cheio. ★ *Kanojo no toshi o ~* 彼女の年を言い当てる ~ a idade dela.

ií-áu 言い合う (< iú + …) **1** [言い争う] Discutir; altercar. ★ *Tsumaranu koto de tomodachi to ~* つまらぬことで友達と言い合う ~ com o amigo por uma ninharia. [S/同] Iíárásóu. ⇨ kṓron; kuchí-génka. **2** [言い交わす] Trocar palavras; dizer「o seu parecer」um ao outro. ★ *Aisatsu o ~* 挨拶を言い合う Trocar palavras de saudação; cumprimentar-se. [S/同] Ií-káwásu.

ií-áwáséru 言い合わせる (< iú + …) ⇨ mṓshí-áwáséru.

ií-áyámárí 言い誤り (< ií-áyámáru) O lapso [A falha] da língua; o engano na fala. [S/同] Ií-chígáí.

ií-áyámáru 言い誤る (< iú + …) Enganar-se na fala; ter um lapso de língua. [S/同] Ií-chígáéru.

iíbúń 言い分 **1** [言うべき事] A opinião. *Kare no ~ mo mottomo da* 彼の言い分ももっともだ Ele também tem razão no que diz/A ~ dele também está certa. *Kimi no ~ o ii-tamae* 君の言い分を言いたまえ Diz lá a tua ~ [o que tens a dizer]. ★ *Jibun no ~ o tōsu* 自分の言い分を通す Fazer valer a própria ~. [S/同] Shuchṓ. **2** [異議] A obje(c)ção; a reclamação. *Boku ni wa ōi ni ~ ga aru* 僕には大いに言い分がある Tenho uma forte obje(c)ção (a pôr/apresentar). [S/同] Fuhéí; ígi; mónku.

iíbúrí 言い振り ⇨ ií-kátá.

ií-chígáéru 言い違える (< iú + …) ⇨ ií-áyámáru.

ií-chígáí 言い違い ⇨ ií-áyámárí.

ií-chírásu 言い散らす (< iú + …) ⇨ ií-fúrásu.

ií-dakudaku 唯唯諾諾【E.】Sim sim! ★ *~ to shite* 唯唯諾諾として「fazer」Prontamente「o que diz o chefe」; de boa vontade; obedientemente.

iídáshíppé 言い出しっぺ (< ií-dásu + he) O primeiro a dizer. *~ no kimi kara yari-tamae* 言いだしっぺの君からやりたまえ Faça você, que foi o ~.

ií-dásu 言い出す (< iú + …)「é difícil」Começar a falar; ser o primeiro a dizer「que a terra é redonda」; propor「um plano」. *Kare wa ittan iidashitara nakanaka kikanai* 彼は一旦言い出したら中々聞かない Ele quando diz uma coisa não volta atrás. ★ *Iidashi-nikui koto desu ga* 言い出しにくいことですが É um tanto difícil de dizer [Custa-me trazer à conversa este assunto], mas…
[S/同] Ií-hajiméru[-kákéru]. ⇨ teíán.

iíé いいえ Não. “*Arigatō gozaimashita*” “*~ dō itashimashite*”「ありがとうございました」「いいえどういたしまして」Muito obrigado. — Não tem de quê. “*Ikanai no desu ka*” “*~ (ikimasu)*”「行かないのですか」「いいえ (行きます)」Você não vai? — Sim, vou. “*Ikimasu ka*” “*~ (ikimasen)*”「行きますか」「いいえ (行きません)」Você vai? — Não, não vou. ⇨ iyá[2].

ií-fúkúméru 言い含める (< iú + …) Explicar bem. *Kare ni jūbun jijō o ii-fukumeta* 彼に十分事情を言い含めた Eu expliquei-lhe bem a situação.
[S/同] Ií-kíkáséru.

ií-fúrásu 言い触らす Pôr a circular「rumores」; propalar; espalhar; dizer aos quatro ventos [a quem quer ouvir]. ★ *Hito no warukuchi o ~* 人の悪口を言い触らす Andar sempre a falar [dizer] mal das pessoas. [S/同] Ií-chírásu; ií-híróméru. ⇨ fuíchṓ.

ií-fúrúsu 言い古す (< iú + …) Gastar「de tanto repetir/dizer」. ★ *Ii-furusareta kotoba* 言い古された言葉 A palavra [expressão] gasta [muito batida].

ií-gáí 言い甲斐 (< iú + kaí) O valer a pena dizer. *Ano hito ni wa nani o itte mo ~ ga nai* あの人には何を言っても言い甲斐がない Não adianta [vale a pena] falar com ele. ★ *~ no [ga] aru* 言い甲斐の [が] ある Que vale a pena dizer/Digno de menção.

iígákárí 言い掛かり **a**) A acusação falsa [sem fundamento]. ★ *~ o tsukerareru* 言い掛かりをつけられる Ser acusado sem razão [culpa]. *~ o tsukeru* 言い掛かりをつける Fazer acusações falsas; acusar. [S/同] Ichámóń; iń́nén. **b**) O ter dito [ter-se comprometido] por palavra「e não poder voltar atrás」.

iígátái 言い難い Difícil de dizer. *Kare no uta wa umai to wa ~* 彼の歌はうまいとは言いがたい É difícil de [Só com muito boa vontade se pode] dizer que ele canta bem. ⇨ ií-níkúi[-zúrái].

iígúsá 言い草 [種] **1** [言い方] O modo de falar [dizer]. *Aitsu no ~ ga gutto shaku ni sawatta* あいつの言い草がぐっとしゃくにさわった ~ dele irritou-me sobremaneira. [S/同] Ií-kátá (+).
2 [口実] A desculpa; o pretexto. [S/同] Ií-wáké (+) ; kṓjítsú (+).

ií-hánátsu 言い放つ (< iú + …) Declarar; asseverar. *Kare wa sonna koto wa kesshite nai to iihanatta* 彼はそんな事は決してないと言い放った Ele asseverou [disse peremptoriamente] que não era isso [assim].
[S/同] Dańgén suru (+) ; iíkíru.

ií-háru 言い張る (< iú + …) Teimar [Insistir] em dizer; manter「que」. *Kanojo wa doko made mo shiranai to ii-hatte iru* 彼女はどこまでも知らないと言い

張っている Ela teima em dizer [mantém] que não sabe. Ⓢ/㊀ Ií-tósu; shuchó súrú.

ií-háyasu 言い囃す (< iú + …) **1** [ほめそやす] Elogiar; louvar. *Kuchi-guchi ni ～ 口々に言い囃す* Todos (, um após outro,) louvarem「a ideia」. Ⓢ/㊀ Homésóyásu; odátéágéru (+). **2** [言いふらす] Espalhar「boatos」. Ⓢ/㊀ Iífurásu (+).

ií-hiráki 言い開き A desculpa; a justificação. Ⓢ/㊀ Beńkái (o); beńméí; (+); móshi-hiraki.

ií-hito いい人 **1** [好人物] A pessoa boa「de cará(c)ter」. *Ano hito wa totemo ～ da* あの人はとてもいい人だ Ele é uma pessoa (muito) boa [simpática]. Ⓢ/㊀ Kó-jínbutsu. **2** [恋人] 【G.】 O namorado. ★ *～ ga dekiru* いい人ができる Arranjar uma namorada [um ～]. ⇨ Koíbító. **3** [誰か] Alguém「me disse, não digo quem foi」.

ií-káéru 言い替 [換] える (< iú + …) Dizer por outras palavras. ★ *… to ií-kaereba* …と言い替えれば (Dito) por outras palavras「você salvou a situação」. Ⓢ/㊀ Ií-naósu. ⇨ kañgén².

ií-káesu 言い返す (< iú + …) Replicar; retorquir「ao superior」. *Kare no nonoshiri no kotoba ni watashi wa nani mo ～ koto ga dekinakatta* 彼ののしりの言葉に私は何も言い返す事ができなかった Fiquei mudo perante as [Não pude como replicar às] injúrias dele. Ⓢ/㊀ Kuchígótae suru; ⇨ sakaráu.

ií-kágén 好い加減 **1** [適度] A medida「ideal/justa」; o ponto. *Furo no chōdo ～ da* 風呂はちょうどいい加減だ A água do banho está mesmo à temperatura ideal/mesmo no ～. *Jōdan mo ～ ni shite moraitai* 冗談もいい加減にしてもらいたい Já estão a ir demasiado longe com a brincadeira/Vocês estão a passar das medidas com essas piadas. ★ *Chōdo ～ no ōkisa* ちょうどいい加減の大きさ O tamanho justo [exa(c)to/ideal]. ⇨ tékido; tekító. **2** [でたらめ] Pouco sério; o despropósito. ★ *～ na* いい加減な Desproposítado; tonto; irresponsável〔～ *na uso o itte wa ikenai* いい加減なうそを言ってはいけないNão se dizem mentiras tontas.*～ na hanashi* いい加減な話 A história inventada [infundada]. *～ na otoko* いい加減な男 O homem estouvado [com pouco juízo]〕. *Shigoto o ～ ni yaru* 仕事をいい加減にやるTrabalhar sem seriedade [com desleixo]. ⇨ detárámé; ozá-nári. **3** [不徹底] A imperfeição; o meio termo; a indefinição. *Watashi wa nanigoto mo ～ ni yaru no wa kirai da* 私は何事もいい加減にやるのは嫌いだ Não gosto de deixar as coisas malfeitas [meias-feitas]. ★ *～ na* いい加減な Imperfeito; incompleto; meio-feito; indefinido〔*Ano hito no porutogarugo wa ～ na mono da* あの人のポルトガル語はいい加減なものだ O p. dele é medíocre [imperfeito/fraco]. *～ na shochi o toru* いい加減な処置を取るTomar meias-medidas [medidas fracas]〕. ⇨ aímáí; chútóhánpa. **4** [かなり] Bastante; assás. *Ano hito ni wa mō ～ aiso ga tsukita* あの人にはもういい加減愛想がつきた Já estou (quase) a perder a paciência com aquele sujeito. ★ *～ hara ga tatsu* いい加減腹が立つ Ficar 「～ irritado」. Ⓢ/㊀ Kánari (+).

ií-kákéru 言い掛ける (< iú + …) **1** [話し掛ける] Dirigir-se「a」; falar「com」. **2** [言い出す] Começar a falar. *Kare wa nani ka iikaketa ga yamete shimatta* 彼は何か言い掛けたがやめてしまった Ele começou a falar mas depois desistiu [a dizer qualquer coisa mas calou-se logo]. Ⓢ/㊀ Ií-dásu.

ií-káneru 言いかねる (< iú + …) Sentir dificuldade em [Não se atrever a/Não querer] dizer. *Watakushi to shite wa nan to mo iikanemasu* 私としては何とも言いかねます Por mim, não me atrevo a dizer nada [Eu não me quero pronunciar].

ii kao 好い顔 **1** [美貌] O rosto bonito. ⇨ bibó. **2** [上機嫌の顔] A boa cara; a expressão bem-humorada; a cara alegre [toda sorridente]. *Kare wa sukoshi ～ o suru to sugu tsukeagaru* 彼は少しいい顔をするとすぐつけ上がる Se a gente lhe põe [mostra] boa cara, ele abusa logo. *Sō ～ bakari wa shite irarenai* そういい顔ばかりはしていられない Nem sempre estou de bom humor; não posso ter [fazer/trazer] sempre boa cara. ★ *～ no* [有力者] A pessoa influente [poderosa]. *Kare wa sono tochi de wa ～ da* 彼はその土地ではいい顔だ É um homem influente nessa terra. Ⓢ/㊀ Kaókíkí; kaóyákú (+); yúryókusha.

ii-kátá 言い方 (< iú + …) A maneira de falar; o modo de dizer; a expressão. *Kare wa mono no ～ o shiranai* 彼は物の言い方を知らない Ele não se sabe exprimir [não sabe o que diz]. ★ *～ ni ki o tsukeru* 言い方に気をつける Ter cuidado com a língua [no modo de falar]. Ⓢ/㊀ Ií-máwáshí; ííyó; kotóbá-zúkai.

ií-káwasu 言い交す (< iú + …) Trocar compromissos de amor. ★ *Fukaku iikawashita naka* 深く言い交した仲 O comprometimento profundo (de amor).

ií-késu 言い消す (< iú + …) **1** [⇨ uchí-késu]. **2** [⇨ torí-késu].

ií-ki 好い気 A vaidade; a presunção. *～ ni naru na* いい気になるな Não sejas presumido; não te armes em bom. *Kare wa odaterareru to sugu ～ ni naru* 彼はおだてられるとすぐいい気になる Quando o elogiam fica logo inchado [todo vaidoso]. ⇨ nónki; unúbóré.

ií-kikáséru 言い聞かせる (< iú + …) Convencer; repetir [dizer「a mim mesmo」]; persuadir; avisar; aconselhar. *Kimi ga ikura iikikasete mo kare wa shōchi shinai darō* 君がいくら言い聞かせても彼は承知しないだろう Por mais que o tentes convencer não conseguirás [te vai aceitar/concordar]. Ⓢ/㊀ Chúkókú súrú; ímáshímerú; satósú; settókú súrú.

ií-kimi いい気味 Bem feito! *A! ～* いい気味だ! É ～ /Bem merecia! Ⓢ/㊀ Zamá miro.

ií-kiru 言い切る (< iú + …) **1** [断言する] Afirmar; asseverar; dizer peremptoriamente. *Kare wa jibun wa mujitsu da to iikitta* 彼は自分は無実だと言い切った Ele jurou a pés juntos a sua inocência/Ele asseverou que estava inocente. Ⓢ/㊀ Dañgén súru. **2** [残らず言う] Dizer tudo; não deixar nada por dizer. ★ *Mada iikiranu uchi ni* まだ言い切らぬうちに Antes de acabar de falar. Ⓢ/㊀ Ií-ówáru; ií-tsúkúru.

ií-ko いい子 A criança boazinha. *～ da kara naku n' ja nai* いい子だから泣くんじゃない A menina é boazinha, não chora [Sê bonzinho, não chores]! *Jibun dake ～ ni naru no wa yoku nai* 自分だけいい子になるのはよくない Não é justo querer ficar com todo o mérito para si [Querer ser sempre o bonzinho não está certo]. ★ *～ buru* いい子ぶる Fazer-se (de) bonzinho.

ií-kómeru 言い籠める (< iú + …) Reduzir ao silêncio; calar com argumentos (⇨ yari-kómeru). *Watashi wa sukkari kare ni ii-komerareta* 私はすっかり彼に言い籠められた Ele deixou-me sem resposta.

ií-kúrúméru 言い包める (< iú +···) Enrolar alguém com argumentos falsos/capciosos; enganar com conversa fiada. ★ [ﾋﾞﾄﾞﾜｻﾞ] *Sagi o karasu to ~* 鷺を烏と言い包める Convencer alguém que o branco é preto (Lit.: "que a garça é corvo").

ií-mágírásu 言い紛らす (< iú +···) Jogar com as palavras; sofismar; iludir. ⇨ ií-nógáréru.

ií-mákásu 言い負かす (< iú +···) Deixar sem resposta「o adversário」; refutar. *Watashi wa itsumo kare ni iimakasarete shimau* 私はいつも彼に言い負かされてしまう Ele deixa-me sempre sem resposta. ⇨ ií-kómeru; yarí-kómeru.

ií-máwáshí 言い回し (< iú + mawású) A expressão; uma pequena frase. ★ *Porutogarugo tokuyū no ~* ポルトガル語特有の言い回し A expressão idiomática「própria」da língua p.. *Umai [Heta na] ~*. うまい［へたな］言い回し A expressão feliz [infeliz]. ⇨ hyōgén[1].

ií-mórásu 言い漏らす (< iú +···) **1** [うっかりしゃべる] Falar inadvertidamente. ⇨ kōgaí[3]. **2** [言い忘れる] Esquecer-se (de dizer); omitir. *Nani ka ii-morashita koto wa arimasen ka* 何か言い漏らした事はありませんか Não se esqueceu de nada [Não deixou alguma coisa por dizer]? ⇨ ií-ótósu.

iín 委員 O membro de uma comissão [um comité]. ★ *~ ni erabareru* 委員に選ばれる Ser eleito para ~ [Integrar uma comissão]. *~ o ninmei suru* 委員を任命する Nomear os membros da/o ~. ◇ *~ chō* 委員長 O presidente do/a ~. *~ kai* 委員会 A comissão.

iín[2] 医院 A clínica; o consultório médico. ◇ *~ chō* 医院長 O diretor da ~. ⇨ byōín[1]; shinryō ◇.

iín[3] 医員 O médico; o clínico. ⇨ íshi[3].

ií-náósu 言い直す (< iú +···) Emendar [Corrigir] o que se disse; tornar a dizer. ★ *Yasashiku ~* やさしく言い直す Tornar a dizer de um modo mais simples. ⇨ ií-arátáméru; ií-káéru.

ií-náráwáshí 言い習わし (< ií-nárawásu) **1**[言い伝え] A tradição oral; o dito antigo [do povo]. ★ *Mukashi kara no ~ de* 昔からの言い習わしで Diz-se tradicionalmente [É um ~] que…. Ⓢ/週 Deńshō[1]; ií-tsútáé. **2** [口癖] A expressão que se repete por hábito; o hábito de dizer. Ⓢ/週 Kuchí-gúsé (+).

ií-náráwásu 言い習わす (< iú+···) **1** [言い伝える] Ser [Dizer-se por] tradição. Ⓢ/週 ií-tsútáéru (+). **2** [口癖に言う] Dizer por hábito [costume].

ií-nári 言い成り O fazer como se lhe manda. *Kare wa ryōshin no ~ ni natte iru* 彼は両親の言い成りになっている Ele faz tudo o que os pais lhe mandam. ★ *Hito no ~ de aru* 人の言い成りである Estar às ordens de alguém.

iínázúké 許嫁 O [A] noivo[a]; a futura cara-metade.

ií-né 言い値 (< iú +···) O preço pedido (pelo vendedor). ★ *~ de kau* 言い値で買う Comprar pelo ~. Ⓐ/Ⓚ Tsuké-né.

ií-níkúí 言いにくい (< iú +···) Difícil de dizer; embaraçoso. *Sono koto wa chokusetsu kare ni wa ~ sono* そのことは直接彼には言いにくい Dizer-lhe isso dire(c)tamente (a ele) é um pouco difícil. Ⓢ/週 ií-zúrái. Ⓐ/Ⓚ ií-yásui.

ií-nógáré 言い逃れ (< ií-nógáréru) A evasiva; o subterfúgio; a escapatória; o pretexto; a desculpa. *Mō ~ wa dekinai zo* もう言い逃れはできないぞ Acabaram-se as/os ~ s! ★ *~ o suru* 言い逃れをする ⇨ ií-nógáréru. Ⓢ/週 Ií-núké.

ií-nógáréru 言い逃れる Arranjar um pretexto [uma desculpa] qualquer; usar (de) subterfúgios [evasivas]; escapar-se.

ií-nókósu 言い残す (< iú +···) **1** [言い置く] Deixar uma mensagem. *Kare wa nani mo iinokosanakatta* 彼は何も言い残さなかった Ele não deixou nenhum recado. Ⓢ/週 Ií-óku. **2** [言い落とす] Deixar algo por dizer [mencionar]. *Mada iinokoshita koto ga aru* まだ言い残した事がある Ainda tenho algo por [a] dizer. ⇨ ií-mórásu **2**; ií-wásúréru. **3** [遺言する] Deixar escrito em testamento; deixar dito à hora da morte. *Kare wa kazoku o tanomu to iinokoshite iki o hikitotta* 彼は家族を頼むと言い残して息を引き取った Ele expirou pedindo「ao filho mais velho」que olhasse pela família.

ií-núké 言い抜け (< ií-núkéru) ⇨ ií-nógáré.

ií-núkéru 言い抜ける ⇨ ií-nógáréru.

ií-óku 言い置く (< iú +···) Deixar recado. Ⓢ/週 Iínókósu **1** (+).

ií-ókúru 言い送る (< iú +···) Enviar recado; mandar dizer; enviar uma carta. ⇨ deńgóń.

ií-ótósu 言い落とす (< iú +···) Deixar [Esquecer-se] de dizer. *Kinō chotto ii-otoshita koto ga aru* 昨日ちょっと言い落としたことがある Tenho [Há] uma coisa que me esqueci de dizer. ⇨ ií-nókósu.

[ií-mórásu; ií-wásúréru (+) . ⇨ ií-nókósu.]

ií-óyóbu 言い及ぶ (< iú +···) Referir [Aludir] 「a」; fazer menção 「de」. *Kare wa enzetsu de, kojinteki na koto ni made ii-oyonda* 彼は演説で、個人的なことにまで言い及んだ No discurso, ele chegou a referir(-se a) assuntos pessoais.

ií-sásu 言いさす (< iú +···) Interromper-se [Fazer uma pausa] no meio da frase. ★ *Iisashite yameru* 言いさしてやめる Parar a meio do que se está a dizer.

ií-shíbúru 言い渋る (< iú +···) Hesitar em dizer; titubear.

ií-shíréńu 言い知れぬ (< iú + Neg. de "shirú") Indizível; indescritível; inexprimível. ★ *~ kurushimi* 言い知れぬ苦しみ Um sofrimento ~.

ií-sóbíréru 言いそびれる Não conseguir [Perder a ocasião de] dizer. *Chichi no kigen ga warukatta no de kozukai no ne-age o ii-sobireta* 父の機嫌が悪かったので小づかいの値上げを言いそびれた Como o meu pai estava de mau humor não consegui [me atrevi a] pedir-lhe aumento da mesada.

ií-sókónáí 言い損ない (< ií-sókónáu) ⇨ ií-áyámári.

ií-sókónáu 言い損なう (< iú +···) **1** [⇨ ií-áyámáru] . **2** [⇨ ií-sóbíréru].

ií-súgí 言い過ぎ (< ií-súgíru) O exagero; o dizer demais [mais do que o devido]. *Sore wa ~ da* それは言い過ぎだ Isso é um exagero.

ií-súgósu[súgíru] 言い過ごす[過ぎる] Exagerar; dizer [falar/ir longe] demais.

ií-sútéru 言い捨てる (< iú +···) Dizer com desdém; falar por cima do ombro. *"Mō konna ie ni kaeru mono ka" to ii-sutete kare wa dete itta* 「もうこんな家に帰るものか」と言い捨てて彼は出て行った Ele partiu dizendo com desdém "Eu, voltar para esta casa!?"

ií-tásu 言い足す (< iú +···) Dizer ainda; acrescentar.

ií-tátéru 言い立てる (< iú +···) **a)** Afirmar; declarar 「que é inocente」; manter; **b)** Acusar. *Kare wa* *sagishi to ii-taterareta* 彼は詐欺師と言い立てられた Ele foi declarado [acusado de ser] um impostor. ⇨ íi-háru.

íi-toshi 好い年 Bastante [A sua] idade. ~ *o shite sonna baka na koto o suru mono de wa nai* いい年をしてそんな馬鹿なことをするものではない Já tem idade suficiente [bastante] para ter juízo. *Oyaji mo mō ~ da* 親父ももういい年だ O meu pai já tem a sua idade.

íi-tōsu 言い通す (< iú + …) ⇨ íi-háru.

íi-tsúkáru 言い付かる Deixar dito (para se cumprir); ficar avisado. *Kore wa haha kara iitsukatta mono desu* これは母から言い付かった物です A minha mãe deixou este recado [aviso] 「para você」.

íi-tsúké 言い付け (< íi-tsúkéru) A ordem; a dire(c)triz; as instruções. ★ ~ *ni somuku* 言い付けに背く Desobedecer às ordens. ~ *o mamoru* 言い付けを守る Cumprir as ~s. ⓈⒻ Meíréí; sáshizu.

íi-tsúkéru 言い付ける (< iú + …) **1** [命じる] Ordenar; mandar; dizer para. *Go-yō ga arimashitara nan-nari to o-iitsuke kudasai* 御用がありましたら何なりとお言い付け下さい Estou às ordens para quando precisar de mim. ⓈⒻ Meíjírú; meíréí súrú; mōshítsúkéru. **2** [告げ口する] Fazer queixa; acusar; dizer. *Sonna koto o shitara sensei ni ~ yo* そんな事をしたら先生に言い付けるよ Se fizeres isso vou dizer [fazer queixa] ao professor. ⇨ mikkókú; tsugégúchí.

íi-tsúkúróu 言い繕う (< iú + …) Tentar desculpar. *Kachō wa buka no shippai o ii-tsukurotta* 課長は部下の失敗を言い繕った O chefe tentou desculpar o empregado.

íi-tsúkúsu 言い尽くす (< iú + …) Dizer tudo; esgotar o assunto. *Kore de iitai koto wa zenbu iitsukushita* これで言いたい事は全部言い尽くした Com isto, ficou tudo dito [disse tudo o que tinha a dizer].

íi-tsútáé 言い伝え (< íi-tsútáéru) **1** [伝説] A lenda; a tradição. ★ *Mukashi kara no ~* 昔からの言い伝え ~ antiga. **2** [伝言] A mensagem; o recado. ⓈⒻ Deńsétsú; kóhi³. **2** [伝言] A mensagem; o recado. ⓈⒻ Deńgón (+); kotózúté (+).

íi-tsútáéru 言い伝える **1** [伝説・うわさなどを] Transmitir; passar de boca em boca. *Kono hanashi wa ima nao hitobito no aida ni ii-tsutaerarete iru* この話は今なお人々の間に言い伝えられている Ainda hoje o povo fala desse caso. ⓈⒻ Katárí-tsúgú[-tsútáéru]. **2** [伝言する] Dar um recado. ⓈⒻ Deńgón súrú (+); kotózútéru (+).

íi-wáke 言い訳 (< iú + …) **1** [わび] O pedir desculpa; a explicação. *Sonna koto de wa ~ ga tatanai* そんなことでは言い訳が立たない Isso não é explicação (que chegue). ⓈⒻ Mōshíwáké; wabí (+). **2** [弁解] A desculpa; a justificação; o pretexto. ★ ~ *gamashii koto o iu* 言い訳がましいことを言う Dizer coisas que cheiram a desculpas. ~ *suru* 言い訳する Desculpar-se; justificar-se. *Kurushii ~* 苦しい言い ~ pouco convincente, ⇨ béńkáí; beńméí.

íi-wásúréru 言い忘れる (< iú + …) Esquecer-se de referir [dizer]. *Ii-wasuremashita ga ryōshin ga yoroshiku to mōshite-mashita* 言い忘れましたが両親がよろしくと申してました Já me esqueci de dizer que os meus pais lhe mandam cumprimentos.

íi-wátáshi 言い渡し (< íi-wátásu) **a)** A entrega da [O dar a] sentença「do tribunal」; o veredicto; **b)** A ordem; **c)** o aviso「para não vir」. ★ ~ *o ukeru* 言い渡しを受ける Receber ~. *Hanketsu* [*Shobun*] *no ~ hanketsu* [処分] の言い渡し O dar a sentença [o castigo]. ⓈⒻ meíréí; seńkókú¹.

íi-wátásu 言い渡す (< iú + …) **a)** Sentenciar; dar a sentença; **b)** Ordenar; **c)** Avisar; anunciar 「a falência ao público」. ★ *Shikei o ~* 死刑を言い渡す Sentenciar à morte. *Tachinoki o ~* 立ちのきを言い渡す Dar ordem de despejo. ⓈⒻ Meíréí súrú; meízúru; seńkóku súrú; tsugéru.

íi-yō 言い様 O modo de dizer [de se exprimir]. *Aitsu wa mono no ~ o shiranai yatsu da* あいつは物の言い様を知らないやつだ Aquele sujeito não sabe medir as palavras [tem modos no falar]. *Nan to mo ~ ga nai* 何とも言い様がない Não há palavras que possam exprimir「tal tristeza/gozo」. ｐとことば *Mono mo ~ de kado ga tatsu* ものも言い様で角が立つ Falando com jeito as coisas conseguem-se/Com boas palavras tudo se consegue. ⓈⒻ Iíkátá; iízáma.

íi-yódómu 言い淀む (< iú + …) Hesitar em dizer; recear「tocar no assunto」.

íi-yóru 言い寄る (< iú + …) Cortejar; fazer a corte; rodear de atenções; não largar alguém. *Michiko wa otoko ni shitsukoku ii-yorareta* 美智子は男にしつこく言い寄られた Michiko foi constantemente cortejada (por um homem).

íi-zúrái 言いづらい ⇨ íi-níkúi.

ijákú 胃弱 A dispepsia; a dificuldade na digestão. ★ ~ *de aru* 胃弱である Ser dispéptico.

iji¹ 意地 **1** [性格] O temperamento; a índole. ★ ~ *ga kitanai* 意地が汚い ⇨ iji-kítánái. ~ *ga warui* 意地が悪い ⇨ iji-wárúí. **2** [意気地; 根性] **a)** A força de vontade; a firmeza de cará(c)ter; **b)** A obstinação [O orgulho]. *Kare ni wa ~ ga nai* 彼には意地がない Ele não tem força de vontade. *Watashi wa ~ demo kono shigoto o yaritogeru tsumori da* 私は意地でもこの仕事をやりとげるつもりだ Quero terminar este trabalho [esta obra], só para que todos vejam que eu não sou dos que desistem. ~ *o haru* お意地を張る ⇨ ijíppári. ~ *o tōsu* 意地を通す Fazer valer a própria vontade; levar a sua avante 「por diante」. ⓈⒻ Íkuji; gójō; katá-íji.

iji² 維持 A manutenção; a conservação. ★ *Genjō o ~ suru* 現状を維持する Manter a situação actual. *Taimen o ~ suru* 体面を維持する Salvar [Manter] as aparências. ◇ ~ *hi* 維持費 Os custos de manutenção「da fábrica」.

iji³ 遺児 A (criança) órfã; o órfão. ◇ *Kōtsū ~* 交通遺児 O órfão de pais falecidos num acidente rodoviário. ⓈⒻ Íshi.

ijikéru いじける **1** [消極的になる] Acobardar-se; intimidar-se; acanhar-se. ★ *Ijiketa kokoro* いじけた心 O espírito acanhado [tímido]. ⓈⒻ Hinékúréru. **2** [寒さなどで, ちぢこまりすくむ] Encolher-se; contrair-se. ★ *Osoroshisa ni ~* 恐ろしさにいじける Encolher-se de medo. *Samusa ni ~* 寒さにいじける ~ de frio. ⓈⒻ Chíjimárú; ishúkú súrú.

iji-kítánái 意地汚い Sôfrego; ávido; guloso「que só come e não pensa no outros」. ★ *Kane ni ~* 金に意地汚い Ávido de dinheiro.

ijikúru いじくる {G.} ⇨ ijíru.

ijimé いじめ O atormentar; o fazer mal; o meter medo「aos colegas mais novos」.

ijímékko いじめっ子 O tiranete; o mandão; o cabecilha.

ijímérú いじめる Maltratar「os animais é mau」;

atormentar; molestar; irritar; fazer sofrer. *Ano sensei ni wa kōkō jidai sūgaku de yoku ijimerareta nā* あの先生には高校時代数学でよくいじめられたなあ No meu tempo de liceu [ginásio] quanto me fez sofrer aquele professor com a matemática!

ijíń[1] 偉人 O grande homem; o herói; o homem extraordinário. ◇ ⇨ **~ den**.

ijíń[2] 異人 **1** [外国人] O estrangeiro. [S/同] Gaíkókújin (+). **2** [別な人] A pessoa diferente. ◇ **Dōmei ~** 同名異人 ~ com o mesmo nome. [S/同] Betsújiń.

ijínden 偉人伝 A vida [biografia] de um grande homem. ⇨ ijíń[1].

íjiódā [íjíióo] イージーオーダー (< Ing. easy + order) A encomenda「de casa prefabricada」feita em condições de flexibilidade (no contrato). ★ ~ *no fuku* イージーオーダーの服 O fato meio-talhado. ⇨ háfúmédo; kiséí[5] ◇ ; ṓdāmédo.

ijíppárí 意地っ張り (< ⋯[1] + harú) O ser teimoso/obstinado. ★ ~ *na* 意地っ張りな Teimoso; obstinado; cabeçudo (G.). [S/同] Gṓjō.

ijíráshíi いじらしい Digno de [Que faz] pena [compaixão]. *Juken benkyō ni hagemu kodomo no sugata wa* ~ 受験勉強に励む子供の姿はいじらしい Faz pena ver as crianças a estudarem tanto para os exames de admissão!
[S/同] Áware; itáwáshíí; kawáísṓ (+).

ijíru 弄る Tocar. **1** [手でもてあそぶ] Brincar [Mexer]「com o lápis/os dedos」. *Ijiranaide* いじらないで Não mexa! [S/同] Konékúrímáwásu; motéásóbu. ⇨ sawárú[1]. **2** [興味をもってあつかう] Entreter-se. ★ *Niwa o* ~ 庭をいじる Cuidar do [~ com o] jardim. **3** [あれこれ手を加えて変える]「gostar de」Mexer「em tudo」; tocar. *Kare wa nani ka ni tsuke kaisoku o ijiritagaru* 彼は何かにつけ会則をいじりたがる Ao menor pretexto ele quer logo ~ nas [mudar as] regras da associação.

ijí-waru 意地悪 A maldade; a ruindade; a perversidade. ~ *wa yamete kudasai* 意地悪はやめてください Pára com as tuas maldades. *Mā ~ ne* まあ意地悪ね Que mau! ★ ~ *o iu* 意地悪を言う Dizer maldades. ~ *o suru* 意地悪をする Ser malicioso/mau; fazer maldades. ~ *sō na hito* 意地悪そうな人 A pessoa de má índole.

ijí-wárúi 意地悪い **1** [悪意ある] Perverso; mau; malicioso; maldoso; mal-intencionado. ★ *Hito o ijiwaruku toi-tsumeru* 人を意地悪く問い詰める Crivar de perguntas uma pessoa por maldade. **2** [生憎の] Desgraçado「calor!」. ⇨ aíníkú.

íjō[1] 以上 **1** [数量がこれから上] Mais do que; além [acima] de. *Jūhassai ~ no kata de nai to nyūjō dekimasen* 18 歳以上の方でないと入場できません A entrada é só para maiores de 18 anos. *Koko de wa jisoku rokujikkiro ~ de kuruma o hashirasete wa ikenai* ここでは時速 60 キロ以上で車を走らせてはいけない Aqui não se pode passar dos [conduzir acima de] 60 km por [à] hora. ★ *Gojū ~ hyaku made* 50 以上 100 まで Entre 50 e 100. [A/反] Íka. **2** [程度がこれから上] Maior que; mais que; acima [além] de; superior. *Kore ~ no shiawase wa arienai* これ以上の幸せはありえない Não pode haver felicidade superior a [maior (do) que] esta. *Sore ~ iitaku arimasen* それ以上言いたくありません Não quero dizer mais (do que isso). ★ *Shūnyū ~ no kurashi o suru* 収入以上の暮らしをする Viver acima dos meios [rendimentos/das suas posses]. *Sōzō ~ de aru* 想像以上である Superar [Ser para lá de toda] a imaginação. *Yosō ~ de aru* 予想以上である Ultrapassar todas as expectativas. [A/反] Íka. **3** [上記; 上述] Acima dito [referido; mencionado]. ~ *no tōri sōi arimasen* 以上の通り相違ありません É exa(c)tamente [tal e qual] como acima foi dito. ★ ~ *ni nobeta tōri* 以上に述べた通り Como foi dito acima [antes]; como vimos [já dissemos]. ~ *no riyū de* [*kara*] 以上の理由で[から] Pelas razões acima mencionadas/Por estas razões… ⇨ jṓjútsú; jṓki[3]. **4** [ある事をするからには] Uma vez que; já que. *Gakusei de aru ~ benkyō suru no wa atarimae da* 学生である以上勉強するのは当たり前だ ~ se é estudante, é lógico que se tenha de estudar. *Kesshin shita ~ wa akumade (mo) yari-tōse* 決心した以上はあくまでもやり通せ ~ você decidiu, leve a coisa até (a)o fim. **5** [終り] É tudo; tenho dito (No fim de uma palestra); fim「do filme」. ~, *kaisan!* 以上, 解散 É tudo, já podem ir embora. *Setsumei wa ~ da* 説明は以上だ (Pronto) a explicação é só isto [Está tudo explicado]! [S/同] Owárí; ryō.

ijṓ[2] 異常 A anormalidade; fora do normal;「um entusiasmo」notável [extraordinário]. *Kare ni wa sukoshi ~ na tokoro ga aru* 彼には少し異常なところがある Ele tem algo de anormal [é um tanto esquisito]. ★ ~ *na jinbutsu* 異常な人物 A pessoa invulgar [notável/fora de série]. ~ *na made no kirei-zuki* 異常なまでのきれい好き O exagerado esmero na limpeza. ~ *ni* 異常に Extraordinariamente. ◇ **~ jitai** 異常事態 A situação anormal. **~ kansō chūi-hō** 異常乾燥注意報 O aviso [alarme] de tempo extraordinariamente seco. **~ kishō** 異常気象 As condições atmosféricas anormais. **~ seikaku** 異常性格 O cará(c)ter singular [anormal]. **~ shinri** 異常心理 A mentalidade [psicologia] anormal. **~ zōshoku** 異常増殖【Med.】A excrescência. [A/反] Seíjṓ.

ijṓ[3] 異状 A irregularidade; o erro; a desordem; o mau funcionamento. *Doko ni mo ~ wa arimasen* どこにも異状はありません Não há [aconteceu] nada de mau [Está tudo em ordem「na cidade」]. *Kare wa me no ~ o uttaeta* 彼は目の異状を訴えた Ele queixou-se de algo estranho no olho. *Kono kikai ni wa ~ ga aru* この機械には異状がある Há alguma coisa que está mal [que não funciona] nesta máquina. *Sono gaka wa bannen seishin ni ~ o kitashita* その画家は晩年精神に異状をきたした Esse pintor deixou de regular bem nos últimos anos da vida. ~ *o teisuru* 異状を呈する Revelar sintomas anormais. [S/同] Betsújṓ.

ijṓ[4] 委譲 A entrega; a transmissão; a transferência. ★ ~ *suru* 委譲する Transmitir; transferir; entregar〔*Kenri o ~ suru* 権利を委譲する Passar [Transmitir] os direitos「todos ao filho」〕.

ijṓbu [óo] 偉丈夫 **a**) O homem corpulento; o homenzarrão; **b**) Um grande homem.

ijū́ 移住 A migração; a imigração (Vir para o país); a emigração (Ir para um país). ★ ~ *suru* 移住する Migrar; e[i]migrar. ◇ **~ min** [**sha**] 移住民[者] O (i[e])migrante. ⇨ itéń.

íjutsu 医術 A medicina; a arte medicinal. ⇨ ígaku.

íka[1] 以下 **1** [数量・程度がこれから下] Menos de; menor que; abaixo de. *Kore o sen'en ~ de uru koto wa totemo dekinai* これを 1000 円以下で売ることはとてもできない Não posso vender isto por menos de mil yens. *Shiken no kekka wa yosō ~ datta* O resultado do exame foi inferior à expectativa. 試験の結果は予想以下だった ★ *Reido* ~ 0 度以下 Abaixo de zero (graus). *Sen en ijō nisen en* ~ 1000 円以上 2000 円以下 Mais de mil yens mas menos de dois mil. *Heikin* ~ *no seiseki* 平均以下の成績 Nota abaixo da média. A/反 Íjō. ⇨ míman. **2** [これよりあと] Que se segue. *Shōsai wa* ~ *ni nobemasu* 詳細は以下に述べます Explicarei os pormenores a seguir. ~ *no tōri* 以下の通り「O problema/teor」é o seguinte. ~ **dōyō** 以下同様 Etc.; e assim por diante. ~ *jigō* 以下次号 (表示) Continua no próximo número「da revista」. ~ **shōryaku** 以下省略 Não「leio」o resto [na citação]; etc. ⇨ kákí². **3** [それを始めとして] E. *Senchō* ~ *zen'in ga umi no mokuzu to kieta* 船長以下全員が海の藻屑と消えた O capitão (do navio) e todos os restantes foram engolidos pelo mar. ★ *Juppēji* ~ *sanshō* 10 ページ以下参照 Cf. [Veja] a página dez e seguintes.

íka² 医科 (O departamento [curso] de) Medicina. ◇ ~ **daigaku** 医科大学 A Faculdade de Medicina. ⇨ Ígaku.

iká³ 烏賊 [Zool.] A lula.

íka⁴ 異化 **a)** A dissimilação (fonética); **b)** A desassimilição; o catabolismo. A/反 Dōká.

ikádá 筏 A jangada. ★ ~ *o kumu* 筏を組む Fazer uma ~. ◇ ~ **nori** [師] 筏乗り[師] O jangadeiro.

ikága 如何 **1** [どのように] Como; que; que tal. ~ *itashimashō* 如何致しましょう Que fazemos [lhe parece]? *Go-iken wa ~ deshō* 御意見は如何でしょう Qual é a sua opinião? *"Kono shichū wa ~ desu ka" "Taihen kekkō desu"*「このシチューは如何ですか」「たいへん結構です」Como está [Que tal] o guisado? – Está muito bom. *Yōroppa ryokō wa ~ deshita ka* ヨーロッパ旅行は如何でしたか Como foi [Que tal] a viagem à Europa? ⇨ dō². **2** [どうですか (呼びかけ・すすめる語)] Que tal. *Kōhī o ippai desu* コーヒーを一杯如何です Um café [~] um café? *Kondo no nichiyōbi wa ~ desu ka* 今度の日曜日は如何ですか ~「se fôssemos」no próximo domingo? *Sorosoro o-shokuji ni nasattara ~ deshō* そろそろお食事になさったら如何 ~ se fôssemos comendo [Não quer comer já]? **3** [どうであろう (危惧の念を示す語)] Não sei. *Kyō o-dekake ni naru no wa ~ na mono deshō* 今日お出かけになるのは如何なものでしょう ~ se é aconselhável o senhor ir hoje. *Sono iken wa ~ ka to omou* その意見は如何かと思う ~ se será [Duvido que seja] como o senhor diz.

ikágaku 医化学 A química medicinal.

ikágáwáshíí いかがわしい **1** [信用できない] Duvidoso; que não merece confiança; suspeito. ~ *jinbutsu* いかがわしい人物 Um tipo ~. ~ *shōbai* いかがわしい商売 Um negócio suspeito [duvidoso]. S/同 Ayáshíí; utágáwáshíí. **2** [みだらな] De má reputação. ~ *basho* いかがわしい場所 O local ~. ~ *onna* いかがわしい女 A mulher ~. S/同 Mídara na.

iká-hódó 如何程 Quanto(s). ⇨ donó kúráí; íkura¹; íkutsu.

íkai 位階 A posição「na corte imperial」. ◇ ~ **kuntō** 位階勳等 A ordem do mérito.

i-káiyō 胃潰瘍 [Med.] A úlcera gástrica [no estômago].

ikáké 鋳掛け O soldar [consertar]「panelas」. ◇ ~ **ya** 鋳掛け屋 O latoeiro [funileiro] (ambulante).

iká-kú 威嚇 A ameaça; a intimidação. ★ ~ *suru* 威嚇する Intimidar; ameaçar. ~ *teki na* 威嚇的な「atitude」Ameaçadora. ◇ ~ **shageki** 威嚇射撃 O disparo [tiro] de aviso [~ *shageki o suru* 威嚇射撃をする Dar o ~]. S/同 Odókáshí (+).

i-kákuchō 胃拡張【Med.】A dilatação gástrica.

i-kámera 胃カメラ A gastrocâmara. ⇨ Ikyō³.

ikámeshíí 厳めしい Solene;「o prédio」imponente; grave; digno; sério. ★ ~ *kaotsuki o shite* 厳めしい顔つきをして Com um rosto grave/solene. ~ *katagaki* 厳めしい肩書き O título pomposo. *Ikameshisa* 厳めしさ A imponência「do monte Fuji」. ⇨ kibíshíí; monóménóshíí; ogóska.

ikámónó いか物 A imitação; a falsificação. *Magaímónó*; niséménó (+). ⇨ ikámónó-gui.

ikámónó-gui いか物食い (< ~ +kúu) Que gosta de comidas raras. S/同 Akújíkí; geténmónó-gui.

ikán¹ 遺憾 [残念] O ter pena. ~ *nagara kono go-shōtai o o-uke suru koto wa dekimasen* 遺憾ながらこの御招待をお受けすることはできません Infelizmente [Com grande pena minha] não posso aceitar o convite. ★ ~ *na* 遺憾な Lamentável. ~ *nagara* 遺憾ながら Lamentavelmente. ~ *ni omou* 遺憾に思う Sentir muito. ~ *no i o hyōsuru* 遺憾の意を表する Pedir (imensa) desculpa. ~ *senban de aru* 遺憾千万である Ser extremamente lamentável. S/同 Zánnén. **2** [不満足] O deixar「muito」a desejar. ★ ~ *naku* 遺憾なく Plenamente [Ao máximo]. *Kare wa ~ naku sainō o hakki shite iru* 彼は遺憾なく才能を発揮している Ele revela aqui ~ o seu talento].

ikán² 如何 Como; que; qual. *Burajiru no shōrai ya ~* ブラジルの将来如何や ~ será o futuro do B.? *Sore wa ~ to mo itashikata nai* それは如何ともし方ない Isso não tem remédio. ★ ~ *sen* 如何んせん Infelizmente [~ *sen nenryō ga kireta* 如何んせん燃料が切れた Infelizmente acabou-se o combustível]. ~ *to mo shigatai jijitsu* 如何ともしがたい事実 Um caso difícil. *Nenrei no ~ o towazu* 年齢の如何を問わず Independentemente da idade.

ikán³ 偉観 A maravilha [O espe(c)táculo magnífico]. ★ ~ *o tei suru* 偉観を呈する Apresentar um ~. S/同 Sókán.

ikán⁴ 移管 O transferir a jurisdição.

ikán⁵ いかん Não se pode. ~ *to ittara* ~ といったらいかん Quando eu digo não, é não mesmo. ⇨ ikénái.

iká-naru 如何なる【E.】Qualquer que seja「a razão」; qual; que. ~ *konkyo ni motozuite, sono yō na suisoku o sareta no ka* 如何なる根拠に基づいて、そのような推測をされたのか Em, que se baseia para fazer tal suposição? S/同 Dónna (+).

iká-ni 如何に **1** [どういう風に] Como. ~ *subeki ka* 如何にすべきか ~ se deve fazer「a pesquisa」? S/同 Dō (+); dóno yōni (+). **2** [どれほど] Por mais... que. ~ *kashikokute mo kodomo wa kodomo da* 如何に賢くても子供は子供だ Por mais inteligente que seja, (criança) é criança. S/同 Dónna-ni; dónoyō-ni.

iká-nimo 如何にも **1** [なるほど; 確かに] De fa(c)to; realmente; bem [mesmo]「possível」. *Sore wa ~ zannen da* それは如何にも残念だ Isso é realmente uma pena. ★ ~ *sayō* [*sono tōri*] 如何にも左様[その通り] Sim senhor é isso mesmo [Exa(c)tamente [É como você diz]. S/同 Táshika ni. **2** [さも] Como se「soubesse」. ★ ~ *hontō rashii uso* 如何にも本当らしいうそ Uma mentira que parece verdade. S/同

Sámo.

ikáráséru 怒らせる **1** [人を] ⇨ okóráséru. **2** [肩などを張る] Mostrar-se zangado. ★ *Kata o* ~ 肩を怒らせる Empertigar-se, todo ameaçador. *Me o* ~ 目を怒らせる Deitar chispas pelos olhos.

ikárérú いかれる【G.】 **1** [正常でなくなる] Ficar doido/maluco [Endoidecer]. *Kare wa kanojo ni ikareteiru* 彼は彼女にいかれている Ele está doido [louco] por ela. ★ *Ikareta kakkō* いかれた格好 A aparência rara [sem jeito]. **2** [だめになる] Estragar-se「o leite」; ficar velho [podre]. *Kono terebi mo ikarete kita* このテレビもいかれてきた Esta televisão está arruinada [a precisar doutra]. **3** [してやられる] Ganhar; levar a melhor. *Kono shōbu wa sochira ni ikareta* この勝負はそちらにいかれた (Pronto), ganhou você [a vitória é sua].

ikári[1] 怒り (< ikáru) A ira; a cólera; a indignação; o furor; a raiva. *Kare wa* ~ *de kao o makka ni shita* 彼は怒りで顔を真っ赤にした Ele ficou (com o rosto) vermelho de raiva. ★ ~ *ni fureru* 怒りに触れる Incorrer na ira de alguém. ~ *ni makasete* 怒りに任せて Deixar-se levar da ira. ~ *ni moeru* 怒りに燃える Ficar cheio de raiva. ~ *o buchimakeru* 怒りをぶちまける Descarregar a ira. ~ *o kau* [*maneku*] 怒りを買う [招く] Provocar a ira. ~ *o osaeru* 怒りを抑える Conter ~. ~ *o shizumeru* 怒りを鎮める Acalmar ~. ◇ hará-gáta[1]; rippúkói.

ikári[2] 錨・碇 A âncora. ★ ~ *o ageru* 錨を上げる Levantar ~. ~ *o orosu* 錨を下ろす Lançar ~. ◇ **~ zuna** 錨綱 O cabo da ~.

ikári-gata 怒り肩 (< ikáru + káta) Os ombros largos e angulosos. ◇ Nadé-gátá.

ikáru 怒る【E.】 **1** [どつつする] Ser anguloso. *Kata ga ikatte iru* 肩が怒っている Ser largo de ombros. ⇨ ikárí-gáta. **2** [⇨ okóru[1]].

ikásámá いかさま A trapaça; a falsificação; a intrujice; o embuste; a tapeação (G.). ★ ~ *o yaru* いかさまをやる Intrujar; fazer batota「no jogo」. ◇ **~ shi** いかさま師 O vigarista; o trapaceiro; o impostor; o aldrabão (G.).

ikásu[1] 生 [活] かす **1** [⇨ ikí-káérasu; ⇨ sosé[3]]. **2** [生き長らえさせる] Conservar vivo. *Aitsu o ikashite oku wake ni wa ikanai* あいつを生かしておくわけにはいかない Não podemos deixar vivo aquele sujeito. Ⓐ反 Korósú. **3** [活用する] Aproveitar; usar. *Jibun no sainō o ikaseru shoku ni tsukitai* 自分の才能を生かせる職に就きたい Quero (ter) um emprego onde possa ~ o meu talento. ★ *Chansu o* ~ チャンスを活かす Aproveitar a oportunidade. *Keiken o shōrai ni* ~ 経験を将来に活かす ~ a experiência para o futuro. Ⓢ同 Katsúyōsúrú. **4** [引き立たせる] Fazer brilhar; realçar; dar vida. *Shuyaku o mo korosu mo wakiyaku no engi shidai da* 主役を生かすも殺すも脇役の演技次第だ O papel principal depende da a(c)tuação do a(c)tor de suporte. Ⓐ反 Korósú. **5** [校正などで] Conservar; tornar a pôr. ★ *Keshita tokoro o* ~ 消したところを生かす a parte riscada.

ikásu[2] いかす【G.】 Ser chique [elegante]. *Kono fuku* ~ *ja nai* この服いかすじゃない É chique este fato, não acha?

i-kásui 胃下垂【Med.】 A gastroptose [O ter o estômago caído]; a ptose do estômago.

i-kátaru 胃カタル【Med.】 A gastrorreia [O catarro do estômago]. Ⓢ同 Ién.

ikátsúi いかつい Rude. ★ ~ *kaotsuki* いかつい顔つき O rosto carrancudo [~]. Ⓢ同 Gotsúi, ikámeshíi.

ikázoku 遺家族 ⇨ ízoku.

ikázúchí 雷【E.】 ⇨ kamínári.

iké 池 **a)** O tanque (artificial); **b)** O poço; a lagoa. ⇨ ído[1]; mizúumi; numá.

ikébana 生 [活] け花 (< ikéru[2] + haná) O arranjo floral; as flores artisticamente dispostas em vaso. Ⓢ同 Kádō.

iké-dóri 生け捕り (< iké-dóru) O capturar vivo.

iké-dóru 生け捕る (< ikéru + tóru) Capturar [Apanhar]「o leão」 vivo.

ikégaki 生け垣 (< ikéru + kakí) A cerca [sebe] (feita) de plantas. ★ ~ *o megurasu* 生け垣をめぐらす Fazer ~. ~ *o tsukuru* 生け垣を作る Fazer uma ~.

ikéí 畏敬 A reverência; um grande respeito. ★ ~ *no nen ni utareru* 畏敬の念に打たれる Sentir ~. ~ *no nen o idaku* 畏敬の念を抱く Sentir/Ter ~. ~ *subeki* 畏敬すべき Digno de respeito. ⇨ soňkéí.

i-kéiren 胃痙攣【Med.】 A convulsão gástrica/estomacal. ★ ~ *o okosu* 胃痙攣を起こす Ter ~. Ⓢ同 Sashíkómí; shakú.

iken[1] 意見 **1** [考え] A opinião; o parecer; a ideia. ~ *no itchi o miru ni itaranakatta* 意見の一致を見るに至らなかった Não se chegou a um acordo (de opiniões). *Kimi no* ~ *ni wa sansei dekinai* 君の意見には賛成できない Não posso concordar contigo [com a tua ~]. *Nani ka go* ~ *ga arimasu ka* 何か御意見がありますか Há [Alguém tem] alguma ~? ★ ~ *ga itchi suru* 意見が一致する Ter a mesma ~. ~ *ga matomaranai* 意見がまとまらない Não chegar a um acordo [consenso]. ~ *no sōi* 意見の相違 A diferença das opiniões. ~ *no tairitsu* 意見の対立 O confronto de ideias. ~ *o kaeru* 意見を変える Mudar de ~. ~ *o kawasu* [*nobe-au*] 意見を交わす [述べ合う] Trocar ideias. ~ *o kiku* [*motomeru*] 意見を聞く [求める] Pedir/Perguntar ~. ~ *o kōkan suru* 意見を交換する Trocar ideias [impressões]. ~ *o noberu* 意見を述べる Dar a opinião [o seu ~]. ~ *o onajiku* [*koto ni*] *suru* 意見を同じく [異に] する Ter a mesma opinião [Não concordar/Ter uma ~ diferente]. *Hito no* ~ *ni shitagau* 人の意見に従う Seguir [Aceitar] ~ de outro. *Watashi no* ~ *de wa* 私の意見では Na minha opinião, a meu ver. ◇ **Hantai** [**Sansei**] ~ 反対 [賛成] 意見 ~ contra [a favor]. Ⓢ同 Kaňgáe. **2** [忠告; 諫言] O conselho; a advertência [admoestação]「dos pais」. *Kare ni namakenai yō* ~ *shita* 彼に怠けないよう意見した Aconselhei-o a não se descuidar. Ⓢ同 Chúkókú; kañgéñ; sekkyō.

ikéñ[2] 違憲 A inconstitucionalidade; a violação da constituição. Ⓐ反 Gōkéñ. ⇨ keňpó[1].

ikénáí いけない (Neg. de "ikérú") **1** [良くない] Não estar bem; ser mau. ~ *ko da ne* いけない子だね Ai que menino mau! ~, *shikujitta* いけない, しくじった Ai! Que [Fiz um] disparate! *Ame ga furu to* ~ *kara kasa o o-mochi nasai* 雨が降るといけないから傘をお持ちなさい Leve o guarda-chuva, que [porque] pode chover. *Dōmo ki ga chitte* ~ どうも気が散っていけない Infelizmente não consigo concentrar-me. *Kare wa jiko o okoshita. Sara ni* ~ *koto ni sake o nonde ita* 彼は事故を起こした。更にいけないことに酒を飲んでいた Foi ele que causou o acidente. E ainda por cima tinha bebido. *O-mae ga ikenai n da* おまえがいけないんだ Você é que é o culpado! Ⓢ同 Warúi; yókunai. **2** [だめだ; 働きを失った] Estar sem esperança「de ficar bom」. *Kono gyūnyū wa mō ~ こ の牛乳はもういけない* Este leite já está estragado. S/同 Damé da. **3**［酒が飲めない］Não poder beber. *Kare wa ~ kuchi da 彼はいけない口だ* Ele não pode beber bebidas alcoólicas. **4**［不可である］Não poder [dever]. *Anata no kuruma o tsukatte wa ~ desu ka あなたの車を使ってはいけないですか* Não posso usar o seu carro? *Uso o tsuite wa ~ yo うそをついてはいけないよ* Não se deve [pode] mentir.

ikénié 生贄 O sacrifício; a vítima. ★ *~ ni naru 生贄になる* Ser sacrificado. ~ *ni suru* 生贄にする Sacrificar. *Kami ni ~ o sasageru [sonaeru] 神に生贄をさげる[供える]* Oferecer ~ a Deus [Sacrificar aos deuses]. S/同 Giséí.

ikérú¹ 行ける (< ikú) **1**［行くことができる］Poder ir. *Sono machi e wa kuruma de ichi-jikan de ~ その町へは車で１時間で行ける* A essa cidade vai-se [pode-se ir] numa hora de carro. **2**［おいしく食べられる・飲める］Ser bom [saboroso]. *Koitsu wa chotto ~ burandē da こいつはちょっといけるブランデーだ* Este brandy não é nada mau. S/同 Umáí; yói. **3**［酒が飲める］【G.】(Poder) beber. *Sake wa ~ ka(ne) 酒はいけるか(ね)* Você bebe? S/同 Noméru. **4**［できる］【G.】Saber. *Kanojo wa porutogarugo ga chotto 彼女はポルトガル語がちょっと* Ela sabe um pouco de p. S/同 Dekíru. **5**［続けられる］Poder continuar. *Ima no yarikata de jūbun ~ 今のやり方で十分いける* Podemos continuar「o trabalho」assim [desta maneira].

ikéru² 活[生]ける Arranjar [Colocar; Dispor] flores ou plantas em jarra ou qualquer outro vaso com água. *Toko-no-ma ni hana ga ikete aru 床の間に花が活けてある* Há um arranjo de flores no "toko-no-ma". ★ *Hana o ~ 花を活ける* Fazer um arranjo floral. ⇨ ikébana.

ikéru³ 埋ける ⇨ umérú¹.

ikéru⁴ 生ける【E.】Estar vivo. ★ *~ shikabane 生ける屍* O morto vivo. *Ikitoshi ~ mono 生きとし生けるもの* Todo o ser vivo.

ikésháshá いけしゃあしゃあ【G.】Descaradamente. *Kare wa nani o iwarete mo ~ to shite iru 彼は何を言われてもいけしゃあしゃあとしている* Ele é um descarado [um cara de lata], não se importa nada com o que lhe digam. ★ *~ to uso o tsuku いけしゃあしゃあとうそをつく* Mentir ~. S/同 Sháshádo. 図 tetsúménpi.

ikésú 生簀［州］O viveiro (para peixes).

ikésúkánai いけ好かない【G.】Desagradável;「um tipo」chato. *Aitsu wa ~ yatsu da あいつはいけ好かないやつだ* Aquele sujeito é um chato. ⇨ iyá¹.

íki¹ 息 A respiração; o bafo「quente」; o alento; o sopro; o「mau」hálito; o fôlego. ★ *~ ga tomaru hodo odoroita 息が止まる程驚いた* Quase desmaiei [perdi a ~] de espanto. ★ *~ ga arai [hayai] 息が荒い [速い]* Custar a respirar [Arfar]. *~ ga aru [nai] 息がある[ない]* (Já não) respirar. *~ ga au 息が合う* (Id.) O entender-se [*Ano futari wa pittari ~ ga atte iru あの２人はぴったり息が合っている* Aqueles dois entendem-se muito bem]. *~ ga kakaru 息がかかる* (Id.) Ser protegido [*Kare ni wa shachō no ~ ga kakatte iru 彼には社長の息がかかっている* Ele tem o apoio do presidente]. *~ ga kireru 息が切れる* **a)** Faltar o ar; **b)** Desistir [*Amari no nan-jigyō ni tochū de ~ ga kireta あまりの難事業に途中で息が切れた* Era um empreendimento de muito fôlego e desisti(u) a meio]. *~ ga kurushii 息が苦しい* Estar com a ~ difícil. *~ ga kusai 息が臭い* Ter mau hálito. *~ ga tsumaru 息が詰まる* Abafar-se; sufocar-se. *~ ga tsuzuku 息が続く* Aguentar「muito tempo」sem respirar. *~ mo taedae ni 息も絶え絶えに* Com a ~ entrecortada [Quase sem fôlego]. *~ mo tsukase-nu[-zu] 息もつかせぬ[ず]* 「uma velocidade」Incrível. *~ mo tsukazu ni nomihosu 息もつかずに飲み干す* Beber sem respirar [de um gole]. *~ no nagai shigoto 息の長い仕事* Um trabalho longo/de fôlego. ⇨ íki no ne [shita]. *~ o fukikaesu 息を吹き返す* **a)** Voltar a si; **b)**「a moda」Ressuscitar. *~ o fukikakeru 息を吹きかける* Dar um sopro [Soprar]. *~ o haku [suu] 息を吐く[吸う]* Expirar [Inspirar] (o ar). *~ o hazumaseru [kirasu] 息を弾ませる[切らす]* Ter falta de ar [de fôlego]/Perder a ~. *~ o hikitoru 息を引き取る* Exalar o último suspiro; morrer. *~ o korasu [korosu; tsumeru] 息を凝らす[殺す; 詰める]* Conter a ~. *~ o nomu 息をのむ* Ficar de boca aberta. *~ o nuku 息を抜く* Descansar. *~ o suru 息をする* Respirar. *~ o tsugu 息を継ぐ* Parar para respirar; tomar fôlego. *~ o tsuku 息をつく* Respirar (de alívio); descansar [*~ o tsuku hima mo nai 息をつく暇もない* Não [Nem] ter tempo para respirar]. ⇨ kókí¹; kokyū.

íki² 行き (< ikú) A ida. *~ mo kaeri mo aruite itta 行きも帰りも歩いて行った* Fui e vim a pé. *~ wa hikōki de kaeri wa shinkansen de Kyūshū e itta 行きは飛行機で帰りは新幹線で九州へ行った* Fui a Kyūshū: à ida, de avião, à [na] volta, de foguete [trem bala]. ★ *Nakano-hatsu Tōkyō ~ no densha 中野発東京行きの電車* O comboio [trem] de Nakano para (a estação de) Tóquio. ◇ ~ kaeri. S/同 Yukí¹. A/反 Kaéri.

íki³ 意気 **1**［元気］O ânimo; a coragem; a energia; o vigor. *Sono ~ sono ~ その意気その意気* Ânimo [Coragem/Força]! (Assim é que é)! ★ *~ ga agaru 意気が揚がる* Animar-se. *~ (ga) shōchin suru 意気(が)消沈する* Desanimar; perder a coragem. *~ kenkō to shite iru 意気軒昂としている* Estar muito [todo] animado. *~ yōyō to 意気揚々と* Com um ar triunfante. ⇨ génki²; kigáí². **2**［心だて］O temperamento; a sensibilidade. ★「*Kare*」*to ~ tōgō suru*「彼」*と意気投合する* Entender-se bem com「ele」. S/同 Kokóródáté; kokóróbáé.

íki⁴ 域 O nível; a fase; o estado. *Sono jigyō wa mada keikaku no ~ o denai その事業はまだ計画の域を出ない* Esse empreendimento ainda está na fase de [é só] projeto. ⇨ dañkáí²; háñ/í¹.

íki⁵ 粋 **a)** O ser elegante [chique]; **b)** A simpatia. *Kanojo wa ~ na nari o shite iru 彼女は粋ななりをしている* Ela veste com elegância. ★ *~ na otoko [onna] 粋な男[女]* O homem [A mulher] chique. S/同 Súi. 反 Busúí; yábo.

íki⁶ 遺棄 O abandono. *Koko ni fuyōbutsu o ~ shite wa ikenai ここに不要物を遺棄してはいけない* É proibido deitar lixo (neste local). ◇ ~ **butsu** 遺棄物 O obje(c)to abandonado. **Shitai** ~ 死体遺棄 ~ do cadáver.

íki⁷ 生きの que está vivo. ★ *~ no yoi [warui]*「*sakana*」*生きの良い[悪い]*「*魚*」peixe」Fresco/Vivinho [Estragado]. S/同 Séndo.

ikíátári 行き当たり ⇨ ikí-dómári.

ikíátáríbáttari 行き当たりばったり【G.】À toa; ao acaso. *Kanojo wa ~ ni kaimono suru kuse ga aru*

ikí-átaru

彼女は行き当たりばったりに買い物するくせがある Ela costuma fazer compras ~. ★ ~ *ni yaru* 行き当たりばったりにやる Fazer as coisas ~. [S/同] Naríyukí-mákase.

ikí-átaru 行き当たる (< ikú + …) Chegar ao fim. *Kono michi no iki-atatta tokoro ga eki desu* この道の行き当たった所が駅です A estação fica no fim desta rua. [S/同] Yukí-átaru.

ikí-áu 行き会う (< ikú + …) Encontrar-se [Deparar] 「com」. *Kyō gūzen Akasaka de ojisan ni ikí-atta* 今日偶然赤坂でおじさんに行き会った Hoje encontrei-me por acaso com meu tio em ~. [S/同] Dekúwásu; yukí-áu.

ikí-bá 行き場 (< ikú + …) (O lugar) onde ficar. *Sensō de oya-kyōdai o nakushi sono ko ni wa doko mo ~ ga nakatta* 戦争で親兄弟をなくしその子にはどこも行き場がなかった Essa criança perdeu os pais e os irmãos na guerra e não tinha onde ficar [para onde ir]. [S/同] Ikí-dókóro; iki-bá; yukí-sákí.

ikí-bótoke 生[活]き仏 (< ikíru + hotóké) Um santo [Buda vivo]; a encarnação de Buda.

ikí-chí 生き血 (< ikíru + …) O sangue (Hito no ~o suu = explorar [chupar] os outros).

ikí-chigái 行き違い (< ikí-chígáu) 1 [すれ違い] O cruzar-se. ★ ~ *ni natta-rashiku kare ni aenakatta* 行き違いになったらしく彼に会えなかった Devem-se ter cruzado e não conseguiu encontrar-se com ele. 2 [食い違い] O desentendimento [mal-entendido]. *Futari no aida ni nani ka kanjō no ~ ga atta yō da* 二人の間に何か感情の行き違いがあったようだ Parece que os dois não se entendem, por diferenças de cará(c)ter. [S/同] Kuí-chígáu; yukichígáí. ⇨ suré-chígáí.

ikí-chígáu 行き違う (< ikú + …) 1 [⇨ suré-chígáu]. ⇨ ikí-chígáí. 2 [⇨ kuí-chígáu].

ikí-dáóré 行き倒れ (< ikú + taóréru) A pessoa caída no caminho. ★ ~ *ni naru* 行き倒れになる Cair exausto pelo caminho.

ikí-dókóró 行き所 (< ikú + tokóró) ⇨ ikí-bá.

ikí-dómári 行き止まり (< ikí-dómáru) 1 [道がなく先へ進めないこと] O "beco" sem saída. *Ano michi wa ~ desu* あの道は行き止まりです Aquele caminho não tem saída. *Kono saki ~* この先行き止まり (掲示) Aqui não há [dá] passagem! [S/同] Ikízúmári; yukí-dómári. 2 [行く手がふさがれて先へ進めないこと] 【Fig.】 O ter o caminho bloqueado. ⇨ kyokúten; shūten.

ikí-dómáru 行き止まる (< ikú + tomáru) ⇨ ikí-dómári; ikízúmáru¹.

ikídóri 憤り (< ikidóru) A cólera; a ira; a raiva; a fúria; a indignação. [S/同] Fungáí; ikári (+); rippúku.

ikídóru [óo] 憤る (< …) Zangar-se; enfurecer-se; irar-se; ficar furioso [cheio de raiva]. [S/同] Ikáru (+); rippúku.

ikí-é 生き餌 (< ikíru + …) A isca viva.

ikí-gái¹ 生き甲斐 (< ikíru + kaí) A razão [finalidade; o sentido/gosto] da vida; a alegria de viver. *Watashi ni wa ~ ga nai* 私には生き甲斐がない Eu não sei para que vivo. ★ ~ *no aru seikatsu* 生き甲斐のある生活 Uma vida plena [alegre]. ~ *o kanjiru* 生き甲斐を感じる Ser feliz; sentir-se realizado.

ikigai² 域外 「aquisição」 Fora da área [do seu território].

ikí-gákárí 行き掛かり (< ikú + kakáru) As circunstâncias [coisas]. ~ *-jō sō iwazaru o enakatta* 行き掛かり上そう言わざるを得なかった Por todas essas ~ eu tinha de dizer isso. [S/同] Yukí-gákárí.

ikí-gáké 行き掛け (< ikú + kakériu) Na [À] ida; de caminho 「passo pelo banco」. 【用法】 ~ *no dachin* 行き掛けの駄賃 O aproveitar a ocasião para fazer algo mau [~ *no dachin ni kaneme no mono o moratte iku* 行き掛けの駄賃に金目のものをもらっていく Aproveitar para roubar obje(c)tos preciosos; viajar à francesa (G.)]. [S/同] Ikíshínía; yukí-gáké.

ikí-gámi(sama) 生[活]き神(様) (< ikíru + kámi) O santo. ⇨ ikíbótoke; seíjín².

ikí-giré 息切れ (<…¹ + kiréru) 1 [呼吸が苦しくなってあえぐこと] A respiração difícil; a falta de ar. ★ ~ *(ga) suru* 息切れ(が)する Ter/Sentir falta de ar. ⇨ aégu. 2 [比喩的に物事の途中で力が続かなくなったりあきたりすること] O perder o fôlego. ★ 「*Juken benkyō ni*」 ~ *(ga) suru* 「受験勉強に」息切れ(が)する Ficar sem fôlego [forças] 「na preparação do exame de antemão」.

ikí-gómi 意気込み (< ikí-gómu) O ânimo; a força de vontade; o afinco [empenho]; o vigor; a determinação; o ardor; o fervor; o entusiasmo. ★ ~ *o kujiku* 意気込みをくじく Fazer perder o ânimo; ser um balde de água fria. *Sugoi* 「*Susamajii*」 ~ *de* すごい[すさまじい] 意気込みで Com grande ~.

ikí-gómu 意気込む (<…³ + kómu) Lançar-se; estar decidido [determinado] a fazer. *Ikigonde sono shigoto ni torikakaru* 意気込んでその仕事に取りかかる Começar esse trabalho cheio de entusiasmo.

ikí-gúrúshíi 息苦しい (<…¹ + kurushíi) 1 [呼吸が苦しい] Sufocante; que causa [tem] asfixia; asfixiante; abafado. ★ *Ikigurushiku naru* 息苦しくなる Ficar irrespirável (H.) [sufocado (Pessoa)]. 2 [雰囲気が圧迫されるようで重苦しい] Carregado; pesado. ★ ~ *fun'iki* 息苦しい雰囲気 O ambiente ~ [tenso].

ikí-hájí 生き恥 (< ikíru + …) A vergonha (de vida). ★ ~ *o sarasu* 生き恥をさらす Expor-se ao ridículo. [A/反] Shiní-hájí.

ikí-iki 生[活]き生[活]き (< ikíru) (Ao) vivo; animadamente. ★ ~ *suru* 生き生きする Adquirir vida; animar-se; ser vivo [*Kanojo wa itsu-mo ~ shite iru* 彼女はいつも生き生きしている Ela é muito alegre [viva]. ~ *shita e* [*hyōgen*] 生き生きした絵[表現] A pintura [expressão] cheia de vida]. ~ *to* 生き生きと ⇨ hatsúratsú; kappátsú.

ikijí 意気地 O brio [orgulho/sentido da honra]. ★ *Otoko no* ~ 男の意気地 ~ de homem. [S/同] Íjí (o); íkují² (+).

ikí-jibiki 生き字引き (< ikíru + …) A enciclopédia. *Kare wa waga-sha no ~ da* 彼は我が社の生き字引きだ Ele é ~ da nossa empresa. [S/同] Monó-shíri.

ikí-jigoku 生き地獄 (< ikíru + …) Um inferno. *Jiko no genba wa marude ~ no yō datta* 事故の現場はまるで生き地獄のようだった O local do acidente era ~.

ikí-káerásu 生き返らす (< ikíru + …) Fazer voltar à vida. ⇨ ikí-káeru.

ikí-káéri 行き帰り A ida e volta. *Gakkō no ~ ni kono michi wo tōrimasu* 学校の行き帰りにこの道を通ります Passo nesta rua na ~ para a escola. [S/同] Ofúkú (+).

ikí-káeru 生き返る (< ikíru + …) Ressuscitar; voltar a si 「com massagem no coração」; reviver [ganhar nova vida]. *Hisashiburi no ame de kusaki ga ikika-*

etta 久しぶりの雨で草木が生き返った Com esta chuva há tanto esperada, as plantas reviveram [recuperaram a vida]. ★ *Ikikaetta yō na ki ga suru* 生き返ったような気がする Sinto-me como se tivesse ressuscitado. [S/同] Fukkátsú súrú; yomígáéru.

ikí-kátá[1] 行き方 **1** [行く方法] O caminho; a maneira de ir. *Eki made no ichiban chikai ～ o oshiete kudasai* 駅までの一番近い行き方を教えて下さい Podia ensinar-me o ～ mais perto para a estação? [S/同] Yukíkátá; michí-júń. **2** [⇨ yarí-kátá].

ikí-káta[2] 生き方 (< ikíru + …) A maneira de viver; a vida. *Watashi ni wa kare no yō na ～ wa dekimasen* 私には彼のような生き方はできません Não sei [seria capaz de] viver como ele. ⇨ seíkátsú.

ikíkáu 行き交う Ir e vir. *Sono michi wa yoru ni naru to ～ hito mo inakatta* その道は夜になると行き交う人もいなかった À noite, não se via vivalma [ninguém] nessa rua. ★ *Hito ya kuruma no sakan ni ～ michi* 人や車の盛んに行き交う道 A rua de muito movimento.

ikí-ki 行き来 (< ikú + kúru) **1** [行くことと来ること] O ir e vir; o tráfico. *Watashi wa shigoto de yoku Nihon to Burajiru o ～ shite iru* 私は仕事でよく日本とブラジルを行き来している Por razões de trabalho estou sempre a ir e a vir, entre o J. e o B. [S/同] Ōráí. **2** [交際] O trato [falar]. *Mō nagai aida karera to no ～ ga taete iru* もう長い間彼らとの行き来が絶えている Há muito que não falo com eles. [S/同] Kṓsáí (+); tsukíái.

ikíkkírí 行きっきり (< ikú + kiri) O ir para sempre. *Kare wa Burajiru e ～ ni natte shimatta* 彼はブラジルへ行きっきりになってしまった Ele foi para o B. e lá ficou [nunca mais voltou]. [S/同] Yukíkkírí.

ikí-máku 息巻く Vociferar; estar furioso [furibundo]. *Kare wa watashi o tada de wa okanu to ikimaite iru* 彼は私をただではおかぬと息巻いている Ele está (para ali) a gritar [～] que lhas hei-de pagar [me há-de fazer mal]. [S/同] Ikírítátsu.

ikí-mono 生き物 (< ikíru + …) O ser vivo [animado]; 「na lua não há」 vida. ★ *～ o korosu* 生き物を殺す Destruir a vida. ⇨ séibutsu[1].

ikímu 息む Fazer força contendo a respiração「para evacuar」. [S/同] Rikímu (+).

ikí-nágáráéru 生き長らえる (< ikíru + …) Viver muitos anos [mais「que o marido」]. [S/同] Ikínóbíru (+); ikínókóru (+).

ikínai 域内 Na [Dentro da] área「da ASEAN」. ◇ **～ bōeki** 域内貿易 Comércio interno. [A/反] Ikígai[2].

ikínárí いきなり Repentinamente; subitamente; de repente「fui despedido do emprego」; de súbito. [S/同] Totsúzéń (+).

ikí-náyámí 行き悩み (< ikí-náyámu) O impasse. [S/同] Yukí-náyámí.

ikí-náyámu 行き悩む (< ikú + …) **1** [思うように先へ進めず困る] Chegar a um impasse; encalhar. **2** [物事がうまくはかどらない] Ter problemas; não avançar (bem). *Kōji wa hitode-busoku de iki-nayande iru* 工事は人手不足で行き悩んでいる A construção [obra] não avança por falta de trabalhadores.

ikí-nóbíru 生き延びる (< ikíru + …) Ficar vivo. ★ *Hōka no shita o ～* 砲火の下を生き延びる Escapar ao bombardeamento. [S/同] Ikínágáráéru; ikínókóru (+).

ikí-nókórí 生き残り (< ikí-nókóru) O sobrevivente. ★ *Tokkōtai no ～* 特攻隊の生き残り ～ dos comandos suicidas.

ikí-nókóru 生き残る (< ikíru + …) Sobreviver; escapar com vida. *Sono jiko de ikinokotta no wa kare hitori datta* その事故で生き残ったのは彼一人だった Ele é o único sobrevivente do acidente.

íki no ne 息の根 A vida; a respiração. ★ *～ o tomeru* 息の根を止める「hei-de-lhe」 Tirar o pio [Apertar o gasganete]. [S/同] Kokyū́; ⇨ íki[1].

íki no shita 息の下 O respirar difícil [de agonizante]. *Kare wa kurushii ～ de kazoku no koto o tanonda* 彼は苦しい息の下で家族のことを頼んだ Ele com ～ pediu-me que ajudasse a família. ⇨ íki[1].

ikí-núkí 息抜き (< … [1] + nukú) **1** [休憩] O descanso; a folga. ★ *～ ni kōhī o nomu* 息抜きにコーヒーを飲む Tomar um café para descansar (um pouquito). *～ (o) suru* 息抜き(を)する Descansar. [S/同] Ikítsúgí **1**; kyū́kéí (+). **2** [通気孔] O respiradou[i]ro. [S/同] Kū́kínuki (+); tsū́kíkō (o).

ikí-núku 生き抜く (< ikíru + …) Conseguir sobreviver. *Meiji, taishō, shōwa to iki-nuite kita josei no isshō* 明治, 大正, 昭和と生き抜いてきた女性の一生 Biografia [Vida] de uma mulher que (sobre)viveu as eras Meiji, Taisho e Showa.

ikíói 勢い **1** [元気; 力] A energia; o ânimo; o vigor. *Shidai ni arashi wa ～ ga otoroeta* しだいに嵐は勢いが衰えた A tempestade foi amainando. ★ *～ amatte* 勢い余って Por ter ～ [*Kuruma ga ～ amatte dōro kara tobidashita* 車が勢い余って道路から飛び出した O carro saiu da estrada por levar muita velocidade]. *～ ga tsuku* 勢いがつく Adquirir [Ganhar] ～. *～ no aru [yoi]* 勢いのある[良い] Cheio de ～. *～ no nai* 勢いのない Sem ～. *～ o sogareru* 勢いをそがれる Perder a ～. *～ o tsukeru* 勢いをつける Dar ～. *～ yoku* 勢いよく Com ～ [*～ yoku kodomo ga dōro e hashiridashita* 勢いよく子供が道路へ走り出した A criança saiu a correr a toda a pressa para a rua]. ⇨ génki[1]; kakkí. **2** [勢力] A força. ★ *～ o furuu* 勢いをふるう Exercer influência; usar ～. ⇨ iséí[2]; kénryoku; séiryoku[1]. **3** [はずみ] A força [propulsão]. *Sono ko wa tobihaneta ～ de kabe ni butsukatta* その子は跳びはねた勢いで壁にぶつかった A criança saltou com tanta força que foi contra a parede. [S/同] Hazúmí (+). **4** [成り行き] O andar [A tendência]. *Jidai no ～ de yamu o enai* 時代の勢いでやむを得ない Com os tempos que correm, não se pode esperar outra coisa. [S/同] Naríyúkí (+). **5** [調子] O ritmo. *Kono ～ de yareba kyō-jū ni owaru darō* この勢いでやれば今日中に終わるだろう A [Com] este ritmo, terminamos ainda hoje. [S/同] Chṓshí (+). **6** [必然的に] A consequência; o ser necessário. *Kyūryō ga agaru to ～ bukka mo agaru* 給料が上がると勢い物価も上がる Quando aumentam os salários, necessariamente aumenta o custo de vida. ⇨ hitsúzéń.

ikíóí-kómu 勢い込む Fazer com entusiasmo. ★ *Ikioikonde sono shigoto ni torikakaru* 勢い込んでその仕事に取りかかる Lançar-se [Atirar-se] com entusiasmo ao trabalho. [S/同] Ikígómu (o); kiói-tátsu (+).

ikíóí-zúku 勢いづく (< … + tsúku) Ficar mais animado; ganhar força [ânimo]. *Wareware wa saisho no shiai ni katte ikioizuita* 我々は最初の試合に勝って勢いづいた Depois da vitória na primeira partida, ficámos mais animados.

ikíré 熱[温]れ O ar abafado. ⇨ hitó-íkíré; kusá-íki-re.

ikírítátsu いきり立つ Irritar-se; excitar-se; exaltar-se. [S/同] Ikímáku.

ikíru 生きる **1** [生存する] Viver. *Ikite futatabi anata ni aeru nante omowanakatta* 生きて再びあなたに会えるなんて思わなかった Nunca pensei poder tornar a ver-te vivo. *Kare wa ima* ~ *ka shinu ka no setogiwa da* 彼は今生きるか死ぬかの瀬戸際だ Ele está entre a vida e a morte. *Watashi wa mō nagaku wa ikirarenai* 私はもう長くは生きられない Não viverei muito mais tempo. ★ ~ *kibō* [*yorokobi*] 生きる希望[喜び] A esperança [alegria] de viver. *Ikite iru kagiri* 生きている限り Enquanto ~. *Ikite iru uchi ni* 生きているうちに Em [Com/Durante a] vida〔*Watashi ga ikite iru uchi ni mago no kao ga mitai mono da* 私が生きているうちに孫の顔が見たいものだ (Ainda) quero ver os meus netos〕. *Ikite kaeru* 生きて帰る Voltar (com vida). *Hyaku-sai made* ~ 100 歳まで生きる ~ até aos 100 anos (de idade). [S/同] Seízóń súrú. [A/反] Shinú. **2** [効果を表わす] Dar resultado [fruto]. *Anata no kurō wa itsu ka* ~ *darō* あなたの苦労はいつか生きるだろう Um dia o seu esforço dará fruto. *Kane mo tsukai-yō de* ~ 金も使いようで生きる O dinheiro rende quando é bem usado. ⇨ yűékí; yűkő[1]. **3** [生き生きしている] Ter vida. *Kono shōsetsu no jinbutsu wa ikite iru* この小説の人物は生きている As personagens deste romance têm vida. [S/同] Yakúdő súrú. **4** [生活する] Viver; ganhar a vida. *Kare wa pen ippon de ikite iru* 彼はペン1本で生きている Ele vive só da pena [ganha a vida a escrever]. *Kare wa umi ni iki umi ni shinda* 彼は海に生き海に死んだ Ele viveu e morreu no mar. [S/同] Seíkátsú súrú (+). **5**【Beis.】Estar salvo. ★ *Ichi-rui ni* ~ 一塁に生きる Manter-se na primeira base. **6** [囲碁で] Aguentar; estar seguro (no gô). **7** [校正用語で] Ficar (Na corre(c)ção de provas).

ikíryő 生き霊 O espírito; a alma penada. [S/同] Seíréí (+). [A/反] Shiryő. ⇨ támashii.

ikí-sákí 行き先 **1** [行った場所] O destino. ★ ~ *mo kimezu ni furari to tabi ni deru* 行き先も決めずにふらりと旅に出る Viajar sem ~ certo. [S/同] Ikú-sákí; yukí[ú]-sákí. ⇨ mokútékí-chi; yukúé. **2** [あて名] O endereço [destinatário]. *Kono kozutsumi wa* ~ *fumei desu* この小包は行き先不明です Não se sabe para quem é esta encomenda. [S/同] Aténá (+); yukí[ú]-sákí. **3** [将来] O futuro. *Kono kuni no* ~ *wa dō naru no darō* この国の行き先はどうなるのだろう Como [Qual] será o ~ deste país? [S/同] Shőrai (o); yukí[ú]-sákí; yukúsúé (+).

ikísátsú 経緯 A história [razão]; o processo; o porquê. *Jiken no kuwashii* ~ *o shiritai* 事件のくわしい経緯を知りたい Quero saber pormenorizadamente toda a hitória do caso. *Koto no* ~ *o setsumei suru* ことの経緯を説明する Explicar como aquilo foi [aconteceu]. [S/同] Kéii; keíká; naríyúkí.

íki-sekikiru 息急き切る Estar ofegante. *Ikisekikitte yatte kita* 息急き切ってやって来た Ele chegou (aqui) ofegante (de tanto correr).

ikíshíná 行きしな ⇨ ikí-gáké.

ikí-súgí 行き過ぎ (< ikí-súgíru) **1** [通り過ぎること] O passar (para lá de). **2** [度を越すこと] O passar dos limites; o ser demais. *Kare ni kuchi dake de nakute te made dashita no wa* ~ *da* 彼に口だけでなくて手まで出したのは行き過ぎだ Discutir ainda se compreende mas agredir (já) é demais [passar dos limites]. [S/同] Yukísúgí. ⇨ kádo[3]; ő-gésá; yarí-súgíru.

ikí-súgíru 行き過ぎる (< ikú + …) **1** [通り過ぎる] Passar. *Bon'yari shite oriru eki o hitotsu iki-sugita* ぼんやりして降りる駅を一つ行き過ぎた Distraí-me e fui parar [até] à estação seguinte. [S/同] Tőrí-súgíru; norí-súgósu. **2** [度を越す] Ser demais. ★ *Iki-sugita hatsugen* 行き過ぎた発言 Uma afirmação exagerada. [S/同] Do ó kósú.

íkita 生きた (< ikíru **1**) Vivo; real; a(c)tual; verdadeiro. *Amari no osoroshisa ni* ~ *kokochi ga shinakatta* あまりの恐ろしさに生きた心地がしなかった Pensei que morria [que era o fim] /Fiquei morto de medo. ★ ~ *kane no tsukaikata* 生きた金の使い方 Uma utilizaçáo inteligente do dinheiro. ~ *porutogarugo* 生きたポルトガル語 O p. vivo [a(c)tual].

ikí-tódóku 行き届く (< ikú + …) Ser atencioso [cuidadoso; perfeito]. *Kono hoteru wa sābisu ga iki-todoite iru* このホテルはサービスが行き届いている Este hotel tem um serviço perfeito. ★ *Iki-todoita kanbyō* 行き届いた看病 A assistência cuidadosa aos doentes. [S/同] Yukí-tódóku.

ikí-tsúgí 息継ぎ (< … **1** + tsugú) **1** [息抜き] O descanso; a distra(c)ção. [S/同] Ikínúkí **1** (+); kyűkéí (o). ⇨ ippúkú[1]. **2** [歌っている途中などで息を吸い込むこと]【Mús.】A respiração. ★ ~ *o suru* 息継ぎをする Tomar fôlego; respirar. [S/同] Burésu.

ikí-tsúké 行きつけ (< ikú + tsukéru) O「poiso」preferido. ★ ~ *no mise* 行きつけの店 A loja preferida. [S/同] Yukítsúké. ⇨ híiki; najímí; sukí[1].

ikí-tsúku 行き着く (< ikú + …) Ir dar a; chegar. *Dochira mo* ~ *tokoro* [*saki*] *wa onaji da* どちらも行き着くところ[先]は同じだ Os dois「caminhos」vão dar ao mesmo sítio. [S/同] Tőchákú súrú (+); tőtátsú súrú; tsúku (o); yukítsúku.

ikítsu modórítsu 行きつ戻りつ Andar para um lado e para o outro「na sala」. *Kangae wa* ~ *shite, sukoshi mo matomaranai* 考えは行きつ戻りつして, ちっともまとまらない As ideias andam-me cá na cabeça, (às voltas) mas não consigo uni(ficá)-las. [S/同] Ittárí-kítari (+).

ikí-úmá 生き馬 (< ikíru + …) (Só se usa em "~no me o nuku"). ★ ~ *no me o nuku yō na otoko* 生き馬の目を抜くような男 Um indivíduo desonesto, capaz de enganar (até) os mais espertos.

ikí-úmé 生き埋め (< ikíru + umérú) O enterrar vivo. ★ ~ *ni naru* 生き埋めになる Ficar soterrado.

ikí-útsúshí 生き写し (< ikíru + …) O ser muito parecido; a imagem perfeita; a reprodução exa(c)ta [fiel]. *Kimi wa wakai toki no o-tōsan ni* ~ *da* 君は若い時のお父さんに生き写しだ Tu és a cara do teu pai quando jovem. ⇨ nirú[2]; úri.

ikí-wákáré 生き別れ (< ikíru + wakáréru) A separação definitiva. ★ ~ *suru* [*ni naru*] 生き別れする[になる]Despedir-se para sempre. [A/反] Shiní-wákáré.

ikí-wátáru 行き渡る (< ikú + …) Chegar a toda a parte; abranger. *Hō no iryoku ga kuni-jū ni ikiwatatte iru* 法の威力が国中に行き渡っている A lei tem força em todo o país. ★ *Seiton to seiketsu no ikiwatatta heya* 整頓と清潔の行き渡った部屋 A sala bem arrumada e limpa. [S/同] Yukí-wátáru.

ikí-zúkai 息遣い (< … [1] + tsukáú) A respiração; a palpitação. *Hitotsu no minwa kara wa iroiro na* *hito-tachi no* ~ *ga kikoete kuru* 一つの民話からはいろいろな人達の息遣いが聞こえてくる Numa simples lenda podemos ouvir o palpitar de um povo. ◇ ~ *ga arai* 息遣いが荒い Arfar; ofegar. ⇨ kokyū.

ikí-zúmári 行き詰まり (< ikí-zúmáru) ⇨ iki-dómári.

ikí-zúmáru[1] 行き詰まる (< ikí + tsumáru) Chegar a um impasse; entrar num beco sem saída; encalhar. ★ *Shikin-busoku de iki-zumatta jigyō* 資金不足で行き詰まった事業 O negócio parado por falta de capital. ⓈⓄ yukízúmaru.

ikí-zúmáru[2] 息詰まる (< … + tsumáru) Sufocar; asfixiar; abafar; oprimir. ★ ~ *yō na* 息詰まるような Sufocante; asfixiante [~ *yō na chinmoku* 息詰まるような沈黙 Um silêncio opressivo] ~ *yō na nessen* 息詰まるような熱戦 Um jogo extenuante].

ikízúri 行きずり O encontro casual [por acaso]. ★ ~ *no hito* 行きずりの人 Um desconhecido. ~ *kissaten* 行きずりの喫茶店 Um café qualquer. ⓈⓄ Yukí-zúri.

ikka[1] 一家 **1** [家] A casa. ★ ~ *o kamaeru* 一家を構える Ter casa própria. ⓈⓄ lé. **2** [家族] A família; o lar. *Kare wa* ~ *o agete Burajiru e ijū shita* 彼は一家を挙げてブラジルへ移住した Ele emigrou para o B. com toda a ~. ★ ~ *no hashira* 一家の柱 O suporte [esteio] da/o ~. ~ *o sasaeru* 一家を支える Sustentar ~. ~ *sorotte* [*sōde de*] 一家そろって [総出で] Com toda a ~. ~ *sorotte pikuniku e itta* 一家そろってピクニックへ行った Toda a ~ saiu de piquenique]. ⓈⓄ Kázoku. **3** [独自の流儀] O estilo. ◇ ~ *o nasu* 一家を成す Criar um ~ (próprio). ◇ ~ **gen** 一家言 A opinião própria (Formada por experiência ou estudo). ◇ ryūgí; ryúha. **4** [同じ親分を持つ博徒の一団] Um bando [grupo].

ikka[2] 一過 O passar; a passagem. ★ ~ *sei no netsu* 一過性の熱 Uma febre passageira. ~ *suru* 一過する ~. ◇ **Taifū** ~ 台風一過 ~ do tufão.

ikka[3] 一価【Quím.】A mono(uni)valência. ★ ~ *no* 一価の Monovalente.

ikka[4] 一下 Sob. ◇ **Meirei** ~ 命令一下「faça isto」São ordens (superiores).

ikkágetsu 一か月 [簡月] (< ichí + ka + gétsu) Um mês. ★ *Zenchi* ~ *no kega* 全治一か月のけがA ferida que requer ~ para [leva ~ a] curar. ⓈⓄ Hitó-tsuki.

ikkái[1] 一回 (< ichí + kái) Uma vez. ★ ~ *dake* [*kagiri*] 一回だけ [限り]Só ~. ~ *de* 一回で De ~. ~ *de shiken ni gōkaku suru* 一回で試験に合格する Passar à primeira (tentativa) no exame]. ~ *ni* に De ~. *Dai* ~ *no kaigō* 第一回の会合 A primeira reunião. *Hito-tsuki ni* ~ 一月に一 ~ por mês. *Mō* ~ もう一回 Mais uma [Outra] vez. ◇ ~ **me** 一回目 A primeira vez. ◇ ~ **sen** 一回戦 O primeiro jogo; a eliminatória. ⓈⓄ Ichí-dó.

ikkái[2] 一階 (< ichí + kái) O andar térreo; o rés-do-chão (No J. é "primeiro andar"). ~ *no uketsuke made o-koshi kudasai* 一階の受付までお越しください Faz favor de ir [Dirija-se] à recepção no ~. ◇ ~ **seki** 一階席 (劇場の) A plateia (do teatro).

ikkái[3] 一介 Só; simplesmente. *Watashi wa* ~ *no sararīman ni suginai* 私は一介のサラリーマンにすぎない Eu sou um simples [mero] assalariado. ⓈⓄ Táda(tán-naru).

ikkáiten 一回転 Uma volta completa. ★ *Kurutto* ~ *suru* くるっと一回転する Dar ~. ⇨ kaítén[1].

ikkáku[1] 一角 **1** [一方のすみ] **a)** Um canto; **b)** Algures. ★ *Bundan no* ~ *ni chii o shimeru* 文壇の一角に地位を占める Ter (a sua) posição [um ~] nos círculos literários. *Kaijō no* ~ *de* 会場の一角で Num canto do salão. ⓈⓄ Katásúmí. **2** [⇨ ikká-kúju].

ikkáku[2] 一郭 O quarteirão; a quadra.

ikkákujū 一角獣 O unicórnio [moneroceronte; narval]. ◇ ~ *no* 一角獣の (signo do) ~.

ikkáku-sénkín 一獲 [攫] 千金【E.】O ficar rico depressa. ★ ~ *o yume-miru* 一獲千金を夢みる Querer ficar ~.

ikkán[1] 一巻 Um volume (Livro). Ⓘ/慣用 ~ *no owari* 一巻の終わり A ruína; e foi uma vez「uma empresa」!

ikkán[2] 一貫 A coerência; o ser (assim) do princípio ao fim. *Kare wa shūshi* ~ *yowai mono no mikata datta* 彼は終始一貫弱い者の味方だった Ele foi sempre a favor dos fracos. ★ ~ *shinai* 一貫しない Ser incoerente [*Shubi* ~ *shinai setsumei* 首尾一貫しない説明 Uma explicação incoerente]. ~ *shita* 一貫した Coerentemente; ~. *shite* 一貫して Coerentemente; sempre [*Shūshi* ~ *shite chūsei o tsukusu* 終始一貫して忠誠を尽くす Ser sempre [Manter-se] fiel]. ◇ ~ **sagyō** 一貫作業 O sistema de fabrico contínuo, em cadeia「na linha de montagem de carros」. ~ **sei** 一貫性 A coerência [*Kimi no iken wa* ~ *sei o kaite iru* 君の意見は一貫性を欠いている A tua opinião tem falta de coerência].

ikkán[3] 一環 Um elo; uma parte. ★ *Heiwa undō no* ~ *to shite* 平和運動の一環として Como ~ do movimento pacifista. *Keikaku no* ~ *o nasu* 計画の一環を成す Fazer parte do proje(c)to/plano.

ikkán-séi 一貫性 ⇨ ikkán[2].

ikkátsú 一括 Um todo [conjunto]. *Korera no hōan o* ~ *jōtei shita* これらの法案を一括上程した Todos estes proje(c)tos de lei foram apresentados em conjunto [de uma vez]. ★ ~ *shite* 一括して Num todo; tudo junto; por atacado; em massa; por inteiro. ◇ ~ **barai** 一括払い O pagamento à vista [de uma vez]. ~ **keiyaku** 一括契約 O contrato cole(c)tivo. ⇨ hitó-mátome.

ikkátsú 一喝 Um berro. ★ ~ *suru* 一喝する Dar ~; repreender; ralhar [*Kodomo-tachi wa chichioya ni* ~ *sarete itazura o yameta* 子供たちは父親に一喝されていたずらをやめた A um ~ do pai as crianças ficaram quietinhas.

ikkéí 一計【E.】Um plano. ★ ~ *o anjiru* 一計を案じる Traçar ~; procurar um jeito. ~ *o megurasu* [*seru*] 一計をめぐらす [せる] Pensar um ~. ⓈⓄ Issákú[1]. ⇨ hakarígótó; keíkáku.

ikkén[1] 一見 **1** [ひと目] Uma olhada [vista de olhos; olhadela]. ~ *no kachi ga aru* 一見の価値がある Valer a pena ver. ~ *suru* 一見する Dar ~ [~ *shite sore wa nisemono da to wakatta* 一見してそれはにせ物だとわかった Dei ~ e vi logo que era falso]. ことわざ *Hyakubun wa* ~ *ni shikazu* 百聞は一見にしかず Ver para crer (Lit.: "o ouvir cem vezes não vale tanto como ver uma vez"). ⓈⓄ Hitó-me. **2** [見たところ] À primeira vista. *Kare wa* ~ *seijitsu-sō ni mieru ga jitsu wa chigau* 彼は一見誠実そうに見えるが実はちがう Ele ~ parece honesto, mas, na verdade, não é.

íkken[2] 一軒 Uma casa; um prédio [edifício]. ★ ~ *goto ni* 一軒毎に Em cada casa [porta]. ~ *oite tonari* 一軒置いて隣 A segunda casa. ◇ ~ **ya** 一軒

家 Uma casa isolada [independente; à parte].

ikkén³ 一件 Um caso; um assunto; um item. *Rei no ~ wa dō narimashita ka* 例の一件はどうなりましたか Como ficou [está] aquele (nosso) ~? ◇ **~ shorui** 一件書類 (Todos) os papéis [documentos] referentes ao ~. ⇨ *jíken*; *kén¹*; *kotógára*.

ikkétsu 一決 A decisão; o consenso. ★ *~ suru* 一決する Concordar; decidir por unanimidade「que vamos」. ⇨ *shūgi* ◇.

íkki¹ 一気 Um fôlego [trago]. ★ *~ ni* 一気に De uma vez; sem parar; de um jato. *~ ni bīru o nomihosu* 一気にビールを飲み干す Beber a cerveja de um trago. *~ ni hon o yomu* 一気に本を読む Ler de uma tirada. *~ ni shigoto o katazukeru* 一気に仕事をかたづける Fazer o trabalho de uma tirada. ⎣S/同⎦ Hitó-iki. ⇨ Ikki-kaséi.

íkki² 一期 **a)** Um período (estabelecido); **b)** Uma formatura (Alunos do mesmo ano); **c)** Um semestre [trimestre]. ⇨ kīkan¹.

íkki³ 一騎 Um cavaleiro só. ★ *~ tōsen no shi* 一騎当千の士 ~ e destemido, (que é) capaz de derrotar mil. ◇ **~ uchi** 一騎討(ち) O combate de um contra um; a luta a sós「entre os liberais e os socialistas」.

íkki⁴ 一揆 Um motim [levantamento]; uma insurreição; uma revolta; um distúrbio. *~ ga okotta* 一揆が起こった Houve ~. *~ o okosu* 一揆を起こす Revoltar-se; amotinar-se; insurgir-se.

íkki-ichíyū 一喜一憂 O estar preocupado「com o estado de saúde da mãe」; o sentir-se ora alegre ora triste. ★ *~ suru* 一喜一憂する Afligir-se; não saber se rir se chorar.

íkki-kaséi 一気呵成【E.】O fazer de uma vez. ★ *~ ni kaki-ageru* 一気呵成に書き上げる Escrever「um poema」de um ja(c)to. ⇨ íkki¹.

íkko¹ 一個 [箇] Um (⇨ ko⁴; numeral para coisas pequenas com volume). *~ sanjū-en no pan o go-ko kudasai* 一個30円のパンを5個下さい Dê-me cinco pães (dos) de trinta yens. *Watashi wa ~ no shakaijin ni suginai* 私は一個の社会人にすぎないNão passo de [Eu sou] um (mero) cidadão. ⎣S/同⎦ Hitótsu.

íkko² 一戸 Uma casa. ★ *~ date no ie* 一戸建ての家 *~ independente* (À parte, que não está pegada a outra). ⎣S/同⎦ Īkken² (+).

íkko³ 一己 Eu mesmo [próprio]; pessoalmente. *Watashi ~ no kangae de* 私一己の考えで Por minha própria ideia. ⇨ jíshun².

íkko⁴ 一顧 Uma atenção. ★ *~ o mo ataenai* 一顧をも与えない Não ligar [dar (a mínima) ~]「ao plano」. *~ suru* 一顧する Fazer caso「de」; considerar; dar atenção「a」. ⇨ ikkō⁵.

ikkō¹ 一行 O grupo [séquito/a comitiva]. *~ wa jū-mei datta* 一行は10名だった ~ era de dez pessoas. ★ *~ ni kuwawaru* 一行に加わる Fazer parte da/o. *Go ~ sama* ご一行様 À sua comitiva; **b)** Um ~ respeitável「de turistas」. ⎣S/同⎦ Ichídan.

ikkō² 一考 Uma atenção. *Go-~ negaimasu* 御一考願います Pedimos a sua ~ [que pense nisto]. ★ *~ no yochi ga aru* 一考の余地がある Ser digno de ter em conta.「*Kono mondai wa*」*o yō suru*「この問題は」一考を要する Esse assunto requer atenção. ⇨ Ikkō⁴.

ikkōjin 一個人 Um indivíduo. *~ no shikaku de 一個人の資格で* Como (qualquer) indivíduo. ⇨ *kójin*¹.

ikkokú¹ 一国 Um país; uma nação. ⎣I/慣用⎦ *~ ichi-jō no aruji* 一国一城の主 Ser independente [o rei/quem manda]. ⇨ *kuní*.

ikkokú² 一刻 Um instante; um momento; um minuto. ★ *~ mo hayaku* 一刻も早く O mais rápido possível; quanto antes「*Kono mondai wa ~ mo hayaku kaiketsu sarenakute wa naranai* この問題は一刻も早く解決されなくてはならない É preciso resolver este problema quanto antes/o mais rápido possível」. *~ o arasou mondai* 一刻を争う問題 Um problema candente/urgente. *Koku ~ to* 刻一刻と Cada vez mais. *Senkin ~* 千金一刻 Cada momento é precioso [O tempo é dinheiro]. *~ senshū* 一刻千秋 Um minuto que parece uma eternidade.

ikkokú³ 一刻 **1** [がんこ; わがまま] A teimosia. ★ *~ na rōjin* 一刻な老人 Um velho teimoso. ⇨ gánko; wagámámá. **2** [短気でおこりっぽいようす] O ser rabugento/birrento. ⇨ tánki².

ikkón 一献 Um gole (em tacinha) de saké. ★ *~ kumi-kawasu* 一献くみ交わす Beber juntos.

ikkō (ni) 一向 (に) Absolutamente; de maneira nenhuma; nada; em absoluto. *Kusuri o nonda ga byōki wa ~ yoku naranakatta* 薬を飲んだが病気は一向に良くならなかった Tomou o remédio mas não melhorou nada. *Sonna koto wa ~ kamaimasen* そんなことは一向に構いません Isso não me importa absolutamente nada. *~ otoroenai* 一向に衰えない Não envelhecer. *~ urenai* 一向に売れない「este artigo」Não tem saída nenhuma. ⎣S/同⎦ Mattakú; sukóshí-mó.

íkku¹ 一句 **1** [俳句の数え方] Um haiku [poema]. ★ *~ ukabu* 一句浮かぶ Vir a inspiração (poética)「*Sono subarashii keshiki o mite ~ ukanda* その素晴らしい景色を見て一句浮かんだ Ao ver aquele lindo panorama fiz ~」; *~ yomu* [hineru] 一句詠む [ひねる] Recitar [Compor] ~. **2** [ひとこと] A (parte da) frase. ◇ **Ichi-gon ~** 一言一句 Palavra por palavra, frase por frase. ⇨ Hitókoto (+). **3** [詩・和歌・俳句などの一くぎり] Um verso (Linha).

íkku² 一区 (< ichi + ku) **a)** Um bairro; **b)** Um trecho「do percurso」.

íkkyo 一挙 (⇨ íkki¹) Um golpe; logo. *Wadakamari ga ~ ni fukitonda* わだかまりが一挙に吹き飛んだ A zanga passou logo [de um golpe]. ⎣I/慣用⎦ *~ ryōto-ku* 一挙両得 De uma cajadada matar dois coelhos. ◇ **~ ichidō**.

íkkyō¹ 一興 Uma graça [coisa divertida]. *Kare no ryokō no miyage-banashi o kiku no mo ~ da* 彼の旅行の土産話を聞くのも一興だ É engraçado [Tem graça] ouvi-lo falar da viagem. ⎣S/同⎦ Kyō²; tanóshímí (+).

íkkyō² 一驚【E.】A surpresa [admiração]. ★ *~ o suru* [kissuru] 一驚をする [喫する] Admirar-se/Ficar admirado. ⎣S/同⎦ Kyōí (+); odóróki(o).

íkkyo-ichidō 一挙一動 Todos os movimentos. ★ *~ ni chūi suru* 一挙一動に注意する Observar ~「dele」. Ikkyóshu ittódo. ⇨ dósa; kódō¹.

ikkyokú¹ 一曲 Uma peça [Um trecho] (musical); 「vou cantar」um ~. ⇨ kyokú¹ **1**.

ikkyokú² 一局 Uma partida; um jogo. ★ *~ yaru* 一局やる Jogar ~「de go」. ⇨ kyokú².

ikkyó-shu-íttó-soku [óo] 一挙手一投足【E.】a)

「não fazer」O mais pequeno esforço「para ajudar os outros」. **b)** Tudo [Cada coisinha]. ★ ~ *ni monku o tsukeru* 一挙一投足に文句をつける Ver [Pôr] defeitos em tudo.
S/同 Ikkyo-ichidō (+). ⇨ dōsa; kōdō¹.

ikkyū¹ 一級　**1**[一つの階級] Uma classe. ⇨ kaíkyū. **2**[第一位の等級] A primeira classe [categoria; qualidade]. ◇ *(Dai) ~ no* (第)一級の De primeira ~. ◇ **~ hin** 一級品 Um artigo fino [bom; de primeira]. ⇨ tōkyū¹.

ikkyū² 逸球【(D)esp.】A bola perdida. ★ *~ suru* 逸球する Perder [Não apanhar/Não acertar com] a bola. S/同 Rakkyū.

ikō¹ 以降 A partir de; de … em diante; depois de. *Hatsu-ka ~* 20日以降 Depois [A partir] do dia vinte. S/同 [A/反] Izen.

ikō² 意向 A intenção; a opinião; a ideia; o desejo. ★ *~ o tazuneru* 意向を尋ねる Perguntar o que pensa. *Honnin no ~ o tadasu* 本人の意向をただす Certificar-se do/a ~ do interessado.
S/同 Kańgáe.

ikō³ 威光 O poder; a influência; a autoridade「entre os alunos」. ★ *Kane no ~ de* 金の威光で Com o ~ do dinheiro. *Oya no ~ de* 親の威光で Graças à influência dos pais. S/同 Iséí.

ikō⁴ 移行 A mudança; a transferência; a transição. ★ *~ suru* 移行する Mudar [*Kokuei kara min'ei ni ~ suru* 国営から民営に移行する Privatizar [Transferir a administração do estado para os particulares]]. S/同 Súii.

ikō⁵ 遺稿 O manuscrito inédito de autor falecido. ◇ **~ shū** 遺稿集 A cole(ç)ção póstuma「de Fernando Pessoa」. S/同 Ibún. ⇨ geńkō¹.

ikō⁶ 衣桁 Uma espécie de cabide para quimono (Como um biombo muito simples de madeira). S/同 Emón-kake (+).

ikō⁷ 移項【Mat.】A transposição. ★ *~ suru* 移項する Transpor.

ikói 憩い (< ikóu) O repouso; o descanso; o recreio; o sossego; a serenidade; o alívio; o refrigério. ★ *~ no ba* 憩いの場 O lugar [cantinho] de repouso. S/同 Kyūkéi (o); kyūsóku (+).

ikoji 意固地・依怙地 A teimosia. ★ *~ ni naru* 意固地になる Teimar; embirrar. S/同 Ekóji (+).

ikokú 異国 Um país estrangeiro/estranho. ★ *~ no tsuchi to naru* 異国の土となる Morrer (e ser enterrado) num ~. *~ teki [fū] na* 異国的[風]な Exótico; estranho. ◇ **~ jin** 異国人 Um estrangeiro. **~ jōcho** 異国情緒 O exotismo.
S/同 Gaíkókú (+).

i-kómu 鋳込む (< íru⁶ + …) Fundir; moldar. S/同 Íru.

ikón 遺恨 O rancor; o ressentimento. ★ *~ o harasu* 遺恨を晴らす Vingar-se. S/同 Urámí (+).

Ikōru [oo] イコール (< Ing. equal ＜ L. aequalis) Igual. *Ichi purasu ni ~ san* 1プラス2イコール3 Um mais dois são [é] três. ⇨ tōgō³.

ikótsú 遺骨 Os restos mortais; as cinzas. ★ *~ o hirou* 遺骨を拾う Recolher ~. ◇ **~ shūshū** 遺骨収集 A recolha dos ossos「dos soldados mortos na Birmânia」. ⇨ honé; itái².

ikóu 憩う Descansar; repousar. ★ *Kōen de ~ hitobito* 公園で憩う人々 A gente a ~ no parque. S/同 Kyūkéí súrú (o); kyūsóku súrú (+).

ikú¹ 行く　**1**[おもむく] Ir; dirigir-se; encaminhar-se; prosseguir; seguir (viagem). *Atchi e ike* あっちへ行け Sai [Fora] daqui! *Doko e ~ no desu ka* どこへ行くのですか (A)onde vai? *Kare wa itta kiri de kaette konai* 彼は行ったきりで帰って来ない Ele foi e não voltou mais. *Kono tōri o ~ to minato e demasu* この通りを行くと港へ出ます Seguindo [Indo] por esta rua chega-se [vai ter] ao porto. *Sugu ~ yo* すぐ行くよ (Eu) já vou! *Watashi wa mada gaikoku e itta koto ga nai* 私はまだ外国へ行ったことがない Nunca fui ao estrangeiro [exterior]. ★ *Aruite ~* 歩いて行く Ir a pé. *Basu [Fune; Jitensha; Kuruma] de ~* バス[船;自転車;車]で行く Ir de autocarro/ônibus [navio; bicicleta; carro]. *Kari [Oyogi; Sukī; Tsuri] ni ~* 狩り[泳ぎ;スキー;釣り]に行く Ir caçar [nadar; esquiar; pescar]. *Massugu ~* 真っ直ぐ行く Seguir [Ir] sempre em frente/a direita. *Migi [Hidari] e ~* 右[左]へ行く Virar para a direita [esquerda].
S/同 Omómúku; yukú.

2[通う] Ir (e vir); frequentar. ★ *Gakkō [Kaisha] e ~* 学校[会社]へ行く Frequentar a escola [Ir para a empresa].

3[物事が行われる] Ser; correr. *Banji umaku itta* 万事うまく行った Correu tudo bem. ★ *Kantan ni ~* 簡単に行く Correr [Sair] bem; ser fácil [*Kondo wa sō kantan ni wa ikanai darō* 今度もそう簡単には行かないだろう Desta [Na próxima] (vez) não vai ser tão fácil]. *Omoidōri ni ~* 思い通りに行く Ser [Sair; Correr] (tudo) como se esperava.

4[季節・年月などが過ぎる] Ir-se; findar; passar; terminar; acabar. ★ *~ natsu ni wakare o tsugeru* 行く夏に別れを告げる Despedir-se do verão (que termina). *~ toshi* 行く年 O ano findo [que findou].
S/同 Sugíru (+); sugísáru (+); yukú.

5[知らせなどが届く] Chegar. *Anata ni wa kare kara renraku ga ~ hazu desu* あなたには彼から連絡が行くはずです Ele entrará em conta(c)to consigo.
S/同 Tassúrú (+); tódóku (o); yukú.

iku-² 幾 Quantos; tantos; alguns; uns. *Kutsu no shūri ni ~ nichi kakarimasu ka* 靴の修理に幾日かかりますか Quantos dias vai levar (par)a consertar os sapatos? ★ *~ sen to iu hon* 幾千という本 Uns [Alguns] milhares de livros.
S/同 Íkutsu.

ikúbáku 幾何[許] Algum; pouco. *Watashi wa yomei ~ mo nai* 私は余命いくばくもない Já não tenho muito tempo de vida. ★ *~ ka no kane* いくばくかの金 Algum [Um pouco de] dinheiro. ⇨ doré hódó (+); naní-hódó.

ikubi 猪首 O pescoço curto (e grosso).

ikúbún (ká) 幾分 (か)　**1**【Sub.】Uma parte. ★ *Kyūryō no ~ o yokin suru* 給料の幾分を預金する Depositar ~ do salário.　**2**【Adv.】Um pouco; até certo ponto. *~ ikari ga osamatta* 幾分怒りがおさまった A ira passou-lhe ~. S/同 Íkura-ka (+); tashō (o).

ikudo 幾度 Quantas vezes. ★ *~ de mo* 幾度でも ~ quiser. *~ mo* 幾度も Muitas vezes; repetidamente. S/同 Nándo (+).

iku-dóón [oó] 異口同音に Unanimemente. ★ *~ mitomeru* 異口同音に認める「todos」 ~ [À uma] reconhecem「isto」.

ikue¹ 幾重 Repetidamente. *~ ni mo o-wabi mōshiagemasu* 幾重にもおわび申し上げます Peço muita desculpa. ⇨ kasánété; kurí-káéshí.

ikué² 行く方 ⇨ yukúe.

ikúéí 育英 A educação (escolar de jovens talentosos e sem meios). ◇ **~ jigyō** 育英事業 O trabalho [A obra] de ~. **~ kai** 育英会 Uma associação de assistência aos estudantes. **~ shikin** 育英資金 Uma (espécie de) bolsa de estudo.
[S/同] Kyṓíkú (+).

ikúhísáshiku 幾久しく (Para) sempre. ~ *o-shiawase ni* 幾久しくお幸せに Que seja ~「uma esposa」feliz. [S/同] Sué-nágaku (+).

ikú-íkú (**wá**) 行く行く(は) ⇨ yukú-yúkú (wá).

íkuji¹ 育児 O tratar do bebé/ê. ◇ **~ ho** 育児法 A puericultura. **~ jikan** 育児時間 As horas de amamentação (da mãe com emprego). **~ shitsu** 育児室 O berçário. **~ sho** 育児書 O livro de puericulturta. [S/同] Ko-sódate. ⇨ hóiku¹·².

íkuji² 意気地 O brio; a coragem; a força de vontade. *Nani mo hanron shinai to wa kare wa ~ ga nai* 何も反論しないとは彼は意気地がない Ficar assim calado, só prova que ele é covarde. ◇ **~ nashi** 意気地なし O covarde; o medroso. [S/同] Íkiji.

ikúń¹ 偉勲【E.】「praticar」Um a(c)to heróico [grande feito]. ⇨ tegárá.

ikúń² 遺訓【E.】Os ensinamentos deixados por alguém. ★ *Shōtoku Taishi no* ~ 聖徳太子の遺訓 ~ pelo Príncipe Shōtoku.

íku-nen 幾年 Quantos anos. ★ ~ *mo tatte kara* 幾年も経ってから Depois de muitos anos.
[S/同] Nán-nen (+). ⇨ íkutsu.

íku-nichi 幾日 **1** [日数] Quantos dias. ~ *mo ame ga furi-tsuzuita* 幾日も雨が降り続いた A chuva continuou por [durante] muitos dias. [S/同] Nán-nichi (+). **2** [日付] Que dia. *Kyō wa shigatsu ~ ka na* 今日は四月幾日かな ~ de abril é hoje? [S/同] Nán-nichi (+).

íku-nin 幾人 Quantas pessoas. ~ *tetsudai ni kuru no desu ka* 幾人手伝いに来るのですか ~ [Quantos] (nos) vêm ajudar? [S/同] Nán-nin (+).

íkura¹ 幾ら (⇨ íkutsu) Quanto (Quantidade). ~ *de sono yubiwa o katta no desu ka* 幾らでその指輪を買ったのですか ~ (lhe) custou esse anel? ~ *gurai no tokei o o-nozomi desu ka* 幾らぐらいの時計をお望みですか Pode dar-nos uma ideia do preço do relógio que deseja? ~ *kane o dashite mo hito no inochi wa kaenai* 幾ら金を出しても人の命は買えない Não há dinheiro que pague uma vida humana. ~ *tenki ga warukute mo kyō wa dekakenakute wa ikenai* 幾ら天気が悪くても今日は出かけなくてはいけない Tenho que [de] ir hoje, por mais mau tempo que faça. *Kare ga taiin shite kara mada ~ ni mo naranai* 彼が退院してからまだ幾らにもならない Ainda não há muito que ele saiu do hospital. *Kono niku no mekata wa ~ desu ka* この肉の目方は幾らですか ~ pesa esta carne? *Sake nara ~ de mo aru dondon nonde kure* 酒なら幾らでもあるどんどん飲んでくれ Saké há muito, bebam à vontade. *Zenbu de ~ desu ka* 全部で幾らですか ~ é o total? ★ ~ *de mo hiyō o dasu* 幾らでも費用を出す Dar o dinheiro que for preciso. ~ *de mo jikan wa aru* 幾らでも時間はある Ter muito tempo [Ter tempo de sobra]. ◇ ⇨ **~ ka** [**mo**]. [S/同] Dónna ni; dóre hodo. ⇨ nán².

ikúrá² イクラ (< Ru. ikra) A ova de salmão. ⇨ kyábia.

íkura ka 幾らか Algo; um tanto [pouco]. ~ *kibun ga yoku natta* 幾らか気分が良くなった Já me sinto [Sinto-me] um pouco melhor. *Kore wa are yori ~ yasui* これはあれより幾らか安い Este é ~ mais barato que aquele. ★ ~ *no kane* 幾らかの金 Um pouco de dinheiro; uns「yens」. [S/同] Tashṓ. ⇨ sukóshi.

íkura mo 幾らも Muito. *Eki made ~ nai kara arukimashō* 駅まで幾らもないから歩きましょう Vamos a pé até à estação porque não é [fica] longe.

ikúsá 戦・軍 A guerra; a batalha.
[S/同] Seńtṓ; seńsṓ (o); tatákáí (+).

ikú-sákí 行く先 ⇨ ikí-sákí.

ikúséí 育成 A criação; a educação; o cultivo. ★ *Seishōnen o ~ suru* 青少年を育成する Educar a juventude. ◇ **~ saibai** 育成栽培 O ~ e exploração agrícola. [S/同] Yṓséí.

ikú-súé 行く末 ⇨ yukú-súé.

íkuta 幾多 Muitos. ★ ~ *no konnan o nori-koete* 幾多の困難を乗り越えて Superando inúmeros [~] obstáculos. [S/同] Ōku (+); takúsán (o); tasū́ (+).

íku-tabi 幾度 Muitas vezes.
[S/同] Íku-do (+); nán-do (o).

ikú-té 行く手 ⇨ yukú-té.

ikú-tṓri 幾通り Quantas maneiras. *Kono bun wa ~ ni mo kaishaku dekiru* この文は幾通りにも解釈できる Esta frase [passagem; Este trecho] pode-se interpretar de várias [muitas] maneiras.

íkutsu 幾つ (⇨ íkura¹) **1** [何個] Quantos (Número). *Mō ~ hitsuyō desu ka* もう幾つ必要ですか ~ mais necessita [são necessários]? *Onaji mono ga ~ mo aru* 同じものが幾つもある Tem [Há] muitos iguais. ★ ~ *de mo* 幾つでも Tantos quantos [~ *de mo hoshii dake* 幾つでも欲しいだけ Tantos quantos quiser]. ~ *ka no machigai* 幾つかの間違い Alguns erros. ~ *mo ~ mo hoshii mono ga aru* 幾つも幾つも欲しいものがある Há tantas coisas que「eu」queria ter! ~ *mo no hōhō* 幾つもの方法 Muitas maneiras. ~ *ni mo* 幾つにも Em muitos [*Koko kara michi wa ~ ni mo wakarete iru* ここから道は幾つにも分かれている Daqui, o caminho divide-se em vários]. **2** [何歳] Quantos anos. *O-~ desu ka* お幾つですか ~ tem? *Watashi wa kare yori ~ ka toshi ue* [*shita*] *desu* 私は彼より幾つか年上[下]です Sou alguns anos mais velho [novo/jovem] (do) que ele. ★ ~ *ni natte mo* 幾つになっても Por mais anos que faça [~ *ni natte mo kanojo wa wakai* 幾つになっても彼女は若い Ela mantém-se sempre jovem/Os anos não passam por ela]. [S/同] Nán-sai.

íku-tsuki 幾月 Quantos meses.
[S/同] Nań-ká-getsu (+).

íkyo 依拠【E.】O basear-se「no marxismo」.

ikyṓ¹ 異教 Uma religião diferente [pagã]; o paganismo. ◇ **~ koku** 異教国 Um país pagão. **~ to** 異教徒 Um pagão. [S/同] Íshū; jakyṓ.

ikyṓ² 異郷 Um país estrangeiro;「morrer em」terra estranha. ★ ~ *no chi* 異郷の地 ~. [S/同] Gaíkókú (+); ikókú (o); takókú (+). [A/反] Kókyō.

ikyṓ³ 胃鏡【Med.】O gastroscópio.
⇨ i-kámera.

íkyoku¹ 医局 Os serviços médicos. ◇ **~ chō** 医局長 O chefe dos ~. **~ in** 医局員 Um membro do quadro médico.

íkyoku² 委曲 Os pormenores. ★ ~ *o tsukusu* 委曲を尽くす Explicar pormenorizadamente [todos os ~]. [S/同] Ísai¹ (+).

íma¹ 今 **1** [現在] Agora. ~ *kara de mo osokunai* 今からでも遅くない Ainda tem(os) tempo [não é tarde]. ~ *koso ketsudan subeki toki da* 今こそ決断

すべき時だ ～ chegou o momento de tomar uma decisão. ～ *to natte wa mō osoi* 今となってはもう遅い ～ (já) é tarde (demais). ～ *ya konpyūta no jidai da* 今やコンピュータの時代だ Isto ～ é a era do computador. *Sore wa ～ ni hajimatta koto de wa nai* それは今に始まったことではない Isso não é nenhuma novidade. ★ ～ *de mo* [～ *nao*] 今でも [今なお]Ainda [Mesmo ～]〔*Watashi wa ～ de mo maiasa hashitte imasu* 私は今でも毎朝走っています Ainda continuo correndo todas as manhãs〕. ～ *de wa* 今では(Mas,) Agora〔～ *de wa sonna fuku wa hayaranai* 今ではそんな服ははやらない Agora já não se veste isso〕. ～ *ga* [*no*] ～ *made* 今が [の] 今まで Até agorinha/este instante〔～ *ga* ～ *made sore ni wa kizukanakatta* 今が今まで, それには気づかなかった Até este instante não tinha caído na conta disso〕. ～ *kara* 今から De ～ em diante; a partir de ～. ～ *kara ichi-nen go ni* 今から 1 年後に Daqui a um ano. ～ *kara* [*ni shite*] *omoeba* 今から [にして] 思えば Pensando melhor; ～「era assim que eu faria」. ～ *made* 今迄 Até ～〔～ *made anna kowai hito ni atta koto ga nai* 今迄あんなこわい人に会ったことがない Nunca vi [tinha visto] uma pessoa tão terrível. ～ *made zutto* 今迄ずっと Até ～, sem interrupção〕. ～ *ni itaru made* 今に至るまで Até ～. ～ *ni natte kangaete miru to* 今になって考えてみると Pensando melhor. ～ *no gakusei* 今の学生 Os estudantes a(c)tuais [de ～]. ～ *no tokoro* (*de wa*) 今のところ (では) Por enquanto; por ～. ～ *o tokimeku* 今を時めく Ser famoso ～ [neste momento]. ～ *ya ososhi to machi-kaneru* 今や遅しと待ちかねる Esperar ansiosamente. [I/慣用] ～ *naita karasu ga mō waratta* 今泣いたからすがもう笑った Parece uma criança: ainda ～ estava a chorar e já está outra vez a rir. ～ *wa mukashi* 今は昔 Era uma vez (Ao contar histórias). *Mukashi wa mukashi,* ～ *wa* ～ 昔は昔, 今は今 O antigamente já foi, o que conta ～ é o presente. [S/同] Génzai. [A/反] Káko; mukáshí.

2 [たった今; ごく近い過去] Mesmo agora. ～ *nan to osshaimashita ka* 今何とおっしゃいましたか Que disse ～ ? *Kare wa ～ koko ni tsuita bakari desu* 彼は今ここに着いたばかりです Ele chegou ～/Ele acabou de chegar. [S/同] Imáshígátá; tattá íma.

3 [すぐに; ごく近い未来] Agora; já; imediatamente. ～ *ikimasu* 今行きます Vou ～. *Kisha wa ～ deru to iu tokoro datta* 汽車は今出るというところだった O comboio [trem] estava já para partir.
[S/同] Jikí ní; súgu ni.

4 [もう; さらに] Ainda; mais; também; já agora. ～ *shibaraku o-machi kudasai* 今しばらくお待ち下さい Faça o favor de esperar ainda mais um pouco. ★ ～ *hito-tsu* 今一つ Mais qualquer coisa「para ser perfeito」. ～ *ichi-do* 今一度 Mais uma vez.
[S/同] Mō (o); sára ni (+).

imá[2] 居間 A sala de estar. *Koko wa ～ ken shinshitsu desu* ここは居間兼寝室です Aqui é ～ e quarto de dormir (, ao mesmo tempo).

imádá 未だ【E.】Ainda; nunca. *Kare wa ～ ni dokushin desu* 彼は未だに独身です Ele ainda é solteiro. *Watashi wa ～ katsute konna kowai omoi o shita koto ga nai* 私は未だかつてこんなこわい思いをしたことがない Nunca tive tanto medo.
[S/同] Máda (+). ⇨ imá mótte.

imá-dókí 今時 (< íma[1] + tokí) **1** [現代] Hoje em dia; agora; os tempos de hoje. *Kore wa ～ kichō da* これは今時貴重だ Isto é uma raridade hoje em dia [nos ～]. ★ ～ *no wakai mono* 今時の若い者 A juventude de hoje. [S/同] Géndai (+); tṓsei. **2** [今頃] Agora; a estas alturas [horas]. ～ *nani o itte iru no yo* 今時何を言っているのよ ～ é que diz [vem dizer] isso? [S/同] Imagóró (+).

imá-fū 今風 A maneira a(c)tual [moderna]. ★ ～ *ni kaizō sareta ie* 今風に改造された家 Uma casa reformada à moderna.
[S/同] Geńdáí-fū (o); imáyṓ; tṓséífū (+).

imá-góró 今頃 **1** [現在] Agora; a estas horas. ～ *doko e iku n desu ka* 今頃どこへ行くんですか Onde vai ～ ? *Kare wa ～ wa mō Burajiru e tsuita darō* 彼は今頃はもうブラジルへ着いただろう ～ ele já deve ter chegado ao B. [S/同] Génzai; íma[1] **1**. **2** [同時期] Nesta época; a estas horas. *Kyonen no ～ watashi wa Porutogaru o ryokō shite ita* 去年の今頃私はポルトガルを旅行していた O ano passado, nesta época, estava de visita a P. ★ *Asu no* ～ 明日の今頃 Amanhã a estas… [S/同] Imá-jíbúń.

imáímáshíí 忌ま忌ましい Irritante; aborrecido; revoltante. ～忌ま忌ましい Que aborrecimento/Apre! *Baka na shippai o shita to jibun nagara* ～ ばかな失敗をしたと自分ながら忌ま忌ましい Estou chateado comigo mesmo por ter feito tamanha tolice. ★ *Imaimashigaru* [*Imaimashiku omou*] 忌々しがる[忌ま忌ましく思う] (Estar sempre a) aborrecer-se. *Imaimashisō ni* 忌ま忌ましそうに Todo irritado.
⇨ harádátáshíí; kuyáshíí.

imá-jíbúń 今時分 ⇨ imá-góró.

imá-mótte 今以て Até agora [hoje]; ainda. ～ *kare kara nan no renraku mo nai* 今以て彼から何の連絡もない ～ não entrou em conta(c)to comigo [disse nada].

íma ni 今に **1** [そのうちに] **a**) Um dia; **b**) Não tarda [Há(s)-de ver]. ～ *miro* 今に見ろ Vai(s) ver! ～ *wakaru yo* 今にわかるよ Espere, vamos já saber/Daqui a pouco ficará sabendo. [S/同] Ma-mó-naku; sonó úchí ní; yagáté. **2** [今だに] Ainda hoje「me lembro dessa cena」. [S/同] Imádá ní (o); imámótte (+).

íma ni mo 今にも A qualquer momento. ～ *ame ga furisō da* 今にも雨が降りそうだ Pode chover a ～.
[S/同] Mamónaku.

imá-sárá 今更 **1** [今になって] Agora (depois de tanto tempo); tarde (demais); depois que a situação [as coisas] chegou [chegaram] a este ponto. ～ *ato ni wa hikenai* 今更後にはひけない Agora é tarde para recuar [mudar de ideia]. ～ *dō shiyō mo nai* 今更どうしようもない Agora (já) não tem remédio [há nada a fazer]. ～ *kuyande mo hajimaranai* 今更悔やんでも始まらない Agora não é hora para lamúrias. **2** [今改まって] De novo; novamente. ★ ～ *nagara* [*no yō-ni*] 今更ながら[のように] Como se fosse a primeira vez. [S/同] Arátámete (+).

imáshígátá 今し方 Há pouco [um instante];「saiu de casa」agora mesmo. ～ *Tanaka san kara denwa ga arimashita* 今し方田中さんから電話がありました O Sr. Tanaka telefonou ～.
[S/同] Íma[1] **2** (+); tattá íma.

imáshímé[1] 戒め (< imáshímérú[1]) **1** [訓戒] O conselho「do médico」; o aviso; a advertência; o ensino「dos pais」. *Shōrai e no ～ to shite, kono shippai o kōhyō shiyō* 将来への戒めとしてこの失敗を公表しよう Vamos tornar público este fracasso, como ad-

imáshímé[2] vertência [aviso] para o futuro. ⇨ chúí[1]; kuńkái; kyōkúń; oshíé[1]. **2**[こらしめ] A lição; a admoestação [repreensão]; o castigo. *Ryōshin wa ~ no tame ni itazura shita ko o butta* 両親は戒めのためにいたずらした子をぶった Os pais bateram na criança que fez a travessura, como lição. Ⓢ/國 Chōkái; koráshímé (+).

imáshímé[2] 縛める O atar; as cadeias. ★ *~ no mi to naru* or *yori no sur* preso. ~ *o toku* 縛めを解く Desatar; romper as ~. Ⓢ/國 Báku; hobákú.

imáshíméru[1] 戒める **1**[前もって注意する] Aconselhar; prevenir; advertir; avisar; ensinar. *Sensei wa sono yō na akushū ni somaranu yō ni seito o imashimeta* 先生はそのような悪習に染まらないように生徒を戒めた O professor aconselhou os alunos a não seguirem esse mau costume. ★ *Shōrai o ~ suru* 将来を戒める Avisar para o futuro. ⇨ chúí[1]; kuńkái; oshíérú; satósú. **2**[こらしめる] Punir; castigar. ★ *Fukokoroe o ~* 不心得を戒める o mau comportamento. *Mizukara ~* 自ら戒める Repreender-se a si mesmo. Ⓢ/國 Chōkái súrú; koráshíméru (+). **3**[禁止したり抑制したりする] Proibir; controlar. ★ *Inshu o ~* 飲酒を戒める ~ o álcool.

imáshíméru[2] 縛める ⇨ shibáru.

imá wá 今は【E.】 À última hora. ★ *~ no kiwa made* 今はの際まで Até expirar. *~ no kiwa ni* 今はの際に Nos últimos momentos; às portas da morte. Ⓢ/國 Rińjú (+). ⇨ shiní-gíwá.

imáwashíí 忌まわしい **1**[にくむべきである] Detestável; horrível; horroroso. *Sonna hanashi wa kiku mo ~* そんな話は聞くも忌まわしい Nem quero ouvir falar nisso [em coisa tão horrorosa]! ★ *~ jiken* 忌まわしい事件 Um caso ~. *Imawashiku omou* 忌まわしく思う Detestar; odiar; achar ~. Ⓢ/國 Itówáshíí. ⇨ nikúí[1]. **2**[不吉な] Agourento; de mau agouro; funesto. ★ *~ yokan* 忌まわしい予感 Um mau pressentimento. Ⓢ/國 Fukítsú ná (+).

imá-yō 今様 Á moda; o modernismo. ★ *~ no ie* 今様の家 Uma casa moderna [de estilo moderno]. Ⓢ/國 Geńdái-fū (+); imá-fū; tōséí-fū.

iméji [ée] イメージ (< Ing. image < L. imago) **a)** ⇨ eizō; **b)** A imagem; o aspecto; a impressão. ◇ *~ appu* イメージアップ O melhorar ~. *~ chenji* イメージチェンジ A mudança de ~ [~ *chenji suru* イメージチェンジする Mudar de aspecto [figura]]. *~ daun* イメージダウン O perder (prestígio) [*Ano haiyū wa sono jiken de ~ daun ni natta* あの俳優はその事件でイメージダウンになった Aquele a(c)tor perdeu muito por causa desse caso]. Ⓢ/國 Omókágé; shińshō. ⇨ katáchí; súgata; zō[2].

ími 意味 **1**[意義] A significação; a ace(p)ção; o significado; o sentido; o teor. *Sō iu ~ ni toraretewa komaru* そういう意味に取られては困る Não quero que dê esse sentido ao que eu disse. *Sono go ni wa futatsu no ~ ga aru* その語には2つの意味がある Essa palavra tem dois sentidos [significados]. ★ *~ no fumei na issetsu* 意味の不明な一節 Uma passagem [frase] obscura. *~ no hiroi kotoba* 意味の広い言葉 Uma palavra que muitos [vários] sentidos. *~ no tōranai* 意味の通らない Ininteligível; incompreensível; sem sentido. *~ o toru* 意味を取る Entender ~. *~ o torichigaeru* 意味を取り違える Entender mal. *Hantai no ~ ni toru* 反対の意味に取る Entender ao contrário/às avessas. *~ o tsukamu* [*toraeru*] 意味をつかむ[とらえる] Captar o ~. *~ shinchō na* [*no fukai*] 意味深長な[の深い] Cheio [Prenhe] de sentido; significativo. *~ suru* 意味する Significar; querer dizer. *Aru ~ de* ある意味で Em certo sentido; de alguma maneira. *Hiroi ~ de* 広い意味で De um modo geral; em sentido lato. *Moji-dōri no ~* 文字通りの意味 A interpretação à [ao pé da] letra; o sentido literal; como diz [quer dizer] a palavra. *Semai ~ de* 狭い意味で Em sentido (r)estrito. *Yoi ~ ni mo warui ~ ni mo toreru* 良い意味にも悪い意味にも取れる Poder entender [tomar]-se em bom ou mau sentido. ◇ *~ ron* 意味論 A semântica. Ⓢ/國 Ígi.

2[わけ] O motivo; a intenção; a insinuação; a implicação; a razão. *Kare ga sono hanashi o kotowatta ~ ga wakatta* 彼がその話をことわった意味がわかった Compreendi (o ~) por que ele não aceitou a proposta. ★ *~ arige na* 意味ありげな Sugestivo; insinuativo; insinuante. *~ ari-ge ni hanasu* 意味ありげに話す Insinuar. Ⓢ/國 Ímíái; riyū (o); wáke (+).

3[ものごとの価値] O valor; o sentido. *Anata ga shusseki shinai to kai wa ~ ga nai* あなたが出席しないと会は意味がない Se você não vai [for], a festa [reunião] não terá sentido. *Kono shiai ni katta ~ wa ōkii* この試合に勝った意味は大きい Esta vitória significa muito [tem grande ~] para nós. Ⓢ/國 Káchi (+).

imi-ái 意味合い【O matiz「da palavra」; a intenção; a implicação「do que disse」. Ⓢ/國 ími; riyū; wáke.

imijíku (mo) いみじく (も)【E.】 Apropriadamente; acertadamente. ★ *Kare ga ~ hyōgen shita yō ni* 彼がいみじく表現した様に Como ele, de maneira tão feliz [tão acertada], disse. ⇨ mígoto; tekísétsú.

ími-kirau 忌み嫌う (< ímu[2] + ···) Detestar; ter aversão; odiar; repelir. Ⓢ/國 Iyágáru (+); kiráú; nikúmu; keń'o.

ími-kótoba 忌み言葉 (< ímu[2] + ···) **a)** A palavra tabu「"nashi"」; **b)** A palavra usada em vez dela「"ari no mi"」. ⇨ kínki.

imín 移民 A (i[e])migração; o (e[i])migrante. ★ *~ suru* 移民する Imigrar; emigrar [*Kare wa kazoku tomodomo Burajiru e ~ shita* 彼は家族共々ブラジルへ移民した Ele emigrou para o B. com (toda) a família]. ◇ *~ hō* 移民法【Dir.】 A lei da ~. *~ mondai* 移民問題 O problema dos ~s. *Nikkei ~* 日系移民 O[A] ~ j. ⇨ ijū.

imíná 諱 Um nome [título] póstumo「do imperador」. Ⓢ/國 Okúríná. ⇨ káimyō.

imítēshon [ēe] イミテーション (< Ing. imitation < L.) Uma「pérola de」imitação. ⇨ mohō; nozō.

imó 芋 **1**[じゃが芋・さつま芋などの総称] A batata (E qualquer outro tubérculo). ★ *~ o horu* 芋を掘る Arrancar batatas. *Kaisuiyoku-jō wa ~ o arau yō na konzatsu datta* 海水浴場は芋を洗うような混雑だった A praia estava apinhada [cheia] de gente (Lit. como batatas a lavar num alguidar). ◇ *~ shōchū* 芋焼酎 O vinho de batata-doce. ⇨ *~ zuru*. ⇨ *jaga~*; *sato~*; *satsuma~*. **2**[比喩的にやぼったい人]【G.】 O caipira; o saloio; o campónio. ◇ *~ nēchan* 芋ねえちゃん Uma (moça) caipira [saloia].

imóchi(byō) 稲熱(病)【Bot.】 O míldio do arroz.

imómushi 芋虫 **1**[が・ちょうなどの幼虫で毛のないものの総称] A lagarta pelada. **2**[比喩的に毛嫌いされている人] Uma pessoa nojenta. *Ano ~ me* あの芋虫 Aquele nojento!

imón 慰問 A visita de conforto. ★ *Shūjin o ~ suru* 囚人を慰問する Visitar os presos. ◇ **~ hin** 慰問品 Um presente「para as vítimas do tufão」. ◇ **~ jō** 慰問状 Uma carta para animar. ⇨ mímáí.

imóno 鋳物 A fundição. ★ *~ (sei) no* 鋳物(製)の Fundido. ◇ **~ kōjō** 鋳物工場 Uma fábrica de ~. ◇ **~ shi** 鋳物師 O fundidor. ⇨ uchí-mono.

ímori 井守 [Zool.] A osga. ⇨ yámori.

imótó 妹 Uma irmã mais nova. ◇ **~ muko** 妹婿 O cunhado que casou com ~. [S/同] Áne. ⇨ áni¹; otótó.

imó-zúrú 芋蔓 (< ··· +tsurú) As gavinhas da batata-doce. ★ *~ shiki ni* 芋蔓式に「vir juntos」Como as cerejas (Lit: como ~)[*Sono hannin o shirabete iru uchi ni ~ shiki no nakama no kenkyo suru koto ga dekita* その犯人を調べているうちに芋蔓式に仲間を検挙することができた Ao interrogar o suspeito, prendemos o resto do bando uns atrás dos outros].

ímu¹ 医務 (< íryō² +jímu[png]) O serviço médico. ◇ **~ shitsu** 医務室 A enfermaria「da escola」; o consultório [ambulatório] médico.

ímu² 忌む a) Detestar; ter aversão「a」; b) Evitar; ser tabu「casar fora da tribo」. *Sono kotoba o inde, imi-kotoba o tsukau* その言葉を忌んで、忌み言葉を使う Usar outras palavras para evitar o uso da palavra tabu. ⇨ kiráú; nikúmu; sakéru¹.

imyō 異名 **1**[別名] Outro nome. [S/同] Betsúméí (+); ichíméí; ishō³. **2**[あだな] A alcunha. *Kanojo wa totemo o-shaberi de hōsōkyoku to ~ o totte iru* 彼女はとてもおしゃべりで放送局と異名を取っている ~ dela é emissora porque fala demais. [S/同] Adáná (+).

ín¹ 印 O carimbo. ★ *Shorui ni ~ o osu* 書類に印を押す Carimbar um[Pôr ~ num]documento. [S/同] Hán; hańkó (o); ińgyō; íńkań; íńshó.

iń² 韻 A rima. ★ *~ o fumu* 韻を踏む Rimar. ⇨ kyakúíń²; tōíń³.

iń³ 陰 **1**[陰気] Sombrio;「sentimento」contido [reprimido]; melancólico [triste]. ★ *~ ni komotta kane no ne* 陰にこもった鐘の音 O som triste do sino (budista). ⇨ íkí¹. **2**[物の陰] A sombra; o escuro; b) O (polo) negativo. ★ *~ ni yō no hito o tasukeru* 陰に陽に人を助ける Ajudar [Dar esmola] às escondidas e às claras. [S/同] Háigo; káge (+). [A/反] Hinátá; yō.

iń⁴ 院 **1**[寺院] O templo (Em palavras compostas) ⇨ jíin. **2**[まわりを垣で囲んだ大きな建物] a) O parlamento; b) O instituto; c) O hospital (⇨ byōíń¹). ★ *~ no naigai* 院の内外 Dentro e fora do ~. **3**[上皇] [A.] Sua Majestade. ◇ **Gotoba ~** 後鳥羽院 O Imperador Gotoba. [S/同] Jókó.

iń⁵ 因 A causa [origem]. [S/同] Geń¹ [Yô]íń (+); okóri¹. [A/反] Ka; kekká.

-íń⁶ 員 (Em palavras compostas) O membro. ◇ **Chōsa ~** 調査員 ~ da comissão de inquérito. [S/同] Kákari; -níń; yakú.

ína¹ 否 [E.] Não. *Anata ga seikō suru ka ~ ka wa anata jishin no doryoku ni yoru* あなたが成功するか否かはあなた自身の努力による Se vai ter sucesso ou não depende do seu esforço. ★ *~ to kotaeru* 否と答える Dar uma resposta negativa; responder que ~. *Kare ni zaisan ga aru to ~ to o towazu* 彼に財産があると否とを問わず Independentemente (do fa(c)to) de ele ser rico ou ~. ⇨ ilé¹; iyá².

í-na² 異な Estranho; diferente. *~ mono o mita* 異な

ものを見た Vi algo estranho. ⇨ i³.

inábíkari 稲光 O relampejar; o brilho [clarão] do relâmpago. ⇨ Inázuma.

inádá¹ 鰍 O olhete; *seriola quinqueradiata*. ⇨ búri¹.

iná-dá² 稲田 (< íne +ta) Um arrozal. [S/同] Suiden (+).

i-nágárá 居[坐] ながら (< irú+···) Em casa. *Terebi no o-kage de ~ ni shite yakyū no shiai o mirareru* テレビのおかげで居ながらにして野球の試合を見られる Graças à televisão, podem-se ver os jogos de basebol em casa.

inágó 蝗 [Zool.] Um gafanhoto. ⇨ battá.

iná-hó 稲穂 (< íne+···) A espiga de arroz.

ínai 以内 Até; dentro (de). *Watashi no ie wa eki kara aruite go-fun ~ no kyori ni aru* 私の家は駅から歩いて5分以内の距離にある Da estação até minha casa não se leva mais de cinco minutos a pé. ★ *Sen-en ~ no kingaku* 千円以内の金額 (Uma quantia) até mil yens. [S/同] Íka¹. [A/反] Igai¹; íjó¹.

ínáí ínáí bá いないいないばあ (< Neg. de iru¹) O jogo das escondidas com crianças de colo; o "não está, não está, está".

ináká 田舎 **1**[都会から離れた田畑・山林の多い地方] O interior; a roça; o mato; a província; o campo. ★ *~ biru [meku]* 田舎びる[めく]Tornar-se rústico. *~ e iku* 田舎へ行く Ir para a/o ~. *~ no seikatsu* 田舎の生活 A vida campestre [no/a ~]. *~ sodachi no* 田舎育ちの Criado no/a ~. ◇ **~ machi** 田舎町 Uma cidade da província [do interior]. **~ michi** 田舎道 Um caminho da roça. **~ ryōri** 田舎料理 A comida regional. **~ shibai** 田舎芝居 Um teatro rural; uma representação popular. ⇨ Hína. **2**[故郷] A terra natal. *Anata no ~ wa doko desu ka* あなたの田舎はどこですか Onde é a sua ~? ★ *~ e kaeru* 田舎へ帰る Voltar a ~. [S/同] Furúsato (o); kókyó (+); kyōri¹ (+).

inámenai 否めない (< inámu **2**) [E.] Não se pode negar; é indiscutível. *Kore ga jijitsu de aru koto wa inamenai* これが事実であることは否めない ~ que isto é assim/Isto ~.

inámu 否む [E.] **1**[断る] Recusar. [S/同] Kotówáru (+); kyóhi suru (+). **2**[否定する] Negar. ⇨ inámenai.

inámúrá 稲叢 A meda de arroz (a secar em cavaletes no arrozal).

ínan 以南 Para [A] sul. ★ *Kantō ~ ni bunpu suru shokubutsu* 関東以南に分布する植物 A planta que se encontra de Kantō para o sul. [A/反] Íhoku; ísei⁹; ítō.

inánkáki 嘶き (< inánaku) a) O relincho (Cavalo); b) O zurro (Burro).

inánaku 嘶く a) Relinchar; b) Zurrar. ⇨ inánkí.

ináóri-gōtó [góo] 居直り強盗 (< ináóru+···) Um ladrão que se torna violento (por ter sido descoberto ou por acontecer algo inesperado).

i-náóru 居直る **1**[座り直す] Endireitar-se no assento; sentar-se bem. Suwárínáósu (+). **2**[急に態度を変える] Mudar repentinamente de atitude; tomar uma atitude violenta. ★ *Jibun no hi no togamerarete ~* 自分の非をとがめられて居直る Para o criticarem [lhe apontarem uma falta].

i-náósu 鋳直す (< irú⁶+···) Refundir (sino); recunhar (moeda).

i-nárábu 居並ぶ (< irú¹+···) Reunir-se; estar presente. ★ ~ **menmen** 居並ぶ面々 Todos (os presentes). ⓈⒿ Resséki súrú (+); rétsuza suru.

inari 稲荷 **1**【五穀をつかさどる神】O deus (Raposa sentada) das colheitas (Cinco: o arroz, o trigo, o milho miúdo, o painço e o feijão). ◇ ~ **jinja** 稲荷神社 O templo do ~. **2**【きつねの別称】⇨ kitsúne.

inári-zúshi 稲荷鮨 (< … + sushi) "Tôfu" frito em molho de soja e recheado com arroz.

inásáku 稲作 (⇨ íne) **1**【稲を栽培すること】O cultivo [A produção] de arroz. ◇ ~ **chítai** 稲作地帯 A zona (produtora) de arroz. ⓈⒿ Beísákú. **2**【稲の実り工合】A colheita [safra] de arroz. ⓈⒿ Beísákú.

inásé いなせ O ser lançado [brioso; janota]. ★ ~ **na anii** いなせな兄い Um jovem ~; um rapaz danado「para a festa」. ◇ ikí¹; isámáshíi.

inású 往なす **1**【軽くあしらう】Não ligar [dar importância]「à pergunta」. ⓈⒿ Ashíráu (+). **2**【かわす】【(D)esp.】Evitar o ataque do [Fintar o] adversário. ⓈⒿ Kawású (+).

ínaya 否や (⇨ ína¹) 【E.】 **1**【直ぐに】Apenas; no momento em que; logo [assim] que; mal. *Kare wa shokuji ga owaru ya — dekaketa* 彼は食事が終わるや否や出かけた Ele saiu ~ acabou de comer. ⓈⒿ Súgu. **2**【諾否】O「seu」sim ou não; a decisão. *Kyō-jū ni — no go-renraku kudasai* 今日中に否やをご連絡下さい Comunique-nos ainda hoje ~. **3**【どうか】Se … ou não. *Kare ga jikan dōri ni kuru ya — utagawashii* 彼が時間通りに来るや否や疑わしい Não sei se ele vai chegar a horas ou não. **4**【異議】A obje(c)ção. *Watashi ni — wa arimasen* 私に否やはありません Eu não tenho qualquer ~. ⓈⒿ Ígi (o); izón (+).

inázuma 稲妻 O relâmpago. ~ *ga hikatta* [*hirameita*] 稲妻が光った [閃いた] Relampejou. ~ *no yō ni aru kangae ga hirameita* 稲妻のようにある考えがひらめいた Veio-me esta ideia, como um ~. ⓈⒿ Ínábíkari.

inbái 淫売 A prostituição. ★ ~ *o suru* 淫売をする Praticar [Entregar-se à] ~. ◇ ~ **fu** 淫売婦 A prostituta [meretriz]; a puta (Chu.). ⓈⒿ Baííń; baíshúń (+).

inbátá [báa] インバーター (< Ing. inverter) 【Ele(c)tri.】 O inversor.

inbō 陰謀 A conspiração; o conluio [plano secreto]. ★ ~ *o abaku* 陰謀を暴く Descobrir ~. ~ *o kuwadateru* [*megurasu*] 陰謀を企てる [めぐらす] Conspirar; fazer uma ~. ◇ ~ **ka** 陰謀家 Um conspirador. ⓈⒿ Warúdakumi.

inbóisu インボイス (< Ing. invoice) 【Econ.】 A fa(c)tura. ◇ Okúrijó (o); shikírí-jó (+).

ínbu 陰部【Anat.】As partes (pudicas [pudendas]; os órgãos genitais. ⓈⒿ Kyókusho.

in-bún 韻文 O verso. ~ *de kaku* 韻文で書く Escrever em ~ [Fazer poesia]. Ⓐ⒭ Sañbún.

ínchi¹ インチ (< Ing. inch) A polegada.

inchi² 引致【Dir.】A detenção; a prisão. ★ *Keisatsu ni — sareru* 警察に引致される Ser detido pela polícia. ◇ kóíń²; kóryú¹.

inchíki いんちき A fraude; a falsificação; o logro [embuste]; a impostura. ★ ~ **na kusuri** いんちきな薬 Um remédio falso. ~ *ni hikkakaru* いんちきにひっかかる Ser enganado [Ir no conto do vigário/Deixar-se levar]. ~ *o suru* [*yaru*] いんちきをする [やる] Enganar; ser impostor; falsificar [*Shiken de — o suru* 試験でいんちきをする Copiar no exame]. ◇ ~ **gaisha** いんちき会社 Uma companhia fictícia [falsa]. ~ **shōbai** いんちき商売 Um negócio fraudulento. ⓈⒿ Ikásámá.

inchō 院長 O chefe de "in⁴"; o dire(c)tor; o reitor; o superior. ◇ byóíń¹ ◇ ~.

indákutansu インダクタンス (< Ing. inductance < L.)【Ele(c)tri.】A indutância. ◇ ~ **koiru** インダクタンスコイル A bobina de ~.

indásutoriaru インダストリアル (< Ing. industrial < L.) Industrial. ◇ ~ **dezain** インダストリアルデザイン O desenho ~. ◇ kōgyō¹; sañgyō¹.

indékkusu インデックス (< Ing. < L. index) O índice; o index. ~ *o tsukeru* インデックスをつける Pôr ~.

in-dénki 陰電気 A ele(c)tricidade negativa. Ⓐ⒭ Yōdénki.

in-dénshi 陰電子 O negatrônio (B.) [negatrão/ electrão]. ⓈⒿ Erékútóron. Ⓐ⒭ Yō-dénshi.

Índian インディアン (< Ing. Indian) Um índio da América do Norte. ◇ Índio.

índigo インディゴ (< Ing. indigo < Gr.) O índigo; o anil.

Índio インディオ (< Esp. Indio) Um índio da América Latina.

Índo インド A Índia. ◇ ~ **go** インド語 O (h)indi. ~ **jin** インド人 O indiano. ~ **kyōwakoku** インド共和国 A União Indiana. ~ **sarasa** インド更紗 A saraça [chita] da ~. ~ **yō** インド洋 O Oceano Índico. ~ **zō** インド象 O elefante da ~ (Orelhas mais pequenas (do) que o da África). **Higashi** [**Nishi**] ~ **shotō** 東 [西] インド諸島 As Índias Orientais [As Índias Ocidentais] (H.).

indō 引導 **1**【死者を葬る時死者が迷わず悟りの世界に至るように導師が法語をとなえること; またその法語】【Bud.】As rezas da encomendação da alma. ★ ~ *o watasu* 引導を渡す Encomendar um defunto. **2**【あきらめるように言いわたす】Despedir「do seu posto」. ★ *Onna ni — o watasu* 女に引導を渡す Deixar a namorada.

índóa インドア (< Ing. indoor) Dentro de casa. ◇ ~ **gēmu** インドアゲーム O jogo de salão. ~ **supōtsu** インドアスポーツ O (d)esp. praticado ~. ⓈⒿ Okúnai (+); shitsúnai (o). Ⓐ⒭ Aútódóa; okúgai; shitsúgai.

Índónéshia インドネシア A Indonésia. ◇ ~ **jin** インドネシア人 O indonésio. ~ **kyōwakoku** インドネシア共和国 A República da ~.

Índóshína インドシナ (H.) A Indochina. ◇ ~ **hantō** インドシナ半島 A península da ~.

íne 稲 O [A planta do] arroz. ★ ~ **ka no shokubutsu** 稲科の植物 As gramíneas. ◇ ~ **kabu** 稲株 O restolho (de arroz). ~ **kari** 稲刈り A ceifa do ~. ~ **kōjibyō** 稲こうじ病 O míldio. ~ **koki** 稲こき A debulha [malhada] do ~. ◇ kome.

in'éi 陰影 **1**【かげ】O sombreado [A sombra]. ★ ~ *o tsukeru* 陰影をつける Sombrear. ◇ ~ **(ga) hō** 陰影 (画) 法 O sombreado. ⓈⒿ Káge. **2**【かげひなたを思わせるような微妙な変化のあること】O matiz. ★ ~ *ni tomu bunshō* 陰影に富む文章 Um estilo de delicados ~ es. ⓈⒿ Nyúansu.

i-némúri 居眠り (< irú¹ + nemúrú) O cochilo (B.); o cabecear; a soneca. ★ ~ *unten o suru* 居眠り運転をする Cabecear [Adormecer/Cochilar] ao volante. [S/同] Utátáné.

íńfáito インファイト (< Ing. infight)【Boxe】O corpo-a-corpo. [S/同] Sekkínsen. [A/反] Aútófáito.

íńfómḗshon [**ée**] インフォメーション (< Ing. information < L.) A informação「científica/técnica」.

íńfṓmúdó kónsento インフォームド・コンセント (< Ing. informed consent < L.) O consentimento do doente devidamente informado.

íńfúré インフレ (< Ing. inflation < L.)【Econ.】A inflação. ~ *ga hidoku nari-tsutsu aru* インフレがひどくなりつつある ~ está piorando muito. ★ ~ *o kitasu* [*okosu*] インフレを来たす[起こす] Trazer [Causar/Provocar] ~. ~ *o nakusu* インフレをなくす Acabar com ~. ~ *o osaeru* インフレを抑える Controlar ~. ◇ **~ gyappu** インフレギャップ A diferença do valor por causa da ~. **~ hejji** インフレヘッジ A barreira [defesa] contra ~. **~ keikō** インフレ傾向 Uma tendência inflacionária. **~ taisaku** インフレ対策 Uma medida anti-inflacionária. **Akusei ~** 悪性インフレ ~ cró[ô]nica.
[A/反] Defúré; defúrḗshon.

íńfúrḗshon [**ée**] インフレーション ⇨ íńfúré.

íńfúrúénza インフルエンザ A influenza; a gripe. *Ima ~ ga ōi-ni hayatte iru* 今インフルエンザが大いにはやっている Anda agora aí uma grande epidemia de ~. ★ ~ *ni kakaru* インフルエンザにかかる Apanhar ~; ficar (en)gripado.
[S/同] Ryū́kań; ryū́kṓ-séí kánbō.

ínga[1] 因果 **1** [原因と結果] A (lei da) causa e (d)o efeito. [P/ことわざ] *Oya no ~ ga ko ni mukuiru* 親の因果が子に報いる Os filhos sofrem [pagam] pelas faltas dos pais. ★ *Zensei no ~* 前世の因果 O efeito [A paga] de uma vida anterior. ◇ **~ ritsu** [**no hōsoku**] 因果律[の法則] A [lei da] causalidade. ~ *kankei* 因果関係 Uma relação causal [de causa e efeito]. [S/同] Eńgí; íńnén **1**. ⇨ geń'íń; kekká[1]. **2** [運命] O destino; a sina; a sorte. ~ *wa meguru* (*ha-guruma da*) 因果はめぐる (歯車だ) O destino é cego. ★ ~ *o fukumeru* 因果を含める Convencer alguém a aceitar o destino [*Kare ni ~ o fukumete jishoku saseta* 彼に因果を含めて辞職させた Convenci-o que o destino dele era demitir-se]. ~ *to akirameru* 因果とあきらめる Conformar-se com o ~; resignar-se. [S/同] Íńnén **2**; únmei (+). **3** [不運] A infelicidade [desgraça]; a má [pouca] sorte. *Kare wa ~ na mi-no-ue da* 彼は因果な身の上だ Ele tem (tido) pouca sorte. ◇ **~ mono** [**~ na hito**] 因果者 [な人] Um desafortunado. [S/同] Fúun (+).

íńgá[2] 印画 A fotografia [revelação]. ◇ **~ shi** 印画紙 O papel de ~.

íńgá[3] 陰画 O [A fotografia em] negativo.
[S/同] Néga (+); négatibu. [A/反] Yṓgá.

íngai[1] 員外 O ser extranumerário.

íngai[2] 院外 **a**) Não-parlamentar; fora da Assembleia. ◇ **~ dan** 院外団 Um grupo ~. **~ undō** 院外運動 A campanha nos corredores. **b**) Fora do "ín[4]". [A/反] Ínnai.

íngen(**mame**) 隠元 (豆) [íngen/ińgénmame] O feijão (comum); as vagens; *phaseotus vulgaris*. [S/同] Sayá-íngen (+).

íngi 院議 Uma decisão legislativa [da Dieta].

ińgín 慇懃 **a**) O ser polido [cortês]; **b**) A intimidade (Boa ou má). ★ ~ *burei na* 慇懃無礼な A pessoa polida mas falsa. [S/同] Téinei (+).

íngó 隠語 A gíria; a linguagem secreta「de negócio」. *Tanin ni wakaranai yō ni ~ o tsukau* 他人にわからないように隠語を使う Usar linguagem secreta (para que os outros não entendam). ⇨ fuchṓ[4].

ińgṓ [**óo**] 因業 **a**) O não ter coração; **b**) ⇨ inga[1]. ★ ~ *na oyaji* 因業なおやじ Um velho astuto [cruel/insensível].

ińgótto インゴット (< Ing. ingot)【Fís.】O lingote; a barra (de metal fundido). [S/同] Chū́káí.

Ígurando イングランド ⇨ Igírísú.

ińgyṓ 印形 O sinete. ~ *yubiwa* 印形指輪 O anel com ~.
[S/同] Hán; hańkó (o); ín[1]; ińkán[1] (+); ińshṓ[2].

iníń 委任 O encargo; a incumbência; a missão; a delegação; o mandato. ★ ~ *suru* 委任する Encarregar; incumbir; deixar ao critério (de); autorizar; confiar; delegar. ◇ **~ jō** 委任状 A procuração. **~ sha** 委任者 O mandante. **~ tōchi-ryō** 委任統治領 O território sob mandato (administrativo). **~ tōhyō** 委任投票 O voto por procuração.

íń'ín[1] 殷殷【E.】Estrondoso; retumbante. ★ ~ *taru raimei* 殷々たる雷鳴 O ribombar ~ da trovoada.

íń'íń[2] 陰陰 Sombrio; melancólico; lúgubre. ★ ~ *metsumetsu to shi ni tsuite kangaeru* 陰々滅々と死について考える Pensar sombria e morbidamente sobre a morte.

íningu イニング (< Ing. inning)【Beis.】A vez que cabe a alguém. [S/同] Ínningu.

iníshiachibu イニシアチブ (< Ing. initiative < L.) A iniciativa. *Nihon no ~ de kaigi wa susumerareta* 日本のイニシアチブで会議は進められた A conferência prosseguiu por iniciativa do Japão. ★ ~ *o toru* イニシアチブを取る Tomar a ~.
[S/同] Hatsúgén-ken (o); hatsúgí-ken (+); shudṓ-ken (+); shushṓ.

iníshiaru イニシアル (< Ing. initial < L. initialis) A (letra) inicial; as iniciais. [S/同] Kashírá-mójì.

iníshíé 古【E.】A antiguidade; o passado; os tempos remotos. ★ ~ *no miyako* 古の都 A antiga capital. [S/同] Mukáshí (+).

ínja 隠者 O er(e)mita; o ermitão; o anacoreta; o solitário. [S/同] Íńtón-sha (+); yo-sútḗ-bito (o).

íńká[1] 引火 A inflamação; a ignição. ★ ~ *shiyasui* 引火しやすい (facilmente) Inflamável. ◇ **~ ten** 引火点 O ponto de ignição. ⇨ hakká[1].

Ínka[2] (**H.**) インカ Os Incas. ◇ **~ bunmei** インカ文明 A civilização inca [dos Incas]. **~ teikoku** インカ帝国 O império Inca.

íńkákú 陰核 O clítoris; a clitóride.
[S/同] Kurítórisu; sáne.

íńkáń 印鑑 O carimbo [selo; sinete] pessoal (Empregue para autenticar documentos). ◇ **~ shōmei** 印鑑証明 A certidão [O atestado] de que o carimbo está (oficialmente) regist(r)ado. **~ todoke** 印鑑届け O regist(r)o do ~. [S/同] Hán; hańkó (+); ín[1] **1**; ińgyṓ; ińshṓ[2]. ⇨ iń-níkú.

íńká shókúbutsu 隠花植物【Bot.】A planta criptogâmica.

íńkéí 陰茎【Anat.】O pé[ê]nis.
[S/同] Chínchin; dańkóń; pénisu.

íńkéń[1] 陰険 A manha; a velhacaria; a hipocrisia; a deslealdade. ★ ~ *na* 陰険な Velhaco; manhoso; desleal; hipócrita; insidioso; subreptício [~ *na shudan o toru* 陰険な手段を取る Usar (de) meios subreptícios]. [S/同] Hará-gúró.

ínkén² 隠見[顕] O aparecer e desaparecer de vista.

ínkén³ 引見 A audiência; a entrevista. ★ ~ *suru* 引見する Receber em audiência (um inferior); conceder uma. ⟨S/同⟩ Sekkén (+). ⟨A/反⟩ Ekkén.

ínki¹ 陰気 A tristeza; a melancolia. ★ ~ *na* [*kusai*] 陰気な[臭い]Sombrio; escuro; melancólico; triste; lúgubre; carrancudo; taciturno. ⟨S/同⟩ An'útsú; in'útsú; yúútsú. ⟨A/反⟩ Yóki.

ínki² インキ (< Ing. ink) ⇨ ínku.

ínkín(támushi) 陰金 (田虫) A tinha. ⟨S/同⟩ Gańsén.

ínko 鸚哥 O periquito.

ínkō 咽喉 **1** [のど] [Fisiol.] A garganta; a faringe; as goelas. ⟨⟩ ~ **kataru** 咽喉カタル A faringite; a inflamação da ~. ⇨ *jibi~ka*. ⟨S/同⟩ Nódo (+). **2** [比喩的に大事な場所] A posição [O sítio] de importância vital. ★ *Teki no ~ o yaku suru* 敵の咽喉を扼する Ocupar o ponto estratégico [vital] do inimigo.

ínku インク (< Ing. ink < L. < Gr. enkaustós: encáusica) A tinta. ⟨⟩ ~ **bin** インクびん O tinteiro. ~ **keshi** インク消し A borracha de [O líquido para apagar] tinta. ⟨S/同⟩ Ínki.

ínkyo 隠居 A reforma [O retirar-se] da vida a(c)tiva; a aposentadoria. ★ ~ *suru* 隠居するの … ⟨⟩ ~ **jo** 隠居所 O lugar de retiro da vida a(c)tiva. ~ **raku** ~. ⟨S/同⟩ Iń'ítsú; inséꟸ; íntón; ínfái; teínén.

ín-kyókú 陰極 [Ele(c)tri.] O cátodo; o elé(c)trodo negativo. ⟨A/反⟩ Yókyókú. ⟨S/同⟩ maínású.

ínmétsú 隠[湮]滅 A extinção; o extermínio; a destruição; o aniquilamento. ★ *Shōko o ~ suru* 証拠を隠滅する Destruir as provas 「do crime」.

ínmō 陰毛 [Anat.] Os pêlos púbicos; a pube [púbis].

ínnai 院内 a) Dentro [O interior] do Parlamento [Congresso; da Dieta; da Assembleia]. ⟨A/反⟩ Íngai². ⇨ gíin¹. b) Dentro dum "in⁴".

ínnen 因縁 **1** [因果] O destino; a sina; a sorte. ⟨S/同⟩ Éngí; ínga² **1**, **2** (+). ⇨ shukúméí; únmei. **2** [宿命的な関係] O laço; o vínculo; a afinidade; a relação. *Kare to no aida ni wa nani kashira ~-meita mono no kanjiru* 彼との間には何かしら因縁めいたものを感じる Tenho [Dá-me] a sensação (de) que existe um certo laço entre ele e mim. ⇨ kańkéꟸ; tsunágárí; yukárí. **3** [理由など] A razão; o motivo. *Kimi ni enjo shite morau ~ wa nani mo nai* 君に援助してもらう因縁は何もない Não existe qualquer razão para você me ajudar. ⟨S/同⟩ Riyú (o); yurái (+). **4** [言いがかり] O pretexto. ★ ~ *o tsukeru* 因縁をつける Arranjar um 「para brigar」. ⟨S/同⟩ lígákárí (+).

ín-níkú 印肉 A almofada embebida em tinta (vermelha) para carimbos. ⟨S/同⟩ Shuníkú.

ínnín 隠忍 A paciência; a resignação; a perseverança. ★ ~ *jichō shite* 隠忍自重して Com muita paciência e cautela.

ínningu イニング (< Ing. inning) ⇨ íningu.

ínnō 陰嚢 [Anat.] O escroto.

ínochi 命 **1** [生命] A vida. *Ugoku to ~ ga nai zo* 動くと命がないぞ Ao menor movimento, você é um homem morto [Se você se mexe, disparo]! ★ ~ *ga abunai* 命が危ない Estar em perigo de ~. ~ *ni betsujō nai tokoro ni* 別条ない所に Estar fora de risco [perigo]. ~ *no sentaku o suru* 命の洗濯をする Distrair-se; sentir-se reviver 「com um passeio às montanhas」; desanuviar. ~ *no tsuna ga kireru* 命の綱が切れる Perder o amparo da ~ [único meio de subsistência]. ~ *o kakeru* 命を懸ける Arriscar a ~; pôr a ~ em perigo. ~ *o suteru* [*nagedasu*] 命を捨てる [投げ出す]Dar [Sacrificar] a ~ 「por」; morrer por. ~ *o ushinau* [*otosu*] 命を失う[落とす]「além do dinheiro」Perder ~; morrer; falecer. ⟨P=ことわざ⟩ ~ *atte no monodane* 命あっての物種 Enquanto há vida, há esperança. ⟨S/同⟩ Séimei. **2** [寿命] A duração da vida; uma vida, a ~. ★ ~ *no aru* [*tsuzuku*] *kagiri hataraku* 命のある[続く]限り働く Trabalhar enquanto houver vida [até morrer]. ~ *o chijimeru* 命を縮める Encurtar a vida; 「o fumar pode」 ser causa de morte precoce. ⟨S/同⟩ Jumyō. **3** [一番大切な物] O bem [dom]inestimável; a vida. *Kodomo wa hahaoya no ~ da* 子供は母親の命だ Os filhos são tudo para uma mãe.

inóchí-biroi 命拾い (< … +hiróí) O segurar a vida por um triz/fio. ★ ~ (*o*) *suru* 命拾い (を) する Escapar à morte [Salvar-se] por um triz.

inóchí-gáké 命懸け (< … + kakéru¹) O risco da própria vida. ★ ~ *de chōsen suru* 命懸けで挑戦する Arriscar-se, jogando a vida; aceitar o desafio pondo em risco a vida.

inóchí-gói 命乞い (< … +kóu) O pedido de misericórdia. ★ ~ (*o*) *suru* 命乞い (を) する Pedir que o salvem [lhe poupem a vida].

ínochi-karagara 命からがら Em perigo de vida. ★ ~ *nigeru* 命からがら逃げる Escapar com vida.

inóchí myōga (**óo**) 命冥加 A fuga (quase) milagrosa à morte. ★ ~ *ni mo tasukaru* 命冥加にも助かる Salvar-se por milagre.

inóchí shirazu 命知らず (< … + Neg. de shirú) A temeridade; a ousadia imprudente. ⟨S/同⟩ Mutéppō.

inóchí-tori 命取り (< … +tóru) **1** [命をなくすもとになるもの] A causa de morte. ★ ~ *no byōki* 命取りの病気 A doença fatal [mortal]. ⟨S/同⟩ Chiméishō. **2** [失敗や破滅のもとになるもの] A ruína; o fim; o desastre. ★ ~ *no shippai* 命取りの失敗 A falha fatal [desastrosa]. ⟨S/同⟩ Chiméishō.

inóchí-zuna 命綱 (< … + tsuná) **1** [命を守る綱] A corda salva-vidas. **2** [比喩的になくてはならないものにして頼るもの]「a reforma foi」A 「minha」 tábua de salvação.

í no ichíban いの一番 O primeiríssimo [primeiro de todos]. ★ ~ *ni kajiba ni kaketsukeru* いの一番に火事場にかけつける Ser o ~ a acorrer ao local do incêndio. ⟨S/同⟩ Massáki (+).

i-nókóri 居残り (< iru¹ + nokóru) a) O ficar mais tempo 「na escola, de castigo」; b) O fazer horas extra(ordinárias). ★ ~ *saseru* 居残りさせる Obrigar a fazer horas extra(ordinárias) [a ficar mais tempo]. ⇨ zańgyō.

i-nókóru 居残る ⇨ i-nókóri; zańgyō ⟨⟩.

inóri 祈り (< inóru) A oração; a prece; a reza; a súplica. ★ ~ *o ageru* [*sasageru/suru*] 祈りをあげる [ささげる/する] Orar; rezar; oferecer uma prece. *Asa* [*Yūbe*] *no ~* 朝 [夕べ] の祈り As orações da manhã [noite].

inóru 祈る **1** [祈祷する] Orar; rezar; recitar [dizer/oferecer] uma prece/oração. ★ *Kami ni jōkyakuno no buji o ~* 神に乗客の無事を祈る Rezar (a Deus) pela segurança dos passageiros. ⟨S/同⟩ Kígan [Kínen; Kitō] súrú. **2** [望む] Desejar; fazer votos 「por」. *Dōchū no go-buji o inorimasu* 道中の御無事

を祈ります Desejo-lhe uma boa viagem. [S/同] Kibṓ súrú; nozómú.

inóshíshi 猪【Zool.】O javali; o porco-montês [-bravo]; o javardo. ◇ **~ musha** 猪武者 O temerário; o indivíduo impetuoso「como um toiro」.

ínparusu インパルス (< Ing. impulse)【Ele(c)tri.】O impulso.

ińpéí 隠蔽 O encobrir; a sonegação. ★ *Jijitsu o ~ suru* 事実を隠蔽する Ocultar [Encobrir/Sonegar] a verdade. [S/同] Intókú (+). [A/反] Bákuro.

ińpídansu [íi] インピーダンス (< Ing. impedance)【Ele(c)tri.】A impedância. ◇ **~ seigō** インピーダンス整合 O ajuste da ~.

ińpóń 淫奔 ⇨ ińráń.

ińpó(téntsu) インポ(テンツ) (< Al. impotenz < L.) A impotência (sexual). ★ ~ *no* インポの Impotente. [S/同] Ín'i. ⇨ funṓ¹ ◇.

ínpu 淫婦 A mulher de má vida; a meretriz; a rameira. [S/同] Kánpu. [A/反] Séppu; téifu. ⇨ baíshún-fu; ińbáí.

ińpútto インプット (< Ing. input)【Ele(c)tri.】**a)** A entrada de energia; **b)** O meter「no computador」. *Dēta o ~ suru* データをインプットする Meter os dados「no computador」.

ińráń 淫乱 A lascívia; a impudicícia; a luxúria; a devassidão. ★ ~ *na* 淫乱な Lascivo; libidinoso; devasso; impúdico. [S/同] Ińpóń; shiń-gárú.

ínrē インレー (< Ing. inlay)【Med.】A incrustação; a obturação.

ińréí 引例 A citação; o exemplo citado/dado. ★ ~ *suru* [*o ageru*; *o shimesu*] 引例する [を挙げる; を示す] Citar; fazer uma ~. [S/同] yṓréí (+). ⇨ iń'yṓ¹.

ińrékí 陰暦 O calendário lunar. [S/同] Kyū́rékí; taíínreki. [A/反] Yṓrékí.

ińrítsú 韻律【Poét.】O ritmo; a cadência. ◇ **~ gaku** 韻律学 A rítmica.

ińryṓ [óo] 飲料 A bebida. ★ ~ *ni teki suru* [*sanai*] 飲料に適する [さない]Ser [Não ser] potável. ◇ **~ sui** 飲料水 A água potável. **Arukōru (sei)~** アルコール(性) 飲料 ~ alcoólica. **Tansan ~** 炭酸飲料 A bebida gasosa. [S/同] Nomí-mono (+). ⇨ iń'yṓ².

ínryoku 引力 **1** [物理] A gravitação [gravidade]; a força de atra(c)ção. ◇ **Chikyū ~** 地球引力 A gravidade terrestre. **Uchū [Ban'yū] ~** 宇宙 [万有] 引力 A gravitação universal. **2** [魅力] A atra(c)ção; a simpatia. *Kanojo ni kyōryoku na ~ o kanjita* 彼女に強力な引力を感じた Senti uma forte ~ por ela. [S/同] Miryókú (+).

ińsáídā-tóríhiki インサイダー取引 (< Ing. insider trading + …) O comércio ilegal de a(c)ções pelos que estão "dentro" dos segredos da firma [do banco].

ińsáń 陰惨 O horror; a crueldade. ★ ~ *na* 陰惨な「desastre」Pavoroso; medonho;「acidente」horrível;「tratamento」cruel「dos empregados」. [S/同] Hisáń (+); seísáń.

ińsátsú 印刷 A impressão; a tipografia. ★ ~ *ni fusuru* 印刷に付する Mandar (para) imprimir. ◇ **~ butsu** 印刷物 O (material) impresso.

ińséí¹ 陰性 **1** [消極的で陰気な性質] O negativismo; a taciturnidade. ★ ~ *na* [*no*] 陰性な [の] Negativo; indiferente; sombrio; taciturno. [A/反] Yṓséí. ⇨ ińkí¹. **2** [検査などに対する反応のない事]【Med.】O resultado negativo; a rea(c)ção nula. *Watashi wa tsuberukurin hannō de ~ datta* 私はツベルクリン反応で陰性だった O meu teste de tuberculina foi negativo. ★ ~ *no* 陰性の Negativo; nulo. [A/反] Yṓséí. **3**【Ele(c)tr.】A ele(c)tronegatividade. [A/反] Yṓséí.

ińséí² 隠棲「levar」Uma vida retirada. ⇨ ińkyó.

ińséí³ 院政【H.】O governo do Imperador, depois de "abdicar". ⇨ ińkyó.

ińsékí¹ 姻戚 O parente por afinidade. ◇ **~ kankei** 姻戚関係 A relação de parentesco por… ★ ~ *kankei o musubu* 姻戚関係を結ぶ Ficar parente… [S/同] Eńká; eń-tsúzuki (+); shińrúí (+); shińsékí (o); shínzoku (+).

ińsékí² 引責 A responsabilidade. ◇ **~ jishoku** 引責辞職 A demissão para [por] assumir a ~. ⇨ sekínín.

ínseki³ 隕石 O meteorito; o aerólito; o meteorólito. ◇ **~ gaku** 隕石学 A meteoronomia.

ińshí¹ 印紙 O selo; a estampilha. ★ *Ryōshūsho ni ~ o haru* 領収書に印紙を張る Colar/Pôr ~ no recibo. ◇ **~ zei** 印紙税 O imposto de selo. **Shūnyū ~** 収入印紙 ~ fiscal. ⇨ kitté.

ínshi² 因子 O fa(c)tor; o gene. ◇ **Iden ~** 遺伝因子 O gene. ⇨ idéń; ińsū́.

ińshíń¹ 殷賑【E.】A prosperidade; o êxito; o florescimento. ★ ~ *o kiwameru* 殷賑を極める Atingir o auge da/o ~; [S/同] Hańká (+).

ińshíń² 陰唇【Anat.】Os lábios da vulva.

ińshítsú 陰湿 A (h)umidade. ★ ~ *na* 陰湿な (H)úmido. ⇨ shikké; shítsudo.

ińshṓ¹ 印象 A impressão; a sensação. *Sono eiga no ~ wa ikaga deshita ka?* その映画の印象はいかがでしたか? Com que impressão (é que) ficou do filme? ★ ~ *bukai* [*ni nokoru*] 印象深い[に残る] Impressionante; inesquecível. ~ *o ukeru* 印象を受ける Ficar com uma ~「agradável」. ~ *teki* (*na*) 印象的(な) Impressionante. ~ *zukeru* 印象づける Impressionar; causar impressão. *Yoi* [*Warui*] ~ *o ataeru* 良い [悪い] 印象を与える Dar [Causar] (uma) boa [má] ~. ◇ **~ ha** 印象派 Os impressionistas (Arte). **~ shugi** 印象主義 O impressionismo (Arte). **Dai-ichi ~** 第一印象 A primeira ~.

ińshṓ² 印章 O selo; o carimbo; o sinete. [S/同] Hán; hańkó (o); ín¹ **1**; ingyṓ; ińkáń¹ (+).

ínshoku 飲食 A comida e a bebida. ★ ~ *suru* 飲食する Comer e beber. ◇ **~ butsu** 飲食物 Os comes e (os) bebes;「inclui」a comida e as bebidas. **~ ten** 飲食店 A casa de pasto. [S/同] Nomíkui.

ińshū́ 因習 [襲] O uso [costume] antigo; o hábito tradicional. ★ ~ *ni torawareru* 因習に捕われる Estar apegado aos usos antigos; ser tradicionalista. [S/同] Kyūkáń; kyū́shū́.

ińshúríń インシュリン (< Ing. insulin < L.)【Bioq.】A insulina. ★ ~ *o chūsha suru* インシュリンを注射する Inje(c)tar [Dar uma inje(c)ção de] ~.

ińsótsú 引率 A chefia; o comando. ★ ~ *suru* 引率する Chefiar; encabeçar; conduzir; levar「um grupo de alunos/turistas」; ir na frente. ◇ **~ sha** 引率者 O chefe「da excursão」; o guia.

ińsū́ [úu] 因数【Mat.】O fa(c)tor. ◇ **~ bunkai** 因数分解 A decomposição em ~. ⇨ ínshi².

ińsúpíréshon [ée] インスピレーション (< Ing. < L. inspiratio) A inspiração. ★ ~ *o ukeru* インスピレーションを受ける Ser inspirado「por」; receber a ~「de」. [S/同] Reíkáń. ⇨ hirámékí.

ińsúru 印する【E.】Imprimir; deixar uma impres-

I

insutanto インスタント (< Ing. instant < L.) Instantâneo. ◇ **~ kōhī** インスタントコーヒー O café solúvel. **~ shokuhin** インスタント食品 A comida pronto-a-comer; os enlatados. S/同 Sokúséki; sókuza.

insútórákutā インストラクター (< Ing. < L. instructor) O instrutor「de esqui」.

intábaru [áa] インターバル (< Ing. interval < L. intervallum) O intervalo; a pausa. ★ *o toru* インターバルを取る Fazer um/a ~. S/同 Hedátári; kańkáku; ma.

intabyū インタビュー (< Ing. interview < Fr. < L.) A entrevista. ★ *~ ni kotaeru* [*ojiru*] インタビューに答える[応じる] Dar uma ~. ⇨ meńkái.

intāchenji インターチェンジ (< Ing. interchange. < L.) O trevo [ponto de (inter)comunicação de rodovias].

intāféa インターフェア (< Ing. interfere < L.) **1**「干渉主義」A interferência; a intromissão. S/同 Kańshō (+). **2**「妨害(競技)」A obstrução. ★ *~ de taijō sasereru* インターフェアで退場させられる Ser posto [mandado para] fora do campo [jogo] por ~「ao adversário」. S/同 Bōgái; samátágé.

intāféron インターフェロン (< Ing. interferon: "interferir em") Uma proteína antivírus.

intáhon [áa] インターホン (< Ing. interphone < L. inter + Gr. phone) O telefone interno [de intercomunicação].

intái 引退 A retirada da vida a(c)tiva [pública]; a aposentação. ★ *~ suru* 引退する Retirar-se da vida a(c)tiva [pública]; aposentar-se; reformar-se. ◇ **~ zumō** 引退相撲 O combate de despedida de um lutador de sumô. ⇨ inkyō; intón.

intán [áa] インターン (< Ing. intern < L. internus) O médico estagiário interno num hospital. ★ *~ to-shite tsutomeru* インターンとして勤める Estar a fazer o estágio.

intānáshonaru 1 インターナショナル (< Ing. international < L.)【H.】 Internacional. ◇ **Dai-ichi ~ Kyōsan-shugi** 第一インターナショナル ~ Comunista. **2** ⇨ kokúsái-téki.

intānétto インターネット (< Ing. < L.) A internet; a rede informática universal.

intéri(géncha) インテリ(ゲンチャ) O intelectual; os intelectuais [a intelectualidade]. S/同 Chishíkíjin (+).

intéria インテリア (< Ing. < L. interior) O interior (das habitações). ◇ **~ dezain** インテリアデザイン A decoração de interiores. ◇ **~ dezainā** インテリアデザイナー O decorador de interiores.

intétsú 隕鉄【Geol.】O meteoro de siderite (Com ferro e lítio); o siderólito.

intó[1] 咽頭【Anat.】A faringe. ⇨ ińkō.

intó[2] 淫蕩 A dissipação; a depravação de costumes; a perversão. S/同 Hōtō (+); yūtō.

intóku[1] 隠匿 A sonegação; o encobrir. ★ *~ suru* 隠匿する Ocultar; encobrir; esconder; sonegar [*Hannin o ~ suru* 犯人を隠匿する Esconder um criminoso]. ◇ **~ busshi** 隠匿物資 A mercadoria sonegada [escondida]. **~ zai** 隠匿罪 O crime de sonegação. S/同 Ińpéí; zótóku.

intóku[2] 陰徳 A prática anó[ô]nima de caridade [beneficência]. ★ *~ o hodokosu* 陰徳を施す Praticar [Fazer] o bem às escondidas. A/反 Yótóku.

intón 隠遁 O afastamento do mundo; o retiro; a reclusão. ★ *~ seikatsu o okuru* 隠遁生活を送る Viver retirado [em reclusão]; levar vida solitária. ◇ **~ jo** 隠遁所 O local de retiro. **~ sha** 隠遁者 O solitário; o er(e)mita; o anacoreta. S/同 Ińítsú; ińkyō (+); ińséki. ⇨ intái.

intonéshon [éē] イントネーション (< Ing. intonation < L.)【Gram.】A entoação. S/同 Yokúyō.

inú 犬 **1**【動】O cão「faz ão, ão」; a cadela (Fêmea); o cachorro. **~** *ga wanwan hoete iru* 犬がワンワン吠えている ~ está a ladrar [latir]. **~** *no* 犬の Canino; de [para] cães. 2ことわざ **~** *mo arukeba bō ni ataru* 犬も歩けば棒に当たる É andando que cachorro acha osso. *Fūfu-genka wa ~ mo kuwanai* 夫婦げんかは犬も食わない Entre marido e mulher que ninguém meta a colher.「慣用句」*~ no tōboe* 犬の遠吠え O ~ que ladra de longe; a covardia. **~** *to saru* [*ken'en*] *no naka* 犬と猿[犬猿]の仲 O ser como o cão e o gato (Lit. macaco) [andar sempre à briga]. ◇ **~ goya** 犬小屋 O canil (Para muitos cães); a casota de ~. **~ neko byōin** 犬猫病院 A clínica veterinária para gatos e cães. **2**「警察などのまわし物」O espia [espião]. ★ *Kare wa keistasu* [*teki*] *no ~ da* 彼は警察[敵]の犬だ Ele é um ~ da polícia [do inimigo]. S/同 Kańchō; mawáshímónó (+); súpai (o); tesáki (+).

Inuítto イヌイット (Os) inuíte「do Canadá」.

inú-jini 犬死に A morte em vão [de cão]; a morte estúpida [inglória]. ★ *~ suru* 犬死にする Morrer [Dar a vida] em vão; morrer estupidamente. S/同 Mudá-jíní; tóshi.

inú-káki 犬掻き (< ... +káku) O (modo de) nadar do cão.

i-núku 射抜く (< íru⁵ + ...) Varar [Trespassar/Atravessar] com um tiro. S/同 Tōsu.

inú-kugi 犬釘 O grampo [gato]; a cavilha (de cabeça grande).

in'útsú 陰鬱 A escuridão; a tristeza; a melancolia. ★ *~ na* 陰鬱な「ar」Sombrio; escuro;「rosto」melancólico; triste;「quarto/ambiente」lúgubre. S/同 Ań'útsú; ińkí **1**; yūútsú (+).

inyō 遺尿 A enurese (incontinência de urinas); o urinar na cama.

in'yō[1] 引用 A citação. ★ *~ suru* 引用する Citar; fazer uma ~. ◇ **~ bun** [**ku**] 引用文[句] A passagem [frase] citada; a ~. **~ fu** 引用符 As aspas [" "].

in'yō[2] 飲用 A potabilidade. ★ *~ ni teki-suru*[*-sanai*] 飲用に適する[さない] Ser [Não ser] potável. *~ suru* [*ni kyō suru*] 飲用する[に供する] Beber [Dar de beber]. ◇ **~ sui** 飲用水 A água potável (própria para beber/para consumo). ⇨ nómu[1].

in'yō[3] 陰陽 **1**【電気; 磁気】O (polo) positivo e o (polo) negativo (Ele(c)tri.). **2**「易で陰と陽」**a)** O princípio positivo [activo/masculino] e o negativo [passivo/feminino]; **b)** O sol ("yō") e a lua ("in"); **c)** A luz e a sombra.

in'yú 隠喩 A metáfora. S/同 Ańyú; Chokúyú. ⇨ híyu.

inyú 移入 **a)** A introdução「de elementos pessoais no romance」; **b)** A importação (De produtos/mão-de-obra). ★ *~ suru* 移入する **a)** Introduzir; **b)** Importar.

inzéí 印税 Os honorários de autor (Percentagem da

venda do livro). ⇨ chosákúken.

inzén 隠然 Latente「mas real」; subjacente. ★ ~ *taru seiryoku* 隠然たる勢力 O poder latente [por trás dos bastidores].

inzú (**úu**) 員数 O número (por inteiro). ★ ~ *o kazoeru* 員数を数える Verificar o número; contar. ⇨ kázu.

ió 硫黄 O enxofre. ★ ~ *no* 硫黄の Sulfúrico; sulfuroso; sulfúreo. ◇ ~ **sankabutsu** 硫黄酸化物 O óxido de ~. ~ **sen** 硫黄泉 A fonte (termal) sulfurosa.

íon イオン (< Ing. ion) 【Quím.】 O ião; o íon. ◇ ~ **ka** イオン化 A ionização [~ *ka suru* イオン化する Ionizar]. ~ **kōkan (sei) jushi** イオン交換 (性) 樹脂 A resina de intercâmbio de iões. **Yō** ~ 陽イオン O catião.

Iónía イオニア A Jó[ô]nia (Região da Grécia antiga). ★ ~ *no* イオニアの Jó[ô]nico; jónio. ◇ ~ **shiki kenchiku** イオニア式建築 A arquite(c)tura jónia [de estilo jónico].

iónіumu イオニウム (< Ing.ionium) 【Quím.】 O ió[ô]nio.

iórí 庵 O eremitério. Ⓢ/Ⓘ Ańshítsú; sóań.

i-ótósú 射落とす (< itó + ···) **a)** Abater a tiro「a ave」; **b)** Atingir「o posto de presidente」.

íppa 一派 (< ichí + ha) A seita; o ramo; a escola; a corrente; o partido. ★ ~ *o hiraku* 一派を開く Iniciar [Fundar; Estabelecer; Criar] um/a ~. ~ *o tateru* 一派を立てる Formar um/a ~.

íppai[1] 一杯 **1** [容器 1 つに満ちる分量] Uma medida (chávena); um copo. *Kōhī o mō* ~ *ikaga desu ka* コーヒーをもう一杯いかがですか Aceita mais uma chávena [xícara] de café? ~ *Koppu* ~ *no mizu* コップ一杯の水 Um copo (cheio) de água. **2** [軽く酒を飲む] Um trago [copo/gole]; uma pinga. ~ *ikaga desu ka?* 一杯いかがですか? Aceita [Que tal; Vai] um copo? ★ ~ *kigen de aru* 一杯機嫌である Estar (um pouco) alegre [embriagado; bêbedo]. ~ *nomu* 一杯飲む Beber. ~ *yaru* 一杯やる Beber uns copos [uma pinga/pinguinha]. **3** [満ちている様子] [íppai] O estar cheio [repleto]; muito. *Kansha no kimochi de* ~ *desu* 感謝の気持ちで一杯です Fico [Estou]-lhe profundamente [muito] grato. *Kare wa genki* ~ *da* 彼は元気一杯だ Ele está cheio de vida; ele respira saúde. *Mō o-naka* ~ *desu* もうおなか一杯です Já estou satisfeito/cheio(A). *Kanojo wa me ni namida o ~ ni tamete ita* 彼女は目に涙を一杯にためていた Ela estava com os olhos repletos [rasos] de lágrimas]. ~ *no* 一杯の Cheio [*Jonai* ~ *no hito* 場内一杯の人 Gente que enche por completo a sala]. *Hara* ~ *kuu* 腹一杯食う (G.) Comer até ficar com a barriga cheia [fartar/não poder mais]. **4** [最大限] Quanto ~ possa; o máximo possível. *Kono shigoto o owaranu no ni kotoshi* ~ *kakaru deshō* この仕事を終わらせるのに今年一杯かかるでしょう Este trabalho deve levar todo o ano a terminar. *Kore wa* ~ *ga yama deshō* 今夜一杯が山でしょう「O doente」 terá o momento mais crítico por toda esta noite. *Kore de* ~ *desu* これで一杯です「a velocidade」 Já está no máximo. ★ *Chikara* ~ *yaru* 力一杯やる Esforçar-se ao máximo; dar tudo por tudo. Ⓢ/Ⓘ Aríttáké; girígíri; zénbu. **5** [比喩的に] O engano; o logro; a partida; o embuste; a rasteira. ★ ~ *ku*-*wasareru* 一杯食わされる Ser enganado [logrado; ludibriado]. ~ *kuwaseru* 一杯食わせる Enganar; lograr; pregar uma partida; passar uma rasteira.

ippáí[2] 一敗 Uma derrota. ★ *Kyū-shō* ~ 九勝一敗 Nove vitórias e ~. Ⓘ/慣用 ~ *chi ni mamireru* 一敗地にまみれる Sofrer ~ completa.

ippákú 一泊 O alojamento por uma noite; uma dormida. ★ ~ *suru* 一泊する Pernoitar; pousar [passar] uma noite; ficar hospedado (por) uma noite. *Kyōto ni* ~ *ryokō o suru* 京都に一泊旅行をする Ir [Fazer um passeio] a Kyoto, pousando lá uma noite.

ippán 一般 **1** [全般] A generalidade; a maioria; o maior número. *Watashi wa bungaku* ~ *ni kyōmi ga aru* 私は文学一般に興味がある Interesso-me pela literatura em geral. ★ ~ *ni* 一般に Em geral; na maioria; geralmente. ~ *sei ga aru* 一般性がある Ser de cará(c)ter geral. ~ *teki na* 一般的な Geral; comum ao maior número [~ *teki na keikō* 一般的な傾向 A tendência geral. ~ *teki ni ieba* 一般的に言えば Geralmente falando; generalizando]. ◇ ~ **gensoku** 一般原則 Os princípios gerais. ~ **kaikei** 一般会計 Uma conta geral. ~ **kyōyō** 一般教養 A cultura geral「nos primeiros anos da universidade」. ~ **ron** 一般論 O ponto de vista geral; a opinião da maioria; as generalizações「às vezes são perigosas」. ~ **shoku** 一般職 **a)** O funcionário público; **b)** O trabalho de empregado. ~ **taishū** 一般大衆 O grande público; as massas. Ⓢ/Ⓘ Zeńpán. **2** [普通の人々] O público; a gente comum. ★ ~ *muki* [yō] *no* 一般向き[用]の Para uso geral [público]. ~ *ni* 一般に Normalmente; commumente; vulgarmente [~ *ni kōkai suru* 一般に公開する Abrir ao público (em geral [para toda a gente]). ~ *ni shiraseru* 一般に知らせる Tornar do domínio público]. ~ *no* 一般の Geral [~ *no yosō* 一般の予想 A previsão [expectativa] geral; **b)** Comum; ordinário; normal; vulgar; médio; usual [*Kore wa seken* ~ *no jōshiki desu* これは世間一般の常識です Isto é de [o que diz o] senso comum. ~ *no sarariman* 一般のサラリーマン O assalariado médio]. **3** [普通] O empírico; o vulgar; o normal. ◇ ~ **hyōjun** 一般標準 O nível comum; a média. ~ **seki** 一般席 O assento na geral; as bancadas (sem marcação de lugares).

ippáshí いっぱし Como qualquer outra pessoa. *Kodomo no kuse ni* ~ *na koto o iu* 子供のくせにいっぱしなことを言う Apesar de (ser) criança já sabe o que diz. Ⓢ/Ⓘ Hitonámí (+); hitokádó; ichínímáé.

ippátsú 一発 **1** [銃弾] Um disparo [tiro]; uma detonação; uma descarga. ★ ~ *de emono o uchitomeru* 一発で獲物を打ち止める Abater a caça só com um tiro. **2** [こぶしで一回なぐる事] Um soco; um murro; um golpe; uma pancada. *Kao ni* ~ *panchi o kuratta man* 顔に一発パンチを食らった男 Levou um soco no rosto [na cara]. **3** [一度に] Uma vez. ◇ ~ **shōbu** 一発勝負 O jogo de uma só partida. Ⓢ/Ⓘ Ichíkkó (+).

ippén[1] 一変 A mudança radical;「levar/dar」uma reviravolta. ★ ~ *suru* 一変する Mudar [Alterar-se] completamente; sofrer uma transformação radical [*Taido ga* ~ *suru* 態度が一変する Mudar completamente de atitude].

ippén[2] 一遍 (< ichí + -hen[2]) **1** [一度] Uma vez. ~ *yukkuri o-ai shimashō* 一遍ゆっくりお会いしまし

ょう Vamo-nos encontrar e conversar calmamente um dia. ★ ～ *ni kane o harau* 一遍に金を払う Pagar de uma vez; pagar a pronto. [S/同] Ichídó (+); ikkái¹ (+). **2** [ひととおり] O que é de praxe; o que manda a etiqueta; a formalidade. ◇ ⇨ **tōri～**. [S/同] Hitótṓrí; hitówátari.

ippén³ 一片 (< ichí¹ + hén) **1** [うすいもの一枚] Um pedaço; uma fatia; um fragmento; um bocado; uma partícula. ★ ～ *no hanabira* 一片の花びら Uma pétala (de flor). ⇨ hitó-hira; hitó-kire. **2** [わずか] Um pouquinho; um bocado; um pedacinho; uma migalha. *Ano hito ni wa ～ no ryōshin mo nai* あの人には一片の良心もない Aquela pessoa não tem um mínimo de consciência.

ippén⁴ 一編 (< ichí¹ + hén³) Uma composição poética.

ippéntō 一辺倒 A dedicação unilateral; a inclinação total [o inclinar-se só] para um lado. ★ *Shigoto ～ no mainichi da* 仕事一辺倒の毎日だ Têm sido dias só de [para o] trabalho.

ippíkí 一匹 (< ichí¹ + hikí³) Um (animal selvagem [gato/cão]). ⇨ íttō².

ippíń¹ 一品 **1** [ひと品] Um artigo; uma peça; um prato (de comida). ◇ **～ ryōri** 一品料理 A refeição de prato único (⇨ tańpíń). **2** [最もすぐれた品] O que é único, singular, ímpar「no mundo」. ◇ ⇨ **tenka ～**. [S/同] Ippín² (o); zeppíń (+).

ippíń² 逸品 O obje(c)to [A peça] de primeira qualidade; o exemplar esplêndido; a obra-prima. ★ *Kare no korekushon-chū no ～* 彼のコレクション中の逸品 A jóia da cole(c)ção dele.

ippítsú 一筆 **1** [ひと筆] Uma pincelada; um risco; um traço「de pincel」. [S/同] Hitó-fude (+). **2** [簡単な手紙や文章を書く事] Umas (poucas) linhas; um bilhete; uma carta breve. [S/同] Hitó-fude. **3** [念書] A nota assinada「para poder servir de prova」. *Sumimasen ga ～ kaite kudasai* すみませんが一筆書いて下さい Faz favor de escrever uma notazinha com a sua assinatura. ★ ～ *irete oku* 一筆入れておく Deixar uma ～.

íppo 一歩 **1** [ひとあゆみ] Um passo; uma passada. ★ ～ *goto ni* 一歩ごとに A cada passo. ～ ～ 一歩一歩 Passo a passo;「a criancinha andar」aos passinhos. [P/ことわざ] *Sen-ri no michi mo ～ kara (hajimaru)* 千里の道も一歩から（始まる）Devagar se vai ao longe. **2** [物事の一くぎり] Uma fase; um degrau; um grau; um estágio; um passo. *Wagasha wa tōsan no ～ temae da* 我が社は倒産の一歩手前だ A nossa firma está a um passo [à beira] da falência. ★ ～ ～ 一歩一歩 Passo a passo; pouco a pouco; por fases. ～ *(o) ayamaru* 一歩（を）誤る Dar um passo em falso. ～ *o fumi-dasu* 一歩を踏み出す Dar um passo em frente; avançar um passo. ～ *(o) shirizoku* 一歩（を）退く Dar um passo atrás; retroceder um pouco. ～ *(o) susumeru* 一歩（を）進める Avançar mais um pouco; passar à fase seguinte; dar mais um passo. ～ *yuzuru* 一歩譲る Ceder terreno [um pouco]; recuar; fazer uma concessão [*Kare wa iidashitara ～ mo yuzuranai* 彼は言い出したら一歩も譲らない Ele, depois de dizer uma coisa, não recua [cede] nem um milímetro]. [S/同] Hitó-kugiri; ichí-dan.

ippṓ¹ [óo] 一方 **1** [一方向] Uma (só) dire(c)ção; um só sentido. ◇ **～ tsūkō** 一方通行 O trânsito de sentido único. **2** [二つのうちの片方] Um lado; uma parte [faceta]; um aspecto. ★ ～ *dake no hanashi [iibun] o kiku* 一方だけの話[言い分]を聞く Ouvir só um interlocutor [um dos lados da história]. ～ *ni katayoru* 一方に片寄る Inclinar-se só para um lado; ser partidário [parcial]. [S/同] Katá-hō. [A/反] Ryṓ-hṓ. ⇨ tahṓ. **3** [ばかり] Só; somente; simplesmente. *Bukka wa agaru ～ da* 物価は上がる一方だ Os preços só sobem! [S/同] Bákari. **4** [ある事をしつつ他方でも] O outro lado; além disso. *Kare wa gaka de aru ～ ongaku ni mo kuwashii* 彼は画家である一方音楽にも詳しい Ele é pintor mas também [mas além disso] entende muito de música.

ippṓ² 一報 A notícia; o aviso; a informação; o parecer. *Go- ～ shidai kochira kara sanjō itashimasu* 御一報次第こちらから参上いたします A um aviso seu [Logo que me avise/comunique], eu vou falar consigo. ★ ～ *suru* 一報する Avisar; informar; mandar o/a ～. *Denwa de ～ o ireru* 電話で一報を入れる Avisar por telefone. ⇨ hṓkókú¹.

íppon 一本 (< ichí¹ + hón) **1** [1 個] **a)** Um[a] obje(c)to [coisa] alongado[a]. *Ki ～* 木一本 Uma árvore. **b)** Um só; único. ◇ ⇨ **～ dachi [gi/jōshi/ka/yari]**. ⇨ íkko¹. **2** [剣道・柔道などの勝ち] Um ponto; um tento (G.); um golpe. *Kore wa ～ yarareta* これは一本やられた Desta vez perdi [quem perdeu fui eu]. ★ ～ *toru [torareru]* 一本取る[取られる] Ganhar [Perder] um ponto. ◇ **～ shōbu** 一本勝負 O desafio de uma só luta. **3** [一人前の芸者] A geisha [gueixa] autêntica [com a devida formação].

ippóń-dáchí 一本立ち (<… + tátsu) A independência; a autonomia no próprio sustento. *Mō kare mo ～ ga dekiru toshi da* もう彼も一本立ちが出来る年だ Ele já está na [em] idade de viver por conta própria/Ele já tem idade para ganhar a vida. [S/同] Dokúrítsú (o); hitórí-dáchí (+).

ippóń-gí 一本気 (<… **1** + ki) A ideia fixa; o propósito único. ★ ～ *na hito* 一本気な人 A pessoa com uma ～. [S/同] Chokújó(kéíkṓ).

ippóń-jṓshi [óo] 一本調子 (<… **1** + chṓshí) A monotonia; a insipidez. *Kare no uta wa ～ da* 彼の歌は一本調子だ As canções dele são monótonas.

ippóń-ká 一本化 A centralização; a unificação. ★ *Kōtsū taisaku no ～ o hakaru* 交通対策の一本化をはかる Procurar centralizar a regulamentação do tráfico.

ippón-michi 一本道 A estrada a direito [em linha re(c)ta]. *Koko kara eki made wa ～ da* ここから駅までは一本道だ Daqui (até) à estação o caminho é re(c)to [sempre a direito/em frente].

ippón-yari 一本槍 A orientação [dire(c)triz; O meio] única/o. *Wagasha wa kono shugi ～ de susumu* 我が社はこの主義一本槍で進む A nossa companhia segue unicamente este princípio orientador:「servir o cliente」. [S/同] Ittéń-bárí.

ippóń-zúrí 一本釣り (<… + tsurí) A pesca à linha.

ippū́¹ 一風 A esquisitice; o exotismo; a excentricidade; o ter um parafuso [uma aduela] a menos; a extravagância; a rareza「daquele professor」. ★ ～ *kawatta fūshū* 一風変わった風習 Um costume esquisito [raro; extravagante].

ippū́² 一封 A coisa inclusa numa carta ou envelope. ◇ **Kin ～** 金一封 A gratificação; a gorjeta; as luvas.

ippú-íppu 一夫一婦 A monogamia. ◇ **～ sei** 一夫一婦制 A monogamia [O regime/sistema monogâmico]. ⇨ íppu-tasáí; issáí-táfu.

ippúkú¹ 一服 **1** [一回分の薬の分量] Uma dose (de

medicamento). ★ ~ *(doku o) moru* 一服(毒を)盛る Ministrar ~ de veneno. **2** [茶やたばこを一回飲む事,又はその分量] Um gole de chá; uma fumaça de tabaco. ~ *ikaga desu ka* 一服いかがですか **a)** Toma um chazinho [gole de chá]? **b)** Não quer [vai] uma fumaça? ★ *Tabako o ~ nomu* たばこを一服喫む Fumar um cigarro [cigarrito]. **3** [休息] O descanso; a pausa. ★ ~ *suru* 一服する Descansar; tomar fôlego; fazer um/a ~ [*Sā chotto ~ shiyō* さあちょっと一服しよう Bem, vamos fazer uma pausa]. [S/同] Kyūkéí (+); kyūsókú (+); yasúmí (+).

ippúkú2 **一幅** Um rolo de papel ou pergaminho; um painel.

íppun 一分 (< ichí1 + fun) Um minuto. *Kono mondai wa ~ ichibyō o arasou* この問題は一分一秒を争う Este assunto é de suma [da maior] urgência.

íppu-tasáí 一夫多妻 A poligamia. ◇ **~ sei** 一夫多妻制 A poligamia [O sistema poligâmico]. ⇨ ippú íppu; issáí táfu.

íppyō 一票 Um voto. ★ ~ *o tōjiru* 一票を投じる Votar; dar o seu ~.

irádáchí 苛立ち (< irádátsu) A impaciência; a irritação. ★ ~ *o kanjiru* 苛立ちを感じる Impacientar-se; irritar-se; ficar irritado. ~ *o osaekirenai* 苛立ちを抑え切れない Não poder conter a ~. [S/同] Aséri.

irádátáshíi 苛立たしい Irritante; que faz perder a paciência. ★ *Iradatashi-sō ni hanasu* 苛立たしそうに話す Falar meio [como se estivesse] irritado.

irádátéru 苛立てる (< irádátsu) Irritar; exasperar; causar irritação. ★ *Shinkei o ~ oto* 神経を苛立てる音 Um ruído [barulho] irritante [que ataca os nervos; que põe os nervos em pé].

irádátsu 苛立つ Irritar-se; ficar irritado [exasperado; impaciente]. ★ *Matasarete ~* 待たされて苛立つ ~ por ser obrigado a [por o terem feito] esperar.

iráí1 **依頼** **1** [頼み] O pedido; a solicitação; a petição; o requerimento. ★ ~ *ni ōjiru* 依頼に応じる Atender [Aceder a] um pedido. ~ *o ukeru* [*kikitodokeru*; *shōchi suru*] 依頼を受ける[聞き届ける;承知する] Receber [Aceitar; Anuir a] um pedido. ~ *suru* 依頼する Pedir; solicitar; fazer um/a ~. *Go-~ ni yori* 御依頼により Conforme o seu [vosso] pedido. ◇ **~ jō** 依頼状 A petição [O requerimento] por escrito. **~ nin** 依頼人[弁護士などの] O requerente. **~ ryō** 依頼料 [弁護の] Os honorários「do advogado」. [S/同] Tanómí. **2** [頼る事] A dependência; o apoiar-se. ★ ~ *suru* 依頼する Depender「de」; apoiar-se「em」; confiar「em」. ◇ **~ shin** 依頼心 A propensão para a ~ [~ *shin ga tsuyoi* 依頼心が強い Ser muito dependente; estar sempre a depender dos outros].

írai2 **以来** **1** [その時から今まで] Desde [A partir de] então (até agora). *Kare wa wagakō hajimatte ~ no shūsai da* 彼は我が校始まって以来の秀才だ Ele é o jovem mais brilhante [com mais talento] que a nossa escola jamais teve. ★ *Sore ~* それ以来 ~ [A partir desse momento]. [S/同] Jírai. **2** [今後] Daqui [Deste momento] em diante「terei mais cuidado」. [S/同] Końgó (+).

íraira 苛苛 (Im. de irritação/impaciência). ~ *suru* 苛々する Irritar-se; exasperar-se; impacientar-se; enervar-se. [S/同] Jírijiri **3**. ⇨ irádátsu.

Íraku イラク O Iraque. ◇ **~ jin** イラク人 O iraquiano.

irákusa 刺草・蕁麻 【Bot.】 A urtiga.

Íran イラン O Irão (Antiga Pérsia). ◇ **~ jin** イラン人 O iraniano. ⇨ Pérusha.

iránú 要らぬ (Neg.-de "iru2") Desnecessário; inútil; supérfluo. ~ *sewa o yakanaide kure* 要らぬ世話を焼かないでくれ Não meta o nariz onde não é chamado/Isto não é da sua conta! ★ ~ *shinpai o suru* 要らぬ心配をする Preocupar-se inutilmente [em vão].

irásshái いらっしゃい (< irásshámu) Entre; faça favor de entrar; seja bem-vindo. *Mata asobi ni ~ ne* 又,遊びにいらっしゃいね Venha (visitar-nos) novamente [outra vez] (sim/está bem?). *Sā ~ ~!* さあいらっしゃいいらっしゃい! [店で] Entrem! / Venham ver, fregueses!

irásshámu いらっしゃる (Cor. de "kuru", "iku", "iru1" e "de aru") **1** [来る] Vir. *Irasshaimase* いらっしゃいませ Seja bem-vindo, em que posso servi-lo? *Yōkoso irasshaimashita* ようこそいらっしゃいました Seja muito bem-vindo. **2** [行く] Ir. *Anata mo sukī e ~ no desu ka* あなたもスキーへいらっしゃるのですか O senhor também vai esquiar? **3** [いる] Estar. *Go-ryōshin tomo go-kenzai de irasshaimasu ka* 御両親共,御健在でいらっしゃいますか Os seus pais ainda estão ambos bem (de saúde)?

irásútó(réshon) [**ée**] **イラスト(レーション)** (< Ing. illustration < L.) A ilustração; o desenho; a gravura. ⇨ sashíé.

irásútórétā [**ée**] **イラストレーター** (< Ing. illustrator < L.) O ilustrador.

iré-ágéru 入れ揚げる (< irérú + ⋯) Esbanjar dinheiro; dar rios de dinheiro「ao clube」. ★ *Onna ni ~* 女に入れ揚げる Esbanjar dinheiro com mulheres.

iré-bá 入れ歯 (< irérú + ha) A dentadura postiça; o dente postiço. ★ ~ *o hameru* [*hazusu*] 入れ歯をはめる[はずす] Colocar [Tirar] a ~. ~ *o suru* 入れ歯をする Pôr [Mandar fazer] um/a ~.

iré-chígáéru 入れ違える (< irérú1 + ⋯) Pôr erradamente「açúcar em vez de sal」; deitar「vinho na taça da cerveja」.

iré-chígáí 入れ違い (< iréchígáu) O cruzar de caminhos (entre pessoas). *O-kyaku-san to ~ ni chichi ga kaette kita* お客さんと入れ違いに父が帰って来た O meu pai voltou mesmo quando a visita ia a sair. [S/同] Ikí-chígáí (+).

iré-chígáu 入れ違う (< irérú + chigáu) Cruzar-se「com eles」no caminho; cruzarem-se「as cartas」.

irégyurā イレギュラー (< Ing. irregular < L.) 【Beis.】 O desvio irregular「da bola」. ◇ **~ baundo** イレギュラーバウンド O ressalto (da bola). ⇨ fu-kísoku; heńsókú.

iréí1 **異例**「é」Uma exce(p)ção「ele vir hoje a horas」; uma anormalidade; um caso estranho [「de calor」excepcional]. ~ *no komento o happyō suru* 異例のコメントを発表する Fazer um comentário estranho.

iréí2 **慰霊** O sufrágio pelos mortos. ◇ **~ sai** 慰霊祭 A cerimó[ô]nia de ~.

iré-jíé 入れ知恵 (< irérú + chié) A sugestão; o meter uma ideia na cabeça. ★ ~ *(o) suru* 入れ知恵(を)する Dar [Sugerir/Incutir] uma ideia.

iré-káé1 **入れ替え** (< iré-káéru) **1** [取り替え] A troca; a substituição. ★ ~ *(o) suru* 入れ替え(を)する Trocar; substituir; repor; mudar. *Kakuryō no ~* 閣僚の入れ替え A remodelação ministerial. [S/同] Torí-káé. **2** [劇場などの] A mudança do público em cada sessão「de cinema」. **3** [鉄道] A agulhagem;

I

a transferência de um comboio [trem] para outra linha. ★ ～ *suru* 入れ替えする Transferir [Passar] (um vagão ou mais) de uma linha para outra. ◇ **～ sen** 入れ替え線 [列車の] A via de manobra [serviço].

iré-káé[2] **入れ換え** (< iré-káéru) A ventilação. *Heya no kūki no ～ o suru* 部屋の空気の入れ換えをする Ventilar [Arejar] o quarto.

iré-káéru 入れ替[換]える (< irérú + …) Trocar; substituir; repor; mudar; transferir. ★ *Cha o* ～ 茶を入れ替える Fazer outro chá. *Gia o* ～ ギアを入れ替える Mudar a velocidade (do carro). *Kokoro [Tamashii] o* ～ 心[魂]を入れ替える Corrigir-se; converter-se; reformar-se [*Kokoro o irekaete majime ni hataraki nasai* 心を入れ替えて，まじめに働きなさい Corrija-se e trabalhe a sério [com afinco]].

iré-káwárí 入れ替[代]わり (< iré-káwáru) A substituição; a troca; a mudança. ★ ～ *ni* 入れ替わりに Em lugar [substituição] de. ～ *tachikawari* 入れ替わり立ち替わり Um após outro; o estar sempre a entrar e a sair [*Sono mise ni wa ～ tachikawari kyaku ga kuru* その店には入れ替わり立ち替わり客が来る Essa loja tem um afluxo contínuo de fregueses [tem sempre gente a entrar e a sair]]. [S/同] Iríkáwárí; kṓtái.

iré-káwáru 入れ替[代]わる (< irérú + …) Trocar; substituir; mudar. ★ *Hoka no hito to* ～ ほかの人と入れ替わる Trocar de lugar com [Ceder o lugar a] outra pessoa; [S/同] Irí-káwáru; kṓtái súrú.

iré-kó 入れ子 (< irérú + …) Um jogo de caixas de tamanhos decrescentes, dispostas umas dentro das outras.

iré-mónó 入れ物 (< irérú + …) O recipiente; a vasilha. [S/同] Yṓki.

irérú 入れる **1** [物に外から中へ入れる] Pôr [Colocar] dentro; meter; deitar; introduzir; fazer entrar; enfiar. *Kōhī ni miruku o o-ire ni narimasu ka* コーヒーにミルクをお入れになりますか Deseja (deitar) leite no seu café? ★ *Atama ni* ～ 頭に入れる Meter na cabeça; memorizar. *Heya ni kaze o* ～ 部屋に風を入れる Arejar a sala [Deixar entrar ar no quarto]. *Hyō o* ～ 票を入れる Introduzir o voto (na urna); votar. *Mimi ni* ～ 耳に入れる Dizer; informar. *Te ni* ～ 手に入れる Conseguir「um bom posto」; obter. **2** [差しはさむ] Inserir; intercalar; intrometer; meter de permeio. ★ *Hito o irete henji o suru* 人を入れて返事をする Responder através de terceiros/um intermediário. *Utagai o* ～ 疑いを入れる Levantar uma dúvida. ⇨ hamé-kómú; sashí-hásámu; sṓnyū ◇. **3** [含める] Incluir; abranger; conter; encerrar. *Shukuhakuryō wa shokujidai o irete ichiman-en desu* 宿泊料は食事代を入れて１万円です A diária, com as refeições incluídas, é (de) dez mil yens. ★ *Kanjō [Keisan] ni* ～ 勘定[計算]に入れる Incluir na conta [nos cálculos]. *Kōryo ni* ～ 考慮に入れる Levar em consideração; ter em conta. [S/同] Fukúmu. **4** [承認する] Aceitar; atender; aceder; dar ouvidos. ★ *Yōkyū o* ～ 要求を入れる Atender um pedido [uma exigência]. [S/同] Kikí-íréru (+); shṓníń súrú; yṓníń súrú. **5** [入らせる] Admitir; aceitar; internar; fazer entrar; acomodar. ★ *Hito o byōin ni* ～ 人を病院に入れる Internar uma pessoa no hospital. *Kodomo o gakkō ni* ～ 子供を学校に入れる Mandar o filho para a escola. ⇨ shū́yṓ[2] ◇. **6** [人を通す] Deixar entrar [passar]. *Dare mo ie e ～ na!* 誰も家へ入れるな! Não deixe entrar ninguém em casa! [S/同] Tṓsu. **7** [雇う] Empregar. ★ *Atarashiku hito o* ～ 新しく人を雇う Meter mais [novos] empregados. **8** [茶などを] Fazer; preparar. ★ *Cha o* ～ 茶を入れる ～ chá. *Kōhī o* ～ コーヒーを入れる ～ café. ⇨ tsukúru. **9** [明かり，電気などをつける] Acender; ligar; pôr em funcionarmento. ★ *Heya ni reibō o* ～ 部屋に冷房を入れる Ligar o ar condicionado no quarto. *Suitchi o* ～ スイッチを入れる Ligar o interruptor. ⇨ tsukéru[1]. **10** [打ち込む] Empenhar-se. ★ *Kokoro o* ～ 心を入れる Fazer com carinho [de coração]; pôr o coração no que se faz. *Mi o* ～ 身を入れる Entregar-se [Dar-se de corpo e alma] ao trabalho. ⇨ uchíkómú[1]. **11** [費やす] Empregar; pôr; aplicar. ★ *Chikara o* ～ 力を入れる Fazer/～ força「a puxar a mesa」. ⇨ mochíiru; tsuíyásu. **12** [補う] Consertar; retocar; completar; acabar; rematar. ★ *Fude o* ～ 筆を入れる Retocar (com pincel). ⇨ ogínáu. **13** [知らせる] Informar; avisar; anunciar. *Kono jōhō wa kare no hō ni mo irete okō* この情報は彼の方にも入れておこう Vamos informá-lo também a ele desta notícia. ★ *Denwa o* ～ 電話を入れる ～ por telefone; telefonar.

irézúmí 入れ墨・文身・刺青 A tatuagem. ★ ～ (*o*) *suru* 入れ墨(を)する Tatuar. [S/同] Horí-mónó.

irí[1] **入り** (< irú[4]) **1** [入る事] A entrada; o ingresso. ★ *Seikai* ～ *suru* 政界入りする Entrar [Estrear-se] no mundo da política. **2** [入場者数] A assistência; o auditório; a plateia. ★ ～ *ga ōi [yoi]* 入りが多い[良い] Ter muita [numerosa] assistência. ～ *ga sukunai [warui]* 入りが少ない[悪い] Ter pouca [fraca] assistência. **3** [容量] A capacidade; o conteúdo. *Kono satō no fukuro wa ichi-kiro ～ desu* この砂糖の袋は１キロ入りです Este pacote de açúcar contém um [é de] kilo. ⇨ yṓryō[1]. **4** [太陽や月が沈む事] O ocaso. ★ *Hi no ～ made ni* 日の入りまでに Até ao ～ [pôr do sol]. [A/反] De. **5** [ある時期の始まる最初の日] A entrada [O início] (De uma estação/um período/uma época). ★ *Higan no* ～ 彼岸の入り O começo do equinócio. ◇ **Tsuyu ～** 梅雨入り O início da estação chuvosa [das chuvas]. **6** [収入] O rendimento; a renda; a receita. [S/同] Mi-írí (+); shū́nyū́ (o). [A/反] De.

irí[2] **要り** (⇨ irú[2]) As despesas; os gastos. *Kongetsu wa itsumo yori ～ ga ōkute rieki ga sukunai* 今月はいつもより要りが多くて利益が少ない Este mês, ～ são maiores do que nunca e o lucro menor. [S/同] Híyō (+); kákari; nyū́hí.

iríáí 入相 O pôr do sol; o ocaso; o fim do dia.

iríáichi 入会地【Dir.】O baldio; o terreno comunitário.

irí-bítárí 入り浸り (< irí-bítáru) O frequentar; a visita repetida. ★ *Sakaba ni ～ de aru* 酒場に入り浸りである Ser frequentador assíduo de bares.

irí-bítáru 入り浸る (< irú[4] + hitárú) Ir amiúde [com assiduidade]; frequentar. ⇨ irí-bítárí.

irié 入り江 A enseada; [S/同] Iríúmi. ⇨ wán[1].

irí-fúné 入り船 (< irú[4] + …) O barco a aportar [a entrar no porto]. [A/反] De-fúné.

irí-gúchí 入り口 (< irú[4] + kuchí) **1** [はいり口] A entrada; a porta; o acesso. ★ ～ *o fusagu* 入り口をふさぐ Obstruir [Impedir/Bloquear] a/o ～. [A/反] Dé-guchi. **2** [比喩的にものごとの始まり] A entrada; o início; o princípio. *Kore ga ano osoroshii jiken no ~ datta* これがあの恐ろしい事件の入り口だった Foi isto o ~ daquele incidente horroroso.

iríhí 入(り)日 (< irú^4 + …) O sol poente; os últimos raios de sol. [S/同] Rakújítsú; yūhí (+).

iríjíumu イリジウム (< Ing. iridium < L. iris: arco-íris) 【Quím.】 O irídio (Ir 77).

irí-kúmu 入り組む (< irú^4 + …) Complicar-se; ficar enredado [intricado]. *Kono kikai no kōzō wa taihen irikunde iru* この機械の構造は大変入り組んでいる A estrutura deste aparelho [desta máquina] é muito complicada. [S/同] Komí-íru (+).

irí-májíru 入り交じる (< irú^4 + …) Misturar; baralhar; confundir. *Kono hako-iri no ringo wa dai shō iri-majitte iru* この箱入りのりんごは大小入り交じっている As maçãs desta caixa estão todas misturadas, grandes e pequenas.

irímámé 炒豆 (< íru^3 + …) O feijão (soja) torrado.

irí-mídáréru 入り乱れる (< irú^4 + …) Misturar-se desordenadamente; ficar numa grande confusão. ★ *Teki-mikata irimidarete tatakau* 敵味方入り乱れて戦う Combaterem todos misturados: amigos e inimigos.

irí-múkó 入り婿 (< irú^4 + …) O homem que por casamento adopta o nome de família da mulher para perpetuar o nome dela. ⇨ yṓshí^4.

irí-támago 煎り玉子 (< íru^3 + …) Os ovos mexidos.

iríúmi 入り海 A baía; a enseada; o braço de mar; a angra. [S/同] Iríé (+).

iríyṓ 入り用 **1** [入用] O que é preciso. ★ ~ *na shina o yōdateru* 入り用な品を用立てる Emprestar o ~「para a viagem」. [S/同] Nyū́yṓ. **2** [必要な費用] A despesa; a soma necessária. *Ikura ~ nan dai* いくら入り用なんだい Quanto é que necessita(s)? [S/同] Nyūhí.

iró 色 **1** [色彩] A cor; o matiz (⇨ iró-áí); o tom. *Nani ~ ga suki desu ka?* 何色が好きですか? De que cor gosta? ★ ~ *chigai no fuku* 色違いの服 O fato de cor diferente. ~ *ga deru* 色が出る Aparecer a cor. ~ *ga kawaru* 色が変わる Mudar de cor. ~ *no haigō* 色の配合 A combinação [O jogo] de cores. ~ *o nuru* [*tsukeru*] 色を塗る [つける] Colorir; pintar. ~ *toridori no* 色とりどりの De várias [diversas] cores. *Akarui* [*Kurai*] ~ 明るい [暗い] 色 A cor clara [escura]. *Koi* [*Usui*] ~ 濃い [薄い] 色 A cor carregada [pálida/leve]. *Ochitsuita* [*Shibui*] ~ 落ちついた [渋い] 色 A cor sóbria [de bom gosto]. *Yawarakai* ~ 柔らかい色 A cor suave. ◇ **~ enpitsu** 色鉛筆 O lápis de cor. **~ mihon** 色見本 A amostra de cores. [S/同] Shikísáí.

2 [はだの色; 顔色] A cor do rosto; a tez. ★ ~ *ga shiroi* [*kuroi*] 色が白い[黒い] Ter a [Ser de] tez clara [morena]. ~ *o ushinau* 色を失う Empalidecer. *Funzen to ~ o nashite okoru* 憤然と色をなして怒る Ficar rubro de cólera [raiva]. [P/ことわざ] ~ *no shiroi wa shichi-nan kakusu* 色の白いは七難隠す A pele branca é só por si atra(c)tivo suficiente. [S/同] Kaó-író.

3 [表情] O aspecto; o ar; o semblante; a cara; a fisionomia. *Haha no kao ni wa hirō no ~ ga mieta* 母の顔には疲労の色が見えた A (minha) mãe mostra (va) sinais de cansaço no rosto [semblante]. [S/同] Hyṓjṓ (+); yṓsú (+).

4 [気配] O aspecto; o ar. *Aki no ~ ga koku natta* 秋の色が濃くなった Isto parece cada vez mais outono. ⇨ kéhai; omómúkí; yṓsú.

5 [色事] A luxúria; a lascívia; o desejo [prazer] carnal. ~ *o konomu* 色を好む Ser lascivo [dado aos prazeres sexuais]. ~ *o uru* 色を売る [女が]Vender o corpo; prostituir-se. [P/ことわざ] ~ *wa shian no hoka* 色は思案の外 A paixão é cega. [S/同] Irógoto (+); jṓji (+). **6** [情人] **a)** O namorado [A namorada]; **b)** O [A] amante. ★ ~ *ga aru* [~ *o motsu*] 色がある [色を持つ]Ter um [uma] amante. [S/同] Jṓjín; koíbító (+). ⇨ iró-ónna **1**; iró-ótoko **1**. **7** [金額などの利益] O lucro [dinheiro] a mais. ★ ~ *o tsukeru* [*soeru*] 色をつける [添える]Dar um dinheirinho a mais [um pouco mais do que o requerido]. **8** [種類] O gé[ê]nero「de comida」; o tipo; a espécie. [S/同] Shúrui (+).

irṓ^1 慰労 O reconhecimento pelos serviços prestados「à universidade」. ★ ~ *suru* 慰労する Reconhecer os… ◇ **~ kai** 慰労会 A festa de ~.

irṓ^2 遺漏 A omissão; a falha; a falta; a lacuna; a negligência. *Banji ~ no nai yō ni o-negai shimasu* 万事遺漏のないようにお願いします Quero que tudo seja feito sem a mínima falha. [S/同] Datsúrṓ; ketsúrṓ; te-núkari (+); te-óchí (o).

iró-áí 色合い (<… **1** + áu) A tonalidade; o matiz.

iró-dórí 彩 [色取] り (<… + tóru) **1** [彩色] A coloração. [S/同] Chakúshókú(o); saíshíkí (+). **2** [配色] A combinação de cores. [S/同] Haíshókú (+). ⇨ iró-áí. **3** [変化] A variedade; o colorido; a graça. ★ *Samazama na sōwa o irete hanashi ni ~ o soeru* 様々な挿話を入れて話に彩りを添える Dar graça [colorido] à palestra intercalando vários episódios. [S/同] Hénka (+).

iró-dóru 彩 [色取] る (<… **1** + tóru) **1** [色を塗る] Colorir; pintar. *Kono kadan wa itsumo kisetsu no hana de irodorarete iru* この花壇はいつも季節の花で彩られている Estes canteiros estão sempre com lindas [coloridas] flores da estação. ⇨ somérú. **2** [化粧する] Pintar-se; maquil(h)ar-se. [S/同] Keshṓ suru (+).

iró-gami 色紙 (<… **1** + kamí) O papel colorido. ⇨ chiyó-gami.

iró-gáwari 色変わり (<… **1** + kawárú) **1** [変色] A descoloração; o desbotamento. ★ ~ *suru* 色変わりする Descolorar; perder a cor; desbotar. [S/同] Heńshókú (+). **2** [規準になるものと色が違うこと] A cor estranha [esquisita/invulgar].

irógoto 色事 (<… **5** + kotó) **1** [肉体関係をもつ恋愛] A aventura amorosa; as relações sexuais. ◇ **~ shi** 色事師 Um dom-joão. [S/同] Iró **5**; jṓji. **2** [芝居で行う男女のなまめかしい演技] A cena de amor. [S/同] Nuré-gótó.

irógótó-shi 色事師 O conquistador de corações.

iró-gúró 色黒 (<… **2** + kurói) A tez morena; a pele trigueira. [A/反] Iro-jiro.

iróha いろは **1** [仮名四十七文字] O silabário [alfabeto] japonês. ~ *no "i" no ji mo shiranai* いろはの "い" の字も知らない Não saber nada; ser completamente [um] analfabeto. ◇ **~ uta** いろは歌 O poema de cujas sílabas iniciais se extraiu o ~. [S/同] Hirágána (+); kaná (o). ⇨ gojū́^{1} ◇. **2** [初歩] Os conhecimentos básicos; os rudimentos; as primeiras noções. ★ *Piano o ~ kara hajimeru* ピアノをいろはから始める Aprender (a tocar) piano a partir das

〜. [S/同] Shóho (+). ⇨ é-bí-shí.

iróhá-gáruta いろは歌留多 (<… **1** + káruta) As cartas de jogar「no Ano Novo」com o alfabeto japonês e poemas tradicionais.

iróíró 色色 O ser múltiplo [vário/diverso]. 〜 *o-hanashi shitai koto ga aru no desu ga* … 色々お話したい事があるのですが… Tenho muito que [muitas coisas para] lhe contar. *Itsumo* 〜 *to arigatō gozaimasu* いつも色々とありがとうございます Muito obrigado por tudo. ★ 〜 *na shurui* 色々な種類 Vários [Diversos] tipos; muitas espécies「de comida」. 〜 *to te o tsukusu* 色々と手を尽くす Tentar de várias maneiras; tentar todos os métodos. [S/同] Kákushu; samázama.

iró-jíkake 色仕掛け (<… **5** + shikáké) O fazer-se amante「para roubar」.

iró-jíró 色白 (<… **2** + shirói) A tez [pele] branca. [A/反] Iró-gúró.

iró-ka 色香 **1** [色と香り] A cor e o aroma. **2** [女の色気] O encanto feminino; os atra(c)tivos femininos. ★ 〜 *ni mayou* 色香に迷う Ficar fascinado [de cabeça perdida] pela beleza de uma mulher.

iróké 色気 **1** [色工合] O matiz [tom] de cor; a tonalidade. [S/同] Iróái (+). **2** [性的な魅力] A sedução [atra(c)ção] sexual. ★ 〜 *no aru* 色気のある Sensual. **3** [異性への興味関心] O desejo [apetite] sexual [amoroso]; ★ 〜 *zuku* [*ga deru*; *tsuku*] 色気付く[が出る; つく] Começar a sentir [Despertar para] as seduções do sexo oposto. **4** [風情] O lirismo; o sonho; o encanto poético. ★ 〜 *no nai hanashi* 色気のない話 A história prosaica [trivial; sem lirismo]. [S/同] Fúzei. **5** [意欲] O interesse; a inclinação. ★ 〜 *ga aru* 色気がある Ter inclinação [queda]「para」; estar interessado「em」. 〜 *o shimesu* 色気を示す Mostrar-se interessado「por」; mostrar desejo「de」. ⇨ íyoku; kańshíń[2]; kyṓmi; yáshin; yokúbṓ. **6** [女っ気] As mulheres; a presença feminina. ★ 〜 *nuki de nomu* 色気抜きで飲む Beber sem mulheres [gueixas]. [S/同] Ońnák-ké (+).

iró-késhí 色消し **1** [物] O acromatismo. **2** [無粋] O prosaísmo; a insipidez; a vulgaridade; a sensaboria. [S/同] Busúí (+); yábo (o).

iró-koi 色恋 O amor sensual. ⇨ reń'áí; shikíjṓ[2].

irókóí-zátá 色恋沙汰 (<… + satá) O caso de amor.

iró-machi 色町【G.】O bairro dos cabarés e bordeis. [S/同] Iró-zato; yū́kákú (+); yū́ri.

iró-me 色目 **1** [布地・紙などの色あい] A tonalidade. [S/同] Iróái; iróké **1**. **2** [恋する気持ちを含んだ, なまめかしい目つき] O olhar lascivo [sensual]; a olhadela amorosa. ★ 〜 *o tsukau* 色目を使う Lançar um 〜; fazer olhinhos. [S/同] Nagáshí-me; shū́ha.

iró-mégane 色眼鏡 **1** [レンズに色がついている眼鏡] Os óculos de [com] lentes de cor. [S/同] Sańgúrasu. **2** [比喩的にかたよった考え] O preconceito. ★ 〜 *de miru* 色眼鏡で見る Julgar segundo ideias preconcebidas; ver com preconceitos.

iróméku 色めく **1** [⇨ iró-zúku]. **2** [活気づく] Animar-se; adquirir vida [animação; movimento]. [S/同] Kakkí-zúku (+). **3** [緊張した雰囲気になる] Agitar-se; excitar-se; ficar alvoroçado [irrequieto]. *Sono jiken de minshū wa iromeita* その事件で民衆は色めいた O acontecimento causou grande excitação entre o povo. ⇨ dṓyṓ[2]; kṓfúń[1]. **4** [色っぽさを帯びる] Tornar-se sensual. ⇨ iróppói; namámékáshíi.

iró-mono 色物 **1** [白・黒以外の色のついた紙・織物] Os tecidos coloridos. **2** [演芸の] O espe(c)táculo de variedades.

iróń 異論 A opinião [O ponto de vista] divergente; a obje(c)ção. [S/同] Hańróń (+); ígi (o); izóń (+).

iró-náoshi 色直し A troca de vestidos da noiva. ★ *O*-〜 *o suru* お色直しをする Trocar [Mudar] de roupa no decorrer do banquete de casamento.

iróńná 色んな【G.】⇨ iróíró.

iró-ónna 色女 **1** [情婦] A amante; a concubina; a amásia. [S/同] Iró **6**; jṓfu[1]. [A/反] Iró-ótoko **1**. **2** [⇨ bíjo].

iró-ótoko 色男 **1** [情夫] O amante; o amásio. [S/同] Iró **6**; jṓfu[2]. [A/反] Iró-ónna **1**. **2** [⇨ bidánshi].

iróppói 色っぽい Amoroso; voluptuoso; erótico; sensual; sedutor.

irórí 囲炉裏 A lareira (ao estilo j., cavada no soalho). ★ 〜 *bata de* 囲炉裏端で Ao lar [À lareira]. ⇨ ro[1].

iró-shū́sa [úu] 色収差 A aberração cromática; o cromatismo.

iró-tsú[-zú]ké 色付け (<… **1** + tsukéru) **1** [色を付ける事] A coloração; a tintura「do tecido」; a pintura. ★ 〜 (*o*) *suru* 色付け (を) する Colorir; tingir「o tecido」; pintar. [S/同] Chakúshókú (o); saíshíkí (+). **2** [売り物におまけをつけたり又, 安くしたりする事] O fazer um abatimento no [do] preço「para vender mais」. *Mō chotto* 〜 *shite yo* もうちょっと色付けしてよ Faça mais um abatimentozinho [um pequeno abatimento]!

iró-tsuya 色艶 **1** [色と光沢] A cor e o lustre. **2** [顔色] A tez; a cor da face. ★ 〜 *ga yoi* [*warui*] 色艶が良い[悪い] Estar com boas [más] cores; ter uma cor sadia [macilenta]. [S/同] Kaó-író (+). **3** [性的な魅力] A atra(c)ção sexual. [S/同] Iróké **2** (+). **4** [おもしろさ] O interesse; a pilhéria; a graça. [S/同] Kyṓshú (+); omóshírómí (o).

iró-wáké 色分け **1** [色によって区別する事] A distribuição [separação] usando cores diferentes. ★ 〜 (*o*) *suru* 色分け (を) する Distribuir [Classificar/Separar] por cores. **2** [分類] A classificação; o agrupamento. ★ *Seitō no* 〜 政党の色分け 〜 dos partidos políticos. [S/同] Buńrúí (+).

iróyói 色よい Favorável; propício. ★ 〜 *henji* 色よい返事 A resposta favorável. [S/同] Konómáshíi (+).

iró-zúku 色付く **1** [葉・実などに色がつく]「o fruto」Ganhar cor;「a maçã」tingir-se「de encarnado」. *Ringo ga* 〜 *kisetsu ni natta* りんごが色づく季節になった Já é altura [época] de as maçãs começarem a pintar. **2** [⇨ iróké **3**].

iró-zúrí 色刷り (< iró **1** + súru[2]) A impressão「do livro」a cores. ◇ 〜 **pēji** 色刷りページ A página ilustrada [a cores].

irú[1] 居る **1** [存在する] Estar; haver (Pessoas e animais; para coisas usa-se "aru"); existir; encontrar-se; morar; habitar; ficar. *Amazon-gawa ni wa pirania ga* 〜 アマゾン川にはピラニアがいる No rio Amazonas há piranhas. *Konna ni samukute wa totemo soto ni irarenai* こんなに寒くては, とても外にいられない Com este frio [um frio destes] não se pode estar lá fora [na rua]. *Watashi wa mō San-Pauro ni ichi-nen* 〜 私はもうサン・パウロに1年いる Já há um

ano que moro [estou/resido/vivo] em São Paulo. ★ *Kono yo kara inakunaru* この世からいなくなる Desaparecer deste mundo; morrer. Ⓢ囲 Sońzái súrú.
2[居合わせる]Estar presente. *Sono jiko ga okotta toki chōdo watashi wa soko ni ita* その事故が起こった時, ちょうど私はそこにいた O acidente ocorreu precisamente quando eu estava (lá). Ⓢ囲 I-áwáséru.
3[状態を表す](Depois de outro v.)Estar. *Kanojo wa sude ni kekkon shite ~* 彼女はすでに結婚している Ela já está casada.
4[進行中であることを表す]Estar「a fazer」. *Ima kare wa shigoto o shite ~* 今, 彼は仕事をしている Ele está trabalhando [a trabalhar] agora.
5[継続を表す]Andar「fazendo/a fazer」. *Maiasa basu de tsūkin shite iru* 毎朝バスで通勤している「Ele」vai todas as manhãs para o trabalho de autocarro [ônibus]. **6**[所有を表す] Haver; possuir; ter. *Kanojo ni wa kodomo ga san-nin ~* 彼女には子供が3人いる Ela tem 3 filhos. **7**[こらえている]Estar; ficar. *Mō ite mo tatte mo irarenai* もういても立ってもいられない Já não aguento[consigo aguentar](mais)「esta situação」.

irú² 要る Precisar; necessitar; exigir; requerer; fazer falta; ser necessário; ser preciso. *Ikura o-kane ga ~ no desu ka* いくらお金が要るのですか De quanto dinheiro preciso? *Kono shigoto wa takusan no jikan [hitode] ga ~* この仕事はたくさんの時間[人手]が要る Este trabalho requer muito[a] tempo [mão-de-obra]. *O-tsuri wa iranai* おつりは要らないよ Não quero [Fique com] o troco. *Sugu henji ga irimasu ka?* すぐ返事が要りますか? É necessária uma resposta de imediato? ⇨ hitsúyō; nyūyō.

irú³ 煎 [炒] Tostar; assar; torrar.

irú⁴ 入る **1**[はいる]Entrar. *Muyō no mono ~ bekarazu* 無用の者入るべからず(掲示) Entrada proibida a estranhos ao serviço! ★ *Dō ni ~* 堂に入る Tornar-se um especialista「em」. *Etsu ni ~* 悦に入る Alegrar-se; rejubilar. Ⓢ囲 Háiru (+). **2**[達する] Chegar; alcançar; atingir. ★ *Rōkyō ni ~* 老境に入る Chegar à [Atingir a] velhice. Ⓢ囲 Tassúrú (+). **3**[充実する] Amadurecer. Ⓢ囲 Jújítsu súrú.

irú⁵ 射る Disparar; lançar; atirar「à perdiz/ao javali」. ★ *Ya o ~* 矢を射る ~ a flecha. ことわざ *Shō o in to hossureba mazu uma o iyo* 将を射んと欲すればまず馬を射よ Quem ama a Beltrão ama a seu cão (Lit. Quem quer matar o general mata primeiro o cavalo).

iru⁶ 鋳る Fundir (metal); moldar (uma estátua); cunhar (moeda).

írui 衣類 A roupa; "roupas"; o traje; o vestuário. Ⓢ囲 Fukú; ífuku; kimónó.

iruká 海豚【Zool.】O golfinho; o delfim.

irúmíneshon〖ée〗イルミネーション(< Ing. ilumination < L.) A iluminação. ⇨ shōméŕ².

i-rúsú 居留守(< irú⁴+rúsu) O "estar ausente" para as visitas. ★ ~ *o tsukau* 居留守を使う Mandar dizer que não está em casa.

íryō¹ 衣料 A roupa; o vestuário. ⇨ iryō-híń¹; ífuku; írui.

íryō² 医療 O tratamento médico; a assistência médica; os cuidados médicos. ★ ~ *o ukeru* 医療を受ける Receber ~. ◊ ⇨ **~ hi**¹[hin²]. **~ hoken** 医療保険 O seguro médico. **~ kikan** 医療機関 Uma organização [instituição] médica [de saúde]. ⇨ chiryō.

iryō-hi¹〖óo〗衣料費 As despesas do vestuário.

iryō-hi²〖óo〗医療費 As despesas da assistência médica.

iryō-híń¹ 衣料品 Os artigos de vestuário.

iryō-híń² 医療品 O equipamento médico.

íryoku¹ 威力 A força; o poder; a potência [da bomba]; a influência. ★ ~ *o hakki suru* 威力を発揮する Exibir poder; usar a sua influência. *Kane no ~* 金の威力 O poder do dinheiro.

íryoku² 意力 A força de vontade. Ⓢ囲 Ishí-ryoku; kiryókú (o); seíshíń-ryoku (+).

iryū 慰留 O convencer alguém a não abandonar o seu posto. ★ *Jinin o ~ suru* 辞任を慰留する Dissuadir alguém de [Convencer a não] se demitir.

iryū-búń 遺留分【Dir.】O quinhão que legitimamente cabe a um herdeiro.

iryū-híń 遺留品. ⇨ wasúré-mónó.

iságíyói 潔い **1**[勇ましい]Valente; heróico; viril; bravo; valoroso. ★ ~ *saigo o togeru* 潔い最後を遂げる Morrer como um bravo [herói]. Ⓢ囲 Isámáshíí (+). **2**[潔白な] Puro; íntegro; honesto. ★ *Isagiyoku wabiru* 潔く詫びる Ter a honestidade de pedir desculpa. Ⓢ囲 Keppákú ná (+); seíréń ná. **3**[思い切りのよい]Decidido; resoluto. Ⓢ囲 Omóíkírí nó (+).

iságíyóshi to shinai 潔しとしない Ter vergonha「de」; ser demasiado orgulhoso「para」; sentir-se superior「a」.

ísai¹ 委細 Os pormenores; as particularidades. ~ *shōchi itashimashita* 委細承知いたしました Entendi tudo até ao último pormenor. ★ ~ *kamawazu* 委細構わず Sem fazer caso dos ~; sem atender aos ~. ◊ **~ mendan** 委細面談 (掲示) Os ~ (mais concretos) ficam para depois, na entrevista pessoal. Ⓢ囲 Ikyóku²; meísáí; shisáí; shōsáí (+).

ísai² 異才 Um raro talento.

ísai³ 異彩 O sobressair; o brilho [a cor] especial. ★ ~ *o hanatsu* 異彩を放つ Dar nas vistas; destacar-se; sobressair「entre os outros artistas」; distinguir-se; brilhar.

ísai⁴ 偉才 O grande homem; o homem de gé(ê)nio; um talento. Ⓢ囲 Itsúzái.

isákái 諍い A briga; a disputa; a altercação. ★ ~ *o suru* 諍いをする Brigar; altercar; discutir. Ⓢ囲 Ií-áí (+); ií-árásóí; kŏron.

isákí 伊佐木【Zool.】O roncador [dentão] (Peixe).

isámáshii 勇ましい Bravo; corajoso; valente; varonil; heróico; valoroso. ★ ~ *okonai* 勇ましい行い O a(c)to heróico [de bravura]. Ⓢ囲 Yūkáń (ná).

isámé 諌め(< isáméru) A advertência; o aviso; a admoestação; o reparo; o conselho. ★ ~ *o kiku* 諌めを聞く Ouvir a/o ~. Ⓢ囲 Chūkókú (o); íken (+); kańgéń. ⇨ imáshímé¹.

isámeru 諌める Chūkókú súrú (+); íken suru (+); kańgéń súrú. ⇨ imáshímérú¹; satósú.

isámíashi 勇み足 **1**[相撲の] O pôr o pé fora da arena do sumô, por engano. **2**[比喩的に, 調子にのってやりすぎしくじる事, 調子にのって言いすぎる事] A precipitação; o pisar o risco. *Shinbunsha no ~ de gohō ga dashite shimatta* 新聞社の勇み足で誤報を出してしまった O jornal precipitou-se e deu a

isámíhada 勇み肌 A índole cavalheiresca.
isámí-tátsu 勇み立つ (< isámu + …) Animar-se; ganhar alento; exaltar-se. (S/同) Fúnki suru (+); furúítatsu.
isámu 勇む Estar cheio de ânimo [entusiasmo]. ★ *Isande senchi e mukau* 勇んで戦地へ向かう Partir para a frente de batalha com grande ânimo. (S/同) Hazúmí; kíou.
isán[1] 遺産 **1** [死んだ人が後に残した財産] A herança; o legado. ★ *o nokosu* 遺産を残す Deixar um/a ~. *~ o tsugu* 遺産を継ぐ Ficar com a ~. ◇ **~ arasoi** 遺産争い O desentendimento entre herdeiros. **~ kanri** 遺産管理 A curadoria; a administração da ~. **~ sōzoku** 遺産相続 A sucessão à ~. **~ sōzokunin** 遺産相続人 O herdeiro. **~ (sōzoku) zei** 遺産(相続)税 O imposto relativo [sobre a ~]. **2** [比喩的に過去の人が残した業績] A herança; o legado. ★ *Nihon no bunka-teki ~ o mamoru* 日本の文化的遺産を守る Proteger o/a ~ cultural do J.
isán[2] 胃酸 [Fisiol.] A acidez gástrica [do/no estômago]. ◇ **~ kata** 胃酸過多 A hiperacidez…
isán[3] 胃散 O pó medicinal para o estômago.
isáó 勲 A façanha; a proeza. (S/同) Kóséki (+); tegáráó (+).
isáríbi 漁り火 [E.] A fogueira [O lume] nos barcos de pesca para atrair os peixes. (S/同) Gyóka.
isásáka 聊か Um pouco; levemente; um tanto; algo. *Kare wa ~ mo hajiru yōsu wa nakatta* 彼はいささかも恥じるようすはなかった Não parecia [dava sinais de] sentir qualquer vergonha. *Sore ga ~ nari to anata no o-yaku ni tateba ureshii desu* それがいささかなりとあなたのお役に立てばうれしいです Se isso [assim] lhe puder ser útil, ainda que pouco, sentir-me-ei feliz. *~ no* 聊かの Pouco; diminuto; insignificante; escasso. (S/同) Shōshō (+); sukóshi (o); wázuka (+).
isé-ebi 伊勢海老 [蝦] A lagosta (grande). ⇨ ebí.
iséi[1] 異性 **1** [性の異なること] O outro sexo; o sexo oposto. ★ *~ kan no* 異性間の「as relações」Entre os dois sexos. *~ no* 異性の「uma relação」Heterossexual. ◇ **~ kankei** 異性関係 As relações com o ~. (A/反) Dóséi. **2** [性質がちがうこと; 物] A heterogeneidade. (S/同) Ishítsú. (A/反) Dóséi. ~ séishítsú. **3** [Quím.] O isomerismo; a isomeria. (S/同) Dóshítsú.
iséi[2] 威勢 **1** [勢力] O poder; a influência. ★ *~ o furuu* 威勢を振るう Usar ~. **2** [元気] A força; a energia; o vigor; o ânimo; a vitalidade. ★ *~ ga yoi* 威勢がよい Estar cheio de ~. *~ o tsukuru* 威勢をつける Animar; encorajar; estimular. (S/同) Génki (o); iklói (+); kakkí (+).
iséi[3] 以西 Para oeste. ★ *Koko kara ~ ni [no; wa]* ここから以西に[の; は] Daqui ~. (A/反) Itō. Níshí.
iséi[4] 遺精 [Med.] A espermatorreia. (S/同) Muséi (+).
iséi-tái 異性体 [Quím.] O (corpo) isó(ō)mero.
iséki[1] 遺跡 Os restos; as relíquias; os vestígios. ★ *Kodai bunmei no ~* 古代文明の遺跡 Os vestígios da civilização antiga. (S/同) kyūsékí.
iséki[2] 移籍 **1** [転籍] A transferência do regist(r)o de domicílio. ★ *~ suru* 移籍する Transferir o ~. (S/同) Teñsékí. ◇ koséki. **2** [スポーツ選手の] A transferência de um jogador. *Ta no chīmu ni ~ o kibō suru* 他のチームに移籍を希望する Desejar ser transferido para outra equipe/a.

Isé-máiri 伊勢参り A peregrinação ao santuário x[sh]intoísta de Ise.
isén 緯線 [Geogr.] O paralelo (de latitude). (S/同) Idó-sén. (A/反) Kéisen.
i-sénjō 胃洗浄 [Med.] A lavagem ao estômago.
isétsú 異説 A opinião [O ponto de vista] diferente; outra teoria. ★ *~ o tonaeru* 異説を唱える Defender um/a ~.
ishá[1] 医者 O médico; o doutor; o clínico. ~ *ni kakaru* [*mite morau*] 医者にかかる [診てもらう] Ir ao [Consultar o] médico. *Kakaritsuke no ~* かかりつけの医者 O médico da família. *(ことわざ) ~ no fuyōjō* 医者の不養生 Santos de casa não fazem milagres/Médico cura-te a ti mesmo.
ishá[2] 慰謝 A consolação; o consolo; o conforto. ★ *~ suru* 慰謝する Consolar; confortar. ⇨ itáwári; nagúsaméru.
ishá-ryō 慰謝料 A compensação monetária. ★ *~ o yōkyū suru* [*shiharau*] 慰謝料を要求する [支払う] Exigir [Pagar] uma ~.
íshi[1] 石 **1** [岩石] A pedra; o seixo; o calhau. *~ ni kajiritsuite mo kono shigoto dake wa yaritogete miseru zo* 石にかじりついてもこの仕事だけはやり遂げてみせるぞ Pelo menos esta obra, meus senhores, hei-de levá-la ao fim, custe o que custar. ★ *~ darake no michi* 石だらけの道 O caminho pedregoso [cheio de calhaus/pedras]. *~ no ōi* 石の多い「terreno」Pedregoso [Cheio de/Com muitas pedras]. *~ no yō ni damarikomu* 石のように黙り込む Ficar mudo como um penedo. *~ o nageru* 石を投げる Apedrejar; atirar pedras [uma pedrada]. *(ことわざ) ~ ga nagarete konoha ga shizunu* 石が流れて木の葉が沈む O mundo anda de pernas para o ar [anda todo às avessas]. (Lit. As ~s vão a flutuar na água e as folhas vão ao fundo). *~ no ue ni mo san-nen* 石の上にも三年 Quem espera, sempre alcança. ⇨ gánseki; iwá[1]; ko-íshí. **2** [宝石] A pedra preciosa; a jóia; a gema; o rubi [de relógio]. (S/同) Hōsékí (+). **3** [囲碁] A pedra de gô. (S/同) Goíshí (+). **4** [ライターの] A pedra de isqueiro.
íshi[2] 意志 A vontade; o querer. ★ *~ ni han shite* 意志に反して Contra a sua ~; 「fazer mas」contrafeito. *~ no chikara* 意志の力 ⇨ ishí-ryoku. *~ no tsuyoi* [*~ kyōkō na*] 意志の強い [強な] Determinado; firme; decidido; que tem força de vontade; voluntarioso. *~ no yowai* [*~ hakujaku na*] 意志の弱い[意志薄弱な] Fraco de vontade; abúlico. *Fukutsu no ~* 不屈の意志 A ~ de ferro.
íshi[3] 医師 O médico; o doutor; o clínico. ◇ **~ hō** 医師法 O decreto de saúde. **~ kai** 医師会 A associação de [Ordem dos] médicos. **~ kokka shiken** 医師国家試験 O exame para (poder ser) médico a nível nacional. (S/同) Ishá (+).
íshi[4] 意思 A intenção; o intento; o propósito; o desígnio; a ideia. ★ *~ no sotsū o kaku* 意思の疎通を欠く Carecer de entendimento mútuo. *~ o shimesu* [*hyōji suru*] 意思を示す [表示する] Manifestar a sua intenção. *~ o tsutaeru* 意思を伝える Comunicar as suas intenções. *Hito no ~ ni somuite* 人の意思にそむいて Contra o desejo dos outros. (S/同) Kañgáe; tsumóri. ⇨ íshi[2].
íshi[5] 遺志 [E.] O último desejo [A última vontade]

de alguém que faleceu.
íshi⁶ 縊死 O suicídio por enforcamento. ★ ~ *suru* 縊死する Enforcar-se. S/同 Kubí-kúkúri (+); kubí-tsúrí (o).

ishi-átama 石頭 **1**「石のようにかたい頭」A cabeça dura (como pedra). **2**「がんこで融通がきかない事・人」O cabeçudo; o teimoso; o cabeça-dura. S/同 Kanázúchí-átama. ⇨ gánko; gójō.

ishi-bai 石灰 (<…¹+hái) A cal. S/同 Sékkai (+).

ishi-báshi 石橋 (<…¹+hashí) A ponte de pedra. ことわざ ~ *o tataite wataru* 石橋を叩いて渡る Pensar duas vezes antes de agir; ser muito prudente [cauteloso]; ver primeiro onde põe o pé.

ishi-béi 石塀 (<…¹+héi) O muro de pedra.

ishibe-kińkichi 石部金吉【G.】O homem íntegro [incorrupto]; um catão. S/同 Bokúsékíkan; katábútsú. ⇨ gánko; kimájíme.

ishibótoke 石仏 (<…¹+hotoké) O [Uma estátua de] Buda em pedra. S/同 Sekíbútsú.

ishíbúmi 碑 ⇨ sekíhí.

íshi-dán 石段 As escadas de pedra.

ishí-dátami 石畳 (<…¹+tatámí) O pavimento de [em] pedra; a rua calcetada.

ishí-dōrō [dóo] 石灯籠 (<…¹+tốrō) A lanterna de pedra (do jardim) (Adorno).

ishí-gáki 石垣 (<…¹+kakí²) A parede [O muro] de pedra. ⇨ ishí-béi.

ishí-kéri 石蹴り (<…¹+kéru) O jogo da macaca (De crianças, dando pontapés a uma pedra).

íshiki 意識 **1**[はっきりした知覚]A consciência; os sentidos; o conhecimento. ★ ~ *fumei no jōtai de aru* 意識不明の状態である Estar inconsciente [sem sentidos]. ~ *ga aru* 意識がある Estar consciente [Ter conhecimento]. ~ *ga hakkiri shite iru* 意識がはっきりしている Estar perfeitamente consciente. ~ *o kaifuku suru* 意識を回復する Recuperar os sentidos; voltar a si. ~ *o ushinau* 意識を失う Perder os sentidos. ⇨ ishíkí-téki. **2**[自覚] A consciência; a percepção; o senso. *Kare ni wa tsumi no* ~ *ga mattaku nai* 彼には罪の意識が全くない Ele não tem nenhuma consciência de pecado [Ele é insensível/um bruto]. ★ ~ *suru* 意識する Ter [Tomar] consciência「de」. *Shōhai no* ~ *sezu ni*[*shinaide*] 勝敗を意識せずに[しないで]Sem saber [se importar com] as consequências. *Kokumin no* ~ *chōsa* 国民の意識調査 Um inquérito da consciência do país「quanto à saúde」. ◇ *Seiji* ~ 政治意識 A consciência política. S/同 Jikákú. **3**[社会などに対する認識]A consciência social. ★ ~ *no hikui hito* 意識の低い人 O indivíduo com falta de ~.

ishí-kírí 石切り (<…¹+kíru) **1**[山から石を切り出す事] O trabalho de cantaria; o cortar pedra. **2**[⇨ íshíkú].

ishíki-téki 意識的 Consciente; intencional. ★ ~ *ni uso o tsuku* 意識的にうそをつく Mentir conscientemente.

ishikóro 石ころ A pedr(inh)a; o seixo. S/同 Ko-íshí (+).

ishíkú 石工 O canteiro; o pedreiro. ⇨ ishiyá **2**; ishí-yá; sekkō.

ishimóchi 石首魚・石持【Zool.】A corvina-de-linha;[-de-coro].

íshin¹ 維新 A restauração「de Portugal em 1640, com D. João IV」. ◇ *Meiji* ~ 明治維新 A Restauração de Meiji (1868). ⇨ fukkō¹; kakushín³.

ishin² 威信 (< igén + shinbō)【E.】O prestígio; a honra; a dignidade) A autoridade. *Seifu no* ~ *wa chi ni ochita* 政府の威信は地に落ちた A autoridade do governo ruiu/caiu por terra [O governo perdeu todo o seu prestígio]. ★ ~ *ni kakawaru* 威信にかかわる Comprometer [Afectar] o/a ~. ~ *o kaifuku suru* 威信を回復する Recuperar o/a ~. ~ *o kizutsukeru* 威信を傷つける Ferir [Abalar] o prestígio. ~ *o tamotsu* 威信を保つ Manter o seu/a sua ~.

ishín³ 異心 O intento traiçoeiro. S/同 Futá-gókoro (+).

ishin-deńshín 以心伝心 A comunicação por pensamento ~ 「sentence sem palavras」.

íshi-ryoku 意志力 A força de vontade. ⇨ íshi².

ishítsú¹ 異質 A heterogeneidade「daquela cultura」. *Koko no bubun dake chisō ga* ~ *da* ここの部分だけ地層が異質だ Só esta parte da camada geológica é diferente [heterogé(ê)nea]. A/反 Dōshítsú.

ishítsú² 遺失 A perda; o extravio. ◇ ⇨ ~ *butsu*. ~ *todoke* 遺失届 A declaração de ~ 「da mala」. S/同 Funshítsú (+).

ishítsú-butsu 遺失物 A coisa perdida. ◇ ~ *toriatsukai-jo* 遺失物取扱所 A se(c)ção dos perdidos e achados [das ~s]. S/同 Funshítsú-butsu; otóshímóno (+); wasúré-móno (+).

ishí-úsú 石臼 A mó [pedra de moinho]. ★ ~ *de kona no hiku* 石臼で粉をひく Moer「o trigo」o ~.

ishí-wátá 石綿 O asbesto; o amianto. S/同 Sekímén.

ishíyá 石屋 **1**[石工] O pedreiro; o canteiro; o alvanel. ⇨ íshíkú **2**; ishíkō **1**; sekkō. **2**[石材・庭石や細工をしたりする石などを商う人・職業] O negócio [negociante] de cantaria (e pedra).

ishi-yáki-imo 石焼き芋 (<…¹+yakú+…) A batata-doce assada entre [sobre] pedras quentes.

ishizúé 礎 **1**[家の柱の下に置く石] A pedra angular [de alicerce das colunas de madeira)]. S/同 Dodái-ishi. **2**[基礎] A base; os alicerces. ★ *Kaisha no* ~ *o kizuku* 会社の礎を築く Lançar as/os ~ s da empresa. S/同 Kíso (+).

ishí-zúkuri 石造り (<…¹+tsukúru) A alvenaria; a arte de construir em pedra (e cal). S/同 Sekízō.

ishí-zúri 石摺り (<…¹+súru) A litografia (Impressão tirada de uma pedra com inscrições). ⇨ takúhóń.

íshō¹ 遺書 **1**[遺言書] A nota escrita deixada por um suicida (defunto). ★ ~ *o kaku* [*shitatameru*] 遺書を書く[したためる] Escrever uma nota antes de morrer. S/同 Kakí-óki; yuígón-shó. **2**[⇨ ícho].

ísho² 医書 O texto [tratado] de medicina. S/同 Igákú-shó (+).

ishō¹ 衣装[裳] O vestuário; a roupa; a indumentária. ◇ ~ *dansu* [*gakari/mochi*]. *Kashi* ~ 貸し衣装 ~ de aluguer/l. *Yomeiri* ~ 嫁入り衣装 O enxoval de noiva. *Mago (Almocreve) ni mo* ~ *mo kisenai* 馬子にも衣装 Um burro carregado de livros é um doutor. S/同 Fukú; ifuku; kimónó (+).

ishō² 意匠 **1**[趣向] A ideia; o plano; o esquema. ★ ~ *o korasu* 意匠を凝らす Inventar um ~. S/同 Shukō (+). **2**[デザイン] O desenho [esboço; proje(c)to] artístico [decorativo]. ★ ~ *tōroku* 登録 O regist(r)o da autoria de uma criação artística. *Tōroku* ~ 登録意匠 ~ regist(r)ado. S/同 Dezáin (+).

ishó³ 異称【E.】O outro nome; um pseudó(ô)nimo [nome diferente]. S/同 Betsúméi (o); ichíméi; iméí; imyō (+).

ishō-dánsu 衣装箪笥 (<…¹ + tańsú) O guarda-roupa[-fatos].

ishō-gákari[-kátá] 衣装係[方] (<…¹ + kákari)【Te.】O guarda-roupa.

ishóku¹ 移植 O transplante; a transplantação; o enxerto. ◇ **Jinzō ~ shujutsu** 腎臓移植手術 O transplante do rim.

ishóku² 衣食 **1**[衣料と食料] A roupa e a comida. P:ことば ~ tarite reisetsu o shiru 衣食足りて礼節を知る Bem comido, bem educado. ⇨ iryó¹; shokú-ryō¹,². **2**[生活] A subsistência; o sustento; a vida. S/同 I-shókú-jū **2**; seikátsu (o); seíkéi (+).

ishóku³ 異色 **1**[異なった色] A cor diferente. A/反 Dōshóku. **2**[一風変わっている事] A singularidade; a originalidade. ⇨ ishítsú¹.

ishokú⁴ 委嘱 A comissão; a incumbência; o encargo. ★ ~ suru 委嘱する Dar o encargo「de preparar a festa」; incumbir「o dr. Tanaka de escrever a música」; confiar o cargo「de」. S/同 Itákú¹ (+).

ishókú-gote 移植ごて (<…¹ + koté) A espátula para arrancar plantas pequenas.

i-shókú-jū 衣食住 **1**[衣料と食料と住居] O te(c)to, a comida e a roupa. ⇨ iryó¹,²; jūkyo; shokú-ryō¹,². **2**[生活] A vida; a sobrevivência. S/同 Ishóku² **2**; seikátsú (+); seíkéi (+).

ishō-mochi [ó o] 衣装持ち (<…¹ + mótsu) A pessoa que possui um farto guarda-roupa.

íshu¹ 異種 A espécie diferente. ★ ~ no 異種の De outra [diferente] espécie. ◇ ⇨ **kōhai**. S/同 Besshú; kawárí-dáné. A/反 Dōshóku.

íshu² 意趣 **1**[うらみ] O rancor; o ressentimento. ★ ~ ga aru [o motsu] 意趣がある[を持つ] Ter [Guardar] rancor a alguém. ◇ ~ **barashi** 意趣晴らし ⇨ **gaeshi**. S/同 Ikón (+); urámí (o). **2**[意図] A intenção; um「mau」propósito. S/同 Íto² (+); kańgáe.

ishū 異臭 O mau cheiro; o fedor; o cheirete. ★ ~ o hanatsu 異臭を放つ Cheirar mal; feder; deitar mau cheiro. S/同 Akúshū. ⇨ kusáí¹.

ishū-gáeshi 意趣返し (<íshu² + káesu) A vingança; a desforra; a represália.

ishū-kōhai [óo] 異種交配【Zool.】A hibridação; o cruzamento de espécies distintas. ⇨ íshu¹.

ishúku¹ 萎縮 **a)** O encolhimento; a contra(c)ção; a atrofia「do rim」; o definhamento; **b)** O ficar murcho「com a repreensão」. ★ ~ suru 萎縮する Encolher; contrair-se; murchar; definhar; atrofiar-se.

ishúku² 畏縮 O encolhimento; a cobardia. ★ ~ suru 畏縮する Acanhar-se; encolher-se; recuar「perante um obstáculo」; acobardar-se. ⇨ ijíkéru.

ishútsú 移出 O despacho [A expedição]「de mercadorias por barco」. ★ ~ suru 移出する Despachar [Expedir]. A/反 Inyū. ⇨ yushútsú.

isó 磯 A praia (rochosa); a costa; o mar. ★ ~ no kaori ga suru nori 磯の香りがするのり A alga que cheira a mar. ◇ ~ **zuri**.

isō¹ 移送 O transporte; a transferência「do preso/para o Supremo Tribunal」. ★ ~ suru 移送する Transportar; transferir; trasladar. S/同 Idō (+).

isō² 位相 **1**【Mat.】A topologia. ◇ ~ **sūgaku** 位相数学 A topologia. **2**【Fís.】A fase.

isóbe 磯辺 ⇨ isó.

isō-gai [óo] 意想外 ⇨ yosō-gai.

isógáséru 急がせる (<isógu) Apressar; meter pressa; fazer andar depressa. ★ Jidōsha o ~ 自動車を急がせる Apressar o condutor「para chegar a horas」. S/同 Isógásu; sekásu; sekítátérú.

isógáshii 忙しい **1**[多忙な] Ocupado; atarefado; cheio de afazeres. O- ~ tokoro o o-jama itashimashita お忙しい所をお邪魔致しました Desculpe(-me) ter-lhe tomado o seu precioso tempo. ★ ~ hito [karada] 忙しい人[体]「sou」Uma pessoa muito ocupada. Me ga mawaru hodo ~ 目が回るほど忙しい Estar ocupadíssimo. Nani ka to ~ 何かと忙しい Ter muito que [muitas coisas para] fazer. S/同 Tabō ná. **2**[じっとしていない] Apressado; impaciente; frenético. ~ shōbun no hito 忙しい性分の人 Uma pessoa ~ [cheia de frenesi]. ⇨ sewá-shíi.

isógáshisa 忙しさ (Sub. de isógáshíi) A sobrecarga de serviço [trabalho]; a azáfama「constante」. S/同 Tabō.

isógásu 急がす ⇨ isógáséru.

isógí 急ぎ (< isógu) A pressa; a azáfama; a impaciência; a urgência「do caso」.

isógí-ashi 急ぎ足 O passo rápido. ★ ~ de aruku 急ぎ足で歩く Andar a passo rápido. S/同 Hayá-áshí.

isóginchaku 磯巾着 (<…¹ + kińchákú)【Zool.】A actínia; a ané(ê)mona-do-mar.

isógu 急ぐ **1**[早くしようとする] Apressar-se; aviar-se; despachar-se. Isoganai to gakkō ni okureru yo 急がないと学校におくれるよ Se não te despachas, vais chegar tarde à escola. Isoge 急げ Apressa [Despacha/Avia]-te! ★ ~ toki wa 急ぐ時は Quando não há tempo [Quando se tem pressa]. Junbi o ~ 準備を急ぐ Preparar depressa. Shigoto o ~ 仕事を急ぐ Despachar o serviço. P:ことば Isogaba maware 急がば回れ Quanto mais depressa, mais devagar. **2**[焦る] Estar com pressa「de começar」; estar impaciente「por」. ~ Kachi o ~ 勝ちを急ぐ Estar impaciente pela vitória. Ketsuron o ~ 結論を急ぐ Concluir antes de tempo; tirar logo a conclusão. S/同 Aséru. **3**[目的地へ早く着こうとする] Ter pressa; andar depressa. ★ Michi o ~ 道を急ぐ Apressar o passo; caminhar depressa.

isóide 急いで (< isógu) Depressa [Com pressa; Apressadamente]; com rapidez [velocidade]. ★ ~ aruku 急いで歩く Andar depressa; caminhar a passo rápido. S/同 Háyaku. A/反 Gúzuguzu shite; nońbíri; yukkúri.

ísoiso (to)いそいそ (と) Alegremente; todo contente; com boa disposição. ★ ~ otto o mukaeru いそいそと夫を迎える Receber [Acolher] alegremente [toda contente] o marido (que volta do emprego).

isón 依存 ⇨ izón².

Isóppú-mónógátari イソップ物語 As fábulas de Esopo.

isórō 居候 O parasita「do amigo」; o chupista (G.); o explorador. S/同 Shokkyáku.

isóshimu 勤しむ【E.】Devotar-se「a」; aplicar-se「a」. S/同 Hagému (o); tsutómeru (+). A/反 Namákéru; okótáru.

isó-zúri 磯釣り (<…+ tsurí) A pesca nas rochas [nos rochedos].

íssai[1] 一歳 (< ichí[1] + sái) Um ano de idade.
íssai[2] 一切 **1** [全部]「perdi」Tudo; o「custo」total; a totalidade「das despesas」. ★ ～ *de* 一切で Na totalidade; por inteiro. ～ *no* 一切の Todo; total. [S/同] Zénbu (+). **2** [全然] De maneira nenhuma; absolutamente「nada」. *Kakeuri wa ～ itashimasen* 掛け売りは一切致しません（掲示）Não vendemos fiado [a crédito] em caso algum [de maneira nenhuma/alguma]. [S/同] Mattákú (+); zeńzéń (o).
issái-gássai 一切合切 Todo, todo (todo); todinho; tudo e mais alguma coisa. *Kare wa kaji de zaisan o ～ ushinatta* 彼は火事で財産を一切合切失った Ele perdeu toda a fortuna no incêndio (, todinha). [S/同] Zénbu (+); sukkári.
issái-táfu 一妻多夫 A poliandria. ⇨ ippú-íppu[-tasáí].
issákú[1] 一策 O plano; a ideia. ★ ～ *o anjiru* 一策を案じる Inventar [Conceber] um plano. *Kyōyo no ～* 窮余の一策 O último recurso. [S/同] Ikkéí.
issákú[2] 一昨 Dois「dias/meses/anos」atrás.
issákú-ban[-ya] 一昨晩 [夜] A noite de anteontem [Há duas noites].
issákú-jitsu 一昨日 Anteontem; antes de ontem; há dois dias. [S/同] Otótói (+).
issákú-nen 一昨年 Dois anos atrás [Há dois anos]. [S/同] Otótoshi (+).
issáńká-tánso 一酸化炭素 O monóxido de carbono. ◇ **～ chūdoku** 一酸化炭素中毒 A intoxicação de [por] ～.
issán ni 逸散に ⇨ ichímókusan.
issátsú[1] 一冊 (< ichí[1] + -sátsu) Um exemplar「de livro/revista/boletim」; ⇨ ikkán[1].
issátsú[2] 一札 **1** [一通の証書・証文] **a)** Um documento; **b)** Um título [Uma obrigação] de crédito; uma caução. ★ ～*(o)ireru* 一札(を)入れる Dar/Assinar uma ～. **2** [一通の手紙] Uma carta. ⇨ ittsū́.
íssei[1] 一世 **1** [一代] Uma geração (⇨ **5**). [S/同] Ichídai (+). **2** [一生] Uma vida; (o decurso de) uma existência. [S/同] Isshṓ[1] (+). **3** [その時代] A época; o tempo. ★ ～ *o fūbi suru* 一世を風靡する Dominar a sua época「como romancista」. [S/同] Géndai(o); tṓdai (+). **4** [最初の即位者] O primeiro titular de uma dinastia. ◇ **Naporeon ～** ナポレオン一世 Napoleão I. **5** [移民の] A primeira geração de imigrantes. ◇ **Nikkei burajirujin ～** 日系ブラジル人一世 ～ japoneses no Brasil.
isséí[2] 一斉 A simultaneidade; o conjunto. ★ ～ *ni* 一斉に「saíram」Todos juntos;「a multidão」num só corpo [em uníssono]「cantou o hino da paz」. ◇ **～ shageki** 一斉射撃 **a)** A descarga simultânea; o tiroteio cerrado; **b)** A salva de tiros. **～ torishimari** 一斉取り締まり A prisão de todos os infra(c)tores [culpados] ao mesmo tempo. [S/同] Ichídó (o); ichíji (+). ⇨ dṓjí[1].
issé-íchídai 一世一代 (< isséí + ichídai) Uma vez na vida. ★ ～ *no haresugata* 一世一代の晴れ姿 A apresentação「com um vestido」deslumbrante ～.
issékí[1] 一席 **1** [演説・講談・落語・宴会などの一回] **a)** Uma sessão「de conferências」; uma reunião; **b)** Uma festa. ★ ～ *mōkeru* 一席設ける Dar [Fazer] uma festa. **2** [作品の優劣を決める序列で第一番] O primeiro lugar「no concurso」. ⇨ ichíban; ittṓ[1].
issékí[2] 一隻 (< ichí[1] + séki) **1** [船の数え方] Um barco [navio]. **2** [一対になったものの片方] Um elemento de um par. ⇨ ittsúí.
issékí[3] 一夕 Uma (certa) noite「fui roubado」;「choveu toda」a noite. ◇ ⇨ **itchō ～**. [S/同] Hitóban (o); ichíya (+).
issékí[4] 一石 Uma pedra. ★ ～ *o tōjiru* 一石を投じる Causar agitação; levantar [fazer] ondas.
isséki-níchṓ 一石二鳥 De uma cajadada matar dois coelhos (Lit. "Com uma pedrada dois pássaros"). ～ *no aidia* 一石二鳥のアイディアだ Grande ideia! [Isso é de…]! [S/同] Íkkyo-ryṓtókú.
isséń[1] 一戦 Uma luta; uma batalha; um confronto. ★ ～ *o majieru* 一戦を交える Travar uma batalha「com o inimigo na fronteira」. ⇨ shṓbu[1]; tatákáí.
isséń[2] 一線 (< ichí[1] + sén) **1** [一本の線] Uma linha; um traço. **2** [はっきりとした区切り] A distinção clara「entre bom e mau」; a linha de demarcação;「ultrapassar」o limite. ★ ～ *o kaku suru* 一線を画する Traçar uma linha divisória; fazer uma clara demarcação. [S/同] Kugírí. **3** [第一線] A linha da frente; a primeira linha. ★ ～ *de baribari hataraku* 一線でばりばり働く Trabalhar a(c)tivamente na ～. [S/同] Dái-isséń (+).
isséń[3] 一閃【E.】Um clarão「do raio」; um lampejo; uma faísca. ★ ～ *no hibana* 一閃の火花 Uma faísca de fogo.
issétsú[1] 一説 (< ichí[1] + sétsu[2]) **1** [一つの説] Uma opinião; uma versão; uma teoria. **2** [ある説・他の説] Uma outra opinião [versão; teoria]; um outro ponto de vista. ★ ～ *ni wa* [*ni yoreba*] 一説には [よれば] Segundo um/a ～.
issétsú[2] 一節 Um parágrafo; um trecho; uma passagem; um versículo「da Bíblia」; uma sílaba (da palavra).
íssha 一社 Uma firma [companhia]. ⇨ kaíshá.
íssha-sénri 一瀉千里「ir/escrever」A toda a velocidade. ★ ～ *ni benjitateru* 一瀉千里に弁じ立てる Falar [Discursar] como uma metralhadora [～]. ⇨ sumíyaka.
ísshi[1] 一子「ter」Um filho.
ísshi[2] 一糸 Um fio. [I/慣用] ～ *mo matowazu ni* 一糸もまとわずに Todo despido; todo [completamente] nu. ～ *midarezu* 一糸乱れず「um argumento」Perfeitamente lógico [Em perfeita ordem]. ⇨ íto[1].
ísshi[3] 一指 Um dedo. ⇨ yubí.
ísshi[4] 一矢【E.】Uma farpa [flecha/seta]. ★ ～ *o mukuiru* 一矢を報いる Retorquir; ripostar. ⇨ ya[1].
ísshi-dōjin 一視同仁【E.】A imparcialidade; a igualdade no trato; a abertura; a magnanimidade.
isshíkí 一式 Um jogo; um conjunto「de peças/de mobília」; uma cole(c)ção. ◇ **Daidokoro yōhin ～** 台所用品一式 Um jogo de cozinha. [S/同] Hitósoroi.
isshín[1] 一心 **1** [一つの心] Uma alma; um「só」coração [espírito]. **2** [心をその一つの事だけに集中させる事, 又, その心] A devoção total; a dedicação exclusiva; a concentração de espírito; o empenho; uma enorme vontade「de sucesso」. ★ ～ *ni* 一心に Devotadamente; com todo o coração; com toda a força〔～ *ni inoru* 一心に祈る Rezar com toda a devoção〕. ◇ ⇨ **～ furan**.
isshíń[2] 一新 A reforma; a renovação completa. ★ ～ *suru* 一新する Renovar completamente; reformar tudo. *Menbā ga ～ shita* メンバーが一新した Os membros foram todos substituídos por outros novos.

isshín[3] 一身 **1** [自分自身] O próprio; o mesmo. ★ *Ninki o ~ ni atsumeru* 人気を一身に集める Concentrar sobre si (mesmo) todas as atenções. ◇ ~ *jō*. **2** [自分の全て] Todo (o próprio ser). ★ ~ *o ageru[sasageru]* 一身を挙げる[捧げる] Consagrar-se 「a」; dedicar-se todo [de corpo e alma].

isshín[4] 一審【Dir.】A primeira instância. ~ *de yūzai to natta* 一審で有罪となった Foi condenado [declarado culpado] na ~.

isshín-dótái [óó] 一心同体 Um só corpo e uma só alma. *Fūfu wa ~ da* 夫婦は一心同体だ Marido e mulher são (como) ~.

isshín-furan 一心不乱 (⇨ isshín[1]) A absorção total; toda a concentração. ★ ~ *ni hataraku* 一心不乱に働く Trabalhar até se esquecer de comer [das horas].

isshín-íttái 一進一退 O avanço e o retrocesso; o oscilar; o movimento oscilante [de vaivém]. *Kare no byōki wa ~ da* 彼の病気は一進一退だ Ele ora melhora ora piora; a doença dele oscila (: às vezes melhora e às vezes piora). ★ ~ *no shōbu* 一進一退の勝負 Um desafio que não se sabe quem vai ganhar (ou perder).

isshín-jó 一身上 O que é do [que diz respeito ao] próprio indivíduo [da/à própria pessoa]. ★ ~ *no* 一身上の Pessoal; individual; particular [~ *no tsugō de jishoku suru* 一身上の都合で辞職する Demitir-se por razões pessoais]. ⇨ isshín[3].

isshínkyō 一神教 O monoteísmo. 〔A/反〕 Tashín-kyō.

isshó 一緒 **1** [共に] Juntos; com alguém. *Go-shimashō* ご一緒しましょう Vamos juntos [os dois] / Eu acompanho-o [vou consigo]. ★ ~ *ni asobu* 一緒に遊ぶ Brincar juntos [com outros]. ~ *ni naru* 一緒になる Juntar-se [*Kare to wa yoku densha de ~ ni naru* 彼とはよく電車で一緒になる Eu e ele juntamo-nos (coincidimos) muitas vezes no comboio/trem]. 〔S/同〕 Tomó ní. **2** [ひとまとめ] O conjunto. ★ ~ *ni isshó* ni 一緒に Por junto (grosso). ~ *ni suru* 一緒にする Pôr (por) junto [*Zenbu ~ ni suru to ikura desu ka* 全部一緒にするといくらですか Posto tudo por junto em quanto é que fica/Juntando tudo, quanto é?]. 〔S/同〕 Hitó-mátome. **3** [同一] A mesma coisa. *Watashi no iken mo anata to ~ desu* 私の意見もあなたと一緒です Sou da mesma opinião que você. **4** [結婚] A união matrimonial. ★ ~ *ni naru* 一緒になる Casar(-se). ~ *ni suru* 一緒にする Ajudar[Levar] a casar. ⇨ kekkón[1]. **5** [混同] A mistura; a confusão. ★ ~ *ni suru* 一緒にする Misturar; confundir [*Anna yatsura to ~ ni shinaide kure* あんなやつらと一緒にしないでくれ Não me confunda(s) com [essa classe de] gente]. **6** [同時] Ao mesmo tempo. *Sō ~ ni shaberu na* そう一緒にしゃべるな Não falem todos ~. 〔S/同〕 Dōjí (+).

isshó[1] 一生 [生涯] Uma vida; a vida inteira; toda a vida. *Kyō no koto wa ~ wasuremasen* 今日の事は一生忘れません Nunca esquecerei do dia de hoje. ~ *ni ichi-do no kōkikai* 一生に一度の好機会 A grande oportunidade de uma, uma oportunidade única. ~ *no o-negai da kara* 一生のお願いだから Pela tua saúde [(Ouve o que digo porque) este é o último pedido que te faço]! ~ *no shigoto* 一生の仕事 O trabalho de (toda) uma vida. ~ *o oeru* 一生を終える Morrer; terminar uma vida 「de dedicação aos outros」. ~ *o sasageru* 一生をさげる Consagrar [Devotar] toda a vida 「a Deus」. ~ *o tsūjite* 一生を通じて Ao longo da vida; do berço à cova. *Shiawase na ~ o okuru* 幸せな一生を送る Levar uma vida feliz. 〔S/同〕 Isshōgai; shōgai.

2 [生命] A vida. 〔[慣用] *Kyū-shi ni ~ o eru* 九死に一生を得る Ser arrancado das garras da morte; escapar à [da] morte (como) por milagre. 〔S/同〕 Séimei (+).

isshó[2] 一笑 O riso; a risada; o sorriso. ★ ~ *ni fusu* 一笑に付す **a)** 「o médico」 Descartar com um sorriso 「o perigo de cegueira」; **b)** Rejeitar com um sorriso [Rir-se com desprezo 「dele」].

isshó[3] 一勝 Uma vitória [e duas derrotas]. ★ ~ *o ageru* 一勝を上げる Marcar [Ter] uma ~.

isshó[4] 一将 Um general. 〔ことわざ〕 ~ *kō natte bankotsu karu* 一将功成って万骨枯る A glória de ~ foi ganha com milhares de mortes.

isshógai [óó] 一生涯 Toda a vida. ★ ~ *dokushin de tōsu* 一生涯独身で通す Permanecer [Ficar] solteiro ~. 〔S/同〕 Hisséi; isshō **1** (+); shúsei.

isshó [isshō]-**kénmei** 一所[一生]懸命 O ardor; o fervor; o empenho; a dedicação; 「farei」 o melhor [máximo] possível. ★ ~ *ni* 一所懸命に Com o máximo empenho; com toda a dedicação; de corpo e alma [~ *ni benkyō suru* 一所懸命に勉強する Estudar com muito afinco].

isshókú[1] 一色 **1** [一つの色] Uma cor. 〔S/同〕 Tañ-shókú. 〔A/反〕 Tashókú. **2** [比喩的に一つの種類・傾向] Uma só coisa. *Kuni-jū ga Orinpikku ~ ni nuritsubusareta* 国中がオリンピック一色に塗りつぶされた O país só pensa nas Olimpíadas.

isshókú[2] 一食 Uma refeição. ★ ~ *nuku* 一食抜く Omitir ~.

isshókú-sókúhátsú 一触即発【E.】A situação explosiva. *Ima ryōkoku no kankei wa ~ no jōtai da* 今、両国の関係は一触即発の状態だ As relações entre os dois países estão explosivas [podem explodir a todo o momento].

isshókútá 一緒くた【G.】A miscelânea; a mistura; a mixórdia; a confusão. ★ ~ *ni naru* 一緒くたになる Ficar 「a papelada da mesa」 numa grande ~. ~ *ni suru* 一緒くたにする Misturar alhos com bugalhos; fazer uma ~. 〔S/同〕 Isshó (+).

ísshu[1] 一種 **1** [一つの種類] 「este livro é」 Uma espécie 「de guia da cidade」; uma categoria; uma variedade; um gé(é)nero. ★ *Kudamono no ~* 果物の一種 Uma variedade [casta] de fruta. ⇨ shúrui. **2** [どことなく変わっている事] Uma singularidade. ★ ~ *dokutoku [tokubetsu] na* 一種独特 [特別] な Único; singular; peculiar. **3** [郵便の] A primeira categoria (na classificação do correio). ◇ *Dai ~ yūbinbutsu* 第一種郵便物 O correio de ~ (Cartas e encomendas de formato e peso variável).

ísshu[2] 一首 Um poema; uma poesia. ◇ **hyaku-nín ~**.

isshú[1] 一周 Uma volta; um circuito completo 「da ilha」. ★ *Sekai ~ suru* 世界一周する Dar uma ~ ao mundo. 〔S/同〕 Hitó-máwari; hitó-méguri.

isshú[2] 一宗 Uma seita (religiosa). ⇨ shúha[1].

isshú[3] 一蹴 [簡単に敵を負かす事] Um pontapé (⇨ kéru). **2** [簡単に敵を負かす事] O derrotar o adversário com facilidade. *Chanpion wa chōsensha o ~ shita* チャンピオンは挑戦者を一蹴した O campeão derrotou com facilidade o que o desafiou. **3**「すげなく、こばむ事」A rejeição [recusa] sumária「das nossas queixas」. *Aite-gawa no teian o ~ suru* 相手側の提案を一蹴する Rejeitar [Recusar] logo [sem mais] a proposta do outro.

isshū(kan) —週(間) (< *ichi*¹ + *shū*) Uma semana. ★ (*Is*)*shū ikkai* [*ni-kai*](1) 週 1 回 [2 回] Uma vez [Duas vezes] por semana. *Isshūkan inai ni* 1 週間以内に Dentro de ～. ⇨ *isshū*¹.

isshūki [**úu**] —周忌 O primeiro aniversário da morte. ⇨ isshū¹.

isshúkú-íppán —宿一飯 A comida e a dormida (por uma noite). ★ ~ *no ongi o ukeru* 一宿一飯の恩義を受ける Dever a (alguém) o favor do alojamento e comida por uma noite.

isshún —瞬 Um instante; um momento; um abrir e fechar de olhos. *Sono kōkei ni watashi wa ~ waga me o utagatta* その光景に私は一瞬我が目を疑った De repente [Ao princípio] não podia acreditar no que via. ★ ~ *ni* (*shite*) 一瞬に (して) Num [Por um] instante. ~ *no* 一瞬の Momentâneo; rápido; instantâneo.

isshúnen [**úu**] —周年 Um aniversário. ⇨ shūnen².

issó いっそ【G.】Antes「morrer que mentir」; preferir; melhor「ser pobre que roubar」. ⓢ同 múshiro.

issó¹ 一層 [さらに] (*issoō*) Mais; ainda mais. ~ *ame ga hageshiku natta* 一層雨が激しくなった A chuva ainda se tornou mais forte. ⓢ同 Hitóshíó; ichídán tó; sára-ni. **2**［ひと重ね］[*issō*] (< *ichi*¹ + *sō*) Uma camada; um estrato.

issó² —艘 Uma embarcação. ⇨ issékí² **1**.

issó³ —掃 O varrer「tal ideia do espírito」;「correr à」vassourada「os criminosos」; a expurgação「dos vícios」. ★ ~ *suru* 一掃する Varrer「a droga」; limpar; extirpar; expurgar; liquidar. ★ *Bōryoku o ~ suru* 暴力を一掃する Extirpar [Acabar com] a violência. ⇨ háku⁵; hōkí¹.

issóku¹ —足 (< *ichi*¹ + *sóku*) Um par (de calçado). ★ ~ *no kutsu* [*kutsushita*] 一足の靴[靴下] Um par de sapatos [meias].

issóku² —束 Um fardo; um molho; um feixe; uma braçada. ⓢ同 Hitótaba (+).

issóku-tobi —足飛び (< … ¹ + *tobú*) **1**［非常に急いで走る事］O ir「a casa」num salto. **2**［一躍］Um pulo; um salto. ~ *ni fuyu ga kita* 一足飛びに冬が来る O Inverno chegou de repente [sem avisar/de um dia para o outro]. ⓢ同 Hitó-tobi; ichíyáku.

issúí —睡 Um sono; uma soneca. *Sakuya hahaoya wa kodomo no kanbyō de ~ mo shinakatta* 昨夜、母親は子供の看病で一睡もしなかった A Mãe do menino doente, para cuidar dele, não dormiu nada ontem à noite.

issún —寸 (< *ichi*¹ + *sún*) Um "sun" (Medida de comprimento equivalente a cerca de 3,03 centímetros). 「ことわざ」~ *no mushi ni mo go-bu no tamashii* 一寸の虫にも五分の魂 Cada formiga tem sua ira/Quem não sente não é filho de boa gente. ~ *saki wa yami* 一寸先は闇 Quem sabe o que nos trará o dia de amanhã? /Ninguém diga "desta água não beberei".

issún-bóshi [**óo**] —寸法師 "O Anãozinho" (História para crianças). ⓢ同 Kobító; shúju.

issún-nógare —寸逃がれ A desculpa improvisada; o subterfúgio; a evasiva; o sofisma. ⓢ同 Ittókínógare. ⇨ gomákáshí; íí-nógáré; íí-núké.

issúro 逸する 【失う】Perder; deixar escapar. ★ *Kōki o ~* 好機を逸する uma boa oportunidade [ocasião]. ⓢ同 Nogásu (+); ushínáú (o). **2**［はずれる］Desviar-se. ★ *Jōki o isshita furumai* 常軌を逸したふるまい O comportamento extravagante. ⓢ同 Hazúsú (+); sorásu (o). ⇨ itsúdátsú. **3**［見逃す］Esquecer「um pormenor importante」.

isú 椅子 **1**［腰掛け］A cadeira. ★ ~ *kara tachiagaru* 椅子から立ち上がる Levantar-se da ～. ~ *ni* (*koshi*) *kakeru* [*tsuku*] 椅子に〔腰〕掛ける〔着く〕Sentar-se (na ～). ⓢ同 Koshí-káké. **2**［地位］O posto; a cadeira. *Kachō no ~ ni tsuite iru* 課長の椅子を占めている[椅子についている] Ser chefe de sec(ç)ão. *Shachō no ~ o nerau* 社長の椅子をねらう Aspirar ao ~ de presidente. ⓢ同 chíí (+); pósuto.

isú 異数 A exce(p)ção; sem par. ⓢ同 Iréí (+).

Isúpánía イスパニア ⇨ Supéin.

Isúráeru イスラエル (< P. < Hebr.) (O Estado de) Israel. ◇ ~ **jin** イスラエル人 O israelita.

isúrámú-kyo イスラム教 (< P. < Ár.) O islamismo; o islão; o maometismo. ★ ~ *no* イスラム教の Islâmico; maometano; muçulmano. ◇ ~ **jiin** イスラム教寺院 A mesquita. ⓢ同 Káikyō.

isúrámú-kyóto イスラム教徒 O muçulmano; o islamita; o maometano. ⓢ同 Káíkyóto.

Isutá [**íi**] イースター (< Ing. Easter) A Páscoa. ⓢ同 Fukkátsu-sai (+).

Isuto [**íi**] イースト (< Ing. yeast) O fermento; a levedura. ◇ ~ **kin** イースト菌 A levedura. ⇨ kôbo².

i-suwári 居座り (< i-súwáru) O "ministro" continuar no lugar.

i-súwáru 居座る (< *irú*¹ + …) ［動かないでそのまま居る事］Ficar no mesmo lugar. ★ *Asa kara ban made yūjin no ie ni* ~ 朝から晩まで友人の家に居座る Ficar em casa de um amigo de manhã até à noite. **2**［もとのまま変わらないでとどまる事］Estagnar; parar. *Sōba ga isuwatte iru* 相場が居座っている A bolsa está parada [em estagnação].

íta 板 **1**［薄くて平らな木材；その形に似た固い物］A tábua; a prancha (Tábua grossa); a placa「de vidro」; a chapa「de zinco/ferro」; a folha「de zinco」; a lâmina. ★ ~ *jō no* 板状の Laminar. ~ *o haru* 板を張る Entabuar; sobradar; revestir de tábuas/placas; pôr contraplacado (nas paredes). ◇ ⇨ ~ **bari** [**basami/bei/choko/gakoi/gami/gane/garasu/go/kire/me/no ma**]. **2**［舞台］O palco; o tablado; o estrado. 【I慣用】~ *ni tsuku* 板につく Estar familiarizado; sentir-se à-vontade; estar no seu elemento; ficar bem「em quimono」. ~ *bútai*. **3**［⇨ itámeí].

itábá 板場 ⇨ itámeí.

itá-bári 板張り (< … **1** + *harú*) O pôr [fazer com] tábuas.

itábásami 板挟み (< … **1** + *hasámu*) O dilema; o ficar entalado [entre a espada e a parede]. ★ ~ *ni naru* 板挟みになる Ficar num dilema [apuro/em apuros]. ★ *Giri to ninjō no ~ ni natte komaru* 義理と人情の板挟みになって困る Estar entalado entre o dever e a compaixão, sem saber (o) que fazer. ⇨ jirénma.

itá-bei 板塀 (< … **1** + *heí*) A cerca [vedação] de madeira; o tapume. ⓢ同 Itá-gákoi.

itáchí 鼬【Zool.】A doninha; a fuinha; o furão. [I/慣用] ~ no michi o kiru いたちの道を切る Deixar de contactar [Cortar as relações com] alguém. ~ no saigoppe いたちの最後っ屁 O último coice [estertor] de vencido. ◇ ~ **gokko** いたちごっこ O jogo de crianças [Sore ja [dewa] itsu made mo itachi ~ gokko da それじゃ[では]、いつまでたってもいたちごっこだ (Isso) assim nunca mais se resolve a sério].

itá-chokó 板チョコ (<… **1** + chokórêto) 【G.】 A barra de chocolate.

itádákéru 戴ける (< itádakú) **1** [もらえるの謙譲語] Poder receber. *Mō ippai kōhī o itadakemasu ka* もう一杯コーヒーをいただけますか Poderia fazer o favor de me dar mais uma chávena de café? ⇨ moraú. **2** [してもらえるの謙譲語] Poder receber. *Chotto oshiete itadakemasen ka* ちょっと教えていただけませんか Poderia fazer o favor de me informar? **3** [食える・飲めるなどの謙譲語] Ser capaz de tomar [comer; beber]. *O-naka ippai de mō kore ijō nani mo itadakemasen* おなか一杯でもうこれ以上何もいただけません Já estou tão cheio que não consigo comer mais nada. ⇨ noméru². **4** [十分良いと認められる] Achar bom. *Kono shōsetsu wa itadakenai yo* この小説はいただけないよ Este romance não é nada bom.

itádákí 頂 O cume; o cimo; o topo; a crista. ★ *Yama no* ~ *ni* 山の頂に No/a ~ da montanha. [S/同] Chōjó(o); teppén (+).

itádakí 頂[戴]き (< itádakú)【G.】A vitória; o vir para o papo. *Kono shōbu wa watashi no* ~ *da* この勝負は私の頂きだ Este jogo vai ser meu [há-de vir para o meu papo/já é canta].

itádakí-mónó 頂[戴]き物 (< itádakú +…) O presente; a prenda. ★ ~ *o suru* 頂き物をする Receber um/a ~.

itádakú 頂[戴]く **1** [かぶる] Ter 「o chapéu」 na cabeça; 「o monte」 estar coberto [coroado] 「de neve」. ★ *Ōkan o* ~ 王冠をいただく Ter uma coroa na cabeça. ⇨ kabúru; noserú². **2** [長として迎える] Estar sob o poder 「de」. *Wareware wa ue ni ō o itadaite iru* 我々は上に王をいただいている Nós temos [estamos sob o poder de] um rei. **3** [もらうの謙譲語] Receber (de um superior). *Kono hon wa sensei kara itadaita mono desu* この本は先生からいただいたものです Este livro é um presente do meu professor/Foi o professor que me deu este livro. ⇨ moraú. **4** [してもらうの謙譲語] Pedir um favor; solicitar algo. *Kore o kashite itadakemasen ka* これを貸していただけませんか Poderia fazer o favor de me [Podia-me] emprestar isto? **5** [飲む・食べるの謙譲語] Tomar; comer; beber. *Itadakimasu* いただきます Com licença (Antes de aceitar algo ou comer). [S/同] Ínshoku suru. ⇨ nómu; tabéru. **6** [買うの謙譲語] Comprar. *Kore o itadakimasu* これをいただきます Compro [Levo] este. [S/同] Kaú.

itádé 痛手 **1** [重い傷] O ferimento grave. ★ ~ *o ou* [ukeru] 痛手を負う[受ける] Ser gravemente ferido. [S/同] Fukádé(+); jūshó(+). ⇨ kegá. **2** [ひどい打撃・損害] Um duro golpe; o dano grande [grave]. ★ ~ *o kōmuru* [ou; ukeru] 痛手をこうむる[負う;受ける] Receber [Sofrer/Levar] um duro golpe. ⇨ dagékí; sońgaí.

itá-gákoi 板囲い (<… **1** + kakói) O tapume; a vedação de tábuas [de madeira]. [S/同] Itá-bei.

itá-gámí 板紙 (<… **1** + kamí) O papelão 「para embrulho」; a cartolina. [S/同] Bórugámí (+).

itá-gáne 板金 (<… **1** +kané) **1** [薄くのばした金属板] A folha [chapa] de metal. ⇨ kińzókú-báń. **2** [⇨ bańkíń].

itá-gárasu 板ガラス A placa [lâmina] de vidro.

itágaru 痛がる (< itáí +…) Doer [Queixar-se com dores].

itágó 板子 (<… **1** + ko) A prancha de convés. [P/ことわざ] ~ *ichimai shita wa jigoku* 板子一枚下は地獄 「no alto mar,」Debaixo da ~ é o inferno [abismo].

itáí¹ 痛い **1** [痛む] Doloroso; dorido; doer; que dói. *Doko ga* ~ *desu ka* どこが痛いですか Onde the dói? /Onde tem dor? ★ *Itaku naru* 痛くなる Ficar com dor [dores]; doer. *Atama* [*Me; Nodo*] *ga* ~ 頭[目;のど]が痛い Estar com dor(es) de cabeça [nos olhos; de garganta]. *Ō* ~ おお痛い Ai que dor [Dói-me muito (aqui/a barriga)]! [S/同] Itámu. **2** [つらく苦しい] Penoso; duro; custoso. *Saifu o otoshita no wa itakatta* 財布を落としたのは痛かった Custou-me muito a perda da carteira. ⇨ komáru; kurúshií; tsuraí. **3** [弱点を突かれてまいる] Desconcertante; incomodativo. *Sonna koto o iwarete mo watashi wa itaku mo kayuku mo nai* そんな事を言われても私は痛くもかゆくもない (Id.) Não me incomoda [importa] nada que (me) digam isso [Isso a mim tanto se me dá como se me deu (Id.)]. ★ ~ *me ni au* 痛い目に遭う Ficar magoado; ter uma experiência amarga. ~ *tokoro ni fureru* 痛い所に触れる Tocar na ferida [no ponto fraco].

itáí² 遺体 O cadáver; os restos mortais. ★ ~ *o anchi suru* 遺体を安置する Colocar o corpo [cadáver] em câmara ardente. ~ *o shūyō suru* 遺体を収容する Recolher os cadáveres 「das vítimas do terremoto」. [S/同] Nakígará; shikábáné; shitaí (+).

itái-itái-byō イタイイタイ病【Med.】A doença por envenenamento de cádmio, assim designada por ser muito dolorosa.

itáike いたいけ A candura; a inocência. ★ ~ *na* いたいけな Delicado; coitadinho; terno; 「o menino」 inocente [cândido].

itáítashíí 痛々しい Digno de piedade; lastimável; que dá pena; que corta o coração. ★ ~ *byōnin* 痛々しい病人 O doente que dá pena (vê-lo).

itákédaká 居丈高 A arrogância; a atitude sobranceira. ★ ~ *ni meirei suru* 居丈高に命令する Dar ordens todo arrogante [com arrogância/de modo imperioso].

itá-kíré 板切れ (<… + kiré-háshí) O fragmento de uma [um pedaço de] tábua.

itákú¹ 委託 A consignação; a comissão; a incumbência; o encargo. ★ ~ *o ukeru* 委託を受ける Ser incumbido 「de」; receber o encargo 「de」. ~ *suru* 委託する Consignar; entregar à comissão; incumbir; confiar o encargo. ◇ ~ **chūmon** 委託注文 A encomenda de mercadorias (através de um agente). ~ **hanbai** 委託販売 A venda à comissão; a consignação. Iníń (+); ishókú⁴.

itákú² 痛く ⇨ hijó¹.

itákú-hín 委託品 As mercadorias consignadas.

itákú-kíń 委託金 O dinheiro em depósito; a quantia consignada. ⇨ itákú¹.

itákú-sha 委託者 O consignador. ⇨ itákú¹.

itámáé 板前 O cozinheiro. [S/同] Itábá. ⇨ kókku¹; maná-ítá; ryóri.

itámashíí 痛ましい Lastimável; lamentável; deplorável; digno de piedade. ★ ~ jiken 痛ましい事件 O acontecimento lamentável. ~ kōkei 痛ましい光景 Uma cena de cortar [fazer doer] o coração (Id.). ⇨ áware; kawásó; ki-nó-dóku.

itámáshísa 痛ましさ (Sub. de "itámáshíi") A lástima; a miséria; a desgraça.

itámé 板目 Os veios da madeira. A/反 Masámé.

itámé-móno 炒め物 (< itámeru¹ + …) Os fritos.

itámérü¹ 炒める Fritar; frigir; passar pela sertã. *Oribu-yu de niku o* ~ オリーブ油で肉を炒める Fritar a carne em [com] azeite (de oliveira).

itáméru² 痛める (⇨ itámu¹) **1** [肉体的な痛みを起こす] Ferir; magoar; danificar. ★ *Jibun no hara o itameta ko* 自分の腹を痛めた子 A criança que saiu das próprias entranhas [que "eu" gerei]. ⇨ sokónáu. **2** [悩ます] Afligir; atormentar. ★ *Kokoro o* ~ 心を痛める Ficar aflito [angustiado]; atormentar-se. S/同 Nayámásu. **3** [痛手・打撃・損害を与える] Causar dano [prejuízo]; lesar. ★ *Jibun no futokoro o itameta kane* 自分の懐を痛めた金 O dinheiro que saiu do próprio bolso.

itáméru³ 傷める (⇨ itámu) **1** [器物などをこわす・傷つける] Estragar 「a máquina」; danificar; dar cabo 「de」. S/同 Kizútsúkéru (+). kowásu (o). **2** [食べ物をくさらす, 腐らせる 「痛める」] Estragar; deixar apodrecer 「a fruta/o peixe」. S/同 Kusárásu (+).

itámé-tsúkéru 痛め付ける (itámeru² + …) **a)** Atormentar; bater em alguém; **b)** Causar danos 「às plantas」; **c)** Exprobrar; ralhar.

itámí¹ 痛み (⇨ itámu¹) **1** [肉体に感じる苦しみの感覚] A dor; a sensação dolorosa. ★ ~ *ga tomaru* [*toreru*] 痛みが止まる [取れる] Parar [Ir-se/Passar] a dor. ◇ ~ **dome** 痛み止め ⇨ chíntsúzai. S/同 Kutsū. ⇨ itái¹. **2** [心に感じる苦しみの感覚] A dor; o sofrimento; o pesar; a mágoa. ★ *Mune no* ~ 胸の痛み A dor de alma. S/同 Kutsū; kūnō; shíntsū. ◇ kanáshímí; kurúshímí; nayámí; shiñpái.

itámí² 傷み **1** [器物の損傷・故障「傷み」] O dano; o prejuízo; a avaria; o estrago. ★ ~ *no hidoi fuku* 傷みのひどい服 A roupa muito estragada. ⇨ koshō²; soñshō¹. **2** [食べ物がくさること; くだものに傷がつくこと] A deterioração 「dos alimentos」; o estrago; o apodrecer; a putrefa(c)ção. S/同 Fuhái (+); kusárí (o). ⇨ kizū².

itámí-iru 痛み入る Sentir-se muito obrigado (a alguém); estar profundamente reconhecido [agradecido]; lamentar 「o incó[ô]modo causado」. *Goshinpai itamiirimasu* 御心配痛み入ります Lamento [Sinto muito] tê-lo preocupado. S/同 Kyōshúkú súrú (+). osóré-iru (o).

itámu¹ 痛む (⇨ itáméru²) **1** [体に痛みを感じる] Ter [Sentir] dor. *Doko ga itamimasu ka* どこが痛みますか Onde lhe dói? ★ *Atama* [*Nodo*] *ga* ~ 頭 [のど] が痛む Ter dores de [Doer a] cabeça [garganta]. *Ha ga zukizuku* ~ 歯がずきずき痛む Estar comendo uma terrível dor de dentes. **2** [つらく思う] Sentir mágoa; cortar o coração (Id.). ★ *Kokoro* [*Mune*] *ga* ~ 心 [胸] が痛む Doer (A) [Comoverem-se as entranhas]. ⇨ kanáshímú; kurúshímu.

itámu² 傷む (⇨ itáméru³) [損傷・損害を受ける] Sofrer danos [estragos; prejuízos]; deteriorar-se; ficar gasto pelo uso. ★ *Sodeguchi no itanda fuku* 袖口の傷んだ服 A camisa [O fato] com os punhos coçados [rotos/a desfiarem-se]. ⇨ kizútsúku; koshō² ◇ kowáréru; sońshō.

itámu³ 悼む Lamentar; sentir mágoa [pesar]; estar pesaroso. *O-itami mōshiagemasu* お悔み申し上げます Apresento-lhe os meus sentidos pêsames.

itán 異端 A heresia; a heterodoxia. ★ ~ *shi suru* 異端視する Considerar (algo) uma [Ver/Ter como] heresia. ◇ ~ **sha** 異端者 O herege.

itá-nó-má 板の間 O quarto [A sala] com soalho de madeira. I/慣用 ~ *kasegi o suru* 板の間稼ぎをする Roubar nos balneários públicos.

itáranai 至らない Incompetente; inábil; inexperiente; descuidado; culpado; negligente. *Sumimasen. Subete watashi ga* ~ *kara desu* すみません。すべて私が至らないからです Peço imensa desculpa. A culpa é toda minha.

itáréri-tsukúséri 至れり尽くせり Perfeito; impecável; irrepreensível. ★ ~ *no motenashi* 至れり尽くしのもてなし O acolhimento impecável [com todos os requintes (da hospitalidade)]. ⇨ itáru; tsúkusú; yukí-tódóku.

itári 至り (⇨ itáru) **1** [あるものごとがもたらした結果] O fruto; o efeito; o excesso. ★ *Wakage no* ~ *de* 若気の至りで 「fazer algo errado」 Num excesso de ardor juvenil. S/同 Séi (+). **2** [きわみ] O limite extremo [máximo]; o ponto culminante; o apogeu. *Kōei no* ~ *de* 光栄の至りで 「isto」 É a maior honra para mim. S/同 Kiwámí.

itáríá イタリア A Itália. ◇ ~ **go** イタリア語 O italiano; a língua italiana. ◇ ~ **jin** イタリア人 O italiano.

itáríkku イタリック O itálico; o grifo. ★ ~ *tai no katsuji* イタリック体の活字 O (tipo de imprensa) itálico.

itáru 至 [到] る **1** [ある場所・時刻に行きつく] 「um caminho」 Levar [Ir dar] 「a Tóquio」; alcançar. ★ ~ *made* [*tokoro*]. *Shin'ya ni* ~ *made* 深夜に至るまで Até à meia-noite. S/同 Ikítsúku; tassúrú; todóku. **2** [及ぶ] Chegar 「a」; resultar 「em」; acabar 「em」. *Kōshō no sue gōi ni itatta* 交渉の末、合意に至った Chegou-se a (um) acordo no final das negociações. ★ *Koko ni itatte* ここに至って Chegados a este ponto; nesta conjuntura. S/同 Oyóbú. **3** [やって来る] Vir; chegar. ★ *Kōki* ~ 好機至る Chegar o momento oportuno 「para o nosso plano」. S/同 Kúru (o), yatté kúru (+).

itáru made 至るまで Até. ★ *Genzai ni* ~ 現在に至るまで Até agora [hoje/ao presente].

itárú-tókóró 至る所 Toda a parte; todos os cantos; por onde quer que seja. ★ ~ *de* [*ni*] 至る所で [に] Em [Por] toda a parte. S/同 Kákusho; zúisho.

itása 痛さ (Sub. de "itái") A dor; a sensação dolorosa. *Kono kizu no* ~ *wa tanin ni wa wakaranai* この傷の痛さは他人には分からない Ninguém sabe quanto [como] me dói esta ferida. ⇨ Itámí¹ **1** (+).

itáshikátá 致し方 O remédio; a solução. *Sore wa nan to mo* ~ [*shikata*] *nai* それはなんとも致し方ない Isso não tem remédio/Quanto a isso, não há nada a fazer. S/同 Shikátá (+).

itáshí-káyushi 痛し痒し (< itái + kayúi) A situação difícil [delicada]. ★ ~ *de aru* 痛し痒しである Ser 「um caso」 melindroso [delicado].

itásu 致す **1** [するの謙譲語] Fazer. *Dō itashimashi-*

te どう致しまして「Desculpe!」– De nada/Não há [tem] de quê. *Ikaga itashimashō ka* いかが致しましょうか Como [O que] quer que eu faça? ⇨ *surú*[1]. **2** [もたらす] Causar. *Kono shippai wa mattaku watashi no futoku no* ~ *tokoro desu* この失敗は全く私の不徳の致す所です Este fracasso deve-se somente à minha incompetência. S/同 Hikíókosu (+); manéku (+); motáryáu (o). **3** [尽くす] Prestar「assistência」. ⇨ Tsukúsu (+). **4** [考えを及ぼす] Imaginar. ★ *Omoi o* ~ 思いを致す Fazer uma ideia.

itátámárénai 居たたまれない (< irú[1] + tamáru[1]) Incapaz de [Não aguentar] ficar. *Hazukashikute* ~ *no heya no naka no soto e deta* 恥ずかしくて居たたまれないので部屋の外へ出た Saí da sala porque não consegui aguentar mais com tanta vergonha.

itátte 至って (< itáru) **1** [時や行程などが進んで] Ao chegar「a」. *Hachigatsu ni* ~ *masumasu atsuku natta* 八月に至ってますます暑くなった A partir de Agosto, o tempo ficou cada vez mais quente. ◊ ~ *wa* 至っては Quanto a「dinheiro」. **2** [ひじょうに] Muito; "ela é" extremamente "bonita/saudável". *Watashi wa* ~ *kenkō desu* 私は至って健康です Estou ~ bem de saúde. S/同 Hijō ní (o); kiwámete (+); sugóku (+); talhén (+); totémó (+).

itáwárí 労り (Sub. de itáwáru) A consideração「pelos [para com os] pobres」; o carinho. ★ ~ *no kotoba o kakeru* 労りの言葉をかける Dirigir palavras carinhosas「aos velhinhos/doentes」; falar com simpatia.

itáwáru 労る Tratar com carinho [cuidado; consideração; respeito]; tomar cuidado; ser atencioso. ★ *Rōjin o* ~ 老人を労る Tratar as pessoas idosas com...

itáwáshíi いたわしい「uma situação」Lastimável [De fazer chorar/cortar o coração]; deplorável; triste. ⇨ Itámáshíi (+).

itázúrá いたずら (⇨ itázúrá-ni) ～**1** [わるさ] A travessura; a maldade; a diabrura; a brincadeira; a patifaria; a velhacaria; a pirraça. ★ ~ *na* いたずらな Travesso; malandro; velhaco. ~ *o suru* いたずらをする Fazer travessuras [malandrices]. ~ *zuki na kodomo* いたずら好きな子供 A criança travessa. *Unmei no* ~ 運命のいたずら A ironia do destino. ◊ ~ **denwa** いたずら電話 O telefonema para fazer pirraça [se meter com alguém]. S/同 Warúfuzake; wárusa. **2** [たわむれ] A brincadeira; o entret(en)imento; o passatempo. ⇨ Dōráku (+); tawámúré (+). **3** [もてあそぶ事] A brincadeira; o entret(en)imento. ★ ~ *o(suru* いたずら(を)する Brincar [Entreter-se]「com」. ⇨ moté-ásóbu. **4** [性的にだらしのない事] A indecência; a imoralidade. ★ ~ *na* いたずらな Indecente; imoral. *Kare wa sono musume ni* ~ *o shita* 彼はその娘にいたずらをした Ele portou-se indecentemente com a moça. S/同 Inpón; mídara.

itázúrá-gáki いたずら書き ⇨ rakúgáki.

itázúrá-ni 徒らに Em vão; inutilmente; debalde; sem proveito. ★ ~ *toki no sugosu* 徒らに時を過ごす Passar [Gastar] o tempo ~. S/同 Até mo náku; mudá ni; múeki ni; múyami ni.

itázúrá-zákari いたずら盛り (< ... 1 + sakárí) O auge da traquinice. ★ ~ *no toshigoro* いたずら盛りの年頃 A idade [fase] das traquinices [travessuras].

itchákú 一着 **1** [競争のトップ] A chegada à meta em primeiro lugar. ★ ~ *ni naru* 一着になる Chegar em primeiro lugar; ser o primeiro a chegar. S/同 Ichíban (+). **2** [服の数え方] Um fato. ⇨ -cháku.

ítchí 一致 **1** [合致] O acordo「entre duas coisas」; a concordância; a conformidade; o consenso; a coincidência; a harmonia. ★ ~ *suru* 一致する Concordar; estar de acordo; estar em conformidade [consonância/harmonia]; coincidir (*Genjitsu to risō wa* ~ *shinai* 現実と理想は一致しない O ideal e a realidade estão em desacordo [não coincidem]).*Gūzen no* ~ 偶然の一致 A coincidência fortuita [casual]. *Iken no* ~ *o miru* 意見の一致を見る Chegar a um acordo (de todos os pontos de vista). ◊ ⇨ ~ **ten**. **Manjō** ~ 満場一致 A unanimidade [*Manjō* ~ *de* 満場一致で Por unanimidade dos presentes/da assembleia). S/同 Gatchí. **2** [協同] A união; a unidade; a coordenação; a harmonia. ★ ~ *shite* 一致して Em uníssono; concertadamente. ◊ ~ **danketsu** 一致団結 A união; a solidariedade [~ *danketsu shite* 一致団結して Todos unidos [solidários] /Em coordenação harmoniosa]. ~ **kyōryoku** 一致協力する A cooperação solidária. S/同 Kyōdō-ítchí. ⇨ gói.

itchi-ten 一致点 O ponto de coincidência [em que todos/os dois concordam].

ítchō[1] 一丁 (< ichí + chō) **1** [一人前] Uma dose; um prato. *Tendon* ~ *agari* 天丼一丁上がり Sai uma dose de "tendon" (Malga grande de arroz com peixe frito por cima). S/同 Ichínín-máe. **2** [豆腐など…つ] Um cubo [naco/pedaço]. **3** [何かをする時] Uma vez. ★ ~ *ikō ka* 一丁いこうか Vamos「jogar uma partida」?

ítchō[2] 一朝 [E.] **1** [ある朝] Uma manhã. **2** [わずかの間] Um breve espaço de tempo. ★ ~ *(isseki) ni shite* 一朝(一夕)にして De um dia [momento] para o outro. S/同 Ichíji (+). **3** [万一] Um imprevisto. ★ ~ *koto aru toki wa* 一朝事ある時は Em caso de emergência [~]. S/同 Mán'ichi (+).

itchō-ísséki 一朝一夕 Um dia e uma noite. ★ ~ *ni* 一朝一夕に Da noite para o dia; de um dia para outro (*Dai-jigyō wa* ~ *ni narazu* 大事業は一朝一夕に成らず Roma e Pavia não se fizeram num dia/As obras grandes precisam de tempo [não se fazem a correr]). ⇨ ísséki[3].

itchō-íttán 一長一短 As vantagens e as desvantagens「do plano」; os prós e os contras「dos candidatos」. *Dono shina mo* ~ *ga aru* どの品も一長一短がある Qualquer artigo tem prós e contras. ⇨ chōsho[1]; tánsho[1].

itchókúsen 一直線 (< ichí + chokúsén)「formar」Uma linha re(c)ta. S/同 Hitó-suji; ma-íchí-mónji; massúgu (+).

itchóra [口] 一張羅 **a)** O melhor fato; **b)** O único vestido bom. ★ ~ *no sebiro* 一張羅の背広 O fato domingueiro [melhor].

ité 射手 O archeiro; o besteiro. ◊ ⇨ **za**.

ité mo tátte mo 居ても立っても (< irú[1] + tátsu[1]) De maneira nenhuma (Lit. nem de pé nem sentado). ~ *irarenai hodo ureshikatta* 居ても立ってもいられない程うれしかった Estava tão contente que não podia conter a alegria (de maneira nenhuma). *Shinpai de* ~ *irarenai* 心配で居ても立ってもいられない Com a preocupação, nem posso ficar tranquilo.

itén 移転 **1** [転居; 移ること] A mudança「de casa」. ★ ~ *suru* 移転する Mudar-se; mudar de casa;

mudar [transferir]「o escritório」. ◇ **~ saki** 移転先 O novo endereço; a nova dire(c)ção. **~ tsūchi** 移転通知 A notificação de ~. [S/同] Ténkyó. **2** [権利の移動] A transferência; a transmissão「dos direitos」.

itétsúkú 凍て付く Gelar. ★ ~ *yō na yoru* 凍て付くような夜 A noite gelada. [S/同] Kṓrí-tsúku (+).

Ité-zá 射手座【Astr.】O Sagitário.

íto[1] 糸 **1** [繊維をより合わせて作った細く長いもの，又，その様な形のもの] O fio; a linha; o cordão; a guita; o cordel; o barbante; a fita; o filamento; o fiapo (⇨ itó-kuzu). ★ ~ *no yō na koe de* 糸のような声で Com uma voz fininha (, fininha). ~ *o tsumugu* 糸を紡ぐ Fiar. *Hari ni ~ o tōsu* 針に糸を通す Enfiar a (linha na) agulha. *Kage* [*Ushiro*] *de ~ o hiku* 影[後ろ]で糸を引く Puxar os cordelinhos na sombra [por trás] [*Kono jiken wa kage de ō-mono ga ~ o hiite iru ni chigai nai* この事件は陰で大物が糸を引いているに違いない Por trás de todo este caso deva haver gente graúda a puxar os cordelinhos]. **2** [釣り糸] A linha de pesca. ★ *Kawagishi ni ~ o tareru* 川岸に糸を垂れる Lançar a linha à beira-rio. [S/同] Tsurí-ító. **3** [比喩的に物事をつなぐもの] A ligação; o fio; o vínculo; o resto; o rasto; o nexo「da história」. ★ *Kioku no ~ o tadoru* 記憶の糸をたどる Seguir o fio da memória. **4** [弦楽器の弦，転じて三味線や琴，又はその奏者] A corda (de instrumento musical). [S/同] Íto[3] (+).

íto[2] 意図 A intenção; o propósito; o desígnio; o intento. ★ ~ *suru* 意図する Fazer tenções「de」; ter o ~「de」. ~ *teki na* [*ni*] 意図的な[に] Intencional [Intencionalmemte].
[S/同] Keíkákú; kíto[2]; mokúrómí; neráí; omówákú.

íto[3] 絃 **1** [弦楽器の弦] A corda de instrumento musical. [S/同] Gén (+); íto[1] **4**. **2** [弦楽器又はその奏者] O instrumento de corda. [S/同] Íto[1] **4**.

ítō 以東【E.】Para [A] leste/este. ★ *Tōkyō ~ ni* [*no*; *wa*] 東京以東に[の; は] ~ de Tóquio. ⇨ íhoku; ínan; ísei[3].

itó-guchi 糸口・緒 (< ··· [1] + kuchí) **1** [糸のはし] A ponta da linha [do fio]. ~ *o mitsukete motsure o hodoku* 糸口を見つけてもつれをほどく Achar a ~ e desfazer o emaranhado. **2** [発端] O começo; o ponto de partida; o pontapé de saída. ★ ~ *o hiraku* 糸口を開く Dar o primeiro passo; começar. *Seikō* [*Shusse*] *no ~ to naru* 成功[出世]の糸口となる Ser o ~ [primeiro passo] no caminho do sucesso [êxito na vida]. [S/同] Hottáń; tánsho. **3** [手がかり] O indício; a pista. ★ *Kaiketsu no ~ o miidasu* 解決の糸口を見出す Descobrir um/a ~ para a [a chave da] solução. [S/同] Te-gákari (+).

itó-gúruma 糸車 (< ··· [1] + kurúmá) A dobadoira (Roda de dobar). [S/同] Itókúrí-gúruma.

itókíriba 糸切歯 (< ··· [1] + kíru + ha) O dente canino. [S/同] Kénshi (+).

itóko 従兄弟・従姉妹 O primo (direito [em primeiro grau]). ◇ **~ dōshi** 従兄弟同士「somos」Primos. ⇨ matá-ítoko; hatóko.

itókú[1] 遺徳 As virtudes [O exemplo] dos antepassados. ⇨ jińtókú.

itókú[2] 威徳【E.】A autoridade e a virtude.

itó-kuzu 糸屑 O fiapo「de tecido」.

itómá 暇 **1** [ひまな時間] O tempo livre; o vagar; a hora de lazer. *Kare wa isogashikute, seki no atatamaru ~ mo nai* 彼は忙しくて，席の暖まるいとまもない Ele anda tão ocupado que não tem [dispõe sequer de] um minuto para (se sentar a) descansar um bocado. [S/同] Himá (+). **2** [辞去] A despedida; o adeus. *Mō sorosoro o- ~ shimasu* もうそろそろおいとまします Já vão sendo horas de me despedir. [S/同] Jíkyo. **3** [解雇・離縁] O despedir; o mandar embora; o pôr na rua. ★ *Meshitsukai ni ~ o yaru* 召し使いにいとまをやる Despedir [Mandar embora] o criado. ⇨ káiko[1]; ríen. **4** [休暇] A folga (do serviço). ★ ~ *o moratte kokyō e kaeru* いとまをもらって故郷へ帰る Tirar uma folga e ir à terra. [S/同] Kyū́ká (+).

itómá-gói 暇乞い (< ··· + kóu) **1** [別れを告げる事] A despedida; o adeus. ★ ~ *ni iku* [*agaru*] 暇乞いに行く[上がる] Fazer uma visita de ~. ~ (*o*)*suru* 暇乞い(を)する Despedir-se「de」; dizer adeus「a」. **2** [ひまをくれるようにたのむ事] O pedido de folga.

itó-maki 糸巻き (< ··· [1] + makú) **1** [もつれないように糸を巻いておく物] A canilha (do tear); a canela; a bobina; o carrinho [carretel] da linha (de coser). **2** [弦楽器の] A cravelha (dos instrumentos de corda). [S/同] Teńjíń; ténju. **3** [日本髪の結び方の一つ] Um penteado japonês de mulher, em estilo de banana.

itó-me 糸目 **1** [糸の筋] **a**) O fio fino; **b**) O peso [calibre] do fio; **c**) O baraço do papagaio (Para o equilibrar). [I/慣用] *Kane ni ~ o tsukenai* 金に糸目をつけない Não deitar contas ao dinheiro [olhar a despesas]; **2** [比喩的にものごとのつながり] O nexo; o laço; o fio. ★ *Hanashi no ~ o tsunagu* 話の糸目をつなぐ Retomar o fio da conversa. ⇨ tsunágárí. **3** [陶器などの細いすじ] Os veios cinzelados na porcelana.

i-tóméru 射止める (< íru[5] + ···) **1** [射当てる] Abater a tiro. [S/同] I-átéru; i-kórósu. **2** [うまく手に入れる] Conquistar; ganhar. ★ *Koibito no kokoro o ~* 恋人の心を射止める ~ o coração da/o namorada/o. [S/同] Kakútókú súrú (+).

itó-mímizu 糸蚯蚓【Zool.】Uma espécie de minhoca「para isca」.

ito (**mo**) いと(も)【E.】⇨ hijṓ[1] ◇.

itónámí 営み (< itónámu) **1** [営む事] A obra. [S/同] Kṓi (+). **2** [生きる為の仕事] O ofício; a profissão; a ocupação; o trabalho. ★ *Hibi no ~* 日々の営み A ocupação diária. **3** [準備] Os preparativos. [S/同] Júnbi (o); shitákú (+); yṓi (+). **4** [仏道のつとめ] O serviço religioso budista.

itónámu 営む **1** [行う] Efectuar; realizar. ★ *Seikatsu o ~* 生活を営む Levar a vida; viver. [S/同] Okónáú; tsutóméru. **2** [経営する] Dirigir [Gerir]「um negócio」; ter. [S/同] Keíéí súrú. ⇨ jū́ji[2]. **3** [準備する・造る] Fazer os preparativos; construir. ★ *Su o ~* 巣を営む Fazer o ninho. [S/同] Júnbi suru (o); tsukúru (+) yṓi suru (+). **4** [仏道のつとめをする] Fazer o serviço religioso budista.

itó-nókó 糸鋸【Mec.】A serra circular [tico-tico]. ⇨ nokógíri.

itóóshíi 愛しい ⇨ itóshíi.

itóóshímu 愛しむ【E.】Querer bem [Ter afecto]「a」; estimar. ⇨ kawáígáru.

itó-sábaki 糸捌き (< ··· + sabáku) A técnica「perfeita」de tocar um instrumento de corda.

itóshígáru いとしがる Ter ternura「por」; querer bem「a」. ⇨ kawáígáru; koíshíi.

itóshígo 愛し子 (< itóshíi + ko)【E.】O filho

I

itóshíi 愛しい **1**［かわいい］Querido; amado; estimado; caro. ★ *Itoshiku*［~ *to*］*omou* 愛しく［愛しいと］思う Querer bem「a」; ter ternura「carinho」「por」.ⓈⓅ Ijíráshíi; itóóshíi; kawáíi (+); kawáírashíi (+). **2**［気の毒で］Que mete［dá］pena; coitadinho. ★ *Itoshiku*［~ *to*］*omou* 愛しく［愛しいと］思う Sentir pena「de」; apiedar-se「de」.ⓈⓅ Fúbin na; itóshíi; kawáísǒ na (+); kinódókú na (+).

itósugi 糸杉［Bot.］O cipreste.

itóu 厭う［嫌う］**a)** Detestar; **b)** Ter medo; recear. ★ *Enro o itowazu dekakeru* 遠路を厭わず出かける Partir sem se importar com a［sem ter medo da］distância.ⓈⓅ Iyágáru (+); kiráú (o). **2**［体を大切にする］Cuidar「de」; tomar cuidado「com a saúde」.ⓈⓅ Itáwáru (+).

itówáshíi 厭わしい Detestável; abominável; repugnante; odioso; horrível. ⇨ fuyúkai; iyá¹ kiráí¹.

itó-yánagi 糸柳［Bot.］O (salgueiro) chorão.ⓈⓅ Shidáré-yánagi (+). ⇨ íto¹.

itó-zókó 糸底 (< … +*sokó*) A orla do fundo「duma chávena」.

ítsu¹ 何時 **1**［はっきり決まっていない時］Quando/Em que tempo［altura「amadurecem as uvas」]? ~ *ukagaimashō ka* 何時伺いましょうか Quando poderia［quer que vá］visitá-lo? ◇ ~ **de mo**［*goro/ka/kara/ka shira/made/made mo/nandoki/ni nai/ni naku/no ma ni ka/shika/to wa naku/zoya*］. **2**［いつもの．の時］(O tempo) do costume.ⓈⓅ Heízéí (+); ítsu-mo(o).

ítsu² – ［E.］(⇨ ítsu ni)［ひとつ; 一つ］Um. ★ ~ *ni suru* 気［心］を一にする「o país」Pensar da mesma maneira/Ter a mesma opinião.ⓈⓅ Hitótsu (o); ichí¹ (+). **2**［2つあるもののうちの1つ］Um de entre dois. ~ *wa shiro*, ~ *wa kuro* 一は白、一は黒 Um é branco e um［o outro］é preto.

itsú 胃痛【Med.】A gastralgia［dor de estômago］; a cólica.

i-tsúbúsu 鋳潰す (< *irú*⁶ + …) Fundir para tornar a usar o metal dos obje(c)tos fundidos.

itsúdátsú 逸脱 **1**［本筋からそれる事］O desvio; a aberração; o afastamento. *Hanashi ga* ~ *shite betsu no hō e itte shimatta* 話が逸脱して別の方へ行ってしまった「o conferencista」Foi-se desviando do assunto e começou a falar de outra coisa. ★ ~ *suru* 逸脱する Desviar-se「do prometido/plano/bom caminho」.ⓈⓅ Soréru. **2**［抜かすこと; 抜けること］O retirar-se; a evasão. ⇨ nukású; nukérú.

ítsu de mo 何時でも Em qualquer altura［momento］; sempre. ~ *dekakeraremasu* 何時でも出かけられます Posso sair ~［a qualquer hora］. ★ *Nichiyōbi igai nara* ~ 日曜日以外なら何時でも Qualquer dia exce(p)to domingo.

itsú góró 何時ごろ Quando［Em que altura］mais ou menos? ~ *wa* ~ *dekiagarimasu ka* それは何時ごろ出来上がりますか ~ estará isso pronto? ⇨ ítsu¹.

ítsu ka 何時か **1**［未来の不定の時を表す］Algum［Um］dia; uma ocasião qualquer. ~ *tenki no yoi hi ni tsuku no tenisu o shimashō* 何時か天気のよい日に一緒にテニスをしましょう Um dia que faça bom tempo vamos「os dois」jogar té［ê］nis. *Mata* ~ *o-ai shimashō* 又何時かお会いしましょう A ver se nos tornamos a encontrar numa ~. ★ ~ *sono uchi* 何時かのうち (N)um destes dias.ⓈⓅ Sonó úchí. **2**［かつて］Antes; uma vez. ~ *doko ka de o-me ni kakarimashita ne* 何時かどこかでお目にかかりましたね Já nos encontrámos ~ em qualquer sítio, não acha? ⓈⓅ Izen (o); kátsute (+). **3**［いつのまにか］Sem se dar conta. *Ame wa* ~ *agatte ita* 雨は何時か上がっていた A chuva tinha parado sem eu dar conta. ⓈⓅ Itsú nó má ni ka (o); ítsu hóshi ka (+); ítsu to wa naku (+).

ítsu kara 何時から Desde quando. ~ *soko ni irassharu no desu ka* 何時からそこにいらっしゃるのですか ~［Há quanto tempo］está aí?
Ⓐ/Ⓡ Ítsu made.

ítsu ka shira いつかしら (< ítsu ka + Neg. de shirú) Algum［Um/Qualquer］dia; mais cedo ou mais tarde. *Sonna abunai koto o shite iru to* ~ *jiko o okosu zo* そんな危ないことをしているといつかしら事故を起こすぞ Continua a fazer dessas「ultrapassagens」que ~ tens um acidente.

itsúku 居着く (< *irú*¹ + …) **1**［他から来て、そのまま居続ける］Chegar e ficar. *Nora neko ga uchi ni itsuite shimatta* 野良猫がうちに居着いてしまった Apareceu aqui em casa um gato sem dono e ficou. **2**［落ちついて住みつく］Fixar-se「na cidade」; estabelecer-se; instalar-se. *Nagaen itsuita machi* 長年居着いた町 A cidade onde fiquei［me fixei］muitos anos. ⓈⓅ Sumítsúku (+).

itsúkúshímí 慈しみ (Sub. de "itsúkúshímu") O amor「de Deus por nós」; o carinho; a afeição. ★ *Ryōshin no* ~ *o isshin ni ukete sodatsu* 両親の慈しみを一身に受けて育つ Ser criado pelos pais com todo o carinho. ⓈⓅ Jíai.

itsúkúshímí-búkái 慈しみ深い (< … + *fukái*) Afe(c)tuoso;「Deus」amoroso; carinhoso.

itsúkúshímu 慈しむ Amar; querer bem; ter afeeição; tratar com carinho［amor］. ★ *Kodomo o* ~ 子供を慈しむ Tratar o filho com amor. ⇨ kawáígáru.

ítsu made 何時まで Até quando? ~ *ni kono shigoto o owareba ii desu ka* 何時までにこの仕事を終わればいいのですか ~ terei que［de］terminar este trabalho?

ítsu made mo 何時までも Enquanto se queira; eternamente; para sempre. ~ *asonde wa irarenai* 何時までも遊んではいられない Não se pode andar à［na］boa vida para sempre. ⇨ eíkyǔ.

ítsu-mo 何時も **1**［常に］Sempre; a toda a hora; constantemente; permanentemente; invariavelmente. ~ *kō umaku ikeba ii no da ga* 何時もこうまくいけばいいのだが Oxalá tudo corresse sempre (tão) bem como desta vez. ⓈⓅ Ítsu de mo; ítsu nandóki dé mo; tsúne ni (+). **2**［普段］Sempre; como de costume［ordinário］; habitualmente; ordinariamente. ★ ~ *nagara* 何時もながら Como sempre; como de costume. ~ *no* 何時もの Habitual［*Kare no kesseki wa* ~ *no koto da* 彼の欠席は何時ものことだ É costume［habitual］ele faltar. ~ *no michi o tōru* 何時もの道を通る Ir pelo caminho habitual［do costume］. ~ *no yō ni* 何時ものように［fazer］Como sempre［de costume］. ~ *to chigatte* 何時もと違って Ao contrário do costume/habitual. ⓈⓅ Futsū; heízéí.

ítsu nandóki 何時なんどき「pode vir［haver］um terremoto」A qualquer［todo o］momento. ~ *teki*

ga yatte kuru ka wakaranai 何時なんどき敵がやって来るかわからない O inimigo pode chegar a… ★ **~ demo** 何時なんどきでも ⟦S/司⟧ Itsu (+). ⇨ itsu de mo.

ítsu ni 一に (⇨ ítsu²) 【E.】「isso depende」Unicamente「de você」; somente; exclusivamente; totalmente. *Kokoro o ~ suru* 心を一にする Ser um só coração (e uma só alma); cooperar inteiramente. ⟦S/司⟧ Hitóe ni (+); mattáku (+); moppárá (+).

ítsu ni nai 何時にない (⇨ ítsu¹) Invulgar; fora do comum;「um caso」excepcional. ★ **~ konzatsu** 何時にない混雑 Uma confusão「como nunca」. ⟦S/司⟧ Mezúráshíi.

ítsu ni naku 何時になく Invulgarmente; extraordinariamente. **~ sake demo nomitai kibun da** 何時になく酒でも飲みたい気分だ Não sei porquê [Por extraordinário que pareça] estou com uma vontade de beber um copito [uma pinga]!

itsú nó má ni ka [yara] 何時の間にか[やら] Sem se dar conta; sem se dar por isso; antes de reparar. **~ ame ga futte kita** 何時の間にか雨が降って来た Antes que eu desse por isso, tinha começado a chover.

itsúráku 逸楽【E.】A mera busca do conforto e do prazer; o sibaritismo.

ítsu shika いつしか Sem se dar por nada; despercebidamente. **~ toshi o totte shimatta** いつしか年をとってしまった Os anos passaram-se [Fiquei velho] sem eu dar por isso. ⟦S/司⟧ Itsú nó má ni ka (+). ⇨ itsu shika.

itsu to(wa) naku いつと(は)なく (+) ⇨ itsu shika.

itsú-tsu 五つ **1**【数】Cinco. *Musuko wa ~ desu* 息子は五つです O meu filho tem 〜 anos (de idade). ⟦S/司⟧ Go. **2**［昔の時刻の名で今の午前・午後8時頃］A hora antiga, correspondente às oito horas.

itsúwa 逸話 A história「interessante que se conta do meu pai」;「o que então me acontecera parece」uma anedota. ◇ ⇨ **~ shū**.

itsúwári 偽り (< itsuwáru) A mentira; a falsidade; a impostura; o embuste. ★ **~ no** 偽りの Falso; mentiroso; enganador; hipócrita. **~ no nai** 偽りのない Verdadeiro; honesto; sincero. **~ o iu** 偽りを言う Dizer mentiras; mentir; enganar. ⟦S/司⟧ Úso¹ (+).

itsuwáru 偽る Mentir; pregar [dizer] mentiras; fingir; falsificar; enganar; iludir. *Jibun no itsuwaranai kimochi o hanasu* 自分の偽らない気持ちを話す Dizer o que verdadeiramente pensa/sente. ★ *Jijitsu o ~ o* 事実を偽る Falsear [Torcer] a verdade. *Na o itsuwatte* 名を偽って Sob [Dando] um nome falso. ⇨ úso¹.

itsúwá-shū 逸話集 O livro de anedotas [peripécias/histórias engraçadas]. ⇨ itsúwá.

itsúzái 逸材【E.】O A (pessoa) de) grande talento.

ítsu zo ya 何時ぞや O outro dia,「lembre-se do que me disse」uma (certa) vez (ocasião). **~ wa o-sewa ni narimashita** 何時ぞやはお世話になりました Muito obrigado pela ajuda que me prestou (o) outro dia. ⟦S/司⟧ Kájitsu; konó dáida (+); sakí goro.

i-tsúzúkéru 居続ける (< irú¹ +…) Deixar-se estar [ficar] num lugar (fora de casa). ⟦S/司⟧ Irí-bítáru (+).

ittái¹ 一体 **1**［強い疑問を表す語］Mas afinal …?; com que então …? **~** (*zentai*) *nani ga okotta to iu no desu ka* 一体 (全体), 何が起こったというのですか Mas diga-me lá uma vez por todas [de uma vez]; que aconteceu? /Mas afinal, o que é se passou? /Mas, que diabo se passou (G.)? ⟦S/司⟧ Zentái. **2**［本来］Para ser exa(c)to; na realidade; rigorosamente. **~ warui no wa kimi da** 一体悪いのは君だ o culpado é você. ⟦S/司⟧ Gánrai (+); hónrai (o); tomótó (+); sómosomo (+).

ittái² 一体 **1**［二つ以上のものがまとまって一つになったもの；又、一まとめにした全体］Um corpo; um conjunto; um todo consistente; uma unidade. ★ **~ ka suru** 一体化する Unificar「os vários grupos」; incorporar; integrar. **~ kan** 一体感 O sentido de unidade [de corpo]「entre todos os sócios」. ⇨ ittái ní. **~ to naru** 一体となる「professores e alunos」Formarem um só corpo; ficar unido. **2**［仏像・彫刻・遺体の数え方］(Numeral para estátuas, cadáveres). ★ *Itai o ~ shūyō shita* 遺体を一体収容した Recolhemos [nós] um cadáver.

ittái³ 一帯 **1**［そのあたり全体］Uma extensão「de campos de arroz」; uma zona; toda uma região. ★ *Kono hen ~ wa shika ga iru* この辺一帯に鹿がいる Em toda a [esta] zona「há veados」. **2**［ひと続き］Uma cadeia [de montanhas].

ittái⁴ 一隊 Um contingente「de soldados」; uma esquadra; um bando「de ladrões」; um grupo; um rancho. ⟦S/司⟧ ichí-dán¹; ichí-gún.

ittái ní 一体に Geralmente; por via de regra; no conjunto「a obra é boa」. **~ kono kuni no hito wa kinben de aru** 一体にこの国の人は勤勉である ～ este povo é diligente. ⟦S/司⟧ Gáishite (o); ippán ní (o); sōjite (o). ⇨ ittái¹ **2**.

ittán¹ 一端 ［一方の端］Uma ponta/extremidade; ★ *Himo no ~ o motsu* ひもの一端を持つ Segurar 〜 [uma das 〜] do fio. ⟦A/反⟧ Ryótán. ［全体の中の一部分］Uma parte. *Sekinin no ~ wa watashi ni mo aru* 責任の一端は私にもある Também me cabe ～ da responsabilidade/Eu também tenho (a minha) parte da culpa/⟦S/司⟧ Ichí-búbun (+).

ittán² 一旦 Uma vez; se primeiro. **~ hikiuketa kara ni wa ato e hikenai** 一旦引き受けたからには、後へ引けない Uma vez aceite [tomado] o compromisso, não se pode recuar [voltar atrás]. ★ **~ kankyū areba** 一旦緩急あれば Em caso de emergência「puxe este botão」. **~ teishi** 一旦停止 Primeiro, pare [parar]「antes da passagem de peões」. ⟦S/司⟧ Hitó-mazu; hitó-tabi; ichí-dó (+).

ítte 一手 **1**［ただ一つの手段］O melhor (e único) meio. *Seruso wa oshi no ~ da* セールスは押しの一手だ Para vender, o segredo [〜] é empurrar. **2**［独占］Um exclusivo. ◇ **~ hanbai** 一手販売 A venda em exclusivo; o monopólio da venda. ⇨ dokúsén. **3**［囲碁や将棋などの］Um lance; uma jogada.

ittéi 一定 A invariabilidade; a regularidade. **~ no** 〜 no Fixo; determinado; certo; constante; regular; estabelecido ［**~ no kankaku o oite** 一定の間隔を置いて A intervalos regulares］. **~ no shokugyō ni tsuku** 一定の職業につく Conseguir um emprego fixo. **~ no sokudo o tamotsu** 一定の速度を保つ Manter uma velocidade constante [Ir sempre à mesma velocidade]. **~ suru** 一定する Fixar; determinar; estabelecer; regularizar; uniformizar ［**~ shite inai** 一定していない Irregular; incerto; indeterminado].

~ Futél. ⇨ fuhén¹.

ittéi-ji 一丁字「não saber ler」Uma letra.

ittéki 一滴 Uma gota; um pingo. *Watashi wa sake wa ~ mo yarimasen* 私は酒は一滴もやりません Não bebo (nem) pinga [uma gota] de álcool. S/同 Hitó-shizuku.

ittén² —点 (< ichi¹ + teń) **1** [一つの点] Um ponto; uma pinta. *Ni-hon no chokusen ga ~ de majiwaru* 二本の直線が一点で交わる As duas re(c)tas cruzam-se num ~. ⇨ **bari**. **2** [一箇所] Um sítio fixo e determinado. S/同 Ikkásho. **3** [ごくわずかな部分] Um pedacinho; uma partícula. *No yamashii tokoro mo nai* 一点のやましい所もない Ter a consciência limpa [Não ter nada (de vergonhoso) na consciência]. ⇨ sukóshi; wázuka. **4** [点数の数え方] Um ponto (Na pontuação de um jogo). ★ *~ sa de makeru* 一点差で負ける Perder (o jogo) por ~ (de diferença). ⇨ teńsū. **5** [品物や作品の数え方] **a)** Um artigo 「de revista」; **b)** Uma peça 「de roupa/mobília」.

ittén² —転 **1** [一度まわる事] 「dar」 Uma volta 「com a manivela」; 「dar」 uma viravolta 「no ar/e cair」; uma rotação 「da terra」. S/同 Ikkáiten (+). **2** [物事の様子ががらりと変わる事] Uma reviravolta 「na vida do país」; uma mudança 「de cenário」. ★ *~ suru* 一転する Sofrer uma mudança completa; mudar. S/同 Ippéń¹ (+).

ittén³ —天 Todo o céu [firmamento]. ★ *~ niwaka-ni kakikumotta* 一天にわかにかき曇った De repente o céu ficou todo nublado. ⇨ sóra¹.

ittén-bári —点張り (<…¹ + harú) A persistência; 「ele é」 a teimosia 「em pessoa」; a perseverança; o teimar; o não largar. *Kare wa shiranu zonzenu no ~ datta* 彼は知らぬ存ぜぬの一点張りだった Ele teimava (uma e outra vez) que não sabia. S/同 Ippón-yari. ⇨ ittétsú.

ittétsú —徹 A obstinação; a teimosia. ★ *~ na [no]* 一徹な[の] Obstinado; teimoso; inflexível 「*Ganko ~ no otoko* 頑固一徹の男 O cabeçudo」. ◇ *~ mono* 一徹者 O teimoso (como um burro). S/同 Gánko (o); ikkókú¹; katákúná (+). ⇨ ittén-bári.

ítto —途 【E.】 **1** [一つの方法・手段] Um meio; o único caminho 「é demitir-se」. **2** [一つの方向] A única dire(c)ção. ★ *Akka no ~ o tadoru* 悪化の一途をたどる Ir de mal para [a] pior; estar sempre a piorar.

ittó¹ [óo] 一等 **1** [等級] A primeira classe [categoria]; o primeiro lugar; o primeiro grau. ★ *~ no seki* 一等の席 O lugar [assento] de primeira classe. *Kyōsō de ~ ni naru* 競争で一等になる Ficar em primeiro lugar na competição. ◇ *~ hei [sotsu]* 一等兵[卒] O soldado de primeira graduação. ◇ *~ hin [koku]*. *~ kōkaishi* 一等航海士 O oficial de marinha de primeira graduação. *~ shō* 一等賞 O primeiro pré(ê)mio. ⇨ ichíban; saí-jō¹. **2** [等級の一段階] Um grau. ★ *Tsumi ~ o genzuru* 罪一等を減ずる Reduzir a pena ~. **3** [副詞的に] [ittóo] O mais 「melhor」. *Kono yo de ~ taisetsu na mono wa kazoku desu* この世で一等大切なものは家族です A coisa mais importante deste mundo é a família. S/同 Ichíban (+); mottómo (+).

ittó² —頭 (< ichi¹ + tō) Uma cabeça de gado (boi, cavalo, ovelha). ⇨ ippíkí.

ittó³ —党 **1** [一つの政党・党派] Um partido. ◇ *~ dokusai* 一党独裁 A ditadura de partido único. ◇ *~ ippa* 一党一派 Um partido; uma fa(c)ção. ⇨ seítō. **2** [仲間] A companhia; o grupo. ★ *~ o hikiiru* 一党を率いる Dirigir [Levar] o (seu) grupo. Na-kamá (+).

ittó⁴ —刀 **1** [一本の刀] Uma espada/catana; um sabre. ◇ ⇨ **bori**. [刀を一振りして切る事] Um golpe de espada; uma catanada. ★ *~ no moto ni kirikorosu* 一刀の下に切り殺す Matar com [de] um só golpe de espada [uma catanada]. ◇ *~ ryōdan* 一刀両断 O cortar [rachar] em dois de um golpe 「*~ ryōdan no shochi o toru* 一刀両断の処置を取る Tomar uma medida drástica」.

ittó⁵ —統 **1** [⇨ ichídō¹]. **2** [⇨ tōítsū].

ittō-bóri —刀彫り (<…¹ + hóru) O esculpir usando apenas uma faca.

ittō chi o nuku [óo] —頭地を抜く Salientar-se [Destacar-se]; Sobressair「 entre todos os pintores」.

ittō-hín —等品 O artigo de primeira classe.

ittōkí —時 (< ichí¹ + toki) **1** [昔の時間区分で今の二時間] Uma antiga medida de tempo equivalente a duas horas. **2** [ひととき] Um instante; um minuto. *~ mo yudan wa naranai* 一時も油断はならない Não há que (se pode) perder um ~. ★ *~ no kanjō ni kararete* 一時の感情にかられて Sob o impulso do momento. S/同 Hitó-toki (+); ichí-ji (+) zanji. **3** [同時] O mesmo tempo. ★ *~ ni* 一時に 「sairem todos」 Ao ~; em simultâneo. S/同 Dōji (+). **4** [過去のある時] Uma vez; um dia (no passado). *~ wa mō dame ka to omotta* 一時はもうだめかと思った ~ pensei que morria. S/同 Ichí-ji (+).

ittō-koku [óo] —等国 Um país entre os primeiros; uma grande potência. ⇨ ittó¹.

ittókú —得 【E.】 Uma vantagem; um mérito. ◇ *~ isshitsu* 一得一失 ~ e um inconveniente; um pró e um contra. ⇨ Ichíri.

ittō-sei [óo] —等星 【Astr.】 A estrela de primeira grandeza. ⇨ ittó¹.

ittō-sha [óo] —等車 A carruagem [O vagão] de primeira classe. ⇨ ittó¹.

ittōshin [óo] —等親 【Dir.】 O parentesco de [em] primeiro grau. ⇨ ittó¹.

ittsū —通 (< ichí¹ + tsū³) Um [Uma] documento 「cópia」. ★ *~ no tegami [Tegami ~]* 一通の手紙 [手紙一通] Uma carta.

ittsuí —対 (< ichí¹ + tsui²) Um par; uma parelha. ★ *~ o nasu* 一対をなす Formar [Fazer] ~.

iú 言う **1** [言葉にする] Dizer; proferir; falar; afirmar; declarar; enunciar; observar; contar; expressar. *Anata no ~ tōri da* あなたの言う通りだ É exa(c)tamente como você diz/Você tem razão. *Anata wa ittai nani o itte iru no desu ka* あなたは一体何を言っているのですか O que (é que) está você para aí a falar [dizer]? "*Asobi ni itte mo ii?*" "*Baka ii-nasai! shukudai mo yatte-nai[-inai] no ni*" 「遊びに行ってもいい」「ばか言いなさい宿題もやってない [いない] のに」 Posso ir brincar? – Que disparate! Ainda nem fez os deveres de casa! *Iya da to ittara iya da* いやだと言ったらいやだ Quando digo que não, é não mesmo. *Kare wa ~ koto to suru koto ga subete chigau* 彼は言う事とする事がすべて違う A conduta dele contradiz completamente as palavras. *Kare wa ā ieba kō ~* 彼はああ言えばこう言う Se eu digo (a gente diz) que isto é branco, ele diz que é preto. *Nan to ittara ii ka wakaranai* 何と言ったらいいかわからない Não sei (o) que dizer. "*Sayō nara*" *wa porutogarugo de nan to iimasu ka* 「さようなら」はポルトガル語で何と言いますか Como se diz "sayônara" em p.? ★ ⇨ iú máde mo naku. ~ mo oroka 言うもおろか É escusado dizer; nem vale a pena falar. ~ ni oyobanai [tarinai] 言うに及ばない[足りない] Não vale a pena mencionar/É desnecessário referir. *Iitai koto o iu* 言いたい事を言う Dizer o que se tem para dizer; soltar a língua. *Iiyō no nai* [~ *ni iwarenai*; *Nan to mo ienai*] 言いようのない[言いに言われない/何とも言えない] Indizível; inexprimível; inexplicável [*Sono keshiki wa* ~ *ni iwarenai hodo utsukushii* その景色は言うに言われないほど美しい A paisagem é de uma beleza indescritível. *Iiyō no nai kimochi* 言いようのない気持ち Um sentimento inexprimível]. *Itte mireba* [~ *naraba*] 言ってみれば[言うならば] Por assim dizer. *Iwazu to shireta* 言わずと知れた Óbvio; patente; mais que evidente. *Dare ni* ~ *to naku* ~ 誰にともなく言うと誰に言うとなく言う Dizer por distrair. *Omotta koto o zuke-zuke* ~ 思った事をずけずけ言う Dizer o que se pensa, sem papas na língua. *Sore to naku* ~ それとなく言う Insinuar; dar a entender por meias palavras. *Watashi ni iwasereba* 私に言わせれば Na minha opinião; a meu ver. 「P₂とば句 ~ *wa yasuku okonau wa katashi* 言うは易く行うは難し É muito fácil falar [Dizer é fácil], o pior é fazer. *Iwanu ga* ~ *ni masaru* 言わぬは言うにまさる O silêncio é de ouro. *Iwanu wa* ~ *ni masaru* 言わぬは言うにまさる nisso. *Iwanu wa* ~ *ni masaru*.

2 [称する] Chamar-se; denominar-se; intitular-se. *Ano hito wa Mizuno-san to iimasu* あの人は水野さんと言います Ele chama-se Mizuno. *Hitokuchi ni sake to itte mo iroiro shurui ga aru* 一口に酒と言ってもいろいろ種類がある O termo sake inclui uma enorme variedade de tipos/Nós falamos de saké mas há muitos sakés. *Watashi ni wa shumi to* ~ *hodo no mono wa nai* 私には趣味と言う程のものはない Não tenho nada que se possa chamar um passatempo [nenhum passatempo propriamente dito]. ★ *Shachō to* ~ *chii* 社長という地位 O posto (dito) de presidente. ~ *kōi* ~ 行為 O a(c)to de ler. Ⓢ/画 *Shōsúru*.

3 [評する; うわさする] Constar; falar "de"; dizer. *Kare wa genki de yatte iru to* ~ *koto da* 彼は元気でやっているという事だ Dizem [Ouvi dizer] que ele está [tem andado] bem. *Nihonjin wa ryokōzuki da to iwarete iru* 日本人は旅行好きだと言われている Diz-se [Consta] que os japoneses gostam [Os japoneses têm fama de gostar] de viajar. *Tanin no koto o toyakaku* ~ *mono de wa nai* 他人の事をとやかく言うものではない Falar disto e daquilo da vida alheia é coisa que não se deve fazer/Deixemo-nos de mexericos. ★ *Yoku* [*Waruku*] ~ 良く[悪く]言う Falar bem [mal] /fal. Ⓢ/画 *Hyō súrú*; *uwásá súrú*.

4 [強調] (Para dar ênfase). *Kare wa jinbutsu to ii gakureki to ii mōshibun nai* 彼は人物といい学歴といい申し分ない Ele não tem nada que se lhe aponte, quer como pessoa quer como profissionalmente. *Kyōshitsu no mado to* ~ *mado o zenbu akeaketa* 教室の窓という窓を全部開けた Abri tudo quanto era janela na sala de aul! *Nani ga kowai to itte jishin hodo kowai mono wa nai* 何が怖いといって地震ほど怖い物はない Falando de coisas terríveis, não existe nada mais terrível do que um terremoto. *Watashi wa kondo to* ~ *kondo wa kare o yurusanai* 私は今度といい今度は彼を許さない Desta vez é que não lhe perdoo mesmo (, àquele maroto). ★ *Nan-man to* ~ *hito* 何万という人 Gente aos milhares.

5 [人間以外のものが音をたてる] Fazer. *Tokei ga chikutaku* ~ 時計がチクタクいう O relógio faz tique-taque. *Totsuzen dosun to* ~ *oto ga shita* 突然ドスンという音がした De repente ouviu-se um baque [faz pum!]. ★ *Gatapishi* ~ *to* ガタピシいう戸 A porta que range [faz ruído].

6 [理由・方法・疑問などを示す] Expor; explicar. *Naze kesseki shita ka to* ~ *to kaze o hiita kara desu* なぜ欠席したかというと風邪をひいたからです A razão por que eu faltei é que apanhei um resfriado. *Sō* ~ *jijō nara shikata nai* そういう事情なら仕方ない Se é essa [tal] a situação, não há remédio/Se assim é, paciência. *Sonna koto o shite ittai dō* ~ *tsumori nan da* そんな事をして、いったいどういうつもりなんだ Qual era a tua intenção ao fazer tal coisa [Por que é que você fez isso]?

7 [話題を提示する時] Dizer a propósito. *Sō ieba ano ken wa dō narimashita ka* そういえば、あの件はどうなりましたか？ Por falar nisso [A propósito], como ficou aquele caso? *Watashi wa kōhī to* ~ *to Burajiru o omoidasu* 私はコーヒーというとブラジルを思い出す Falando-se de [Ao ouvir a palavra] café, lembro-me sempre do B.

8 [命じる] Mandar; ordenar. *Ore no* ~ *tōri ni shiro* 俺の言う通りにしろ Faça como eu mando [digo/ordeno]. ~ *koto o kiku* 言うことを聞く Escutar o que se diz; obedecer. [*Sono jiko irai kare wa te-ashi ga* (~ *koto o*) *kikanakunatta* その事故以来、彼は手足が(いうことを)きかなくなった Depois desse acidente, os braços e as pernas ficaram sem a(c)ção (já não obedecem)].

iú máde mo nai 言うまでもない É escusado dizer; já se vê; é evidente [natural].

iú máde mo naku 言うまでもなく Evidentemente; como é evidente. *Kare wa porutogarugo wa* ~ *supeingo to itariago mo wakaru* 彼はポルトガル語は言うまでもなくスペイン語とイタリア語もわかる Ele sabe espanhol e italiano para já não falar do [e, ~, o] p.

iwá¹ 岩 A rocha; o rochedo; o penhasco; o penedo; a pedra (⇨ ishí¹). ★ ~ *no yō ni katai* 岩のように固い Duro como (uma) pedra. ~ **ana** 岩穴 A gruta rochosa (na rocha). ~ **ba** 岩場 O trilho [lugar rochoso (todo rocha)]. ~ **nobori** 岩登り A escalada de penhascos/O escalar rochas. **Ichi-mai** ~ 一枚岩 O monólito. ⇨ **gánseki**.

iwa² 違和 O mal-estar; a insegurança. ◇ ~ **kan** 違和感 A sensação de ~ [estranheza] "ao ver uma coisa nova e desagradável". ⇨ chíguhagu.

íwaba 言わば (< iú) Por assim dizer; se assim se pode chamar. *Kare wa* ~ *ōkii akanbō da* 彼は言わば大きい赤ん坊だ Ele é, digamos [~], um bebé[ê] grande.

iwabá² 岩場 ⇨ iwá¹ .

iwái 祝い (< iwáu) **1** [祝う事] A celebração; a comemoração; a festividade; a festa; o festejo; a felicitação; os parabéns. ★ O~ ~ *no shina* お祝いの品 A prenda de parabéns. O~ ~ *o noberu* お祝いを述べる Felicitar; dar os parabéns. O~ ~ *o okuru* お祝いを贈る Oferecer uma prenda de congratulação. ◇ ~ **bashi** [**goto**/**zake**]. ~ **mono** 祝物 O presente de parabéns. Ⓢ/画 *Keíshúkú*; *shukúfúkú*. **2** [りんごの品種] Uma variedade de maçã (americana).

iwáí-bashi 祝い箸 (<… + háshi²) Os pauzinhos (redondos, de bambu) dos dias de festa.

iwáí-gótó 祝い事 (<… + kotó¹) O acontecimento feliz [digno de ser festejado]; a celebração.

iwáízake 祝い酒 (<… + saké) O brinde [A bebida usada para brindar].

iwáku¹ 曰く【E.】「a Bí.」Dizer; explicar; 「Buda」 proferir 「esta sentença」. ★ ～ *iigatai* いわく言い難い Difícil de dizer 「por ser complicado/inefável/muito lindo」. *Kotowaza ni* ～ ことわざに曰く Como diz o ditado. [S/同] Notámáu.

iwákú² 曰く **1** [理由] A razão; o motivo; a causa. ★ ～ *arige na* 曰くありげな Significativo; revelador. ～ *innen ga atte* 曰く因縁があって Por causa de uma história complicada [qualquer]. [S/同] Iwáré **1** (+); riyū (o); wáke (+). **2** [由来] A história; o passado. ◇ **～ tsuki** 曰くつき「um homem/caso raro com」 História (por trás). [S/同] Iwáré **2** (+); raíréki (+); yurái (o).

iwáná 岩魚【Zool.】A truta-salmonada; *salvelinus pluvius*.

iwań-bákari 言わんばかり (< iú + …) Como a [se quisesse] dizer. ★ *Kaere to* ～ *ni* 帰れと言わんばかりに「olhou para mim」Como se me quisesse mandar embora.

iwán'ya いわんや (< iú)【E.】Sem já falar em; 「eu não posso」 muito menos (ainda) 「o meu filho」. *Nani o ka* ～ 何をかいわんや O que é eu posso [vou/hei-de] dizer? /Não posso dizer nada.

iwáré 謂れ **1** [理由] A razão; a causa; o motivo. ★ ～ *(mo) naku* 謂れ(も)なく Sem motivo [razão]. ～ *no nai* 謂れのない Infundado; sem razão de ser. [S/同] Iwákú² **1**; riyū (o); wáke (+). **2** [由来] A origem; o fundamento; a história. *Kono chimei no* ～ *wa kō da* この地名の謂れはこうだ A origem deste topó[ô]nimo é a seguinte …. [S/同] Iwákú² **2**; raíréki (+); yurái (o). ⇨ kígen³; rekíshí¹.

iwáshí 鰯 A sardinha. [P/ことわざ] ～ *no atama mo shinjin kara* 鰯の頭も信心から Reza, nem que seja à cabeça duma ～ [O valor das coisas depende do gosto].

iwáshí-gúmo 鰯雲 (<… + kúmo) O cirro-cúmulo; os carneirinhos no céu (G.). [S/同] Keńsékí-un.

iwátá-obi 岩田帯 A cinta usada tradicionalmente no Japão pelas mulheres a partir do quinto mês de gravidez. [S/同] Hará-óbi.

iwáu 祝う Felicitar; dar os parabéns; festejar; celebrar. ★ *Kekkon kinen-bi o* ～ 結婚記念日を祝う Festejar o aniversário de casamento. *Shōri o iwatte kanpai suru* 勝利を祝って乾杯する Brindar à vitória. [S/同] Gasúru; kotóhógu; shukúfúkú súrú.

iwáyuru 所謂 (< iú) Assim chamado; como se costuma dizer. *Kore ga ima hayari no* ～ *penshon da* これが今はやりのいわゆるペンションだ Isto é o que agora se chama pensão [pousada] /Isto são as tais pousadas.

iwázú kátárázú 言わず語らず (< iú + katárú) Tacitamente; sem se dizer nada. ★ ～ *no aida [uchi] ni* 言わず語らずの間 [うち] に Por entendimento tácito. [S/同] Ańmókú (o); mugóń (+).

iwázú mo ga na 言わずもがな (< iú)【E.】 **1** [言わない方がよい] Preferível não dizer. ★ ～ *no shitsugen* 言わずもがなの失言 A expressão infeliz [que não se devia ter dito/usado]. **2** [言う必要がない] Desnecessário referir. ★ ～ *no benmei* 言わずもがなの弁明 A justificação desnecessária. **3** [⇨ iú máde mo naku].

iyá¹ 嫌・厭 O desagrado; o não gostar[querer]; a repugnância; a repulsa; a aversão; o nojo; a relutância; a antipatia. ～ *desu ne! Konna ni yopparatte* 嫌ですね! こんなに酔っぱらって Que coisa nojenta, embebedares-te desta maneira! ～ *to wa iwasenai zo* 嫌とは言わせないぞ Não te permito dizer (que) não (queres). *Manzara* ～ *demo nai* まんざら嫌でもない「o modelo」Não é mau de todo. ★ ～ *demo* 嫌でも Mesmo que não se goste [queira]. ～ *na* 嫌な Desagradável; aborrecido; repugnante; requlsivo; asqueroso; nojento; odioso; antipático [～ *na kao o suru* 嫌な顔をする Fazer cara de poucos amigos [má cara]. ～ *na kotta* 嫌なこった (G.) Não faço isso nem que me matem/Diabos me levem se eu fizer tal coisa. ～ *na shirase* 嫌な知らせ A má notícia. ～ *na yatsu* 嫌なやつ O sujeito antipático [detestável]. ～ *na yokan ga suru* 嫌な予感がする Ter um mau pressentimento]. ～ *to iu hodo* 嫌というほど Até não se poder [aguentar] mais; até causar vó[ô]mitos. [P/ことわざ] ～ *yo* ～ *yo mo suki no uchi* 嫌よ嫌よも好きのうち Às vezes o não é um sim/Quando uma mulher diz não a um pedido de amor, muitas vezes pode estar dizendo sim.

iyá² いや Não. ～, *sō de wa nai yo* いや, そうではないよ Não, não é verdade [assim]. ⇨ iíé.

iyá³ いや Ai!; Ah!; Oh!; Meu Deus! ～, *maitta* いや, 参った Oh! Estou arrumado [perdido]! ～, *odoroita* いや, 驚いた Ah! Que surpresa! [S/同] Ā; yā.

iyá démó ṓ demo [óo] 否でも応でも A bem ou a mal; quer queira quer não 「faça os deveres escolares」; forçosamente [à força].

iyágárásé 嫌がらせ (< iyágáru) A vexação; a humilhação; a perseguição; o vexame. ★ ～ *o iu* 嫌がらせを言う Ser mordaz [maledicente]; dizer coisas desagradáveis. ～ *o suru* 嫌がらせをする Fazer coisas desagradáveis [um ～].

iyágáru 嫌がる Não gostar「de」; detestar; odiar; ter aversão「a」; ter relutância「em」; não querer. *Hito no* ～ *koto o suru mono de wa nai* 人の嫌がる事をするものではない Não se devem molestar os outros. ★ *Iyagarareru* 嫌がられる Ser detestado [odiado]. *Iyagarazu ni* 嫌がらずに De bom grado [boa vontade]; sem relutância. [S/同] Ími-kirau; kiráú.

iyá gá úé ni mo 嫌が上にも「ele era o antigo campeão e por isso fiquei」Ainda mais「decidido a ganhar-lhe」. [S/同] Issō (+); masúmasu (o).

íya haya いやはや【Col.】Meu [Santo] Deus/(Valha-me) Nossa (Senhora)/Ai,ai,ai! ～ *komatta koto ni natta* いやはや困った事になった Meu Deus! E [Que é que eu vou fazer] agora?

iyáhōn [óo] イヤホーン (< Ing. earphone) O auscultador. ★ ～ *o tsukeru* イヤホーンをつける Colocar [Pôr] o(s) auscultador(es).

íya-iya 否否 Não e não; não senhor; de modo nenhum. ～, *sore wa kimi no omoi-sugoshi da* 否々, それは君の思いすごしだ Não senhor, isso é (só) resultado da tua imaginação. [S/同] Iyá². ⇨ iyáíyá (nágara).

iyáíyá (nágara) 嫌嫌 (ながら) Com relutância; contra [de má] vontade; de mau grado. ★ ～ *hikiukeru* 嫌々引き受ける Aceitar「o encargo」mas ～.

iyáké 嫌気 (< iyá¹ + ke) O desagrado; a aversão; a

repugnância; a antipatia. ★ ~ *ga sasu* [*Iya ni naru*] 嫌気が差す[嫌になる] Ficar farto「de」; sentir antipatia「por」.

iyáki 嫌気 (< iyá¹+ki³) **1** [⇨] iyáké. **2**【Econ.】O estar murcho. ★ ~(*suji no*) *uri* [*nage*] 嫌気(筋の)売り[投げ] O malbaratar das a(c)ções de baixa cotação.

í-yaku¹ 医薬 A medicação [medicina]「não pôde fazer nada」. ◇ ~ *bugaihin* 医薬部外品 O produto medicamentoso. ⇨ ~ **hin**.

iyáku² 違約 A quebra de um contrato; o rompimento de uma promessa. ★ ~ *suru* 違約する Denunciar [Não cumprir] um contrato; romper a promessa; faltar à palavra. ◇ ~ *kin* 違約金 A inde(m)nização [multa] por quebra de contrato. ⇨ yakúsókú.

i-yáku³ 意訳 A tradução livre. ★ ~ *suru* 意訳する Traduzir livremente [Fazer uma ~].
Ⓐ/Ⓡ Chokúyákú. ⇨ hońyákú.

iyákú-hín 医薬品 Os medicamentos [remédios]「enviados aos sinistrados」; os produtos farmacêuticos.

iyá-mi 嫌味 **1** [不快] O desagrado; o não gostar「da cor berrante da sala」. ★ ~ *na*[*no aru*] 嫌味な[のある]Desagradável; repelente. ~ *ni naru* 嫌味になる Aborrecer-se「de」. ~ *no nai* 嫌味のない Agradável; rela recebeu-me com rosto」aprazível; simpático. Ⓢ/Ⓡ Fukái. **2** [皮肉] A ironia; o sarcasmo; a zombaria; o motejo. ★ ~ *na* 嫌味な Iró[ô]nico; sarcástico; zombeteiro. ~ *o iu* 嫌味を言う Dizer ironias; motejar. Ⓢ/Ⓡ Hińkú. ⇨ iyágárásé.

iyá-ni いやに **1** [妙に] Desagradavelmente. ~ *atsui ne* いやに暑いね Está um calor desagradável, não está? Ⓢ/Ⓡ Hén ni; myô ni. **2** [非常に] Terrivelmente; muito. ~ *sawagashii* いやに騒がしい ~ barulhento. Ⓢ/Ⓡ Hídoku(+); kiwámete(+).

iyá-ō-náshi 否応無し Sem perguntar se se quer ou não. ★ ~ *ni* 否応無しに Compulsivamente;「ser obrigado a ir」à força; a bem ou a mal. ⇨ dáku-hi; úmu°; póri.

iyá-ráshíí いやらしい **a)**「um tipo/cara」Desagradável; repugnante; repelente; **b)** Impróprio; indecente; indecoroso. ★ ~ *koto o iu* いやらしい事を言う Dizer coisas ~ s. Ⓢ/Ⓡ Mídara ná.

íyaringu イヤリング (< Ing. ear-ring) O brinco; o pingente.

iyáshíí 卑[賤]しい **1** [下賤] Humilde; baixo; pobre; obscuro. *Ano hito wa umare ga* ~ あの人は生まれが卑しい Ele é de origem humilde. Ⓢ/Ⓡ Gesén ná; hisén ná. **2** [卑劣な] Vil; ignóbil; desprezível; baixo; imundo; covarde; abje(c)to; infame. ★ ~ *okonai* 卑しい行い A a(c)ção vil [ignóbil]. Ⓢ/Ⓡ Gerétsú ná; hirétsú ná. **3** [下品な] Ordinário; reles; grosseiro. ★ ~ *fūzoku* 卑しい風俗 Os hábitos grosseiros. *Iyashikaranu* 卑しからぬ Respeitável; decente [*Jinpin iyashikaranu hito* 人品卑しからぬ人 A pessoa de nobre aparência]. Ⓢ/Ⓡ Gehín na. **4** [さもしい] Ganancioso; sôfrego. ★ *Tabemono ni* ~ 食べ物に卑しい Guloso [Voraz]. Ⓢ/Ⓡ Íjí-kítánái; samóshíí. **5** [貧しくて、みすぼらしい] Andrajoso; miserável. ★ ~ *fukusô* 卑しい服装 Os andrajos; a roupa esfarrapada [só farrapos]. ⇨ mazúshíí; misúbórashíí.

iyáshíku-mo 苟も **1** [かりそめにも] No mínimo;

por pouco que seja; pelo menos. ~ *otoko taru mono jibun no gendô ni sekinin o mote* 苟も男たる者、自分の言動に責任を持て Assuma a responsabilidade pelas coisas que diz e faz, pelo menos como homem que é. Ⓢ/Ⓡ Kari-ní-mo(+); karísómé ní mo. **2** [いいかげんに; そまつに] Sem cuidado; à sorte. **3** [もし]【E.】Se; se por acaso. Ⓢ/Ⓡ Mán'ichi(+); mó shi(+).

iyáshímérú 卑しめる Desprezar「os outros」; desdenhar; menosprezar-se「a si mesmo, sem fundamento」. Ⓢ/Ⓡ Iyáshímu; keíbétsú súrú.

iyáshímí 卑しみ (Sub. de "iyáshímu") O desprezo; o menosprezo; o desdém; a desconsideração. ★ *Tanin no* ~ *o ukeru* 他人の卑しみを受ける Ser desprezado pelos outros.

iyáshímu 卑[賤]しむ Desprezar; desdenhar; menosprezar; olhar com desdém; votar ao desprezo. ★ ~ *beki* 卑しむべき Desprezível; vil; mísero; abje(c)to. Ⓢ/Ⓡ Iyáshímérú(+).

iyásu 癒やす **a)** Curar; sarar; cicatrizar; **b)** Aliviar「a dor」; matar「a sede」; apagar「a ira」. ★ *Kokoro no kizu o* ~ 心の傷を癒やす Encontrar algum lenitivo para o coração. Ⓢ/Ⓡ Naósu(+).

iyô¹ 異様 A forma [aparência] estranha [esquisita/singular; grotesca]. ★ ~ *ni mieru* 異様に見える Parecer esquisito; estar com aspecto estranho. Ⓢ/Ⓡ Fú-gáwari.

iyô² 威容【E.】O aspecto[ar] majestoso; a presença imponente. ★ ~ *o tadasu* [*totonoeru*] 威容を正す[整える] Pôr um ar imponente.

iyô³ いよう Eh [Olá/Eí!]. ★ ~, *matte (i)mashita* いよう、待って(い)ました ~ estava à tua [sua] espera!

iyóiyo 愈愈 **1** [益々] Cada vez mais; mais e mais; ainda mais. *Ame wa* ~ *hageshiku natte kita* 雨はいよいよ激しくなってきた A chuva tornou-se cada vez mais forte. Ⓢ/Ⓡ Masúmasu(+). **2** [ついに] Finalmente; por fim. *Kôji mo* ~ *owari ni chikazuite kita* 工事もいよいよ終わりに近づいて来た Finalmente, as obras estão chegando ao fim. Ⓢ/Ⓡ Tôtó; tsúí(ni). **3** [いざ] Então; o momento. ★ ~ *to naranai to* ~ いよいよとならないと Só no último momento [*Kare wa* ~ *to naranai to itsumo nani mo shinai* 彼はいよいよとならないといつも何もしない Ele nunca faz nada até ao último momento]. Ⓢ/Ⓡ Íza(+). **4** [本当に] Sem dúvida; com certeza; positivamente; certamente; de fa(c)to. *Kore de* ~ *machigai nai* これでいよいよまちがいない Agora [Com isto] já não há a mínima dúvida「que a vitória é nossa」. Ⓢ/Ⓡ Hońtô ní(+); táshika ni(+).

íyoku 意欲 A vontade「de estudar」; o desejo「de viver」. ⇨ ~ **teki**. *Gakusei no gakushû* ~ *o takameru* 学生の学習意欲を高める Estimular nos estudantes o gosto pelo estudo.

iyókú-téki 意欲的 Interessado. ★ ~ *na sakuhin* 意欲的な作品 A obra ambiciosa [feita com todo o empenho/interesse]. ~ *ni* 意欲的に Entusiasticamente. ⇨ íyoku; sekkyókú.

iyû 畏友【E.】Um amigo especial [à parte].

íza いざ [さあ] Ora bem; então; pronto「vamos à luta」. ~ *kessen da* いざ決戦だ Agora ~ [estamos no] momento decisivo/Agora é que é atacar [Ao ataque!] Ⓢ/Ⓡ Sá(+). **2** [いよいよ] O momento; a hora. ~ *honban to iu toki ni natte kare wa shippai shita* いざ本番という時になって彼は失敗した Ele falhou no ~ mais importante.

izákáyá 居酒屋 A tasca; a taberna; o bar; o botequim. ⒮⃝同 Taīshū́ sákaba. ⇨ sáká-yá.

izákózá いざこざ A desavença「entre irmãos por causa de partilhas」; a contenda [rixa]「entre vizinhos」. ★ ~ *o okosu* いざこざを起こす Causar [Levantar] uma ~. ⒮⃝同 Gotágótá (+); momégótó (o). ⇨ arásói.

izánáu 誘う 1 [さそう] Convidar「para uma festa」. ⒮⃝同 Sasóú (+). 2 [導く] Conduzir; guiar; dirigir; levar. ⒮⃝同 Michíbíku (+).

íza shirazu いざ知らず (<…+Neg. de "shirú") Pronto [Bem], quanto a isso, não sei. *Hito wa ~ watashi wa zettai, sonna koto wa shimasen* 人はいざ知らず私は絶対, そんな事はしません (Quanto aos) outros não sei, mas eu nunca faria tal coisa.

ízen[1] 以前 1 [ある基準になる時を含めて、それより前] Antes; atrás; o ser prévio. ★ *Kore yori ~ ni* これより以前に Antes disto; previamente. ⒮⃝同 Máe. Ⓐ⃝反 Ígo. 2 [昔] Antigamente; os tempos passados; outrora. ★ *o-me ni kakatta koto ga arimasu ne* 以前お目にかかった事がありますね Já o tinha visto antes, não é verdade? *Machi wa ~ to matta-ku kawatte shimatta* 町は以前と全く変わってしまった A cidade mudou completamente (em relação ao que era antes). ★ ~ *no* 以前の Anterior; precedente; passado; antecedente; prévio; antigo. ~ *no tōri* [yo ni] 以前の通り[ように] Como antigamente; como nos velhos tempos. *Zutto ~ kara* ずっと以前から Desde há longo tempo. ⒮⃝同 Káko; mukáshí.

ízen[2] 依然 De costume. ★ ~ (*to shite*) 依然(として) Como de costume;「fraco」como sempre.

ízeru イーゼル (< Ing. easel < L. asilus: burro pequeno) O cavalete (de pintor). ⒮⃝同 Gáká[2].

izō 遺贈 A doação testamentária; o legado. ★ ~ *suru* 遺贈する Deixar em testamento; legar; testar. ⇨ zōyo.

ízoku 遺族 A família enlutada [órfã/do falecido]; os que ficam. ◇ **nenkin** 遺族年金 A pensão de sobrevivência. ⒮⃝同 Ikázoku.

izón[1] 異存【E.】A obje(c)ção; outra opinião. ★ ~ *ga aru* [*nai*] 異存がある[ない] Ter uma [Não ter] obje(c)ção. ⒮⃝同 Ígi (o); iróñ (+).

izón[2] 依存 A dependência. ★ ~ *suru* 依存する Depender [*Nihon wa iroiro na shokuryō yunyū ni ~ shite iru* 日本はいろいろな食料を輸入に依存している O Japão depende da importação de muitos [vários] produtos alimentares]. ⒮⃝同 Isóń. ⇨ tayóru.

ízuko[ku] 何処【E.】Onde「ele foi」; algures「, não sei bem onde」; que [qualquer] lugar. ⒮⃝同 Dóko (+).

izúmai 居住まい A postura [posição de] sentado. ★ ~ *o naosu* [*tadasu*] 居住まいを直す[正す] Endireitar-se「na cadeira」; sentar-se direito「no chão」.

izúmí 泉 1 [地下水の] A fonte; a nascente (de água). ★ ~ *ga waki-dete iru* 泉がわき出ている ~ está manando água [a correr]. 2 [比喩的に原泉] A fonte「da paz é a boa consciência」; a origem「do bem é Deus」. *Kare no chie no ~ wa kareru tokoro o shiranai* 彼の知恵の泉は枯れるところを知らないA sabedoria dele é admirável [nunca se esgota]. ⒮⃝同 Geńséń (+); minámóto (o).

izúrai 居づらい (< irú[1] + tsuráí) Custar a ficar [estar]. ⒮⃝同 Itátámárānai [Itátámárénai] (+).

izúré 何[孰]れ 1 [どちら] Qualquer (De dois ou mais); ambos. ★ ~ *ni shite mo* 何れにしても Em qualquer dos casos; seja como for「nós vamos」. ~ *otoranu* 何れ劣らぬ Iguais em valor [*Ano futari wa ~ otoranu shūsai da* あの二人は何れ劣らぬ秀才だ Aqueles dois são uns génios [grandes talentos], qual deles o maior]. ~ *ayame ka kakitsu-bata* 何れあやめか, かきつばた Qual delas a mais bonita/ente dos íris [duas lindas flores] quem pode escolher? ⒮⃝同 Dóchira (+). 2 [遅かれ早かれ] Mais cedo ou mais tarde; (alg)um dia; na devida altura. *Hito wa mina ~ itsu ka shinu* 人は皆何れいつか死ぬ Todos nós (alg)um dia havemos de morrer. ⒮⃝同 Donó míchí; osókáré háyakare; sóbań. 3 [近いうちに] Brevemente; em breve; dentro de pouco tempo. ★ ~ *chikai uchi ni* 何れ近いうちに Dentro em breve「vou lá」. ⒮⃝同 Chikái uchi ni; sonó úchí. 4 [又の機会に] Outro dia; outra ocasião. *Kuwashii koto wa ~ o-ai shita toki ni o-kiki shimasu* 詳しい事は何れお会いした時にお聞きします Os pormenores ficam para uma (outra) ocasião em que nos encontremos.

izúré mó 何れも 1 [どちらも] Ambos; um e outro. *Ryōsha ~ ippo mo yuzuranai* 両者何れも一歩も譲らない Nenhum dos dois [Nem um nem outro] quer ceder nada. ⒮⃝同 Dóchira mo. 2 [どれも] Qualquer um; todos. ~ *itsuzai-zoroi da* 何れも逸材ぞろいだ São todos「escritores」talentosos. ⒮⃝同 Dóre mo; súbete (+).

izúré ní séyo[shíté mo] 何れにせよ[しても] Em qualquer caso; em todo o caso; seja como for; como quer que seja; de qualquer maneira. ~ *ato wa subete jikan no mondai da* 何れにせよ後はすべて時間の問題だ ~ agora [o resto] é só uma questão de tempo. ⇨ izúré.

J

ja[1] じゃ【Col.】 **1** [⇨ da[1]] Ser. *Iya* ～ いやじゃ Não quero [gosto]! **2** [⇨ déwa[1]] Então. ～, *mata raishū* じゃ、また来週(Bem) ～ até para a semana. *Sore* ～ *dō shimashō* それじゃどうしましょう ～ que (vamos) fazer? ⇨ jí[1].

ja[2] 邪【E.】O mal; a injustiça; a maldade. ～ *wa sei ni katazu* 邪は正に勝たず O mal não pode vencer o bem. 類反 Séi. ⇨ áku[3].

ja[3] 蛇 **1** [大蛇] A serpente [cobra grande]. 「ことわざ」～ *no michi wa hebi* 蛇の道はへび Para vilão, vilão e meio (Lit.: Para conhecer o caminho da cobra, só cobra). *Oni ga deru ka* ～ *ga deru ka* 鬼が出るか蛇が出るか Só Deus sabe o que o vai acontecer. 類同 Dáija (+); órochi; uwábámi. ⇨ hébi. **2** [大酒飲み] O borrachão [beberrão; odre]. 類同 Uwábámí (+); ō-záké-nomi; shugō.

jā[1] じゃあ【G.】Então; bem; se é assim. ～, *koko de shitsurei shimasu* じゃあ、ここで失礼します Bem/Então, já me despeço. ★ ～ *ne* じゃあね Até à vista. ⇨ déwa[1]; ja[1] **2**.

jā[2] [áa] ジャー (< Ing. jar) A garrafa [vasilha]-termo.

jaákú 邪悪【E.】A maldade [malvadez]. ★ ～ *na* 邪悪な Mau. 類同 Yokóshímá.

Jába ジャバ ⇨ Jáwa.

jabárá 蛇腹 **1** [アコーディオンなどの] O fole「de acordeão」. **2** [Arqui.] A cornija da trave.

jabisén 蛇皮線【Mús.】"Shamisen" revestido de pele de cobra.

jábu ジャブ (< Ing. jab) **1**【Boxe】Um golpe [soco] dire(c)to. ★ ～ *o dasu* [*okuru*] ジャブを出す [送る] Desferir [Mandar] um dire(c)to. **2** [皮肉の意味]「lançar」Uma farpa(da)「ao adversário」.

jábujabu じゃぶじゃぶ【G.】(Im. de salpicar ou chapinhar). ★ *Mizu no naka o* ～ *aruku* 水の中をじゃぶじゃぶ歩く Andar a chapinhar na [dentro da] água. ⇨ zábuzabu.

jadō 邪道 **1** [悪行] O procedimento [caminho] errado. ★ ～ *ni ochiiru* [*iru*] 邪道に陥る [入る] Meter-se por maus caminhos; transviar-se. 類同 Akúgyō (+); gedō. 類反 Seídō. **2** [正しくないやり方] O disparate; a maneira errada「de fazer uma coisa」. 類同 Gedō.

jágā ジャガー (< P. - Tupi) O jaguar; o leopardo; a onça; a pantera; *panthera onca*. ⇨ hyō[4].

jagá-ímo じゃが芋 (< Jagatara(A.) = Jakaruta + imo) A batata. 類同 Baréíshó.

jaguchi 蛇口 A torneira; a bica; a válvula. ★ ～ *o hinette mizu o dasu* 蛇口をひねって水を出す Abrir a água [～].

jairósúkópu [óo] ジャイロスコープ (< Ing. gyroscope < Gr.) O giroscópio.

jairókónpasu ジャイロコンパス (< Ing. gyrocompass < L.) A bússola giratória.

jajá-úmá じゃじゃ馬【G.】 **1** [あばれ馬] O cavalo bravo. 類同 Abáré-uma (+). **2** [気の荒い女性] A mulher brava. ～ *narashi* じゃじゃ馬ならし O domar uma ～ [de mau gé(ê)nio].

jájī [áa] ジャージー (< Ing. jersey) O (tecido) jérsei.

jájji ジャッジ **1** [判定] O julgar [decidir; arbitrar; juízo]. ★ *Auto no* ～ *o suru* アウトのジャッジをする Decidir「que a bola saiu」fora. **2** [審判員] O juiz; o árbitro. ⇨ shínpán[1].

jakágó 蛇籠【Eng.】O cesto de bambu cheio de cascalho para fazer diques.

jáken 邪険【慳】A crueldade. ★ ～ *na haha-oya* 邪険な母親 A mãe cruel. ～ *ni suru* 邪険にする Ser mau「para os empregados」. 類同 Mu-jíhi. ⇨ mugói.

jakétsú ジャケツ (< jáketto) **1** [ジャケット] **2** [毛糸で編んだ上着] uwá-gí.

jáketto ジャケット (< Ing. jacket < Fr.) **1** [上着] A jaqueta. **2** [書籍の] A sobrecapa do livro. **3** [レコードの] A bolsa 「do disco」.

jáki 邪気 **1** [病気などをおこす悪い気] O ar contaminado; os maus humores (A.); os miasmas (Fig.). ～ *o harau* 邪気を払う Purificar ～. **2** [悪気] A maldade [malícia]. ★ *Sukoshi mo* ～ *no nai hito* 少しも邪気のない人 Pessoa sem (nenhuma) ～. 類同 Ákui (o); janén**1**; warúgí (+).

jakkán[1] 若干【E.】Certo número de; alguns; um pouco. *Sore niwa* ～ *mondai ga arimasu* それには若干問題があります Isso tem [levanta] alguns problemas. 類同 Ikúbáku; wázuka.

jakkán[2] 弱冠 O (ser) jovem. ★ ～ *ni-jissai no tensai pianisuto* 弱冠 20 歳の天才ピアニスト A [O] jovem pianista genial de 20 anos.

jákki[1] 惹起【E.】O levantar. ★ ～ *suru* 惹起する Criar; provocar; causar「um problema」. 類同 Boppátsú (+); hasséi (o); hikí-ókósu; makí-ókósu; okósu[1,2].

jákki[2] ジャッキ (< Ing. jack) O macaco (de automóvel). ⇨ kijúki.

jákku ジャック (< Ing. jack) O valete (Carta de baralho).

jakkúnáifu ジャックナイフ (< Ing. jackknife) O canivete grande [A navalha].

jakō 麝香 O almíscar.

jakō-jika 麝香鹿 (< … + shiká) O (veado) almiscareiro.

jáku[1] 弱 O ser fraco/baixo; *Eakon o* ～ *ni suru* エアコンを弱にする Pôr o ar-condicionado em "fraco".

-jáku[2] 弱 Quase [Pouco menos de]. ★ *Ichi-mētoru* ～ 1メートル弱 ～ um metro. 類反 -kyō.

jáku [áa] ジャーク (< Ing. jerk)【Halterofilismo】O arranco [arranque].

jakúdén 弱電 A corrente elé(c)trica fraca. 類反 Kyódén.

jakúhái 若輩 **1** [若い者] O jovem. 類同 Jakúnén-mónó; waká-mónó (+). **2** [未熟者] O rapaz inexperiente. ～ *desu ga, yoroshiku o-negai shimasu* 若輩ですが、よろしくお願いします Contem comigo「pois vou-me esforçar muito」apesar da minha falta de experiência. 類同 Aó-nísái (+); jakúnén-mónó; mijúkú-mónó (+).

jakúnén 若[弱]年【E.】A juventude; a mocidade; a gente moça; os jovens. ◇ ～ *mono* 若年者 Um moço [novato]. [S/同] Jakúshṓ **2**; neńshṓ (+).

jakúníkú-kyṓshókú 弱肉強食【E.】A lei da selva [do mais forte]. *Dōbutsu no sekai wa ～ da* 動物の世界は弱肉強食だ No mundo animal é [prevalece] ～.

jakúónki 弱音器【Mús.】A surdina.

jákusha 弱者【E.】Os fracos. ★ ～ *o tasukeru* 弱者を助ける Ajudar os ～. [A/反] Kyṓsha.

jakúshí 弱視【Med.】A astenopia [vista fraca].

jakúshíń 弱震 O terremoto de 3 graus na escala sísmica「japonesa」. ⇨ kyṓshíń²; shíndo¹.

jakúshṓ 弱小【E.】 **1** [弱くて小さいようす] O ser pequeno e fraco. ◇ **～ koku** 弱小国 A pequena potência; a nação fraca. [A/反] Kyṓdáí. **2** [弱年] A tenra idade. [S/同] Jakúnéń (+); neńshṓ (o).

jakútái 弱体 **1** [弱い体] O corpo [físico] fraco. **2** [組織·構成·体制などが弱々しいようす] O ser fraco. ◇ **～ ka** 弱体化 O enfraquecimento. **～ naikaku** 弱体内閣 O gabinete fraco [governo débil].

jakútén 弱点 O ponto fraco. ★ *Aite no ～ o tsuku* [*ni fureru*] 相手の弱点をつく[に触れる] Tocar (n)o ～ de outro. ⇨ kettén; tánsho¹; uíkúpóinto; yowámí.

jakyṓ 邪教 A religião [doutrina] herética. ◇ **～ to** 邪教徒 O herético. [S/同] Jashū́. [A/反] Séikyō.

jamá 邪魔 **1** [さしさわり; さまたげ] A atrapalhação; o obstáculo; o estorvo; o empecilho (Col.); o incó[ô]modo. *Watashi ga koko ni ite o-～ de wa arimasen ka* 私がここに居てお邪魔ではありませんか Não estou a incomodar? ★ ～ *ni naru* 邪魔になる Obstruir「a passagem」; impedir; estorvar; incomodar [causar incómodo]. ～ *(o) suru* 邪魔(を)する Estorvar; atrapalhar; molestar; incomodar [*Hito no hanashi no ～ o suru* 人の話の邪魔をする Interromper quem está a falar. *Toshi-yori o ～ ni suru* 年寄りを邪魔にする Tratar os idosos como se fossem um estorvo]. ◇ ⇨ **～ kke** [**mono**]. ⇨ bṓgáí¹; kańshṓ; samátágé; sashí-sáwárí. **2** [お邪魔するの形で伺うまたは訪問するの意味; Cor.] O incomodar. *Kondo no nichiyōbi ni o ～ shimasu* 今度の日曜日にお邪魔します Vou fazer-lhe uma visita no próximo domingo. *Taihen nagai koto o-～ itashimashita* 大変長い事お邪魔致しました Desculpe ter-lhe tirado tanto tempo. ⇨ hṓmóń¹; ukágáú¹. **3** [あいさつの言葉] *O-～ sama!* お邪魔様! Desculpe o incó[ô]modo. *O-～ shimasu* お邪魔します Com licença (Ao visitar alguém).

jamákké 邪魔っけ【G.】「é」Um incó[ô]modo「levar as malas」. ⇨ jamá; ke².

jamá-mónó 邪魔物 [者] **1** [妨げになるもの] O obstáculo; o empecilho. ★ ～ *o nozoku* 邪魔物を除く Remover ～. ⇨ ashídémátoi; samátágé. **2** [厄介者] O estorvo [fardo]. ★ *Hito o ～ atsukai ni suru* 人を邪魔物扱いにする Tratar alguém como se fosse um ～. [S/同] Yakkáí-mónó.

jámu ジャム (< Ing. jam) **1** [食品の] O doce de frutas. ★ *Pan ni ichigo ～ o tsukete taberu* パンに苺ジャムを付けて食べる Comer pão com ～ de morango. **2** [⇨ jamú-sésshon].

jamú-sésshon ジャムセッション (< Ing. jam session)【G.dos E.U.A.】A reunião de músicos de jazz para tocarem improvisações. [S/同] Jámu **2**.

jā́nárísuto [aá] ジャーナリスト (< Ing. journalist < L.) O jornalista. [S/同] Shińbúń [Zasshí] kísha (+).

jā́nárízumu [aá] ジャーナリズム (< Ing. journalism) O jornalismo; a imprensa.

jánbo ジャンボ (< Ing. jumbo) **1** [巨大なもの] Um colosso/gigante. ◇ **～ jettoki** ジャンボジェット機 O (ja(c)to/avião) jumbo. **～ saizu** ジャンボサイズ O tamanho gigante. ⇨ kyodáí; tokúdáí. **2** [トンネルの掘削機] A máquina perfuradora grande.

jánborī ジャンボリー (< Ing. jamboree) O encontro de escuteiros.

janéń 邪念 **1** [悪い考え] O mau pensamento [A má intenção]. ★ ～ *o idaku* 邪念を抱く Alimentar [Ter] más intenções. [S/同] Ákui (o); jáki; warúgí (+). **2** [不純な考え] O pensamento fútil; o devaneio. ★ ～ *o furiharau* 邪念をふりはらう Sacudir os ～s. ⇨ mṓsṓ; zatsúnéń.

jánguru ジャングル (< Ing. jungle) A selva. ◇ **～ jimu** ジャングルジム Um aparelho de barras para crianças. [S/同] Mitsúríń. ⇨ génshi² ◇.

jánjan じゃんじゃん **1** [半鐘などの音] Dom, dom, dom. *Hanshō* [*Denwa*] *ga ～ naridashita* 半鐘[電話]がじゃんじゃん鳴り出した A sineta tocou a rebate ～ [O telefone esteve a tocar muito tempo]. **2** [大いに]【G.】Muito. ★ ～ *kane o mōkeru* [*tsukau*] じゃんじゃん金をもうける[使う] Ganhar [Gastar] dinheiro a rodos. [S/同] Dóndon; ṓi-ni (+).

jańkén じゃんけん O jogo j. parecido ao par-ou-pernão. ★ ～ *(o) suru* じゃんけん(を)する Jogar ～. ～ *pon* じゃんけんぽん Vamos ao ～! [S/同] Ishíkén. ⇨ aíkṓ².

ja nó mé 蛇の目 O olho de cobra (Usa-se como "olho-de-boi" em p. para indicar coisas com essa forma ou enfeite; por ex.: ～ *gasa* – guarda-chuva de senhora –, ～ *chō*).

jánpā ジャンパー (< Ing. jumper) O blusão. ◇ **～ sukāto** ジャンパースカート A saia-blusa jardineira [-corpo/com peitilho]. [S/同] Jakétsú; jáketto. ⇨ uwágí.

jánpu ジャンプ (< Ing. jump) **1** [跳ぶこと] O salto. ★ ～ *suru* ジャンプする Saltar. [S/同] Chṓyákú (+). **2** [競技] O salto「de esqui」.

jánru ジャンル (< Fr. genre) O gé[ê]nero. ★ ～ *betsu ni bunrui suru* ジャンル別に分類する Classificar por ～s. [S/同] Búmon (+); búrui (o); bún'ya. ⇨ keítáí¹; yṓshíkí¹.

járajara じゃらじゃら【G./on.】 **1** [金属がぶつかりあう音] Tim, tim. *Pokketo de kōka ga ～ itte iru* ポケットで硬貨がじゃらじゃらいっている Ouve-se o tinir das moedas no bolso. **2** [下品でいやらしい様子] Frívolo; licencioso; ostensivo. ★ ～ *shita onna* じゃらじゃらした女 A mulher ostensiva. ⇨ chárachara.

jarásu じゃらす Brincar com. ⇨ jaréru.

jaréru じゃれる Brincar com; ser brincalhão. *Koneko ga mari ni jarete iru* 小猫がまりにじゃれている O gatinho está a brincar com a bola. [S/同] Fuzákéru; tawámúréru.

jarí 砂利 **1** [小石] O cascalho; a pedra britada muito miúda. ★ *Dōro ni ～ o shiku* 道路に砂利を敷く Cobrir a estrada com ～. ◇ **～ michi** 砂利道 O caminho [passeio] de ～. ⇨ ishíkóro; ko-íshí. **2** [子供]【G.】O pequerrucho; o moleque. [S/同] Kodómó (+), gakí.

járijari じゃりじゃり (Im. de coisas pequenas a roçar). *Gohan no naka ni koishi ga haitte ite ～ suru* ごはんの中に小石が入っていてじゃりじゃりする O arroz tem pedrinhas!

jasétsú 邪説 A heresia.

jashū́ 邪宗【E.】 **1** [邪教] A seita herética; a here-

sia. ⟨S/同⟩ Jakyō (+). **2** [江戸時代のキリスト教] O cristianismo (na era Edo).
jasúi 邪推 A suspeita infundada. ⇨ sáigi.
jasúmin ジャスミン (< P. < Ár.) O jasmim.
Jáwa ジャワ (A ilha de) Java. ◇ **~ go** ジャワ語 O (idioma) javanês.
jayókú 邪欲【E.】Um desejo mau [carnal].
jázu ジャズ (< Ing. jazz) O jazz. ◇ **~ bando** ジャズバンド A orquestra [banda] de ~.
Jeí áru [áa] ジェイアール・JR (< Ing. Japanese Railways) A Empresa Ferroviária J.R. ⇨ kokúdén.
jeráchin ジェラチン (< Ing. gelatine < L.) A gelatina. ⇨ zeráchin.
jérī ジェリー (< Ing. jelly) A geleia (Doce). ⇨ jámu; zeráchín; zérī.
jésuchā ジェスチャー (< Ing. gesture < L.) O gesto. ⟨S/同⟩ Zésuchā.
Jétoro ジェトロ (Abrev. de Japan External Trade Organization) A JETRO; a Organização do Comércio Exterior do J. ⟨S/同⟩ Nihón Bóeki Shińkōkai.
jétto ジェット (< Ing. jet < L. jactare: lançar) O ja(c)to. ◇ **~ bakugékiki** [**sentōki**] ジェット爆撃機 [戦闘機] O bombardeiro [caça] a ja(c)to. **~ enjin** ジェットエンジン O motor a ja(c)to. ⇨ ⇨ **ki. ~ kiryū** ジェット気流 A corrente de ~. **~ kōsutā** ジェットコースター A montanha russa. ⟨S/同⟩ Funryū.
jettó-ki ジェット機 (< Ing. jet + hikóki) O (avião a) ja(c)to.
ji¹ 字 **1** [文字] A letra; o ideograma. ★ **~ ga kakeru** [**yomeru**] 字が書ける [読める] Saber escrever [ler]. **~ o kaku** 字を書く Escrever. *Porutogarugo no no ~ mo shiranai* ポルトガル語のポの字も知らない Não saber nada de p. ⟨I/慣用⟩ *Yonde ~ no gotoshi* 読んで字の如し Como diz o texto. Kanjí; mójí. **2** [筆跡] A letra [caligrafia]. ★ **~ ga jōzu** [**heta**] **da** 字が上手 [下手] だ Ter uma ~ bonita [feia]; Hisséki. **3** [「ほの字」の形で婉曲にいう] Um pouco [nadinha] *Kanojo ni ho no ~ da* 彼女にほの字だ Está ~ apaixonado por ela.
ji² 辞【E.】**1** [語] As palavras; o termo; a expressão. **~ o hikuku shite kondan suru** 辞を低くして頼む Pedir humildemente [com toda a cortesia] ⟨S/同⟩ Go; kotobá (+). **2** [改まった席で述べる言葉] [dizer] Umas palavras (Discurso); ⇨ shukújī. ★ *Kaikai no ~* 開会の辞 As palavras [O discurso] de abertura/inauguração. ⟨S/同⟩ Kotobá (+) ; sōji; tójí³. **3** [助詞] 助動詞] A gramática. ⟨A/反⟩ Shi.
ji³ 地 **1** [地面] A terra. ⟨P/ことわざ⟩ *Ame futte ~ katamaru* 雨降って地固まる Depois da tempestade, vem a bonança/A vontade sai forte da adversidade/No cadinho se purifica o oiro. ⟨S/同⟩ Chi; jímen (+); tochí (+). **2** [織物] A textura. ⟨S/同⟩ Kíji (o); orījí (+). **3** [素地] O fundo "de um quadro". ⟨S/同⟩ Shitáj (+); sóji. ⇨ ji-író. **4** [地の文] A (parte) narrativa "de romance" (Por contraposição a diálogo). **5** [実地] A vida [prática]. ★ *Ren'ai-shōsetsu no ~ de iku* 恋愛小説を地で行く Imitar na ~ uma história de amor novelesco. ⟨S/同⟩ Jitchí. **6** [その土地のもの] A região. ★ **~ no mono** 地の物 O produto local. **7** [生まれつきの性質] O verdadeiro cara(c)ter; a natureza (da pessoa). ★ **~ ga deru** 地が出る Aparecer o ~. ◇ **~ goe.** ⇨ **goe.** ⟨S/同⟩ Hónshó (o); honmáé (+). **8** [きめ] A pele. ★ **~ ga areru** 地が荒れる Ficar com a pele áspera. ⟨S/同⟩ Kimé.

ji⁴ 痔 As hemorróida[e]s. ★ **~ mochi** 痔もち Hemorroidário. **~ ni naru** 痔になる Ficar com ~. ⟨S/同⟩ Jishítsu.
-ji⁵ 時 A hora. *"Ima nan ~ desu ka" "Yo-~ desu"* 「今何時ですか」「4時です」Que horas são? — São 4 horas [as 4]. ★ *Shiroku ~ chū okotte bakari iru* 四六時中怒ってばかりいる Andar sempre zangado.
-ji⁶ 寺 O templo. ⇨ jíín; terá.
-ji⁷ 次 (Indica o número de ordem). ★ *Dai ichi-~ go-kanen keikaku* 第一次五か年計画 O Primeiro Plano Quinquenal [de 5 anos]. *Dai ni ~ sekai taisen* 第二次世界大戦 A segunda grande guerra mundial (1939–1945). ⇨ bán²; goe² (+); tsugí.
-ji⁸ 路 [ある地方の路] Os caminhos. ★ *Haru no Shinano ~ no tabi* 春の信濃路の旅 A viagem pelos ~ [por terras] de Shinano na primavera. ⇨ michí¹. **2** [10歳を単位にして、その年ごろの意を表わす] A casa.
ji-ágé 地上げ O elevar do nível do terreno.
jiáí¹ 慈愛 A afeição; o carinho; o amor "materno". ★ **~ bukai** 慈愛深い Carinhoso; afe(c)tuoso. ⇨ itsúkúshímí.
jiáí² 自愛 O cuidar de si. *Kuregure mo go-~ no hodo o-inori mōshiagemasu* くれぐれも御自愛のほどお祈り申し上げます Termino pedindo-lhe que cuide bem da sua saúde (Em cartas). ⟨S/同⟩ Jichō.
ji-ámari 字余り 「verso latino」Cataléctico (Com sílabas a mais).
jiásútāze [áa] ジアスターゼ (< Ing. diastase < Gr.) A diástase.
jiazó-ká ジアゾ化 A diazot(iz)ação.
jiázóníúmú-énrui ジアゾニウム塩類 Os sais diazó[ô]nios.
jiazóru [óo] ジアゾール (< Ing. diazole) Diazol.
jibá 磁場 O campo magnético. ⟨S/同⟩ Jijō²; jikáj² (+).
ji-báchi 地蜂 (< … + hachí²) Uma vespa; *vespa japonica*. Kurósúzúmé-bachi.
jibákú 自爆 A explosão suicida [bomba humana] "kamikaze". ★ **~ ki** + hachí²; jimétsú.
jibán 地盤 **1** [建造物を建てる土台としての地面] O chão [piso]. ★ **~ ga katai** [**yurui**] 地盤が固い [ゆるい] é firme [movediço]. ◇ **~ chinka** 地盤沈下 O ceder [afundar] do ~. ⇨ dodái (+); jímen. **2** [地歩] A base (posição); o alicerce [ponto de apoio]. ★ **~ o katameru** 地盤を固める Consolidar ~. ⟨S/同⟩ Ashígákari; końkyōchi (+). **3** [勢力範囲] A base (de influência). ★ **~ o kizuku** 地盤を築く Criar ~. ⟨S/同⟩ Nawá-bári (+); seíryókú hán'i (o).
jibará 自腹【G.】O próprio bolso [seu dinheiro]. ★ **~ o kiru** 自腹を切る Pagar do ~. ⟨S/同⟩ Jibén; jimaé (+); te-béntō.
jibén 自弁 O pagar o seu. *Shokujidai wa kakuji ~ no koto* 食事代は各自自弁の事 Cada um paga a sua refeição. ⟨S/同⟩ Jibará (+); jibúń-móchi (o); jimaé (+); jikó fútan (+). ⇨ jihí².
jibeta 地べた【D.】⇨ jímen.
jibí(**íńkō**)**-ká** 耳鼻 (咽喉) 科 A otorrinolaringologia. ~ hanáj²; mimí; nódo.
ji-bíki 字引 (< … ¹ + hikú¹) [Col.] O dicionário. ★ *Iki ~* 生き字引 Um ~ vivo [Uma enciclopédia ambulante] (Pessoa muito erudita). **~ o hiku** 字引を引く Consultar o ~. ⟨S/同⟩ Jísho (+); jitén (+).
ji-bíki-ami 地引 [曳] き網 (< … ³ + hikú¹ + …) A rede

de arrasto. ★ ～ *o hiku* 地引き網を引く Puxar ～.

jíbo[1] 慈母【E.】**a**) A mãe carinhosa; **b**) (Minha) querida mãe (Em cartas). ⇨ jífu[2].

jíbo[2] 字母 **1** [言葉の音をつづるもとになる文字] O [As letras do] alfabeto. ⇨ ońpyṓ-móji. **2** [活字の元になる字型] A matriz ou um sortido completo de cara(c)teres tipográficos. [S/同] Bokéí.

jibṓ-jíki 自暴自棄 O desespero. ★ ～ *ni naru* [*ochi-iru*] 自暴自棄になる[陥る] Ficar desesperado. [S/同] Yaképpáchí; yáke.

jibúń[1] 自分 **1** [自己] O próprio; si mesmo. *Kare wa ～ de wa tadashii tsumori da* 彼は自分では正しいつもりだ Ele pensa que tem razão. ★ ～ *de* 自分で Por si mesmo; sem ajuda dos outros [～ *no koto wa ～ de shi nasai* 自分のことは自分でしなさい Cada um trate das suas coisas/Faça o que tem a fazer]. ～ *hito-ri de* 自分一人で Por si mesmo; sem ajuda dos outros. ～ *hon'i no* 自分本位の Egocêntrico. ⇨ **～ katte**. ～ *ni hara ga tatsu* 自分に腹が立つ Ficar zangado consigo mesmo. ～ *no jikan o motsu* 自分の時間を持つ Ter tempo seu [para (fazer) as suas coisas]. ～ *no me de tashikameru* 自分の目で確かめる Verificar com os próprios olhos. ～ *no mono ni suru* 自分の物にする Adquirir [Tomar posse]. ～ *no omou mama ni suru* 自分の思うままにする Fazer como quer. [S/同] Jíko[2]; onóré. ⇨ hónnin; jíshin[2]; tṓnin; jíko[2]. **2** [私] Eu. ～ *wa nijū-go-sai desu* 自分は 25 歳です Eu tenho 25 anos (de idade). [S/同] Bóku; oré; temáé; watá(kú)shí (+).

jíbun[2] 時分 **1** [大体の時期] A época; a altura; a hora. ★ *Ano* [*Sono*] ～ *ni wa* あの[その]時分には Naquela [Nessa] época「não havia T.V.」. *Watashi no wakai ～ ni wa* 私の若い時分には Nos meus tempos de jovem. [S/同] Jíki; jísetsu; kóro (+); tṓji. **2** [ころあい] A oportunidade; o momento propício [oportuno]. ★ ～ *o mihakaratte hanashi o kirida-su* 時分を見はからって話を切り出す Falar no ～. [S/同] Koróáí (+); jígi[3].

jibúń-kátte 自分勝手 O egoísmo; o bel-prazer; por sua conta (e risco). ★ ～ *na kangae* 自分勝手な考え O pensamento egoísta. ～ *ni furumau* 自分勝手にふるまう Agir a seu bel-prazer. ～ *ni suru* [*yaru*] 自分勝手にする[やる]Fazer como (muito bem) entender. [S/同] Etékátte; kimámá; migátte; rikóshúgi; temáégátte; wagámámá.

jíbutsu 事物 As coisas「do J.」. [S/同] Monógoto (+).

jíbyō 持病 **1** [慢性の病気] A doença cró[ô]nica. [S/同] Mańséí-byṓ. **2** [悪い癖] O vício. *Gyanburu wa aitsu no ～ da* ギャンブルはあいつの持病だ O jogo é o grande vício dele. ⇨ akúhékí.

jíchi 自治 O governo autó[ô]nomo; a autonomia. ◇ **～ daijin** [**shō**] 自治大臣[省] (J.) O ministro [ministério] da Administração Interna. **～ kai** 自治会 A associação autó[ô]noma「de estudantes」. **～ ken** 自治権 O direito de [A] autonomia. **～ ku** 自治区 O distrito autónomo. **～ ryō** 自治領 Um território com ～. **～ sei** 自治制 O sistema de ～.

jichínsai 地鎮祭 A cerimó[ô]nia de assentamento da primeira pedra.

jichí-tái 自治体 O órgão [corpo; A corporação] autó[ô]nomo/a. ◇ **Chihō ～** 地方自治体 ～ local.

jichṓ[1] 次長 O vice-chefe [subchefe] (A segunda pessoa que manda mais, em qualquer se(c)ção). [S/同] Fukúchṓ. ⇨ buchṓ; kachṓ[1].

jichṓ[2] 自重 **1** [慎重] A prudência [circunspe(c)ção]. ★ ～ *suru* 自重する Ser cauteloso [prudente]. [S/同] Shińchṓ (+). ⇨ tsutsúshímu. **2** [自愛] O ter cuidado com a saúde. ★ ～ *suru* 自重する Cuidar da saúde. [S/同] Jiái[2] (+). ⇨ jisónshin.

jichṓ[3] 自嘲【E.】O desprezo por si mesmo. ★ ～ *suru* 自嘲する Ter ～ [Rir-se de si mesmo].

jída 耳朶【E.】 **1** [⇨ mimí-tábu]. **2** [耳] Os ouvidos. ★ ～ *ni fureru* 耳朶に触れる Chegar aos ～. ～ *o utsu* 耳朶を打つ Ferir ～. [S/同] Mimí (+).

jidáí[1] 時代 **1** [歴史上の年代] O período histórico [da história]; a época [era]. ◇ **～ kubun** 時代区分 A divisão da história em períodos. **Heian ～** 平安時代 A era Heian. **Sekki ～** 石器時代 A Idade da Pedra. ⇨ neńdáí. **2** [人生の一時期] Uma época [fase] da vida. ★ *Watashi no gakusei ～ ni* 私の学生時代に Nos meus tempos de estudante. ◇ **Sei-shun ～** 青春時代 A adolescência [juventude]. [S/同] Jíki. **3** [時期] A época; a era; o tempo. *Ima wa genshiryoku no ～ da* 今は原子力の時代だ Agora é a era da energia nuclear. ★ *Furuki yoki ～ ni* 古き良き時代に Nos bons velhos tempos. *Itsu no ～ ni mo* いつの時代にも Em qualquer época. *Porutogaru no ōgon ～ ni* ポルトガルの黄金時代に No período áureo de Portugal. *Watashi no chichi no ～ ni* 私の父の時代に No tempo do meu pai. [S/同] Jíki[1]. **4** [時勢] Os tempos. ～ *ga kawatta* 時代が変わった ～ mudaram. ★ ～ *banare shite iru* 時代離れしている Estar ultrapassado. ～ *ni okureru* 時代に後れる Ficar desa(c)tualizado; não acompanhar a história. ～ *ni sakinjiru* 時代に先んじる Adiantar-se à (sua) época. ～ *no nami ni noru* 時代の波に乗る Acompanhar ～. ～ *no sentan o iku* 時代の先端を行く Ser o precursor da época. ◇ **～ okure** 時代後れ Atrasado; fora de moda. **～ sakugo** 時代錯誤 O anacronismo. [S/同] Jiséí. **5** [古めかしい] A antiguidade. ★ ～ *gakatta* [*no tsuita*] 時代がかった[のついた] Antigo; antiquado. [S/同] Kóshoku. **6** [その当時] A época; a altura. ★ ～ *no hanagata* 時代の花形 A estrela da ～. ◇ **～ shichō** 時代思潮 A tendência da ～. **～ shoku** 時代色 As cara(c)terísticas da ～. [S/同] Tṓdai; tṓji.

jídai[2] 次代 A próxima geração. ★ *Nihon no ～ o ninau seinen* 日本の次代をになう青年 Os jovens que serão os responsáveis da ～.

jidáí[3] 地代 **1** [借地料] O preço de arrendamento [A renda] de terra. [S/同] Shakúchí[yṓ]ryō. **2** [売買する土地の値段] O preço do terreno. [S/同] Chíka.

jidáí[4] 事大【E.】A submissão [subserviência] ao mais forte. ◇ **～ shugi** 事大主義 O servilismo; a bajulação.

jidáí-geki 時代劇 O drama [A peça] de costumes (Sobretudo de samurais, no J.). ⇨ jidáí[1].

jidáí-mónó 時代物 **1** [古物] As antiguidades. [S/同] Kobútsú. **2** [⇨ jidáí-geki].

jidáń 示談 O acordo extra-judicial; a solução amigável. ★ ～ *ni suru* [*de sumaseru*] 示談にする[で済ませる] Optar por [Resolver com] um/a ～. ◇ **～ kin** 示談金 O dinheiro pago como parte do/a ～.

jidánda 地団駄【G.】O bater o pé. ★ ～ *o fumu* 地団駄を踏む Bater o pé, zangado [irritado].

jidáraku 自堕落 O desregramento. ★ ～ *na seikatsu o okuru* 自堕落な生活を送る Levar uma vida desregrada. ⇨ daráshí(nó)nái; fushídara.

jidéń 自伝 A autobiografia. ★ ～ *o kaku* 自伝を書く Escrever a sua ～. [S/同] Jijóden. ⇨ deńkí[3].

jidō¹ 自動 (O movimento) automático. ★ ~ *ka suru* 自動化する Automatizar. ~ *maki no ude-dokei* 自動巻きの腕時計 O relógio de pulso automático. ~ *teki (ni)* 自動的(に) Automaticamente. *Zen~ no sentakuki* 全自動の洗濯機 A máquina de lavar toda automática. ◇ ~ **doa** 自動ドア A porta automática. ~ **enchō** 自動延長[条約期間などの] A prorrogação a "do acordo". ~ **hanbaiki** 自動販売機 A máquina (de venda). ~ **kaisatsuki** 自動改札機 A máquina ~ a de controle de bilhetes. ~ **seigyo** 自動制御 O regulamento [controle] ~. ~ **shiki** 自動式 O sistema ~. ~ **shōjū** 自動小銃 A espingarda ~. ~ **sōjū sōchi** 自動操縦装置 O piloto ~. ⓈⓇ Ótó; ôtômáchíkku. ⇨ Shudó.

jidō² 児童 As crianças. ◇ ~ **bungaku** 児童文学 A literatura infantil [para ~]. ~ **fukushi shisetsu** 児童福祉施設 A instituição (com instalações) de assistência infantil. ~ **geki** 児童劇 O teatro infantil. ~ **kenshō** 児童憲章 A Carta dos Direitos da Criança. ~ **shinrigaku** 児童心理学 A psicologia infantil. ⓈⓇ Kodómó (+). ⇨ shógákusei¹; gakudó.

ji-dóri 地取り (< … + tóru) **1** [地面の区画]【Arqui.】A (de)marcação do terreno「para urbanização」. ⇨ Ji-wárí. **2** [囲碁で] O conquistar espaço ao adversário「no gô」.

jidōsha [óo] 自動車 O automóvel; o carro. ~ *de iku* [*dekakeru*] 自動車で行く[出かける] Ir [Sair] de ~. ~ *ni noru* 自動車に乗る Entrar no [para o] ~. ~ *o unten suru* 自動車を運転する Dirigir [Guiar/Conduzir] o ~. ◇ ~ **buhin** 自動車部品 As peças do ~. ~ **gakkō** [**kyōshūjo**] 自動車学校 [教習所] A escola de condução. ~ **gōtō** 自動車強盗 O ladrão [de s. ~. ~ **hoken** 自動車保険 O seguro de ~. ~ **jiko** 自動車事故 O acidente de ~. ~ **kōgyō** [**sangyō**] 自動車工業 [産業] A indústria automobilística. ~ **kyōsō** 自動車競争 A corrida de automóveis. **Chūko ~** 中古自動車 O carro de [em] segunda mão. **Kamotsu ~** 貨物自動車 O cami(nh)ão; o veículo de carga. ⓈⓇ Kurúmá.

jidōshi [óo] 自動詞 O verbo intransitivo. ⒶⓇ Tadóshi.

jiéi¹ 自営 A administração própria [independente]. ★ ~ *suru* 自営する Trabalhar por conta própria. ◇ ~ **gyō** 自営業 Uma empresa independente.

jiéi² 自衛 A auto-defesa; a defesa própria. ★ ~ *suru* 自衛する Defender-se. ◇ ~ **kan**. ~ **ken** 自衛権 O direito de ~. ~ **ryoku** 自衛力 A capacidade de ~. ~ **shudan** 自衛手段 Os meios de ~. ⇨ **tai**.

jiéikan 自衛官 O oficial das Forças de Auto-defesa.

Jiéitai 自衛隊 As Forças de Auto-defesa. ◇ **Kaijō** [**Kokū**; **Rikujō**] ~ 海上 [航空; 陸上] 自衛隊 A marinha (aviação; o exército) das ~.

jifu¹ 自負 A auto-confiança; o orgulho. *Kare wa shodō no taika da to ~ shite iru* 彼は書道の大家だと自負している Ele orgulha-se de (ser) mestre em caligrafia j. ◇ ~ **shin**. ⓈⓇ jimán (+); jinín, jisán.

jifu² 慈父 【E.】 **1** [なさけぶかい父] O pai afe(ctuoso [bondoso; generoso]. ⇨ Jíboi¹. **2** [父の敬称] Meu querido pai (Em cartas). ⓈⓇ Chíchi (+).

jifú-shin 自負心 A auto-confiança; a confiança em si próprio [mesmo]. ⇨ jífu¹.

jifútériá ジフテリア (< Ing. diphtheria)【Med.】 A difteria; o garrotilho (Pop.).

jiga 自我 Meu eu; o eu. ★ ~ *ni mezameru* 自我に目覚める Ser consciente de si mesmo; conhecer o próprio ~. ~ *no tsuyoi* 自我の強い **a)** Egoístico; egoísta; **b)** Teimoso; agarrado à sua opinião; obstinado. ◇ ~ **ishiki** 自我意識 A autoconsciência; a consciência do ~. ⓈⓇ Égo; ga; jíko². ⒶⓇ Híga. ⇨ jibún¹.

jigai 自害 O suicídio. ★ ~ *suru* 自害する Suicidar-se. ⓈⓇ Jikétsú; jisátsú (+).

jiga-jisan 自画自賛 **1** [自分のかいた絵に自分で言葉を添えること] A pintura com elogios pelo próprio artista. **2** [自分で自分をほめること] O auto-elogio. ★ ~ *suru* 自画自賛する Auto-elogiar-se; louvar-se a si mesmo; gabar-se.

ji-gáné 地金 (< … ³ + kané) **1** [金属材料] O metal básico. **2** [本性] O que se é de verdade. ★ ~ *o dasu* [*ga deru*] 地金を出す[がでる] Mostrar o verdadeiro cará(c)ter; trair-se. ⓈⓇ Ji³**7**; hónshō (+).

ji-gátame 地固め (< … ³ + katámérú) **1** [地面を固めること] O aplanar o terreno. ★ ~ *o suru* 地固めをする ⇨ ji-nárashi. **2** [物事の基礎を固めること] O preparar o terreno「para a revolução」. ⓈⓇ Kisókósákú; shitá-júnbi (+).

jigazō 自画像 O auto-retrato.

jigén¹ 時限 【E.】 O tempo marcado. ◇ ~ **bakudan** 時限爆弾 A bomba-relógio. ~ *suto* 時限スト A greve por tempo determinado. ⇨ neñgén; nichígén. **2** [授業などの] Período. ★ *Dai ichi* ~ 第一時限 O primeiro ~ [A primeira hora]「das aulas」. ⓈⓇ Jikán (+).

jigén² 次元 **1**【Mat.】A dimensão. ◇ **Yo- ~** 四次元 A quarta ~. **2** [物の考え方や立場] A categoria (esfera); o ponto de vista; o nível. ★ ~ *no chigau mondai* 次元の違う問題 Um problema de nível muito diferente. ~ *no hikui hanashi* 次元の低い話 A conversa de baixo nível. ⇨ kánten¹; kénchi¹; sékai; shitén³.

jigi 字義 O significado de uma palavra [do ideograma]. ★ ~ *dōri ni kaishaku suru* 字義通りに解釈する Interpretar à [ao pé da (B.)] letra; fazer uma interpretação literal. ⇨ gógi.

jigi² 児戯 【E.】 A brincadeira de criança; a infantilidade; a criancice. ⇨ asóbí¹; itázúrá.

jigi³ 時宜 【E.】 **1** [一番都合のよい適当な時期] O momento oportuno [ideal]. ★ ~ *ni kanatte iru* [~ *o ete iru*] 時宜にかなっている[時宜を得ている]「A medida」; é oportuna. ⓈⓇ Jíki² (+). ⇨ kígi². **2** [ほどよいころあい] A hora [altura] própria. ⓈⓇ Jíbun². ⇨ téki-ji.

jigítárisu ジギタリス【Bot.】A dedaleira; *digitalis purpurea*. ⓈⓇ Kitsúné nó tébúkuro.

jigo¹ 事後 Depois do acontecimento [Post factum (L.)]. ◇ ~ **shōdaku** 事後承諾 A aprovação ~. ⒶⓇ Jizén.

jigo² 爾後 【E.】 A partir de então. ⇨ ígo¹.

jigo³ 持碁 O jogo de gô que termina em empate. ⇨ hikí-wáké.

jigō 次号 O próximo número. ⒶⓇ Zéngō.

ji-góé 地声 (< ji⁷ + kóe) A voz natural. ⓈⓇ Tsukúró-góé.

jigō-jítókú 自業自得 O que se merece. *Kare ga shiken ni ochita no wa ~ da* 彼が試験に落ちたのは自業自得だ Ele foi reprovado (no exame) porque

jigókú 地獄 O inferno. ★ ~ *ni ochiru* 地獄に落ちる Ir para o ~. ~ *no itchōme* 地獄の１丁目 O primeiro passo para ~. ＰにとわざＰ *de hotoke ni au* 地獄で仏に会う Encontrar um oásis no deserto. ~ *no sata mo kane shidai* 地獄の沙汰も金次第 Com dinheiro tudo se consegue. ◇ ~ **e** 地獄絵 Um ~ [espe(c)táculo dantesco]. **Juken ~** 受験地獄 ~ dos exames de admissão. **Kōtsū ~** 交通地獄 ~ tráfico infernal.
Ｓ同 Narakú. Ａ反 Gokurákú; téngoku.

jigókú-mímí 地獄耳【G.】O ouvido apurado para o mal.

jiguzagu ジグザグ (< Ing. zigzag) O ziguezague. ★ ~ *kōshin o suru* ジグザグ行進をする Avançar [Marchar] aos ~s. ~ *ni susumu* ジグザグに進む Avançar aos ~s/em ~. ⇨ gizágíza.

jigyō 事業 **1**[規模の大きい社会的な仕事] O empreendimento [proje(c)to]; a a(c)tividade; a obra. *Hinmin kyūsai wa seifu no ~ da* 貧民救済は政府の事業 だ O problema da pobreza é do governo. ★ ~ *ni kane o dasu* 事業に金を出す Dar dinheiro para um/a ~. *Fukushi ~* 福祉事業 A obra assistencial; a assistência social. *Jizen ~* 慈善事業 A obra de caridade. ⇨ shigótó. **2**[生産・営利を目的とする経済的な仕事] O negócio; a empresa. ★ ~ *ni seikō suru* 事業に成功する Ter sucesso nos ~s. ~ *ni shippai suru* 事業に失敗する Fracassar nos ~s. ~ *o itonamu* [*keiei suru*] 事業を営む[経営する] Ser empresário. ◇ ~ **bu** [**hi**; **ka**; **kai**; **sho**]. ~ **keikaku** 事業計画 Um proje(c)to. ~ **nendo** 事業年度 O ano comercial [fiscal]. ~ **shikin** 事業資金 O capital operacional de negócios. ~ **shotoku** 事業所得 A renda [receita] do/a ~. ~ **zei** 事業税 O imposto de renda sobre o lucro dos negócios. ⇨ jitsúgyó; kígyō. **3**[事績] O feito; a façanha. ★ *Dai ~ o nashitogeru* 大事業を成し遂げる Realizar um/a grande ~. ⇨ Jiséki.

jigyō-bu [**óo**] 事業部 O ramo (independente) (Dentro duma empresa).

jigyō-hi [**óo**] 事業費 As despesas operacionais.

jigyō-ká[1] 事業化 A industrialização [comercialização].

jigyō-ká[2] 事業家 **1**[企業家] O empresário. Ｓ同 Kigyó-ká. **2**[実業家] O industrial; o comerciante. Ｓ同 Jitsúgyóká (+).

jigyō-kai [**óo**] 事業界 O mundo empresarial [comercial; industrial].

ji-hádá 地肌 (地肌[3]) **1**[布地の表面] A textura. Ｓ同 Kimé (+). **2**[皮膚][sentir na] Pele. Ｓ同 Háda (o); hífu (+). **3**[地面] A terra; a superfície. ★ ~ *ga muki-dashi ni natta yama* 地肌がむき出しに なった山 A montanha cuja ~ está exposta [sem vegetação]. Ｓ同 Chihyó (+); jímen (o). **4**[日本 刀の表面のもよう] O desenho que aparece na lâmina de uma espada japonesa.

jiháku 自白 A confissão. ~ *suru* 自白する Confessar. Ｓ同 Hákujō; kokuhákú (+); jikyó (o); jiníń (+). ⇨ jishú[2].

jihátsu 自発 O sair de si「a iniciativa da ajuda」. ★ ~ *teki na* 自発的な Espontâneo; voluntário. ◇ ~ **sei** 自発性 A espontaneidade. ⇨ sekkyókú.

jihéi-shō 自閉症 O autismo (Metido só consigo).

jíhen 事変 **1**[ただならぬ出来事] O incidente; o desastre; o infortúnio. Ｓ同 Hénji (+). ⇨ jíko[1]. **2**[争乱] O motim「no exército」. **3**[国と国とが宣戦布 告をしないままで武力を使って争うこと] O incidente (entre países). ⇨ ihén.

jíhi[1] 慈悲 A misericórdia; a piedade; a benevolência; a compaixão; a clemência. ★ ~ *bukai* [*no aru*] 慈悲深い[のある] Misericordioso; compassivo; clemente. ~ *o hodokosu* [*tareru*] 慈悲を施す[垂れる] Fazer um a(c)to de caridade; ter compaixão; ser benevolente [clemente] (para com alguém). *Hitosama no o-~ ni sugaru* 人様のお慈悲にすがる Depender da ~ de outrem. ◇ ~ **mu** ~. Ｓ同 Jiń'áí; násake (+). ⇨ awárémí; itsúkúshímí; reńbíń.

jíhi[2] 自費 O (ser o próprio a) pagar. ◇ ~ **ryūgaku** 自費留学 O estudar no estrangeiro a expensas suas [sem (receber) bolsa]. ~ **shuppan** 自費出版 A publicação do autor [(de um livro) à própria custa]. Ｓ同 Jibárá; jibéń; jimáé; shihí. Ａ反 Kánpi; kốhi; kókuhí.

ji-hibiki 地響き (< jí[3] + hibíku) O (fazer) tremer a terra [o chão]「com a queda」. ~ *o tatete torakku ga hashiru* 地響きをたててトラックが走る O cami(nh)ão ao passar faz tremer a terra. ⇨ jíshín.

jihítsú 自筆 Escrito pelo próprio punho; o autógrafo. ★ *Sōseki ~ no genkō* 漱石自筆の原稿 O manuscrito original (do próprio punho) de (Natsume) Sōseki. Ｓ同 Jikíhítsú (+); jísho; nikúhítsú (+); shińsékí. ⇨ Jiséki.

jihō 時報 **1**[定期刊行物] O boletim (Revista). **2**[標準時刻の知らせ] O sinal horário [dar as horas]. *Tadaima yori ku-ji no ~ o o-shirase shimasu* 只今 より９時の時報をお知らせします Dentro de momentos vão soar「na rádio」as 9 horas.

jihyō[1] 辞表 A (carta de) demissão. ★ ~ *o dasu* [*teishutsu suru*] 辞表を出す[提出する] Entregar [Apresentar] a sua ~. ~ *o juri suru* 辞表を受理する Aceitar a demissão. ⇨ jishókú.

jihyō[2] 時評 O comentário sobre [de] acontecimentos correntes. ◇ ~ **ran** 時評欄 A coluna de ~. **Bungei ~** 文芸時評 ~ literatura. **Seiji ~** 政治時評 Notas [Análise; ~] sobre a política.

jií[1] 自慰 **1**[自ら慰めること] A auto-consolação. **2**[手淫] A masturbação. Ｓ同 ónanī; shuíń.

jií[2] 辞意 A intenção de renunciar. ★ ~ *ga katai* 辞 意が固い Estar decidido [firmemente resolvido] a renunciar. ~ *o hirugaesu* 辞意を翻す Reconsiderar a ~. ~ *o hyōmei suru* 辞意を表明する Manifestar (a) ~. ⇨ jishókú; jítai[2].

jií[3] 侍医 O médico da corte「imperial」. ⇨ shujíi.

jíi[4] 次位 O segundo lugar. ⇨ Jitén[6] (+).

jíi[5] 示威 A manifestação. ★ ~ *suru* 示威する Fazer uma ~. ◇ ~ **kōshin** 示威行進 Uma ~. ~ **undō** 示威運動 O movimento de protesto. ⇨ démó[1].

jíin 寺院 **a)** O templo budista; **b)** O mosteiro「dos Jerónimos」. Ｓ同 Terá (+).

ji-iró 地色 A cor de fundo「do quadro」. ⇨ jí[3] **3**.

ji-ishiki 自意識 A autoconsciência. *Kare wa ~ kajō da* 彼は自意識過剰だ Ele é demasiado autoconsciente. Ｓ同 Jikó íshiki.

jíiya 爺や【G.】O criado de idade avançada. ⇨ bấya.

jijáku 自若 Calmo; imperturbável; sereno; tranquilo. ★ ~ *taru taido de iru* 自若たる態度でいる A atitude serena. ~ *to shite iru* 自若としている Estar ~. ⇨ taízén.

jiji 時事 (Os acontecimentos [assuntos; As questões/notícias] da) a(c)tualidade. ★ ~ *ni utoi* 時事

にうとい Não estar a par da ～. ◇ **～ eigo** 時事英語 O inglês corrente. **～ kaisetsu** 時事解説 O comentário sobre os/a ～. **～ mondai** 時事問題 Os problemas a(c)tuais [da ～].

jijíi 爺【G.】O「meu」velhote. ◇ ⇨ **kuso** [**tanuki**] **～**. ⇨ sófu; babā́.

jíji-kok(u)koku 時時刻刻「está para partir a」Qualquer hora [momento]. *Uchiage ga ～ to chikazuite iru* 打上げが時々刻々と近づいている A hora do lançamento (do foguetão) está iminente. [S/同] Dandán (+) ; shidáishídai.

jijí-kúsái 爺臭い【G.】Avelhado.

jijí-músái 爺穢い【G.】Desleixado. *Ano hito wa ～ kakkō o shite iru* あの人は爺むさい格好をしている Ele é ～ no vestir.

jijíń 自刃 O suicídio (com a espada). ★ ～ *suru* [*o togeru*] 自刃する[を遂げる] Suicidar-se. ⇨ jígai; jikétsú; jisátsú.

jíjitsu[1] 事実 **1** [実際にあったことがら] O fa(c)to; a realidade; a verdade. *Kore wa meihaku na ～ da* これは明白な事実だ Esta é a pura verdade. *Sore ga ～ de aru ka dō ka wa utagawashii* それが事実であるかどうかは疑わしい Se isso é verdade ou não, duvida-se [tenho (cá) as minhas dúvidas]. ★ ～ *mukon de aru* 事実無根である Não ter fundamento. ～ *ni hansuru* 事実に反する Não ser verdade. ～ *o ari-no-mama ni noberu* [*shimesu*] 事実をありのままに述べる[示す]Dizer a verdade [tudo como foi]. ～ *o mageru* 事実を曲げる Distorcer a verdade. ～ *to naru* 事実となる Acontecer. *Sekirara na ～* 赤裸々な事実 A verdade nua (e crua). ◇ **～ chōsa** 事実調査 ⇨ jitsújṓ ◇. **～ dan** 事実談 A história verídica. [P/ことわざ] ～ *wa shōsetsu yori mo ki nari* 事実は小説より奇なり A realidade é mais estranha [incrível/extravagante] do que a ficção; [S/同] Shínjitsu; makótó; jissái; hońtṓ. **2** [本当に] Na realidade; de fa(c)to. ～, *watashi wa nani mo kiite inai* 事実, 私は何も聞いていない ～ eu não ouvi [sei] nada. ◇ ⇨ **～-jō**. [S/同] Hońtṓ ní (o); jijítsú-jṓ (+); táshika ni (+); shinjitsu.

jíjitsu[2] 時日 **1** [日取り] A data. ★ ～ *o kettei suru* 時日を決定する Marcar a ～. [S/同] Hidórí (+) ; níchiji. **2** [時間] O tempo. [S/同] Jikáń (o); tokí (+) ; tsukíhi (+) . ⇨ himá[1]; yoyū́.

jijítsú-jṓ 事実上 (<… +jō[1]**4**) Praticamente [Na prática/realidade]. *Kare wa ～ waga chīmu no rīdā da* 彼は事実上我がチームのリーダーだ Ele é ～ o chefe [capitão] da nossa equipa/e. ★ ～ *no shōnin* 事実上の承認 O reconhecimento prático [para todos os efeitos].

jíjo[1] 次女 A segunda filha. ⇨ chṓjo; jínan.

jíjo[2] 自序【E.】O prefácio do autor. ⇨ jobúń[1].

jíjo[3] 侍女【A.】A aia「da rainha」; a dama de companhia. [S/同] Koshímótó. ⇨ meshí-tsúkai; nyṓbō; jokáń.

jijṓ[1] 事情 **a**) As circunstâncias; as condições; a situação; **b**) As razões. ～ *ni yotte wa kangaenaosanai wake de mo arimasen* 事情によっては考え直さないわけでもありません Se a situação o pedir [aconselhar], podemos mudar de ideia. *Sono tōji to wa daibu ～ ga chigatte kite iru* その当時とは大分事情が違ってきている (Hoje) as ～ são muito diferentes das de então. ★ ～ *ga yuruseba* 事情が許せば Se as condições permitirem. ～ *no ikan ni kakawarazu* 事情のいかんにかかわらず Quaisquer que sejam as ～. ～ *o kōryo suru* 事情を考慮する Ter em conta as ～. *Donna* [*Ika-naru*] ～ *ga atte mo* [*arō to mo*] どんな[いかなる]事情があっても[あろうとも]Em quaisquer circunstâncias. *Katei no ～ de* 家庭の事情で Por razões de família. *Yamu-o-enai* [*Yogi-nai*] ～ *de* やむを得ない[余儀ない]事情で Por força das circunstâncias. *Zaikai no ～ ni akarui* [*tsūjite iru*] 財界の事情に明るい[通じている]Estar familiarizado com [Conhecer bem] o mundo econó[ô]mico. ◇ **～ chōshu** 事情聴取 O ouvir as várias razões. **Jūtaku ～** 住宅事情 A ～ da habitação. **Kōtsū ～** 交通事情 A ～ do trânsito. [S/同] Jṓséí.

jijṓ[2] 自乗【Mat.】O quadrado [A segunda potência]. *Yon no ～ wa jūroku da* 4 の自乗は 16 だ Quatro (elevado) ao [à] ～ é igual a 16; ～ de 4 é 16. ★ ～ *suru* 自乗する Elevar ao ～. [S/同] Heíhṓ; nijṓ. ⇨ sańjṓ[3].

jijṓ[3] 磁場 O campo magnético. [S/同] Jibá; jikái[2] (+) .

jijóden 自叙伝 A autobiografia. [S/同] Jidéń.

jijṓ-jíbákú 自縄自縛【E.】A própria armadilha. ★ ～ *ni ochiiru* 自縄自縛に陥る Cair na ～ [Virar-se o feitiço contra o feiticeiro].

jijū́[1] 侍従 O camareiro [mordomo]. ◇ **～ bukan** 侍従武官 O ajudante de campo (Oficial militar)「do Presidente」. **～ chō** 侍従長 ～-Mor.

jijū́[2] 自重 O peso morto (Sem a carga).

jíka[1] 自家 **1** [自分の家] A casa própria; a minha família [casa]. ◇ ⇨ **～ sei** [**yō**]. **～ hatsuden** 自家発電 O ter gerador elé(c)trico (em casa). **2** [自分の所] Si próprio. ◇ ⇨ **～ chūdoku**. **～ dōchaku** 自家撞着 A autocontradição; o contradizer-se a ～. ⇨ **～ jufun** [**jusei**].

jíka[2] 直 Dire(c)to. ～ *ni atte hanashi o suru* 直に会って話をする Falar [dire(c)tamente]「com alguém」. ◇ ⇨ **～ danpan** [**maki**]. [S/同] Chokúsétsú (+) .

jíka[3] 時価 **1** [その時々の, または現在売買すると考えた場合の値段] O preço corrente [a(c)tual/em vigor]; a cotação do dia. *Sono e wa ～ issenman-en no shina da* その絵は時価 1 千万円の品だ Esse quadro vale hoje 10 milhões de yens. ◇ **～ hakkō-kabu** 時価発行株 As a(c)ções emitidas à cotação do mercado. **2** [数学] O valor local (Mat.).

jíka[4] 耳科【Med.】A otologia. ⇨ jibí(íńkṓ)ká.

jiká-chū́doku [**úu**] 自家中毒 A auto-intoxicação.

jikádánpan 直談判 A negociação dire(c)ta [pessoal]. ★ *Shachō ni ～ suru* 社長に直談判する Negociar [Decidir] dire(c)tamente com o presidente (da firma). ⇨ jíka[2].

jíkai[1] 次回 A próxima vez. ⇨ kónkai; zénkai[2].

jikái[2] 磁界 O campo magnético. [S/同] Jibá; jijṓ[3].

jikái[3] 自戒 A autodisciplina. ★ ～ *suru* 自戒する Aprender à própria custa. ⇨ imáshíméru[1].

jikái[4] 自壊 A desintegração; a desagregação. ◇ **～ sayō** 自壊作用 A a(c)ção desintegradora.

jiká-júfun 自家受粉 A autopolinização. [A/反] Taká-júfun. ⇨ jíka[1].

jiká-júsei 自家受精 A autofecundação; a autogamia. ⇨ jíka[1].

jikákú[1] 自覚 A autoconsciência; o cair na conta. ★ ～ *suru* 自覚する Ser consciente〔*Kare wa jibun no ketten o ～ shite iru* 彼は自分の欠点を自覚している Ele é consciente dos seus defeitos〕. ◇ **～ shōjō** 自覚症状 O sintoma de estar consciente.

jikákú[2] 字画 O número de traços (dos caracteres chineses).

J

jikakú³ 耳殻 O pavilhão auricular. ⇨ mimí.

jikámáki 直蒔き A sementeira dire(c)ta. ★ ~ *de kome o sodateru* 直蒔きで米を育てる Cultivar arroz por ~ (Sem transplantar). ⓈⓅ Jikímáki.

jikán¹ 時間 **1** [時] O tempo. ~ *ga tobu yō ni sugite iku* 時間が飛ぶように過ぎていく ~ voa. *Dore kurai ~ ga kakarimasu ka* どれくらい時間がかかりますか Quanto ~ leva/vai levar? *Shōri wa ~ no mondai da* 勝利は時間の問題だ A vitória é certa [uma questão de ~]. ★ ~ *ga kakaru* [~ *o kuu*; ~ *o toru*] 時間が掛かる[時間を食う;時間を取る] Levar tempo. ~ *ga nai* 時間がない Não ter tempo. ~ *ni shibarareru* 時間に縛られる Ter pouco [limitação de] ~. ~ *o kasegu* 時間をかせぐ Ganhar ~. ~ *o kuriawaseru* [*tsugō suru*] 時間を繰り合わせる [都合する] Arranjar ~. ~ *o muda ni suru* 時間を無駄にする Perder [Desperdiçar o] ~. ~ *o sakete* 時間を割く Encontrar [Reservar] ~ 「para atender alguém」. ~ *o setsuyaku suru* 時間を節約する Poupar ~. ~ *o tsubusu* 時間をつぶす Matar o ~. ~ *to no kyōsō* 時間との競争 A corrida [luta] contra o ~. *Tanoshii* [*Taikutsu na*] ~ *o sugosu* 楽しい[退屈な]時間を過ごす Passar umas horas agradáveis/divertidas [aborrecidas]. ◇ **~ fusagi** 時間塞ぎ O encher o ~. **~ gai** [**kyū/sa/tai**]. **~** [**Hima**] **tsubushi** 時間[暇]つぶし O passar [matar] o ~. **Shitsumu** [**Eigyō**] **~** 執務[営業]時間 O horário comercial; a hora de expediente/serviço. **Shoyō ~** 所要時間 ~ requerido. **Suimin ~** 睡眠時間 As horas de sono [que se dormem]. ⓈⓅ Tokí. ⇨ kūkáñ. **2** [時刻] A hora (Ex.: *Tōkyō made ichi ~ kakaru* = Até Tóquio leva uma ~). ~ *made ni tsukeru kashira?* 時間までに着けるかしら Será que chegaremos a horas [tempo]? *Anata, ~ desu yo* あなた、時間ですよ (Depressa que) Está na [É a] hora! *Sumimasen ga ~ o oshiete kudasai* すみませんが時間を教えて下さい Podia dizer-me [Por favor, diga-me] que horas são. ★ ~ *dōri ni* 時間通りに Pontualmente. ~ *ni maniau* 時間に間に合う Chegar a horas [tempo]. ~ *ni okureru* 時間に遅れる Chegar tarde [atrasado]. ~ *o hayameru* [*okuraseru*] 時間を早める[遅らせる] Adiantar [Atrasar/Adiar] a ~. ~ *o kimeru* 時間を決める Marcar a ~. ~ *o mamoru* 時間を守る Ser pontual. ~ *o mihakaratte dekakeru* 時間を見はからって出かける Calcular a ~ de sair. *Tokei no ~ o awaseru* 時計の時間を合わせる Acertar o relógio. *Tokei no ~ o susumeru* [*okuraseru*] 時計の時間を進める[遅らせる] Adiantar [Atrasar] o relógio. *Yūshoku no ~ ni* 夕食の時間に À ~ do jantar. ◇ **~ hyō**. ⓈⓅ Jíkoku¹(+). ⇨-jí⁵. **3** [授業] A aula; a matéria [cadeira]. ★ *Kagaku no ~ o ukemotsu* 化学の時間を受け持つ Lec(c)ionar [Dar aulas de] química.

jikan² 次官 O vice-ministro; o subsecretário. ◇ **Seimu ~** 政務次官 ~ Parlamentar.

jikán-gai 時間外 A hora extra(ordinária); fora do horário. ★ ~ *no rōdō* 時間外の労働 O trabalho das [As] ~s. **~ kinmu** 時間外勤務 O serviço das [As] ~s. **~ teate** 時間外手当 O pagamento das ~s.

jikán-hyō 時間表 O horário. ⇨ jikokú-hyō.

jikán-kyū 時間給 (<··· +kyūryō) O salário [pagamento] à hora. ★ ~ *no shigoto* 時間給の仕事 O serviço pago à hora.

jikán-sa 時間差 A diferença de tempo. ◇ **~ kōgeki** (バレーボールの) 時間差攻撃 O ataque retardado (Vol.).

jikán-tai 時間帯 A faixa horária; o período de tempo. ★ *Rasshu no ~ o sakete shukkin suru* ラッシュの時間帯を避けて出勤する Evitar as horas de pico [ponta/movimento] ao ir para o serviço.

jiká-séi 自家製 A fabricação caseira. ★ ~ *no kukkī* 自家製のクッキー O biscoito caseiro [de ~]. ⓈⓅ Teséí. ⇨ te-zúkuri; jíka¹.

jikásén 耳下腺 [Med.] A parótide/a. ◇ **~ en** 耳下腺炎 A parotidite [papeira/O trasorelho]; a caxumba (B.).

jikátá 地方 **1** ⇨ ináká. **2** [邦楽] O coro (do teatro Nō); o acompanhamento musical [de qualquer tipo de dança ou canto tradicional].

jiká-tábi 地下足袋 O calçado de tecido grosso com sola de borracha (usado pelos trabalhadores).

jikátsú 自活 O sustento sem auxílio de outrem; o poder viver só. ★ ~ *suru* 自活する Sustentar-se; ganhar a vida. ⓈⓅ Dokúrítsú(o); jirítsú(+).

jiká-yō 自家用 (Para uso) Particular. ◇ **~ hikōki** 自家用飛行機 O avião (de uso) particular. ⓈⓅ Kojíñ-yó. ⇨ jíka¹.

jikayō-sha [**óo**] 自家用車 O carro particular.

jikéí¹ 次兄 【E.】O segundo irmão (mais velho). ⇨ chōkéí¹; -ji⁷.

jikéí² 自警 A autovigilância 「da comunidade」. ◇ **~ dan** 自警団 O corpo de ~.

jíken 事件 **a)** O acontecimento; o momento; **b)** O caso; o incidente; o escândalo. ★ *~ no momikesu* 事件をもみ消す Abafar o caso. *Rekishi-jō no jūdai ~* 歴史上の重大事件 Um grande acontecimento histórico. *Sagi ~ o okosu* 詐欺事件を起こす Praticar uma fraude. ◇ **Tōnan ~** 盗難事件 Um (caso de) roubo [assalto]. ⓈⓅ Dekígoto; kotógárá. ⇨ jíhen; mondáí; hañzáí.

jikétsú 自決 **1** [自己決定] A autodeterminação. ◇ **Minzoku ~ undō** 民族自決運動 O movimento de ~. **2** [自殺] O suicídio. ★ ~ *suru* 自決する Suicidar-se. ⓈⓅ Jígai; jisátsú(+).

jíki¹ 時期 O tempo; a altura; a época [estação] 「do ano」. *Izure ~ ga kureba kare mo watashi no itte iru koto ga wakaru darō* いずれ時期が来れば彼も私の言っていることがわかるだろう (Deixe lá,) com o tempo, ele compreenderá o que eu digo. ★ *Maitoshi kono ~ ni wa* 毎年この時期には Todos os anos nesta época [altura/por este tempo].
ⓈⓅ Jikō; jíbun; kóro; orí; tokí. ⇨ kisétsu¹.

jíki² 時機 A oportunidade; o momento; a altura; a ocasião. *Kare ni totte tenshoku ni wa ima ga zekkō no ~ da* 彼にとって転職には今が絶好の時機だ Para ele, agora é a melhor altura para mudar de emprego. ★ ~ *o issuru* [*shissuru*] 時機を逸する [失する] Perder a ~. ~ *o matsu* 時機を待つ Esperar a ~. ~ *o miru* 時機を見る Escolher a/o ~. ~ *o ukagau* 時機をうかがう Ver se é oportuno. ⓈⓅ Chánsu(+); kikái; kōki; shiódókí; taímíngú. ⇨ jíkyoku¹.

jiki³ 直 (⇨jíki-jíki) **1** [時間が短いようす] Daqui a pouco. *Chichi wa* (*mō*) *~ kanreki o mukaeru* 父は(もう)じき還暦を迎える Dentro em breve [~] o meu pai celebra os 60 (anos). *Yasumono wa ~ dame ni naru* 安物は直ダメになる Artigos baratos duram pouco [logo se estragam]. ★ ~ *jikí ní*. ⓈⓅ Jikí ní(+); súgu ní(o). ⇨ ma-mó-naku; yagáté. **2** [距離が短いようす] *Byōin made wa ~ desu* 病院まではじ

きです O hospital fica perto [a dois passos daqui]. [S/同] Súgu (+).

jíki[4] 磁気 O magnetismo. ★ ~ *no* [*o obita*] 磁気の[を帯びた] Magnetizado; magnético. ~ *o obiru* 磁気を帯びる Adquirir ~. ◇ **~ arashi** 磁気嵐 A tempestade magnética. **~ disuku** 磁気ディスク O disco magnético. ⇨ **~ gaku**. **~ rokuon** [**rokuonki**] 磁気録音 [録音機] A gravação magnética [O gravador]. **~ tēpu** 磁気テープ A fita magnética. ⇨ jiryókú; jíshaku.

jíki[5] 次期【E.】O próximo período. ★ ~ *no kabunushi sōkai de* 次期の株主総会で Na próxima reunião dos a(c)cionistas. ◇ **~ kokkai** 次期国会 A próxima sessão da Dieta. ⇨ tsugí[1].

jíki[6] 磁器 A porcelana. ⇨ tṓjíki; tṓki[3].

jíki[7] 自記 O regist(r)ar ou escrever por si.

jikídáń 直談 ⇨ jikádánpan.

jikídéń 直伝 A transmissão dire(c)ta. ★ *Shishō ~ no seihō* 師匠直伝の製法 O método de fabrico transmitido dire(c)tamente pelo mestre.

jikí-déshí 直弟子 O discípulo dire(c)to. ⇨ uchí-déshí.

jikí-gaku 磁気学【Fís.】O magnetismo. ⇨ jíki[4].

jikíhítsú 直筆 O autógrafo; escrito de próprio punho [por mão própria]. [S/同] Jihítsú (+); nikúhítsú; shińpítsú. ⇨ daíhítsú.

jikí-jíkí 直直「o encontro」Pessoal. ★ ~ *ni* 直々に「falar」Dire(c)tamente; pessoalmente; em pessoa. [S/同] Chokúsétsú (o); jíka[2] (+). [A/反] Kańsétsú. ⇨ jikí[3].

jikí-ní 直に Num instante; imediatamente; já; brevemente; logo. ~ *hi ga kureru* 直に日が暮れる Vai escurecer ~ [não tarda]. [S/同] Jikí[3]; súgu ní (+). ⇨ ma-mó-naku.

jíkiso 直訴 (⇨ jikí[3]) O apelo dire(c)to. ★ ~ *suru* 直訴する Apelar dire(c)tamente [Fazer um ~]. ◇ **~ jō** 直訴状 A carta de ~. ⇨ uttáéru.

jikítárisu ジキタリス ⇨ jigítárisu.

jikí-tórihiki 直取引き【Econ.】A transa(c)ção dire(c)ta [monetária]. [S/同] Geńkíń-tóríhiki (+). ⇨ geńbútsú.

jikíwá 直話 A narração dire(c)ta [em primeira mão]. ⇨ jikí[3].

jiki-wátashi 直渡し (<… [3] + watású)【Econ.】A entrega dire(c)ta [na hora].

jikká[1] 実家 (⇨ jíka[1]) **1** [その人の生まれた家, 生家] A casa paterna. ★ *Kyūka ni ~ ni kaeru* 休暇に実家に帰る Voltar para casa nas férias. [S/同] Séika. **2** [婚姻・養子縁組などのため他家の籍に入った人のもとの家] A casa de solteira/o. ★ *Rikon shite ~ ni kaeru* 離婚して実家に帰る Divorciar-se e voltar para a ~. [S/同] Sató. [A/反] Kónke.

jikká[2] 実科 O curso prático.

jikkái 十戒 [誡] Os Dez Mandamentos「de Moisés/da lei de Deus」; o decálogo.

jikkákukei 十角形 O decágono.

jikkáń 実感 **1** [実際の感情] O sentimento real; o que「eu sinto」realmente. [S/同] Geńjítsúkan. **2** [体験して本当に感じること] A sensação; o experimentar [sentir/cair na conta]. *Tsurai keiken o ~ o komete hanasu* つらい経験を実感をこめて話す Contar uma dura experiência com sentimento. ★ ~ *ga waku* 実感がわく Ter a ~「de vitória」. ~ *suru* 実感する Sentir.

jikkéí[1] 実兄 O irmão verdadeiro [de sangue]. ⇨ gikéí; jittéí.

jikkéí[2] 実刑 ⇨ shikkṓ[1] ◇.

jikkéí[3] 実景 A cena real「dessa época」. ◇ **~ byōsha** 実景描写 A descrição duma ~.

jikkéń[1] 実験 A experiência [experimentação]; a tentativa; a prova; o ensaio. ★ ~ *chū de aru* 実験中である Estar em experiência [fase experimental]. *Butsuri* [*Kagaku*] *no ~ o suru* 物理 [化学] の実験をする Fazer uma experiência de física [química]. ~ *teki ni* 実験的に Experimentalmente. ◇ **~ dai** 実験台 **a**) A mesa de laboratório; **b**)「o ser usado como」Cobaia [Obje(c)to]. **~ dankai** 実験段階 A fase experimental. **~ dōbutsu** 実験動物「não sou」Cobaia. **~ nōjō** 実験農場 A quinta experimental [piloto]; a exploração agrícola. **~ shitsu** 実験室 O laboratório. **~ zumi** 実験済み Experimentado [Testado]. ⇨ keíkéń[1].

jikkéń[2] 実権 O poder efe(c)tivo [real]. ★ ~ *o nigiru* 実権を握る Deter [Assumir] o ~; controlar [tomar o controle]. ◇ **~ ha** 実権派 A fa(c)ção no [Os detentores do] poder.

jikkéń[3] 実見 O ver com os próprios olhos. ★ ~ *suru* 実見する … ⇨ mokúgékí[1].

jikkṓ[1] 実行 A execução; a realização; o agir. *Ikura rippa na koto o itte mo ~ ga tomonawanakereba nanni mo naranai* いくら立派なことを言っても実行が伴わなければ何にもならない Por mais palavras lindas que se digam, se as não pomos em prática, nada feito. ★ ~ *dekinai* [*fukanō na*] 実行出来ない [不可能な]「plano」Irrealizável. ~ *dekiru* [*kanō na*] 実行出来る [可能な] Possível; realizável. ~ *suru* 実行する Executar; realizar. ◇ **~ iinkai** 実行委員会 A comissão executiva. ⇨ **~ ryoku; fugen ~**. [S/同] Jisséń[1]; jisshí[1]; rikṓ; suíkṓ. ⇨ jitsúgéń.

jikkṓ[2] 実効 O resultado [efeito] prático; a eficácia「das medidas tomadas」. ⇨ kikímé; kṓka[1]; kṓryoku[1]; yū́kṓ[1].

jikkóń 昵懇 A intimidade; a familiaridade. *Ano hito to ~ no aidagara de aru* [~ *ni shite iru*] あの人と昵懇の間柄である[昵懇にしている] Sou íntimo [confidente] dele; tenho intimidade com ele.

jikkṓ-ryoku [óo] 実行力 A「pessoa com」força [capacidade de a(c)ção]. ⇨ jikkṓ[1].

jikkúri(**to**) じっくり(と) Com calma [cuidado] e devagar. ★ ~ *koshi o suete shigoto ni torikumu* じっくり(と)腰をすえて仕事に取りくむ Preparar-se e executar o serviço ~. ⇨ jū́bún[1]; yukkúri.

jikkyṓ 実況 **a**) A situação real [a(c)tual]; o estado das coisas; **b**) A cena real [ao vivo]. *Genchi no ~ o o-tsutae shimasu* 現地の実況をお伝えします Vou transmitir-lhes ~. ◇ **~ hōsō** [**chūkei**] 実況放送 [中継] A transmissão dire(c)ta [ao vivo]. [S/同] Jikkéí; jitsújṓ.

jíko[1] 事故 **1** [悪い出来事] O desastre; o acidente. *Kono kōsaten wa tokaku ~ ga ōi* この交差点はとかく事故が多い Há muitos acidentes neste cruzamento. ★ ~ *de shinu* 事故で死ぬ Morrer de ~. ~ *ni au* 事故にあう Sofrer [Ter] um ~. ~ *o bōshi suru* 事故を防止する Prevenir [Evitar] os ~s. ~ *o okosu* 事故を起こす Causar um ~. ◇ **~ shi** 事故死 A morte de [por] ~. **Jidōsha ~** 自動車事故 ~ de automóvel [carro]. **Jinshin ~** 人身事故 ~ com lesão corporal. **Kōtsū ~** 交通事故 O acidente de trânsito. [S/同] Jíken. ⇨ dekí-goto. **2** [事情] O impedimento; a razão. *Yamu-o-enai ~ no tame*

J

kaisha o yasunda やむをえない事故のため会社を休んだ Faltei ao serviço por circunstâncias [um/a 〜] de força maior. [S/同] Jijō (+) ; riyū́.

jíko² 自己 O eu; si mesmo; si próprio. ★ 〜 *no hi o mitomeru* 自己の非を認める Reconhecer o próprio [seu] erro. 〜 *o shiru* 自己を知る Conhecer-se a si próprio [mesmo]. ◇ **〜 anji** 自己暗示 A auto-sugestão〔〜 *anji ni kakaru* 自己暗示にかかる Auto-sugestionar-se〕. **〜 bengo** 自己弁護 A justificação; a desculpa〔〜 *bengo suru* 自己弁護する Justificar-se [Defender-se]〕. **〜 bōei** 自己防衛 A auto-defesa. **〜 bunseki** 自己分析 A auto-análise. **〜 chūshin** 自己中心 O egocentrismo; o egoísmo. **〜 futan** 自己負担 O ser pago pelo próprio. **〜 giman** 自己欺瞞 O enganar-se a si próprio. **〜 hihan** 自己批判 A autocrítica. **〜 hon'i** 自己本位 O egoísmo; o egocentrismo. **〜 hozon** 自己保存 A auto-preservação. **〜 ken'o** 自己嫌悪 A auto-aversão; o não gostar de si mesmo (Doença)〔〜 *ken'o ni ochiiru* 自己嫌悪におちいる Não gostar de si mesmo〕. **〜 manzoku** 自己満足 A presunção; a complacência própria. ⇨ **〜 ryū**. **〜-saimin** 自己催眠 O auto-hipnotismo. **〜 senden** 自己宣伝 A auto-propaganda. **〜 shihon** 自己資本 O capital próprio. **〜 shōkai** 自己紹介 A sua apresentação〔〜 *shōkai o suru* 自己紹介をする Apresentar-se〕. **〜 shuchō** 自己主張 O apego à própria opinião; o ser teimoso. **〜 tōsui** 自己陶酔 O narcisismo. [S/同] Jibúń-jíshin (+) ; jíga; onóré.

jíkō¹ 事項 **a)** O assunto; a questão; o caso; o fa(c)to; **b)** O artigo [item]. ◇ **Chōsa 〜** 調査事項 Fa(c)tos [Pontos] para investigação. **Shuyō 〜** 主要事項 A questão principal. ⇨ kṓmókú¹; kotógárá.

jikṓ² 時候 A estação [época/O tempo] do ano. ★ 〜 *no aisatsu* 時候の挨拶 As saudações nas diversas 〜 s do ano. 〜 *no kawarime ni* 時候の変わり目に Na mudança de estação. ◇ **〜 hazure** 時候はずれ Fora de 〜. [S/同] Kikṓ (+) . ⇨ kisétsu¹.

jikṓ³ 時効【Dir.】A prescrição. ★ 〜 *ni kakaru* [*naru*] 時効にかかる [なる] Prescrever. ◇ **〜 chūdan** [**teishi**] 時効中断 [停止] A interrupção [suspensão] da 〜.

jikṓ⁴ 耳孔 A cavidade auricular; o canal auditivo.

jíkoku¹ 時刻 A hora (Ex.: 〜 *o shiraseru* =「O relógio da torre」dá as horas). *Kare wa yakusoku no 〜 o sugite mo konakatta* 彼は約束の時刻を過ぎても来なかった Já passava da hora (marcada) e ele não apareceu. ★ *Shussha 〜 mae ni* 出社時刻前に Antes de ir para o serviço. ◇ **〜 hōsō** 時刻放送 O sinal horário; o「rádio」transmitir a 〜. ⇨ **〜 hyō**. **〜 sokutei** (**hō**) 時刻測定 (法) A cronometria [O (método de) medir o tempo]. [S/同] Jikáń ¹ **2**. ⇨ tokí¹.

jikókú² 自国 O país de origem; a pátria; a terra natal. ★ 〜 *o natsukashimu* 自国をなつかしむ Ter saudades da 〜. ◇ ⇨ **〜 go**. [S/同] Bókoku (+) ; kókoku. [A/反] Tákoku.

jikókú-gó 自国語 A língua materna; o vernáculo. [S/同] Bokókú-gó (+) . [A/反] Gaíkókú-gó. ⇨ jikókú².

jikókú-hyṓ 時刻表 O horário. [S/同] Jikáń-hyṓ.

jikóryū́ 自己流 O estilo próprio. *Kare wa 〜 no yarikata de eikaiwa o masutā shita* 彼は自己流のやり方で英会話をマスターした Ele aprendeu a falar inglês sozinho [como autodidata] (⇨ dokúgákú). [S/同] Garyū́. ⇨ jíko².

jikú¹ 軸 **1** [円を描いて回る物の中心の棒] O eixo「das rodas」. ◇ **〜 ashi** 軸足 A perna em que se apoia o arremessador ao lançar a bola (Bas.). **〜 uke** 軸受け O mancal; a chumaceira. **2** [巻き物; 掛け軸] O rolo [pergaminho]. ★ 〜 *o kakeru* 軸を掛ける Pendurar o 〜. [S/同] Jikúmono (+) ; kakéjiku (o); makímónó (+) . **3** [物事の中心となることがら] O fulcro [centro]. *Kondo no kokkai wa bōei mondai ga 〜 ni narisō da* 今度の国会は防衛問題が軸になりそうだ Tudo indica que na próxima legislatura o 〜 do problema vai ser a defesa. [S/同] Shujíkú; sū́jíkú. **4** [筆などの手に持つ部分] O cabo. ★ *Fude* [*Matchi*] *no 〜* 筆 [マッチ] の軸 〜 do pincel [fósforo]. **5** [植物を支える固い部分] O talo. ★ *Shiitake no 〜* しいたけの軸 〜 da repolga [do cogumelo] "shíitáké". ⇨ e³; kukí. **6** [数学の] O eixo. ◇ **Zahyō 〜** 座標軸 〜 das coordenadas.

jíku² 字句 **a)** As palavras [frases]; a letra「da lei」; **b)** A expressão; o fraseado [giro da frase]; a locução. ★ 〜 *dōri ni kaishaku suru* 字句通りに解釈する Interpretar literalmente [à letra]. ⇨ móji.

jikū́ 時空 (< jikáń + kū́káń)【E.】O tempo-espaço. ★ 〜 *o koeru* 時空を超える Ultrapassar o 〜.

jikú-gí 軸木 (< ⋯ ¹**1** + ki) O cabo [eixo/cilindro] de madeira.

jíkuji 忸怩【E.】O corar de vergonha. *Ano jiken o omoidasu tabi ni 〜 taru mono ga aru* あの事件を思い出すたびに忸怩たるものがある Sempre que me lembro daquilo (até) fico corado de vergonha.

jíkujiku(**to**) じくじく (と) (Im. de lodoso/viscoso/(h)úmido). *Kizuguchi kara umi ga 〜 dete iru* 傷口からうみがじくじく (と) 出ている A ferida está a deitar pus.

jikú-mono 軸物 O「quadro em」rolo de pergaminho ou papel. [S/同] Jikú¹ **2**; kakéjiku (+) ; makímónó.

jíkyo 辞去【E.】A despedida; a partida. ★ 〜 *suru* 辞去する Despedir-se「dos convivas」.

jikyṓ 自供 A confissão (voluntária). *Hannin ga 〜 suru* 犯人が自供する O criminoso confessa. [S/同] Jihákú.

jíkyoku¹ 時局 A situação (a(c)tual); as circunstâncias; o estado de coisas; a conjuntura [o passo]. ★ 〜 *gara* 時局がら Em vista da [Dada a] 〜 em que nos encontramos. 〜 *o norikiru* 時局を乗り切る Vencer [Ultrapassar] a 〜. 〜 *o shūshū suru* 時局を収拾する Controlar a 〜; pôr a 〜 em ordem. ⇨ jijṓ²; jísei; jṓséí.

jikyókú² 磁極 O polo magnético.

jikyū́¹ 自給 A autosuficiência; o「país」abastecer-se a si mesmo. ★ 〜 *suru* 自給する Ter o suficiente. ◇ **〜 jisoku** 自給自足 A autosuficiência.

jikyū́² 持久 A persistência; a tenacidade; a perseverança. ◇ ⇨ **〜 ryoku** [**saku; sen**]. [S/同] Taíkyū́.

jikyū́³ 時給 O pagamento à [por] hora. ◇ **〜 sei** 時給制 O sistema de 〜. [S/同] Jikáń-kyū́. ⇨ gekkyū́; kyū́ryō¹; chíngin¹.

jikyū́-ryoku [**úu**] 持久力 A tenacidade; a persistência. [S/同] Taíkyū́ryoku. ⇨ jikyū́².

jikyū́-saku [**úu**] 持久策 O plano para aguentar [resistir]; a tá(c)tica dilatória. ★ 〜 *o kōjiru* [*tateru*] 持久策を講じる [立てる] Usar uma 〜. ⇨ jikyū́².

jikyū́-séń 持久戦 **1** [戦闘] A guerra prolongada [de desgaste/de atrito]. ★ 〜 *ni hairu* 持久戦に入る Entrar numa 〜. 〜 *ni mochikomu* 持久戦に持ち込

む Recorrer a uma 〜. ⇨ seńtó². **2**［スポーツの］Um jogo de resistência. ⇨ jikyú².

jimáe¹ 自前【G.】O pagar do próprio bolso. *Chūshoku-dai wa kakují 〜 da* 昼食代は各自自前で O almoço, corre por conta de cada um [paga cada um do seu bolso].

jimáku 字幕 As legendas「do filme」; o letreiro「de pano」. ◇ **sūpā** 字幕スーパー As 〜.

jimán 自慢 **a**) O orgulho (⇨ gőmań); **b**) O vangloriar-se; a bazófia. 〜 *ja nai ga watashi wa ryōri no ude wa puro-nami da* 自慢じゃないが私は料理の腕はプロ並みだ Modéstia à parte, sou quase (um) profissional na arte culinária. ★ 〜 *no tane* 自慢の種 O motivo de orgulho. 〜 *rashiku［sō ni; tarashiku］hanasu* 自慢らしく［そうに; たらしく］話す Falar orgulhosamente［nos trombolhos/vaidoso］(da sua obra］. 〜 *suru* 自慢する Orgulhar-se「do seu filho」. ◇ ◇ **〜 banashi[gao]. No-do** 〜 のど自慢 O concurso de canções; o cantar ao desafio. **Ude** 〜 腕自慢 O orgulhar-se da sua habilidade. ⒮同 Jifu; jisán. ⇨ unúbóré.

jimán-bánashi 自慢話（＜…+hanáshí）A bazófia. ★ 〜 *o suru* 自慢話をする Fazer-se herói; gabar-se.

jimán-gáó 自慢顔（＜…+káó）O ar ufano; a cara de bazófia. ★ 〜 *o suru* 自慢顔をする Pavonear-se［Envaidecer-se/Ufanar-se］.

ji-máwari 地回り **1**［近在から都市へ送ってくる品］As zonas vizinhas. 〜 *no kome［yasai］* 地回りの米［野菜］O arroz［A verdura］(que vem) das 〜. **2**［近在を回って商売をすること, 人］O percorrer as terras vizinhas; o vendedor ambulante. **3**［町のよたもの］O desordeiro; o salteador. ⒮同 Buráíkáń; narázúmónó (+); yákuza (o); yotámónó (+).

jiméi 自明【E.】Óbvio; evidente (por si mesmo). 〜 *no ri* 自明の理 O axioma.

jímejime じめじめ（＜shimérú）**1**［不快にしめっていようす］(Im. de「tatami」molhado,「ar」húmido). *Tsuyudoki wa 〜 shite iru* 梅雨時どきはじめじめしている O ar fica (h)úmido［abafado］na estação chuvosa. ⒮同 Jítojito. Ⓐ反 Kásakasa; pásapasa. ⇨ shiméppói. **2**［陰気で, はっきりしないようす］(Im. de pouco claro). ★ 〜 *shita seikaku* じめじめした性格 O cará(c)ter triste［melancólico/sombrio/lúgubre］. Ⓐ反 Sappári. ⇨ ińkí¹.

jímen 地面 **1**［大地の表面］A terra; o chão. ⒮同 Chihyő (+); jíbeta. **2**［土地; 地所］O terreno. ⒮同 Jísho (+); tochí (o).

jimétsú 自滅 **1**［自然に滅びること］A decadência natural. **2**［自分がしたことで自分が滅びること］A autodestruição. ★ 〜 *suru* 自滅する Destruir［Arruinar］-se a si próprio「politicamente」.

jimí¹ 地味 **1**［質素なようす］O ser simples［frugal］. ★ 〜 *na kurashi* 地味な暮らし Uma vida simples［modesta/frugal］. 〜 *ni seikatsu suru* 地味に生活する Levar［Ter］uma vida …. ⒮同 Shísso. Ⓐ反 Hadé. ⇨ jimíchí. **2**［くすんで落ち着いているようす］Sóbrio; simples. ★ 〜 *na fukusō o suru* 地味な服装をする Vestir com simplicidade. 〜 *na iro* 地味な色 A cor sóbria. **3**［人目につかないようす］O ser humilde［reservado; modesto］. ★ 〜 *na seikaku［shigoto］* 地味な性格［仕事］Um cará(c)ter reservado［trabalho apagado］. ⇨ hikáémé.

jímí² 滋味【E.】**1**［栄養があっておいしいこと, またその食物］(O alimento) nutritivo e saboroso. ★ 〜 *ni tomu* 滋味に富む Ser rico em nutrição e sabor. ⇨

bími; jiyó. **2**［心を豊かにする芸術作品などの深い味わい］「um poema」Enriquecedor［Que enche］.

jimíchi 地道 O ser constante. ★ 〜 *na doryoku* 地道な努力 O esforço constante「diligente」. ⒮同 Chakújítsú (+); jimí¹ **3**.

Jimíntő 自民党 (Abrev. de "Jiyū Minshu-tō") O Partido Liberal Democrático (do J.).

-jímíru 染みる（＜shimírú）**1**「「しみこむ」の意］Ficar impregnado. 〜 *Abura-jimita sagyő-fuku* 油染みた作業服 A roupa de trabalho (h)úmida do［toda cheia de］óleo. **2**「「…らしく見える」の意］Parecer (Ex.: *Kodomo-jimita kōi wa yose* = Não seja［se porte como uma］criança). *Kare no yarikata wa kodomo-jimite iru* 彼のやり方は子供じみている O modo de agir dele parece［é］de criança. ⇨ rashíí.

jímoku 耳目 **1**［耳と目］「apurar」O olho e o ouvido. ⒮同 Keńbúń (o); shichő (+); 〜 *me*; mimí. **2**［多くの人々の注意・関心］A atenção. ★ *Hitobito no 〜 o atsumeru［hiku］* 人々の耳目を集める［引く］Atrair a 〜 do público. ⒮同 Chúmókú (+); kańshíń (+). **3**［補佐の役目］A ajuda［Os olhos e ouvidos de alguém］. *Shachō no 〜 to natte hataraku* 社長の耳目となって働く Ser o braço direito ("Os 〜") do presidente. ⒮同 Té-ashi (+).

jimón 自問 O perguntar-se a si mesmo. ★ 〜 *suru* 自問する …. ⇨ **jitó**.

jimón-jitó 自問自答 O solilóquio (⇨ hitórí-gótó). ★ 〜 *suru* 自問自答する Ter um 〜; monologar; pensar em voz alta. ⇨ jimón.

jimótó 地元 A (própria) localidade［terra］. ★ 〜 *no hatten ni tsukusu* 地元の発展に尽くす Trabalhar pelo progresso da (sua) terra. ◇ **〜 min** 地元民 O povo da 〜 (ou da terra).

jímu¹ 事務 O(s) serviço(s); o trabalho de escritório. ★ 〜 *jō no* 事務上の Administrativo. 〜 *o toru de shite iru* 事務を執る Fazer o trabalho de［Trabalhar no］escritório. ◇ **〜 chō** 事務長 O chefe de escritório; o comissário (de navio). 〜 **fuku** 事務服 O uniforme de trabalho. 〜 **hi** 事務費 As despesas de escritório. 〜 **in**［〜 **kyoku/shitsu/sho/teki**］. 〜 **sōchō** 事務総長 O secretário geral (da ONU). 事務用品 Os artigos de［para］escritório. ⇨ kőmú¹; rőmú¹.

jímu² ジム（＜Ing. gymnasium＜Gr.）O ginásio［salão de desportos］. ◇ **bokushingu 〜** ボクシングジム A escola de boxe. ⇨ Taíkúkan (+).

jimú-in 事務員 O empregado de escritório. ◇ **Josei 〜** 女性事務員 Uma empregada［funcionária］.

jimú-kan 事務官 O secretário da Administração (Do governo). ⇨ jímu¹.

jimú-kyoku 事務局 A secretaria geral. ⇨ jímu¹.

jimú-shitsu 事務室 O［A sala de］escritório. ⇨ jímu¹.

jimú-sho 事務所 O escritório. ◇ **kaikei 〜** 会計事務所 〜 de contabilidade. ⇨ jímu¹.

jimú-téki 事務的 (⇨ jímu¹) Prático; eficiente; frio. *Kanojo wa 〜 nōryoku ni sugurete iru* 彼女は事務的能力に秀れている Ela tem grande habilidade para serviços de escritório.

jín¹ 陣 **1**［陣地; 陣営］O quartel［acampamento］. ★ 〜 *o haru* 陣を張る Aquartelar; acampar. ⒮同 Jínchi (o); jiń'éí (+); jińshó; jiń'yá. **2**［軍勢を配置すること］A disposição［ordem］de batalha. ★ 〜 *o shiku jin* 陣を敷く Dispor as tropas. *Haisui no 〜* 背水

の陣 Uma luta muito arriscada. [S/同] Jińdáté; jiń-kéí. **3** [戦い] A campanha [guerra]. ★ *Ōsaka natsu no* ～ 大坂夏の陣 ～ de verão de Ôsaka (H.). [S/同] Ikúsá (+); seńsṓ (o); tatákáí (+). **4** [隊列] A formatura. *Kari ga ～ o nashite tobu* 雁が陣をなして飛ぶ Os gansos voam em ～. [S/同] Rétsu(o); taírétsú (+). **5** [集団 (接尾語)] O grupo. ★ *Ichijin no ～* 一陣の風 A rajada; o pé-de-vento. *Nippaku shinzen shisetsu no dai-ichi-* ～ 日伯親善使節の第一陣 A primeira missão de amizade nipo-brasileira. ◇ **Hōdō ～** 報道陣 ～ de jornalistas. **Mahō ～** 魔方陣 O quadrado mágico. ⇨ shūdáń.

jín[2] 仁 O respeito benevolente (A maior virtude do confucianismo). ◇ ⇨ **～ ai** [**gi**[1]/**jutsu**].

jín[3] ジン (< Ing. gin) O gin. ◇ **～ fīzu** ジンフィーズ ～ com soda e limão.

-jin[4] 人【Suf. de gente】◇ **Burajiru ～** ブラジル人 O brasileiro. **Chishiki ～** 知識人 O intelectual. **Kyūshū ～** 九州人 A gente [Os] de Kyushu. **Tōyō ～** 東洋人 O oriental. ⇨ hitó[1].

jin[5] じん ⇨ jín-jin (tó); jiń to.

jiń'áí[1] 仁愛【E.】A benevolência. ⇨ jíaí[1]; jíhi[1].

jiń'áí[2] 塵埃 **1** [ちり; ほこり] A poeira; o lixo. [S/同] Chirí (+); hokórí (+). ⇨ jińkáí. **2** [汚れ; 俗世間的なもの] A imundície「da cidade」. [S/同] Zokúséken (+).

jínan 次男 O segundo filho (mais velho). [S/同] Jinánbō. ⇨ chṓnán; jíjo[1].

ji-nárashi 地均し (<… [3] + narásu) **1** [地面を平らにする] **a)** A preparação do terreno「para fazer as pazes」; **b)** A terraplenagem. ⇨ ji-gátame. **2** [ローラー] O rolo (compressor). [S/同] Rṓrā (+).

ji-nárí 地鳴り (<… [3] + narú) O estrondo da terra. [S/同] Ji-híbiki.

jiń-báori 陣羽織 (<… [1] + haórí) A cota [O gibão] (Veste usada antigamente sobre a armadura).

jińbṓ 人望 A popularidade. ★ ～ *ga aru* 人望がある Ter popularidade. ～ *o eru* [*ushinau*] 人望を得る [失う] Ganhar [Perder] ～. ◇ **～ ka** 人望家 ⇨ niń-kí[1] ◇. [S/同] Nińkí (+). ⇨ shińráí; sońkéí.

jińbúń 人文 A cultura. ◇ **～ chiri** 人文地理 A geografia humana. **～ kagaku** 人文科学 As ciências humanas. ⇨ **～ shugi**. [S/同] Búnka (+); jiń-móń[2].

jińbún-gaku 人文学 As [Os estudos de] humanidades.

jińbúń-shúgi 人文主義 O humanismo. ◇ **～ sha** 人文主義者 O humanista. [S/同] Hyūmánízumu.

jínbutsu 人物 **1** [人] A pessoa. ★ *Jūyō (na)* ～ 重要(な)人物 Uma ～ [figura] importante. *Rekishi ni nokoru* ～ 歴史に残る人物 ～ que fica na história. ◇ **Kiken ～** 危険人物 Um tipo perigoso. [S/同] Hitó (o); niṅgéń (+). **2** [人格·能力のすぐれた人] A pessoa capaz. *Kare wa nakanaka no ～ da* 彼はなかなかの人物だ Ele é uma pessoa muito capaz [de respeito]. [S/同] Jińzáí. **3** [人格] A personalidade; o cará(c)ter. *Kare no ～ wa watashi ga hoshō shimasu* 彼の人物は私が保証します Eu respondo pelo/a ～ dele. ★ ～ *hon'i ni kangaeru* 人物本位に考える Levar em conta o ～ da pessoa em primeiro lugar. ～ *o miru* 人物を見る Avaliar o ～ da pessoa. ◇ ⇨ **～ hyō(ron)**. **～ yōsei** 人物養成 A formação do ～. [S/同] Hitógárá (o); jińkákú (+); jińpíń. **4** [小説や劇, 絵画の] A personagem「do romance」. ◇ **～ byōsha** 人物描写 A descrição das ～ ns「do romance」. ⇨ **～ ga**. **Tōjō ～** 登場人物 As ～ ns「do drama/da novela」. [S/同] Nińgéń.

jińbútsú-gá 人物画 O retrato (Pintura). ⇨ fūkéí-gá; seíbútsu-gá.

jińbútsú-hyṓ(ron) [**-hyóoron**] 人物評(論) A apreciação [análise/crítica] do cará(c)ter da pessoa.

jínchi[1] 陣地 A posição (militar). *Teki no ～ o semeru* 敵の陣地を攻める Atacar as posições inimigas. [S/同] Jín[1] **1**; jiń'éí; jińshó.

jínchi[2] 人知 [智] A inteligência humana; o nosso conhecimento. ⇨ chíe.

jínchiku 人畜【E.】**a)** Os homens e animais. ◇ **～ mugai** 人畜無害「inteiramente」Inofensivo aos ～. **b)** Um bruto. [S/同] Chikúshṓ; hitódénáshí; niṅpíníń; kichíkú. ⇨ kachíkú; niṅgéń.

jińchṓge [**óo**] 沈丁花 A timeleia [dafne] (Arbusto de flores muito cheirosas); *daphne odora*.

jínchū 陣中 Dentro das posições [do campo de batalha]. ★ *Teki no ～ ni totsunyū suru* 敵の陣中に突入する Penetrar nas posições inimigas. ◇ **～ mimai** 陣中見舞 **a)** O ir animar as tropas que estão na frente de combate; **b)** O visitar o centro dos seus colaboradores nas eleições.

jińdáí 甚大 O「dano」ser imenso [(muito) grande; enorme; tremendo]. ★ ～ *na*「*eikyō*」甚大な「影響」Profunda [～] influência. ⇨ tadáí.

jiń-dáiko 陣太鼓 (<… [1] + taíkó) O tambor de guerra.

jiń-dáté 陣立て (<… [1] + tatéru)【A.】**1** [軍の編制] A formação [formatura] de tropas. ★ ～ *o suru* 陣立てをする Dispor as tropas. [S/同] Jín[1] **2**. **2** [比喩的に] A formação「da equipa」.

jińdṓ 人道 **1** [人の道] A humanidade [O humanitarismo]. ★ ～ *ni hansuru* [*Hi- ～ teki na*] 人道に反する [非人道的な]Desumano. ～ *ni somuku* [*motoru*] 人道にそむく [もとる] Ser in[des]umano. ◇ **～ mondai** 人道問題 Um problema humanitário (Acima da lei). ⇨ **～ shugi** [**teki**]. [S/同] Jińríń. **2** [歩道] ⇨ hodṓ[1].

jińdóru 陣取る (<… [1] + tóru) **1** [陣地をかまえる] Assentar arraiais. **2** [場所をしめる] Postar-se (num lugar e não sair dali).

jińdṓ-shúgi 人道主義 O humanitarismo (⇨ jiń-búńshúgi). ◇ **～ sha** 人道主義者 O humanitário. [S/同] Hyūmánízumu. ⇨ hakúáí ◇.

jińdṓ-tékí 人道的 Humano; humanitário. ★ ～ *ni horyo o atsukau* 人道的に捕虜を扱う Tratar dos prisioneiros human(itari)amente. ～ *tachiba o toru* 人道的立場をとる Ado(p)tar uma posição ～ a.

jiń'éí 陣営 **a)** O acampamento; o quartel; **b)** O campo; a fa(c)ção. ★ ～ *o haru* 陣営を張る Acampar; montar o acampamento. ◇ **Hoshu** [**Kakushin**] **～** 保守 [革新] 陣営 A fa(c)ção conservadora [renovadora/progressista]. [S/同] Jín[1] **1**; jínchi (+); jińshó; jiń'yá.

jín'en 腎炎 (Abrev. de jińzṓen) A nefrite [inflamação dos rins].

ji-nétsú 地熱 O calor da terra. [S/同] Chinétsú (+).

jińgása 陣笠 (<… [1] + kása) **1** [陣中笠]【A.】O capacete de palha. **2** [したっぱ; 平の] O soldado raso. ◇ **～ giin** 陣笠議員 O simples deputado (Sem outro posto na Dieta).

jíngi[1] 仁義 **1** [儒教の] A humanidade e justiça. ⇨ gi; jín[2]. **2** [人間の踏み行うべき道徳] A moral. **3** [義理] O dever. ★ ～ *o wakimaeru* 仁義をわきまえ

る Cumprir os seus deveres. ⟨S/問⟩ Giri (+). **4** [やくざ仲間などの初対面の挨拶] O cumprimento entre rufiões. ★ ~ *o kiru* 仁義を切る Cumprimentar [Prestar o devido respeito].

jíngi 神器 ⇨ sánshu.

jíngo 人後 [E.] Atrás dos outros. *Kare wa gogakuryoku de wa ~ ni ochinai* 彼は語学力では人後に落ちない A aptidão para línguas ele não fica ~ [atrás de ninguém].

jíngū [úu] 神宮 Um templo x[sh]intoísta (Grande). ★ ~ *ni sanpai suru* 神宮に参拝する Ir (rezar) ao ~. ◇ *Ise* 伊勢神宮 O Templo de Ise. ⇨ jínja.

jín'i 人為 [E.] O trabalho humano; a força humana; a mão do homem. *Shizen no chikara wa ~ o koete iru* 自然の力は人為を超えている A força da natureza é superior a ~. ◇ ~ **sentaku [tóta]** 人為選択 [淘汰] A sele(c)ção artificial. ⇨ **teki**. ⟨S/問⟩ Jinkō² (+); jínzó¹.

jinín¹ 辞任 A resignação [renúncia]. ★ ~ *suru* 辞任する Resignar [Apresentar a sua ~]. ⇨ jishókú.

jinín² 自任 **1** [自分である仕事を自分の任務だとすること] A atribuição 「de chamar] a si. **2** [自分の性質や能力が立派なものだと思い込むこと] A pretensão; a presunção. ★ 「*Mei-pianisuto da to*」 ~ *suru*「名ピアニストだと」自任する Pensar [Presumir] que é「um famoso pianista」. ⟨S/問⟩ Jífu.

jinín³ 自認 O reconhecimento. ★「*Ayamachi o*」~ *suru*「あやまちを」自認する Admitir [Reconhecer]「o erro」.

jín'ín 人員 O número de pessoas; o pessoal; os「nossos」quadros. ◇ ~ **kōsei** 人員構成 A composição do pessoal. ~ **seiri [sakugen]** 人員整理 [削減] O corte/A redução de pessoal. ~ *seiri o suru* 人員整理をする Reduzir o pessoal. *Boshū* ~ 募集人員 O número de convocados. ~ *ni* atámá-kázu; nínzú.

jín'í-téki 人為的 Artificial. ★ ~ *ni* 人為的に Artificialmente. ⟨S/問⟩ Jinkō-téki (+). ⇨ jín'í.

jinja 神社 O templo x[sh]intoísta. ★ ~ *ni o-mairi suru* 神社にお参りする Visitar o [Ir rezar ao] ~. ◇ ~ **bukkaku** 神社仏閣 Os ~ s e budistas. ⇨ Yáshiro (+).

jinjâ-éru [ée] ジンジャーエール (< Ing. ginger ale) O refrigerante de gengibre.

jinji 人事 **1** [人間の力で出来る事柄] O esforço [Os recursos] humano/s. ⟨ことわざ⟩ ~ *o tsukushite tenmei o matsu* 人事を尽くして天命を待つ Fazer o melhor possível, e depois esperar (em Deus). **2** [人間社会の出来事] A vida das pessoas; o que passa. **3** [個人の職場での身分、待遇に関する事柄] (Os assuntos de) pessoal. ~ **bu [ka; kyoku]** 人事部 [課; 局] O departamento [A se(c)ção; A secretaria] de ~. ~ **idō** 人事異動 A mudança de ~. ~ **in** 人事院 A Secretaria de Estado de ~.

jinji-fusei 人事不省 A inconsciência; a perda de consciência; a coma. ★ ~ *ni naru* 人事不省になる Perder a consciência [os sentidos]; cair em coma. ⇨ shisshín¹.

jin-jin (to) じんじん(と) (Im. de dor ou entorpecimento). *Nagai aida seiza o shite itara ashi ga ~ shibirete kita* 長い間、正座をしていたら足がじんじん(と)しびれてきた Fiquei muito tempo sentado nas pernas e tenho-as entorpecidas. ⇨ jín に **1**; jín に **2**.

jinjō 尋常 **1** [ふつう] O ser normal [comum; ordinário]. ★ ~ *de nai* 尋常でない Extraordinário; estranho; anormal. ~ *ichiyō no jinbutsu dewa nai* 尋常一様の人物ではない Ser um homem extraordinário. ◇ ~ **ka** 尋常科 O curso ~. ⟨S/問⟩ Atárímáé (+); futsū (o); heíjó (+); namí (+). **A/反** ljó. heíbón. **2** [おとなしく素直なこと] Agradável; meigo; calmo. ★ ~ *na kaodachi* 尋常な顔立ちの rosto ~. ⇨ otónáshíi; súnao. **3**[とり乱さないようす]「um porte」Digno. *Iza ~ ni shōbu, shōbu* いざ尋常に勝負, 勝負 Venha, vamos lutar dignamente! ⇨ kénage; rippá.

jínjutsu 仁術 **1**[仁を施す方法] Um a(c)to de benevolência. *I wa* ~ 医は仁術 A Medicina é ~. **2** [医術] A carreira de médico.

jínka 人家 A casa [moradia]. ★ ~ *no mabara-na chiiki* 人家のまばらな地域 Uma zona pouco povoada. ⇨ ié¹; jútákú; mínka.

jinkái 塵芥【E.】O lixo; a imundície「da cidade」. ◇ ~ **shōkyakujō** 塵芥焼却場 A incineradora (de lixo). ⟨S/問⟩ Akútá; chirí (+); gomí (o).

jinkáku 人格 **1** [人柄] A personalidade; o cará(c)ter. ★ ~ *o mushi suru* 人格を無視する Ignorar a pessoa. ~ *o sonchō suru* 人格を尊重する Respeitar o/a ~ [individualidade] 「de cada pessoa」. ◇ ⇨ ~ **ka [sha]**. ~ **yōsei** 人格養成 A formação do ~. ~ **Ni-jū** ~ 二重人格 A dupla ~ (Psic.). ⟨S/問⟩ Hitógárá. **2** [有意主体・行動主体としての資格] A pessoa [personalidade]. **Hōteki** ~ 法 ~ jurídica.

jinkákú-ká 人格化 A personificação「do medo」. ★ ~ *suru* 人格化する Personificar. ⇨ gijín¹.

jinkákú-sha 人格者 A pessoa de cará(c)ter [de grande personalidade].

jinkéi 陣形 A ordem (disposição) de batalha. ⟨S/問⟩ Jin-dáté. ⇨ jín¹.

jinkén¹ 人権 Os direitos humanos. ★ ~ *o sonchō suru* 人権を尊重する Respeitar os ~. ◇ ~ **jūrin [shingai]** 人権蹂躙 [侵害] A violação dos ~. ~ **mondai** 人権問題 Um problema de ~. ~ **mushi** 人権無視 O desprezo dos [ignorar os] ~. ~ **yōgo** 人権擁護 A salvaguarda [prote(c)ção] dos ~. **Kihonteki** ~ 基本的人権 ~ fundamentais. **Sekai sengen** 世界人権宣言 A Declaração Universal dos ~ /do Homem. ⇨ kénri; shímín¹. ◇.

jinkén² 人絹 A seda artificial; o raion. ⟨S/問⟩ Réyon. Hoñkéñ (+); shōkéñ².

jinkén-hi 人件費 As despesas de pessoal [salários].

jinkō¹ 人口 **1** [人の数] A população; (os [o número de] habitantes. *Kono machi no ~ wa dore kurai desu ka* この町の人口はどれくらいですか Quantos habitantes tem esta [Qual é a população desta] cidade? ★ ~ *ga ōi* 人口が多い「O J. tem」muita ~. ◇ ~ **chōsa** 人口調査 O recenseamento [censo] da ~. ~ **kajō** 人口過剰 A superpopulação. ~ **mitsudo** 人口密度 A densidade demográfica [populacional/da ~]. ~ **tōkei (gaku)** 人口統計 (学) A demografia. **Rōdō** ~ 労働人口 A (c)tiva. **2** [人の口; うわさ] As bocas do mundo. ★ ~ *ni kaisha suru* 人口に膾炙する Andar nas ~. ⟨S/問⟩ Uwásá (+).

jinkō² 人工 A artificialidade; a a(c)ção [intervenção] humana. ★ ~ *no bi* 人工の美 A beleza artística/artificial. ◇ ~ **chinō** 人工知能 A inteligência artificial (dos computadores). ~ **eisei** 人工衛星 O satélite artificial. ~ **eiyō** 人工栄養 A alimentação ao biberão [com vitaminas]. ~ **fuka (hō)** 人工孵化 (法) (O método de) incubação artificial. **~ jufun** 人工授粉 A polinização artificial. **~ jusei** 人工授精 A inseminação artificial. **~ kanmiryō** 人工甘味料 O adoçante artificial. **~ kokyū**「o hodokosu」人工呼吸「を施す」「aplicar」Respiração artificial. **~ kōu** 人工降雨 A chuva artificial. **~ shiba** 人工芝 A relva artificial. ⇨ **teki. ~ tōseki** 人工透析 A hemodiálase. **~ zunō** 人工頭脳 O cérebro artificial「do robô」. Ⓢ/同 Jińi; jinzō. Ⓐ/反 Shizén; teńnén.

jińkō-téki 人工的 Artificial. ★ **~ na**「utsukushisa」人工的な「美しさ」A beleza artística [criada pelo homem]. **~ ni ame o furaseru** 人工的に雨を降らせる Fazer chover artificialmente. Ⓢ/同 Jińi-téki. ⇨ jinkō².

jińkótsú 人骨 O osso [A ossada] humano/a. ⇨ honé.

jínkusu ジンクス (< Ing. jinx) O feitiço [mau agouro]; algo que traz má sorte [azar]. ★ **~ o shinjiru** ジンクスを信じる Acreditar em agouros. **~ o yaburu** ジンクスを破る Acabar com o ~. ⇨ eńgi².

jińmáshin 蕁麻疹【Med.】A urticária (Erupção da pele). *Tamago o taberu to ~ ga deru* 卵を食べると蕁麻疹が出る Quando como ovo, aparece-me a [fico com] ~.

jińméí¹ 人名 O nome (de pessoa). ◇ **~ bo** 人名簿 A lista de nomes. **~ jiten** 人名辞典 O dicionário de antropó[ô]nimos. Ⓢ/同 na¹; namáé; shímeí¹.

jińméí² 人命 A vida (humana). ★ **~ ni kakawaru mondai** 人命に係わる問題 Um problema de [que põe em perigo] vidas humanas. ◇ **~ kyūjo** 人命救助 O salvar vidas. ⇨ ínochi; séimeí¹.

jińmín 人民 1 [民衆] O povo. **~ no, ~ ni yoru, ~ no tame no seiji** 人民の、人民による、人民のための政治 Um governo do ~, para o ~ e pelo ~. ◇ **~ seifu** 人民政府 O governo civil. **~ tōhyō** 人民投票 O plebiscito. ⇨ heímín; mińshú; shímin¹. **2** [国民] ⇨ kokúmín; shímin¹.

jińmón¹ 尋［訊］問 O interrogatório; a inquirição. ★ **~ o ukeru** 尋問を受ける Ser interrogado [sujeito a um ~]. **~ suru** 尋問する Interrogar; fazer um ~. ◇ **~ sha** 尋問者 O inquiridor. **Hantai ~** 反対尋問 ~ cerrado/a; à instância. **Yūdō ~** 誘導尋問 A pergunta capciosa (Dir.).

jińmón² 人文 ⇨ jińbún.

jińmyáku 人脈 O grupo com laços [interesses] idênticos/comuns.

jińníku 人肉【E.】A carne humana「obje(c)to de comércio」.

jíńpín 人品 A aparência (pessoal); a apresentação. ★ **~ iyashikaranu hito** 人品卑しからぬ人「Um senhor」bem-apessoado「A pessoa de ~ nada desprezível」. Ⓢ/同 Fūsál (+); hiń'káku.

jińpún 人糞 (< … + fún²) O excremento humano「us. como estrume」.

jińríki(sha) 人力（車）O riquexó.

jińrín 人倫【E.】1 [人と人との関係] As relações humanas. **2** [人の道] A moral [ética]; a razão. **★ ~ ni somuku [motoru]** 人倫に背く[もとる] Ir contra a ~. Ⓢ/同 Jińdō (+). ⇨ dótoku; rínrí¹.

jińrókú 甚六【G.】O simplório; o bobo. ⸤ことわざ⸥ *Sōryō no ~* 総領の甚六 O primogé[ê]nito é proverbialmente (um) ~.

jińrui 人類 A humanidade; o gé[ê]nero humano; os homens. **~ no rekishi** 人類の歴史 A história da ~. ◇ ⇨ **~ gaku**.

Ⓢ/同 Hitó (o); nińgén (+) . ⇨ shákai.

jińrúi-gaku 人類学 A antropologia. ★ **~ jō no mondai** 人類学上の問題 O problema antropológico. ◇ **~ sha** 人類学者 O antropólogo. **Bunka ~** 文化人類学 A etnologia; **~** cultural.

jinryoku¹ 人力 A força [capacidade] humana [do homem]. ★ **~ wa oyobanai** 人力は及ばない Estar fora do alcance do homem [Ultrapassar a ~]. Ⓢ/同 Jińríki. ⇨ shizén¹.

jińryókú² 尽力 O esforço; o trabalho; a dedicação; a contribuição; o empenho; a diligência. *Ōku no hito no ~ de [ni yori] kono jigyō wa seikō shita* 多くの人の尽力で[により]この事業は成功した O sucesso desta obra é fruto do/a ~ de muitas pessoas. ⇨ dóryoku; honé-órí.

jińsai 人災 O desastre causado pelo homem; a consequência de negligência [de um erro] humana/o. Ⓐ/反 Teńsái.

jińsei 人生 A vida. *Waga ~ ni kui nashi* 我が人生に悔いなし Não me arrependo [queixo] da **~** que levei/vivi/tive. ★ **~ o hikan suru** 人生を悲観する Ver a ~ de modo pessimista. ◇ ⇨ **kan. ~ keiken** 人生経験 A experiência da ~ [*Kare wa ~ keiken ga hōfu da* 彼は人生経験が豊富だ Ele tem muita experiência da ~]. **~ kōro** 人生航路 As ~s/Os caminhos da ~. **~ tetsugaku** 人生哲学 A「minha」filosofia de ~. Ⓢ/同 Shōgai. ⇨ isshō¹; ínochi.

jínseí 仁政【E.】 (< … + seiji) A administração humana; o governo benevolente [benigno]. Ⓢ/同 Zeńsei (+). Ⓐ/反 Kaséi.

jińséi-kan 人生観「minha」visão [conce(p)ção] da vida. ⇨ isshō¹.

jińséki 人跡【E.】「não há」Vestígios da passagem do homem「nesta terra virgem」. ★ **~ mitō no chi** 人跡未踏の地 A terra virgem [inexplorada; nunca pisada pelo homem]. Ⓢ/同 Ashíáto (o); sokúsékí (+).

jińsén 人選 A escolha de gente. ★ **~ ni moreru** 人選に漏れる Não ser escolhido. **~ suru [ni ataru]** 人選する[に当たる] Escolher「um dire(c)tor capaz」. ⇨ señbátsú; señkō².

jińshín¹ 人心【E.】O coração humano;「aquilo pôs nos」corações「um grande medo」. ★ **~ no tōitsu o hakaru** 人心の統一をはかる Tentar unir os corações [espíritos] dos homens.

jińshín² 人身【E.】**1** [人間の体] O corpo (humano). ◇ **~ baibai** 人身売買 O comércio de escravos. **~ hogo** 人身保護 A prote(c)ção do indivíduo [da liberdade individual]. **~ jiko** 人身事故 O acidente que envolve ferimento [morte/suicídio de pessoas]. Ⓢ/同 Jíntaí (+); shíntai (+). **2** [個人の身の上] Pessoal. ◇ **~ kōgeki** 人身攻撃 O ataque ~ [dire(c)to]. ⇨ shínjō².

jińshú 人種 (< jińrui + shúrui) A raça; o grupo étnico (Ex.: **~ no betsu naku** = Sem distinção de ~). ◇ **~ mondai** 人種問題 Os problemas raciais. **~ sabetsu** 人種差別 A discriminação racial. ⇨ **~teki; hakushoku [ōshoku] ~**.

jińshú-téki 人種的 Racial; rácico; étnico. ◇ **~ henken** 人種的偏見 O preconceito ~.

jińsókú 迅速【E.】A rapidez; a ligeireza; a velocidade; a presteza. ★ **~ na haitatsu** 迅速な配達 A entrega rápida [imediata]. **~ ni shigoto o shori suru** 迅速に仕事を処理する Despachar o serviço

jintai¹ 人体 O corpo humano. ★ ~ ni mugai [yugai] na 人体に無害[有害]な Inofensivo [Prejudicial] ao homem [à saúde]. ◇ ~ **jikken** 人体実験 As experiências com o ~. ⇨ 同 Gótai; jinshín²; karádá (o); nikútáí; shíntaí¹ (+).

jintái² 靭帯 [Anat.] O ligamento (fibroso).

jintéi 人定 1 [法] A identificação da pessoa. ◇ ~ **jinmon** 人定尋問 A determinação da ~. 2 [制定] O decreto. ◇ ~ **hō** 人定法 O decreto-lei. ⇨ Seítéí (+).

jintéki 人的 [E.] Humano. ◇ ~ **shigen** 人的資源 Os recursos ~s; a mão-de-obra.

jin tó じんと 1 [痛みやしびれを感じるようす](Im. de dor prolongada). Atama no shin ga ~ itai 頭のしんがじんと痛い Tenho aqui uma dor na cabeça! ⇨ jínjin to; jín to. 2 [感動するようす](Im. de emoção). Tomo no kao o mitara natsukashisa de mune ga ~ atsuku natta 友の顔をみたらなつかしさで胸がじんと熱くなった Fiquei tão emocionado ao ver o meu amigo!

jín [ii] じいんと ⇨ jín-jin to; jín to.

jintó¹ 人頭 O número de pessoas. ◇ ~ **wari** 人頭割り ⇨ atámá-wárí. ◇ ~ **zei** 人頭税 A taxa [O imposto] "per capita" [individual]. ⇨ 同 Atámá-kázu. ⇨ nínzū.

jintó² 陣頭 A frente das tropas; a vanguarda. ★ ~ ni tatsu 陣頭に立つ Ficar na ~. ◇ ~ **shiki**「o toru」陣頭指揮「をとる」「tomar」O comando da ~.

jintóku 人徳 A benevolência; a virtude. ⇨ tokú².

jintsū 陣痛 As dores de parto「da revolução」. ~ ga hajimatta 陣痛が始まった Já está com ~.

jintsū(zū)riki [úu] 神通力 [E.] O poder oculto [sobrenatural].

jin'úen 腎盂炎 A pielite (Inflamação do bacinete renal).

jinúshí 地主 O proprietário. ◇ **Fuzai** ~ 不在地主 ~ absenti[eí]sta. **Ō** ~ 大地主 O grande ~ [latifundiário].

jín'yó 陣容 1 [軍隊の配置] A ordem [formação] de batalha. ★ ~ o totonoeru 陣容を整える Dispor (as tropas) em ~. 2 [ある会社・団体・組織などを構成している主要な顔ぶれ] A gente mais sele(c)cionada [da firma].

jinzái 人材 A pessoa [O pessoal] capaz; o material humano. Kono kaisha wa ~ ni toboshíi [tonde iru] この会社は人材に乏しい[富んでいる] Esta empresa tem pouco [muito] pessoal capaz. ★ ~ o tōyō suru 人材を登用する Promover [Nomear] pessoas capazes. Hiroku ~ o motomeru 広く人材を求める Buscar pessoal capaz em qualquer parte. ◇ ~ **busoku** 人材不足 A falta de mão-de-obra capaz. ⇨ ínji **3**.

jinzō¹ 人造 Artificial; sintético; feito pelo homem. ◇ ~ **gomu** 人造ゴム A borracha sintética. ~ hikaku 人造皮革 O couro artificial. ~ **kenshi** 人造絹糸 A seda sintética/artificial. ~ **ningen** 人造人間 O homem mecânico; o robô. ⇨ 同 Jínkó². A/反 Shizén¹; teńnén. ⇨ gōséí¹; mozó.

jinzō² 腎臓 [Anat.] O rim. ◇ ~ **kesseki** 腎臓結石 O cálculo renal.

jinzō-byō 腎臓病 A doença renal [dos rins].

jinzō-en 腎臓炎 A nefrite; a inflamação dos rins. ⇨ jín'en.

jinzō-ko [óo] 人造湖 O lago artificial. ⇨ jińzō¹.

jínzu [ii] ジーンズ (< Ing. jeans < Genova: top.) 1 [細い綾織りの綿布] O tecido grosso de algodão. 2 [ジーパン] A calça de ganga; os "jeans". ⇨ 同 Jípán.

jión 字音 a) O som da palavra; b) A pronúncia [leitura] chinesa do ideograma. ⇨ 同 Oń(yómí) (+). A/反 Kuń.

jípán ジーパン (< jínzu + pántsu) A calça de ganga. ⇨ 同 Jínzu **2**.

jíppā ジッパー (< Ing. zipper) O fecho de correr; o zíper. ★ ~ o ageru [orosu] ジッパーを上げる[下ろす] Fechar [Abrir] o ~. ⇨ 同 Chákku; fásuná.

jíppa-hitókarage 十把一絡げ a) O tratar de maneira indiscriminada [sem critério]; o tratar tudo da mesma maneira; b)「Vender」por grosso. ★ ~ ni suru 十把一絡げにする Tratar …. ⇨ mu-sábetsu.

jippí 実費 O custo real; as despesas feitas.

jippō [óo] 十方 1 [四方と四すみと上下] Todas as (Lit.: "as dez") dire(c)ções (Norte, sul, este, oeste, nordeste, noroeste, sudeste, sudoeste, cima, baixo). ⇨ jōge; shihó¹; yó-sumi. 2 [あらゆる場所・方向] Toda a parte [Todos os lugares]. ⇨ 同 Itártókóró (+).

jippō² 実包 O cartucho carregado; a bala verdadeira. ⇨ 同 Jitsúdáń (+). A/反 Kúhó.

jippú 実父 O pai verdadeiro. A/反 Gífu. ⇨ jitsúbo.

jípu [ii] ジープ (< Ing. jeep) O jipe.

jípushī ジプシー (< Ing. gypsy) O(s) cigano(s). ◇ ~ **seikatsu** ジプシー生活 A vida de ~. ⇨ Bohémian.

jirái¹ 地雷 A mina. ★ ~ **shori** 地雷処理 A remoção das ~. ⇨ kíraí².

jírai² 爾来 ⇨ írai².

jirásu 焦らす Irritar; arreliar; fazer pirraça; enervar. Sō jirasanai-de hayaku sore o misete yo そう焦らさないで早くそれを見せてよ Mostre-me isso depressa [já] e não me irrite. ⇨ íraira; jireru.

jiréi¹ 辞令 1 [改まって人・国・団体などに応対する時の言葉・あいさつ] A linguagem de circunstância [para agradar]. ◇ **Gaikō** ~ 外交辞令 A linguagem diplomática. **Shakō** ~ 社交辞令 A conversa convencional [de circunstância]; o(s) elogio(s) de ocasião. ⇨ áisatsu; kotóbá-zúkai. 2 [辞令書] O documento de nomeação (para um posto).

jiréi² 事例 [E.] 1 [前例となる事件や事実] Um exemplo [precedente]. ★ ~ o ageru 事例を挙げる Citar um ~. ⇨ seńréí²; zeńréí. 2 [個々の事実・事柄] O caso concreto. ⇨ jitsúréí.

jirénma ジレンマ (< Ing. < Gre. dilēmma: "dois casos") O dilema. ★ ~ **ni ochiiru** ジレンマに陥る Cair [Ficar] num ~. ⇨ itábásami.

jiréru 焦れる Irritar-se; impacientar-se; exasperar-se. ⇨ jirásu.

jiréttai じれったい (< jiréru) Irritante [Impaciente]. Hayaku, ~ na 早く、じれったいな Depressa! (Ai) que nervos! ★ Jirettaku naru じれったくなる Irritar-se; ficar impaciente. Jirettasō ni じれったそうに Com ar irritado. ⇨ 同 Hagáyúi; irádátáshíi; modókáshíí.

jiréttanto ジレッタント (< Fr. dilettant) O diletante. ⇨ 同 Kōzúká.

jíri 事理 [E.] A razão [lógica] das coisas. ◇ ~ **ni kanau** 事理にかなう ⇨ kotówárí².

jiridáká じり高 [Econ.] A subida gradual [tendência para a alta] de preços. A/反 Jíríyású.

jiríhín じり貧 [G.] 1 [しだいに貧乏・悪い状態になっていくこと] O empobrecimento; o agravamento [dar para mal]「negócios」. Kono mama de wa ~

da このままではじり貧だ Se continuamos assim, adeus negócio! **2** [⇨ *jiríyású*].

jírijiri じりじり **1** [次第に] Aos poucos; passo a passo. ★ ~ *chikazuku* じりじり近づく Aproximar-se ~「do inimigo」. [S/圓] Jíwajiwa. **2** [少しずつ燃えたり焼けたりするようす] (Im. de chamuscar, rechinar). ~(*to*) *kami ga kogeta* じりじり(と)髪が焦げた Fiquei com o cabelo chamuscado. **3** [太陽が強く照りつけるようす] (Im. de "calor de rachar"). ★ ~ (*to*) *teri-tsukeru hizashi* じりじり(と)照りつける日ざし Um sol escaldante. ★ ~ *(to) matsu* じりじり(と)待つ(Im. de de impaciência). ★ ~ *shinagara matsu* じりじりしながら待つ Esperar todo impaciente. ⇨ *aserú*¹; *irádatsu*.

jiríkí 自力 O esforço próprio. ◇ ~ *kōsei* 自力更生 A regeneração [reforma de vida] por ~. [S/圓] Dokúryóku (+). [A/反] Taríkí.

jirítsú¹ 自立 A independência; o sustento próprio. [S/圓] Dokúrítsú. [A/反] Iráí; iz[s]ón.

jirítsú² 自律【Fil.】A autonomia. [S/圓] Jíshu (+). [A/反] Taríltsú. [自分の作った規律で自分を規制すること] O auto-controle. ◇ **Jíshu** ~ 自主自律 A autonomia e o auto-controle. [S/圓] Jíshu (+). [A/反] Taríltsú.

jirítsu-gó 自立語【Gram.】A palavra independente (Ex.: "hana", "takai"). [A/反] Fuzókú-gó.

jirítsu-shínkei 自律神経【Anat.】O nervo autó[ô]nomo. ~ **kei** 自律神経系 O sistema nervoso vegetativo [autó[ô]nomo]. ~ **shítchōshō** 自律神経失調症 A ataxia autó[ô]noma.

jiríyású じり安【Econ.】A descida gradual de preços. [S/圓] Jírihín **2**. [A/反] Jírídáká.

jiró¹ 痔瘻【Med.】A fístula anal. ⇨ *ji*⁴.

jiró² 耳漏【Med.】A otorreia; a secreção purulenta ou não pelo ouvido.
[S/圓] Mimídáré (+). ⇨ mimí-áká.

jírojiro(to) じろじろ(と) (Im. da maneira de olhar para os outros indiscreta e severamente). ★ ~ *(to) miru* じろじろ(と)見る Lançar um olhar desconfiado.

jirón 持論 A opinião pessoal. *Ningen wa mina byōdō to iu no ga watashi no* ~ *desu* 人間は皆平等というのが私の持論です Na minha opinião, todos os homens são iguais. [S/圓] Jísétsú³.

jiróri-to[jiróttó] じろりと[じろっと] (Im. de olhar severo e prescrutador). ★ ~ *niramu* じろりとにらむ O professor lança uma olhada … 「pela sala」.

jíruba ジルバ (< Ing. jitterbug) O "jitterbug" (Dança social, dos anos 40).

jirukon ジルコン【Min.】(< Al. < Ár. zarkun: "cor de fogo") O zircão.

jiryókú 磁力【Fís.】A força magnética. ◇ ~ **sen** 磁力線 A linha de força de um campo magnético. ⇨ *jíkí*⁴.

jiryókú-kéi 磁力計【Fís.】O magnetó[ô]metro.

jiryū 時流【E.】A corrente [tendência]; os tempos; as modas. ★ ~ *ni noru* [*shitagau*; *junnō suru*] 時流に乗る[従う; 順応する] Seguir a ~.

jísa 時差 **1** [地方時の差] A diferença de hora [de fusos horários]. *Tōkyō to San Pauro to no nan-jikan no* ~ *ga arimasu ka* 東京とサン・パウロとでは何時間の時差がありますか Quantas horas de diferença há entre Tóquio e São [S.] Paulo? ◇ ~ **boke** 時差ぼけ O sono [distúrbio] por causa da mudança repentina de fuso horário. **2** [真太陽時と平均太陽時との均時差] A equação do tempo. [S/圓] Kínjísa. **3** [時刻をずらすこと] O escalonamento do horário de trabalho [das férias]. ◇ ~ **shukkin** 時差出勤 A entrada ao serviço em horário escalonado.

jisákú 自作 **1** [自分で作ること・作った物] Da própria autoria; feito「por mim」. ◇ ~ **jien** 自作自演 O representar uma peça (teatral) ~. **2** [Abrev. de ~ nō].

jisákú-nō 自作農 O agricultor que possui terras [pequeno proprietário (rural)].
[A/反] Jisákú **2**. [A/反] Kosákú(nō).

jisán¹ 持参 O trazer [levar] (consigo). *Kakují bentō* ~ *no koto* 各自弁当持参のこと Cada um (deve) traz(er) a sua merenda [o seu lanche]. ★ ~ *suru* 持参する Trazer; levar. ◇ ⇨ ~**kin**; ~**nin**. ⇨ keikō²; keítáf²; shojí-hín.

jisán² 自賛【E.】**1** [自分をほめること] O auto-elogio; o narcisismo. ★ ~ *suru* 自賛する Elogiar-se (a si próprio). [S/圓] Jífu; jimán (+); temaé-míso. **2** [自分で描いた絵に自分で賛を書くこと] O elogio「escrito」aos seus próprios quadros. ◇ jígá-jisan.

jisán-kín 持参金 O dote. ◇ ~ *meate no kekkon* 持参金目当ての結婚 O casar-se (só) com intenção de receber o dote. ⇨ *jisán*¹.

jisán-nín 持参人 O portador. ◇ ~ **barai kogitte** 持参人払い小切手 O cheque (pagável) ao ~.

jisátsú 自殺 O suicídio. ★ ~ *o hakaru* 自殺を図る Tentar suicidar-se. ~ *suru* 自殺する Suicidar-se. ◇ ~ **hōjo** 自殺幇助【Dir.】O instigar e colaborar no ~. ◇ ~ **kōi** 自殺行為 Um a(c)to suicida. ~ **misui** 自殺未遂 A tentativa de ~. ⇨ ◇ ~ **sha. Fukudoku** ~ 服毒自殺 ~ por envenenamento.
[S/圓] Jígai; jijín; jikétsú. [A/反] Tasátsú.

jisátsú-sha 自殺者 O suicida.

jiséi¹ 自制【E.】O autodomínio [domínio de si mesmo]. ★ ~ *suru* 自制する Ter ~ [Dominar-se (a si mesmo)]. ◇ ~ **ryoku** [**shin**].
[S/圓] Jirítsú² **2**; kókkí¹.

jiséi² 時勢 Os (sinais dos) tempos; a(s) tendência(s) da época. ~ *ni okurero* 時勢におくれる Não acompanhar os tempos [Estar antiquado]. ⇨ *jidái*; jísei³; jjrió; jísetsu¹ **3**.

jiséi³ 時世 O tempo; a época. *Sechigarai* ~ *da* せちがらい時世だ Que dura é a vida「hoje em dia」/Que tempos! [S/圓] Jídái (+); jísetsu¹ **3**.

jiséi⁴ 自生 **a)** A geração espontânea; **b)** O nascer sem ser semeado「flor」. ★ ~ *suru* 自生する Nascer espontaneamente. ◇ ~ **shokubutsu** 自生植物 A planta espontânea [selvagem]. [S/圓] Yaséi.

jiséi⁵ 辞世 **1** [死ぬこと] A「minha」partida [morte]. ⇨ shinú. **2** [死ぬ際に残す詩歌の類] O canto-de-cisne; o poema composto no leito de morte. ★ ~ *no ku o shitatameru* 辞世の句をしたためる Compor um "haiku" antes de morrer.

jiséi⁶ 自省 A reflexão; a introspe(c)ção. ★ ~ *suru* 自省する Refle(c)tir (sobre si). [S/圓] Hanséi (+).

jiséi⁷ 磁性【Fís.】O magnetismo. ◇ ~ **tai**.
[S/圓] Jíki (+).

jiséi⁸ 時制【Gram.】O tempo (do verbo). ★ ~ *no itchi* 時制の一致 A concordância verbal. ◇ **Genzai [Kako; Mirai]** ~ 現在[過去; 未来]時制 O (tempo) presente [passado; futuro].

jiséi-ryoku 自制力 A capacidade de autodomínio.

jiséi-shin 自制心 (⇨ *jiséi*¹) O (espírito de) autodomínio. ★ ~ *o torimodosu* 自制心を取り戻す Recuperar ~. ~ *o ushinau* 自制心を失う Perder ~. ⓢ/圓 Kokkíshin.

jiséi-tái 磁性体【Fís.】Um corpo magnético. ◊ **Han~** 反磁性体 Um corpo diamagnético「bismuto」. ⇨ jíki⁴.

jiséki¹ 自責 O remorso; a autocensura. ★ ~ *no nen ni karareru* 自責の念に駆られる Ter sentimento de culpa; sentir remorsos. ⇨ kaíkón²; kōkai².

jiséki² 次席 O segundo lugar. ⇨ shuséki².

jiséki³ 事績 O feito; a façanha; a proeza. ⇨ jígyō; kōséki¹.

jiséń¹ 自選 **1** [自分で自分を選ぶこと] A auto-eleição; o eleger-se a si mesmo「como presidente」. **2** [自分の作品の中から自分で選ぶこと] A sele(c)ção「de poesias」feita pelo autor.

jiséń² 自薦 A auto-recomendação. ★ ~ *suru* 自薦する Recomendar-se a si mesmo. ~, *tasen to towanai* 自薦、他薦を問わない「Aceitam-se candidatos」, quer com ~, quer recomendados por outrem. Ⓐ/反 Taséń.

jiséń-shū 自選集 A cole(c)tânea [antologia] feita pelo autor. ⇨ jiséń **2**.

jísetsu¹ 時節 **1** [季節] A época [estação] do ano. ~ *gara go-jiai no hodo o-sugoshi kudasai* 時節柄、御自愛のほどお過ごし下さい Estimo que passe bem de saúde nesta ~. ⓢ/圓 Jíkī; kikō; kísetsu(+). **2** [よい機会] A ocasião [oportunidade]. ~ *tōrai da* 時節到来だ Chegou a ~「É agora!」 Jíki (+). ⇨ kikái¹. **3** [時世] Os tempos「estão maus」. ⇨ Jísei³ (+).

jisétsu² 自説 A opinião própria. ★ ~ *o magenai* 自説を曲げない Não ceder. ~ *o shuchō suru* 自説を主張する Manter (até o fim) a ~.

jisétsu³ 持説 O ter determinada opinião; a opinião formada. ⇨ Jiróń².

jísha 寺社 (< terá + jínja) Os templos budistas e os santuários x[shíntoístas]. ◊ ~ **bugyō** 寺社奉行【H.】O comissário dos ~ na era Edo.

jíshaku 磁石 (⇨ jíki⁴) **1** [鉄を吸い付ける性質を持つ物] A propriedade magnética; o íman (ira.(B.)); o magneto. ◊ **Ichijiteki [Eikyū] ~** 一時的【永久】磁石 **1** temporário [permanente]. **2** [磁針] A agulha (magnética). ⓢ/圓 Jishíń¹. ⇨ jíki⁴.

jishi 侍史【E.】**1** [貴人のそばに仕える書記] O secretário de um nobre. ⇨ Yūhítsu. ⇨ hísho¹. **2** [あて名のわきに書く語] (Sua) Excelência [Senhoria]. ⓢ/圓 Kíka.

jishíń¹ 自信 A confiança em si mesmo. ★ ~ *ga aru* 自信がある Ter ~. ~ *ga tsuku* 自信がつく Ganhar ~. ~ *ni michite iru*/~ *mammam* [*tappuri*] *de aru* 自信に満ちている/自信満々[たっぷり]である Ter muita ~; ser muito seguro de si mesmo. ~ *o ushinau* 自信を失う Perder ~. ~ **kajō** 自信過剰 Demasiada [Excesso de] ~. ~ **saku** 自信作 A obra de cujo valor o autor não duvida. ⓢ/圓 Jífu¹.

jishíń² 自身 A própria pessoa. ★ ~ *de sore o kaiketsu shi nasai* あなた自身でそれを解決しなさい Resolva você mesmo isso; resolva sozinho o problema. *Anata ~ no ikén o kikitai* あなた自身の意見を聞きたい Queria saber a sua opinião pessoal. *Daitōryō ~ ga korareta* 大統領自身が来られた Veio o próprio Presidente (da República)[Veio o Presidente em pessoa]. ⓢ/圓 Mízukara. ⇨ jibúń¹; jíko²; onóré.

jishíń³ 地震 O terre[a]moto; o tremor de terra; o sismo [abalo sísmico]. ★ ~ *ga hassei shita* 地震が発生した Ocorreu [Houve] um ~. (*Karada ni*) ~ *o kanjiru* (体に)地震を感じる Sentir ~. ⓟことわざ *kaminari kaji oyaji* 地震・雷・火事・親父 Grandes calamidades: o ~, o trovão, o incêndio e o pai. ⇨ ~ **gaku**[**ha**/**kei**/**koku**/**tai**]. ~ **kansoku** 地震観測 A observação sismológica. ~ **kansoku-jo** 地震観測所 O observatório sismológico. **Ō** ~ 大地震 Um grande ~. **Kaitei** ~ 海底地震 O maremoto; o ~ submarino.

jishíń⁴ 磁針【Fís.】A bússola [agulha magnética].

jishíń⁵ 時針 O ponteiro das horas. ⓢ/圓 Tańshín (+). ⇨ byōshíń²; funshíń.

jishin-gaku 地震学 A sismologia.

jishin-ha 地震波 A onda sísmica. ⇨ jishíń³.

jishíń-ká 自信家 A pessoa segura de si mesma. *Aitsu wa hijō na ~ da* あいつは非常な自信家だ Ele tem grande confiança em si mesmo. ⇨ jishíń¹.

jishíń-kéi 地震計 O sismógrafo. ⇨ jishíń³.

jishin-koku 地震国 Um país de [sujeito a] terremotos.

jishíń-tái 地震帯 A zona sísmica. ⇨ jishíń³.

jishitsú¹ 自室 O quarto [aposento] privado/privativo. ⇨ jitákú².

jishitsú² 地質 A textura do tecido.

jisho¹ 辞書 O dicionário; o léxico. ★ ~ *o hiku* [*miru*] 辞書を引く[見る] Consultar [Ver] ~. ◊ ~ **henshū** [**hensan**] 辞書編集[編纂] A compilação [elaboração] de um ~. **Powa** ~ 葡和辞書 ~ (de) p-j. ⓢ/圓 Jibíkí; jitén¹. ⇨ jitáí².

jisho² 地所 Um lote de terreno. *Nihon wa ~ ga takai* 日本は地所が高い No Japão, o terreno é muito caro. ⓢ/圓 Jímen; tochí (+). ⇨ takúchí.

jisho³ 自署【E.】**a**) A assinatura; **b**) O autógrafo. ★ ~ *suru* 自署する Assinar; autografar. Ⓐ/反 Daíshó. ⇨ shomeí¹.

jisho⁴ 自称 [自分自身で自分のことを名乗ること] O fazer-se passar por [dizer que é]「médico」. ★ *Geijutsuka to* ~ *suru* 芸術家と自称する Dizer [Proclamar] que é artista. Ⓐ/反 Tashó. **2** [一人称]【Gram.】 A primeira pessoa. ⓢ/圓 Ichí-nínshō (+). ⇨ san-nínshō; sań-nínshō.

jishō² 事象【E.】Um fenó[ô]meno [caso].

jishókú 辞職 A demissão. ★ *Isshinjō no tsugō de* ~ *suru* 一身上の都合で辞職する Demitir-se por motivos pessoais. ◊ ~ **negai** 辞職願い O pedido de ~. **Sō** ~ 総辞職 ~ cole(c)tiva [em bloco]. ⓢ/圓 Jiníń. ⇨ taíshōkú².

jishu¹ 自主 A autonomia [independência]; o ser nosso. ★ ~ *dokuritsu no seishin* 自主独立の精神 O espírito independentista. ~ **gaikō** 自主外交 A política externa própria [independente]. ~ **kisei** 自主規制 O autodomínio. ⇨ ~**ken**[**sei**; **teki**]. ⇨ dokufútsú.

jishu² 自首 A autodenúncia. ★ *Keisatsu ni ~ suru* 警察に自首する Entregar-se à polícia.

jishū¹ 自修【習】O estudo (em) particular. ◊ ~ **jikan** 自修時間 A hora de ~. **Porutogarugo ~ sho** ポルトガル語自修書(表題)「O P. Sem Mestre」. ⇨ dokúgákú.

jishū² 次週 A próxima semana. ★ ~ *e tsuzuku* 次週へ続く Continua na [para a] ~. ◊ ~ **yokoku** 次週予告 O aviso com uma semana de antecedência. ⓢ/圓 Raíshū (+). Ⓐ/反 Señshū. ⇨ końshū¹.

jishú-ken 自主権 A autonomia. ◇ **Kanzei ～** 関税自主権 ～ alfandegária. ⇨ jishú¹.

jishúkú 自粛 O conter [controlar/abster]-se voluntariamente. ★ ～ suru 自粛する Autocontrolar-se「as notícias」. ⇨ tsutsúshímí.

jishú-séi 自主性 A autonomia. ★ *Kodomo no ～ o sonchō suru* 子供の自主性を尊重する Respeitar a ～ [independência] da criança. ⇨ jishú¹.

jishú-téki 自主的 Autó[ô]nomo; voluntário.

jisókú¹ 時速 A velocidade horária. ★ ～ *hyakkiro (mētoru) de* 時速100キロメートルで A 100km por [à] hora. ⇨ byōsókú.

jisókú² 自足 **1** [自分に必要なものを自分で都合に間に合わせると] O auto-abastecimento. ★ ～ *suru* 自足する Auto-abastecer-se. ◇ ～ *keizai* 自足経済 A economia auto-suficiente. ⇨ jikyū¹ ◇. **2** [ある境遇状態などに自分で満足していること] O estar satisfeito.

jisónshin 自尊心 O respeito por si próprio; o sentimento da própria dignidade; o orgulho. ★ ～ *ga [no] tsuyoi hito* 自尊心が[の]強い人 A pessoa com muito ～.

jissái 実際 **1**[事実] A verdade; o fa(c)to; a prática; a realidade. ★ ～ *jō [wa; no tokoro]* 実際上[は；の所] Para dizer a verdade; de facto; na realidade [～ *no tokoro mada keikaku no dankai desu* 実際の所まだ計画の段階です Na verdade, ainda só estamos na fase de plane(j)amento. ～ *jō no tetsuzuki* 実際上の手続き As formalidades práticas]. ～ *ni* 実際に Na prática [realidade; verdade]; de facto [～ *ni okonau* 実際に行う Levar à prática]. ～ *no* 実際の Real [～ *no hanashi* 実際の話 A história real/verdadeira; o relato verídico]. ◇ ～ *ka* [teki]. ⓢ/周 Jíjitsu. ⇨ genjítsú; jitchí. **2** [全く] Realmente; mesmo. *Kare wa ～ akireta yatsu da* 彼は実際あきれたやつだ Ele é ～ incrível (Mau). ⓢ/周 Hoñtó ni (o); jitsú ni (+); mattákú (+).

jissái-ká 実際家 O homem prático [de a(c)ção]. A/反 Riróñká. ⇨ jissái **1**.

jissái-téki 実際的 Prático. ★ ～ *ni kangaeru* 実際的に考える Pensar de forma prática [Ser pragmático]. ⓢ/周 Geñjítsú-téki. A/反 Kañneñ-téki; riróñ-téki. ⇨ jissái **1**.

jisséikatsu 実生活 (＜ jitsú **6** + seíkátsú) A vida real.

jisséki 実績 Resultados positivos [concretos]. ★ ～ *ga aru* [～ *o motsu*] 実績がある[～ を持つ] Ter [Trazer] ～. ～ *o ageru* 実績を上げる Dar [Produzir] ～. ～ *o nokosu* 実績を残す Deixar resultados visíveis/～. ◇ **Eigyō ～** 営業実績 Os sucessos [êxitos] comerciais. ⇨ kōsékí; seíséki.

jisséñ¹ 実践 A prática. ★ ～ *men de* 実践面で Em termos práticos. ～ *suru* 実践する Agir [Experimentar]; pôr em ～. ◇ ～ **kyūkō** 実践躬行 O viver [pôr em ～] na prá ～ (⇨ jisséñ-téki). ⓢ/周 Jikkō (+); jisshí. ⇨ jisshūgeñ.

jisséñ² 実戦 A luta [O combate (real [a sério])]. ★ ～ *ni kuwawaru [sanka suru]* 実戦に加わる[参加する] Lutar [Participar na/o ～]. A/反 Eñshū; reñshū.

jisséñ³ 実線 A linha contínua. ⇨ haséñ¹·²; teñséñ¹.

jisséñ-téki 実践的 Prático. ★ ～ *na gakumon* 実践的な学問 A aprendizagem prática; o estudo útil.

jissétsú 実説 ⇨ jitsúwá¹.

jisshá 実写 A fotografia [O filme] da vida real.

jisshakái 実社会 (＜ jitsú **6** + ...) A sociedade [vida real]. ★ ～ *ni deru* 実社会に出る Meter-se na ～.

jisshi¹ 実施 A execução; a implementação. ★ ～ *sareru [ni naru]* 実施される[になる] Ser posto em execução; ser efectivo [entrar em vigor]. ～ *suru* 実施する Implementar [Aplicar]「a lei」; executar「o plano」. ⓢ/周 Jikkō¹; jisséñ. ⇨ jitsúgéñ.

jisshi² 実子 O filho próprio. A/反 Gíshi; keíshi; yōshí.

jisshi³ 実姉 A irmã do mesmo sangue. A/反 Gíshi. ⇨ jitsúmáí.

jisshin-hō 十進法 O sistema decimal.

jisshítsú 実質 A essência; o fundamental. ★ ～ *jō [ni oite]* 実質上[において]Em essência; substancialmente. ◇ ～ **chingin** 実質賃金 O salário real. ⓢ/周 Hoñshítsú. ⇨ Meímóku.

jisshitsú-téki 実質的 Substancial; real. ★ ～ *na shinpo* 実質的な進歩 O progresso ～. ◇ ～ **sōi** 実質的相異 A diferença ～. ⓢ/周 Hoñshítsú-téki.

jisshō 実証 **1**[確かな証拠] A prova (positiva). ★ ～ *o nigiru* 実証を握る (Ob)ter provas. ⓢ/周 Kakúshō (+). **2**[確かな事実・証拠によって証明すること] O provar. ⇨ shōméí¹.

jisshō-shúgi 実証主義 (Fil.) O positivismo.

jisshō-téki 実証的 Positivo. ◇ ～ **kenkyū** 実証的研究 O estudo [A pesquisa] ～ [a].

jisshū 実習 O treino [exercício]. ★ ～ *suru [o okonau]* 実習する[を行う] Treinar. ◇ **Kyōiku ～** 教育実習 Aulas didá(c)ticas (do curso para ser professor).

jisshū-kyōgi [ōo] 十種競技 O decatlo. ◇ ～ **senshu** 十種競技選手 O decatleta. ⓢ/周 Jusshūkyōgi.

jisshū(nyū) [ūu] 実収(入) **1**[実際の収入] A renda líquida [real]; o lucro. ⓢ/周 Te-dórí. **2**[収穫] A produção líquida de arroz」. ⓢ/周 Shūkákú (+).

jisshū-sei 実習生 (＜ jisshū + gakusei) O estagiário; o aprendiz.

jissō 実相 O estado real das coisas; a verdade; a situação real. ⓢ/周 Jitsújō (+); shíñsō (o).

jissókú 実測 (＜ jitsú + sokúryō) A medição. ★ ～ *suru* 実測する Medir; fazer o levantamento topográfico. ◇ ～ **chi** 実測値 O valor da ～ feita. ～ **zu** 実測図 O mapa. ⇨ mokúsókú.

jissū [ūu] 実数 **1**[実際の数] O número (verdadeiro). **2**[有理数と無理数] O número real. A/反 Kyosū. ⇨ múri ◇; yūri⁴ ◇.

Jísu ジス (Abrev. de Japanese Industrial Standards) As normas j. para a produção industrial. ◇ ～ **māku** ジスマーク A marca JIS. ⓢ/周 Nihón-kōgyō-kíkaku.

ji-súberi 地滑り (＜ ··· ³ + subéru) **1**【Geol.】O aluimento [desabamento; deslizar] de terra. **2**[大変動]【Fig.】O movimento abrupto [esmagador]. ★ *Senkyo de ～ teki ni taishō suru* 選挙で地滑りの大勝する Conseguir uma vitória esmagadora nas eleições. ⇨ heñdō; héñka¹.

jisúi 自炊 O fazer a própria comida. ★ ～ *suru* 自炊する Cozinhar para si. ⇨ suíjí.

jisúru¹ 辞する **1**[⇨ jíkyo ◇]. **2**[⇨ jiníñ¹ ◇]. **3**[辞退する] Declinar (um convite). ★ *Konnan o jisanai* 困難を辞さない Não recuar [desistir] perante as dificuldades. ⓢ/周 Jítai suru (+).

jisúru² 持する【E.】Manter(-se)「bom」. ★ *Man o jishite* 満を持する Preparar-se para o que der e vier. ⇨ mamóru; tamótsu.

jisúteñpā ジステンパー (＜ Ing. distemper) A funga

(Bronquite infecciosa dos cães novos).

jisútómá ジストマ (< L. distoma < Gr. "duas bocas") O dístomo. ◇ **Kanzō ~** 肝臓ジストマ A distomatose.

jisútórofī ジストロフィー (< Ing. dystrophy < Gr. distropé: nutrição)【Med.】A distrofia.

jíta 自他【E.】 **1** [自分と他人] O próprio e outrem. *Kare no jitsuryoku wa ~ tomo ni mitomeru tokoro da* 彼の実力は自他共に認めるところだ A sua capacidade é reconhecida por todos e pelo próprio. ⇨ jibúń[1]; tanín. **2**【Gram.】「Os verbos」transitivos e intransitivos. ⇨ jidṓshi; tadṓshi.

jítabata じたばた【G.】 **1** [手足をばたばたさせてしきりに抵抗するようす] (< Im. de debater-se) ★ ~ *mogaku* じたばたもがく Debater-se; estrebuchar. **2** [あわてていろいろ手を尽くすようす] (< Im. de espalhafato) *Ima-sara ~ shite mo hajimaranai* 今さらじたばたしても始まらない Agora (já) não adianta fazer barulho/espalhafato.

jítai[1] 事態 A situação; o estado das coisas. ~ *ga kōten* [*akka*] *shitsutsu aru* 事態が好転 [悪化] しつつある A situação está melhorando/a melhorar [piorando/a piorar]. ~ *wa rakkan o yurusanai* 事態は楽観を許さない A situação não é para o(p)timismos. ★ ~ *o haaku suru* 事態を把握する Compreender a ~. ~ *o shōaku shite iru* 事態を掌握している Ter (o) controle da ~. *Yōi naranu* ~ 容易ならぬ事態 A situação crítica [grave]. ◇ **Hijō ~** 非常事態 O estado de emergência. **Kinkyū ~** 緊急事態 Uma urgência. [S/同] Keíséí; kyokúmén.

jítai[2] 辞退 A recusa; o não poder aceitar. *Chōka go-~ mōshiagemasu* 弔花御辞退申し上げます Dispensam-se as flores. ★ ~ *suru* 辞退する Declinar; recusar. ⇨ eńryó; jisúru[1] **3**; kotówáru.

jítai[3] 自体 **1** [自分の体] O próprio corpo. ⇨ karádá. **2** [それそのもの] (A coisa) em si. **3** [元来] Para já [começar]「você não tem razão」. [S/同] Gańrai (+); sómosomo (+).

jitáí[4] 字体 **1** [同じ字の異なる書体] A forma [escrita] dos ideogramas. **2** [文字の形] A caligrafia [escrita]「bonita」. [S/同] Shotáí.

jitákú 自宅 A minha casa. ◇ **~ nankin** 自宅軟禁 A prisão domiciliar. **~ ryōyō** 自宅療養 A convalescença [O tratamento] em casa. [S/同] Jíka; shitákú[2]. [A/反] Apáto; kánsha; shatákú; shakúyá.

ji-támago 地卵 Os ovos caseiros.

jitchí 実地 A prática; a realidade concreta. ★ ~ *o fumu* 実地を踏む Ter [Passar pela] experiência. ◇ **~ chōsa** 実地調査 A pesquisa no próprio local. **~ kenshō** 実地検証 A inspe(c)ção no local. **~ kunren** 実地訓練 O trein(ament)o prático. **~ shiken** 実地試験 O teste prático. ⇨ geńbá; jissáí.

jitchókú 実直 A seriedade; a re(c)tidão; a honestidade. ★ ~ *na hito* 実直な人 Um indivíduo honesto. [S/同] Chū́jítsú (+).

jitchū́-hákku 十中八九 Muito provavelmente; com toda a probabilidade. [S/同] Jutchū́-hákku.

jitéí 自邸【E.】A casa própria. [S/同] Shitéí[4]. [A/反] Kańtéí; kṓtéí. ⇨ jitákú; shitákú[2].

jitékí 自適【E.】◇ ⇨ **yū́yū́ ~**.

jitékkō 磁鉄鉱 A magnetite; a pedra-íman[-imã].

jitéń[1] 辞典 O dicionário [léxico]「escolar」. [S/同] Ji-bíkí; jísho[1] (+). ⇨ jitéń[2].

jitéń[2] 事典 O dicionário「científico」. ◇ ⇨ **hyakka ~**. [S/同] Kotó-téń. ⇨ jitéń[1].

jíten[3] 時点 O momento; a altura. ★ *Kono ~ de* [*kara*] この時点で[から] Nesta [A partir desta] altura. ⇨ jíki[1].

jitéń[4] 自転 **1** [他からの力によらず自分で回ること] O movimento giratório. **2**【Astr.】A rotação「da Terra」. ★ ~ *suru* 自転する Rodar [Girar] sobre si mesmo. [A/反] Kṓtéń.

jitéń[5] 次点 O ser o primeiro na lista dos que não foram eleitos. ◇ ⇨ **~ sha**[2]. ⇨ jíí[4].

jiténsha[1] 自転車 A bicicleta. ★ ~ *de iku* 自転車で行く Ir de ~. ~ *ni noru* 自転車に乗る Andar de ~. ~ *o kogu* 自転車をこぐ Pedalar. ◇ **~ kyōsō** 自転車競争 A corrida de ~. **~ sōgyō** 自転車操業 (Id.) A gestão aflitiva de uma empresa. **~ ya** 自転車屋 A loja de ~s.

jitén-sha[2] 次点者 O primeiro dos que perderam numa eleição; o segundo mais votado. ⇨ jitéń[5].

jitṓ[1] 地頭【A.】O barão [senhor da terra]. [P/ことわざ] *Naku ko to ~ ni wa katenai* 泣く子と地頭には勝てない Ao ~ e à criança que chora ninguém pode ganhar.

jítō[2] 自党 O meu partido. [A/反] Tátō.

jítojito(to) じとじと(と)【On.】*Ase de fuku ga ~ shite iru* 汗で服がじとじとしている A roupa está peganhenta de suor. [S/同] Jittóri.

jitókú 自得【E.】 **1** [悪い報いなどを自分に受け取ること] O aprender à própria custa. ⇨ jigṓ-jítókú. **2** [技術・方法・考えなどを自分で身につけること] A assimilação de conhecimentos. ★ ~ *suru* 自得する Assimilar conhecimentos. ⇨ etókú. **3** [自分で満足して得意になること] A satisfação consigo próprio. ⇨ mánzoku; tokúí[1].

jitsú 実 **1** [真実] A verdade; a realidade. ★ ⇨ jitsú ni[wa]. ~ *no* 実の Verdadeiro; real. ~ *no tokoro* [~ *o ieba*] 実の所[実を言えば] Na verdade; para dizer a [falar com] verdade. [S/同] Hońtṓ; jissáí; shínjitsu. [A/反] Kyo. **2** [血のつながった] Verdadeiro; de sangue. ★ ~ *no haha* [*musuko*] 実の母[息子] A mãe [O filho] verdadeira[o]. **3** [実質] A substância; a essência. ★ ~ *ga aru* [*nai*] 実がある[ない] Ter [Não ter] substância. *Na o sutete ~ o toru* 名を捨てて実を取る Deixar as aparências e optar pelo essencial [Esteja eu quente e ria-se a gente]. [S/同] Jisshítsú (o); jittáí (+); naíyṓ (+); nakámi (+). [A/反] Meígí; na. **4** [誠意] A sinceridade; a lealdade. ★ ~ *no aru* [*komotta*] *kotoba* 実のある[こもった]言葉 As palavras sinceras [saídas do coração]. [S/同] Magókoro (o); séii (+). **5** [実績] O resultado concreto. ~ *o ageru* 実を上げる Obter ~. [S/同] Jissékí (+). **6** [jitsú-] Real. ◇ **~ seiryoku** 実勢力 A força [O poder] ~. ⇨ jisséikatsu.

jitsúbo 実母 A mãe verdadeira. [S/同] Jitsú nó háha. [A/反] Gíbo. ⇨ jippú.

jitsúbútsú 実物 A coisa real; o obje(c)to concreto [genuíno]. ★ ~ *o mite kara kimeru* 実物を見てから決める Decidir depois de ver. ◇ **~ torihiki** 実物取引 A transa(c)ção à vista. [S/同] Geńbútsú (+).

jitsúbútsú-dai 実物大 O tamanho natural. ★ ~ *no shashin* [*zō*] 実物大の写真[像] O retrato [A estátua] em ~. ⇨ jitsúbútsú.

jitsúdáń 実弾 **1** [本物の弾丸] A bala verdadeira. ★ ~ *o hassha suru* 実弾を発射する Disparar ~s [para matar]. [S/同] Jippṓ[2]. [A/反] Kū́hṓ. **2** [比喩的に現金] A massa [O dinheiro à vista]. ★ *Senkyo ni ~ o tsukau* 選挙に実弾を使う Comprar os votos dos

J

eleitores. [S/同] Geńkín (+); kané (o).
jitsúdṓ 実働 (< jitsú **6** + rṓdṓ) O trabalho efe(c)tivo. ★ *Ichi-nichi roku-jikan no* ～ 1日6時間の実働 ～ de 6 horas por dia. ◇ **～ jikan** 実働時間 As horas de ～. [S/同] Jitsú-rṓdō.
jitsú-ékí 実益 O lucro líquido; a utilidade; o proveito. ★ *Shumi to* ～ *o kaneru* 趣味と実益を兼ねる Juntar o útil ao agradável.
[S/同] Jítsuri. [A/反] Jitsúgáí.
jitsúéń 実演 **1** [実際にやってみせること] A demonstração (prática). **2** [舞台で演じること] O a(c)tuar no palco.
jitsúgáí 実害 O prejuízo [dano] real. ★ ～ *ga shōjiru* 実害が生じる Causar [Haver um] ～.
[A/反] Jitsúékí; jítsuri. ⇨ kígai¹; sońgáí; sońshṓ¹.
jitsúgéń 実現 A realização; a concretização do sonho. ★ ～ *kanō* [*fukanō*] *na* 実現可能 [不可能] な Realizável [Irrealizável]. ～ *suru* 実現する Realizar(-se); concretizar(-se); materializar(-se).
jítsugi 実技 A técnica [prática]. ★ *Unten no* ～ *shiken* 運転の実技試験 O exame prático de condução. ⇨ jisshū́.
jitsúgyṓ 実業 O trabalho empresarial; o negócio. ★ ～ *ni tsuku* 実業に就く Entrar [Estabelecer-se] no ramo empresarial [dos negócios]. ◇ **～ gakkō** 実業学校 A escola industrial [comercial]. ⇨ jígyō.
jitsúgyṓ-ká 実業家 O empresário [homem de negócios].
jitsúgyṓ-kai [óo] 実業界 O mundo dos negócios; os círculos empresariais. ★ ～ *ni hairu* [*mi o tōjiru*] 実業界に入る [身を投じる] Entrar no ～.
jítsui 実意 **1** [本心] A verdadeira intenção. ★ ～ *o tadasu* 実意をただす Averiguar qual é ～. [S/同] Hónshin (+). **2** [誠意] A sinceridade. [S/同] Séii (+). ⇨ fujítsu¹.
jitsúíń 実印 O selo [carimbo] regist(r)ado (Legalmente reconhecido). [A/反] Mitóméíń. ⇨ ińkáń.
jitsújṓ 実情 [状] A verdade dos fa(c)tos; o que aconteceu [se passa]; as verdadeiras circunstâncias. ★ ～ *o uttaeru* 実情を訴える Apelar à ～. ◇ **～ chōsa** 実情調査 A averiguação [O apuramento] dos fa(c)tos. ⇨ shińjṓ⁴.
jitsúmáí 実妹 (< jitsú **2** + shímai) A irmã (mais nova) de sangue. [A/反] Gimáí. ⇨ jittéí.
jitsúméí 実名 O nome verdadeiro. ★ ～ *de hōdō suru* 実名で報道する Publicar「uma notícia」dando o ～「do criminoso」.
[S/同] Hónmyō (+). [A/反] Giméí; kaméí.
jítsumu 実務 O trabalho administrativo; os assuntos de negócios. ★ ～ *ni tsuku* [*jūji suru*] 実務に就く [従事する] Trabalhar na administração. ～ (*no*) *keiken ga aru* 実務 (の) 経験がある Ter experiência em/de ～. ～ *no sai ga aru* 実務の才がある Ter talento administrativo. ⇨ gyṓmu; jímu¹.
jitsúmú-ká 実務家 A pessoa com talento administrativo/prático.
jitsú ni 実に Com efeito; de fa(c)to; verdadeiramente; realmente. ★ ～ *komatta mondai* 実に困った問題 Um problema realmente embaraçoso.
[S/同] Hońtṓ ní (+); makótó ní; mattákú.
jitsúréí 実例 O exemplo real; a ilustração. ★ ～ *o agete oshieru* [*setsumei suru*] 実例をあげて教える [説明する] Ensinar [Explicar] dando [com] exemplos.
jítsuri 実利 (< ... **2** + ríeki) A utilidade; o lucro; o proveito; o benefício (palpável). [S/同] Jitsúékí (+).
[A/反] Jitsúgáí.
jitsúrí-shúgi 実利主義 O utilitarismo.
jitsúryókú 実力 **1** [実際の力] A capacidade; a competência. ★ ～ *de katsu* 実力で勝つ Vencer por mérito próprio [por ～]. ～ *ga aru* 実力がある Ser capaz [competente]. ～ *o hakki suru* 実力を発揮する Mostrar [Desenvolver] a sua ～. ～ *o shimesu* 実力を示す Demonstrar a sua ～. ～ *o tsukeru* 実力をつける Tornar-se competente「em」. ～ *o yashinau* 実力を養う Aumentar a sua ～. ◇ **～ hakuchū** 実力伯仲 A equiparação de ～s.
2 [武力やストなどの強制力] A força「militar」. ★ ～ *o kōshi suru* [～ *ni uttaeru*] 実力を行使する [実力に訴える] Recorrer à [Ameaçar com o uso da] ～. ◇ **～ kōshi** 実力行使 O uso da ～. ⇨ búryoku; wánryoku.
jitsúryóku-sha 実力者 A pessoa influente. ★ *Seikai no* ～ 政界の実力者 O político influente. [S/同] Yū́ryókú-sha.
jitsúwá¹ 実話 A história verídica [verdadeira]. [S/同] Jissétsú. [A/反] Fíkushon; kyokṓ.
jitsú wa² 実は Para dizer a verdade; de fa(c)to; com efeito. ～ *mada shokuji o sumasete nai no desu* 実はまだ食事を済ませてないのです Para dizer a verdade, hoje ainda estou sem comer. ⇨ jitsú.
jitsúyṓ 実用 O uso prático. ★ ～ *ni taeru* [～ *sei no aru*] 実用に耐える [実用性のある] Prático; útil. ◇ **～ porutogarugo** 実用ポルトガル語 O p. prático. ～ *shin'an* 実用新案 Um novo modelo prático (Regist(r)ado).
jitsúyṓ-híń 実用品 Os artigos de uso ordinário.
jitsúyṓ-ká 実用化 A aplicação à prática. *Kare no hatsumei wa* ～ *sareta* 彼の発明は実用化された A invenção dele foi comercializada [aplicada à prática]. ⇨ jitsúyṓ.
jitsúyṓ-múkí 実用向き (< ... + mukú) A finalidade prática.
jitsúyṓ-séí 実用性 A utilidade; o préstimo. ★ ～ *no aru* [*nai*] *shōhin* 実用性のある [ない] 商品 Os artigos de [sem] ～.
jitsúyṓ-shúgi 実用主義 O pragmatismo. ◇ **～ (tetsugaku) sha** 実用主義(哲学)者 O pragmatista.
jitsúyṓ-tékí 実用的 Prático; útil. ★ ～ *na purezento* 実用的なプレゼント O presente ～.
jitsúzáí 実在 A existência [realidade]; o ser de fa(c)to. ◇ **～ ron** 実在論 O realismo.
jitsúzṓ 実像 A imagem real. [A/反] Kyozṓ.
jitsúzóń 実存 A existência. ◇ **～ tetsugaku** 実存哲学 A filosofia existencialista.
jitsúzóń-shúgi 実存主義 O existencialismo (Fil.).
ji-tsúzuki 地続き (< ... ³ + tsuzúkú) (O terreno) contíguo; o não estar separado por mar ou rio. *Shukusha wa shigoto-ba to* ～ *de aru* 宿舎は仕事場と地続きである O nosso alojamento fica ao lado do local de trabalho.
jittáí¹ 実体 **1** [本体] A substância; a essência; a entidade. ★ ～ *no nai kaisha* 実体のない会社 A companhia só de nome. *Seron no* ～ *o shiru* 世論の実体を知る Saber o que o público realmente pensa. **2** [立体] O corpo sólido. **3** [主体そのもの]【Fil.】A substância「e os acidentes」. [A/反] Zokúséí.
jittáí² 実態 O estado real; as realidades [condições reais]. *Kore ga kyōiku no* ～ *da* これが教育の実態だ Este é o verdadeiro estado da educação. ★ ～ *chōsa o suru* 実態調査をする Investigar o estado em

que as coisas se encontram. [S/同] Jitsújō.
jittái-kyō 実体鏡 O estereoscópio. ⇨ jittái[1] **2**.
jittái-séí 実体性 A substancialidade.
jittéí 実弟 O irmão (mais novo) de sangue.
[A/反] Gitéí. ⇨ jikkéí[1]; jitsú; otōtó.
jittó じっと **1** [動かないさま] Fixamente; sem se mover. *Sono mama* ~ *shite* そのままじっとして [カメラを向けて] (Agora) não se mexa. **2** [平静に] Tranquilamente. *Shinpai de* [*Ureshikute*] ~ *shite irarenakatta* 心配で [うれしくて] じっとしていられなかった Com a preocupação [alegria] eu não conseguia ficar quieto. ⇨ heíséí[1]. **3** [注意深く] Atentamente. ★ ~ *kiki-iru* じっと聞きいる Ouvir ~ [com atenção]. ⇨ chūí-búkáí. **4** [我慢強く] Pacientemente. ★ ~ *taeru* [*koraeru*] じっと耐える [こらえる] Suportar [Aguentar] ~. ⇨ gamáń-zúyói.
jittóri(to) じっとり (と) 【On.】 *Senaka ni* ~ *ase o kaita* 背中にじっとり汗をかいた Tinha as costas encharcadas de suor. ⇨ jítojito.
jíu 慈雨 【E.】 A chuva benéfica [abençoada]. ★ *Kanten no* ~ 旱天の慈雨 A chuva ansiosamente [há muito] esperada. [S/同] O-shíméri (+).
jíwajiwa(to) じわじわ (と) (Im. de progresso lento mas firme). *Sono shisō wa* ~ *hitobito no aida ni shintō shita* その思想はじわじわ (と) 人々の間に浸透した Essas ideias foram-se infiltrando no povo. ⇨ dandán[2]; jírijiri.
ji-wáré 地割れ (<… [3] + warérú) A fenda [racha/greta] no solo.
ji-wári 地割り (<… [3] + warú) O loteamento de terrenos. ★ ~ *o suru* 地割りをする Fazer ~.
jiyō 滋養 A nutrição. ◇ ⇨ ~ **bun** [**butsu**].
[S/同] Eíyō (+).
jiyō-bun [**óo**] 滋養分 A parte nutritiva.
[S/同] Eíyō-bun (+).
jiyō-butsu [**óo**] 滋養物 O alimento nutritivo.
jiyū [**úu**] 自由 A liberdade. *Hon o yomō to yomumai to anata no* ~ *da* 本を読もうと読むまいとあなたの自由だ Ler ou não depende de você. ★ ~ *na kōdō o toru* 自由な行動をとる Agir livremente. ~ *ni* 自由に Livremente [~ *ni o-tori kudasai* 自由にお取り下さい (掲示) Leve「propaganda」à vontade; grátis. ~ *ni furumau* 自由にふるまう Fazer o que quer. *Porutogarugo o* ~ *ni hanaseru* ポルトガル語を自由に話せる Ser fluente em p. ~ *ni naru* 自由になる Ficar livre [*Kare wa jibun no karada sae* ~ *ni naranai* 彼は自分の体さえ自由にならない **a)** Ele nem para si mesmo tem tempo; **b)** Ele já nem de si pode cuidar. *Kane ga ikura de mo* ~ *ni naru* 金がいくらでも自由になる Dispor livremente [à vontade] de dinheiro. *Te-ashi ga* ~ *ni naru* 手足が自由になる Recuperar a ~ de movimentos dos membros. ~ *ni suru* 自由にする Fazer como quer. *Dōzo go-* ~ *ni nasatte kudasai* どうぞ御自由になさって下さい Faça o favor de se pôr à vontade]. ~ *no mi to naru* 自由の身となる [捕われの身から] Ser liberto [posto em ~]. ~ *no tenchi* 自由の天地 A terra da ~. ~ *o ushinau* 自由を失う Perder ~. *Kojin no* ~ 個人の自由 ~ individual. *Shinkyō no* ~ 信教の自由 ~ de crença [religião]. *Genron no* ~ 言論の自由 ~ de expressão [imprensa]. ◇ ~ **bōeki** 自由貿易 O mercado livre. ⇨ ~ **gata** [**gyō**]. ~ **hōnin** 自由放任 A não-interferência. ~ **honpō** 自由奔放 A liberdade excessiva. ~ **ishi** 自由意志 A livre vontade; o livre arbítrio [*Subete anata no* ~ *ishi ni o-makase shimasu* 全てあなたの自由意志にお任せします Deixo tudo ao seu arbítrio/Faça como quiser]. ~ **jikan** 自由時間 O tempo livre. ~ **jizai** 自由自在 O conseguir sem problema [dominar perfeitamente「o português」[~ *jizai ni marionetto o ayatsuru* 自由自在にマリオネットを操る Manejar as marionetas como um mestre]. ~ **kei** 自由刑 A pena de privação da ~. ~ **keiyaku** 自由契約 O contrato livre [~ *keiyaku no haiyū* [*senshu*] 自由契約の俳優[選手] O a(c)tor independente [jogador cujo contrato com a equipe foi anulado]]. ~ **keizai** 自由経済 A economia de mercado. ⇨ ~ **kō**. ~ **kōdō** 自由行動 A a(c)tuação livre [independente]; a liberdade de movimentos. ~ **kōkō-ken** 自由航行権 ~ dos mares. ~ **kyōsō** 自由競争 A livre concorrência. ~ **minken-ron** 自由民権論 【H.】 A doutrina democrática (da era Meiji). ~ **minken undō** 自由民権運動 【H.】 O movimento democrático (na era Meiji). ~ **ren'ai** 自由恋愛 O amor livre. ~ **sekai** 自由世界 [共産圏に対して] 【H.】 O mundo livre (em relação ao bloco comunista). ~ **seki** 自由席 O assento livre [não reservado]. ~ **shi** 自由詩 O verso livre (Moderno). ~ **shijō** 自由市場 O mercado livre. ~ **shisō** 自由思想 As ideias liberais; o livre-pensamento. ~ **toshi** 自由都市 【H.】 A cidade livre (da Europa no fim da Idade Média). [S/同] Jizáí. [A/反] Fu-jíyū.
jiyū-gátá 自由型 (<… + katá) O estilo livre (na natação). ◇ **Hyaku-mētoru** ~ 100メートル自由型 Os cem metros livre.
jiyū-gyō [**úu**] 自由業 A profissão liberal.
jiyū-ká 自由化 A liberalização. ★ ~ *suru* 自由化する Liberalizar. *Bōeki no* ~ 貿易の自由化 ~ do comércio.
jiyū-kō [**úu**] 自由港 O porto franco.
Jiyū-mińshútō [**úu**] 自由民主党 O Partido Liberal Democrático (do Japão).
jiyū-shúgi 自由主義 O liberalismo. ◇ ~ **keizai** 自由主義経済 ~ econó[ô]mico.
[S/同] Ribérárízumu.
jiyūshúgí-sha 自由主義者 O liberal.
jiyū-tō 自由党 O Partido Liberal; os liberais. ◇ ~ **in** 自由党員 O membro do ~.
jizáí 自在 O ser livre e capaz. *Shinshuku* ~ *de aru* 伸縮自在である Ser flexível [elástico]. ◇ ~ **kagi** 自在鉤 A cadeia da lareira.
[S/同] Omóí nó mámá.
ji-záké 地酒 (<… [3] **6** + saké[1]) O saké da região.
jizéń[1] 慈善 A caridade; a beneficência. ★ ~ *no* [*teki*] 慈善の [的] Caridoso [Caritativo]; esmoler. ~ *o hodokosu* 慈善を施す Dar esmolas. ◇ ~ **dantai** 慈善団体 A instituição de ~. ~ **ichi** 慈善市 A quermesse [O bazar] para obras de ~. ~ **jigyō** 慈善事業 A obra de ~. ~ **ka** 慈善家 A pessoa caridosa; o filantropo.
[S/同] Cháritī. ⇨ awárémí; tasúké.
jizéń[2] 事前 Prévio; preliminar. ★ ~ *ni* 事前に De antemão; antecipadamente; previamente. ~ *no shōnin* 事前の承認 A aprovação prévia. *Senkyo no* ~ *undō* 選挙の事前運動 A campanha pré-eleitoral. ◇ ~ **kōsaku** 事前工作 Os preparativos; os trabalhos preliminares. ~ **kyōgi** 事前協議 A consulta prévia. ~ **tsūkoku** 事前通告 O pré-aviso.
[A/反] Jígo.
jizéń[3] 次善 【E.】 O segundo melhor. ⇨ saízéń[1].
jizō(bósatsu) 地蔵 (菩薩) (< Sân. ksitigarbha-bo-

J

dhisatva) Jizō (A divindade prote(c)tora das crianças).

jizō-gáo 地蔵顔 (<… + kaó) 【G.】A cara alegre [prazenteira]. (S/同) Ebísú-gáo. (A/反) Enmá-gáo.

jizóku 持続 A continuação; a duração. ★ ~ *suru* 持続する Continuar; durar; manter-se [*Kusuri no kikime ga* ~ *suru* 薬の効き目が持続する A eficácia do medicamento mantém-se]. ◇ ~ **kikan** 持続期間 O período de duração. (S/同) Keízoku.

jizókú-ryoku 持続力 A (capacidade de) resistência「do motor」.

jizokú-séi 持続性 A durabilidade.

jizokú-téki 持続的 Contínuo; persistente; duradoi[ou]ro.

jo¹ 序 (⇨ jo-súru²) **1**[順序]A precedência; a ordem. (ことわざ) *Chōyo ~ ari* 長幼序あり Primeiro os mais velhos. (S/同) Júnjo (+). **2**[物事の糸口]A abertura; o começo; o princípio. (S/同) Hottán (o); itó-guchi (+); tánsho (+). **3**[はしがき]O prefácio; o preâmbulo. (S/同) Hashígakí (+); jobún (+).

jo² 女【E.】(Em palavras compostas) **1**[女子]A mulher; a moça; a menina. (S/同) Joséi; óshi; oná. (A/反) Dańséí; dánshi; otókó. **2**[娘]A filha. ★ *Ichi-nan ni-* ~ 一男二女 Um filho e duas filhas. *Musúmé*. (A/反) Musúkó.

jō¹ [óo] 上 **1**[等級がすぐれていること]A primeira classe (categoria); o melhor. ★ ~ *no* 上の De ~. ◇ ⇨ ~ **tenki**. (S/同) Ué. (A/反) Ge. **2**[上の部分;上の部署]A parte superior (de cima). ⇨ ⇨ ~ **kanpan**. (S/同) Jōbu². (A/反) Ka. ⇨ jō-húshin. **3**[上の巻]O primeiro volume. ⇨ chū¹; ge¹.

jō² [óo] 情 **1**[感情;情愛]A afeição; a emoção; o sentimento [coração]. ★ ~ *ga aru* 情がある Ter coração [Ser humano]. ~ *ga utsuru* 情が移る Afeiçoar-se [Ser sensível]. ~ *ni atsui* 情に厚い Afe(c)tuoso. ~ *ni hodasareru* 情にほだされる Ser levado [Deixar-se levar] pela/o ~. ~ *o komeru* 情をこめる Pôr o coração「no que se faz」. ~ *ni moroi* 情にもろい Ser sensível (emotivo); sentimental; emocionável]. (S/同) Nińjō. **2**[異性を愛する心]O amor. ★ ~ *o kawasu* 情を交わす Ter-se amor. ~ *o tsūjiru* 情を通じる Ter uma ligação amorosa. (S/同) Aíjō (+). **3**[事情]As circunstâncias. ★ *Teki ni* ~ *o tsūjiru* 敵に情を通じる Passar informações ao inimigo. (S/同) Jijō (o); jitsújō (+). **4**[意地]A obstinação. ★ ~ *ga kowai* 情がこわい Ser obstinado. Góján (+); ijí (+).

jo³ [óo] 錠 **1**[錠前]A fechadura; o cadeado; o aloquete; a tranca. ★ ~ *ga kakete aru* [*kakatte iru*] 錠が掛けてある[掛かっている]Estar fechado à chave; estar trancado. ~ *o hazusu* [*akeru*] 錠を外す[開ける]Destrancar; abrir. (S/同) Jómaé; kagí. **2**[錠剤]A pílula; o comprimido. *Ikkai ni-* ~ *fukuyō no koto* 1回2錠服用のこと Tomar dois ~ s de cada vez. (S/同) Jōzái (+). ⇨ tōi³ ◇.

jō⁴ [óo] 嬢 **1**[娘]A filha. *Tanaka san no o-* ~ *san* 田中さんのお嬢さん ~ do Sr. Tanaka. **2**[少女]A filha. ★ *Kawaii o-* ~ さん かわいいお嬢さん Uma menina encantadora. (S/同) Musúmé; onna no ko. **3**[娘・未婚の女性の名前につける敬称]O senhorit[nh]a; a menina. ★ *Sasaki* ~ 佐々木嬢 ~ Sasaki. **4**[嬢;職業名を示す語につけてその職についている女性であることを示す]A menina (moça). ★ *Uketsuke* ~ 受付嬢 ~ da recepção.

-jō⁵ 条 **1**[個条]O artigo; a cláusula. ★ *Kenpō dai ichi-* ~ 憲法第一条 O ~ primeiro da Constituição. (S/同) Kajō. **2**[筋をなすものを数える語](Numeral para contar linhas, riscos, etc). ★ *Ichi-* ~ *no hikari* 一条の光 Uma réstia [Um raio] de luz.

-jō⁶ 上 **1**[観点]Do ponto de vista「educacional/histórico」; à luz de; no que se refere a. ★ *Tachiba* ~ 立場上 Na [Dada a] posição「de Reitor」. **2**[上方; 上面] Sobre; em.

-jō⁷ 状 **1**[性質や形の状態を示す]Em forma de. ★ *Tsuri-gane* ~ *no hana* つり鐘状の花 A flor ~ campânula. ⇨ jōtáí¹; keíjō⁵. **2**[手紙・文書などの意]A carta; o bilhete. ★ *Shōkai* ~ 紹介状 A carta de apresentação. (S/同) Bunsho¹; tegámí.

-jō⁸ 場 O campo; o lugar. ★ *Gorufu* ~ ゴルフ場 O campo de golfe. ⇨ bashó; tokóró.

-jō⁹ 畳 (Numeral para contar tatámis). ★ *Yo-han no heya* 四畳半の部屋 O quarto de quatro tatámis e meio.

-jō¹⁰ 帖 (Numeral para contar maços de folhas). ★ *nori ichi* ~ のり1帖 Um maço de "nori".

-jō¹¹ 乗 O expoente; a potência. ★ *San o ji* ~ *suru* 3を2乗ずる Elevar 3 ao quadrado [cubo; biquadrado]. (S/同) Jóhó³; kakézan.

jóái [óo] 情愛 A afeição. (S/同) Jō² **1** (+). ⇨ aíjō¹.

jóba [óo] 乗馬 A equitação. ★ ~ *suru* 乗馬する Cavalgar; montar [andar] a cavalo. ◇ ~ **fuku** 乗馬服 O fato de ~. (S/同) Kíjō.

joban 序盤 A fase inicial「do jogo」. ⇨ chūban; shūban.

jobán-sén 序盤戦 A fase inicial do desafio [da campanha eleitoral].

jóbéki [óo] 乗冪【Mat.】A potência. ⇨ béki¹. (S/同) Ruíjō.

jóbi [óo] 常備 O ter de reserva. ★ ~ *suru* 常備する Ter sempre「extintores」. ◇ ~ **gun** 常備軍 O exército regular. (S/同) Jóchí²; jósétsú.

jóbí-yaku [óo] 常備薬 O medicamento que se tem sempre à mão [em casa]. ⇨ jóbi.

jóbu¹ [óo] 丈夫 **1**[壮健]A boa saúde; a robustez; o vigor. *Itatte* ~ *desu* 至って丈夫です Estou em ó(p)tima forma [de perfeita saúde]. ★ ~ *de aru* 丈夫である Ser forte [Ter saúde]. ~ *de iru* 丈夫でいる Estar de boa saúde. ~ *na* 丈夫な Robusto; forte; sadio; resistente; são [*Watashi wa* ~ *na tachi da* 私は丈夫なたちだ Eu sou de complexão robusta. ~ *na hito* 丈夫な人 A pessoa robusta/saudável]. ~ *ni naru* 丈夫になる **a)** Ficar forte; **b)** Curar-se [*Karada o* ~ *ni suru* 体を丈夫にする Adquirir mais forças; fortalecer-se]. (S/同) Keńkō; sōkén; tasshá. ⇨ génki¹. **2**[堅牢]O ser「tecido」resistente [「edifício」sólido]. ★ ~ *ni dekite iru kutsu* 丈夫に出来ている靴 Sapato que dura [bem feito]. (S/同) Gańjō; kéngo; keńrō.

jóbu² [óo] 上部 A parte superior [de cima]「do vaso/da parede」. *Kaisha no* ~ *no kettei* 会社の上部の決定 A decisão superior [da administração] da empresa. ◇ ~ **kōzō** 上部構造 A superestrutura. (A/反) Kábu. ⇨ ué¹.

jobún 序文 O prefácio; o preâmbulo; a introdução. ★ ~ *o tsukeru* 序文をつける Escrever ~. (S/同) Hashígakí; jo¹; jogén²; shogén; maégákí. ⇨ batsú-bún¹; hón-bun³; hónmon.

jóbún [óo] 条文 A provisão [disposição; estipulação; cláusula] da lei/do texto.

jóbutsu [óo] 成仏 **1** [無上の悟りを開くこと]【Bud.】O atingir o nirvana. **2** [死ぬこと] A morte. ★ ~ *suru* 成仏する Morrer.

jô-chan [óo] 嬢ちゃん A menina「rica/bem」; a garota; a pequena. Ⓐ⚡ Bótchan. ⇨ jô⁵.

jôchi¹ [óo] 常置 Permanente. ◇ ~ **iinkai** 常置委員会 A comissão ~. Ⓢ圃 Jóbi (+). jósétsú.

jóchi² [óo] 情痴 A loucura de amor. Ⓢ圃 Chijó (+).

jôcho 助長 [E.] O fomento; o estímulo. ★ *Akushū o ~ suru* 悪習を助長する Incentivar os maus costumes.

jôcho [óo] 情緒 **1** [趣のある気分・ふんいき] A atmosfera [O ambiente] especial. *Koto ni wa ~ ga aru* 古都には情緒がある Na velha capital respira-se uma ~. ★ ~ *tenmen taru* [~ *yutaka na*] 情緒纏綿たる [情緒豊かな] De uma atmosfera muito especial [rica]. ◇ **Ikoku** ~ 異国情緒 A atmosfera exótica. Ⓢ圃 Jôchô¹; jósho²; jóshu². **2** [感情] A emoção. ★ ~ *fu-antei na hito* 情緒不安定な人 A pessoa emocionalmente instável. ⇨ Kañjó.

jôchô¹ [óo] 情調 ⇨ jôcho **1**.

jôchô² [óo] 冗長 [E.] A prolixidade; a verborreia; a verbosidade. ★ ~ *na* 冗長な「estilo, discurso」Prolixo; difuso. Ⓢ圃 Kañkétsú. ⇨ kudói; nagái.

jôchô-téki [óo] 情調的 Inspirador; emocionante.

jochū 女中 [A.] **1** [下女] A empregada doméstica; a criada. ◇ **Goten** ~ 御殿女中 A dama de corte. ⇨ géjo; o-tétsudai-san. **2** [婦人] A mulher; a senhora. Ⓢ圃 Fujín (+).

jochū² 除虫 O inse(c)ticida. ◇ ~ **giku**.

jochū³ [óo] 条虫 A té[ê]nia; a bicha-solitária (Pop.). Ⓢ圃 Sanádámushi (+).

jôchū [óo] 常駐「o exército」Estacionado. ★ ~ *suru* 常駐する Estar destacado [sempre estacionado]「num lugar」. ⇨ chūzái.

jô-chū-gé [óo-úu] 上中下 O primeiro, o segundo e o último [terceiro]. ★ ~ *no san-kan* 上中下の三巻 (O livro) em 3 volumes.

jochū-giku [úu] 除虫菊 (< ~ ² + kikú³)【Bot.】O piretro; *chrysanthemum cinerariaefolium*.

jôdai [óo] 上代 **1** [大昔] Os tempos antigos [primitivos]; a idade remota. Ⓢ圃 Ō-múkashi (o); táiko (+). **2** [日本史で時代区分の一つ]【H.】A história antiga (Até "Heian") do Japão. Ⓢ圃 Jôko.

jôdán [óo] 冗談 O gracejo [chiste]; a brincadeira; a piada; a pilhéria; a graça. ~ *mo yasumi yasumi ii tamae*「冗談もいいかげんにしろ」冗談も休み休み言いたまえ] Pare com essas brincadeiras. ~ *ni mo hodo ga aru* 冗談にもほどがある A brincadeira também tem limites. ~ *wa yose yo* 冗談はよせよ Deixe-se de brincadeiras. *Go-~ desho* ご冗談でしょ Você está a brincar [não está a falar a sério, pois não?]. ★ ~ *ga sugiru* 冗談が過ぎる Ser brincadeira a mais. ~ *hanbun ni* [*majiri ni*; *mekashite*] 冗談半分に [まじりに; めかして] Meio a sério (meio a brincar). ~ *o iu* 冗談を言う Dizer uma piada; gracejar; brincar. ~ *o tobasu* 冗談を飛ばす Dizer piadas. ~ *wa sateoki* [*tomokaku*; *nuki ni shite*] 冗談はさておき [ともかく; ぬきにして] Fora de [Deixando de lado brincadeiras; falando a sério. ⇨ fuzáké; tawámúré; jôku.

jódán² [óo] 上段 **1** [上の段] A plataforma [do estádio]; a prateleira「do armário」de cima. ⇨ chūdán¹; ge-dán. **2** [= kamí-zá]. **3** [上列] A fileira de cima. **4** [剣道で] O erguer a espada acima

da cabeça (no kéndô). ★ ~ *no kamae* 上段の構え A postura com a espada erguida... ⇨ chūdán; gedán.

jodán-gúchi [óo] 冗談口 (< ~ ¹ + kuchí) O dito chistoso; a piada. ★ ~ *o kiku* [*tataku*] 冗談口をきく [叩く] Galhofar (Fazer galhofa); dizer uma ~.

jô-déki [óo] 上出来 A boa execução; o bom trabalho [estar bem feito]; o golpe de mestre. *Kare no sakuhin ni shite wa ~ da* 彼の作品にしては上出来だ Para ser uma obra dele「tão jovem」, está bem. ★ ~ *no* 上出来の Bem feito [executado].

jódo [óo] 浄土【Bud.】O paraíso budista. ◇ ⇨ **gokuraku ~**. **Saihō** ~ 西方浄土 ~ que fica a ocidente da terra. ⇨ gokúráku.

jôdô [joo] 常道 **1** [常に人が守り行うべき道徳]【E.】O bom caminho. ★ ~ *o fumihazusu* 常道を踏みはずす Desviar-se [Extraviar-se] do ~. ⇨ dótoku. **2** [決まっていて変わらないやり方] O modo normal; a prática comum. ★ *Torihiki no ~* 取り引きの常道 As regras dos negócios.

jodóshi [óo] 助動詞【Gram.】O verbo auxiliar (Na gram. j. pode ser tb. a terminação do verbo, por ex. o "reru" de "kaesareru").

Jódo(shín)shū [óo] 浄土(真)宗【Bud.】A ~ (Lit: verdadeira religião do paraíso). Ⓢ圃 Shinshú.

jôei [óo] 上映 A proje(c)ção「de um filme」. *Sono eiga wa mokka ~ chū da* その映画は目下上映中だ Esse filme está agora em cartaz [exibição]. ★ ~ *suru* 上映する Passar Proje(c)tar (o filme). *Kinjitsu ~* 近日上映 (掲示) Brevemente em exibição. ⇨ éiga¹; kóei¹; kóén⁴.

joén 助演 A a(c)tuação secundária [O papel de apoio] (No cinema, teatro). ◇ ~ **joyū** 助演女優 A a(c)triz secundária. ~ **sha** 助演者 O a(c)tor secundário (De apoio). Ⓐ⚡ Shuén.

jōén [óo] 上演 A representação (teatral). Ⓢ圃 Kóén (+). ⇨ enshútsú; jôéi.

jôfu¹ [óo] 情婦 A amante; a concubina. Ⓢ圃 Iró; iró-ónna. ⇨ jôfu²; aíjín.

jôfu² [óo] 情夫 A amante. Ⓢ圃 Iró; iró-ótóko. ⇨ jôfu¹; aíjín.

jogái 除外 A exce(p)ção; a exclusão. ◇ ~ **rei** 除外例 O caso exce(p)cional; a exce(p)ção à regra. ⇨ torí-nózóku.

jôgai [óo] 場外 O exterior do campo [recinto]. ◇ ~ **baken** 場外馬券「A venda de」bilhetes de aposta fora do hipódromo. ~ **hōmā** [**hōmuran**] = 場外ホーマー [ホームラン]【Beis.】A volta completa com a bola batida para fora do estádio. Ⓐ⚡ Jônai.

~ *wa yose yo* 冗談はよせよ Fora do castelo. ⇨ shiró².

jo-gákkō 女学校 A escola de meninas [só para moças].

jôgáku [óo] 上顎【Anat.】A arcada superior bucal. ◇ ~ **kotsu** 上顎骨 O maxilar superior. Ⓢ圃 Uwá-ágó (+). Ⓐ⚡ Kagákú.

jo-gákusei 女学生 A estudante.

jôge [óo] 上下 **1** [位置などの上下] Cima e baixo. ★ ~ *soroi no sebiro* 上下揃いの背広 (Tb. da senhora)「terno (N.)」. ◇ ~ **suidō** 上下水道 O fornecimento e escoamento de águas. ⇨ shitá; ué. **2** [上がったり下がったり] Para baixo e para cima. ★ ~ *ni yureru* 上下に揺れる Balançar ~. ~ *suru* 上下する Subir e descer. **3** [上り下り] Para um lado e para o outro. ◇ ~ **sen** 上下線 A linha do com-

jógé-dō

boio/trem「está interrompida nos dois sentidos」. Ⓢ⟦同⟧ Ôfúkú (+); yukí-káerí. ⇨ kudárí¹; noborí¹. **4** [身分・地位などの上と下] Superior e inferior. *Wagasha wa ~ kankei ga kibishii* 我が社は上下関係が厳しい Na nossa companhia há uma rigorosa hierarquia. ⇨ hínpu; kisén². **5** [上巻と下巻] O primeiro e o segundo volume (do livro).

jógé-dō [jóó] 上下動 O movimento vertical「do terra[e]moto」. Ⓐ⟦反⟧ Suíheí-dō.

jogén¹ 助言 O conselho. ★ ~ *o ataeru* [*motomeru*] 助言を与える[求める] Dar [Pedir] ~. ~ *suru* 助言する Aconselhar; recomendar. Ⓢ⟦同⟧ Adóbáisu; chûkókú.

jogén² 序言 ⇨ jobún.

jógén¹ [óó] 上弦【Astr.】O quarto crescente. ★ ~ *no tsuki* 上弦の月 A lua em [na fase de] ~. Ⓐ⟦反⟧ Kagén.

jógén² [óó] 上限 O limite superior [máximo]「do preço do arroz」. Ⓐ⟦反⟧ Kagén.

jógi [óo] 定規【木】**1** [道具] A régua. ◇ *Sankaku* ~ 三角定規 O esquadro. **2** [比喩的に物事の手本] A norma. ⇨ hyôjún; kijún¹; moháń; tehón.

jógo¹ [óó] 上戸 **1** [酒飲み] O bêbedo. Ⓢ⟦同⟧ Sakénómí (+). Ⓐ⟦反⟧ Géko. **2** [酒の上でのくせ] Os desvarios de bêbedo. ◇ *Naki* [*Okori*; *Warai*] ~ 泣き [怒り; 笑い] 上戸 O bêbedo choramingas [bruto; alegre]. ⇨ kusé.

jógo² [óo] 漏斗 O funil. Ⓢ⟦同⟧ Rôto.

jógo³ [óó] 冗[剰]語【E.】A redundância; a superabundância de palavras. Ⓢ⟦同⟧ Jóku.

jóhákú [óó] 上膊【Anat.】O braço (A parte superior entre o cotovelo e o ombro). Ⓢ⟦同⟧ Jôwán (+).

jó-hánshin [óó] 上半身 O busto; a parte do corpo da cintura para cima. ★ ~ *o okosu* 上半身を起こす Levantar-se e ficar sentado「na cama」. Ⓐ⟦反⟧ Ka-hánshin.

jóhátsú [óó] 蒸発 **1** [液体が気体になること] A evaporação; a vaporização; a volatilização. ~ *suru* 蒸発する Evaporar-se; vaporizar-se; volatilizar-se. ~ *zara* 蒸発皿 O prato de evaporação. Ⓢ⟦同⟧ Kíka. ⇨ shôkā⁶. **2** [人が姿を消すこと] O desaparecimento. ~ *suru* 蒸発する Desaparecer; sumir-se. Ⓢ⟦同⟧ Yukúé-fúmei [shírezu].

jóhéki [óó] 城壁 A muralha (de um castelo). ★ ~ *o megurasu* 城壁をめぐらす Cercar de [Construir] ~s. Ⓢ⟦同⟧ Ruíhéki.

jóhi¹ [óo] 冗費【E.】As despesas supérfluas [desnecessárias]. ⇨ kú-hí; mudá-zúkai; rôhí; tóhi.

jóhi² [óó] 上皮【Zool./Bot.】O epitélio. ◇ ~ *saibō* 上皮細胞 A célula epitelial. Ⓢ⟦同⟧ Hyôhi.

jóhín [óó] 上品 **1** [品のよいこと] A elegância; o requinte. ★ ~ *de aru* 上品である Ser elegante [requintado]. ~ *na hanashikata* 上品な話し方 A fala elegante. ~ *ni furumau* 上品にふるまう Comportar-se com ~. Ⓢ⟦同⟧ Kôga; ténga; tóga; yûbí; yûga. Ⓐ⟦反⟧ Gehín. **2** [上等の品] O artigo de primeira qualidade. Ⓢ⟦同⟧ Kôkyû-hín (+). Ⓐ⟦反⟧ Gehín.

jóhínbúru [óó] 上品ぶる Ser pretensioso; pretender ser requintado; dar-se ares.

johō 除法【Mat.】A divisão. Ⓢ⟦同⟧ Warí-zan (+). ⇨ jóhō³.

johō [óo] 譲歩 A concessão; a cedência; o compromisso. ★ ~ *suru* 譲歩する Ceder; fazer concessões boio/trem「está interrompida nos dois sentidos」. [*Dochira mo ~ shinai* どちらも譲歩しないNenhuma das partes quer ceder]. *Tagai ni ~ suru* 互いに譲歩する Ceder de ambas as partes. ◇ ⇨ ~ **teki**. Ⓢ⟦同⟧ Dakyō; oríái.

jóhō¹ [jóó] 情報 **1** [知らせ] A informação. ★ ~ *ga hairu* 情報が入る Receber [Ter] informações. ~ *o ataeru* [*teikyō suru*] 情報を与える[提供する] Dar [Fornecer] informações. ~ *o atsumeru* 情報を集める Recolher informações. ~ *o eru* [*te ni ireru*] 情報を得る[手に入れる] Ter [Obter/Conseguir] informações. ~ *o nagasu* 情報を流す Transmitir [Pôr a circular] uma ~/notícia; dar a ~. ◇ ⇨ ~ **gen** [*mō*; *ya*]. ~ **kikan** 情報機関 Os serviços (secretos) de ~. ~ **shūshū** 情報収集 A recolha de informações. *Gokuhi* ~ 極秘情報 ~ secreta. Ⓢ⟦同⟧ Shirásé. **2** [インフォメーション]【Ele(c)tro.】A informação. ~ **ka shakai** 情報化社会 A sociedade da ~. ~ **kensaku** 情報検索 A busca [recolha] de dados [~]. ~ **kōgaku** 情報工学 A informática. ~ **riron** 情報理論 A teoria da ~. ~ **sangyō** 情報産業 A indústria da ~. ~ **shori** 情報処理 O processamento da ~ [de dados].

jóhō² [jóó] 上方 A parte de cima. Ⓐ⟦反⟧ Kahô. ⇨ ué.

jóhō³ [jóó] 乗法【Mat.】A multiplicação. Ⓢ⟦同⟧ Kakézan (+). ⇨ Johō.

jóhō⁴ [jóó] 定法【E.】A norma; a regra [o método] estabelecida(o).

jóhō-gen [joóhóo] 情報源 A fonte de informação. Ⓢ⟦同⟧ Sūji. ⇨ jóhō¹.

jóhō-mō [joóhóo] 情報網 A rede de informações. ★ ~ *o hari-megurasu* 情報網を張りめぐらす Montar uma ~. ⇨ jóhō¹.

jóhō-téki [óó] 譲歩的「o tom」Conciliatório.

jóhō-yá [óo] 情報屋 Aquele que dá palpites 「para as corridas de cavalos」. ⇨ jóhō¹.

johyō 除氷 A descongelação. ★ ~ *suru* 除氷する Descongelar. ⇨ josō⁶.

joi¹ 女医 A médica. ⇨ ishá¹.

joi² 叙位 A outorga de [O dar] uma posição [um título]. ⇨ jokún.

jói¹ [óo] 上位 A posição superior [mais alta]. ★ ~ *ni tatsu* 上位に立つ Ter uma ~. ~ *o shimeru* 上位を占める Ocupar uma ~「na empresa」. ◇ ~ **nyūshō** 上位入賞 A conquista de um lugar entre os melhores [primeiros]. ⇨ chûí²; ká³.

jói² [óó] 譲位 A abdicação do trono.

jói³ [óó] 攘夷【A.】A expulsão [exclusão] dos estrangeiros. ◇ ~ **ron** 攘夷論 O advogar ~ do J. *Sonnō* ~ 尊皇攘夷 A veneração do Imperador e

jói⁴ [óo] 上意【A.】O desejo [A ordem/A vontade] do shôgún. ~ *de aru* 上意である São (as) ordens do shôgún! ~ *katatsu suru* 上意下達する Transmitir ~ aos vassalos. Ⓢ⟦同⟧ Gójō; kuńméi (o); shumeí (+). Ⓐ⟦反⟧ Kái.

jóín¹ [óó] 上院 A Câmara Alta; o Senado. ~ *gün* 上院議員 O senador. Ⓢ⟦同⟧ Kaín.

jóín² [óó] 乗員 O tripulante; a tripulação. Ⓢ⟦同⟧ Jōmúin. ⇨ jôkyákú.

jóín³ [óó] 冗員 O pessoal supérfluo [a mais].

jóíntó-bénchá ジョイントベンチャー(< Ing. joint venture) A união de empresas num proje(c)to. ⇨ gôbéń.

jóji¹ 女児「nascer」Uma menina.

Dánji. ⇨ jóshi¹; musúmé; yōjo².

joji 叙事 A narração; a epopeia. ◇ ~ **shi**. A/反 Jojō. ⇨ jokéi².

jōji¹ [óo] 情事 A aventura amorosa (ilícita); o romance. S/同 Iró-goto. ⇨ mittsú.

jōji² [óo] 常時 Sempre「de vigia/atrasado às aulas」. S/同 Fúdan (+); ítsumo (o); jōfúdan; jōjū; shíjū (+); tsúne (+).

jōjín [óo] 常人 A pessoa comum; o comum dos mortais. ~ ni wa rikai shigatai 常人には理解しがたい「algo」Difícil de entender para a/o ~. S/同 Bonjín; bonzóku; zokujín. ⇨ teñsái¹.

jōjíru [óo] 乗じる **1**[つけ込む] Aproveitar-se「de」; tirar proveito「de」**b**) O favoritismo [compadrio]. ★ Aite no kyo ni jōjite 相手の虚に乗じて Aproveitando-se da imprevidência do parceiro. Tsuké-írú; tsuké-kómú (+). **2**[かけあわせる]【Mat.】Multiplicar. Kakéru (+). A/反 Warú.

jojí-shi 叙事詩 O poema épico「"Os Lusíadas"」; a epopeia. ⇨ jóji².

joji-shijin 叙事詩人 O poeta épico「Camões」. ⇨ joji-shi.

jōjítsú [óo] 情実 **1**[私的事情] **a**) Os motivos de ordem pessoal; **b**) O favoritismo [compadrio]. ★ ~ ni torawareru [ugokasareru; sayūsareru] 情実に捕らわれる[動かされる：左右される] Ser levado [movido; influenciado] por ~. **2**[実際の事情] As verdadeiras circunstâncias. S/同 Jitsújō (+). **3**[真情] O verdadeiro sentimento. S/同 Shiñjō (+); magókoro.

jojō 叙[抒]情 O lirismo. ◇ ⇨ ~ **shi** [**shijin; shiteki**]. A/反 Jójí². ⇨ jokéi².

jō-jo [óo] 乗除 (< jōhō + johō) A multiplicação e a divisão.

jōjō [**joō-**] [óo] 上上 [乗] Ó(p)timo; excelente. ★ ~ no deki 上々の出来 O acabamento perfeito; o trabalho ~/impecável. S/同 Saíjō (+).

jōjō² [**joō-**] [óo] 上場【Econ.】O ter cotação na Bolsa. ★ ~ suru 上場する Indexar [Regist(r)ar] a(c)ções na Bolsa (de Valores). ◇ ~ **kabu** 上場株 As a(c)ções indexadas.

jōjō³ [**joō-**] [óo] 情状 As circunstâncias. ◇ ~ **shakuryō** 情状酌量 ~ atenuantes [~ shakuryō no yochi ga nai 情状酌量の余地がない Não há (circunstâncias) atenuantes possíveis].

jojōfu [óo] 女丈夫【E.】⇨ jokétsú².

jojōfu-ni 徐徐に **a**) Lentamente;「andar」devagar; **b**) Aos poucos; pouco a pouco. ~ itami ga osamatte itta 徐々に痛みがおさまっていった As dores pouco a pouco foram passando. S/同 Dandán; yukkúri. ⇨ chíchi²; kaňmaň¹.

jojō-shi [óo] 叙[抒]情詩 O poema lírico; a ode. ◇ ⇨ ~ **téki**. A/反 Jóji-shi.

jojō-shijin 叙[抒]情詩人 O (poeta) lírico「Camões」. ⇨ jojō-shi.

jojōshí-téki 叙[抒]情的 Lírico. ⇨ jojō-shi.

jōju [óo] 成就 O realizar(-se); o cumprir(-se) / a profecia」. Taigan ga ~ shita 大願が成就した Cumpri a grande aspiração da minha vida. ★ Mokuteki o ~ suru 目的を成就する Realizar [Atingir] o obje(c)tivo. S/同 Shuttaí; tasseí (+).

jōjún [óo] 上旬 O primeiro terço do mês. ★ Nigatsu ~ ni 二月上旬に Nos começos [~] de Fevereiro. S/同 Shojún. ⇨ chūjún; gejún.

jojútsú 叙述 A descrição; a narração. ★ ~ suru 叙述する Descrever; narrar; relatar. S/同 Kijútsú.

jōjútsú [óo] 上述 O sobredito; o supradito; o supracitado. ★ ~ no gotoku [tōri] 上述の如く[通り] Conforme (o) acima mencionado. S/同 Jōki³(o); zeñjútsú(+). A/反 Káki.

jōká¹ [óo] 浄化 **1**[汚れを取り去りきれいにすること] A purificação. ★ ~ suru 浄化する Purificar; limpar. ~ **sayō** 浄化作用 A catarse. ~ **sō** 浄化槽 **a**) O tanque de purificação (da água); **b**) A fossa (séptica)[cloaca]. ~ **sōchi** 浄化装置 O purificador, o depurador. S/同 Seíjō. **2**[比喩的に社会や風習の悪い点を改め正しく明るい状態にすること] A expurgação. ★ ~ suru 浄化する Expurgar「a corrupção」. Senkyo no ~ undō 選挙の浄化運動 A campanha de moralização das eleições.

jōka² [óo] 城下【A.】A cidade-fortaleza. ◇ ~ **machi** 城下町 A cidade que se desenvolveu ao redor de um castelo. S/同 Jōká-machi (+). ⇨ shiró³.

jōka [óo] ジョーカー (< Ing. joker)[トランプの] O trunfo mais alto nalguns jogos de cartas. S/同 Babá (+). ⇨ kirí-fuda.

jōkákú [óo] 城郭【A.】**1**[城の一番外側のかこい] A muralha do castelo. S/同 Jōhéki (+). **2**[城] O castelo; a fortaleza; a cidadela. S/同 Jōsái (+); shiró (+).

jokan 女官 A aia; a dama (de honor [da corte]).

jōkán¹ [óo] 上官 O superior na hierarquia burocrática ou militar; o oficial de patente superior. ★ ~ no meirei 上官の命令 A ordem do superior. S/同 Jōshi¹; uwáyákú.

jōkán² [óo] 情感【E.】A emoção; o sentimento. ★ ~ ni michita ongaku 情感に満ちた音楽 A música cheia de ~. S/同 Kañjí (+); kañjō (o).

jōkán³ [óo] 上巻 O primeiro tomo [volume] de um livro. S/同 Gékán.

jōkán⁴ [óo] 乗艦 O embarque em navio de guerra.

jō-kánpan [óo] 上甲板 O convés superior.

jokéi 女系 A linha(gem) feminina [materna]. ◇ ~ **kazoku** 女系家族 A família de ~. S/同 Bokéi¹. ⇨ Dañkéi.

jokéi 叙景 A descrição lírica/de paisagens. ◇ ~ **bun** 叙景文 A passagem「de literatura」descritiva. ⇨ jojō.

jōkéi [óo] 情景【E.】A cena; a vista; a paisagem. ◇ ~ **byōsha** 情景描写 A descrição「comovente」da cena. Arísama; késhiki; kōkéi.

jokén 女権 (< joséi¹ + kénri) Os direitos femininos [da mulher]. ~ (**kakuchō**) **ron** 女権 (拡張) 論 O feminismo. ~ (**kakuchō**) **ronsha** 女権 (拡張) 論者 A [O] feminista.

jōkén [óo] 条件 A condição; o requisito; os termos. Sore wa ~ shidai da それは条件次第だ Isso depende das [dos] ~ s. ★ [Keiyaku no] ~ ga totonou「契約の」条件が整う Chegar-se a acordo quanto aos [às] ~ do contrato. ~ ni au [atehamaru] hito 条件に合う[あてはまる]人 A pessoa que corresponde aos requisitos. ~ o dasu [mochi-dasu] 条件を出す[持ち出す] Apresentar as condições. ~ o nomu [judaku suru] 条件をのむ[受諾する] Aceitar as ~. ~ o tsukeru 条件を付ける Determinar [Estabelecer] as [os] ~. Hitsuyō no ~ o mitasu 必要の条件を満たす Satisfazer os/as ~ s. ~ **hansha** 条件反射 O reflexo condicionado. ~ **tōsō** 条件闘争 A luta reivindicativa. ⇨ ~ **tsuki. Hissu** ~ 必須条件 A condição "sine qua non" [necessária/essencial]. **Rōdō ~** 労働条件 As ~ de trabalho.

jōkén-bun [oó] 条件文【Gram.】A frase condicional「Se não chover」.

jōkén-hō [joó] 条件法【Gram.】O modo condicional. ⇨ jōkén-bun[-setsu].

jōken-setsu [oó] 条件節【Gram.】A oração condicional「Eu vou, se não chover」.

jōkén-tsúkí [oó] 条件付き (＜… + tsukéru) Com condições. ★ ~ *de shōdaku suru* 条件付きで承諾する Aceitar condicionalmente/~. ~ *no keiyaku* 条件付きの契約 O contrato condicional/~.

jokétsú 女傑【E.】A heroína; a mulher valente. S/同 Jojōfu. ⇨ otóko-mási ri.

jōki[1] [oo] 蒸気 **1** [蒸発気; 水蒸気] O vapor (de água). ★ ~ *o okosu* [*tateru*] 蒸気を起こす[立てる] Gerar [Fazer] vapor. **~ kikan** 蒸気機関 A máquina [O motor] a vapor. **~ kikansha** 蒸気機関車 A locomotiva. **~ tābin** 蒸気タービン A turbina a vapor. ⇨ suijóki; suchīmu. **2** [小型の蒸気船] O pequeno barco a vapor. S/同 Jōkísén (+); kisén (o).

jōki[2] [oó] 上気 O ter o rosto afogueado; o subir o sangue à cabeça. ★ ~ *shite akaku natta kao* 上気して赤くなった顔 A face afogueada [ruborizada]. S/同 Nobóse.

jōki[3] [oó] 上記【E.】O sobredito [acima mencionado]. ★ ~ *no tōri* 上記の通り Como [Conforme] acima mencionado. S/同 Jōjútsú; zenjútsú; zénki. A/反 Káki. ⇨ migí.

jōki[4] [oo] 常軌【E.】O procedimento normal; o rumo devido. ★ ~ *o ishita kōdō* 常軌を逸した行動 O comportamento excêntrico [irracional/anormal]. S/同 Jōdō (+).

jō-kígen [oó] 上機嫌 O bom humor; a boa disposição; a animação (de espírito). ★ ~ *de aru* 上機嫌である Estar bem humorado [disposto]; estar de boa maré. A/反 Fu-kígen.

jōkín [oó] 常勤 O emprego a tempo inteiro. ★ ~ *suru* 常勤する Ter ~. **~ shokuin** 常勤職員 O empregado regular (a tempo inteiro). ⇨ hi-jōkin.

jōkísén [oó] 蒸気船 O navio a vapor. S/同 Jōki[1]; kisén (+).

jókki ジョッキ (＜ Ing. jug) A caneca de cerveja. ★ ~ *o katamukeru* ジョッキを傾ける Tomar [Beber] cerveja.

jókkī ジョッキー (＜ Ing. jockey) **1** [騎手] O jóquei [cavaleiro]. S/同 Kíshu. **2** [⇨ disúkújókkī].

jokō[1] 徐行 O andar [ir] devagar. ~ *ー徐行*（掲示）Abrandar a marcha/Vá devagar! S/同 Kańkō.

jokō[2] 女工 (＜ *joséí* + *kōin*) A operária de fábrica. A/反 Dańkō.

jōko [oo] 上古【H.】Os tempos antigos [remotos] (Especificamente a era Yamato: séc. IV-VIII d.C.). ◇ **~ shi** 上古史 A história da Antiguidade.

jōkō[1] [joó] 条項 Os artigos; as cláusulas; as disposições「da Constituição sobre os direitos humanos」; as provisões; os termos. S/同 Jōmókuku.

jōkō[2] [joó] 情交 As relações sexuais ilícitas. ★ ~ *o musubu* 情交を結ぶ Ter ~. S/同 Kańtsū (+); mittsū (o); shitsū (+).

jōkō[3] [joó] 乗降 O embarcar e desembarcar. ◇ **~ suru** 乗降する Embarcar e desembarcar. ◇ **kyaku** 乗降客 Os passageiros que entram e saem. S/同 Norí-ori (+).

jōkóku [oó] 上告 A última instância; o apelo ao Supremo Tribunal. ★ ~ *o kikyaku suru* 上告を棄却する Recusar ~. ~ *suru* 上告する Recorrer da sentença. ◇ **~ shin** 上告審 A audiência da ~.

jóku [oó] ジョーク (＜ Ing. joke) O gracejo; a piada; a pilhéria. ★ ~ *o tobasu* ジョークを飛ばす Contar uma piada; dizer gracejos. *Kitsui ~ da ne* きついジョークだね Essa piada é um pouco forte! S/同 Jōdán; sharé.

jōkū [oó] 上空 O ar [céu; espaço aéreo]. ★ *Tōkyō no ~ go-sen-mētoru no tokoro de* 東京の上空5000メートルの所で A uma altura de 5000 metros sobre Tóquio. ⇨ sóra[1].

jokún 叙勲 A outorga de uma condecoração. ★ ~ *suru* 叙勲する Outorgar [Dar/Conceder/Conferir/Agraciar ume] uma condecoração; condecorar. ◇ **~ sha** 叙勲者 O [A] condecorado[a]. ⇨ kuńshō; kuńtō[1].

jōkyakú[1] [oó] 乗客 O passageiro. ◇ **~ annai-jo** 乗客案内所 (O balcão de) informações aos ~. **~ meibo** 乗客名簿 A lista de ~ s.

jōkyakú[2] [oó] 常[定] 客 O freguês [cliente] habitual. *Kare wa kono mise no ~ da* 彼はこの店の常客だ Ele é [está] da [nossa] loja. S/同 Jōrén (+); najímí.

jōkyakú[3] [oó] 上客 **1** [上座につかせるべき主な客] O convidado de honra. S/同 Shōkyákú (+); shuhín (o). **2** [上得意] O bom freguês [cliente]. ~ *o tsukamaeta* 上客をつかまえた Apanhei [Já tenho] um ~. S/同 Jōtókui (+).

jōkyo 除去 A eliminação. *Shōgaibutsu o ~ suru* 障害物を除去する Remover [Eliminar] os obstáculos. ⇨ torí-nózóku.

jōkyō[1] [joó] 状 [情] 況 O estado de coisas; a situação; as circunstâncias. *Sochira no ~ o o-shirase kudasai* そちらの状況をお知らせ下さい Peço que me informe sobre a situação aí. *Sore wa ~ shidai da* それは状況しだいだ Isso depende da/s ~. *Mokka no ~ de wa* 目下の状況では Nas ~ a(c)tuais; na presente conjuntura. ◇ **~ handan** 状況判断 O ver qual é [como está] a ~. **~ shōko** 状況証拠 A prova acessória [circunstancial]. **Keizai ~** 経済状況 A ~ [conjuntura] econó[ô]mica. S/同 Jóséí[1]; jótáí[1] (+).

jōkyō[2] [joó] 上京 A ida à Capital [a Tóquio]. ★ ~ *suru* 上京する Ir …. S/同 Jōrákú.

jokyōju [oó] 助教授 O (professor) assistente. ⇨ kyōju[1].

jōkyoku [oó] 序曲 **1** [オペラで幕前に演奏される楽曲]【Mús.】O prelúdio; a abertura. **2** [比喩的に物事のはじめの部分・前ぶれ] A introdução; os primeiros passos. S/同 Hajímé (o); maé-búré (+) ; butái.

jokyū 女給 ⇨ uētoresu.

jōkyū [oó] 上級 **1** [上の等級・階級] O grau superior. ◇ **~ saibansho** 上級裁判所 As instâncias superiores; o tribunal de jurisdição superior. **Porutogarugo ~ kōza** ポルトガル語上級講座 O curso superior de p. ⇨ kaíkyū[1]; tōkyū[1]. **2** [クラス・学年などの上の段階] Os anos (escolares) mais adiantados. ◇ **~ sei** 上級生 Os (estudantes) mais adiantados. ⇨ dańkáí[1].

jōmáé [oó] 錠前 A fechadura; o aloquete; o cadeado. ★ ~ *o tori-tsukeru* 錠前を取りつける Pôr ~. S/同 Jō[3] **1**.

jo-makú[1] 序幕 **1** [芝居・歌劇などの初めの一幕] O

primeiro a(c)to「do drama」; a cena de abertura. [A/反] Shúmúkú. **2** [比喩的にある物事の始まりの部分] O prelúdio [começo]「da revolução」. Kaímákú (o); makú-ákú (+). [A/反] Shúmúkú. ⇨ jo¹.

jomáku² 除幕 O descerramento; a inauguração「da estátua」. ◇ **~ shiki** 除幕式 A cerimó[ô]nia de ~.

jómán [óó] 冗漫 A verbosidade [verborreia].

joméi¹ 除名 A expulsão ◇ **~ shobun** 除名処分 O castigo de ~. ⇨ joséki.

joméi² 助命 O poupar a vida「a um condenado」. ★ *o negau* [*tangan suru*] 助命を願う [嘆願する] Pedir clemência. ~ *suru* 助命する Poupar a vida; ter [usar de] clemência. ⇨ kyúméí².

jómi [óó] 情味 **1** [おもむき] O encanto「da cidade antiga」; a graça. [S/同] Ajíwái; jóshu² (+) ; omómúkí (o); jócho. **2** [やさしい気持ち]「A sentença」benigna;「o conselho」amigo. [S/同] Nínjómi (+).

Jómón¹ [óó] 縄文【H. do J.】O padrão decorativo desenhado nos obje(c)tos de barro com cordas de palha. ◇ **~ jidai** 縄文時代 O período Jomon (8000 a 200 a. C.). **~ shiki doki** 縄文式土器 A cerâmica Jomon.

jómón² [óó] 定紋 O brasão de família. [S/同] Kamón (+).

jômón³ [óó] 城門 As portas [A entrada] do castelo. ⇨ shiró².

jómóno [óó] 上物 O artigo de boa qualidade. *Kore wa nakanaka no ~ da* これはなかなかの上物だ Este artigo é de primeir(íssim)a qualidade. [A/反] Yasú-mónó.

jómu [óó] 常務 **1** [日常の業務] O serviço [trabalho] de rotina. ~ *gyómu*. **2** [Abrev. de "~torishimariyaku"] ◇ **~ torishimari-yaku** 常務取締役 O gerente executivo [chefe de gerência].

jómu² [óó] 乗務 O trabalho a bordo (De avião, barco e transportes públicos). ★ ~ *suru* 乗務する Ser tripulante.

jómú-in [óó] 乗務員 O tripulante; (o membro da) tripulação. ⇨ jómu².

jómyáku [óó] 静脈【Anat.】A veia. ◇ **~ chúsha** 静脈注射 A inje(c)ção intravenosa. **~ ketsu** 静脈血 O sangue venoso. **~ ryú** 静脈瘤 A variz (Pl. as varizes). **Dai ~** 大静脈. ⇨ dómyáku.

jónai [óó] 場内 O recinto. ~ *kin'en* 場内禁煙 (揭示) Não [É proibido] fumar neste ~. ★ ~ *de* [*ni*] 場内で[に] No [Dentro do] ~. ◇ **~ anaunsu** 場内アナウンス O sistema de altifalantes para avisos. [A/反] Jógai¹.

jónai² [óó] 城内 O interior do castelo. [A/反] Jógai². ⇨ shiró².

jonán [óó] 女難 Os problemas [sarilhos] com mulheres. *Kare wa ~ no sō ga aru to ekisha ni iwareta* 彼は女難の相があると易者に言われた「O adivinho [quiromante] disse-lhe que pela fisionomia devia ter ~.

jónen [óó] 情念 O sentimento; a emoção. ⇨ jó².

jónétsu [óó] 情熱 A paixão; o entusiasmo [ardor]; a emoção impetuosa. ★ ~ *teki na* 情熱的な Ardente. ◇ **~ ka** 情熱家 O entusiasta. [S/同] Netsújó.

joním 叙任 A investidura; a nomeação. ◇ **~** *suru* 叙任する Investir; nomear; designar; empossar. ◇ **~ shiki** 叙任式 A cerimó[ô]nia de ~. ⇨ nínméí.

jónín [óó] 常任 (O cargo) permanente. ◇ **~ iinkai** 常任委員会 A comissão de ~. **~ rijíkoku** 常任理事国 O país-membro permanente「do Conselho de Segurança」.

jónó [óó] 上納【E.】 **1** [役所や上部組織へ物品を収める事] O pagamento às autoridades [ao governo]. ◇ **~ kin** 上納金 O dinheiro pago às [ao] .... [A/反] Káfu. **2** [⇨ neñgú].

jo-no-kúchi [óó] 序の口 [ある物事が始まったばかりでまだ本格的でないこと] O princípio. *Atsusa wa mada hon-no ~ da* 暑さはまだほんの序の口だ (Ainda) é só ~ do calor. ⇨ hajímári. **2** [「Sumō」] O grau mais baixo.

joó [óó] 女王 **1** [女性の王] A rainha. ⇨ óhi. ◇ **~ ari** 女王蟻 A formiga-~. **~ bachi** 女王蜂 A abelha-mestra [~]. **Erizabesu ~** エリザベス女王 ~ Isabel. [S/同] Ṓ. ⇨ ójo. **2** [比喩的に花形・第一人者] A rainha (Pessoa que sobressai em certa a(c)tividade). ~ *Shakókai no ~* 社交界の女王 ~ da vida de sociedade [do mundo social]. [S/同] dái-ichí-nín-sha; haná-gátá.

joón [óó] 常温 **1** [いつも決まっている温度; 常に一定した温度] A temperatura constante. [S/同] Teíón. **2** [熱したり冷やしたりしない普通の温度] A temperatura habitual [normal; ordinária].

jóráku [óó] 上洛【A.】⇨ jókyó².

jórán [óó] 擾乱【E.】O distúrbio; o tumulto. ★ *Kokunai no ~* 国内の擾乱 ~ interno [dentro do país]. [S/同] Fuñrañ; sódó (+); sórañ (+).

joréi¹ [óó] 条令【令】O regulamento; a regra; a lei. ◇ **Shi ~** 市条例 A lei municipal. [S/同] Kőréí²; kañréí².

joréi² [óó] 常例 O uso; a prática usual; a forma convencional; o costume. [S/同] Kőréí²; kañréí².

jóren [óó] 定[常]連 **1** [常客] O cliente [freguês] regular; o frequentador de estabelecimento habitual. *Kare wa kono resutoran no ~ da* 彼はこのレストランの定連だ Ele é um ~ deste restaurante. [S/同] Jókyákú²; kokyákú. **2** [いつも連れだって行動する仲間] O companheiro habitual [inseparável].

jorétsu 序列 A categoria; a ordem; o grau; a fileira. ★ ~ *o tsukeru* 序列をつける Classificar; ordenar.

jóri¹ [óó] 条理 A lógica; a razão. ★ ~ *ni kanau* 条理にかなう Ser razoável [lógico]. [S/同] Dőri (+). [A/反] Fujóri.

jóri² [óó] 情理 (< nínjó + dóri) A razão e o sentimento; a cabeça e o coração. ★ ~ *o tsukusu* 情理を尽くす Apelar à razão e ao sentimento.

jóri³ [óó] 場裏【裏】A arena「internacional」.

jóríku [óó] 上陸 [船や海などから陸にあがること] O desembarque. ★ ~ *suru* 上陸する Desembarcar. ◇ **~ butai** 上陸部隊 A tropa de ~. **~ sakusen** 上陸作戦 A operação de ~. [S/同] Rikú-ágé; yóríkú. **2** [比喩的に西洋から来たり台風などがその地をおそうこと] A chegada à costa. *Taifū ga Kyūshū ni ~ shita* 台風が九州に上陸した O tufão atingiu a costa de Kyūshū.

jóro [óó] 如雨露 (< P. jarro) O regador; o borrifador.

joró [óó] 女郎 A prostituta; a meretriz. ◇ **~ ya** 女郎屋 O prostíbulo; o bordel; a casa de prostituição. [S/同] Oírán; yújo.

joró-gúmo [óó] 女郎蜘蛛【Zool.】A aranha de teia dourada; *nephila clavata*.

jorón [óó] 序論 A introdução; o prefácio「de livro」. [S/同] Shorón.

jórúri [óó] 浄瑠璃 O drama em estilo de balada (Era Edo). [S/同] Jókyóku.

joryókú 助力 A ajuda; a colaboração; o auxílio; o apoio. ★ ~ *o motomeru* 助力を求める Pedir ~. ~ *suru* 助力する Ajudar; apoiar. ◇ **~ sha** 助力者 O [A] apoiante. [S/同] Énjo (+); joséí[4]; kaséí; shiéń.

jṓryókú [oó] 常緑 A folha perene. ◇ **~ ju** 常緑樹 A árvore de ~. ⇨ rakúyṓ.

joryū́ 女流 A mulher [senhora]. ◇ **~ sakka** 女流作家 Uma escritora. [S/同] Fujíń (+); joséí (o); keíshū́.

jṓryū́[1] [oó] 上流 **1** [川上] O curso superior [lado da nascente] do rio; o montante. ◇ **Amazonga-wa ~ chiiki** アマゾン川上流地域 A área do ~ do Rio Amazonas. [S/同] Kawá-kámí. ⇨ chū́ryū́[1]; ka-ryū́[1]. **2** [社会階層の上部] A classe (social) alta. ◇ **~ kaikyū** 上流階級 A camada alta (da sociedade). **~ shakai** 上流社会 A alta sociedade. [S/同] Jṓsṓ; meíryū́. ⇨ chū́ryū́[1]; karyū́[1].

jṓryū́[2] [oó] 蒸溜 A destilação. ★ ~ *suru* 蒸溜する Destilar. ◇ **~ ki** 蒸溜器 O destilador; o alambique. **~ kōjō** 蒸溜工場 A destilaria. **~ shu** 蒸溜酒 A bebida destilada; a aguardente. **~ sui** 蒸溜水 A água destilada [fervida]. ⇨ kańryū́[4].

josáí[1] 如才 A omissão; o descuido. ★ ~ *nai* 如才ない Hábil; esperto; com ta(c)to [bom senso] [~ *nai koto o iu* 如才ないことを言う Falar com acerto. ~ *naku furumau* 如才なくふるまう Saber lidar com as pessoas]. [S/同] Te-núkari; te-óchí.

josáí[2] 助祭【Cri.】O diácono.

jṓsáí [oó] 城砦 [塞]【E.】A fortaleza; a cidadela. [S/同] Jṓrúí; shiró (o); toríde (+).

jṓsákú[1] [oó] 上作 **a**) A boa colheita [safra abundante]. [S/同] Hṓsákú (+). **b**) A obra-prima. [S/同] Jṓdékí; kessákú (+). [A/反] Gesákú.

jṓsákú[2] [oó] 上策 A melhor política [ideia/medida]. [A/反] Gesákú.

josánpu 助産婦 A obstetra; a parteira.

jṓ-sáshí [oó] 状挿し (< jō[7] + sásu[6]) O porta-cartas.

joséí[1] 女性 **1** [おんな] A mulher; o sexo feminino; o belo sexo. ★ ~ *no* [*ni kansuru*] 女性の [に関する] Feminino. ~ *rashii* 女性らしい Próprio da ~; feminil. ~ *teki na* 女性的な **a**) Feminino; feminil; **b**) Efeminado [~ *teki na kankaku* 女性的な感覚 A sensibilidade feminina. ~ *teki na otoko* 女性的な男 O homem efeminado]. ~ *teki ni furumau* 女性的にふるまう Portar-se como ~. ◇ **~ bi** 女性美 A beleza feminina. **~ go** 女性語 A linguagem das mulheres (no J. é algo diversa e mais cortês que a dos homens). **~ horumon** 女性ホルモン O hormônio (B.) [A hormona] feminino[a] [~ *ka suru* 女性化する Feminizar [Efeminar-se]]. **~ kaihōron** 女性解放論 O princípio [A defesa] da emancipação das ~es; o feminismo. **~ kan** 女性観 A opinião sobre as ~ es. [S/同] Fujíń; jóshi; ońná. [A/反] Dańséí. **2** [文法上の語彙の分類]【Gram.】O (gé[ê]nero) feminino. ★ *Keiyōshi no ~ kei* 形容詞の女性形 A forma feminina do adje(c)tivo. ◇ **~ meishi** 女性名詞 O substantivo feminino「porta」. [A/反] Dańséí.

joséí[2] 助成 A ajuda [contribuição]; o auxílio; o subsídio. ★ *Gan no kenkyū o ~ suru* 癌の研究を助成する Subsidiar os estudos do [sobre o] cancro [câncer]. ◇ **~ kin** 助成金 ~ financeira.

joséí[3] 女声 A voz feminina [de mulher]. ◇ **~ gasshō** 女声合唱 O coro feminino [de vozes femininas]. **~ gasshōdan** 女声合唱団 O (conjunto) coral feminino. [A/反] Dańséí.

joséí[4] 助勢 O apoio [encorajar; fomento]. [S/同] Joryókú (+); kaséí (+).

joséí[5] 女婿 O genro. [S/同] Musúmé-múko (+).

jṓséí[1] [oó] 情勢 O estado de coisas; a situação; as circunstâncias. ★ *Genzai* [*Mokka*] *no ~ de wa* 現在 [目下] の情勢では Nestas [Nas a(c)tuais] circunstâncias. ◇ **Sekai ~** 世界情勢 A ~ mundial. [S/同] Jṓkyṓ; jṓtáí[1]; keíséí; yṓsṓ; yṓsú.

jṓséí[2] [oó] 上製 Extraordinariamente bem feito. ◇ **~ bon** 上製本 Uma encadernação [edição] de luxo. ⇨ tokúséí[2].

jṓséí[3] [oó] 醸成 **1** [酒・しょうゆなどをかもし作ること] A fermentação. ★ *Sake o ~ suru* 酒を醸成する Fermentar saqué. [S/同] Jṓzṓ (+). **2** [ある雰囲気・気分・状態などを作り出すこと] A criação; o amadurecimento da revolta. ★ *Yūga na fun'iki o ~ suru* 優雅な雰囲気を醸成する Criar um ambiente refinado.

jo-séito 女生徒 A estudante [colegial]. [A/反] Dan-séito. ⇨ jo[2].

josékí 除籍 O cortar alguém da lista [do regist(r)o]. ◇ **~ shobun** 除籍処分 A pena de expulsão. ⇨ joméí[1].

jṓsékí[1] [oó] 上席 **1** [⇨ kamí-zá]. **2** [階級・席次が上であること] A classe [posição] superior; os primeiros lugares「da escola」. ◇ **~ hanji** 上席判事 O juiz togado [de instância superior].

jṓsékí[2] [oó] 定石 **1** [囲碁・将棋で決まった攻め方] Uma jogada padrão (No gô). ★ ~ *dōri ni utsu* [*sasu*] 定石通りに打つ[指す] Fazer ~. **2** [ある物事をする時の決まったやり方] As regras do jogo. *Kore ga kono sekai de no ~ da* これがこの世界での定石だ Aqui são estas as ~.

jṓséń [oó] 乗船 O embarque. ★ ~ *suru* 乗船する Embarcar; entrar no barco. ◇ **~ sha meibo** 乗船者名簿 A lista de passageiros (a bordo). [A/反] Geséń.

josétsú[1] 除雪 A remoção [limpeza] da neve. ★ ~ *suru* 除雪する Remover [Limpar] a neve. ◇ **~ ki** [**sha**] 除雪機[車] A máquina [O cami(nh)ão] para ~. **~ sagyō** 除雪作業 O trabalho de ~.

josétsú[2] 序説 A introdução「do livro」. [S/同] Joróń (+).

jṓsétsú [oó] 常設 O ser permanente. ◇ **~ iinkai** 常設委員会 A comissão permanente. **~ tenji** 常設展示 A exposição permanente. ⇨ jṓbi.

jṓshá [oó] 乗車 O entrar no [para o] carro; o tomar o trem (B.) [comboio]; o embarcar. *Go-~ kudasai* 御乗車下さい Queiram ter a bondade de subir [embarcar]. ★ ~ *o kyohi suru* 乗車を拒否する (タクシーが) Recusar passageiros (O táxi). ◇ **~ chin** 乗車賃 O preço da passagem [do bilhete]. **~ guchi** 乗車口 A entrada da carruagem. **~ hōmu** 乗車ホーム A plataforma de embarque. **~ ken** 乗車券 O bilhete; a passagem [~ *ken o haiken shimasu* 乗車券を拝見します Fazem favor (de me mostrar) os seus bilhetes. **~ ken uriba** 乗車券売場 A bilheteira/bilheteria (B.)]. [A/反] Géshá; kṓshá.

jóshi[1] 女子 **a**) A senhora; **b**) A jovem; **c**) A filha. ★ ~ *yō no kōishitsu* 女子用の更衣室 O vestiário para senhoras. ◇ **~ daigaku** 女子大学 A universidade (só) para raparigas [moças]. **~ gakusei** 女子学生 A estudante. **~(kō)kō** 女子(高)校 O colégio feminino. [S/同] Fujíń; joséí[1]. ⇨ ońná. [A/反] Dánshi.

jóshi² 女史 A senhora[senhorinha/senhorita](Usa-se depois do sobrenome). ★ ~ *taipu no josei* 女史タイプの女性 ~ com ar de intelectual.

jóshi³ 助詞 A partícula (Termo gram. j. que corresponde ao "zenchishi" – preposição – da gramática p. mas que inclui até terminações verbais; por ex. em "ame ga fureba" – se chover – tanto "ga" como "ba" são ~).

jóshi¹ [óo] 上司 O chefe (imediato). *Kare wa watashi no ~ desu* 彼は私の上司です Ele é o meu chefe [na firma]. S/画 Uwá-yákú. ⇨ jókán¹.

jóshi² [óo] 情死 O suicídio de dois amantes [apaixonados]. ★ ~ *suru* 情死する Suicidar-se por amor; cumprir o pa(c)to de morte. ⇨ shińjū.

jóshi³ [óo] 上肢 Os membros superiores; os braços. A/反 Káshi.

jóshi⁴ [óo] 城址 As ruínas do castelo. S/画 Shiró-átó (+).

jóshi⁵ [óo] 上梓【E.】A publicação. *Kenkyū no seika o ~ suru* 研究の成果を上梓する Publicar o resultado da pesquisa [investigação]. S/画 Shuppán (+).

jóshíki [óo] 常識 O senso comum [prático]; o bom senso; a sensatez. *Sonna koto wa ~ da* そんなことは常識だ Isso é do ~. *Sonna koto gurai ~ de wakaru hazu da* そんなことぐらい常識でわかるはずだ Para (entender) isso basta ~. ~ *de handan suru no* 常識で判断する Julgar sensatamente [com ~]. ~ *ga aru* 常識がある Ter ~. ~ *ga [no] aru hito* 常識が[の]ある人 A pessoa sensata [com ~]. ~ *ga [no] nai hito* 常識が[の]ない Insensato. ~ *hazure no kōdō* 常識はずれの行動 Um a(c)to insensato. *O kaku* 常識を欠く Ter falta de ~. ~ *teki na* 常識的な Prático; ajuizado; sensato. ~ *teki ni kangaeru* 常識的に考えると Pensando com a cabeça [Usando ~]. S/画 Ryōshíkí. ⇨ hi-jóshiki.

jóshín [óo] 上申 Um parecer para um superior. ★ ~ *suru* 上申する Expor [Relatar] por escrito. ◇ ~ **sho** 上申書 [relatório] (por) escrito. S/画 Shińgén (+).

jóshítsú 除湿 A desumidificação. ★ ~ *suru* 除湿する Desumidificar. ◇ ~ **ki** 除湿機 O desumidificador.

jóshítsú [óo] 上質 O ser de grande [alta/primeira] qualidade.

jóshō 女将 A patroa; a dona; a proprietária. S/画 Mádamu (+); okámi (o); onńá-áruji.

jóshō [óo] 浄書 A cópia (passada) a limpo. ★ ~ *suru* 浄書する Passar [Copiar] a limpo. S/画 Seíshó (+).

jóshō² [óo] 情緒 ⇨ jôcho.

jóshō¹ [joó] 上昇 A ascensão; a subida; a elevação. ★ ~ *suru* 上昇する Subir. ◇ ~ **kiryū** 上昇気流 A corrente de ar ascendente. ~ **kyokusen** 上昇曲線 A curva ascendente. ~ **ryoku** 上昇力 A força ascensional. ~ **sokudo** 上昇速度 A velocidade ascensional. A/反 Kakó; teíká.

jóshō² [joó] 常勝【E.】O ser invencível. ◇ ~ **gun** 常勝軍 O exército invencível [invicto].

jóshókú 女色 **1**[女性の魅力] A beleza [atra(c)ção/O encanto] feminina[o]. ★ ~ *ni mayou* 女色に迷う Ficar fascinado por uma mulher. S/画 Iróka. **2**[女性との情事] A luxúria; a lascívia. S/画 Irógoto (+); jōji (o); shikíjó; shikíyókú.

jóshókú [óo] 常食 O alimento diário [habitual]. ★ *Kome o ~ to suru* 米を常食とする Ter o arroz como ~.

jóshú 助手 **1**[手助けする人] O ajudante; o assistente; o auxiliar. ◇ ~ **seki** 助手席 (車の)O assento do segundo motorista. **Unten ~** 運転助手 motorista ajudante. S/画 Ashísutanto. **2**[大学の]O assistente [auxiliar de ensino]; o instrutor.

jóshū 女囚 A reclusa [presa]. ⇨ shújíń¹.

jóshu¹ [óo] 城主 O senhor do castelo; o castelão.

jóshu² [óo] 情趣【E.】⇨ fúzei¹.

jóshū [óo] 常習 O costume (arreigado); o hábito (inveterado). *Chikoku no ~ sha* 遅刻の常習者 Um [Aquele que sempre chega] atrasado! *Mayaku no ~ sha* 麻薬の常習者 O toxicó[ô]mano. ◇ ~ **han** 常習犯 O criminoso contumaz [reincidente].

jóshúbi [óo] 上首尾 O sucesso; o resultado satisfatório. *Ban ~ datta* 万事上首尾だった Tudo correu bem [Foi um grande sucesso].

jósō¹ 女装 O disfarce de mulher. ★ ~ *suru* 女装する Disfarçar-se de mulher. ◇ ~ **shumi** 女装趣味 A mania de ~. A/反 Dańsō.

jósō² 助走 A marcha de aproximação. ★ ~ *suru* 助走する Correr com um salto. ◇ ~ **ro** 助走路 A pista de ~.

jósō³ 除草 A monda; a capina (B.). ◇ ~ **zai** 除草剤 O herbicida. S/画 Kusá-tóri (+).

jósō⁴ 除霜 A descongelação; o tirar o gelo. ★ ~ *suru* 除霜する Descongelar. ⇨ shimó¹.

jósō⁵ 序奏【Mús.】A abertura (introdução); o prelúdio. S/画 Iritóró(dákushon).

jóso 上訴 O recurso [apelo]. ★ ~ *o torisageru* 上訴を取り下げる Retirar o ~. ~ *suru* 上訴する Apelar; entrar com um recurso [*Hanketsu o fukufu to shite ~ suru* 判決を不服として上訴する Apelar [Recorrer] da [contra a] sentença por queixa].

jósō¹ [joó] 上層 **1**[積み重ねて出来ているものの上の方の部分] A camada superior. ◇ ~ **kiryū** 上層気流 A corrente de ar da ~. ~ **un** 上層雲 As nuvens altas. A/反 Káső. **2**[上の階級の人々] A camada [O estrato] social alta[o]; a aristocracia; as classes altas. ★ *Seifu no ~ bu* 政府の上層部 As altas esferas do governo. A/反 Káső. ⇨ jóryū¹.

jósō² [joó] 情操 O sentido [gosto] artístico/moral]. ◇ ~ **kyōiku** 情操教育 A educação do ~.

jósō³ [joó] 奏【E.】O relatar [transmitir] ao soberano.

jósón 女尊【E.】O respeito pela mulher. ⇨ dańsón-jóhi.

jósu¹ [úu] 序数【Mat.】O ordinal. ◇ ~ **shi** 序数詞 O (número) ordinal (Primeiro [1.°], segundo,...).

jósu² [úu] 除数【Mat.】O divisor. ◇ **Hi ~** 被除数 O dividendo.

jósū¹ [oó-úu] 常数【Mat.】⇨ teísū. A/反 Heńsū. 【Fís.】A constante; a invariável.

jósū² [oó-úu] 乗数【Mat.】O multiplicador. ◇ **Hi ~** 被乗数 O multiplicando.

jósúi¹ [óo] 上水 a) A água encanada [potável]; **b**)O fornecimento de água. ◇ ~ **dō** 上水道 O sistema hidráulico; a canalização de água. Gesúi.

jósúi² [óo] 浄水【E.】A água limpa [pura]. ◇ ~ **jō** 浄水場 A estação de tratamento [purificação] de água. ~ **ki** 浄水器 O filtro de água. A/反 Osúi.

jo-súru¹ 叙する【E.】Conferir; agraciar.

jo-súru² 序[叙]する Descrever; narrar; relatar; retratar. ⇨ nobéru¹.

jo-súru³ 除する【E.】Dividir. S/画 Warú (+). A/反

Jōjírú 2.

jotái 除隊 A desmobilização; a baixa; o licenciamento. ◇ **~ hei** 除隊兵 O soldado desmobilizado. **Manki ~** 満期除隊 ~ honroso/a. A/反 Nyútái.

jótái[1] [oó] 状態 A situação; o estado. *Ima donna ~ desu ka* 今どんな状態ですか Como está a ~ [vão as coisas] agora? *Kare wa mada arukeru yō na ~ de wa nai* 彼はまだ歩けるような状態ではない Ele ainda não está em condições [estado] de (poder) andar. ★ *Genzai [Mokka] no ~ de wa* 現在[目下]の状態では Na a(c)tual ~. *Kono ~ de wa* この状態では Nesta ~. ◇ **Kitoku ~** 危篤状態 O estado crítico (Perigo de morrer). **Seikatsu ~** 生活状態 As condições de vida. **Seishin ~** 精神状態 O estado mental [de espírito]. S/同 Jōkyó; jōséi; keíséi; yōsō; yōsú.

jótái[2] [oó] 常態 O estado normal; a normalidade. ★ *~ ni fuku-suru* 常態に復する Voltar ao/à ~.

jótái[3] [oó] 上体 【Anat.】 A parte superior do corpo; o tronco. ★ *~ o okosu [taosu]* 上体を起こす[倒す] Levantar [Baixar] ~. S/同 Jō-hánshin (+).

jótán [oó] 上端 O topo; a parte [ponta] de cima. A/反 Katán.

jōtátsú [oó] 上達 O progresso; o avanço; o melhoramento; a proficiência. ★ *~ ga hayai [osoi]* 上達が速い[遅い] Fazer rápido [pouco] progresso. *~ suru* 上達する Progredir; avançar; melhorar「o seu p.」. S/同 Jukútátsú; shínpo.

jotéi 女帝 A imperatriz. S/同 Joō (+). ⇨ kōtéí[9].

jōtéi [oó] 上程 O apresentar à Dieta [Assembleia (P.); ao Congresso (B.)]. ★ *~ chū no gian* 上程中の議案 A proposta em discussão [na ordem do dia]. S/同 Fúgi; jōgi.

jo-tén'in 女店員 A empregada de balcão.

jō-ténki [oó] 上天気 O tempo esplêndido. *Asu wa ~ rashii* 明日は上天気らしい Parece que amanhã fará um ~.

jōto [óo] 譲渡 A transferência; a cessão; a alienação. ★ *~ suru* 譲渡する Transferir; ceder; alienar. *Zaisan no ~* 財産の譲渡 A alienação de bens. ◇ **~ kakaku** 譲渡価格 O preço de alienação. *~ nin* 譲渡人 O alienador. **~ shōsho** 譲渡証書 A escritura de ~. **~ shotoku** 譲渡所得 A aquisição por ~. **Hi ~ nin** 被譲渡人 O alienatário. S/同 Jōyo.

jōtō[1] 上等 Excelente; de primeira qualidade. *Kore de ~ da* これで上等だ Isto serve perfeitamente [está ó(p)timo]. *Watashi ni sakarau to wa ~ ja nai ka* 私に逆らうとは上等じゃないか Mas como você tem cara de me desobedecer! ◇ **~ hin** 上等品 Um artigo ~. S/同 Kōkyú. ⇨ chūtō[2]; katō[1].

jōtō[2] [joó] 上棟 ⇨ muné-áge.

jōtō[3] [joó] 常套 【E.】 O ser estereotipado [banal; trivial]; o lugar-comum; a banalidade. ◇ **~ go** 常套語 A palavra banal [gasta]; o chavão; as frases feitas. **~ shudan** 常套手段「isto é」Um velho truque「dele」. S/同 Jōyó[1] (o); kaň'yō (+). ⇨ arí-fúréru; arí-kítári.

jōtōkui [oó] 上得意 Um bom cliente [freguês]; o comprador habitual. ⇨ jōkyákú[3] **2**.

jōtō-shiki [joótóo] 上棟式 A cerimó[ô]nia da colocação da armação de uma casa. ⇨ muné-áge.

jówáń [oó] 上腕【Anat.】O braço. S/同 Jōhákú.

jóya 除夜 A última noite do ano. ★ *~ no kane* 除夜の鐘 As 108 badaladas da ~ (Soam às 24h em ponto e são para expulsar os "108 maus desejos" que, segundo o budismo, todos nós temos). ⇨ ō-mísoka; toshí-kóshí.

jóyádo [oó] 定宿 O「meu」hotel habitual.

joyakú 助役 O substituto. ★ *Eki no ~* 駅の助役 O sub-chefe da estação. *Shi no ~* 市の助役 O vice-prefeito (B.) [vice-presidente da Câmara Municipal].

jōyakú [oó] 条約 O tratado; o acordo; o convé[ê]nio. ★ *~ ni chōin suru* 条約に調印する Assinar ~. *~ no chōin [hijun]* 条約の調印[批准] A assinatura [re(c)tificação] do ~. *~ o haki suru* 条約を破棄する Desfazer [Anular] o ~. *~ o hijun suru* 条約を批准する Re(c)tificar o ~. *~ o musubu [teiketsu suru]* 条約を結ぶ[締結する] Fazer um ~. *~ o yaburu* 条約を破る Romper [Violar] ~. ◇ **~ kaisei** 条約改正 A revisão do ~. **~ kamei-koku** 条約加盟国 Os países signatários do ~. **Kaku-fukakusan ~** 核不拡散条約 O Tratado de Não-Proliferação de Armas Nucleares. **Tsūshō [Heiwa] ~** 通商[平和]条約 ~ comercial [de paz]. ⇨ keíyákú; kyōtéí[1].

jóyátó [joó] 常夜灯 A luz de [que fica acesa toda a] noite. S/同 Jōtō.

jóyátoi [oó] 常雇い O emprego [empregado] efe(c)tivo. ★ *~ no jimuin* 常雇いの事務員 O empregado de escritório efe(c)tivo. S/同 Jōyō. ⇨ Rińjí-yátoi. ⇨ jōkín.

jōyo[1] [óo] 譲与 ⇨ jōto.

jōyo[2] [oó] 剰余 O excedente; o resto (Tb. Mat.). ◇ **~ kachi** 剰余価値 O valor residual. **~ kin** 剰余金 O superávit/sobrante/excedente. S/同 Amárí (+); nokórí (+); yojō.

jōyō[1] [oó] 常用 O uso diário [comum; habitual]. ★ *~ no pen* 常用のペン A caneta de ~. *~ suru* 常用する Usar muito [regularmente; habitualmente] [*Kono kusuri wa ~ suru to chūdoku ni naru* この薬は常用すると中毒になる O uso habitual deste remédio pode ser nocivo]. ◇ **~ kanji** 常用漢字 Os 1945 ideogramas mais usados no J. *~ taisū* 常用対数 O logaritmo natural. **Ahen ~ sha** アヘン常用者 O viciado de ópio. S/同 Jōtō[3]; kaň'yō. ⇨ aíyō.

jōyō[2] [joó] 常傭【E.】O emprego permanente. S/同 Jōyátoi (+). A/反 Rińjí-yátoi.

jōyókú [oó] 情欲 O desejo sexual; o apetite carnal. ★ *~ o osaeru* 情欲を抑える Conter [Dominar] o ~. S/同 Aíyókú; shikíjō; shikíyókú.

joyū 女優 A a(c)triz. A/反 Dańyū. ⇨ haíyú.

jōza [oó] 上座 ⇨ kamí-zá.

jōzái[1] [oó] 錠剤 O comprimido; a pílula; a pastilha. ★ *~ o fukuyō suru* 錠剤を服用する Tomar um/a ~. S/同 Gań'yákú. ⇨ jō[3] **2**.

jōzái[2] [oó] 浄財 O donativo [A esmola] (aos templos ou para fins beneficentes). ★ *~ o atsumeru* 浄財を集める Juntar [Recolher] donativos.

jōzétsú [oó] 饒舌 A loquacidade. ★ *~ na* 饒舌な Loquaz; tagarela; muito falador. ◇ **~ ka** 饒舌家 Um falador (tagarela). S/同 Oshaberi (+); tabén.

jōzō [joó] 醸造 O fazer [fabrico de] bebidas fermentadas. *Bīru wa ōmugi kara ~ suru* ビールは大麦から醸造する A cerveja é feita por fermentação da cevada. ◇ **~ gaku** 醸造学 A zimologia. **~ gyō** 醸造業 A indústria de ~. **~ shu** 醸造酒 A bebida (alcoólica) fermentada. S/同 Jōséí[1]. ⇨ hakkō[3].

jōzú [oó] 上手 **1** [うまいこと] O saber「guiar」bem; o ser bom「em japonês」; a habilidade [destreza]. *Ano hito wa hanashi ~ de kiki ~ da* あの人は話し上手で聞き上手 Ele sabe falar e ouvir [é bom falador e bom ouvinte]. *Porutogarugo ga o~ desu ne* ポルトガル語がお上手ですね Você fala (muito) bem (o) ★「*Kaimono*」*~ na hito*「買い物」上手な人 O bom comprador. *~ ni ji o kaku* 上手に字を書く Ter uma letra [caligrafia] boa. *~ ni naru* 上手になる Aprender bem [*Kare wa tenisu ga hijō ni ~ ni natta* 彼はテニスが非常に上手になった Ele está um mestre em té[ê]nis]. ことわざ *~ no te kara mizu ga moru* 上手の手から水が漏る Não há cavalo que, por melhor que seja, não tropece. S/同 Kōsha; kōshu. A/反 Hetá. **2** [お世辞のうまいこと] A bajulação; a lisonja; a adulação; a galantaria. "*Kyō wa kirei da ne*"「*Māo~ne*」"今日はきれいだね"「まあお上手ね」Como está linda, hoje! — Que galante! ★ (*O*)*~o iu* (を) 上手を言う Lisonjear; adular. S/同 Kigén-tori (+); kuchí-gōsha [-józu]; o-séji (+).

jōzúrú [oó] 乗ずる ⇨ jōjíru.

jū[1] [**úu**] 十 Dez. ◇ *~ bun no ichi* 十分の一 Um décimo; (um) dez avos. **~ chū hakku**. **~ banme no* 十番目の「目の」「corredor」. *Ichi kara ~ made chichioya ni shitagau* 一から十まで父親に従う Obedecer cegamente ao pai. *Nan ~ kai mo* 何十回も Mais de mil [Dezenas de] vezes. *Chisha wa ichi o kiite ~ o shiru* 知者は一を聞いて十を知る Ao [Para] bom entendedor meia palavra basta.

jū[2] [**úu**] 銃 A arma (de fogo); o revólver; a pistola; a carabina; a espingarda. ★ *~ o kamaeru* 銃を構える Fazer pontaria. *~ o utsu* 銃を撃つ Disparar a/o ~. ⇨ jū́ki[1].

jū[3] [**úu**] 柔【E.】A brandura; a mansidão. ことわざ *~ yoku gō o seisu* 柔よく剛を制す A bem tudo se consegue/Quantas vezes a vitória é dos fracos! A/反 Gō. ⇨ odáyaka; yawáraka[1].

jū[4] [**úu**] じゅう (Im. de fritar). *Niku no atsui abura no naka ni iretara ~ to oto o tateta* 肉を熱い油の中に入れたらじゅうと音を立てた Deitei a carne em azeite quente [óleo aquecido] e fez ~. ⇨ jūjū́[2].

-jū[5] 中【Úu】Durante. ★ *Ichi-nen ~* 一年中 (Durante) todo o ano. *Kyō ~ ni* 今日中に Por todo o dia de [Ainda] hoje. ⇨ chū́[1]. **2** [その場所全部] Em toda a parte. ★ *Ie ~ ni* 家中に Por [Em] toda a casa. **3** […の中で] Dentro [Entre]. *Kurasu ~ de kare ga ichiban se ga takai* クラス中で彼が一番背が高い Ele é o mais alto da classe.

-jū[6] 重 (Suf. de "camada"/"estrato"; ⇨ júbákó) *Ni~ ni suru* [*oru*] 二重にする[折る] Dispor em duas camadas [Dobrar em dois]. *Ni~san~ no anzensaku* 二重三重の安全策 Múltiplas medidas de segurança.

jūátsu [**úu**] 重圧 A grande [forte] pressão (Física ou moral); a opressão. ★ *~ ni taeru* [*to tatakau*] 重圧に耐える[と戦う] Resistir à [Lutar contra a] opressão. *~ o kuwaeru* 重圧を加える Exercer pressão; pressionar; oprimir「o povo」. ◇ **~ kan** 重圧感 A sensação de ~. ⇨ appákú; atsúryoku.

jūbákó [**úu**] 重箱 O porta-jantares; o conjunto de caixas de laca para a comida (no Ano Novo). ことわざ *~ no sumi (o yōji de) tsutsuku* [*hojikuru*] 重箱の隅を(楊枝で)つつく[ほじくる] Ser niquento, preocupar-se com ninharias. ⇨ -jū́[6].

jubákú 呪縛 O feitiço. ★ *~ o toku* 呪縛を解く Quebrar ~. ⇨ majínái.

júbákú(gékiki) [**úu**] 重爆 (撃機) Um grande (avião) bombardeiro.

jubán 襦袢 (< P. gibão) A roupa de baixo (de quimono). S/同 Hadá-júban; nagá-júban.

júbóku [**úu**] 従僕【A.】**a**) O pagem; **b**) O lacaio. S/同 Gebóku (+); génan (o); shimóbé (+). ⇨ meshí-tsúkai.

júbún[1] [**úu**] 十【充】分 **a**) Suficiente; bastante; **b**) Mais que suficiente; bem; muito. ★「*Seikatsu* 」*~ na onkyū*「生活」に十分な」思給 A pensão suficiente para viver.「*Ichidoku* [*Ikken*] *no kachi wa* 」*~* (*ni*) *aru* 一読 [一見] の価値は」十分（に）ある「Esse livro」é bem「digno de leitura」. *Mō 」~* (*ni*) *chōdai shimashita*「もう」十分（に）頂戴しました Já estou satisfeita. *~* (*ni*) *maniau* [*jikan ga aru*] 十分（に）間に合う[時間がある] Haver tempo suficiente [de sobra]. *~* (*ni*) *tanoshimu* 十分（に）楽しむ Divertir-se muito. *~* (*ni*) *to made wa ikanai ga ~* 十分（に）とまではいかないが Não chega [é suficiente] mas…. ◇ **~ jōken** 十分条件 A condição suficiente. A/反 Fu-júbun.

júbún[2] [**úu**] 重文【Gram.】A oração composta. ⇨ fukúbún[1]; tanbún[2].

júbyō [**úu**] 重病 A doença grave [séria]. ◇ **~ kanja**[**nin**] 重病患者 [人] O doente grave. S/同 Júshó[1]. ⇨ jūtáí[1].

júchín [**úu**] 重鎮 Uma autoridade; a figura [pessoa] de peso. S/同 Dáichínínsha (o); ōdátímono (+).

juchū 受注【註】O receber um pedido. **~ suru** 受注する … ◇ **~ seisan** 受注生産 A produção [de carros] por encomenda. A/反 Hatchū.

júchū-hákku [**juú**] 十中八九 Grande [Muita] probabilidade. *Tanaka-san wa ~ shiken ni ukaru deshō* 田中さんは十中八九試験に受かるでしょう O sr. Tanaka tem 99% de probabilidades de passar no exame. S/同 Hotóndo (o); jitchū-hákku; kubú-kúrin; Ókátá (+); taífé¡ (+).

júdái [**úu**] 重大 **a**) O ser importante; **b**) O ser grave [crítico/sério]. ★ *~ na ayamachi* [*kashitsu*] *o okasu* 重大なあやまち [過失] を犯す Cometer um erro grave. *Kiwamete ~ na yōken* きわめて重大な用件 O assunto extremamente grave [importante]. *~ ni naru* [*~ka suru*] 重大になる[重大化する] Agravar-se. *~ shi suru* 重大視する Considerar importante; dar grande importância. *Kurasu ~* クラス重大 Um caso [incidente] grave. ◇ **~ jiken** 重大事件 Um caso [incidente] grave. ◇ **~ mondai** 重大問題 Um problema ~. **~ sei** 重大性 **a**) A gravidade; **b**) A importância (magnitude). ⇨ taíhén[1].

júdai [**úu**] 十代 A idade entre dez e deza[nove] anos. ★ *~ no hito* 十代の人 O jovem na casa dos dez.

judákú 受諾 A aceitação; a anuência. S/同 Shōdakú (+). ⇨ Kyōzétsú.

júdán[1] [**úu**] 縦断 **1** [縦に切ること] O corte vertical [longitudinal]. ◇ **~ men** (**zu**) 縦断面（図）A se(c)ção [O plano] (de corte) vertical. **2** [縦、または南北に通り抜けること] A travessia. ★ *Tairiku kuruma de ~ suru* 大陸を車で縦断する Atravessar o continente de carro [de norte a sul].

júdán[2] [**úu**] 銃弾 A bala; o proje(c)til. ★ *~ ni taoreru* 銃弾に倒れる Ser atingido [morto] por uma bala. S/同 Dángán (+); júgán.

júdén [**úu**] 充電 O carregar (a bateria). ★ *~ suru* 充電する … ◇ **~ ki** 充電器 O carregador de bateria. S/周 Chikúdén. A/反 Hōdén.

júdén² [úú] 重電 「A indústria」elé(c)trica pesada. ◇ **~ ki** 重電機 O equipamento elé(c)trico pesado.

judō 受動 A passividade. ★ **~ tekina** [**~ seino**] 受動的な [受動性の] Passivo. ◇ **~ kei** 受動形【Gram.】A forma passiva. **~ tai** 受動態【Gram.】A voz passiva. S/周 Ukémí (+). A/反 Nōdó.

júdō 柔道 O judô. ★ **~ o suru** [yaru] 柔道をする [やる] Praticar ~. ◇ **~ gi** 柔道着 O uniforme de ~. **~ jō** 柔道場 A academia [O ginásio] de ~. **~ ka** [senshu] 柔道家 [選手] O judoca [lutador de ~].

judō-kéi [-tái] 受動形 [態]【Gram.】⇨ judó.
júeisō [úú] 重営倉 A prisão (militar) pesada.
juéki¹ 受益 O benefício. ◇ ⇨ **sha**.
juéki² 樹液 **1** [樹木の皮などから分泌する液] O látex; a resina; o leite. **2** [地中から吸収されて樹木に含まれ、その養分となる液体] A seiva.
juéki-sha 受益者【Econ.】O beneficiário; o beneficiado. ★ **~ futan no gensoku** 受益者負担の原則 O princípio de que ~ é que tem de pagar 「a estrada」.
jūfúkú [úú] 重複 ⇨ chōfúkú.
jufúñ¹ 受粉【Bot.】O receber o pólen. ◇ **Jika ~** 自家受粉 A auto-polinização. ⇨ kafúñ.
jufúñ² 授粉【Bot.】A polinização. ◇ **Jinkō ~** 人工授粉 ~ artificial [feita com a ajuda humana]. ⇨ kafúñ.
júgaku 儒学 O confucia[o]nismo (Como ciência). ◇ **~ sha** 儒学者 Um especialista em ~.
jūgáñ [úú] 銃眼 **a**) A seteira; **b**) A ameia (De uma torre ou muralha).
jū-gátsú [úú] 十月 (O mês de) outubro. S/周 Kamína(shí)zuki; kaññázuki.
jūgéki [úú] 銃撃 O disparo. ★ **~ suru** 銃撃する Disparar. ◇ **~ sen** 銃撃戦 O tiroteio. ⇨ hōgéki.
jū-go¹ [úú] 十五 Quinze. ★ **~ bun no ichi** 十五分の一 Um quinze avos; um décimo quinto. **Ni-ji ~ fun** 二時十五分 Duas horas e ~ minutos [um quarto].
jūgo² [úú] 銃後 A re(c)taguarda. ★ **~ o mamoru** 銃後を守る Defender a ~.
jūgō [úú] 重合【Quím.】A polimerização; a polimeria. ★ **~ suru** 重合する Polimerizar-se. ◇ **~ tai** 重合体 O polímero.

jūgó-yá [úú] 十五夜 **1** [陰暦の毎月十五日の夜] A noite de lua cheia. ★ **~ no tsuki** 十五夜の月 A lua cheia (do equinócio de outono). **2** [陰暦八月十五日の夜] A décima quinta noite do oitavo mês lunar. S/周 Chūshū.

jūgúñ [úú] 従軍 O estar [servir] no exército em tempo de guerra. ★ **~ suru** 従軍する ... **~ kisha** 従軍記者 O correspondente de guerra.
júgyō 授業 A aula. ★ **~ chū de aru** 授業中である Estar em ~. **~ ni deru** 授業に出る Ir [Assistir] a ~. **~ o suru** [okonau] 授業をする[行なう] Dar aulas; ensinar; le(c)cionar. **~ o ukeru** 授業を受ける Assistir à ~ : a aula. **~ jikan** 授業時間 A hora da aula. **~ ryō** 授業料 As propinas. **~ sankan** 授業参観 A visita à (classe em) aula.
júgyōin [júgyóo] 従業員 O empregado; o funcionário. ◇ **~ kumiai** 従業員組合 O sindicato dos ~ s.
jū-hachí [úú] 十八 Dezoito. ★ **~ ban me no** 十八番目の Décimo oitavo. たとわざ **Oni mo ~ kin** 鬼も十八 Com ~ anos, não há moça feia. ⇨ oní¹. ⇨ **~ kin** 十八金 O ouro de ~ quilates.

jūhachí-ban [úú] 十八番 **1** [歌舞伎十八番] O conjunto das 18 mais célebres peças clássicas do Kabuki. **2** [転じて, 最も得意とする物事・芸] O 「meu」forte [(melhor) truque]. ★ **~ o hirō suru** 十八番を披露する Apresentar o「seu」forte.

jūháñ¹ [úú] 重犯 **a**) O crime grave; **b**) A reincidência. ◇ **~ sha** 重犯者 O (criminoso) reincidente.
jūháñ² [úú] 重版 A reedição [reimpressão]; outra edição [tiragem]. ★ **~ suru** 重版する **a**) Reeditar; **b**) Reimprimir. S/周 Saíháñ (+). ⇨ shoháñ.
jūháñ³ [úú] 従犯【Dir.】A cumplicidade. ◇ **~ sha** 従犯者 O cúmplice; o parceiro (de crime). S/周 Kyōháñ (+). A/反 Seíháñ; shuháñ.
júhi 樹皮 O córtex; a casca (de árvore). S/周 Mókuhi. ⇨ kawá².
jūhi [úu] 獣皮 A pele [O couro] de animal. ⇨ hikakú²; kawá².
jūhō¹ [úu] 銃砲 A arma de fogo. ◇ **~ ten** 銃砲店 A loja de armas de fogo.
jūhō² [úu] 重砲 O canhão. ⇨ taíhō.
juhyō 樹氷 A árvore coberta de sincelo.
júi¹ [úu] 獣医 O veterinário. ◇ **~ gakkō** 獣医学校 A escola de veterinária. **~ gaku** 獣医学 A veterinária.
júi² [úu] 重囲 Um cerco cerrado「do inimigo」.
jū-ichí [úu] 十一 Onze. ★ **~ ban-me no** 十一番目の Décimo primeiro.
júichi-gátsú [úu] 十一月 (O mês de) novembro. S/周 Shimótsuki.

jūji¹ [úu] 十字 **a**) O ideograma + (Dez) ou essa forma; **b**) A cruz de Cristo. ★ **~** (kei) ni 十字 (形) に Em cruz. **~** (kei) no 十字 (形) の Com forma de cruz; cruciforme. **~ o kiru** 十字を切る Fazer o sinal da cruz; benzer-se; persignar-se. ◇ ⇨ **~ gun** [hōka; ka].
jūji² [úu] 従事 O trabalhar [dedicar-se] ★ **Chosaku ni ~ suru** 著作に従事する Dedicar-se a escrever (Ser escritor).
jūji-gun [úu] 十字軍【H.】A(s) cruzada(s).
jūji-(hō)ka [úú-óo] 十字 (砲) 火 O fogo cruzado. ★ **~ o abiseru** 十字砲火を浴びせる Fazer um ataque de ~.

jūjikā¹ [úu] 十字架 (⇨ júji¹). **1** [はりつけの柱] A cruz. ★ **~ ni kakeru** 十字架にかける Crucificar [Pregar na ~]. **~ o ou** 十字架を負う Carregar a (própria) ~. **2**【Cri.】A (santa) cruz; o sinal do cristão [da ~]. ◇ **~ zō** 十字架像 O crucifixo.

jūjikā² [úu] 十字花【Bot.】A flor crucífera (Da couve, etc.). ◇ **~ shokubutsu** 十字花植物 As crucíferas. ⇨ júji¹.
jūjiro [úu] 十字路 O cruzamento; a encruzilhada. S/周 Kōsáten; yotsúkádo. ⇨ kíro².

jūjítsú [úu] 充実 A plenitude; a perfeição; a riqueza. **Kono hon wa naiyō ga ~ shite iru** この本は内容が充実している Este livro tem [é rico em] conteúdo. ★ **Kokuryoku o ~ saseru** 国力を充実させる Aumentar a força da nação. ⇨ jūsóku.

jūju 授受 O dar e receber. ★ **Kinsen no ~** 金銭の授受 A entrega de [~] dinheiro. S/周 Uké-wátashí (+); yarí-tori.

jūjú¹ [juú-] 重々 Muito; extremamente. **~ o-wabi shimasu** 重々お詫びします Peço mil vezes perdão. **Sore wa ~ wakatte imasu** それは重々わかっています Compreendo perfeitamente. S/周 Hijō ní (+);

jūbún (ni) (o); yokúyóku. ⇨ kasané-gásane.

jūjū² **[júu-]** じゅうじゅう (Im. de rechinar). ★ *Niku o teppan de ~ yaku* 肉を鉄板でじゅうじゅう焼く Assar carne na prancha [barra da grelha]. ⇨ jū⁴.

jūjún 従[柔]順 A obediência; a submissão; a docilidade. ★ ~ *de aru* 従順である Ser obediente [submisso]. *Hito no iu koto o ~ ni kiku* 人の言うことを従順に聞く Ser dócil. ◇ **~ sa** 従順さ A obediência. (S/同) Nyūwá; onjún.

jújutsu 呪術 O feitiço; a macumba. (S/同) Mahó (o); majinái (+); májutsu (+); yójutsú (+).

jújútsú [úu] 柔術 O jujutsu (jiujitsu). ⇨ jūdō.

jūka 銃火 A fuziliaria; o tiroteio; o fogo. ~ *o abiseru* 銃火を浴びせる Disparar sobre [Fazer fogo contra] o inimigo. *Teki to ~ o majieru* 敵と銃火を交え Cruzar fogo com o inimigo. ⇨ Hōka.

jukái 樹海 Um mar de verdura; a floresta imensa.

júkán¹ **[úu]** 縦貫 A travessia [O percorrer de uma ponta à outra]. ★ ~ *suru* 縦貫する Atravessar longitudinalmente. ◇ **~ dōro** 縦貫道路 A estrada que atravessa「o país」de norte a sul. ⇨ júdán¹ **2**.

júkán² **[úu]** 重患 O doente (em estado) grave. ⇨ jūbyō.

júkázei [úu] 従価税 A taxa [Os direitos aduaneiros] ad-valorem (Sobre o valor declarado).

jukéi 受刑 O estar a cumprir sentença. ★ ~ *suru* 受刑する ... ◇ **~ sha** 受刑者 O preso [condenado].

jūkéi [úu] 重刑 Uma pena dura [pesada]. ★ ~ *ni shoserareru* 重刑に処せられる Levar [Ser condenado a] ~. ~ *o kasuru* 重刑を科する Dar ~. ⇨ genbátsú; nyūkéi.

jūkéishō [úu] 重軽傷 (< júshó² + keíshó⁴) Os ferimentos graves ou leves. *Jiko de sanjū-nin ga ~ o otta* 事故で 30 人が重軽傷を負った No acidente houve 30 feridos (, graves e leves). ◇ **~ sha** 重軽傷者 Os feridos (, graves e leves).

juken 受験 O fazer exame. ★ ~ *ni seikō suru* 受験に成功する Passar no ~ (Ser aprovado). ~ *ni shippai suru* 受験に失敗する Ser reprovado. *Kokuritsu daigaku o ~ suru* 国立大学を受験する Fazer o exame de admissão a uma Universidade do Estado [Prestar o vestibular para a universidade Federal (B.)]. ◇ **~ bangō [hyō; shō]** 受験番号[票；証] O número [certificado; A ficha] de inscrição para o exame. **~ jigoku** 受験地獄 O inferno dos exames (de admissão). **~ kamoku** 受験科目 As matérias do exame (de admissão à universidade). **~ ryō** 受験料 A taxa de inscrição para .... **~ sei [sha]** 受験生[者] O examinando. **~ shikaku** 受験資格 Os requisitos para prestar [fazer] exame. ⇨ shikén¹.

júkén [úu] 銃剣 A baioneta. ★ ~ *de tsuku* 銃剣で突く Atacar com ~. ◇ **~ dō [jutsu]** 銃剣道[術] A esgrima com ~.

júkétsú [úu] 充血【Med.】A congestão「cerebral」; a hiperemia; o afluxo de sangue. *Me ga ~ shite iru* 目が充血している Ter os olhos congestionados/vermelhos. ⇨ ukkétsú.

júkétsúkyúchū [júu-kyúu] 住血吸虫【Zool.】O esquistossoma. ◇ **~ shō** 住血吸虫症 A esquistossomose (bilharziose).

júki¹ **[úu]** 銃器 A arma de fogo pequena. ◇ **~ shítsu [ko]** 銃器室[庫]A armaria. ⇨ jū²; kikánjú; pisutóru; shó-jū.

júki² **[úu]** 什器 A peça [O artigo de mobília; o utensílio. ⇨ kágu; sétsubi.

jú-kíkánjú [úu] 重機関銃 A metralhadora pesada.

jú-kínzoku [úu] 重金属 O metal pesado (Densidade superior a 5). (A/反) Keíkínzoku.

jukkái 述懐 A evocação nostálgica do passado. ★ *Kako o ~ suru* 過去を述懐する Recordar [Evocar] o passado com nostalgia.

jukkō 熟考 A ideia [O plano] amadurecida[o]; a longa [madura] reflexão. ★ ~ *chū de aru* 熟考中である Estar a refle(c)tir [pensar]「no assunto」. ~ *suru* 熟考する Ponderar; pensar seriamente「no problema」.

jukō 受講 O assistir a aulas [cursos]. ★ ~ *suru* 受講する Assistir a uma aula [conferência]. ◇ **~ sei** 受講生 O ouvinte; os alunos. ⇨ chōkó².

júkō [úu] 重厚 A profundeza; a substância; a seriedade. ★ ~ *na* 重厚な Profundo; sério; sólido [*Kare wa ~ na kanji no hito da* 彼は重厚な感じの人だ Ele parece [dá a impressão de] ser] uma pessoa profunda. (A/反) Keíháku.

júkó² **[úu]** 銃口 A boca da arma de fogo. ★ ~ *o mukeru* 銃口を向ける Apontar a arma (de frente).

jú-kógyō [júu-kóo] 重工業 A indústria pesada. (A/反) Keí-kógyō.

júkón [úu] 重婚 A bigamia. ★ ~ *suru* 重婚する Viver em ~. ◇ **~ zai** 重婚罪 O crime de ~. (S/同) Nijú-kékkon. ⇔ íppu-tasái.

júku 塾 A "escola complementar" (Instituição particular, fora do sistema, com a finalidade única de ensinar). ◇ **Gakushū ~** 学習塾 ~ só para jovens em idade escolar. ⇨ shijukú.

jú-ku [úu] 十九 Deza[e]nove. ★ ~ *bun no ichi* 十九分の一 Um ~ avos. *Dai ~ ban me no* 十九番目の décimo nono.

júkú-bókkusu [úu] ジュークボックス (< Ing. jukebox) A vitrola [O fonógrafo] automática[o].

júkuchi 熟知 O conhecimento profundo; o estar bem informado. ★ ~ *suru* 熟知する Estar familiarizado「com」; conhecer bem [a fundo; perfeitamente] [*Aite no te o ~ shite iru* 相手の手を熟知している Conhecer muito bem a tá(c)tica do adversário].

jukúdóku 熟読 A leitura cuidadosa [atenta]. *Shōsetsu o ~ suru* 小説を熟読する Ler um romance atentamente [saboreando-o]. **~ ganmi suru** 熟読玩味する Ler saboreando (a leitura). (S/同) Midókú; seídókú; tańdóku.

júkugi 熟議 A deliberação cuidadosa. ★ ~ *suru* 熟議する Deliberar cuidadosamente.

jukugó 熟語 **1**[複合語] A palavra [O ideograma] composta[o]. **2**[慣用句] A locução; a expressão idiomática. (S/同) Kań'yóku (o); seíkú (+).

jukúrén 熟練 A perícia; a destreza; a habilidade; a mestria. ★ ~ *suru* 熟練する Aperfeiçoar-se「~ *shita* 熟練した Perito; experiente; destro; hábil」. ◇ **~ kō** 熟練工 O operário perito. **~ sha [ka]** 熟練者[家] Um perito [mestre (consumado)].

júkúrómu-sán [úu] 重クロム酸【Quím.】O ácido dicró[ô]mico. ◇ **~ kariumu** 重クロム酸カリウム O bicromato de potássio. **~ natorium [sōda]** 重クロム酸ナトリウム [ソーダ] O bicromato de sódio.

júkuryo 熟慮 A madura reflexão. ★ ~ *dankō suru* 熟慮断行する Agir depois de ~. ~ *no ue* 熟慮の上 Após cuidadosa [madura] reflexão.

[S/周] Jukkṓ (+); sánshi; shínryo.

jukúséi 熟成 A madureza. *Miso o ichinenkan nekasete ~ saseru* みそを一年間寝かせて熟成させる Deixar o "miso" amadurecer (por) um ano.

júkushi¹ 熟柿 O caqui [dióspiro] maduro.

júkushi² 熟視 [E.] O olhar fixo [perscrutador]. ★ ~ *suru* 熟視する Fitar atentamente.
[S/周] Chûshí; gyṓshi (+).

jukusúi 熟睡 O sono profundo [pesado]. *Dōmo ~ dekinai* どうも熟睡できない Não consigo dormir bem. ~ *suru* 熟睡する Dormir profundamente [um ~]. [S/周] Jukúmín. ⇨ ańmín.

jukusú(ru) 熟す(る) **1** [うれる] Amadurecer. ★ *Jukushi-sugita「meron」*熟し過ぎた「メロン」「melão」Maduro demais. [S/周] Uréru. **2** [ちょうどよい状態になる] Estar pronto [preparado]. ~ *Ki [Jiun] no ~ no o matsu* 機[時運]の熟すのを待つ Esperar que a oportunidade se ofereça. **3** [言いなれた語になる] Ser aceito/e (por todos). ★ *Jukushita hyōgen* 熟した表現 A expressão aceite/a [admitida].

jukútátsú 熟達 A mestria; a destreza; a habilidade. *Kare wa san-ka-koku-go ni ~ shite iru* 彼は3か国語に熟達している Ele domina [é fluente em] três idiomas/línguas.
[S/周] Jukúréń (+); shújúku. ⇨ jótátsú.

júkyo 儒教 O confucio[a]nismo (Como doutrina).
[S/周] Júgaku.

júkyo 住居 A residência; o domicílio; a habitação; a moradia. ★ ~ *o sadameru* 住居を定める Estabelecer [Fixar] residência. ◇ ~ **hi** 住居費 As despesas com a habitação. ~ **nin** 住居人 O(s) morador(es) [inquilino(s)]. ~ **teate** 住居手当 O subsídio de habitação.
[S/周] Jûtákú; súmai; súmika.

jukyû 需給 (Abrev. de "juyṓ² kyōkyû") A oferta e a procura. ~ *no baransu no toru* 需給のバランスを取る Manter o equilíbrio entre a ~.

jukyû 受給 O receber uma cota「de víveres」. ★ ~ *suru* 受給する … ◇ **Nenkin ~ shikaku** 年金受給資格 A qualificação [Os requisitos para receber [ser beneficiário da] segurança social.

jû-mán¹ [úú] 十万 Cem mil. *Iku* ~ 幾十万 Centenas de milhar「de pessoas」. ◇ ~ **okudo** 十万億土【Bud.】A região a um trilh[li]ão de milhas da Terra; o paraíso.

jûmán² [úú] 充満 [E.] Encher. *Heya-jū ni tabako no kemuri ga ~ shite iru* 部屋中にたばこの煙が充満している A sala está cheia de fumo (de tabaco).
[S/周] Jútsú.

jûmén [úú] 渋面 A careta (Cara de desagrado) o fazer cara feia. [S/周] Shikámettsúrá (+).

jûméntái [úú] 十面体【Geom.】O decaedro; o poliedro de dez faces.

jûmín [úú] 住民 O habitante; o residente; o morador. ◇ ~ **hyō** 住民票 O atestado de residência. ~ *kanjō* 住民感情 A sensibilidade dos moradores. ~ *tōhyō* 住民投票 O plebiscito. ~ **tōroku** 住民登録 O regist(r)o de residência. ~ **undō** 住民運動 O movimento de moradores. ~ **zei** 住民税 O imposto residencial. [S/周] Júníń.

jûmō [úú] 絨毛 **1**【Anat.】O cílio; a pilosidade [intestinal」. **2**【Bot.】A lanugem (Pelinhos finos das folhas e pétalas).

júmoku 樹木 A árvore. [S/周] Kí (+); tachíkí.

júmokú [úú] 十目 [E.] Toda a gente.

[S/周] Shûmókú.

jumón 呪文 A fórmula encantatória; as palavras mágicas. ★ ~ *o tonaeru* 呪文を唱える Proferir ~.

júmónji [úú] 十文字 A cruz. ★ *Himo o ~ ni kakeru* ひもを十文字にかける Atar o barbante [fio] em ~.

jumyō 寿命 **1**[命の長さ] A [O tempo de] vida. *Kare no ~ wa tsukita* 彼の寿命は尽きた Ele está no fim [vai morrer]. ~ *de shinu* 寿命で死ぬ Ter morte natural. ~ *ga chijimaru omoi o suru* 寿命が縮まる思いをする Pensar que morria「ao ver a onça」; sentir um medo de morte. ~ *ga nagai [mijikai]* 寿命が長い[短い]Ter vida longa [curta]. ~ *ga nobiru* 寿命が延びる Prolongar-se ~. ◇ **Heikin ~** 平均寿命 A esperança [média de] ~ (de vida). [S/周] Meísû. **2**[その物が使用に耐える期間] A vida [duração]. *Ima no naikaku mo mō ~ da* 今の内閣ももう寿命だ Este Governo tem os dias contados, [mais dia menos dia, cai]. *Kono kuruma wa ~ ga nagai [mijikai]* この車は寿命が長い[短い] Este carro dura muito [pouco]. ★ ~ *no kireta denchi* 寿命の切れた電池 A pilha gasta.

jun¹ 順 A ordem. ★ ~ *ni* 順に Por ordem [*Sakuhin wa nendai ~ ni chinretsu sarete aru* 作品は年代順に陳列されてある As obras estão expostas por ~ cronológico. *"A. B. C."* ~ *ni naraberu* ABC順に並べる Colocar [Pôr/Dispor] por ~ alfabética. *Se no takai [Nenrei] ~ ni narabu* 背の高い[年齢]順に並ぶ Pôr-se em fila por ~ de altura [idade]]. ~ *o otte* 順を追って「fazer tudo」Por [Seguindo a devida] ~.
[S/周] Juńbán; júnjo.

jún² 純 **1** [純粋] Puro; genuíno; legítimo. ★ ~ *kokusan no* 純国産の De a genuína produção nacional. ◇ ~ **Burajiru-sei** 純ブラジル製 De ~ a fabricação brasileira. ~ **dō** 純銅 O cobre ~. ~ **nihonshiki kenchiku** 純日本式建築 Uma arquite(c)tura de puro [autêntico] estilo j. [S/周] Juńsúí. **2** [清純] Inocente; puro. ★ ~ *na kokoro* 純な心 Um coração ~. [S/周] Juńshíń; seíjúń (+); úbu.

jún-³ 準 Semi-; para-「militar」; quase. ◇ ~ **kesshō** 準決勝 A semi-final [As semi-finais]. ~ **kyūkō** 準急行 O semi-expresso. ⇨ juńkyû; jun-yúshó.

jún⁴ 旬 (Significa um período de dez dias ou dez anos mas só se usa em palavras compostas; por ex. juńjítsú, chûjúń, jójúń).

jun'ái 純愛 O amor (simples e) puro.

junán [úú] 受難 a) Os sofrimentos; b) A Paixão. ★ *Kirisuto no ~* キリストの受難 A ~ de Cristo. ◇ ~ **bi** 受難日 A Sexta-Feira Santa [da ~]. ~ **gaku [kyoku]** 受難楽[曲] A música da ~. ~ **geki** 受難劇 O auto [A encenação] da ~.

junán [úú] 柔軟 O ser flexível. *Jōkyō ni ōjite ~ na taiō o suru* 状況に応じて柔軟な対応をする Tomar medidas flexíveis, de acordo com as circunstâncias. ★ *Karada o ~ ni suru* 体を柔軟にする Tornar o corpo… ◇ ~ **sa [sei]** 柔軟さ[性]A flexibilidade; a elasticidade [~ *sei no aru kangae-kata* 柔軟性のある考え方 Uma maneira de pensar…]. ~ **taisō** 柔軟体操 A calistenia; a ginástica rítmica. ⇨ shináyaka; yuwáraka¹²; yúzû.

jun-bán 順番 A ordem; a vez. *Yatto kare no ~ ga mawatte kita* やっと彼の順番がまわって来た Finalmente chegou a vez dele. ★ ~ *ni* 順番に Por ordem [À vez]. ~ *o kimeru* 順番を決める Marcar a ~. ~ *o matsu* 順番を待つ Esperar a (sua) vez. ~ *o* *yuzuru* 順番を譲る Deixar ir [passar] primeiro; ceder a vez. [S/同] Juń¹; júnjo.

júnbi 準備 A preparação; os preparativos. ~ *bantan totonotte iru* 準備万端整っている Está tudo preparado. *Dekakeru ~ ga dekiru* 出かける準備ができる Ficar pronto [preparado] para sair. ★ ~ *chū (de aru)* 準備中(である) Estamos a preparar「o restaurante」. ~ *(o) suru* 準備(を)する Preparar; fazer os preparativos [*Masaka no toki no ~ o suru* まさかの時の準備をする Preparar-se para (todas) as emergências]. ~ *o totonoeru* 準備を整える Fazer todos os preparativos. ◇ **~ iin** [**iinkai**] 準備委員[委員会] A comissão preparatória [organizadora]. ⇨ **~ kin**. **~ undō** [**taisō**] 準備運動[体操] Os exercícios [A ginástica] preparatórios[a] /para aquecer. ⇨ sonáe; yṓi¹.

juńbí-kíń 準備金【Econ.】O fundo de reserva. ◇ **Hōtei ~** 法定準備金 ~ legal.

juńbókú 純朴 O ser simples. ★ ~ *na inaka no rōjin* 純朴な田舎の老人 Um ancião simples [inocente/bom] do campo. ~ *sa* 純朴さ A simplicidade; a candura. ⇨ sobókú.

juń-búngaku 純文学 A literatura séria [com valor literário]. ◇ **~ sakuhin** 純文学作品 Uma obra (séria) de literatura. [A/反] Taíshū búngaku.

juńchṓ 順調 O ritmo normal [bom; satisfatório]. *Byōnin no keika wa ~ desu* 病人の経過は順調です O estado [A recuperação] do doente é satisfatório/a. ★ ~ *ni* 順調に Bem; normalmente [*Banji ~ ni hakonde iru* 万事順調に運んでいる Está tudo correndo [a correr] bem. ~ *ni ikeba* 順調に行けば Se tudo correr bem]. [S/同] Kṓchṓ. [A/反] Fuchṓ.

júndo 純度 O grau [teor] de pureza「do vinho, gás, cor」. ⇨ juńkíń.

juń'ékí(kíń) 純益(金)【Econ.】O lucro [resultado] líquido. ★ *Nenkan ichi-oku en no ~ o ageru* 年間1億円の純益を上げる Render [Dar] cem milhões de yens, líquidos, por ano. [S/同] Jitsúékí. ⇨ ríeki.

jū-nen [úu] 十年 Dez anos [Muito tempo]. *Hajimete kare ni atta ni mo kakawarazu marude ~ no chiki no yō ni kanjita* 初めて彼にあったにもかかわらずまるで十年の知己のように感じた Apesar de ter sido a primeira vez que nos vimos, foi como se fôssemos velhos conhecidos [se já nos conhecêssemos há ~]. ★ ~ *goto ni* 十年毎に De dez em [Cada] ~. ~ *ichi-jitsu no gotoku* 十年一日のごとく O não haver qualquer mudança durante muito tempo. [I/慣用] ~ *hitomukashi* 十年一昔 Dez anos e parece que foi há um século/Como o tempo passa!

juń'éń 順延 O adiamento; a transferência. *Uten ~* 雨天順延 Se chover [Em caso de chuva],「o desafio」fica adiado. ★ ~ *suru* 順延する Adiar.

jungíń 純銀 A prata pura [de lei]. [S/同] Giñmúkú. ⇨ jún²; juńkíń.

juń-gúrí 順繰り (<… ¹ + kúru²) O passar por ordem [de mão em mão「uma fotografia」]. [S/同] Juń¹ (+).

juńgyṓ 巡業 O giro「dos artistas」. *Gekidan wa ima chihō ~ ni dete iru* 劇団は今地方巡業に出ている A companhia teatral está agora a fazer um giro pela província. ★ ~ *chū de aru* 巡業中である Andar num [Estar a fazer um] ~. ~ *suru* 巡業する Fazer um ~. ⇨ kṓgyṓ³.

jún'i 順位 A ordem; a classificação; a graduação; a colocação; a posição. ★ ~ *o kettei suru* 順位を決定する Decidir ~. [S/同] Júnjo. ⇨ juń¹; juńbáń.

jū-ní [uú] 十二 Doze. ★ ~ *ban me no* 十二番目の O décimo segundo. ~ *bun no ichi* 十二分の一 Um doze avos; a duodécima parte. ◇ ⇨ **~ bun**. **~ mentai** 十二面体 O dodecaedro; o poliedro de ~ faces. **~ on ongaku** 十二音音楽 A música dodecafó[ô]nica. **~ shito** 十二使徒【Cri.】Os ~ apóstolos. **Kōdō ~ kyū** 黄道十二宮 Os ~ signos do zodíaco. ⇨ jūníshi.

júnia ジュニア (< Ing. < L. junior: mais jovem) **a**) O júnior (Em (d)esp.: 16–19 anos]; **b**) Juvenil [De jovem]. ★ ~ *muke no zasshi* ジュニア向けの雑誌 A revista para jovens. ~ *raito-kyū* ジュニアライト級 O peso meio-leve「da categoria de boxe profissional」(Entre 57.15 e 58.97kg). ⇨ kakyū́¹ ◇ ; neńshṓ¹ ◇ .

jūníbúń [uú] 十二分 Até demais; mais que suficiente [bom]. ~ *na seika o ageru* 十二分な成果をあげる Conseguir [Ter] um ó(p)timo resultado. *Gochisō wa ~ ni itadakimashita* ごちそうは十二分にいただきました (Já) estou mais que satisfeito. ★ ~ *ni chūi suru* 十二分に注意する Ter todo o cuidado.

jūní-gátsú [uú] 十二月 (O mês de) dezembro. [S/同] Gokúgetsu; rṓgetsu; shiwású.

jūní-hítóe [uú] 十二単衣【A.】O traje de cerimó[ô]nia de mulher da corte imperial do J. ⇨ shṓzoku.

jūní-ji [uú] 十二時 As doze horas; o meio-dia. ★ ~ *ni* 十二時に Às [Ao] ~.

jū-nin¹ [úu] 十人 Dez pessoas. [I/慣用] ~ *to-iro* 十人十色 Cada cabeça, sua sentença. ◇ ⇨ **~ nami**.

jūníń² [uú] 住人 O residente「deste prédio」. [S/同] Jūmíń; kyojū́sha.

jūníń³ [uú] 重任 **1** [大任] Uma grande responsabilidade; um trabalho [lugar] de muita responsabilidade. ★ ~ *o hatasu* 重任を果たす Cumprir…. [S/同] Taíníń. ⇨ nínmu; sekíníń. **2** [再任] A reeleição [recondução]. [S/同] Ryūníń; saíníń (+).

jūníń-námí [uú] 十人並み O ser de qualidade mediana; o ser normal [comum/como os outros]. ★ ~ *no kiryō* 十人並みの器量 Uma capacidade normal. ⇨ futsū́².

jūníshi [uú] 十二支【Astr.】Os doze signos horários do zodíaco (chinês).

jūníshí-chō [uú] 十二指腸【Anat.】O duodeno. ◇ ⇨ **~ chū**. **~ kaiyō** 十二指腸潰瘍 A úlcera duodenal [do ~].

jūníshíchṓ-chū [uú-óo] 十二指腸虫 O ancilóstomo (Parasita intestinal). ◇ **~ byō** 十二指腸虫病 A ancilostomose.

júnji 順次 **1** [順番] Um atrás do outro; por ordem. [S/同] Juń¹ (+); juńbáń (o); juńgúrí (+). **2** [⇨ dandán].

juńjírú¹ 準じる **1** [基準となるものに対応する] Ser proporcional「a」. *Rieki wa shuppi ni ~* 利益は出費に準じる O lucro é proporcional às despesas. [S/同] Juń'yṓ súrú. **2** [同じに扱う] Equiparar「a」. *Ika kore ni ~* 以下これに準じる Isto aplica-se igualmente nos casos seguintes. *Honjō ni sadameru kitei ni junjite* 本条に定める規定に準じて De acordo com o que estabelece este artigo.

juńjírú² 殉じる **1** [殉死する] **a**) Seguir o chefe na morte (morrendo também); **b**) Demitir-se com o chefe. *Kerai wa shukun no shi ni junjita* 家来は主君の死に殉じた O vassalo matou-se, seguindo o seu chefe na morte. [S/同] Juńshí¹ súrú (+); juńzúrú.

2 [命を投げ出す] Sacrificar-se; imolar-se; morrer (por uma causa). ★ *Kokunan ni* ～ 国難に殉じる ～ pela pátria. *Shoku ni* ～ 職に殉じる Morrer no seu posto. [S/同] Juńzúrú.

juńjítsú 旬日【E.】Dez dias. ★ ～ *o idezu shite* 旬日を出でずして Em menos de ～. ⇨ jún⁴; juńkáń².

júnjo 順序 **1** [順番] A ordem. *Mazu honnin no iken o kiku no ga* ～ *da* まず本人の意見を聞くのが順序だ Primeiro (, não é verdade? ,) é preciso ouvir a opinião do interessado. *Nanigoto o suru ni mo* ～ *ga aru* 何事をするにも順序がある Tudo tem o seu tempo/As coisas têm a sua ～. ★ ⇨ juńjó dátéru. ～ *ga kurutte iru* 順序が狂っている ～ está trocada [Isto está fora de ～]. ～ *o gyaku ni suru* 順序を逆にする Inverter ～. ～ *o kuruwasu*/*kuruwaseru* [*midasu*] 順序を狂わす/狂わせる[乱す] Trocar [Estragar] ～. ～ *yoku* [*tadashiku*] 順序良く[正しく] Em (boa) ～. *Ittei no* ～ *ni shitagatte* 一定の順序に従って De acordo com uma ～ certa [fixa]. [S/同] Jún'i. ⇨ josú¹. **2** [手順] O processo; os passos; os trâmites; o programa. ★ ～ *datete shigoto o suru* 順序立てて仕事をする Fazer o trabalho sistematicamente/Ter um programa para trabalhar. ～ *o fumu* 順序を踏む Seguir as formalidades [os ～] requeridas/os. [S/同] Dańdórí (+); tejúń (o).

juńjó 純情 O coração [sentimento] puro; a candura; a inocência. ★ ～ *na shōjo* 純情な少女 Uma jovem [donzela] pura/inocente/cândida. ～ *sa* 純情さ A candura. [S/同] Juńkétsú¹ **1**; juńpákú **2**; juńshíń; múku; seíjúń.

juńjó-dátéru 順序立てる (<… + tatéru) Pôr em ordem; sistematizar.

juńjúń-késshō 準準決勝【(D)es.】A quarta [Os quartos]-de-final. ⇨ juń-késshō.

juńjún-ni 順順に Por ordem; uns atrás dos outros. ★ ～ *ni nyūjō suru* 順々に入場する Entrar ～「no salão」. [S/同] Juń ní (+); juńbáń ní; juńgúrí ní.

juńjúń-tó 諄諄と【E.】Pacientemente; tintim por tintim; por miúdo. ★ ～ *toite kikaseru* 諄々と説いて聞かせる Explicar uma e outra vez. ⇨ kónsetsu.

juńká¹ 馴[順]化 A aclima(ta)ção. ★ ～ *suru* 馴化する Adaptar-se; aclimatar-se [*Kankyō ni* ～ *shita shokubutsu* 環境に馴化した植物 A planta que se adaptou ao ambiente [aclim(at)ou]]. ⇨ juńnṓ; tekíṓ.

júnka² 純化 A purificação「do idioma」. ★ ～ *suru* 純化する Purificar; purgar「dos estrangeirismos」. [S/同] Jṓká¹.

júnka³ 醇化 O refinamento; a sublimação「em arte」. ★ ～ *suru* 醇化する Refinar; sublimar.

juńkáí 巡回 O giro; a volta; a patrulha; a ronda. ★ ～ *chū no keikan* 巡回中の警官 O polícia [policial (B.)] que anda na [a fazer a] ronda. (*Machi o*) ～ *suru* (町を) 巡回する Patrulhar a [Fazer a ronda pela] cidade. ◇ ～ **bunko** [**toshokan**] 巡回文庫[図書館] A biblioteca itinerante. ～ **kuiki** 巡回区域 A zona de patrulhamento. ⇨ juńsátsú; juńshí².

juńkáń¹ 循環 **1** [めぐりまわること] O suceder-se [andar sempre à volta]; a circulação (Ciclo diz-se "～ki"). *Keiki fu-keiki wa* ～ *suru* 景気・不景気は循環する As épocas de prosperidade e crise econó[ô]mica sucedem-se [são cíclicas]. ◇ ～ **kyūsū** 循環級数 A série recorrente. ～ **ronpō** 循環論法 O argumento circular. ～ **sen** 循環線 A linha「do autocarro 36」. ～ **shōsū** 循環小数【Mat.】A dízima periódica. **Aku** ～ 悪循環 O círculo vicioso. **2** [血液の] A circulação sanguínea [do sangue]. ★ *Ketsueki no* ～ *ga yoi* [*warui*] 血液の循環が良い[悪い] Ter boa [má] ～. ◇ ～ **kei** (**tō**) 循環系(統) O sistema circulatório. ～ **ki** 循環器 Os órgãos do sistema circulatório [da ～].

juńkáń² 旬間 O período de dez dias. ◇ **Kōtsū anzen** ～ 交通安全旬間 Os 10 dias da campanha de segurança do trânsito.

juńkáń³ 旬刊 A publicação dezenal (que sai todos os dez dias). ◇ ～ **zasshi** 旬刊雑誌 Uma revista dezenal. ⇨ kikáń⁶; shū́káń³.

juńkátsú 潤滑 A lubrificação. ★ *Kōshō no* ～ *zai to naru* 交渉の潤滑剤となる Servir [Fazer] de mediador [lubrificante] nas negociações. ◇ ⇨ ～ **yu**. ～ **zai** 潤滑剤 Um lubrificante.

juńkátsú-yu 潤滑油 **1** [機械にさす油] O óleo lubrificante. **2**【Fig.】O lubrificante. ★ *Chōtei no* ～ *no yaku o suru* 調停の潤滑油の役をする Fazer/Servir de [Ser o] ～「entre duas fa(c)ções」.

juń-késshō 準決勝【(D)esp.】A (competição) semifinal. ★ ～ *ni susumu* 準決勝に進む Passar à ～. ◇ ⇨ **jun** ～.

juńkétsú¹ 純潔 **1** [潔白] A pureza; a integridade. [S/同] Juńjṓ (o); juńshíń (+); múku; seíjúń (+). **2** [童貞; 処女] A castidade; a virgindade. ★ ～ *o mamoru* 純潔を守る Conservar ～. ⇨ dṓtéí²; shójo.

juńkétsú² 純血 O ser puro-sangue (De uma só raça). ★ ～ *no shepādo* 純血のシェパード O pastor-alemão puro-sangue. ◇ ～ **shu** 純血種 A raça pura. ⇨ júnshu¹.

juńkíń 純金 O ouro puro. ★ ～ *no yubiwa* 純金の指輪 O anel de ～.
[S/同] Hońkíń; kińmúkú. ⇨ jún²; juńgíń.

juń-kínchí[jí]san 準禁治産【Dir.】A quase-inabilidade. ◇ ～ **sha** 準禁治産者 A pessoa quase-inábil.

juńkṓ¹ 巡行 A patrulha; a ronda. ★ ～ *suru* 巡行する Patrulhar. [S/同] Juńkáí (+).

juńkṓ² 巡航 O cruzeiro. ★ ～ *suru* 巡航する Fazer um ～. ◇ ～ **misairu** 巡航ミサイル O míssil de ～. ～ **sen** 巡航船 O navio cruzeiro. ～ **sokudo** 巡航速度 A velocidade de ～.

juńkṓ³ 循[順]行 **1** [逆らわずに行くこと] O seguir a rota. [A/反] Gyakkṓ. **2**【Astr.】O movimento contínuo; a progressão. [A/反] Gyakkṓ.

juńkókú 殉国【E.】A morte pela pátria. ★ ～ *no shi* 殉国の士 Um herói que morreu pela pátria.

júnkyo 準拠 A conformidade. ★ *Hon-kisoku ni* ～ *shite* 本規則に準拠して Em ～ com o [Com base no] presente regulamento.

juńkyṓ¹ 順境 A prosperidade; as circunstâncias boas. ★ ～ *ni atte mo gyakkyō ni atte mo* 順境にあっても逆境にあっても Tanto na prosperidade como na adversidade. [A/反] Gyakkyṓ. ⇨ kyṓgū.

juńkyṓ² 殉教 O martírio. ★ ～ *suru* 殉教する Sofrer o ～; ser martirizado; morrer mártir.

juńkyṓ-sha [óo] 殉教者 O mártir.

juńkyū́ 準急 (Abrev. de "juń-kyū́kō") O (comboio/trem) semi-expresso.

juńméń 純綿 O algodão puro. ⇨ jún².

juńmṓ 純毛 A lã pura. ⇨ jún².

juńnáń 殉難 O martírio (Mas não pela fé; ⇨ juńkyṓ²).

juń(n)ő 順応 A adaptação; a acomodação; o acostumar-se「à luz」. ★ *Jidai no yōkyū ni* ～ *suru* 時代の要求に順応する Adaptar-se às exigências da época [dos tempos]. ◇ **～ sei** 順応性 A adaptabilidade〔～ *sei ni tomu* 順応性に富む Ter uma grande capacidade de adaptação〕. [S/同] Tekíő.
junő 受納【E.】A aceitação; o receber「dinheiro」. ★ ～ *suru* 受納する … [S/同] Juryő (+).
jűnő [**uú-óo**] 十能 O badil [apanhador; A pá] (Para tirar cinza e brasas).
juńpákú 純白 **1** [汚れがなく真っ白なこと] Uma brancura de neve; o ser branco [alvo] como a neve. ★ ～ *no hanayome ishō* 純白の花嫁衣装 O vestido branquinho da noiva. [S/同] Masshíro. **2** [比喩的に, けがれがなく清らかなこと] A pureza; a candura. ★ ～ *na otomegokoro* 純白な乙女心 ～ [O coração puro/cândido] de donzela. [S/同] Juńjő (o); juńkétsú[2] **1**; juńshíń (+); múku; seíjúń (+).
juńpítsú-ryō 潤筆料 O preço cobrado para escrever [pintar].
juńpő[1] 旬報 O relatório dezenal. ⇨ jún[4].
juńpő[2] 順[遵]法 O cumprir a lei. ◇ **～ seishin** 順法精神「ensinar」O espírito de obediência à lei.
juńpő[3] 遵奉 A obediência「aos pais」. [S/同] Júnshu[2] (+).
juńpű 順風 O vento favorável [de popa]. ★ ～ *manpan no jinsei* 順風満帆の人生 A vida que corre bem [que vai de vento em popa]. [S/同] Oí-kázé (+); oíté. [A/反] Gyakúfű.
júnra 巡邏 A patrulha. ★ ～ *suru* 巡邏する Patrulhar. [S/同] Juńkéí[1] (+); kéira; patőrőru (o).
juńréí 巡礼 A peregrinação「a Fátima」. ★ ～ *no tabi* 巡礼の旅 A (viagem de) ～. *Shokoku o* ～ *suru* 諸国を巡礼する Peregrinar por vários lugares「templos de Shikoku」. [S/同] Juńpáí.
juńrékí 巡歴 O giro [A volta]. ★ ～ *suru* 巡歴する Fazer o/a ～「dos lugares principais」. [S/同] Heńrékí; juńkő.
juńrétsú 順列【Mat.】A permutação; o arranjo linear. ◇ **～ kumiawase** 順列組み合わせ As permutações e as combinações.
júnri 純理 A razão [lógica] pura; um princípio científico.
júnro 順路 O roteiro [itinerário/percurso] fixo/normal. [S/同] Michíjúń (+).
juńryő[1] 純良 O ser puro [genuíno]. ◇ **～ hin** 純良品 O artigo genuíno.
juńryő[2] 順良 A docilidade. ★ ～ *na shimin* 順良な市民 O bom cidadão. ⇨ zeńryő[1].
juńsá 巡査 O (agente da) polícia; o policial (B.). ◇ **～ buchō** 巡査部長 O sargento da polícia. **Kōtsū ～** 交通巡査 A polícia de trânsito. [S/同] Keíkáń (+); o-máwari-san (o).
juńsáí 蓴菜【Bot.】A bandeja d'água (Parecida ao nenúfar); *brasenia schreberi*.
juńsátsú 巡察 O giro de inspe(c)ção. ★ ～ *suru* 巡察する Fazer ～. [S/同] Juńkéń; juńshí[2]; juńkáí.
juńséí[1] 純正 O ser genuíno [puro]. ★ ～(*na*) *chūritsu* 純正(な)中立 A neutralidade completa. ◇ **～ goma abura** 純正ごま油 O azeite de sésamo puro.
juńséí[2] 準星【Astr.】(< Ing. < L. quasi-stellaris) A quasar.
juń-sháin 準社員 O para-empregado (ainda em experiência). ⇨ jún-[3].
juńshí[1] 殉死 A imolação (voluntária) para seguir o amo na morte. ★ ～ *suru* 殉死する Imolar-se…. ⇨ juńjírú[2] **1**.
juńshí[2] 巡視 Um giro de inspe(c)ção. ★ ～ *suru* 巡視する Fazer ～. ◇ **～ sen** [**tei**] 巡視船[艇] O navio-patrulha. [S/同] Juńkéń; juńsátsú (+).
juńshíń 純真 A pureza; a candura. ★ ～ *na kodomo* 純真な子供 A criança pura [cândida; inocente]. [S/同] Juńjő[1] (+); juńpákú **2**; múku; seíjúń.
juńshő 准将 O brigadeiro (Entre coronel e general).
juńshókú[1] 殉職 O morrer no seu posto. ★ ～ *suru* 殉職する Morrer …. ◇ **～ sha** 殉職者 A vítima do dever. ⇨ juńjírú[2].
juńshókú[2] 潤色 O enfeitar「a narração dum caso」. *Jijitsu o* ～ *shite dorama ni shitateru* 事実を潤色してドラマに仕立てる Enfeitar a realidade para (dela) criar [fazer] um drama. [S/同] Hoń'áń; kyakúshókú (+).
júnshu[1] 純種 A raça pura. ⇨ jún[2]; juńkétsú[2].
júnshu[2] 遵守 A observância. ★ *Hōritsu o* ～ *suru* 法律を遵守する Cumprir a [Obedecer à] lei. [S/同] Juńpő[3].
juńsókú 準則 O critério [A norma]「do agir」.
juńsúí 純粋 **1** [そのものだけでまじりけのないこと] O ser genuíno [autêntico/puro]. ★ ～ *no arukōru* 純粋のアルコール O álcool puro. [S/同] Jún[2] **1**; juńzéń; kissúí. **2** [気持ちや考えに利害・かけひきがなくひたむきなこと] O ser sincero [autêntico/pessoa de cará(c)ter]. ★ ～ *na jinrui ai* 純粋な人類愛 Um amor sincero à humanidade;「por」puro altruísmo. ～ *na seinen* 純粋な青年 Um jovem ～. [S/同] Juń'ítsú.
juńtákú 潤沢 A abundância. ★ ～ *na shikin* 潤沢な資金 Muito capital. [S/同] Hőfú (+).
juńtő 順当 O ser próprio [apropriado normal/natural]. *Anata ga erabareru no ga* ～ *da* あなたが選ばれるのが順当だ É natural que seja você o eleito. ★ ～ *na* 順当な Próprio […]. ～ *ni ikeba* 順当に行けば Se tudo correr normalmente. [S/同] Datő; shitő.
juń'yő 準用 O aplicar「uma lei」a「um caso semelhante」. *Kokunai no kisoku o gaikokujin kankōkyaku ni* ～ *suru* 国内の規則を外国人観光客に準用する Aplicar a norma do país aos turistas estrangeiros.
juń'yő-káń 巡洋艦 O cruzador (de guerra).
junyű 授乳 A amamentação; a lactação; o aleitamento. ★ ～ *suru* 授乳する Amamentar. ◇ **～ ki** 授乳期 O período de ～.
juń-yűshō [**úu**] 準優勝 O vice-campeonato.
juńzéń táru 純然たる【E.】**1** [⇨ juńsúí]. **2** [全くの] Absoluto; perfeito; completo; total; verdadeiro. *Kare wa* ～ *gakusha da* 彼は純然たる学者だ Ele é um verdadeiro [é o que se diz um] cientista.
juńzúrú[1] 準ずる ⇨ juńjírú[1].
juńzúrú[2] 殉ずる ⇨ juńjírú[2].
júő [**uú**] 縦横 **1** [縦と横] (O sentido) vertical e horizontal. ★ ～ *ni sen o hiku* 縦横に線を引く Traçar uma linha (no sentido) ～. [S/同] Táte-yoko. **2** [四方八方] Todas as dire(c)ções. ★ ～ *ni* 縦横に Em ～〔*Tetsudō ga kuni-jū o* ～ *ni hashitte iru* 鉄道が国中を縦横に走っている A rede ferroviária cobre todo o país〕. [S/同] Shihőháppő. **3** [自由自在] O não ter limite. ★ ～ *mujin ni mondai o ronjiru* 縦横無尽に問題を論じる Discutir o problema sob todos os aspectos. [S/同] Jiyűjizáí(o); katté-kímámá(+); omóí-dőri (+); omóí-nó-mámá (+).

jū-oku [úu] 十億 Mil milhões: 1.000.000.000.
Júpitā ジュピター (O deus romano) Júpiter.
júppa-hitókarage 十把一絡げ【G.】⇨ jíppa-hitókarage.
jūrai [úu] 従来 (O que houve) até agora. ★ ～ *dōri ni* 従来通りに Como até agora [de costume]. ～ *no hōhō* 従来の方法 O método tradicional. ～ *wa* 従来は Antes「era assim」. [S/同] Jūzéń¹; zaíráí.
Jurá-ki ジュラ紀【Geol.】O (período) Jurássico [secundário].
jūráń [uú] 縦覧 O (poder) ver. ～ *zuii* 縦覧随意 (掲示) Entrada livre [Aberto ao público]! ★ ～ *ni kyōsareru* 縦覧に供される Ser exibido [aberto] ao público. ～ *suru* 縦覧する Ver (à vontade).
jurárúmíń ジュラルミン (< Ing. duralumin < Al. Dúren: top.)【Fís.】O duralumínio.
juréí 樹齢 A idade da árvore. *Kono ki wa ～ nihyaku-nen da* この木は樹齢 200 年だ Esta árvore tem 200 anos.
jūrétsú [uú] 縦列 A fila [fileira/coluna]「da marcha」. [A/反] Ōrétsú. ⇨ jūtáí³.
júri 受理 O receber [aceitar]「o cheque」. ★ *Nyūgaku gansho o ～ suru* 入学願書を受理する Receber o pedido (escrito) de admissão à「sua」escola. [S/同] Juryṓ.
juríń 樹林 ⇨ hayáshí¹.
jūríń [uú] 蹂躙 A violação; o espezinhamento. ★ *Kojin no jiyū o ～ suru* 個人の自由を蹂躙する Espezinhar [Violar] a liberdade individual. ◇ **Jinken ～** 人権蹂躙 ～ dos direitos humanos. ⇨ fumí-níjíru.
jurítsú 樹立 O formar; o fundar. ★ *Shin-kiroku o ～ suru* 新記録を樹立する Bater um novo recorde. *Shinseifu o ～ suru* 新政府を樹立する Formar (o novo) governo. [S/同] Kakúrítsú (+).
jū-rṓdō [juú-róo] 重労働 O trabalho pesado. ★ ～ *o suru* 重労働をする Fazer um ～ [～ *o saserareru* 重労働をさせられる Ser obrigado a fazer serviços pesados]. *Sankagetsu no ～ ni shoserareru* 3か月の重労働に処せられる Ser condenado a três meses de trabalhos forçados.
jū-rókú [uú] 十六 Deza[e]sseis. ★ ～ *bun no ichi* 十六分の一 Um ～ avos. *Dai ～ ban me no* 第十六番目の O décimo sexto. ◇ **～ bu onpu** 十六分音符【Mús.】A semi-colcheia. **～ miri eiga** 十六ミリ映画 O filme de 16 milímetros.
jūru [úu] ジュール (< J. P. Joule: Antr.)【Fís.】O joule; J. ★ ～ *no hōsoku* ジュールの法則 As leis de ～. ◇ **～ kōka** ジュール効果 O efeito de ～ (-thompson).
jūrui [úu] 獣類 (⇨ yajū) Os animais selvagens. ⇨ kemónó.
juryṓ 受領 O receber「pagamento」. *Migi, masa-ni ～ itashimashita* 右，正に受領いたしました Acusamos o recebimento e agradecemos. ★ ～ *suru* 受領する Receber. ◇ **～ sha** 受領者 O recebedor. **～ sho** [**shō**] 受領書 [証] O recibo. [S/同] Junṓ; júri (+); ryṓshū.
jūryṓ¹ [juú-yóo] 重量 O peso. ★ ～ *kan no aru* 重量感のある Pesado; sólido. ～ *o hakaru* 重量を計る Pesar. ◇ **～ bunseki** 重量分析 A análise gravimétrica. **～ busoku** 重量不足 A falta de ～. **～ chōka** 重量超過 O excesso de ～. ⇨ **～ kyū**. **～ seigen** 重量制限 O limite de ～. **～ ton** 重量トン A tonelada bruta. **Shōmi ～** 正味重量 ～ líquido. **Sō ～** 総重量 ～ bruto.
jūryṓ² [uú] 銃猟 A caça. ★ ～ *ni iku* 銃猟に行く Ir à ～. ⇨ kári³; shuryṓ¹.
jūryṓ-ágé [uú] 重量挙げ (< … ¹ + agérú) A halterofilia; o levantamento de pesos. ◇ **～ senshu** 重量挙げ選手 O halterofilista.
jūryoku [úu] 重力【Fís.】A gravidade. ★ ～ *ga kakaru* 重力がかかる Sofrer o efeito da ～; ser atraído. ～ *no hósoku* 重力の法則 A lei da gravidade. ◇ **～ kei** 重力計 O gravímetro. **Mu ～ jōtai** 無重力状態 O estado de levitação [ausência de ～].
jūryṓ-kyū [uú] 重量級 O peso pesado. ★ ～ *no jūdō senshu* 重量級の柔道選手 O lutador de judô de ～. [A/反] Keíryṓ-kyū.
jūryṓzei [juúryóo] 従量税 O imposto específico.
jūsā [úu] ジューサー (< Ing. juicer) O espremedor (para sumos).
jusáń 授産 O dar emprego [trabalho]. ◇ **～ jo** [**jō**] 授産所 [場] Um centro de emprego.
jū-san [úu] 十三 Treze. ★ ～ *ban me no* 十三番目の O décimo terceiro. ～ *bun no ichi* 十三分の一 Um ～ avos.
jūsán-ya [uú] 十三夜 A décima terceira noite do nono mês no calendário lunar. ★ ～ *no tsuki* 十三夜の月 A lua da ～ [de outono].
jūsátsú¹ [uú] 銃殺 O fuzilamento. ★ ～ *suru* 銃殺する Fuzilar.
jūsátsú² [uú] 重殺【Beis.】⇨ dáburu ◇.
juséí¹ 受精 A fecundação (Animais); a polinização (Plantas). ★ ～ *suru* 受精する Ser fecundado. ◇ **～ ran** 受精卵 O óvulo fecundado.
juséí² 授精 A fecundação [inseminação]. ★ ～ *suru* 授精する Fecundar. ◇ **Jinkō ～** 人工授精 A inseminação artificial.
jūséí¹ [uú] 銃声 O estampido [ruído] do tiro. ⇨ hṓséí².
jūséí² [uú] 獣性 A animalidade [brutalidade] humana.
jūsékí [uú] 重責 Uma grande responsabilidade ou dever. ★ ～ *o hatasu* 重責を果たす Cumprir uma importante missão/～. ⇨ sekíníń.
jūséń [uú] 縦線 A linha vertical. [S/同] Taté-séń (+). [A/反] Ōséń.
jusén-sha 受洗者 **a**) O ba(p)tizando (Que vai receber o ba(p)tismo); **b**) O ba(p)tizado (Que o recebeu). ⇨ seńréí¹.
jū-sénsha [uú] 重戦車 O tanque pesado.
júsha 儒者 O confucionista. [S/同] Jugáku-sha (+); júsei.
jūsha [úu] 従者 O criado [vassalo]. [S/同] Tómo (+).
júshi 樹脂 A resina. ★ ～ *(shitsu) no* 樹脂 (質) の Resinoso. ◇ **～ kakō** 樹脂加工 O processamento da ～. **Gōsei ～** 合成樹脂 ～ sintética.
jū-shí¹ [úu] 十四 C[Qu]atorze. ★ ～ *ban me no* 十四番目の O décimo quarto. ～ *bun no ichi* 十四分の一 Um ～ avos.
jūshi² [úu] 重視 (Abrev. de jūyṓshi) O dar importância「a」. ★ ～ *suru* 重視する Considerar importante. [A/反] Keíshí.
jūshi³ [úu] 銃士【E.】O mosqueteiro. ★ *San ～* 三銃士 "Os Três ～ s".
jūshi⁴ [úu] 獣脂 A gordura animal; a banha; o sebo. ⇨ shibṓ².
jū-shíchí [uú] 十七 Deza[e]ssete. ★ ～ *ban me mo* 十七番目の O décimo sétimo. ～ *bun no ichi* 十七分の一 Um ～ avos.

J

jushímatsu [uá] 十姉妹【Zool.】O bengali; (Ave parecida ao canário); *lonchura striata var. domestica*.

jushín 受信 A captação; a recepção. ★ ~ **suru** 受信する Receber「carta/telegrama/FAX」; captar「a emissão da NHK」. *Musen o ~ suru* 無線を受信する Captar por rádio. ◇ ~ **ki** 受信機 O aparelho receptor. ~ **kyoku** [jo] 受信局[所] O posto receptor. ~ **nin** 受信人 O receptor. ~ **ryo** 受信料 A taxa de recepção. S/同 Chakushín. A/反 Hasshín; sōshín.

júshín[1] [uá] 重心【Fís.】O centro de gravidade. ★ ~ *o ushinau* 重心を失う Perder o equilíbrio/~; desequilibrar-se.

júshín[2] [uá] 重臣 O conselheiro ou vassalo importante.

júshín[3] [uá] 銃身 O cano de espingarda.

jushō[1] 受賞 O receber um pré[ê]mio. ★ ~ *suru* 受賞する [Ser premiado]. ◇ ~ **sakuhin** 受賞作品 A obra premiada. ~ **sha** 受賞者 O premiado/laureado. A/反 Jushō[2].

jushō[2] 授賞 O dar um pré[ê]mio. ★ ~ *suru* 授賞する Premiar[…]. ◇ ~ **shiki** 授賞式 A cerimó[ô]nia da premiação [da entrega do ~]. A/反 Jushō[1].

jushō[3] 受章 O receber uma condecoração. ★ ~ *suru* 受章する Ser agraciado com uma … [*Bunka kunshō o ~ suru* 文化勲章を受章する Receber[Ser agraciado/condecorado com] a Ordem de Mérito Cultural]. ⇨ kunshō.

jushō[4] 授章 O dar uma condecoração. ★ ~ *suru* 授章する Condecorar [Dar/Conferir uma …].

jusho [úu] 住所 O endereço, a dire(c)ção. *Koko ni o-namae to go* ~ *o o-kaki kudasai* ここに御名前と御住所をお書き下さい Faça o favor de escrever aqui o seu nome e … *Saki no ~ ni tenkyo shimashita* 左記の住所に転居しました Mudámos para o/a ~ abaixo indicado/a. ★ ~ *futei no hito* 住所不定の人 A pessoa sem ~ fixo. ◇ ~ **fumei** 住所不明 (~) desconhecido. ~ **henkō todoke** 住所変更届 A notificação de mudança de ~. ~ **roku** 住所録 O livro de ~s. **Gen** ~ 現住所 ~ a(c)tual. S/同 Tokóró-bánchi.

júshō[1] [uá] 重症 A doença grave. ★ ~ *de aru* 重症である Ter [Ser] uma ~. ◇ ~ **kanja** 重症患者 O[A] doente (em estado) grave. S/同 Júbyō; júkán. A/反 Keíshō.

júshō[2] [uá] 重傷 O ferimento[A ferida] grave. ★ ~ *o ou* 重傷を負う Ficar gravemente ferido [~ *o owaseru* 重傷を負わせる Causar ferimentos graves]. *Zenchi rokkagetsu no ~* 全治六か月の重傷 Um/a ~ que vai levar 6 meses a curar. S/同 Fukádé; ō-kéga. A/反 Keíshō. ⇨ jutáí[1].

jushō[3] [úu] 重唱【Mús.】O canto a vozes. ⇨ jūsō[3].

jūshoku[1] [uá] 住職 O abade de mosteiro ou templo budista. S/同 Ánshu; júji.

jūshoku[2] [uá] 重職 Um cargo importante. ★ ~ *ni aru* 重職にある Ocupar ~. ~ *ni tsuku* 重職につく Assumir ~. S/同 Yōshókú.

júshōseki [uá] 重晶石【Min.】A barite[a].

jūshō-shúgi [uá] 重商主義【Econ.】O mercantilismo. ⇨ Júnōshúgi.

júso 呪詛 Uma praga[maldição]. ★ ~ *suru* 呪詛する Rogar ~. S/同 Norói (+).

jūsō[1] [uá] 重曹【Quím.】O bicarbonato de sódio. S/同 Jūtánsán-sóda.

jūsō[2] [uá] 縦走 O percorrer a pé. ★ *Nihon Arupusu o ~ suru* 日本アルプスを縦走した Fazer toda a travessia dos Alpes do J. ◇ ~ **ro** 縦走路 O carreiro.

jūsō[3] [uá] 重奏 A execução com 2 ou mais instrumentos. ◇ **Gengaku shi-~** 弦楽四重奏 O quarteto de cordas. ⇨ jūshō[3].

jūsō[4] [uá] 銃創 A ferida de bala.

jū-sōbi [júú-sóo] 重装備 O equipamento pesado [completo]. ★ ~ *de tozan suru* 重装備で登山する Subir o monte com ~.

jūsókú [uá] 充足 O ser bastante [suficiente]. ★ ~ *shita hibi o okuru* 充足した日々を送る Ter uma vida plena. S/同 Mánzoku (+). ⇨ mitású.

jūsótsu [uá] 従卒 A ordenança (Soldado).

jussákú 術策 A artimanha[trama]; o ardil; a cilada. *Teki no ~ ni ochiiru* 敵の術策に陥る Cair na/o ~ do inimigo. S/同 Kánkéi; jussū; jútsu **3**; sakúbō; sakúryákú (o); takúrámí (+).

jusshín-hō 十進法【Mat.】⇨ jisshín-hô.

jusshú-kyōgi [óo] 十種競技 ⇨ jisshú-kyōgi.

júsu[1] [úu] ジュース (< Ing. juice < L. jus: "molho, suco") O suco [sumo]. ◇ **Furútsu** (**Gurēpu, Tomato**) ~ フルーツ[グレープ; トマト]ジュース ~ de fruta [uva/tomate]. S/同 Kajú.

júsu[2] [úu] ジュース (< Ing. deuce < L. duo: dois) Quarenta igual (No té[ê]nis). ★ ~ *ni naru* ジュースになる Ficar ~.

jusúí [úu] 入水 O deitar-se「ao rio」; o afogar-se. ◇ ~ **jisatsu** 入水自殺 O ~ [suicídio por afogamento]. S/同 Mi-nágé (o); tōshín (+).

jusúí [uá] 重水【Quím.】O óxido de deutério; a água pesada.

jū-súiso [uá] 重水素【Quím.】O deutério; o hidrog[ê]nio pesado.

jutáí 受胎【Biol.】A concepção. ★ ~ *suru* 受胎する Conceber [⇨ *shita* Grávida]. ◇ ~ **chōsetsu** 受胎調節 O controlo[e] da natalidade. ◇ ~ **kokuchi** 受胎告知(聖母の) A Anunciação. S/同 Kaínín (+); kaítáí; nínshín (o).

jútáí[1] [uá] 重態 O estado grave. ★ ~ *de aru* 重態である Estar em ~. ~ *ni ochiiru* 重態に陥る Agravar-se muito o estado「do doente」. ⇨ hínshí (+); júshō[2]; kitókú[1].

jútáí[2] [uá] 渋滞 O congestionamento「do trânsito」. ~ *suru* 渋滞する Congestionar-se [Ficar congestionado] [*Jimu ga ~ shite iru* 事務が渋滞している O serviço de escritório está acumulado]. ◇ **Kōtsū ~** 交通渋滞 ~ [O trânsito congestionado]. S/同 Teítón. ⇨ todókóri.

jútáí[3] [uá] 縦隊 Uma coluna [fila] de soldados. *Ichiretsu (sokumen) ~ de susumu* 一列 (側面) 縦隊で進む Avançar em ~ [em fila indiana]. A/反 Ōtái.

jutáku 受託 A consignação. ★ ~ *suru* 受託する Receber em ~. ◇ ~ **butsu** 受託物 Os bens recebidos em ~. ~ **sha** [**nin**] 受託者[人] O consignatário. ~ **shūwai-zai** 受託収賄罪 O crime de aceitação de suborno. ⇨ kitákú[2]; shokútákú[2].

jūtáku [uá] 住宅 A(s) residência(s) [casas/moradias]; a habitação. ★ ~ *o kyōkyū suru* 住宅を供給する Oferecer casa. ◇ ~ **gai** 住宅街 O quarteirão [bairro] residencial. ~ **kin'yū kōko** 住宅金融公庫 A caixa de crédito imobiliário. ~ **mondai** 住宅問題 O problema da habitação. ~ **nan** 住宅難 A

jútan dificuldade de construir ~. **~ rōn** 住宅ローン O empréstimo para a casa. **~ sangyō** 住宅産業 A indústria de construção de ~s. **~ teate [fujo]** 住宅手当[扶助]O subsídio de habitação. ⓢ同 Júkyo; súmai; súmika.

jútan [úú] 絨毯 O tapete (Pequeno ou grande); a alcatifa (Em toda a sala). ★ ~ *o shiku* 絨毯を敷く Atapetar; alcatifar [~ *o shikitsumeta yō na ichimen no hana [koke]* 絨毯を敷きつめたような一面の花[こけ] O chão todo atapetado de flores [musgos]; um tapete de ...]. *Sora tobu* ~ 空飛ぶ絨毯 O tapete voador; OVNI. ◇ **~ bakugeki** 絨毯爆撃 O bombardeio maciço. ⓢ同 Kâpetto.

jútansan [uú] 重炭酸【Quím.】O bicarbonato. ◇ **~ sōda** 重炭酸ソーダ ~ de sódio.

jutchū 術中 A cilada. ★ *Teki no ~ ni ochiiru* 敵の術中に陥る Cair na ~ do inimigo. ⇨ hakárigótó; jussáku; sakúryáku.

jutchū-hákku 十中八九 ⇨ jitchū-hákku.

jútén[1] [uú] 重点 O ponto (mais) importante; a importância [ênfase/prioridade]. ★ ~ *o oku* 重点を置く Dar importância [*Benkyō yori supōtsu ni ~ o oku* 勉強よりスポーツに重点を置く Dar mais importância ao (d)esp. do que ao estudo]. ~ *teki ni gogaku o manabu* 重点的に語学を学ぶ Estudar sobretudo línguas.

jútén[2] [uú] 充塡 A obturação「do dente」. ⇨ tsuméru.

júto [úu] ジュート (< Ing. jute < Sân. juta: "trança de cabelo")【Bot.】A juta. ⇨ Kôma.

jútō [uú] 充当 A apropriação; o destinar「para」. *Hyaku-man-en ga sono hiyō ni ~ sareta* 100万円がその費用に充当された Foram apropriados 1 milhão de yens para essa despesa.

jutsú 術 **1**[技術] A arte (técnica). ★ *Goshin no ~ ni tonda hito* 護身の術に富んだ人 Um mestre na ~ de defesa pessoal. ⓢ同 Géi; gíjutsu (○); wazá(+). **2**[手段] O meio. ⇨ Hôhô (○); shúdan(+). **3**[計略] A estratégia; o plano. *Aite no ~ ni ochiitte shimau* 相手の術にのっちゃってしまう Cair na trama do outro. ⇨ Hakárigótó (+); jukké; jussú; sakúbō (+); sakúryáku (o); takúrámí (+). **4**[魔術] A magia. ★ ~ *o tsukau* 術を使う Usar ~. ⓢ同 Mahô (○); májutsu (+); yójútsú (+).

J **jutsúgó**[1] 述語【Gram.】O predicado (No ex.: "sora wa aoi" の ~ は "aoi" é ~). Ⓐ反 Shúgo.

jutsúgó[2] 術語 A palavra [terminologia] técnica; o termo técnico. ⓢ同 Gakújútsú-yógo (+).

jutsúgó[3] 術後 Depois da operação「cirúrgica」.

juwáki 受話器 O auscultador [o telefone]. ★ ~ *o hazusu* 受話器を外す Deixar ~ desligado. ~ *o mimi ni ateru* 受話器を耳に当てる Pôr o ~ ao ouvido. ~ *o oku* [*kakeru*] 受話器を置く [掛ける] Desligar o telefone. ~ *o toru* [*toriageru*] 受話器を取る [取り上げる] Pegar no [Levantar o] ~.

júyáku[1] [uú] 重役 **a)** Os administradores [dire(c)tores; **b)** Os superiores「da firma」. ★ ~ *ni naru* 重役になる Ser nomeado [Ficar] administrador. ◇ **~ kaigi** 重役会議 A reunião dos ~.

júyáku[2] [uú] 重訳 **a)** A retradução; **b)** A retroversão. ★ *Nihon bungaku no eigo kara porutogarugo ni ~ suru* 日本文学を英語からポルトガル語に重訳する Retraduzir literatura j. do inglês para o p.

júyo 授与 A colação [entrega]. ★ ~ *suru* 授与する Conferir「uma condecoração」.

juyō[1] 需要【Econ.】A procura. ★ ~ *ga atamauchi da* 需要が頭打ちだ「deste artigo」está atingindo o limite. ~ *ga ōi* [*sukunai*] 需要が多い[少ない] Ter muita [pouca] ~. ~ *to kyōkyū no hōsoku* 需要と供給の法則 A lei da oferta e da ~. *Kokunai no ~ o mitasu* 国内の需要を満たす Satisfazer a ~ interna. Ⓐ反 Kyōkyū.

juyō[2] 受容 A aceitação. ★ *Mōshide o ~ suru* 申し出を受容する Aceitar o requerimento [pedido].

juyō[3] 需用 O consumo. ◇ **~ denryoku** 需用電力 A ele(c)tricidade consumida. **~ sha futan** 需用者負担 Pago pelo consumidor. ⓢ同 Nyūyō. ⇨ shôhí.

júyō[1] [uú] 重要 O ser importante; (o ter) importância. ★ *Shakai-teki ni ~ na mondai* 社会的に重要な問題 Um problema social importante. ◇ **~ bunkazai** 重要文化財 O patrim[ô]nio (físico) cultural importante. **~ jikō** 重要事項 Um assunto importante. **~ jinbutsu** 重要人物 A pessoa importante. **~ sankōnin** 重要参考人 A testemunha importante. **~ sei** 重要性 A importância. **~ shi. ~ shorui** 重要書類 Documentação [Um documento] importante. ⓢ同 Júdáí; kán'yō.

júyō[2] [uú] 重用 O promover「alguém」a um posto importante. (⇨ júyákú[1]). ★ ~ *suru* 重用する ... [*Kare wa kaisha de ~ sarete iru* 彼は会社で重用されている A firma dá-lhe sempre postos importantes.]

júyóku [uú] 獣欲 Os desejos (sexuais) animalescos [baixos]. ⓢ同 Nikúyóku.

júyóshi [juúyóo] 重要視 O considerar importante. *Kono mondai wa ima sekai de ~ sarete iru* この問題は今世界で重要視されている Hoje (em dia) dá-se muita importância a este problema.

júyú [uú] 重油 O óleo pesado [bruto].

júzái[1] [uú] 重罪【Dir.】Um crime grave. ★ ~ *o okasu* 重罪を犯す Cometer ~. ◇ **~ han** 重罪犯 Um malvado [assassino].

júzéi[1] [uú] 重税 O imposto pesado [alto]. ★ *Kokumin ni ~ o kasuru* 国民に重税を課する Lançar impostos pesados aos cidadãos. ⓢ同 Akúzéi; kazéi. ⇨ zeíkín.

júzén[1] [uú] 従前 ⇨ jûrai.

júzén[2] [uú] 十全 ⇨ kanzén[1].

juzō 受像 A recepção da imagem「da T.V.」. ◇ **~ ki** 受像機 O televisor.

júzókú [uú] 従属 O ser subordinado [dependente]. ★ ~ *suru* 従属する ... ◇ **~ setsu** 従属節【Gram.】A oração subordinada. **~ setsuzokushi** 従属接続詞【Gram.】A conjunção subordinativa (Ex.: se, porque, segundo). ⓢ同 Reízókú.

júzú 数珠 O rosário budista. (⇨ rozário). ◇ ⇨ **~ dama**. ~ *tsunagi* 数珠つなぎ Pôr a atar「presos」em fila [*Dōro de wa kuruma ga ~ tsunagi ni natte noronoro-unten o shite iru* 道路では車が数珠つなぎになってのろのろ運転をしている Há uma grande fila de carros na estrada que avançam a passo de tartaruga.].

juzú-dámá 数珠玉 (< ~ + *tamá*)【Bot.】**a)** As lágrimas-de-Job [-de-Nossa Senhora]; o biurá (B.); *coix lacryma-job*; **b)** As sementes desta planta (Usadas como contas, para fazer "juzu", etc.).

K

ka[1] か **1** [疑問を示す] Que? *Dō shimashita ～* どうしましたか (O)que aconteceu [Que (é que você)ora it]? *Kore wa nan desu ～*. *Kimi no pen desu ～* これは何ですか. 君のペンですか Que é isto? Será a sua caneta? **2** [反語・反問を示す] Será possível? *Kanojo hodo no bijin ga hoka ni iru darō ～* 彼女ほどの美人がほかにいるだろうか (Será que) haverá outra tão linda como ela? /Não pode haver mulher mais linda! **3** [詠嘆を示す] É lá possível!; Ah! *Aa, sō ～* ああ、そうか Imagine! *Hoteru de dinā pātī ～*. *Yūga da nā* ホテルでディナーパーティーか. 優雅だなあ Um banquete no hotel? Que luxo! *Nan da kimi ～* なんだ君か Ah, é você [eras tu]! **4** [提案を示す] Que tal, se…? *Kimi mo issho ni asobanai ～* 君も一緒に遊ばないか Não quer vir brincar conosco? **5** [不確かなことを示す] Não sei, mas… *Dare ～ kita yō da* 誰か来たようだ (～) Parece que chegou alguém. *Kare wa kashu ～ nani ～ da* 彼は歌手か何かだ Ele é cantor ou coisa parecida. *Kanojo wa ki no sei ～ aozamete mieta* 彼女は気のせいか青ざめて見えた Não sei, mas ela parecia (estar) um pouco pálida [amarela]. ★ *Doko ～ de* どこかで Algures [Nalgum lugar]. *Nan-nen ～ mae ni* 何年か前に Há uns [alguns] anos. **6** [二者択一を示す] Se (sim) ou (não). *Sansei ～ hantai ～ hakkiri ii-nasai* 賛成か反対かはっきり言いなさい Fale claro; é a favor ou (é) contra? **7** […とすぐ] Apenas; logo [assim] que;mal…. *Shiai ga hajimaru ～ hajimaranai ～ ni ame ga furi-dashita* 試合が始まるか始まらないかに雨が降り出した Mal começou o desafio [a partida]começou a chover.

ka[2] 蚊 O mosquito; o pernilongo (B.); a melga; o muchão. *～ ga bunbun itte iru* 蚊がぶんぶんいっている ～ está zumbindo. *～ ni sasareta* 蚊に刺された Picou-me um [Picaram-me os] ～ [s] [～ *ni sasareta hodo ni mo omowanai* 蚊に刺されたほどにも思わない Isso não me importa (absolutamente) nada]. [I/慣用] *～ no naku yō na koe* 蚊の泣くような声 Uma voz débil.

ka[3] 科 **1** [学科や専門の小分け] O curso; o departamento. ◇ **Shinrigaku ～** 心理学科 ～ de psicologia. **Shōni ～** 小児科 ～ A se(c)ção de Pediatria. ⇨ kamókú; ko-wáké; kugífí. **2** [分類学上の一段階] [Biol.] A família. ◇ **Neko ～** ネコ科 ～ dos felídeos. ⇨ móku[1].

ka[4] 課 **1** [事務の区分] A repartição/se(c)ção. ◇ **Jinji ～** 人事課 ～ de pessoal. ⇨ bu[1]; kákari[1]. **2** [学習上の区分] A lição. ◇ **Dai-san-～** 第3課 A terceira ～. [S/同] Gakká.

ka[5] 香 [E] O aroma; a fragrância. [S/同] Kaórí (+). ~ nióí[1].

ka[6] 可 (古 *kanō*[1]) **1** [よいこと] Poder. ★ *Bunkatsu-barai mo ～ 分割払いも可* Pode-se pagar em prestações. [A/反] Fúka; hí. **2** [よいと認めること] Concordar「com」; ser a favor; aceitar. *Dai-tasū no mono ga kare no iken o ～ to shite iru* 大多数の者が彼の意見を可としている A maioria concorda com ele. [A/反] Hí. **3** [評点の一つ] A aprovação com "Suficiente". *Watashi wa butsuri de ～ o totta* 私は物理で可をとった Passei [Fui aprovado] com "Suficiente" em Física. ⇨ ryō[4]; yú[1].

kā[1] [aa] カー (< Ing. car) O carro; o automóvel. ◇ **～ rajio** カーラジオ O rádio de [para] carro. [S/同] Jidósha (+).

kā[2] かあ [On.] O crocito [grasnido] 「do corvo」. *Karasu ga ～ to naita* からすがかあと鳴いた O corvo crocitou [grasnou] /Ouviu-se um corvo a crocitar [grasnar].

kaátsú 加圧 [Quím.] A「panela de」pressão. ★ *～ suru* 加圧する Pressionar.

kába[1] 河馬 [Zool.] O hipopótamo.

kába[2] 樺 [Bot.] O vidoeiro; a bétula. ⇨ shirákába.

kábā カバー (< Ing. cover < L. cooperire: "cobrir") **1** [おおい] A cobertura; a capa. *Kanojo wa seisho ni ～ o kaketa* 彼女は聖書にカバーをかけた Ela pôs uma capa à Bíblia. ◇ **～ gāru** カバーガール A moça de (capa de) revista. **2** [全体にゆきわたること] O cobrir inteiramente. ★ *～ suru* カバーする… **3** [補う] *～ suru* カバーする… *Kongetsu no shūeki wa sengetsu no akaji-bun o ～ shita* 今月の収益は先月の赤字分をカバーした O lucro deste mês cobriu o déficit [défice] do mês passado. **4** [代わりに守ること] [(D)esp.] Cobrir. *Shōto ga nirui bēsu no ～ ni haitta* ショートが二塁ベースのカバーにはいった "Short" cobriu a segunda base.

kábáido [aá] カーバイド (< Ing. carbide) [Quím.] O carbureto (carboneto).

kabán 鞄 A mala (de mão); a bolsa; a pasta. [S/同] Bággu; sūtsukēsu. ⇨ te-ságé; toránku.

kabán-mochi 鞄持ち (< … + mótsu) **1** [上役の鞄を持つ人; 秘書] O secretário particular; o ajudante (Lit.: "o que leva a pasta"). ◇ hísho[1]. **2** [上役にへつらっている人] O lisonjeador [puxa-saco (B.) / graxa/manteigueiro (P.)];

kába-no-ki 樺の木 [Bot.] ⇨ kába[2].

ka-bárí 蚊鉤 (< … [2] + hárí) O anzol com isca artificial (Penas de ave, etc). [S/同] Ke-bárí.

kabáu 庇う Defender; cuidar; tratar bem「o filho, a mulher」. ★ *Jibun no mi o ～ o自分の身を庇う De-*fender-se; salvar a pele. ⇨ mamóru.

kabáyáki 蒲焼き [Cul.] Uma maneira de assar peixe (Abre-se ao meio, tiram-se as espinhas, põe-se em espetos e deita-se molho de soja com açúcar). ★ *Unagi no ～* 鰻の蒲焼き Enguia à ～.

kabé 壁 **1** [仕切り] A parede. [Pことわざ] *～ ni mimi ari* 壁に耳あり Cuidado, que as ～ têm ouvidos. ◇ **～ shinbun** 壁新聞 O jornal de ～ [Impresso ou não]. ⇨ hé[2]. **2** [障害] [Fig.] A barreira. *Sekai kiroku no ～ wa atsui* 世界記録の壁は厚い É difícil bater o a(c)tual recorde mundial 「da maratona」.

kabé-gámí 壁紙 (< … + kamí) O papel para forrar paredes.

kabé-káké 壁掛け (< … + kakéru) 「decoração/ relógio/quadro/tapeçaria」 De parede.

kabén 花弁 [Bot.] A(s) pétala(s). [S/同] Hanabíra (+).

kabé-tsúchi 壁土 O reboco [A argamassa] (De barro misturado com palha).

kabí¹ 黴 (< kabíru) O bolor (No pão, "mochi"); o mofo (Nas paredes, no "o-furo", na roupa); o ranço (Na carne). ★ ~ *ga haeru* かびが生える Ganhar [Criar] ~. ~ *kusai [no haeta]* かび臭い[の生えた] Cheirar a [Ter/Com] mofo [~ *no haeta kangae* かびの生えた考え O pensamento fossilizado; a maneira de pensar antiquada].

kábi² 華美 A pompa [pomposidade]; o fausto [a faustosidade]; o luxo. ★ ~ *na yosooi* 華美な装い Um trajo [e] luxuoso. ~ *na nagare* 華美に流れる Ter inclinação para o/a ~; Gostar de ~. [A/周] Jimí, shísso. ⇨ hadé.

kabín¹ 花瓶 O vaso [A jarra] (para flores). *Hana o* ~ *ni ikeru [sasu]* 花を花瓶に生ける[差す] Pôr flores no/a ~. ~ *shiki* 花瓶敷き O descanso (De renda, etc.) de [para] ~. ⇨ káki⁸.

kabín² 過敏 A hiper [super]-sensibilidade; a susce(p)tibilidade. ★ ~ *na "shinkei"* 過敏な「神経」 Hipersensível; susceptível.

kábin-jū [aá] カービン銃 A carabina (Espingarda leve).

kabíru 黴びる Ganhar [Criar] mofo/bolor/ranço. ★ *Kabita pan* かびたパン O pão com bolor. ⇨ kabí¹.

kabochá 南瓜 (< P. Camboja: país donde de p. trouxeram este legume para o J.) 【Bot.】 A abóbora (Nalguns lugares de Kyūshū também se diz "bóbora"). [S/周] Tōnásu.

kábon [aá] カーボン (< Ing. carbon < .L) O carbono. ◇ ~ **pēpā** [shi] カーボンペーパー[紙] O papel carbono.

kabósúki か細い (< hosói) Delgado; fino; magro. ★ ~ *karada* か細い体 O corpo magrinho (magrinho). ~ *koe* か細い声 A voz débil [fraca]. ⇨ yowáyówáshíi.

kábu¹ 下部 A parte inferior [de baixo]. ◇ ~ **kōzō** 下部構造 A(s) infra-estrutura(s). [A/周] Jōbu.

kabu² 株 1 [切り株] O toco; o cepo. [S/周] Kirí-kábu. 2 [根のついた植物] A planta (com a raiz). ★ ~ *o wakeru* 株を分ける O ~ kabú-wáké. 3 [株式] (O título de) a(c)ção. ★ ~ *de mōkeru [son o suru]* 株でもうける[損をする] Ganhar [Perder] (dinheiro) na especulação da bolsa. ~ *no kau [uru]* 株を買う[売る] Comprar [Vender] a(c)ções. ◇ ~ **ken** 株券 A apólice; a a(c)ção. ⇨ ~ **nushi. Jōjō** [Hi-jōjō] ~ 上場 [非上場] 株 A ~ cotada [não-cotada] na bolsa. **Kimei** [**Mu-kimei, Mushō**] ~ 記名 [無記名; 無償] 株 A ~ nominativa (ao portador; bonificada). ⇨ kabúshiki. 4 [相場] A bolsa. ★ ~ *ni te o dasu* 株に手を出す Especular na ~. 5 [営業権] O alvará [A licença]. *Furoya no* ~ 風呂屋の株 ~ para gerir [abrir] um banho público. 6 [評価; 評判] O apreço; a estima; a fama. ★ ~ *ga agatta* 株が上がった「dele」subiu. [S/周] Hyōbán (+); hyōka (+). 7 [得意のわざ] A especialidade; o forte. ★ *O-* ~ *o ubau* お株を奪う Ganhar ao adversário na/o ~ dele.

kabu³ 蕪 【Bot.】 O nabo; *brassica compestris*. [S/周] Kabúra. ⇨ daíkón.

kabu [aá] カーブ (< Ing. curve < L.) 1 [曲線] A curva. *Bōru wa ōkina* ~ *o egaite tonda* ボールは大きなカーブを描いて飛んで行った A bola voou descrevendo uma grande ~. ★ ~ *o kiru* カーブを切る Fazer a curva; virar「o carro」. ◇ ~ **mirā** カーブミラー O espelho para o tráfico (Instalado numa curva ou esquina). **kyū** ~ 急カーブ ~ fechada. ⇨ kyokúsén. 2 [野球の] (D)esp.】 A bola em curva. ★ ~ *o nageru* カーブを投げる Aremessar a ~.

kabúka 株価 O preço de cotação de uma a(c)ção. ★ ~ *ga bōraku shita* 株価が暴落した O ~ baixou rapidamente. ◇ ~ **shisū** 株価指数 O índice [A cotação] da bolsa (de valores).

kabúki 歌舞伎 O kabúki (Gé[ê]nero teatral, típico do J., que começou nos princípios do séc. 17, se transformou no gé[ê]nero mais popular da era Edo e continua vivo hoje). ◇ ~ **jū-hachi-ban** 歌舞伎十八番 A célebre cole(c)ção de 18 (partes de) peças de ~ do repertório da família de a(c)tores Ichikawa, compilada em Tóquio nos meados do séc. 19. ~ **yakusha** 歌舞伎役者 O a(c)tor do ~. ⇨ búnrákú; nō¹.

kabún¹ 過分 O ser generoso [excessivo/imerecido]. ★ ~ *no hōshū* 過分の報酬 A remuneração ~ a. ⇨ kádo³.

kabún² 寡聞 【E.】 O estar mal-informado; o não ter conhecimento [informação]. ~ *ni shite shirimasen* 寡聞にして知りません Desculpe, mas não sei (nada).

kabúnsū 仮分数 【Mat.】 A fra(c)ção imprópria. [A/周] Shínbúnsū. ⇨ taíbúnsū.

kabú-nushi 株主 O a(c)cionista. ◇ ~ **haitōkin** 株主配当金 O dividendo das a(c)ções. ~ **sōkai** 株主総会 A assembleia geral dos ~s. ⇨ kabúshiki.

kabúrá 蕪; 蕪菁 【Bot.】 ⇨ kabú³.

kabúré かぶれ (< kabúréru) 1 [皮膚病の] A urticária; o exantema; a erupção cutânea. 2 [悪い影響を受けること] [Fig.] A mania. ★ *Seiyō* ~ *no otoko* 西洋かぶれの男 Um homem com ~ que é ocidental.

kabúréru かぶれる 1 [皮膚がまける] Ter urticária [erupção cutânea]. *Urushi ni kabureta* 漆にかぶれた Toquei na árvore da laca e fiquei com ~. 2 [感化を受ける] Ser influenciado「pelo freudismo」; estar influenciado「de materialismo」. *Kare wa anākizumu ni kaburete iru* 彼はアナーキズムにかぶれている Ele está influenciado pelo anarquismo [tem ideias anarquistas].

kábúri¹ 頭 【E.】 A cabeça. ★ ~ *o furu* かぶりを振る Abanar a ~ a dizer que não. [S/周] Atáma (+). ⇨ kóbé.

-kábúri² 被り (< kabúru) O pôr「lenço, véu, chapéu」 na cabeça. ◇ **Anesan** [**Nēsan**] ~ あねさん[えさん]かぶり O lenço apertado para proteger a cabeça do pó e do calor. ⇨ **hō**[**neko**] ~.

kabúrí-móno 被り物 (< kabúru + ...) A cobertura para a cabeça. ⇨ bōshí¹.

kabúrí-tsúki 噛り付き (< kabúrí-tsúku) A primeira fila「do teatro」. ★ ~ *de butai o miru* かぶりつきで舞台を見る Assistir à peça na ~.

kabúrí-tsúku 噛り付く (< kabúru + ...) Dar uma dentada. *Kodomo wa ōkina ringo ni kaburitsuita* 子供は大きなりんごにかぶりついた A criança deu uma dentada na maçã (zona).

kabúru 被る 1 [額・頭をおおう] Pôr na cabeça; cobrir-se「com」. *Kare wa mugiwara bōshi o kabutte ita* 彼は麦わら帽子をかぶっていた Ele tinha/levava [estava com] um chapéu de palha (na cabeça). *Watashi wa futon o atama kara kabutte neta* 私は布団を頭から被って寝た Dormi todo enfiado no [com a cabeça debaixo do]「futon」. ★ *Men o* ~ 面を被

る Pôr uma máscara. **2** [あびる] Cobrir-se. *Hon wa hokori o kabutte ita* 本はほこりを被っていた O livro tinha [estava coberto de] pó. ★ *Mizu o* ～ 水を被る Deitar água em cima do corpo; tomar um chuveiro. [S/同] Abírú. **3** [身に引き受ける] Assumir [Tomar sobre si] a responsibilidade (da culpa de outro). *Kanojo wa hitori de tsumi o kabutta* 彼女は一人で罪を被った Ela assumiu toda a culpa.

kabúsáru 被さる **1** [おおう] Estar suspensa「nuvem/madeixa de cabelo」. ⇨ ṓú. **2** [及ぶ] Ficar sobrecarregado「com o trabalho doutro」; sobreporem-se「as vozes」; repetir-se「o conteúdo dos livros」. ⇨ dabúru[2]; oyóbú.

kabúséru 被せる **1** [おおう] Cobrir. ★ *Futa o* ～ ふたを被せる Tapar a [Pôr a tampa na]「panela」. [S/同] Ṓú. **2** [注ぎかける] Deitar em cima. *Gomi no yama ni tsuchi o kabuseta* ごみの山に土を被せた Deitei terra em cima do montão de lixo. ⇨ kakéru[1]. **3** [他人に負わせる] Deitar a culpa a outrem (⇨ kabúru **3**). *Kare wa jibun no tsumi o hito ni kabusete heiki na kao o shite iru* 彼は自分の罪を人に被せて平気な顔をしている Ele deita as culpas aos outros e fica como se nada fosse (com ele). ⇨ nasúrí-tsúkéru.

kabúshiki 株式 A [O título de] a(c)ção; as a(c)ções. ★ ～ *o hakkō* [*boshū*] *suru* 株式を発行 [募集] する Oferecer a(c)ções para subscrição. ◇ **～ baibai** 株式売買 A compra e venda de a(c)ções; a especulação. ⇨ **～ gaisha**. **～ haitōkin** 株式配当金 O dividendo [A bonificação] em a(c)ções. **～ meigi kakikae** 株式名義書換え O tre[a]spasse de a(c)ções. **～ nakagai-nin** 株式仲買人 O corretor da bolsa. ～ *shijō* 株式市場 O mercado de a(c)ções.

kabúshíki-gáisha 株式会社 (<… + kaíshá) A sociedade anó[ô]nima [por a(c)ções].

kábuto 兜 O elmo; o capacete. ★ ～ *o nugu* 兜を脱ぐ Render-se [Ceder] (Lit. tirar ～). [P/ことわざ] *Katte* ～ *no o o shime yo* 勝って兜の緒をしめよ Cuidado, que a vitória não te suba à cabeça.

kabútó-gani 兜蟹 (<… + kaní)【Zool.】Os merostomados [merostomáceos] (Caranguejos grandes); *tachypleus tridentus*.

kabútó-mushi 甲 [兜] 虫【Zool.】A vaca-loira; o abadejo; *allomyrina dichotomus*.

kabú-wáké 株分け (<… **2** + wakéru) O destrinçar [separar] as raízes (com o caule) duma planta, para replantação/transplante. ★ *Kiku no* ～ *o suru* 菊の株分けをする … crisântemos para transplante.

kabú-yá 株屋 **a**) O corretor da [operador de (B.)] bolsa; **b**) O especulador.

kácha kacha かちゃかちゃ【On.】*Shokki o* ～ *iwasete taberu no wa o-gyōgi ga warui yo* 食器をかちゃかちゃいわせて食べるのはお行儀が悪いよ É falta de educação fazer muito barulho com os talheres. ⇨ káchi kachi **1**.

kā́-chan [**áa**] かあちゃん【Col.】A mamã; a mamãe (B.). [A/反] Tṓchan. ⇨ o-kā́-san.

káchi[1] 価値 O valor. *Ano e wa geijutsu-teki* ～ *ga takai* あの絵は芸術的価値が高い Aquele quadro tem (um) grande valor artístico. *Kono hon wa yomu* ～ *ga aru* この本は読む価値がある Este livro vale a pena ler-se [merece ser lido]. ★ ～ *no hikui* 価値の低い De pouco valor. ◇ **～ handan** 価値判断 O juízo de ～. ⇨ **～ kan**. ⇨ ataí; neúchí.

kachí[2] 勝ち (< kátsu) A vitória. ★ ～ *ni jōjiru* 勝ちに乗じる Animar-se com a ～. ～ *o yuzuru* 勝ちを譲る Perder; deixar ir a ～. [S/同] Shṓri. [A/反] Maké.

káchi[3] 徒歩【A.】⇨ tóho.

kachíáu 搗ち合う **1** [衝突する] Colidir; chocar-se; ir de encontro「a」. ⇨ butsúkárú; shṓtótsú. **2** [重なる] Calhar; coincidir. *Kondo no saijitsu wa nichiyō to* ～ 今度の祭日は日曜とかち合う O próximo feriado calha a um domingo. ⇨ kasánárú. **3** [対立する] Opor-se. ★ *Rigai ga* ～ 利害がかち合う Haver colisão [um choque] de interesses. **4** [偶然会う] Cruzar [Encontrar]-se「com alguém na rua」. *Tabisaki de yūjin to kachiatta* 旅先で友人とかち合った Encontrei-me com um amigo (meu) na viagem.

kachí-boshi 勝ち星 (< kátsu + hoshí) O ponto (Sinal de vitória). ★ ～ *o ageru* 勝ち星をあげる Vencer; ganhar. [S/同] Shiró-boshi.

kachídókí 勝ち鬨 O grito de vitória. ★ ～(*no koe*) *o ageru* 勝ち鬨 (の声) を揚げる「ainda é cedo para」Cantar [Dar gritos de] vitória. ⇨ tokínókóe.

kachí-éru 勝ち得る (< kátsu + éru) Ganhar; vencer; conquistar; alcançar; obter; adquirir. ★ *Shinrai* [*Meisei*] *o* ～ 信頼 [名声] を勝ち得る Ganhar confiança [fama]. [S/同] kachí-tóru; kakútókú súrú.

kachí-guri 勝 [搗] ち栗 (< kátsu + kurí) A castanha pilada (Descascada e seca).

kachí-hókóru 勝ち誇る (< kátsu + …) Estar triunfante [vitorioso]. ★ *Kachihokotta kao* 勝ち誇った顔 O rosto ufano [de vitória].

kachí-íkusa 勝ち戦 [軍] (< kátsu + …) Uma batalha bem ganha; o triunfo. [A/反] Maké-íkusa.

kachi kachi かちかち【On.】 **1** [かたいものどうしが当たって出す高い音] [káchi kachi] O tiritar. *Samukute ha ga* ～ *natta* 寒くて歯がかちかち鳴った Tenho os dentes a bater [tiritar] do frio. *Tokei ga* ～ *to oto o tatete ita* 時計がかちかちと音をたてていた O relógio fazia tique-taque,… **2** [かたいさま] [kachíkáchí] Duro (Tb. significa tenso「no palco」). *Dōro ga* ～ *ni kōtte iru* 道路がかちかちに凍っている O caminho está duro com o gelo. **3** [頑固なさま] [kachí káchí] Teimoso; inflexível; ferrenho. *Ano otoko wa* ～ *no kokkashugisha da* あの男はかちかちの国家主義者だ Aquele homem é um nacionalista ferrenho!

kachí-kan 価値観 O sentido [conceito] dos valores. *Boku to kimi to de wa sono mondai ni kansuru* ～ *ga chigau* 僕と君とではその問題に関する価値観が違う O teu ～ e o meu em relação a esse problema é muito diferente.

kachí-kí 勝ち気 (< kátsu + …) O espírito forte. ★ ～ *na onna* 勝ち気な女 A mulher corajosa [de ～]. [S/同] Makéńkí. ⇨ ki-jṓ; kikáńkí.

kachí-kóshí 勝ち越し (< kachí-kosú) A vitória por maior número de jogos ganhos. [A/反] Maké-kóshí.

kachí-kósú 勝ち越す (< kátsu + …) **1** [勝った数が相手より多くなる] Ganhar por jogos. *Takanohana wa nakabi de kachikoshita* 貴乃花は中日で勝ち越した Takanohana já ganhou mais de metade das partidas no oitavo dia (num campeonato que dura 15 dias). **2** [得点が相手より多くなる] Ganhar por pontos. *Wareware wa ni tai ichi de kachi-koshita* 我々は２対１で勝ち越した Ganhámos por dois a um.

kachíkú 家畜 O gado.

kachí-make 勝ち負け (< kátsu + makérú) ⇨ shṓhái[1].

kachí-mé[**mi**] 勝ち目 [味] (< kátsu + …) A probabilidade [possibilidade] de ganhar. ★ ～ *ga aru* 勝

K

ち目 [味] がある Ter probabilidades de ganhar.
- **kachín** かちん **1** [かたいものがふれあう音] Tim; telim. *Pātī kaijō de wa koppu o ~ to narasu kanpai no oto ga kikoeta* パーティー会場ではコップをかちんと鳴らす乾杯の音が聞こえた Na festa ouvia-se o te[i]lintar dos brindes. ⇨ káchi kachi **1**. **2** [怒ったさま] Apre! ★ ~ *to kuru* かちんとくる Irritar-se.
- **kachí-nánori** 勝ち名乗り (< kátsu + nanóru) O dizer de quem é a vitória (no sumô). ★ ~ *o ageru* 勝ち名乗りを上げる Proclamar a vitória「nas eleições」; dizer quem é o vencedor.
- **kachín kachín** かちんかちん ⇨ kachí káchi; kachín.
- **kachí-nókóru** 勝ち残る (< kátsu + …) Passar numa prova [Ganhar a] eliminatória.
- **kachí-núki-sén** 勝ち抜き戦 (< kachí-núkú + …) O torneio. S/同 Tónamento.
- **kachí-núku** 勝ち抜く (< kátsu + …) Ganhar sucessivamente. *Kare wa kesshōsen made kachinuita* 彼は決勝戦まで勝ち抜いた Ele ganhou até à (partida) final.
- **kachíppánáshí** 勝ちっ放し (< kátsu + hanásu) O ganhar sempre [tudo]. ⇨ reńshō.
- **kachí-tóru** 勝ち取る (< kátsu + tóru) Ganhar; conquistar. S/同 Kachí-éru.
- **kachí-úmá** 勝ち馬 (< kátsu + …) O cavalo vencedor. ◇ ~ **tōhyōken** 勝馬投票券 O bilhete de aposta (na corrida de cavalos).
- **kachō**[1] 課長 O chefe de se(c)ção. ◇ ~ **hosa** 課長補佐 O ajudante [assistente] do ~.
- **kachō**[2] 家長 O chefe de família; o patriarca (No sistema patriarcal). ◇ ~ **ken** 家長権 O privilégio do ~. ⇨ kóshu[4].
- **káchōfúgetsu** [úu] 花鳥風月 (Flores, aves, brisa, lua) A beleza natural. ★ ~ *o tomo to suru* 花鳥風月を友とする Viver com a [no meio da] natureza.
- **kachō-kín** 課徴金 A sobretaxa.
- **káchū**[1] 火中 O meio das chamas [do fogo]. I/慣用 ~ *ni mi o tōzuru* 火中に身を投ずる Lançar-se para o ~. ~ *no kuri o hirou* 火中の栗を拾う Tirar as castanhas do lume [Arriscar-se/Expor-se/Aventurar-se].
- **káchū**[2] 家中 [H.] O vassalo. ⇨ hánshi[3].
- **káchū**[3] 渦中 O turbilhão; a voragem; o vórtice. *Watashi wa jiken no ~ ni makikomareta* 私は事件の渦中に巻き込まれた Eu achei-me no meio do/a ~ [fiquei envolvido naquele caso「complicado, de família」].
- **kadái**[1] 課題 **1** [題目] O assunto; o tema; o tópico. ★ ~ *o happyō suru* 課題を発表する Apresentar o ~「da conferência」. S/同 Daímokú; téma. **2** [宿題] A tarefa escolar; os deveres escolares. ★ *Natsu-yasumi no* ~ 夏休みの課題 ~ das férias de verão. Shukúdái (+). **3** [問題] O「verdadeiro」 problema; a「grande」questão「que temos de enfrentar」. ★ *Kongo no* ~ 今後の課題 O problema que temos de (começar a) resolver. S/同 Mońdáí (+).
- **kadái**[2] 過大 Enorme; excessivo (Ex.: ~ *ni shi suru* = dar demasiada importância). ★ ~ *na yōkyū* 過大要求 Umas exigências absurdas [~s]. ◇ ⇨ ~ **hyōka**.
- **kadái-hyōka** [óo] 過大評価 O dar demasiado valor. S/同 Kaíkábúri. A/反 Kashó-hyōka.
- **kádan**[1] 花壇 O canteiro de flores.
- **kadán**[2] 果断 A decisão (rápida). ★ ~ *na shochi o toru* 果断な処置を取る Agir imediatamente [com ~]. S/同 Eldán.
- **kadán**[3] 歌壇 O mundo [círculo] dos poetas de "waka".
- **kadén**[1] 家伝 A tradição de família. ★ ~ *no hihō* 家伝の秘法 O segredo transmitido de pais a [para] filhos.
- **kadén**[2] 瓜田 【E.】 O meloal (Plantação de melões). P/ことわざ ~ *ni kutsu o irezu (rika ni kanmuri o tadasazu)* 瓜田に履をいれず (李下に冠をたださず) Evita a(c)ções comprometedoras (Lit. "Não atravesses meloal nem ajeites o chapéu debaixo de amexi(i)eira" (que podem pensar que roubas os melões ou as ameixas)).
- **kadén**[3] 荷電 【Ele(c)tri.】 A carga elé(c)trica. S/同 Deńká[3] (+).
- **kádigan** [áa] カーディガン (< Ing. cardigan) O cardigã (Casaco curto de lã com ou sem mangas).
- **kádo**[1] 角 **1** [曲がり角] A esquina; o gaveto; o canto. ★ ~ *no kusuri-ya* 角の薬屋 A farmácia da ~. ~ *o magaru* 角を曲がる Dobrar a ~. S/同 Magárí-kado. **2** [とがって突出した部分] A ponta; a beira「da rocha」. ★ *Tsukue no* ~ 机の角 ~ da mesa. **3** [不必要に刺激する点] 【Fig.】 A aspereza; as arestas; a dureza. *Ano hito mo toshi o totte ~ ga torete kita* あの人も年を取って角が取れてきた Aquele senhor, com a idade, ficou mais sociável. *Sonna koto o iu to ~ ga tatsu yo* そんなことを言うと角が立つよ Não fale assim, que pode ofender [irritar as pessoas].
- **kádo**[2] 門 A casa; a família. P/ことわざ *Warau ~ ni wa fuku kitaru* 笑う門には福来たる Em casa que ri, sempre felicidade vi. ⇨ ié[1]; kázoku[1].
- **kádo**[3] 過度 O excesso; a demasia. ~ *no inshu wa karada o kowasu* 過度の飲酒はからだをこわす A bebida em ~ é prejudicial (à saúde).
- **kádo**[4] かど O motivo; a causa. *Kare wa nusumi no ~ de tsukamatta* 彼は盗みのかどでつかまった Ele foi preso por (~ de) roubo. ⇨ wáke.
- **kadō**[1] 可動 Do guindaste「Móvel」. ◇ ⇨ ~ **kyō**. ~ **sei** 可動性 A mobilidade.
- **kadō**[2] 華[花]道 (A arte do) arranjo de flores/A arte floral. ⇨ ikébana.
- **kádō**[3] 歌道 A (arte da) poesia.
- **kadō**[4] 稼働 【動】 **a**) O funcionar「da máquina」; **b**) O trabalhar「pessoa」. ◇ ~ **jinkō** 稼働【動】人口 A população a(c)tiva. ~ **nissū** 稼働【動】日数 O número de dias úteis [de trabalho].
- **kádo** [áa] カード (< Ing. card) **1** [紙片] A ficha; o cartão (Pl. cartões). ◇ **Kurisumasu** ~ クリスマス・カード O cartão de Natal. **2** [クレジット・カード: キャッシュ・カード] O cartão de crédito. ★ ~ *de shiharau* カードで支払う Pagar com ~. ~ *jigoku [hasan]* カード地獄[破産] O problema [A falência] por usar o ~. **3** [番組; 試合] A combinação do jogo. *Kyō no yakyū wa kō* ~ *da* 今日の野球は好カードだ ~ de basebol de hoje é boa.
- **kadobán** 角番 O jogo decisivo (de vida ou de morte). ★ ~ *ni tatsu* 角番に立つ Enfrentar um ~.
- **kadó-báru** 角張る (< kádo + harú) **1** [角張る] Ser bicudo (anguloso). **2** [とげとげしい] Ser tenso [formal/quase agressivo]. ★ *Kadobatta hanashikata* 角ばった話し方 O modo ~ de falar. S/同 kakú-báru; shikákú-báru.

kadó-chi 角地 O terreno [lote] da esquina.

kadó-dé 門出 (< kádo² + déru) A partida 「dos estudantes finalistas/do filho que vai casar」. ★ ~ o iwau 門出を祝う Festejar a partida/Desejar muito sucesso. S/阃 Shuppátsú (o); tabídáshi (+).

kadó-guchi 門口 (<…² + kuchí) A porta [entrada] (de casa); o vestíbulo [pórtico] 「de nova vida」. ⇨ génkan¹; món¹.

kadó-kyō 可動橋 A ponte levadiça. S/阃 Hané-bashi. ⇨ kadó¹.

kadó-matsu 門松 Os ramos de pinheiro e bambu colocados à entrada das casas nos primeiros dias do Ano Novo. ★ ~ o tateru 門松を立てる Pôr ~; adornar a entrada… S/阃 Matsú-kázari.

kadómíumu カドミウム (< Ing. cadmium < Gr.) 【Quím.】O cádmio [cádmium] (Cd 48).

kadoríru [ii] カドリール (< Fr. quadrille) A quadrilha (Dança).

kadówákasu かどわかす Raptar. ⇨ yūkái¹.

kadó-zúke 門付け (<…² + tsukéru) O ir de porta em porta cantando [tocando].

kaé 替 【代‑換‑替】え (< kaéru) A substituição; a troca; a muda. Shatsu no ~ ga nai シャツの替えがない Não tenho nenhuma muda de camisa. ◇ ⇨ **~ dama** 【gi/shin】.

kaé-dámá 替え玉 (< kaéru + tamá) O substituto; o testa-de-ferro 「num exame」. ★ ~ o tsukau 替え玉を使う Usar ~. ◇ mi-gáwari; nisé-mónó¹.

kaéde 楓 【Bot.】O bordo; o ácer; o ácer-do-canadá [-de-açúcar]. ⇨ mómiji.

kaé-gí 替え着 (<… + kimónó) A muda de [Outra] roupa. S/阃 Ki-gáé (+).

kaékkó 替えっこ【Col.】A troca (Tb. brinquedo de ~ de roupa de bonecas). S/阃 Kōkán (+).

kaén 火炎【焰】A chama; a labareda. ◇ ~ **bin** 火炎【焰】びん A granada de mão incendiária (Uma garrafa com líquido inflamável). ◇ ~ **hōshaki** 火炎【焰】放射器 O lança-chamas. ⇨ hónoo.

kaéri 帰り (< káeru) A volta; o regresso. Kare wa itsumo ~ ga hayai [osoi] 彼はいつも帰りが早い［遅い］Ele volta sempre cedo [tarde]. O-~ wa kochira desu お帰りはこちらです A saída é por aqui. ★ ~ o isogu 帰りを急ぐ Apressar-se [Dar-se pressa] a voltar. Burajiru-gaeri no ブラジル帰りの Recém-vindo[-chegado] do B. ◇ ⇨ **~ michi**.

kaérigáké 帰り掛け (<… + kaéru) O (momento de) regressar/voltar. Watashi wa ~ ni tomodachi ni atta 私は帰りがけに友達に会った No regresso encontrei um amigo. ⇨ Kaéri-shíná. A/反 Yukí-gáké. ⇨ kaéri-michi.

kaéri-jítaku 帰り支度 (<… + shitakú) O preparar-se para voltar.

kaéri-michi 帰り道 [路] O caminho de) regresso; a volta. S/阃 kíro.

kaérímíru 顧【省】みる 1 [振り向く] Olhar para trás; virar [voltar]-se. S/阃 Furí-káeru(múku). 2 [回顧する] Relembrar; rever; recordar com saudade. Watashi wa mizukara o kaerimite hajiru koto wa nai 私は自らを省みて恥じることはない Revendo o meu passado, não tenho nada de que me envergonhar. ★ Mukashi o ~ 昔を顧みる ~ o passado. S/阃 Káiko suru. 3 [考慮する] Considerar; fazer caso; ver; pensar; cuidar de. Kare wa katei o ~ hima ga nai 彼は家庭を顧みる暇がない Ele não tem tempo para pensar na [cuidar da] família. S/阃 Kōryo suru.

kaérishíná 帰りしな【D.】⇨ kaérigáké.

kaéri-ten 返り点 (…) O sinal de volta de texto chinês para indicar a leitura.

kaéri-úchi 返り討ち (< káeru + útsu) O ir por lá e ficar tosquiado; o voltar-se o feitiço contra o feiticeiro. ~ ni au [suru] 返り討ちにあう[する] Ser morto por aquele de quem se ia vingar [Matar quem o vinha matar].

kaéri-záki 返り咲き (< kaéri-záku) 1 [狂い咲き] O florescer outra vez fora de época. 2 [復帰] O tornar a ganhar 「as eleições/o campeonato」depois de uma interrupção. S/阃 Fukkí (+).

kaéri-záku 返り咲く (< káeru + sakú) 1 [時節はずれてからまた花が咲く] Florescer de novo fora de época. 2 [復帰する] Regressar triunfante. Kare wa migoto ni eiga-kai ni kaerizaita 彼は見事に映画界に返り咲いた Ele fez um regresso admirável ao (mundo do) cinema.

kaérú¹ 蛙【Zool.】**a)** A rã; **b)** O sapo (⇨ hikí-gáeru). ~ ga naite iru 蛙が鳴いている a coaxar. ◇ ~ **tobi** 蛙跳び O jogo de eixo (Saltar por cima uns dos outros). 【ことわざ】 ~ no tsura ni mizu 蛙の面に水「os conselhos que lhe dou são como」Água sobre vidro.

káeru² 返る 1 [もとの状態になる] Voltar ao estado anterior; recuperar-se. Shoshin ni kaette mō ichido yarinaoshite mitai 初心に返ってもう一度やり直してみたい Desejo recomeçar do princípio [voltar ao meu primeiro ideal]. ★ Shōki ni ~ 正気に返る Voltar a si; recuperar a lucidez (Os sentidos). Ware ni ~ 我に返る Voltar a si. 2 [持ち主に戻る] Voltar; ser devolvido. Otoshimono ga buji mochi-nushi ni kaetta 落し物が無事持ち主に返った O obje(c)to perdido foi devolvido (direitinho) ao [voltou às mãos do] dono.

káeru³ 帰る Voltar; regressar; ir-se embora. O-kaeri nasai お帰りなさい Então 「hoje」 correu tudo bem? Totto to kaere とっとと帰れ Vai-te já embora [Fora/Rua]! ★ Kaeranu hito to naru 帰らぬ人となる Morrer; partir para o outro mundo.

káeru⁴ 代【換‑替】える 1 [交換する] Trocar; cambiar. Kono doru o yūro ni kaete kudasai このドルをユーロに換えて下さい Troque-me estes dólares por euros, se faz favor. Kono sen-en-satsu o hyaku-endama ni kaete kudasai この千円札を百円玉に換えて下さい Pode trocar esta nota de mil yens em moedas de cem? ★ Kogitte o genkin ni ~ 小切手を現金に換える ~ um cheque (em dinheiro). 2 [新しくする] Mudar; renovar. Mado o akete heya no kūki o kaemashō 窓を開けて部屋の空気を換えましょう Vamos abrir (um pouco) a janela para ventilar a [~ o ar da] sala. 3 [代替させる] Substituir; trocar. Kenkō wa nani mono ni mo kae-gatai mono de aru 健康は何物にも代え難いものである A saúde não se pode trocar por nada. Kore o motte aisatsu ni kaesasete itadakimasu これをもって挨拶に代えさせていただきます E com isto [estas palavras] termino os meus cumprimentos.

káeru⁵ 変える 1 [変化させる] Mudar; transformar; variar; alterar. Kare wa isshun kao-iro o kaeta 彼は一瞬顔色を変えた De repente [Por um momento] ele mudou de cor. ★ *Hōkō o* ~ 方向を変える Mudar de dire(c)ção. *Taido o* ~ 態度を変える Mudar de atitude. *Toshokan ni karite ita hon o* ~ *ni itta* 図書館に借りていた本を返しに行った Eu fui à biblioteca para devolver o livro (emprestado). **2** [⇨ o-káeshí].

káeru⁶ 孵る (⇨ káesu⁴) Ficar chocado; sair da casca. *Hiyoko ga kaette* ひよこが孵った O pint(ainh)o saiu do ovo/da casca. ⇨ fúka³.

káeru⁷ 反る Levantar-se. *Sukāto no suso ga kaette iru* スカートの裾が反っている Ter a saia levantada. ⓈⒻ Hikkúri-kaeru (+).

kaéshi 返し (< káesu¹) **1** [返すこと] A devolução; a paga; a restituição. *Toshokan ni karite ita hon o* ~ *ni itta* 図書館に借りていた本を返しに行った Eu fui à biblioteca para devolver o livro (emprestado). **2** [⇨ o-káeshí].

kaé-shín 替え芯 (< kaerú⁴ + …) A carga「para lapiseira/esferográfica」.

káesu¹ 返[反]す **1** [もと通りにする] Pôr como estava. *Arasareta shizen o moto ni* ~ *no wa muzukashii* 荒らされた自然をもとに戻すのは難しい É difícil recuperar [~] a natureza destruída.
2 [もとの場所・持ち主へ戻す] Devolver「o livro」; retribuir. *Karita kane wa sugu* ~ *koto ni shite iru* 借りた金はすぐ返すことにしている Eu tenho o costume de devolver logo o dinheiro que pedi emprestado. ★ *Sakazuki o* ~ 杯を返す Retribuir [Servir tb.] a tacinha de sake. ⓈⒻ Heńkyákú súrú.
3 [応じる] Reagir; responder; replicar. *Kare wa on o ada de kaeshita* 彼は恩を仇で返した Ele pagou o bem com o mal. *O-kotoba o* ~ *yō desu ga watashi wa sō wa omoimasen* お言葉を返すようですが私はそうは思いません Nisso temos opiniões diferentes [Desculpe contradizê-lo mas eu não penso assim].
4 [返事をする] Responder. ★ *Aisatsu o* ~ 挨拶を返す Retribuir o cumprimento [a saudação].
5 [向きを変える] Virar「o peixe」. *Kare wa* ~ *katana no teki no nodo no tsuita* 彼は~刀で敵ののどを突いた Ele virou a espada e feriu o inimigo na garganta.
6 [もとに戻る] Voltar; recuar. *Yosete wa* ~ *nami no oto dake ga kikoete kuru* 寄せては返す波の音だけが聞こえてくる Só se ouve o ruído do vaivém das ondas.

-káesu² 返す **1** [もう一度同じことをする] Repetir; reiterar; fazer novamente. *Kono shōsetsu wa nando yomi-kaeshite mo omoshiroi* この小説は何度読み返してもおもしろい Esta novela, por mais (vezes) que se leia é sempre interessante. ⇨ kuríkáesu.
2 [相手と同じことをする] Pagar na mesma moeda. *Nagurareta naguri-kaese* なぐられたらなぐり返せ Se alguém te der uma pancada, dá-lhe outra a ele [paga-lhe na mesma moeda].

káesu³ 帰す Fazer voltar.

káesu⁴ 孵す Incubar; chocar. *Niwatori wa tamago o daite hina o* ~ 鶏は卵を抱いてひなを孵す A galinha está no choco [a ~].

kaésú-gáesu 返す返す (< … + káesu¹) **1** [実に] Realmente; verdadeiramente. ~ *(mo) zannen da* É ~ uma pena 「terem-lhe roubado o carro」/ Que pena tão grande! **2** [何度も] Repetidamente. *Kanojo wa sensei ni kodomo no koto o* ~ *tanonda* 彼女は先生に子供のことを返す返す頼んだ Ela pediu ~ ao professor que obrigasse o filho a estudar [ajudasse o filho a portar-se bem].

káette 却って Pelo contrário; também; até. *Majime-sugiru to* ~ *hito ni kirawareru* 真面目すぎると却って人に嫌われる O ser sério demais também pode desagradar.

kaé-útá 替え歌 (< kaerú⁴ + …) A paródia de uma canção「militar」.

kae-zúbon 替えズボン (< kaerú⁴ + …) A muda de calça (para trocar).

káfē カフェー O café [bar]. ⇨ kissáten.

kaféin カフェイン A cafeína.

kafétéria カフェテリア (< Ing. cafeteria) A cafete[a]ria; o refeitório.

káfu¹ 下付 O outorgar [passar/conceder/dar]「licença/passaporte」. ★ ~ *suru* 下付する. ◇ ~ **kin** 下付金 O subsídio. ⒶⓇ Jōnō. ⇨ kōfu.

káfu² 寡婦【E.】A viúva.
ⓈⒻ Goké (+); mibōjin (o); yamómé (+).

káfu³ 寡夫【E.】O viúvo. ⓈⒻ (Otōkó)yámome.

káfu⁴ 家風 O ambiente [Os costumes] de família.

káfu⁵ 歌風 O estilo poético.

káfuku 禍福【E.】A boa e má sorte; a felicidade e a infelicidade; as vicissitudes. ᴾ[ことわざ] ~ *wa azaeru nawa no gotoshi* 禍福は糾える縄の如し Após a pena vem o prazer e após o prazer vem a pena (Lit. a felicidade e a infelicidade são como os fios entrelaçados da corda).

kafúku(bu) 下腹 (部) A parte inferior do [O baixo-] ventre.

kafún 花粉【Bot.】O pólen. ◇ ~ **shō** 花粉症 A alergia ao ~.

kafúsoku 過不足 O ter「duas páginas」a mais ou a menos「não tem importância」. ★ ~ *naku* 過不足なく Na quantidade exa(c)ta [devida]; nem a mais nem a menos;「dividir」igualmente「pelos filhos」.

káfusu カフス (< Ing. cuffs) O punho [canhão] de manga. ◇ ~ **botan** カフスボタン Os botões de ~.

kagái¹ 加害 O agredir [causar dano]; lesar; prejudicar). ◇ ~ **sha**. ⇨ Higái-sha.

kagái² 課外 **1** [学習課程以外のこと] Extracurricular. ◇ ~ **katsudō** 課外活動 As a(c)tividades ~ es. **2** [官庁・会社の部署以外のこと] Fora da se(c)ção [repartição]. ~ *no mono wa nyūshitsu o kinzu* 課外の者は入室を禁ず Proibida a entrada a [de] estranhos ao serviço.

kagái-sha 加害者 O agressor; o culpado.
ⒶⓇ Higái-sha. ⇨ kagái¹.

kágaku¹ 化学 A química. ★ ~ *(jō) no [teki (na)]* 化学 (上) の [(的) (な)] Químico. ◇ ~ **chōmiryō** 化学調味料 O tempero [condimento] químico. ~ *hannō* 化学反応 A rea(c)ção química. ~ **heiki** 化学兵器 A arma ~. ~ **henka** 化学変化 A transformação ~. ~ **hōteishiki [shiki]** 化学方程式 [式] A equação [fórmula] ~. ~ **kigō** 化学記号 O símbolo químico. ~ **ryōhō** 化学療法 A quimioterapia. ~ **sayō** 化学作用 A a(c)ção ~. ~ **sen'i** 化学繊維 A fibra sintética [~]. ⇨ ~ **sha**¹. ~ **yakuhin** 化学薬品 A droga; o produto ~ o.

kágaku² 科学 A ciência. ★ ~ *teki ni noberu to* 科学的に述べると Cientificamente falando. ◇ ~ **gijutsu** 科学技術 A técnica (científica). ⇨ ~ **sha**². **Junsui [Ōyō; Shizen]** ~ 純粋 [応用; 自然] 科学 ~s puras [aplicadas; naturais].

kagáku³ 価格【Dir.】⇨ kakáku.

kagáku⁴ 下顎【E.】O queixo inferior.
ⓈⒻ Shitá-agó (+). ⒶⓇ Jōgáku.

kagakú-sha¹ 化学者 O químico.
kagakú-sha² 科学者 O cientista.
kagamérú 屈める Curvar「o corpo (todo)」; dobrar. ★ *Hiza o ~* 膝を屈める Dobrar os joelhos. ⇨ hizámázúkú; kagámú.
kagamí 鏡・鑑　**1** [姿見] O espelho (Ex.: *~ni jibun o utsushite mita* = ele viu-se ao ~). ◊ **Te ~** 手鏡 ~ de mão [bolso]. ⇨ sugátá-mi. **2** [酒樽のふた] O tampo de barril. ~ *o nuku* 鏡を抜く Abrir o barril. **3** [⇨ kagamí-mochi]. **4** [模範] O modelo; o exemplo. *Kare wa isha no ~ da* 彼は医者の鑑だ Ele é um médico exemplar. ⇨ tehóń; moháń.
kagamí-bíraki 鏡開き (<··· + hiráku) O comer "kagami-mochi" de Ano Novo.
kagamí-ita 鏡板　**1** [戸・天井の] A almofada. **2** [能舞台の] O painel de palco de nô (Com a pintura de um pinheiro).
kagamí-mochi 鏡餅 O "mochi" de Ano Novo em forma de espelho redondo.
kagamú 屈む (⇨ kagamérú)　**1** [折れ曲がる] Dobrar-se; curvar-se. ★ *Koshi no kaganda rōjin* 腰の屈んだ老人 O velho encurvado [marreca 慣.; com giba; corcunda]. ⎣S/同⎦ Oré-mágárú. **2** [うずくまる] Agachar-se. *Kanojo wa heya no sumi ni kagande ita* 彼女は部屋の隅に屈んでいた Ela estava agachada no canto do quarto. ⎣S/同⎦ Uzúkúmaru.
kagári 縢り (<kagérú)　O cerzido. ◊ **~ ito** かがり糸 O fio de cerzir. *Fuchi ~* 縁かがり O ponto aberto.
kagarí(bi) 篝 (火) A fogueira ao ar livre. ★ *~ o taku* 篝(火)をたく Fazer uma grande ~.
kagarú 縢る Remendar; cerzir. ★ *Botan-ana o ~* ボタン穴をかがる Cerzir a casa do botão.
kagayákáshíí 輝 [耀] かしい「futuro」 Brilhante. ★ *~ gyōseki* 輝かしい業績 Os trabalhos brilhantes; os resultados magníficos.
kagayákásu[sérú] 輝 [耀] かす [せる] (<kagayáyaku) Fazer brilhar. *Kodomo-tachi wa me o kagayakasete ningyō-geki o mite ita* 子供たちは目を輝かせて人形劇を見ていた As crianças estavam a assistir ao teatro de marionetes, com os olhos a brilhar. ★ *Sekai ni na o ~* 世界に名を輝かす Tornar o seu nome conhecido no mundo inteiro; tornar-se famoso.
kagayáki 輝 [耀] き (<kagayáyaku) O brilho; o fulgor. *Kanojo no me wa ~ o ushinatta* 彼女の目は輝きを失った Os olhos dela perderam o ~. ⇨ hikárí.
kagayákú 輝 [耀] く　**1** [きらめく] Brilhar; luzir; resplandecer; cintilar. *Tsuki ga kōkō to kagayaite iru* 月がこうこうと輝いている Que luar tão lindo! ◊ ~ kirámékú. **2** [明るい感じになる] Brilhar; iluminar-se. *Kanojo no kao wa yorokobi ni patto kagayaita* 彼女の顔は喜びにぱっと輝いた De repente o rosto dela iluminou-se de alegria. **3** [立派に見える] Brilhar. *Waga-kō no sakkā-bu wa zenkoku taikai renzoku yūshō ni kagayaite iru* 我が校のサッカー部は全国大会連続優勝で輝いている A equipa de futebol da nossa escola cobriu-se de glória, ao ganhar dois anos seguidos o campeonato nacional.
káge¹ 影　**1** [太陽・月・灯の光] A luz; a claridade; o brilho. ◊ **Hoshi ~** 星影 ~ das estrelas. *Tsuki ~* 月影 O luar; ~ da lua. **2** [投影] A sombra; o reflexo. *Komen ni Fuji no ~ ga utsutte iru* 湖面に富士の影がうつっている Vê-se o ~ do (Monte) Fuji no lago. ⎣I/慣用⎦ *~ no katachi ni sou gotoku [yō-ni]* 影の形に添うごとく[ように]Como a ~ segue a figura「assim ela acompanha sempre o marido」. ⎣S/同⎦ Tōéí. **3** [ある状態を観念的にとらえたもの] O sinal; o símbolo; o vestígio; o resto; a marca; o traço. ★ *~ ga usui* 影が薄い Parecer uma sombra; estar macilento; uma figura apagada. ~ *o otosu [nagekakeru]* 影を落とさる [投げかける] Marcar *Sono jiken wa kare no isshō ni kurai ~ o otoshita* その事件は彼の一生に暗い影を落とした Esse acontecimento marcou-o para sempre 「o resto da vida」. *Oi no ~* 老いの影 Os sinais da velhice. ⇨ soñzáí. **4** [人や物の姿] A figura [aparência]; o vulto. *Kaji de yaketa ie wa sude-ni ~ mo katachi mo nakatta* 火事で焼けた家はすでに影も形もなかった Não havia nada da casa destruída pelo incêndio. ~ *o hisomeru* 影をひそめる Desaparecer. ⎣P/ことわざ⎦ *Uwasa o sureba ~ ga sasu* うわさをすれば影がさす Falai do mau e aprontai o pau. ◊ ~ *miru [omo] ~.* ⎣S/同⎦ Súgata.
káge² 陰・蔭 (⇨ o-káge)　**1** [日陰；物陰] A sombra. ★ *Ki no ~ de yasumu* 木の陰で休む Descansar à ~ da árvore. ~ *ni naru* 陰になる Ficar com ~ [Ōkina ie no sei de uchi no niwa ga ~ ni natta* 大きな家のせいでうちの庭が陰になる Por causa daquela casa grande o meu jardim ficou com [sem sol]. ⎣P/ことわざ⎦ *Yoraba taiju no ~ de* 寄らば大樹の陰 Quem a boa árvore se chega, boa sombra o cobre. ◊ **Hi ~** 日陰 A sombra. **Mono ~** 物陰 **a)** A parte de trás de alguma coisa; **b)** o vulto. ⎣A/反⎦ Hinátá. **2** [背後] Por trás; o lado de lá「da ilha」. *Kono jiken no ~ ni wa dare ka ōmono ga iru* この事件の陰には誰か大物がいる Por trás deste caso está alguém com muita força. ~ *de waruguchi o iu* 陰で悪口を言う Falar mal por trás [pelas costas]. ~ *ni mawatte [ugoku]* 陰に回って [動く] Em segredo. ~ *no jitsuryokusha* 陰の実力者 A pessoa influente nos bastidores. ⎣I/慣用⎦ *~ de ito o hiku [ayatsuru]* 陰で糸を引く[あやつる] Puxar os cordelinhos; jogar com as pessoas. *~ de shita o dasu* 陰で舌を出す Rir-se às ocapas; fazer troça por trás. *~ ni nari hinata ni nari shite kabau [tasukeru]* 陰になり日向になりしてかばう[助ける] Apoiar alguém às escondidas e às claras. ⎣S/同⎦ Háigo; ushíró (+). **3** [濃淡] O sombreado. ★ *E ni ~ o tsukeru* 絵に陰をつける Sombrear a pintura. ⎣S/同⎦ Nótáń.
kagé-bóshi 陰干し (<···² +hósu) O secar à sombra. ~ *(ni) suru* 陰干し(に)する ⎣A/反⎦ Hi-bóshí.
kagé-bóshí [óo] 影法師 (<···² +hōshi) A sombra proje(c)tada「na porta de vidro」; o vulto.
kagé-e 影絵 (<···² +e) **a)** As sombrinhas. ★ *~ o utsusu* 影絵を映す Fazer sombrinhas. ◊ ~ **shibai** 影絵芝居 As sombrinhas. **b)** A silhueta.
kagé-guchi 陰口 (<···² +kuchí) A calúnia; o mexerico; a fofoca. ★ *~ o iu* 陰口を言う Caluniar; mexericar; falar mal por trás; fofocar. ⇨ tsugégúchi.
káge-hinata 陰日向 Às escondidas e às claras. ★ *~ naku hataraku* 陰日向く働く Trabalhar (sempre) conscienciosamente.
kagéki¹ 過激 Radical; extremista. ★ *~ ka suru* 過激化する Radicalizar. ~ *na shisō* 過激な思想 Ideias radicais [~s]. ~ *o ha* 過激派 Os radicais; a fa(c)ção ~. ⎣S/同⎦ Gekírétsú; kyūshíń; señ'éí. ⎣A/反⎦ Óńkéń.
kagéki² 歌劇 A ópera. ★ *~ o enjiru* 歌劇を演じる Representar uma ~. ◊ **~ dan** 歌劇団 A companhia de ~. **~ jō** 歌劇場 O Teatro de ~. ⎣S/同⎦ Ópera. ⇨ gakúgéki.

kagé-múshá 影武者 **1** [大将の替え玉] O (general) substituto; o testa-de-ferro. **2** [黒幕] O「político」que manobra nos [por trás dos] bastidores [puxa os cordelinhos]. [S/同] Kurómákú.

kagéń[1] 加減 **1** [加えることと減らすこと] A soma e a subtra(c)ção; as contas de somar e subtrair. ◇ ⇨ **~ jōjo**. [S/同] Zṓgéń. ⇨ jṓ-jo. **2** [手心] A tolerância; o ajustar「a mesa à altura da criança」; o desconto. *Kakuji no tairyoku ni ōjite hashiru kyori o ~ shi nasai* 各自の体力に応じて走る距離を加減しなさい Adaptem a distância a percorrer tendo em conta a resistência física de cada um. [S/同] Tegókoro. **3** [程度] O grau. *Jōdan mo ii ~ ni shiro* 冗談もいい加減にしろ Já chega de brincadeira. *Kare wa subete ii ~ ni yaru* 彼はすべていい加減にやる Ele faz tudo de qualquer jeito. *Yoi yu ~ da* 良い湯加減だ O banho está a uma boa temperatura. ★ *Utsumuki ~ ni aruku* うつむき加減に歩く Andar com a cabeça um pouco inclinada. [S/同] Guáí; hodó; hodóáí; téido. **4** [料理の味付け] O tempero; o condimento. ◇ **Shio ~** 塩加減 O [A quantidade de] sal. [S/同] Ají-kágen; ańbái. **5** [調節] O ajustar [graduar/regular]. ★ *Terebi no oto o ~ suru* テレビの音を加減する Regular o som da televisão. [S/同] Chṓsétsú. **6** [影響] A influência. ★ *Yōki no ~ de* 陽気の加減で Por causa [~] do tempo. [S/同] Eíkyṓ. **7** [拍子] O acaso; o momento; uma eventualidade [pequena coisa]. *Chotto shita ~ de shippai shitari seikō shitari suru* ちょっとした加減で失敗したり成功したりする Às vezes o fracasso ou o sucesso depende de um (pequeno) nada [de um acaso]. [S/同] Hyṓshí. **8** [体の具合] A saúde. *O-~ wa ikaga desu ka* お加減はいかがですか Como está de [a sua] ~? ⇨ chṓshí[1]; guáí.

kagéń[2] 下弦 O quarto minguante. ★ *~ no tsuki* 下弦の月 A lua no ~; a lua minguante. [A/反] Jṓgéń.

kagéń[3] 下限 O limite inferior「da bolsa (de valores)」. [A/反] Jṓgéń. ⇨ geńkáí[1].

kagé-nágárá 陰[蔭]ながら「sofrer」Em silêncio. *~ seikō o o-inori shimasu* 陰ながら成功をお祈りします Continuarei a pedir pelo [a desejar o] seu sucesso. [S/同] Yosó-nágara.

kagéń-jṓjo [óo] 加減乗除【Mat.】A adição, subtra(c)ção, multiplicação e divisão. ⇨ kagéń[1] **1**.

kagérō[1] [**kagérói**] 陽炎 A onda de calor; a luz trémula produzida pelo calor. *~ ga tatte iru* 陽炎が立っている Olha o ar a tremeluzir de calor.

kagérō[2] 蜉蝣・蜻蛉 O (inse(c)to) efé[ê]mero.

kagéru 陰[蔭・翳]る **1** [光が弱くなって暗くなる] Obscurecer-se;「o quarto」ficar com [à] sombra; estar escondido. *Itsu no ma ni ka hi ga kagetta* いつの間にか陽が陰った Sem darmos por isso, tinha-se posto o sol [escurecera/tinha ficado escuro]. ★ *Tsuki ga ~* 月が陰る A lua ficar encoberta [escondida] por uma nuvem. **2** [表情が暗くなる] Tornar-se sombrio [anuviado]. *Sono shunkan kanojo no hyōjō ga kagetta* その瞬間彼女の表情が陰った Nesse momento, a expressão [o rosto] dela anuviou-se. [S/同] Kurákú náru. ⇨ káge[1,2].

kagé-zen 陰膳 A refeição para o「filho」ausente「na guerra」. ★ *~ o sueru* 陰膳を据える Pôr na mesinha [em frente da foto] ~.

kagí[1] 鍵 **1** [錠; キー] A chave. ★ *~(de jō) o akeru* 鍵(で錠)をあける Abrir o fecho. *~ ga kakaru* 鍵がかかる Fechar à chave. *~ ga au* 鍵が合う ~ encaixar [entrar/servir] (na fechadura). *~ kojiakeru* 鍵をこじあける Abrir com gazua. ◇ **~ ana** 鍵穴 O buraco da fechadura. **Ai ~** 合い鍵 ~ duplicada [Outra ~]. **Moto** [**Oya**] **~** 元[親]鍵 ~ mestra. **2** [最重要点] A chave. ★ *Shinpi* [*Himitsu*] *o toku ~* 神秘[秘密]を解く鍵 ~ do mistério [segredo]. *Shōhai no ~ o nigiru* 勝敗の鍵を握る Ter o jogo na mão.

kagí[2] 鈎 **1** [フック] O gancho. ★ *~ ni (hik) kakeru* 鈎に(ひっ)かける Enganchar; prender com gancho. ◇ ⇨ **~ bana** [**no-te**/**bari**]. **2** [「」の印] O colchete. ◇ **~ kakko** 鈎かっこ O ~. ⇨ **~ zaki**.

kagí-átéru 嗅ぎ当てる (< kagú + …) ⇨ kagí-tsúkéru.

kagí-báná 鈎鼻 (< … [2] + haná) O nariz curvo [aquilino]. [S/同] Washí-báná.

kagí-bári 鈎針 (< [2] + hári) A agulha de croché[ê].

kagí-dásu 嗅ぎ出す ⇨ kagítsúkéru **1**.

kagí-gátá 鈎形 (< … [2] + katáchí) Em (forma de) gancho. [S/同] kagí nó té.

kagíkko 鍵っ子 (< … [1] + kodómó) O filho que também leva a chave「porque os pais voltam tarde do trabalho」.

kagí-máwárú 嗅ぎ回る (< kagú[2] + …)「cão/dete(c)tive」Andar (às voltas) a cheirar [indagar].

kagí-nó-te 鈎の手 O ângulo re(c)to; o ser em “L”. *Rōka wa ~ ni natte iru* 廊下は鈎の手になっている O corredor forma um ~. [S/同] Kagí-gátá (+).

kagíránai 限らない (Neg. de “kagíru”) ⇨ kagíru **3**.

kagírí 限り (< kagíru) **1** [際限の限度] O limite. *Ningen no nōryoku ni wa ~ ga aru* 人間の能力には限りがある A capacidade humana tem limites [um ~]. *Yoku ni wa ~ ga nai* 欲には限りがない A ambição não tem ~. *Zeitaku* [*Hōtō*] *no ~ o tsukusu* ぜいたく[放蕩]の限りを尽くす Viver no maior luxo [na maior dissipação]. [S/同] Géndo; geńkáí; kirí (+); saígén[2].

2 [範囲] Até; tanto quanto. *Nichiyōbi wa kyūshin tadashi kyūkan wa kono ~ de wa nai* 日曜日は休診, ただし急患はこの限りではない Não há consulta aos domingos, salvo [exce(p)to] casos de urgência. ★ *Dekiru* [*Kanō na*] *~* 出来る[可能な]限り Tanto quanto [Na medida do] possível. *Miwatasu ~* 見渡す限り Até onde a vista alcança. [S/同] Hán'i.

3 [最高] Muitíssimo. *Ureshii ~ desu* うれしい限りです Estou contentíssimo [Não podia estar mais contente]. ⇨ kiwámí **1**; kyokúgén[1]; saíkṓ[1].

4 [最後] O fim. *Ima o ~ to koe o hariageru* 今を限りと声をはり上げる Gritar como um desesperado. [S/同] O-shímáí (+); owárí (o); sáigo (+).

5 [限定する気持ちを表す] O fim. *Wareware no en mo kyō ~ da* 我々の縁も今日限りだ As nossas relações terminam hoje [aqui]. *Kono ba ~ no hanashi desu ga* この場限りの話ですが Isto é uma conversa, só entre [Isto é só cá para] nós. ★ *Tsūyō kigen tōjitsu ~* (切符の文言) 通用期限当日限り Válido só hoje [no dia da emissão]. [S/同] Daké.

6 [条件を表す] Até; se. *Kare ga ayamaranai ~ watashi wa yurusanai* 彼があやまらない限り私は許さない Não lhe perdoo até [se ele não] me pedir desculpa.

kagírí-nái 限りない ⇨ kagírí **1**.

kagíru 限る **1** [制限する] Limitar; restringir; fixar. *Kippu wa ichi-mai ni tsuki nyūjōsha hitori ni ~* 切符は 1 枚につき入場者 1 人に限る Um bilhete dá entrada para uma pessoa só. ★ *Kagirareru* 限られ

る Estar limitado [restringido; confinado]〔*Kaiin wa gakusei ni kagirarete iru* 会員は学生に限られている Só os estudantes podem ser sócios. *Kagirareta jikan* [*shimen*] *de* 限られた時間 [紙面] で Num tempo [espaço] limitado〕. *Hi o* ～ 日を限る Fixar o dia「para as inscrições」. [S/同] Seígén suru. **2** [それが一番良いと決める] Ser o melhor [único]. *Tsukareta toki wa neru ni* ～ 疲れた時は寝るに限る Quando se está cansado o melhor [a melhor coisa] é dormir. **3** [下に打ち消しの語を伴って「…ばかりでない」の意] Não ser sempre. *Kane-mochi ga itsumo kōfuku to wa kagiranai* 金持ちがいつも幸福とは限らない Nem sempre [todos] os ricos são felizes.

kagí-tábako 嗅ぎ煙草 (< kagú[2] + …) O rapé (Tabaco moído).

kagí-tsúkéru 嗅ぎつける (< kagú[2] + …) **1** [物のありかをにおいをかいで見つける]「cão」Farejar; cheirar. *Neko ga sakana no nioi o kagitsukete yatte kita* 猫が魚のにおいを嗅ぎ付けてやって来た O gato cheirou-lhe o [sentiu o cheiro do] peixe e apareceu (logo). [S/同] Kagí-átéru; kagí-dásu. **2** [さぐり当てる] Achar; descobrir. *Kare wa watashi no i-basho o kagitsuketa* 彼は私の居場所を嗅ぎ付けた Ele descobriu (o lugar) onde estou. [S/同] Sagúrí-átéru (+).

kagítte 限って (< kagíru) Justamente. *Kare ni* ～ *sonna koto wa shinai* 彼に限ってそんなことはしない Ele seria o último a fazer isso.

kagí-wákéru 嗅ぎ分ける (< kagú[2] + …) Distinguir pelo cheiro. ★ *Wain no hinshitsu o* ～ ワインの品質を嗅ぎ分ける Distinguir o vinho pelo cheiro.

kagí-zákí 鉤裂き (< kagí-gátá + sáku) O rasgão. *Zubon ni* ～ *ga dekita* ズボンに鉤裂きができた Fiz um ～ na(s) calça(s). ⇨ hokóróbí; saké-mé.

kagó[1] 籠 **1** [鳥かご] A gaiola. *Kanojo wa marude* ～ *no tori no yō na seikatsu o okutte ita* 彼女はまるでかごの鳥のような生活を送っていた Ela vivia como um pássaro na ～ [levava uma vida triste/solitária]. *Tori o* ～ *ni ireru* 鳥をかごに入れる Engaiolar um pássaro; meter um pássaro na ～. [S/同] Torí-kágó. **2** [編みかご] O cesto; a cesta. ★ *Hito-～ no kudamono* 一かごの果物 Um cesto de fruta.

kagó[2] 駕籠 O palanquim; a liteira. ★ ～ *o katsugu* 駕籠をかつぐ Levar o/a ～. ◇ **～ kaki** 駕籠かき O carregador de ～.

kágo[3] 加護 A prote(c)ção divina. *Kami no go-* ～ *ga arimasu yō ni* 神の御加護がありますように Que Deus nos [o; a; os; as] proteja. [S/同] Shúgo. ⇨ hógo[1].

kagṓ 化合 A combinação (química). *Suiso to sanso ga* ～ *suru to mizu ni naru* 水素と酸素が化合すると水になる A água vem da ～ do hidrogé[ê]nio com o oxigé[ê]nio. ◇ **～ butsu** 化合物 Um composto químico. [A/反] Buńkái. ⇨ ketsúgṓ.

kagóń 過言 O exagero. *Kare wa tensai to itte mo* ～ *de wa nai* 彼は天才と言っても過言ではない Sem exagero, ele é um gé[ê]nio. [S/同] Íi-súgí (+).

kagó-núké 籠抜け (< …[1] + nukérú)【G.】 **1** [曲芸] Uma acrobacia em que se passa por uma cesta de bambu. **2** [Abrev. de "～sagi"] ◇ **～ sagi** かご抜け詐欺 O estar à porta, fingindo que é da casa, e fugir pela outra porta após receber dinheiro ou obje(c)tos de valor.

kágu[1] 家具 A mobília; os móveis; o mobiliário. ◇ **～ isshiki** 家具一式 Um conjunto de ～. [S/同] Chṓdo.

kagú[2] 嗅ぐ **1** [鼻でにおいを感じる] Cheirar; aspirar o aroma; farejar (Animais). ⇨ nióu[1]. **2** [探る] Procurar; indagar. *Keiji wa kare no ie no atari o kagi-aruita* 刑事は彼の家のあたりを嗅ぎ歩いた O dete(c)tive andou a indagar os arredores da casa dele. [S/同] Sagúrú (+).

kagū́ 仮寓【E.】A residência temporária. [S/同] Gū́kyo; karízúmai (+).

kágura 神楽 Uma música e dança do shintoísmo. ★ (*O-*)～ *o sō suru* (御) 神楽を奏する Tocar ～.

kagyákú 可逆 A reversão. ◇ **～ hannō** [**henka; jūgō**] 可逆反応 [変化; 重合] A rea(c)ção [mudança; polimerização] reversível.

kágyō[1] 家業 A profissão [O ofício] da família, sobretudo do pai. ★ ～ *o tsugu* 家業を継ぐ Continuar a ～. ⇨ seígyṓ[1].

kágyō[2] 稼業 Um modo de vida「qualquer」; a ocupação; o emprego「precário」. [S/同] Naríwái. ⇨ shokúgyō.

kágyō[3] 課業 A lição [disciplina escolar]. ⇨ gakká.

kagyū́ 蝸牛【E.】 **1** [かたつむり] O caracol. [P/ことわざ] ～ *no ayumi* 蝸牛の歩み O passo de ～ [lesma/boi/tartaruga]. ～ *kakujō no arasoi* 蝸牛角上の争い A tempestade num copo de água. ◇ **～ kaku** 蝸牛殻 A concha do ～. [S/同] Katátsúmuri (+). **2** [内耳の器官]【Anat.】A cóclea [O caracol] (do ouvido).

kahákú 仮泊 A ancoragem [paragem] temporária.

kaháń[1] 河畔【E.】A margem do rio. ★ ～ *no hoteru* 河畔のホテル Um hotel à beira do [junto ao/na ～ do] rio. [S/同] Kawábátá. ⇨ kishí[1].

kaháń[2] 過半【E.】⇨ kahánsū; taíháń (+).

kaháń[3] 過般【E.】⇨ kájitsu[2].

ka-hánshin 下半身 A metade inferior do corpo; da cintura para baixo. [A/反] Jṓ-hánshin.

kahán-sū 過半数 A maioria; mais de metade. *Kaiin no* ～ *wa dansei de atta* 会員の過半数は男性であった ～ dos membros eram homens. ★ ～ *ni tassuru* 過半数に達する Obter [Atingir/Chegar] a ～. ⇨ daí-búbun; táíháń; daí-tásū; zettái ◇.

káhei[1] 貨幣 A moeda; o dinheiro (em circulação). ～ *o hakkō suru* 貨幣を発行する Pôr dinheiro em circulação. ◇ **～ kachi** 貨幣価値 O valor da/o ～. **～ keizai** 貨幣経済 A economia monetária (Em que a troca se faz em dinheiro, ao contrário da economia natural). **～ seido** 貨幣制度 O sistema monetário. **Gizō ～** 偽造貨幣 Dinheiro [Moeda] falso[a]. [S/同] Kané. ⇨ kṓka[2]; shíhei; tsū́ka[2].

kahéí[2] 寡兵【E.】Um punhado de homens [bravos]「contra um batalhão」.

kahéń 可変 A variabilidade; a flutuação. ◇ **～ shihon** 可変資本 O capital variável. [A/反] Fuhéń.

káhi[1] 可否 **1** [当否] A conveniência; as vantagens e desvantagens; os convenientes e inconvenientes. ★ *Genkōhō no* ～ *o ronjiru* 現行法の可否を論じる Discutir ～ da lei em vigor. [S/同] Ryṓhi; tṓhi; tékihi; yóshiashi (o); zéhi (+). **2** [賛否] Os prós e os contras. ◇ **～ dōsū** 可否同数 O empate dos votos pró [a favor] e contra. [S/同] Sánpi (+). ⇨ hikétsú[1]; kakétsú.

káhi[2] 歌碑 Uma lápide com um poema. ⇨ hí[6].

kahíń 佳品【E.】A obra-prima. [S/同] Ippíń (o); ryṓhíń (+). ⇨ kasákú[1].

kahítsú 加筆 A corre(c)ção; o retoque. ★ *Genkō-ni* ～ *suru* 原稿に加筆する Corrigir [Retocar] o

K

manuscrito. [S/同] Hohítsú. ⇨ teńsákú.

káhō[1] 家宝 A preciosidade/relíquia [Um tesouro] da família. ⇨ takárá.

káhō[2] 果報 A (boa) sorte. [P/ことわざ] ～ *wa nete mate* 果報は寝て待て Quem espera, sempre alcança. ◇ **～ mono** 果報者 O favorecido da sorte. [S/同] Kṓúń (+); myṓga.

kahṓ[3] 下方 O [A parte de] baixo. ★ ～ *ni* 下方に「olhar」Para baixo. [A/反] Jṓhṓ. ⇨ shitá[1].

káhō[4] 加法【Mat.】A adição. [S/同] Tashízan. [A/反] Geńpṓ.

káhō[5] 家法【E.】 **1** [代々伝わるその家のしきたり] A tradição [Os costumes] de uma família. [S/同] Káfū (+); kakéń. **2** [その家に代々伝わる秘宝・技術] A arte [fórmula/Um método] secretamente transmitida[o] dentro duma família.

kahṓ[6] 加俸 O abono (suplementar). ◇ **Nenkō ～** 年功加俸 ～ por anos de serviço. ⇨ hṓkyú.

káhṓ[7] 火砲 A artilharia; as armas de fogo. ⇨ taíhṓ.

ka-hógo 過保護 (< kádo[3] + hógo) A prote(c)ção excessiva. ★ ～ *ni suru* [*sodateru*] 過保護にする [育てる] Tratar [Criar]「uma criança」com demasiados cuidados [～]. ⇨ hṓníń.

kahóń 禾本 Graminiforme. ◇ **～ ka** 禾本科 As gramíneas.

ka-hṓwa [óo] 過飽和 A supersaturação. ◇ **～ yōeki** 過飽和溶液 A solução supersaturada.

kaí[1] 甲斐 O efeito; o valor. ★ ～ *ga* [*no*] *aru* 甲斐が[の] ある Ter efeito; valer a pena [*Doryoku no ～ ga atte seikō shita* 努力の甲斐があって成功した Graças ao seu esforço ele triunfou]. ⇨ harí-ái; kṓka[1]; mukúi.

kái[2] 貝 O molusco; a ostra; a concha. ★ ～ *no yō ni kuchi o tozasu* 貝のように口を閉ざす Fechar-se (Calar-se) como uma concha. ◇ **～ botan** 貝ボタン O botão de madrepérola. **～ rui** 貝類 Os moluscos.

kái[3] 下位 A posição inferior. ◇ **～ bunrui** 下位分類 A subclasse; a subdivisão. [A/反] Jṓi. ⇨ chúi[2].

kái[4] 回 **1** [回数] A vez; a volta「de boxe」[o jogo; partida]. ★ *San ～ no omote* [*ura*] 3 回の表 [裏] A primeira [segunda] parte do terceiro jogo. [S/同] Dosū́; kaísū́ (+). **2** [回数・度数を数える語] A vez. *Mō ikkai yarō* もう 1 回やろう Vamos jogar outra vez. ★ *Go- ～ me ni* 5 回目に À quinta vez. *Ichi-nichi ni san ～* 1 日に 3 回 Três vezes por dia. *Nan- ～ mo* 何回も Muitas vezes.

kái[5] 階 O andar; o piso. *Jimusho wa nan- ～ ni arimasu ka* 事務所は何階にありますか Em que andar fica o escritório? *Kono biru wa nan- ～ date desu ka* このビルは何階建てですか Quantos ～ s tem este prédio [edifício]? ★ *Ni ～ ni sumu* 2 階に住む Morar no primeiro ～ (No J. o rés-do-chão é o primeiro ～). ◇ **Ikkai** 1 階 O andar térreo; o rés-do-chão (R/c). ⇨ **chi** [**i**/**on**] **～**.

kái[6] 会 **1** [会合] A reunião (Ex.: ～ *o hiraku* = ter [fazer] uma ～). ★ ⇨ kaísúru[3]. ◇ ⇨ **Bansan** [**Tenran**] **～**. ⇨ atsúmárí; kaígṓ. **2** [団体] A associação [O grupo]. ★ ～ *ni hairu* 会に入る Entrar na/o ～. ⇨ dańtáí; kúrabu[1].

kái[7] 戒・誡 O mandamento. ★ ～ *o mamoru* [*yaburu*] 戒を守る[破る] Observar [Ir contra] ～. ⇨ imáshímé[1]; jikkáí; kaírítsú.

kái[8] 櫂 O remo; a ginga. ★ ～ *de kogu* 櫂でこぐ Remar.

kái[9] 買い (< kaú[1]) A compra. ◇ **～ sōba** 買い相場 O preço de ～ de a(c)ções. [A/反] Urí.

kái[10] 解【E.】A solução [resposta].

kái[11] 怪 O mistério. ◇ ⇨ **～ bunsho**. ⇨ ayáshíi; nazó.

kái[12] 快 O agrado [prazer]. [A/反] Fukáí. ⇨ yúkai.

-kái[13] 界 O mundo [círculo]; a área de a(c)tividade [estudo]. ★ *Kaku ～ no meishi* 各界の名士 As pessoas ilustres de todas as ～. ◇ **Geinō ～** 芸能界 O mundo dos espe(c)táculos [artistas].

kaí-ágé 買い上げ (< kaí-ágéru) A compra. ★ *O- ～ no shina* お買い上げの品「aqui tem」As suas compras.

kaí-ágéru 買い上げる (< kaú[1] + …) Comprar. ★ *Seifu ga kaiageta tochi* 政府が買い上げた土地 Os terrenos comprados pelo Governo. [S/同] Kaí-íréru[-tóru]. [A/反] Harái-ságéru.

kaí-ákú 改悪 A mudança para pior; o retrocesso. ★ ～ *suru* 改悪する Mudar「a Constituição」para pior. [A/反] Kaíryṓ; kaízéń.

kaí-ásáru 買い漁る (< kaú[1] + …) Comprar tudo o que se encontra sem olhar a preços.

kaí-átsúméru 買い集める (< kaú[1] + …) Comprar para cole(c)cionar.

kaí-bá[1] 飼い葉 (< káu[2] + ha) A forragem (Comida dos animais, sobretudo cavalos e bois). ◇ **～ oke** 飼い葉おけ A manjedou[oi]ra. [S/同] Magúsá.

káiba[2] 海馬 **1** [⇨ seíúchí]. **2** [⇨ tatsú-nó-ótóshí-go].

kái-báshira 貝柱 (< … [2] + hashírá)【Anat.】O ligamento [músculo adutor] da concha/castanhola/vieira.

kaíbátsú 海抜 A altitude. *Ra Pasu wa ～ sanzen-nanahyaku-mētoru ni aru* ラパスは海抜 3700 m にある La Paz fica [está] a 3700m de ～ [acima do nível do mar].

kaíbéń[1] 快弁 A eloquência. ★ ～ *o furuu* 快弁をふるう Falar com ～. [S/同] Yū́béń (+). ⇨ beńzétsú.

kaíbéń[2] 快便 A evacuação regular.

kaí-bíkáé 買い控え ⇨ kaí-bíkáéru.

kaí-bíkáéru 買い控える (< kaú[1] + hikáéru) Hesitar em comprar「a(c)ções」.

kaíbṓ[1] 解剖 (⇨ kaíbṓ-gaku) **1** [医学上の] A dissecação (de animal(vivo)); a autópsia (de pessoa morta). ★ ～ *ni fusuru* 解剖に付する Fazer a autópsia. ◇ **～ dai** [**shitsu**] 解剖台 [室] A mesa [sala] de ～. **Shitai ～** 死体解剖 A autópsia [necrotomia]. **2** [分析] A análise. ★ ～ *suru* 解剖する Analisar. *Seifu no kinmyaku o ～ suru* 政府の金脈を解剖する Analisar os filões do dinheiro (ilícito) do governo. [S/同] Buńsékí (+).

kaíbṓ[2] 海防 A defesa marítima [da costa].

kaíbṓ-gaku [óo] 解剖学 A anatomia. ◇ **～ sha** 解剖学者 O anatomista. **Byōri ～** 病理解剖学 ～ patológica. **Jintai ～** 人体解剖学 ～ humana. ⇨ kaíbṓ[1].

kaíborí 搔い掘り (< káku[2] + hóru) O drenar「o rio para pescar」. ★ ～ *suru* 搔い掘りする …

káibun[1] 灰分 ⇨ haí[2].

kaíbúń[2] 回文 **1** [回状] [S/同] Kaíjṓ (+); kaíshṓ. **2** [上から読んでも下から読んでも同じ文句] O palíndromo (Ex.: "*take-yabu yaketa*"; "atai a gaiola, saloia gaiata").

kaí-búnsho 怪文書 O documento misterioso [anó[ô]nimo/difamatório]. ★ *Kōhosha o chūshō suru ～* 候補者を中傷する怪文書 ～ a caluniar o

K

candidato. ⇨ kái[11].

ka-íbúshi 蚊燻し (< … + ibúsu) A fumaça para afugentar mosquitos. ⎯S/同⎯ Kayári (+). ⇨ katórísénkô.

kaíbútsú 怪物 **1** [ばけもの] O monstro「moderno das multinacionais」; o gigante「Adamastor」. ⎯S/同⎯ Bakémónó; mamónó; yôkái. **2** [不思議な才能や力を持った得体の知れない人物・事物] O bruxo (Homem enigmático e com poder). ★ *Seikai no* ~ 政界の怪物 ~ da política. ⇨ kái[11].

kaibyáku 開闢【E.】 **1** [創世] A criação. ★ *Tenchi* ~ *irai no chinji* 天地開闢以来の珍事 Algo nunca visto desde que o mundo é mundo. ⎯S/同⎯ Sôséí. **2** [開始] O início. ★ *Honkô* ~ *irai no dekigoto* 本校開闢以来の出来事 Algo que nunca acontecera nesta escola. ⎯S/同⎯ Hajímári (+); hajímé (o); kaíshí (+).

kaíchíkú 改築 A reconstrução「da casa」; a reforma (completa). ◇ ~ *kôji* 改築工事 Os trabalhos de ~. ⎯S/同⎯ Kaísô; kaízô. ⇨ kénchíkú.

kaichín 開陳 A exposição [explicação]. ★ ~ *suru* 開陳する Explicar; expor「a sua opinião」. ⎯S/同⎯ Chínjútsu.

kaichô[1] 快調 **1** [気持ち良い調子で] A (tom) agradável. ★ ~ *na ongaku* [*rizumu*] 快調な音楽［リズム］A música [O Ritmo] harmoniosa [~]. ◇ hâmonî. **2** [本・物事の調子が良い状態] Enjin está bom. *Enjin wa* ~ *da* エンジンは快調だ O motor está bom. ⎯S/同⎯ Kôchô. ⎯A/反⎯ Fuchô.

kaichô[2] 会長 O presidente「da associação」. ⎯S/同⎯ Kaítô[6]. ⇨ kái[6].

kaichô[3] 開帳 **1** [寺院の秘宝などを見せること] A exibição de imagens budistas. ★ ~ *suru* 開帳する Exibir uma ~. **2** [賭博場を開くこと] O começar o jogo de azar. ★ ~ *suru* 開帳する ⇨.

kaichô[4] 諧調 A eufonia. ◇ Chôwá (+); hâmonî.

kaichô[5] 回腸【Anat.】O íleo. ◇ ~ *en* 回腸炎 A enterite.

kaichô[6] 海鳥 A ave marinha. ⎯S/同⎯ Umí-dori.

kaichô[7] 怪鳥 Ave rara. ⇨ kái[11].

kaichû[1] 回「parque/cabo」Submarino; (dentro do) mar. ◇ ~ *ni mi o tôjiru* 海中に身を投じる Jogar-se ao「Mergulhar no」mar. ⇨ suíchû.

kaichû[2] 懐中 No bolso. ★ *mono ni go-yôjin* 懐中物に御用心 Cuidado com a (sua) carteira. ◇ ~ *dentô* 懐中電灯 A lanterna elé(c)trica. ⇨ ~ *dokei*. ⇨ Futókôró. ⇨ pokétto.

kaichû[3] 回〔蛔〕虫【Zool.】Os ascarídeos; a lombriga; o verme (intestinal). ★ ~ *ga waku* 回虫がわく Ter lombrigas.

kaichû[4] 改鋳 O refundir「estátua」; o recunhar「moedas」. ★ ~ *suru* 改鋳する ⎯S/同⎯ Fukíkáe. ⇨ chûzô.

kaichû-dókei 懐中時計 (< …[2] + tokéí) O relógio de bolso.

káida 快打【(D)esp.】O golpe bom. ★ ~ *o hanatsu* 快打をはなつ Dar um ~. ⎯S/同⎯ Tsúda.

kaidái[1] 改題 O mudar o título「do filme」. ★ ~ *suru* 改題する …

kaidái[2] 解題【E.】 **1** [問題を解くこと] A solução (do problema). **2** [書物・絵などに関する解説] A introdução [apresentação] crítica; as notas explicativas. ⎯S/同⎯ Kaísétsú (+).

kaídáku 快諾 O concordar logo [com gosto]. ★ ~ *suru* 快諾する … ⇨ shôdáku.

kaí-dáme 買い溜め (< kaú[1] + tamérú) O açambarcamento「de produtos/bens de consumo」. ★ ~ *suru* 買い溜めする A Açambarcar. ⇨ kaí-ókí.

kaí-dán[1] 階段 **1** [人が上り下りするための段になった通路] A(s) escada(s); a escadaria. ★ ~ *kara ochiru* 階段から落ちる Cair nas [das] ~. ~ *o noboru* [*oriru*] 階段を上る［下りる］Subir [Descer] as ~. ◇ ~ **kyôshitsu** 階段教室 A sala (de aula) em [O] anfiteatro. **Rasen** ~ 螺旋階段 ~ em caracol. **2** [順を追って進む等級] O degrau. ★ *Seikô e no* ~ *ippo zutsu noboru* 成功への一歩ずつ上る Chegar à perfeição por degraus [aos poucos]. ⎯S/同⎯ Dánkái (o); kaíkyû (+).

kaidán[2] 会談 As conversações; a entrevista; a conversa; o encontro. ★ *Shushô to* ~ *suru* 首相と会談する Ter um encontro com o primeiro-ministro. ◇ *Nippo* ~ 日葡会談 As ~ nipo-portuguesas.

kaidán[3] 怪談 A história de terror. ⇨ kái[11]; yûrêí.

kaidán[4] 解団 O dissolver o grupo. ★ ~ *suru* 解団する … ⎯A/反⎯ ketsúdán.

kai-dánji 快男児 [子] O moço [fulano] simpático.

kaidáshi 買い出し A compra「de alimentos」em quantidade. ⇨ kaí-mónó.

kai-dásu 掻い出す (< káku[2] + …) Tirar a água. ★ *Fune kara mizu o* ~ 舟から水を掻い出す ~ do barco. ⎯S/同⎯ Kumí-dasu (+).

kaidô[1] 街道 A estrada larga. ◇ ~ **suji** 街道筋「Ao」longo da ~. ⇨ ô-dôri.

kaidô[2] 会堂 **1** [教会堂] O templo; a sinagoga (judaica). ⇨ kyôkái[1]. **2** [集会場] O salão [A sala] de reuniões. ⎯S/同⎯ Shûkáí-jô (+). ⇨ kôdô[2].

káidô[3] 海棠【Bot.】Uma espécie de macieira; *malus halliana*.

kaidô[4] 怪童 Um rapag[z]ão [mocetão]. ⇨ kái[11].

kaí-dóki 買い時 (< kaú[1] + tokí) A melhor época para comprar. ⇨ kaí-dóku.

kaidóku[1] 解読 A decifração. ★ *Angô o* ~ *suru* 暗号を解読する Decifrar o código [uma cifra]. ⎯S/同⎯ Hañdókú.

kaí-dóku[2] 買い得 (< kaú[1] + tóku) A boa compra. *Sore wa o-* ~ *desu yo* それはお買い得ですよ É uma pechincha/ ~ (É barato!). ⎯A/反⎯ kaí-zón.

kaidóku[3] 回読 A leitura rotativa. ★ ~ *suru* 回読する Circular o livro [Ler e passar a outro]. ⇨ kaírán[1].

kaién[1] 開演 O início da sessão; a abertura do pano. ~ *chû nyûjô de-kotowari* 開演中入場お断わり É proibida a entrada durante a representação [sessão]. *Gogo shichi-ji* ~ 午後 7 時開演 (揭示) A sessão começa às 19 horas. ~ *suru* 開演する Abrir a sessão. ◇ ~ **jikoku** 開演時刻 A hora de ~. ⎯A/反⎯ Heíén[2]. ⇨ kaíkôí[3]; káímákí.

kaién[2] 開園 **1** [入場させること] A abertura do "en". *Dôbutsuen wa ku-ji ni* ~ *suru* 動物園は9時に開園する O jardim zoológico abre às nove (horas). ⎯A/反⎯ Heíén[1]. **2** [開設すること] A inauguração de "en". ★ *Yôchien o* ~ *suru* 幼稚園を開園する Inaugurar um jardim de infância. ⎯S/同⎯ Kaísétsú[2].

káifu 回付 O remeter [enviar]「para outra se(c)ção」. *Honken wa kakyû-saibansho ni* ~ *sareta* 本件は下級裁判所に回付された Este caso foi remetido ao [para o] tribunal de primeira instância.

kaifú 開封 **1** [封を開くこと] O abrir「a carta」. **2** [封を開いた状態]「a carta」O estar aberta.

kaifúkú 回[恢]復 **1** [悪い状態がよくなること] A convalescença; a cura [recuperação da saúde]; a melhor(i)a; o melhorar. ～ **ni mukau** 回復に向かう Estar quase bom. ～ **suru** 回復する Curar; recuperar-se. *Keiki ga ～ shita* 景気が回復した A situação econô[ô]mica melhorou. *Tenkō ga ～ shita* 天候が回復した O tempo melhorou. ◇ ～ **ki** 回復期 A [O] período [A] de convalescença. [A/反] Akká. **2** [取り戻すこと] A recuperação; a melhor(i)a. ★ *Genki [Shiryoku; Tairyoku]o ～ suru* 元気[視力; 体力]を回復する Recuperar a saúde [a vista; as forças]. *Meiyo [Shinyō] o ～ suru* 名誉[信用]を回復する Recuperar a honra [confiança]. [S/同] Bañkái; fukkátsú; fukkō; kyūfukú. ⇨ Gentái; suítái; teíká.

kaifúkú-shujutsu 開腹手術 A laparotomia [celiotomia].

káiga 絵画 A pintura. ～ *teki (na)* 絵画的(な) Pitoresco. ◇ ～ **ten (rankai)** 絵画展(覧会) Uma exposição de ～. [S/同] E(+); zúga.

káigai 海外 O ultramar; o estrangeiro. ★ ～ *ni ijū suru* 海外に移住する Emigrar (para o estrangeiro). ◇ ～ **bōeki** 海外貿易 O comércio internacional. ～ **hōsō [～ muke hōsō]** 海外放送[海外向け放送] A emissão internacional [para o estrangeiro]. ～ **ijū** 海外移住 A emigração. ～ **kinmu** 海外勤務 O serviço fora do J. ～ **nyūsu** 海外ニュース As notícias do [O noticiário] estrangeiro. ～ **ryokō** 海外旅行 A viagem [O ir] ao estrangeiro. ～ **shinshutsu** 海外進出 A expansão para o estrangeiro. [S/同] Gaíkókú; kókúgai. [A/反] Kokúnai.

kai-gáishíi 甲斐甲斐しい Diligente「como a formiga」. ★ *Kaigaishiku hataraku* かいがいしく働く Trabalhar diligentemente. ⇨ kappátsú; kíbikibi; tékipaki.

kaígán¹ 海岸 A praia [beira-mar]; a costa; o litoral. ★ ～ *ni iku* 海岸に行く Ir para a praia. ◇ ～ **bōbi** 海岸防備 A defesa costeira. ～ **dōri** 海岸通り A rua [avenida] marginal (Paralela ao mar). ～ **keibitai** 海岸警備隊 A guarda costeira. ～ **sen** 海岸線 A orla marítima. ⇨ eñgáñ¹; hamá; kaíhíñ; umíbe.

kaígán² 開眼 O abrir os olhos; o fazer ver. ◇ ～ **shujutsu** 開眼手術 A operação à vista. ⇨ kaígén¹.

kai-gárá 貝殻 A concha. ★ ～ *jō no* 貝殻状の Em forma de ～. ◇ ～ **bone** 貝殻骨 A omoplata. ～ **zaiku** 貝殻細工 A obra de artesanato feita com conchas.

kaígén¹ 開眼 **1** [仏像の] O colocar os olhos em imagem budista, e, ao mesmo tempo, inaugurá-la. ◇ **Daibutsu ～** 大仏開眼 A inauguração da grande estátua de Buda. **2** [真理をさとること] A iluminação religiosa; b) O descobrir「a essência duma arte」. ★ ～ *suru* 開眼する Despertar.

kaígén² 改元 A mudança de "gengō" (Era). ★ ～ *suru* 改元する Alterar o nome da era.

kaígén³ 戒厳 O estado de sítio. ★ ～ *rei o shiku [toku]* 戒厳令をしく[解く] Decretar [Levantar] a lei marcial/o ～.

káigi¹ 会議 **1** [会合] A reunião; o congresso. *Sono mondai ni tsuite ima ～ chū desu* その問題について今会議中です Está agora a ser discutido [discutido] esse problema na ～. ★ ～ *chū* 会議中(掲示) Em ～! ～ *ni kakeru* 会議にかける Discutir [Tratar; Apresentar] em ～. ◇ ～(**giji**)**roku** 会議(議事)録 A a(c)ta da ～. ～ **jō [shitsu]** 会議場[室] O lugar [sala] da ～. **Heiwa [Entaku] ～** 平和[円卓]会議 O ～ sobre a paz [A mesa redonda]. ⇨ **ido-bata** ◇ **Kokusai ～** 国際会議 ～ internacional. ⇨ shinzoku ～. **Shōkō ～ sho** 商工会議所 A Câmara de Comércio. ⇨ hyōgi; kaígō; kyōgí; shūkái². **2** [評議するための機関] A Academia [O Conselho]. ◇ **Nihon gakujutsu ～** 日本学術会議 ～ de Ciências do J.

káigi² 懐疑 A dúvida. ★ ～ *o idaku* 懐疑をいだく Duvidar [Ter dúvida(s)]. ～ *teki ni miru* 懐疑的に見る Ser cé(p)tico. ◇ ～ **ron [setsu]** 懐疑論[説] O ce(p)ticismo. ～ **ronsha** 懐疑論者 O cé(p)tico. ⇨ utágái.

kaígo 悔悟 O arrependimento「do acusado」; o remorso; a contrição. ★ ～ *no namida ni kureru [o nagasu]* 悔悟の涙にくれる[を流す] Chorar (lágrimas) de ～. [S/同] Kaíkóñ². ⇨ kōkai².

kaígo² 介護 O cuidar de [tratar] um doente/velhinho. ～ *suru* 介護する ～. ⇨ káihō⁴; kángo¹.

kaígō 会合 O reunir-se. ★ ～ *o hiraku* 会合を開く Reunir-se [Ter/Abrir a reunião]. [S/同] Shúkái. ⇨ káigi¹.

kai-góróshí 飼い殺し (< káu² + korósú) **a)** O sustentar um animal até morrer; **b)** O dar emprego perpétuo mas sem promoção. ★ ～ *ni suru* 飼い殺しにする ～.

kai-gúi 買い食い (< kaú¹ + kúu) O gastar o dinheiro em comprar guloseimas.

káigun 海軍 A marinha (de guerra); a força naval; a armada. ★ ～ *ni hairu* 海軍に入る Entrar para a marinha. ◇ ～ **heigakkō** 海軍兵学校 A academia naval. ～ **koku** 海軍国 Um grande poder [país] naval. ～ **shikan [bukan]** 海軍士官[武官] O oficial da ～. ⇨ kúguñ; rikúgun.

kaígyáku 諧謔 O humor. ★ ～ *o kaisuru hito* 諧謔を解する人 Um homem espirituoso [com sentido do ～]. ～ *o rōsuru* 諧謔を弄する Dizer gracejos; gracejar. ～ *teki (na)* 諧謔的(な)「poema」Humorístico. ◇ ～ **ka** 諧謔家 O humorista. [S/同] Odóké(+); yúmoa (o).

káigyo¹ 海魚 O peixe do mar. [A/反] Kawá-zákana.

káigyo² 怪魚 Um peixe monstro. ⇨ kái¹¹.

kaígyō¹ 開業 O começar uma profissão. ★ *Kissaten o ～ suru* 喫茶店を開業する Abrir um café. ◇ ～ **i** 開業医 O médico com consultório. ⇨ Sógyō. [A/反] Haígyō²; heígyō. ⇨ kaítéñ²; misé-bíraki.

kaígyō² 改行 A nova linha; o novo parágrafo. ★ ～ *suru* 改行する Abrir parágrafo [～].

káiha 会派 A seita (religiosa).

kaíhái 改廃 A reorganização. ★ *Shōnai kyokka no ～ o suru [okonau]* 省内局課の改廃をする[行う] Reorganizar as várias repartições do ministério.

kaíhákú 灰白 O cinza-esbranquiçado. ◇ ～ **shoku** 灰白色 A côr de cinza ～ a.

kaíhañ 改版 A edição revista. ⇨ kaítéñ³.

kaíhátsú 開発 **1** [開拓] A exploração; o desenvolvimento. ★ *Shigen o ～ suru* 資源を開発するExplorar os recursos naturais. ◇ ～ **jigyō** 開発事業 O proje(c)to de ～. ～ **shikin** 開発資金 Os fundos para o ～. ～ **tojōkoku** 開発途上国 O(s) país(es) em (vias de) desenvolvimento. [S/同] Kaítákú. **2** [実用化; 現実化] O aparecimento [A invenção/A criação]. ★ *Atarashiku ～ sareta gijutsu [kikai]* 新

しく開発された技術［機械］Uma nova técnica [máquina]. ◇ **~ hi** 開発費 Os gastos de experimentação. ⇨ genjítsú ◊ jitsuyô-ká. **3**［啓発］O desenvolver. ★ *Kodomo no chinō o ~ suru* 子供の知能を開発する Desenvolver a inteligência da criança.

kaihéi¹ 開閉 O abrir e fechar. ★ *~ suru* 開閉する …
◇ ⇨ **ki**¹. **~ kyō [kadōkyō]** 開閉橋 [可動橋] A ponte levadiça. ⇨ Akétate.

kaihéi² 海兵 O fuzileiro naval. ◇ **~ tai** 海兵隊 O corpo de ~ ais. ⇨ súihei².

kaihéi³ 皆兵 O recrutamento geral [obrigatório]. ◇ **Kokumin ~ seido** 国民皆兵制度 O sistema de ~.

kaihéi⁴ 開平【Mat.】A extra(c)ção da raiz quadrada. ★ *~ suru* 開平する Extrair a raiz quadrada.

kaihéi-ki¹ 開閉器【Ele(c)tri.】O interruptor; o disjuntor. Ⓢ/同 Súitchi.

kaihéi-ki² 開閉機 ⇨ shadán¹.

kaihén¹ 改編 A reorganização「do proje(c)to」. ★ *Butai o ~ suru* 部隊を改編する Reorganizar o grupo [a tropa]. *Kyōkasho o ~ suru* 教科書を改編する Refazer o livro de texto.
Ⓢ/同 Saíhén. ⇨ heńsań; heńshū¹.

kaihén² 改変 A mudança; a reforma [alteração]. ★ *Kokusei o ~ suru* 国政を改変する Alterar o sistema de governo.
Ⓢ/同 Hakkáku. ⇨ arátámeru; kaéru⁴,⁵.

kaihí¹ 会費 A cota [quota] (de sócio). *~ wa getsugaku sen-en* 会費は月額千円 A cota mensal é [são] mil yens. ★ *Kurabu no ~ o chōshū suru* クラブの会費を徴収する Recolher [Cobrar] as ~ s do clube.

káihí² 回避 O evitar. ★ *Sekinin o ~ suru* 責任を回避する Esquivar-se [Furtar-se; Fugir] à responsabilidade. *Suto o ~ suru* ストを回避する Evitar a greve. Ⓢ/同 Tōhí; tōhí.

kaihín 海浜【E.】A praia; a beira-mar. ◇ **~ kōen** 海浜公園 O parque à beira-mar. Ⓢ/同 Eńgáń (+); hamá (+); hamábé (+); kaígáń (o); umíbé (+).

kaihō¹ 解放 A libertação. ◇ **~ kan o ajiwau** 解放感を味わう Sentir-se livre [liberto]. *~ suru* 解放する Libertar; soltar; emancipar. *~ no shingaku* 解放の神学 A teologia da ~. ◇ **~ gun** 解放軍 O exército de ~. **~ sensō** 解放戦争 A guerra de ~. **~ undō** 解放運動 O movimento de ~. **Dorei ~** 奴隷解放 ~ [emancipação] dos escravos. **Minzoku ~** 民族解放 ~ nacional.
Ⓐ/反 Sokúbákú. ⇨ hômén²; kájo.

kaihō² 開放 **1**［開け放つこと］O deixar [ser/estar] aberto. ⇨ *genkin* 開放厳禁（掲示）Feche a porta! ⇨ aké-hánáshí; aké-ppánáshí. **2**［自由に出入りできること］O abrir; o estar aberto「ao público」. *~ suru* 開放する Abrir (*Sono tenisu kōto wa ippan ni ~ sarete iru* そのテニスコートは一般に開放されている Essa quadra de té(ê)nis está aberta ao público). *~ teki na seikaku* 開放的な性格 O cará(c)ter aberto [franco]. Ⓐ/反 Heísá.

kaihō³ 快方 O curar [melhorar]. *Kare no byōki wa ~ ni mukatte iru* 彼の病気は快方に向かっている Ele está a caminho da cura/está a ~.
Ⓢ/同 Kaífúkú **2** (+).

káihō⁴ 介抱 O tratar「um ferido」. ★ *~ suru* 介抱する… Ⓢ/同 Kánbyō; kángo.

kaihō⁵ 会報 O boletim. ◇ **Dōsōkai ~** 同窓会会報 *~ da* associação dos antigos alunos.

kaihō⁶ 回報 A (carta) circular. Ⓢ/同 Kaíjō⁶ (o).

kaihō⁷ 快報【E.】A boa notícia.
Ⓢ/同 Kippō (o); rōhō (+). Ⓐ/反 Kyōhō.

kaihyō¹ 開票 A contagem dos votos. ★ *~ suru* 開票する Contar os votos. ◇ **~ jo** 開票所 O lugar da ~. **~ sokuhō** 開票速報 A informação imediata dos resultados da eleição. ⇨ tōhyō.

kaihyō² 解氷 O degelo. ★ *~ suru* 解氷する Derreter-se. Ⓐ/反 Keppyō. ⇨ kōrí¹.

káii¹ 怪異【E.】⇨ kái¹¹) **1**［不思議］O mistério. ★ *~ na* 怪異な「fenó(ô)]meno」Misterioso; curioso; estranho; sobrenatural; inexplicável. Ⓢ/同 Fushígí (o); káiki (+); kikáí (+). **2**［⇨ kaíbútsú］.

káii² 魁偉【E.】O gigante. ★ *Yōbō ~ na otoko* 容貌魁偉な男 Um homem com uma carantonha.

kaiíki 海域 A zona marítima; as águas marítimas. ⇨ súi-íkí.

kaiín¹ 会員 O sócio [membro]. ★ *~ ni naru* 会員になる Fazer-se sócio. ◇ **~ meibo** 会員名簿 A lista dos ~ s. **~ shikaku** 会員資格 As qualificações de ~. **~ sei [soshiki]** 会員制[組織] O sistema de ~. **~ shō** 会員証 O cartão de ~. **Sei ~** 正会員 efe(c)tivo. **Tsūjō [Tokubetsu; Meiyo] ~** 通常［特別；名誉］会員 ~ a(c)tivo [correspondente; honorário]. ⇨ kaí⁶.

kaiín² 改印 O mudar o carimbo「para efeitos legais」. ⇨ ińkán.

kaiín³ 開院 **1**［国会を開くこと］A abertura da Dieta [Assembleia da República/do Congresso/do Parlamento]. Ⓐ/反 Heíín. **2**［病院などを開くこと］A inauguração ou hora de abertura de um "in" (Ex. hospital). Ⓢ/同 Kaígyō. Ⓐ/反 Heíín.

kaiín⁴ 海員 O marinheiro [marujo; homem do mar]. Ⓢ/同 Señ'íń; súifu.

kaí-inú 飼い犬 (< káu² + …) O cão doméstico [que tem dono]. 【慣用】~ *ni te o kamareru* 飼い犬に手をかまれる Ser traído pelo empregado (de confiança). Ⓐ/反 Noráínú; yakén. ⇨ aíkéń.

kai-iré 買い入れ (< kaí-íréru) O comprar. *Furuhon kōka ~* 古本高価買い入れ(広告) Compramos livros usados a bom preço!

kai-iréru 買い入れる (< kaú¹ + …) Comprar. ★ *Kōhī-mame o Burajiru kara tairyō ni ~* コーヒー豆をブラジルから大量に買い入れる ~ café do B. em grande quantidade. ⇨ kaí-tóru.

káiji¹ 海事 Os assuntos marítimos. ◇ **~ hōki** 海事法規 O direito marítimo. **~ saibansho** 海事裁判所 O (supremo) Tribunal marítimo.

káiji² 界磁【Ele(c)tri.】O íman [ímã (B.)] indutor [gerador de campo]. ◇ **~ denryū** 界磁電流 A corrente indutora.

káiji³ 快事 O acontecimento agradável.
Ⓢ/同 Kaíkyō. ⇨ kái¹².

káiji⁴ 開示 **1**［明示すること］A mostra. ★ *~ suru* 開示する Mostrar. Ⓢ/同 Meíjí. **2**【Dir.】A indicação. Ⓢ/同 Kójí; teíjí.

kaijín¹ 怪人 O monstro com poderes mágicos. ◇ **~ nijūmensō** 怪人二十面相 "O Monstro das Vinte Caras". Ⓢ/同 Kaíjínbutsu. ⇨ kái¹¹; kaíbútsú.

kaijín² 灰塵【E.】As cinzas. ★ *~ ni kisuru* 灰塵に帰す Ficar [Ser] reduzido a cinzas/destruído pelo fogo. Moé-kású (+).

kaijin³ 海神 O deus do mar; Ne(p)tuno; Poseidon [Posídon].

kai-jínbutsu 怪人物 ⇨ kaíjín¹.

kájo 解除 **1**［取り消し］O cancelamento; a abo-

kaijō¹ 解上 O mar. ★ ~ *de* [*ni*] 海上で[に] No (alto) mar. ◇ ~ **bōeki** 海上貿易 O comércio marítimo. ~ **fūsa** 海上封鎖 O bloqueio marítimo [naval]. ~ **hoanchō** 海上保安庁 O Departamento da Segurança Marítima. ~ **hoken** 海上保険 O seguro marítimo. ~ **jieitai** 海上自衛隊 As Forças de Autodefesa Marítima. S/同 Kaímén; yójō. A/反 Rikújō.

kaijō² 会場 O lugar「de uma reunião」. *Pāti no* ~ *wa doko desu ka* パーティーの会場はどこですか Onde é a [~ da] festa? ⇨ kái⁶.

kaijō³ 開場 A abertura (de um lugar público). *Gozen jū-ji* ~ 午前10時開場 (掲示) ~ é às dez (da manhã). ~ *suru* 開場する Abrir. A/反 Heijō.

kaijō⁴ 階上 O andar de cima. ★ ~ *e iku* 階上へ行く Subir; ir ao ~. A/反 Kaika³.

kaijō⁵ 開城 A rendição (capitulação) de um castelo. ★ ~ *suru* 開城する Entregar o castelo (ao inimigo).

kaijō⁶ 回状 A (carta) circular. ★ ~ *o mawasu* 回状を回す Mandar uma ~. S/同 Kaíhō⁵.

kaijō⁷ 塊状 O ser maciço (Rocha, estrutura, bloco de lava).

kaijō⁸ 階乗【Mat.】O fa(c)torial. ★ *Yon no* ~ 4の階乗 ~ quatro.

kaijū¹ 怪獣 O (animal) monstro.

kaijū² 懐柔 A conciliação. ★ ~ *suru* 懐柔する Conciliar; conquistar às boas. ◇ ~ **saku** 懐柔策 A medida conciliatória.

kaijū³ 晦渋【E.】A obscuridade. ★ ~ *na*「*bunshō*」晦渋な「文章」[estilo] Obscuro/abstruso/arrevesado. S/同 Nankáí (+). A/反 Án'i; héii; kantán.

kaijū⁴ 海獣 O animal [mamífero] marinho.

kaika¹ 開花 A florescência; o florescimento. ★ ~ *suru* 開花する Florescer; florir. *Runessansu bunka no* ~ ルネッサンス文化の開花 O ~ da cultura renascentista. *Sakura no* ~ *ki* 桜の開花期 A/O ~ [O florir florescer] das cerejeiras. ⇨ enjúkó.

kaika² 開化 A civilização; o progresso. ★ ~ *suru* 開化する Abrir-se à/ao ~. ◇ **Bunmei** ~ 文明開化 A civilização e a cultura.

kaika³ 階下 (⇨ chíka¹) **1** [一階] O andar térreo; o rés-do-chão. Ikkáí (+). **2** [下の階] O andar de baixo. A/反 Kaijō⁴.

kaika⁴ 開架 O acesso livre às estantes. ◇ ~ (**shiki**) **toshokan** 開架(式)図書館 A biblioteca (com sistema) de ~. S/同 Heíka.

kaika⁵ 怪火【E.】**a**) O fogo suspeito; **b**) O fogo-fátuo. S/同 kí[tsuné-bi; oní-bi.

kai-kábúri 買い被り (< kaí-kábúru) A sobrevalorização. ⇨ kadáí-hyōka.

kai-kábúru 買い被る (< kaú¹ + ...) **a**) Comprar demasiado caro; **b**) Ter uma opinião demasiado boa. *Kare wa jibun no sainō o kaikabutte iru* 彼は自分の才能を買い被っている Ele exagera os seus talentos [vende-se demasiado caro].

kai-káeru 買い替える (< kaú¹ + ...) Comprar (e trocar por) um novo. *Furui kuruma o atarashii no to kaikaeta* 古い車を新しいのと買い替えた Comprei um carro novo trocando-o pelo velho.

kaikai 開会 O começar a reunião (sessão). ★ ~ *chū de aru* 開会中である Estar em ~. ~ *no ji o noberu* 開会の辞を述べる Fazer um discurso de abertura [Abrir a sessão]. ~ *o sengen suru* 開会を宣言する Declarar aberta a sessão. ◇ ~ **bi** 開会日 O dia de abertura. ~ **shiki** 開会式 A cerimó(ô)nia de abertura. S/同 Hakkái. A/反 Heíkái.

kai-káke 買い掛け【Econ.】Contas a pagar. ◇ ~ **kin** 買い掛け金 A quantia [conta] a pagar. A/反 Uríkáke.

kaikaku 改革 A reforma (Tb. a ~religiosa do séc. 16 na Europa). ★ ~ *suru* 改革する Reformar「o sistema de impostos」; fazer uma ~. ◇ ~ **an** 改革案 O proje(c)to de ~. S/同 Henkákú; kaíhén.

kaikan¹ 開館 A abertura ou inauguração de um edifício. *Getsuyōbi kara kinyōbi made* ~ 月曜日から金曜日まで開館(掲示) Aberto de segunda(-feira) a sexta(-feira). ~ *suru* 開館する Abrir. ◇ ~ **jikan** 開館時間 O horário de serviço. A/反 Heíkán.

kaikan² 会館 O edifício público; a casa. ◇ **Shimin** ~ 市民会館 A casa municipal polivalente. S/同 Hóru; sáron.

kaikan³ 快感 A sensação agradável; o deleite; o prazer. ★ ~ *o oboeru* 快感を覚える Sentir [Experimentar] um ~.

kaikan⁴ 怪漢 O (homem) suspeito. ⇨ kaijín¹.

kaikan⁵ 開巻【E.】O abrir o [O começo do] livro. ★ ~ *dai ichi ni* 開巻第一に Logo ao [no] ~. ⇨ kantó.

kai-katá 買い方 **1** (⇨ kaí-té). **2** [買う方法] O modo de comprar. A/反 Uríkáta.

kaikatsu 快活 A boa disposição; a jovialidade; a animação. ★ ~ *na* 快活な Jovial; bem disposto; animado. ~ *ni warau* 快活に笑う Rir todo jovial [radiante]. S/同 Kappátsú.

kaikei 会計 **1** [出納] A contabilidade; as contas. ◇ ~ **bo** 会計簿 O livro da/~s [A escrituração]. ~ **gaku** 会計学 A (ciência da) contabilidade. ~ **gakari** 会計係 O contador [encarregado da/s ~]. ~ **hō** 会計法【Dir.】A lei das contas públicas. ~ **hōkoku** 会計報告 A prestação de contas. ~ **jimusho** 会計事務所 A contadoria. ~ **ka** 会計課 A se(c)ção de ~; a contadoria. ~ **kansa** 会計監査 A auditoria. ~ **nendo** 会計年度 O ano financeiro [fiscal]. **Kōnin** ~ **shi** 公認会計士 O perito contador; o contabilista juramentado [oficial]. ⇨ suítō². **2** [勘定書き] A conta; a fa(c)tura; o pagamento. (*o*)~(*o*)*o-negai shimasu* (お)会計(を)お願いします **a**) Traga a conta, por favor; **b**) Ainda não pagou! S/同 Kanjō.

kaiken¹ 会見 A entrevista; o encontro; a audiência. **a**) ~ *suru* 会見する Entrevistar「o ministro」; **b**) Encontrar-se com quem pediu ~. ◇ ~ **dan** [**ki**] 会見談[記] A reportagem da ~. *Kisha* ~ 記者会見 A conferência de [O ~ com a] imprensa. S/同 Mendán; menkáí.

kaiken² 改憲 A revisão da Constituição. ★ ~ *suru* 改憲する Rever a ...

kaiken³ 懐剣【H.】O punhal.

kaiketsu¹ 解決 A solução. ★ ~ *dekinai* [*funō na*]

解決できない [不能な]「problema」Insolúvel [Sem solução]. ~ **suru** 解決する Resolver; solucionar. ◇ **~ hō** [**saku**] 解決法[策] Uma ~. **Mi ~** 未解決 Por resolver; pendente.

kaikétsú² 怪傑 O homem extraordinário [de/com capacidades extraordinárias]; o prodígio. S/同 Gōkétsú (+). ⇨ kái¹¹.

kaikétsú-byō 壊血病【Med.】O escorbuto.

káiki¹ 会期 A sessão [da Dieta]; o período (de duração) de「um congresso」. ★ ~ *o enchō suru* 会期を延長する Prolongar [Prorrogar] a/o ~. ⇨ kíkan¹.

kaiki² 快気 **a**) A cura; **b**) O sentir-se bem (disposto). ◇ ~ **iwai** 快気祝い A comemoração [A a(c)ção de graças; festa] pela recuperação da saúde. ⇨ zeńkái¹.

káiki³ 回忌 A comemoração (budista) do falecimento de uma pessoa (A primeira é logo no dia do falecimento). ★ *Haha no san* ~ 母の三回忌 A terceira comemoração [O segundo aniversário] do falecimento de minha mãe. S/同 Neńki¹; shūki.

káiki⁴ 怪奇 O mistério. ★ *Fukuzatsu* ~ *na* 複雑怪奇 Complicado e misterioso. S/同 Kikái; kíi. ⇨ kái¹¹.

káiki⁵ 回帰 O ciclo; o retorno; a volta. ★ ~ *suru* 回帰する Girar; retornar; voltar. ◇ **~ netsu** 回帰熱 A febre recorrente. **Kita** [**Minami**] **~ sen** 北[南]回帰線 O trópico de Câncer (Capricórnio).

kaí-ki⁶ 買い気 (< kaú¹ + ⋯)【Econ.】A tendência para a alta (Para comprar a(c)ções). A/反 Urí-kí.

kaíki⁷ 会規 As normas [regras]「da associação」. S/同 Kaísóku² (+). ⇨ kísoku¹.

kaíki⁸ 皆既 (Abrev. de "kaíkishoku")【Astr.】O eclipse total. ◇ **~ gesshoku** [**nisshoku**] 皆既月食[日食] ~ da lua [do sol].

kaíkin¹ 解禁 O levantamento de uma proibição. ★ ~ *suru* 解禁する Levantar uma proibição; liberar. ◇ **~ bi** [**ki**] 解禁日[期] O dia de ~ [A época「de caça」].

kaíkín² 皆勤 A assiduidade ao emprego. ★ ~ *suru* 皆勤する Nunca faltar ao emprego. ◇ **~ teate** [**shō**] 皆勤手当[賞] O subsídio [pré[ê]mio] por ~. S/同 Seíkín.

kaikín-shátsu 開襟シャツ A camisa de gola aberta.

kaí-kíri 買い切り (< kaí-kíru) ⇨ kaí-shímeru.

kaí-kíru 買い切る ⇨ kaí-shímeru.

káiki-shoku 皆既食【Astr.】O eclipse total. A/反 Bubún-shoku. ⇨ káiki⁸.

kaiko¹ 解雇 O despedimento do emprego. ◇ **~ tsūchi** 解雇通知 O aviso de ~. S/同 Hímen; kaínín¹; kubíkírí **2**; meńshóku.

kaiko² 回顧 A recordação; a reminiscência. ◇ **~ roku** 回顧録 As「minhas」memórias. S/同 Kaísó.

kaiko³ 蚕 O bicho da seda. ★ ~ *o kau* 蚕を飼う Criar [Fazer criação de] ~.

kaiko⁴ 懐古【E.】A saudade do passado; a nostalgia. ★ ~ *teki* (*na*) 懐古的 (な) Nostálgico; saudoso. ◇ **~ shumi** 懐古趣味 O saudosismo. S/同 Kaíkyū²; tsuíkái; tsuíókú (+).

kaikō¹ 開校 O abrir [inaugurar; fundar] uma escola. ★ ~ *suru* 開校する ~. ◇ **~ kinenbi** 開校記念日 O aniversário [dia comemorativo] da inauguração da escola. A/反 Haíkō; heíkō. ⇨ gakkō.

kaikō² 開講 O início [A abertura] de um curso [das aulas]. ★ ~ *suru* 開講する Começar as aulas [uma série de conferências]. A/反 Heíkō. ⇨ kōzá¹.

kaikō³ 開港 **1**[新しい港や空港を作って船・飛行機の出入りを始めること] O inaugurar um porto (aeroporto). A/反 Heíkō. ⇨ kūkō; minátó. **2**[出入自由の港] Um porto livre (franco).

kaikō⁴ 開口 **1**[話を始めること] O tomar a palavra; o começar um discurso [uma conversa]; a primeira coisa que se diz. *Kare wa* ~ *ichi-ban watashi ni ayamatta* 彼は開口一番私にあやまった A primeira coisa que ele fez foi pedir-me desculpa. A/反 Heíkō. **2**[空気や光線などを通す窓] A abertura; o orifício.

kaikō⁵ 回航 **1**[周航] A navegação; o cruzeiro. S/同 Juńkō (+); shūkō (o). **2**[船の移動] O mudar o navio「para a doca seca」. ★ ~ *suru* 回航する ~.

kaikō⁶ 海溝 A fossa oceânica. ◇ **Nihon ~** 日本海溝 ~ do J.

kaikō⁷ 海港 O porto marítimo. ⇨ kakō⁶.

kaikō⁸ 改稿 A revisão completa「do livro/manuscrito」.

kaikō⁹ 邂逅【E.】⇨ megúrí-ái.

kaíkókú¹ 開国 **1**[建国] ⇨ keńkókú. **2**[外国と交際・通商を始めること] O abrir o país (Portos, etc.) ao estrangeiro. A/反 Sakóku.

kaíkókú² 戒告 A advertência; a admoestação. ★ ~ *suru* [*o ataeru*] 戒告する [を与える] Advertir; admoestar. ◇ **~ shobun** [**shochi**] 戒告処分[処置] A reprimenda [O castigo]. S/同 Imáshímé (+); keíkókú (+).

kaíkókú³ 海国 O país marítimo. ⇨ shimá-guni.

kaí-kómu¹ 買い込む (< kaú¹ + ⋯) Comprar em grande quantidade; fazer muitas compras. ⇨ kaí-ásáru.

kaí-kómu² 掻い込む (< káku² + ⋯) **1**[わきの下にかえこむ] ⇨ kakáé-kómu. **2**[器に液体をすくい入れる] Deitar「água」numa vasilha com「as mãos/um tacho」. ⇨ sukúú².

kaíkon¹ 開墾 O desbravamento. ◇ **~ chi** 開墾地 O terreno desbravado. S/同 Kaíhátsú; kaítákú.

kaíkón² 悔恨 O remorso; o arrependimento; a contrição; a compunção. ★ ~ *no namida o nagasu* 悔恨の涙を流す Chorar [Derramar lágrimas] de ~. S/同 Kaigo. ⇨ kōkai².

kaí-kótoba 買い言葉 (Dura, má). I/慣用 *Uri-kotoba ni* ~ 売り言葉に買い言葉 Pagar na mesma moeda [Apanha!]. ⇨ kōkai².

kaí-kúguru 掻い潜る (< káku² + ⋯) Escapar「pelo meio da multidão」sem ser visto. *Hō no ami o kaikugutte shōbai suru* 法の網を掻い潜って商売する Fazer negócios suspeitos escapando-se por entre as malhas da lei. S/同 Kugúru (+).

kaíkún 回訓 As instruções dadas pelo governo「ao embaixador」. S/同 Seíkún.

kaíkyáku 開脚 As pernas abertas [escarranchadas]. ◇ **~ tobi** (跳馬の) 開脚跳び O salto com as ~. A/反 Heíkyákú.

kaikyo 快挙 A façanha; a proeza「de ganhar a maratona」. S/同 Sōkyo. ⇨ kái¹².

kaíkyō¹ 海峡 O estreito. ◇ **Jiburarutaru ~** ジブラルタル海峡 ~ de Gibraltar. Séto **1**; suídó **2**.

káikyō² 回教 O maometismo; o islamismo; o islão. ◇ **~ to** 回教徒 O maometano; o muçulmano; o islamita. Ⓢ⦅同⦆ Isurámú-kyō.

kaíkyō³ 懐郷 A saudade da terra. ★ ~ no jō [nen] ni karareru 懐郷の情[念]に駆られる Sentir saudades da sua terr(inh)a.
Ⓢ⦅同⦆ Kyōshū (+) ; satógókoro (+).

kaíkyō⁴ 架橋 A inauguração de uma ponte.

kaíkyókú 開局 O inaugurar [abrir] uma estação transmissora [um posto dos correios; repartição de serviço「público」]. ★ ~ suru 開局する.

kaíkyū¹ 階級 **1** [身分] A classe (social). ★ Chūsan ~ ni zokusuru 中産階級に属する Pertencer à ~ média. ◇ ~ ishiki [tōsō] 階級意識[闘争] A consciência [luta] de ~ [~s]. ~ seido 階級制度 O sistema de ~s. **Chishiki** ~ 知識階級 ~ intelectual. **Rōdō (sha)** ~ 労働(者)階級 ~ operária. ⇨ chíí¹; míbun; kaíshó⁴. **2** [位] A categoria (hierárquica); a ordem (Cri.); a posição. ★ ~ ga agaru 階級が上がる Subir de ~. ◇ ~ sei 階級制 O sistema hierárquico. Ⓢ⦅同⦆ Kuráí.

kaíkyū² 懐旧【E.】A reminiscência; a saudade do passado; a recordação. ★ ~ no jō 懐旧の情 Um (doce) sentimento de saudade. Ⓢ⦅同⦆ Káikó⁴ (+).

kai-máki 掻い巻き Um acolchoado em forma de quimono [como saco de dormir].

kaimakú 開幕 O começo「do campeonato」. Gogo shichi-ji ~ 午後7時開幕(掲示) A peça [sessão] começa às sete (da tarde). ★ ~ suru 開幕する Iniciar; começar; levantar [correr] o pano. ◇ ~ sen 開幕戦 O primeiro desafio.
Ⓐ⦅反⦆ Heímákú. ⇨ kaíkó¹; kaíshí¹.

kaímá-míru 垣間見る Vislumbrar; ver「a a(c)triz」de relance.

kaíméí¹ 解明 O esclarecer. ★ Jiko no gen'in o ~ suru 事故の原因を解明する Descobrir [~] a causa do acidente.

kaíméí² 改名 A mudança de nome (Ex.: de Tōkichirō para Hideyoshi). ★ ~ suru 改名する Mudar o [de] nome.

kaíméí³ 階名【Mús.】Os nomes das notas. ⇨ oñméí².

kaímén¹ 海面 O [A superfície do] mar. ⇨ kaíjō¹.

kaímén² 海綿 A esponja (Tb. animal). ◇ ~ dōbutsu 海綿動物 Os espongiários. ~ tai 海綿体 O corpo esponjoso [cavernoso]. ⇨ supóñji.

kaímétsú 壊滅 A destruição; a liquidação. ★ ~ no kiki ni hinsuru 壊滅の危機に瀕する Estar à beira da [em perigo de] ~. ★ ~ suru 壊滅する Ser destruído [Jishin ga toshi o ~ saseta 地震が都市を壊滅させた O terr(e)a]moto reduziu a cidade a (um monte de) ruínas]. ⇨ hakáí¹.

kaímín 快眠 O sono profundo [reconfortante].

kaí-módóshi 買い戻し (< kaí-módósu) O resgate. ◇ ~ yakkan 買い戻し約款 A retrovenda.

kaí-módósu 買い戻す (< kaú¹ + …) Comprar de volta「algo que vendeu」; resgatar.

kaímókú 皆目 (Absolutamente) nada. Kare no yukue wa ~ wakaranai 彼の行方は皆目わからない Não faço a mínima ideia onde ele estará [esteja/possa estar]. Ⓢ⦅同⦆ Ikkō; íssai; marúdé; marúkkírí; mattákú; zeñzéñ (+).

kaímón 開門 O abrir o (portão do)「parque às 9 horas」.

kaí-mónó 買い物 (< kaú¹ + …) **1**[買うこと] A(s) compra(s). ★ ~ ni iku 買い物に行く Ir às [fazer] compras. ~(o) suru 買い物(を)する Fazer ~s. ~ kago 買い物かご O cesto [cabaz/saco] das ~. ~ jōzu 買い物上手 Que sabe fazer ~s. Ⓢ⦅同⦆ Shóppingu. **2**[買って得になる品] A boa compra. Kore wa o-~ desu yo これはお買い物ですよ Compra (Barato), é isto! [Leve, que faz uma ~]. ⇨ kaí-dókú².

kaí-mótóméru 買い求める (< kaú¹ + …) Comprar. Ⓢ⦅同⦆ Kaú¹ (+).

káimu 皆無【E.】O nada; o zero. Gōkaku no kanōsei wa ~ da 合格の可能性は皆無だ A possibilidade de ser aprovado é zero [nula]. Ⓢ⦅同⦆ Zétsumu.

káimyō 戒名【Bud.】O nome dado pelo bonzo a cada pessoa que morre.
Ⓢ⦅同⦆ Hōgō; hōmyō. Ⓐ⦅反⦆ Zokúmyō.

kaín 下院 A Câmara Baixa [dos Deputados] (No sistema bicameral, como no B.; em P. não existe). ◇ ~ giin 下院議員 O(s) deputado(s).
Ⓐ⦅反⦆ Jōín. ⇨ shúgíin.

káina 腕 O braço. Ⓢ⦅同⦆ Udé (+).

kaínán 海難 O naufrágio. ★ ~ ni au 海難に遭う Ter um ~; naufragar. ◇ ~ jiko 海難事故 O acidente perigoso no mar; o naufrágio. ~ kyūjo 海難救助 O socorro dos náufragos. ~ shingō 海難信号 O sinal de perigo; o S.O.S. (Ésse, ó, ésse: "Save Our Souls").

kaí-nárásu 飼い馴らす (< káu² + narásu) Domesticar (um animal selvagem). ★ Kainarasareta 飼い馴らされた Domesticado.

kaí-né 買い値 (< kaú¹ + …) O preço (de compra). ★ ~ o waru 買い値を割る Vender abaixo do ~. Ⓢ⦅同⦆ Génka (+); motó-né; shiíré-né. Ⓐ⦅反⦆ Urí-né.

kaínín¹ 解任 A demissão (de um cargo). ★ ~ sareru 解任される Ser demitido.
Ⓢ⦅同⦆ Himén; káiko¹ (o); kaíshókú²; meñshókú (+).

kaínín² 懐妊【E.】⇨ niñshín.

kaí-ninki 買い人気【Econ.】Uma alta na (compra de a(c)ções na) bolsa.

kaí-nushi¹ 買い主 (< kaú¹ + …) O comprador.
Ⓢ⦅同⦆ Kaí-káta **1**; kaí-té. Ⓐ⦅反⦆ Urí-nushi.

kaí-nushi² 飼い主 (< káu² + …) O dono「do cão」.

kaínyū 介入 A intervenção. ★ ~ suru 介入する Intervir. ◇ **Gunji** ~ 軍事介入 ~ militar.
Ⓢ⦅同⦆ Tachí-írí (+); warí-kómí (+). ⇨ kañshō¹.

kaí-óki 買い置き (< kaú¹ + okú) Comprar para armazenar; o açambarcar. ★ ~ ga aru 買い置きがある Ter em estoque [estoque]. ⇨ kaí-dámé.

kaíóséí 海王星【Astr.】(O planeta) Ne(p)tuno.

kaírái 傀儡【E.】**1**[あやつり人形] O fantoche; o títere; o boneco; a marionete[a]. ~ shi 傀儡師 O manipulador de ~s. Ⓢ⦅同⦆ Ayátsúrí-níngyō (+). **2**[あやつられる人]【Fig.】O fantoche; o boneco; o robô[ot]; o chefe [representante] nominal. ◇ ~ seifu [seiken] 傀儡政府[政権] O governo fantoche. Ⓢ⦅同⦆ Kazárí-mónó **2**; robótto (+).

káiraku 快楽 O prazer(es). ★ ~ ni fukeru 快楽にふける Entregar-se aos ~. ~ o motomeru [ou] 快楽を求める[追う] Buscar o [Ir atrás do] ~. ◇ ~ setsu [shugi] 快楽説[主義] O hedonismo. Ⓢ⦅同⦆ Etsurákú; itsurákú; kañrákú; kyōrákú.

kaírán¹ 回覧 A leitura de um escrito (Aviso, livro, etc.), passado de mão em mão [de casa em casa]. ★ ~ suru 回覧する Passar de… ◇ ~ ban 回覧板 A prancha de "kairan"「da "chōnai-kai"」.
Ⓢ⦅同⦆ Juñráñ.

kaírán² 壊乱 O corromper; a imoralidade. ★ Chi-

tsujo o ~ *suru* 秩序を壊乱する Subverter a ordem. S/同 Bińrán.

káiri[1] 解離【Quím.】A dissociação. ◇ ~ **atsu** [**enerugí**] 解離圧［エネルギー］A pressão [energia] de ~.

káiri[2] 乖離【E.】A alienação; a dissociação. ★ ~ *suru* 乖離する Desligar-se; alienar-se「de」. ⇨ buńri; riháń.

káiri[3] 海里[浬] A milha marítima (No J. tem 1853m; em P. e no B. 1852m). ⇨ nótto.

káiri[4] 海狸【Zool.】O castor; beaver castor fiber. S/同 Bíba (+).

kairíki 怪力 A força hercúlea. S/同 Baká-jíkárá (+).

kái-riku 海陸 A terra e o mar. ◇ ~ **ryōyō hikōki** [**sensha**] 海陸両用飛行機[戦車] O avião [tanque] anfíbio. ⇨ súi-riku.

kairítsú 戒律【Bud.】Os preceitos [mandamentos]; as regras. ★ ~ *o mamoru* 戒律を守る Guardar os [as] ~. ~ *o yaburu* 戒律を破る Quebra(nta)r os [as] ~. ⇨ kísoku+; okíte.

káiro[1] 海路 A via marítima; a rota. ★ ~ *Porutogaru e mukau* 海路ポルトガルへ向かう Ir por mar a P. ことわざ *Mateba ~ no hiyori ari* 待てば海路の日和あり Quem espera, sempre alcança [Depois da tempestade vem a bonança]. S/同 Funáji. ⇨ kŭro; ríkuro.

káiro[2] 懐炉 O aquecedor para o estômago.

káiro[3] 回路【Ele(c)tri.】O circuito(elé(c)trico). ◇ ~ **shadanki** 回路遮断器 O disjuntor [interruptor de ~]. **Shūseki** ~ 集積回路 ~ integrado. S/同 Káisen.

káiró 回廊 O corredor; a galeria. ⇨ rôká[2].

kairō-dōketsú 偕老同穴 **1**「長く連れそうこと」【E.】O「casal」viver muitos anos e ser enterrado na mesma sepultura. ★ ~ *no chigiri o musubu* 偕老同穴の契りを結ぶ Prometer viver juntos até morrer. **2**［海綿］【Zool.】Uma esponja do mar. ⇨ kaíméń[2].

kairyō 改良 O melhoramento; o aperfeiçoamento. ★ ~ *no yochi ga aru* 改良の余地がある Haver possibilidade de ~. ◇ **Hinshu** ~ 品種改良 ~ duma espécie. ⇨ kaísí[4]; kaízéń.

kairyū 海流 A corrente marítima. ◇ ~ **zu** 海流図 O mapa das ~ s. S/同 Chóryū.

kaisái[1] 開催 O realizar-se. ◇ ~ **bi** 開催日 A data 「do encontro」. ~ **chi** 開催地 O local. ~ **kikan** 開催期間 O prazo de abertura.

kaisái[2] 皆済 O pagamento completo. ★ ~ *suru* 皆済する Liquidar [Pagar toda] a dívida. S/同 Kańnó.

kaisái[3] 快哉【E.】Uma (grande) alegria. ★ ~ *o sakebu* 快哉を叫ぶ Dar um grito de alegria. S/同 Tsúkái.

kaisáku[1] 改作 A adaptação. *Kore wa Shēkusupia no sakuhin o kodomo muki ni ~ shita mono da* これはシェークスピアの作品を子供向きに改作したものだ Isto é uma peça de Shakespeare adaptada para crianças.

kaisáku[2] 開削［鑿］O desaterro [rompimento「da estrada」]; a escavação]. ★ ~ *suru* 開削する Fazer ~.

kaisań[1] 解散 **1**［会合の］A dispersão; o fim do encontro」. S/同 Sańkái[2]. **2** Shūgó. **2**［会社などの］O desfazer-se da「organização」; a liquidação [extinção]「da empresa」. **3**［国会の］A dissolução da Dieta. ◇ ~ **ken** 解散権 O direito de dissolver「a Dieta」.

kaisań[2] 海産 Produzido no mar. ◇ ~ **butsu** 海産物 O produto marinho [marítimo]. S/同 Suísań.

kai-sásaé 買い支え (< kaú+ + sasáérú) 【Econ.】A compra para evitar a queda da cotação.

kaisátsú 改札 O controle [A inspe(c)ção] dos bilhetes (na estação). ◇ ~ **gakari** 改札係 O controlador [revisor] dos bilhetes. ~ **guchi** 改札口 A entrada para a plataforma. S/同 Keńsátsú.

kaiséi[1] 改正 A revisão; a altera(c)ção [mudança] 「do preço da água」. ★ ~ *Hōritsu o ~ suru* 法律を改正する Alterar a lei. ◇ **Jōyaku ~ an** 条約改正案 O proje(c)to de revisão do tratado. ⇨ kaíryō; kaíté[2]; kaízéń; zeséí.

kaiséi[2] 快晴 O tempo excelente [agradável]. *Kyō wa ~ da* 今日は快晴だ Hoje está [temos] um ~. ⇨ haré.

kaiséi[3] 改姓 A mudança de apelido. S/同 Káigō; kaíméí[2] (+); kaíshō[3].

kaiséi[4] 回生【E.】A regeneração. ⇨ kishi ~. S/同 Soséí (+).

kaiséki[1] 会席 **1**［集合所］O local da reunião. S/同 Shūgó-jō. **2**［Abrev. de "~ryōri"］◇ ~ **ryōri** 会席料理 A refeição tradicional j. das grandes ocasiões servida em bandeja individual.

kaiséki[2] 懐石 Refeição ligeira que precede a cerimó(ô)nia do chá e na qual se ensinam as boas maneiras. ◇ ~ **ryōri** 懐石料理 A cozinha "kaiseki".

kaiséki[3] 解析 A análise. ★ ~ *suru* 解析する Analisar; decompor. ◇ ~ **gaku** 解析学【Fil.】A (lógica) analítica. S/同 Buńséki.

kaiséń[1] 回旋 A rotação; a involução; a circunvolução. S/同 Seńkái.

kaiséń[2] 改選 A reeleição. ★ ~ *suru* 改選する Reeleger「metade dos deputados」.

kaiséń[3] 会戦 A batalha; o combate. ★ ~ *suru* 会戦する Ter um「recontro」. S/同 Seńtó.

kaiséń[4] 開戦 O rompimento das hostilidades [começo da guerra]. ★ ~ *suru* 開戦する Começar a guerra. A/反 Shūséń.

kaiséń[5] 海戦 A batalha naval. ◇ **Nihonkai ~** 日本海海戦 ~ no Mar do J.

kaiséń[6] 回線 A linha (telefó(ô)nica). *Denwa no ~ ga fusagatte iru* 電話の回線がふさがっている ~ está impedida [ocupada].

kaiséń[7] 回［廻］船 A barcaça de carreira. ◇ ~ **don'ya** 回船問屋 A agência marítima.

kaiséń[8] 疥癬【Med.】A sarna. ◇ ~ **chū** 疥癬虫 O ácaro da tinha (dos animais).

kaisetsú[1] 解説 A explicação [O comentário]. ★ ~ *suru* 解説する Explicar; comentar. ◇ ~ *teki na* 解説的な Explicativo. ~ **sha** 解説者 O comentarista; o comentador. ~ **sho** 解説書 O guia; o manual. **Nyūsu ~** ニュース解説 Notícias comentadas [com ~]「na T.V.」. S/同 Chūshákú; kaíméí; setsúméí.

kaisetsú[2] 開設 A instalação [de um escritório]. ★ ~ *suru* 開設する Instalar; abrir「um centro recreativo」. S/同 Setchí; shińsétsú (+).

kaisetsú[3] 回折 A difra(c)ção. ★ ~ *suru* 回折する Difra(c)tar. ◇ ~ **genshō** 回折現象 O fenó(ô)meno da ~. ⇨ kussétsú.

kaishá 会社 A companhia; a firma; a empresa; a

káishaku¹ 解釈 A interpretação. *Sore wa iroiro ni ~ dekiru* それはいろいろに解釈できる Isso pode ser entendido [explicado/traduzido/interpretado] de diversas maneiras. *O ayamaru kaishaku o suru* 解釈を誤る Interpretar mal [Fazer uma ~ errada]. *Ayamatte [Tadashiku] ~ suru* 誤って[正しく]解釈する Entender [Interpretar] erroneamente/mal (corre(c)tamente/bem]. *Zen-i [Aku-i] ni ~ suru* 善意[悪意]に解釈する Interpretar com boa [má] vontade. ◇ **"Pobun ~ hō"** 「葡文解釈法」"Como traduzir o 「Método de tradução do「português」". ⇨ hándan; ríkai.

káishaku² 介錯 **1** [⇨ tsuki-sói]. **2** [切腹する人の後について首を切りおとすすること] O ajudar a pessoa que faz "harakiri". ◇ **~ nin** 介錯人 O que corta a cabeça de quem faz "harakiri".

kaishi¹ 開始 O começo; a abertura. *Shiken ~ shōgo* 試験開始正午 (掲示) Ao meio-dia [(Às) 12:00h.]-Exame. ★ *~ suru* 開始する Começar; inaugurar 「o serviço de camionetas」; abrir 「um inquérito」. [S/同] Hajímári. [A/反] Shūryṓ; shúryṓ.

kaishi² 懷紙 Uma espécie de guardanapo de papel que se leva no bolso para a cerimó(ô)nia da arte do chá.

kaishi³ 怪死 A morte misteriosa (De causa desconhecida). ★ *~ suru [o togeru]* 怪死する[を遂げる] Morrer misteriosamente.

kai-shímé 買い占め (< káishíméru) O açambarcamento (monopolista). *Shōsha no ~ de bukka ga agatta* 商社の買い占めで物価が上がった As (grandes) empresas (comerciais) açambarcaram os produtos, e os preços subiram. ★ *~ o suru [yaru]* 買い占めをする[やる] ⇨ káishíméru. [S/同] Kaí-kírí.

kai-shíméru 買い占める (< kaú¹ + ···) Açambarcar. *Sono kaisha wa ensen no tochi o kaishimeta* その会社は沿線の土地を買い占めた Essa companhia açambarcou os terrenos ao longo da via férrea [estrada de ferro]. [S/同] Kaí-kíru.

kaishín¹ 回診 O giro das visitas (dum médico aos seus doentes do hospital). ★ *~ suru* 回診する Fazer o ~. ◇ **~ jikan** 回診時間 A hora do ~. ⇨ óshíní¹.

káishin² 改心 O corrigir-se [emendar-se]; a emenda; a conversão; a reabilitação. ★ *~ suru* 改心する … *Kare wa ima wa sukkari ~ shite iru* 彼は今はすっかり改心している Ele está outro [completamente reabilitado]. [S/同] Káigo¹; kaíshún¹.

kaishín³ 改新 A reforma; a inovação. ★ *~ suru* 改新する Reformar; inovar. *Taika no ~* 大化の改新 A Reforma de Taika (645d.C.). [S/同] Isshíń; kakúshín; kóshín.

kaishín⁴ 会心【E.】A satisfação. ★ *~ no emi o ukaberu* 会心の笑みを浮かべる Ter um sorriso [Sorrir cheio] de ~. *~ no saku* 会心の作 A obra predile(c)ta [satisfatória]. ⇨ mánzoku.

kaishó¹ 楷書 A letra de forma. ⇨ gyósho; sóshó¹.

kaishó² 会所 O local de reunião [ponto de encontro]. ◇ **Go ~** 碁会所 O clube de "go".

kaishó¹ 解消 **1** [⇨ kaísán¹]. **2** [解約] A anulação; o cancelamento. ★ *Keiyaku o ~ suru* 契約を解消する Anular [Cancelar] um contrato. **3** [解決] **a)** A solução; **b)** O alívio. *Sutoresu o ~ suru* ストレスを解消する Aliviar a tensão; **c)** O acabar com 「todas as suspeitas」.

kai-shō² [oo] 甲斐性 O vigor; a capacidade. *~ no aru* 甲斐性のある Capaz; competente. [S/同] Íkuji.

kaishó³ 改称 A mudança de nome. [S/同] kaímé²(+); kaísé³.

kaishó⁴ 快勝 A vitória completa [fácil]. ★ *~ suru* 快勝する Conseguir uma ~ [Vencer facilmente]. [S/同] Rakúshó (+); taíshó.

kaishó⁵ 海床 O fundo [leito] do oceano.

kaishó⁶ 海将 O Supremo Comandante Naval das Forças Armadas.

kaishoku¹ 会食 O comer com alguém. ★ *~(o) suru* 会食(を)する Ter uma reunião com almoço [jantar].

kaishóku¹ 解職【E.】O despedir do emprego. ★ *~ suru* 解職する … [S/同] Himén; káiko¹ (o), kaínín¹; kubí-kírí ². [S/同] meńshóku (+).

kaishóku² 海食 [蝕] A erosão marítima. ◇ **~ dō** 海食[蝕]洞 A cova [gruta] produzida pela ~. *~ sayō* 海食[蝕]作用 A a(c)ção da ~. ⇨ shińshókú².

káishū¹ 回収 A recolha. *~ Urikakekin o ~ suru* 売り掛け金を回収する Recolher o dinheiro das vendas a crédito. ◇ **Haihin ~** 廃品回収 ~ de obje(c)tos usados.

káishū² 改宗 A conversão. ★ *~ suru* 改宗する Converter-se; mudar de religião. ◇ **~ sha** 改宗者 O convertido. [S/同] Shúshi-gáe.

káishū³ 改修 A reparação. ★ *~ suru* 改修する Reparar. *Hashi [Kasen] no ~ kōji* 橋 [河川]の改修工事 As obras de reparação [recuperação] da ponte (do rio). [S/同] Kaíchíku; shúri.

káishū⁴ 会衆【E.】A assistência; a audiência. ⇨ chōshū²; kańshū⁵.

káishún¹ 改悛 O arrependimento. ★ *~ no jō ga ichijirushii* 改悛の情が著しい Ter um ~ sincero [Dar claras mostras de ~]. [S/同] Káigo¹; kaíshín¹ (+).

káishún² 回春 **1** [春が再びめぐってくること；新年になること] A volta da primavera. **2** [病気が治癒すること] O restabelecimento; a cura. [S/同] Kaífúkú (+). **3** [若返ること] O rejuvenescimento. ◇ **~ zai** 回春剤 O remédio rejuvenescente. [S/同] Waká-gáeri.

káiso¹ 開祖 O fundador 「da escola Kanze de nô/do Zen」. ⇨ gánso; shúso².

káiso² 改組 A reorganização 「da empresa」. ★ *Naikaku no ichi-bu o ~ suru* 内閣の一部を改組する Fazer uma remodelação parcial no governo.

kaisō¹ 回想 A recordação; a reminiscência; a lembrança. ★ *~ suru* 回想する Recordar; relembrar; trazer de novo à lembrança. ◇ **~ roku** 回想録 As memórias. [S/同] Káiko⁴; tsuíső.

kaisō² 回送 O reenvio; a reexpedição. *Tegami wa subete iten-saki ni ~ shite kudasai* 手紙はすべて移転先へ回送して下さい (Por)favor reexpeça [reenvie] todas as cartas para o novo endereço. ◇ **~ sha** 回送車 O autocarro [táxi] de regresso à garagem [comboio/trem fora de serviço]. [S/同] Teńsō.

kaisō³ 改装 A remodelação (e embelezamento).

Tennai ~ no tame kyūgyō 店内改装のため休業 (掲示) Fechado para ~. ★ ~ *suru* 改装する Remodelar [Fazer uma ~]. [S/同] Kaízṓ[1]; shińsṓ.

kaísṓ[4] 階層 O estrato [A camada]「social」. [S/同] Kaíkyū́ (+).

kaísṓ[5] 海草 [藻] A alga (marítima).

kaísṓ[6] 会葬 O ir ao funeral. ★ ~ *suru* 会葬する … ◇ **~ sha** 会葬者 Os que foram ao funeral. ⇨ sṓshíkí[1].

kaísṓ[7] 回 [廻] 漕 O transporte por mar. ★ ~ *suru* 回漕する Transportar por mar [barco]. ◇ **~ gyō** 回漕業 O negócio de transporte marítimo. [S/同] Kaíúń[1] (o); suíúń (+) ; uńsṓ. [A/反] Rikúsṓ.

kaísṓ[8] 快走 A corrida rápida. ★ ~ *suru* 快走する Correr rápido;「iate」ir a toda a vela. [S/同] Shissṓ.

kaísṓ[9] 壊 [潰] 走【E.】A debandada [fuga desordenada]. ★ ~ *suru* 壊 [潰] 走する Pôr-se em ~; debandar. [S/同] Haísṓ (+).

kaísṓ[10] 改葬 O transferir「os restos mortais para o túmulo da família」.

kaísókú[1] 快速 A alta velocidade. ★ ~*(ryoku) de hashiru [susumu]* 快速(力)で走る[進む] Correr a alta velocidade. ◇ **~ densha** 快速電車 O (trem [comboio]) rápido. **~ sen** 快速船 O barco rápido.

kaísókú[2] 会則 Os estatutos [As regras]「da associação」. [S/同] Káikí[7].

kaísókú[3] 快足【E.】A velocidade [rapidez]; o pé ligeiro. ★ ~ *no uma* 快足の馬 O cavalo veloz.

kaísóń 海損【Dir.】A avaria. ◇ **~ jōkō [keiyaku; keiyakushōsho]** 海損条項 [契約; 契約証書] As cláusulas [O contrato/O certificado] de ~.

kaísū́ [úu] 回数 (O número de) vezes. *Chikagoro kare wa kesseki no ~ ga ōku natta* 近ごろ彼は欠席の回数が多くなった Estes dias ele tem faltado mais vezes「à aula」. ◇ **~ ken** 回数券 O bilhete「de comboio」com desconto [A caderneta de ; bilhetes]. [S/同] Dosū́ **1**.

kaí-súgíru 買い過ぎる (< kaú[1] + …) Comprar demais.

kaísúí 海水 A água salgada [do mar]. ◇ **~ bō** 海水帽 A touca de banho. **~ pantsu** 海水パンツ O calção (de banho). [A/反] Tańsúí. ⇨ kaísúiyoku.

kaísúiyoku 海水浴 O banho de mar. ★ ~ *ni iku* 海水浴に行く Ir para a praia; ir tomar ~. ~ *o suru* 海水浴をする Banhar-se [Tomar banho] no mar. ◇ **~ jō** 海水浴場 A praia para nadar.

kaísúru[1] 介する【E.】 **1** [媒介とする] Mediar. ★ *Tsūyaku o kaishite hanasu* 通訳を介して話す Falar por (meio de) [através de] intérprete. ⇨ baíkáí; nakádáchí. **2** [気にかける] Importar-se. ★ *Sukoshi mo i ni kaishinai* 少しも意に介しない Não ligar [se importar (nada)/dar nenhuma importância]. ⇨ kodáwáru.

kaísúru[2] 解する **1** [理解する] Compreender; entender. ★ *Fūryū o ~* 風流を解する Ter sensibilidade poética. [S/同] Ríkai suru (+) ; wakáru (o). **2** [解釈する] Interpretar. ★ *Iku-tōri no imi ni mo kaisareru bunshō* 幾通りの意味にも解される文章 Uma frase que se pode entender [~] em vários sentidos. [S/同] Káishaku suru (+).

kaísúru[3] 会する【E.】(⇨ kái[6]) **1** [集会する] Reunir-se; juntar-se. *Wareware wa jū-nen-buri ni ichidō ni kaishita* 我々は10年ぶりに一堂に会した Depois de dez anos vimo-nos todos reunidos na mesma sala. [S/同] Atsúmáru (o); yoríátsúmáru (+) ; yoríáu (+). **2** [会う] Encontrar(-se). [S/同] Ā́u (o); deáu (+) ; meńkáí súrú (+).

kaítáí[1] 解体 **1** [分解] O desmantelar [deitar abaixo/demolir]「uma casa」; o desmontar. *Kikai wa ~ shite hakobareta* 機械は解体して運ばれた Depois de desmontada, a máquina foi levada daqui. [S/同] Buńkáí. **2** [解散] O desfazer-se「o partido」. *Hōken shakai ga ~ shita* 封建社会が解体した A sociedade feudal desfez-se. [S/同] Kaísáń[1]. **3** [⇨ kaíbṓ[1]].

kaítáí[2] 拐帯【E.】O roubar e fugir. ★ *Kōkin o ~ suru* 公金を拐帯する Fugir com dinheiro do Estado. ◇ **~ sha** 拐帯者 O fugitivo por roubo. [S/同] Mochí-nígé (+).

kaítákú 開拓 **1** [開墾] O desbravar; a exploração; o cultivo; a colonização. ★ ~ *suru* 開拓する … ◇ **~ chi** 開拓地 A terra recém-desbravada. **~ sha** 開拓者 O colono; o colonizador; o desbravador. [S/同] Kaíkóń[1]. **2** [新しい分野を切り開くこと] O abrir「novos campos da medicina」. ★ *Shijō o ~ suru* 市場を開拓する Abrir [Descobrir] novos mercados.

kaí-tásu 買い足す (< kaú[1] + …) Comprar o (resto) que faltava.

kaí-táté 買い立て O acabar de comprar. ★ ~ *no yōfuku* 買い立ての洋服 O fato [terno (B.)] novo/recém-comprado/acabado de comprar.

kaí-té 買い手 (< kaú[1] + …) O comprador. ◇ **~ shijō** 買い手市場 O mercado de compra [favorável ao ~] (Com mais oferta que procura). ★ ~ *ga tsuku* 買い手がつく「um artigo」Ter procura [Haver compradores]. [S/同] Kaí-kátá **1** ; kaí-nushi[1]. [A/反] Urí-té.

kaítéí[1] 海底 O fundo do oceano [mar]. ★ ~ *ni shizunda fune* 海底に沈んだ船 O barco afundado. ◇ **~ densen [kēburu]** 海底電線[ケーブル] O cabo submarino. **~ jishin** 海底地震 O maremoto. **~ kazan** 海底火山 O vulcão submarino. **~ tonneru** 海底トンネル O túnel submarino. **~ yuden** 海底油田 O poço de petróleo submarino.

kaítéí[2] 改定 A reforma [mudança; revisão]; o reajuste. ★ ~ *suru* 改定する Fazer um/uma ~. *Unchin no ~* 運賃の改定 Uma revisão nos preços dos transportes. [S/同] Kaíséí[1]; kaítéí[3].

kaítéí[3] 改訂 A revisão. ★ ~ *suru* 改訂する Rever. ◇ **~ ban** 改訂版 A edição「de livro」corrigida [nova]. [S/同] Kaíséí[1]; kaítéí[2]; saítéí; shūséí.

kaítéí[4] 開廷 A abertura (da sessão) do tribunal. *Genzai ~ chū de aru* 現在開廷中である O tribunal está em sessão. ★ ~ *suru* 開廷する Abrir o tribunal. [A/反] Heítéí.

kaítéí[5] 階梯【E.】 **1** [階段] **a)** O degrau; **b)** A escada. [S/同] Dańkáí (+) ; kaídáń[1]. **2** [手引; 入門書] O manual; o guia; a cartilha; o livro didá(c)tico elementar. [S/同] Nyū́móń **2** (+) ; shóho (+) ; té-biki (o).

kaítékí 快適 O conforto [agrado]. *Kono kisetsu ga mottomo ~ da* この季節が最も快適だ Esta estação é a mais agradável. ★ ~ *na tabi* 快適な旅 A viagem agradável [confortável]. [S/同] Sṓkái; yúkai.

kaítéń[1] 回転 **1** [回ること] A volta [rotação]. ★ ~ *suru* 回転する Girar; rodar; dar voltas [*Chikyū wa taiyō no mawari o ~ shite iru* 地球は太陽の周りを回転している A terra gira à volta [em torno] do sol]. ◇ **~ doa [tobira]** 回転ドア[扉] A porta rotativa [giratória]; o torniquete. **~ gi** 回転儀 O giroscópio. **~ hankei** 回転半径 O raio de viragem [curva]. **~ isu** 回転椅子 A cadeira giratória. **~ jiku** 回転軸 O eixo de rotação. **~ mado** 回転窓 A janela rotativa. **~ mokuba** 回転木馬 O carrossel. **~ sokudo** 回転速度 A velocidade de rotação. **~ undō** 回転運動 O movimento giratório. [S/同] Seńtéń; teńkáí. **2** [頭脳のはたらき] O raciocínio. *Kare wa atama no ~ ga hayai* 彼は頭の回転が速い Ele é [tem raciocínio] rápido. ⇨ megúrí. **3** [スキー競技の1つ] O slalom. ~ *kyōgi* 回転競技 O "slalom". ⇨ kakkṓ[2] **4** [商売がうまく成り立ってゆくこと] O bom negócio; a circulação「do capital」. *Gakusei aite no apāto wa ~ ga ii* 学生相手のアパートは回転がいい Os apartamentos [quartos] para estudantes estão sempre a ser alugados [têm muita procura]. *Kono shōhin wa ~ ga hayai* この商品は回転が速い Este artigo [produto] vende-se muito [como castanhas assadas]. ◇ **~ shikin** 回転資金 O fundo a(c)tivo [para movimentar os negócios].

kaítéń[2] 開店 A abertura [inauguração] de uma loja. *Honjitsu jū-ji* ~ 本日10時開店 (掲示) Aberto às dez horas. *Sono mise wa ~ kyūgyō no jōtai da* その店は開店休業の状態だ A loja está aberta mas não tem ninguém. ◇ **~ hirō** 開店披露 O anúncio de ~. [S/同] Kaígyṓ[1]. [A/反] Héitéń.

kaítṓ[1] 解答 A solução; a resposta. ★ ~ *suru* 解答する Resolver; solucionar; responder. ◇ **~ ran** 解答欄 O lugar [espaço] para as ~s. **~ sha** 解答者 O solucionador. **~ yōshi** 解答用紙 O papel do exame [para as respostas]. [S/同] Kotáe.

kaítṓ[2] 回答 A resposta「do ministro」. ★ ~ *suru* 回答する Responder. ◇ **~ sha** 回答者 O que respondeu. [S/同] Heńjí; heńtṓ; kotáe.

kaítṓ[3] 解凍 O descongelamento. ★ ~ *suru* 解凍する Descongelar. ◇ **Kyūsoku ~** 急速解凍 ~ rápido. **Shizen ~** 自然解凍 ~ natural. [A/反] Reítṓ.

kaítṓ[4] 怪盗 O ladrão misterioso/engraçado「José do Telhado/Lampião」. ★ ~ *Rupan* 怪盗ルパン ~ Lupin.

kaítṓ[5] 快刀【E.】A espada bem afiada. [I/慣用] ~ *ranma o tatsu* 快刀乱麻を断つ Resolver de um golpe um problema complicado [Cortar a direito/pelo são]. [S/同] Meítṓ.

kaítṓ[6] 会頭 O presidente「da Câmara de Comércio」. [S/同] Kaíchṓ[2] (+).

kaí-tóru 買い取る (< kaú[1] + …) Comprar; adquirir. [S/同] Kaí-íréru; kaú[1] (+).

kaítsū́ 開通 A abertura ou inauguração「de estrada/linha telefó[ô]nica/via férrea」. *Futsū-kukan wa ni-jikan-go ni ~ shita* 不通区間は2時間後に開通した O trecho [troço] fechado ao trânsito voltou a funcionar duas horas depois. ~ *shiki* 開通式 A (cerimó[ô]nia de) inauguração. [S/同] Kaísétsú[2]. [A/反] Futsū.

kaítsúburi かいつぶり【Zool.】O mergulhão; *podiceps ruficollis*.

kaí-tsúké 買い付け (< kaí-tsúkéru) **1** [いつも買って慣れていること] A compra. ★ ~ *no mise* 買い付けの店 A loja favorita [preferida]; a「minha」loja. **2** [商人が品物を多量に買い入れること] A compra por atacado/em grosso. ★ ~ *o suru* 買い付けをする ⇨ kaí-tsúkéru. [S/同] Kaí-íré.

kaí-tsúkéru 買い付ける (< kaú[1] + …) Comprar em grosso para revenda.

kaí-tsúmámu 掻い摘む Resumir. ★ *Kaitsumande ieba* 掻い摘んで言えば Para resumir [Resumindo em poucas palavras/Em suma/Numa palavra]: ….

kaíúké-níń 買受人 O comprador.

kaí-úkéru 買い受ける (< kaú[1] + …) Comprar; adquirir.

kaíúń[1] 海運 O transporte [tráfego] marítimo. ~ *gyō* 海運業 Os [O serviço de] transportes marítimos. [S/同] Kaísṓ[7]; suíúń. [A/反] Rikúsṓ.

kaíúń[2] 開運 A boa sorte. ★ ~ *no o-mamori* 開運の御守り O amuleto (da ~). ⇨ ún[1].

kaíwá 会話 A conversação; a conversa; o diálogo. ~ *(o) suru* 会話(を)する Conversar; dialogar; praticar conversação. *Porutogarugo no ~ ga umai [heta da]* ポルトガル語の会話がうまい[へただ] Ele fala bem [mal] o p. ◇ **~ bun** 会話文 A expressão coloquial. **~ tai** 会話体 O estilo coloquial. ⇨ hanáshí; taídáń; taíwá.

káiwai 界隈 A vizinhança; as cercanias. ★ *Kono ~ ni wa* この界隈には Nestas redondezas. [S/同] Fúkin (o); ittáí; kínpen (+).

kaíwáń[1] 怪腕【E.】A grande [notável] habilidade. ★ ~ *o furuu* 怪腕をふるう Revelar [Mostrar] grande… [S/同] Ratsúwáń (+); sugóúdé.

kaíwáń[2] 海湾 A baía. [S/同] Wán (+).

kaíyákú 解約 A rescisão; a anulação de contrato. ★ ~ *suru* 解約する Rescindir [Anular] um contrato; romper [quebrar] um compromisso [*Hoken o ~ suru* 保険を解約する Rescindir o contrato de seguro]. ◇ **~ (tesū) ryō** 解約(手数)料 A inde(m)nização [multa] por ~. ⇨ iyákú[2]; kyánseru.

kaíyṓ[1] 海洋 O oceano; os mares. ★ ~ *no* 海洋の Oceânico; marítimo. ◇ **~ gaku** 海洋学 A oceanografia. **~ hō** 海洋法【Dir.】O direito (internacional) marítimo. **~ koku** 海洋国 O país marítimo; a potência marítima. **~ sei-kikō** 海洋性気候 O clima marítimo. [S/同] Táiyō. [A/反] Taírīkú. ⇨ úmi[1].

kaíyṓ[2] 潰瘍【Med.】A úlcera. ★ ~ *sei no* 潰瘍性の Ulceroso. ◇ **I [Jūnishichō] ~** 胃[十二指腸]潰瘍 ~ gástrica [duodenal].

kaíyṓ[3] 海容【E.】A remissão (da culpa); o perdão. *Go ~ kudasai* 御海容下さい Peço-lhe perdão. [S/同] Yṓsha (+).

káiyu 快癒 O restabelecimento (da saúde). ★ ~ *suru* 快癒する Restabelecer-se; curar-se. [S/同] Chíyu (+); kaífúkú (o); zénchi (+); zeńkáí (+).

kaíyū́[1] 回遊 [游] **1** [あちこちをめぐり遊ぶこと] A excursão. ★ ~ *suru* 回遊する Fazer uma ~. ◇ **~ (jōsha-)ken** 回遊(乗車)券 O bilhete de ~. [S/同] Yū́ráń. **2** [魚などの] A migração (Dos peixes, aves, etc). ★ ~ *suru* 回遊する Migrar. ◇ **~ gyo** 回遊魚 O peixe migratório.

kaíyū́[2] 会友 O consócio [colega].

kaízái 介在 A interposição. ★ ~ *suru* 介在する Estar entre [de permeio].

kaí-záiku 貝細工 (< kái[2] + saíkú **1**) O trabalho em concha.

kaí-záiryō 買い材料 (< kaú[1] + …) Os fa(c)tores de incentivo à compra (de a(c)ções).

kaízáń 改竄 A falsificação; a adulteração. ★ *Kogitte o ~ suru* 小切手を改竄する Falsificar um cheque. ⇨ kakí-káé **1**.

kaízéń 改善 O melhoramento; a melhoria; a beneficiação. ★ *Rōdō jōken o ~ suru* 労働条件を改善する Melhorar as condições de trabalho. ◇ ~

kaizeru カイゼル (< Al. kaiser) O imperador da Alemanha e da Áustria. ◇ **~ hige** カイゼルひげ O bigode de pontas reviradas.

kai-zō¹ 改造 A reconstrução; a remodelação; a reconversão. ★ **~ suru** 改造する Reconstruir; remodelar; reformar; reconverter [*Naikaku o ~ suru* 内閣を改造する Fazer uma remodelação governamental. *Sōko o shako ni ~ suru* 倉庫を車庫に改造する Converter o armazém em garagem]. S/画 kaísákú¹; kaísō³.

kaízō² 解像 A decomposição「de forças/luz」. ★ **~ ryoku ga takai** 解像力が高い Ter um elevado poder de ~.

kaízóe 介添え O acompanhante; o auxiliar. *Hanayome no ~* 花嫁の介添え A dama de honra da noiva. S/画 Káishaku²; joshú (+); tsukí-sói (+).

kaizóku 海賊 O pirata; o corsário; o ladrão do mar. ◇ **~ ban** 海賊版 A edição pirata. ◇ **koi** 海賊行為 A pirataria; o corso. **~ sen** 海賊船 O navio de piratas [corsários]. ⇨ tōzókú.

kai-zón 買い損 (< kaí¹ + són) A má compra. ★ **~ suru** 買い損する Fazer uma ~. A/反 kaí-dóku.

kaizú 海図 A carta náutica [hidrográfica, de marear]. ⇨ chízu.

káizuka 貝塚 (< káí² + tsuká²)【H.】O concheiro「de Muge(P.)/da era "Jomon, J."」.

káji¹ 火事 O incêndio; o fogo. ◇ **~ da** 火事だ Fogo! **~ wa rōden kara okotta** 火事は漏電から起った A causa do ~ foi um curto-circuito. ★ **~ ni au** 火事に遭う Ter um ~. **~ ni naru** 火事になる Incendiar-se. **~ o dasu [o kosu]** 火事を出す[起こす] Causar [Originar] um ~. **~ o kesu** 火事を消す Apagar [Extinguir] ~. ◇ **~ ba.** S/画 kasáí¹.

káji² 家事 **a)** Os assuntos domésticos [familiares]; **b)** O serviço doméstico. ★ **~ (no) minarai o suru** 家事(の)見習いをする Aprender a tomar conta da [a levar uma] casa. **~ o yaru [suru]** 家事をやる[する] Fazer os trabalhos domésticos [a lida de casa]. ⇨ kaséí³.

káji³ 舵 O leme; o timão. ★ **~ o toru** 舵を取る **a)** Estar ao leme; timonar [governar] o barco. **b)** Saber levar「o marido」. ⇨ kaí⁸; ro³.

káji⁴ 鍛冶 O ferreiro; o trabalho em ferro. ◇ **katana ~** 刀鍛治の espadeiro; o alfageme. ⇨ kají-yá.

káji⁵ 加持 O encantamento; o feitiço. ◇ **~ kitō** 加持祈禱 As rezas e os feitiços [*~ kitō o okonau* 加持祈禱を行う Fazer ~]. ⇨ kitō¹.

kaji-bá 火事場 O local do incêndio. *Soko wa marude ~ no yō na sawagi datta* そこはまるで火事場のような騒ぎだった Levantou-se um tal alvoroço que parecia uma feira (Lit. um incêndio). ◇ **~ dorobō** 火事場泥棒 O saqueador de incêndios [*~ dorobō o suru [hataraku]* 火事場泥棒をする[働く] Saquear ~; roubar na confusão do incêndio].

kajibō 梶棒 O timão [varal]「da carroça/do arado」.

kajiká 鰍【Zool.】O alcaboz; o cabre; *cottus pollux*.

kajiká(gáeru) 河鹿 (蛙) A rã canora; *polypedates buergeri*.

kajikámú かじかむ Estar hirto [entorpecido]. *Te ga kajikande enpitsu ga motenai* 手がかじかんで鉛筆が持てない Tenho as mãos tão entorpecidas de frio que não consigo segurar o lápis.

kajikú 花軸【Bot.】O pedúnculo; o pecíolo; o ráquis.

kájin¹ 家人 A gente de casa; a família.

kájin² 歌人 O poeta; a poetisa. ◇ haíjín¹; shijín¹; utá-yómí.

kájin³ 佳人【E.】A mulher formosa; a beldade. ◇ **~ hakumei** 佳人薄命 A beleza traz infortúnio. S/画 Bíjin (o); bíjo (+); reíjín.

kájino カジノ (< It. casino) O casino.

kajirí-tsúku 齧り付く (< kajíru + ···) **1**「大きなものに食いつく」Abocanhar. ★ *Hone tsuki niku ni ~* 骨付き肉にかじり付く ~ a [Deitar os dentes à] carne do osso. S/画 Kabúrí-tsúku; kuí-tsúku. **2**「しっかりとつかんで離れまいとする」Agarrar-se. *Ishi ni kajiritsuite mo* 石にかじりついても A todo o custo [o transe]; custe o que custar. *Tsukue ni kajiritsuite benkyō suru* 机にかじりついて勉強する Agarrar-se aos livros; não largar a mesa de estudo. S/画 Shigámítsúku; sugárí-tsúku; sugáí **1**; torí-tsúku **2**.

kajíru 齧る【齧】る **1**「かむ」Mordiscar; roer. *Nezumi ga kabe o kajitte ana o aketa* ねずみが壁をかじって穴をあけた Os ratos fizeram um buraco na parede. ★ *Oya no sune o ~* 親の脛をかじる Viver à custa dos pais. ⇨ kámu¹ **1**. **2**「一部分だけを知る」Ter um conhecimento superficial; arranhar. *Watashi wa porutogarugo no sukoshi kajitte iru* 私はポルトガル語を少しかじっている Arranho um pouco o p. ◇ **~ kiki ~**.

kaji-tori 舵取り (< ···³ + tóru) **1**「操舵手」**a)** A timonagem; **b)** O timoneiro [o homem do leme]. S/画 Sōdá-shu. **2**「指導者」O orientador. *Kare wa kono shigoto no ~ da* 彼はこの仕事の舵取りだ Ele é o ~. ◇ sekíníh ~; shidó¹ ◇ ~.

kájitsu¹ 果実 **1**「草木の実」A fruta; o fruto. ◇ **~ shu** 果実酒 A ratafia; o licor de frutas. S/画 Kudámono (+); mizú-gáshí ~; mi². **2**【法律で:成果】O proveito. **~ o umu** 果実を生む Dar ~.

kájitsu² 過日【E.】O outro dia. *~ wa arigatō gozaimashita* 過日はありがとうございました Muito obrigado[a] pela sua amabilidade. S/画 Sendátté (+); senjítsú (o).

kájitsu³ 佳【嘉】日 O dia auspicioso. S/画 Kichíjítsú (+).

kaji-yá 鍛冶屋 O [A oficina ou forja de] ferreiro. S/画 Kajíkó. ⇨ kájí⁴.

kájo¹ 加除 O pôr e tirar. *~ shiki* 加除式 O sistema de folhas soltas「pasta」. S/画 Kagén¹.

kájo² 花序 A inflorescência.

kajō¹ 過剰 O excesso. *Kotoshi wa kome no seisan ga ~ da* 今年は米の生産が過剰だ Este ano houve um ~ de produção de arroz. ★ **~ na [no]** 過剰な [の] Superabundante; excedente; excessivo. *Rōdōryoku no ~* 労働力の過剰 O mão-de-obra. ◇ **~ bōei** 過剰防衛 A defesa em ~. **Jiíshiki ~** 自意識過剰 A excessiva autoconsciência. **Jinkō ~** 人口過剰 ~ demográfico. S/画 Yojō.

kajō² 箇【個】条 A cláusula; o artigo; o parágrafo. *Sore wa kono ~ ni gaitō suru* それはこの箇条に該当する Isso é abrangido por esta [cai dentro desta] cláusula. ◇ **~ gaki** 箇条書き O articulado [Os「vários」itens] [*~ gaki ni suru* 箇条書きにする Especificar]. S/画 Jōkō; kōmókú.

kajō³ 下情 As condições de vida do povo [das massas]. S/画 Mínjó; sejō.

kajō⁴ [oō] 渦状 A espira「de parafuso」. ◇ **~ seiun** 渦状星雲 A nebulosa em espiral. ⇨ uzú-maki.

kajó[5] 架上 A prateleira; a estante. ⇨ tana.

káju 果樹 A árvore de fruta. ◇ **~ en** 果樹園 O pomar. **~ saibai** 果樹栽培 A fruticultura.

káju[2] 花樹 A planta fanerogâmica [que dá flor]. ⇨ haná[1].

kajū[1] 果汁 O sumo [suco] de fruta. ◇ **Budō ~** ぶどう汁 O sumo de uva. Ⓢ/圓 Jūsu (+).

kajū[2] 過重 A sobrecarga; o excesso de carga. ★ **~ na [no]** 過重な[の] Demasiado pesado [~ *na rōdō* [*shigoto*] 過重な労働[仕事] O trabalho muito pesado]. Ⓢ/圓 kadái (+); káta.

kajū[3] 加重 **1** [さらに加えて重くすること] O agravamento. ★ **~ suru** 加重する Sobrecarregar; aumentar o peso; agravar. ◇ **~ bakkin** 加重罰金 A multa agravada com sobretaxa. **2** [統計などで] A ponderação. ◇ **~ heikin** 加重平均 A média ponderada. Ⓢ/圓 Ruíká; zóká (+).

kajū[4] 荷重 A carga.

kajū[5] 佳什【E.】A obra excelente. Ⓢ/圓 Kasáká (+); shūsáku (o).

kájuaru カジュアル (< Ing. casual < L.) Informal. ★ **~ na** カジュアルな Informal; sem cerimô[ô]nia. ◇ **~ ueā** カジュアルウエアー O vestuário ˪[d)esportivo]. Ⓐ/圓 Heiyō.

káka 呵呵【E.】Ha! Ha! Ha! ★ **~ (to) taishō suru** 呵呵(と)大笑する Rir a bom rir [às gargalhadas/com gosto].

kaká [*áa*] 嬶·嚊【G.】A mulher [patroa]. *Wagaya wa ~ denka da* 我が家は嚊[嬶]天下だ Na minha casa quem manda é ~. Ⓢ/圓 Tsúma. Ⓐ/Ⓡ Téishu; yadórókú.

kakáe 抱え (< kakáéru[3]) **a)** O empregado; **b)** O cargo. ~ *no mono ga inai no de wakari-kanemasu* 係の者がいないのでわかりかねます Sinto não poder atendê-lo [Não sei bem] porque ~ não está. *Kore wa watashi no ~ de wa nai* これは私の係ではないIsto não está a meu cargo. ◇ **Settai-gakari** 接待係 da recepção. ⇨ tantō[1]; yakú[1].

kakáé 抱え (< kakáéru) **1** [雇い人] O empregado. ★ *O-~ no untenshu* お抱えの運転手 O motorista particular. ◇ **~ nushi** 抱え主 O patrão [A patroa]. Ⓢ/圓 Yatói-niń. **2** [太さ·量を表す] Abraçada. ★ *Hito-~ no takigi* ひと抱えの薪 Uma ~ de lenha.

kakáe-kómi 抱え込み (< kakáe-kómu)【(D)esp.】A chave de cabeça.

kakáe-kómu 抱え込む (< kakáe-kómu...) **1** [物を両腕で抱きかかえる] Segurar nos braços. *Ningyō o ~* 人形を抱え込む Segurar a boneca nos braços. ⇨ daki-kákáeru. **2** [手離さない] Assumir (sobre si). *Mondai o hitori de ~* 問題を一人で抱え込む Assumir sozinho a solução do problema.
Ⓢ/圓 kakáéru **1** (+).

kakáéru 抱える **1** [腕で抱く] Abraçar「a árvore」; segurar [levar] nos braços [nas mãos]. ★ *Hara o kakaete warau* 腹を抱えて笑う Deitar as mãos à barriga [de tanto] rir. *Nanmon de atama o ~* 難問で頭を抱える Deitar as mãos à cabeça para resolver [Ficar preocupado com] um problema.
2 [自分の負担になるものを持つ] Ter a seu cargo. *Kare wa go-nin no kodomo o kakaete iru* 彼は5人の子供を抱えている Ele tem cinco filhos ao seu cuidado. ★ *Kuni no kakaete iru mondai* 国の抱えている問題 Os problemas que o país enfrenta.
3 [人などを使う] Empregar; pôr ao serviço. *Kare wa ōzei no ten'in o kakaete tebiroku shōbai o shite iru* 彼は大勢の店員を抱えて手広く商売をしている Ele tem muitos funcionários e está metido em vários negócios. Ⓢ/圓 Yatóu.

kakágéru 掲げる **1** [掲揚する] Pendurar; içar; hastear. ★ *Kanban o ~* 看板を掲げる Pendurar um letreiro [uma tabuleta]. *Purakādo o ~* プラカードを掲げる Pendurar um cartaz. *Risō o ~* 理想を掲げる Enaltecer um ideal. Ⓢ/圓 keíyō súrú. **2** [掲載する] Publicar. ★ *Shinbun ni shashin o ~* 新聞に写真を掲げる ~ uma fotografia num jornal. Ⓢ/圓 keísáí súrú (+). **3** [巻き上げる;まくり上げる] Arregaçar; levantar. ★ *Kimono no suso o ~* 着物の裾を掲げる ~ o quimono. Ⓢ/圓 Maki [Makúri]-ágéru (+); makúrú (+).

kakái 歌会 O encontro de compositores de "tanka". Ⓢ/圓 Utákái (+). ⇨ wáka.

kakákú 価格 O preço; o custo; o valor. ★ **~ no hendō** 価格の変動 A oscilação dos preços. **~ no sueoki** 価格の据え置き O congelamento dos preços. **~ o ageru [sageru]** 価格を上げる[下げる] Aumentar [Baixar] ~. **~ o sadameru [tsukeru]** 価格を定める [付ける] Fixar [Estabelecer] ~. *Ittei no ~ de* 一定の価格で A preço fixo. ◇ **~ hyo** 価格表 A lista de preços. **~ kyōtei** 価格協定 O acordo [A convenção] sobre preços. **Kōtei ~** 公定価格 ~ oficial. **Mitsumori [Satei] ~** 見積り [査定] 価格 O valor estimado [calculado]. **Seisan-sha [Shōhisha]~** 生産者[消費者]価格 ~ ao produtor [consumidor]. Ⓢ/圓 Atái; ne; nedán.

kakán[1] 果敢 A determinação; a ousadia. ★ **~ na** 果敢な Determinado; intrépido; ousado [~ *na hangeki* 果敢な反撃 A rea(c)ção resoluta]. **~ ni tachimukau** 果敢に立ち向かう Lutar valentemente [com ~]. Ⓢ/圓 yûmô.

kakán[2] 花冠【Bot.】A corola. Ⓢ/圓 Hanábíra (+).

kákao カカオ (< Esp. cacao < Asteca: cacahuat) O cacau.

kákari[1] 係 (< kakáru[3]) **a)** O encarregado; **b)** O cargo. ~ *no mono ga inai no de wakari-kanemasu* 係の者がいないのでわかりかねます Sinto não poder atendê-lo [Não sei bem] porque ~ não está. *Kore wa watashi no ~ de wa nai* これは私の係ではないIsto não está a meu cargo. ◇ **Settai-gakari** 接待係 da recepção. ⇨ tantō[1]; yakú[1].

kákari[2] 掛かり **1** [費用] As despesas; os gastos. *Tokai ni sumu to ~ ga ōi* 都会に住むと掛かりが多い Na cidade ~ são muita[o]s. Ⓢ/圓 Híyō; nyūhi. **2** [ひっかかる事; 物に魚が針にかかること] O agarrar [pegar]. *Kono kawa wa funa no ~ ga hayai* この川にはフナの掛かりが早い Neste rio pesca-se bem a tainha [fataça]. **3** [依存していること] A dependência. ◇ ⇨ **oya-gakari**. Ⓢ/圓 Kákáe. **4** [ある規模を必要としていること] A escala; a amplitude. ◇ ⇨ **ō-gakari**. Ⓢ/圓 Kíbo.

kakári-ái 掛かり合い (< kakárí-áu) **1** [関係] A relação; a vinculação; a ligação. ★ **~ ga aru** 掛かり合いがある Ter relação「com」. Ⓢ/圓 kankéí. **2** [まきぞえ] O envolvimento; a implicação. *Kenka no ~ wa gomen da* けんかの掛かり合いは御免だ Não me quero envolver em brigas. Ⓢ/圓 Makízóe.

kakári-áu 掛かり合う (< kakári-áu) **1** [関係する] Estar relacionado [Ter que ver]「com」. Ⓢ/圓 Kańkéí súrú. **2** [巻き込まれる] Ficar implicado [envolvido]「em」. *Sonna koto ni kakariaitakunai* そんなことに掛かり合いたくない Não quero ~ nisso/nesse tipo de negócio. ⇨ makí-kómu **2**.

kakári-chō 係長 O chefe de se(c)ção.

kakári-in 係員 O encarregado. ⇨ kákari[1].

kakári-kiri 掛かり切り (< kakáru + kíru) O dedicar-se só [todo o tempo] a um trabalho. *Kare wa ichinichi-jū sono shigoto ni ~ da* 彼は一日中その仕事に掛かり切りだ Ele está o dia inteiro ocupado

com esse trabalho. ⇨ seńnén[1].
kakárí-tsúké 掛かり付け O ir sempre à mesma pessoa. ★ ~ no isha 掛かり付けの医者 O médico da família. ⇨ shují.
kakáru[1] 掛[懸・架]かる (⇨ kakéru[1]) **1** [つり下げる] Estar suspenso [pendurado]. ★ *Kabe ni kakatte iru e* 壁にかかっている絵 O quadro pendurado na parede. S/同 Taré-ságáru; tsurí-ságáru.
2 [高い所に存在する] Pairar. *Tsuki ga chūten ni ~* 月が中天に懸かる A lua paira lá nas alturas (do céu).
3 [上に置かれる] Estar em cima [sobre]. *Gasu konro ni nabe ga kakatte iru* ガスコンロに鍋が掛かっている A panela está em cima do fogãozinho. S/同 Norú.
4 [おおう;かぶさる] Estar coberto [envolvido]. ★ *Tēburu kurosu no kakatta tsukue* テーブルクロスの掛かった机 A mesa (coberta) com toalha. S/同 Kabusáru; ốu.
5 [たちこめる] Haver. ★ *Kiri ga ~* 霧がかかる nevoeiro.
6 [さし渡される] Estender-se. *Yūdachi no ato sora ni niji ga kakatta* 夕立のあと空に虹が架かった Depois do aguaceiro via-se [estendeu-se no céu] o arco-íris. *Hashi ga kakatta* 橋がかかった Fez-se uma ponte.
7 [他のもののまわりに渡される] Estar atado [amarrado]. ★ *Ribon no kakatta purezento* リボンの掛かったプレゼント O presente atado [enfeitado] com uma fita.
8 [ふりかかる] Salpicar. *Kare wa shachō no iki no kakatta ningen da* 彼は社長の息の掛かった人間だ Ele é apoiado pelo [tem o apoio do] presidente. S/同 Furíkakáru; furí-kakáru[1].
9 [よくないことが身にふりかかる] Cair; abater-se. *Sonna koto o sureba kare ni meiwaku ga ~* そんなことをすれば彼に迷惑が掛かる Se você faz isso, vai-lhe causar problemas [aborrecimentos] a ele.
10 [重いものとしてのしかかる] Cair. *Watashi ni subete no futan ga kakatta* 私にすべての負担がかかった A responsabilidade caiu toda sobre os meus ombros.
11 [引っかかる] Prender-se. *Sukāto no suso ga kugi ni kakatta* スカートのすそがくぎに掛かった A ponta da saia prendeu-se num prego.
12 [仕組んだところにおちいる] Ser apanhado. ★ *Anji ni kakari-yasui hito* 暗示にかかりやすい人 A pessoa facilmente sugestionável. S/同 Hikkákáru; ⇨ ochííru.
13 [費やされる;必要とする] Levar; custar. *Sono keikaku ni wa bakudai na kane ga kakatta* その計画には莫大なお金がかかった Foi gasta uma enorme soma de dinheiro nesse programa [Esse proje(c)to custou muito]. ⇨ hitsuyố.
14 [着手する] Começar. *Sā shigoto ni kakarō* さあ仕事にかかろう Vamos ~ [ao trabalho]/Mãos à obra! S/同 Chákushu suru; torí-kakáru.
15 [さしかかる] Vir; chegar「a」; atingir. *Ressha ga tekkyō ni kakatta* 列車が鉄橋にかかった O comboio [trem] chega [a] [atingiu a] ponte de ferro. S/同 Sashíkakáru (+).
16 [機械・仕事などが作動する] Funcionar; ligar. *Dōshite mo denwa ga kakaranai* どうしても電話がかからない Por mais que tento não consigo fazer a ligação (telefó[ô]nica). ★ *Enjin ga kakatta mama no kuruma* エンジンがかかったままの車 O carro com o motor ligado. *Kagi no kakatta mon* 鍵のかかった門 O portão fechado à chave. ⇨ sadő[1] ◇.

17 [他から働きかけを受ける] Ter; receber; aparecer. *Yūjin kara sasoi ga kakatta* 友人から誘いがかかった Fui convidado por [Tenho um convite de] um amigo.
18 [そのものなすがままにになる] Ser apanhado; cair. *Kare wa gōtō no te ni kakatte korosareta* 彼は強盗の手にかかって殺された Ele caiu nas mãos do ladrão e foi morto.
19 [人の目などにとまる] Aparecer à vista [aos olhos]. *Zehi o-me ni kakaritai* ぜひお目にかかりたい Gostaria muito de o ver.
20 [増し加わる] Ganhar. ★ *Bariki ga ~* 馬力がかかる ~ força [energia]. *Kiai no kakatta koe* 気合のかかった声 A voz vibrante. *Atsuryoku ga ~* 圧力がかかる Ser pressionado. **21** [心などにとまる] Preocupar-se. ★ *Kodomo* [Shigoto] *no koto ga ki* [*kokoro*] *ni ~* 子供 [仕事] の事が気 [心] にかかる ~ com as crianças [o trabalho]. ⇨ kakéru[1] **23**. **22** [世話になる] Ir; ser cuidado. *Anata wa isha ni ~ hitsuyố ga aru* あなたは医者にかかる必要がある Você necessita de cuidados médicos. **23** [取り上げられ処理される] Ser tratado. ★ *Kaigi ni kakatta anken* 会議にかかった案件 O assunto tratado na reunião. ⇨ shốchi; shốri. **24** [依存する] Depender 「de」; estar pendente. ★ *Kare no ketsudan ni subete ga kakatte ita* 彼の決断にすべてが懸かっていた Tudo dependia da decisão dele. *Yūshō wa kono shōbu ni kakatte iru* 優勝はこの勝負に懸かっている A vitória está pendente deste jogo. S/同 Izón suru. **25** [建物などができあがる] Terminar-se uma obra. ★ *Sākasu no koya ga ~* サーカスの小屋が架かる A tenda do circo está armada. ⇨ tátsu[1]. **26** [上演・上映される] Estar em cena; ser passado. *Ima kono gekijō ni wa "Hamuretto" ga kakatte iru* 今この劇場には「ハムレット」がかかっている Está agora em cena neste teatro a peça "Hamlet". ⇨ jốei; Jốén. **27** [対抗する] Bater-se com; competir. *Sasuga no kare mo puro ni kakatte wa kodomo dōzen da* さすがの彼もプロにかかっては子供同然だ Ainda que ele seja bom「jogador」, contra um profissional, é uma criança. S/同 Taíkố súrú. **28** [攻撃する] Atacar; acometer. *Ōzei kakatte yatto tora o tsukamaeta* 大勢掛かってやっとトラを捕まえた Com muitos ao ataque, finalmente caçámos o tigre. *Sā kakatte koi* さあ掛かって来い Anda! Que não te tenho medo! S/同 Kốgéki súrú. **29** [ボタン・ホック・スナップがはまる] Apertar; fechar. *Futotta no de fuku no botan ga kakaranai* 太ったので服のボタンがかからない Como engordei, não consigo abotoar a roupa [os botões não apertam]. ⇨ kakéru[1] **29**. **30** [はかりに受け止められて目盛が出る] Pesar demais. *Omosugite hakari ni kakaranai* 重すぎてはかりに掛からない É demasiado pesado para esta balança. **31** [契約されている] Ter [Estar com]. ★ *Hoken ga ~* 保険が掛かる ~ seguro; ficar segurado.
kakáru[2] 罹る Adoecer; cair doente; apanhar uma doença. *Ichido kono byōki ni ~ to mō kakaranai* 一度この病気にかかるともうかからない Só se apanha esta doença uma vez. ★ *Byōki ni kakari-yasui* [-*nikui*] 病気にかかりやすい [にくい] Ser atreito [resistente] às doenças. *Kekkaku ni kakatte iru* 結核にかかっている Estar tuberculoso/com tuberculose.
kakáru[3] 係る【E.】**1** [その人の行為による] Ser feito [executado]「por」. *Kore wa kare no hatsumei ni ~ kikai da* これは彼の発明にかかる機械だ Esta é a

máquina (que foi) inventada por ele. ⟦S/同⟧ Yorú (+).
2 [文章で] Afe(c)tar. *Jinmei ni ~ koto na no de isoide kudasai* 人命にかかわることなので急いで下さい Despache-se, porque está em jogo uma vida humana. ⟦S/同⟧ Kakáwáru (+); kańkéi súrú.
3 [文章で, 前の文節が後の文節に形や意味の上で関係を持っている] [Gram.] Modificar. *Kono fukushi wa mae no dōshi ni ~* この副詞は前の動詞に係る Este advérbio modifica o verbo anterior. ⟦A/反⟧ Ukéru.

kakáru[4] 斯かる [E.] Tal; assim. ★ ~ *shidai de* かかるしだいで Sendo assim; desta maneira. ⟦S/同⟧ Kō-íú (+); końná (+); konó-yō-ná (o).

-kakáru[5] かかる **1** [ある方向に向かう] Apoiar [Reclinar]-se 「em」. ★ *Sofā ni motare* ~ ソファーにもたれかかる ~ no sofá. **2** [まさに何かをしそうになる; しようとしている] Estar para [a ponto de; prestes a] começar a. *Hi ga shizumi-kakatte iru* 日が沈みかかっている O sol está a pôr-se. *Kusari-kakatta kudamono* 腐りかかった果物 A fruta meio podre.

kakáshi 案山子 **a)** O espantalho 「para os pássaros」; **b)** O fantoche (que não faz nada).

kakású 欠かす (< kakú[3]) Passar sem; deixar de. *Chōshoku ni kōhī o ~ koto wa dekinai* 朝食にコーヒーを欠かすことはできない Não posso passar sem café ao pequeno-almoço. ★ *Kakasazu* 欠かさず Nunca deixar de; sem falta; infalivelmente [*Kare wa ryokō ni wa kakasazu kamera o motte iku* 彼は旅行には欠かさずカメラを持って行く Ele leva sempre [nunca deixa de levar] a máquina fotográfica quando viaja]. ⟦S/同⟧ Habúku **1**; nukású.

kakátó 踵 O calcanhar; o salto; o tacão. *Kutsu no ~ ga hette iru* 靴の踵が減っている Os tacões dos sapatos estão gastos. ★ ~ *de gurutto mawaru* 踵でぐるっと回る Rodar sobre os calcanhares. ~ *no takai kutsu* 踵の高い靴 Os sapatos de salto alto.

-kakáwárazu 拘らず **1** [であるのに] Não obstante; apesar de; a despeito de; embora. ★ *Byōki ni mo ~* 病気にもかかわらず Embora [Apesar de] doente. *Sore ni mo ~* それにもかかわらず Apesar [A despeito] disso. *Uten ni mo ~* 雨天にもかかわらず Apesar da chuva [do mau tempo]. **2** [に関係なく] Quer … quer [ou]; sem distinção. **2** independentemente de. ★ *Gakureki no umu ni ~* 学歴の有無にかかわらず Independentemente do currículo acadêmico. *Seibetsu ni ~* 性別にかかわらず Sem distinção de sexo.

kakáwári 係[関]わり (< kakáwáru) A relação; a conexão; a ligação. *Tenkō ni ~ naku dekakemasu* 天候にかかわりなく出かけます Vou sair, independentemente do tempo que fizer. ★ ~ *ga aru* かかわりがある Ter relação [que ver] 「com」[*Sono ken ni wa mō mattaku ~ ga nai* その件にはもう全くのかかわりがない Já não tenho nada a ver com esse caso]. ⟦S/同⟧ Kańkéi **1** (+).

kakáwáru 係[関]わる **1** [関係する] Relacionar-se 「com」; envolver-se [meter-se] 「em」; ter que ver 「com」. *Kono mondai ni wa kakawaranai hō ga ii* この問題にはかかわらない方がいい É melhor não se envolver nesta questão. ⟦S/同⟧ kakázúráu; kańkéi súrú. **2** [影響する] Comprometer; influir 「sobre」; afe(c)tar. *Kore wa kare no shōrai ni ~ mondai da* これは彼の将来にかかわる問題だ Esta questão vai afe(c)tar [comprometer] o futuro dele. ★ *Koken ni ~* 沽券にかかわる Afe(c)tar a dignidade [reputação]. *Meiyo ni ~* 名誉にかかわる Comprometer a honra. ⟦S/同⟧ Eikyō súrú.

kakázúráu かかずらう **1** [関係する] ⇨ kakáwáru **1**. **2** [こだわる] Prender-se 「com」; ligar 「a」. *Sonna chīsana koto ni ~ na* そんな小さなことにかかずらうな Não se prenda com ninharias [ligue a coisas sem importância]. ⟦S/同⟧ kodáwáru (+); kódéi súrú.

kaké[1] 賭 (< kakéru[3]) **1** [かけごと] A aposta; o jogo (de azar); a jogat(in)a (a dinheiro). ★ ~ *de [ni] katsu* 賭けで[に] 勝つ Ganhar a/o ~. ~ *de [ni] makeru* 賭けで[に] 負ける Perder a/o ~. ~ *o suru [yaru]* 賭けをする[やる] ⇨ kakéru[3]. ⟦S/同⟧ Bakúchí; tobáků. **2** [成功か否か予見できないこと] [Fig.] A aposta; 「a vida é」 um desafio. *Kono shujutsu wa ~ da* この手術は賭けだ Esta operação é arriscada [uma ~].

kaké[2] 掛け (< kakéru[1]) **1** [Abrev. de "~soba [udon]"] O "soba" ["udon"] em caldo [sopa]. **2** [Abrev. de "~uri [gai]"] O crédito. ★ ~ *de kau* 掛けで買う Comprar fiado [a crédito]. **3** [Abrev. de "uri~kin"] A conta. ⟦S/同⟧ Uríkáké-kíń (+). **4** [Abrev. de "~kin"] A prestação. ◇ *Higake* 日掛け ~ diária. ⟦S/同⟧ Kaké-kíń (+). **5** [Abrev. de "~me"] O peso. ⟦S/同⟧ Mekátá (o); ryōmé (+).

kaké[3] 欠け (< kakéru[2]) **a)** ⇨ kakérá; **b)** O quartominguante (da lua).

-kaké[4] 掛け **1** [動作の途中であること] A a(c)ção [obra] incompleta (a meio). *Kono hon wa mada yomi-~ desu* この本はまだ読み掛けです Ainda estou a ler este livro. **2** [物を掛けておく道具] O cabide; o gancho; o bengaleiro. ★ *Yōfuku ~* 洋服掛け O cabide [A cruzeta] de roupa.

kaké-ágáru 駆け上がる (< kakéru[4] + …) Subir correndo. ★ *Kaidan o ~* 階段を駆け上がる Saltar escada acima 「e ganhar」; subir as escadas a correr. ⟦S/同⟧ Kaké-nóbóru. ⟦A/反⟧ Kaké-óríru.

kaké-ái 掛け合い (< kakéru[1]) **1** [掛け合うこと] O atirar um ao outro. **2** [交渉] A negociação; o ajuste. ~ *o suru* 掛け合いをする Negociar; ajustar 「as condições recíprocas」. ⟦S/同⟧ Dáńpan; kōshō **1** (+); sesshō. **3** [話・歌などの] O despique [desafio]. ★ ~ *de utau* 掛け合いで歌う Cantar ao desafio [à desgarrada]. ◇ ~ **manzai** 掛け合い漫才 O diálogo có(ô)mico ao ~.

kaké-áshi 駆け足 (< kakéru[4] + …) **1** [やや速く走ること] A marcha acelerada; a corrida; a correria. ~ *mae e susume* (号令) 駆け足前へ進め Acelerado, marchar! ★ ~ *de iku* 駆け足で行く Ir a correr [a passo acelerado]. ~ *ni naru* 駆け足になる Desatar a correr [numa correria]. ⟦S/同⟧ Hayá-áshí. **2** [大急ぎ] [Fig.] Os passos largos; a rapidez; a pressa. ★ ~ *de* 駆け足で A passos largos; rapidamente; de corrida [*Fuyu ga mō ~ de yatte kuru* 冬がもう駆け足でやってくる O inverno aproxima-se rapidamente]. ⟦S/同⟧ Ō-ísógi (+). **3** [馬術のギャロップの] O galope. ◇ ~ **jōba** 駆け足乗馬 A corrida a ~. ⟦S/同⟧ Gyároppu. ⟦A/反⟧ Namí-áshí.

kaké-áu 掛け合う (< kakéru[1] + …; ⇨ kaké-ái) **1** [互いにかけあう] Atirar um ao outro. ★ *Mizu o ~* 水を掛け合う Atirar água um ao outro. ⇨ abíséká̱keru; abíséru. **2** [談判する] Negociar; ajustar. ★ *Nedan o ~* 値段を掛け合う ~ o preço. ⟦S/同⟧ Dáńpan suru; kōshō súrú; sesshō súrú.

kaké-áwáséru 掛け合わせる (< kakéru[1] + …)

[交配する] Cruzar raças ou espécies diferentes; produzir híbridos. [S/同] Kṓhái súrú. **2** [乗じる] Multiplicar. [S/同] Jṓjíru **2**.

kaké-bari 掛け針 (< kakéru[1] + hári) A agulha com farpela.

kaké-búton 掛け布団 (< kakéru[1] + futóń) O edredão; o acolchoado; a colcha grossa e quente. [A/反] Shikí-búton.

kaké-chígáu 掛け違う (< kakéru[1] + …) **1** [行き違う] Desencontrar-se. [S/同] Ikí-chígáu (o); suré-chígáu (+). **2** [食い違う] Discordar; divergir de opinião. [S/同] Kuí-chígáú (+).

kaké-dáshí 駆 [駈] け出し (< kaké-dásu) **1** [走り始めること] A abalada; a partida「da corrida」. **2** [新米] O novato; o caloiro; o principiante. ★ ～ *no* 駆け出しの Novel; bisonho; principiante; inexperiente; verde. ◇ **～ kisha** 駆け出し記者 O jornalista novato; o foca (B.). [S/同] Shińmaí (+); shoshínsha (+).

kaké-dásu 駆 [駈] け出す (< kakéru[4] + …) **1** [走って外へ出る ("Ie kara omote e")] Correr (pela) porta fora; sair a correr. **2** [走り始める] Desatar a correr; dar à sola [no pé (B.)].

kakédoi 懸け樋 ⇨ kakéhí.

kaké-dókei 掛け時計 (< kakéru[1] + tokéí) O relógio de parede.

kaké-érí 掛け襟 [衿] (< kakéru[1] + …) **a)** A barra de pano「do "kakebuton"」; **b)** A gola de prote(c)ção do quimono.

kaké-gáé 掛け替え (< kakéru[1] + kaérú) A alternativa; o substituto [suplente]; o sobresselente. ★ ～ *no nai hito* 掛け替えのない人 A pessoa insubstituível. ～ *no nai inochi* 掛け替えのない命 A preciosidade da vida. [S/同] Kawárí[1]; yóbi.

kaké-gái 掛け買い (< kakéru[1] + kaú[1]) A compra a crédito. [S/同] Kaké[2] **2**. [A/反] Kaké-úrí; kashí-úrí.

kaké-gámí 掛け紙 (< kakéru[1] + kamí[2]) O papel [cartão] de embrulho.

kaké-gáné 掛け金 (< kakéru[1] + kané) O ferrolho; a tranqueta; a tranca; a aldraba. ★ ～ *o hazusu* 掛け金をはずす Desaferrolhar; destrancar.

kaké-góe 掛け声 (< kakéru[1] + kóe) **a)** O brado [grito]「da multidão」; **b)** O grito de incitação (Ex. "Yoisho"); o canto cadenciado; **c)** O palavreado. *Kare wa ～ bakari de nani mo shinai* 彼は掛け声ばかりで何もしない Ele só tem garganta [é só palavreado]. *Kekkyoku sono keikaku wa ～ dake ni owatta* 結局その計画は掛け声だけに終わった Afinal de contas, esse proje(c)to nunca passou de conversa [do papel].

kaké-goto 賭け事 (< kakéru[3] + kotó) A aposta; o jogo (de azar). ★ ～ *o suru* [*yaru*] 賭けごとをする [やる] Apostar; jogar a dinheiro. [S/同] Bakúchí; tobákú. ⇨ kaké[1].

kaké-góyá 掛け小屋 (< kakéru[1] + koyá) A barraca [tenda] desmontável.

kaké-hágí 掛け接ぎ (< kakéru[1] + hágu) O cerzido. ★ ～ (*o*) *suru* 掛け接ぎ(を)する Cerzir. [S/同] Kaké-tsugí.

kaké-hánáréru 懸 [掛] け離れる (< kakéru[1] + …) **1** [距離が非常に遠い] Estar [Ficar] longe「de」; ser distante. ★ *Kakehanareta tokoro* 懸け離れた所 O lugar distante [afastado; remoto]. **2** [性状などが著しく異なる] Haver grande discrepância [disparidade; diferença]. *Futari no shuchō wa kakehanarete iru* 二人の主張は懸け離れている Há uma grande ～ nas afirmações dos dois. [S/同] Kakúzétsú súrú. ⇨ hedátáru.

kaké-hashi 架 [懸] け橋 (< kakéru[1] + …) **a)** A ponte pênsil [suspensa]; **b)** A ponte; o elo; o vínculo. ★ *Ai no* ～ 愛の架け橋 O vínculo do amor.

kaké-házúshí 掛け外し (< kakéru[1] + hazúsú) O pôr e tirar; o fechar e abrir.

kaké-hédátáru 懸け隔たる ⇨ kaké-hánáréru.

kakéhí 筧・懸樋 O cano「de bambu」; a conduta. ★ ～ *de mizu o hiku* 筧で水を引く Trazer a água com um/a ～. ⇨ tói[2].

kaké-hiki 駆 [駈] け引き (< kakéru[4] + hikú) **1** [商売・交渉で] A tá(c)tica「diplomática」; a negociação. ★ ～ *ga umai* ～がうまい Ter talento para negociar [Ser diplomata/bom negociante]. ～ (*o*) *suru* 駆け引き(を)する Negociar. **2** [戦略で] A tá(c)tica [estratégia/manobra] militar. ★ ～ *no jōzu* [*heta*] *na hito* 駆け引きの上手 [下手] な人 O bom [mau] estratega/o.

kakéí[1] 家計 **1** [一家の経済] A economia doméstica; as despesas de casa. ★ ～ *o kiritsumeru* 家計を切り詰める Cortar [Poupar] nas ～. ◇ ⇨ **～ bo**. **～ hi** 家計費 O custo de vida; as ～. **2** [生活] A vida; o sustento. ★ ～ *ga kurushii* [*konnan da*] 家計が苦しい [困難だ] Levar uma vida apertada [difícil]. [S/同] Seíkéí.

kakéí[2] 家系 A linhagem; a genealogia; a estirpe. *Kare wa rippa na ～ no hito da* 彼は立派な家系の人だ Ele é de boa estirpe. ◇ **～ zu** 家系図 A árvore genealógica. [S/同] Iésújí; kettṓ; chi-sújí.

kakéí[3] 火刑 A pena da fogueira. [S/同] Hiáburi (+).

kakéí[4] 花茎【Bot.】O pedúnculo.

kakéí[5] 河系 A rede fluvial. ⇨ ryū́-íkí.

kakéi-bo 家計簿 O livro de contabilidade das despesas domésticas. ★ ～ *o tsukeru* 家計簿をつける Ter um ～. ⇨ kakéi[1] **1**.

kaké-jáyá 掛け茶屋 ⇨ chayá.

kaké-ji 掛け字 ⇨ kaké-jiku.

kaké-jiku 掛け軸 (< kakéru[1] + …) O rolo de papel [tecido] com pinturas ou caligrafia para ser pendurado como quadro「no "tokonoma"」. ★ *Ichi-jiku* [*Ippuku*] *no* ～ 一軸 [一幅] の掛け軸 Um ～. [S/同] Jikú-mono; kaké-ji; kaké-mono.

kaké-káé 掛 [懸] け替え (< kaké-káéru) A troca; a substituição. [S/同] Kawárí (+); yóbi (+).

kaké-káérú 掛 [懸・架] け替える (< kakéru[1] **1** + …) Trocar; substituir. ★ *Hashi o* ～ 橋を架け替える Reconstruir a ponte. *Shosai no e o ima ni* ～ 書斎の絵を居間に掛け替える Transferir o quadro do gabinete para a sala de estar.

kaké-kin[1] 掛け金 **1** [月賦などの] A prestação. **2** [保険の] O pré[ê]mio (de seguro).

kaké-kin[2] 賭け金 A (quantia da) aposta. ⇨ kakéru[3].

kakékko [**kakékkura**] 駆けっこ [駆けっくら] A corrida. [S/同] Kaké-kúrabe; kyṓsṓ (+). ⇨ kakéru[4].

kakékómí 駆け込み (< kaké-kómu) **1** [駆け入ること] O entrar a correr. ★ ～ *jōsha* (*o*) *suru* 駆け込み乗車(を)する Entrar a correr no comboio. **2** [訴えること] O apelo dire(c)to. ◇ **～ dera** 駆け込み寺 O templo (budista) que nos tempos feudais dava asilo às esposas fugidas dos maridos. **～ uttae** [**soshō**] 駆け込み訴え [訴訟] ～ às autoridades judiciais.

kaké-kómu 駆け込む (< kakéru[4] + …; ⇨ kaké-

K

kómí) **1** [駆けて入る] Entrar a correr. ★ *Niwaka ame de kokage ni* ～ にわか雨で木陰に駆け込む Abrigar-se de uma chuva repentina debaixo duma árvore. **2** [訴える] Denunciar; acusar. ★ *Keisatsu ni* ～ 警察に駆け込む ～ à polícia. ⇨ uttáéru.

kaké-kótoba 掛け言葉 [詞] (< kakéru[1] + …) O trocadilho [jogo de palavras].

kaké-kugi 掛 [懸] け釘 (< kakéru[1] + …) A cavilha; o prego (para pendurar coisas).

kaké-kúrabe 駆け比べ (< kakéru[4] + kurábérú) A corrida. [S/同] Kakékko (+); kakékkura; kyṓsṓ (o).

kaké-máwáru 駆け回る (< kakéru[4] + …) **1** [走り回る] Correr de um lado para o outro. ★ *Undōjō o* ～ 運動場を駆け回る ～ no campo de treino. [S/同] Hashírí-máwáru; kaké-mégúru; kakézúrímáwáru. **2** [奔走する] Andar ocupado. ★ *Shikin atsume ni* ～ 資金集めに駆け回る ～ na angariação de fundos. [S/同] Hońsṓ súru; kaké-mégúru; kakézúrímáwáru. ⇨ hońsṓ[1].

kaké-mé[1] 欠け目 (< kakérú[2] + …) **1** [欠点] O defeito; a falha [boca]「no bordo da chávena」. [S/同] kettén (+). **2** [不足した目方] O peso a menos. **3** [囲碁の] O ponto falho, que não está devidamente cercado, no jogo "go".

kakéme[2] 掛け目 O peso. [S/同] Mekátá (+). ⇨ kakéru[1].

kaké-mégúru 駆け巡る (< kakéru[4] + …)「o vento」Correr de um lado para o outro. [S/同] Kaké-máwáru (+).

kaké-móchí 掛け持ち (< kakéru[1] + mótsu) O ter dois ou mais「empregos」.

kaké-mono 掛け物 (< kakéru[1] + …) ⇨ kaké-jiku.

kaké-múshiro 掛け筵 (< kakéru[1] + mushíró) A cortina「de bambu」.

kakéń 家憲 Os hábitos [A regra] de família. [S/同] Káhō[5]. ⇨ kakúń.

kaké-ne 掛け値 (< kakéru[1] + …) **1** [値段の] O preço exagerado. ★ ～ *nashi no nedan* 掛け値なしの値段 O preço exa(c)to. ～ *o iu* 掛け値を言う Pedir um ～/uma exorbitância. **2** [誇張] O exagero. ～ *no nai tokoro o iu* 掛け値のないところを言う「para」Dizer a verdade「ele é um gé[ê]nio」. [S/同] Kochṓ.

kaké-nóbóru 駆け登 [上] る (< kakéru[4] + …) Subir a correr. [S/同] Kaké-ágáru (+). [A/反] Kaké-óríru.

kaké-núkéru 駆け抜ける (< kakéru[4] + …) Passar a correr. ★ *Hitogomi no naka o* ～ 人ごみの中を駆け抜ける ～ pelo meio da [por entre a] multidão.

kaké-óchí 駆け落ち (< kakéru[4] + ochíru) O fugir de casa para casar. *Sono futari wa* ～ *shita* その二人は駆け落ちした Os dois fugiram… ◇ ～ **kekkon** 駆け落ち結婚 O casamento de duas pessoas fugidas. ⇨ shuppón; shissṓ[2].

kaké-óríru 駆け下 [降] りる (< kakéru[4] + …) Descer a correr. ★ *Kaidan o* ～ 階段を駆け下りる ～ escada abaixo. [A/反] Kaké-ágáru; kaké-nóbóru.

kaképpánáshí 掛けっぱなし (< kakéru[1] + hanáshí) O deixar ligado [a funcionar]. ★ *Rajio o* ～ *ni suru* ラジオを掛けっぱなしにする Deixar o rádio ligado. [S/同] Tsuképpánáshí.

kakérá 欠けら・片 (< kakérú[2]) O fragmento; o caco; o bocado; o pedaço. *Kare ni wa hito-* ～ *no ryōshin mo nai* 彼にはひと欠けらの良心もない Ele não tem restos de [a mínima] consciência. ★ *Garasu no* ～ ガラスの欠けら ～ de vidro.

kakéru[1] 掛 [懸・架] ける (⇨ kakáru[1]) **1** [つり下げる] Pendurar. ★ *Handobaggu o ude ni* ～ ハンドバッグを腕に掛ける Levar a malinha no braço. *Kabe ni e o* ～ 壁に絵を掛ける ～ o quadro na parede. [S/同] Buráságérú; tsurí-ságéru; tsurú; tsurúsú.
2 [高くかかげる] Erguer; levantar; içar; hastear; pendurar ao alto. ★ *Ho o* ～ 帆を掛ける Içar a vela (no mastro). *Kanban o* ～ 看板を掛ける Pendurar um letreiro.
3 [上に置く; 載せる] Pôr. ★ *Doa no totte ni te o* ～ ドアの取手に手を掛ける ～ a mão na maçaneta da porta. *Hakari* [*Tenbin*] *ni* ～ はかり [てんびん] に掛ける ～ na balança [Pesar]. *Kata ni te o* ～ 肩に手を掛ける ～ a mão no [sobre o] ombro (de alguém). [S/同] Noséru; okú.
4 [すわる; 腰をかける] Sentar(-se). *Dōzo o-kake ni natte kudasai* どうぞお掛けになって下さい Sente-se, por favor/Faz favor de se sentar (+).
5 [おおう; かぶせる] Cobrir; tapar; pôr por cima. ★ *Futon o* ～ ふとんを掛ける Cobrir(-se) com um edredão. [S/同] Kabúséru; ṓú.
6 [あるものに向かって放つ] Arremessar; atirar; lançar. ★ *Teki ni ya o* ～ 敵に矢を掛ける ～ flechas ao inimigo.
7 [さし渡す] Colocar; construir. ★ *Kawa ni kakerareta hashi* 川に架けられた橋 A ponte construída sobre o rio.
8 [他のもののまわりに渡す] Pôr. ★ *Megane o* ～ 眼鏡を掛ける ～ os óculos.
9 [ふりかける; 注ぐ] Deitar. ★ *Karada ni mizu o* ～ 体に水を掛ける ～ água pelas costas abaixo. *Sarada ni doresshingu o* ～ サラダにドレッシングを掛ける ～ molho na salada. *Shio o* ～ 塩を掛ける Salgar [～/Pôr sal]. ⇨ abísé-kákéru; abíséru; furí-kákéru; fúru[1]; sosógú; tsugú[4].
10 [よくないことを及ぼす] Incomodar. *Taihen gomeiwaku* [*mendō*] *o o-kake shite mōshiwake arimasen* 大変御迷惑 [面倒] をおかけして申し訳ありません Sinto muito causar-lhe tanto incó[ô]modo. *Kyūgeki na undō wa shinzō ni futan o* ～ 急激な運動は心臓に負担をかける O exercício muito violento sobrecarrega o [puxa muito pelo] coração.
11 [引っかける] Enganchar; prender com um gancho. *Sakana o* ～ 魚をかける Pescar um peixe. ⇨ hikkákéru.
12 [仕組んだところに落とし入れる] Armar ciladas. ★ *Hito o keiryaku* [*wana*] *ni* ～ 人を計略 [わな] にかける Armar uma cilada a alguém. *Peten ni kakerareta hito* ペテンにかけられた人 A pessoa enganada [lograda]. ⇨ otóshí-íréru.
13 [費やす] Gastar [Levar]. ★ *Jikan o kakete shokuji o suru* 時間をかけて食事をする Comer devagar. *Kenkyū ni shōgai* [*inochi*] *o* ～ 研究に生涯 [命] をかける Dedicar a vida ao estudo. [S/同] Tsuíyásu.
14 [道具を動かして作用を及ぼす] Usar. ★ *Yōfuku ni burasshi o* ～ 洋服にブラッシをかける Escovar o fato/vestido. *Waishatsu ni airon o* ～ ワイシャツにアイロンをかける Passar a camisa a ferro. *Zaimoku ni kanna o* ～ 材木にかんなをかける Aplainar a tábua [madeira].
15 [人が力をつくす] Esforçar-se. ★ *Te-shio ni kaketa kodomo* 手塩にかけた子供 O filho criado com muito carinho [cuidado].
16 [機械・装置・道具を作動させる] A(c)cionar. ★ *Burēki o* ～ ブレーキをかける Carregar no travão; travar; frear (B.). *Kagi o* ～ 鍵をかける Fechar (à

K

chave). *Rajio o* ~ ラジオをかける Ligar o rádio. *Rekōdo o* ~ レコードをかける Pôr um disco. **17** [さしかける] Encostar「à parede」. ★ *Hashigo o* ~ はしごを架ける Apoiar a escada「contra a parede」. **18** [別のところからそちらに向けて動作しかける] Agir「sobre」. ★ *Odoshi o* ~ おどしをかける Ameaçar. *Saiminjutsu o* ~ 催眠術をかける Hipnotizar. *Teki ni kōgeki o* ~ 敵に攻撃をかける Investir contra o inimigo. *Utagai o* ~ 疑いをかける Suspeitar. **19** [与える] Dar. ★ *Ude ni yori o kakete ryōri o suru* 腕によりをかけて料理をする Cozinhar com esmero. ⇨ atáerú. **20** [人前に出して処理する] Propor; submeter. ★ *Gidai o kaigi ni* ~ 議題を会議にかける Propor um assunto na reunião. *Saiban ni kakerareta jiken* 裁判にかけられた事件 O caso que foi a tribunal. *Sakuhin o furui ni* ~ 作品をふるいにかける Sele(c)ionar as obras. *Seihin o kensa ni* ~ 製品を検査にかける Submeter um produto à inspe(c)ção. ⇨ shóchi; shóri ◇. ★ [作る] Fazer; armar; montar. ★ *Kōen ni kakerareta shibaigoya* 公園に架けられた芝居小屋 A barraca de teatro montada no parque. **22** [増し加える] Aumentar. ★ *Bariki o* ~ 馬力をかける Fazer força. *Kiai o* ~ 気合いをかける Dar um grito de ânimo. *Kurō o* ~ 苦労をかける Fazer sofrer. ★ [心や目・耳などにとめる] Prestar atenção「a」. *Kodomo no koto ni ki* [*kokoro*] *ni* ~ 子供のことを気[心]にかける Interessar-se pelos filhos [pelas crianças]. *Hoka no o ~ne ni kakemashō* ほかのをお目にかけましょう Vou mostrar-lhe outro 「vestido」. **24** [気持ちをかたむける] Cuidar; preocupar-se. *Mazushii hito ni nasake o* ~ 貧しい人に情けをかける Compadecer-se dos pobres. **25** [相手に言葉を発する] Dirigir a palavra「a」. ★ *Denwa o* ~ 電話を掛ける Telefonar「a」. *Gōrei o* ~ 号令を掛ける Dar uma ordem. *Kotoba o* ~ 言葉を掛ける ~ a alguém. *Nazo o* ~ なぞをかける Propor uma adivinha. **26** [ゆだねる] Confiar. ★ *Kami ni gan* [*nozomi*] *o* ~ 神に願[望み]をかける a Deus um pedido (desejo). **27** [金銭を託する] Apostar a dinheiro. **28** [世話を受けさせる] Levar. ★ *Netsu ga deta kodomo o isha ni* ~ 熱が出た子供を医者にかける Levar a criança que está com febre ao médico. Ⓢ囲 Yudáneru. **29** [ボタンをはめる] Apertar. ★ *Botan* [*Kagi hokku*; *Sunappu*] *o* ~ ボタン[かぎホック；スナップ]をかける o botão [gancho; colchete]. Ⓢ囲 Toméru; haméru. Ⓐ反 Hazúsú. **30** [乗じる; 掛け値をする] Multiplicar. *San ni ni* ~ *to roku ni naru* [*San* ~ *ni wa roku*] 3に2を掛けると6になる[3掛ける2は6] Três vezes [2 ~] dois são seis. *Shiire-ne ni go-wari kakete uru* 仕入れ値に5割掛けて売る Vender com uma percentagem de cinquenta por cento de lucro. ⇨ jóiryu; kaké-ne. **31** [交配する] Acasalar; cruzar. ★ *Roba o uma to kaketa raba* ろばと馬をかけた騾馬 A mula [O mulo] do cruzamento de burro com égua/de cavalo com burra. Ⓢ囲 Kaké-áwáséru (+). kôhái súrú (o). **32** [保険をかける] Segurar; pôr no seguro. ★ *Ie ni hoken o* ~ 家に保険を掛ける Pôr a casa no seguro.

kakéru² 欠ける (⇨ kakú³) **1**[こわれる] Quebrar (-se); partir(-se); lascar(-se). *Chawan no fuchi ga kaketa* 茶わんのふちが欠けた A borda da chávena partiu-se/está partida. ⇨ kowáréru. **2**[不足する] Faltar. *Anata ni kakete iru mono wa doryoku desu* あなたに欠けているものは努力です O que lhe falta (a você) é esforço. *Sen-en ni ichi-en* ~ 千円に1円欠けている Falta um yen para mil. *Kare wa jōshiki ni kakete iru* 彼は常識に欠けている Ele tem falta de senso (comum). Ⓢ囲 Fusókú súrú (+); kakú⁵ (+); ketsúbō súrú. **3**[月が細くなる] Minguar. *Tsuki ga yo-goto ni kakete iku* 月が夜ごとに欠けていく A lua está no quarto minguante. Ⓐ反 Michíru. **4**[欠員になる] Faltar uma pessoa. *Kare ga* ~ *to shigoto ga susumanai* 彼が欠けると仕事が進まない Sem [Se falta] ele, o trabalho não progride/avança.

kakéru³ 賭ける Apostar; pôr em jogo; arriscar. *Inochi ni kakete mo* 命に賭けても Com risco da própria vida. *Toranpu ni kane o* ~ トランプに金を賭ける Apostar dinheiro em jogo de cartas. *Watashi ga subete o kakete kenkyū* 私が全てを賭けた研究 A pesquisa a que me entreguei completamente.

kakéru⁴ 駆ける Correr; galopar. *Gakkō ni okurenai yō ni isoide kakete itta* 学校に遅れないように急いで駆けて行った Fui a correr para a escola para não chegar atrasado. Ⓢ囲 Hashíru (+); kakú⁵ (+).

kakéru⁵ 翔る【E.】Voar. ★ *Ama-kakeru tori* 天翔る鳥 A ave que voa muito alto. ⇨ tobú¹.

kakéru⁵ 書ける (< kakú¹) Saber [Ser capaz de] escrever. *Kare wa jibun no namae sae kakenai* 彼は自分の名前さえ書けない Ele nem sabe escrever o (próprio) nome.

-kakéru⁶ かける **1**[ある方向に向ける] Dirigir a a(c)ção「a」. ★ *Iinkai ni hatarakikakeru* 委員会に働きかける Apelar [Falar] à comissão. **2**[途中までしそうになる] Começar「a」; estar quase [prestes]「a」. *Kare no byōki wa naori-kakete iru* 彼の病気は治りかけている Ele está quase curado (da doença). ★ *Shini-kakete iru sakana* 死にかけている魚 O peixe quase morto [prestes a morrer].

kaké-sóba 掛け蕎麦 (< kakéru¹ + ···) A "soba" em caldo. Ⓢ囲 Kaké². Ⓐ反 Morí-sóba.

kakésú 懸巣【Zool.】O gaio. Ⓢ囲 Kashídori.

kaké-súté 掛け捨て (< kakéru¹ + sutéru¹) **1**[保険の掛け金支払いを途中でやめること] O deixar de pagar「prestações ao seguro」a meio. **2**[掛け金が戻らない保険] O pré(c)mio não recebido [não pago].

kákete かけて **1**[わたって] De··· a [até]; por. *Supein kara Porutogaru ni* ~ *ryokō shita* スペインからポルトガルにかけて旅行した Viajei por [através de] Espanha e P. Ⓢ囲 Máde. **2**[誓う時に] Por; em nome de. *Otoko no menmoku ni* ~ *yaritogeru* 男の面目にかけてやり遂げる Palavra de honra que hei-de levar isto a cabo. ★ *Kami* ~ *chikau* 神かけて誓う Jurar por Deus.

kákete wa かけては Quanto [No que se refere] a. *Kare wa shōbai ni* ~ *dare ni mo makenai* 彼は商売にかけては誰にも負けない Em [~] negócios, não há quem o supere.

kaké-tóri 掛け取り (<···² + tóru) O cobrador [A cobrança dire(c)ta] de contas. Ⓢ囲 Shakkín-tori (+). ⇨ shúkín.

kakétsú 可決 A aprovação. *Gian wa sansei sanjū-go hantai ni kiken san de* ~ *sareta* 議案は賛成35, 反対 2, 棄権 3 で可決された O proje(c)to foi aprovado por trinta e cinco votos a favor, dois contra e três abstenções. *Gen'an-dōri* ~ *sareta* 原案通り可決された Aprovado na versão original. Ⓐ反 Hikétsú.

kaké-tsúkéru 駆け付ける (< kakéru⁴ +···) Acorrer; ir [vir] à pressa. *Kare wa kaji no sairen o kiite genba* *e kaketsuketa* 彼は火事のサイレンを聞いて現場へ駆け付けた Ao ouvir o alarme, ele acorreu ao local do fogo. ★ *Isha e [ni]*～ 医者へ[に]駆け付ける Ir a correr para o médico. [S/同] Hasésáńzúru.

kaké-úrí 掛け売り (< kaké² **2** + urú) A venda a crédito. ★ ～ *(o) suru* 掛け売り(を)する Vender fiado [a crédito] [*Issai* ～ *itashimasen* 一切掛け売り致しません Não vendemos fiado].

kaké-yóru 駆け寄る (< kakéru⁴ + ···) Aproximar-se correndo.

kaké-zan 掛け算 A multiplicação. ★ ～ *(o)suru* 掛け算(を)する Multiplicar. [S/同] Jṓhō. [A/反] Jóhō; warízan. ⇨ hikízan; tashízan.

kaké-zao 掛け竿 (< kakéru¹ + saó) A vara [O pau] para pendurar a roupa ao sol. [S/同] Monóhóshí-zao (+).

kaké-zu 掛け図 (< kakéru¹ + ···) O mapa de parede. ⇨ kaké-mono.

kakézúrí-máwáru 駆けずり回る ⇨ kaké-máwáru.

káki¹ 牡蛎【Zool.】A ostra. ◇ **～ furai** 牡蛎フライ ～s fritas. **Nama-gaki** 生ガキ ～ crua.

kakí² 柿【Bot.】O caqui; o dióspiro. ★ ～ *no ki* 柿の木 O caquizeiro; o diospireiro. ◇ **～ iro** 柿色 O castanho amarelado; o vermelho alaranjado. **hoshigaki** 干柿 ～ seco.

kakí³ 垣・牆 ⇨ kakíne.

káki⁴ 火気 **1** [火の気] O fogo. ◇ **～ chūi** 火気注意(掲示) Cuidado com o fogo! **～ genkin** 火気厳禁(掲示) Inflamável! [S/同] Hí no ke. **2** [火の勢い] A força do fogo. ★ ～ *ga otoroeru* 火気がおとろえる ～ atenuar-se. [S/同] Káryoku (+); kaséí.

káki⁵ 下記【E.】O seguinte: … ～ *no jikō o genshu seyo* 下記の事項を厳守せよ Observar [Cumprir] ～. ～ *no gotoku kettei sareta* 下記の如く決定された Decidiu-se ～ [o que segue]. [A/反] Jṓki. ⇨ sáki²; tsugí¹.

káki⁶ 夏期 (⇨ káki⁷) O (período de) verão [estio]. ◇ **～ kōza** 夏期講座 O curso de verão. [S/同] Natsu. [A/反] Tṓki.

káki⁷ 夏季 (⇨ káki⁶) A estação estival; o verão; o estio. ★ ～ *no [ni arawareru]* 夏季の[に現われる] Estival. **～ kyūka** 夏季休暇 As férias de verão. [A/反] Tṓki.

káki⁸ 花器 O vaso [A jarra] de flores. [S/同] Haná-íké; haná-íré; kabín.

káki⁹ 火器 **1** [火鉢など火を入れる道具] O braseiro; o fogareiro. [S/同] Hi-íré **1** (+). **2** [鉄砲・大砲など鉄砲類の総称] A arma de fogo. ◇ **Jū ～** 重火器 A artilharia pesada. ⇨ teppṓ.

káki¹⁰ 花季 [期] A época da floração.

kā́kí [aá] カーキ (< Ing. khaki < Hindi) O cáqui. ★ ～ *(iro) no* カーキ(色)の A cor de barro [～].

kakí-ágé 掻き揚げ A fritura de uma mistura de ingredientes. ⇨ teńpúrá.

kakí-ágéru¹ 書き上げる (< káku¹ + ···) **1** [書き終わる] Acabar de escrever「a carta」. *Ikki ni kakiageta genkō* 一気に書き上げた原稿 O manuscrito escrito de uma vez [de uma assentada]. [S/同] Kakí-ówáru. **2** [書き並べる] Enumerar [Pôr] por escrito. ★ *Hitsuyō jikō o* ～ 必要事項を書き上げる ～ os requisitos. [S/同] Kakí-shírúsu.

kakí-ágéru² 掻き上げる (< káku² + ···) **1** [上へ引き上げる] Puxar para cima. ★ *Kami no hotsure o* ～ 髪のほつれを掻き上げる Compor os cabelos caídos [soltos]. [S/同] Hikíágéru; hippáríágéru. **2** [灯心を出す] Espevitar. ★ *Ranpu no shin o* ～ ランプのしんを掻き上げる ～ a mecha do candeeiro.

kakí-árátáméru 書き改める (< káku¹ + ···) Tornar a escrever. [S/同] Kakí-náósu.

kakí-áráwásu¹ 書[描]き表す (< káku¹ + ···) Pôr por escrito; descrever. *E ni* ～ *koto ga dekinai hodo utsukushii keshiki da* 絵に描き表すことができないほど美しい景色だ É uma paisagem de uma beleza indescritível. [S/同] Kakí-shírúsu; kakí-tsúkúsu **2**.

kakí-áráwásu² 書き著す (< káku¹ + ···) Escrever e publicar.

kakí-átsúméru 掻き集める (< káku² + ···) Recolher「dinheiro」; juntar. ★ *Arigane zenbu* ～ 有り金全部掻き集める Juntar todo o dinheiro que tem. [S/同] Kakí-yóséru.

kakí-áwáséru 掻き合わせる (< káku² + ···) Ajustar; compor. ★ *Kimono no mae o* ～ 着物の前を掻き合わせる ～ a frente [o trespasse] do quimono. [S/同] Tsukúróu **2**.

kakí-áyámárí 書き誤まり (< káku¹ + ayámáru) O erro de escrita. [S/同] Kakí-chígáí (+); kakí-sókónáí.

kakíbúrí 書き振り O estilo; a maneira de escrever.

kakí-chígáéru 書き違える (< káku¹ + ···) **a)** Escrever com erros; **b)** Enganar-se ao escrever. ★ *Atena o* ～ 宛名を書き違える Escrever o endereço errado. [S/同] Kakí-sókónáu.

kakí-chígáí 書き違い (< kakí-chigáéru) O lapso de escrita. [S/同] Kakí-áyámárí; kakí-sókónáí.

kakí-chíráshí 書き散らし (< kakí-chírású) O rabisco; o gatafunho; o garrancho(B.); a garatuja.

kakí-chírású 書き散らす **1** [筆にまかせて無造作に書く] Escrever muito「para jornais e revistas」; garatujar. *Korera no zuihitsu wa hima na toki ni kakichirashita mono desu* これらの随筆は暇な時に書き散らしたものです Estas notas foram escritas ao acaso [ao correr da pena] nos tempos livres. ⇨ kakí-mákúru; kakí-nágúru; kakí-sútérú. **2** [あちこちに書きつける] Rabiscar「nas paredes」.

kakí-dáshí 書き出し (< kakí-dású¹) As primeiras linhas [O começo]「de um texto」. [S/同] Bṓtō.

kakí-dású¹ 書き出す (< káku¹ + ···) **1** [書き始める] Começar a escrever. [S/同] Kakí-hájíméru. [A/反] Kakí-ówáru. **2** [書き抜く] Apontar; tirar apontamentos. ★ *Mondaiten o* ～ 問題点を書き出す Apontar os tópicos do problema. [S/同] Kakí-núku; nukí-gákí súrú. **3** [勘定書を出す] Passar a conta.

kakí-dásu² 掻き出す (< káku² + ···) Tirar para limpar. ★ 舟の底から水を掻き出す Tirar a água do barco「com um balde」. [S/同] Kaí-dásu.

kakí-gúai 書き具合 (< káku¹ + ···) O escrever (Ex. Esta caneta escreve bem).

kakí-hájíméru 書き始める ⇨ kakí-dású¹ **1**.

kakíháń 書き判 A chancela「de aprovação」; a rubrica; a assinatura.

kakí-íré 書き入れ (< kakí-íréru) **1** [書き入れること] A anotação (à mão); o apontamento. ★ *Rangai ni* ～ *o suru* 欄外に書き入れをする Anotar [Escrever] nas margens. [S/同] Kakí-kómí (+). **2** [Abrev. de "～doki"] ◇ **～ bi** 書き入れ日 O dia de maior movimento「dos armazéns é o domingo」. ⇨ kakííré-dókí.

kakííré-dókí 書き入れ時 (<··· + tokí¹) A época alta [de maior movimento]. *Aki wa kōrakuchi no* ～ *da* 秋は行楽地の書き入れ時だ O outono é ～ do turis-

K

mo.

kakí-íréru 書き入れる (< káku¹ + …; ⇨ kakí-íre) Inserir; anotar; apontar; regist(r)ar. S/同 Kakí-kómu¹; kinyū súrú.

kakí-káé 書き換え (< kakí-káérú) **1** [書き直し] A corre(c)ção da primeira versão escrita [O passar a limpo]. ★ ~ (o)suru 書き換え(を)する ⇨ kakí-káérú **1**. S/同 Kakí-náóshí (+). **2** [更新] A renovação. ★ Unten-menkyo-shō no ~ 運転免許証の書き換え = da licença de motorista. S/同 Kōshín. **3** [名義の] A transferência nominal. ★ Meigi no ~ 名義の書き換え = de título.

kakí-káérú 書き換える (< káku¹ + …) **1** [書き直す] Tornar a escrever. ★ Kanban o ~ 看板を書き換える = o letreiro. **2** [証書などを] Renovar. ★ Tegata o ~ 手形を書き換える Reformar uma letra. S/同 Kakí-náósu. **2** [証書などを] Kōshín súrú. **3** [名義を] Transferir「título」. ★ Ie-yashiki o kodomo no meigi ni ~ 家屋敷を子供の名義に書き換える = a propriedade da casa (e terreno) para o nome do filho.

kakí-káké 書き掛け (< káku¹ + kakérú) Meio-escrito. ★ ~ no genkō [tegami] 書き掛けの原稿[手紙] O manuscrito inacabado [A carta meio-escrita].

kakí-kaki 掻き掻き【On.】 (Im. de coçar; ⇨ káku² **1**) ★ Atama o ~ sensei ni ayamaru 頭を掻き掻き先生に謝る Pedir perdão ao professor a coçar a cabeça.

kakí-kátá 書き方 (< káku¹ + …) **1** [文章・書類などの作り方] A maneira de escrever (Forma e qualidade). ★ Tegami [Ronbun] no ~ 手紙 [論文] の書き方 ~ uma carta [tese]. **2** [習字] A caligrafia. ★ ~ ga jōzu [heta] da書き方が上手 [下手] で Ter boa [má] caligrafia. S/同 Shódō; shújí. **3** [書き順] A ordem dos traços por que se escreve um ideograma. Ji no ~ ga chigau 字の書き方が違う Essa letra (chinesa) [Esse ideograma] não se escreve por essa ordem. S/同 Hitsújún.

kakí-késu 掻き消す (< káku² + …) Apagar. Sono sugata wa ~ yō ni mienaku natta その姿は掻き消すように見えなくなった A figura desapareceu sem deixar rasto [O vulto sumiu-se]. Watashi no koe ga susamajii ama-oto de kakikesareta 私の声かすまじい雨音で掻き消された O ruído tremendo da chuva abafou a minha voz.

kakí-kíru 掻き切る (< káku² + …) Cortar. ★ Hara o ~ 腹を掻き切る a barriga (Para se matar).

kakí-kizu 掻き傷 [疵] (< káku² + …) O arranhão「de pico na perna」.

kakí-kómi 書き込み (< káku¹ + …) A anotação. ★ ~ o suru 書き込みをする ⇨ kakí-kómu¹. S/同 Kakí-íre.

kakí-kómu¹ 書き込む (< káku¹ + …) Apontar. Techō ni gyōji yotei o ~ 手帳に行事予定を書き込む = (o programa d)os compromissos na agenda. S/同 Kakí-íreru.

kakí-kómu² 掻き込む (< káku² + …) **1** [掻いて寄せ集める] ⇨ kakí-átsúméru. **2** [飯を急いで食べる] Comer a pressa (Sem mastigar). ★ O-chazuke o ~ お茶漬けを掻き込む [Tragar] o "o-chazuke". S/同 Kakkómú (+).

kakí-kótoba 書き言葉 (< káku¹ + …) A linguagem escrita. S/同 Bungó (+); bunshō-go. A/反 Hanáshí-kótoba; kōgó.

kakí-kúdásu 書き下す (< káku¹ + …) **1** [上から下へ順に書く] Escrever na vertical [de cima para baixo]. **2** [筆の進むままに書く] Escrever fluente-

mente [ao correr da pena]. S/同 kakí-nágásu (+). **3** [漢文を書き下し文にする] Transliterar.

kakí-máwásu 掻き回す (< káku² + …) **a)** Insistir [Instar]「para que assine」; **b)** Queixar-se [Lamentar-se].

kakí-kúdóku 掻き口説く (< káku² + …) Cobrir-se de nuvens; ficar encoberto. Itten niwaka ni kakikumotta 一天にわかに掻き曇った O céu ficou todo encoberto de repente.

kakí-kúréru 掻き暮れる (< káku² + …) **1** [すっかり暗くなる] Escurecer; anoitecer. **2** [ひたすら泣く] Chorar. ★ Namida ni ~ 涙に掻き暮れる Desfazer-se em lágrimas.

kakí-kúwáéru 書き加える (< káku¹ + …) Acrescentar (ao já escrito). ★ Omoidashita koto o tegami ni ~ 思い出した事を手紙に書き加える ~ à carta algo que se havia esquecido. S/同 Kakí-tású.

kakí-máchígái 書き間違い (< káku¹ + …) O erro na escrita. S/同 Kakí-chígái; kakí-sónjí.

kakí-mákúru 書き捲る (< káku¹ + …) Escrever rápida e fluentemente.

kakí-máwásu 掻き回す (< káku² + …) **1** [かきまぜる] Mexer「ovos/café」; agitar; misturar; revolver. ★ Supūn de ~ スプーンで掻き回す Mexer「a sopa」com a colher. S/同 Kakí-mázéru (+). **2** [混乱させる] Causar confusão [desordem]; perturbar; atrapalhar. Anna yatsu ni wagaya no heiwa o kakimawasarete wa kanawanai あんなやつに我が家の平和を掻き回されてはかなわない Não posso tolerar que um sujeito desses perturbe a paz do meu lar. ★ Kaigi o ~ 会議を掻き回す Perturbar a reunião. S/同 Kakí-mázéru. ⇨ fuńkyū.

kakí-mázéru 掻き混ぜる (< káku² + …) Mexer; misturar; bater. ★ Tamago o ~ 卵を掻き混ぜる Bater o ovo. S/同 Kakí-máwásu.

kakí-mídásu 掻き乱す (< káku² + …) **1** [かきまわして乱す] Desarranjar「o quarto」; desarrumar. ★ Kami o kakimidashite髪を掻き乱して Com o cabelo desalinhado. **2** [混乱させる; 不安定にさせる] Causar confusão; perturbar; agitar; abalar. ★ Chitsujo o ~ 秩序を掻き乱す Perturbar a ordem [disciplina]. ⇨ końrán.

kaki-mochi 欠 [掻] き餅 O "mochi" seco cortado às fatias.

kakí-mono 書き物 (< káku¹ + …) O escrito. ★ ~ ni suru を書き物にする Pôr por escrito. ~ o suru を書き物をする Escrever. S/同 Bunsho (+); shorúí (o).

kakí-mórasu 書き漏らす (< káku¹ + …) Omitir por engano; esquecer-se de escrever. S/同 Kakí-nókósu; kakí-ótósu (+).

kakí-múshíru 掻き毟る (< káku² **1** + …) Arrancar; dilacerar; despedaçar. Watashi wa sore o kiite mune o kakimushirareru omoi ga shita 私はそれを聞いて胸を掻き毟られる思いがした Ao ouvir isso senti que me arrancavam o coração [fiquei com o coração dilacerado]. ★ Kami no ke o ~ 髪の毛を掻き毟る Arrancar os cabelos.

kakín¹ 家禽 As aves domésticas [A criação]. A/反 Yachō; yakín.

kakín² 瑕瑾【E.】 **a)** O defeito; **b)** A desonra「da família」. ⇨ Ayámáchi (+); jakútén (+); kizú (+); nańtén (+).

kakí-nádéru 掻き撫でる (< káku² + …) Acariciar; afagar; passar a mão.

kakí-nágásu 書き流す (< káku¹ + …) Escrever ao

correr da pena. ⒮㊙ Kakí-tóbásu.

kakí-nágúri 書き擲り (< kakí-nágúru) O rabisco; a garatuja; o gatafunho [garrancho (B.)].

kakí-náguru 書き擲る (< káku¹ + …) Rabiscar; escrevinhar; fazer garatujas. ★ *Ranbō ni tegami o ~* 乱暴に手紙を書き擲る Rabiscar uma carta. ⒮㊙ Kakí-chírású; kakí-sútérú.

kakí-náoshi 書き直し (< kakí-náosu) O tornar a escrever.

kakí-náosu 書き直す (< káku¹ + …) **a)** Re(e)screver [Tornar a escrever (+)]; **b)** Passar a limpo. ★ *Hajime no genkō o ~* 初めの原稿を書き直す ~ o manuscrito. ⒮㊙ Kakí-árátáméru.

kakí-nárásu¹ 掻き均す (< káku² + …)Alisar. ★ *Tsuchi o kumade de ~* 土を熊手で掻き均す ~ a terra com um ancinho.

kakí-nárásu² 掻き鳴らす (< káku² + …) Dedilhar; tocar. ★ *Koto o ~* 琴を掻き鳴らす ~ coto.

kakí-nárérú 書き慣れる (< káku¹ + …) Acostumar-se a escrever. ⒮㊙ Kakí-tsúkéru **2**.

kakíne 垣根 **1** [他の区域との境を示すための低いしきり] A cerca; a sebe. ★ ~ *goshi ni miru* 垣根越しに見る Ver[Olhar]por cima da ~. ⒮㊙ Kakí³; kakói; sakú³. **2** [間を隔てる物] 【Fig.】 A barreira. ★ *Kokoro no ~ o torihazusu* 心の垣根を取りはずす Abrir o [Desfazer todas as ~ s do] coração. ⒮㊙ Kakói; sakú³.

kakí-nikúi 書き難い (< káku¹ + …)Difícil (de) escrever. *Ima wa sono koto ni kanshite wa ~* 今はその事に関しては書き難い Agora é ~ sobre isso. ★ ~ *pen* 書き難いペン A caneta que não escreve bem [com que custa a escrever].

kakí-nókósu 書き残す (< káku¹ + …) **1** [書いてあとに残す] Deixar escrito. ★ *Sensō no kiroku o ~* 戦争の記録を書き残す Deixar à [para a]posteridade um relatório da guerra. **2** [書きもらす] Não escrever. *Jikan ga tarinakute saigo no mondai o kakino-koshita* 時間が足りなくて最後の問題を書き残した Por falta de tempo não respondi à última pergunta (do exame). ⒮㊙ Kakí-mórásu.

kakí-núki 書き抜き (< kakí-núku) O extra(c)to; o excerto; o trecho; a citação. ★ ~ *o suru* 書き抜きをする ~ fazer. ⒮㊙ Bassúí; nukí-gákí (+).

kakí-núku 書き抜く (< káku¹ + …)Copiar um excerto[uma passagem]. ★ *Yōten o ~* 要点を書き抜く Anotar os pontos importantes. ⒮㊙ Kakí-dású **2**; nukí-gákí súrú. ⇨ yôyákú¹.

kakí-ókí 書き置き (< káku¹ + okú) **1** [置き手紙] O bilhete[A carta]deixado[a] para alguém. ★ ~ *(o) suru* 書き置き(を)する Deixar ~. ⒮㊙ Okí-tégami (+). **2** [遺書] O testamento. ⒮㊙ Ísho (+).

kakí-okúru 書き送る (< káku¹ + …) Escrever [Enviar] uma carta.

kakí-oróshi 書き下ろし (< kakí-órósu) O livro recente [acabado de sair]. ◊ ~ **tankōbon** 書き下ろし単行本 A nova obra em volume (único).

kakí-órósu 書き下ろす (< káku¹ + …) Escrever uma nova obra.

kakí-ótóshí 書き落とし (< kakí-ótósu¹) A omissão (de letras ou palavras) ao escrever.

kakí-ótósu¹ 書き落とす (< káku¹ + …) Esquecer(-se) de [Não] escrever [uma linha]. ★ *Hizuke o ~* 日付を書き落とす ~ a data. ⒮㊙ Kakí-mórásu; kakí-nókósu.

kakí-ótósu² 掻き落とす (< káku² + …) Tirar [Sacudir]. ★ *Kutsu no soko no tsuchi o ~* 靴の底の土を掻き落とす ~ a terra dos sapatos.

kakí-sáshi 書きさし ⇨ kakí-káke.

kakí-shírúsu 書き記す (< káku¹ + …) Escrever; apontar; anotar; regist(r)ar por escrito.

kakí-sóéru 書き添える (< káku¹ + …) Acrescentar em pós-escrito「que vai viajar」. ★ *E ni jibun no namae o ~* 絵に自分の名前を書き添える Assinar a pintura/o quadro. ⒮㊙ Kakí-tású.

kakí-sókónái-[sónji] 書き損い [損じ] O erro [engano] na escrita. ★ ~ *o suru* 書き損いをする ⇨ kakí-sókónáu. ⒮㊙ Kakí-áyámárí; kakí-chígáí (+); kakí-máchígáí (+).

kakí-sókónáu 書き損う (< káku¹ + …) Escrever errado. ⒮㊙ kakí-áyámáru; kakí-chígáéru (+).

kakí-sútérú 書き捨てる (< káku¹ + …) **1** [書いてそのまま放っておく] Escrever e não usar. ★ *Ni sangyō kaite wa ~* 2,3行書いては書き捨てる Escrever duas ou três linhas e desistir[largar]. **2** [無造作に書く] Rabiscar. ⒮㊙ Kakí-nágúru (o).

kakí-támá [támágo] 掻き玉 [卵]A sopa de ovo.

kakí-tású 書き足す ⇨ kakí-sóéru.

kakí-tátérú¹ 書き立てる (< káku¹ + …)**a)**Enumerar as condições; **b)** Escrever muito [Fazer barulho] nos jornais. *Kare wa josei kankei o shūkanshi de sanzan kakitaterareta* 彼は女性関係を週刊誌で散々書き立てられた As relações amorosas dele sairam muito [foram postas em destaque] nas revistas.

kakí-tátérú² 掻き立てる (< káku² + …) **1** [勢いよくかき混ぜてあわ立たせる] Bater bem [com força] os ovos com açúcar para o bolo」. **2** [火が燃えるようにかきだす] Atiçar. ★ *Sumibi o ~* 炭火を掻き立てる ~ as brasas. ⒮㊙ Kakí-máwású[-mázéru]. **3** [ささる] Incitar; provocar; excitar. *Sono hanashi wa kare no Burajiru e no akogare o kakitateta* その話は彼のブラジルへのあこがれを掻き立てた Isso aguçou a sua paixão pelo B. ★ *Hansen kanjō o ~* 反戦感情を掻き立てる Incitar os sentimentos contra a guerra. ⒮㊙ Sosóru. **4** [高くする] Levantar. ★ *Ōba no eri o ~* オーバーの襟を掻き立てる ~ a gola do casaco/sobretudo. ⒮㊙ Tatéru (+). **5** [灯心を引き出す] Subir「a mecha do aquecedor」. ⒮㊙ Hikí-dásu (+).

kakí-té 書き手 (< káku¹ + …) **1** [書いた人] O autor; o escritor. ⒮㊙ Híssha (+). Ⓐ反 Dókusha; yomí-té. **2** [文章や書画の名人] Um grande escritor [pintor]. ⒮㊙ Buńshókấ; nồhítsú; nồsho; shokấ.

kakí-tóbásu 書き飛ばす ⇨ kakí-nágásu.

kakí-tómé 書留 O correio regist(r)ado. *Tegami o ~ ni suru* 手紙を書留にする Enviar uma carta registada. ◊ ~ **kozutsumi** 書留小包 A encomenda (postal) registada. ~ **ryōkin** 書留料金 A taxa de regist(r)o. ~ **sokutatsu** 書留速達 O correio expresso registado.

kakí-tóméru 書き留める (< káku¹ + …) Anotar; apontar. ★ *Kōgi no yōten o ~* 講義の要点を書き留める Tirar apontamento [notas] dos tópicos principais da aula [conferência]. ⒮㊙ Kakí-tsúkéru.

kakí-tóri 書き取り (< kakí-tóru) **a)** O (exercício de) trancrever「"kana"」em "kanji"; **b)** O ditado [de português]. ★ ~ *o suru* 書き取りをする ⇨ kakí-tó-rú. **Kanji no ~** 漢字の書き取り ~ de "kanji".

kakí-tórú 書き取る (< káku¹ + …) **1** [人の話したことを文字で書く] Apontar. *Kare no kōgi wa hayasu-gite dare mo kakitorenai* 彼の講義は速すぎて誰も書き

取れない Ele fala tão depressa「na aula」que ninguém consegue ~ o [tomar notas do] que ele diz. ⇨ hikkí. ⇨ ayámé.

kakítsúbata 杜若・燕子花【Bot.】O lírio [lis/íris]. ⇨ ayámé.

kakí-tsúké 書き付け (< kakí-tsúkéru) **1** [文書] O documento; o escrito; a nota. 〖S/同〗Búnsho (+). **2** [勘定書き] A conta. 〖S/同〗Kañjō-gáki (+); seíkyūshó.

kakí-tsúkéru 書き付ける (< káku¹ + …) **1** [書き留める] Tomar nota; escrever. ★ *Wasurenai yō ni yōten o kami ni ~* 忘れないように要点を紙に書き付ける Anotar (no papel) os tópicos para não esquecer. 〖S/同〗Kakí-shírusu; kakí-tómeru. **2** [書き慣れる] Acostumar-se a escrever.

kakí-tsúkúsu 書き尽くす (< káku¹ + …) **1** [全部書き終える] Escrever tudo/até acabar o papel. **2** [すべてを書き表す] Escrever exaustivamente [tudo]「sobre as baleias」; esgotar o assunto. ★ *Pen dewa kakitsukusenai hodo utsukushii keshiki* ペンでは書き尽くせない程美しい景色 A paisagem de uma beleza indescritível. 〖S/同〗Kakí-árawasu¹.

kakí-tsúránéru 書き連ねる (< káku¹ + …) Enumerar por escrito; fazer uma longa lista. ★ *Namae o ~* 名前を書き連ねる Fazer uma lista de nomes.

kakí-tsútáéru 書き伝える (< káku¹ + …) Comunicar [Transmitir] por escrito.

kakí-tsúzúkéru 書き続ける (< káku¹ + …) Continuar a escrever; escrever sem parar. ★ *Watashi wa jū-nenkan nikki o kakitsuzukete iru* 私は10年間日記を書き続けている Há dez anos que escrevo um diário, sem interrupção.

kakí-tsúzúrú 書き綴る (< káku¹ + …) Escrever; compor; redigir. *Nippon no josei-shi o ~* 日本の女性史を書き綴る Escrever a história da mulher j. [no J.].

kakí-útsúsu 書き写す (< káku¹ + …) Copiar; transcrever. ★ *Tanin no e o sono mama ~* 他人の絵をそのまま書き写す Copiar fielmente o quadro de um pintor. 〖S/同〗Kakí-tórú¹ **2**.

kakí-wákéru¹ 掻き分ける (< káku² + …) Empurrar [Afastar] para o lado. ★ *Hitonami o kakiwakete susumu* 人波を掻き分けて進む Abrir caminho às cotoveladas por entre a multidão.

kakí-wákéru² 書き分ける (< káku¹ + …) Distinguir [Usar] várias escritas.

kakí-wári 書き割り (< káku¹ + warú) O (montar o) cenário. ⇨ káku¹.

kakí-zómé 書き初め A primeira vez, nesse ano, que se pega no pincel [na caneta] para escrever.

kakí-zúrái 書き辛い (< káku¹ + tsurai) Difícil de escrever. 〖S/同〗kakí-níkúi (+).

kákka 閣下 Vossa [Sua (Na terceira pessoa)] Excelência. ◇ **Shōgun ~** 将軍閣下 Sua Excelência, o General.

kakkái 角界 Os meios [O mundo] do sumô.

kakkákú 赫赫【E.】**1** [非常に明るく激しく輝くさま] Brilhante;「sol」radioso. 〖S/同〗Kōkō (+). **2** [功名・名声などで立派に現れるさま] Glorioso.

kakkán 客観 ⇨ kyakkán.

kakkásōyō 隔靴掻痒【E.】A comichão que não se pode coçar. ~ *no kan ga aru* 隔靴掻痒の感がある Ser irritante「a explicação dele」. ⇨ modókáshíí.

kákka to かっかと【On.】**1** [炭火などが強い熱を放ちながら盛んに燃えるさま] Vivamente; ardentemente; com força. ★ ~ *moeru* かっかと燃える Arder com força. **2** [頬・体がほてるさま] *Hazukashisa ni hoho ga ~ suru* 恥ずかしさに頬がかっかとする Corar de vergonha. 〖S/同〗Póppo to. **3** [腹を立てて興奮しているさま] *Densha jiko de ~ shite iru jōkyaku* 電車事故でかっかとしている乗客 Os passageiros vermelhos de raiva por causa do acidente ferroviário.

kakkázan 活火山 O vulcão a(c)tivo. ◇ ~ **tai** 活火山帯 A zona de a(c)tividade vulcânica. 〖A/反〗Kyūkázan; shikázan.

kakké 脚気 O beribéri. ★ ~ *ni kakaru* 脚気にかかる Ser atacado de ~.

kakkéi 活計 ⇨ kakéi¹.

kakkétsú 喀血【Med.】A hemoptise; a expectoração de sangue. ~ *suru* 喀血する Expectorar [Escarrar] sangue. ⇨ tokétsú.

kakki 活気 O vigor; o ânimo; a energia; a vivacidade. ~ *ni michita* 活気に満ちた Cheio de ~; enérgico. ~ *no aru* 活気のある Vigoroso; enérgico; vivo; a(c)tivo. ~ *no nai* 活気のない Mole; frouxo; desanimado. 〖S/同〗Séiki. ⇨ kakkí-zúku.

kakkíri かっきり【G.】Exa(c)tamente; precisamente; justamente. ~ *shōgo ni* かっきり正午に Ao meio-dia em ponto. 〖S/同〗Chōdó **1** (+); kikkári (+).

kakki-téki 画期的【E.】Que marca uma época [faz história]. ★ ~ *na hatsumei* 画期的な発明 Uma invenção histórica.

kakkí-zúku 活気づく (< kakki + tsúku) Ficar animado; aquecer; avivar.

kákko 括弧 O parêntese. ★ ~ *de kakomu* [*de kukuru, ni ireru*] 括弧で囲む [でくくる, に入れる] Pôr entre ~ s. ◇ **Nijū ~** 二重括弧 O parêntese duplo [《 》]. ◇ kagí²; kakkóháñzuké.

kákko² 各個 Cada um [qual]; cada pessoa [indivíduo]. ◇ ~ *ni* 各個に Em particular; individualmente. 〖S/同〗Hitóri-hítori (+); hitótsúhítotsu (+); kákuji (+); sorézore (o).

kákko³ 確固 [乎]A firmeza; a determinação. ★ ~ *taru shinnen* 確固たる信念 A crença firme [inabalável]. 〖S/同〗Kyōko (+).

kákko⁴ 各戸 Cada casa. ★ ~ *ni* 各戸に Em ~; de porta em porta. 〖A/反〗Kadónámí.

kakkō¹ 格【恰】好 **1** [形] A forma; a figura; a apresentação; o feitio. *Konna ~ de shitsurei shimasu* こんな格好で失礼します Desculpe(-me) a apresentação [o não estar conveniente mente vestido]. ★ ~ *ga yoi* [*warui*] 格好がよい[悪い] Ter boa [má] figura [aparência]. ◇ *ii!* 格好いい! ⇨ kakkō íi. *Gigochinai ~ de suwaru* ぎこちない格好で坐る Sentar-se numa posição rígida. ⇨ katáchí; shiséí¹; súgata. **2** [体裁] A aparência; o aspecto; o ar. ★ ~ *ga tsuku* 格好がつく Parecer [Ficar] bem; melhorar de aspecto [*Hana o kazatta no heya no ~ ga tsuita* 花を飾ったので部屋の格好がついた A sala ficou melhor com as flores]. ~ *ga warui* 格好が悪い Parecer mal. ~ *o tsukeru* 格好をつける Salvar as aparências [*Shikaisha ga yasunda no de watashi ga kawatte kekkon-shiki no ~ o tsuketa* 司会者が休んだので私が代わって結婚式の格好をつけた Como o mestre de cerimô(ô)nias faltou, fui eu que tive de salvar a situação do casamento]. 〖S/同〗Teísáí. **3** [適当] A conveniência. ★ ~ *na nedan de* 格好な値段で Por um preço bom. 〖S/同〗Tekítō (+). **4** [おい

kakkō² その年齢を示す」Cerca de. ★ *Gojū ~ no otoko* 50 格好の男 O homem com ~ 50 anos. ⇨ keńtō¹.

kakkō² 滑降 A descida. ★ ~ *suru* 滑降する Deslizar. ◇ ~ **kyōgi** (スキーで) 滑降競技 A corrida de ~. ⇨ chokkakkō.

kakkō³ 各項 Cada artigo [cláusula; parágrafo]. (S/同) Kákuko (+). ⇨ kōmóku¹.

kákkō⁴ 郭公【Zool.】O cuco; *cuculus canorus*.

kakkō íi かっこいい【G.】Elegante; chique; moderno; bacana; giro. ⇨ kakkō¹ **1**.

kákkoku 各国 **a)** Cada país; **b)** Vários [Todos os] países. ★ *Sekai ~* 世界各国 Os vários [Todos os] países do mundo.

kakkómú 掻っ込む (< káku² + ···) Comer à pressa; engolir sem mastigar. ★ *Chazuke o ~* 茶漬を掻っ込む Tomar apressadamente um caldo [uma refeição ligeira]. (S/同) Kakí-kómu².

kakkū 滑空 O voo planado. ★ ~ *suru* 滑空する Planar; voar com plainador.

kákkyo 割拠【E.】A defesa dos próprios domínios. ◇ ~ **gun'yū** ~.

kakkyō 活況 A (Os sinais de) a(c)tividade; o movimento. ★ ~ *o teisuru* 活況を呈する「o mercado」 Estar a(c)tivo [movimentado]; dar sinais de ~. (S/同) Kōkyō; seíkyō (+).

káko 過去 **1**【過ぎ去った時】O (tempo) passado. ~ *wa ~ to shite wasureyō* 過去は過去として忘れよう O que passou, passou [já lá vai] (deixe lá). ★ ~ *ni ikiru* 過去に生きる Viver no ~. ~ *ni oite* 過去において ~ *no dekigoto* 過去の出来事 O acontecimento passado [que não interessa]. ~ *o furikaeru* [*kaerimiru*] 過去をふり返る [顧みる] Olhar para o ~. (S/同) Kíō; mukáshi (+); óji. ⇨ génzai?; mírai. **2**【過ぎ去った動作・状態を表現する語法】【Gram.】O pretérito. ~ *jisei* 過去時制 O tempo ~; o ~ perfeito. ⇨ génzai; mírai. **3**【前歴】O passado. *Dare mo kare no ~ o shiranai* 誰も彼の過去を知らない Ninguém sabe ~ dele. ★ ~ *no aru otoko* 過去のある男 O homem com história [crimes]; Zenřéki. **4**【この世に生まれる以前の世】【Bud.】A vida anterior a esta. (S/同) Zénse. ⇨ génzai; mírai.

kakō¹ 加工 A manufa(c)tura; o fabrico; o tratamento. ★ ~ *Genryō o ~ suru* 原料を加工する Tratar a matéria prima. ◇ ~ **gyō** 加工業 A indústria transformadora. ~ **hin** 加工品 Os produtos manufa(c)turados. ~ **shokuhin** 加工食品 Os produtos alimentares confe(c)cionados.

kakō² 下降【降下】A descida「do balão」; a queda; a baixa. ★ ~ *sen o tadoru* [*egaku*] 下降線をたどる [描く] Descrever uma curva descendente. ~ *suru* 下降する「a mortalidade infantil」 Descer; baixar. ◇ ~ **kiryū** 下降気流 A corrente de ar descendente. (S/同) Kōka; rakká. (A/反) Jōshō. **2**【沈下】O afundar-se. (S/同) Chińká.

kakō³ 河口 O estuário; a foz「do Iguaçu/Douro」. *Risubon wa Tējo-gawa no ~ ni aru* リスボンはテージョ川の河口にある Lisboa fica no estuário do rio Tejo (A foz é em Cascais). ◇ ~ **kō** 河口港 O porto fluvial [interior].

kakō⁴ 火口 A cratera. ◇ ~ **ko** 火口湖 O lago vulcânico. ⇨ Funkā.

kakō⁵ 河港 O porto fluvial. (A/反) Kaíkō⁷.

kakō⁶ 歌稿 O manuscrito de uma "tanka".

kakóchō 過去帳 O livro dos óbitos [defuntos]. (S/同) kíbo; kisékí; teńkibo.

kakōgan [óo] 花崗岩【Min.】O granito. (S/同) Mikágéishi.

kakói 囲い (< kakóu) **1**【囲いをすること；またそのもの】A cerca「para gado」; o redil [bardo]「das ovelhas」; a sebe; o tapume. ★ ~ *ni ireru* 囲いに入れる Meter na/o ~. ~ *o suru* [*megurasu*] 囲いをする [めぐらす] Cercar「o lugar do crime」; fazer uma ~; murar. ~ *o toriharau* [*torinozoku*] 囲いを取り払う [取り除く] Tirar [Desfazer] ~. (S/同) Shōhékí. ⇨ heí; kakíne. **2**【貯蔵】A armazenagem. (S/同) Chozō (+). **3**【⇨ kakói-móno】.

kakói-móno 囲い者【G.】A concubina; a amásia. (S/同) kakói(me); mekáké (+).

kakokú 苛酷 A severidade; o rigor; a crueldade. ★ ~ *na rōdō* 苛酷な労働 O trabalho duro [pesado]. ⇨ zańkókú.

kakomí 囲み (< kakómú) O sítio;「fazer」o cerco「à cidade」; o assédio. ★ ~ *o toku* 囲みを解く Levantar o cerco. ~ *o yaburu* 囲みを破る Romper o cerco. ◇ ~ **kiji** 囲み記事 O artigo de jornal em caixa.

kakomú 囲む **1**【まわりを全部取り巻く】Cercar; circundar; rodear. *Waga kuni Nippon wa kaigan ni kakomarete iru* 我が国日本は海に囲まれている O nosso país, Japão, está rodeado pelo mar. ★ *Sensei* [*Teburu*] *o kakonde hanasu* 先生 [テーブル] を囲んで話す Conversar sentados à volta [em redor] do professor [da mesa]. *Sūji o maru de ~* 数字を丸で囲む Escrever os números com um círculo à volta. (S/同) Torímáku. **2**【包囲する】Sitiar; assediar; cercar. ★ *Yōsai o ~* 要塞を囲む Sitiar a [Pôr cerco à] fortaleza. (S/同) Hōi suru.

kakón 禍根【E.】A raiz「do mal」. ★ ~ *o tatsu* 禍根を断つ Cortar「o mal」pela raiz. *Shōrai ni ~ o nokosu* 将来に禍根を残す Ser causa de futuros males/Deixar raízes. (S/同) Kaín.

kakótsuku 託つ【E.】Queixar-se; lastimar-se; lamentar-se. ★ *Fuun o ~* 不運を託つ ~ da sua pouca sorte. ⇨ nagékú; urámu¹⸴².

kakótsukéru 託ける Arranjar um pretexto [uma desculpa]. (S/同) Kotoyóséru. ⇨ kójitsú.

kakóu 囲う **1**【囲む】Cercar; rodear; circundar; murar. ★ *Niwa o ikegaki de ~* 庭を生垣で囲う Cercar o jardim com uma sebe de arbustos. (S/同) Kakómú **2** (+). **2**【かくまう】Asilar; abrigar; acolher. (S/同) Kakúmáu (+). **3**【貯蔵する】Armazenar; guardar. ★ *Muro ni yasai o ~* 室に野菜を囲う ~ legumes na adega. (S/同) Chozō sūrú (+). **4**【めかけを置く】(Man)ter uma amante. *Nigō* [*Mekake*] *o ~* 二号 [めかけ] を囲う ⇨ mekáké [; concubina].

káku¹ 書 [描]く **1**【文字・符号・点・線をしるす】Escrever. ★ ~ *mono ga nai* 書く物がない Não tenho com que ~. *Ji o jōzu* [*heta*] *ni ~* 字を上手 [下手] に書く Ter uma boa [má] caligrafia. *Ōkiku* [*Hakkiri, Hosoji de*] *~* 大きく [はっきり; 細字で] 書 [描] く ~ grande [claro; fino]. *Kuchi de itte kakaseru* [*kaite morau*] 口で言って書かせる [書いてもらう] Ditar. ⇨ shírúsu¹. **2**【文章に作る】Escrever; redigir; compor. *Burajiru ni tsuite kaite aru hon ga hoshii* ブラジルについて書いてある本が欲しい Queria um livro sobre o B. *Porutogarugo de nikki o ~* ポルトガル語で日記を書く Escrever o diário em p. (S/同) Chojutsú súrú; shírúsu. **3**【絵・図をかく】Pintar; desenhar; traçar. ★ *Abura-e* [*Suisaiga*] *o ~* 油絵 [水彩画] を

かく Pintar um quadro a óleo [ag[q]uarela]. *Chizu o* ~ 地図をかく Fazer [Traçar] um mapa. [S/同] Egáku. **4** [その形に動く] Descrever. *Tonbi ga sora ni wa o kaita* トンビが空に輪をかいた O milhafre descreveu um círculo no céu.

káku[2] 搔く (⇨ kakí-máwású[-mázéru]) **1** [手の指や先のとがったもので物の表面をこする] Arranhar; esg(a)ravatar; coçar. ★ *Atama o* ~ 頭を搔く Coçar a cabeça. *Kayui tokoro o* ~ かゆい所を搔く Coçar a comichão. ⇨ hikkáku; kosúru. **2** [かきのける] Varrer; limpar; retirar. ★ *Ōru de mizu o* ~ オールで水を搔く Remar. *Yuki o* ~ 雪を搔く Limpar a neve. [S/同] Haraí-nókéru; kakí-nókéru. **3** [こするようにしてこねまぜる] Bater; remexer. ★ *Karashi o* ~ からしを搔く Bater a mostarda. ⇨ konéru. **4** [切り取る] Raspar; cortar. ★ *Katsuobushi o* ~ かつおぶしを搔く Escamar o bonito seco. *Nekubi o* ~ 寝首を搔く Decepar a cabeça de uma pessoa enquanto dorme. ⇨ kirí-tóru.

kakú[3] 欠く (⇨ kakérú[2]) **1** [必要なものが十分でない状態にある] Faltar; ter falta「de」; não ter. ★ ~ *bekarazaru* [*koto no dekinai*] 欠くべからざる [ことのできない] Indispensável; essencial. *Chūiryoku o* ~ 注意力を欠く Ter falta de concentração; ser distraído. [S/同] Fusókú súrú.
2 [一部分をこわす] Partir; quebrar. ★ *Chawan o* ~ 茶碗を欠く ~ a tigela. ⇨ kowásu.
3 [怠る] Descurar. ★ *Giri o* ~ 義理を欠く ~ as obrigações sociais. [S/同] Okótárú.

káku[4] 核 **1** [果実の種を守る固いから] O caroço. [S/同] Sané. **2** [細胞の]【Biol.】O núcleo. ◇ ~ **bunretsu** 核分裂 A cisão [divisão] do ~. **3** [原子核]【Fís.】O núcleo. ★ ~ *no kasa* 核の傘 O dispositivo de defesa nuclear「nos E. U. A.」. ◇ ~ **bakudan** [**dantō**] 核爆弾[弾頭] A bomba [ogiva] nuclear. ~ **bakuhatsu** 核爆発 A explosão nuclear. ~ **bunretsu** 核分裂 A cisão [desintegração] nuclear. ⇨ ~ **busō**. ~ **dantō misairu** 核弾頭ミサイル O míssil com ogivas nucleares. ~ **enerugī** 核エネルギー A energia nuclear. ⇨ ~ **heiki**. ~ [**Hi** ~] **hoyū-koku** 核 [非核] 保有国 A potência nuclear [desnuclearizada]. ⇨ ~ **jikken**. ~ **kakusan bōshi jōyaku** 核拡散防止条約 O acordo de não proliferação das armas nucleares. ~ **kōgeki** 核攻撃 O ataque nuclear. ~ **nenryō** 核燃料 O combustível nuclear. ~ **sensō** 核戦争 A guerra nuclear [ató[ô]mica]. ~ **yūgō** 核融合 A fusão nuclear. ⇨ **genshi** ~. **4** [物や物事の中心] O centro; a alma; o âmago. ★ *Gurūpu no* ~ *to natte hataraku* グループの核となって働く A(c)tuar como o cérebro [a ~] do grupo. [S/同] Chūkákú (+).

kakú[5] 角 **1** [角度] O ângulo. ★ *Kyūjū-do no* ~ *o nasu* 90 度の角をなす Formar um ~ de 90° [noventa graus]. *Ei* [*Don*; *Chok*] ~ 鋭 [鈍; 直] 角 ~ agudo [obtuso; re(c)to]. [S/同] Kákudo. **2** [四角] O quadrado; o quadrilátero. ★ ~ *na* [*batta*] 角な [ばった] Quadrado; anguloso. ◇ ~ **chū** 角柱 O pilar quadrado. ~ **zai** 角材 A madeira cortada em quadrado. [S/同] Shikákú (+). **3** [将棋の] O bispo (do xadrez). **4** [射的の] O alvo (de tiro). **5** [つの; つのぶえ]【E.】A trombeta; a corneta. [S/同] Tsunó (+). ⇨ tsunó-búé.

kakú[6] 格 **1** [位; 身分] O grau; a categoria; a posição. ★ ~ *ga agaru* 格が上がる Ser promovido; subir de categoria. ~ *ga chigau* 格が違う Ser de outra categoria. ~ *ga ue de aru* 格が上である Ter uma posição mais alta. [S/同] Chíi (+); kuráí (+). ⇨ míbun. **2**【Gram.】Os casos (São 6: nominativo: *shu* ~; genitivo: *zoku* ~ [possessivo: *shoyū* ~]; dativo: *yo* ~; acusativo: *tai* ~ [*mokuteki* ~]; vocativo: *kō* ~; ablativo: *dak* ~). ◇ ~ **henka** 格変化 A declinação [~ *henka saseru* 格変化させる Declinar].

kakú[7] 画 O(s) traço(s). "*Ki*" *to iu kanji wa yon-* ~ *desu* 木という漢字は 4 画です O ideograma 木 tem quatro traços. ⇨ jikákú[2].

káku-[8] 各 Cada. ◇ ~ **katei** 各家庭 Cada família. [S/同] Onóono; sorézore (+).

káku[9] 斯く【E.】Assim; deste modo; desta maneira (⇨ káku-mo). ~ *naru ue wa* かくなる上は Uma vez que se chegou a isto「prepare-se para o pior」. [S/同] Konó-tōri ni (+); konó-yō ni (+); kō.

káku[10] 佳句【E.】A passagem [O trecho] feliz [bem conseguido]. [S/同] Méiku (+); shūku.

kakū 架空 **1** [作り事] O ser fantástico [「nome」fictício; imaginário]. [S/同] Kyokō; tsukúrí-gótó (+); fikushon. **2** [空中にかけわたすこと] O estar suspenso no ar. ★ ~ *kēburu* [*sen*] 架空ケーブル[線] O cabo [fio] aéreo.

kakú-ágé 格上げ (< kakú[6] + agérú) A promoção. ★ ~ *suru* 格上げする Promover [*Kare wa kachō ni* ~ *sareta* [*ni natta*] 彼は課長に格上げされた [になった] Ele foi promovido a chefe de se(c)ção/repartição]. [S/同] Shōkákú. [A/反] Kakú-ságé.

kakúbáń 隔番【E.】O revezamemto. [S/同] Kōtáí (+).

kakú-báru 角張る (< kakú[5]**2** + harú) **1** [物が四角な形になる] Ser quadrado/anguloso. ⇨ shikákú. **2** [態度・やり方などがまじめくさる] Ficar empertigado; encher-se de cerimó[ô]nia. ★ *Kakubatta* 角張った Empertigado; formal. ⇨ shikákú.

kakú-báshira 角柱 (< kakú[5]**2** + hashírá) A coluna [O pilar] quadrada[o].

kakúbējíshi 角兵衛獅子 **1** [角兵衛という名匠が作り出したという獅子の面] A máscara de leão, inventada por Kakubē (Dançarino da era Edo). ⇨ mén[1]; shíshi[1]. **2** [越後獅子] A dança executada por criança que usa uma máscara de leão. [S/同] Echígó-jíshi (+).

kakú-békárázáru 欠く可からざる【E.】Indispensável; essencial. *Ima ya denwa wa nichijō seikatsu ni* ~ *mono ni natta* 今や電話は日常生活に欠くべからざる物になった Hoje em dia o telefone tornou-se uma coisa ~ (na vida). ⇨ -bekárazu; kakú[3].

kakúbétsú 格別 O extraordinário; a excepção. *Saikin* ~ (*ni*) *kawatta koto mo nai* 最近格別 (に) 変わったこともない Ultimamente não tem acontecido nada de especial [digno de nota]. ★ ~ *jōtō no uisukī* 格別上等のウイスキー O uísque de qualidade fora de série. ~ *na* [*no*] 格別な[の] Especial; excepcional; extraordinário. [S/同] Kakúdáń.

kakú-bíkí 画引き (< kakú[7] + hikú) A disposição dos ideogramas segundo o número de traços. ◇ ~ **sakuin** 画引き索引 O índice por ordem de número de traços.

kakú-bíń 角瓶 A garrafa quadrada.

kakú-bō 角帽 (< kakú[5]**2** + bōshí) **1** [大学生がかぶる帽子で上部がひし形になったもの] O chapéu [barrete] quadrado dos universitários. **2** [大学生] O estudante universitário. [S/同] Daígákusei (-).

káku-bu 各部 (< káku-[8] + búbun) Cada parte

[se(c)ção]. ★ *Jintai ～ no kōzō* 人体各部の構造 A estrutura das diferentes partes do [de cada parte] corpo humano. [S/同] Káku-búbun.

kakú-búsō 核武装 O armamento nuclear. ★ *～ o kinshi suru* 核武装を禁止する Interditar ～. *～ suru* 核武装する Ter ～. ⇨ káku[4] **3**.

káku-chi 各地 Cada terra [lugar]. ★ *～ no tenki* 各地の天気 O tempo [As condições meteorológicas] em cada região. *Nihon ～ o ryokō suru* 日本各地を旅行する Viajar por todo o J.

kakúchṓ[1] 拡張 O alargamento; o aumento; a expansão; a ampliação. ★ *Hanro o ～ suru* 販路を拡張する Expandir o mercado. ◇ **Dōro ～ kōji** 道路拡張工事 As obras de alargamento da estrada/rua. [S/同] Kakúdáí (+); kakújū́; shińchṓ. [A/反] Shukúshṓ.

kakúchṓ[2] 格調 O estilo; a qualidade. ★ *～ no takai kaiga* 格調の高い絵画 A pintura de grande ～. [S/同] Fū́kákú; hińkákú.

kakúchū́ 角柱 **1** [四角い柱] O pilar [poste] quadrado. ⇨ eńchū́; hashírá. **2**【Mat.】O prisma. [S/同] Kakútṓ.

kakúdáí 拡大 O aumento; a ampliação. *Kono kenbikyō wa buttai o gohyaku-bai ni ～ suru* この顕微鏡は物体を 500 倍に拡大する Este microscópio aumenta os corpos quinhentas vezes. ★ *Shashin o ～ suru* 写真を拡大する Ampliar uma fotografia [Fazer uma ～]. [S/同] Kakúchṓ[1]. [A/反] Shukúshṓ.

kakúdáí-kyṓ 拡大鏡 A lupa; a lente de aumento. ★ *～ o tōshite miru* 拡大鏡を通して見る Ver com uma ～. [S/同] Mushí-mégane (+); rū́pe.

kakúdáń 格段 O ser extraordinário. ★ *～ no shinpo [sōi]* 格段の進歩[相違] O progresso [A diferença] notável/～. [S/同] Kakúbétsú. ⇨ toríwáké.

kákudo[1] 角度 **1** [角の大きさ] O ângulo. ★ *～ o hakaru* 角度を測る Medir ～. *Yonjūgo-do no ～ de [ni]* 45 度の角度で[に] Num ～ de 45°. ◇ **～ gēji** 角度ゲージ O transferidor. **～ jōgi** 角度定規 O esquadro móvel; a suta. **～ kei** 角度計 O gonió[ô]metro. ⇨ kakú[5] **1**. **2** [物を見たり考えたりする立場]【Fig.】O ângulo (de visão); a perspe(c)tiva. *Kono mondai wa arayuru ～ kara kentō suru hitsuyō ga aru* この問題はあらゆる角度から検討する必要がある Esta questão tem de ser examinada de vários ～s. ★ *～ o kaete miru* 角度を変えて見る Ver sob outra perspe(c)tiva [de outro ～]. [S/同] Kánten (o); shitéń (+).

kákudo[2] 確度 (< kakújítsú + do[1]) O grau de probabilidade; a precisão. *Tenki yohō no ～ wa takai* 天気予報の確度は高い O ～ da previsão meteorológica é alto.

káku-eki 各駅 Todas as estações; cada estação. *Kono densha wa ～ ni teisha suru* この電車は各駅に停車する Este comboio [trem] pára em ～. ◇ **～ teisha** 各駅停車 A paragem em ～.

kakúgai 閣外 (< náikaku + -gái) Fora do governo. [A/反] Kakúnai.

kakú-gákko 角括弧 (< kakú[5] **2** + kákko) Os colchetes ([]); os parênteses re(c)tos.

kakú-gárí 角刈り (< kakú[5] **2** + karú) O (corte de) cabelo à escovinha. ★ *～ ni suru* 角刈りにする Cortar ～.

kakúgen[1] 格言 O ditado; o provérbio; a máxima; o adágio; o aforismo. *"Isogaba maware" to iu ～ ga aru*「急がば回れ」という格言がある Há um ～ que diz: "Quanto mais depressa, mais devagar". ★ *～ ni iwaku* 格言にいわく (Lá) diz o ～: … *～ ni mo aru tōri* 格言にもある通り Como [Bem] diz o ～: … [S/同] Keíkú; kińgéń; kotówázá.

kakúgéń[2] 確言 A afirmação categórica; a asserção. ★ *～ suru* 確言する Afirmar claramente [categoricamente]. [S/同] Meígéń.

kakúgétsú 隔月 Mês sim, mês não; cada dois meses. ★ *～ ni* 隔月に Cada [De dois em] dois meses. ◇ **～ kan** 隔月刊「a revista」Bimestral. ⇨ kakújítsú[2]; kakúnéń; kakúshū́.

kákugi 閣議 A reunião ministerial; o conselho de ministros. ★ *～ ni kakeru* 閣議にかける Submeter à apreciação do ～. *～ o hiraku* 閣議を開く Realizar uma ～. ◇ ⇨ **mochimawari ～**. **Teirei [Rinji] ～** 定例[臨時]閣議 A reunião ordinária [extraordinária] do ～/gabinete ministerial.

kákugo 覚悟 A disposição (consciente) para o que vier. *Kare wa sono jigyō ni zen-zaisan o kakeru ～ de aru* 彼はその事業に全財産をかける覚悟である Ele está disposto a arriscar toda a sua fortuna nesse empreendimento. *Kono negai o kiite kurenai nara watashi ni mo ～ ga aru* この願いをきいてくれないなら私にも覚悟がある Se não me fizeres este favor, eu já sei o que te hei-de fazer. *～ suru* 覚悟する Estar preparado「para」; decidir-se「a」; saber. ⇨ késshin[1]; kétsui.

káku-ha 各派 Cada partido [grupo; fa(c)ção]. ⇨ ha[4]; káku-[8]; ryū́ha; tṓha[1].

kakúháń[1] 攪拌【E.】O bater「creme/ovos」. ★ *～ suru* 攪拌する Bater; agitar. ◇ **～ ki** 攪拌機 A batedeira elé(c)trica.

kakúháń[2] 各般【E.】A totalidade. [S/同] Iróíró (o); samázama (+); shóhan.

kakú-héiki 核兵器 As armas nucleares [ató[ô]micas]; o armamento nuclear. ★ *～ ni yoru hakai [hōfuku]* 核兵器による破壊[報復] A destruição [retaliação] com ～. ◇ **～ hoyū-koku** 核兵器保有国 A potência nuclear. **Senryaku ～** 戦略核兵器 O ～ estratégico. ⇨ káku[4] **3**.

kakúhékí 隔壁 A parede divisória; o tabique. ◇ **Bōka ～** 防火隔壁 O guarda-fogo. **Bōsui ～** 防水隔壁 A divisória estanque.

kakúhítsú 擱筆【E.】O poisar「a caneta」; o terminar de escrever「a carta」. [A/反] Kihítsú.

kákuho 確保 A segurança; a garantia. ★ *Chii o ～ suru* 地位を確保する Garantir [Assegurar] a sua posição. *Zaseki o ～ suru* 座席を確保する Assegurar/Reservar os lugares [assentos]. [S/同] Hóji.

kakúhṓ 確報 (< kakújítsú + hṓkoku) A notícia [informação] segura [precisa; exa(c)ta; confirmada].

káku-hṓmén [oó] 各方面 Cada dire(c)ção [lado]. ★ *Shakai no ～ no hitobito ni iken o kiku* 社会の各方面の人々に意見を聞く Ouvir a opinião de todos os [dos vários] se(c)tores da sociedade. ⇨ káku-[8].

kákui[1] 隔意【E.】A reserva; o retraimento. [S/同] Eńryó (o); tái (+).

kákui[2] 各位【E.】Os senhores; todos. *Go-shusseki no ～ ni mōshi-agemasu* 御出席の各位に申し上げます Gostaria de dizer a todos os (que estão aqui) presentes, que…

kakúíń[1] 客員 O membro honorário [convidado]. ◇ **～ kyoju [kōshi]** 客員教授[講師] O professor visitante/convidado. [S/同] Kyakúíń. [A/反] Seí-íń.

kákuin[2] 各員【E.】Cada um; todos「devem vir à

K

reunião」. [S/同] Kákko²; kákuji (o); kákujin; meíméi (+) ; onóono (+) .

kakúítsú 画一 A uniformidade. ★ ～ *teki* (*na*) 画一的(な) Uniforme. ◇ **～ ka** 画一化 A uniformização. **～ ryōkin** 画一料金 O preço uniforme [único]. **～ sei** 画一性 A uniformidade.

kákuji 各自 Cada qual [um]. ～ *bentō jisan no koto* 各自弁当持参のこと ～ leva o seu almoço [a sua merenda]. ～ *sono hōhō o kangae nasai* 各自その方法を考えなさい Pense cada qual (por si) na (melhor) maneira「de fazer isso」. [S/同] Kákko²; kákuin²; kákujin; meíméi; onóono.

kakú-jíkken 核実験 O ensaio [teste] nuclear. ★ ～ *no kinshi* 核実験の禁止 A interdição dos ～ es. ◇ **～ jō** 核実験場 O local de ～. **～ kinshi kyōtei** [*jōyaku*] 核実験禁止協定[条約] O acordo [tratado] de proibição dos ～. **Chika ～** 地下核実験 ～ subterrâneo. **Kūchū** [**Taikikenchū**]**～** 空中[大気圏中]核実験 ～ na atmosfera. ⇨ káku⁴ **3**.

kákujin 各人 Cada pessoa [qual; um]. ～ *kakuyō no kangae ga aru* 各人各様の考えがある Cada qual tem a sua maneira de pensar. [S/同] Kákko²; kákuin²; kákuji (o); meíméi (+) ; onóono (+) .

kakújítsú¹ 確実 A certeza; a segurança. ★ ～ *na hōhō* 確実な方法 O método seguro [infalível; certo]. ～ *ni* 確実に Certamente; seguramente; sem dúvida; com certeza〔*Shi wa ～ ni yatte kuru* 死は確実にやって来る (Um dia) a morte vem, com certeza [sem falta]〕. ～ *ni* [*to*] *naru* 確実に[と]なる Tornar-se [Ser] certo. ～ *ni suru* 確実にする Assegurar(-se); certificar-se. ◇ **～ sei** 確実性 A certeza; a segurança〔～ *sei ga aru* 確実性がある Merece confiança; é seguro〕. **Fu ～** 不確実 Incerto; inseguro; duvidoso. **Tōsen ～** 当選確実 A eleição [vitória] segura. ⇨ táshika.

kakújítsú² 隔日 Cada [De dois em] dois dias; dia sim, dia não. ⇨ kakúgétsú; kakúnéń; kakúshū́.

kakújū́ 拡充 A expansão; o aumento. ★ ～ *suru* 拡充する Expandir; aumentar. *Seisanryoku no* ～ 生産力の拡充 O ～ da capacidade de produção. [S/同] Kakúchṓ (+) ; kakúdáí (o); shińchṓ. [A/反] Shukúshṓ.

káku-kai¹ 各界 Cada se(c)tor [esfera; círculo]「da sociedade」. ★ ～ *o daihyō suru meishi* 各界を代表する名士 As personalidades mais representantivas dos vários quadrantes sociais. ⇨ káí¹³.

káku-kai² 各階 Cada andar [piso]. *Kono erebētā wa ～ domari da* このエレベーターは各階止まりだ Este elevador pára em todos os andares. ⇨ káí⁵.

kakúkáí³ 角界 O mundo do sumô. ⇨ kakkáí³.

kakúkákú¹ 赫赫【E.】⇨ kakkákú.

kakú-kákú² 斯く斯く【E.】Assim e assado; isto e aquilo. *Koto no nariyuki wa ～ shikajika de aru* ことの成り行きはかくかくしかじかである As coisas passaram-se (deste e) deste modo. [S/同] Kṓ-kṓ⁹ (o); koré-kore (+) .

kák(u)kō 各項 Cada cláusula [parágrafo; artigo].

kakú-mákú¹ 角膜【Anat.】A córnea. ◇ **～ en** 角膜炎 A inflamação da ～. **～ ishoku shujutsu** 角膜移植手術 A operação de transplante da ～.

kakú-mákú² 膈膜 O diafragma. ◇ **～ en** 隔膜炎【Med.】A inflamação do ～. ⇨ **ō ～**.

kakú-mákú³ 核膜【Biol.】A membrana nuclear (das células).

kakúmáu 匿う Homiziar; acoutar; dar guarida [asilo]「a」. ★ *Hanzaisha o* ～ 犯罪者を匿う ～ um criminoso. ⇨ kakúsu.

kakúméí 革命 A revolução; o levantamento (revolucionário). ～ *ga okotta* 革命が起こった Rebentou [Deu-se; Houve] uma ～. ★ ～ *no* [*teki na*] 革命の[的な]Revolucionário. ～ *o okosu* [*jikkō suru*] 革命を起こす[実行する]Fazer uma ～. ◇ **～ gun** 革命軍 O exército revolucionário. **～ ka** 革命家 O revolucionário. **～ undō** 革命運動 O movimento revolucionário. **Buryoku ～** 武力革命 A ～ armada. **Furansu ～** フランス革命 A ～ Francesa. **Han ～** 反革命 A contra-revolução. **Heiwa ～** 平和革命 A ～ pacífica. **Sangyō ～** 産業革命 A ～ industrial. ⇨ kaíkákú; kakúshíń³.

káku-mo かくも (⇨ káku⁹) Tanto; assim; tão. *Honjitsu wa ～ seidai ni o-atsumari itadaki arigatō gozaimasu* 本日はかくも盛大にお集まりいただきありがとうございます Agradecemos a presença hoje de tão numerosa assistência. [S/同] Końná ní (+) .

kakúń 家訓【E.】Os hábitos da família. [S/同] Kakéń; káhō⁵; teíkíń.

kakúnai 閣内 (＜ náikaku + no + uchí) O seio do governo [No gabinete ministerial]. ★ ～ *fu-tōitsu o maneku* [*okosu*] 閣内不統一を招く[起こす]Causar [Provocar] a desunião no ～. [A/反] Kakúgai.

kakúnéń 隔年 Ano sim, ano não; cada dois anos. ★ ～ *ni* 隔年に ～ [De dois em dois anos]. ～ *no* 隔年の Bienal. ⇨ kakúgétsú; kakújítsú²; kakúshū́.

kakúníń 確認 A confirmação; a comprovação; a verificação; a corroboração. ★ ～ *suru* 確認する Certificar-se; confirmar; comprovar; corroborar. *Mukō no ～ seikyū o suru* 無効の確認請求をする【Dir.】Requerer a confirmação da nulidade da resolução. ◇ **～ jikō** 確認事項 Os assuntos [pontos] para ～. **Mi ～** 未確認 A não-[Sem] ～. [S/同] Kakútéí¹.

kakúnṓ 格納 O guardar「em armazém/depósito」. ★ ～ *suru* 格納する … ◇ ⇨ **～ ko**.

kakú nó gótoku[**ki**] 斯くの如く[き]【E.】Assim; desta maneira. ⇨ káku⁹.

kakúnṓ-ko [**óo**] 格納庫 O hangar (para aviões).

kakú-óbí 角帯 A faixa de quimono estreita e rija, para homem.

kakúráń¹ 撹乱 A perturbação; o ataque. ★ ～ *suru* 撹乱する Perturbar. ◇ **～ senjutsu** [**senpō**] 撹乱戦術[戦法]A tá(c)tica [estratégia] de desgaste (do adversário). [S/同] Bińráń; wakúráń.

kakúráń² 霍乱【Med.】A insolação. [I/慣用] *Oni no ～* 鬼の霍乱 A doença dum homem que vendia saúde (Lit.: o diabo (caído) doente). [S/同] Nisshábyṓ (+) .

kakúré-bá(**shó**) 隠れ場(所) O abrigo; o esconderijo; o refúgio. ⇨ kakúré-ga.

kakúré-ga 隠れ家 **a**) O esconderijo [refúgio「para estudar」]; **b**) O covil; o valhacouto「dos ladrões」. ⇨ kakúré-bá(shó).

kakúré-míno 隠れ蓑 (＜ kakúréru + …) **1** [天狗が持っているという, それを着ると他人から体が見えなくなるという想像上の蓑] O manto que torna a pessoa invisível; a capa mágica. **2** [姿を隠すもの]【Fig.】O disfarce; a camuflagem; a capa. *Seiji kenkin wa datsuzei no ～ ni* [*to*] *naru* 政治献金は脱税の隠れ蓑に[と]なる Os donativos de dinheiro aos políticos (às vezes) são uma ～ para fugir aos impostos. ⇨ kamófúráju; nigé-michi.

K

kakúré-mó-nái 隠れもない (< kakúréru + …) Patente; manifesto; notório; público.

kakúrénbō 隠れん坊 O jogo das escondidas; o esconde-esconde. ⇨ kakúréru.

kakúréru 隠れる **1** [人目につかないように身を置く] Esconder-se; ocultar-se. ★ *Jizen jigyō no na ni kakurete akuji o hataraku* 慈善事業の名に隠れて悪事を働く Fazer falcatruas a pretexto [sob a capa] de obras de beneficência. *To no ushiro ni* ～ 戸の後に隠れる ～ atrás da porta. [S/同] Hisómu. **2** [物の陰になって外から見えなくなる] Estar escondido [tapado]. *Koko kara de wa kare no ie wa ki ni kakurete mienai* ここからでは彼の家は木に隠れて見えない A casa dele não se vê daqui, por ficar escondida pelas árvores. **3** [隠遁する] Refugiar-se; acolher-se; recolher-se. ★ *Yama ni kakure-sumu* 山に隠れ住む Viver retirado nas montanhas. [S/同] Íńtóń súrú. **4** [知られないでいる] Manter-se [Ser] desconhecido [ignorado]. ★ *Kakureta* 隠れた Oculto; desconhecido; ignorado 〔*Kakureta sainō* 隠れた才能 Um talento oculto〕. **5** [貴人が死ぬ]【E.】Morrer. *Tennnō ga o-kakure ni natta* 天皇がお隠れになった O Imperador morreu.

kákuri 隔離 **1** [あるものから隔たり離すこと] A isolação. [S/同] Kakúzétsú. **2** [伝染病患者を一般の人から離して一定の場所へ置くこと] A quarentena; o isolamento. ★ *Densen-byō ni kakatta hito o* ～ *suru* 伝染病にかかった人を隔離する Pôr de [em] quarentena [Isolar] os doentes contagiosos. ◇ **～ byōin** 隔離病院 O lazareto. **～ byōshitsu** [**byōtō**] 隔離病室 [病棟]A enfermaria [O pavilhão] de ～.

kakúrítsú[1] 確立 O estabelecimento firme. *Zaisei o* ～ *saseru* 財政を確立させる Sanear/Consolidar as finanças.

kakúrítsú[2] 確率 A probabilidade. *Nageta kahei no omote ga deru* ～ *wa ni-bun no ichi da* 投げた貨幣の表が出る確率は二分の一だ ～ de a cara de uma moeda lançada ao ar ficar virada para cima é de 50 %. ◇ **～ ron** 確率論 O probabilismo. **Tōkei-teki ～** 統計的確率 ～ estatística.

kakúrṓ 閣老【H.】O primeiro ministro no regime do x[sh]ogunato.

kakúróń[1] 各論 **a**) A discussão por pontos; cada assunto/parte; **b**) O estudo [tratado] especializado/concreto. ★ ～ *ni hairu* 各論に入る Passar a discutir cada ponto em particular; entrar nos pormenores. [S/同] Káku-setsu. [A/反] Hańróń; sṓróń.

kakúróń[2] 確論 O argumento indiscutível.

kakúryṓ 閣僚 O membro do governo [gabinete ministerial]. [S/同] Kakúíń. ⇨ dáijin[2]; náikaku[1].

kákusa[1] 格差 A diferença. ★ ～ *ga hirogaru* [*zōdai suru*] 格差が広がる [増大する]～ agravar-se [exacerbar-se]. ～ *o nakusu* [*zesei suru*] 格差をなくす[是正する] Abolir [Corrigir] ～. ◇ **Shotoku ～** 所得格差 ～ de salários.

kákusa[2] 較差【Fís.】A escala; a amplitude (de variação). ★ *Kion no nen* ～ 気温の年較差 A amplitude térmica anual.

kakú-ságé 格下げ (<…[6]+sagéru) A despromoção. ★ ～ *suru* 格下げする Despromover「o chefe」. [A/反] Kakú-ágé.

kakúsákú 画策 O planeamento; a trama; a maquinação. ★ ～ *suru* 画策する Planear; tramar; maquinar「por trás」; urdir. ⇨ íńbṓ; keíkákú.

kakúsáń[1] 拡散 **1** [ひろがり散ること, また散り散りばらばらに広がること] A difusão; a disseminação; a proliferação. ★ ～ *suru* 拡散する Difundir; espalhar; disseminar; proliferar. **2**【Fís.】A difusão. ◇ **～ kō** 拡散光 A luz difusa.

kakúsáń[2] 核酸【Bioq.】O ácido nucleico.

kákusatsu 各冊 Cada livro [volume; exemplar; número (de revista)].

kakúséí[1] 覚醒 **1** [目が覚めること] O despertar (do sono). ★ ～ *suru* 覚醒する Despertar; acordar. ◇ ⇨ **～ zai**. [S/同] Me-zámé **1**. **2** [迷いから覚めること] O acordar para a realidade. [S/同] Jikákú (+).

kakúséí[2] 隔世 O abismo no tempo. ★ ～ *no kan* 隔世の感 A sensação de pertencer a [ser de] outra época. ◇ **～ iden** 隔世遺伝 O atavismo.

kakúséi-ki 拡声器 O alto-falante; o altifalante; o megafone. ⇨ supī́kā.

kakúséi-zai 覚醒剤 O(s) estimulante(s). [A/反] Saímín [Suímín]-zai.

kakúshákú 矍鑠 O vigor em idade avançada. ★ ～ *taru rōjin* 矍鑠たる老人 O velhote cheio de energia. [S/同] Sṓkéń; tasshá **1**.

kákushi[1] 各氏 Cada pessoa. *Jushō no* ～ *ni wa shōkin ga juyo sareta* 受賞の各氏には賞金が授与された Cada galardoado recebeu um pré[ê]mio em dinheiro.

kákushi[2] 各紙 Cada jornal [diário]. ★ *Oshoku o* ～ *de issei ni hōdō suru* 汚職を各紙で一斉に報道する Noticiar em todos os jornais o escândalo da corrupção. ⇨ shińbúń.

kákushi[3] 各誌 Cada revista. ⇨ zasshí.

kakúshí[4] 客死【E.】A morte no estrangeiro.

kakúshí[5] 隠し (< kakúsu) O bolso; a algibeira. [S/同] Pokétto (+).

kakúshí-aji 隠し味 O condimento quase imperceptível ao paladar. ★ *O-shiruko ni* ～ *to shite shio o sukoshi ireru* おしるこに隠し味として塩を少し入れる Deitar apenas uma pitad(inh)a de sal na sopa de feijão.

kakúshí-báshó 隠し場所 O esconderijo.

kakúshí-dámá 隠し球 (< kakúsu + tamá)【Bas.】A bola escondida (Truque).

kakúshí-dáté 隠し立て (< kakúsu + tatéru) O encobrimento; o segredo. ★ ～ *no nai* 隠し立てのない Franco; aberto.

kakúshí-dókoro 隠し所 (< kakúsu + tokóró) **1** [隠し場所] ⇨ kakúshí-báshó. **2** [陰部]【G.】⇨ ínbu.

kakúshí-dórí 隠し撮り (< kakúsu + tóru) O tirar uma fotografia furtivamente.

kakúshí-gei 隠し芸 (< kakúsu + …) A habilidade [O truque] de prestidigitação; a mágica. ★ ～ *o hirō suru* 隠し芸を披露する Apresentar truques… ⇨ yógi.

kakúshí-go 隠し子 (< kakúsu + ko) O filho ilegítimo [bastardo].

kakúshí-gótó 隠しごと (< kakúsu + kotó) O segredo. ★ ～ *o suru* 隠しごとをする「não」Ter segredos「para ninguém」. [S/同] Hí̄ji; himégótó; himítsú. ⇨ kakúshí-dáté.

kakúshíkí 格式 **1** [身分や家柄] A posição [condição] social. ★ ～ *no takai* [*hikui*] 格式の高い [低い]～ elevada [baixa]. ⇨ kaíkyū́[1]; míbun. **2** [自分や家柄などについて定まった礼儀作法] A formalidade; a cerimó[ô]nia; a etiqueta. ★ ～ *o omonjiru* [*taisetsu ni suru*] 格式を重んじる[大切にする] Respei-

kakushíkí-báru 格式張る〈<… +harú〉Apegar-se às formalidades [à praxe].

kakúshí-kótoba 隠し言葉〈< kakúsu + …〉**a)** A linguagem secreta [codificada]; **b)** O calão. ⒮同 Ingó (+).

kakúshí-kugi 隠し釘〈< kakúsu + …〉O prego escondido [metido até não se ver].

kakúshí-máiku 隠しマイク〈< kakúsu + …〉O microfone escondido.

kakúshín[1] 確信 A convicção; a certeza; a confiança; a segurança. ★ ~ ga aru 確信がある Ter a certeza. ~ o eru 確信を得る Ganhar confiança; persuadir-se. ~ o idaku [motsu] 確信をいだく[持つ] Estar certo [convencido]「de」. ~ suru 確信する Crer firmemente; ter plena certeza; estar seguro「de」. ~ han 確信犯【Dir.】O crime premeditado. ⇨ shinjíru.

kakúshín[2] 核心 O núcleo; o centro; o âmago. ★ ~ ni fureru [o tsuku] 核心に触れる[をつく] Tocar no [Atingir o] ~ [fundo]「da questão」. ~ o nasu 核心をなす Constituir o ~ [a essência]. ⒮同 Chújíkú; chúkákú; chúsú; shinzúí.

kakúshín[3] 革新 A inovação; a reforma. ~ suru 革新する Inovar; reformar. ~ teki (na) 革新的(な) Reformista; progressista; reformador. ◇ ~ kōho 革新候補 O candidato reformista. ~ seitō 革新政党 O partido da ~. **Gijutsu** ~ 技術革新 A inovação técnica [tecnológica]. ⒮同 Ishin; kaíkakú (+); kaíshín; sasshín. ⇨ Hóshu.

kakúshí-ónna 隠し女〈< kakúsu + …〉【G.】A amante; a concubina. ⒮同 Mekáké; kakóímóno. ⇨ Rakúshí-ótoko.

kakúshí-ótoko 隠し男〈< kakúsu + …〉【G.】O amante. ⒮同 Jófu. ⇨ Rakúshí-ónna.

kákushite 斯くして【E.】Assim; desta maneira; deste modo. ⇨ Kákute; kōshite.

kakushítsú[1] 角質【Bioq.】A ceratina [queratina]. ★ ~ no 角質の Córneo. ◇ ~ ka 角質化 A cornificação 「~ ka suru 角質化する Cornificar」. ~ sō 角質層 A camada córnea [ceratinosa].

kakushítsú[2] 確執 A desavença; a discórdia. Wareware futari no aida ni ~ ga shōjita 我々二人の間に確執が生じた Ficámos nos dois desavindos. ★ ~ ga aru 確執がある Andar desavindo [Ter uma ~]「com」. ⒮同 Kattó.

kákusho 各所[処] Cada lugar;「havia polícias em」 toda a parte. ⒮同 Achí-kóchi (+); achírá-kóchira (+); kachi-kachi.

kakúshō[1] 確証〈< kakújítsú + shōkó〉A comprovação; a prova; a confirmação. ~ o nigiru [tsukamu] 確証を握る[つかむ] Conseguir [Obter] provas seguras [a confirmação]. ⒮同 Jisshó; meíshó.

kakúshō[2] 各省 Cada ministério. ◇ ~ daijin 各省大臣 O ministro de cada área.

kakúshu[1] 各種〈< káku-² + shúrui〉Cada espécie [variedade]. Niwa ni wa ~ no hana ga uete aru 庭には各種の花が植えてある No jardim há flores de toda(s) a(s) espécie(s). ◇ ~ gakkō 各種学校 Uma escola profissional. ⒮同 Iróiró (+); kakuyṓ; shóshu; shúju.

kákushu[2] 馘首【E.】**1** [斬首] A decapitação. ⒮同 Kubí-kírí (+); uchí-kúbi (o); zánshu. **2** [免職] O despedimento. ★ ~ suru [sareru] 馘首する[され] Despedir [Ser despedido]; pôr [ser posto] na rua. ⒮同 Káiko²; kaíshókú² (+); kubí; kubíkírí² (+); menshókú (+). ⇨ kubí.

kakushu[3] 鶴首【E.】O "pescoço de cegonha"; o aguardar. Go-raihō o ~ shite o-machi shite orimasu 御来訪を鶴首してお待ちしております Aguardo ansioso a sua visita [chegada]. ⇨ kubí.

kakúshú 隔週 Semana sim, semana não; cada duas semanas. ★ ~ ni 隔週に ~ [De quinze em quinze dias]. ~ no 隔週の Quinzenal. ⒮同 Kakúgétsú; kakújítsú²; kakúnén.

káku-so 各層 [それぞれの階層] Cada estrato [camada] social; as várias camadas sociais. ★ Kakukai ~ no hitobito 各界各層の人々 As pessoas de todas as condições e camadas da sociedade. ⒮同 kaísō̂. **2** [それぞれの地層・断層] Cada estrato geológico. ⇨ chisō̂ (+); dansō̂.

kakúsu 隠す **1** [姿・品物などを見せないようにする] Esconder. ★ Seken kara sugata o ~ 世間から姿を隠す Retirar-se da vida pública. Tsukue no shita ni mi o ~ 机の下に身を隠す Esconder-se debaixo da mesa. ⒫ことわざ Nō aru taka wa tsume o ~ 能ある鷹は爪を隠す Onde vai mais fundo o rio, aí faz menos ruído. **2** [物事を秘密にする] Encobrir; dissimular; manter secreto. Watashi ni nani hitotsu kakusazu ni hanashi nasai 私に何一つ隠さずに話しなさい Diga [Conte]-me tudo sem esconder nada. ⒫ことわざ ~ yori [koto wa] arawaru/ ~ koto senri 隠すより[ことは] 現る/ 隠すこと千里 A verdade vem sempre de cima [não tem pés e anda]. ⒮同 Hisúru. ⇨ himítsú. **3** [感情などを人に捕えられないように抑える] Disfarçar. ★ Dōyō o ~ 動揺を隠す a inquietação. Ureshisa o kakushikirenai yōsu de うれしさを隠しきれないようすで Dando largas à felicidade [Como quem não podia ~ a alegria]. ⒮同 Osáéru (+); yokúséí súrú.

kakúsúru 画する〈⇨ kakú⁷〉【E.】**1** [線を引く] Traçar. ★ Kyōkai-sen o ~ 境界線を画する ~ uma linha de demarcação. **2** [区分する；区切る] Marcar. Karera wa terorisuto to wa issen o kakushite iru 彼らはテロリストとは一線を画している Eles diferenciam-se dos [não querem ser] terroristas. ★ Shin-jidai o ~ 新時代を画する ~ uma nova época. ⒮同 Kúbun suru (+); kugíru (+). **3** [計画する] Planear. ★ Dassō o ~ 脱走を画する ~ a fuga. ⒮同 Keíkákú súrú (o); kuwadáteru (+).

kakútán 喀痰 A expe(c)toração. ◇ ~ kensa 喀痰検査 A análise da ~. ⇨ tan[1].

kákutaru 確たる【E.】Seguro; certo. ⒮同 Táshika¹ na (+). ⇨ kakúshín¹.

kákute 斯くて【E.】⇨ kákushite.

kakútéí[1] 確定 A decisão; a marcação. ★ ~ suru 確定する Decidir; fixar; determinar 「Ryokō no hidori o ~ suru 旅行の日取りを確定する Marcar/ Fixar o dia da viagem」. ~ teki (na) 確定的(な) Fixo; certo; definitivo 「Kare no kaiko wa ~ teki da 彼の解雇は確定的だ A demissão dele é certa」. ◇ ~ an 確定案 A reda(c)ção [minuta] definitiva. ~ **hanketsu** [saiban] 確定判決[裁判] O julgamento irrevogável. ~ **shinkoku** 確定申告 O relato definitivo. **Fu** ~ 不確定 Não decidido. ⒮同 Kettéí.

kakútéí[2] 画定 A demarcação. ★ Kokkyō o ~ suru 国境を画定する Demarcar a fronteira do(s) país(es).

kákuteru カクテル〈< Ing. cocktail〉**1** [混成酒] O coquetel (B.); a bebida de licores misturados.

~ doresu カクテルドレス O vestido próprio para uma festa de ~. **~ gurasu** カクテルグラス O copo para ~. **~ pātī** カクテルパーティー A festa de ~. **2** [異なったいろいろなものを混ぜ合わせたもの] A mistura. ◇ **~ kōsen** カクテル光線 ~ de luzes (de várias cores). **3** [カクテルグラスに盛った前菜] A entrada [O aperitivo] servida/o num copo de coquetel.

kakútō¹ 確答 A resposta final [definitiva/categórica]. ★ ~ *o sakeru* 確答を避ける Evitar (dar) uma ~. ~ *suru* 確答する Dar uma ~. Ⓢ[同] Meító.

kakútō² 格[挌]闘 **1** [たがいに組みついてたたかうこと] A luta corporal [corpo a corpo]. ★ ~ *suru* 格闘する Lutar corpo a corpo. Ⓢ[同] Kumíúchí. **2** [ある物事を成し遂げる為に非常に苦労すること] [Fig.] A luta; o debater-se. *Sude ni ichi-jikan mo sūgaku no mondai to ~ shite iru* すでに1時間も数学の問題と格闘している Há (já) uma hora que estou (aqui) a debater-me com este problema de matemática. Ⓢ[同] Kutō.

kakútóku 獲得 A aquisição; a obtenção; a conquista. ★ *Gaika no* ~ 外貨の獲得 A ~ [compra] de moeda estrangeira. Ⓢ[同] Shutóku.

kakú-tsúké 格付け ⇨ kakú-zúké.

kakúyáku 確約 A promessa segura/certa. ~ *wa dekimasen* 確約はできません Não posso prometer ao certo. ~ *o eru* [*toru*] 確約を得る [取る] Receber uma promessa solene [de]. ~ *suru* 確約する Prometer solenemente. ⇨ yakúsóku.

kakuyású 格安 A pechincha (G.); o artigo barato. ~ *ni* [*na ne de*] *uru* 格安に[な値で]売る Vender barato. ◇ **~ hin** 格安品 A pechincha (G.); o artigo barato. Ⓢ[同] Waríyásu.

kakúyō 各様 [E.] Cada maneira [modo]. ◇ **Ka-kujin ~** 各人各様 Cada cabeça sua sentença [Cada pessoa tem a sua maneira]. Ⓢ[同] Iróíró (+).

kakú-zái 角材 A madeira serrada quadrada. ⇨ kakú⁵²; mokúzái.

kakú-zátō 角砂糖 (< … ⁵ + satō) O açúcar em cubos.

kakúzén 画然 [E.] A clareza. ~ *to kubetsu suru* 画然と区別する Distinguir claramente "os dois" [Fazer uma clara distinção]. Ⓢ[同] Setsúzén.

kakúzétsú 隔絶 A isolação; o afastamento; a separação. ★ *Bunmei kara ~ shita sekai* 文明から隔絶した世界 O mundo afastado da civilização. Ⓢ[同] Kákurí **1**; keñkátsú; keñzétsú; sokákú.

kakú-zúké 格付け (< … ⁶ + tsukéru) **1** [Econ.] A classificação. ⇨ kikákú². **2** [等級や段階を決めること] A classificação. ★ *Ichiryū kigyō to ~ sareta kaisha* 一流企業と格付けされた会社 A companhia considerada de [classificada na] primeira categoria. ⇨ dañkáí; tōkyū.

kakyáku 貨客 (< kámotsu + jōkyáku) A carga e os passageiros. ◇ **~ sen** 客貨船 O navio [barco] de carga e passageiros.

kakyō¹ 佳境 A parte mais interessante; o clímax. *Dorama* [*Monogatari*] *ga ~ ni haitta* ドラマ[物語]が佳境に入った O drama [conto] chegou ao [atingiu o] ~.

kakyō² 架橋 A construção de pontes. ◇ **~ kōji** 架橋工事 As obras de ~. ⇨ hashí¹.

kákyō³ 華僑 O comerciante chinês residente no estrangeiro.

kákyoku 歌曲 A canção「de Schubert」. Ⓢ[同] Dokúshō-kyoku.

kakyū¹ 下級 A classe [categoria] baixa; o nível inferior. ◇ **~ kanri** [**kōmuin**] 下級官吏 [公務員] O funcionário público (de categoria) inferior. **~ saibansho** 下級裁判所 [Dir.] O tribunal de primeira instância. **~ sei** 下級生 Os alunos dos cursos inferiores. Ⓢ[同] Katō. Ⓐ[反] Jōkyū.

kakyū² 火急 A urgência. ~ *no* 火急の Urgente. ~ *no baai ni wa* 火急の場合には Em caso de emergência [~]. Ⓢ[同] Kíñkyú (+); shikyú (+).

kakyū-téki 可及的 [E.] Na medida do possível; tanto quanto possível. ★ ~ *sumiyaka ni* 可及的すみやかに O mais rápido [breve] possível; quanto antes. Ⓢ[同] Dekírú dáké (+); narúbéku (+).

káma¹ 鎌 A foice j. ★ ~ *de kusa o karu* 鎌で草を刈る Cortar erva com a ~. ◇ **~ o kakeru** 鎌をかける Puxar pela língua「a alguém」.

kamá² 釜 A panela (de ferro). *Kare to wa onaji ~ no baai no kutta naka da* 彼とは同じ釜の飯を食った仲だ Eu e ele vivemos debaixo do mesmo te(c)to (Lit. comemos da mesma ~). ◇ **denki-gama** 電気釜 ~ elé(c)trica.

kamá³ 窯 O forno. ◇ **Tōki-gama** 陶器窯 ~ para cozer louça. ~ kamá-mótó.

kamá⁴ 罐[缶] A caldeira de aquecer a água「do "furo"」. ◇ ⇨ **taki**. Ⓢ[同] Bóírá (+); kíkan.

kamábísúshíí 喧【囂】しい Ruidoso; barulhento; tumultuoso. ★ *Kamabusushiku* 喧しく Ruidosamente; tumultuosamente. Ⓢ[同] Sōzōshíí (+); urúsáí (+); yakámáshíí (+).

kamábóko 蒲鉾 A pasta [massa] de peixe cozido em barras semicilíndricas. ◇ **~ gata** 蒲鉾形 [型] O semicilindro. ⇨ chikúwá.

kamáchí 框 [Arqui.] O caixilho.

kamádó 竈 **1** [土・れんがなどで築きき釜・鍋などをかけて食物を煮炊きする設備] [A.] O forno de tijolo [barro] para cozinhar. **2** [独立の生活を営む一世帯] O lar; a habitação familiar. Ⓢ[同] Shotái (+).

kamádóuma 竈馬 [Zool.] O grilo-camelo.

kamáe 構え (< kamáéru) **1** [構造] A construção; a estrutura. ◇ *Dōdō taru ~ no ie* 堂々たる構えの家 A casa (em estilo) imponente. ⇨ kōzō; tsukúrí¹; yōshíkí¹. **2** [身構え] A postura; o estar preparado「para a paz」; a posição. ★ **~** *no shisei ni modoru* 構えの姿勢にもどる [(D)esp.] Voltar à ~ normal. Ⓢ[同] Mi-gámáe. **3** [漢字の部首の一つ] Um dos 7 radicais principais dos ideogramas (Ex. 門). ⇨ heñ⁴; tsukúrí².

kamáéru 構える **1** [作り上げる] Montar casa. *Kyōdai sorezore betsu ni kyo o kamaeta* 兄弟それぞれ別に居を構えた Cada irmão montou a sua própria casa. ★ *Mise o ~* 店を構える Montar uma loja. Ⓢ[同] Tatéru. **2** [身構える] **a)** Pôr-se em posição [de "Sentido"]; **b)** Estar [Tomar uma atitude]. *Nonki ni ~* のん気に構える Levar tudo na calmas. Ⓢ[同] Mi-gámáeru. **3** [偽る] Inventar. ★ *Gen o ~* 言を構える Ⓢ[同] Itsúwáru.

kamáí-té 構い手 (< kamáí + …) Alguém que cuida [se preocupa]「do velhinho」. Ⓢ[同] Aíté; sewáníñ.

kamákéru かまける Ocupar-se [entreter-se] «com」. ★ *Kodomo no sewa ni ~* 子供の世話にかまける ~ as crianças.

kámakiri 蟷螂 [Zool.] O louva-a-deus; *mantis religiosa*. Ⓢ[同] Tōrō.

kamá-kubi 鎌首 (< káma¹ + …) O pescoço em

forma de L/foice j. *Hebi ga* ~ *o motagete iru* 蛇が鎌首をもたげている A cobra já está com ~ para atacar.

kamá-mótó 窯元 **a)** A olaria; **b)** O oleiro; O ceramista. ⇨ *kamá*³; *tōjíki*.

kamángánsáń 過マンガン酸【Quím.】O ácido permangânico. ◇ ~ *kari* (*umu*) 過マンガン酸カリ (ウム) O permanganato de potássio.

kamású¹ 梭魚【Zool.】O sargo-bicudo.

kamású² 叺 A saca (feita de palha de arroz).

kamá-táki 缶焚き ⇨ ⋯ ² + *takú*) O fogueiro.

kamátótó かまとと【G.】A pretensa inocência. ★ ~ *buru* かまととぶる Fingir-se inocente.

kamáu 構う **1** [気にかける] Prestar [Dar] atenção「a」; importar [preocupar]-se「com」. *Dochira* [*Dō*] *de mo kamawanai* どちら[どう]でも構わない Tanto faz; qualquer coisa serve. *Watashi ni kamawazu saki ni itte kudasai* 私に構わず先に行って下さい Vá primeiro sem se importar comigo. ★ *Narifuri kamawanai* なりふり構わない Não se preocupar com a própria aparência. **2**「干渉する」Intrometer-se [Meter-se]. *Watashi ni kamawanaide kudasai* 私に構わないでください Não se preocupe comigo [se meta na minha vida]; deixe-me em paz. S/同 *Kańshō súrú*. **3**「相手をする」Atender「a」; cuidar「de」. *Saikin isogashikute kodomo o kamatte yarenai* 最近忙しくて子供を構ってやれない Tenho andado tão ocupado que não tenho cuidado das[ligado às] crianças. ⇨ *aíté*. **4**[疾駆する] Tratar. *Dōzo okamai naku どうぞお構いなく* Não se incomode comigo. **5**[からかう] Arreliar. ★ *Onna no ko o* ~ 女の子を構う Zombar duma [~ uma] menina. S/同 *Karákáu* (+).

kamá-yúdé 釜茹で (< ⋯ ² + *yudéru*) **1** [煮物] O ferver na panela. ★ *Udon o* ~ *ni suru* うどんを釜茹にする Cozer talharim「⋯」. **2**[刑罰] A tortura em caldeirão com água a ferver.

káme¹ 亀【Zool.】A tartaruga (Terrestre ou marítima). ★ ~ *no kō* 亀の甲 A carapaça de ~. ことわざ ~ *no kō yori toshi no kō* 亀の甲より年の劫 Idade e experiência valem mais que adolescência.

kamé² 瓶・甕 **1**[つぼ] O pote [cântaro] de cerâmica. S/同 Tsubó. **2**[つぼの形をした花いけ] A jarra. ⇨ *kabín*¹. **3**[とっくり]【A.】O bidão de saqué. S/同 Tokkúrí.

kaméi¹ 家名 **1**[一家の名] O nome de família. ★ ~ *o tsugu* 家名を継ぐ Herdar o ~. ◇ *myōji.* **2**[一家の名誉] O bom nome da família. ★ ~ *o ageru* [*kizutsukeru*]家名を揚げた[傷つける] Elevar [Ferir/Desonrar] ~. ◇ *méiyo*.

kaméi² 加盟 A filiação; a inscrição como membro. ★ ~ *suru* 加盟する Filiar-se「em」; tornar-se membro. ◇ ~ *sha* 加盟者 O filiado; o membro. ~ *ten* 加盟店 A loja filiada em determinada organização. A/反 Dattái.

kaméi³ 仮名 O pseudó[ô]nimo. ★ ~ *de* [*o tsukatte*] 仮名を「を使って」Sob ~. ⇨ hitsúméi; tsūshō.

kaméi⁴ 下令 「命令」A ordem; o mandado「de captura」. ★ ~ *suru* 下令する Mandar; dar ordens. S/同 Meíréi (+). **2**[注文] O pedido; a encomenda. *Tōten ni go-* ~ *kudasaimase* 当店に御下令下さいませ Nós estamos às suas ordens para o que quiser encomendar. S/同 Chūmón (+).

kaméi⁵ 科名【Biol./Bot.】O nome de família 「Rosáceas/Felídeos」.

kamémushi 椿象・亀虫【Zool.】O inse(c)to pentadomídeo; o fedega.

kameń¹ 仮面 A máscara (Tb. disfarce). ★「*Gizensha no*」~ *o hagu*「偽善者の」仮面をはぐ Desmascarar um hipócrita. ~ *o kaburu* [*tsukeru*] 仮面をかぶる[つける] Mascarar-se. ~ *o toru* [*nugu*] 仮面を取る[脱ぐ] Tirar ~; desmascarar-se. ◇ ~ *butōkai* 仮面舞踏会 O baile de ~. S/同 Másuku; mén.

kaméń² 下面 A superfície [O lado] de baixo. A/反 Jōméń.

kamé nó kó 亀の子 **1**[亀の子供] O filhote de tartaruga. **2**[小さい亀] A tartaruga pequena.

kámeo カメオ (< Ing. cameo) O camafeu.

kámera カメラ (< Ing. L. camera obscura) A máquina fotográfica [de filmagem]. ★ ~ *ni osameru* カメラに収める Fotografar; filmar. ◇ ~ **anguru** カメラアングル O ângulo donde se tira a foto (grafia). ⇨ ~ **man**. ⇨ Shashín-ki.

kaméraman カメラマン(< Ing. camera man) **1**[写真家] O fotógrafo. ⇨ Shashín-ka. **2**[新聞・雑誌などの写真部員] O repórter fotográfico. **3**[映画・テレビなどの撮影技師] O operador.

kaméreon カメレオン【Zool.】O camaleão.

kámi¹ 神 (⇨ kámi⁴) **1**[宗教的な崇拝・または信仰の対象となるもの] Deus 「O Senhor」; a divindade. ~ *naranu mi no shiru yoshi mo nai* [~ *nomi zo shiru*] 神ならぬ身の知るよしもない[神のみぞ知る] Só Deus sabe. *Sore wa* ~ *no mi-kokoro desu* それは神の御心です Essa é a vontade de Deus. ~ *no kago* 神の加護 A pro[te]cção divina. ~ *no megumi* [*onkei*] 神の恵み[恩恵] A benção [graça] de Deus. ~ *no oshie* 神の教え O ensinamento de Deus [Cristo/do Senhor]. ~ *o shinjiru* 神を信じる Crer em Deus. ~ *o tataeru* 神をたたえる Glorificar [Louvar] a Deus. *Rōma shinwa no* ~ ローマ神話の神 Os deuses da mitologia romana. ことわざ ~ *mo hotoke mo nai* 神も仏もない Parece que até os deuses se esqueceram de mim. *Sawaranu* ~ *ni tatari nashi* 触らぬ神にたたりなし Deixa os outros em paz que ninguém te fará mal. *Suteru* ~ *areba hirou* ~ *ari* 捨てる神あれば拾う神あり A roda da sorte está sempre a girar. ◇ ~ **danomi**. Mamori-gami 守り神 A divindade prote(c)tora. **Yakubyō-gami** 疫病神 Uma peste (de pessoa). **2**[日本で神話時代に活躍したという超人的な能力を持つ人] Os heróis da mitologia j. **3**[神社に祭られた死者の霊] Os mortos venerados (como divindades) nos santuários xintoístas. ★ *Yasukuni no* ~ *to naru* 靖国の神となる Ser venerado em Yasukuni (Tóquio). ⇨ Hotóké.

kami² 紙 **1**[絵・文字を書くもの] O papel. *Karera no ninjō wa* ~ *yori mo usui* 彼らの人情は紙よりも薄い Eles não têm coração [sentimentos]. ★ ~ *de* [*ni*] *tsutsunu* 紙で[に]包む Embrulhar em [com] ~. ~ *o suku* 紙を漉く Fazer [Fabricar] papel. *Ichi-mai*[*jō*; *ren*] *no* ~ 1枚[帖；連]の紙 Uma folha [Um maço; resma] de papel. ◇ ~ **koppu** 紙コップ O copo de papel. ~ **ya** 紙屋 A papelaria. **2**[じゃんけんの] P. ⇨ Hasámi 【Chóki】; ishí 【gú】. ⇨ jańkén.

kami³ 髪 O cabelo. *Kare wa* ~ *ga shiroku natta* 彼は髪が白くなった Ele tem ~ branco. ★ ~ *ga nukeru* 髪が抜ける Cair ~. ~ *ni burashi o kakeru* 髪にブラシをかける Pentear o ~ com escova. ~ *ni pāma o kakeru* 髪にパーマをかける Fazer uma permanente. ~ *ni uēbu o kakeru* 髪にウェーブをかける Ondular

kámi⁴

~. ~ no ke no koi [usui] 髪の毛の濃い[薄い]~ abundante [ralo]. ~ no midare o naosu 髪の乱れを直す Compor [Arranjar] ~. ~ no teire o suru 髪の手入れをする Cuidar do ~. ~ o arau 髪を洗う Lavar ~. ~ o karu [mijikaku suru] 髪を刈る[短くする] Cortar [Aparar] ~. ~ o naderu 髪をなでる Acariciar [Afagar] ~; passar a mão no ~. ~ o suku [kushikezuru] 髪をすく[くしけずる] Pentear ~[-se]. ~ o tabaneru 髪を束ねる Atar [Amarrar] ~. ~ o tokasu [toku] 髪をとかす[とく] Pentear o ~[-se]. ~ o totonoeru 髪を整える Arranjar ~. ~ o wakeru 髪を分ける Fazer risca no ~ (ao meio/lado). ~ o yuu 髪を結う juntar ~ em trança(s)/coruchо. Chijireta ~ 縮れた髪 ~ frisado. Fusafusa shita ~ ふさふさした髪 ~ abundante [farto].

kámi⁵ 上 **1** [上の方] O cimo; o alto. ★ ~ no hō 上の方 [A/反] Shimó. **2** [川の上流] A montante do rio. ★ Fune de ~ e iku 舟で上へ行く Subir o rio de barco. [A/反] Shimó. **3** [君主] O soberano; o monarca; o rei; o imperador. [S/周] Kúnshu (+); teñnō (+). **4** [主君] O senhor; o amo; o patrão. ★ O-~ お上 Meu [O seu] senhor. [S/周] Shújin (o); shúkun (+). **5** [政府] O governo; a autoridade; o poder. ★ O-~ お上 As (excelentíssimas) autoridades. [S/周] Chōtéi (+); séifu (o). **6** [身分・系列の中で高い方] A pessoa mais importante; o maior. ★ ~ wa ō-sama kara shimo wa dorei ni itaru made 上は王様から下は奴隷に至るまで Desde o rei (até) ao escravo. [A/反] Shimó. **7** [ある期間の前半] A primeira metade「do ano fiscal」. ◇ ~ hanki. [A/反] Shimó. **8** [体または衣服の腰より上の部分] A parte superior do corpo [vestido]. ◇ ~ hanshin 上半身 O corpo da cintura para cima. [A/反] Shimó. **9** [文章・和歌などの始めの方] A primeira parte「de um poema/da frase」. ◇ ~ no ku 上の句 ~ de uma tanka [O primeiro verso da estrofe]. [A/反] Shimó. **10** [上座] O lugar de honra. [S/周] Jōza (+); kamíza (o). [A/反] Shimó. **11** [舞台で客席から見て右の方] O lado direito do palco visto da plateia. ◇ ~ te. [A/反] Shimó. **12** [以前; 昔] Outrora; antigamente; dantes. [S/周] Ízen (+); mukáshí (o).

kámi⁵ 加味【E.】 **1** [ある味を加えること] A condimentação; o tempero; o adubo. ★ ~ suru 加味する Condimentar; temperar; adubar. [S/周] Ajítsuké (+). **2** [ある事がらの中に他の事柄の要素を取り入れること] A adição; a inclusão. ★ Shōsū iken o mo ~ suru 少数意見をも加味する Levar [Ter] também em conta a opinião das minorias. [S/周] Fúka (+); teñká.

kámi⁶ 守【E.】 O senhor de um domínio territorial.
kamí-ábura 髪油 A brilhantina [O óleo] para o cabelo.
kamí-ái 噛み合い (< kamí-áu) **1** [歯型のものが互いにすきまなく組み合うこと] A engrenagem; a endentação. **2** [けものなどが互いにかみつき合うこと] O engalfinhar-se.
kamí-áu 噛み合う (< kámi¹ + …) **1** [歯型のものが互いにすきまなく組み合う] Engrenar; endentar. Haguruma ga umaku ~ 歯車がうまく噛み合う As rodas dentadas engrenam bem. ⇨ kámu¹ **5**. **2** [けものなどが互いにかみつき合う] Engalfinhar-se. ⇨ kámu¹ **3**. **3** [互いにしっくりいく] [Fig.] Ajustar-se; estar em harmonia. Wareware wa itsumo iken ga kamiawanai 我々はいつも意見が噛み合わない As opiniões dele nunca encaixam [se ajustam] com as minhas.

kamí-áwáseru 噛み合わせる (< kamí-áu + …) **1** [上下の歯を強く合わせる] Cerrar os dentes. **2** [歯型のものを互いにすきまなく組み合わせる] Endentar; engrenar. ★ Futatsu no haguruma o tagai ni ~ 2つの歯車を互いに噛み合わせる ~ as duas rodas dentadas [de engrenagem]. **3** [けものにかみ合いをさせる] Açular [Acirrar].

kamí-búkuro 紙袋 (< …² + fukúro) O saco [A bolsa] de papel.
kamí-dáná 神棚 (< …¹ + taná) O oratório [altar].
kamí-dánomi 神頼み (< …¹ + tanómi) A súplica a Deus. ★ ~ o suru 神頼みをする Rezar [Dizer "Ai meu Deus"]. [P にたとわざ] Kurushii toki no ~ 苦しい時の神頼み Lembrar-se de Santa Bárbara (só) quando troveja.
kamí-déppō 紙鉄砲 (< …² + teppō) O estouroute (Brinquedo para arremessar bolas de papel).
kamí-fúbuki 紙吹雪 A chuva de brilhantes [papelinhos; confetes (B.)].
kamí-gákari 神懸[憑]り (< …¹ + kakári) **1** [神霊が人の体に乗り移ること; また乗り移った人] A possessão por forças sobrenaturais; o possesso [inspirado]. **2** [科学や真理を無視し理屈に合わないことを信じ行うこと・人] A excentricidade; o fanatismo. ★ ~ na hanashi 神懸りな話 A conversa excêntrica.
kamí-gátá¹ 髪型 (< …³ + katá) O estilo de penteado [corte (do cabelo)]. Donna ~ ni shimasu ka どんな髪型にしますか Que ~ pretende?
[S/周] Heá-sútairu; kamí-kátachi.
kamigátá² 上方 A região de Kyoto e Ōsaka. ◇ ~ namari 上方訛り O diale(c)to de ~.
kamí-hánki 上半期 O primeiro semestre (do ano). [S/周] Kamíki. [S/周] Shimóki; shimóki.
kamí-himo 紙紐 A fita [O fio] de papel.
kamí-hítóe 紙一重 A espessura de uma folha de papel. ★ ~ no sa 紙一重の差 A diferença insignificante. ⇨ kamí².
kamí-íré 紙入れ (< …² + iréru) A carteira. [S/周] Salfú (o); satsú-iré (+).
kamí-kákushi 神隠し (< …¹ + kakúsu) O sumiço por magia.
kamí-kátachi 髪かたち O corte de cabelo; o penteado. [S/周] Heá-sútairu (+); kamí-gátá¹.
kamí-kázari 髪飾り O adorno [ornamento] do cabelo. [S/周] kañzáshí; kushí¹.
kamí-kaze 神風 **1** [神の力で吹き起こされたという風] O vento providencial. **2** [命知らずで, むこうみずにとびまわること] A temeridade.
kamíki 上期 ⇨ kamí-hánki.
kamí-kíré 紙切れ (< …² + kiré-háshí) O pedaço de papel.
kamikíri-mushi 髪切り虫・天牛【Zool.】O longicórneo (Inse(c)to cerambicídeo). [S/周] Téngyū.
kamí-kíru 噛み切る (< kámu¹ + …) Cortar「a corda」com os dentes.
kamíkó 紙子 O vestido feito de papel j.
kamí-kónásu 噛みこなす (< kámu¹ + …) **1** [食べ物をよくかんで消化する] Mastigar bem. [S/周] Soshákú súrú. **2** [ものごとを十分理解する] Assimilar [Digerir]「ideias」. ◇ ríkai ◇.
kamí-kórósu 噛み殺す (< kámu¹ + …) **1** [動物がかみついて殺す] Matar à dentada. **2** [抑えつける; がまんする] Reprimir; conter; suster. ★ Akubi o ~ あく

びを嚙み殺す Conter um bocejo. [S/同] Gáman suru (+) ; osáéru (o).

kamí-kúdáku 嚙み砕く (< kámu¹ + …) **1** [かたいものをかんで細かくする] Triturar; roer. **2** [むずかしい事柄をわかりやすく説明する] Tornar acessível (à compreensão); simplificar. *Motto kamikudaita ii-kata de setsumei shite kudasai* もっと嚙み砕いた言い方で説明して下さい Explique-me isso em termos mais simples.

kamí-kúzu 紙屑 O papel para o lixo; os papéis velhos. ★ ~ *dōyō de aru* 紙屑同様である Ser lixo. ~ *o hirou* 紙屑を拾う Recolher ~. ◇ **~ kago** 紙屑かご O cesto dos papéis. [S/同] Hógo.

kamí-mákí 紙巻き (< … ² + makú) O embrulhar em papel. ◇ **~ tabako** 紙巻きたばこ O cigarro.

kamíń 仮眠 A soneca; a sesta. ★ ~ *suru* 仮眠する Fazer uma soneca; dormitar.
[S/同] Karí-né; kasúí; utátá-né (+).

kamínárí 雷 **1** [放電現象] **a)** A trovoada; o trovão; **b)** O raio. ★ ~ *ga naru* 雷が鳴る Trovejar; trovoar. ~ *ga ochita* 雷が落ちた Caiu um raio. ◇ **~ gumo** 雷雲 ⇨ raíúń. **~ yoke** 雷除け ⇨ hirái-shin. [S/同] Ikázúchí; narúkámi. **2** [雲の上にいて雷をおこすという神] O deus da trovoada. **3** [どなりつけて言う小言; またはそれを言う人]【Fig.】A descompostura. *Uwayaku ga buka ni ~ o otoshita* 上役が部下に雷を落とした O chefe deu uma ~ aos subordinados. ◇ **~ oyaji** 雷親父 O pai rabugento.

kamínárí-zoku 雷族 O bando de motociclistas desordeiros [provocadores de poluição sonora]. ⇨ bṓsṓ ◇.

kámi-sama 神様 **1** [神を敬っていうことば] Meu Deus. ⇨ kámi¹. **2** [すぐれている人] O ídolo; a estrela「do bas.」.

kamísáń かみさん【G.】A patroa; a senhora; a dona. ★ *O-* ~ おかみさん Minha Senhora!
[S/同] Ókusan.

kamí-séí 紙製 (Feito) de papel.

kamí-shíbai 紙芝居 O espectáculo de exibição de gravuras acompanhada de explicações.

kamí-shíméru 嚙み締める (< kámu¹ + …) **1** [力をいれて嚙む] Mastigar devagar [bem]. ★ *Kuchibiru o* ~ 唇を嚙み締める Morder os lábios「de raiva」. **2** [事の意味を深く考える; よく味わう] Digerir. ★ *Oshie* [*Sabishisa*; *Yorokobi*] *o* ~ 教え [寂しさ; 喜び] を嚙み締める ~ a lição [Ruminar a tristeza; Saborear a alegria]. [S/同] Gánmi suru.

kamíshímó 裃【A.】O vestido de cerimó[ô]nia dos samurais. ★ ~ *o nugu* 裃を脱ぐ Deixar-se de cerimónias〔~ *o nuide hanashiau* 裃を脱いで話し合う Conversar informalmente〕. ⇨ reífúkú.

kamísórí 剃刀 **1** [刃物] A navalha de barba. ★ ~ *make suru* 剃刀負けする Ter irritação na pele por fazer a barba. ~ *o ateru* 剃刀をあてる Barbear-se; fazer a barba. *Anzen* [*Denki*; *Seiyō*] ~ 安全 [電気; 西洋] 剃刀 A gilete [máquina de barbear; ~]. **2** [切れ味の鋭いようす] O ser rápido [certeiro/esperto/fino]. ★ *Ano otoko wa ~ da* あの男は剃刀だ Ele é um tipo esperto [fino/perspicaz].

kamí-tábako 嚙み煙草 (< kámu¹ + …) O tabaco de mascar. ★ ~ *o kamu* 嚙みたばこを嚙む Mascar tabaco.

kamí-té 上手 **1** [上の方] A parte de cima. **2** [舞台の向かって右の方] O lado direito do palco visto da plateia. ★ *Butai no* ~ 舞台の上手 ~. [A/反] Shimó-té. ⇨ kámi⁴ **11**.

kamí-tēpu [ée] 紙テープ (< kamí² + Ing. tape) A serpentina; a fita de papel.

kamítsú 過密 O congestionamento; a superlotação. ★ ~ *na* 過密な Congestionado; superlotado; superpovoado. *Jinkō no ~ ka* 人口の過密化 O superpovoamento; a excessiva concentração demográfica. ◇ **~ daiya** 過密ダイヤ O horário de comboios [trens] muito cheio. **~ toshi** 過密都市 A cidade ~. [A/反] Káso.

kamí-tsúbúsu 嚙み潰す (< kámu¹ + …) Mastigar. [I/慣用] *Nigamushi o kamitsubushita yō na kao o suru* 苦虫を嚙み潰したような顔をする Fazer uma careta (de repulsa).

kamí-tsúku 嚙み付く **1** [嚙む] (< kámu¹ + …) Abocanhar; ferrar os dentes. ★ *Inu ni kamitsukareru* 犬に嚙みつかれる Ser mordido por um cachorro. **2** [激しく抗議する]【Fig.】Resmungar; gritar; protestar. *Kare wa uwayaku ni kamitsuita* 彼は上役に嚙みついた Ele gritou com o chefe [superior].

kamí-wákéru 嚙み分ける (< kámu¹ + …) **1** [よくかんで味わう] Saborear. **2** [区別して考える] Analisar. ★ *Yo-no-naka no sui mo amai mo* ~ 世の中の酸いも甘いも嚙み分ける Conhecer as doçuras e as agruras da vida.

kamí-wázá 神業 [技] A obra de Deus; o milagre.

kamí-ya 紙屋 O comerciante de papel.

kamí-yásuri 紙鑢 A lixa; o papel de lixa. ★ ~ *o kakeru* 紙鑢をかける Lixar. [S/同] Sańdópḗpā.

kamíyo 神代 A idade mitológica. [S/同] Jíndai.

kamí-yúí 髪結い (< kamí³ + yúu) O [A] cabeleireiro [a]. ★ ~ *no teishu* 髪結いの亭主 O marido que vive à custa da mulher. ◇ **~ doko** 髪結い床 A loja de ~. ⇨ biyṓ-shi; rihátsú¹ ◇; tokóyá.

kamí-zá 上座 O lugar de honra; a cabeceira da mesa. [S/同] Jṓza. [A/反] Shimózá.

kamí-záiku 紙細工 (< … ² + saíkú) O trabalho de artesanato (feito) em papel.

kamí-zútsumi 紙包み (< … ² + tsutsúmí) O embrulho de [embrulhar num] papel.

kámo 鴨 **1** [鳥]【Zool.】O pato (selvagem). ◇ **~ ryō** 鴨猟 A caça ao ~. **2** [たやすく利益をせしめることのできるような相手]【Fig.】O simplório [papalvo]. *Kare wa ii ~ da* 彼はいいカモだ Ele deixa-se comer [é um ~]. ★ ~ *ni naru* カモになる Cair na esparrela. ~ *ni suru* カモにする Enganar alguém; burlar. [P/ことわざ] ~ *ga negi o shotte* [*seotte*] *kuru* 鴨が葱を背負って来る Proporcionar-se uma boa ocasião para comer alguém/Receber de mão beijada (Lit. ~ traz-me a mim as cebolas).

kamófúrāju [áa] カモフラージュ ⇨ kamúfúrāju.

kamóí 鴨居【Arqui.】O dintel; o lintel. [A/反] Shikíí.

kamójí 髢 A trança de cabelo postiço. ★ ~ *o ireru* 髢を入れる Pôr ~. [S/同] Irégé; heā-uiggu.

kamókú¹ 課[科]目 A matéria; a disciplina; a cadeira. ◇ **Hisshū ~** 必修課 [科] 目 ~ obrigatória. (**Jiyū**) **sentaku ~** (自由) 選択課 [科] 目 ~ de opção.

kamókú² 寡黙【E.】O silêncio; a taciturnidade; o mutismo. [S/同] Múkuchi. [A/反] O-shábeṙi.

kamómé 鷗【Zool.】A gaivota.

kamóń¹ 家紋 O brasão da família.

kamóń² 家門【E.】**1** [家の門] O portão da casa. **2** [一族] O clã; a família. **3** [家柄] ⇨ iégárá.

kamó-nánban 鴨南蛮 Uma sopa de macarrão

com pato, cebola, etc.
kamó-nó-hashi 鴨嘴【Zool.】O ornitorrinco.
kamóshi-dásu 醸し出す (< kamósu + …) Provocar; causar; originar.
kamóshiká 羚羊【Zool.】O antílope; *capricornis crispus*. ★ ~ *no yō na ashi* 羚羊のような足 As pernas de gazela/~. ⓢ⦿ Reíyō.
ka mo shirenai かも知れない (⇨ shirū¹) Talvez. *Asu wa yuki* ~ 明日は雪かも知れない Amanhã talvez nevará. ★ *Sō* ~ そうかも知れない Pode ser que sim.
kamósu 醸す **1**[醸造する]Fermentar. **2**[引き起こす]Causar; provocar; ocasionar; produzir. ★ *Butsugi o* ~ 物議を醸す Causar muita rea(c)ção [Provocar críticas].
kámotsu 貨物 A carga; as mercadorias. **~ ressha** 貨物列車 O comboio de ~. **~ sen** 貨物船 O cargueiro; o navio mercante. **~ sha** 貨物車 O vagão de ~. **~ yusō** 貨物輸送 O transporte de ~. **~ yusōki** 貨物輸送機 O avião de carga.
kámu¹ 噛[咬]む **1**[歯を強く合わせる]Morder [Apertar os dentes]. *Kare wa gutto kuchibiru o kanda* 彼はぐっと唇を噛んだ Ele apertou os lábios com força. **2**[咀嚼する]Mastigar. ★ *Kande fukumeru yō ni oshieru* 噛んで含めるように教える Ensinar muito claramente [fazendo a papinha]. *Kande hakidasu yō na ranbō na iikata* 噛んで吐き出すような乱暴な言い方 A maneira de falar brusca [áspera]. **3**[歯で傷つける]Morder. *Inu ga kodomo o kanda* 犬が子供を噛んだ O cachorro mordeu a criança. ⓢ⦿ Kamí-tsúku. **4**[激しく押し寄せてえぐる]Açoitar; embater. ★ *Iwa o* ~ *gekiryū* 岩を噛む激流 A torrente que embate nos rochedos. **5**[歯車が噛み合う]Endentar; engrenar. **6**[参加する]Estar envolvido [implicado]. *Kono jiken ni wa tōkyoku ga ichimai kande iru ni chigai nai* この事件には当局が一枚かんでいるに違いない As autoridades devem estar envolvidas neste [ter alguma relação com este] caso.
kamú² かむ Assoar. ★ *Hana o* ~ 鼻をかむ ◊ o nariz; Assoar-se.
kámu³ カム・歪輪 (< Ing. cam) O excêntrico; o ressalto. ◊ **~ jiku [shafuto]** カム軸[シャフト] O veio do motor [de ~ s].
kámubakku カムバック (< Ing. comeback) O regresso. *Kare wa geinōkai ni hanabanashiku* ~ *shita* 彼は芸能界に華々しくカムバックした Ele fez um ~ brilhante ao mundo do espe(c)táculo.
ⓢ⦿ Kaéri-zákí.
kamúfúráju [aa] カムフラージュ (< Fr. camouflage) **1**[迷彩]A camuflagem. ★ ~ *suru* カムフラージュする Camuflar. ⓢ⦿ Gisō; meísaí. **2**[正体をさとられぬようにすること]O disfarce; a máscara. ★ ~ *suru* カムフラージュする Disfarçar; mascarar.
kán¹ 缶・罐 (< Hol. kan) A lata. ★ ~ *iri no* 缶入りの「pêssego」Enlatado. ◊ **~ kiri** 缶切り O abre-latas. ◊ **~ zume** 缶詰め O(s) enlatado(s). **Aki [Sake; Sekiyu]** ~ 空き[鮭;石油]缶 ~ vazia [de salmão; de petróleo].
kań² 勘 A intuição; o instinto; o sexto sentido; o pressentimento. ★ ~ *de wakaru* 勘でわかる Pressentir; perceber por intuição. ~ *no yoi [nibui; surudoi; warui] hito* 勘の良い[鈍い;鋭い;悪い]人 A pessoa rápida [lenta; aguda; fraca] em entender. ~ *o hatarakaseru* 勘を働かせる Usar os miolos [a cabeça].
kán³ 間 **1**[時間]O período; o espaço de tempo. *Kako ni-jū nen* ~ *no doryoku ga minotta* 過去20年間の努力が実った O esforço de vinte anos produziu o seu fruto. *Go fun* ~ *no kyūkei* 5分間の休憩 O intervalo [A pausa] de 5 minutos. *Isshū* ~ *no yotei de tabi ni deru* 一週間の予定で旅に出る Partir de viagem por uma semana. *Sono* ~ その間 Durante esse tempo. ⇨ aídá. **2**[空間]Entre. ★ *Tōkyō Ōsaka* ~ *no kyori* 東京大阪間の距離 A distância ~ Tóquio e Ōsaka. 「⿰忄電」~ *hatsu o irezu* 間髪を入れず「reagir ao ataque」Imediatamente; como um relâmpago; num abrir e fechar de olhos. **3**[関係]*no* relação ~ Entre. ★ *Fūfu* ~ *no himitsu* 夫婦間の秘密 Os segredos entre marido e mulher.
kán⁴ 寒【E.】O frio. ★ ~ *no ake [iri; modori]* 寒のあけ[入り;戻り] O fim [começo; regresso] do ~. ⓐⓋ Sho.
kán⁵ 感 **1**[その時どきの思い]O sentimento; a emoção. ★ ~ *kiwamatte namida o nagasu* 感きわまって涙を流す Chorar (cheio) de emoção.
2[⿰忄党;感覚]A sensação; o sentido. *Kakusei no* ~ *ga aru* 隔世の感がある Parece [Dá a sensação de] que isso já foi há séculos. ◊ **Appaku [Manzoku; Rettō; Seigi; Yūetsu]** ~ 圧迫[満足;劣等;正義;優越]感 A sensação opressiva [O sentimento de satisfação; O complexo de inferioridade; O sentido da justiça; O complexo de superioridade]. *Dai-rok(u)* ~ 第六感 O sexto sentido. *Go* ~ 五感 Os cinco sentidos. ⓢ⦿ Kańjí.
kán⁶ 貫【A.】A medida equivalente a 3,75kg.
kań⁷ 官 O governo [A função pública]. ★ ~ *ni tsuku* 官につく Entrar na ~. ◊ ⇨ **gaikō** [**keisatsu; nyo; saiban**] ~.
kán⁸ 棺 O caixão; a urna funerária; o ataúde; o esquife. ◊ ~ *ni osameru* 棺に納める Depositar (os restos mortais) no ~. ⓢ⦿ Hitsúgí; kań'óke (+).
kán⁹ 管 **1**[くだ]O tubo; o cano. ★ *Suidō no* ~ 水道の管 ~ de água. ◊ ⇨ **ki** ~. ⇨ shikén¹; shinkū ◊. **2**[くだ状のものを数える語]O numeral para obje(c)tos em forma de tubo.
kán¹⁰ 観 **1**[外からみた感じ]A aparência; o aspecto. *Kare wa ima de wa sutā no* ~ *sae aru* 彼は今ではスターの観さえある Ele agora até parece um astro [está com uma belíssima ~]. **2**[見方]O ponto de vista; o modo de ver; a concepção. ◊ **Jinsei [Sekai]** ~ 人生[世界]観 A ~ da vida [do mundo].
kán¹¹ 完 O fim; o final. ★ *Zenpen* ~ 前編完 ~ da primeira parte. ⓢ⦿ Owári.
kán¹² 刊 A publicação. ★ *Sen kyūhyaku kyū-jū shichi-nen* ~ 1997 年刊 Publicado em 1997.
kán¹³ 歓【E.】O prazer; a alegria; o gozo; o divertimento.
kán¹⁴ 巻 **1**[巻物;書物]O livro. ★ ~ *o tojiru* 巻を閉じる Fechar ~. **2**[巻いたものを数える語]A bobina; o rolo. ★ *Jiki tēpu go* ~ 磁気テープ5巻 Cinco bobinas de fita magnética. **3**[書籍を数える語]O volume; o tomo. ★ *Zen nijikkan ni oyobu hyakkajiten* 全20巻におよぶ百科事典 A enciclopédia em [de/com] vinte ~.
kán¹⁵ 簡【E.】A brevidade; a concisão. ★ ~ *ni shite yō o eta tegami* 簡にして要を得た手紙 A carta breve e que diz tudo. ⓢ⦿ Kańkétsú.
kán¹⁶ 燗 O aquecimento do saqué (em banho-ma-

ria). ★ (O-) ~ o suru [tsukeru] (お)燗をする[つける] Aquecer o saqué.

kan[17] 癇 Os nervos; a irritabilidade. ★ ~ ni sawaru 癇にさわる Exasperar; irritar. ~ no tsuyoi uma [ko] 癇の強い馬[子] O cavalo fogoso [A criança nervoso/irascível].

kan[18] 疳 O nervosismo. ★ ~ no mushi 疳の虫 O ataque convulsivo.

kán[19] 冠【E.】 **1**[かんむり] A coroa. ◇ **O** (Tai) 王[戴] O diadema [A coroação]. ◇ 同 Kañmúrí (+). **2**[最高; 最上] O primeiro; o melhor. *Girishia no geijutsu wa sekai ni ~ taru mono da* ギリシアの芸術は世界に冠たるものだ A arte grega é superior [a ~] em todo o mundo. ◇ 同 saikō[1].

kán[20] 閑【E.】O lazer; o tempo livre. *Bōchū ~ ari* 忙中閑あり Dispor de momentos livres meio de uma vida de trabalho. ⇨ himá[1].

kán[21] 艦 O navio de guerra. ⇨ **gun** [sen; sensui] ~.

kán[22] 鐶 A argola; o elo. ★ *Tansu no ~* たんすの鐶 O puxador [A ~] da cómoda.

kaná[1] 仮名 O alfabeto [A escrita] j. ★ ~ *de kaku* 仮名で書く Escrever em ~. ◇ ~**zukai**. ⇨ furígana; hirágána; katákána; okúrigana.

ka-ná[2] かな **1**[自問][Col.] Será que? Hm. *Dare ka kita no* だれか来たのかな Parece que chegou alguém. S同 káshira. **2**[相手に対する問いかけ] Porventura [Será que?] *Kimi wa kare no jūsho o shitte iru ~* 君は彼の住所を知っているかな (~) sabes onde ele mora? **3**[願望] Tomara!; oxalá! *Hayaku natsu-yasumi ni naranai ~* 早く夏休みにならないかな Quem me dera [Tomara eu/Oxalá] que as férias de verão viessem depressa. **4**[感嘆]【E.】Realmente [De fa(c)to]! ★ *Hataseru* かな Foi ~ como eu pensava.

kaná-ámi 金網 (< kané[1] + ...) A rede de arame.

kaná-bō 金[鉄]棒 (< kané[1] + ...) Um [A vara de] ferro. P[ことわざ] *Oni ni ~* 鬼に金棒 A dupla vantagem [Ser oiro sobre azul] [*Kimi ga mikata suru nara oni ni ~ da* 君が味方するなら鬼に金棒だ Se ficares do meu lado, (então) melhor [é oiro sobre azul]]. ◇ ~ **hiki** 金棒引き O boateiro.

kánabun 金ぶん【Zool.】Um escaravelho acastanhado.

kanábútsú 金仏 **1**[金属製の仏像] A estátua de Buda em bronze. ⇨ kíbutsu[2]; sekíbútsú. **2**[非情な人] A pessoa insensível [de coração empedernido/que tem um coração de pedra]. S同 Reikétsukan.

Kánada カナダ O Canadá. ◇ ~ **jin** カナダ人 O canadiano [canadense].

kaná-dárai 金盥 (< kané[1] + taráí)【A.】A bacia de metal. ⇨ señmén-ki.

kanáděru 奏でる Tocar. ★ *Koto o ~* 琴を奏でる ~ o coto. ⇨ Hikú (+).

kanáé 鼎 **1**[古代中国で用いた三本脚の金属製の器] A panela de três pernas (usada na China antiga). **2**[王位·権威の象徴] O símbolo do poder. ★ ~ *no keichō o tou* 鼎の軽重を問う Pôr em causa a capacidade de alguém.

kanáéru 叶【適】える (⇨ kanáu[1,2]) **1**[聞きとどける] Atender. *Watashi no negai wa kanaerareta* 私の願いは叶えられた O meu pedido foi atendido. **2**[適合させる] Satisfazer. ★ *Kyūjin jōken o kanaeta hito* 求人条件を叶えた人 A pessoa que satisfaz as condições do emprego a concurso.

kanágú 金具 As peças [partes] metálicas「da mesa」.

kanágúrísútéru かなぐり捨てる **1**[乱暴に脱ぐ] Despir e atirar「a camisa」. **2**[思い切って捨てる] Abandonar; deitar fora. *Kare wa mie ya teisai o kanagurisuteta* 彼は見栄や体裁をかなぐり捨てた Ele deixou-se de vaidades e aparências. ⇨ sutérú.

kaná-gúshí 金串 (< kané[1] + kushí) O espeto de ferro.

kaná-gútsú 鉄沓 (< kané[1] + kutsú) A ferradura. S同 Teítétsú (+).

kaná-gútsuwa 金轡 (< kané[1] + kutsúwá) **1**[金属製のくつわ] O freio; o açaime (de metal). **2**[口止めのためのわいろ] O suborno. S同 Kuchídóme-ryō.

kaná-hébi 金蛇【Zool.】Um lagarto j. acastanhado; *takydromus tachydromoides*.

kánai 家内 **1**[家の中] Em [Dentro de] casa. **2**[家業] ~ *kōgyō* 家内工業 A indústria caseira. **2**[家族] A família. ★ ~ *anzen o inoru* 家内安全を祈る Rezar pelo bem-estar da ~. ⇨ kateí[1]; kázoku[1]. **3**[自分の妻] A (minha) mulher. S同 Gusáí; nyōbō; tsúma. ⇨ óku-san.

kanákána かなかな【Zool.】⇨ higúráshi.

kanáké 金気 O sabor a ferro. *Kono ido-mizu wa ~ ga ōi* この井戸水は金気が多い A água deste poço tem muito [sabe muito a] ferro.

kaná(é)kin 金巾 (< P. canequim(A.) < Concani "khanki": pano fino) A popelina; a cambraia.

kaná-kírí-góe 金切り声 (< kané[1] + kíru + kóe) O grito [A voz] estridente.

kañ´ákú 奸悪【E.】a) A vileza; a perfídia; b) O traidor. S同 Hará-gúrói (+).

kaná-kúgi 金釘 (< kané[1] + kugí) **1**[金属製のくぎ] O prego de aço. ⇨ kugí (+). **2**[⇨ kanákúgí-ryū].

kanákúgí-ryū 金釘流 (<...+ ryūgí)【G.】A escrita rabiscada; os gatafunhos; as garatujas. ★ ~ *de kaku* 金釘流で書く Escrever com letra mal feita; gatafunhar. ⇨ akúhítsú; rañpítsú.

kaná-kúsai 金臭い (< kané[1] + kusái) Que cheira [sabe] a ferro/metal.

kaná-kúsó 金屎[滓] **1**[鉄のさび] A ferrugem. S同 Kanásábí. **2**[鉄をきたえる時はがれ落ちるくず] A escória; a escamalha.

kaná-kúzu 鉄屑 O ferro velho; a sucata.

kanamáishin カナマイシン (< Ing. kanamycin)【Med.】Uma espécie de antibiótico.

kanamé 要 **1**[扇をまとめるくぎ] O fulcro; o eixo. ★ *Ōgi no ~* 扇の要 ~ do leque. **2**[最も大切な点] O fulcro [ponto principal]. ★ *Hanashi no ~* 話の要 ~ da questão. ◇ ~ **ishi** 要石 A pedra angular. Kanjin ~ 肝心要 O essencial. S同 Yōshō.

kaná-mónó 金物 **1**[金属製の器具] O utensílio metálico [A ferramenta]. ◇ ~ **ya** 金物屋 A loja de ~s. **2**[金具] As guarnições metálicas; a (parte de) ferragem. ⇨ Kanágú.

kañ´áñ 勘案【E.】A consideração. ★ ~ *suru* 勘案する Ter em ~. ⇨ Kōryo (+).

kanáppe カナッペ (< Fr. canapé) As fatiazinhas de pão frito「com aperitivo」.

kanárazú 必ず **1**[間違いなく] Certamente; seguramente; sem falta; sem dúvida. ~ *sono tegami o dashite kudasai* 必ずその手紙を出して下さい Por favor, não se esqueça de (me) deitar essa carta no

kanárázú-shimo 必ずしも Nem sempre; não necessariamente; nem tudo. *Kanemochi ga ~ kôfuku da to wa ienai* 金持ちが必ずしも幸福だとは言えない O dinheiro nem sempre traz a felicidade.

kanárázúya 必ずや ⓈⒿ kanárázú (+).

kánari かなり Bastante; consideravelmente; notavelmente. *Byôki wa ~ yoku natta* 病気はかなりよくなった A doença melhorou. *Kanojo wa porutogarugo ga ~ hanaseru* 彼女はポルトガル語がかなり話せる Ela fala p. bastante bem. ★ ~ *mae ni* かなり前に Há bastante tempo. ★ ~ *na kurashi o suru* かなりな暮らしをする Estar bem de vida. ~ *no kyori* かなりの距離 A distância notável [considerável].

kanária[yá] カナリア[ヤ] 【Zool.】 O canário. ◇ ~ **shotô** カナリア諸島 As ilhas Canárias.

kaná-sábi 金錆 (< kané¹ + …) A ferrugem.

kaná-shibári 金縛り (< kané¹ + shibári) **1** [きびしく縛りつけること] O amarrar [atar] firmemente. ★ ~ *ni natte iru* 金縛りになっている Estar atado [amarrado] de pés e mãos. **2** [金銭の力で自由を束縛する] A escravidão do dinheiro. ★ ~ *ni natte iru* 金縛りになっている Estar escravizado pelo dinheiro.

kanáshí-gáru 悲しがる (< kanáshíi + -gáru) Estar triste; lamentar-se. ⓈⒿ kanáshímu.

kanáshi-ge 悲しげ (< kanáshíi + ke) O ar de tristeza. ★ ~ *na yôsu* 悲しげなようす A expressão de mágoa [~]. ~ *ni mono o iu* 悲しげにものを言う Falar com tristeza [mágoa].

kanáshíi 悲しい Triste; melancólico; desgostoso; pesaroso; magoado; infeliz; lamentável; lastimável. *Ni-do to o-ai dekinai to omou to kanashíi gozaimasu* [kanáshíi naru] 二度とお会い出来ないと思うと悲しゅうございます[悲しくなります] Fico triste ao pensar que não vou tornar a vê-lo. ★ ~ *koto ni wa* 悲しいことには É uma pena que …; infelizmente; ~ *me ni au* 悲しい目に遭う Sofrer um desgosto. ~ *nyûsu* 悲しいニュース A notícia triste. ~ *omoi o saseru* 悲しい思いをさせる Entristecer; magoar; causar desgosto. ~ *omoi o suru* 悲しい思いをする Sentir tristeza; estar melancólico. ⇨ **kanashi-ku** [mi/sa]. *Kanashi-sô ni* 悲しそうに Tristemente; com ar de pesar [mágoa]. *Kanashisô na kao de* 悲しそうな顔で Com um rosto tristonho; com ar infeliz. *Ureshii toki mo ~ toki mo* うれしい時も悲しい時も Na alegria e na tristeza. Ⓐ反 Uréshii.

kanáshíki 鉄敷き A bigorna. ⓈⒿ kaná-tókó.

kanáshíkú 悲しく (Adv. de kanáshíi) Tristemente. ★ ~ *naru* 悲しくなる Ficar triste.

kanáshímí 悲しみ (< kanáshími) A tristeza; a dor; a mágoa. *Toki ga tateba ~ mo yawaragu* 時がたてば悲しみも和らぐ ~ passa com o tempo. ★ ~ *de mune ga ippai ni naru* 悲しみで胸が一杯になる Encher-se o coração de ~. ~ *ni shizunde iru* 悲しみに沈んでいる Estar mergulhado em ~. ~ *no amari* 悲しみのあまり De tanta [Cheio de] ~. ~ *o koraeru* 悲しみをこらえる Vencer a ~; não se deixar abater pela ~. ⓈⒿ Aishó; kanáshísa. Ⓐ反 Yorókóbí.

kanáshímú 悲しむ Entristecer-se; ficar triste; lastimar; sofrer. *O-kâsan o kanashimaseru yô na koto dake wa shinai de kudasai* お母さんを悲しませるようなことだけはしないで下さい Não faças coisas que entristeçam a tua mãe. *Ima wa itazura ni kanashinde iru toki de wa nai* 今はいたずらに悲しんでいる時ではない Agora não é altura de, sem saber para quê, nos entregarmos à tristeza. ★ *Hito no fukô* [*shi*] *o ~ ichi no no fukô* [死] を悲しむ Lamentar a morte de alguém. ⓈⒿ Nagéku. Ⓐ反 Yorókóbu.

kanáshísá 悲しさ (Sub. de kanáshíi) A tristeza; o pesar. *Shiroto no ~ de kare wa sono mondai ga rikai dekinai* 素人の悲しさで彼はその問題が理解できない Por ser [Infelizmente ele é] um leigo na matéria, não pode entender esse problema. ★ ~ *no amari* 悲しさのあまり Cheio de ~. ⓈⒿ Uréshísa.

kánata 彼方 【E.】Além; lá. ★ *Haruka ~ ni* はるか彼方に A longe. *Yama no ~ no kanata ni* 山の彼方に Para ~ das montanhas. Ⓐ反 Achírá; mukó. ⓈⒿ Kónata.

kaná-tékó 鉄梃 (< kané¹ + …) O pé-de-cabra.

kaná-tókó 金床 (< kané¹ + …) A bigorna. ⓈⒿ Kanáshíkí (+).

kaná-tsúbó 金壺 (< kané¹ + …) A jarra [O pote] de metal. ◇ ~ **manako** 金壺眼 Os olhos arregalados.

kanáú¹ 叶う **1** [思い通りになる] Realizar-se; cumprir-se; verificar-se. ★ *Kanawanu koi* 叶わぬ恋 O amor impossível [sem esperança]. *Negai ga ~* 願いが叶う Realizar-se o desejo. 「*sore wa*」*Negattari kanattari* 「*da*」「それは」願ったり叶ったり「だ」「isso」É justamente o que eu desejava [queria]. ⓈⒿ Jôju suru. **2** […することができる] Poder fazer; ser capaz de. *Soto o de-aruku koto mo kanawanai* 外を出歩くこともかなわない Nem posso sair de casa e andar lá fora. ⓈⒿ Dekíru.

kanáú² 適う Assentar bem; convir; ajustar-se; corresponder. *Sore wa reigi ni kanatte inai* それは礼儀に適っていない Isso é indecoroso [não fica bem]. ★ *Dôri ni ~* 道理に適う Ser lógico [razoável]. *I ni ~* 意に適う 「a casa」 Que é ao 「meu」 gosto.

kanáú³ 敵う **a)** Igualar-se 「a」; equiparar-se 「a」; rivalizar; comparar-se; **b)** Aguentar. *Kare ni ~ mono wa inai* 彼に敵う者はいない Ninguém pode rivalizar com ele; não há ninguém que se compare a [com] ele.

kaná-zúchi 金槌 (< kané¹ + tsuchí) **1** [頭が鉄でできたつち] O martelo. ★ ~ *de kugi o utsu* 金槌で釘を打つ Pregar um prego (com ~). ◇ ~ **atama** 金槌頭 Um cabeça-dura; a casmurrice. ⓈⒿ Hánmá. ⇨ tsuchí². **2** [泳げない人] Aquele que não sabe nadar. *Kare wa ~ da* 彼は金槌だ Ele nada [é] como um prego.

kaná-zukai 仮名遣い (< …¹ + tsukáú) O uso [A ortografia] de "kana". ◇ **Gendai** [**Rekishi-teki**] ~ 現代 [歴史的] 仮名遣い ~ a(c)tual [antigo/a] de "kana".

kánba 悍馬 【E.】O cavalo indomável [bravo]. ⓈⒿ Abáréuma; aráúmá.

kánba 樺 【Bot.】 ⇨ shirákába.

kanbái¹ 観梅 【E.】A contemplação das ameixeiras em flor. ⓈⒿ Umé-mí. ⇨ haná-mí¹; kan'ô.

kanbái² 寒梅 A floração tardia das ameixeiras. ⇨ umé.

kanban 看板 **1** [屋号などを書いたもの] A tabuleta; a placa; o letreiro. ★ ~ *o dasu* [*kakeru*] 看板を出す [掛ける] Colocar [Pendurar] um/a ~. **2** [客を呼ぶ自慢の種] O cartaz 「do filme」. *Kono mise wa* *shinsetsu o ～ ni shite iru* この店は親切を看板にしている O lema [A divisa] desta loja é o bom acolhimento (aos fregueses). ◇ **～ shōhin** 看板商品 O chamariz [artigo mais atraente]. ⇨ **～ musume**. **3** [店の信用] A reputação; o crédito. *Kore wa ～ ni itsuwari nashi da* これは看板に偽りなしだ Isto é realmente como eles dizem [anunciam]. ★ *～ ni kizu ga tsuku* 看板に傷がつく Prejudicar a/o ～. **4** [閉店時刻] A hora de fechar. *Mō ～ desu* もう看板です Já está na [é a] hora de fechar (a loja).

kańbáń2 乾板 A chapa (fotográfica) seca. [S/同] Kańpáń.

kańbáń-dáore 看板倒れ (<…1 + taóréru) 【G.】 **a)** O perder a fama; **b)** O não corresponder à fachada. ★ *～ ni owaru* 看板倒れに終わる **a)** Perder a fama; **b)** Desiludir as expectativas.

kańbáń-músume 看板娘 【G.】 A moça bonita que serve de isca aos fregueses. ★ *Tabakoya no ～* たばこ屋の看板娘 O chamariz da tabacaria.

kańbáshíi 芳しい **1** [においが良い] Aromático; fragrante; perfumado. ★ *～ kaori* 芳しい香り O aroma; a fragrância; o perfume. [S/同] Kagúwáshíi. ⇨ nióí1. **2** [おもわしい] Bom; satisfatório. ★ *Kanbashiku nai hyōban* かんばしくない評判 A má fama; a reputação duvidosa.

kańbáshíru 甲走る Dar um grito esganiçado. ⇨ kańdákái.

kánbasu カンバス (< Ing. canvas) **1** [画布] A tela. [S/同] Gáfu; kyánbasu. **2** [麻の布] A lona; o pano de estopa. ◇ **～ shūzu** カンバスシューズ Sapatos de lona; os té[ê]nis. [S/同] Zúkku.

kańbátsú 旱魃 A seca. [S/同] Hidéri (+); mizú-gáré.

kánben1 勘弁 O perdão; a desculpa; a tolerância. *Kondo dake wa dō ka ～ shite kudasai* 今度だけはどうか勘弁して下さい Desculpe-me só por esta vez. *Mō ～ dekinai* もう勘弁できない Já não posso tolerar mais isto [aguento mais]. ★ *～ suru* 勘弁する Perdoar; desculpar; tolerar; aguentar. [S/同] Gáman; kánnin; yṓsha. ⇨ yurúshí.

kańbéń2 簡便 O ser simples [prático]. ★ *～ na hōhō de* 簡便な方法で De modo simples [fácil]. ⇨ bénri; kańtáń1.

kańbétsú 鑑別 A discriminação; a distinção. ★ *～ suru* 鑑別する Discriminar; distinguir; diferenciar. ◇ **Shōnen ～ sho** 少年鑑別所 O reformatório. [S/同] Kańtéí.

kánbi1 甘美 **1** [甘くておいしい] A doçura. **2** [たのしく快い] A doçura; a suavidade. ★ *～ na koe [merodī; ongaku]* 甘美な声[メロディー; 音楽] A voz [melodia; música] doce [suave].

kánbi2 完備 O ter (tudo). ◇ **Reidanbō ～** 冷暖房完備 ～ aquecimento e ar condicionado. [A/反] Fúbi.

kánbi3 艦尾 A popa (de navio). [A/反] Kánshu. ⇨ sénbi1; tomó4.

kańbṓ1 官房 A Secretaria (de órgãos governamentais). ◇ **Daijin ～** 大臣官房 ～ de um ministro. **Naikaku ～ chōkan** 内閣官房長官 O Secretário de Estado adjunto do Primeiro Ministro (P.); o Chefe do Gabinete Civil (B.).

kańbṓ2 感冒 O resfriado; a constipação. ◇ **Ryūkō sei ～** 流行性感冒 A gripe. [S/同] Kazé (+).

kańbṓ3 監[檻]房 A cela (de prisão). [S/同] Rṓyá (+). ⇨ dokúbṓ.

kańbṓ4 観望 【E.】 **1** [けしきを広く遠く見ること] A contemplação (do panorama). ⇨ chṓbṓ; eńbṓ1; teńbṓ1. **2** [成り行きを伺い見ること] A observação. ⇨ teńbṓ.

Kańbójíá カンボジア O Camboja. ◇ **～ jin** カンボジア人 O cambojano.

kańbókú 灌木 O arbusto. [S/同] Teíbókú. [A/反] Kyṓbókú.

kańbótsú 陥没 A depressão; o afundamento「do terreno」. ★ *～ suru* 陥没する Abater; afundar-se. [S/同] Kańrákú.

kánbu1 幹部 Os dirigentes; os chefes [responsáveis] principais. ★ *Kaisha [Seitō] no ～* 会社[政党]の幹部 A gerência de uma companhia [～ de um partido político]. ◇ **～ kōhosei** 幹部候補生 O cadete. **～ shain [yakuin]** 幹部社員[役員] O pessoal executivo [dire(c)tivo]. [S/同] Shunṓbu.

kánbu2 患部 A parte lesada [doente]. ⇨ kizú-gúchí.

kań-búkuro 紙袋 ⇨ kamí-búkuro.

kańbúń 漢文 **1** [中国古来の文章] O texto em chinês clássico. **2** [日本で書いた漢字から成る文章] A composição literária escrita em chinês. [A/反] Wabúń.

kań-búná 寒鮒 (<…4 + fúna) O carássio (pescado) em pleno inverno (Carpa muito saborosa).

kań-búngaku 漢文学 A literatura clássica chinesa; os clássicos chineses.

kań-búrí 寒鰤 O olho-de-boi (pescado) em pleno inverno.

Kanbúríá-ki[kéí] カンブリア紀[系] 【Geol.】 O Câmbrico (Período antigo do Paleozóico).

kańbútsú1 乾物 Os gé[ê]neros alimentícios secos. ◇ **～ ya** 乾物屋 A mercearia de ～.

kańbútsú2 潅仏 【Bud.】 **1** [仏像に甘茶をかけること] O derramamento de perfume sobre a imagem de Buda. ◇ **～ e** 潅仏会 A celebração do aniversário de Buda. **2** [Abrev. de "～e"]. [S/同] Hanámátsuri.

kánbyō 看病 O tratar [cuidar] um doente. ★ *～ suru* 看病する Tratar um doente. *～ zukare suru* 看病疲れする Cansar-se por [a] tratar de um paciente. *Teatsui ～* 手厚い看病 O cuidar bem um enfermo. [S/同] Kángo.

kánchi1 寒地 A zona fria. [A/反] Dánchi.

kánchi2 奸[姦]智 【E.】 A astúcia; a manha; a finura; a esperteza. ★ *～ ni taketa* 奸智にたけた Astuto; manhoso; fino; matreiro; ardiloso. [S/同] Warú-jíé.

kánchi3 感知 A percepção; o pressentimento. ★ *～ suru* 感知する Aperceber-se「do」[Pressentir「o perigo」]. ⇨ kańzúku.

kánchi4 関知 【E.】 A relação; o interesse. *Sore wa watashi no ～ suru tokoro de wa nai* それは私の関知するところではない Não tenho nada que [a] ver com isso; isso não me diz respeito [não é da minha conta]. ⇨ kán'yo; azúkáru2 ◇.

kań-chígai 勘違い (<…2 + chigáu) O mal-entendido; o equívoco; o engano; o juízo errado. *Watashi o dorobō to ～ shite wa komaru yo* 私を泥棒と勘違いしては困るよ Não me tome por [Não me confunda com um] ladrão.

kánchō1 官庁 A repartição pública; a agência governamental. ◇ **～ chiku [gai]** 官庁地区[街] O centro/A zona das ～s. **～ yōgo** 官庁用語 A terminologia das ～s [do governo].

K

[S/同] Kańshô; yakúshô.

kańchô[2] 干潮 A maré vazia [baixa]. ★ ~ ji ni 干潮時に Na ~. ~ ni naru 干潮になる Ficar ~. [S/同] Hikíshíó. [A/反] Mańchô.

káńchô[3] 館長 O dire(c)tor「de museu, biblioteca」.

kańchô[4] 艦長 O comandante de navio de guerra.

kańchô[5] 浣腸【Med.】O clister; a lavagem intestinal; a irrigação. ★ ~ suru 浣腸する Dar um ~.

kańchô[6] 間諜 O espião/espia [A espia]; o agente secreto. [S/同] Súpai (+).

kańchô[7] 管長 O sacerdote superior do templo「de Tōdaiji」.

kańchû 寒中 O pino do inverno; a estação fria. ◇ ~ suiei 寒中水泳 A natação em pleno inverno. [S/同] Kań nó úchí.

kańdai 寛大 A generosidade; a magnanimidade; a liberalidade. ★ ~ ni atsukau 寛大に扱う Tratar com ~. [S/同] Kań'yô.

kańdákái 甲高い Agudo; estridente; esganiçado. ★ ~ koe de hanasu 甲高い声で話す Falar com voz esganiçada.

kańdan[1] 寒暖 O calor e o frio; a temperatura. ★ Kikō no ~ no sa ga hageshii 気侯の寒暖の差が激しい O clima ter grandes variações de ~. ◇ ⇒ ~ kei. [S/同] Kańshó.

kańdan[2] 間断 A intermissão; a interrupção; a pausa. Jūsei ga ~ naku kikoeru 銃声が間断なく聞こえる Ouve-se um tiroteio ininterrupto. ⇒ taé-má.

kańdan[3] 歓談 A conversa calma [serena]. ★ ~ suru 歓談する Falar à vontade.

kańdán-kei 寒暖計 O termó(ô)metro. ⇒ ońdó-kéi.

kańdéń 感電 O choque elé(c)trico. ★ ~ suru 感電する Apanhar um ~. ◇ ~ shi 感電死 A morte por ~.

kań-déńchi 乾電池 A pilha (seca).
[A/反] Shitsú-denchi. ⇒ bátterī.

kańdo 感度 A sensibilidade. ◇ Kō ~ firumu 高感度フィルム O filme (Fita) de alta ~.

kańdô[1] 感動 A emoção; a impressão; a sensação. ★ ~ saseru 感動させる Emocionar; impressionar; causar sensação. ~ shiyasui 感動しやすい Emotivo; impressionável. ~ suru 感動する Emocionar-se; impressionar-se. ~ teki (na) 感動的(な) Comovente; tocante; emocionante; impressionante.
[S/同] Kańgéki; kańmél.

kańdô[2] 勘当 O deserdar. ★ Musuko o ~ suru 息子を勘当する Renegar [~] o filho.

kańdô[3] 間道 O caminho secreto; a rua secundária; o atalho.
[S/同] Nuké-míchí; wakí-míchí. [A/反] Hońdô.

kań-dókku 乾ドック A doca seca.
[S/同] Ukí-dókku. [A/反] Shitsú-dokku.

kańdó(k)kuri 燗徳利 (< kań[16] + tokkúri) A garrafa para aquecer o saqué.

kań-dókóró 勘所 (< kań[2] + tokóró) **1**「弦を押さえるき位置」A posição dos dedos「No teclado, etc.」. [S/同] Tsubó. **2**「重要な点」O ponto crucial (fulcral). ~ o osaeru 勘所を押さえる Apreender o essencial [~]. [S/同] Kyúshó. ⇒ yóténˊ.

kańdóshi 感動詞【Gram.】A interjeição [exclamação]. [S/同] Kańtánshi.

kané[1] 金 **1**「金属」O metal. [I/慣用] ~ no waraji de sagasu 金のわらじで捜す Procurar com toda a paciência [sem desistir]. ⇒ tetsú[1]. **2**「金銭」O dinheiro. Kare wa nan de mo ~ zuku da 彼は何でも 金ずくだ Para ele tudo se resolve com ~. ★ ~ de kau ~ 金で買う Comprar (com ~). ~ de sumaseru 金で済ませる Resolver com ~. ~ de hito o tsuru 金で人を釣る Enganar alguém com o engodo do ~. ~ ga hairu 金が入る Receber ~. ~ ga iru 金がいる Precisar de ~. ~ ga kakaru 金がかかる Ser caro; custar muito. ~ ga mono o iu 金がものをいう ~ (é que) manda [fala por si]. ~ ni ito o tsukenai 金に糸目をつけない Não olhar a despesas [fazer questão de ~]. ~ ni komaru 金に困る Estar [Andar] mal de ~. ~ ni me ga kuramu 金に目がくらむ Ficar seduzido [deslumbrado] pelo ~. ~ ni mono o iwaseru 金に物を言わせる Conseguir (o que se pretende) com [à força de] ~. ~ no mōja 金の亡者 O escravo do [louco por] ~. ~ no naru ki 金のなる木 A árvore das patacas/A galinha dos ovos de oi[u]ro. ~ no tsugō o tsukeru / ~ o kumen [sandan] suru 金の都合をつける / を工面 [算段] する Arranjar dinheiro; angariar fundos. ~ o (ginkō ni) azukeru 金を(銀行に)預ける Depositar ~ no banco. ~ o dasu 金を出す Entregar [Dar] ~; pagar. ~ o harau 金を払う Pagar (~). ~ o kaesu 金を返す Devolver ~; restituir [reembolsar] ~. ~ o kakeru 金をかける Gastar [Aplicar]「em」~. ~ o kariru 金を借りる Pedir ~ emprestado. ~ o kasu [yōdateru] 金を貸す[用だてる] Emprestar ~. ~ o mōkeru 金を儲ける Juntar [Ganhar] ~. ~ o nigiraseru 金を握らせる Subornar; untar as mãos com ~. ~ o sebiru 金をせびる Pedinchar ~; extorquir ~. ~ o tameru 金をためる Guardar [Juntar/Acumular] ~. ~ o tsukau 金を使う Gastar ~. ~ o tōjiru 金を投じる Enterrar [Empatar] ~ (num empreendimento). ~ o toru 金を取る Cobrar (~); extorquir ~. [P/ことわざ] ~ ga [ko] no umi 金が金「子」を産む ~ atrai ~. ~ no kireme ga en no kireme 金の切れ目が縁の切れ目 Em casa onde não há pão, todos ralham e ninguém tem razão/Amor sem ~ não é bom companheiro. ~ wa tenka no mawarimochi [mawarimono] 金は天下の回り持ち [回り物] ~ está sempre a entrar e a sair. Sakidatsu mono wa ~ 先立つものは金 ~ é que conta. ◇ ⇒ ~ banare, etc. [S/同] Kínseń; zéni.

kané[2] 鐘・鉦 O sino; a campainha; o gongo. ~ no ne 鐘の音 O som [toque] do [da] ~. ~ o narasu 鐘を鳴らす Tocar o [a] ~. ~ o tsuku 鐘をつく Tocar o gongo. ◇ ~ tátaki [tsúki]. ⇒ béru; cháimu.

kané-ái 兼ね合い (< kanéru + áu) O equilíbrio「entre o estudo e o descanso」. Yosan to no ~ 予算との兼ね合い ~ entre o orçamento「e os planos」.
[S/同] Baránsú.

kané-bánáré 金離れ (< ~[1] + hanáréru) O desapego do dinheiro. ★ ~ ga warui 金離れが悪い Ser avarento. [S/同] Kané-zúkái.

kané-bárai 金払い (< ~[1] + haráu) O pagamento (de dinheiro). ★ ~ ga warui [yoi] 金払いが悪い[よい] Ser atrasado [pontual] no ~; ser mau [bom] pagador.

kané-bítsú 金櫃 (< ~[1] + hitsú) O cofre de dinheiro.

kané-gane かねがね Já há algum tempo. O-uwasa wa ~ ukagatte orimasu おうわさはかねがね伺っております Já o conhecia de nome/Tenho ouvido falar do senhor. [S/同] Kané-té.

kané-gúrá 金蔵 (< ~[1] + kurá) **1**「金庫」O tesouro. [S/同] Kínko. **2**「援助をしてくれる人」O mecenas「da cultura」; a「minha」mina. [S/同] Dorú-bákó;

kanézúrú.

kané-gúrí 金繰り (<…¹+kúru) A obtenção [angariação] de fundos. ★ ～ ni komaru 金繰りに困る Estar mal de dinheiro/finanças.
S/間 Kińsáků (+); shikíń-gúrí.

kané-íré 金入れ (<…¹+írérú) A carteira; o porta-moedas. S/間 Gamágúchí; saífu (+); satsú-íré.

kanéjáku 曲尺 **1** [木工・建築などで使う物差し] O esquadro (metálico de carpinteiro). S/間 Kanézáshí; sashígáné. **2** [鯨尺に対して] O "shaku" (30,474cm).

kané-káshí 金貸し (<…¹+kasú) **a)** O empréstimo de dinheiro; **b)** O prestamista; **c)** O usurário. ⇨ kóri-kashi.

kané-máwárí 金回り (<…¹+mawarú) **1** [社会の金の動き] A circulação de dinheiro. ⇨ kiń'yū. **2** [収入状態] A situação financeira. ～ ga yoi 金回りがよい – é boa. Futókóró-gúai.

kané-mé 金目 O valor (monetário). ★ ～ no mono 金目のもの O artigo valioso. ⇨ kóka⁴.

kané-móchi 金持ち (<…¹+mótsu) O rico. S/間 Chōjá; fugō; kińmáńká; shisáńká; zaísáńká. A/反 Bińbō(nín).

kané-môke [óo] 金儲け (<…¹+mókéru) O ganhar dinheiro. ★ ～ ga umai 金儲けがうまい Saber ～. ◇ ～ **shugi** 金儲け主義 O pensar só em …; o culto do dinheiro. S/間 Éiri.

kanén 可燃 A combustão; o arder. ◇ ～ **butsu** 可燃物 A substância inflamável. ～ **sei** 可燃性 A combustibilidade. A/反 Funén. ～ o neńryó.

kán'en 肝炎【Med.】A hepatite. ◇ ～ **Kessei** ～ 血清肝炎 A hepatite serosa.

-kanénai かねない (Neg. de kanéru 4)

kané-nóko(giri) 金鋸 A serra (de arco) para metais.

kanéru 兼ねる **1** [兼用する；兼任する] Servir para vários fins; acumular「duas」funções; combinar. ★ Dai wa shō no ～ wa小を兼ねる Um leva muito leva pouco. Shosai to ōsetsuma o kaneta heya 書斎と応接間を兼ねた部屋 O compartimento que é [serve de/faz de] biblioteca e sala de visitas. **2** [気を使う] Fazer cerimó(ô)nia. ★ Ki o ～ 気を兼ねる Fazer cerimó(ô)nia. S/間 Eńryó súrú; habákúru. **3** [不可能；困難] Ser incapaz「de」; não conseguir [poder]. Boku ni wa deki-kaneru 僕にはできかねる Não sou capaz de fazer isso; isso excede as minhas forças. Mōshi-kanemasu ga … 申しかねますが… Desculpe mas [Se me permite]「o senhor está enganado」. **4** […かねない] (Só na forma neg. em j. e na positiva em p.) Ser capaz; poder. Yatsu wa hitogoroshi mo yari-kanenai otoko daやつは人殺しもやりかねない男だ Ele pode [é tipo para] cometer um homicídio.

káneshon [aá-ée] カーネーション【Bot.】(< Ing. carnation < L.) O cravo; dianthuscaryophyllus.

káne-sónáéru 兼ね備える (< kanéru +…) Ter [Reunir]「duas qualidades」. ★ Shijin to tetsujin no seikaku o ～ 詩人と哲人の性格を兼ね備える Ser [-um temperamento de] poeta e filósofo.

kané-tátaki 鉦叩き (<…²+tatáku) **1** [鉦をたたく人] O tocar [que toca] o sino. **2** [こじき] O monge budista mendicante. **3** [鉦をたたく木] A baqueta. S/間 Shumókú. **4**【Zool.】Um grilo j.; ornebius kanetakusi.

kánete 予て **a)** Já há algum tempo; **b)**「o plano」Antes [De antemão/Já]「preparado」. Go-kōmei wa ～ kara ukagatte orimashita ご高名はかねてから伺っております Já tinha ouvido falar de si. ★ ～ no keikaku dōri かねての計画通り De acordo com o plano preestabelecido.
S/間 Kané-gane; maémótte.

kanétsú¹ 加熱 O aquecimento. ★ ～ suru 加熱する Aquecer「leite」; cozer「ostras」.

kanétsú² 過熱 **1** [熱くしすぎること；必要以上に熱くなること] O aquecimento em excesso「da água」. **2** [物事の状態が必要以上に高まる] A efervescência. Keiki ga ～ jōtai da 景気が過熱状態だ A situação econó(ô)mica está efervescente.

kań'étsú 観閲 A revista das tropas. ◇ ～ **shiki** 観閲式 – em parada. ⇨ eppéi.

kané-tsúki 鐘撞き (<…²+tsúku) O tocar o sino.

kané-zúkái 金使い (<…¹+tsukáu) O uso do dinheiro. ★ ～ ga arai 金遣いが荒い Ser gastador [esbanjador].

kané-zúmári 金詰まり (<…¹+tsumáru) A falta [carência] de dinheiro; o aperto financeiro. ★ ～ de komaru 金詰まりで困る Ficar num grande ～.

kané-zúrú 金蔓 (<…¹+tsurú) O financiador. ★ ～ o tsukamu 金蔓をつかむ Arranjar um ～.
S/間 Kanégúrá; supońsá.

kánfuru カンフル (< Hol. kamfer) **1**【薬剤】O líquido [essência] da cânfora ("kusu-no-ki"). ◇ ～ **chūsha** カンフル注射 A inje(c)ção de ～. **2** [即効薬の役をするもの] O lenitivo; um remédio santo. ★ Fukeiki ni taisuru ～ to naru 不景気に対するカンフルとなる Ser um ～ contra a recessão.

kańgáe 考え (< kangáeru) **1** [思考] O pensamento; a reflexão. ★ ～ ni fukeru 考えにふける Refle(c)tir; pensar. P[ことわざ] Heta no ～ yasumu ni nitariへたの考え休むに似たり Não vale a pena perder tempo em ～ s fúteis. S/間 Shikō.
2 [思想；考え方] O pensamento; a ideia; a concepção; o modo de pensar. ～ o aratameru 考えを改める Mudar de ideias. Furui [Kiken na; Susunda] ～ 古い [危険な；進んだ] 考え Uma ～ antiquada [perigosa; avançada]. S/間 Shisō.
3 [思いつき] A ideia; o plano; a lembrança. Nani ka ii ～ ga aru kai 何かいい考えがあるかい Não tens [te ocorre] uma ideia (boa)? S/間 Omóí-tsúkí.
4 [意見] A opinião. Nani ka o ～ ga arimasu ka 何かお考えがありますか Tem alguma「(sugestão a fazer)」? ～ ga kawaru 考えが変わる Mudar de ～ [parecer]. ～ o noberu 考えを述べる Dar a sua ～. Watashi no ～ de wa 私の考えでは Na minha ～. S/間 Íken.
5 [思慮・分別] O senso; a maneira de pensar [ver]; o juízo; o discernimento. ～ ga amai 考えが甘い Ser demasiado o(p)timista. ～ ga shikkari shite iru 考えがしっかりしている Ter bom senso. ～ no asai [fukai] 考えの浅い [深い] Insensato; desajuizado [sensato; ajuizado]. S/間 Shíryó. **6** [判断] O juízo; a decisão. ～ wa ni makaseyō 君の考えに任せよう Deixo isso à sua [ao seu] ～. S/間 Hándan.
7 [考慮] A consideração. ★ ～ ni ireru 考えに入れる Tomar [Ter] em ～/conta. Atosaki no ～ mo naku あと先の考えもなく Impensadamente; irrefle(c)tidamente; sem tomar em consideração. S/間 Kōryo. **8** [予想] A previsão; a imaginação; a suposição; a expectativa. Sonna koto wa ～ mo oyobanakatta そんなことは考えも及ばなかった Nunca

tal coisa me passou pela cabeça. ★ ～ *mo tsukanai* 考えもつかない Inconcebível; impensável; inimaginável. **9** [意図] A intenção; o propósito. *Chichi wa watashi o bengoshi ni suru ～ da* 父は私を弁護士にする考えだ O meu pai quer [tem intenção] que eu seja advogado. [S/同] Íto.

kangáé-áwáséru 考え合わせる (< kangáéru + …) Ver [Comparar]「os dois lados da questão」. ★ *Are-kore kangaeawasete miru* あれこれ考え合わせてみる Pensando bem…

kangáé-búkái 考え深い (<… + fukái) Judicioso; 「jovem」sensato.

kangáé-chígai 考え違い (<… + chigáu) O equívoco; o mal-entendido; o erro. *Ano hito no sewa ni narō nado to omottara erai ～ da* あの人の世話になろうなどと思ったらえらい考え違いだ Não se pode contar com ele para nada. [S/同] Omóí[Kań]-chígáí.

kangáé-dásu 考え出す (< kangáéru + …) **1** [思い出す] Pensar「no exame」; lembrar-se. [S/同] Omóídásu. **2** [案出する] Imaginar; idear; inventar. *Dare ga kono keikaku o kangaedashita no desu ka* 誰がこの計画を考え出したのですか Quem é que arquite(c)tou este plano? **3** [考え始める] Começar a pensar. *Sonna koto o kangaedashitara kiri ga nai* そんなことを考え出したらきりがない Se te pões a pensar nisso não chegas a lado nenhum.

kangáé-gótó 考え事 (< kangáéru + kotó) **1** [考えること] O pensamento [assunto em que se pensa]. ★ ～ *ni fukeru* 考え事にふける Estar mergulhado em vários pensamentos. ～ *o suru* 考え事をする Pensar nalguma coisa. **2** [心にかかること] A preocupação. *Nani ka ～ de mo aru no desu ka* 何か考え事でもあるのですか Tem alguma coisa a preocupá-lo?

kangáé-kátá 考え方 A maneira de pensar. *Kimi to watashi to wa geijutsu ni taisuru ～ ga maru-de chigau* 君と私とは芸術に対する考え方がまるで違う As nossas ideias [～] sobre arte são completamente diferentes.

kangáé-kómu 考え込む (< kangáéru + …) Ficar absorto; meditar. *Nani o sonna ni kangaekonde iru no desu ka* 何をそんなに考え込んでいるのですか Em que está a pensar, assim tão absorto?

kangáé-mónó 考え物 (< kangáéru + …) O problema. *Ima shakkin o suru no wa ～ da* 今借金をするのは考え物だ ～ é se devemos contrair agora esse empréstimo [essa dívida].

kangáé-náósu 考え直す (< kangáéru + …) Repensar; pensar outra vez [de novo]. *Hajime kara ～ hitsuyō ga aru* 初めから考え直す必要がある É preciso ～ tudo.

kangáé-núku 考え抜く (< kangáéru + …) Pensar maduramente [bem]. *Kore wa tokoton kangaenuita sue no ketsuron da* これはとことん考え抜いた末の結論だ Cheguei a esta conclusão depois de ～ [muito refle(c)tir] (sobre o assunto).

kangáéru 考える **1** [思考する] Pensar「em p.」. *Mō sukoshi yoku kangaeta hō ga yoi* もう少しよく考えた方がよい É melhor ～ um pouco mais. ★ *Kangaereba ～ hodo wakaranaku naru* 考えれば考える程わからなくなる Quanto mais penso menos entendo. *Dō kangaete mite mo* どう考えてみても Por mais que pense. [S/同] Shikṓ súrú. **2** [評価する] Achar; opinar. *Ano hito o dō o-kangae desu ka* あの人をどうお考えですか Que acha [pensa] daquele indivíduo? [S/同] Omóu. **3** [しようと思う] Tencionar; planear; pretender. *Natsu-yasumi ni Burajiru e ikō to kangaete iru* 夏休みにブラジルへ行こうと考えている Tenciono ir ao B. durante as férias do verão. **4** [予期する] Esperar; supor; calcular; recear. ★ *Kangaete ita yori mo muzukashii* 考えていたよりも難しい Ser/mais difícil do que (se) pensava [supunha]. **5** [想像する] Imaginar; pensar. *Mā kangaete mo go-ran nasai* まあ考えてもごらんなさい Imagine (só)! **6** [判断する] Julgar; considerar; achar. *Kono kusuri wa mugai da to kangaerarete iru* この薬は無害だと考えられている Este remédio é considerado inofensivo. ★ *Han'nin [Kuwasemono; Onjin] to ～* 犯人[くわせ者; 恩人]と考える Considerar alguém um criminoso [impostor; benfeitor]. *Kare no iu koto kara ～ to* 彼のいうことから考えると A julgar pelas palavras dele. [S/同] Hándan suru; hyṓka suru; minású. **7** [考慮する] Considerar; tomar em conta. ★ *Ato-saki no koto mo kangaenai* 後先のことも考えない Sem pensar nas consequências. *Jibun no koto bakari ～* 自分のことばかり考える Pensar só em si (mesmo) [nos próprios interesses]. *Man'ichi no toki o ～* 万一の時を考える Pensar no pior. [S/同] Kṓryo suru; omóí-yárú; shińpáí súrú. **8** [思い出す; 反省する] Lembrar-se; recordar; relembrar; reconsiderar. *Mukashi no koto o arekore to ～* 昔のことをあれこれと考える Recordar várias coisas do passado. *Yoku kangaete miru to watashi mo warukatta* よく考えてみると私も悪かった Pensando bem, eu também tive culpa. [S/同] Hańséí súrú; omóí-dásu.

kangáé-tsúku 考え付く (< kangáéru + …) Lembrar-se; ocorrer. *Umai koto o kangaetsuita mono da* うまいことを考えついたものだ Que boa ideia lhe ocorreu/Você teve uma ideia genial!

kangáé-yṓ 考えよう A maneira [O modo] de pensar; o ponto de vista; o modo de ver. *Mono wa ～ da* 物は考えようだ Tudo depende da/o ～. ★ ～ *ni yotte wa* 考えようによっては Em certo sentido; de certo modo. [S/同] Kangáé-kátá; mikátá.

kańgáí[1] 感慨 A emoção profunda. ★ ～ *ni fukeru* 感慨にふける Ser levado da emoção. ◇ **～ muryō** 感慨無量 A emoção extraordinária. ⇨ kańdṓ[1]; kańgékí[1].

kańgáí[2] 干[旱]害 Os danos da [causados pela] seca. ★ ～ *o ukeru* 干害を受ける Ser vítima da seca. ⇨ hidéŕí.

kańgáí[3] 潅漑 A irrigação. ★ ～ *suru* 潅漑する Irrigar. ◇ **～ kōji** 潅漑工事 A obra de ～. **～ yō-suiro** 潅漑用水路 A acéquia; o canal de irrigação.

kángai[4] 管外 Fora da jurisdição. [A/反] Kánnai.

kángai[5] 館外 Fora da「biblioteca/do prédio」. ◇ **～ kashidashi** 館外貸し出し A requisição de livros para leitura～. [A/反] Kánnai.

kań-gákki 管楽器 O instrumento de sopro. [S/同] Suísṓ-gákki. ⇨ kińkáń-gákki; mokkáń-gákki.

kańgákú 漢学 **1** [中国に関する学問] A sinologia. ◇ **～ sha** 漢学者 O sinólogo. [A/反] Yṓgákú. **2** [中国の訓詁の学] O estudo dos clássicos chineses.

kańgámíru 鑑みる Ter em vista [conta/mente]. ★ *Jikyoku ni kangamite* 時局に鑑みて Considerando a a(c)tual situação. [S/同] Kangáé-áwáséru.

kańgáń 汗顔【E.】O corar de vergonha. ～ *no itari desu* 汗顔の至りです Sinto muita vergonha「do que fiz」. [S/同] Sekíméń (+).

kańgárū カンガルー (< Ing. kangaroo)【Zool.】O canguru.

kańgéí 歓迎 As boas-vindas; o acolhimento; a recepção. *Kare wa itaru tokoro de* ~ *o uketa* 彼はいたるところで歓迎を受けた Ele foi bem recebido em toda a parte. ★ ~*-kai o hiraku* 歓迎会を開く Fazer/Dar uma recepção [festa] de boas vindas. ~ *no i o hyōsuru* 歓迎の意を表する Dar as boas-vindas. ~ *no ji o noberu* 歓迎の辞を述べる Fazer um discurso de boas-vindas. ~ *suru* 歓迎する Receber [Acolher] bem〔*Sono sakuhin wa taishū ni* ~ *sareta* その作品は大衆に歓迎された Essa obra foi bem aceite [recebida] pelo público. *Kokoro kara* [*Yorokonde*] ~ *suru* 心から[喜んで]歓迎する Acolher de braços abertos [com alegria]〕.

kań-géiko 寒稽古 (< kán[4] + kéiko) O treino no frio [pino do inverno]. ★ ~ *o suru* 寒稽古をする Participar nos treinos de inverno.

kańgékí[1] 感激 A emoção [comoção]; o ficar impressionado. *Watashi wa yūjin no shinsetsu ni* ~ *shita* 私は友人の親切に感激した A simpatia do meu amigo comoveu-me. ★ ~ *no namida o nagasu* 感激の涙を流す Chorar de emoção. ~ *o arata ni suru* 感激を新たにする Comover-se de novo. ~ *saseru* 感激させる Comover「os ouvintes」; impressionar. ~ *teki* (*na*) 感激的(な) Emocionante; comovente; impressionante. ◇ **~ ka** 感激家 A pessoa emotiva. [S/同] Kańdṓ; kańméí.

kańgékí[2] 観劇 O ir ao teatro. ★ ~ *ni yuku* 観劇に行く Ir… ◇ **~ kai** 観劇会 A ida em grupo ao teatro.

kańgékí[3] 間隙【E.】 **1** [すきま] A brecha [fenda]「na cerca/no muro」. ★ ~ *o nuu* 間隙を縫う Passar pela ~. ~ *o shōzuru* 間隙を生ずる Abrir uma ~. ~ *o umeru* 間隙を埋める Tapar ~. [S/同] Sukímá (+). **2** [油断] O (momento de) descuido. ★ ~ *o tsuku* 間隙を衝く Aproveitar ~ [Apanhar「o inimigo」descuidado]. [S/同] Sukí; yudáń. **3** [仲違い; 不和] A desavença; o afastamento. ★ ~ *o shōzuru* 間隙を生ずる Distanciar-se um do outro. [S/同] Fúwa; nakátágai.

kańgéń[1] 甘言 A lisonja; as palavras doces; a adulação. *Kare wa* ~ *o mochiite watashi kara kane o makiageta* 彼は甘言を用いて私から金をまきあげた Ele veio com palavrinhas doces e conseguiu arrancar-me o dinheiro. [S/同] Bíji; kṓgéń; kuchí-gúrúmá.

kańgéń[2] 換言 O dizer por outras palavras. ★ ~ *sureba* 換言すれば Por outras palavras; ou seja; dizendo de outro modo. ⇨ íí-káéru.

kańgéń[3] 管弦 [絃] Os instrumentos de corda e de sopro. ◇ **~ gaku** 管弦楽 A música de orquestra. **~ gakudan** 管弦楽団 A orquestra.

kańgéń[4] 還元 **1** [もとに戻す] O voltar「a pensar no plano desde o começo」; a restituição. *Kigyō wa rieki no ichibu o shakai ni* ~ *subeki de aru* 企業は利益の一部を社会に還元すべきである As empresas devem restituir à sociedade parte dos seus benefícios. **2** [物質から酸素をとり除くこと] A redução「química de um composto」; a desoxidação. ★ ~ *suru* 還元する Reduzir; desoxidar. ◇ **~ sayō** 還元作用 O processo de ~. [A/反] Sańká.

kańgéń[5] 諫言【E.】A admoestação; o conselho; a advertência. [S/同] Isámé.

kańgéń-gákudan 管弦楽団 ⇨ kańgéń[3] ◇.

kańgétsu 観月【E.】A contemplação da lua (cheia). ◇ **~ kai** 観月会 A reunião [festa] para ~.

kańgé-zai 緩下剤 O laxante [laxativo] suave. ⇨ gezáí; kańchṓ[5].

kańgíkú 観菊【E.】A contemplação dos crisântemos. [S/同] Kikú-mí. ⇨ kańbáí[1]; kańgétsu.

kángo[1] 看護 O tratamento de [A assistência a] um enfermo. ★ ~ *suru* 看護する Tratar [Cuidar de] um enfermo. ◇ **~ gaku** 看護学 A enfermagem. **Kanzen ~** 完全看護 A assistência completa「ao enfermo」. ⇨ **~ fu.** [S/同] Káihō; kánbyō.

kańgó[2] 漢語 A palavra [expressão] chinesa.

kángo[3] 監護【E.】A custódia; a prote(c)ção.

kańgó-fu[-shi] 看護婦[士] A [O] enfermeira[o]. ◇ **~ chō** 看護婦長 ~-chefe. **Tsukisoi ~** 付き添い看護婦 A [O] ajudante de ~. ⇨ kángo[1].

kańgókú 監獄 A cadeia; a prisão; o cárcere. [S/同] Keímúsho (+); rṓyá.

kańgúń 官軍 As forças governamentais; o exército governamental. *Kateba* ~ 勝てば官軍 A razão é sempre dos mais fortes. [A/反] Zokúgúń.

kań-gúru 勘繰る (<… [2] + kúru) Suspeitar「que foi roubo」; desconfiar. [I/慣用] *Gesu no kanguri* 下種の勘繰り A suspeita trivial [mesquinha]. ⇨ jasúí.

kańgyṓ[1] 寒行 As penitências que se praticam no período mais frio do ano.

kańgyṓ[2] 勧業 O fomento da indústria. ◇ **~ hakurankai** 勧業博覧会 A feira [exposição] industrial.

kańgyū́jū́tṓ 汗牛充棟【E.】Carradas de livros. *Kare no zōsho ni Burajiru kankei no shoseki no ōi koto wa* ~ *mo tadanaranu hodo da* 彼の蔵書にブラジル関係の書籍の多いことは汗牛充棟もただならぬほどだ Na biblioteca dele há ~ sobre o B.

kán-hásshū 関八州【A.】As oito províncias da região de Kantō. [S/同] Kántō hásshū.

kaní 蟹【Zool.】O caranguejo. ★ ~ *no kō* 蟹の甲 A carapaça do ~. ◇ **~ kan** 蟹缶 ~ em lata. **~ za** 蟹座【Astr.】O câncer; o Caranguejo. [P/ことわざ] ~ *wa kōra ni nisete ana o horu* 蟹は甲羅に似せて穴を掘る Cada qual canta como lhe ajuda a garganta; quem faz o que pode, a mais não é obrigado; conforme o pássaro, assim é o ninho.

kán'i[1] 簡易 A simplicidade. ★ ~ *na* 簡易な Simples;「o proccesso」fácil. ◇ **~ saibansho** 簡易裁判所 O tribunal para julgamentos sumários. **~ (seimei) hoken** 簡易(生命)保険 O seguro de vida postal. ⇨ án'i.

kán'i[2] 官位 **1** [官職と位階] O cargo público. **2** [官職の等級] A categoria hierárquica no funcionalismo público. [S/同] Kańtṓ.

kaní-bábá 蟹屎 O mecó[ô]nio.

kā́nibaru [áa] カーニバル (< Ing. carnival) O carnaval; o entrudo; a folia. [S/同] Shaníkúsai.

kaníkú 果肉 A polpa; o sarcocarpo. ⇨ kájitsu[1].

kań'íń 姦淫 O adultério; a fornicação; os amores ilícitos. ★ ~ *suru* 姦淫する Cometer adultério; ter relações sexuais ilícitas; fornicar〔"*Nanji* ~ *suru nakare*"「汝姦淫するなかれ」Não cometerás adultério〕. ◇ **~ sha** 姦淫者 O adúltero; o fornicador. [S/同] Fúgi; kańtsū́; mittsū́; shitsū́.

kán'ippatsu 間一髪 Um triz; um resvés. ~ *no tokoro* [*sa*] *de ressha ni maniatta* 間一髪のところ[差]で列車に間に合った Foi por um triz que apanhei o comboio/trem.

kaní-támá 蟹玉 O prato chinês de ovos mexidos

K

com caranguejo e sopa.

kańjá 患者 O enfermo; o doente; o paciente. ◇ **Gairai ～** 外来患者 ～ ambulatório [de consulta externa]. **Nyūin ～** 入院患者 ～internado/hospitalizado. ⇨ byṓníń.

kańjí[1] 感じ (< kańjírú) **1** [感じること; 気持ち; 感想] O sentimento; o pressentimento; a sensação. ★ ～ *o dashite utau* 感じを出して歌う Cantar com sentimento [emoção]. *Hen na* [*Munashii*] ～ *ga suru* 変な[むなしい]感じがする Ter uma sensação estranha [de vazio]. ⇨ kimóchí; kańsṓ[1]. **2** [知覚; 感覚; 感触] A sensibilidade; a percepção; a sensação. ★ *Mimi ni kokoroyoi* ～ 耳に快い感じ「O som」agradável ao ouvido. *Zarazara shita* ～ ザラザラした感じ A sensação áspera. [S/同] Kańkákú; kańshókú. **3** [印象] A impressão. *Ano hito to hanashite donna* ～ *ga shimashita ka* あの人と話してどんな感じがしましたか Com que ～ ficou depois de falar com ele? ★ ～ *no yoi* [*warui*] *hito* 感じの良い[悪い]人 A pessoa agradável/simpática [desagradável/antipática]. *Akarui* ～ *no hito* 明るい感じの人 A pessoa alegre [bem disposta]. *Yoi* ～ *o ataeru* 良い感じを与える Dar boa ～. [S/同] Íńshṓ.

kańjí[2] 漢字 O ideograma [cará(c)ter]; a letra [escrita] chinesa. ★ ～ *de kaku* 漢字で書く Escrever em ～s. ◇ **～ seigen** 漢字制限 A limitação oficial do número de ～s. **Gakushū** [**Kyōíkú**] **～** 学習[教育]漢字 Os 1006 ～s do ensino básico. **Jōyō ～** 常用漢字 Os 1945 ～ s de emprego comum.

kánji[3] 幹事 O gerente; o administrador; o secretário「da festa」. ◇ **～ chō** 幹事長 O secretário-geral. **～ kai** 幹事会 A comissão「de administração」; o secretariado. [S/同] Sewánín; sewáyákú.

kánji[4] 監事 **1** [雑多な事務を担当する役] O inspe(c)tor; o fiscal; o superintendente. **2** [法人の業務・会計などを監督する機関] O perito contabilista [revisor de contas].

kánji[5] 莞爾【E.】O sorriso. ⇨ nikkóri.

kańjí-íru 感じ入る (< kańjírú + …) Estar (muito) impressionado com「tanta beleza」. ⇨ kańshíń[1].

kánji-kai 幹事会 ⇨ kánji[3] ◇.

kańjíkí かんじき Umas sapatas para andar sobre「a neve」.

kańjíń[1] 肝心 [腎] O「ponto」principal; o essencial; o importante. *Yōjin ni yōjin ga* ～ *da yo* 用心に用心が肝心だよ ～ é ter muito, muito cuidado. ★ ～ *kaname na koto* 肝心要なこと A coisa mais importante. [S/同] Kań'yṓ.

kańjíń[2] 勧進 A angariação de fundos「para construir um templo」. ◇ ⇨ **～ moto**.

kańjíń[3] 閑人 O ocioso. ◇ **～ kanwa** 閑人閑話 A conversa de ～s. [S/同] Himá-jíń.

kańjíń-mótó 勧進元 O patrocinador; o promotor. [S/同] Hokkíníń. ⇨ kańjíń[2]; sewá ◇.

kańjí[zú]rú 感じ[ず]る **1** [刺激されて感覚を生じる] Sentir. ★ *Atsusa* [*Itami*; *Kūfuku*; *Nekki*; *Nioi*; *Oi*] *o* ～ 暑さ[痛み; 空腹; 熱気; におい; 老い]を感じる ～ o calor [a dor; a fome; ardor; cheiro; a velhice]. *Hada de* ～ 肌で感じる ～ na pele. *Nani mo kanjinai* 何も感じない Ser insensível; não ～ nada. **2** [感動する; 感心する] Sentir; reagir「ao apelo/discurso」; impressionar-se. [I/慣用] *Jinsei iki ni kanzu* 人生意気に感ず Comover-se [Sentir-se tocado] pela pureza de sentimentos (de alguém). [*Aite no*] *netsui ni* ～[相手の]熱意に感じる Ficar impressionado com o entusiasmo「do interlocutor」. **3** [心に思う; 心にきざみつける] Sentir; aperceber-se; estar consciente; reconhecer. ★ *Jibun no benkyō busoku o* ～ 自分の勉強不足を感じる Reconhecer que não estuda. *Konnan* [*Nikushimi*; *Sabishisa*; *Shitashimi*; *Shitto*; *Yorokobi*] *o* ～ 困難[憎しみ; 寂しさ; 親しみ; 嫉妬; 喜び]を感じる Sentir dificuldade [ódio; tristeza; simpatia; inveja; alegria]. *Mi no kiken o* ～ 身の危険を感じる Sentir-se em perigo de vida.

kańjí-tóru 感じ取る (< kańjírú + …) Perceber; notar; compreender. ★ *Fun'iki* [*Keisei*] *o* ～ 雰囲気[形勢]を感じ取る Aperceber-se「logo」da situação.

kańjí-yásúi 感じ易い (< kańjírú + …) **1** [敏感な]「o olho é」Sensível「à luz」;「criança」impressionável; susce(p)tível [nervoso]. ★ ～ *hito* 感じ易い人 A pessoa ～. [S/同] Bińkáń. **2** [感傷的] Sentimental. [S/同] kańshṓ-tékí.

kánjo[1] 寛恕【E.】**1** [寛大] A generosidade; a magnanimidade. [S/同] Kańdáí. **2** [堪忍] O perdão. [S/同] Kánnin; yurúshí; yū́jo; kaíyō.

kánjo[2] 官女 A dama de honor [de companhia]. ◇ **San' nin ～** 三人官女 As três damas de honor da "hina-matsuri". ⇨ jokáń.

kańjṓ[1] 感情 A emoção; o sentimento; a paixão. *Sore made kare ni taishite kono yō na* ～ *o idaita koto wa nakatta* それまで彼に対してこのような感情を抱いたことはなかった Até então nunca tinha experimentado por ele tal sentimento. ★ ～ *ga komoru* 感情がこもる **a**) Estar apaixonado; **b**) Estar cheio de emoção. ～ *ga takamaru* [*gekisuru*] 感情が高まる[激する] Excitar-se; estar a ferver de emoção. ～ *ni hashiru* [*oboreru*] 感情に走る[おぼれる] Deixar-se levar pela/o ～. ～ *ni uttaeru* 感情に訴える Apelar ao ～. ～ *no hageshii hito* 感情の激しい人 A pessoa impulsiva [excitável]. ～ *o arawasu* 感情を表す Deixar transparecer o/a ～. ～ *o gaisuru* 感情を害する Ofender (os sentimentos de) alguém. ～ *o kao ni arawasu* 感情を顔に表す Deixar transparecer (no rosto) o/a ～. ～ *o komete hanasu* 感情をこめて話す Falar com ～. ～ *o majiezu ni* 感情を交えずに Pondo o sentimento [coração] de lado. ～ *o osaeru* 感情を抑える Controlar a/o ～. ～ *o shigeki suru* 感情を刺激する Despertar ～. ～ *o takaburaseru* 感情をたかぶらせる Excitar [Irritar] alguém. ～ *teki na* 感情的な Emotivo; sentimental; passional. *Ichiji no* ～ *ni kararete* 一時の感情に駆られて Levado pelo impulso do momento. ◇ **～ inyū** 感情移入 A empatia. **～ ron** 感情論 O argumento sentimental [emotivo/ad hominem (L.)].

kańjṓ[2] [óo] 勘定 **1** [計算] O cálculo; o cômputo; a conta; a contagem. ★ ⇨ **～ dakai**. ～ *ga au* 勘定が合う A conta dá [está] certa. ～ *ni hairu* 勘定に入る Entrar na conta. ～ *o machigaeru* 勘定を間違える Enganar-se no/a ～. ～ *zuku de* 勘定ずくで Interesseiramente; só com o sentido no lucro [proveito]. *Kane o* ～ *suru* 金を勘定する Contar (o) dinheiro. [S/同] Keísáń (+). **2** [会計上の] A conta(bilidade). ★ ～ *o tsukeru* 勘定を付ける Fazer ～. ◇ **～ ba** 勘定場 A caixa. **～ bi** 勘定日 O dia do pagamento [da prestação de contas]. **～ bugyō** 勘定奉行 O chefe da ～; o tesoureiro. **Mi-harai ～** 未払い勘定 As contas pendentes. **Seisan ～** 精算勘定 A conta saldada [assente]. **Shiharai ～** 支払い勘定 A conta

K

a pagar. **Shihon ~** 資本勘定 A conta do capital. **Tōza ~** 当座勘定 A conta corrente [à ordem]. **Uketori ~** 受取勘定 A conta a cobrar [receber]. **3** [支払い] A conta (a pagar). *O ~ shite kudasai* お勘定してください A conta, por favor. ★ *~ ga kasamu* 勘定がかさむ Acumular despesas. *~ o haratte nai* 勘定を払ってない (Ainda) não está pago. *~ o suru* 勘定をする Pagar. ⇨ *~* 勘定取り O cobrador (de contas). **4** [考慮；見積り] A consideração; a conta. *Furyo no dekigoto mo jūbun ~ ni irete okanakereba naranai* 不慮の出来事も十分勘定に入れておかなければならない É preciso contar com os imprevistos. ｐことわざ *~ atte zeni tarazu* 勘定合って銭足らず O que parece corre(c)to em teoria nem sempre dá certo na prática.

kanjō[3] 環状 A forma circular (de circunvalação). ◇ **~ dōro** 環状道路 A (estrada) circular [de circunvalação]. **~ resseki** 環状列石 [Pal.] As pedras dispostas em ~. **~ seiun** 環状星雲 [Astr.] A nebulosa anelar. **~ sen** 環状線 A linha circular [de Yama-no-te].

kanjō[4] 管状 A forma tubular [tubulada].

kanjō[5] 冠状 A forma de coroa. ◇ **~ dōmyaku [jōmyaku]** 冠状動脈 [静脈] As artérias [veias] coronárias.

kanjō[6] 艦上 Em navio de guerra. ◇ **~ ki** 艦上機 O avião no [a bordo de um] ~.

kanjō[7] 桿状 A forma de vara [Bacilar]. ◇ **~ kin** 桿状菌 O bacilo.

kanjō-dákái 勘定高い (< …[2] + *takái*) Interesseiro. *Kare wa ~ otoko da* 彼は勘定高い男だ Ele é um [não faz nada de graça].

kanjo-gáki 勘定書き (< …[2] + *káku*[1]) A fa(c)tura; a conta. ⇨ selkyū-shó.

kánju[1] 感受 A captação (de sensações). ★ *~ suru* 感受する Ser sensível 「a」；「o rádio」captar. ◇ **~ sei**.

kánju[2] 甘受 A resignação; a conformação. ★ *~ suru* 甘受する Resignar [Sujeitar]-se 「a」；conformar-se 「com」.

kánju[3] 貫首 [主] [Bud.] O superior (do templo).

kanjúkú[1] 完熟 O amadurecimento completo. *~ suru* 完熟する A madurecer. *~ tomato* 完熟トマト O tomate bem maduro.

kanjúkú[2] 慣熟 A experiência e a habituação.

kanjú-séi 感受性 A sensibilidade. *~ no nibui [surudoi] hito* 感受性の鈍い [鋭い] 人 A pessoa insensível [muito sensível/com muita ~]. *~ no tsuyoi [yutaka na]* 感受性の強い [豊かな] 「Senhora」com muita ~ 「artística」. ⇨ kánju[1].

kánka[1] 感化 A influência; o influxo; a inspiração. ★ *~ o ukeru* 感化を受ける Ser influenciado 「pela Madre Teresa」; receber a inspiração 「de」. *~ sareyasui* 感化されやすい Influenciável. *~ suru* 感化する Influenciar; exercer influência 「sobre」; inspirar. *Yoi ~ o ataeru* よい感化を与える Exercer uma boa influência.

kánka[2] 管下 O estar sob a jurisdição [autoridade] 「de」. ⇨ kánkátsu.

kánka[3] 閑暇 [E.] O tempo livre [disponível]; as horas de lazer. Ｓ/同 Himá (+).

kánka[4] 看過 [E.] A transigência. *~ dekinai* 看過できない Não se pode transigir. ⇨ mi-nógású.

kánka[5] 干戈 [E.] As armas. ★ *~ o majieru* 干戈を交える Cruzar armas 「com」. ⇨ búki.

kankái[1] 官界 O funcionalismo público; os círculos oficiais. ★ *~ ni aru [hairu]* 官界にある [入る] Estar [Entrar] no(s) ~.

kankái[2] 感懐 [E.] ⇨ kańshō[1].

kankái[3] 環海 [E.] Os mares circundantes.

kankáku[1] 間隔 O espaço; o intervalo. ★ *~ o oku [akeru]* 間隔を置く [あける] Espaçar; deixar (um) 「maior entre as plantas」. *~ o tsumeru* 間隔を詰める Estreitar [Diminuir] a distância 「entre」. *Ittei no ~ o oite* 一定の間隔を置いて A [Com] ~s iguais [regulares].

kankáku[2] 感覚 A sensibilidade [sensação]; o sentido [de orientação do tempo]; o senso. *Samusa de yubi-saki no ~ ga nakunatta* 寒さで指先の感覚がなくなった Perdi a ~ nos dedos com o [devido ao] frio. ★ *~ ga atarashii [furui]* 感覚が新しい [古い] 「prédio」Moderno [Antiquado]. *~ ga nibui* 感覚が鈍い Ter pouca ~ (os sentidos entorpecidos). *~ o ushinau* 感覚を失う Perder a ~. *~ teki na* 感覚的な Sensível. *~ teki ni* 感覚的に 「perceber」Instintivamente. ◇ **~ chūsu** 感覚中枢 O centro (nervoso) sensorial. **~ ha** 感覚派 Os sens(acion)istas. **~ kikan** 感覚器官 O órgão sensorial 「da vista」/Os órgãos dos sentidos. **~ ron** 感覚論 [Fil./Psic.] O sensismo. **Biteki ~** 美的感覚 O ~ estético. **Hifu ~** 皮膚感覚 A sensação cutânea.

kánkan かんかん [On.] **1** [かたいものがふれあうさま] *Hanshō ga ~ to natte iru* 半鐘がかんかんと鳴っている A sirene está a tocar! **2** [日光が強く照りつけるさま] *Hi ga ~ tette iru* 日がかんかん照っている Está um sol abrasador! Ｓ/同 Gíragira. **3** [激しく怒るさま] *Watashi no seiseki o mite chichi wa ~ ni natte okotta* 私の成績を見て父はかんかんになって怒った Quando viu as minhas notas, (o) meu pai explodiu. **4** [炭火がおこるさま] *Sumi-bi ga ~ ni okotte iru* 炭火がかんかんにおこっている (Olha) que boas brasas!

kańkan-bō かんかん帽 O chapéu de palha.

kańkán-gakúgákú [E.] Pão pão, queijo queijo. ★ *~ no rongi* 侃々諤々の論議 O argumento fra(n)co (sem rodeios).

kańkan (ódori) カンカン (踊り) (< Fr. cancan) O cancã. ★ *~ o odoru* カンカン (踊り) を踊る Dançar ~. ◇ **Furenchi ~** フレンチカンカン ~ francês.

kańkan-shiki 観艦式 A parada naval.

kańkátsú 管轄 A jurisdição. **~** *suru* 管轄する Controlar; ter ~. *…no ~ gai ni aru* …の管轄外にある Estar fora de ~ de …. *… no ~ ni zoku-suru [-shite iru]* …の管轄に属する [している] Estar sob ~ de …. ◇ **~ chigai** 管轄違い [Dir.] A incompetência jurisdicional; o não ter ~. **~ ken** 管轄権 (O ter) ~ [poder/autoridade]. **~ kuiki** 管轄区域 A ~ territorial 「desta ilha」; **b)** A comarca; a zona de ~.

kańkéí[1] 関係 **1** [関連] A relação. *Kare wa masu-komi ~ no shigoto o shite iru* 彼はマスコミ関係の仕事をしている Ele trabalha na comunicação social. *Kimi wa ano hito to dō iu ~ desu ka* 君はあの人とどういう関係ですか Que ~ões tem com aquela pessoa? *~ o kaizen suru* 関係を改善する Melhorar [Estreitar] as ~ões. *~ ga aru* 関係がある Ter 「com」［*~ shite iru* 関係している Estar relacionado］. *… to [ni] ~ naku* …と [に] 関係なく Independentemente; à parte; sem ~. *Nan no ~ mo nai [Mu ~ de aru]* 何の関係もない [無関係である] Não ter qual-quer/nenhuma ~ [nada a ver] 「com」. ◇ **~ dai-**

meishi 関係代名詞 O pronome relativo「que」. **~ hōki** 関係法規 Os regulamentos respe(c)tivos. **~ kanchō** [**tōkyoku**] 関係官庁[当局] A repartição pública [A autoridade] competente. **~ sha** [**shokoku**] 関係者[諸国] A pessoa [As nações] envolvida/s [interessada/s]. **~ shorui** 関係書類 A respe(c)tiva documentação. **Gaikō** [**Kokusai**] **~** 外交[国際]関係 ~ões diplomáticas [internacionais]. **Inga ~** 因果関係 ~ causal [causa-efeito]. **Ningen ~** 人間関係 ~ humanas. **Torihiki ~** 取引関係 ~ões comerciais. **Zengo ~** 前後関係 O contexto. **2** [関与] A relação; o envolvimento. ★ ~ *o tatsu* 関係を断つ Cortar (as) ~. ★ *Hanzai ni ~ suru* 犯罪に関係する Estar envolvido num crime. **3** [影響] A influência; o efeito. *Katei kankyō wa jinkaku no keisei ni jūyō na ~ ga aru* 家庭環境は人格の形成に重要な関係がある O ambiente familiar [doméstico] influi muito na formação do cará(c)ter. **4** [情交] As relações sexuais. ★ ~ *suru* [*o motsu*] 関係する[を持つ] Ter ~ s.

kańkéí2 奸[姦]計【E.】O ardil; a trama; a trapaça.

kańkéí3 環形【Mat.】Em anel; a coroa circular.

kańkéí-dōbutsu [óo] 環形動物【Zool.】O anelídeo. [S/同] Kańchū́.

kańkéi-sha 関係者 As pessoas [partes] envolvidas [interessadas]「neste assunto」. ◇ **~ ichidō** 関係者一同 Todas ~. **Hōdō ~** 報道関係者 A imprensa; os jornais, a rádio e a televisão. ⇨ kańkéí1.

kankéí-zúkéru 関係付ける (<… 1 + tsukéru) Relacionar; ligar.

kańkéń1 官憲 As autoridades oficiais.

kańkéń2 管見【E.】**a**) A visão estreita; **b**) O ponto de vista pessoal.

kańkétsú1 完結 A conclusão; o fim; o remate. ★ ~ *suru* 完結する Completar; chegar ao fim. ◇ **~ hen** 完結編 O último programa「de uma série televisiva」. [S/同] Kańryṓ.

kańkétsú2 簡潔 A brevidade; a concisão. ★ ~ *ni noberu* 簡潔に述べる Expressar(-se) em poucas palavras [com ~; de maneira sucinta]. *Setsumei o ~ ni suru* 説明を簡潔にする Abreviar [Resumir] a explicação. [S/同] Kańméí.

kańkétsú3 間欠[歇]【E.】A intermitência. ★ ~ *teki na* 間欠的な Intermitente. ~ *teki ni* 間欠的に Intermitentemente. ◇ **~ netsu** 間欠熱 A febre intermitente. **~ sen** [**onsen**] 間欠泉[温泉] O gé[ê]iser; a fonte termal intermitente.

kánki1 寒気 O (tempo) frio. ★ ~ *ga masu* 寒気が増す Arrefecer; ficar mais frio. ◇ **Shiberia ~ dan** シベリア寒気団 A massa de ar frio (vinda) da Sibéria. ⇨ sámusa.

kańkí2 換気 O arejamento; a ventilação. *Kono heya wa ~ ga yoi* [*warui*] この部屋は換気が良い[悪い] Esta sala é bem [mal] arejada. ~ *suru* 換気する Arejar; ventilar. ◇ **~ kō** 換気孔 O respiradouro. **~ sen** [**senpūki**] 換気扇[扇風機] O exaustor.

kánki3 歓喜 O júbilo; o regozijo; a exultação; o deleite; o prazer; a alegria. ★ ~ *suru* 歓喜する Alegrar-se「com a notícia」. ⇨ yorókóbí.

kánki4 艦旗 O pavilhão; o símbolo marítimo de uma nacionalidade.

kánki5 乾季[期] A estação seca. [A/反] Úki.

kánki6 喚起【E.】A suscitação; o despertar. ★ *Chūi o ~ suru* 注意を喚起する Despertar a atenção. *Seron o ~ suru* 世論を喚起する Excitar a opinião pública.

kánki7 官紀 A disciplina [moral] dos funcionários públicos. ★ ~ *o shukusei suru* 官紀を粛正する Apertar ~. ◇ **~ binran** 官紀紊乱 O relaxamento da ~.

kánki8 勘気 O desagrado. ⇨ kańdṓ2.

kańkíń1 監禁 A detenção. ★ *Jitaku ni ~ suru* 自宅に監禁する Confinar ao domicílio; deter, com residência vigiada. ◇ **Fuhō ~** 不法監禁 ~ ilegal.

kańkíń2 換金【Econ.】A conversão de bens em dinheiro; a realização. ★ ~ *suru* 換金する Converter em dinheiro; realizar〔*Kogitte o ~ suru* 小切手を換金する Descontar (Trocar em dinheiro) um cheque〕. ◇ **~ sakumotsu** 換金作物 A produção agrícola para venda.

kańkíń3 看経 A leitura dos sutras em silêncio.

kańkín4 桿菌【Bot.】O bacilo. ⇨ kańjṓ7.

kań-kírí 缶切り (<… 1 + kíru) O abre-latas.

kańkítsú-rui 柑橘類 Os citrinos (Limão, laranja).

kánko1 歓呼 A aclamação; o aplauso; o hurra; o viva. ★ ~ *suru* [*no koe o ageru*] 歓呼する[の声をあげる] Aclamar; aplaudir; dar hurras [vivas]〔~ *shite mukaeru* 歓呼して迎える Receber com ~s〕. ⇨ kańséí2.

kánko2 鹹湖 O lago de água salgada. ⇨ énko4.

kańkṓ1 観光 A visita a lugares de interesse; o turismo. ★ *Kyōto ni ~ ni iku* 京都に観光に行く Ir visitar Kyoto; fazer uma viagem de turismo a Kyoto. ◇ **~**(**annai**) **gyōsha** 観光(案内)業者 A agência de turismo [viagens]. **~ annai-sho** 観光案内所 O posto de informação turística; "Turismo". **~ chi** 観光地 O lugar de interesse turístico. **~ dan** 観光団 O grupo de turistas. **~ gaido** 観光ガイド O guia (turístico). **~ hoteru** 観光ホテル O hotel para turistas. **~ kaihatsu** 観光開発 O desenvolvimento do ~. **~ koku** [**kōsu; toshi**] 観光国[コース; 都市] O país [roteiro; A cidade] turístico/a. **~ kyaku** 観光客 O turista; o visitante. **~ ryokō** 観光旅行 A viagem de ~. **~ shīzun** 観光シーズン A época do [de mais] ~.

kańkṓ2 刊行 A publicação. ◇ **~ butsu** 刊行物 A publicação. **~ nengappi** 刊行年月日 A data da ~. **Teiki ~ butsu** 定期刊行物 A publicação periódica; o periódico.

kańkṓ3 感光 A exposição (à luz). ★ ~ *do*「*ga tsuyoi*」感光度「が強い」Ser altamente fotossensível. ~ *suru* 感光する Ser exposto à luz (e estragar-se). ◇ **~ firumu** [**ban**] 感光フィルム[板] A película [chapa] fotossensível. **~ sei** 感光性 A fotossensibilidade. **~ shi** 感光紙 O papel fotossensível [sensível à luz].

kańkṓ4 慣行 A prática habitual [normal/tradicional]. ★ *Seken ippan no ~* 世間一般の慣行 A prática comum [geral]. ⇨ kańréí2; kańshū1; shū́káń1.

kańkṓ5 敢行 O realizar「a corrida/greve」haja o que houver. ⇨ dańkṓ3; kekkṓ2; kyṓkṓ1.

kańkṓ6 完工 A conclusão da construção/obra. [S/同] Shuńkṓ. ⇨ kańséí1.

kańkṓ7 緩行 O ir devagar. [A/反] Kyū́kṓ.

kańkṓ8 勘考【E.】A consideração; a ponderação. [S/同] Jukkṓ; shían.

kańkṓ9 箝口【E.】O silêncio imposto; a mordaça [rolha]. ◇ ⇨ **~ rei**.

kańkṓchō [óo] 官公庁 As repartições públicas. ◇ **~ rōdōsha kumiai** 官公庁労働者組合 O sindi-

K

cato dos funcionários públicos.

kańkódori 閑古鳥 O cuco. *Sono onsen machi wa ~ ga naku yō na sabishisa da* その温泉町は閑古鳥が鳴くような寂しさだ Essa estação termal tem poucos e raros clientes. [S/同] Kákkō.

kańkṓhen(shō) [**óo**] 肝硬変(症)【Med.】A cirrose hepática.

kańkókú[1] 勧告 O conselho; a recomendação; a advertência; o aviso. *Ishi no ~ ni shitagatte kare wa sake o yameta* 医師の勧告に従って彼は酒をやめた Ele seguiu ~ do médico e deixou de beber. ★ *Jishoku o ~ suru* 辞職を勧告する Aconselhar a demissão [demitir-se]. ◇ **~ sho** 勧告書 O aviso (por) escrito; a carta de aviso. ⇨ kań'yū́[2]; settókú.

Kánkoku[2] 韓国 A Coreia (do Sul). ★ ~ *no* 韓国の Sul-coreano. ◇ **~ jin** 韓国人 O coreano (Tb. idioma: ~ go). ⇨ Chṓsén[2].

kań-kóń-sṓ-sái 冠婚葬祭 As ocasiões mais importantes em que se reúnem as famílias (maioridade, casamento, funeral, comemorações fúnebres).

kańkṓrei [**óo**] 箝口令 (⇨ kańkṓ[9])【E.】A lei de repressão da liberdade de expressão; a lei "da rolha". ★ ~ *o shiku* 箝口令をしく Silenciar [Amordaçar] (a imprensa).

kańkṓri [**óo**] 官公吏 Os funcionários públicos. ⇨ kánri[2]; kṓri[6].

kańkṓritsu [**óo**] 官公立 Estatal. ⇨ kokúrítsú; shíritsu[2].

kańkṓrō [**kóo**] 官公労 O sindicato dos funcionários públicos do J. ⇨ kańkṓchō ◇.

kánkotsu 顴骨【Anat.】O osso malar; o zigoma. [S/同] Hṓ-bóné.

kánkotsudattai 換骨奪胎【E.】A adaptação de uma versão original「russa para j.」; o decalque. ★ ~ *suru* 換骨奪胎する Fazer ~.

kánku[1] 管区 O distrito; a região; a circunscrição. ⇨ kańkátsú.

kánku[2] 艱苦 As privações; o sofrimento; a penúria. ★ ~ *ni taeru* 艱苦に耐える Aguentar ~. [S/同] Kúnan; shińsáń. ⇨ kánnan.

kánku[3] 甘苦【E.】As alegrias e as tristezas. [S/同] Kańsáń.

kańkyákú[1] 観客 A plateia; o público; os espectadores. ~ *wa mina tatte hakushu shita* 観客は皆立って拍手した ~ em peso aplaudiu de pé. ◇ **~ seki** 観客席 A [O lugar na] plateia. ⇨ kańshū́[3].

kańkyákú[2] 閑却【E.】A negligência; a incúria; o desleixo; o descuido.

kánkyo 閑居【E.】 **1** [静かな生活] **a**) A vida calma [sossegada]; **b**) A vida indolente [ociosa]. ★ ~ *suru* 閑居する Levar uma ~. [P/ことわざ] *Shōjin ~ shite fuzen o nasu* 小人閑居して不善をなす A ociosidade é a mãe de todos os vícios. **2** [閑静な住居] A casa em lugar retirado.

kańkyṓ[1] 環境 O ambiente; o meio. ★ ~ *ga ii* 環境がいい Ter um bom ambiente. ~ *hakai o fusegu* 環境破壊を防ぐ Impedir a destruição do ~. ~ *ni junnō suru* 環境に順応する Adaptar-se ao ~. ~ *ni sayū sareru* [*sarete iru*] 環境に左右される[されている] Ser influenciado pelo ~. ◇ **~ cho** 環境庁 A Secretaria de Estado do Meio Ambiente. **~ eisei** 環境衛生 A higiene do meio ambiente. **~ hogo** 環境保護 A prote(c)ção da natureza [do ~]. **~ kijun** 環境基準 A regulamentação básica contra a poluição. **~ mondai** 環境問題 O problema ambiental. **~ osen** 環境汚染 A poluição (do ~). **Seikatsu ~** 生活環境 ~ em que se vive.

kańkyṓ[2] 感興 O interesse; a curiosidade; a inspiração; o entusiasmo. ★ ~ *ga waku* 感興がわく「ser bom para」Despertar ~「por」. ~ *no omomuku mama ni* 感興のおもむくままに Movido [Levado] pela/o ~. ~ *o sogu* 感興をそぐ Ser desmancha-prazeres [um balde de água fria]; arrefecer o entusiasmo; fazer perder o interesse. ~ *o sosoru* 感興をそそる Despertar [Suscitar] o/a ~; inspirar. ⇨ kyṓmi; omóshírómí.

kańkyō[3] 艦橋 A ponte de comando (de um navio).

kánkyū́[1] 緩急【E.】 **1** [遅速] **a**) A lentidão e a rapidez; **b**) A mansidão e dureza「de um educador」. ★ ~ *jizai no* 緩急自在の「jogador」Que sabe controlar a velocidade「da bola」. **2** [危急]【E.】A emergência. ★ *Ittan ~ areba* 一旦緩急あれば Em caso de [Numa] ~.

kańkyū́[2] 官給 O fornecimento (gratuito) pelo governo. ◇ **~ hin** 官給品 O artigo fornecido…

kańkyū́[3] 感泣 As lágrimas de emoção. ★ ~ *suru* 感泣する Chorar de emoção.

kańmáń[1] 緩慢 **1** [速度のゆるやかなようす] A lentidão; o vagar. ★ ~ *na nagare* 緩慢な流れ A corrente vagarosa [lenta]. **2** [動作がのろいようす] A lentidão; o ser「um jogo」parado. ★ *Dōsa ga ~ de aru* 動作が緩慢である Ser lento no trabalho. **3** [経済界の動きが不活発であること] A estagnação.

kańmáń[2] 干満 A maré (baixa e a maré alta). ★ ~ *no sa* 干満の差 A amplitude da maré. ⇨ kańchṓ[2]; mańchṓ.

kańmátsú 巻末 O「índice está no」fim do livro. [A/反] Kańtṓ.

kańmé 貫目 **1** [目方] O peso「está certo」. [S/同] Júryṓ; mekátá (+). **2** [⇨ kán[6]].

kańméí[1] 感銘 A impressão profunda [forte; indelével; inesquecível; inolvidável]. ★ ~ *o ukeru* 感銘を受ける Ficar profundamente impressionado. ~ *saseru* [*o ataeru*] 感銘させる[を与える] Causar profunda impressão. ~ *suru* 感銘する Impressionar profundamente. ⇨ kańdṓ[1]; kańgékí[1].

kańméí[2] 簡明 A simplicidade e clareza; a concisão. ★ ~ *ni shirusu* 簡明に記す Escrever com concisão [Ser conciso]. ⇨ kańkétsú[2].

kańméí[3] 官名 Um título oficial (Do governo).

kańméí[4] 官命 Uma ordem [Ordens] do governo; a missão oficial; um encargo ministerial. ★ ~ *ni yori* 官命により Por ordem do governo.

kánmi[1] 甘味 A doçura; o sabor adocicado. ◇ **~ ryō** 甘味料 O tempero adocicante. [S/同] Amámí (+); amásá (+). [A/反] Kúmi; nigámi. ⇨ amái; ají[1].

kánmi[2] 鹹味 ⇨ shió-kárái.

kán-min 官民 O governo e o povo [os cidadãos]. ★ ~ *kyōryoku shite* 官民協力して Com a colaboração [união] do governo e do povo.

kańmóji 閑文字 As frases [palavras] supérfluas [vãs; inúteis]. ⇨ kán[20].

kańmóń[1] 関門 **1** [関所の門] A barreira; a entrada. **2** [比喩的に] O obstáculo; a barreira. *Dōshi no katsuyō o oboereba porutogaru-go no daiichi ~ wa toppa dekiru* 動詞の活用を覚えればポルトガル語の第一関門は突破できる Aprendidos os verbos, está vencida [ultrapassada] a primeira (e maior) barreira do p. ★ ~ *o tsūka suru* 関門を通過する

K

Passar pela [a] ~.

Kanmón² 関門 As cidades de Shimonoseki e Moji. ◊ ~ **kaikyō** [**tonneru**] 関門海峡[トンネル] O estreito [túnel (que liga as ilhas de Honshū e Kyūshū)] de ~.

kańmón³ 喚問【Dir.】A notificação (jurídica); a intimação; a citação. ★ ~ *sareru* [*o ukeru*] 喚問される[を受ける] Receber uma ~/Ser intimado「a」. ~ *suru* 喚問する Citar [Intimar] /Mandar uma ~ [a] alguém. *Shōnin no* ~ *o yōkyū suru* 証人の喚問を要求する Exigir [Requerer] a ~ da testemunha. ⇨ shōkán².

kanmónji 閑文字 【E.】⇨ kańmóji.

kańmúri 冠 **1**[かぶりもの]A coroa; o diadema. ★ ~ *o kaburu* 冠をかぶる Pôr a coroa. *O-* ~ *de aru* お冠である Estar zangado. (*O*-) ~ *o mageru* (お)冠を曲げる Zangar-se ⇨ okóru. ◊ **o-~**. **2**[漢字の]A cabeça; a coroa. "*Hana*" (*Hana*) *to iu kanji no* ~ *wa* "++" *da* "*Hana*" "花"という漢字の冠は"++"だA ~ do ideograma "flor" é "++" (kusa-kanmuri). ⇨ heń², kamáe.

kańna¹ 鉋 A plaina. ★ ~ *o kakeru* 鉋をかける **a)** Alisar com ~; **b)** Aplainar. ◊ ~ **dai** 鉋台 O cepo da ~ (É uma parte da ~). ◊ ~ **kuzu** 鉋くず As fitas [aparas] de madeira (Que saem da ~).

kánna² カンナ (< P. < L. canna)【Bot.】A cana; a conteira (flor das contas).

kańnágara-no-michi 神ながらの道 O caminho dos deuses; o xintoísmo. ⇨ shíntō².

kańnai¹ 管内 (< kańkátsu + uchí) (Dentro de) a jurisdição; o território da sua jurisdição. ★ ~ *o junshi suru* 管内を巡視する Fazer uma visita de inspe(c)ção aos lugares de [sob a] sua jurisdição. A/B Kángai. ⇨ kánka².

kánnai² 館内 Dentro「da biblioteca/do pavilhão/do prédio」. ★ ~ *kin'en* 館内禁煙 Proibido fumar ~. ◊ **~**. S/同 Kángai.

kánnan 艱難 【E.】Os trabalhos; as canseiras; a adversidade; o infortúnio; a tribulação; o sofrimento; a aflição; os apuros; a penúria; as privações; a provação. ★ *Ikuta no* ~ *o heru* 幾多の艱難を経る Experimentar [Passar por] muitas dificuldades. ことわざ ~ *nanji o tama ni su* 艱難汝を玉にす A adversidade torna o homem sábio [aguça o engenho] /O ouro purifica-se no cadinho/Pela [Da] cruz à luz. ◊ ~ **shinku**.

kánnan-shinku 艱難辛苦 As dificuldades; a prova(ção); o infortúnio; a adversidade; os apuros. ★ ~ *suru* 艱難辛苦する Passar por muitas [toda a espécie de] dificuldades; sofrer duras provas.

kánnen 観念 **1**[概念、考え]O conceito; a ideia; a noção; a meditação (no Bud.). ~ *teki na* 観念的な Idealista; conceptualista. *Ayamatta* ~ *o motte iru* 誤った観念を持っている Ter um conceito errado「de」. ◊ ~ **ron** 観念論 O idealismo. ◊ ~ **ronsha** 観念論者 Um idealista [Os idealistas]. ⇨ rínen¹. **2**[…の念; 意識] O sentido; a noção. ★ *Sekinin* ~ *ga nai* 責任観念がない Não ter a/o ~ da responsabilidade. ⇨ kán¹º **2**. **3**[あきらめ; 覚悟] A desistência; a resignação; a certeza de que não há (outra) solução. ★ ~ *no hozo o katameru* 観念のほぞを固める Decidir (resignando-se). ~ *suru* 観念する Aceitar; conformar-se [*Shi o* ~ *suru* 死を観念する Aceitar a morte].

kánnin 堪忍 **1**[がまん]A paciência; a longanimidade; a tolerância. ★ ~ *dekinai* 堪忍できない Não (poder) suportar; insuportável; intolerável. ~ *suru* 堪忍する Ter paciência; suportar; ser paciente; tolerar. ⇨ gáman; níntai. **2**[許すこと]O perdão. ★ ~ *suru* 堪忍する Perdoar; tolerar; desculpar ~ *shite kudasai* 堪忍して下さい Tenha paciência e desculpe). 慣用 ~*bukuro no o ga kireta* 堪忍袋の緒が切れた Já não aguento mais! /Perco [Perdi] a paciência. *Naranu* ~ *suru ga* ~ ならぬ堪忍するが堪忍 A verdadeira paciência está [consiste] em tolerar o intolerável. S/同 Kánben (+). ⇨ yurúsu.

kańnígú カンニング (< Ing. cunning)【G.】O copiar no exame; a cola (B.). ★ ~ *o suru* カンニングをする Copiar; colar (fazer cola) (B.). ◊ ~ **pēpā** カンニングペーパー O papel de cola [copiar]; o burro.

kańnō¹ 感応 **1**[信心が神仏に通じること]A resposta divina; o「deus」atender ao pedido. **2**[共感]A simpatia. ★ ~ *suru* 感応する Simpatizar「com」. ◊ **Sōgo** ~ 相互感応、磁気的作用 A indução elé(c)trica ou magnética. ★ *Denki ni* ~ *suru* 電気に感応する Induzir ele(c)tricidade. ◊ ~ **sayō** 感応作用 A indução; a indutividade; o efeito indutivo. S/同 Yūdō (+).

kańnō² 官能 **1**[感覚器官の機能] As funções orgânicas. ★ ~ *o shigeki suru* 官能を刺激する Estimular as ~. **2**[肉体的快感] A sensualidade; a volu(p)tuosidade; a volúpia. ★ ~ *teki (na)* 官能的(な)Sensual; volu(p)tuoso; carnal. ◊ ~ **shugi** 官能主義 O sensualismo; o hedonismo; o cirenaísmo.

kańnō³ 完納 O pagamento completo.

Kańnón 観音 A deusa budista da misericórdia. ◊ ~ **bosatsu** 観音菩薩 ~ bodhisattva.

kańnúki 閂 **1**[門や戸をしめる横木]A tranca; a travessa; o varão; o ferrolho. ★ ~ *o hazusu* 閂をはずす Destrancar; desaferrolhar; tirar a ~ [puxar o ferrolho]. ~ *o kakeru* 閂をかける Trancar; aferrolhar; pôr tranca「à porta」. **2**[相撲の]A tesoura (Imobilizando com os dois braços o adversário).

kán-nushi 神主 O sacerdote x[sh]intoísta. ⇨ shińkań⁴.

ká-no 彼の【E.】Aquele; aquela. ★ ~ *chi* かの地 Aquele lugar [país]; lá. ⇨ áno.

kanō¹ 可能 **1**[できること] O ser possível; a possibilidade. ★ ~ *na* 可能な Possível; realizável [~ *na han'i de* 可能な範囲で Na medida do possível. ~ *na kagiri* 可能な限り Quanto「me for」possível」. ◊ ⇨ **~sei**. S/同 Dekíru dáke. **2**[文法用語] O potencial. ◊ ~ **dōshi** 可能動詞 O verbo que tem "kanō-kei". ~ **hō** 可能法 O modo potencial. ~ **kei** 可能形 A forma potencial do verbo (Por ex., a de "aruku" é "arukeru").

kanō² 化膿 A supuração; a purulência; a piogé[ê]nese. ★ ~ *dome no kusuri* 化膿止めの薬 Um remédio anti-purulento; um anti-séptico. ~ *suru* 化膿する Supurar; ter [deitar] pus. ◊ ~ **kin** 化膿菌 O germe piogé[ê]nico. ⇨ úmu³.

kanō³ 仮納 O depósito temporário [provisório]. ◊ ~ **kin** 仮納金 O dinheiro depositado.

kanō⁴ 過納 O pagamento em excesso. ★ ~ *suru* 過納する Pagar em excesso [a mais].

kan'ō 観桜【E.】O ir ver as cerejeiras em flor. S/同 Hanámí (+). ⇨ kańbái¹.

kánojo 彼女 **1**[三人称女性代名詞] Ela; aquela. ◊ **~-ra** 彼女ら Elas. ~ **jishin** 彼女自身 Ela mesma [própria]. A/反 Káre. **2** [恋人] Uma namorada. *Ani ni ~ ga dekita* 兄に彼女ができた O meu irmão mais velho arranjou [já tem] ~. A/反 Káre; káre-shi.

kań'óke 棺桶 O caixão; a urna; o esquife; o ataúde; o féretro. ★ ~ *ni osameru* 棺桶に納める Meter [Pôr] no/a ~. ~ *ni kata-ashi o tsukkonda yō na* 棺桶に片足を突っ込んだような (Já) estar com um pé na cova (Lit. caixão)/Estar à beira da sepultura.

kánoko 鹿の子 O cervato; o cervo pequeno ou novo; o veadinho; o enho. ◇ ~ *shibori* [*zome*] 鹿の子しぼり[染め] O tecido/pano「do "obi"」às pintinhas [com pintas brancas].

kanō-séi 可能性 (⇨ kanō[1]) A possibilidade. ★ ~ *o tamesu* 可能性を試す Tentar a ~「de ir」. ~ *o saguru* 可能性を探る Buscar a ~.

kánpa[1] 看破 A perspicácia; a intuição. ★ ~ *suru* 看破する Penetrar; discernir; descobrir; perceber; ler; adivinhar. ⇨ mi-núku.

kánpa[2] 寒波 A onda de (ar) frio. *Mōretsu na ~ ga Nihon-jū o osotta* 猛烈な寒波が日本中を襲ったUma ~ rigorosíssima alastrou por [atacou] todo o Japão.

kánpa[3] カンパ (< Ru. kampanya < L.) A cole(c)ta [contribuição]「de todos」.

kanpái[1] 完敗 A derrota completa. ★ ~ *suru* 完敗する Ser completamente derrotado; sofrer uma ~.
A/反 Kańshō.

kanpái[2] 乾杯 O brinde; o beber à saúde. ~! 乾杯 (então à「sua」) Saúde! *Maria no kenkō o shuku-shite* ~! マリアの健康を祝して乾杯! (Vamos beber) à saúde da Maria! ★ ~ *suru* 乾杯する Brindar.

kánpaku 関白 【H.】O conselheiro-chefe [delegado plenipotenciário] do Imperador. ◇ *Teishu ~* 亭主関白 O marido mandão.

kanpán[1] 甲板 O convés; a coberta de navio. ★ ~ *ni deru* 甲板に出る Sair ao ~. ◇ **Jō** [**Ge**; **Zen**; **Kō**] ~ 上[下; 前; 後]甲板 O superior [inferior, de proa; de popa].

kanpán[2] 乾板 A chapa [placa] seca.

kan-pán[3] 乾パン A bolacha; o biscoito duro (De conservar; o biscoito de bordo (Em navios).

kanpátsu 煥発【E.】O brilho [ser brilhante]. ★ *Saiki ~ de aru* 才気煥発である Brilhar em inteligência e talento; ser brilhante.

kańpéi-shiki 観兵式【A.】A revista às tropas; a parada [o desfile militar]. ★ ~ *o okonau* 観兵式を行う Passar revista às tropas; desfilar. ◇ ~ **jō** 観兵式場 O local da ~. ⇨ buńrétsú[2]; eppéi[2].

kanpéki[1] 完璧 A perfeição; a impecabilidade; o primor. *Gogaku no shūtoku ni wa ~ to iu koto wa nai* 語学の修得には完璧ということはない No estudo duma língua a aprendizagem perfeita não existe. ★ ~ *na* 完璧な Perfeito; impecável; primoroso. ~ *ni* 完璧に Perfeitamente; com primor; primorosamente. S/同 Kanzén múketsu. ⇨ bańzén; jūzén[2]; kanzén[1].

kanpéki[2] 癇癖 A irascibilidade.
S/同 Kańshákú (+).

kańpén(suji) 官辺(筋)【E.】Os círculos [meios] governamentais. S/同 Seffú-suji (+).

kánpō[1] 官報 A Gazeta oficial; o Diário do Governo.

kánpō[2] 漢方 A terapia [medicina] chinesa. ◇ ~ *i* 漢方医 O médico que segue a ~. ⇨ ~ **yaku**.

kańpón[1] 完本 A edição completa [na íntegra].

kanpón[2] 刊本 Um livro [O sair] impresso.

kanpō-shágeki 艦砲射撃 O bombardeamento [bombardeio] desde um navio de guerra; o bombardeamento naval.

kańpó-yaku [*óo*] 漢方薬 O medicamento chinês [A droga usada na terapia medicinal chinesa].

kánpu[1] 還付【E.】A devolução; a restituição; o reembolso. ◇ ~ **kin**. S/同 Heńkań (+).

kánpu[2] 姦夫【E.】O adúltero; o amante.
S/同 Jōfu (+); ma-ótoko.

kánpu[3] 姦婦【E.】A adúltera; a amante.
S/同 Jōfu.

kánpu[4] 完膚【E.】O desbaratar [dar cabo do inimigo]. ★ ~ *naki made ni yattsukeru* 完膚無きまでにやっつける Desbaratar [Derrotar completamente] o adversário.

kánpu[5] 乾布 A toalha seca. ★ ~ *masatsu o suru* 乾布摩擦をする Dar uma fricção com uma ~.

kańpú 完封 **1**「港湾などの] O bloqueio completo. **2**「容器などの] O tapar bem [hermeticamente]「a garrafa」. **3**「野球] A partida de basebol em que uma das equipas não deixou marcar pontos ao adversário. ⇨ shattó-áuto.

kanpū́ 寒風 O vento frio [gelado; glacial].

kańpū-kin 還付金 O dinheiro reembolsado [restituído; devolvido]「pelo fisco aos contribuintes」.

kanpúkú 感服 A admiração; o assombro.
S/同 Kańshín (+).

kańpyō [*óo*] 干瓢 *Yūgáo* cortada às tiras e seca (Us. para "sushi" e "shiru").

kańraku[1] 歓楽 O(s) prazer(es); o gozo; o deleite; o divertimento. ★ *Jinsei no ~* 人生の歓楽 Os ~ da vida. ◇ ~ **gai**. S/同 Etsuráku; itsúráku; káiraku; kyōráku[2].

kańraku[2] 陥落 **1** [落ち込むこと] A queda; o aluir 「do terreno」. S/同 Kańbótsú. **2** [攻め落とされること] A queda; a rendição; a capitulação. ★ *Shiro ga ~ suru* 城が陥落する Render-se o castelo. **3** [下位に落ちること] A queda; a baixa; a descida. ★ *Ōzeki kara ~ suru* 大関から陥落する Cair da posição de "ozeki". S/同 Teńrákú. **4**「口説き落とされること] O concordar; o ceder; o deixar-se conquistar. ★ *Onna o ~ saseru* 女を陥落させる Conquistar [Conseguir a mão de] uma mulher (Depois de muita corte).

kańráku-gai 歓楽街 O centro [bairro/A zona] de diversões. S/同 Sakári-ba.

kańrán[1] 観覧 A vista; a observação; a contemplação. ★ ~ *suru* 観覧する Ver; apreciar; assistir「a」. ◇ ~ **seki** 観覧席 O assento de espectador; o palanque (de um estádio); o auditório (De teatro). ⇨ ~ **sha** [**ryō**]. S/同 Keńbútsú; keńgákú.

kańrán[2] 橄欖【Bot.】A oliveira; *canarium*. ⇨ oríbu.

kańrán-nín 観覧人 ⇨ kanrán-sha[1].

kańrán-ryō 観覧料 A entrada; o (preço de) ingresso. ★ ~ *sen-en* 観覧料千円 (掲示) Entrada: cem yens; ~ *dai* 観覧料代 S/同 Keńbútsú-ryō; keńgákú-ryō.

kańrán-seki 橄欖石【Min.】A olivina; o crisólito. ⇨ kańrán[2].

kańrán-sha[1] 観覧者 O(s) espectador(es). S/同 Keńgákú-sha. ⇨ kańkyákú[1].

kańrán-sha[2] 観覧車 [遊園地の] A roda gigante.

kańréi[1] 寒冷 O frio; temperaturas muito baixas. ◇

~ chi 寒冷地 A região fria. **~ zensen** 寒冷前線 【Met.】A frente fria. Ⓐ/反 Ońdań.

kańréi² 慣例 O costume; o hábito; o uso; a praxe; a convenção. ★ **~ ni sakarau** 慣例に逆らう Ir contra o costume. **~ ni shitagau** 慣例に従う Seguir o costume [uso; a tradição]. **~ no** 慣例の Habitual; usual; convencional; consuetudinário. **~ o yaburu** 慣例を破る Romper o costume.
Ⓢ/同 Kańkó; narawáshi; shikítári; shúkáń (+).

kańréki 還暦 O sexagésimo aniversário do nascimento; os sessenta anos. Ⓢ/同 Hońké-gáeri.

kańréń 関連 A conexão; a relação; a ligação; a correlação. ★ **~ suru** 関連する Relacionar-se [Estar relacionado; Ter relação]「com」. **~ zukeru** 関連づける Ligar; relacionar. ◇ ⇨ **~ gaisha. ~ jikō** 関連事項 Os assuntos relacionados. ⇨ **~ sei. ~ shitsumon** (議会での) 関連質問 A pergunta [interpelação]「na Dieta」sobre assuntos relacionados. **~ sangyō** 関連産業 As indústrias afins [relacionadas entre si]. Ⓢ/同 Kańkéi.

kańréń-gáisha 関連会社 (< ... + kaishá) A companhia subsidiária.

kańréń-séi 関連性 A relação; a correlação. ★ **~ ga aru** 関連性がある Ter relação「com」.

kánri¹ 管理 **1** [支配: 取締り] A administração; a dire(c)ção; a superintendência; a gerência; a gestão; o governo; o controle[o]. ★ **~ suru** 管理する Administrar; gerir; governar; dirigir; controlar; superintender. ◇ **~ gyōmu** 管理業務 A [Os serviços de] administração. **~ hi** 管理費 Os custos administrativos. **~ iinkai** 管理委員会 A comissão administrativa. ⇨ **~ nin. ~ shakai** 管理社会 Uma sociedade controlada [toda regulamentada]. **~ shoku** 管理職 Um cargo de dire(c)ção [gerência] ou a pessoa nesse cargo [**~ shoku teate** 管理職手当 A gratificação paga de acordo com a posição que se ocupa. *Jōkyū* [*Chūkyū*] **~ shoku** 上級 [中級] 管理職 **a)** O cargo (administrativo) superior [médio]; **b)** O gerente superior [médio]. **Seisan** [**Gyōmu; Jinji; Rōmu**] **~** 生産 [業務; 人事; 労務] 管理 A administração da produção [o(s) negócio(s); do pessoal; dos trabalhos]. **2** [保管] A guarda; a custódia. ★ **~ suru** 管理する Cuidar「de」; tomar conta「de」; guardar.

kánri² 官吏 O oficial do governo; o funcionário público. Ⓢ/同 Kańryō; yakúníń.

kańri-níń[-sha] 管理人 [者] O administrador; o gerente; o dire(c)tor; o superintendente; o curador; o guarda [zelador] (dum prédio); o depositário.

kánro 甘露 A doçura; o néctar. ◇ ⇨ **~ ni**.

kańróku 貫禄 A dignidade; a imponência; a importância; a majestade; a solenidade. ★ **~ ga aru** 貫禄がある Digno; majestoso; grandioso; imponente. **~ ga nai** 貫禄がない Sem [Que carece de] dignidade.

kańró-ní 甘露煮 (< ... + nirú¹) O peixe ou a fruta cozidos com muito açúcar ou mel até se tornarem acaramelados; a fruta cristalizada. ★ *Funa no* **~** 鮒の甘露煮 O carásio (Um peixe de água doce) cozido com açúcar e molho de soja.

kańrúi 感涙 As lágrimas de emoção. ★ **~ ni musebu** 感涙にむせぶ Chorar emocionado [de emoção].

kańryáku 簡略 A simplicidade; a simplicidade; a brevidade; a concisão. ★ **~ na** 簡略な Simples; breve; conciso; sucinto; incerimonioso. **~ ni** 簡略に De maneira breve [simples]; sem cerimó[ô]nia [formalismo] [**~ ni suru** 簡略にする Simplificar; abreviar; resumir]. Ⓐ/反 Kańben; kańkétsú. Ⓐ/反 Hańzátsú. ⇨ kańtáń¹.

kańryakú-ká 簡略化 A simplificação; a abreviação.

kańryō¹ 完了 **1** [完全に終わること] O terminar; o acabamento; a conclusão. *Junbi* **~**! 準備完了! (呼びかけ) (Está) tudo pronto! /Tudo a postos! ★ **~ suru** 完了する Terminar; acabar; concluir(-se). Ⓢ/同 Kańkétsú; shúryó. Ⓐ/反 Mikáń. **2** [時制] 【Gram.】O pretérito; o passado. ◇ *kako* **~** 過去完了 O pretérito perfeito「de "cantar" é "cantei"」.

kańryō² 官僚 O burocrata; a burocracia. ★ **~ ka suru** 官僚化する Burocratizar-se. ◇ **~ seiji** 官僚政治 O governo burocrático. *Kōkyū* **~** 高級官僚 O alto funcionário.

kańryō-shúgi[-seishin] 官僚主義 [精神] O burocratismo; a burocracia.

kańryō-téki 官僚的 Burocrático. ★ **~ ni naru** 官僚的になる Burocratizar-se.

kańryū¹ 貫流 O「saudosismo」percorrer「toda a obra do escritor」. ★ **~ suru** 貫流する「o rio」Correr「através da cidade」.

kańryū² 寒流 A corrente「marítima」fria.
Ⓐ/反 Dańryū.

kańryū³ 逆流 A contracorrente; a corrente de volta; o refluxo「das águas」. ★ **~ suru** 環流する Voltar à corrente normal; refluir. *Shikin no* **~** 資金の環流 O「retorno」do capital. ⇨ gyakúryú.

kańryū⁴ 乾溜 A destilação seca (a seco); a carbonização (do carvão). ★ **~ suru** 乾溜する Secar por destilação; carbonizar(-se).

kánsa 監査 O exame; a inspe(c)ção; a verificação [revisão]「de contas」; a fiscalização. ★ **~ suru** 監査する Examinar; inspe(c)cionar; verificar [fiscalizar]「as contas」. *Genjū na* **~** 厳重な監査 rigoroso[a]. ◇ **~ yaku** 監査役 O inspe(c)tor; o fiscal; o examinador. *Kaikei* **~** 会計監査 A verificação [O exame; revisão] de contas. ⇨ kańtókú¹; kénsa.

kańsái¹ 完済 O pagamento completo; a liquidação. ★ **~ suru** 完済する Pagar tudo; saldar; liquidar. *Jūtaku rōn o* **~ suru** 住宅ローンを完済する Liquidar o [Terminar o pagamento do] empréstimo habitacional. Ⓢ/同 Kaísáí.

kańsái² 艦載 A lancha salva-vidas. ◇ ⇨ **~ ki**.

Kańsái³ 関西 A região Kyoto-Ōsaka. ⇨ Kańtō³.

kańsáibō 間細胞 A célula interstical.

kańsái-ki 艦載機 O avião transportado a bordo de um navio. Ⓢ/同 Kańjō-ki.

kańsakú¹ 奸策【E.】Uma intriga; o plano sinistro. ★ **~ o megurasu** 奸策を巡らす Tramar [Maquinar] um/a **~**. Ⓢ/同 Kańkéi; warú-dákumi (+).

kańsakú² 間作 **1** [作る事] O cultivo [plantio] intercalado. ★ **~** (*o*) *suru* 間作をする Plantar「feijão e milho」em filas alternadas. **2** [作物] As plantas cultivadas entre filas de outras.

kańsáń¹ 閑散 **1** [ひま] O ócio. Ⓢ/同 Himá. **2** [ひっそりとしていること] O「local de veraneio」está parado [morto/quase deserto]; o ter pouco movimento. ★ **~ to shita** 閑散とした Parado; pouco animado;「tempo」morto. Ⓢ/同 Hissóri.

kańsán² 換算 O câmbio; a conversão. *Ichi-man en wa yūro ni ~ suru to ikura desu ka* 1万円をユーロに換算するといくらですか Dez mil yens, cambiados em euros, quanto dá? ★ *~ suru* 換算する Converter [Cambiar; Trocar]「dólares em reais(B.)」. ◇ **~ hyō** 換算表 A tabela de câmbio.

kańsán³ 甘酸 **a)** A doçura e o amargor; **b)** As alegrias e tristezas. S/同 Kúraku.

kańsátsú¹ 観察 A observação; o estudo; o exame; a vista. ★ *~ ga surudoi* 観察が鋭い Ter muito olho [um grande poder de observação]. *~ suru* 観察する Observar; estudar; examinar; ver; reparar [*Watashi no ~ suru tokoro de wa* 私の観察するところでは A meu ver/Pelo que eu vejo]; ◇ **~ ryōku; sha**. *Hogo ~* 保護観察 A suspensão condicional da pena sob fiscalização do funcionário encarregado. ⇨ *chūshí²*.

kańsátsú² 監察 A inspe(c)ção; a fiscalização; a supervisão. ★ *~ suru* 監察する Inspe(c)cionar; fiscalizar. ◇ **~ i [kan]**. S/同 Kánsa; kańtókú.

kańsátsú³ 鑑札 A licença; o certificado. ★ *~ o ukeru* 鑑札を受ける Receber a/o *~*. *Inu no ~* 犬の鑑札 A licença para o cão. ◇ **~ ryō**.

kańsátsú-gan 観察眼 O olho observador [fino].
kańsátsú-i 監察医 O médico inspe(c)tor.
kańsátsú-kan 監察官 O inspe(c)tor do governo.
kańsátsú-ryō 鑑札料 A taxa de licença.
kańsátsú-ryoku 観察力 A capacidade [O poder] de observação. ★ *~ no surudoi hito* 観察力の鋭い人 Uma pessoa com muita vista [com olho/com uma capacidade extraordinária de observação].
kańsátsú-sha 観察者 O observador/examinador.

kańseí¹ 完成 O acabar; o completar; a perfeição; o aperfeiçoamento; a realização. ★ *~ ni chikazuku* 完成に近づく Estar quase terminado. *~ suru* 完成する Acabar; terminar; completar. ◇ ⇨ **~ hin**. S/同 Kańryő¹; tasseí. A/反 Mi-kansei.

kańseí² 歓声 O grito de alegria ou aplauso; a aclamação; a ovação; o viva; o hurra. *~ o ageru* 歓声をあげる Aclamar「o presidente」; dar gritos de alegria; dar vivas「ao campeão」[*Kodomo wa o-miyage o mite ~ o ageta* 子供はお土産を見て歓声をあげた As crianças gritaram de alegria ao ver os presentes]. S/同 Kánko.

kánseí³ 閑静 A tranquilidade; a quietude; o sossego; a calma. ◇ *~ na* 閑静な Tranquilo; sossegado; calmo; pacífico. S/同 Shízuka.

kańseí⁴ 官製 Feito pelo governo. ◇ **~ hagaki** 官製葉書 O cartão [bilhete] postal (oficial [dos correios]). A/反 Shiseí.

kańseí⁵ 官制 A organização governamental.

kańseí⁶ 乾性 A secura; a sequidão. ◇ **~ rokumaku-en** 乾性肋膜炎 A pleurisia seca. ⇨ **~ yu**. A/反 Shísseí.

kánseí⁷ 感性 A sensibilidade「muito fina/apurada」. S/同 Kańjú-seí. A/反 Rísei.

kańseí⁸ 管制 O controle[o]; o comando. ◇ **~ tō** 管制塔 A torre de「do aeroporto」. *Hōdō ~* 報道管制 O controle[o] da informação; a censura. *Tōka ~* 灯火管制 O controle das luzes「da cidade」; o escurecimento total.

kańseí⁹ 喊声 O grito de guerra. ★ *~ o ageru* 喊声をあげる Dar o *~*. S/同 Tokí-nó-kóe.

kańseí¹⁰ 陥穽 【E.】 **1** [けものを捕える罠] A armadilha de cova; a ratoeira. ⇨ *otóshí-ana*; *wána*. **2** [策謀] A armadilha;「cair em」cilada; o estratagema; o ardil. ⇨ Hakárígótó.

kanseí¹¹ 慣性 【Fís.】 A inércia. ★ *~ no hōsoku* 慣性の法則 A lei da *~*. S/同 Daseí.

kańseí-hín 完成品 Um produto [artigo] terminado [acabado].

kańseí-kan 管制官 (⇨ kańseí⁸) O controlador. ◇ **Kūko ~** 空港管制官 *~* do aeroporto.

kańseí-yu 乾性油 O (óleo) secante.

kańsékí 漢籍 O livro (clássico) chinês; as obras da literatura clássica chinesa; um livro em chinês. ⇨ wásho; yōshó².

kańsékí 冠石 【Arqui.】 O fecho [A última pedra] 「da cúpula」.

kańsén¹ 感染 **1** [病気がうつること] A infe(c)ção; o contágio; a contaminação. *~ suru* 感染する Contagiar-se; contaminar-se [*Densenbyō ni ~ suru* 伝染病に感染する Apanhar a [Ficar contaminado pela] epidemia. ◇ **~ gen [keiro; ryoku; sei]**. **Kūki ~** 空気感染 O *~* atmosférico [pelo ar]. S/同 Deńsén. **2** [悪い風習に染まること] O contágio [A contaminação]. ★ *Akufū ni ~ suru* 悪風に感染する Ser contagiado pelos maus costumes.

kańsén² 観戦 O assistir a [ver] um desafio「de futebol na TV」. ◇ **~ ki**.

kańsén³ 官選 Escolhido [Nomeado; Designado] pelo governo. ◇ **~ bengo-nin[-shi]** 官選弁護人[士] O advogado oficioso [~]. S/同 Kokúsén. A/反 Mińsén.

kańsén⁴ 官撰 Uma compilação feita pelo governo.

kańsén⁵ 幹線 A linha-tronco; a linha principal. ◇ **~ dōro** 幹線道路 A estrada [O itinerário] principal; o IP. S/同 Hónsen. A/反 Shisén.

kańsén⁶ 艦船 Os navios「danificados」.

kańsén⁷ 汗腺 【Anat.】 As glândulas sudoríparas.

kańsén⁸ 乾癬 【Med.】 A psoríase.

kańsén-gen 感染源 (⇨ kańsén¹) O foco cóntagioso; a fonte de contágio.

kańsén-kéiro 感染経路 A via de contágio.

kańsén-ki 観戦記 (⇨ kańsén²) O relato [A reportagem] sobre um desafio [de futebol].

kańsén-ryoku 感染力 A força de[o] contágio.

kańsén-sei 感染性 A contagiosidade.

kańsétsú¹ 間接 O ser indire(c)to; o vir [fazer/acontecer] por intermédio de outro. ◇ *~ (teki) ni* 間接(的)に Indire(c)tamente. ◇ **~ bōeki** 間接貿易 O comércio indire(c)to. **~ densen** 間接伝染 A infe(c)ção atmosférica. *~ hogo [mokuteki-go]* 間接補語 [目的語](Gram.) O complemento (obje(c)to) indire(c)to. **~ satsuei** 間接撮影 A radioscopia; a fluoroscopia. **~ shōmei** 間接照明 A iluminação [luz] indire(c)ta. **~ teki (na)** 間接的(な) Indire(c)to. **~ wahō** 間接話法 【Gram.】 O estilo indire(c)to. **~ zei** 間接税 O imposto indire(c)to. A/反 Chokúséttó.

kańsétsú² 関節 【Anat.】 A articulação; a junta; a juntura. ★ *~ o hazusu* 関節をはずす Deslocar-se「o braço」; desarticular; desconjuntar-se「o joelho」. ◇ ⇨ **~ en**. *~ ryūmachi* 関節リュウマチ O reumatismo articular. ⇨ **~ tsū**.

kańsétsú-en 関節炎 A artrite [inflamação das articulações].

kańsétsú-tsū 関節痛 A artralgia; a dor de [na]

articulação.

kánsha[1] 感謝 O agradecimento; a gratidão; o reconhecimento; o dar graças「a Deus」. *Go-shin-setsu ni ～ itashimasu* 御親切に感謝いたします Agradeço-lhe a sua gentileza. ★ ～ *no i o arawasu* 感謝の意を表す Expressar o/a～; agradecer. ～ *no kotoba* 感謝の言葉 As palavras de agradecimento. ～ *no shirushi ni* 感謝にしるしに Em (sinal de) agradecimento. ～ *o komete* 感謝をこめて Com profundo agradecimento [toda a gratidão]; profundamente grato [agradecido; reconhecido; penhorado]. ◇ ⇨ **～ jō** [**sai**].

kánsha[2] 官舎 A residência oficial「dos deputados」. [S/同] Kṓsha.

kańshá-jṓ 感謝状 A carta de agradecimento.

kańshákú 癇癪 A cólera; a fúria; a raiva; a ira; a irascibilidade; o ataque [impulso] de cólera. ★ ～ *o okosu* 癇癪を起こす Ter um ataque de cólera. ◇ ⇨ **～ dama**. **～ mochi** 癇癪持ち A pessoa irascível [de temperamento explosivo].

kańshákú-dámá 癇癪玉 (<… + tamá)【G.】 **1** [かんしゃく] O ataque de cólera. ★ ～ *o haretsu saseru* 癇癪玉を破裂させる Ter um ataque de cólera; explodir de raiva; perder a cabeça. **2** [おもちゃ] O busca-pé; a bich(inh)a-de-rabear.

kánsha-sái 感謝祭 A Festa de A(c)ção de Graças. ⇨ kińrṓ kánsha no hi.

kańshí[1] 監視 A vigilância; a guarda; a vigia; a observação atenta; a espreita. ★ ～ *no me o hikaraseru* 監視の目を光らせる Vigiar cuidadosamente. ～ *no me o kuguru* 監視の目をくぐる Iludir a [Escapar à] vigilância. ～ *suru* 監視する Vigiar「os presos/prisioneiros」; espreitar [ficar à espreita]; guardar. ◇ **～ hei** 監視兵 O soldado de vigilância [A sentinela]. ⇨ **～ jo** [**nin; sha; in**].

kánshi[2] 環視 A atenção pública. ★ ～ *no mato to naru* 環視の的となる Ser obje(c)to [alvo] da ～. *Shūjin ～ no uchi ni* 衆人環視のうちに Em público; com toda a gente a ver.

kánshi[3] 鉗子 O fórceps; o fórcipe; a pinça.

kańshí[4] 漢詩 A poesia chinesa.

kańshí[5] 冠詞【Gram.】O artigo. ◇ **Tei** [**Futei**] **～** 定[不定]冠詞 ～ definido「o」[indefinido「um」].

kańshí[6] 諫止【E.】A dissuasão. ★ ～ *suru* 諫止する Dissuadir; desaconselhar.

kańshí[7] 諫死【E.】O suicídio como protesto.

kańshí-jo 監視所 A [O posto de] vigia.

kańshíkí[1] 鑑識 **1** [鑑定] O juízo; o exame; a apreciação; a avaliação. ★ ～ *suru* 鑑識する Julgar; apreciar; avaliar. ◇ **～ gan** 鑑識眼 O saber distinguir「a qualidade das obras de arte」. [S/同] Kańtéí; mekíkí. **2** [犯罪上の] A identificação criminal. ★ *Shimon o ～ suru* 指紋を鑑識する Examinar [Identificar] as impressões digitais. ◇ **～ ka** 鑑識課 A se(c)ção [O laboratório] de ～(da polícia).

kańshíkí[2] 乾式 O processo [método] seco. [A/反] Shísshíkí.

kańshíń[1] 感心 A admiração; o achar bom. *～!* 感心 Que admirável! *Terebi o minagara benkyō suru no wa ～ dekimasen* テレビを見ながら勉強するのは感心できません Não acho bom [louvável] estudar, vendo [assistindo à] televisão. ★ ～ *na* 感心な Admirável; louvável; digno de admiração [louvor] [*Ano ko wa yoku hataraku ～ na ko da* あの子はよく働く感心な子だ É uma criança admirável, muito trabalhadora. ～ *na okonai* 感心な行い Uma a(c)ção louvável [digna de admiração]]. ～ *suru* 感心する Admirar; sentir admiração. [*Kare no hanashi-jōzu ni wa itsumo ～ saserareru* 彼の話し上手にはいつも感心させられる Fico sempre admirado com a eloquência dele. *Kare no yūki aru hatsugen ni mina ga ～ shita* 彼の勇気ある発言に皆が感心した Todos admiraram a corajosa intervenção dele. ～ *saseru* 感心させる Causar admiração].

kańshíń[2] 関心 O interesse; a atenção; a curiosidade. ★ ～ *ga takamaru* 関心が高まる Interessar-se cada vez mais「por」; crescer o ～. ～ *o hiku* 関心を引く Interessar「alguém」; chamar a atenção [despertar o ～]「de」. ～ *o motsu* [*idaku*] 関心を持つ [抱く] Ter interesse「em; por」; interessar-se「por」. ～ *o motte kiku* 関心を持って聞く Escutar com interesse. *Seken no ～ no mato ni naru* 世間の関心の的になる Ser obje(c)to [alvo] da curiosidade popular; chamar a atenção do povo. ◇ ⇨ **～ ji**. [S/同] Kyṓmi. [A/反] Mu-kánshin.

kańshíń[3] 歓心 A benevolência; o favor; a graça; a estima. ★ ～ *o kau* 歓心を買う Procurar agradar「a alguém」; bajular; (tentar) ganhar as graças [a estima; a consideração]「de alguém」.

kańshíń[4] 寒心 O arrepio. *Sore wa ～ ni taenai* それは寒心にたえない Isso é terrível [de arrepiar (os cabelos)]. ★ ～ *subeki* 寒心すべき Lamentável; deplorável; alarmante; terrível; assustador.

kańshí-níń[**-sha**] 監視人 [者] O vigia; a sentinela; o guarda. ⇨ kańshí[1].

kańshín-ji 関心事 (⇨ kańshíń[2]) O assunto de interesse. ★ *Saidai no ～* 最大の関心事 O assunto de maior interesse [importância].

kańshí-séń 監視船 O navio patrulha [de vigia].

kánshite 関して ⇨ kańsúru[1].

kanshítsu-kéí 乾湿計 O psicró[ô]metro.

kánsho[1] 寒暑 O frio e o calor; a temperatura. *Nairiku wa ～ no sa ga hageshii* 内陸は寒暑の差が激しい No interior, a diferença de temperatura entre a época mais quente e mais fria é muito grande. [S/同] Kańdáń.

kánshó[2] 甘蔗【Bot.】A cana de açúcar. ◇ **～ tō** 甘蔗糖 O açúcar de cana; a sacarose. [S/同] Satṓkibi (+).

kánsho[3] 甘藷 [薯] A batata doce. [S/同] Satsúmá-ímó (+).

kańshṓ[1] 干渉 **1** [口出し] A interferência; a intervenção; a ingerência「nos assuntos internos doutro país」; a intromissão「na vida alheia」. ★ ～ *suru* 干渉する Interferir; intervir; intrometer-se; meter-se; ingerir-se; meter o nariz (G.) [*Tanin no shi-seikatsu ni ～ suru na* 他人の私生活に干渉するな Não te intrometas na vida (privada) dos outros]. *Buryoku ～* 武力干渉 A intervenção militar [armada]. [A/反] Fu-kánshō. **2** [光波・音波などの] A interferência (das ondas luminosas ou sonoras). ◇ ⇨ **～ kei** [**jima**].

kańshṓ[2] 感傷 O sentimentalismo; a sentimentalidade. ★ ～ *ni fukeru* 感傷にふける Entregar-se ao ～. ◇ ⇨ **～ shugi** [**teki**].

kańshṓ[3] 鑑賞 A apreciação「de obras artísticas」. *Kare wa eiga ～ ga suki da* 彼は映画鑑賞が好きだ Ele gosta de ver cinema. ★ ～ *suru* 鑑賞する Apreciar; saborear; ver; admirar. ◇ ⇨ **～ ryoku** [**gan**].

K

kańshó⁴ 完勝 A vitória completa. ★ ~ suru 完勝する Obter uma ~. ⒮⒠反 Kańpái.

kánshó⁵ 官省 O departamento governamental; o ministério. ◇ **Sho ~** 諸office省 Os vários ~ s.

kanshó⁶ 観賞 O contemplar; o apreciar; o admirar. ◇ ~ **gyo** ▷ **shokubutsu** 観賞植物 A planta ornamental.

kańshó⁷ 観照 A contemplação. ★ Shizen o ~ suru 自然を観照する Contemplar a natureza.

kańshó⁸ 緩衝 O amortecedor [A atenuação] dos choques. ★ Jidōsha no ~ sōchi 自動車の緩衝装置 O (dispositivo com) pára-choque(s) [amortecedor] de automóvel. ◇ ~ **chitai** [**chiiki**] 緩衝地帯[地域] A zona neutra [neutral]. ◇ ~ **ki** [**koku**].

kańshó⁹ 管掌 A administração. ★ ~ suru 管掌する Administrar; encarregar-se. ▷ Jimu o ~ suru 事務を管掌する Encarregar-se dos trabalhos de escritório. ⇨ kánri¹.

kańshó¹⁰ 癇癪 A irascibilidade; a irritabilidade; a susce(p)tibilidade. ★ ~ na 癇癪な Irascível; irritável; susce(p)tível; colérico; melindroso.

kańshó¹¹ 環礁 A atol. ◇ **Bikini ~** ビキニ環礁 ~ de Bikini. ⇨ sángo¹.

kańshó¹² 奸[姦]商【E.】Um comerciante explorador.

kańshó-gan [óo] 鑑賞眼 (⇨ kańshó³) Os olhos de apreciador. ★ ~ ga aru [nai] 鑑賞眼がある[ない] Saber [Não saber] apreciar. ⒮⒠反 Kańshō-ryoku.

kańshó-gyo [óo] 観賞魚 (⇨ kańshó⁶) O peixe de aquário (Para apreciar).

kańshó-jima 干渉縞 (<‥¹ + shimá) A franja de interferência.

kańshó-kéi 干渉計 O interferó[ô]metro.

kańshó-ki 緩衝器 (⇨ kańshó⁸) O amortecedor. ⒮⒠反 Bánpā; kańshó-sōchi.

kańshó-koku [óo] 緩衝国 O Estado-tampão. ⇨ kańshó⁸.

kańshókú¹ 感触 **1** [手ざわり] O ta(c)to; o apalpar. Kono kiji wa ~ ga yoi [warui] この生地は感触が良い[悪い] Este pano [tecido] é macio [áspero] (ao ta(c)to). ⒮⒠反 Hadá-záwari; shokkań; te-záwari. **2** [相手の談話から受ける感じ] A sensação; a impressão. Kono shōdan wa seikō shi-sō na ~ ga aru この商談は成功しそうな感触がある Tenho a ~ (de) que este negócio vai dar certo. ⒮⒠反 Kańjí.

kańshokú² 間食 A merenda; a comida entre refeições. ★ ~ suru 間食する Comer qualquer coisa entre as refeições. ⒮⒠反 Aídá-gúi.

kánshoku³ 官職 O serviço do governo; o funcionalismo público; um cargo [posto] oficial; a função pública.

kańshókú⁴ 間色 A cor composta [intermédia]. ⒮⒠反 Chúkánshoku. ⇨ geńshókú¹.

kańshokú⁵ 寒色【Arte】A cor fria. ⒮⒠反 Dańshókú; ońshókú.

kańshókú⁶ 閑職 A sinecura; um cargo [uma ocupação] fácil; um emprego que dá pouco [não dá] trabalho. ★ ~ ni aru 閑職にある Ter um/a ~. ⒮⒠反 Gekíshókú. ⇨ kań²⁰.

kańshō-ryoku [óo] 鑑賞力 (⇨ kańshó³) A capacidade de apreciar. Kanojo wa Nihon bijutsu ni taisuru ~ o motte iru 彼女は日本美術に対する鑑賞力を持っている Ela sabe apreciar a [entende da] arte japonesa. ⒮⒠反 Kańshō-gan.

kańshō-shugi 感傷主義 O sentimentalismo.

kańshó-téki 感傷的 Sentimental; emocional; romântico; nostálgico. ★ ~ ni 感傷的に Sentimentalmente. ⒮⒠反 Seńchiméntaru. ⇨ namída-mórói.

kánshu¹ 看守 O carcereiro; o guarda da prisão.
kánshu² 艦首 A proa (de navio de guerra).
kánshu³ 看[観] 取 A percepção. ★ ~ suru 看[観]取する Perceber; notar; compreender; entender; reparar「em」; achar; ver; encontrar. ⒮⒠反 Sátchi.

kańshú¹ 慣習 O costume; o hábito; o uso; a convenção; a tradição. ★ ~ ni shitagau 慣習に従う Seguir o/a ~. ~ ni yori 慣習により Segundo [De acordo com] o costume. ◇ ~ **hō** 慣習法 O direito consuetudinário. ⒮⒠反 Kańréi; shúkań (+).

kańshú² 監修 A supervisão; a superintendência. ★ ~ suru 監修する Supervisionar [Supervisar]「a edição de um livro」. ◇ ~ **sha**.

kańshú³ 観衆 Os espectadores; a audiência; o público (espectador); a assistência. ★ Roku-mannin no dai ~ 6万人の大観衆 Uma multidão de 60 mil espectadores. ⒮⒠反 Kańkyákú.

kańshú-sha [úu] 監修者 O supervisor「da compilação」. ⇨ kańshú².

kańso 簡素 A simplicidade; a singeleza. ★ ~ na 簡素な Simples; singelo; modesto; humilde「~ na shokuji 簡素な食事 A comida [refeição] simples (frugal; sóbria)」. ~ ni 簡素に De maneira simples. ◇ ~ **ka**. ⒮⒠反 Kańtáń; shísso.

kańsó¹ 感想 A impressão; o pensamento; a opinião. Kono hon o yonda ~ wa ikaga desu ka この本を読んだ感想はいかがですか Que pensa [impressão tem (você)] deste livro? /Qual é a sua opinião sobre este livro? ★ ~ o noberu 感想を述べる Dizer as suas impressões「de; sobre」. ◇ ~ **bun** 感想文 A composição sobre as impressões「da visita ao museu」. ⒮⒠反 Kańgái; shokén; zuísó.

kańsó² 乾燥 A secura; a sequidão; a aridez; a secagem. Kono hi ga ~ shite iru 空気が非常に乾燥している O ar está muito seco. ★ Zaimoku no ~ 材木の乾燥 A secagem da madeira (ao ar). ◇ ⇨ ~ **ki** [**shitsu**; **zai**]. ~ **shokuhin** [**yasai**] 乾燥食品[野菜] Alimentos [Legumes] desidratados/secos. **Ijo ~ chūi-hō** 異常乾燥注意報 O alarme [alerta; aviso] de tempo seco.

kańsó³ 完走 O completar [fazer toda] a corrida.
kańsó⁴ 歓送 A despedida; o envio. ★ ~ suru 歓送する Enviar [Despedir-se de] alguém. ★ ~ kai o hiraku 歓送会を開く Fazer uma festa [reunião] de despedida「aos que vão estudar em P.」. ⒮⒠反 Kańgéi.

kańsó⁵ 乾草 O feno; a erva seca. ⒮⒠反 Hoshí-kúsá (+).

kańsó⁶ 観相 A interpretação fisionó[ô]mica [fisiognomónica; frenológica]. ◇ ~ **jutsu** [**gaku**] 観相術[学] A fisiognomonia/frenologia. ◇ ~ **ka**.

kańsó⁷ 観想 A meditação; a contemplação.
kańsó-ká 簡素化 (⇨ kańso) A simplificação. ★ ~ suru 簡素化する Simplificar.

kańsó-ká 観相家 (⇨ kańshó⁶) O fisionomista [fisiognomonista].

kańsó-ki¹ [óo] 乾燥器[機] O secador「eléc(c)trico」; a máquina de secar「roupa」. ◇ **Shokki ~** 食器乾燥器 A secadora da louça. ⇨ kańsó².

kańsó-ki² [óo] 乾燥期 ⇨ kánki⁵.

kańsókú 観測 **1** [観察] A observação; o "terra-

kańsón ~ **moto**」regist(r)ar「5 na escala de Richter」. ◇ ~ **jo** 観測所 O observatório. ~ **kikyū** 観測気球 O balão de ~; o balão de ensaio; o balão-sonda. ~ **kiroku** 観測記録 O regist(r)o das observações [dos dados]「do sismo」. ~ **sha** 観測者 O observador. **Kishō** ~ 気象観測 As observações meteorológicas. ⇨ kańsátsú¹; sokútéi. **2**[考え; 意見]A opinião; o pensar; o parecer [ver]. ★ *Watakushi no ~ de wa* 私の観測では Na minha opinião/A meu ver. ◇ ~ **suji** 観測筋 Os comentadores「políticos」(*Sōsenkyo wa chikai to ~ suji de wa itte iru* 総選挙は近いと観測筋ではいっている Na opinião dos comentadores, estão próximas as eleições gerais). **Kibōteki** ~ 希望的観測 ~ demasiado o(p)timista; um "querias" que fosse verdade.

kańsón 寒村 Uma aldeia pobre e solitária. [S/同] Hińsón.

kańsón-mínpi 官尊民卑 O respeitar os grandes do governo e desprezar o povo.

kańsó-shitsu[óo]乾燥室 (⇨ kańsó²) O secadouro da roupa (Recinto).

kańsó-zái[óo]乾燥剤 (⇨ kańsó²) **1**[防湿剤]O dessecativo; o secativo; o secante. [S/同] Bōshítsúzái. **2**[乾性塗料の乾燥促進剤]O secante.

kańsú¹[úu]関[函]数【Mat.】A função. *Wai wa ekkusu no ~ de aru* Yが Xの関数である Y é função de X. ◇ ~ **hōteishiki** 関数方程式 A equação funcional. **Bibun** ~ 微分関数 ~ diferencial. **Daisū** ~ 代数関数 ~ algébrica. **Ni-ji** ~ 二次関数 ~ de segundo grau. **Sankaku** ~ 三角関数 ~ trigonométrica.

kańsú² 巻数 **a**)O número de volumes「da enciclopédia」; **b**)O número de bobines [rolos] de filme.

kańsúbón 巻子本 O livro em rolo.

kańsúí¹ 完遂【E.】O acabamento; a perfeição; a realização perfeita. [S/同] Kańtétsú.

kańsúi² 冠水 A submersão; a inundação. ★ ~ *suru* 冠水する Submergir-se; ficar coberto de água; inundar-se [*Kawa ga zōsui shite hatake ga* ~ *shita* 川が増水して畑が冠水した O rio transbordou e os campos ficaram inundados [alagados]]. ◇ ~ **chi-iki** 冠水地域 A área inundada.

kańsúí³ 灌水 A aspersão da água; o regar「as plantas」.

kańsúí⁴ 鹹水 A água salgada [do mar]. ◇ ⇨ ~ **ko**. [S/同] Eńsúí. ⇨ Tańsúí.

kańsúi-ko 鹹水湖 O lago de água salgada. ⇨ kańsúí⁴.

kańsúi-yoku 灌水浴 O banho de chuveiro; a ducha (B.); o duche. ⇨ kańsúí³.

kańsúru¹ 関する Dizer respeito; ter relação. *Sono koto ni kańshite wa issai kioku ni gozaimaseń* その事に関してはいっさい記憶にございません Sobre [Quanto a/No que diz respeito a/Em relação a] esse assunto não me lembro absolutamente de nada. *Kare ni ~ kagiri sonna koto wa shinai* 彼に関する限りそんな事はしない Quanto [Pelo que diz respeito] a ele, nunca fará tal coisa. *Nihon ni ~ Porutogaru-jin kisha no inshō* 日本に関するポルトガル人記者の印象 As impressões dum jornalista português acerca do Japão.

kańsúru² 冠する【E.】Coroar; nomear; designar; chamar com o nome de. ⇨ kabúséru.

kańsúru³ 緘する【E.】Fechar; cerrar; selar; calar. [S/同] Tojíru (o); tozásu (+).

kańtábire[áa]カンタービレ (< It. cantabile)【Mús.】Cantabile (Expressivo, sentimental).

kańtái¹ 歓待 O acolhimento cordial (do hóspede); a hospitalidade. ~ *suru* 歓待する Receber bem; ser hospitaleiro; tratar hospitaleiramente [com hospitalidade]. [S/同] Kańgéi.

kańtái² 寒帯 A zona frígida; a região ár(c)tica [antár(c)tica]; a zona glacial. [A/反] Nettái.

kańtái³ 艦隊 A esquadra; a frota; a armada. ◇ **Rengō** ~ 連合艦隊 ~ aliada. **Shō** ~ 小艦隊 A esquadrilha. [S/同] Seńtái.

kán-taiheiyō 環太平洋 A orla do Pacífico. ◇ ~ **jishintai [kazantai]** 環太平洋地震帯[火山帯]A faixa sísmica [vulcânica] da ~.

kańtakú 干拓 A recuperação da terra pela drenagem; a dessecação. ★ ~ *suru* 干拓する Drenar「o pântano」; dessecar. ◇ ~ **chi** 干拓地 A terra drenada. ~ **jigyō** 干拓事業 As obras de ~.

kańtań¹ 簡単 **1**[容易な]O ser simples [breve/「problema」fácil]. ★ ~ *na*[*shigoto*]簡単な「仕事」 Uma tarefa simples [fácil]. ~ **ni** 簡単に Sem complicações [grandes trabalhos];「cozinhar」de maneira simples [~ *ni ieba* 簡単に言えば Em resumo; em poucas palavras. ~ *ni suru* 簡単にする Simplificar; abreviar; facilitar]. ◇ ~ **meiryō** 簡単明瞭 Claro como a água; simplicíssimo. [S/同] Kańkétsú; yōi. [A/反] Fukúzátsú. **2**[手軽な]O ser leve. ★ ~ *na shokuji* 簡単な食事 Uma comida leve [frugal]. ~ *ni yūshoku o sumasu* 簡単に夕食を済ます Tomar uma ceia frugal [simples] /Comer pouco ao jantar. [S/同] Tegárú.

kańtań² 感嘆 A exclamação; a exclamação. ★ ~ *no koe o hanatsu* [*ageru*] 感嘆の声を放つ[あげる] Exclamar; soltar um grito de admiração. ~ *suru* 感嘆する Admirar-se; exclamar; pasmar; maravilhar-se. ◇ ~ **bun** 感嘆文【Gram.】A oração exclamativa. ⇨ ~ **fu** [*shi*]. [S/同] Shōtán.

kańtań³ 肝胆【E.】O mais íntimo do coração [da alma]; as entranhas. ★ ~ *ai-terasu aidagara de aru* 肝胆相照らす間柄である Ser (amigos) íntimos. [S/同] Kokóro; shínchū.

kańtán-fu 感嘆符【Gram.】O ponto de exclamação[!]. ⇨ kańtán².

kańtán-shi 感嘆詞【Gram.】A interjeição. [S/同] Kańdōshi; kańtóshi. ⇨ kańtán².

kańtaru 冠たる O primeiro[mais]「poder econó(ô)mico」; o melhor; o principal; inigualável; incomparável. ★ *Sekai ni ~ Nippon no denki-seihin* 世界に冠たる日本の電気製品 Os produtos elé(c)tricos japoneses da melhor qualidade do mundo.

kańtáta[áa]カンタータ (< It. cantata) A cantata 「de Bach」; a ária. [S/同] Kōséf-kyoku.

kańtéi¹ 鑑定 O parecer[A opinião]de especialista; a análise; o exame; a apreciação; a avaliação; a consulta legal. ★ *Shimon o ~ suru* 指紋を鑑定する Examinar [Analisar] as impressões digitais. *Token no ~* 刀剣の鑑定 A avaliação de espadas. ◇ ⇨ ~ **ka** [*nin*; *ryō*; *sho*]. **Hisseki** ~ 筆跡鑑定 A grafologia [análise da escrita]. **Seishin** ~ 精神鑑定 O exame psiquiátrico. [S/同] Mekíkí.

kańtéi² 官邸 A residência oficial. ◇ **Shushō** ~ 首相官邸 ~ do Primeiro Ministro. [A/反] Shitéi. ⇨ kańsha²; kōtéi⁸.

kańtéi³ 艦艇 O navio de guerra.

kańtéí-ká[-níń] 鑑定家［人］O perito; o especialista; o juiz; o entendido. ⇨ kańtéí[1].
kańtéi-ryō 鑑定料 A tarifa do parecer dum perito. ⇨ kańtéí-ká.
kańtéí-shó 鑑定書 O parecer (por) escrito de um perito [especialista]. ⇨ kańtéí[1].
kánten[1] 観点 O ponto de vista「dos alunos」; o ângulo「donde se vê o problema」; o prisma「por onde se vêem as coisas」. [S/同] Kénchi.
kańtén[2] 寒天 **1**［食品］O ágar(-ágar); a gelose (Um glícido). **2**［さむ空］【E.】O céu de inverno; o tempo frio.
kańtéń[3] 旱［干］天 O tempo seco; a seca; a estiagem. ★ ～ *no jiu* 旱天の慈雨 A ansiada [tão esperada] chuva (no tempo da seca); a chuva benfazeja [benéfica].
[S/同] Hidéri (o); kańbátsú (+).
káńtérá カンテラ (< P. candeia) A lanterna; a candeia; o lampião; o candeeiro.
kańtétsú 貫徹 O conseguir; a realização; a execução. ★ *Mokuteki o ～ suru* 目的を貫徹する Realizar [Atingir/Conseguir] o seu obje(c)tivo. *Shoshi o ～ suru* 初志を貫徹する Levar a cabo o seu primeiro plano. [S/同] Kańsúí[1]. ⇨ jṓju; tasséí.
kánto[1] 官途【E.】O cargo governamental. ⇨ kánshoku[3].
Kánto[2] カント【Antr.】Kant. ◇ **～ tetsugaku** カント哲学 A filosofia kantiana.
kańtṓ[1] 完投 O lançar a bola (durante) toda a partida. ★ ～ *suru* 完投する … ◇ **～ shōri** 完投勝利 A vitória do lançador.
kańtṓ[2] 敢闘 A combatividade. ◇ **～ seishin** 敢闘精神 O espírito combativo; a valentia; o brio; a intrepidez. **～ shō** 敢闘賞 O pré[ê]mio de ～ [intrepidez]. [S/同] Fuńséń; fuńtṓ.
Kántō[3] 関東 (A região de) ～ (Tōkyō, Chiba, Saitama, Kanagawa, Gumma, Ibaraki e Tochigi). ◇ **～ chihō** 関東地方 A região de ～. **～ daishinsai** 関東大震災 O grande terra[e]moto/sismo de ～ (1923). **～ heiya** 関東平野 A planície de ～. ⇨ Kánsai[3].
kańtṓ[4] 官等 O posto oficial; a hierarquia pública [do Estado]. ⇨ kánshoku[3].
kańtṓ[5] 巻頭 O princípio [começo] do livro. ★ ～ *ni* 巻頭に No ～. ◇ ⇨ **～ gen**.
[A/反] Kánbi; kańmátsú.
kańtṓ-gen[-no ji] 巻頭言［の辞］(⇨ kańtṓ[5]) O prefácio. [S/同] Jobúń (+).
kańtókú[1] 監督 **1**［取り締まること］A dire(c)ção; o controle[o]; a inspe(c)ção; a superintendência; a fiscalização; a vigilância. ★ ～ *fuyuki todoki no kado ni yori* 監督不行き届きのかどにより Por falta de vigilância. ～ *no moto ni* 監督の下に Sob a/o ～「de」. ～ *suru* 監督する Dirigir; controlar; inspe(c)cionar; fiscalizar; vigiar. ◇ **～ kikan** 監督機関 As instituições competentes. [S/同] Kánri. **2**［作業を取り締まる人］O dire(c)tor; o inspe (c)tor; o superintendente; o fiscalizador; o chefe; o capataz; o empreiteiro [mestre]. ◇ ⇨ **～ kan**. **Genba ～** 現場監督 O capataz. **Kōji ～** 工事監督 O mestre de obras. **3**［野球などの競技でチームをひきいる人］O treinador (de uma equipa (d)esportiva). **4**［映画などの演出者］O dire(c)tor「de um filme」; o realizador; o cineasta. **Butai ～** 舞台監督 O dire(c)tor de cena; o ensaiador.
kańtókú[2] 感得 A inspiração; a intuição; a percepção「instintiva」. [S/同] Etókú; kánchi.
kańtókú-kan 監督官 O inspe(c)tor; o superintendente; o fiscal.
kańtórī-kúrabu カントリークラブ (< Ing. country club) O clube de golfe [fora da cidade].
kańtorī-uṓku カントリーウオーク (< Ing. country walk) O passeio no [pelo] campo.
kańtṓshi [óo] 間投詞【Gram.】A interjeição. [S/同] Kańtánshi.
kańtsṓne [óo] カンツォーネ (< It. canzone)【Mús.】A canção [cançoneta] italiana. ⇨ utá.
kańtsū́[1] 貫通 A penetração; a perfuração. ★ ～ *suru* 貫通する Furar; perfurar; penetrar;「a estrada」atravessar「a planície」; abrir「um túnel」.
kańtsū́[2] 姦通 O adultério. [S/同] Mittsū́.
kánū カヌー (< Ing. canoe) A canoa. ★ ～ *o kogu* カヌーを漕ぐ Remar a ～. ◇ **～ kyōgi** カヌー競技 A regata (Corrida) de ～s.
kańwá[1] 緩和 O alívio; a moderação; a mitigação; o abrandamento; o apaziguamento; a atenuação; o afrouxamento; a diminuição. ★ ～ *suru* 緩和する Aliviar; moderar; mitigar; abrandar; acalmar; amaciar; atenuar; suavizar; afrouxar; diminuir [*Seigen o ～ suru* 制限を緩和する Moderar [Afrouxar] a restrição「às importações」]. *Kokusai-kan no kinchō ～* 国際間の緊張緩和 O apaziguamento das tensões internacionais. ◇ **Kisei ～** 規制緩和 A diminuição das restrições; a desregulamentação.
kań-wá[2] 漢和 Sino-nipó[ô]nico. ◇ **～ jiten** 漢和辞典 O dicionário chinês-japonês; ⇨ Chū́-Níchí[3].
kánwa[3] 閑話 A fala [conversa] ociosa; a digressão. ～ *kyūdai* 閑話休題 Voltando agora ao nosso tema; deixemo-nos de (mais) digressões.
[S/同] Kángo; kańdáń. ⇨ kán[20].
kańwá-zai 緩和剤 O lenitivo; o paliativo; o emoliente. ⇨ kańwá[1].
kań'yákú[1] 簡約 A abreviação; a condensação; a concisão; o resumo. ★ ～ *suru* 簡約する Abreviar; condensar; resumir「a história」; dizer de maneira concisa/sucinta. ⇨ kańryákú; kańtáń[1].
kań'yákú[2] 完訳 A tradução completa. ★ ～ *suru* 完訳する Traduzir tudo; fazer a ～. [A/反] Shṓyákú.
kań'yákú-báń 簡約版 A edição resumida. ⇨ kań'yákú[1].
kán'yo 関［干］与 A participação;「eu não tenho」relação「com esse assunto」. ★ ～ *suru* 関与する Participar [Tomar parte]「na gestão da empresa」. [S/同] Kańkéí (+).
kań'yṓ[1] 慣用 O uso corrente. ◇ **～ gohō** 慣用語法 O uso idiomático. **～ hyōgen** 慣用表現 A expressão idiomática. **～ ku** 慣用句 O idio(ma)tismo; a frase feita. [S/同] Jṓtṓ; jṓyṓ.
kań'yṓ[2] 肝要 Muito importante; essencial; crucial; vital. *Gogaku o shūtoku suru ni wa hanpuku-renshu ga ～ da* 語学を習得するには反復練習が肝要だ Para aprender uma língua (estrangeira) é ～ fazer exercícios de repetição.
[S/同] Hitsúyṓ; jū́yṓ; kańjíń.
kań'yṓ[3] 寛容 A generosidade; a abertura; a compreensão; a indulgência; a magnanimidade; a liberalidade; a tolerância. ★ ～ *na[no]* 寛容な［の］Generoso; compreensivo「(para) com os alunos」; indulgente「com os filhos」; magnânimo「com toda a gente」; liberal; tolerante [～ *no seishin* 寛容の精

神 O espírito de tolerância」. [S/同] Kańdáí.
kań'yṓ[4] 涵養 O cultivo「da virtude/sensibilidade moral」; a educação; a formação. ★ ～ *suru* 涵養する Cultivar; educar; ensinar; formar〔*Kōkyō-butsu o taisetsu ni suru kokorogake wa yōji yori ～ subeki de aru* 公共物を大切にする心掛けは幼時より涵養すべきである O saber respeitar o que é (do) público deve-se ensinar desde a infância〕. ⇨ ikúséí; yṓíkú.
kań'yṓ-shókúbutsu 観葉植物 A planta ornamental pela sua linda folhagem.
kań'yú[1] 肝油 O óleo de fígado de bacalhau.
kań'yu[2] 換喩【Gram.】A metonímia (Ex. "Ele é um bom copo").
kanyū́ 加入 A entrada; o ingresso; a adesão; a inscricão; a (a)filiação; a admissão. ★ ～ *suru* 加入する Entrar [Ingressar]「em」; aderir「a」; inscrever-se「em」. ◇ **～ mōshikomi** 加入申し込み O pedido de ～. **～ sha** 加入者 Os inscritos; o assinante「de telefone」; o「país」membro「das Nações Unidas」. [A/反] Dattáí. ⇨ nyū́kái; sańká[1].
kań'yū́ 勧誘 O convite; a angariação; o aliciamento. ★ ～ *suru* 勧誘する Convidar; solicitar; induzir「a」; angariar「assinaturas/assinantes do jornal」; aliciar.
kańzáí 寒剤 O [A mistura] refrigerante.
kańzáí-níń 管財人 O administrador; o curador; o procurador; o fideicomissário. ◇ **Hasan ～** 破産管財人 O administrador de falência; o síndico.
kań-zake 燗酒 (<…[16]＋saké) O saké quente. [A/反] Hiyázáké.
kan-zámashi 燗冷まし (<…[16]＋samásu) O saké frio [gelado].
kańzáń 換算 ⇨ kańsáń[2].
kań-záráshí 寒晒し (<…[4]＋sarású) **1** [寒気にさらすこと] O abandono [deixar] ao relento. **2** [白玉粉] A farinha de arroz.
kańzáshí 簪 O gancho ornamental do cabelo. ★ ～ *o sasu* 簪をさす Pôr ～. [S/同] Kamí-kázari.
kanzéí 関税 Os direitos alfandegários [aduaneiros]; a taxa alfandegária. ★ ～ *no kakaru* [*kakaranai*] 関税のかかる [かからない]Sujeito a [Isento de] ～. ～ *o kasuru* 関税を課する Impor ～「em」. ◇ **～ menzeihin** [**menjohin**] 関税免税品 [免除品] Artigo isento de [que não paga] ～. **～ ritsu** 関税率 A tarifa alfandegária. **～ teiritsuhō** 関税定率法 A lei de direitos aduaneiros proporcionais. **Tokkei ～** 特恵関税 A tarifa preferencial. **Yunyū** [**Yushutsu**] **～** 輸入 [輸出] 関税 ～ de importação [exportação].
kanzéń[1] 完全 A perfeição; a inteireza; a totalidade. ★ ～ *na* 完全な「conhecimento」Perfeito;「engano」completo; inteiro; total. ～ *ni* 完全に Perfeitamente; completamente; por completo; inteiramente; totalmente; plenamente〔～ *ni chikai dekibae* 完全に近い出来映え Um trabalho quase perfeito〕. ～ *ni naru* 完全になる Ficar perfeito [completo]. ～ *ni suru* 完全にする Completar; aperfeiçoar〕. ◇ **～ hanzai** 完全犯罪 Um claro crime. **～ koyō** 完全雇用 O pleno emprego; o emprego total. ⇨ **～ muketsu**. **～ nensho** 完全燃焼 A combustão completa. ⇨ **～ sa**. **～ shiai** 完全試合 O jogo perfeito. ⇨ **～ shoku** [**shugi**/**shugisha**]. [A/反] Fu-kánzen. ⇨ bańzéń; kańpékí[1].
kańzéń[2] 間然【E.】A queixa; a crítica; o reprovar. ★ ～ *suru tokoro ga nai* 間然する所がない Ser [Estar] perfeito; não ter qualquer crítica (a fazer).
kańzéń[3] 敢然 A ousadia; a coragem; a seriedade. ★ ～ *to shite nankyoku ni ataru* 敢然として難局に当たる Enfrentar corajosamente a adversidade.
kanzéń-chṓákú 勧善懲悪【E.】O incentivar [fomentar] o bem e punir o mal. ◇ **～ geki** 勧善懲悪劇 Uma peça teatral moralizadora.
kanzén-múketsu 完全無欠 (⇨ kanzéń[1]) A perfeição completa [sem senão].
kańzén-sa 完全さ A perfeição. ⇨ kanzéń[1].
kańzén-shoku 完全食 O alimento completo. ⇨ kanzéń[1].
kańzén-shúgi 完全主義 O perfeccionismo.
kańzéńshúgí-sha 完全主義者 O perfeccionista.
Kanzé-ryū́ 観世流 O estilo [A escola] Kanze do teatro nô.
kańzétsú 冠絶【E.】A proeminência; o ser único; o não ter rival. [S/同] Takúzétsú.
kańzṓ[1] 肝臓【Anat.】O fígado. ◇ **～ byō** 肝臓病 A doença do ～. **～ en** 肝臓炎 A hepatite.
kańzṓ[2] 甘草【Bot.】O alcaçuz. ◇ **～ ekisu** 甘草エキス O extra(c)to [A essência] de ～.
kańzúku 感付く Suspeitar; desconfiar; adivinhar; pressentir. *Kare wa wareware no takurami ni kanzuita rashii* 彼は我々の企みに感付いたらしい Parece que ele já suspeita do [já pressentiu o] nosso plano. ★ *Kanzukareru* 感づかれる Ser suspeito「de」; despertar suspeitas; ser apanhado. ⇨ kánchi[3].
kań-zúmé 缶詰 (<…[1]＋tsuméru) **1** [缶に詰めた保存用食品] A conserva enlatada [em lata]; os enlatados. ★ ～ *ni suru* 缶詰にする Enlatar. ～ *o akeru* 缶詰をあける Abrir uma lata (de conserva). *Sake* [*Shokuniku*] *no* ～ さけ [食肉] の缶詰 A lata de salmão [carne]. ◇ **～ kōjō** 缶詰工場 A fábrica de conservas. **2** [比喩的に] O prender; o confinar; o reter. *Kare wa shigoto de hoteru ni ～ ni natte iru* 彼は仕事でホテルに缶詰になっている Ele está retido [preso] no hotel, com trabalho [a trabalhar].
kańzúrú 感ずる ⇨ kańjírú.
kaó 顔 **1** [おもて; 顔面] A cara; a face; o rosto. ～ *o aratte de-naoshite koi* 顔を洗って出直し来い Vá primeiro lavar a cara「e depois é que vem para a mesa」. *Chotto ～ o kase* ちょっと顔を貸せ (Col.) Anda cá, pá, que preciso de ti. *Watashi wa hazukashisa no amari ～ kara hi ga de-sō datta* 私は恥ずかしさのあまり顔から火が出そうだった Senti o rosto a arder de vergonha. ★ ～ *ni bishō o ukabete* 顔に微笑を浮かべて Com um sorriso no ～. ～ *o ageru* 顔を上げる Levantar o rosto. ～ *o arau* 顔を洗う Lavar o rosto [a cara]; lavar-se. ～ *o awaseru* 顔を合わせる Ver; encontrar(-se com); encarar. ～ *o makka ni suru* 顔をまっかにする Corar; ruborizar-se; ficar vermelho. ～ *o miawaseru* 顔を見合わせる Trocar olhares; entreolhar-se; olhar um para o outro. ～ *o oboete iru* 顔を覚えている Conhecer de vista. ～ *o shikameru* [*yugameru*] 顔をしかめる [ゆがめる]Fazer caretas/má cara. ～ *o somukeru* 顔をそむける Virar [Voltar] o rosto. [S/同] Gańméń; omóté.
2 [顔つき; 態度] O semblante; o aspe(c)to; a aparência; a fisionomia; a atitude. ～ *ni kaite aru yo* 顔に書いてあるよ Vê-se mesmo [Está-se mesmo a ver] na sua cara! *Ōkina ～ wa sasenai zo* 大きな顔はさせないぞ Você a mim não me engana [A você conheço-o eu]! ★ *Iya na ～ o suru* いやな顔をする

K

Fazer má cara; mostrar (uma expressão de) desagrado; mostrar-se ofendido. *Iya na ~ hitotsu misenai* いやな顔一つ見せない Não mostrar (qualquer expressão de) desagrado [insatisfação]; aguentar. *Muzukashii ~ o suru* むずかしい顔をする Fazer cara séria [de poucos amigos]; ficar sério. *Nigai ~ o suru* 苦い顔をする Ficar [Mostrar-se] aborrecido. *Obieta ~ o shite* おびえた顔をして Com cara de medo. *Ōkina ~ o suru* 大きな顔をする Fazer-se importante; fingir; bazofiar. *Suzushii ~ o shite iru* 涼しい顔をしている Parecer despreocupado; assumir um ar indiferente; estar tranquilo; ter [ser] cara-de-pau. *Kanashi-sō na [Odoroita yō na] ~ o shite* 悲しそうな[驚いたような]顔をして Com expressão triste [de espanto]. *Nani kuwanu ~ o shite* 何くわぬ顔をして Com (um) ar inocente (apesar de ser ele o culpado); com grande lata (G.). *Shibui ~* 渋い顔 **a)** (O semblante) mal-humorado [carrancudo/aborrecido/rabugento]; **b)** Um rosto duro [seco]. *Ukanu ~* 浮かぬ顔 O semblante abatido [deprimido]. *Mottomo rashii ~* もっともらしい顔 A fisionomia séria [como se não fosse nada]. **3** [面目] A honra; o prestígio; o crédito; a reputação. ★ *~ ga tatsu* 顔が立つ Ser respeitado. *~ o tateru* 顔を立てる Salvar a honra (de alguém); ajudar a respeitar (alguém). *~ o tsubusareru* 顔をつぶされる Ser desonrado; perder a reputação. *~ o tsubusu* 顔をつぶす Desonrar; desprestigiar; envergonhar; desacreditar. *Hito-sama ni awaseru ~ ga nai* 人様に合わせる顔がない Ter vergonha de [Não ter cara para] aparecer diante de gente. *~ ni doro o nuru* 顔にどろを塗る Desonrar; ferir a dignidade 「do pai」. ⇨ Kaó-tsúkí; taído. **4** [人数] O número de pessoas. ★ *~ ga sorou* 顔が揃う Juntarem-se as pessoas; estarem todos presentes. **5** [名前がよく知られていること] O nome. ★ *~ ga hiroi* 顔が広い Ser muito conhecido. *~ ga kiku* 顔がきく Ser (uma pessoa) influente; ter influência. *~ ga urete iru* 顔が売れている Ser famoso [popular]; ter popularidade. *~ no hiroi hito* 顔の広い人 Pessoa muito conhecida. *~ o kikasu* 顔をきかす Usar a [Servir-se da] sua influência. *~ o uru* 顔を売る Fazer reclame[e] de si mesmo; fazer-se conhecido; ganhar popularidade. **6** [「顔を出す」の形で] O ar da sua graça (G.). ★ *~ o dasu [miseru]* 顔を出す[見せる] Aparecer; ir 「à reunião」. *Omote ni ~ o dasanai* 表に顔を出さない Não (gostar de) aparecer em público [primeiro plano].

kaó-áwásé 顔合わせ (＜…+ awáséru) **1** [会合；相談の集まり] **a)** O primeiro encontro 「dos novos sócios」; **b)** A apresentação. ★ *~ o suru* 顔合わせをする **a)** Conhecer-se; **b)** Fazer a apresentação 「das famílias dos noivos」. **2** [取組] O encontro [A luta] (entre … e …). ◇ **Hatsu ~** 初顔合わせ O primeiro. S/同 Toríkúmí. **3** [役者の共演] A representação conjunta de 「dois」a(c)tores famosos. S/同 Kyōén.

kaó-búré 顔触れ (＜…+ furérú) As caras. *Kondo no senkyo de giin no ~ ga daibu atarashiku natta* 今度の選挙で議員の顔触れが大分新しくなった Nestas eleições para deputados há muitas caras novas. S/同 Ménbā.

kaó-dáchí 顔立ち (＜…+ tátsu) As feições; o rosto 「bonito」; a aparência; o aspecto; a fisionomia. ★ *~ ga yoi [warui]* 顔立ちが良い[悪い] Ter bom [mau] aspe(c)to; ser bonito [feio]; ser bem parecido/bem-[mal-]apessoado. S/同 Omódáchí.

kaó-dáshí 顔出し (＜…+ dásu) **1** [会合に出席] O ir [aparecer] 「à reunião」. ⇨ shusséki. **2** [ごきげん伺いをすること] O (ir) perguntar pela saúde [situação]. *Chotto shachō no tokoro e ~ shite kuru (yo)* ちょっと社長のところへ顔出して来る(よ) Vou ver como está o nosso presidente e volto já. S/同

kaó-író 顔色 **1** [顔の色合い] A cor [compleição] do rosto. ★ *~ ga kawaru* 顔色が変わる Empalidecer; mudar de cor. *~ ga yoi [warui]* 顔色が良い[悪い] Ter boa [má] cor. **2** [表情] A expressão do rosto; a cara. ★ *~ o kaeru* 顔色を変える Mudar de cara 「ao ver a mãe」. *~ o ukagau* 顔色をうかがう Ver a expressão do rosto 「a cara que põe 「o marido」」. S/同 Go-kígén-ukágái.

kaó-jáshin 顔写真 (＜…+ shashín) A fotografia (só) do rosto 「para passaporte」.

kaó-kátáchí 顔形 ⇨ kaó-dáchí; mimé.

káoku 家屋 A casa (para habitação). S/同 Ié (+).

kaó-máké 顔負け (＜…+ makérú) O ficar envergonhado [corrido/admirado]. *Kanojo no gijutsu wa senmonka mo ~ da* 彼女の技術は専門家も顔負けだ A técnica [arte] dela é tal que ganha a [deixa admirado] um especialista.

kaó-misé 顔見世 (＜…+ miséru) **a)** O aparecer pela primeira vez em público; **b)** A estreia 「dum novo diplomata」. ⇨ kōgyō³.

kaó-mishíri 顔見知り (＜…+ míru + shirú) O conhecido; a pessoa [cara] conhecida. *Keisatsu wa ~ no hankō to mite iru* 警察は顔見知りの犯行と見ている A polícia suspeita que o autor do crime seja um conhecido 「da vítima」. S/同 Kaó-nájímí; shirí-áí. ⇨ hitomíshíru.

kaó-múké 顔向け (＜…+ mukéru) O aparecer 「perante [diante de] alguém」; o olhar de frente 「para」. ★ *Seken ni ~ ga dekinai* 世間に顔向けができない Ter vergonha de aparecer em público (Por causa de uma falta própria ou da família).

kaó-nájími 顔馴染み (＜…+ najímu) A pessoa muito-conhecida; um velho conhecido [amigo]. ★ *~ ni naru* 顔馴染みになる Familiarizar-se 「com」; ficar conhecido. ⇨ Kaó-míshíri.

kaóri 香 [薫] り O perfume; o cheiro agradável [bom]; o aroma; a fragrância. *Bara no ~ ga tadayotte iru* バラの香りがただよっている O ar recende [Que cheirinho] a rosas/O aroma das rosas perfuma o ambiente! *Kōhī [Budōshu; Hamaki] no ~* コーヒー[ぶどう酒；葉巻]の香り O aroma do café [vinho; charuto]. ⇨ nióí¹.

kaórú 薫 [香] る Cheirar 「a primavera」. ★ *Wakaba ga kaotte iru* 若葉が薫っている ~ a [Sente-se o cheiro das] folhas novas. ⇨ nióú¹.

kaó-tsúkí 顔付き A fisionomia; a expressão; a cara; o semblante; o rosto. ★ *Hen na ~ o suru* 変な顔付きをする Fazer cara esquisita. *Hiyayaka na ~* 冷ややかな顔付き O semblante frio [indiferente]. *Imiari-ge na ~* 意味ありげな顔付き A cara especial [significativa] de quem está a entender]. S/同 Hyōjō; kaó-dáchí.

kaó-tsúnági 顔繋ぎ (＜…+ tsunágú) **1** [引き合わせ] O conhecer; o apresentar 「uma pessoa a outra」.

kaó-yáku ★ ～ *o suru* 顔繋ぎをする Ficar a conhecer「os juízes do júri」. Ⓢ/同 Hiki-áwáse. **2**［ときどき会っておくこと］O aparecer de vez em quando. *Tama ni wa ～ shite oke yo* たまには顔繋ぎしておけよ É melhor você aparecer [ir vê-los] de vez em quando「para não se esquecerem de si」.

kaó-yáku 顔役 (⇨ kaó **5**) O homem de influência (na localidade); o que manda; o chefe; o cabecilha「do bando」. ★ *Chōnai [Tochi] no ～ 町内 [土地] の顔役* ～ do bairro [da terra]. Ⓢ/同 Yūryokú-sha.

kápetto [áa] カーペット (< Ing. carpet) O tapete. Ⓢ/同 Dańtsú; jūtan. ⇨ mátto; mósen.

kapítán カピタン (< P.) 【H.】O capitão da nau (e do comércio).

kápokku カポック ⇨ pán'ya².

kappá¹ 河童 **a)** O animal lendário, com forma de rã e que vive nos rios; **b)** Um grande nadador. 【I/慣用】*Sonna koto wa he no ～ da* そんなことは屁の河童だ Isso é canja [fácil]. *Oka ni agatta ～* 陸に上がった河童 O peixe fora da água [O ficar perdido (sem saber que fazer)]. 【P/ことわざ】*～ no kawa-nagare* 河童の川流れ O bom [grande] nadador é que se afoga.

káppá² カッパ・合羽 (< P.) A capa「para a chuva」; o capote. Reíń-kóto (+).

káppá³ 喝破【E.】O afirmar [declarar] com toda a força「que está inocente」. Ⓢ/同 Dóha; kánpa.

kappán 活版 A tipografia; a impressão; **b)** O tipo. ★ *～ de insatsu suru* 活版で印刷する Imprimir com tipos (móveis/metálicos). *～ o kumu* 活版を組む Fazer a matriz; colocar os tipos. ◇ *～* **insatsu** 活版印刷 A impressão tipográfica. *～* **zuri** 活版刷り A impressão com tipos.

kappáráí 掻っ払い (< kappárau)【G.】**1**［行為］O furto; o roubo; o bifar/limpar. **2**［人］O larápio; o carteirista; o gatuno. Ⓢ/同 Hittákúri; okíbíki. ⇨ dorôbô.

kappáráu 掻っ払う【G.】Surri[u]piar; limpar; roubar. *Baggu o kapparawareta [torareta]* バッグをかっ払われた [取られた] Roubaram-na a bolsa. ⇨ ubáu.

kappátsú 活発 O ser a(c)tivo [vivo/animado/enérgico]. *Shikyō ga ～ ni natte kita* 市況が活発になってきた O mercado está ficando a(c)tivo. ★ *～ na giron no tatakawaseru* 活発な議論を戦わせる Discutir animadamente/Ter uma discussão animada. *～ ni ugoku* 活発に動く Trabalhar com energia. Ⓢ/同 Bińkátsú; henkátsú; kaíkátsú.

káppo 闊歩 **1**［大股で歩くこと］O andar a passos largos [com grandes passadas]. ★ *Gaitō o ～ suru* 街頭を闊歩する Andar a pavonear-se na cidade. **2**［大いばりで振る舞うこと］O andar todo empertigado; o pavonear-se. ★ *Seikai o wagamono-gao ni ～ suru* 政界を我が物顔に闊歩する Ser um mandão [Dar cartas/Tirar e pôr] no mundo da política.

kappō 割烹 **a)** A culinária japonesa; **b)** O restaurante japonês. ◇ *～* **gi** 割烹着 O avental [trajo] com mangas. ⇨ ryôri.

káppu カップ (< Ing. cup) **1**［コップ］A xícara; a taça (tacinha); a chávena. ◇ *～* **kēki** カップケーキ O doce em taça. ⇨ koppú. **2**［賞杯］O troféu [a taça] (da vitória). ⇨ koppú. **3**［ブラジャーの乳房をおおう部分］As cavidades do sutiã.

kappúkú 恰幅 A constituição física; a compleição; o físico; a configuração do corpo. ★ *～ ga ii [warui]* 恰幅がいい [悪い] Ter um físico robusto [franzino]. Ⓢ/同 Karádá-tsúkí; taíkákú; yósú.

kappúkú² 割腹 O harakiri; o cortar a barriga. Ⓢ/同 Harákíri; seppúku.

káppuru カップル (< Ing. couple) **a)** O casal; **b)** O par. ★ *Niai no ～* 似合いのカップル Um bom casal [par]. ⇨ fúfu.

kápuseru カプセル (< Al. kapsel < L. capsula: caixinha) **1**［薬の］A cápsula. ★ *～ iri no* カプセル入りの O remédio [medicamento] em *～*. **2**［宇宙船の］A cápsula (espacial). ★ *～ o kaishū suru* カプセルを回収する Recolher a *～*. ◇ *～* **hoteru** カプセルホテル O hotel com quartos [camas]-cápsula (Só para dormir).

kara¹ から **1**［起点を示す］De; desde; em; a partir de. *Koko ～ eki made go-fun shika kakarimasen* ここから駅まで5分しかかかりません Daqui (até) à estação são (só) cinco minutos. *Kotoshi no shi-gatsu de porutogaru-go o benkyō shi-hajimete ～ ni nen ni naru* 今年の4月からポルトガル語を勉強し始めてから2年になる Neste A[a]bril completam-se dois anos que estudo p. *San-pēji ～ yomi-hajimeru* 3 ページから読み始める Começar (a ler) na [da] página três. **2**［通過点を示す］Por. ★ *Mado ～ no nozoku* 窓から中をのぞく Espreitar para dentro pela janela. *Toguchi ～ de-iri suru* 戸口から出入りする Entrar e sair pela porta. **3**［範囲を示す］De; desde. ★ *Asa ～ ban made hataraku* 朝から晩まで働く Trabalhar de manhã (até) à noite [de sol a sol]. **4**［動作・作用の出所を示す］De; por. *Hyaku-nin no ōbosha no naka ～ hitori dake erabareta* 100人の応募者の中から1人だけ選ばれた De cem concorrentes só foi escolhido um. ★ *Hito ～ kane o uke-toru* 人から金を受け取る Receber dinheiro (de alguém). *Kamon'ishu ～ no in'yō* カモンイシュからの引用 Uma citação de Camões. *Kanojo wa minna ～ sukarete iru* 彼女はみんなから好かれている Toda a gente gosta dela. *Oya ～ dokuritsu suru* 親から独立する Independizar-se dos pais. *Shachō ～ homerareru* 社長からほめられる Ser elogiado pelo presidente. *Sore wa chichi ～ kiita* それは父から聞いた Ouvi isso de [ao] meu pai. *Tsumaranai koto ～ kenka suru* つまらない事からけんかする Brigar por motivo insignificante [por nada/por uma ninharia]. **5**［「～からする」の形で］De (...para cima). *Ni-sen en ～ suru* 二千円からする Custa para cima de dois mil yens. **6**［構成要素を示す］De. *Hamono wa kōtetsu ～ tsukuru* 刃物は鋼鉄から作るものです [作られる] Os instrumentos cortantes [de folha] são (feitos) de aço. *Batā wa gyūnyū ～ tsukurareru* バターは牛乳から作られる A manteiga é feita de leite. **7**［原因・理由を示して］Porque; por que; por; pelo motivo de; porquanto; em razão de que; como; visto que. *Kyō wa ii tenki da ～ sanpo ni ikō yo* 今日はいい天気だから散歩に行こうよ Hoje está [faz] bom tempo. Por que não damos um passeio? *Mā ii ～ watashi ni subete makase nasai* まあいいから私にすべてまかせなさい Não se preocupe mais e deixe tudo à minha conta [responsabilidade]. *Mō osoi ～ hayaku ne nasai* もう遅いから早く寝なさい Vá para a cama, que [porque] já é tarde. Ⓢ/同 Nó de; tamé ni. ⇨ -kára ni wa.

kará² 空 O corpo; o vácuo; o ser oco; o「quarto」estar livre [desocupado]. *Bin wa ～ ni natta* 瓶は空になった A garrafa ficou vazia [desocupou-se]. *Kare wa atama no naka ga ～ da* 彼は頭の中が空だ Ele tem a cabeça oca/Ele não tem juízo. ★ *～ ni suru* 空にする Esvaziar「o tanque」; desocupar「o quarto」. ◇ ~ **bin** 空瓶 A garrafa vazia. ~ **tegata** 空手形 A letra (de câmbio) fictícia [falsa/careca].

kará³ 殻 (⇨ kawá²) **1** [穀物・果実の] A casca「do arroz/amendoim」; a vagem「do feijão/da ervilha」. o invólucro (de certos frutos). ★ ~ *o toru* 殻を取る Tirar a casca [de]; descascar「vagens/amendoim」. *Mame no* ~ 豆の殻 A vagem [casula] do feijão. **2** [貝類・ふじつぼ類の] A concha「da ostra/do caracol」. ★ ~ *o tozasu* 殻をとざす「uma pessoa」Fechar-se na sua concha; retrair-se. *Jibun no* ~ *ni tojikomoru* 自分の殻に閉じこもる Encerrar-se em si mesmo [na sua concha]. **3** [卵の] A casca do ovo. **4** [とうふのから; おからの] **a)** O sedimento [refugo] de tôfu; **b)** As folhas usadas do chá. **5** [セミなどの抜けがら] A pele velha「da serpente/cigarra」. ★ *Monuke no* ~ もぬけの殻「o quarto estar」(completamente) Vazio.

kárā カラー (< Ing. < L. color) **1** [色; 色彩] A cor. ◇ ~ **firumu** カラーフィルム O filme colorido. ~ **shashin** カラー写真 A fotografia colorida [a cores]. ~ **terebi** カラーテレビ A televisão [O televisor] a cores. **2** [特色] O cará(c)ter; a particularidade. *Sukūru* ~ スクールカラー「da「nossa」escola. [S/同] Kifū; mochí-aji; tokúshoku.

kárā² カラー (< Ing. collar) O colarinho「da camisa」; a gola.

kárā [káa] カーラー (< Ing. curler) O frisador.

kará-áge 唐 [空] 揚げ O fritar「Frango」. ★ *Jagaimo* [*Tori*] *no* ~ じゃがいも [鶏] の唐揚げ Batatas [Frango] fritas [o].

kará-báko 空箱 (< ... ² + hakó) A caixa vazia.

kará-búki 乾拭き O limpar「os móveis」com espanador ou pano seco. ★ ~ *suru* 乾拭きする Limpar com um ~; passar um pano seco「pelos móveis」. [S/同] Tsuyá-búki. ⇨ fukú⁸.

kará-búri 空振り (< ... ² + furú) **1** [野球で] O golpe em falso. *Battá* ~ *sanshin* バッター空振り三振 O batedor falhou, são três faltas! **2** [なぐりそこね] O dar [mandar] um soco mas não acertar. ★ ~ *suru* 空振りする Falhar o soco. **3** [失敗] O fracasso. *O-tori sōsa wa* ~ *ni owatta* おとり捜査は空振りに終わった A busca do criminoso por engano falhou/fracassou. [S/同] Fu-séikō; shippái.

kará-cha 空茶 O chá só (sem ser acompanhado de qualquer doce).

karádá 1 [身体; 肉体] O corpo. ★ ~ *ga aite iru* 体があいている Ter tempo; estar de folga; estar livre. ~ *ga darui* 体がだるい Sentir moleza no corpo; ter [sentir] o corpo mole. ~ *ga iu koto o kikanai* 体が言うことを聞かない Não poder trabalhar como se quer. ~ *jū ni* 体中に Em todo o corpo; no corpo inteiro [todo]. ~ *o haru* 体を張る Apostar [Arriscar] a vida「para lhes parar os planos」. ~ *o tsukuru* 体を作る Fazer exercício para「Ganhar físico」. ~ *o uru* 体を売る Prostituir-se; entregar-se por dinheiro. ~ *o yurusu* 体を許す Prostituir-se; entregar o corpo (a alguém); deixar-se possuir sexualmente. [S/同] Nikútaí; shíntai. **2** [体格] A constituição física; o corpo; a figura; o físico. ★ *Gatchiri* [*Suratto*] *shita* ~ がっちり [すらっと] した Um físico sólido [delgado]. ~ *ni au* [*awanai*] *fuku* 体に合う [合わない] 服 O vestido que se ajusta bem [mal] ao corpo. ~ *ga chīsai* [*ōkii*] 体が小さい [大きい] (O corpo) pequeno [grande]; pequeno [grande] (de corpo). *Rippa na* ~ *o shite iru* 立派な体をしている Ter um bom físico; ser bem constituído (de corpo). [S/同] Taíkaku. **3** [健康] A saúde. ★ ~ *ga moto-dōri ni naru* 体が元通りになる Recuperar a ~; restabelecer-se; curar-se; ficar bem [bom] outra vez. ~ *ga yowai* 体が弱い Ser de constituição débil [delicada]; ser débil [fraco; franzino]; ter pouca ~. ~ *ni jishin ga aru* 体に自信がある Ter [Saber que se tem] saúde. ~ *ni ki o tsukeru* 体に気をつける Cuidar da [Ter cuidado com a] ~; cuidar-se. ~ *ni sawaru* 体に障る Afe(c)tar a [Ser prejudicial/Fazer mal à] ~. ~ *ni yoi* [*warui*] 体に良い [悪い] Ser bom [mau] para a ~; fazer bem [mal] à ~. ~ *no guai* [*chōshi*] *ga yoi* [*warui*] 体の具合 [調子] が良い [悪い] Estar bem [mal] de saúde; estar bem [mal] disposto. ~ *o daiji ni suru* 体を大事にする Tratar [Cuidar] da ~. ~ *o kowasu* 体をこわす Ficar doente. ~ *o waruku suru* 体を悪くする Abalar [Arruinar] a ~. [S/同] Keńkō. **4** [体力] A força [energia] física; o vigor. ★ ~ *o moteamasu* 体をもて余す「a criança」Ter energia de sobra [de mais]. [S/同] Táiryoku (+).

karádá-tsúki 体付き A figura; o físico; a constituição física; as proporções (do corpo); o aspecto físico. ★ *Hossori shita* ~ ほっそりした体付き A ~ esguia [esguia; delgada; fina; esbelta].

karádá-zúkuri 体造り (< ... ² + tsukúru) A cultura física; o ganhar físico; o robustecimento corporal「através do exercício」. ★ *Fuyuba ni* ~ *o suru* 冬場に体造りをする Fazer exercício [Treinar-se] durante o inverno.

kará-déppō 空鉄砲 (< ... ² + teppō) **a)** A arma descarregada; **b)** O tiro sem bala [só com pólvora].

Karáfúto 樺太 A ilha Sacalina (a norte de Hokkaidō). [S/同] Saharín.

kará-géiki 空景気 (< ... ² + keíkí) A prosperidade aparente (fictícia).

kará-génki 空元気 (⇨ kará²) A aparência de coragem; a fanfarronice [fanfarrice]; a bravata; a força fictícia [falsa]. [S/同] Kyoséí.

karágeru 絡 [紮] げる **1** [しばる] Atar「o trigo/arroz no campo」; prender; amarrar; ligar; cingir. [S/同] Shibáru. **2** [すそをたくしあげる] Arregaçar「as calças」; arremangar「a camisa」. ★ *Shiri* o ~ 尻をからげる Levantar [Arregaçar]「o quimono」e deixar o rabo (G.) à mostra. Makúrí-ágéru.

kará-gúruma 空車 (< ... ² + kurumá) O carro livre [descarregado]. [S/同] Kúshá.

karáí 辛い **1** [ぴりっとする] Picante; apimentado; que queima [arde]. *Wasabi ga* ~ ワサビが辛い "O wasabi" (rábano bravo) é picante. [A/反] Amáí. **2** [塩気が強い] Salgado. *Sūpu ga* ~ スープが辛い A sopa está salgada. [S/同] Shió-kárai. [A/反] Amáí. **3** [きびしい] Rigoroso; severo; rígido; duro. ★ *Shiken no ten ga* ~ 試験の点が辛い Ser「professor」rigoroso nas notas. [A/反] Amáí.

kará-ibari 空威張り (< ... ² + ibáru) A bravata; a vanglória; a fanfarrice [fanfarronice]; a bazófia.

karáí-rí 空炒り O assar「castanhas/milho」. ⇨ irú³.

kará-jiman 空自慢 [G.] A [O só ter] gargantice; a vanglória; a bazófia; a quixotada.

kará-kami 唐紙・襖 **1** [色模様のある紙] O papel forte, estampado, para "fusuma". **2** [⇨ fusúmá].

karákárá¹ からから **1** [かわいたさま] Seco;「lábio」ressequido. *Nodo ga* ~ *da* のどがからからだ Tenho a garganta ressequida/seca. **2** [からっぽなさま] Vazio. *Saifu ga* ～ *da* 財布がからからだ Tenho a carteira vazia/Estou sem um vintém [sem cheta (G.)]. [S/同] Karáppó.

kárakara[2] **からから** **1** [笑い声] Às gargalhadas. ★ ～(*to*) *warau* からから（と）笑う Rir às [Soltar] gargalhadas; dar uma gargalhada; desatar a rir; rir a bandeiras despregadas. **2** [物音] (Im. de ruído seco「de pratos」). ★ ～ (*to*) *naru* からから（と）鳴る Fazer/Ouvir-se um barulho [ruído] (seco).

kará-kása (唐)傘 O guarda-chuva japonês de bambu e papel oleado. ⇨ kása[1].

karákáu からかう Rir-se「de alguém」; brincar「com」; caçoar [fazer caçoada]「de」; zombar「de」; troçar「de」; fazer pouco「de」; entrar「com」; gracejar「com」; pôr a ridículo; dizer gracejos「a」; ridicularizar. ～ *no wa yose* からかうのはよせ Não brinque (comigo, senão [que/porque] leva)/Deixe (-se) [Nada] de brincadeiras! ★ *Neko o* ～ 猫をからかう Brincar com o gato. ⇨ nabúru.

kará-kkázé 空っ風 O vento seco e forte.

kará-kkétsú 空っ穴【G.】Sem cheta [tostão/um vintém]. *Watashi wa* ～ *da* 私は空っ穴だ Estou liso [～]. [S/同] Mu-íchímon.

karákkíshí からっきし【G.】Completamente「inútil」;「não nado」absolutamente「nada」; extremamente; inteiramente. *Kare wa musume ni wa* ～ *yowai* 彼は娘にはからっきし弱い Ele é extremamente indulgente com a filha. [S/同] Marúdé; mattákú; teńdé.

kárakoro からころ (Im. de ruído「de "geta"/tamancos」).

kará-kúchí 辛口 (< karái + …) **1** [辛いもの好き] A pessoa que gosta de coisas salgadas ou de bebidas alcoólicas. *Watashi wa* ～ *da* 私は辛口だ Eu gosto de ～ [do sabor picante]. [S/同] Karátō. [A/反] Amá-kúchí. **2** [口あたりのからめの酒類など] O sabor picante [salgado/seco]. ★ ～ *no sake* 辛口の酒 Saké [Vinho] seco. ～ *no hihyō* 辛口の批評 Uma crítica seca/dura. [A/反] Amá-kúchí.

kará-kújí 空籤 O bilhete em branco (Na lota[e]ria); o bilhete não premiado. ～ *nashi* 空籤なし Não há bilhetes em branco/Todos os bilhetes têm pré[ê]mio.

káraku-mo 辛くも **a**) A muita custo; com muita dificuldade; dificilmente[superaram a dificuldade; **b**) Por um triz; por pouco. ★ ～ *nogareru* 辛くも逃れる Escapar por um triz. [S/同] Karōjíté (+).

kará-kúrénai 唐紅 O escarlate; o vermelho carmesim [muito vivo]. ⇨ béni.

karákúrí からくり **1** [しかけ] O mecanismo; o dispositivo. ★ *Seiji no* ～ 政治のからくり「entender」Os mecanismos da política. ◇ **～ ningyo** からくり人形 O títere; o fantoche; a marionete; o autó[ô]mato. [S/同] Shikáké. **2** [計略] O truque; o ardil; a artimanha; a manha; a tramóia (G.). ★ ～ *ga bareru* からくりがばれる Descobrir-se a/o ～. [S/同] Keíryákú.

kará-kusa 唐草 Um arabesco (Ornato a cores com motivos「de plantas」). ◇ **～ moyō** 唐草模様 O desenho com arabescos.

karámáru 絡まる (< karámu) Enroscar-se; enredar-se. *Tsuta ga ki no miki ni* ～ ツタが木の幹に絡まる A hera enrosca-se à [na] árvore.

karámatsu 唐松・落葉松【Bot.】O lariço; *larix leptolepis*.

kará-máwari 空回り (<…[2] + mawárú) **1** [自動車などの車輪が無駄に回転すること] O girar no ar; o rodar [mover-se] em falso;「a máquina」girar mas não pegar. ★ ～ *suru* 空回りする「as rodas a」Patinar; mover-se em falso. *Enjin o* ～ *saseru* エンジンを空回りさせる **a**) Pôr o motor em ponto morto; **b**) Embalar o motor「para teste」. ⇨ kūtéń. **2** [議論などが同じところを回って発展しないこと] A discussão inútil. ★ ～ *suru* 空回りする Andar às voltas [Falar, falar] sem chegar a nenhuma conclusão.

kará-mé 辛目 Um pouco salgado [A puxar para o picante]. *Sukoshi* ～ *da* 少し辛目だ É [Está] ～.

karáméru[1] **カラメル** (< P.) O caramelo. ◇ **～ iro** カラメル色 A cor de ～. [S/同] Kyarámérú.

karáméru[2] **絡める** **1** [縛る] Prender「o ladrão」. **2** [蜜や飴などをからみつかせる] Pôr por cima [Misturar com] mel ou caramelo.

karámé-té 搦め手 (< karáméru + …) **1** [捕り手] **a**) O destacamento que ataca pela retaguarda do inimigo; **b**) O dete(c)tive. [S/同] Toríté. **2** [城・とりでの裏門] **a**) A porta traseira (do castelo ou da fortaleza); **b**) O rodeio [A maneira indire(c)ta]「de resolver um problema/de falar com alguém」. ★ ～ *kara semeru* 搦め手から攻める Atacar pela ～.

karámí[1] 辛味 O gosto [sabor] picante [salgado]. ★ ～ *no kiita* 辛味のきいた「um prato muito」Picante; salgado.

karámí[2] 空身 (⇨ kará[2]) Sem nenhuma bagagem nem companheiro.

karámí-áu 絡み合う (< karámu + …)「a trepadeira」Entrelaçar-se; estar unido [ligado]「à mesma questão」; intri(n)car-se. ★ *Fukuzatsu ni karami-atta mondai* 複雑に絡み合った問題 O problema intricado [complexo].

karámí-tsúku 絡み付く (< karámu + …) **1** [巻きつく] Enroscar-se「à árvore」; enlaçar-se; enrolar-se; ligar-se. **2** [まといつく] Seguir [Não largar] uma pessoa. *Yopparai ga* ～ 酔っぱらいが絡み付く O bêbedo não「me/nos」larga.

karámu 絡む **1** [からみつく] Enroscar-se; agarrar-se; enlaçar-se. *Kare wa ashi ni nawa ga karande taoreta* 彼は足になわが絡んで倒れた Enlaçou-se-lhe a corda no pé e caiu. ★ *Nodo ni tan ga* ～ のどに痰が絡む「Tenho」catarro [expe(c)toração] na garganta. **2** [密接に結びつく] Estar em ligação [Ter estreita relação]「com a mesma questão」. *Kono jiken ni wa tagaku no kane ga karande iru* この事件には多額の金が絡んでいる Nesta questão está envolvido muito dinheiro. **3** [言いがかりをつける] Provocar uma briga; meter-se「com」. *Yakuza ni karamareru* ヤクザに絡まれる Ser provocado por um bandido.

karáń カラン (< Hol. kraan) A torneira. [S/同] Jagúchí (+).

kará-nénbutsu 空念仏 **a**) A reza vazia (Bud.); **b**) Palavras vazias; a conversa fiada [promessa falsa]「dos políticos durante as eleições」; o palavreado. ★ ～ *ni owaru* 空念仏に終わる Acabar tudo em palavras [promessas].

kará-ní 空荷「o navio」Sem carga.

kará-níshiki 唐錦 O brocado chinês.

-kára ni wa からには (⇨ kará[1] **7**) Desde que; uma vez que; visto que; já que. *Hajimeta* ～ *saigo made yare* 始めたからには最後までやれ Uma vez que

começou, termine [vá até ao fim].
kará-órí 唐織 O tecido (de desenho) chinês; as roupas do (teatro) Nô.
kará-óshí 空押し O estampado; o desenho em relevo.
karáppétá 空っ下手 Completamente inábil.
karáppó 空っぽ【Col.】「o bolso/quarto」Vazio. [S/同] Kará[2] (+).
karárérú 駆られる (< káru[3]) Ser levado [excitado; estimulado; arrastado]「por」. ★ *Kōkishin ni kararete* 好奇心に駆られて Levado [～] pela curiosidade.
karári からり (Im. de límpido, seco, bem frito, franco, completo) *Tenpura ga ～ to agatta* 天ぷらがからりと揚がった O frito ficou bom [loirinho]. ★ ～ *to shita seikaku* からりとした性格 O cará(c)ter franco [aberto/alegre]. [S/同] Karátto.
kará-sáwagi 空騒ぎ (< kará[2] + …) O barulho por nada; muita parra e pouca uva; uma tempestade num copo de água; serem mais as vozes que as nozes. ★ ～ *suru* 空騒ぎする Fazer muito barulho por nada [por uma coisa sem importância]; dar um falso alarme; afogar-se num copo de água.
kará-sékí 空咳 (< kará[2] + sekí[1]) A tosse seca. ★ ～ *o suru* 空咳をする Estar com uma ～. ⇨ sekí-bárai.
karáshí 芥子 A mostarda. ◇ **～ na** 芥子菜 ～ indiana [em folhas]. **～ zuke** 芥子漬け Vegetais em salmoura de ～. **Neri ～** 練り芥子 A pasta de ～.
kara-shíshí[-jíshí] 唐獅子 Um desenho「chinês」de leão (lendário/estilizado).
-kára shite からして (⇨ kara[1] **1**) E logo「ele」; e até. *Namae ～ ki ni kuwanai* 名前からして気に食わない Não gosto nem do nome dele/Dele, até [já] o nome me desagrada.
kárasu[1] 烏·鴉 O corvo. [I/慣用] ～ *no gyōzui* 烏の行水 Um banho [chuveiro] muito rápido. ◇ ⇨ **～ gai** [**guchi; mugi; uri**].
karású[2] 枯らす (⇨ karású[4]) **1** [草木の生命をなくす] Deixar secar [murchar]. *Niwa no matsu o karashite shimatta* 庭の松を枯らしてしまった Deixei secar o pinheiro do jardim「por falta de cuidados」. **2** [材木を乾燥させる] Deixar [Pôr a] secar. ★ *Yoku karashita zaimoku* よく枯らした材木 A madeira bem seca.
karású[3] 嗄らす Enrouquecer; ficar rouco. ★ *Koe o karashite sakebu* 声を嗄らして叫ぶ Gritar até ～.
karású[4] 涸らす (⇨ karású[2]) **a**) Esgotar; **b**) Secar [Deixar secar「o poço」]. ★ *Shigen o ～* 資源を涸らす Esgotar os recursos naturais.
karású-gai 烏貝 (<… [1] + kái)【Zool.】O mexilhão; *cristaria plicata spatiosa*.
karású-guchi 烏口 (<… [1] + kuchí) O tira-linhas.
karásúmí からすみ As ovas de salmão tratatas「com salmoura」e secas.
karású-múgi 烏麦 (<… [1] + …)【Bot.】A aveia; *avena fatua*.
karású-uri 烏瓜 (<… [1] + …)【Bot.】O melãozinho silvestre (Medicinal); *trichexanthes cucumeroides*.
karátáchí 枸橘·枳殻【Bot.】A tangerina silvestre; *citrus trifoliata*.
karáté 空手 (< kará[2] + te) **1** [素手; てぶら] As mãos vazias. [S/同] Súdé; tebúrá. **2** [拳法]【(D)esp.】O karáté.
kará-tégata 空手形 **1** [融通手形] A letra (de câmbio) sem cobertura; o cheque falso. **2** [空約束] A promessa vã. ★ ～ *ni owaru* 空手形に終わる Acabar tudo em vãs promessas.
karátṓ 辛党 (⇨ karái) O bebedor; o amigo de bebidas alcoólicas. *Sensei wa dai no ～ da* 先生は大の辛党だ O professor é um bebedor de primeira. [S/同] Hidárí-kíkí; kará-kúchí. [A/反] Amátṓ.
kará-tsúyú 空梅雨 (⇨ kará[2]) A estação chuvosa [das chuvas] seca/curta. ⇨ tsuyú[1].
káratto[1] カラット (< Ing. carat < Ár.) **1** [宝石の重量の単位] O quilate [carate]. ★ *San ～ no daiamondo* 3カラットのダイアモンド O diamante de três ～. **2** [金の純度の単位] O quilate. ★ *Nijūni ～ no kin* 22カラットの金 O ouro de 22 ～.
karátto[2] からっと ⇨ karári.
kará-úrí 空売り【Econ.】A venda a descoberto [a pagar brevemente]. [A/反] Kará-gáí.
kará-yákusoku 空約束 A promessa vã [falsa].
karázá カラザ (< Ing. chalaza < Gr.) A calaza「do ovo」.
karázáó 殻竿 (< kará[3] + saó) O malho.
káre 彼 **1** [人称代名詞: あの人] Ele. ◇ **～ jishin** 彼自身 Ele mesmo「disse」; ele próprio. [A/反] Kánojo. **2** [恋人である相手の男性]【G.】**a**) O namorado; **b**) Um amante; o meu marido. *Ano hito ni wa ～ ga iru no yo* あの人には彼がいるのよ Ela tem um namorado [amante]. [S/同] Káreshi. [A/反] Kánojo.
karḗ カレー (< Ing. curry) O caril. ◇ **～ ko** カレー粉 ～ em pó [O pó de ～]. **～ raisu** カレーライス O arroz com [de] caril.
karé-édá 枯れ枝 (< karérú + …) O ramo [galho] seco. ★ ～ *o harau* 枯れ枝をはらう Cortar os ～ s.
karé-há 枯れ葉 (< karérú + … [2]) A folha seca [murcha]. ◇ **～ zai** 枯れ葉剤 O「napalm é um」desfolhante.
karéí[1] 華麗 A magnificência; a pompa; a grandiosidade; o esplendor. ★ ～ *na* 華麗な Magnífico; pomposo; grandioso; esplêndido. ～ *na buntai* 華麗な文体 O estilo floreado [pomposo]. [S/同] Hanáyaka; keńráń.
kárei[2] 鰈【Zool.】A solha; o rodovalho (Como o linguado, pertencem aos pleuronectídeos).
kárejji カレッジ (< Ing. college < L.) O colégio; a universidade; a faculdade; o liceu.
karé-kí 枯れ木 (< karérú + …) A árvore seca. [P/ことわざ] ～ *mo yama no nigiwai* 枯れ木も山の賑わい É melhor pouco do que nada [Quantos mais「vierem」melhor, mais animada é a festa].
káre kore かれこれ **1** [あれこれといろいろ] Isto e (mais) aquilo; uma coisa e outra. ★ ～ *iu* かれこれ言う Conversar sobre ～; comentar; fazer observações [～ *iwazu ni tsuite koi* かれこれ言わずについてこい Cale-se [Deixe-se de conversas] e siga-me]. **2** [およそ] Aproximadamente; quase; (pouco) mais ou menos; cerca de. *Watashi ga Angora e kite ～ mō san-nen ni naru* 私がアンゴラへ来てかれこれもう3年になる Já faz mais ou menos três anos que vim para Angola. [S/同] Oyósó.
karé-kúsá 枯れ草 (< karérú + …) A erva seca; o feno; o capim seco. ◇ **～ byō** [**netsu**] 枯れ草病[熱] A febre do(s) feno(s).
karén 可憐 **a**) Bonito; lindo; **b**) Pobre(zinho); coitadinho. ★ ～ *na shōjo* 可憐な少女 Uma menina linda「e pobre a vender flores」.
karéndā カレンダー (< Ing. calendar < L.) O calendário; a folhinha. ★ ～ *o mekuru* カレンダーをめくる

K

Arrancar a folhinha; virar a página do calendário. [S/同] Koyómí.
karé-nó 枯れ野 (< karérú + …) O campo desolado [seco; árido]; um deserto. ⇨ kṓya[1].
karé-óbana 枯れ尾花 A eulália seca; *miscanthus sinensis*.
kárera 彼等 (Pl. de káre) Eles. ◇ **~ jishin** 彼等自身 ~mesmos; ~ próprios.
karérú[1] 枯れる **1** [草木が死ぬ] Murchar; secar. *Hana ga kareta* 花が枯れた As flores murcharam. **2** [材木が乾燥する] Secar. ★ *Yoku kareta zaimoku* よく枯れた材木 A madeira bem seca. **3** [老熟する] Ficar mestre; amadurecer. ★ *Kareta hisseki* 枯れた筆跡 A caligrafia de mestre.
karérú[2] 涸れる Esgotar-se「a imaginação」; secar. *Namida mo kareta* 涙も涸れた As lágrimas já se me secaram「de tanto chorar」. ★ *Mizu no kareta ido* 水の涸れた井戸 O poço seco [cuja nascente secou].
karérú[3] 嗄れる Enrouquecer; ficar rouco. ★ *Kareta koe* 嗄れた声 A voz rouca [enrouquecida; rouquenha; roufenha].
karé-sánsui 枯れ山水 (< karérú + …) O jardim「japonês」feito só de rochas e areia e imitando montanhas e rios.
káre-shi 彼氏【G.】 **1** [あの人] Ele; aquele senhor. ★ ~ *to kanojo* 彼氏と彼女 Ele e ela. [S/同] Káre (+). **2** [愛人である相手の男性] **a)** O namorado; **b)** O amante. ★ ~ *ga aru* 彼氏がある Ter namorado [um amante]. [A/反] Kánojo.
karé-súsuki 枯れ薄 ⇨ karé-óbana.
karétsú 苛烈 O ser severo [violento]. ★ ~ *na sentō* 苛烈な戦闘 A batalha violenta. ⇨ gekírétsú; mṓrétsú; shuńrétsú.
karí[1] 仮 **1** [一時の間に合わせ] O ser temporário; o ter cará(c)ter provisório [transitório]. ★ ~ *no yo* 仮の世 O mundo evanescente [transitório]. ◇ **~ gichō** 仮議長 O/A presidente interino/a. **~ jimusho** 仮事務所 O escritório provisório. **~ jōyaku** 仮条約 O tratado provisório. **~ keiyaku** 仮契約 O contra(c)to provisório. **~ kōji** 仮工事 A obra (de construção) provisória. **~ kyōtei** 仮協定 O convé[ê]nio [acordo] provisório [interino]. **~ shōsho** 仮証書 O certificado provisório. **2** [現実と異なること] **a)** O supor [fazer de conta]「que eu sou o chefe」; **b)** O ser fictício [falso]. ★ ~ *no na* 仮の名 O nome falso [fictício].
karí[2] 借り (Sub. de karírú) **1** [負債] A dívida. *Watashi wa ano mise ni takusan* ~ *ga aru* 私はあの店にたくさん借りがある Tenho muitas dívidas naquela loja. ★ ~ *o kaesu* 借りを返す Pagar a dívida. ~ *o tsukuru* 借りを作る Endividar-se; contrair dívidas [uma ~]. **2** [恩恵を受けた方の精神的な負担] A obrigação; a dívida de gratidão. *Watashi wa kare ni* ~ *ga aru* 私は彼に借りがある Devo favores [um favor] àquele senhor. ★ ~ *o kaesu* 借りを返す Retribuir o favor [a dívida de gratidão]. ~ *o tsukuru* 借りを作る Ficar「-lhe」obrigado [com obrigação de retribuir tal favor].
kári[3] 狩り **a)** A caça; a caçada; a montaria (A caça grossa). ★ ~ *ni iku* 狩りに行く Ir à caça. ~ *o suru* 狩りをする Caçar; andar à caça. [S/同] Hańchíńgú; shuryṓ. **b)** A apanha「das castanhas」; o ir apanhar「ostras/cogumelos」. ★ *Ichigo-gari* いちご狩り O ir aos morangos. **c)** O ir ver「flores」. ⇨ momíjí-gárí.
kári[4] 雁 O ganso selvagem. ★ ~ *no tayori* 雁のたより A carta. [S/同] Gán (+).
kári[5] カリ・加里 (< Hol. kali < Ár.)【Qúim.】 O potássio; a potassa (K 19). ◇ **~ hiryō** カリ肥料 O fertilizante [adubo] potássico. [S/同] Kaŕiumu (+).
karí-áge 刈り上げ (< karí-ágéru[1]) **1** [作物を残らず刈ること] A ceifa; a sega(da); a colheita. ⇨ karí-íré[2]. **2** [頭髪のまわりの部分を短く刈ること] O corte curto do cabelo. ★ ~ *ni suru* 刈り上げにする Cortar o cabelo curto.
karí-ágéru[1] 刈り上げる (< karú + …) **1** [作物を残らず刈る] Colher [Segar; Ceifar]「o arroz/trigo」. **2** [頭髪のまわりの部分を短く刈る] Cortar o cabelo curto. ★ *Kami o mijikaku kariagete morau* 髪を短く刈り上げてもらう (Pedir para) cortar o cabelo curto.
karí-ágéru[2] 借り上げる (< karírú + …) Requisitar「para o exército/governo」. *Kaisha de manshon o kariagete iru* 会社でマンションを借り上げている A companhia requisitou todo o prédio de moradias.
karí-átsúméru[1] 借り集める (< karírú + …) Pedir emprestado a [Juntar fundos de] muitas pessoas [fontes].
karí-átsúméru[2] 駆り集める (< káru[3] + …) Juntar; reunir; recolher; mobilizar. ★ *Rōdōsha o* ~ 労働者を駆り集める Juntar operários; recrutar trabalhadores.
karí-búshin 仮普請 (< … [1] + fushíń) A casa [construção] provisória.
karí-chí 借り地 (< karírú + …) O terreno alugado [arrendado]. [S/同] Shakúchí (+).
karí-chin 借り賃 O aluguer[l]; a renda.
karí-chṓin [óo] 仮調印 A assinatura provisória. ★ ~ *suru* 仮調印する Assinar provisoriamente.
karí-dásu[1] 借り出す (< karírú + …) Obter [Receber/Tomar] emprestado; receber de empréstimo. *Kore wa gakkō no toshokan kara karidashita hon da* これは学校の図書館から借り出した本だ Isto é um livro emprestado da biblioteca da escola. [A/反] Kashí-dásu.
karí-dásu[2] 駆[狩]り出す (< káru[3] + …) **1** [狩りで獲物を追い立てる] Levantar a caça. **2** [むりに引き出す] Mobilizar à força. *Sakkā no shiai no ōen ni karidasareta* サッカーの試合の応援に駆り出された Fomos mobilizados para a torcida [claque] dum jogo de futebol.
karí-éigyō 仮営業 O negócio temporário. ★ ~ *suru* 仮営業する Ter um negócio por uns tempos.
káriesu カリエス (< Al. < L. caries: podridão) A cárie. ◇ **Sekitsui ~** 脊椎カリエス A cárie [tuberculose] das vértebras; ~ espinal.
kárífúráwā カリフラワー (< Ing. cauliflower < L. caulis + floris) A couve-flor. ⇨ habótan; kyábetsu.
karí-gí 借り着 A roupa emprestada [alugada]. ★ ~ *suru* 借り着する Alugar「pagando, o quimono/fraque para o casamento」.
karí-góyá 仮小屋 (< … [1] + koyá) O barracão; a casa provisória.
karí-íé 借り家 ⇨ shakúyá (+).
karí-íré[1] 借り入れ (< karírú + irérú) O empréstimo. ★ ~ *suru* 借り入れする Receber emprestado [um ~]. ◇ **~ kin** 借り入れ金 O dinheiro emprestado; um ~. [A/反] Kashí-dáshí.
karí-íré[2] 刈り入れ (< karú[1] + irérú) A colheita; a safra. ★ ~ *suru* 刈り入れする Colher. ◇ **~ doki**

K

刈り入れ時 O tempo [A época] da colheita. ⟨S/同⟩ Shúkáku; toríré. ⇨ karí-áge.

kari-iréru¹ 借り入れる (< karírú + …) Receber [Obter]「capital/dinheiro」emprestado. ★ *Ginkō kara issenman-en ~* 銀行から 1000 万円借り入れる Receber 10 milhões de yens emprestados [de empréstimo] do banco. ⟨S/同⟩ Karí-dásu.

kari-iréru² 刈り入れる (< karú¹ + …) Colher. ⟨S/同⟩ Shúkáku súrú (+).

kari-ishō 借り衣裳 (< karírú + …) O vestuário alugado; o traje emprestado. ⟨S/同⟩ Karí-gí. ⇨ kashí-íshō.

kari-kábu 刈り株 (< karú + …) O restolho「do campo de trigo/arroz」.

karikáchua カリカチュア (< Ing. caricature < Fr. < It.) A caricatura. Fúshígá; gíga; mañgá (+).

kari-káeru 借り換える (< karírú + …) Renovar o empréstimo.

kárikari かりかり【On.】(Im. de ruído ao mastigar ou roer, de estar nervoso, …). ★ *~ ni kogeru* かりかりに焦げる「o presunto/fiambre」Ficar bem torrado [crestado]. *Nani o sonna ni ~ shiteru n dai [shite iru no ka]* 何をそんなにかりかりしてるんだい [している のか] Por que é que estás tão irritado [nervoso]?

kari-kashi 借り貸し O emprestar e receber emprestado. ⟨S/同⟩ Kashí-kari (+); táishaku.

kari-káta 借り方 a) O devedor; b) O débito [Os gastos/As saídas]; c) O inquilino [locatário/arrendatário]. ⟨A/反⟩ Kashí-káta.

kari-kíru 借り切る (< karírú + …) Alugar [Reservar] completamente「as salas」. ⇨ kashí-kíru.

kari-kómi¹ 刈り込み (< karú¹ + kómu) **1**[頭髪などの]a) O cortar「o cabelo」; b) A tosquia「das ovelhas」; **2**[樹木の] A poda (das árvores). ★ *~ o suru* 刈り込みを(する) Podar.

kari-kómi² 狩り込み (< karú² + kómu) a) O「fazer o」cerco「aos tiros」; b) A rusga policial. ★ *~(o) suru* 狩り込み(を)する Fazer um/a ~.

kari-kómu 刈り込む (< karú¹ + …) **1**[刈って形を整える]Aparar; tosquiar; tosar; podar. *Shibafu o ~* 芝生を刈り込む Cortar a relva/grama. **2**[刈っての] Segar; colher; ceifar. *Bokusō o ~* 牧草を刈り込む Segar o feno; cortar o capim.

kari-kóshi 借り越し (< karírú + kosú) O saque a descoberto. ★ *~ suru* 借り越しする Sacar a descoberto. ⟨A/反⟩ Kashí-kóshi.

karikyúramu カリキュラム (< Ing. < L. curriculum) O currículo; o curso (de estudos).

kari-má 借り間 (< karírú + …) O quarto alugado. ⟨A/反⟩ Kashí-má.

kari-mákura 仮枕 A soneca; o cochilo (B.); a sesta. ⟨S/同⟩ Kamíñ (o); karí-né (+); utáta-né (+).

kari-mén(kyo) 仮免 (許) A licença provisória.

kari-móno 借り物 (< karírú + …) A coisa emprestada. *Kono ishō wa ~ da* この衣裳は借り物だ Este fato [vestido] é emprestado.

karín 花梨【Bot.】O marmeleiro (Planta); o marmelo (Fruto); *Chaenomeles sinensis*.

kari-ná 仮名 O pseudó[ô]nimo. ⟨S/同⟩ Kaméí (+).

kari-né 仮寝 **1**[うたた寝] A soneca; o cochilo (B.); a sesta. ★ *~ suru* 仮寝する Tirar [Fazer] uma soneca; dormitar; cochilar (B.); passar pelo sono. ⟨S/同⟩ Kamíñ; karí-mákura; kasúí; utáta-né. **2**[旅先で宿泊すること]O dormir [passar uma noite] fora de casa (num hotel ou no campo). ⟨S/同⟩ Tabíné.

káringu [áa] カーリング (< Ing. curling)【(D)esp.】O jogo "curling" (Praticado sobre o gelo). ◊ ~ **rinku** [sutōn] カーリングリンク[ストーン] O disco [A pedra] do ~.

kari-nigé 借り逃げ (< karírú + nigéru) O fugir sem pagar a dívida. ⟨S/同⟩ 借り逃げする.

karintō 花林糖 O bolinho frito coberto de açúcar bruto.

kari-núi 仮縫い O alinhavo; a prova (de roupa). ★ *~ suru* 仮縫いする Alinhavar; provar.

kari-nushi 借り主 a) Quem pede [recebe] emprestado; o devedor; b) O arrendatário; o locatário; o inquilino. ⟨S/同⟩ Karí-te. ⟨A/反⟩ Kashí-nushi.

kari-óyá 仮親 **1**[養父母]Os pais ado(p)tivos; o padrasto ou [e] a madrasta. **2**[便宜上の親]Os pais falsos「na cerimó[ô]nia da boda」.

káripasu カリパス (< Ing. calipers) O calibrador; o compasso (de pontas curvas). ◊ **Nai** [**Gai; Naigai**] ~ 内[外; 内外] カリパス ~ de furos [de volta]; combinado.

karipúsó カリプソ O calipso (Música popular do Caribe, africana).

karirú 借りる **1**[あとで返す約束で, 他人のものを使う]Receber [Pedir] emprestado; alugar. *Kane ni komatte tomodachi kara sen-en karita* 金に困って友達から千円借りた Como estava sem [não tinha] dinheiro pedi mil yens emprestados a um amigo. ★ *Tochi o teitō ni shite kane o ~* 土地を抵当にして金を借りる Pedir dinheiro emprestado hipotecando um terreno. *Toire o ~* トイレを借りる Pedir para usar o banheiro (B.) [quarto de banho]. **2**[他人の助力を受ける]Pedir ajuda. *Boku no shigoto ni, zehi kimi no chikara o karitai* ぼくの仕事に、是非君の力を借りたい Para o meu trabalho, preciso, sem falta, da tua ajuda. ★ *Hitode o ~* 人手を借り Pedir a ajuda de outrem. *Hito no chie o ~* 人の知恵を借りる Pedir o conselho de alguém. *Mune no ~ 胸を借りる* Pedir a um (d)esportista mais competente para treinar con(n)osco. **3**[引用する]Citar; usar. *Hito no kotoba o ~* 人の言葉を借りる ~ as palavras de alguém. *Seisho no issetsu o ~* 聖書の一節を借りる Citar um versículo [parágrafo] da Bíblia. ⟨S/同⟩ Shakúyō súrú. ⟨A/反⟩ Kasú.

kari-shákuhō 仮釈放 A liberdade condicional [sob palavra]. ⇨ karíshússho.

kari-shóbun 仮処分 A disposição [solução] provisória.

kari-shússho 仮出所【Dir.】A liberdade condicional [sob fiança]. ★ *~ suru* 仮出所する Pôr em ~.

karisómé 仮初め **1**[その場限り]O ser transitório [passageiro/efé(ê)mero]. ★ *~ no koi* 仮初めの恋 O amor efémero [de pouca duração]. ⇨ maníménteki; tôzá. **2**[ふとしたこと]O ser leve [insignificante pequeno/sem importância]. ★ *~ no yamai* 仮初めの病 Uma doença [indisposição] leve. **3**[おろそか]O ser descuidado; o não dar importância. ★ *~ ni suru* 仮初めにする Não dar importância.

karisómé ní mo 仮初めにも De modo [jeito] algum/nenhum; nem de longe; nem por sombras;

por um momento; nunca. ～ *uso o tsuite wa naranai* 仮初めにもうそをついてはならない Não se deve mentir nunca [em caso nenhum].

karísúmá カリスマ (< Gr. kharísma: favor, dom) O carisma. ★ ～ *teki* カリスマ的 Carismático.

karí-táósu 借り倒す (< karírú + …) Deixar de pagar; calotear「o bar」.

karí-tátéru 駆り立てる (< káru[3] + …) **1** [追い立てる] Fazer caminhar para diante [Tocar]「o gado」. **2** [無理に追いやる] Impelir [Levar; Impulsionar; Empurrar] (com força). ★ *Kokumin o sensō ni* ～ 国民を戦争に駆り立てる Impelir [Arrastar] o povo para a guerra. *Yokubō ni karitaterareru*

karí-té 借り手 (< karírú + …) **a**) O que pede emprestado; **b**) O devedor; **c**) O arrendatário; o locatário; o inquilino. ★ ～ *ga tsukanai* 借り手がつかない Não haver inquilinos.
[S/同] Karí-nushi. [A/反] Kashí-té. ⇨ karíkátá.

karí-tójí 仮綴じ (<… [1] + tojíru) A brochura.

karí-tṓki 仮登記 O regist(r)o temporário [provisório].

karí-tóru 刈り取る (< karú[1] + …) Cortar; ceifar; segar; mondar. ★ *Hana no mawari no zassō o* ～ 花の周りの雑草を刈り取る ～ as ervas daninhas em volta das flores.

káriudo 狩人 ⇨ káryūdo.

karíúké-nín 借受人 ⇨ kári-te.

karí-úkéru 借り受ける ⇨ karírú.

kariumu カリウム (< Al. kalium < Ár.) 【Quím.】 O potássio (K 19). [S/同] Kári[5].

karí-yá 借り家 ⇨ shakúyá.

karí-zúmai 仮住居 (<… [1] + súmai) Uma residência [casa] temporária [provisória]. ★ ～ *suru* 仮住居する Residir [Morar] temporariamente「em」.

karṓ[1] 過労 O excesso de trabalho; o esgotamento; a extenuação. ★ ～ *de taoreru* [*shinu*] 過労で倒れる[死ぬ] Cair enfermo [Morrer] de esgotamento. ◇ **～ shi** 過労死 A morte causada por ～. ⇨ hirṓ[2].

karṓ[2] 家老【H.】Um alto servidor [conselheiro/vassalo] do daimyō.

károchin カロチン (< Al. karotin < L. carota: cenoura) 【Quím.】 O caroteno; a carotina.

karṓjíté 辛うじて Por pouco; por um triz;「superar a crise」com muita dificuldade; dificilmente; a custo;「o salário」mal「chega para viver」. ★ ～ *tasukaru* 辛うじて助かる Salvar-se por pouco [um triz]. [S/同] Kárakumo; yattó; yṓyákú.

karóńjírú 軽んじる Não dar importância「a」; menosprezar; desprezar; desdenhar; não fazer caso「de」. ★ *Jinmei o* ～ 人命を軽んじる Não dar importância à vida (Alheia ou própria)/Menosprezar a vida (de um ser humano).
[A/反] Omóńjírú.

károrī カロリー (< Ing. calorie < L. calor: calor) A caloria. ★ ～ *ga ōi* [*sukunai*] カロリーが多い[少ない] Ter muitas [poucas] calorias; De alto [baixo] valor calorífico. ～ *no ōi shokumotsu* カロリーの多い食物 Um alimento muito nutritivo [rico em ～s]. *Tei* ～ *no* 低カロリーの Pobre [Baixo/Fraco] em ～s. ◇ **～ keisan** カロリー計算 O cálculo das ～s. **～ mētā** カロリーメーター【Fís.】O calorímetro. **～ sesshuryō** カロリー摂取量 O consumo de ～s.

káro-tōsen 夏炉冬扇 Uma coisa inútil [sem préstimo] (Lit. lareira no verão e abanico no inverno).

karóyaka 軽やか (< karúí) De aspe(c)to leve e agradável. ★ ～ *na ashidori de aruku* 軽やかな足取りで歩く Andar [Caminhar] com agilidade e graça. [S/同] Karúgáru (to).

karú[1] 刈る **a**) Cortar「o cabelo/a relva」; **b**) Tosquiar「o cãozinho/as ovelhas」; **c**) Podar [Aparar]「a árvore」; **d**) Ceifar「o trigo/arroz」. ★ *Atama* [*Kami* (*no ke*) *o*] *katte morau* 頭[髪(の毛)を]刈ってもらう Cortar o cabelo. *Kami o mijikaku* ～ 髪を短く刈る Cortar o cabelo curto. *Komugi o* ～ 小麦を刈る Ceifar [Segar] (o) trigo. ⇨ karí-kómu.

karú[2] 狩る **a**) Caçar. ★ *Mōjū o* ～ 猛獣を狩る Caçar feras. [S/同] Ryō[Shuryṓ] (+). **b**) Apanhar「cogumelos/morangos」; **c**) Ir ver「flores」.

káru[3] 駆る **1** [車馬を走らせる] **a**) Meter esporas ao [Esporear o] cavalo; **b**) Arrancar [Pôr o carro a andar]; **c**) Tocar「o gado a beber/à feira」. ★ *Kuruma o katte* [*hashirasete*] *genba ni kyūkō suru* 車を駆って[走らせて]現場に急行する Acorrer de carro, a toda a pressa, ao local. ⇨ karí-tátéru. **2** [人がそうせざるをえないようにする] Impelir; instigar; levar. ★ *Fuan ni karareru* 不安に駆られる Preocupar-se; encher-se de preocupações. ⇨ karárérú.

kā́ru [áa] カール (< Ing. curl) O caracol (de cabelo). ★ *Kami o* ～ (*ni*) *suru* 髪をカール(に)する Fazer caracóis no [Encaracolar o] cabelo.

Kárubin カルビン【Antr.】Calvino. ◇ **～ ha** カルビン派 Os calvinistas. **～ shugi** カルビン主義 O calvinismo.

káruchā-séntā カルチャーセンター O centro [A escola] de educação permanente. ⇨ búnka[1]; kyṓíkú.

kárucha-shókku カルチャーショック O choque cultural.

karúdérá カルデラ (< Esp. Caldera, nome duma cratera nas Canárias)【Geol.】Uma caldeira (Depressão do terreno no fundo de lagoa, etc.). ◇ **～ ko** カルデラ湖 O lago de cratera (Lago formado em cratera de vulcão extinto).

karúgámó 軽鴨【Zool.】Uma espécie de pato; *anas poecilorhyncha*. ⇨ kámo.

karúgárúshíi 軽軽しい (< karúí) Leviano; irrefle(c)tido; imprudente; descuidado. ～ *gendō wa tsutsushimu-beki da* 軽々しい言動は慎むべきだ Não devemos ser ～s [Devemos saber comportar-nos]. ★ ～ *furumai* 軽々しい振る舞い O comportamento ～. ⇨ keísótsú.

karúgáru (**to**) 軽軽 (と) (< karúí) Com toda a facilidade; como se não fosse nada; sem dificuldade [esforço]. ★ *Ōkina ishi o* ～ *mochi-ageru* 大きな石を軽々(と)持ち上げる Levantar uma pedra enorme ～ [como se fosse uma palha]. ⇨ yasúyásu-to.

káru-ga-yue ni かるがゆえに Por isso [consequência]. [S/同] Dá [Désu] kara. ⇨ yué.

karúházúmí 軽はずみ (< karúí + …) A irreflexão; a imprudência; a precipitação; a leviandade; a falta de cuidado. ★ ～ *na* 軽はずみな Imprudente; leviano; descuidado. ～ *na koto o suru* 軽はずみな事をする Agir precipitadamente; ser irrefle(c)tido. ～ *na okonai* 軽はずみな行い Uma imprudência; um a(c)to de irreflexão. [S/同] Keísótsú.

karúí 軽い **1** [目方が少ない] Leve. ★ ～ *nimotsu* 軽い荷物 A carga [bagagem] leve. *Hane* [*Watage*] *no yō ni* ～ 羽[綿毛]のように軽い Leve como uma palha (Lit. pena/penugem). *Mekata ga* ～ 目方が軽い Pesar pouco; ser leve. **2** [動きが軽快である]

Ágil; leve. ★ ~ *ashidori de aruku* 軽い足取りで歩く Caminhar a passos leves. **3**[程度が軽い] Leve; pouco. ★ ~ *byōki* 軽い病気 Uma doença leve [sem gravidade]. *Sekinin ga* ~ 責任が軽い Ser de pouca responsabilidade. **4**[責任を持たない；責任のない] Pouco sério; impensado; leviano; irresponsável. ★ ~ *henji* 軽い返事 Uma resposta ~. ~ *kimochi de* ~ 軽い気持ちで Sem pensar bem a sério. **5**[重々しくない] Leve; ligeiro; fácil; que não cansa. ~ *yomimono* 軽い読みもの A leitura leve [que não cansa]. *Koshi ga* ~ 腰が軽い **a)** Estar pronto para agir; **b)** Agir imprudentemente. *Kuchi ga* ~ 口が軽い Falar demais; ser falador (loquaz; tagarela). ★ ~ *undō o suru* 軽い運動をする Fazer exercícios leves [simples]. **6**[あっさりしている] Simples. ~ *aji* 軽い味 O sabor simples [com pouco tempero]. ~ *chōshoku o toru* 軽い朝食をとる Comer pouco de manhã; tomar um pequeno-almoço [café] ~/ligeiro. **7**[卑しい] De pouca importância; baixo; humilde. ★ *Mibun ga* ~ 身分が軽い Ser de classe humilde.

karú-ishi 軽石 (< *karúi* + …) A pedra-pomes.

káruki カルキ (< Hol. kalk) O cloreto de cálcio (O melhor pó de branquear). S/同 Sékkai.

karúkú 軽く (Adv. de karui) De leve; um pouco; descuidadamente; sem pensar bem. ~ *ippai yarō ja nai ka* 軽く一杯やろうじゃないか Vamos beber uma pinguita [um copinho]. ★ ~ *atsukau* 軽く扱う Não dar muita importância [a]; fazer pouco caso [de]. ~ *shokuji o suru* 軽く食事をする Comer uma coisa leve [ligeira]. *Kimochi ga* ~ *naru* 気持ちが軽くなる Sentir-se [Ficar] aliviado.

karú-kúchi 軽口 (< *karúi* + …) **1**[しゃれ；たわいない話] O chiste; o gracejo; a brincadeira; a piada. ★ ~ *o tataku* 軽口をたたく Gracejar; brincar; galhofar; dizer [soltar] piadas. **2**[酒などの口あたりが軽いこと] Leve; suave; brando; fraco; doce.

karúmérá[**karúmé-yáki**] カルメラ［カルメ焼］(< P.) O caramelo; o rebuçado. ⇨ amé².

karúsán カルサン・軽衫 (< P.) Um calção de trabalho. ⇨ hakámá.

karúshíumu カルシウム (< Hol. calcium < L. calx: cal.) 【Quím.】 O cálcio (Ca 20).

karúsútó カルスト (< Al. karst) 【Geol.】 O calcário. ◇ ~ *chikei* カルスト地形 Um terreno calcário.

káruta 歌[加]留多・骨牌 (< P. carta; ⇨ toránpu) As cartas (Com figuras – para crianças ou com poemas). ★ ~ *o toru* かるたを取る Brincar às cartas [no Ano Novo］. ◇ **Iroha-garuta** いろはがるた As cartas com o silabário japonês nas costas e poemas na frente.

kárute カルテ (< Al. karte < Gr. khártes: papel) 【Med.】 A ficha médica.

káruteru カルテル (< Al. kartell < It. cartello: carta de desafio) 【Econ.】 O cartel. ★ ~ *o tsukuru* カルテルを作る Formar um ~. ◇ **Fukyō** ~ 不況カルテル Um ~ de emergência numa crise econó[ô]mica. **Yami** ~ 闇カルテル O ~ ilegal [sem autorização]. S/同 Kigyō-réngō.

kárutetto カルテット (< It. quartetto) 【Mús.】 O quarteto.

karú-wáza 軽業 (< *karúi* + …) A [O feito de] acrobacia; o funambulismo; o malabarismo; o equilibrismo; o acrobatismo.

karúwáza-shi 軽業師 O acrobata [equilibrista]; o funâmbulo; o saltimbanco; o malabarista.

karyō¹ 加療 O tratamento médico. ★ *Nyūin* ~ *o yōsuru* 入院加療を要する Precisar de ser tratado no hospital. ⇨ chiryō.

karyō² 科料 A multa [baixa, de estacionamento proibido]. ⇨ bakkín; karyō³.

karyō³ 過料 【Dir.】 A multa; a penalidade. ⇨ karyō².

karyókú 火力 **a)** O [A força do] calor. ◇ ~ **hatsuden** 火力発電 A energia térmica; a produção de energia termoeléctrica. ■ **hatsudensho** 火力発電所 A central [usina (B.)] term(o)elé(c)trica. ⇨ kaséf²; súiryoku³. **b)** A capacidade [potência] de fogo「dos canhões」.

karyū¹ 下流 **1**[川の] O curso baixo de um rio (Na dire(c)ção do rio); a jusante; a parte inferior do rio. S/同 Kawá-shímó. ⇨ chúryū; jóryū. **2**[社会階級の下層] As classes [camadas] sociais mais baixas/desprotegidas. S/同 Kasō (+).

karyū² 顆[果] 粒 O grânulo (Pequeno grão).

karyū³ 花柳 O bairro de prostituição. ◇ ⇨ **byō** [**kai**]. ⇨ iró-machi; yūkáku.

karyū-byō 花柳病 ⇨ seíbyō.

káryū[**riu**]**do** 狩 [猟] 人 O caçador. ⇨ ryōshi¹ (+).

karyū-kai [**úu**] 花柳界 A zona de meretrício [das meretrizes]. ⇨ karyū³.

kása¹ 傘 O guarda-chuva [chapéu-de-chuva; sombreiro; guarda-sol; A sombrinha]. ★ ~ *o hirogeru* 傘を広げる Abrir o ~. ~ *o tatamu* [*suberu*] 傘をたたむ [すぼめる] Fechar o ~. *Ochoko ni natta* ~ おちょこになった傘 ~ virado do avesso [de posição] (com o vento). *Oritatami-shiki no* ~ 折りたたみ式の傘 ~ dobradiço/dobrável. ◇ ~ **tate** [**ya**]. ⇨ amágu.

kása² [頭にかぶるもの] O chapéu [chapelão] japonês「de bambu]. ★ ~ *ni kiru* 笠に着る **a)** Fazer-se importante [por ter pai rico]; **b)** Abusar [Aproveitar-se] [*Shokken o* ~ *ni kiru* 職権を笠に着る Aproveitar-se do posto]. ⇨ bōshí¹. **2**[電灯などの笠の形をしたもの] Qualquer coisa em forma de chapéu; o quebra-luz. ★ *Ki-no-ko no* ~ キノコの笠 O chapéu do cogumelo.

kása³ 嵩 **1**[容積] O volume; o vulto. ★ ~ *no aru* [~ *batta*] 嵩のある [嵩ばった] Volumoso. ⇨ táiseki³; yōseki. **2**[量] O vulto; o volume. ★ *Mizu no* ~ *ga heru* 水の嵩が減る Baixar ~ da água「do rio］. 1/使用 ~ *ni kakatte* 嵩にかかって「mandar/falar」Com arrogância; todo soberbo [inchado]. ◇ ⇨ **baru** [**daka**].

kása⁴ 暈 O halo; a auréola. *Tsuki ni* ~ *ga kakatte iru* 月に暈がかかっている A lua está com um/a ~ [Olho do círculo lunar!]. S/同 Kókań; ún.

kasá⁵ 瘡 【G.】 **1**[⇨ kasá-bútá]. **2**[⇨ dekímono].

kasá-báru 嵩張る (< …³ + *harú*) Avolumar-se; avultar; ter [fazer] muito volume/vulto; ser volumoso.

kasá-bútá 瘡蓋・痂 (< …⁵ + *futá*) A escara; a crosta de ferida. ~ *ga dekita* [*toreta*] かさぶたができた [取れた] Criou [Caiu a] crosta.

kasá-dáká 嵩高 (< …³ + *takái*) **1**[かさばるさま] O ter [fazer] muito volume. ★ ~ *na* 嵩高な Volumoso. **2**[威圧的なようす] Altivo; sobranceiro; arrogante. ★ ~ *ni iu* 嵩高に言う Falar sobranceiramente [com arrogância].

kaságó 笠子 【Zool.】 O peixe-aranha[-escorpião]; sebastiscus marmoratus.

kasái[1] 火災 O incêndio (Lit. dano causado pelo fogo). ★ ~ ga okoru 火災が起こる Haver um ~. ~ ni au 火災にあう Ter [Ser vítima de] um ~. ◇ ~ hōchiki [hoken] 火災報知器[保険] O alarme/sinal [O seguro] contra incêndios. ⇨ káji[1]; táika[1].

kasái[2] 家裁 O tribunal de família. ⇨ S/同 Katéi sáibánshó.

kasákása[1] かさかさ (Im. de áspero/ressequido/árido/「coração」seco). Hifu ga ~ ni natte iru 皮膚がかさかさになっている Tenho a pele「das mãos」ressequida [seca/áspera].

kásakasa[2] かさかさ (Im. de farfalhar) ★ Kareha ga ~ naru 枯葉がかさかさ鳴る Ouvir-se o farfalhar de folhas secas.

kasákú[1] 佳作 Um bom trabalho; uma obra-prima. ⇨ kessákú; shūsákú.

kasákú[2] 仮作 ⇨ fíkushon.

kasákú[3] 貸家 A casa para alugar [arrendar]. ◇ ~ mochi 貸家持ち O que tem casas de aluguer[l].

kasákú[4] 寡作 A produzir [escrever/criar] pouco mas bem. ★ ~ no gaka 寡作の画家 Um pintor aprimorado [de poucas mas verdadeiras obras-primas]. A/反 Tasákú.

kasámu 嵩む (< kasá[3]) Acumular(-se); amontoar(-se); aumentarem「as dívidas」; avolumar(-se). ★ Kanjō ga ~ 勘定が嵩む A conta subir.

kasán[1] 家產 A fortuna (da família); o patrimó[ô]nio familiar. S/同 Kázai.

kasán[2] 加算 a) A soma; a adição; b) O acrescentar [juntar]. ★ ~ suru 加算する Somar; adicionar; acrescentar [Rishi o ~ suru 利子を加算する Acrescentar os juros]. ◇ ⇨ **ki** [**zei**]. S/同 Gassán. A/反 Geńsán.

kâ-san [áa] 母さん A mãe. ⇨ o-kâ-san.

kasanárú 重なる (⇨ kasánéru) **1** [積み重なる] Sobrepor-se; amontoar-se; acumular-se; ir [ficar] sobre o outro. Hitobito wa kasanari-atte taoreta 人々は重なり合って倒れた Foram uns para cima dos outros e cairam todos/As pessoas caíram umas sobre as [em cima das] outras. **2** [たび重なる; さらに加わる] Vir [Ocorrer] um após outro; repetir-se; aumentar; acumular-se. Warui koto wa ~ mono da 悪い事は重なるものだ Um mal [Uma desgraça] nunca vem só! **3** [かち重なる] Coincidir; cair. Nichiyō to saijitsu ga kasanatta 日曜と祭日が重なった O feriado caiu num [coincidiu com o] domingo.

kasáné 重ね (⇨ kasánéru) Uma pilha (Em camadas). ◇ ~ **dansu** 重ねだんす A có[ô]moda.

kasáné-gásane 重ね重ね Repetidamente;「dizer」uma e outra vez; seguidamente; sucessivamente; muito. ★ ~ no fukō 重ね重ねの不幸 Os infortúnios repetidos [seguidos]; sucessivas desgraças. ~ o-sewa ni narimashita 重ね重ねお世話になりました Muito obrigada [Fico-lhe muito grato] por tudo. S/同 Shíbashiba; tabítabí; jûjú.

kasáné-gi 重ね着 (< kasánéru + kimónó) O vestir duas ou mais peças de roupa iguais. ★ Shatsu o ~ suru シャツを重ね着する Vestir duas camisas.

kasánéru 重ねる (⇨ kasanárú) **1** [積み重ねる] Amontoar; acumular; pôr [colocar] uma coisa sobre outra; sobrepor; empilhar. Hon o ~ 本を重ねる Amontoar [Empilhar] (os) livros. **2** [繰り返す] Repetir「a bebida/o esforço/as experiências」; acrescentar. ★ Han o ~ 版を重ねる Reimprimir [Reeditar]. S/同 Kuríkáesu.

kasánete 重ねて (⇨ kasánéru) Repetindo; de novo; mais uma vez. ★ ~ o-negai suru 重ねてお願いする Reiterar [Repetir/Fazer de novo] o pedido. S/同 Futátábí.

kasánka 過酸化 【Quím.】 O peróxido. ◇ ~ **suiso** [**chisso**] 過酸化水素 [窒素] A água oxigenada [~ de nitrogé[ê]nio/azoto].

kasán-ki 加算器 A (máquina) calculadora; a máquina de somar.

kasán-zei 加算税 A taxa [O imposto] adicional. ⇨ kasán[2].

kasásági 鵲 【Zool.】 A pega; pica pica.

kasá-tate 傘立 O bengaleiro; o guardachuvas.

kasá-ya 傘屋 A loja de guarda-chuvas. ⇨ kása[1].

káse[1] 枷 **1** [昔の刑具] Os grilhões; o jugo「da opressão」; as algemas; as cadeias. ◇ **Ashi** ~ 足枷 **a)** Os grilhões「do condenado」; **b)** As peias「do cavalo」. **Kubi** ~ 首枷 O jugo. **Te** ~ 手枷 As algemas. **2** [じゃまになるもの] O estorvo「de ter de cozinhar」; o empecilho; o obstáculo. ★ Kōdō no ~ ni naru 行動の枷になる Estorvar os movimentos.

káse[2] 綛 **a)** A meada; **b)** O novelo (carrinho). ◇ ~ **ito** 綛糸 A linha em ~; o novelo (carrinho) de linhas.

káségi 稼ぎ (< kaségu) **1** [働き] O trabalho. ~ ni deru 稼ぎに出る Ir trabalhar. ◇ ~ **guchi** 稼ぎ口 O emprego. **2** [稼ぎ高] O ganho「a vida」; o salário. ★ ~ ga sukunai [ōi] 稼ぎが少ない [多い] Ganhar pouco [muito]. Ii ~ o suru いい稼ぎをする Ganhar bem. ◇ ~ **doki** 稼ぎ時 A época em que se ganha mais. ~ **bito** [**te**] 稼ぎ人 [手] Um「bom」trabalhador (S/同 Rōdō-sha). ~ **gashira** 稼ぎ頭 O trabalhador [ganha-pão]「da família」; O「bom ~」. **3** [消費] O uso; o consumo. Jikan ~ o suru 時間稼ぎをする Ganhar tempo.

kaségu 稼ぐ **1** [働いて収入を得る] Ganhar a vida; trabalhar para ganhar. Kare wa jibun de gakushi o kaseide iru 彼は自分で学資を稼いでいる Ele trabalha para custear [pagar] os seus estudos. ɔとわざ ~ ni oitsuku binbō nashi 稼ぐに追いつく貧乏なし A pobreza foge de quem trabalha. **2** [自分の物にする] Ganhar; obter; conseguir. Ten o ~ 点を稼ぐ Ganhar pontos「no jogo」[as boas graças/a simpatia de alguém]. Rizaya o ~ 利ざやを稼ぐ ~ uma margem [Ficar com parte] do lucro. **3** [時間を引き延ばす] Ganhar; fazer. ★ Jikan [Toki] o ~ 時間 [時] を稼ぐ ~ tempo「para derrotar o concorrente」.

kaséi[1] 加勢 A ajuda; o auxílio; o socorro; os reforços (de tropas). ★ ~ suru 加勢する Ajudar; auxiliar; socorrer; dar a mão「a alguém」; enviar reforços. S/同 Énjo; joryókú; óéń; sukédáchí.

kaséi[2] 火勢 O fogo; a força das chamas; a labareda. ★ ~ ga otoroeru [masu] 火勢が衰える [増す] O fogo perder [ganhar] força. S/同 Karyókú.

kaséi[3] 家政 A administração [O governo] da casa; a economia doméstica. ◇ ⇨ **fu** [**gaku**; **ka**].

kaséi[4] 火星【Astr.】(O planeta) Marte. ◇ ~ **jin**.

kaséi[5] 仮性 Pseudo- (Pref. que significa falso). ◇ ~ **kinshi** 仮性近視 A pseudo-miopia; a miopia falsa. ~ **korera** 仮性コレラ A pseudo-cólera.

kaséi[6] 苛性 A causticidade. ◇ ⇨ **kari**. ~ **sōda** 苛性ソーダ A soda cáustica.

kaséi[7] 化成 A síntese química; a transformação.

kaséi[3] 河清【E.】A clareza das águas de um rio (Especialmente do rio Amarelo da China cujas águas não são claras). [P/こと/ざ] *Hyaku-nen ~ o matsu* 百年河清を俟つ Esperar que as galinhas tenham dentes; esperar pelo dia de são-nunca-à-tarde.

kaséi-fu 家政婦 A empregada (doméstica). [S/同] Jochú. ⇨ kaséi[3].

kaséi-gaku 家政学 A (ciência de) economia doméstica.

kaséi-gan 火成岩 O granito; a rocha ígnea [eruptiva].

kaséi-jin 火星人 O marciano. ⇨ kaséi[4].

kaséi-ká 家政科 O curso de economia doméstica.

kaséi-kári 苛性カリ A potassa cáustica. ⇨ kaséi[6].

kaséki 化石 **a)** O fóssil [Os fósseis]. ★ *~ ni naru* 化石になる Fossilizar(-se). *Shokubutsu no ~* 植物の化石 ~ de (qualquer) planta. ◊ *~ ka* 化石化 A fossilização [*~ ka suru* 化石化する Fossilizar(-se)]. *~ sō* 化石層 A(s) camada(s) fossilífera(s). **b)** A pessoa retrógrada [da idade da pedra lascada]; a coisa antiquada.

kásen[1] 河川 Os rios; os cursos de água. ★ *~ no kaishū* 河川の改修 A benfeitoria de rios. ◊ *~ gyōsei* 河川行政 A administração (que cuida) dos rios. ⇨ *shiki*.

kasén[2] 架線 **a)** A instalação de fios [cabos]; **b)** O fio [cabo] instalado. ◊ *~ kōji* 架線工事 As obras de instalação...

kasén[3] 下線 A sublinha. ◊ *~ bu* 下線部 A parte sublinhada. [S/同] Andá-ráin.

kasén[4] 化繊 A fibra sintética [química]. ★ *~ no nuno* 化繊の布 O tecido de ~. [S/同] Kagákú-seń[1].

kasén[5] 寡占【Econ.】O oligopólio. ◊ *~ kakaku* 寡占価格 O preço oligopolista. ⇨ dokúseń.

kasen-shiki 河川敷 O leito de um rio (incluindo parte das margens). ⇨ kasén[1]; kawá-zóko.

kasétsú[1] 仮設 A construção [instalação] provisória. ◊ *~ jūtaku* 仮設住宅 A morada provisória.

kasétsú[2] 仮説 A hipótese; a suposição. ★ *~ o tateru* 仮説を立てる Pôr a hipótese; supor.

kasétsú[3] 架設 A instalação; a construção. ★ *~ suru* 架設する Instalar; construir「uma ponte」; fazer a instalação...

kasétto カセット (< Ing. < Fr. cassette) A cassete. ◊ *~ tēpu* カセットテープ A (fita em) cassete.

kásha 貨車 O vagão de carga; o comboio/trem de mercadorias. ◊ **Mugai ~** 無蓋貨車 O vagão de carga aberto [sem te(c)to]. [A/反] Kyakúshá.

kashákú[1] 仮借 A clemência; o perdão; a piedade; o dó. ⇨ Yōsha (+).

kashákú[2] 呵責 O tormento; o remorso; o grito. ★ *Ryōshin no ~ ni taezu* 良心の呵責に堪えず Não aguentando os remorsos [gritos da consciência] 「confessou o crime」.

káshi[1] 貸し (< kasú[1]) **1** [金銭や物を貸すこと] O empréstimo; o crédito. *Kare ni wa go man-en no ~ ga aru* 彼には5万円の貸しがある Emprestei-lhe cinquenta mil yens. ◊ *~ bōto* [chi] ⇨ Karí. **2** [他に与えた恩恵] O favor; o benefício. *Kare ni wa tasukete yatta ~ ga aru* 彼には助けてやった貸しがある Eu ajudei-o e ele deve-me esse favor. [A/反] Karí.

káshi[2] 菓子 O doce. ◊ *~ ori* 菓子折 Uma caixinha (de madeira) de doces. *~ pan* 菓子パン O pão-doce. *~ ya* 菓子屋 A doçaria; a pastelaria. **Yō-gashi** 洋菓子 Um doce [bolo] ocidental. ⇨ **wa** [mizu]-**gashi**.

káshi[3] 河岸 **1** [川の岸] A margem de (um) rio; a orla do rio. ◊ **Mukō-gashi** 向こう河岸 A margem oposta (de lá). ⇨ Kawá-gíshi (+). **2** [魚河岸] O mercado de peixe. ★ *~ e kaidashi ni iku* 河岸に買い出しに行く Ir ao mercado comprar peixe. [S/同] Uógáshi. **3** [事をなす場所] O lugar; o assento. *~ o kaete nomō* 河岸を変えて飲もう Vamos (continuar a) beber noutro lugar. ⇨ bashó.

káshi[4] 歌詞 Os versos [A letra] (de uma canção).

káshi[5] 仮死 A síncope; a morte aparente; o desmaio. ◊ *~ jōtai* 仮死状態「ficar em」Estado de ~.

káshi[6] 華氏 Fahrenheit. *Sesshi 100°* [*hyaku-do*] *wa ~ de wa 212°* [*ni-hyaku-jūni-do*] *da* 摂氏100度は華氏では212度だ Cem graus centígrados [°C] são 212° na escala fahrenheit (Fahr./F.). ⇨ sésshi.

káshi[7] 可視 A visibilidade. ◊ *~ ken* 可視圏 O raio de visão. *~ kōsen* 可視光線 O raio visível (de luz).

káshi[8] 下賜 Um presente imperial [real; de uma pessoa de alta posição].

káshi[9] 下肢【E.】As pernas; os membros inferiores. [A/反] Jōshi. ⇨ té-ashi.

káshi[10] 樫・橿【Bot.】A azinheira. ⇨ kashíwá[2].

kashí-bōto [óo] 貸しボート (< kasú[1] + ···) O barco de aluguer[l].

kashí-chí 貸し地 (< kasú[1] + ···) O terreno de aluguer[l].

kashí-chin 貸し賃 (< kasú[1] + ···) O [A taxa de] aluguer[l]; a renda.

kashí-dáoré 貸し倒れ (< kasú[1] + taoréru) A dívida [conta] perdida [incobrável]. ★ *~ ni naru* 貸し倒れになる A dívida ficar perdida.

kashí-dáshi 貸し出し (< kasú[1] + dásu) **1** [銀行などによる金銭の貸し出し] O empréstimo (de) dinheiro. ◊ *~ kinri* 貸し出し金利 Os juros sobre o empréstimo. [A/反] Karí-íré. **2** [図書館による本の貸し出し] **a)** O emprestar; **b)** O alugar「bicicletas」. "*~ kinshi*"「貸し出し禁止」Não emprestamos (livros)! *~ (o) suru* 貸し出し(を)する Emprestar. ◊ *~ chū* 貸し出し中 (表示) Emprestado.

kashí-dásu 貸し出す (< kasú[1] + ···) **a)** Emprestar; **b)** Alugar. ⇨ kashí-dáshi.

kashigéru 傾げる Inclinar「a cabeça para o lado」; curvar. [S/同] Katámúkéru.

kashígu 傾ぐ Inclinar-se; curvar-se. [S/同] Katámúku.

kashi-hón 貸し本 (< kasú[1] + ···) O livro emprestado. ◊ *~ ya* 貸し本屋 A loja onde se emprestam livros. ⇨ kashí-dáshi.

kashí-íé 貸し家 (< kasú[1] + ···) Uma casa de aluguer[l]. [S/同] Kashí-yá (+).

kashí-ishō 貸し衣裳 (< kasú[1] + ···) O trajo alugado.

kashi-jídósha [óo] 貸し自動車 (< kasú[1] + ···) O carro de aluguer[l]. ⇨ Reńtákā.

kashi-jímúsho 貸し事務所 (< kasú[1] + ···) O escritório alugado/de aluguer[l].

kashí-kán 下士官 O oficial subalterno (Cabo, furriel ou sargento).

kashí-kari 貸し借り O empréstimo e a dívida; a conta; o crédito e o débito. *Kore de ~ nashi da* これで貸し借りなしだ Com isto, estamos quites [as nossas contas estão ajustadas]. [S/同] Karí-kashi; táishaku.

kashí-káta 貸し方 **1** [債権者] O credor. Ⓢ同 Saikénsha (+). **2** [簿記の貸し方] O [A coluna de] crédito; o haver; as entradas. Ⓐ反 Karíkatá.

kashí-kin 貸し金 O dinheiro emprestado; o empréstimo. ★ ~ o toritateru [kaishū suru] 貸し金を取りたてる [回収する] Cobrar ~. Ⓐ反 Karí-kin.

kashí-kínko 貸し金庫 (< kasú¹ + …) O cofre [A caixa de segurança] de aluguel.

kashí-kíri 貸し切り (< kasú¹ + kíru) A reserva [O aluguel/l「para toda a viagem」]. "~"「貸し切り」(掲示) Reservado/Alugado! ★ ~ ni suru 貸し切りにする Reservar; alugar. ◇ ~ basu 貸し切りバス O ônibus (B.) [autocarro/A camioneta] alugado/a.

káshiko 彼処【E.】**a)** Lá; ali; acolá. Ⓢ同 Asóokó (+). **b)** Muito respeitosamente (No fim das cartas).

kashíkói 賢い Sábio;「você foi」esperto「no negócio」;「a maneira」inteligente「de fazer uma coisa」; sensato; sagaz.

kashíkóki 貴き【E.】Augusto; nobre; respeitável.

kashíkóku-mo 貴くも【E.】Graciosamente. ★ ~ kin ippū o kashisareru 貴くも金一封を下賜される Sua Majestade [Alteza] dignou-se ~ doar uma quantia.

kashíkómaru 畏まる **1** [うやうやしくする] Tomar uma atitude respeitosa; acatar; obedecer. Kashikomarimashita かしこまりました Sim, senhor [senhora] /Com muito gosto. Sonna ni kashikomaranaide kudasai そんなにかしこまらないで下さい Não faça cerimô(ô)nia(s). ★ Kashikomatte かしこまって Com um ar [uma atitude] respeitoso/a. **2** [正座する] Sentar-se cerimoniosamente (direito).

kashí-kóshi 貸し越し (< kasú¹ + kosú)【Econ.】Uma conta pendente; o saque a descoberto.

kashikóső na (óo) 賢そうな Que parece [Com ar de] sensato [inteligente; esperto].

kashí-má 貸し間 (< kasú¹ + …) O quarto [A sala] de aluguel. Ⓢ同 Kashí-shítsú.

kashímáshii 姦しい Barulhento; ruidoso. Onna sannin yoreba ~ 女三人寄れば姦しい Onde há (três) mulheres juntas, há barulho. ⇨ sawágáshii; urúsái; yakámáshíi.

kashimíá カシミア (< P. < Kashmir: top) A lã [O tecido] de caxemira/casimira. ★ ~ no uwagi カシミアの上着 O paletó [casaco] de ~.

Kashimíru [ii] カシミール Caxemira (Região dividida entre a Índia e o Paquistão).

kashí-mótó 貸元 (< kasú¹ + …) **1** [お金を貸す人] O prestamista. **2** [ばくちうちの親分] O banqueiro; o patrão de uma casa de jogos de azar.

káshin¹ 家臣 O vassalo. Ⓢ同 Keníhn; kérai.

kashín² 過信 A confiança demasiada. ★ Jiko no jitsuryoku o ~ suru 自己の実力を過信する Confiar demasiado [Ter demasiada confiança] nas próprias forças.

kashí-nushi 貸し主 (< kasú¹ + …) O credor; o prestamista; o senhorio. Ⓐ反 Karí-nushi.

Kashíópéá-zá カシオペア座【Astr.】A Cassiopeia.

kashirá¹ 頭 **1** [頭部] A cabeça; o topo[e]; a ponta. Ⓢ同 Atámá (+). **2** [髪の毛] A cabeleira; o cabelo. ★ ~ o orosu 頭を下ろす Tonsurar [Fazer a tonsura] (Rapar o ~ e fazer-se monge). Ⓢ同 Kamí; tóhátsú. **3** [首領] O cabeça; o caudilho; o chefe; o capataz. ◇ ⇨ ~ bun. Ⓢ同 Shuryó. **4** [筆頭] O maior [primeiro]. Kare wa jussai o ~ ni san-nin no kodomo ga aru 彼は10歳を頭に3人の子供がある Ele tem três filhos, ~ [o mais velho] dos quais um 10 anos (de idade). Ⓢ同 Hittō.

-káshira² かしら **1** [不審・疑問・危惧の意味を表す] Será que …? (Expressão usada geralmente por mulheres). Hontō ~ 本当かしら ~ é verdade? Are de ii ~ あれでいいかしら ~ está bem assim? **2** [依頼・願望の意味を表す] (Depois de neg. e indicando desejo). Anata ni itte itadakenai ~ あなたに行っていただけないかしら (Será que) você não poderia (fazer o favor de) ir? Chotto tetsudatte kureru ~ ちょっと手伝ってくれるかしら Poderia ajudar-me um pouco? **3** [疑問の言葉について婉曲の意を表す] Algo; algum [lugar]; alguém. Hito no sakuhin o mite iru to nani ~ iitai koto ga dete kuru mono da 人の作品を見ていると、何かしら言いたいことが出てくるものだ Quando se vê uma obra de outro, dá sempre vontade de comentar algo. Kanji ni wa dare ~ na-nori o ageru darō 幹事にはだれかしら名のりをあげるだろう Alguém irá candidatar-se a secretário「da reunião」.

kashíra-bun 頭分【G.】O chefe [cabeça]. Ⓢ同 Oyá-bun (+); shuryó.

kashirá-dátsu 頭立つ (< …¹ + tátsu) Encabeçar; ser o chefe.

kashirá-móji 頭文字 **1** [欧文や固有名詞の初めの一字] A primeira letra (da palavra). **2** [大文字] A (letra) maiúscula. ~ de kaki-okosu 頭文字で書き起こす Começar por [Escrever com] maiúscula. **3** [姓名の頭字; イニシアル] As iniciais (do nome). ★ ~ de shomei o suru 頭文字で署名する Assinar com ~.

kashi-shítsú 貸し室 (< kasú¹ + …) A sala para [de] aluguel. Ⓢ同 kashí-má.

kashi-té 貸し手 (< kasú¹ + …) O locador; o prestamista. Ⓢ同 Kashí-nushi. Ⓐ反 Karí-té.

kashítsú 過失 **1** [あやまち] A falta; o erro; o descuido; a falha. ★ ~ ni yoru jiko 過失による事故 Um acidente [desastre] por descuido. ~ o mitomeru 過失を認める Reconhecer ~. ◇ ~ shi 過失死 A morte de [por] acidente. Ayámáchi; shikújíri; shippái; shissáku; shittái; sósó. **2** [法律上の]【Dir.】A negligência. ◇ Gyōmu-jō no ~ 業務上の過失 ~ do seu dever. ◇ ~ chishi-zai 過失致死罪 O homicídio involuntário [não premeditado]. ~ han 過失犯 O crime por ~. Ⓐ反 Kói.

kashi-tsúké 貸し付け (< kashí-tsúkéru) O empréstimo. ★ ~ suru 貸し付けする Emprestar; dar [fazer] um ~. Ginkō ni ~ o irai suru 銀行に貸し付けを依頼する Pedir um ~ ao banco. ◇ ~ gakari 貸付係 O funcionário da se(c)ção de empréstimos. ~ kin 貸付金 O dinheiro emprestado [do]. ~ shintaku 貸付信託 A sociedade [casa] de crédito. ~ waku [gendo] 貸付枠 [限度] O te(c)to [limite máximo] de um ~ [financiamento]. **Chōki** ~ 長期貸付 O financiamento [empréstimo] a longo prazo.

kashí-tsúkéru 貸し付ける (< kasú¹ + …) Emprestar; financiar.

kashítsú-ki 加湿器 O (h)umedecedor.

kashí-úri 貸し売り (< kasú¹ + urú) ⇨ kaké-úri.

kashíwá¹ 黄鶏 **a)** O galo [A galinha] de plumagem castanha; **b)** A carne de frango. ⇨ torí¹.

kashíwá² 柏【Bot.】O carvalho; o roble; quercus dentata.

kashíwá-dé 柏手 (< …² + te) As mãos postas.

kashíwa-mochi 柏餅 **1** [お菓子] O bolo de arroz glutinoso, envolto em folhas de carvalho. **2** [一枚のふとんを二つに折って寝ること] [Fig.] O enrolar-se todo no acolchoado [edredom].

kashí-yá 貸し家 (< kasu¹ + …) Uma casa para alugar [de aluguel]. ◇ ~ **zumai** 貸し家住まい O residir em [ter] casa alugada.

kashízúku 風付く ⇨ chíten.

kásho 箇[個]所 O lugar; a parte; o ponto「mais difícil de todo o processo」; a passagem「do livro」. ★ Shiteki sareta ~ o teisei suru 指摘された箇所を訂正する Corrigir a parte indicada. ⇨ chíten.

kashō¹ 歌唱 O cantar. ◇ ~ **ryoku** 歌唱力 O jeito para… ~ utá.

kashō² 火傷 【Med.】 A queimadura. ◇ **Dai-ichi [ni; san; yon] do** ~ 第一[二;三;四]度火傷 ~ de primeiro [segundo; terceiro; quarto] grau. S/同 Yakédó (+).

kashō³ 仮称 Um nome provisório「do parque」.

kashō⁴ 河床 O leito do rio. S/同 Kawá-dókó.

káshō⁵ 華商 ⇨ kákyō³.

kashō⁶ 過小 Demasiado pequeno. ◇ ~ **hyōka** 過小評価 A subestimação [~ hyōka suru 過小評価する Minimizar; avaliar por baixo; subestimar; não atribuir o devido valor「a」]. A/反 Kadáí.

kashō⁷ 過少 Demasiado pouco. A/反 Káta.

kashóku¹ 過食 [E.] O comer demasiado. ★ ~ suru 過食する Comer demais; empanturrar-se. ◇ ~ **shō** 過食症 A bulimia. S/同 Bōshóku; tabé-súgí (+). A/反 Kyoshóku.

kashóku² 華燭 [E.] As núpcias; o casamento. ★ ~ no ten o ageru 華燭の典をあげる Celebrar as/o Kekkónshiki o; koñréi (+); shúgen.

kashóku³ 火食 A comida de lume. A/反 Seíshókuí.

kashóku⁴ 仮植 A plantação provisória. ★ ~ suru 仮植する Plantar provisoriamente. A/反 Teíshóku.

kashóku⁵ 貨殖 [E.] O「saber」fazer render o dinheiro.

káshu¹ 歌手 O cantor. ◇ **Opera** ~ オペラ歌手 ~ de ópera. **Ryūkō** ~ 流行歌手 ~ muito popular [da moda]. S/同 Utá-té.

káshu² 火酒 A aguardente. ⇨ shōchū¹; uókka.

kashū 歌集 **1** [短歌集] A coleção de "tanka". **2** [歌謡曲集] O livro de canções.

kashū-náttsu カシューナッツ (< Ing. cashew nut) [Bot.] A noz [castanha] de caju.

káso 過疎 O despovoamento. ◇ ~ **chitai** 過疎地帯 A região (muito) despovoada. ⇨ **ka**. A/反 Kamítsú.

kasō¹ 下層 A camada [O estrato] inferior. ◇ ~ **kaikyū** 下層階級 A classe baixa. ⇨ **Karyū**. A/反 Jōsō.

kasō² 仮装 O traje de fantasia; o disfarce. ◇ ~ **gyōretsu** 仮装行列 O desfile de figuras (históricas) [de palhaços]. ⇨ heñsō².

kasō³ 仮想 A imaginação; a suposição; a hipótese. ★ ~ no 仮想の Imaginário; suposto; hipotético; potencial; fictício. ◇ ~ **tekikoku** 仮想敵国 Um hipotético país inimigo. ⇨ katéí²; sōtéí².

kasō⁴ 火葬 A cremação; a incineração do cadáver. ★ ~ (ni)suru 火葬(に)する Cremar; incinerar [queimar] o cadáver. ◇ ~ **ba** 火葬場 O (forno) crematório. S/同 Dábi. ⇨ dosō; suísō².

kasō⁵ 家相 A「má/boa」orientação da casa.

kasó-ká 過疎化 O despovoar-se. ★ ~ suru 過疎化する … A/反 Kamítsú-ká.

kasóku¹ 加速 A aceleração [O aceleramento]. ★ ~ suru 加速する Acelerar; ganhar velocidade. ◇ ⇨ ~ **kei** [ki; sei]. ~ **sōchi** 加速装置 O acelerador.

kasókú-do 加速度 【Fís.】 A aceleração. ★ ~ ga tsuku 加速度がつく Acelerar; ganhar velocidade. ~ teki ni 加速度的に Aceleradamente.

kasókú-kéi 加速度計 O aceleró(ô)metro.

kasókú-ki 加速機 O acelerador.

kasókú-séi 加速性 A velocidade.

kasórikku カソリック ⇨ katoríkku.

kásoru [áa] カーソル (< Ing. cursor < L.) O cursor.

kasó-séi 可塑性 A plasticidade. ★ ~ no 可塑性の Plástico. ⇨ **Dañséí**.

kasó-zai 可塑剤 O plasticizador.

kassái 喝采 O aplauso「da assistência」; a ovação [aclamação]「ao Presidente」. ★ ~ o hakusuru 喝采を博する Ser muito aplaudido. ~ suru 喝采する Aplaudir; ovacionar; aclamar; bater palmas. ◇ **Hakushu** ~ 拍手喝采 Uma salva de palmas.

kassaráu 掻っ攫う 【G.】 ⇨ saráú¹.

kassátsu 活殺 [E.] A vida e a morte; o domínio sobre os seus súditos. ◇ ~ **jizai** 活殺自在 O ter absoluto domínio「sobre os seus sú(b)ditos」.

kasséi 活性 【Quím.】 A a(c)tividade. ★ ~ no (aru) 活性の(ある) A(c)tivo. ~ no nai [Hi ~ no] 活性のない[非活性の] Inerte (Ina(c)tivo). ◇ ~ -**ka** 活性化 A a(c)tivação [~ ka suru 活性化する A(c)tivar]. ~ **tan** 活性炭 O carbono a(c)tivado; o carvão vegetal. ~ **zai** 活性剤 O a(c)tivador. A/反 Fu-kássei.

kasséki 滑石 【Min.】 O talco; a esteatita.

kassén¹ 合戦 A batalha「de Sekigahara/de Aljubarrota」; o combate; a luta. ★ ~ suru 合戦する Batalhar; combater; lutar. S/同 Tatákáí (+).

kassén² 活栓 A válvula [torneira]. ⇨ kókku².

kasshá¹ 活写 A descrição viva.

kasshá² 滑車 **a)** A roldana (de retorno); **b)** A tróclea (Anat.).

kasshóku 褐色 O castanho; o marrom (B.); a cor trigueira/morena「da pele」. ⇨ cha-író.

kassō 滑走 O deslize [deslizar]「do avião sobre a pista」. ★ ~ suru 滑走する …

kassō-ro [óo] 滑走路 A pista de aterriss̄agem.

kassúi 渇水 A estiagem; a seca; a falta de água. ◇ ~ **ki** 渇水期 Um período de ~. A/反 Hōsúi.

kassúru 渇する [E.] **1** [のどがかわく] Ter sede. ことわざ Kasshite mo tōsen no mizu o nomazu 渇しても盗泉の水を飲まず Antes morrer do [à]sede do que roubar a água (ao vizinho). **2** [水がかれる] Secar. S/同 karéru (+). **3** [⇨ katsúbō].

kasú¹ 貸す **1**[あとで返してもらう約束で、他人に金や物を用立てる]Emprestar. ★ Kashita kane o toritateru 貸した金を取り立てる Cobrar o dinheiro emprestado. A/反 Karíru. **2**[賃貸する] Alugar; arrendar. ★ Tsuki jūman-en de heya o ~ 月十万円で部屋を貸す o quarto por cem mil yens por [ao] mês. S/同 Chiñtáí súru. A/反 Karíru. **3** [⇨ kaké-órí¹]. **4**[一時的に使わせる]Emprestar; ceder; deixar「alguém」usar. ★ Tabako no hi o ~ たばこの火を貸す Dar lume para o cigarro. **5**[学力・能力などを他人に提供して助ける]Prestar; dispensar; dar; oferecer. ★ Chie o ~ 知恵を貸す Dar uma sugestão. Chikara o ~ 力を貸す Oferecer os seus serviços; ajudar. *Mimi o* ～ 耳を貸す Prestar ouvidos; prestar atenção. *Te o* ～ 手を貸す Dar a mão「a」; ajudar; oferecer os seus préstimos/serviços. [A/反] Karírú.

kásu² 滓 **1** [沈澱物] O sedimento [depósito]; a borra. ★ ～ *ga tamaru* 滓がたまる Sedimentar; criar depósito. **2** [よいところをとった残り] O resíduo; a borra; o bagaço「das uvas」; o resto. ★ *Kōhī no* ～ コーヒーの滓 As borras do café. **3** [くず; ねうちのないもの] A escória. ★ *Ningen no* ～ 人間の滓 ～ social; o lixo humano. [S/同] Kúzu.

kásu³ 粕・糟 As borras「de arroz cozido e fermentado, na fabricação do saquê」. ◇ **～ jiru** 粕汁 A sopa de ～. **Sake ～** 酒粕 ～ de arroz.

kásu⁴ 化す【E.】⇨ kasúru⁴.

kásu⁵ 課す【E.】⇨ kasúru².

kásu⁶ 科す【E.】⇨ kasúru³.

kásu⁷ 嫁す【E.】⇨ kasúru⁵.

kasúgái 鎹 O grampo (de ferro). [P/ことわざ] *Ko wa (fūfu no)* ～ 子は(夫婦の)かすがい Os filhos são um elo que une o casal. [S/同] Kaké-gáné. ⇨ kizúná.

kásui 河水 As águas fluviais [do rio].

kasúí 仮睡【E.】O cochilar (B.); o cabecear; o dormitar. ★ ～ *suru* 仮睡する … [S/同] Kamíń (+); karí-né; utátá-né (o). ⇨ i-némúri.

kasúí-búnkai 加水分解【Quím.】A hidrólise.

kásuka 幽[微]か O ser vago [indistino; té[ê]nue; leve; débil]. ★ ～ *na kibō no hikari* かすかな希望の光 Um raio(zinho) de esperança. ～ *ni kikoeru* かすかに聞こえる Ouvir indistintamente. ～ *ni kioku shite iru* かすかに記憶している Lembrar-se vagamente. [S/同] Hónoka; wázuka.

kasúkású かすかす **1** [すれすれ] Por pouco; 「chegar」por um triz. [S/同] Surésúré (+). **2** [果実などの水分が乏しく味のないさま] Ressequido; seco; 「fruta」sem suco.

kasúmérú 掠める **1** [奪う] Roubar [Pilhar; surripiar; bifar]. ★ *Hito no kane o* ～ 人の金を掠める ～ dinheiro. [S/同] Nusúmu; ryakúdátsú súrú; ubáu. **2** [すれすれに通り過ぎる] Roçar; passar de raspão; tocar (ao) de leve.【Fig.】*Hakuchō no mure ga suimen o kasumete tobi-satta* 白鳥の群れが水面をかすめて飛び去った O bando de cisnes levantou voo roça(ga)ndo a superfície da água. **3** [ちらっと通り過ぎる] Passar de repente. *Fuan ga watashi no kokoro o kasumeta* 不安が私の心をかすめた Senti uma inquietação momentânea. **4** [ごまかす] Iludir; enganar. ★ *Kanshi no me o* ～ 監視の目を掠める Iludir o(s olhos do) vigia.

K

kasúmí 霞・翳み **1** [気象としての] A névoa; a bruma. ★ ～ *no kakatta* 霞のかかった「monte」Enevoado. [I/慣用] ～ *o tabete ikiru* 霞を食べて生きる「não posso」Viver do ar. [S/同] Móya. **2** [目の]【Fig.】A névoa; a vista turva. **3** [⇨ kasúmí-ami].

kasúmí-ami 霞網 Uma rede finíssima para apanhar pássaros.

kasúmí-mé 霞目 (< kasúmú + …) A vista turva.

kasúmísō 霞草【Bot.】O cravo-de-amor; a gipsófila.

kasúmú 霞[翳]む **1** [空などが] **a)** Enevoar [Ficar enevoado]; **b)** Ficar esquecido [na sombra]. **2** [目が] Enevoar; embaciar; turvar. *Namida de me ga* ～ 涙で目が霞む Tenho os olhos turvos das lágrimas.

Kasúpí-kai カスピ海 O mar Cáspio.

kasúré 掠[擦]れ (< kasúréru) O ter rouquidão. ◇ **～ goe** かすれ声 A voz rouca.

kasúréru 掠[擦]れる **1** [声が] Enrouquecer. ★ *Kasureta koe* かすれた声 A voz (um pouco) rouca. **2** [文字などが] Arranhar [Borratar]. ★ *Kasureta ji* かすれた字 Letras borratadas.

kasúrí 絣・飛白 Pintinhas (Em tecido). ★ ～ *no kimono* 絣の着物 Um quimono com [às] ～.

kasúrí-kizu 擦り傷 (< kasúru + …) **a)** A arranhadura; o arranhão. ★ *Hon no* ～ ほんの擦り傷 Apenas uma arranhadela/esfoladela [～]. [S/同] Sakkáshō; surí-kizu. **b)** O dano sem importância.

kasúru¹ 掠[擦]る **1** [触れて過ぎる] Roçar「o poste」; tocar [ferir] de raspão. [S/同] Kasúméru **2**. **2** [上前をはねる] Roubar [Surripiar] uma pe[o]rcentagem. [S/同] Kasúmérú **1**.

kasúru² 課する【E.】**1** [税・罰金などを] Impor. ★ *Jūzei o* ～ 重税を課する Lançar [～] pesados impostos. **2** [仕事を] Mandar fazer; encarregar; incumbir.

kasúru³ 科する【E.】Infligir; aplicar. ★ *Bakkin o* ～ 罰金を科する ～ uma multa; multar.

kasúru⁴ 化する【E.】Transformar-se; mudar. *Machi wa shōdo to kashita* 町は焦土と化した A cidade ficou reduzida a cinzas. [S/同] Kawárú (+).

kasúru⁵ 嫁する【E.】**1** [嫁入りする] Casar [Ser dada em casamento]. [S/同] Totsúgu (+). **2** [罪・責任などを転嫁する] Deitar as culpas a outrem. [S/同] Ténka suru (+).

kasúru⁶ 架する ⇨ kakéru¹.

kasútādo [áa] カスタード (< Ing. custard) O creme de leite e ovos. ◇ **～ kurīmu** カスタードクリーム O creme de… **～ purin** カスタードプリン O pudim de…

kasútánétto カスタネット (< Ing. castanets) As castanholas.

kasútérá カステラ (< P.(ovos batidos em)castelo/pão de Castela) O pão-de-ló.

kāsuto カースト As castas da Índia.

kasú-tórí 粕[糟]取り (< … ³ + tóru) **1** [酒かすから造るしょうちゅう] Uma espécie de água-pé feita do bagaço de arroz. **2** [粗悪・低劣なもの] A coisa de baixa qualidade.

kasú-zúké 粕[糟]漬け (< … ³ + tsukéru) Os legumes ou peixe em conserva de "kásu³".

káta¹ 肩 **1** [人体の] O ombro. ★ ～ *de iki o suru* 肩で息をする Arfar [Respirar com dificuldade/Ofegar]. ～ *de kaze o kiru* 肩で風を切る Pavonear-se [Andar todo emproado]. ～ *ga haru [koru]* 肩が張る[凝る] **a)** Sentir dor nos ombros [nas costas]; **b)** Ficar tenso「na presença dele」. ～ *ga karuku naru* 肩が軽くなる Sentir-se aliviado [sem「aquele」peso nos ～ s]. ～ *no ni ga oriru* 肩の荷が下りる Tirarem「-me」um fardo [peso] dos ～ s. ～ *o ikarasu [seru]* 肩を怒らす[せる] Empertigar-se. ～ *o ireru* 肩を入れる Apoiar「um proje(c)to」; deitar um ～. ～ *o kasu* 肩を貸す Ajudar; dar uma mão「a」. ～ *o momu* 肩をもむ Fazer massagens aos [nos] ～. ～ *o motsu* 肩を持つ Tomar o partido [Ficar do lado] de alguém. ～ *o naraberu* 肩を並べる Comparar-se; igualar-se; equiparar-se (Ex.: *chikara dewa kare to* ～ *o naraberu mono wa inai* = em força não há ninguém que se lhe compare). ～ *o sukumeru* 肩をすくめる Encolher os ～s. ～ *o tataku* 肩をたたく Dar uma pancadinha [Bater] no ～. *Kaban o* ～ *ni kakeru* か

ばんを肩にかける Pôr a bolsa ao ~. ◇ **~ haba**. **2** [衣服の] A ombreira; o ombro. ◇ **~ paddo** 肩パッド O chumaço [enchimento] da/o ~. **3** [肩のような部分] O canto; a saliência. *Kado no migi ~ ni bangō o kaku* カードの右肩に番号を書く Escrever o número no canto direito do cartão [da ficha]. **4** [投げる力] A força a atirar da bola. *Furuta wa ~ ga ii* 古田は肩がいい Furuta tem muita~.

katá² (⇨ katá³; katachí) **1** [形状；形式] A forma. ★ ~ *ga kuzureru* 形がくずれる Deformar-se. *Poketto-gata no jiten* ポケット形の辞典 O dicionário de bolso. **2** [担保] A garantia; a caução; o penhor. *Tochi o ~ ni issen-man-en karita* 土地を形に一千万円借りた Penhorou o terreno para conseguir o empréstimo de 10 milhões de yens. S/同 Tánpo (+); teitō (+).

katá³ 型 **1** [もとになる形] O molde; a forma. ★ ~ *ni hameru [ireru]* 型にはめる[入れる] Moldar; vazar no molde; fundir. ~ *o toru* 型を取る Fazer o ~ [*Sekkō de ~ o toru* 石こうで型を取る Fazer o ~ com gesso]. S/同 Geńkéi. ⇨ igátá; katá-gámí. **2** [様式] O modelo; o tipo; o estilo. ★ *Furui ~ no ningen* 古い型の人間 Um homem antiquado [da antiga escola]. *Hachi-jū-nen-gata no jidōsha* 80年型の自動車 Um automóvel, modelo [da série de] 1980. ⇨ sutáiru; táipu; yōshíkí¹. **3** [決まりきった形式] A praxe; as formalidades; a convenção (social); o protocolo. ★ ~ *ni hamaranai* 型にはまらない「o comportamento」Livre/Liberto de convenções [regras]. ~ *ni hamatta* 型にはまった Conforme a praxe; estereotipado; convencional; maneirista. ~ *no gotoku [dōri]* 型の如く[通り] Como manda a praxe. ~ *o yaburu* 型を破る Quebrar o protocolo; sair da rotina. ⇨ kańréi; shūkáń¹. **4** [芸能・スポーツなどの模範となる形] A forma; a modalidade; o estilo. ★ *Jūdō no ~* 柔道の型 ~ de judo. **5** [⇨ sáizu].

katá⁴ 片 **1** [始末] O resolver [terminar]. ★ ~ *ga tsuku* 片がつく Ficar resolvido「o problema do lixo」. ~ *o tsukeru* 片をつける ⇨ katázúkéru. Terminar「o trabalho」; resolver; ajustar [acertar] contas「com ~」. S/同 Shímatsu. **2** [2つのもう一方] A kataya.

káta⁵ 過多【E.】O excesso. ◇ **Isan ~** 胃酸過多 A hiperacidez gástrica [do estômago]. **Kyōkyū ~** 供給過多 A ~ de oferta (Econ.). A/反 Kashō.

kata⁶ 潟 **1** [干潟] ⇨ higáta (+). **2** [外海からはなれてできた湖] A laguna; a marisma. ◇ **Hachirō-gata** 八郎潟 ~ Hachirō. **3** [入り江] ⇨ iríé (+); wán (+).

kata⁷ 方 **1** [方角] A dire(c)ção. ★ *Nishi no ~ ni* 西の方に Em ~ oeste. S/同 Hōgákú. **2** [敬意をもって人を指す語] (Cor. de pessoa). ★ *Kono ~* この方 Este senhor; esta senhora.

-katá⁸ 方 **1** [仕方] O modo; a maneira; o jeito. ★ *Aruki ~* 歩き方 ~ de andar. *Hanashi ~* 話し方 ~ de falar. ⇨ shikátá. **2** [時分] Certas horas do dia. ★ *Ake-gata ni* 明け方に Ao romper do dia. ⇨ jíbun². **3** [側] O lado; o flanco; a parte; a banda. ★ *Chichi ~ no oji* 父方の叔父 O tio pelo lado paterno [do pai]. ~ [係] O encarregado. ◇ *Hayashi ~* はやし方 Os músicos [~s da música「no nō」]. ⇨ gawá¹. **4** [⇨ káta]. **5** [敬意をもって複数の人を指す語] Os senhores; as senhoras. ★ *O-futa ~* お二方 Os senhores (Dois). *O-jōsama-gata* お嬢様方 As senhoritas. **6** [他人の家に住んでいる時,

その家の主人の氏名の下につける語] (No endereço de carta). Ao cuidado de [a/c]. ★ *Shiraishi-sama ~ Saitō-sama* 白石様方斉藤様 Ilmo.[Exmo.]Sr. Saito, a/c Sr. Shiraishi.

katá-age 肩上げ (< ⋯ ¹ + agérú) A prega alta na ombreira do quimono.

katá-áshi 片足[脚] (⇨ katá⁴) Uma perna [Um pé] (só).

katá-ate 肩当て (< ⋯ ¹ + atérú) (O chumaço da) ombreira.

katá-bá 片刃 (< ⋯ ⁴ + ha)「a lâmina de」Um (só) fio. A/反 Ryō-bá; moró-há.

katábámí 酢漿草【Bot.】A azed(inh)a; *oxalis corniculata.*

katábírá 帷子 **a)** Um tecido fino de cânhamo ou seda; **b)** O quimono fino [para o verão]. ⇨ kyō-kátabira.

katá-bō 片棒 Um dos dois homens que levam o palanquim ("kago"); o parceiro [colaborador]. ★ ~ *o katsugu* 片棒をかつぐ Colaborar「a demissão do gerente」.

katá-bōeki [óo] 片貿易 O comércio exterior desequilibrado.

katá-bútórí 堅太り (< katái + futórú) A constituição (física) [compleição] gorda mas robusta.

katá-bútsú 堅物 A pessoa rigorista [puritana]. ⇨ kōha¹.

katáchí 形 (⇨ katá²³) **1** [外から見える物のかっこう] A forma; a configuração; a figura; o contorno. ★ ~ *ga kuzureru* 形がくずれる Deformar-se. ~ *no yoi [warui]* 形のよい(悪い) Bem [Mal] proporcionado [~ *no yoi matsu* 形のよい松 O pinheiro bonito]. ~ *o kaeru* 形を変える Mudar a forma. ~ *o kuzusu* 形をくずす Estragar ~; ~ *o nasu* 形をなす Ganhar forma. *Kawatta ~ no [no shita] megane* 変わった形の[をした]眼鏡 Os óculos de forma estranha/rara. S/同 Kakkō¹; súgata. ⇨ gaíkéi¹.

2 [姿 形] A aparência; a figura. ★ *Mime no yoi josei* みめ形のよい女性 Uma mulher elegante [de boa aparência]. S/同 Kaó-tsúkí; yōshí (+).

3 [物事の表面に表れた形式・様式] A forma; a formalidade; o modo. ★ ~ *o totonoeru* 形を整える Ajustar à forma. ~ *ni kodawaru* 形にこだわる Aferrar-se à ~. S/同 Keíshíki; yōshíki.

4 [物事の結果としてなった状態・ありさま] O estado; a situação. ★ *Gūzen deatta to iu ~ de* 偶然出会ったという形にで Concordar em dizer que se encontraram por acaso. ⇨ arí-sama; jōtáí.

5 [人に対する姿勢・態度] A atitude. ★ ~ *o aratameru* 形を改める Mudar de atitude. S/同 Táido (+).

katáchí bákari 形ばかり A mera formalidade. ★ ~ *no o-rei* 形ばかりのお礼 Um agradecimento convencional [de ~].

katáchí-zúkúru 形作る (< ⋯ + tsukúrú) Formar; dar forma「a」; moldar; fazer; constituir. *Kojin ga atsumatte shakai o katachizukutte iru* 個人が集まって社会を形作っている A união dos indivíduos constitui a sociedade. ⇨ keíséi; kōséi.

katá-dóri 型取り (< ⋯ ³¹ + tóru) A moldagem. ★ ~ *suru* 型取りする Moldar.

katá-dōri 型通り (< ⋯ ³ + tóri) Como manda a praxe; com todas as formalidades. ★ ~ *no aisatsu* 型通りの挨拶 Os cumprimentos ~ [de cortesia].

katádóru 象[模]る Imitar「um jardim famoso」; copiar; modelar「em forma de ave」.

katágákí 肩書き (<…+káku) O título; a posição social; o grau acadé(ê)mico. ★ ~ no aru 肩書きのある Titular. ~ no nai 肩書きのない Sem título. *Kyōju no* ~ 教授の肩書きO ~ de catedrático.

katá-gámí 型紙 (<…³+kamí) O molde de papel. ★ ~ o atete nuno o tatsu 型紙を当てて布を裁つ Cortar o pano [a fazenda] por um ~.

katágata¹ 方方 (Cor. de "hitobito") As senhoras [Os senhores] 「que vieram de B./de P.」.

-katágata² かたがた・旁 Para; em parte 「para estudo e」 em parte 「para recreio」; a guisa de. *O-rei* ~ *chikaku o-ukagai shimasu* お礼かたがた近くおうかがいします Um dia destes vou fazer-lhe uma visita de agradecimento.

katágáwá 片側 (<…⁴+kawá) Um lado. ~ *tsūkō-dome* 片側通行止まり Trânsito só por ~. ★ ~ *ni* 片側に Num [A um] lado (do caminho). Ⓐ/反 Ryōgáwa.

katá-gáwari 肩代[替]わり (<…¹+kawári) 【Dir.】 A sub-rogação; o assumir 「a dívida」; o substituir [sub-rogar]. ★ *Shakkin o* ~ *suru* 借金を肩代[替]わりする Encarregar-se da dívida de alguém.

katági¹ 気質・容気 O espírito; o cará(c)ter; a característica; o modo de pensar; uma costela 「de artista」. ◇ **Shokunin** ~ 職人気質 O ~ de artesão. Ⓢ/同 Kishítsú.

katági² 堅気 A honestidade; a decência; a seriedade. ★ ~ *ni naru* 堅気になる Começar a levar uma vida honesta [Tomar juízo]. Ⓐ/反 Yákuza.

katá-góshi 肩越し (<…¹+kosú) Por cima do ombro. ★ ~ *ni miru* 肩越しに見る Olhar ~.

katá-gúruma 肩車 (<…¹+kurúma) 1 [人を自分の両肩にまたがらせてかつぐこと] O levar alguém escarranchado nos ombros; o levar às cavaleiras [cavalitas/cavalinhas]. ~*(o) suru* 肩車 (を) する … 2 [柔道の] Uma forma [modalidade] de judô.

katá-há 片羽 ⇨ katá-bá.

katá-haba 肩幅 A largura dos ombros. ★ ~ *ga hiroi [semai]* 肩幅が広い[狭い] Largo [Estreito] de ombros; que tem espáduas largas [estreitas].

katá-hádá 片肌 Um ombro nu. ★ ~ *nugu* 片肌脱ぐ a) Descobrir um ombro; b) Ajudar; dar uma mão. Ⓐ/反 Moró-háda.

katá-hái 片肺 Um (só) pulmão. ◇ ~ *hikō* 片肺飛行 O voo com um único motor a funcionar.

katá-háshí 片端 1 [一端] Um lado 「da estrada」; uma ponta 「da corda」. 2 [ほんの一部] "saber" Um pouco 「de latim」.

káta-hijí 片肘 Os ombros e os cotovelos. ★ ~ *haru* 肩肘張る Fazer-se forte [importante]. ⇨ káta¹.

katá-hijí² 片肘 Um dos cotovelos. Ⓐ/反 Ryō-hijí. ⇨ katá⁴ 2.

katá-híma 片暇 As horas livres. ★ ~ *ni* 片暇に Nas ~. ⇨ katá-téma; súnka.

katá-hízá 片膝 Um joelho. ★ ~ *o tateru* 片膝を立てる Sentar-se com ~ erguido (e o outro no chão).

katá-hó 片帆 A vela com [provida de] rizes (Fios para a encurtar).

katahō 片方 a) Um lado; b) Um (do par/dos dois); c) O outro. ★ ~ *dake no iibun o kiku* 片方だけの言い分を聞く Ouvir as razões de uma das partes apenas. ~ *ni yoru* 片方に寄る Pôr-se de um lado; ser parcial. ~ *no me [mimi; te]* 片方の目[耳; 手] Um olho [Uma orelha; Uma mão].

Ⓢ/同 Ippó; katágáwa. Ⓐ/反 Ryōhō; sōhō.

katá-hóó 片頬 Uma face.

katái¹ 固[堅・硬]い 1 [こわしたり、変形したりしにくい] Duro; rijo. ★ ~ *niku* 固い肉 A carne ~. Ⓐ/反 Yawárákai. 2 [きつい] Apertado; justo; perro. ★ ~ *musubi-me* 固い結び目 O nó apertado/cego. 3 [強固な] Firme; sólido; forte; inflexível. ★ ~ *akushu* 固い握手 Um aperto de mão forte [caloroso]. ~ *kesshin* 固い決心 A resolução firme [inquebrantável]. ~ *yakusoku* 固い約束 A promessa firme. *Kuchi ga* ~ 口が固い Ser de poucas palavras. *Mimochi ga* ~ 身持ちが堅い Ser casto/virtuoso. 4 [厳重で、きびしい] Rigoroso; severo. ★ *Kataku imashimeru* 固くいましめる Admoestar rigorosamente. 5 [堅実な] Honesto; honrado; seguro. ★ ~ *otoko* 堅い男 O homem ~ [de confiança]. ~ *shōbai* 堅い商売 O negócio seguro. 6 [かたくるしい; 柔軟性がない] Duro; formal; sério. *Sō* ~ *koto iu na yo* そう固いことを言うなよ Não fique tão sério. ★ ~ *hyōjō* 硬い表情 A expressão dura [tensa; nervosa]. *Atama ga* ~ 頭が固い Ser cabeça-dura [duro de cabeça]. Ⓐ/反 Yawárákai.

katái² 難い 【E.】 Difícil. *Sōzō suru ni katakunai* 想像するに難くない É possível/Não custa a crer. ᴾᴱᴄᴛᴏᴃᴀ *Iu wa yasuku okonau wa katashi* 言うは易く行うは難し Dizer é fácil, o difícil é fazer. ⇨ -gatái.

katái³ 下腿 【Anat.】 A canela.

katá-íji 片意地 A obstinação; a teimosia; a inflexibilidade. ★ ~ *o haru* 片意地を張る Ser teimoso; teimar. ⇨ íppári.

katá-ínaka 片田舎 O lugar afastado [perdido/isolado]. ⇨ hékichi; hekíshō; hénchi.

katá-íppō 片一方 ⇨ katahō (+).

katá-íré 肩入れ (<…¹+iréru) O apoio; a ajuda. ★ ~*(o) suru* 肩入れ (を) する Patrocinar; apoiar 「o seu candidato」.

katájikénái 忝[辱]ない Agradecido; reconhecido. *Go-aiko o katajikenaku [katajikenō] zonjimasu* 御愛顧をかたじけなく[かたじけのう]存じます Estou-lhe muito ~ pelo seu favor. Ⓢ/同 Arígátai (+).

katájín 堅人 ⇨ katábútsu.

katá-kake 肩掛け (<…¹+kakéru) O xa(i)le.

katá-kana 片仮名 O silabário j. de traços re(c)tos (e usado para palavras estrangeiras). ⇨ hirágana; kaná¹.

kátakata かたかた 【On.】 ★ ~ *naru* かたかた鳴る Fazer barulho 「janela com o vento」.

katákí 敵・仇 1 [敵] O inimigo. ★ *Me no* ~ *ni suru* 目の敵にする Hostilizar (abertamente) alguém. 2 [競争者] O rival. ◇ **Koi-gataki** 恋敵 ~ no amor. **Shōbai-gataki** 商売敵 ~ no negócio. 3 [あだ] A vingança. ᴾᴱᴄᴛᴏᴃᴀ *Edo no* ~ *o Nagasaki de utsu* 江戸の仇を長崎で討つ Vingar-se de maneira inesperada/covarde.

katákí-uchi 敵討ち (<…+útsu) A vingança. ⇨ fukúshū¹; hōfúku¹.

katákí-yáku 敵役 O papel de vilão. ★ ~ *o tsutomeru* 敵役を務める Desempenhar [Representar] o ~ [Ser o mau da peça]. Ⓢ/同 Akú-yáku.

katá-kói 片恋 O amor não correspondido. Ⓢ/同 Katá-ómoi.

katákóto 片言 O dizer uma ou duas palavras 「em chinês」(Como as crianças). ★ ~ *de shaberu [o iu]* 片言でしゃべる [を言う] Balbuciar; dizer.

katakú¹ 家宅 A casa; o domicílio. ◇ ~ **shinnyū-**

zai 家宅侵入罪 A violação de domicílio. **~ sōsaku** 家宅捜索 A busca domiciliar [a uma casa].
katáku[2] 仮託 O pretexto. ★ … *ni ~ shite* …に仮託して [Com o] ~ de …. ⇨ kakótsukéru.
katáku[3] 花托【Bot.】O receptáculo; o tálamo.
katáku[4] 固【堅・硬】く (Adv. de "katai") **1** [物体が] Duramente. ★ *Tamago o ~ yuderu* 卵を固くゆでる Cozer um ovo duro. **2** [しっかり] Firmemente; fortemente; com força. ★ ~ *te o nigiru* 固く手をにぎる Dar um forte aperto de mão. **3** [厳重に] Rigorosamente; estritamente. ★ ~ *kinjiru* 固く禁じる Proibir ~. **4** [緊張] Nervoso. ★ ~ *naranaide kudasai* 固くならないでください Não fique [se ponha] formal.
katákúchi 片口 **1** [器物] A tigela com rebordo. **2** [片方の申し立て] A opinião parcial.
katákúchí-iwashi 片口鰯 A enchov(i)a; *engraulis japonica*.
katákúna 頑な A obstinação/teimosia ★ *Kokoro o ~ ni tozasu* 心を頑なに閉ざす Fechar [Endurecer] o coração obstinadamente. ⇨ gánko; gōjō; katá-íjí.
katákuri 片栗【Bot.】O eritr[ô]nio; a língua-de-serpente; *erythronium japonicum*. ◇ ~ **ko** 片栗粉 A fécula de ~ [batata].
katákúrushíi 堅苦しい Formal;「um senhor todo」cerimonioso; rígido; cheio de cerim[ô]nias. ★ ~ *aisatsu* 堅苦しい挨拶 Os cumprimentos demasiado formais.
katámári 固まり・塊 **1** [固まったもの] A massa informe; o pedaço; o bloco; o to[e]rrão; o bocado. ★ ~ *ni naru* 固まりになる Endurecer. *Chi no ~* 血の固まり O coágulo de sangue; o sangue coalhado. *Niku no ~* 肉の塊 Um pedaço de carne. **2** [集団] A massa; o montão [monte]「de gente」; o grupo. ★ *Hito ~ ni naru* 一塊になる Agrupar-se. ⇨ gún[3]; muré; shūdán. **3** [極端な傾向の] A personificação; o cúmulo. *Aitsu wa yoku no ~ da* あいつは欲の塊だ Ele é a avareza personificada/em pessoa [Ele é a/o ~ da avareza].
katámáru 固まる **1** [固くなる; 凝結する; 凝固する] Endurecer; solidificar; coagular; congelar; coalhar. ★ *Chi ga ~* 血が固まる O sangue coagular. *Ame futte ji ~* 雨降って土固まる. ⇨ áme[1]. Ⓢ/同 Gyōkétsu súrú; gyōko suru. **2** [ひとところに集まる] Reunir-se; juntar-se; aglomerar-se「à entrada」. ★ *Takusan no shōten ga katamatte iru chiiki* たくさんの商店が固まっている地域 A zona com muitas lojas. Ⓢ/同 Atsumáru (+). **3** [確かなものになる] Consolidar(-se); ganhar corpo [consistência]. ★ *Kesshin ga ~* 決心が固まる Decidir-se firmemente; tomar uma resolução definitiva. *Shōko ga ~* 証拠が固まる Juntarem-se provas suficientes. Ⓢ/同 Táshika ni náru. **4** [凝り固まる] Devotar-se「a」; dedicar-se「a」. *Shinkō ni katamatta hito* 信仰に固まった人 A pessoa (excessivamente) devotada à religião. Ⓢ/同 Kori-kátámáru (+).
katámé[1] 固め (⇨ katámérú) **1** [金属などの] O reforçar [deixar bem firme]「os alicerces」. **2** [防備] A defesa. ★ *Toride no ~ o katameru* 砦の固め ~ da fortaleza. ⇨ kéibi; mamóri. **2** [誓い] O penhor; a promessa; o compromisso. ★ ~ *no sakazuki* 固めの盃 O beber saké pela mesma taça como juramento [~] de fidelidade「matrimonial」.
katámé[2] 固目 (< katá[1]+-me[2]) Durinho. ★ *Gohan o ~ ni taku* 御飯を固目に炊く Cozer o arroz ~.

katá-mé[3] 片目【眼】(< katá[1]+me[1]) Um olho. Ⓐ/反 Ryōmé.
katá-mén 片面 Um lado [Uma face]「do disco」.
katámérú 固める (⇨ katámárú) **1** [固くする] Endurecer. ★ *Semento o ~ セメントを固める ~ o cimento. Ⓢ/同 Katákú súrú. **2** [一つにまとめる] Juntar; amontoar. ★ *Natsu ni isshūkan katamete kyūka o toru* 夏に1週間固めて休暇をとる Juntar os dias de folga e tirar uma semana seguida de férias no verão. *Uso de katameta hanashi* うそで固めた話 Uma série de mentiras/Tudo mentira. Ⓢ/同 Matómérú (+). **3** [確かにする] Consolidar; tornar firme [estável]. ★ *Chiho o ~* 地歩を固める Reforçar a sua posição. *Kiso o ~* 基礎を固める Consolidar a base. *Mi o ~* 身を固める Estabelecer-se; casar-se. ⇨ táshika ni suru. **4** [防備する] Defender; guardar. *Mamori o ~* 守りを固める Reforçar a defesa. ⇨ bōbi; kéibi[1].
katámí[1] 形見 A lembrança; a recordação「do falecido pai」. ★ ~ *ni suru* 形見にする Guardar「um colar da mãe」como lembrança.
káta-mi[2] 肩身 A posição (do corpo). ★ ~ *ga semai* [*hiroi*] 肩身が狭い[広い] Sentir-se envergonhado [orgulhoso]; sentir vergonha [orgulho] [de].
katá-mí[3] 片身【魚などのからだの半分】Um lado [A metade] do corpo「do peixe」. **2** [和裁] A metade da parte do tronco (do quimono).
katá-míchi 片道 A ida. *Ōsaka made ~ san-jikan kakaru* 大阪まで片道3時間かかる Até Osaka são três horas só「~」. ⇨ *Chiho o ~*; Ⓢ/同 **jōshasen** [**kippu**] 片道乗車券 [切符] O bilhete só de ida. Ⓐ/反 Ōfúku.
katá-míhon 型見本 O modelo「de livro/vestido」.
katámúkéru 傾ける (⇨ katámúku) **1** [斜めにする] Inclinar; pender. ★ *Karada o ~* からだを傾ける Inclinar o corpo. **2** [傾注する] Concentrar; virar. ★ *Mimi o ~* 耳を傾ける Escutar; dar atenção「a」. *Zenryoku o ~* 全力を傾ける Pôr toda a energia「no proje(c)to」; concentrar-se「em」. **3** [滅ぼす] Arruinar. ★ *Kuni o ~* 国を傾ける ~ o país.
katámúki 傾き **1** [傾斜] A inclinação; o declive. ★ ~ *o naosu* 傾きを直す Endireitar. ⇨ keíshá[1]. **2** [傾向] A tendência; a inclinação; a propensão「para falar mal dos outros」. ⇨ keíkō[1].
katámúku 傾く (⇨ katámúkéru) **1** [傾斜する] Inclinar-se. ★ *Mae* [*Ushiro*] *e ~ mae* [*ushiro*] へ傾く ~ para a frente [para trás]. **2** [傾向] Inclinar-se「air ao B.」; ter tendência「para」. *Kanojo no kanshin wa benkyō yori asobi no hō ni katamuite iru* 彼女の関心は勉強より遊びの方に傾いている Ela puxa-lhe mais [tem mais inclinação] para a brincadeira do que para o estudo. **3** [日・月が] Declinar; pôr-se. ★ *Tsuki ga ~* 月が傾く A lua está a ~. **4** [衰える] Decair; declinar; entrar [estar] em decadência; aproximar-se do seu fim. ★ *Kaun ga ~* 家運が傾く A família ~.
katán 加【荷】担 A ajuda; o apoio; a participação. ★ *Akuji* [*Inbō*] *ni ~ suru* 悪事 [陰謀] に加担する Tomar parte num crime [numa conspiração].
katana 刀 A espada; a catana. ★ ~ *no ha* [*se*] 刀の刃 [背] O gume [As costas] da ~. ~ *o nuku* 刀を抜く Desembainhar a [Puxar da] ~. ~ *o saya ni osameru* 刀をさやに納める Embainhar a ~. ~ *ore ya tsukiru* 刀折れ矢尽きる Esgotar todos os recursos. ◇ ~ **kizu** 刀傷 A cutilada [catanada/espadeirada].

katá-náshí 形無し a) A ruína; b) O farrapo [frangalho]; o gato-sapato. *Iro-otoko mo kanojo ni wa ~ da* 色男も彼女には形無しだ Ela faz gato-sapato do (maior) conquistador. ⇨ **daí-náshí**.

katá-nérí 固練り (< *katáí* + *néru*) O amassar até ficar bem consistente.

katán-íto カタン糸 (< Ing. cotton + ···) O fio de algodão「para máquina de costura」.

katá-ómoi 片思い O amor não-correspondido. P(ことわざ) *Iso no awabi no ~* 磯のあわびの片思い O ~ (Lit. "~ da ostra das rochas", que só tem uma válvula ou concha). S/園 Katá-kói.

katá-óyá 片親 O pai ou a mãe. ★ *~ no kodomo* 片親の子供 A criança que só tem um dos pais. ⇨ futáóyá.

katá-pán 堅パン (< *katái* + ···) A bolacha de bordo; o biscoito「para marinheiros」.

katápáruto カタパルト (< Ing. catapult < L.) A catapulta.

katáppáshí 片っ端 [G.] Uma ponta. ★ *~ kara* 片っ端から「derrotá-los todos」Um atrás do outro. *~ kara tawrageru* 片っ端から平らげる Comer tudo [Limpar「cuatro tigelas de arroz」]. ⇨ katá-háshí.

katáppō 片っ方 ⇨ katáhō.

katáráí 語らい (< *katáráu*) 1 [話] A conversa. 2 [男女の間の] O compromisso.

katáráu 語らう 1 [語り合う] Conversar. ★ *Tomo to ~* 友と語らう ~ com os amigos. 2 [誘う] Convidar. ★ *Tomo o kataratte pikunikku ni dekakeru* 友をかたらってピクニックに出かける ~ os amigos para um piquenique. 3 [共謀する] Conspirar. S/園 kyōbō[1].

katárí[1] 語り A narração [parte narrativa]「do filme」. ◇ *~ te* 語り手 O narrador. ⇨ **kuchi**.

katárí[2] 騙り [G.] 1 [金品をだましとること] A fraude; o roubo. ★ *~ ni au* 騙りにあう Ser enganado [roubado]. *~ o hataraku* 騙りをはたらく Defraudar. S/園 Sági. 2 [詐欺師] O defraudador; o trapaceiro; o burlão; o vigarista. S/園 Sagíshi.

katárí-ákasu 語り明かす (< *katárú* + ···) Conversar toda a noite; passar a noite a falar [na conversa].

katárí-áu 語り合う (< *katárú* + ···) Conversar.

katárígúsá 語り草 [種] (< *katarú* + *kusá*) O assunto [tópico/A matéria] de conversa. *Kare no katsuyaku wa nochinoto made no ~ to natta* 彼の活躍は後々までの語り草[種]となった As a(c)tividades dele continuarão a ser tema [~ de conversa durante muito tempo.

katárí-kuchi 語り口 (< *katarú* + ···) A maneira de falar. ★ *Yasashii ~ de hanasu* 易しい語り口で話す Narrar [Falar] de maneira fácil.

katárí-tsúgu 語り継ぐ (< *katarú* + ···) Passar [Contar] uma história de geração em geração.

katárí-tsutáéru 語り伝える ⇨ katárí-tsúgu.

katárógú カタログ (< Ing. catalog < Gr.) O catálogo. ◇ *~ bijinesu* [*sērusu*] カタログビジネス[セールス] O negócio por ~. *~ hanbai* カタログ販売 A venda por ~ [correspondência]. ⇨ tsúshín[2].

Katárónía カタロニア A Catalunha (Região autó[ô]noma da Espanha). ~ *go* カタロニア語 O catalão. ~ *jin* カタロニア人 Os catalães.

katarú[1] 語る 1 [話す] a) Dizer; falar; contar; narrar; b) Provar; querer dizer. *Shinjitsu o ~ koto o osorete wa naranai* 真実を語る事を恐れてはならない Não se deve [Não devemos] ter medo de dizer a verdade. ★ *~ ni ochiru* 語るに落ちる Dizer sem querer; deixar escapar um segredo; atraiçoar-se. ⇨ hanásu; setsúméí súrú. 2 [義太夫・浪曲などを] Recitar「gidáyū」.

katarú[2] 騙る 1 [だまし取る] Defraudar; lograr; enganar; burlar. ★ *Kane o ~* 金を騙る Burlar em dinheiro. 2 [偽る] Usar fraudulentamente. ★ *Hito no na o ~* 人の名を騙る ~ o nome de alguém. ⇨ itsuváru.

kátaru[3] カタル (< Al. < Gr. katarrous: que escorre) 【Med.】 O catarro. ◇ I [*Chō*] ~ 胃[腸]カタル ~ de estômago [intestino].

katárushisu カタルシス (< Gr. katharsis) A catarse.

katásá 固[堅・硬] さ (Sub. de "katai") A dureza. ★ *Kesshin no ~* 決心の固さ A firmeza da resolução. *Kinzoku no ~* 金属の硬さ ~ do metal.

katá-ságari 肩下がり (< ···+*sagarú*) O escrever [o ideograma/a letra]「torto [inclinado]」.

katá-sákí 肩先 O ombro. S/園 Katáguchi.

katá-sódé 片袖 Uma manga. ★ *~ o nugu* 片袖を脱ぐ Descobrir um ombro. ◇ *~ zukue* 片袖机 A escrivaninha [mesa] com gavetas só dum lado.

katá-súkashi 肩透かし (< ···+ *sukású*) A esquiva. ★ *~ o kuwaseru* 肩透かしを食わせる Esquivar-se [Fugir]「à pergunta」.

katá-súmi 片隅 O canto「do quarto/da memória」.

katá-té 片手 Uma (só) mão;「um em」cada mão. ★ *~ de jitensha ni noru* 片手で自転車に乗る Andar de bicicleta só com uma mão. *~ no* 片手の Maneta.

katá-témá 片手間 Às horas livres. ★ *Shigoto no ~ ni* 仕事の片手間に No(s) intervalo(s) do trabalho. ◇ *~ shigoto* 片手間仕事 O trabalho das ~.

katá-teóchí 片手落ち A parcialidade; a injustiça; o favoritismo. ⇨ fu-byōdō; fu-kōhei; hañpá.

katá-tókí 片時 Um (único) momento; um (só) instante. ★ *~ mo wasurenai* 片時も忘れない No se esquecer nem um ~「da mãe」. ⇨ ikkókú[2].

katátsúmuri 蝸牛 【Zool.】 O caracol. ★ *~ no kara* カタツムリの殼 A concha (casa) do ~. S/園 Deñdéñmushi; maímaí.

katá-úchí 型打ち (< ···+ *utsu*) A timbragem; a estampagem. ◇ *~ ki* 型打ち機 A máquina de estampar.

katá-údé 片腕 1 [片方の腕] Um braço. 2 [信頼する助力者] O braço direito (O melhor ajudante). ★ *~ to shite hataraku* 片腕として働く Ser o ~「do gerente」. ⇨ fukúshín[1].

katáwárá 傍ら 1 [そば] O lado. ★ *~ ni yoru* 傍らに寄る Desviar-se para o lado. *Michi no ~ ni* 道の傍らに Ao lado [À beira] do caminho. 2 [片方で] Além「de」. *Kare wa kaisha-zutome no ~ abura-e o kaite iru* 彼は会社勤めの傍ら油絵をかいている Ele trabalha numa companhia e também [~ disso] pinta (quadros a óleo). ⇨ ichímén; ippō[1].

katá-wáré 片割れ (< ···+*warérú*) 1 [割れたかけら] O fragmento; a kakéra. 2 [仲間の一人] Um do grupo「dos ladrões」. ★ *Teki no ~* 敵の片割れ ~ inimigo.

kataya 片や (Por) um [outro] (lado). *Futari no musuko wa ~ ekaki ~ pairotto ni natta* 二人の息子は片や絵かき片やパイロットになった Dos dois filhos, um foi para pintor e o outro para piloto. S/園 Ippō.

katá-yáburi 型破り (< ···[3]+*yabúru*) A originalidade. ★ ~ *na ningen* 破[ruby:]格[/ruby]な人間 A pessoa original [fora do comum; fora de série].

katáyóri 偏り・片寄り (⇨ katáyóru) **a)** A inclinação; **b)** O desvio; **c)** A parcialidade.

katáyóru 偏る・片寄る **1** [傾く] **a)** Inclinar-se. ★ *Shinro ga kita ni* ~ 進路が北に片寄る O caminho desviar-se para norte. **b)** Juntar-se para um lado 「da sala」. **2** [偏する] Ser parcial; ter preconceitos 「contra」; ser monomaníaco. ★ *Katayoranai* 偏らない Imparcial. *Katayotta shisō* 偏った思想 O pensamento fechado [cheio de preconceitos].

katá-yóseru 片寄せる Pôr de lado [Puxar para o lado 「as mesas」.

katazú 固唾 A saliva. ★ ~ *o nomu* 固唾をのむ Estar muito atento [preocupado].

katá-zúke 片付け (⇨ katazúkéru) A arrumação; o arranjo.

katá-zúkeru 片付ける (<…⁴+tsukéru) **1** [整頓す る] Arrumar; arranjar; pôr em ordem. ★ *Chirakatta heya o* ~ 散らかった部屋を片付ける O quarto (desarrumado). **2** [所定の位置に収める] Voltar a pôr no seu lugar. ★ *Dashippanashi no omocha o* ~ 出しっ放しのおもちゃを片付ける Pôr outra vez os brinquedos no seu lugar. **3** [処理する] Despachar; resolver. ★ *Shigoto o* ~ 仕事を片付ける Despachar [Terminar] o trabalho. **4** [嫁に やる] Casar uma filha. **5** [殺す]【G.】Matar; liquidar. ★ *Jamamono o* ~ 邪魔者を片付ける ~ quem estorva.

katá-zúku 片付く (<…⁴+tsúku) **1** [整う] Estar ordenado [arrumado]. *Heya no naka wa kirei ni katazuite ita* 部屋の中はきれいに片付いていた Estava tudo em ordem na sala. **2** [処理される] Despachar-se; resolver-se. *Jiken wa buji ni katazuita* 事件は無事に片付いた O problema resolveu-se sem dificuldade. ★ *Shakkin* [*Shigoto*] *ga* ~ 借金[仕事]が片付く Liquidar-se a dívida [Terminar-se o trabalho]. **3** [嫁ぐ] Casar(-se). *Ue no musume wa kyonen katazuita* 上の娘は去年かたづいた A filha mais velha casou(-se) o ano passado. ⇨ Totsúgu.

katá-zúmi 堅炭 (< katái + sumí) O carvão duro de madeira. [S/同] Arázúmi.

katchú 甲冑 A armadura. ★ ~ *ni mi o katameru* 甲冑に身を固める Vestir [Pôr] a ~. ⇨ kábuto; yorói.

katé 糧 O alimento; a comida; o pão. ★ *Seikatsu no* ~ *o eru* 生活の糧を得る Ganhar a vida [o pão; o sustento].

katégorī カテゴリー (< Al. kategorie < Gr.) A categoria. ★ ~ *ni wakeru* カテゴリーに分ける Dividir em ~ s. [S/同] Hañchú (+).

katéi¹ 家庭 A família; a casa; o lar; a vida doméstica. ★ ~ *no jijō de aru* 家庭の事情で Por razões de família. ~ *o motsu* 家庭を持つ Ter [Constituir] família; casar-se. ~ *teki na fun'iki* 家庭的な雰囲気 O ambiente familiar/caseiro. ◇ ~ **hōmon** 家庭訪問 A visita às famílias 「dos alunos」. ~ **jin** 家庭人 A pessoa com família; a pessoa caseira. ~ **ka** 家庭科 A disciplina [O curso] de trabalhos domésticos. ~ **kyōiku** 家庭教育 A educação familiar. ~ **kyōshi** 家庭教師 O professor [perceptor] particular. ~ **ran** 家庭欄 A coluna [página] de assuntos domésticos (Para donas de casa). ~ **ryōri** 家庭料理 A cozinha [comida] caseira. ~ **saibansho** 家庭裁判所 O tribunal de família. ~ **seikatsu** 家庭生活 A vida doméstica [familiar]. ~ **yō** 家庭用 Para uso doméstico. ~ **yōhin** 家庭用品 Os utensílios domésticos; o mobiliário.

katéi² 仮定 A suposição; a hipótese (Tb. fil.); o postulado. ★ ~ *suru* 仮定する Supor […*to* ~ *shite* …と仮定して Supondo que…[Na hipótese de…]. ◇ ~ **kei** 仮定形 (Gram.) A forma condicional.

katéi³ 過程 O processo. ◇ **Seisan [Seizō]** ~ 生産[製造]過程 ~ de produção [fabricação]. ⇨ kekká¹.

katéi⁴ 課程 O curso; o currículo escolar. ★ *Daigaku no* ~ *o shūryō suru* 大学の課程を修了する Formar-se [Terminar o curso universitário].

káten [áa] カーテン (< Ing. curtain) A cortina; o pano de boca (do palco). ★ ~ *o akeru* カーテンをあける Abrir a ~. ~ *o shimeru* カーテンをしめる Fechar a ~. ◇ ~ **kōru** カーテンコール A chamada ao palco. ~ **rēru** [**ringu**] カーテンレール[リング] A vareta [argola] para cortina(s). ⇨ makú¹.

kátete-kuwaete 糅てて加えて Além disso; além do mais; ainda por cima 「a comida é uma delícia」; e o que é pior [para cúmulo da desgraça] 「roubaram-me a carteira」. ⇨ o-máké-ní; osoé úé.

katō¹ 下等 **a)** A classe [O grau] inferior; **b)** A grosseria; a rudeza. ★ ~ *na shumi* 下等な趣味 O gosto baixo; o mau gosto. ~ *no* ◇ ~ **dōbutsu [shokubutsu]** 下等動物[植物] Os animais [As plantas] inferiores. [A/反] Jōtō¹.

katō² 過当 O excesso; a demasia. ◇ ~ **kyōsō** 過当競争 A competição [concorrência] excessiva. ⇨ kabúi²; kádo³.

katō³ 果糖 A frutose; a levulose.

katō⁴ 加糖 O adoçar.

katō-ki 過渡期 A época [O período] de transição 「da adolescência para a idade madura」.

katóku 家督 O morgadio; a chefia da família. ★ ~ *o sōzoku suru* 家督を相続する Herdar o ~; ser o herdeiro.

káton [áa] カートン (< Ing. carton) **a)** O papelão; **b)** A caix(inh)a de papelão.

ka-tóñbo 蚊蜻蛉 Um (inse(c)to) pernilongo. [S/同] Gañbo.

katóréa カトレア (< Ing. cattleya < W. Cattley) Uma orquídea.

kátorijji [áa] カートリッジ (< Ing. cartridge) O cartucho.

katórikku カトリック (< Hol. katholiek < Gr.) O catolicismo. ◇ ~ **kyōkai** カトリック教会 A igreja católica. ~ **kyōto** カトリック教徒 O católico.

katórí-señkō 蚊取り線香 (<…+tóru+…) O incenso para repelir os mosquitos.

katō-seiji 寡頭政治 A oligarquia.

kátsu¹ 勝[克]つ **1** [勝利を得る] Ganhar; vencer. *Kondo no shiai wa tōtei* ~ *mikomi ga nai* 今度の試合はとうてい勝つ見込がない Não temos nenhuma probabilidade de ganhar o próximo jogo. *Soshō ni* ~ 訴訟に勝つ Ganhar o pleito. *Teki ni* ~ 敵に勝つ Derrotar o inimigo. [ことわざ] *Kateba kangun makereba zokugun* 勝てば官軍負ければ賊軍 Ante a força, nunca têm razão os vencidos/A força é que manda. (Lit. As tropas vitoriosas são "governo", as derrotadas são "inimigo"). *Katte kabuto no o o shimeyo* 勝って兜の緒を締めよ Sê prudente mesmo depois da vitória. [A/反] Makérú. ⇨ shóri.

2 [好ましくないものを抑えこむ] Dominar; vencer. ★ *Byōki ni* ~ 病気に克つ Curar-se. *Konnan ni* ~ 困難に克つ Vencer 「Superar」as dificuldades. *Onore ni* ~ 己に克つ Dominar-se; vencer-se (a si mesmo). **3** [相手よりまさる] Ultrapassar; exceder; ser superior. *Tairyoku de wa kare yori watashi no hō ga katte iru* 体力では彼より私の方が勝っている Em resistência física, sou superior a ele [ganho-lhe]. S/同 Masáru. A/反 Makérú; otóru. ⇨ yūséi¹.
4 [ある傾向・性質が他に比べて強くある] Predominar; prevalecer. ★ *Abura-mi no katta niku* 脂身の勝った肉 A carne com muita parte gorda. S/同 Masáru. A/反 Makérú.
5 [仕事などがその人の能力を越えている] Ultrapassar. ★ *Ni ga* ~ 荷が勝「克」つ「Este trabalho」ultrapassa「é demais para」「as minhas forças」.

kátsu² カツ (< Ing. cutlet < Fr. côtellete < L. costa: "costela") Um prato de carne, envolta em pão ralado e frita (A origem da palavra é "costeleta" mas, na realidade, este prato não tem osso). ◇ ~ **don** カツ丼 A tigela de arroz com "costeleta" em cima. **Ton [Bifu; Chikin]** ~ 豚[ビーフ；チキン]カツ A "costeleta" de porco [vaca; frango]. S/同 Katsurétsú.

kátsu³ 渇 A sede. ⇨ kawáki².

kátsu⁴ 活【E.】 **1** [蘇生術] A ressuscitação. ★ ~ *o ireru* 活を入れる Aplicar a — [Dar nova vida] a alguém. **2** [生きること] A vida. P≤ことば *Shichū ni* ~ *o motomeru* 死中に活を求める Desenvencilhar-se [Buscar uma saída] numa dificuldade.

kátsu⁵ 且つ【E.】 Além disso; e; ao mesmo tempo. ★ *Hitsuyō* ~ *jūbun na jōken* 必要且つ十分な条件 A condição suficiente e necessária. ⇨ sára ni; sonó úé.

katsúái 割愛 O ter (pena) de dar ou omitir algo. *Jikan no tsugō ni yori ato no setsumei wa shimasu* 時間の都合によりあとの説明は割愛します Por falta de tempo, tenho de omitir o resto da explicação.

katsúbō 渇望 A ânsia「de enriquecer」; a sede「da fama」; o desejo ardente. ⇨ netsú-bō; setsúbō.

katsúbushi 鰹節 ⇨ katsúó-búshi (+).

katsúdō 活動 A a(c)tividade; a a(c)ção「da associação」. ★ ~ *o hajimeru* 活動を始める Entrar em a(c)ção; começar a a(c)tuar. ~ *saseru* 活動させる Pôr em a(c)ção. ~ *suru* 活動する Agir; a(c)tuar; trabalhar. ~ *teki na* 活動的な「jovem」A(c)tivo; enérgico; dinâmico. *Kazan no* ~ 火山の活動 A a(c)tividade do vulcão. ◇ ~ **han'i** 活動範囲 A esfera [O raio] de ~. ~ **ka** 活動家 O homem de a(c)ção. ⇨ éiga¹; katsúyáku.

katsúéru 飢「餓」える【E.】Estar faminto「de amor」. S/同 Uéru (+).

katsúgán 活眼 A perspicácia; o olho fino;「ter」bom olho.

katsúgéki 活劇 **a)** A cena animada [com muita a(c)ção; **b)** A cena violenta「na Dieta」. ★ ~ *o enjiru* 活劇を演じる Representar uma ~.

katsugí-kómu 担ぎ込む (< katsúgu + …) Levar por ali a dentro. ★ *Katsugikomareru* 担ぎ込まれる Ser levado com urgência「ao hospital」.

katsúgi-yá 担ぎ屋 O bufarinheiro [vendedor ambulante]. ⇨ yamí-ya.

katsúgō 渇仰【E.】O adorar [admirar] alguém.

katsúgu 担ぐ **1** [になう] Levar「o ferido」aos ombros [às costas]. ⇨ nináu. **2** [ある地位に推薦する] Escolher「como chefe」. **3** [迷信にとらわれる] Ser supersticioso. ★ *Engi [Gen] o* ~ 縁起[験]を担ぐ…；crer em presságios[agouros]. **4** [だます] Enganar. *Manma to kare ni katsugareta* まんまと彼に担がれた Fui completamente enganado [levado] por ele. S/同 Damásu (+).

katsúji 活字 O tipo (de imprensa); a letra impressa; o cará(c)ter (os cara(c)teres) tipográfico[os]. ★ ~ *ni naru* 活字になる Imprimir-se [Ser impresso]. ◇ ~ **tai** 活字体 A letra de forma [de imprensa].

katsújín-gá 活人画 O quadro vivo [com pessoas].

katsújō 割譲 A cessão; a cedência. ★ *Ryōdo o* ~ *suru* 領土を割譲する Ceder o território.

katsúkátsu かつかつ「O vinho」Mal「chegou para todos」; por pouco; com dificuldade. ★ ~ *no seikatsu o suru* かつかつの生活をする Viver com dificuldade. S/同 Girígiri.

katsúmókú 刮目 O ver com interesse. ★ ~ *ni atai suru* 刮目に値する Merecer [Ser digno de] atenção. ~ *suru* 刮目する… S/同 Dōmókú.

katsúó 鰹・堅[松]魚 O bonito (peixe); *katsuwonus pelamis*.

katsúó-búshi 鰹節 O bonito seco (em aparas). ◇ ~ **kezuri** 鰹節削り Um cortador para ~. P≤ことば *Neko ni* ~ 猫に鰹節「isso é」Manteiga em nariz de cão. S/同 Katsúbúshi.

katsúó-dori 鰹鳥 A atobá; *sula leucogaster*.

katsúó-nó-éboshi 鰹の烏帽子 A fisália ["caravela portuguesa"] (Medusa); *physalia physalis utriculus*.

katsúrá¹ 鬘 A peruca; o chinó; a cabeleira postiça.

katsúrá² 桂【Bot.】Uma linda árvore j.; *cerridiphyllum japonicum*..

katsúréi 割礼 A circuncisão.

katsúrétsú カツレツ (< Ing. cutlet) A costeleta. S/同 Kátsu² (+).

kátsuro 活路 A saída de uma dificuldade. ★ ~ *o hiraku [miidasu]* 活路を開く[見出す] Achar [Encontrar] uma saída.

katsúryoku 活力 A vitalidade; a energia [força] vital; o vigor (Ex.: ~ *afureru [tomu]* = estar cheio de ~). ★ ~ *ga waku* 活力がわく Ficar cheio de ~; respirar energia. ◇ ~ **gen** 活力源 A fonte de ~.

kátsute 曾「嘗」て Antes; antigamente「foi uma cidade florescente」; outrora; nunca (Na voz neg.). *Sonna hanashi wa* ~ *kiita koto ga nai* そんな話はかつて聞いたことがない Nunca ouvi tal coisa. ★ ~ *nai* かつてない Nunca「visto」. *Imada* ~ いまだかつて Nunca「na minha vida」. ⇨ ízen¹.

katsúyáku 活躍 A a(c)tividade; o trabalho; a a(c)ção. ★ ~ *suru* 活躍する Ser a(c)tivo; trabalhar; desenvolver uma a(c)tividade「importante no campo da ecologia」.

katsúyáku-kin 括約筋【Anat.】O esfíncter [anel constritor/músculo anular].

katsúyō 活用 **1** [生かし用いること] A utilização; a aplicação; o aproveitamento; o uso prático. ★ ~ *suru* 活用する Utilizar; aproveitar; aplicar; fazer uso eficiente「de」[*Jinzai o* ~ *suru* 人材を活用する Pôr as pessoas (a trabalhar) nos lugares apropriados]. S/同 Riyō; un'yō. **2** [文法] A conjugação (dos verbos); a declinação「do latina」. ★ ~ *suru* 活用する Conjugar-se; declinar-se. ◇ ~ **go** 活用語 A palavra conjugável [declinável]. ~ **gobi** 活用語尾

A terminação verbal [declinável]. **~ kei** 活用形 O morfema flexional; o [a forma do] verbo conjugado.

katsúyṓ-ju [óo] 闊葉樹 Uma árvore de folhas largas. [S/同] Kṓyṓju (+).

katsúzén 豁然【E.】 **1** [景色などが急にひらけるさま] Extensamente. **2** [突然迷いなどが解けるさま] De repente. *Watashi wa ~ to shite satotta* 私は豁然として悟った ~ percebi a verdade. [S/同] Totsúzéń (+).

káttā カッター (< Ing. cutter) **a)** O cortador; **b)** O cúter (Embarcação).

kattátsú 闊 [豁] 達【E.】A generosidade; a magnanimidade; a tolerância.

katté¹ 勝手 **1** [台所] A cozinha. ◇ **~ dōgu** 勝手道具 Os utensílios de ~. **~ guchi** 勝手口 A porta de serviço. **~ shigoto** 勝手仕事 O trabalho de ~. **2** [ようす; 事情] O que nos é familiar. ★ ~ *ga chigau* 勝手が違う Estar fora do seu elemento. ~ *ga wakaranai* 勝手がわからない Desconhecer; não estar familiarizado「com」.
3 [都合] A conveniência (Ex.: ~ *no ii dōgu* = o utensílio prático [conveniente]).
4 [気まま] O egoísmo; o capricho; o gosto; a vontade. ~ *ni shiro* 勝手にしろ Faça como quiser [Isso não é nada comigo]! ★ ~ *na mane* [*koto*] *o suru* 勝手なまね [こと] をする Fazer o que lhe apetece. ~ *na rikutsu o tsukeru* 勝手な理屈をつける Tentar justificar-se (à força). ~ *nagara…suru* 勝手ながら…する Tomar a liberdade de fazer… ~ *ni* 勝手に À vontade;「não usar a sala」sem licença; a seu bel-prazer [~ *ni sasete oku* 勝手にさせておく Deixar alguém à vontade [fazer como ele quiser]]. ◇ **~ kimama** 勝手気まま Puro egoísmo. **~ shidai ni** 勝手次第に À vontade; como quiser [lhe agradar]. **Ete ~** 得手勝手 O capricho. **Jibun ~** 自分勝手 À「minha」vontade. **Migatte** 身勝手 O egoísmo. **Suki ~** 好き勝手 O capricho.
5 [くらし向き] A economia doméstica. ★ ~ *muki* 勝手向き A situação econó[ô]mica da casa.

kátte² かって ⇨ kátsute.

katté-déru 買って出る Oferecer-se (como voluntário) (Ex.: *kiken na yaku o* ~ = ~para [Assumir] uma missão difícil).

kattíńgú カッティング【Arte/(D)esp.】(< Ing. cutting) O corte. ⇨ kátto².

kattó¹ かっと **1** [急に激するさま]【On.】★ ~ *nari-yasui seishitsu* かっとなりやすい性質 O temperamento colérico [irascível]. ~ *natte* [*shite*] かっとなって [して] Num acesso [ímpeto] de cólera. **2** [大きく開くさま] ★ ~ *me o mihiraku* かっと目を見開く Arregalar os olhos「de admiração」. **3** [火や日光などが急に強く燃えまたは光るさま] ★ ~ *teritsukeru* かっと照りつける Fazer uma soleira [muito sol]!

kátto² カット (< Ing. cut) **1** [切ること] O corte; a supressão; a redução. ◇ **Chingin ~** 賃金カット A redução [O ~] do salário. **2** [髪を切ること] O corte de cabelo. ◇ **Shōto ~** ショートカット ~ curto. **3** [宝石の] A lapidação「de diamantes」. **4** [庭球・卓球・野球などの]【(D)esp.】O corte/「da bola」. **5** [(映画などの) 切り取り] O corte「no filme」. **6** [洋服の裁断] O corte. **7** [線画や写真の挿絵] A gravura; a ilustração.

kattṓ 葛藤 A alhada (G.); o conflito; a dificuldade; a desarmonia; a desavença; a complicação. ★ ~ *o shōjiru* [*okosu*] 葛藤を生じる[起こす] Causar/Trazer/Gerar complicações. *Kokoro no* ~ 心の葛藤 O conflito interior.

kattóbásu かっ飛ばす【G.】Dar uma pancada forte「na bola」e mandar para longe. ★ *Hōmuran o* ~ ホームランをかっ飛ばす Bater "homerun" (Bas.).

kaú¹ 買う **1** [代金を払って品物を受け取る] Comprar. *Kono tokei wa ikura de katta no desu ka* この時計はいくらで買ったのですか Quanto deu por [Por quanto comprou] este relógio? *Kōfuku wa kane de wa kaenai* 幸福は金では買えない A felicidade não se compra com [vale mais que o] dinheiro. ★ *Kai ni iku* 買いに行く Ir comprar. *Genkin* [*Geppu*] *de* ~ 現金 [月賦] で買う Comprar a dinheiro [a prestações]. *Kodomo ni hon o katte yaru* 子供に本を買ってやる Comprar um livro ao filho. *Yasuku* [*Takaku*] ~ 安く [高く] 買う Comprar barato [caro]. [S/同] Kṓnyū́ súrú. [A/反] Urú. **2** [自分から自分の身に招く] Incorrer「em」; provocar; suscitar. ★ *Hankan o* ~ 反感を買う ~ aversão. *Hinshuku o* ~ 顰蹙を買う ⇨ Hińshúkú. *Ikari o* ~ 怒りを買う Ofender as pessoas; provocar rea(c)ção. *Kanshin o* ~ 歓心を買う Ganhar as boas graças de alguém. ⇨ manéku. **3** [引き受ける] Aceitar. ★ *Urareta kenka o* ~ 売られた喧嘩を買う ~ o desafio. **4** [価値を認める] Apreciar. ★ *Doryoku o* ~ 努力を買う ~ o [Dar valor ao] esforço de alguém. [S/同] Mitómé-rú (+). **5** [金銭を払って, 芸者・売春婦などと遊興する] Comprar. ★ *Shōbai onna o* ~ 商売女を買う ~ uma prostituta. [A/反] Urú. ⇨ yū́kyṓ.

káu² 飼う Criar; ter. *Watashi wa neko o katte iru* 私は猫を飼っている Eu tenho um gato. ⇨ kaí-nárásu.

káu³ 支う ⇨ sasáérú.

kaúbṓi [óo] カウボーイ (< Ing. cowboy) O vaqueiro [campino (P.)]; o boiadeiro [gaúcho (B.)].

káun 家運 A sorte [situação] da família.

kaúnserā カウンセラー (< Ing. counselor < L.) O conselheiro; o consultor.

káunseringu カウンセリング (< Ing. counseling < L.) O aconselhamento; a orientação「pessoal」.

kaúńtā カウンター (< Ing. counter < L.) **1** [銀行・商店などの] O balcão; a caixa. **2** [計数者; 計数器] O contador. **3** [ボクシングの] O contragolpe (no boxe). ◇ **~ burō** [**panchi**] カウンターブロー [パンチ] O encaixe com contra-ataque [~].

kaúńtó カウント (< Ing. count < L.) A conta; o cálculo. ★ ~ *o toru* カウントを取る Contar os pontos. ~ *suru* カウントする Contar. ◇ **~ auto** カウントアウト A derrota「por "knock-out" no boxe」.

kawá¹ 川・河 O rio; a corrente; o riacho; a ribeira; o ribeiro. ★ ~ *de* [*no hotori ni*] 川で[のほとりに] No rio [À beira-rio]. ~ *ni sotte* [*sotta*] 川に沿って [沿った] Ao longo do rio. ~ *no* 川の Fluvial. ~ *no mukō no* [*de*] 川の向こうの [で] Do outro lado do rio. ~ *o wataru* 川を渡る Atravessar o rio. ~ *zutai ni* 川伝いに Ao longo do rio. [I/慣用] ~ *no ji ni neru* 川の字に寝る O dormirem três pessoas juntas (em forma do ideograma de rio; por ex. o filho deitado entre os pais). ⇨ -gawá²; nagáré.

kawá² 皮・革 **1** [生物の体の皮表をおおい包んでいるもの] A pele; o cou[oi]ro. *Kare wa hone to ~ bakari da* 彼は骨と皮ばかりだ Ele é[tem] só pele e osso. ★ ~ *o namesu* 革をなめす Curtir peles. *Ningen no ~ o kabutta kemono* 人間の皮をかぶった獣 Um animal em forma humana. ◇ **~ seihin** 革製

K

品 O(s) artigo(s) de couro. ⇨ hífu[1]; hyõhi; kegáwa. **2** [物の外側を包んでいる物] A casca; a pele. ★ ~ *ga mukeru* 皮がむける Descascar-se. ★ ~ *no atsui* [*usui*] 皮の厚い[薄い] De casca grossa (fina). ★ ~ *o muku* 皮をむく Descascar. *Ringo o ~ goto taberu* りんごを皮ごと食べる Comer a maçã com casca [sem a descascar]. (S/同) Hyôhi. **3** [内容・本質などをおおいかくしている物] O invólucro; a camada. ◇ ⇨ **bake no ~**.

kawá[3] 側 **1** [方] O lado. ★ *Migi ~ ni suwaru* 右側にすわる Sentar-se ao lado direito [à direita]. *Ryō ~ ni aru* 両側にある Em ambos os lados. *Shōhisha no kara ieba* 消費者の側からいえば Falando do lado [Do ponto de vista] dos consumidores. *Teki no ~ ni tsuku* 敵の側につく Tomar o partido [Pôr-se do ~] do inimigo. ⇨ gawá[1]. **2** [時計の] O estojo do relógio.

kawá-ákari 川明かり A superfície luzente do rio.
kawá-ásobi 川遊び O brincar [nadar/andar de barco] no rio. ★ ~ *suru* 川遊びする ...
kawá-bándo 革バンド A pulseira de couro.
kawá-bári 革張り (<~[2]+harú) O revestir [forrar] de couro.
kawá-bátá 川端 (<~[1]+hatá) A beira-rio.
kawá-bíraki 川開き (<~[1]+hiráku) A festa da abertura anual do rio (para natação, pesca, etc.).
kawá-búne 川船 [舟] (<~[1]+fúne) O barco do rio; a barca.
kawá-byōshi 革表紙 (<~[1]+hyōshí) A encadernação em couro. ★ ~ *no hon* 革表紙の本 O livro encadernado em couro [carneira].
kawá-dókó 川床 (<~[1]+tokó) O leito (do rio). (S/同) Kashō.
kawá-dómé 川止め【A.】(<~[1]+tomérú) A proibição de atravessar o rio [numa cheia].
kawá-ébí 川蝦 O camarão de água doce.
kawá-gérá 川蜻【Zool.】A mosca de água; *kamimuria tibialis*. ◇ ~ **ka** カワゲラ科 Perlidae.
kawá-gíshi 川岸 (<~[1]+kishí) A beira [margem] do rio.
kawá-gúchi 川口 (<~[1]+kuchí) A foz; a desembocadura; o estuário. (S/同) Kakō.
kawá-gútsú 革靴 (<~[1]+kutsú) O(s) sapato(s) de couro [cabedal].
kawá-hábá 川幅 A largura do rio. ★ ~ *ga hiroku*[*semaku*]*naru* 川幅が広く[狭く]なる O rio torna-se mais largo [estreito].
kawá-hímó 革紐 A correia; a tira de couro.
kawaígáru 可愛がる **1** [大切にする] Tratar carinhosamente [com carinho]; mimar; gostar; acariciar (fazer festinhas) 「à boneca」. ★ *Kawaigarareru* 可愛がられる 「o professor」 Gostar de 「mim」. **2** [反語的に用いて]【G.】Dar um presente (Sentido iró[ô]nico). *Kawaigatte yaru kara soto e dero* 可愛がってやるから外へ出ろ Sai cá para fora que te quero ~.
kawáí-gé 可愛気 A graciosidade; a graça; o encanto (próprio de criança). *Ano ko wa ~ ga nai* あの子は可愛気がない É [Parece] uma criança precoce.
kawáii 可愛い **1** [愛らしい] **a)** Amável; amoroso; bonito; encantador; lindo; **b)** 「relógio」Pequen(in)o [Engraçado]. ★ ~ *kao o shite iru* 可愛い顔をしている Ter um rosto encantador [bonito]. **2** [殊勝である] Amável; atraente; que suscita [inspira] simpatia [compaixão]. *Ano otoko ni wa mada ~ tokoro ga aru kara ii* あの男にはまだ可愛い所があるらしい Ainda tem ele é um tanto atraente [simpático]. **3** [情を持っている] Querido; predile(c)to; favorito. ★ ~ *to omou* 可愛いと思う Amar; gostar de. (P[こと わざ]) ~ *ko ni wa tabi o saseyo* 可愛い子には旅をさせよ Quem bem ama, bem castiga.
kawaíráshii 可愛らしい Amável; bonitinho; engraçadinho. ★ ~ *koe de* 可愛らしい声で Com uma voz ~/meiguinha. (S/同) Kawáii **1**.
kawá-író 革色 O azul esverdeado.
kawáísa 可愛さ (Sub. de "kawáii") A graciosidade [O amor]. *~ amatte nikusa hyakubai* 可愛さ余って憎さ百倍 Grandes amores geram grandes ódios.
kawáisō 可哀相 [想] O dar [causar] pena; o ser lastimável. *Mā ~ ni* まあかわいそうに Coitado [Coitadinho]. ★ ~ *ni omou* かわいそうに思う Ter [Sentir] pena 「de」. ⇨ áware; fukó[1]; kinó-dókú.
kawáíta 乾いた Seco; ressequido. ★ ~ *kuchibiru* 乾いた唇 Os lábios. ★ ~ *suna* 乾いた砂 A areia seca. (A/反) Nurétá; shiméttá. ⇨ kawáku[1].
kawá-jári 川砂利 O cascalho [areal] do rio.
kawá-kámí 川上 A montante [parte superior] do rio. ★ ~ *e* [*ni*] 川上へ[に] Rio acima; contra a corrente. (A/反) Kawá-shímó. ⇨ jōryū[1].
kawákasu 乾かす (< kawáku) Pôr a secar [enxugar]. (P[こと わざ]) *Nureta kimono o sutōbu no soba de ~* ぬれた着物をストーブのそばで乾かす ～ a roupa molhada junto ao aquecedor.
kawáki[1] 乾き (< kawáku) A secagem. ★ ~ *ga hayai* [*warui*] 乾きが速い [悪い]Secar depressa [Custar a secar].
kawáki[2] 渇き **1** [のどがかわくこと] A sede. ★ *Nodo no ~ o iyasu* [*uruosu*]のどの渇きをいやす [うるおす]Matar [Mitigar] a ~. (S/同) Kátsu. **2** [比喩的に] A sede; o desejo (ardente).
kawá-kíri 皮切り (<~[2]+kíru) O começo; o primeiro tiro (pontapé de saída) (G.). ★ *Kore o ~ to shite* これを皮切りとして Com este ~. ⇨ saíshó; te-hájime.
kawáku[1] 乾く Secar; enxugar. *Penki ga mada kawakanai* ペンキがまだ乾かない A tinta ainda não está seca. (I/慣用) *Shita no ne mo kawakanu uchi ni* 舌の根もかわぬうちに Mal havia [tinha] terminado de falar 「tornou a mudar de opinião」.
kawáku[2] 渇く **1** [のどが]Estar com sede; ter sede. *Nodo ga kawaite shinisō da* のどが渇いて死にそうだ Estou morrendo de sede. **2** [あるものをひどくほしがる]【Fig.】Ter sede 「de justiça」.
kawámó 川面 A superfície do rio.
kawá-múki 皮剥き (<~[2]+mukú) **a)** O descascar; **b)** O descascador. ★ *Jagaimo no ~* じゃがいもの皮剥き O descascador de batatas.
kawáppúchí 川っ縁 ⇨ káwá-bátá.
kawará[1] 瓦 (< Sân. kapāla) A telha. ★ ~ *buki no* 瓦ぶきの Coberto de ~(s). ~ *de yane o fuku* 瓦で屋根をふく Telhar. ◇ ~ **yane** 瓦屋根 O telhado (de ~).
kawará[2] 川 [河] 原 A areia [parte seca] do rio. ◇ ⇨ ~ **mono**.
kawáráké 土器 A louça [loiça] de barro não vidrado. ⇨ suyáki.
kawári[1] 代わり **1** [代わること・物] A substituição;

o substituto. ★ ~ ni 代わりに Em vez [lugar] de; em nome de「todos os alunos」 Mizu no ~ ni bíru o nomu 水の代わりにビールを飲む Beber cerveja em vez de água. ~ ni naru 代わりになる Servir [Fazer]「de chapéu」. ~ no 代わりの Substitutivo. ⇨ daíŕ; daíyô; kôtáf¹. **2** [代價] A compensação; o retorno; a troca. Purezento o itadaku ~ ni watashi ga nani ka gochisoo shiyô プレゼントをいただく代わりに私が何かごちそうしよう Obrigado pelo seu presente mas agora queria convidá-lo para jantar. S同 Daíshô; kôtáf¹. **3** [食べ物の] o-káwari. **4** [一方] Em compensação; por outro lado. Ninki kashu wa fan mo ôi ~ ni raibaru mo ôi 人気歌手はファンも多い代わりにライバルも多い Os cantores populares [famosos] têm muitos admiradores mas também「~」têm muitos rivais. ⇨ ippô¹.

kawáŕ² 変わり **1** [変化] A mudança. ★ Itsumo to ~ ga nai いつもと変わりがない Estar como sempre. S同 Hénka (+). **2** A diferença. Dochira o erande mo ~ ga nai どちらを選んでも変わりがない São ambos iguais/Escolha o que quiser; **3** [異状] A novidade; algo mau. O ~ wa arimasen ka お変わりはありませんか Como está? /Como tem passado? /Tudo bem? **4** [風変わり] A excentricidade; a fantasia. ◇ ~ ami 変わり編み O tricô [A malha] tipo fantasia.

kawáŕ-áu 代わり合う (< kawáŕ¹ + …) Alternar-se; revesar(-se); trocar.

kawáŕ-báe 代わり映え (< kawáŕ¹ + haéru) O melhoramento resultante de (alguma) mudança. ★ ~ ga shinai 代わり映えがしない Não adiantar com a mudança「do governo」.

kawáŕ-bán(ko)ni 代わり番(こ)に Alternadamente;「fazer a limpeza」por turnos. S同 Kawáŕ-gáwaru (+).

kawáŕ-dáne 変わり種 (< kawáŕ² + táne) **1** [変種] A variação da espécie (Biol.). S同 Heńshú. **2** [人物]「o professor」excêntrico. S同 Heńjíń; kawáŕ-móno.

kawáŕ-háteŕu 変わり果てる (< kawáŕ² + …) Mudar completamente. ★ Kawarihateta sugata ni naru 変わり果てた姿になる Ficar desfigurado (Rosto)「cadavérico」.

kawáŕ-mé 変わり目 O ponto de mudança [de transição]「de jovem para adulto」. ★ Kisetsu no (ni) 季節の変わり目(に) Ao mudar de estação.

kawáŕ-mí 変わり身 A mudança de atitude (parecer). ★ ~ ga hayai 変わり身が早い Ser flexível; mudar subitamente de atitude.

kawáŕ-móno 変わり者 O (indivíduo) excêntrico [estranho; extravagante; esquisito; original]. S同 Heńjíń; kawáŕ-dáne; kijíń.

kawáŕ-yásúi 変わり易い **1** [天候などの] Variável; mud[t]ável; instável. ~ tenki da 変わり易い天気だ O tempo está instável. **2** [心の] Inconstante; volúvel. Kare wa ki no ~ otoko da 彼は気の変わり易い男だ Ele é (muito).

kawáŕú¹ 代わる Mudar; trocar. Chotto seki o kawatte moraemasen ka ちょっと席を代わってもらえませんか Podia-me ceder o seu lugar [Podíamos mudar de assento]? Ima honnin ni kawarimasu (電話で)今,本人に代わります Ele vai atender (o telefone)/Vou passar-lhe o auscultador. Saikin de wa, tennen sen'i ni kawatte kagaku sen'i ga tsukawarete iru 最近では,天然繊維に代わって化学繊維が使われている Hoje, usa-se mais a fibra sintética [química] do que a fibra natural. ★ Hae ~ 生え代わる Mudar「de pele (Cobra); dos dentinhos」. Umare ~ 生まれ代わる **a)** Renascer; **b)** Começar uma vida nova.
S同 Iré-káwaru; kôtáf súŕú. ⇨ daíŕ.

kawáŕú² 変わる **1** [変化する] Mudar. Chûshoku no menyû wa mainichi ~ 昼食のメニューは毎日変わる O menu do almoço varia [muda] todos os dias. Kono machi wa mukashi to chittomo kawaranai この町は昔とちっとも変わらない Esta cidade é sempre a mesma [está sempre igual]. Sono jiken irai kare wa marude hito ga kawatta yô ni natta その事件以来彼はまるで人が変わったようになった Depois desse incidente, ele não parece a mesma pessoa. Hanashi wa kawarimasu ga 話は変わりますが Mudando de assunto… Yotei ga ~ 予定が変わる Mudar o programa. S同 Hénka suru. **2** [普通と異なる] Ser diferente「de」; ser esquisito. ことわざ Tokoro kawareba shina ~ 所変われば品変わる Cada terra tem seu uso, cada roca tem seu fuso. S同 Kotónaŕu. **3** [living する時・所に移る] Mudar de casa. ★ Sumai ga ~ 住まいが変わる. S同 Utsúŕu.

kawáŕú-gáwaru 代わる代わる (< … ¹ + kawáŕú¹) Alternadamente; à vez; por turno; ora um ora outro. Karera wa ~ uta o utatta 彼らは代わる代わる歌を歌った Eles cantaram à [uma de cada] vez.
S同

kawásé 為替 **a)** O câmbio; **b)** O vale postal; a letra (de câmbio). ★ ~ de sôkin suru 為替で送金する Enviar dinheiro por vale postal. ~ o genkin-ka suru 為替を現金化する Converter uma ~ em dinheiro. ~ o kau [uru] 為替を買う[売る] Comprar [Vender] uma ~ [o kumu [furidasu] 為替を組む [振り出す]Sacar uma letra (sobre alguém). ◇ ~ furidashinin 為替振出人 O sacador de uma ~. ~ gínkô 為替銀行 O banco que se dedica a operações cambiais. ~ kanri 為替管理【Econ.】O controle de câmbio. ~ rêto (kansan-rítsu; sôba) 為替レート[換算率;相場]A taxa de câmbio. ~ shijô 為替市場 O mercado de câmbios. ~ toríhiki 為替取引【Econ.】As operações de câmbio. Deńpô ~ 電報為替 O vale telegráfico. En [Doru] ~ 円 [ドル] 為替 A cotação do yen (dólar). Gaikoku ~ 外国為替 O câmbio estrangeiro. Jiyû [Kotei; Jiyû hendô] ~ sôba 自由[固定;自由変動]為替相場 A cotação do câmbio livre [fixo; flutuante]. Yûbin ~ 郵便為替 O vale postal.

kawá-séi 皮[革]製 De couro. Hon ~ no handobaggu 本革製のハンドバッグ A bolsa ~.

kawasémí 翡翠【Zool.】O pica-peixe; o martinho-pescador; o guarda-rios; o marisqueiro.

kawá-shímó 川下 A jusante (do rio). ★ ~ ni 川下に A jusante. S同 Karyû. S反 Kawá-kámí.

kawású¹ 交わす Trocar; fazer reciprocamente. ★ Aisatsu [Hanashi; Kotoba] o ~ あいさつ[話;言葉]を交わす Trocar saudações [umas palavras]. Akushu o ~ 握手を交わす Dar (Cumprimentar-se com) um aperto de mão.

kawású² 躱す Esquivar-se; furtar-se; fugir「à pergunta/questão」; evitar. ★ Hirari to mi o ~ ひらりと身をかわす Desviar o corpo; esquivar-se.

kawá-súji 川筋 O curso do rio. ★ ~ ni sotte 川筋に沿って Ao longo do rio.

kawátó 革砥 A tira de couro utilizada como assentador de navalha de barba.

kawá-tójí 革[皮]綴じ (< ... ² + tojíru) A encadernação em carneira. ⇨ kawá-byôshí.

kawátta 変わった (< kawárú²) **1** [違った] Diferente; vário; diverso. *Iroiro ~ shina o misete kudasai* いろいろ変わった品を見せてください Mostre-me diversos artigos. **2** [普通とは異なる] Estranho, esquisito; 「nome」raro; 「jogo」novo; 「história」engraçada. *Ano hito wa ~ hito da* あの人は変わった人だ Ele é um tipo raro [uma pessoa esquisita].

kawá-úó 川魚 O peixe do rio [de água doce].

kawá-úsó 川獺 【Zool.】 A lontra.

kawáyá² 厠 ⇨ benjó.

kawá-ya² 皮屋 O negociante de couro [pelica]; o pel(iqu)eiro, o curtidor.

kawá-yánagi 川柳 **1** [Bot.] O salgueiro; o vimeiro. **2** [番茶] O chá verde de qualidade inferior.

kawá-zán'yō 皮算用 A "contagem idealista". [I/慣用] *Toranu tanuki no ~* 捕らぬ狸の皮算用 Não contes dos pintos senão depois de nascidos (Lit. Vender a pele do texugo antes de o apanhar). [S/同] Munézán'yó.

kawá-zárae 川浚え (< ... ¹ +saráu) A dragagem do rio. ◆ ~ *zuru* 川ざらえする Dragar o rio.

kawá-zói 川沿い (< ... ¹ + sóu) A beira-rio. ★ ~ *no michi* 川沿いの道 O caminho ao longo do rio [à ~].

kawá-zóko 川底 (< ... ¹ + sokó) O leito [fundo] do rio. ◆ ~ *o sarau* 川底をさらう Dragar o rio. [A/反] Kawá'mó.

kawázú 蛙【E.】 ⇨ kaéru¹.

kawá-zúrí 川釣り (< ... ¹ + tsurí) A pesca no rio.

kayá¹ 蚊帳 O mosquiteiro. [I/慣用] ~ *no soto ni okareru* 蚊帳の外に置かれる Ser posto fora [excluído] da consulta; não ser informado「do que se trata」.

káya² 茅・萱【Bot.】 A eulália (Gramínea).

káya³ 榧【Bot.】 A noz-moscada; *torreya nucifera*.

kayákku カヤック (< Ing. kayak) O caiaque (Canoa esquimó/inuíte).

kayakú¹ 火薬 A pólvora. ◆ ~ *ko* 火薬庫 O paiol de ~. **Kokushoku** ~ 黒色火薬 ~ negra.

kayakú² 加薬 **1** [薬味] O tempero. [S/同] Yakúmí(+). **2** 五目飯などに入れるいろいろな材料」Várias espécies de carne, peixe, legumes, etc., misturadas「com arroz」. ◇ ~ *meshi* かやく飯 O prato de ~.

kayarí(bi) 蚊遣り(火) A fogueira com muito fumo para afastar mosquitos. ★ ~ *senkō* 蚊遣り線香 O incenso para [contra] os mosquitos. [S/同] Katóri-sénkō (+).

kayō¹ 歌謡 A canção. ◇ ⇨ ~ **kyoku**.

kayō² 斯様 ⇨ konó yō.

kayō(bi) (óo)火曜(日) A terça-feira.

kayói(-michi) 通い (< kayóu) **1** [行き来] A carreira [linha]「de barco」. **2** [通勤] O ir e vir para o trabalho. ★ ~ *no o-tetsudai* 通いのお手伝い A empregada doméstica a dias. [S/同] Sumí-kómí. **3** [通い帳] A caderneta de crediário. ⇨ tsúchô¹.

kayói-jí(-michi) 通い路[道] O caminho; a rota.

kayói-tsúméru 通い詰める (< kayóu + ...) Frequentar; fazer visitas frequentes「ao bar」.

kayóku 寡欲【E.】 O desinteresse [contentar-se com pouco]. [S/同] Shóyóku. ⇨ múyoku.

kayō-kyoku (óo) 歌謡曲 A canção popular.

kayō-séí 可溶性 A solubilidade; a fusibilidade. [A/反] Fuyôséí.

kayóu 通う **1** [定期的に行く] Ir regularmente [com regularidade]. ★ *Isha e ~ iimasu* 医者へ通う ~ ao médico. *Kayoinareta michi* 通い慣れた道 O caminho familiar [bem conhecido]. **2** [行き来する] Ir e vir (regularmente); viajar「entre a casa e o local de trabalho」. ★ *Tori mo kayowanu kotō* 鳥も通わぬ孤島 Uma ilha tão isolada que nem as aves lá vão. **3** [流通する] Circular; ter「sangue j.」. ★ *Chi no kayotta ningen* 血の通った人間 A pessoa de sangue quente [cheia de vida]. [S/同] Nagáréru; tôru. **4** [心が伝わる] Entender-se. ★ *Omoi ga ~* 思いが通う ~ bem; gostar um do outro. [S/同] Tsûjíru. **5** [似通う] Assemelhar-(se); parecer-se. *Futari no seikaku ni wa ~ tokoro ga aru* 2人の性格には通うところがある Os dois têm temperamentos parecidos. [S/同] Nikáyou.

ka-yówai か弱い「constituição física」 Débil; fraco [pobre]「de recursos」; frágil. ★ ~ *onna no mi* か弱い女の身 A mulher débil.

kayowáséru 通わせる (< kayóu) Fazer ir; comunicar「o que sente」. ★ *Kodomo o juku e ~* 子供を塾へ通わせる Mandar [~] o filho a um curso preparatório particular.

kayú 粥 A papa de arroz. ♦ ~ *o susuru* 粥をすする Comer papas de arroz.

kayúgarú 痒がる Sentir comichão. ⇨ kayúi.

kayúí 痒い Que faz comichão. ★ ~ *tokoro o kaku* 痒い所をかく Coçar-se onde sente comichão. [I/慣用] *Itaku mo kayuku mo nai* 痛くも痒くもない Não se importar [preocupar] nada「com o que ele diz」. ~ *tokoro ni te ga todoku* 痒い所に手がとどく Tratar com cuidado escrupuloso「o doente/o problema」.

kazá-ána 風穴 (< kazé¹ + ...) O respiradouro. *Doteppara ni ~ o akeru zo* どてっぱらに風穴をあけるぞ Eu arrebento-te (a barriga)!

kazá-átárí 風当たり ⇨ kazé-átárí.

kazá-bána 風花 (< kazé¹ + haná) Os flocos de neve soprados pelo vento.

kazá-góé 風邪声 (< kazé² + kóe) A voz rouca (por causa) do resfriado.

kazá-gúruma 風車 (< kazé¹ + kurúma) **1** [ふうしゃ] ⇨ fúsha. **2** [おもちゃ] O rodízio.

kázai 家財 **1** [家具] A mobília; as alfaias. ◇ ~ *dōgu* 家財道具 Os móveis [~] e os utensílios. ◇ kágu¹. **2** [一家の財産] Os haveres da família. [S/同] Shíndai.

kazá-iré 風入れ (< kazé¹ + irérú) A ventilação. ⇨ mushí-bóshí.

kazá-kámí 風上 (< kazé¹ + ...) O barlavento [lado do vento]. ★ ~ *ni mukau* 風上に向かう Ir contra o vento. [I/慣用] ~ *ni mo okenai* 風上にも置けない Ser um zero [uma desgraça]「*Aitsu wa ningen no ~ ni mo okenai yatsu da* あいつは人間の風上にも置けないやつだ Ele é um tipo vil [desprezível]」. [A/反] Kazá-shímó.

kazá-ke 風邪気 Um pequeno resfriado. [S/同] Kazé-kírí; kazé-ké.

kazá-kírí 風切り (< kazé¹ + kíru) A bandeira içada num navio para indicar a dire(c)ção do vento. ◇ ~ **bane** 風切り羽 As rémiges (Da ave).

kazámí 風見 (< kazé¹ + míru) **a)** O cata-vento (Tb. pessoas); **b)** O oportunista [A pessoa volúvel/inconstante]. ◇ ~ *dori* 風見鳥 O「galo」cata-vento.

kazá-múki 風向き (< kazé¹ + ···) **1** [風の吹く方向] A dire(c)ção do vento. ~ *ga minami ni kawatta* 風向きが南に変わった O vento virou do sul. **2** [形勢] **a)** A situação「é favorável [As coisas「correm bem」]; **b)** O humor. *Kaigi no ~ ga kawatta* 会議の風向きが変わった Mudou a atmosfera [o ambiente] da reunião. ★ *o miru* 風向きを見る Ver como estão as coisas [de que lado sopram os ventos].

kázan 火山 O vulcão. ~ *ga bakuhatsu [funka] suru* 火山が爆発[噴火]する ~ explodir. ◇ **~ bai** 火山灰 A cinza vulcânica. **~(chi)tai** 火山(地)帯 A área vulcânica. **~ gan [sa]** 火山岩[砂] A rocha [areia] vulcânica「do Fuji」. **~ koku** 火山国 O país vulcânico. **~ katsudō** 火山活動 A a(c)tividade vulcânica. **~ reki** 火山礫 O lapilli. **Kaitei ~** 海底火山 O vulcão submarino. **Kak [Shi; Kyū] ~** 活[死;休]火山 ~ a(c)tivo [extinto; ina(c)tivo].

kazá-óre 風折れ (< kazé¹ + oréru) O「ramo」ser quebrado pelo vento.

kazári 飾り **1** [飾ることまたは飾る物] A decoração; o adorno; o ornamento; o enfeite. ★ *o tsukeru* 飾りをつける Decorar; orna(menta)r. ◇ **~ botan** 飾りボタン O botão ornamental [de enfeite]. ⟨S/同⟩ Sōshokú. **2** [実質または実際よりもよく見せようとすること・もの] A aparência; o exterior (Ex.: *~ yori mo nakami da* ~ o importante é o conteúdo e não o/a~). ★ *no nai kokoro* 飾りのない心 O coração sincero [simples]. ⇨ kyoshóku; mié¹. **3** [お飾りの形で正月のしめかざり] As decorações do Ano Novo. ⟨S/同⟩ Matsú-kázari. ⇨ shimé-kázari.

kazári-ké 飾り気 A afe(c)tação; o pretensiosismo [gosto de se mostrar]. ★ *~ no nai kotoba* 飾り気のない言葉 As palavras simples [sem ~].

kazári-mádo 飾り窓 (< kazárú + ···) A vitrina. ⟨S/同⟩ Chinrétsu-dái; shóufundō.

kazári-móno 飾り物 (< kazárú + ···) **1** [装飾] A decoração; o enfeite. **2** [名目だけの存在] O ser「esposa」só de nome [para enganar]. ★ *no jūyaku* 飾り物の重役 O dire(c)tor nominal.

kazári-shoku 飾[錺]り職 O ourives.

kazári-tátéru 飾り立てる (< kazárú + tatéru) Adornar/Engalanar「a sala」.

kazári-tsúké 飾り付け (< kazárú + tsukéru) As decorações. ★ *Kurisumasu [Shōgatsu] no ~* クリスマス[正月]の飾り付け ~ do Natal [Ano Novo].

kazarú 飾る **1** [美しくする] Adornar; decorar; embelezar; enfeitar. ★ *Heya o hana de ~* 部屋を花で飾る ~ a sala com flores. ⟨I/慣用⟩ *Kokyō ni nishiki o ~* 故郷に錦を飾る Voltar à (sua) terra cheio [coberto] de glória. **2** [立派に見せる] Enfeitar; adornar; fazer brilhar. ★ *Shimen o kazatta nyūsu* 紙面を飾ったニュース A grande notícia do jornal「de hoje」. *Sakka-seikatsu no tobi o ~ sakuhin* 作家生活の掉尾を飾る作品 A brilhante obra a fechar com chave de ouro a carreira do escritor. ⟨S/同⟩ Shūshókú súrú. **3** [とりつくろう] **a)** Disfarçar; fingir; b) Enfeitar; colorir. *Kotoba o ~* 言葉を飾る Enfeitar o discurso; usar floreados de linguagem. *Uwabe o ~* Ostentar; gostar de mostrar「que sabe」. ⟨S/同⟩ Torítsukúróu (+). **4** [陳列する] Exibir; expor「quadros」. ⟨S/同⟩ Chinrétsu súrú.

kazá-shímó 風下 (< kazé¹ + ···) O sotavento [lado contrário do vento]. ★ *ni aru* 風下にある Apanhar vento. ⟨I/慣用⟩ *ni tatsu* 風下に立つ Estar em situação desvantajosa. ⟨A/反⟩ Kazá-kámí.

kazású 翳す Segurar no ar. ★ *Akari ni kazashite miru* 明かりに翳して見る Examinar [Ver] (algo) à luz. *Hitai ni (ko)te o ~* 額に(小)手を翳す Proteger os olhos com a mão. *Tachi o furi ~* 太刀を振り翳す Brandir a espada.

kazá-yóké 風除け (< kazé¹ + yokéru) O pára-brisas; a proteção contra o vento. ⇨ Kazé-yóké.

kazé¹ 風 **1** [空気の流れ] O vento. ~ *ga deta [okotta]* 風が出た[起こった] Levantou-se o [Começou a fazer] vento. ~ *ga fukisusabu* 風が吹きすさぶ Fazer muito vento. ~ *o ireru* 風を入れる Ventilar. *Ichi-jin no ~* 一陣の風 A rajada de vento. [比喩的に] O ar; o mistério [não saber como]. *Dō iu ~ no fukimawashi de kite kureta no* どういう風の吹回しで来てくれたの O que o trouxe cá? *Kare wa sensei no chūi nado doko fuku ~ da* 彼は先生の注意などどこ吹く風だ Ele não faz o menor caso dos conselhos [do「liga a」que diz o] professor. ★ *~ no tayori ni kiku to* 風の便りに聞くと Ouvi dizer que... *o kuratte nigeru* 風を食らって逃げる Fugir depressa; dar às de vila-diogo. *Kata de ~ o kiru* 肩で風を切る Andar com ar imponente [orgulhoso]; pavonear-se. *Okubyō ~ ni fukareru* 臆病風に吹かれる Ficar cheio de medo. *Yakunin ~ o fukaseru* 役人風を吹かせる Dar-se ares de importância [ser funcionário público]. ⟨P/ことわざ⟩ *Ashita wa ashita no ga fuku* 明日は明日の風が吹く Amanhã será outro dia. ◇ **soyo ~**.

kazé² 風邪 O resfriado; a constipação; a gripe; influenza; o catarro. ★ *~ ga nukenai* 風邪が抜けない Não passar ~. *~ gimi de aru* 風邪気味である Estar com um ligeiro resfriado. ~ *o hiku* 風邪を引く Apanhar um [uma] ~. ~ *o utsusareru* 風邪をうつされる Apanhar o/a ~ de alguém. ⟨P/ことわざ⟩ *~ wa manbyō no moto* 風邪は万病のもと ~ pode trazer [ser origem de] outra doença. ◇ **Hana ~** 鼻風邪 O catarro.

kazé-átári 風当たり (<···¹ + átári) **1** [風が吹きつけること] A força do [dar o/O ter] vento. **2** [比喩的に] A pressão. *Kare ni taisuru seken no ~ wa tsuyoi* 彼に対する世間の風当たりは強い As pressões [críticas] contra ele são fortes.

kazéí 課税 A taxação; o (lançamento de) imposto; a tributação. ★ *~ suru* 課税する Lançar um ~. *~ taishō to naru* 課税対象となる Ser taxável. ◇ **~ hin** 課税品 O artigo sujeito a imposto [direitos]. *~ shotoku* 課税所得 A renda tributária; o rendimento sujeito a imposto.

kazéí² 苛税【E.】O imposto pesado. ⟨S/同⟩ júzéí; kokúzéí.

kazéin カゼイン (< Al. < L. caseus: queijo) 【Quím.】A caseína.

kazé-ké 風邪気 ⇨ kazá-ké.

kazén 果然【E.】⇨ hatáshite.

kazé-tōshi 風通し (<···¹ + tōsu) A ventilação. ★ *~ ga yoi* 風通しが良い Ser arejado. ⟨S/同⟩ Tsúfū.

kazé-yóké 風除け ⇨ kazá-yóké.

kazóe-ágéru 数え上げる (< kazóéru + ···) Contar「os erros」. ★ *Kazoe-agetara kiri ga nai* 数え上げたらきりがない Ser incontável; se formos a contar nunca mais acaba.

kazóe-dóshi 数え年 (< kazóéru + toshí) A antiga maneira j. de contar a idade dando logo um ano ao recém-nascido. *Kare wa ~ hatachi da* 彼は数え年二十歳だ Ele tem vinte anos à antiga. ⇨ mán[2].

kazóéru 数える **1** [勘定する] Contar; calcular. ★ *Kazoe-kirenai[-rarenai]* 数えきれない[られない] Incalculável; incontável; sem conta [*Kare no zōsho wa kazoe-kirenai hodo ōi* 彼の蔵書は数えきれないほど多い Ele tem imensos livros]. *Yubiori ~* 指折り数える Contar pelos [com os] dedos [*Ano ko wa kurisumasu o yubiori kazoete matte iru* あの子はクリスマスを指折り数えて待っている Aquele menino espera impaciente(mente) a chegada do Natal]. *Zattto ~* ざっと数える ~ por alto. [S/同] Kañjō súrú.
2 [列挙する] Estar; incluir. *Ano hito wa Nihon no ōganemochi no hitori ni kazoerareru* あの人は日本の大金持ちの１人に数えられる Ele é um dos grandes milionários do J.
[S/同] Rékkyo suru; narábé-ágéru[tátéru].

kazóé-tátéru 数え立てる ⇨ kazóé-ágéru.

kazóé-uta 数え歌 (< kazóéru + …) A canção ritmada para contar.

kázoku[1] **家族** A família. *Go-~ no minasan ni yoroshiku* 御家族の皆さんによろしく (Dê) lembranças à sua ~. *Uchi wa yo-nin ~ desu* うちは４人家族です Somos quatro na ~ [uma ~ de quatro (pessoas)]. ★ *~ ga ōi [sukunai]* 家族が多い[少ない] Ter uma ~ grande [pequena]. *~ no ichiin [hitori]* 家族の一員[一人] Um membro da ~. *~ o yashinau* 家族を養う Manter a ~. *~ sorotte* 家族そろって (Com) toda a ~. *~ zure de* 家族連れで Com a [Em] ~. ◇ **~ ichidō** 家族一同 Toda a~; a ~ toda. **~ kōsei** 家族構成 A composição da ~. **~ teate** 家族手当 O abono de ~. **Dai ~** 大家族 ~ patriarcal. **Kaku ~** 核家族 ~ unicelular [que tem só os pais e os filhos solteiros].

kázoku[2] **華族** A (antiga) nobreza. ⇨ kízoku[1].

kázu 数 **1** [ものごとの多い少ないを数えたもの] O número. ★ *~ de wa kanawanai* 数ではかなわない Ser inferior em ~. *~ ga fueru [heru]* 数が増える[減る] Aumentar [Diminuir]. *~ ga ōi [sukunai]* 数が多い[少ない] Numericamente grande [pequeno]; serem muitos [poucos]. *~ kagiri-nai [shirenai]* 数限りない[知れない] Inumerável; incalculável; incontável; inúmero. *~ kagiri-naku* 数限りなく Sem conta. *~ ni kagiri ga aru* 数に限りがある ~ é limitado. *~ no ten de wa* 数の点では Numericamente; em [quanto a] ~. *~ o masu* 数を増す Aumentar o ~. *~ o soroeru* 数をそろえる Reunir o ~ (suficiente). *Chiisai [Ōkii] ~* 小さい[大きい]数 ~ grande [pequeno]; poucos [muitos]. *Futa [Mi]-keta no ~* 2 [3] けたの数 ~ de 2 [3] algarismos/unidades/casas. [S/同] Sū. **2** [多い分量・種類] O grande número. ★ *~ aru naka de* 数ある中で Entre muitos. *~ de konasu* 数でこなす Compensar vendendo em quantidade. *~ ni mono o iwaseru* 数に物を言わせる Valer-se da força do ~. [S/同] Iróíró (+). **3** [価値のあるもの] O ser contado como importante. ★ *~ ni hairu* 数に入る Ser contado; entrar na conta [*Omae nan ka mono no ~ ni hairanai* お前なんか物の数に入らない Você não é nada [ninguém]; tu não contas (para nada)]. *~ ni ireru [kuwaeru]* 数に入れる[加える] Contar; levar em conta. *Mono no ~ de wa nai* 物の数ではない Ser insignificante; não contar; não entrar na conta. [S/同] Nakámá. ⇨ hán'í[1].

kázu-kazu 数数 Muitos. ★ *~ no go-kōi* 数々の御好意「obrigado pelas」Muitas [repetidas] gentilezas「que tem tido comigo」. ⇨ iróíró.

kazú-nó-kó 数の子 A(s) ova(s) de arenque.

kazúrá 葛 【Bot.】 A (planta) trepadeira. ⇨ tsurú[6].

ke[1] **毛** **1** [毛髪] O cabelo (da cabeça). ★ *~ ga haeru* 毛がはえる Nascer/Crescer o ~. *~ ga nukeru* 毛が抜ける (人が主語) Cair/Perder [「Caiu-me」] o~; ficar calvo. *~ ga koi [usui]* 毛が濃い[薄い] Ter muito [pouco] cabelo. *~ o chijirasu* 毛を縮らす Frisar o ~. *~ o nuku* 毛を抜く Arrancar um ~. *~ o someru* 毛を染める Tingir [Pintar] o ~. *Chijireta ~* 縮れた毛 ~ frisado [encaracolado]. [I/慣用] *~ hodo mo* 毛ほども Uma migalha; mínimo [*Kare ni wa dōtokushin nante ~ (no saki) hodo mo nai* 彼には道徳心なんて毛(の先)ほどもない Ele não tem a mínima moralidade]. *Mi no ~ga yodatsu* 身の毛がよだつ Ficar arrepiado [com os cabelos em pé]. *Minshuku ni ~ no haeta yō na ryokan* 民宿に毛の生えたような旅館 O hotel j. apenas um pouco melhor do que uma pensão particular. [P/ことわざ] *~o fuite kizu o motomeru* 毛を吹いてきずを求める **a**) Gostar de apontar os defeitos de outrem; **b**) Ir por lã e ficar tosquiado. [S/同] Mōhátsú. **2** [獣毛] O pelo (dos animais e do homem; ⇨ **1**); a lã; o felpo [a felpa]. ★ *~ de ōwareta* 毛でおおわれた Felpudo. *~ no shatsu* 毛のシャツ A camisa de lã. *Hitsuji no ~* 羊の毛 A lã de ovelha. [S/同] Júmō. ⇨ yṓmō. **3** [羽毛] A penugem; a pena. [S/同] Umō (+). **4** [植物の] O pelo; a lanugem. ★ *Tōmorokoshi no ~* とうもろこしの毛 A bandeira [As barbas] do milho.

ke[2] **気** **a**) O ar; o sinal; o sabor; o traço; o sintoma; **b**) Um pouco [começo]「de reumatismo」. *Hi no ~ ga hoshii* 火の気が欲しい Quero algum aquecimento. ★ *Chi no ~ no ōi otoko* 血の気の多い男 Um homem irascível [colérico]. *~ darui* 気だるい Um tanto [pouco] lânguido. *~ osareru* 気おされる Inspirar temor.

ke[3] **卦** Um「mau」sinal de adivinhação. ⇨ hakké.

-ke[4] **家** A família. ◇ **Yamada ~** 山田家 ~ Yamada.

-ke[5] **け** Ah, sim; que; como (Ex.: *kanojo nante namae dak~* = como é que ela se chama?).

ke-ágéru 蹴上げる (< kéru + …) Lançar「a bola」ao ar com um pontapé.

kéa-háúsu ケアハウス A casa para idosos (em que podem ser independentes).

ke-áí 蹴合い (< kéru + áu) A luta de galos. [S/同] Tōkéí.

ke-ámí 毛編み (< … [1] + ámu) A malha [O tricô] (de lã). ◇ **~ ito** 毛編み糸 O fio de lã para malha.

ke-áná 毛穴 [孔] O(s) poro(s) (da pele).

kebá 毛羽・毳 **1** [紙や布の] A felpa; a lanugem. ★ *~ datta nuno* 毛羽立った布 O tecido felpa[u]do. **2** [地図の] O tracejado (em mapas, para indicar acidentes de terreno).

kebákébáshíi けばけばしい Vistoso; berrante;「a decoração」deslumbrante; demasiado vivo.

ke-bárí 毛鉤 (< … [1] + hári) O anzol com penas ou fitas para atrair os peixes; a mosca artificial.

ke-bátaki 毛叩き (< … [1] + hatáku) O espanador.

kébin ケビン ⇨ kyábin.

ke-bórí 毛彫り (< … [1] + hóru) O entalhar [cinzelar/gravar] com traços muito finos.

ke-búkái 毛深い (< … [1] + fukái) Peludo.

ke-búrí 気振り (< … [2] + furí) A aparência; o ar; os sinais; os indícios. [S/同] Sóburi (+). ⇨ kéhai.

kebúrú 煙る【E.】 ⇨ kemúrú.
kéburu [ēe] ケーブル (< Ing. cable < L. capere: apanhar) O funicular; o ascensor; o bondinho (B.). **Kaitei ~** 海底ケーブル ~ submarino. **~ terebi** ケーブルテレビ A televisão por ~. ◊ **~ tetsudō** [kā] ケーブル鉄道 [カー]
kebútái 煙たい【D.】 ⇨ kemútái.
kebyō 仮病 A doença fingida.
kecháppu ケチャップ (< Chi. ke-tsiap) ◊ **Tomato~** トマトケチャップ O molho de tomate.
kéchi けち **1** [惜しむこと] A mesquinhez; a avareza; a tacanhice; a sovinice. ~, oshiete kureta-tte ii ja nai けち、教えてくれたっていいじゃない Que mesquinho! Porque que não me dizes「a verdade」? ⓢ回 Rínshóku; shimíttáre. **2** [みすぼらしく、くだらないこと] **a)** Vil; miserável; **b)** Tacanho. ★ ~ na ie けちな家 A casa ~. ~ na yarō けちな野郎 O vilão; o patife. ~ cháchi; hiñjákú; sómatsu. **3** [縁起が悪いこと] A má sorte. ★ ~ ga tsuku けちがつく Ter mau agouro. **4** [難癖] A censura. ★ ~ o tsukeru けちをつける Censurar; pôr defeitos「em tudo o que eu faço」;「deitar」 um balde de água fria「no nosso plano」.
kéchi-kechi けちけち A mesquinhez. ~ suru na けちけちするな Não seja avarento [agarrado; mesquinho; pão-duro(B.)]!
kichí-kúsái けち臭い Mesquinho; avaro.
kechín-bō けちん坊 [< kéchi + bō**5**] O mesquinho; o avarento; o sovina; o pão-duro(B.). ⓢ回 Nigíríyá; rińshóki; shimíttáre.
ke-chírasu 蹴散らす (< kéru + ...) Dispersar (a pontapé)「os manifestantes」. ★ Teki o ~ 敵を蹴散らす Desbaratar [Pôr em debandada] o inimigo.
ke-dákái 気高い (< ~ ² + takái)「um coração」 Nobre; digno.
ke-dákasa 気高さ (< ke-dákai) A nobreza; a dignidade.
kedámóno 獣 **a)** ⇨ kemóno ; **b)** A besta; o bruto (quadrúpede). ★ ~ no yō na otoko 獣のような男 Um bruto; uma besta [fera].
ke-dárúi けだるい Lânguido; indolente; mole. ★ ~ gogo けだるい午後 A tarde morta [que convida à preguiça]. ⓢ回 Kattárúi. ⇨ monó-úi.
kédashi 蓋し【E.】Talvez; a meu ver. ~ meigen da けだし名言だ Acho que está bem dito. ⇨ arúiwa; hikkyō; ókáta; tábun¹.
kedóru 気取る (< ke² + tóru) Adivinhar「os planos do inimigo」; desconfiar; sentir; suspeitar. ★ Kedorareru 気取られる O inimigo sentir-nos [adivinhar onde estamos/o que queremos]. ⇨ kańzóku.
kegá 怪我 **1** [負傷] A ferida; a lesão; o ferimento. O-~ wa arimasen deshita ka お怪我はありませんでしたか Não se feriu? ★ ~ o saseru 怪我をさせる Ferir alguém; magoar. ~ o suru 怪我をする Ferir-se [Kare wa ude ni ~ o shita 彼は腕に怪我をした Ele feriu-se [magoou-se; fez uma ferida num braço]. ◊ **~ nin** 怪我人 O ferido「Sono jiko de tasū no ~ ga deta その事故で多数の怪我人が出た Houve muitos feridos nesse acidente」. **2** [偶然のこと] Sem saber como. ⓟこと⓿ ~ no kōmyō 怪我の功名 O acaso feliz; um lance de sorte (no jogo); "males que são bens".
kegárawáshii 汚[穢]らわしい **a)** Sujo; imundo; **b)** Abominável; obsceno; nojento. Kiku mo ~ 聞くも汚らわしい Nem posso ouvir isso!

kegáré 汚[穢]れ **1** [⇨ yogóré]. **2** [心が純粋でないこと] A impureza; a mácula; o pecado. ★ ~ no nai 汚れのない Limpo; puro; inocente; imaculado; sem culpa [~]. **3** [不浄] A profanação. ★ ~ o harau [kiyomeru; otosu] 汚れを払う [清める；落とす] Purificar.
kegáréru 汚[穢]れる Sujar-se; manchar-se; ser corrupto. ★ Kegareta kane 汚れた金 O dinheiro adquirido desonestamente. ⇨ yogórérú.
kegasu 汚[穢]す **1** [よごす] Sujar; manchar. ⓢ回 Yogósú. **2** [名誉などを] Macular; manchar. ★ Kamei o ~ 家名を汚す Manchar o nome da família; desonrar a família.
kegáwá 毛皮 (< ~ ¹ + kawá) As peles. ★ ~ no erimaki 毛皮のえり巻 O cachecol de pele; a boa. ◊ **~ shō** 毛皮商 O comerciante de ~ [pelicas].
ke-gáwari 毛替[更]わり (< ~ ¹ + kawáru) O mudar de pena [pêlo].
kegén 怪訝 A estranheza. ★ ~ (sō) na kao o suru 怪訝そうな顔をする Estranhar; fazer uma cara estranha/de ~. ⓢ回 Fushín.
ke-girai 毛嫌い (< ~ ¹ + kirau) A antipatia; a aversão. ~ suru 毛嫌いする Ter (uma) ~ natural「a [pelo] jazz」.
ke-háé-gúsuri 毛生え薬 (< ~ ¹ + haéru + kusúri) O tó[ô]nico para o cabelo.
kéhai 気配 **1** [何となく感じられるようす] O ar; o sinal; o indício; a indicação. Hito no ~ ga suru 人の気配がする Parece(-me) que há alguém [gente]「aqui perto」. ★ Aki no ~ 秋の気配 Os indícios do outono. **2** [株式] ⇨ kíhai**2**.
kéi¹ 計 **1** [計画]【E.】 **a)** O plano「para todo o ano」; **b)** A medida (bitola); **c)** A intriga. ⓟこと⓿ Ichinen no ~ wa gantan ni ari 一年の計は元旦に有り O Ano Novo é o dia de planear para o ano todo/Quem bem começa bem acaba. ⇨ keíkákú; keíryákú. **2** [合計] A soma; o total. ◊ **~ nisen en kakaru** 計2000円かかる Custar dois mil yens em total [ao todo]. ⇨ gōkéí; sōgákéí¹.
kéi² 刑 **a)** O castigo; **b)** A sentença. ◊ **~ ni fukusuru** 刑に服する Cumprir a sentença [pena]. ~ **ni shosuru** 刑に処する Sentenciar; condenar; dar uma sentença「pesada」. ~ **o ii-watasu** 刑を言い渡す Pronunciar a sentença. ⇨ kéibatsu¹; shiókí.
kéi³ 系 **1** [系統] O sistema. ★ Shinkei ~ 神経系 【Biol.】 ~ nervoso. Taiyō ~ 太陽系【Astr.】 ~ solar. **2** [血統] A família; a linha; a genealogia; a origem. ◊ **Dan [Jo] ~** 男[女]系 A linha paterna [materna]. **Nikkei burajirújin** 日系ブラジル人 O brasileiro descendente de japoneses. **3** [党派の] A tendência; a linha. ◊ **Hoshu ~** 保守系 ~ conservadora. **Bunka ~ to rika** 文科系と理科系 O ~ de Letras e de Ciências. **4** [学問の傾向] O ramo. **5** [系列] A cadeia. ⓢ回 Keíretsú. **6**【Mat.】 O corolário.
kéi⁴ 兄【E.】 **1** [弟に対する] O irmão mais velho. ⓢ回 Áni (+). 🄰反 Téi. **2** [敬称] O senhor「Tanaka」.
kéi⁵ 罫 A pauta; a linha. ★ ~ o hiku 罫を引く Pautar; traçar linhas.
kéi⁶ 景【E.】 A paisagem. ◊ **Nihon san ~** 日本三景 As três paisagens [vistas] mais famosas do J. (Amanohashidate, Itsukushima e Matsushima). ⇨ késhiki¹.
kéi⁷ 経 A longitude. ★ Tō ~ kyūjū-do 東経90度 90

graus (de)～ leste.
keíáí 敬愛 A veneração; o respeito e o amor [a estima]; a afeição reverente. ★ ～ *no nen* 敬愛の念 O sentimento de ～. ⇨ sońkéí.
keíbá 競馬 A corrida de cavalos. ◇ **～ fan** [**kyō**] 競馬ファン[狂] O/A fã [O apaixonado] das [pelas] corridas de cavalos. **～ jō** 競馬場 O hipódromo. **～ kishu** 競馬騎手 O cavaleiro [jóquei]. **～ uma** 競馬馬 O cavalo de corrida. **Kusa ～** 草競馬 ～ local.
kéibatsu[1] 刑罰 O castigo; a pena; a punição. [S/同] Togamé (+). ⇨ bátsu[1]; kéi[2].
keíbátsú[2] 閨閥【E.】O nepotismo.
keíbátsú[3] 警抜【E.】A perspicácia. ★ ～ *na* 警抜な Original; brilhante; perspicaz.
keíbéń 軽便 O ser conveniente [portátil; fácil「de usar」; prático; simples]. ◇ **～ tetsudō** 軽便鉄道 A ferrovia [linha férrea] (de bitola) estreita. [S/同] Bénri (o); tegárú (+).
keíbétsú 軽蔑 O desprezo; o desdém; o menosprezo; a desconsideração. ★ ～ *no kotoba* [*manazashi*] 軽蔑の言葉[眼差し] A palavra [O olhar] de ～. ～ *no nen o idaku* 軽蔑の念を抱く Sentir desprezo「por alguém」. ～ *suru* 軽蔑する Desprezar〔～ *subeki jinbutsu* 軽蔑すべき人物 A pessoa desprezível; a pessoa digna de ～〕. [S/同] Bubétsú.
kéibi[1] 警備 A guarda; a vigilância. ★ ～「*o genjū ni*」*suru* 警備「を厳重に」する Guardar「bem」. ◇ **～ gaisha** 警備会社 A companhia de segurança. **～ hei** [**in**] 警備兵 [員] O guarda; o vigia. [S/同] Kéigo; shúgo.
kéibi[2] 軽微 A insignificância. ★ ～ *na* 軽微な「ferida」Leve;「dano」pequeno/insignificante; sem importância. [S/同] Wázuka (+). ⇨ karúí.
kéibo[1] 継母 A madrasta. [S/同] Mamáháhá (+). [A/反] Jitsúbo; mamákó. ⇨ sató-óyá; sodáté-nó-óyá.
kéibo[2] 敬慕【E.】O amor e respeito; a admiração. ⇨ shitáú; uyámáu; keíáí.
keíbṓ[1] 警棒 O bastão [cavalo-marinho] de polícia.
keíbṓ[2] 閨房【E.】 **1** [夫婦の寝室] O quarto de dormir. [S/同] Beddó-rūmu (+); shińshítsú (+). ⇨ nedókó. **2** [婦人の居間] O aposento privado de senhora.
keíbṓ-dan [óo] 警防団 Uma unidade civil de defesa [resistência].
kéibu[1] 警部 O inspe(c)tor da polícia. ◇ **～ ho** 警部補 O subinspe(c)tor da polícia.
kéibu[2] 軽侮【E.】O desprezo. [S/同] Bubétsú (+); keíbétsú (o).
kéibu[3] 頸部【Anat.】O pescoço; a cerviz. ★ ～ *no* 頸部の Cervical. ⇨ kubí.
kéibutsu 景物 **1** [風物] O cenário [A paisagem]「primaveril」. ⇨ fū́butsu. **2** [景品; おまけ] O pré[ê]mio; o presente; o extra「dado aos fregueses」. [S/同] Keíhíń (+); o-máké (+).
keíchṓ[1] 慶弔 As felicitações ou condolências. ◇ **～ denpō** 慶弔電報 O telegrama de ～. **～ hi** 慶弔費 As despesas para ～. ⇨ kéiji[6]; kyṓji[2].
keíchṓ[2] 傾聴 A escuta (atenta). ★ ～ *ni atai suru iken* 傾聴に値する意見 Uma opinião digna de ser escutada [de ter em conta].
keíchṓ[3] 軽重 A importância (relativa); o peso (relativo). ★ *Koto no* ～ *o hakaru* 事の軽重を計る Ver a ～ do assunto. [S/同] Keíjū́ (+).
keíchṓ[4] 軽佻【E.】A frivolidade; a leviandade. ★ ～(*fuhaku*) *na* 軽佻 (浮薄) な Frívolo (e volúvel).
keíchū́ 傾注【E.】O devotamento; a dedicação. ★ ～ *suru* 傾注する Dedicar-se「de corpo e alma a」. ⇨ seńshíń[1]; keítṓ[2].
kéidai 境内 O recinto [adro]「do templo」.
Keídánren 経団連 (Abrev. de keizai dantai rengōkai) A Federação das Organizações Econó[ô]micas (do Japão).
keí-déń 軽電 ⇨ jakúdéń.
keídén-ki 継電器【Ele(c)tri.】O retransmissor [relé].
kéido[1] 経度 A longitude. [A/反] Ído[2]. ⇨ kéisen[3].
kéido[2] 軽度 A leveza. ★ ～ *no*「*daboku*」軽度の「打撲」Leve「contusão」; ligeiro. [A/反] Kyṓdo. ⇨ karúí.
kéido[3] 珪土【Quím.】A sílica.
kéido[4] 傾度 ⇨ keíshá[1] ◇.
keí-dṓmyaku [óo] 頸動脈【Anat.】A carótida[e]. ⇨ keí-jṓmyaku.
keíéí 経営 A administração; a gerência (de negócios). ★ ～ *nan ni ochiiru* 経営難に陥る Ter problemas financeiros [de ～]. ～ *suru* 経営する Administrar; gerir「um hotel」; dirigir. ◇ **～ hōshin** 経営方針 A política de negócios [administração]. **～ kōgaku** 経営工学 A engenharia industrial. **～ konsarutanto** [**shi**] 経営コンサルタント[士] O assessor de ～. **～ sanka** 経営参加 A participação dos operários na ～. **Kojin ～** 個人経営 ～ individual [particular]. **Takaku ～** 多角経営 ～ múltipla.
keíéí-gaku 経営学 A (ciência de) administração [gestão] de empresas.
keíéí-hi 経営費 As despesas de administração; o custo operacional.
keíéí-sha 経営者 O administrador; o gerente.
keíéń 敬遠 **1** [うやまって近づかぬこと] O guardar as devidas distâncias (Por respeito). **2** [嫌って近づかぬこと] O evitar. *Kare wa ki-muzukashii no de minna ni* [*kara*] ～ *sarete iru* 彼は気むずかしいのでみんなに[から]敬遠されている Ele é muito exigente e todos o evitam [fogem dele]. **3** [野球] O dar de propósito a primeira base ao batedor.
keífú[1] 系譜 ⇨ keízú.
kéifu[2] 継父 O padrasto. [S/同] Yṓfu. [A/反] Jippú. ⇨ kéibo[1].
keífúkú 敬服 A admiração. ★ ～ *suru* 敬服する Admirar; respeitar. [S/同] Suífúkú. ⇨ kańpúkú; kańshíń[1].
keífúń 鶏糞 O excremento [esterco] de galinha.
kéiga 慶賀【E.】As felicitações; os parabéns. ★ ～ *suru* 慶賀する Felicitar; dar os/as ～. ～ *ni taenai* 慶賀に堪えない Estar de [Ser motivo de] ～. [S/同] Keíshúkú; shukúgá.
keígáí[1] 形骸【E.】**a**) A carcaça; o esqueleto; **b**) Uma coisa sem conteúdo. ★ ～ *ka suru* 形骸化する Ficar (reduzido a) um/a ～.
keígáí[2] 謦咳【E.】A tosse. [I/慣用] ～ *ni sessuru* 謦咳に接する Ter o prazer de conhecer [falar com] alguém pessoalmente. [S/同] Sekí-bárai (+).
keígáń[1] 慧眼【E.】A perspicácia; a agudeza de espírito; a intuição. [A/反] Bońgáń.
keígáń[2] 珪岩【Geol.】O quartzito.
keígéń 軽減 A redução; o alívio「da dor」; a comutação「da pena」. ★ ～ *suru* 軽減する Reduzir; mitigar「a desgraça」; aliviar「a dor」; comutar.

keígó[1] 敬語 O termo (Palavra) honorífico; a linguagem [o termo] cortês/de respeito. ⇨ keńjṓ[2] ◇ ; sońkéí ◇ ; téinei ◇ .
kéigo[2] 警護 A escolta; a guarda. ★ ～ *no moto ni* 警護のもとに Sob escolta. ～ *suru* 警護する Escoltar. [S/同] Goéí (+) ; kéibi (+) .
keí-gṓkin [**óo**] 軽合金 A liga leve.
kéigu 敬具【E.】(No final de cartas) Sinceramente; cordialmente; respeitosamente; atenciosamente. ⇨ háigu; sṓsṓ[3]; tónshu.
keígúń 鶏群【E.】 **1** [鶏の群れ] O bando de aves de capoeira. **2** [凡人の集まり] O grupo. [I/慣用] ～ *no ikkaku* 鶏群の一鶴 O gigante do ～.
keíhái[1] 軽輩【E.】A ralé (sem importância); o populacho.
keíhái[2] 珪肺 A silicose. [S/同] Yoróké.
keíhákú 軽薄 A frivolidade; a inconstância; o ser imprudente; a leviandade. *Ano otoko ni wa ～ na tokoro ga aru* あの男には軽薄なところがある Ele (às vezes) é um pouco frívolo/leviano. [S/同] Asáhaka; sénryo. [A/反] Jū́kṓ.
Keíháń[**Kéihan**] 京阪 Kyōto-Ōsaka. ◇ **～ chihō** 京阪地方 A região de ～.
keí-hánzai 軽犯罪 O delito leve; a contravenção. ◇ **～ hō** 軽犯罪法 A lei das contravenções penais.
keíhátsú 啓発 A iluminação; o esclarecimento; a educação. ★ ～ *suru* 啓発する Iluminar; esclarecer. [S/同] Keímṓ.
kéihi[1] 経費 A(s) despesa(s); o custo. ★ ～ *o kiritsumeru* [*setsuyaku suru*] 経費を切りつめる[節約する] Diminuir as ～ [Economizar]. ～ *o sakugen suru* 経費を削減する Cortar as ～.
kéihi[2] 桂皮 A canela. [S/同] Shínamon (+) . ⇨ níkkei[2].
keíhíń[1] 景品 O pré[ê]mio; o presente. ★ ～ *o dasu* 景品を出す Oferecer pré[ê]mios. ～ *o tsukeru* 景品を付ける Adicionar algo como ～.
Keíhíń[2] 京浜 Tōkyō-Yokohama. ◇ **～ chihō** 京浜地方 A área de ～.
keíhṓ[1] 警報 O alarme; o (sinal de) alerta [aviso]. ★ ～ *o dasu* 警報を出す Dar o ～. ～ *o kaijo suru* 警報を解除する Parar o ～. ◇ **～ ki** 警報機 O (aparelho de) alarme. **～ ranpu** 警報ランプ A lâmpada de ～.
kéihō[2] 刑法【Dir.】O direito [código] penal; o direito criminal.
kéi-i[1] 敬意 O respeito; a homenagem. ★ ～ *o harau* [*hyōsuru*] 敬意を払う[表する] Apresentar os seus respeitos「a」; prestar homenagem「ao meu antecessor」.
kéi-i[2] 経緯【E.】 **1** [織物の縦糸と横糸] A urdidura e a trama. **2** [地球の経度と緯度] A longitude e a latitude. ◇ **～ gi** 経緯儀 O teodolito. [S/同] Tōzáinánboku (+). **3** [事件・物事のいきさつ; 事情] As circunstâncias; os pormenores. *Kuwashiku jiken no ～ o setsumei shite kudasai* 詳しく事件の経緯を説明してください Explique-me (lá) bem como aconteceu isso. [S/同] Ikísátsú (+) ; jijṓ (+) .
keí-íń 契印 O carimbo nas juntas de duas folhas de papel (de um mesmo documento). ⇨ warí-íń.
keí-íńshókúten 軽飲食店 O restaurante que serve refeições ligeiras; o bar-restaurante. [S/同] Sunákku (+) .
keíjí[1] 掲示 O aviso. ★ ～ *o dasu* 掲示を出す Pôr um ～. ～ *suru* 掲示する Anunciar [Avisar]; afixar um ～. ◇ **～ ban** 掲示板 A tabela [O quadro] de avisos.
kéiji[2] 刑事 **1** [刑法にふれる事件] O caso policial; o caso criminal. ★ ～ *jō no sekinin o towareru* 刑事上の責任を問われる Ser acusado de responsabilidade criminal. ◇ **～ hikoku** 刑事被告 O réu [acusado] (de a(c)ção penal). **～ jiken** [**mondai**] 刑事事件[問題] Um caso [Uma questão] criminal. **～ saiban** 刑事裁判 O processo [julgamento] de um crime. **～ sekinin** 刑事責任 A responsabilidade penal. **～ soshō** 刑事訴訟 A a(c)ção-crime. **～ soshōhō** 刑事訴訟法 O código de processo penal [criminal]. [A/反] Mínji. **2** [刑事巡査の略] O (polícia) dete(c)tive.
kéiji[3] 計時 A cronometragem; a cronometria. ★ ～ *suru* 計時する Cronometrar. ◇ **～ gakari** 計時係 O cronometrista. **Seishiki ～** 正式計時 ～ oficial.
keíjí[4] 啓示 A revelação「de Deus em Cristo」. *Kare wa kami no ～ o uketa* 彼は神の啓示を受けた Ele teve uma ～ de Deus.
kéiji[5] 兄事【E.】 ⇨ shíji[5].
kéiji[6] 慶事【E.】O acontecimento feliz [auspicioso]. [S/同] Kippṓ (+) ; o-médétá (o). [A/反] Kyṓji.
keíjí[7] 繋辞【Fil./Gram.】A cópula; o verbo que, numa proposição, exprime a relação entre sujeito e predicado (Por ex. o "é" em "o gelo é frio"). [S/同] Kopúrá-dṓshi (+) .
keíjí-báń 掲示板 A tabela (para afixar avisos). ◇ **Denkō ～** 電光掲示板 O painel ele(c)tró[ô]nico.
keí-jídṓsha [**óo**] 軽自動車 O carro pequeno.
keíjíjṓ 形而上 **1** [無形のもの; 形を離れたもの] O imaterial. **2**【Fil.】O metafísico. ★ ～ *no mondai* 形而上の問題 O problema ～. ◇ **～ gaku** 形而上学 A metafísica. [A/反] Keíjíka.
keíjíka 形而下 O físico. ★ ～ *no*「*genshō*」形而下の「現象」O fenó[ô]meno ～. [A/反] Keíjíjṓ.
keíjṓ[1] 刑場 O lugar da execução; o cadafalso; o patíbulo. ★ ～ *no tsuyu to kieru* 刑場の露と消える Ser executado; morrer no patíbulo. [S/同] Shokéíjṓ.
keíjṓ[2] 計上 O incluir na conta. *Wareware no keikaku ni hitsuyō na hiyō wa rainen-do no yosan ni ～ sarete iru* 我々の計画に必要な費用は来年度の予算に計上されている As despesas do nosso proje(c)to já estão incluídas no orçamento do próximo ano.
keíjṓ[3] 経常 O ordinário. ◇ **～ kanjō** [**shūshi**] 経常勘定[収支] A conta corrente.
keíjṓ[4] 警乗 O policiamento a bordo. ⇨ kéibi[1].
keíjṓ[5] 形状 A forma. [S/同] Arí-sama (+) ; katáchí (o); keítáí (+) .
keíjṓ[6] 啓上【E.】O dizer (Cor.「em carta」).
keí-jṓmyaku [**óo**] 頸静脈【Anat.】(A veia) jugular. ⇨ jṓmyákú; keí-dṓmyaku.
keíjū́ 軽重 ⇨ keíchṓ[3].
keíká 経過 **1** [年月・時間の進行] O passar do tempo. *Ano jiken kara sude ni isshūkan* (*ga*)～ *shite iru* あの事件からすでに一週間 (が) 経過している Há já uma semana que isso aconteceu [se deu]. ⇨ shińkṓ[2]; sugíru. **2** [事件などの成り行き] O curso; o andamento; o seguimento. *Byōnin no ～ wa ryōkō desu* 病人の経過は良好です O doente está a melhorar satisfatoriamente. ◇ **～ hōkoku** 経過報告 O relatório do [sobre o] andamento「do trabalho」. [S/同] Katéí; jṓtáí; nariyúkí.
keíkáí[1] 警戒 A cautela; a precaução; o alerta; o cuidado; a vigilância. ★ ～ *o genjū ni suru* 警戒を

K

keíkái²

厳重にする Estar bem alerta. ～ o yōsuru 警戒を要する Exigir ～. ～ o yurumeru 警戒を緩める Diminuir ～. ～ suru 警戒する Acautelar-se; ter cuidado; tomar precaução. ◇ ～ keihō 警戒警報 O sinal [A campainha] de alarme. ～ mō 警戒網 O cordão de isolamento [policial]. ～ taisei 警戒態勢 A situação de alarme. ⇨ ～shin. ⇨ kéibi¹; yōjin¹.

keíkái² 軽快 **1** [動作が軽くて気持ちの良いようす] A ligeireza; a leveza. ★ ～ na fukusō 軽快な服装 A roupa leve [ligeira]. ～ ni odoru 軽快に踊る Dançar com ～. **2** [心がはればれとして楽しいこと] O ser alegre [animado]. ★ ～ na ongaku 軽快な音楽 Uma música agradável [～].

keíkái-shin 警戒心 O cuidado; a cautela; a prudência; a circunspe(c)ção. ⇨ keíkái¹.

keíkáku 計画 O plano; o proje(c)to; o esquema; o programa; o plane(j)amento. ～ daore ni owatta 計画倒れに終わった O proje(c)to não resultou. ～ ga seikō shita 計画が成功した O programa teve êxito. Subete wa ～ dōri ni itta すべては計画通りに行った Tudo saiu conforme o ～. ★ ～ ga kurutta 計画が狂った O plano não deu certo. ～ o henkō suru 計画を変更する Mudar [Alterar] o plano. ～ o jikkō suru 計画を実行する Executar [Realizar] um proje(c)to. ～ suru [o tateru] 計画する[を立てる] Planejar; proje(c)tar; programar; planificar; traçar [fazer] um plano. ◇ ～ an 計画案 O plano; o proje(c)to; o programa. ⇨ ～sei [teki]. Kenkyū ～ 研究計画 O plano de pesquisa. Toshi ～ 都市計画 O plano de urbanização; o planeamento urbano. ⇨ kakúsákú; kikákú¹; kuwádáté; mokúrómí.

keíkáku-séi 計画性 O cará(c)ter [sentido] de planificação. ★ ～ ga aru 計画性がある Ser sistemático.

keíkáku-téki 計画的 Intencional; proje(c)tado; programado; deliberado; calculado. ★ ～(na) hanzai [hankō] 計画的(な) 犯罪[犯行]O crime intencional [premeditado].

keíkán¹ 警官 O policial (B.) [polícia/guarda] ◇ ～ tai 警官隊 A polícia [força policial]. Fujin ～ 婦人警官 A mulher policia. Shifuku ～ 私服警官 ～ à paisana.
S/同 Keísátsúkan; o-máwari-san (+).

keíkán² 景観 A vista; o panorama 「espe(c)tacular do Iguaçu/dos Alpes」. ⇨ késhiki¹; nagámé¹.

keíkán³ 桂冠 (A coroa de) louros. ◇ ～ shijin 桂冠詩人 O poeta laureado [consagrado].
S/同 Gekkéikan (+).

keíkéi 炯炯 【E.】O faiscar [brilhar]. ★ ～ taru gankō 炯炯たる眼光 Os olhos chamejantes 「do guerreiro」. S/同 Rañrán.

keíkéi-ní 軽軽に 【E.】De maneira leve. ★ ～ handan dekinai 軽軽に判断できない Não se pode julgar ～. S/同 Karúgárúshíku (+); keísótsú ní (+).

keíkén¹ 経験 A experiência. Kare wa kaigai-ryokō no ～ ga hōfu da 彼は海外旅行の経験が豊富だ Ele tem muita ～ de viajar ao exterior [pelo estrangeiro]. ★ ～ ga asai [fukai] 経験が浅い[深い] Ter pouca [muita] ～. ～ ni toboshii 経験に乏しい Ter muito pouca ～; carecer de ～. ～ o ikasu 経験を生かす Aproveitar a ～. ～ o motsu 経験を持つ Ter ～. ～ o tsumu 経験を積む Acumular ～. ～ suru 経験する Experimentar [Fazer ～]. Ii ～ ni naru いい経験になる Ser uma boa ～「para」. Nigai ～ 苦い経験 Uma ～ amarga [desagradável]. ◇ ～ busoku 経験不足 A inexperiência [falta de ～]. ～ nensū 経験年数 Os anos de ～ [prática]. ～ ron [shugi] 経験論 [主義] O empirismo. ～ sha [teki].

keíkén² 敬虔 A piedade; a devoção. ★ ～ ni inori o sasageru 敬虔に祈りを捧げる Rezar com fervor [～]. ⇨ shiñjín².

keíkén-sha 経験者 A pessoa experiente.

keíkén-téki 経験的「facto, conhecimento」 Empírico. ★ ～ ni manabu 経験的に学ぶ Aprender agindo [por experiência].

keíki¹ 景気 **1** [経済活動の状況]【Econ.】a) A situação econó[ô]mica; b) O negócio. ～ wa dō desu ka 景気はどうですか Como vão os negócios? ★ ～ ga yoi [warui] 景気が良い[悪い] O negócio anda bem [mal]. ～ no hendō 景気の変動 A flutuação dos negócios. ～ no kaifuku 景気の回復 O restabelecimento [A recuperação] da economia. ◇ ～ jōshō 景気上昇 A melhoria [prosperidade] do ～ [da economia]. ～ junkan 景気循環 O ciclo econó[ô]mico. ～ shisū 景気指数 O índice econó[ô]mico. ～ yosoku 景気予測 A previsão da situação econó[ô]mica. Niwaka ～ にわか景気 O surto econó[ô]mico; a prosperidade repentina.
2 [威勢] A vida [energia]; o ânimo. ★ ～ o tsukeru 景気をつける Animar. ～ yoku kane o tsukau 景気よく金を使う Gastar dinheiro prodigamente.
S/同 Isé¹. ⇨ génki¹; kakkí.

keíki² 刑期 A duração da pena [prisão]. ★ ～ o oeru 刑期を終える Cumprir (toda) a pena. ◇ ～ manryō 刑期満了 A expiração da pena.

keíki³ 契機 「aproveitando」A oportunidade「deixou de fumar」. S/同 Kikkáké (+).

keíki⁴ 計器 O instrumento de medida. ◇ ～ hikō 計器飛行 O voo telecomandado. S/同 Métá.

keíki⁵ 継起【E.】⇨ zokúhátsú.

keíki-bán 計器板 O painel dos instrumentos de medição「do carro」. ⇨ keíki⁴.

kei-kihei 軽騎兵 O soldado de cavalaria ligeira.

kei-kíkanju 軽機関銃 A metralhadora ligeira (De mão). A/反 Jū-kíkanju.

kei-kinzoku 軽金属【Quím.】Os metais leves.

keíki-zúku 景気付く (< ～² + tsúku) Animar-se 「com a notícia」.

kéiko 稽古 A prática; o exercício; o treino; o ensaio; a lição. ★ (Deshi ni) ～ o tsukeru (弟子に) 稽古をつける Dar lições [de piano] a um aluno. Piano no ～ o suru ピアノの稽古を Praticar [Ter lições de] piano. ◇ ～ ba 稽古場 O local de treino. ～ dai 稽古台 A pessoa ou coisa usada para treinar. ～ goto 稽古ごと A educação ou artes que a mulher que vai casar deve ter.
S/同 Reñshū. ⇨ eñshū²; gakúshū; jisshū.

keíkō¹ 傾向 **1** [状態・情勢がある方向に向かうこと] A tendência; a inclinação; a propensão. ★ ～ ga aru 傾向がある Tender; ter a tendência [Saikin wakai hito no aida ni wa terebi banare no ～ ga aru yō da 最近若い人のあいだにはテレビ離れの傾向があるようだ Recentemente, entre os jovens, parece que há a tendência de ver pouca televisão]. S/同 Dōkō; fúchō; sūsei. **2** [性質; 性向] A tendência [inclinação]; a propensão. Kare wa riko-teki ni naru ～ ga aru 彼は利己的になる傾向がある Ele tem tendência para ser egoísta. **3** [思想上ある特定の考え方に片寄ること] A tendência ideológica.

keíkō² 携行 ⇨ keítái².

keikō³ 蛍光 **1** [ほたるの光] [E.] A luz do pirilampo. **2** [ルミネッセンスの一種] A fluorescência. ◇ ~ **tai** 蛍光体 O corpo [A substância] fluorescente. ~ **toryō** 蛍光塗料 A tinta「de parede」fluorescente.

keikō⁴ 経口 [Med.] O ser「tomado por via」oral. ◇ ~ **hinin'yaku** 経口避妊薬 A pílula anticoncepcional [contraceptiva].

kei-kógyō [kóo] 軽工業 A indústria ligeira. A/反 Jū-kógyō.

keikóku¹ 警告 O aviso; a advertência. ★ ~ *nashi ni* 警告なしに Sem ~. ~ *ni shitagau* 警告に従う Seguir ~. ~ *o hassuru* 警告を発する Dar ~. ~ *o ukeru* 警告を受ける Receber ~. ~ *suru* 警告する Avisar; advertir; prevenir. ⇨ chūi¹.

keikóku² 渓谷 O vale; a garganta; a ravina; o desfiladeiro. ⇨ Kyōkokú; tanî (+).

keikokú³ 経国 [E.] ⇨ keiséi².

keikō-tō 蛍光灯 A lâmpada fluorescente. ⇨ keikō³.

kéikotsu¹ 脛骨 [Anat.] A tíbia.

kéikotsu² 頸骨 [Anat.] A vértebra cervical; os ossos do pescoço.

keikú 警句 O dito agudo [espirituoso]; o aforismo. ★ ~ *o haku* 警句を吐く Dizer uma coisa com chiste. ⇨ kéikōkí.

kéikyo 軽挙 [E.] O a(c)to precipitado [imprudente; irrefle(c)tido]. ★ ~ *mōdō o imashimeru* 軽挙妄動を戒める Admoestar「alguém」da sua precipitação [imprudência].

keimá 桂馬 O cavalo (no jogo de "shōgi").

keiméi 鶏鳴 [E.] **1** [夜明けにわとりの鳴き声] O canto matinal do galo. **2** [夜明け] O amanhecer; a alvorada. S/同 Reímeí (+).

keimō 啓蒙 O esclarecimento; a instrução; a educação. ★ ~ *suru* 啓蒙する Esclarecer; instruir; educar. ~ *teki na* 啓蒙的な Instrutivo; educativo. ◇ ~ **shugi** 啓蒙主義 [Fil.] O iluminismo. ~ **undō** 啓蒙運動 a) O movimento iluminista europeu; b) A campanha de ~. ~ **sho** 啓蒙書 Um livro esclarecedor [instrutivo]. S/同 Keíhátsú.

keimú-sho 刑務所 a) A prisão; o cárcere; a cadeia; b) A penitenciária. ★ ~ *ni ireru* [buchikomu; hōrikomu] 刑務所に入れる [ぶち込む; ほうり込む] Meter na [Mandar para a] cadeia; encarcerar. ~ *o deru* 刑務所を出る Sair da ~. ⇨ kañgókú; kōchí-shó; rōgókú; róya.

keimyō 軽妙 Simples [Leve] e gracioso [espirituoso; engenhoso]. ★ ~ *na hitchi* 軽妙な筆致 O estilo simples e vivo. S/同 Keíkáí.

keiníkú 鶏肉 A carne de galinha [frango]. S/同 Kashíwá; torí-níkú (+).

kei-óngaku 軽音楽 [Mús.] A música ligeira [popular].

kéira 警邏 [E.] A patrulha; a ronda. S/同 Juñkéí; patóróru (+).

keiráñ 鶏卵 O ovo de galinha. ⇨ tamágó.

keiréi 敬礼 a) A continência; b) A vé(n)ia. ★ ~ (号令) Continência [Apresentar armas!]. ~ *suru* 敬礼する Saudar a [Fazer continência à]「bandeira nacional」.

keiréki 経歴 A carreira; o currículo (da vida); a história pessoal; os antecedentes. *Kondo nyūsha shita no wa donna ~ no hito desu ka* 今度入社したのはどんな経歴の人ですか Que antecedentes tem o [aquele] que acabou de entrar na nossa firma? ★ ~ *o sashō suru* 経歴を詐称する Falsear o currículo. S/同 Bakúrékí; shokúrékí.

keiréñ 痙攣 [Med.] A convulsão; o espasmo; a cãibra; a breca. ★ ~ *ga okoru* [*o okosu*] 痙攣が起こる [を起こす] Ter um ataque convulsivo. ~ *suru* 痙攣する Ter espasmos [uma convulsão/cãibra]. ⇨ hikítsúké.

keirétsú 系列 O sistema; a sequência; a série; a linha. ◇ ~ **gaisha** 系列会社 A companhia afiliada [associada]. ~ **ka** 系列化 A sistematização; o agrupamento.

kéiri 経理 A contabilidade; a administração financeira. ◇ ~ **bu** [**ka**] 経理部 [課] O departamento [A se(c)ção] de ~; a contadora. ~ **jimu** 経理事務 A contabilidade. ⇨ kaíkéí.

keiríñ¹ 競輪 A corrida de bicicletas; o ciclismo.

keiríñ² 経綸 [E.] A administração; a política. ⇨ kokúséí¹; seíságkú¹.

keiríñ-jō 競輪場 O velódromo.

kéiro¹ 経 [径] 路 O curso; o caminho; a via; o traje(c)to; o percurso; a etapa; o itinerário. ★ *Onaji ~ o tadoru* 同じ経路をたどる Seguir o mesmo ~. *Jōhō no ~* 情報の経路 A via de informação. ◇ **Densen~** 伝染経路 A via de infecção.

ke-iró² 毛色 **1** [毛の色] A cor do cabelo. **2** [ようす; 性質] A pinta [cara]; a aparência. *Aitsu wa ~ no kawatta yatsu da* あいつは毛色の変わったやつだ Ele é uma pessoa esquisita [tem má/fraca pinta]. S/同 Keíshítsú; shúruí; shóku.

keirō 敬老 (< soñkéí + rójin) O respeito aos idosos [às pessoas de idade].

kei-ródō [róo] 軽労働 O trabalho leve. S/同 Kéi-ságyō. A/反 Jūrōdō.

keirúi 係累 Os familiares; as bocas a alimentar. ★ ~ *ga nai* 係累がない Não ter ~.

keiryákú 計略 O ardil; o estratagema; o artifício; a cilada; a artimanha; a etapa; a intriga. ★ ~ *ni kakaru* [*hamaru*] 計略にかかる [はまる] Cair na cilada. ~ *o megurasu* 計略をめぐらす Tramar uma ~. ⇨ Bōryákú; sakúryákú.

keiryō¹ 計量 A pesagem; a medida; a medição. ★ ~ *suru* 計量する Pesar; medir. ◇ ~ **kappu** 計量カップ O copo graduado de medir. ~ **keizaigaku** 計量経済学 [Econ.] A econometria. ⇨ keísókú; sokúryō.

keiryō² 軽量 O peso leve. S/同 Jūryō.

keiryō-ká 軽量化 A redução de peso; o aligeiramento. ★ ~ *suru* 軽量化する Reduzir o peso; aligeirar. *Shatai no ~ o hakaru* 車体の軽量化を図る Tentar reduzir o peso do carro. ⇨ keíryō².

keiryū¹ 係[繋]留 A amarração「de navio」; a ancoragem「de balão」. ★ ~ *suru* 係留する Amarrar; atracar; ancorar. ◇ ~ **fuhyō** [**bui**] 係留浮標 [ブイ] A bóia de ~.

keiryū² 渓流 A corrente; o arroio; o curso de água. ★ ~ *zuri* 渓流釣り A pesca na corrente「entre as montanhas」. ⇨ taní-gáwá.

keisái 掲載 A publicação. ★ *Shinbun ni kōkoku o ~ suru* 新聞に広告を掲載する Publicar o anúncio no jornal.

keisañ¹ 計算 **1** [数を扱うこと] O cálculo; a contação; a conta. ★ ~ *ga hayai* [*osoi*] 計算が速い [遅い] Ser rápido [lento] no cálculo. ~ *o ayamaru* [*ma*-

keísán² 計算を誤る [間違える] Errar no cálculo; calcular mal. ~(o) suru 計算(を)する Calcular; computar; contar. ◇ ~ **chigai** 計算違い Um erro de cálculo. ⇨ ~ **jaku**. **2**[予定; 予想] O plano; a previsão; o cálculo. ★ ~ *ga kuruu* 計算が狂う Calcular mal; sairem os planos furados. ~ *ni ireru* 計算に入れる Ter em conta.

keísán² 珪酸【Quím.】O ácido silícico. ◇ ~ **en** 珪酸塩 O silicato.

keísán-dákái 計算高い (<…**2** + takái) Calculista; interesseiro. *Kanojo wa ~ onna da* 彼女は計算高い女だ Ela é uma (mulher) ~.

keísán-jáku 計算尺 (<…**1** + sháku) A régua de cálculo.

keísánki 計算機[器] O computador; a calculadora [máquina de calcular]. ◇ **Dejitaru ~** デジタル計算機 ~ digital. **Denshi ~** 電子計算機 A calculadora ele(c)trô[ô]nica. S/同 Kónpyúta (+).

keísánpu 経産婦 A mulher que já teve um filho. A/反 Shosánpu.; ○ ninsánpu.

keísán-shó 計算書 O extra(c)to da conta.

keísán-zúkú 計算尽く (<…**2** + tsukúsu) Calculado. *Kare no kōdō wa subete ~ da* 彼の行動はすべて計算尽くだ Tudo o que ele faz é bem ~.

keisátsú 警察 A polícia. ★ ~ *ni hikiwatasu [tsukidasu]* 警察に引き渡す[突き出す] Entregar à ~. ~ *ni todokeru* 警察に届ける Informar ~. ~ *no yakkai ni naru* 警察の厄介になる Ter contas com a ~. ~ *o yobu* 警察を呼ぶ Chamar ~. ◇ ~ **cho** 警察庁 A Secretaria Geral de Segurança (da ~). ~ **kokka** 警察国家 O estado policial. ~ **techō** 警察手帳 A credencial de ~. **Chihō ~** 地方警察 ~ distrital [municipal].

keisátsú-kan 警察官 O policía; o policial (B.). S/同 Júsha.

keisátsú-kén 警察犬 O「pastor alemão」cão-polícia.

keisátsú-shó 警察署 O comissariado [A esquadra/A delegacia] da polícia. ◇ ~ **chō** 警察署長 O comissário [chefe/delegado] da polícia.

keiséi¹ 形勢 A situação; o estado das coisas; as circunstâncias. ★ ~ *ga yoi* 形勢が良い A situação é favorável. ~ *o miru* 形勢を見る Ver a situação das[em que pé estão as] coisas. S/同 Jósei¹.; kumó-yúki; narí-yúki.

keiséi² 形成 A formação. ★ ~ *suru* 形成する Formar; constituir; organizar; compor. ◇ ~ **geka** 形成外科 A cirurgia plástica. ~ **sō** 形成層【Bot.】O câmbio. **Jinkaku ~** 人格形成 A formação do cará(c)ter. ⇨ kōsei⁴; seírítsú.

keiséi³ 経世【E.】A administração; o governo. ◇ ~ **ka** 経世家 Um estadista. ~ **saimin** 経世済民 A salvação do povo através da boa ~ do país. S/同 Keíkóku.; ⇨ chísei⁶; seíjí¹.

keiséi⁴ 警世【E.】A advertência ao mundo; a admoestação. ⇨ keíkóku¹.

keiséi⁵ 形声【Lin.】Os elementos semântico e fonético dum ideograma. ◇ ~ **moji** 形声文字 O ideograma com「dois」elementos…

keiséi⁶ 傾城【E.】**1**[美人] A mulher bonita [fatal]. **Bijin** (+); bíjo (+). **2**[遊女] A meretriz. S/同 Yújo (+).

keiséki¹ 形跡 O sinal; o vestígio; o traço; a marca; o indício; a evidência; o rasto; a pegada. *Koko de dare ka ga takibi o shita ~ ga aru* ここで誰かがたき火をした形跡がある Há sinais de que alguém fez lume aqui. S/同 Áto (+); ató-káta; kónséki.

keiséki² 珪石【Min.】A sílica; o sílex; o anidrido de silício; a quartzite [o quartzito].

keisén¹ 係[繋]船【Mar.】A amarração; a atracação / o barco.

keisen² 罫線 Pautado;「papel」com linhas. S/同 Kéi².

keisen³ 経線【Geogr.】O meridiano. S/同 Shigósen. A/反 Isén.

keisétsú 蛍雪 O estudo diligente em condições difíceis. ★ ~ *no kō o tsumu* 蛍雪の功を積む Dedicar-se dia e noite ao ~. ⇨ kúgaku.

keishá¹ 傾斜 **1**[傾いてななめになること] A inclinação; o declive. ★ ~ *saseru [o tsukeru]* 傾斜させる[をつける] Fazer com ~. ~ *shita* 傾斜した Inclinado. *Yuruyaka na [Kyū na] ~* ゆるやかな[急な]傾斜 A inclinação leve [grande]. ◇ ~ **chi** 傾斜地 O solo inclinado [em declive]. ~ **kaku** 傾斜角 O ângulo de inclinação. S/同 Katámúki. **2**[心や考えがある方向に傾くこと] A tendência. *Kokumin no kanjō wa genshiryoku hatsuden hantai no hōkō ni ~ shi-tsutsu aru* 国民の感情は原子力発電反対の方向に傾斜しつつある A opinião do povo é cada vez mais contra a produção de energia nuclear.

keisha² 硅砂 A sílica (O quartzo é uma variedade de sílica); o dióxido de silício.

keishi¹ 軽視 O ter em pouco; o dar pouca importância「ao caso」. ★ ~ *sareru* 軽視される Ser tido em pouco [pouco respeitado]「pelos colegas」. A/反 Júshi.; ⇨ múshi².

kéishi² 警視【Dir.】O superintendente da polícia. ◇ ~ **sōkan** 警視総監 O ~ geral da polícia.

kéishi³ 罫紙 O papel com linhas. ⇨ kéi⁵; keisen².

kéishi⁴ 刑死 A execução (Morte penal). ★ ~ *suru* 刑死する Ser executado. ⇨ gokú-shí; shikéi¹.

keishí-chō 警視庁【Dir.】O Departamento da Polícia Metropolitana.

keishíki 形式 **a**) A forma [regra]; o estilo; **b**) A mera formalidade「de assinar o seu nome」. ★ ~ *ni nagareru* 形式に流れる Fazer a cerimó[ô]nia de acordo com as regras. ~ *no totonotta* 形式の整った Bem feito [Com todas as regras]. ~ *o fumu* 形式をふむ Seguir as formalidades. ~ *ron* 形式論 O formalismo. ~ **ronri** 形式論理 A lógica formal. ~ *shugi* 形式主義 O formalismo. ~ **teki**. S/同 Hōshíkí.; katáchí; yōshíkí. A/反 Naíyō.

keishíki-báru 形式張る (<… + harú) Ser (demasiado) formal; fazer cerimó[ô]nia.

keishíki-téki 形式的 Formal.

keishín¹ 敬神【E.】A reverência a [para com] Deus; a piedade.

keishin² 軽震【Geol.】O terra[e]moto pequeno. ⇨ jishín³; shindó¹.

keishín³ 軽信【E.】A credulidade.

keishítsú 形質 O cará(c)ter; a característica; a qualidade. ◇ **Iden ~** 遺伝形質【Biol.】O ~ hereditário.

keishō¹ 敬称 O título honorífico [da posição ocupada]. ★ ~ *o tsukete namae o yobu* 敬称をつけて名前を呼ぶ Chamar pelo ~. ◇ ~ **ryaku** 敬称略 (掲示) Sem menção de títulos.

keishō² 継承 A sucessão. ◇ ⇨ ~ **sha**. **Ōi ~** 王位継承 ~ ao trono. S/同 Kōkéi; sōzoku (+).

keishō³ 軽症 Uma doença leve [sem gravidade].

◇ ~ kanja 軽症患者 Um caso [O paciente com doença] sem gravidade. A/反 Jūshó[1].

keishó[4] 軽傷【E.】Uma ferida leve [O ferimento leve]. ⇨ jūshó[2].

keíshō[5] 景勝【E.】A paisagem bela/pitoresca. *Iguasu no taki wa yūmei na ~ no chi da* イグアスの滝は有名な景勝の地だ As quedas do (rio) Iguaçu são famosas pela sua ~. ⇨ fūkei; késhiki[1].

keíshō[6] 警鐘【E.】A sineta de alarme. ★ ~ *o (uchi)narasu* 警鐘を(打ち)鳴らす Tocar ~. S/同 Hańshō(+). **2** 【警告】O aviso 「aos responsáveis」. S/同 Keíkóku(+).

keíshō[7] 形象 A forma; o feitio; a configuração.

keíshō[8] 軽少「o prejuízo」Insignificante. S/同 Wázuka(+).

keíshókú 軽食 A refeição leve; a merenda. ★ ~ *o toru* 軽食をとる Tomar uma ~. ⇨ sunákku.

keíshōkú-hō 警職法 (Abrev. de "keísatsúkan shókumu shikkóhō") As leis da alçada policial.

keishō-sha【óo】継承者 O sucessor; o herdeiro.

keíshu 警手 O guarda; o vigia.

keíshú 閨秀【E.】A mulher dotada [inteligente e culta]. ◇ ~ **sakka** 閨秀作家 A grande escritora, a romancista de grande talento. ⇨ saíén[2]; sáijo.

keíshúkú 慶祝【E.】A congratulação; o celebrar. S/同 Kéiga(+); shukúgá(o).

kéiso 珪素【Quím.】O silício (Si 14).

keiso[1] 係争【Dir.】A disputa; a contenda; o pleito; o litígio. ◇ ~ *chū no* 係争中の Em disputa [litígio].

keiso[2] 軽装 As roupas leves. ★ ~ *de tabi ni deru* 軽装で旅に出る Viajar com ~. A/反 Jūsó.

keisó[3] 継走【E.】A corrida de estafeta [em que há revezamento]. S/同 Riré(+).

keisó[4] 珪藻【Bot.】A diatomácea. ◇ ~ **do** 珪藻土 O diatomito; a terra de ~; o trípole silicoso.

keisókú 計測【E.】A medição; a medida. ★ ~ *suru* 計測する Medir. ◇ ~ **ki** 計測器 O aparelho [instrumento] de medir; o medidor. ⇨ keíryó[1].

keísótsú 軽率 A imprudência; a irreflexão; a precipitação. ★ ~ *na handan [kódo] o suru* 軽率な判断 [行動] をする Julgar [Agir] sem prudência [reflexão]. ~ *ni shinjiru* 軽率に信じる Acreditar logo. S/同 Karúházúmi; sokótsú. A/反 Shińchó.

keisū[1]【úu】係数【Mat./Fís.】O coeficiente; o módulo. ~ **Bōchō [Masatsu]** ~ 膨脹 [摩擦] 係数 ~ de expansão [fricção].

keísū[2]【úu】計数 O cálculo; a conta; os números. ◇ ~ **ki** 計数機 A máquina calculadora. ⇨ keíró[3].

keísúi 軽水【Quím.】A água leve. A/反 Jūsúi.

keísúru 敬する【E.】Respeitar; reverenciar; estimar; honrar. S/同 Uyámáu(+).

keitái[1] 形態 A forma; a figura; o feitio; a configuração. ◇ ~ **gaku**【ron】形態学 [論]【Lin./Bot.】A morfologia. S/同 Arísama(+); katáchí(o); keíjō.

keitái[2] 携帯 O levar [trazer] consigo. ★ ~ *ni benri na* [*yo yō no*] 携帯に便利な [携帯用の] Fácil de levar [Portátil]. ~ *suru* 携帯する Levar (consigo). ◇ ~ **hín**. ~ **rajio** 携帯ラジオ O rádio portátil.

keítai-hín 携帯品 Os objectos pessoais; a bagagem de mão. ◇ ~ **azukari-jo** 携帯品預り所 O vestiário. ⇨ keíryó[2].

keitaí-so 形態素【Lin.】O morfema. ⇨ keítái[1].

keitéki 警笛 O apito [assobio] de alarme; a buzina 「de automóvel」. ★ ~ *o narasu* 警笛を鳴らす Apitar; dar um ~; buzinar; tocar a ~.

ke-ító 毛糸 A lã; o fio de lã.

keítō[1] 系統 **1** 【組織, つながり】O sistema 「nervoso」. ~ *o tateru* [~ *teki ni suru*] 系統を立てる [系統的にする] Sistematizar; organizar. *Hyóhon o teki ni bunrui suru* 標本を系統的に分類する Classificar sistematicamente os espécimes. ◇ **Shiki [Meirei]** ~ 指揮 [命令] 系統 A cadeia de comando; os canais competentes. ~ sóshiki; tsunágári. **2** [血統] A linhagem; a linha genealógica [de família]. ★ ~ *o hiku* ~を引く Descender [Ser descendente] 「de」. S/同 Chi-sújí(+); kettō. ~ keízú. **3** [生物における世代のつながり] A genealogia. ◇ ~ **hassei** 系統発生 A filogenia. ~ **ju** 系統樹 A árvore genealógica. **4** [系列] A linha; a escola 「aristotélica」. S/同 Keírótsú.

keítō[2] 傾倒 O virar-se todo para 「o estudo/um herói」. ★ ~ *suru* 傾倒する Dedicar-se 「a」; admirar. S/同 Keíchú.

keítō[3] 鶏頭【Bot.】A crista-de-galo; *celosia argentea var. cristata*.

kéitsui 頸椎【Anat.】As vértebras cervicais.

keíyákú 契約 O contrato; o pacto; o convé[ê]nio; o compromisso. ★ ~ *ni ihan suru* 契約に違反する Violar o ~. ~ *o kakikaeru* [*kōshin suru*] 契約を書き変える [更新する] Renovar o ~. ~ *o mamoru* 契約を(守る) Respeitar o ~. ~ *suru* [*o musubu*] 契約する [を結ぶ] Contratar; fazer[celebrar;concluir;ajustar; firmar; assinar] um ~. ◇ ~ **fu-rikó** 契約不履行 A falta de cumprimento do ~. ~ **kigen** 契約期限 O termo [prazo; A validade] do ~. ~ **kin [ryō]** 契約金 [料] O dinheiro pago pelo ~. ~ **sha** 契約社 O contratador; os contratantes. ~ **sho**. **Baibai** ~ 売買契約 O contrato de compra e venda [de transa(c)ção]. **Kari [Kōtō; Zuii; Sōmu; Henmu]** ~ 仮 [口頭; 随意; 双務; 片務] 契約 ~ provisório [verbal; opcional; bilateral; unilateral].

keíyákú-shó 契約書 O contrato (escrito). ★ ~ *ni shomei suru* 契約書に署名する Assinar ~.

keíyō[1] 形容 **1** [形状]【E.】A figura 「emaciada」. S/同 Keíjō(+). **2** [言い回し, たとえ] A expressão figurativa; a descrição. ★ ~ *shigatai* 形容しがたい Indescritível; inexprimível. ~ *suru* 形容する Qualificar; descrever; exprimir figurativamente. ~ *suru* 形容する 「*Keíyō-shi wa meishi o* ~ *suru*」形容詞は名詞を形容する O adj. qualifica o sub.」. ◇ ~ **goku** 形容語句 O atributo; a palavra qualificativa; a frase metafórica. ⇨ ~ **shi**. S/同 Tatóe.

keíyō[2] 揭揚 O hastear. ★ *Kokki o* ~ *suru* 国旗を掲揚する Içar [Hastear] a bandeira nacional.

keíyō-shi【óo】形容詞 **1**【Gram.】O adje(c)tivo. **2** [形容の言葉] O epíteto. ★ *Ōgesa na shōsan no* ~ 大げさな賞賛の形容詞 ~ exageradamente elogioso.

keiyu[1] 経由 Via; (passando) por. *Ankareji* ~ *no hikōki de Pari ni ikimasu* アンカレッジ経由の飛行機でパリにいきます Voamos para Paris ~ Anchorage.

keiyú[2] 軽油 O óleo fino. A/反 Jūyú. ⇨ sekíyú; tōyú[1].

kéizai 経済 **1** [経済状態; 財政] A economia; as finanças. ◇ ~ **antei [gaikō; jiritsu; katsudó; kikō; kyōryoku]** 経済安定 [外交; 自立; 活動; 機構; 協力] A estabilidade [diplomacia; independência; a(c)tividade; estrutura; cooperação] econó(ô)mica. ~ **dantai rengō-kai [Keidanren]** 経済団体連

合会[経団連] A Federação das Organizações Econó(ô)micas (do J.). **~ enjo** 経済援助 A ajuda econó(ô)mica. **~ fūsa** 経済封鎖 O bloqueio econó(ô)mico. ⇨ **gaku**. **~ hakusho** 経済白書 O relatório oficial do governo sobre assuntos econó(ô)micos; o livro branco da ~. **~ kai** 経済界 O mundo da(s) ~. **~ kikakuchō** 経済企画庁 O Departamento de planeamento de econó(ô)mico. **~ kiki** 経済危機 A crise econó(ô)mica [financeira]. **~ kyōkō** 経済恐慌 O pânico financeiro. **~ kyōryoku kaihatsu kikō** 経済協力開発機構 A Organização para a Cooperação e o Desenvolvimento Econó(ô)micc. **~ men[ran]** 経済面[欄]A se(c)ção de economia (do jornal). **~ ryoku** 経済力 O poder econó(ô)mico. **~ sei** 経済性 A economicidade「do carro」. **~ seichōritsu** 経済成長率 A taxa de crescimento econó(ô)mico. **~ taikoku** 経済大国 A potência econó(ô)mica. ⇨ **~ teki**. **Burokku [Jiritsu; Jiyū; Keikaku; Seiji; Tōsei] ~** ブロック[自立;自由;計画;政治;統制] 経済 A ~ de blocos [auto-suficiente; de livre mercado; planificada; política; dirigida]. **2** [節約] A economia; a poupança. ◇ **~ kannen** 経済観念 O sentido da ~. **~ sokudo** 経済速度 A velocidade econó(ô)mica. [S/周] Ken'yákú; setsúyákú. [A/反] Fu-kéizai.

keízái-gaku 経済学 A economia (como ciência). ◇ **~ sha** 経済学者 O economista.

keizái-téki 経済的 Econó(ô)mico; financeiro; poupado. ★ **~ ni megumareru** [megumarenai] 経済的に恵まれる[恵まれない] Ser economicamente favorecido [desfavorecido]. *Jikan o ~ ni tsukau* 時間を経済的に使う Economizar [Poupar] o tempo.

keízókú[¹] 継続 a) A continuação; o prosseguimento; o prolongamento; b) A renovação. ★ **~ suru** 継続する Continuar「na escola/a trabalhar」; renovar「a assinatura do jornal」. **~ teki** 継続的 Contínuo; seguido; sucessivo; ininterrupto. ◇ **~ shingi** 継続審議 A continuação da deliberação na próxima assembleia. [S/周] Keíshō; zokkí.

keízókú[²] 係属[Dir.] A pendência. ★ **~ chū no sosho** 係属中の訴訟 O processo pendente.

keízú 系図 A genealogia; a linhagem; a árvore genealógica.

kejimé けじめ A distinção. ★ **~ ga nai** [tsukanai] けじめがない[つかない] Não saber distinguir/esclarecer. **~ o tsukeru** けじめをつける Distinguir「entre o bem e o mal」; fazer uma distinção clara「entre os assuntos da empresa e os da família」. [S/周] Kúbetsu; ku-gíri; mi-sákáí.

ke-jirami 毛虱 (< …¹ + shirámi) O piolho ladro; o chato (B.); *phthirius pubis*.

ke-jūsó 毛繻子 (< …¹ + shúsu) A cetineta; o cetim de lã e algodão.

kéki [ée] ケーキ (< Ing. *cake*) O bolo; a torta. ◇ **Bāsudē ~** バースデーケーキ O ~ de aniversário. **Shōto ~** ショートケーキ O ~ de massa friável, coberto de creme batido e morangos.

kekká[¹] 結果 O resultado; a consequência; o efeito; o fruto; a conclusão; o desfecho. ★ **~ ga kichi [kyō] ni deru** 結果が吉[凶]と出る Sair bem [mal]; ter êxito [fracassar]. **~ teki ni wa** 結果的には Consequentemente; como resultado. *Gen'in to ~* 原因と結果 A causa e o efeito. *Tōzen no ~ to shite* 当然の結果として Como consequência natural. *Yoi ~ ga deru [o eru]* 良い結果が出る[を得る] Sair bem; ter êxito; dar bom resultado. ◇ **~ ron** 結果論 O discutir depois de saber o resultado. [S/周] Ketsúmátsú. [A/反] Gén'ín.

kekká[²] 欠課 A ausência da aula. ⇨ **kessékí**[¹].

kekkáí[¹] 決壊[潰] A quebra; o colapso; a ruptura; o desmoronamento; o rompimento. *Taifū de teibō ga ~ shita* 台風で堤防が決壊した O dique rebentou [ficou desfeito] com o tufão. [S/周] Hōkáí.

kekkáí[²] 血塊 O coágulo [grumo] de sangue.

kekkákú 結核 [Med.] A tuberculose; a tísica (pulmonar). ◇ **~ kin** 結核菌 O bacilo da ~ [de koch]. **~ ryōyōjo** 結核療養所 O sanatório.

kekkán[¹] 欠陥 O defeito; o senão; a deficiência. ◇ **~ sha** 欠陥車 O carro defeituoso. [S/周] Fusókú; ketten.

kekkán[²] 血管 [Anat.] O vaso sanguíneo; a veia; a artéria. **~ no** 血管での Vascular. ◇ **~ zōei** 血管造影 A radioscopia [radiografia] do ~ por meio de contraste. **~ mōsai ~** 血管網細~ dó[jō]myákú.

kekki[¹] 血気 O sangue quente; a vitalidade; o ardor; o fervor; o entusiasmo; a paixão. ★ **~ ni hayaru** 血気にはやる Ser impetuoso. **~ sakan na wakamono** 血気盛んな若者 O jovem cheio de ~. [S/周] Hayárígí; wakágé.

kékki[²] 決起 O levantamento; a sublevação [revolta]. ★ **~ suru** 決起する Levantar-se「contra」; sublevar-se. [S/周] Fúnki.

kekkín 欠勤 A ausência「da firma」; a falta「ao trabalho」. ★ **~ suru** 欠勤する Não ir para o emprego. **~ todoke** 欠勤届け A notificação de ~. **Mudan [Mutodoke] ~** 無断[無届]欠勤 ~ sem licença/permissão [aviso]. [A/反] Shukkín.

kekkō[¹] 結構 **1** [構造] [kekkoo] A estrutura「duma obra」. ◇ **~ zai** 結構材 A viga「de ferro para ponte」. ⇨ kamáé; kósēi[²]; kōzō. **2** [良好なようす] [kékkoo] Bom; excelente; magnífico. **~ na o-aji desu** 結構なお味です「o doce」Está bom [uma delícia]. ★ **~ na shina** [okurimono] 結構な品[贈り物] Um artigo [presente] precioso. **~ zukume no hanashi** 結構ずくめの話 Algo que não deixa nada a desejar [Um negócio magnífico]. [S/周] Ryōkō. ⇨ móshíbún[¹]. **3** [満足しているようす] [kékkoo] Ser bastante; estar satisfeito. *Dochira de mo ~ desu* どちらでも結構です Não (me) faz diferença; tanto (me) faz. *Mō ~ desu* もう結構です Não, obrigado/Já basta [estou satisfeito]. **4** [不必要であるようす] Não querer [precisar]. "*O-taku made o-okuri shimashō*" "*Iie, ~ desu*." "お宅までお送りしましょう」「いいえ、結構です」"Vou acompanhá-la até easa" "Obrigada, não é preciso." **5** [十分であるようす] [kékkoo] Bastante; suficientemente. *Furui mono da ga ~ yaku ni tatsu* 古いものだが結構役に立つ「o carro」Já está velho, mas ainda serve. ⇨ jūbún[¹]; kánari; sóréi[²].

kekkō[²] 決行 A a(c)ção decidida [resoluta]. ★ *Sutoraiki ~ chū* ストライキ決行中 (Estamos) em greve! *Uten ~ no yakyū taikai* 雨天決行「の comício」Será realizado mesmo que chova. **~ suru** 決行する Executar [Agir] com decisão. [S/周] Dańkō.

kekkō[³] 欠航 A suspensão [O cancelamento] do serviço aéreo ou marítimo. ★ **~ suru** 欠航する Suspender [Cancelar]「o voo」.

kekkō[⁴] 血行 A circulação do sangue. *Undō ni yori ~ ga yoku natta* 運動により血行が良くなった Com o exercício físico melhorou a ~. ◇ **~ shōgai** 血行

障害 Problemas de ~. ⟨S/同⟩ Chi nó mégúri.
kekkó⁵ 欠講 O não haver「aula」. ★ ~ *suru* 欠講する Não dar [ir à] aula. ⇨ kyûkô².
kekkón¹ 結婚 O casamento; o matrimó[ô]nio; as núpcias; a boda. ★ ~ *no* 結婚の「o laço」Matrimonial; nupcial. ~ *no mōdosi* 結婚の仲人 O mediador [intermediário] no casamento; o casamenteiro. ~ *o mōshikomu* 結婚を申し込む Pedir a mão「de」; pedir em casamento. ~ *suru* Casar; contrair matrimónio; desposar-se. ~ *saseru* 結婚させる Casar [Dar「a filha」em casamento]. ◇ **aite** 結婚相手 O outro cônjuge; o noivo [a noiva]. ~ **hirō-en** 結婚披露宴 A festa [recepção; O banquete] de casamento. ~ **iwai** 結婚祝い O presente [A prenda] de casamento. ~ **sagi** 結婚詐欺 A fraude [farça] matrimonial. ~ **seikatsu** 結婚生活 A vida conjugal [a dois; de casados]. ~ **shiki** 結婚式 O casamento; a cerimó[ô]nia de ~; a boda [~ *shiki o ageru* 結婚式をあげる Fazer (a cerimónia d)o casamento]. ~ **shikijō** 結婚式場 O local para ~. ~ **sōdansho** 結婚相談所 A agência de casamentos. ~ **tsūchi** 結婚通知 A notícia (por escrito) do ~. ~ **yubiwa** 結婚指輪 O anel de casamento; a aliança. ⇨ mi-ái (+). **Ren'ai** ~ 恋愛結婚 O casamento por amor. ⟨S/同⟩ Koń'ín.
kekkón² 血痕 A mancha de sangue.
kékkyo 穴居 O viver nas cavernas. ◇ ~ **jidai** 穴居時代 A idade dos cavernícolas.
kekkyóku 結局 Por fim; afinal; finalmente; no fim de contas; apesar de tudo; em última análise. *Hanashiai wa* ~ *mono-wakare to natta* 話し合いは結局物別れとなった Afinal romperam-se as negociações. ~ *no tokoro* 結局のところ No fim de contas; ou seja; em última análise. ⟨S/同⟩ Agékú nó hatë; tsúí ni.
ke-kórósu 蹴殺す (< *kéru* + …) Dar um pontapé mortal; matar com (aos) pontapés.
ke-kúzú 毛屑 Os flocos [de lã]; o fiapo.
kemísúru 閲する【E.】**1**「調べる」Examinar; inspe(c)cionar. ⟨S/同⟩ Shirábéru (+). **2**「経過する」Passar; decorrer; expirar. ⇨ héru².
komóno 獣 O animal selvagem. ⟨S/同⟩ Kedámónó. ~ dóbútsú.
kemú 煙【G.】O fumo. ⟨I/慣⟩ ~ *ni maku* 煙に巻く Enganar「a polícia」; enrolar. ⟨S/同⟩ Kemúrí (+).
kemúí 煙い ⇨ kemútái.
ke-múkújárá 毛むくじゃら【G.】Peludo.
kemúri 煙 ★ ~ *ga me ni shimiru* 煙が目にしみる Entrar ~ nos olhos. ~ *ga tachinoboru* 煙が立ちのぼる Fazer muito fumo [Levantar-se uma ~ !]. ~ *ni makarete shinu* 煙に巻かれて死ぬ Morrer asfixiado pelo[a] ~. *Mōmōtaru* ~ もうもうたる煙 Uma fumaceira. ⟨I/慣⟩ ~ *ni naru* 煙になる **a)** Desaparecer; sumir(-se); **b)** Ser cremado [*Kaji de zen-zaisan ga* ~ *ni natta* 火事で全財産が煙になった Com o incêndio, tudo o que eu tinha ficou reduzido a cinzas]. ~ *o tateru* 煙を立てる **a)** Fazer fumo; **b)** Viver na pobreza. ~ *to kieru* 煙と消える Esvair-se em águas de bacalhau [*Chichi no shi de ryūgaku no yume mo* ~ *to kiete shimatta* 父の死で留学の夢も煙と消えてしまった Com a morte de meu pai, esvaiu-se [lá se foi] o meu sonho de estudar no estrangeiro]. ~ "nuvem". ◇ *Chi* ~ 血煙 O borrifo de sangue. **Tsuchi** ~ 土煙 Uma poeirada [nuvem de pó]. **Yu** ~ 湯煙 O vapor da água quente.

kemúrú 煙る **1**「くすぶる」Fazer/Lançar fumo [fumaça]; fumegar. ⟨S/同⟩ Kusúbúru. **2**「かすむ」Enevoar-se. ★ *Kosame ni* ~ *machi* 小雨に煙る街 A cidade enevoada na chuva fina. ⟨S/同⟩ Kasúmú.
kemúshi 毛虫【Zool.】A lagarta peluda; a tatarana (B.). ★ ~ *no yō ni kirau* 毛虫のように嫌う Odiar「alguém」como às cobras. ⇨ aó-mushi.
kemútágárú 煙たがる (< kemútái +…) **1**「煙に苦しむ」Ser sensível à fumaça. **2**「窮屈で、親しみにくく感じる」Não se sentir à vontade [Não gostar de estar] com alguém. *Kare wa unubore ga tsuyoku hitobito kara kemutagararete iru* 彼はうぬぼれが強く人々から煙たがられている Todos o acham vaidoso e fogem [não se aproximam] dele.
kemútái 煙たい **1**「けむい」Fumegante; cheio de fumo. ⟨S/同⟩ Kemúí. **2**「窮屈で親しみにくい」Desagradável; embaraçoso; incó[ô]modo. ★ ~ *sonzai* 煙たい存在 Uma presença (Pessoa) ~. ⇨ kemútágárú.
ken¹ 件 O acontecimento; o incidente; a questão; o caso; o assunto; o tópico. ★ *Rei no* ~ *ni tsuite* 例の件について… Sobre aquele assunto … ◇ ~ **sū** 件数 O número de incidentes.
ken² 券 O bilhete; a etiqueta; o cupão; o talão. ◇ **Jōsha** ~ 乗車券 O bilhete da passagem. **Shōhin** ~ 商品券 O vale-mercadoria; o cupão de compras. ⇨ kippú; shokkén².
ken³ 県 A província「do Minho」. *Kare wa Hiroshima* ~ *no shusshin da* 彼は広島県の出身だ Ele é da ~ de Hiroshima. ~ **chiji** 県知事 O governador de ~. ~ **chō** 県庁 O palácio [A sede] do governo da ~. ~ **dō** 県道 A estrada provincial. ~ **gikai** 県議会 A câmara provincial. ~ **min** 県民 A gente de uma ~. ⇨ kúní; murá¹; shi⁵.
ken⁴ 剣 A espada. ★ ~ *o nuku* 剣を抜く Sacar [Desembainhar] a ~; puxar da ~. ~ *o osameru* 剣を納める Embainhar「a espada」. **2**「はちの針」O ferrão「da abelha」.
ken⁵ 兼 E; ao mesmo tempo; simultaneamente. ★ *Ima* ~ *shinshitsu* 居間兼寝室 A sala de estar que é também [serve de] quarto de dormir; sala e…
ken⁶ 険【E.】**1**「難所」O lugar inacessível [íngreme]. ★ *Tenka no* ~ 天下の険 Um lugar muito famoso por sua inacessibilidade; o lugar mais inacessível do país. ⟨S/同⟩ Nańshó (+). **2**「とげとげしさ」「olhar」Severo; 「som」ríspido. ★ ~ *no aru kao* 険のある顔 O rosto duro [severo]. ⟨S/同⟩ Keńshó.
ken⁷ 腱【Anat.】O tendão. ◇ **Akiresu** ~ アキレス腱 ~ de Aquiles; o ponto fraco.
ken⁸ 鍵【Mús.】A tecla; a nota. ★ *Piano no* ~ ピアノの鍵 ~ de piano. ⟨S/同⟩ hakkéń; okutábú.
ken⁹ 妍【E.】A beleza. ★ ~ *o kisou* 妍を競う Disputar ~; querer「ser cada qual a mais bonita」.
-ken¹⁰ 圏 A esfera; o círculo ou raio de a(c)ção; o âmbito; o espaço. ◇ **Porutogaru-go** ~ ポルトガル語圏 ~ de p. [Os países de língua p./CPLP].
-ken¹¹ 権 O direito. ◇ **Zaisan** ~ 財産権 ~ de propriedade. ⟨S/同⟩ Kénri.
-ken¹² 軒 **1**「家数」(Suf. numeral para casas). **2**

[店名]"Restaurantes". ◊ **Rairai** 来々軒 O Restaurante Rairai.

-kén[13] 間 Um "ken" (1,818m). ★ *Maguchi ni ~ no ie* 間口2間の家 A casa com dois ~ de fachada.

kénage 健気 **1** [雄々しいようす] Heróico; corajoso; bravo; valente. ★ ~ *na hataraki* 健気な働き A a(c)ção heróica. **2** [殊勝なようす] Louvável; admirável; meritório. ★ ~ *na musume* 健気な娘 A moça admirável「que ajuda a mãe doente」.

ken'akú 険悪 **1** [あぶなくて油断ができないようす]「tempo」Perigoso; sério; crítico; grave; ameaçador;「situação」inquietante. ★ ~ *na jitai* 険悪な事態 O caso sério. **2** [顔・性質などがけわしくて恐ろしいようす] Hostil [Irado]. ★ ~ *na kaotsuki* 険悪な顔つき O rosto [Irado]. ⇨ kén[6].

ke-námí 毛並み **1** [毛の有様] **2** [血served] A raça [família]; **b**) O gé[ê]nero/A categoria「de pessoas」. ★ ~ *ga yoi* 毛並みが良い Ser de boa ~. ⇨ chi-súji; iégárá; kettō[1].

ken'án[1] 懸案 O problema [A questão] pendente. ★ *Naganen no* ~ 長年の懸案 O problema de há anos [muito tempo]. ◊ ~ **jikō** 懸案事項 Os pontos [As cláusulas] pendentes.

ken'án[2] 検案 O laudo; o exame autorizado. ◊ **(Shitai)~ sho** (死体)検案書 O certificado de autópsia.

kenású 貶す Falar mal「de alguém」; ofender; difamar; criticar. ★ *Sanzan ni* ~ さんざんに貶す Criticar severamente [Deitar abaixo]. S/同 Kusásu; soshíru. A/反 Homéru.

kénba 犬馬【E.】O cão [cachorro] e o cavalo [Tudo]. ★ ~ *no rō o toru* 犬馬の労を取る Prestar um grande serviço「a alguém」.

kenbán 鍵盤 O teclado. S/同 Kíbōdo. ⇨ kén[8].

kenbén 検便【Med.】O exame das fezes. ★ ~ *suru [o okonau]* 検便する[を行う] Fazer o ~. ⇨ bén[2]; fuń-béń; keńnyō.

kénbi 兼備【E.】O ter ambas [todas] as coisas. ★ *Sai-shoku ~ no josei* 才色兼備の女性 Uma moça inteligente e bonita.

keńbíkyō 顕微鏡 O microscópio. ★ ~ *o nozoku* 顕微鏡をのぞく Ver ao [Observar pelo] ~. ◊ ~ **shashin** 顕微鏡写真 A microfotografia. **Denshi ~** 電子顕微鏡 ~ ele(c)tró(ô)nico.

kénbo 賢母 A mãe sábia. ◊ **Ryōsai ~** 良妻賢母 Boa esposa e sábia mãe. A/反 Gúbo.

kenbō[1] 健忘 O esquecimento; o olvido. ◊ ~ **shō** 健忘症【Med.】A amnésia.

kenbō[2] 権謀 O ardil; a astúcia. ◊ ~ **jussu** 権謀術数 O maquiavelismo; a maquinação. ⇨ bōryákú; hakárígótó.

kénbu 剣舞 A dança de espadas.

keńbún[1] 見聞 (⇨ mí-kiki) A informação; o conhecimento; a experiência. ★ ~ *ga hiroi [semai]* 見聞が広い[狭い] Ser muito [pouco] conhecedor. ~ *o hiromeru* 見聞を広める Aumentar os seus conhecimentos. ◊ ~ **roku [ki]** 見聞録[記] O regis(tr)o [A anotação; relatório] de experiências pessoais.

keńbúń[2] 検[見]分 A inspe(c)ção. ★ *Jiko genba o ~ suru* 事故現場を検分する Inspe(c)cionar [Examinar] o local do acidente.

keńbútsú 見物 **a)** A visita (a lugares de interesse); **b)** O ver「o jogo de beisebol」; **c)** O ver「uma briga」sem fazer nada. ★ ~ *suru* 見物する Visitar「Tóquio」. *Takami no ~ o kimekomu* 高見の見物を決め込む Ficar fora do [Não se querer meter no] barulho. ◊ ~ **kyaku** 見物客 O espectador; o visitante. ~ **seki** 見物席 Os assentos para a assistência. ⇨ kańkō[1].

keńbútsú-nín 見物人 O espectador; o visitante [turista].

kénchi[1] 見地 O ponto de vista; o ângulo de visão. ★ *Keizai-teki ~ kara mite* 経済的見地から見て Do ponto de vista econó(ô)mico. S/同 Kánten.

kénchi[2] 検地 A agrimensura; a inspe(c)ção [medição] de terras.

keńchíku 建築 A construção; o edifício; o prédio; a arquite(c)tura. ◊ ~ *suru* 建築する Construir; edificar. ◊ ~ **gaisha** 建築会社 A construtora; a empresa de construção. ~ **gaku** 建築学 A arquite(c)tura. ~ **hi** 建築費 O custo de construção. ~ **kijun-hō** 建築基準法 A lei fundamental de construção. ~ (**sekkei**) **jimusho** 建築(設計)事務所 A agência de arquite(c)tura. **Kōsō ~** 高層建築 O arranha-céus. S/同 Keńsétsu; zōéi.

keńchíku-butsu 建築物 O edifício; o prédio. S/同 Bíru; keńzō-butsu; tatémono.

keńchíku-ká 建築家 O arquite(c)to.

kencho 顕著 O ser conspícuo [claro]; notável. ★ ~ *na kōseki* 顕著な功績 O feito notável. ⇨ ichijírúshíi.

kendái 見台 A estante para ler.

kendáká 権高 O pensar que é mais do que os outros. ★ ~ *na bemcha* 「um tom de voz」Superior.

kendámá 剣[拳]玉 A (jogo do) bilboquê[ê]; o emboca-bola.

kendén 喧伝 Um grande rumor. ★ ~ *sareru* 喧伝される Ser muito comentado「o escândalo」; andar nas bocas do mundo. ⇨ hyóbán.

kendén-ki 検[験]電器【Fís.】O ele(c)troscópio.

kéndō[1] 剣道 A esgrima japonesa [O kendō].

kéndō[2] 県道 A estrada provincial. ⇨ kokúdō; shidō[2].

kéndo-chórái[-júrái] [oó/uú] 捲土重来【E.】O recuperar as forças depois da derrota (para um novo ataque); o contra-ataque.

ken'éi 県営 A administração [O governo] provincial. ◊ ~ **jūtaku** 県営住宅 As habitações construídas e administradas pelo ~. ⇨ kén[3]; kokúéí; shiéi[1,2].

ken'éki 検疫 O controle[o] sanitário; a quarentena. ★ ~ *o ukeru* 検疫を受ける Ficar em quarentena「no aeroporto」. ~ *suru* 検疫する Isolar para exame. ◊ ~ **kan** 検疫官 O funcionário do/a ~.

ken'éki[2] 権益 Os direitos e os interesses. ⇨ kénri; ríeki.

kenén 懸念 O receio; a preocupação; a apreensão. ★ ~ *suru* 懸念する Temer「as represálias」; recear「que chova」. ⇨ shińpaí.

ken'éń 犬猿 O cão e o gato (Lit.: o cão e o macaco). ★ ~ *no naka (aidagara) de aru* 犬猿の仲 [間柄]である Ser como ~ (Inimigos).

ken'étsú 検閲 **a)** A censura; **b)** A inspe(c)ção [revista]「às tropas」]. ★ ~ *suru* 検閲する Censurar. ~ *zumi* 検閲済み(表示) Censurado; aprovado pela ~.

kéngai[1] 圏外 Fora do âmbito [alcance]「do tufão」. ◊ **Taiki ~** 大気圏外 Fora da atmosfera. A/反 Kénnai[1]. ⇨ -kén[10].

kéngai² 県外 Fora da província. Ⓐ/反 Kénnai².
keńgai³ 懸崖【E.】 **1**【絶壁】 O penhasco saído [inclinado]. Ⓢ/同 Zeppékí (+). **2**【盆栽】 A planta com os ramos inclinados até abaixo das raízes.
keńgákú 見学 A visita de estudo. ◇ ~ suru 見学する Fazer ~. Kōjō ~ ni iku 工場見学に行く Ir visitar uma fábrica. ⇨ keńbútsú.
keń gá mine 剣が峰 **1**【Sumō】A beira da arena. **2**【火山の噴火口の周り】A beira [orla] da cratera. **3**【ものごとの成功・不成功の境目】【Fig.】O ponto crucial「da questão」. ◇ ~ ni tatasareru 剣が峰に立たされる Estar num ~.
keńgán 検眼【Med.】O exame oftalmológico [da vista]. ★ ~ o ukeru 検眼を受ける Fazer um exame à vista.
keńgéki 剣劇 Um drama de samurais, com muita a(c)ção.
keńgen¹ 権限【Dir.】O poder; a autoridade; a competência; a jurisdição. ★ ~ gai [nai] no 権限外 [内] no Fora [Dentro] do[a] ~. ~ o ataeru 権限を与える Conceder ~. ~ o koeru 権限を越える Ultrapassar ~.
keńgen² 顕現【E.】A manifestação「do amor aos doentes」. ◇ ~ suru 顕現する Manifestar.
keńgén³ 建言 ⇨ kéngi².
kéngi¹ 嫌疑 A suspeita. ★「Satsujin no」~ o kakeru「殺人の」嫌疑をかける Suspeitar「de assassinato」.「Dorobō no」~ o ukeru「泥棒の」嫌疑を受ける Ser suspeito「de roubo」. Ⓢ/同 Utágáí (+); yōgi.
kéngi² 建議 A proposta「ao governo」. ★ ~ suru 建議する Propor; sugerir. ◇ ~ sho 建議書 ~ escrita「por escrito」. Ⓢ/同 Keńpákú.
keń-gikai 県議会 ⇨ keńkái².
kéngo 堅固 O ser firme [estável; seguro]. ★ ~ na toride 堅固なとりで A fortaleza sólida. Ⓐ/反 Zeljákú.
keńgō 剣豪 O mestre em esgrima. ◇ ~ shōsetsu 剣豪小説 O romance sobre grandes espadachins.
keńgyō 兼業 Outro trabalho ou profissão. ★ ~ suru 兼業する Exercer mais ~. ◇ ~ nōka 兼業農家 A família camponesa que exerce outra a(c)tividade secundária. Ⓐ/反 Seńgyō.
keńgyū-séi 牽牛星【Astr.】O Altair. Ⓢ/同 Hikóbóshi. ⇨ shókujo ⇨.
kén'i¹ 権威 **1**【権力】 A autoridade. ★ ~(no) aru 権威(の)ある「o professor」Com「Que tem」~. ◇ ~ shugi 権威主義 O autoritarismo. ~ suji 権威筋 A fonte autorizada. Ⓢ/同 Kéńryoku. **2**【大家】Uma autoridade「em medicina」; o mestre. Táika; táito.
keń'í² 健胃 O estômago bom. ◇ ~ jō 健胃錠 A pílula que facilita a digestão.
Kénia ケニア O Qué(ê)nia. ◇ ~ jin ケニア人 O queniense. ◇ ~ kyōwa koku ケニア共和国 A República do ~.
keń'ín¹ 牽引 A「força de」tra(c)ção. ★ ~ suru 牽引する Puxar; arrastar. ◇ ~ sha 牽引車 O tra(c)tor; o (veículo) rebocador.
keń'ín² 検印 O selo [carimbo] de aprovação.
kénja 賢者【E.】O (homem) sábio [douto: inteligente; culto; instruído; prudente]. Ⓢ/同 Keńjín. ⇨ Gúsha.
kénji¹ 検事【Dir.】O procurador [promotor] público. ◇ ~ ho 検事補 ~-assistente[-delegado]. ~ sei 検事正 O promotor-chefe. ~ sōchō 検事総長

O dire(c)tor-geral da promotoria pública.
kénji² 堅持 O manter [defender] firmemente. Seisaku o ~ suru 政策を堅持する Apoiar [Defender] uma medida「do governo」.
kénji³ 健児【E.】O moço forte; o mocetão. Kōshien ni zenkoku no ~ ga tsudou 甲子園に全国の健児が集う Os moços fortes de todo o país encontram-se em Koshien (Estádio do campeonato anual inter-colegial de bas.; fica entre Kobe e Ōsaka). ⇨ wakámónó; wakódo.
kénji⁴ 献辞 A dedicatória.
kénji⁵ 顕示【E.】A exposição「do Santíssimo (Sacramento)」. ◇ ~ suru 顕示する Mostrar. ◇ ~ yoku 顕示欲 O desejo de se mostrar [exibir].
keńjin¹ 堅陣 A posição inexpugnável.
keńjin² 県人 O natural de uma província. ◇ **Kanagawa ~ kai** 神奈川県人会 A associação das pessoas oriundas [naturais] da província de Kanagawa.
keńjin³ 賢人 O sábio; o douto; o culto. Ⓢ/同 Kénja. ⇨ Gújín; gúsha.
keńjirú 献じる Oferecer; dedicar「o livro」. ★ Ikkon ~ 一献献じる Oferecer uma taça de saqué. Ⓢ/同 Saságérú. ⇨ keńjó¹.
keńjitsú 堅実 O ser firme [constante;「negócio」estável; sólido; seguro]. ★ ~ na hito 堅実な人 A pessoa firme [digna de confiança]. ~ na shisō 堅実な思想 As ideias sólidas. ⇨ Chakújítsú.
keńjó¹ 献上 O presentear. ◇ ⇨ ~ hin. Ⓢ/同 Keńtéf²; shíńjō.
keńjó² 謙譲【E.】A modéstia. ★ ~ no bitoku 謙譲の美徳 A virtude da ~. ◇ ~ go 謙譲語【Gram.】A palavra [expressão] cortês. Ⓢ/同 Kéńkyo²; keńsóń (+).
keńjó-híń 献上品 Os presentes; as ofertas. ⇨ keńjó¹.
keńjú 拳銃 A pistola; o revólver. ★ ~ o utsu 拳銃を撃つ Disparar ~. Pisútórú; tańjú.
keńjitsú 剣術 A (arte) de esgrima. Ⓢ/同 Kéńdō (+); kéńpō².
keńká¹ 喧嘩 A briga; a rixa; a contenda; a bulha; a luta; a disputa. ~ ryōseibai da 喧嘩両成敗だ Numa ~ todos são culpados. ★ ~ ni watte hairu 喧嘩に割って入る Parar uma ~. ~ o kau 喧嘩を買う Reagir a uma provocação. ~ o uru 喧嘩を売る Desafiar; provocar. ~ suru 喧嘩する Brigar. ~ wakare (o) suru 喧嘩別れ(を)する Zangar-se e separar-se「namorados」. ~ zuki na [Kenkappayai] 喧嘩好きな [喧嘩っ早い] Briguento; desordeiro. ◇ ~ goshi 喧嘩腰 A atitude de briga. **Fūfu-genka** 夫婦喧嘩 A guerra [~] entre marido e mulher. **O-genka** 大喧嘩 ~ violenta; uma grande ~.
kénka² 堅果 O fruto indeiscente「noz, castanha, avelã」.
keńká³ 鹸化【Quím.】A saponificação. ★ ~ suru 鹸化する Saponificar; transformar-se em sabão.
keńká⁴ 献花 O oferecer [colocar] flores ao defunto (no funeral).
keńká⁵ 見解 A opinião; o ponto de vista. ★「sore wa」~ no sōi「de aru」「それは」見解の相違「である」「Isso é」uma questão de opiniões. ~ o koto ni suru 見解を異にする Ter um/a ~ diferente. Ⓢ/同 Iken; shokéń; shozóń.
keńkái² 県会 A assembleia provincial.

keńkáí3 狷介【E.】A teimosia. ★ ～ *na* 狷介な Obstinado; teimoso. [S/同] Katá-íjí.
keńkákú1 剣客 O esgrimista; o mestre em esgrima [no manejo da espada].
[S/同] Keńgṓ; keńkyákú; kénshi3. ⇨ kén4.
keńkákú2 懸隔【E.】A diferença; a discrepância. [S/同] Hedátárí (+).
keńkáń 顕官【E.】O dignitário.
[S/同] Kṓkáń (+). [A/反] Bikáń.
keńká-shókúbutsu 顕花植物【Bot.】A planta fanerogâmica (Que dá flores). [S/同] Shushí-shókúbutsu. [A/反] Ińká-shókúbutsu.
kénken けんけん O「saltar a」pé-coxinho.
[S/同] Katááshí-tóbí.
keńkéń-gṓgṓ 喧喧囂囂【E.】Um pandemó[ô]nio. ★ ～ *taru hinan* 喧喧囂囂たる非難 A reprovação clamorosa [geral].
keńkétsú 献血 A doação de sangue. ★ ～ *suru* 献血する Doar [Dar] sangue. ◇ **～ sha** 献血者 O doador de sangue.
[S/同] Kyṓkétsú; yokétsú. ⇨ yukétsú.
kénki 嫌気【Biol.】A anaerobiose. [A/反] Kṓki.
keńkíń 献金 A contribuição [doação] financeira; a esmola (⇨ hodókóshí). ★ ～ *suru* 献金する Dar dinheiro [uma ～]. ◇ **Seiji ～** 政治献金 ～ a um partido político. [S/同] Kifú-kíń; kyokíń.
kénko 眷顧【E.】⇨ híiki.
keńkṓ1 健康 **1** [身体の状態] A saúde (física). *Anata no ～ o shukushite kanpai* あなたの健康を祝して乾杯 Vamos beber [brindar] à sua : Saúde! ★ ～ *de aru* [*nai*] 健康である[ない] Ter [Não ter] ～; ser [não ser] saudável. ～ *ga sugurenai* 健康がすぐれない Ter pouca ～. ～ *jō no riyū de* 健康上の理由で Por motivo(s) [razões] de ～. ～ *na* 健康な Saudável; são; sadio; forte; rijo. ～ *ni megumareru* 健康に恵まれる Ter ～. ～ *ni yoi* [*warui*] 健康に良い[悪い] Ser bom [mau] para a ～. ～ *o gaisuru* 健康を害する Prejudicar a ～; dar cabo da ～. ～ *o kaifuku suru* 健康を回復する Recuperar [Recobrar] a ～. ～ *sō na* 健康そうな Com「cara de」～. ◇ **～ bi** 健康美 A beleza sadia. **～ hoken** 健康保険 O seguro social de ～. **～ hokenshō** 健康保険証 O cartão [A carteira] da previdência social de ～. **～ jōtai** 健康状態 O estado da ～. **～ shindan** 健康診断 O exame médico. **～ shindansho** 健康診断書 O atestado médico. **～ shokuhin** 健康食品 O alimento saudável [bom para a ～]. **2** [精神的な]【Med.】A saúde mental. ★ ～ *na kangaekata* 健康な考え方 Uma ideia sã. [S/同] Keńzéń.
keńkṓ2 兼行【E.】⇨ chū́ya.
keńkṓ3 軒昂【E.】O estar com ânimo. ★ *Iki ～ taru* 意気軒昂たる Animado.
keńkṓ-kotsu [óo] 肩甲骨 A omoplata [escápula].
keńkókú 建国 A fundação de um país. ★ ～ *kinen no hi* 建国記念の日 O Dia da Fundação Nacional (No J.: 11 de fevereiro). ～ *no so* 建国の祖 O fundador de um país [pai da nação].
keńkóń-íttékí 乾坤一擲【E.】Um grande lance. ★ ～ *no shōbu o suru* 乾坤一擲の勝負をする Arriscar tudo「num jogo, na descoberta da causa do cancro」. [S/同] Ténchi (+).
keńkyákú1 剣客 ⇨ keńkákú1.
keńkyákú2 健脚「ele tem」Boas pernas (Fortes). ★ ～ *o kisou* 健脚を競う Ver quem tem melhores pernas [anda mais].
kénkyo1 検挙【Dir.】A prisão (provisória); a detenção. ★ ～ *suru* 検挙する Prender; deter. ◇ **～ sha** 検挙者 A pessoa detida.
kénkyo2 謙虚 A modéstia; a humildade; a despretensão. ★ ～ *ni* 謙虚に Modestamente; humildemente. [S/同] Keńjṓ2; keńsóń. [A/反] Gṓmáń; ṓhei.
keńkyṓ-fúkáí 牽強付会【E.】A interpretação forçada. ★ ～ *no ronri* 牽強付会の論理 Um argumento forçado [artificioso]. [S/同] Kojítsúké (+).
keńkyū́ 研究 O estudo; a investigação; a pesquisa. ★ ～ *suru* 研究する Estudar; investigar; pesquisar. ◇ **～ happyō-kai** 研究発表会 A reunião para apresentação de trabalhos. **～ hōkoku** 研究報告 O relatório de estudos. ⇨ **～ jo** [**ka**]. **～ kadai** 研究課題 O tema [A matéria] de ～. **～ kai** 研究会 O grupo [A academia] de ～. **～ kaihatsu** 研究開発 O desenvolvimento através da pesquisa. **～ kikan** 研究機関 O órgão de investigação. **～ ronbun** 研究論文 O tratado; o ensaio; o trabalho; a tese; a dissertação. ⇨ **～sei** [**sha; shin; shitsu**].
keńkyū́-jó[-shó] 研究所 O instituto (de investigação); o laboratório de pesquisa. ◇ **～ in** 研究所員 O investigador [membro] do instituto.
keńkyū́-ká 研究家 O investigador; o pesquisador.
[S/同] Keńkyū́-sha.
keńkyū́-sei [úu] 研究生 O estudante estagiário.
keńkyū́-sha [úu] 研究者 O investigador; o pesquisador. [S/同] Keńkyū́-ká.
keńkyū́-shin [úu] 研究心 O espírito (de) investigador. ★ ～ *ni tomu* [*ōsei na*] 研究心に富む[旺盛な]Que tem a paixão do estudo [da investigação].
keńkyū́-shitsu [úu] 研究室 **a**) O gabinete de estudo「do professor」; **b**) O instituto.
kénma 研磨[摩]O polimento; a lapidação. ★ *Renzu o ～ suru* レンズを研磨する Polir a lente. ⇨ migákú; tógu.
kénmaku 剣[見]幕 A atitude ameaçadora. ★ *Osoroshii* [*Susamajii*] ～ *de* 恐ろしい[すさまじい]剣幕で Virou-se contra mim, como uma fera.
keńméí1 賢明 (O ser) judicioso [sábio]; prudente. ★ ～ *de nai* 賢明でない Imprudente; precipitado; desaconselhável. ～ *na shochi o toru* 賢明な処置をとる Tomar uma medida apropriada [sábia/inteligente/assisada]. [S/同] Rihátsú; rikṓ (+).
keńméí2 懸命 Muito empenho [esforço]. ★ ～ *ni benkyō suru* 懸命に勉強する Estudar com afinco [diligência/força]. ⇨ isshṓ-kénmei.
keńméń 券面【Econ.】⇨ gakúméń **2**.
keńmíń 県民 O habitante da tal província.
kén-mo-hororo けんもほろろ【G.】Brusco; ríspido; áspero; seco; rude. ★ ～ *ni kotowarareru* けんもほろろに断わられる Ser recusado sem rodeios [mais preâmbulos]. ⇨ reítán; sokkénái.
keńmóń1 検問 A inspe(c)ção [fiscalização]; o controle「policial」. ◇ **～ jo** 検問所 O posto de ～. ⇨ kénsa.
keńmóń2 権門【E.】A família ou pessoa influente. ◇ **～ seika** 権門勢家 Os grandes e poderosos; o manda-chuva「da terra/política」.
kénmu 兼務 Outro [Mais do que um] posto simultâneo. ★ ～ *suru* 兼務する Ocupar「dois cargos」simultaneamente. *Kōchi to kantoku o ～ suru* コーチと監督を兼務する Ser treinador e presidente (do clube) ao mesmo tempo.
[S/同] Keńníń (+); keńshókú. [A/反] Hónmu.

kénnai[1] 圏内 Dentro do círculo [âmbito; da esfera; alcance; da órbita]. *Taifū no bōfūu ~ ni haitta* 台風の暴風雨圏内に入った Já está sob o [debaixo da chuva do] tufão. ★ *Tōsen ~ ni aru* 当選圏内にある Ter a possibilidade de ganhar as eleições. ⒮⁄反 Kéngai.

kénnai[2] 県内 Na província. ⒮⁄反 Kéngai. ⇨ kén[3].

keńnán 剣難 O perigo de derramamento de sangue.

keńnín 兼任 O desempenhar [exercer] outro cargo ao mesmo tempo; a acumulação de funções. ◇ **~ kyōshi** 兼任教師 O professor extranumerário. ⒮⁄囲 Kénmu; keńshóku. ⒜⁄反 Seńnín.

keńnín-fúbátsú 堅忍不抜【E.】A perseverança inquebrantável. ★ *~ no seishin* 堅忍不抜の精神 O espírito de ~; uma vontade de ferro.

keńnō[1] 献納 A oferta [oferenda/doação]「ao templo」. ★ *~ suru* 献納する Ofertar; oferecer; doar. ◇ **~ hin** 献納品 A oferta. ⇨ hōnō; keńjō[2]; keńkín.

keńnō[2] 権能 ⇨ keńgén[1].

keńnón 険[剣] 吞 O perigo. ⇨ abúnái; kikén[1].

keńnyō 検尿【Med.】A uroscopia; o exame da urina. ⇨ keńbén.

kén'o 嫌悪 A aversão; a repugnância; o detestar [ódio]. ★ *~ suru* 嫌悪する Sentir ~; detestar. ⒮⁄囲 Zōo.

keń'ón 検温【Med.】A termometria. ★ *~ suru* 検温する Medir a febre. ◇ **~ ki** 検温器 O termó[ô]metro.

kéńpa 検波【Ele(c)tri.】A dete(c)ção; a desmodulação. ◇ **~ ki** 検波器 O detector; o desmodulador.

keńpái 献盃 O oferecer de beber [um copo]. ★ *~ suru* 献盃する Oferecer de beber (sobretudo saké). ⒜⁄反 Heńpái; keńshú.

keńpákú 建白 A petição. ★ *Seifu ni ~ suru* 政府に建白する Fazer uma ~ ao governo. ◇ **~ sho** 建白書 A ~ em memorial. ⒮⁄囲 Kéngi.

keńpei 憲兵 A/O polícia [O policial(B.)] militar.

keńpéi-ritsu 建蔽率【Arqui.】A proporção da área construída em relação ao terreno.

keńpítsú 健筆【E.】O ter facilidade para escrever. ⇨ tappítsú.

keńpō[1] 憲法 A constituição. ★ *~ jō no kenri* 憲法上の権利 O direito constitucional. *~ o happu [seitei] suru* 憲法を発布［制定］する Promulgar ~. *~ ihan* 憲法違反 A violação da ~ [Ser inconstitucional]. **~ kaisei** 憲法改正 A reforma da ~. **Nihon-koku ~** 日本国憲法 ~ Japonesa.

keńpō[2] 剣法 ⇨ keńjútsú.

keńpón 献本 a) O oferecer um livro; b) O livro oferecido. ★ *~ suru* 献本する「o autor」Oferecer um exemplar. ⇨ keńtéi[2] ◇.

kéńpu 絹布 O tecido de seda. ⇨ kínu[1].

keńpújin 賢夫人 A boa esposa. ⇨ fujín[2].

keńrán 絢爛 A sumptuosidade; o deslumbramento; a pompa. ★ *~ gōka na uchikake* 絢爛豪華な打ち掛け O "uchikake" vistoso. *~ taru* ⇨ hanáyaka; rippá.

kénri 権利 **1**「正しい要求」O direito. ★ *~ o hōki suru* 権利を放棄する Renunciar ao seu ~. *~ o kōshi [ran'yō] suru* 権利を行使［濫用］する Usar o [Abusar do] ~. *~ o kyōju [shutoku] suru* 権利を享受［取得］する Gozar [Adquirir] ~. *~ o shingai suru* 権利を侵害する Violar os ~「de outrem」. *~ o shuchō suru* 権利を主張する Reclamar os seus ~. *~ o sōshitsu suru* 権利を喪失する Perder ~「a」. ⒜⁄反 Gímu. **2**「商業上の」O direito do uso da loja. ★ *(Mise no) ~ o uru [kau]* (店の) 権利を売る [買う] Vender [Comprar]. ◇ **~ kin** [sho].

keńri-kín 権利金 a) O pré[e]mio「do terreno」; b) (O dinheiro da) chave (Aluguer de casa).

keńri-shó 権利書 A escritura; o documento comprovativo (de um direito).

keńrítsú 県立 (⇨ kén[3]) Provincial. ◇ **~ kōkō** 県立高校 O liceu [ginásio/ginasial] ~. ⇨ chōrítsú[1]; kokúrítsú; shírítsú[1,2].

kénro 嶮路 O caminho íngreme. ⒮⁄囲 Nánro.

keńrō 堅牢 A solidez.

keńrúi 堅塁【E.】A fortaleza; o reduto inexpugnável. ⇨ torídé.

kéńryō 見料 a) A gratificação ao adivinho (que lê a sina); b) A paga para ver.

keńryoku 権力 O poder; a autoridade. ★ *~ ni kussuru* 権力に屈する Render-se ao ~. *~ o furuu [kōshi suru]* 権力をふるう [行使する] Exercer ~. *~ o nigiru [tsukamu; eru]* 権力を握る [つかむ; 得る] Ter [Agarrar/Ganhar] o ~. ◇ **~ arasoi [tōsō]** 権力争い[闘争] A luta pelo ~. **~ sha** 権力者 A pessoa influente; os poderosos. **Kokka ~** 国家権力 O ~ do Estado.

keńryū-kéi [úu] 検流計【Ele(c)tri.】O galvanó[ô]metro; o galvanoscópio.

kénsa 検査 O exame; a inspe(c)ção; a verificação; a vistoria; a revisão; o prova; o teste. ★ *~ ni tōru [gōkaku suru]* 検査に通る [合格する] Passar a prova (Ser aprovado). *~ o ukeru suru* 検査を受ける Ser examinado. *~ suru* 検査する Examinar; inspe(c)cionar; fiscalizar; verificar. ⇨ **kan** [**in**]. **~ zumi** 検査済み(掲示). Inspe(c)cionado; *Kono kikai wa ~ zumi da* この機械は検査済みだ Esta máquina já foi inspe(c)cionada. ⇨ gínmí; teńkén[1].

keńsá-kan[**-in**] 検査官 [員] O inspe(c)tor; o contabilista (examinador de contas); o fiscal.

keńsakú 検索 A consulta; a busca [procura]; a referência. ★ *Kotoba o ~ suru* 言葉を検索する Consultar [Ver] uma palavra「no dicionário」. ◇ **Jōhō ~** 情報検索 A procura de informações.

keńsakú[2] 献策【E.】O alvitre; a sugestão. ⇨ kéngi[2].

keńsán 研鑽【E.】O estudo aturado [persistente]. ★ *~ o tsumu* 研鑽を積む Prosseguir [Continuar] o seu estudo pacientemente. ⇨ kéńkyū.

keńsátsú[1] 検察【Dir.】A investigação [O interrogatório] criminal. ◇ **~ chō**. **~ kan** 検察官 O promotor público. **~ tōkyoku** 検察当局 A promotoria.

keńsátsú[2] 検札 A revisão dos bilhetes. ★ *~ suru* 検札する Revisar os bilhetes. ◇ **~ gakari** 検札係 O revisor [fiscal].

keńsátsú[3] 賢察 A conje(c)tura; a percepção. ★ *Go-~ no tōri* 御賢察の通り Conforme o senhor tinha conje(c)turado. ⒮⁄囲 O-sásshí (+).

keńsátsú-chō【Dir.】O ministério [A repartição do promotor] público.

kénsei[1] 牽制 a) O parar「o inimigo」; b) A finta (Beis.). ★ *~ suru* 牽制する a) ... b) Fintar. ◇ **~ kyū** 牽制球【Beis.】A bola fintada.

kénsei[2] 権勢 O poder; a influência. ★ *~ o furuu* 権勢をふるう Ter [Exercer] o ~. ◇ **~ yoku** 権勢欲

A ânsia [O desejo] do ～. [S/同] Kén'i; iséí; kénryoku.

keńséí[3] 憲政 O constitucionalismo; o governo constitucional. [S/同] Rikkéń-seíjí.

keńséki 譴責 A repreensão; a reprimenda. ◇ **～ shobun** 譴責処分【Dir.】～ oficial.

keńséki-un 絹[巻]積雲【Met.】O cirro-cúmulo; o céu-aos-carneirinhos.

keńsétsú 建設 A construção. ★ ～ *chū no dōro* 建設中の道路 A estrada em ～. *Bunka kokka o ～ suru* 文化国家を建設する Construir [Criar] uma nação de alta cultura. ～ *teki na iken* 建設的な意見 Uma opinião construtiva. ◇ **～ gaisha** 建設会社 A empresa construtora [de ～]. **～ shō [daijin]** 建設省[大臣] O Ministério [Ministro] de Obras Públicas. **～ yō-chi** 建設用地 O terreno para ～. [S/同] Keńchíkú; keńzṓ.

keńsétsú-hi 建設費 As despesas de construção.

kénshi[1] 犬歯【Anat.】O (dente) canino. [S/同] Itókírí-ba.

keńshí[2] 検死[屍・視] A autópsia. ★ ～ *suru* 検死する Autopsiar. ◇ **～ kan** 検死官 O médico-legista.

kénshi[3] 剣士 O esgrimista. [S/同] Keńgṓ; keńk(y)ákú. ⇨ kén[4].

keńshíkí 見識 **a**) O discernimento; a perspicácia; **b**) O respeito por si mesmo. ★ ～ *no aru hito* 見識のある人 Uma pessoa de grande ～. [S/同] Shikíkéń.

keńshíń[1] 検針 O ver o contador. ★ *Denki* [*Gasu*] *no ～ o suru* 電気[ガス]の検針をする Ver o contador de ele(c)tricidade [gás].

keńshíń[2] 検診 O exame médico [clínico]. ★ *I no teiki ～ o ukeru* 胃の定期検診を受ける Submeter-se regularmente a (um) ～ ao [do] estômago. ◇ **Shūdan ～** 集団検診 ～ em grupo. ⇨ shińsátsú.

keńshíń[3] 献身 A dedicação; o sacrifício de si mesmo. *Hinmin kyūsai ni ～ teki na doryoku o suru* 貧民救済に献身的な努力をする Entregar-se dedicadamente ao serviço dos pobres. [S/同] Jikó-gíseí.

keńshíń[4] 堅信[振]【Cri.】A confirmação. ◇ **～ rei [shiki]** 堅信礼[式] A cerimó[ô]nia da ～ [do sacramento do crisma].

keńshṓ[1] 肩章 A dragona; os galões.

keńshṓ[2] 憲章 A carta constitucional. ◇ **Jidō ～** 児童憲章 A Declaração dos Direitos da Criança. **Kokusai-rengō ～** 国際連合憲章 A Carta das Nações Unidas.

keńshṓ[3] 懸賞 O pré(ê)mio; o galardão; a recompensa. ★ ～ *ni ataru* [*tōsen suru*] 懸賞に当たる[当選する] Conquistar o ～. ～ *ni ōbo suru* 懸賞に応募する Inscrever-se no concurso. ～ *tsuki no* 懸賞付きの Premiado; com pré[ê]mio. ◇ **～ kin** 懸賞金 O valor [dinheiro] do pré[ê]mio. **～ ronbun [shōsetsu]** 懸賞論文[小説] O ensaio [A novela] premiado[a]. **～ tōsensha** 懸賞当選者 O premiado.

keńshṓ[4] 健勝【E.】A boa saúde. *Masumasu go-～ no koto to o-yorokobi mōshi-agemasu* ますます御健勝のこととお慶び申し上げます Alegro-me muito que goze sempre de ～. [S/同] Sṓkéń; sukóyaka (+).

keńshṓ[5] 検証 A inspe(c)ção; a verificação; a averiguação. ★ ～ *suru* 検証する Verificar; averiguar; inspec(c)ionar. ◇ **Genba ～** 現場検証 ～ no local.

keńshṓ[6] 顕彰【E.】O reconhecimento. ★ *Kakureta kōseki o ～ suru* 隠れた功績を顕彰する Reconhecer publicamente méritos desconhecidos.

keńshṓ[7] 腱鞘【Anat.】A membrana sinovial do tendão. ◇ **～ en** 腱鞘炎【Med.】A tenossinovite [inflamação da ～].

keńshókú 顕職【E.】O alto funcionário público. ⇨ kṓkáń.

keńshū́ 研修 O estágio; o estudo e a prática. ★ ～ *suru* 研修する Aprender na prática; fazer estágio. ◇ **～ ryokō** 研修旅行 A viagem de estudo. ⇨ beńkyṓ; jisshū́.

keńshū́-jó 研修所 O instituto para estagiários.

keńshū́-sei [úu] 研修生 O estagiário.

keńshútsú 検出 O detectar [encontrar]; a detecção. *Ame kara hōshanō ga ～ sareta* 雨から放射能が検出された Foi detectada radioa(c)tividade na água da chuva.

kénso 険阻[嶮岨] O ser íngreme. ⇨ kewáshíí.

keńsṓ[1] 喧騒[噪] O ruído [barulho; tumulto; rebuliço]. ★ *Tokai no ～ o* [*kara*] *nogareru* 都会の喧騒を[から]のがれる Fugir do barulho da cidade. ⇨ sawágáshíí; sṓzṓshíí; yakámáshíí.

keńsṓ[2] 険相 Um ar zangado. ⇨ kén[6] **2**.

keńsókú 検束 A prisão. ★ ～ *suru* 検束する Deter (uma pessoa). ⇨ ryū́chí.

keńsóń 謙遜 A modéstia; a humildade. *Sore wa go-～ deshō* それはご謙遜でしょう Isso é modéstia sua. ★ ～ *suru* 謙遜する Ser modesto [simples; despretensioso; humilde]. [S/同] Keńjṓ; kénkyo.

keńsṓun [óo] 絹[巻]層雲【Met.】O cirro-estrato.

keńsū́ [úu] 件数 O número de casos. ★ *Kasai no hassei ～* 火災の発生件数 ～ de incêndio.

keńsúí 懸垂 O estar dependurado [suspenso].

keńtáí 献体【Med.】O doar o corpo (por testamento, aos hospitais). ★ *Shigo no ～ o mōshideru* 死後の献体を申し出る Oferecer-se para ～.

keńtáí-kan 倦怠感 A sensação de cansaço ou aborrecimento「do casal」. ★ ～ *o oboeru* [*kanjiru*] 倦怠感を覚える[感じる] Sentir-se cansado [aborrecido]. [S/同] Kedárúsá.

keńtáí-ki 倦怠期 A fase de lassidão [fastio/tédio].

keńtáń[1] 健啖 O apetite devorador; a voracidade. ◇ **～ ka** 健啖家 O glutão; o comilão. [S/同] Taíshókú (+).

keńtáń[2] 検痰【Med.】O exame da expe(c)toração.

keńtéí[1] 検定 A aprovação [autorização] oficial. ★ ～ *suru* 検定する Dar ～; aprovar. ～ (*zumi no*) *kyōkasho* 検定(済みの)教科書 O livro escolar autorizado. ◇ **～ kan** 検定官 O examinador (do Estado). **～ ryō** 検定料 A taxa da ～. **～ shiken** 検定試験 O exame para obter certificado「de professor」. [S/同] Satéi. ⇨ kénsa.

keńtéí[2] 献呈 A oferta. ◇ **～ bon** 献呈本 O livro de oferta. [S/同] Keńjṓ[1]; shińtéí.

keńtéń 圏点 Um sinal parecido ao apóstrofo.

keńtṓ[1] [óo] 見当 **1** [予想; 見込み] A estimativa, a conje(c)tura; a suposição; o cálculo. *Anata no kangaete iru koto wa daitai ～ ga tsuku* あなたの考えていることは大体見当がつく Eu sei mais ou menos o que você está a pensar. ★ ⇨ **～ chigai [hazure]**. ～ *ga hazureru* 見当が外れる Enganar-se. ～ *o tsukeru* 見当をつける Fazer a estimativa; calcular. *Watashi no ～ de wa* 私の見当では Pelos meus cálculos. [S/同] Mikómí; yosṓ. **2** [大体の方向] A dire(c)ção. *Eki wa kono ～ desu* 駅はこの見当です A estação é nesta ～. ⇨ hṓgákú[1]; hṓkṓ[1]. **3** [くらい] [kéntoo] Em torno「de」; aproximadamente; mais ou menos. *Hiyō wa sanman-en ～ to funde iru* 費用

K

は三万円見当とふんでいる O custo está avaliado nuns trinta mil yens. ［S/同］ kúraí; oyósó.

keńtṓ² 拳闘 O boxe; o pugilismo [pugilato]. ［S/同］ Bókushingu (+).

keńtṓ³ 健闘 O lutar [esforçar-se]. ~ *munashiku waga chūmu wa yabureta* 健闘むなしく我がチームは敗れた A nossa equipe lutou com garra mas perdeu! ★ ~ *suru* 健闘する Lutar. ［A/反］ Zeńséń (+).

keńtṓ⁴ 検討 O examinar [pensar]. ★ ~ *o kasaneru* 検討を重ねる Examinar várias vezes. ~ *o yōsuru* 検討を要する「Isso」necessita de ser (bem) pensado. ~ *suru* 検討する Examinar; estudar; pensar [*Kaizen-saku ga ~ sareta* 改善策が検討されました Estudamos várias medidas para melhorar「o produto」]. *Sai-* ~ *suru* 再検討する Reexaminar; repensar.

keńtṓ⁵ 献灯［燈］A lanterna votiva.

keńtō-chígai 見当違い (< ⋯ ¹ + chígau) A suposição errada; o engano [erro]. *Watashi o semeru no wa ~ da* 私を責めるのは見当違いだ Não tem nada que [razão para] me acusar (porque não fui eu). ⇨ keńtō-házure.

keńtō-házure 見当外れ ⇨ keńtō-chígai.

keńtō-shi ケント紙 (< Ing. Keńt: top.) A cartolina.

keńtō-shi⁶ 遣唐使［H.］O delegado [enviado] do J. à China na dinastia Tang.

kéntsuku 剣突［G.］A repreensão; o raspanete; a bronca; a decomposture. ~ *o kurau* 剣突を食らう Levar uma bronca/um ~. ⇨ kogótó¹.

ke-núkí 毛抜き (< ⋯ + nukú) A pinça para depilação [arrancar pêlos].

keń'yáku 倹約 A economia; a poupança. ★ *Tsume ni hi o tomosu yō na* ~ *o suru* 爪に火をともすような倹約をする Poupar privando-se do necessário (Lit.: usando as unhas como vela); ser unhas-de-fome. ［S/同］ Setsúyákú. ［A/反］ Rṓhí.

keń'yákú-ká 倹約家 A pessoa econó(ô)mica [poupada/economizada].

ken'yō 兼用 A dupla utilidade; o uso múltiplo. ★ ~ *suru* 兼用する Usar para várias finalidades. *Ima to* ~ *no shinshitsu* 居間と兼用の寝室 Sala de estar e quarto de dormir. ［A/反］ Seń'yō. ［A/反］ kén⁵.

keńzai¹ 健在 **1** ［元気］O vigor; a robustez; a boa saúde. ★ ~ *de aru* 健在である Ter boa「saúde」[*Go-ryōshin wa go-* ~ *desu ka* 御両親は御健在ですか Os seus pais estão bem de saúde?]. ［S/同］ Geńki (+); sōkeń. **2** ［特に異常がなくその機能を十分果しているようす］A boa forma.

keńzai² 建材 (Abrev. de "keńchíkú záiryō") Os materiais de construção.

keńzai³ 顕在【E.】A evidência. ★ ~ *ka suru* 顕在化する Ser evidente [tangível] [*Kakurete ita mujun ga shidai ni* ~ *ka shite iru* 隠れていた矛盾が次第に顕在化している As contradições que estavam latentes「no proje(c)to」aos poucos vão sendo mais evidentes. ［A/反］ Seńzái.

keń-zákai 県境 (< ⋯ ³ + sákai) O limite [A demarcação; A fronteira] das províncias. ★ *Nara-ken to Wakayama-ken no* ~ 奈良県と和歌山県の県境 [A divisão] entre as províncias de Nara e Wakayama. ⇨ kuńí-zákai; kyókái².

keńzán 検算【Mat.】A prova [verificação] da conta. ★ ~ *suru* 検算する **a)** Tirar a prova「dos nove」; **b)** Verificar a conta. ［S/同］ Taméshízan; tashíkámezan. ⇨ keísáń¹.

keńzéń 健全 **1** ［精神や肉体が健康なようす］A saúde (Física ou psíquica). ★ ~ *na* 健全な São; saudável; salubre; sadio. ［S/同］ Kańpō (+). ［A/反］ Byōkí. ◇ ~ **zaisei** 健全財政 A solidez financeira. **2** ［思想・物事の状態が偏らず正常であぶなげないようす］O ser são. ★ ~ *na shisō* 健全な思想 A ideologia sã; as ideias sãs. ［A/反］ Fu-kénzen.

keńzō 建造 A construção. ★ *chū de aru* 建造中である Estar em obras [~]. ~ *suru* 建造する Construir; edificar. ◇ ~ **butsu**. ~ **dokku** 建造ドック Os estaleiros. ⇨ keńchíku.

keńzō-butsu［óo］建造物 O edifício; a estrutura.

kénzoku 眷族［属］Toda a família. ◇ **Ikka** ~ 一家眷族 ~ (e parentes). ［S/同］ Ichízoku (+); shíńzoku (o).

keńzúru 献ずる Oferecer. ⇨ Keńjírú (+).

ke-óri 毛織り「o pulôver」De lã.

keóri-mono 毛織物 O tecido [artigo] de lã; a flanela. ◇ ~ **gyō** 毛織物業 Os [A indústria de] lanifícios. ⇨ yṓmō.

keósáréru 気圧される (< kí¹ + osú²) Ficar intimidado [aterrado; impressionado]. *Monomonoshii fun'iki ni keosarete hatsugen dekinakatta* 物々しい雰囲気に気圧されて発言できなかった Dominado pela pompa do ambiente não me atrevi a usar da palavra. ［S/同］ Attō sáréru (+).

ke-ótósu 蹴落とす (< kéru + ⋯) **1** ［蹴って高い所から下の方へ落とす］Deitar abaixo com um pontapé. ★ *Sanchō kara ko-ishi o* ~ 山頂から小石を蹴落とす Deitar uma pedra a rolar da montanha abaixo com o pé. ［A/反］ Kerí-ágéru. **2** ［他人をおしのけて自分がその地位に就く］Passar a perna「a」(G.); promover-se à custa dos outros. ★ *Yūjin o ke-otoshite shusse suru* 友人を蹴落として出世する Subir na vida à custa dos「tirando o lugar aos」amigos. ［S/同］ Shikkyákú sáséru.

keppái 欠配 A não-distribuição「de alimentos/correio」(Na guerra). ［S/同］ Kańpái.

keppákú 潔白 **1** ［やましいところがないようす］A pureza. ★ ~ *na* 潔白な Puro; imaculado. ◇ **Seiren** ~ 清廉潔白 A integridade à toda prova. ⇨ kiyói. **2** ［無罪］A inocência. *Kare wa sono ken ni kanshite wa* ~ *da* 彼はその件に関しては潔白だ No que respeita a esse caso, ele é inocente. ［S/同］ Mújítsu (+).

keppán 血判 O selo de sangue. ★ ~ *suru* 血判する Selar com o (próprio) sangue.

keppéki 潔癖 **1** ［きれい好き］ **a)** A mania da limpeza; **b)** O ser picuinhas [esquisito]. ★ ~ *na* 潔癖な Maníaco da higiene. ［S/同］ Kirél-zúkí (+); selkétsúzúkí (+). **2** ［不正や邪悪をひどくきらがるようす］O ser escrupuloso [muito consciencioso]. ◇ ~ **shō** 潔癖性 A escrupulosidade.

keppón 欠本 A falta de「um」volume; a cole(c)ção [série] incompleta.

keppyṓ［óo］結氷 O gelar. ★ ~ *suru* 結氷する ⋯ ◇ ~ **ki** 結氷期 A época do gelo. ［A/反］ Kaíhyō.

képu ケープ (< Ing. cape < L.) A capa; o manto. ⇨ káppá².

kérai 家来 O vassalo; os servidores [homens]「de Nobunaga」. ［A/反］ Káshin. ⇨ Shújin.

kérakera けらけら Ha! Ha! Ha! ★ ~ *warau* けらけら笑う Rir às gargalhadas. ⇨ géragera; kúsukusu.

kéredo(mo) けれど（も）No entanto; porém; todavia; contudo; ainda assim; mas. *Jidōsha wa benri de aru* ~ *sono gai mo mushi dekinai* 自動車は便利であるけれどその害も無視できない O carro é bastante útil, ～ tem os seus inconvenientes [quês]. *Anō, o-negai shitai koto ga aru n da ～* あのう，お願いしたい事があるんだけれど Tenho um pedido a fazer-lhe mas não sei se… ⇨ ga[2]; -kakáwárazu.

kerén けれん **1** [演劇の] O agradar à plateia. **2** [ごまかし] A verborreia; o exibicionismo; a mistificação. ★ ～ *ga nai* けれんがない Sem ～; sério. [S/同] Gomákáshí (+). ⇨ hattári.

kerén-mí けれん味 (< kerén + mi[5]) A a(c)tuação só para agradar ao público. ★ ～ *no nai sotchoku na hyōgen* けれん味のない率直な表現 Uma palavra séria [franca/honesta]. ⇨ kerén.

kerí[1] けり A solução. ★ ～ *ga tsuku* けりがつく Ficar resolvido [*Sono ken wa sukkari ～ ga tsuita* その件はすっかりけりがついた Esse assunto está completamente resolvido [arrumado]]. ～ *o tsukeru* けりをつける Arrumar; resolver. [S/同] Ketchákú (+); kimárí.

kerí[2] 蹴り (< kéru) O pontapé; o chute[o]. *Hito-～ suru* 一蹴りする Dar um ～.

keróídó ケロイド (< Al. keloid)【Med.】O quelóide.

kerórito [**kerótto**] けろりと [けろっと] **1** [すっかり] **a**) Completamente; inteiramente; **b**) Logo [Depressa]. *Byōki ga ～ naotta* 病気がけろりと治った Fiquei ～ curado. [S/同] Sukkári (+). **2** [平気で] Como se nada fosse [se não fosse「com ele」]; impassível. *Okorarete mo ～ shite iru* 怒られてもけろりとしている Repreendem-no e ele continua [está ali] ～. ⇨ heíki[1].

kéru 蹴る **1** [はね飛ばす] Pontapear; dar pontapés [um pontapé]; chutar; dar um chute[o]; escoicear [dar coices] (Só animal). ★ *Bōru o ashi de ～* ボールを足で蹴る Chutar a [Dar um…na] bola.
2 [拒絶する] Rejeitar. *Kaisha-gawa wa rōso no yōkyū o ketta* 会社側は労組の要求を蹴った A empresa rejeitou as exigências do sindicato de trabalhadores. [S/同] Kyozétsú súrú (+).

kéruto ケルト【H.】Celta. ◇ **～ jin** [**zoku**] ケルト人[族] Os celtas [A raça celta; O povo celta].

késa[1] 今朝 Esta manhã; hoje de manhã.

kesá[2] 袈裟 (Sānsc. Kāṣāya) O hábito dos monges budistas (Espécie de estola e avental). [P/ことわざ] *Bōzu nikukerya* [*nikukereba*] *～ made nikui* 坊主憎けりゃ[憎ければ]袈裟まで憎い Quando se tem ódio a um bonzo, até o seu hábito parece odioso.

keshí 芥子·罌粟【Bot.】A papoi[ou]la; *papave somniferum*. ◇ **～ tsubu** 芥子粒 **a**) A semente da ～; **b**)「uma coisa pequena [microscópica] como」A cabeça de um alfinete.

K

keshí-gómú 消しゴム (< kesú + …) A borracha.

keshí-íń 消印 (< kesú + …) O carimbo postal (Que inutiliza o selo).

keshíkákéru 嗾ける Instigar「a saltar o riacho」; incitar「o povo」; acirrar; estimular; provocar; açular「o cão」; excitar. ★ *Hito o keshikakete kenka o saseru* 人をけしかけてけんかをさせる Acirrar alguém e provocar uma briga. ⇨ seńdṓ[2] ◇.

keshíkárán 怪しからん **a**) Insolente; absurdo; imperdoável; infame; inadmissível; **b**) Isso é uma vergonha! *Kotowari nashi ni hito no mono o tsukau to wa ～* 断りなしに人の物を使うとは怪しからん Mas que insolência! Servir-se das coisas alheias sem (pedir) licença! ⇨ futṓ[1]; fu-tsúgō.

késhiki[1] 景色 A paisagem; a vista; o panorama; o cenário「da neve」. ★ ～ *no yoi tokoro* 景色の良い所 Um lugar bonito [com uma bela vista]. *Ganka no ～ o mi-watasu* 眼下の景色を見渡す Abranger [Percorrer] a paisagem com o olhar. *Yūdai na ～* 雄大な景色 Um ～ magnífico [grandioso]. ◇ **Fuyu-geshiki** 冬景色 ～ de inverno. [S/同] Fúkei.

késhiki[2] 気色【E.】A aparência; os ares. [S/同] Kaó-íro (+); kéhai; kigéń; yṓsu (o).

keshíkí-bámu 気色ばむ Irritar-se「com a pergunta」; mostrar-se zangado; aborrecer-se; fazer cara feia [de poucos amigos]. *O-mae dewa yaku ni tatanai to iwarete keshikibanda* おまえでは役に立たないと言われて気色ばんだ Ele ficou zangado, porque lhe disseram "tu não prestas [serves] para nada". [S/同] Kattó nárú. ⇨ okóru[1].

keshíń 化身 A encarnação [personificação]「da virtude」. ★ *Akuma no ～* 悪魔の化身 O demó[ô]nio em pessoa [em carne e osso].

keshí-sáru 消し去る (< kesú + …) Desfazer-se; apagar [delir]「da memória」; tirar [fazer desaparecer]「o mau cheiro」; extinguir. *Iya na omoide o hayaku keshi-saritai* いやな思い出を早く消し去りたい Quero esquecer depressa as más lembranças.

keshí-tóbu 消し飛ぶ (< kesú + …) Ir pelos ares [ao ar]; ser destruído; desvanecer-se. *Sono shirase de wazuka na kibō mo keshitonda* その知らせでわずかな希望も消し飛んだ Com aquela notícia, desvaneceram-se [lá se foram ao ar] as poucas esperanças que (ainda) restavam.

keshí-tóméru 消し止める (< kesú + …) Apagar [Extinguir/Debelar] o fogo. [S/同] Shṓká súrú (+).

keshí-tsúbó 消し壷 (< kesú + …) O utensílio próprio para apagar as brasas; o apagador. [S/同] Hi-késhí-tsubo.

keshí-zúmí 消し炭 (< kesú + sumí) O carvão; a brasa apagada.

keshṓ [**óo**] 化粧 **1** [美容上の] A maqui(lh)agem; o pintar-se; o tratamento de beleza; o asseio. ★ ～ *ga atsui* [*koi*] 化粧が厚い[濃い] Ter uma ～ carregada; estar muito maqui(lh)ada. ～ *o naosu* 化粧を直す Retocar a ～. ～ *o otosu* 化粧落とす Tirar a ～. ～(*o*) *suru* 化粧(を)する Maqui(lh)ar-se; pintar-se. ◇ **～ dōgu** 化粧道具 Os obje(c)tos de ～. ⇨ **～ hin**. **～ kuzure** 化粧くずれ A maquilhagem estragada. **～ naoshi** 化粧直し O retoque da ～. **～ sekken** 化粧石鹸 O sabonete. **Atsu** [**Usu**] **geshō** 厚[薄]化粧 A ～ exagerada/carregada [suave]. ⇨ **～ shita** [**shitsu; sui**]. **2** [装飾] A decoração; a ornamentação; o ataviamento. ★ *Biru no sotogawa no ～ naoshi o suru* ビルの外側の化粧直しをする Dar uma pintura por fora ao edifício. ◇ **～ mawashi** 化粧回し Uma tanga-avental, ricamente bordada, que põem os lutadores de sumô, quando todos fazem a entrada solene na arena. **Yukigeshō** 雪化粧 A brancura da neve; os atavios de neve. ⇨ kazárí; sṓshókú[1].

keshṓ-bako [**óo**] 化粧箱 (< … + hakó) **a**) A caixa [O estojo; maleta] com artigos de toucador/produtos de beleza; **b**) A caixa enfeitada.

keshṓ-híń [**oó**] 化粧品 Os cosméticos; os produtos (para tratamento) de beleza. ◇ **Dansei-yō ～** 男性用化粧品 Os cosméticos para cavalheiro [homem].

keshṓhín-ten [**oó**] 化粧品店 A perfumaria.

keshṓkké [**oó**] 化粧っ気 O traço [sinal; vestígio] de maqui(lh)agem. ★ ～ *no nai kao* 化粧っ気のない顔 Um rosto sem traços de…

S/同 Oshíroíké. ⇨ ke².

keshó-shítá [oó] 化粧下 A base (O creme que se põe no rosto antes de se maqui(lh)ar).

keshó-shítsu [óo] 化粧室 O quarto de banho [O banheiro(B.)] [do cinema]. S/同 Tóiretto.

keshó-sui [óo] 化粧水 A loção para o rosto. ⇨ nyúeki; ódékóron.

késsai¹ 決裁 O despacho; a sanção; a aprovação; a ratificação. *Kono ken ni tsuite wa shachō no ~ o aogu beki da* この件については社長の決裁を仰ぐべきだ (Quanto a) este assunto tem de ser apresentado ao presidente para aprovação [despacho].

késsai² 決済 A liquidação [O acerto; O apuramento] de contas. ★ ~ *suru* 決済する Liquidar; ajustar contas; pagar. *Mi- ~ no* 未決済の「conta/negócio」 Por liquidar [pagar]; em suspenso; pendente. ⇨ kessán.

kessáku 傑作 **1** [すぐれた作品] A obra-prima; a obra-mestra. ◇ **Sōseki ~ shū** 漱石傑作集 A cole(c)ção de obras-primas de (Natsume) Sōseki. S/同 Meísáku; shúsáku. A/反 Dasáku. **2** [ひどくこっけいで愉快であること] [G.] Muito divertido; com muita graça; o máximo. *Ano hanashi wa mattaku ~ datta* あの話はまったく傑作だった Aquela história [palestra] foi o máximo. ⇨ kokkéi; yúkai.

késsan 決算 O balanço; a liquidação de contas. ★ ~ *suru* 決算する Fazer o ~; liquidar as contas. ◇ ~ **bi** 決算日 O dia de fazer ~. ~ **hōkoku** 決算報告 O relatório de contas. ~ **ki** 決算期 O período do/a ~. **Sō ~** 総決算 O ~ geral. A/反 Yósan. ⇨ késsai².

kesséi¹ 結成 A formação; a organização. ★ ~ *suru* 結成する Formar; constituir; organizar [*Saikin ~ sareta rōdō-kumiai* 最近結成された労働組合 O sindicato de trabalhadores recém-formado [recentemente organizado]]. ◇ ~ **shiki** 結成式 A cerimô[ó]nia [O encontro] inaugural. S/同 Kaísán.

kesséi² 血清 [Med.] O soro; a antitoxina. ~ **chūsha** 血清注射 A inje(c)ção de soro. ~ **kan'en** 血清肝炎 A hepatite serosa [tóxica]. ~ **ryōhō** 血清療法 A sohe[e]roterapia. ⇨ ketsúeki; kesshó³.

késseki 欠席 A falta (de comparecimento); o faltar「à aula」; o não comparecimento; a ausência「não justificada」; a revelia (Dir.). ★ ~ *gachi de aru* 欠席がちである Ter o costume de faltar. ~ *suru* 欠席する Faltar; não comparecer; recusar-se a comparecer perante a justiça (Dir.). ◇ ~ **ritsu** 欠席率 A percentagem de ausências. ~ **saiban** 欠席裁判 O julgamento à revelia [~ *saiban de kimerareru* 欠席裁判で決められる Ser condenado por julgamento à revelia]. ~ **sha** 欠席者 Os ausentes. ~ **todoke** 欠席届 A participação de não comparecimento. **Byōki ~** 病気欠席 A ausência por enfermidade. **Chōki ~** 長期欠席 A longa ausência. **Mu ~** 無欠席 O comparecimento regular; a inexistência de faltas. **Mudan ~** 無断欠席 O faltar sem avisar. S/同 Yasúmí. A/反 Shussékí.

kessékí 結石 [Med.] O(s) cálculo(s); a(s) pedra(s). ◇ **Jinzō ~** 腎臓結石 A nefrolítiase; a litíase renal; (o ter) pedras no rim.

kessén¹ 決戦 A luta final; a batalha decisiva. *Iyo-iyo ~ da* いよいよ決戦だ Chegou a hora da ~ [Agora é que é]!

kessén² 決選 A eleição final. ◇ ~ **tōhyō** 決選投票 A votação final. S/同 Honsén.

kessén³ 血栓 [Med.] O êmbolo; o trombo. ◇ ~ **shō** 血栓症 A embolia; a trombose.

kessétsú 結節 **1** [結ばれて節になること、またその節] [E.] A formação de nós; o nó. ◇ ~ **ten** 結節点 O ponto nodal. ⇨ fushí¹. **2** [Med./Bot.] O nodo; o tuberculoma; o nó; o nódulo; o tubérculo.

késsha 結社 A sociedade; a associação; a confraria. ★ ~ *no jiyū* 結社の自由 A liberdade de associação. ◇ **Himitsu ~** 秘密結社 A sociedade [organização] secreta.

kesshi 決死 A decisão suicida [de desespero]; o estar disposto a morrer. ★ ~ *no kakugo de tatakau* 決死の覚悟で戦う Combater disposto a tudo; lançar-se numa luta suicida. ◇ ~ **tai** 決死隊 O batalhão suicida.

kesshíkiso 血色素 [Quím./Biol.] A hemoglobina.

kesshín¹ 決心 A determinação; a decisão; a resolução. *Watashi wa nani ga nan de mo Burajiru e ryūgaku suru ~ de aru* 私は何がなんでもブラジルへ留学する決心である Decidi ir estudar no Brasil, custe o que custar. ★ ~ *ga katai* 決心が固い Ser firme [inabalável] a ~; estar firmemente decidido. ~ *ga niburu* 決心が鈍る Vacilar [Hesitar]. ~ *ga tsuku* 決心がつく Chegar a uma decisão. ~ *suru* 決心する Determinar-se; resolver-se; decidir-se; tomar uma ~. S/同 Kákugo; kétsui; kesshúdán.

kesshín² 結審 [Dir.] A conclusão do interrogatório [julgamento].

kesshíté 決して Nunca; jamais; de modo algum [nenhum]; não. *Anata ni ~ go-meiwaku wa o-kake itashimasen* あなたに決して御迷惑はおかけいたしません Prometo nunca [não] lhe dar [causar] nenhum [qualquer] incó[ô] modo. *Ima no jōtai wa ~ manzoku no iku mono de wa nai* 今の状態では決して満足の行くものではない A situação a(c)tual é absolutamente inaceitável [não satisfaz de modo algum/nenhum]. Nidótomo; Zettái.

késsho 血書 A escrita a sangue (como sinal de firme determinação). ⇨ keppán.

kesshó¹ 決勝 A partida [O jogo] final; as finais. ★ ~ *de katsu [makeru]* 決勝で勝つ[負ける] Vencer [Perder] (n)a final. ◇ ~ **rīgu** 決勝リーグ A fase final do campeonato [da Liga]. ~ **sen** 決勝戦 O jogo final; a final (do campeonato). ⇨ **ten**. **Jun ~** 準決勝 A semi-final.

kesshó² 結晶 **1** [Min.] **a)** O cristal (de rocha). **b)** A cristalização. ★ ~ *no katachi no* 結晶の「estrutura」 Cristalino/a. ~ *suru* 結晶する Cristalizar. ◇ ~ **kōshi** 結晶格子 O retículo cristalino. **2** [努力や苦労が積み重ねられた結果となって現れること、またはその結果] [Fig.] ★ *Ai no ~* 愛の結晶 O「melhor」fruto do amor「são os filhos」. *Doryoku no ~* 努力の結晶 A coroação dos「seus」esforços.

kesshó³ 血漿 [Med.] O plasma. ⇨ ketsúeki; kesséi².

kesshóbán 血小板 [Anat.] A plaqueta sanguínea.

kesshóku¹ 血色 A complexão [cor natural do rosto]; a tez; o semblante. ★ ~ *ga yoi [warui]* 血色が良い[悪い] Ter um rosto corado [pálido]; ter boas cores [estar macilento]. S/同 Kaó-iró ~; kessō.

kesshóku² 欠食 **a)** O saltar [não tomar] uma refeição; **b)** A subalimentação. ◇ ~ **jidō** 欠食児

童 As crianças subalimentadas [desnutridas]. ⇨ eíyṓ ◇.

kesshṓ-ten [óo] 決勝点 **1** [ゴール] **a**) A baliza; **b**) O golo (P.) [gol (B.)]. [S/同] Gṓru (+). [A/反] Shuppátsúten. **2** [勝敗を決める得点] O golo [ponto] decisivo. ～ *wa Pere ga ageta* 決勝点はペレが挙げた Quem marcou o ～ [gol da vitória] foi Pelé.

kesshū́ 結集 O concentrar [juntar](-se). *Waga-sha wa saishin no gijutsu o ～ shite shin-seihin o kaihatsu shita* 我が社は最新の技術を結集して新製品を開発した A nossa empresa, usando todas as novas técnicas [a última tecnologia], desenvolveu um novo produto. ⇨ atsúméru; matóméru.

kesshútsú 傑出 O distinguir-se「entre os colegas/como músico」; o sobressair; o ser eminente. ★ ～ *shita sakuhin* [*sainō*] 傑出した作品 [才能] A obra [O talento] fora [acima] do vulgar.

kessṓ [óo] 血相 A fisionomia; o semblante; a cara; as feições (do rosto). ★ ～ *o kaete okoru* 血相を変えて怒る Ficar todo [de rosto] alterado, de ira. [S/同] Kaó-író (+); kesshókú[1].

kessókú 結束 A união「dos trabalhadores」. ★ ～ *ga katai* 結束が堅い Ser muito [bem] unidos. ～ *suru* 結束する Unir-se〔～ *shite teki ni ataru* 結束して敵に当たる ～ e enfrentar [Lutar unidos contra] o inimigo〕.

késson 欠損 **1** [一部が欠けて不完全なこと] A falta「do pai/de vinho」. **2** [赤字] O déficit [défice]; a perda; o prejuízo. ★ *Ichiman-en no ～ to naru* 1万円の欠損となる Ter um/a ～ de 10.000 yens. [S/同] Akájí (+); kuíkómí.

kessúru 決する **1** [決める] Decidir(-se). ★ *I o ～* 意を決する Definir-se; tomar um partido; assumir uma posição. [S/同] Késshin suru (+); kiméru (o). **2** [⇨ kekkái[1]].

kesú 消す **1** [火を] Apagar; extinguir. ★ *Mizu o kakete kaji o ～* 水をかけて火事を消す ～ o incêndio com água. [A/反] Okósu; tsukéru.

2 [電気・ガスを] Apagar; desligar. *Gasu o keshiwasureta* ガスを消し忘れた Esqueci-me de ～ o gás. ★ *Terebi* [*Rajio*; *Dentō*] *o ～* テレビ [ラジオ; 電灯] を消す ～ a televisão [o rádio; a luz]. [A/反] Tsukéru.

3 [ぬぐって消す] Limpar; apagar. ★ *Ashiato o ～* 足跡を消す Limpar [Desfazer] as pegadas. *Meibo kara na o ～* 名簿から名を消す Riscar [Apagar; Cancelar] o nome na [da] lista.

4 [なくす] Abafar; extinguir; sufocar; tirar. *Hanashigoe ga kaze ni kesareta* 話し声が風に消された A voz foi abafada pelo vento. ★ *Tsuya o ～* つやを消す Tirar o brilho [lustre]. *Uwasa o ～* うわさを消す Abafar um boato. [S/同] Nakúsú.

5 [除く] Eliminar. ★ *Akushū* [*Iya na nioi*] *o ～* 悪臭 [いやなにおい] を消す Desodorizar; tirar [～] o mau cheiro. **6** [殺す] Acabar com; dar cabo de; matar「os opositores」. *Uragirimono wa kese* 裏切り者は消せ Acabem com o traidor [Morte aos traidores]! [S/同] Korósú (+). **7** [見えなくする] Esconder. *Kono-goro machi kara hato ga sugata o keshita* この頃町から鳩が姿を消した Ultimamente, os pombos desapareceram da cidade.

kḗsu [ée] ケース (< Ing. case < L.) **1** [入れ物] O estojo; a caixa. ★ ～ *ni ireru* ケースに入れる Guardar [Pôr] no estojo. **2** [場合; 症例] O caso. ◇ **～ bai ～** ケースバイケース (< Ing. case by case) Caso por caso;「depende de」cada caso. **～ sutadī** ケーススタディ O estudo de um caso ou grupo individual. **～ wākā** ケースワーカー A assistente social que trata de casos individuais. ⇨ baáí; jíken; shṓréí[3].

ketá 桁 **1**【Arqui.】A viga; a trave. **2** [数の単位] O algarismo. ★ *Hito-～ machigaeru* 一桁間違える Errar num ～. *Hito-～ ue* [*shita*] 一桁上[下] Um ～ para cima [baixo]. *Yo-～ no kazu* 四桁の数 O número de quatro ～s. [S/同] Kuráí(-dórí). **3** [規模] A grandeza. ★ ～ *chigai* 桁違い Muito diferente [melhor/superior]〔～ *chigai no hirosa* 桁違いの広さ Uma largura muito maior〕. ～ *hazure ni ōkii* 桁外れに大きい Ser extraordinariamente grande. ～ *hazure no ningen* 桁外れの人間 O homem extraordinário [excepcional/superior]. ⇨ kíbo.

ke-táósú 蹴倒す (< kéru + …) Derrubar a pontapé. *Tsumazuite mahōbin o ketaoshita* つまずいて魔法びんを蹴倒した Tropecei no termos [na garrafa térmica] e deitei-o[a] ao chão.

ketátámáshíí けたたましい Estridente;「ruído」ensurdecedor「da T.V.」. ★ ～ *koe o ageru* けたたましい声を上げる Gritar com voz estridente [esganiçada「de mulher」].

ke-tátéru 蹴立てる (< kéru + …) Levantar com os pés. ★ *Hokori o ～* ほこりを蹴立てる Levantar [Fazer] pó (com os pés).

ketchákú 決着 O ajuste [A solução] final; a conclusão. ★ ～ *ga tsuku* 決着がつく Resolver-se; chegar a uma conclusão. ～ *o tsukeru* 決着をつける Resolver; pôr tudo em pratos limpos; ajustar contas [avir-se]「com alguém」; solucionar. [S/同] Kerí; rakúchákú.

ketchíń 血沈 (Abrev. de sekkékkyū-chińkṓ sókudo) A (velocidade de) hemossedimentação.

ketchṓ 結腸【Anat.】O cólon (do intestino grosso).

ketṓ [óo] 毛唐【Depr.】O estrangeiro (peludo). [S/同] Gaíjíń (+); kṓmṓjin.

ke-tóbású 蹴飛ばす (< kéru + …) **1** [けって飛ばす] Dar um pontapé (Pessoas); dar um coice (Animais). ★ *Ko-ishi o ～* 小石を蹴飛ばす Dar um pontapé a uma pedra. **2** [はねつける] Rejeitar (categoricamente [inteiramente]). ★ *Teian o ～* 提案を蹴飛ばす ～ a proposta. [S/同] Hané-tsúkérú.

kéton ケトン (< Al. keton)【Quím.】A acetona.

kétsu[1] 決 O voto; a decisão. ★ ～ *o toru* 決を採る Votar; pôr (uma proposta) à votação〔*Kiritsu* [*Tōhyō*] *de ～ o toru* 起立 [投票] で決を採る Votar pondo-se de pé [por voto secreto]〕. [S/同] Gikétsú.

ketsú[2] 尻 **1** [しり] ⇨ shirí[1]. **2** [最後尾] ⇨ bíri.

kétsu[3] 欠 **a**) A falta; **b**) A ausência「de 5 pessoas」. ★ ～ *o oginau* 欠を補う Suprir a ～. *Gasu ～ ni naru* ガス欠になる Faltar [Acabar-se] o gás.

ketsúátsú 血圧【Med.】A tensão arterial [sanguínea; do sangue]. ★ ～ *ga agaru* [*sagaru*] 血圧が上がる [下がる] ～ subir [baixar]. ～ *ga takai* [*hikui*] 血圧が高い[低い] Ter a tensão (arterial) alta [baixa]. ◇ **～ kei** 血圧計 O hemodinamô[ó]metro [aparelho para medir a ～]. **Kō ～** (**shō**) 高血圧(症) A hipertensão (arterial).

ketsúbáń 欠番 A falta [omissão] de um número「no uniforme」; o número omitido [esquecido]. ◇ **Eikyū ～** 永久欠番 O número "eterno"「no uniforme」(Que nunca mais pode ser usado, em homenagem a um grande jogador que usava esse número).

ketsúbéń 血便 (Patol.) As fezes com sangue. ⇨

ketsúnyő.
ketsúbétsú 決[訣]別 A separação definitiva; a despedida; o adeus「à velha escola」. ★ ~ *suru* 決別する Despedir-se; dizer adeus. ⇨ wakaré.
ketsúbō 欠乏 A escassez; a privação; a carência; a insuficiência; a falta. *Áfurika de wa mizu no* ~ *ni kurushinde iru* アフリカでは水の欠乏に苦しんでいる Na África estão a sofrer por [de] falta de água. ★ ~ *suru* 欠乏する Escassear; carecer; faltar; ser insuficiente. ◇ **Bitamin** ~ **shō** ビタミン欠乏症【Med.】A avitaminose; a deficiência [falta] de vitaminas. **Shikin** ~ 資金欠乏 A falta [insuficiência] de recursos financeiros. ⓈⒻ Fusókú.
ketsúbútsú 傑物 Um grande homem「da med.」; um homem proeminente [de grande calibre].
ketsúdán[1] (⇨ Ketsudán-ryoku) A decisão (clara); a determinação. ★ ~ *ga hayai* [*osoi*] 決断が早い [遅い] Ser rápido [lento/moroso] em decidir. ~ *suru* [*o kudasu*] 決断する[を下す] Tomar uma ~. ~ *o semaru* 決断を迫る Forçar [Persuadir] alguém a tomar uma decisão. ⓈⒻ Hándan; kettéi.
ketsúdán[2] 結団 O fundar uma associação「de todos os clubes」. Ⓐ/Ⓕ Kaídán.
ketsúdán-ryoku 決断力 A capacidade de decisão. *Kare wa* ~ *ga aru* 彼は決断力がある Ele tem capacidade de decisão. ★ ~ *ga toboshii* 決断力が乏しい Ter pouca ~. ~ *ni tomu* 決断力に富む Ter [Ser homem de] grande ~; ser decidido.
ketsúeki 血液「tirar o」sangue. ★ ~ *no junkan* 血液の循環 A circulação do ~; a função circulatória. ◇ ~ **ginkō** 血液銀行 O banco de ~. **kensa** 血液検査 O exame sanguíneo/de[ao] ~. **saishu** 血液採取 A colheita [recolha] de ~. ⓈⒻ Chi. ⇨ kesshő[3]; kesséi[2]; kekkyū[5].
ketsúéki-gáta 血液型 (< ··· + katá) O grupo sanguíneo「A +」; o tipo de sangue.
ketsúen 血縁 A consanguinidade; o parentesco. ★ ~ *kankei* 血縁関係 As relações de ~. ⓈⒻ Ketsúzoku; shinrúi (+); shinsékí (+).
ketsúgan 頁岩【Min.】O xisto.
ketsúgi 決議 A resolução [determinação/decisão]「da assembleia」. ★ ~ *suru* 決議する Resolver [Passar uma resolução]; determinar; decidir「*Tsugi no tōri* ~ *suru* 次の通り決議する Delibera-se que: .../Homologam-se os seguintes a(c)tos: ...」. ◇ ~ **an** 決議案 O proje(c)to para resolução. ~ **bun** 決議文 O texto de ~. ~ *jikō* 決議事項 Uma resolução [As várias resoluções]. ~ **ken** 決議権 O direito de voto (numa assembleia). ~ **kikan** 決議機関 O órgão deliberativo [com direito de votar]. ⓈⒻ Gikétsú.
ketsúgo 結語 A peroração [O epifonema] (Coroa e remate do discurso). ⓈⒻ Musúbí (+). ⇨ Tógó.
ketsúgō 結合 A combinação; a ligação; a união「de duas fa(c)ções num só partido」; a junção. ★ ~ *suru* 結合する Combinar-se; ligar-se; unir-se; juntar-se. ◇ ~ [**kettei**] **soshiki** 結合[結締]組織 (Anat.) O tecido conjuntivo. ~ **ten** 結合点 O ponto de junção; a juntura. **Ion** ~ イオン結合 A ligação (hetero)polar [ió(ô)nica]. **Kyōyū** ~ 共有結合 A ligação covalente. Ⓐ/Ⓕ Buńrí; risán.
kétsui 決意 A resolução (firme); a decisão; o estar decidido「a defender-se」; a determinação. ★ ~ *o katameru* [*arata ni suru*] 決意を固める[新たにする] Renovar a sua ~. ~ *suru* 決意する Resolver; decidir「ir até ao fim」. *Katai* ~ 固い決意 ~ firme [inabalável/inquebrantável]. ⓈⒻ Késshín[1] (+).
ketsúín 欠員 A vaga; o posto vago. ★ ~ *ga aru* [*deru*; *shōjiru*] 欠員がある[出る; 生じる] Haver vagas [Aparecer uma ~]. ~ *o oginau* 欠員を補う Suprir a vaga.
ketsújítsú 結実 **1** [実を結ぶこと] A frutificação; o frutificar. ◇ ~ *ki* 結実期 A época da ~ [A altura de frutificar/dar fruto]. ⓈⒻ Kekkú. **2** [努力が報われること]【Fig.】A realização; o fruto. ★ *Doryoku ga* ~ *suru* 努力が結実する Dar fruto o esforço. ⇨ mi[2].
kétsujo 欠如【E.】A falta; a ausência; a carência; a imperfeição; a insuficiência. ★ ~ *suru* 欠如する Faltar; carecer. ~ ~ *ser imperfeito [insuficiente]. *Chū-ryoku no* ~ 注意力の欠如 A falta de atenção [de concentração]; ⇨ ketsúbō; fusókú[1].
ketsújō 欠場 A falta; o não comparecimento; a ausência. ★ ~ *suru* 欠場する Faltar; não comparecer; não estar presente; Ⓐ/Ⓕ Shutsújō.
ketsúmákú 結膜【Anat.】A (membrana) conjuntiva; a adnata. ◇ ~ **en** 結膜炎 A conjuntivite (Inflamação da ~).
ketsúmátsú 結末 O epílogo; o desfecho; o remate; o fim. ★ ~ *o tsukeru* 結末をつける Rematar「o romance」; concluir「o artigo」; terminar; dar uma solução「a isto」. ⓈⒻ Musúbí; oshímái; owári.
ke-tsúmázúku 蹴躓く (<*kéru* + ···) Tropeçar; dar uma topada. ⓈⒻ Tsumázúku.
ketsúméi 血盟 O juramento com pa(c)to de sangue.
ketsúmyákú 血脈 **1** [血管]【Anat.】Um vaso sanguíneo (Artéria ou veia). ⓈⒻ Kekkán (+). **2** [⇨ kettő[1]; chi-súji[1].
ketsúníkú 血肉【E.】⇨ kotsú-níkú.
ketsúnyő 血尿【Med.】A hematúria; a urina com sangue. ⇨ kekkétú.
ketsúráku 欠落 A falha; a lacuna; a omissão「de duas páginas no livro」; a falta「de dados/documentos」. ★ ~ *suru* 欠落する Falhar; faltar「senso comum」. ⇨ datsúrákú; kétsujo.
ketsúréi 欠礼【Cor.】O pedir desculpa por não poder apresentar cumprimentos. ⓈⒻ Shitsúrei (+).
ketsúrétsúó 決裂 O rompimento; a ruptura [rotura]「das negociações」; a quebra. ★ *Hanashiai* [*Kōshō*] *ga* ~ *suru* 話し合い[交渉]が決裂する Interromperem-se as conversações「negociações」. ⓈⒻ Monó-wákáre.
kétsuro[1] 血路 Uma saída「para este aperto」. ★ ~ *o hiraku* 血路を開く Encontrar ~. ~ *o motomeru* 血路を求める「temos de」Procurar ~.
kétsuro[2] 結露 A formação [condensação] do orvalho.
ketsúron 結論 A conclusão. ~ *wa desō ni nai* 結論は出そうでない Não há qualquer possibilidade de chegar a uma ~. ★ ~ *ni tassuru* 結論に達する Chegar à ~「que ele já saíra do hotel」. ~ *o (hiki) dasu* 結論を(引き)出す Tirar uma ~. ~ *o isogu* 結論を急ぐ「você não pode」Querer tirar logo uma ~. ~ *suru* 結論する Concluir. ~ *teki ni ieba* 結論的に言えば Como conclusão: ... ~ *to shite* (*wa*) 結論として(は)Concluindo [Conclusão]「estou de acordo com o sr. Kato」. ⓈⒻ Kikétsú. ⇨ jorón; hónron.

ketsúrúí 血涙【E.】As lágrimas amargas [de sangue]. ★ ～ *o shiboru* 血涙をしぼる Chorar amargamente/lágrimas...

ketsúyū́-byṓ 血友病【Med.】A hemofilia.

ketsúzéí 血税【E.】O imposto pesado e cruel; o chupar o (sangue do) povo. *Kokumin no ～ o rōhi suru* 国民の血税を浪費する Desperdiçar o dinheiro chupado ao povo.

ketsúzéń 決然【E.】O ser resoluto [firme/decidido]. ★ ～ *taru* [*to shita*] *taido o toru* 決然たる[とした]態度をとる Tomar uma atitude resoluta. ～ *to* (*shite*) 決然と(して)「ele disse」Resolutamente [Todo resoluto/decidido]「que ia」.

ketsúzoku 血族 A consanguinidade; os parentes. ◇ **～ kankei** 血族関係 Os laços [vínculos] de sangue; o parentesco. **～ kekkon** 血族結婚 O casamento consanguíneo [entre parentes]. ⇨ ketsú-en.

kettáí 結滞【Med.】A arritmia [irregularidade da pulsação].

kéttai na けったいな【D.】Estranho; esquisito. [S/同] Hén (+); (kí)myō (+).

kettákú 結託 O conluio; a conspiração. ★ ～ *suru* 結託する Conluiar(-se)「com os da sua laia [raça]」; conspirar.

kettáń 血痰【Patol.】A expe(c)toração [O escarro] com sangue. ⇨ ketsúbéń.

kettéí 決定 A determinação; o marcar [fixar]「um prazo」; a decisão. ★ ～ *suru* 決定する Determinar; decidir [*Basho wa Kyōto to* ～ *sareta* 場所は京都と決定された Determinou-se que o local seria Kyoto]. *Hidori o* ～ *suru* 日取りを決定する Marcar [Fixar] a data. ◇ **～ sen** 決定戦 O jogo para desempatar. ⇨ **～ teki**. **Saishūteki ～** 最終的決定 A determinação [A decisão final]. [S/同] Kimárí; kimé.

kettéí-báń 決定版 (<… + hán[3] **2**) **1** [修正を必要としない正確な出版物] A melhor edição; a edição crítica [mais autorizada]. **2** [同種の中で最高のもの] O melhor「remédio」; o supra-sumo. *Kore koso goraku bangumi no* ～ *da* これこそ娯楽番組の決定版だ Este programa recreativo「da T.V.」é o ～ [programa dos programas].

kettéí-da 決定打 **1**【Beis./Boxe】O golpe [lance] decisivo. **2** [決め手] A palavra [O argumento] decisivo/a. *Kare no kotoba ga kon'yaku no* ～ *to natta* 彼の言葉が婚約の決定打となった As palavras dele foram o argumento que decidiu o noivado. [S/同] Kimé-té.

kettéí-ken 決定権 O direito [poder] de decisão. ★ ～ *o nigiru* 決定権を握る Ter [Deter] o ～.

kettéí-ron 決定論【Fil.】O determinismo. ◇ **～ sha** 決定論者 O determinista.

kettéí-tékí 決定的 Determinante; decisivo. ★ ～ *na dageki o ataeru* 決定的な打撃を与える Dar o golpe decisivo. ～ *ni naru* 決定的になる Ficar assente; ser ～. *Shōri o* ～ *ni suru* 勝利を決定的にする Decidir (d)a vitória. ◇ **～ shunkan** 決定的瞬間 O momento ～.

kettén 欠点 O defeito; a falha [falta]; a imperfeição; o「único」senão; o ponto fraco「desta explicação」. ～ *no nai hito wa inai* 欠点のない人はいない Todos temos [Não há ninguém sem] defeitos. ★ ～ *darake no* 欠点だらけの Cheio de defeitos. ～ *no aru* [*nai*] 欠点のある[ない]「pessoa」Com [Sem] defeitos. *Hito no* ～ *o sagasu* 人の欠点を探す Só ver os [Andar sempre à busca dos] defeitos alheios. *Jibun no* ～ *o tana ni ageru* 自分の欠点を棚に上げる Esconder [Não querer ver] os próprios defeitos. [S/同] Tánsho. [A/反] Bitéń.

kétto ケット (< Ing. blanket) O cobertor. [S/同] Mṓfu (+).

kettṓ[1] 血統 A linhagem; a genealogia; a progenitura; a família; a estirpe; a origem. ～ *ga yoi* 血統が良い Ser de boa [alta] linhagem. *Chōmei* [*Tanmei*] *no* ～ 長命[短命]の血統 Uma linhagem muito [não muito] antiga. ◇ **～ sho** 血統書 O certificado de origem「de cão de raça (pura)」. [S/同] Chi-sújí.

kettṓ[2] 決闘 O duelo; o desafio. ★ ～ *ni ōjiru* 決闘に応じる Aceitar ～. ～ *no mōshiire* 決闘の申し入れ O desafio; a proposta de duelo. ～ *o idomu* [*mōshikomu*] 決闘をいどむ[申し込む] Desafiar. [S/同] Hatáshíáí.

kettṓ[3] 結党 A formação de um partido. ★ ～ *irai no kiki* 結党以来の危機 A maior crise em toda a história do partido. ～ *suru* 結党する Formar [Organizar] um ～.

kettṓ[4] 血糖【Med.】A glicemia (Presença de glicose no sangue). ◇ **～ chi** 血糖値 A taxa [O grau] de ～.

kettóbású 蹴っ飛ばす ⇨ ke-tóbású.

kéu 希[稀]有 A raridade. ★ ～ *no* [*na*] *dekigoto* 希有の[な]出来事 Um caso raro [que acontece raramente]. [S/同] Maré (+). ⇨ mezúráshíí.

ke-úrá 毛裏 O forro de pele.

kewáshii 険[嶮]しい **1** [傾斜が急な] Íngreme;「carreiro」a pique; a subir. *Kore kara michi wa kewashiku naru* これから道は険しくなる Daqui para a frente, o caminho é ～. ★ ～ *yama* 険しい山 Um monte escarpado. [S/同] kyū́ ná. [A/反] Nadáraka na. **2** [きびしい] **a**) Rigoroso; severo; sombrio; **b**) Duro/penoso. *Kimi no zento wa* ～ *darō* 君の前途は険しいだろう Vais ter (com certeza) um futuro penoso [duro]. ★ ～ *kao de* 険しい顔で Com o rosto sombrio [severo]. ～ *metsuki o suru* 険しい目つきをする Lançar um olhar severo. [S/同] Kibíshíí.

ke-yábúrú 蹴破る (< kéru + …) **1** [蹴って破る] Arrombar a pontapé. ★ *Doa o* ～ ドアを蹴破る Arrombar a porta a pontapé. **2** [⇨ ke-chírásu].

keyákí 欅・槻【Bot.】A altaneira; *zelkova serrata*.

ke-zómé 毛染め (<…[1] + somérú) O pintar [A tinta para] o cabelo.

ke-zúmé 蹴爪 (< kéru + tsumé) O esporão「do galo」.

ke-zúné 毛脛 (<…[1] + suné) A perna peluda.

kezúrí-búshí 削り節 (< kezúrú + katsúó-búshí) Os flocos de bonito (Este peixe seco e cortado em lascas [aparas] finíssimas).

kezúrí-kúzu 削り屑 (< kezúrú + …) As aparas; as fitas; as rebarbas.

kezúrí-tóru 削り取る (< kezúrú + …) Desbastar「o tronco」.

kezúrú 削る **1** [薄くそぎ取る] Desgastar; tirar; raspar「a casca da àrvore」. *Nami ga iwa o kezutta* 波が岩を削った As ondas corroeram [desgastaram] a rocha. ★ *Enpitsu o* ～ 鉛筆を削る Afiar o lápis. *Ita o* ～ 板を削る Aplainar a tábua. [I/慣用] *Hone-mi o* ～ 骨身を削る Dar cabo dos ossos [Matar-se] a trabalhar. **2** [削除する] Riscar; eliminar; apagar; cortar. ★ *Meibo kara na o* ～ 名簿から名を削る ～

o nome da lista. [S/同] Sákujo suru. **3** [削減する] Reduzir. *Kotoshi wa ō-haba ni yosan ga kezurareta* 今年は大幅に予算が削られた O orçamento deste ano foi muito cortado [reduzido]. [S/同] Herású (+); sakúgéń súrú. [A/反] Fuyásu; masú.

ki[1] 気 **1** [心・気持ち・気分・気質など] O espírito; o coração; a disposição; a vontade; o desejo; a intenção; o cará(c)ter; a natureza; a preocupação; a atenção; o cuidado. ～ *wa kokoro* 気は心 O que importa é a lembrança「não é o valor do presente」. *Kanojo kara nakanaka henji ga konai no de* ～ *ga* ～ *de nai* 彼女からなかなか返事が来ないので気が気でない Estou aflito [preocupado/impaciente] porque a resposta dela está demorando muito. *Nan no* ～ *nashi ni hon o mekutte itara mukashi no tegami ga dete kita* 何の気なしに本をめくっていたら昔の手紙が出てきた Quando estava folheando ao acaso um livro, deparou-se-me uma velha carta. ★ ～ *ga arai* 気が荒い Ter um cará(c)ter agressivo [rude; ríspido]. ～ *ga aru* 気がある **a**) Ter vontade〔*Kimi ni hataraku* ～ *ga aru nara waga-sha de yatotte ageyō* 君に働く気があるなら我が社でやとってあげよう Se tem vontade de trabalhar, pode ficar na nossa firma. ～ *no nai henji* 気のない返事 A resposta morta [desinteressada]〕; **b**)【G.】Gostar [Estar apaixonado]〔*Kanojo wa kimi ni* ～ *ga aru yō da* 彼女は君に気があるようだ Parece que ela gosta de [está apaixonada por] ti〕. ～ *ga aseru* [*seku*] 気があせる[せく] Impacientar-se. ～ *ga au* 気が合う Entender-se [Dar-se bem] com alguém. ～ *ga chigau* [*fureru*; *hen ni naru*; *kuruu*] 気が違う [ふれる; 変になる; 狂う] Enlouquecer; ficar (meio) tonto/maluco〔*Atarashii kūkō no jetto-ki no sōon de* ～ *ga hen ni nari-sō da* 新しい空港のジェット機の騒音で気が変になりそうだ Até parece que fico maluco com o barulho dos aviões a ja(c)to no novo aeroporto〕. ～ *ga chiru* 気が散る Distrair-se「com o ruído da rua」. ～ *ga chīsai* [*ōkii*] 気が小さい[大きい] Tímido; acanhado; envergonhado [Ousado; corajoso; audaz]〔*Dare de mo sake o nomu to* ～ *ga ōkiku naru* 誰でも酒を飲むと気が大きくなる O vinho dá coragem (a toda a gente)〕. ～ *ga hareru* 気が晴れる Desanuviar o espírito; ficar descansado. ～ *ga haru* 気が張る **a**) Ficar um pouco tenso [nervoso]; **b**) Concentrar-se. ～ *ga hayai* 気が早い Ser apressado〔*Jūichigatsu kara kurisumasu no junbi to wa* ～ *ga hayai ne* 11月からクリスマスの準備とは気が早いね Começa a preparar o Natal em novembro? Mas que pressa!〕. ～ *ga hikeru* 気が引ける Sentir-se inseguro [Perder a confiança] (⇨ hikémé). ～ *ga karuku* [*raku ni*] *naru* 気が軽く[楽に]なる Ficar em paz. ～ *ga kawaru* 気が変わる Mudar (de ideia [disposição]). ～ *ga kiku* 気が利く **a**) Atento; atencioso; ter ta(c)to; solícito; **b**) Estar bem-feito; ser「vestido」chique; ter bom gosto〔*Kono dezain wa nakanaka* ～ *ga kiite iru* このデザインはなかなか気が利いている Este desenho está esmerado [muito bem feito]〕. ～ *ga me-iru* [*shizumu*] 気が滅入る[沈む] Ficar deprimido [abatido]; cortar o coração. ～ *ga momeru* [*o momu*] 気がもめる [をもむ] Afligir-se; preocupar-se. ～ *ga muku* 気が向く Apetecer; ter vontade; sentir-se inclinado〔*Watashi wa* ～ *ga* [*no*] *muku mama ni noyama o aruki-mawatta* 私は気が[の]向くままに野山を歩き回った Dei um passeio pelo campo, indo por onde me apetecia [por onde os pés me levavam]. ～ *ga muitara oide kudasai* 気が向いたらおいで下さい Venha quando quiser [se sentir na/com disposição]〕. ～ *ga nagai* [*mijikai*] 気が長い[短い] Ser paciente [impaciente]〔～ *ga* [*no*] *nagai hanashi* 気が[の]長い話 O assunto complicado [difícil/que necessita de muita paciência]〕. ～ *ga noru* 気が乗る Mostrar [Sentir] vontade〔*Kanojo wa sono endan ni wa amari* ～ *ga noranakatta* 彼女はその縁談にはあまり気が乗らなかった Essa proposta de casamento não a entusiasmou muito〕 (⇨ ki-nórí). ～ *ga nukeru* 気が抜ける Perder o entusiasmo. ～ *ga ōi* 気が多い **a**) Interessar-se por tudo [demasiadas coisas]; **b**) Ser superficial [leviano/cabeça-no-ar]. ～ *ga omoi* [*susumanai*] 気が重い[進まない] Sentir-se deprimido [melancólico]〔*Ame-furi ni dekakeru no wa nan to naku* ～ *ga omoi* [*susumanai*] 雨降りに出かけるのは何となく気が重い[進まない] É um pouco deprimente sair com chuva〕. ～ *ga sasu* [*togameru*] 気が差す [とがめる] Sentir remorsos; sentir a consciência pesada; ter um peso na consciência. ～ *ga shirenai* 気が知れない Não poder [conseguir] entender; pasmar〔*Shiken no zenjitsu ni asonde iru hito no* ～ *ga shirenai* 試験の前日に遊んでいる人の気が知れない Não posso entender as [certas] pessoas que passam o dia a divertir-se nas vésperas do exame〕. ～ *ga sumu* 気が済む Ficar tranquilo [aliviado; contente; em paz]〔*Anata ga yurusu to osshatte mo watashi no* ～ *ga sumimasen* あなたが許すとおっしゃっても私の気が済みません Mesmo dizendo que me perdoa, eu ainda não me sinto em paz〕. ～ *ga suru* 気がする Sentir; ter a sensação [impressão]〔*Dare de mo homerarereba warui* ～ *wa shinai mono da* 誰でもほめられれば悪い気はしないものだ Ninguém se sente mal ao ser elogiado [Toda a gente gosta de um elogio]. *Saikin jikan no tatsu no ga hayai yō na* ～ *ga suru* 最近, 時間の経つのが早いような気がする Ultimamente tenho a sensação de que o tempo passa mais depressa [célere]〕. ～ *ga tatsu* 気が立つ「cavalo antes da corrida」Excitar-se; ficar irritado [nervoso]「por a obra não terminar」; agitar-se (⇨ kṓfúń[1]). ～ *ga tentō suru* 気が転倒する Transtornar-se; perder a cabeça. ～ *ga tōku naru* 気が遠くなる Ficar tonto (Fig.); sentir desmaios「com a dificuldade do proje(c)to」〔*Amari no itasa de* ～ *ga tōku nari-sō datta* あまりの痛さで気が遠くなりそうだった A dor foi tão forte que quase desmaiei (⇨ shisshíń[1])〕. ～ *ga tsuku* 気がつく **a**) Ser atencioso [delicado]〔*Yoku* ～ *ga tsuku hito* よく気がつく人 Uma pessoa muito atenciosa〕; **b**) Notar; perceber; tomar conhecimento「de」〔*Hahaoya wa kaimono ni muchū de kodomo ga inakunatta koto ni* ～ *ga tsukanakatta* 母親は買い物に夢中で子供がいなくなったことに気がつかなかった A mãe estava tão absorta nas [a fazer] compras que não notou a ausência do filhinho〕; **c**) Voltar [Vir] a si; recobrar [recuperar] os sentidos〔～ *ga tsuku to watashi wa byōin no beddo ni nete ita* 気がつくと私は病院のベッドに寝ていた Quando recobrei os sentidos [voltei a mim] estava na cama do hospital〕. ～ *ga tsuyoi* [*yowai*] 気が強い[弱い] Ter [Não ter] força de vontade; ser forte [fraco]. ～ *ga wakai* 気が若い Ser jovem de espírito. ～ *ni iru* 気に入る Gostar〔*Watashi wa ano bara no e ga totemo* ～ *ni irimashita* 私はあのバラの絵がとても気に入りました Gostei muito daquele quadro de rosas. *Watashi wa kare no ano futebuteshii*

ki² 588

taido ga ~ ni iranai [kuwanai] 私は彼のあのふてぶてしい態度が気に入らない [食わない] Não gosto da atitude cínica [insolente] dele. *Musuko no o-~ ni iri no omocha* 息子のお気に入りのおもちゃ O brinquedo favorito do filho]. **~ ni kakaru** [naru] 気にかかる[なる] Preocupar-se. **~ ni kakeru** [suru; tomeru] 気にかける[する; 留める] Preocupar-se; atender; cuidar [*Hito no waru-kuchi o ~ ni shite itara kiri ga nai* 人の悪口を気にしていたらきりがない Se nos fôssemos (a) preocupar com as más línguas... 「não podíamos fazer outra coisa]. *Watashi no chūkoku o ~ ni tomete oite kure* 私の忠告を気に留めておいてくれ Cuide [Lembre-se] bem da minha advertência!]. 「*O-*」 *~ ni mesu* お気に召す Gostar. **~ ni naru** [なる] **a)** Preocupar-se [*Enjin no oto ga ~ ni naru* エンジンの音が気になる Estou preocupado com o ruído do motor (do carro)]. **b)** Querer; gostar; ficar com vontade [*Dō shite kare wa jisatsu nado suru ~ ni natta no darō* どうして彼は自殺などする気になったのだろう Por que será que ele quis suicidar-se?]. **~ ni sawaru** 気に障る Susce(p)tibilizar-se; melindrar-se [*Watashi no ketten wa hito no ~ ni sawaru yō na koto o sugu itte shimau koto da* 私の欠点は人の気に障るようなことをすぐ言ってしまうことだ O meu defeito é dizer coisas que magoam [ferem]; melindram as outras pessoas]. **~ ni yamu** 気に病む Apoquentar-se; afligir-se; atormentar-se [*Kare wa kenkyū no iki-zumari o ~ ni yande noirōze ni natta* 彼は研究の行き詰まりを気に病んでノイローゼになった Atormentado com a barreira que encontrou nos estudos, ficou neurótico]. **~ no** [ga] kikanai hito 気の[が] 利かない人 A pessoa desleixada [pouco sensível]. 「*Nani-goto mo*」 **~ no mochi-yō hitotsu de** 「何事も」気の持ちようひとつだ Tudo depende da maneira de encarar as coisas]. **~ no** [ga] nagai hito 気の[が] 長い人 A pessoa paciente. **~ no** [ga] nai henji o suru 気の[が]ない返事をする Dar uma resposta indecisa. 「*Ano kata wa*」**~ no okenai shinshi desu** 「あの方は」気のおけない紳士です Aquele senhor é um cavalheiro com quem dá gosto conversar [se pode estar à vontade]. **~ no sei ka chikagoro shokuyoku ga amari nai** 気のせいか近頃食欲があまりない Não sei que é, (tenho impressão que) ultimamente não tenho muito apetite. **~ no yamai** 気の病 A neurastenia; a depressão. **~ o harasu** 気を晴らす Espairecer (o espírito). **~ o hari-tsumeru** 気を張りつめる Apurar todos os sentidos; concentrar toda a atenção; ficar vigilante. **~ o hiki-shimeru** 気を引き締める Retemperar-se 「para a luta」; arregaçar as mangas [fazer das tripas coração] (G.). **~ o hiki-tateru** 気を引き立てる Animar; dar [levantar o] ânimo; estimular. 「*Kanojo wa sugu shūi no hito no*」**~ o hiku yō na taido o toru** 「彼女はすぐ周囲の人の」気を引くような態度をとる Ela gosta de ser o centro das atenções [A atitude dela chama sempre a atenção das pessoas]. **~ o ireru** 気を入れる Empenhar-se; pôr interesse no que se faz [*Motto ~ o irete benkyō shi nasai* もっと気を入れて勉強しなさい Estude com mais afinco [empenho]]. **~ o kikaseru** 気を利かせる Usar a cabeça; ter ta(c)to. **~ o kubaru** [tsukeru] 気を配る[つける] Atender; prestar atenção; cuidar. **~ o kujiku** 気をくじく Desesperar; desanimar. **~ o kusarasu** [kusaraseru] 気を腐らす[腐らせる] (Res)sentir-se; ficar ofendido. **~ o magirasu** [magirawaseru; magirawasu] 気を紛らす[紛らわせる; 紛らわす] Divertir; distrair. **~ o mawasu** 気を回す Imaginar; suspeitar; conje(c)turar [*Sonna ni ~ o mawasanai-de kudasai* そんなに気を回さないで下さい Por favor, não faça tantas conje(c)turas [seja desconfiado]. **~ o momu** [ga momeru] 気をもむ[がもめる] Preocupar-se; inquietar-se; estar ansioso [*Imōto wa kyō ga daigaku no gōkaku happyō na no de asa kara ~ o monde iru* 妹は今日が大学の合格発表なので朝から気をもんでいる Como o resultado do exame vestibular [de admissão à universidade] vai sair hoje, a minha irmã mais nova está ansiosa desde o amanhecer]. 「*Zuibun*」**~ o motaseru** [motasu] ね「ずい分」気を持たせる[持たす] ね Mas quantos rodeios [Diga lá, não nos tenha aqui suspensos mais tempo]! **~ o nomareru** 気を飲まれる Ficar boquiaberto [espantado]. **~ o ochitsukaseru** [shizumeru] 気を落ち着かせる[静める] Acalmar os nervos; ficar tranquilo. 「*Warui*」**~ o okosu** 「悪い」気を起こす Ter uma má ideia; cair na tentação; pensar fazer mal [asneira]. 「*Ichi-do ya ni-do no shippai de*」**~ o otosu na** 「一度や二度の失敗で」気を落とすな Não desanime só porque teve um ou dois fracassos. 「*Aite no*」**~ o sokonawanai** [sokonenai] [yō ni kotoba ni chūi shi nasai] 「相手の」気を損わない[損ねない]「ように言葉に注意しなさい」Cuidado com as palavras para não ofender [ferir] os outros. 「*Aite no*」**~ o sorasu** 「相手の」気をそらす Distrair o parceiro. **~ o tashika ni motsu** 気を確かに持つ Estar em seu juízo. **~ o tori-naosu** 気を取り直す Tornar a animar-se 「e estudar」. **~ o tsukau** 気を使う Preocupar-se; estar atento; cuidar [*Watashi no tame ni sonna ni ~ o tsukawanai de kudasai* 私のためにそんなに気を遣わないで下さい Por favor, não se preocupe tanto por minha causa]. **~ o tsukeru** [kubaru] 気をつける[配る] Cuidar; ter cuidado; tomar em consideração [*Kuregure-mo o-karada ni ~ o tsukete kudasai* くれぐれもお体に気をつけて下さい Peço-lhe encarecidamente que tenha cuidado com (a) sua saúde]. **~ o tsuyoku motsu** 気を強く持つ Ter o ânimo firme [o espírito forte]; não desistir [desanimar]. **~ o ushinau** 気を失う Desmaiar; perder os sentidos. **~ o waruku** [yoku] suru 気を悪く[よく]する Ficar aborrecido [contente] [*Anna hidoi koto o iwareta no de wa, kare ga ~ o waruku shita no mo muri wa nai* あんなひどいことを言われたのでは、彼が気を悪くしたのも無理はない É natural que ele tenha ficado aborrecido ao ouvir tais (e tão ofensivas) palavras]. **~ o yurumeru** 気をゆるめる Descuidar-se. 「*Shiranai hito ni*」**~ o yurusu na** 「知らない人に」気を許すな Não dê confiança a desconhecidos. 「*Sonna koto o ii-dasu nante*」**~ wa tashika kai** [desu ka]? 「そんなことを言い出すなんて」気は確かかい[ですか]? Você está bem do juízo/da cabeça? [É uma loucura dizer tal coisa!].
◇ ➡ **utsuri** 気移り A inconstância. ⇨ *kībun*[1]; *kimóchi*[1]; *kishítsu*[1]; *séishin*[1]; *kigén*[1].

2 [精気; 香; 味] A essência; o cheiro; o aroma; a fragrância; o sabor; o gosto. ★ **~ ga** [no] nuketa kōra (sake) 気が[の]抜けたコーラ[酒]A coca-cola [A bebida alcóolica] insípida [sem sabor]. ⇨ *ajî*[1]; kaórí; séiki³.

3 [気配; 雰囲気] O(s) ar(es); a atmosfera; o ambiente. ⓈⒽ *Fun'iki*(+); kéhai (+).

ki² 木・樹 **1** [樹木] A árvore; o arbusto 「do chá」; a planta. ★ **~ ga nobiru** 木が伸びる Crescer a ~. **~ ga sodatsu** 木が育つ Dar-se [Crescer] a planta. **~**

ga taoreru 木が倒れる Cair a árvore. **~ no eda** 木の枝 Os galhos [ramos]. **~ no kage** (= *kokage*) 木の陰 (= 木陰) A sombra da ~. **~ no mata** 木のまた A forquilha [O tronco/galho bifurcado]. **~ no mi** 木の実 O fruto [A semente] do tronco. **~ no miki** 木の幹 O tronco. **~ o ueru** 木を植える Arborizar; plantar árvores. **~ o karikomu** 木を刈り込む Podar [Desbastar; Aparar; Cortar os ramos de]. **~ o kiru** 木を切る Cortar [Serrar] a árvore. *Sakura no ~* 桜の木 A cerejeira. 慣用 **~ de hana o kukutta yō na henji o suru** 木で鼻をくくったような返事をする Responder secamente [Dar uma resposta seca/ ríspida]. **~ ni take o tsugu** 木に竹を接ぐ Fazer algo que não pega [liga/combina] bem. ことわざ **~ o mite mori no mizu** 木を見て森を見ず Ver a árvore sem [e não] ver o bosque/Ter vistas estreitas. *Saru mo ~ kara ochiru* 猿も木から落ちる Os mestres também se enganam (Lit. "também o macaco cai do galho"). **2** [木材] A madeira. ★ **~ no tsukue** 木の机 A mesa [secretária] de ~.
ki³ 生 A pureza; a genuinidade. *Uisukī wa, ~ no mama de nomanai hō ga yoi* ウィスキーは、生のままで飲まない方がよい O uísque, não se deve beber puro. ◇ **~ jōyu** 生醬油 Molho de soja puro/genuíno/sem mistura. **~ ito** 生糸 A seda crua [brutal]. **~ musume** 生娘 Uma (menina) virgem.
ki⁴ 機 [E.] (⇨ *kikái*) **1** [機会] A oportunidade; o ensejo; a ocasião; a maré [hora]. ★ **~ ga jukusu** (*ru*) 機が熟す(る) Chegar a ocasião [a hora; o momento propício]. **~ o issuru** [*shissuru*; *ushinau*] 機を逸する[失する; 失う] Perder [Deixar escapar] a oportunidade. **~ o miru** 機を見る Aproveitar ~ [*Kare wa ~ o miru ni bin de aru* 彼は機を見るに敏である Ele não perde [Ele é rápido em aproveitar] uma oportunidade. **~ o ukagau** 機をうかがう Espreitar [Aguardar; Esperar] ~. **2** (⇨ *kōkúki*).
ki⁵ 忌 O luto. ★ **~ ga akeru** 忌が明ける Tirar o luto. *Chichi no nanakai ~* 父の七回忌 O sétimo aniversário da morte do pai. ◇ ⇨ **~ ake** [**chū**].
ki⁶ 季 **1** (⇨ *kisétsu¹*). **2** (⇨ *kígo*).
ki⁷ 黄 (⇨ *kíró*).
ki⁸ 期 O período; o prazo; a fase; o termo. ★ **~ o sadameru** 期を定める Fixar o prazo. ◇ **Ikkisei** [**Ni ~ sei**] 一期生[二期生] Os alunos do primeiro [segundo] ano; os alunos da primeira [segunda] formatura. **Kami ~** 上期 O primeiro semestre. **Kon ~** 今期 Este ~.
ki⁹ 奇 [E.] A singularidade; a curiosidade; a estranheza; a raridade; a originalidade; a esquisitice. ことわざ *Jijitsu wa shōsetsu yori mo ~ nari* 事実は小説よりも奇なり A realidade é mais estranha do que a fi(c)ção (romanesca). ★ **~ o terau** 奇をてらう Querer ser diferente [original]. ⇨ kibátsú; mezúráshíí.
ki¹⁰ 基 [Quím.] O radical; o grupo.
ki¹¹ 軌 **a)** A via; o carril; **b)** A maneira de fazer algo. ★ **~ o itsu ni suru** 軌を一にする Ter a mesma opinião.
kí [**ii**] キー (< Ing. key) **1** [鍵] A chave. ★ *Kuruma no ~* 車のキー ~ do carro. ◇ **~ horudā** [**panchā**] キーホルダー [パンチャー] kagí (+). **2** [ピアノやコンピュータの操作部分] A tecla. ◇ **~ bōdo** キーボード O teclado. S/同 keñbañ (+). **3** [音程; 音高; 調] (⇨) oñpú (+) O tom. **~ ga awanai** キーが合わない Não é esse o tom;

está fora de tom.
4 [手がかり; 重点] O ponto importante; a chave. ◇ **~ pointo** キーポイント O ponto fundamental. **~ wādo** キーワード A palavra-chave (mais importante). S/同 Te-gákari; jūtén.
kiái 気合い A energia; o espírito lutador; o grito para ganhar coragem. ★ **~ ga haitte** [*komotte*] *iru* 気合いが入って[こもって]いる Estar bem concentrado; ter concentradas todas as forças [energias]. **~ make suru** 気合い負けする Ser dominado [derrotado] pela determinação do rival. **~ o ireru** 気合いを入れる **a)** Pôr energia [Atacar com força]; **b)** Puxar pelo jogador [lutador] (no treino). **~ o kakeru** 気合いを掛ける Dar gritos [berros] de animação [de incentivo] para a luta.
ki-áké 忌明け O fim do luto. S/同 Imí-áké.
kiáñ 起案 A minuta. S/同 Kisō.
kiátsú 気圧 **1** [大気の圧力] [Met.] A pressão atmosférica. **~ no tani** (*ma*) 気圧の谷 (間) A área cinclinal; a (linha de maior) depressão barométrica. **~ no haichi** 気圧配置 A distribuição da ~. **~ henka** 気圧変化 A variação da ~. **2** [圧力の単位] A atm(osfera) (Unidade de ~; 1 atm = 760 mm/hg). ★ **~ Ni ~ no sanso** 2気圧の酸素 O oxigé[ê]nio a 2 atm de pressão.
kiátsú-kéi 気圧計 O baró[ô]metro.
ki-áwáséru 来合わせる (< kúru + ...) Calhar vir [passar]. *Chōdo yoi toki ni kiawaseta* 丁度よいときに来合わせた Você veio [calhou mesmo vir] na altura própria!
kiba¹ 牙 O colmilho; o dente de animal「víbora」; a presa「do elefante」. ★ **~ o muku** [*narasu*] 牙をむく[鳴らす] **a)** Arreganhar os dentes (a dentuça); **b)** (Fig.) Ranger os dentes, zangado (e atacar).
kiba² 騎馬 A equitação; o hipismo. ◇ **~ minzoku** 騎馬民族 A raça ou povo nó(ô)mada que anda a cavalo. **~ sen** 騎馬戦 O torneio「medieval」. **~ tai** 騎馬隊 A cavalaria.
kibá³ 木場 O armazém de madeiras.
kíbako 木箱 (< ... ³ + hakó) A caixa de madeira.
kibákú 起爆 A ignição. ◇ **~ sōchi** 起爆装置 A escorva; o detonador; o mecanismo do gatilho. **~ yaku** [**zai**] 起爆薬[剤] A mecha [O rastilho]. **~ bakúhátsú**; kayákú (+).
kibamu 黄ばむ (< kí) Amarelecer; amarelar; ficar amarelo. ★ *Kibanda pēji* 黄ばんだページ As páginas amarelecidas (com o tempo).
kibáñ 基盤 A base「firme/do cristianismo」; o fundamento. ◇ **~ seibi** 基盤整備 A preparação dos fundamentos. S/同 Dodái; kíso.
ki-báráshí 気晴らし (< ... + harásu) A distra(c)ção; a diversão; a recreação. *Ryokō wa yoi ~ ni naru* 旅行は良い気晴らしになる (O) viajar é uma boa distra(c)ção. **~ ni sanpo ni iku** [*deru*] 気晴らしに散歩に行く[出る] Ir passear [Sair a dar de passeio] para espairecer [se distrair].
kibárú 気張る (< ... ¹ + hárú) [G.] **1** [張り切る] Esforçar-se. *Asobi na no da kara sonna ni ~ koto mo nai darō* 遊びなのだからそんなに気張ることもないだろ Ora, é apenas uma distra(c)ção, não vejo por que/para que ~ tanto [fazer tanto esforço]. S/同 Harí-kíru; ikí-gómu. **2** [威張る] Ser pródigo; gastar (dinheiro) à grande「na casa nova」. ★ *Chippu o ~* チップを気張る Ser generoso na gorjeta. S/同 Hazumú.

kibátsú 奇抜 A originalidade; a extravagância; a excentricidade; a fantasia. ★ ~ *na* 奇抜な Original; extravagante; excêntrico; novo [não convencional]. ⇨ fú-gáwari.

ki-báyá 気早 (<⋯¹ + hayái) ⇨ sékkachi.

kibén 詭弁 **a)** O sofisma (Silogismo [Pensamento] falso); **b)** A sofística (Uso de argumentação capciosa). ★ ~ *o rōsuru* 詭弁を弄する Usar sofismas [su(b)tilezas/palavras para enganar]; sofisticar; sofismar. ◊ ~ **ka** 詭弁家 O sofista. S/同 Heríkutsu.

kibi¹ 機微 A su(b)tileza; o enigma; o mistério. ★ *Gaikō no ~ ni fureru* 外交の機微に触れる Conhecer pela primeira vez os/as ~ s da diplomacia. *Ninjō no ~ ni tsūjite iru* 人情の機微に通じている Conhecer bem as ~ s do coração humano.

kibí² 驥尾【E.】A cauda do corcel (guia). ~ *ni fusu* 驥尾に付す Quem a boa árvore se chega, boa sombra o cobre (Lit.: seguir ~).

kíbi³ 黍【Bot.】O milhete; o sorgo; o milho miúdo [painço]; *panicum miliaceum*. ◊ ~ **dango** 黍団子 O bolinho de massa de ~.

ki-bíki 忌引き (<⋯⁵ + hikú) A falta em sinal de luto. ★ *Gakkō o ~ suru* 学校を忌引きする Faltar à aula por ter morrido alguém da família.

kibikibi きびきび [menino] Vivo; a(c)tivo; o ser rápido. ★ ~ *(to) hataraku* きびきび（と）働く Trabalhar com rapidez [, sem parar]. ~ *shita dōsa* きびきびした動作 Os movimentos rápidos [lestos; desembaraçados]. S/同 Tékipaki. A/反 Dáradara. ⇨ kibín.

kibín 機敏 A vivacidade; a presteza; a rapidez. ★ ~ *na hito* 機敏な人 Um indivíduo esperto [vivo; despachado]. S/同 Bínshō; bínsóku.

kibíshíi 厳しい **1** [厳格な；容赦ない] Severo; 「controle」rigoroso; 「professor」exigente [estrito]. ~ *hōritsu* 厳しい法律 A lei severa [rigorosa]. ~ *kao (kotoba)* 厳しい顔[言葉] O semblante [A palavra] severo[a]. *Kibishiku shitsukeru* 厳しくしつける Dar uma educação rigorosa. *Kibishiku bassuru* 厳しく罰する Dar um castigo severo; punir severamente. S/同 Geñkáku ná; yósha nái. A/反 Amái. **2** [むごい；困難な] Implacável; duro; difícil; insuportável; terrível. *Nihon-seifu wa ~ sentaku o semararete iru* 日本政府は厳しい選択を迫られている O governo japonês está no dilema de fazer uma escolha difícil. ~ *seikatsu jōken* 厳しい生活条件 As difíceis [duras] condições de vida. S/同 Mugói; kónnan na. **3** [激しい] Difícil; árduo; duro; penoso; trabalhoso. ★ ~ *atsusa* 厳しい暑さ Um calor escaldante. ⇨ hageshíi.

kibíshísa 厳しさ (Sub. de kibíshíi) A severidade; o rigor; a dificuldade. ★ *Fuyu no ~* 冬の厳しさ O rigor do inverno.

kibisu 踵【E.】O calcanhar. ★ ~ *o kaesu* [*megurasu*] 踵を返す[めぐらす] Virar costas; voltar para trás. ~ *o sessuru* 踵を接する Ir no encalce; seguir logo atrás. S/同 Kakátó (+).

kíbo 規模 A escala; o tamanho. ★ ~ *ga ōkii [chiisai]* 規模が大きい[小さい] Ser de grande [pequena] escala. ~ *o shukushō suru [sebameru]* 規模を縮小する[狭める] Reduzir a/o ~. *Kokkateki (na) ~ de* 国家的（な）規模で À escala nacional. *Higai no ~* 被害の規模 A extensão [~ do dano. ◊ ⇨ **dai** [**shō**] **~**. S/同 Sukéru. ⇨ hagéshíi.

kibō 希望 **1** [実現させたい事柄] A esperança; a expectativa; a aspiração; o desejo; o pedido. ★ ~ *dōri ni* 希望通りに Segundo os seus desejos. ~ *ga kanau* 希望が叶う Ver realizadas as suas ~ s. ~ *ni hanshite* 希望に反して Ao contrário das [Contra todas as] expectativas. 「*Aite no*」 ~ *ni ōjiru* 「相手の」希望に応じる Corresponder ao desejo 「do outro」. ~ *ni sou* 希望に添う Satisfazer o [Corresponder ao] desejo 「*Zannen nagara go ~ ni soi-kanemasu* 残念ながらご希望にかないません Lastimo não poder satisfazer o seu ~」. ~ *o kanaeru* 希望を叶える Satisfazer o desejo. ~ *suru* 希望する Esperar; desejar; querer [*Watashi wa shingaku o ~ shite iru* 私は進学を希望している Quero prosseguir os estudos/Desejo continuar a estudar]. *Jibun no ~ de [ni yori]* 自分の希望で[により] Por desejo próprio. ◊ ~ **kō** 希望校 A escola em que se quer entrar. ~ **sha** 希望者 O aspirante [candidato]. S/同 Negái; nozómí; shibō. **2** [明るい見通し] A esperança; o sonho. ★ ~ *ga waku* 希望がわく Nascer [Brotar] a esperança. ~ *ni michita* 希望に満ちた Cheio de ~ s. ~ *o idaku* 希望を抱く Acalentar [Ter] esperanças; sonhar. ~ *o motsu* 希望を持つ Ter a/o ~ 「de」. ~ *o ushinau* 希望を失う Desistir [Perder as esperanças]. ◊ ~ **teki kansoku** 希望的観測 Uma opinião o(p)timista; sonhos; castelos no ar. S/同 Negái; nozómí. A/反 Zetsúbō.

kí-bódo キーボード (< Ing. keyboard) ⇨ kí́ ◊.

kibóné 気骨 (<⋯¹ + honé) A alma [cabeça/vida]; os nervos; tudo cá por dentro. ★ ~ *no oreru* 気骨の折れる Fatigante; 「tratar com esse tipo é」extenuante. S/同 Ki-gúrō (+); shiñpái (+).

ki-bóri 木彫り (<⋯² + hóru) A talha; a escultura [o esculpir/talhar] em madeira. ★ ~ *no kuma* 木彫りの熊 O urso de [esculpido em] madeira. ◊ ~ **shi** 木彫り師 O escultor; o entalhador. S/同 Mokúchō.

kíbu 基部 A base 「do pilar」; o alicerce. ★ *Tatemono no ~* 建物の基部 ~ do edifício. S/同 Kíhóñ (+).

kibúkúréru 着膨れる (< kirú + fukúrérú) Agasalhar-se muito; andar com montes de roupa.

kíbun¹ 気分 **1** [心持ち] A sensação; a disposição; o humor; o estado de espírito. ★ ~ *ga yoi* 気分が良い Estar bem disposto [com boa disposição]. ~ *o tenkan suru* (*kaeru*) 気分を転換する[変える] Distrair-se; refrescar o espírito; espairecer. *Sono toki no ~ shidai de* その時の気分次第で Dependendo do [Segundo o] humor do momento. S/同 Kokórómóchí; kimóchí. **2** [からだの具合] A disposição; a condição física; o estado de saúde. *Kesa wa dōmo samuke ga shite ~ ga warui [yokunai; sugurenai]* 今朝はどうも寒気がして気分が悪い[よくない；すぐれない]Hoje estou com uns calafrios esquisitos e sintome mal. S/同 Taíchō; kimóchí. **3** [雰囲気] A atmosfera; o ar; o ambiente. ★ ~ *ga moriagaru* 気分が盛り上がる Criar-se um ambiente de entusiasmo 「na festa」. ~ *o kowasu* 気分をこわす Estragar o ambiente; deitar [ser] um balde de água fria. ◊ **O-matsuri ~** お祭り気分 O ambiente [ar] de festa. S/同 Fuñ'íki.

kibún² 奇聞【E.】⇨ kídan¹.

kibún-yá 気分屋 Um indivíduo temperamental [(de humor) volúvel]. ⇨ kíbuń¹ **1**.

kíbutsu¹ 器物【E.】**a)** O recipiente (para líquidos); **b)** A peça de mobília; **c)** O utensílio. ◊ ~ **hason** 器物破損 A danificação de um/a ~. ⇨ kígu¹.

kíbutsu² 木仏 **a)** O Buda de madeira; **b)** A pessoa insensível.
kibyō [oó] 奇病 A doença estranha; a enfermidade rara. ⇨ kí⁹; nańbyó.
kibyū-hō 帰謬法【Lóg./Mat.】A redução ao absurdo (Reductio ad absurdum (L.)).
chákú 帰着 **1**「帰りつくこと」O regresso; a volta; o retorno. ★ ~ *suru* 帰着する Regressar; voltar; retornar. **2**「帰結」O resultado. *Tōron wa yatto hitotsu no ketsuron ni ~ shita* 討論はやっと一つの結論に帰着した Po(ê)mica chegou finalmente a uma ~. Ⓢ/伺 Kikétsú.
kíchi¹ 基地 A base; o posto. ◇ **Gunji ~** 軍事基地 A ~ militar. **Kōkū ~** 航空基地 A ~ aérea. **Kūgun ~** 空軍基地 A ~ da força aérea. **Zenshin ~** 前進基地 ~ o avançado.
kíchi² 機知[智] O espírito engenhoso; a inteligência viva; a acuidade [agudeza de espírito]. ★ ~ *ni tomu hanashi-buri* 機知に富む話しぶり Um modo de falar espirituoso [chistoso].
Ⓢ/伺 Kitéń; tońchí; uítto.
kíchi³ 吉 A boa sorte; o bom presságio. *Omikuji wa ~ to deta* おみくじは吉と出た Saiu-me [Tirei] a ~ (, no papelinho do templo shintoísta). Ⓐ/反 Kyō.
kíchi⁴ 既知 Já conhecido. ★ ~ *no jijitsu* [*gijutsu*] 既知の事実[技術] O fa(c)to público [A técnica conhecida]. Ⓢ/伺 Míchi.
kíchi⁵ 危地【E.】A situação crítica; o perigo. ★ ~ *ni ochiiru* 危地に陥る Correr [Passar por] um grande perigo. Ⓢ/伺 Kíki (+); Kyūchi (+).
kichigai 気違い **1**「気が狂うこと」**a)** A demência; a loucura; **b)** O demente; o louco; o maluco; o alienado; o doido. Ⓢ/伺 Kyōki. **2**「熱中すること」O fanatismo; a loucura [mania]; a paixão; o entusiasmo. ⇨ kí¹.
kíchiji 吉事【E.】O acontecimento ditoso [feliz; venturoso]. Ⓐ/反 Kyōji. ⇨ kíchi³.
kichíjítsú 吉日 ⇨ kíchiníchi.
kichíkichí きちきち **1**[すきまなく詰まっているさま] (Im. de apertado). ★ ~ *no kutsu* きちきちの靴 O sapato apertado [muito justo]. **2**[きちんと] (Im.) girígírí; ~.
kichíku 鬼畜 **a)** O demó[ô]nio; a besta-fera; **b)** A pessoa bruta [sem coração]. ★ ~ *ni mo otoru* 鬼畜にも劣る Ser pior (do) que as feras. Ⓢ/伺 Saíró. ⇨ chikúshō; oní¹.
kichíníchí 吉日 O dia de (boa)sorte. ⟨ことわざ⟩ *Omoitatta ga ~* 思い立ったが吉日 Não deixes para amanhã o que podes fazer hoje. Ⓢ/伺 Kichíjítsú.
kichín to shinai 「きちんとしない」 ★ ~ *shigoto o suru* きちんと仕事をする Trabalhar bem; fazer um trabalho perfeito. ~ *shita seikatsu* きちんとした生活 Uma vida metódica [ordenada]. Ⓢ/伺 Seíkakú ni. **2**[ていねいに] Cuidadosamente [Com cuidado]; com educação [corre(c)ção]; com atenção [esmero]. ★ ~ *henji o suru* きちんと返事をする Responder como manda a boa educação. Ⓢ/伺 Téinei ni. **3**[整頓して] **a)** O estar limpo/direito/alinhado/no seu lugar. *Fuku o ~ shimai nasai* 服をきちんとしまいなさい Guarde a roupa direitinha [bem guardadinha]. *Fukusō o ~ suru* 服装をきちんとする Vestir-se bem. *Heya o ~ katazukeru* 部屋をきちんとかたづける Arrumar o quarto direitinho [bem arrumadinho]. **b)**「pagar a renda」Sem falhar.

kichín-yado 木賃宿 A pensão barata; uma estalagenzeca.
kichíréi 吉例 As festividades [A festa anual]「da nossa terra」. Ⓢ/伺 Kitsúréi.
kichi-sū [úu] 既知数 **a)** O dado; **b)** O número cógnito. Ⓐ/反 Míchi-sū.
kichō¹ 貴重 Ser inestimável/valioso/precioso「o livro」de grande valor. ★ ~ *na jikan* 貴重時間 O tempo precioso. ~ *na dēta* 貴重なデータ Os dados importantes. ◇ ~ **hin**. Ⓢ/伺 Júdái; júyó; taísétsú.
kichō² 帰朝 O regresso ao país (J.). ◇ ~ **kangeikai** 帰朝歓迎会 A recepção de boas-vindas [de feliz regresso]. Ⓢ/伺 Kikóku (+).
kichō³ 基調 **1**[基本的な流れ]【E.】O fundamento; a base; a ideia básica; o princípio; o tema [tom] básico. *Bunka kōryū ga ryōkoku-kan no gaikō no ~ to natte iru* 文化交流が両国間の外交の基調となっている A base das relações diplomáticas entre ambos os países é [tem sido] o intercâmbio cultural. *Cha-iro ~ no shita fukuji* 茶色を基調とした服地 O tecido que tem como (cor) base o castanho. **2**[曲の中心となる調]【Mús.】A tó[ô]nica dominante. Ⓢ/伺 Shuchō.
kichō⁴ 記帳【E.】O regist(r)o「no livro」. ★ *Namae o ~ suru* 名前を記帳する Regist(r)ar o nome [no hotel」. ◇ ~ **gakari** 記帳係 O guarda-livros.
kíchō⁵ 機長 O comandante. ⇨ paírótto; sénchō.
kichō-hín 貴重品 O artigo (obje(c)to] valioso [de valor].
kichōmen [oó] 几帳面 O ser a escrupuloso/metódico/meticuloso/pontual/exa(c)to/regrado/seguro. ★ ~ *na hito* 几帳面な人 Uma pessoa ~ a. Ⓢ/伺 Zubórá.
kíchū¹ 機中 No [Dentro do] avião. Ⓢ/伺 Kijō³; kínai (+).
kíchū² 忌中【G.】De luto. ★ ~ *de aru* 忌中である Estar ~. ⇨ mo-chú.
kidái¹ 季題 ⇨ kígo.
kidái² 希[稀] 代 O ser raro/sem precedente. ★ ~ *no akutō* 希代の悪党 Uma corja rara [má/de marca maior] de malfeitores. Ⓢ/伺 Kítai. ⇨ maré.
kidan¹ 奇談 Uma história estranha [invero(s)símil/do arca-da-velha]. Ⓢ/伺 Chíndán.
kidan² 気団【Met.】A massa de ar. ◇ **Kan [Dan] ~** [寒][暖] 気団 A frente fria [quente]; a ~ frio [quente]. *Taiheiyō* [*Ohōtsuku; Siberia*] ~ 太平洋[オホーツク][シベリア] 気団 ~ do Pacífico [de Okhotsk; da Sibéria].
kidań³ 綺談【E.】A história novelesca [embelezada romanceada].
kidáté 気立て A índole; a natureza; o temperamento; o cará(c)ter. ★ ~ *ga yoi* 気立てがよい Ser bondoso por ~. ~ *no yasashii hito* 気立ての優しい人 Carinhoso; equânime; de cará(c)ter afável; com bom coração. Ⓢ/伺 Seíkakú; seíshítsú.
kiddo キッド (< Ing. kid) A pelica. Ⓢ/伺 Yagígáwá.
kidéń¹ 起電 ⇨ hatsúdéń (+).
kidén² 貴殿 Vossa senhoria. Ⓢ/伺 Anáta (+).
kido 木戸 **1**「小門」A portinhola「do castelo」; o cancelo. **2**[見世物小屋の] A entrada [do circo」; o ingresso. ◇ ~ **ban** 木戸番 O porteiro; o guarda da ~. ~ **gomen** 木戸御免 O ~ livre [de graça]. ~ **sen** 木戸銭 O preço do/a ~.

kidó¹ 軌道 **1**[鉄道の]O carril; a via (férrea). ★ ~ *o shiku* 軌道を敷く Assentar os carris; construir a ~ [ferrovia]. S/同 Réru(+). ⇨ tetsúdó. **2**[天体の；人工衛星の]A órbita「da lua」; a traje(c)tória. ★ ~ *ni noru* 軌道に乗る Entrar em órbita. ~ *o [kara] hazureru* 軌道[から]はずれる Sair da ~. ◇ ~ **shūsei** 軌道修正 O ajustar ~. **3**[正しい運行方針][Fig.] A via; a órbita; a linha. ★ ~ *ni noru* 軌道に乗る Entrar nos eixos [na linha/em órbita]; arrancar [*Anata no shigoto wa* ~ *ni notte imasu ka* あなたの仕事は軌道に乗っていますか/Os seus negócios já entraram nos eixos?]. ~ *ni noseru* 軌道に乗せる Pôr「o plano」em órbita/em andamento.

kidó² 起動 O arranque. ★ ~ *suru* 起動する Arrancar「bem o motor」; pôr-se em movimento. ~ *ryoku* 起動力 A força motriz. S/同 Shidō.

kidó³ 機動 A(s) manobra(s). ◇ ~ **butai** 機動部隊 Tropas móveis/A força mobilizada. ~ **ryoku** 機動力 A capacidade de manobra. (**Keisatsu**)~ **tai** (警察)機動隊 A polícia de choque.

kidó⁴ 気道【Anat.】A traqueia.

kí-do-ai-raku 喜怒哀楽【E.】Os sentimentos (alegria, ira, tristeza e prazer).

ki-dóraku [óo] 着道楽 (< *kirú* + …) O janotismo; a janotice; o garridice. ⇨ kuí-dōraku.

kidóri 気取り (< *kidórú*) A vaidade; a presunção [pretensão]; o querer parecer [passar por]. ★ *Gakusha* ~ *no hito* 学者気取りの人 O indivíduo com pretensões de erudito. ◇ ~ **ya** 気取り屋 Um pedante (presumido/vaidoso/pretensioso).

kidórú 気取る (⇨ kidóri) **1**[もったいぶる] Afe(c)tar; ser (todo) vaidoso. ★ *Kidotta taido* 気取った態度 Uma atitude afe(c)tada. *Kidotte aruku* 気取って歩く Andar toda altaneira [vaidosa]. S/同 Mottáibúru; sumásu. **2**[まねてふるまう] Fazer-se [Armar-se em]「esperto」; dar-se ares「de importante」. ★ *Jōryū fujin o kidotte hanasu* 上流婦人を気取って話す Falar, armada em grande senhora.

kie 帰依【Bud.】A conversão. ★ *Butsumon ni* ~ *suru* 仏門に帰依する Converter-se ao budismo. ◇ ~ **sha** 帰依者 O convertido.

kiéi¹ 気鋭 O entusiasmo; a animação. ★ ~ *no shinjin* 気鋭の新人 O principiante cheio de ~. ◇ **Shinshin** ~ 新進気鋭 ~ do (jovem) que começa a carreira.

kiéi² 帰営 O voltar para o quartel.

kiéi³ 機影 A silhueta [sombra] de um avião em voo. ★ *Rēdā ni* ~ *ga utsuru* レーダーに機影が映る Aparecer a ~ no radar.

kié-íru 消え入る (< *kiérú* + …) Morrer; esvair-se. ★ ~ *yō na chiisai* [*kabosoi*] *koe* 消え入るような小さい[か細い]声 Um fiozinho de voz.

kié-kákáru 消えかかる Estar (quase/prestes) a apagar-se. ★ *Kiekakatta nozomi ga fukkatsu suru* 消えかかった望みが復活する Ressurgir a esperança que estava…

kién¹ 気炎[焰] **a)** A fanfarr(on)ice; **b)** A animação「da plateia」. ★ ~ *o ageru* 気炎を上げる Falar com ~ [Estar animado]. ◇ **Kai** ~ 怪気炎 A fanfarr(on)ice exagerada [duvidosa]. S/同 Iki.

kién² 奇縁 O relacionamento entre pessoas por um estranho jogo do destino; a coincidência (curiosa). ◇ **Aien** ~ 合縁奇縁 O bom ou mau relacionamento entre pessoas, depende de um destino estranho [é um mistério].

kién³ 機縁 A oportunidade; a ocasião. S/同 Kikkáké (+). ⇨ kikái¹.

kié-nókóru 消え残る (< *kiérú* + …) **a)** Restar um pouco. *Hikage de wa yuki ga mada kie-nokotte iru* 日陰では雪がまだ消え残っている Onde não dá o sol [À sombra] ainda há uns restos de neve. **b)**「o lume」Estar ainda a arder.

ki-énsán 希[稀]塩酸【Quím.】O ácido clorídrico diluído.

kiérú 消える **1**[火や明かりが] Extinguir-se; apagar-se. *Teiden de akari ga zenbu kieta* 停電で明かりが全部消えた Apagaram-se todas as luzes com o corte da ele(c)tricidade. A/反 Tsúku. **2**[溶けてなくなる] Derreter(-se). *Kotoshi no yama no yuki wa itsu ni natte mo kienai* 今年の山の雪はいつになっても消えない A neve das serras, este ano, nunca mais [se] derrete. **3**[姿が見えなくなる] Desaparecer; sumir-se. *Jettoki wa sora ni mirumiru kiete itta* ジェット機は空にみるみる消えていった O avião a ja(c)to desapareceu, rápido, no céu. *Niji ga kieta* 虹が消えた O arco-íris desapareceu [desfez-se]. ★ *Yami ni* ~ 闇に消える ~ nas trevas. **4**[消滅する] Apagar-se; desaparecer; extinguir-se. *Ano kanashii omoide ga watashi no kokoro kara kienai* あの悲しい思い出が私の心から消えない Aquela triste recordação não me deixa [se apaga]. *Kuíaratameraba tsumi wa* ~ 悔い改めれば罪は消える Arrependendo-se, os pecados apagam-se [são perdoados]. ★ *Itami ga* ~ 痛みが消える Desaparecer a dor. *Kie-yasui nioi* 消えやすいにおい O cheiro que sai logo. S/同 Shōmétsú súrú.

kiétsú 喜悦【E.】A alegria; o regozijo; o gozo; o júbilo. ★ ~ *suru* 喜悦する Regozijar-se; rejubilar; alegrar-se. S/同 Yorókóbi (+).

kié-úséru 消え失せる (< *kiérú* + …) Sumir-se; desaparecer. *Totto to kie-usero* とっとと消え失せろ Some-te (daqui) [Foge/Desaparece já da minha vista]! S/同 Kié-sárú.

kífu¹ 寄付 A doação; o donativo; a contribuição. *Sekijūji ni moyooshi no shūeki-kin o* ~ *shita* 赤十字に催しの収益金を寄付した Demos todo o rendimento da festa (de caridade) à [para a] Cruz Vermelha. ★ ~ *o tsunoru* 寄付を募る Juntar donativos. *Sen-en (o)* ~ *suru* 千円(を)寄付する Dar mil yens. ◇ ~ **kin.** ~ **sha** 寄付金・寄付者 O doador.

kifu² 棋譜「ter um grande」Recorde das partidas de "go" ou de "sho-gi".

kifū 気風 A feição característica; as características; o espírito「da firma」; o cará(c)ter「de uma comunidade ou povo」. *Boku wa kono machi no* ~ *ni dōmo najimenai* 僕はこの町の気風にどうもなじめない É difícil sentir-me bem neste cidade. ⇨ kidáté; kishítsú; kishō¹.

kí-fuda 木札 A etiqueta [tabuletazinha; O letreiro] de madeira.

ki-fújin 貴婦人 A senhora (nobre).

kifú-kín 寄付金 A subscrição; a doação [contribuição] (pecuniária); o donativo (em dinheiro). ★ ~ *o tsunoru* 寄付金を募る Recolher donativos; angariar fundos. S/同 Keńkín.

kifúkú 起伏 **a)** O relevo; a ondulação; **b)** Os altos e baixos. ★ ~ *ni tonda jinsei* 起伏に富んだ人生 A vida acidentada [cheia de vicissitudes/com altos e baixos]. ~ *no aru chikei* 起伏のある地形 O terreno acidentado [com muito relevo].

kifúkú² 帰服 [伏]【E.】A submissão; a rendição. S/圓 Kijún²; kōsán (+).

ki-fúrúshi 着古し (< ki-fúrúsú) A roupa surrada; puída/velha. S/圓 Furúgí.

ki-fúrúsú 着古す (< kirú + furúsu) Gastar-se; surrar-se; puir; desbotar-se; estar no fio. ★ *Kifurushita yōfuku* 着古した洋服 O traje surrado [já no fio].

kíga¹ 飢餓 A fome; a inanição. ★ ～ *ni hinsuru* 飢餓に瀕する Estar a morrer de inanição/à [de] fome. ◇ ～ **jōtai** 飢餓状態 A situação de (morrer à) fome. ～ **yushutsu** 飢餓輸出 A exportação de fome (Restringir ao máximo o consumo doméstico e exportar até os produtos de primeira necessidade, para obtenção de divisas). S/圓 Ué.

kíga² 起臥 O levantar e o deitar. S/圓 Okifushi; seíkátsú (+); kíkyo.

ki-gáe 着替え (< ki-gáeru) **a)** O mudar de roupa; **b)** Uma muda de roupa. ★ ～ *ga nai* 着替えが無い Não ter roupa para (se) mudar. ～ *o sumasu* 着替えを済ます Aprontar-se; vestir-se; mudar-se. ～ *o suru* 着替えをする Mudar de roupa; mudar-se.

ki-gáeru 着替える (< kirú + kaérú) Mudar de roupa. ★ *Yoso-iki kara fudangi ni* ～ よそ行きから普段着に着替える Mudar da roupa de sair para a de usar por [dentro de] casa.

kigai 危害 O dano; o prejuízo. ★ ～ *o kuwaeru* 危害を加える Danificar; prejudicar; causar dano [prejuízo] 「a」; ferir.

kigái 気概 O ânimo [A vontade] firme; a energia; a coragem. ★ ～ *ni kaketa* 気概に欠けた「pessoa」Com falta de ～ [espinha dorsal]. ～ *o shimesu* 気概を示す Mostrar muita ～. S/圓 Harí; ikíjí; kikótsú.

ki-gákari 気懸り (< … ¹ + kakáru) O receio, a inquietação; a aflição; a preocupação 「com o tempo/exame」. ★ ～ *na koto* 気懸りなこと Algo inquietante que nos preocupa. S/圓 Kenén; shínpái (+).

kigáke 来掛け (< kúru + kakéru) No regresso [A meio do caminho]. ～ *ni tabakoya ni yotta* 来掛けにたばこ屋に寄った Quando vinha para cá [Ao vir para cá; Na vinda], ～, passei por uma tabacaria. A/反 Yukí-gáke. ⇨ degáke.

kígaku 器楽【Mús.】A música instrumental. ◇ ～ *kyoku* 器楽曲 A composição musical para instrumentos.

ki-gámae 気構え (< … ¹ + kamáe) A preparação [atitude] de espírito; a consciencialização. ★ ～ *ga dekite iru* 気構えが出来ている Estar pronto [para resolver o caso」. ～ *o kaku* 気構えを欠く Ter falta de consciencialização. ～ *o miseru* [*shimesu*] 気構えを見せる [示す] Mostrar-se decidido/disposto. S/圓 Kákugo; kokóró-gámae; yōí.

kígan 祈願 A oração [súplica]. ★ ～ *suru* 祈願する Orar; rezar; pedir. S/圓 Inórí.

ki-gáné 気兼ね (< … ¹ + kanéru) O constrangimento; o acanhamento; o fazer cerimó(ô)nia(s); a preocupação. *Watashi ni* ～ *wa iranai* [*Koko de-wa nan no* ～ *mo irimasen*] 私に気兼ねはいらない [ここではなんの気兼ねもいりません] (Cá) Comigo não há [faça] cerimó(ô)nia(s). ★ ～ *nashi ni* 気兼ねなしに Sem acanhamentos; à vontade. ～ *suru* 気兼ねする Constranger-se; acanhar-se; ter receio de importunar o outro (Ex.: *Shūtome ni* ～ *shite kurasu* = Viver constrangida com a sogra). S/圓 Enryó.

ki-gárú 気軽 (< … ¹ + karúí) O bel-prazer; o à-vontade; o não fazer cerimó(ô)nia. *Donna go-yō* [*koto*] *demo dōzo o-* ～ *ni o-mōshi-tsuke kudasai* どんな御用 [事] でもどうぞお気軽にお申しつけ下さい Se precisar de alguma coisa, é só dizer [faz favor de dizer] (que farei tudo). *Mō sukoshi* ～ *ni kangae nasai* もう少し気軽に考えなさい Não tome isso [as coisas] tanto a sério. ★ ～ *na fukusō* 気軽な服装 O traje simples [informal]. S/圓 Kirákú; kisákú.

kigáta 木型 (< … ² + katá) A forma 「para os sapatos」 [O molde] de madeira.

kigeki 喜劇 A comédia. ★ ～ *o enjiru* 喜劇を演じる Representar uma ～. ～ **haiyū** [**yakusha**] 喜劇俳優 [役者] O [A] comediante. ～ *teki* 喜劇的「aquilo teve um fim」Có(ô)mico. **Hi** ～ 悲喜劇 A tragicomédia. S/圓 Kómedí. ⇨ minámóto.

kigén¹ 機嫌 (⇨ go-kígén) **1** [気分] O humor [estado de espírito]; a disposição. *Akachan no* ～ *ga yatto* [*yōyaku*] *naotta* 赤ちゃんの機嫌がやっと [ようやく] 直った Até que enfim, passou o amuo ao bebé [ê]. ～ *ga ioi* [*warui*] 機嫌がいい [悪い] Bem-humorado [Mal-humorado]; bem-disposto [mal-disposto; indisposto]. 「*Ippai yatte*」 ～ *ni naru* 「一杯やって」機嫌になる Ficar (logo mais) bem-disposto depois de beber uns copos. ～ *no torinikui hito* 機嫌のとりにくい人 A pessoa fria [rabugenta; mal-disposta; difícil]. ～ *o naosu* 機嫌を直す Ficar [Pôr-se] de bom humor; recuperar o bom humor. ～ *o sokonau* [*sokoneru*; *sonjiru*] 機嫌を損なう [損ねる; 損じる] Indispor; fazer subir a mostarda ao nariz. ～ *o toru* 機嫌をとる Lisonjear; adular; engraxar (G.). ～ *yoku* 機嫌よく De bom humor; toda/a contente; com boa disposição. ◇ ～ *tori* 機嫌取り A lisonja; a adulação; a bajulação; a louvaminha; o engraxar [passar manteiga] (G.). A/反 Fu-kígen. **2** [他人の健康状態] A saúde. *Go-* ～ *ikaga* [*O-genki*] *desu ka* 御機嫌いかが [お元気] ですか Como está? / Tudo bem? S/圓 Go-kígén.

kigén² 期限 (⇨ kíkan?) O prazo; o termo (fixo [determinado]). ★ ～ *ga chikazuku* 期限が近づく Aproximar-se o ～ [a data (?) do vencimento). ～ *ga kireru* 期限が切れる Terminar o prazo [*Watashi no pasupōto wa kongetsu sue ni* ～ *ga kireru* 私のパスポートは今月末に期限が切れる A validade do meu passaporte expira no fim deste mês]. ～ *ga kuru* [*ni naru*] 期限が来る [になる] Ser o ～ [Chegar ao limite do] prazo. ～ *ga manryō suru* 期限が満了する Terminar [Completar-se] o prazo. ～ *o enchō suru* 期限を延長する Prorrogar o prazo. ～ *o kimeru* 期限を決める Marcar o prazo. ～ *o mamoru* 期限を守る Cumprir o prazo. ～ *o nobasu* [*hayameru*] 期限を延ばす [早める] Prolongar/Prorrogar [Encurtar] o prazo. ～ *o tsukeru* 期限をつける Pôr/Marcar/Fixar/Determinar um prazo. *Mikka no* ～ *de* 3 日の期限で Com o prazo de três dias. ～ *gire* 期限切れ O limite/fim [A expiração] do prazo. ～ *tsuki de* [*no*] 期限付きで [の] Com o prazo marcado. ◇ **Nōzei** ～ 納税期限 O prazo para pagamento de imposto. **Yukō** ～ 有効期限 A validade.

kigén³ 起源 [原] As origens 「da vida」; os começos. *Sadō no* ～ *wa jūni seiki ni made sakanoboru* 茶道の起源は12世紀にまでさかのぼる ～ da arte [cerimó(ô)nia] do chá remontam ao século doze. S/圓 Rútsu. ⇨ minámóto.

kígen⁴ 紀元 A era 「cristã/do Imperador Jinmu」; a

"nova" época (O ano 1 da era cristã ou do calendário ocidental também se chama "annus Domini" [a.D.]: [ano do Senhor e d.C. = depois de Cristo); ★ *Seireki ~ zen hyakunen* 西暦紀元前 100 年 Cem anos a.C. [antes de Cristo).

kígi¹ 木木 (< ki²)「o verde das」Árvores. ★ *~ no aoba* 木々の青葉 As folhas verdes das ~.

kigí² 機宜 A ocasião oportuna [apropriada]. S/同 Jígi.

ki-giré 木切れ (< … ² + kiré) O pau [pedaço de madeira]; o cavaco; a lasca.

kígo 季語 Os termos usados em "háiku" segundo as diferentes estações (Por ex.: rouxinol é o símbolo da primavera, os peixinhos dourados são-no do verão).

kigó¹ 記号 O símbolo「fonético」; o sinal「+」. *Kore wa nani o arawasu ~ desu ka* これは何を表す記号ですか Que significa este ~? ★ *~ de arawasu* 記号で表す Representar [Indicar] por símbolos/sinais. ◇ *~ ron* 記号論 A semiologia [semiótica/semântica]. ~ *ronrigaku* 記号論理学 A lógica simbólica; o simbolismo. *Kagaku ~* 化学記号 O símbolo químico「do ferro é Fe 26」. S/同 Fugó.

kigó² 揮毫 A caligrafia artística. ★ ~ *suru* 揮毫する Pintar a/com pincel. S/同 Junpítsu; senpítsu.

ki-gókóchi 着心地 (< kirú + kokóchi) A sensação ao vestir uma roupa. ~ *no yoi [warui] fuku* 着心地の良い[悪い]服 O vestuário confortável [desconfortável]; o vestido que assenta bem [mal] no corpo.

ki-gókoro 気心 (< … ¹ + kokóro) O cará(c)ter; a índole; a maneira de ser; o coração. ★ ~ *no shireta nakama* 気心の知れた仲間 O amigo íntimo [de confiança]. ◇ kidáté; kishítsu.

kigu¹ 器具 a) O aparelho; o instrumento「de precisão」; o utensílio「de cozinha」. ◇ **Denki ~** 電気器具 O aparelho elé(c)trico. S/同 Dógu. b) O equipamento「da fábrica」. ⇨ kíkai².

kigu² 危惧【E.】A dúvida; a desconfiança; a preocupação; a apreensão; o temor. ★ *Endai na keikaku ni ~ no nen o idaku [motsu]* 遠大な計画に危惧の念を抱く [Estar apreensivo por ser um proje(c)to grandioso [de grande envergadura]. S/同 Kenén (+); fuán (o); shinpái. H/反 Ándo; anshín.

kigú¹ 奇遇【E.】O encontro inesperado. *Anata to konna tokoro de au nante mattaku no ~ da* あなたとこんな所で会うなんて全くの奇遇だ Imagine, encontrá-lo nestas paragens!

kigú² 寄寓 O ficar uns dias com [na casa de] alguém. ★ *~ suru* 寄寓する … S/同 Gûkyo.

kí-guchi 木口 (< … ² + kuchí). **1** [切り口] O corte「da viga」. ⇨ **Ko-gúchi** (+). **2** [用材の質] A qualidade da madeira. **3** A pega da madeira「da malinha」.

ki-gúmi¹ 木組み (< … ² + kumí) a) O madeiramento [encaixe de madeiras trabalhadas]; b) O trabalho de carpintaria.

ki-gúmi² 気組み (< … ¹ + kumí) O estar preparado para agir.

ki-gúrai 気位 (< … ¹ + kurái) A altivez; o sentido da honra. ★ ~ *ga takai* 気位が高い Ser altivo; ter um grande sentido da honra. S/同 Jífu; jisón.

ki-gúrō 気苦労 (< … ¹ + kúrō) O tormento; os trabalhos; a preocupação. ★ *~ ga taenai* 気苦労が絶えない Os/As ~ não [nunca] acabam. S/同 Shinrō.

ki-gúsuri 生薬 (< … ³ + kusúri) As ervas medicinais. S/同 Shóyaku (+). ⇨ kanpō-yaku.

kí-gutsu 木靴 (< … ² + kutsú) Os tamancos; os socos; as chancas; as socas (de mulher). ⇨ getá.

kigyō 企業 A empresa; o negócio. ★ ~ *o okosu* 企業を起こす Começar um ~; fundar uma ~. ◇ ~ *himitsu* 企業秘密 O sigilo empresarial [industrial; comercial]; o segredo profissional. ~ *seibi [saihensei]* 企業整備[再編成] O reajustamento [A reorganização] da ~. **Chūshō ~** 中小企業 As pequenas e médias empresas. **Dai ~** 大企業 A grande empresa; os grandes negócios. **Takokuseki ~** 多国籍企業 Uma (~) multinacional.

kigyō-ká¹ 企業家 O empresário; o homem de negócios. ⇨ kígyō.

kigyō-ká² 企業化 A industrialização; a comercialização.

kigyō-téki 企業的 Empresarial; industrial; comercial. ⇨ kígyō.

kihai¹ 気配 A tendência (dos valores do mercado).

kihái² 跪拝【E.】A genuflexão. S/同 Háiki.

kiháku¹ 気迫[魄] A energia; a determinação; o espírito de luta; a genica (G.); ~ *ga tarinai* 気迫が足りない Ter pouca/o ~. *~ ni kakeru* 気迫に欠ける Faltar [Não ter] energia. *~ no komotta shōbu* 気迫のこもった勝負 O desafio「de futebol」cheio de genica. S/同 Iki-gómi; kugé; kiryóku.

kiháku² 希[稀]薄 **1** [密度や濃度が低いようす] a) O estar「muito」diluído (num líquido); b) O ser rarefeito; c) A pouca densidade [de população]. ~ *na kūki* 希薄な空気 O ar [oxigénio] rarefeito「no cume do Monte Fuji」. A/反 Nōkō. ⇨ usuí. **2** [乏しいようす] O ter pouco. *Ano hito wa sekininkan ga ~ da* あの人は責任感が希薄だ Ele tem pouco sentido de responsabilidade.

kihán¹ 規範 O padrão; o exemplo [modelo]「a seguir」; a norma; o critério. S/同 Mohán (+); tehón (+).

kihán² 羈絆【E.】a) A peia; b) A restrição. S/同 Hodáshi; kizuná (+).

kihán-sén 機帆船 O veleiro [barco à vela] motorizado/com motor.

kihátsu 揮発 A volatilização. ◇ *~ sei* 揮発性 A volatilidade. *~ yu* 揮発油 A benzina [O benzeno]. ⇨ jóhátsu.

ki-házúkáshíi 気恥ずかしい Envergonhado. S/同 Hazúkáshii (o); kimári-wárúi (+); terékúsái (+).

kihéi 騎兵 a) O soldado de cavalaria (⇨ kíshi²); b) A cavalaria. ◇ ~ *tai* 騎兵隊 [O esquadrão de] cavalaria; a tropa montada.

kihéki 奇癖【E.】O costume [hábito] esquisito; a excentricidade.

kíhi 忌避 **1** [徴兵などに対する] a) A deserção; b) A evasão; o fugir「à responsabilidade」. ★ ~ *suru* 忌避する Desertar「Fugir「ao serviço militar」]; evadir (-se). ◇ **Chōhei ~ sha** 徴兵忌避者 O desertor; o obje(c)tor de consciência. S/同 Káihi. **2** [裁判等の] A recusa; a denegação. ~ *suru* 忌避する Recusar(-se); denegar. S/同 Káihi.

kihín¹ 気品 A distinção [finura]; a dignidade; o refinamento; a nobreza. ★ ~ *no aru kao* 気品のある顔 Um rosto distinto [fino/muito digno]. S/同 Hinkáku.

kihín² 貴賓 O visitante ilustre; o hóspede de honra; a visita honrosa. ◇ **~ seki** 貴賓席 A tribuna [galeria] de honra; assentos ["reservado"] para os convidados.

kihō¹ 気泡 A bolha (de ar); a espuma.

kihō² 気胞【Anat.】**a)** O alvéolo pulmonar; **b)** A vesícula [bexiga] natatória (nos peixes); ⇨ ukí-búkuro).

kihō³ 季報 O boletim (informativo)「trimestral」; geppō; neńpō; nippō; shūhō.

kihō⁴ 既報 A notícia publicada. ⇨ hōkókú¹.

kihón 基本 A base; o fundamento; o mais importante. ★ ~ o mi ni tsukeru 基本を身につける Assimilar [Dominar] as regras básicas/~. ⇨ **go(i)** 基本語 (彙) O vocabulário básico「do p.」. **~ hōshin** 基本方針 As dire(c)trizes; a linha de a(c)tuação; a política fundamental. **~ jikō** 基本事項 As cláusulas fundamentais [principais]. **~ ryōkin** 基本料金 A tarifa; O preço] base. **~ kyū** 基本給 O salário base. **~ tan'i** 基本単位【Fís.】A unidade「de cumprimento é o metro」. ⇨ **teki**. S/固 Dodái; kibán; kíso.

kihón-téki 基本的 Básico; fundamental. ◇ **~ jinken** 基本的人権 Direitos humanos fundamentais; um direito humano.

kí-hórudā[ii] キーホルダー (< Ing. key holder) O chaveiro; o porta-chaves.

kihō-zái 起泡剤 O aditivo espumante. S/固 Happōzái.

kii¹ 奇異【E.】O ser estranho. ★ Nani ka ~ ni kanjiru 何か奇異に感じる Estranhar; achar algo [um pouco] estranho/raro/esquisito. S/固 Kikái; kímyō (+).

kii² 貴意【E.】A sua preciosa ideia [valiosa opinião]. ⇨ íken¹; kengai.

kiichigo 木苺【Bot.】**a)** A framboeseira [O framboeseiro]; rubus palmatus; **b)** A framboesa (Fruto).

kiín 起因 A causa「deste crime foi a droga」; a origem. Haigan wa ōku no baai chōki no kitsuen ni ~ suru to kangaerarete iru 肺癌は多くの場合, 長期の喫煙に起因すると考えられている Pensa-se que uma das principais origens do cancro [câncer] pulmonar é o fumar (longo). S/固 Hajímári (+); okórí (+). ⇨ gén'ín.

ki-íppon 生一本 (⇨ kí³) **1**「酒など」O ser genuíno/puro/autêntico. ★ Nada no ~ 灘の生一本 O saqué genuíno de Nada. **2**「性格など」Genuíno; autêntico; re(c)to. ★ ~ na seikaku 生一本な性格 Um cará(c)ter sincero [re(c)to/franco]. ⇨ juńsúí.

kiiró 黄色 O amarelo; a cor amarela. ★ ~ no fuku 黄色の服 O vestido amarelo.

kiirói 黄色い (⇨ kiíró) **1**「色が」Amarelo; amarelado; amarelecido; amarelento. ★ Kiíroku naru 黄色くなる Amarelecer. **2**「声が」Esganiçado; estridente. ★ ~ koe o dasu 黄色い声を出す Soltar [Dar] vozes esganiçadas [estridentes]「a apoiar a sua equipa」. ⇨ kańdákái.

kiítá-fú[úu] 利いた風【G.】O armar-se em esperto; o fazer-se sabichão; o pedantismo [e pedantice]. ★ ~ na koto o iu [nukasu]; ~ na kuchi o kiku 利いた風なことを言う[抜かす]; 利いた風な口をきく Ser pedante.

kííto 生糸 A seda crua [bruta]. A/反 Nerí-ító. ⇨ kí³; kinú-ító.

kiji¹ 記事 (⇨ rońbún) O artigo「de jornal」; a notícia; a reportagem. ★ ~ ni suru 記事にする Escrever um ~; publicar「no jornal」. **Sanmen** ~ 三面記事 As reportagens de terceira página; a página dos casos escandalosos [policiais]. **Shinbun** ~ 新聞記事 Um/~ do jornal. **Tokudane** ~ 特種記事 A notícia em primeira mão; o furo (B.) [tiro (P.)] (jornalístico). **Toppu** ~ トップ記事 O artigo de primeira página.

kiji² 雉子 (⇨ kijibátó)【Zool.】O faisão. ことわざ ~ mo nakazuba utaremai 雉子も鳴かずば撃たれまい Caçam-se os pássaros pelo bico「canto」e os homens pela língua.

kíji³ 木地 O veio [A fibra] da madeira; a madeira (ao) natural.

kijí⁴ 生地 **1**「本性」hónshō¹. **2**「布地」O tecido「para camisas」; o pano「grosso」; a fazenda「para fato」; a tela. S/固 Nunó-jí. **3**「パンなどの」A massa「para cozer pão」. **4**「素焼きの陶磁器」A cerâmica só com uma cozedura.

kiji-bátó 雉鳩 (< ~² + háto: pomba) A rola; streptopelia orientalis. S/固 Yamá-bátó.

kijikú 機軸 **1**「車輪などの軸」O eixo (da roda). ⇨ chíjíkú. **2**「活動の中心となる軸」O centro「de a(c)tividade」. S/固 Chūshín (+). **3**「やり方」O método; a ideia principal. ★ Shin ~ o uchidasu 新機軸を打ち出す Lançar uma nova ideia. S/固 Hōshíkí (+); yarí-kátá (+).

kijín¹ 奇人【E.】A pessoa esquisita; o indivíduo extravagante [excêntrico]; original;. S/固 Heńjín; kawárí-mónó.

kijín² 貴人 **a)** A pessoa de sangue azul; o fidalgo; o aristocrata; o nobre; **b)** A nobreza [aristocracia].

kijín³ 鬼神 **1**「荒々しく恐ろしい神」Um demó[ô]nio; um monstro feroz. S/固 Kishín; oní-gámí. **2**【~ réikon】. **3** ⇨ baké-mónó.

kíjitsu 期日 O dia marcado [fixo]; a data [fixa/limite]; o prazo (marcado); o vencimento. Shakkin no shiharai ~ ga kita 借金の支払い期日が来た Já temos [Chegou o dia] de pagar a dívida. ★ ~ made ni 期日までに Até à ~ [Dentro do prazo]. **~ ni maniau** 期日に間に合う Terminar [Fazer] a tempo. **~ o mamoru** 期日を守る Cumprir [Respeitar] o prazo.

kíjo 鬼女【E.】A diaba; a mulher diabólica. ⇨ oní-².

kijō¹ 机上 **1**「机の上」Sobre a mesa; em cima da mesa. ◇ **~ ban no jisho** 机上版の辞書 O dicionário de tamanho grande. **2**「観念的」Acadé[è]mico (Só teórico). ★ **~ no kūron** 机上の空論 A discussão ~; a mera teoria. **~ no keikaku** 机上の計画 O plano apenas [que só é bom] no papel. ⇨ tsukúé.

kijō² 気丈 O ser forte (corajoso).

kijō³ 機上 No [Dentro do] avião. ★ ~ no hito to naru 機上の人となる Subir a bordo; ir de avião. S/固 Kíchū¹; kínai.

kijō⁴ 騎乗 O cavalgar. S/固 Jōbá (+). ⇨ kíshí².

kijō⁵ 軌条 O carril. S/固 Réru.

ki-jōbu[óo] 気丈夫 **1**「心強いこと」O sentir segurança/confiança. **2** ~ de aru「気丈夫である」[気丈夫に感じる] Sentir-se seguro「por ter alguém ao lado」. kokóró-zúyói. **2** [⇨ kijō²].

ki-jōyu[óo] 生醤油 (< ~³ + shōyu) O molho de soja puro.

kiju 喜寿【E.】Os 77 anos de idade; as congratulações do ideograma "ki" (ideograma esse que

kijú significa alegria e que escrito em cursivo, se lê 77). ⇨ **béiju**; **kóki**²; **kańréki**.

kijú [**uú**] 機銃 A metralhadora. ◇ **~ sōsha** 機銃掃射 A rajada [O fogo] de ~. ⓢ/回 kikánjú (+).

kijū-ki [**úu**] 起重機 O guindaste; o guincho. ⇨ **ku-rēn**.

kijún¹ 基準 O padrão; a base; o critério. *Shain saiyō no ~ wa nan desu ka* 社員採用の基準は何ですか Qual é o critério para a [que preside à] escolha de novos empregados? ★ *~ kara hazureru* 基準から はずれる Afastar-se do padrão. *~ ni awaseru* 基準に 合わせる Padronizar; estandardizar. ◇ **~ chingin** 基準賃金 O salário-padrão. **~ gai** [**nai**] *chingin* 基準外［内］賃金 A remuneração extra [dentro do] padrão. **~ kakaku** 基準価格 O preço-padrão. **~ sen** 基準線 A linha [O ponto] de referência.

kijún² 帰順 [E.] A submissão「dos rebeldes」. ⓢ/回 Kifukú²; kōsań (+).

kijútsu¹ 記述 O relato; a descrição. ★ *Kaidan no moyō o shōsai ni ~ suru* 会談の模様を詳細に記述する Relatar [Descrever] minuciosamente (todos os aspectos d)as conversações. ◇ **~ bunpō** 記述文法 A gramática descritiva. ⓢ/回 Jojútsú.

kijutsu² 既述「como」Já「foi」mencionado [indicado/dito/explicado].

kijutsu³ 奇術 A magia. ◇ **~ shi** 奇術師 O mágico. ⓢ/回 Téjina (+).

kíka¹ 気化【Fís.】**a)** A vaporização [evaporação]; a volatilização; **b)** A carburação. ◇ **~ suru** 気化する Evaporar-se; vaporizar-se; volatilizar-se; transformar-se em gás. ◇ **ki** 気化器 **a)** O vaporizador; **b)** O carburador「do carro」. **~ netsu** 気化熱 O calor (latente) de vaporização.

kíka² 帰化 A naturalização [O mudar de nacionalidade]. ◇ **~ suru** 帰化する Naturalizar-se [*Burajiru ni ~ shita hito* ブラジルに帰化した人 Um naturalizado brasileiro]. ◇ **~ jin** [**koku**]. **~ shokubutsu** 帰化植物 A planta aclimatada.

kíka³ 幾何 (Abrev. de "~gaku") A geometria. ◇ **~ heikin** 幾何平均 A média geométrica. **~ kyūsū** 幾何級数 A progressão geométrica [~ *kyūsūteki ni fueru* 幾何級数的に増える Aumentar em progressão geométrica (Muito depressa)].

kíka⁴ 奇禍 [E.] O acidente; o desastre. ★ *~ ni au* 奇禍に遭う Ter um desastre. ⓢ/回 Jíko. **~** saínán.

kíka⁵ 奇貨 [E.] **1**［⇨ chińpíń］. **2**［好機］A melhor oportunidade. ⓢ/回 Kōki.

kíka⁶ 貴下 [E.] ⇨ **kíden**².

ki-káeru 着替える ⇨ **ki-gáeru**.

kiká-gaku 幾何学 O geometria. ◇ **~ moyō** 幾何学模様 O padrão geométrico. **Heimen** [**Rittai; Kaiseki**] **~** 平面［立体；解析］幾何学 ~ plana [sólida; analítica]. **Yūkuriddo ~** ユークリッド幾何学 ~ euclidiana (de Euclides). ⓢ/回 Kíka³.

kikái¹ 機会 A oportunidade; a ocasião; o ensejo. ★ *~ aru goto ni* 機会あるごとに Sempre que há [houver] uma ~; sempre que possível. *~ o ataeru* 機会を与える Dar (um)a oportunidade. *~ o nerau* 機会をねらう Estar à espera da ~. *~ o nogasu* 機会 を逃す Deixar fugir [escapar] a oportunidade. *~ o ushinau* 機会を失う Perder uma ~. *Mata [Tsugi] no ~ ni* 又［次］の機会に Noutra [Na próxima] ocasião; ficar para outra vez. *Zekkō no ~* 絶好の機会 Uma ocasião esplêndida [única]. ◇ **~ kintō** 機会均等 A igualdade de oportunidade「de emprego」. ⓢ/回 Chánsu.

kikai² 機械 A máquina. *~ ni koshō ga okita* 機械に故障がおきた ~ avariou. ★ *~ o toritsukeru* 機械を取りつける Instalar uma ~. *~ o ugokasu* 機械を動かす Pôr a ~ a andar [funcionar]. ◇ **~ abura** 機械油 O lubrificante; o óleo para [de] ~. ⇨ **ami**. **~ bunmei** 機械文明 A civilização [idade da] técnica. **~ gijutsusha** [**gishi**] 機械技術者［技師］O técnico [engenheiro] mecânico. **~ kakō** 機械加工 O processo mecânico; o trabalho feito à ~. **~ kōgaku** 機械工学 A engenharia mecânica. **~ kōgyō** 機械工業 A indústria mecânica [de ~]. **~ ron** 機械論 O mecanicismo (Fil.). **Kensetsu ~** 建設機械 As ~s de construção. ⇨ **~ka** [**kō**/**shitsu**/**teki**].

kikai³ 器械 O instrumento「ó(p)tico」; o aparelho. ◇ **~ taisō** 器械体操 A ginástica com aparelhos. **Iryō ~** 医療器械 Os ~s médicos.

kikái⁴ 奇怪 **1**［あやしいこと］O enigma; o mistério. ★ *~ na* 奇怪な Enigmático; misterioso「desaparecimento do marido」. *~ na kōdō* 奇怪な行動 Um comportamento enigmático[misterioso]. **2**［けしからぬようす］「ele teve」A insolência「de lhe dizer tal coisa?」.

kikái-ámi 機械編み (< "..."² + **ámu**) A malha feita à máquina. Ⓐ/反 Te-ámí.

kikái-ká 機械化 A mecanização. ★ *~ suru* 機械化する Mecanizar. ⇨ **kíkai**².

kikái-ká² 機械科 O curso de engenharia mecânica. ⇨ **kíkai**².

kikái-kō 機械工 O mecânico; o maquinista; o operário mecânico. ⇨ **kíkai**².

kikái-shitsu 機械室 A sala das máquinas. ⇨ **kíkai**².

kikái-téki 機械的 **a)** Mecânico; **b)** Maquinal (Sem pensar); automático; inconsciente. ★ *~ de tanjun na sagyō* 機械的で単純な作業 Um trabalho [Uma operação] simples/maquinal.

kikái-jin 帰化人 O naturalizado. ⇨ **kíka**².

kikákaru 来かかる (< **kúru** + ...) **1**［来合わせる］Calhar encontrar-se「no caminho」. **2**［来かける］Estar para chegar.

kika-koku 帰化国 A pátria ado(p)tiva [da sua nova nacionalidade]. ⇨ **kíka**².

kikakú¹ 企画 **a)** O plane(j)amento; a planificação; **b)** O plano; o proje(c)to; o programa「de T.V.」. ★ *~ suru* 企画する Plane(j)ar; planificar; proje(c)tar; programar. ◇ **~ bu** 企画部 O departamento de ~. **~ sei** 企画性「a pessoa com」Inventiva [Capacidade de inventar planos novos]. ⇨ **keíkaku**.

kikakú² 規格 O padrão「de qualidade」; o estalão. ★ *~ gai no* 規格外の Não estandardizado. *~ ni atta seihin* 規格に合った製品 Um produto segundo os [que obedece aos] padrões estabelecidos. ◇ **~ ban** [**ka**]. **Nihon kōgyō ~** 日本工業 規格 (JIS) As Normas Industriais Japonesas.

kikáku-báń 規格判 (< "..."² + **hán**) O tamanho [formato] padrão「do papel」.

kikáku-hín 規格品 O artigo estandardizado [uniformizado/produzido em série]. ⇨ **kikakú**².

kikákú-ká 規格化 A uniformização; a estandardização. ★ *~ suru* 規格化する Uniformizar; estandardizar. ⇨ **kikakú**².

kíkan¹ 期間 (⇨ **kígen**²) O período; o prazo「para fazer um trabalho」; o tempo. ★ *~ o enchō suru*

期間を延長する Dar mais tempo. *Kimerareta* ~ *nai ni* 決められた期間内に Dentro do ~ estabelecido. ◇ ~ **enchō** 期間延長 O prolongamento do ~. ~ **manryō** 期間満了 A expiração do prazo. **Chō [Tan]** ~ 長[短]期間 O prazo longo [curto]; muito [pouco] tempo. **Yūkō** ~ 有効期間 A [O tempo de] validade.

kikán[2] 機関 **1** [エンジン] O motor. ◇ ⇨ ~ **sha [shi]**. **Jōki** ~ 蒸気機関 A locomotiva [máquina a vapor]. **Nainen** ~ 内燃機関 O motor de combustão interna. S/岡 Énjin (+). **2** [組織] O órgão; o meio; a instituição; uma organização「internacional」. ⇨ **Gyōsei** ~ 行政機関 O órgão administrativo. **Kōtsū [Un'yu]** ~ 交通[運輸]機関 Os meios de condução [transporte]. **Kyōiku** ~ 教育機関 O órgão [A instituição] educacional. **Rippō** ~ 立法機関 O órgão legislativo. **Shikkō** ~ 執行機関 O órgão executivo. **Tsūshin** ~ 通信機関 Os meios de comunicação.

kikán[3] 帰還 **1** [人間の] A volta; o retorno; o [a viagem de] regresso; a repatriação. ★ ~ *suru* 帰還する Voltar. *Mugon no* ~ *o suru* 無言の帰還をする Voltar morto. ~ *sha* 帰還者 Os repatriados; os retornados. **2** [Ele(c)tri.] A realimentação.

kikán[4] 器官 [Bot./Zool.] O órgão; o aparelho. ⇨ **Kankaku** ~ 感覚器官 Os órgãos dos sentidos (⇨ gokán[1]). **Shōka** ~ 消化器官 O aparelho digestivo.

kikán[5] 気管 [Anat.] A traqueia「e os pulmões」.

kikán[6] 季刊 A edição trimestral. ◇ ~ **zasshi** 季刊雑誌 A revista trimestral. ⇨ **~shi**. gekkán[2]; shūkán[3].

kikán[7] 既刊 Já editado [publicado]. ◇ ~ **shomoku** 既刊書目 A lista [O catálogo] de obras editadas.

kikán[8] 奇観 [E.] A maravilha; o portento; o espe(c)táculo. *Tenka no* ~ 天下の奇観 ~ de beleza natural「das quedas do Iguaçu」.

kikán[9] 旗艦 O navio almirante. ⇨ guńkán.

kikán[10] 亀鑑 [E.] O modelo; o espelho; o protótipo. S/岡 Mohán (+); tehón (+).

kikán[11] 基幹 O suporte principal. ◇ ~ **sangyō** 基幹産業 A indústria base [principal]. S/岡 Końkán.

kikán[12] 汽缶[罐] A caldeira [O cilindro] (com água quente). S/岡 Bóirā (+).

kikánái 聞かない (< Neg. de kikú) **1** [言い張る] Insistir; teimar. ⇨ iíháru. **2** [強情な] Birrento; teimoso. ★ ~ *otoko no ko* きかない男の子 Um menino ~. S/岡 Gójō ná (+). A/反 Súnao na.

kikánaku きかなく Nada menos que; a passar de;「cem」ou mais; não inferior a. *Higai wa hyakumanén de wa* ~ *darō* 被害は100万円ではきかないだろう Os danos devem passar de um milhão de yens.

kikánbō 利[聞]かん坊 (< kikánái[1] + bo[5]) [G.] O menino travesso; o rapaz mal comportado.

kikán-jū 機関銃 (⇨ kijū) A metralhadora. ★ ~ *no yō ni shaberimakuru* 機関銃のようにしゃべりまくる Taramelar; fala a tarámela; falar como uma ~ (Como nas algarvias); falar muito [pelos cotovelos].

kikańkí[kikánú ki] 利[聞]かん気 (< Neg. de kikú + …) [G.] A inflexibilidade; a obstinação; a teimosia; o cará(c)ter insubmisso [firme]. ★ ~ *no tsuyoi kaotsuki* 利かん気の強い顔つき Um ar [rosto] inflexível/firme.

kikán-sha 機関車 (⇨ kikán[2] **1**) A locomotiva. ◇ **Denki [Jōki]** ~ 電気[蒸気]機関車 ~ elé(c)trica [a vapor]. ⇨ dénsha; kishá[1].

kikán-shi[1] 機関誌[紙] O boletim; o órgão informativo「duma instituição」. ⇨ kíkan[2] **2**.

kikán-shi[2] 機関士 O maquinista; o motorista. **Ittō** ~ 一等機関士 O primeiro maquinista.

kikánshi[3] 気管支 [Anat.] O(s) brônquio(s). ◇ ⇨ ~ **en**. ⇨ kíkan[5].

kikán-shi[4] 季刊誌 A revista [publicação; O boletim] trimestral. ⇨ kikán[6].

kikánshí-en 気管支炎 A bronquite. ⇨ kikánshi[3].

kikan-shu 機関手 ⇨ kikan-shi[2].

kikanu ki 利かぬ気 ⇨ kikańkí.

kikásérú[1] 利かせる (< kikú[1]) **1** [働かせる] Usar; deitar mão de. ★ *Kao o* ~ 顔を利かせる ~ da sua celebridade [autoridade]. *Ki o* ~ 気を利かせる Usar a cabeça [cabecinha]. *Haba o* ~ 幅を利かせる Usar a sua influência. *Nirami o* ~ にらみを利かせる Intimidar alguém com um olhar. **2** [きかめを持たせる] Usar [Pôr] tempero. *Kono ryōri wa shio o kikase-sugi da* この料理は塩を利かせ過ぎだ Esta comida tem demasiado sal.

kikásérú[2] 聞かせる (< kikú[1]) **a)** Contar; ler a alguém. *Hahaoya wa jibun no kodomo ni maiban dōwa o yonde kikaseta* 母親は自分の子供に毎晩童話を読んで聞かせた Todas as noites, a mãe lia histórias「da carochinha」aos filhos. **b)** Ser interessante [digno de se ouvir] (Ex: *Nakanaka* ~ *hanashi da* = Que história mais [tão] interessante [linda]!).

kikátsú 飢渇 [E.] A fome e a sede. ⇨ kawáki[2]; ué[2].

ki-kázáru 着飾る (< kirú[1] + …) Ataviar-se; vestir o fato domingueiro; ir toda enfeitada [garrida]; vestir com esmero; trajar todo [como um] janota. S/岡 Seísō súru.

kikéí[1] 奇形 A deformidade (congé[ê]nita). ◇ ⇨ ~ **ji**.

kikéí[2] 奇計 [E.] O plano arguto; um bom estratagema. S/岡 Kańkéí; kisáku.

kíkei[3] 貴兄 [E.] O ilustre [Meu caro] colega/senhor (Cor. us. entre homens de igual ou algo superior posição social). S/岡 Anáta (+); kíkun. A/反 Kíshi.

kikéí[4] 奇景 ⇨ kibátsú.

kikei-ji 奇形児 A criança deformada [aleijadinha]. ⇨ kikéí[1].

kikén[1] 危険 O perigo; o risco; a ameaça「de chuva」. *Kono kaisui-yokujō wa tōasa de oboreru* ~ *wa hotondo arimasen* この海水浴場は遠浅で溺れる危険はほとんどありません Não há quase perigo nenhum de se afogar nesta praia (balneária) porque é um [toda] baixio. ~ *de aru* 危険である Ser perigoso [arriscado]. ~ *ga aru* 危険がある Haver perigo. ~ *kara* [*o*] *dassuru* 危険から[を]脱する Fugir do perigo; sair ileso (do perigo). ~ *na* 危険な Perigoso; arriscado「~ *na kake o suru* 危険な賭けをする Arriscar [Aventurar-se]; jogar tudo」. ~ *na shigoto* 危険な仕事 Um trabalho perigoso (com muitos riscos). ~ *na me ni au* 危険な目に遭う Correr (um grande) perigo). ~ *ni ochiiru* 危険に陥る Ser perigoso [Correr perigo [Ficar numa situação perigosa]. ~ *ni sarasu* 危険にさらす Expor ao perigo [*Mi no* ~ *ni sarasareru* 身の危険にさらされる Ficar em perigo de vida [Ficar exposto à morte]]. ~ *o okasu* 危険を冒す Arriscar-se; afrontar o perigo; aventurar-se; correr o risco. ~ *o sakeru* 危険を避ける Evitar o perigo. ◇ ⇨ **~ butsu**. **~ bunshi** 危険分子 O elemento perigoso. **~ chitai [kuiki]** 危険地帯 [区域] A área [zona] perigosa. **~ jinbutsu** 危険人物 O indivíduo perigoso. ⇨ **~ sei [shi]**. **~ shingō** 危険信号 O sinal de perigo [alarme]. **~ shisō** 危険思想 A ideia [ideologia] perigosa. **Bakuhatsu-butsu ~** 爆発物危険 (掲示) Perigo de explosão [Material explosivo]! A/危 abúnái.

kikén² 棄権 **1** [投票の] A abstenção. ★ **~ suru** 棄権する Abster-se (de votar); não votar. ◇ **~ sha** 棄権者 O abstencionista. **2** [権利の] A renúncia a um direito; a abdicação. **3** [競技の] A desistência. *Kanojo wa rēsu chokuzen ni ~ shita* 彼女はレース直前に棄権した À última hora ela desistiu da corrida. ◇ **~ sha** 棄権者 O/A desistente.

kikén-butsu 危険物 O obje(c)to perigoso; a substância perigosa. **~ mochikomi genkin** 危険物持ち込み厳禁 (掲示) Proibido trazer obje(c)tos perigosos! ⇨ kikén¹.

kikén-séi 危険性 A possibilidade de perigo [risco]. *~ no takai [hikúi] shigoto* 危険性の高い [低い] 仕事 O serviço/trabalho muito [pouco] perigoso. ⇨ kikén¹.

kikén-shi 危険視 O considerar [ter como] perigoso. ★ **~ suru** 危険視する … ⇨ kikén¹.

kikétsú¹ 既決 Já deliberado [decidido; resolvido; determinado; assente]. ◇ **~ jíkō** 既決事項 Pontos [Assuntos] ~s. A/危 Mikétsú.

kikétsú² 帰結 A conclusão; o resultado; a consequência. *Tōzen no ~ to shite* 当然の帰結として「não estudou e」 Como consequência natural「ficou reprovado」. S/同 Ketcháku (+); kicháku; rakúcháku (+).

kíki¹ 危機 A crise. ★ **~ ga semaru** 危機が迫る Aproximar-se a ~ [o momento crítico]. **~ ni chokumen suru** 危機に直面する Enfrentar [Estar perante] uma ~. **~ ni hinshite iru** 危機にひんしているEstar à beira da ~. **~ ni ochiiru** 危機に陥る Entrar em ~ [Ficar numa situação crítica]. **~ ni saishite [nozonde]** 危機に際して [臨んで] No momento de ~. **~ odassuru** 危機を脱する Saída [Vencera] ~. **~ o norikiru** 危機を乗り切る Ultrapassar [Conseguir superar] a ~. ◇ ⇨ **~ ippatsu**. **~ ishiki [kan]** 危機意識[感] A consciência [sensação] de ~.

kíki² 鬼気 O horror extremo; um medo dos diabos (G). ★ **~ semaru arisama** 鬼気迫る有り様 Um espe(c)táculo arrepiante/medonho/de gelar o sangue nas veias.

kíki³ 嬉嬉 A alegria; o prazer. ⇨ yorókóbí.

kíki⁴ 機器 A maquinaria; o equipamento「audio-visual」. ◇ **Yusō ~** 輸送機器 A ~ de transporte.

kíki [kii-] きいきい (Im. de guincho [de rato/criança], de chiar/ranger「de sapato」. *Doa ga kowarete ite akeru tabi ni ~ iu* ドアがこわれていて開ける度にきいきいいう Esta porta está estragada e range [faz esta chiadeira] cada vez que se abre. ◇ ⇨ **~ goe**.

kiki-ákíru 聞き飽きる (< kikú¹ + …) Estar cansado [farto] de ouvir. *Guchi wa mō kiki-akita* 愚痴はもう聞き飽きた Já estou farto das [de ouvir as] suas queixas.

kiki-bétá 聞き下手 (< kikú¹ + hetá) O ser mau ouvinte. ⇨ kiki-jōzu.

kiki-chígáeru 聞き違える (< kikú¹ + …) Ouvir [Entender; Compreender] mal「o lugar do encontro」. *Kiki-chigaeta no ka to omotta* 聞き違えたのかと思った Pensei ter [que tivesse] ouvido/entendido mal.

kikí-chígáí 聞き違い (< kiki-chígáéru) O equívoco; o ouvir mal; a confusão.

kikí-dásu 聞き出す (< kikú¹ + …) **1** [聞いて探り出す] Puxar pela língua; sondar; arrancar; tirar nabos da púcara (G). *Kare kara nani mo ~ koto ga dekinakatta* 彼から何も聞き出すことが出来なかった Não lhe consegui arrancar (nem uma) palavra. **2** [聞き始める] Começar a ouvir. *Kotoshi kara rajio no porutogaru-go kōza o kiki-dashita* 今年からラジオのポルトガル語講座を聞き出した Este ano comecei a ouvir o curso [as aulas] de p. pela rádio.

kikí-fúrúshita 聞き古した (< kikú¹ + furúshita) Mais que sabido; vulgar; comum; banal;「piada」que já tem barbas (G.).

kikí-gáki 聞き書き (< kikú¹ + káku¹; ⇨ kaké¹-tóri) **1** [聞いて書くこと] O escrever tudo o que se diz; o anotar fielmente. ★ **~ suru** 聞き書きする … **2** [聞いて書いたノート] O caderno de anotações; as「minhas」notas.

kikí-góe [kii-] きいきい声 (<… + kóe) O guincho; a voz aguda/estridente/esganiçada.

kikí-gúrúshíí 聞き苦しい (< kikú¹ + kurúshíí) Que fere os ouvidos; desagradável. *Bangumi no tochū de o-~ tokoro ga atta koto o o-wabi-shimasu* 番組の途中でお聞き苦しいところがあったことをおわびします Pedimos desculpa aos senhores espectadores ao [pelo] ruído (desagradável) que se ouviu no [a meio do] programa.

kiki-hóréru 聞きほれる (< kikú¹ + horérú) Ficar fascinado [encantado/absorto/embevecido] ouvindo「tão linda voz/música」.

kiki-ippatsu 危機一髪 (⇨ kíki²) Por um fio; por um triz; por pouco; por uma unha negra. *~ no tokoro de jiko o manugareta* 危機一髪のところで事故を免れた Evitámos o acidente (mesmo) ~.

kikí-íréru 聞き入れる (< kikú¹ + …) Ouvir [Aceitar]「o conselho」; dar ouvidos「a」; atender「o pedido」; anuir. *Chichi wa watashi no negai o kiki-irete kurenakatta* 父は私の願いを聞き入れてくれなかった O meu pai não deu ouvidos ao meu pedido. S/同 Shōchí súrú (+).

kikí-íru 聞き入る (< kikú¹ + …) Prestar toda a atenção; ser todo ouvidos; estar atento. *Seito wa minna nesshin ni sensei no hanashi ni kiki-itte iru* 生徒はみんな熱心に先生の話を聞き入っている Os alunos estão todos atentos ao (que diz) o professor.

kikí-jōzu [óo] 聞き上手 (< kikú¹ + …) O ser bom ouvinte. A/危 Kiki-bétá.

kikí-káesu 聞き返す(< kikú¹ + …) **1** [一度聞いたことを繰り返して聞く] Ouvir outra vez [de novo]「a gravação」. **2** [聞こえなかったり理解できなくて問い返す] Perguntar outra vez [de novo]; tornar a perguntar「se vai (ou não)」; contestar com outra pergunta. ★ **Nanben mo ~** 何べんも聞き返す Perguntar várias [não sei quantas] vezes.

kikí-kájíri 聞きかじり (< kikí-kájíru) O conhecimento superficial [só de ouvido]; umas tintas/luzes/leves noções「de pedagogia」.

kikí-kájíru 聞きかじる (< kikú¹ + …; ⇨ kikí-kájírí) Ter só umas leves noções「de literatura clássica」.

kikí-kan 危機感 (⇨ kíki¹) A sensação de perigo [crise]. ★ **~ o aoru** 危機感をあおる Criar uma ~.

kikí-kátá 聞き方 **1** [聞く方法] **a)** O [A maneira de] ouvir「uma língua」; **b)** A maneira de perguntar 「o caminho não foi boa」. **2** [聞き手] O ouvinte. [S/同] Kikí-té (+).

kikí-kómi 聞き込み (< kikí-kómu) A indagação; a investigação; o inquérito. ★ ～ *o suru* 聞き込みをする Investigar; inquirir; indagar. ◇ **～ sōsa** 聞き込み捜査 O inquérito policial feito de porta em porta.

kikí-kómu 聞き込む (< kikú[1] + …) **a**) Indagar; andar a perguntar; **b**) Ouvir. *Mimiyori na hanashi o kikikonda* 耳よりな話を聞き込んだ Ouvi uma informação que (certamente) lhe vai interessar [agradar]. ⇨ kikí-kómí.

kikí-máwáru 聞き回る (< kikú[1] + …) Andar a perguntar a toda a gente.

kikímé 効き目 A eficácia; o efeito. *Ikura chūi o shite mo ～ ga nai* いくら注意をしても効き目がない Por mais que os aviso, não tem efeito [não adianta/eles não fazem caso]. ★ ～ *ga arawareru* 効き目が現れる Ter efeito. [S/同] Kṓka; kṓryoku.

kikí-mímí 聞き耳 (< kiku[1] + …) O ouvido atento [apurado]. ★ ～ *o tateru* 聞き耳を立てる Apurar os ouvidos; ficar de ouvido atento.

kikí-mórásu 聞き漏らす (< kikú[1] + …) Não conseguir ouvir; perder「uma palavra」. ★ *Hito-koto mo kikimorasumai to [kikimorasanai yōni] suru* 一言も聞き漏らすまいと[聞き漏らさないように]する Procurar não perder uma só palavra. [S/同] Kikí-ótósu.

kíkin[1] 飢饉 **1** [食糧が極度に不足すること] A fome; a carência [falta] de víveres. ★ ～ *ni mimawareru* 飢饉に見舞われる Haver fome. ◇ **Dai ～** 大飢饉 Uma grande ～. ⇨ ué[2]; kíga[1]. **2** [極度に不足する事] A escassez. ◇ **Mizu ～** 水飢饉 A falta [～] de água. ⇨ fusókú[1].

kíkin[2] 基金 O fundo; a fundação. ◇ **Kokusai kōryū ～** 国際交流基金 Fundação Japão. **Kokusai tsūka ～** 国際通貨基金 Fundo Monetário Internacional; FMI. **Kyūsai ～** 救済基金 O fundo de auxílio.

kikí-nágásu 聞き流す (< kikú[1] + …) Não prestar [dar] atenção; não fazer caso (do que se ouve).

kikí-náósu 聞き直す (< kikú[1] + …) **a**) Perguntar mais uma vez; voltar [tornar] a perguntar; **b**) Voltar [Tornar] a ouvir. ★ *Aratamete kiki-naoshite miru to* 改めて聞き直してみると Ouvindo [Perguntando] mais uma vez,「vi que eu me enganara」.

kikí-náréru 聞き慣れる (< kikú[1] + …) Acostumar-se a ouvir. ★ *Kikinareta [Kikinarenai] koe* 聞き慣れた[聞き慣れない]声 A voz conhecida [desconhecida].

kikí-níkúi 聞きにくい (< kikú[1] + …) **1** [聞きとりにくい] Ser difícil de ouvir. **2** [尋ねにくい] Ser difícil de perguntar. **3** [聞き苦しい] Ser desagradável ouvir. [S/同] Kikí-gúrúshíi (+).

ki-kínzoku 貴金属 O metal precioso.

kikíńzókú-shō 貴金属商 O joalheiro; a joalha[e]ria.

kikíńzókú-ten 貴金属店 A ourivesaria [joalharia].

kikí-óbóé 聞き覚え (< kiku[1] + obóéru) O conhecimento de ouvido「do português」. ★ ～ *no aru [nai]* 聞き覚えのある[ない] Familiar; conhecido [Estranho; desconhecido].

kikí-óku 聞き置く (< kikú[1] + …) Ouvir [Ficar ciente/informado].

kikí-ótósu 聞き落とす (< kikú[1] + …) Não ouvir. [S/同] Kikí-mórásu (+); kikí-nógásu (+).

kikí-óyóbu 聞き及ぶ (< kikú[1] + …) Ouvir falar「em」; ter conhecimento「de」.

kikí-sókónáí 聞き損い (< kikí-sókónáu) **1** [聞き違い] O mal-entendido; o equívoco. [S/同] Kikí-chígáí (+). **2** [聞き落とし] O não conseguir ouvir. [S/同] Kikí-móráshí(o); kikí-ótóshí (+).

kikí-sókónáu 聞き損う (< kikú[1] + …) **1** [聞き間違う] Ouvir mal [enganar-se]. **2** [聞く機会を逃がす] Não (conseguir) ouvir; perder a oportunidade de ouvir「o programa」.

kikí-tádásu 聞き糺す (< kikú[1] + …) Averiguar; indagar; verificar. [S/同] Toí-tádásu (+).

kikí-té 聞き手 O [A] ouvinte; o auditório. [S/同] Chṓshū. [A/反] Hanáshí-té.

kikí-tódókéru 聞き届ける (< kikú[1] + …) Aceder「ao convite」; aceitar「a queixa」; satisfazer o pedido de alguém.

kikí-tógáméru 聞き咎める (< kikú[1] + …) Censurar; implicar「com tudo」.

kikí-tóru 聞き取る (< kiku[1] + …) Ouvir bem.

kikí-tsúkéru 聞き付ける (< kikú[1] + …) **1** [物音・叫び声を] Ouvir. **2** [うわさ・情報を] Ter informação「de」; ser informado. **3** [聞き慣れる] Acostumar-se a ouvir. [S/同] Kikí-náréru (+).

kikí-tsútáé 聞き伝え (< kikú[1] + tsutáérú) O boato; o rumor. ～ *de shiru* 聞き伝えで知る Saber por rumores [Ouvir dizer]. [S/同] Íí-tsútáé; kikí-zútáé (+).

kikí-údé 利き腕 (< kikú[2] + …) A mão que se usa mais. *Watashi wa hidari ga ～ da* 私は左が利き腕だ Eu sou canhoto [esquerd(in)o].

kikí-wáké 聞き分け (< kikí-wákéru) O entendimento [ouvir a razão]. ★ ～ *ga yoi [warui]* 聞き分けがよい[悪い] Dócil; obediente [Indócil; desobediente].

kikí-wákéru 聞き分ける (< kikú[1] + …) **1** [聞いて納得する] Compreender; entender. [S/同] Nattókú súrú. **2** [音を区別する] Distinguir;「o som」.

kikí-záké 利き酒 (< kikú[2] + saké) A prova de vinhos. ★ ～ *o suru* 利き酒をする Provar bebidas alcoólicas.

kikí-zúté 聞き捨て (< kikú[1] + sutérú) O ouvir e não fazer caso. *Kare no kotoba wa ～ naranai* 彼の言葉は聞き捨てならない O que ele disse é imperdoável. [S/同] Kikí-nágáshí.

kikkáké きっかけ A oportunidade; a ocasião. *Watashi wa kanojo to tomodachi ni naritai to omotte iru ga sono ～ ga nakanaka tsukamenai* 私は彼女と友達になりたいと思っているがなかなかそのきっかけがつかめない Quero criar amizade com ela mas é difícil encontrar ～. ★ *Kore o ～ ni shite* これをきっかけにして Aproveitando ～. [S/同] Orí.

kikkári きっかり Exa(c)tamente; precisamente; justamente. *Kare wa yakusoku no jikan ～ ni yatte kita* 彼は約束の時間きっかりにやって来た Ele veio ～ na hora marcada. [S/同] Chṓdó (+).

kikkṓ[1] 亀甲 A carapaça da tartaruga. ◇ **～ moyō** 亀甲模様 O padrão hexagonal. ⇨ kṓrá.

kikkṓ[2] 拮抗【E.】A rivalidade; a competição.

kíkku キック (< Ing. kick) O chute[o]; o pontapé. [S/同] kerí.

kikkú-bókushingu キックボクシング (< Ing. kick + boxing) O boxe com os pés.

kikkú-ófu キックオフ (< Ing. kickoff)【(D)esp.】O pontapé de saída.

kikkyṓ 吉凶 A boa e má sorte.

kikṓ[1] 気候 O clima; o tempo; o estado atomosférico; as condições meteorológicas. ★ *Fujun na ～*

K

kikṓ²

不順な気候 ～ instável. *Kawariyasui* ～ 変わりやすい気候 ～ variável. *Onwa na* ～ 温和な気候 O clima temperado. ◇ ～ **gaku** 気候学 A climatologia. ～ **gakusha** 気候学者 O meteorologista. **Kaiyōsei** ～ 海洋性気候 O clima oceânico. **Tairikuteki** ～ 大陸的気候 O clima continental. ⇨ kishō²; tenkō¹.

kikṓ³ 季候 A estação. [S/同] Jikō (+).

kikṓ³ 機構 a) O mecanismo「do relógio」; b) A estrutura; a organização. ◇ ～ **kaikaku** 機構改革 A reforma estrutural. **Gyōsei** ～ 行政機構 A organização administrativa [governamental]. **Keizai** ～ 経済機構 A estrutura econó[ô]mica. **Kokusai** ～ 国際機構 A organização internacional. **Ryūtsū** ～ 流通機構 O ～ de circulação [distribuição] (de mercadoria). **Shakai** ～ 社会機構 A ～ social. [S/同] Mekánízumu; shikúmí; sóshiki.

kikṓ⁴ 紀行 O diário [relato] de viagem.

kikṓ⁵ 寄稿 A colaboração「para um jornal」. ◇ ～ **ka**[**sha**] 寄稿家[者] O colaborador [correspondente]. ★ ～ *suru* 寄稿する Colaborar [Escrever]「para uma revista」.

kikṓ⁶ 起工 O começo do trabalho de construção. ★ ～ *suru* 起工する Começar a obra. ◇ ～ **shiki** 起工式 A cerimó[ô]nia da「colocação da primeira pedra」. ⇨ chakkō¹.

kikṓ⁷ 寄港 A escala. ★ ～ *suru* 寄港する Fazer escala「em Kobe」. ◇ ～ **chi** 寄港地 O porto de ～.

kikṓ⁸ 帰港 O voltar ao porto.

kikṓ⁹ 気孔 a) O poro「da pele dos animais」; b) O estoma [estômato]「do tronco e folhas」; c) O estigma「das flores」.

kikṓ¹⁰ 帰航 A viagem de regresso (de navio ou avião). ★ ～ *suru* 帰航する Fazer ～. [A/反] Shukkṓ.

kikṓ¹¹ 奇行 A excentricidade; a conduta estranha.

kikō-bún 紀行文 Um diário [Notas] de viagem. ⇨ kikō-bún⁴.

kikóe 聞こえ (< kikóéru) **1**「評判」A reputação; a fama; o renome. ★ ～ *ga*[*no*]*takai* 聞こえが[の]高い Famoso; de (grande) ～. [S/同] Hyōbán (+). **2**「聞いた印象」A impressão (ao ouvir). ★ ～ *ga yoi* 聞こえが良い Parecer bom; soar bem. **3**「音の聞こえる度合」A sonoridade; a audição. *Koko wa biru no tanima na no de rajio no* ～ *ga warui* ここはビルの谷間なのでラジオの聞こえが悪い Como estamos cercados de edifícios altos, o rádio ouve-se mal.

kikóéru 聞こえる (< kikú¹) **1**「聴覚に感じる」Ouvir-se; poder ouvir. *Sobo wa amari yoku mimi ga kikoenai* 祖母はあまりよく耳が聞こえない A minha avó ouve mal [é dura de ouvido]. *Kikoemasu ka* 聞こえますか Ouve? *Monooto hito-tsu kikoenai* 物音一つ聞こえない Não se ouve nada [Que silêncio!]. ★ *Tōku kara* ～ *taiko no oto* 遠くから聞こえる太鼓の音 O som do tambor (que se ouve) ao longe. **2**「聞いて…のように受け取られる」Parecer. *Kare no kotoba wa hontō rashiku kikoeru* 彼の言葉は本当らしく聞こえる Parece que é verdade o que ele diz. ★ *Hiniku ni* ～ 皮肉に聞こえる iró[ô]nico. ⇨ hibíku. **3**「世に広く知られる」Ser famoso. *Sono seijika wa seiren o motte kikoete iru* その政治家は清廉をもって聞こえている Esse político é famoso pela sua integridade. [S/同] Shirárérú (+). ⇨ yūmêi¹. **4**「聞いて納得できる」Ser razoável. *Sore wa kikoemasen* それは聞こえません Isso é ridículo [não faz sentido].

kikóéyógashi 聞こえよがし Para ouvir. ★ ～ *ni*

聞こえよがしに「falou mal de mim」Sabendo que「eu」estava a [Para eu] ouvir. ⇨ koré-míyō-gashi.

kikómu¹ 帰国 O regresso ao país. ★ ～ *no to ni tsuku* 帰国の途につく Tomar o caminho de ～. ～ *suru* 帰国する Voltar [Regressar]… ◇ ⇨ ～ **dan**. [A/反] Shukkóku.

kíkoku² 貴国 O seu país「foi o primeiro país europeu a chegar ao J」. ⇨ kísha³.

kikóku-dan 帰国談 O falar do país donde se regressou [da sua vida lá fora]. ⇨ kikókú¹.

ki-kómu 着込む (< kirú² + …) Vestir muita roupa.

kikón 既婚 O estar [ser] casado. [A/反] Mikón. ⇨ kekkón¹.

ki-kónáshí 着こなし (< ki-kónásu) O vestir. ★ ～ *ga jōzu* [*heta*] *da* 着こなしが上手 [下手] だ Saber [Não saber] vestir.

ki-kónásu 着こなす (< kirú² + …) Vestir bem.

kikón-sha 既婚者 O [A] casado[a]. [A/反] Mikón-sha.

kikōshi[**óo**] 貴公子 [E.] O jovem nobre.

kikótsú 気骨 A firmeza de cará(c)ter. [S/同] Kigáí.

kikú¹ 聞[聴]く **1**「言語や音などを耳にする」Ouvir; escutar. ～ *to miru to de wa ō-chigai da* 聞くと見るでは大違いだ O que se diz é uma coisa, a realidade é outra. *Kare ga zennin da nante kiite akireru* 彼が善人だなんて聞いて呆れる Ele, boa pessoa? Cala-te lá com isso! *Mā kiite kudasai* まあ聞いて下さい Escute, por favor [Ora ouve lá (e cala-te)]! *Tanin no kiite iru tokoro de sonna hanashi wa suru na* 他人の聞いている所でそんな話はするな Não fale nessas matérias na presença de estranhos. ★ ～ *ni taenai hanashi* 聞くにたえない話 A conversa insuportável. ～ *tokoro ni yoreba* 聞くところによれば Dizem que; diz-se que. *Kaze no tayori ni* ～ 風の便りに聞く Ouvir dizer/「Foi o meu dedo mendinho que me disse [me disse isso]」. *Kikishi ni masaru utsukushisa* 聞きしに勝る美しさ Uma beleza inaudita. *Mi o irete* ～ 身を入れて聞く Ouvir com interesse. *Yoku* ～ *na-mae* よく聞く名前 O nome bem conhecido. [ことわざ] *Kiite gokuraku mite jigoku* 聞いて極楽見て地獄 O que se ouve e a realidade são muito diferentes/Foi uma desilusão.

2「耳で感じて味わう」Apreciar; ouvir. ★ *Piano no ensō o* ～ ピアノの演奏を聴く ～ (uma execução) de piano. *Rajio o* ～ ラジオを聴く Ouvir (o) rádio.

3「承知する; 従う; 許す」Satisfazer「o seu pedido」; fazer caso [o que os outros dizem]. *Chichi wa watashi no kibō o nani mo kiite kurenai* 父は私の希望を何も聞いてくれない O meu pai nunca faz caso do que eu quero. *Seitotachi wa minna sensei no iu koto o yoku* ～ 生徒達はみんな先生の言う事をよく聞く Os alunos fazem todos o que o professor diz. ⇨ shitágáú; shóchí²; shódákú; yurúsu.

4「問う; 尋ねる」Perguntar. ★ *Kōban de michi o* ～ 交番で道を聞く ～ o caminho no posto da polícia. *Nedan o* ～ 値段を聞く ～ o preço. *Nehori hahori* ～ 根掘り葉掘り聞く Ser inquiridor. *Riyū o* ～ 理由を聞く ～ a razão. [ことわざ] ～ *wa ittoki no haji, kikanu wa isshō no haji* 聞くは一時の恥, 聞かぬは一生の恥 ～ é vergonha um momento, não ～ é vergonha toda a vida. [S/同] Tazúnéru; tóu.

5「品定めをする」Cheirar; provar「vinhos」. ★ *Kō o* ～ 香を聞く Cheirar incenso (e adivinhar de que planta é).

kikú² 利[効]く　**1**［ききめがある］Ser eficaz; ter efeito; ser bom「para」; curar. *Sakki nonda sake ga ima ni natte kiite kita* さっき飲んだ酒が今になって効いてきた Estou a sentir o efeito do vinho que bebi há pouco. ★ *Manbyō ni ~ kusuri* 万病に効く薬 A panaceia; um remédio bom para tudo. ⇨ kikímé; kóka¹. **2**［持っている機能が十分に働く］Funcionar; valer; servir. *Ano otoko ni wa odoshi ga kikanai* あの男には脅しがきかない Com aquele homem não valem ameaças. *Inu wa ningen yori mo hana ga ~* 犬は人間よりも鼻が利く O cão tem melhor olfa(c)to do que o homem. *Kuruma no burēki ga kyū ni kikanaku natta* 車のブレーキが急に利かなくなった De repente falhou(-me) o travão. ★ *Kao ga ~* 顔が利く Ter influência. *Karada no jiyū ga ~* 体の自由がきく Ter liberdade de movimentos. *Mesaki ga ~* 目先が利く Ser previdente. **3**［可能である］Ser possível; poder. *Kono nuno wa mizu-arai ga ~* この布は水洗いがきく Este tecido é lavável em água fria. *Kore hodo hidoku kowarete ite wa shūri ga kikanai* これ程ひどくこわれていては修理がきかない Espatifado［Partido］como está, 「o carro」não tem conserto. *Kono mise wa tsuke ga ~* この店はつけがきく Nesta loja pode-se pagar a prazo［aceitam crédito］. ★ *Nagame ga ~* 眺めがきく Ter boa vista. **4**［口を利くの形で: 紹介する; 斡旋する］Intervir. *Yūjin ni kuchi o kiite moratte yatto shūshoku suru koto ga dekita* 友人に口を利いてもらってやっと就職することができた Por fim consegui emprego por intermédio de um amigo.

kikú³ 菊【Bot.】O crisântemo. ◇ **~ ningyō** 菊人形 A boneca toda decorada com flores de ~.

ki-kúbari 気配り (< ~ + kubáru) A atenção; o cuidado. ★ *~ o suru* 気配りをする Cuidar「de」; atender「os」[dar] atenção「aos」「hóspedes」. ⓈⒻ Háiryo (+).

ki-kugi 木釘 O prego de madeira.

kikun 貴君【E.】~ anáta¹.

kikúrage 木耳【Bot.】A orelha-de-urso[de-judas]; *auricularia auricula*.

ki-kúzu 木屑 A lasca［As aparas］de madeira; o serrim. ⇨ ogákúzu.

ki-kúzure 着崩れ (< kirú² + kuzuréru) O ter「o vestido」torto［fora de posição］.

kikyákú 棄却 A rejeição. ★ *~ suru* 棄却する Rejeitar. *Jōkoku ~* 上告棄却【Dir.】 a apelação (ao tribunal supremo); *Kōso ~* 控訴棄却【Dir.】~ de apelação.

kíkyo 起居【E.】A vida diária. ⇨ né-oki.

kikyū¹ 帰郷 A volta［O regresso］à terra natal. ★ *~ chū no gakusei* 帰郷中の学生 O estudante que está a passar férias em casa. *~ suru* 帰郷する Voltar à terra natal. ⓈⒻ Kiséí. ⇨ kikóki¹.

kikyō² 帰京 O regressar a Tóquio (à capital).

kikyō³ 桔梗【Bot.】A campânula chinesa (japonesa). ★ *~ iro no* 桔梗色の (De cor) violeta; roxo.

kikyō⁴ 奇矯【E.】A excentricidade.

kikyō⁵ 気胸【Med.】O pneumotórax. ◇ **~ ryōhō** 気胸療法 O (tratamento por) ~.

kikyū¹ 気球 O balão; o aeróstato. ★ *~ ni noru* 気球に乗る Subir de ~. *~ o ageru* 気球を揚げる Soltar o ~. ◇ **Katte ~** 繋留気球 O aeróstato ~. **Keiryū ~** 係留気球 O balão cativo.

kikyū² 危急 A emergência; a situação crítica. *~ o sukuu* 危急を救う Salvar alguém de perigo iminente［numa ~］. ［P⊂ことわざ］ *~ sonbō no toki* 危急存亡の秋 O momento crítico.

kikyū³ 帰休 A licença. ◇ **(Ichi-ji) ~ seido** (一時)帰休制度 O sistema de ~ [dispensa temporária]「de empregados」.

kimáé 気前 A generosidade; a liberalidade. ★ *~ ga yoi* 気前よい Ser generoso [liberal]. *~ yoku* 気前よく Generosamente; com toda a ~.「deu um milhão de yens」.

ki-mágúre 気紛れ O capricho; a veneta (G.). *Aki no sora wa ~ da* 秋の空は気紛れだ No outono o tempo é caprichoso. *Kanojo wa ~ da* 彼女は気紛れだ Ela é caprichosa [é para onde lhe dá a ~]. ★ *~ na tenki* 気紛れな天気 O tempo instável.

ki-májime 生真面目 A seriedade. ★ *~ na Kao de jōdan o iu* 生真面目な顔で冗談を言う Contar as piadas com uma cara muito séria. ⇨ majímé.

ki-mákásé 気任せ (< ~ + makáséru) A vontade (própria). *~ ni* 気任せに ~; a(o) seu gosto. ⓈⒻ Ki-mágúre (+); ki-mámá; kokóro-mákásé.

kimámá 気儘 O capricho; a vontade. ★ *~ na tabi ni deru* 気儘な旅に出る Ir de viagem sem nenhum plano. *~ ni kurasu* 気儘に暮らす Levar uma vida inteiramente livre. ◇ **Katte ~** 勝手気儘「Viver a seu」bel-prazer. ⓈⒻ Ki-mágúre (+); ki-mákásé.

kimári 決まり (< kimárú) **1**［決定］A decisão; a conclusão. *~ ga tsuku* 決まりがつく Chegar a uma ~; decidir-se. *~ o tsukeru* 決まりをつける Decidir; concluir. ⓈⒻ Kettéí; ketsúmátsú; kítéí; matsu. **2**［規則］「cumprir」A regra;「pôr alguma」ordem「na vida」. ⓈⒻ Kísoku (+); kítéí (+). ★ *~ o mamoru* 決まりを守る Cumprir as regras. **3**［習慣］O costume; o hábito. *~ O~ no* お決まりの「A mania」do costume. *Watashi wa maiasa nijippun jogingu o suru no o ~ ni shite iru* 私は毎朝20分ジョギングをするのを決まりにしている Eu tenho o ~ de correr vinte minutos todas as manhãs. ⓈⒻ Shūkán (+). **4**［具合］A aparência. *~ ga warui* 決まりが悪い Ficar envergonhado [sem jeito]. ⓈⒻ Guáí (+).

kimári-kítta 決まり切った (< kimárú + kíru) **1**［定まった; 常識の］「trabalho」Rotineiro; estereotipado;「lugar」comum; gasto. ★ *~ aisatsu* 決まり切った挨拶 A saudação da praxe. **2**［明白な］「coisa」Evidente [Óbvio]; claro; natural. ★ *~ koto ni kechi o tsukeru* 決まり切ったことにけちをつける Negar a evidência; opor-se sem razão. ⓈⒻ Meíhákú ná (+).

kimári-mónku 決まり文句 A expressão fixa; a frase feita [convencional]; o cliché. ★ *~ o naraberu* 決まり文句を並べる Usar apenas [só] frases convencionais [feitas].

kimári-té 決まり手【(D)esp.】O truque da vitória.

kimári-wárúi 決まり悪い (< kimári **4**) Que causa vergonha. ★ *Kimariwaru-sō na kao o suru* 決まり悪そうな顔をする Ter [Estar com] cara de envergonhado.

kimárú 決[極]まる (⇨ kiméru) **1**［決定する］Determinar-se; decidir-se; resolver-se; fixar-se. *Anata no sono hito-koto de watashi no kokoro wa kimatta* あなたのその一言で私の心は決まった Essa palavra sua fez-me decidir. ★ *Kimatta tōri ni* 決まった通りに Como se determinou. ⓈⒻ Kettéí súrú. **2**［技がかかる; 勝負がつく］Decidir. ★ *Uchimata ga ~* 内股が決まる Ganhar a partida「de judo」por "uchimata" (O fazer tropeçar o adversário colocando a perna entre as pernas dele). *Shōbu wa akkenaku kimatta* 勝負はあっけなく決まった A partida [O jogo] decidiu-se facilmente/O resultado foi claro [já se estava a ver]. **3** [一定する] Determinar-se. *Sakana wa shurui ni yotte sumu fukasa ga kimatte iru* 魚は種類によってすむ深さが決まっている Os peixes vivem a determinada profundidade conforme as espécies. ★ *Kimatta shūnyū* 決まった収入 A renda fixa. **4** [必ずそうなる] Ser certo [evidente; natural]. *Kane sae areba shiawase da to wa kimatte inai* 金さえあれば幸せだとは決まっていない O dinheiro nem sempre traz a felicidade. *Ningen itsu-ka wa shinu mono to kimatte iru* 人間いつかは死ぬものと決まっている Todo o homem morre mais cedo ou mais tarde [é mortal]. **5** [かっこよく出来上がる] Ficar perfeito [elegante/um primor]. *Kono e wa kōzu ga jitsu ni yoku kimatte iru* この絵は構図が実によく決まっている A composição deste quadro é perfeita. *Kyō wa kimatteru [kimatte iru] ne* 今日はきまってる [決まっている] ね Como está elegante [chique] hoje!

kimátsú 期末 O fim de um determinado período. ◇ ~ **shiken [tesuto]** 期末試験[テスト] O exame final [do fim do semestre/ano]. ~ **teate** 期末手当 A remuneração do fim do ano; o 13.º mês.

kimáttá 決まった Fixo; (Adj. de kimárú) determinado. ★ *Itsumo ~ jikan ni* いつも決まった時間に Sempre à mesma hora (a uma hora fixa).

kimátté 決まって (< kimárú) Sem falta; invariavelmente; sempre. *Kono chihō dewa mainichi yūgata ni naru to ~ ame ga furu* この地方では毎日夕方になると決まって雨が降る Nesta região, lá para o fim da tarde, costuma chover.

ki-máyói 気迷い **1** [ためらい] A hesitação. S/同 Taméráí (+). **2** [Econ.] A instabilidade.

kimázúi 気まずい Desagradável; sentir-se mal「naquele ambiente」. ★ ~ *omoi o suru* 気まずい思いをする Sentir-se embaraçado; passar um mau bocado. *Kimazuku naru* 気まずくなる Ficar de más relações com alguém.

kimé[1] 木目 **1** [木の] A fibra das plantas. **2** [表面の] A textura. ★ ~ *no arai [komakai] hada* 木目の粗い[細かい]肌 A pele (de ~) grossa [fina]. **3** [気配りが] O cuidado. ★ ~ *no komakai sābisu* 木目の細かいサービス O serviço [atendimento] cuidadoso.

kimé[2] 決[極]め O contrato. ★ *Shū [Tsuki] gime de hataraku* 週[月]ぎめで働く Trabalhar com um ~ semanal [mensal].

kiméí 記名 A assinatura. ◇ ~ **natsuin** 記名捺印 ~ e o selo. ~ **tōhyō** 記名投票 O voto nominal [assinado]. ~ **mu** ~ .

kimékómi-níngyó 木目込み人形 O boneco [A boneca] de madeira com quimono.

kimé-kómu 決[極]め込む (< kimérú + …) **1** [思い込む] Decidir; ter como certo (sem exame prévio). *Kare wa jibun hitori no sekinin da to kimekonde iru* 彼は自分独りの責任だと決め込んでいる Ele está convencido [tem como certo] que é o único culpado. S/同 Omóí-kómu (+). **2** [気取る] Fingir「que não está em casa」; pretender; fazer-se passar por. ★ *Iro-otoko o ~* 色男を決め込む Pensar que é um grande galante [conquistador]. S/同 Kidórú (+). **3** [ぬけぬけとやってのける] Não ter escrúpulos em [vergonha de]. ★ *Shiranpuri o ~* 知らんぷりを決め込む Fingir, descaradamente, que não sabe nada.

kímen 鬼面 A carantonha [carranca; máscara de diabo]. ★ ~ *hito o odorokasu* 鬼面人を驚かす Intimidar [Lançar poeira aos olhos de] alguém.

kimérú 決[極]める (⇨ kimárú) **1** [決定する] Decidir; determinar; fixar. *Jibun no koto wa jibun de ~ beki da* 自分のことは自分で決めるべきだ Cada qual (é que) decide o que deve fazer. *Hanako wa mayotta ageku, akai kutsu ni kimeta* 花子は迷ったあげく、赤い靴に決めた Hanako, depois de muito vacilar, escolheu [decidiu(-se) por] uns sapatos vermelhos. *Jikan o kimete hataraku* 時間を決めて働く ~ as horas de trabalho. S/同 Kettéí súrú.
2 [決心する] Decidir. *Kanojo wa daigaku de hōritsu o manabu koto ni kimeta* 彼女は大学で法律を学ぶことに決めた Ela decidiu estudar Direito na universidade. S/同 Késshin súru.
3 [選ぶ] Escolher「este」. ★ *Iinchō o ~* 委員長を決める ~ o presidente da comissão. S/同 Erábu (+).
4 [思いこむ] Estar convencido. ★ *Kimete kakaru* 決めてかかる Ter como certo [Chichi wa saisho kara watashi ga warui to kimete kakatte ita 父は最初から私が悪いと決めてかかっていた Desde o princípio, o meu pai dizia que a culpa era (só) minha]. S/同 Omóí-kómu (+).
5 [勝負をつける] Decidir a partida [o jogo]. ★ *Uwate nage o ~* 上手投げを決める Ganhar uma partida「de sumô」por "uwate-nage".
6 [かっこうよく整える] Pôr-se (todo) bonito. ★ *Sūtsu de bishitto kimete kita* スーツでびしっと決めてきた Ele apareceu num fato [terno] muito bem ajustado e elegante.

kimé-té 決[極]め手 (< kimérú + …) **a)** O último golpe; **b)** O fa(c)tor decisivo; a chave. ★ ~ *ga tsukamenai* 決め手がつかめない Não conseguir a prova decisiva.

kimé-tsúkéru 決[極]めつける (< kimérú + …) Repreender [Culpar/Decidir] (sem ouvir razões). *Atama kara hannin da to ~* 頭から犯人だと決めつける Culpar alguém sem ouvir razões; decidir logo (de começo) que o culpado foi ele.

kimi[1] 気味 **1** [心持ち] A sensação. *Kono e wa nantonaku ~ ga warui* この絵は何となく気味が悪い Este quadro, não sei porquê, dá uma ~ de medo. ★ ~ *no warui basho* 気味の悪い場所 O lugar sinistro [lúgubre; tétrico; desagradável]. ~ *warugaru* 気味悪がる Ter medo. *Ii ~ da* いい気味だ Bem feito (É para que aprendas)! **2** [気配; ようす] A tendência; o vislumbre [ar]. ★ *Kazegimi de aru* 風邪気味である Estar um pouco [com sintomas de] resfriado. S/同 Kéhai (+); yōsú (+).

kimi[2] 黄身 A gema (de ovo). S/反 Shírómi.

kimi[3] 君・公 **1** [国の元首; A.] O soberano; o imperador. S/同 Kúnshu; shúkun (+). ⇨ génshu[1]. **2** [あなた; お前] (Tratamento de superior para inferior) Você; tu. S/同 Anáta.

kimígáyó 君が代 **1** [天皇の治世] O reinado do Imperador. **2** [国の国歌] O hino nacional do J. ★ ~ *seishō* 君が代斉唱 Cantar ~ em uníssono.

ki-mijíká 気短か (<～[1] + mijíká) O ser impaciente [irritável]. ★ ~ *na kōdō* 気短な行動 Uma a(c)ção precipitada. S/同 Tánki. ⇨ Ki-nágá.

kimítsú 機密 O segredo; o sigilo; a informação secreta. ~ *o morasu* 機密を漏らす Revelar um ~. ◇ ~ **bunsho** 機密文書 Documentos secretos/confidenciais. ~ **jikō** 機密事項 O assunto secreto [confidencial]. ⇨ gokúhí; himítsú.

kimítsú[2] 気密【Fís.】A hermeticidade. ★ ～ *no* 気密の Hermético. ◇ **～ shitsu** 気密室 A cabina hermeticamente fechada.

kimó 肝 **1** [肝臓] O fígado. [S/同] Kańzṓ (+). **2** [内臓全体] As entranhas; os órgãos internos. ★ *Sakana no* ～ 魚の肝 ～ [As tripas] de peixe. ⇨ naízṓ[1]. **3** [度胸] A coragem; a bravura; a garra. ★ ～ *ga suwatte iru* 肝が据わっている Ter nervos de ferro. ～ *no futoi hito* 肝の太い人 A pessoa arrojada [audaz; ousada; intrépida]. ～ *no chiisai hito* 肝の小さい人 A pessoa tímida [cobarde; medrosa]. ⇨ kimóttámá. **4** [心] A alma. ★ ～ *ni meijiru* 肝に銘じる Tomar algo a [Guardar no] peito. ～ *o hiyasu* 肝を冷やす Ficar arrepiado [cheio; aterrado] de medo. ～ *o tsubusu* 肝をつぶす Ficar a ver estrelas ao meio-dia.

kimóchí 気持ち **1** [印象; 感情] A sensação; o sentimento; a emoção; a impressão. ★ *Hen na* ～ *ga suru* 変な気持ちがする Ter uma sensação esquisita. ～ *ga ii/yoi* [*warui*] 気持ちがいい / よい [悪い] Agradável; confortável [Desagradável; desconfortável]. ⇨ ińshṓ[1]; kańjṓ[1]; ki[1]; kíbun[1]. **2** [からだの快・不快の感覚] O humor; o estado de espírito. ★ ～ *ga yoi* [*warui*] 気持ちがよい[悪い] Estar bem [mal] disposto; estar de bom [mau] humor. ～ *ga yoku* [*waruku*] *naru* 気持ちがよく [悪く] なる Sentir-se melhor [pior]〔*Shawā o abitara* ～ *ga yoku natta* シャワーをあびたら, 気持ちがよくなった Tomei um (banho de) chuveiro e já me sinto melhor〕. [S/同] kíbun. **3** [考え; 心がまえ] O sentimento [sentir]. *Hito no* ～ *wa samazama da* 人の気持ちはさまざまだ Gostos não se discutem. ★ ～ *ga kawaru* 気持ちが変わる Mudar (de opinião). ★ *Hito no* ～ *ni natte kangaeru* 人の気持ちになって考える Pôr-se no lugar [na pele] de outro; simpatizar com. [S/同] Kańgáe; kokórógámae. **4** [自分の心配りを謙遜していう語] A gratidão; o agradecimento. *Kore wa hon-no* ～ *desu* これはほんの気持ちです Isto é apenas um pequeno sinal da minha (eterna) gratidão. **5** [いくぶん; わずか] Um pouco. ～ *dake shōkyū suru* 気持ちだけ昇給する Aumentar simbolicamente o ordenado. *Gaku no hidarikata o* ～ *agete kudasai* 額の左肩を気持ち上げて下さい Faça o favor de levantar um pouquinho o canto esquerdo do quadro. [S/同] Ikúbúń (+); wázuka (o).

kimóchí-yói 気持ちよい Agradável; confortável. ★ *Kimochi-yosa-sō ni* 気持ちよさそうに Agradavelmente; com cara de quem está a gostar.

kimóchí-yóku 気持ちよく **1** [快く] Com gosto; de boa vontade. ★ ～ *hikiukeru* 気持ちよく引き受ける Aceitar「o encargo」～. [S/同] Kokóró-yóku. **2** [心地よく] Agradavelmente; confortavelmente. ★ ～ *nemuru* 気持ちよく眠る Dormir regaladamente [bem/como um justo(Id.)].

kimó-dámeshi 肝だめし (<… **3**＋tamésu) A prova a ver quem é mais valente [destemido].

kimó-írí 肝煎 [入] り【G.】Os bons ofícios; o patrocínio. ★ *Oji no* ～ *de* おじの肝煎りで Pelos [Graças aos] ～ do tio.

kimóń 鬼門 **1** [忌み嫌う方向] A dire(c)ção agourenta (No J. é o nordeste). ★ ～ *ni ataru* 鬼門に当たる Estar na ～. ～ *o sakeru* [*yokeru*] 鬼門を避ける [よける] Evitar a ～. ◇ **～ yoke** 鬼門よけ O amuleto contra a ～. **2** [好ましくない人・こと・所] **a**) O「meu」ponto fraco「é a matemática」; **b**) A praga. *Ano sensei wa* ～ *da* あの先生は鬼門だ Aquele professor é uma ～ [peste/ovelha negra/um monstro]. [S/同] Nigáté (+).

kimónó 着物 **1** [和服] O quimono; o vestuário tradicional j. ★ *Awase* [*Hito-e*] *no* ～ 合わせ [一重] の着物 ～ duplo [simples]. [S/同] Wafúkú. [A/反] Yṓfúkú. **2** [衣服] A roupa. ★ ～ *o kiru* [*matou*] 着物を着る[まとう] Vestir-se. ～ *o kite iru* 着物を着ている Estar vestido. ～ *o nugu* 着物を脱ぐ Despir-se. [S/同] Ífuku.

kimóttámá 肝っ玉 [魂]【G.】A coragem; a bravura. [S/同] Kimó **3**.

kimúsume 生娘 (<kí[3]＋…) **1** [まだ子供っ気の抜けていない純真な娘] A moça inocente [ingé[ê]nua]. ⇨ úbu. **2** [処女] A virgem. [S/同] Shójo (+).

ki-múzúkáshíí 気難しい Exigente; rabugento; difícil de contentar. *Kare ni wa* ～ *tokoro ga aru* 彼には気難しい所がある Ele às [por] vezes é ～. ★ ～ *kao o suru* 気難しい顔をする Fazer cara feia. ⇨ heńkútsú.

ki-múzúkáshí-yá 気難し屋【G.】A pessoa avinagrada [rabugenta; intratável]. ⇨ ki-múzúkáshíí.

kimyákú 気脈【E.】A conexão; o conluio. ★ ～ *o tsūjiru* 気脈を通じる Conspirar; conluiar; andar em conluios. [S/同] Reńrákú (+).

kímyō 奇妙 O ser estranho [esquisito; excêntrico; raro]. ★ ～ *na hanashi* 奇妙な話 A história estranha. ～ *na koto ni* 奇妙な事に Estranhamente. [S/同] Fushígí; myṓ (+).

kín[1] 金 (⇨ kínzoku[1]) **1** [黄金] O ouro/oiro. ★ ～ *iro no* 金色の De cor de ～; dourado; áureo. ◇ **～ seihin** 金製品 Os artigos de ～. [S/同] Ōgóń. ⇨ gín; kíngin. **2** [金銭] O dinheiro. ～ *goman-en nari, tashika ni uketorimashita* 金５万円也, 確かに受け取りました Declaro que recebi (a soma de) cinquenta mil yens. [S/同] Kínsen (+). **3** [Abrev. de "kin'yōbi"].

kín[2] 斤 (Antiga medida de peso correspondente a seiscentas gramas).

kín[3] 菌 **1** [菌類] O fungo. ★ ～ *jō no* 菌状の Fungiforme. **2** [細菌] A bactéria; o bacilo; o micróbio; o germe. [S/同] Saíkíń (+).

kín[4] 筋 O músculo. ◇ **～ jisutorofī** 筋ジストロフィー A distrofia muscular. ⇨ kínniku.

kín[5] 禁 A proibição. ★ ～ *o okasu* 禁を犯す Infringir uma ～. [S/同] Imáshímé; kińséí.

kína キナ・規那【Bot.】A chinchona [quina] (Planta dos Andes).

ki-nágá 気長 (<…＋nagái) O ser paciente [não ter pressa]. ★ ～ *na*「*hito*」気長な「人」「pessoa」Paciente. ～ *ni* 気長に Pacientemente; sem pressa. [S/同] Nońbíri. [A/反] Ki-míjíká.

ki-nágáshí 着流し (<kirú＋nagásu) O estar à-vontage [com a roupa de usar por casa]. ★ ～(*no mama*) *de* 着流し(のまま)で Em roupa caseira.

kínai 機内 Dentro do avião. ⇨ hikṓki; kijṓ[3].

kinái-shoku 機内食 A comida servida no avião [a bordo].

kínako 黄な粉 A farinha de feijão-soja adocicada. ◇ **～ mochi** 黄な粉餅 O bolo de arroz polvilhado com ～.

kinákúsái きな臭い **1** [こげ臭い] Cheirar a esturro. ★ ～ *nioi* きな臭いにおい O cheiro a … [queimado]. ⇨ kogé-kúsái. **2** [物騒な] Cheirar a esturro.

Chūtō atari ga ~ 中東辺りがきな臭い A situação no Médio Oriente cheira-me...[não me agrada].
kínan 危難【E.】O perigo; o risco. ★ ~ *ni au* 危難に遭う Passar (por) um ~. ⇨ kikén¹; saínán.
ki-naréru 着慣れる (< kirú² + ⋯) Acostumar-se a vestir. ★ *Kinareta fuku* 着慣れた服 A roupa que se está acostumada a vestir.
kiń'átsú 禁圧 A repressão; a supressão; a proibição. ★ ~ *suru* 禁圧する Reprimir「o cristianismo na era Edo」.
kín-ba 金歯 O dente de ouro.
kin-bae 金蝿 (< ⋯¹ + haé)【Zool.】A mosca "lucilia caesar".
kin-bári 金張り (< ⋯¹ + harú) A douradura [camada de ouro].
kínbén 勤勉 A diligência. ★ ~ *na* 勤勉な「aluno」Diligente [Aplicado]. ~ *ni hataraku* 勤勉に働く Trabalhar diligentemente.
kinbō 近傍 A vizinhança.
[S/同] Fúkin (+); kínjo (o).
kin-boshi 金星 (< ⋯¹ + hoshí) **1**[相撲] A vitória contra um "yokozuna". ★ ~ *o ageru* 金星を挙げる Vencer um ~. **2**[大きな手柄] Um grande feito [O meter uma lança em África].
kin-bótan 金ボタン O botão dourado do uniforme de estudante ou este último.
kin-búchi 金縁 (< ⋯¹ + fuchí) **1**[金色のふち] A margem [moldura] dourada. ★ ~ *no gaku* 金縁の額 O caixilho dourado. **2**[金縁のめがねの略] Os óculos de armação dourada.
kínbún 均分 (⇨ tōbún¹) A divisão em partes iguais. ★ ~ *suru* 均分する Dividir algo em⋯ ◊ ~ **sōzoku** 均分相続 A herança por ~.
kin-byóbu [60] 金屛風 O biombo dourado [folheado a ouro].
kinchá 金茶 O castanho [marrom (B.)] dourado.
kincháku¹ 巾着 A bolsa [algibeira]. ◊ ~ *kiri* きんちゃく切り O carteirista; o gatuno. ⇨ saífú.
kincháku² 近着 O recém-chegado.
kin-chísan 禁治産【Dir.】A interdição. ★ ~ *no senkoku o ukeru* 禁治産の宣告を受ける Ficar interdito.
kinchísan-sha 禁治産者 O interdito.
kinchí-ten 近地点【Astr.】O perigeu.
[A/反] Eńchíten.
kinchō¹ 緊張 **1**[心の] A tensão; o nervosismo. ★ ~ *ga takamaru* 緊張が高まる Aumentar ~. ~ *ga tokeru* 緊張が解ける Ficar calmo; ~ passar. ~ *o hogusu* 緊張をほぐす Relaxar [Aliviar] a tensão; acalmar os nervos. ~ *shita fun'iki* 緊張した雰囲気 O ambiente tenso. ◊ ~ **jōtai** 緊張状態 O estado de ~. **2**[関係の悪化] As tensões「internacionais」. ★ ~ *ga takamatta* 緊張が高まった ~ aumentaram. **3**[筋肉の] A tensão [rigidez] dos músculos. ⇨ Shikán.
kinchō² 謹聴 O escutar [ouvir] com atenção.
kinchō³ 禁鳥 A ave protegida. ⇨ Hogochō (+).
kindai 近代 A época moderna. ★ *Chō~ teki na biru* 超近代的なビル O edifício ultra-moderno. ◊ ~ **bungaku** 近代文学 A literatura moderna. ◊ ~ **go-shu kyōgi** 近代五種競技 O pentatlo moderno. ~ **kokka** 近代国家 O estado [país] moderno. ~ **shisō** 近代思想 As ideias modernas. ~ **teki** 近代的 Moderno; recente; contemporâneo. ~ **toshi** 近代都市 A cidade moderna. ⇨ géndai.

kíndái-jin 近代人 A pessoa moderna. ⇨ kíndai.
kindái-ká 近代化 A modernização. ★ ~ *suru* 近代化する Modernizar. ⇨ kíndai.
kín-dáká 金高 A quantia (de dinheiro).
[S/同] Kíngákú (+).
kindán 禁断 A proibição「de caçar」. ★ ~ *no chi* 禁断の地 A terra proibida. ~ *no kajitsu* 禁断の果実 O fruto proibido.
kindéí 金泥 A tinta de ouro. [S/同] Końdéí.
kindén-zu 筋電図 A miografia.
kindo 襟度【E.】A magnanimidade.
kin-dókei 金時計 (< ⋯¹ + tokéí) O relógio de ouro.
kíne 杵 O pilão. ⇨ úsu¹.
kínema キネマ O cinema. [S/同] Éiga (+).
kínén 記念 A comemoração. ★ *Burajiru-ryokō no ~ no shina* ブラジル旅行の記念の品 Uma lembrança da viagem ao B. *Nyūgaku no ~ ni* 入学の記念に Para comemorar a entrada na escola. ◊ ~ **bansankai** [pāti] 記念晩餐会[パーティー] O banquete [A festa] de ~. ⇨ ~ **bi**[**hi**; **hin**; **sai**]. ~ **kitte** 記念切手 O selo comemorativo. ~ **shashin** 記念写真 A fotografia comemorativa. ~ **shikiten** 記念式典 A cerimó(ô)nia comemorativa. ~ **sutanpu** 記念スタンプ O carimbo comemorativo.
kiń'én¹ 禁煙 A proibição de fumar. *Shitsu-nai wa ~ desu* 室内は禁煙です É proibido fumar nesta sala. ~! 禁煙（掲示）Proibido fumar! ★ ~ *suru* 禁煙する Deixar de fumar. [A/反] Kitsuén (+).
kin'én² 筋炎【Med.】A mi(os)ite; a inflamação dos músculos.
kinén-bi 記念日 (< ⋯ + hi) O monumento; o aniversário. ◊ **Dokuritsu** ~ 独立記念日 ~ da independência. **Kekkon** ~ 結婚記念日 O aniversário de casamento.
kinén-gō 記念号 O número comemorativo「de revista」. ◊ **Sōkan gojū-nen** ~ 創刊50周年記念号 ~ dos 50 anos de publicação.
kinén-hi 記念碑 O monumento; a lápide.
kinén-hín 記念品 A lembrança [recordação] (Obje(c)to).
kinén-sai 記念祭 A (festa da) comemoração.
kiń'én-sha 禁煙車 A carruagem para não fumadores.
kinézuka 杵柄【A.】A experiência [arte]. ★ *Mukashi totta ~ de* 昔とった杵柄で Com a minha ~「ainda ganho aos novos」.
kíngáku 金額 A quantia; a soma; a importância. *Mokuhyō no ~ ni wa mada tarinai* 目標の金額にはまだ足りない Ainda falta algo para ~ que necessitamos. ★ *Bakudai na ~* 莫大な金額 Muito dinheiro.
kín-gami 金紙 (< ⋯¹ + kamí) O papel dourado.
kíngán 近眼 A miopia. ★ ~ *no hito* 近眼の人 O [A] míope. ⇨ Kínshí¹.
kíngán-kyō 近眼鏡 Os óculos para miopia.
kíngá-shínnen 謹賀新年【E.】Feliz Ano Novo (No postal de Boas Festas). ⇨ Kyōgá-shínnen.
kíngén¹ 金言 A máxima; o adágio; o aforismo; o provérbio. ◊ ~ **meiku** 金言名句 Ditos e provérbios. [ことわざ] ~ *mimi ni sakarau* 金言耳に逆らう Os ~s às vezes doem [custam a ouvir].
[S/同] Kakúgen (+).
kíngén² 謹厳 A seriedade; a gravidade. ★ ~ *na* 謹厳な Sério; grave. ◊ ~ **jítchoku** 謹厳実直 ~ a toda a prova.

kińgén-shū 金言集 O livro de máximas e provérbios; o adagiário [rifoneiro].
kíngin 金銀 O ouro e a prata; o dinheiro. ◇ **~ zaihō** 金銀財宝 O tesouro.
kińgṓ 近郷 As povoações vizinhas. ★ *Tōkyō ~ no umare de aru* 東京近郷の生まれである Ser de uma povoação perto de Tokyo.
kíngu キング (< Ing. king) **1** [王] O rei「de copas/ouros」. [S/同] Ō (+). **2** [トランプの] O rei. **3** [権力者; 最高実力者] O rei; o campeão. ★ *Hōmuran-~* ホームランキング ~ das voltas completas ao campo「do ano」(Beis.). ◇ **~ mēkā** キングメーカー O homem forte「da política」. ⇨ tóppu. **4** [大きなもの] A coisa muito grande. ★ *~ saizu no fuku* キングサイズの服 A roupa de tamanho extra.
kiń-gúsari 金鎖 (<… [1]+kusárí) A corrente de ouro.
kíngyo 金魚【Zool.】A dourada; os peixinhos vermelhos. ★ *~ no fun no yō ni tsuite aruku* 金魚のふんのようについて歩く Seguir [Acompanhar] alguém muito de perto. ⇨ déme ◇.
kińgyó-bachi 金魚鉢 (<… +hachí) O aquário.
kińgyó-sṓ 金魚草【Bot.】A boca-de-leão; *antirrhinum majus*.
kiń-hón'i(**kińhóń'í-séí**) 金本位(制) O padrão ouro (da moeda).
ki-ní-írí 気に入り O favorito; o predile(c)to. *Kare wa shachō no o-~ da* 彼は社長のお気に入りだ Ele é o ~ [está nas boas graças] do presidente.
ki ní írú 気に入る ⇨ ki[1].
kiníń 帰任 O voltar「o embaixador」para exercer as suas funções. ★ *~ suru* 帰任する …
kiníne [ii] キニーネ (< Esp. < Quíchua quinnaquina)【Quím.】A quinina.
kín-ippū 金一封 O dinheiro como presente. ★ *Shōjō narabi-ni ~* 賞状ならびに金一封「o premiado ganhou」O certificado e (um envelope com) dinheiro.
kiń'író 金色 A cor do ouro; o dourado. [S/同] Końjíkí.
kiń'ítsú 均一 A uniformidade. ◇ **~ ryōkin** 均一料金 O preço único [uniforme]. **Sen-en ~** 千円均一 Todos estes artigos são a mil yens (cada).
kińjí[1] 近似 A aproximação;「o cálculo/valor」aproximado.
kínji[2] 近時【E.】Recentemente.
kińjí[3] 金地 O fundo dourado「da pintura」.
kińjí-chi 近似値 O valor aproximado. ⇨ kińjí[1].
kińjírú 禁じる **1** [禁止する] Proibir. *Jugyō-chū wa issai no shigo o ~* 授業中はいっさいの私語を禁じる ~ cochichar na aula. *Watashi wa isha ni tabako o kinjirarete iru* 私は医者にたばこを禁じられている Estou proibido de fumar pelo médico. [S/同] Kińshí súrú. **2** [抑制する] Conter. *Yorokobi no nen o kinji-enakatta* 喜びの念を禁じ得なかった Não pude ~ a alegria. ⇨ osáéru; tomérú[1,2].
kińjí-tékí 近似的 (< kińjí[1] + tekí[3]) Aproximado.
kińjítṓ 金字塔 **1** [ピラミッド] A pirâmide. [S/同] Pirámíddo (+). **2** [すぐれた業績] A obra ciclópica [monumental]. ★ *~ o uchitateru* 金字塔を打ち立てる Fazer uma ~. ⇨ gyṓsékí[1].
kínjitsu 近日【E.】O futuro próximo. ★ *~-chū ni* 近日中に Dentro de pouco; um destes [nos próximos] dias; (dentro) em breve. ◇ **~ kōkai** 近日公開「filme」A ser exibido [lançado] dentro em breve.
kínjo 近所 A vizinhança; as cercanias; os arredores. ★ *~ de [ni]* 近所で[に] Perto de; próximo de〔*Kono sugu ~ de* このすぐ近所で Bem perto daqui〕. *~ jū no uwasa ni naru* 近所中のうわさになる Ser alvo da conversa [do mexerico] dos vizinhos. *~ no* 近所の Vizinho; perto; próximo〔*~ no hito* 近所の人 O [A] vizinho[a]〕. ◇ **~ meiwaku** 近所迷惑「o cão é」Um incó[ô]modo para todos os vizinhos. ⇨ **~ zukiai**.
kińjṓ[1] 近状 O estado a(c)tual. [S/同] Kińkyṓ (+).
kińjṓ[2] 金城 **1** [堅固な城] O castelo inexpugnável. ◇ **~ teppeki** 金城鉄壁 O reduto [baluarte] inexpugnável. **2** [城の本丸] A torre de menagem.
kińjó-zúkiai 近所付き合い (<… + tsukí-ái) O trato com os vizinhos. ★ *~ o suru* 近所付き合いをする Tratar com os vizinhos.
kińjū́ 禽獣【E.】As aves e as feras; os animais.
kiń-júnbi 金準備 A(s) reserva(s) de ouro.
kínka[1] 金貨 A moeda de ouro. ⇨ dṓká[3]; gínka.
kínka[2] 近火 O incêndio na casa de um vizinho. ◇ **~ mimai** 近火見舞 O ir visitar o vizinho que teve o incêndio.
kínka-gyokujō 金科玉条【E.】A regra de ouro; o ser sagrado. ★ *~ to suru* 金科玉条とする「O que diz o meu pai」é sagrado.
kińkáí[1] 近海 As águas costeiras. ★ *~ mono no maguro* 近海もののまぐろ O atum das ~. ◇ **~ gyo-gyō** 近海漁業 A pesca costeira. *~ kōro* 近海航路 A rota costeira. [A/反] Eń'yṓ.
kińkáí[2] 金塊 O lingote de ouro.
kińkáí[3] 欣快【E.】A alegria; o regozijo.
kińkái-gyo 近海魚 ⇨ kińkáí[1].
kiń-kákushi 金隠し (< kińtáma + kakúsu) O resguardo da frente (Numa sanita j.).
kińkáń[1] 近刊 **a**)「O número」(de revista) recém-publicado; **b**) A próxima publicação. ⇨ shińkáń[1].
kińkáń[2] 金柑【Bot.】A tangerina menina; *fortunella*.
kińkáń[3] 金冠 **1** [金で作った王冠] A coroa de ouro. **2** [歯の] A coroa de ouro dentária. ★ *~ o kabuseru* 金冠をかぶせる Pôr uma coroa de ouro num dente.
kińkáń[4] 金環【Astr.】**a**) O anel de ouro; **b**) A coroa [O halo/círculo luminoso「à volta do sol」].
kiń-kánban 金看板 **1** [金文字の看板] A tabuleta com letras douradas. **2** [標語]【G.】O lema (glorioso); a divisa.
kińkáń-gákki 金管楽器 O instrumento de sopro de metal. [A/反] Mokkáńgákki.
kińkáń-shó 近刊書 **a**) O livro recém-publicado; **b**) O livro prestes a sair. ⇨ kińkáń[1].
kińkán-shoku 金環食【Astr.】O eclipse anular. ⇨ kińkáń[4].
kińkéí[1] 近景 A paisagem「do lago」que se vê ao perto. [A/反] Eńkéí.
kínkei[2] 謹啓【E.】Prezado [Excelentíssimo/Ilustríssimo] Senhor. [S/同] Háikei (+).
kińkéń[1] 近県 A província vizinha.
kińkéń[2] 金券 A nota convertível em ouro. ◇ **~ shoppu** 金券ショップ A loja que dá ouro por notas.
kińkéń[3] 金権 A influência [O poder] do dinheiro. ◇ **~ seiji** 金権政治 A plutocracia.
kińkéń[4] 勤倹 (< kińbéń + keń'yákú) O trabalhar e poupar. ◇ **~ chochiku** 勤倹貯蓄 O depósito amealhado pela diligência e poupança.

K

kińkétsú(byō) 金欠(病)【G.】A falta de dinheiro. ★ ~ da [ni kakatte iru] 金欠だ[にかかっている] Estou liso [sem cheta].

kínki 禁忌 **1** [さわりのあるもの] O tabu. ★ ~ ni fureru 禁忌に触れる Ir contra o ~. ~ o okasu 禁忌を犯す Violar o ~.【Med.】A contra-indicação. ~ o shimesu 薬に禁忌を示す Contra-indicar [Desaconselhar] um medicamento.

kínki-jakuyaku 欣喜雀躍 Um salto de alegria. ★ ~ suru 欣喜雀躍する Saltar [Dar saltos] de alegria. S/同 Kyóki (+); ō-yórokobi (o).

kińkín[1] 近近 Num futuro próximo; dentro em breve. S/同 Chikájíka (+).

kińkín[2] 僅僅【E.】Somente; apenas. ★ ~ san-nen kan ni 僅々3年間に Dentro de apenas três anos. S/同 Wázuka (+).

kińkín[3] きんきん【On.】★ ~ to hibiku koe きんきんと響く声 A voz aguda [estridente/esganiçada].

kínko[1] 金庫 **1** [貴重品を守る箱] O cofre; a caixa forte. ★ ~ ni ireru 金庫に入れる Guardar no ~. ◇ ~ **yaburi** 金庫破り O assalto ou assaltante do ~. **Kashi** ~ 貸し金庫 O de aluguer[l]. **2** [金融機関] A caixa「de previdência」. ◇ **Shin'yō** ~ 信用金庫 [O banco] de crédito. ⇨ kókko; kóko[1].

kínko[2] 禁固[錮]【Dir.】A prisão. ★ ~ kei ni shosuru 禁固刑に処する Condenar a「dois anos」de ~.

kínko[3] 近古【H.】A alta [Os princípios da] idade moderna. ⇨ chūko; táiko[3].

kíńkō[1] 均衡 O equilíbrio. ★ ~ ga toreru 均衡がとれる Manter-se ~. ~ ga yabureru 均衡が破れる Romper-se ~. ~ o tamotsu 均衡を保つ Manter. ~ o toru 均衡をとる Equilibrar. ~ o ushinau 均衡を失う Perder ~. Jukyū no ~ 需給の均衡 ~ entre a oferta e a procura. ◇ ~ **zaisei** 均衡財政 As finanças equilibradas. **Fu** ~ 不均衡 O desequilíbrio. S/同 Baránsú; heíkō; kińseí.

kíńkō[2] 近郊 O subúrbio; os arrabaldes [arredores]. ★ Tōkyō ~ ni sumu 東京近郊に住む Viver nos ~ de Tóquio. ◇ ~ **nōgyō** 近郊農業 A agricultura de ~. S/同 Kińgō; kińjō; kōgai (+).

kíńkō[3] 金鉱 **1** [金の出る鉱山・鉱脈] A mina de ouro; o veio [filão] de ouro. ★ ~ o horiateru 金鉱を掘り当てる Encontrar um ~. S/同 Kínzan. **2** [金を含んでいる鉱石] O minério de ouro.

kíńkō[4] 金工 **1** [金属に細工をほどこす工芸] A ourivesaria. S/同 Chōkín (+). **2** [その技術者] O [A] ourives.

kíńkōku 謹告【E.】O informar respeitosamente.

kíńkoń-íchiban 緊褌一番 Todo o ânimo. ~ nankyoku ni atare 緊褌一番難局に当たれ Enfrente as dificuldades com ~「Pegue o touro pelos cornos」.

kíńkoń-shiki 金婚式 As bodas de ouro de casados. ⇨ gińkón-shiki.

kíńkō-shū 禁固[錮]囚 O preso. ⇨ kínko[2].

kíńkyō 近況 O estado a(c)tual. ★ ~ o shiraseru 近況を知らせる Informar como estão as coisas neste momento. ⇨ jōkyō[3].

kíń-kyóri 近距離 A pouca [curta/pequena] distância. ★ ~ ni aru 近距離にある Estar perto [a pouca distância]. ◇ ~ **ressha** 近距離列車 O comboio [trem] local. A/反 Chō-kyóri; eń-kyóri. ⇨ kyóri[1].

kíńkyū 緊急 A urgência; a emergência. ★ ~ no baai wa 緊急の場合は Em caso de emergência. ◇ ~ **busshi** 緊急物資 O material de ~. ~ **dōgi** 緊急動議 A moção urgente. ~ **jitai** 緊急事態 Uma (situação de) emergência. ~ **sochi** 緊急措置 As medidas de emergência. S/同 Shikyú.

kíń-mákie 金蒔絵 A laca dourada.

kińmán-ká 金満家【G.】A gente endinheirada; o (multi)milionário. S/同 Fugó (+); ō-gánemochi (o).

kíń-médaru 金メダル A medalha de ouro.

kíń-mékki 金鍍金 A douradura. ★ ~ suru 金めっきする Dourar. ⇨ giń-mékki.

kińmítsú 緊密 Estreito; íntimo. ★ ~ na kankei 緊密な関係 A relação íntima「com o assunto」; as relações estreitas「entre países」.

kíń-móji 金文字 A letra dourada [de ouro].

kíń-mókusei 金木犀【Bot.】A flor [O jasmim]-do-imperador; osmanthus fragrans.

kíń-móru (ōo) 金モール (< P. reino mogol) O bordado de ouro.

kińmótsú 禁物 A coisa proibida. Anata no byōki ni wa sake wa ~ desu あなたの病気には酒は禁物です O álcool é ~ [um veneno] para a sua doença. ことわざ Yudan wa ~ 油断は禁物 A despreocupação [distra(c)ção] é o maior inimigo.

kińmu 勤務 O serviço; o trabalho. Kare wa genzai San Pauro-shiten ni ~ shite iru 彼は現在サンパウロ支店に勤務している A(c)tualmente ele trabalha na filial de São Paulo. ★ Ichi-nichi no ~ o oeru 1日の勤務を終える Acabar ~ do dia. ◇ ~ **chi** 勤務地 O local de trabalho. ~ **hyōtei** 勤務評定 A avaliação do rendimento no trabalho. ~ **jikan** 勤務時間 As horas de expediente [O horário de ~] [~ jikan-chū [gai] ni 勤務時間中[外]に Durante ~ [Fora do ~]]. ~ **saki** 勤務先 O lugar de trabalho; o emprego. ~ **seiseki** [**jisseki**] 勤務成績[実績] O resultado profissional [rendimento do trabalho]. **Chōka** ~ 超過勤務 A(s) hora(s) extra(s). **San-kōtai** ~ 三交替勤務 O serviço em três turnos. **Yakan** ~ 夜間勤務 ~ no(c)turno. S/同 Tsutómé.

kíń-múku 金無垢 O ouro puro [fino]. S/同 Juńkín (+). ⇨ shiró-múku.

kíń-muryoku-shō 筋無力症【Med.】A miastenia [fraqueza muscular].

kińmú-sha 勤務者 O trabalhador.

kińmyákú 金脈 **1** [金の鉱脈] O filão [veio] de ouro. ⇨ kómyákú. **2** [金銭を出してくれる人・所] O patrocinador financeiro [homem da massa (G.)]. ★ Seikai no ~ o saguru 政界の金脈を探る Investigar donde vem o dinheiro da política. S/同 Kanézúrú; kińshú.

kinnen 近年 Estes últimos anos. ★ ~ mare ni miru dai-jiken 近年まれに見る大事件 Um acontecimento raro nestes ~. S/同 Chikágoro (+).

kinniku 筋肉【Anat.】O músculo. ◇ ~ **chūsha** 筋肉注射 A inje(c)ção intramuscular.

kińnikú-tsū 筋肉痛【Med.】A mialgia [dor muscular].

kińnō[1] 金納【H.】O pagamento「de impostos」em dinheiro. S/同 Butsúnō.

kińnō[2] 勤皇[王] A lealdade ao rei. ★ ~ ka [no shishi] 勤皇家[の志士] Os monárquicos (P.); os monarquistas (B.). S/同 Sońnō.

kíń-no-shachíhóko 金の鯱 Um animal lendário, parecido ao golfinho, doirado, que se põe「nos

castelos」como enfeite, no remate do telhado.
kinó[1] [óo] 昨日 **1** [昨日] Ontem. ~ wa shukujitsu datta 昨日は祝日だった ~ foi feriado. ★ ~ no asa [ban] 昨日の朝[晩] ~ de manhã [à noite]. ~ no shinbun 昨日の新聞 O jornal de ~. 「ことわざ」 ~ no teki wa kyō no tomo 昨日の敵は今日の友 O inimigo de ~ pode-se tornar o amigo de hoje. ⓢ同 Sakújitsu; zeńjítsú. **2** [ごく近い過去] Só de agora. ★ ~ kyō ~ 昨日今日 Agora [Kare no bakuchi-zuki wa ~ kyō hajimatta koto de wa nai 彼のばくち好きは昨日今日始まった事ではない A paixão dele pelos jogos de azar não é ~ (vem de muito atrás).] ⇨ sákkon.
kinó[2] 機能 A função; o funcionamento. ★ ~ o hakki suru 機能を発揮する Desempenhar a「sua」~. ~ shōgai 機能障害 [Med.] O mau ~. ~ teika 機能低下 [Med.] O enfraquecimento de um órgão. ⇨ ~ teki. Seishoku ~ 生殖機能 A ~ reprodutora.
kinó[3] 帰納 [Fil.] A indução. ★ ~ suru 帰納する Induzir. ◇ ~ hō [teki].
kinó[4] 帰農 O retorno aos campos [às a(c)tividades agrícolas]. ⇨ ~ suru 帰農する Retornar…
ki-nóbori 木登り (<...[2]+nobóru) O subir [trepar] às árvores. ⇨ yojínóburu.
ki-no-dóku 気の毒 A pena. Are hodo benkyō shite fugōkaku to wa mattaku ~ da あれほど勉強して不合格とは全く気の毒だ Que [é uma] pena que ele tenha sido reprovado depois de tanto esforço. O-~ (sama) desu お気の毒(さま)です Sinto [Lamento] muito/(Ai) que pena!; ★ ~ garu [ni omou] 気の毒がる[に思う]Sentir pena. ~ sō na yōsu 気の毒そうなようす O aspecto lamentável. ⓢ同 Kawáisō.
kinó-hō 帰納法 [Fil.] O método indutivo. ⇨ kinó[3].
kinóhórumu キノホルム [Quím.] Quinoforme.
kínoko 茸 O(s) cogumelo(s). ◇ **Doku** ~ 毒茸 venenoso. **Shokuyō** ~ 食用茸 comestível.
kinókó-gári 茸狩り (<...[1]+karú) O ir aos [apanhar] cogumelos.
kí-no-me 木の芽 **1** [木の新芽] O rebento. ★ ~ ga deru 木の芽が出る Rebentarem [as árvores na primavera.]. ◇ ~ **doki**. **2** [さんしょうの芽] O rebento da árvore da pimenta j. ◇ ~ **ae** 木の芽和え Salada com pimenta j.
ki-nó-mé-dóki 木の芽時 (<...+tokí) A primavera (época do rebentar das folhas].
ki-no-mi 木の実 ⇨ kī[2].
ki-nomi-ki-nó-mámá (de) 着のみ着のまま(で) Só com a roupa que se tem no corpo. ★ ~ yakedasareru 着のみ着のまま焼け出される Perder tudo menos a roupa do corpo, num incêndio.
ki-nóri 気乗り O interesse; o entusiasmo. ★ ~ (ga) suru 気乗り(が)する Interessar-se「por」;sentir-se atraído「por」;levar[tomar] a peito [Konkai no keikaku wa, dōmo ~ ga shinai 今回の計画には、どうも気乗りがしない Não me sinto muito atraído [entusiasmado] por este proje(c)to.
ki-nóri-úsú 気乗り薄 (<...[1]+norú+usúi) **1** [相場] O mercado da Bolsa estar pouco a(c)tivo. **2** [気の進まぬ事] O estar pouco entusiasmado. Kare wa kono keikaku ni wa ~ da 彼はこの計画には気乗り薄だ Ele não se entusiasma com este proje(c)to.
kinó-téki[1] 機能的 O Funcional.
kinó-téki[2] 帰納的 O Indutivo. ⇨ kinó[3].
kín-pái[1] 金杯 [盃] A taça dourada. ⇨ giń-páí[1].

kín-pái[2] 金牌 A medalha de ouro; o primeiro pré[ê]mio. ⓢ同 Kíń-médaru (+). ⇨ giń-páí[2].
kín-pákú[1] 金箔 A folha de ouro. decorar [cobrir] com ~.
kíńpákú[2] 緊迫 A tensão. ★ ~ shita jōsei 緊迫した情勢 A situação tensa. ~ shita kūki ga tadayou 緊迫した空気が漂う Estar o ambiente tenso. ◇ ~ **kan** 緊迫感 A sensação de ~. ⓢ同 Seppákú. ⇨ kińchó[1].
kín-pátsú 金髪 O cabelo loiro. ★ ~ no josei 金髪の女性 A (mulher) loira. Buróńdó (+).
kínpen[1] 近辺 A vizinhança; as proximidades [cercanias]. ⓢ同 Fúkin; káiwai; kínjo [o).
kín-péń[2] 金ペン A caneta de ouro.
kinpi 金肥 O adubo químico. ⇨ Kanégóé.
kińpíká 金ぴか [G.] O brilho (falso) [luzir/ouropel]. ⓢ同 Kíńkírákíń.
kínpin 金品 O dinheiro e os bens「roubados/oferecidos de presente」. ★ ~ o gōdatsu suru 金品を強奪する Roubar ~. ⇨ kínseń[1]; shiná-móno.
kíńpíra(góbō) 金平 (牛蒡) A raiz de bardana finamente cortada e cozinhada em molho de soja e óleo de sésamo.
kínpóge [óo] 金鳳花・毛茛 [Bot.] O botão-de-ouro (Tb. chamada umánóáshígátá].
kín-púń 金粉 O pó de ouro. ⓢ同 Kíńshá; kíńpoú. ⇨ giń-púń.
kíńrai 近来 [E.] Os últimos tempos; recentemente. ~ mezurashii [mare ni miru] ō-ame 近来珍しい[まれに見る] 大雨 A maior chuvada que tivemos nos ~. ⓢ同 Chikágoro (o); saíkíń (+).
kíńrań 金襴 O brocado de ouro. ◇ ~ **donsu** 金襴緞子 ~ e de damasco.
kíńrí 金利 O juro. ★ ~ ga kasamu 金利がかさむ Acumulam-se os juros. ~ o ageru [sageru] 金利を上げる[下げる]Subir [Baixar] ~. ⇨ ríshi.
kíńríń 近隣 [E.] A「minha」vizinhança (Ex.:- shokoku = países vizinhos). ⓢ同 Fúkin (+); káiwai; kíńbó; kínjo (o); kíńpen (+).
kíńró 勤労 O trabalho; o labor. ◇ ~ **iyoku** 勤労意欲 A vontade de trabalhar. ~ **kaikyū** 勤労階級 A classe trabalhadora. ~ **shotoku** 勤労所得 A remuneração do ~; o salário. ⓢ同 Rōdó.
kińró-kánsha-no-hi 勤労感謝の日 O Dia de A(c)ção de Graças (pelo trabalho) (No J. 23 de novembro).
kíńró-sha [óo] 勤労者 O trabalhador. ⇨ kińró.
kin-rui 菌類 [Bot.] Os fungos.
kíńryō[1] 禁漁 A proibição de pescar. ◇ ~ **ki** 禁漁期 O defeso. ~ **ku** 禁漁区 A reserva de pesca.
kíńryō[2] 禁猟 A proibição de caçar; o defeso. ◇ ~ **chi** [ku] 禁猟地[区] A reserva de caça.
kiñryoku[1] 金力 A força [influência] do dinheiro. ★ ~ ni mono o iwaseru 金力に物を言わせる Utilizar ~; usar o dinheiro como arma. ⇨ Záiryoku.
kiñryoku[2] 筋力 A força muscular; a energia física. ◇ ~ **torēningu** 筋力トレーニング O treinamento para fortalecer os músculos. ⇨ kíńniku.
kinsa 僅差 A pouca diferença. ★ ~ de katsu [makeru] 僅差で勝つ[負ける] Ganhar por ~ [(uma) pequena margem).
kíńsákú[1] 金策 (o conseguir) dinheiro. ★ ~ ni kakemawaru 金策に駆け回る Correr atrás de ~.
kíńsákú[2] 近作 A última obra; uma obra recente. ★ Okamoto gahaku no ~ 岡本画伯の近作 ~ do

pintor Okamoto. ⇨ shińsákú.
kíńsei¹ 近世 [H.] Os tempos [A idade] modernos[a]. ⇨ kíndai.
kíńsei² 均整 [斉] A simetria; o equilíbrio; a boa proporção. ★ ~ no toreta 均整のとれた「o poder」Equilibrado; simétrico. ~ no toreta karada 均整のとれた体 O corpo bem proporcionado.
kíń-séi³ 金製 (Feito) de [em] ouro. ⇨ giń-séi.
kíńsei⁴ 禁制 A proibição; a interdição. *Kono tera wa nyonin ~ de aru* この寺は女人禁制である É proibida a entrada de mulheres neste templo. ◇ ⇨ **~ hin**. ⓈⒿ Hátto; kińdái; kińréi; kińshí.
kíńsei⁵ 金星 [Astr.] (O planeta) Vé[e]nus.
kíńsei-híń 禁制品 Os artigos proibidos; o contrabando. ⇨ kíńsei⁴.
kíńseki 金石 **1** [金属と岩石、または金属器と石器] Os minerais [metais] e rochas. ◇ **~ bun** 金石文 A epígrafe; o epigrama. ⇨ gánseki; kínzoku¹. **2** [ひゆ的に、しっかりしていて、たやすくくずれないもの] Uma coisa firme.
kíńsen¹ 金銭 O dinheiro; a massa (G.). ★ *~ ni kitanai* 金銭に汚い Mesquinho; avarento. ~ *no koto ni komakai* [*mutonchaku de aru*] 金銭の事に細かい [無頓着である] Ser poupado/parcimonioso [pródigo/generoso]. ◇ **~ kanjo** 金銭勘定 A conta; o cálculo monetário; O caixa. ◇ **~ suitōgakari** 金銭出納係 O caixa. ◇ **~ jō [teki; zuku]**.
kíńsen² 琴線 [E.] **1** [琴の糸] A corda de koto [harpa japonesa]. **2** [心の奥の心情] A corda sensível; o fraco [fraquinho]. ★ *Kokoro no ~ ni fureru* 心の琴線に触れる Tocar ~.
kíńsen-jō 金銭上 Financeiro [Pecuniário/De dinheiro]. ◇ ~ *no toraburu* 金銭上のトラブル O problema ~. ⇨ kíńsen².
kíńsenka 金盞花 [Bot.] A margarida; o malmequer; *calendula arvensis*.
kíńseń-téki 金銭的 Monetário; financeiro; pecuniário. ⇨ kíńsen¹.
kíńseń-zúkú 金銭尽く (< … + tsukúsu) [G.] Ver [Existir] só o dinheiro. ★ *~ de kaiketsu shiyō to suru* 金銭尽くで解決しようとする Querer resolver tudo só com (o) dinheiro.
kíńsetsú 近接 **1** [ある場所や物へ近づくこと] A aproximação. ★ ~ *suru* 近接する Aproximar [Chegar/Avizinhar]-se 「do outro avião」. ⓈⒿ Sekkíń (+). **2** [ある場所の近くにあること] A contiguidade; a proximidade. ◇ **~ *shita tochi*** 近接した土地 O terreno vizinho [contíguo; adjacente]. ⓈⒿ Rińsétsú (+).
kíńshá(chírimen) 金 [錦] 紗 (縮緬) O crepe de seda fina.
kíńshi¹ 禁止 A proibição; a interdição. *Kore yori saki kankeisha igai tachi-iri ~* これより先関係者以外立ち入り禁止（掲示）É proibida a entrada de estranhos neste local). ★ ~ *suru* 禁止する Proibir. ◇ **Eigyō ~** 営業禁止 do comércio. **Hakkō ~** 発行禁止 da publicação. **Tōrinuke ~** 通り抜け禁止 ~ de passagem; a passagem interditada(da).
kíńshi² 近視 A miopia. ★ ~ *ni naru* 近視になる Ter ~/Ficar míope. ◇ **~ *teki seisaku*** 近視眼的政策 A política imediatista [míope; sem visão]]. ⓈⒿ Kíngań. ⒶⒻ Eńshí.
kíńshi³ 金糸 A linha [O fio] de ouro. ◇ **~ ginshi** 金糸銀糸 ~ e prata.
kíńshi⁴ 菌糸 [Bot.] A hifa (dos fungos cujo conjunto forma o micélio).
kíńshin¹ 近親 O parentesco; a parentela; os parentes próximos. ◇ **~ kekkon** 近親結婚 O casamento consanguíneo. **~ sha** 近親者 O parente próximo. **~ sōkan** 近親相姦 O incesto.
kíńshin² 謹慎 **1** [反省して言動を慎むこと] O portar-se bem [com cuidado]. ★ ~ *suru* 謹慎する … ⇨ tsutsúshímu. **2** [一定の期間出勤・登校などを禁じ、反省させる処罰] O (estar de) castigo. ★ ~ *chū de aru* 謹慎中である Estar de ~. ~ *o meijirareru* 謹慎を命じられる Apanhar um [Ser posto de] ~.
kíńshítsú¹ 均質 A homogeneidade. ★ ~ *na zairyō* 均質な材料 O material homogé[ê]neo.
kíńshítsú² 琴瑟 A grande e pequena harpa japonesa. ⓅⓏ&ⓉⓌⓈ ~ *ai wa su* 琴瑟相和す Viver em harmonia conjugal [feliz como marido e mulher]. ⇨ kóto²; shitsú.
kíńshítsú-ká 均質化 A homogeneização. ★ ~ *suru* 均質化する Homogeneizar. ⇨ kíńshítsú¹.
kíńsho 禁書 O livro proibido.
kíńshō 僅少 [E.] Muito pouco. ~ *no sa de senkyo ni katta* 僅少の差で選挙に勝った Foi eleito [Ganhou as eleições] por uma diferença muito pequena. ⓈⒿ Wázuka (+). ⒶⒻ Bakúdái.
kíńshú¹ 禁酒 A abstenção [abstinência; O corte; privação] de bebidas alcoólicas. ~ *suru* 禁酒する Cortar o vinho; deixar de beber. ◇ **~ hō** 禁酒法 A lei seca [de proibição de bebidas alcoólicas]. **~ undō** 禁酒運動 O movimento antialcoólico [dos abstêmios]. ⇨ kiń'éń¹.
kíńshú² 筋腫 [Med.] O mioma [tumor]. ◇ **Shikyū ~** 子宮筋腫 ~ do útero.
kíńshū³ 金主 O financiador.
kíńshúkú 緊縮 **1** [ひきしめること] A redução. **2** [節約] A austeridade; o apertar das despesas; o apertar o cinto. ★ ~ *suru* 緊縮する Economizar. ◇ **~ yosan [zaisei]** 緊縮予算 [財政] O orçamento apertado/de austeridade [As finanças apertadas]. ⓈⒿ Setsúyákú (+).
kíńsokú 禁足 A prisão; o estar incomunicável. ⓈⒿ Ashí-dómé (+).
kíńtáma 金玉 **1** [金色の玉] A bola de ouro. **2** [睾丸] [G.] Os tomates (Testículos). [Ⓘ慣用] ~ *ga chijimi-agaru* 金玉が縮み上がる Ficar com os ~ encolhidos [contraídos] 「de medo」. ⇨ Kōgań.
kíńtéi¹ 欽定 A autorização 「imperial」. ◇ **~ kenpō** 欽定憲法 [Dir.] A Constituição concedida pelo Imperador 「Meiji」.
kíńtéi² 謹呈 O oferecer 「o seu livro」. ~ (謹呈(贈呈本に書く時) Com os cumprimentos do autor. ⇨ zōtéi.
kíńtéki 的 **a)** O (centro do) alvo; **b)** A meta; o alvo. ★ ~ *o itomeru* [*iotosu*] 的を射止める [射落とす]**a)** Acertar no ~; **b)** Conseguir o seu ~; alcançar a ~.
kíń-tensái 禁転載 (掲示) Reprodução proibida 「desta obra」!
kíńtō¹ 均等 A igualdade. ★ ~ *ni wakeru* 均等に分ける Dividir igualmente [em partes iguais]. ◇ **Kikai ~** 機会均等 ~ de oportunidades. ⇨ **wari**.
kíńtō² 近東 O Próximo Oriente. ◇ **Chū ~ shokoku** 中近東諸国 Os países do Médio e (do) ~. ⇨ chútō¹; kyomútō.
kíńtón 金団 A batata doce moída. ◇ **Kuri [Ma-**

me] ~ 栗[豆]金団 O puré doce de castanha [feijão] (de de ~).

kintō-wárí 均等割 (<… + warú) A divisão em partes iguais [por cabeça].

kínu[1] 絹 A seda (natural); o tecido de seda. ◇ ⇨ **~goshi**; **[ito]**; **[ori]mono**). S/同 Shíruku.

kínu[2] 衣 [A.] A roupa (⇨ kinú-zúré). ★ *Ha ni ~ kisenu mono no iikata* 歯に衣を着せぬものの言い方 Dizer as coisas claras [O não estar com rodeios]. S/同 Ifuku (+); kimonó (+).

kinú-bári 絹針 (<… + hári) A agulha usada para costurar o tecido de seda.

kinú-góshi 絹漉し (<… + kosú) O filtro de seda.

kinúgóshí-dófu [óo] 絹漉し豆腐 (<… + tófu) O queijo de soja filtrado com tecido de seda (Coalho fino).

kinú-íto 絹糸 A linha [O fio] de seda.

ki-núke 気抜け (<… [1] + nukérú) **1** [張り合いがなくなる] A apatia; o desânimo. ~ *suru* 気抜ける Ficar apático [desanimado]. S/同 Hōshín; ki-óchí (+). **2** [ビールやソーダ水の] O perder a força [ficar insípido「cerveja」].

kinú-mono 絹物 O tecido [A roupa] de seda.

kinú-órimono 絹織物 O tecido de seda.

kínuta 砧 O bloco de pedra ou madeira sobre o qual se bate o pano para amolecer.

kinú-zúré 衣擦[摺]れ (<… [2] + suréru) O frufru; o farfalhar [arrastar]「das saias/do vestido no chão」.

kin'yó(bi) [ōo] 金曜(日) A sexta-feira.

kin'yóku 禁欲 O dominar-se; a ascese. ◇ ~ **seikatsu** 禁欲生活 A vida ascética. ⇨ yokúbó.

kin'yóku-shúgi 禁欲主義 O estoicismo; o ascetismo. A/反 Kaírakú-shúgi; kyōrakú-shúgi.

kin'yókushúgi-sha 禁欲主義者 O estóico [asceta]. A/反 Kaírakú shúgisha; kyōrakú shúgisha.

kin'yú 禁輸 A proibição de exportação e [ou] importação; o embargo (comercial). ⇨ yunyu; yushutsú.

kin'yú 金融【Econ.】A circulação de moeda; as finanças; o [as condições de] crédito. ★ ~ *o hikishimeru* 金融を引き締める Restringir as a(c)tividades financeiras. ~ *o kanwa suru* 金融を緩和する Aumentar a quantidade de moeda em circulação. ◇ ~ **kikan** 金融機関 A instituição financeira. ~ **sai** 金融債 O título financeiro [monetário]. ~ **shihon** 金融資本 O capital financeiro. ~ **shijō** 金融市場 O mercado financeiro. ~ **tōsei** 金融統制 O controle monetário. **Sararīman** ~ サラリーマン金融 O sistema de crédito para trabalhadores assalariados.

kinyu 記入 O preencher; o pôr「o nome na lista」. ★ ~ *suru* 記入する~. S/同 Kisái.

kin'yú-gáisha 金融会社 (<… + kaishá) A companhia financeira.

kin'yú-gyo [úu] 金融業 O negócio de finanças [empréstimo de dinheiro].

kin'yú-gyósha [óo] 金融業者 O financeiro.

kin'yú-hín 禁輸品 O [A mercadoria de] contrabando.

kinyu-zúmi 記入済み (<… + súmu) (Já) Preenchido「na lista」.

kínzái 近在 Os arredores da cidade. *Yokohama ni* ~ 横浜近在に Nos ~ de ~. S/同 Kíngō; kínkō (+).

kín-záiku 金細工 (<… [1] + saíkú) A [Os trabalhos de] ourivesaria「filigrana」.

kínzáikú-shi 金細工師 (<… + shi[6]) O ourives.

kinzan 金山 A mina de ouro.

kínzén 欣然【E.】A alegria. ★ ~ *taru* 欣然たる Alegre.

kinzoku[1] 金属 O metal. ★ ~ *ga sabiru* 金属がさびる Enferrujar; oxidar(-se). ~ *o nobasu* 金属を延ばす Dilatar ~. ◇ ~ **genso** 金属元素【Fís.】O elemento metálico. ~ **hirō** 金属疲労 A fadiga do ~. ~ **kakō** 金属加工 A indústria transformadora metalomecânica. ~ **kōgyō** 金属工業 A indústria metalomecânica. ⇨ ~ **sei**. ~ **seihin** 金属製品 O produto de metal; ferragens. A/反 Hi-kínzoku; jū-kínzoku; keí-kínzoku.

kínzóku[2] 勤続 O serviço contínuo. ★ ~ *nijū-nen o iwau* 勤続 20 年を祝う Comemorar os vinte anos de ~. ~ *suru* 勤続する Continuar a trabalhar (numa firma). ◇ ~ **nengen** [**nensū**] 勤続年限[年数] O período [Os anos] de ~. **Einen** ~ 永年勤続 O serviço de longos anos.

kinzókú-hán 金属板 O metalógrafo.

kinzókú-séí[1] 金属性 A qualidade de metal.

kinzókú-séí[2] 金属製 De metal. ★ ~ *no shokki* 金属製の食器 A louça de metal.

kinzókú-téki 金属的 Metálico. ★ ~ *na koe* 金属的な声 A voz metálica.

kínzúró 禁ずる ⇨ kinjíru.

kió 既往【E.】O [As coisas do] passado. ~ *wa towanai* 既往は問わない Esqueça ~ [O ~ não interessa]. ⇨ **shō**.

ki-óchí 気落ち (<… [1] + ochíru) O desânimo; o abatimento; o desalento. ★ ~ *suru* 気落ちする Desanimar; ficar desalentado. S/同 Íki-shōchín; rakúten.

kióí-tátsu 気負い立つ (< ki-óu + …) Ficar entusiasmado [animado; excitado]. S/同 Isámí-tátsu.

kiókú 記憶 **1** [忘れないで覚えていること・内容] A memória; a lembrança; a recordação. *Anata to izen atta* ~ *ga aru* あなたと以前会った記憶がある Lembro-me de o ter encontrado anteriormente. ★ ~ *ga aseru* [*usureru*] 記憶があせる[薄れる] Ter uma vaga ~. ~ *ga hakkiri shite iru* 記憶がはっきりしている Lembrar-se bem. ~ *ni nai* 記憶にない Não se recordar [lembrar]「*Sono yō na koto wa watakshi no ~ ni gozaimasen* そのような事は私の記憶にございません Não me lembro de tal (coisa)」. ~ *ni todomeru* 記憶に留める Guardar na ~. ~ *suru* 記憶する Recordar-se; lembrar-se. *Ayafuya* [*Oboroge*] *na* ~ あやふや[おぼろげ]な記憶 Uma lembrança vaga. *Tashika na* ~ 確かな記憶 A lembrança clara [exa(c)ta]. ◇ ~ **chigai** 記憶違い O erro de memória. ~ *jutsu* 記憶術 A mnemó[ô]nica. ⇨ **ryoku**. S/同 Monó-óboe; oboé. ~ oboéru. **2** [コンピューターなどで情報を保存すること] A memória「do computador」. ◇ ~ **sōchi** 記憶装置【Ele(c)tron.】A [O dispositivo de] ~. ~ **yōryō** 記憶容量【Ele(c)tron.】A capacidade de ~.

ki-ókúré 気後れ (<… [1] + okúrérú) O perder a coragem; a timidez; o ficar nervoso「no palco」. ★ ~ (*ga*) *suru* 気後れする ~. ⇨ ojíké.

kiokú-ryoku 記憶力 A (capacidade de) memória. ★ ~ *ga nibutta* 記憶力が鈍った ~ diminuiu. ~ *ga yoi* 記憶力が良い Ter boa memória.

kión 気温 A temperatura. ★ ~ *ga agatta* [*sagatta*] 気温が上がった[下がった]~ subiu [baixou]. ◇ **Heikin** ~ 平均気温 ~ média. **Saikō** [**Saitei**] ~ 最高

[最低]気温 ~ máxima [mínima]. ⇨ suíón.
kió-shó 既往症【Med.】A anamnese [história clínica do doente]. ⇨ kíki.
kiósuku キオスク (< Ru. kiosk) O quiosque「da estação」.
ki ó tsuké 気を付け (O pôr-se em posição de) sentido. ★ ~ 気を付け (号令) Sentido! ~ *no shisei o toru* 気を付けの姿勢をとる Pôr-se [Ficar] em ~.
ki-óu 気負う Ficar entusiasmado. *Kanojo ni wa sukoshi mo kiotta tokoro ga mienai* 彼女には少しも気負った所が見えない Ela não se mostra entusiasmada. ⓢ⦿ Hari-kíru; iki-gómu; isámu.
kípanchā [ii] キーパンチャー (< Ing. key puncher) A (máquina) perfuradora [de papel]. ⇨ opérêta.
kípointo [ii] キーポイント (< Ing. key + point) O ponto chave [importante]. ⓢ⦿ Yóten (+).
kippári (to) きっぱり (と) Terminantemente; explicitamente; definitivamente; completamente; categoricamente. ★ ~ *kotowaru* きっぱりことわる Recusar ~.
kippári (to) shita きっぱり (と) した Claro; definitivo; decisivo. ⓢ⦿ Hakkíri (to) shita; meíkáí ná.
kippó 吉報 A boa notícia. ★ ~ *o motarasu* 吉報をもたらす Trazer uma ~. Ⓐ⦿ Kyóhô. ⇨ rôhó.
kippú 切符 O bilhete; a passagem. *O haiken shimasu* 切符を拝見します Queiram apresentar os seus ~. ★ ~ *o kíru* 切符を切る Picotar [Furar; Picar] o ~. ◇ ~ *uriba* 切符売り場 A bilheteria; a bilheteria (B.). **Katamichi [Ófuku] ~** 片道 [往復] 切符 de ida [ida e volta]. ⇨ chikéto; kén².
kippú-kiri 切符切り (< … + *kíru*) **1**[道具] O pic(ot)ador (de bilhetes). **2**[行為] O picotar [perfurar].
Kípurosu キプロス「a ilha de」Chipre.
kirá-bíyaka 綺羅びやか [E.] O brilhar [ser elegante]. ★ ~ *na ishó* きらびやかな衣装 O traje elegante/deslumbrante. ⓢ⦿ Keńráń.
kiráí¹ 嫌い **1**[嫌うこと] O não gostar. *Watashi wa uso o tsuku koto ga nani yori mo ~ da* 私はうそをつくことが何よりも嫌いだ O que mais me repugna [desagrada] é a mentira. ~ *de aru* 嫌いである Não gostar; detestar. ~ *ni naru* 嫌いになる Antipatizar; deixar de gostar. ⇔ **suki** ~. ⓢ⦿ Sukí. **2**[傾向] **a)** O inconveniente [problema]; **b)** O ressaibo [ar]「de ódio」. *Kono hon wa kuwashisuguru ~ ga aru* この本は詳し過ぎる嫌いがある Este livro tem o inconveniente de explicar demasiado. ⓢ⦿ Keíkó (+); kimí.
kiráí² 機雷 (< Abrev. de kikai suirai) A mina (submarina). ★ ~ *o fusetsu suru* 機雷を敷設する Minar. ⇨ bakúráí; gyoráí; jíraí¹.
kirái-gen 機雷原 A área minada. ⇨ kiráí².
kírakira きらきら A brilhar [luzir]. *Umi wa yūhi ni terasarete* (と) *kagayaite ita* 海は夕日に照らされてきらきら (と) 輝いていた O mar brilhava aos raios do sol poente. ~ *suru* きらきらする Brilhar; reluzir; cintilar. ⇨ gíragira.
kiráku 気楽 **a)** O ser「vida」fácil [pacato/confortável/sem preocupações]; **b)** O ser despreocupado [desmazelado/descuidado/mandrião]. ★ ~ *na mibun* 気楽な身分 A posição (social) confortável. ~ *ni kangaeru* 気楽に考える Não levar as coisas demasiado a sério [Ser o(p)timista]. ~ *ni shite kudasai*「気楽に「して下さい」Esteja à vontade. ⇨ nońbíri.

kirámeki 煌き (< *kiráméku*) O clarão; a cintilação; a centelha「de inteligência」; o brilho [luzir]「das estrelas」; o esplendor.
kiráméku 煌く **1**[ぱっと光る] Resplandecer; luzir; brilhar; cintilar. ★ ~ *seiza* 煌く星座 Uma constelação brilhante. **2**[華々しい; 目立つ] Brilhar. ★ ~ *saichi* [*eichi*] 煌く才知[英知] Uma inteligência brilhante. ⓢ⦿ Medátsu.
kirásu 切らす (< kíru¹) **1**[途切れさせる] Estar com falta「de ar」. ★ *Iki o* ~ 息を切らす Faltar o ar; perder o fôlego; ofegar. *Shibire o* ~ しびれを切らす **a)** Ter uma cãibra; **b)** Perder a paciência. **2**[欠乏させる] Estar sem「dinheiro」. ★ *Shôyu o* ~ 醤油を切らす Ficar sem [Acabar-se o] molho de soja. ⓢ⦿ Tayásu.
kiráú 嫌う **1**[好まない] Não gostar「de」. *Maria wa Joan o hidoku kiratte iru* マリアはジョアンをひどく嫌っている Maria detesta João. ★ *Kiraware-mono* 嫌われ者 A pessoa detestada por todos. ⓢ⦿ Konómu. **2**[いやがって避ける] **a)** Evitar; **b)** Não se importar「com os outros」. ◇ *Imi* ~ 忌み嫌う Detestar; odiar. ⟨ｐとｋば⟩ *Demono haremono tokoro kirawazu* 出物腫物所嫌わず A necessidade não tem lei. ⓢ⦿ Sakéru. **3**[弱い] Não gostar de. *Rekōdo wa shikke o* ~ レコードは湿気を嫌う O disco é sensível [não gosta da] à (h)umidade.
kiré 切れ **1**[布] O pano; o tecido; a fazenda. ⓢ⦿ Nunó; orímónó. **2**[物のきれはし] O retalho「de pano」; o pedaço (De tudo); a fatia「de bolo」; a talhada「de melão」; o naco (G.); a posta「de peixe」; a lasca「de madeira」. ★ *Butaniku hito-~* 豚肉ひと切れ Um pedaço de carne de porco. **3**[刃物などの切れ味] O gume; o fio. ★ *Hôchô no ~ ga waruku [nibuku] naru* 包丁の切れが悪く [鈍く] なる A faca ficar desafiada [embotada/com bocas]. ⇨ kiré-aji. **4**[技術・腕前などの調子] O feitio [jeito]. ★ *Atama no ~ ga chigau* 頭の切れが違う Ser mais fino [arguto/inteligente].
kiré-aji 切れ味 O corte; o fio. ★ ~ *ga yoi* [*warui*] 切れ味が良い[悪い] Estar (bem) afiado [desafiado; embotado]; cortar bem [mal]. ⇨ kiré.
kiré-háshi 切れ端 O pedaço「de papel/pano」.
kírei 奇[綺]麗 **1**[視覚的に美しい] Bonito; belo; formoso; lindo. *Keshiki ga totemo ~ da* 景色がとても奇麗だ A paisagem é muito linda. ★ ~ *na hana* 奇麗な花 Uma flor bonita. ⓢ⦿ Utsúkúshíí. **2**[清潔な] Limpo; asseado. ★ ~ *ni aratta sara* 奇麗に洗った皿 Um prato bem lavado. ~ *ni suru* 奇麗にする Limpar; arrumar. ⓢ⦿ Seíkétsú. Ⓐ⦿ Kitánái. **3**[澄んでいる] Límpido; claro; puro. ★ ~ *na koe* 奇麗な声 Uma voz clara. *Kūki o ~ ni suru* 空気を奇麗にする Arejar [Purificar o ar]. Ⓐ⦿ Kitánái; nigótta. ⇨ súmu³. **4**[すっきり整ったようす] Claro; nítido. *Seiseki-hyō ni wa "A" ga ~ ni narande ita* 成績表には"A"が奇麗に並んでいた O boletim das notas (da escola) era só "A"s. ⇨ sukkíri. **5**[あざやかで上手な] Bonito; magistral; perfeito. ★ ~ *na hatsuon* 奇麗な発音 Uma pronúncia perfeita. *Uwatenage o ~ ni kimeru* 上手投げを奇麗に決める Dar um "uwatenage" bonito [perfeito] (e ganhar o sumô). ⓢ⦿ jôzú; mígoto. **6**[後腐れのない] Limpo. *Shinpen o ~ ni suru* 身辺を奇麗にする Pôr todos os negócios em ordem; resolver todos os problemas pessoais (sobretudo amorosos). ★ ~ *na naka* 奇

麗な仲 Relações「entre homem e mulher」de pura amizade (sem nada de sexual). **7** [「～に」の形であとに余計なものが残らないようす] Completamente. ★ ～ *ni shakkin o kaesu* 奇麗に借金を返す Pagar toda a dívida. ～ *sappari wasureru* 奇麗さっぱり忘れる Esquecer-se ～ [por completo]. ⇨ sukkári.

kiréí-dókóró 奇 [綺] 麗所 (<… + tokóró) 【G.】 Uma beldade; uma "geisha". [S/同] Geíshá (+).

kiréí-gótó 奇 [綺] 麗事 (<… +kotó) A desculpa; o encobrir; o disfarce. ★ ～ *bakari naraberu* 奇麗事ばかりならべる Dizer só palavras bonitas (para disfarçar).

kiréí-zúkí 奇 [綺] 麗好き (<… +sukí) **a)** Que gosta de limpeza; **b)** A pessoa asseada. *Haha wa ～ da* 母は奇麗好きだ Minha mãe gosta do asseio.

kiré-jí[1] 切れ痔 (< kiréru + …) 【Med.】 As hemorróida[e]s inflamadas (pela rup[ro]tura das veias hemorroidais).

kiré-jí[2] 切れ地 **1** [反物] O pano; o tecido; a fazenda. [S/同] Orí-mónó (+); tańmónó (+). **2** [切りとった布] Um pedaço de tecido. ⇨ kiré.

kiré-kómí 切れ込み O corte「no papel/pano」; o recorte「à volta da folha」. [S/同] Kirí-kómí.

kiré-má 切れ間 O intervalo; a pausa; a interrupção; uma brecha. ★ *Kumo no ～* 雲の切れ間 Uma aberta nas [por entre as] nuvens.

kiré-mé 切れ目 (< kíru + …) **1** [切れた所] O corte; a abertura; a fenda; a fra(c)tura; a rup[ro]tura. ★ *Kami ni ～ o ireru* 紙に切れ目を入れる Fazer um corte no papel. **2** [区切り] A pausa; a cesura「no verso/música」; o intervalo; a interrupção. ★ ～ *ga yoi* 切れ目が良い「Aqui」é bom para interromper [terminar]. [S/同] Kirí (+); kugírí (o). **3** [はて; 終わり] O fim. [P/ことわざ] *Kane no ～ ga en no ～* 金の切れ目が縁の切れ目 Foi-se o dinheiro, foram-se os amigos. [S/同] Haté; owárí (+).

kiré-mónó 切れ者 (< kiréru + …) Uma pessoa capaz [competente]. [S/同] Shuwáńká.

kiré-nágá 切れ長 (< kiréru + nagái) Estreito; rasgado; puxado. ★ ～ *no me* 切れ長の目 Os olhos estreitos [sobre o comprido].

-kírénai 切れない (Neg. de kiréru **5**) Não poder「fazer tudo」. ★ *Tsukai ～ hodo no kane* 使い切れないほどの金 Tanto dinheiro que nem se sabe como o gastar. *Shinde mo shini ～* 死んでも死に切れない Não poder morrer tranquilo [em paz].

kiréppáshí 切れっ端 【G.】 Um pedaço. [S/同] Kiréháshí.

kiréru 切れる (< kíru[1]) **1** [切れ味がよい] Estar afiado; cortar bem. *Kono hōchō wa yoku ～* この包丁はよく切れる Esta faca está bem afiada [corta bem]. **2** [切断されたり, 裂けめができたりする] Partir-se; rasgar; cortar「dedo」. *Tako no ito ga putsuri-to kireta* たこの糸がぷつりと切れた A linha do papagaio partiu-se. ★ *Te no ～ yō na satsu* 手の切れるような札 Uma nota novinha em folha. ⇨ sakéru[2]. **3** [途絶える] Parar. *Totsuzen denwa ga putsun to kireta* 突然電話がぷつんと切れた De repente o telefone desligou [cortou-se]. [S/同] Todáéru; togíréru. **4** [関係がなくなる] Romper-se; cortar-se. ★ *En ga ～* 縁が切れる Romperem-se os laços. **5** [尽きる; なくなる] Estar sem. *Zaiko ga kireta* 在庫が切れた Acabou o [Estamos sem] estoque/depósito. [S/同] Tsukíru. **6** [期限がくる] Expirar; terminar; vencer; passar「o prazo」. *Keiyaku ga kireta* 契約が切れた O contrato expirou. *Teiki ga ～* 定期が切れる O prazo do passe expira. **7** [頭の働きが鋭い; 敏腕だ] Ser astuto [esperto; perspicaz; sagaz]. ★ ～ *otoko* 切れる男 Um homem astuto. **8** [決壊する] Rebentar; ceder; ruir. ★ *Teibō ga ～* 堤防が切れる O dique ～. [S/同] Kekkáí súrú. **9** [かるた, トランプなどで札がよくまざる] Embaralhar. *Kono toranpu wa zenzen kirete inai* このトランプは全然切れていない Estas cartas não estão embaralhadas. ⇨ mazáru. **10** [鋭く曲がる] Dar [Fazer] uma curva brusca. *Bōru wa ōkiku migi ni kirete sutando ni haitta* ボールは大きく右に切れてスタンドに入った A bola fez uma curva muito brusca para a direita e caiu na [foi dar à] arquibancada.

kirétsú 亀裂 A fenda; a greta; a fresta; a rup[ro]tura; a racha. ★ ～ *ga hairu* [*shōjiru*] 亀裂が入る [生じる] **a)** Formarem-se gretas「no solo」; **b)** Haver uma ruptura「no Partido」.

kirí[1] 霧 **1** [大気中に漂う細かい水滴] 【Astr.】 O nevoeiro; a névoa [neblina]. ～ *ga hareta* 霧が晴れた Limpou [Desfez-se] o nevoeiro. ⇨ kasúmí. **2** [水を霧のように細かにして空中に飛ばしたもの] O borrifo. ★ *Nuno ni ～ o fuku* 布に霧を吹く Borrifar o pano. ⇨ mizú-shíbuki.

kirí[2] 切り (< kíru[1]) **1** [際限] O limite; o fim. *Hito no yokubō ni wa ～ ga nai* 人の欲望には切りがない A ambição humana não conhece limites. [S/同] Saígén. **2** [切れ目; 区切り] O fim. ★ ～ *ga yoi* 切りが良い Ser o [um bom] momento「para terminar a aula」. ～ *o tsukeru* 切りをつける Pôr fim「à」[Acabar「com a」]「discussão」. [S/同] Kugírí. **3** [寄席などでその日の最後の演目, 又は, それを演じる人] O último quadro das peças de kabúki ou o a(c)tor que o interpreta. [S/同] Torí.

kírí[3] 錐 A verruma; a broca; o trado; a sovela; o perfurador.

kirí[4] 桐 【Bot.】 A paulóvnia; *paulownia imperialis*. ★ ～ *no tansu* 桐のたんす A có[ô]moda de ～.

kirí[5] キリ (< P. cruz) Dez (+); o último [pior]. ⇨ pín[2].

-kiri[6] きり (< kíru[1]) **1** [だけ] Só. *Kongetsu no kasegi wa kore ～ da* 今月のかせぎはこれきりだ A féria [O salário] deste mês é ～ isto. [S/同] daké (+); -nómi. **2** [それを最後として] … e. *Ani wa jū-nen mae ni Burajiru ni itta ～ kaette konai* 兄は十年前にブラジルに行ったきり帰って来ない O meu irmão foi para o Brasil há 10 anos e nunca mais voltou. **3** [まま] Sempre. ★ *Neta ～(no) rōjin* 寝たきり (の) 老人 A pessoa idosa que já não se levanta [que está ～ de cama]. *Tsukikkiri de sewa o suru* 付きっきりで世話をする Cuidar「do enfermo」(estando) sempre a seu lado. [S/同] Mamá (+).

kirí-ágé 切り上げ (< kirí-ágéru; ⇨ kirí[2] **2**) **1** [終了] O encerramento; o fim. ◇ **～ doki** 切り上げ時 O momento de [oportuno para] terminar algo. [S/同] Owárí (o); shūryṓ (+). **2** 【Econ.】 A valorização. ◇ **En ～** 円切り上げ ～ [O subir] do yen. [A/反] kirí-ságé. **3** 【Mat.】 Arredondar os quebrados [as décimas] de um número para mais [cima]. ★ *Shōsūten ika wa ～* 小数点以下は切り上げ Arredondar a fra(c)ção decimal [a primeira décima] para cima. [A/反] Kirí-súté.

kirí-ágéru 切り上げる (< kíru[1] + …) **1** [終わりにする; 引き上げる] Acabar; encerrar; terminar. ★ *Hanashi o ～* 話を切り上げる Encerrar o assunto/a

K

conversa. **2**【Econ.】Valorizar; subir. Ⓐ/反 Kirí-ságéru. **3**【Mat.】Arredondar os quebrados de um número para cima. Ⓐ/反 Kirí-sútéru.

kirí-ái 切[斬]り合い (< kirí-áú) A luta com espadas. *Hageshii ~ ni naru* 激しい切り合いになる Vai ser uma luta violenta.

kirí-áme 霧雨 ⇨ kirísáme.

kirí-áú 切[斬]り合う (< kíru¹+…) Lutar com espadas.

kirí-bana 切り花 (< kíru¹+haná) Flores cortadas.

kirí-bárí 切り張[貼]り (< kíru¹+harú) **1**[部分的に切って貼ること]O remendo「na roupa」. **2**[あちこちから切ってきて張ること]O cortar e colar. ★ *Shinbun no ~ o suru* 新聞の切り張りをする Cortar os artigos do jornal e colá-los.

kiríbóshi(dáikon) 切り乾し(大根) O nabo cortado em tirinhas finas e seco.

kirí-dáshi 切り出し (< kíru¹+dásu) **1**[小刀]A faca de trinchar. Ⓢ/同 Ko-gátána (+). **2**[木材を切り取って、運び出すこと]O corte e transporte de árvores. **3**[話し始め]O iniciar a conversa.

kirí-dásu 切り出す (< kíru¹+…) **1**[石，木材を]Cortar árvores ou pedra「e transportá-las」. *Yama kara ki o ~* 山から木を切り出す… árvores da montanha. ⇨ bassái. **2**[話を]Falar no assunto. *Shakkin no sōdan to iu mono wa kiridashi-nikui* 借金の相談というものは切り出しにくい Custa sempre falar de consultas sobre empréstimos.

kirí-do 切り戸 (< kíru¹+to) A porta[entrada]lateral (recortada no muro「do jardim」). Ⓢ/同 Kugúri-do (+).

kirí-dōshi 切り通し (< kíru¹+tōsu) Um corte「no morro para passar a estrada」.

kirí-fuda 切り札 (< kíru¹+…) **1**[トランプ]O trunfo. ★ *~ o dasu* 切り札を出す Jogar ~. **2**[相手をおさえつけるための、とっておきの手段]O último trunfo. *Kono kōshō ni tsuite wa wareware ni wa saigo no ~ ga aru* この交渉については我々には最後の切り札がある Nestas negociações ~ é nosso. Ⓢ/同 Dénka no hōtō; okú nó te (+).

kirígírisu キリギリス【Zool.】A「fábula da」cigarra「e da formiga」. ⇨ kṓrogi; battá; semí.

kirihá 切り羽【Min.】Túneis de acesso às minas.

kirí-hánasu 切り離す (< kíru¹+…) **a**) Separar; **b**) Cortar「o fio ao meio」. *Kenri to gimu to wa kirihanashite kangaeru koto ga dekinai* 権利と義務とは切り離して考えることが出来ない Não se podem separar os direitos e os deveres. ★ *Ressha no kōbu ichi-ryō o ~* 列車の後部一両を切り離す Desengatar o último vagão do comboio[trem].

kirí-háráu 切り払う (< kíru¹+…) Cortar. ★ *Eda o ~* 枝を切り払う … os galhos. Ⓢ/同 Kirí-tóru.

kirí-híráku 切り開く (< kíru¹+…) **1**[開墾する]Desbravar; cultivar. ★ *Arechi o ~* 荒地を切り開く Cultivar a terra estéril; recuperar o deserto. Ⓢ/同 Kaíkón súrú (+). **2**[道を作る]Abrir caminho. ★ *Yama o kuzushite michi o ~* 山をくずして道を切り開く Cortar a montanha para fazer um caminho. **3**[困難をのりこえて進路を開く]Abrir caminho「na vida/num novo ramo de ciência」ultrapassando dificuldades. ★[切って口を開ける]Cortar「o saco de plástico」para abrir.

kirí-kábú 切り株 (< kíru¹+…) **a**) O toco「do eucalipto」; **b**)[穀物の]O restolho「do arroz」.

kirí-káe 切り替[換]え (< kirí-káéru) A troca; a mudança; a transferência. *Jidai no henka ni ōjita atama no ~ ga hitsuyō da* 時代の変化に応じた頭の切り替えが必要だ É necessário adaptarmo-nos[mudar cá na cabeça o registo] de acordo com a mudança dos tempos. ★ *Suitchi no ~* スイッチの切り替え A alavanca do interruptor「chave de ~」.

kirí-káeru 切り替[換]える (< kíru¹+…) Trocar; mudar「de canal」; transferir. ★ *Atarashii keieihōshin ni ~* 新しい経営方針に切り替える Mudar de política administrativa.

kirí-kákáru 切りかかる (< kíru¹+…) Atacar com arma branca. ⇨ osóu.

kirikiri (to) きりきり(と)【On.】**1**[てきぱきとするさま] ★ *~ hataraku* きりきり働く Trabalhar com diligência. **2**[非常な勢いで回るさま] ⇨ kúrukuru. **3**[強く巻くさま] ★ *~ hachimaki o suru* きりきり鉢巻をする Apertar bem[com toda a força]a faixa à volta da cabeça. **4**[鋭く痛むさま] *Hara ga ~ itamu* 腹がきりきり痛む Sentir uma dor aguda na barriga.

kirikirí-mai きりきり舞い O andar atarefado[numa roda-viva]. *Kyō wa kyū na kyaku ga atte ~ o saserareta* 今日は急な客があってきりきり舞いをさせられた Hoje andei muito atarefado[numa (grande) azáfama]porque de repente chegaram umas visitas. Ⓢ/同 Teńtékómai.

kirí-kízámu 切り刻む (< kíru¹+…) Picar[Cortar em pedacinhos]「carne/cebola」.

kirí-kizu 切り傷 (< kíru¹+…) O corte[golpe]「na cara」; a ferida; a incisão. ⇨ surí-kizu; tsukí-kizu; uchí-kizu.

kirikó 切り子[籠] A faceta「de vidro/de pedra preciosa」.

kirí-kōjō [kōo] 切り口上 (< kíru¹+…) A maneira de falar formal[sem graça]. ★ *~ de hanashi o suru* 切り口上で話をする Usar uma linguagem formal[seca].

kirí-kómu 切り込む (< kíru¹+…) **1**[物の中に深く刃物を入れて切る]Cortar fundo[muito]「bolo」. **2**[敵陣に切って入る]Romper a linha inimiga. **3**[するどく相手の弱点をついて問いつめる]【Fig.】Ir direc(c)to ao[Tocar o]ponto importante. *Kare wa aimai na ronten ni surudoku kirikonda* 彼はあいまいな論点に鋭く切り込んだ Ele atacou em cheio o nervo daquela confusa questão.

kirí-kórósu 切[斬]り殺す (< kíru¹+…) Matar com arma branca.

kirí-kuchi 切り口 (< kíru¹+…) O corte; a incisão「da crítica」. *Kono sakuhin wa tēma no ~ ga atarashii* この作品はテーマの切り口が新しい Esta obra emprega um método novo de tratar o tema.

kirí-kúzu 切り屑 (< kíru¹+…) As aparas[Os restos]「da madeira」.

kirí-kúzúsu 切り崩す (< kíru¹+…) Desfazer[Deitar abaixo]「o morro」. ★ *Hantaitō o ~* 反対党を切り崩す Derrotar o partido da oposição.

kirí-máwáshi 切り回し (< kirí-máwásu) O levar[tratar/cuidar]. Ⓢ/同 Yaríkuri (+). ⇨ kirí-mori.

kirí-máwásu 切り回す (< kíru¹+…) Gerir; administrar; lidar「com」; levar. ★ *Kaji o ~* 家事を切り回す Governar a「Tratar da(lida) da」casa.

kirí-mé 切り目 (< kíru¹+…) **1**[切った跡]O corte「na carne para assar bem」. **2**[物事の区切り]A pausa; o intervalo. ★ *~ o tsukeru* 切り目をつける Fazer uma ~ (no trabalho). Ⓢ/同 Kugíri (+).

kirí-mí 切り身 (< kíru¹+…) Uma posta「de peixe」;

um pedaço「de carne」.
kirí-mómí 錐揉み(<… [3]+momú) **1**［きりで穴をあけること］O furar com trado. **2**［飛行機の］O「fazer」parafuso「e cair」. ★ ~ *jōtai de tsuiraku suru* 錐揉み状態で墜落する「o avião」Cair, fazendo parafuso.
kirí-mori 切り盛り ⇨ kirí-máwáshí; yaríkuri.
kiríń 麒麟 **1**【Zool.】A girafa; *giraffa comelopardalis*. **2**［中国の想像上の動物の1つ］Um animal lendário chinês parecido ao Pégaso. **3**［すぐれた人物］「A criança」gé[ê]nio. ◇ **~ ji** 麒麟児 O menino [jovem] prodígio.
kirí-núkéru 切り抜ける (< kíru[1] + …) **a)** Evitar「o perigo」; **b)** Passar「o exame」; conseguir romper「pela multidão」; **c)** Superar. ★ *Nankyoku o* ~ 難局を切り抜ける Superar a crise.
kirí-núkí 切り抜き (< kirí-núku) O recorte. ★ *Shinbun no* ~ 新聞の切り抜き ~ de jornal. [S/同] Sukúráppu.
kirínúkí-chō 切り抜き帳［帖］O caderno [álbum] de recortes. [S/同] Sukúráppú búkku (+).
kirí-núku 切り抜く (< kíru[1] + …) Recortar. ★ *Maruku kirinuita shashin* 丸く切り抜いた写真 Uma foto recortada em redondo.
kirí-ótósu 切り落とす (< kíru[1] + …) Decepar; cortar「o ramo/as pontas da cenoura」; podar.
kirí-ságé 切り下げ (< kirí-ságéru)【Econ.】A desvalorização「da moeda」. [A/反] kirí-ágé.
kirí-ságéru 切り下げる **1**［切って下げる］Cortar. **2**【Econ.】Desvalorizar「o yen」.
kirí-sáínámu 切り苛む (< kíru[1] + …) Despedaçar. ★ *Mi o kirisainamareru omoi o suru* 身を切りさいなまれる思いをする Sentir o coração despedaçado.
kirísámé 霧雨 A chuva miudinha; a garoa [cacimba/o cacimbo]; o chuvisco. [S/同] Kosámé.
kiríshítan 切支丹 (< P. cristão)【H.】 **1**［宗教］A religião cristã. [S/同] Kirísútó-kyō (+). **2**［信者］O cristão [A cristã]. ◇ **~ bateren** 切支丹バテレン O padre católico. ⇨ shínpu[2].
Kirísútó キリスト・基督 (< P.) (Jesus) Cristo. ◇ **~ kōtansai** キリスト降誕祭 O Natal; o dia do nascimento de ~. [S/同] Iésu.
kirísútó-kyō キリスト教 A religião cristã; o ensino de Cristo; o cristianismo. ★ ~ *o shinjiru* キリスト教を信じる Ser cristão. ◇ **~ senkyōshi** キリスト教宣教師 O missionário cristão. [S/同] Yasó(kyō).
kirísútó-kyōto［óo］キリスト教徒 O cristão [A cristã]. [S/同] Kurísuchan. ⇨ kirísútó-kyō.
kirí-táósu 切り倒す (< kíru[1] + …) Derrubar.
kirí-tátsu 切り立つ (< kíru[1] + …) Alçar-se; levantar-se; erguer-se. ★ *Kiritatta gake* 切り立った崖 Um precipício abrupto. ⇨ sobíéru ◇.
kirítórí-séń 切り取り線 (< kirítóru + …) A linha picotada [ponteada]「do papel do exame」.
kirí-tóru 切り取る (< kíru[1] + …) Cortar「o ramo/papel」. ⇨ kirí-ótósu.
kirítsú[1] 起立 O levantar-se. ~ *rei* 起立礼（号令）Levantar! Cumprimentar! [Todos de pé! Vé[ê]nia!]. [A/反] Chakúsékí. ⇨ tátsu[1].
kirítsú[2] 規律 **1**［人の行為の規準となるもの］A disciplina; o regulamento. ★ ~ *ni hansuru* 規律に反する Ir [Ser] contra ~. ~ *o mamoru* 規律を守る Guardar ~. ~ *o midasu* [*tadasu*] 規律を乱す［正す］Perturbar [Impor] ~. [S/同] Hósókú; okíté. ⇨ kísoku[1]. **2**［秩序］A ordem. ★ ~ *tadashii seikatsu* 規律正しい生活 Uma vida regrada [bem regulada]. [S/同] Chítsujo.
kirí-tsúkéru 切りつける (< kíru[1] + …) **a)** Cortar; ferir; **b)** Esculpir [Gravar]「o nome no tronco da macieira」. *Totsuzen mishiranu otoko ni naifu de kao o kiritsuke rareta* 突然，見知らぬ男にナイフで顔を切りつけられた De repente, um desconhecido feriu-me [fez-me um golpe] na cara com uma faca.
kirí-tsúméru 切り詰める (< kíru[1] + …) **1**［切って短かくする］Encurtar. ★ *Zubon no suso o* ~ ズボンのすそを切り詰める ~ a bainha da calça. **2**［節約する］Economizar. ★ *Kiritsumeta seikatsu* [*shokuji*] *o suru* 切り詰めた生活［食事］をする Levar uma vida [Fazer uma refeição] frugal. [S/同] Keń'yákú súrú (+); setsúyákú súrú (o). [A/反] Mudázúkai suru; rōhí súrú.
kiríttó きりっと Com firmeza [clareza/aprumo/força]. ★ ~ *sawayaka na aji* きりっとさわやかな味 O gosto forte e agradável「desta fruta」.
kirí-úrí 切り売り **1**［求めに応じて少しずつ切って売ること］O vender aos pedaços. ★ *Hatake o* ~ *suru* 畑を切り売りする Vender「metade/um quarto」do campo [terreno de cultivo]. **2**［断片的に知識の一部を引き抜いて著述・講演などすること］Dar conferências, etc. para ganhar dinheiro. ★ *Gakumon no* ~ *o suru* 学問の切り売りをする Vender pedaços de ciência.
kirízúmá 切り妻【Arqui.】O frontão; a empena. ◇ **~ yane** 切り妻屋根 O telhado de duas águas.
kíro[1] キロ **1**［Abrev. de ⇨ "kiró-mētoru"］O quiló[ô]metro. **2**［Abrev. de ⇨ "kiró-gúramu"］O quilograma. **3**［千の意味］Mil (Mil gramas = um quilograma).
kíro[2] 岐路【E.】A encruzilhada; o cruzamento; a bifurcação. ★ *Jinsei no* ~ *ni tatsu* 人生の岐路に立つ Estar numa (grande) encruzilhada da vida. [S/同] Wakáré-michi.
kíro[3] 帰路【E.】O caminho de volta. ★ ~ *ni tsuku* 帰路に就く Voltar; regressar. [S/同] Kaérí-michi (+); kíto.
kiró-gúramu キログラム O quilo(grama) [Kg].
kirókú 記録 **1**［記録したもの］O regist(r)o; a minuta; a anotação; a ficha; o arquivo. ★ ~ *ni aru* 記録にある Constar [Estar] no ~. ~ *ni* [*to shite*] *nokosu* 記録に［として］残す Deixar regist(r)ado. ~ *suru* 記録する Regist(r)ar; anotar. ◇ **~ eiga** 記録映画 Um (filme) documentário. **2**［競技等の結果］O recorde. ★ ~ *o kōshin suru* 記録を更新する Bater ~. ◇ **Jiko saikō ~** 自己最高記録 O seu melhor recorde ~. **Sekai ~ hojisha** 世界記録保持者 Detentor do ~ mundial. **Sekai shin ~** 世界新記録 O novo ~ mundial. [S/同] Rekōdo.
kirókú-gákari 記録係 (<… + kákari) **a)** O arquivista; **b)** O cronista「da viagem」; **c)** O marcador「dos pontos do jogo」; **d)** O assistente do cineasta.
kirókú-kéí 記録計 A máquina regist(r)adora.
kirókú-tékí 記録的 Recorde; sem precedentes. *Kotoshi no atsusa wa* ~ *da* 今年の暑さは記録的だ O calor deste ano é um calor ~.
kirókú-yáburi 記録破り (<… + yabúru) O bater o recorde. ★ ~ *no uryō* 記録破りの雨量 A chuva [precipitação pluviométrica] recorde.
kiró-mḗtoru［ée］キロメートル O quiló[ô]metro.
kíru[1] 切［斬］る **1**［刃物等で切断したり，傷つけたりする］Cortar. ★ *Fū o* ~ 封を切る Abrir o envelope [a

kirú² carta」. *Hanbun ni kitta meron* 半分に切ったメロン O melão cortado ao meio. *Kippu o* ~ 切符を切る Picotar [Furar] o bilhete. *Tsume o* ~ 爪を切る ~ as unhas. ⇨ setsúdán; tátsu⁴. **2**【関係を断つ】Cortar relações「com」. ★ *Kitte mo kirenai naka* 切って も切れない仲 Ser「amigos」inseparáveis. *En o* ~ 縁を切る Cortar relações「com」. **3**【破ってそこなう】Romper. ★ *Tsutsumi o* ~ 堤を切る ~ o dique. S/同 Kowásu (+). **4**【続いている行為を途絶えさせる】Cortar. ★ *Denwa o* ~ 電話を切る Desligar [cortar] o telefone. ⇨ tomérú¹; yamérú¹. **5**【ある行動・動作を最初に起こす】Começar. ★ *Kuchi o* ~ 口を切る ~ a falar. *Kuchi-bi o* ~ 口火を切る Começar「a partida」; iniciar. *Sutāto o* ~ スタートを切る「a partida」. **6**【トランプやかるたをよくまぜる】(Em)baralhar. **7**【(ある数量を)下回る】Ser abaixo「do peso」. *Hyaku-mētoru kyōsō de jūbyō o* ~ 100 m 競走 で10秒を切る Correr os「Fazer a corrida dos」cem metros em menos de dez segundos. S/同 Shitámáwaru. **8**【手形・小切手を】Assinar [Passar]. ★ *Tegata [Kogitte] o* ~ 手形【小切手】を切る ~ a letra [um cheque]. **9**【期限を定める】Fixar um prazo limite. ★ *Nichigen o* ~ 日限を切る Fixar a data limite. S/同 Sadáméru (+). **10**【水分や油分を取る】Escorrer a água [Secar]. *Yasai wa aratte kara mizuke o yoku kitte kudasai* 野菜は洗ってから水気をよく切ってください Lave as verduras e deixe-as escorrer bem. ⇨ shibóru. **11**【周囲の物を切り開くようにして勢いよく進む】Abrir caminho. ★ *Kaze o kitte hashiru* 風を切って走る Correr [~] contra o vento. **12**【批評する】Criticar. ★ *Oshoku-jiken o* ~ 汚職事件を切る Denunciar [~] um caso de corrupção. S/同 Híhan suru (+). **13**【ある決まったきわだったしぐさをする】Fazer. ★ *Jūji o* ~ 十字を切る ~ o sinal da cruz. *Mie o* ~ 見得を切る Assumir uma postura vistosa. **14**【方向を変えるようにする】Virar. ★ *Handoru o migi ni* ~ ハンドルを右に切る Girar [~] o volante para a direita. **15**【作る】Fazer cortando. ★ *Neji o* ~ ねじを切る Fazer um parafuso com a tarraxa.

kirú² 着る **1**【身につける】Vestir「a camisa」; usar; pôr. ★ *Kenryoku o kasa ni* ~ 権力を笠に着る Usar [fazer valer] a sua autoridade. S/同 Núgu. ⇨ hakú². **2**【身に受ける；身に負う】Ser acusado「de」; assumir. *Nureginu o* ~ 濡れ衣を着る Ser acusado de um crime que não cometeu. ⇨ nuré-gínu. *On ni* ~ 恩に着る Sentir-se [Ficar] grato. *Tsumi o* ~ 罪を着る Assumir o crime. S/同 Ukéru; kabúru.

-kiru³ 切る **1**【完全に何かをする】Completar; acabar. *Kare wa hito kara tanomareru to kotowari-kirenai* 彼は人から頼まれると断りきれない Ele não sabe dizer não [recusar um pedido]. ★ *Tsukare* ~ 疲れ切る Ficar (completamente) exausto. *Yomi* ~ 読み切る Ler tudo. **2**【はっきりと何かをする】Fazer algo de uma maneira decidida. ★ *Ii* ~ 言い切る Dizer com absoluta certeza; declarar. ⇨ dańtéí.

kíruku キルク ⇨ kóruku.

kírutingu キルティング (< Ing. quilting) O acolchoado.

kiryáku 機略【E.】O dom [dote]; a esperteza. ~ *ni tomu* [= *jūō de aru*] 機略に富む [機略縦横である] Ser「homem」de grandes dotes [Ter muita inventiva]. S/同 Kíchi (+).

kíryō 器量 **1**【容色】A fisionomia; as feições do rosto; a aparência. *Kanojo wa* ~ *yoshi da [ga yoi]* 彼女は器量よしだ[がよい] Ela tem uma boa aparência [é bonita]. S/同 Kaódáchí; mimé; yóbō; yōshi. **2**【才能】A capacidade; o talento [calibre] 「para professor」. ★ *Hito no ue ni tatsu* ~ 人の上に立つ器量「o homem com」~ para ser chefe [líder]. S/同 Saíkakú; saínō (+). ⇨ utsúwá. **3**【面目；評価】O crédito. ★ ~ *o ageru [sageru]* 器量を上げる [下げる] Ganhar [Perder] ~. ⇨ hyōká¹; meńmókú.

kiryō-jin [óo] 器量人 Uma pessoa de grande capacidade [talento]. ⇨ kíryō.

kiryúsha 気力【E.】A energia; o vigor; a vitalidade; **b**) A força de vontade. ★ ~ *ga aru [nai]* 気力がある [ない] Ter vigor [~]. ~ *ga [ni] kakeru* 気力が[に] 欠ける Faltar ~. ~ *o ushinau* 気力を失う Perder o vigor [~]. S/同 Génki; íki; końkí.

kíryū¹ 気流【Met.】A corrente atmosférica. ◇ **Aku** ~ 悪気流 O poço de ar. **Jōshō** ~ 上昇気流 ~ ascendente. **Ran** ~ 乱気流 A turbulência.

kíryū² 寄留 O domicílio [A residência] temporário[a]. ◇ ~ **chi** 寄留地 O local de ~.

kiryú-sha [úu] 寄留者 O residente temporário.

kisáí¹ 記載 A menção [O estar escrito] 「nos jornais」. ★ ~ *suru* 記載する Escrever. ◇ ~ **jiko** 記載事項 Itens mencionados. S/同 Keísaí.

kisáí² 起債 O emitir obrigações [títulos].

kisáí³ 既済 Já resolvido [pago]. A/反 Misáí.

kísaki 后【E.】A imperatriz [rainha]. ⇨ joó.

kisákú¹ 気さく O ser aberto [franco; simpático]. ★ ~ *na hito* 気さくな人 Uma pessoa franca. ~ *ni hanashikakeru* 気さくに話しかける Falar com franqueza [simplicidade]. S/同 ki-gárú; sappári; ki¹.

kisákú² 奇策【E.】Uma estratégia engenhosa [hábil; astuta]. S/同 Kikéí; kiryákú; kí⁹.

kisámá 貴様【G.】Tu; você. S/同 Omáé; anáta¹.

kisán 起算 O início da contagem. ★ ~ *suru* 起算する (Começar a) contar「a partir do dia 7」. ◇ ~ **ten** 起算点 O ponto inicial da contagem.

kiséí¹ 気勢 O ardor; o ânimo; o entusiasmo. ~ *ga agaru* 気勢が上がる Ficar entusiasmado. ~ *o ageru* 気勢を上げる Entusiasmar. ~ *o sogu* 気勢をそぐ Desanimar. S/同 Iséí (+). ⇨ kí¹.

kiséí² 奇声 Uma voz estranha. ★ ~ *o ageru [hassuru]* 奇声を上げる [発する] Emitir ~.

kiséí³ 既成 O estar já feito; consumado; existente; aceite. ★ ~ *no jijitsu* 既成の事実 O fa(c)to consumado. ◇ ~ **gainen** 既成概念 A ideia feita [estereotipada]. ~ **sakka** 既成作家 Um autor aceite [conceituado].

kiséí⁴ 帰省 O ir「de férias」a terra.

kiséí⁵ 既製 O estar já feito. ◇ ~ **fuku** 既製服 A roupa feita [O pronto a vestir]. ⇨ ~ **hin**. S/同 Dekiáí; redímédo.

kiséí⁶ 規制 A regulamentação; o controle[o]. ★ ~ *suru* 規制する Regula(menta)r; controlar. ◇ **Jishu** ~ 自主規制 O controle voluntário. **Kōtsū** ~ 交通規制 ~ do tráfico.

kiséí⁷ 寄生【Biol.】O parasitismo. ◇ ⇨ ~ **chū**. ~ **dōbutsu [shokubutsu]** 寄生動物【植物】Um (animal [A planta]) parasita. A/反 Kyōséí. **2** [自分は働かず, 他人の金銭や働きによって生活するこ

と】【Fig.】O parasita. ★ ～ *suru* 寄生する Ser ～; viver à custa alheia [dos outros].
kiséi⁸ 期成 O plano de a(c)ção.
kiséi-chú 寄生虫【Zool.】Um (inse(c)to) parasita. ◇ ～ **byō** 寄生虫病 A verminose. ⇨ kiséi⁷.
kiséi-hín 既製品 (< kiséi⁷) O artigo feito [pronto].
kiséki² 奇跡 [蹟] O milagre/prodígio. ◇ ～ **teki** 奇跡的 Milagroso [Miraculoso].
kiséki² 軌跡 **1**【Mat.】O lugar geométrico. ★ ～ *o motomeru* 軌跡を求める Procurar ～. **2**［ある物事にたどってきた跡］As pegadas「da vida do herói」. ★ *Kokoro no* ～ 心の軌跡 O percurso espiritual. **3**［車の輪が通った跡］O rast(r)o de carro; a rodeira.
kiséki³ 鬼籍【Bud.】O número [rol] dos mortos. ★ ～ *ni iru* 鬼籍に入る Morrer. Ⓢ⃝囘 Kakóchō (+); kíbo.
kisén¹ 汽船 O navio (a vapor). ◇ **Kamotsu** ～ 貨物汽船 O navio de carga.
kisén² 貴賎 A nobreza e a plebe. ★ ～ *no betsu naku* [～ *o towazu*] 貴賎の別なく [貴賎を問わず] Sem qualquer distinção. *Shokugyō ni* ～ *nashi* 職業に貴賎なし Todas as ocupações são honrosas.
kisén³ 機船 (Abrev. de "hatsúdō ki-sen") O barco a motor.
kisérú¹ キセル・煙管 (< Cambojano khsier: "cano") **1**［たばこの］O cachimbo. **2**［キセル乗車］O tomar o comboio [trem] pagando somente o primeiro e o último trecho da viagem; o não pagar o bilhete. ⇨ muchíń(+); tadánóri.
kisérú² 着［被］せる (< kirú²) **1**［衣類を］Vestir「a」[Pôr「cobertor」por cima da「criança」]. ★ *Ningyō ni kimono o* ～ 人形に着物を着せる Vestir a [Pôr um vestido à] boneca. **2**［罪等を負わせる］**a)** Culpar; imputar; deitar; **b)** Impor「uma obrigação」. *Hito ni tsumi o* ～ 人に罪を着せる Deitar a culpa a outrem [aos outros]. Ⓢ⃝囘 Kōmúráséru; owáséru¹.
kisétsu¹ 季節 A estação (do ano). ★ ～ *hazure no* 季節はずれの Fora de ～. *Sakura no* ～ 桜の季節 [época] das cerejeiras em flor. ◇ ～ **fū[kan; mono]**. ～ **rōdōsha** 季節労働者 O travalhador sazonal. Ⓢ⃝囘 Jísetsu; shízun.
kisétsú² 既設【E.】Existente [Em operação].
kisétsú-fū 季節風【Met.】A monção. Ⓢ⃝囘 Mońsūn. ⇨ kífū¹.
kisétsu-kan 季節感 O sentido [sentimento/gosto/ambiente] da estação.
kisétsú-monó 季節物 As frutas, etc., da estação.
kishá¹ 汽車 O comboio [trem] a vapor. ⇨ dénsha; kikánsha; resshá.
kisha² 記者 O jornalista; o repórter. ◇ ～ **kaiken** 記者会見 Uma entrevista com [aos] jornalistas. ～ **kurabu** 記者クラブ O clube de imprensa. ～ **shitsu** 記者室 A sala de imprensa. **Jiken** ～ 事件記者 O repórter criminal. **Undō [Supōtsu]** ～ 運動 [スポーツ] 記者 O ～ d(esp)ortivo.
kisha³ 貴社【E.】A empresa de V. Exa.; a sua empresa. Ⓢ⃝囘 Ońsha.
kishá⁴ 喜捨【Bud.】Uma esmola. ★ ～ *suru* 喜捨する Dar ～. Ⓢ⃝囘 Kishíń (+). ⇨ kífu¹.
kisha-chin 汽車賃 ⇨ dénsha. ⇨ chíń.
kishákú 希［稀］釈【Fís.】A diluição. ★ ～ *suru* 希釈する Diluir.
kisha-poppo 汽車ぽっぽ【Infa.】Um comboio [trenzinho] (Brinquedo).
kishi¹ 岸 A margem (Rio); a costa (Mar); a beira (Rio/Mar); o litoral (Mar). ★ ～ *kara*［*o*］*hanareru* [*tōzakaru*] 岸から [を] 離れる [遠ざかる] Afastar-se da ～.
kíshi² 騎士 **1**［馬上の人］O cavaleiro. Ⓢ⃝囘 Kíshu¹ (+). **2**［ヨーロッパ中世における武士の階級の一つ］O cavaleiro da Idade Média. ◇ ～ **seishin** 騎士精神 ⇨ kishí-dō.
kíshi³ 棋士 O jogador profissional de gô ou "shōgi".
kishi⁴ 貴紙【E.】O seu jornal; a revista de V. Exas. [dos senhores].
kíshi⁵ 旗幟【E.】**1**［旗じるし］A bandeira; o pavilhão; o estandarte. Ⓢ⃝囘 Hatá-jírushi (+); nobóri (o). **2**［ある物事に対して示す，その人の態度・主張］A atitude; a posição [plataforma] do Partido」. ★ ～ *o senmei ni suru* 旗幟を鮮明にする Definir claramente a sua ～.
kishíbe 岸辺 A beira da água. ⇨ kishí¹.
kishí-dō 騎士道【A.】O ideal de cavalaria. Ⓢ⃝囘 Kishí-séishin. ⇨ bushí-dō.
kíshi-kaisei 起死回生【E.】O ser「toque」mágico [milagroso]. *Jikan girigiri no tokoro de Pere ga* ～ *no shūto o kimeta* 時間ぎりぎりのところでペレが起死回生のシュートを決めた No momento final Pelé marcou o gol(o) decisivo.
kíshikishi (to) きしきし (と)【On.】 *Kono rōka wa furui no de aruku to* ～ *naru* [*oto ga suru*] この廊下は古いので歩くときしきし鳴る [音がする] Este corredor é velho e range (muito, ao passar). Ⓢ⃝囘 Míshimishi. ⇨ kishímu.
kishímu 軋む Ranger. Ⓢ⃝囘 Kíshiru.
kishín¹ 寄進 A oferenda; o donativo. ★ ～ *suru* 寄進する Fazer um/a ～. Ⓢ⃝囘 Hōnō; kishá⁴. ⇨ kífu¹.
kishín² 帰心【E.】A vontade de voltar para casa [a terra natal]. 「/慣用」 ～ *ya no gotoshi* 帰心矢のごとし「ele tinha」A ânsia de voltar imediatamente…
kishín³ 鬼神【E.】**1**［天地万有の霊魂，または神々］ As divindades (vingativas). 「ことわざ」 *Danjite okonaeba* ～ *mo kore o saku* 断じて行えば鬼神もこれを避く Uma resolução firme espanta até ～. **2**［化け物］ O fantasma; a alma penada. Ⓢ⃝囘 Bakémóno (o); hénge (+); yōkái (+).
kishiru 軋る Ranger. Ⓢ⃝囘 Kishímu.
kishítsú 気質 O temperamento. Ⓢ⃝囘 Katági; kídaté; kishí¹. ⇨ seíkákú².
kishō¹ 気性 O temperamento; a índole. ★ ～ *no hageshii hito* 気性の激しい人 Uma pessoa de ～ violento[a]. Ⓢ⃝囘 Kídaté; kishítsú.
kishō² 気象 A meteorologia; o tempo. ★ ～ *no kansoku suru* 気象を観測する Fazer observações meteorológicas. ◇ ～**chō [dai; gaku(sha)]**. ～ **genshō** 気象現象 O fenó(ô)meno atmosférico. ～ **kansoku eisei** 気象観測衛星 O satélite para observação meteorológica. ～ **keihō** 気象警報 O alarme meteorológico. ～ **yohō** 気象予報 O boletim [A previsão] meteorológico[a]. ⇨ kíkō¹; ténki¹.
kishō³ 起床【E.】O levantar. ★ ～ *suru* 起床する Levantar-se (da cama). Ⓢ⃝囘 Okíru. ⇨囚 Shūshō.
kishō⁴ 記［徽］章 O emblema; a insígnia; a medalha. ⇨ erishō; kuńshō.
kishō⁵ 希【E.】A raridade. ◇ ～ **kachi** 希少価値 O valor da ～ [por ser raro].
kishō⁶ 奇勝【E.】**1**［美しい景色］O panorama bonito. **2**［思いがけない勝利］Uma vitória inespera-

da. ⇨ shóri.
Kishó-chō [shóo] 気象庁 O Instituto Nacional de Meteorologia.
kishó-dái 気象台 O observatório meteorológico.
kishó-gaku [óo] 気象学 A meteorologia.
kishó-gákusha 気象学者 O meteorologista.
kishokú¹ 気色 **1**[ある物に対する感じ・気分] O humor. ★ ~ ga warui 気色が悪い「Fico de mau」[Sinto náusea]「ao vê-lo」. ⇨ kañjí¹; kíbun¹. **2**[心の中の考えや感情が表れた顔つき] A cara; o humor. ★ ~ o ukagau 気色をうかがう Ver com que ~ está. S/同 Kaóíró (+); omómóchí.
kishokú² 寄食 O ser parasita [chupista/explorador]. S/同 Isőrő (+).
kishokú³ 喜色 [E.] O aspecto alegre [agradável]. ◇ ~ manmen 喜色満面「estar」Radiante de alegria.
ki-shó-tén-kétsú 起承転結 [E.] **a)** A composição estruturada de poesia chinesa; **b)** O escrever com ordem (Princípio, meio e fim).
kíshu¹ 騎手 O cavaleiro; o jóquei. S/同 Jókkí; kíshí².
kíshu² 旗手 **1**[旗持ち] O porta-bandeira. S/同 Hatá-móchí. **2**[ある物事や運動の代表として先頭に立つ人] [Fig.] O chefe; a cabeça. ★ *Shizenshugi-undō no* ~ 自然主義運動の旗手 ~ do movimento naturalista.
kíshu³ 機首 O focinho [A frente] do avião. ★ ~ *o ageru* [*sageru*] 機首を上げる[下げる] O avião「começa a」subir [baixar].
kíshu⁴ 機種 O tipo de avião ou de máquina.
kishū¹ 奇習 O costume estranho [raro]. ⇨ fúshū; kī⁰; shūkufi¹.
kishū² 奇襲 O ataque repentino [de surpresa]. ★ ~ *suru* [*o kakeru*] 奇襲する[をかける] Atacar de surpresa [de repente]. ◇ ~ kōgeki 奇襲攻撃 O ataque repentino [de surpresa]. S/同 Fuí-úchí (+).
kishúkú 寄宿 O viver num pensionato [internato]. ★ ~ *suru* 寄宿する Ser pensionista. S/同 Kigú. ⇨ geshukú.
kishúkú-sei 寄宿生 O (aluno) interno; o pensionista.
kishúkú-sha 寄宿舎 O pensionato [internato].
kíso¹ 基礎 **1**[土台] [Arqui.] O alicerce. ◇ ~ kōji 基礎工事 A construção dos ~s. S/同 Dodáí; ishízúé. **2**[基本] A base; o fundamento. ★ ~ *kara manabu* 基礎から学ぶ Aprender desde a base. *Gakumon no* ~ *o katameru* 学問の基礎を固める Procurar ter uma boa base científica. ◇ ~ chishiki 基礎知識 O conhecimento básico. ~ gakka 基礎学科 O curso básico. ~ gakuryoku 基礎学力 O conhecimento básico escolar. ~ kōjogaku 基礎控除額 [Dir.] A dedução básica no imposto de renda. ~ taisha 基礎代謝 O metabolismo basal. S/同 Kibáñ; końpóñ; końtéí; motóí.
kíso² 起訴 O processo; a acusação; a indiciação. ★ ~ *suru* 起訴する Processar; acusar; indiciar [*Shūwai de* ~ *sareru* 収賄で起訴される Ser indiciado por suborno]. S/反 Fu-kíso.
kisó¹ 起草 A reda(c)ção; a elaboração. ★ *Hōan o* ~ *suru* 法案を起草する Elaborar uma proposta [um proje(c)to de lei].
kisó² [óo] 奇想 [E.] Uma ideia fantástica [original]. ★ ~ *tengai na* 奇想天外な Muito original.
ki-sóba 生蕎麦 ⇨ sóba².

kisó-hónnō 帰巣本能 O instinto「das andorinhas/pombas」de voltar ao ninho.
kisói-áu 競い合う (< kisóu + …) Competir (uns com os outros); disputar「a melhor nota」.
kisó-jō 起訴状 [Dir.] A acusação formal. ⇨ kíso².
kísoku¹ 規則 **1**[きまり] As regras; o regulamento. ★ ~ *ni shitagau* 規則に従う Cumprir [Guardar] ~. ~ *o aratameru* 規則を改める Mudar ~. ~ *o mamoru* 規則を守る Cumprir ~. ~ *o sadameru* 規則を定める Estabelecer [Fazer] um [umas] ~. ~ *o yaburu* 規則を破る Violar [Infringir] ~. ◇ ~ dōshi 規則動詞 [Gram.] O verbo regular. ~ ihan 規則違反 A violação do/as [Ser contra as/o] ~. ~ teki. S/同 Kimárí; rúru. **2**[一定の法則・秩序] A lei; a norma; o critério. ★ ~ *tadashii* 規則正しい Ordenado; sistemático; metódico [~ *tadashii seikatsu o okuru* 規則正しい生活を送る Levar uma vida regular]. ◇ **Fu** ~ 不規則 A irregularidade.
kísoku² 気息 A respiração; o fôlego. ★ ~ *en'en to shite iru* 気息奄々としている Estar「o doente/a empresa」sem ~「nas últimas」. S/同 Íki (o); kokyú (+).
kisóku-téki 規則的 Regular; metódico; sistemático; sempre. ★ *Yasumi-jikan o* ~ *ni toru* 休み時間を規則的にとる Fazer sempre um descanso [intervalo]; ter [tirar] sempre um tempo para descansar.
kisón¹ 毀損 [E.] **1**[名誉・信用などを傷つけること] A difamação. ★ ~ *suru* 毀損する Difamar. ◇ **Meiyo** ~ 名誉毀損 ~ do「O ferir o」bom nome. **2**[破損] O dano [estrago]. ★ ~ *suru* 毀損する Causar dano(s); danificar. S/同 Hasóñ (+).
kisón² 既存 [E.] Existente [A(c)tual].
kisó-sha [óo] 起草者 O reda(c)tor. ⇨ kisó¹.
kisó-téki 基礎的 Fundamental; básico. ★ ~ *na chishiki* 基礎的な知識 Os conhecimentos básicos.
kisóu 競う Competir; desafiar. ★ *Waza o* ~ 技を競う Desafiar alguém em habilidades [truques]. S/同 Arásóu (+); harí-áu; kyōō súrú (o).
kissá 喫茶 O tomar chá. ◇ ~ shítsu [ten].
kissákí 切っ先 A ponta afiada「da espada」. ⇨ ha-sákí.
kissá-shítsu 喫茶室 A salinha de bebidas [O salão (zinho)] (particular). ⇨ chashítsú.
kissá-ten 喫茶店 O café; o salão de chá.
kissō 吉相 [E.] **1**[良い事がある前兆] O bom presságio [augúrio]. **2**[良い人相] A boa fisionomia. ★ ~ *no hito* 吉相の人 A pessoa bem-parecida [de ~]. S/同 Fukusō.
kíssu キッス ⇨ kísu¹.
kissúí 生っ粋 [E.] O que é genuíno [puro; autêntico]「"edokko"」. Haé-núkí; juñsúí (+).
kissúí² 喫[吃] 水 O calado (do navio). ◇ ~ sen 喫水線 A linha de flutuação.
kissúrú 喫する **1**[飲む; 食べる; たばこをすう] **a)** Tomar (bebida ou comida); **b)** Fumar. ★ *Cha o* ~ 茶を喫する Tomar [Beber] chá. ~ nómu¹; suú¹; suú¹; tabéru. **2**[良くないことを受ける・こうむる] Sofrer; levar. ★ *Haiboku o* ~ 敗北を喫する ~ uma derrota. ⇨ kōmúru; ukéru.
kísu¹ キス (< Ing. kiss) O beijo. ★ ~ (*o*) *suru* キス(を)する Beijar. ◇ **Nage** ~ 投げキス O mandar um ~ com a mão. S/同 Seppúñ (+); kuchí-zúké.
kísu² 鱚 [Zool.] O badejo; *sillago japonica*.
kisū¹ [úu] 奇数 Um número ímpar (1,3,5 …).

【A/反】Gúsū.

kisū² 【úu】基数 Os números cardinais (1,2,3 …). ⇨ josū¹.

kisū³ 帰趨【E.】**a)** A tendência「da opinião pública」; **b)** A consequência; o resultado「foi a divisão do partido」.

kisúge 黄菅【Bot.】Um lírio amarelo.

kisū-hó 記数法 A notação; o sistema de numeração.

kisúru¹ 帰する【E.】**1**［最終的にある結果に落ちつく］Terminar「em」; ficar reduzido a; resultar「em」. ★ *Suihō ni* ~ 水泡に帰する Ir (tudo) por água abaixo; dar em águas de bacalhau. **2**［責任・原因などを負わせる］Atribuir [Imputar]「a」. ★ *Tsumi o tanin ni* ~ 罪を他人に帰する o crime a outra pessoa. **3**［落ちる］Reverter; cair [vir ter]. *Shōri wa wareware no te ni kishita* 勝利は我々の手に帰した A vitória foi nossa.

kisúru² 期する【E.】**1**［期待する］Esperar; contar com. *Kisezu shite keikaku wa umaku hakonda* 期せずして計画はうまく運んだ Ao contrário do [Contra o] que se esperava, o plano saiu bem. 【S/同】Kitái súrú (+). **2**［ある事を行う期限や時期を決める］Fixar [Marcar]「o prazo」. ★ *Getsumatsu o kishite nōkin suru* 月末を期して納金する Marcar o fim do mês para o pagamento. **3**［あることをなしとげようと前もって決意する］Decidir. *Kare wa shinchū fukaku tokoro ga aru rashii* 彼は心中深く期するところがあるらしい Ele parece estar firmemente decidido「a cumprir o seu propósito」. **4**［必ず実現するつもりで約束する］Esperar por algo que certamente se vai realizar; decidir. *Futari wa saikai o kishite wakareta* 二人は再会を期して別れた Os dois despediram-se, com a certeza de que um dia se iam encontrar de novo.

kisúru³ 記する【E.】⇨ shirúsu¹.

kitá 北 O norte. ◇ ~ *kaze* 北風 O vento norte.
⇨ Mínamí.

Kitá Chósén 北朝鮮 A Coreia do Norte. ⇨ Kánkoku².

kitáé-ágéru 鍛え上げる (< kitáéru + …) Fortalecer; treinar; exercitar.

kitáéru 鍛える **1**［刀剣類を製作する］Temperar; forjar. **2**［訓練して強くする］Adestrar; treinar. ★ *Karada o* ~ 体を鍛える Adestrar-se; pôr-se em forma. 【S/同】Kúnren suru.

kitá-gáwá 北側 (< … + kawá) O (lado) norte.

kitái¹ 期待 A expectativa [esperança]. ★ ~ *dekiru* 期待出来る Ser possível. ~ *dōri ni* 期待通りに Como se esperava. ~ *ni hanshite* 期待に反して Contra (toda). ~ *ni kotaeru* 期待に応える Corresponder à ~. ~ *o uragiru* 期待を裏切る Falhar; desiludir. ~ *suru* 期待する Esperar; contar com. ◇ ~ *hazure* 期待外れ A desilusão (dece(p)ção). ~ *nozomí*; *shokúbō*; *yōbō*¹.

kitái² 気体 O gás [corpo gasoso]. ◇ ~ *nenryō* 気体燃料 O combustível gasoso. 【S/同】Gásu.

kitái³ 機体 O corpo d(a) máquina; a fuselagem (do avião). ◇ ~ *dótai*¹; shatái.

kitái⁴ 奇態【G.】O que é raro [esquisito; estranho]. 【S/同】Fushígí (o); kímyō (+).

kitái⁵ 危殆【E.】 ⇨ kikén¹; kíki¹.

ki-táke 着丈 (< kirú² + …) A「minha」medida (da roupa).

kitákíri-súzume 着た切り雀【G.】O ter só a roupa do corpo. *Sensō-chū wa dare mo ga* ~ *datta* 戦争中は誰もが着た切り雀だった No tempo da guerra a gente só tinha a roupa que trazia vestida.

kitákú¹ 帰宅 O voltar para casa. ★ ~ *suru* 帰宅する Voltar… 【S/同】*jikan* 帰宅時間 A hora de ….

kitákú² 寄託 A consignação; o depósito; a caução.

kita-mákura 北枕 O dormir com a cabeça para o norte.

kitá-múkí 北向き (< … + mukú) O estar voltado para o norte.

kitán 忌憚【E.】⇨ eńryó.

kitánái 汚い **1**［よごれた］Sujo; porco. ★ ~ *fukusō [minari] no shite iru* 汚い服装［身なり］をしている Estar com o fato (todo) sujo. *Kitanaku naru* 汚くなる Ficar ~; sujar-se. 【S/同】Kírei na. ~ [yo-kétsú]; yo-góréru. **2**［正しい形式からはずれて不快な感じを与える］Feio. ★ ~ *ji* 汚い字 A letra feia. 【A/反】Kírei na. **3**［卑劣な］Indecente;「negócio」sujo. *Kare wa shōbu ni* ~ 彼は勝負に汚い Ele faz jogo sujo (baixo). 【S/同】Hirétsú ná; iyáshíi. **4**［お金を惜しむようす］Mesquinho; avaro; agarrado. *Anna kane ni yatsu wa yome mita koto ga nai* あんな金に汚いやつは見たことがない Nunca vi (um) sujeito tão ~ como ele. **5**［下品なようす］Grosseiro; baixo; obsceno. ~ *kotoba* 汚い言葉 A palavra ~.

kitánáráshíi 汚らしい【G.】 ⇨ kitánái.

kitara きたら (< kuru) Quando se trata de…. *Haha wa o-kashi to* ~ *me ga nai* 母はお菓子ときたら目がない Minha mãe é louca por doces.

kitáru 来たる【E.】Vir. *Mazā Teresa tsui ni Nihon ni* ~ マザーテレサついに日本に来たる Finalmente a Madre Teresa vem [vai vir] ao J.
【S/同】Kúru (o); yatté kúru (+).

kitáru² 来たる Próximo [Que vem]. ★ ~ *ichigatsu tō-ka* 来たる1月10日 No próximo dia 10 de janeiro. 【S/同】Jíkai no (+); tsugí no (o).

kitásu 来たす (< kuru) **1**【E.】Causar; trazer. *Kōtsū sutoraiki wa kokumin no seikatsu ni ōkina shishō o kitashita* 交通ストライキは国民の生活に大きな支障を来たした A greve dos transportes causou grande transtorno às pessoas. 【S/同】Manéku; motárasu.

kita-táiséiyō 北大西洋 O Atlântico Norte. ◇ ~ *jōyaku kikō* 北大西洋条約機構 A OTAN [Organização do Tratado do ~].

kitáte no 来立ての (< kúru + -taté) Recém-chegado「de Lisboa」.

kítchíri きっちり **1**［ある数量・時刻などにちょうど合って過不足のないように］Exa(c)tamente; mesmo. ★ *Yakusoku no jikan* ~ *ni kuru* 約束の時間きっちりに来る Chegar ~ à hora marcada. 【S/同】Chōdō (+); kakkíri; kikkári. **2**［すきまなく合うように］Perfeitamente; hermeticamente「fechado」. ★ ~ *atta futa* きっちり合ったふた A tampa que ajusta ~. 【S/同】Pittári (+).

kítcho 吉兆【E.】（sinal de) bom agoiro. ★ ~ *ga arawareru* 吉兆が現れる Aparecer um ~.
【S/同】Kissō; zuísō. ~ Kyōchō.

kítchu キッチュ (< Al. kitsch: juntar tudo) Uma coisa falsificada [imitada/barata/só para vista]. ⇨ magái.

kitéí¹ 規定 **1**［きまり］O regulamento「da escola」; as regras [normas]; as estipulações. ★ ~ *ni hansuru* 規定に反する Violar [Ser contra] ~. ~ *ni shitagau* 規定に従う Cumprir ~. ◇ ~ *ryōkin* 規定

料金 O preço [A taxa] estipulado[a]. **~ shumoku** 規定種目 As modalidades obrigatórias「de ginástica」. [S/同] Kimárí; okíté; sadámé. **2** [溶液１リットル中に含まれている溶質のグラム当量数] A unidade de densidade de uma solução química. **3** [条件などを決定づけること] O dar um valor. ★ ~ *suru* 規定する Mandar; regulamentar; estipular.

kitéí[2] **既定** O que está estabelecido [determinado]. ★ ~ *no hōshin dōri* 既定の方針通り Segundo o programa estabelecido.

kitéí[3] **規程** Os regulamentos「da firma, biblioteca」.

kitéí[4] **基底** A base「do sistema」. [S/同] Dodáí (+); ishízúé (+); kíso (o).

kitékí **汽笛** O apito [A sirene] (de vapor).

kitéń[1] **気［機］転** A presteza de espírito; a inteligência; o ta(c)to. ★ ~ *no kiku* [*kikanai*] *hito* 気転の利く［利かない］人 Uma pessoa ágil [lenta] de espírito. ~ *o kikaseru* 気転を利かせる Usar a cabeça; ter ta(c)to. [S/同] Kíchi.

kitéń[2] **起点** O ponto de arranque [partida]. [S/同] Shuppátsú-ten. [A/反] Shūtéń. ⇨ okúrí.

kitéń[3] **基点** O ponto de referência. ★ *Hokkyoku o ~ ni shite chizu o kaku* 北極を基点にして地図を書く Fazer um mapa com o pólo norte como ~. ◇ **Hōi ~** 方位基点 Os quatro pontos cardeais.

kitérétsú **きてれつ**【G.】Estranho; esquisito; singular. ★ *Nan to mo kimyō ~ na jiken* 何とも奇妙きてれつな事件 Um caso muito ~.

kíto[1] **帰途**【E.】O voltar para casa. ★ ~ *ni* 帰途に Ao ~. ~ *ni tsuku* 帰途に着く Voltar… [S/同] Kaérí-michi (+); kíro. ⇨ kitákú[1].

kíto[2] **企図** O plano; o proje(c)to; a intenção. ★ ~ *suru* 企図する Plane(j)ar; desenhar; proje(c)tar. [S/同] Íto; keíkákú (o); kikákú (+); mokúrómí.

kitṓ[1] **祈禱** A prece [oração]; a reza. ⇨ inórí.

kitṓ[2] **気筒** O cilindro. ★ *Yon-~ no enjin* 4 気筒のエンジン Um motor de quatro ~ s.

kitókú[1] **危篤** O estado crítico (do doente). ★ ~ *de aru* 危篤である Estar em ~. ~ *ni ochiiru* 危篤に陥る Entrar em ~. ◇ **~ jōtai** 危篤状態 O estado grave. ⇨ jūtáí[1]; końsúí.

kitókú[2] **奇特** O ser louvável [caritativo]. ★ ~ *na* 奇特な「Um a(c)to」louvável. [S/同] Kidókú; shushṓ.

kitókú[3] **既得** O que é já adquirido. ◇ **~ ken** 既得権 Os direitos adquiridos.

kitṓ-shi [**óo**] **祈禱師** O benzedeiro; o xamã; o curandeiro. ⇨ kitṓ[1].

K

kitsúéń **喫煙** O fumar. ★ ~ *suru* 喫煙する Fumar. ◇ **~ sha** 喫煙車 A carruagem para fumadores. **~ shitsu** 喫煙室 A sala para ~.

kitsúí **きつい** **1** [気の強い] Violento; ríspido. ★ ~ *kuchō de shaberu* きつい口調でしゃべる Falar num tom ~. ~ *seikaku* きつい性格 Um cará(c)ter ~. **2** [強烈な] Forte. ★ ~ *sake* [*tabako*] きつい酒［タバコ］Uma bebida alcoólica [Um tabaco] ~. [S/同] Hagéshíí; kyṓrétsú na. **3** [きびしい] Rígido; severo; forte; rigoroso. ★ *Kitsuku shikaru* きつく叱る Repreender severamente. [S/同] Kibíshíí. [A/反] Amáí. **4** [つらい] Duro; pesado. *Shigoto ga ~* 仕事がきつい É um trabalho ~. **5** [窮屈な] Apertado. ★ ~ *sukejūru no ryokō* きついスケジュールの旅行 Uma viagem com um itinerário ~. [S/同] Kyū́kutsu na. [A/反] Yurúi.

ki-tsúké **着付け** (< kirú[2] + tsukéru) O (ajudar a) vestir「o quimono」.

kitsúké-gúsuri **気付け薬** (<…[1] + tsukéru + kusúrí) **a**) O remédio para reanimar [fazer voltar a si alguém]; **b**) A bebida [pinga] forte (para aquecer [acordar]).

kitsúmóń **詰問** O interrogatório rigoroso. ★ ~ *suru* 詰問する Fazer um ~. [S/同] Jińmóń. ⇨ toítádásu.

kitsúné **狐** **1** [イヌ科の動物]【Zool.】A raposa; o raposo; *vulpes vulpes*. ★ ~ *ni bakasareru* [*tsumamareru*] 狐にばかされる[つままれる] Ser enfeitiçado pela ~. ~ *no kegawa* 狐の毛皮 A pele de ~. ~ *no yome-iri* 狐の嫁入り A chuvinha [O aguaceiro] com sol [bom tempo]. [Pことわざ] ~ *to tanuki no bakashiai* 狐と狸の化かし合い Dois raposões (Lit.: ~ e o texugo) a enganarem-se um ao outro. *Tora no i o karu ~* 虎の威を借る狐 Um fraco que se faz autoritário por ter outro mais poderoso por trás. ◇ **~ iro** 狐色 A cor castanha clara「de torrada」. ⇨ **~ tsuki**. **2** [ずるがしこい人]【Fig.】Uma raposa; um finório. **3** [Abrev. de "kitsúné-údon"]

kitsúné-bi **狐火** (<…+ hí[2]) O fogo fátuo; o boitatá (B.). [S/同] Oní-bi; ríńka.

kitsúné-tsuki **狐憑き** O (estar) possesso da raposa.

kitsúné-údon **狐饂飩** Um "udon" com pedaços de "abura-age".

kitsúóń **吃音** A gaguez; o gaguejar [ser gago]. ⇨ domórí; kuchí-gómóru.

kitsútsuki **啄木鳥**【Zool.】O pica-pau; *picidae*.

kitté **切手** O selo (postal). ★ ~ *o haru* 切手をはる Colar [Pôr/Colocar] o ~; selar. ◇ **~ shūshū** 切手収［蒐］集 A filatelia; o cole(c)cionar ~s. **Kinen ~** 記念切手 ~ comemorativo「de Lúis Frois」.

-kítteno **切っての** O melhor. *Honkō ~ shūsai* 本校切っての秀才 ~ estudante desta escola.

kittó[1] **きっと** Certamente; com [de] certeza; seguramente; sem dúvida; sem falta. *Shiken wa yasashikatta kara ~ gōkaku suru to omou* 試験はやさしかったからきっと合格すると思う A prova foi fácil, certamente que vou passar. [S/同] Kanárázú; táshika ni.

kítto[2] **きっと** Severamente; rispidamente. ★ ~ *nirami-tsukeru* きっとにらみつける Lançar um olhar severo. ⇨ kibíshíí.

kíu **気宇**【E.】A alma; o espírito; a atitude mental. ★ ~ *kōdai* [*sōdai*] *na* 気宇広大［壮大］な「homem」Magnânimo; generoso; bondoso. [S/同] Kokóro.

kíui **キウイ** (< Ing. kiwi(fruit)) Um kivi (Ave e fruta a ela parecida, ambas neo-zelandesas).

ki-úké **気受け** O ser aceite. [S/同] Hyṓbáń (o); uké (+).

kíun[1] **気運** A tendencia; o ambiente. *Kakumei no ~ ga moriagatte ita* [*takamatta*] 革命の気運が盛り上がっていた［高まった］Sopravam cada vez mais fortes os ventos da revolução. ⇨ keíkṓ[1].

kíun[2] **機運** A oportunidade; o momento. *Nitchū-kokkō kaifuku no ~ ga jukushita* 日中国交回復の機運が熟した Chegara a ~ [o ~ propício] para o restabelecimento das relações diplomáticas entre a China e o J. [S/同] Jíki (+).

ki-útsuri **気移り** A distra(c)ção. ★ ~(*ga*) *suru* 気移り(が)する Distrair-se「com o barulho」. ⇨ me-útsuri.

kiwá **際** **1** [物のはし・ふち] A borda; a beira. ★ *Gake no ~ ni tatsu* 崖の際に立つ Estar à ~ do barranco [precipício]. S/同 Fuchí (+); hashí (+). **2** [ある状態になろうとするその時] A última hora. ★ *Imawa no* ~ 今わの際 O último momento de vida; o leito de morte.

kiwá-dátsu 際立つ (< ··· + tátsu) **1** [他のものと区別されてはっきりと目立つ] Notar-se [Distinguir-se] nitidamente. ★ *Kiwadatta* 際立った Distinto; especial. S/同 Me-dátsu (+). **2** [すぐれる] Distinguir-se. ★ *Kiwadatta gogaku no sainō* 際立った語学の才能 A capacidade extraordinária para (as) línguas. S/同 Sugúrérú (+).

kí-wádo [íwáa] キーワード (< Ing key word) A palavra-chave.

kiwádói 際どい **1** [あやうい] Perigoso; arriscado. ★ ~ *tokoro de katsu* 際どいところで勝つ Vencer por pouco [um triz]. Girígíri no (+). **2** [もう少しで (卑猥になる) 限度ぎりぎりである] Indecente. ~ *hanashi o suru* 際どい話をする Ter conversas ~s.

kiwamári nái 極まりない (< kiwamáru) 【E.】Sem limites; extremo. *Fuyukai* ~ 不愉快極まりない É extremamente desagradável.

kiwámáru 窮 [極] まる【E.】 **1** [限度に達する] Terminar; parar. *Sono kuni no jinkō-zōka wa* ~ *tokoro o shiranai* その国の人口増加は窮まるところを知らない O crescimento demográfico do país não pára. **2** [はなはだしい状態である] Chegar ao extremo [máximo]. *Kiken* ~ *shigoto* 危険窮まる仕事 Um trabalho extremamente perigoso. ⇨ kiwámári nái. **3** [行きづまる; 困りはてる] Estar sem saber que fazer. ★ *Shintai* ~ 進退窮まる Estar num beco sem saída; ficar bloqueado [entre a espada e a parede].

kiwáméru 極 [窮・究] める **1** [果てまで行く] Atingir. ★ *Chōjō o* ~ 頂上を極める ~ o cume/pico (da montanha). **2** [深く知る] Saber perfeitamente; dominar. *Kare wa sadō no okugi o kiwamete iru* 彼は茶道の奥義を究めている Ele domina os segredos da arte do chá. ⇨ kenkyū. **3** [極端である] Ser [Levar a] extremo. ★ *Bōgyaku o* ~ 暴虐を極める Agir com extrema violência. *Kuchi o kiwamete homeru* 口を極めてほめる Elogiar muito; pôr nos píncaros.

kiwámete 極めて (< kiwáméru) Muito; extremamente. ★ ~ *jūyō na mondai* 極めて重要な問題 Um problema de extrema importância. S/同 Hijō ni (+).

kiwámé-tsúkí 極め付き **1** [刀剣・書画などを鑑定した証明書がついていること] O ser「artigo」garantido. **2** [転じて、並はずれたものとして定評があること、またはその人] **a)** O ser「arte」de alta [grande] qualidade; **b)** O ser「um ladrão」notório [famoso].

kiwámí 極み **1** [はなはだしいこと] O auge; o cúmulo. ★ *Yorokobi no* ~ *de aru* 喜びの極みである Ser a maior [o ápice] da alegria. S/同 Kyóku. **2** [果て] O extremo; o fim; o limite. S/同 Haté (+).

kiwá-móno 際物 **1** [人々の一時的な関心・興味をあてこんで作る品物] A obra [O produto] de interesse passageiro. *Kono zasshi wa* ~ *bakari nosete iru* この雑誌は際物ばかりのせている Esta revista só traz artigos sensacionalistas. **2** [門松・鯉のぼりなどある時期だけに需要が集中する商品] As coisas próprias da estação ou época, por ex. as ornamentações do Ano Novo.

kiyákú 規約 O acordo; os estatutos [as regras]「da Associação」. S/同 Kísoku (+). ⇨ kitéí[1.3].

kiyákú-búńsú [úu] 既約分数【Mat.】A fra(c)ção irredutível.

kiyámí 気病み (< ··· [1] + yámu[2]) A depressão; a tristeza; o abatimento; a melancolia.

kiyári(óńdo) 木遣り (音頭) A canção de trabalho dos transportadores de madeiras.

ki-yáse 着痩せ (< kirú[2] + yasérú) O pôr determinado vestido para parecer mais magro/a.

ki-yásúí[1] 気安い (< ki[1] + ···) **a)** Descontraído; aberto; à vontade; familiar. *Kare wa dare ni de mo kiyasuku hanashi-kakeru* 彼は誰にでも気安く話しかける Ele é (muito) descontraído e fala com toda a gente. **b)** Seguro; sem preocupações「de dinheiro」.

ki-yásúí[2] 着易い (< kirú[2] + ···) Fácil de vestir. *Kono fuku wa tottemo* ~ この服はとっても着易い Este fato é muito confortável [~].

ki-yásúmé 気休め (< ki[1] + ···) A consolação. ★ ~ *ni* 気休めに Só para consolar [confortar/a「minha」paz de consciência]. ~ *o iu* 気休めを言う Dizer palavras de conforto [~].

kíyó[1] 寄与【E.】A contribuição; o préstimo. *Kono kikai wa shigoto no gōrika ni* ~ *suru darō* この機械は仕事の合理化に寄与するだろう Esta máquina contribuirá muito [será de grande préstimo] para a racionalização do trabalho. S/同 Kōkén[1].

kíyó[1] 器用 ⇨ kíyo-hōhén.

kíyó[1] 器用 **1** [技芸に巧みなようす] A habilidade; a destreza; o jeito. ★ ~ *na* 器用な Hábil; jeitoso; destro. *Kiyō de aru te* 器用である手 Ter mãos hábeis. **2** [世才にたけていて要領よく立ち回るようす] A esperteza. ★ ~ *na* 器用な Esperto; astuto; vivo. A/反 Bu-kíyo.

kíyó[2] 起用 O promover [nomear; escolher]. *Kare wa daiyaku ni* ~ *sareta* 彼は代役に起用された Ele foi nomeado substituto. S/同 Tōyō. ⇨ ninméi.

kíyó[3] 紀要【E.】O boletim [A publicação periódica oficial]「da Faculdade (de Ciências)」.

kíyo-hōhén 毀誉褒貶【E.】O elogio e a censura [crítica]. *Kare ni taishite wa* ~ *ai-nakaba suru* 彼に対しては毀誉褒貶相半ばする Ele é elogiado por uns e criticado por outros.

kiyói 清い **1** [物にくもり・にごり・汚れなどがないようす] Puro; límpido; limpo. ★ ~ *me* [*mizu*] 清い目 [水] O olhar [a água] límpido [~]. A/反 Kitánái. **2** [欲や利など世間的汚れを離れて純であるようす] Puro; imaculado; honesto. *Kiyoki ippyō o tōjiru* 清き一票を投じる Votar com consciência limpa [pura]. S/同 Kiyóraka na. A/反 kegárétá; kitánái.

kiyómé 清め (< kiyóméru) A purificação.

kiyóméru 清める Purificar; limpar. *Shimizu o abite mi o* ~ 清水を浴びて身を清める Purificar-se com água pura. S/同 Sosógú (+).

kiyómizu 清水 (Abrev. de "Kiyómízú-déra") O palco do templo kiyomizu, em Kyoto. T/慣用 ~ *no butai kara tobioriru* 清水の舞台から飛びおりる Dar um passo decisivo/audaz/perigoso; saltar para o abismo. ⇨ shimízú.

kiyóraka na 清らかな ⇨ kiyói.

ki-yowá-í 気弱い A timidez; a fraqueza de cará(c)ter. ★ ~ *na* 気弱な「O rapaz」tímido. S/同 Ikújí-nashi.

kiyó-zúri 清刷り A impressão em papel de grande qualidade para servir de prova.

kiyú 杞憂【E.】A ansiedade; o medo sem razão. ★ ~ *ni owaru* 杞憂に終わる Ser só medo. ⓈⓂ Toríkóshí-gúro (+).

kíza 気障 (Abrev. de "ki-záwari") A afe(c)tação. ★ ~ *na koto o iu* 気障なことを言う Falar com ~. ~ *na yatsu* 気障なやつ Um sujeito pedante [afe(c)tado].

kízai¹ 機材 **1** [ある機械を作るための材料] O material para fazer uma máquina. ◇ ~ **ka** 機材課 A se(c)ção de equipamento [materiais]. **2** [ある仕事に必要な機械と材料] O equipamento mecânico. ★ ~ *o chōtatsu suru* 機材を調達する Prover ~. ⇨ kíkai²; zaíryō.

kízai² 器材 Os utensílios [A ferramenta] e os materiais. ⇨ kígu¹; zaíryō.

kizámi 刻み (< kizámú) **1** [刻むこと; 刻み目] O gravar; o cortar; o esculpir. ◇ ⇨ ~ **me**. **2** [Abrev. de "~tábako"].

kizámí-mé 刻み目 O entalhe [A talha]; o corte; a incisão.

kizámí-tábako 刻み煙草 O tabaco picado [esmiuçado] 「para cachimbo」. ⓈⓂ Kizámí **2**.

kizámí-tsukéru 刻み付ける **1** [ほりつける] Gravar; talhar. ⇨ hóru¹. **2** [忘れないように深く心に印象づける] Gravar. ★ *Kokoro ni* ~ 心に刻み付ける ~ no coração.

kizámú 刻む **1** [切って小さい部分に分ける] Picar; cortar em pedacinhos. ★ *Daikon o* ~ 大根を刻む ~ [Ralar] o nabo. **2** [彫刻する] Gravar; talhar; esculpir. ★ *Ishi ni namae o* ~ 石に名前を刻む ~ o nome na pedra. ⓈⓂ Chōkókú súrú; hóru; kizámí-tsukéru **1**. **3** [時がたつ] Fazer tique-taque. *Ōdokei wa shizuka ni toki o kizande ita* 大時計は静かに時を刻んでいた Ouvia-se o suave tique-taque do relógio grande.

kizáppói 気障っぽい【G.】Meio afe(c)tado. ⓈⓂ Kíza na (+).

kizáshí 兆し (< kizásu) O sinal; o indício. ★ *Haru no* ~ *o kanjiru* 春の兆しを感じる Sentir o anúncio [os sinais] da primavera. ⓈⓂ Chōkō; zenchō.

kizásu 兆[萌]す **a)** Dar sinais; mostrar indícios; **b)** 「o amor」 [萌] Despontar; brotar. ⓈⓂ Mebáéru (+).

kizén 毅然【E.】A firmeza. ★ ~ *taru taido* 毅然た態度 Uma atitude firme [resoluta, decidida]. ⓈⓂ Dánko; genzén.

kizétsú 気絶 O desmaio; a perda dos sentidos. ★ ~ *suru* 気絶する Desmaiar 「logo com o choque」; perder os sentidos. ⓈⓂ Jínjifusei; shisshín; sottō.

kizéwáshii 気忙しい **1** [気持ちがせかされて落つかないよう] Irrequieto; agitado; ocupado. ★ *Kizewashiku hataraku* 気忙しく働く Andar numa (grande) azáfama. **2** [せっかちであるようす] Impaciente. ★ ~ *hito* 気忙しい人 Uma pessoa ~. ⓈⓂ Sékkachi na (+).

kizó 寄贈 A oferta; o presente. ★ ~ *suru* 寄贈する Oferecer 「um livro」. ◇ ~ **sha** 寄贈者 O doador. ⓈⓂ Shíntéí; zōtéí; zōyo. ⇨ kífu¹; kishín¹.

kízoku¹ 貴族 O nobre [A nobreza]; o aristocrata [a aristocracia]. ★ ~ *no [teki]* 貴族の[的]Nobre; aristocrático.

kizóku² 帰属 **a)** A reversão; o retorno. ★ ~ *suru* 帰属する Reverter; regressar 「à posse do Estado」. **b)** 「o sentido de」pertencer 「ao grupo」.

kizú¹ 傷 **1** [体の表面を切ったときにできる] A ferida; o ferimento; o corte; a lesão. ★ ~ *darake no karada* 傷だらけの体 O corpo cheio [coberto] de feridas. ~ *ga omoi [karui]* 傷が重い[軽い] Fazer/Ter uma ~ grave [leve]. ~ *no teate o suru* 傷の手当をする Tratar a ferida. ~ *o ou* 傷を負う Ferir-se. ◇ ~ **ato [guchi; gusuri]**. ⇨ kegá. **2** [精神的苦しみ・打撃] A mágoa; o sofrimento. ★ *Kokoro ni fukaku* ~ *o ou* 心に深く傷を負う Ter [Sentir] uma profunda ~ (no coração). ⇨ dagéki; kurúshími.

kizú² 疵・瑕 **1** [品物の表面をひっかいたりぶつけたりしたとき] O defeito; a racha. ★ ~ *ga tsuku* 疵がつく Riscar-se; rachar-se; ter ~. ~ *no tsuita kagu* 疵のついた家具 O móvel riscado. ~ *o tsukeru* 疵をつける Riscar; estragar 「a pintura」. ◇ ~ **mono**. **2** [欠点] O defeito. *Kare wa tanki na no ga tama ni* ~ *da* 彼は短気なのが玉に疵だ O único ~ dele é ser impaciente. ⓈⓂ Kettén (+). **3** [不名誉; 恥辱] A desonra; a vergonha; o vexame. ★ *Kamei ni* ~ *o tsukeru* 家名に疵をつける Desonrar o nome da família. [I/慣用] *Sune ni* ~ *o motsu mi* すねに疵を持つ身 Ter culpas no cartório. ⇨ chijóku; fu-méíyo.

kizú-áto 傷痕 A cicatriz; a marca (da ferida). ★ *Sensō no* ~ 戦争の傷痕 As ~ s da guerra.

kizú-gúchi 傷口 (< ~¹ + kuchí) O golpe; o corte (da ferida). ★ ~ *o nuu* 傷口を縫う Coser a ferida.

kizú-gúsuri 傷薬 (< ~¹ + kusúrí) A pomada; o remédio para ferida.

kizúkí-máma 気随気儘 O bel-prazer.

ki-zúisen 黄水仙 (< kiíró + suísén) 【Bot.】O junquilho.

ki-zúkai 気遣い (< ki-zúkáu) A preocupação; o receio. *Sonna* ~ *wa kekkō [muyō] desu* そんな気遣いは結構 [無用] です Não se preocupe comigo. ⓈⓂ Háiryo (+); shinpái (o).

ki-zúkare 気疲れ (< ~¹ + tsukáré) O esgotamento (nervoso). ★ ~ *suru* 気疲れする Ter um ~.

ki-zukáu 気遣う (< ~¹ + tsukái) Recear; preocupar-se 「com」. ⓈⓂ Shinpái súrú (+).

kizúkáwashii 気遣わしい (< ki-zúkáu) Receoso; preocupado; inquieto; apreensivo. ★ *Kizukawashige ni nagameru* 気遣わしげに眺める Fitar [Olhar] apreensivo [com preocupação].

kizúké 気付 Ao cuidado. *Burajiru taishikan* ~ *Ogasawara-sama* ブラジル大使館気付小笠原様 Exmo. Sr. Ogasawara, a/c da Embaixada do B.

kizúki-ágéru 築き上げる (< kizúku + ~) Construir. *Kare wa mu ichi-mon kara konnichi no chii o kizukiageta* 彼は無一文から今日の地位を築き上げた Ele conquistou a posição que tem, a partir do nada [zero].

kizúku¹ 築く **1** [石や土を積み、突き固めてつくる] Construir 「um castelo」. ★ *Teibō o* ~ 堤防を築く ~ um dique. **2** [基礎からしっかり作り上げる] Criar 「uma empresa」; fazer 「uma fortuna」. ★ *Meisei [Tomi] o* ~ 名声 [富] を築く Fazer-se famoso [Enriquecer].

ki-zúku² 気付く Perceber [Aperceber-se]; notar [dar por] 「isso」; reparar 「em」; cair na [dar-se] conta 「de」. *Watashi wa dare nimo kizukarezu ni heya o nukedashita* 私は誰にも気付かれずに部屋を脱け出した Saí do quarto sem que ninguém se apercebesse. ★ *Futo* ~ ふと気付く Dar-se conta de repente. ⇨ kanzúku.

ki-zúmari 気詰まり (< ~¹ + tsumáru) O constrangimento.

kizú-mónó 傷[疵・瑕]物 **1** [いたんだ物] O artigo defeituoso [estragado]; o 「pêssego」 maçado. **2**

[貞操を失った未婚の娘]【G.】A moça de(s)florada. ★ ～ *ni naru* 傷物になる Perder a virgindade.

kizúná 絆 **1** [断つことのできない人間と人間との結びつき] O laço [vínculo]. ★ *Oyako no* ～ 親子の絆 ～ entre pais e filhos. [S/同] Kiháń. **2** [動物をつなぎとめる綱] A corda [corrente/trela].

kizú-tsúkéru 傷付ける **1** [人に傷を負わせる] Ferir; magoar; machucar. ★ *Te o* ～ 手を傷付ける Ferir-se na mão. **2** [名誉・誇りなどを] Ferir. ★ *Jisonshin o kizutsukerareru* 自尊心を傷つけられる Ser ferido no seu orgulho. [S/同] Gaí súrú; sokónáu. **3** [物に傷をつける] Riscar; estragar; danificar.

kizú-tsúku 傷付く **1** [けがする] Ferir-se; magoar-se; machucar-se. ★ *Kizutsuita ashi o hikizutte aruku* 傷付いた足をひきずって歩く Andar, arrastando a perna machucada [ferida]. [S/同] Fushṓ súrú; kegá suru. **2** [心に痛手を受ける] Sentir-se ofendido [ferido]; ferir-se. ★ *Kizutsukiyasui kokoro* 傷付きやすい心 A pessoa delicada [sensível]. **3** [物に傷ができる・こわれる] Riscar-se; quebrar-se; danificar-se. *Budō wa kizutsukiyasui* ぶどうは傷付きやすい A uva danifica-se facilmente「no transporte」.

ki-zúyói 気強い (＜…[1] + tsuyói) **1** [気丈な] Forte; intrépido. [S/同] Kijṓ ná (+). **2** [心強い]「Sentir-se」seguro. [S/同] Kokóró-zúyói (+).

-kko っこ ⇨ -ko[10].

ko[1] 子・児 **1** [子供] **a**) O filho; **b**) A criança; o menino「de cinco anos」. *Waga* ～ *no yō ni kawaigaru* 我が子のように可愛がる Gosto dele como se fosse meu filho. ★ *O-naka no* ～ おなかの子 O bebé[ê] ainda no seio; o feto. [P/ことわざ] ～ *wa kasugai* 子はかすがい Os filhos são elos que unem o casal. ～ *yue no yami* 子故の闇 Os pais só vêem os [são loucos pelos] filhos/O pai [A mãe]-coruja. [S/同] Kodómó **2** (+). [A/反] Oyá. **2** [動物の子供] A cria; o filhote. *Neko ga* ～ *o go-hiki unda* 猫が子を五匹産んだ A gata pariu [teve uma ninhada de] 5 gatinhos. **3** [魚の卵] As ovas (de peixe). ★ *Tara no* ～ タラの子 ～ de bacalhau. [S/同] Tamágo (+). **4** [植物の分かれ出たもの] O broto [rebento]. ★ *Imo no* ～ いもの子 Os tubérculos pequenos da batata. **5** [若い娘]【G.】A moça. [S/同] Ko[6]; musúmé (+). **6** [利息; 利子] O lucro; o juro. ★ *Moto mo* ～ *mo nai* 元も子もない「se você só me paga isso eu não vou」ganhar [lucrar] nada. [S/同] Ríshi (+); risókú (+).

ko[2] 粉 A [O pó de] farinha. ★ *Mi o* ～ *ni shite hataraku* 身を粉にして働く Moer os ossos/Trabalhar como um camelo. [S/同] Koná (+).

ko[3] 弧 O arco. ★ ～ *o egaku* 弧を描く「a bola a」Traçar um arco「no ar」.

ko[4] 個 **1** [一つの物や一人の人] Um indivíduo; uma parte. ★ ～ *o ikasu* 個を生かす Dar valor ao ～; valorizar(-se). ～ *to zen to no kankei* 個と全との関係 A relação entre a parte e o todo. [A/反] Zén. ⇨ kákko[2]; kójin[1]. **2** [物をかぞえることば] (Numeral de obje(c)tos pequenos, por ex., de maçã). ★ *Ni-* ～ *no kozutsumi* 2個の小包 Dois pacotes.

ko[5] 戸 (Numeral para casas). ★ *Ikko ni ichi-dai no denwa* 一戸に一台の電話 Um telefone para cada casa. [S/同] -kén. ⇨ ié[1].

ko[6] 娘【G.】A moça. [S/同] Ko[1] **5**; musúmé (+).

ko-[7] 故【E.】「o」Falecido「Tanaka」.

ko-[8] 小【G.】-inho[-ito]; quase. *Ie kara koko made* ～ *ichi-jikan kakaru* 家からここまで小一時間かかる De casa (até) aqui demora-se uma horita [quase uma hora].

-ko[9] 湖 O lago「Tiberíades」. ◇ **Jinzō ～** 人造湖 ～ artificial. ⇨ **～ han; ～sui**. ⇨ mizúúmi.

-ko[10] こ -inho [ito/eco] (Por ex. "hashíkkó": a ponteca「do nariz」). ⇨ ánko; nirámékko; pechánko; -po; -cho[3].

kō[1] [óo] こう Assim; desta maneira. ～ *shite wa irarenai* こうしてはいられない Não posso ficar ～. *Boku no yarikata wa* ～ *desu* ぼくのやり方はこうです Esta é a minha maneira de fazer as coisas. ⇨ sō[1].

kṓ[2] [óo] 功【E.】**1** [功績] **a**) O mérito「da experiência」; **b**) O (grande) feito; a façanha. ★ ～ *nari na(o)togeru* 功成り名(を)遂げる Ganhar fama. [S/同] Kṓsékí (+); tegárá (+). ⇨ seíkṓ[1]. **2** [効果; ききめ] O resultado. *Rō ōku shite* ～ *sukunashi* 労多くして功少なし Trabalhar (muito) sem proveito [～]. [S/同] Kikímé (+); kṓ[7] (+); kṓka (o). ⇨ rō[1].

kṓ[3] [óo] 幸 A felicidade; a sorte. ★ ～ *ka fukō ka* 幸か不幸か「Não sei se foi」bem ou mal「mas eu também estive presente」. [S/同] Kṓfúkú (+); shiáwásé (o).

kṓ[4] [óo] 香 O incenso. ★ ～ *o kiku* 香を聞く Cheirar vários incensos (para adivinhar de que são). ～ *o taku* 香をたく Queimar [Oferecer]; incensar.

kṓ[5] [óo] 甲 **1** [亀・甲殻類の体の表面の固い部分] **a**) A armadura (de guerreiro); **b**) A carapaça. **2** [手・足の表の固い部分] A parte de fora. ★ *Ashi no* ～ 足の甲 O peito do pé. *Te no* ～ 手の甲 As costas da mão. **3** [優秀な方] O primeiro (na classificação). ★ ～ *otsu tsukegatai* 甲乙つけがたい Difícil (de) dizer qual deles é o melhor. ⇨ ótsu[1]. **4** [一番いい成績] A nota máxima「A, dez, cem, …」.

kṓ[6] [óo] 孝【E.】O amor [A obediência] filial; o respeito aos pais. [S/同] Kṓkō[1] (+).

kṓ[7] [óo] 効【E.】O efeito. ★ ～ *o sōsuru* [*ga aru*] 効を奏する[がある] Dar [Ter] efeito. [S/同] Kikímé (+); shirúshí. ⇨ kṓka[1]; kṓryoku[1].

kṓ[8] [óo] 項 **1** [条項] A cláusula. ★ *Dai ni-jō dai san* ～ *ni gaitō suru* 第2条第3項に該当する Corresponder ao artigo três, cláusula dois. [S/同] Jṓkṓ. **2**【Mat.】O termo.

kṓ[9] [óo] 候【E.】A estação. ★ *Genkan no* ～ 厳寒の候 ～ de frio intenso. [S/同] Jikṓ (o); jísetsu (+).

kṓ[10] [óo] 公 **1** [おおやけ] O público. [S/同] Ōyáke (+). [A/反] Shi. **2** [公爵] O duque. [S/同] Kṓshaku. **3** [貴人の姓名につける語] O tratamento dos nobres. ★ *Nobunaga* ～ 信長公 O príncipe Nobunaga. **4** [名の下につけて親しみを表す語] O tratamento afe(c)tuoso [íntimo]. *Hachi* ～ ハチ公 O meu Hachi. **5** [⇨ kṓrítsú[1]].

kṓ[11] [óo] 侯 **1** [侯爵] O marquês [príncipe; duque]. [S/同] Kṓshaku (+). **2** [封建時代の大名・諸侯] O senhor feudal. [S/同] Shókō (+). ⇨ daímyṓ.

kṓ[12] [óo] 行【E.】A viagem ⇨ ikkṓ[1].

kṓ[13] [óo] 劫【Bud.】Os séculos. [P/ことわざ] *Kame no kō yori toshi no* ～ 亀の甲より年の劫 Idade e experiência valem mais que adolescência/A experiência é a mãe da ciência.

kṓ[14] [óo] 綱【Bot./Zool.】A classe. ⇨ món[1].

kṓ[15] [óo] 稿【E.】⇨ geńkṓ.

kṓ-[16] [oó] 好 Bom. ◇ **～ tenki** 好天気 O tempo bom. ⇨ yói.

-kō[17] 港 O porto. ◇ **Bōeki ～** 貿易港 ～ comercial. ⇨ minátó.

K

- **-kō**[18] 工 O artesão. ◇ **Senban ~** 旋盤工 O torneiro.
- **-kō**[19] [oó] 鉱 O minério. ◇ **Uran ~** ウラン鉱 ~ de urânio. S/同 kóséki[2] (+).
- **-kō**[20] [oó] 校 **1** [学校] A escola. ◇ **Shusshin ~** 出身校 ~ onde se estudou. ⇨ gakkō. **2** [校正] A revisão de provas. ◇ **Sho [Sai] ~** 初 [再] 校 As primeiras [segundas] provas. ⇨ kōséi[4].
- **ko-ákinai** 小商い [G.] O pequeno comércio.
- **ko-ákindo** 小商人【G.】Um pequeno comerciante.
- **kóáń**[1] [oó] 公安 (< kōkyō + ańzén) A segurança [ordem pública]. ◇ **~ iinkai** 公安委員会 A comissão de ~. ⇨ **kan**.
- **kóáń**[2] [oó] 考案 O plano; a ideia; a concepção. ★ ~ **suru** 考案する Plane(j)ar; conceber um ~.
- **kóáń**[3] [oó] 公案【Bud.】O tema [A pergunta] para a meditação Zen.
- **kóán-kan** [oó] 公安官 O agente de segurança.
- **kóara** コアラ【Zool.】A coala; o ursinho-da-austrália; *phascolarctus cinereus*.
- **kóátsú** [oó] 高圧 **1** [電気・蒸気などの] **a)** A alta tensão. ◇ **~ denryū** 高圧電流 A corrente de ~. **~ sen** 高圧線 O fio [cabo] de ~. **b)** [o gás e/ou] Alta pressão. A/反 Teiátsú. ⇨ atsúyoku; ketsúátsú. **2** [抑圧] A opressão. S/同 látsú (+).
- **kóátsú-téki** [oó] 高圧的【E.】Coerci(ti)vo; arrogante. ★ ~ **na taido o toru** 高圧的な態度をとる Tomar uma atitude ~. S/同 látsú-téki [opressiva].
- **kóbá** [oó] 工場 A fábrica; a oficina. S/同 Kōjō[1] (+).
- **kó-bachi** 小鉢 (< ~ + hachí) Um vas(inh)o.
- **kobái** 故買 A receptação [compra de artigos furtados]. ◇ **~ hin** 故買品 Um obje(c)to receptado.
- **kóbái**[1] [oó] 公売【Dir.】A hasta pública; o leilão.
- **kóbái**[2] [oó] 購買 A compra. ★ ~ **suru** 購買する Comprar. ◇ **~ bu [ka]** 購買部[課] A loja「da escola」. **~ ryoku.** **~ sha** 購買者 O comprador. S/同 Kōnyū (+). ⇨ kaú[1].
- **kóbái**[3] [oó] 勾配 A inclinação; o declive. ★ ~ **o tsukeru** 勾配をつける Fazer um ~. *Nobori [Kudari] ~ 上り [下り] 勾配* Um aclive [declive]. *Sanjū-do no ~ de 30度の勾配で* Com um/a ~ de 30 graus. S/同 Katamúkí.
- **kóbái**[4] [oó] 紅梅 A flor vermelha da ameixeira. A/反 Hakubái. ⇨ umé.
- **kóbái-ryoku** [oó] 購買力 O poder aquisitivo [de compra]. ⇨ kóbái[2].
- **kóbái-shin[-yoku]** [oó] 購買心 [欲] O interesse do cliente de comprar. ★ ~ **o sosoru [aoru]** 購買心をそそる[あおる] Induzir ~ o cliente a comprar. ⇨ kóbái[2].
- **kóbái-sū** [oó] 公倍数【Mat.】O múltiplo comum. ◇ **Saishō ~** 最小公倍数 O menor ~. ⇨ kōyákusū.
- **ko-báká** 小馬鹿【G.】O tolinho [tontinho]. ★ ~ **ni suru** 小馬鹿にする Menosprezar; fazer pouco (dos outros).
- **kó-bako** 小箱 (< ~ + hakó) Uma caixinha.
- **kóbáku** [oó] 広漠【E.】A vastidão. ⇨ híroi.
- **kobámu** 拒む **1** [はばむ] Parar; impedir「a passagem」. *Kuru mono wa kobamazu* 来る者は拒まず Todos são bem-vindos. **2** [応じない; 拒否する] Recusar「responder」; rejeitar. ★ *Tachinoki o kobamu* 立ちのきを拒む ~ a desapropriação. S/同 Kyozétsú súrú.

- **kóban** 小判【A.】A moeda de ouro de forma oval. P:ことわざ *Neko ni ~* 猫に小判 Deitar pérolas a porcos 「Mal-empregado!」. ⇨ ōbán[2].
- **kóbáń**[1] [oó] 交番 O posto de polícia「mais perto daqui」. S/同 Chūzáishó; hashútsushó.
- **kóbáń**[2] [oó] 鋼版 A chapa de aço.
- **kó-bana** 小鼻 (< ~ + haná) As asas do nariz. ★ ~ **o ugomekasu** 小鼻をうごめかす Estar todo ufano.
- **kó-bánashi** 小話 [咄] (< ~ + hanáshi) Uma anedota [história]. S/同 Hitókuchí-bánashi; kónto. ⇨ waráí-bánashi.
- **kóbán-zamé** 小判鮫 (< ~ + samé)【Zool.】A ré[ê]mora; o pegador; o peixe-piolho; *echeneis naucrates*.
- **kobárúto** コバルト【Quím.】O cobalto (Co 27). **~ rokujū** コバルト 60 (Bomba de) ~ 60. ◇ **~ bakudan** コバルト爆弾 Uma bomba de ~. **~ burū** コバルトブルー O azul- ~.
- **kóbáshií** [oó] 香ばしい Cheiroso; que cheira bem.
- **ko-báshiri** 小走り (< ~ + hashíru) [G.] A corridinha「do menino atrás do cão」.
- **kóbé** [oó] 頭【E.】A cabeça. ★ ~ **o megurasu** 頭をめぐらす Voltar a ~. ⇨ atámá; kubí.
- **kóben** [oó] 抗弁 **1** [相手に反対して弁論すること] A refutação; o protesto. ★ ~ **suru** 抗弁する Refutar; contradizer. S/同 Kuchí-gótáé (+). **2** [Dir.] A defesa. ★ ~ **suru** 抗弁する Responder à acusação; defender-se.
- **kobétsú**[1] 戸別 Cada casa/porta. ★ ~ **ni ańkēto o toru** 戸別にアンケートをとる Perguntar [Fazer um questionário]「casa por casa」[de porta em porta]. ◇ **~ hanbai** 戸別販売 A venda a domicílio. **~ hōmon** 戸別訪問「falar com alguém」.
- **kobétsú**[2] 個別 Individual; ~ um de cada vez. ◇ **~ shinsa** 個別審査 O exame ~. S/同 Békko; kóko.
- **kóbi** 媚 (< kobíru) **1** [へつらい] A adulação; a lisonja. ★ ~ **o uru** 媚を売る Adular「os políticos para os seus negócios」; lisonjear. S/同 Hetsúráí. **2** [女の色ぽさ] A coqueteria. ★ ~ **o uru onna** 媚を売る女 **a)** A mulher sedutora「que seduz com meiguices」; **b)** A prostituta. S/同 Iróppósa.
- **kóbi**[1] [oó] 交尾 O acasalamento; a cópula; o coito. ★ ~ **suru** 交尾する Acasalar; copular. ◇ **~ ki** 交尾期 A época do cio「dos cães」. ⇨ tsugáú.
- **kóbi**[2] [oó] 後尾【E.】A cauda; o fim「da procissão」. S/同 Ushirō (+). A/反 Señtō.
- **kóbi-hetsúráu** 媚び諂う (< kobíru + …) Adular. S/同 Hetsúráu; kobíru (+).
- **kobíki** 木挽 O serrador.
- **ko-bín** 小瓶 Uma garrafinha「de cerveja」.
- **kóbín** 後便【E.】A「nossa」próxima carta.
- **kobírí-tsúku** こびりつく [G.] Grudar-se; agarrar-se. *Sono koto ga atama ni kobiritsuite hanarenai* そのことが頭にこびりついてはなれない Ninguém me tira isso da cabeça. S/同 Fuchákú súrú; kuttsúku.
- **kobíru** 媚びる (⇨ kóbi) **1** [へつらう] Adular; lisonjear. ★ *Uwayaku ni ~* 上役に媚びる ~ um superior. S/同 Hetsúráu; kóbi-hetsúráu. **2** [女性がなまめかしいさまをする]「mulher」Insinuar-se [Fazer meiguices].
- **kobító** 小人 (< ~ + hitó) O anão; um homúnculo. S/同 Issúnbōshi; shuju.
- **kóbo**[1] [oó] 公募 O pôr [fazer] um anúncio; o procurar; o juntar. ★ *Jūtaku no nyūkyosha o ~ suru* 住

宅の入居者を公募する Procurar inquilinos para (os novos) apartamentos. ⇨ boshū.

kóbo² [óo] 酵母 A levedura; o fermento. ◇ ~ **kin** 酵母菌 O fungo que provoca a fermentação.

kóbō³ [**koo-**] 工房 Um estúdio; um atelier.

kóbō² [**koo-**] 興亡【E.】O destino [esplendor e a queda「do Império Romano」]. *Kokka no ~ ni kansuru jūyō na mondai* 国家の興亡に関する重要な問題 Uma questão importante que afe(c)ta o ~ da nação. ⓢ/同 Kōhái; seísúi (+).

kóbō³ [**koo-**] 攻防【E.】O ataque e a defesa; a guerra ofensiva e defensiva.

kóbō⁴ [**koo-**] 光芒【E.】Um facho [raio] de luz.

Kóbō⁵ [**koo-**] 弘法 O nome de um famoso calígrafo. ことわざ ~ *fude o erabazu* 弘法筆を選ばず Para bom mestre, não há má ferramenta. ~ *ni mo fude no ayamari* 弘法にも筆の誤り Até os sábios se enganam/"Aliquando dormitat Homerus" (L.).

kobōkú 古木 Uma árvore secular [com mais de mil anos].

kóbōkú¹ [óo] 公僕 ⇨ kōmú-in.

kóbōkú² [óo] 坑夫 As escoras de uma mina.

ko-bóne 小骨 (<…ˢ+honé) a) Os ossos miúdos; b) As espinhas; c)「dar」Um pouco de trabalho.

kobōnnō [óo] 子煩悩 Um pai [Uma mãe] extremoso[a].

koboré 零 [溢] れ (< koborèru) O「arroz/trigo」que caiu「ao chão/no caminho」. ★ *o~ o chōdai suru* [*o~ ni azukaru*] おこぼれを頂戴する [おこぼれにあずかる] Ficar com as migalhas.

koboré-bánashi 零れ話 (<…+hanáshí) Os segredos; o mexerico; a conversa de bastidores.

kobōréru¹ 零 [溢] れる【水などがあふれて落ちる】Derramar-se; entornar-se; cair; transbordar「da banheira」. *Namida ga.* ~ 涙がこぼれる「cena que」Faz chorar. ⇨ afúréru. **2**【落ち散らばる】Esparramar-se; espalhar. *Daidokoro ni kome-tsubu ga koborete iru* 台所に米粒がこぼれている Tem muito grão de arroz espalhado pela [na] cozinha. ⓢ/同 Chirábárú (+). **3**【外へもれて出る】Escapar「um suspiro」; transpirar. *Warai ga* ~ 笑いがこぼれる Ouvem-se risadas. ⓢ/同 Moréru.

kobóréru² 毀れる ⇨「a faca」Ficar com bocas.

kobōsu 零 [溢] す **1**【下へ落とす】Derramar; entornar「o café」; esparramar. **2**【不平をいう】Resmungar; queixar-se. ★ *Guchi o* ~ 愚痴を零す Fazer queixas. ⓢ/同 Boyáku. ◇ fuhéi.

ko-bōzu [óo] 小坊主【G.】**1**【寺院の】Um monge jovem; um noviço. **2**【幼児】Um petiz; um garoto; um moleque; um tupi.

kóbu¹ 昆布 Uma alga comestível. ◇ ~ **maki** 昆布巻き O arenque seco ou qualquer outro alimento enrolado em ~. ⓢ/同 Kónbu (+).

kobú² 瘤 **1**【体の表面に盛り上がったもの】a) O galo. *Nagurarete atama ni ōkina* ~ *ga dekita* なぐられて頭に大きな瘤ができた Bateram-lhe e fizeram-lhe um grande ~ cabeça. b) A corcunda「do camelo」; c) O empecilho. [慣用] *Me no ue no* ~ 目の上の瘤 A pessoa que atrapalha [~]. **2**【木の節】A excrescência [protuberância]「de tronco de árvore」; o/nó. ⓢ/同 Fushí (+). **3**【子ども】O filho. ★ ~ *tsuki no onna* 瘤付きの女 A mulher que está presa com filhos.

kóbu³ 鼓舞【E.】O encorajar [estimular; inspirar]. ★ *Shiki o* ~ *suru* 士気を鼓舞する Levantar o moral das tropas. ⇨ gekíréí.

kóbu⁴ [óo] 後部 A parte posterior [de trás]; a retaguarda; a popa (do navio).
ⓢ/同 Kōhō. Ⓐ/反 Zénbu. ◇ ushíró.

kobúkú-sha 子福者 (<…ˢ+fukusha) Uma pessoa abençoada com muitos filhos.

kóbun¹ 古文 **a)** Os escritos antigos; **b)** A literatura clássica. ⓢ/同 Kōdáibun. ◇ bunóō; óōyó ◇.

kóbun² 子分 O lacaio [partidário]; o capanga (B.). ⓢ/同 Búka; háika; teshítá. Ⓐ/反 Oyábun.

kóbun³ [óo] 構文 A construção (gramatical) [estrutura] da frase. ◇ kōséí?; kōzō.

ko-búne 小舟 (<…ˢ+fúne) O bote; o barquinho.

kō-búnshi [óo] 高分子 A macromolécula. ◇ ~ **kagōbutsu** 高分子化合物 Um composto altamente polímero.

kō-búnsho 古文書 ⇨ komónjó.
◇ ~ **gizō** 古文書偽造 A falsificação de um ~. Ⓐ/反 Shi-búnsho.

kóbura コブラ (< P.) 【Zool.】A cobra. ⇨ hébi.

ko-búri¹ 小降り (<…ˢ+fúru¹) A chuva fininha; o chuvisco. Ⓐ/反 Doshábúri; honbúri. ⇨ ko-sámé.

ko-búri² 小振り (<…ˢ+fúru¹) **1** [小形]「a mala de」Tamanho pequeno. **2** [小さく振ること] O balançar um pouco「o taco de basebol」.

kobúshi¹ 拳 O punho; a mão fechada. ★ ~ *de naguru* 拳でなぐる Dar um soco. ⓢ/同 Genkótsu.

kóbushi² 辛夷【Bot.】A magnólia; *magnolia kobus*. ⇨ mókuren.

kō-bushi³ 古武士 Um antigo [verdadeiro] samurai.

ko-bútá 子豚 (< ko¹ + …) O porquinho.

ko-bútori 小太り (<…ˢ+futóri)【G.】Gordinho; forte. ★ *Chotto* ~ *no onna* ちょっと小太りの女 A mulher ~ [um pouco gorda].

kobútsú 古物【E.】**1**【骨董】A antiguidade; o obje(c)to de arte antiga. ⓢ/同 Kottō. **2**【使って古くなった品物】O [usado [em segunda mão]. ◇ ~ **shō** 古物商 A loja ou o negociante de ~ s; o bricabraque. Ⓐ/反 Chūbúrú (+); furúmónó; sekóhán (+). ⓢ/同 Shinpíń.

kōbutsu¹ [óo] 好物 O prato [A comida] predile(c)ta. ⇨ konómí.

kōbutsu² [óo] 鉱物 Um mineral [minério]. ★ ~ *no* 鉱物の Mineral. ◇ ~ **gaku** 鉱物学 A mineralogia. ◇ ~ **gakusha** 鉱物学者 O mineralogista.

kō-chá [óo] 紅茶 O chá preto.

kōchá-koshi [óo] 紅茶漉し (<…+kosú) O coador [passador] de chá preto.

kochákú 固着 O aderir. ★ ~ *suru* 固着する … ⓢ/同 Kōcháku. ⇨ kuttsúku.

kōchákú [óo] 膠着【E.】**a)** A aglutinação; a junção. ★ ~ *suru* 膠着する Aglutinar. ◇ ~ **go** 膠着語 A língua aglutinante. **b)** O impasse「das negociações」. ⓢ/同 Kōchákú; teícháku (+).

kóchi¹ 東風 ⇨ háru¹ ◇; shuńpú.

kóchi² 故知【E.】A sabedoria dos antigos. ★ ~ *ni manabu* [*narau*] 故知に学ぶ(倣う) Aprender dos …

kóchi³ 拘置 A detenção. ★ ~ *suru* 拘置する Deter「o criminoso」. ◇ ~**sho.** ⓢ/同 Kōryū¹.

kóchi² [óo] 高地 A terra alta; o planalto; a montanha. ⓢ/同 Kōgén. Ⓐ/反 Teíchí. ⇨ takái¹.

kṓchi[3] [**óo**] 耕地 A terra arável [cultivável]. ◇ ~ **menseki** 耕地面積 A área cultivada. [S/同] Nṓchi.
kṓchi[4] [**óo**] コーチ (< Ing. coach) O treinador.
kṓchi[5] [**óo**] 巧緻【E.】A perfeição requintada. [S/同] Seíkṓ[3].
kochíkóchí こちこち【On.】 **1** [乾いて·凍って堅いさま] ★ *Kawaite* [*Kōtte*] ~ *no* 乾いて [凍って] こちこちの Que secou [gelou] e ficou duro (Pomada/peixe). **2** [がんこで融通のきかぬさま] *Kare wa atama ga* ~ *da* 彼は頭がこちこちだ Ele é casmurro/cabeça-dura. ⇨ gánko. **3** [緊張して] *Kare wa* ~ *ni natte suwatte ita* 彼はこちこちになって座っていた Ele estava sentado todo tenso. ⇨ kińchṓ[1].
kṓchíkú [**oó**] 構築 A construção. ★ ~ *suru* 構築する Construir. ⇨ keńchíkú.
kṓchin [**óo**] 工賃 O custo da mão de obra. ⇨ chíngin[1].
kochírá こちら **1** [話し手に近い場所] Aqui. ~ *de o-machi kudasai* こちらでお待ちください Espere ~ por favor. [S/同] Kokó (+). **2** [話し手の方] Este lado; eu. *Gakkō wa kawa no* ~ *ni aru* 学校は川のこちらにある A escola fica deste lado do rio. **3** [この方向] Esta dire(c)ção. ~ *e dōzo* こちらへどうぞ Por aqui, por favor. **4** [この物·人] Esta coisa [pessoa]. ~ *no hō ga yasui* こちらの方が安い Este「carro」é mais barato. [P/ことわざ] *Achira tatereba* ~ *ga tatazu* あちら立てればこちらが立たず Não se pode contentar a gregos e troianos [a toda a gente]. **5** [当方] Eu; nós. *Hiyō wa* ~ *mochi da* 費用はこちら持ちだ Eu pago (a conta). [S/同] Kotchí; tṓhō. ⇨ achírá; sochírá.
kṓchí-shó [**oó**] 拘置所 A prisão [O posto/lugar de detenção]. ⇨ kṓchi[1].
kṓchízon [**oó**] コーチゾン【Bioq.】A cortisona.
kochṓ 誇張 O exagero (Ex.: ~*hō* = a hipérbole).
kṓchṓ[1] [**koó-**] 好調 A boa forma「dos jogadores」. ★ ~ *ni hakobu* 好調に運ぶ Progredir favoravelmente; correr bem.
kṓchṓ[2] [**koó-**] 校長 O dire(c)tor da escola. [S/同] Gakkṓchō. ⇨ gakúchṓ; sṓchō[2].
kṓchṓ[3] [**koó-**] 高潮 **1** [満潮の極限に達した状態] A maré alta. ⇨ mańchṓ. **2** [絶頂] O ponto culminante. [S/同] Kyokútén; zetchṓ (+).
kṓchṓ[4] [**koó-**] 紅潮【E.】O rubor. ★ *Amari no hazukashisa ni hō o* ~ *saseru* あまりの恥ずかしさに頬を紅潮させる Ficar ruborizado [com as bochechas vermelhas] de vergonha; corar de vergonha.
kṓchṓ[5] [**koó-**] 腔腸【Zool.】O (animal) celenterado (Actínia, medusa). ◇ ~ **dōbutsu** 腔腸動物 Os (animais) celenterados.
kṓchṓ-kai [**koóchóo-**] 公聴会 Uma audiência pública. ★ ~ *o hiraku* 公聴会を開く Realizar uma ~.
kṓchókú[1] [**oó**] 硬直 O endurecimento; a rigidez. ★ ~ *suru* 硬直する Endurecer; enrigecer. ◇ **Shigo** ~ 死後硬直 A ~ cadavérica. **Zaisei** ~ **ka** 財政硬直化 A estagnação financeira. ⇨ katáí[1].
kṓchoku[2] [**óo**] 交直【Ele(c)tri.】A corrente alterna(da) e a corrente dire(c)ta. ⇨ chokúryū́; kṓryū́[2].
kṓchū[1] [**óo**] 口中 Dentro da boca. ◇ ~ **seiryōzai** 口中清涼剤 O remédio para bochechar. ⇨ kuchí.
kṓchū́[2] [**oó**] 甲虫【Zool.】O escaravelho.
kṓda [**óo**] 好打【Bas.】Uma boa tacada. ◇ **Kōshu** ~ 好守好打 ~ e uma boa pega. ⇨ ~ **sha**.
kó-dachi[1] 木立ち (< kí[2] + tátsu) Um arvoredo; um pequeno bosque.
kó-dachi[2] 小太刀 (<… [8] + táchi) A espada pequena; o espadim. [S/同] Wakí-záshí. [A/反] Ṓ-dachi.
kódai[1] 古代 A antiguidade; os tempos antigos. ★ ~ *no ibutsu* 古代の遺物 As ~s; uma preciosidade. ◇ ⇨ ~ **jin**[**shi**].
kodáí[2] 誇大【E.】O exagero; a extravagância. ◇ ~ **mōsō** 誇大妄想 A mania de grandeza [da ~]; a megalomania. ⇨ kochṓ; ṓ-gésá.
kṓdáí[1] [**oó**] 広 [宏] 大 A vastidão; a imensidão. ★ ~ *na tenchi* 広大な天地 ~ do universo. ◇ ~ **muhen** 広大無辺 ~ infinita [sem limites].
kṓdáí[2] [**oó**] 工大 (Abrev. de kōka daigaku) A Faculdade de Engenharia.
kṓdai[3] [**óo**] 後代 ⇨ kṓsei[3].
kodái-jin 古代人 Os antigos. [A/反] Geńdáijin. ⇨ kódai[1].
kodái-shi 古代史 A história antiga. [A/反] Geńdái-shi. ⇨ kódai[1].
ko-dákái 小高い (<… [8] + takái) Não muito elevado. ★ ~ *oka* 小高い丘 A (pequena) colina.
ko-dákárá 子宝 (<… [1] + takárá) A riqueza de ter um filho. ★ ~ *ni megumareru* 子宝に恵まれる Ter filhos.
kodámá 木霊 **1** [木の精] A dríade [divindade dos bosques]. **2** [山びこ] O eco. ★ ~ *suru* 木霊する Ecoar; fazer eco. [S/同] Ékō; yamábíkó. ⇨ hańkyṓ[1].
kṓdáń[1] [**oó**] 公団 A empresa pública. ◇ ~ **jūtaku** 公団住宅 Casas duma ~.
kṓdáń[2] [**oó**] 講談 Um conto [Uma história]「de samurais」.
kṓdáń[3] [**oó**] 講壇【E.】A tribuna; a cátedra; o púlpito (de igreja). [S/同] Eńdáń (+).
kṓdáń[4] [**oó**] 降壇【E.】O descer da tribuna. ★ ~ *suru* 降壇する … [A/反] Tṓdáń.
kṓdáń[5] [**oó**] 後段 A última parte「da palestra/representação」. [A/反] Zeńdáń.
kṓdáń-bóń [**oó**] 講談本 (<… [2] + hón) Um livro de contos「de samurais」.
ko-dáné 子種 (<… [1] + táne) **1** [精子] O esperma. [S/同] Séishi (+). **2** [家の血統を継ぐべき子供] O filho [herdeiro]. [S/同] Kodómó (+). ⇨ shíson.
kṓdán-sha [**oó**] 高段者 Um jogador [lutador] de escalão alto「no judo」.
kṓ-dánshi[1] [**oó**] 好男子 **1** [美男] Um (homem) pimpão. [S/同] Bínan (o); iró-ótoko (+). **2** [快男児] Um homem alegre [bem disposto]. [S/同] Kaí-dánji; kṓkáń.
kṓdán-shi[2] [**oó**] 講談師 Um narrador (profissional) de histórias; o jogral [trovador] (H.).
kṓ-dásha [**oó**] 好打者【Bas.】Um bom batedor.
ko-dáshí 小出し (<… [8] + dásu)「pagar/avisar」Aos poucos (Ex.: ~ *ni iu* = falar por rodeios [ladear a questão]). ★ ~ *ni suru* 小出しにする Tirar「do banco」em pequenas quantidades.
kodáwárí こだわり (< kodáwáru) O não se importar「com a fama」; o não fazer caso「do dinheiro」; o ter「as suas」reservas. ★ ~ *naku* こだわりなく Sem preconceitos [fazer questão]. ~ *o suteru* こだわりを捨てる Deixar de lado os preconceitos. [S/同] Kṓdéí; wadákámárí.
kodáwáru こだわる Agarrar-se「a niquices」; preocupar-se demasiadamente「com」; ser niquento/picuinhas. ★ *Keishiki ni* ~ 形式にこだわる Pre-

ocupar-se com formalismos. *Shōji ni* ～ 小事にこだわる Preocupar-se com ninharias. [S/同] Kṓdéí.

kṓdéí [**oó**] 拘泥 O prender-se [preocupar-se]. *Kare wa sasai na koto ni* ～ *shi-sugiru* 彼は些細なことに拘泥しすぎる Ele preocupa-se demais com coisas pequenas. [S/同] Wadákámárí. ⇨ kodáwáru.

kṓdéń[1] [**oó**] 香典[奠] Uma oferenda (em dinheiro) em sinal de condolência, nos funerais j. [S/同] Kṓryṓ.

kṓdéń[2] [**oó**] 公電 Um telegrama oficial. ⇨ deń-pṓ[1].

kódo 弧度【Mat.】Uma unidade de medida circular; o radiano. [S/同] Rájian.

kodṓ 鼓動 A palpitação; a pulsação; o bater (do coração). ★ *Shinzō no* ～ *ga hageshiku naru* 心臓の鼓動が激しくなる Ficar com o coração aos pulos; aumentar a ～.

kṓdo[1] [**óo**] 高度 **1** [海水面からはかった空間の高さ] A altitude. ◇ ⇨ **～ kei. Hikō ～** 飛行高度 ～ do voo. **Kaibatsu ～** 海抜高度「mil metros de」～ (acima) do nível do mar. ⇨ tákasa. **2** [程度のはなはだしいようす; 高級] A alta qualidade ou grau. ◇ **～ keizai seichō** 高度経済成長 Um grande desenvolvimento econó[ô]mico. [S/同] Kṓkyū (+); kṓtṓ.

kṓdo[2] [**óo**] 光度 A luminosidade; o brilho. ★ *Hoshi no* ～ 星の光度 ～ de uma estrela. *Shōmei no* ～ 照明の光度 O ～ das iluminações. ⇨ shṓdo[1].

kṓdo[3] [**óo**] 硬度 **1** [物体の硬さの度合]【Fís.】A [O grau de] dureza. ⇨ katásá. **2** [水 100 立方センチメートル中に溶けている石灰の量をミリグラムの単位で表わしたもの] A dureza. ★ *Mizu no* ～ 水の硬度 ～ da água (O grau「de cálcio」dela). ⇨ kṓsúí[2]; nań-súí.

kṓdo[4] [**óo**] 黄土 A terra amarela (Com ocre).

kṓdo[5] [**óo**] コード (< Ing. cord < L.) **a)** O fio (elé(c)trico); **b)**【Mús.】O acorde「perfeito」.

kṓdo[6] [**óo**] コード (< Ing. code < L.) **1** [規定] O código. ◇ **Puresu ～** プレスコード ～ da imprensa. **2** [符号] O código; a cifra.

kṓdṓ[1] [**koó**] 行動 A a(c)ção; o comportamento; a conduta; o procedimento. ★ ～ *ga kibin de aru* 行動が機敏である Ser rápido em agir. ～ *o okosu* 行動を起こす Começar um movimento「de protesto」.「*Katte na*」～ *o toru*「勝手な」行動を取る Agir「egoisticamente」. ～ *suru* 行動する Agir; comportar-se; proceder. ～ *teki na* 行動的な A(c)tivo. ◇ **～ han'i** 行動範囲 A esfera de a(c)ção. **～ hankei** 行動半径 O raio de a(c)ção「do avião」. **Dantai ～** 団体行動 O comportamento em [do] grupo. **Gunji ～** 軍事行動 Uma a(c)ção militar. **Jiyū ～** 自由行動 A liberdade de a(c)ção. ⇨ dṓsa; kṓí[1].

kṓdṓ[2] [**koó-**] 講堂 A sala de conferências; o auditório; o salão (de a(c)tos).

kṓdṓ[3] [**koó-**] 公道 **1** [公の所有する道] Um caminho ou via pública. [A/反] Shidṓ. **2** [正しい道理] O bom caminho. [S/同] Seídṓ.

kṓdṓ[4] [**koó-**] 坑道 A galeria (de mina); a passagem subterrânea; o túnel.

kṓdṓ[5] [**koó-**] 黄道【Astr.】A eclíptica (Órbita) do sol. ◇ ⇨ **～ kichinichi. ～ tai** 黄道帯 zodíaco.

kṓdṓ[6] [**koó-**] 黄銅 O cobre amarelo; o latão. ★ ～ *iro no* 黄銅色の Cor de cobre. [S/同] Shińchū (+).

ko-dṓgu [**óo**] 小道具【Te.】Os adereços [acessórios] de contra-regra. [A/反] Ṓ-dṓgu. ⇨ dṓgú-kátá.

kṓdó-kéí [**oó**] 高度計 O altímetro. ⇨ kṓdo[1].

kṓdṓ-kíchíníchí [**koó**] 黄道吉日 (⇨ kṓdṓ[5])【E.】Um dia auspicioso [de boa sorte]. ⇨ ṓdō[3].

kodókú 孤独 A solidão; o isolamento. ★ ～ *ni taeru* 孤独に堪える Aguentar a [Gostar da] ～ (Ex.: ～ *o kanjiru* = sentir-se só [triste]; ～ *kyōfushō* = monofobia). [S/同] Hitórí-bótchi.

kṓdókú[1] [**oó**] 購読 A assinatura (de qualquer publicação periódica); a subscrição. ★ ～ *o mōshikomu* 購読を申し込む Fazer uma ～. ◇ **～ ryō (kin)** 購読料(金) O preço da ～. **～ sha-sō** 購読者層 A camada de assinantes.

kṓdókú[2] [**oó**] 講読 A leitura. ⇨ yómu[1].

kṓdókú[3] [**oó**] 鉱毒 A poluição mineral.

kodómó 子供 **1** [年の幼い少年・少女] A criança; o menino; o garoto. ★ ～ *no hi* 子供の日 [祝日] Dia das crianças (⇨ tángo[3]). ～ *no toki kara* 子供の時から Desde menino. ～ *rashii* 子供らしい「sorriso」Infantil. [I/慣用] ～ *no tsukai* 子供の使い Um erro absurdo; coisa de louco「criança」. ～ *wa kaze no ko* 子供は風の子 As crianças são para andar ao ar livre, ao vento e ao frio. ◇ **～ beya** 子供部屋 O quarto para as crianças. **～ fuku** 子供服 A roupa para crianças. [A/反] Otóná. ⇨ gakí; shṓjo; shṓnéń; yṓji[2]. **2** [自分の子供] O filho. ★ ～ *ga dekiru* 子供ができる Engravidar [Ter filhos]. ～ *o umu* 子供を産む Dar à luz (um filho). [P/ことわざ] ～ *no kenka ni oya ga deru* 子供のけんかに親が出る Os pais não podem ver os filhos a brigar. **3** [精神的に幼いもの] Uma criança. *Kimi wa mada-mada* ～ *da* 君はまだまだ子供だ Você ainda é ～! ★ ～ *jimita* 子供じみた Infantil; pueril. **4** [生物のまだ十分に成熟しないもの] O filhote「da raposa」. [S/同] Ko[1].

kodómó-átsukai 子供扱い (<… **1** + atsúkáu) **1** [子供の世話] O tratar [cuidar] de crianças. [S/同] Komóri. **2** [みくびって子供のように扱うこと] O tratar como (se fosse) uma criança. ★ ～ *suru* [*sareru*] 子供扱いする [される] … [Ser tratado…].

kodómó-dámashi 子供騙し (<… **1** + damásu) O (truque para) enganar crianças. ★ ～ *no shina* 子供騙しの品 Uma bugiganga.

kodómó-gókoro 子供心 (<… **1** + kokóro) O ser ainda criança. *Sobo no shi wa* ～ *ni mo kanashikatta* 祖母の死は子供心にも悲しかった A morte da avó foi triste até para os netinhos.

kodómó-múkí 子供向き (<… **1** + mukú) (Próprio) para crianças.

kodómóppói 子供っぽい Infantil; pueril. ⇨ -pói.

kodómó-zúkí 子供好き (<… **1** + súku) O gostar de crianças.

kṓdṓ-ryoku [**oódóo**] 行動力 A a(c)tividade [energia/vitalidade]. ★ ～ *ōsei na hito* 行動力旺盛な人 Uma pessoa muito a(c)tiva.

kṓdyúroi [**oó**] コーデュロイ (< Ing. corduroy) A bombazina; o veludo de algodão. [S/同] Kṓrútéń (+).

kóe[1] 声 **1** [人や動物が発声器官を使って出す音] A voz. ★ ～ *ga deru* 声が出る Falar. ～ *o agete naku* 声を上げて泣く Chorar alto. ～ *o furuwasete* 声を震わせて Com a voz trémula. ～ *o hariageru* 声を張り上げる Esganiçar-se. ～ *o hisomeru* [*chīsaku suru*; *otosu*] 声をひそめる[小さくする; 落とす] Baixar a voz. ～ *o kagiri ni sakebu* 声を限りに叫ぶ Gritar a plenos pulmões. ～ *o karasu* 声をからす Ficar rouco [com a voz rouca]「de tanto gritar」. ～ *o tateru* 声を立てる

K

「se」Abrir a boca 「mato-o」; falar. *Chīsai* ~ *de sasayaku* 小さい声でささやく Sussurrar; ciciar; falar baixinho. *Hana ni kakatta [Amattarui]* ~ 鼻にかかった[甘ったるい]声 A voz nasal (boca; melada). *Ōkina* ~ *de wa ienai ga* 大きな声では言えないが Isto fica só [cá] entre nós. *Okotta* ~ 怒った声 O tom zangado. *Tori no* ~ 鳥の声 O gorjeio [canto/chilreio]. *Yasashii* ~ 優しい声 A voz doce [delicada; amável]. *Yoku tōru* ~ 良く通る声 A voz clara (Boa para gravar). 【I/慣用】~ *wa suredo mo sugata wa miezu* 声はすれども姿は見えず Ouve-se a voz, mas não se vê a figura. **2** [考え; 意見] A voz; a opinião. ★ ~ *naki taishū* 声なき大衆 O povo sem [que não tem] voz. *Dokusha [Shichōsha] no* ~ *o kiku* 読者 [視聴者] の声を聞く Ouvir a ~ dos leitores [ouvintes]. ⇨ kańgáe (+). **3** [物が振動して発する音・響き] O som; a voz; o ruído. ★ *Dotō no* ~ 怒涛の声 O ruído das ondas (vagas) encapeladas. ⇨ hibíkí; otó. **4** [言葉] A palavra. ★ ~ *o kakeru* 声をかける Dirigir a 「a」. *Kami no* ~ 神の声 → [voz] de Deus. ⇨ kotóbá. **5** [気配] Os indícios; a chegada. ★ *Haru no* ~ *o kiku* 春の声を聞く Sentir os/a ~ da primavera. ⇨ Kéhai.

koé[2] 肥 O adubo; o esterco (Tb. humano); o estrume. ◇ ⇨ **~dame**. [S/同] Híryō (o); koyáshí (+). ⇨ jińpúń.

ko-edá 小枝 Um galhinho [raminho].

koé-dámé 肥溜 (<...[2] + tamérú) A sentina; a cloaca; a estrumeira.

koé-gákari 声掛かり (<...[1] + kakárú[1]) ⇨ o-kóégá-kari.

koé-gáwari 声変わり (<...[1] + kawárú) A mudança de voz (na puberdade). ⇨ heńséi-ki.

kóéi[1] [óó] 光栄 A honra. ★ ~ *desu* 光栄です É 「para mim」uma ~. ~ *ni mo* 光栄にも Com muita honra. ~ *no itari* 光栄の至り É a maior honra. ~ *to suru tokoro de aru* 光栄とするところである Sentir-se honrado. [S/同] Éiyó; homáré; kókí. ⇨ eíkó[1].

kóéi[2] [óó] 公営 A administração pública. ◇ **~ gyanburu** 公営ギャンブル A lota[e]ria de ~. [A/反] Shiéi. ⇨ kokuéi.

kóéi[3] [óó] 後衛 **1** [軍の] A retaguarda. [A/反] Zeńéi. **2**[(D)esp.] A defesa. ⇨ chúéí; zeń·éi.

kóéi[4] [óó] 後裔 【E.】 O descendente.

kóéki[1] [óó] 公益 O interesse público [da comunidade]; a utilidade pública. ★ ~ *o hakaru* 公益を図る Pensar no/a ~. ◇ **~ hōjin** 公益法人 A pessoa jurídica de ~. **~ jigyō** 公益事業 O serviço de ~ [As obras públicas].

kóéki[2] [óó] 交易 O comércio; o tráfico. ★ ~ *suru* 交易する Comerciar. ◇ **Jiyū ~** 自由交易 → livre. **Kokusai ~** 国際交易 → internacional. ⇨ bóéki[1].

kóén[1] [óó] 公園 Um jardim público; o parque 「de Yoyogi」. ◇ ⇨ ; teíéń.

kóén[2] [óó] 後援 **1** [かげの力となって助けること] O patrocínio; o apoio 「do Estado/Governo」. ★ ~ *suru* 後援する Patrocinar; apoiar. ◇ **~ kai** 後援会 A comissão [O grupo] de apoio; os patrocinadores. ⇨ **~ sha**. [S/同] Kyōsáń; shirí·óshí; ushíró·dáté. **2** [後の援軍] O reforço. ★ ~ **butai** 後援部隊 Os reforços; a unidade (militar) de ~. ⇨ eńgúń.

kóén[3] [óó] 講演 Uma conferência. ★ ~ *suru* 講演する Fazer ~. ◇ **~ kai** 講演会 Uma (reunião para) ~. [S/同] Eńzétsú; kōgí[1].

kóén[4] [óó] 公演 Uma representação; 「dar」 um concerto [espe(c)táculo]. ~ *chū de aru* 公演中である Estar em cena [cartaz]. ~ *suru* 公演する Representar; dar. ◇ **Hatsu ~** 初公演 A ~ inaugural. [S/同] Jóéń.

kóén[5] [óó] 好演 Uma boa representação. ★ ~ *suru* 好演する Representar bem 「o papel de rei」.

kóén[6] [óó] 口演 【E.】 A narração; a recitação 「de "Heike monogatari"」. ★ ~ *suru* 口演する Narrar.

kóén[7] [óó] 高遠 El O ser nobre. ★ ~ *na risō o idaku* 高遠な理想を抱く Ter um nobre [grande] ideal. [S/同] Eńdáí; kōdáí (+); kómái.

kóén-sha [óó] 後援者 O patrocinador; o apoiante. ⇨ kóén[2].

kóén-sha[2] [óó] 講演者 O conferencista. ⇨ kóén[3].

koérú[1] 越える **1** [障害となるものを通り過ぎて向かへ行く] Atravessar; transpor. ★ *Kokkyō o* ~ 国境を越える ~ a fronteira. *Yama o* ~ 山を越える ~ a montanha. ⇨ tōrí·súgíru; yokó·gíru. **2** [ある時間・時期を過ごす] Passar. *Koete senkyuhyakuhachijū-nen* 越えて 1980 年 Já é [estamos em] 1980.

koérú[2] 超える **1** [ある基準を上回る] Passar de; exceder. *Sankasha wa sen-nin o koeta* 参加者は 1000 人を超えた O número de participantes passa de 1000. [S/同] Uwá·máwáru. **2** [超越する] Transcender 「os próprios interesses」; estar acima de. ★ *Ningen no nōryoku no koeta chikara* 人間の能力を超えた力 Uma força sobre-humana [que supera a capacidade do homem]. ⇨ Chōétsú súrú.

koérú[3] 肥える **1** [太る] Engordar. *Kare wa saikin koete kita* 彼は最近肥えてきた Ele tem engordado/Ele engordou ultimamente. [S/同] Futóru (+). **2** [地味が豊かになる] Ficar (mais) produtivo. ★ *Koeta tochi* 肥えた土地 A terra fértil (produtiva). ⇨ chímí. **3** [資産などが増大する] Aumentar. **4** [良い悪いを見分ける力が向上する] Afinar. 【I/慣用】*Me ga koeru* 目が肥える Ter olhos 「para apreciar a beleza」. *Shita ga koeru* 舌が肥える Ter um paladar refinado. ⇨ kōjō[2].

kóétsú [óó] 校閲 A revisão (de provas/manuscrito). ★ ~ *suru* 校閲する Rever. ◇ **~ sha** 校閲者 O revisor. [S/同] Etsúdókú; kōétsú; kōtéí.

kofū 古風 A maneira antiga. ★ ~ *na* 古風な 「estilo de casa」Antigo; 「um modo de pensar」antiquado. ~ *na hito* 古風な人 Uma pessoa antiquada 「Um bota de elástico」. ⇨ fúrúsa; mukáshí.

kófu[1] [óo] 交付 **a)** A entrega 「de um mandato judicial」; **b)** A emissão [passagem] de passaporte」. ★ ~ *suru* 交付する Entregar; emitir [passar]. *Uketorishō no* ~ *o seikyū suru* 受取証の交付を請求する Pedir (que passem) o recibo. ⇨ **kin**.

kófu[2] [óo] 公布 [Dir.] A promulgação; a publicação oficial 「de uma lei」. ★ ~ *suru* 公布する Promulgar; publicar oficialmente. [S/同] Kokují.

kófu[3] [óo] 工夫 O trabalhador braçal.

kófu[4] [óo] 坑夫 O mineiro de minas de carvão.

kófu[5] [óo] 鉱夫 O mineiro.

kofū [óo] 校風 O espírito [A tradição] de uma escola.

kófū-kín [óo] 交付金 O subsídio. ⇨ kofu[1].

kófúkú[1] [óo] 幸福 A felicidade. ★ ~ *na isshō* [jinsei] 幸福な一生 [人生] Uma existência [vida] feliz. ~ *o inoru* 幸福を祈る Rezar pela felicidade (de alguém). ◇ **~ kan** 幸福感 [Psic.] A euforia; o

sentimento de ～. **～ ron** 幸福論【Fil.】O eudemonismo. [S/同] Shiáwásé. [A/反] Fukṓ.
kṓfúkú[2] [oó] 降伏 A rendição; a capitulação. ★ ～ *suru* 降伏する Render-se; capitular; entregar-se. *Mujōken de* ～ *saseru* 無条件で降伏させる Obrigar (o inimigo) a render-se incondicionalmente. *Zenmen-teki* ～ 全面的降伏 ～ total. [S/同] Kṓsán.
kṓfúkú[3] [oó] 校服 O uniforme escolar. ⇨ seífúkú[2].
kofúń 古墳 a) O túmulo antigo; b)【H./J.】O túmulo dos imperadores e outros nobres antigos em forma de montículo. ◇ **～ jidai** 古墳時代 A era "kofun" [Yamato: séc.Ⅳ-Ⅶ].
kṓfúń[1] [oó] 興[昂]奮 a) A excitação; b) O ficar nervoso. ★ ～ *ga shizumaru* 興奮がしずまる Ficar calmo. ～ *o shizumeru* 興奮をしずめる Dominar os nervos [a ～]. ～ *suru* 興奮する Ficar (todo) excitado [nervoso]. ★ ～ *shite* 興奮して Excitado [Com os nervos]「bateu no filho」. ～ *shiyasui* 興奮しやすい Excitável. ◇ **～ jōtai** 興奮状態 O estado de excitação. ⇨ **～ zai**.
kṓfúń[2] [oó] 口吻【E.】O modo de falar; o tom. ★ ～ *o morasu* 口吻を漏らす Revelar [Deixar transparecer/Dar a entender]; mostrar pelo ～「que vai casar」. [S/同] Hanáshíbúrí (+); kuchíbúrí (o); kuchṓ.
kṓfúń[3] [oó] 公憤【E.】A justa indignação. ★ ～ *o oboeru* 公憤を覚える Sentir ～「contra a invasão」. [S/同] Gifúń. [A/反] Shifúń.
kṓfúń-záí [oó] 興奮剤 O excitante; o estimulante. ⇨ kṓfúń[1].
kóga 古雅 A elegância (no estilo); a beleza clássica.
kṓga [óo] 高雅【E.】A elegância; o refinamento.
kógai[1] 戸外 Fora de casa; ao ar livre. ★ ～ *de asobu* 戸外で遊ぶ Brincar ～. [S/同] Okúgai (+); yágai (o). [A/反] Okúnai.
ko-gáí[2] 子飼い (< kodómó + káu) O criar「um cão」desde pequeno. ★ ～ *no shiyōnin* 子飼いの使用人 O empregado da [criado em] casa.
kṓgáí[1] [oó] 公害 A poluição (do meio ambiente). ★ ～ *o hikiokosu* 公害を引きおこす Causar ～. ◇ **～ byō** 公害病 A doença causada pela ～. **～ mondai** 公害問題 O problema de ～. **～ taisaku kihon-hō** 公害対策基本法【Dir.】A lei básica contra a ～. **Sōon ～** 騒音公害 ～ sonora. ⇨ oséń.
kṓgai[2] [óo] 郊外 Os subúrbios [arredores/A periferia]. ◇ **～ densha** 郊外電車 O comboio [trem] suburbano. [S/同] Kińkṓ. ⇨ shígai[1].
kṓgáí[3] [oó] 口外 A revelação. *Kono ken wa zettai ni* ～ *shite kureru na* この件は絶対に口外してくれるな Não revele isto a ninguém! [S/同] Tagóń. ⇨ tsugé-gúchí.
kṓgáí[4] [óo] 校外 Fora da escola. ★ ～ *no* [*de*; *ni*] 校外の[で; に]Fora da escola. ～ [*Kagai*] *katsudō* 校外[課外]活動 As a(c)tividades circum-escolares. [A/反] Kṓnai[1].
kṓgáí[5] [óo] 港外 Fora do porto. [A/反] Kṓnai[4]. ⇨ minátó.
kṓgai[6] [óo] 坑外 A superfície da mina. ◇ **～ sagyō** [**rōmu**] 坑外作業[労務] O trabalho à ～. [A/反] Kṓnai[2].
kṓgáí[7] [oó] 口蓋【Anat.】O palato; o céu da boca. ★ ～ *no* 口蓋の Palatal.
kṓgáí[8] [oó] 梗概 O sumário; a sinopse [o epítome]「da literatura j.」; a síntese; a recapitulação; o resumo「da lição」. ★ ～ *o noberu* 梗概を述べる Dar um ～; fazer ～. [S/同] Arámáshí (+); arásújí (o); taíryákú (+); taíyṓ (+).
kṓgáí[9] [oó] 慷慨 A indignação. ◇ **～ ka** 慷慨家 Um indignado [insatisfeito]「com a situação」. ⇨ hifúń ◇.
kṓgáí[10] [oó] 鉱害 A poluição [Os danos] causada [os] pela mineração.
kṓgái-on [oó] 口蓋音【Gram.】O som palatal. ⇨ kṓgáí[7].
ko-gáisha 子会社 (< …[1] + kaíshá) Uma subsidiária; uma (companhia) afiliada. [A/反] Oyá-gáisha. ⇨ shitéń[1].
kógaku 古学【A.】O estudo dos clássicos「chineses」. ⇨ júgaku; kokúgaku.
kṓgákú[1] [oó] 工学 A engenharia. ◇ **～ bu** 工学部 A Faculdade de ～. **～ hakase** [**shūshi**] 工学博士[修士]Engenheiro. **Denki ～** 電気工学 ～ elé(c)trica. **Denshi ～** 電子工学 ～ ele(c)tró[ô]nica. **Doboku ～** 土木工学 ～ civil. **Kagaku ～** 化学工学 ～ química. **Kikai ～** 機械工学 ～ mecânica. **Ningen ～** 人間工学 ～ humana. **Shisutemu ～** システム工学 ～ de sistemas. **Uchū ～** 宇宙工学 ～ espacial.
kṓgákú[2] [oó] 光学 A ó(p)tica. ◇ **～ kikai** 光学器械 Um instrumento ó(p)tico.
kṓgákú[3] [oó] 高額 Uma soma [importância] grande. ◇ **～ shotokusha** 高額所得者 Uma pessoa com muitos ingressos. [S/同] Tagákú. [A/反] Teígákú.
kṓgákú[4] [oó] 後学 **1** [後進の学徒] Um futuro especialista. [A/反] Seńgákú. **2** [後日の参考] A consulta [informação] arquivada. ★ ～ *no tame* (*ni*) 後学のため(に) Para futura informação.
kṓgákú[5] [oó] 向学 A paixão pelo [inclinação para o] estudo. ◇ ⇨ **～ shin**.
kṓgákú[6] [oó] 好学 O amor do saber. ★ ～ *no shi* [*to*] 好学の士[徒] Um amante do saber.
ko-gákure 木隠れ (< ki[2] + kakúréru) O estar escondido [tapado] pelas árvores.
kṓgáku-shin [oó] 向学心 A curiosidade intele(c)tual. ⇨ kṓgákú[5].
ko-gámó 小鴨 (< …[8] + kámo)【Zool.】O pato bravo, pequeno; *anas crecca*.
kṓgáń[1] [oó] 厚顔【E.】A insolência; o descaramento. ◇ **～ muchi** 厚顔無恥 Descarado; des(a)vergonhado. [S/同] Tetsúménpi. ⇨ atsúkámáshíi; zūzū́shíi.
kṓgáń[2] [oó] 紅顔【E.】O rosto rosado. ★ ～ *no bishōnen* 紅顔の美少年 Um (belo) rapaz de ～ [cara corada].
kṓgáń[3] [oó] 睾丸【Anat.】O testículo; a glândula sexual masculina. [S/同] Kińtáma (+).
kogáné[1] 黄金 **1** [金] O ouro. ★ ～ *no nami* 黄金の波 As searas douradas「de arroz」a ondular. ◇ **～ iro** 黄金色 A cor de ouro. [S/同] Kín (+); ṓgóń. ⇨ akágáné; kurógáné; shirógáné. **2** [金貨] O ouro; a moeda de ouro. [S/同] Kínka (o); ṓgóń (+).
ko-gáné[2] 小金 (< …[8] + kané) Pouco [Uma pequena quantia de] dinheiro「no bolso」; uns cobres.
kogáné-mushi 黄金虫【Zool.】Um bezou[oi]ro; *mimela splendens*.
ko-gárá 小柄 **1** [体がふつうより小さいようす] A estatura pequena. ★ ～ *na* [*no*] 小柄な[の] De ～. [S/同] Ko-zúkuri. [A/反] Ṓgárá. **2** [着物のしまや模様が細かいようす] O desenho「de florinhas no vestido」em ponto (Tamanho) pequeno. [A/反] Ṓgárá.

K

kogárashi 凩・木枯らし O vento frio e seco de inverno.
kogáré-jíní 焦がれ死に (< kogáréru + shinú) O morrer de amores. ★ ~ *suru* 焦がれ死にする …
kogáréru 焦がれる **1** [あこがれる] Ansiar; estar morto por「voltar para a terra」. [S/同] Akógáréru (+). **2** [いちずに慕い思う] Estar apaixonado por. ★ ⇨ **koi** [**machi; omoi**] **~**. [S/同] Koíshígáru; koíshítáu (+).
kogásu 焦がす **1** [火で物を焼いて黒くする] Chamuscar; esturrar. ★ *Kogashita go-han* 焦がした御飯 O arroz esturrado. ⇨ moyású; yakú[7]. **2** [切ない思いで心を悩ます] Estar a arder. ★ *Mune o* ~ 胸を焦がす Apaixonar-se por alguém. ⇨ kogáréru.
kogátá 小形 [型] O tamanho pequeno. ◇ **~ torakku** 小型トラック Um cami(nh)ão pequeno. [A/反] Ōgátá.
kogátá-ká 小型化 O reduzir o tamanho.
ko-gátána 小刀 (<… + katána) **1** [小さな刃物] A faca; o canivete; a navalha. [S/同] Náifu. **2** [武士が脇差しにそえてさした小さな刀] O espadim [sabre]. [S/同] Ko-zúká; shṓtṓ.
ko-gáwase 小為替 (<… [8] + kawásé) O vale postal.
kogé 焦げ (< kogéru) O「gostar do」queimado. ★ *Go-han no o-*~ ご飯のお焦げ O arroz ~ [esturrado].
kṓge[1] [óo] 香華 [花] Os incensos e as flores de oferenda.
kṓge[2] [óo] 高下【E.】[官位などの高いことと低いこと] **a**) A diferença「na qualidade do artigo」; **b**) A oscilação「do preço」; **c**) O estar acima ou abaixo.
kogéchá(író) 焦げ茶 (色) A cor marrom (B.) escura; o castanho escuro. [S/同] Kasshókú.
kṓgéí [oó] 工芸 As artes e ofícios. ◇ **~ gakkō** 工芸学校 A escola politécnica [de ~]. **~ gaku** 工芸学 O estudo das ~. ⇨ **~ hin. Bijutsu ~** 美術工芸 A arte manual; o artesanato.
kṓgéí-híń [oó] 工芸品 O artesanato; o obje(c)to de arte manufa(c)turado.
kṓgéí-ká [oó] 工芸家 O artífice; o artesão.
kṓgékí [oó] 攻撃 **1** [攻めうつこと] O ataque. ★ ~ *o fusegu* 攻撃を防ぐ Defender-se de um ~. ~ *o kakeru* [*kuwaeru*] 攻撃をかける [加える] Atacar; lançar um ~. ~ *o ukeru* 攻撃を受ける Sofrer um ~. ~ *suru* 攻撃する Atacar. ~ *teki na taido* 攻撃的な態度 A atitude agressiva. ◇ **~ mokuhyō** 攻撃目標 O alvo do ~. **~ taisei** 攻撃態勢 A posição de ~. **Kishū ~** 奇襲攻撃 ~ (de) surpresa; o assalto. **Shōmen** [**Sokumen; Haimen**] **~** 正面 [側面; 背面] 攻撃 ~ pela frente [pelo flanco/lado; retaguarda]. [A/反] Shúbi. ⇨ seméru[1]. **2** [非難] O ataque; a crítica; a acusação. ★ ~ *no ya-omote ni tatsu* 攻撃の矢面に立つ Ser alvo de ~. ◇ **Jinshin ~** 人身攻撃 ~ pessoal. [S/同] Hínan (+); rońnán.
kogé-kúsái 焦げ臭い (< kogé + …) Que cheira a queimado [a esturro].
kṓgéń[1] [oó] 高原 O planalto. ◇ **~ chitai** 高原地帯 A zona planáltica. ⇨ heígén; kṓchi[2].
kṓgéń[2] [oó] 巧言【E.】A lisonja; as falinhas doces. [I/慣用] ~ *reishoku sukunashi jin* 巧言令色鮮し仁 Não esperes bom pará(c)ter em homem de bons ditos [de ~]. [S/同] Kańgéń.
kṓgéń[3] [oó] 高 [広] 言 A vanglória [jactância]; a fanfarr(on)ice; o alarde; a bazófia. ★ ~ *suru* [*o haku*] 高言する [を吐く] Vangloriar-se; alardear. [S/同] Gṓgo (o); hṓgéń (+); sṓgo; taígéń.
kṓgéń[4] [oó] 公言 O dizer abertamente; o declarar publicamente. *Kare wa sore wa jijitsu da to ~ shite habakaranai* 彼はそれは事実だと公言してはばからない Ele não teme ~ que isso é verdade. [S/同] Dańgén (+).
kṓgéń[5] [oó] 光源【Fís.】A fonte luminosa [de luz].
kṓgéń[6] [oó] 抗原 [元]【Anat.】O antígeno. [S/同] Meń'ékí-gen (+).
kogéru 焦げる Esturrar-se; queimar-se. *Nani ka ~ nioi ga suru* 何か焦げるにおいがする Cheira(-me) a esturro [esturrado]. ⇨ yakérú.
kogé-tsúkí 焦げ付き (< kogé-tsúkú) **1** [焦げつくこと] O esturrar e ficar agarrado. **2** [回収不能になった金] A dívida perdida (Irrecuperável). **3** [変動のないこと]【Econ.】A estagnação. ◇ **~ sōba** 焦げ付き相場 A bolsa estagnada [fixa].
kogé-tsúkú 焦げ付く (< kogéru + …) **1** [焦げて物にくっつく] Esturrar e ficar agarrado「à panela」. **2** [貸した金が回収不能となる] Tornar-se irrecuperável. *Fuun ni mo kashita kane ga kogetsuita* 不運にも貸した金が焦げ付いた Infelizmente, o dinheiro que emprestei já não volta. **3** [変動しない]【Econ.】Ficar em cotação fixa (o mercado).
kṓgi[1] [óo] 講義 A aula;; a prele(c)ção [lição]; a conferência; a exposição (oral). ★ ~ *o kiku* 講義を聴く Ouvir uma conferência. ~(*o*) *suru* 講義 (を) する Lec(c)ionar; dar uma aula; fazer uma conferência. ◇ ⇨ **~ roku. Kagai ~** 課外講義 A aula extra-curricular. **Shūchū ~** 集中講義 O curso intensivo; a série de conferências. ⇨ kṓéń[3].
kṓgi[2] [óo] 抗議 O protesto. ◇ **~ bun** [**sho**] 抗議文 [書] A carta de ~. **~ demo** [**shūkai**] 抗議デモ [集会] A manifestação de ~.
kṓgi[3] [óo] 広義 O sentido amplo [lato]. ★ ~ *de wa* 広義では No ~「da palavra」. [A/反] Kyṓgi.
kṓgi[4] [óo] 交誼【E.】A amizade; as relações amistosas. [S/同] Kṓsái; tsukíái.
kṓgi[5] [óo] 厚 [高・好] 誼【E.】A gentileza; o favor. [S/同] Kṓjṓ (+).
kṓgi[6] [óo] 巧技 A mestria「no jogo/trabalho」. ⇨ gíjutsu; takúmí; wazá[1].
kogí-dású 漕ぎ出す (< kógu + …) **a**) Começar a remar; **b**) Arrancar [Largar/Começar].
ko-gíré 小切れ (<… [8] + kiré) Um pedaço de pano; um trapo; um retalho. ⇨ ha-gíré[2].
ko-gírei 小奇 [綺] 麗 (<… [8] + kírei) O estar bonito [limpinho/ajeitadinho] . ★ ~ *na* 小奇麗な「quarto」Bem arrumado; limpo;「vestido」asseado;「loja」em ordem. [S/同] Kírei (+); ko-záppári.
kṓgí-roku [oó] 講義録 (<… [1] + kirókú) As anotações [Os apontamentos]「da aula」; a sebenta (G.).
kogí-té 漕ぎ手 (< kógu + …) O remador.
kogí-tsúkérú 漕ぎ着ける (< kógu + …) **1** [船をこいで目的地に着ける] Chegar remando [a terra]. **2** [努力して, ある目標・水準にまで到達する]【Fig.】Atingir; chegar a「acordo」; conseguir「aperfeiçoar o novo produto」. *Watashi wa tada doryoku nomi ni yotte genzai no chii made ~ koto ga dekita* 私はただ努力のみによって現在の地位まで漕ぎ着けることができた Eu cheguei à [atingi a] a(c)tual posição graças ao meu esforço, unicamente. [S/同] Tadórítsúku; tṓtátsú súrú.

K

ko-gítte 小切手 (<⋯ˢ+kitté) O cheque. ★ ~ *de shiharau* 小切手で支払う Pagar com [em] ~. ~ *o furidasu* [*kiru*] 小切手を振り出す[切る] Emitir um ~. ◇ ~ **chō** 小切手帳 O livro de ~s. ~ **furidashinin** 小切手振出人 O emissor do ~. ~ **jisannin** 小切手持参人 O portador do ~. **Fuwatari** ~ 不渡り小切手 ~ sem cobertura [provisão]. **Gizō** ~ 偽造小切手 ~ falsificado. **Mukimei** [**Jisannimbarai**] (**shiki**)~ 無記名[持参人払い](式)小切手 ~ não nominal [ao portador]. **Senbiki** ~ 線引き小切手 ~ cruzado.

kógo 古語 1 [古典語] Uma palavra arcaica [obsoleta]; um arcaísmo. ◇ ~ **jiten** 古語辞典 O dicionário de arcaísmos. S/同 Bungó; koténgó. 2 [古人の言] O dito antigo [velho provérbio]. ★ ~ *ni iwaku* 古語にいわく Como diz o ~.

kogó 古豪 [E.] Um veterano (experiente)「no futebol」. S/同 Furú-tsúwámono; rórénka (+). A/反 Shin'éi.

kógo[óo] 交互 O ser alternado[por turnos/à vez]. ★ *Te-ashi o ~ ni ugokasu* 手足を交互に動かす Mover os braços e as pernas alternandamente.

kógo² [óo] 口語 A linguagem coloquial [corrente]. ★ ~ *de* Na ~. ◇ ~ **bun** 口語文 Uma frase (em estilo) coloquial. ~ **tai** 口語体 O estilo coloquial. ~ **yaku** 口語訳 A tradução「da Bíblia」em ~. S/同 Hanáshí-kótoba; wagó. A/反 Bungó.

kógō¹ [kóogóo] 皇后 A imperatriz. ◇ ~ **heika** 皇后陛下 Sua majestade a ~. S/同 Kísaki. A/反 Kōtéi¹; tennó.

kógō² [kóo] 咬合 【Odontologia】 A obturação. ~ **Fusei** ~ 不正咬合 ~ que ficou mal.

ko-góe 小声 (<⋯ˢ+kóe) A voz baixa; o sussurro [murmúrio]. S/同 Ō-góe.

kogóe-jíni 凍え死に (< kogóe-shínu) A morte por frio. S/同 Tōshí (+).

kogóerú 凍える a) Ficar (enre)gelado; b) Ficar hirto [inteiriçado] 「de medo」. ★ *Kogoeta te* 凍えた手 As mãos enregeladas de frio.

kogóe-shinu 凍え死ぬ (< kogóerú + ⋯) Morrer de frio. S/同 Tōshí súru.

kō-gōsei [kóogóo] 光合成 【Bioq.】 A fotossíntese (função clorofilina). S/同 Tansán dóká sáyō.

kōgōshíi [kóo] 神神しい「aspe(c)to」 Divino;「lugar」sagrado; sublime. ⇨ ke-dákai; sōgón.

kogotó¹ 小言 1 [人を叱ったり注意したりする言葉] A repreensão; a admoestação. ★ ~ *o iu* 小言言う Repreender; ralhar (G.); admoestar. ~ *o kuu* [*iwareru*] 小言を食う[言われる] Ser repreendido; levar [apanhar] uma raspanete. S/同 Kunkái; sékkyō; shisséki. 2 [不平不満をぶつぶつ言うことまたその言葉] A queixa. ★ ~ *o iu* 小言を言う Resmungar, queixar-se. ⇨ fuhéi; fumán.

kogoto ~ 戸毎「usado em」Cada casa. S/同 Kobétsú (+).

kógu 漕ぐ 1 [舟を進めるためにオールなどを動かす] Remar. 2 [足を屈伸させて乗り物を進ませたりしたものを震動させたりする] a) Pedalar「a bicicleta」; b) Baloiçar; balançar. ★ *Buranko o ~* ブランコを漕ぐ Baloiçar-se; andar no baloiço. 3 [上体をゆして,体を前後にゆり動かす] Cabecear; cochilar. *Kare wa jugyō-chū ni fune o koide sensei ni chūi sareta* 彼は授業中に舟を漕いで先生に注意された Ele estava o ~ na aula e o professor avisou-o. 4 [雪の中や、やぶの中をかき分けて歩く] Abrir caminho. ★ *Yabu o ~*

yabu o kogu ~ pelo matagal. ⇨ kakí-wákérú¹.

kōgu [óo] 工具 A ferramenta. ◇ ⇨ ~**ten**. ⇨ kōsákú¹.

kōgū [óo] 厚遇 A recepção cordial; a hospitalidade. ★ ~ *suru* 厚遇する Receber hospitaleiramente. S/同 Kantái (o); yūgū (+). A/反 Reígú.

ko-gúchi 小口 (<⋯ˢ+kuchi) 1 [切り口; 切断面] O corte 「transversal」. 2 [端] A ponta「do pau」. S/同 Hashí (+). 3 [物事の糸口] O princípio「da solução」. S/同 Itó-guchi (+); tánsho. 4 [少量; 小額] Uma pequena quantia [soma]「de dinheiro」. A/反 Ō-gúchi. ⇨ shōgákú¹; shōryō¹.

kōgū-kéisatsu [óo] 皇宮警察 A polícia do palácio imperial.

kógun 孤軍 [E.] Uma força [tropa] isolada. ★ ~ *funtō suru* 孤軍奮闘する Lutar sozinho [heroicamente só].

kōgun [óo] 行軍 A marcha (militar). ⇨ kōshín¹.

kōgú-ten [óo] 工具店 A loja de ferramentas.

kōgyō [kóo] 工業 [E.] A indústria (manufa(c)tureira). ◇ ~ **chitai** 工業地帯 A zona industrial. ~ **daigaku** 工業大学 A universidade técnica; o instituto de tecnologia. ~ **dezaina** 工業デザイナー O desenhador industrial. ⇨ ~ **ka**. ~ **koku** 工業国 O país industrializado. ~ **ryoku** 工業力 O poder industrial (de uma nação). ~ **seihin** 工業製品 O artigo [produto] industrial [manufa(c)turado]. ~ **shoyūken** 工業所有権 O direito de propriedade industrial. ~ **yōsui** 工業用水 A água para uso industrial. *Jidōsha* ~ 自動車工業 ~ automobilística. **Jūkagaku** ~ 重化学工業 ~ química pesada.

kōgyō² [kóo] 鉱業 A indústria de minas; a mineração. ◇ ~ **ken**. ⇨ kōbutsu².

kōgyō³ [kóo] 興行 O espe(c)táculo; a representação. ★ ~ *suru* 興行する Dar [Realizar] um ~. ◇ ~ **kachi** 興行価値 O rendimento do ~. ⇨ ~ **ken**. ~ **seiseki** 興行成績 O sucesso da ~. *Chihō* ~ 地方興行 ~ de província. **Chō** [**Tan**] *ki* ~ 長[短]期興行 ~ de longa [curta] duração. **Kaomise** ~ 顔見世興行 ~ em que aparecem todos os a(c)tores (da nova série de) ~ s de kabuki」.

kōgyō⁴ [kóo] 功業 A proeza [Um triunfo]「da ciência」. S/同 Kōséki (+); tegaré (+).

kōgyō-ká [kóo] 工業化 A industrialização.

kōgyō-ken¹ [kóogyóo] 鉱業権 Os direitos de mineração. ⇨ kōgyō².

kōgyō-ken² [kóogyóo] 興行権 Os direitos de produção de espe(c)táculos. ⇨ kōgyō³.

kōgyókú¹ [óo] 紅玉 1 [赤い色の宝石] 【Min.】 O rubi. S/同 Rúbí (+). 2 [りんごの品種の一つ] 【Bot.】 Uma variedade de maçã.

kōgyókú² [óo] 鋼玉 【Min.】 O corindon (corindo/corundo). S/同 Korándanu.

kōha¹ [óo] 硬派 a) A linha「política/militar」dura; b) Durão. ★ ~ *no gakusei* 硬派の学生 O estudante ~ (Que vive só para o estudo). c) O conteúdo mais sério (sólido)「de jornal」.

kōha² [óo] 光波 【Fís.】 As ondas luminosas.

ko-hába 小幅 1 [反物の中の規準の一つ] A largura pequena de tecido (36cm). ⇨ chū[ō]-hába. 2 [変動や差が小さい事] 【Econ.】 A margem [gama] pequena. ★ ~ *no ugoki o miseru* 小幅の動きを見せる Apresentar leves oscilações.

kohádá 小鰭 【Zool.】 O sável (bom para "sushi");

clupanodon punctatus. [S/同] Konóshíró.

kṓhái¹ [**oó**] 荒廃 **1** [広い土地・建物などが荒れはてること] A devastação. ◇ **Shinrin ~** 森林荒廃 ~ da floresta. **2** [心・生活がすさむこと] A ruína「moral」. ★ *Jinshin no* ~ 人心の荒廃 ~ da pessoa.

kṓhái² [**oó**] 後輩 Os mais novos [Os que entraram depois]「na empresa」. ★ ~ *no sewa o suru* 後輩の世話をする Cuidar dos ~. [A/反] Seńpái. ⇨ dṓhái.

kṓhái³ [**oó**] 交配【Zool./Bot.】A hibridação; o cruzamento de「burra e cavalo」.

kṓhái⁴ [**oó**] 高配【E.】 **1** [相手の配慮を敬っていう語] A gentileza. *Go-* ~ *ni kansha shimasu* 御高配に感謝します Muito obrigado pela sua ~. ⇨ háiryo. **2** [率の高い配当]【Econ.】O dividendo (muito) alto. ⇨ haítṓ.

kṓhái⁵ [**oó**] 向背【E.】A atitude [posição].

kṓhái⁶ [**oó**] 興廃 O futuro [destino]「do país」. [S/同] Kṓbṓ; seísúí (+).

kṓhái⁷ [**oó**] 光背 A auréola; o halo. [S/同] Gókō (+).

kohákú 琥珀【Min.】O âmbar「amarelo」.

kṓhaku [**óo**] 紅白 Vermelho e branco; os vermelhos「a jogar [cantar] contra」os brancos「no "undōkai"」. ⇨ áka¹; shíro¹.

koháń 湖畔【E.】A beira do lago. ★ ~ *no hoteru* 湖畔のホテル Um hotel à ~. ⇨ mizú-úmi.

kṓháń¹ [**oó**] 後半 A segunda metade; a segunda parte (⇨ kṓháń-séń). [A/反] Zeńháń; zeńpáń.

kṓháń² [**oó**] 公判 O julgamento [tribunal] (⇨ kṓhán-tei). ★ ~ *chū de aru* 公判中である Estar a ser julgado. ◇ **~(ki)roku** 公判(記)録 O processo. **~ tetsuzuki** 公判手続き Os trâmites do ~.

kṓháń³ [**oó**] 甲板 O convés. ★ ~ *chō* 甲板長 O mestre do ~. [S/同] Kańpáń (+).

kṓháń⁴ [**oó**] 広範 [汎]【E.】A vastidão. ★ ~ *na gakushiki* 広範な学識 Um vasto conhecimento. [S/同] kṓhán'i.

kṓhán'i [**oó**] 広範囲【E.】Uma vasta [larga] esfera「de influência」; a zona [área] grande. *Taifū no higai wa* ~ *ni watatta* 台風の被害は広範囲にわたった Os prejuízos do tufão abrangeram uma vasta área. [S/同] Kṓháń⁴.

kṓháń-séń [**oó**] 後半戦 A segunda parte do jogo. [A/反] Zeńháń-séń. ⇨ kṓháń¹.

kṓhán-tei [**oó**] 公判廷 O tribunal. ⇨ kōháń².

koharú-bíyori 小春日和 (< …⁸ + háru + hiyórí) Um dia claro e quente de outono; o Verão de S. Martinho.

koházé 鞐 O colchete [botão; A mola]「para apertar "tabi"」.

K

kṓhéí¹ [**oó**] 公平 A imparcialidade; a equidade; o ser「um preço」justo. ★ ~ *na handan o suru* 公平な判断をする Fazer [Dar] um juízo imparcial. ~ *o kaku* [*shissuru*] 公平を欠く[失する] Ser injusto [parcial]. ~ *o kisuru* 公平を期する Procurar ser justo [imparcial]. ◇ **~ mushi** 公平無私 Totalmente imparcial [desinteressado]. [S/同] Byṓdṓ; fuhéń; kṓséí. [A/反] Fu-kṓhei.

kṓhei² [**óo**] 工兵 O sapador (Soldado de engenharia). ◇ **~ tai** 工兵隊 O corpo [batalhão] de ~ es.

kṓhéń [**oó**] 後編 [篇] A última [segunda] parte (de uma obra literária). ⇨ chū́héń; zeńpéń.

kṓhi¹ [**óo**] 公費 A despesa pública. ★ ~ *o ran'yō suru* 公費を乱用する Usar dinheiro do Estado sem licença. [S/同] Kánpi; kṓkíń. [A/反] Shihí.

kṓhi² [**óo**] 工費 O custo da construção. ⇨ kṓji¹.

kṓhi³ [**óo**] 口碑【E.】A tradição oral; a lenda; o folclore. [S/同] Deńsétsú (+).

kṓhi⁴ [**óo**] 皇[后]妃【E.】A imperatriz [duquesa/princesa]. [S/同] Chū́gū́; kísaki (+); kṓgṓ (+).

kṓhí [**koóhíi**] コーヒー・珈琲 (< Ing. coffee < Ár.) O café. ★ ~ *o ireru* コーヒーを入れる Fazer [Preparar] ~. ◇ **~ jawan** コーヒー茶碗 A xícara [chávena] de ~. **~ mame** コーヒー豆 O grão do ~. **~ miru** コーヒーミル O moedor de ~. **Aisu ~** アイスコーヒー ~ gelado. **Burakku ~** ブラックコーヒー ~ forte (e sem leite). **Miruku ~** ミルクコーヒー ~ com leite.

ko-hítsuji 小[子]羊 O cordeiro「de Deus」.

kṓho [**óo**] 候補 **1** [あることに選ばれる範囲に入っていること・物] A candidatura. ◇ **~ chi** 候補地 O lugar proposto「para fazer a escola」. **2** [選ばれる範囲に入る自薦・他薦の希望者] O candidato. ★ ~ *ni tateru* 候補に立てる Lançar como candidato. ~ *ni tatsu* 候補に立つ Ser ~ [Candidatar-se]. ◇ ⇨ **~ sei** [**sha**]. **Dai-ichi ~** 第一候補 O primeiro ~. **Kōnin ~** 公認候補 ~ oficialmente reconhecido.

kṓhṓ¹ [**koó**] 後方 A traseira; atrás [a parte de trás]「da casa」; a retaguarda. ◇ **~ butai** 後方部隊 O batalhão da retaguarda. [S/同] Ushíró. [A/反] Zeńpṓ.

kṓhō² [**kóo**] 公報 **1** [公の機関が公示すべき事項を広く一般に知らせるために発行する文書] O boletim「de informações oficiais」. ◇ **Senkyo ~** 選挙公報 ~ das eleições. **2** [官庁から国民個人への正式の通知] O avisio oficial; a participação. ★ *Senshi no* ~ 戦死の公報 ~ de morto na guerra.

kṓhō³ [**kóo**] 広[弘]報 A publicidade; a「se(c)ção de」informação (Relações públicas).

kṓhṓ⁴ [**koó**] 公法 O direito público. [A/反] Shihṓ.

kṓhṓ⁵ [**koó**] 高峰【E.】O cume. ◇ **Sai ~** 最高峰 **a**) ~ [pico] mais elevado; **b**) O maior〔*Nihon bungaku-kai no sai* ~ 日本文学界の最高峰 A maior figura da literatura japonesa〕.

kṓhṓ⁶ [**koó**] 工法 (< kṓji + hṓhṓ) O método de construção. ◇ **Shīrudo ~** シールド工法 O método de blindagem「da base do prédio」.

kṓhṓ⁷ [**koó**] 航法 A navegação. ◇ **Musen** [**Tenmon**] **~** 無線[天文]航法 ~ por rádio [pelos astros].

kṓhóń¹ [**oó**] 校本 A edição crítica.

kṓhóń² [**oó**] 稿本 O livro divulgado em manuscrito. [S/同] Shahóń. [A/反] Kańpóń.

kṓhó-sei [**oó**] 候補生 O cadete「do exército」.

kṓhó-sha [**oó**] 候補者 O candidato. ★ ~ *o tateru* 候補者をたてる Lançar um ~.

kṓhyṓ¹ [**koó**] 公表 A divulgação「oficial」; o publicar「em livro」; o anunciar; o fazer [tornar] público. *Sono jiken no shinsō wa sugu shinbun de* ~ *sareta* その事件の真相はすぐ新聞で公表された Os pormenores do incidente foram logo divulgados pelos jornais. [S/同] Kṓkái.

kṓhyṓ² [**koó**] 好評【E.】A boa reputação. *Kare no ongaku wa wakamono no aida de* ~ *da* 彼の音楽は若者の間で好評だ A música dele tem boa aceitação entre os jovens. ★ ~ *o hakusuru* 好評を博する Ser elogiado [bem aceite]「pela crítica」. [A/反] Akúhyṓ; fuhyṓ. ⇨ hyṓbáń.

kṓhyṓ³ [**koó**] 高評【E.】 **1** [評判が高いこと] A alta [grande] reputação. ⇨ hyṓbáń. **2** [相手の行う批判を尊敬していう語] A sua estimada [honrosa] opinião. Go-~ o o-negai shimasu 御高評をお願いします Espero ansiosamente[, ansioso,] ~ [Com os cumprimentos do autor]. ⇨ híhan; hihyó.

kóhyō⁴ [kóo] 講評 A crítica [O comentário] 「do livro」. ★ ~ *suru* 講評する Fazer uma ~ [recensão]. ⇨ hihyó.

koi¹ 恋 O amor (erótico); a paixão. ★ ~ *ni nayamu* 恋に悩む Sofrer de amores. ~ *ni ochiru* 恋に落ちる Enamorar-se「de」; apaixonar-se「por」. ~ *ni yabureru* 恋に破れる Ser abandonado[a] pela pessoa amada. ~ *o suru* 恋(を)する Amar; ter relações sexuais. ~ *suru hito* 恋する人 A pessoa apaixonada. *Kanawanu ~* 叶わぬ恋 Um amor inatingível [impossível]. *Oiraku no ~* 老いらくの恋 ~ na velhice. ｟ことわざ｠ ~ *wa mōmoku* 恋は盲目 O amor é cego. ~ *wa shian no hoka* 恋は思案の外 O amor não tem lógica. ◇ ~ **uta; hatsu [iro] ~**. ｟S/同｠ Reñ'ái.

kói² 鯉【Zool.】A carpa. ★ ~ *no takinobori* 鯉の滝上り O pular [subir depressa]「até chegar à presidência」. ◇ ⇨ **nobori**.

koi³ 濃い **1** [色が] Escuro; carregado. ★ ~ *aka* 濃い赤 O vermelho-~. ~ *iro* 濃い色 A cor ~ [a]. ｟S/同｠ Fukái. ｟A/反｠ Awái; usúi. **2** [成分が多い] Forte. ★ ~ *me ni o-cha o ireru* 濃い目にお茶を入れる Fazer o chá forte. ｟A/反｠ Usúi. **3** [たくさん集まってすきまが少ない] Denso; cerrado; espesso. ★ ~ *hige* 濃いひげ A barba cerrada. ｟S/同｠ Mítsu na. ｟A/反｠ Usúi. **4** [程度·度合が強い] Intenso. *Watashi no fuan wa shidai ni ~ mono ni natte itta* 私の不安はしだいに濃いものになっていった Eu fiquei cada vez mais preocupado. *Hirō no iro ga ~* 疲労の色が濃い Parecer [Ter cara de] muito cansado. *Nakami no ~ ronbun* 中身の濃い論文 A tese [O artigo] com conteúdo/valor. ｟S/同｠ Tsuyói. ｟A/反｠ Usúi; yowái. **5** [塗ってある物が多量であるようす] Carregado. ~ *keshō no onna* 濃い化粧の女 Uma mulher muito pintada. ｟S/同｠ Atsúi. ｟A/反｠ Usúi.

kói⁴ 故意【E.】A intenção, o ser um crime intencional [deliberado]. ★ ~ *ni* 故意に Propositadamente; de propósito; deliberadamente. ｟A/反｠ Gūzén; kashítsú. ⇨ wáza-to.

kói⁵ 請 [乞] い (< kóu)【E.】O pedido. ★ ~ *o ireru* 請いをいれる Atender o ~. ｟S/同｠ Negái (+); tanómí (+); yōséí.

kói¹ [óo] 行為 A a(c)to; a a(c)ção. ★ ~ *o nasu* [*suru*] 行為をなす[する] Agir; a(c)tuar. ◇ *Eiyū-teki ~* 英雄的行為 ~ heróico/a. *Fuhō ~* 不法行為 ~ ilegal. ｟S/同｠ Dósa; kōdō.

kói² [óo] 好意 A boa vontade; a gentileza; a amabilidade; a simpatia; a bondade. *Sono go-~ dake arigataku chōdai itashimasu* その御好意だけありがたく頂戴いたします Muito obrigado pela sua ~. ★ ~ *aru* 好意ある 「Uma proposta」simpática. ~ *de* 好意で Por simpatia. ~ *ni amaeru* 好意に甘える Abusar [Aproveitar-se] da ~ dos outros. ~ *o motsu* [*idaku*] 好意を持つ[抱く] Ter simpatia; gostar. ~ *o mu ni suru* 好意を無にする Não aceitar a ~. ~ *o yoseru* 好意を寄せる Simpatizar「com」; ter afeição「a」. ~ *teki* ⇨ **teki**. Zén'í. ｟A/反｠ Ákuí. ⇨ kói⁴.

kói³ [óo] 皇位 O trono imperial. ★ ~ *o tsugu* [*keishō suru*] 皇位をつぐ[継承する] Suceder no ~. ⇨ őí⁴.

kói⁴ [óo] 厚意 A gentileza. ⇨ kói².

kói⁵ [óo] 校医 (< gakkō + ishá) O médico da escola.

｟S/同｠ Gakkō-i.

kói⁶ [óo] 高位【E.】A posição elevada. ◇ ~ **kōkan** 高位高官 O dignitário. ⇨ kōkań⁷.

koi-bíto 恋人 (< ···¹ + hító) O namorado; a namorada. ★ ~ *ga dekiru* 恋人ができる Arranjar namorado/a. ◇ ~ *dōshi* 恋人同士 (O par de) namorados. ｟S/同｠ Aíjín; ichū nó hító; jōjín.

koi-búmi 恋文 (< ···¹ + fúmi) A carta de amor. *Énsho*; rabú-rétá (+); tsuké-búmi.

koi-chá 濃い茶 O chá forte.
｟A/反｠ Usúchá. ⇨ hikíchá; matchá; kói³ **2**.

koi-gátaki 恋敵 (< ···¹ + katáki) O/A rival (No amor).

koi-gókoro 恋心 (< ···¹ + kokóro) A paixão amorosa. ★ ~ *o idaku* 恋心を抱く Começar a amar; enamorar-se.

koiji 恋路 O namoro; o romance amoroso. ★ *Hito no ~ no jama o suru* 人の恋路の邪魔をする Atrapalhar o ~ (de outrem). ⇨ kói¹.

ko-íki 小粋 O ser「casa」catita/elegante. ★ ~ *na onna* 小粋な女 Mulher chique [~]. ⇨ ikí⁵.

kōíki [óo] 広域 A área [região] grande. ◇ ~ **gyōsei** 広域行政 Uma grande circunscrição administrativa. ⇨ kúiki.

koi-kōgáréru 恋い焦がれる Morrer de amor(es); estar apaixonado「por」. ⇨ koíshígáru; koi-shítau.

kóin¹ (< Ing. coin) A moeda. ◇ ~ **rokká** コインロッカー O cacifo [armário] que abre com moedas. ~ **randorī** コインランドリー A lavadora [máquina de lavar] que se usa com moedas.
｟S/同｠ Kóka².

kóin² 雇員 O empregado [funcionário] (a tempo parcial). ⇨ shokúin.

kōin¹ [óo] 工員 O operário「de fábrica」.
｟S/同｠ Shokkō. ⇨ jimúin.

kōin² [óo] 拘引 A captura [detenção/prisão]. ★ *Satsujin no yōgi de keiji ni ~ sareru* 殺人の容疑で刑事に拘引される Ser levado [preso/detido] pela polícia por suspeita de homicídio. ◇ ~ **jō** 拘引状 A ordem de ~. Kōkō̄.

kōin³ [óo] 行員 O bancário. ｟S/同｠ Giñkō-in (+).

kōin⁴ [óo] 光陰【E.】O tempo. ｟ことわざ｠ ~ *ya no gotoshi* 光陰矢の如し ~ voa (Como uma flecha). Jikán (+); néngetsu (+); tsukíhí (+).

kōin⁵ [óo] 公印 O carimbo (oficial). ｟A/反｠ Shíín.

kōin⁶ [óo] 鉱員 O mineiro (de minas de carvão).

koi-náká 恋仲 A relação amorosa; o relacionamento de amor. ｟S/同｠ Sōshi (sōái). ⇨ kói¹.

kóinegau ねがう Desejar; ansiar; rogar. *Kónegawaku wa kare no seikō sen koto o ~* 希わくは彼の成功をことを Eu só desejo [peço a Deus] que ele tenha sucesso. ⇨ kibō ~; negáu; nozómú (+).

koi-nóbori 鯉幟 A bandeira [flâmula] de papel ou pano em forma de carpa. ｟S/同｠ Satsúki-nóbori.

ko-ínu 小犬 O cãozinho [cachorrinho]. ⇨ ko-⁸.

koi-nyōbō [nyóo] 恋女房 A mulher querida [amada esposa]. ⇨ nyōbō.

kóiru コイル (< Ing. coil)【Ele(c)tri.】A bobina. ◇ *Yūdo* (*Kanno*) ~ 誘導 [感応] コイル ~ de indução. ｟S/同｠ Keńśén; makíséń; sóleń.

ko-íshí 小石 A pedrinha; o cascalho; o seixo. ★ ~ *darake no ~ no ōi* 小石だらけの [小石の多い] Cheio de calhaus. ｟S/同｠ Ishíkōro; jarí.

koíshígáru 恋しがる (< koíshíi + -gáru) Suspirar「por」; ter saudade(s)「de」. ｟S/同｠ Koíshítáu.

koíshíi 恋しい Querido; amado; saudoso. *Aa haha [kokyō] ga ~* ああ母 [故郷] が恋しい(Ai)que saudades (eu tenho) da minha mãe [terra natal]! ⇨ natsúkáshii; sukí[1].

koíshísa 恋しさ (Sub. de koíshíi) A saudade. *Hanareru hodo ni ~ ga tsunoru* 離れる程に恋しさがつのる Quanto maior (é) a distância maior (é) a ~.

koí-shítau 恋い慕う Amar. ⇨ koíshígáru.

koí-shitsu 恋い室 【оó】 O vestiário「dos a(c)tores」.

koí-shō [koó] 後遺症 **1**【Med.】A sequela ou efeito da doença. ★ *~ o nokosu* 後遺症を残す Deixar (as suas) sequelas. **2**「あとまで残る悪影響」 As cicatrizes; o gosto amargo.

koí súru 恋する ⇨ kói[1].

koí-téki [oó] 好意的「"atitude"」Amigável; amável; simpático;「opinião」favorável. ★ *ni kaishaku suru* 好意的に解釈する Interpretar bem [favoravelmente]. ⇨ kói[2].

koítsu 此奴 (⇨ konó; yátsu) 【G.】**a)** Este sujeito [tipo; fulano; gajo; cara (B.)]; **b)** Isto; esta coisa「está (mesmo) rica!」. *~(me)* こいつ(め) **a)** Ah (seu) maroto! (A brincar); **b)** Seu mau [bandido]! (Desprezo). ⇨ aítsú.

koítten 紅一点【E.】A única mulher no meio dos homens. *Kanojo wa sono gurūpu no ~ datta* 彼女はそのグループの紅一点だった Ela era a única mulher do grupo. ⇨ josé[1].

koíttsui [oó] 好一対【E.】O bom par. ★ *o nasu* 好一対をなす Fazer um bonito par (Namorados);「duas pinturas」combinarem bem. ⇨ ittsúi; kó-[16].

kō-íú [oó] こういう Assim; desta maneira. ★ *~ fū ni* こういう風に「faça」Assim. *~ koto wa yoku aru* こういうことはよくある Isto é frequente; estas coisas acontecem. *~ wake de* こういう訳で E ~「todos ficaram sem almoçar」; por isso [esta razão]. ⇨ koñná.

koí-uta 恋歌 A canção amorosa; a poesia de amor. Sómónka.

koí-wázurai 恋煩[患]い(<…[1]+wazuráu) O estar apaixonado; o estar perdido de amor.

kóji[1] 孤児 O órfão; o órfã. ★ *~ ni naru* 孤児になる Ficar órfão. Mináshi-go.

kóji[1] 故【古】事【E.】**1**「古あった事実」A história antiga [do J.]; o fa(c)to histórico antigo. Kójitsu. **2**「古くからのいわれ」A tradição. ◇ *~ raireki* 故事来歴 Fa(c)tos e lendas [tradições]「do templo…」. ⇨ iwáré.

kóji[3] 誇示【E.】A mostra [ostentação], o aparato. ★ *Kokuryoku no sekai ni ~ suru* 国力を世界に誇示する Mostrar ao mundo o poder do país「pela guerra」. ⇨ misébírákasu.

kóji[4] 固持【E.】A insistência [teima]. ★ *Jisetsu o ~ suru* 自説を固持する Insistir na [Manter a] sua opinião. ⇨ Kénji; koshítsú (+).

kóji[5] 固辞【E.】A recusa veemente; a rejeição. ★「*sharei o*」*~ suru*「謝礼を」固辞する Rejeitar [Recusar (aceitar)「a gratificação」]. ⇨ Kaídákú.

kóji[1] **[oó]** 工事 A construção; a obra. *Kono saki ~ chū* この先工事中 (掲示) Obras na frente. ◇ *~(gen) ba* 工事(現)場 O local da ~. **Doboku ~** 土木工事 A construção civil. **Dōro ~** 道路工事 A construção de estradas.

kóji[2] **[oó]** 公示 O anunciar publicamente [oficialmente]. ★ *~ suru* 公示する Tornar público; publicar. ◇ *~ kakaku* 公示価格 O preço tabelado

「dos livros」. Kốfu; kốhyố (+). ⇨ kokújí[1].

kóji[3] **[oó]** 麹 O malte; o arroz fermentado. ◇ *~ kabi*.

kóji[4] **[oó]** 小路 A travessa; a ruazinha [ruela (estreita)]; o beco (É). Ốji. ⇨ fukúro kốji.

kóji[5] **[oó]** 公事【E.】Os negócios de Estado [governação pública]. Shíji.

kóji[6] **[oó]** 好事 **1**「喜ばしいこと」O acontecimento feliz. 「Pとわざ」*~ ma ōshi* 好事魔多し Não há rosa sem espinhos/Quando Deus dá a farinha, o diabo esconde o saco. Ákuji. **2**「よい行い」A boa a(c)ção. Zeñkố (+). Ákuji.

kóji[7] **[oó]** 後事【E.】A coisa para[a] ser resolvida [feita] depois. ★ *~ o haha ni takushite shuppatsu shita* 後事を母に託して出発した Partiu entregando tudo ao cuidado da mãe.

kóji[8] **[oó]** 好餌【E.】**1**「おとり」O engodo;「cair na」esparrela. Otóri (+). **2**「えじき」A vítima [presa fácil]. ★ *Masukomi no ~ to naru* マスコミの好餌となる Ser ~ da publicidade. Éjiki (+).

kóji[9] **[oó]** 高次 **1**「精神的に程度が高いこと」O alto nível「da civilização maia」. **2**【Mat.】◇ *~ hō-teishiki* 高次方程式 A equação de alto grau.

koji-ákéru 抉じあける (< kojíru +…) Forçar [Abrir à força]; arrombar. ★ *Jōmae o ~* 錠前を抉じあける Forçar [Estragar/Partir] a fechadura.

koji-in 孤児院 O orfanato [asilo dos órfãos]. ⇨ kóji[1].

ko-jiká 子鹿 (<…[1]+shiká) O veadinho; a corcinha.

kóji-kabi 麹黴 O aspergilo (Tipo de mofo). ⇨ kóji[3].

kojíki 乞食 O mendigo; o/a pedinte. ★ *~ o suru* 乞食をする Mendigar. Hoítố; monó-mórai.

kojimá 小島 A ilhota; o ilhéu. ⇨ ko-[8]; shimá[1].

kójin[1] 個人 O indivíduo. ★ *~ no* 個人の Individual;「assunto」privado; pessoal;「táxi」particular. *~ no songen [jiyū]* 個人の尊厳[自由] A dignidade [liberdade] do ~. *Watashi ~ to shite wa* 私個人としては Eu, como indivíduo [como um particular]. ◇ *~ keiei* 個人経営 A administração privada. ⇨ *~ sa*. *~ shidō* 個人指導 A orientação individual; a aula particular. ⇨ *~ shugi [teki]*. Dañtái; shúdáñ.

kójin[2] 古人【E.】Os antigos. Kodái-jin.

kójin[3] 故人【E.】O falecido. ★ *~ o shinobu* 故人を偲ぶ Recordar ~ , falando dele. ⇨ shísha[1].

kójin[1] **[oó]** 公人 O homem público; a figura pública. Shíjin.

kójin[2] **[oó]** 黄塵 **1**「土ぼこり」A poeira(da)[nuvem de pó]. ⇨ tsuchí-bókori. **2**「わずらわしい俗事」A mundanidade;「fugir dos」negócios mundanos. Zokújíñ.

kójin[3] **[oó]** 後塵【E.】A poeira deixada [levantada] por quem vai à frente. ★ *~ o haisuru* 後塵を拝する **a)** Ocupar um lugar secundário; **b)** Ficar para trás [Ser ultrapassado]. ⇨ tsuchí-kémuri.

kójin[4] **[oó]** 幸甚【E.】「dar-nos-á」Um grande prazer「se vier à reunião」. Shifukú; shikố.

kójin[5] **[oó]** 行人【E.】O caminhante. ⇨ tabí-bítố.

kō-jínbutsu [oó] 好人物 (< kó-[16]+…) **a)** A pessoa boa e honesta; **b)** O bonach(eir)ão [A bonach(eir)ona]. ⇨ o-hítóyóshi.

kojinmári 小ちんまり O ser「vida」simples [pequeno/agradável/bonito]. Chinmári.

kojin-sa 個人差 (<…[1]+sa[4]) A diferença individual.

★ ～ *ga aru* 個人差がある Diferir um do outro; variar de pessoa para pessoa.
kojíń-shúgi 個人主義 **1** [個人の立場を尊ぶ考え方] O individualismo. [A/反] Zeńtáí-shúgi. **2** [利己主義]【G.】O egoísmo. [S/同] Rikó-shúgi.
kojíń-tékí 個人的 Individual; pessoal; particular. ★ ～ *na kangae* 個人的な考え A ideia pessoal.
kojíráséru 拗らせる **a**) Agravar; **b**) Complicar「a situação/o problema」. ★ *Funsō o* ～ 紛争をこじらせる ～ o conflito. [S/同] Kojírásu.
kojírásu 拗らす ⇨ kojíráséru.
kojíréru 拗れる **1** [病気や怪我が治りにくくなる] Piorar; agravar-se. ★ *Kaze ga* ～ 風邪がこじれる O resfriado ～. **2** [食いちがいが生じる；めんどうになる] **a**) Complicar-se. *Futari no naka ga masumasu kojireta* 二人の仲がますますこじれた O relacionamento entre os dois ficou cada vez mais complicado [difícil]. **b**)「o menino」Ficar birrento [aborrecido].
kojírí 鐺 A presilha da bainha da espada. [S/同] Sayájírí.
kojíru 抉る Torcer. [S/同] Nejíru (+). ⇨ kojí-ákérú.
kṓjírú[1] [**oó**] 困じる ⇨ komáru.
kṓjírú[2] [**oó**] 高[昂]じる **a**)「o passatempo」Transformar-se「em emprego」; **b**) Agravar-se. ★ *Wagamama ga* ～ わがままが高じる Ficar cada vez mais egoísta. [S/同] Kṓzúrú; takámáru (+); tsunóru.
kṓjírú[3] [**oó**] 講じる【E.】**1** [講義する] Ensinar; le(c)cionar. [S/同] Kṓgi suru (o); kṓzúrú (+). **2** [工夫する] **a**) Inventar「um plano」; agir; **b**) Negociar「a paz」. [S/同] Kṓzúrú; kufū́ súrú (+).
kójitsu 故実 Os usos e costumes antigos.
kṓjítsú [**oó**] 口実 O pretexto [A desculpa]「para não trabalhar」. ★ ～ *o tsukuru* [*mōkeru*] 口実を作る[設ける] Inventar um ～ [Usar como] pretexto. [S/同] Ií-nógáré. ⇨ ií-wáke.
kojítsúké こじつけ (< kojítsúkérú) O sofisma; a explicação forçada; o subterfúgio. ★ ～ *no kaishaku* こじつけの解釈 A interpretação forçada [deturpada]. ⇨ he-ríkutsu.
kojítsúkérú こじつける Sofismar [Usar sofismas]; forçar as coisas [o sentido das palavras]; dar uma interpretação forçada.
kṓjítsú-séí [**oó**] 向日性 O heliotropismo. ◇ ～ **shokubutsu** 向日性植物 A planta heliotrópica. [S/同] Kṓkṓ-séí. [A/反] Haíjítsú-séí.
ko-jíwá 小皺 (< ko-[8] + shiwá) A rugazinha [ruga pequena]. ★ ～ *ga yoru* 小皺がよる Ganhar rugas [pés-de-galinha ao canto dos olhos].
kójō 古城 O castelo antigo. ⇨ shiró[2].
kṓjo[1] [**óo**] 皇女 A princesa imperial. [S/同] Naíshíńnṓ. [A/反] Ṓji.
kṓjo[2] [**óo**] 控除 A dedução; o desconto. ★ ～ *suru* 控除する Deduzir; descontar. ◇ **Kiso** ～ 基礎控除 A ～ obrigatória [básica]. ⇨ sashí-hiki.
kṓjṓ[1] [**koójoo**] 工場 A fábrica. ◇ ～ **chi** (**tai**) 工場地(帯) A zona fabril [com muitas ～s]. ～ **chō** 工場長 O chefe [capataz] da ～. ～ **keiei** 工場経営 A administração da ～. ～ **rōdōsha** 工場労働者 O operário. [S/同] Kṓbá.
kṓjṓ[2] [**koó**] 向上 A subida; o aumento; o progresso「no português」; o avanço; o melhoramento. ★ *Seisansei o* ～ *saseru* 生産性を向上させる Aumentar a produtividade. *Shakaiteki chii no* ～ 社会的地位の向上 A ～ de posição social. ◇ ⇨ ～ **shin**. [S/同] Shínpo; zeńshíń. [A/反] Teíká.
kṓjṓ[3] [**koó**] 口上 **1** [口で言うこと] A mensagem; o proferir [dizer]. ★ ～ *o tsutaeru* 口上を伝える Transmitir a ～. ◇ ～ **sho** 口上書 A nota verbal. **2** [芝居の] A apresentação. ◇ **Mae** ～ 前口上 Umas palavras de ～「da peça」.
kṓjṓ[4] [**koó**] 交情 **1** [親しみの気持ち] A amizade; a intimidade. [S/同] Kṓgi[5]; yūjō. **2** [情交] As relações sexuais. [S/同] Jṓkṓ.
kṓjṓ[5] [**koó**] 厚情 A bondade; a gentileza [fineza] (Ex.: *go-*～*mi ni shimite ureshiku zonjimasu* ＝ obrigado por tanta ～). [S/同] Kṓgi; kṓi. [A/反] Hakújṓ.
kṓjṓ[6] [**koó**] 恒常 A constância; a estabilidade; a persistência. ◇ ⇨ ～ **sei**.
kṓjo-ryṓzókú [**kóo-ryoó**] 公序良俗【Dir.】A ordem e moral pública(s).
kṓjṓ-séí [**koó**] 恒常性【Fisiol.】A homeostasia/homeóstase. ⇨ kṓjṓ[6].
kṓjṓ-séń [**koó**] 甲状腺【Anat.】A (glândula) tiróide. ◇ ～ **hidai** 甲状腺肥大 A hipertrofia da ～.
kṓjṓ-shin [**koójoo**] 向上心 A aspiração; o desejo de progredir. ⇨ kṓjṓ[2].
kṓju [**óo**] 口授【E.】A instrução [O ensino] oral. ★ ～ *suru* 口授する Transmitir oralmente「o segredo de geração em geração」. [S/同] Kudéń.
ko-jū́to[1] [**úu**] 小舅 (< … + shū́tó) O(s) cunhado(s) da mulher ou do marido. ⇨ ko-jū́to[2].
ko-jū́to[2] [**ko-jū́tome**] [**úu**] 小姑 A(s) cunhada(s) da mulher ou do marido. ⇨ ko-jū́to[1].
kṓjútsú[1] [**oó**] 口述 A exposição oral. ◇ ～ **hikki** 口述筆記 O tirar notas「da conferência」. ～ **shiken** 口述試験 O exame oral. ⇨ rońjútsú.
kṓjútsú[2] [**oó**] 後述 O referir [estar escrito] depois/「no capítulo a seguir」. [A/反] Zeńjútsú.
kóka 古歌【E.】A poesia [canção] antiga.
kṓka[1] [**óo**] 効果 **1** [ききめ] A eficácia; o resultado [efeito]. ★ ～ *ga aru* 効果がある Ter efeito. ～ *tekimen da* 効果てきめんだ Ter efeito imediato. ◇ ⇨ ～ **teki**. **senden** ～ 宣伝効果「ser útil para」Efeitos de propaganda. [S/同] Kikímé; kṓnṓ; kṓryoku; séika. ⇨ yū́kṓ. **2** [音響効果] Os efeitos sonoros [de som].
kṓka[2] [**óo**] 硬貨 A moeda. [S/同] Kóin[1]. [A/反] Shíhei.
kṓka[3] [**óo**] 校歌 A canção da escola; o hino escolar. ⇨ kókka[2].
kṓka[4] [**óo**] 高価 O preço alto [elevado]. ★ ～ *na*「*jidōsha*」高価な「自動車」「um carro」Caro. ◇ ～ **kai-ire** 高価買い入れ（掲示）Compra-se a [por] alto [bom] preço「livros antigos」. [S/同] Kṓjíki; taká-ne. [A/反] Ánka; rénka.
kṓka[5] [**óo**] 工科 **1** [工学·工業関係の学科·学問] A engenharia. ◇ ～ **daigaku** 工科大学 A (universidade só com) faculdade de engenharia. **2** [総合大学の工学部] O curso [A faculdade] de engenharia (da universidade).
kṓka[6] [**óo**] 硬化 **1** [硬くなること] O endurecimento. ★ ～ *suru* 硬化する Endurecer. *Dōmyaku* ～ 動脈硬化【Med.】A arteriosclerose [～ das artérias]. [A/反] Nańká. **2** [意見·態度の] A rigidez; o endurecimento. ★ *Taido o* ～ *saseru* 態度を硬化させる Endurecer a (sua) atitude. [A/反] Nańká. **3**【Econ.】A (cotação) alta na bolsa. [A/反] Nańká.
kṓka[7] [**óo**] 降下 A descida rápida [em vertical]; a queda「de temperatura」.

K

kóka⁸ 634

[A/反] Jốshō. ⇨ chínká¹; kakó²; teíká².

kóka⁸ [oó] 高架 Colocado acima; elevado. ~ **sen** 高架線 **a)** O cabo aéreo (Ele(c)tri.); **b)** O viaduto do comboio [trem].

kóka⁹ [oó] 考科[課] A avaliação [apreciação] do trabalho. ⇨ **Jinji** ~ 人事考科 ~ do pessoal.

kóka¹⁰ [oó] 公課 **1** [公租] Os impostos. [S/同] Kóso (+). **2** [租税以外の金銭負担] A comissão pública.

kóka¹¹ [oó] 黄禍 **1** [黄色人種による他人種への迫害] [H.] O perigo amarelo. **2** [糞尿による被害] [G.] O dano causado por excremento.

kō-kágaku [oó] 光化学 [Fís.] A fotoquímica. ◇ ~ **han'nō** 光化学反応 A rea(c)ção fotoquímica. ~ **sumoggu** 光化学スモッグ O nevoeiro fotoquímico.

kokáge 木陰 (< kí² + …) A sombra das árvores (Ex.: ~ *de ama-yadori o suru* = ele fez um grande disparate em público). ★ ~ *hiaringu* [*no hōtei*] 公開ヒアリング[の法廷] O interrogatório. ~ *suru* 公開する Abrir ao público. ◇ ~ **jō** 公開状 Uma carta aberta. ~ **kōza** 公開講座 O curso público. ~ **sōsa** 公開捜査 A investigação (criminal) pública. [S/同] Kốhyố.

kókai¹ [oó] 公開 (Aberto ao) público (Ex.: ~ *no sekijō de tonda hema o suru* = ele fez um grande disparate em público). ★ ~ *hiaringu* [*no hōtei*] 公開ヒアリング[の法廷] O interrogatório. ~ *suru* 公開する Abrir ao público. ◇ ~ **jō** 公開状 Uma carta aberta. ~ **kōza** 公開講座 O curso público. ~ **sōsa** 公開捜査 A investigação (criminal) pública. [S/同] Kốhyố.

kókai² [oó] 後悔 O arrependimento. ★ ~ *suru* 後悔する Arrepender-se (Ex.: *kare wa jibun no shita koto o ~ shite iru* = ele está arrependido do que fez). [P.とわざ] ~ *saki ni tatazu* 後悔先に立たず O que não tem remédio, remediado está. ⇨ kuyámu.

kōkái³ [oó] 航海 A navegação. ★ ~ *chū de aru* 航海中である Estar a navegar [no alto mar]. ~ *suru* 航海する Navegar. ◇ ~ **jutsu** 航海術 A arte de navegar [da ~]. ~ **nisshi** 航海日誌 O diário de bordo. **En'yō** ~ 遠洋航海 ~ de longo curso. **Shojo** ~ 処女航海 A viagem inaugural (dum navio). [S/同] Funá-tábi; kốkố; tokái; tokố.

kōkái⁴ [oó] 公海 O mar alto [As águas internacionais]. [A/反] Ryốkái.

kōkái⁵ [oó] 更改 A renovação; a reforma (com mudanças). ★ ~ *suru* 更改する Renovar. ◇ **Keiyaku** ~ 契約更改 ~ do contrato.

kōkái-dō [koó] 公会堂 O (prédio com) salão público. ⇨ kốdố².

kokáin コカイン (< Quíchua: coca) A cocaína. ◇ ~ **chūdoku** コカイン中毒 O vício [A intoxicação] da ~.

kốkái-sha 航海者 (< kốkái³) ⌈O Infante D. Henrique⌋ O navegador.

kốkái-shi [oó] 航海士 O oficial [imediato] de navio mercante. ◇ **Ittō** ~ 一等航海士 O primeiro imediato. ⇨ kốdố².

kokáku¹ [oó] 顧客 [E.] O cliente; o comprador habitual/certo ⌈desta loja⌋. [S/同] Híeki (+); jốrén (+); kokyáku (+); o-tốkúi (o).

kokáku² 呼格 [Gram.] O (caso) vocativo. ⇨ kakú⁶.

kốkaku¹ [oó] 広角 A grande ângulo. ◇ ~ **renzu** 広角レンズ A grande angular. ⇨ Kyốkáku.

kốkakú² [oó] 口角 [E.] Os cantos da boca. [慣用] ~ *awa o tobasu* 口角泡を飛ばす Discutir acaloradamente (Lit. Deitar espuma pela boca).

kốkakú³ [oó] 甲殻 A carapaça [concha]. ◇ ~ **rui** 甲殻類 O crustáceo. ⇨ Kốrá (+).

kokán 股間 ⌈dar um pontapé⌋ Entre as pernas. [S/同] Matágúra.

kốkan¹ [oó] 交換 **1** [取り替えること；やりとりすること] O intercâmbio [A permuta] ⌈cultural/de professores⌋; a troca. ★ *Iken o ~ suru* 意見を交換する Trocar ⌈uma troca de⌋ opiniões. *Seki o ~ suru* 席を交換する Trocar de lugar. ◇ ~ **dai**. ~ **jōken** 交換条件 As condições de ~. ⇨ toríkáekkó; yarí-tori. **2** [取り替え；置き換え] A troca [substituição]. ◇ **Buhin** ~ 部品交換 ~ de peças. **3** [手形をやりとりすること] A conversão ⌈O saldo⌋. ★ ~ *suru* 交換する Saldar [converter] ⌈uma letra⌋. ◇ ⇨ ~ **sei**.

kốkan² [oó] 交感 O entender-se (bem, um ao [com] outro); o sintonizar.

kốkan³ [oó] 交歓[歓・驩] A confraternização [troca de cortesias]. ★ ~ *suru* 交歓する Confraternizar. ◇ ~ **kai** 交歓会 A reunião de ~.

kốkan⁴ [oó] 好感 A boa impressão. ★ ~ *no moteru hito* 好感の持てる人 A pessoa simpática [que causa boa impressão]. ~ *o idaku* [*motsu*] 好感を抱く [持つ]Ter (uma) ⌈dele⌋; simpatizar ⌈com⌋ ⌈gostar ⌈de⌋.

kốkan⁵ [oó] 好漢 [E.] O bom sujeito; um tipo fixe [às direitas] (G.). [S/同] Kaí-dánji; Akkán.

kốkan⁶ [oó] 鋼管 O tubo [cano] de aço.

kốkan⁷ [oó] 高官 O alto funcionário do governo. [S/同] Kenkári; kenshốkú; taíkán. [A/反] Shốkán.

kốkan⁸ [oó] 巷間 [E.] As bocas do mundo; o que o povo diz. ★ ~ *ni tsutaerareru tokoro ni yoru to* 巷間に伝えられるところによると De acordo com o [Pelo] que diz toda a gente. [S/同] Chimátá (o); machí-náká; séken (+).

kốkan⁹ [oó] 公刊 ⇨ hakkố¹.

kốkan¹⁰ [oó] 公館 Representações diplomáticas. ◇ **Zaigai** ~ 在外公館 ~ no estrangeiro. ⇨ ryốjíkan; taíshí-kan.

kốkan-dái [oó] 交換台 A telefonista (Col.); a central telefó[ô]nica ⌈do prédio⌋; P.B.X. ⇨ kốkán¹.

kốkan-séi [oó] 交換性 A convertibilidade. ⇨ kốkán¹.

ko-kánsetsu 股関節 [Anat.] A articulação coxofemoral [do fé[ê]mur e do coxal]. ◇ ~ **dakkyū** 股関節脱臼 A deslocação [luxação] coxofemoral.

kốkan-shinkei [oó] 交感神経 [Anat.] O nervo [sistema nervoso do grande] simpático. ◇ **Fuku**- ~ 副交感神経 O nervo parassimpático.

kốkan-shu [oó] 交換手 A/O telefonista. ⇨ kốkán¹.

kốka-sén 高架線 ⇨ kốka⁸.

kốkasshoku [oó] 黄褐色 ⇨ ốkásshoku.

kốká-téki [oó] 効果的 Eficaz. ⇨ kốka¹.

kokátsú 枯[涸] 渇 [E.] **1** [水などの資源がなくなること] O ⌈a água⌋ secar. **2** [欠乏すること] [Fig.] O ficar vazio ⌈de ideias⌋ [esgotado ⌈de recursos⌋]. ⇨ karérú¹; tsukíru.

kốkátsú [oó] 狡猾 [E.] A astúcia; a (arti)manha ⌈para conseguir um posto⌋; a esperteza. ★ ~ *ni tachimawaru* 狡猾に立ち回る Ser astucioso. [S/同] Warúdjie. [A/反] Jítchókú; shốjíki.

koké¹ 苔 O musgo; o limo (mizugoke); o líquen(e).

koké² 虚仮 O doido [maluco]. ★ *Hito o ~ ni suru*

人を虚仮にする Troçar [Rir-se/Fazer troça] de alguém.
kokéí[1] 固形 Sólido. ◇ ⇨ **~ butsu**. **~ nenryō** 固形燃料 O combustível ~. **~ shokuryō** 固形食糧 Os (alimentos) sólidos. ⇨ kotáí[1].
kokéí[2] 弧閨 O quarto da esposa deixada sozinha. ★ ~ *o mamoru* 弧閨を守る Permanecer fiel ao marido durante a ausência dele. [S/同] Kūkéí.
kṓkéí[1] **[oó]** 光景 **1** [ありさま] O espe(c)táculo「do incêndio」. ★ *Santan taru* ~ 惨憺たる光景 ~ horrível. [S/同] Arísama; jōkéí. **2** [景色] A paisagem. [S/同] Késhiki (+).
kṓkéí[2] **[oó]** 口径 O calibre「da arma」; a abertura [largura]「da lente」.
kṓkéí[3] **[oó]** 後景 **1** [うしろの光景] O fundo. [A/反] Zeńkéí. **2** [書き割り] O cenário. [S/同] Kakí-wárí. ⇨ haíkéí[1].
kṓkéí[4] **[oó]** 後継 A sucessão. ◇ **~ naikaku** 後継内閣 O novo gabinete. ⇨ **~ sha**. [S/同] Atótsugi (+); keíshṓ (o).
kokéí-butsu 固形物 Um (corpo) sólido; os sólidos. [A/反] Ryūdṓ-butsu. ⇨ kokéí[1].
kṓ-kéiki [oó] 好景気 A prosperidade (da economia). [S/同] Kṓkyṓ. [A/反] Fu-kéiki; fukyṓ.
kṓkéi-sha [oó] 後継者 O sucessor; o herdeiro. ⇨ kṓkéí[4].
kṓ-kékka [oó] 好結果 (< kṓ[16] + …) O bom resultado; o êxito [sucesso]「da operação」. ★ ~ *o motarasu* [*umu*] 好結果をもたらす [生む] Trazer [Produzir] bons resultados.
kokékókkṓ こけこっこう Cocorocó (Galo); quiquiriqui (Pint(ainh)o); cacaracá (Galinha). ★ ~ *to naku* こけこっこうと鳴く Cacarejar (Galinha); cantar (Galo); piar (Pinto).
kokémómó 苔桃【Bot.】O murtilho vermelho; a murta [o mirto].
koké-múshita 苔生した Musgoso.
kokéń 沽券 A dignidade; a posição. ★ ~ *ni kakawaru* 沽券にかかわる Não condizer com a [Tocar na]「minha」~. [S/同] Hín'i (o); taíméń (+).
kṓkéń[1] **[oó]** 貢献 A contribuição (de bons) serviços. *Kare no hakken wa kagaku no shinpo ni ōi ni ~ shita* 彼の発見は科学の進歩に大いに貢献した A descoberta dele [que ele fez] contribuiu muito para o progresso científico. [S/同] kíyo.
kṓkéń[2] **[oó]** 後見 **1** [補佐; うしろだて] A tutela (Tb. em Dir.). ★ ~ *suru* 後見する Ser tutor (⇨ kṓkéń-níń)「do sobrinho」. [S/同] Kṓéń. **2** [能・歌舞伎などの] O (fazer de) ponto.
kṓkéń[3] **[oó]** 効験 A eficácia「do remédio」. [S/同] Kikímé (+); kṓka (+); kṓnṓ; shirúshí.
kṓkéń[4] **[oó]** 公権【Dir.】Os direitos civis. [A/反] Shikéń.
kṓkéń-níń [oó] 後見人 O tutor. ◇ **Hi-~** 被後見人 O tutelado. ⇨ kṓkéń[2].
kṓ-kénryoku [oó] 公権力 O poder civil [público]. ⇨ kényoku.
koké-ódóshí 虚仮威し【G.】A fanfarrice [fanfarronada]; o lançar poeira aos olhos da gente. *Sonna ~ ni noru mono ka* そんな虚仮威しに乗るものか Quer fazer de mim parvo/Pensa que me engana com fanfarr(on)ices? ⇨ koké[2].
kokérá 柿 [木屑] **1** [木のけずりくず] As aparas [A lasca] (de madeira). [S/同] Koppá. **2** [こけら板] A ripa; a fasquia.
kokérá-ótoshi 柿 [木屑] 落とし (<… **1** + otósu) A inauguração do novo teatro「com uma peça de Gil Vicente」.
kokéru[1] 痩ける Encarquilhar. ★ *Koketa hō* こけた頬 O rosto chupado/encarquilhado. ⇨ yasé-kókéru.
kokéru[2] 転ける【D.】⇨ koróbú; taóréru.
-kokéru[3] こける (Suf. que indica continuidade e intensidade de uma a(c)ção). *Warai ~* 笑いこける「aquilo foi」Rir, rir, rir.
kokéshí(níngyō) 小芥子 (人形) A boneca j. de madeira de forma estilizada (Sem pés nem braços).
kokétisshu コケティッシュ (< Ing. coquettish) Atraente/Provocante/Coquete.
kokétsú 虎穴【E.】O covil do tigre. [P/ことわざ] ~ *ni irazunba koji o ezu* 虎穴に入らずんば虎子を得ず Quem não arrisca, não petisca.
kṓkétsú[1] **[oó]** 高潔 A nobreza (de cará(c)ter). ⇨ hirétsú.
kṓkétsú[2] **[oó]** 膏血【E.】O suor e o sangue. ★ *Jinmin no ~ o shiboru* 人民の膏血を絞る Explorar [Chupar] o povo.
kṓ-kétsuatsu [oó] 高血圧 A hipertensão. [A/反] Teí-kétsuatsu.
kóki[1] 呼気 A expiração. [A/反] Kyūki. ⇨ kokyū́.
kóki[2] 古稀【E.】Setenta anos. ★ ~ *no iwai* 古稀の祝い Celebração dos ~. [S/同] Nanájússai (+).
kṓki[1] **[óo]** 好機 Uma boa oportunidade [ocasião]; o ensejo (Ex.: ~ *issu bekarazu* = enquanto o ferro está quente é que é malhar). ★ ~ *o issuru* 好機を逸する Perder [Deixar escapar] a oportunidade. ~ *o toraeru* [*tsukamu*] 好機を捕らえる Aproveitar a oportunidade/o ensejo. ⇨ kikái[1].
kṓki[2] **[óo]** 後期 A segunda [última] parte de uma época. ★ ~ *shiken* 後期試験 O exame do segundo semestre. [A/反] Zénki.
kṓki[3] **[óo]** 後記 O posfácio. ◇ **Henshū ~** 編集後記 ~ do editor. [S/同] Ató-gákí.
kṓki[4] **[óo]** 高貴 **1** [官位・家柄が高いようす] Nobre. ★ ~ *no umare* 高貴の生まれ Bem-nascido [De família ~]. [A/反] Geséń. **2** [値段の高いようす]「um obje(c)to」Precioso [Caro]. [S/同] Kṓka.
kṓki[5] **[óo]** 光輝【E.】**1** [ひかり] O brilho. ⇨ hikárí; kagáyákí. **2**【Fig.】A glória. ★ ~ *aru rekishi* 光輝ある歴史 A história gloriosa「do J.」. [S/同] Eíkṓ (+); haé; méiyo (+).
kṓki[6] **[óo]** 香気 A fragrância「da açucena」; o perfume; o aroma「do vinho」. ★ *Fukuiku taru ~ o tadayowaseru* 馥郁たる香気をただよわせる Ser odorífero; deitar um cheirinho [rico cheiro]. [S/同] Hṓkṓ; kuńkṓ. [A/反] Shū́ki. ⇨ niói[1].
kṓki[7] **[óo]** 広軌 A bitola larga. ◇ **~ tetsudō** 広軌鉄道 O caminho [A estrada] de ferro de ~; a via [ferrovia] larga. [A/反] Kyṓki[5].
kṓki[8] **[óo]** 校規 O regulamento da escola. [S/同] Kṓsókú (+).
kṓki[9] **[óo]** 校旗 A bandeira da escola. ⇨ hatá[1]; kokkí[2].
kṓki[10] **[óo]** 公器【E.】O órgão público. *Shinbun wa shakai no ~ da* 新聞は社会の公器だ O jornal é um ~ [instrumento para servir o público].
kṓki[11] **[óo]** 綱紀 A lei da nação. ★ ~ *no taihai* 綱紀の退廃 A degradação da ~ [disciplina/fibra do país]. [S/同] Kikṓ.

K

kóki¹² [óo] 工期 (Abrev. de "kốji kíkan") O prazo da construção [das obras].

kóki¹³ [óo] 好奇 A curiosidade (⇨ kóki-shin). ★ ~ *no me o mukeru* 好奇の目をむける Olhar com curiosidade. S/周 Kốzú; súikyō; sukí.

kő-kíatsu [óó] 高気圧 A pressão atmosférica alta; o anticiclone. ◊ **Idōsei ~** 移動性高気圧 ~ instável. A/反 Teí-kíatsu.

ko-kími 小気味 O sentimentozinho 「de vingança」. ★ ~ *(ga) yoi* 「*oto*; *otoko*」小気味 (が) よい 「音; 男」「um som/sujeito」Agradável 「Encantador」.

kőkín¹ [óó] 公金 O dinheiro do Estado; os dinheiros públicos. ★ ~ *o ōryō suru* 公金を横領する Roubar ~. S/周 Kańkín; kốhi. A/反 Shíkin; shízai.

kőkíń² [óó] 拘禁 A detenção [prisão]. ★ ~ *suru* 拘禁する Deter; prender 「*Jitaku ni ~ sareru* 自宅に拘禁される Estar com residência fixa」. S/周 Kańkín (+). ⇨ Shakuhố. ⇨ yokúryú.

kốkín(séí) [óó] 抗菌 (性) 「produto」Anti-bacteriano.

kokí-órosu 扱き下ろす (< kóku + …) 1 [しごいて落とす] a) Debulhar 「milho/arroz」; b) Ripar 「folha de amoreira」. S/周 Kokí-ótosu (+). 2 [ひどくけなす] Malhar em [Criticar] alguém. ★ *Sanzan ni ~* 散々に扱き下ろす ~ sem dó nem piedade. ⇨ kenású.

kóki-shin [óó] 好奇心 A curiosidade. ★ ~ *no tsuyoi* 好奇心の強い Ser muito curioso. ~ *o sosoru* 「*hiku*」 *hanashi* 好奇心をそそる [ひく] 話 História que desperta a ~. ⇨ kóki¹³.

kóki-tsukau 扱き使う (< kóku + …) Explorar [Obrigar a trabalhar demais]. S/周 Kókushi suru.

ko-kízami 小刻み Pequenino; 「passo」miudinho (Ex.: *kata ~ ni furuwasete naku* = chorar abanando [a abanar] os ombros (com os soluços)). ★ ~ *ni neage suru* 小刻みに値上げする Subir o preço aos pouquinhos.

kókká¹ 国家 A nação; o estado. ◊ **~ baishō-hō** 国家賠償法 A lei de inde(m)nização pelo ~. **~ kenryoku** 国家権力 O poder estatal (⇨ kokkéń¹). **~ kōmuin** 国家公務員 O funcionário público [do ~]. **~ shiken** 国家試験 O exame [de ~ para advocacia」. **~ tōronkai** 国家討論会 Um debate na/do ~. **~ zaisei** 国家財政 As finanças nacionais. ⇨ **shugi** [**teki**]. S/周 Kuní (+).

kókká² 国歌 O Hino Nacional (No J. é o "Kimigayo").

kókká³ 国花 A flor nacional (No J. é a cerejeira, no B. o ipê, em P. a roseira).

K **kókká**⁴ 刻下 【E.】O momento presente. S/周 Génka; mókka (+).

kokkái 国会 A Assembleia da República (P.); o Congresso Nacional (B.); a Dieta (J.); o Parlamento. ★ ~ *o shōshū suru* 国会を召集する Convocar o/a ~. ◊ **~ giin** 国会議員 O membro da/do ~; o deputado. **~ gijidō** 国会議事堂 O palácio da/do ~. **~ toshokan** 国会図書館 A biblioteca da/do ~. ⇨ gíkai; jóín¹; sań[shú]gíin.

kokkáku 骨格 1 [骨組み] O esqueleto. ◊ **~ kin** 骨格筋 Os músculos do 「humano」. 2 [からだつき] A compleição; o arcabou[ou]ço. ★ ~ *no takumashii hito* 骨格のたくましい人 A pessoa de compleição robusta [com um físico!].

kokkáń 酷寒 【E.】O frio severo (Ex.: ~ *no jiki* = a época de maior frio). S/周 Gokkáń. A/反 Kókusho.

kokká-shúgi 国家主義 O nacionalismo. ★ ~ *teki na kangae* 国家主義的な考え A ideia nacionalista. ◊ **~ sha** 国家主義者 Um nacionalista. A/反 Kókúsáí-shúgi.

kokká-téki 国家的 Nacional. ◊ **~ jigyō** 国家的事業 Um empreendimento ~.

kokkéí 滑稽 1 [おどけておもしろおかしいこと] Engraçado 「chapéu」 có[ó]mico; jocoso; humorístico; caricato. ★ ~ *na hanashi* 滑稽な話 A coisa [história] cómica. ◊ **~ mi** 滑稽味 「ter sempre a sua」 Pitada de humor. S/周 Hyốkín; odóke. 2 [ふざけていてばからしい] Ridículo. *Kare ga rikkōho suru to wa ~ da* 彼が立候補するとは滑稽だ É ~ que ele se candidate [Ele apresentar-se como candidato? Seria ~]. S/周 Shốshi.

kokkéń¹ 国権 (Abrev. de "kokká kénryoku")【E.】O poder estatal; a soberania nacional.

kokkéń² 黒鍵 As teclas pretas 「do piano」. A/反 Hakkéń. ⇨ keńbán.

kókkí¹ 克己 A abnegação [O vencimento de si mesmo; o autodomínio. ◊ ⇨ **~ shin**. S/周 Jiséí (+).

kókkí² 国旗 A bandeira nacional. ◊ **~ keiyō** 国旗掲揚 O hasteamento [içar] da bandeira (nacional). ⇨ hatá¹.

kokkín 国禁 【E.】A proibição [censura] 「dum livro」 pelo governo. ★ ~ *o okasu* 国禁を犯す Ir contra a ~. ⇨ kińséń⁴.

-kokkíri こっきり【G.】Só 「mil yens e já vais com sorte」. *Kare ga kao o miseta no wa ichido ~ da* 彼が顔を見せたのは一度こっきりだ Ele só apareceu uma vez por aqui!

kokki-shin 克己心 (o espírito de) abnegação 「para fazer o que é bom ou difícil」. ⇨ kókkí¹.

kókko 国庫 O tesouro público. ◊ **~ saiken [shōken]** 国庫債権 [証券] O título do ~.

kokkō 国交 As relações diplomáticas. ★ ~ *o danzetsu suru* 国交を断絶する Cortar ~. *o musubu* [*jūritsu suru*] 国交を結ぶ[樹立する] Estabelecer relações… ~ *o seijō-ka suru* 国交を正常化する Normalizar as ~. *Nippaku-kan no ~* 日伯間の国交 ~ entre o B. e o J. ◊ **~ kaifuku** 国交回復 O restabelececimento das ~.

kokkóku (tó) 刻刻 (と) a) 「o pai vai chegar a」Qualquer instante [momento]; b) 「a cheia do rio subia」Depressa [Cada momento]; c) 「as notícias chegavam」De minuto em minuto [Sem parar]. S/周 Kóku ikkốku (tó). ⇨ dańdán².

kókku¹ コック (< Hol. kok) O cozinheiro [A cozinheira]. ◊ **~ chō** コック長 ~-chefe. S/周 Ryốri-nín.

kókku² コック (< Ing. cock) a) A torneira (⇨ jagúchí); b) O puxador (Manivela). ◊ **Híjō ~** 非常コックの ~ de emergência 「para abrir porta automática」.

kókku³ 刻苦【E.】O trabalho árduo/duro.

kókkuri こっくり 1 [居眠りをすること] O cabecear; o cochilar. ⇨ Inémúri (+). 2 [うなずくさま] Menear (Abanar) afirmativamente a cabeça. *~(to) unazuku* こっくり (と) うなずく Dizer que sim com a cabeça. ⇨ unázúkú. 3 [色・味などが濃いこと] ⇨ kói³.

kokkyō¹ 国境 (⇨ sakái) A fronteira 「entre P. e a

Espanha」. *Geijutsu ni* ~ *nashi* 芸術に国境なし A arte não tem [conhece] ~s. ★ ~ *o katameru* 国境を固める Fortificar a ~. ~ *o koeru* 国境を越える Passar a ~. ◇ **~ chitai** 国境地帯 A zona fronteiriça; a faixa da ~. **~ funsō** 国境紛争 A disputa de fronteiras. **~ sen** 国境線 A linha divisória [da ~]. **Shizen ~** 自然国境 ~ natural. [S/同] Kuní-zákai.

kokkyṓ[2] 国教 (Abrev. de "kokká[1] + shū́kyō") A religião oficial「do Estado islâmico é o islamismo」. ◇ **Eikoku ~** 英国国教 ⇨ seíkṓkai.

kokó[1] 此処 [所] **1** [この場所] Este lugar; aqui. *Ōi, ~ da, ~ da* おおい, ここだ, ここだ Estou aqui, estou aqui! /Ei/Eh! ★ ~ *e* 此処へ Para ~. ~ *made* ここまで Até aqui. ⇨ asókó; káshiko; sokó[2].
2 [この時; この場面] Agora; a altura; o momento. ★ ~ *dake no hanashi* ここだけの話 Isto fica só entre nós. ~ *ga gaman no shidokoro* ここが我慢のしどころ Agora [Esta] é a altura de mostrar a sua paciência.
3 [この点] Este ponto. ~ *ga kono mondai no mottomo jūyō na tokoro da* ここがこの問題の最も重要なところだ Este é o ponto mais importante do (nosso) problema.
4 [現在に近い短い期間] **a**) Ultimamente; **b**) Nos próximos tempos. ★ ~ *shibaraku* ここしばらく Durante algum tempo「não vai chover」.

kóko[2] 個個 **a**)「o cará(c)ter varia de」Indivíduo para indivíduo; **b**)「problemas」Diferentes. ★ ~ *no mondai* 個々の問題 Um problema (em) separado [à parte]. [S/同] Onóono; meíméi.

kóko[3] 呱呱【E.】O vagido [choro] de criança ao nascer; éu, éu. ★ ~ *no koe o ageru* 呱々の声をあげる Nascer. [S/同] Ubúgóe (+).

kokṓ[1] 孤高【E.】A solidão das alturas.

kokṓ[2] 虎口【E.】A boca do lobo (Lit. tigre). [P/ことわざ] ~ *o nogarete ryūketsu ni iru* 虎口を逃れて竜穴に入る Fugir do fogo e cair nas brasas. ⇨ kíchi[5].

kokṓ[3] 糊口 O viver do dia a dia; a mera subsistência. ★ ~ *o shinogu* 糊口を凌ぐ Ganhar apenas para comer. [S/同] Kuchísúgí; kuráshí (+).

kokṓ[4] 孤光【Ele(c)tri.】⇨ ā́ku.

kokṓ[5] 股肱【E.】O braço direito「do chefe」. [S/同] Fukúshíń (+); katá-údé (o).

kṓko[1] [óo] 公庫 O banco de crédito. ◇ **Jūtaku kin'yū ~** 住宅金融公庫 ~ para habitação.

kṓko[2] [óo] 後顧【E.】O pensar no que acontecerá「à família」. ★ ~ *no urei naku* 後顧の憂いなく「procurar que os pais possam morrer」Sem preocupações sobre o「nosso」futuro.

kṓko[3] [óo] 好個 (O que é) ideal. ~ *no kenkyū zairyō da* 好個の研究材料だ Isto é o material ideal para o nosso estudo. [S/同] Kakkṓ (o); utté-tsúké (+).

kṓko[4] [óo] 江湖【E.】 **1** [川と湖] Os rios e os lagos. **2** [世の中]「apelar a」Toda a gente; o público.

kṓkō[1] [kóo-] 孝行 A piedade filial. ★ ~ *suru* 孝行する Ser obediente [dócil] aos pais; gostar dos pais. [P/ことわざ] ~ *no shitai toki ni wa oya wa nashi* 孝行のしたい時には親はなし É só quando os pais já estão mortos que se quer mostrar a ~/Sê bom filho agora, enquanto tens pais! ◇ **~ musuko** 孝行息子 O filho obediente. **Oya ~** 親孝行 A docilidade aos [A ~ para com os] pais. [S/同] Kṓ[6]. [A/反] Fúkṓ.

kṓkṓ[2] [koó-] 高校 (Abrev. de "kṓtṓ gákkō") (Os últimos 3 anos do) ensino médio/colegial.

kṓkṓ[3] [koó-] 航行 A navegação; a viagem (marítima). ★ ~ *suru* 航行する Navegar (Ex.: ~ *no dekiru kawa* = rio navegável). [S/同] Kṓkai.

kṓkṓ[4] [koó-] 皎皎 [皓皓]【E.】「lua」Brilhante.

kṓkṓ[5] [koó-] 煌煌【E.】Todo [Bem; Muito] iluminado. ★ ~ *to akari ga tsuita heya* 煌々と明りがついた部屋 A sala toda iluminada. [S/同] Aká-áka.

kṓkṓ[6] [koó-] 口腔【Anat.】A boca [cavidade bucal]. ◇ **~ eisei** 口腔衛生 A higiene da ~. [S/同] Kṓkū[3]. ⇨ kuchí.

kṓkṓ[7] [koó-] 香香 A conserva de legumes em salmoura [vinagre]. ⇨ kṓ-nó-mónó; o-shíńkó; tsukémónó.

kṓkṓ[8] 膏肓【E.】O「ladrão」que já não tem remédio. [I/慣用] *Yamai ~ ni iru* 病膏肓に入る Já não ter cura/remédio.

kṓkō[9] [kóo-] こうこう **a**) Assim; tal e tal; **b**) Um fulano (assim, assim) (Ex.: ~ *iu hito* = um fulano chamado「Satō」. ~ *iu riyū de ikenakatta* = por uma coisa e outra, não pude ir). [S/同] Kakúkákú.

kókoa ココア (< Ing. cocoa < Asteca) O cacau [chocolate] (Bebida). ⇨ kákao; chokórḗto.

kokóchí 心地 A sensação. *Ikita ~ ga shinai* 生きた心地がしない Sinto-me mais morto (do) que vivo. *Ten ni (mo) noboru ~ ga suru* 天に(も)昇る心地がする Sinto-me leve [como se estivesse no céu/a voar]. ◇ ⇨ **igokochi**. [S/同] Kańjí (+); kíbun (+); kimóchí (+); kokóró-móchí; shińkyṓ.

kokóchí-yói 心地よい「sala」Agradável;「vento」ameno;「lugar」aprazível;「cadeira」confortável.

kṓkó-gaku [oó] 考古学 A arqueologia. ◇ **~ sha** 考古学者 O arqueólogo. **~ teki** 考古学的 Arqueológico.

kṓkṓgyō [koókóo] 鉱工業 As indústrias de mineração e manufa(c)turação.

kokóira 此処いら【G.】⇨ kokóra.

kokó-káshiko 此処彼処 Por toda a parte. ~ *ni mushi no nakigoe ga suru* 此処彼処に虫の鳴き声がする Ouvem-se os inse(c)tos a cantar ~. [S/同] Achírá-kóchira (+); sokó-káshiko.

kókoku 故国 A terra natal; a pátria; o país de origem. [S/同] Furúsato (+); kókyō (o). ⇨ bókoku.

kṓkókú[1] [oó] 広告 O anúncio; a publicidade; a propaganda. ★ ~ *suru* 広告する Anunciar [Pôr/Deitar um ~]. ◇ **~ baitai [kikan]** 広告媒体[機関] O meio [órgão] de propaganda. **~ bira** 広告ビラ A folha volante (de propaganda). **~ dairiten** 広告代理店 A agência de publicidade. **~ gyō** 広告業 O serviço de publicidade. **~ gyōsha** 広告業者 O agente publicitário. **~ hi** 広告費 Os custos de ~. **~ nushi [shu]** 広告主 O anunciante. **~ ran** 広告欄 A se(c)ção de anúncios. **Kodai ~** 誇大広告 A propaganda sensacionalista. **Shazai ~** 謝罪広告 O pedir publicamente perdão [desculpa]. **Shibō ~** 死亡広告 A necrologia [notícia de morte]. **Shinbun ~** 新聞広告 O ~ no jornal. ⇨ seńdéń.

kṓkókú[2] [oó] 公告 O edital. ★ ~ *suru* 公告する Pôr um ~. [S/同] Kokújí; kṓjí.

kṓkoku[3] [óo] 公国 O principado [ducado].

kṓkókú[4] [oó] 抗告【Dir.】O apelo. ★ ~ *suru* 抗告する Apelar [Protestar]. ◇ **~ nin** 抗告人 O apelante. **Sokuji ~** 即時抗告 ~ imediato.

kókon 古今 Todas as épocas [Ontem e hoje]. ~ *tōzai ni watatte* 古今東西にわたって Em todas as

K

épocas e lugares [países]「se vê isto」. ⇨ ímá[1]; mukáshí.

kokónatsu ココナツ (< Ing. coconut < Quíchua) O coco.

kokónóká 九日 **1**[月の九番目の日]O dia nove (do mês). **2**[九日間]Nove dias.

kokónotsu 九つ **1**[9]Nove. **2**[九歳]Nove anos (de idade) (Ex.: *watakushi wa ~ desu* = eu tenho ~). **3**[昔の時刻]O meio-dia [A meia-noite].

kokóra 此処ら 「(por) hoje vamos terminar」. Aqui. ★ ~ **atari** [hen] 此処らあたり[へん] Por ~ [Perto daqui]「há muitas lojas」. ⇨ kokó[1]; sokóra.

kokóro 心 **1**[精神]O coração; a alma; a mente. ~ *ga hazumu* 心が弾む Ficar contente [animado]. ~ *ga kawaru* 心が変わる Mudar de ideia. ~ *ga midareru* 心が乱れる Ficar perturbado; desnortear-se. ~ *koko ni arazu* 心ここにあらず Só estar presente de corpo. ~ *ni egaku* 心に描く Imaginar. ~ *ni kakaru* 心にかかる Preocupar-se. ~ *ni kizamu* 心に刻む Gravar na/o ~. ~ *ni ubaku* 心に浮かぶ Vir à mente. ~ *no kate* 心の糧 O alimento do/a ~. ~ *no ōkii* [hiroi] 心の大きい[広い] Magnânimo. ~ *no semai* 心の狭い Ter um espírito tacanho; (ser) mesquinho. ~ *o awaseru* [*hitotsu ni suru*] 心を合わせる[一つにする] Ser (mais) unidos. ~ *o irekaeru* 心を入れ替える Converter-se; mudar; arrepender-se. ~ *o kimeru* 心を決める Decidir(-se)「a ser médico」. ~ *o nayamasu* 心を悩ます Preocupar-se; ficar ansioso. S/同 Séishin. **2**[心情]O coração; a sensibilidade. *Kao de waratte ~ de naite* 顔で笑って心で泣いて Rir por fora e chorar por dentro. ~ *bakari no o-rei* 心ばかりのお礼 O agradecimento do ~, um pequeno presente. ~ *ga kayou* 心が通う Entender-se (um com o outro). ~ *ga sawagu* 心が騒ぐ Sentir-se inquieto. ~ *kara no motenashi* 心からのもてなし O acolhimento caloroso, do [com o] ~.「*Porutogaru no rekishi ni* 」~ *o hikareru*「ポルトガルの歴史に」心をひかれる Gostar da história de P. ~ *o itameru* 心を痛める Cortar o ~ [a alma]. ~ *o kometa okurimono* 心を込めた贈り物 O presente (dado) do ~. ~ *o oni ni suru* 心を鬼にする Ir contra a própria ~「para bem do filho」. ~ *o ubau* 心を奪う Fascinar; cativar. ~ *o ugokasu* 心を動かす Tocar o ~; sensibilizar. ~ *o utsu monogatari* 心を打つ物語 A história comovente [de tocar o ~]. ~ *o yurusu* 心を許す Abrir-se com [Abrir o ~ a] alguém; confiar「em」. S/同 Kañjō; kimóchí; muné; shiñjō. **3**[思いやり]A bondade; o ter coração. ~ *nai shiuchi* 心ない仕打ち O tratamento cruel. ⇨ nasáké; omói-yárí. **4**[思慮]O sentir [gosto]; a inclinação; o pensar. *Ukkari ~ ni mo nai koto o itte shimatta* うっかり心にもないことを言ってしまった Disse [Saiu-me] aquilo sem pensar. ★ ~ [*Ki*] *no omomuku mama ni* 心[気]のおもむくままに Sem plano; à vontade. S/同 Kañgáe; shíryo. **5**[留意; 注意] A atenção. ★ ~ *ni tomeru* [*kakeru*] 心に留める[掛ける] Ficar atento「a」; ter em conta. ~ *o kubaru* 心を配る Cuidar; zelar. ~ *o mukeru* 心を向ける Prestar atenção「a」. S/同 Chúi; ryúi. **6**[好み] O agrado [gosto]. ★ ~ *ni kanau* 心にかなう Gostar; agradar. S/同 Konómí. **7**[情趣を解する感性] A sensibilidade. ★ ~ *aru hito* 心ある人 A pessoa sensata [com ~]. ⇨ kánsei[7]. **8**[芸能などの深い意味]O significado/espírito「da arte do chá」. S/同

Rínen. **9**[なぞ解きのかぎ]A resposta [Que é que é?]. *Yabure shōji to kakete uguisu to toku, sono ~ wa* – "*Haru*" *o matsu* 破れ障子とかけてうぐいすと解く、その心は –「ハル」を待つ O que (é que) há de comum entre um "shōji" rasgado e um rouxinol? – Ambos esperam "haru" ("haru" significa primavera e colar). ⇨ ími; nazó; wáke.

kokóró-áru 心ある Delicado「com as pessoas」; sensível「à arte」. A/反 kokóró-nái.

kokóró-átari 心当たり O ter ideia; o saber. ★ ~ *ga nai* 心当たりがない Não「tenho」/「faço (a mínima)」ideia. S/同 Keñtō.

kokóró-bósói 心細い (<…+hosói) **a)**Só[Abandonado]; **b)**「sentir-se」Desanimado;「um resultado」desanimador. *Yo-michi no hitori-aruki wa ~* 夜道の一人歩きは心細い Tenho medo de andar de noite sozinho.

kokóró-e 心得 (< kokóró-éru) **1**[忘れずに覚えるべきこと]As regras. ◇ ~ **chō** ~帳 O caderno das ~. **Shoshin-sha** ~ 初心者心得 "O que os principiantes têm que saber". **2**[経験や知識があること]Uns conhecimentos; umas luzes [tintas/noções]. ★ *Ijutsu no ~ ga aru* 医術の心得がある Ter ~ [Saber um pouco] de medicina. S/同 Tashínámí. **3**[上司の代行]Interino. ◇ **Kachō** ~ 課長心得 O chefe de se(c)ção. ⇨ atsúkái; taígú[1].

kokóró-chígai 心得違い **1**[道理にはずれた考え]A insensatez; a maneira errada (de pensar). *Raku o shite kane o mōkeyō to iu no wa ~ da* 楽をして金をもうけようというのは心得違いだ Querer ganhar (dinheiro) sem trabalhar está errado. **2**[思い違い]O desentendimento [mal-entendido]. S/同 Gokái (+); omói-chígái (o).

kokóró-éru 心得る **1**[理解する; 思う] Pensar. *Washi wa nan to kokoroete iru no da* わしは何と心得ているのだ Quem é que você pensa que eu sou? S/同 Nomí-kómú; ríkai suru (+). **2**[たしなみがある] Ter umas noções. *Ōkyū shochi o hitotōri kokoroete oku to ii yo* 応急処置を一通り心得ておくといいよ É bom ter um conhecimento geral [~] de primeiros socorros. S/同 Wakímáéru. **3**[知っている]Saber; conhecer. *Kare no jakuten wa kokoroete iru* 彼の弱点は心得ている Eu sei qual é o ponto fraco dele [Eu conheço-lhe os (pontos) fracos]. **4**[承知する]Estar de acordo. (*Hai*) *kokoroemashita* (はい)心得ました Farei como (o senhor) diz. S/同 Ryōkái [shóchi] súru.

kokóró-gákari 心掛かり (<…+kakáru) ⇨ ki-gákari.

kokóró-gáke 心掛け A intenção「é boa」; o cuidado; a prudência; a atitude. ★ ~ *ga ii* [*warui*] 心掛けがいい[悪い] Prudente/Precavido [Imprudente]. S/同 Kokóró-gámae.

kokóró-gákeru 心掛ける (<…+kakéru) Procurar; ter cuidado. ★ *Chikoku shinai yō ni* ~ 遅刻しないように心掛ける ~ não chegar atrasado.

kokóró-gámae 心構え (<…+kamáéru) A atitude de espírito; a preparação; o estar mentalizado「para aceitar a responsabilidade」. S/同 kákugo; kokóró-gáke.

kokóró-gáwari 心変わり (< + kawárú) **a)** O mudar de ideias; **b)** O ser inconstante「no amor」. ★ ~ *suru* 心変わりする S/同 Heñshín.

kokóró-gúrúshíí 心苦しい (<…+kurúshii) Sentir [Ter pena]; custar. *Sonna fū ni sareru to kaette* ~ そ

んな風にされるとかえって心苦しい Com tanta gentileza até fico confundido.

kokóró-hísoka-ni 心密かに「diziam que respeitavam o chefe, mas」(Lá) por dentro [No íntimo]「riam-se」. ★ ～ *omoi o yoseru* 心密かに思いを寄せる Ter amor não declarado「a alguém」; amar mas não dizer.

kokóró-íkí 心意気 O ânimo [espírito]「de lutador」.

kokóró-jṓbu [**óo**] 心丈夫 A segurança [coragem]. ★ ～ *de aru* 心丈夫である Dar [Sentir] confiança/～. ⇨ kokóró-zúyói.

kokóró-máchí 心待ち (<… + mátsu) O esperar com ansiendade; a expectativa (Ex.: ～ *ni matsu* = estar muito ansioso/à espera).

kokórómí 試み (< kokórómíru) **a**) A tentativa; o provar [teste]; **b**) A prova [tentação]. ★ ～ *ni tsukatte miru* 試みに使ってみる Experimentar (usar). [S/同] Taméshí.

kokórómíru 試みる Tentar「(fazer) outra vez o exame」; provar; experimentar「a máquina」. [S/同] Tamésu.

kokóró-móchí 心持ち (<… + mótsu) **1** [気持ち] ⇨ kimóchí. **2** [ほんの少し] Um pouco [nadinha]. ★ ～ *kao o ageru* 心持ち顔を上げる Levantar ～ o rosto. ⇨ wázuka.

kokóró-mótó-nái 心許ない **1** [不安] Duvidar「se a criança pode ir sozinha」; estar apreensivo. *Kare no yuku-sue ga dō naru no yara isasaka* ～ 彼の行末がどうなるのやらいささか心許ない Tenho dúvidas quanto ao futuro dele. [S/同] Kizúkáwáshíi; shińpái. **2** [おぼつかない] Incerto;「salário」precário; duvidoso. [S/同] Obótsúkánái.

kokóró-nái 心ない **a**) Sem coração;「tratamento」cruel; **b**) Insensato; irresponsável. ★ ～ *koto o suru* 心ないことをする Ser cruel [Não ter coração].

kokóró-nárazu mo 心ならずも Contra (a) vontade; com relutância. ★ ～ *dōi suru* 心ならずも同意する Concordar ～. [S/同] Fuhóń'í-nágara.

kokóró-náshí (**ká**) 心做し (か) Um pouco [tanto] (Ex.: *kare wa* ～ *sabishige datta* = ele sentia-se ～ só). [S/同] Ki nó séi ka.

kokóró-né 心根 **1** [真情] O coração [(verdadeiro) sentir/sentimento]. [S/同] Shińjṓ (+). **2** [根性] O cará(c)ter; a índole [disposição]. ★ ～ *no yasashii hito* 心根のやさしい人 A pessoa boa [meiga]. [S/同] Kónjō (+); shṓné.

kokóró-níkúi 心憎い **1** [すぐれていて憎らしく感じられる程である] Admirável [De morrer (de satisfação)]. ★ ～ *mi no konashi* 心憎い身のこなし Os gestos admiráveis「do a(c)tor」. **2** [⇨ okúyúkáshíi]. **3** [⇨ nikúráshíi].

kokóró-nókori 心残り (<… + nokóru) A pena; o remorso (Ex.: ～ *ga suru* = ter [estar com] pena「de não ter ido à festa」. *Nani mo* ～ *wa nai* = não estou nada arrependido「de ter vendido a casa」). ⇨ míren; zańnén.

kokóró-óboe 心覚え (<… + obóéru) **1** [記憶] A lembrança (Ex.: *sono koto ni tsuite wa zenzen* ～ *ga nai* = não me lembro de nada). [S/同] Kiókú (+). **2** [備忘のための書き物] A nota; o lembrete (para ajudar a memória). [S/同] Hikáé (+); mémo (o).

kokóró-ókí-naku 心置きなく **a**) Sem cerimó[ô]nia [À vontade]; francamente; **b**) Sem preocupação「da família」. [S/同] Eńryó náku.

kokóro-suru 心する Estar atento; tomar [ter] cuidado「com o adversário」; prestar atenção. *Kokoroshite kike* こころして聞け Ou[i]çam com atenção.

kokóró-útsuri 心移り (<… + utsúru) ⇨ kokóró-gáwari.

kokóró-yásúi 心安い **1** [懇意である]「ambiente」Familiar;「restaurante」conhecido; amigo. ★ *Kokoroyasuku naru* 心安くなる Ficar/Fazer-se amigos. [S/同] Shitáshíi. ⇨ kón'i. **2** [安心である] Não ter preocupações; estar tranquilo [em paz].

kokóróyói 快い **1** [気分がよい; よい感じである] Agradável;「lugar」aprazível; confortável. ★ ～ *soyokaze* 快いそよ風 Uma brisa agradável. [S/同] Kimóchí-yói. **2** [愉快である] Agradável; aceite. ★ *Kokoroyoku omou* [*omowanai*] 快く思う [思わない] Gostar [Não gostar]「de mim」. ⇨ yúkai. **3** [病状がよくなる] Bom. ★ *Kokoroyoku naru* 快くなる Sentir-se melhor; melhorar.

kokóróyóshi 快し【E.】Bom; aceitável. [S/同] Kokóróyói **2** (+).

kokóró-yúkú-máde[**bákari**] 心行くまで[ばかり] Até ficar satisfeito. ★ *Kokoroyukumade hanashiau* 心行くまで話し合う Conversar ～ [Dizer tudo o que tem a/para dizer].

kokórózáshí 志 (< kokórózásu) **1** [目標] O que se quer; o ideal; a meta; o obje(c)tivo (Ex.: *koto wa* ～ *to chigatte shimatta* = saiu tudo muito diferente (do que eu queria)). *Tsui ni* ～ *o togeta* ついに志を遂げた Por fim conseguiu o que queria [realizou o seu ideal]. [S/同] Mokúhyṓ (+). **2** [意志・意図・決心] A vontade; o desejo (Ex.: *chichi no* ～ *ni shitagatte kagyō o tsuida* = para fazer a vontade ao meu pai, fiquei com o negócio da casa). ⇨ íshi[2]; íto[2]; késshin[1]. **3** [厚意] A boa vontade; a gentileza. ★ *Hito no* ～ *o mu ni suru* 人の志を無にする Não apreciar a ～ de alguém [Ser mal-agradecido]. [S/同] Kṓi (o); nasáké (+); shínsetsu (+). **4** [贈り物] ⇨ súnshi.

kokórózásu 志す **1** [自分がしたいことを決める] Desejar「ser diplomata」; pensar [querer] ser. **2** [目ざす] Aspirar. ★ *Seijika o* ～ 政治家を志す ～ a (ser) político. [S/同] Megákéru; mezásu.

kokóró-zúkai 心遣い (<… + tsukáú) A solicitude [amabilidade] (Ex.: *o-*～ *o kansha shimasu* = (Muito) obrigado pela sua ～/gentileza).

kokóró-zúké 心付け (<… + tsukéru) A gorjeta; a gratificação. ★ ～ *o yaru* 心付けをやる Dar (uma) ～. [S/同] Chíppu (+); sakáté; shúgi.

kokóró-zúkushi 心尽くし (<… + tsukúsu) **1** [気を配り心をこめて他のためをはかること] A dedicação「da professora」; a bondade; a amabilidade; os cuidados; a solicitude. ★ ～ *no shina* 心尽くしの品「obrigado pelo seu」Rico presente. **2** [物思いをすること]【A.】⇨ monó-ómoi.

kokóró-zúyói 心強い (<… + tsuyói) Que dá [inspira] confiança; encorajador. *Kimi ga iru no de* ～ 君がいるので心強い A tua presença inspira-me (uma) grande confiança [Contigo ao meu lado, não tenho receios].

kṓkṓ-sei [**kóokóo**] 高校生 O aluno do curso secundário/do ensino médio. ⇨ kṓkṓ[2].

kṓkótsú[1] [**oó**] 恍惚【E.】 **1** [うっとりするようす] O êxtase [arrebatamento; enlevo]. *Kanojo wa* ～ *to shite butai o mite ita* 彼女は恍惚として舞台を見ていた Ela estava extasiada [enlevada/arrebatada], a ver o espe(c)táculo. ⇨ uttóri. **2** [年をとってぼけること]

A segunda meninice (Ex.: ～ no hito = a pessoa na～).

kokótsú² [骨] 硬骨 **1** [かたい骨] O osso duro. A/反 Nankótsú. **2** [強い意志や信念を持っていること] Teso; inabalável; inflexível; firme. ★ ～ no hito 硬骨の人 O homem ～ [com firmeza de cará(c)ter/com fibra].

kókótsu-kan [骨] 硬骨漢 O homem inflexível [de "antes quebrar que torcer"]. S/周 Seígí-há; seígí-kan (+). ⇨ kókótsú².

kokóyáshi ココ椰子 O coqueiro.

kókú¹ こく [濃] **1** [深みのある味] A consistência; a substância; o corpo. ★ ～ no aru sake こくのある酒 O saké [vinho] encorpado. **2** [深みがあって面白い] O conteúdo. ★ ～ no aru bunshō こくのある文章 A frase [o estilo] com ～.

kóku² 酷 A severidade; a crueldade. ～ na iikata o sureba kanojo wa jibun no mu-nōryoku o ninshiki subeki da 酷な言い方をすれば彼女は自分の無能力を認識すべきだ Usando uma expressão um pouco cruel [dura], ela devia reconhecer que não sabe trabalhar.

kóku³ 濃く (Adv. de kói³) Grosso; forte; espesso; carregado. ★ Cha o ～ ireru 茶を濃く入れる Fazer o chá forte.

kóku⁴ 扱く ⇨ shigóku².

kóku⁵ 放く [Chu.] **1** [体の外に出す] Peidar. ★ He o ～ 屁を放く Dar um peido. S/周 Taréru. **2** [言う] Dizer. Baka o koke 馬鹿をこけ Tolice [Não diga disparates]! S/周 lú (+); nukású.

kóku⁶ 刻【A.】Período de duas horas. ⇨ jíkoku⁷.

kóku⁷ 石【A.】(Medida de capacidade, correspondente a 40 galões [de arroz]).

kokú 虚空【E.】O ar; o espaço; o vazio. ★ ～ o mitsumeru 虚空を見つめる Ficar a olhar para o ar (sem dizer nada). S/周 Kū́; kū́kań (+); ōzóra (o); sóra.

kókū¹ [骨] 航空 A navegação aérea. ◇ ～ bokan 航空母艦 O porta-aviões. ～ gaisha 航空会社 A companhia aérea [de aviação (+)]. ～ gishi 航空技師 O engenheiro da aviação. ～ hō 航空法 A lei de aeronáutica civil. ～ hyōshiki 航空標識 As luzes da pista [de aterragem]. ～ kichi 航空基地 A base aérea. ～ ro 航空路 A rota aérea. ～ shashin 航空写真 A fotografia aérea. ～ yūbin 航空郵便 ⇨ kokū́-bín.

kókū² [骨] 高空 Alta altitude. A/反 Teíkū́.

kókū³ [骨] 口腔【Anat.】⇨ kōkō⁶.

kokubán 黒板 O quadro(-negro).

kokúbétsú 告別 O saimento (do cortejo fúnebre). ◇ ～ shiki 告別式 A cerimó[ô]nia de ～. ⇨ sōgi²; sōshíkí¹.

ko-kúbi 小首 A cabeça. ★ ～ o kashigeru 小首を傾げる **a)** Inclinar (ligeiramente) ～ (para o lado); **b)** Duvidar (Ex.: kare wa sono kettei ni ～ o kashigeta = ele tinha as suas dúvidas sobre aquela decisão).

kokū́-bín [骨] 航空便 O correio aéreo; via aérea. S/周 Eámeru; kokū́ yūbin.

kokubō 国防 A defesa (nacional). ★ ～ o kyōka suru 国防を強化する Reforçar a ～. ◇ ～ hi 国防費 As despesas militares [de ～].

kokubún 国文 **1** [日本語で書かれた文章] O japonês; o vernáculo [português/inglês]. S/周 Hōbúń (+); wabúń (o). ⇨ kokúgó; kokúbúnpō. **2** [Abrev. de ⇨ "kokúbún-gaku"] **3** [Abrev. de ⇨ "kokúbúń-gákusha"] O departamento de literatura japonesa [brasileira (no B.)].

kokúbún-gaku 国文学 A literatura nacional [brasileira/inglesa]. ★ ～ o senkō suru 国文学を専攻する Especializar-se em ～.

kokúbún-gákusha 国文学者 O literato [especialista da [em] literatura nacional].

kokúbúnpō 国文法 A gramática j. [p./da língua pátria].

kokúbyákú 黒白【E.】**a)** Preto e branco; **b)** Certo ou errado; **c)** Muito diferente. ★ ～ o arasou 黒白を争う Discutir「em tribunal」quem é o culpado. ～ o tsukeru 黒白をつける Decidir quem está certo [tem razão]. S/周 séija¹; zén'aku.

kokuchi 告知 O anúncio [aviso]. ★ ～ suru 告知する Anunciar「na tabela de avisos」. S/周 Kokújí; tsúchí (o); tsū́kokú (+). ⇨ keíji¹.

kokúchō 国鳥 A ave nacional.

kokúden 国電 (Abrev. de "kokútétsú (dénsha)") Os Caminhos de Ferro [As Ferrovias] Nacionais (No J. foram privatizados; ⇨ Jeí-áru). S/周 Kokútétsú (+). ⇨ dénsha.

kokudo¹ 国土 O território nacional; o país. ◇ ～ bōei 国土防衛 ⇨ kokubō. ～ kaihatsu 国土開発 O desenvolvimento (planeado) do ～. S/周 Ryōdo.

kokudo² 黒土 A terra preta.

kokúdō 国道 A estrada nacional「20」.

kokúéi 国営 (Administração) estatal. ◇ ～ jigyō [kigyō] 国営事業[企業] O empreendimento [A empresa/órgão] estatal/nacional. S/周 Kań'éi. A/反 Shíéi.

kokúen¹ 黒煙 O fumo preto. A/反 Hakúeń. ⇨ kemúri.

kokúen² 黒鉛【Min.】A grafite. S/周 Sekíbókú.

kokufu¹ 国府【A.】(A sede do) governo provincial.

kokufu² 国富【E.】A riqueza nacional [da nação].

kokúfúkú 克服 A conquista; o vencer「um vício」. ★ ～ shigatai 克服し難い「um problema」Insuperável. ⇨ seffúkú¹.

kokúgai 国外 Fora do país. ★ ～ ni tsuihō suru 国外に追放する Desterrar; exilar; expatriar; expulsar do país [da pátria]. A/反 Kokúnai. ⇨ kuní.

kokúgaku 国学【A.】Os estudos clássicos japoneses.

kokúgén 刻限 A hora marcada. ★ ～ o sugiru 刻限を過ぎる Passar da ～. ◇ ～ hi 国防費 ⇨ Jíkoku.

kokúgi 国技 O desporto [esporte] nacional. Sumō wa Nippon no ～ da 相撲は日本の国技だ O sumô é o ～ do J.

kokúgó 国語 **1** [一国の言語] A língua [O idioma] nacional; o vernáculo. **2** [自国語] A língua materna; a minha「segunda」língua. **3** [日本語] A língua japonesa [O j.].

kokúhákú¹ 告白 A confissão「dos pecados」; o reconhecimento「do crime」. ★ Tsumi o ～ suru 罪を告白する **a)** Confessar o(s) pecado(s); **b)** Confessar [Reconhecer] o crime. S/周 Hákújō; jihákú. ⇨ uchí-ákérú.

kokúhákú² 酷[刻]薄【E.】O ter um coração de pedra. ⇨ zańkókú.

kokúhátsú 告発 **1** [悪事などを世に訴えること] A denúncia. ★ Seido no mujun o ～ suru 制度の矛盾を告発する Denunciar as contradições do sistema. ◇ Naibu ～ 内部告発 ～ interna. **2** [Dir.] A queixa [denúncia]. ★ ～ suru 告発する Apresentar

~; denunciar. ◇ **~ jō** 告発状 A carta da ~; a acusação escrita. ⇨ kókuso.

kokuhi 国費 Os fundos [O dinheiro] do Estado. S/同 Kánpi. A/反 Shíhí. ⇨ kóhi¹.

kokúhín 国賓 O convidado oficial. ★ **~ to shite rai-Nichi suru** 国賓として来日する Visitar o Japão como convidado oficial. ◇ **~ taigū (sha)** 国賓待遇(者) A personalidade a ser tratada como ~.

kókuho 国保 ⇨ kokúmíń.

kokúho¹ 国法 A lei nacional [do país]. ★ **~ ni fureru** 国法に触れる Ir [Ser] contra a ~.

kokúho² 国宝 O tesouro nacional. ★ **~ ni shitei sareru** 国宝に指定される Ser designado tesouro nacional.

kokúhyō 酷評 A diatribe; a crítica acerba [severa]; o comentário azedo. ~ **suru** 酷評する Criticar severamente; Fazer um/a ~. A/反 Zessán.

kókui¹ 国威 [E.] O prestígio [A dignidade] nacional. ★ **~ o takameru** [hatsuyō suru] 国威を高める [発揚する] Aumentar o/a ~.

kókui² 黒衣 O vestido (de senhora) [fato (de cavalheiro)] preto. ⇨ hákui.

kóku-ikkókú 刻一刻 [E.] ⇨ kokkókú (tó).

kokúji¹ 告示 A notificação; o aviso [edital]. ★ **Shin-jōrei o ~ suru** 新条例を告示する Anunciar as novas leis. S/同 Fukókú; kōfu; kókuchi. ⇨ kójí.

kokúji² 国字 **1** [国の文字] O sistema de escrita dum país. ◇ **~ kairyō** 国字改良 A reforma do/a ~. **2** [漢字に似せて日本で作られた文字] O ideograma japonês (não adoptado da China, feito no J.). **3** [かな文字] O silabário japonês "kaná".

kókuji³ 国事 [E.] Os assuntos [negócios] de Estado. ★ **~ ni honsō suru** 国事に奔走する Dedicar-se aos ~.

kókuji⁴ 酷似 [E.] O ser muito parecido 「ao pai/meu carro」 ~. ruíjí; sōjí².

kokúji⁵ 国璽 O selo real; o carimbo da República.

kokújíń 黒人 O preto; o negro. ⇨ kokujíń¹.

kokújō 国情 [状] A situação do país. ★ **~ o shisatsu suru** 国情を視察する Verificar ~ [as condições em que o país se encontra].

kokújóku 国辱 [E.] A vergonha [desonra] nacional [para a nação]. ⇨ hají¹.

kókú-ki [oókúu] 航空機 O aeroplano [aparelho (voador)]. ⇨ hikóki; hikōséń.

kokúkókú 刻刻 [E.] ⇨ kokkókú (tó).

kokúméí¹ 国名 O nome do país.

kokúméí² 克明 O ser pormenorizado [minucioso]. ★ **~ ni kiroku suru** 克明に記録する Regist(r)ar tudo escrupulosamente [minuciosamente]. S/同 Tánnen (+).

kokumíń 国民 O povo 「j.」; uma nação; os cidadãos. ★ **~ no gimu** 国民の義務 A obrigação nacional; o dever de todo o cidadão. ~ **no shukujitsu** 国民の祝日 O feriado nacional. ◇ **~ kanjō** 国民感情 O sentimento nacional. ~ **kenkō hoken** 国民健康保険 O seguro nacional de saúde; a previdência social. ~ **nenkin** 国民年金 A reforma [aposentadoria (B.)]. ⇨ **sei**. ~ **seikatsu** 国民生活 A [As condições de] vida do ~. ~ **shotoku** 国民所得 A renda nacional. ~ **sōseisan** 国民総生産 O produto interno [nacional] bruto; o PIB. ~ **taiiku-taikai** 国民体育大会 O encontro [campeonato] nacional de atletismo. ~ **tōhyō** 国民投票 O plebiscito; o referendo.

kokúmíń-séí 国民性 O cará(c)ter [A índole] nacional.

kokumotsu 穀物 O cereal. S/同 Kokúrui.

kokumu 国務 Os negócios [assuntos] de Estado. ★ **~ ni tazusawaru** 国務に携わる Tratar dos ~. ◇ **~ daijin** 国務大臣 O Ministro de Estado [sem pasta].

kokúnai 国内 「notícias」Do país; interno; doméstico. ★ **~ ni** 国内に Dentro do país. ◇ **~ jijō** 国内事情 A situação ~. **~ juyō** 国内需要 A procura interna. **~ kōkū** 国内航空 O serviço aéreo doméstico. **~ mondai** 国内問題 O problema interno. **~ sangyō** 国内産業 As indústrias nacionais. A/反 Kokúgai; kokúsái. ⇨ kuní.

kokúnáíshō 黒内障 【Med.】A amaurose (Perda da vista). S/同 Kuró-sókohi. ⇨ hakúnáíshō.

kokúnán 国難 Uma crise nacional.

kokúnétsú 酷熱 [E.] O calor intenso [tórrido]. Énnétsú; ekíshó.

kokúó [ōo] 国王 O rei; o monarca; o soberano. ◇ **~ heika** 国王陛下 Sua Majestade real [o Rei].

Kokúréń 国連 (Abrev. de "kokúsái réngō") A ONU [(Organização das) Nações Unidas/U.N. (Em Ing.)]. ◇ **~ anzen hoshō riji-kai** [Anpori] 国連安全保障理事会[安保理] O Conselho de Segurança das ~. **~ gun** 国連軍 As forças das ~. **~ jidō kikin** 国連児童基金 O Yúnisefu. ~ **kameikoku [kanyokoku]** 国連加盟国[加入国] O país membro das ~. **~ kenshō** 国連憲章 A Carta das ~. **~ kyōiku kagaku bunka kikō** 国連教育科学文化機構 O Yunésuko. **~ sōkai** 国連総会 A Assembleia Geral das ~.

kokurítsú 国立 Nacional; estatal. ◇ **~ daigaku** 国立大学 A universidade estatal [do Estado/federal (B.)]. **~ gekijō** 国立劇場 O teatro nacional. **~ hakubutsukan** 国立博物館 O museu nacional. **~ kōen** 国立公園 O parque nacional. ⇨ shíritsu².

kokúróń 国論 A opinião pública. ★ **~ o tōitsu suru** 国論を統一する Criar/Unificar ~. S/同 Kōron; séron (o); yóron (+).

kokúrui 穀類 O cereal; o grão. ⇨ kokumotsu.

kokúryoku 国力 A força [Os recursos] de um país. ★ **~ o yashinau** 国力を養う Desenvolver ~.

kokusái¹ 国際 Internacional (Ex.: ~ **toshi** = uma cidade cosmopolita). ◇ **~ denwa** 国際電話 O telefonema [A ligação] ~. **~ hō** 国際法 O Direito ~. **~ jōsei** 国際情勢 A situação ~ [mundial]. **~ kaigi** 国際会議 Um congresso ~. **~ keisatsu** 国際警察 A polícia ~ [INTERPOL]. **~ kekkon** 国際結婚 O casamento ~ (Com um cônjuge de outro país). **~ kikan** 国際機関 O órgão ~. **~ kin'yū** 国際金融 O sistema financeiro ~. **~ kyōryoku** 国際協力 A cooperação ~. **~ mondai** 国際問題 Um assunto [problema] internacional. **~ rengō** 国際連合 ⇨ Kokúréń. **~ renmei** 国際連盟 A Liga das Nações (Unidas) (H.). **~ sekijūji** 国際赤十字 A Cruz Vermelha (Internacional). **~ shakai** 国際社会 A sociedade [comunidade ~]. **~ shihō saibansho** 国際司法裁判所 O Tribunal ~ de Justiça (em Haia). **~ shijo** 国際市場 O mercado ~. ⇨ **shugi**. **~ shūshi** 国際収支 O balanço financeiro ~. **~ tsūka kikin** 国際通貨基金 O Fundo Monetário ~.

kokusái² 国債 A dívida pública [nacional]; título [obrigação] do Tesouro.

kokúsái-gó 国際語「o p. é」Uma língua internacional.

kokúsái-ká 国際化 A internacionalização. ★ ~ **suru** 国際化する Internacionalizar.

kokúsái-shúgi 国際主義 O cosmopolitismo.

kokúsái-téki 国際的 Internacional; mundial.

kokusáku 国策 A estratégia [política] nacional. ★ ~ *no sen ni sotte* 国策の線に沿って Seguindo a linha da ~. S/周 Kōzuke.

kokusán 国産 A produção nacional. ◇ ~ **hin** [**jidōsha**] 国産品 [自動車] O produto [carro] nacional. A/反 Hakurái.

kokúséi[1] 国政 O governo [Os assuntos de Estado]. ★ ~ *ni san'yo suru* 国政に参与する Participar no ~. S/周 Kōkuji; kokumu. ⇨ séifu[1].

kokúséi[2] 国勢 1 [人口・産業などを中心とした国のありさま] A situação de um país. ★ ~ *chōsa o suru* 国勢調査をする Recensear; fazer o recenseamento [levantamento] da ~. 2 [国勢] O kokúryoku.

kokúséki 国籍 A nacionalidade. *Anata no ~ wa dochira desu ka* あなたの国籍はどちらですか Qual é a sua ~? ~ *o shutoku [sōshitsu] suru* 国籍を取得[喪失]する Adquirir [Perder] a ~. ◇ ~ **fumei-ki** 国籍不明機 O avião de ~ desconhecida. **Mu-sha** 無国籍者 O apátrida. **Ni-jū ~ sha** 二重国籍者 O indivíduo com dupla ~.

kokúsén 国選 A designação [O ser escolhido] pelo tribunal. ◇ ~ **bengonin** 国選弁護人 O advogado oficioso. ⇨ kańsen[3].

kōkushi[1] 酷使 a) O usar demasiado; b) O tratar mal [o carro]. ★ *Zunō o ~ suru* 頭脳を酷使する Usar demasiado o cérebro.

kókushi[2] 国史 1 [ある国の歴史] A história nacional [de P. (Em P.)]. ⇨ rekíshi[2]; sekai-shi. 2 [日本の歴史] A história do J. ◇ ~ **nenpyō** 国史年表 A cronologia da ~. Nihon-shi.

kókushi[3] 国士 [E.] O patriota; um nobre [grande] cidadão. S/周 Yúkóku nó shí.

kokúshí-byō 黒死病【Med.】⇨ pésuto.

kókusho[1] 酷暑 O calor forte [intenso]. ★ ~ *no kou* 酷暑の候 A estação de ~ [maior calor]. S/周 Enshó; móshó. A/反 Kokkán.

kókusho[2] 国書 1 [外交文書] O documento credencial; as credenciais. 2 [日本の書物] A literatura j. S/周 Washo. A/反 Kanshó; yōshó.

kokúshókú 黒色 A cor preta [O preto]. ⇨ kúro[1].

kókuso 告訴 A queixa [a(c)ção]; a acusação; o processo legal. ★ ~ *o torisageru* 告訴を取り下げる Retirar a acusação. ~ *suru* 告訴する Acusar; apresentar uma queixa; processar. ⇨ kokúhátsu.

kokusó[1] 国葬 O funeral nacional. ⇨ sōshíki[1].

kokusó[2] 穀倉 1 [穀物の倉] O celeiro, a tulha. 2 [穀物を多く産する土地] O「Alentejo é o」celeiro [de P.]. ◇ ~ **chītai** 穀倉地帯 Uma grande zona (produtora) de cereais.

kōkusu [óo] コークス (< Al. koks) O coque (Carvão poroso).

kokusúi 国粋 As qualidades [virtudes] nacionais; o gé[ê]nio da nação. ◇ ~ **shugi** 国粋主義 O ultranacionalismo. ~ **shugi-sha** 国粋主義者 O ultranacionalista.

kokútái 国体【E.】 1 [国家の政治状態] A estrutura política nacional [do país]. ★ ~ *no henkaku o kuwadateru* 国体の変革を企てる Querer destruir ~. 2 [国家の体面] A essência [alma] da nação. 3 [Abrev. de "kokúmín taíikú táikai"]

kokútán[1] 黒炭【Min.】O carvão mineral; a antracite. S/周 Rekíséitán.

kokútán[2] 黒檀【Bot.】O ébano; *diospyros elenum*.

kokútéi 国定 Determinado [Decidido] pelo Estado. ◇ ~ **kōen** 国定公園 O parque semi-nacional (Sob administração local).

kokútén 黒点 1 [黒い点] O ponto preto; a mancha preta. 2 [太陽の] A mancha solar.

kokútétsú 国鉄 (Abrev. de "kokúyū tetsudō") Os Caminhos de Ferro [As Ferrovias] Nacionais. ⇨ kokúdén.

kokúún 国運【E.】「presidir aos」Destinos da nação. ★ ~ *no ryūsei [suitai]* 国運の隆盛[衰退] A prosperidade [O declínio] de uma nação.

kokúún 黒雲 A nuvem carregada [escura]. ⇨ ań'ún.

kokúyōseki [óo] 黒曜石【Min.】A obsidiana.

kokúyū 国有 (Propriedade) do Estado. ◇ ~ **chi** 国有地 Terreno ~. ⇨ ~ **ka**. ~ **rin** 国有林 A floresta ~. ~ **zaisan** 国有財産 A propriedade do Estado. A/反 Mih'yū. ⇨ kōyú[3].

kokúyū-ká 国有化 A nacionalização.

kokuze 国是【E.】A política nacional「muito militarista」. ⇨ Kokúsáku (+).

kokúzéi 国税 O imposto (do Estado). A/反 Chihōzei. ⇨ zeíkín.

Kokúzéichō 国税庁 A Repartição Geral de Finanças.

kokúzokú 国賊 O traidor à pátria. S/周 Baíkóku-do; hi-kókumin (+).

kokúzō(mushi) 穀象 (虫)【Zool.】O gorgulho; *sitophilus zeamais*. ⇨ Kómémushi.

kokyáku 顧客【E.】⇨ kokáku[1].

kókyō 故郷 A terra natal. ★ ~ *o deru* 故郷を出る Sair da ~. *Dai-ni no* ~ 第二の故郷 A segunda ~. *Umare* ~ 生まれ故郷 A terra natal [onde「eu」 nasci].【/慣用】~ *ni nishiki o kazaru* 故郷に錦を飾る Voltar à terra cheio de sucesso [coberto de glória]. S/周 Furúsato; kyódo; kyóri. A/反 Ikyō.

kōkyo [óo] 皇居 O Palácio Imperial.

kōkyō[1] [kóo] 公共 O público; a comunidade. ★ ~ *no rieki o hakaru* 公共の利益を計る Promover o bem público. ◇ ~ **butsu**. ~ **dantai** 公共団体 A corporação pública. ~ **hōsō** 公共放送 A emissora pública. ~ **jigyō** 公共事業 Uma empresa pública. ~ **kigyōtai** 公共企業体 A corporação de empresas públicas. ~ **kikan** 公共機関 O órgão público. ~ **ryōkin** 公共料金 A taxa de um serviço público. ~ **shin**. ~ **shisetsu** 公共施設 A instituição pública; o serviço público. ~ **tōshi** 公共投資 O investimento público [do governo]. **Chihō ~ dantai** 地方公共団体 A corporação pública local [regional]. S/周 Yáké.

kōkyō[2] [kóo] 好況 A prosperidade econó[ô]mica (repentina). ★ ~ *de aru* 好況である O mercado estar próspero. S/周 Kō-kéiki. A/反 Fukyō.

kōkyō-butsu [koókyóo] 公共物 A propriedade pública.

kōkyō-gaku [koókyóo] 交響楽 A「nona」sinfonia. ◇ ~ **dan** 交響楽団 A orquestra (sinfó[ô]nica).

kōkyō-shin [koókyóo] 公共心 O espírito [sentido] do bem público. S/周 Kōtōkú-shin. A/反 Rikó-shin. ⇨ kōkyō[1].

kokyū [uú] 呼吸 (⇨ kóki[1]; kyúki). 1 [息を吸ったり

はいたりすること] A respiração. ★ *Hana [Kuchi] de ～ suru* 鼻[口]で呼吸する Respirar pelo nariz [pela boca]. ◇ **～ ki** 呼吸器 O aparelho respiratório [Os órgãos da ～]. **～ konnan** 呼吸困難 A dispneia; a dificuldade respiratória [de ～; em respirar]. **Fu-kushiki ～** 腹式呼吸 ～ abdominal. **Jinkō ～** 人工呼吸 ～ artificial. **Kyōshiki ～** 胸式呼吸 ～ torácica. ⇨ **shin-**. ⇨ íkí¹. ⇨ íkí¹. 2[酸素を取り入れ二酸化炭素を体外に出すこと] A respiração「das plantas」. **Gai-[Nai-] ～** 外[内]呼吸 ～ externa (interna). **Hifu ～** 皮膚呼吸 ～ cutânea. 3[こつ]O jeito; o truque (Ex.: *kare wa okorippoi kara hanashi o suru toki ni wa ～ ga iru* = ele irrita-se facilmente: é preciso (ter) jeito para falar com ele). ★ ～ *o oboeru [nomikomu]* 呼吸を覚える[のみ込む]Aprender [Apanhar] o ～. ⇨ Kotsú (+). 4[互いの気分や調子]A sintonização. *Kare to wa ～ ga awanai* 彼とは呼吸が合わない Não combinamos bem um com o outro [afinamos pelo mesmo diapasão].

kōkyū¹ [oó] 高級 1 [階級が高い] De primeira classe. ◇ **～ kanryō [kanri]** 高級官僚[官吏] O funcionário superior [de ～]. Ⓢ/官 Jōkyū. Ⓐ/反 Kakyū. 2 [程度が高い] De (grande/alta) categoria [qualidade]. ◇ **～ na jidōsha** 高級な自動車 O carro de luxo [～] (⇨ kōkyū-sha). ***Sai-～ no*** 最高級の De primeira qualidade. ◇ **～ no hoteru [kurabu]** 高級ホテル[クラブ] O hotel [clube] de ～/luxo. ~ **jūtakuchi** 高級住宅地 A zona residencial de luxo. ⇨ Ichí-ryū; jōtō. Ⓐ/反 Sań-ryū; teíkyū.

kōkyū² [oó] 恒久【E.】A duração. Ⓢ/同 Eíéń (+).

kōkyū³ [oó] 高給 O salário alto. ◇ **～ tori** 高給取り Um empregado bem pago. Ⓐ/反 Hakkyū. ⇨ kyúryō¹.

kōkyū⁴ [oó] 硬球 A bola (de beisebol) dura [normal]. Ⓐ/反 Nańkyū.

kōkyū⁵ [oó] 考究【E.】⇨ kōsátsu.

kōkyū-sha 高級車 ⇨ kōkyúu) 高級車 O carro de luxo.

kōma¹ 独楽 O pião. ◇ **～ asobi o suru** 独楽遊びをする Jogar ao ～. ★ ～ *o mawasu* 独楽を回す Lançar [Fazer girar] o ～.

kōma² 駒 1 [⇨ umá¹]. O potro; o cavalinho「de madeira」(Brinquedo). 2 [将棋の駒] A pedra [de xadrez "shōgi"]. ★ ～ *o ugokasu* 駒を動かす Mexer uma ～. 3 [楽器の駒] O cavalete (de instrumento musical).

kōma³ 齣 a) O período [conjunto/bloco] de aula「de mat.」(Pode ser de noventa ou quarenta e cinco minutos). ★ *Jugyō o go-～ ukemotsu* 授業を5こま受け持つ「o professor」Ter [Dar] cinco aulas「de 90°」(por semana). b) A imagem; uma cena. c) Um quadro das histórias aos quadradinhos「em quadrinhos」; d) Uma fase「no desenvolvimento da sociedade」. *Jinsei no hito* ～ 人生のひとコマ Uma fase [etapa/página] da「minha」vida.

kōmachi 小町 A beldade do bairro é aquela.

koma-dori 駒鳥 (＜…² + torí¹) [Zool.] O pintarroxo (tentilhão); *luscinia akahige*.

komá-gíré 細[小間]切れ (＜komákái + kíréru); um pedacinho「de madeira」; um pouquinho/espaçosinho「de tempo」. ★ ～ *no jikan* 細切れの時間 O tempo muito cortado「do horário」.

komá-gōma (to) 細細(と)(＜komákái + komákái) Com minúcia [pormenor]; pormenorizadamente. ★ ～ *shita [Komakai] shigoto* 細々した[細かい]仕事 Um trabalho minucioso.

komái 古米 O arroz velho [do ano anterior]. ⇨

kōmai [oó] 高邁【E.】Nobre; idealista. ★ ～ *na seishin* 高邁な精神 O espírito ～. Ⓢ/同 Eímái; kóéń.

kōma-ínú 狛犬 O par de cães decorativos em frente de templos x[sh]intoístas.

komákái 細かい 1 [細微た] Diminuto [Muito pequeno]; ténue; fino; miúdo. *Mado no soto de-wa kiri no yō na ～ ame ga futte ita* 窓の外では霧のような細かい雨が降っていた Fora (da janela) caía uma chuva miudinha, como neblina. ★ *Kami o komakaku saku* 紙を細かく裂く Rasgar o papel em pedacinhos. Ⓐ/反 Arái.
2 [詳細であるよう] Pormenorizado; minucioso. ★ *Chōbo o komakaku shiraberu* 帳簿を細かく調べる Examinar o livro das contas minuciosamente [detalhadamente; pormenorizadamente; tintim por tintim].
3 [よく行き届くよう] Perspicaz; agudo; penetrante. *Ano hito wa ～ tokoro ni ki ga tsuku* あの人は細かいところに気が付く Ele observa tudo, até aos últimos pormenores.
4 [勘定高いよう] Minucioso; meticuloso. *Kare wa kane ni ～* 彼は金に細かい Em questões de dinheiro ele é muito ～.
5 [小額であるよう] 「dinheiro」Em trocos [miúdos]. ◇ **～ kane** 細かい金 Moedas; dinheiro trocado; trocos. *Sen-en satsu o komakaku suru* 千円札を細かくする trocar uma nota de mil yens. ⇨ shōgakú¹. 6 [些細な] Insignificante; sem importância. ★ ～ *koto o ki ni suru* 細かい事を気にする Preocupar-se com ninharias [uma coisa ～]/Afogar-se num copo de água. ⇨ sásai.

komákána mono 細かな物 ⇨ komákái.

komákú 鼓膜 O tímpano. ★ ～ *ga yabureru* 鼓膜が破れる ～ romper(-se).

kó-mame 小忠実 Diligente; despachado; trabalhador. ★ ～ *ni「niwa no」te-ire o suru* 小まめに「庭の」手入れをする Cuidar diligentemente「do jardim」. ⇨ mamémámeshíí.

komámónó 小間物 1 [化粧・装身用の小道具] As miudezas. ◇ **～ ya [ten]** 小間物屋[店] A loja de ～; a tabacaria; a capelista. Ⓢ/同 Zakká. Ⓐ/反 Arámónó. 2 [「吐く」をつけて、ヘどを吐くこと] O vomitar. [I慣用] ～ *o hiraku* 小間物屋を開く Vomitar「o jantar, por antes ter bebido muito」. ⇨ hédo.

komá-músubi 小間「結」結び O nó direito.

kōmań 高慢 O orgulho; a soberba; a arrogância. *Aitsu no ～ no hana o heshiotte [kujikite] yaritai* あいつの高慢の鼻をへし折って[くじいて]やりたい Hei-de fazer perder o orgulho [baixar a crista] àquele sujeito. Ⓢ/同 Fusóń; gōmań; namáíkí (+); sońdái.

kōmań-chiki 高慢ちき A arrogância「da fedelha」. ◇ **～ na** 高慢ちきな「cara」Arrogante.

kománe(nú)kúnu 拱く Cruzar os braços. *Yūjin ga komatte iru no o te [ude] o komaneite mite iru wake ni wa ikanai* 友人が困っているのを手[腕]をこまねいて見ている訳にはいかない Não posso ficar de braços cruzados [sem fazer nada] ao ver um amigo aflito [a precisar].

komá-nezumi 独楽鼠 (＜komá¹ + …) 【Zool.】 O rato dançarino japonês; *mus musculus var. rotans*. *Kare wa ～ no yō ni hataraku* 彼は独楽鼠のように働く Ele é como a formiga: não pára de trabalhar

[Ele trabalha como uma máquina].

komaráséru 困らせる ⇨ komáru **3**.

komárí-hátéru 困り果てる (< komáru + ⋯) Estar aflito [perdido/em apuros]; não saber que fazer. *Kinsaku ni komari-hatete iru* 金策に困り果てている Estou aflito [Não sei que fazer] para arranjar dinheiro. ⓢ⃝ Komárí-kíru; końkyū súrú.

komárí-kiru 困り切る ⇨ komárí-hátéru.

komárí-móno 困り者 (< komáru + ⋯) O inútil; o estorvo; a pessoa incorrigível [sem jeito]. *Kanojo no teishu wa dōraku de ~ da* 彼女の亭主は道楽で困り者だ O marido dela é um libertino incorrigível [que não tem emenda]. ⓢ⃝ Haná-tsúmámí; yakkáí-móno.

komáru 困る **1** [どうしていいかわからず苦しむ] Não saber que fazer. *Sore wa komatta!* それは困った E agora? [Não sei que faça!]. ★ *Henji ni* ~ 返事に困る Não saber (o) que responder. *Kotoba ga tsūjina-kute* ~ 言葉が通じなくて困る Não poder [saber como] comunicar. ⓢ⃝ Yowáru. ⇨ fúben; nańgí; tōwáku. **2** [貧窮する] Passar apuros; estar com dificuldades [problemas]. ★ *Keizaiteki [Seikatsu] ni komatte iru* 経済的 [生活] に困っている Estar com dificuldades econô[ô]micas [Não ter com que viver]. ⓢ⃝ Hińkyū súrú. **3** [迷惑する] Ser mau [incô[ô]modo]; atrapalhar; embaraçar. *Hito o komaraseru yō na shitsumon wa yoshi nasai* 人を困らせるような質問はよしなさい Não faça perguntas embaraçosas [indiscretas]. *Kimi sonna koto o shite wa ~ ja nai ka* 君そんな事をしては困るじゃないか Você não vê que fazer isso atrapalha [que assim eu fico mal]? ⓢ⃝ Méiwaku suru. ⇨ komátta.

komáshákúreta こましゃくれた【G.】Precoce. ★ ~ *kodomo* こましゃくれた子供 A criança ~.

komásharu [áa] コマーシャル (< Ing. commercial < L.) **1** [宣伝] A propaganda [O anúncio/publicidade]. *Terebi de* ~ *o nagasu* テレビでコマーシャルを流す Pôr um ~ na televisão. ◇ ~ **songu** コマーシャルソング A canção [música] para anúncios. ⓢ⃝ Seńdeń; shíémú. **2** [商業] Comercial. ★ ~ *bēsu ni notta kotoshi no shin-seihin* コマーシャルベースに乗った今年の新製品 Um novo produto comercialmente lucrativo [rentável] lançado este ano.

koma(s)shákúreru こま(っ)しゃくれる Ser precoce. ⇨ komáshákúreta.

ko-mátá 小股 O passinho; passos curtos [elegantes/femininos]. ★ ~ *no kireagatta onna* 小股の切れ上がった女 A mulher esbelta de andar elegante. Ⅰ/慣用 ~ *o sukuu* 小股をすくう Passar uma rasteira「no sumô」. Ａ/反 Ō-mátá.

komátsú-ná 小松菜【Bot.】A couve chinesa (tenra); *brassica campes tris var. komatsu [pervidis]*. ⇨ abúrá-na.

komátta 困った (particípio ou adj. de komáru) Difícil; mau; complicado; sem jeito. ~ *koto ni natta* 困った事になった Que complicação! [Isto está a ficar ~]. *Nao ~ koto ni ame ga furidashita* なお困った事に雨が降り出した E ainda por cima [E para cúmulo (das dificuldades)] começou a chover.

ko-máwari 小回り **1** [小さく回ること] A curva apertada. *Kono kuruma wa ~ ga kiku* この車は小回りがきく Este carro「como é pequeno」não tem [não precisa de muito espaço para manobrar/virar de dire(c)ção]. **2** [すばやい反応] A flexibilidade. ★ ~ *no kiku hito* 小回りのきく人 A pessoa flexível.

komáyaka 細［濃］やか (< komákái) **1** [愛情が深い]「coração」Delicado; terno; afe(c)tuoso. **2** [色が濃い] Nítido. ⇨ kói³.

komá-zúkai 小間使い【A.】⇨ o-tétsudai-san.

komé 米 O arroz. *Kare wa sono hi no ~ ni mo koto kaku kurashi o shite iru* 彼はその日の米にも事欠く暮しをしている Ele é tão pobre que às vezes não tem ~ para comer. ★ ~ *o togu* 米をとぐ Pôr ~ de molho (Umas duas horas). ~ *o tsukuru* 米を作る Plantar [Produzir] ~. ◇ ⇨ ~ **dokoro** [gura/ko/kui-mushi]. ~ **nuka** 米ぬか O farelo de arroz. ~ **tsubu** 米粒 O grão de arroz. ~ **tsuki-batta** [ya] ⇨ góhan; íne.

komé-bítsú 米櫃 (< ⋯ + hitsú) **1** [容器] A arca [tulha/O celeiro] do arroz. **2** [かせぎ手] O ganhapão. ⇨ dorú-bákó; kásegi **2**.

komé-dáwara 米俵 (< ⋯ + tawará) O saco [A saca] de arroz (Geralmente são feitos de palha de arroz).

kómedī コメディー (< Ing. comedy < Gr.) A comédia. ⓢ⃝ Kígeki.

komédian コメディアン (< Ing. comedian < Gr.) O cômico. ⓢ⃝ Kigékíháiyū [yákusha]. ⇨ kómedī.

komé-dókoro 米所 (< ⋯ + tokóró) A terra [região] (produtora) de arroz.

komé-gúra 米倉 (< ⋯ + kurá) O armazém [depósito] de arroz.

kóméi [óó] 高名【E.】 **1** [名声; 有名] A celebridade; o renome; a fama; a grande reputação. ⓢ⃝ Kōmyō; yúmeí (+). **2** [相手の名前の敬語として] O seu nome. *Go-* ~ *wa kanegane ukagatte orimasu* 御高名はかねがねうかがっております Conhecia-o de nome [Ouvi muitas vezes falar de si].

kōméí(séídáí) [óó] 公明 (正大) O ser leal [justo/imparcial/honesto]. ⇨ kōheí; kōséī¹.

komékámi 顳顬 As fontes [têmporas] (Da cabeça).

komé-kó 米粉 (< ⋯ + koná) A farinha de arroz.

komékon コメコン (< Ing. COMECON: the Council for Mutual Economic Assistance) O conselho de assistência [ajuda] econô[ô]mica mútua.

komé-kúi-mushi 米食い虫 (< ⋯ + kúu + ⋯) O gorgulho. ⓢ⃝ Kokúzō-mushi.

komén 湖面【E.】A superfície de lago.

kómento コメント (< Ing. comment < L.) O comentário; a apreciação; a crítica; o parecer. ★「*Senmonka ni* 」~ *o motomeru*「専門家に」コメントを求める Pedir o parecer「a um especialista」. ◇ **Nō** ~ ノーコメント Não tenho nenhum comentário a fazer [Sem comentários]. ⓢ⃝ kańsó¹; keńkáí¹; rońpyō.

koméru 込める **1** [詰める; 入れる] Introduzir; meter; pôr. ★ *Jū ni dangan o* ~ 銃に弾丸を込める Carregar a arma. ⓢ⃝ Iréru (+); tsuméru (+). **2** [集中する] Concentrar; pôr「o coração no que faz」. ★ *Kokoro o komete ryōri o tsukuru* 心をこめて料理を作る Cozinhar com gosto [dedicação]. ⓢ⃝ Shūchū suru. **3** [含める] Incluir; conter. *Hiyō wa issai komete san-man-en desu* 費用は一切込めて3万円です A despesa,(com) tudo incluído, são [é de] trinta mil yens. ⓢ⃝ Fukúméru (+); iréru (+).

kométsúkí-bátta 米搗き飛蝗 (< ⋯ + tsúku² + ⋯) **1** [しょうりょうばった]【Zool.】O saltão [gafanhoto-de-mola] (Dos elaterídeos). ⓢ⃝ Shōryō-bátta. **2** [卑屈な人] A pessoa subserviente; o adulador. *Ano otoko wa* ~ *no yō ni dare ni demo pekopeko* *atama o sageru* あの男はコメツキバッタのように誰にでもペコペコ頭を下げる Aquele sujeito é subserviente com toda a gente.

komé-ya 米屋 O vendedor [A loja] de arroz. ⇨ komé-gúrá.

komí 込み (< kómu) **1** [いろいろとりまぜ] **a)** À mistura; tudo junto; no total; **b)** Incluindo; incluído. **Haitatsuryō** ~ 配達料込み [Incluindo] o transporte. **Zei** ~ 税込み Imposto incluído. **2** [ハンディキャップ] A desvantagem; o dar「cinco」 pontos ao adversário mais fraco「no "igo"」.

kómi [óo] 香味 O gosto; o cheiro; o aroma. ◇ ~ **ryō.** ◇ ~ **yasai** 香味野菜 A verdura odorífera [de cheiro]; a especiaria. ⇨ nióí¹.

komí-ágéru 込み上げる (< kómu + …) **1** [心にある感情がわいてきて、あふれ出そうになる] Assomar; vir「o riso」; ficar com vontade「de」. *Ikari ga komiagete kita* 怒りが込み上げてきた Ele começou a ficar irado [cheio de ira]. **2** [内から出そうになる] Assomar. *Namida ga komiagete kita* 涙がこみあげてきた As lágrimas assomaram-lhe aos olhos. **3** [胃の中のものをはきそうになる] Sentir vó[ô]mitos.

komí-áu 込み合う (< kómu + …) Ficar cheio「de gente」. *Kono tōri wa itsumo* ~ この通りはいつも込み合う Esta rua tem sempre movimento. S/同 komí-ítta; taté-kómú.

ko-míchi 小路 A viela; a estradinha; o caminho [a rua] estreito[a]; o carreiro「do monte」; a picada.

ko-mídashi 小見出し O subtítulo; o cabeçalho pequeno「de jornal」. ⇨ ko-⁸.

komí-íru 込み入る (< kómu + …) Complicar-se; ser「um enredo」complicado; misturarem-se「as vozes」. *Hanashi ga komiitte kita* 話が込み入ってきた O assunto está a ficar complicado. ★ *Komiitta jijō* 込み入った事情 Circunstâncias complicadas「levaram-me a desistir do proje(c)to」.

komí-ítta ⇨ komí-íru.

kómikku コミック (< Ing. comic < Gr.) **1** [こっけいな] Có[ô]mico; engraçado; burlesco; hilariante. ◇ ~ **opera** コミックオペラ A ópera có[ô]mica. S/同 Kigéki-téki (+); kokkéi (o). **2** [まんが] A estória em quadrinhos (B.); histórias aos quadrinhos (B.). ⇨ mańgá.

ko-mímí 小耳 O ouvido. I/慣用 ~ *ni hasamu* 小耳にはさむ Ouvir por acaso. ⇨ kiki-tsúkéru; ko-⁸.

kómín [óo] 公民 O cidadão; a cidadã. ◇ ~ **kan** 公民館 O salão [edifício] público. ~ **ken** 公民権 Os direitos civis [cívicos/de…」. ~ **gaku** [**kyōiku**] 公民学 [教育] A educação cívica.

kómí-ryō [koo] 香味料 A especiaria; o condimento. ⇨ Kōshín-ryō (+); supáisu →.

komísshon コミッション (< Ing. commission < L.) **1** [仲介手数料] A comissão. ★ ~ *o morau* コミッションをもらう Cobrar [Receber] uma ~. S/同 Assén-ryō; kōsen-ryō; shūsén-ryō; tesū-ryō (+). **2** [わいろ] S/同 Wáiro (+).

komísshonā コミッショナー (< Ing. commissioner < L.) O comissário. ⇨ komípai.

komó 菰・薦 A lona [manta] feita de palha de arroz. ◇ ~ **kaburi.** ⇨ gozá.

ko-móchi 子持ち (< … ¹ + mótsu) **1** [子供を持っていること・人など] O ter filhos. *Kanojo wa go-nin no* ~ *da* 彼女は5人の子持ちだ Ela tem cinco filhos. **2** [卵をはらんでいること] Estar prenhe [carregada (de ovas)]. ⇨ nińshíń.

komógomo 交交 [E.] **a)** Alternadamente; à vez; por turnos; **b)** Um após outro; uns atrás dos outros. ◇ **Hiki** ~ 悲喜交々「a vida tem」Alegrias e tristezas. S/同 Áitsuide (+); kawárú-gáwaru (+).

ko-mójí 小文字 A letra pequena; a minúscula. A/反 Ō-mójí.

kōmíjin [koomóo] 紅毛人 【H.】O holandês; o europeu; o loiro. ⇨ nańbánjin.

komó-kábúri 菰被り (< … + kabúru) **1** [こもで包んだ四斗 (約 72. 15 リットル) 入りの酒だる] O barril (De forma quadrada) de saké coberto de "komó". **2** [こじき; おこも] O mendigo; o maltrapilho. ⇨ Kojíkí (+); o-kómó.

kōmōkú¹ [óo] 項目 **a)** O item [artigo]; **b)** O assunto; o ponto; **c)** A cláusula. ◇ ~ *ni wakeru* ~ に分ける Dividir em artigos; especificar. ◇ **Bunrui** ~ 分類項目 A divisão de assuntos. **Chōsa** ~ 調査項目 O assunto de [para] investigação.

kōmōkú² [óo] 綱目 Os pontos principais; o essencial; o resumo.

kómon¹ 顧問 O conselheiro「do clube escolar/do Ministério」; o consultor. ★ "*Gijutsu no*" ~ *o suru* 「技術の」顧問をする Ser [Trabalhar como] consultor técnico. ◇ ~ **bengoshi** 顧問弁護士 O advogado da empresa; o conselheiro legal.

kómon² [óo] 小紋 O padrão delicado [de "kimono".

kōmōn¹ [óo] 校門 Os portões da escola.

kōmōn² 肛門 【Anat.】O ânus; o re(c)to. ◇ ~ **jutsu** 肛門術 A pro(c)toplastia. ⇨ shirí¹.

komónjo 古文書 O documento antigo.

ko-monó 小物 **1** [こまごました物・道具・付属品] A bugigança; a quinquilharia. ◇ ~ **ire. 2** [とるにたらない者] Uma pessoa de pouca importância; o que não conta; o zé-povinho (todos); o zé-ninguém (um); o joão-ninguém (B.). *Kare wa seijika to shite wa* ~ *da* 彼は政治家としては小物だ Ele tem pouca importância política/Ele é um politicote (qualquer). A/反 Ō-monó. **3** [釣りであまり大きくない魚] O peixe miúdo (da pesca).

komonó-ire 小物入れ (< … + irérú) A gaveta [caixa] de bugigangas; o cesto「da costura」.

ko-móré-bi 木漏れ日 (< kfl² + moréru + hi) O sol [Os raios solares] por entre as árvores.

ko-móri 子守 (< … ¹ + mamóru) **1** [子供の世話をすること] O cuidar de [crianças] crianças. *Tonari no okusan ni* ~ *o o-negai shite dekaketa* 隣の奥さんに子守をお願いして出かけた Pedi à (minha) vizinha para ficar com meu bebé[ê] e saí. ◇ ~ *o suru* 子守をする… ◇ ~ **uta** 子守歌 A canção de embalar. **2** [子供の世話をする人] A ama; a pessoa que cuida da criança.

kómori [óo] 蝙蝠 **1** [動物] O morcego. **2** [傘] ⇨ kōmórí-gása.

kōmórí-gása [óo] 蝙蝠傘 (< … + kása) 【A.】O guarda-chuva. ⇨ Yōgása (+); amá[bań]gása; janóme.

komóru 籠る **1** [外出しないでいる] Retirar-se「para o deserto」; fechar-se「em casa」; encerrar-se; esconder-se. *Kanojo wa heya ni komorikkiri da* 彼女は部屋にこもりっきりだ Ela continua encerrada no quarto. S/同 Hiki-komóru. **2** [感情・力などがたくさん含まれる] Respirar [Estar cheio de]「alegria」. ★ *Kokoro no komotta purezento* 心のこもったプレゼント O presente do [dado com todo o] coração. **3** [外へ向かって発散しない状態である] **a**) Estar repleto [saturado/abafado]; **b**) Ser indistinto [pouco claro]. *Heya ni tabako no kemuri ga ippai komotte iru* 部屋にたばこの煙がいっぱいこもっている O quarto está saturado (de fumo) de cigarro. [S/同] Júmán súrú; michíru.

kómu 込む **1** [混雑する] Estar cheio [repleto; atestado]. *Densha ga konde ite norenai* 電車が込んでいて乗れない O comboio [trem] está cheio, não se pode [consegue] entrar. [S/同] Kónzatsu suru. [A/反] Sukú. **2** [精密である] Ser esmerado; pôr esforço [esmero]. *Kare no yarikata wa zuibun te ga konde iru* 彼のやり方はずいぶん手が込んでいる O trabalho dele é muito esmerado. **3** 【Suf.】 **a**) Pôr; acrescentar; meter (⇨ kakí-kómu); **b**) Fazer bem [com toda a força] (⇨ oshíé [urí; omóí] -kómu).

kṓmu[1] [**óo**] 公務 O serviço oficial [do governo]. ~ *de gaikoku e itta* 公務で外国へ行った Fui ao estrangeiro em ~. ◇ ⇨ **~ in**. **~ shikkō bōgai** 公務執行妨害 O impedimento do ~「da polícia」(Punível por lei).

kṓmu[2] [**óo**] 校務 【E.】 O serviço [Os assuntos] da escola.

kṓmu[3] [**óo**] 工務 O serviço de engenharia [construção]. ◇ **~ ten** 工務店 Os escritórios duma empresa de construção.

ko-múgi 小麦 O trigo. ◇ **~ iro** 小麦色 A cor trigueira [morena] (⇨ kasshókú). **~ ko** 小麦粉 A farinha triga [de ~]. ⇨ múgi; ṓ-múgí.

kṓmú-in [**oó**] 公務員 O funcionário público. ◇ **Chihō ~** 地方公務員 ~ regional. **Kokka ~** 国家公務員 ~ nacional. [S/同] Kánri; yakúnín. ⇨ kṓmu[1].

kómura 腓 A barriga da perna. [S/同] Fukúráhágí (+); kóbura.

komúrá-gáeri 腓返り (<… + kaéru) A cãi(m)bra na barriga da perna. [S/同] Kobúrá-gáeri.

kṓmúru [**oó**] 被 [蒙] る **1** [受ける] Sofrer; receber. *Ano hito ni wa ōi ni onkei o kōmutte iru* あの人には大いに恩恵を被っている Devo muitos favores àquele senhor/Tenho recebido muitos favores dele/a. ★ *Songai o* ~ 損害を被る Sofrer danos [prejuízos]. [S/同] Oú; ukéru. **2** [お許しいただく] Receber; ser favorecido [beneficiado]. *Watashi wa tsukarete shimatta kara, chotto gomen o* ~ 私は疲れてしまったからちょっと御免を被る Peço-lhe licença para me retirar, porque estou (completamente) exausto. [S/同] Itádákú. ⇨ goméń.

komúsṓ 虚無僧 O bonzo mendicante do zen (Com flauta e chapelão).

ko-músubi 小結び O lutador de sumô do quarto escalão.

ko-músume 小娘 【G.】 A pequenota; a rapariga; a mocinha; a garota. ★ *Nama-iki na* ~ 生意気な小娘 ~ presunçosa [egoísta/atrevida].

ko-múzúkáshíi 小難しい 【G.】「indivíduo」Um tanto [pouco] difícil; duvidoso; falso; complicado. ★ ~ *rikutsu o koneru* 小難しい理屈をこねる Inventar razões falsas [um tanto duvidosas]. ⇨ ko-[8]; meńdṓ-kúsái.

kṓmyákú [**oó**] 鉱脈 O veio [filão]. *Tsui ni kin no* ~ *o horiateta* ついに金の鉱脈を掘り当てた Finalmente encontrámos um [demos num] ~ de ouro.

kṓmyṓ[1] [**koó**] 功名 A proeza; a façanha; o feito. ★「*Ikusa de*」~ *o tateru*「戦で」功名を立てる Realizar uma grande façanha [Distinguir-se]「no combate」. [I/慣用] *Kega no* ~ 怪我の功名 Abençoado engano/Males que trazem [vêm por (+)] bens. ⇨ kṓmyṓ-shin.

kṓmyṓ[2] [**koó**] 巧妙 A habilidade; a destreza; a sagacidade; a astúcia; a su(b)tileza; o ardil; o engenho. *Kare no yarikata wa totemo* ~ *da* 彼のやり方はとても巧妙だ Ele tem muito jeito [muita habilidade]. ★ ~ *na* 巧妙な Hábil; destro; sagaz; su(b)til; engenhoso. ~ *na uso* 巧妙なうそ A mentira su(b)til; o embuste hábil]. ~ *ni* 巧妙に Habilmente; su(b)tilmente; ardilosamente; com astúcia [sagacidade; engenho(sidade)].

kṓmyṓ[3] [**koó**] 光明 **1** [光] A luz. **2** [希望] A esperança. *Kukyō no naka ni* ~ *o miidashita* 苦境の中に光明を見出した Vislumbrar um raio(zinho) de ~ no meio das dificuldades.

kṓmyṓ-shin [**koómyóo**] 功名心 A heroicidade; o amor à fama; a proa; o desejo de grandes feitos.

komyúnike コミュニケ (< Fr. communiqué < L.) O comunicado. ◇ **Kyōdō ~** 共同コミュニケ ~ conjunto「dos dois presidentes」.

komyúníkḗshon [**ée**] コミュニケーション (< Ing. communication < L. communicare: fazer comum) A comunicação. ⇨ masúmédia; sotsū́.

komyúnísuto コミュニスト (< Ing. communist < L. communis: comum) O comunista. [S/同] Kyṓsáńshúgi-sha (+).

komyúnitī-séntā コミュニティーセンター (< Ing. community center < L.) Um centro comunitário「da zona」.

komyúnízumu コミュニズム ⇨ kyṓsáń-shúgi.

kón[1] 紺 O azul-marinho[-escuro; -ferrete; -carregado]. ★ ~ *no sebiro* 紺の背広 O terno (B.) [fato (P.)] azul-escuro.

kóń[2] 根 **1** [数学] 【Mat.】 A raiz. **2** [根気] A perseverança; a paciência. ★ ~ *ga tsuzukanai* 根が続かない Perder a ~/Não ser perseverante. ~ *o tsumete hataraku* 根を詰めて働く Trabalhar com perseverança. [S/同] Końkí (+).

koń-[3] 今 (Pref. com sentido de "agora"; ⇨ końgé-tsú; koń-séiki).

kṓn [**óo**] コーン (< Ing. corn) 【Bot.】 O (grão de) milho. ◇ **~ furēkusu** コーンフレークス (< Ing. cornflakes) Os flocos de fubá (B.) [milho] (⇨ poppú-kṓn). **~ sutāchi** コーンスターチ (< Ing. cornstarch) A fécula [O amido] de milho. [S/同] Tṓmórokoshi (+).

koná 粉 **1** [穀粉] A farinha. ★ ~ *ni hiku* [*suru*] 粉にひく[する] Moer [Triturar]「o arroz」; reduzir a farinha. **2** [粉末] O pó. ◇ ⇨ **~ cha**. **~ chīzu** 粉チーズ O queijo ralado [em pó]. ⇨ **~ gusuri** [**mijin**/**miruku**/**ya**/**yuki**/**zumi**]. [S/同] Fuńmátsú.

kṓnā [**óo**] コーナー (< Ing. corner < L.) **1** [角; すみ] O canto; a esquina; a extremidade. [S/同] Kádo (+); súmi (+). **2** [野球・サッカー・ボクシングなどで, 試合場などの角] 【(D)esp.】 O canto [córner]. ◇ **~ kikku** コーナーキック (< Ing. ~kick) O (pontapé de) ~. **~ wāku** コーナーワーク (< Ing. ~ work) 【Bas.】 O a(c)to de o lançador acossar o batedor, lançando a bola rente à extremidade interna ou externa da base. **3** [売り場] A se(c)ção [O balcão]. ◇ **Gifuto ~** ギフトコーナー (< Ing. gift~) ~ de artigos para presente「entregues a domicílio pelo próprio armazém」. **4** [新聞・雑誌・テレビなどの特定の場] O espaço ou a hora dedicados a um tema「na TV」; o canto.

K

koná-cha 粉茶 O chá em pó.
koná-góná 粉粉 (<… + koná) (Im. de ficar esmigalhado). ★ *Garasu o ~ ni suru* ガラスを粉々にする Esmigalhar o vidro.
koná-gúsuri 粉薬 (<… +kusúri) O pó medicinal; o remédio em pó.
kônai¹ [óo] 校内 O recinto da escola. ★ *~ de* [*no*] 校内で[の] Na [Da] escola. ◇ **~ hōsō** 校内放送 O altifalante [sistema de som] da escola. Ⓐ/反 Kōgái. ⇨ gakkō.
kônai² [óo] 坑内 Dentro [O interior] da mina. ◇ **~ rōdōsha** 坑内労働者 O mineiro.
kônai³ [óo] 構内 O recinto; a cerca; o prédio. *Midari ni ~ ni tachiiru bekarazu* みだりに構内に立ち入るべからず (揭示) Entrada proibida a estranhos [Propriedade privada]. Ⓐ/反 Kōgái.
kônai⁴ [óo] 港内 A zona portuária; o (interior de um) porto. Ⓐ/反 Kōgái.
kônai⁵ [óo] 口内 Na boca. ◇ **~ en**.
konáída 此間 [G.] ⇨ konó áida.
kônai-en [óo] 口内炎 [Med.] A estomatite; a inflamação na boca (na mucosa bucal). ⇨ kônai⁵.
ko-námaiki 小生意気 [G.] ⇨ namaíki.
koná-míjin 粉微塵 O ficar esmigalhado. ★ *~ ni kudakeru* 粉微塵に砕ける Esmigalhar(-se); espatifar [ficar espatifado]. Ⓢ/同 koná-góná (o).
koná-míruku 粉ミルク O leite em pó. Ⓢ/同 Doráí míruku; fuńnyū.
kônan [óo] 後難 [E.] 「com medo das」 Consequências 「ninguém diz nada」. ★ *~ o osoreru* 後難を恐れる Temer as ~.
konaré 熟れ (< konárérú) A digestão. ★ *~ ga warui tabemono* こなれが悪い食べ物 A comida indigesta [de difícil ~]. Ⓢ/同 Shōkáí (+).
konárérú 熟れる (⇨ konású) **1** [消化される] Digerir. Ⓢ/同 Shōká sárérú (+). **2** [円熟する] Digerir; assimilar 「as novas técnicas」; compreender; amadurecer. ★ *Konareta engi* こなれた演技 Representação amadurecida [natural/de mestre]. **3** [世間に通じて性格が円満になる] Amadurecer; ganhar experiência; humanizar-se; crescer. *Kono hito wa ningen ga yoku konarete iru* この人は人間がよくこなれている Este senhor é uma pessoa amadurecida [séria/com muita experiência]. Ⓢ/同 Eńjúkú súrú. ◇ jukúsú.
konashí 熟し (< konású) **1** [立ち居ふるまい; しぐさ] O porte; o meneio. ★ *Mi no ~ ga yoi* [*warui*] 身のこなしがよい [悪い] Ter um porte airoso [Ser desajeitado]. Ⓢ/同 Monógóshí (+); shígusa (+). **2** [衣裳などの扱い方] A maneira de vestir [trajar]. Kikáta.
konású 熟す (⇨ konárérú) **1** [細かく砕く] Triturar; pulverizar; moer; reduzir a pó. ★ *Tsuchi no katamari o ~* 土の塊をこなす Desfazer os torrões (De terra); destorroar. Ⓢ/同 Kudáku (+). **2** [消化する] Digerir. Ⓢ/同 Shōká súrú (+). **3** [自在に扱う] Conseguir; ser capaz [bom]; saber (manejar). *Kare wa san-ka-kokugo ~ koto ga dekiru* 彼は三カ国語をこなすことが出来る Ele sabe bem três línguas. ◇ **tsukai** [**yari**]**~**. **4** [処理する] Despachar; tratar; conseguir. *Kono shigoto o isshūkan de ~ no wa muri da* この仕事を一週間でこなすのは無理だ É impossível despachar [fazer/terminar] este serviço numa semana. Ⓢ/同 Shóri suru (+); yaritó-

géru (o). **5** [売りさばく] Conseguir vender; arranjar-se (fazer negócio) 「vendendo em quantidade」; dar boa saída. *Ano sērusu-man wa ichi-nichi de takusan no shina o ~* あのセールスマンは一日でたくさんの品をこなす Aquele vendedor consegue vender muitos [imensos] artigos por dia. Ⓢ/同 Uŕsábáku (+).
konáta 此方 [E.] ⇨ kochíra.
koná-ya 粉屋 O comerciante [A loja] de farinhas.
koná-yuki 粉雪 A neve miudinha (e pouca). Ⓢ/同 Ko-yúki (+). ⇨ awá-yuki; sasámé-yuki.
koná-zumi 粉炭 (<… +sumí) O carvão em pó.
końbáin コンバイン (< Ing. combine < L.) A máquina de ceifar e debulhar.
końban 今晩 Esta noite; hoje à noite. ~ *wa o-hima desu ka?* 今晩はおひまですか O senhor está livre hoje à noite? Ⓢ/同 Koń'ya; koyóí; koń'yū.
końbań wá 今晩は Boa(s) noite(s)!
końbéyā コンベヤー (< Ing. conveyer) O transportador. ◇ **~ shisutemu** コンベヤーシステム O sistema (de) ~. ⇨ **beruto ~**.
kónbi コンビ (Abrev. de konbinēshon) A combinação; o duo; o par. ★ *~ o kumu* コンビを組む Juntar-se; formar um ~. ◇ **Mei ~** 名コンビ Um bom par; um par famoso. Ⓢ/同 Kumí-áwásé (+).
końbífu [ii] コンビーフ (< Ing. corned beef) A carne de vaca desfeita e enlatada (de/em conserva).
końbínáto [áa] コンビナート (< Ru. kombinat < L.) O complexo [parque] industrial. ◇ **Sekiyu kagaku ~** 石油化学コンビナート A indústria petroquímica; ~ petroquímico.
końbinēshon [ēe] コンビネーション (< Ing. combination < L.) **1** [組み合わせ] A combinação 「de cores」; o par. Ⓢ/同 Kónbi; kumí-áwásé (+). **2** [上下の続いた肌着] A combinação; a camisola (de dormir) (B.). **3** [連係動作] [(D)esp.] A a(c)ção combinada. ◇ **~ purei** コンビネーションプレイ O jogo combinado.
końbiníeńsú-sútóā コンビニエンスストアー (< Ing. convenience store) A mercearia 「aberta 24 horas」; a loja [o armazém] de artigos de primeira necessidade.
kónbo コンボ (< Ing. combo) A pequena orquestra de jazz.
końbō¹ 混紡 A mescla; o tecido de vários materiais ou cores. Ⓢ/同 Końshókú.
końbō² 棍棒 **1** [棒] A moca; a clava; a maça; o cacete; o pau; o porrete. ★ *~ de naguru* 棍棒でなぐる Dar uma paulada [mocada/cacetada]. ⇨ bō¹. **2** [警棒] O cavalo-marinho; o cassetete. Ⓢ/同 Keíbō. **3** [体操用具] As maças (de madeira) para ginástica.
kónbu 昆布 A laminária (Alga marinha comestível); *laminaria japonica Areschoug*. Ⓢ/同 Kóbu.
kóncheruto コンチェルト (< It. concerto < L.) [Mús.] O concerto. ★ *Bira-Robosu no piano ~* ビラ・ロボスのピアノコンチェルト ~ de piano de Villa-Lobos. Ⓢ/同 Kyōsókyoku (+).
końchí 根治 [E.] ⇨ końjí¹.
koń-chíkúshō こん畜生 ⇨ chikúshō.
końchū 昆虫 [Zool.] O inse(c)to. ★ *~ no tamago* 昆虫の卵 Os ovos de ~. ◇ **~ gaku** 昆虫学; **~ rui** 昆虫類 ~s. **~ saishū** 昆虫採集 A cole(c)ção de [O recolher/cole(c)cionar] ~s. **~ zukan** 昆虫図鑑 A enciclopédia de ~s ilustrada. Ⓢ/同 Mushí.

kończú-gaku [úu] 昆虫学 A inse(c)tologia; a entomologia. ◇ **~ sha** 昆虫学者 O inse(c)tologista; o entomologista; o entomólogo.

końchú-ki [úu] 昆虫記 Os estudos sobre inse(c)tos. ★ *Fāburu no ~* ファーブルの昆虫記 "Recordações Entomológicas" de (João Henrique) Fabre.

kondáku 混濁【E.】 **1** [濁っていること] **a)** A turvação「da água/do ar」; **b)** O ter a voz tomada [rouca]; **c)** A corrupção「dos políticos」. ★ *~ suru* 混濁する Turvar(-se); ⇨ nigóru. **2** [意識が乱れていること] A turvação de espírito, a perturbação. ★ *~ suru* 混濁する Turvar-se; perturbar-se; ficar perplexo [*Totsuzen kare no ishiki wa ~ shita* 突然彼の意識は混濁した De repente, perdeu um pouco os sentidos].

kondákutā コンダクター (< Ing. conductor < L.) **1** [音楽の] O [A] regente「da banda de música」; o maestro [dire(c)tor]. [S/画] Shiki-sha (+). **2** [案内人] O guia; o cicerone. ◇ **Tsuā ~** ツアーコンダクター O guia da excursão turística. [S/画] Annái-nín (+); tenjóin (o).

kondán 懇談 A conversa; o encontro informal ◇ **~ kai** 懇談会 A reunião (social) informal; a mesa redonda. ⇨ kandán³.

kondáté 献立 **1** [料理の品目] O cardápio (B.); a ementa; a lista (dos pratos). *Chōshoku no ~ wa kōhī, tōsuto, medamayaki da* 朝食の献立はコーヒー, トースト, 目玉焼きだ A ementa do pequeno-almoço é [consta de] café, torradas e ovos estrelados. ★ *~ o tsukuru* 献立を作る Fazer a ementa. [S/画] Ményū (+). **2** [手はず] O plano. ~ *dōri ni itta* 献立通りに行った Correu [Saiu] tudo segundo o ~. ★ *~ o totonoeru* 献立を整える Fazer o ~; plane(j)ar. [S/画] Júnbi (o); téhai (+); tejún (+); téhazu.

kondénsā コンデンサー (< Ing. condenser < L.) **1** [蓄電器]【Ele(c)tri.】 O condensador. [S/画] Chikúdénki. **2** [蒸気を冷やして再び水にする装置]【Quím.】 O condensador【Fukúsúiki; gyōshukúki; reíkyakúki】. **3** [集光器]【Fís.】 O condensador. [S/画] Shūkókki.

kondénsú-míruku コンデンスミルク (< Ing. condensed milk) O leite condensado. [S/画] (Katō)rénnyū.

kondishon コンディション (< Ing. condition < L.) **1** [条件] A condição. [S/画] Jōkén (+). **2** [具合; 調子] **a)** O「mau」estado「do campo de jogos」; **b)** A forma「física」; a disposição. *Kyō wa ~ ga ii* [*warui*] 今日はコンディションがいい[悪い] Hoje estou em boa [má] forma「para andar」. ★ *~ o totonoeru* コンディションを整える Pôr-se] em boa forma. ◇ **Besuto ~** ベストコンディション A melhor [plena] forma. ⇨ eá-kón. [S/画] Chōshí (o); guái (+).

kóndo 今度 **1** [この度; 今回] Esta vez; agora. ★ *~ no* 今度の Este [*Kare wa ~ no jiken ni kankei ga aru* 彼は今度の事件に関係がある Ele está implicado neste caso]. [S/画] Kónkai; konó tabi. **2** [次回; この次] A próxima [outra] vez; noutra ocasião; de novo; agora. *~ kara motto ki o tsukeru yō ni* 今度からもっと気をつけるように Tome mais cuidado de agora em diante [para a ~]. *Mata ~ irasshai* また今度いらっしゃい Venha outra vez. ★ *~ no nichiyōbi* 今度の日曜日 O próximo domingo; o domingo que vem (⇨ konó aídá). [S/画] Jíkai; konó tsúgí. **3** [最近] Recentemente「descoberto」;「livro publicado」há pouco. ★ *~ hikkoshite kita o-tonari san* 今度引っ越してきたお隣さん O vizinho que se mudou para cá ~.

kondō 混同 A confusão; a mistura. ★ *~ suru* 混同する Confundir「os dois casos/as duas opiniões」 [*Kōshi o ~ shite wa naranai* 公私を混同してはならない Não devemos confundir [misturar/juntar] os assuntos públicos com os particulares]. ⇨ końgō¹.

kondōmu [óo] コンドーム (< Ing. Condom, antr.) O preservativo. [S/画] Rūdésákku; súkin.

kondoru コンドル (< Quíchua: kúntur)【Zool.】 O condor; *vultur gryphus*.

kone コネ (< Ing. connection < L.) A conexão; a pessoa influente e amiga. *Ano kaisha ni wa yūryoku na ~ ga aru* あの会社には有力なコネがある Tenho pessoas influentes e amigas [boas conexões/bons conta(c)tos] naquela firma. [S/画] Énko; tsúte.

ko-néko 子猫 O gatinho. ⇨ ko¹.

kónén¹ [óo] 高年 A idade avançada; a velhice. ◇ **~ sha** 高年者 A pessoa idosa; o velho. **Chū ~** 中高年 A meia idade e a idade avançada.

kónén² [óo] 光年【Astr.】 Um ano-luz (956 × 10⁹ km).

kónén³ [óo] 後年【E.】 Os anos posteriores; alguns anos mais tarde; mais tarde. ★ *~ ni natte* 後年になって Depois de alguns anos; mais tarde「você vai-se arrepender」. [A/画] Señnéñ; zeñnéñ.

kónen-ki [óo] 更年期【Med.】 O clima(c)tério; a idade crítica; a andropausa; a menopausa. ★ *~ shōgai* 更年期障害 Perturbações do/na ~.

kónen-sha [óo] 高年者 ⇨ kónén¹ ◇.

koneru 捏ねる **1** [水で練る] Amassar「o barro」. ⇨ néru². **2** [ねちねちと理屈や難題などをいう] **a)** Importunar; teimar; **b)** Birrar [Fazer birra]. *Kodomo ga omocha uriba no mae de dada o konete iru* 子供がおもちゃ売り場の前でだだをこねている A criança está a fazer birra na se(c)ção de brinquedos.

kō-nétsú¹ [óo] 高熱 **a)** Muito calor「Altas temperaturas」; **b)** A febre [temperatura] alta. ★ *~ o dasu* 高熱を出す **a)** Atingir altas temperaturas;「o aquecedor」irradiar muito calor; **b)** Ter febre alta.

kōnétsu² [óo] 光熱「pagar」A luz e o aquecimento. ⇨ **hi.** ⇨ hikárí; netsú.

kōnétsú³ [óo] 口熱【Med.】 A inflamação das gengivas.

kōnétsu-byō [kóo] 黄熱病【Med.】 ⇨ ónétsubyō.

kōnétsu-hi [óo] 光熱費 A despesa [O gasto; O custo] de luz e aquecimento. ⇨ kōnétsú².

kōngai 婚外 Extramatrimonial. ◇ **~ kōshō** 婚外交渉 As relações extramatrimoniais. ⇨ kekkóń¹.

kongán 懇願 O pedir com instância「para ir com ele」. *Karera wa Nihon seifu ni keizai enjo o ~ shita* 彼らは日本政府に経済援助を懇願した Eles solicitaram [pediram] ajuda econó(ô)mica ao governo japonês.

kongárákaru[gá]**ru** こんがらか[が]る **1** [もつれる] Emaranhar-se; enredar-se. *Ito ga kongarakatte, tokenai* 糸がこんがらかっててとれない O fio emaranhou-se e não se desemaranha [desenreda]. [S/画] Karámáru; motsuréru (+). **2** [混乱する] Emaranhar-se; enredar-se; enlear-se; complicar-se. *Ata-*

ma ga kongarakatte kita 頭がこんがらかってきた Tenho a cabeça emaranhada. [S/同] Fukúzátsú ní náru (o); fuńkyū́ súrú; końráń súrú (+).

końgári (to) こんがり(と) (Im. de castanho-claro). ★ ～ *yaku* こんがり焼く「a torrada」Ficar de cor acastanhada. ⇨ kitsúné ◇.

końgén 根源[元] A fonte; a origem; a raiz; a causa; o motivo. *Ano hito no byōki no ～ wa sake da* あの人の病気の根源は酒だ A causa da doença dele é o álcool [a bebida]. *Kenkō wa kōfuku no ～ o nashite iru* 健康は幸福の根源を成している A saúde é fonte de felicidade. ★ ～ *o kiwameru* 根源を究める Remontar à origem; investigar a causa [razão]. ～ *o tatsu* 根源を絶つ Desarraigar; extirpar; cortar「o mal」pela raiz.

końgétsú 今月 Este mês; o mês corrente [presente]. ★ ～ *bun no kyūryō* 今月分の給料 O salário deste mês. ～ *chū [jū] ni* 今月中に Neste [Dentro deste] mês. ◇ **～ gō** 今月号 O número「da revista」deste mês. [S/同] Tṓ-getsu. ⇨ koń-[3].

kóngo[1] 今後【Adv.】Doravante; agora; de agora em diante; daqui em diante; para o futuro. ～ *tomo yoroshiku o-negai shimasu* 今後ともよろしくお願いします Espero continuar a merecer (para o futuro) a sua honrosa amizade. ★ ～ *eikyū ni* 今後永久に Para (todo o) sempre. ～ *go-nen de* 今後5年で Daqui a cinco anos. ～ *no mondai* 今後の問題 O problema (agora) a resolver. ～ *no nariyuki ni makaseru* 今後の成り行きにまかせる Deixar as coisas seguir o seu curso/Dar tempo ao tempo. [S/同] Ígo. ⇨ shṓrai[1].

Kóngo[2] コンゴ O [A República do] Congo (Capital: Brazzaville). ⇨ Zaíru.

końgṓ[1] 混合 A mistura; a mescla. ◇ ⇨ **～ butsu**. **～ daburusu** 混合ダブルス【(D)esp.】As duplas mistas. **～ hiryō** 混合肥料 O adubo [fertilizante] composto. ⇨ końdṓ; końkṓ; mazéru[2].

końgṓ[2] 根号【Geom.】O radical. ◇ **～ shisū** 根号指数 O expoente do ～. [S/同] Rū́to (+).

końgṓ-butsu [óo] 混合物 A mistura; o misto; o composto. *Kūki wa sanso to chisso nado no ～ de aru* 空気は酸素と窒素などの混合物である O ar é uma mistura de oxigé[ê]nio, hidrogé[ê]nio e outros elementos [gases].

końgṓ-riki [óo] 金剛力【E.】A força hercúlea [extraordinária]. [S/同] Gṓríkí (+).

końgṓseki [óo] 金剛石【Min.】O diamante. [S/同] Daíyámóndo (+).

końgṓsha [óo] 金剛砂 O (pó da pedra) esmeril.

końgṓ-zúe 金剛杖 (⇨ tsúe) O cajado [bordão] do caminhante.

końgúrómáritto コングロマリット (< Ing. conglomerate) O conglomerado「de empresas」.

kón'i 懇意 A intimidade; a familiaridade; a amizade. ★ ～ *ni naru* 懇意になる Ganhar intimidade「com」. ～ *ni suru* 懇意にする Tratar como amigo [*Satō-shi to wa kanete kara ～ ni shite iru* 佐藤氏とはかねてから懇意にしている O sr. Satô e eu somos amigos [íntimos] desde há muito tempo]. ⇨ jikkóń; shińmítsú.

kṓ-níchí [oó] 抗日「era um movimento」Anti-japonês. [A/反] Shiń-nichi. ⇨ haí-níchí; hań-níchí[2].

kōníchí-séí [oó] 向日性【Bot.】⇨ kṓjítsú-séí.

ko-nímotsu 小荷物 O embrulho; a encomenda; a bagagem. ◇ **～ toriatsukaijo** 小荷物取り扱い所 A se(c)ção de despacho de bagagens. ⇨ ko-zútsumi.

koń'íń 婚姻 O casamento; o matrimó[ô]nio. ★ ～ *todoke* 婚姻届け O regist(r)o de casamento. [S/同] Kekkóń (+).

kṓníń[1] **[oó]** 公認 O reconhecimento [A aprovação; A autorização] oficial. *Tanaka-shi wa tō no ～ de rikkōho shita* 田中氏は党の公認で立候補した O sr. Tanaka candidatou-se com ～ do partido. ★ ～ *no* 公認の Oficialmente reconhecido [aprovado; autorizado]. ～ *suru* 公認する Reconhecer [Aprovar; Autorizar] oficialmente. ◇ **～ kaikei-shi** 公認会計士 O contabilista profissional [juramentado]. **～ sekai kiroku** 公認世界記録 O recorde mundial oficial.

kṓníń[2] **[oó]** 後任 A sucessão [O sucessor]; a substituição. ★ *Suzuki-shi no ～ to shite ninmei sareru* 鈴木氏の後任として任命される Ser nomeado como sucessor [em substituição] do sr. Suzuki. ◇ ⇨ **～ sha**. [A/反] Seńníń; zeńníń.

kṓníń[3] **[oó]** 降任【E.】⇨ sasén; kṓshókú[5].

kṓnín-sha [oó] 後任者 O sucessor; o substituto. [S/同] Kṓníń[2].

ko-nínzū 小人数 Poucas [Um pequeno número de] pessoas. [A/反] Ṓ-nínzū; ta-nínzū.

koń'író 紺色 ⇨ kón[1].

końjákú 今昔【E.】O hoje e o ontem; os tempos;「Japão,」Passado e presente. ～ *no kan ni taenai* 今昔の感に堪えない Eu não entendo tanta mudança [Como os tempos mudam]! ⇨ íma[1]; mukáshí.

koń-jí[1] 紺地 O fundo azul-marinho「do quimono」.

kónji[2] 今次【E.】Esta vez; o próximo「exame」; o último「terremoto foi terrível」. [S/同] Kóndo (+); kónkai; konó tabi; kónpan.

kónji[3] 恨事【E.】A lástima; a pena.

końjí[4] 根治【E.】A cura radical [completa]. ★「*Yamai ga*」～ *suru*「病いが」根治する Ficar completamente curado. [S/同] Kónchí; zénchi (+).

końjíkí 金色【E.】A cor de ou[oi]ro. *Yūhi ga sora o ～ ni somete iru* 夕日が空を金色に染めている O sol do poente dou[oi]ra o céu/firmamento. ★ ～ *no* 金色の Dourado [Doirado]; da ～. [S/同] Kiń'író (o); kogáné-író.

kónjō[1] 根性 **1** [性質] **a)** O temperamento; o cará(c)ter; a natureza; **b)** O gosto; a paixão「do jogo」; a inclinação「para os negócios」; o espírito. *Kare wa ～ ga kusatte iru* 彼は根性が腐っている Ele tem um temperamento mau. ⇨ katágí[1]; kidáté; kishítsú; kishṓ[1]; kokóró-né; shṓné. **2** [意志の力] A força de vontade; a vontade de ferro; a firmeza de cará(c)ter. ★ ～ *ga aru* 根性がある Ter força de vontade. ⇨ gańbárí; kiryókú; końkí[1].

końjṓ[2] 紺青 O anil; o azul-escuro. ⇨ aí-író; kon'iro; końpékí.

końjṓ[3] 今生【E.】Esta vida. ★ ～ *no wakare o tsugeru* 今生の別れを告げる Dizer o último adeus「aos pais」. [S/同] Génse (+); konó yó (o). [A/反] Gósе; góshō; tashṓ.

końjú-hṓshō [hóo-] 紺綬褒章 A insígnia [medalha] de fita azul-escura (Condecoração). ⇨ hṓshṓ[4].

kónka 婚家 A família [Os parentes] do marido. [A/反] Jikká; séika. ⇨ totsúgí-sáki.

koń-kágiri 根限り Até mais não poder; até ao limite das forças. ★ ～ *hataraku* 根限り働く Tra-

K

balhar ~.

kónkai 今回 Esta vez; a última [próxima] vez. ~ saki ni iten itashimashita 今回左記に移転致しました Recentemente [Esta vez] mudei para o endereço abaixo indicado.
Ⓢ/同 Kóndo; kónji²; konó tabi; kónpan.

końkán 根幹 **a)** A raiz e o tronco; **b)** A base; o núcleo; o princípio; o fundamento. ★ ~ o nasu koto 根幹をなす Constituir a base「da educação/diplomacia」. Ⓢ/同 Końpón (+). Ⓐ/反 Shiyó¹. ⇨ chūsū; kihón; końgén.

końkétsú 混血 A miscigenação; a mistura de raças; a mestiçagem. ★ ~ no 混血の Miscigenado; mestiço; mulato; moreno. Hakujin to Indio no ~ 白人とインディオの混血 O mameluco; o mestiço.

końkétsú-ji 混血児 O [A criança] mestiço[a].
Ⓢ/同 Háfu. ⇨ końkétsú.

końkí¹ 根気 A perseverança; a persistência; a paciência; a constância. ★ ~ ga aru 根気がある Ser perseverante; ter persistência [~ ga nakereba jisho no hensan wa dekinai 根気がなければ辞書の編纂はできない Sem ~, não se pode compilar [fazer] um dicionário]. ~ no iru shigoto 根気のいる仕事 Um trabalho de [que requer] muita ~. ~ no yoi hito 根気のよい人 O indivíduo (muito) perseverante [pertinaz; tenaz; paciente; laborioso]. ◇ ~ **kurabe** 根気比べ ⇨ koń-kúrabe.
Ⓢ/同 Koń. ⇨ kiryókú; séiryoku¹.

końkí² 婚期 A idade núbil [de casar]. ★ ~ o issuru 婚期を逸する Deixar passar a ~.
Ⓢ/同 tekíréiki.

końkí³ 今期【E.】Este período;「escolar」; esta sessão「da Dieta」. ~ saikó no uriage 今期最高の売り上げ A maior venda realizada ultimamente. ⇨ jíki¹; kíkan¹.

końkí⁴ 今季【E.】Esta estação [época] (do ano).

końki-máké 根気負け ⇨ koń-máké.

końkó-máké 混血【E.】 A mistura (confusa)「do bom e do mau」. ◇ **Shinbutsu** ~ 神仏混淆 ~ do x[sh]intoísmo e do budismo. ⇨ kondó; końgó¹.

końkon (to) こんこん (と) (Im. de regouar, tossir, pregar, bater, nevar com força). Kitsune ga ~ to naita 狐がこんこんと鳴いた A raposa regouou. Yuki ga ~ futte iru 雪がこんこん降っている Está a nevar com toda a força. ★ ~ seki o suru こんこん咳をする Tossir (⇨ gohón to). Doa o ~ (to) nokku suru ドアをこんこん(と)ノックする Bater ligeiramente à porta.

końkón to¹ 昏昏と Profundamente. Kare wa ~ nemutte iru 彼は昏々と眠っている Ele está dormindo ~ [a dormir como uma pedra].

końkón to² 滾滾と Sempre; incessantemente; aos borbotões. Izumi ga ~ wakidete iru 泉が滾々とわき出ている A fonte [nascente] está forte.

końkón to³ 懇懇と Reiteradamente; com insistência e carinho. Chichi ga kodomo o ~ satosu 父が子供を懇々とさとす O pai está sempre a admoestar o filho. ⇨ końtókú.

końkosu [ōo] コンコース (< Ing. concourse < L.) **a)** O pátio [A entrada]「da estação/do aeroporto」; **b)** A praça; o largo. ⇨ híroba; hốru².

kónku 困苦【E.】As provas; o sofrimento; as dificuldades. ⇨ końkyū; Hińkyú.

koń-kúrabe 根比[競]べ (< końkí¹ + kurábérú) A prova de resistência. ★ ~ o suru 根比べをする Fazer uma ~; ver quem aguenta mais「debaixo da água」. Ⓢ/同 Końkí-kúrabe; koń-máké.

końkúríto [īi] コンクリート (< Ing. concrete < L.) O concreto (B.); o betão; o argamassa de cimento. ◇ ~ **burokku** コンクリートブロック O bloco de cimento. ~ **mikisā** コンクリートミキサー A betoneira. **Tekkin** ~ 鉄筋コンクリート O concreto [cimento] armado.

końkúru [úu] コンクール (< Fr. concours < L.) O concurso; o certame; a competição. ★ ~ ni deru [sanka suru] コンクールに出る[参加する] Participar [Tomar parte] num ~ de. ◇ **Eiga** ~ 映画コンクール O festival [concurso] de cinema.
Ⓢ/同 Kóntesuto; kyōgíkai.

końkyákú 困却【E.】O apuro; o aperto. ver-se num grande aperto [numa situação aflitiva]; não saber que [como] fazer.
Ⓢ/同 Końkyú; końwákú (+). ⇨ komári-hátéru.

kónkyo 根拠 A base; o fundamento. Kono gakusetsu ni wa kagakuteki ~ ga nai この学説には科学的根拠がない Esta teoria não tem nenhum/a ~ científico/a. ★ ~ no aru [nai] hanashi 根拠のある[ない] 話 Uma conversa/história com [sem] fundamento. ◇ **Rekishi-teki** ~ 歴史的根拠 ~ história/o. ⇨ kibán; yorí-dókóró.

końkyo-chi 根拠地 (⇨ kónkyo) A base; a sede. ★ ~ o mōkeru 根拠地を設ける Instalar uma base「naval」; estabelecer a sede. ⇨ kíchi²; kyotén; ne-jíró.

końkyū 困窮【E.】 **1** [行きづまって困り苦しむこと] A situação (extremamente) crítica; o dilema; o apuro; o aperto. Jūtaku mondai no kaiketsu-saku ga nakute ~ shite iru 住宅問題の解決策がなくて困窮している Estamos num/a ~ por não termos um plano [uma política] para resolver os problemas da habitação. Ⓢ/同 Końkyákú. **2** [貧しくて生活に困ること] A penúria; a miséria; a indigência; a pobreza extrema. ★ ~ no kyoku ni tassuru 困窮の極に達する Ficar na ~. ~ suru 困窮する Viver na penúria [miséria]. Ⓢ/同 Hińkyú; kyúhákú.

kónma コンマ (< Ing. comma < L.) **1** [読点] A vírgula. ★ ~ de kiru [o oku] コンマで切る[をおく] Escrever/Pôr vírgula「entre as duas palavras」.
Ⓢ/同 Kánma; tóten. **2** [小数点] A vírgula (decimal). Rei ~ go 0 コンマ5 Zero, vírgula, cinco [0,5]. ★ ~ ika o kiri-suteru コンマ以下を切り捨てる Não contar [escrever] as décimas. ~ ika no ningen コンマ以下の人間 A pessoa sem (qualquer) importância;「ele é」um zero à esquerda. Ⓢ/同 Shōsú-ten.

koń-máké 根負け (< końkí + makérú) **a)** A desistência; **b)** A derrota. ★ ~ suru 根負けする Desistir; render-se; perder. ⇨ koń-kúrabe.

końméí¹ 昏迷【E.】 **1** [意識がもうろうとする] O entorpecimento; a letargia. ★ ~ jōtai de 昏迷状態で Em estado letárgico. ~ suru 昏迷する Ficar em estado de ~. **2** [心が乱れ惑うこと] A desorientação; a perturbação. Ⓢ/同 Końwákú (+).

końméí² 混迷 A confusão「na política」; a desordem.

końmísshon コンミッション ⇨ komísshon.

końmó 懇望【E.】A instância; o rogo; a petição; a solicitação. ★ ~ suru 懇望する Suplicar; rogar; instar [com]; solicitar. Shachō ni ~ sarete nyūsha shita 社長に懇望されて入社した Entrei na companhia por o presidente instar (muito) comigo.
Ⓢ/同 Końgán. ⇨ katsúbō; netsúbō; setsúbō.

końmóri (to) こんもり(と) **1** [茂っているようす] Com densidade. ★ ～ *shigetta hayashi [mori]* こんもり茂った林[森] O bosque espesso [denso/cerrado]. **2** [盛り上がっているようす] Em monte. ★ ～ *shita [moriagatta] tsuchi* こんもりした[盛り上がった] 土 A terra amontoada/～.

końná こんな Assim; como isto [este; esta]; tal. ～ *hazu de wa nakatta* こんなはずではなかった Não era isto que esperava [tínhamos dito]. ～ *koto ni narō to wa yume ni mo omowanakatta* こんな事になろうとは夢にも思わなかった Nem por sonhos esperava que isto [tal] acontecesse. ～ *me ni atta no wa umarete hajimete da* こんな目にあったのは生まれて初めてだ É a primeira vez que tal [uma ciosa destas] me aconteceu. ★ ～ *baai [toki] ni wa* こんな場合 [時] には Num caso assim [como este]. ◇ ⇨ **～ ni**.
[S/同] Konó yṓ-na. ⇨ ańná; sońná.

kónnan 困難 A dificuldade; o obstáculo; o problema. *Kondo no shigoto wa arayuru ～ o haishite yaritōshite hoshii* 今度の仕事はあらゆる困難を排してやり通して欲しい Quero que superem todos os obstáculos e terminem esta obra. ★ ～ *ni ochiiru* 困難に陥る Encontrar-se em dificuldades; ficar numa situação difícil. ～ *ni uchikatsu* 困難に打ち勝つ Superar as dificuldades (da vida). *Kaiketsu ～ na mondai* 解決困難な問題 O problema difícil de resolver; ～ sério/a. ◇ **Kokyū ～** 呼吸困難 A dificuldade de [em] respirar; a respiração difícil. **Zaisei ～** 財政困難 A falta de verba; a situação financeira difícil. ⇨ kánnan; nańgí; shínku[1].

końná ní こんなに Tão; tanto; assim. ～ *umaku iku to wa omotte mo minakatta* こんなにうまくいくとは思ってもみなかった Nem sonhava que tudo corresse tão bem. *Ni-san-nichi de wa ～ takusan no hon wa yomemasen* 2,3 日ではこんなにたくさんの本は読めません Em dois ou três dias não consigo ler tantos livros. ★ ～ *asa hayaku* こんなに朝早く「onde vai?」Assim tão cedo. ～ *shite made* こんなにしてまで「gostar」Até tal [este] ponto!
[S/同] Konó yṓ ni. ⇨ ańná; sońná.

kónnen 今年【E.】⇨ kotóshí.

kónnichi 今日 **1** [⇨ kyṓ[1]; hónjitsu]. **2** [現今] Hoje (em dia); a(c)tualmente; agora. *Kagaku gijutsu no hattatsu shita ～ sonna meishin o shinjiru to wa* 科学技術の発達した今日そんな迷信を信じるとは Como é que nesta época de tanto progresso científico você acredita numa superstição dessas! *Watashi ga ～ aru no wa anata no o-kage desu* 私が今日あるのはあなたのおかげです Eu devo o que hoje sou a si. ★ ～ *de wa* 今日では Nos nossos dias/～. ～ *made* 今日まで Até agora [hoje; ao presente]. ～ *no sekai* 今日の世界 O mundo a(c)tual [de hoje]. ◇ ⇨ **～wa**. [S/同] Geńkóń; konó-góró.

końníchí wá 今日は Bom dia [Boa tarde]! (Us. de dia) ⇨ końbáń wá; oháyṓ.

końnyákú 蒟蒻【Bot.】Uma espécie de inhame; *amorphophallus konjac*. ◇ **～ dama** 蒟蒻玉 O tubérculo de inhame. **Ito ～** 糸蒟蒻 Uma confecção gelatinosa comestível de inhame, às tiras como macarrão.

końnyū́ 混入【E.】A mistura. ★ ～ *suru* 混入する Misturar(-se); mesclar(-se). ⇨ majíru; mazéru[2].

konó この (⇨ anó; sonó) Este「livro」. ～ *baka yarō* この馬鹿野郎 Seu estúpido [burro]! ～ *me de chanto kare no sugata o mita* この目でちゃんと彼の姿を見た Vi-o com estes [os meus próprios] olhos. ★ ～ *chōshi de iku to* この調子で行くと Deste jeito [Por este caminho「vamos fracassar」]…; desta maneira… ～ *shu no byōki* この種の病気 Este tipo de doença; doenças deste tipo. [P/ことわざ] ～ *oya [chichi] ni shite ～ ko ari* この親 [父] にしてこの子あり Tal pai tal filho.

kṓnṓ [koó] 効能 O efeito. *Kono yakusō wa iroiro na byōki ni taishite ～ ga aru* この薬草はいろいろな病気に対して効能がある Esta planta (medicinal) é boa [eficaz] para diversas doenças. ◇ ⇨ **～ gaki**.
[S/同] Kikímé (+). ⇨ kṓka[1]; kṓyṓ[4].

konó-áídá この間 (O) outro dia; a última vez; há uns dias; recentemente; há pouco (tempo). ～ *o-ai shita toki o-tsutae suru no o wasurete imashita* この間お会いした時お伝えするのを忘れていました Esqueci-me de lho dizer [de lhe dizer isso] na última vez que nos encontrámos. ～ *wa rusu o shite shitsurei itashimashita* この間は留守をして失礼いたしました Desculpe-me por não estar quando o senhor veio. ★ ～ *kara* この間から Desde há uns dias. ～ *no nichiyō-bi* この間の日曜日 O último domingo; o domingo passado [anterior] (⇨ kóndo **2**). [S/同] Kájitsu; konó-máe; seńdátté; seńjítsú; sénpan.

konó-átari この辺り ⇨ heń[1].

konó-bá この場 Aqui; este lugar; cá. ～ *kagiri no hanashi sa* この場限りの話さ Isto é [fica] só cá entre [para] nós. ★ ～ *de* この場で Aqui; neste lugar; agora mesmo.

konó-bún この分 Este modo [jeito; passo]; esta situação. ～ *de wa ashita wa tenki ni nari-sō da* この分では明日は天気になりそうだ Pelo jeito [Se isto assim continuar], amanhã vai fazer sol. ～ *de wa keikaku wa dame ni naru darō* この分では計画はだめになるだろう Nesta situação [Pelos vistos] o proje(c)to vai [deve] falhar. ～ *nara mō daijōbu deshō* この分ならもう大丈夫でしょう Agora, (já) não haverá mais problema. ★ ～ *da to [de iku to]* この分だと[で行くと] Deste [Por este] jeito「vamos ganhar」. [S/同] Konó chṓshí. ⇨ bún[2].

konó-dán この段【E.】Isto; o seguinte. *Tenkyo shimashita no de ～ go-tsūchi mōshiagemasu* 転居しましたのでこの段御通知申し上げます Tenho o prazer de o informar que mudei de endereço.

kónoe 近衛 A guarda imperial. ◇ **～ hei** 近衛兵 O soldado da ～.

kṓnṓ-gákí [koó] 効能書き (<… + káku) A bula (B.); as indicações. ★ ～ *o naraberu* 効能書きを並べる Enumerar [Exagerar] as virtudes do remédio.
[S/同] Nṓ-gákí.

konó-gó この期 Agora; nestas alturas. ～ *ni oyonde nani o iu ka* この期に及んで何を言うか Que adianta ～ você dizer isso? [Agora é tarde].

konó-góró この頃 (<… + kóro) Agora; ultimamente; hoje em dia. ～ *mono-wasure ga hidoku natta* この頃物忘れがひどくなった Ultimamente estou a ficar tão esquecido! *Samusa no kibishii kyō ～ ikaga o-sugoshi desu ka* 寒さの厳しい今日この頃いかがおすごしですか Espero que esteja bem de saúde apesar do frio rigoroso que está fazendo (Em cartas). ★ ～ *no wakamono* この頃の若者 Os jovens de agora. ⇨ chikágoro; saíkíń[1]; sákkon; tṓsetsu.

kó-no-ha 木の葉 (< ki[2] + …) As folhas das árvores. *Aki wa ～ ga kōyō suru* 秋は木の葉が紅葉する No

K

outono, ~ ficam matizadas de variegadas cores. S/周 Kí-no-ha.

konó-hén この辺 ⇨ hen[1].
konó-hṓ [óo] この方 Este. ⇨ hō[1].
konó-hodo この程【E.】 ⇨ konó áídá.
ko-nó-ji の字 A letra [sílaba] japonesa "ko". ◇ ~ **gata** コの字形 A forma(ção) em U「das mesas da sala」.
konó-káta この方 **1** [以来] [konókata] Desde; desde que; depois que. *Kare o hitome mite ~ kokoro ni yakitsuite hanarenai* 彼を一目見てこのかた心に焼き付いて離れない Desde que o vi a primeira vez, fiquei apaixonado por ele. *Watashi wa ni-jū-nen ~ Tōkyō ni sunde iru* 私は 20 年このかた東京に住んでいる Faz [Há] vinte anos que moro em Tóquio. S/周 Írai (+). **2** [この人] [konókátá] Este/a senhor/ra. ⇨ katá[2].
konó-kúrái この位 ⇨ kúrái[3].
kó-no-ma 木の間 Entre as árvores. ★ ~ *gakure ni* 木の間隠れに「lago」Meio escondido ~ .
konó-máe この前 A última vez; outro dia. ~ *atta toki kare wa genki deshita* この前会った時彼は元気でした Ele estava bem a última vez que o vi [nos encontrámos]. ★ ~ *no nichi-yōbi* この前の日曜日 O domingo passado; o último domingo. ~ *no shō ni* この前の章に No capítulo anterior. ⇨ konó-áídá.
konómáshíí 好ましい (< konómu) **1** [感じがよい; 好感がもてる] Agradável; amável; aprazível; simpático. *Sono otoko no taido wa amari ~ inshō o ataenakatta* その男の態度はあまり好ましい印象を与えなかった A atitude desse homem não foi muito [nada] simpática [agradável]. **2** [満足すべき; のぞましい] Desejável; favorável; satisfatório. *Amari ~ jōkyō de wa nai* あまり好ましい状況ではない A situação não me agrada [não está nada [muito] satisfatória]. ⇨ nozómáshíí.
kó-no-me 木の芽 (< konó[1]+…) ⇨ me[3].
konómí[1] 好み (< konómu) **1** [嗜好] O gosto. *Ano hito wa fukusō no ~ ga ii [warui]* あの人は服装の好みがいい[悪い] Ele tem bom [mau] gosto no vestir. *Hito wa mina sorezore ~ ga chigau* 人は皆それぞれ好みが違う Cada pessoa [qual/um] tem seu gosto. *Kanojo wa ~ ga muzukashii* 彼女は好みが難しい Ela é difícil de contentar. ★ *Kare no ~ no gaka* 彼の好みの画家 O pintor favorito dele. S/周 Shikō. ⇨ yori-gónómí. **2** [選択; 希望] A preferência; a predile(c)ção; a escolha; o desejo. *Nani ka o~ ga arimasu ka* 何かお好みがありますか Tem alguma preferência? ⇨ chūmón; kibō; sentákú[2].
kó-no-mi[2] 木の実 (< kí[2]+…) O fruto. ★ *Kindan no ~* 禁断の木の実 ~ proibido. S/周 Kájitsu; kí-no-mi.
kō-nó-mónó [óo] 香の物 A verdura de conserva (Aperitivo importante na comida japonesa). S/周 O-kōkō; o-shínkō; tsuké-mónó (+).
konómu 好む **1** [気に入る] Gostar; preferir. *Sakana yori niku o konomimasu* 魚より肉を好みます Eu prefiro carne ao [gosto mais de carne do que de] peixe. S/周 Ki-nííru. A/反 Kiráú. **2** [望む; 望む] Querer; desejar. ★ ~ *to konomazaru to ni kakawarazu* 好むと好まざるとにかかわらず Quer queira, quer não;「este trabalho tem de se fazer」a bem ou a mal. S/周 Hossúrú; nozómú. **3** [体質に合う] Dar-se bem. *Kono shokubutsu wa shitchi o ~* この植物は湿地を好む Esta planta gosta de (h)umidade [dá-se/cresce bem em terreno (h)úmido]. A/反 Kiráú.

kōnónde 好んで (< konómu) **1** [望んで; 進んで] Voluntariamente; de bom grado; livremente; por gosto [prazer; querer]. *Nani ~ sonna koto o shita no ka* 何を好んでそんな事をしたのか Com que ideia [Como é que] você foi fazer uma coisa assim [dessas]? *Suki ~ kimi ni kogoto o itte iru no de wa nai* 好き好んで君に小言を言っているのではない Não é por gosto que o [te] estou a repreender. ★ ~ *shite iru no dewa nai* 好んでしているのではない Não estou a fazer isto por prazer! S/周 Nozóndé; susúndé. **2** [しばしば] Amiúde; muitas vezes. *Gakusei no koro ni wa ~ yamanobori o shita mono da* 学生の頃には好んでは山登りをしたものだ Quando era estudante, costumava escalar [subir] montanhas. S/周 Shíba-shiba (+); yóku.

konó-sái この際 Numa ocasião destas; agora; nestas circunstâncias. ~ *da kara, tashō no sonshítsu wa kakugo shinakereba naru-mai* この際だから、多少の損失は覚悟しなければなるまい Nestas circunstâncias é inevitável que tenhamos de perder algum dinheiro. ~ *nan-to-ka shinai to taihen na koto ni nari-sō da* この際何とかしないと大変なことになりそうだ Se não fizer(mos) algo agora, ninguém sabe o (mal) que poderá acontecer.

konó-sáki この先 **1** [今後] Depois; desde agora; daqui em diante; no futuro; de hoje em diante. ~ *dō naru koto yara* この先どうなることやら Não se sabe o que nos pode acontecer./Que será de nós [mim] (no futuro)? ~ *nani o suru ka wa kangaete inai* この先何をするかは考えていない Não tenho planos para o futuro. S/周 Kóngo (+); koré-kárá; mírai; shórai[1]. **2** [ここより先] Aqui; (um pouco) adiante. ~ *ni yūmei na resutoran ga arimasu* この先に有名なレストランがあります ~ há um restaurante bom [muito conhecido]. ~ *tōrinuke kinshi* この先通り抜け禁止 (掲示) Proibida a passagem!

konó-sétsu この節 ⇨ konó-góró.
konó-tábi この度 Agora; esta [feliz/triste] ocasião. ~ *wa o-kinodoku deshita* この度はお気の毒でした Que pena ter-lhe acontecido isso! ~ *wa o-sewa ni narimashita* この度はお世話になりました Muito obrigado pela sua ajuda [por tudo o que fez por mim]. S/周 Kóndo (+); kónkai.
konó-tóki この時 Este momento; esta hora; então 「a casa começou a tremer」; esta ocasião. *Toshokan de kare wa ~ to bakari ni hon o yomi-asatta* 図書館で彼はこの時とばかりに本を読みあさった Ele apanhou-se na [aproveitou a] biblioteca, e leu tudo o que pôde. ★ ~ *made ni* この時までに Até ~ .

konó-tókóró この所 Recentemente; estes dias「tenho andado mal de saúde」; agora; ultimamente「estou a ficar mais esquecido」. ~ *chittomo ame ga furanai* この所ちっとも雨が降らない Ultimamente não tem chovido nada [nem uma gota]. S/周 Saíkín (+); sákkon.
konó-tōri [óo] この通り Assim; desta maneira. ~ *ni shi nasai* この通りにしなさい Faça ~ . ~ *watashi wa genki da* この通り私は元気だ Como (você) vê, estou bem/bom (de saúde). ⇨ tōri; konó-yō.
kónótori [óo] 鸛【Zool.】A cegonha. ⇨ tsúrú[7].
konó-tsúgí この次 O próximo; o seguinte; depois. *Ato wa ~ ni shimashō* あとはこの次にしましょう

Vamos deixar o resto「do trabalho」para a próxima (vez). ★ ～ *no nichiyōbi* この次の日曜日 O próximo domingo [O domingo que vem].

konó-ué この上 Além disto; mais; ainda por cima. ～ *go-yakkai o kakete wa kyōshuku desu* この上ご厄介をかけては恐縮です Não lhe quero causar mais incó[ô]modo (porque seria abusar da sua bondade). ～ *nani o shiro to iu no desu ka* この上何をしろと言うのですか Ainda quer que eu faça mais?!

konó-úé(-mó)-nái この上（も）ない O maior [melhor]「artista」; insuperável. ～ *meiyo desu* この上ない名誉です Para mim,「isto」é a maior honra. *Kono-ue-(mo)-naku shiawase desu* この上（も）なく幸せです Não podia ser mais feliz [Sou/Estou felicíssimo]. [S/同] Saíjṓ (+); saíkṓ (+); shijṓ.

konó-úé-tómó この上とも「continuarei a contar consigo」Ainda mais.

konó-úé-wa この上は Agora (pronto/só já). ～ *akirameru shika nai yo* この上はあきらめるしかないよ Agora só resta desistir.

konó-yó この世 Este mundo; esta vida. ～ *ni omoi-nokosu koto wa nai* この世に思い残すことはない Não desejo mais nada neste mundo/Posso morrer em paz. *Are ga Joze to no* ～ *no wakare de atta* あれがジョゼとのこの世の別れであった Foi a última vez que vi o José. *Sono hana no utsukushisa wa* ～ *no mono to mo omowarenai* その花の美しさはこの世のものとも思われない Essa flor é de uma beleza divina [celestial]. ★ ～ *no jigoku* この世の地獄「a guerra foi」Um verdadeiro inferno. ～ *o saru* この世を去る Morrer; partir deste mundo. [S/同] Génse. [A/反] Anó yó; ráise. ⇨ końjṓ[3]; shabá; ukí-yo.

konó-yṓ [óo] この様 Assim. ～ *na kangae-kata ni wa tsuite ikenai* このような考え方には，ついていけない Não concordo com esta ideia [com uma ideia ～/com uma ideia destas]. ～ *ni shi nasai* このようにしなさい Faça ～ [desta maneira]. ⇨ kayṓ[2]; końná; konó-tṓri.

kónpa コンパ (< Ing. company < L.) A festa (com comes-e-bebes). *Kinō osoku made shinnyūsei no kangei* ～ *o shita* 昨日遅くまで新入生の歓迎コンパをした Ontem, fizemos uma ～ para os calou[oi]ros e ficámos até muito tarde.

końpái 困憊【E.】A exaustão; a prostração. *Mi mo kokoro mo hirō* ～ *shite shimatta* 身も心も疲労困憊してしまった Fiquei completamente exausto [prostrado] (do corpo e da cabeça). ⇨ hirṓ[2]; tsukáréru[2].

kónpakuto コンパクト (< Ing. compact < L.) **1** [鏡のついたおしろいケース] O estojo de pó de arroz [de ruge] (Para levar na bolsa). **2** [小型で，きちんとおさまっていること] Compacto; pequeno; portátil. ★ ～ *na kasa* コンパクトな傘 O guarda-chuva dobrável/dobradiço. ◇ **～ disuku** コンパクトディスク O disco magnético [compacto]. **～ saizu** コンパクトサイズ O tamanho ～.

kónpan 今般【E.】Agora; recentemente; há pouco「mudei para Tóquio」. [S/同] Kóndo (o); kónkai (+); konó-tabi (+).

kónpasu コンパス (< Ing. compass < L.) **1** [両脚器] O compasso. ～ *de en o egaku* コンパスで円を描く Desenhar [Fazer] um círculo com o ～. ～ *de hakaru* コンパスで測る Medir com ～. [S/同] Buń-máwashi; ryṓkyákuki. **2** [羅針盤] A bússola; a rosa-dos-ventos. [S/同] Rashíńbáń. **3** [歩幅] O [A largura de um] passo; a passada. ★ ～ *ga nagai [mijikai]* コンパスが長い[短い] Ter/Dar passadas compridas [curtas]. [S/同] Ho-hábá (+).

końpātomento [áa] コンパートメント (< Ing. compartment < L.) O compartimento.

końpéítṓ [oó] 金米糖 (< P.) O confeito (Rebuçado [Bala(B.)] com biquinhos).

końpékí 紺碧【E.】O azul-celeste[-escuro]. ★ ～ *no sora* 紺碧の空 O céu azul-celeste. ⇨ końjṓ[2]; kón[1].

końpṓ 梱包 A embalagem; o empacotar [embrulhar]. *Chūmon no shina o mushiro to nawa de* ～ *shite hassō shita* 注文の品をむしろと縄で梱包して発送した Embrulhei a encomenda com lona de palha (de arroz) e amarrei-a com (uma) corda para a despachar. [S/同] Ni-zúkuri.

końpón 根本 **1** [根源] A origem; a base; a causa. ★ ～ *ni sakanoboru* 根本にさかのぼる Remontar [Ir] à origem. ～ *o kiwameru* 根本を究める Procurar a verdadeira [primeira] causa. [S/同] Końgén; ṓmótó. ⇨ géń'íń. **2** [基礎] O alicerce; a base; o fundamento; o princípio. *Kimi no giron wa* ～ *kara machigatte iru* 君の議論は根本から間違っている O teu argumento está errado desde a base [Tu partes de um princípio errado]. ◇ **～ genri [gensoku]** 根本原理[原則] Os princípios [As leis] fundamentais. **～ mondai** 根本問題 O problema fundamental. **～ teki** 根本的 Fundamental; drástico; radical; básico [～ *teki gen'in* 根本的原因 O motivo [A causa] fundamental. ～ *teki kaikaku* 根本的改革 A reforma radical [drástica]. ～ *teki ni* 根本的に Fundamentalmente]. ⇨ hońshítsú; kihóń; kíso[1].

końpúrékkusu コンプレックス【Psic.】(< Ing. complex < L.) O complexo. *Nani yori mo* ～ *o torinozoku koto da* 何よりもコンプレックスを取り除くことだ O mais importante é acabar com os complexos. [S/同] Rettṓ-kan. [A/反] Yū́étsú-kan.

końpyū́ta[tā] [úu] コンピュータ[ター] (< Ing. computer < L.) O computador. ★ ～ *ni kakeru* コンピュータにかける Verificar no ～. ◇ **～ jidai** コンピュータ時代 A era dos computadores. **～ nettowāku** コンピュータネットワーク Uma rede de ～ es. **Maikuro [Pāsonaru] ～** マイクロ[パーソナル]コンピュータ O micro-computador. [S/同] Deńshí-kéísánki.

końráń 混乱 A confusão; o caos; a desordem. *Atama ga* ～ *shite iru* 頭が混乱している Estou (todo) confuso [desnorteado] /Tenho uma grande confusão na cabeça. ★ ～ *jōtai ni aru* 混乱状態にある「o país」Estar em desordem. ～ *o shōjiru [kitasu]* 混乱を生じる[来たす] Causar (uma) confusão. ～ *suru* 混乱する Ficar confuso [em desordem].

końréí 婚礼 A festa do casamento; a boda. ★ ～ *ni manekareru [yobareru]* 婚礼に招かれる[呼ばれる] Ser convidado para ～. [S/同] Kashókú-nó-téń; kekkón-shiki (+).

końrínzai 金輪際 Nunca mais; de jeito nenhum;「não digo」nem que morra [me matem]. ～ *anata ni o-me ni kakaru ki wa arimasen* 金輪際あなたにお目にかかる気はありません (fuja da minha presença que) Nunca mais quero ver a sua cara. [S/同] Áku mademo; dańjíté; kesshíté (o); zettái (ni) (+).

kónro 焜炉 O fogareiro (portátil)「para cozinhar no campo」. ◇ **Denki [Gasu; Sekiyu] ～** 電気[ガス；石油]焜炉 O fogareiro elé(c)trico [a gás; de petróleo]. ⇨ shichírin.

końryū́ 建立【E.】A construção. ★ *Tera o* ～ *suru*

K

寺を建立する Construir [Erguer] um templo budista. ⇨ keńchíku.

końsái 根菜 A raiz comestível (Cenoura, nabo). ⇨ imó.

końsárutanto コンサルタント (< Ing. consultant < L.) O consultor.

kónsāto コンサート (< Ing. concert < L.) O concerto (musical). ~ o hiraku [moyōsu] コンサートを開く [催す] Realizar/Dar/] um ~. ◇ ~ hōru コンサートホール A sala [O salão] de ~s. ~ masutā コンサートマスター O primeiro violino; o sub-regente de orquestra. (S/周) Eńsōkai; ońgákkai; risáitaru.

końséi¹ 混声【Mús.】As vozes mistas. ◇ ~(shibu)gasshō 混声(四部)合唱 O coro misto (a quatro vozes).

końséi² 混成 A mistura. ◇ ~ chimu 混成チーム A equipa mista. ⇨ gōséi¹.

końséi³ 懇請 A solicitação; o pedido「urgente/de ajuda」. (S/周) kyōséi (+); końmō.

koń-séiki 今世紀 Este século. ⇨ koń-³.

końséki¹ 今夕 O rasto; o vestígio. ★ ~ o nokosu 痕跡を残す Deixar rasto [vestígio]. ~ o todomenai 痕跡をとどめない Não deixar ~ [sinal; traços]. ◇ ~ kikan 痕跡器官 O apêndice é」Um órgão rudimentar. (S/周) Keíséki; áto.

kónseki² 今夕【E.】Esta noite [tarde]. (S/周) Kónban (+); kon'ya; kon'yū; koyói.

końséń¹ 混線 **1** [電信・電話の] O cruzamento de uma ligação telefó[ô]nica. Denwa ga ~ shite iru 電話が混線している A linha cruzou-se [está cruzada]. ⇨ końshíń¹. **2**[混乱] A confusão; a baralhada. Hanashi ga ~ shite shimatta 話が混線してしまった A conversa baralhou-se [acabou[deu] numa grande ~]. (S/周) Końráń.

końséń² 混戦 A luta confusa [desesperada]. Ryōsakkā chūmu no senshu wa kōfun shite saigo wa ~ ni natta 両サッカーチームの選手は興奮して最後は混戦になった Os jogadores de ambas as equipe[a]s de futebol excitaram-se e o jogo terminou numa escaramuça [~]. ★ Mitsudomoe no ~ 三つ巴の混戦 ~ de três partidos. ⇨ rańséń.

kónsento コンセント (< Ing. concentric plug)【Ele(c)tri.】A tomada (de corrente elé(c)trica). ★ ~ ni tsunagu コンセントにつなぐ Ligar (o fio) à ~.

końsetsu 懇切 A amabilidade; o ser claro [minucioso/amável/dedicado]. Kare wa ~ teinei ni oshieru 彼は懇切丁寧に教える Ele ensina minuciosa e carinhosamente. Setsumei wa ~ no kiwamete iru 説明は懇切をきわめている A explicação é minuciosíssima [clarinha]. ⇨ shínsetsu.

końshíń¹ 懇親 A amizade; a camaradagem. Shinnyū-sei wa o-tagai no ~ o fukameta 新入生はお互いの懇親を深めた Os calouros fizeram camaradagem uns com os outros. ⇨ ~ **kai**. (S/周) Shińbóku (+); shińkō; shińzéń.

końshíń² 渾身【E.】O corpo inteiro. ~ no chikara o komete rōpu o hippatta 渾身の力をこめてロープを引っ張った Puxei a corda com toda a força (que eu tinha).

końshíń³ 混信【Ele(c)tri.】A interferência (em transmissão radiofó[ô]nica). Rajio ga ~ shite tochū de eigo ga kikoete kita ラジオが混信して途中で英語が聞こえてきた O rádio teve uma ~ e começamos a ouvir (falar em) inglês. ⇨ końséń¹.

końshin-kai 懇親会 A reunião (social) [festa; festinha]. ★ ~ o moyoosu 懇親会を催す Fazer [Dar] uma fest(inh)a. (S/周) Shińbóku-kai (+).

końshū¹ 今週 Esta semana. ~ wa kono kurai ni shite okō 今週はこのくらいにしておこう Acho que (por) ~ já basta [chega]. ★ ~ chū ni 今週中に Durante ~; por toda a semana.

końshū² 今秋 Este outono. (S/周) Kónó [Kotóshi nó] áki (+).

końshúń 今春 Esta primavera. ⇨ háru¹.

końsómé コンソメ (< Fr. consommé) O consomé; a sopa de puré de carne muito diluído. ⇨ potáju; súpu.

końsúí 昏睡 O coma; a modorra. ◇ ~ jōtai 昏睡状態 O estado comatoso [de coma]. (S/周) Jínji-fusei; shisshíń.

kóń-sútáchi [koó-táa] コーンスターチ ⇨ kóń.

kónsutanto コンスタント (< Ing. constant < L.) **a)** A constante. (S/周) Jōsú; teísú. **b)** O ser constante.

końtákuto コンタクト (< Ing. contact < L.) O conta(c)to. ★ Bengo-shi to ~ o toru [kóntakuto] 弁護士とコンタクトを取る Conta(c)tar [Pôr-se em ~ com] um advogado. ◇ ~ **renzu** コンタクトレンズ A lente de ~.

końtán 魂胆 Segundas intenções. Kono ura ni wa nani ka ~ ga aru ni chigai nai この裏には何か魂胆があるに違いない Tem que haver ~ por trás disto. ★ ~ o minuku 魂胆を見抜く Adivinhar as ~ de outrem. (S/周) Inbō; takúrámí; shitá-gókoro.

kónte コンテ **1** [クレヨンの一種] (< Fr. conté)【Arte】O giz de pintor. **2** [映画, 放送などの絵入り台本] (< Ing. continuity) Uma continuidade. (S/周) Eńshútsú[Satsúéí]dáihóń.

kontéí 根底 A base「da democracia é a liberdade individual」; o fundo; o fundamento; a raiz. Kimi no setsu wa ~ kara machigatte iru 君の説は根底から間違っている A tua teoria peca pela base. Kirisutokyō ga seiyō shisō no ~ o nashite iru [~ ni yokotawatte iru] キリスト教が西洋思想の根底を成している [根底に横たわっている] O cristianismo forma a [está na] base do pensamento ocidental. (S/周) Dodái; kíso; końpón.

konténa[nā] コンテナ[ナー] (< Ing. container < L.) O contentor. ◇ ~ **sha** コンテナ車 O cami(nh)ão de ~ es. ~ **yusō** コンテナ輸送 O transporte em [em] ~.

kóntesuto コンテスト (< Ing. contest < L.) O concurso; a competição. (S/周) Kyōgíkai. ⇨ końkúru.

kónto コント (<P.) O conto; a historieta. ⇨ ko-bánashi; yuń-gékí.

kontō 昏倒 O desmaio; a perda dos sentidos. ★ ~ suru 昏倒する Desmaiar; perder os [cair sem] sentidos. (S/周) Shisshíń (o); sottó (+).

końtókú 懇篤【E.】A cordialidade; a amabilidade. (S/周) Kónsetsu (+); shínsetsu (o).

końtóń 混[渾]沌【E.】O caos; a confusão; a desordem. Seikyoku wa ~ to shite iru 政局は混沌としている A situação política está confusa [e um/a ~]. ★ ~ taru jōtai 混沌たる状態 A situação caótica (de grande ~]. ⇨ końzéń².

końtórábásu コントラバス【Mús.】O contrabaixo. (S/周) Básu; bēsu; dabúrú-bésu.

kóntorasuto コントラスト (< Ing. contrast < L.) O contraste. ~ ga tsuyosugiru コントラストが強すぎる ~ é forte demais. (S/周) Táihi; taíshō.

kontóróru [oo] コントロール (< Ing. control <

Fr./L.) **1** [制御; 統制] O domínio; o controle/o. *Jibun jishin o ~ suru koto wa muzukashii* 自分自身をコントロールすることはむずかしい Dominar-se a si mesmo é (uma coisa) difícil/É difícil ter autodomínio [autocontrole]. [S/同] Séigyo; tṓséí. **2** [投手の制球] O domínio [controle] (da bola). ★ ~ *ga ii* [*warui*] コントロールがいい[悪い] Ter bom [mau] controle da bola. [S/同] Seíkyū́ryoku.

kóntserun コンツェルン (< Al. konzern) O consórcio (financeiro). ⇨ káruteru; torásuto.

ko-núká 小糠 (< ko-[8] + …) O farelo de arroz. ◇ **~ ame** 小糠雨 A garoa; o cacimbo; o chuvisco.

ko-núsúbito 小盗人 (< ko-[8] + …) O surripiador; o larápio; o ratoneiro.

końwá[1] 混和 A mistura; a combinação. ★ ~ *suru* 混和する Misturar-se; combinar 〔*Abura to mizu wa ~ shinai* 油と水は混和しない O azeite e a água não se misturam〕. ⇨ końgṓ[1].

końwá[2] 懇話 A conversa amiga; a trela (G.); o bate-papo. ◇ **~ kai** 懇話会 A discussão amistosa; o encontro de amigos. [S/同] Końdáń (+).

końwákú 困惑【E.】O ficar perdido; a perplexidade. ★「*Uttaerarete*」~ *suru*「訴えられて」困惑する Não saber que fazer [Ficar perplexo]「ao ser apelado」. ⇨ końkyákú; tṓwákú.

kón'ya[1] 今夜 Esta noite; hoje à noite. ~ *wa koko ni tomarō* 今夜はここに泊ろう Vou ficar aqui esta noite. ★ ~ *ippai* 今夜いっぱい Toda esta noite. ~ *jū ni* 今夜中に Durante a [esta] noite. [S/同] Kónban; koń'yū́; koyóí.

koń-yá[2] 紺屋 ⇨ kṓya[3].

kónyakku コニャック (< Fr. cognac) O conhaque (francês).

koń'yákú 婚約 O noivado; a promessa [o contrato] de casamento. *Joze to Maria to no ~ ga totonotta* ジョゼとマリアとの婚約が調った Já está decidido o noivado da Maria e do José. ★ ~ *o kaishō suru* 婚約を解消する Desfazer o noivado. ~ *suru* 婚約する Fazer promessa de casamento; ficar noivos. ◇ **~ haki** 婚約破棄 A falta de cumprimento de promessa de casamento. **~ kikan** 婚約期間 O (período de) noivado. **~ yubiwa** 婚約指輪 O anel de noivado. ⇨ **~sha**. ⇨ yuínṓ.

koń'yáku-sha 婚約者 Os noivos. ⇨ koń'yákú.

koń'yṓ 混用 O uso simultâneo. ★ *Futatsu no kusuri o ~ suru* 2つの薬を混用する Usar [Tomar] dois remédios ao mesmo tempo. [S/同] Heíyṓ.

koń'yókú 混浴 O banho misto (de homens e mulheres no mesmo "sentō", hoje pouco frequente).

kṓnyū́ [oó] 購入 A compra; a aquisição. ★「*Kagu o*」~ *suru*「家具を」購入する Comprar [Adquirir]「móveis」. ◇ **~ kakaku** 購入価格 O preço de compra. **~ sha** 購入者 O comprador. ⇨ kṓbáí[2]; kaú[1].

kónzatsu 混雑 O congestionamento. ★ ~ *o kanwa suru* 混雑を緩和する Aliviar o ~. ~ *o sakeru* 混雑を避ける Evitar o ~. ~ *suru* 混雑する Congestionar-se. ◇ **~ ji** 混雑時 As horas de ~ [de maior movimento; de ponta]. [S/同] Rasshú-áwā. ⇨ komí-áu; końrán; zattṓ.

końzén[1] 婚前 Pre-matrimonial. ◇ **~ kōshō** 婚前交渉 As relações sexuais pré-matrimoniais.

końzéń[2] 渾然 A integração; a harmonia「entre a arquite(c)tura e a paisagem」; a boa combinação. *Shigoto to tanoshimi to ga ~ ittai ni* [*to*] *natte iru yō da* 仕事と楽しみとが渾然一体に[と]なっているようだ Parece que ele sabe integrar [juntar harmoniosamente] o trabalho e a recreação. ~ *to* (*shite*) *yūwa suru* 渾然と(して)融和する Estar em completa harmonia.

końzétsú 根絶 A exterminação; a eliminação; a aniquilação; o acabar com「a corrupção」. ★ ~ *shigatai akuhei* 根絶し難い悪弊 Um mau costume difícil de corrigir [eliminar]. [S/同] Zetsúmétsú. ⇨ ne-dáyashi.

końzúru 混ずる ⇨ mazéru.

kṓ 呼応 **1** [呼び合うこと] O chamar um pelo outro; o chamar e responder. **2** [しめし合わせる] A combinação; a concordância. ★ ~ *suru* 呼応する Combinar; concordar 〔*Kairiku ai ~ shite teki o kōgeki shita* 海陸相呼応して敵を攻撃した A marinha e o exército combinados atacaram o inimigo〕. **3** [文法]【Gram.】A concordância「entre o adj./e o sub.」. [S/同] Shṓṓ.

kṓo [óo] 好悪【E.】Os seus gostos e aversões; as suas preferências; a parcialidade. ★ ~ *ga hageshii* 好悪が激しい Ser exagerado nas suas preferências e aversões; ter grandes amores e grandes ódios. [S/同] Sukí-kirai (+).

ko-ódori 小躍り (< ko-[8] + …) O saltar de alegria. *Kare wa ~ shite yorokonda* 彼は小躍りして喜んだ Ele saltou de alegria/Ele não cabia em si de contente. ⇨ tobí-hánéru.

kṓóń[1] [oó] 高温 A temperatura alta [elevada]「no Japão, em agosto」. ◇ **~ tashitsu** 高温多湿 ~ e muita (h)umidade; o ser muito quente e (h)úmido. [A/反] Teíóń[2].

kṓóń[2] [oó] 恒温 A temperatura constante. ◇ **~ dōbutsu** 恒温動物 O animal homotérmico [de ~/de sangue quente]. [S/同] Teíóń[3].

kṓóń[3] [oó] 高音【Mús.】O som alto「da ambulância」; o tom agudo. ◇ **~ bu** 高音部 O soprano; o tiple. **~ bu-kigō** 高音部記号 A clave de sol. [A/反] Teíóń[1]. ⇨ tenṓru.

kṓóń[4] [oó] 厚恩【E.】O grande [enorme] favor (recebido); a grande fineza. ⇨ megúmí; óngi.

kṓóń[5] [oó] 喉音 O som gutural.

ko-óní 小鬼 (< ko-[8] + …) O duende; o diabrete.

ko-ótoko 小男 (< ko-[8] + …) O homem pequeno [baixote]. [A/反] Ō-ótoko.

kṓ-otsu [óo] 甲乙 **1** [甲と乙と] O primeiro e o segundo (Em ordem ou qualidade). **2** [区別・優劣の差] **a**) A superioridade e a inferioridade; a diferença; **b**) As notas「do exame」. *Ryōsha no aida ni ~ wa* (*tsukerare*)*nai* 両者の間に甲乙は(つけられ)ない Não há [se vê] diferença entre os dois. ⇨ kúbetsu; sábetsu; yū́retsu.

Kopérúníkusu コペルニクス (< L. Copernicus: 1473-1543) Nicolau Copérnico. ◇ **~ teki tenkai** コペルニクス的転回 A revolução copernicana; a mudança radical.

kópī コピー (< Ing. copy < L.) **1** [写し] A cópia. ★ *Shorui o* [*no*] *~ suru* [*o toru*] 書類を[の]コピーする[を取る] Copiar [Fazer cópia de] um documento (⇨ fukúshá[1]; mósha; utsúshí). ◇ **~ shokuhin** コピー食品 A comida [O produto] a imitar o material original. **2** [広告文案] O assunto [escrito] publicitário. ◇ **~ raitā** コピーライター O reda(c)tor de ~s. **Kyatchi ~** キャッチコピー ~ que atrai a aten-

K

koppá 木端【G.】 **1**[木くず]A lasca; o cavaco; o resto de madeira. ~ **ki**-kúzu (+); mokúhén. ⇨ kokéra. **2**[とるにたらない、つまらないもの]A coisa sem valor [importância]; uma inutilidade. ◇ ~ **mijin**. ~ **yakunin** 木端役人 O funcionário sem importância.

kóppa-mijin 木端微塵 Os pedaços [fragmentos]. ★ ~ *ni kudakeru* 木端微塵に砕ける Partir em pedaços. ~ *ni suru* 木端微塵にする Partir em pedaços; espatifar; esmigalhar; reduzir a pó. ⟦S/周⟧ Koná-góná; koná-míjin.

koppén 骨片（< honé + kakéra）【Zool.】A espícula 「dos espongiários」.

koppé-pán コッペパン (< Fr. pain coupé) O pãozinho; o papo-seco.

koppídoku こっ酷く (⇨ hídoi)【G.】Severamente; terrivelmente. ★ *Kodomo o* ~ *shikaru* 子供をこっ酷く叱る Ralhar 「 Passar um grande rasponete」à criança. ⟦S/周⟧ Te-kíbíshíku. ⇨ hídoku.

koppú コップ (< P.) O copo. ★ ~ *no naka no arashi* コップの中の嵐 Uma tempestade num ~ de água. ⇨ gúrasu; káppu.

koppún 骨粉 A farinha de ossos.

kópura コプラ (< Hind. copra) A copra (Semente de coqueiro). ◇ ~ **yu** コプラ油 O óleo de copra.

Kóputo コプト Copta (Relativo aos cristãos do Egipto). ◇ ~ **go** コプト語 O [A língua litúrgica] copta. ~ **jin** コプト人 Os coptas.

kóra こら【G.】 **1**[しかったりおどしたりするため、相手に強く呼びかける言葉]Eh!; Oi!; Que é isso! ~ *mate* こら待て Eh! Espere aí! ~ *yamero* こらやめろ Oi! Pare com isso! Kóré². **2**[相手に軽く呼びかけて注意をむけさせる言葉]Vem cá (, vem cá); Escute; Olhe. ~ 、 *itazura shicha* [*shite wa*] *dame* (*da*) *yo!* こらっ、いたずらしちゃ[しては]だめ(だ)よ ~ não faça travessuras, hein! ⟦S/周⟧ Hóra.

kôrá [oó] 甲羅 **1**[亀、蟹などの体を包む堅い殻]A carapaça 「de tartaruga」. ⟦S/周⟧ Kô⁵. **2**[背中] As costas; 「pôr」 a carapaça 「ao sol」. ◇ ~ **boshi** 甲羅干し O banho de sol. ⟦S/周⟧ Se (+); senáká (+). **3**[年功] A experiência longa; o 「ter/ganhar」calo. ★ ~ *o heta hito* 甲羅を経た人 O homem experiente [batido/com calo]. ⟦S/周⟧ Neńkô (+).

koraéru 堪える Aguentar; resistir; suportar; reprimir; conter. *Mô korae-kirenai* もう、堪えきれない (já) Não aguento mais. ★ *Koraegatai itami* [*nemuke*] 堪えがたい痛み[眠け] A dor [O sono] terrível. *Ikari* [*Namida*; *Warai*] *o* ~ 怒り[涙、笑い]を堪える Conter [Reprimir] a raiva [as lágrimas; o riso]. ⟦S/周⟧ Gáman suru (v); shińóbu (+); taéru (+).

koráe-shó 堪え性 A paciência; a constância; a resistência; a perseverança. *Kare wa* ~ *ga nai* 彼は堪え性がない Ele não tem paciência. ⟦S/周⟧ Niñtái-ryoku (+); taíkyû-ryoku.

kórai 古来【E.】Desde antigamente [os tempos antigos]. ~ *kono chihô wa nashi no meisanchi to shite shirarete iru* 古来この地方は梨の名産地として知られている ~, esta região é conhecida pelo cultivo da pera. ★ *Nippon* ~ *no shûkan* 日本古来の習慣 Um costume tradicional [antigo] do Japão. ⟦S/周⟧ Kyûrai. ⟦A/反⟧ Kínrai.

Kôrái [oó] 高麗【H.】Uma dinastia da Coreia. ⟦S/周⟧ Kôkúri (+).

kôráku [oó] 行楽 O passeio; a excursão; o piquenique. ★ ~ *ni dekakeru* 行楽に出かける Sair/Ir de ~. ◇ ~ **biyori** 行楽日和 O tempo ideal para passear. ~ **chi** 行楽地 O lugar de excursão [turismo]. ~ **kyaku** 行楽客 O excursionista; o turista. ~ **shizun** 行楽シーズン A estação [O tempo] de mais turismo [excursões]. ⇨ kañkô (+).

kóramu コラム (< Ing. column < L.) A coluna 「do jornal」; o artigo; a crô[ô]nica 「(d)esportiva」.

kórán¹ [oó] 高覧【E.】A sua apreciada opinião [crítica]. *Go-* ~ *itadakereba saiwai desu* 御高覧いただければ幸いです Sentir-me-ia muito feliz se 「o meu livro」merecesse a ~. ⟦S/周⟧ Gorán.

Kórán² [oó] コーラン (< Ár. quran: ler, recitar) O Alcorão.

korándamu コランダム (< Ing. < Tâmul curundam: rubi) [Min.] O cori[u]ndo. ⇨ kôgyókú².

koráshimé 懲らしめ (< koráshíméru) O castigo; a punição; a corre(c)ção; o escarmento; a lição. ~ *no tame* [*ni*] *haha wa kodomo ni yûshoku o ataenakatta* 懲らしめのために母は子供に夕食を与えなかった Como castigo [lição], a mãe não deixou o filho jantar. ⟦S/周⟧ Bátsu (+); chôkái.

koráshíméru [**kórasu**] 懲らしめる [懲らす]Castigar 「os preguiçosos」; punir; corrigir; repreender; dar uma (boa)lição. ★ *Akunin o* ~ 悪人を懲らしめる Castigar os maus/malvados. ⇨ bassúrú; seísáŕ.

kórasu 凝らす (⇨ kóru) **1**[集中させる] Concentrar. *Hitomi* [*Me*] *o korashite terebi o miru* 瞳[目]を凝らしてテレビを見る Ficar dependurado da [Concentrar-se toda na] televisão. ★ *Shukô o* ~ 趣向を凝らす Elaborar um plano original [bem pensado]. ⇨ shûchû súrú. **2**[こり固まる様にする] Fazer doer [Ficar rígido]「o pescoço com a força que se fez com a cabeça」.

kórasu¹ [oó] コーラス (< Ing. chorus < Gr.) O coro. ★ ~ *o suru* [*yaru*] コーラスをする[やる] Cantar em coro. ◇ ~ **gurúpu** コーラスグループ O grupo coral. ⟦S/周⟧ Gasshô.

kórasú² [oó] 凍らす (< kôrú) Congelar. ★ *Kôrashita niku* 凍らした肉 A carne congelada. ⟦S/周⟧ Reitô súrú.

koré¹ これ Este [Esta]; isto. ~ *de owari da* これで終わりだ Já não há mais 「doces」/Hoje vamos terminar 「o trabalho」 aqui/Nada mais 「tenho a [para] dizer」. ~ *ga watashi no otôto desu* これが私の弟です Este é o meu irmão. ~ *kono tôri* これこの通り Vê, é assim [isto]. ~ *to itte suru koto wa nai* これと言ってす る事はない Não tenho nada marcado [de particular] para fazer. ~ *wa nan desu ka* これは何ですか Que é isto? ~ ☆ ⇨ ~ **bakari** [**dake/de/de mo/de wa**/**hodo**/**kara**/**kiri**/ ~ /**kurai**/**made**/**to iu**/**wa** ~ **wa**]. ~ *ni hanshite* これに反して Ao [Pelo] contrário; ~ *wa* ~ *to shite oite* これはこれとしておいて Por enquanto vamos deixar isto de lado.

kóre² これ Eh!; Pst!; Então? ~, *nani o suru* これ、何をする Eh! Que está você a fazer?! ⟦S/周⟧ Kóra (+).

koré-bákari こればかり **1**[これと示す、わずかな程度] Só isto; pouco. ~ *no kane de wa nan no yaku ni mo tatanai* こればかりの金では何の役にも立たない (Só) com este dinheiro não podemos ir muito longe [fazer nada]/Com tão pouco dinheiro, nada feito. ⟦S/周⟧ Koréppákari; koréppótchi. **2**[これに限ること] Só isto. *Ikura shin'yû no tanomi de mo* ~ *wa* *dekinai* [*ienai*] いくら親友のたのみでもこればかりは出来ない[言えない] Por (mais) amigos que sejamos, não te posso fazer esse favor/o que me pedes [dizer isto]. [S/同] Koré dáké (+).

koré-dáké これだけ **1** [これと示す程度] Isto. ~ *itte mo, mada wakaranai no ka* これだけ言っても，まだわからないのか Com tanta explicação [Enchi-me de explicar e você], ainda não entende? [S/同] Koré hódó; końná ni. **2** [これに限ること] Isto e nada mais. ★ *Zenbu de* ~ 全部でこれだけ Isto (aqui) é tudo [Ao todo é ~]. [S/同] Koré-kírí.

koré-dé これで Com isto; assim; agora. ~ *owari ni shiyō* これで終りにしよう Vamos terminar por agora [ora/hoje]. *Chōdo* ~ *yotei no kingaku ni naru* ちょうどこれで予定の金額になる Com isto, atingimos exa(c)tamente o montante previsto.

koré-dé-mo これでも **1** [こう見えても] Embora; apesar de. ~ *watashi wa mada wakai tsumori desu* これでも私はまだ若いつもりです Apesar da idade ainda me considero jovem. ~ *onna ka* これでも女か É uma mulher? **2** [にもかかわらず] Mesmo assim [com isto]; ainda não. ~ *fuman nara mō suki ni shiro* これでも不満ならもう好きにしろ Se ainda [mesmo] assim não concordas, faz como quiseres.

koré-de-wa これでは Assim; nesse caso. ~ *kaette anata ni go-meiwaku o o-kake suru koto ni narimasu* これではかえってあなたに御迷惑をおかけすることになります Assim, em vez de o ajudar, vou-lhe causar [dar] um incó[ô]modo.

koré-hódó これ程 **1** [この程度] Uma coisa assim simples; pouca coisa. ⇨ koré-shíkí. **2** [こんなにまで] Tão; tanto. ~ *hidoi jiko wa hajimete mita* これ程ひどい事故は初めて見た Nunca vi acidente assim [tão terrível]! ~ *no baka to wa shiranakatta* これ程の馬鹿とは知らなかった Não sabia que ele era tão tonto. ~ *tanonde mo watashi no negai o kiite kurenai no ka* これ程頼んでも私の願いをきいてくれないのか Então não me quer ajudar apesar de tanto lhe pedir? [S/同] Koré-dáké; końná ní.

kṓréi[1] [oó] 恒例 O costume; a praxe. ★ ~ *ni shitagau* 恒例に従う Seguir a/o ~. ~ *ni yori* [*yotte*] 恒例により[よって] Conforme o costume; como da praxe; de acordo com o/a ~. [S/同] Kańkṓ; kańréí; teíréí.

kṓréí[2] [oó] 高齢【E.】A idade avançada. ★ ~ *de shinu* 高齢で死ぬ Morrer velho/em ~. ~ *ni mo kakawarazu* 高齢にもかかわらず Apesar da ~ [dos anos]. ◇ **~ sha** 高齢者 Os idosos; o[a] ancião [anciã]. [S/同] Kṓnéń; rṓréí.

kṓréí[3] [oó] 好例【E.】O exemplo bom; o caso típico [ilustrativo]. [S/同] Tekíréí.

kṓréi-sha [oó] 高齢者 ⇨ kṓréí[2] ◇.

koré-kárá これから **1** [今後] Daqui [De agora] em diante;「demorará dois anos」desde [a partir de] agora; agora; depois disto; no futuro. ~ *nani o suru tsumori desu ka* これから何をするつもりですか De agora em diante o que pretende fazer? /(O) que vai fazer agora? *Jinsei mo* ~ *to iu toki ni kare wa jiko de shinda* 人生もこれからという時に彼は事故で死んだ Agora, que a vida lhe sorria, (é que ele) morreu [foi morrer] de acidente. *Sore ni tsuite* ~ *setsumei shiyō to omotte ita tokoro da* それについてこれから説明しようと思っていたところだ Estava mesmo a pensar em explicar isso agora. ★ ~ *no nihon keizai* これからの日本経済 A economia japonesa no futuro [a partir de agora]. [S/同] Ígo; kóngo; shṓrai. **2** [ここから] Daqui para diante. ~ *sakí wa chūshá kińshi* これから先は駐車禁止 ~ é proibido estacionar.

koré-kírí これきり **1** [今度だけ] A última vez; nunca mais. *Kimi ni aeru no mo* ~ *da* 君に会えるのもこれきりだ Nunca mais nos tornamos a ver. ⇨ sáigo[1]. **2** [これだけ] Tudo e nada mais; só isto. *Watashi no zen-zaisan wa* ~ *da* 私の全財産はこれきりだ Isto é tudo o que tenho [A minha fortuna toda é só esta]. [S/同] Koré dáké **2** (+).

korékkírí これっきり【G.】⇨ koré-kírí.

koré-kore これこれ **a**) Escute!; **b**) Isto e aquilo; tal e tal; etc. e tal. *Kare ni sono riyū o* ~ *shikajika to yoku setsumei shi-nasai* 彼にその理由をこれこれしかじかとよく説明しなさい Explica-lhe claramente, uma por uma, as razões. ★ ~ *no hito* これこれの人 O fulano (de) tal. [S/同] Shiká-jiká.

koré-k[g]úráí これく[ぐ]らい Mais ou menos isto; como este. ~ *no koto ni wa odorokanai yo* これくらいの事には驚かないよ Não me surpreendo com isso [com tão pouca coisa]. ~ *no ōkisa no kaban ga hoshii* これくらいの大きさのかばんが欲しい Eu quero uma mala mais ou menos deste tamanho. [S/同] Konó-kúráí.

korékushon コレクション (< Ing. collection < L.) A cole(c)ção. ★ *Kitte no* ~ 切手のコレクション ~ de selos (postais). ⇨ shū́shū́[2].

koré-máde これまで **1** [今まで] Até agora. *Watashi wa* ~(*ni*) *konna subarashii e o mita koto ga nai* 私はこれまで（に）こんなすばらしい絵を見た事がない Nunca vi (uma) pintura tão maravilhosa (como esta)! ★ ~ *dōri* (*ni*) *benkyō suru* これまで通り（に）勉強する Estudar como ~. ~ *no koto* これまでの事 O passado. *Umarete kara* ~ *ni* 生まれてからこれまでに Desde o nascimento até agora; na vida. [S/同] Imá máde. **2** [ここまで] Até aqui. *Kyō wa* ~ 今日はこれまで Hoje terminamos aqui/É tudo por hoje. *Watashi no kaisha ga* ~ *ni naru ni wa taihen kurō shimashita* 私の会社がこれまでになるには大変苦労しました Tive de trabalhar muito, para [até] a minha companhia ser o que hoje é. [S/同] Kokó-máde. **3** [最後] Pronto; adeus; fim. *Mohaya* ~ *da* もはやこれまでだ Está tudo perdido/Adeus esperança/Pronto, isto é o fim [a derrota].

koré-míyó-gashi これ見よがし O ostentar; o exibir com aparato. *Kanojo wa minku no kōto o kite* ~ *ni machi o aruita* 彼女はミンクのコートを着てこれ見よがしに街を歩いた Ela ia pela rua exibindo ostensivamente [toda vaidosa] o seu casaco de marta. ★ ~ *no taido* これ見よがしの態度 A atitude exibicionista. ⇨ tokúí[1].

koréppákari [**koréppótchi**] これっぱかり[これっぽっち]【Col.】Só isto; tão pouco. ~ *no tabemono de wa tarinai* これっぱかりの食べ物では足りない Tão pouca comida, não chega! [S/同] Koré-bákari **1**.

kórera コレラ A cólera. ◇ **~ kanja** コレラ患者 O colérico; o [a] doente de ~. **~ kin** コレラ菌 O bacilo da ~. **Shinsei ~** 真性コレラ ~ maligna.

koré-shíkí これしき A ninharia; tão insignificante; só isto. ~ *no jiken de awateru na* これしきの事件であわてるな Não se aflija com este acidentezeco/Isto não é para aflições! *Nan no* ~ なんのこれしき Isto não importa [não é nada] /Isto é uma「ferida(zita)」sem importância! ⇨ koré-bákari; koré-kúráí.

korésutéróru [óo] コレステロール O colesterol. ⟦S/同⟧ Korésutérin.

koré-tó-iú これと言う (⇨ koré¹) Que vale a pena mencionar; especial; particular. *Watashi ni wa kore to iu shumi mo nai* 私にはこれという趣味もない (também) Não tenho nenhum passatempo especial [digno de menção]. ★ ~ *riyū mo naku* これと言う理由もなく Sem razão especial [nenhuma]. ⇨ tokúbétsu.

kóretsu [óo] 後列 As filas traseiras [de trás]; a última fila. ⟦A/反⟧ Zénretsu.

koré-wá-kóre-wá これはこれは (⇨ koré¹) Olá! 「então também veio?」; Ora vejam! ~, *tōi tokoro o yōkoso oide kudasaimashita* これはこれは、遠い所をようこそおいで下さいました Olá, benvindos [Obrigado por terem vindo de tão longe]!

kóri 凝り A rigidez; a dor; o endurecimento. ◇ **Kata ~** 肩凝り A dor nos ombros「por apanhar frio de noite」.

kóri¹ 梱 **1** [荷造りした荷物] O fardo; o pacote; o embrulho. ★ *Hito-~ de hyōryō* 一梱の食料 Um ~ de víveres. ⟦S/同⟧ Tsutsúmí (+). **2** [行李] ⇨ kóri³.

kórī コリー (< Ing. collie) O cão de pastor escocês (De focinho comprido e pelo comprido).

kōri¹ [óo] 氷 O gelo. ★ ~ *de hiyasu* 氷で冷やす Pôr gelo. ~ *ga haru* [haritsumeru] 氷が張る[張りつめる] Gelar. ~ *ga tokeru* 氷が溶ける Derreter-se o ~; descongelar-se. ~ *ga wareru* 氷が割れる Quebrar-se [Partir-se; Rachar-se] o ~. ~ *no yō na [no yō ni tsumetai]* 氷のような[のように冷たい]「ter as mãos frias」Como o ~. ◇ ~ **bukuro [dōfu/gashi/makura/mizu/ya/zatō]**. **2** [かき氷] O refresco de gelo ralado「regado com xarope/leite condensado」. ⟦S/同⟧ Kakígóri (o); kórímizu.

kōri² [óo] 高利 **1** [高額の利益] [E.] O lucro grande. ⟦S/同⟧ Kyóri. ⟦A/反⟧ Téiri. **2** [率の高い利息] O juro alto; a usura. ~ *de kane o kasu* 高利で金を貸す Emprestar dinheiro a juro alto; praticar a ~. ◇ ~ **kashi**. ⟦A/反⟧ Téiri.

kōri³ [óo] 行李 A mala-canastra (de verga). ⟦S/同⟧ Kóri² 2.

kōri⁴ [óo] 公理 **1** [数] [Mat.] O axioma; o postulado. **2** [道理] A máxima; o axioma.

kōri⁵ [óo] 公利 O bem público [geral]. ⟦A/反⟧ Shíri.

kōri⁶ [óo] 公吏 O funcionário público. ◇ ⇨ **kan ~**. ⟦S/同⟧ Chihō-kómúin (+).

kōri⁷ [óo] 功利 A utilidade. ~ *teki na* 功利的な Utilitário. ◇ ~ **shugi** 功利主義 O utilitarismo; o ver só a parte utilitária das coisas. ~ **shugisha** 功利主義者 O utilitarista. ◇ ~ rieki.

kóri-búkuro [óo] 氷袋 ⇨ hyónó.

kórídófu [koó-dóo] 氷豆腐 (< ~¹ + tófú) O "tōfū" congelado e desidratado [seco]. ⟦S/同⟧ Kōyádófu (+).

kōri-gáshi¹ [óo] 氷菓子 (< ~ + káshi) O sorvete; o gelado. ~ aísúkúrímu; aísú kyándē; sháberto.

kōri-gashi² [óo] 高利貸し (< ~² + kasú) ⇨ kórikashi.

kori-góri 懲り懲り (< koríru + koríru) Nunca mais; o ficar farto. *Kare no sewa o suru no wa mō ~ da* 彼の世話をするのはもう懲り懲りだ Estou farto de cuidar dele [de o aturar]. *Mō ~ da* もう懲り懲りだ Já chega [basta/não aguento mais]! ⇨ koríru.

kóri-kashi [óo] 高利貸し (< ~² + kasú) O usurário.

⟦S/同⟧ Kóri-gashi.

kori-kátámaru 凝り固まる (< kóru + ~) **1** [熱狂する] Fanatizar-se; tornar-se [ficar] fanático [maníaco]. *Kare wa ayashii shūkyō ni korikatamatte iru* 彼は怪しい宗教に凝り固まっている Ele é fanático de uma religião exquisita [estranha]. ⟦S/同⟧ Nékkyô súrú (o); netchū súrú (+). **2** [凝結する] Congelar. ⟦S/同⟧ Gyōkétsú súrú (+).

ko-ríkō 小利口 [E.] A esperteza; a sagacidade. *Kare wa ~ na yatsu da* 彼は小利口なやつだ Ele é (um sujeito) esperto [sagaz/finório]. ⟦S/同⟧ Kozákáshíi. ⇨ kashíkói; ko-⁸; rikó¹.

kórikori こりこり 【On.】 **1** [かたく歯切れのいいよう す] ~ *to kóri o kamu* こりこりと氷をかむ Mastigar o gelo ruidosamente. ⇨ kárikari. **2** [肉づきがひきしまっていて弾力性のあるようす] ★ ~ *to shita karada* こりこりとした体 Um corpo roliço [com boas carnes/bons músculos]. **3** [凝ったりして筋肉が固くなっているようす] Duro; endurecido; rijo; enrijecido. ★ ~ *no kinniku* こりこりの筋肉 Os músculos endurecidos [enrijecidos].

kóri-mákura [óo] 氷枕 O/A travesseiro/a de gelo.

kōri-mizu [óo] 氷水 **1** [氷で冷やした、または氷を浮かべた水] A água gelada [com gelo]. **2** [かき氷] O refresco de gelo ralado, regado com「xarope」. ⟦S/同⟧ Kakígóri (+); kórísui.

kórín¹ [óo] 光輪 A auréola; o nimbo; o halo; o diadema. ⟦S/同⟧ Gókō (+); kōháí.

kórín² [óo] 後輪 A roda traseira (de trás). ⟦A/反⟧ Zénrin.

kórín³ [óo] 降臨 [E.] O advento; a descida「do Espírito Santo」; a vinda. ★ *Kirisuto no ~* キリストの降臨 A vinda de (Jesus) Cristo. ◇ ~ [**Taikō**] **setsu** 降臨[待降]節 O「tempo/período do」advento.

koríru 懲りる Aprender uma lição; ficar escaldado [com medo]; escarmentar. *Ichi-do no shippai ni korizu ni mata chōsen shi nasai* 一度の失敗に懲りずにまた、挑戦しなさい Não desanime [tenha medo] por ter falhado uma vez e tente de novo [continue a tentar]. ⇨ kori-góri.

kórishō 凝り性 O perfeccionista. ★ ~ *na hito* 凝り性な人 O perfeccionista. ⇨ kóru **2**.

kóri-shúgi [óo] 功利主義 ⇨ kóri⁷ ◇.

kóri-sui [óo] 氷水 [G.] ⇨ kórí-mizu.

korítsú¹ [óo] 孤立 O isolamento; a solidão. ★ ~ *suru* 孤立する Isolar-se; ficar só「*Ō-yuki de sono machi wa ~ shita* 大雪でその町は孤立した Caiu um grande nevão e a vila ficou isolada [cortada/sem comunicações]. *Nakama kara ~ saseru* 仲間から孤立させる Isolar alguém dos amigos. ◇ ~ **go** 孤立語 O idioma isolado. ~ **muen** 孤立無援 O estar completamente só [solitário] sem nenhum apoio [nenhuma ajuda]. ~ **shugi** 孤立主義 O isolacionismo.

kórítsú² [óo] 公立 Público; de instituição pública. ◇ ~ **gakkō** 公立学校 A escola pública. ⟦A/反⟧ Shíritsu. ⇨ kerí(kokú)rítsú; shíritsú⁷.

kórítsú³ [óo] 効率 **1** [機械が働いた有効な仕事の量と、機械に加えたエネルギーとの比率] [Fís.] O rendimento (funcional); a produtividade. ★ *Mōta no ~ netsu-~* モーターの効率 O ~ do motor. ~ **Netsu-~** 熱効率 O ~ térmico. **2** [ある仕事をするために費やした労力・時間とその成果との割合] A eficiência; o proveito. *Kono yarikata ga ichiban ~ ga yoi* このやり

方が一番効率が良い Este método é o mais eficaz [eficiente]. ★ ~ *no yoi* [*warui*] *shigoto* 効率の良い[悪い]仕事 O trabalho que rende [não rende]. ⇨ *nōrítsu*.

kōrítsu[3] [**oó**] 高率 A percentagem alta; a taxa elevada. ◇ ~ **haitō** 高率配当 O dividendo alto [privilegiado]. A反 Teírítsu.

kōri-tsúku [**oó**] 凍り付く (< kóru + ···) Gelar-se; congelar-se; regelar-se. *Watashi wa amari no osoroshisa de zenshin no chi ga kōritsuki-sō datta* 私は余りの恐ろしさで全身の血が凍り付きそうだった Com o medo, até parece que o sangue (se) me gelou nas veias. ★ *Kōritsuita dōro* 凍り付いた道路 A estrada [rua] gelada. S同 Itétsúku.

kōrí-yá [**oó**] 氷屋 O vendedor [A loja] de gelo.

kōrí-zátō [**oó**] 氷砂糖 (< ··· + satō) O açucar mascavado.

kōro[1] 頃 **1** [特定の時の前後を漠然とさす語] Por esse tempo [essa altura]; cerca; por volta de; a hora. *Ano ~ wa yokatta nā* あの頃はよかったなあ Nessa altura é que a vida era boa [Bons tempos (aqueles)]! *Itsu goro ukagattara anata ni o-ai dekimasu ka* いつ頃うかがったらあなたにお会いできますか Quando é que o poderia visitar [no seu escritório]? *Mō kare ga okiru ~ da* もう彼が起きる頃だ A estas horas, ele já se deve ter levantado. ★ *Gogo ni-ji goro made ni* 午後2時頃までに Até cerca das duas (horas) da tarde. *Jūhasseiki no owari-goro* 18世紀の終わり頃 Por volta dos fins do século XVIII. 「*watashi ga*」*Kodomo no ~* 「私が」子供の頃 Quando eu era [Nos meus tempos de] criança. ⇨ -*góro*[2]. **2** [時期; 時] A época; a altura. *~ wa Meiji gannen* 頃は明治元年 Seria, então [A altura「disso」foi] o primeiro ano da era Meiji. S同 Jísetsu; tokí. **3** [あることに良い時期] A ocasião; a oportunidade; o momento oportuno; a hora apropriada; o ponto. *~ o mite chichi ni hanashimasu* 頃を見て父に話します Falarei com meu pai no momento oportuno [na ocasião própria/quando se oferecer a oportunidade]. ◇ **tabe-goro**. S同 Koróái (+) ; shiódóki.

kōro[2] [**oó**] [**Fís.**] O rolete.

korō[1] 古［故］老【E.】O「sábio」anciāo [A anciā]. S同 Genró. ⇨ rójin.

korō[2] 固陋【E.】A intransigência; o cabeça-dura; o ser conservador [fechado]. S同 Ekóji (+) ; katáíji (+) .

kōrō[1] [**oó**] 航路 **1** [船の通る水路] A rota marítima [linha de navegação]. ★ ~ *ni tsuku* 航路につく Levantar [Içar] âncora; largar; fazer-se ao mar. ~ *o kita ni toru* 航路を北に取る Rumar para [Navegar em dire(c)ção ao] norte. ◇ ~ **hyōshiki** 航路標識 A baliza. ◇ ~ **zu** 航路図 A carta náutica [marítima]; o roteiro. **Taiheiyō** [**Taiseiyō**] ~ 太平洋 [大西洋] 航路 ~ **do Pacífico** [**Atlântico**]. **Teiki** ~ 定期航路 A carreira de barcos. **Káiro**[1]. **2** [航空路] A rota [linha] (de navegação) aérea.

kōro[2] [**oó**] 行路 【E.】 O caminho. ◇ ~ **byōsha** 行路病者 O doente caído no [pelo] ~. S同 Michí (+) . **2** [比喩的に生きてゆく方法] O rumo; a vida; a vivência. *Jinsei no ~ o ayamaru* 人生の行路を誤る Meter-se por maus caminhos; não saber viver. S同 Yowátarí (+) .

kōro[3] [**oó**] 香炉 O incensá[á]rio (fixo); o turíbulo (de abanar).

kōro[4] [**oó**] 高炉 O alto forno. S同 Yōkoro (+) .

kōrō [**koó**] 功労 O trabalho [serviço] meritório; um grande contributo. *Kare wa sekai heiwa ni ~ ga atta* 彼は世界平和に功労があった Ele prestou grandes serviços à [contribuiu muito para a] paz mundial. ◇ ~ *o tataeru* 功労をたたえる Louvar [Honrar] o mérito. ◇ ⇨ ~ **sha**. S同 Kōsékí[1].

koróái 頃合い (⇨ kóru[1] **3**) **1** [ちょうど良い時期] O tempo apropriado; a maré; a boa hora [altura]; a oportunidade. *Kyōto o ryokō suru ni wa ima ga ~ da* 京都を旅行するには今が頃合いだ Para visitar Kyoto, a (melhor) altura é agora. ★ ~ *o (mi) hakaru* 頃合いを(見)計らう Escolher o ~ [momento propício]; esperar a ~. S同 Shiódóki. **2** [ちょうど良い程度] O ser conveniente; 「dicionário」prático; 「doce」bem feito [no ponto]. ★ *Chōdo ~ no shina* ちょうど頃合いの品 O artigo que convém [vem a mesmo a propósito/vem mesmo a matar]. S同 Tegóró (+) ; tekitó (+) .

koróbású 転ばす ⇨ korógásu.

korobú 転ぶ **1** [倒れる] Tombar; cair; levar um tombo. *Ie no mae de subette koronde shimatta* 家の前ですべって転んでしまった Escorreguei em frente de casa e caí. P.ことわざ *Korobanu saki no tsue* 転ばぬ先の杖 Mais vale prevenir (do) que remediar [Antes cautela do que arrependimento]. *Koronde mo tada de wa okinai* 転んでもただでは起きない Não dar ponto sem nó [Saber aproveitar-se de qualquer situação]. S同 Korógárú; taóréru; teńtō súrú. **2** [物事のなりゆきが変化する] Mudar; virar; revirar-se. *Kore wa dochira e* [*ni*] *koronde mo taishita mondai de wa nai* これはどちらへ [に] 転んでも大した問題ではない Este problema tanto se me dá como se me deu [Aconteça o que acontecer não me importa]. S同 Korógárú **4**. **3** [裏切る] Atraiçoar「o país」; negar [renegar] a fé.

koró-gaki 枯露柿 (< ··· + kakí[2]) O caqui seco. S同 Hoshígáki (o); tsurúshigáki.

korógári-kómu 転がり込む (< korógárú + ···) **1** [ころがるようにして中へ入り込む] Rolar para dentro「da piscina」; entrar aos trambolhões. *Bōru ga tonari no niwa e korogarikonda* ボールが隣の庭へ転がり込んだ A bola rolou e foi parar no [ao] quintal do vizinho. **2** [思いがけずに来る・手に入る] Cair nas mãos [no papo]; receber inesperadamente [sem contar「com」]. *Chichi no shi ni yotte bakudai na isan ga korogarikonda* 父の死によって莫大な遺産が転がり込んだ Depois da morte do meu pai apareceu-me uma enorme herança (com que eu não contava). **3** [暮らしに困ったりして、人の家にやっかいになりに来る] Vir-nos bater à porta [cair em casa] um indesejado. *Watashi no ie ni kinō no kaji de yakedasareta tomodachi ga korogarikonde kita* 私の家に昨日の火事で焼け出された友達が転がり込んで来た Veio-me bater à porta um amigo a quem ontem ardeu a casa.

korógárú 転がる **1** [回転して進む] Rolar; rodar. *Keitodama ga korogatta* 毛糸玉が転がった O novelo de lã foi a rolar (pelo chão). S同 Káítéń súrú; korógéru. **2** [倒れる] Tombar; derrubar-se; cair. *Kabin ga korogatte mizu ga koboreta* 花びんが転がって水がこぼれた A jarra de flores virou-se [caiu/tombou] e a água entornou-se. S同 Hikkúríkáeru; korógéru **2**; korobú **2** (o); taóréru (+) ; teńtō súrú. **3** [身近にありふれたものとしてある] Encontrar-se [Haver] aos montes; ser (como) mato. *Chansu wa sono hen ni ikura demo korogatte iru* チャンスはその辺にいくらでも転がっている Oportunidades, você encontra-as por aí aos montes [há(-as) de sobra/há por aí aos pontapés]. **4** [物事のなりゆきが変わる] Mudar「de rumo」; tomar outro rumo; virar. *Kono mondai wa dotchi e ～ no ka wakaranai* この問題はどっちへ転がるのかわからない Não se sabe que rumo vai tomar este problema. [S/同] Koróbú (+).

korógású 転がす **1** [回転させる] Rolar; rodar; fazer rolar. ★ *Iwa o ～* 岩を転がす Fazer [Deitar a] rolar uma grande pedra. [S/同] Koróbású.
2 [立っているものを倒す] Derri[u]bar; tombar; deitar ao chão; fazer cair. *Kare wa watashi no ashi o sukutte korogashita* 彼は私の足をすくって転がした Ele passou-me uma rasteira e deitou-me ao chão. [S/同] Hikkúríkáesu (+); taósu (o).
3 [転売を重ねる] Comprar e tornar a vender; passar. ★ *Tochi o korogashite zaisan o fuyasu* 土地を転がして財産をふやす Enriquecer com a compra e venda de propriedades. ⇨ teńbáí.

korógé-máwáru 転げ回る (< korógéru **1** + …) Rebolar(-se); contorcer-se [torcer-se]; dar reviravoltas [cambalhotas]. ★ *Shibafu no ue o ～* 芝生の上を転げ回る Rebolar-se na relva.

korógé[korógárí]-óchíru 転げ[転がり]落ちる (< korogéru + …) Cair rolando [aos trambolhões].

korógéru 転げる **1** [回転する] Rolar; ir aos tombos [trambolhões]. ★ *Sakamichi o ～ yō ni kakeoriru* 坂道を転げる様に駆け降りる Descer a ladeira [encosta] aos trambolhões. *Warai ～* 笑い転げる (Con)torcer-se de riso [a rir]. [S/同] Kaítén suru; korógárú. **2** [ころぶ；転倒する] Estatelar-se; escarrapachar-se; cair. [S/同] Hikkúríkáeru; korógárú **2**; koróbú (o); teńtṓ súrú.

kṓrogi [óo] 蟋蟀【Zool.】O grilo; *scapsipendus aspersus*. *～ ga naite iru* 蟋蟀が鳴いている Cricrilam [Cantam] os grilos/Está ali um ～ a cantar.

koróídó コロイド【Fís./Quím.】O colóide.

kórokke コロッケ (< Fr. croquette) O croquete; a almôndega「de carne」.

kórokoro ころころ【On.】 **1** [小さな物が軽そうにころがるようす] ⇨ górogoro. **2** [笑い声・鳴き声の形容] ★ *～ to warau* ころころと笑う Rir como um trinado. **3** [かわいらしく，丸々と太っているようす] ★ *～ to futotta ko-inu* ころころと太った子犬 O cãozito gordinho [reboludo].

korómó 衣 **1** [衣服] O vestuário; a roupa; o vestido. [S/同] Ífuku (o); kimónó (+). **2** [法衣] O hábito「do monge budista」. [S/同] Hṓi (+). **3** [天ぷらなどで種のまわりにつけるもの] A camada [cobertura]「de massa crua」. ★ *Sakana ni ～ o tsukete ageru* 魚に衣をつけて揚げる Frigir [Fritar] peixe passado por massa. *Satō no ～ o kaketa kēki* 砂糖の衣をかけたケーキ Um bolo coberto de açúcar (torrado/derretido).

korómó-gáé 衣替え (<… + kaérú) **1** [季節などに応じて衣服を着かえること] O mudar de roupa [trajes] (com a chegada da nova estação). ★ *～ o suru* 衣替えをする … **2** [比喩的に店などの外側の飾り・装いなどを変えること] O mudar de aspe(c)to. ★ *Mise no naibu no ～ o suru* 店の内部の衣替えをする Mudar o interior da loja.

kóron コロン **1** [化粧水] A água-de-coló[ô]nia. [S/同] Ṓdékóron (+). **2** [句読点]【Gram.】Os dois pontos [:]. ◇ **Semi ～** セミコロン O ponto e vírgula [;].

kṓron [óo] 口論 A discussão; a altercação; a contenda; a disputa. *Wareware wa sasai na koto ga moto de ～ o hajimeta* 我々は些細な事がもとで口論を始めた Começámos a discutir por uma insignificância [uma coisa de nada]. ★ *～ suru* 口論する Discutir; altercar. [S/同] Íí-árásóí; kuchí-génka.

kórona コロナ【Astr.】A coroa (do sol/da lua).

Koróńbíá コロンビア **1** [南米の共和国] A (República da) Colômbia. ◇ **～ jin** コロンビア人 O colombiano. **2** [米国サウスカロライナ州の州都] (A cidade de) Colúmbia (E.U.A.).

kṓróń-ótsúbákú [oó] 甲論乙駁【E.】Os prós e os contras; os argumentos pró e contra. *Ima no tokoro ～ iroiro na iken ga irimidarete iru* 今のところ甲論乙駁いろいろな意見が入り乱れている Por enquanto, ainda há as mais diversas opiniões sobre os ～. [S/同] Gíron hyakúshútsú.

korόri to ころりと **1** [他愛なく] Facilmente; completamente; pum! *Watashi wa ～ damasarete shimatta* 私はころりとだまされてしまった Fui completamente enganado. ★ *Yakusoku o ～ wasureru* 約束をころりと忘れる Esquecer completamente o encontro. [S/同] Kańtáń ní; tawáí(mó)náku. **2** [突然] Inesperadamente; subitamente; de repente. ★ *～ shinu* ころりと死ぬ Morrer ～. [S/同] Totsúzéń (+). **3** [転がって] O cair ou deitar-se「no chão」. *Koin ga ana ni ～ ochita* コインが穴にころりと落ちた A moeda, pum, rolou para o buraco. ⇨ gorón[gorórí]-to; kórokoro.

kṓrṓ-sha [koóróo] 功労者 (< kṓrṓ) O benemérito「dos pobres」.

koróshí 殺し (< korósú) O assassínio [matar]. ◇ **～ monku** 殺し文句【Fig.】O golpe de morte; o argumento decisivo; a palavra sedutora「para conquistar alguém」. **～ ya** 殺し屋 O assassino (profissional); o carrasco. [S/同] Satsújíń.

koróshí-yá 殺し屋 ⇨ koróshí.

korósú 殺す **1** [殺害する] Matar; assassinar. *Kanojo wa nani mono ka ni korosareta* 彼女は何者かに殺された Ele foi morta [assassinada] por um desconhecido. [S/同] Satsúgáí súrú. [A/反] Ikásu. **2** [おさえる]【Fig.】**a**) Reprimir; conter「o riso」; reter; abafar; **b**) Sacrificar-se「pelos doentes/refugiados」; renunciar「ao desejo de ganância」. ★ *Iki o ～* 息を殺す Conter a respiração. *Jibun o koroshite tanin ni tsukusu* 自分を殺して他人に尽くす Dominar o seu egoísmo e dedicar-se aos demais [a trabalhar pelos outros]. *Kanjō o ～* 感情を殺す Reprimir [Represar] os sentimentos; refrear「a ira」. *Koe o ～* 声を殺す Abafar a voz. [S/同] Gáman suru; osáéru; yokúséí súrú. **3** [役に立たなくする]【Fig.】Inutilizar [Não aproveitar「um talento」]. **4** [ランナーをアウトにする]【Beis.】Pôr「o corredor」fora do jogo. ⇨ áuto; sásu[2].

korótáipu コロタイプ (< Ing. collotype < Gr.) A colotipia.

korótto ころっと ⇨ korόri to.

kóru 凝る (⇨ korásu) **1** [筋肉が張って固くなる] Ficar rígido [rijo; teso] o músculo; ter dor「nos ombros」. *Koko ga kotte iru kara monde kudasai* ここが凝っているからもんで下さい Dê [Faça]-me aqui uma massagem neste músculo (por)que me está a

doer. 2 [熱中する] Apaixonar-se「pela política」; ficar louco por fotografia; só pensar「em carros de corrida」「o livro」; ser requintado ao extremo. **3** [工夫をする] Esmerar; estar bem elaborado [feito]「o livro」; ser requintado ao extremo. ★ *Kotta shukō* [*sōshoku*] 凝った趣向[装飾] A invenção [decoração] elaborada. S/同 Kufū súrú.

kóru [óó] 凍る (⇨ kórású²) Gelar. *Samusa de karada ga ~ yō ni tsumetai* 寒さで体が凍るように冷たい Estou [Tenho] o corpo gelado de frio. ★ *Kachikachi ni kōtta dōro* カチカチに凍った道路 A estrada gelada, com o muito duro.

kórúdó-gému [oó-ée] コールドゲーム (< Ing. called game)【(D)es.】O jogo acabado a meio.

kórúdo-kúrímu [oó-ii] コールドクリーム (< Ing. cold cream) O creme para amaciar a pele.

kórúdó-páma [oó-áa] コールドパーマ (< Ing. cold permanent wave) A permanente a frio.

kóru-gáru [oó-áa] コールガール (< Ing. call girl) A prostituta que aceita convites por telefone.

koruku コルク (< Hol. kurk < L.) A cortiça. ★ *~ no sen o suru* コルクの栓をする Pôr uma rolha de「à garrafa do vinho」. ◇ **~** [**sen**]**nuki** コルク[栓]抜き O saca-rolhas.

korúnétto コルネット (< It. cornetto < L.)【Mús.】A corneta; o cornetim.

kórú-rôn [oó-róo] コールローン (< Ing. call loan) 【Econ.】O empréstimo [financiamento] sem prazo.

kórú-sáin [oó] コールサイン (< Ing. call sign) O sinal de chamada「telefô(ô)nica」.

korúsétto コルセット (< Ing. corset) O espartilho; o colete ortopédico.

kórú-táru [oó-áa] コールタール (< Ing. coal tar) 【Quím.】O alcatrão (de hulha).

kórutén [oó] コールテン [天] (< Ing. corded velveteen) A bombazina. ★ *No zubon* コールテンのズボン As calças de ~. S/同 Kōdyúroi.

kórya こりゃ [G.] **1** [呼び掛け]【Interj.】Eh!; ei!; pst!; psiu; olá! ~, *damatte kike* こりゃ, 黙って聞け ~! Cala-te e ouve [escuta]. S/同 Kóre²(+). **2** [驚き]【Interj.】Puxa!; eh pá!; apre!; céus!; ai! ~ *ikan* こりゃいかん Céus! Não pode ser! ~ *taihen da* こりゃ大変だ Ai! Minha Nossa Senhora [Apre! Que desgraça!]. S/同 Koré wa (+).

kóryakú [oó] 攻略 A tomada「da cidade/conquista」 do castelo/da fortaleza」. ⇨ semé-ótósu.

kóryán [oó] 高粱 (< Chi. gao-liang)【Bot.】O sorgo; o milho-zaburro.

kóryo 顧慮【E.】O dar atenção; o ter em conta; a consideração. S/同 Háiryo (+); súru (o).

kóryo [óo] 考慮 A consideração; o estudar; o ter em conta; a atenção. *~ no yochi wa nai* 考慮の余地はない Não merecer atenção. Considerar; ponderar. *Sono mondai wa mokka ~ chū de aru* その問題は目下考慮中である Esse problema está agora a ser considerado [estudado]. ★ *Arayuru ten o ~ ni ireru* あらゆる点を考慮に入れる Ter em conta todos os pontos [aspectos]. ~ *suru* 考慮する Considerar; ponderar; ter em conta. *Jūbun ~ shita ue de* 十分考慮した上で Depois de ter tudo bem estudado. S/同 Háiryo.

kóryó¹ [kóóyóo] 香料 **1** [食品の] A especiaria (Para condimentar alimentos); a espécie. ★ ~ *o ireru* [*kuwaeru*] 香料を入れる [加える] Pôr [Usar] especiarias「na comida」. ⇨ kôshín-ryō. **2** [化粧品の] O perfume「para o cabelo」. **3** [⇨ kōdéi].

kǒryó² [koó] 荒涼【E.】A aridez; a desolação. ★ ~ *taru* [*to shita*] 荒涼たる [とした]「um lugar」Desolado; árido; inóspito; solitário; ermo; desértico.

kô-ryó³ [kóo] 稿料 A remuneração por [O preço de]「um artigo/manuscrito」. S/同 Geńkō-ryō (+). ⇨ inźéi.

kóryó⁴ [koó] 綱領 **1** [根本方針を要約したもの] O programa [A plataforma/As linhas gerais] O partido político」. ~ suróǵan. **2** [摘要] O epítome. ◇ **Shinri-gaku ~** 心理学綱領 Epítome [Princípios] de Psicologia. S/同 Teḱíyō.

kóryó⁵ [koó] 校了 A última [O fim da] revisão; a última corre(c)ção de provas. ★ *Kōsei-zuri ga ~ ni naru* 校正刷りが校了になる Terminar a revisão [corre(c)ção] das provas. S/同 Kōséízúmí; sekíryō.

kóryó⁶ [koó] 光量【Ele(c)tri./Fís.】A quantidade de luz; a intensidade de radiação.

kóryoku¹ [oo] 効力 **1** [薬などのききめ] O efeito; a eficácia; o ter força. *Kono yobō-chūsha no ~ wa ichi-nenkan de aru* この予防注射の効力は1年間である O efeito (imunizador) desta vacina é de um ano. ★ ~ *no aru* [*nai*] *kusuri* 効力のある[ない]薬 O remédio eficaz [ineficaz/sem eficácia]. S/同 Kikímé; kôka; kônô; kôyô. **2** [法律などのはたらき] O efeito; a validade; o vigor; a vigência. ★「*Jōyaku ga*」~ *o shōjiru* [*hassei suru*]「条約が」効力を生じる [発生する]「O tratado」tem [entra em] vigor. ~ *o ushinau* 効力を失う Perder a validade; caducar.

kóryoku² [oó] 抗力【Fís.】A resistência; a rea(c)ção; a compressão.

ko-ryóri-ya [ten] 小料理屋 [店] A lanchonete (B.); o pequeno restaurante.

kóryóshi [koó] 光量子【Fís.】O fóton. ⇨ kôshi⁷.

kóryū 古流 **1** [古風な流儀; 伝統的な流儀] O estilo clássico; o estilo tradicional; a velha escola. **2** [生け花の] O estilo tradicional de arranjo floral. **3** [茶道の伝統的な流儀] A arte [cerimó(ô)nia do] chá à maneira antiga.

kóryū¹ [koó] 勾留 A detenção; a prisão. ★ ~ *chū de aru* 勾留中である Estar preso [detido]. ~ *suru* 勾留する Deter「*Keisatsu ni ~ sarete torishirabe o ukeru* 警察に勾留されて取り調べをうける Ser detido pela polícia para interrogatório」. ◇ **~ jō** 勾留状 A ordem de ~. S/同 Kốchí.

kóryū² [koó] 交流 **1**【Ele(c)tri.】A corrente alterna(da). ◇ **~ den'atsu** 交流電圧 A tensão de ~. **~ denryū** 交流電流 A corrente AC; a corrente elé(c)trica alternada. **~ hatsudenki** 交流発電機 O gerador de ~. A/反 Chokúryū. **2** [互いにまじり合うこと] O intercâmbio. ★ *Nippaku bunka no ~* 日伯文化の交流 ~ cultural nipo-brasileiro. ◇ **Jinji** ~ 人事交流 ~ de kôkán³.

kóryū³ [koó] 興隆【E.】A prosperidade「do J.」. ★ *Atarashii bunka ga ~ suru* 新しい文化が興隆する Prosperar [Florescer] uma nova cultura. S/同 Kóki. A/反 Suíbō.

kósa 濃さ (< kói²) A densidade; a espessura; a intensidade. ★ *Iro no ~* 色の濃さ A intensidade da cor.

kósa¹ [oó] 考査 ⇨ shikén¹.

kósa² [oó] 交差 [叉] O cruzamento; a interse(c)ção. ★ ~ *suru* 交差する Cruzar(-se) [*Senro to ~ shita dōro* 線路と交差した道路 A estrada que (se) cruza com a ferrovia]. ◇ ⇨ ~ **ten. Rittai** ~ 立体交差 A interse(c)ção de vias a vários níveis.

kṓsa[3] [óo] 公差 **1** [数学] A tolerância (Mat.). **2** [造幣; 機械] A tolerância; a margem (Mec.).

kṓsa[4] [óo] 光差 **1**【Fís./Mat.】A equação de difusão. **2**【Astr.】A equação de luz.

kṓsa[5] [óo] 黄砂 **1** [黄色い砂] A areia amarela. **2** [中国北部で黄土が吹き上げられて空をおおう現象] A tempestade de areia ocrácea na região norte da China.

kosáí[1] 小才【G.】A esperteza; a astúcia. *Antonio wa ~ no kiku otoko da* アントニオは小才のきく男だ O Antó[ô]nio é um rapaz esperto [astuto]. ⇨ kitéń[1].

kosáí[2] 巨細【E.】 **1** [大きいことと小さいようす] A grandeza e a pequenez. [S/同] Dáishō (+); saídáí[2]. **2** [細かく詳しいこと] O pormenor; a particularidade; a minúcia. ★ ~ *ni kaku* 巨細に書く Escrever pormenorizadamente. [S/同] Ichíbúshíjū (o); íssai (+).

kṓsáí[1] [oó] 交際 As relações sociais; a camaradagem; a convivência [o convívio]. *Ano hito to wa hotondo ~ ga nai* あの人とはほとんど交際がない Tenho poucas relações com ele. *Kanojo wa ~-zuki da* 彼女は交際好きだ Ela é muito sociável. *Kare wa ~ ga heta da* 彼は交際が下手だ Ele não sabe conviver. ★ ~ *ga fukai* 交際が深い Manter íntimas relações「com」. ~ *ga hiroi* 交際が広い Ter um grande círculo de amizades. ~ *o motomeru* 交際を求める Procurar travar amizade [conhecimento]「com」. ~ *o tatsu* 交際を断つ Cortar [Romper] relações「com」. ~ *suru* 交際する Manter relações [Conviver/Falar]「com」. ◇ ~ **aite** 交際相手 O conhecido; o amigo. ~ **han'i** 交際範囲【Fig.】O círculo [A roda] de amizades. ~ **hi** 交際費 As despesas [Os gastos] de representação. ~ **ka** 交際家 A pessoa sociável. [S/同] Kṓyū́; tsukíáí.

kṓsáí[2] [oó] 公債 A dívida pública; o título de tesouro. ★ ~ *o hakkō suru* 公債を発行する Emitir títulos de tesouro. ~ *o okosu* [*boshū suru*] 公債を起こす[募集する] Lançar [Abrir a subscrição para] títulos de dívida pública. ~ *o shōkan suru* 公債を償還する Amortizar [Resgatar] a dívida pública. ◇ ~ **shōsho** 公債証書 As apólices [Os títulos] de dívida pública [de obrigações do tesouro]. ⇨ kokúsáí[2].

kṓsáí[3] [oó] 光彩【E.】 **1** [あざやかに輝くきらびやかな光] O brilho; o esplendor. ★ ~ *rikuri taru kōkei* 光彩陸離たる光景 O espe(c)táculo resplandecente. **2** [比喩的にすぐれていてきわだって目立つこと]【Fig.】O brilhantismo; o destaque. *Bungakukai ni oite kare wa hitori ~ o hanatte ita* 文学界において彼はひとり光彩を放っていた Só ele sobressaía nos círculos literários.

kṓsáí[4] [oó] 虹彩【Anat.】A íris. ◇ ~ **en** 虹彩炎 A irite [iridite].

kṓsáí[5] [oó] 鉱滓 A escória.

kṓsáí[6] [óo] 高裁 (Abrev. de "kōtō saibansho") O Supremo Tribunal de Justiça.

kṓsáí-hi [oó] 交際費 ⇨ kṓsai[1] ◇.

kṓsáí-ká [oó] 交際家 ⇨ kṓsai[1] ◇.

kṓsáí-kai [oó] 弘済会 A associação de benefício (para os empregados de uma empresa).

kosáin コサイン【Mat.】O co-seno. [S/同] Yogéń.

kosákku(hei) コサック(兵) (< Ru. kosak) O cossaco.

kosákú 小作 O trabalha(do)r em terra arrendada. ◇ ~ **ken** 小作権 Os direitos de rendeiro. ~ **nin** 小作人 O rendeiro. ~ **nō** 小作農 O cultivo de propriedade arrendada. ~ **ryō** 小作料 A renda. ~ **sōgi** 小作争議 A disputa entre proprietário agrário e rendeiro. [A/反] Jisákú.

kṓsákú[1] [oó] 工作 **1** [器械・器物などの製作] A construção; a obra; o fabrico. ★ ~ *suru* 工作する Construir; fabricar; produzir. ◇ ~ **butsu** [**hin**] 工作物 [品] A obra [Os produtos]. ~ **kikai** 工作機械 A ferramenta mecânica. ~ **shitsu** [**jō**] 工作室[場] A oficina; a fábrica. ~ **zu** 工作図【Arqui.】A planta. [S/同] Seísákú; seízṓ. **2** [学課] Os trabalhos manuais. ◇ **Zuga** ~ 図画工作 ~ de desenho. **3** [計画的な働きかけ]【Fig.】A manobra; a operação; a a(c)tivade. *Kage de iroiro ~ o suru* 陰でいろいろ工作をする Manobrar por trás [nos bastidores]. ◇ **Chika** [**Rimen**] ~ 地下 [裏面] 工作 As operações secretas. **Hakai** ~ 破壊工作 A a(c)tividade subversiva. **Seiji** ~ 政治工作 As manobras políticas.

kṓsákú[2] [oó] 耕作 O cultivo; o amanho da terra; a lavoura. ★ ~ *funō no*「*daichi*」耕作不能の「台地」「O planalto」estéril. ~ *suru* 耕作する Cultivar. ◇ ~ **chi** 耕作地 A terra arável [cultivável]. ~ **kikai** 耕作機械 As alfaias agrícolas. ⇨ tagáyásu.

kṓsákú[3] [oó] 交錯 O emaranhamento; o enredamento; a mistura. *Jōhō ga ~ shite iru* 情報が交錯している Cruzam-se notícias, algumas contraditórias. ★ *Kitai to fuan ga ~ shita seishin jōtai* 期待と不安が交錯した精神状態 O estado d'alma inquieto, enredado entre a esperança e o receio. ⇨ irí-májíru.

kṓsákú[4] [oó] 鋼索 O cabo metálico [de aço]. ◇ ~ **tetsudō** 鋼索鉄道 O (caminho de ferro) funicular; o teleférico. [S/同] Waíyā́ rṓpu (+).

ko-sámé 小雨 (<…[8] + áme) A chuvinha (miúda); o chuvisco; a morrinha. ★ ~ *ga furu* 小雨が降る Chuviscar. [A/反] Ō-ámé. ⇨ kirísámé; konúká ◇.

kosáń 古参 O ser veterano. *Kare wa waga-sha ichi no ~ desu* 彼は我が社一の古参です Ele é o ~ [empregado mais antigo] da nossa empresa. ◇ ~ **hei** 古参兵 O soldado veterano. [S/同] Furúgáó; kosán-sha. [A/反] Shiń'íŕ; shińmáí; shińzáń.

kṓsáń[1] [oó] 降参 **1** [戦争や争いに負けて，相手に従うこと] A rendição; a capitulação. *Kimi ni wa ~ da* 君には降参だ Dou-me por vencido [Ganhaste tu!]. ★ ~ *suru* 降参する Render-se; capitular; entregarse; dar-se por vencido [~ *saseru* 降参させる Obrigar「o inimigo」a capitular. *Shirohata o kakagete ~ suru* 白旗を掲げて降参する Erguer a bandeira branca em sinal de rendição]. [S/同] Kijúń; kṓfúkú[2]; tṓkṓ. **2** [閉口] A maçada; a chatice (G.). *Mizubusoku ni wa mattaku ~ da* 水不足には全く降参だ Esta falta de água é uma verdadeira ~. [S/同] Heíkṓ (+); otéágé (o).

kṓsáń[2] [oó] 公算 A possibilidade; a probabilidade. *Waga chīmu ga yūshō suru ~ wa ōkii* [*dai de aru*] 我がチームが優勝する公算は大きい[大である] É grande a ~ da nossa equipe/a obter a vitória. [S/同] Kakúrítsú (+).

kṓsáń[3] [oó] 鉱産 A exploração [produção] de minérios. ◇ ~ **butsu** 鉱産物 O minério.

kṓsáń[4] [óo] 恒産【E.】O patrimó[ô]nio; os bens imóveis; a renda fixa.

kosán-sha 古参者 O veterano.

⧼S/周⧽ Furúgó; kosán (+).

kōsá-ten [óó] 交差点 O cruzamento; a encruzilhada. ⇨ kōsá².

kosátsú¹ 故殺 【E.】 O homicídio intencional [premeditado]. ⇨ bōsátsú¹.

kosátsú² 古刹 【E.】 O templo antigo. ⧼S/周⧽ Furúdérá (+).

kōsátsú¹ [oó] 考察 A consideração; o exame; a reflexão; o estudo. ★「Shakai mondai ni tsuite」~ suru「社会問題について」考察する Considerar "o problema social". *Fukushi mondai ni kansuru ichi-* ~ 福祉問題に関する一考察 O estudo [exame] do problema da previdência social. ⧼S/周⧽ Kōkyū. ⇨ kangáeru.

kōsátsú² [oó] 絞殺 a) A estrangulação [O estrangulamento]; b) O enforcamento. ★ ~ *suru* 絞殺する Estrangular; enforcar. ⇨ shimé-kórósú.

kōsátsú³ [oó] 高札 **1**[立て札] A tabuleta para afixação de editais. ⧼S/周⧽ Seísátsú; tatéfuda. **2**[最高入札] A oferta mais alta.

kósei 個性 A personalidade. *Kanojo wa* ~ *ga tsuyoi* 彼女は個性が強い Ela tem uma ~ forte. ★ ~ *no tsuyoi* [*hakkiri shita*] *seinen* 個性の強い[はっきりした]青年 O jovem de cará(c)ter [~ forte/bem marcada]. ~ *o nobasu* 個性を伸ばす Desenvolver a ~. ~ *o ushinau* 個性を失う Perder ~. ~ *teki na* 個性的な「maneira de falar」Pessoal [Característica]. ⧼S/周⧽ Tokúsêí. ⇨ seíkákú²; seíshítsú.

kōséí¹ [oó] 公正 A imparcialidade; a equidade; a justiça; a igualdade. *Kimi no iken wa* ~ *o kaite iru* 君の意見は公正を欠いている A sua opinião não é imparcial. ★ ~ *na hantei* 公正な判定 O julgamento imparcial [justo]. ~ *ni hyōka suru* 公正に評価する Avaliar com justeza; julgar imparcialmente. ~ *o kisuru tame ni* 公正を期するために Para assegurar ~. ◊ ~ **shōsho** 公正証書 A escritura pública; o documento notarial. ~ **torihiki-iinkai** 公正取引委員会 A Comissão de Comércio Justo (do Japão). ⇨ kōhéí¹.

kōséí² [oó] 構成 A composição; a construção; a organização. *Kono iinkai wa san-nin no kyōju ni yotte* ~ *sarete iru* この委員会は3人の教授によって構成されている Esta comissão compõe-se de três professores. *Bun no* ~ 文の構成 A construção da frase (⇨ kōbúń). ◊ ~ **bunshi** [**yōso**] 構成分子[要素] O elemento constituinte; o componente. ~ **gainen** 構成概念 O conceito (formado); a idealização. ~ **in** 構成員 O membro「do clube」. **Jin'in** ~ 人員構成 A composição do pessoal. ⧼S/周⧽ Kōzó; sosêí.

kōséí³ [óo] 後世 A posteridade. ★ ~ *ni na o nokosu* [*todomeru*] 後世に名を残す[留める] Passar à ~. ~ *no kagami* [*tehon*] *to naru* 後世の鑑[手本]となる Servir de modelo [exemplo] para a ~. ⧼S/周⧽ Kódai; kōńéń; matsúdai.

kōséí⁴ [oó] 校正 A revisão [corre(c)ção] de provas (tipográficas). ★ ~ *suru* 校正する Rever [Corrigir] provas. ◊ ~ **gakari** [**sha**] 校正係[者] O revisor de provas. ~ **kigō** 校正記号 Os sinais de ~.

kōséí⁵ [oó] 更生 **1** ~ *suru* 更生する Renascer; renovar-se. ⧼S/周⧽ Sosêí. **2**[精神や性格が好ましくない状態からもとの正常な状態にもどること] A regeneração; a reabilitação. ★「*Aku no michi kara*」~ *suru*「悪の道から」更生する Regenerar-se「da má vida」. ◊ **Hogo** ~ **shisetsu** 保護更生施設 A instituição de reabilitação e reabilitação. ⧼S/周⧽ Sáiki. **3**[不用品に手を加えて再び使用できるようにすること] O aproveitar [refazer] ⧼S/周⧽ Saíséí (+).

kōséí⁶ [oó] 厚生 O bem-estar do povo; a saúde pública; a assistência social [pública]. ◊ ~ **daijin** 厚生大臣 O Ministro da Assistência Social「da Saúde」. ~ **jigyō** 厚生事業 A obra de assistência social. ~ **shisetsu** 厚生施設 As casas [instalações] de assistência social.

kōséí⁷ [óo] 攻勢 A ofensiva; o ataque. ★ ~ *ni deru* 攻勢に出る Tomar a ~. *ni tenjiru* 攻勢に転じる Passar à [ao] ~. ◊ **Heiwa** ~ 平和攻勢 A ~ de [A luta pela] paz. ⧼A/反⧽ Shuséí. ⇨ kōgéki.

kōséí⁸ [oó] 更正 A rectificação; a emenda; a corre(c)ção. ★ ~ *suru* 更正する Re(c)tificar; emendar; corrigir. ◊ ~ **kettei** 更正決定 a)[訴訟の] A decisão judicial de reforma; a determinação de revisão processual; b)[税金の] A prescrição para a rectificação (da declaração de imposto). ⧼S/周⧽ Shūséí (+); teíséí (o).

kōséí⁹ [óo] 後生 **1**[自分のあとに生まれてくる人] A nova geração; os novos. ⧼I/慣用⧽ ~ *osoru beshi* 後生畏るべし Devemos tratar ~ com o respeito devido. ⧼A/反⧽ Sénsei. **2**[自分より あとから学ぶ人] Os estudantes mais novos. *o shidō ikusei suru* 後生を指導育成する Orientar e formar os ~. ⧼S/周⧽ Kōháí (+); kōshíń. ⇨ seńpáí.

kōséí¹⁰ [oó] 恒星【Astr.】A estrela fixa. ◊ ~ **ji** [**bi**; **nen**; **shūki**] 恒星時[日;年;周期] A hora [O dia; o ano; revolução] sideral. ⧼A/反⧽ Wakúséí.

kōséí¹¹ [oó] 恒性 A constância.

kōséí¹² [oó] 高声 A voz alta. ⧼S/周⧽ Ōgóe (+). ⇨ Kogóe.

kōséí-bússhitsu [oó] 抗生物質 O antibiótico.

ko-séibutsu 古生物 Os fósseis animais e vegetais. ◊ ~ **gaku** 古生物学 A paleontologia. ~ **gakusha** 古生物学者 O paleontólogo [paleontologista].

koséidai 古生代 O paleozóico; a era paleozóica [primária].

kōséiin [oó] 構成員 ⇨ kōséí² ◊.

kō-séinō [oó] 高性能 A alta [grande] precisão. ★ ~ *na kikai* 高性能な機械 A máquina de ~.

ko-séiseki [oó] 好成績 O ó(p)timo resultado. ★「*Shiai de*」~ *o ageru*「試合で」好成績をあげる Obter [Conseguir] um ~「no jogo」. ⧼A/反⧽ Fu-séíseki.

Kōséi-shō [oó] 厚生省 O Ministério da Assistência Social [da Saúde].

kōséi-zúri [oó] 校正刷り (< ··· ⁴ + súru²) As provas (tipográficas). ⇨ kōséí⁴.

koséki¹ 戸籍 O regist(r)o (civil). ★「*Yōshi to shite*」~ *ni ireru*「養子として」戸籍に入れる Regist(r)ar「como filho adoptivo」. ~ *o shiraberu* 戸籍を調べる **a**)[吏員が] Fazer o censo [recenseamento]; **b**)[個人が] Examinar ~ de alguém. ◊ ~ **bo** [**gakari**]. ~ **hittō-nin**[-**sha**] 戸籍筆頭人[者] O chefe de família no ~. ~ **shōhon** [**tōhon**] 戸籍抄本[謄本] A pública-forma parcial [total] do ~.

koséki² 古跡[蹟] O lugar histórico; as ruínas. ⧼S/周⧽ Iséki (o); kyūséki; shisékí (+).

kōséki¹ [oó] 功績 O serviço relevante; o feito notável; a a(c)ção meritória. *Kono dai-jigyō o kansei shita no wa kare no* ~ *da* この大事業を完成したのは彼の功績だ A realização deste grande empreendimento é obra dele. ⧼S/周⧽ Kōrō; tegárá (+).

kōséki² [oó] 鉱石 a) O minério; b) O cristal. ◇ **~ rajio** 鉱石ラジオ O rádio com detector a cristal [galena]. ⇨ kóbutsu².

kōséki³ [oo] 航跡 **1**[船の]A esteira; o rasto (de navio). **2**[比喩的にある人の行動のあと]Os vestígios. ★ ~ *o kuramasu* 航跡をくらます Apagar ~.

kōséki⁴ [oó] 口跡 A elocução; a expressão verbal. S/同 Kowá-író (+); kowá-né. ⇨ kotóbá-zúkai.

koséki-bo 戸籍簿 O livro de regist(r)o civil.

kosékí-gákari 戸籍係 (<⋯⁴ + kákari) O escrivão [conservador] do regist(r)o civil.

koséki-sei [oó] 洪積世【Geol.】A época diluvial.

koséki-un [oó] 高積雲【Met.】O alto-cúmulo. S/同 Hitsújigúmo; murákúmó.

kósekose こせこせ【On.】**1**[小さなことばかり気にして心にゆとりがないようす]★ ~ *shita*「*kangaekata*」こせこせした「考え方」O modo de pensar [minucioso/picuinhas]. **2**[場所が狭苦しいようす]★ ~ *shita yanami* こせこせした家並み Renques de casas apertadas umas contras as outras. ⇨ semá-kúrúshíí.

kosén 古銭 A moeda antiga. ◇ **~ gaku** 古銭学 A numismática. **~ gakusha** [**shūshū-ka**] 古銭学者 [収集家] O numismático [cole(c)cionador de ~s].

kōsen¹ [oó] 光線 O raio de luz; os raios luminosos. *~ no guai ga anata no kao ga yoku mienai* 光線の具合であなたの顔がよく見えない Devido à incidência da luz, não se vê bem a sua cara. ★ *Ichijō no ~* 一条の光線 Um ~. ◇ **~ ryōhō** 光線療法 A fototerapia. ⇨ híkárí.

kōsen² [oó] 口銭 A comissão; a percentagem. *Hitotsu no seihin ni tsuki go-en no ~ de shigoto o hiki-uketa* 一つの製品につき5円の口銭で仕事を引き受けた Aceitei um serviço, a comissão de cinco yens por peça/cada artigo (vendido). S/同 Tesúryō (+).

kōsen³ [oó] 交戦 A beligerância; as hostilidades; a guerra; o combate. ★「*Rinkoku to*」*~ suru*「隣国と」交戦する Travar guerra「com o país vizinho」. ◇ **~ chitai** [**kuiki**] 交戦地帯[区域] A área [zona] de combate; o teatro de guerra. **~ jōtai** 交戦状態 O estado de guerra. **~ ken** 交戦権 O direito de beligerância. **~ koku** 交戦国 O (país) beligerante. ⇨ seńsō¹.

kōsen⁴ [oó] 公選 A eleição pelos cidadãos [por voto popular]. ★「*Chijio*」*~ suru*「知事を」公選する Eleger「o governador」por votação pública. ◇ **~ giin** 公選議員 O parlamentar eleito por sufrágio universal. S/同 Mińsén.

kōsen⁵ [oó] 好戦 **1**[戦争が好きなこと]A belicosidade. ★ ~ *teki na minzoku* 好戦的な民族 O povo belicoso. A/反 Eńsén. **2**[善戦]A competição [disputa] renhida. ★ *~ suru* 好戦する Competir renhidamente. S/同 Zeńsén (+).

kōsen⁶ [oó] 工船 O navio industria. ◇ **Kani ~** 蟹工船 O barco de pesca ao caranguejo.

kōsen⁷ [oó] 抗戦 A resistência. ◇ **Tettei ~** 徹底抗戦 ~ renhida (até ao fim). S/同 Bōseń, deńsén.

kōsen⁸ [oó] 高専 **1**[旧制の高等学校と専門学校の併称]【A.】O Liceu e a Escola Profissional. **2**[高等専門学校の略称] A Escola (Técnica) Profissional.

kōsen⁹ [oó] 工銭 O preço da mão-de-obra; o salário. ⇨ Kōchin; temáchin.

kōsen¹⁰ [oó] 鉱泉 A fonte de água mineral. ◇ **~ ryōhō** 鉱泉療法 A crenoterapia. ⇨ ońsén.

kōsen¹¹ [oó] 黄泉【E.】⇨ meídó²; yómi².

ko-sénjō 古戦場 O antigo campo de batalha.

kosén-kyō 跨線橋 O viaduto; a ponte por cima da via. S/同 Rikkyō (+).

kōsétsu¹ [oó] 降雪 O nevar [cair neve]. ◇ **~ ryō** 降雪量 A quantidade de neve (caída). ⇨ kóu.

kōsétsu² [oó] 公設 O ser público [governamental/distrital/municipal]. ★ *~ no ichiba* 公設の市場 O mercado público. ◇ **~ kikan** 公設機関 A instituição pública. S/同 Shisétsú. ⇨ kōrítsú¹.

kōsétsu³ [oó] 高説【E.】**1**[すぐれた説] A opinião valiosa. S/同 Takúsétsú. **2**[他人の説を尊敬して言う語] A sua preciosa [prezada] opinião. *Go-arigataku haichō sasete itadakimasu* 御高説ありがたく拝聴させて頂きます É com o maior apreço que escutarei ~.

kōsétsu⁴ [oó] 交接 A cópula; o coito. ◇ **~ suru** 交接する Copular. S/同 Kōgō (+). ⇨ kōbi¹; seíkō².

kōsétsu⁵ [oó] 巧拙 A [O grau de] habilidade. ⇨ dekí; fu-dékí; heťá¹; józú.

kosétsukú こせつく ⇨ kósekose.

kōsha¹ [oó] 後者 O último; este. A/反 Zénsha.

kōsha² [oó] 公社 A corporação pública. ⇨ kōkyō¹ ◇.

kōsha³ [oó] 校舎 O edifício da escola. ⇨ gakkō.

kōsha⁴ [oó] 降車 O sair (descer) [do carro]. ◇ **~ hōmu** 降車ホーム A plataforma de desembarque. S/同 Gésha (+). A/反 Jōshá.

kōsha⁵ [oó] 巧者 O ser hábil [destro; engenhoso]. *Kare wa nakanaka kuchi-gousha da* 彼はなかなか口巧者だ Ele é muito desembaraçado no falar. S/同 Józú (o); tasshá (+).

kōsha⁶ [oó] 公舎 A residência oficial 「do funcionário público」. S/同 Kańsha (+).

kōshá-guchi [oó] 降車口 (<⋯⁴ + kuchí) A (porta de) saída (de meio de transporte).

kōshá-hō [koó] 高射砲 O canhão antiaéreo. S/同 Kōkákúhó.

ko-shákú [oó] 小癪【E.】A petulância; o atrevimento. *Nani o ~ na* 何を小癪な Que atrevimento é esse? S/周 Ko-námaiki (+).

kōshaku¹ [oó] 公爵 O duque.

kōshaku² [oó] 侯爵 O marquês.

kōshaku³ [oó] 講釈 **1**[文章の意味を講義すること] A explanação; a explicação. ★ "*Usu Rujiadasu*" *ni tsuite ~ (o) suru*「ウス・ルジアダス」について講釈(を)する Explanar [Explicar] os "Os Lusíadas". S/同 Kōgi (+). **2**[もったいぶった説明] O querer dar lições [armar-se em professor]. ⇨ setsúméí.

kōshákú-shi [oó] 講釈師 ⇨ kōdan-shi.

kōshá-sai [oó] 公社債 **1**[公債・社債の総称] Os títulos de dívida pública e corporativa. ⇨ kōsáí²; shasai. **2**[公社で発行する債券] A obrigação de corporação pública. ◇ **~ shijō** 公社債市場 O mercado de ~. **~ tōshi shintaku** 公社債投資信託 O investimento a crédito com base em ~.

koshi¹ 腰 **1**[体の] O quadril; a anca; a cintura. ★「*Osoroshisa de*」*~ ga nukeru*「恐ろしさで」腰が抜ける Ficar encolhido/paralizado「de terror」. *~ ga tatanai* 腰が立たない Não poder endireitar-se. *~ no hikui* [*takai*] *hito* 腰の低い [高い] 人 A pessoa modesta [arrogante]; a pessoa humilde [altiva]. *~ no magatta rōjin* 腰の曲がった老人 O velho curvado. *~ no omo* [*karui*] *hito* 腰の重い [軽い] 人 A pessoa molengona [desembaraçada]. *~ no suwaranai hito* 腰の据わらない人 A pessoa irrequieta [que não se concentra em nada]. **~ o ageru** 腰を上げる **a)** Levantar-se; pôr-se em pé; **b)** Começar「este trabalho」*Yōyaku ~ o ageru ki ni natta rashii* ようやく腰を上げる気になったらしい Parece que ele decidiu finalmente ~]. **~ o hineru** 腰をひねる Torcer a cintura. **~ o ireru** 腰を入れる Ficar sério [*Motto ~ o irete shigoto ni kakare* もっと腰を入れて仕事にかかれ Vamos lá a trabalhar a sério!]. **~ o kagameru** 腰をかがめる Agachar-se; inclinar-se; pôr-se de cócoras. **~ o kakeru** 腰を掛け Sentar-se; ⇨ koshí-kákéru; **~ o nobasu** 腰を伸ばす Empertigar-se; estirar os membros.「*Jimen ni*」**~ *o orosu*** 「地面に」腰を下ろす Sentar-se「no chão」. **~ o suete shigoto ni kakaru** Vamos se preparar e trabalhar [Atirar-se ao] trabalho. ◇ **~ bentō** 腰弁当 ⇨ koshí-bén. **2** [ある物事をしようとしている時の勢い・意気込み] O entusiasmo; o ânimo; o empenho. ★ **~ ga kudakeru** 腰が砕ける Desanimar. *Hanashi no ~ o oru* 話の腰を折る Cortar a palavra; interromper a conversa. ⇨ iki-gómi; ikíói. **3** [粘り；弾力] A glutinosidade「do "mochi"」; a viscosidade; a elasticidade; a resistência. ★ **~ no aru kami** 腰のある紙 O papel engomado. ⇨ dańryóku; nebári. **4** [物の中ほどより下の部分] O rodapé. ★ **~ no takai shōji** 腰の高い障子 O "shōji" com ~ alto. **5** [衣服の腰に当たる部分] A cintura; a cinta.

kóshí 枯死【E.】O secar e morrer. ⇨ karéru[1].

kóshí 輿 **1** [昔の乗り物の一つ] O palanquim; a liteira. **2** [ミと] mí-koshi.

kóshí[3] [óó] 講師 **1** [講演会などの] O conferencista; o orador. **2** [学校の] O docente; o professor. ◇ **Hijōkin ~** 非常勤講師 O livre-docente. **Sennin ~** 専任講師 O professor efe(c)tivo [a/de tempo integral]. ⇨ kyōshi[1]; kyōjú[1]; sensêi[1].

kóshí[2] [óó] 格子 **1** [建具] A grade; a gelosia; a rótula. *Kono mado ni wa ~ ga hamatte iru* この窓には格子がはまっている Esta janela tem grades. ◇ **~ do**. ~ **gumi** 格子組み A armação de grade. **~ jima**. ~ **zaiku** [zukuri] 格子細工[造り] O gradeado [gradeamento]; xadrez. **2** [模様] O「tecido em」 xadrez.

kō-shi[1] [óó] 公私 Os assuntos públicos e particulares; os negócios oficiais e privados. *Kare wa ~ tomo ni isogashii* 彼は公私共に忙しい Ele é um homem ocupado com ~. ★ **~(o) kondō suru** 公私(を)混同する Misturar as coisas públicas com as particulares.

kōshí[3] 行使 O uso. ★ *Buryoku o ~ suru* 武力を行使する Usar a força. *Kenri o ~ suru* 権利を行使する Fazer uso dos direitos. ◇ **Jitsuryoku ~** 実力行使 O usar toda a sua força.

kōshí[5] [óó] 公使 O ministro. ◇ **~ kan** 公使館 A legação. **~ kan'in** 公使館員 O pessoal da legação. **Dairi ~** 代理公使 O encarregado de negócios.

kōshí[6] [óó] 厚志【E.】A gentileza; a atenção. S/同 Kóji; (+).

kōshí[7] [óó] 光子 O fóton. S/同 Kōryóshi.

kōshí[8] [óó] 嚆矢【E.】[ある物事の最初] O início; o primeiro. *Waga kō ni oite konna ni yūshū na seito ga deta no wa kare o motte ~ to suru* 我が校においてこんなに優秀な生徒が出たのは彼をもって嚆矢とする É a primeira vez que a nossa escola tem um aluno tão brilhante. S/同 Rańshō. ⇨ saíshó; hajímé.

Kóshí[9] [óó] 孔子 Confúcio. ★ **~ *no oshie*** 孔子の教え O confucia[o]nismo. ⇨ júgaku.

kóshí[10] [óó] 後肢【Zool.】A pata traseira. S/同 Atóashi (+); ushíróashi (o). R/反 Maéashi; zénshi.

koshí-ágé 腰揚げ (< ··· + agéru[1]) A prega na cintura (do quimono).

koshí-áń 濾し餡 (< kósu + ···) A massa doce de feijão sem casca (Depois de coada). ⇨ tsubúshí ◇ .

koshí-béń 腰弁 (< ···[1] + bentó) **1** [腰弁当] A marmita [merenda] que se leva à cintura. S/同 Koshí-bentó (+). **2** [安月給取り] O pequeno assalariado. *Watashi wa itsu made mo ~ ni amanjite iru tsumori wa nai* 私はいつまでも腰弁で甘んじているつもりはない Não vou ser toda a vida um ~ [bóia-fria (B.)]. S/同 Koshí-bentó. Yasúgívuryó tórí (+) .

koshí-bóné 腰骨 (< ···[1] + honé) **1** [腰の骨] Os ossos da bacia; o osso ilíaco. **2** [忍耐力] A paciência; a persistência. ★ **~ *no aru hito*** 腰骨のある人 A pessoa paciente [persistente]. S/同 Nińtái-ryoku (+) .

koshí-daká 腰高 (< ···[1] + takái) **1** [人や物の腰の位置がふつうより高いこと] A altura elevada da cintura; as pernas altas. ★ **~ *na demado*** 腰高な出窓 A janela de sacada com o rodapé elevado. ◇ **~ shoji** 腰高障子 O "shoji" de painel inferior alteado. **2** [えらぶった態度がおうへいなこと] A altivez; a sobrance[ça]ria; a arrogância. ★ **~ *na aisatsu*** 腰高な挨拶 O cumprimento sobranceiro; a saudação de cabeça alta. S/同 Ōhei (+).

koshí-dáké 腰だめ (< ···[1] + taméru[3]) **1** [銃などを腰の当たりで構え大体のねらいをつけて撃つこと] O fazer pontaria com a arma à altura da cinta. **2** [大体の見込みで物事を行うこと] O cálculo aproximado [a olho]. ★ **~ *de「yosan o」kimeru*** 腰だめで「予算を」決める Determinar「o orçamento」a olho. S/同 Atézúppô (+) .

koshí-do [óó] 格子戸 (< ···[2] + to) A porta gradeada.

koshí-gámí 濾し紙 (< kósu + kamí) O papel filtro. S/同 Róshi (+) .

koshí-gínchaku 腰巾着 (< ···[1] + kínchákú[1]) 【G.】 **1** [腰に下げる巾着] A saquita presa à cintura. **2** [比喩的にある人にいつもつき従って離れない人] A sombra. *Kare wa shachō no ~ da* 彼は社長の腰巾着だ Ele é ~ do presidente. S/同 Netsúké.

koshí-hímó 腰紐 A faixa/cinta [O cordão] para apertar o quimono. S/同 Koshíóbí.

koshí-íré 奥入れ (< ···[3] + iréru[2]) ⇨ yomé-irí.

koshí-ítá 腰板 **1** [壁・障子などの下の部分にはった板] O rodapé. **2** [はかまの後の腰に当たる部分につけるたぶい] A tabuinha aplicada na parte traseira de "hakama" para homens.

koshí-jimá [óó] 格子縞 (< ···[2] + shimá[2]) O xadrez; o padrão axadrezado.

koshí-káké 腰掛け (< ···[1] + kákéru) **1** [腰を掛ける台] A cadeira; o assento; o banco. ⇨ isú. **2** [一時的に身をおく地位・職] O remedeio; a posição provisória. ◇ **~ shigoto** 腰掛け仕事 O trabalho provisório.

koshí-kákéru 腰掛ける Sentar(-se). S/同 suwáru[1] .

kóshí-kan [óó] 公使館 ⇨ kóshi[5].

kóshí-kán'in [óó] 公使館員 ⇨ kóshi[5].

kóshí-kata 来し方【E.】O passado; os tempos que

já lá vão. [S/同] Káko (+).
koshíké 腰気【Med.】A leucorreia; as flores-brancas. [S/同] Orímono.
kóshiki 古式 O ritual [cerimonial] antigo. ★ ～ *ni nottoru* 古式にのっとる Seguir ～.
kṓshíkí[1] [oó] 公式 **1**【Mat.】A fórmula. **2** [公的であること，または公的な形式] A formalidade; a forma oficial. ★ ～ *ni happyō suru* 公式に発表する Anunciar [Publicar] oficialmente. ◇ **～ gyōji** 公式行事 As cerimó[ô]nias oficiais. **～ hōmon** 公式訪問 A visita oficial. **～ ron** [**shugi**] 公式論[主義] O formalismo. **～ seimei** 公式声明 A declaração oficial. [S/同] Seíshíkí. [A/反] Hi-kṓshiki.
kṓshíkí[2] [oó] 硬式 O ser rígido [duro]. ◇ **～ tenisu** 硬式テニス O té[ê]nis com bola dura. [A/反] Nańshíkí.
koshí-kúdáké 腰砕け (< … [1] + kudákéru) **1** [相撲の決まり手の一つ] O perder a força nos quadris; o ir-se abaixo das pernas (e cair)「no sumô」. **2** [仕事などが途中であとが続かなくなること] O fracasso「da revolução」; o colapso. ★ ～ *ni naru* 腰くだけになる Fracassar a meio.
koshí-mákí 腰巻き (< … [1] + makú) A saia de baixo; o saiote.
koshí-máwari 腰回り A (medida da) cintura. [S/同] Híppu (+). ⇨ dṓ-máwari.
koshí-mótó 腰元【A.】 **1** [腰のあたり] A cintura; os quadris. **2** [侍女] A dama de companhia. [S/同] Jíjo.
kṓshíń[1] [oó] 行進 A marcha; a parada; o desfile. ◇ **～ kyoku** 行進曲 A marcha (Mús.). ⇨ parḗdo.
kṓshíń[2] [oó] 交信 A comunicação; o conta(c)to. ★ ～ *ga todaeru* 交信がとだえる Cortar-se [Interromper-se] ～; perder-se o ～. *Musen de nakama to ～ suru* 無線で仲間と交信する Comunicar [Contactar; Trocar mensagens] com o companheiro por (meio do) rádio. [S/同] Tsū́shíń (+).
kṓshíń[3] [oó] 更新 A renovação. ★ *Kiroku o ～ suru* 記録を更新する Tornar a bater o recorde. [S/同] Kaíshíń; sasshíń.
kṓshíń[4] [oó] 後進 **1** [後輩] Os mais novos; a geração mais nova. ★ ～ *ni michi o yuzuru* 後進に道を譲る Ceder o caminho aos [à] ～. [S/同] Kṓhái (+). [A/反] Seńpái. **2** [後退] O recuo; o retrocesso;「o carro fazer」a marcha atrás. [S/同] Kṓtái (+). **3** [文化・産業がおくれていて進歩しないこと] O atraso; o subdesenvolvimento. ◇ **～ chiiki** 後進地域 A região subdesenvolvida [atrasada]. ⇨ **～ koku**.
kṓshíń[5] [oó] 昂[亢・高]進 **1** [ある気持ち・病勢などが高ぶり進むこと] O avanço; o agravamento. *Byōsei ga ～ shita* 病勢が昂進した A doença agravou-se. ⇨ takábúru. **2** [物価などが高くなっていくこと] O aumento; a subida「dos preços」. ⇨ jṓshṓ[1].
kṓshíń[6] [oó] 孝心【E.】A afeição [dedicação] filial. ⇨ kṓkō[1].
kṓshíń[7] [oó] 功臣【E.】O vassalo de mérito. ⇨ chū́shíń[3].
kṓshíń[8] [oó] 後身【E.】 **1** [生まれ変わり] A reencarnação. [S/同] Umárékáwárí (+). [A/反] Zeńshíń. **2** [発展・改革して境遇・組織などがすっかり変わったあとのもの] O resultado da transformação [reorganização]; o sucedâneo「do antigo grupo」. [A/反] Zeńshíń.
kṓshíń-jó [oó] 興信所 **a**) [個人の] A agência privada de investigações secretas; **b**) [商業の] A agência de informações comerciais.
kṓshín-koku [oó] 後進国 O país subdesenvolvido [atrasado]. [A/反] Seńshín-koku. ⇨ hattéń ◇; kaíhátsú ◇.
koshí-nó-mónó 腰の物【A.】 **1** [腰にさしている刀] A espada pendurada à cintura. **2** [⇨ koshí-mákí].
kṓshín-ryō [koó] 香辛料 As especiarias (para condimento). [S/同] Supáisu. ⇨ kṓryṓ[1].
kṓshíń-séí [oó] 後進性 O atraso. ⇨ kṓshín-koku.
koshí-núké 腰抜け (< … [1] + nukérú)【G.】 **1** [腰の力がぬけて立てなくなること・人] A fraqueza das pernas; o que não se aguenta de pé. **2** [いくじのないこと・人] A cobardia; a pusilanimidade; o (indivíduo) cobarde. *Kono ～ me* この腰抜けめ Seu poltrão! [S/同] Ikújí-nashi; yowámushi. ⇨ hikyṓ[1]; okúbyṓ.
koshí-óbí 腰帯 ⇨ óbi.
koshí-óré 腰折れ (< … [1] + orḗru) **1** [年老いて腰がまがること・まがった人] O alquebramento; a pessoa curvada. **2** [へたな詩歌・文章] A versalhada; a composição literária pobre [insípida].
koshíráé 拵え (< koshíráérú) **1** [作り] A feitura; o fabrico. [S/同] Tsukúrí (+). **2** [支度] A preparação. [S/同] Júnbi (o); shitákú (+). **3** [身支度] O arranjar-se. [S/同] Mijítaku (o); yosóói (+). **4** [化粧] A maquil(h)agem. [S/同] Keshṓ (+). **5** [装飾のために施した刀の柄・金具・塗りなどの細工] Os ornamentos de uma espada. ⇨ saíkú.
koshíráé-gótó 拵え事 (< koshíráérú **5** + kotó) A mentira; a invenção; a patranha. [S/同] Kyokṓ (+); tsukúrí-gótó (+).
koshíráérú 拵える **1** [作る] Fazer; fabricar; construir. ★ *Ie o ～* 家を拵える Fazer [Construir] uma casa. *Yōfuku o ～* 洋服を拵える Fazer um fato. [S/同] Kakṓ súrú; seísákú súrú; tsukúru (+). **2** [用意する] Preparar; arranjar; aprontar. ★ *Kane o ～* 金を拵える Arranjar dinheiro. *Yūshoku o ～* 夕食を拵える Preparar [Fazer] o jantar. [S/同] Chṓtátsú súrú; yṓi suru (+). **3** [子供や友人・情人などを作る] Arranjar. ★ *Kodomo o ～* 子供を拵える Ter filhos. *Otoko* [*Onna*] *o ～* 男[女]を拵える Arranjar um [uma] amante. ⇨ mótsu[1]. **4** [装う] Arranjar-se; abonecar-se. ★ *Kao o ～* 顔を拵える Fazer a maquil(h)agem; pintar o rosto. [S/同] Fuńsṓ súrú; keshṓ súrú; yosóóu (+). **5** [作り事をする] Arranjar uma mentira. ★ *Hanashi o ～* 話を拵える Inventar uma história. ⇨ itsúwáru; koshíráé-gótó. **6** [取りつくろう] Disfarçar; compor. ★ *Sono ba o ～* その場を拵える Disfarçar (para salvar a situação).
kṓ-shísei [oó] 高姿勢 A prepotência; a arrogância; a altivez; a sobrance[ça]ria. ★ ～ *de mono o iu* 高姿勢で物を言う Falar com arrogância. [A/反] Teí-shísei. ⇨ gṓmáń; sońdáí; takábíshá.
kóshi-tantan 虎視眈眈【E.】O estar vigilante [com o olho]. *Kare wa gichō no za o ～ to neratte iru* 彼は議長の座を虎視眈々と狙っている Ele está com o olho no cargo de presidente.
koshítsú[1] 固執【Psic.】A obsessão [fixação]. ★ ～ *suru* 固執する Ter uma ～ [*Jisetsu ni ～ suru* 自説に固執する Ser agarrado às suas ideias]. [S/同] Koshū́.
koshítsú[2] 個室 O quarto individual. ⇨ heyá.
kṓshítsú[1] [oó] 皇室 A casa [família] imperial. ◇ **～ hi** 皇室費 As despesas da ～. **～ tenpan** 皇室典

K

範 O código (legislativo) da 〜. ⇨ ôshítsú.
kōshítsú² [oó] 硬質 A dureza; a rijeza; a rigidez. ★ 〜 no 硬質の Duro; rijo; rígido. ◇ 〜 **garasu** 硬質ガラス O vidro duro. Ⓐ/反 Nańshítsú. ⇨ katáí¹.
kōshítsú³ [oó] 膠質 A coloide. ★ 〜 no 膠質の「pólvora」Coloidal; coloíde. Ⓢ/同 Koróídó (+).
koshi-tsúki 腰付き O porte [meneio] do corpo; a maneira de andar; a postura. ★ *Furafura shita 〜 de aruku* ふらふらした腰付きで歩く Ir a cambalear.
koshí-yú 腰湯 O banho de assento; o semicúpio. Ⓢ/同 Ashíyú; zayóku.
kósho 古書 **1** [古本] O alfarrábio; o livro raro [velho/usado]. ◇ 〜 **ichi** 古書市 A feira de 〜. Ⓢ/同 Furú-hón (+). **2** [古い時代に書かれた書物] O livro clássico. ⇨ ko-mónjó (+).
koshō¹ [oó] 胡椒 A pimenta. *Kono ryōri wa 〜 ga kikisugite iru* この料理は胡椒がききすぎている Este prato está demasiado apimentado. ◇ **Kuro** [**Shiro**] 〜 黒[白]胡椒 A pimenta negra [branca]. Ⓢ/同 Péppā. ⇨ kōshin-ryō; tōgárashi.
koshō² 故障 **1** [障害] O desarranjo; o enguiço; a avaria; a falha「da ele(c)tri.」. *Enjin ni nani ka 〜 ga aru* エンジンに何か故障がある Deve haver alguma avaria no motor. *Kare wa shōkakikan ni 〜 ga aru* 彼は消化器官に故障がある Ele tem um problema no aparelho digestivo. *Kono kikai wa itsumo 〜 ga taenai* この機械はいつも故障が絶えない Esta máquina está sempre a enguiçar. ★ 〜 *o naosu* 故障を直す Consertar [Reparar] 〜. 〜 *suru* 故障する Desarranjar-se; enguiçar; encrencar; avariar [〜 *shita kuruma* 故障した車 O carro avariado. 〜 *shite iru* 故障している Estar avariado]. Ⓢ/同 Shōgái. ⇨ kowáréru. **2** [支障] O obstáculo. Ⓢ/同 Jamá (o); sashí-sáwárí (+); shishó¹ (+). **3** [苦情] A obje(c)ção. ★ 〜 *o mōshitateru* 故障を申し立てる Obje(c)tar. Ⓢ/同 Ígi (+); kujō (o).
koshō³ 湖沼 Os lagos e os pântanos. ⇨ mizú-úmi; numá.
koshō⁴ 呼称 **1** [名前をつけて呼ぶこと・またその名前]【E.】A denominação; o nome. ★ 〜 *suru* 呼称する Denominar; nomear. ⇨ na-zúkéru; yobú. **2** [体操の時などにかける声] A voz de comando.
kōsho⁵ [oó] 小姓【A.】O pajem.
kōsho [oó] 高所【E.】**1** [高い場所] O lugar alto. ◇ 〜 **kyōfushō** 高所恐怖症 A acrofobia (◇ memái). ⇨ Takámí. **2** [高い立場] A largueza de vista. ★ *Taisho 〜 kara mono o kangaeru* 大所高所から物を考える Ter 〜.
kōshō¹ [koó] 交渉 **1** [談判] A negociação; a conversação. 〜 *ga ketsuretsu shita* 交渉が決裂した Romperam-se as negociações. 〜 *ga matomatta* 交渉がまとまった As 〜 s tiveram (bom) resultado. ★ 〜 *ni hairu* 交渉に入る Começar [Entrar em] 〜. 〜 *ni yoru kaiketsu* 交渉による解決 A solução através de 〜s. 〜 *no yochi ga aru* 交渉の余地がある Haver possibilidade de [margem para] 〜. 〜 *o kaishi suru* 交渉を開始する Abrir [Encetar] 〜. 〜 *o uchikiru* 交渉を打ち切る Romper [Suspender] 〜. 〜 *suru* 交渉する Negociar; ter 〜 [*Heiwa jōyaku ni tsuite 〜 suru* 平和条約について交渉する Negociar o tratado de paz]. ◇ 〜 **iin** 交渉委員 O encarregado das 〜 s. **Chokusetsu** 〜 直接交渉 A dire(c)ta. **Dantai** 〜 団体交渉 A cole(c)tiva. **Hikōkai** [**Himitsu**] 〜 非公開[秘密]交渉 A 〜 secreta. **Yobi** 〜 予備

交渉 〜 s preliminares. Ⓢ/同 Dánpan; sesshō. **2** [関係] A relação; o conta(c)to. *Watashi wa kare to nan no 〜 mo nai* 私は彼と何の交渉もない Não tenho quaisquer 〜 s com ele. ★ *Otoko* [*Onna*] *to 〜 o motsu* 男[女]と交渉を持つ Ter relações com um homem [uma mulher]. ◇ **Konzen** 〜 婚前交渉 As relações sexuais antes do casamento (⇨ końzeń¹). Ⓢ/同 Kakáríái; kakáwárí; kańkéí (+).
kōshō² [koó] 高尚 O ser aprimorado [de alta qualidade]. *Ano hito no shumi wa 〜 da* あの人の趣味は高尚だ Ele tem um gosto refinado [requintado]. Ⓐ/反 Teízókú. ⇨ ke-dákái.
kōshō³ [koó] 考証 A pesquisa [investigação] histórica. ★「*Chūsei no ishō ni tsuite*」〜 *suru*「中世の衣装について」考証する Fazer uma 〜「sobre a indumentária na Idade Média」. ◇ 〜 **gaku** 考証学 O estudo das fontes históricas.
kōshō⁴ [koó] 公証 O reconhecimento pelo notário. ★ 〜 *tetsuzuki o suru* 公証手続きをする Ir ao notário. ◇ 〜 **nin** 公証人 O notário. 〜 **ryō** 公証料 A taxa do 〜.
kōshō⁵ [koó] 公娼 A prostituição (legal). Ⓐ/反 Shishō. ⇨ baíshúnfu; shōfu.
kōshō⁶ [koó] 公傷 O acidente de trabalho.
kōshō⁷ [koó] 公称 Nominal. ★ 〜 *no tōin-sū* 公称の党員数 O número oficial dos membros do partido político. ◇ 〜 **shihon** 公称資本 O capital 〜. Ⓐ/反 Jísshítsú.
kōshō⁸ [koó] 校章 O distintivo [emblema; A insígnia] da escola. ⇨ kishō¹.
kōshō⁹ [koó] 鉱床 A jazida [O jazigo; O depósito] de minérios. ★ *Uran no 〜* ウランの鉱床 〜 de urânio.
kōshō¹⁰ [koó] 哄笑【E.】A gargalhada. ★ 〜 *suru* 哄笑する Soltar uma 〜; rir às 〜 [a bandeiras despregadas]. Ⓢ/同 Taíshō; takáwárai (+). ⇨ waráu.
kōshō¹¹ [koó] 口承 A tradição oral. ◇ 〜 **bungaku** 口承文学 A literatura de 〜. Ⓢ/同 Deńshō.
kōshō¹² [koó] 口傷 A mordidela; a dentada. Ⓢ/同 Kamíkízú (+).
kōshō¹³ [koó] 好尚【E.】**1** [好み] O gosto; a predile(c)ção. Ⓢ/同 Kónomi (+). **2** [流行] A moda. Ⓢ/同 Hayári (+); ryūkō.
kōshō¹⁴ [koó] 高商 (Abrev. de kōtō shōgyō gakkō) A escola superior de comércio.
kōshō¹⁵ [koó] 厚相 O ministro da saúde [assistência]. Ⓢ/同 Kōseí-dáijin.
kōshoku 古色【E.】O aspecto antigo. ★ 〜 *sōzen taru ie* 古色蒼然たる家 A casa com 〜. ⇨ furúmékáshíí.
kō-shóku¹ [oó] 公職 O cargo público. *Kare wa 〜 ni aru* [*tsuite iru*] 彼は公職にある[就いている] Ele é funcionário público. ★ 〜 *kara tsuihō suru* 公職から追放する Expulsar de um 〜. ◇ 〜 **senkyohō** 公職選挙法 A lei da função pública.
kōshóku² [oó] 好色 A sensualidade; a libidinosidade; a lascívia; o erotismo. ◇ 〜 **bungaku** 好色文学 A literatura pornográfica [erótica]. 〜 **ka** [**kan**] 好色家[漢] O sensual [libidinoso]. Ⓢ/同 Irógónomi; taíń; tajō. ⇨ sukébei.
kōshóku³ [oó] 黄色 O 〜.
kōshóku⁴ [oó] 紅色 O vermelho; o escarlate; a cor vermelha Ⓢ/同 Benííró (+). ⇨ áka¹.
kōshóku⁵ [oó] 降職 A despromoção.

[S/同] Kốnín; sasén (+).

kōshóku-bón [oó] 好色本 (<…²+hón) A novela erótica.

kōshō-nín [koó] 公証人 ⇨ kōshô⁴.

kóshu¹ 戸主 O chefe de família. [S/同] Kachô (+).

kóshu² 鼓手 O (tocador de) tambor.

kóshu³ 固守【E.】A tenacidade; o aferro. ★ *Jisetsu o ~ suru* 自説を固守する Aferrar-se à própria opinião. ⇨ Kénji (+); kóji.

koshū [uú] 固執 O apego「às suas ideias」. [S/同] Koshítsú (+).

kóshu¹ [oó] 攻守 (< kốgéki + shúbi) A ofensiva e a defensiva; o ataque e a defesa. ★ ~ *tokoro o kaeru* 攻守所を変える Passar da ofensiva à defensiva e vice-versa.

kóshu² [oó] 好守 A boa defesa. ★ ~ *kōda no senshu* 好守好打の選手 O bom jogador tanto na defesa como no ataque. [A/反] Kōda. ⇨ mamóri.

kóshu³ [oó] 好手 1 [うまいわざまたはそれを使う人] A habilidade; a perícia; o perito. 2 [囲碁や将棋で理にかなったよい手] O lance hábil; a boa jogada. ★ ~ *o sasu te o shíru* 好手を指す Efe(c)tuar um「no gô」.

kóshu⁴ [oó] 巧手 1 [たくみなわざ] O golpe destro; a boa jogada. [S/同] Myôshu. 2 [たくみなわざを使う人] O perito. [S/同] Kōsha⁵.

kóshu⁵ [oó] 絞首 A estrangulação; o enforcamento. ◇ ~ *dai (kei)*. ⇨ kōshū-kei; kubí-tsúri.

kóshū¹ [oó] 公衆 Público. ~ *no mae [menzen] de 「enzetsu suru」* 公衆の前[面前]で「演説する」Discursar」em ~. ◇ ~ **benjo** 公衆便所 O sanitário [banheiro (B.)] ~. ~ **denwa** 公衆電話 O telefone ~; a cabine telefó(ô)nica. ~ **dōtoku** 公衆道徳 A moral pública. ~ **eisei** 公衆衛生 A saúde [higiene] pública. ⇨ taíshú¹.

kóshū² [oó] 講習 O curso.「*Porutogarugo no*」~ *o ukeru*「ポルトガル語の」講習を受ける Fazer um ~ 「de p.」.

kóshū³ [oó] 口臭【Med.】A halitose; o mau hálito.

kōshū-dái [oó] 絞首台 O cadafalso; o patíbulo; a forca. ★ ~ *(jō) no tsuyu to kieru* 絞首台(上)の露と消える Morrer na forca. ⇨ kōshû⁵.

kō-shúha [koó-shúu] 高周波 A alta frequência. ★ ~ *kanetsu* 高周波加熱 O aquecimento a ~. [A/反] Teí-shúha.

kōshū-jó [koó] 講習所 A escola de ensino prático.

kōshū-kai [koóshúu] 講習会 ⇨ kōshû².

kōshū-kei [oó] 絞首刑 (⇨ kōshû⁵) A forca. ★ ~ *ni naru [shoserareru]* 絞首刑になる[処せられる] Ser enforcado (condenado) à ~. ~ *ni shosuru* 絞首刑に処する Enforcar; condenar [levar] à ~.

kōshū-sei [oó] 講習生 ⇨ kōshû². Ko aluno.

-kóso こそ Sim;「era」mesmo [precisamente]:「isto que eu queria」. *Kare ~ hontō no otoko da* 彼こそ本当の男だ Ele, sim, (é) é um homem de verdade. *Kondo ~ wa seikō shimasu* 今度こそは成功します Desta vez, sim, hei-de vencer [conseguir]. *Watashi no hō ~ anata ni ayamaranakereba narimasen* 私の方こそあなたにあやまらなければなりません Eu é que lhe devo [tenho de] pedir desculpa.

kốso¹ [oó] 控訴【Dir.】A apelação. *Kensatsu-gawa wa hanketsu ni taishite ~ shita* 検察側は判決に対して控訴した A acusação (do Ministério Público) apelou da sentença. ★ ~ *o kikyaku suru* 控訴を棄却する Rejeitar ~. ~ *o torisageru* 控訴を取り下げる Retirar ~. ~ *suru* 控訴する Apelar; recorrer da sentença. ◇ ~ **kikan** 控訴期間 O prazo (útil) para recorrer da sentença. ~ **(mōshitate) nin** 控訴(申し立て)人 O apelante. ~ **shin** 控訴審 A revisão de um processo de ~. **Hi ~ nin** 被控訴人 O litigante em processo de ~. ⇨ jōkốkú; kốkuso; kōsô²; teíso.

kốso² [oó] 公訴【Dir.】A acusação; a denúncia (pública). ★ ~ *o torikesu [kikyaku suru]* 公訴を取り消す[棄却する]Retirar [Rejeitar] a acusação. ◇ ~ **jijitsu** 公訴事実 A causa da ~; a imputação. ~ **teiki** 公訴提起 A instauração de processo judicial [criminal].

kốso³ [oó] 酵素 O fermento; a enzima. ◇ **Shōka ~** 消化酵素 A enzima digestiva; a diástase.

kốsō¹ [koó] 構想 a) A concepção; a idealização; b) A ideia; o plano「de estudo」. ★「*Dorama no*」~ *o neru*「ドラマの」構想を練る Conceber [Arquite(c)tar]「um drama」. ⇨ keíkáku.

kốsō² [koó] 高層 1 [高度が高いこと] A camada mais alta da atmosfera. ◇ ~ **kishō** 高層気象 As condições atmosféricas da ~. ~ **un** 高層雲 O alto-estrato. [S/同] Kốkú. 2 [建物などの] A grande altura. ★ ~ *no*「*apāto*」高層の「アパート」O prédio「de muitos andares」. ◇ ~ **biru (kenchiku (butsu)** 高層ビル[建築(物)]O arranha-céu(s).

kốsō³ [koó] 広【宏】壮【E.】「casa」Imponente. [S/同] Gốsō (+).

kốsō⁴ [koó] 抗争 O conflito de rivalidade. ★ ~ *suru* 抗争する Rivalizar; entrar em conflito. ⇨ arasói.

kốsō⁵ [koó] 後送 1 [戦場などで前線から後方に送ること]A transferência para a retaguarda. ★ *Fu-shō-hei o ~ suru* 負傷兵を後送する Levar os feridos para… 2 [あとから送ること] O envio posterior. ★ 「*Genkō o*」~ *suru*「原稿を」後送する Posteriormente [Depois] enviarei「o manunscrito」.

kốsō⁶ [koó] 高僧【E.】 1 [修業を積み知恵のすぐれた僧] O bonzo virtuoso [ilustrado]. [S/同] Meíshô. 2 [位の高い僧] O alto dignitário budista.

kốsō⁷ [koó] 公葬 O funeral público; as exéquias oficiais. ⇨ kokúsô.

kốsō⁸ [koó] 校葬 O funeral escolar (⇨ kốsô⁷).

kosóbáyui [kosóbái] こそばゆい[こそばい]【D.】 1 [くすぐったい] Sentir [Ter] cócegas; ser coceguento. [S/同] Kusúgúttái (+). 2 [てれくさい] Ter vergonha. *Sonna ni homerareru to ~* そんなにほめられるとこそばい Fico embaraçado [Até me sinto envergonhado] com tantos elogios. [S/同] Terékúsái (+).

ko-sóde 小袖【A.】 1 [昔、広口袖の表着の下に着た袖口の小さい下着] A roupa interior com mangas de punho estreito que antigamente se usava sob o quimono. 2 [袖口を小さく仕立てた着物] O quimono com mangas de punho estreito. 3 [絹の綿入れの着物] O quimono de seda acolchoado.

kosódóró こそ泥 (< kósokoso + dorôbō)【G.】O ratoneiro [larápio]; a ratonice. ~ *o hataraku* こそ泥を働く Surripiar. ~ *o tsukamaeru* こそ泥を捕まえる Prender [Agarrar] um ~. [S/同] Ko-núsúbito.

kosógé-ótosu こそげ落とす Tirar「a sujidade」raspando.

kosógérú こそげる【E.】Raspar. ★ *Pan no kogeta tokoro o ~* パンのこげた所をこそげる ~ a parte esturrada do pão. ⇨ kezúrí-tóru.

kósokoso (to) こそこそ (と) Pela calada; à socapa;

às escondidas; furtivamente. *Kage de ~ sezu, seisei-dōdō to shōbu shiro* 陰でこそこそせず、正々堂々と勝負しろ Deixe-se dessas artimanhas às escondidas e lute com dignidade. *Kare wa ~ tachisatta [nigeta]* 彼はこそこそ立ち去った[逃げた] Ele pisgou [sumiu]-se. ⒮⒲ Kossóri (to)(+); sotto.

kosókóso-bánashi こそこそ話【G.】O cochicho; a murmuração. ★ *~ o suru* こそこそ話をする Cochichar; murmurar.

kosokú 姑息 O paliativo; o expediente (improvisado). ★ *~ na shudan o toru* 姑息な手段を採る Usar ~. ⒮⒲ Ichíjí-nógare(+); ichíjí-shínogi(+).

kōsóku¹ [oó] 拘束 A restrição; a limitação. ★ *~ o ukeru* 拘束を受ける Sofrer uma restrição; ser restringido. *「Kojin no jiyū o」~ suru* 「個人の自由を」拘束する Restringir [Limitar] a liberdade individual. *Yōgisha no migara o ~ suru* 容疑者の身柄を拘束する Manter o suspeito sob custódia. ◇ *~ jikan* 拘束時間 As horas de trabalho. ⇨ **ryoku**. ⒮⒲ Sokúbáku. Ⓐ⒱ Kaíhō. ró kiséi⁶; seígen¹.

kōsóku² [oó] 校則 O(s) regulamento(s) da escola. ⒮⒲ Gakúsókú; kókún. ró kísoku¹.

kōsóku³ [oó] 梗塞【E.】A obstrução; o bloqueio; o aperto 「de dinheiro」. ◇ *Shinkin ~* 心筋梗塞 O infarto [enfarte] de miocárdio. ró Heísókú.

kōsóku⁴ [koó] 高速 A muita [grande] velocidade. ★ *~ de sōkō suru* 高速で走行する Correr com ~. ◇ *~ dōro*.

kō-sókudo [oó] 高速度 A alta velocidade. ◇ *~ satsuei-yō renzu* 高速度撮影用レンズ A lente para fotografia a ~. ró kósókú².

kōsókú-dōro [koó-dóo] 高速道路 A rodovia (B.); a auto-estrada (P.); a via rápida. ◇ *Tōmei ~* 東名高速道路 ~ de Tóquio a Nagóia.

kōsókú-ryoku [oó] 拘束力【Dir.】O poder coercivo. *Sono kitei ni wa ~ ga nai* その規定には拘束力がない Esse regulamento não tem ~. ★ *~ o ushinau* 拘束力を失う Perder ~. ró kōsókú¹.

kōsó-shin [oó] 控訴審 ró kōso¹.

kossétsu 骨折 A fra(c)tura; o fra(c)turamento. ★ *~(o)suru* 骨折（を）する Fra(c)turar [Partir] um osso 「*Kare wa ashi o ~ shite arukenai* 彼は脚を骨折して歩けない Ele fra(c)turou [quebrou] a perna e não consegue andar」. ◇ **Fukuzatsu [Tanjun]** *~* 複雑 [単純] 骨折 A fra(c)tura múltipla [simples].

kósshi 骨子 A essência; o ponto central [essencial]. ★ *~ Hōan no ~* 法案の骨子 O proje(c)to de lei. *Keikaku no ~ o gaisetsu suru* 計画の骨子を概説する Explicar resumidamente a parte essencial do plano. ⒮⒲ Honé-gúmi(+); kokkán; kóshin (o).

kóssō 骨相 A configuração do crânio. ★ *~ o miru* 骨相を見る Examinar ~. ◇ *~* **gaku** 骨相学 A frenologia. ró nínsō; tesō.

kossóri (to) こっそり（と）Às ocultas; às escondidas; pela calada; furtivamente; secretamente. *Watashi wa ~ kare no ato ni tsuketa* 私はこっそり彼の跡をつけた Eu fui-lhe no encalço sorrateiramente「~」. ★「*Koibito ni」~ au*「恋人に」こっそり会う Encontrar-se às escondidas 「com o namorado」. *~ shiraseru* こっそり知らせる Avisar secretamente「em segredo」. ⒮⒲ Kósokoso(+); sotto.

kosú¹ 越す **1**［山や川などを越える］Atravessar; transpor. ★ *Kawa o ~ 川*を越す［Passar］o rio. ⒮⒲ Koéru(+). **2**［経過する］Passar. *Ano hito wa mō gojū no saka o koshite shimatta* あの人はもう 50 の坂を越してしまった Ele já passou os cinqu[co]enta. *Kono shokubutsu wa fuyu o kosenai* この植物は冬を越せない Esta planta não passa o inverno. ⒮⒲ Keíka súrú. ⇨ sugíru; sugósu. **3**［困難などを切り抜ける］Superar; ultrapassar; transpor. *Kore dake no kane ga areba kyūba o koseru* これだけのお金があれば急場を越せる Com este dinheiro já saio do aperto. ⒮⒲ Kirí-núkéru; toppá súrú. **4**［上を過ぎて行く］Passar por cima. *Hikōki ga watashi-tachi no atama no ue o koshite itta* 飛行機が頭上を越して行った O avião passou alto por nós [por cima das nossas cabeças]. ⒮⒲ Tōrí-súgíru. **5**［超過する］Ultrapassar; exceder. ★ *Kigen o ~ 期限を越す* Passar do［~ o］prazo. ⒮⒲ Chōká súrú. **6**［引っ越す］Mudar-se; transferir-se. ★ *Shinkyo e ~* 新居へ越す ~ para uma nova casa. ⒮⒲ Hikkósu(+); itén súrú; teñkyó súrú. **7**［行く・来る］Ir; vir. *Itsu watashi no ie ni o-koshi ni narimasu ka* いつ私の家にお越しになりますか Quando é que vem a minha casa? ⇨ o-kóshi².

kosú² 超す **1**［それ以上になる］Passar; ultrapassar. *Kare no enzetsu wa shotei no jikan o koshita* 彼の演説は所定の時間を超した O discurso de ele ultrapassou o tempo marcado. ★ *Sanji-sai o ~* 30 歳を超す Passar dos trinta (anos de idade). **2**［まさる］Haver coisa (de) melhor; superar. ★ *Hayai ni koshita koto wa nai* 早いに超したことはない Quanto antes melhor. ⒮⒲ Masáru(+).

kósu³ 漉す Coar「leite」; filtrar. ★ *Roshi de mizu o ~* 濾紙で水を漉す ~ a água com filtro de papel. ⒮⒲ Róka suru.

ko-sú¹ [úu] 戸数 O número de casas [famílias; fogos]. ★ *~ gojū bakari no sonraku* 戸数 50 ばかりの村落 Uma aldeia só com cinqu[co]enta ~.

ko-sú² [úu] 個数 O número (de unidades [artigos]). ★ *Nimotsu no ~ o kazoeru* 荷物の個数を数える Contar a bagagem [mercadoria]. ⒮⒲ Kázu(+).

kōsu [oó] コース（＜ Ing. course ＜ L.）**1**［道筋］O itinerário; o percurso; a trajectória; o trilho. ★ *Haikingu ~* ハイキングコース ~ para (longas) caminhadas「nas montanhas」. ⒮⒲ Michí-súji; shínro. **2**［競技場・プールなど］A pista. ★ *Dai-san no kōsu, Mamède* 第 3 のコース、マメーデ Na terceira pista, Mamede! **3**［洋食の献立］O prato (da ementa). ★ *Furu ~ no yōshoku o taberu* フルコースの洋食を食べる Tomar [Comer] uma refeição ocidental completa. **4**［針路］A rota. ★ *Yotei no ~ o henkō suru* 予定のコースを変更する Alterar ~ prevista. ⒮⒲ Shínro. **5**［学科; 課程］O curso. ★ *Nihongo no ~ o toru* 日本語のコースを取る Escolher [Seguir] ~ de língua j. ◇ **Hakushi** [**Dokutā**] *~* 博士 [ドクター] コース ~ de doutoramento. ⇨ gakká¹; katéi⁴. **6**［定まった過程］O curso; o processo. ⒮⒲ Katéi(+).

kosúchúmu [úu]コスチューム（＜ Ing. costume ＜ L.）**1**［劇などの衣装］O traje. ★ *~ o tsukete butaigeiko o suru* コスチュームをつけて舞台げいこをする Fazer um ensaio geral com os trajes de cena. ⒮⒲ Ishō(+). **2**［婦人服］O vestuário feminino. ⒮⒲ Fujín-fuku(+).

kosúi¹ 湖水【E.】O lago. ★ *~ no hotori de* 湖水のほとりで À beira [Na margem] do ~. ⒮⒲ Mizú-úmi(+). ⇨ -ko⁹.

kosúi² 狡い【G.】**1**［ずるい］Trapaceiro [Trafulha]; manhoso. ★ *~ koto o shite kane o mōkeru* 狡い事をして金をもうける Ganhar dinheiro com trafulhices. [S/同] Zurúi (+). **2** [けちである] Sovina; somítico. *Aitsu wa* ~ *otoko da* あいつは狡い男だ Aquele tipo é um ~. ⇨ kéchí.

kosúí³ 鼓吹 **1** [太鼓や笛ではやし立てること] O animar「a festa」. **2** [鼓舞] A animação. ★ *Shiki o* ~ *suru* 士気を鼓吹する Animar o moral「da equipa」. [S/同] Kóbu (+). ⇨ shṓréí¹. **3** [宣伝] O advogar. ★ *Aikoku-shin o* ~ *suru* 愛国心を鼓吹する Inculcar [~] o patriotismo. ⇨ seńdéń.

kṓsúí¹ [**oó**] 香水 O perfume. ★「*Hankachi ni*」~ *o kakeru* [*tsukeru*]「ハンカチに」香水をかける [つける] Perfumar「o lenço」. ◇ ~ **bin** 香水びん O frasco de ~.

kṓsúí² [**oó**] 硬水 A água dura. [A/反] Nańsúí.

kṓsúí³ [**oó**] 鉱水 A água mineral.

kṓsúí⁴ [**oó**] 降水 A precipitação [chuva]. ◇ ~ **jikan** [**mitsudo**] 降水時間[密度] A duração [densidade] da ~. ~ **kakuritsu** 降水確率 A probabilidade de ~. ~ **ryō** 降水量 A quantidade de ~.

kosúmópóritan コスモポリタン (< Ing. cosmopolitan < Gr.) **1** [世界主義者] O cosmopolita; o cidadão do mundo. [S/同] Sekáí-shúgísha. **2** [国際人] O cosmopolita. [S/同] Kokúsáí-jin (+).

kósumosu コスモス O amor-de-moça (B.); o cosmo(s); *cosmos bipinnatus*.

kosúréru 擦れる Roçar; esfregar; friccionar. [S/同] Suréru (+).

kosúrí-ótósu 擦り落とす (< kosúru + …) Raspar; limpar「o surro/a lama」esfregando.

kosúrí-tsúkéru 擦り付ける (< kosúru + …) Esfregar; friccionar; roçar. *Kitanai te o fuku ni* ~ *na* 汚い手を服に擦り付けるな Não ponha [esfregue] as mãos sujas na roupa!

kosúru 擦る Esfregar; friccionar; raspar; escovar. ★ *Burashi de kutsu o* ~ ブラシで靴を擦る Escovar os sapatos ~. *Te o kosutte atatameru* 手を擦って温める Esfregar as mãos para (as) aquecer.

kṓsúru 抗する【E.】Resistir; reagir; enfrentar; opor (-se). ★ *Jiryū ni* ~ 時流に抗する Ir contra a corrente「da moda」. [S/同] Hańkṓ súrú (+); sakáráu (+); taíkṓ súrú (+); teíkṓ súrú (+); temúkáu (+).

kṓsutā [**óo**] コースター (< Ing. coaster) **1** [遊園地などの] A pista inclinada; a pista para tobogã. ◇ **Jetto** ~ ジェットコースター A montanha-russa. **2** [飲み物を入れたグラスの下に敷く物] O descanso [pratinho]「para pôr o copo」.

Kosútárika コスタリカ A Costa Rica. ◇ ~ **jin** コスタリカ人 O costarriquenho.

kósuto コスト (< Ing. cost < L.) **1** [原価; 生産費] Os custos「da produção」; o preço de custo. ★ ~ *o kirisageru* コストを切り下げる Reduzir ~. ~ *o waru* コストを割る Reduzir para menos do preço de custo. ◇ ~ **appu** コストアップ O aumento dos ~. ~ **daun** コストダウン A redução dos ~. ⇨ génka¹; seísán-hi. **2** [⇨ híyō; nedáń].

kotáe 答え **1** [返答] A resposta. ★ ~ *ni tsumaru* 答えにつまる Titubear na ~; não saber como [que] responder. *Hakkiri shita* [*Aimai na*] ~ *o suru* はっきりした [あいまいな] 答えをする Dar uma ~ clara [ambígua]. [S/同] Heńjí (+); heńtṓ. **2** [応答] A resposta.「*Denwa de*」*ikura yonde mo* ~ *ga nakatta*「電話で」いくら呼んでも答えがなかった Por mais que chamei, ninguém respondeu「ao telefone」. [S/同] Ōtṓ. **3** [解答; 回答] A resposta; a solução; o resultado. ★ ~ *awase o suru* 答え合わせをする Conferir os ~ s. *Sansū no* ~ *o dasu* 算数の答えを出す Dar o ~ de um problema de aritmética [mat.]. [S/同] Kaítṓ. [A/反] Mońdáí; shitsúmóń; tói.

kotáérárénai 堪えられない【G.】Irresistível; excelente; formidável. *Yu-agari no biru wa* ~ 湯上がりのビールはこたえられない A cerveja após o banho é ~. ⇨ subáráshíi; tamáránáí.

kotáéru¹ 答える **1** [返事・返答をする] Responder. *Watashi wa sono shitsumon ni dō kotaete yoi ka wakaranakatta* 私はその質問にどう答えてよいかわからなかった Eu não sabia como [que] ~ a essa pergunta. [S/同] Heńjí súrú; heńtṓ súrú. [A/反] Tóu. **2** [解答する] Responder; resolver; solucionar. *Tsugi no toi ni kotae nasai* 次の問いに答えなさい Responda às seguintes perguntas. [S/同] Kaítṓ súrú.

kotáéru² 応える **1** [報いる; 応じる] Corresponder. *Go-kitai ni kotaerareru yō ganbarimasu* 御期待に応えられるように頑張ります Esforçar-me-ei por ~ às suas expectativas. [S/同] Mukúíru; ṓjíru. **2** [痛みなどが身に強くひびく] Afe(c)tar; comover; sentir. *Sono hanashi wa watashi no mune ni gutto kotaeta* その話は私の胸にぐっとこたえた Essa conversa comoveu-me. [S/同] Eíkyṓ súrú; hibíku.

kotáéru³ 堪える ⇨ taéru¹.

kotáí¹ 固体 O (corpo) sólido. ★「*Ekitai ga*」~ *ni naru*「液体が」固体になる Solidificar-se「um líquido」.「*Ekitai o*」~ *ni suru*「液体を」固体にする Solidificar「um líquido」. ◇ ~ **nenryō** 固体燃料 O combustível sólido. ⇨ ekí-tái; kitáí².

kotáí² 個体 **a**) O indivíduo [A entidade separada] (Fil.); **b**) Um organismo [ser vivo] (Biol.). ◇ ~ **hassei** [**ron**] 個体発生[論] A ontogenia [ontogénese]. ~ **sa** 個体差 A diferença entre organismos individuais.

kṓtáí¹ [**oó**] 交代 [替] O revezamento; a troca [substituição alternada]. *Karera wa san* [*roku jikan*] ~ (*sei*) *de hataraite iru* 彼らは三 [六時間] 交代 (制) で働いている Eles trabalham em três turnos [por turnos de seis horas]. ★ ~ *suru* 交代する Revezar(-se); trocar「com」[*Watashi wa kare to* ~ *shita* 私は彼と交代した Eu troquei com ele [revezei-o]]. *Tōshu o* ~ *saseru* 投手を交代させる (Mandar) substituir o lançador (Beis.). *Chūya* ~ *de hataraku* 昼夜交代で働く Trabalhar dia e noite [24 horas] por turnos. ◇ ~ **jikan** 交代時間 A hora da mudança de turno. ⇨ ~ **sei**. ⇨ iré-káwárí.

kṓtáí² [**oó**] 後退 **1** [後の方へ下がること] A marcha atrás [à ré]; o recuo「das tropas」. ★ ~ *suru* 後退する Fazer marcha …; recuar [*Kuruma o sukoshi* ~ *sase nasai* 車を少し後退させなさい Recue um pouco o carro]. [S/同] Bákku; atózúsari. [A/反] Zeńshíń. **2** [力や勢いがおとろえて低い段階に下がること] O recuo. ★ ~ *suru* 後退する **a**) Recuar; **b**) Ser retrógrado; **c**) Baixar. *Keiki no* ~ 景気の後退 A regressão [O recuo] da economia. [S/同] Suítáí; táiho.

kṓtáigō [**koó**] 皇太后 A rainha [imperatriz] mãe. [S/同] Ō-kísaki.

kṓtái-in [**oó**] 交代員 O membro do turno. ★ *Yakan no* ~ 夜間の交代員 ~ da noite.

ko(táí)ká 固 (体) 化 A solidificação. ★ ~ *suru* 固化する Solidificar-se [~ *saseru* 固化させる Solidificar]. ⇨ ekí-tái; kitáí²; kotáí¹.

kṓtái-séí [**oó**] 交代制 O sistema de turnos [revezamento]. ★ *Ni-kai* ~ *de hataraku* 2 回交代制で働く Trabalhar em dois turnos. ◇ ~ **kinmu** 交代制勤

務 O trabalho por turnos. ⇨ kótáí¹.
kótáishi [oó] 皇太子 O príncipe herdeiro. ◇ **~ denka** 皇太子殿下 Sua Alteza Imperial, o ~. **~ hi** 皇太妃 A princesa herdeira. S/同 Tōgú.
kótáku [oó] 光沢 O lustre; o brilho; o polimento. *Kanojo no kami ni wa kin no yō na ~ ga aru* 彼女の髪には金のような光沢がある O cabelo dela tem reflexos dourados. ★ *~ o dasu* 光沢を出す Lustrar; puxar o lustre; dar brilho; polir.
S/同 Tsuyá; tsuyáyákása. ⇨ kagáyákí.
kotán 枯淡【E.】A simplicidade refinada. *Kono e ni wa ~ no omomuki ga aru* この絵には枯淡の趣がある Esta pintura distingue-se pela sua ~. tañtáñ.
kótan 降誕 O nascimento 「de Cristo」; a natividade 「da Virgem Santa Maria」. ⇨ seítáñ; tañjó.
kótán-sai [oó] 降誕祭 A comemoração do nascimento. ◇ **Kirisuto ~** キリスト降誕祭 O Natal.
kotatsu 火 [炬] 燵 A braseira [O aquecedor] coberta[o]. ★ *~ ni ataru* 火燵にあたる Ir para ~. ◇ **~ buton** 火燵ぶとん A coberta de camilha.
kotchi 此方 Aqui; cá; este lado; eu; nós. *~ e oide* こっちへおいで Venha cá. *Mō shōbu wa ~ no mono da* もう勝負はこっちのものだ A vitória já é minha [já cá canta]. ⇨ Kochíra.
kotchō [oó] 骨頂 O cúmulo; o auge; o máximo. *Sore wa gu no ~ da* それは愚の骨頂だ Isso é o cúmulo da tolice [estupidez]. ⇨ saíkó¹.
koté¹ 鏝 **1** [裁縫の] O ferro de passar [engomar]. ★ *Nuno ni ~ o ateru* 布に鏝を当てる Passar a ferro o pano. ⇨ aíróñ. **2** [理髪の] O ferro de frisar. **3** [左官の] A trolha.
koté² 小 [籠] 手 **1** [弓道の] O braçal [A braceleira]. **2** [よろいの] O guarda-braço. **3** [剣道の] A manopla. ★ *~ o torareru* 小手を取られる Ser golpeado na ~. **4** [ひじと手首の間] O antebraço. ★ *~ o kazasu* 小手をかざす Fazer sombra com a mão sobre os olhos. S/同 Udé-sákí.
kotéí 固定 O fixar. ★ *~ shita* 固定した「preço」 Fixo. *Gaku o kabe ni ~ suru* 額を壁に固定する Fixar [Pregar] o quadro na parede. ◇ **~ dokusha** 固定読者 O leitor regular. **~ hyō** 固定票 O voto fixo [constante]. **~ kakaku** 固定価格 O preço fixo. **~ kannen** 固定観念 A ideia fixa; a obsessão. **~ kyaku** 固定客 O freguês regular; o cliente assíduo. **~ shihon** 固定資本【Econ.】O a(c)tivo [capital] fixo. **~ shisan** 固定資産 Os capitais [bens] imobilizados. **~ shisanzei** 固定資産税 O imposto sobre bens imóveis. **~ shūnyū** 固定収入 A renda fixa. S/同 Kocháku; teícháku.
kotéí² 湖底 O fundo do lago. ⇨ -ko⁹; mizú-úmi.
kotéí³ [oó] 高低 O ser alto ou baixo. ★ *~ no aru*「*tochi*」高低のある「土地」O terreno [~ ondulado; com altos e baixos]. *~ no nai*「*tochi*」高低のない「土地」O terreno [~] plano. *Bukka no ~* 物価の高低 A flutuação dos preços. *Koe no ~* 声の高低 A modulação da voz.
kotéí² [oó] 公定 A regulamentação oficial. ◇ **~ buai** 公定歩合 A taxa de desconto oficial. **~ sōba** 公定相場 A cotação oficial. **~ kakaku** 公定価格 O preço oficial [de tabela].
kotéí³ [oó] 校庭 O recreio [recinto] da escola. ⇨ niwá¹.
kotéí⁴ [oó] 肯定 A afirmação. *Watashi wa kare no iken o ~ mo hitei mo shinai* 私は彼の意見を肯定も否

定もしない Eu não afirmo nem nego a opinião dele. ★ *~ suru* 肯定する Afirmar; responder afirmativamente; admitir. ◇ **~ bun** 肯定文 (Gram.) A oração [frase] afirmativa. **~ teki**.
S/同 Shukó; zeníñ. A/反 Hitéí.
kotéí⁵ [oó] 行程 **1** [みちのり] A distância; a viagem. ★ *Densha de go-jikan no ~* 電車で5時間の行程 ~ de cinco horas de comboio/trem. S/同 Michínórí; kyóri. **2** [旅行日程] O itinerário; o percurso. *Isshū-kan no ~ o oete kitaku shita* 一週間の行程を終えて帰宅した Regressei a casa depois do meu ~ de uma semana. S/同 Nittéí (+). **3** [往復運動] O curso (de um êmbolo).
kotéí⁶ [oó] 工程 **1** [仕事や工事の進行具合] O andamento do trabalho. *~ wa yaku hachi-bu ni tasshita* 工程は約八分に達した Cerca de oitenta por cento do trabalho foi [está] concluído. ⇨ shínkó².
2 [過程] O processo. ★ *Iroiro na ~ o heru* いろいろな工程を経る Passar por vários ~s. ◇ **Seisan ~** 生産工程 A ~ de produção. ⇨ katéí³. **3** ⇨ kórítsú²].
kotéí⁷ [oó] 航程 **a)** A etapa (Distância andada sem parar); **b)** A viagem de navio; **c)** O voo (de avião). *Ano shima made wa ni-jikan no ~ da* あの島までは2時間の航程だ Até àquela ilha são duas horas de barco.
kotéí⁸ [oó] 公邸 A residência oficial 「do primeiro ministro」. A/反 Shitéí.
kotéí⁹ [oó] 皇帝 O imperador「D. Pedro II, do B.」.
kotéí¹⁰ [oó] 校訂 A revisão (do manuscrito, livro). ★ *~ suru* [*o hodokosu*] 校訂する[を施す] Rever [Fazer ~]. ◇ **~ ban** [**bon**] 校訂版[本] A edição revista. **~ sha** 校訂者 O revisor.
S/同 Kókáñ. ⇨ kōséí⁴.
kotéí¹¹ [oó] 高弟【E.】Um dos 「meus」 melhores alunos. ⇨ deshí.
kotéí-kyū 固定給 O salário fixo. A/反 Buáí(kyú).
kotéí-téki [oó] 肯定的 Afirmativo; positivo. ★ *~ na iken* 肯定的な意見 A opinião ~.
A/反 Hitéí-téki. ⇨ kótéí⁴.
kō-téki¹ [oó] 公的 Público; 「em representação」 oficial. ★ *~ na jigyō* 公的な事業 O empreendimento ~. ◇ **~ seikatsu** 公的生活 A vida ~.
S/同 Ōyáké nó. A/反 Shitéki. ⇨ kōshíkí¹.
kō-téki² [oó] 好適 O ser ideal [adequado; conveniente; apropriado]. *Kanojo wa porutogaru-go no benkyō suru no ni ~ da* この本はポルトガル語を勉強するのに好適だ Este livro é (o) ideal para estudar p. ◇ **Bessō ~ chi** 別荘好適地 O terreno ~ para a construção de casas de férias. ⇨ Mottékóu.
kō-téki³ [oó] 公敵 O inimigo público.
kō-tékishu [oó] 好敵手 O bom rival [adversário]; o competidor à altura. *Kanojo wa tenisu no ~ da* 彼女はテニスの好敵手だ Ela é uma boa rival no [em] té[ê]nis. S/同 Ráibaru.
kotéki-tái 鼓笛隊 A banda de tambores e flauta; a fanfarra.
kótekote(to) こてこて(と)【G.】Abundantemente. *~ keshō suru* こてこて化粧する Maquil(h)ar-se pesadamente. ⇨ kottéri.
kotéñ¹ 古典 Clássico. *Sōseki wa sude ni ~ da* 漱石はすでに古典だ Soseki já é um ~. ◇ **bungaku** 古典文学 A literatura ~ a; os (autores) ~ s; as obras as. ⇨ **gaku**. **~ geki** 古典劇 O teatro

～. ⇨ **～ ha**. **～ ongaku** 古典音楽 A música ～. ⇨ **～ shugi**. **～ sūhai** 古典崇拝 O classicismo. ⇨ **～ teki**. [S/同] Kuráshikku.

koténń[2] 個展 A exposição individual. ★「*E no*」～ *o hiraku*「絵の」個展を開く Promover uma ～「de pintura」. ⇨ teńrán-kai.

kṓtéń[1] [**oó**] 好天 O bom tempo. ★ ～ *ni meguma-reta shiai* 好天に恵まれた試合 A partida com ～. [S/同] Jṓténki; kṓténki. [A/反] Akúténkō.

kṓtéń[2] [**oó**] 公転【Astr.】A translação da Terra. *Chikyū wa taiyō no mawari o ～ shite iru* 地球は太陽のまわりを公転している A Terra gira em torno do sol. ◇ **～ undō** 公転運動 O movimento de ～. [A/反] Jitéń.

kṓtéń[3] [**oó**] 好転 A mudança favorável [para melhor]. *Jōkyō wa ～ shite kita* 情況は好転してきた A situação está mudando para melhor.

kṓtéń[4] [**oó**] 高点 A boa nota;「tirar」nota alta.

kṓten[5] [**óo**] 交点 O ponto de interse(c)ção.

kṓtéń[6] [**oó**] 荒天 O tempo bravo [proceloso]. ★ ～ *o okashite kōkai suru* 荒天を冒して航海する Navegar com ～.

koté-nágé 小手投げ【Sumô】O golpe de derrube pelo antebraço.

kotén-gaku 古典学 Os estudos clássicos; as humanidades. ◇ **～ ha** 古典学派 A escola clássica. **～ sha** 古典学者 O humanista [especialista em ～].

koténń-há 古典派 A linha [escola] clássica.

kṓ-ténki [**oó**] 好天気 ⇨ kṓtéń[1].

koténńkótén こてんこてん【G.】Completamente. *Teki o ～ ni yattsuketa* 敵をこてんこてんにやっつけた Desbaratámos ～ o inimigo. [S/同] Koténńpáń. ⇨ tettéí.

kṓtéń-séi 後天性 O ser pós-natal [adquirido]. ◇ **～ men'eki fuzenshō** 後天性免疫不全症候群 A Síndrome de Imuno-Deficiência Adquirida [SIDA] (Ing. AIDS). ⇨ kṓtéń-tékí.

koténń-shúgi 古典主義 O classicismo. ◇ **～ sha** 古典主義者 O classicista.

koténń-tékí 古典的 Clássico. ★ ～ *na kao o shite iru* 古典的な顔をしている Ter um rosto solene.

kṓtéń-tékí [**oó**] 後天的 Pós-natal; adquirido. *Kare no byōki wa ～ na mono da* 彼の病気は後天的なものだ A enfermidade dele é adquirida. [A/反] Seńtéń-tékí. ⇨ kṓtéń-séi.

koté-sákí 小手先 O ter mão [jeito]. ★ ～ *de gomakasu* 小手先でごまかす Enganar [Fazer batota]. ⇨ ko-[8].

koté-shírabe 小手調べ (<…[2] + shirábéru) O experimentar. *Ima no wa hon no ～ da* 今のはほんの小手調べだ (Isto) é só para experimentar.

kṓtétsu[1] [**oó**] 鋼鉄 O aço. ★ ～ *de dekita* [～(*sei*) *no*] *fune* 鋼鉄でできた[鋼鉄（製）の]船 O navio (feito) de ～. ～ *no yō na nikutai* [*ishi*] 鋼鉄のような肉体[意志] Um físico/corpo de ～ [Uma vontade de ferro]. ◇ ⇨ **～ ban**.

kṓtétsú[2] [**oó**] 更迭 A remodelação; a mudança「de funcionários da firma」. *Naikaku no dai- ～ ga atta* 内閣の大更迭があった Houve uma ～ radical no Governo. ★ *Kakuryō o* [*no*] ～ *suru* [*o okonau*] 閣僚を［の］更迭する[を行なう] Fazer uma ～ ministerial.

kṓtétsú-báń [**oó**] 鋼鉄板 A chapa [placa] de aço.

kṓtétsú-káń [**oó**] 甲鉄艦 O couraçado; o navio blindado.

kṓtingu [**óo**] コーティング (< Ing. coating) O revestimento; a cobertura.

kotó[1] 事 **1** [事柄] A coisa; o assunto; o caso; o facto. "*Agua*" *to wa porutogarugo de mizu no ～ da* アグアとはポルトガル語で水の事だ A palavra p. "água" significa "mizu" (em j.). *Anata wa kinō jibun no shita ～ o oboete inai no desu ka* あなたは昨日自分のした事を覚えていないのですか Não te lembras do que fizeste ontem? *Dekiru dake no ～ wa shimasu* 出来るだけの事はします Farei tudo o que estiver ao meu alcance. *Ore no iu ～ o kike* おれの言う事を聞け Tu ouve o que eu (te) digo! ★ ～ *mo arō ni* 事もあろうに Que coisa〔～ *mo arō ni kare wa kaigai ryokō-chū ni pasupōto o nakushita* 事もあろうに彼は海外旅行中にパスポートをなくした Vejam lá o que [que coisa] lhe havia de acontecer na viagem ao estrangeiro – perder o passaporte!〕. ⇨ kotó ní yórú tó. ～ *to mo sezu ni* 事ともせずに Sem pensar [se importar com].「… *shita*; … *suru*」～ *ga aru*「…した；…する」事がある Fazer a experiência〔*Burajiru ni itta ～ ga arimasu ka* ブラジルに行った事がありますか Você já foi ao B.? *Watashi wa basu ni you ～ ga aru* 私はバスに酔う事がある Por vezes enjoo de auto-carro [ônibus]〕.「… *suru*」～ *ni natte iru*「…する」事になっている Estar combinado〔*Asu koko de kare to au ～ ni natte iru* 明日ここで彼と会う事になっている Está combinado encontrar-me amanhã com ele aqui〕.「… *suru*」～ *ni suru*「…する」事にする Decidir〔*Iroiro kangaeta sue kare wa tohaku suru ～ ni shita* いろいろ考えた末彼は渡伯する事にした Depois de muito pensar, decidiu ir para o B. *Kono hanashi wa kikanakatta ～ ni shite kure* この話は聞かなかった事にしてくれ Faça de conta que não ouviu esta conversa〕.「… *suru*」～ *wa nai*「…する」事はない Não ter de〔*Daigaku juken ni shippai shita kara to itte nani mo hikan suru ～ wa nai* 大学受験に失敗したからといって何も悲観する事はない Não é preciso ficar desanimado só porque fracassou no exame de ingresso à universidade〕. *Fukō na ～ ni* 不幸な事に Por desgraça; infelizmente. *Jibun no ～ wa jibun de suru* 自分の事は自分でする Fazer cada qual o que lhe compete.「… *suru*」*to no ～ da*「…する」との事だ Dizem que; ouvi dizer que. *Umaku ～ o hakobu* うまく事を運ぶ Conduzir bem um assunto [negócio]; saber levar a coisa; dar bom andamento「a」. ◇ ⇨ **～ atarashii** [**gara**/**gotoni**/**kaku**/**kireru**/**komaka**/**mo-nage**/**nakare**/**ni yoru to**/**tariru**/**to suru**/**yosete**]. [S/同] Kotógárá. **2** [事件；出来事] A coisa; o acontecimento; o caso; a ocorrência; o incidente. *Donna ～ ga okorō to mo boku wa itsumo kimi no mikata da* どんな事が起ころうともぼくはいつも君の味方だ Aconteça o que acontecer, ficarei sempre do teu lado. ★ ～ *aru goto ni* 事ある毎に Sempre que for o caso [acontecer alguma coisa]〔～ *aru goto ni kare wa watashi o kabatte kureta* 事あるごとに彼は私をかばってくれた Ele protegeu-me, sempre que precisei〕. ～ *da* 事だ Ser uma coisa de estrondo〔*Sono jijitsu ga kōhyō saretara sore koso ～ da* その事実が公表されたらそれこそ事だ Se esse facto se tornar público, vai ser uma bomba [é que vai ser]!〕. ～ *naki o eru* 事なきを得る Sair-se bem; conseguir contornar uma dificuldade. ～ *ni ataru* 事に当たる Desempenhar uma função; dedicar-se a; meter mãos à obra. ～ *o aradateru*

[kamaeru; konomu] 事を荒立てる [構える；好む] Levantar problemas [Armar; Gostar de] encrencas. S/同 Dekígoto; jīken. ⇨ genshó[1]; jishó.
3 [事情；事態] (O estado das) coisas; a situação. *koko ni itatte wa mō nigeru shika nai* 事ここに至っては逃げるしかない Agora [Nesta situação] só nos resta fugir. *Nakittsura ni hachi to wa kono ~ da* 泣きっ面に蜂とはこの事だ Isto é mesmo (como se costuma dizer:) "uma desgraça nunca vem só". S/同 Jijō; jítai. ⇨ yōsú.
4 [命令の意を表わす] Só quero que ... *Tenji-hin ni o furenai* 展示品に手を触れない事 Não tocar [mexer] nos artigos expostos! **5** ["... ないことには"の形で仮定の意を表す] Sr. *Hakkiri shita setsumei o kikanai ~ ni ua nattoku dekinai* はっきりした説明を聞かない事には納得できない Não concordo, enquanto [~] não ouvir uma explicação clara. **6** [感嘆の意を表す] Oh! *Mā osoroshii hanashi da ~* まあ恐ろしい話だこと Oh, que história terrível! **7** [あだ名・雅号・芸名などに付けてすなわちの意を表す] Isto é; ou seja; aliás. *Ōgai ~ Mori Rintarō* 鴎外こと森林太郎 Ogai, ~, Rintarō Mori. **8** [間] (A duração de) tempo. *Nagai ~ kakatte kotae o dashita* 長いことかかって答えを出した Demorei muito a achar uma resposta/solução. **9** [特殊な言い回し] そ coisa. *Kare wa sono hi no kome o kau ni mo ~ (o) kaku* 彼はその日の米を買うにも事(を)欠く Ele tem dinheiro tem para comer. ★ ~ *o wakeru* 事を分ける Dizer ponto por ponto.
kóto[2] 琴・箏 O coto (Harpa do J.). ★ ~ *o hiku* 琴をひく Tocar coto.
kóto[3] 古都【E.】**a)** A antiga capital; **b)** A cidade antiga.
kóto[4] 糊塗【E.】O conserto [remendo] provisório; o remedeio. ★ ~ *suru* 糊塗する Resolver [Remediar] provisoriamente [*Genjō iji no na no moto ni ichiji ~ suru* 現状維持の名のもとに一時を糊塗する Resolver provisoriamente a questão, mantendo as coisas na mesma].
kotō 孤島 A ilha [terra] solitária [isolada; perdida]. ~ *Riku no ~* 陸の孤島 O lugar perdido. S/同 Ritó. A/反 Guntó. ⇨ shima[1].
kōto[1] [óo] コート (< Ing. coat) **a)** O sobretudo; **b)** O casaco. ~ *o kiru* [*nugu*] コートを着る[脱ぐ] Pôr [Tirar] ~. ◇ **Hāfu** ~ ハーフコート O ~ curto.
kōto[2] [óo] コート (< Ing. court) O campo; a quadra. ◇ **Tenisu** ~ テニスコート O de tê[é]nis.
kōtō[1] [koó] 口頭 A oralidade. ★ ~ *de tsutaeru* 口頭で伝える Transmitir oralmente. ~ *no* [*shiken*] 口頭の[試験]【Dir.】O exame oral. ◇ ~ **benron** 口頭弁論【Dir.】O processo oral.
kōtō[2] [koó] 高等 De categoria elevada; de nível alto [superior]. ★ ~ *na* [*no*] [*gijutsu*] 高等な[の] 「技術」A técnica j.] avançada (de alto nível). ◇ ~ **benmukan** 高等弁務官 O alto comissário [dos refugiados]. ⇨ ~ **dōbutsu** 高等動物 O animal superior. ⇨ ~ **gakkō**. ~ **kyōiku** 高等教育 A educação superior [universitária]. ~ **saibansho** 高等裁判所 O Supremo Tribunal. ~ **sūgaku** 高等数学 A matemática superior. A/反 Kató.
kōtō[3] [koó] 喉頭【Anat.】A laringe. ◇ ⇨ ~ **en**. ⇨ ~ **on** 喉頭音【Lin.】O som gutural.
kōtō[4] [koó] 高[昂] 騰 A subida muito grande. *Seikatsu-hi ga ~ shite iru* 生活費が高騰している O custo de vida está subindo excessivamente. ★ *Bukka ~ no* 物価の高騰 ~/O encarecimento das coisas.
kōtō[5] [koó] 好投【Beis.】O bom arremesso [lançamento]. ★ ~ *suru* 好投する Fazer um ~.
kōtō[6] [koó] 紅灯【E.】A luz [lanterna] vermelha. ★ ~ *no chimata* 紅灯の巷 O bairro de prostituição.
kōtō[7] [koó] 公党 O partido político. S/同 Seítō (+).
kotó-átáráshíi 事新しい Novo. ★ *Koto-atarashiku noberu made mo nai ga* 事新しく述べるまでもないが Nem seria preciso dizer novamente [de ~], mas ...
kotobá 言葉 A palavra; o vocábulo; o termo; a língua; a linguagem. ~ *de(wa)ii-arawasenai hodo anata ni wa kansha shite imasu* 言葉で(は)言い表せない程あなたには感謝しています Não sei como lhe expressar o meu agradecimento. *Ichidō o daihyō shite kansha* [*kangei*] *no ~ o mōshiagemasu* 一同を代表して感謝[歓迎]の言葉を申し上げます Quero agradecer-lhe [dar-lhe as boas-vindas] em nome de todos. ~ *ga arai* [*kitanai*] 言葉が荒い[汚い] Usar uma linguagem grosseira [suja]. ~ *ga kirei* [*jōhin*] *da* 言葉がきれい[上品]だ Usar uma linguagem bonita [refinada/elegante]. ~ *ga togaru* 言葉が尖る Usar uma linguagem áspera [cortante]. ~ *ga tsūjinai* 言葉が通じない Não se entender. ~ *ni amaeru* 言葉に甘える Aproveitar a gentileza da oferta [e sentar-se]. ~ *ni kado* [*toge*] *ga aru* 言葉に角[とげ]がある Falar com sarcasmo; ser mordaz. ~ *ni tsukusenu kurō o suru* 言葉に尽くせぬ苦労をする Sofrer indizivelmente. ~ *ni tsumaru* 言葉に詰まる Ficar sem palavra(s); não saber (o) que dizer. ~ *no arasoi* 言葉の争い ⇨ kốron. ~ *no aya* 言葉の綾 A figura de retórica. ~ *no kabe* 言葉の壁 A barreira linguística [*Sono Nihon no seinen wa ~ no kabe o norikoete Burajiru-musume to kekkon shita* その日本の青年は言葉の壁を乗り越えてブラジル娘と結婚した Esse moço j., passando por cima da barreira da língua, acabou por casar com uma b.]. ~ *o kaesu* 言葉を返す Replicar [*O-~ o kaesu yō desu ga sore wa chotto hen da to omoimasu* お言葉を返すようですがそれはちょっと変だと思います Não é que queira discordar, mas acho isso um tanto estranho] ~ *o kaete ieba* 言葉を換えて言えば (Dizendo) por outras palavras. ~ *o kawasu* 言葉を かわす Trocar umas palavras [*Kare to wa futa-koto mi-koto ~ o kawashita teido no naka desu* 彼とは二言三言言葉をかわした程度の仲です Ele e eu só nos conhecemos por termos trocado umas palavras]. ~ *o kazaru* 言葉を飾る Usar linguagem floreada; falar eufemisticamente. ~ *o nigosu* 言葉を濁す Falar de maneira ambígua [vaga]. ~ *o tsukushite setsumei suru* 言葉を尽くして説明する Explicar exaustivamente. ~ *o tsutsushimu* 言葉を慎む Ser prudente no falar; medir as palavras. ~ *o tagaeru* 言葉を たがえる Faltar à palavra. ~ *takumi ni hito o damasu* 言葉巧みに人をだます Enganar os outros com muita lábia. *Hito ni yasashii ~ o kakeru* 人に優しい言葉をかける Falar com gentileza. *Kangae o ~ ni arawasu* 考えを言葉に表す Expressar o seu pensamento. ◇ ~ **asobi** 言葉遊び O jogo de palavras [linguagem]. **Kyō** ~ 京言葉 O dialecto de Quioto. **Hanashi** [**Kaki**] ~ 話し[書き]言葉 A linguagem verbal [escrita]. ⇨ bungō; kōgo[2]; géngo[1]; go[2]; góku[1]; mónku.
kotóbá-gákí 詞[言葉]書き (< ... +káku) **1** [和歌

俳句などの前の] A nota introdutória (a um poema). ⇨ maé-gákí. **2** [絵巻物の説明文] A nota de esclarecimento (junto a uma pintura em rolo). **3** [絵本の会話の文] O diálogo entre as personagens (num livro ilustrado).

kotóbá-jírí 言葉尻 (<… + shirí) O fim da palavra. ★ ～ *o toraeru* 言葉尻をとらえる Implicar com o que os outros dizem [Pegar na palavra]. ⇨ agé-áshí.

kotóbá-tsúkí 言葉付き (<… + tsúku) O modo de falar [dizer]. [S/同] Gochṓ; hanáshí-búrí.

kotóbá-zúkai 言葉使[遣]い (<… + tsukáú) O modo de falar; a linguagem; a expressão. ★ ～ *no teinei na josei* 言葉使いのていねいな女性 A mulher de linguagem educada [cortês]. ～ *no yoi* [*warui*] *hito* 言葉使いの良い[悪い]人 A pessoa educada [mal-educada] no falar.

kṓtṓ-bu [**koótóo**] 後頭部【Anat.】A região occipital.

kotóbuki 寿 **1** [祝詞] Os parabéns; as felicitações; as congratulações. [S/同] Shukújí; shukúshí. **2** [長命] A longevidade. [S/同] Chṓju (+); chṓméí (+).

kṓtṓ-en [**koótóo**] 喉頭炎【Med.】A laringite.

kṓtṓ-gákkō [**koó**] 高等学校 **1** [新制の] A escola secundária (3 anos anteriores à universidade). ◇ **Futsū** [**Joshi**] **～** 普通[女子]高等学校 ～ geral [feminina]. **Kōgyō** [**Nōgyō; Shōgyō**] **～** 工業[農業; 商業]高等学校 ～ técnica [agrícola; comercial]. **Zennichi** [**Teiji**] **sei ～** 全日[定時]制高等学校 ～ em sistema de horário integral [parcial]. ⇨ chū́gaku. **2** [旧制の] (A.) A escola superior.

kotógárá 事柄 A matéria; o assunto; o tópico; a questão. ★ *Kinsen-jō no* ～ 金銭上の事柄 A questão monetária. [S/同] Jijṓ (+). ⇨ kotó[1].

kotógótoku 悉く Tudo [Totalmente]; inteiramente; completamente; sem excepção. *Watashi no shigoto wa* ～ *shippai datta* 私の仕事はことごとく失敗だった O meu trabalho foi um completo fracasso. [S/同] Súbete (+); zénbu (+).

kotó-góto-ni 事毎に Em tudo; em cada caso. *Kare wa* ～ *seikō* [*shippai*] *shita* 彼は事毎に成功[失敗]した Ele teve êxito [fracassou] ～. ★ ～ *hantai suru* 事毎に反対する Opor-se a tudo. ⇨ ítsu-mo.

kotógótóshíí 事事しい Pomposo; pretencioso; exagerado. [S/同] Gyṓgyṓshíí (+); ṓgésá.

kṓtṓ-há [**koó**] 高踏派 A escola parnasiana.

kotóhógu 寿[言祝]ぐ【E.】Dar os parabéns; felicitar; desejar felicidades. ★ *Chōju o* ～ 長寿を寿ぐ ～ pelos longos anos de vida.

K

kotó-kákú 事欠く **1** [不自由する] Carecer [Ter falta]「de」. *Kono shima de wa shokuryō ni wa kotokakanai* この島では食料には事欠かない Os alimentos não faltam nesta ilha. [S/同] Fujíyū́ súrú. [A/反] Kotó-tarírú. **2** [よりによって] Não ter mais (o) que fazer. *Iu ni koto-kaite hito no himitsu o shaberu nan-te* 言うに事欠いて人の秘密をしゃべるなんて Não tem mais nada que fazer senão estar a contar segredos dos outros? ⇨ yorí-ni-yótte.

kotó-kíréru 事切れる Dar o último suspiro; morrer. *Isha ga kita toki ni wa kare wa sude ni kotokirete ita* 医者が来たときには彼はすでに事切れていた Quando o médico chegou, ele já tinha expirado [morrido; dado…]. [S/同] Shinú (+).

kotó-kómáka 事細か O ser minucioso [pormenorizado]; a minuciosidade. ★ ～ *ni setsumei suru* 事細かに説明する Explicar minuciosamente [pormenorizadamente; em pormenor]. ⇨ kuwáshíi; shṓsáí[1].

kótokoto ことこと **1** [物を軽くたたくときの音] Toc, toc. *Suisha ga* ～ *kotton to oto o tatete iru* 水車がことことこっとんと音を立てている O moinho (de água) faz pás, pás, contrapás. **2** [物が静かに煮える音] (Im. de fervura branda). ～(*to*) *mame ga niete iru* ことこと(と)豆が煮えている Os feijões estão a cozer em lume brando.

kṓtókú[1] [**koó**] 公徳 (Abrev. de kōshū dōtoku) O civismo [A moral pública]; as virtudes cívicas. ◇ ⇨ **～ shin**.

kṓtókú[2] [**koó**] 高徳【E.】A grande virtude. [S/同] Daítókú. ⇨ tokú[2].

kṓtókú-shin [**oó**] 公徳心 A consciência cívica [O sentido de civismo]. ★ ～ *o kaku*「*hito*」公徳心を欠く「人」O indivíduo sem ～. ⇨ kṓtókú[1].

kotó-mo-nage 事も無げ (<… + nái) Como se nada fosse「deitou aquele gigante ao chão」. ～ *ni iu* 事も無げに言う Falar como se nada fosse [tivesse acontecido]. ⇨ heíkí[1]; mutónchaku; muzṓsa.

kṓtṓ-múkéí [**koó**] 荒唐無稽【E.】O absurdo; a insensatez; a tolice; o disparate. ★ ～ *na koto o iu* 荒唐な事を言う Dizer disparates. ⇨ detárámé.

kotó-nákáre 事勿れ (<… [1] + nái) A paz acima de tudo. ～事勿れ Oxalá que não「nos」aconteça nada de mal! ◇ **～ shugi** 事勿れ主義 O princípio da "paz acima de tudo".

kotónáru 異なる Diferir; ser diferente [distinto; diverso]. *Fūzoku wa kuni ni yotte ichijirushiku* ～ 風俗は国によって著しく異なる Os costumes diferem de país para país. *Hito wa sorezore kotonatta kuse o motte iru* 人はそれぞれ異なったくせを持っている Cada um tem os seus hábitos. [S/同] Chigáú. ⇨ kotó-ni-suru.

kóto-ni 殊に Especialmente; particularmente; excepcionalmente. *Kono fuyu wa* ～ *samukatta* この冬は殊に寒かった Este inverno foi excepcionalmente frio. *Watashi wa supōtsu,* ～ *sakkā ga suki da* 私はスポーツ, 殊にサッカーが好きだ Gosto de desportos, especialmente [sobretudo] de futebol. [S/同] Tóku-ni (+).

kotó-ni-suru 異にする【E.】Diferir; diferenciar-se; ser diverso. *Kono ten de kanojo wa watashi to kenkai o koto ni shite iru* この点で彼女は私と見解を異にしている Neste ponto ela tem uma maneira de ver diferente da minha. ⇨ kotónáru.

kotó ní yórú tó [**yóttára**] 事によると[よったら] Pode ser; talvez; quem sabe? ～ *kyō kare wa konai ka-mo shirenai* 事によると今日, 彼は来ないかもしれない Pode ser que ele não venha hoje. [S/同] Arúiwa; hyottó súrú tó; móshi ka shitara (+).

kotó-nó-hóká 殊の外 **1** [特別に] Especialmente; excepcionalmente; extremamente. *Kono fuyu wa* ～ *samui* この冬は殊の外寒い Este inverno tem sido ～ frio. [S/同] Tokúbétsú ní (+); tókuni (o). **2** [案外] Inesperadamente. ★ ～ *jikan ga kakatta* 殊の外時間がかかった Levou mais tempo do que se esperava/pensava. [S/同] Angáí (+); omóí nó hóká.

ko-tórí[1] 小鳥 O passarinho; a avezinha. ★ ～ *o kau* 小鳥を飼う Criar ～s.

kotóri[2] ことり (Im. do som de ligeira pancada). *Tonari no heya de kare wa nani o shite iru no ka* ～ *to mo oto ga shinai* 隣の部屋で彼は何をしているのかこ

とりとも音がしない O que estará ele a fazer no quarto ao lado que nem o mais ligeiro ruído se ouve!

kōtóri(i) [koó] 公取 (委) ⇨ kōséi¹ ◇.
kō-tórikumi 好取組【Sumô】A boa luta [pega].
kotósárá (ni) 殊更 (に) **1** [特に] Especialmente; particularmente. *Kono jiken wa ~ koko de sawagi-tateru hitsuyô mo nai* この事件は殊更ここで騒ぎ立てる必要もない Não há necessidade de estar agora a fazer grande barulho em torno deste assunto. ★ *~ daiji o toru* 殊更大事をとる Ser especialmente prudente; tomar todo o cuidado. ⓈⓂ Tóku-ni (o); toríwáké (+). **2**［わざと］Intencionalmente; de propósito. *~ yatta wake dewa nai* 殊更やった訳ではない Não fiz isso /Fiz isso [Foi] sem querer. ⓈⓂ Kói ni (+); wázáto (o); wázawaza (+).
kotóshí 今年 Este ano; o presente ano; o ano corrente. *~ mo amasu tokoro ato mikka da* 今年も余すところあと三日だ Faltam três dias apenas para terminar e [este] ano. ★ *~ jū ni* 今年中に (Ainda) este ano; durante o corrente ano. ⓈⓂ Hónnen; tônen. ⇨ kyónen; raínén.
kōtō-shúgi [koó] 高踏主義 O parnasianismo. ◇ *~ sha* 高踏主義者 O parnasiano. ⇨ kōtô-há.
kotó-táriru̶[-táru̶] 事足りる［足る］Ser suficiente; corresponder às [satisfazer as] necessidades. *Sashiatari go sen en mo areba ~* 差し当たり五千円もあれば事足りる Por agora [Para já] cinco mil yens chegam. ⓈⓂ Júbun; maníau. Ⓐ⃝ Kotó-káku.
kōtô-téki [koó] 高踏的 **1** Transcendente; superior; elevado. ★ *~ na bungaku sakuhin* 高踏的な文学作品 A obra literária altamente intelectual.
kotó to suru 事とする【E.】**1** [仕事として] Ocupar-se「de」; dedicar-se「a」. *Kare wa kenkyū o koto to shite iru* 彼は研究を事としている Ele dedica-se à investigação. **2**［ふける］Entregar-se「a」; deixar-se absorver「por」. ★ *Kyōraku o koto to shite gimu o wasureru* 享楽を事として義務を忘れる Entregar-se aos prazeres esquecendo o dever. ⓈⓂ Fukéru.
kotówárí¹ 断り **1**［謝絶; 辞退］A recusa [não aceitação]. *Zōka no gi o o-~ itashimasu* 造花の儀をお断り致します Não se aceitam flores (neste funeral). ◇ *~ jō* [**no tegami**] 断り状 [の手紙] A carta de ~. ⓈⓂ Jítai; shazétsú. **2**［拒絶］A recusa; a rejeição. *Sonna muri na mōshide wa o-~ shimasu* そんな無理な申し出はお断りします Recuso-me a aceitar tal proposta. ⓈⓂ Kyóhi; kyozétsú. **3**［謝罪］A desculpa; a justificação. *Kare wa byōki de shusseki dekinakatta to ~ no tegami o yokoshita* 彼は病気で出席できなかったと断りの手紙をよこした Ele mandou uma carta justificando a sua ausência (por motivo de) doença. ★ *~ o iu* 断りを言う Dar uma ~. ◇ *~ jō* 断り状 A carta de ~. ⓈⓂ Iíwáke; shazái. **4**［許可を得る目的での予告すること］A licença; o aviso; o prevenir; o explicar「no prefácio」. *~ nashi ni* [*~ mo naku*] *hito no heya ni haitte wa ikenai* 断りなしに [断りもなく] 人の部屋にはいってはいけない Não se deve entrar onde está alguém, sem pedir licença. ◇ *~ * **gaki**. **5**［禁止］A proibição. *Gairaisha nyūjō o-~* 外来者入場お断り (掲示) Entrada proibida! ⓈⓂ Kínshí.
kotówári² 理 A razão. ⓈⓂ Dóri (o); jôri (+); ri.
kotówári-gáki 断り書き (< *~*¹ + káku) A nota explicativa.

kotówáru 断る **1**［辞退する］Recusar; rejeitar; declinar. ★ *Mōshide o ~* 申し出を断る ~ uma oferta [proposta / um pedido]. ⓈⓂ Jítai suru. **2** [拒絶する] Recusar; rejeitar. *Ano hito ni wa nani o tanomete mo kotowarenai* あの人には何をたのまれても断れない Não posso ~ nenhum pedido daquela pessoa. ★ *Kane no mushin o ~* 金の無心を断る Recusar um pedido de dinheiro. *Kippari ~* きっぱり断る Recusar peremptoriamente [categoricamente]. ⓈⓂ Kyozétsú súrú. **3** [予告して許しを得る] Pedir licença; avisar. *Dare ni kotowatte sonna koto o shita no ka* 誰に断ってそんな事をしたのか A quem pediu (licença) para fazer isso? ⇨ ryōkú; yokóku.
kotówázá 諺 O provérbio; o adágio; o rifão; o ditado; a máxima. *Isogaba maware to iu ~ ga aru* 急がば回れという諺がある Há um provérbio que diz: Quanto mais depressa, mais devagar. ⓈⓂ Kakúgeń; keíkú; kińgeń.
kotó-yosete 事寄せて (< *~*¹ + yosérú) **1** [口実にして] Sob [Com] o pretexto de. ★ *Byōki ni jishoku suru* 病気に事寄せて辞職する Pedir a demissão ~ a doença. **2**［託して］Usando「uma imagem」.
kotó-zúkaru 言付かる・託かる (⇨ kotó-zúkeru) Ser encarregado de (fazer) algo. *Chichi kara kono tegami o kotozukatte mairimashita* 父からこの手紙を言付かって参りました Vim trazer esta carta do meu pai. ★ *Kotozukari mono* 託かり物 O obje(c)to ao cuidado de alguém.
kotó-zúké 言付け・託け O recado; a mensagem. *Watashi ni nani ka ~ ga arimashita ka* 私に何か言付けがありましたか Há [Houve/Veio] algum ~ para mim? ★ *~ o motte iku* 言付けを持って行く Levar um ~ a alguém. *~ o tanomu* 言付けを頼む Pedir para fazer um ~. ⓈⓂ Deńgóń; kotózúté; mésséji.
kotó-zúkeru 言付ける・託ける (⇨ kotó-zúkaru) Encarregar de algo. ★ *Yūjin e no tegami [o-miyage] o musuko ni ~* 友人への手紙[お土産]を息子に言付ける Encarregar o filho de entregar uma carta [um presente] a um amigo. ⇨ kotó-zúké[té].
kotó-zúté 言伝て A mensagem; o recado. ⓈⓂ Deńgóń; kotó-zúké.
kotsu¹ 骨 **1** [骨] O osso. *Hone* (+). **2** [遺骨] As cinzas; os ossos; os restos mortais. ★ (*o-*) *~ o hirou* お骨を拾う Recolher ~. (*o-*) *~ o osameru* (お) 骨を納める Enterrar [Sepultar]. ◇ *~* **hiroi**. *~* **tsubo** 骨壺 A urna funerária para as cinzas. Ikótsú; nōkótsú.
kotsu² こつ O jeito; a arte; a habilidade; o tacto. *Kare wa sērusu no ~ o shitte iru* 彼はセールスのこつを知っている Ele tem ~ para vender. *Sono to o akeru ni wa ~ ga iru [aru]* その戸をあけるにはこつがいる[ある] É preciso jeito para abrir essa porta. ★ *~ o nomikomu* こつをのみ込む Apanhar o jeito. ⓈⓂ Gíjutsu; kań-dókóró; kokyū́; kyū́shō.
kōtsū́ [oó] 交通 O trânsito; a comunicação; o transporte; o transporte; as comunicações. *Kono atari wa nennen ~ ga hageshiku naru* このあたりは年々交通が激しくなる O trânsito aqui está a ficar impossível de ano para ano. *Ō-yuki no tame ~ ga kanzen ni tomatta* 大雪のため交通が完全に止まった Este nevão parou completamente o trânsito. ★ *~ no ben* 交通の便 As facilidades de transporte [comunicação] [*Koko wa*

~ no ben ga yoi ここは交通の便が良い Aqui as comunicações são boas. ~ o tomeru [shadan suru] 交通を止める[しゃ断する] Parar [Bloquear; Cortar] o trânsito. ◇ ~ **anzen** 交通安全 A segurança do trânsito. ~ **bōgai** 交通妨害 A obstrução do trânsito/tráfego. ~ **dōtoku** 交通道徳 O civismo na estrada. ⇨ ~ hi. ~ **hyōshiki** 交通標識 A placa de sinalização [O sinal] de trânsito. ~ **ihan** 交通違反 A violação das [infracção às] regras de trânsito. ~ **ihansha** 交通違反者 O infractor das regras de trânsito. ~ **jiko** 交通事故 O acidente (de trânsito) [~ jiko ni au 交通事故にあう Ter um acidente. ~ jiko o okosu 交通事故を起こす Causar um acidente]. ~ **jiko-shi** 交通事故死 A morte por acidente de trânsito/carro. ~ **junsa** 交通巡査 O polícia [agente] de trânsito. ~ **jūtai** 交通渋滞 O engarrafamento (de trânsito). ~ **kikan** 交通機関 O meio de transporte. ~ **kisoku** 交通規則 As regras de trânsito. **(Nihon)** ~ **kōsha** (日本)交通公社 A Agência de Turismo (do J.) [J.T.B.]. ~ **mahi** 交通麻痺 A paralisação do trânsito. ~ **mō** 交通網 A rede de transportes. ⇨ ~ **ro [ryō]**. ~ **seiri** 交通整理 O controle do trânsito [~ seiri o suru 交通整理をする Controlar [Regular] o trânsito). ~ **shingō** 交通信号 O sinal de trânsito; o semáforo; o farol (B.). ◇ ōrái¹; tsúkō¹.

kotsú-bán 骨盤【Anat.】A pelve [pélvis]; a [os ossos da] bacia. ⇨ kotsú¹.

ko-tsúbú 小粒 O grão pequeno/grãozinho; o grânulo. ★ ~ no「mame」小粒の「豆」O feijão miúdo. ⟨ことわざ⟩ Sanshō wa ~ de-mo piriri to karai 山椒は小粒でもぴりりと辛い Ele é pequenito mas esperto ("Como o ~ de pimenta"). Ⓐ/反 Ōtsúbú. ⇨ ko-gárá.

kotsu-gárá 骨柄 (<...¹ + gará¹) **1**【骨組み】A constituição física. S/同 Honé-gúmí (+). **2**【人品】A aparência pessoal. S/同 Hitó-gárá (+).

kó-tsúgō 「kóó」好都合 O calhar bem; o convir; 「tive」a sorte「de o ver」. ★ Banji ~ ni itta [hakonda] 万事好都合に行った [運んだ] Tudo correu bem. Ⓐ/反 Fu-tsúgó.

kótsú-hi 「kóótsúú」交通費 As despesas de transporte [da viagem (+)]. ★ ~ o shikyū suru 交通費を支給する Pagar ~.

kotsú-hiroí 骨拾い (<...² + hiróú) A recolha das cinzas [dos ossos].

kótsukotsu こつこつ【On.】**1**【たゆまず着実に】Sem parar; com afinco; com constância. ★ ~ (to) benkyō suru こつこつ(と)勉強する Estudar ~. **2**【堅いものが軽くふれ合う音, またはそのようす】Pum, pum. ~ to tōri o aruku kutsu-oto ga shita こつこつと通りを歩く靴音がした O som de passos ecoava na rua[, ~].

kotsú-mákú 骨膜【Anat.】O perióstio.

kotsúmákú-en 骨膜炎【Med.】A perioste.

kotsun こつん Pum!; Pumba! ★ ~ to こつんと [~ to doa ni atama o butsuketa こつんとドアに頭をぶつけた ~, dei com a cabeça na porta].

kotsu-nikú 骨肉【骨と肉】Os ossos e a carne. ⇨ honé; nikú. **2**【肉親】O ser família. ★ ~ ai-hamu 骨肉相食む Estar mal com a família. ~ no[o waketa] aidagara 骨肉の[を分けた] 間柄 O parentesco. ~ no arasoi 骨肉の争い Guerras de parentesco. S/同 Ketsúzoku (+); nikúshín (o).

kótsú-ro 「kóótsúú」交通路 As vias de trânsito; as linhas de comunicação.

kótsú-ryō 「kóótsúu」交通量 A intensidade [O volume] do trânsito. ★ ~ ga ōi [sukunai] dōro 交通量が多い[少ない]道路 A estrada com grande [reduzida/o] ~.

kotsuzén (to) 忽然(と) Repentinamente; inesperadamente; de repente. Sono hitokage wa ~ to shite kiesatta その人影は忽然として消え去った ~ o vulto (humano) desapareceu. S/同 Totsúzén (+).

kotsú-zui 骨髄【Anat.】A medula; o tutano. Aitsu ni wa urami ~ ni tessuru あいつには恨み骨髄に徹する Tenho um rancor visceral [ódio figadal] àquele tipo. ◇ ~ **en** 骨髄炎 O osteomielite.

kótta 凝った (< kóru) Elaborado; refinado; trabalhado; sofisticado. ◇ ~ **saiku** 凝った細工 O artefacto requintadamente trabalhado.

kottéri (to) こってり(と)【On.】**1**【味や色が濃厚なようす】(Im. de grosso, pesado, oleoso, excessivo). ★ ~ shita ryōri こってりした料理 A comida pesada [muito condimentada]; forte]. ⇨ nōkō². **2**【いやという程】(Im. de grande, exagerado). Oyaji ni ~ abura o shiborareta おやじにこってり油をしぼられた Levei uma boa rabecada [um grande raspanete] do meu pai.

kottō(hín) 骨董(品) As antiguidades; o bricabraque. ◇ ~ **shō** 骨董商 O antiquário; a loja de ~.

kóu 請う[乞う] Pedir; requerer; solicitar; suplicar; implorar. "~ go-kitai" "請う御期待" Não perca as esperanças [a expectativa]. Oshie o ~ 教えを請う Pedir instruções. ~ kibō ◇ ; negáu; tanómu.

kóu [óó] 降雨 A (queda de) chuva; a precipitação. Hitoban de kanari no ~ ga atta 一晩でかなりの降雨があった Choveu muito toda a noite. ◇ ~ **ryō** 降雨量 A quantidade de ~. **Jinkō** ~ 人工降雨 A chuva artificial. ⇨ áme¹.

kóún [óó] 幸[好]運 A (boa) sorte. ~ no megami ga wareware ni hohoende iru 幸運の女神が我々にほほえんでいる A (deusa da) sorte está a nosso favor. Go-~ o inorimasu 御幸運を祈ります Desejo-lhe boa sorte. ★ ~ na「otoko」幸運な「男」「O homem」com [da] sorte. Ⓐ/反 Fúun; híun.

kóún-ji [óó] 幸運児 O felizardo. ⇨ kóún.

kóúnki [óó] 耕耘機 O cultivador [tra(c)tor agrícola「para plantar arroz」].

ko-úri 小売り A venda a retalho; o varejo. ★ ~(o) suru 小売り(を)する Vender a retalho. ◇ ~ **gyōsha** [shō] 小売り業者[商] O retalhista; o varejista. ~ **kakaku** [**nedan**] 小売り価格[値段] O preço do retalho.

koúri-ten 小売店 A loja de venda a retalho.

ko-úrúsái 小うるさい Um pouco maçador. Kare wa wareware ni totte ~ sonzai da 彼は我々にとって小うるさい存在だ Ele é ~ para nós. ⇨ ko⁸.

ko-úshí 子[仔] 牛・犢 O vitelo [bezerro]; a vitela.

ko-úta 小唄 A balada.

kōwá [óó] 講話 A prele(c)ção; a conferência. ★ ~ o kiku 講話を聞く Assistir a uma palestra/~. "Keizai mondai ni tsuite" ~ suru 「経済問題について」講話する Fazer uma ~「sobre problemas de economia」. S/同 Kōén (+); sekkyō.

kṓwá[2] **[oó]** 講[媾]和 A paz. ★ ～ *suru* 講和する Concluir ～; fazer as pazes. ◇ **～ jōken [jōkō]** 講和条件 [条項]As condições [Os termos] de ～. **～ jōyaku** 講和条約 O tratado de ～. **～ kaigi** 講和会議 A conferência de ～. **Tandoku ～** 単独講和 ～ separada. ⇨ naká-náori; wáhei.

kowábáru 強[硬]張る (< kowái[2] + harú[2]) Ficar teso [hirto; duro]. *Kare wa kinchō de kao ga kowabatte iru* 彼は緊張で顔がこわばっている Ele está de cara tesa com [devido ao] nervosismo. ⇨ gówagowa; tsuppáru.

kowá-dáká 声高 (< kóe + takái) A voz alta [ruidosa]. ★ ～ *ni iu* 声高に言う Falar alto [em ～]. [S/同] Ṓgóe (+).

kowágári 怖[恐]がり O ser medroso/cobarde/tímido. *Kanojo wa sugoku ～ da* 彼女はすごく怖がりだ Ela é muito medrosa. ⇨ okúbyṓ; shṓshíń[1].

kowágáru 怖[恐]がる Te medo; recear; amedrontar-se; intimidar-se. *Kanojo wa kaminari o ～* 彼女はかみなりを怖がる Ela tem medo de trovões. ★ *Kowagaraseru* 怖がらせる Amedrontar; meter medo 「a」; atemorizar. *Kowagatte naku* 怖がって泣く Chorar de medo. [S/同] Osóréru; osóróshígáru.

kowá-gówa 恐恐 (< kowái[1] + kowái[1]) Com [A] medo; cautelosamente; timidamente. ★ ～ *nozoku* こわごわのぞく Espreitar ～. [S/同] Bíkubiku; okkáná-bíkkuri; osórú-ósoru.

kowái[1] 怖[恐]い Medonho; terrível; horrível; pavoroso; assustador; que dá medo (Ex. ～ = Ai que [Tenho] medo!). *Boku ni wa nani mo ～ mono wa nai* ぼくには何も怖いものはない Eu não tenho medo de nada. *Kare o okoraseru to ato ga ～* 彼をおこらせるとあとが怖い Quando o fazem zangar, ele é terrível. ★ ～ *aite* 怖い相手 O parceiro temível [difícil]. ～ *byōki* 怖い病気 A doença ～. ～ *kao o suru* 怖い顔をする Mostrar-se zangado. ～ *mono shirazu no otoko* 怖い物知らずの男 O homem intrépido [destemido]. ～ *yume* 怖い夢 O sonho terrível; o pesadelo. *Kowaku naru* 怖くなる Ficar com [cheio de] medo. *Kowakute furueru* 怖くて震える Tremer de medo. [S/同] Osóróshíi.

kowái[2] 強い **1** [固い] Duro; rijo. ★ ～ *go-han* こわいご飯 O arroz ～. ★ ～ *hige* [*kami*] こわいひげ [髪] A barba [O cabelo] rija[o] /crespa[o]. [S/同] Katái (+). **2** [ごわごわしている] Esticado; rígido; teso. *Shikifu no nori ga ～* 敷布の糊がこわい O lençol está teso de goma. [S/同] Katái (+). ⇨ gówagowa.

kowá-író 声色 (< kóe + …) **1** [話す時の声の調子] O tom de voz; a entoação. [S/同] Kowáné; kuchṓ (+). **2** [仮声] A imitação [O arremedo] de voz. ★ ～ *o tsukau* 声色を使う Imitar [Arremedar] a voz de outro. ⇨ seítái ◇.

ko-wáké 小分け (<… [8] + wakéru) A subdivisão. ★ ～ *suru* 小分けする Subdividir. [S/同] Saíbétsú; saíbúń; shṓ-kúbun.

ko-wákí 小脇 A axila; o sovaco. ★ ～ *ni hon o kakaete tsūgaku suru* 小脇に本をかかえて通学する Ir para a escola, levando os livros debaixo do braço.

kowákú-tékí 蠱惑的【E.】Fascinante; atraente; sedutor. ⇨ miwákú ◇.

kowáméshí 強飯 ⇨ sekíháń.

kṓwáń **[oó]** 港湾 O porto; o ancoradouro. ◇ **～ rōdōsha** 港湾労働者 O estivador. **～ shisetsu** 港湾施設 As instalações portuárias. [S/同] Minátó (+).

kowá-né 声音 (< kóe + ne[2]) O tom [timbre] de voz. [S/同] Kowáíró **1**.

kowáppa 小童【G.】O garoto; o fedelho; o pirralho; o moleque. ⇨ kozṓ; shṓnéń.

kowáré-mónó 壊[毀]れ物 (< kowáréru + …) **1** [こわれやすい物] O artigo frágil [quebradiço/quebrável]. ～ *toriatsukai chūi* 壊れ物取り扱い注意 (掲示) Frágil! Tratar com cuidado! **2** [こわれた物] O artigo quebrado [partido]. ★ ～ *o katazukeru* 壊れ物を片付ける Pôr de lado ～s.

kowáréru 壊[毀]れる (⇨ kowásu) **1** [破損する] Quebrar(-se); partir(-se); estragar-se. ★ *Kowarekakatta ie* 壊れかかった家 A casa a cair. *Konagona ni kowareta koppu* 粉々に壊れたコップ O copo esmigalhado. ⇨ hakáí[2] ◇; kudákéru. **2** [故障する] Avariar. *Kono tokei wa kowarete iru* この時計は壊れている Este relógio está estragado [avariado]. [S/同] Koshṓ súrú. **3** [ものごとがうまくいかなくなる] Fracassar; falhar; desmanchar-se. ★ *Keikaku ga ～* 計画が壊れる ～ o plano. ⇨ kuzúréru. **4** [金を細かくする] (Des)trocar dinheiro. *Dare ka ichi-man en ga ～ hito wa inai ka* 誰か一万円がこわれる人はいないか Alguém me poderia destrocar esta nota de dez mil yens?

kówasa 恐さ (< kowái[1]) O medo; o temor; o pavor; o terror. [S/同] Kyṓfu; osóré.

kowásu 壊[毀]す (⇨ kowáréru) **1** [破壊する] Quebrar; partir; estragar; destruir. *Ayamatte tsubo o konagona ni kowashite shimatta* あやまって壺をこなごなに壊してしまった Descuidei-me e estilhacei [parti] o vaso. ⇨ hakáí[2] ◇; kudáku; yabúru. **2** [機能をそこなう] Estragar; danificar; prejudicar. *Benkyō no shisugi de kare wa karada o kowashita* 勉強のしすぎで彼はからだをこわした Ele arruinou a saúde [ficou doente] com o excesso de estudo. ⇨ sokónáu. **3** [分解する; 取りこわす] Desmontar; desfazer; demolir. ★ *Ie o ～* 家を壊す Demolir a casa. ⇨ buńkáí[1] ◇; torí-kówásu. **4** [物事のまとまっている状態をくずす] Desmanchar. *Musume no endan o ～ tsumori wa nai* 娘の縁談を壊すつもりはない Não quero ～ [fazer gorar] as perspectivas de casamento da minha filha. [S/同] Damé ni suru. **5** [お金をくずす] Trocar em miúdos. ★ *Sen-en satsu o ～* 千円札を壊す Trocar a nota de mil yens em miúdos. [S/同] Kuzúsu (+).

koyá 小屋[舎] **1** [小さくて粗末なつくりの建物] O barraco; a cabana; a choupana. ★ ～ *o tateru* 小屋を建てる Construir ～. ⇨ hottáté-góya. **2** [芝居やサーカスの建物] A tenda 「do circo」. ⇨ gekíjṓ[1].

kṓya[1] **[óo]** 荒野【E.】O sertão; o mato; a terra inculta [deserta; desolada]. [S/同] Arénó; gén'ya.

kṓya[2] **[óo]** 広[曠]野【E.】A planície; a estepe. [S/同] Hirónó.

kṓya[3] **[oó]** 紺屋 A tinturaria; o tintureiro. [P/ことわざ] ～ *no asatte* 紺屋の明後日 No dia de São Nunca (à tarde). ～ *no shirabakama* 紺屋の白袴 Em casa de ferreiro, espeto de pau. [S/同] Koń-yá; soméḿónó-yá (+).

kṓyá-dṓfu **[koó-dóo]** 高野豆腐 O "tôfu" seco. [S/同] Kṓrídṓfu; shimídṓfu.

koyá-gáké 小屋掛け (<… + kakéru) A barraca montada (Temporária);

ko-yágí 子山羊【Zool.】O cabrito.

ko-yákú 子役 **a**) O papel de criança; **b**) A criança a(c)triz.

kṓyákú[1] **[oó]** 口約 A promessa verbal.

[S/同] Kuchí-yákusoku (+).

kṓyákú[2] [oó] 公約 A garantia [promessa] pública「feita na campanha eleitoral」; o compromisso oficial. ★ ～ *o hatasu* 公約を果たす Cumprir ～. ～ *suru* 公約する Prometer [Comprometer-se] publicamente. ⇨ yakúsókú.

kṓyákú[3] [oó] 膏薬 O emplastro; o esparadrapo; a pomada. ★ ～ *o haru* 膏薬をはる Colocar um emplastro. ⇨ nańkṓ[1].

ko-yákunin 小役人【G.】O funcionário público subalterno. [S/同] Kakyū́-kánri; shṓri. ⇨ ko-[8].

kṓyáku-sū [oó] 公約数【Mat.】O divisor [factor] comum. ◇ **Saidai ～** 最大公約数 O máximo ～. ⇨ kṓbái-sū.

ko-yámá 小山 (< ko-[8] + …) O morro; o outeiro; a colina. [S/同] Oká (+).

ko-yámí 小止み (< ko-[8] + yamú) A aberta; o parar「de chover」. *Ame ga ～ ni natta* 雨が小止みになった Parou de chover [Temos uma ～].

koyáshí 肥やし O adubo [estrume]. [S/同] Híryō (+); koé.

koyásu 肥やす **1** [ふとらせ, 豊かにする] Engordar「os vitelos」; enriquecer. ★ *Shifuku o* ～ 私腹を肥やす Meter para o bolso/Encher「egoistamente」os bolsos. **2** [地味を豊かにする] Adubar; estrumar. ★ *Yaseta tochi o* ～ やせた土地を肥やす ～ a terra pobre. **3** [経験を積んでものの値うちが分かる力を増させる] Cultivar; enriquecer; educar. ★ *Me o* ～ 目を肥やす Cultivar a vista (para o que é belo). *Mimi o* ～ 耳を肥やす Educar o ouvido (para a música). *Shita o* ～ 舌を肥やす Regalar o paladar.

koyṓ[1] 雇用 [傭] O emprego. ★ ～ *suru* 雇用する Empregar; dar serviço. ◇ **～ jōken** 雇用条件 As condições de ～. **～ keiyaku** 雇用契約 O contrato de ～. **～ kikan** 雇用期間 O período [prazo] de ～. ◇ ⇨ **～ sha**. ⇨ yatóu.

koyṓ[2] 小用【G.】(< ko-[8] + yō[3]) **1** [こまごました用事] O assunto insignificante; a ninharia. **2** [⇨ shṓyṓ[2]].

kṓyṓ[1] [koó] 公用 **1** [公の用務] O serviço oficial [público; do Estado]. *Kare wa ～ de hōnichi shite iru* 彼は公用で訪日している Ele está no J. em ～. ◇ **～ sha** 公用車 O carro oficial. [S/同] Kṓmu. [A/反] Shiyṓ. **2** [官庁で用いること]「o prédio para」Uso público [oficial]. ◇ **～ bun** 公用文 Os documentos oficiais [do Estado]. ⇨ **～ go.** [A/反] Shiyṓ. **3** [公の費用] A despesa pública. [A/反] Shiyṓ.

kṓyṓ[2] [koó] 紅 [黄] 葉 As folhas tingidas [avermelhadas; amareladas] do Outono; as folhas (pintalgadas) de variegadas cores. ★ ～ *suru* 紅葉する Revestir-se das cores outonais. [S/同] Mómiji.

kṓyṓ[3] [koó] 孝養 O dever [A piedade] filial. [S/同] Kṓkō (+).

kṓyṓ[4] [koó] 効用 **a**) (Tb. em Econ.) A utilidade [O uso]; **b**) O efeito「do remédio」. [S/同] Kṓka (+).

kṓyṓ[5] [koó] 高 [昂] 揚 A subida; o levantar「o moral dos investigadores」. ★ *Aikokushin no* ～ 愛国心の高揚 ～ do patriotismo.

kṓyṓ[6] [koó] 綱要【E.】Os elementos (essenciais)「de Matemática」. [S/同] Yṓryṓ (+); yṓtén (o).

kṓyṓ-gó [koó] 公用語 (< …[1] + go[2]) **1** [官庁の用語] A terminologia oficial. **2** [国際会議など公の場で使う言語] A língua oficial (de uma conferência internacional).

ko-yói 今宵 Esta noite. [S/同] Kónban (o); końséki; kón'ya (+).

ko-yṓji [óo] 小楊子 O palito. [S/同] Tsumá-yṓji (+).

kṓyṓ-ju [koóyóo] 広葉樹 A árvore de folhas largas. ◇ **～ rin** 広葉樹林 A floresta de ～. [S/同] Katsúyṓ-ju. [A/反] Shiń'yṓ-ju.

koyómí 暦 O calendário. ★ ～ *o kuru* [*mekuru*] 暦を繰る [めくる] Consultar [Folhear] ～. [S/同] Karéndā.

koyórí 紙撚り O fio de papel. ★ ～ *o yoru* 紙撚りをよる Fazer um ～.

koyṓ-sha [óo] 雇用者 A entidade patronal; o patrão. ◇ **Hi ～** 被雇用者 O empregado. [S/同] Koyṓ-nushi; yatói-nushi. ⇨ koyṓ[1].

koyṓte [óo] コヨーテ (< Ing. coyote) O chacal.

koyū́ 固有 **1** [特有] O ser próprio [característico/peculiar]. ★ *Burajiru ～ no shūkan* ブラジル固有の習慣 O costume peculiar do B.. ◇ **～ meishi** 固有名詞 (Gram.) O nome [substantivo] próprio. [S/同] Dokútókú (o); tókui; tokúyū́ (+). **2** [生得] Inerente; inalienável. ★ *Ningen ～ no kenri* 人間固有の権利 Os direitos ～ s da pessoa. [S/同] Shṓtókú.

kṓyú[1] [oó] 香油 O bálsamo [óleo perfumado].

kṓyú[2] [oó] 鉱油 O óleo mineral.

kṓyū́[1] [oó] 交友【E.】O amigo; o conhecido. ★ ～ *kankei o shiraberu* 交友関係を調べる Inquirir sobre as amizades [companhias] de alguém. ～ *o motsu* 交友を持つ Ter [Fazer] amizade「com」. ⇨ kṓyū́[4].

kṓyū́[2] [oó] 校友 O colega [companheiro] de escola. ◇ **～ kai** 校友会 A associação dos antigos ～.

kṓyū́[3] [oó] 公有 O ser do público. ★ ～ *no*「*tatemono*」公有の「建物」「O edifício」público. ◇ **～ chi** 公有地 O terreno público. **～ zaisan** 公有財産 A propriedade pública. [A/反] Shiyū́. ⇨ kokúyū́.

kṓyū́[4] [oó] 交遊【E.】A companhia; o andar [tratar] com. *Watashi wa nan-nin ka no burajirujin to ～ ga aru* 私は何人かのブラジル人と交遊がある Eu trato com alguns b. [S/同] Kṓsái (+). ⇨ kṓyū́[1].

kṓ-yū[5] [oó] こういう ⇨ kṓ íú.

ko-yúbí 小指 O dedo mendinho. ⇨ hitó-sáshí[kusúrí; naká; oyá]-yúbí.

kṓyū́-butsu [koó-yúu] 公有物 A propriedade pública. ⇨ kṓyū́[3].

ko-yúkí 小雪 A neve miúda. ⇨ ko-[8].

kṓzá[1] [oó] 講座 **1** [大学の授業・クラス] A cadeira. *Kare wa rekishi no ～ o tantō shite iru* 彼は歴史の講座を担当している Ele dá aulas [tem a ～] de história. **2** [講習の授業・クラス] O curso. ◇ **Kaki ～** 夏期講座 ～ de verão.

kṓzá[2] [oó] 口座 A conta. ★ *Ginkō ni ～ o hiraku* [*mōkeru*] 銀行に口座を開く[設ける] Abrir uma ～ (no banco). ◇ **～ bangō** 口座番号 O número da ～. **Furikae ～** 振替口座 ～ postal (Nos correios, para transferências).

kṓzá[3] [oó] 高座 **1** [一段高い所・特に寄席で芸をする所] O palco; o estrado. ⇨ bútai. **2** [上席] O assento de honra. [S/同] Kamízá (+).

kṓzái[1] [oó] 鋼材 O material de aço.

kṓzái[2] [oó] 功罪【E.】Os prós e os contras; as vantagens e as desvantagens. *Sono seisaku wa ～ ai-nakaba suru* その政策は功罪相半ばする Essa medida tem ～. ⇨ kṓséki[1]; záika[3].

ko-záiku 小細工 (< ko-[8] + saíkú) **1** [手先の細工] O trabalho manual minucioso. **2** [つまらない策略] O ardil; a intrujice; a manha. ★ ～ *o suru* 小細工をする Intrujar; passar rasteiras. ⇨ sakúryákú.

kō-záiryō [koó] 好材料 Uma coisa ó(p)tima. ★ *Settoku no ~* 説得の好材料 – para "o" convencer.

ko-zákana 小魚 (< ko-⁸ + sakáná) O peixe miúdo.

ko-zakáshii 小賢しい (< ko-⁸ + sakáshíi) **a)** Armado em esperto; pretensioso; **b)** Manhoso [Espertalhão]. ⇨ namaíkí; zurú-gáshíkói.

kōzan¹ [óó] 高山 A grande altitude; a montanha alta. ◇ ~ **byō** 高山病【Med.】A vertigem das alturas. ~ **shokubutsu** 高山植物 A planta alpina [alpestre]; a vegetação das ~s. ⇨ yamá.

kōzan² [óó] 鉱山 A mina. ★ ~ *o saikutsu [kaihatsu] suru* 鉱山を採掘[開発]する Explorar ~. ◇ ~ **gishi** 鉱山技師 O engenheiro de ~. ~ **gyō** 鉱山業 A indústria mineira [de mineração]. ~ **rōdōsha** 鉱山労働者 O mineiro. ~ **saikutsuken** 鉱山採掘権 O direito de exploração de ~. **Uran [Uraniumu]** ~ ウラン[ウラニウム]鉱山 ~ de urânio.

ko-záppári (to) 小さっぱり(と) (< ko-⁸ + sappári (to)) Com limpeza. ★ ~ *shita* 小さっぱりした「menino」 Asseado; 「quarto」 limpo [*Kanojo wa itsumo ~ shita minari o shite iru* 彼女はいつも小さっぱりした身なりをしている Ela veste com asseio]. Ⓢ同 Ko-gírei.

kó-zara 小皿 (< ko-⁸ + sará) O prato pequeno; o pires. Ⓐ反 Ō-zara.

ko-zéi 小勢 **a)** O pequeno número de pessoas; **b)** A força reduzida de homens. Ⓢ同 Buzéí; ko-nínzū (+); shō-nínzū (+). Ⓐ反 Ōzéi.

kōzén¹ [óó] 公然 Em público. *Kare wa ~ to hantai o hyōmei shita* 彼は公然と反対を表明した Ele disse publicamente [~] que era contra. ★ ~ *no himitsu* 公然の秘密 O segredo "público". Ⓢ同 Ōppíréi.

kōzén² [óó] 昂然【E.】Triunfante. ◇ ~ *taru taido* 昂然たる態度 A atitude ~. ~ *to (shite) usobuku* 昂然と(して)うそぶく Gabar-se muito.

kōzén³ [óó] 浩然【E.】O refrescar. ★ ~ *no ki o yashinau* 浩然の気を養う Refrescar o espírito 「com um passeio」.

ko-zéni 小銭 **1** [小額貨幣] Os trocos 「miúdos」; as moedas. *Ima ga nai* ~ *ga nai* 今小銭がない Estou sem moedas. ~ *O-satsu o ~ ni kaeru* お札を小銭にかえる Destrocar uma nota 「de mil yens」 (em moedas). **2** [少しまとまった金] A pequena fortuna; 「ter」 o 「seu」 pé-de-meia. ★ ~ *o tameru* 小銭をためる Juntar uma ~. Ⓢ同 Kogáné.

kozéni-ire 小銭入れ (< ko-⁸ + iréré) O porta-moedas. Ⓢ同 Gamá-gúchí; saífú (+); zení-íré.

ko-zériai 小競合い (< ko-⁸ + seriái) **1** [小人数による小さな戦闘] A escaramuça; uns roces. ★ ~ *o suru* 小競合いをする Travar escaramuças. **2** [いさかい] Uma zanguita [discussãozita]. ★ ~ *o enjiru* 小競合いを演じる Ter ~. Ⓢ同 Isákáí; momégóto (+).

kozō [óō] 小僧 (< ko-⁸ + sō⁴) **1** [小坊主] O noviço budista. Ⓢ同 Ko-bōzu. **2** [商店の下働き] O marçano [aprendiz/moço de recados]. Ⓢ同 Detchí; teñ'íñ. **3** [年少者] O fedelho 「maroto」. ◇ **Hanatare** ~ はなたれ小僧 ~ ranhoso [moncoso]. Ⓢ同 Kowáppa.

kōzō [óó] 楮【Bot.】A papeleira; *Broussonetia kazinoki* (Espécie de amoreira, de cuja casca se faz papel j.).

kōzō [óó] 構造 A estrutura. ★ ~ *ga kantan [fukuzatsu] de aru* 構造が簡単[複雑]である Ser de ~ simples [complexa]. ~ *jō no* 「*kekkan*」 構造上の「欠陥」O 「defeito」 estrutural. *Bunshō no ~* 文章の構造 A ~ [construção] da frase (⇨ kōbúñ). ◇ ~ **bunseki** 構造分析 A análise estrutural. ~ **chishitsu-gaku** 構造地質学【Geol.】A geotectó[ô]nica. ~ **gengogaku** 構造言語学【Lin.】A lin. estrutural. ~ **kaikaku** 構造改革 A reforma das ~s. ~ **rikigaku** 構造力学【Mec.】A mecânica [dinâmica] estrutural. ~ **shiki** 構造式【Quím.】A fórmula estrutural. ~ **shugi** 構造主義 (Fil.) O estruturalismo. ~ **shugisha** 構造主義者 O estruturalista. **Genshi [kaku]** (~) 原子[核]構造 ~ at[ô]mica [nuclear]. **Hyōsō [Shinsō]** (~) 表層[深層]構造【Lin.】~ superficial [fundamental]. **Sangyō [Keizai]** ~ 産業[経済]構造 ~ industrial [econô[ô]mica]. **Shakai** ~ ~ 社会構造 ~ social. ⇨ kumí-táté; shikúmí.

kōzō-bútsú [koó] 構造物 A construção; a estrutura.

kōzóku¹ [óó] 皇族 A [O membro da] família imperial. ◇ ~ **kaigi** 皇族会議 O conselho da ~.

kōzóku² [óó] 後続 O vir a seguir; a sequência. ★ ~ *no* 後続の Sucessivo; seguinte. ◇ ~ **butai** 後続部隊 A retaguarda; o corpo de reforços. ~ **sha** 後続車「cuidado com」 Os carros que vêm atrás.

kōzóku³ [óó] 航続 O voar [navegar] sem parar. ◇ ~ **jikan** 航続時間 A duração da navegação [do voo]. ~ **kyori** 航続距離 O raio de voo [navegação].

kozótte 挙って Todos (juntos); em massa. ★ ~ *hantai [sansei] suru* こぞって反対[賛成]する Opor-se [Aprovar] por unanimidade. Ⓢ同 Agété; miññá no (o); nokórazu (+).

kōzú [óó] 構図 **a)** A composição [O esboço/traçado]; **b)** A trama; **c)** O plano 「da nossa vida de casados」. *Kono e wa ~ ga yoi [warui]* この絵は構図が良い [悪い] Esta pintura apresenta uma boa [má] composição.

kó-zuchi 小槌 (< ko-⁸ + tsuchí) O macete. *Kono ~ furu* 小槌を振るう Usar o ~. *Uchide-no ~* 打ち出の小槌 A varinha de condão.

kozúe 梢 A copa (de árvore). ⇨ edá; mikí¹.

kōzúi [óó] 洪水 **1** [出水] A inundação; a enchente 「cheia」; o dilúvio. *Sono mura wa ~ ni mimawareta* その村は洪水に見舞われた Essa aldeia foi inundada. ◇ ~ *ga okoru* 洪水が起こる Haver uma ~. ~ *ni au* 洪水にあう Apanhar uma ~. ~ *o hikiokosu* 洪水をひきおこす Provocar [Ocasionar] uma ~. ◇ ~ **keihō** 洪水警報 O aviso de ~. Ⓢ同 Hañráñ; ōmízu. **2** [比喩的に量の多いこと] A inundação; a invasão. *Hitobito wa ~ no yō ni michi to afureta* 人々は洪水のように道にあふれた A multidão inundou as ruas. ★ *Kuruma no ~* 車の洪水で ~ de carros.

ko-zúká 小柄 (< ko-⁸ + tsuká) O punhal fixo na bainha da espada.

kōzú-ká [oó] 好事家 **1** [物好き] O excêntrico [extravagante/esquisito]. Ⓢ同 Monó-zuki. **2** [愛好家] O amador; o diletante. Ⓢ同 Aíkó-ka.

kózukai¹ 小遣い (< ko-⁸ + tsukáí) O dinheiro para pequenos gastos; a mesada (B.). *Watashi no ~ tsuki ni go-sen en da* 私の小遣いは月に五千円だ A minha ~ é de cinco mil yens. ★ ~ *o yaru* 小遣いをやる Dar ~. Ⓢ同 Kozúkáíséń; pokétto-máné.

kó-zukai² 小使い O contínuo; o moço de recados; o servente. Ⓢ同 Yōmú-iñ (+).

kozúkái-chō 小遣い帳 O livrinho de contas.

kozúkáí-kásegi 小遣い稼ぎ (<… + kaségu) O biscate. ★ ~ *o suru* 小遣い稼ぎをする Fazer um ~.

kozúkáí-séń 小遣い銭 O dinheiro "para cigarros/os alfinetes". ~ *ni mo komatte iru* 小遣い銭にも困っている Não tenho dinheiro, nem sequer para os meus alfinetes. [S/同] Kózukai (+).

kozúki-mawasu 小突き回す (< kozúku + …) Maltratar; dar safanões; sacudir rudemente. *Kare wa koppidoku kozukimawasareta* 彼はこっぴどく小突き回された Ele foi maltratado até mais não poder. [S/同] Ijímérú (+).

ko-zúku 小突く (< ko-[8] + tsúku) **1** [軽くつく] Empurrar; dar um empurrão. ★ *Hiji de* ~ ひじで小突く Dar uma cotovelada; acotovelar. ⇨ tsutsúku. **2** [いじめる] Maltratar; fazer judiarias. [S/同] Ijíméru (+).

ko-zúkuri 小作[造]り (< ko-[8] + tsukúrí) **1** [体の] A constituição miúda. ★ ~ *no josei* 小作りの女性 A mulher pequena de corpo. [S/同] Ko-gárá (+). **2** [品物の] O tamanho pequeno. ★ *Nimotsu o* ~ *ni suru* 荷物を小作りにする Reduzir o volume da bagagem.

kó-zume 小爪 (< ko-[8] + tsumé) A lúnula [base da unha].

ko-zúrá-níkúi 小面憎い【G.】(< ko-[8] + tsurá + …) Odioso; descarado; detestável. ★ ~ *koto o iu* 小面憎いことを言う Dizer coisas odiosas; ser um descarado. [S/同] Nikúráshíi (+); shakú ná.

ko-zútsumi 小包 (< ko-[8] + tsutsúmí) A encomenda (postal); o pacote. ★ ~ *de okuru* 小包で送る Enviar uma encomenda pelo correio.

kozútsúmí-yū́bín-ryō [uú] 小包郵便料 A tarifa postal da encomenda.

ku[1] 九 Nove. ◇ **~ ji** 九時 As nove horas. **~ nin** 九人 Nove pessoas. [S/同] Kokónotsu; kyū.

ku[2] 区 **1** [市の; divisão administrativa de cidade] O bairro-município; a freguesia. *Chiyoda* ~ 千代田区 ~ de Chiyoda (Tôkyô). ◇ **~ gikai** 区議会 A assembleia municipal do bairro [assembleia da junta de freguesia]. **2** [区域] A circunscrição; a zona. ★ *Dai ikku kōji* 第一区工事 As obras do primeiro trecho [da primeira se(c)ção]. ◇ **Gyōsei ~** 行政区 A circunscrição administrativa. **Kankatsu ~** 管轄区 O distrito judicial. **Senkyo ~** 選挙区 A circunscrição [O distrito] eleitoral. [S/同] Kúiki.

ku[3] 句 **1** [語句] A frase; a expressão; a palavra. ◇ **Kan'yō ~** 慣用句 A expressão idiomática. **Keiyōshi [Fukushi] ~** 形容詞[副詞]句 A locução adjectival [adverbial]. **2** [詩歌・和歌などの一段落] O verso; a estância; a estrofe. ★ *Kami [Shimo] no* ~ 上[下]の句 O primeiro [último] verso de um poema. **3** [俳句] O háiku (Composição poética em 17 sílabas). [S/同] Haíkú.

ku[4] 苦 **1** [苦しみ] O sofrimento; as penas; a dor. ~ *areba raku ari* [~ *wa raku no tane*] 苦あれば楽あり[苦は楽の種]Não há ganho sem esforço [atalho sem trabalho]. ★ ⇨ kú mo naku. [S/同] Honéórí; kónku; kónnan; kúrō (+); kutsū́ (+). **2** [心配] A preocupação; a angústia; a aflição. ★ ~ *ni naru* 苦になる Afligir; preocupar〔*Tsurai shigoto mo sukoshi mo* ~ *ni naranai* つらい仕事も少しも苦にならない O trabalho, mesmo árduo, não me aflige〕. ~ *ni suru* 苦にする Preocupar-se; afligir-se. [S/同] Futáń; nayámí; shińpáí (+).

kū [úu] 空 **1** [空中] O espaço; o ar; o céu. ★ ~ *o kiru* 空を切る Cortar o espaço [Voar]. ~ *o tsukamu* 空をつかむ Agarrar-se ao ar. ◇ **~ tai ~ misairu** 空対空ミサイル O míssil ar-ar. [S/同] Kokū́; kū́chū́ (+); kū́káń. **2** [空虚] O nada. *Watashi no doryoku mo* ~ *ni kishita [natta]* 私の努力も空に帰した[なった]Os meus esforços foram em vão. [S/同] Kū́kyo (+); mudá; mu-ími.

kū́bákú[1] [uú] 空爆 (< kū́chū́ + bakúgékí) O bombardeio [bombardeamento] aéreo. ★ ~ *o ukeru* 空爆を受ける Ser bombardeado por aviões [Sofrer um ~]. ⇨ kū́shū́.

kū́bákú[2] [uú] 空漠【E.】**a**) A imensidão; **b**) A indefinição. ★ ~ *taru kōya* 空漠たる荒野 O baldio extenso [imenso]. ⇨ bakúzéń.

kubárí-mónó 配り物 (< kubáru + …) As prendas; os presentes「aos vizinhos ao mudar para junto deles」. ⇨ áisatsu.

kubárí-té 配り手 (< kubáru + …) O distribuidor.

kubáru 配る **1** [配布する] Distribuir「os papéis do exame」; passar; repartir. ★ *Toranpu [Karuta] no fuda o* ~ トランプ[カルタ]の札を配る Dar as cartas (do baralho). [S/同] Haífú súrú. **2** [割り当てる] Dispor; colocar; repartir. *Machi no yōsho ni keikan ga kubarareta* 街の要所に警官が配られた Foram colocados polícias nos lugares [pontos] importantes da cidade. [S/同] Haíchí súrú. **3** [心配する; 気をつかう] Prestar atenção. *Kanojo wa otto no kenkō ni kokoro [ki] o kubatte iru* 彼女は夫の健康に心[気]を配っている Ela está atenta à saúde do marido. [S/同] Yukí-wátáráséru.

kubérú くべる Pôr lenha; pôr [abastecer de] óleo; deitar「papel」ao [no] lume. ★ *Maki o hi [kamado] ni* ~ まきを火[かまど]にくべる Deitar [Pôr mais lenha] no lume/fogo [fogão].

kúbetsu 区別 **1** [差異] A distinção; a diferença; o discernir. ★ ~ *dekiru [dekinai]* 区別できる[できない]Poder-se [Não se poder] distinguir. ~ *ga tsuku [tsukanai]* 区別がつく[つかない]Ser distinguível [indistinguível]〔*Kono futago wa sukoshi mo* ~ *ga tsukanai* この双子は少しも区別がつかない Estes (irmãos) gé[ê]meos não se distinguem um do outro〕. ~ *ga wakaru* 区別がわかる Saber distinguir [ver qual é a diferença]. ~ *naku* 区別なく Sem distinção [discriminação]〔*Rōnyaku-nannyo no* ~ *naku* 老若男女の区別なく Sem distinção de idade ou sexo〕. ~ *suru* 区別する Distinguir; diferenciar; discriminar; discernir〔*Kōshi o* ~ *suru* 公私を区別する Discernir o assunto público do particular〕. *Zen-aku no* ~ *o tsukeru* 善悪の区別をつける Distinguir entre o bem e o mal [Discernir o bem do mal]. [S/同] Chigáí; sái. **2** [違いによって分けること] A classificação; a separação. *Yūbinbutsu o* ~ *suru* 郵便物を区別する Separar o correio. [S/同] Buńrúí; kúbun; ruíbétsú; sábetsu; shikíbétsú.

kubí 首・頸 **1** [頸部] O pescoço. ★ ~ *no hosoi hito* 首の細い人 A pessoa de ~ fino. [I/慣用] ~ *o nagaku shite matsu* 首を長くして待つ Esperar ansiosamente [ardentemente]. ◇ **~ mawari** 首まわり O número [tamanho] do colarinho. [S/同] Kéi-bu. **2** [首から上の部分; 頭] A cabeça. *Shakkin de* ~ *ga mawaranai* 借金で首が回らない Estou endividado até às orelhas. ★ ~ *no nai* 首の無い Sem cabeça; acéfalo. ~ *o hineru [kashigeru]* 首をひねる[かしげる] Inclinar ~ para o lado (Duvidar). ~ *o kiru [haneru]* 首を切る[はねる] Cortar ~ [Decapitar;

K

Degolar]. ～ *o kukuru* [*tsuru*] 首をくくる[吊る] Enforcar-se. ～ *o sukumeru* 首をすくめる Encolher os ombros. ～ *o tareru* 首をたれる Ficar cabisbaixo. ～ *o tate ni furu* 首を縦に振る Aceder [Dizer que sim com ～]. ～ *o tsukkomu* 首を突っこむ Meter o nariz [*Tanin no mondai ni kubi o tsukkomu na* 他人の問題に首を突っ込むな Não meta o nariz [bedelho] onde não é chamado/Não se intrometa na vida dos outros]. ～ *o yoko ni furu* 首を横に振る Não concordar; dizer que não com a ～. ◇ ⇨ **～ jikken**. [S/同] Atámá; kashírá; kṓbé. **3** [解雇; 免職] A demissão; a despedida. *Omae wa mō ～ da* おまえはもう首だ Você está despedido. ★ ～ *ga tobu* 首がとぶ Perder o emprego. ～ *ni naru* 首になる Ser despedido [posto na rua]. ～ *ni suru* [*o kiru*] 首にする [を切る]Despedir; demitir; pôr na rua. **4** [生命] A vida. *Shippai shitara ～ o yarō* 失敗したら首をやろう [強く請け合う時]Que eu morra se não for capaz. **5** [器物の] O pescoço; o gargalo (da garrafa). ★ *Baiorin no ～* バイオリンの首 O braço do violino.

kubí-fúrí 首振り (<… ＋furú) Rotativo. ◇ **～ senpūki** 首振り扇風機 A ventoinha giratória/～a.

kubí-jíkken 首実検 A identificação. ★ *Hannin no ～ o suru* 犯人の首実検をする Identificar o criminoso.

kubí-kásé 首枷 **a**) O garrote; **b**) A angústia.

kubí-kázari 首 [頸] 飾り O colar; a gargantilha. [S/同] Nékkuresu.

kubíkí 頸木・軛 O jugo; a canga.

kubí-kírí 首斬 [切] り (<… ＋kíru) **1** [斬罪; 斬り手] **a**) A degolação; a decapitação; **b**) O carrasco. **2** [解雇] A demissão do emprego. [S/同] Káiko (+); meńshókú.

kubí-kúkúrí 首縊り (<… ＋kukúrú) O enforcar-se. [S/同] Kubítsúrí (+).

kubí-nékko 首根っこ 【G.】 Os gorgomilos: o cachaço. *Hannin no ～ o osaeru* 犯人の首根っこを押さえる Agarrar o criminoso pelos ～.

kubí-ppíkí 首っ引き【G.】(<… ＋hikú) A consulta constante [frequente]. *Jisho to ～ de yatto Jiru Bisente no sakuhin o yonda* 辞書と首っ引きでやっとジル・ビセンテの作品を読んだ Com grande custo li uma obra de Gil Vicente consultando constantemente o dicionário.

kubírérú[1] 括れる「o vaso」Afilar-se [Estreitar-se] no meio. ⇨ hosói.

kubírérú[2] 縊れる【G.】Enforcar-se. ⇨ kubí-tsúrí.

kubíru [**kubírí-kórósu**] 縊る [縊り殺す] (< kubíru + …) Matar, apertando o pescoço; estrangular. [S/同] Shimé-kórósú (+).

kubísú 踵 ⇨ kibísú.

kubí-sújí 首 [頸] 筋 A nuca; a parte de trás do pescoço. [S/同] Eríkubi; unájí; kubí-nékkó.

kubí-tsúrí 首吊り【G.】(<… ＋ tsurú) O enforcamento. ★ ～ *o suru* 首吊りをする Enforcar-se. ◇ **～ jisatsu** 首吊り自殺 O suicídio por ～. [S/同] Kubí-kúkúrí.

kubíttáké 首っ丈【G.】O estar apaixonado [perdido]「por」. *Kare wa ano ko ni ～ da* 彼はあの娘に首っ丈だ Ele está perdido (de amor) por ela. [S/同] Muchū́.

kubíttámá 首っ玉【G.】(<… ＋tamá) O pescoço. ★ ～ *ni kajiritsuku* 首っ玉にかじりつく Agarrar-se ao ～「da mãe」. [S/同] Kubí.

kubí-wá 首輪 A coleira. ★ *Inu ni ～ o tsukeru* 犬に首輪をつける Pôr ～ ao cão [cachorro].

kū́bo [**úu**] 空母 (Abrev. de "kṓkū[1] bókan") O porta-aviões.

kubó-chí 窪地 A depressão de terreno; a bacia; a cavidade.

kubómí 窪み (< kubómú) A (con)cavidade; a cova [poça]「no jardim」; as covinhas「na cara」.

kubómú 窪む Encovar-se [Afundar]; ganhar covas; enterrar-se. *Jishin de jimen ga kubonda* 地震で地面が窪んだ A terra baixou por causa do terremoto. [S/同] Hekómú.

kú-bu 九分 **a**) Nove décimos; **b**) Nove por cento [9%]. ★ ～ *dōri* 九分通り Quase; praticamente [*Kōji wa ～ dōri owatta* 工事は九分通り終わった A construção está quase a terminar/acabar].

kubú-kúrin 九分九厘 Noventa e nove por cento; 9,9 em cada dez casos. ～(*made machigai naku*) *kare wa konai darō* 九分九厘（までまちがいなく）彼は来ないだろう É quase certo que ele não virá. [S/同] Hotóndo; ṓkátá.

kúbun 区分 **1** [分割] A divisão; a separação「do correio」. ◇ **Gyōsei ～** 行政区分 A divisão administrativa. [S/同] Buńkátsú. **2** [分類] A classificação「dos livros, por matérias」. [S/同] Buńrúí (+); kúbetsu.

kū́búń [**uú**] 空文【E.】A letra morta. ★ ～ *ni owaru* [～ *ka suru*] 空文に終わる[空文化する] Terminar em [Ficar] ～. [S/同] Shibúń.

kúcha-kúcha[1] くちゃくちゃ【On.】★ *Gamu o ～ kamu* ガムをくちゃくちゃかむ Mastigar ruidosamente o chiclete.

kuchá-kúchá[2] くちゃくちゃ【On.】★「*Bōshi ga*」～ *ni naru*「帽子が」くちゃくちゃになる Amarrotar-se「o chapéu」. [S/同] kushákúshá; shiwákúchá.

kuchí 口 **1**【Anat.】A boca. ～ *ga kusatte* [*sakete*] *mo sono koto wa ienai* 口が腐って [裂けて] もそのことは言えない Jamais falarei desse assunto. *Kare wa ～ ga kusai* 彼は口が臭い Ele tem mau hálito [cheira mal da ～]. ★ ～ *ga hiagaru* 口が干上がる Morrer à fome. ～ *ga suppaku naru hodo iu* 口がすっぱくなる程言う Repetir muitas vezes a mesma coisa「mas sem ninguém fazer caso」. ～ *kara demakase o iu* 口から出まかせを言う Dizer tudo o que lhe vem à cabeça. ～ *kara saki ni umarete kita yō na hito* 口から先に生まれてきたような人 A pessoa faladora [que fala pelos cotovelos]. ～ *ni hairu* 口に入る Comer. ～ *o akeru* 口を開ける Abrir ～; ficar boquiaberto. ～ *o fūjiru* 口を封じる Tapar ～ (para impedir de falar). ～ *o hiraku* 口を開く Abrir ～; falar. ～ *o nuguu* 口を拭う Limpar ～ [～ *o nugutte shiran kao o suru* 口を拭って知らん顔をする Fingir-se inocente]. ～ *o susugu* 口をすすぐ Bochechar. ～ *o togaraseru* 口をとがらせる Amuar. ～ *o tozasu* 口を閉ざす Fechar ～; não dizer nada; ficar calado; calar-se. ～ *o tsugumu* 口をつぐむ Deixar de falar; ficar de bico calado. ～ *o waru* 口を割る Acabar por confessar. *Aita ～ ga fusagaranai* あいた口が塞がらない Ficar boquiaberto/pasmado. *Jibun no ～ kara* 自分の口から De sua própria ～. *Shomin no ～ ni wa hairanai tabemono* 庶民の口には入らない食べ物 A comida fora do alcance do povo. [P/ことわざ] ～ *wa wazawai no kado* 口は災いの門 Da ～ vem o mal/Pela ～ morre o peixe. *Seken no ～ ni to wa taterarenai* 世間の口に戸はたてられない Ninguém consegue calar a ～ do povo; os rumores [boatos]

K

correm de boca em boca. ◇ ⇨ **~ beni**[**habattai; hige; moto; saki**].
2[言い表すこと、またその言葉] A língua (fala); a boca; as palavras. *Kare wa ~ hodo de mo nai* 彼は口ほどでもない Ele só tem garganta. ★ ~ *dake* 口だけ Só de boca [*Kanojo wa itsumo ~ dake da* 彼女はいつも口だけだ Ela só fala [tem garganta] (e não faz nada)]. ~ *de wa ā itte iru ga* 口ではああ言っているが Falar assim da boca para fora. ~ *de wa ii-arawase-nai hodo* 口では言い表せない程 Não há palavras que possam exprimir「*tal dor*」. ~ *ga heranai* 口が減らない Ter sempre resposta pronta. ~ *ga jōzu* 口が上手 Saber dizer as coisas [lisonjear]; ~ *ga kakaru* 口がかかる Ser abordado. ~ *ga karui* 口が軽い Ser falador [tagarela]. ~ *ga katai* 口が堅い Ser discreto; saber guardar um segredo. ~ *ga kikenai* 口が利けない Perder a fala; ficar sem palavra. ~ *ga ōi* 口が多い Falar demais; falar pelos cotovelos; ter uma língua de palmo e meio. ~ *ga omoi* 口が重い Falar pouco; ser reservado [de poucas palavras]. ~ *ga suberu* 口が滑る Dizer involuntariamente [sem querer]; escapar-se「me」a língua. ~ *ga sugiru* 口が過ぎる Exagerar; falar demais. ~ *ga umai* 口がうまい Saber lisonjear; ser todo falinhas mansas. ~ *ga warui* 口が悪い Ser sarcástico. ~ *ga yoku mawaru* 口がよくまわる Ter muita verborreia [a língua comprida]. ~ *ni dasu* 口に出す Dizer. ~ *ni noboru* [*deru*] 口に上る[出る] Tornar-se assunto de conversa. ~ *ni suru* 口にする **a)** Comer [Ingerir]; **b)** Falar [Comentar]「*sobre*」. ~ *ni wa ienai kurō* 口には言えない苦労 O sofrimento inexplicável/indizível. ~ *no heranai* 口の減らない Ser de resposta pronta. ~ *o awaseru* 口を合わせる Pôr-se de acordo/Dizer a mesma coisa. ~ *o dasu* 口を出す Meter o bico. ~ *o fūjiru* 口を封じる Proibir de falar; tapar a boca (de outrem); fazer calar o bico. ~ *o fusagu* 口を塞ぐ Fechar a boca. ~ *o hasamu* [*ireru*] 口を挟む[入れる] Intrometer-se na conversa; meter o bico「em」. ~ *o kiku* 口を利く **a)** Falar; dirigir a palavra「a」; **b)** Servir de intermediário「*entre*」; interceder「*por*」; falar em nome「*de*」[*Anna yatsu to wa mō ~ o kikitaku mo nai* あんなやつとはもう口を利きたくもない Não quero mais conversa [ter mais nada a ver] com aquele sujeito]. *Ōkina* ~ *o kiku* 大きな口を利く Ser fanfarrão [Exagerar]. ~ *o kiru* 口を切る **a)** Abrir outra garrafa; **b)** Ser o primeiro a falar; iniciar a conversa. ~ *o kiwameru* 口を極める Exagerar [~ *o kiwamete homeru* [*nonoshiru*] 口を極めてほめる[ののしる] Louvar [Injuriar] em extremo]. ~ *o nigosu* 口を濁す Falar ambiguamente. ~ *o soroeru* 口を揃える [*unissono*] [*Mina ~ o soroete jōyaku shōnin ni sansei shita* 皆口を揃えて条約承認に賛成した Concordaram todos por unanimidade em reconhecer o tratado]. ~ *o suberasu* 口を滑らす Dizer [Falar] sem querer. ~ *o tataku* [*kiku*] 口を叩く[利く] Gabar-se [*Iranu* [*Ōkina*] ~ *o tataku na* いらぬ[大きな]口を叩くな Não fale demais (se gabe)]. ~ *o tsutsushimu* 口を慎む Ser discreto; falar com prudência; ter cuidado com o que se diz. S/同 Hanáshi-bétá; kuchí-búchōhō. A/反 Kuchí-jōzu.

3[味に対する感覚] O paladar; o gosto. ★ ~ *ga koete* [*ogotte*] *iru* 口が肥えて[おごって]いる Ter um

~ *refinado*. ~ *ni au* 口に合う Gostar de. ⇨ miká-kú.
4[落ちつく先] O emprego; a vaga; a colocação. ★ *Yome no ~ ga kakaru* 嫁の口がかかる Ter proposta de casamento. ⇨ határáki-gúchí. **5**[養うべき人数] As bocas (da família) a alimentar. **6**[開いている所] A boca; a entrada; a abertura. ★ ~ *no chīsai* [*ōkii*] *bin* 口の小さい[大きい]びん A garrafa com boca pequena [grande]. *Wain no ~ o akeru* ワインの口を開ける Desarrolhar [Abrir] uma garrafa de vinho. **7**[物の始まり] O começo. ★ *Jo no ~* 序の口 O começo. *Yoi no ~* 宵の口 O anoitecer [lusco-fusco]. ⇨ hajímárí. **8**[種類] O tipo; a espécie. *Kare wa ikeru ~ da* 彼はいける口だ Ele é um beberrão. ◇ ⇨ **ama [kara] ~**. **9**[-kuchi: 口にいれたり出したりする回数を表す] A palavra; a dentada (de comida). ★ *Hito- ~ ni ieba* ひと口に言えば Numa palavra; resumindo「*ela é uma santa*」. *Hito- ~ taberu* ひと口食べる Comer um bocado; meter uma dentada「*de pão*」à boca. **10**[-kuchi: 全体をいくつかに分けた単位の数を表す] A parte; a quota「*de 3.000¥ por pessoa*」. *Sono hanashi ni hito- ~ nosete kure* その話にひと口のせてくれ Eu também quero tomar parte nesse negócio. ★ *Hito- ~ mōshikomu* ひと口申し込む Dou uma quota「*para a festa*」. ⇨ óchi-ba.

kuchí-áké 口開け (< ~ + akérú) **1**[びんなどの口を初めて開けること] O abrir「*da vasilha de saké*」. **2**[最初] O começo. ★ *Shōbai no ~* 商売の口開け ~ do negócio. S/同 Kawákírí (+); saíshó (o).

kuchí-átári 口当たり (< ~ + atárú) **1**[味わい] O gosto; o paladar. *Kono wain wa ~ ga yoi* [*warui*] このワインは口当たりが良い[悪い] Este vinho sabe bem [mal] /Este vinho é bom [fraco(te)]. S/同 Kuchí-záwari. **2**[応対ぶり] A recepção; o acolhimento. ⇨ hitó-átárí.

kuchí-bá 朽ち葉 (< kuchíru + ha) As folhas secas. ⇨ óchi-ba.

kuchíbáshí 嘴・喙 O bico (Sobretudo das aves). *Yokei na koto ni ~ o ireru na* 余計なことに嘴を入れるな Não meta ~ onde não é chamado. ★ ~ *de tsutsuku* 嘴でつつく Debicar; picar. *Mada ~ no kiiroi wakamono* まだ嘴の黄色い若者 O criançola; o [a] jovem inexperiente.

kuchí-báshíru 口走る (< ~ + hashíru) Dizer [Falar] sem querer. *Ikari no amari omowazu sono himitsu o kuchibashitta* 怒りのあまり思わずその秘密を口走った Cego de raiva, deixou escapar o segredo. S/同 Shitsúgén súru.

kuchí-báyá 口早 (< ~ + hayái) O falar depressa. ★ ~ *ni iu* 口早に言う Falar depressa. S/同 Hayá-kuchi.

kuchí-béni 口紅 O baton. ★ ~ *o usuku tsukeru* [*nuru*] 口紅を薄くつける[ぬる]Pintar levemente os lábios.

kuchí-bétá 口下手 (< ~ + hetá) A pessoa que não se sabe exprimir; o fraco orador. *Kare wa ~ de* 彼は口下手だ Ele não sabe se exprimir bem [não tem facilidade de expressão]. S/同 Hanáshi-bétá; kuchí-búchōhō. A/反 Kuchí-jōzu.

kuchíbí 口火 (< ~ + hí[火]) **1**[導火線] O rastilho. S/同 Dōká-sén. **2**[ガスなどの] O piloto「do gás」. **3**[きっかけ; 始まり] [Fig.] A faísca. *Kono jiken ga kakumei no ~ to natta* この事件が革命の口火となった Este incidente foi o rastilho [~] da revolução.

kuchíbiru 唇 O lábio; o beiço. ★ ~ *no kamu* 唇をかむ Morder os ~ [*Kare wa kuyashisa o koraete* ~ *o kanda* 彼は悔しさをこらえて唇をかんだ Ele até mordia os ~ para aguentar a raiva]. *Atsui* [*Usui*] ~ 厚い [薄い] 唇 ~ grossos [finos]. ◊ **Uwa** [**Shíta**] ~ 上 [下] 唇 ~ superior [inferior].

kuchí-búe 口笛 O assobio. ★ *o fuku* 口笛を吹く Assobiar (com a boca).

kuchí-búrí 口振り (< ··· + furí) O modo [jeito] de falar; a fala. *Kare wa nan demo shitte iru yō na* ~ *de hanashite iru* 彼は何でも知っているような口振りで話している Ele fala como se soubesse de tudo. S/闾 Gochō; kōfún; kuchí-tsúkí; kuchō.

kuchídáshi 口出し (< ··· + dásu) A intromissão; a interferência. ★ ~ *suru* 口出しをする Intrometer-se; meter o bico; interferir em. S/闾 Sashidé-guchi.

kuchí-dássha 口達者 (< ··· + tasshá) **1** [口上手] O ser eloquente [falar com muita fluência]. ⇨ Kuchí-jōzu. **2** [口まめ] O ser loquaz [falador]. ★ ~ *na onna* 口達者な女 A faladeira [mexeriqueira]. S/闾 Kuchí-mámé. ⇨ o-sháberi.

kuchí-dóme 口止め (< ··· + toméru) O tapar a boca [proibir de falar]. *Sono ken ni tsuite wa* ~ *sarete iru* その件については口止めされている Estou proibido de falar sobre esse assunto. S/闾 Kañkó.

kuchidómé-ryō 口止め料 O dinheiro [A paga] para não dizer nada.

kuchí-é 口絵 O frontispício.

kuchí-gáne 口金 (< ··· + kané) **1** [びんなどの口にはめる金具・王冠] A tampa de metal; a cápsula. ★ *Bin no* ~ *o nuku* びんの口金を抜く Sacar a cápsula da garrafa. **2** [電球のさしこみ部分などにつける金具] A base 「de lâmpada」. **3** [財布・バッグなどの口につける金具] O fecho. **4** [クリームなどのしぼり出し器の口につける金具] A tampa de metal.

kuchí-gárú 口軽 (< ··· + karúí) O ser tagarela [palrador].

kuchí-génka 口喧嘩 (< ··· + keñká) A altercação; a discussão. ★ ~ *suru* 口喧嘩をする Altercar; discutir; brigar; criar polé[ê]mica. S/闾 Ií-árásói; kōron.

kuchí-gítánai 口汚い (< ··· + kitánai) **1** [言葉のきたない] Desbocado; língua suja. **2** [食い意地がはっている] Guloso; comilão; glutão. S/闾 Ijí-kítánai.

kuchí-gítánáku 口汚く (< ··· + kitánáku) Malcriadamente. ★ ~ *nonoshiru* 口汚く罵る Injuriar; chamar nomes; insultar [ofender] alguém com palavras obscenas.

kuchí-gómóru 口籠る (< ··· + komóru) **1** [言いしぶる] Titubear; gaguejar. *Nani wa ii-kakete kare wa kuchigomotta* 何か言いかけて彼は口ごもった Ele, a meio, começou (para ali) a ~. ⇨ Ií-shíbúru. **2** [もぐもぐ言う] Resmungar.

kuchí-gótáé 口答え (< ··· + kotáéru) A réplica; o contradizer.

kuchíguchi ni 口に (< ··· + kuchí + ···) Unanimemente. *Gunshū wa* ~ *keñpō kaisei ni hantai shita* 群衆は口々に憲法改正に反対した O povo, à uma [em massa] protestou à reforma constitucional.

kuchí-gúrúmá 口車 (< ··· + kurúmá) A lisonja; a língua. *Sonna* ~ *ni noru boku de wa nai* そんな口車に乗るぼくではない Eu não me deixo levar por falinhas mansas/não vou com lisonjas. S/闾 Ií-máwáshi. ⇨ odáté; kañgéñ[1].

kuchí-gúsé 口癖 (< ··· + kusé) **a)** A maneira de dizer 「da mãe」; **b)** A expressão favorita. *Kare wa* ~ *no yō ni "atsui, atsui" to itta* 彼は口癖のように "暑い、暑い" と言った Ele disse logo [como sempre] "que calor, que calor"!

kuchí-hábáttai 口幅ったい 【G.】 Jactancioso; presunçoso; fanfarrão; arrogante. ~ (*koto o iu*) *yō da ga watashi wa kurasu-ichi no benkyōka da* 口幅ったい(ことを言う)ようだが私はクラス一の勉強家だ Talvez seja presunção da minha parte mas [Modéstia à parte] eu sou o mais estudioso da turma. ⇨ namáíkí; mi-nó-hódó.

kuchí-hátchō 口八丁 【G.】 Um falador. *Kare wa* ~ *te-hatchō da* 彼は口八丁手八丁だ Ele é um bom falador e um excelente trabalhador.

kuchí-hátéru 朽ち果てる (< kuchíru + ···) **1** [物が] Apodrecer. *Yashiki wa sukkari kuchi-hateta* 屋敷はすっかり朽ち果てた O palácio caiu de podre. **2** [人が] Morrer (Acabar os dias) na obscuridade. ★ *Mumei no uchi ni* ~ 無名のうちに朽ち果てる Morrer ignorado.

kuchí-híge 口髭 O bigode.

kuchí-hímó 口紐 O cordel [baraço] 「do saco」.

kuchí-íré-yá 口入れ屋 (< ··· + iréru + ···) A agência de emprego. S/闾 Shūsen-yá (+); asséñ-yá (+).

kuchí-kázu 口数 **a)** As pessoas a alimentar; **b)** As palavras. ~ *no ōí* [*sukunai*] *hito* 口数の多い [少ない] 人 A pessoa muito [pouco] faladora.

kuchí-kí 朽ち木 (< kuchíru + ···) A árvore podre [apodrecida].

kuchí-kíki 口利き (< ··· + kikú) **1** [顔役] A pessoa influente ou que fala bem. S/闾 Kaó-kíki; kaó-yákú (+). **2** [仲介] A apresentação [mediação]. ★ *Kyōju no* ~ *de shūshoku suru* 教授の口利きで就職する Conseguir um trabalho [Empregar-se] graças à ~ do professor. S/闾 Asséñ; chūkáí; sewá (+); shūsén.

kuchí-kírí 口切り (< ··· + kíru) O começo 「da reunião」.

kuchí-kómi 口コミ (< ··· + komí < Ing. communication) A comunicação [propaganda] oral. ~ *de kyaku ga fueru* 口コミで客が増える A clientela [freguesia] aumenta graças à ~. ⇨ masúkómi.

kuchikú 駆逐 A expulsão. ★ *Tekikan o ryōkai kara* ~ *suru* 敵艦を領海から駆逐する Expulsar [Afugentar] o navio inimigo das águas territoriais. S/闾 Kújo.

kuchikú-kán 駆逐艦 O (barco) torpedeiro.

kuchí-mákase 口任せ O falar disparatado. ★ ~ *ni hanasu* 口任せに話す Falar à toa [sem pensar]. ⇨ de-makásé.

kuchí-mámé 口まめ A loquacidade. ★ ~ *na hito* 口まめな人 A pessoa loquaz [faladora]; o tagarela.

kuchí-máne 口真似 A imitação [mímica] da fala. ★ ~ *o suru* 口真似をする Imitar.

kuchí-mótó 口元 [許] (< ··· + *no* (のあたり)) Os lábios. *Kanojo wa* ~ *ni hohoemi o ukabete ita* 彼女は口元に微笑を浮かべていた Ela tinha um sorrisinho nos lábios [na boquinha]. S/闾 Kuchí-tsúkí. **2** [入り口に近い所] A entrada.

kuchí-náoshí 口直し (< ··· + naósu) O tirar o mau sabor de uma coisa tomando outra. *O-* ~ *ni o-hitotsu dōzo* お口直しにおひとつどうぞ Tome isto para ficar com a boca doce[a saber bem].

kuchínáshí 山梔子【Bot.】A gardénia.

kuchi ní súrú 口にする 1 [味わう] Comer; beber; tomar. *Kare wa nani hitotsu kuchi ni shinakatta* 彼は何一つ口にしなかった Ele não tomou nada. ⇨ ajíwáu; nómu; tabéru. 2 [話す] Falar; dizer. *Kare no na o ~ no mo iya da* 彼の名を口にするのもいやだ Detesto até pronunciar o nome dele [de tal homem]. S/同 Hanásu (+); iú (+); shabéru (+).

kuchí-nó-há 口の端 O falar-se [andar na boca do povo]. *Shichō no kageguchi ga hito no ~ ni nobori-hajimeta* 市長の陰口が人の口の端にのぼり始めた O prefeito [presidente da câmara] começa a ser alvo da maledicência popular. ⇨ uwasá; wadái.

kuchí-óshíí 口惜しい ⇨ kuyáshíí; zannén.

kuchíru 朽ちる 1 [腐る] Apodrecer; arruinar-se; decair. ★ *Kuchi-kaketa ie* 朽ちかけた家 A casa prestes a desmoronar-se [cair]. *Kuchita ki* 朽ちた木 A árvore podre. S/同 Kusáru (+). 2 [世に出ないで終わる] Morrer na obscuridade. ⇨ horóbíru.

kuchí-ságánái 口さがない Intriguista; mexeriqueiro; bisbilhoteiro; boateiro. ★ ~ *hito* 口さがない人 O má-língua [~]. S/同 Kuchí-urúsái (+).

kuchí-sákí 口先 A língua; a lábia. ★ ~ *no umai otoko* 口先のうまい男 O homem com lábia [de falinhas mansas].

kuchí-tórí 口取り (<... +tóru) 1 [馬丁] O moço de cavalariça. S/同 Batéí (+). 2 [料理の一種] O prato de acepipes; o petisco.

kuchi-tsúkí 口付き (<... +tsúku) 1 [口元のようす] A boca「parecida à do pai」. S/同 Kuchí-mótó (+). 2 [ものの言いぶり] A maneira de falar「zangada」. S/同 Kuchí-búrí (+). 3 [煙草で吸いつかれているこ と] O filtro.

kuchi-urá 口裏 O que está por trás das palavras [a pessoa de facto pensa]. ~ *kara sassuru to kare wa daigaku o yameru rashii* 口裏から察すると彼は大学をやめるらしい A julgar pelo que ele diz parece que vai deixar a universidade. ★ (*Tagai ni*) ~ *o awaseru* (互いに) 口裏を合わせる Pôr-se de acordo para evitar ser descoberto. ~ *o hiite miru* 口裏を引いてみる Procurar descobrir o que alguém pensa.

kuchí-urúsái 口うるさい Rabugento; impertinente. ★ *Kuchi-urusaku chūi suru* 口うるさく注意する Estar sempre a ralhar [dar leis]. S/同 Kuchí-ákámáshíí (+).

kuchí-útsushi 口移し (<... +utsúsu) a) A alimentação de boca para boca. ★ ~ *de tabemono o ataeru* 口移しで食物を与える「A ave」dá de comer「aos filhos」de boca para boca. b) O ensino vocal「de canções ao filho」.

kuchí-wá 口輪 O açaimo/e; a focinheira.

kuchí-yákámashíí 口喧しい 1 [うるさい] Rabugento; impertinente. *Fukusō ni tsuite kanojo wa ~ fukusō ni tsuite kanojo wa kuchi-yakamashii* 服装について彼女は口喧しい Ela é muito esquisita [exigente] com as roupas. S/同 Kuchí-urúsái. 2 [おしゃべりの多い] Falador. S/同 O-sháberi (+).

kuchí-yákusoku 口約束 A promessa verbal [de boca]. ~ *dake dewa anshin dekinai* 口約束だけでは安心できない Só com ~ não fico sossegado. ~ *o suru* 口約束をする Prometer de boca. S/同 Kōyáku.

kuchi-yógóshí 口汚し (<... +yogósú) Uma (pequena) dentada; um bocadinho de comida. *Kore wa hon-no o-~ desu ga* これはほんのお口汚しですが Isto é apenas um aperitivo; isto é só para começar.

kuchí-yóse 口寄せ (<... +yosérú) O espiritismo; a necromancia. ★ ~ *suru* 口寄せする Invocar o espírito dos mortos.

kuchí-záwari 口触り (<... +sawárú) O sabor. ★ ~ *no ii sake* 口触りのいい酒 O saqué saboroso [agradável ao paladar]. S/同 Kuchí látári (+).

kuchí-zóé 口添え (<... +soérú) A intervenção; a recomendação; o apoio. *Shichō no ~ de kōshō wa hakadotta* 市長の口添えで交渉ははかどった Com ~ do prefeito [presidente da câmara] as negociações avançaram muito. ~ *o suru* 口添えをする Recomendar; apoiar. ~ *o tanomu* 口添えを頼む Pedir apoios [o apoio de alguém]. ⇨ jogéí[1]; suíséñ[1].

kuchí-zúké 口付け (<... +tsukéru) O beijo. ★ ~ *suru* 口付けする Beijar; dar ~ s [um ~]. S/同 Kíssu (+); seppún.

kuchí-zúsámu 口遊む Cantarolar; trautear (uma canção).

kuchí-zútáé 口伝え (<... +tsutaérú) 1 [口づて] A comunicação oral [de boca em boca]; a transmissão verbal. *Sono hanashi wa ~ ni hiromatta* その話は口伝えに広まった Essa história correu de boca em boca. S/同 Kuchí-zúté (+). 2 [口伝] A tradição oral. S/同 Kúdeñ; kōju.

kuchō[1] [óō] 口調 [語調] O tom; a entoação. ★ ~ *o kaeru* 口調を変える Mudar de tom. S/同 Gochō. 2 [話しぶり] O modo de falar; o tom. ★ *Hageshii* [*Yasashii*] ~ *de hageshii* [*yasashii*] *kuchō de* 激しい [やさしい] 口調で Em tom severo [gentil]. ◇ **Enzetsu** ~ 演説口調 O tom oratório. **Meirei** ~ 命令口調 O tom de comando. ⇨ Hanáshí-búrí.

kúchō[2] 区長 O presidente da junta de freguesia [do bairro de Tōnjuku ou Tōkyō].

kúchō [úū] 空調 ⇨ eá-kóñ; kúki ◇.

kuchū 苦衷【E.】A angústia; o sofrimento espiritual. S/同 Kúnō (+); kurúshímí (o).

kúchū [kuū] 空中 O espaço; o ar; o céu. ★ ~ *ni ukabu* 空中に浮かぶ Pairar no ~. ~ *no* 空中の Aéreo; espacial. ~ *o tobu* 空中を飛ぶ Voar. ~ *rōkaku o「kizuku」* 空中楼閣を「築く」「Construir」 castelos no ar; fantasiar. ◇ ~ **bunkai** 空中分解 A desintegração no espaço. ~ **buranko** 空中ブランコ O trapézio (do circo). ~ **hōden** 空中放電 A descarga elé(c)trica atmosférica. ~ **ken** 空中権 O direito de passagem do tráfego aéreo. ~ **satsuei** 空中撮影 A filmagem espacial [aérea]. ~ **sen** 空中戦 O combate aéreo. ~ **shōtotsu** 空中衝突 A colisão no ar.

kuchū-yaku[zai] [úū] 駆虫薬 [剤] 1 [除虫剤] O inse(c)ticida. S/同 Jochū-zai. ⇨ nōyáku. 2 [虫下し] O vermicida; o vermífugo. S/同 Mushí-kúdáshí (+).

kúda 管 O tubo「de vidro」; o cano「de cobre」; a mangueira. I/慣用 *Yotte ~ o maku* 酔って〜を巻く Engrolar palavras sem nexo sob o efeito da bebida. S/同 Kán. ⇨ hōsu; paípú.

kudákéru 砕ける 1 [こわれる] Quebrar-se; despedaçar-se; partir-se; esmigalhar-se. *Nami ga iwa ni atatte kudaketa* 波が岩に当たって砕けた As ondas quebravam-se contra as rochas. ★ *Konagona ni ~ konagona ni kudakeru* 粉々に砕ける Esmigalhar-se; ficar em pedaços; pulverizar-se. 2 [くじける] Alquebrar; desanimar-se. *Koshi ga ~ koshi ga kudakeru* 腰が砕ける Andar alquebrado dos quadris. S/同 Kujíkéru (+). 3 [さばける] Abrandar「o entusiasmo」; tornar-se mais sociável. S/同 Sabákéru; uchítókéru.

kudáketa 砕けた (⇨ kudákéru) **1** [こわれた] Quebrado. **2** [平易な] Simples; acessível. ★ ～ *chōshi de hanasu* 砕けた調子で話す Falar de maneira [em termos] simples; falar à vontade [em tom familiar]. [S/同] Héii na; wakárí-yásúi. **3** [気取らない; うちとけた] Simpático; afável; amável; simples. *Shachō wa nakanaka ～ hito da* 社長はなかなか砕けた人だ O presidente é uma pessoa muito ～. [S/同] Uchítókétá. ⇨ aísṓ[2].

kudáku 砕く **1** [こわす] Quebrar; partir; despedaçar; esmigalhar; triturar; moer. ★ *Kōri o ～* 氷を砕く ～ o gelo. ⇨ kowásu. **2** [心を悩ます] Preocupar-se. ★ *Kokoro o (chiji ni)～* 心を(千々に)砕く ～/Dar tratos à imaginação. **3** [くじく] Desfazer [Destruir]; desanimar. *Watashi no yume wa kudakareta* 私の夢は砕かれた O meu sonho [As minhas esperanças] foi-se/desfez-se [ficaram desfeitas]. [S/同] Kujíku. **4** [やさしく説く] Trocar em miúdos (G.). ★ *Kudaite iu [hanasu]* 砕いて言う[話す] Explicar de maneira simples [acessível].

kudákúdáshíi 管管しい「estilo」Prolixo. ～ *setsumei wa iranai* 管々しい説明はいらない Não preciso de explicações prolixas.
[S/同] Kudói (o); kudókúdó-shíi (+).

kudámono 果物 A fruta. ◇ **～ batake** 果物畑 O pomar. **～ naifu** 果物ナイフ A faca da ～.

kudámónó-yá 果物屋 A loja de frutas ou o dono.

kúdan-no 件の【E.】Mencionado [Em questão]. ★ ～ *hanashi* 件の話 O assunto ～.
[S/同] Réi no (+).

kudáránáí 下らない Absurdo; disparatado; tolo; inútil. ～ *hanashi wa yamero* 下らない話はやめろ Basta de disparates [conversa disparatada/tola]! ★ ～ *koto* 下らないこと **a)** A tolice; a bobagem (B.); **b)** A ninharia [～ *koto de kuyo-kuyo suru na* 下らないことでくよくよするな Não se preocupe com tolices. ～ *koto de arasou* 下らないことで争う Discutir por ninharias. [S/同] Bakáráshíi; tsumáránai.

kudárí[1] 下り (< kudárú) **1** [下降] A descida; o declive. ◇ **～ bara** 下り腹 ⇨ gerí. **～ kōbai** 下り勾配 A ladeira [O caminho ao fundo]. **～ michi** 下り道 O caminho em declive. ⇨ **～ zaka**. [A/反] Nobórí. **2** [都から地方へ行くこと] O partir duma cidade para o interior (Sobretudo os comboios). ◇ **～ ressha** 下り列車 O comboio [trem] que parte. **～ sen** 下り線 A linha de partida. [A/反] Nobórí.

kudárí[2] 件【E.】A passagem; o parágrafo; a frase.

kudárí-záká 下り坂 (< kudárú + saká) **1** [道の] O caminho ao fundo/a descer [A ladeira]. *Koko kara ～ ni naru* ここから下り坂になる Agora o caminho é a descer [é costa abaixo]. [A/反] Nobórí-záká. **2** [衰退] A decadência; o declínio. *Kare no ninki mo ima wa ～ da* 彼の人気も今は下り坂だ A popularidade dele agora já está em declínio. *Konban atari kara tenki mo ～ ni naru deshō* 今晩あたりから天気も下り坂になるでしょう A partir desta noite, o tempo vai a piorar. [A/反] Nobórí-záká.

kudárú 下る (⇨ kudású[1]) **1** [高いところから低いところへ移る] Descer; ir para baixo. ★ *Saka [Yama] o ～* 坂[山]を下る Descer a ladeira [montanha]. [S/同] Oríru. [A/反] Nobórú. **2** [程度が下がる] Descer; diminuir. *Kion ga kudatta* 気温が下った A temperatura desceu [baixou]. [S/同] Sagáru. [A/反] Nobórú. **3** [下流へ移る] Descer. ★ *Fune de kawa o ～* 舟で川を下る ～ o rio de barco. [A/反] Nobórú. **4** [都から地方へ行く] Ir da capital para a província. ★ *Kyūshū e ～* 九州へ下る Ir de Tóquio a Kyushu. [A/反] Nobórú. **5** [言い渡される] Dar. *Hanketsu ga kudatta* 判決が下った Já foi dada a sentença. **6** [時勢が後になる] Decorrer. ★ *Jidai ga kudatte [～ to]* 時代がくだって[下ると] Com o ～/andar do tempo「o progresso chegou também ao interior」. **7** [牢に入る] Ir para a cadeia. ★ *Goku ni ～* 獄に下る～. **8** [ある基準の数量より下になる] Ser inferior a; ser menos de. *Kono hōseki wa jika hyaku-man-en o kudaranai* この宝石は時価百万円を下らない Esta pedra preciosa não custa agora menos de um milhão de yens. **9** [降伏する] Render-se. ★ *Teki ni ～* 敵に下る ～ ao inimigo. [S/同] Kṓfúkú súrú (+). **10** [隠退する] Retirar-se. ★ *Ya ni ～* 野に下る～「da política」. [S/同] Íntáí súrú. **11** [下痢をする] Ter diarreia. ★ *Hara ga ～* 腹が下る [Ficar com/Apanhar] uma diarreia. [S/同] Gerí súrú.

kudásáru 下さる **1** [くれるの丁寧な言い方("…を下さる"の形で)] Dar「-me」; conceder (para cá). *Nani ka nomimono o kudasai* 何か飲み物を下さい Dê-me algo para beber, por favor. [S/同] Kurérú; tamáwáru. **2** [してくれるの尊敬した言い方("…て下さる"の形で)] Dignar-se. *Kokuō wa watashi no negai o kiite kudasatta* 国王は私の願いをきいて下さった O rei dignou-se atender a minha petição. ★ *Shinsetsu ni shite ～ kata* 親切にして下さる方 A pessoa amável. [A/反] Sashíágérú.

kudáshí(gúsuri) 下[瀉]し(薬) (< kudású[1] + kusúrí) O laxativo; o purgante. [S/同] Gezáí (+).

kudású[1] 下す (⇨ kudárú) **1** [高い所にあるものを低い所へ移す] Descer; baixar. ★ *Kan'i o ～* 官位を下す ～ de categoria um funcionário público. [S/同] Sagéru (+); orósu (+). **2** [自ら処理する] Resolver por si. *Kare wa mizukara te o kudashite sono otoko o shokei shita* 彼は自ら手を下してその男を処刑した Ele mesmo executou esse homem. [S/同] Shóri [Shóchi] suru. **3** [たまわる] Conceder; dar. ★ *Kami no kudashi tamōta megumi* 神の下し給うた恵み Um favor concedido por Deus. [S/同] Tamáwáru. **4** [言い渡す] Dar. ★ *Hanketsu o ～* 判決を下す Pronunciar [Dar] a sentença; sentenciar. [S/同] Ííwátású. **5** [自ら決める] Decidir. *Ketsuron o ～* 結論を下す Decidir; dizer a conclusão. **6** [体内のものを体外へ出す] Purgar; evacuar. ★ *Hara o ～* 腹を下す Ter diarreia. **7** [一気に何かをし終える] Fazer de uma só vez. ★ *Tegami o kaki ～* 手紙を書き下す Escrever uma carta comprida de um golpe. ⇨ oérú.

kudású[2] 降す Vencer; derrotar; dominar. ★ *Teki o ～* 敵を降す ～ o inimigo.
[S/同] Kṓsáń sásérú; makású (+).

kudéń 口伝 A comunicação verbal [transmissão oral]. ★ ～ *o sazukeru* 口伝を授ける Transmitir oralmente「uma fórmula secreta」.
[S/同] Kuchí-zútáé.

kṻdétā [uú] クーデター (< Fr. coup d'état) O golpe de estado. ★ ～ *o okosu* クーデターを起こす Dar um ～. ⇨ seíhéń.

kúdo 苦土【Quím.】A magnésia.

kudṓ 駆動 A tra(c)ção [transmissão mecânica]. ★ *Yonrin ～ no jidōsha* 4 輪駆動の自動車 O carro de ～ às quatro rodas. ◇ **～ sōchi** 駆動装置 A engrenagem de ～.

kṻdṓ [uú] 空洞 A caverna; a cavidade; (o) oco. ★

kudói くどい **1** [することがしつこい] Aborrecido; maçador. ~ *yō da ga kanarazu ku-ji ni wa kitaku shi nasai* くどいようだが必ず９時には帰宅しなさい Talvez te pareça duro mas quero que voltes para casa às nove horas, sem falta. ~ *zo* くどいぞ Basta [Chega]! ★ ~ *otoko* くどい男 O homem maçador [teimoso]. S/同 Shitsúkói. ⇨ shitsúyó⁰. **2** [味・色が濃厚である] Carregado; forte. ★ ~ *aji* くどい味 O sabor demasiado forte. ★ ~ *kazari* くどい飾り O enfeite berrante/~. S/同 Shitsúkói. ⇨ kói³.

kudô-ká [uá] 空洞化 O tornar-se oco.

kudóki-ótosu 口説き落とす (< kudóki² + ···) Persuadir; convencer. *Chichi o kudokiotoshite shingaku o yurushite moratta* 父を口説き落として進学を許してもらった Convenci o meu pai a deixar-me prosseguir os estudos.

kúdoku¹ 功徳 **1** [良い行い] A boa a(c)ção; o a(c)to de caridade. ★ ~ *o hodokosu* 功徳を施す Fazer um/a ~. ~ *o tsumu* 功徳を積む Acumular merecimentos [Fazer boas a(c)ções]. **2** [おかげ；ごりやく] A benção; o favor; a salvação [paga] [de Deus]. *Kore wa oya-kōkō no* ~ *da* これは親孝行の功徳だ Isto é a benção [paga] por ele ser obediente aos pais. ⇨ o-kágé; go-ríyaku.

kúdoku² 口説く **a**) Persuadir; convencer; **b**) Seduzir. ★ *Onna o* ~ 女を口説く [Fazer a corte a] uma mulher. ⇨ **kudoki-otosu.**

kúdoku³ くどく (< kudóki / kudákúdáshíí) Repetidamente; insistentemente; enfadonhamente. *Sonnna ni* ~ *setsumei shinakute mo wakatta yo* そんなにくどく説明しなくてもわかったよ Já entendi, não é preciso dar tantas explicações.

kúdokudo くどくど Insistentemente. *Kare wa* ~ *to fuhei o iitsuzuketa* 彼はくどくどと不平を言い続けた Ele continuou para ali a queixar-se (até se cansar). ⇨ kudói.

kuéka [ée] クエーカー (< Ing. Quaker) O quacre.

kúeki 苦役 【E.】 **1** [労働] O trabalho pesado ｢das minas｣. ⇨ ródó. **2** [懲役] Os trabalhos forçados. ★ ~ *o kasu* 苦役を課す Condenar a ~. S/同 Chóéki; tokéi.

kuénai 食えない【G.】(Neg. de kuéru). **1** [食べられない] Não se pode comer; não ser comestível. *Kono kinoko wa* ~ このキノコは食えない Este cogumelo não é comestível. **2** [生活できない] Não poder viver. *Gekkyū dake ja totemo* ~ 月給だけじゃとても食えない Só com o meu salário não posso viver. A/反 Kuéru. **3** [ずるい] Ladino; astuto; matreiro; manhoso. *Aitsu wa* ~ *otoko da yo* あいつは食えない男だよ Aquele sujeito é um ~ [uma raposa velha]. ◇ warú-kashíkói; zuruí.

kuén-sán 枸櫞酸【Quím.】O ácido cítrico.

kuéru 食える【G.】 **1** [食べられる] Ser comestível. *Kono kusa wa* ~ この草も食える Esta erva é comestível. *Maria no ryōri wa nakanaka* ~ マリアの料理はなかなか食える Maria cozinha bem. **2** [生活できる] Poder viver. *Kare wa jidai dake de* ~ *rashii* 彼は時代だけで食えるらしい Ele parece que pode viver só com a renda das terras. A/反 Kuénai.

kuésúchón-máku [áa] クエスチョンマーク (< Ing. question mark < L.) O ponto de interrogação[?]. S/同 Gimón-fu.

Kuéto [ée] クエート O Kuweit. ◇ ~ **jin** クエート人 O habitante do ~; o kuweitano.

kufú [uú] 工夫 O plano; o jeito; a invenção [inventiva]. ~ *o korasu* 工夫を凝らす Inventar [*Kare wa shō-windō no kazaritsuke ni* ~ *o korashita* 彼はショーウィンドーの飾りつけに工夫を凝らした Ele inventou várias coisas para arranjar a vitrina]. ~(*o*) *suru* 工夫(を)する Planear; elaborar; imaginar; idealizar; inventar [*Motto jikan o yū-igi ni tsukau* ~ *o shi nasai* もっと時間を有意義に使う工夫をしなさい Estude uma maneira melhor de usar [aproveitar] o tempo]. ⇨ hōhó¹; shúdan.

kúfúkú [uú] 空腹 A fome; a barriga vazia. ★ ~ *de aru* 空腹である Ter fome; estar esfomeado [com fome]. ~ *o mitasu* 空腹を満たす Saciar [Matar] a fome. ~ *o shinogu* 空腹をしのぐ Aguentar a fome. P=====> *ni mazui mono nashi* 空腹にまずい物なし Quem tem fome tudo come.
S/同 Sukíppára. A/反 Mańpúkú.

kúgai 苦界 **1** [苦しみの絶えぬ世] O mundo de sofrimentos; o vale de lágrimas. S/同 Kukái. **2** [遊女の世界] A vida de prostituta; a má vida.

kúgaku 苦学 O pagar os seus estudos. ★ ~ *suru* 苦学する Estudar à própria custa.

kugáku-sei 苦学生 O estudante com dificuldades econó[ó]micas.

kúgatsu 九月 Setembro. S/同 Nagátsuki.

kugé 公家【H.】A nobreza (Os nobres) da corte. A/反 Buké. ⇨ kúgyó²; teñjó³ ◇.

kúgéki [uú] 空隙【E.】A fenda ｢na rocha｣. S/同 Kańgéki; sukímí (+).

kugén 苦言【E.】O conselho duro e franco. ★ ~ *o teisuru* 苦言を呈する Dar um ~. S/同 Kańgén.

kugí 釘 O prego; o cravo; a brocha. ★ ~ *de*[*o*] *uchitsukeru* 釘で[を]打ちつける Pregar (com ~). ~ *no atama* 釘の頭 A cabeça do ~. ~ *o nuku* 釘を抜く Arrancar um ~. ~ *o sasu* 釘を刺す Advertir; dizer bem claro [*Kare wa o-sake wa ippai dake to* ~ *o sasareta* 彼はお酒は１杯だけと釘を刺された Ele foi advertido [bem avisado] de que só podia tomar um copo de saqué]. ｢*Kabe ni*｣ ~ *o utsu* [*uchi-tsukeru*]「壁に」釘を打つ[打ちつける] Pregar [Espetar] um ~「na parede｣. ◇ ⇨ ~ **nuki** / **zuke.**

kúgi² 区議 O membro da junta do bairro-município (⇨ kú²). S/同 Kugíkáíglín; kukáíglín.

kugín 苦吟 A composição laboriosa de um poema.

kugi-núki 釘抜き (< ··· + nukú) A tu[o]rquês; o alicate; as orelhas do martelo.

ku-gíri 区［句］切り (< kugíru) **1** [文章などの句の切れ目] O ponto; o dividir ｢a frase｣; a pontuação. ★ *Sūji do mi-keta* ~ *ni suru* 数字を三桁区切りにする Dividir o número em classes de três (algarismos). S/同 Dańrákú; kiré-mé; kirí. ⇨ kutō². **2** [物事の切れ目] A pausa; o descanso. *Shigoto ga hito* ~ *tsuita* 仕事が一区切りついた Fizemos uma ~ no trabalho ｢, por hoje ｣.

kugíru 区［句］切る (< ···³ + kíru) **1** [文章などに句の切れ目をつける] Pontuar; pôr os sinais de pontuação. *Ikku zutsu kugitte yomu* 一句ずつ句切って読む Ler segundo a pontuação [fazendo as devidas pausas]. **2** [仕切る] Dividir; repartir; separar. *Machi wa kawa ni yotte futatsu ni kugirarete iru* 町は川によって二つに区切られている A cidade está dividida em duas partes pelo rio. Shikíru.

kugi-zúké 釘付け (< ··· ² + tsukéru) **1** [釘を打ちつけること] O pregar. *Shinamono o hako ni tsumete* ~

ni suru 品物を箱につめて釘付けにする Pregar a tampa depois de pôr as coisas na caixa. **2** [動きのとれないようにすること] O ficar pregado ao chão. *Kongetsu ippai boku wa kono shigoto ni ~ da* 今月一杯僕はこの仕事に釘付けだ Durante todo o mês vou estar preso com este trabalho. ★ *ni naru* 釘付けになる Ficar pregado ao chão [*Odoroki no amari boku wa sono ba ni ~ ni natta* 驚きのあまり僕はその場に釘付けになった Cheio de [De tanta] admiração fiquei como uma estaca]. ◇ ~ **sōba** 釘付け相場 A cotação estável.

kúgún [**úú**] 空軍 A força aérea. ◇ ~ **kichi** 空軍基地 A base (da força) aérea.

kugúrí-do 潜り戸 (< *kugúru* + to) A porta lateral [mais estreita]; o cancelo. S/同 Kírí-do.

kugúru 潜る **1** [物の下を通過する] Passar por debaixo [de]; passar através [por]. ★ *Mon o ~* 門を潜る Entrar. *Tonneru o ~* トンネルを潜る Passar pelo [Atravessar o] túnel. S/同 Tsúká súrú; tōrí-núkéru. **2** [もぐる] Mergulhar. ★ *Mizu o ~* 水を潜る ~ na água. S/同 Mogúru (+). **3** [危険などをすりぬける] Conseguir passar. ★ *Hijōsen o ~* 非常線を潜る ~ o cordão da polícia. *Hō no ami o ~* 法の網を潜る Evadir-se à lei.

kugútsú 傀儡 [A.] ⇨ ayátsúrí-níngyō; kaírái.

kugyō[1] 苦行 A penitência; o ascetismo; a mortificação. ◇ ~ **sha** 苦行者 O asceta.

kúgyō[2] 公卿 [A.] ⇨ kugé.

kuhái 苦杯 [E.] O cálice amargo「da derrota」. ★ *~ o nameru* [*kissuru*] 苦杯をなめる [喫する] Ser inteiramente derrotados.

kúhákú [**úú**] 空白 **1** [紙などの] O espaço em branco; a margem. ★ *~ o umeru* 空白を埋める Escrever nos [Preencher os] espaços em branco. S/同 Buránku; yohákú. **2** [何もないこと] O vazio; o vácuo. *Kanojo ni mo boku no kokoro no ~ o mitasu koto wa dekinakatta* 彼女にも僕の心の空白を満たすことはできなかった Nem ela conseguiu preencher o vazio do meu coração. ★ *Seiji no ~ kikan* 政治の空白期間 O「a(c)tual」vazio político. **3** [記号の式] Vazio.

kuhén-kei 九辺形 O eneágono. S/同 Ku-kákkei.

kūhí [**úú**] 空費 【E.】O desperdício; o esbanjamento. ◇ *Jikan to kane o ~ suru* 時間と金を空費する Desperdiçar tempo e dinheiro. S/同 Mudá-zúkai; rōhí.

kúhō[1] [**úú**] 空砲 O tiro de pólvora seca. ★ *~ o utsu* 空砲を撃つ Disparar sem bala.

kúhō[2] [**úú**] 空包 O cartucho sem bala. A/反 Jippō; jitsúdán.

kúi[1] 杭 [代] A estaca; o poste. ★ *~ o uchikomu* 杭を打ち込む Espetar ~ (no chão). P/ことわざ *Deru ~ wa utareru* 出る杭は打たれる Quem sobressai é que apanha [leva/é criticado].

kúi[2] 悔 O arrependimento. *Katte mo makete mo ~ no nai shiai o shiro* 勝っても負けても悔いのない試合をしろ Mais do que ganhar ou perder, o importante [o que quero] é que joguem bem. ★ *~ o nokosu* [*nokosanai*] 悔いを残す [残さない] Ter [Não ter] de que se arrepender. ⇨ Kōkai.

kúi [**úú**] 空位 A vacatura; o trono vazio. ◇ ~ **kikan** 空位期間 O interregno.

kuí-ágé 食い上げ (< kúi + agérú) A perda do meio de vida; o roubar o pão. *Sore de wa meshi* [*o-manma*] *no ~ da* それでは飯 [おまんま] の食い上げだ Isso é ficar sem meio de vida [sustento].

kuí-ákíru 食い飽きる (< kúu + ⋯) Comer até fartar [dizer basta].

kuí-árásu 食い荒らす (< kúu + ⋯) **1** [食物などを] Devorar「as culturas」; comer vorazmente. **2** [片はしから他の領域を侵す] Invadir o domínio alheio (Mercado, clientela). ★ *Hito no shigoto o ~* 人の仕事を食い荒らす Invadir o domínio de outros empregados. S/同 Kuí-chírákasu; kuí-chírású.

kuí-árátáméru 悔い改める (< kuíru + ⋯) Arrepender-se. *Kare wa jibun no tsumi* [*okonai*] *o kuiaratamete iru* 彼は自分の罪 [行い] を悔い改めている Ele está arrependido do seu pecado [da a(c)ção que fez]. ⇨ káishin[2].

kuí-áwásé 食い合わせ (< kúu + awáséru) **1** [食べ物の] A combinação de comidas. *Suika to tenpura wa ~ ga warui to iwarete iru* すいかと天ぷらは食い合わせが悪いと言われている Dizem que faz mal comer melancia e fritos. S/同 Tabé-áwásé. **2** [器具・建具の凹凸のかみ合わせ] A ensambladura; a cunha.

kuí-búchí 食い扶持 【G.】 (< kúu + fuchí) Os gastos da comida. S/同 Shokú-hí (+).

kuí-chígái 食い違い (< kúi-chígáú) O desacordo; a discordância; a discrepância. ★ *Iken no ~ no ~* 意見の食い違い /A divergência de opiniões. S/同 Iki-chígáí; mujún.

kuí-chígáú 食い違う (< kúu + ⋯) Estar em contradição [desacordo]; divergir. ★ *Iken ga ~* 意見が食い違う Ter opiniões diferentes. *Jijitsu to ~ shōgen* 事実と食い違う証言 Declarações em desacordo com a verdade. S/同 Iki-chígáu; mujún súrú.

kuí-chígírú 食いちぎる (< kúu + ⋯) Cortar [Rasgar] com os dentes.

kuí-chírású 食い散らす (< kúu + ⋯) **a)** Comer estragando; **b)** Petiscar um pouco de cada comida; **c)** Saltitar de um emprego para outro.

kuí-dámé 食い溜め (< kúu + tamérú) O comer muito [como os camelos]. ★ *~(o) suru* 食い溜め(を)する Empanturrar o estômago.

kuí-dáóré 食い倒れ 【G.】 (< kúu + taórérú) A ida à falência pela extravagância na comida. *Kyō no kidaore Ōsaka no kuidaore* 京の着倒れ大阪の食い倒れ Os de Kyoto esbanjam em vestuário, os de Osaka em comida.

kuí-dōraku [**óó**] 食い道楽 (< kúu + ⋯) A gastrolatria; o prazer da mesa [boa comida]. *Kare wa ~ da* 彼は食い道楽だ Ele é um gastrólatra [gastrónomo]; ele é dado ao prazer da boa mesa. S/同 Gúrume. ⇨ Tabé-góró.

kuí-góró 食い頃 (< kúu + kóro) ⇨ tabé-góró.

kuí-hágúré 食い逸れ (< kuí-hágúrérú) **a)** O perder [não fazer] uma refeição; **b)** O ficar desempregado. *Te ni shoku ga areba ~ wa nai* 手に職があれば食い逸れはない Quem tem uma profissão tem o futuro [a vida] assegurado[a].

kuí-hágúrérú [**házúsú**] 食い逸れる [外す] (< kúu + ⋯) **1** [食べそこなう] Perder uma refeição. *Mongen ni okurete yūshoku o kuihagureta* 門限に遅れて夕食を食いはぐれた Tendo chegado depois da hora de entrada, fiquei sem jantar. S/同 Kuí-sókónáu; tabé-sókónáu. **2** [生活の手段を失う] Perder o emprego. *Kono kaisha ni hairetara isshō ~ koto wa nai* この会社にはいれたら一生食い逸れることはない Se entrar nesta empresa, nunca mais perco o emprego. ⇨ shitsúgyō; shisshókú.

kuí-hṓdai [óo] 食い放題 (< kúu + …) O poder comer à vontade. *Hitori go-sen-en de ~ nomi-hōdai da* 一人五千円で食い放題飲み放題だ Por cinco mil yens por pessoa, pode-se comer e beber à vontade [à discrição/até não querer mais]. [S/同] Tabé-hṓdai (+).

kuí-íjí 食い意地 (< kúu + …) A vontade de comer; a glutonaria. *~ ga hatte iru* 食い意地が張っている「Ele」é um comilão [glutão]. [S/同] Kuíké.

kuí-íru 食い入る (< kúu + …) Penetrar; enterrar-se「a corda no braço」. ★ *~ yō ni mitsumeru* 食い入るように見つめる Fixar [Comer com os olhos]. [S/同] Kuí-kómú.

kuí-káké 食い掛け (< kúu + kakéru) O deixar a refeição a meio. ★ *~ no pan* 食い掛けのパン O pão meio comido [que era de outra pessoa]. [S/同] Tabékáké (+).

kuíke 食い気【G.】(< kúu + …) O apetite. *Karera wa iro-ke yori ~ da* 彼らは色気より食い気だ Eles preferem a comida ao amor. [S/同] Shokúyókú; kuí-íjí.

kúiki 区域 A zona [área]. ★ *~ betsu no shūkei* 区域別の集計 A contagem「dos votos」por zonas. ◇ **Anzen ~** 安全区域 ~ segura. **Chūsha kinshi ~** 駐車禁止区域 ~ de estacionamento proibido. **Jūtaku ~** 住宅区域 A zona [O bairro] residencial.

kuí-kírú 食い切る (< kúu + …) **1** [かみ切る] Cortar [Rasgar] com os dentes. [S/同] Kuí-chígírú (+); kamí-kíru. **2** [全部食べる] Comer tudo. *Hitori ja konna ni kuikirenai* 一人じゃこんなに食い切れない Sozinho não consigo comer tudo isto. [S/同] Kuí-tsúkúsu.

kuí-kómí 食い込み (< kuí-kómú) **1** [深く入り込むこと] A penetração; a intrusão. **2** [欠損] O défice; o prejuízo. *Tsuki san-man-en no ~ ni naru* 月3万円の食い込みになる O prejuízo chega a trinta mil yens por mês. [S/同] Késson; sońshítsú; akájí (+).

kuí-kómu 食い込む (< kúu + …) **1** [⇨ kuí-íru]. **2** [他の領域にはいり込む] Invadir; intrometer-se. ★ *Gaikoku shijō ni ~* 外国市場に食い込む Invadir os mercados estrangeiros. *Ni-i ni ~* 二位に食い込む Conseguir um segundo lugar. *Yobihi ni ~* 予備費に食い込む Gastar (o dinheiro) da reserva. [S/同] Haírí-kómu (+).

kuí-mónó 食い物 (< kúu + …) **1** [⇨ tabémono]. **2** [犠牲] A vítima; a presa. ★ *Akushitsu-gyōsha ni ~ ni sareru* 悪質業者に食い物にされる Ser vítima de comerciantes desonestos. [S/同] Éjiki. ⇨ giséí.

K

kuín [íi] クイーン (< Ing. queen) A rainha. ★ *Hāto no ~* ハートのクイーン [トランプ] ~ de copas. [S/同] Joṓ.

kuíná 水鶏【Zool.】A galinha d'água.

kuí-nígé 食い逃げ (< kúu + nigéru) O comer e sair sem pagar.

kuí-nóbásu 食い延ばす (< kúu + …) Poupar na comida [nas provisões]. [S/同] Kuí-tsúnágú.

kuí-nókóshí 食い残し ⇨ tabé-nókóshí (+).

kuíntetto クインテット (< It. quintetto)【Mús.】O quinteto. [S/同] Go-jū-shō; go-jū-sō.

kuíru 悔いる Arrepender-se. ★ *Tsumi o ~* 罪を悔いる ~ do pecado. [S/同] Kṓkai-suru (+).

kuí-ságáru 食い下がる (< kúu + …) Catrafilar [Insistir]. ★ *Shitsumon o shite ~* 質問をして食い下がる Perguntar insistentemente.

kuí-shíbáru 食いしばる (< kúu + …) Cerrar os dentes. *Kare wa kibishii renshū ni ha o kuishibatte taeta* 彼はきびしい練習に歯を食いしばって耐えた Com os dentes cerrados ele aguentou os rigorosos treinos.

kuíshínbō 食いしん坊【G.】O glutão; o comilão.

kuí-sókónáu 食い損う ⇨ kuí-hágúrérú.

kuí-súgírú 食い過ぎる (< kúu + …) Comer demais [em excesso]. *Amai mono o kuisugite mushiba ni natta* 甘いものを食い過ぎて虫歯になった Estraguei os dentes [Tenho os dentes cariados] por comer doces em demasia. [S/同] Tabé-súgírú (+).

kuí-táósú 食い倒す (< kúu + …) **a**) [飲食の代金を払わないですましてしまう] Comer e não pagar. *Kare wa daikin o kuitaoshite nigeta* 彼は代金を食い倒して逃げた Ele esquivou-se sem pagar. **b**) ⇨ kuí-tsúbúsú

kuí-tárínái 食い足りない (< kúu + tarú + …) **1** [十分に食べていない] Ainda estar com fome; não ter comido o suficiente. *Kore dake ja ~* これだけじゃ食い足りない Só com isto vou ficar com fome. [S/同] Tabé-tárínái (+). **2** [物事が不十分でもの足りない] Ser「livro」imperfeito; deixar muito a desejar. *Konna shigoto ja ~* こんな仕事じゃ食い足りない Este trabalho deixa muito a desejar. [S/同] Monótárínái (+).

kuí-tómérú 食い止める (< kúu + …) Dominar; parar「o fogo」; deter. *Infure o ~* インフレを食い止める ~ a inflação. [S/同] Fuségí-tóméru; habámu.

kuí-tsúbúsú 食い潰す Gastar tudo. ★ *Zaisan o ~* 財産を食い潰す Esbanjar [Dissipar] o patrimó[ô]nio; gastar toda a fortuna.

kuí-tsúkú 食い付く (< kúu + …) **1** [かみ付く] Morder; dar uma dentada; cravar os dentes. *Sakana ga esa ni pakuri to kuitsuita* 魚が餌にぱくりと食いついた O peixe mordeu a isca. [S/同] Kamí-tsúku. **2** [かたく取りついて離れない] Lançar-se; agarrar-se. *Kare wa sono mōshide ni sugu kuitsuita* 彼はその申し出にすぐ食い付いた Ele agarrou-se logo à proposta. ⇨ shigámí-tsuku; torí-tsúkú.

kuí-tsúmérú 食い詰める (< kúu + …) Ficar sem ter que comer; ficar na dependura.

kuí-úchí 杭打ち (< … + utsú) O enterrar estacas「de ferro ou madeira, para construir」. ◇ **~ ki** 杭打ち機 A máquina para…

kuí-zákari 食い盛り (< kúu + sakárí) ⇨ tabé-zákari.

kúizu クイズ (< Ing. quiz < L. quid ?) **a**) A adivinha; **b**) O quebra-cabeças. ◇ **~ bangumi** クイズ番組 O programa de adivinhas [perguntas e respostas].

kujákú 孔雀【Zool.】O pavão [A pavoa].

kujákú-seki 孔雀石 A malaquite.

kúji 籤 A rifa; o sorteio; a lote[a]ria. ★ *~ de junban [kumiawase] o kimeru* くじで順番 [組み合わせ] を決める Determinar a vez [os pares] por sorteio. *~ ni ataru [hazureru]* くじに当たる[はずれる] Acertar [Não acertar] na ~. *~ o hiku* くじを引く Rifar; tirar à sorte [*Ii [Warui] ~ o hiku* いい [悪い] くじを引く Ter [Não ter] sorte. *Ittō no ~ o hiku* 一等のくじを引く Sair [Tirar] a sorte grande]. ◇ ⇨ **~ biki**. **~ un** くじ運 A sorte [*~ un ga tsuyoi [yowai]* くじ運が強い [弱い] Ter muita [pouca] sorte]. **Atari [Hazure] ~** 当たり [はずれ] くじ O número premiado [não premiado].

kují-bíkí 籤引き (< … + hikú) O sorteio [tirar à sorte]; a rifa. [S/同] Chū́sén.

kujíkéru 挫ける **a**) Torcer-se; **b**) Perder o entusiasmo; desanimar; desalentar-se. *Ashi ga kujiketa*

足が挫けた Torceu-se-me o pé. *Boku wa konna koto de wa kujikenai zo* ぼくはこんなことでは挫けないぞ Ah, eu não desanimo com isto [tão pouco]! ⇨ kujíku.

kujíku 挫く **1** [手足をひねって痛める] Torcer; deslocar. ★ *Ashi o* ～ 足を挫く O pé. **2** [勢いなどを止められる] Frustrar; desanimar. ★ *Debana o* ～ 出鼻を挫く Fazer perder o ânimo logo de início [Ser um balde de água fria]. *Ikioi o* ～ 勢いを挫く Arrefecer [Tirar] o entusiasmo. ⟨S/同⟩ Yowáméru.

kujírá 鯨 **1**【Zool.】A baleia. ～ *ga shio o fuku* 鯨が潮を吹く espirra água. ◇ ～ **rui** 鯨類 Os cetáceos. **Nagasu** ～ ナガス鯨 ～ com barbatana dorsal. **2** [Abrev. de "kujirá-jákú"].

kujirá-jákú [záshí] 鯨尺 [差し] (< … + shakú [sashí]) A medida de comprimento para tecidos equivalente a 37,9 centímetros. ⟨S/同⟩ Kujirá **2**.

kújo 駆除 O extermínio. ★ *Gaichū o* ～ *suru* 害虫を駆除する Exterminar [Acabar com] os inse(c)tos nocivos. ⟨S/同⟩ Táiji. ⇨ oí-háráu.

kujō 苦情 A queixa. ★ ～ *o iu* 苦情を言う Queixar-se. ◇ ～ **shori kikan** 苦情処理機関 O órgão para resolver ～s. ⟨S/同⟩ Fuhéi; guchí; kurému; mónku.

kujú¹ 苦汁【E.】O fel [amargor]. ★ ～ *o nameru* 苦汁をなめる Tragar o ～/cálice da amargura. ⟨S/同⟩ kunō. ⇨ kúnō.

kujú² 苦渋 A angústia. ★ ～ *ni michita hyōjō* 苦渋に満ちた表情 A expressão angustiada [amargurada]. ⟨S/同⟩ Kúnō (+); nañjú.

kukái¹ 区会 (Abrev. de kugíkai) A assembleia municipal. ◇ ～ **giin** 区会議員 O vereador.

kukái² 句会 A reunião de poetas de "háiku". ⇨ kú³.

kukáku 区画 [劃] **a)** A divisão [demarcação/delimitação]; **b)** O lote; o quarteirão. ★ ～ *suru* 区画する Dividir; demarcar; delimitar. ◇ **Bunjōchi nana** ～ 分譲地 7 区画 O lote sete do terreno [do bairro habitacional]. ★ ～ kúbun; ku-gírí; kyōkáí².

kukákú-séiri 区画 [劃] 整理 O reajustamento do terreno.

kúkan 区間 **a)** O troço「da linha férrea」; **b)**【Mat.】A cobertura.

kúkán [**úú**] 空間 O espaço「para se sentar」. *Mugen no* ～ 無限の空間 ～ infinito. ◇ ～ **denka** 空間電荷 A carga elé(c)trica espacial. ～ **geijutsu** 空間芸術 As artes plásticas. ～ **teki** 空間的 Espacial. ⟨S/同⟩ Akí; supésu; yóchi.

kuké-bári 紩付針 (< kurékeu + hári) A agulha de cerzir.

kukéi 矩形 O re(c)tângulo. ⟨S/同⟩ Chōhōkeu (+); nagá-shíkaku.

kúkén [**úú**] 空拳【E.】**1** [素手] As mãos vazias [desarmadas]. ⟨S/同⟩ Súshú. **2** [独力] Sozinho [Só]. ★ ～ *de shōbai o hajimeru* 空拳で商売を始める Começar um negócio ～ [sem ajuda de ninguém]. ⟨S/同⟩ dokuryókú; tóshú².

kukéru 紩ける Cerzir.

kukí 茎 O caule: o talo; a haste de planta.

kúki [**úú**] 空気 **1** [地球を包んでいる無色・無臭・透明の気体] O ar. *Tama ni wa soto ni dete shinsen na* ～ *ni atari nasai* たまには外に出て新鮮な空気に当たりなさい Saia de vez em quando para respirar [tomar] ar fresco. ★ ～ *no nuketa taiya* 空気の抜けたタイヤ O pneu vazio [sem ar]. *Heya no* ～ *o irekaeru* 部屋の空気を入れ替える Arejar [Ventilar] o quarto. ◇ ～ **asshuku-ki** 空気圧縮機 O compressor de ar. ～ **ben** 空気弁 A válvula de ar. ～ **burēki** [**seidō-ki**] 空気ブレーキ [制動機] O travão [freio] pneumático. ～ **chōsetsu sōchi** 空気調節装置 O sistema de ar condicionado. ～ **densen** 空気伝染 A contaminação [O contágio] pelo ar. ～ **jū** 空気銃 A espingarda de ar comprimido. ～ **makura** 空気枕 A almofada pneumática. ～ **ponpu** 空気ポンプ A bomba pneumática. ～ **reikyakuki** 空気冷却機 O refrigerador de ar. ～ **rikigaku** 空気力学 A aerologia. ～ **teikō** 空気抵抗 A resistência do ar. **Asshaku** [**Asshuku**] ～ 圧搾 [圧縮] 空気 O ar comprimido. **Ekitai** ～ 液体空気 O ar líquido. ⇨ táikí¹. **2** [雰囲気] ～ *ga shitsunai ni tadayotte ita* 緊張した [pesada] pairava no recinto [na sala]. ⟨S/同⟩ Fuñ'íki (+). ⇨ kañkyō¹.

kúki-atsu [**úú**] 空気圧 A pressão do ar.

kúki-ire [**úú**] 空気入れ (< … + irérú) A bomba de ar [bicicleta].

kúki-núki [**úú**] 空気抜き (< … + nukú) O ventilador.

kúkkī クッキー (< Ing. cookie) A bolacha [biscoito]. ⇨ bisúkétto.

kukkíngú-hóiru クッキングホイル (< Ing. cooking foil) A folha de alumínio para uso doméstico; o papel de estanho. ⟨S/同⟩ Arúmí-hóiru.

kukkíri (to) くっきり (と) Distintamente; claramente. *Kanojo no senaka ni wa hiyake no ato ga* ～ *mieta* 彼女の背中には陽焼けの跡がくっきり見えた Notava-se perfeitamente nas costas dela a queimadura do sol. ⟨S/同⟩ Hakkíri (to). ⟨A/反⟩ Boñ'yári (to).

kúkku [**kú**] くっく [くっ]【On.】★ ～ *to warau* ～ くと笑う Rir por entre dentes. ⇨ kúsukuou.

kukkyō¹ 屈強 A robustez. ★ ～ *na wakamono* 屈強な若者 O jovem robusto [vigoroso; forte]. ⟨A/反⟩ Nañjáku. ⇨ takúmáshíi.

kukkyō² 究竟 **1** [⇨ kekkyókú]. **2** [好都合] Apropriado. ★ ～ *na kakure-basho* 究竟な隠れ場所 O esconderijo ～ [ideal]. ⟨S/同⟩ Atsúraémúkí (+); kakkō (o); uttétsúké (+).

kukkyokú 屈曲 A curva; a flexão; a tortuosidade. ★ ～ *shita* 屈曲した Tortuoso; curvo. ◇ ～ **bu** 屈曲部 A (parte) curva. ～ **sen** 屈曲線 A linha curva. ⟨A/反⟩ Shiñchí.

kúkō [**úú**] 空港 O aeroporto; o aeródromo; o campo de aviação. ◇ ～ **biru** 空港ビル O edifício do ～. **Shin-Tōkyō Kokusai** ～ 新東京国際空港 O Novo Aeroporto Internacional de Tokyo [O ～ de Narita]. ⟨S/同⟩ Eápóto; hikōjō.

kúku 九九 A tabuada.

kúku² 区々 **1** [まちまち] A diversidade. *Minna no iken ga* ～ *to shite matomaranai* みんなの意見が区々としてまとまらない Não se chega a um acordo, dada a ～ de opiniões. ⟨S/同⟩ Barábárá; betsúbétsú (+); machímaeta (+); iróíró (+). **2** [小さいこと] A insignificância. ★ ～ *taru mondai* 区々たる問題 O problema insignificante. ⟨S/同⟩ Sásai (+).

kukúri 括り (< kukúrú) **1** [縛ること] O atar [apertar; dar nó]. ◇ ～ **himo** 括り紐 O cordel; a guita; o fio. **2** [くくったもの] O feixe; o molho. ★ *Hito-*～ *no maki* ひと括りのまき Um ～ de lenha. ⟨S/同⟩ Tába (+). **3** [括り目] O nó [laço]「dos cordões」. S/同 Kukúrí-mé (+). **4** [物事のまとめ] A conclusão; o termo. ★「*shigoto no*」~ *o tsukeru*「仕事の」括りをつける Concluir「o trabalho」. S/同 Ketsúmátsú (+); shimékúkúri (+).

kukúrí-mé 括り目 ⇨ kukúri **3**.

kukúrí-tsúkéru 括り付ける (< kukúrú + ···) Amarrar; atar; prender. ★ *Aka-chan o senaka ni* 赤ちゃんを背中に括りつける Pôr a criança às costas, amarrada. S/同 Shibárí-tsúkéru.

kukúrú 括る **1** [しばる; 束ねる] Amarrar; enfeixar; atar. ★ *Furu-shinbun o matomete himo de* ~ 古新聞をまとめてひもで括る Amarrar com cordel os jornais velhos. *Kubi o* ~ 首を括る Enforcar-se. *Taka o* ~ を括る Menosprezar (G.) [*Anna yatsu ni makeru mono ka to taka o kukutte itara migoto yararete shimatta* あんなやつに負けるものかと高をくくっていたらみごとやられてしまった Eu a pensar que ele não valia nada e que não me ganharia, e afinal fui completamente derrotado]. S/同 Shibáru (+); tabáneru. A/反 Hodóku. **2** [しめくくる] Terminar; acabar; pôr termo; concluir. *Kanpai de pātī no saigo o kukutta* 乾杯でパーティの最後を括った Terminámos a festa com um brinde. S/同 Sōkátsú súrú; shimékúkúri (+); tojíru.

kukyō 苦境 O apuro; a dificuldade; a situação difícil; a encrenca; o embaraço. ★ ~ *ni aru [tatsu]* 苦境にある[立つ] Estar [Ver-se] em apuros. ~ *o ochiiru* 苦境に陥る Meter-se em dificuldades. ~ *o dassuru* 苦境を脱する Sair do ~. ⇨ **kónnan**.

kúkyo [úu] 空虚 **1** [内容が乏しいこと] Vazio; oco; falso; vão. ★ ~ *na hanashi* 空虚な話 Discurso sem conteúdo [Palavras ocas]. ~ *na hibi* 空虚な日々 Os dias gastos inutilmente [em vão]. S/同 Kúso (+), utsúró. A/反 Jūjítsú. **2** [中身が空なこと] A vacuidade; o vazio. S/同 Kúro (+); utsúró.

kumá¹ 熊 O urso (Ainda há alguns no J.).

kumá² 隈・曲 **1** [片隅] O recôndito「Dos montes」; o recesso; o recanto. ★ *Ie no* ~ 家の隈 Os (re)cantos da casa. S/同 Katásúmi (+); súmi (o). **2** [くらがり] A sombra; o escuro. ★ ~ *o toru* 隈を取る a) Sombrear (uma pintura); b) Maqui(l)har [Pintar]「o rosto」. S/同 Káge (+). **3** [目のまわりにできる色の黒ずんだ部分] As olheiras. *Tsukarete me ni* ~ *ga dekita* 疲れて目に隈が出来た Estou com ~ devido ao cansaço. **4** [心の中の暗い部分; 秘密] O recanto interior.

kumá-bachi 熊蜂 (< ···¹ + hachí) 【Zool.】 A abelha-do-pau.

kumá-dé 熊手 (< ···¹ + te) **1** [物をかき集める道具] O ancinho. **2** [とりの市で売る縁起物] O amuleto em forma de mão de urso.

kumá-dóri 隈取り (< ···² + tóru) **1** [濃淡をつける] A gradação (da cor). S/同 Bokáshí. **2** [役者が顔を彩ること] A maqui(l)hagem dos a(c)tores.

kumá-dóru 隈取る (< ···² + tóru) **1** [濃淡をつける] Sombrear, fazendo a gradação da cor. ★ *E o* ~ 絵を隈取る Sombrear uma pintura. **2** [役者が顔を彩る] Maqui(l)har「um a(c)tor de teatro」.

kumá-gári 熊狩り (< ···¹ + karú) A caça ao urso.

kumá-náku 隈なく (< ···² + nái) **1** [すみずみまで] Por toda a parte; tudo; inteiramente; completamente. *Ie-jū* ~ *sagashita ga mitsukaranakatta* 家中くまなく捜したが見つからなかった Apesar de procurar em todos os cantos da casa não o/a encontrei「a chave」. ★ ~ *shiraberu* くまなく調べる Verificar tudo. S/同 Sumízúmi máde (+). **2** [かげりやくもりなくはっきりしている] Claramente; nitidamente. *Tsuki wa* ~ *atari o terashita* 月は隈なく辺りを照らした Estava um luar lindo, com o céu todo limpo.

kumá-zásá 熊[隈]笹 (< ···¹ + sasá) 【Bot.】 O caniço [bambu] baixo e listrado; *sasa veitchii*.

kúmen 工面 **1** [やりくり] O expediente; as voltas; o jeito. *Watashi ni wa dō shite mo kane no* ~ *ga tsukanakatta* 私にはどうしても金の工面がつかなかった Bem tentei, mas não houve maneira [jeito] de arranjar dinheiro. S/同 Sańdań; yaríkuri (+). **2** [金まわり] A situação financeira. ★ ~ *ga yoi [warui]* 工面が良い[悪い] Estar bem [mal] de dinheiro. S/同 Futókóró-gúai (+); kanémáwári (+).

Kuméru [ée] クメール Os Khmeres. ◇ ~ **go** クメール語 O khmer. ~ **zoku** クメール族 A raça khmer (Do Camboja).

kumi 組 [組み] **1** [そろい; 対] O par; o conjunto; o serviço; o jogo. *Kyūsu to chawan no* ~ *ni natta mono ga katta* 急須と茶碗の組になったのを買った Comprei um serviço de chá. ★ *Roku-mai hito-no sara* 六枚一組の皿 Um jogo [conjunto] de seis pratos. S/同 Sétto; soróí; tsuí. **2** [学校などのクラス] A turma ou sua subdivisão. ★ ~ *gae o suru* 組替えをする Trocar [Mudar] de ~. *Go-nen ichi-* ~ 5年1組 Turma de um quinto ano [da quinta série]. S/同 Gakkyū; kúrasu (+). **3** [グループ; 仲間] O grupo. *Futa-* ~ *ni wakarete gēmu no shita* 二組に分かれてゲームをした Jogamos dividido em dois grupos [duas equipas]. ★ ~ *ni wakeru* 組に分ける Dividir em grupos. ~ *o tsukuru* 組を作る Formar um grupo. *Ninin-gumi no oihagi* 二人組の追いはぎ Um par de salteadores. S/同 Gurúpu. **4** [印刷の活字を組むこと] A montagem [composição] tipográfica. *Insatsu no* ~ *ga warui* 印刷の組みが悪い ~ está mal feita (⇨ **kumí-háń**).

kumí-ágéru¹ 組み上げる (< kúmu¹ + ···) **1** [組み終える] Fazer [Terminar]「o orçamento」. S/同 Kumíóéru. **2** [物を組んでつみ上げる] Montar. ★ *Biru kōji no ashiba o* ~ ビル工事の足場を組み上げる o andaime para o obra. 【Tip.】 Compor a matriz de impressão.

kumí-ágéru² 汲み上げる (< kúmu² + ···) Tirar「água da banheira com a bacia」. ★ *Ido no mizu o ponpu de* ~ 井戸の水をポンプで汲み上げる Puxar água do poço com a bomba [motor]. ⇨ kumí-tórú.

kumiái 組合 [利害・目的を共にした活動組織] A corporação; a cooperativa; a sociedade; o sindicato; a liga. ★ ~ *ni kanyū [kamei] suru* 組合に加入[加盟] Entrar para a/o ~. ~ *o tsukuru [soshiki suru]* 組合を作る[組織する] Formar um/a ~. ◇ ~ **in** 組合員 O membro da/o ~; o sócio. ~ **soshiki** 組合組織 A organização sindical. ~ **undō** 組合運動 O movimento sindical. **Kenkō hoken** ~ 健康保険組合 A companhia de seguros de saúde. **Rōdō** ~ 労働組合 O sindicato de trabalhadores. **Shinyō** ~ 信用組合 A cooperativa de crédito. **2** [組み合う こと] O engalfinhamento. ★ ~ *o suru* 組合いをする Engalfinhar-se. S/同 Kumíúchí; tokkúmíái (+); tsukámíái (+).

kumiái-hi 組合費 A quota da associação [do sindicato].

kumí-áu 組み合う (< kúmu¹ + ···) **1** [取っ組み合う] Agarrar-se; engalfinhar-se. *Keikan wa dorobō to kumiatta* 警官は泥棒と組み合った O polícia e o ladrão engalfinharam-se (um no outro). [S/同] Tok-kúmíáu (+). **2** [合同する; 組になる] Associar-se; entrar em sociedade. [S/同] Gṓdṓ súrú (+). **3** [互いに腕を組む] Dar o braço [Pôr o braço à volta do pescoço]. *Koibito dōshi ga ude o kumiatte aruite ita* 恋人同志が腕を組み合って歩いていた Os dois namorados caminhavam de braço dado.

kumí-áwásé 組み合わせ (< kúmu[1] + awáséru) **1** [組にすることまたは組にしたもの] A combinação. ★ *yoi* ～ 良い組み合わせ Uma boa ～ (também de noivos). ◇ **～ gifuto** 組み合わせギフト O presente sortido. **2** [競技などの対戦] A escolha (à sorte) dos parceiros. ◇ **～ chūsenkai** 組み合わせ抽選会 O sorteio para a ～「de uma competição (d)esportiva」.

kumí-áwásérú 組み合わせる (< kúmu[1] + …) **1** [からみ合わせたり交差させたりする] Cruzar; entrelaçar. ★ *Ryōte o kumiawasete isshin ni inoru* 両手を組み合わせて一心に祈る Rezar de mãos postas e com fervor. **2** [いくつかとり合わせて一組とする] Combinar; juntar. ★ *Kāten to jūtan o* ～ カーテンと絨毯を組み合わせる Fazer combinar as cortinas com o tapete. **3** [競技などで勝負相手を決める] Emparceirar; opor (jogadores; equipas).

kumíchō 組長 **1** [学校の] O「A」chefe de turma. [S/同] kyū́chṓ. **2** [組の長] O cabecilha [chefe]「da quadrilha」. [S/同] Kashírá; kumígáshira.

kumí-dásu 汲み出す (< kumú[2] + …) Tirar. ★ *Baketsu de ike no mizu o* ～ バケツで池の水を汲み出す ～ água do tanque com um balde. [A/反] Kumí-írérú.

kumí-fúsérú 組み伏せる (< kúmu[1] + …) Estatelar [Atirar; Estender no chão] a alguém. ★ *Dorobō o* ～ 泥棒を組み伏せる Atirar o ladrão ao chão. [S/同] Kumíshíku.

kumígáshira 組頭 (< kumí + kashírá) O cabecilha [chefe]. [S/同] Kumíchō.

kumí-háń 組み版 (< kúmu[1] + …)【Tip.】A (composição montagem da) matriz;

kumí-hímó 組み紐 (< kúmu[1] + …) A corda entrançada.

kumí-hósu 汲み干す (< kumú[2] + …) Esvaziar.

kumí-írérú[1] 組み入れる (< kúmu[1] + …) Incluir; incorporar. ★ *Bijutsukan hōmon o ashita no sukejūru ni* ～ 美術館訪問をあしたのスケジュールに組み入れる ～ no itinerário [programa] de amanhã a visita ao museu de arte. [S/同] Heńnyū́ súrú; kumí-kómu.

kumí-írérú[2] 汲み入れる (< kumú[2] + …) **1** [汲んで中に入れる] Encher「de água」. [A/反] Kumí-dásu. **2** [考えに入れる] Considerar; ter [levar] em consideração [vista]. ★ *Shohan no jijō o* ～ 諸般の事情を汲み入れる ～ as várias circunstâncias. [S/同] Kṓryo suru (+).

kumí-káé 組み替え (⇨ kumí-káérú) A reorganização; a recombinação「dos genes」.

kumí-káérú 組み替える (< kúmu[1] + …) Reorganizar. ★ *Sagyō no menbā o* ～ 作業のメンバーを組み替える ～ as equipas de trabalho. [S/同] Kumí-náósu.

kumí-káwásu 酌み交わす (< kumú[3] + …) Beber juntos (enchendo mutuamente as tacinhas/os copos). *Otoko-tachi wa tagai ni sake o kumi-kawashinagara uta o utatta* 男達は互いに酒を酌み交わしながら歌をうたった Os homens, à vez, bebiam e cantavam.

kumí-kómu 組み込む (< kúmu[1] + …) Incorporar; incluir. [S/同] Kumí-írérú.

kumíkyoku 組曲【Mús.】A suite.

kúmin 区民 Os habitantes de um bairro (administrativo, da cidade). ⇨ kú[2].

kumí-náósu 組み直す (< kúmu[1] + …) Recompor; reorganizar. [S/同] Kumí-káérú (+).

kumíshí-yásúi 与し易い (< kumísúru + …) De bom trato; simples; maleável. *Kare wa* ～ *otoko da* 彼は与し易い男だ Ele é um homem ～. ★ ～ *to mite mikubiru* 与し易いと見て見くびる Subestimar o valor de uma pessoa à primeira vista.

kumísúru 与する【E.】**1** [味方する; 仲間に加わる] Pertencer; aliar-se; tomar partido「por」; participar. *Kare wa sono gurūpu ni kumishite iru* 彼はそのグループに与している Ele pertence a esse grupo. [S/同] Mikátá súrú (+). **2** [賛成する] Apoiar; estar de acordo「com」. *Gichō wa dono iken ni mo kumishinai* 議長はどの意見にも与しない O presidente「da Dieta」não apoia nenhuma opinião. [S/同] Sańséí súrú (+).

kumí-táté 組み立て (⇨ kumí-tátérú) **1** [部分を集めて組み立てること] A montagem. ★ ～ *shiki no tana* 組み立て式の棚 A prateleira desmontável. ◇ **～ honbako** 組み立て本箱 O armário/A estante de livros desmontável. **～ kōjō** 組み立て工場 A oficina [fábrica] de ～. [A/反] Buńkáí. **2** [組織; 構造] A estrutura. ★ *Bun no* ～ 文の組み立て A ～ [composição] da frase. *Kikai no* ～ *o shiraberu* 機械の組み立てを調べる Examinar ～ da máquina. [S/同] Kṓséí; kṓzṓ (+); sóshiki.

kumí-tátérú 組み立てる (< kúmu[1] + …) Montar; compor; construir; armar. ★ *Atama no naka de hanashi no kōsō o* ～ 頭の中で話の構想を組み立てる Conceber mentalmente o plano geral da palestra. *Buhin o* ～ 部品を組み立てる Montar as peças. [A/反] Buńkáí súrú.

kumí-tórí 汲み取り (< kumí-tórú) O limpar「a fossa」. ◇ **～ shiki benjo** 汲み取り式便所 A latrina [cloaca/fossa].

kumí-tórú 汲み取る (< kumú[2] + …) **1** [水などを汲み上げる] Limpar tirando. ★ *Shinyō o* ～ 屎尿を汲み取る Extrair os deje(c)tos. ⇨ kumí-ágéru[2]. **2** [事情・気持ちを察する] Levar em consideração. ★ *Hito no kokoro o* ～ 人の心を汲み取る Compreender [Entender] as pessoas. [S/同] Oshíhákáru; sassúrú (+).

kumí-tsúkú 組み付く (< kúmu[1] + …) Agarrar-se ao adversário「no sumô」. ⇨ tsukámu.

kumí-úchí 組み打 [討] ち (< kúmu[1] + útsu) A luta corpo a corpo. [S/同] Kakútṓ (+).

kumí-wáké 組み分け (< kúmu[1] + wakéru) A divisão em classes [grupos]. ★ *Se no jun de shiro to aka ni* ～ *suru* 背の順で白と赤に組み分けする Dividir [Separar] em brancos e vermelhos e por ordem de altura.

kúmo[1] 雲 A nuvem. *Sora ni wa itten no* ～ *mo nai* 空には一点の雲もない No céu não há uma ～. ★ ～ *ga hareru* 雲が晴れる Desanuviar. ～ *ni kakureta tsuki* 雲に隠れた月 A lua escondida atrás das nuvens. ～ *no uebito* 雲の上人 O nobre da corte; a pessoa inacessível. ～ *no ue no dekigoto* 雲の上の出来事 As coisas acima do comum dos mortais. ～ *o kasumi to nigeru* 雲をかすみと逃げる Fugir disparado [a toda a brida]. ～ *o tsukamu yō na hanashi* 雲をつ

K

かむような話 Castelos no ar; a história fantasmagórica. ~ tsuku yō na ō-otoko 雲衝くような大男 O homem de altura gigantesca.

kúmo² 蜘蛛 A aranha. Tenjō ni ~ ga su o kakete ita 天井に蜘蛛が巣をかけていた tecia a teia no te(c)to. ★ ~ no ito 蜘蛛の糸 O fio de ~. ~ no su 蜘蛛の巣 A teia de ~. 【慣用】 ~ no ko o chirashita yō ni nigeru 蜘蛛の子を散らしたように逃げる Fugir como perdigotos (Lit.: aranhõesinhos).

kumó-áí 雲合い O aspecto do céu.
⟨S/同⟩ Kumó-yúki (+); sorá-móyó (o).

kumó-áshí 雲足 [脚] **1** [雲の流れ動く速さ] O movimento das nuvens. ~ ga hayaku natta kara ame ni naru kamo shirenai 雲足が速くなったから雨になるかも知れない Quem sabe se vai chover, as nuvens correm depressa. **2** [低くたれ下がる雨雲] A nuvem baixa carregada de chuva. ⇨ amá-gúmó.

kumó-gákúré 雲隠れ (く…¹+kakúréru) **1** [雲に隠れること] O esconder-se atrás das nuvens. **2** [姿をくらますこと] O desaparecimento. Tōsan no sekinin no tsuikyū sarete iru shachō wa sengetsu irai ~ shite shimatta 倒産の責任を追求されている社長は先月以来雲隠れしてしまった O presidente, responsabilizado pela falência, desapareceu [sumiu-se] há um mês.

kumó-gátá 雲形 (く…¹+katáchí) A forma de nuvem. ◇ ~ jōgi 雲形定規 A régua curva.

kumó-má 雲間 (O espaço) entre as nuvens. Tsuki ga ~ kara arawareta 月が雲間から現れた Via-se a lua por entre as nuvens. ⇨ haré-má.

kumón 苦悶 A agonia; a angústia; a aflição. ★ ~ no sakebi [hyōjō] 苦悶の叫び[表情] O grito [A expressão] de ~. ~ suru 苦悶する Estar a sofrer. ◇ kurúshímí; modáé.

kú mo naku 苦も無く Sem dificuldade [esforço]. Chanpion wa ~ aite o taoshita チャンピオンは苦も無く相手を倒した O campeão derrotou ~ [facilmente] o adversário.
⟨S/同⟩ Kańtán ní; tayásúku. ⇨ kú⁴.

kumóráséru 曇らせる **1** [くもるようにする] Toldar; ofuscar 「com o vapor, fumo」. ★ Iki o fukikakete garasu o ~ 息を吹きかけてガラスを曇らせる Embaciar o vidro com o bafo. ⟨S/同⟩ Kumórásu. **2** [判断力を鈍らせる] Obscurecer. ★ Handan o ~ 判断を曇らせる ~ o juízo. ⟨S/同⟩ Kumórásu; nibúráséru (+). **3** [心配そうな表情をする] Enevoar; anuviar; toldar. Byōnin no yōdai o kiite hahaoya wa kao o kumoraseta 病人の容態を聞いて母親は顔を曇らせた Ao ser informada sobre o estado do doente, o semblante da mãe enevoou-se [entristeceu-se]. ★ Mayu o ~ 眉を曇らせる Carregar o sobrolho. ⟨S/同⟩ Kumórásu.

kumórásu 曇らす ⇨ kumóráséru.

kumórí 曇り (⇨ kumóru) **1** [曇天] O tempo [céu] nublado. ★ ~ gachi no hi 曇りがちの日 O dia nublado [encoberto]. ⟨S/同⟩ Dońtén. A/反 Haré. **2** [表面がくもったようにしっとりしない状態・状態] O estar embaciado. ★ Kagami no ~ o fukitoru 鏡の曇りをふきとる Limpar [Desembaciar] o espelho; ◇ ~ garasu 曇りガラス O vidro fosco. **3** [心などが晴れ晴れしないこと] A névoa de tristeza. Kare no hito-koto de kokoro no ~ ga hareta 彼の一言で心の曇りが晴れた Bastou uma palavra dele para me tirar toda a preocupação [aquela ~]. ⇨ utágáí. **4** [うしろめたさ] A mancha; a culpa. ★ ~ no nai kokoro 曇りのない心 A consciência limpa [tranquila]; a alma imaculada.

kumóru 曇る **1** [空が雲などでおおわれる] Nublar-se; anuviar-se. ★ Kumotta sora [hi] 曇った空 [日] O céu [dia] encoberto/nublado. A/反 Haréru. **2** [ぼんやりする] Embaciar-se; empanar-se; enevoar-se. Namida de me ga kumotta 涙で目が曇った Os olhos marejaram-se-lhe de lágrimas. Yuge de mado-garasu ga kumotta 湯気で窓ガラスが曇った O vidro da janela embaciou-se com o vapor. ⇨ boń'yári. **3** [心などが晴れ晴れしない] Entristecer-se. ★ Shinpai de kokoro ga ~ 心配で心が曇る Estar triste com 「esta」 preocupação. ⟨S/同⟩ Fuságú (+); uréu (+).

kumósuke 雲助 [A.] **1** [住所不定の人夫] O portador de palanquim; o lacaio rufião. **2** [ならずもの] O malandro; o patife. ⟨S/同⟩ Narázúmónó (+); gorótsúkí (+).

kúmotsu 供物 A oferenda 「no altar dos deuses」. ★ ~ o sasageru 供物をささげる Fazer uma ~. ⟨S/同⟩ O-sónáé(mónó).

kumó-yúki 雲行き **1** [雲の動き] O movimento das nuvens. ~ ga ayashii kara ame ni naru kamo shirenai 雲行きが怪しいから雨になるかも知れない As nuvens estão um pouco esquisitas, é capaz de chover. ⟨S/同⟩ Kumó-áshí. ⇨ sorá¹ ◇. **2** [形勢] A situação. Nippaku keizai kankei no ~ ga waruku natta 日伯経済関係の雲行きが悪くなった As relações econó[ô]micas entre o J. e o B. pioraram. ◇ Keíséí (o); naríyóki (+).

kúmu¹ 組む **1** [交差させる] Cruzar. Koibito dōshi ga ude o kunde aruite iru 恋人同士が腕を組んで歩いている Os namorados andavam de braço dado. ★ Ashi o kunde koshikakeru 足を組んで腰掛ける Sentar-se com as pernas cruzadas. **2** [組み合わせて作る] Montar. ★ Ashiba o ~ 足場を組む ~ o andaime. ⇨ ámu; kumí-tátéru. **3** [組織する; 編成する] Formar; organizar. ★ Yōroppa ryokō no sukejūru o ~ ヨーロッパ旅行のスケジュールを組む Organizar uma viagem à Europa. ⟨S/同⟩ Heńséí súrú; sóshiki suru. **4** [協同する] Ser parceiro; colaborar. ★ Tomodachi to kunde jigyō o suru 友達と組んで事業をする Lançar-se a um empreendimento com um amigo. ⟨S/同⟩ Kyōdō súrú ⇨ kyōbō¹. **5** [取っ組み合う] Engalfinhar-se. ★ Yo-tsu ni ~ 四つに組む Travar luta renhida. ⟨S/同⟩ Tokkúmíáu (+). **6** [活字を並べる] Compor. ★ Katsuji o ~ 活字を組む ~ a matriz. **7** [為替を作る] Fazer 「a letra de câmbio」.

kúmu² 汲む **1** [液体をすくう] Baldear; puxar (água); sorver. ★ Kawa ni mizu o kumi ni iku 川に水を汲みに行く Ir buscar água ao rio. 【Fig.】 Nagare o ~ 流れを汲む Seguir a linha [escola] 「Kare no shisō wa Fukuzawa Yukichi no nagare o kunde iru 彼の思想は福沢諭吉の流れを汲んでいる A ideologia dele está na linha [refle(c)te o pensamento] de Yukichi Fukuzawa」. **2** [人の気持ちや立場を察して理解する] Levar em consideração; compreender. ★ Aite no kimochi o kunde yaru 相手の気持ちを汲んでやる Pensar nos outros. ⇨ ríkai; sassúrú.

kumú³ 酌む Servir vinho ou beber juntos. ★ Sake o ~ 酒を酌む ~ saqué. ⇨ kumí-káwásu.

kuń¹ 訓 **1** [訓読] A leitura japonesa de cará(c)ter [ideograma] chinês. ★ Kanji o ~ de yomu 漢字を

訓で読む Ler「ideograma chinês」à japonesa. [S/同] Kokkúń; wakúń. [A/反] Oń. **2** [教訓] A instrução; a lição. ◇ **Yōjō ～** 養生訓 Regras [Lições] para uma boa saúde. [S/同] Kyṓkúń (+).

kún-[2] 勲 (⇨ kuńshṓ) ★ ～ *ittō [ni-tō] ni josareru* 勲一等 [二等] に叙される Receber a condecoração de primeiro [segundo] grau. ⇨ kún'i.

-kuń[3] 君 (Tratamento informal, usado com pessoas do sexo masculino, de igual para igual ou de superior para inferior: "amigo, menino, camarada"). *Oi, Nakamura* ～ おい, 中村君 Olá! amigo Nakamura. ⇨ -san[2]; -chán[2].

kú-nai 区内 Dentro do bairro-município (⇨ kú[2]). ★ *Tōkyō nijūsan-* ～ 東京 23 区内 Dentro do limite dos 23 bairros (-municípios) de Tóquio. [A/反] Kúgai. ⇨ chṓnai; kénnai[2]; shínai[1].

Kunáichō 宮内庁 A Secretaria da Casa Imperial. ★ ～ *goyōtashi no shina* 宮内庁御用達の品 Os artigos fornecidos pelos abastecedores da ～.

kúnan 苦難 O sofrimento; a angústia; a tribulação. ★ ～ *no jinsei* 苦難の人生 Uma vida atribulada [de ～]. [S/同] Kurúshímí (+); nańgí.

-kúndari くんだり Lá [Assim] tão longe. *Kyūshū ～ made wazawaza dekakete iku hodo no mondai de wa nai* 九州くんだりまでわざわざ出かけて行くほどの問題ではない Não é preciso ir até Kyushu para resolver esse problema.

kuńdéń 訓電 A instrução [ordem] por telegrama. ★ ～ *o hassuru [utsu; suru]* 訓電を発する [打つ; する] Expedir [Enviar/Comunicar] ～.

kuńdókú 訓読 ⇨ kuń-yomí. [A/反] Ońdókú.

kúnekune くねくね Em ziguezague. ★ ～ *magatta [to shita] kawa* くねくね曲がった [とした] 川 O rio com muitas voltas [curvas]. ⇨ kunéru.

kunéru くねる Ondular; serpear; serpentear. ★ *Karada o kunerasete warai-kokeru* 体をくねらせて笑いこける Torcer-se de riso. [S/同] Unéru. ⇨ magárí-kúnéru.

kuní 国 **1** [国土] O (território do) país. ★ *Sekaiichi ōkina* ～ 世界一大きな国 O maior ～ do mundo. [S/同] Kókudo. **2** [国家] A Pátria; o Estado; a nação. *Ano hito wa doko no ～ no hito desu ka* あの人はどこの国の人ですか Qual é a nacionalidade daquele senhor? ★ ～ *no tame ni tsukusu* 国のために尽くす Servir ～/o país. [S/同] Kókka. **3** [郷里] A terra (natal). *O-～ wa doko desu ka* お国はどこですか Onde (é que) você nasceu? /De onde é「no B.」? /Qual é a sua ～? ★ ～ *e kaeru* 国へ帰る Voltar à ～. ～ *o deru* 国を出る Sair da [Deixar a] ～. ◇ **～ jiman** 国自慢 O orgulho da ～. **O-～ kotoba [namari]** お国言葉[なまり] O sotaque da ～. [S/同] Furúsato; ináká; kókoku; kókyō; kunímótó; kyṓri. **4** [江戸時代までの日本の行政区画]【H.】As antigas províncias ou pequenos reinos do J. **5** [王国] O reino. ★ *Chijō ni Kami no ～ o kensetsu suru* 地上に神の国を建設する Estabelecer o ～ de Deus na terra. *Otogi no* ～ おとぎの国 A terra de um conto de fadas; o país [～] das maravilhas. ⇨ ṓkókú; téikoku[1].

kún'i 勲位 A ordem do mérito. ◇ **Dai ～** 大勲位 A grande ～ do Crisântemo.

kuní-búrí 国振り **1** [その国特有の風俗・習俗] Os usos e costumes do país. *Bankokuhaku de wa sorezore no o-～ ga dete ite tanoshikatta* 万国博ではそれぞれのお国振りが出ていて楽しかった A exposição internacional foi interessante porque apareciam as respe(c)tivas cara(c)terísticas de todos os países. ⇨ fūzoku; shū́kán[1]. **2** [各地方の民謡] O folclore regional. [S/同] Miń'yṓ (+).

kuní-gárá 国柄 **1** [国体] A estrutura nacional. [S/同] Kokútáí. **2** [国の特色] O cará(c)ter nacional.

kuní-guni 国国 (<… + kuní) Todas as [As várias] nações; cada nação [país]. [S/同] Kákkoku; shókoku.

kuníjū́ 国中 Todo o país; o país inteiro. ★ ～ *itaru tokoro ni* 国中至る所に Por todos os recantos do país. [S/同] Zénkoku.

kuníkú 苦肉【E.】O ferir-se a si mesmo, para enganar o inimigo. ★ ～ *no saku* 苦肉の策 O último recurso.

kuń'íkú 訓育 A educação; a disciplina. [S/同] Kyṓíkú (+); shitsúké (+).

kuní-mótó 国許 [元] **1** [本国; 領地] A pátria; o país natal. [S/同] Hóngoku (+); ryṓchi. **2** [故郷] A terra natal. ～ *o hanarete jūnen ni naru* 国許を離れて 10 年になる Já faz dez anos que deixei a ～. [S/同] Kókyō (+).

kuní-zákai 国境 (<… + sakái) A fronteira. [S/同] Kokkyṓ (+).

kuńjí[1] 訓示「dar」A orientação.

kuńjí[2] 訓辞 As palavras de aviso. ★「*Chōshū ni*」～ *suru [o tareru]*「聴衆に」訓辞する[を垂れる] Dar um aviso「ao auditório」.

kuńjṓ 燻蒸 A fumigação. ★「*Gaichū o*」～ *suru*「害虫を」燻蒸する Fumigar「os inse(c)tos nocivos」.

kuńkáí 訓戒 A admoestação. ★ ～ *suru [o tareru]* 訓戒する [を垂れる] Admoestar. ⇨ Imáshíméru; satósú.

kúnki 勲記 O diploma de condecoração.

kúnko 訓詁 A exegese. ◇ **～ gaku** 訓詁学 A exegética [～]. **～ gakusha** 訓詁学者 O exegeta.

kuńkṓ 勲功 O feito notável [meritório]; a façanha. ★ ～ *o tateru* 勲功を立てる Realizar um/a ～. [S/同] Isáó; kṓsékí (+); tegárá (+).

kúnkun くんくん Fun, fun (O som produzido ao absorver ar pelo nariz). ★ ～ *hana o narasu* くんくん鼻をならす Fungar ruidosamente.

kuń-míń 君民【E.】O soberano e o povo.

kúnō 苦悩 A dor; a aflição; o sofrimento; a angústia; o tormento; a agonia. *Kare no kao ni wa ～ no iro ga arawarete ita* 彼の顔には苦悩の色が表れていた Lia-se-lhe ～ no rosto. ★ ～ *suru* 苦悩する Sofrer; angustiar-se; atormentar-se. [S/同] Hańmóń; kujū́. ⇨ kurúshímí; nayámí.

ku-nó-ji くの字 A letra "ku" de "hiragana" (く). ◇ **～ gata** くの字形 A forma angular [da ～].

kuńpū́ 薫風【E.】A brisa suave. ⇨ soyó-kaze.

kuńréí 訓令 **1** [命令] As instruções; a ordem. ★ ～ *o aogu* 訓令を仰ぐ Pedir [Solicitar] instruções. ～ *suru [o hassuru]* 訓令する[を発する] Dar [Emitir; Passar] uma ordem/instruções. ◇ **～ shiki rōma-ji** 訓令式ローマ字 O sistema "kunrei" [oficial] de transliteração do j. em alfabeto latino (diferente do deste dicionário e só us. no J.). **2** [法令の一階級] A ordem. ◇ **Bōeichō ～** 防衛庁訓令 ～ da Secretaria de Estado da Defesa.

kúnren 訓練 O treinamento; o treino; o exercício; a instrução「militar」. *Karera wa ～ busoku da* 彼らは訓練不足だ Eles têm falta de ～. ★ ～ *chū de aru* 訓練中である Estar em treino [em fase de in-

K

strução」. ~ *o ukeru* 訓練を受ける Ser treinado. ~ *suru* 訓練する Treinar; adestrar [*Yoku ~ sareta chūmu* よく訓練されたチーム Uma equipe bem treinada]. ◊ ~ *hikō* 訓練飛行 O voo de ensaio [treino]. **~ kikan** 訓練期間 O período de ~. **Kasai hinan [Shōbō] ~** 火災避難 [消防] 訓練 ~ de salvamento em caso de incêndio.
Ⓢ/関 Kyōren; shūren; renshū.

kuńrén-jó 訓練所 A escola de instrução [treinamento]. ◊ **Shokugyō ~** 職業訓練所 ~ profissional.

kuńrén-sei 訓練生 O aluno em fase de instrução [treino].

kuńrín 君臨【E.】 **1**[君主として国民を治めること] O reinar; o reinado. ★ ~ *suru* 君臨する Reinar; imperar. **2**[ある分野において勢力を持つこと] Ser uma grande figura. ★ *Jitsugyōkai ni ~ suru* 実業界に君臨する Dominar [~]no mundo dos negócios.

kuńséi 燻製 A defumação. ◊ **~ nishin** 燻製にしん O arenque defumado.

kúnshi 君子 O homem virtuoso [nobre de cará(c)ter; sábio]. ★ ~ *wa ayauki ni chikayorazu* 君子は危うきに近寄らず ~ evita o perigo. ~ *wa hyōhen su* 君子は豹変す ~ [inteligente] sabe adaptar-se às circunstâncias. Ⓢ/関 Seījin. ⇨ taíjín⁴.

kúnshín 君臣 O soberano e os vassalos.

kuńshō 勲章 A condecoração. ★ ~ *o morau* 勲章をもらう Ser condecorado [Receber uma ~]. ~ *o sazukeru* [*juyo suru*] 勲章を授ける [授与する] Condecorar; laurear; dar [conferir/outorgar] uma ~. ⇨ kún-².

kúnshu¹ 君主 O monarca; o soberano. ◊ ⇨ ~ **sei**. ~ **seiji** 君主政治 A monarquia. **Dokusai [Sensei] ~** 独裁[専制]君主 O monarca absoluto. **Rikken ~ seitai** 立憲君主政体 A monarquia constitucional. Ⓢ/関 Ō (+); ténshi.

kúnshu² 葷酒【E.】O alho-porro e as bebidas alcoólicas.【ことわざ】~ *sanmon ni iru o yurusazu* 葷酒山門に入るを許さず É proibido entrar no recinto deste templo com ~.

kuńshú-koku 君主国 Uma monarquia. ◊ **Rikken [Sensei] ~** 立憲[専制]君主国 ~ constitucional [absoluta]. ⇨ kúnshu¹.

kuńshú-séi 君主制 O sistema [regime] monárquico. Ⓐ/反 Kyōwá-séi. ⇨ kúnshu¹.

kuńtén 訓点【E.】(< kuń¹ + … ¹) Os sinais de orientação em j. para ler um texto chinês. ★ ~ *o hodokosu* [*tsukeru; fusu*] 訓点を施す[付ける;付す] Colocar ~.

kuńtó¹ 勲等 O grau da condecoração. ★ *Ikai ~* 位階勲等 O título de nobreza e ~. ⇨ kún-².

kuńtó² 薫陶【E.】A orientação [instrução]. *Kare wa Suzuki kyōju no ~ o uketa* 彼は鈴木教授の薫陶を受けた Ele estudou sob a ~ do professor Suzuki. Ⓢ/関 Kuń'íku; kuńren (+); kyōīku (o); tōya.

kunúgi 櫟【Bot.】Uma variedade de carvalho; *quercus acutissima*.

kuńwá 訓話 O discurso edificante「do dire(c)tor da escola」; a exortação. ⇨ kuńjí¹; kuńkái.

kuń-yomi 訓読み (A leitura j. do ideograma. ⇨ oń-yómi.

kuóń 久遠【E.】⇨ eíén.

kúpe【úu】クーペ(< Fr. coupé) O cupé.

kúpon【úu】クーポン(< Fr. coupon) O cupão. ◊ ~ **ken** クーポン券 O bilhete de ~.

kuppúkú 屈服 A submissão「às ordens」; a rendição. *Teki ni ~ suru* 敵に屈服する Render-se ao inimigo. ★ ~ *saseru* 屈服させる Submeter; obrigar a render-se. Ⓢ/関 Kutsújū́.

kurá¹ 倉[庫・蔵] A casa ou local das arrecadações; o celeiro. ★「*Shōhin o*」~ *kara dasu*「商品を」倉から出す Tirar「as mercadorias」do armazém. ~ *ni ireru* 倉に入れる Armazenar; guardar no ~.
Ⓢ/関 Sōko.

kurá² 鞍 A sela; o selim; a albarda. ★ *Uma ni ~ oku* 馬に鞍を置く Selar o [Pôr o/a ~ ao] cavalo.

kurá³ 競【G.】⇨ kúrabe.

kū́ra【úu】クーラー(< Ing. cooler) O (aparelho) refrigerador. ◊ **Kā ~** カークーラー ~ do carro. ⇨ eá-kón; rū́mu ~.

kurá-bárai 蔵払い(<…¹+harau) A liquidação. ★ ~ *o suru* 蔵払いをする Fazer uma ~.
Ⓢ/関 Kurázárae.

kúrabe 比べ (< kurábéru)【Suf.】**1**[比べること] A comparação. ◊ **Sei ~** 背比べ ~ de alturas. **2**[優劣を争うこと] A disputa; o desafio. ◊ **Chikara ~** 力比べ O medir forças; o ver quem tem mais força. ⇨ kyōsō¹.

kurabékkó 比べっこ (< kurábéru)【G.】⇨ kúrabe 2.

kurabé-mónó 比べ物 A coisa que se pode comparar. *Kare wa watashi to wa ~ ni naranai kurai sugurete iru* 彼は私とは比べ物にならないくらい優れている Ele é melhor que eu, sem [nem tem] comparação/Eu não lhe chego aos calcanhares. ⇨ hikáku².

kurabéru 比べる **1**[比較する] Comparar. ★ *Futari no sakka o kurabete miru* 二人の作家を比べてみる Comparar os dois escritores. *Utsushi o genbun to ~ utsusu* 写しを原文と比べる Cotejar [~] a cópia com o original. Ⓢ Hikákú súrú; táihi suru. **2**[競争する] Competir「com」; desafiar; medir-se「com」. *Yūjin to chikara o ~* 友人と力を比べる Medir forças com o amigo. Ⓢ Kyōsō súrú.

kurá-bíraki 蔵開き (< kurá¹ + hiráku) A abertura da "kura" pela primeira vez no ano.

kúrabu¹ クラブ・倶楽部 (< Ing. club) O clube. ★ *Sakkā ~ ni hairu* サッカークラブに入る Entrar num ~ de futebol. ◊ ~ **in** クラブ員 O sócio [membro] do ~. **~ katsudō** クラブ活動 As a(c)tividades do ~. ⇨ dōkō³ ; keńkyū ~ ; sā́kuru.

kúrabu² クラブ (< Ing. club) O taco de golfe.

kúrabu³ クラブ (< Ing. club) (トランプの) Os paus (de baralho). ★ ~ *no ēsu* クラブのエース O ás de paus.

kurábúsan クラブさん (< Fr. clavecin)【Mús.】O cravo. ⇨ hápushíkōdo.

kuráfúto-shi クラフト紙 (< Al. kraft) O papel grosso de embrulho.

kurá-gáe 鞍替え (<…² + kaéru) O mudar「do vinho para o uísque」. ★ *Hoka no onna ni ~ suru* 他の女に鞍替えする Trocá-la por outra mulher.

kurágári 暗がり O (lugar) escuro. ★ ~ *de[ni]* 暗がりで[に]Na escuridão. Ⓢ/関 Kurayámi **2**(+).

kurágé 水母・海月【Zool.】A medusa; a alforreca; a água-viva. ★ ~ *no* 水母の Medusário. ~ *no yō na hito* 水母のような人 A pessoa sem convicções [ideias próprias]. ◊ **Denki ~** 電気水母 ⇨ katsuónó-éboshi.

kurái¹ 位 **1**[階級] O grau; a classe; a categoria; o lugar; o posto. ★ ~ *ga agaru* [*sagaru*] 位が上がる[下がる] Subir [Descer] de ~. ~ *ga takai* [*hikui*]

が高い[低い] Ser de elevada [baixa] ～． *jinshin o kiwameru* 位人臣を極める Subir à mais alta dignidade. *Shui* [*Dai ni-i*] *ni* ～ *suru* 首位 [第2位] に位する Ocupar o primeiro [segundo] lugar. Ⓢ/同 Chíi; íkai; kaíkyū. **2** [品位] A dignidade; a nobreza. Ⓢ/同 Hín'i (o); hiñkákū (+). **3** [物の等級] A classe; a categoria. ★ ～ *o tsukeru* 位をつける Classificar. Ⓢ/同 Tōkyū (o); yűretsu (+). **4** [位置] A situação. ★ ～ *suru* 位する Estar situado「um pouco para norte」. Ⓢ/同 Ichi (+). **5** [国を治める者の地位] O trono. ～ *ni tsuku* 位につく Subir ao ～. *Kokuō* [*Kōtei; Tennō*] *no* ～ 国王 [皇帝; 天皇] の位 real [imperial; do Japão]. *Kōtaishi ni* ～ *o yuzuru* 皇太子に位を譲る Abdicar do trono em favor do príncipe herdeiro. Ⓢ/同 Ōi (+). **6** [けた]【Mat.】A casa. *Gojū-go no ichi no* ～ *wa go desu* 55 の 1 の位は 5 です A primeira ～ de cinqu(c)enta e cinco é cinco. Ketá.

kuráí 暗い **1** [光が十分でなく物事がよく見えないさま] Escuro; sombrio. *Akari ga* ～ 明かりが暗い Está escuro/A iluminação é fraca. ★ ～ *aka* 暗い赤 O vermelho escuro. ～ *heya* 暗い部屋 Um quarto ～. ～ *uchi ni* [*kara*] 暗いうちに [から] Antes de amanhecer. **2** [陰気な] Sombrio; tenebroso; taciturno; soturno; lúgubre. *Kare wa* ～ *kao o shite ita* 彼は暗い顔をしていた Ele estava com uma cara triste. ★ ～ *kanji no otoko* 暗い感じの男 O homem taciturno. ～ *kimochi ni naru* 暗い気持ちになる Sentir-se triste. ～ *ongaku* 暗い音楽 A música triste [melancólica]. ～ *seikaku* 暗い性格 O cará(c)ter sombrio. Ⓢ/同 Inkí ná. **3** [物事が思わしくない・好ましくない状態である] Sombrio; triste; infeliz. *Kare ni wa* ～ *kako ga aru* 彼には暗い過去がある Ele tem um passado ～. *Zentō wa* ～ 前途は暗い O futuro afigura-se sombrio (negro). ～ *mitōshi* 暗い見通し Uma perspectiva sombria (desanimadora). ⇨ fukítsū; yamáshíi. **4** [不案内な] Ignorante; desconhecedor; não familiarizado; inexperiente. *Watashi wa kono hen no chiri ni* ～ 私はこの辺の地理に暗い Não conheço a geografia deste lugar. ★ *Seji ni* ～ 世事に暗い Não saber o que é a vida. Utói. ⇨ fu-ánnai.

kúrai くらい Ⓢ/同 gúrai. **1** [数量を表す語につけてそれがおよそであることを示す] Mais ou menos; aproximadamente; cerca de. *Ichijikan* ～ *aruita* 1 時間くらい歩いた Andei ～ uma hora. *Kanojo wa yonjissai* ～ *da* 彼女は 40 歳くらいだ Ela tem uns [～] 40 anos. Ⓢ/同 Oyóso. **2** [だいたいその程度であることを示す] Tão … que; quase. *Kanpeki to itte mo yoi* ～ *no deki da* 完ぺきと言ってもよいくらいの出来だ Está tão bem「o exame」que se pode dizer perfeito. *Kimi o tasukeru dokoro ka tasukete hoshii* ～ *da* 君を助けるどころか助けてほしいくらいだ Longe de te poder ajudar, quase preciso da tua ajuda. ★ *Ano* ～ *no* くらいの Tão [*Ano nita oyako wa inai* あのくらい似た親子はいない Não deve haver filho e pai tão parecidos]. *Kore* ～ くらい Quanto [*Koko kara gakkō made dono* ～ *kakarimasu ka* ここから学校までどのくらいかかりますか Quanto tempo [leva daqui à escola?]. *Kore* ～ これくらい Só isto [*Watashi ga ima kimi ni shite agerareru no wa kore* ～ *da* 私が今君にしてあげられるのはこれくらいだ É tudo o que neste momento posso fazer por si]. *Sono* ～ そのくらい Só isso. ⇨ hodó². **3** [程度の極端に高いものの例であることを示す] Tão

[Tanto] … como. *Ichinenjū de haru* ～ *yoi kisetsu wa nai* 一年中で春くらいよい季節はない (Em todo o ano) não há estação (tão boa) como a primavera. *Kanojo* ～ *yasashii hito wa inai* 彼女くらい優しい人はいない Pessoa (tão) meiga como ela não há. ⇨ hodó². **4** [程度の極端に低いものの例であることを示す] Pelo menos. *Aisatsu* ～ *wa shite mo yosasō na mono da* あいさつくらいはしてもよさそうなものだ Não seria demais [ficaria mal], pelo menos cumprimentar [saudar](ó mestre!). ⇨ sukúnákutomo. **5** [はばぜれに限定されることを示す] Só. *Sonna koto o suru no wa kimi* ～ *no mono da* そんなことをするのは君くらいのものだ Só tu (é que) és capaz de fazer uma coisa dessas. **6** ["くらいなら" の形で非常に強い事柄を仮定する] Tal coisa. *Kare ni ayamaru* ～ *nara shinda hō ga mashi da* 彼にあやまるくらいなら死んだ方がましだ Antes [Prefiro] morrer (do) que pedir-lhe perdão.

kuráí-dóri 位取り (＜… **6** ＋tóru) **1** [数値の位を定めること]【Mat.】A determinação da posição de um algarismo. **2** [品等・階級・優劣を定めること] A classificação.

kuráí-kómu 食らい込む (＜ kuráú ＋…)【G.】Ser preso [encarcerado]. *Settō de ni-nen kuraikonda* 窃盗で二年食らい込んだ Apanhou [Comeu (G.)] dois anos de prisão por roubo.

kuráí-máké 位負け (＜…¹＋makérú) **1** [地位だけが高すぎて実力が伴わないこと、またそのために不利になること] O ver que não tem cabedal [nível] para a posição que ocupa. ～ *suru* 位負けする Ver ～. **2** [相手の地位・品位などに圧倒されること] O sentir-se pequeno perante a alta posição de alguém.

kuráímákkusu クライマックス (＜ Ing. ＜ Gr. climax; escada) O clímax; o ponto culminante [(mais) alto]; o auge. ★ ～ *ni tassuru* クライマックスに達する Chegar ao ～. Ⓢ/同 Chōten; saíkōchō; yamá.

kuráimingu クライミング (＜ Ing. climbing) A subida [escalada]. ⇨ **Rokku** ～ ロッククライミング ～ de rochedos.

kurákkā クラッカー (＜ Ing. cracker) **1** [ビスケットの一種] A bolacha de água e sal. **2** [小さな筒形の爆竹の一種] A bombinha de estalo; o estalo-da-china. ⇨ bakúchíkú.

kurákú¹ 暗く (Adv. de kuráí¹) Escuro. *Sora ga dandan* ～ *natte kita* 空がだんだん暗くなってきた O céu está a escurecer (ficar ～). ★ ～ *naranai uchi ni* 暗くならないうちに Antes de escurecer [que escureça].

kú-raku² 苦楽 As alegrias e tristezas. *Wareware fūfu wa naganen* ～ *o tomo ni shite kita* 我々夫婦は長年苦楽を共にしてきた Há muitos anos, desde que casámos, temos partilhado ～. Ⓢ/同 Aírákú.

kúrakura くらくら【On.】★ ～ *suru* くらくらする Sentir tonturas [vertigens] (*Atama ga* ～ *suru* 頭がくらくらする Sinto a cabeça zonza [a rodar].

kurákushon クラクション (＜ Ing. klaxon) A buzina. Ⓢ/同 Keítékí.

kurámásu¹ 晦ます **1** [隠す] Esconder; ocultar; encobrir. ★ *Sanchū ni sugata* [*yukue*] *o* ～ 山中に姿 [行方] を晦ます Esconder-se nas montanhas. Ⓢ/同 Kakúsu (+). **2** [欺く] Enganar; iludir. ★ *Hitome o* ～ 人目を晦ます Atirar poeira aos olhos de outrem. Ⓢ/同 Azámúku (+); damásu (o); gomákásu.

kurámásu² 眩ます Deslumbrar; ofuscar. *Tsuyoi hikari ga me o* ~ 強い光が目を眩ます A luz forte ofusca a vista. ⇨ kurámú.

kurámú 眩む **1** [目まいがする] Ficar atordoado [entontecido/a ver estrelas]; sentir vertigem. *Hikari ni me ga kuranda* 光に目が眩んだ Fiquei…com a luz/A luz ofuscou-me. ★ *Me mo* ~ *bakari no kagayaki* 目も眩むばかりの輝き O brilho estontante [ofuscante]. ⇨ memái. **2** [眩惑される] Ficar cego; perder o juízo. ★ *Kane ni me ga* ~ 金に目が眩む Deixar-se cegar pelo dinheiro. ⇨ geñwákú.

kúrań [úó] 空欄 O espaço em branco. ★ ~ *o mitasu* [*umeru*] 空欄を満たす[うめる] Preencher ~. ⓢ⟦周⟧ Buránku. ⇨ yohákú.

kurá-ní 倉荷 As mercadorias de armazém [em depósito/em estoque]. ◇ ~ **shōken** 倉荷証券 O certificado de ~.

kuránku クランク (< Ing. crank) **1** [機械装置の一つ] A manivela. ◇ ~ **jiku** クランク軸 O eixo de ~. **2** [映画撮影] A filmagem. ~ *appu suru* クランクアップする Acabar de filmar. ~ *in suru* クランクインする Começar a filmar.

kurárínétto クラリネット (< Ing. clarinet < Fr.) O clarinete. ◇ ~ **sōsha** クラリネット奏者 O clarinetista.

kurasá 暗さ (< kurái²) **a)** A escuridão「da noite」; **b)** A tristeza. *Kare ni wa sono oitachi ni mo kakawarazu mattaku* ~ *ga nakatta* 彼にはその生いたちにもかかわらず全く暗さがなかった Apesar da infância que teve nunca vi aquele homem triste. Ⓐ⟦裏⟧ Akárúsa.

kuráshí 暮らし (< kurású) A vida; a subsistência; o sustento [modo de vida]. ~ *ga raku da* 暮らしが楽だ Estou bem de vida. ~ *ni komaru* 暮らしに困る Não ter com que viver. ~ *o tateru* 暮らしを立てる Ganhar a vida. *Mibun sōō no* ~ *o suru* 身分相応の暮らしをする Viver dentro das suas posses. *Yoi* [*Zeitaku na*] ~ *o suru* よい[ぜいたくな]暮らしをする Levar uma vida luxuosa; viver à grande. ◇ ⇨ ~ **muki**. ⓢ⟦周⟧ Seíkátsu.

kuráshíkí-ryō 倉敷料 Os direitos a pagar pela armazenagem. ⇨ hokáń ⇨.

huráshikku クラシック (< Ing. classic < L. classicus: de primeira classe) Clássico. ◇ ~ **ongaku** クラシック音楽 A música ~. ⓢ⟦周⟧ Kotéń.

kuráshí-múkí 暮らし向き A vida; a situação financeira. ~ *ga warui* [*yoi*] 暮らし向きが悪い[良い] ~ está má [boa].

kúrasu¹ クラス (< Ing. class < L.) **1** [学校の学級] A classe; a turma. ~ *kai* クラス会 A reunião de ~. ⓢ⟦周⟧ Gakkyū́; kumí. **2** [等級] A classe; a categoria. *Fásuto* [*É*] ~ *no hoteru* ファースト[A]クラスのホテル O hotel de primeira classe. *Kakuryō* ~ *no jinbutsu* 閣僚クラスの人物 A personagem de [com] categoria de ministro. ⓢ⟦周⟧ Tōkyū́. ⇨ kyū².

kurású² 暮らす **1** [生計を立てる] Viver; ganhar a vida; sustentar-se. *Watashi ni wa tokai yori inaka no hō ga kurashi-yasui* 私には都会よりいなかの方が暮らしやすい É-me mais fácil viver no campo do que na cidade. *Ikkagetsu go-man en de* ~ 1か月5万円で暮らす Viver com cinqu[co]enta mil yens por mês. ⓢ⟦周⟧ Seíkátsú súrú. **2** [年月を送る] Viver; passar (o tempo). *Natsu-yasumi wa kaigan de kurashita* 夏休みは海岸で暮らした Passei as férias de verão na praia. ★ *Kōfuku ni* ~ 幸福に暮らす Levar uma vida feliz. *Mainichi asonde* ~ 毎日遊んで暮らす Andar à boa vida.

kurásu-méto クラスメート (< Ing. classmate) O colega de turma. ⓢ⟦周⟧ Dōkyū́sei (+).

kurátchi クラッチ (< Ing. clutch) A embreagem [embraiagem]. ★ ~ *o ireru* クラッチを入れる Embre[ai]ar. ~ *o kiru* クラッチを切る Desembraiar. *Nō* ~ *no kuruma* ノークラッチの車 O carro de mudanças automáticas. ◇ ~ **disuku** クラッチディスク O disco da ~. ~ **pedaru** クラッチペダル O pedal da ~.

kuraú 食らう【G.】(⇨ kúu) **1** [食べる] Comer. ★ *Ō-meshi o* ~ 大飯を食らう ~ como um alarve. ⓢ⟦周⟧ Kúu (+); tabéru (o). **2** [飲む] Beber. ★ *Sake o* ~ 酒を食らう (muito) saqué. ⓢ⟦周⟧ Nómu (+). **3** [受ける] Receber. ★ *Karada-jū ni jūdan o* ~ 体中に銃弾を食らう Ficar com o corpo crivado de balas. ⓢ⟦周⟧ Kōmúru (+); ukéru (o).

kuraún クラウン (< Ing. crown < L.) A coroa. ◇ ~ **garasu** クラウングラス O vidro ó(p)tico.

kuráwású 食らわす【G.】⇨ kuwáséru.

kurá-wátashi 倉渡し (< ~¹ + watású) A entrega (do artigo) em armazém.

kuráyámí 暗闇 (< kurái² + …) **1** [真暗なこと] A escuridão; as trevas. ~ *de* [*ni*] 暗闇で[に] Na(s) ~. ~ *ni magirete* [*jōjite*] 暗闇に紛れて[乗じて] Ao coberto da noite. ⇨ makkúra ⇨. **2** [暗い所] O lugar escuro. ⓢ⟦周⟧ Kurágárí. **3** [人に知られない所] O lugar secreto. ⇨ himítsú. **4** [乱れて治まらないこと] A barbárie. ★ ~ *no jidai* 暗闇の時代 A época de ~. ⇨ añkókú.

kurá-zárae 蔵浚え ⇨ kurá-bárai.

kuré [ée] クレ (< kurérú) **1** [日暮れ] O cair da noite; o crepúsculo; o lusco-fusco. ★ ~ *gata* [*Hi no* ~] *ni* 暮れ方[日の暮れ]に Ao ~; ao anoitecer; ao pôr do sol. ⓢ⟦周⟧ Higúré (+); kurégátá; yū́-gúré (o). Ⓐ⟦裏⟧ Aké; aké-gátá; yo-áké. **2** [年末] O fim do ano. ★ ~ *no uridashi* 暮れの売り出し A liquidação do ~. ⓢ⟦周⟧ Neńmátsú (+); saímátsu; seíbō; toshí-nó-sé. Ⓐ⟦裏⟧ Shínneń; shōgátsú. **3** [季節の終わり] O fim de estação. ★ *Aki no* ~ *ni* 秋の暮れに No fim do outono. ⓢ⟦周⟧ Ówari ⇨. Ⓐ⟦裏⟧ Hajíme.

kuré [ée] クレー (< Ing. clay < L.) **1** [クレー射撃] O prato de barro para tiro. ◇ ~ **shageki** クレー射撃 O tiro aos pratos. **2** [⇨ néndo²].

kurébasu クレバス (< Ing. crevasse < Fr.) A fenda em glaciar [iceberg]ue.

kuré-gátá 暮れ方 ⇨ kuré.

kurégúremo くれぐれも Mais uma vez. ~ *o-karada o taisetsu ni* くれぐれもお体を大切に Tenha muito cuidado com a sua saúde! (No fim de carta) Jū́jū́; kasáné-gásane.

kúrei [úú] 空冷 A refrigeração com [por] ar. ★ ~ *shiki* (*no*) *enjin* 空冷式(の)エンジン O motor refrigerado com [por/a] ar. ⇨ suíréí.

kurejitto クレジット (< Ing. credit < L.) **1** [信用] O crédito; a confiança. ⓢ⟦周⟧ Shíń'yō (+). **2** [信用販売] O crédito; a fiança. ◇ ~ **kādo** クレジットカード O cartão de crédito. **3** [借款]【Econ.】O ~ crédito; o empréstimo. ~ *o settei suru* クレジットを設定する Abrir [Estabelecer] um crédito. ⓢ⟦周⟧ Shakkáń (+).

kurému [ée] クレーム (< Ing. claim < L.) **1** [損害賠償の請求] A reclamação. ★ ~ *ga tsuku* クレームがつく Haver uma ~. ~ *o tsukeru* クレームをつける

Fazer uma ～. **2** [苦情; 抗議] A queixa; a obje(c)ção. ★ ～ *ga tsuku* クレームがつく Haver ～. [S/同] Kujṓ (o); mónku (+).

Kurémurin クレムリン O Kremlin (Sede do governo ru.).

kurḗn [**ée**] クレーン (< Ing. crane) O guindaste. ◇ **～ sha** クレーン車 O cami(nh)ão com ～. [S/同] Kijū́-ki.

kurénáí 紅 **1** [あざやかな赤い色] O vermelho vivo; o carmesim. ⇨ béni. **2** [⇨ bení-bánâ].

kuréńjíńgú-kúrímu [**íi**] クレンジングクリーム (< Ing. cleansing cream) O creme de limpeza (da pele).

kurénzā クレンザー (< Ing. cleanser) O pó para limpar [polir]. [S/同] Migákí-kó[zúná].

kuréósṓto [**óo**] クレオソート O creosoto.

kurépasu クレパス (< Fr. crayon + Ing. pastel) O lápis de cera para pastel. ⇨ kuréyon; pásuteru.

kurḗpu [**ée**] クレープ (< Fr. crêpe) O crepe. ◇ **～ deshin** クレープデシン O crepe-da-china.

kurérú[1] 暮れる **1** [太陽が沈んで暗くなる] Escurecer; anoitecer. *Hi ga toppuri to kureta* 日がとっぷりと暮れた É noite cerrada. ⇨ hi-gúré. **2** [季節や年が終わる] Acabar; terminar; chegar ao fim. *Ato mikka de kotoshi mo ～* あと3日で今年も暮れる Mais três dias e o ano a ～. [S/同] Owárú (+). **3** [ある一つのことにとらわれて長い時を過ごす] Entregar-se; passar o tempo a「refle(c)tir/chorar」. ★ *Namida ni ～* 涙に暮れる Não parar de chorar. **4** [どうしてよいかわからなくなる] Estar perdido [desnorteado]. ★ *Tohō ni ～* 途方に暮れる Estar desnorteado [sem saber para que lado se virar].

kurérú[2] くれる **1** [話し手に与える] Dar (Para cá). *Sono hon o ～ ka* その本をくれるか Dá(s)-me esse livro? [S/同] Yokósu; atáérú. **2** [与える] Dar algo mau. ★ *Hirate-uchi o ～ [kurawasu]* 平手打ちをくれる[くらわす] Dar uma palmada [bofetada] (Para lá). [S/同] Atáérú (+); kuráwású; yarú. **3** [してくれる] Fazer「-me」o favor. *Chotto kaimono ni itte kure* ちょっと買い物に行ってくれ Faz-me o favor de ir [Vai-me] comprar uma coisa.

kuréson クレソン (< Fr. cresson) O agrião.

kurésshéndo クレッシェンド (< It. crescendo < L.) 【Mús.】 O crescendo. [A/反] Dekúrésshéndo.

kurḗtā [**ée**] クレーター (< Ing. crater < L.) A cratera; a boca de vulcão. [S/同] (Fuń)kákō (+).

kuréyon クレヨン (< Fr. crayon) O crayon [carvão]. ★ ～ *de e o kaku* クレヨンで絵を書く Desenhar a ～.

kurézṓru [**óo**] クレゾール (< Al. krezol) O cresol. ◇ **～ sekken-eki** クレゾール石鹼液 A solução de ～ saponato.

kurí[1] 栗 A castanha. ★ ～ *hiroi ni iku* 栗拾いに行く Ir às [apanhar] castanhas. ～ *no ki* 栗の木 O castanheiro. ～ *no iga [kawa]* 栗のいが[皮] O ouriço [A casca da ～]. ◇ ⇨ **～ ge** [**iro**]. [I/慣用] *Kachū no ～ o hirou* 火中の栗を拾う (Atrever-se a) tirar as castanhas do fogo.

kurí[2] 刳り A cava; o decote.

kúri[3] 庫裡 **a**) A cozinha de um templo budista; **b**) Os aposentos do bonzo. [A/反] Hóndō.

kū́ri [**úu**] 空理 【E.】 A teoria vã [no ar]. ◇ **～ kūron** 空理空論 A especulação gratuita. [S/同] Kū́róń. [A/反] Jítsuri.

kuría-bíjon クリアビジョン (< Ing. clear vision < L.) Um sistema de TV (clássica) aperfeiçoado; ED-TV.

kurí-ágé 繰り上げ (< kurí-ágéru) **1** [時間を早めること] O antecipar. ★ ～ *ni naru* 繰り上げになる Ser antecipado. ～ *tōhyō* 繰り上げ投票 A votação antecipada. [A/反] Eńkí; kurí-ságé. **2** [順番を早めること] O adiantamento; o avanço. ★ ～ *ni naru* 繰り上げになる Adiantar-se; avançar [～ *tōsen ni naru* 繰り上げ当選になる Ser eleito em lugar de outro mais votado「por morte do mesmo」]. [S/同] Hikíágé. [A/反] Kurí-ságé.

kurí-ágéru 繰り上げる (< kúru[2] + …) **1** [時間を早める] Adiantar; antecipar. ★ *Kijitsu o ～* 期日を繰り上げる ～ a data「da reunião」. [A/反] Kurí-ságéru. **2** [決まった順番を順々に前にする] Dar a vez ao seguinte. ★ *Jiten no hito o ～* 次点の人を繰り上げる Declarar vencedor o segundo classificado. [S/同] Hikí-ágéru. [A/反] Kurí-ságéru.

kuríáráńsú-sḗru [**ée**] クリアランスセール (< Ing. clearance sale < L.) A liquidação total. [S/同] Kurábárai. ⇨ tokúbáí.

kurí-áwásé 繰り合わせ (< kurí-áwásérú) O jeito; o arranjo. *Banshō o- ～ no ue go-shusseki kudasai* 万障お繰り合わせの上御出席下さい Solicitamos encarecidamente a sua presença. ⇨ tsugṓ[1]; yaríkuri.

kurí-áwásérú 繰り合わせる (< kúru[2] + …) Arranjar maneira「de fazer」; dar um jeito. ★ *Jikan o ～* 時間を繰り合わせる Arranjar tempo. [S/同] Yaríkuri suru.

kurí-dású 繰り出す (< kúru[2] + …) **1** [糸などを繰って順に出す] Puxar; esticar; estender. ★ *Tsuna o ～* 綱を繰り出す Estender [Desenrolar] a corda. [A/反] Tagúru. **2** [次々に送り出す] Despachar [Mandar muitos]「reforços」. [S/同] Okúrí-dásu. **3** [やり・棒などを一度引いてすぐつき出す] Varejar「de dardos o inimigo」. [S/同] Tsukídásu (+). **4** [大勢で出かける] Ir aos magotes [Sair em grupo]. ★ *Hanami ni ～* 花見に繰り出す Correr para ver as cerejeiras em flor. ⇨ de-kákérú.

kurí-do 繰り戸 (< kúru[2] + to) A porta corrediça [de correr].

kurí-gé 栗毛 (<… [1] + ke) O pêlo (De animal) castanho [baio; alazão].

kurí-gótó 繰り言 (< kuríkáesu + kotóbá) A lengalenga. ★ *Oi no ～* 老いの繰り言 A ～ [choradeira] dos velhinhos. ⇨ fuhéí; guchí; nakí-gótó.

kurí-hírógéru 繰り広げる (< kúru[2] + …) **1** [繰って広げる] Desenrolar; estender; desdobrar. **2** [展開する] Exibir; apresentar. *Karera wa dai-kanshū no mae de nessen o kuri-hirogeta* 彼らは大観衆の前で熱戦を繰り広げた Eles presentearam a numerosa assistência com uma partida renhida. [S/同] Teńkáí súrú.

kurí-íré 繰り入れ (< kurí-írérú) A transferência. ◇ **～ kin** 繰り入れ金 O dinheiro transferido.

kurí-írérú 繰り入れる (< kúru[2] + …) **1** [順に送って入れる] Introduzir; meter. [S/同] Kurí-kómú **4**. [A/反] Kurí-dású. **2** [編入する] Transferir; acrescentar. ★ *Rishi o gankin ni ～* 利子を元金に繰り入れる Capitalizar o juro/Acrescentar o juro ao capital. [S/同] Heńnyū́ súrú; kumí-íréru.

kurí-író 栗色 (<… [1] + …) A cor castanha; o castanho; o marrom (B.). ★ ～ *no kami* 栗色の髪 O cabelo castanho.

kurí-káeru 繰り替える (< kúru[2] + …) **1** [交換する] Trocar. [S/同] Furí-káéru; kṓkáń súrú (+); toríkáérú (o). **2** [流用する] Desviar「dinheiro」. [S/同] Ryū́yṓ súrú (+).

kurí-káeshí 繰り返し (< kuríkaesu) A repetição. ★ ~ (~)iu 繰り返し(繰り返し)言う Dizer repetidamente. ~ no ōi bunshō 繰り返しの多い文章 O texto cheio de repetições. Ⓢ阃 Hañpúku.

kurí-káesu 繰り返す (< kúru² + …) Repetir; reiterar; tornar a fazer. Onaji ayamachi o ni-do ~ na 同じあやまちを二度繰り返すな Não repita [torne a fazer] o mesmo erro. ★ Kurikaeshite iu 繰り返して言う Tornar a dizer. Shitsumon o ~ 質問を繰り返す Repetir a pergunta. Ⓢ阃 Hañpúkú súrú.

kuríketto クリケット (< Ing. cricket) O criquete.

kurí-kómú 繰り込む (< kúru² + …) **1** [大勢で乗り込む] Afluir; entrar em magote. Parēdo ga hiroba ni kurikonde kita パレードが広場に繰り込んできた O desfile entrou pela praça dentro. Ⓢ阃 Norí-kómu. **2** [たぐり入れる] Puxar. ~ Tsuna o ~ 綱を繰り込む ~ a corda. Ⓢ阃 Tagúrí-yóséru. ⇨ tagúbu. **3** [組み入れる] Pôr; introduzir. ★ Kaimono o ryokō no nittei ni ~ 買い物を旅行の日程に繰り込む Deixar tempo para as compras no programa da viagem. Ⓢ阃 Heñnyū súrú (+); kumí-íréru (+). **4** [順々にはいり込ませる] Mandar [Enviar]. ★ Nanman to iu hei o senchi ni ~ 何万という兵を戦地に繰り込む ~ dezenas de milhares de soldados para a guerra. Ⓢ阃 Tōnyū súrú. ⇨ okúri-dásu. **5** [端数を切り上げて上の位へ入れる] Arredondar para cima uma fra(c)ção (do número). ⇨ kirí-ágéru.

kurí-kóshi 繰り越し (< kuri-kósú) O transporte「da soma」(Contabilidade). ★ Ji-yō [Ji-ki] e ~ 次業[次期]へ繰り越し Soma e segue; soma à volta. ◇ ~ kin 繰り越し金 A soma da volta. ~ son'eki 繰り越し損益 O transporte de "deficit" [déficé e "superavit" [sobrante]. Zenki ~ zandaka 前期繰り越し残高 O saldo do período anterior.

kurí-kósú 繰り越す (< kúru² + …) (Contabilidade) Tranportar (a soma de uma página para outra). ★ Betsu-kañjō e ~ 別勘定へ繰り越す Transportar para a conta. Kōki e ~ 後期へ繰り越す Transportar para a conta (do período) seguinte. Zenki yori ~ 前期より繰り越す ~ o saldo da conta anterior. Ⓢ阃 Heñnyū súrú; kumí-íréru; kurí-íréru.

kuríku [ii] クリーク (< Ing. creek) O riacho. Ⓢ阃 Ogáwá (+).

kū-riku [úu] 空陸 **1** [空中と陸上] O ar e a terra. ⇨ kūchū; rikújō. **2** [空軍と陸軍] A força aérea e o exército. ~ ittai ni natte teki o kōgeki suru 空陸一体となって敵を攻撃する ~ combinados [em conjunto] atacam o inimigo. ⇨ kūgún; rikúgun.

kúrikuri くりくり [On.] **1** [小さなものがすばやくなめらかに動くようす] (Im. de rápido e vivo). ★ ~ shita me くりくりした目 Os olhos grandes, vivos e redondos. **2** [丸くてかわいようす] (Im. de redondo e gracioso). ★ ~ (to) futotta akachan くりくり(と)太った赤ちゃん O bebé[ê] rechonchud(inh)o. Ⓢ阃 Mañmáru (+). **3** [髪を短く刈ったりそったりして頭が丸くなったようす] (Im. de rapado). Atama o ~ ni karu 頭をくりくりに刈る Rapar o cabelo. ~ bōzu くりくり坊主 A cabeça rapada como um melão[ou].

kurímu [ii] クリーム (< Ing. cream < L.) **1** [泡立てなめらかにした脂肪分] O creme; a nata. ★ ~ jō no クリーム状の Cremoso. ~ o toru クリームを取る Desnatar (leite); tirar a nata. ◇ ~ chīzu クリームチーズ O queijo-creme. ~ iro クリーム色 O [A cor] creme. ~ pan クリームパン O pãozinho com creme [A arrufada]. ~ sōda クリームソーダ A soda com sorvete. ~ sōsu クリームソース O molho cremoso. Aisu ~ アイスクリーム O (~) gelado. Nama ~ 生クリーム A nata. **2** [化粧品の] O creme. ★ Shēbingu ~ o nuru シェービングクリームをぬる Pôr ~ para (fazer) a barba. ◇ Hando ~ ハンドクリーム ~ para as mãos. Heā ~ ヘアクリーム ~ para o cabelo. Kōrudo ~ コールドクリーム ~ para amaciar a pele. Kurenjingu ~ クレンジングクリーム ~ de limpeza.

kurīnā クリーナー (< Ing. cleaner < Gr.) **1** [掃除機] O aspirador de pó. Ⓢ阃 Sōjíki (+). **2** [汚れを落とす薬品類] O detergente.

kurínchi クリンチ (< Ing. clinch) O entrarem [agarrarem-se] corpo a corpo (boxe).

kurín-énérugī クリーンエネルギー (< Ing. clean energy < Gr.) A (fonte de) energia limpa [não poluente].

kurínikku クリニック (< Ing. clinic) A clínica. Ⓢ阃 Shiñryō-jó (+).

kurīningu [ii] クリーニング (< Ing. cleaning) A lavanda[e]ria. ★ ~ ni dasu クリーニングに出す Mandar à [para a ~]. ◇ ~ dai クリーニング代 O preço da ~. ~ gyō クリーニング業 O trabalho de ~. ~ ten [ya] クリーニング店[屋] ~ [Os da ~]. Ⓢ阃 Señtáku. ⇨ dorái-kuríningu.

kurí-nóbé 繰り延べ (< kúru² + nóbérú) **1** [延期] O adiamento. ~ barai 繰り延べ払い O pagamento diferido [adiado]. Ⓢ阃 Eñki (+); kurí-ságé. Ⓐ反 Kurí-ágé. **2** [延長] O prolongamento. Ⓢ阃 Eñchō (o); hikí-nóbáshi (+). Ⓐ反 Tañshúku.

kurí-nóbéru 繰り延べる (< kúru² + …) **1** [延期する] Adiar; protelar. Ame de isshūkan ensoku o ~ 雨で一週間遠足を繰り延べる A excursão é [fica] adiada uma semana por causa da chuva. Ⓢ阃 Eñki súrú (+); kurí-ságéru. Ⓐ反 Kurí-ágéru. **2** [延長する] Prolongar. ★ Jikken kikan o ~ 実験期間を繰り延べる ~ o período de experiência. Ⓢ阃 Eñchō súrú (o); hikí-nóbásu. Ⓐ反 Tañshúkú súrú.

kurínúku 刳り抜く (< kúru² + …) Escavar; esburacar. ★ Hito no medama o ~ 「人の」目玉を刳り抜く Arrancar o olho「a alguém」. ⇨ egúru.

kuríppā クリッパー (< Ing. clipper) **1** [草刈り機] A máquina de aparar a relva. Ⓢ阃 Kusá-kári-ki. **2** [毛刈りはさみ] A tesoura de tosquiar [da tosquia]. ⇨ hasámi. **3** [快速の大型帆船] O clíper; o veleiro veloz. **4** [大型の長距離用の快速飛行艇] O clíper; o avião a ja(c)to.

kuríppu クリップ (< Ing. clip) **1** [紙をはさむ金具] O grampo [agrafo]. ★ ~ de shorui o tomeru クリップで書類を留める Prender os papéis com ~. **2** [ヘアクリップ] O gancho para o cabelo. **3** [万年筆のキャップなどについている留め金] A presilha.

kuríputon クリプトン (< Gr. krypton: oculto) 【Quím.】 O crípton (Gás) (Kr 36).

kurí-ságé 繰り下げ (< kurí-ságérú) **1** [予定の日時を遅らせること] O adiamento. ★ Shikenbi no ~ 試験日の繰り下げ ~ do dia de exame. Ⓢ阃 Eñki (+); kurínóbé. Ⓐ反 Kurí-ágé. **2** [決まった順番を順々に遅らせること] A postergação.

kurí-ságéru 繰り下げる (< kúru² + …) **1** [予定の日時を遅らせる] Adiar. ★ Shuppatsu o ichi-jikan ~ 出発を一時間繰り下げる ~ a partida (por) uma hora. Ⓢ阃 Eñki súrú (+); kurí-nóbéru. Ⓐ反 Kurí-ágéru. **2** [きまった順番を順々に遅らせる] Deixar para trás; postergar.

kurisuchan クリスチャン (< Ing. christian < L.) O cristão; a cristã. ⇨ kiríshítan. ◇ **~ nēmu** クリスチャンネーム O nome de ba(p)tismo.

Kurisúmasu クリスマス (< Ing. Christmas < L.) O Natal. ~ *omedetō* [*Merī* ~] クリスマスおめでとう [メリークリスマス] Boas Festas de [Feliz] Natal! ★ ~ *o iwau* クリスマスを祝う Celebrar ~. ◇ **~ ibu** クリスマスイブ A noite de ~. ◇ **~ kādo** クリスマスカード O cartão de ~ [Boas Festas]. **~ kēki** クリスマスケーキ O bolo de ~. **~ pātī** クリスマスパーティー A festa de ~. **~ tsurī** クリスマスツリー (< Ing. tree) A árvore de ~. Ⓢ/周 Kótan-sai.

kurisutaru クリスタル (< Ing. crystal < Gr.) **1** [水晶]【Min.】O cristal(-de-rocha). ◇ **~ garasu** クリスタルガラス O vidro cristalino. Ⓢ/周 Súishô (+). **2** [結晶]【Fís.】A cristalização. Ⓢ/周 Kesshô.

kúrítsu 区立 Do [Feito pelo] bairro municipal (⇨ kú²). ◇ **~ chūgakkō** 区立中学校 A escola preparatória municipal. ⇨ chôrítsu²; keńrítsú.

kuríyá 厨 A cozinha.
Ⓢ/周 Chúbô; daídókóró (o); kítchin (+).

kúro¹ 黒 **1** [色] O preto; a cor preta [negra]. ★ ~(*iro*)*no* man 黒(色)の Preto; negro. ⇨ shíro¹. **2** [碁、チェスなどで黒い駒を持つ方、または黒い駒] As (pedras) pretas [do gô]. ★ ~ *o motsu* 黒を持つ Jogar com ~. ⇨ Shíro. **3** [容疑者が犯罪の事実があると判定されること] Culpado. *Aitsu wa ~ da* あいつは黒だ Ele é ~. A/反 Shíro. ◇ hánnin; yôgí-shá.

kúro² 畔 O carreiro (entre os arrozais).
Ⓢ/周 Azé (+).

kúrō 苦労 **1** [難儀] As dificuldades; a canseira; as dores; as penas; a aflição; o sofrimento. ★ ~ *ga mukuwareru* 苦労が報われる Ser compensado de ~; não sofrer em vão. ~ *no kai ga aru* [*nai*] 苦労の甲斐がある[ない] Valer [Não valer] a pena. ~ *o tomo ni suru* 苦労を共にする Partilhar ~. ~ *suru* 苦労する Ter dificuldades [problemas]; sofrer [~ *sezu ni* 苦労せずに Sem dificuldade]. *Donna ~ mo itowazu ni* どんな苦労もいとわずに Suportando quaisquer dificuldades [tribulações]. Ⓢ/周 Nańgí. **2** [骨折り] O trabalho; o esforço; a fadiga; a maçada; a labuta; a estafa (G.). *Go-~ sama* 御苦労さま Desculpe-me o incó[ô]modo causado/Obrigado pelo seu favor. *Go-~* (*sama*) *na koto da* 御苦労(様)なことだ Desculpe a maçada que lhe causo. *Kare no ~ wa muda ni natta* 彼の苦労は無駄になった Ele esforçou-se em vão. *Kimi ni sonna ~ wa sasetakunai* 君にそんな苦労はさせたくない Não quero dar-te esse trabalho. ~ *o kakeru* 苦労をかける Dar trabalho; incomodar; causar aborrecimentos. ~ *suru* 苦労する Esforçar-se; dar-se ao trabalho ['de']. ~ *shite ima no chii o kizuku* 苦労して今の地位を築く Chegar à posição a(c)tual à custa de muito trabalho. Ⓢ/周 Honé-órí.
3 [心配] A ansiedade; a apreensão; a aflição; o cuidado; a inquietação. ★ ~ *ga taenai* 苦労が絶えない Nunca estar livre de ~s. ~ *no tane* 苦労の種 A causa de ~. ~ *o kakeru* 苦労をかける Afligir; inquietar; causar preocupação. Ⓢ/周 Shińpái.

kúro [úu] 空路 A via aérea. *Kare wa ~ Nihon kara Burajiru e mukatta* 彼は空路日本からブラジルへ向かった Ele do J. partiu de avião para o B. ★ ~ *de* 空路で Via aérea; de avião; por ar. ⇨ káiro¹; ríkuro; súiro.

kuróbā [óo] クローバー (< Ing. clover)【Bot.】O trevo (branco). ★ *Yotsuba no ~* 四つ葉のクローバー O trevo-de-quatro-folhas.
Ⓢ/周 Oráńdáréńge; shirótsúmékusa.

kuró-bíkárí 黒光り (< ...¹ + hikarí) O lustro preto. ★ ~(*ga*) *suru* 黒光り(が)する Ser de um preto luzidio.

kuró-bíru [íi] 黒ビール A cerveja preta.
kuró-boshi 黒星 (< ...¹ + hoshí) **1** [黒くて丸い印] A pinta preta. **2** [的の中心の黒い丸、または図星] O centro do alvo. ⇨ zubóshí. **3** [負け] A derrota; os pontos perdidos. ★ ~ *ga ōi* 黒星が多い Estar a perder por muitos pontos. *Maké-boshi*. **4** [比喩的に用いて失敗の意]【Fig.】O malogro; o fracasso; o desaire. *Saikin kare wa ~ tsuzuki da* 最近彼は黒星続きだ Ultimamente ele tem sido um verdadeiro fracasso. Ⓢ/周 Shippái (o); shissákú (+). A/反 Shiró-boshi. **5** [⇨ hitómí].

kuró-búchí 黒縁 (< ...¹ + fuchí) A orla [cercadura] preta.

kuró-dái 黒鯛 (< ...¹ + tái)【Zool.】O pargo preto; *mylio macrocephalus*.

kuró-dáiya 黒ダイヤ **1** [宝石] O carbono; o diamante negro. **2** [石炭] O carvão fóssil [de pedra]. Ⓢ/周 Sekítán (+).

kuró-fúné 黒船【H.】Os barcos estrangeiros ocidentais, (No J., desde o séc. 16, chamavam-se negros porque os da Ásia eram pintados de vermelho).

kuró-gáné 黒鉄【E.】⇨ tetsú¹.

kurógúro to 黒黒と (< kúro¹) Em preto retinto [carregado]. ★ ~ *to shita kami* 黒々とした髪 O cabelo preto retinto (muito lindo).

kurói 黒い **1** [炭やカラスの色] Preto; negro. *Watashi no me no ~ uchi wa* 私の目の黒いうちは Enquanto eu for vivo. ⇨ kúro¹. **2** [濃い褐色の] Escuro; moreno. *Kare wa iro ga ~* 彼は色が黒い Ele é de cor escura; ele tem a pele morena. ⇨ kogéchá. **3** [悪・不正・不吉の感じがあるようす] Sombrio; sinistro; funesto. ★ *Hara no ~* 腹の黒い Malévolo; maldoso (ruim). ⇨ áku³; fukítsú; fuséí¹.

kuró-jí 黒字 **1** [収入が支出より多いこと] O sobrante/superávit; o saldo positivo. ★ ~ *ni naru* 黒字になる Passar a ter saldo positivo. A/反 Aká-jí. **2** [黒い色で書いた文字] A letra escrita a preto.

kurójí 黒地 (< ...¹ + jí¹) O fundo preto. ★ ~ *ni shiro-nuki no moyō* 黒地に白抜きの模様 O desenho branco sobre um ~.

kuró-kámi 黒髪 O cabelo preto. ★ *Midori no ~* 緑の黒髪 ~ e lustroso.

kurókkasu クロッカス (< Ing. < L. crocus)【Bot.】O croco; o açafrão.

kurókkī クロッキー (< Fr. croquis) O esboço; o bosquejo. Ⓢ/周 Ryakúgá. ⇨ sukétcbi.

kurókó 黒子 **a)** O indivíduo que, no "kabuki", tem a função de auxiliar os a(c)tores e que anda todo vestido de preto; **b)**【Fig.】A pessoa que ajuda os outros sem aparecer em público. ★ ~ *ni tessuru* 黒子に徹する Fazer questão de não aparecer em público.

kuró-kógé 黒焦げ (< ...¹ + kogéru) A carbonização.
kuroku 黒く (Adv. de kurói) Em preto. ★ ~ *naru*

黒くなる Fiquei preto [*Hi ni yakete* ~ *natta* 陽に焼けて黒くなった Fiquei preto [bronzeado] com o sol].

kuróku [óo] クローク (< Ing. cloak) **1** [そでなし外套] A capa; o capote. **2** [Abrev. de "~rūmu"] O vestiário.

kurómái クロマイ ⇨ kurórómáíséchin.

kuró-máku 黒幕 **1** [黒い幕] A cortina [O reposteiro] preta[o]. **2** [背後で糸を引く人]【Fig.】O indivíduo que mexe os cordelinhos por detrás dos bastidores. *Kare ga seikai no* ~ *da* 彼が政界の黒幕だ Ele é quem controla a política nos bastidores [manipula toda a política]. S/周 Kaíráishi.

kuró-mámé 黒豆 O feijão preto de soja.

kuró-mátsu 黒松【Bot.】O pinheiro preto [comum]. ⇨ aká-mátsu.

kuró-me 黒目 A íris do olho. ★ ~ *gachi no me* 黒目勝ちの目 Os olhos de grandes pupilas. S/周 Kōsaí⁴. A/反 Shiró-me.

kuró-mégane 黒眼鏡 Os óculos escuros [de sol]. ⇨ sañgúrasu.

kuró-mí 黒味 O matiz preto. ★ ~ *gakatta* 黒味がかった Escuro. ⇨ shirómí².

kurómu [kurómu] [óo] クローム [クロム] (< Ing. chrome < Gr. khrōma)【Quím.】O crómio [cromo] (Cr 24). ◇ ~ **kō** クロム鋼 O aço-cromo. ~ **mek-ki** クロム鍍金 A cromagem; o banho de ~.

kúrón [uó] 空論【E.】A teoria vã; a doutrina vã. ★ *Kijō no* ~ 机上の空論 A teoria sem aplicação prática. ⇨ kûri.

kurónbō 黒ん坊【G./Depr.】(< kúro¹ + bó²**5**) **1** [日に焼けたりして皮膚の色の黒い人] A pessoa de pele escura. **2** [黒色人種を軽べつして言った語] O preto; o negro. ⇨ [~ kurókó].

kuró-nín [óo] 苦労人 A pessoa que passou por muitas (dificuldades) na vida.

kurónó-métá [ée] クロノメーター (< Ing. chronometer < Gr.) O cronó[ô]metro.

kuró-núri 黒塗り A pintura a preto.

kuró-óbi 黒帯 **a)** O "obi" preto; **b)** O cinturão negro de judo [jūdô].

kuró-pán 黒パン O pão escuro; o pão de centeio.

kuróppói 黒っぽい Escuro; enegrecido. *Kare wa* ~ *kōto o kite ita* 彼は黒っぽいコートを着ていた Ele levava um [ia de/ia com] casaco escuro. A/反 Shiróppói. ⇨ kuró-mí.

kurórérá クロレラ (< Ing. < L. chlorella)【Bot.】A clorela (Alga comestível e nutritiva).

kurórófiru クロロフィル (< Ing. chlorophyll < Gr.) 【Bot.】A clorofila. S/周 Yōryókusó (+).

kurórōhórumu クロロホルム (< Al. chloroform < Gr.) O clorofórmio.

kurórómáíséchin クロロマイセチン (< Ing. chloromycetin) A cloromicetina (Antibiótico).

kuróru [óo] クロール (< Ing. crawl stroke) O "crawl" (Estilo de natação).

kuró-shío 黒潮 A corrente (marítima) preta [do Japão]. ◇ oyá-shío.

kuró-shiró 黒白 **1** [黒と白] O preto e o branco. ★ ~ *no eiga* 黒白の映画 O filme de preto e branco. S/周 Shíro-kuro (+). A/反 Kára. **2** [正しいかまちがっているか] O certo e o errado; o culpado e o inocente. ★ *Kare ga hannin ka dō ka* ~ *o kimeru* [*tsukeru*; *hakkiri saseru*] 彼が犯人かどうか黒白を決める[つける；はっきりさせる] Decidir se ele é culpado (ou não). S/周 Shíro-kuro (+); zéhi; zén'aku.

kuró-shó 苦労性 O temperamento pessimista. ★ ~ *de aru* 苦労性である Tomar as coisas muito a sério; inclinar-se a só ver o lado pior das coisas.

kuró-shózoku [óo] 黒装束 O vestido [traje] preto. ⇨ shiró-shózoku.

kuró-sókohi 黒内障【Med.】⇨ kokúnáíshó.

kurósu [óo] クロース (< Ing. cloth) **1** [⇨ nunó ◇]. **2** [書物の装丁に使う布] O pano para a encadernação de livros. ◇ ~ **sō** クロース装 A encadernação a pano. **3** [⇨ tébúrú ◇].

kurósú-gēmu [ée] クロスゲーム (< Ing. close game) O jogo [A partida] bem equilibrado[a]. S/周 Hakúnétsu-séñ (+); sesséñ (o).

kurósú-súguri 黒すぐり【Bot.】A groselha preta.

kurósú-káñtórí-rēsu [ée] クロスカントリーレース (< Ing. cross country race) A corrida de corta-mato. S/周 Dañkō-kyōsō.

kurósú-sútétchi クロスステッチ (< Ing. cross-stitch) O ponto de cruz (nos bordados).

kurósú-wādo-pázuru クロスワードパズル (< Ing. crossword puzzle) As palavras cruzadas. ★ ~ *o suru* [*yaru*] クロスワードパズルをする[やる] Fazer [Resolver] ~.

kuró-téñ 黒貂【Zool.】A zibelina (Mamífero carnívoro); a marta-zibelina(-da-sibéria).

kúróto 玄人 **1** [専門家] O profissional; o especialista; o perito; o entendido. *Kanojo no ryōri wa* ~ *hadashi da* 彼女の料理は玄人はだし Nem um cozinheiro de profissão cozinha tão bem como ela. ★ ~ *uke suru* 玄人受けする Ser aplaudido pelos ~s. S/周 Jukúren-sha (+); púro; purófésshonaru; señmóñká (o). A/反 Áma; amáchúá; shíróto. **2** [水商売の女性] A mulher da (má) vida.

kuró-tsúchi 黒土 O solo preto; a terra negra.

kuró-wáku 黒枠 **1** [黒いわく] O caixilho preto; a borda preta. ★ ~ *no hagaki* 黒枠の葉書 O cartão de luto. **2** [死亡通知状] O cartão (postal) de notificação da morte de alguém. S/周 Shibó-tsúchi (+).

kurówássañ クロワッサン (< Fr. croissant) O "croissant" [crescente] (Pãozinho de fabrico fino em forma de meia-lua).

kuró-yáki 黒焼き (< … ¹ + yakú) Algo carbonizado; o torresmo.

kuró-yámá 黒山 O monte negro. ★ ~ *no hitodakari* 黒山の人だかり A grande multidão de gente.

kuró-zátō 黒砂糖 (< … ¹ + satō) O açúcar mascavado. ⇨ shiró-zátō.

kurózú-áppu [óo] クローズアップ (< Ing. close-up) **1** [大写し] O grande plano. ★ ~ *suru* クローズアップする Tirar (uma fotografia) em ~ [~ *sareru* クローズアップされる Ser fotografado de perto]. S/周 Ō-útsushi. **2** [比喩的に、ある物事を特に大きくとり上げること]【Fig.】O relevo; a ênfase. ★ ~ *suru* クローズアップする Pôr em relevo; enfatizar; realçar; dar ênfase.

kurózúdó-shóppu [oó] クローズドショップ (< Ing. closed shop) O estabelecimento que só admite empregados sindicalizados. ⇨ ópun ◇; yuníóñ-shóppu.

kurózúmu 黒ずむ Enegrecer; escurecer; ficar preto [dentes, do tabaco].

kúru¹ 来る **1** [やって来る] Vir; aproximar-se; aparecer; surgir; chegar. *Konna ii kikai wa ni-do to konai darō* こんないい機会は二度と来ないだろう Uma oportunidade assim tão boa não volta a aparecer. *Sā koi* さあ来い Vem [Venham] daí! *Yūdachi ga ki-sō da* 夕立が来そうだ Parece que vem aí um aguaceiro! ★ ~ *hi mo* ~ *hi mo* 来る日も来る日も Dia após dia. *Atama ni* ~ 頭に来る Enfurecer-se; ficar zangado. *Pin to* ~ ピンと来る Entender; surgir de repente uma ideia. [S/同] Yatté kúru. ⇨ chiká-zúku; deńráí; hṓmóń[1]; otózúréru; raíhṓ; tassúrú; tṓchákú; tṓtátsú; tsúku[2]. **2** [そういう状態になる] Ser assim. "*Tsukareta kara shigoto o yamete oyogi ni ikō.*" "*Sō konakucha omoshirokunai*"「疲れたから仕事をやめて泳ぎに行こう」「そう来なくちゃ面白くない」Já estou cansado de trabalhar; que tal irmos até à praia? – Boa ideia, vamos a isso. **3** [届く] Chegar às mãos; receber. ★ *Nimotsu ga* ~ 荷物が来る Chegar a bagagem. [S/同] Todóku. **4** [起因する; 由来する] Proceder; provir; derivar. *Kare no shippai wa doryoku-busoku kara kita* 彼の失敗は努力不足から来た O seu fracasso provém da falta de esforço próprio. ★ *Porutogarugo kara kita kotoba* ポルトガル語から来た言葉 Uma palavra proveniente [vinda] do p. ⇨ kiíń; yurái. **5** [あるものを取り上げて言うと] Chegar-se a falar「de」. *Ano ko to kitara zenzen benkyō shinai n da kara* あの子ときたら全然勉強しないんだから E aquele garoto! Não estuda nada! **6** [「…てくる」の形である状態になる] Tornar-se; ficar; vir [começar] a ser. *Futo sono toki aru kangae ga ukande kita* ふと, その時ある考えが浮かんできた Veio [Ocorreu]-me então de súbito uma ideia. *Kyū ni ame ga futte kita* 急に雨が降ってきた Começou a chover de repente. *Sō natte* ~ *to watashi no deban da* そうなってくると私の出番だ Se as coisas ficam [se põem] assim será a minha vez de intervir. **7** [「…てくる」の形で今までずっとある事をし続けている] Ter continuado a ser. *Kare wa zutto kurō shite kita* 彼はずっと苦労してきた Ele tem sofrido toda a vida. *Watashi ga ima made sodatte kita machi* 私が今まで育ってきた町 A cidade onde cresci e vivi até agora. ⇨ tsuzúkérú.

kúru[2] **繰る** **1** [細長いものやつながっているものをしだいに引き出したり, 他のものに巻きつけたりする] Dobar; enovelar. ★ *Ito o* ~ 糸を繰る Dobar a linha/o fio「de lã」. ⇨ makí-tsúkéru. **2** [書物などを順にめくる] Virar as páginas. ★ *Hon no pēji o* ~ 本のページを繰る Virar as páginas do [Folhear o] livro. [S/同] Mekúrú (+). **3** [順に数える] Contar; calcular. ★ *Yubi de hi o* ~ 指で日を繰る Contar os dias pelos dedos. [S/同] Kazóéru (+). **4** [並んでいるものなどを順に動かして移動させる] Fazer deslocar [deslizar]. ★ *Amado o* ~ 雨戸を繰る Correr as portadas (Corrediças). ⇨ ugókásu. **5** [綿繰り車にかけて綿の種を取り去る] Descaroçar「o algodão」.

kúru[3] **刳る** Abrir uma cavidade [cova]; fazer um buraco; escavar. ⇨ egúru.

kurū́ [úu] **クルー** (< Ing. crew) A tripulação. [S/同] Noríkúmí-in (+).

kū́ru [úu] **クール** (< Ing. cool) **1** [冷静な] Sereno; senhor de si; cheio de sangue frio. ★ ~ *na hito* クールな人 Um indivíduo ~. ⇨ chińchákú; reíséí. **2** [涼しそうなようす] Fresco. ⇨ suzúshíi.

kurúbúshí **踝** 【Anat.】 O tornozelo [artelho].

kurúi **狂い** (< kurúu) **1** [狂気] A loucura; a demência. [S/同] kyṓki (+). **2** [ひずみ] O empenar; a deformação; o desvio. *Zaimoku ni* ~ *ga kita* 材木に狂いが来た A madeira empenou. [S/同] Hizúmí. **3** [機械などの状態・調子などが正常でなくなること] A avaria; a irregularidade; o desarranjo. *Kikai ni* ~ *ga shōjita* 機械に狂いが生じた A máquina avariou(-se). **4** [ねらいのはずれること] O erro; o desvio. *Watashi no me ni* ~ *wa nai* 私の目に狂いはない Os meus olhos não se enganam.

kurúí-jíní **狂い死に** (< kurúu + shinú) A morte por [de] loucura. ★ ~ *suru* 狂い死にする Morrer louco.

kurúí-zákí **狂い咲き** (< kurúu + sakú) A floração fora de época. ★ ~ *suru* 狂い咲きする Florir fora da estação própria.

kúrukuru (to) **くるくる(と)** **1** [物が軽やかに回るさま] Em rodopio. ★ ~ *mawaru* くるくる回る Rodopiar; dar muitas voltas. [S/同] Gúruguru. **2** [長い物を幾重にも巻くさま] Em espiral; em roda. *Asagao no tsuru ga bō ni* ~ *makitsuite iru* 朝顔のつるが棒にくるくる巻きついている O convólvulo (Ou bons-dias) está enrolado na vara [rodriga]. [S/同] Gúruguru. **3** [まめに働くさま]「Andar」Numa roda viva; com muita azáfama. ★ *Koma-nezumi no yō ni* ~ *hataraku* こまねずみのようにくるくる働く Trabalhar sem descanso. ⇨ mamé[3]. **4** [なめらかで丸いさま] Em forma arredondada. ★ ~ *shita me no shōjo* くるくるした目の少女 Uma menina de olhos redondos. [S/同] kúrikuri. ⇨ mań-máru.

kurúmá **車** **1** [車輪] As rodas「da bicicleta」. [S/同] Shaŕíń. **2** [自動車] O carro; o automóvel; o táxi. *Koko kara watashi no ie made* ~ *de go-fun no kyori desu* ここから私の家まで車で 5 分の距離です Daqui (até) à minha casa são cinco minutos de ~. ★ ~ *de iku* 車で行く Ir de ~. ~ *kara oriru* 車から降りる Descer do ~. ~ *ni noru* 車に乗る Entrar [Subir] para o ~. ~ *o hirou* 車を拾う Tomar [Apanhar] um táxi. [S/同] Jidṓsha. **3** [乗り物] O veículo; a viatura; o carrinho; a carroça. ★ ~ *de hakobu* 車で運ぶ Transportar (numa viatura). ~ *ni tsumu* 車に積む Carregar. [S/同] Norímónó. **4** [人力車] O riquexó (Espécie de cabriolé puxado por um homem). [S/同] Jińríkísha (+). **5** [輪の形] A forma redonda. [S/同] Riṅjṓ.

kurúmá-chin **車賃** ⇨ kurúmá-dáí **1**.

kurúmá-dáí **車代** **1** [自動車・電車などに乗った時に支払う金] A passagem; o transporte. [S/同] Kurúmáchin. **2** [足代] As despesas de viagem. [S/同] Ashídáí; kṓtsū́hi (+).

kurúmá-dómé **車止め** (<… + tomérú) **1** [往来止め] O estacionar. ★ ~ (掲示) Proibida a entrada de veículos! [S/同] Ṓráí-dómé; tsū́kṓ-dómé (+). **2** [自動車の] O calço. **3** [鉄道の] O pára-choques.

kurúmá-ebi **車海老** 【Zool.】 O lagostim; o camarão grande.

kurúmá-isu **車椅子** A cadeira de rodas.

kurúmáru **包まる** Embrulhar-se「em」; enrolar-se「no cobertor」. ⇨ kurúmu.

kurúmá-yóí **車酔い** (<… + yóu) O enjoo de carro. ⇨ funá-yóí.

kurúmá-yósé **車寄せ** (<… + yosérú) O pórtico; o pátio; o átrio. [S/同] Pṓchi.

kurúmá-zá **車座** Os assentos dispostos em círculo. ★ ~ *ni naru* 車座になる Sentar-se em círculo [roda].

kurúméru **包める** **1** [いくつかのものを一つにまとめる] Juntar; somar; englobar; incluir. ★ *Zenbu kurumete* 全部くるめて No total; em conjunto; por junto. [S/同] Hikkúrúméru (+). ⇨ hitómátome;

K

matómérú. **2** [⇨ íi-kúrúméru]. **3** [⇨ tsutsúmu].

kurúmí 胡桃 A noz (Nogueira = ～ no ki). ★ *o waru* 胡桃を割る Partir [Quebrar] uma noz.

kurumí-wári 胡桃割り (<… + warú) O quebra-nozes. ★ *Kumikyoku ～ ningyō* 組曲胡桃割り人形 O Quebra-Nozes (Peça musical de Tchaikovski).

kurúmu 包む Embrulhar; envolver. ★ *Manto ni mi o ～* マントに身をくるむ Embrulhar-se num manto. S/同 Kurúméru; makí-kómu; tsutsúmí-kómu; tsutsúmu (+). ⇨ kurúméru.

kurúri-to くるりと **1** [軽くひと回りするようす] Num giro rápido. ★ *～ mawaru* くるりと回る Girar em volta; virar. **2** [物事の状態が急に変わるようす] Numa reviravolta. ★ *Ima made no keikaku o ～ kaeru* 今までの計画をくるりと変える Introduzir alterações súbitas no plano.

kurúshigáru 苦しがる (< kurúshíi + gáru) Sofrer; queixar-se de dores. S/同 Kurúshímu (+).

kurúshíi 苦しい **1** [体が痛くてつらい] Penoso; doloroso; aflitivo; angustiante; lancinante. *Iki ga ～* 息が苦しい Respiro com dificuldade. *Ō ～* おお苦しい Ai, que dor! ★ *Kurushisō na kao o suru* 苦しそうな顔をする Estar com expressão de quem sofre. S/同 Kutsú na. **2** [困難が伴って大変な] Difícil; duro; trabalhoso; penoso; árduo. ★ *～ me ni au* 苦しい目に遭う Passar um mau bocado (G.)/Ter uma experiência ～; *～ tachiba ni aru* 苦しい立場にある Estar [Ver-se] numa situação difícil. P[ことわざ] *～ toki no kami-danomi* 苦しい時の神頼み Passado o perigo fica Deus esquecido [Lembrar-se de Santa Bárbara quando troveja]. S/同 Kónnan na. **3** [困窮しているよう] Necessitado; indigente; pobre. ★ *Seikatsu ga ～* 生活が苦しい Levar uma vida apertada. ⇨ końkyú. **4** [無理な]「o riso」Forçado. ⇨ *ii-wake* 苦しい言い訳 O pretexto inventado [inaceitável]. S/同 Múri na.

kurúshí-mágire 苦し紛れ (< kurúshímí + …) A situação desesperada. ★ *～ ni uso o tsuku* 苦し紛れに嘘をつく Mentir numa situação de desespero.

kurúshíméru 苦しめる (⇨ kurúshímu) **1** [困らせる] Atormentar; mortificar; afligir; angustiar; apoquentar. *Jūzei [Akusei] ga kokumin o ～* 重税 [悪政]が国民を苦しめる O fisco [governo iníquo] oprimir o povo. *Kokoro o ～* 心を苦しめる Atormentar-se; afligir-se. S/同 Komárǽru; nayámáséru. **2** [苦痛を与える] Torturar; infligir dor「a」. ⇨ kutsú.

kurúshímí 苦しみ (< kurúshímu) **1** [苦痛; 苦悩] A dor; a aflição; a pena; o sofrimento; a angústia; o tormento; a agonia; a amargura. ★ *～ ni taeru* 苦しみに耐える Suportar [Aguentar] ～. *～ no amari* 苦しみのあまり De tanto/a ～. *Shi no ～* 死の苦しみ A agonia da morte. *Umi no ～* 産みの苦しみ As dores do parto. S/同 Kúnó; kutsú. **2** [難儀] A dificuldade; a adversidade; a tribulação; a provação; o aperto. ★ *～ ni taeru* 苦しみに耐える Resistir às dificuldades. S/同 Nańgí.

kurúshímu 苦しむ **1** [苦痛を感じる] Sofrer; sentir dor. ★ *Kurushimazu ni shinu* 苦しまずに死ぬ Morrer sem ～. *Fukutsū [Funa-yoi, Kawaki, Mayaku chūdoku, Mizu-busoku] ni ～* 腹痛 [船酔い、渇き、麻薬中毒; 水不足]に苦しむ Sofrer de [Ter] cólicas [enjoo; sede; intoxicação de narcóticos; falta de água]. ⇨ kutsú. **2** [つらい思いをする] Sofrer; debater-se com dificuldades; passar provações. ★ *Jūzei ni ～* 重税に苦しむ Ser oprimido pelo peso dos impostos. S/同 Modáéru; nayámu. **3** [窮する] Estar perplexo [confundido; embaraçado]. ★ *Hentō ni ～* 返答に苦しむ Não saber (o) que responder. *Rikai ni ～* 理解に苦しむ Não entender [*Ano majime na otoko ga konna bakageta koto o suru nante rikai ni ～ yo* あのまじめな男がこんなばかげた事をするなんて理解に苦しむよ Não consigo entender como um homem (tão) sério como ele, pôde cometer tal loucura]. S/同 Komáru; kyū-súru. **4** [骨折る] Custar. *Kono sakuhin o kansei saseru ni wa zuibun kurushimimashita* この作品を完成させるにはずいぶん苦しみました Tive que pôr muito esforço para [Custou-me muito] completar esta obra. S/同 Honé-óru (+).

kurúshísa 苦しさ ⇨ kurúshímí.

kurúu 狂う (⇨ kurúwáséru) **1** [気が正常な状態でなくなる] Enlouquecer; endoidecer; perder a razão [o juízo]. *Kare wa kyōfu no amari ki ga kurui-sō datta* 彼は恐怖のあまり気が狂いそうだった Ele estava quase louco de terror. ★ *Ki ga kurutta yō ni hashiri-tsuzukeru* 気が狂ったように走り続ける (Continuar a) correr como um desvairado. *Ki mo kuruwan bakari ni* 気も狂わんばかりに Desvairadamente; como um louco [alucinado/desvairado/alienado]. **2** [機械などが調子・状態がふつうでなくなる] Avariar(-se). *Kono kikai wa kurutte iru* この機械は狂っている Esta máquina está avariada. ★ *Kurutta yo-no-naka* 狂った世の中 O mundo [virado do avesso/de pernas para o ar]. **3** [予定・見込みがおりにいかなくなる] Transtornar-se; sair furado; malograr-se; falhar. *Kare no sei de sukkari tehazu ga kurutta* 彼のせいですっかり手はずが狂った Ele veio transtornar todos os nossos planos/Por causa dele, o plano transtornou-se [falhou]. ⇨ até-házure. **4** [判断がゆがむ] Distorcer-se; ficar torcido. *Henken o motsu to handan ga ～* 偏見を持つと判断が狂う O preconceito distorce a nossa capacidade de juízo. S/同 Yugámú. **5** [熱中する] Ficar louco de paixão. ★ *Kakegoto [Onna] ni ～* 賭け事[女]に狂う ～ pelo jogo [por uma mulher]. S/同 Mayóu; obórérú. **6** [荒れる] Enfurecer-se. *Kaze ga kurutta yō ni fukiarete iru* 風が狂ったように吹き荒れている O vento sopra enfurecido [com toda a fúria]. S/同 Aré-kúrúu.

kúryo 苦慮【E.】O trabalho e a preocupação. ★ *～ suru* 苦慮する Ver-se aflito「para resolver o problema」. ⇨ kúshin.

kusá 草 A erva; o capim; a grama; a relva. ★ *～ bōbō de aru [Ichimen ～ darake de aru]* 草ぼうぼう

kusá-tóri

である［一面草だらけである］「o jardim」Estar todo cheio de erva. ~ *no ne o kakiwakete sagasu* 草の根をかき分けて捜す Revolver céus e terra em busca 「de」. ~ *o karu* 草を刈る Cortar ~. ~ *o mushiru* 草をむしる Mondar; arrancar as ervas daninhas. ~ *o toru* 草を取る Tirar [Arrancar]. ⇨ zassô.

kusá-bana 草花（<… + haná) A (erva que dá) flor.

kusábi-nó-káge 草葉の陰 Debaixo da terra; o túmulo. *Sazokashi kimi no o-tōsan mo ~ de kimi no seikō o yorokonde iru darō* さぞかし君のお父さんも草葉の陰で君の成功を喜んでいるだろう Como o seu pai, debaixo da terra, deve rejubilar [estar contente] com o seu sucesso!. S/同 Anó-yó. ⇨ haká¹.

kusábí 楔 **1** [V 字形の木片・鉄片] **a)** A cunha; a cavilha; **b)** O calço「debaixo da roda」. ★ ~ *o sasu* 楔を差す Assegurar-se (⇨ neń²). **2** [楔形の U 字型の金具] Abrir uma brecha「na defesa inimiga」. **2** [つなぎ目をかたくつなぎ合わすもの] [Fig.] O elo (de ligação). ★ *Nippaku yūkō no ~ to naru* 日伯友好の楔となる Servir de ~ entre o J. e o B. ⇨ tsunágí.

kusábi-gátá 楔形（<… **1** + katáchí) A forma de cunha. ◇ ~ *moji* 楔形文字 (H.) O cará(c)ter cuneiforme「dos Assírios」.

kusá-bóki（**óo**) 草箒（<… + hôki) A vassoura.

kusá-búe 草笛（<… ¹ + fué) A flauta de cana; o assobio feito de qualquer planta.

kusá-búkai 草深い（<… + fukái) **1**「草がおいしげっている」O campo cheio de erva. **2**「へんぴである] Afastado; remoto. ★ ~ *inaka* 草深い田舎 Uma terra ~ a [no fim do mundo]. ⇨ hénpi; kató-ínaka.

kusá-búki(**yane**) 草葺き(屋根)（<… + fukú) De colmo. ★ ~ *no ie* [*yane*] 草葺きの家[屋根] A casa com [O telhado de] ~. ⇨ káya°; wára.

kusá-chí 草地 O capinzal; o prado; a pastagem. S/同 Kusá-hará; kusámúrá (+); kusáyábú. = bokúsô; sôgén.

kusá-hárá 草原 O prado; o ervaçal; o campo com erva. S/同 Kusá-chí; kusámúrá (+); kusáyábú. = bokúsô; sôgén.

kusái¹ 臭い [いやなにおいがする] Malcheiroso; que cheira mal; fétido; fedorento. *Kare no iki* [*kuchi*] *wa* ~ 彼の息[口]は臭い Ele tem mau hálito [cheira mal da boca]. ~ *nioi o gasu suru* 臭いにおいがする Cheirar mal; deitar mau cheiro. I/慣用 ~ *meshi o kuu* 臭い飯を食う Ir para a prisão. ~ *mono ni futa o suru* 臭い物に蓋をする Abafar o escândalo/Esconder o lixo. ⇨ akúshú¹. **2** [疑わしい; 怪しい] **a)** Suspeito; que cheira a esturro; duvidoso; **b)** Artificial. *Ano otoko ga ~ zo* あの男が臭いぞ Aquele homem não me inspira confiança! ★ ~ *naka* 臭い仲 Uma relação duvidosa. S/同 Ayáshíi (o); utágáwáshíi (+).

-kusái² 臭い【Suf.】**a)** Cheirar [Tresandar「a」; **b)** Dar a impressão de ser [Parecer]「doente/santo」. *Nan ka gasu ~ zo* なんかガス臭いぞ Está-me a cheirar a gás. ★ *Ase ~* 汗臭い Cheirar a ~. *Inchiki ~* いんちき臭い Cheirar a falso [Aqui há história!]. *Kechi ~* けち臭い Mesquinho; avaro; sovina.

kusá-íkire 草いきれ O cheiro enjoativo da erva. ★ ~ *ga suru* 草いきれがする A erva exala um cheiro enjoativo.

kusá-iró 草色 O verde escuro. ⇨ mídori ◇.

kusá-kári 草刈り（<… ¹ + karú) A ceifa [segada] da erva. ★ ~(*o*) *suru* 草刈り（を）する Ceifar; segar [feno/erva]; cortar a relva. ⇨ kusá-múshiri; kusá-tóri.

kusákári-gáma 草刈り鎌（<… + karú + káma) **a)** A foice [foucinha] j.; **b)** A gadanha; o gadanho.

kusá-kéiba 草競馬 A corrida de cavalos local.

kusá-ki 草木 A vegetação; o mato. I/慣用 ~ *mo nabiku ikioi* 草木もなびく勢い A força arrebatadora. ~ *mo nemuru ushimitsudoki ni* 草木も眠る丑三つ時に Pela calada [Às horas mortas] da noite.

kusákusa 〈さくさ【On.】★ ~(*to*) *suru* くさくさ(と)する Estar deprimido [abatido]. S/同 Múshakusha. ≒ íraira; uńzári; yúûtsú.

kusámí 臭味（<… kusái + mi°) S/同 Shúki. **2** [いやらしさ] O pedantismo; a afe(c)tação「do estilo」.

kusá-mochi 草餅 Um bolinho de farinha de arroz misturada com artemísia.

kusámúrá 叢 O lugar com erva. S/同 Kusáchí; kusámúrá; kusáyábú. ≒ bokúsô; sôgén.

kusá-múshiri 草むしり（<… ¹ + mushirú) A monda. S/同 Josô. ≒ kusá-kári; kusá-tóri.

kusáréru[**kusárasu**] 腐らせる[腐らす]（< kusáru) **1** [腐るようにする] Deixar apodrecer「as folhas para estrume」. ★ *Shokuhin o ~* 食品を腐らせる a comida. ≒ fuhái¹. **2** [元気をなくさせる] Descoroçoar; deixar-se ir abaixo. ★ *Ki o ~* 気を腐らせる Desanimar/~.

kusáré-én 腐れ縁 O vínculo infeliz mas irremediável. *Kanojo to wa ~ da* 彼女とは腐れ縁だ Eu e ela estamos irremediavelmente ligados (por difícil que seja a nossa relação).

kusári¹ 鎖 [チェーン] A cadeia; a correia; a corrente. ★ ~ *de tsunagareta inu* 鎖でつながれた犬 O cão preso com [por] uma trela/~. ~ *o hazusu* 鎖をはずす Desprender [Tirar] ~. S/同 Chén. **2** [つながり] O laço; a cadeia. ★ *Furui ~ o tachikiru* 古い鎖をたちきる Romper com os laços do passado. S/同 Kańkél (o); kizúná (+); tsunágárí (+).

kusári² 腐り Ł fuhái¹.

kusáru 腐る **1** [腐敗する] Apodrecer; decompor-se; estragar-se; putrefazer-se; deteriorar-se; azedar. *Kare wa kane o ~ hodo motte iru* 彼は金を腐るほど持っている Ele está podre de rico. ★ *Kusariyasui* 腐りやすい「peixe」Facilmente deteriorável. *Kusatta* 腐った Podre; putrefa(c)to; estragado; decomposto; deteriorado; azedo. ⟨ことわざ⟩ *Kusatte mo tai* (*Um peixe bom*) 腐っても鯛 De bom vinho, bom vinagre/O ouro é sempre ouro. S/同 Fuhái súrú. **2** [木・金属などが、長い間に形がくずれてぼろぼろなったりする] Danificar-se; corroer-se;「faca」enferrujar; ficar carcomido. ★ *Kusatte taore-kakatte iru koya* 腐って倒れかかっている小屋 O casebre a cair de podre. S/同 Fushóku súrú. ≒ kuzúréru. **3** [精神が堕落する] Corromper-se; perverter-se; viciar-se. ★ *Onna no kusatta yō na yatsu* 女の腐ったようなやつ Um homem efeminado [pusilânime]. S/同 Darákú súrú. **4** [意欲を失う; いや気をおこす] Sentir-se deprimido [abatido]; estar desalentado. *Sonna ni ~ na* そんなに腐るな Nada de desânimos! /Não desanimes! ⇨ rakútáń; shitsúbô.

kusásu くさす Falar mal「do que outro faz」; desacreditar. ⇨ Kenású (+); soshíru. ≒ warú-ku-chi.

kusá-tóri 草取り（<… ¹ + tóru) A monda; o arrancar

as ervas daninhas.
[S/同] Josṓ. ⇨ kusákárí; kusá-múshiri.

kusá-wáké 草分け (<… ¹+wakéru) **1** [開拓; 開拓者] O pioneiro; o primeiro explorador. ⇨ kaítákú. **2** [創始者] O fundador; o criador. [S/同] Sṓshísha.

kusáyá くさや A cavala [O chicharro] salgada[o] e seca[o], de cheiro muito forte. ⇨ himónó.

kusá-yákyū 草野球 O beisebol amador praticado em qualquer campo aberto.

kusé 癖 **1** [習癖] O hábito; o costume; a mania; o vício; o tique. ★ ～ *ga tsuku* 癖がつく Adquirir um hábito; apanhar um vício〔*Ittan warui* ～ *ga tsuku to naosu no ni kurō suru* いったん悪い癖がつくと直すのに苦労する Um mau hábito, uma vez adquirido, é difícil de corrigir [se pôr de lado]〕. ～ *ni naru* 癖になる Tornar-se (n)um hábito. ～ *o naosu* 癖を直す Corrigir ～. ～ *o tsukeru* 癖をつける Habituar-se「a」; entrar no hábito「de」〔*Kodomo ni haya-ne haya-oki no* ～ *o tsukesaseru* 子供に早寝早起きの癖をつけさせる Habituar as crianças a deitar cedo e levantar cedo〕. [S/同] Shū́hékí; shū́káń. **2** [ふつうと異なった(いやな)性質・傾向] **a)** O maneirismo; o estilo afe(c)tado; **b)** A peculiaridade. *Kare no bunshō ni wa* ～ *ga aru* 彼の文章には癖がある O estilo dele é um pouco afe(c)tado. **3** [やわらかい物について残ったり,曲がったり,折れたりしたあと] O mau jeito「no fato」. *Kami ni hen na* ～ *ga tsuita* 髪に変な癖がついた O meu cabelo ganhou [ficou com] este ～. *Kami no* ～ *o naosu* 髪の癖を直す Corrigir ～ do cabelo (⇨ kusé-náoshi).

kusé-gé 癖毛 (<… **3**+ke) O cabelo crespo [rebelde]. ⇨ makí-gé.

kū́-sékí [**uú**] 空席 **1** [誰もすわっていない席] O assento desocupado [vago; livre]. ⇨ akí²; yóchi². **2** [欠員になっている地位] O posto vago. [S/同] Kū́i. ⇨ ketsúíń.

kusémónó 曲者 **1** [怪しいもの] O homem suspeito [de ar duvidoso]. ⇨ akkáń²; akútṓ; tṓzókú; zokú². **2** [油断のできない人] A pessoa astuta [manhosa]. *Kare wa nakanaka no* ～ *da* 彼はなかなかの曲者だ Ele é um macaco [uma raposa velha]. [S/同] Shitátákámónó. **3** [一見何事もなさそうであって,油断のできないこと・状態] A coisa suspeita [que não inspira confiança]. *Kare no junjō-sō na taido ga jitsu wa* ～ *na no da* 彼の純情そうな態度が実は曲者なのだ O modo ingé[ê]nuo dele, na realidade, é um disfarce [uma capa].

kuséń 苦戦 A luta desesperada. *Kare ni totte konkai no senkyo wa nakanaka* ～ *da* 彼にとって今回の選挙はなかなか苦戦だ Estas eleições vão ser para ele uma ～/batalha difícil. ★ ～ *suru* 苦戦する Travar uma ～/dura batalha. [S/同] Akúséń-kutṓ.

kusé-náoshi 癖直し (<… **3**+naósu) O desfrisar do cabelo.

-kusé ni 癖に Embora; ainda que; posto que; se bem que; apesar de. ★ *Shiri mo shinai* ～ 知りもしない癖に「falar」Como se estivesse dentro do assunto [Apesar de não saber (nada)]. ⇨ -kakáwárazu.

kusétsú 苦節【E.】A lealdade inabalável [a toda a prova]. ★ ～ *jū-nen* 苦節10年 Dez anos de ～.

kū́shá [**uú**] 空車 O carro [táxi] vago. ～ 空車(掲示) Livre!

kushákúshá くしゃくしゃ【On.】**1** [もまれて,しわだらけになるようす] (Im. de amarrotado). ★ ～ *ni natta zubon* くしゃくしゃになったズボン As calças amarrotadas. ～ *no kami* くしゃくしゃの髪 O cabelo desgrenhado. [S/同] Kuchákúchá. ⇨ shiwákúchá. **2** [⇨ kusákusa]. **3** [⇨ kuchá-kúchá²].

kushámi 嚔 O espirro; a esternutação. ★ *Hakushon to* ～ *ga deru* [～ *o suru*] はくしょんと嚔が出る[嚔をする] Espirrar [Dar espirros].

kushí¹ 櫛 O pente. ★ ～ *de kami o suku* 櫛で髪をすく Pentear o cabelo; passar ～ pelo cabelo. ～ *no ha* 櫛の歯 Os dentes do ～. *Kami ni* ～ *o sasu* 髪に櫛をさす Prender o cabelo com um gancho/uma travessa. [I/慣用] ～ *no ha o hiku yō ni* 櫛の歯を引くように「as notícias do desastre chegam」Umas atrás das outras [Ininterruptamente].

kushí² 串 O espeto. ★ ～ *ni sasu* 串に刺す Enfiar「carne」no ～. ⇨ kaná-gúshí; yakí-gúshí.

kúshi³ 駆使【E.】**1** [人を追いたてて使うこと] O domínio (completo [fácil]). ★ ～ *suru* 駆使する Fazer「trabalhar」; manter (gente) às suas ordens. [S/同] Kóki-tsukau. **2** [自分の思いのままに十分に使いこなすこと] A livre disposição「de」; o domínio「de três línguas」. ★ *Jibun no nōryoku o saidai-gen ni* ～ *shite hataraku* 自分の能力を最大限に駆使して働く Trabalhar usando ao máximo as próprias capacidades.

kushíkézúru 梳る Pentear. [S/同] Tokásu (+).

kúshiki 奇しき【E.】Estranho; misterioso; curioso; singular. [S/同] Fushígí ná (+); reímyṓ ná.

kúshikumo 奇しくも【E.】Misteriosamente; curiosamente. *Chōdo sono toki* ～ *atari kara nama-atatakai kaze ga fuite kita* ちょうどその時奇しくもあたりから生あたたかい風が吹いてきた Exa(c)tamente nesse momento ～ começou a soprar um vento morno. ⇨ ayáshíí; fushígí.

kúshin 苦心 O esforço; o trabalho árduo; a canseira. ★ ～ *no saku* 苦心の作 O fruto de muito/a ～. ～ *suru* 苦心する Trabalhar arduamente; esforçar-se〔～ *shite* 苦心して Com muito/a ～〕. ◇ **～ dan** 苦心談 A narração dos trabalhos passados「para descobrir uma coisa」. **～ santan** 苦心惨憺 O trabalho estrénuo [penoso]〔～ *santan suru* 苦心惨憺する Passá-las boas!〕. [S/同] Fushíń; honé-órí.

kushí-yákí 串焼き (<… ²+yakú) A espetada; o assado no espeto. ★ ～ *ni suru* 串焼きにする Assar「a carne」no espeto. ⇨ kushí-záshí.

kushí-záshí 串刺し (<… ²+sásu) **1** [食物を串に刺すこと,また串に刺した物] A espetada. ★ ～ *ni suru* 串刺しにする Espetar; enfiar no espeto. ⇨ deńgákú. **2** [やりなどのとがったもので刺し殺すこと] O espetar「a lança」. ★ *Yari de dōbutsu o* ～ *ni suru* やりで動物を串刺しにする Atravessar o animal com a lança. ⇨ sashí-kórósu.

kushṓ 苦笑 O sorriso amarelo [forçado]; o sorriso amargo. ★ ～ *suru* 苦笑する Esboçar um ～. [S/同] Nigá-wárai (+).

kū́shó [**uú**] 空所【E.】O espaço em branco「do papel do exame」. [S/同] Kū́ráń (+).

kū́shū́ [**kuú**] 空襲 O bombardeamento [ataque] aéreo. ★ ～ *o ukeru* 空襲を受ける Ser alvo de ～. ◇ **～ keihō** 空襲警報 O alarme antiaéreo〔～ *keihō o kaijo suru* 空襲警報を解除する Dar o sinal de fim do alerta antiaéreo〕.

kusó 糞【Chu.】**1** [大便] O excremento; a merda (Chu.). ★ ～ *o suru* 糞をする Defecar; cagar (Chu.). *Miso mo* ～ *mo issho ni suru* 味噌も糞もいっしょにす

K

る Não saber distinguir o trigo do joio/Misturar alhos com bugalhos. *Shiken nante ~ kurae da* 試験なんて笑らえだ Diabos levem [Merda para] os exames (Chu.). Ⓢ[両] Daíbén (o); fún; únko (+). **2** [人をののしる時の感動詞] Que diabo!; Com os diabos!; Merda!, *aitsu me* ＜そ、あいつめ Diabos o levem! Que vá para o inferno! ⇨ chikúshō. **3** [のしる意を表す接頭語] Que raios!; Que chatice! *Nichiyōbi ni benkyō nante ~ omoshiroku mo nai* 日曜日に勉強なんて〜おもしろくもない ~ ter de estudar no domingo! **4** [強調の意を表す接頭語] Muito (Para dar ênfase). ◇ ~ **dokyō [jikara; majime]**. **5** [ひどい意を表す接頭語] Péssimo. ◇ ~ **bōru** くそボール Uma bola péssima [que saiu muito fora].

kúso 空疎 **1** [まばらなこと] A dispersão. Mabárá (+). **2** [外見だけで、内容が乏しいこと] O vazio; a futilidade. ★ ~ *na giron* 空疎な議論 O argumento oco [fútil]. Ⓢ[両] Kúkyó (+).

kúsō [**uú**] 空想 A fantasia; (o capricho da) imaginação; o sonho; o devaneio; a quimera. ★ ~ *ni fukeru* 空想にふける Entregar-se a devaneios; sonhar acordado; construir castelos no ar. ~ *no* 空想の Quimérico; imaginário; irreal. ~ *suru* 空想する Fantasiar; imaginar [*Kono e wa watashi ni samazama na koto o ~ saseru* この絵は私にさまざまなことを空想させる Este quadro faz-me imaginar muitas coisas.]. ◇ ~ **ka** 空想家 O sonhador; o fantasista [visionário]; o utopista. ~ **kagaku shōsetsu** 空想科学小説 O romance de ficção científica. ~ **ryoku** 空想力 (A força de) imaginação; a fantasia. ⇨ sózō.

kusō-dókyō 糞度胸 【G.】 A temeridade; uma audácia dos diabos. ⇨ kusó **4**.

kusō-jíkara 糞力【G.】 (⇨ **4** + chikára) A força bruta [de animal]. Ⓢ[両] Baká-jíkará (+).

kusō-májime 糞真面目 A sisudez. ★ ~ *na hito* 糞真面目な人 O carrancudo; o sisudo. ⇨ kusó **4**.

kusō-mísó 糞味噌【G.】(⇨ kusó **1**) [価値のあるものとないものとの区別をつけないこと] O misturar alhos com bugalhos; o meter tudo no mesmo saco. **2** [全くつまらないものとするよう] O rebaixamento. ★ ~ *ni kenasu* 糞味噌にけなす Falar depreciativamente「de」; aviltar [dizer a alguém tudo o que há de pior]. Ⓢ[両] Mechá-kúchá (+); sańzán (o).

kúsō-téki [**uú**] 空想的 Imaginário; fantasioso; utópico.

kusóttáré 糞っ垂れ【G.】 O cagado. *Kono ~ me* この糞っ垂れめ Seu ~ !

kussáku 掘鑿 O escavar. ★ ~ *suru* 掘鑿するEscavar; abrir「um túnel」. ◇ ~ **ki** 掘鑿機 A escavadora. ⇨ hórí; hóru².

kussétsú 屈折 **1** [折れ曲がること] A curva; a sinuosidade. ◇ ~ **bu** 屈折部 A parte da curva「do rio」. **2** [比喩的に、本来あるべき状態がゆがめられること] O ser retorcido. ★ ~ *shita shinjō* 屈折した心情 O sentimento retorcido. ◇ ~ **kaku** 屈折角 O ângulo de ~ . ◇ ~ **ritsu** 屈折率 O índice de ~ . ◇ ~ **bōenkyō** 屈折望遠鏡 O telescópio refra(c)tivo [refra(c)tor]. ~ **kaku** 屈折角 O ângulo de ~ . ~ **ritsu** 屈折率 O índice de ~ . ~ **ryoku** 屈折力 [目の] O poder de ~ . ⇨ kaísétsú³. **4** [動詞が格変化をする言語]【Gram.】A flexão. ◇ ~ **go** 語 A língua flexiva [flexional].

kusshí 屈指 A proeminência; o contar-se pelos dedos (Ser poucos). ★ ~ *no budō no sanchi* 屈指のぶどうの産地 Uma importante região vinícola. ★ ~ *no* Yubí-órí (+).

kusshín 屈伸 **1** [かがめることと伸ばすこと] A extensão e a contra(c)ção. ★ ~ *jizai no* 屈伸自在の Elástico; flexível. Ⓢ[両] Shínshúkú (+). ⇨ dańryóku; kagámérú; nobású¹. **2** [かがむことと伸ばすこと] A extensão e flexão. Ⓢ[両] Shínshúkú. ⇨ kagámú; nobíru.

kússhon クッション (< Ing. cushion < L.) **1** [椅子用で座布団用】 A almofada. Ⓢ[両] za-bútón. **2** [椅子などで、座った時の固さをやわらげるために、弾力性を持たせた部分、またその弾力性] O ser fofo. ★ ~ *no kiita* [*yoi*] *isu* クッションのきいた [良い] 椅子 A cadeira fofa [com boas molas]. ◇ ~ **dańryóku**. **3** [比喩的に、間にあって緩衝の役割をするもの] O amortecedor. ★ *Wan ~ oku* ワンクッション置く Usar de meios indire(c)tos para suavizar o abalo. ⇨ kańshó⁸.

kussúrú 屈する【E.】 **1** [かがめる；曲げる] Curvar; dobrar; vergar; flectir. ★ *Hiza* [*Ude*] *o ~* ひざ [腕] を屈する O joelho [braço]. Ⓢ[両] Kagámérú; magérú (+). **2** [元気をなくす] Perder o ânimo; desanimar. ★ *Fukō ni atte mo kusshinai* 不幸にあっても屈しない Não ~ mesmo ante um infortúnio. Ⓢ[両] Hirúmú (+); kujíkéru (+). **3** [服従する] Render-se; ceder「a」; sucumbir「a」; vergar-se. ★ *Yūwaku ni ~* 誘惑に屈する Ceder à tentação「de roubar」. Ⓢ[両] Fukújú súrú (o); kuppúkú súrú (+).

kúsu 樟【Bot.】A canforeira; *cinnamomum camphora*.

kusúbúru 燻る **1** [いぶる] Fumegar; deitar fumo. *Maki ga kusubutte iru* 薪が燻っている A lenha está a ~ . Ibúru. **2** [すすついて黒くなる] Enfarruscar-se; sujar-se com fuligem. Ⓢ[両] Susúkéru (+). **3** [地位・状態が停滞して、向上・発展しない] Estagnar. ★ *Inaka ni ~* いなかに燻る Permanecer na obscuridade da província. ⇨ teítáí. **4** [ある物事・事態が起こっそうで、まだ表だたないでいる] Arder às ocultas [debaixo da cinza]; estar latente. *Jūmin no aida ni kusuburi-tsuzukete iru fuman* 住民の間に燻り続けている不満 O descontentamento latente entre a população. **5** [家にとじこもって、なすことなく陰気に過ごす] Encerrar-se em casa; ficar a ganhar bolor. *Konna yoi tenki no hi ni ie de kusubutte inaide soto de asobi nasai* こんな良い天気の日に家で燻っていないで、外で遊びなさい Vai lá para fora brincar porque com um dia tão bonito não podes ficar fechado em casa. ⇨ tojí-komóru.

kusúdámá 薬玉 **1** [開店祝いや進水式などに飾る物] Uma grande bola decorativa de papel colorido, da boa sorte. **2** [香料を錦の袋に詰めた物]【A.】A bolsinha ornamental de almíscar.

kusúgúri 擽り **1** [俳優・芸人などが客をむりやり笑わせようとして、ことさらに行う動作や話術] O gracejo; a piada; o aparte; o dito có(m)mico. ⇨ jódán¹. **2** [くすぐること] As cócegas. ⇨ kusúgúrú **1**.

kusúgúrú 擽る **1** [皮膚を刺激して、むずむずするような笑いたいような状態にする] Fazer cócegas; titilar. ★ *Kusugutte warawasu* くすぐって笑わす Fazer rir com cócegas. **2** [むりに人を笑わせようとして、こっけいなことを言ったりすること] Fazer rir (com ditos ou gestos có(m)micos). **3** [人を喜ばせるように刺激する] Agradar; deleitar; lisonjear. ★ *Jisonshin o kusuguarareru* 自尊心をくすぐられる Ver satisfeito o seu orgulho pessoal.

kusúgúttái 擽ったい (< kusúgúrú + -tái[12]) **1** [むずむずする] Titilante; ter cócegas. ～ *kara yamete* くすぐったいからやめて Deixa-me, que tenho cócegas. [S/同] Kosóbáyúi; múzumuzu suru. **2** [てれくさい] Envergonhado; ter vergonha. *Sonna ni homerareru to ～ yo* そんなにほめられるとくすぐったいよ Com tanto elogio, até me envergonho. [S/同] Kimáríwárúi (+); kosóbáyúi (+); terékúsái (o).

kúsukusu (to) くすくす(と)【On.】★ ～ *warau* くすくす笑う Dar risadinhas. ⇨ géragera.

kusúmú くすむ **1** [色が落ちついて, じみになる; 黒ずむ; 色がさえなくなる; 光沢がなくなる] Ser escuro. ⇨ kurózúmu. **2** [人の存在・地位などが地味で目立たなくなる] Ser obscuro. ★ *Kusunda sonzai no hito* くすんだ存在の人 Uma pessoa que leva uma existência obscura [apagada].

kusúnéru くすねる【G.】Surripar; deitar a unha. ★ *Haha no saifu kara kane o ～* 母のさいふから金をくすねる Surripiar ～ dinheiro da carteira da mãe. [S/同] Chorómákásu. ⇨ nusúmu.

kusú-no-ki 楠・樟の木【Bot.】⇨ kúsu.

kusúrí 薬 **1** [医薬] O remédio; o medicamento; a droga; a pomada; a pílula; o tó[ô]nico; o unguento. ★ ～ *ga kiku* 薬が効く ～ ser eficaz [produzir o efeito desejado]. ～ *ni naru* 薬になる【Adj.】Medicinal; bom para a saúde. ～ *no* 薬の Medicinal; medicamentoso. ～ *o nomu* 薬を飲む Tomar um remédio. *Kizu ni ～ o tsukeru* 傷に薬をつける Aplicar uma pomada na ferida. *Yakedo no ～* やけどの薬 O unguento para as queimaduras. [I/慣用] ～ *ni shitakute mo nai* 薬にしたくてもない Nem um pouco [*Kare ni wa omoiyari nado ～ ni shitakute mo nai* 彼には思いやりなど薬にしたくてもない Ele não tem uma ponta de [a mínima] consideração pelos outros]. ◇ **～ bako** 薬箱 A caixa dos ～. **Kazegusuri** 風邪薬 O remédio [A pastilha] para a gripe. [S/同] Íyaku; yakúbutsu; yakúhíń; yakúzái. **2** [防虫・消毒のために使う物] O inse(c)ticida; o vermicida; o desinfe(c)tante; o anti-séptico. ★ ～ *o maku* 薬をまく Espargir ～. ⇨ yakúzái. **3** [うわ薬] O vidrado; o verniz; o esmalte. ★ ～ *o kakeru* 薬をかける Passar verniz; deitar esmalte. [S/同] Uwá-gúsuri (+). **4** [火薬] A pólvora. [S/同] Kayákú (+). **5** [比喩的に, 心や体のためになる物や言葉] O benefício; o bem. ★ ～ *ni naru* 薬になる Fazer bem [*Kono shippai ga kare ni totte yoi ～ ni naru darō* この失敗が彼にとってよい薬になるだろう Este fracasso será uma boa lição [vai ser bom] para ele].

kusúrí-yá 薬屋 A farmácia. [S/同] Yakkyókú.

K

kusúrí-yubi 薬指 O dedo anular [anelar]. [S/同] Benísáshí-yubi.

kutábáru くたばる【G.】**1** [動けなくなるほどくたびれる] Ficar arrombado [exausto]. *Nan da, areppotchi no shigoto de mō kutabatta ka* 何だ, あれっぽっちの仕事でもうくたばったのか Essa agora [Puxa]! Então ficou arrombado com um trabalh(ec)o desses? [S/同] Hetábáru (+). ⇨ kutábíréru; tsukáréru[1]. **2** [死ぬ] Morrer; esticar o pernil [a canela]. *O-mae mitai na rokudenashi wa kutabatte shimae* おまえみたいなろくでなしはくたばってしまえ Vá para o inferno seu canalha! [S/同] Shinú (+).

kutábíréru くたびれる (⇨ kutábáru) **1** [疲れる] Cansar-se; ficar exausto [arrasado]. ★ *Shinshin tomo ni ～* 心身共にくたびれる Estar desfeito [morto/cansado] da cabeça e do corpo. [S/同] Hirṓ súrú; tsukáréru (+). **2** [気力がおとろえる] Desalentar; perder o ânimo [a vivacidade]. ★ *Jinsei ni ～* 人生にくたびれる Cansar-se da vida. ⇨ mu-kíryoku. **3** [長く使ったために, 古ぼけてみすぼらしくなる] Gastar-se. ★ *Kutabireta* くたびれた Gasto;「casaco」coçado. [S/同] Tsukáifúrúsu (+). ⇨ surí-kíréru.

kutákútá くたくた【On.】**1** [ひどく疲れて, 力の抜けたさま] (Im. de muito cansado). ★ ～ *ni tsukareru* くたくたに疲れる Cansar-se até ao esgotamento. **2** [⇨ yoréyóré]. **3** [さかんに煮えるようす] (Im. de bem cozido). ★ ～ *ni niru* くたくたに煮る Cozer até ficar desfeito [em papa].

kū́téí [uú] 空挺 O transporte aéreo de tropas. ◇ **～ butai** 空挺部隊 As forças aerotransportadas.

kutéń 句点 O ponto final. ★ ～ *o tsukeru* [*utsu*] 句点を付ける[打つ] Pôr ～. [S/同] Marú (+). ⇨ tṓten[2]; shū́shífu.

kū́téń [uú] 空転 **1** [から回り] O rodar em falso [sem pegar]「máquina」. [S/同] Kará-máwari (+). **2** [ある物事が何の効果も現さずに, むだに進行すること]【Fig.】O andar à volta sem entrar a sério no assunto. ★ ～ *suru* 空転する … *Kokkai shingi no ～* 国会審議の空転 Os debates estéreis da Dieta [Assembleia/do Congresso].

kutṓ[1] 苦闘【E.】A luta dura [árdua]. [S/同] Kuséń. ⇨ akúséńkutṓ.

kutṓ[2] 句読 A pontuação. ★ ～ *o kiru* 句読を切る Pontuar; fazer ～. ⇨ kutéń; tṓten[2].

kutṓ-ten [óo] 句読点 Os sinais de pontuação.

kutsú 靴 Os sapatos; as botas; as botinas; o calçado. ～ *no mama agatte wa ikemasen* 靴のまま上がってはいけません (掲示) Proibido entrar calçado [com os sapatos]! ★ ～ *himo o musubu* 靴紐を結ぶ Apertar os atacadores [cordões/sapatos]. ～ *o haku* 靴をはく Calçar os sapatos. ～ *o migaku* 靴を磨く Engraxar [Polir] os sapatos. ～ *o nugu* 靴を脱ぐ Descalçar-se; tirar os sapatos. *Issoku no ～* 一足の靴 Um par de ～. ◇ ⇨ **～ bako** [**bera**/**fuki**/**migaki**/**shita**/**ya**/**zoko**/**zumi**/**zure**].

kutsū́ 苦痛 A dor; o sofrimento. ★ ～ *o ataeru* 苦痛を与える Causar dor; fazer sofrer; magoar. ～ *o kanjiru* 苦痛を感じる Sentir dor; sofrer. ～ *o uttaeru* 苦痛を訴える Queixar-se de dores. ～ *o yawarageru* 苦痛を和らげる Aliviar [Atenuar; Acalmar] a dor. [S/同] Itámí; kurúshímí.

kutsú-bákó 靴箱 (<… + hakó) A caixa dos sapatos「à entrada da casa」. ⇨ getá ◇.

kutsú-béra 靴箆 (<… + héra) A calçadeira.

kutsú-fuki 靴拭き (<… + fukú) O capacho. [S/同] Kutsú-núgui.

kutsúgáeru 覆る【E.】(⇨ kutsúgáesu) **1** [ひっくり返る] Virar-se「barco」(de pernas para o ar); capotar「carro」. [S/同] Hikkúríkáeru (+). **2** [政権・国などが倒れる] Cair; tombar; ser derrubado. ★ *Gen-seiken ga ～* 現政権が覆る O governo a(c)tual ～. [S/同] Horóbíru (o); taóréru (+). **3** [それまでのことが根本から, すっかり改まる] Mudar completamente. *Teisetsu to shite shinjirarete kita koto ga kutsugaetta* 定説として信じられて来たことが覆った O que era aceite [tido/admitido] como uma teoria certa, foi agora completamente desmentido. ⇨ kakúshíń[3].

kutsúgáesu 覆す (⇨ kutsúgáeru)【E.】**1** [ひっくり返す] Virar de pernas para o ar; inverter; virar ao contrário; capotar. [S/同] Hikkúríkáesu (+); urágá-

ésu (+). **2** [政権・国などを打ち倒す] Derrubar. ⇨同 Horóbósu (o); taósu (+); uchítaósu (+). **3** [根本からすっかり改める] Mudar; ultrapassar. ★ *Kutsugaesareta teisetsu* 覆された定説 A teoria ultrapassada. ⇨同 Heñkáku súru.

kutsújókú 屈辱【E.】A humilhação; o vexame; a vergonha; a ignomínia; a desonra. ★ ~ *ni taeru* [~ *o shinobu*] 屈辱に耐える[忍ぶ] Aguentar ~; engolir ~. *o ajiwau* 屈辱を味わう Experimentar a/o ~. ~ *o ataeru* 屈辱を与える Humilhar; vexar; envergonhar; desonrar. ◇ ~ **kan** 屈辱感 O sentimento de ~. ⇨ Chijóku; hazúkáshímé; ojóku. ⇨ hají[1].

kutsújókú-teki 屈辱的【E.】Humilhante; vergonhoso; ignominioso; desonroso. ★ ~ *na taiken* 屈辱的な体験 A experiência ~.

kutsújū 屈従【E.】O submeter-se [sujeitar-se]「ao inimigo」. ★ ~ *suru* 屈従する … ⇨同 Kuppúku.

kutsú-mígaki 靴磨き (< … +migaku). **1** [磨くこと] O engraxamento [polimento] do calçado. ★ ~ *o suru* 靴磨きをする Engraxar. **2** [磨く人] O engraxador.

kutsúrógeru 寛げる **1** [気持ちを楽にする] Relaxar. ★ *Kinchō o* ~ 緊張を寛げる ~ a tensão (os nervos). **1** ⇨ kutsúróyu. **2** [ゆるめる] Alargar [Desapertar; Afrouxar]「o colarinho」. ⇨同 Yurúmeru (+).

kutsúrógi 寛ぎ (< kutsúrógu) O descansar [estar à-vontade]. ★ *Katei ni* ~ *o motomeru* 家庭に寛ぎを求める Descansar com a família [Buscar a tranquilidade de (seu) lar]. ⇨ yasúrágí; yoyū.

kutsúrógu 寛ぐ **1** [心配ごとなどを忘れ、身も心も楽になるようにする] Pôr-se à-vontade; descansar. ★ *Kutsuroide ongaku o kiku* 寛いで音楽を聞く Estar descansadamente a ouvir música. **2** [姿勢をくずしたり、衣服をゆるめるなどして楽にする] Pôr-se à-vontade [como em sua casa]; deixar-se de cerimô[ô]nias. *Dōzo o-kutsurogi kudasai* どうぞお寛ぎ下さい Ponha-se [Esteja] à-vontade; não faça cerimô[ô]nia.

kutsú-shita 靴下 As meias; as peúgas. ★ ~ *o haku* 靴下をはく Calçar [Pôr] ~. ◇ ~ **dome**.

kutsúshitá-dóme 靴下留め (< … + toméru) As ligas (de segurar as meias).

kutsúwá 轡 O freio「para o cavalo」. ~ *o naraberu* 轡を並べる Ir juntos「para o combate」.

kutsúwá-mushi 轡虫【Zool.】O gafanhoto gigante; *mecopoda nipponensis*.

kutsú-ya 靴屋 A sapataria; o sapateiro.

kutsú-zókó 靴底 (< +sokó) A sola do sapato.

kutsú-zumi 靴墨 (< … + sumí) A graxa. ★ ~ *o nuru* 靴墨をぬる Engraxar [Pôr graxa].

kutsú-zúré 靴擦れ (< … +suréru) A ferida causada pelos [pelo roçar dos] sapatos.

kuttáki 屈託 **1** [あることを気にして心配すること] A preocupação; o cuidado; a inquietação. ★ ~ *ga nai* 屈託がない Não ter preocupações. ~ *naku warau* 屈託なく笑う Rir despreocupadamente. ~ *no nai seikaku* 屈託のない性格 Um temperamento despreocupado. ⇨同 Kodáwárí; nayámí (+); shiñpáí (o). **2** [疲れてあきること] O tédio; o cansaço; o enfado. ⇨ hiró[2]; keñtáikan; tsukáré.

kútte-kakaru 食ってかかる (< kúu + …) Virar-se contra. ★ *Oya ni* ~ 親に食ってかかる ~ os pais.

kuttsúkeru くっ付ける【Col.】Ligar; unir; juntar. ★ *Tsukue o kuttsukete naraberu* 机をくっつけて並べ

る Pôr as mesas juntas [lado a lado]. *Wakai futari o* ~ 若い二人をくっつける Casar os dois jovens. ⇨同

kuttsúku くっ付く (⇨ kuttsúkéru)【G.】**1** [接着・付着する] Pegar-se; unir-se; colar-se; aderir. *Gamu ga te ni kuttsuite hanarenai* ガムが手にくっついて離れない A pastilha elástica agarrou-se-me à mão e não sai. **2** [そばについて離れない] Estar perto [agarrado]. *Sono ko wa itsumo hahaoya no soba ni kuttsuite hanarenakatta* その子はいつも母親のそばにくっついて離れなかった O miúdo andava sempre agarrado à(s) saias da) mãe. ⇨ chiká-yóru; chikázuku. **3** [男女がねんごろになる; 結婚する] **a**) Casar às escondidas; **b**) Pôr-se de namoro. *Ano futari wa tōtō kuttsuita* あの二人はとうとうくっついた Eles acabaram por ~. ⇨ neñgóró.

kúu 食う【G.】(⇨ kuráu) **1** [食べる] Comer; devorar; tragar. *Sonna ni kowagaru na. Nani mo kimi o totte kuō to iu no ja nai* そんなにこわがるな。何も君を取って食おうというのじゃない Não tenhas medo! Ninguém te vai comer. ~ *ka kuwareru ka no tatakai* 食うか食われるかの戦い Uma luta de morte. ~ *ya kuwazu no seikatsu o suru* 食うや食わずの生活をする Levar uma vida cheia de privações.「ことわざ」 *Hatarakazaru mono — bekarazu* 働かざる者食うべからず Quem não trabalha não coma.【慣用】*Hito o kutta koto o iu* 人を食ったことを言う Fazer passar os outros por idiotas. *Michikusa o* ~ 道草を食う ⇨ michí-kúsá. ⇨同 Tabéru (+). **2** [暮らしを立てる] Viver. ★ ~ *ni komaru [komaranai]* 食うに困る [困らない] ~ com o cinto apertado [folgadamente]. *Dō ni ka [Yatto] kutte iku* どうにか [やっと] 食って行く Ir ganhando para comer; ~ à míngua. ⇨同 Kurású (+); seíkátsu súru (o). **3** [虫などがかじって傷つける] Morder; picar. ★ *Mushi ga kutta ringo* 虫が食ったリンゴ A maçã bichosa [com bicho/comida pelo verme]. **4** [消費する] Gastar; consumir. *Kono kuruma wa hoka no kuruma yori gasorin o yokei ni* ~ この車は他の車よりガソリンを余計に食う Este carro gasta [consome] muito mais gasolina do que qualquer outro. *Jikan ga* ~ 時間を食う Levar muito tempo. *Toshi o kutta hito* 年を食った人 Uma pessoa idosa [de idade avançada]. ⇨同 Shōhí súru (+); tsuíyásu (o). **5** [相手の勢力範囲などをおかす] Invadir. ★ *Hito no jiban o* ~ 人の地盤を食う ~ a esfera alheia. ⇨同 Okású (+). **6** [強い相手を負かす] Derrotar; bater. ★ *Yokozuna o* ~ 横綱を食う ~ o campeão de sumô. ⇨同 Makású (+). **7** [人の行為などによって、あることを自分の身に受ける・こうむる] Levar; receber; ser sujeito「a」. *Manmato ippai kutta* まんまと一杯食った Fui bem enganado [Deixei-me comer/levar]. *Nido to sono te wa kuwanai zo* 二度とその手は食わないぞ Não me torna a levar [comer]! ★ *Fui uchi o* ~ 不意打ちを食う Ser apanhado de surpresa.

kuwá[1] 鍬 A enchada; o sacho; a sachola. ★ ~ *o ireru ugokasu* 鍬を入れる Cavar (a terra).

kúwa[2] 桑【Bot.】A amoreira. ◇ ~ **batake** 桑畑 O amoreiral (Rasteiro, ou em árvore).

kuwábara-kuwábara 桑原桑原【G.】Ai que medo!; Deus nos livre!

kuwádáte 企て (< kuwádátéru) O plano; a tentativa; a maquinação. ★ *Tōbō no* ~ 逃亡の企て ~ de fuga. ⇨同 Mokúrómí; takúrámí. ⇨ keíkáku.

kuwádátéru 企てる **1** [もくろむ] Planear;

tramar; maquinar. ★ *Inbō o* ～ 陰謀を企てる～「um atentado」;conspirar. Ⓢ㊥ Mokúromu; takúramu. **2**[計画したことを実行しようとする] Tentar. ★ *Ie-de o* ～ 家出を企てる～ fugir de casa. Ⓢ㊥ Kokóromíru (+).

kuwáeru¹ 加える (⇨ kuwáwaru) **1**[加算する] Adicionar; somar. *San ni yon o* ～ *to nana ni naru* 3 に 4 を加えると 7 になる Três e [mais] quatro é [igual/são] sete. ★ *Gankin ni rishi o* ～ 元金に利子を加える～ os juros ao capital. Ⓢ㊥ Awáséru; kasán súrú; tasú (+). **2**[付加する] Acrescentar. ★ *Risuto ni kare no na o* ～ リストに彼の名を加える～ o nome dele à lista. *Sore ni kuwaete* それに加えて Além disso; e, mais. Ⓢ㊥ Fúka suru. **3**[増す] Aumentar. *Sokuryoku o* ～ 速力を加える～ a velocidade. Ⓢ㊥ Masú (+); zōká súrú. **4**[与える] Dar; impor; infligir. ★ *Atsuryoku o* ～ 圧力を加える Pressionar; fazer pressão「sobre」. Ⓢ㊥ Atáérú (+). **5**[含める] Incluir. *Nakama ni* ～ 仲間に加える～ no grupo. Ⓢ㊥ Fukúmeru.

kuwáeru² 銜える Ter [Segurar] na boca; segurar com os dentes. ★ *Yubi o kuwaete mite iru* 指をくわえて見ている Ficar a olhar com inveja [vontade「de comer o doce」].

kuwá-gáta-mushi 鍬形虫【Zool.】A vaca [cabra]-loura; o lucano; *lucanus*.

kuwái 慈姑【Bot.】A espadana; *sagittaria trifolia var. edulis*.

kuwá-iré 鍬入れ(< ～¹ + iréru) **1**[昔、農家でおこなった正月の行事] O antigo ritual agrícola que consistia em colocar uma enxada num terreno de orientação auspiciosa. **2**[土木・建築・着工の行事] O começo de uma construção. ★ ～ *shiki o okonau* 鍬入れ式を行う Realizar a cerimó[ô]nia do ～.

ku-wáké 区分け⇨ kúbun.

kuwásé-mónó 食わせ物[者]【G.】 **1**[見かけばかりで中身のよくない物] A impostura [fachada/O engano]; a falsificação. **2**[見かけばかりで中身のよくない人] O impostor [lobo com pele de ovelha]; o charlatão.

kuwáseru 食わせる(< kúu) **1**[食べものをとらせる] Dar de comer [às crianças]; servir「boa」comida. **2**[扶養する] Manter; sustentar. *Konna yasu-gekkyū de wa totemo go-nin mo no kodomo o kuwaserarenai* こんな安月給では、とても 5 人もの子供を食わせられない Com mensalidade tão reduzida não posso ～ os meus cinco filhos. Ⓢ㊥ Fuyō súrú; yashínáú. **3**[人に害を受けさせる] Infligir um golpe; passar uma rasteira. ★ *Genkotsu [Hirate-uchi] o* ～ げんこつ[平手打ち]を食わせる Dar um murro [uma palmada]. *Ippai* ～ 一杯食わせる Enganar [Burlar]; passar uma rasteira. Ⓢ㊥ Kuráwású.

kuwashíí 詳[委・精]しい **1**[詳細の] Pormenorizado; detalhado; minucioso; circunstanciado. ★ ～ *chizu* 詳しい地図 O mapa pormenorizado. Ⓢ㊥ Shōsái ná. **2**[精通している] Saber [Conhecer] bem; estar familiarizado「com」; ser versado「em」; estar bem informado「sobre」. ★ *Kono hen no chiri ni* ～ この辺の地理に詳しい Conhecer bem as redondezas. *Porutogarugo ni* ～ ポルトガル語に詳しい Ter um conhecimento sólido da língua p.

kuwashíku 詳[委・精]しく (Adv. de kuwáshíí) Detalhadamente; minuciosamente; pormenorizadamente. ★ *Motto* ～ *iu to* もっと詳しく言うと Para ser mais exa(c)to [explicar mais ～].

kuwásu 食わす ⇨ kuwáséru.

kuwáwaru 加わる (⇨ kuwáéru¹) **1**[参加する] Participar; tomar parte; associar-se. ★ *Hanashiai ni* ～ 話し合いに加わる Tomar parte nas negociações. Ⓢ㊥ Sańká súrú (+). **2**[増加する] Aumentar; alargar; engrandecer-se; crescer. *Samusa ga himashi ni kuwawatte kita* 寒さが日増しに加わってきた Está a ficar cada vez mais frio. Ⓢ㊥ Masú; zōká súrú. **3**[付加する] Ser adicionado [acrescentado]. *Kyūryō ni zangyō-teate ga* ～ 給料に残業手当が加わる O pagamento referente às horas extraordinárias é adicionado ao salário. Ⓢ㊥ Fúka suru; tsuíká sáréru.

kuwázú-girai 食わず嫌い (Neg. de "kúu" + kiráí) **1**[ある食品を食べてみないで、きらいだと決めてしまうこと・人] A mania de que se não gosta de certa comida. *Watashi wa unagi ga* ～ *de aru* 私は鰻が食わず嫌いである Tenho aversão às enguias. **2**[物事の実情を知ろうともしないで、きらうこと・人]「isso é」 Um preconceito「você nunca experimentou」!

ku-yákusho 区役所 A Câmara [Prefeitura] "Municipal" (dos bairros citadinos). ⇨ kú².

kuyámi 悔やみ (< kuyámu) **1**[弔慰; 弔詞] Os pêsames; as condolências. *Kokoro kara o* ～ *o mōshiagemasu* 心からお悔やみを申し上げます Apresento-lhe os meus sentidos ～. ★ *O* ～ *ni iku [ukagau]* お悔やみに行く[伺う] Ir dar ～. Ⓢ㊥ Chói; chójî; chómón; chôshí; tomúráí. **2**[⇨ kôkai²].

kuyámu 悔やむ **1**[後悔する] Arrepender-se; ter pena. *Ima-sara kuyande mo hajimaranai* 今さら悔やんでも始まらない Agora não adianta chorar (a morte da bezerra). Ⓢ㊥ Kókai suru. **2**[人の死を惜しんで、慰めのことばを言う] Solidarizar-se na dor; sentir (⇨ kuyámi). Ⓢ㊥ Chói suru; chómón súrú; tomúráú (+).

kuyashígaru 悔しがる Estar ralado [mortificado]; sentir vexame [pena]. ★ *Jidanda o funde* ～ じだんだを踏んで悔しがる Bater o pé de ressentimento. ⇨ kuyashíí.

kuyashíí 悔しい Humilhante [Vexatório]; dece(p)cionante. *Kuyashikattara kore o yari-togete miro* 悔しかったらこれをやり遂げてみろ Se estás vexado, anda, faz este trabalho bem feito! *Ā* ～ ああ悔しい Que dece(p)ção/vexame! Ⓢ㊥ Kuchí-óshíí; zańńeń na.

kuyáshí-mágire 悔し紛れ (< kuyáshíí + magírasu) O ressentimento.

kuyashí-námida 悔し涙 (< kuyáshíí + ～) As lágrimas de despeito [humilhação]. ★ ～ *o nagasu* 悔し涙を流す Chorar de despeito.

kuyáshisa 悔しさ (< kuyáshíí) O vexame; o despeito. ★ ～ *no amari* 悔しさの余り Por [Cheio de] despeito.

kúyō 供養 O ofício pelos mortos. ★ ～ *suru* 供養する Celebrar um ～.

kúyokuyo くよくよ Numa ralação. ★ ～ *suru* くよする Ralar-se; afligir-se; atormentar-se *[Nani o* ～ *shite iru n da* 何をくよくよしているんだ O que é que te aflige? *Sō* ～ *suru na* そうくよくよするな Fora com as preocupações/Não te rales!].

kúyū [uú] 空輸 (Abrev. de "kúchūyúsō") O transporte aéreo. ★ ～ *suru* 空輸する Transportar por via aérea [de avião].

kuyúrasu 薫らす Fumar. ★ *Hamaki [Tabako] o*

kuzén [**uú**] 空前 [E.] A coisa nunca vista. ★ ~ *zetsugo no daijishin* 空前絶後の大地震 Um terramoto como nunca houve nem haverá.

kuzetsú 口舌 [説] [E.] A pequena querela「de namorados」. ⇨ kuchí-génka; kujó.

kúzu[1] 屑 [不用になったもの] O lixo; o refugo; os desperdícios; os detritos; os resíduos. ◇ **~ kago** 屑籠 O balde do lixo; o cesto [o caixote] do lixo/dos papéis. **Kami ~** 紙屑 O papel para deitar fora. S/周 Kásu; kuzúmono; haíhín. ⇨ gomí ◇. **2** [何の役にも立たない物] O lixo. ★ *Ningen no ~* 人間の屑 A escória [escumalha/ralé] da humanidade; um trapo (de homem). ⇨ fuyó[1].

kúzu[2] 葛 [Bot.] A araruta. ◇ **~ ko** 葛粉 A fécula de ~. **~ yu** 葛湯 O creme [mingau] de ~.

kuzú-híroi 屑拾い [< ··· + hiróí) ⇨ kuzú-ya.

kuzú-ire 屑入れ ⇨ gomí ◇; kuzú-ya.

kuzúré 崩[頽]れ (< kuzúréru) **1** [くずれること] O desmoronamento; o aluimento; o desabamento. ⇨ gaké ◇; yamá-kúzure. **2** [くずれた部分] A parte desmoronada. **3** [集合の人が散ること] A debandada. *Rinjikai no ~ wa sakaba e to kuridashita* 臨時会の崩れは酒場へとくり出した Os participantes da sessão extraordinária debandaram em dire(c)ção ao bar. **4** [ある身分、職業だった者でおちぶれた者] (O) falhado. ◇ **Gaka ~** 画家崩れ O pintor ~. ⇨ ochíbúréró.

kuzúré-óchíru 崩れ落ちる (< kuzúréru + ···)「o prédio」Cair「todo desfeito」; aluir.

kuzúréru 崩[頽]れる **1** [崩壊する] Cair; desabar; aluir; desmoronar-se; ficar em ruínas. *Jishin de kabe [dote] ga kuzureta* 地震で壁[土手]が崩れた Com o terramoto, a parede [o dique] desabou. S/周 Hókaí súrú. **2** [整った状態にあるものが乱れる] Descompor-se; perder a linha. ★ *Katachi no kuzureta uwagi* 形の崩れた上衣 O sobretudo deformado. **3** [高額紙幣を小銭にかえることができる] Destrocar. *Ichi-man-en sastu ga kuzuremasu ka* 一万円札が崩れますか Podia ~ -me uma nota de dez mil yens? **4** [天気が悪くなる] Piorar. *Tenkō ga kuzurete kita* 天候が崩れて来た O tempo está a ~. **5** [相場が急落する] [Econ.]「a bolsa」Baixar; sofrer uma baixa. **6** [軍隊などが敗れる] Render-se; ser derrotado. *Tsui ni teki wa kuzureta* ついに敵は崩れた Por fim o inimigo rendeu-se(-nos) [foi desbaratado]. **7** [はれものが] Rebentar.

kuzúshi 崩し (< kuzúsu) A forma simplificada. ◇ **~ gaki** 崩し書き A escrita simplificada. ◇ **~ ji** 崩し字 Os ideogramas [cara(c)teres] (escritos) na sua ~.

kuzúsu 崩す **1** [破壊する] Demolir; derrubar; destruir; arrasar. ★ *Yama o kuzushite michi o tsukuru* 山を崩して道を作る Abrir uma estrada atravessando a montanha. S/周 Hakaí súrú; kowásu. **2** [整った状態を乱す] Descompor. ★ *Hiza o ~* ひざを崩す Sentar-se comodamente no chão; pôr-se à vontade. *Sōgo o ~* 相好を崩す Pôr-se a rir「para o bebé[é]」. A/反 Mídásu. **3** [高額紙幣を小銭にかえる] Trocar em miúdos; destrocar. ★ *Sen-en satsu o hyaku-en-dama ni ~* 千円札を百円玉に崩す uma nota de mil yens em moedas de cem. Ryōgáé súrú. **4** [くずし書きする] Simplificar a escrita. ★ *Ji o kuzushite kaku* 字を崩して書く Escrever os cara(c)teres na sua forma simplificada. **5** [取引相場で相場を下げる] [Econ.] Baixar; reduzir. ★ *Ne o ~* 値を崩す ~ o preço.

kuzú-ya 屑屋 O trapeiro. S/周 Haíhín-kaíshú-gyō(sha).

kyá[**kyā**] きゃっ [きゃあ] Urra [Eh/Que bom]! ★ ~ *to sakebu* きゃっと叫ぶ Soltar urras. ⇨ kyákkya.

kyábarē キャバレー (< Fr. cabaret) O cabaré. S/周 Naító-kúrabu.

kyábetsu キャベツ (< Ing. cabbage) A couve. ★ ~ *no sengiri* キャベツの千切り ~ retalhada「para salada」. ◇ **Hana ~** 花キャベツ A couve-flor. **Rōru ~** ロールキャベツ O「~-」repolho.

kyábia キャビア O caviar (Ovas de esturjão).

kyábin キャビン (< Ing. cabin < Fr.) A cabina/e; o camarote. S/周 Kébin; senshítsú (+).

kyabiné キャビネ (< Fr. cabinet) O formato 10×14 centímetros. ◇ **~ ban shashin** キャビネ判写真 A fotografia de ~.

kyádī キャディー [Go.] (< Ing. caddie) O carregador de tacos no jogo de golfe.

kyahan キャハン As perneiras; as polainas. S/周 Gétórú.

kyákka[1] 却下 A rejeição「da proposta」; a recusa; o indeferimento「da acusação」. ◇ **~ suru** ~ する Rejeitar; indeferir ［~ *sareta negai-de [seigan]* 却下された願い出［請願］O pedido [A petição] rejeitado / recusado[sic]].

kyákka[2] 脚下 [E.] O pé. ★ ~ *ni mioroshi* ~ に見おろす Olhar para baixo. S/周 Ashí-mótó (+).

kyakkán 客観 [Fil.] A obje(c)tividade. ◇ **~ byōsha** 客観描写 A descrição obje(c)tiva. S/周 Kakkáñ; kakútáí; kyakútáí. A/反 Shukáñ; shutáí.

kyakkán-ká 客観化 A obje(c)tivação.

kyakkán-séí 客観性 A obje(c)tividade. ★ ~ *o fuyo suru* ~ を付与する Obje(c)tivar. A/反 Shukáñ-séí.

kyakkán-shúgi 客観主義 [Fil./Arte] O obje(c)tivismo. A/反 Shukáñ shúgi.

kyakkán-téki 客観的 Obje(c)tivo; verdadeiro. ★ ~ *ni kangaeru* 客観的に考えて Pensando obje(c)tivamente. A/反 Shukáñ-téki. ⇨ kyakútáí.

kyakkō 脚光 **1** [フットライト] As luzes da ribalta. S/周 Futtóráíto. **2** [注目の中心] O centro [foco] das atenções. ★ ~ *o abiru* 脚光を浴びる Tornar-se o foco das atenções; estar na berlinda.

kyákkya[kyákkyā] きゃっきゃ［きゃっきゃあ] [On.] **1** [女子供の騒ぐ声] (Im. de grito alto e fino de mulheres ou crianças). ★ ~ *(to) iinagara asobu* きゃっきゃ（と）言いながら遊ぶ Brincar aos gritos [soltando guinchos]. ⇨ kyā [kyā]. **2** [猿の鳴き声] O guincho dos macacos.

kyakú[1] 客 **1** [訪問客] A visita; o visitante. ★ ~ *ga aru [kuru]* 客がある[来る] Ter umas ~. S/周 Hōmón-kyaku[sha]. **2** [招かれて来た人] O convidado; o conviva; o hóspede. ★ ~ *o maneku* 客を招く Convidar uma pessoa. ~ *o motenasu* 客をもてなす Receber [Atender] os ~. *Manekarezaru [Kangei sarenai] ~* 招かざる［歓迎されない] ~ O hóspede não convidado [indesejado]. S/周 Shótái-kyaku. **3** [顧客] O freguês「da loja/do restaurante」; a freguesia; o cliente; a clientela. ★ ~ *o toru* 客を取る Conquistar ~. S/周 Kokyáku. ⇨ jōrén; tokúí[1]. **4** [劇場の観客] A assistência; os espe(c)tadores. ★ ~ *no iri ga yoi* 客の入りがよい Ter muitos ~. **5** [乗客] O passageiro. ★ ~ *o ha-*

kyáku² ... *kobu* 客を運ぶ Transportar ～s. ⓈⒻ Jōkyákú¹. **6** [人を呼んでごちそうすること] O receber 「amigos」 em casa. ★ *O-～ o suru* お客をする ...

kyáku² 脚 **1** [足] A perna. ⓈⒻ Ashí (o); kyákubu (+). **2** [Suf.] O numeral para contar móveis com pernas. ★ *Isu go-～* 椅子五脚 Cinco cadeiras.

kyakú-áshí 客足 Os clientes (fregueses). ★ *～ ga heru* [*niburu*; *tōnoku*] 客足が減る [にぶる; 遠のく] Diminuírem os [Perder; Ter cada vez menos] clientes. *～ ga tsuku* 客足がつく Atrair ～.

kyakú-áshirai [-átsukai] 客あしらい [扱い] A hospitalidade; o acolhimento dos convidados; o serviço aos clientes. ★ *～ ga umai* 客あしらいがうまい Saber receber (bem) os convidados; saber agradar aos fregueses. ⇨ moté-náshí; ósétsú; ótái¹; séttai.

kyáku-bu 脚部 (parte da) perna 「da mesa」. ⓈⒻ Ashí (o); kyáku² (+).

kyakúchū 脚注 [注] A nota ao fundo da página. ⒶⓇ Tōchū.

kyakú-dáné 客種 (<～+ *táne*) A freguesia [clientela]. ★ *～ ga warui* 客種が悪い Ter uma ～ de baixo nível social. *～ ga yoi* 客種がよい Ter uma ～ de primeira classe [elevado nível social].

kyakú-dómé 客止め (<～¹+ *tomérú*) A casa cheia 「do cinema」. ◇ **Man'in ～** 満員客止め A lotação esgotada. ⇨ Fudá-dómé.

kyakú-híki 客引き (<～¹+ *hikú*) O aliciar [atrair/pescar] fregueses. ★ *～ o suru* 客引きする ...

kyakúhón 脚本 O guião 「do filme」; a peça [composição] teatral. ◇ *～ ka [sakusha; kaki]* 脚本家 [作者; 書き] O dramaturgo. ⓈⒻ Daíhón. ⇨ shinárió.

kyakuín¹ 客員 ⇨ kakuín¹.

kyakuín² 脚韻 A rima. ⓈⒻ In (+). ⒶⓇ Tōín.

kyakú-má 客間 A sala de visitas. ⓈⒻ Ósétsúma. ⇨ kyakú-shítsú.

kyakú-ryoku 脚力 A força das pernas 「para correr」. ⇨ kyáku².

kyakú-séki 客席 **a)** Os assentos (Tb.nos transportes); **b)** A assistência. ⓈⒻ Keńbútsúsékí. ⇨ za-séki.

kyakú-sén 客船 O barco de passageiros. ⒶⓇ Kamotsú-sén.

kyakusén-bi 脚線美 A beleza da linha das pernas. ★ *～ no josei* 脚線美の女性 A mulher com belas pernas [pernas bem torneadas].

kyakú-shá 客車 A carruagem de passageiros. ⒶⓇ Kamotsúsha; kasha.

kyakúshí 客死 ⇨ kakúshí⁴.

kyakú-shítsú 客室 A sala de visitas; o quarto de hóspedes. ⇨ kyakúmá.

kyakú-shōbai [-ōō] 客商売 **a)** A indústria hoteleira; **b)** O ramo dos espe(c)táculos e diversões.

kyakushóku 脚色 **1** [小説・物語・記録などを舞台・映画・放送などで使えるような脚本に書きかえること] A dramatização 「de um romance」; a encenação. ★ *～ suru* 脚色する Dramatizar; encenar. **2** [比喩的に、事実でないことを付け加えて話などをおもしろくすること] O conferir [dar] um sabor pitoresco a uma história; o romancear. ★ *～ suru* 脚色する ... ⓈⒻ Juńshókú.

kyakú-sújí 客筋 ⇨ kyakú-dáné.

kyakútái 客体 【Fil.】 O obje(c)to. ⓈⒻ Kakkán; kakútái; kyakkán (+). ⒶⓇ Shukán; shutái.

kyaku-yósé 客寄せ (<～¹+ *yosérú*) A atra(c)ção; o chamariz para atrair clientes.

kyaku-zúkí 客好き (<～¹+ *sukí*) **1** [客が来たり、客を呼んだりすることを好むこと・人] O gostar de receber visitas. **2** [客の好みにかなうこと] O agradar aos clientes. ★ *～ no suru onna* 客好きのする女 A mulher que é estimada pelos clientes.

kyamísóru [óo] キャミソール A camisola interior de senhora.

kyánbasu キャンバス (< Ing. canvas < L.) A tela de pintura. ⓈⒻ Gáfu; kánbasu.

kyándē キャンデー (< Ing. candy < Ár.) **1** [砂糖菓子] O rebuçado; o caramelo; a bala (B.); o bombom. Satō-gáshi; tōka. ⇨ bónbón; doróppu; kyarámérú. **2** [アイスキャンデー] O sorvete de pau. ◇ **Aisu ～ ○** アイスキャンデー ○ ～.

kyándoru キャンドル (< Ing. candle < L. candela: candeia) A vela. ◇ *～ sābisu* キャンドルサービス A procissão de velas. ⓈⒻ Rōsóku (+).

kyánkyan きゃんきゃん Caim, caim! ★ *Koinu ga ～ naita* 小犬がきゃんきゃん鳴いた O cãozinho ganiu 「porque lhe pisaram o rabo」. ⇨ wánwan.

kyánpasu キャンパス (< Ing. campus < L.) O recinto (terreno) de uma universidade. ⇨ gakúén.

kyańpén [ēe] キャンペーン (< Ing. campaign < L.) A campanha. ★ *～ o kurihirogeru* キャンペーンを繰り広げる Desenvolver uma ～. *Shinseihin no ～* 新製品のキャンペーン ～ comercial [publicitária] do novo produto.

kyańpíngú-ká [áa] キャンピングカー (< Ing. camping + car < L.) O carro-reboque de campismo.

kyańpu キャンプ (< Ing. camp < L.) **1** [テントで作った小屋] A tenda de campismo. ★ *～ o haru* キャンプを張る Montar a ～. **2** [山や野原でテントを張って寝泊まりすること] O campismo. ★ *～ ni iku* キャンプ行く Ir fazer ～. *～ suru* キャンプする Fazer campismo. ◇ *～ jō* キャンプ場 O parque de ～. *～ mura* キャンプ村 A aldeia de ～. Yaéí. **3** [兵営] O acampamento militar; o bivaque. ⓈⒻ Heiéí. **4** [プロ野球・ボクシングなどの合宿練習] O acampamento para treino dos jogadores. **5** [⇨ shūyō-jō].

kyańpú-fáia キャンプファイア (< Ing. campfire) A fogueira num acampamento.

kyánseru キャンセル (< Ing. cancel < L.) O cancelamento. ★ *～ suru* キャンセルする Cancelar 「a reserva/o contrato」. ⇨ Kaíyákú.

kyápitaru-géín キャピタルゲイン 【Econ.】 (< Ing. capital gain < L.) O lucro da venda de propriedade [valores (imobiliários)].

kyáppu キャップ **1** [ふた] (< Ing. cap < L.) A tampa; a rolha. ★ *～ o hazusu [nuku]* キャップをはずす [抜く] Tirar ～ [Desarrolhar]. ⇨ futá. **2** [ふちなし帽子] O boné. ⇨ bōshí¹. **3** [チームやグループの指導者・主任] (< Ing. captain) O chefe de uma equipa ou grupo.

kyáputen キャプテン (< Ing. captain < L.) **1** [主将] O capitão. ★ *Sakkā-bu no ～* サッカー部のキャプテン ～ da equipa de futebol. ⓈⒻ Shushō. **2** [船長] ⇨ sénchō.

kyára 伽羅 【Bot.】 O aloés. ⓈⒻ Jínkō (+).

kyáraban キャラバン (< Ing. caravan) A caravana. ⓈⒻ Kánbasu.

kyará-búki 伽羅蕗 【Cul.】 O ruibarbo cozido em molho de soja. ⇨ fukí.

kyárako キャラコ (< Ing. calico) O morim.

kyarámérú キャラメル (< P.) O caramelo; o rebuçado; o açúcar queimado. [S/同] Karámérú (+).

kyária キャリア (< Ing. career < L.) **1** [経歴] A carreira. ◇ **~ gāru** キャリアガール Uma rapariga de ~. [S/同] Keírékí; rirékí. ⇨ keíkéń[1]. **2** [国家公務員で, 第 I 種試験に合格した者] O candidato bem sucedido no exame nacional para ingresso nos quadros do funcionalismo público. ◇ **Non ~** ノンキャリア O que não pertence ao nível superior da função pública.

kyashá 華奢 O ser delgado [fino; frágil]. ★ ~ *na josei* 華奢な女性 A mulher ~. [S/同] Hiyówá (+); zeíjákú. [A/反] Gańjṓ.

kyásshu キャッシュ (< Ing. cash) O dinheiro pronto [de contado]; o numerário. ◇ **~ kādo** キャッシュカード O cartão magnético [multibanco]. **~ resu** キャッシュレス (< Ing. cashless) O pagamento com cheque ou cartão de crédito. [S/同] Geńkín (+); geń-námá.

kyasúchíńgú-bṓto [óo] **キャスチングボート** (< Ing. casting vote) O voto decisivo [de qualidade]. ★ ~ *o nigiru* キャスチングボートを握る Ter ~ [a última palavra a dizer].

kyásutā キャスター (< Ing. caster) **1** [家具の脚車] As rodas [rodinhas] (dos móveis). **2** [ニュースキャスター] O locutor de rádio ou televisão.

kyásuto キャスト (< Ing. cast) O elenco (das personagens de um filme ou peça teatral). ◇ **Ōru sutā ~** オールスターキャスト ~ só de nomes sonantes. [S/同] Haíyákú (+).

kyatátsú 脚立 O escadote. ⇨ fumí-dáí; kyáku[2].

kyátchā キャッチャー (< Ing. catcher) 【Beis.】 O apanhador de bola. [S/同] Hóshu. ⇨ pítchā.

kyatchā́-bṓto [óo] **キャッチャーボート** (< Ing. catcher + boat) A baleeira. ⇨ hogéí.

kyátchi キャッチ (< Ing. catch) O apanhar [agarrar]. [S/同] Hokyū́.

kyatchí-bṓru [óo] **キャッチボール** (< Ing. catch + ball) O apanhar e atirar a bola de beisebol「a treinar」.

kyatchí-fúrḗzu [ée] **キャッチフレーズ** (< Ing. catch phrase) A frase de propaganda; o lema; a divisa. [S/同] Utáí-mónku. ⇨ hyṓgṓ; surṓgan.

kyátsu 彼奴 【G.】 Aquele fulano [tipo]. [S/同] Aítsú (+); yátsu (+).

kyó[1] **居** 【E.】 A residência; o domicílio. [S/同] Ié (o); jū́kyo (+); kyósho (+); súmai (+).

kyó[2] **虚** 【E.】 **1** [空虚] A vacuidade; o vácuo; o vazio. [S/同] Kará; kū́kyo (+); utsúró. **2** [油断] O momento de distra(c)ção. ★ ~ *ni jōjiru* 虚に乗じる Apanhar desprevenido. ~ *o tsuku* 虚を突く Atacar de surpresa [Apanhar desprevenido]. [S/同] Sukí (+); yudáń (o). **3** [真実でない事柄] A mentira. [S/同] Itsúwárí (+); úso (o). [A/反] Jitsú; shínjitsu. **4** 【Mat.】 A unidade imaginária. ⇨ kyosū́.

kyó[3] **挙** 【E.】 A a(c)ção. ★ *Hangeki no ~ ni deru* 反撃の挙に出る Lançar um contra-ataque.

kyṓ[1] [óo] **今日** Hoje; o dia de hoje. ~ *wa kore made* 今日はこれまで Hoje ficamos por aqui; por hoje é tudo. ~ *wa nannichi* [*nan'yōbi*] *desu ka* 今日は何日 [何曜日] ですか Que dia [Que dia da semana] é hoje? ~ *wa ii tenki da* 今日はいい天気だ Hoje está [faz] bom tempo. ★ ~ *asu-jū ni* 今日明日中に Num ou dois dias. ~ *jū ni* 今日中に Por todo o dia de hoje. ~ *kara ikkagetsu* 今日から1か月 De hoje [Daqui] a um mês. ~ *kono-goro* 今日この頃 Hoje em dia; nos dias de hoje. ~ *made* 今日まで Até hoje. *Raishū no* ~ 来週の今日 Exa(c)tamente daqui a uma semana. [S/同] Hónjitsu; kónnichi.

kyṓ[2] [oó] **興** (⇨ kyṓmi) **1** [おもしろみ] O interesse [entusiasmo]「pelo jogo」. ★ ~ *ga sameru* 興がさめる Perder ~. ~ *ni noru* [*jōzuru*] 興に乗る [乗ずる] Ganhar interesse; entusiasmar-se. [S/同] Omóshírómi. **2** [その場のたわむれ] O prazer「da festa」; a diversão. [S/同] Zakyṓ.

kyṓ[3] [oó] **経** As escrituras sagradas do budismo; o sutra. ★ ~ *o yomu* 経を読む Ler [Recitar] ~ [*Monzen no kozō narawanu ~ o yomu* 門前の小僧習わぬ経を読む Filho de peixe sabe nadar (Lit. "As crianças que frequentam o templo aprendem os sutras sem os estudar")]. [S/同] Buttéń; kyṓkáń; kyṓtéń.

kyṓ[4] [óo] **凶** A má sorte. *Omikuji wa ~ to deta* おみくじは凶と出た O (papelinho do) oráculo escrito pressagiava má sorte. [S/同] Fukítsú. [A/反] Kíchi.

kyṓ[5] [óo] **京** **1** [首府] A capital; a metrópole. [S/同] Miyákó; shúfu (+); shúto (o). **2** [京都] A cidade de Kyoto. [S/同] Kyṓto (+).

kyṓ[6] [óo] **卿** 【A.】 (Título honorífico para ministros da era Meiji e nobres estrangeiros).

-kyṓ[7] [óo] **狂** **1** [精神状態の異常なことの意を表す] A mania; o maníaco. ◇ **Shikijō ~** 色情狂 A tara [O tarado] sexual. ⇨ kyṓjíń[2]. **2** [ある一つのことに夢中になる人の意を表す] O fanático. ◇ **Gyanburu ~** ギャンブル狂 ~ pelos jogos de azar. ⇨ muchū́.

-kyṓ[8] [óo] **強** Um pouco mais de. ★ *Sen-en* ~ 1000円強 ~ mil yens. [A/反] -jáku. ⇨ tsuyói.

kyṓáí [oó] **狭隘** 【E.】 **1** [場所にゆとりがなく狭くるしいこと] A estreiteza. ⇨ semái. **2** [心が狭いこと] A estreiteza [O acanhamento] de espírito. ★ ~ *na(ru)* 狭隘な(る) Estreito de vistas; acanhado; tacanho. [S/同] Kyṓryṓ (+).

kyṓákú [oó] **凶悪** A atrocidade; a barbaridade. ★ ~ *na* 凶悪な Atroz; brutal; diabólico [~ *na hannin* 凶悪な犯人 O criminoso perverso]. ◇ **~ hanzai** 凶悪犯罪 O crime hediondo. [S/同] Gokúákú; mṓákú.

kyṓáń [oó] **教案** O programa de ensino. [S/同] Shidṓ-an (+).

kyṓátsú [oó] **強圧** A pressão; a coerção. ★ ~ *o kuwaeru* 強圧を加える Exercer ~「sobre」. ◇ **~ shudan** 強圧手段 As medidas coercivas [de ~]. [S/同] Dań'átsú (+); yokúátsú.

kyṓbáí [oó] **競売** O leilão; a venda em hasta pública. ★ ~ *ni fusuru* [*kakeru*] 競売に付する [かける] Pôr em [Levar a] ~. ~ *suru* 競売する Leiloar; vender em ~. ◇ **~ nin** 競売人 O leiloeiro; o pregoeiro. [S/同] Seŕí-úrí (+).

kyṓbéń[1] [oó] **教鞭** A vara (Usada para apontar e bater pelos professores). ★ ~ *o toru* 教鞭を執る Le(c)cionar; ser professor. ⇨ kyṓdáń[1]; múchi[2].

kyṓbéń[2] [oó] **強弁** 【E.】 O sofisma; o argumento forçado. ⇨ kibéń; kojítsúké.

kyṓbṓ[1] [kyoó] **共謀** A conspiração; a conjura; o conluio. ★ ~ *suru* 共謀する Conspirar; conjurar; conluiar. [S/同] Kyṓdṓbṓgi; sakúbṓ.

kyṓbṓ[2] [kyoó] **狂** [兇・凶] **暴** A fúria; a raiva; a cólera. ★ ~ *na* 狂暴な Furioso; raivoso; colérico [~ *na furumai* [*kṓi*] 凶暴なふるまい [行為] A conduta [a(c)ção] violenta「do doente」].

K

kyṓbókú [oó] 喬木【E.】A árvore grande. [S/同] Kṓbókú (+). [A/反] Kańbókú.

kyṓbu [óo] 胸部 O peito; o tórax. ◇ ~ **geka** 胸部外科 A cirurgia torácica. ~ **shikkan** 胸部疾患 A afe(c)ção [doença] torácica. ⇨ kokyū ◇; kyṓkō[6]; muné[2].

kyṓchi [óo] 境地 **1** [心境] A disposição de espírito. ★ *Satori no ~ ni tassuru* さとりの境地に達する Atingir a iluminação do espírito. **2** [分野] O campo; o domínio. ★ *Michi no ~ o hiraku* 未知の境地を開く Abrir novos campos no desconhecido [domínios inexplorados「da ciência」]. [S/同] Bún'ya (+).

kyṓchíkútṓ [kyoó] 夾竹桃【Bot.】O (a)loendro; *nerium indicum*.

kyṓchó [oó] 共著 O escrever em colaboração. ◇ ~ **sha** 共著者 Os co-autores「do livro」.

kyṓchṓ[1] [kyoó] 強調 **1** [強く主張すること] O destaque; o acento tó[ô]nico. ★ ~ *suru* 強調する Realçar; destacar. [S/同] Rikísétsú. **2** [言葉・音などの調子を強めること]【Gram.】A ênfase. ★ ~ *suru* 強調する「palavra para」Dar ênfase; enfatizar; ser enfático. **3** [相場がしっかりしていて上がろうとしている状態]【Econ.】O estar bom [a(c)tivo]. *Ichiba no kehai wa ~ da* 市場の気配は強調だ Os indicadores do mercado são bons.

kyṓchṓ[2] [kyoó] 協調 A cooperação; a colaboração. ★ ~ *suru* 協調する Cooperar; colaborar「com」[~ *saseru* 協調させる Levar [Ajudar] a colaborar. ~ *shite* 協調して Em ~]. ◇ ⇨ ~ **sei** [**teki**]. ⇨ rṓshi[1] ◇.

kyṓchṓ[3] [kyoó] 凶兆【E.】O mau agouro [presságio]. [A/反] Kítchṓ.

kyṓchṓ-séí [kyoó] 協調性 O espírito de colaboração.

kyṓchṓ-tékí [kyoó] 協調的 Colaborador. ◇ ~ **taido** 協調的態度 A atitude ~ a. ⇨ rṓshi[1] ◇.

kyṓchū [óo] 胸中 O íntimo; o coração; o peito. ★ ~ *ni himete oku* 胸中に秘めておく Guardar no ~; guardar só para si. ~ *o oshi-hakaru* 胸中を推し量る Supor [Imaginar] o que「o outro」está pensando (no ~). *Tagai ni ~ o katariau* 互いに胸中を語り合う Ter uma conversa franca [íntima]. [S/同] Kyṓkíń; kyṓri[2]; shínchū[1] (+).

kyṓda[1] [óo] 強打 A pancada forte (Tb. no beis.). *Taorete atama o ~ shita* 倒れて頭を強打した Caí e bati com a cabeça com toda a força.

kyṓda[2] [óo] 怯懦【E.】A cobardia. [S/同] Dajákú; okúbyṓ (+). ⇨ shṓshíń[1].

kyodái 巨大 O ser enorme [gigantesco; colossal; descomunal]. ◇ ~ **sangyō** 巨大産業 A indústria ~. ~ **toshi** 巨大都市 A cidade monstruosa [~]. ⇨ ṓkíi.

kyṓdai[1] [óo] 兄弟・姉妹 **1** [両親または片親を同じくする間柄の人] Os irmãos. *Anata no ~ wa nan-nin desu ka* あなたの兄弟は何人ですか Quantos ~ tem? ★ ~ *dōyō ni tsukiau* 兄弟同様につき合う Confraternizar [Tratar] como se fossem ~. ~ *nakayoku* 兄弟仲よく Como bons ~. [P/ことわざ] ~ *wa tanin no hajimari* 兄弟は他人の始まり Mesmo os ~ podem esquecer que o são. ◇ ~ **ai** 兄弟愛 O amor fraterno/nal. ~ **genka** 兄弟げんか A briga entre ~. ⇨ gi-kyṓdai; hará-chígai; shímai[1]. **2** [男同士の兄弟のような親しみを感じている間柄での呼び方] O camarada [amigo]. *Oi ~* おい兄弟 Eh, camarada!

kyṓdái[2] [oó] 強大 O ser forte. ★ ~ *na kokka* 強大な国家 O país poderoso; a grande potência. [A/反] Jakúshṓ.

kyṓdái[3] [oó] 鏡台 O toucador. ⇨ kagámí.

kyṓdái-bun [oó] 兄弟分 O amigo de sangue. ★ ~ *no chigiri o musubu* 兄弟分の契りを結ぶ Estabelecer laços de amizade por meio de juramento.

kyodákú 許諾 O aceitar [concordar com]「a proposta」. ★ ~ *suru* 許諾する … ⇨ kyóka; nińka.

kyodáń 巨弾【E.】**a**) A bomba grande; **b**) Um ataque cerrado「contra aquele plano」. ⇨ bakúdáń; dańgáń.

kyṓdáń[1] [oó] 教壇 (⇨ dańjṓ) O estrado da aula. ★ ~ *ni tatsu* 教壇に立つ **a**) Subir ao ~; **b**) Ser professor; dar aulas. ⇨ kyṓbéń[1].

kyṓdáń[2] [oó] 教団 A associação religiosa. ⇨ shū́dṓ-kai.

kyṓdáń[3] [oó] 凶 [兇] 弾 A bala assassina. ★ ~ *ni taoreru* 凶弾に倒れる Cair [Morrer] atingido pela ~. ⇨ kyṓjíń[3].

kyodátsú 虚脱 **1**【Med.】O colapso; o desfalecimento; a prostração. ⇨ káshí[5]. **2** [気ぬけ] A apatia; a letargia; o torpor. ★ ~ *suru* 虚脱する Estar apático [ausente]. ◇ ~ **jōtai** 虚脱状態 O estado de ~. ⇨ bṓzéń; ki-núké; mu-kíryoku.

kyodṓ 挙動 O comportamento; a conduta. ◇ ~ **fushin** 挙動不審 ~ estranho/a [suspeito/a]. [S/同] Dṓsa (o); furúmái (+); kṓdṓ (+).

kyṓdo[1] [óo] 郷土 **1** [ふるさと] A terra natal. ★ ~ *no hokori* 郷土の誇り O orgulho da ~. ◇ ~ **ai** 郷土愛 O amor à ~. [S/同] Furúsato (o); kókyō (+); kyṓri[1]. **2** [その地方] A província; a região. ◇ ~ **geinō** 郷土芸能 O folclore [teatro folclórico] de uma ~. ~ **ryōri** 郷土料理 A cozinha regional. ~ **shi** 郷土誌 [史] A história da ~. ⇨ furúsato; kókyō.

kyṓdo[2] [óo] 強度 **1** [強さの度合い] A força; o poder de resistência. ★ *Kōzai no ~ shiken* 鋼材の強度試験 O teste da resistência do aço. ⇨ tsúyosa. **2** [程度が, はなはだしいこと] O grau elevado [alto]. ★ ~ *no kingan de aru* 強度の近眼である Ser muito míope. [S/同] Kyókudo. [A/反] Kéido.

kyṓdṓ[1] [kyoó] 共同 (⇨ kyṓryókú[1]) A sociedade; a comunidade; a união; a associação; a comunhão. ★ ~ *de jigyō o hajimeru* 共同で事業を始める Começar um empreendimento em sociedade. ~ *no* 共同の Comum; conjunto; unido; associado; comunitário; público. ~ *shite* 共同して Em ~. ◇ ~ **benjo** 共同便所 Os lavabos públicos. ~ **bochi** 共同墓地 O cemitério público. ~ **bōgi** 共同謀議 A conspiração; a conjura(ção). ~ **bokin** 共同募金 O fundo comum [comunitário]. ~ **jigyō** [**kigyō**] 共同事業[企業] O empreendimento comum [A sociedade]. ~ **kanri** 共同管理 O condomínio; a gestão cole(c)tiva. ~ **keiei** 共同経営 A co-gerência (⇨ kyṓéí[2]). ~ **keieisha** 共同経営者 O sócio (de negócio); o co-gerente. ~ **kenkyū** 共同研究 A investigação de [em] equipa. ~ **seimei** 共同声明 A declaração conjunta. ~ **sekinin** 共同責任 A responsabilidade cole(c)tiva. ~ **shoyū** 共同所有 A co-propriedade. ~ **shusshi** 共同出資 O investimento cole(c)tivo. ~ **yokujō** 共同浴場 Os balneários públicos. [A/反] Tańdókú. ⇨ kṓkyṓ[1]; kṓshū́[1]; kyṓtsū́[1]; kyṓyṓ[2].

kyṓdṓ[2] [kyoó] 協同 A cooperação. ◇ ⇨ ~ **ku-**

miai.

kyōdō[3] [**kyoo**] 教導 A instrução; o ensino; a educação. ⇨ kyōka[1].

kyōdō-kúmiai [**kyoo**] 協同組合 (< kyōdō[2] + ...) A (associação) cooperativa. ◇ **~ in** 協同組合員 O sócio de uma ~. **Gyogyō [Nōgyō] ~** 漁業［農業］協同組合 ~ de pescadores [agricultores]. **Seikatsu [Shōhi] ~** 生活［消費］協同組合 ~ de consumidores.

kyōdō-shoku [**oó**] 郷土色 A cor [peculiaridade] local. ★ ~ *yutaka na ryōri* 郷土色豊かな料理 A cozinha (típica) regional.
 ⓢ/匇 Chihō-shoku. ⇨ kyōdō[1].

kyōdōtai [**kyoo**] 共同体 A comunidade; a sociedade comunitária. ◇ **~ ishiki** 共同体意識 A consciência de comunidade. **Sonraku ~** 村落共同体 ~ rural. ⇨ kyōdō[1].

kyōei 虚栄 A vaidade; a vanglória. ★ ~ *ni michita* 虚栄心に満ちた Cheio de vaidade. ~ *no* 虚栄の Vaidoso; presunçoso. ⇨ Kyoshóku. ⇨ kyōei-shin.

kyōéi[1] [**oó**] 競泳 A prova de natação; a natação de competição. ◇ **~ sha [senshu]** 競泳者［選手］O nadador de competição.

kyōéi[2] [**oó**] 共営 (Abrev. de kyōdō kéiei) A gestão cole(c)tiva [co-gerência].

kyōéi[3] [**oó**] 共栄 A prosperidade mútua; a co-prosperidade. ⇨ kyōdō.

kyoei-shin 虚栄心 A vaidade; a vanglória; a presunção. ★ ~ *o kizutsukeru* 虚栄心を傷つける Ferir a vaidade. ⇨ Mié; purálió.

kyōén[1] [**oó**] 共演 A a(c)tuação conjunta numa peça ou filme.

kyōén[2] [**oó**] 競演 O concurso de a(c)tores. ★ ~ *suru* 競演する Competir「no palco」.

kyōén[3] [**oó**] 饗宴【E.】O banquete. ⇨ eń-káí[1]; shuéi[2].

kyōétsu [**oó**] 恐悦 O prazer; a alegria; o júbilo.

kyōfu[1] [**oó**] 恐怖 O terror; o pavor; o medo; o pânico. ★ ~ *ni ononoku* 恐怖におののく Tremer de medo. ~ *ni osowareru* 恐怖に襲われる Ficar aterrorizado [cheio de ~]; deixar-se invadir pelo ~. ~ *no amari* 恐怖のあまり De tanto [Cheio de] medo [*Kare wa ~ no amari kuchi ga kikenakatta* 彼は恐怖のあまり口が利けなかった Ele ficou mudo de medo]. ~ *o kanjiru* 恐怖を感じる Sentir [Ficar com] medo. ◇ **~ kan** 恐怖感 A sensação de medo; o temor. **~ seiji** 恐怖政治 A política do terror/medo. ⇨ **shin [shō]**. ⇨ osóré.

kyōfu[2] [**oó**] 教父 **1**［古代キリスト教会のすぐれた神学者］O Padre da Igreja; os (santos) padres. **2**［洗礼の時の名付け親］O padrinho. ⓢ/匇 Dáifu (+). ⇨ na-zúké-óyá.

kyōfū[1] [**oó**] 強風 O vento forte; a ventania; o vendaval. ◇ **~ chūihō** 強風注意報 O aviso [alarme] de ~. ⇨ bōfú; reppú.

kyōfū[2] [**oó**] 矯風【E.】A reforma moral. ◇ **~ kai** 矯風会 A sociedade defensora da moralização dos costumes.

kyōfū-shin 恐怖心 O medo; o pavor. ★ ~ *o idakaseru* 恐怖心を抱かせる Assustar; meter medo; aterrorizar. ⇨ kyōfu[1].

kyōfu-shō [**oó**] 恐怖症 A fobia; o medo mórbido. ◇ **Heisho ~** 閉所恐怖症 A claustrofobia. **Kōsho ~** 高所恐怖症 A acrofobia. **Taijin ~** 対人恐怖症 A antropofobia; a misantropia. ⇨ kyōfu[1].

kyōgái [**oó**] 境涯 A situação; as circunstâncias「da vida」. ★ *Miyori no nai ~ de aru* 身寄りのない境涯である Estar só no mundo.
 ⓢ/匇 Kyōgū (+); mi-nó-úé.

kyogakú 巨額【E.】A quantia colossal [enorme]. ★ ~ *no shikin [yosan]* 巨額の資金［予算］O capital [orçamento] astronó(ô)mico. ⓢ/匇 Tagakú.

kyōgakú[1] [**oó**] 共学 A coeducação; a educação mista. ⇨ dánjo.

kyōgákú[2] [**oó**] 驚愕【E.】O espanto [pasmo]; a estupefa(c)ção; o assombro; a surpresa (admiração). ★ ~ *suru* 驚愕する Ficar espantado [pasmado; assombrado].
 ⓢ/匇 Kikkyō. ⇨ bikkúri; odórókí.

kyōgéki [**oó**] 挟撃 O ataque por ambos os lados. ◇ **~ sakusen [senjutsu]** 挟撃作戦［戦術］A estratégia [tá(c)tica] de ~. ⇨ Hasámí-uchi (+).

kyogen 虚言【E.】A mentira; a falsidade. ★ ~ *o haku* 虚言を吐く Mentir; dizer mentiras [uma ~]. ◇ **~ shō** 虚言症 A mitomania.
 ⓢ/匇 Itsúwári (+); kyógō (+); úso (o).

kyōgen [**oó**] 狂言 **1**［能正言］A farsa [O entrea(c)to cómico] de um programa de nô. ◇ **~ shi** 狂言師 O comediante de nô. ⓢ/匇 Nókyōgen. **2**［歌舞伎芝居］Uma peça teatral[de kabuki]. ⇨ shibái. **3**［人をだますために、たくらんで演じること、またそのたくらみ］A mentira; a simulação; a impostura. ◇ **~ gōtō** 狂言強盗 O assalto simulado. **~ jisatsu** 狂言自殺 O suicídio simulado. ⇨ takúrámí.

kyōgi [**oó**] 虚儀 A mentira; a falsidade; a impostura. ★ ~ *no chinjutsu [mōshitate]* 虚偽の陳述［申し立て］A declaração falsa.
 ⓢ/匇 Itsúwári (+); úso (o). 匧/反 Shínjitsu.

kyōgi[1] [**óo**] 協議 A deliberação; a consulta; a discussão. ★ ~ *ga matomaru* 協議がまとまる Chegar a acordo. ~ *o korasu* 協議を凝らす Submeter (o assunto) a ampla e profunda ~. ◇ **~ kai** 協議会 O conselho; a reunião (consultiva). **~ rikon** 協議離婚 O divórcio de comum acordo.
 ⓢ/匇 Hanáshí-ái (0); sōdán (+).

kyōgi[2] [**óo**] 競技 **a**) O jogo; a partida; **b**) A competição [prova] (d)esportiva. ★ ~ *ni katsu [makeru]* 競技に勝つ［負ける］Ganhar [Perder]. ~ *suru* 競技する Jogar uma partida; participar numa competição. ◇ **~ kai** 競技会 O encontro (d)esportivo. **~ shumoku** 競技種目 O acontecimento (d)esportivo. ⇨ shiái.

kyōgi[3] [**óo**] 経木 A fita [apara/lâmina/folha] de madeira. ★ ~ *de tsutsumu* 経木で包む Embrulhar「sushí」em folhas de madeira.

kyōgi[4] [**óo**] 狭義 O sentido (r)estrito. ★ ~ *ni suru* 狭義に解する Interpretar「uma palavra」em sentido ~. 匧/反 Kōgi[3].

kyōgi[5] [**óo**] 教義 A doutrina; o dogma; o credo. ◇ **~ jō no** 教義上の Doutrinal; dogmático.
 ⓢ/匇 Kyōri[3]; kyōjō[2].

kyōgi-jō [**óo**] 競技場 O estádio. ⇨ kyōgi[2].

kyōgō[1] [**kyoo**] 校合 A comparação; o cotejo. ★ ~ *suru* 校合する Cotejar; comparar「com manuscrito」. ⓢ/匇 Kōgō; kōtéi (+). ⇨ shōgō[3].

kyōgō[2] [**kyoo**] 競合 **1**［きそい合うこと］A rivalidade; a concorrência; a competição. ★ ~ *suru* 競合する Rivalizar; concorrer; competir. ⓢ/匇 Harí-áí (+); kisóí-áí (+); kyōsō (o); serí-áí (+). **2**［いろいろな要素がからみあうこと］A concorrência [O encon-

kyógó³ ... tro] de fa(c)tores. ◇ **~ dassen** 競合脱線 O descarrilamento (ocorrido) por uma confluência [~]...

kyógó³ [**kyoó**] 強豪 O jogador veterano (ou a equipa). ⇨ kyóshá¹.

kyógu [óo] 教具 O material dida(c)tico. S/闽 Kyôzái (+).

kyógú [óo] 境遇 As circunstâncias; as condições de vida; a situação; o meio. ★ **~ ni shihai** [eikyô] sareru 境遇に支配[影響]される Ser dominado [influenciado] pelo meio. Ika-naru **~ ni atte mo** いかなる境遇にあっても Sob quaisquer circunstâncias. Raku na [Kurushii] **~ ni aru** 楽な[苦しい]境遇にある Estar numa **~** confortável [difícil]. S/闽 Kyôgúi; mi-nó-úe.

kyóha [óo] 教派 A seita religiosa. S/闽 Shúha (+).

kyóhakú¹ [óo] 脅迫 A ameaça; a intimidação; a chantagem. ★ **~ suru** 脅迫する Ameaçar; intimidar; fazer ameaças/chantagem [**~ sarete yakusoku suru** 脅迫されて約束する Fazer uma promessa sob ameaça]. ◇ **~ denwa** 脅迫電話 O telefonema de **~**. ◇ **~ jō** [sha; teki]. S/闽 odóshí (+). ⇨ yusúri.

kyóhakú² [óo] 強迫 A coerção; a coa(c)ção. ★ **~ suru** 強迫する Coagir; forçar; constranger. ◇ **~ kannen** 強迫観念 A obsessão; a ideia persistente [Gan ka-mo shirenai to iu **~ kannen ni osowareru** 癌かもしれないという強迫観念に襲われる Sofrer da **~** (de)que se tem cancro]. S/闽 Murí-jíi. ⇨ kyóhakú¹.

kyóhakú-jō [**kyoó**] 脅迫状 A carta de ameaça.

kyóhakú-sha [óo] 脅迫者 O intimidador; o chantagista.

kyóhakú-téki [óo] 脅迫的 Ameaçador; minaz; intimidante.

kyóhan [óo] 共犯 A cumplicidade. Watashi wa kare no **~** to shite tsumi ni towarete iru 私は彼の共犯として罪に問われている Eu sou acusado de **~** com ele no crime.

kyóhan-sha [óo] 共犯者 O cúmplice.

kyóhei 挙兵 【E.】 O levantamento militar [armado]. ★ **~ suru** 挙兵する Fazer **~**.

kyóhéi [óo] 強兵 【E.】 **1** [強力な軍隊] O exército poderoso. S/闽 Seíhéi. **2** [国の政策として軍備・兵力などを増強すること] O militarismo. ⇨ fukókú-kyóhéi.

kyóhékí [óo] 胸壁 **1** [胸・墻] O parapeito da muralha; as ameias. ⇨ Kyóshô (+). **2** [胸の外側の部分] As paredes do tórax. **3** [高層建築の屋上で, 危険防止のためにめぐらした人の胸ぐらいの高さの壁] O resguardo.

kyóhen¹ [óo] 共編 A co-edição. ★ "A"-shi to "B"-shi no **~** ni yoru jisho A氏とB氏の共編による辞書 O dicionário editado pelos senhores A e B. ◇ **~ sha** 共編者 O co-autor. ⇨ heńsáń; heńshū¹.

kyóhen² [óo] 凶変 A calamidade; o desastre; o acidente trágico. ⇨ teńpéń² ◇.

kyó-hénka [óo] 強変化 【Gram.】 A conjugação forte (dos verbos). ⇨ Jakú-héńka.

kyóhi¹ 拒否 A recusa; a rejeição; o veto. ★ **~ suru** 拒否する Recusar「o pedido」; rejeitar; vetar「a proposta」. ⇨ **hannō** 拒否反応 ⇨ kyozétsú ◇. ⇨ **~ ken**. S/闽 Kyozétsú. A/反 Nínka; shôdáku; shónín.

kyóhi² 巨費 【E.】 A despesa grande. ⇨ taíkín.

kyóhi-ken 拒否権 O (direito de) veto. ★ **~ o kōshi suru** 拒否権を行使する Exercer **~**. ⇨ kyóhi¹.

kyóho 巨歩 【E.】 **1** [大または歩くこと, また大またの歩み] A grande passada; o passo de gigante. **2** [比喩的に, ある物事の発展・進歩について残した大きな功績] O grande passo [avanço]. ★ **~ o shirusu** [nokosu] 巨歩を印す[残す] Dar um grande passo [Fazer um grande avanço]「na astronomia」. ⇨ kóséki².

kyohó¹ 虚報 A notícia falsa. ⇨ gohó².

kyohó² 巨砲 **1** [大きな大砲] O canhão gigantesco. ⇨ taíhô. **2** 【Beis.】[⇨ dásha ◇].

kyóho [óo] 競歩 A marcha atlética.

kyóhō (**kyoó**) 凶報 【E.】 **1** [悪い知らせ] A má notícia. S/闽 Hihô. A/反 Kíppô. **2** [人の死の知らせ] A notícia da morte. S/闽 Fuhô (+).

kyóhón¹ [óo] 教本 **1** [道徳・宗教などの教えの根本] A doutrina [O ensinamento fundamental]. **2** [技芸などの教科書] O livro [compêndio] de estudo. S/闽 Kyôsókú-bóń (+).

kyóhón² [óo] 狂奔 A correria louca. ★ **Kinsaku ni ~ suru** 金策に狂奔する Andar numa **~** para angariar fundos. S/闽 Hońshô (+).

kyói¹ [óo] 胸囲 A largura [medida] do peito [busto]. ★ **~ ga hiroi** [semai] 胸囲が広い[狭い] Ter o peito largo [estreito].

kyói² [óo] 驚異 A maravilha; o assombro; o prodígio; o portento. ★ **~ no me o miharu** 驚異の目を見張る Olhar com estupefa(c)ção; arregalar os olhos de espanto. ⇨ odórókí.

kyói³ [óo] 脅威 【E.】 A ameaça; o perigo.

kyói⁴ [óo] 強意 A「partícula de」ênfase. S/闽 Kyôchô¹.

kyóikú [óo] 教育 A educação; o ensino; a instrução. ★ **~ jō** 教育上 Do ponto de vista educativo [educacional]; dida(c)ticamente. **~ no aru** 教育のある Instruído; culto. **~ no nai** 教育のない Inculto; analfabeto. **~ o ukeru** 教育を受ける Receber educação; estudar. **~ suru** 教育する Educar; ensinar; instruir. ◇ **~ bangumi** 教育番組 (ラジオ, テレビの) O programa educativo「de T.V.」. **~ gaku** 教育学 A faculdade de pedagogia. ⇨ **~ gakubu** 教育学部 A faculdade de pedagogia. ⇨ **~ hi** [sha/teki]. **~ iinkai** 教育委員会 O Conselho Dire(c)tivo. **~ jisshū** 教育実習 O estágio pedagógico. **~ kai** 教育界 O magistério [campo do/a **~**]. **~ katei** 教育課程 O programa de estudos; o currículo. **~ kihonhō** 教育基本法 A lei básica do **~**. **~ kikan** 教育機関 O órgão [A instituição] de **~**. **~ mama** 教育ママ A mãe excessivamente zelosa do progresso dos filhos nos estudos. **~ seido** 教育制度 O sistema de **~**. **~ shinrigaku** 教育心理学 A psicologia educacional. **~ suijun** 教育水準 O nível do ensino. **Chūtō ~** 中等教育 O ensino médio/A instrução secundária. **Gakkō ~** 学校教育 O **~** escolar. **Gimu ~** 義務教育 O **~** obrigatório. **Katei ~** 家庭教育 A educação familiar. **Kōtō ~** 高等教育 O ensino superior. **Senmon ~** 専門教育 O ensino especializado [técnico]. **Shotō ~** 初等教育 A instrução primária [O **~** básico].

kyóikú-hi [óo] 教育費 Os gastos com a educação.

kyóikú-ká [óo] 教育家 ⇨ kyóíkú-sha.

kyóikú-sha [óo] 教育者 O educador; o dida(c)ta; o pedagogo. ⇨ kyôshi; kyôshi; seńséi¹.

kyóikú-téki [óo] 教育的 Educativo; instrutivo; dida(c)tico.

kyóin [óo] 教員 **a)** O professor; **b)** O professorado

kyōí-téki [óo] 驚異的 Admirável; assombroso; extraordinário; maravilhoso; prodigioso. ★ ~ *na shinpo o togeru* 驚異的な進歩をとげる Fazer progressos ~ s「nos estudos」. ⇨ kyōí².

kyojáku 虚弱 O ser fraco [enfermiço/de compleição delicada]. ◇ ~ **taishitsu** 虚弱体質 A compleição fraca; a constituição fraca. S/関 Horyú; señjáku. ⇨ byōjáku.

kyójaku [óo] 強弱 a) A força (e a fraqueza); b) O acento; a dinâmica. ⇨ tsúyosa; yówasa.

kyōji¹ [oo] 教示 O ensino. ★ ~ *suru* 教示する Ensinar; indicar; mostrar.

kyōji² [oo] 凶事【E.】Um acontecimento trágico; uma desgraça. A/反 Kíchiji. ⇨ fukítsú; kyō⁴.

kyōji³ [oo] 矜持 [恃]【E.】O orgulho;「manter」a dignidade. S/関 Jífu (+). ⇨ jisón. ⇨ hokóri².

kyojín 巨人 O gigante. ★ *Seikai* [*Zaikai*] *no* ~ 政界[財界]の巨人 Um ~ do mundo político [financeiro]. ◇ ~ **shō** 巨人症【Med.】O gigantismo. S/関 Jáianto; kyosēí **2**. ⇨ kyokáñ¹.

kyōjín¹ [oo] 強靭 【E.】A tenacidade; a firmeza. S/関 Kyōko (+). A/反 Nañjakú.

kyōjín² [oo] 狂人 O louco; o doido; o alienado.

kyōjín³ [oo] 兇[凶]刃【E.】O punhal (de) assassino. ★ ~ *ni taorerυ* 凶刃に倒れる Ser apunhalado [assassinado/vítima do ~]. ⇨ kyōdáñ³.

kyōjíru [óo] 興じる Divertir-se [Brincar]「na água」. S/関 Kyōzúru.

kyō-ójiséí [óo] 強磁性【Fís.】O ferromagnetismo.

kyōjitsu [óo] 虚実 a) A falsidade ou verdade「fa(c)tos」; b)「usar」Todos os meios [truques]. S/関 Jíppi; shíngi (+). ⇨ shíñjitsu¹; úso¹.

kyōji-yá [óo] 経師屋 O forrador de biombos e portas corrediças de papel. S/関 Hyōgú-shi [-ya] (+).

kyojō 居城【A.】O castelo que servia de residência ao [do] senhor feudal. S/関 Hoñjō; ne-jíró (+).

kyōjō¹ [óo] 兇状 O crime; o delito. S/関 Zaijō. ⇨ zénka¹.

kyōjō² [kyoo] 教条 O dogma; a doutrina. ◇ ~ **shugi** 教条主義 O dogmatismo. ⇨ kyōgí⁵.

kyōju 居住 A residência. ★ ~ *o sadameru* 居住を定める Fixar residência. ~ *suru* 居住する Morar; residir; fixar-se; habitar. ◇ ~ **chi** 居住地 A terra [povoação]; o lugar de residência. ◇ ~ **ken** [*sei/sha*] 居住権[-sei/-sha] ⇨ kyōjú; zaijú.

kyōju¹ 教授 **1**[教えること][óo] O ensino. ★ ~ *suru* 教授する Le(c)cionar; ensinar; dar aula. ◇ ~ **hō** 教授法 A didá(c)tica; o método de ~. **Kojin** ~ 個人教授 A aula privada [particular]. **Piano** ~ ピアノ教授 As lições [A aula] de piano. **2**[教える人][óo/í] O professor catedrático [titular]「da universidade」. ◇ ~ **kai** 教授会 A reunião de professores. **Jo** ~ 助教授 O professor assistente. **Meiyo** ~ 名誉教授 O professor emérito [honorário/jubilado].

kyōju² [oo] 享受【E.】O gozar (Ex.: *Kono kuni wa shizen no megumi o* ~ *shite iru* = O país tem [goza de] muitos recursos naturais).

kyōjū-ken [úu] 居住権 O direito de residência. ★ ~ *no kakutoku* [*shingai; sōshitsu*] 居住権の獲得[侵害; 喪失] A aquisição [violação; perda] do ~.

kyōjúñ [óo] 恭順【E.】A vassalagem;「jurar」fidelidade「ao rei」. ⇨ fukújū.

kyojū-séí 居住性 O ser habitável. ★ ~ *no yoi* [*sugureta*] 居住性の良い[すぐれた] Confortável.

kyojū-sha [úu] 居住者 O habitante; o morador.

kyōjútsú [óo] 供述 O depoimento; o testemunho. *Nanibito mo jiko ni fu-rieki na* ~ *wa kyōyō sarenai* 何人も自己に不利益な供述は強要されない Ninguém pode ser obrigado a testemunhar contra si mesmo. ★ ~ *suru* 供述する Depor; testemunhar; prestar declarações. S/関 Chíñjútsú.

kyōjútsú-sha [óo] 供述者 O depoente; o declarante.

kyōjútsú-shó [óo] 供述書 O depoimento (escrito).

kyōka 許可 A permissão; a licença; a autorização. ~ *naku tachi-iri kinshi* 許可なく立ち入り禁止 (揭示) Proibida a entrada sem autorização! ★ ~ *o dasu* 許可を出す Dar [Conceder] autorização「a」. ~ *o eru* [*ukeru*] 許可を得る[受ける] Conseguir [Receber] licença. ~ *o motomeru* [*kou*] 許可を求める[請う] Pedir licença. ~ *suru* 許可する Permitir; dar licença; autorizar; aprovar. ◇ ⇨ ~ **sei** [*sho*; **shō**]. **Tokō** ~ 渡航許可 ~ de viajar para o estrangeiro. S/関 Nñka; shóníñ; yurúshí.

kyōka¹ [óo] 強化 A fortificação; o reforço. ★ ~ *suru* 強化する Fortificar; reforçar「a equipa/aliança」. ◇ ~ **garasu** 強化ガラス O vidro reforçado. ~ **gasshuku** 強化合宿 O acampamento para treino intensivo; a concentração (B.).

kyōka² [óo] 教化 a) O espalhar da cultura; b) A catequização. ★ ~ *suru* 教化する Edificar; civilizar; educar; moralizar; catequizar; evangelizar. S/関 Káñka; tokká.

kyōka³ [óo] 狂歌 O "tanka" có(ô)mico; o poema satírico. S/関 Zaréuta. ⇨ séñryū.

kyōka⁴ [óo] 教科 A matéria (de estudo) [cadeira]; o curso. S/関 Kamókú (+). ⇨ karíkyúramu; katéí⁴.

kyokaí 巨魁【E.】O chefe; o cabeça. S/関 Kashírá (+); shuryō (+); tōmóku.

kyōkái¹ [óo] 教会 A igreja. ◇ ~ *de kekkonshiki o ageru* 教会で結婚式を挙げる Casar(-se) na ~. ~ *e iku* 教会へ行く Frequentar a [Ir à] igreja. ◇ ~ **ongaku** 教会音楽 A música sacra/religiosa. (**Rōma**)**katorikku** ~ (ローマ)カトリック教会 Católica (Romana).

kyōkái² [óo] 境界 A fronteira; o limite; os confins. ★ ~ *o sadameru* 境界を定める Marcar a ~ [linha divisória]「entre a China e a Rússia」. ◇ ~ **sen** 境界線 A linha divisória [de divisão]. S/関 Sakái; sakáí-mé. ⇨ kokkyō.

kyōkái³ [óo] 協会 A associação; a sociedade. ◇ **Nippaku bunka** ~ 日伯文化協会 A Sociedade Cultural Nipo-Brasileira. **Nippo** ~ 日葡協会 A Sociedade Luso-Nipónica.

kyōkái-dō [*kyoo*] 教会堂 ⇨ kyōkáí¹.

kyōkái-hyō [*kyoo*] 教会標 O sinal que indica「no mapa」onde há uma igreja.

kyōkakú¹ [óo] 侠客【A.】O cavaleiro andante; o niñkyó; tosēí-níñ; yakúza.

kyōkakú² [óo] 胸郭【Anat.】O tórax. ⇨ kyōbu.

kyōkakú³ [oo] 夾角【Geom.】O ângulo interno.

kyōká-máí [óo] 強化米 O arroz enriquecido.

kyokáń[1] 巨漢【E.】O gigante; um homem muito grande; um homenzarrão.
[S/同] Jáianto; ṓ-ótoko (+). ⇨ kyojíń.

kyokáń[2] 巨艦【E.】Um navio de guerra gigantesco; o leviatã(o). ⇨ guńkáń.

kyṓkáń[1] **[oó]** 共感 A simpatia [concordância/sintonização]. ★ ～ *o eru* 共感を得る Ganhar a simpatia「de」. ～ *o yobu* 共感を呼ぶ Inspirar simpatia「a」; atrair a simpatia「de」. ～ *suru* 共感する Sintonizar/Simpatizar「com」. [S/同] Dṓkáń; kyṓméí[1] **2**.

kyṓkáń[2] **[oó]** 教官 O professor; o instrutor.
[S/同] Kyṓíń (+); kyṓshi (+).

kyṓkáń[3] **[oó]** 凶[兇]漢【E.】O assaltante; o assassino. [S/同] Akkáń (o); bṓkáń (+); warúmónó (+).

kyṓkáń[4] **[oó]** 叫喚【E.】O grito de desespero. ⇨ ábikyōkan.

kyoká-séí 許可制 O sistema de admissão por conselho deliberativo.

kyoká-sho 許可書 A autorização escrita [por escrito].

kyoká-shō 許可証 A [O certificado de] licença. ★ ～ *o hakkō suru* 許可証を発行する Dar [Passar; Emitir] ～. ◇ **Yushutsu** [**Yunyū**] **～** 輸出[輸入]許可証 ～ de exportação [importação].

kyṓká-shó **[oó]** 教科書 O livro escolar [didá(c)tico/de texto]. ★ ～ *o ake nasai* 教科書を開けなさい Abram os seus livros.

kyṓ-kátabira **[oó]** 経帷子 A mortalha; o sudário.

kyṓkátsú **[oó]** 恐喝 A ameaça; a intimidação; a chantagem; a extorsão. ★ ～ *suru* 恐喝する Ameaçar; extorquir; intimidar; fazer chantagem. ◇ **～ zai** 恐喝罪 O crime de ～. ⇨ kyṓhákú[1]; odóshí; yusúrí.

kyṓkéń[1] **[oó]** 狂犬 Um cão raivoso. ◇ ⇨ **～byṓ**.

kyṓkéń[2] **[oó]** 強健 A saúde robusta. ★ ～ *de aru* 強健である Ter uma ～. ～ *na* 強健な Forte; robusto; com bom físico. [S/同] Gańkéń; sṓkéń. ⇨ jṓbú[1].

kyṓkéń[3] **[oó]** 強権 O poder [A autoridade] do Estado. ★ ～ *o hatsudō suru* 強権を発動する Recorrer à autoridade legal [Tomar medidas fortes]「contra」.

kyṓkéń[4] **[oó]** 教権 **1** [教育の権威] A autoridade escolar. **2** [宗教上の権力] A autoridade eclesiástica.

kyṓkéń[5] **[oó]** 強肩【(D)esp.】O ter músculo [braço forte]「para atirar a bola de basebol」.

kyṓkéń-byṓ **[kyoó]** 狂犬病 A raiva. ◇ **～ yobō chūsha** 狂犬病予防注射 A vacina anti-rábica [contra a raiva]. ⇨ kyṓkéń[1].

K

kyṓkétsú **[oó]** 供血 A doação de sangue.
[S/同] Keńkétsú (+); kyṹkétsú[1]. ⇨ baíkétsú[1].

kyṓki[1] **[óo]** 凶[兇]器 (⇨ kyṓ[4]) A arma mortífera. ◇ **～ junbi shūgōzai** 凶器準備集合罪 O delito de reunião armada.

kyṓki[2] **[óo]** 狂気 A loucura. *Konna samui hi ni oyogu nante ～ no sata da* こんな寒い日に泳ぐなんて狂気の沙汰だ É uma ～ [Tu deves estar louco para] ir nadar num dia tão frio! [A/反] Shṓkí[1].

kyṓki[3] **[óo]** 狂喜【E.】Uma alegria louca [imensa]; o regozijo; o júbilo. ★ ～ *shite* [*no amari*] 狂喜して[のあまり] Cheio de ～. ～ *suru* 狂喜する Saltar [Ficar louco] de alegria. ⇨ kyṓki[7]; kínki-jakuyaku.

kyṓki[4] **[óo]** 侠気【E.】O espírito cavalheiresco.
[S/同] Gikyṓshin (+); nińkyṓ; otókó-gi (+).

kyṓki[5] **[óo]** 狭軌 A bitola estreita. ◇ **～ tetsudō** [**senro**] 狭軌鉄道[線路] A via (férrea) [A ferrovia] reduzida [de ～]. [A/反] Kṓki[7].

kyṓki[6] **[óo]** 強記【E.】Boa memória; a memória de elefante. [S/同] Rṓki. ⇨ hakúráń.

kyṓki[7] **[óo]** 驚喜【E.】Uma agradável (e grande) surpresa. [S/同] Kyṓki[3].

kyokíń 醵金 A contribuição [doação de dinheiro]. ★ ～ *suru* 醵金する Contribuir; dar. ⇨ bokíń; kífu[1].

kyṓkíń **[oó]** 胸襟【E.】O coração. ★ ～ *o hiraku* 胸襟を開く Abrir ～ [-se]; dizer o que tem dentro.
[S/同] Kyṓchū (+); kyṓri[2]; shínchū (o).

kyokkéí 極刑 ⇨ kyokúkéí.

kyokkéń 極圏 ⇨ kyokúkéń.

kyokkṓ 極光【E.】⇨ kyokúkṓ.

kyokṓ[1] **[oó]** 挙行 A celebração. ★ *Kaikai-shiki ga ～ sareta* 開会式が挙行された Celebrou-se [Fez-se] a inauguração「solene da escola」.
[S/同] Shikkṓ.

kyokṓ[2] **[oó]** 虚構【E.】A ficção「romanesca」; a invenção [pura fabricação「da notícia」].
[S/同] Kakṹ (+); tsukúrí-gótó (o).

kyṓko **[óo]** 強[鞏]固 A firmeza; a solidez. ★ ～ *na jiban o kizuku* 強固な地盤を築く Construir uma base sólida [firme].
[S/同] Kyṓjíń; kyṓkṓ[2]. [A/反] Nańjákú.

kyṓkṓ[1] **[kyoó]** 強行 O forçar [fazer à força]. *Arashi ni mo kakawarazu shiai wa ～ sareta* 嵐にもかかわらず試合は強行された Apesar da tempestade eles foram para a frente com o jogo. ◇ ⇨ **～ gun**.

kyṓkṓ[2] **[kyoó]** 強硬 A firmeza; a inflexibilidade. ★ ～ *na taido o toru* 強硬な態度を取る Tomar uma atitude firme [inflexível/enérgica]. ◇ **～ ha** 強硬派 A linha dura [radical]. **～ shudan** 強硬手段 Medidas fortes [drásticas/enérgicas].
[S/同] Kyṓjíń; kyṓko (+). [A/反] Nańjákú.

kyṓkṓ[3] **[kyoó]** 恐慌 O pânico [medo]. ◇ **Kin'yū ～** 金融恐慌 ～ financeiro. [S/同] Pánikku.

kyṓkṓ[4] **[kyoókóo]** 教皇 O Papa [Sumo Pontífice]「da igreja católica」. ★ ～ *no* 教皇の「a autoridade」Pontifícia/Papal. [S/同] (Rṓmá)hṓṓ.

kyṓkṓ[5] **[kyoó]** 凶[兇]行 A [O a(c)to de] violência; a atrocidade [o crime atroz]; o assassínio. ★ ～ *ni oyobu* 凶行に及ぶ Cometer um/a ～. [S/同] Bṓkṓ.

kyṓkṓ[6] **[kyoó]** 胸腔【Anat.】O tórax; a cavidade torácica. ⇨ kyṓbu.

kyṓkṓ-gun **[kyoókóo]** 強行軍 A marcha forçada [acelerada] (das tropas). ★ ～ *de tsukuriageru* 強行軍で作り上げる Fazer「uma obra」a correr [a toque de pau/～]. ～ *no nittei* 強行軍の日程 Um programa「de viagem」muito apertado/corrido.

kyókoku 挙国 Toda a nação. ◇ **～ itchi** 挙国一致 A nação em peso「saiu às ruas」.

kyṓkókú[1] **[oó]** 強国 Uma nação forte [poderosa]; uma potência「econó[ô]mica」.
[S/同] Taíkókú (+). [A/反] Jakkókú; jakúshṓkoku.

kyṓkókú[2] **[oó]** 峡谷【E.】O desfiladeiro; a garganta; o vale estreito. [S/同] Keíkókú (+).

kyokóń 虚根【Mat.】A raiz imaginária.
[A/反] Jikkóń.

kyṓkótsú **[oó]** 胸骨【Anat.】O esterno.

kyóku[1] 曲 **1**【Mús.】A peça [música/composição musical]; a ária; canção. ★ *Ikkyoku utau* 一曲歌う Cantar uma canção. [S/同] Mérodī; shirábé. ⇨ gakkyókú; kákyoku; óngaku; utá. **2** [物事の変化するおもしろみ] A [O ter] graça. ★ ～ *no nai* 曲のない

「uma maneira de fazer」Sem graça. ⓈⒿ Omóshírómí (+). ⇨ kyômi. **3** [不正] A injustiça. ⓈⒿ Fuséi (+). AⒻⓇ Chóku. ⇨ kyokúchóku.

kyóku² 局 **1** [いくつかに分けた官庁, 会社などの組織の一つ] O departamento; a repartição「pública」. ◇ **Yúbin ~** 郵便局 O dos correios. ⇨ bu¹; ka⁴; shô⁵. **2** [放送局] A estação de rádio ou TV; a emissora. **3** [当面している事業や事態] O negócio [assunto]; a situação; aquilo que importa (agora). ★ **~ ni ataru** 局に当たる Resolver a/o ~. **~ o musubu** [**tsugeru**] 局を結ぶ [告げる] Terminar o ~. ⇨ jítai¹; nínmu. **4** [囲碁・将棋などの勝負を数える語] Uma partida de gô ou "shôgi". ★ **Ikkyoku utsu** 一局打つ Jogar ~.

kyóku³ 極 **1** [地球の自転軸の端] 【Geol.】 O pólo. ◇ **~** [**kyok**] **chi** 極地 As regiões polares. ◇ **~ ken** 圏 O círculo polar. ⇨ hokkyóku, nańkyókú¹. **2** [電池・磁石などの両端] 【Fís.】 O pólo. ★ **Purasu** [**Mainasu**] **no ~** プラス [マイナス] の~ positivo [negativo]. ⇨ deńkyóku, jikyóku². **3** [きわみ] O auge「da prosperidade」; o ponto culminante; o extremo「da miséria」. ★ **~ ni tassuru** 貧窮の極に達する Cair na maior pobreza. ⓈⒿ Chóten (o); haté (+); kiwámí (+); kyókuchi³ (+); kyókudo (+); kyokúteń (+); kyukyóku (+); zetchó (+). ⇨ doń-zóko.

kyóku⁴ 巨軀【E.】O corpanzil [corpo grande]. ⓈⒿ Kyotái (+).

Kyóku¹ 〈óo〉 教区 **a)** A paróquia (Tb. "sho~"); **b)** A diocese. ★ **~ no** 教区の Diocesano/Paroquial.

Kyóku² 〈óo〉 恐懼【E.】O temor respeitoso; a reverência. ⓈⒿ Kyôshúku (+).

kyokubá 曲馬 O circo. ◇ **~ dan** 曲馬団 Uma companhia de ~. ⓈⒿ Sákasu (+).

kyókubań 局番 O indicativo (Número do país e da zona telefó[ô]nica).

kyoku-bíkí 曲弾き (< ...² + hikú) A interpretação (muito) caprichosa「de música」.

kyókubu 局部 **1** [一部分] Uma parte; uma se(c)ção; um lugar. ★ **~ teki na** 局部的な Local; parcial. ◇ **~ masui** 局部麻酔 A anestesia local. ⓈⒿ Búbun (+); ichíbu (+); ichíbúbun (o); kyókusho. AⒻⓇ Zeńtái. **2** [患部] A parte afe(c)tada [enferma]. ⓈⒿ Kánbu (+). **3** [陰部] As partes (pudendas). ⓈⒿ Ínbu (+); kyókusho **2**.

kyókuchi¹ 局地 A localidade definida/limitada. ★ **~ teki na gōsetsu** 局地的な豪雪 Uma forte nevada local. ⇨ kyókubu; kyókusho.

kyókuchi² 極地 A região polar. ⇨ kyóku³ **1**.

kyókuchi³ 極致【E.】O cume [auge/apogeu]「da perfeição」; o máximo; o non-plus-ultra. ⓈⒿ Chóten (o); haté (+); kiwámí (+); kyóku³; kyókudo; kyokúteń; kyukyóku; zetchó (+). ⇨ doń-zóko.

kyókuchi⁴ 極値【Mat.】O valor máximo.

kyokúchi-ká 局地化 O ficar localizado [reduzido] 「guerra」.

kyokúchō 局長 O chefe de "kyóku² ".

kyokúchóku 曲直【E.】(A diferença entre) o certo e o errado. ⓈⒿ Ríhi (+); zéhi (+); zéń'aku (o).

kyokúdáí 極大 **1** [非常に大きいこと] O máximo 「rendimento/proveito」. ⓈⒿ Saídáí (+). AⒻⓇ Kyokúshō; saíshô. **2** 【Mat.】 O máximo. ◇ **~ chi** 極大値 O valor máximo. ⓈⒿ kyókuchi⁴ (+). AⒻⓇ Kyokúshô; saíshô.

kyókudo 極度 O máximo grau; o extremo. ★ **~ ni kinchō suru** 極度に緊張する Ficar extremamente nervoso. ⓈⒿ Chóten (o); haté (+); kiwámí (+); kyóku³ **3**; kyókuchi³; kyokúteń; kyukyókú; zetchó (+). ⇨ doń-zóko.

kyokú-dóme 局留め (< kyóku²**1** + toméru) A posta restante. ★ **~ ni shite nimotsu o okuru** 局留めにして荷物を送る Enviar um pacote pela posta restante. ◇ **~** (**yúbin**) 局留め (郵便) **~**.

kyokúfú 曲譜 O gakúfú¹.

kyokúgai 局外 (⇨ kyóku²) **1** [その局の管轄に属さない範囲] Fora「do departamento」. ⓈⒿ Kyóku-nai. **2** [当事者でない立場] (O lado) de fora. ★ **~ ni tatsu** 局外に立つ Manter-se de parte; pôr-se de fora「no caso」. ◇ **~ chūritsu** 局外中立「manter」 A neutralidade. ◇ **~ sha**. ⓈⒿ Búgai. ⇨ tôji-sha.

kyokúgái-sha 局外者 A pessoa que não tem que [a] ver com o assunto; o estranho. ⓈⒿ Aútósáídá; dái-sánsha (+). ⇨ bôkán-sha.

kyokúgákú 曲学【E.】A falsa [adulteração da] ciência. Ⓘ/慣用 **~ asei no to** 曲学阿世の徒 Um falso intelectual.

kyokúgéí 曲芸 A acrobacia; as habilidades [piruetas]. ◇ **~ híkō** 曲芸飛行 O voo acrobático. ◇ **~ shi** 曲芸師 O acrobata. ⓈⒿ Hanaré-wázá; karú-wázá (+); kyókugi.

kyokúgéń¹ 極限【E.】O máximo [último] limite. ★ **~ ni tassuru** 極限に達する Chegar ao ~. ◇ **~ chi** 極限値【Mat.】O valor limite (⇨ kyókuchi⁴). **~ jōtai** 極限状態 A situação limite [extrema/crítica]. ⓈⒿ Kyokúteń; kyókusho. ⇨ geńkái¹.

kyokúgéń² 極言 **a)** O falar com franqueza; **b)** O atrever-se a dizer. ⓈⒿ Kyokúróń.

kyokúgéń³ 局限【E.】O limitar「o assunto」. ⇨ kyókuchi¹.

kyókugi 曲技 ⇨ kyókugéí.

kyokúhí-dōbutsu 〈óo〉 棘皮動物 Os equinoderme[o]s; echinodermata (Ex.: estrela-do-mar).

kyokúhókú 極北 O extremo norte; o pólo norte.

kyokúin 局員 O funcionário do "kyóku²".

kyokújítsu 旭日【E.】O sol nascente [a subir]. **Waga-sha no keiki wa ima ya ~ shōten no ikioi da** 我が社の景気は今や旭日昇天の勢いだ A nossa firma está em plena ascensão. ⓈⒿ Ásahi (+).

kyokúkái 曲解 A interpretação distorcida. ★ **~ suru** 曲解する Discorcer o sentido. ⇨ gokáí¹.

kyokúkéí 極刑 **a)** A pena máxima「em P.」; **b)** A pena capital [de morte]. ⓈⒿ Shikéí (+).

kyokúkéń 極圏 O círculo polar.

kyokúkō 極光 A aurora (polar). ◇ **Hokkyoku-kō** 北極光 ~ boreal. ⓈⒿ Orórá (+).

kyokúméi 曲名 O título de uma composição musical. ⇨ kyóku¹.

kyokúméń¹ 局面 **1** [囲碁・将棋などの盤の表面, 特にそこで行なわれている勝負の形勢] A posição「de xadrez」. **2** [物事の情勢・成り行き] A [Um momento da] situação; a fase; o aspecto. ★ **~ o dakai suru** 局面を打開する Abrir caminho (Encontrar uma saída) para (solucionar) a situação. **Shin ~ ni hairu** 新局面に入る Entrar numa nova fase. ⓈⒿ Jóséí (o); narí-yúkí (+).

kyokúméń² 曲面 A superfície curva. AⒻⓇ Héímen. ⇨ kyū⁴.

kyokúmókú 曲目 **1** [⇨ kyokúméí]. **2** [プログラム] O programa「de um concerto musical」.

S/周 Purógúramu (+) .

kyókúń 教訓 A Lição; o ensinamento; a moral 「da história」. *Sore wa watashi ni totte yoi ~ to natta* それは私にとって良い教訓となった Isso serviu-me de [foi uma (boa)] lição. ★ *~ no [-teki]* 教訓の[的] Instrutivo; moralizador.

kyokúnóri 曲乗り A acrobacia sobre o cavalo, bicicleta, etc. ⇨ kyokúgéí.

kyokúróń 極論 [E.] ⇨ kyokúgéń[2].

kyokúryóku 極力 O melhor possível; com toda a força; até ao máximo das suas forças. ★ *~ doryoku suru* 極力努力する Fazer o maior esforço (possível). S/周 Dekírú dáké (+) .

kyóku-sa 極左 A extrema esquerda. ◇ *~ bunshi* 極左分子 Os elementos ultra-esquerdistas [da ~]. A/反 Kyóku-u.

kyokúséí 極性 [Ele(c)tri./Quím./Biol.] A polaridade (Tender para um pólo/lado).

kyokúsén 曲線 A (linha) curva. ★ *~ o egaku* 曲線を描く Traçar uma curva. ◇ *~ bi* 曲線美 A beleza das ~ s femininas. *~ chū* 曲線柱 O cilindróide. S/周 Kábu; ko[3]. A/反 Chokúsén.

kyokúsétsu 曲折 [E.] **1**「折れ曲がること」A curva; o meandro「do rio」. ★ *~ suru* 曲折する Fazer [Ter] ~ s; serpe(nte)ar; ziguezaguear. ⇨ kúnekune. **2**「複雑に変化すること」As vicissitudes; os reveses「da sorte」; a complicação. *Ikuta no ~ no hete* 幾多の曲折を経て Depois de muitas complicações [reviravoltas/turras]. ⇨ hénka[1], úyo-kokusetsu.

kyokusho 局所 **1**[一部] Uma parte「do corpo」. S/周 Kyókubu [1] (+) . **2** [⇨ ínbu] .

kyokúshō 極小 **1** [非常に小さいこと] Mínimo; infinitesimal; microscópico. S/周 Saíshō. A/反 Kyokúdáí; saídáí. **2** [Mat.] O mínimo. ◇ *~ chi* 極小値「reduzir ao」 O valor mínimo. S/周 Saíshō. A/反 Kyokúdáí.

kyokútán 極端 **1** [思想·言動などが非常にかたよっていること] O extremo. ★ *~ kara ~ ni hashiru* 極端から極端に走る Ir [Passar] de um extremo ao outro. ★ *~ na iikata o sureba* 極端な言い方をすれば Usando [Para usar] uma expressão (talvez um pouco) exagerada. *Ryō ~* 両極端 Os dois ~ s [*Futari no seikaku wa ryō ~ da* 二人の性格は両極端だ Aqueles dois no cará(c)ter são pólos opostos]. S/周 Kyókudo. ⇨ kagéki[1]. **2** [⇨ señtáń[1]] .

kyokútéń 極点 O ponto extremo [culminante]; o cume; o auge「da tensão」. S/周 Chóten; kyokúchi; zetchō. ⇨ kyóku[3] **3**.

kyokútō 極東 O Extremo Oriente. ⇨ Chūtō[1]; kiń-tō[2].

kyóku-u 極右 A extrema direita. A/反 Kyókusa.

kyókyō [kyoo-] 恟恟 [E./On.] ★ *~ to shite iru* 恟々としている「o povo/público」Estar aterrado [cheio de pânico; alarmado]. ⇨ bíkubiku; ódoodo.

kyóky-jitsújítsú 虛虛實實 O estar um para o outro「em astúcia」; para vilão, vilão e meio. ★ *~ no tatakai* 虛々実々の戦い「pela chefia」entre pessoas igualmente astutas.

kyókyū [kyoo-] 供給 O abastecimento; o fornecimento; a oferta「e a procura」. ★ *~ o ukeru* 供給を受ける Ser abastecido; abastecer-se. ~ *suru* 供給する Abastecer「o mercado」; fornecer「ele(c)tricidade」; alimentar. ◇ *~ busoku* 供給不足 A falta de oferta. *~ chi* 供給地 A fonte [O local] de abastecimento. ⇨ *~ gen* [ro/sha]. *~ kajō* 供給過剩 A ~ excessiva. S/周 Kyōyo. ⇨ hokyū[1]. A/反 Juyó.

kyókyū-gen [**kyookyúu**] 供給源 A fonte fornecedora [de abastecimento]. *Daizu ga tanpakushitsu no ~ to shite chūmoku sarete iru* 大豆がタンパク質の供給源として注目されている A [O feijão] soja está a ter muita importância como fonte (fornecedora) de proteínas.

kyókyū-ro [**kyookyúu**] 供給路 A via de abastecimento.

kyókyū-sha [**kyookyúu**] 供給者 O fornecedor.

kyómákú[1] [oó] 胸膜 [Anat.] A pleura. S/周 Rokúmákú (+) .

kyómákú[2] [oó] 鞏膜 [Anat.] A esclerótica [córnea opaca]. ◇ *~ en* 鞏膜炎 A esclerotite.

kyomán 巨万 [E.] Milhões. ⇨ kyogáku.

kyómán [oó] 驕慢 [E.] A arrogância; a soberba. ★ *~ na* 驕慢な Arrogante; soberbo. S/周 Fusóń; gōmáń (o); kōmáń; kyogō; soñdáí.

kyoméí 虛名 [E.] A falsa reputação [fama]; a vanglória. ★ *~ o hakusuru* 虛名を博する Ganhar falsa fama. S/周 Kúméí; kyobúń.

kyóméí[1] [oó] 共鳴 [Fís.] A ressonância「das cordas」; a repercussão; o eco. ★ *~ suru* [*~ o hikiokosu*] 共鳴する[共鳴を引き起こす] Ressoar; fazer [causar] ressonância. ◇ *~ ki* [**shi**] 共鳴器[子] O ressoador. S/周 Kyōshíń[3]. **2** [共感] A simpatia [compreensão amiga]. ★ *~ suru* 共鳴する Ter simpatia「com」; compartilhar os sentimentos「de alguém」; sentir o mesmo「que outrem」(*Tanin no iken ni ~ suru* 他人の意見に共鳴する Concordar com o outro). ◇ *~ sha* 共鳴者 O simpatizante. S/周 Kyókáń[1] (+) ; sañdó (+) ; sañséí (o).

kyóméí[2] [oó] 嬌名 [E.] A fama de mulher sensual (e linda).

kyómi [oo] 興味 O interesse「pelo estudo/na compra」. *Watashi wa girisha bunmei ni totemo ~ ga aru [o motte iru]* 私はギリシャ文明にとても興味がある[を持っている] Tenho muito interesse pela civilização grega. ★ *~ ga sameru* [*usuragu*; *useru*] 興味が冷める[薄らぐ; 失せる] Perder o interesse. *~ ga waku* 興味がわく Despertar-se「por」. *~ hon'ino kiji* 興味本位の記事 Um artigo sensacionalista. *~ no aru* 興味のある Interessante; com interesse. *~ o hiku* [*okosaseru*; *sosoru*] 興味を引く[起こさせる; そそる] Despertar o ~. *~ o idaku* [*motsu*] 興味を抱く[持つ] Ter interesse; interessar-se「por」. *~ o kanjiru* [*oboeru*] 興味を感じる[覚える] Sentir interesse. *~ o ushinau* 興味を失う Perder o ~.

kyómí-búkai [oó] 興味深い (< … + fukái) Muito interessante [Com muito interesse].

kyomó 虛妄 [E.] A falsidade; a mentira. S/周 Kyógi (+) ; kyotáń. ⇨ itsúwári; úso[1].

kyómóń [oó] 経文 [Bud.] A sutra; o texto [o livro] sagrado do budismo.

kyomu 虛無 **1**「価値があると認められるものが何もないこと、またその状態」O nada; o vazio. ★ *~ teki na* 虛無的な Niilístico; vão; vazio. **2**「何もなくむなしいこと」O não ter vida. ★ *~ no machi* 虛無の町 A cidade parada [morta]. S/周 Kúkyo (+) . **3** [老子の説] [Fil.] O niilismo. ◇ *~shugi.* ⇨ kūkyo.

kyómu [oó] 教務 **1** [学校で生徒を教授する上で必要な業務、またそれをする人] Os trabalhos de secretaria da escola (A secretaria = ~ka). **2** [宗門上の事

務，またそれをする人」(O trabalho de) secretaria「do templo」.

kyomú-shúgi 虚無主義 O niilismo. ◊ **~ sha** 虚無主義者 O niilista.

kyónen¹ 去年 **1** O ano passado. ★ *~ no haru made* 去年の春まで Até à primavera do ~. ⟨S/同⟩ Kyūnén; sakúnén; zeńnén. ⇨ kyūró.

kyónén¹ 凶年 **1**「農作物のできの悪い年」O ano mau [de escassez; de má colheita]. ⟨A/反⟩ Hónén. **2**「悪い出来事のあった年」Um ano mau [em que aconteceram coisas tristes].

kyónén² [oó] 享年 【E.】A idade ao morrer. ★ *~ rokujissai* 享年 60 歳 Morreu com [aos] sessenta (anos). ⇨ Gyónén.

kyónétsú [oó] 狂熱 A paixão ardente.

kyóó [kyoo] 饗応 O receber [dar de comer e beber a] alguém. ★ *~ ni azukaru* [*~ o ukeru*] 饗応にあずかる[饗応を受ける] Ser (bem) recebido. *~ suru* 饗応する ... ⟨S/同⟩ kóńtai; taígú⁴.

kyóón [oó] 強音 O icto; o acento tó[ô]nico.

kyorái 去来 【E.】O ir e vir. ⟨S/同⟩ lkíki (+).

kyóráku [oó] 享楽 O prazer; o deleite; o gozo. ★ *~ ni fukeru* [*~ o musaboru*] 享楽にふける[享楽をむさぼる] Entregar-se aos prazeres. *~ -teki* 享楽的 Dado aos prazeres; epicúreo. ◊ **~ shugi** 享楽主義 O epicurismo; o hedonismo; o sibari(ti)smo. **~ shugisha** 享楽主義者 O epicurista; o hedonista; o sibarita. ⇨ Kánraku.

kyórán¹ [oó] 狂乱 【E.】A loucura; a doidice; o desvairamento. ★ *~ suru* 狂乱する Enlouquecer. ◊ **~ bukka** 狂乱物価 A subida louca dos preços. ◊ **han ~**.

kyórán² [oó] 供覧 A exposição「de produtos」. ★ *~ suru* 供覧する Expor. ⟨S/同⟩ Teńrán. ⇨ kańrán¹.

kyórétsú³ [oó] 狂瀾 【E.】As ondas furiosas. ⇨ dotó.

kyoreí 虚礼 As formalidades inúteis [supérfluas]. ★ *~ o haishi suru* 虚礼を廃止する Deixar ~. ⇨ reígí.

kyóreki [oó] 教歴 A experiência [de vários anos」 de ensinar/como professor.

kyóren [oó] 教練 O trein(ament)o「militar」; a instrução. ★ *~ o ukeru* 教練を受ける Ser treinado [Receber ~].

kyórétsú [oó] 強烈 O ser「chuva」forte [violento]. ★ *~ na inshō o ataeru* 強烈な印象を与える Causar uma forte impressão「nos [aos] ouvintes」. ⟨S/同⟩ Gekírétsú; mõrétsú.

kyóri 距離 **a)** A distância; o traje(c)to; o alcance; **b)** O intervalo; **c)** A diferença「de opinião」. *Koko kara aruite go-fun no ~ [ni aru]* ここから歩いて 5 分の距離「にある」「Fica a」 cinco minutos a pé daqui. *Watashi no ie kara ichi-kiro inai no ~ ni sūpāmāketto ga mittsu aru* 私の家から 1 キロ以内の距離にスーパーマーケットが 3 つある Há três supermercados num raio de 1 km de minha casa. *Genjitsu to risō to no aida ni kanari ~ ga aru* 現実と理想との間にかなり距離がある Há uma grande diferença entre a realidade e o ideal. ◊ *~ o hakaru* [*sokutei suru*] 距離を測る[測定する] Medir a distância. *Te no todoku ~ ni aru* 手の届く距離にある Estar ao alcance da mão. ◊ **~ hyō** 距離標 O marco miliário (quilométrico). **~ kan** 距離感 A sensação de distância「das pessoas」. **~ kei** 距離計 O telé[ê]metro. **Chō [Chū; Tan]~** 長[中; 短]距離 Longa [Média; Curta] distância. ⟨S/同⟩ Aídá; hedátárí. ⇨ nágasa.

kyóri² 巨利 (< kyodái + ríeki) 【E.】Um lucro enorme; um grande rendimento. ★ *~ o hakusuru* 巨利を博する Ter [Dar] ~. ⟨A/反⟩ Shóri.

kyóri² [oó] 郷里 O torrão natal. *Go-~ wa dochira desu ka* ご郷里はどちらですか De onde é [Qual é a sua ~]? ★ *~ e* [*ni*] *kaeru* 郷里へ[に]帰る Voltar à terra. ⟨S/同⟩ Furúsato (+); kókyō (+). ⇨ kuní.

kyóri² [oó] 胸裏 [裡] 【E.】O íntimo; o âmago「do meu peito」. ⟨S/同⟩ Kyōchū (+); kyōtéí; nóri (+); shínchū (o).

kyóri³ [oó] 教理 A doutrina; o dogma. ⟨S/同⟩ Kyōgí (+).

kyorítsú [oó] 共立 (< kyōdō¹ + setsúrítsú) O que é co-propriedade.

kyorokyoro きょろきょろ【On.】(Im. de olhar para lá e para cá). ★ *~ suru* きょろきょろする Olhar「nervosamente/com medo」para todo o lado [*Jugyō-chū ni ~ suru na* 授業中にきょろきょろするな Não quero ninguém distraído durante a aula!]. *Atari o ~ (to) sagasu* あたりをきょろきょろと捜す Olhar para todos os lados à procura. ⇨ kyótokyoto.

kyoryó¹ [kyoó] 狭量 A estreiteza de espírito [vistas]. ⟨S/同⟩ Heńkyō; keńkái. ⟨A/反⟩ Kóryō. ⇨ doryó.

kyóryō² [kyoo] 橋梁 A ponte. ★ *~ o kasuru* 橋梁を架する Construir uma ~. ⇨ hashí¹.

kyóryókú¹ [oó] 協力 A colaboração; a cooperação. ★ *~ suru* 協力する Cooperar; colaborar [*Keisatsu no sōsa ni ~ suru* 警察の捜査に協力する Colaborar com a polícia na investigação. *Yūjin to ~ shite* 友人と協力して Em colaboração com os amigos.] ◊ **~ sha** 協力者 O colaborador. **~ teki** 協力的 Cooperativo; colaborador. **Keizai ~** 経済協力 A cooperação [ajuda] econó[ô]mica. **Sōgo ~** 相互協力 A mútua. ⇨ Kyōdō.

kyóryókú² [oó] 強力 O ser「equipa」forte. ★ *~ na enjin* 強力なエンジン Um motor potente [com muita força/potência]. ◊ **gó**ríki.

kyoryū¹ 居留 A residência à parte. ★ *~ suru* 居留 Residir à parte. ◊ **~ chi** 居留地 A terra (ou bairro) concedida pelo governo a residentes estrangeiros (⇨ kiryū².

kyoryū² 巨竜 O megalossáurio.

kyóryū [oó] 恐竜 Os dinossauros [dinossauros].

kyōsa [oó] 教唆 A incitação; o incitamento; a instigação. ★ *~ suru* 教唆する Incitar; instigar. *Satsujin ~ zai no utagai de* 殺人教唆罪の疑いで Por suspeita de (crime de) instigação do assassinato. ◊ **~ sha** 教唆者 O incitador; o instigador.

kyosaí 巨細 【E.】

kyōsáí¹ [oó] 共済 O socorro mútuo. ◊ **~ hoken** 共済保険 O seguro mútuo. **~ kai** [**kumiai**] 共済会 [組合] A sociedade de ~s [A cooperativa]. ⟨S/同⟩ Gójo.

kyōsáí² [oó] 恐妻 O ter medo da mulher. ◊ **~ ka** 恐妻家 O marido dominado pela mulher.

kyōsáí³ 共催 (< kyōdō¹ + shusáí) O co-patrocínio「da Embaixada de P.」. ★ *~ suru* 共催する Patrocinar conjuntamente.

kyósákú¹ [oó] 凶作 A colheita má [fraca]. *Kotoshi wa shimo no sei de kōhī ga ~ da* 今年は霜のせいでコーヒーが凶作だ Este ano, por causa da geada, a colheita de café é má [fraca]. ★ *~ no toshi* 凶作の年 O ano mau「para o arroz」.

kyósáku² Ⓐ/反 Hôsáku. ⇨ fusáku.

kyósáku² [oó] 狭窄 [Med.] O estreitamento; a estrangulação; a estritura; a estenose. ◇ ~ **bu** 狭窄部 O istmo. **Yūmon** ~ 幽門狭窄 ~ do piloro.

kyósán [oó] 協賛 A aprovação e o apoio. ★ ~ suru 協賛する Aprovar e apoiar. Ⓢ/同 Sánjo; yokúsán. ⇨ kyóryókú¹; sańséí¹; shíji².

kyósán² [oó] 共産 A propriedade comum. ◇ ~ **bunshi** 共産分子 Os elementos comunistas.

kyósán-ká [oó] 共産化 A cole(c)tivização. ★ ~ suru 共産化する Cole(c)tivizar.

kyósán-séí [oó] 共産制 O cole(c)tivismo. Ⓢ/同 Kyōsán shúgi (+).

kyósán-shúgi [oó] 共産主義 O comunismo. ◇ ~ **koku** 共産主義国 O país comunista. ~ **sha** 共産主義者 O comunista.

kyósán-tó [kyoo] 共産党 O partido comunista.

kyoséí¹ 虚勢 A fanfarronada [fanfarri(on)ice]; a bazófia. ★ ~ *o haru* 虚勢を張る Fanfarronar; fazer-se valente [forte]. Ⓢ/同 Kará-íbari (+).

kyoséí² 去勢 **1** [家畜などの生殖能力をなくすこと] A castração. ◇ ~ **gyū** 去勢牛 O boi (⇨ ushí²). **2** [抵抗する勢い・意気などを失わせること] [Fig.] A emasculação. ★ ~ *suru* 去勢する Emascular; tirar [fazer perder] o vigor [Kikai bunmei ni ~ sareta gendaijin 機械文明に去勢された現代人 O homem dominado [emasculado] pela máquina].

kyoséí³ 巨星 [E.] **1** [大きい星] Uma estrela gigante. Ⓐ/反 Waíséí. **2** [Fig.] Uma grande figura. *Gadan no ~ otsu* 画壇の巨星墜つ Faleceu um grande pintor [astro/~ da pintura]. Ⓢ/同 Daí-jínbutsu (+); kyojín.

kyoséí¹ [oó] 強制 A compulsão; a força [violência]; a coerção; a coa(c)ção; o constrangimento. ★ ~ *suru* 強制する Forçar; coagir; constranger; compelir; obrigar. ◇ ~ **chakuriku** 強制着陸 A aterr(úss)agem forçada. ~ **renkō** 強制連行 O levar 「alguém」à força; o prender. ~ **rōdō** 強制労働 Trabalho escravo. ~ **shikkō** 強制執行 A execução judicial. ~ **shobun** 強制処分 A medida compulsória [legal]. ~ **shudan** 強制手段 Os meios legais. ~ **shūyō** 強制収容 A detenção. ~ **shūyōjo** 強制収容所 O campo de concentração. ~ **sōkan** 強制送還 A repatriação forçada. ⇨ ~ **teki** (**ni**). Ⓢ/同 Kyōyō².

kyoséí² [oó] 矯[匡]正 A corre(c)ção; a re(c)tificação. ★ ~ *dekiru* 矯正できる Corrigível. ~ *suru* 矯正する Corrigir; endireitar [alinhar]「os dentes」; re(c)tificar [*Ranshi no megane de ~ suru* 乱視をめがねで矯正する Corrigir o astigmatismo com [usando] óculos]. ◇ ~ **shiryoku** 矯正視力 A vista corrigida.

kyoséí³ [oó] 強請 [E.] **1** [ゆすり] A extorsão [intimidação]; a chantagem. Ⓢ/同 Gōséí; yusúrí (+). **2** [⇨ kyōyō³].

kyoséí⁴ [oó] 強勢 **a)** O acento silábico; **b)** A ênfase. ★ ~ *o oku* 強勢を置く **a)** Pôr o ~; acentuar; **b)** Dar importância; pôr ênfase. ⇨ ákusento.

kyoséí⁵ [oó] 共棲[生] A simbiose. ◇ ~ **dōbutsu** 共棲動物 O simbiota. ⇨ kiséí².

kyoséí⁶ [oó] 寄生 (Abrev. de "kyóíkú jisshúseí") O (estudante) estagiário.

kyoséí-ryoku [oó] 強制力 O poder legal [coerci(ti)vo].

kyoséí-téki [oó] 強制的 Compulsório; obrigatório. ★ ~ *ni* 強制的に「Fazer entrar」à força.

kyoséí-yaku[-zai] [oó] 強精薬[剤] Um tó(ô)nico [fortificante]. Ⓢ/同 Kyōsōzai (+).

kyóséń [oó] 胸腺 [Anat.] O timo.

kyósha¹ [oó] 強者 [E.] O (homem) forte; os fortes [poderosos]「e os fracos」. Ⓢ/同 Kyōgō² (+). Ⓐ/反 Jákusha.

kyósha² [oó] 香車 A lança do jogo de "shṓgí". Ⓢ/同 Kyō (+).

kyōshi [oó] 挙止 [E.] O comportamento; a conduta. Ⓢ/同 Kíkyo, kyodō (+); kyóso. ⇨ dṓsa.

kyōshi [oó] 教師 **1** [教員] O mestre [professor] (Em geral). ◇ **Katei** ~ 家庭教師 ~ particular; o explicador. ⇨ Kyōíń; señséí (+). **2** [宗教の指導者] O mestre espiritual. ⇨ fukyō³ ◇; señkyō¹ (+).

kyoshí-jṓ 鋸歯状 Em (forma de dentes de) serra; 「folha」dentada.

kyoshíki 挙式 (< kyó² + shikí²) A cerimó(ô)nia. ★ ~ *suru* 挙式する Realizar [Ter/Fazer a 「do casamento」]. ⇨ kyōkó¹; shikkó¹.

kyóshíń¹ [oó] 狂信 O fanatismo「religioso」. ★ ~ *suru* 狂信する Crer fanaticamente「em」; ser fanático「de」. ◇ ~ **sha** 狂信者 O fanático. Ⓢ/同 Mṓshíń.

kyóshíń² [oó] 強震 Um terremoto [abalo sísmico] forte/intenso/violento. Ⓐ/反 Jakúshíń. ⇨ jishíń³.

kyóshíń³ [oó] 共振 [Fís.] A ressonância. Ⓢ/同 Kyōméí¹ (+); tomó-búré.

kyōshín-kai [oó] 共進会 Uma exposição [feira] de amostras. Ⓢ/同 Hinpyōkai (+).

kyōshín-shó [oó] 狭心症 [Med.] A angina de peito; a estenocardia.

kyōshín-tańkái [oó] 虚心坦懐 [E.] A franqueza.

kyōshín-zái [oó] 強心剤 O medicamento cardiotó(ô)nico.

kyoshí-téki 巨視的 **1** [肉眼的]「o mundo」 Macroscópico. Ⓐ/反 Bishí-téki. ⇨ nikúgáń. **2** [対象を全体的な一つのまとまりとしてみる態度] Amplo. ★ ~ *ni miru* 巨視的に見る Ter uma visão ampla.

kyōshítsú 居室 [E.] A sala de estar; uma sala [um quarto] particular. Ⓢ/同 Imá (+).

kyōshítsú [oó] 教室 **1** [教場] A sala de aula. Ⓢ/同 Kyōjō² (+). **2** [技芸などの講習] O curso. ◇ *Ryōri [Kaiga; Ongaku] ~ o hiraku* 料理「絵画；音楽」教室を開く Abrir um ~ de cozinha [pintura; música]. ⇨ kōshō².

kyosho 居所 [E.] **1** [住居] A [O lugar de] residência. Ⓢ/同 Idókoro (+); jūkyo (o); kyotákú; súmai (+). **2** [⇨ jūsho]. **3** [⇨ yukúé].

kyoshō 巨匠 [E.] Um grande mestre. ★ *Bundan no ~* 文壇の巨匠 Um grande autor [escritor]. Ⓢ/同 Meíshō; táika; táito.

kyosho [oó] 教書 A mensagem「do Presidente/Papa」. Ⓢ/同 Mésséji.

kyōshṓ¹ [kyoó] 協商 O acordo; o pacto. ◇ **Sangoku** ~ 三国協商 ~ trilateral. ⇨ kyōtéí¹.

kyōshṓ² [oó] 狭小「um pedaço de terreno」Estreito (e pequeno). Ⓢ/同 Kyōdáí. Ⓐ/反 Kōdáí.

kyoshókú [oó] 虚飾 [E.] A「vida de」ostentação; a pompa. ⇨ Kyoéí (+).

kyōshókú [oó] 教職 O magistério [ofício de professor]. ★ ~ *ni tsuku* 教職に就く Dedicar-se ao ensino [Ficar professor]. ◇ **~ katei** 教職課程 O curso de formação pedagógica.

kyōshókú-in [oó] 教職員 (< kyōîn + shokúin) O pessoal de uma escola. ◇ **~ kumiai** 教職員組合 O sindicato de professores e funcionários/empregados/pessoal ndo docente.

kyoshókú-shō 拒食症【Med.】A sitiofobia.

kyóshu 挙手 Levantar a mão. *Sansei no kata wa ~ o o-negai shimasu* 賛成の方は挙手をお願いします Os que estão de acordo, façam (o) favor de ~. ★ **~ suru** 挙手する ... ⇨ kéiréi.

kyoshū 去就【E.】A atitude a tomar. ★ **~ o akiraka ni suru** 去就を明らかにする Decidir a sua atitude. S/画 Shíntai (o); shússho-shíntai (+).

kyóshu[1] [óo] 教主 1 [仏教の教えを説いた最初の人]【Bud.】O fundador do budismo. S/画 Sháka (+); shákuson. 2 [宗祖] O fundador [chefe] de uma seita religiosa. S/画 Káisan (+); káiso[1]; kyōso (o); shússou; shúshi.

kyóshu[2] [óo] 興趣【E.】O interesse; o sabor. ★ **~ ga tsukinai** 興趣が尽きない「um lindo quadro」Nunca deixar de nos encantar profundamente [Nunca perder o ~]. S/画 Kyōmi; omómúki (o); omóshíromí (+).

kyóshu[3] [óo] 拱手【E.】O cruzar os braços (Tb. véfêjnia chinesa). ★ **~ bōkan suru** 拱手傍観する Ficar de braços cruzados「sem fazer nada」. ⇨ futókóró-dé.

kyōshū[1] [oó] 郷愁 A nostalgia; a saudade da terra [do lar]. ★ **~ o idaku** [kanjiru] 郷愁を抱く [感じる] Sentir nostalgia [Ter saudades]「de」. **~ o okosaseru** [sasou; sosoru] 郷愁を起こさせる [誘う; そそる] Causar nostalgia; dar saudades. *Yōnen-jidai e no ~* 幼年時代への郷愁 ~ da infância. S/画 Nosutárújia. ⇨ bókyô[1]; hómúshíkku; kaíkyô[3].

kyōshū[2] [oó] 強襲 1 [激しい攻撃] O ataque em [com toda a] força. ★ **~ suru** 強襲する Assaltar; atacar. S/画 Gekíkō (+); mōkō. 2 [強い当たりが野手のところへ来ること]【Beis.】A batida valente. *San-rui ~ no hitto o hanatsu* 三塁強襲のヒットを放つ Dar uma ~ e conquistar três bases.

kyōshū-jó [oó] 教習所 Uma escola de trein(ament)o. ◇ **Jidōsha ~** 自動車教習所 A escola de condução.

kyōshúku [oó] 恐縮 O embaraço [pedir desculpa]; o estar agradecido. ★ **~ desu ga** 恐縮ですが Poderia fazer o favor de ... [**~ desu ga kore o oshiete itadakemasu ka** 恐縮ですがこれを教えていただけますか Poderia fazer o favor de me dizer [Com licença:] o que é isto?]. **~ suru** 恐縮する ... ⇨ osóré-iru.

kyoshutsú 拠[醵]出 A doação. ★ **~ suru** 拠出する Doar; contribuir [*Kyūen shikin o ~ suru* 救援資金を拠出する Contribuir para o fundo de socorro]. S/画 Kánpa (+); kyokín.

kyōshutsú [oó] 供出 A entrega obrigatória「ao Estado」. ◇ **~ wariate** 供出割り当て A quota a entregar/ser entregue. ⇨ teíkyô[2]; teíshútsú.

kyoso [óo] 教祖 1 [ある宗教・宗派などを新しく開いた人] O fundador ou chefe de uma seita religiosa. S/画 Káisan; káiso[1]; kyōshu; shūso; sóshi. 2 [あることを新しく始めて一つの傾向などを作り出した人]【Fig.】O criador (pai/a grande figura). ★ *Shūrurearizumu no ~* シュールレアリズムの教祖 ~ do surrealismo. ⇨ gánso.

kyōsō[1] [kyoó] 競争 A competição; a concorrência. ★ **~ de** [**ni**] **katsu** 競争で [に] 勝つ Ganhar em [a] ~. **~ de** [**ni**] **makeru** 競争で [に] 負ける Perder a ~; ser derrotado. **~ ni kuwawaru** [**sanka suru**] 競争に加わる [参加する] Participar na ~. **~ ni naranai** 競争にならない Não poder competir/concorrer. *~ no hageshii yo no naka* 競争の激しい世の中 O mundo competitivo「em que vivemos」. **~ suru** 競争(を)する Competir「com」. *Hageshii* [*Gekiretsu na*] *~* 激しい [激烈な] 競争 Uma terrível [muito forte] ~. *Nesage no ~* 値下げの競争 A concorrência vendendo barato. ◇ **~ aite** [**sha**] 競争相手 [者] O rival; o competidor; o concorrente. **~ ishiki** 競争意識 O sentido da ~. **~ koku** 競争国 O país em ~. **~ nyūsatsu** 競争入札 A licitação. **~ ritsu** 競争率 A [O grau de] concorrência num exame de admissão. ⇨ **~ ryoku** [**shin**]. *Jiyū ~* 自由競争 A livre concorrência. *Kakaku ~* 価格競争 A concorrência de preços. *Katō ~* 過当競争 ~ excessiva. *Seizon ~* 生存競争 A luta pela vida [sobrevivência]. ◇ **~ arásói**.

kyōsō[2] [kyoó] 競走 A corrida. ★ **~ ni deru** 競走に出る Competir numa ~. **~ ni katsu** [**makeru**] 競走に勝つ [負ける] Ganhar [Perder] a ~. **~(o) suru** 競走(を)する Correr; jogar à ~. **~ sha** 競走者. **Chōkyori** [**Tankyori**] **~** 長距離 [短距離] 競走 de longa [curta] distância. *Shōgai-butsu ~* 障害物競走 ~ de obstáculos. ⇨ Kakékko; résu.

kyōsō[3] [kyoó] 強壮 A robustez. ★ **~ na taikaku** 強壮な体格 Uma constituição [compleição] robusta. ⇨ kyōkén (+); sókén[1].

kyōsō[4] [kyoó] 競漕 A regata; a corrida de barcos. ★ **~ yō bōto** [**tantei**] 競漕用ボート [短艇] O barco de corrida. ⇨ reíjí[3].

kyōsō[5] [kyoó] 狂騒 [躁] O ruído [frenesi]「da cidade」. ⇨ Kēnsō (+).

kyōsō-koku [kyoósóo] 競争国 O país rival.

kyōsókú [oó] 脇息 O suporte para o braço (Quando sentado no tatami). ⇨ Hijíkáke.

kyōsokú-bón [oó] 教則本 O manual; o método. ◇ **Piano ~** ピアノ教則本 ~ para piano.

kyōsōkyoku[1] [kyoósoo] 協奏曲【Mús.】O concerto (Peça musical para solista e orquestra). ◇ **Piano ~** ピアノ協奏曲 ~ para piano (e orquestra). S/画 Kóncheruto.

kyōsōkyoku[2] [kyoósoo] 狂想曲【Mús.】O capricho. ⇨ Kapúríccho; kisōkyoku.

kyōsón [oó] 共存 A coexistência. ★ **~ suru** 共存する Coexistir. ◇ ⇨ **kyōei**. *Heiwa ~* 平和共存 ~ pacífica. S/画 Kyōzón.

kyōsón-kyōéi [kyoó-] 共存共栄 A coexistência e prosperidade mútua. ◇ **~ shugi** 共存共栄主義 O princípio de ~.

kyōsō-ryoku [kyoósóo] 競争力 A força [capacidade] para competir. ⇨ kyōsō[1].

kyōsō-sha [kyoósóo] 競走者 O corredor. ⇨ kyōsō[2].

kyōsō-shin [kyoósóo] 競争心 O espírito competitivo [de rivalidade]. ★ **~ o aoru** 競争心をあおる Despertar [Criar] ~. S/画 Kyōsō-íshiki.

kyōsō-zai [kyoósóo] 強壮剤 O fortificante.

kyosū [úu] 虚数【Mat.】O número imaginário. A/反 Jissú.

Kyōsui-byō [kyoo-] 恐水病【Med.】A hidrofobia (Medo da água).

kyōsúru [oó] 供する 1 [役立たす] Pôr [Colocar] à

kyótaí disposição. ★ *Sankō ni* ~ 参考に供する Expor [~] para consulta. Ⓢ/Ⓙ Yakúdátéru (+). **2** [地位・身分の高い人などに差し出す] Oferecer [Levar] a uma pessoa importante. Ⓢ/Ⓙ Sashídású (o); teíkyó súrú (+). **3** [ごちそうする] Servir. ★ *Chaka o* ~ 茶菓を供する ~ chá e doces. Ⓢ/Ⓙ Chisó súrú (+). **4** [支給する] Prover. Ⓢ/Ⓙ Shikyú súrú (+).

kyótaí 巨体【E.】 Uma figura gigantesca; o corpanzil. ★ ~ *no mochinushi* 巨体の持ち主 Um gigante. Ⓢ/Ⓙ Kyóku⁴.

kyótaí¹ [oó] 狂態 A conduta vergonhosa. ★ ~ *o enjiru* 狂態を演じる Portar-se de maneira vergonhosa「com a [por causa da] embriaguez」. Ⓢ/Ⓙ Shittái; shūtái (+).

kyótaí² [oó] 嬌態 O coquetismo; a coqueteria; o galanteio; os requebros. ★ ~ *o miseru* [*shimesu*] 嬌態を見せる [示す] Requebrar-se; coquetear. Ⓢ/Ⓙ Bitái; kyōshi.

kyotakú 居宅 [E.] A (casa de) residência. Ⓢ/Ⓙ Idókoro (+); júkyo (o); kyósho **1**; súmai (+).

kyótakú¹ [oó] 供託 O depósito; a consignação. ★ ~ *suru* 供託する Depositar; consignar; vender à consignação. ◇ ~ **butsu** 供託物 O artigo depositado/consignado. ~ **kin** 供託金 O dinheiro depositado. ~ **sha** 供託者 O depositante.

kyótakú² [oó] 教卓 A mesa do professor (na aula). ⇨ tsukúé.

kyótán [oó] 驚嘆 A admiração; o espanto; o pasmo; o assombro. ★ ~ *ni atai suru* 驚嘆に値する Ser digno de admiração. ~ *suru* 驚嘆する Admirar-se [*Sono jikken no seikō wa sekaijū no hito o* ~ *saseta* その実験の成功は世界中の人を驚嘆させた O sucesso da experiência causou (grande) admiração no mundo inteiro. ~ *subeki sakuhin* 驚嘆すべき作品 Uma obra admirável [espantosa/maravilhosa]]. Ⓢ/Ⓙ Kańtań.

kyōtéí¹ [oó] 協定 O acordo [pacto] (entre países); o convé(ê)nio (entre universidades). *Nippaku-kan ni* ~ *ga matomatta* 日伯間に協定がまとまった Estabeleceu-se um ~ entre o J. e o B. ★ ~ *o mamoru* 協定を守る Cumprir o ~. ~ *o yaburu* [*haiki suru*] 協定を破る [廃棄する] Violar [Anular] o ~. ~ *suru* 協定する Concordar; acordar; convir [*Kakaku o* ~ *suru* 価格を協定する Acordar o preço]. ◇ ~ **kakaku** [**nedan**] 協定価格 [値段] O preço acordado. ◇ ~ **sho. Shinshi** ~ 紳士協定 O acordo de cavalheiros. Ⓢ/Ⓙ yákyaku.

kyōtéí² [oó] 教程 **1** [順序; 方式] ⇨ katéí⁴; kyōju ◇. **2** [教本] O manual. Ⓢ/Ⓙ Kyōkásho (+); kyóhóń¹ (+); tékisuto (o).

kyōtéí³ [oó] 競艇 A regata; a corrida de lanchas (a motor). ⇨ keíbá; keírín¹.

kyōtéí-shó [oó] 協定書 O texto [Os termos] do acordo. ⇨ kyōtéí¹.

kyōtékí¹ [oó] 強敵 Um adversário forte [temível]. Ⓢ/Ⓙ Taítékí. Ⓐ/Ⓚ Jakútékí.

kyōtékí² [oó] 狂的 Louco; doido; frenético; lunático; fanático. ⇨ ijō².

kyotén 拠点 A base; o ponto de apoio. ★ ~ *o kakuho suru* 拠点を確保する Assegurar a base. ◇ **Senryaku** ~ 戦略拠点 ~ estratégica[o]. Ⓢ/Ⓙ Ashí-bá; yorí-dókóro.

kyōtén¹ [oó] 教典 O livro sagrado. ★ *Kirisutokyō no* ~ キリスト教の教典 A Bíblia [Sagrada Escritura]. Ⓢ/Ⓙ Séisho (+).

kyōtén² [oó] 経典 **1** [仏の教えを記した文章・書物] A sutra. Ⓢ/Ⓙ Kyōmón. **2** [⇨ kyōtén¹].

kyōtén-dóchi [kyoó-dóo] 驚天動地【E.】 O ser assombroso. ★ ~ *no dai-jiken* 驚天動地の大事件 Um acontecimento sensacional/~.

kyotó¹ 巨頭【E.】 Uma grande figura. ◇ ~ **kaidan** 巨頭会談 A (reunião) cimeira (dos grandes chefes de Estado). Ⓢ/Ⓙ Kashírá; ódáté-mono; ómónó; shunó; shuryó.

kyotó² 挙党【E.】 O partido em peso. ◇ ~ **taisei** 挙党体制 Uma estrutura unida. Ⓢ/Ⓙ Zeńtó.

kyōto¹ [óo] 教徒 O fiel; o crente. ◇ ⇨ **Bukkyōto. Kirisuto** ~ キリスト教徒 O cristão. Ⓢ/Ⓙ Shínja (o); shínto (+).

kyōto² [oó] 凶 [兇] 徒【E.】 O bandido; o assassino; o desordeiro. Ⓢ/Ⓙ Kyōkáń³.

kyōtó¹ [kyoó] 共闘 A luta comum [unida]. ★ ~ *suru* 共闘する Lutar juntos「contra」.

kyōtó² [kyoó] 教頭 O subdire(c)tor「da escola」. Ⓢ/Ⓙ Bikkúri (o); gyóteń (+); kíkkyó; kyógákú.

kyōtó³ [kyoó] 郷党【E.】 O patrício [conterrâneo] (Da mesma terra natal).

kyōtó⁴ [kyoó] 驚倒【E.】 Um (grande) espanto. Ⓢ/Ⓙ Bikkúri (o); gyóteń (+); kíkkyó; kyógákú.

kyōtóho [kyoótóo] 橋頭保 [堡] **1** [陣地] A cabeça [testa]-de-ponte. ★ ~ *o kizuku* [*kakuho suru*] 橋頭保を築く [確保する] Assegurar [Conquistar] uma ~. **2** [足がかり] O ponto de apoio; a base. Ⓢ/Ⓙ Ashí-gákari.

kyótokyoro きょときょと ⇨ kyórokyoro.

kyotón to きょとんと De maneira aérea [apalermada]. ★ ~ *shita me de miru* きょとんとした目で見る Olhar como boi para um palácio. ~ *shite* きょとんとして Com ar de palerma. Pokáń to.

kyōtsú¹ [oó] 共通 O ser「um nosso amigo」comum. ★ ~ *no rigai o motsu* [*de musubareru*] 共通の利害を持つ[で結ばれる] Ter [Estar unido por] interesses comuns. ~ *suru* 共通する ... ◇ ~ **go** 共通語 O idioma comum「para todo o país」. ◇ ~ **sei. ~ ten** 共通点 Os pontos em comum [~ *ten ga nai* 共通点がない Não ter nada em comum; ser completamente diferente「do irmão」].

kyōtsú² [oó] 胸痛 A dor no peito; a pleurodinia.

kyōtsui [óo] 胸椎【Anat.】 As vértebras torácicas [dorsais]. ⇨ sekítsúé.

kyōtsú-séí [oó] 共通性 O ter algo em comum. ★ *Shisō no* ~ 思想の共通性 A comunhão de pensamento. Ⓢ/Ⓙ Kyōtsú-ten.

kyōwá [oó] 協和 **1** [親しく協力すること] A harmonia. ★ ~ *suru* 協和する Estar em ~; harmonizar-se. ⇨ kyóryokú. **2**【Mús.】 A consonância. ◇ ~ **on** 協和音 Uma ~.

kyōwá-koku [oó] 共和国 A república; o país republicano. ◇ **Porutogaru** ~ ポルトガル共和国 A República Portuguesa.

kyōwáń [oó] 峡湾 O fiorde. Ⓢ/Ⓙ Fiyórudo (+).

kyōwá-séí 共和制 O sistema [regime] republicano. ★ ~ *o toru* 共和制をとる Ado(p)tar ~. Ⓢ/Ⓙ Kyōwá-séítai. Ⓐ/Ⓚ Kuńshú-séí.

kyōwá-séiji 共和政治 O governo republicano. ★ ~ *o okonau* 共和政治を行う Ter um ~.

kyōwá-séitai 共和政体 O regime republicano. Ⓢ/Ⓙ Kyōwáséí(do). Ⓐ/Ⓚ Kuńshúséí.

kyōwá-shúgi [oó] 共和主義 O republicanismo. ◇ ~ **sha** 共和主義者 O republicano.

kyówá-tó [kyoo] 共和党 O Partido Republicano.
kyóyáku[1] [oó] 協約 A convenção; o acordo. ◇ **Tsūshō ~** 通商協約 ~ comercial. S/同 Kyōtéí (+). ⇨ jōyáku.
kyóyáku[2] [oó] 共訳 A co-tradução. ★ ~ suru 共訳する Traduzir em grupo [em colaboração]. ⇨ hoń'yáku.
kyoyó[1] 許容 A tolerância. ~ dekiru [shiuru] 許容できる [しうる] Tolerável. ~ suru 許容する Permitir; admitir; tolerar; aguentar [suportar]「a dose」. ~ **ryō** 許容量 A dose [quantidade] máxima「de radioa(c)tividade」. S/同 Niñyó[2]; yóńiń[1].
kyoyó[2] 挙用【E.】 ⇨ kiyó[2]; tōyó[2].
kyóyo [oó] 供与 O fornecer「armas」; o dar. ★ ~ suru 供与する ... ⇨ kyōyū.
kyōyō[1] [kyoo] 教養 A cultura (geral); a educação; a sabedoria; a instrução. ★ ~ ga fukai 教養が深い Ser muito instruído. ~ no aru [nai] 教養のある [ない]「pessoa」Com [Sem] cultura. ~ o mi ni tsukeru 教養を身につける Instruir-se; estudar; formar-se. ~ o takameru 教養を高める「quero」Aumentar os「meus」~. ~ o yutaka ni suru教養を豊かにする Alargar os seus ~. ◇ ~ **bangumi** 教養番組 (ラジオ;テレビの) Um programa cultural「da TV」. ~ **gakuhu** 教養学部 A Faculdade de Cultura Geral (Os dois primeiros anos de universidade). ~ **gakka** [**kamoku**] 教養学科 [科目] O curso [As matérias] de cultura geral. ~ **katei** 教養課程 O curso de cultura geral.
kyōyō[2] [kyoo] 共用 O uso público. ~ no suidō [toire] 共用の水道 [トイレ] A água [casa de banho] pública/do público. ~ suru 共用する Deixar usar「o ginásio」. A/反 Señ'yú. S/同 Kyōyū[2]; kyōyū[1].
kyōyō[3] [kyoo] 強要 A coa(c)ção; a coerção; a extorsão. ★ ~ suru 強要する Coagir; forçar「a deixar o emprego」; extorquir「dinheiro」. Tachinoki o ~ sareru 立ち退きを強要される Ser compelido a evacuar「a casa」. S/同 Kyōséí[1] (+); murījí.
kyōyú [oó] 教諭 O professor (De escola primária ou secundária). S/同 Señséí[2] (+); kyōkań; señséí (+); ⇨ kyōjúí[1] 2.
kyōyū[1] [oó] 共有 A co-propriedade; a propriedade [posse em] comum. ★ ~ ni [ka] suru 共有に [化] する Fazer「algo」propriedade em comum. ~ suru 共有する Possuir「algo」em comum. ◇ ~ **butsu** 共有物 A propriedade comum. ~ **chi** 共有地 O baldio [terra] da aldeia. ~ **sha** 共有者 O co-proprietário. ~ **zaisan** 共有財産 A propriedade comum (dos bens). A/反 Señ'yú. S/同 Kyōyō[2].
kyōyū[2] [oó] 享有 O gozar「de」; o usufruir [ter]「os seus direitos」. ★ Jiyū o ~ suru 自由を享有する Gozar da liberdade.
kyozái 巨財【E.】Uma fortuna enorme; imensos recursos. ⇨ záisan.
kyozáí [oó] 教材 O material didá(c)tico. S/同 Kyōgu.
kyō-zámashi [oó] 興醒まし (< ... [2] + samásu) O desmanchar-prazeres; o balde de água fria. S/同 Kyō-zámé.
kyō-zámé [oó] 興醒め (< ... [3] + saméru) O perder a graça; o estragar [desmanchar] a festa. ★ ~ na koto o iu [suru] 興醒めなことを言う[する] Desanimar as pessoas; tirar a graça. S/同 Kyō-zámashi.

kyōzátsú-butsu [oó] 夾雑物 As impurezas; os elemento heterogé[ê]neos. ⇨ yokéí.
kyozetsú 拒絶 A rejeição「da proposta」; a recusa; a repulsa. ★ Menkai o ~ suru 面会を拒絶する Recusar a entrevista. ◇ ~ **hannō** 拒絶反応【Med.】(Os sintomas de) rejeição「do transplante」. S/同 Kyōhi. A/反 Judákú; kyodákú.
kyo-zō [oó] 虚像 【1【Fís.】A imagem virtual. **2** [見かけだけで実際にないもの]【Fig.】Uma imagem falsa「de prosperidade」. ★ Jānarizumu ni yotte tsukurareta ~ ジャーナリズムによって作られた虚像 ~ criada pela imprensa. Miséskōzō (+). A/反 Jitsuzó.
kyōzō [oó] 胸像 O busto. ⇨ ritsúzō; zazō.
kyozóń [oó] 共存 ⇨ kyōsón.
kyozúrú [oó] 興ずる ⇨ kyōjírú.
kyū [**kyú**; **kyuū**] きゅう [きゅう; きゅうっ]【On.】**1** [強くこすったり、ねじったり、押しつけたりした時に出る音の形容] (Im. de rangido, de quando se faz algo com força, etc.). ★「Obi o」 ~ to shimeru「帯を」きゅっと締める Apertar「o cinto com força」. ⇨ kyūkyú[2]. **2** [冷酒などを一息に飲むようす] (Im. de beber de um gole). ★「Hiya-zake o」 ~ to ippai yaru「冷酒を」きゅっと一杯やる Beber o saké gelado de um gole [trago]. **3** [胸が締めつけられるように感じる形容] (Im. de muito emocionado). Ano toki no koto ga ~ to atashi mune ni komiagete kita あの時のことがきゅっと熱く胸にこみあげてきた Senti uma grande emoção ao recordar esse dia.
kyū[1] [**uú**] 急 **1** [緊急の事態] a) A urgência; b) A emergência; a crise; o perigo. ★ ~ ni sonaeru 急に備える Preparar-se para uma emergência. ~ o kiite kaketsukeru 急を聞いてかけつける Acudir a uma emergência. ~ o sukuu 急を救う Ajudar alguém em perigo; tirar alguém de uma dificuldade. ~ o tsugeru 急を告げる Ameaçar; tornar-se crítico [alarmante]. [Jitai wa fūun ~ o tsugete iru 事態は風雲急を告げている A situação está [a ficar] cada vez mais alarmante [crítica]. I/同 Shōbi no ~ ni ōjiru 焦眉の急に応じる Atender a uma necessidade urgente. ◇ ~ **ba**. S/同 Kikyú; kińkyú. **2** [突然なこと] O repente. ★ ~ ni ame ga furidasu 急に雨が降り出す Começar a chover de repente. ◇ ~ **teisha**. S/同 Niwaka; totsuzéń. **3** [早いこと] A rapidez. ★ ~ **na** 急な Rápido; veloz [~ na nagare 急な流れ A corrente forte]. ⇨ **pitchi**[**tenpo**]. ⇨ hayái. **4** [けわしいこと] O ser íngreme [a pique]. ★ ~ **na saka** 急な坂 Uma encosta [ladeira] a pique. ◇ ~ **jōshō**[**keisha**; **kōbai**; **kōka**; **sha-men**]. ⇨ kewáshíí. **5** [鋭いこと] O ser curvo [apertado]. ★ ~ na magari-kadō 急な曲がり角 Uma curva (muito) apertada [fechada]. ◇ ~ **kābu** [**kakudo**].
kyū[2] [**úu**] 級 **1** [階級] O grau; a categoria. ★ ~ ni wakeru 級に分ける Classificar. ~ o ageru [sageru] 級を上げる[下げる] Promover ao grau superior [Baixar de categoria]. Dai-ikkyū no daí-ichi-kyū no 第一級の「vinho/médico」De primeira categoria [classe/qualidade]. Daijin ~ no hito 大臣級の人 Uma pessoa com categoria [nível] de ministro. Gosen-mētoru ~ no yama yama 五千メートル級の山々 As montanhas (do nível) de cinco mil metros de altura. I-kyū ue [shita] de aru 一級上[下]である Ser um grau superior/acima [inferior/abaixo]. S/同 Kaíkyú. **2** [学年] A classe [O ano] (escolar). ★ Ikkyū

ue [shita] de aru 一級上［下］である Ser um ano superior [inferior]「ao meu filho」. [S/同] Gakúnéń.

kyū[3] **[úu]** 旧 **1** [古いこと・物] Antigo. ★ ~ *ni fukusuru* 旧に復する Restaurar [Pôr como estava antes]. ◇ **~ kaidō** 旧街道 A antiga estrada. ⇨ **~ sekki [setsu; shi; shiki]**. **~ taisei** 旧体制 O ~ [velho] regime. **~ teki** 旧敵 O velho [~] inimigo. [S/同] Mukáshí (+). [A/反] Shín. **2** [旧暦] O calendário antigo [lunar]. [S/同] Kyū́rékí. ⇨ kyū-shógatsu.

kyū[4] **[úu]** 球 **a**) O globo; a esfera; **b**) A bola; **c**) A lâmpada「de 60 watts」. ★ ~ *jō [kei] no* 球状［形］の Esférico [Em forma de esfera]. [S/同] Tamá.

kyū[5] **[úu]** 九 Nove. ★ ~ *bai suru* 九倍する Multiplicar por nove. *Jūji ~ fun* 十時九分 Dez (horas) e nove (minutos). [S/同] Kú. ⇨ kokónotsu.

kyū[6] **[uú]** 灸 **1** [漢方の]【Med.】O cautério [A moxa]. ★ ~ *o sueru* 灸をすえる Aplicar o/a ~ [Tratar com] ~. [S/同] Yaító. **2** [こらしめること]【Fig.】O castigo forte *Ni-do to warui koto o shinai yō ni jūbun ~ o suete yarō* 二度と悪いことをしないように十分灸をすえてやろう Vou-te dar um ~ [bom castigo] para que não repitas [tornes a fazer] esta travessura. ⇨ koráshíméru.

kyū[7] **[úu]** キュー **1** [玉つきで玉をつく棒] O taco de bilhar. **2** [手振りの指図] O aceno [sinal]「aos a(c)tores no rádio ou TV」. ⇨ áizu; sáshizu.

kyū́ákú [uú] 旧悪 Um crime passado. ~ *ga roken shita* 旧悪が露見した Os ~ s dele vieram à luz.

kyū́bá[1] **[uú]** 急場 (⇨ kyū[1]) A emergência; o momento crítico; a crise; o caso urgente; a situação difícil; o transe. ★ ~ *ni maniawaseru* 急場に間に合わせる Salvar a situação. ~ *no shochi o toru* 急場の処置をとる Tomar medidas de emergência. ~ *o kirinukeru [shinogu]* 急場を切り抜ける［しのぐ］「lá conseguimos」Sair da dificuldade; desenrascar-se (G.). ~ *o sukuu* 急場を救う Salvar「alguém」de um perigo [transe]. ◇ **~ shinogi** 急場しのぎ Uma medida de emergência [para remediar]. [S/同] Kikyū́.

Kyū́ba[2] **[úu]** キューバ Cuba. ◇ **~ jin** キューバ人 O cubano.

kyū́-bákú [uú] 旧幕 (< kyū[3] + bákufu[1])【A.】O antigo governo feudal.

kyū́báń [uú] 吸盤【Zool.】A ventosa.

kyū́bízumu [uú] キュービズム (< Fr. cubisme)【Arte】O cubismo. [S/同] Rittáí-há; rittáí-shúgi.

kyū́bo [úu] 急募 O recrutamento urgente. *Jūgyōin go-mei* ~ 従業員5名急募（掲示）Procuram-se 5 empregados — emprego imediato! ⇨ boshū́.

kyū́bṓ [uú] 窮乏 **a**) A pobreza extrema; a miséria; a penúria. ★ ~ *(ka) suru [ni ochiiru]* 窮乏（化）する［に陥る］Ficar na ~. [S/同] Kyū́hákú. ⇨ bínbō. **b**) A falta total [absoluta]「de meios」.

kyū́búń [uú] 旧聞【E.】Uma notícia velha. ⇨ kyū[3].

kyū́byṓ [uú] 急病 Uma doença repentina. ★ ~ *ni kakaru* 急病にかかる Cair enfermo de repente. ◇ **~ kanja [byōnin]** 急病患者［病人］Um caso urgente ([S/同] Kyū́káń[1]).

kyū́chákú [uú] 吸着【Fís./Quím.】A absorção. ~ *suru* 吸着する Absorver. ◇ **~ zai** 吸着剤「o carvão é」Um absorvente.

kyū́chi[1] **[úu]** 窮地【E.】Uma situação difícil; a entaladela; o apuro [aperto]; o dilema. ★ ~ *ni ochiiru [oikomareru]* 窮地に陥る［追い込まれる］Ficar num ~ [Ser entalado/encurralado]. [S/同] Hamé; kyū́kyṓ[1]. ⇨ kíchi[5]; kíki[1].

kyū́chi[2] **[úu]** 旧知【E.】Um velho conhecido [amigo]. ★ ~ *no aidagara* 旧知の間がら Ser [O trato entre] velhos amigos. [S/同] Kyū́shíkí; kyū́yū́[1] (+); mukáshí-nájimi (o).

kyū́chṓ[1] **[uú]** 級長 (< gakkyū́ + chṓ) O representante da classe「escolar」. ⇨ kyū[2].

kyū́chṓ[2] **[uú]** 窮鳥【E.】Um pássaro em perigo. [P/ことわざ] ~ *futokoro ni ireba ryōshi mo kore o korosazu* 窮鳥懐に入れば猟師もこれを殺さず Nem o caçador mata o pássaro que vem refugiar-se em seu seio.

kyū́chū́ [kyuú] 宮中 A corte Imperial. ★ ~ *no gishiki* 宮中の儀式 As cerimó[ô]nias [formalidades] da ~. [S/同] Kínchū; kínri; kyū́téí[1]; kyū́téń.

kyū́dáí [uú] 及第 A aprovação [nota positiva]. ★ ~ *suru* 及第する Sair-se bem [Ser aprovado] num exame; atingir o nível requerido. ~ *ten o toru* 及第点を取る Tirar [Ter] nota positiva. ◇ **~ sha** 及第者 O aprovado. [S/同] Gṓkákú. [A/反] Rakúdáí. ⇨ shińkyū́[2].

kyū́dáń[1] **[uú]** 球団 Uma companhia com equipa profissional de basebol.

kyū́dáń[2] **[uú]** 糾弾【E.】A acusação; a censura; a denúncia. ★ ~ *suru* 糾弾する Acusar; censurar; denunciar. [S/同] Dańgáí (+); kyū́méí[2].

kyū́déń [uú] 宮殿 O palácio. [S/同] Góten.

kyū́dō[1] **[úu]** 弓道 A arte de atirar com [O tiro ao] arco. [S/同] Kyū́jutsu[1]. ⇨ yumí.

kyū́dṓ[2] **[uú]** 旧道 O caminho (Ou estrada) velho [antigo]. [A/反] Shińdṓ. ⇨ kyū[3].

kyū́dṓ[3] **[uú]** 求道 A busca [procura] da verdade [iluminação]. ◇ **~ sha** 求道者 A pessoa que busca a verdade; o catecúmeno (Cri.). [S/同] Gudṓ.

kyū́éń[1] **[uú]** 救援 A ajuda「às vítimas do naufrágio」; o socorro; a assistência; o salvamento. ★ ~ *ni omomuku* 救援におもむく Ir salvar [ajudar]. ~ *suru* 救援する Socorrer; prestar ajuda [~]「a」. ◇ **~ busshi** 救援物資 Os socorros「de víveres」. **~ katsudō** 救援活動「montar」Uma operação de socorro. **~ tai** 救援隊（遭難者の）A equipe/a [expedição] de socorro. [S/同] Énjo; kyū́go; kyū́jo; kyū́shútsú; kyū́sáí.

kyū́éń[2] **[uú]** 休演 O suspender a representação. ★ ~ *suru* 休演する ... [S/同] Kyū́jō[5].

kyū́éń[3] **[uú]** 旧怨【E.】Um velho ressentimento [rancor]. ★ ~ *o harasu* 旧怨を晴らす Ajustar (velhas) contas「com alguém」; fazê-las pagar; desforrar-se. ⇨ urámí[1].

kyū́fu[1] **[úu]** 給付 A doação; o subsídio「de desemprego」. ★ ~ *suru* 給付する Entregar; conceder; dar (um subsídio). ◇ ⇨ **~ kin. Hantai ~** 反対給付 O ~ de compensação. **Iryō ~** 医療給付 O ~ médico. [S/同] Kṓfú; kyū́yo[1] **2**.

kyū́fú[2] **[uú]** 休符【Mús.】A pausa. ◇ **Ni [Shi; Hachi] bu ~** 二［四；八］分休符 A (~) semibreve [semínima; semifusa]. [S/同] Kyū́shífu. ⇨ ońpú.

kyū́fú-kíń [uú] 給付金 O (dinheiro do) subsídio.

kyū́-gáí [uú] 級外「artigo」Desclassificado.

kyū́gákú [uú] 休学 A interrupção dos estudos.

kyū́gátá [uú] 旧型 (< kyū[3] + katá) Um modelo [estilo] antigo「de carro」. [A/反] Shińgátá. ⇨ jidáí[1] ◇; kyū́-shíkí.

kyū́gékí[1] **[uú]** 急激 O ser muito rápido. ★ ~ *na*

急激な Repentino; súbito; rápido. ~ *ni henka suru* 急激に変化する Mudar de repente. ⇨ totsúzén.
kyūgékí² [**uú**] 旧劇 ⇨ kabúkí.
kyūgén [**uú**] 急減 A diminuição repentina [brusca] 「das zonas verdes」. A/反 Kyūzō¹.
kyūgi [**uú**] 球技 [戯] Um jogo de bola.
kyūgi-jō [**uú**] 球技 [戯] 場 O campo (onde se realiza qualquer jogo) da bola.
kyūgo [**uú**] 救護 O socorro; a assistência; o salvamento. ★ ~ *suru* 救護する Socorrer; prestar assistêcia 「a」. ◇ ~ **han** [**tai**] 救護班 [隊] A brigada de ~. ⇨ **jo**.
kyūgō [**uú**] 糾合【E.】O juntar à volta da mesma bandeira. ★ ~ *suru* 糾合する Reunir à sua volta.
kyūgó-jó [**uú**] 救護所 O posto de primeiros socorros.
kyū-góshirae [**uú**] 急拵え (< … ¹ + koshíráérú) Uma improvisação. ★ ~ *de maniawaseru* 急拵えで間に合わせる Remediar de qualquer maneira; desenrascar-se (G.).
kyūgyō [**uú**] 休業 O descanso; o fechar; o fólgo. *Honjitsu* ~ 本日休業 (掲示) Fechado (por hoje)! *Maru-de kaiten* ~ *no jōtai da* まるで開店休業の状態だ A loja está aberta, mas é como se estivese fechada, (não tem movimento). ★ ~ *chū (no)* 休業中 (の) Fechado. ~ *suru* 休業する Fechar; suspender os negócios; tirar férias 「*Tōbun no aida* ~ *shimasu* 当分の間休業する (掲示) Fechado(s) por algum tempo」. ◇ *Rinji* ~ 臨時休業 = especial [exceｐ)cional].
kyūgyō-bi [**kyuúgyóo**] 休業日 (< … +hi) O dia de folga [que uma loja fecha]. *Honjitsu wa* ~ *desu* 本日は休業日です Hoje é ~.
kyūgyū-no-ichímó [**kyuú**] 九牛の一毛【E.】 Uma quantidade insignificante [gota no oceano]. *Kaisha no tōsan o mae ni shite kare no doryoku wa* ~ *datta* 会社の倒産を前にして彼の努力は九牛の一毛だった Ele pouco (ou nada) fez [podia fazer] para evitar a falência da empresa. ⇨ tóru-ni-taranai.
kyūha¹ [**úu**] 旧派 **1** [古い流派] A velha escola. A/反 Shínpa. ⇨ kyū-shíkí. **2** [保守的な仲間] Os conservadores.
kyūha² [**uú**] 急派【E.】O despacho imediato「de uma brigada」. o pronto-socorro. ⇨ tókuha.
kyūhákú¹ [**uú**] 急迫 A urgência; o aperto. ★ ~ *suru* 急迫する Ser「um problema」urgente [crítico]. S/同 Kínpákú (+); seppákú (+). ⇨ sashí-sémáru.
kyūhákú² [**uú**] 窮迫 A extrema pobreza; a penúria; as dificuldades「da firma」. ★ ~ *suru* 窮迫する Ficar na miséria [*Zaisei ga* ~ *suru* 財政が窮迫する As finanças acabarem-se」. S/同 Kónkyú; kyūbó.
kyūhán¹ [**uú**] 旧版 A edição antiga. ★ ~ *o kaitei suru* 旧版を改訂する Rever a ~. A/反 Shínpán.
kyūhán² [**uú**] 急坂【E.】Uma ladeira íngreme. ⇨ kyū⁴; saká¹.
kyūhéi [**uú**] 旧弊 **a)** Um velho abuso; **b)** A caturrice; o fossilismo. ★ ~ *o aratameru* 旧弊を改める Deixar ~. ⇨ akúhéi.
kyūhén [**uú**] 急変 **1** [急に変わること] A mudança rápida (repentina; súbita; brusca; imprevista). ★ ~ *suru* 急変する「o estado do doente」Mudar de repente (piorar). *Byōjō* [*Yōdai*] *no* ~ 病状 (容体)の急変 A pior(i)a repentina do doente. ⇨ Gekíhén; kyūtén. **2**【急の変事】「preparar-se para」Uma emergência [Todas as contingências].

⇨ hénji².
kyūhí [**uú**] 給費 O pagar as despesas (dos estudos). ★ ~ *suru* 給費する … ⇨ shōgákúsh.
kyūhín [**uú**] 救貧【E.】O socorrer os pobres. ◇ ~ *jigyō* 救貧事業 A obra de beneficência.
kyūhō¹ [**uú**] 急報 Um aviso, notícia ou informação urgente. ★ ~ *o ukeru* 急報を受ける Receber ~. S/同 Hihō; sokúhō (+).
kyūhō² [**uú**] 臼砲 O morteiro. ⇨ taíhó.
kyūín [**uú**] 吸引 **1** [吸い込むこと] A absorção. ★ ~ *suru* 吸引する Absorver; chupar. ◇ ~ **ryoku** 吸引力 A força de ~. **2** [人を引きつけること] A atra(c)ção. ★ *Taishū o* ~ *suru seijika* 大衆を吸引する政治家 Um político que arrasta as multidões.
kyūji [**úu**] 給仕 **1** [会社・役所・学校などで細かい雑用をする人] O auxiliar de escritório, etc.; o marçano; o moço de recados; o garçon. **2** [食事の世話] **a)** O serviço à mesa; **b)** O empregado de mesa. ★ ~ *suru* 給仕する Servir à mesa.
kyūjín [**úu**] 求人 A procura de pessoal. ~求人 (掲示) "Precisa-se"! ◇ ~ **kōkoku** 求人広告 O anúncio de (oferta de) trabalho [emprego]. ~ *nan* 求人難 A falta de trabalhadores [braços/mão-de-obra]. ~ **ran** 求人欄 A coluna [se(c)ção] de ofertas de emprego. A/反 Kyūshóku³.
kyūjín-nó-kó [**kyuú-kóo**] 九仞の功 A obra perfeita. 「*o ikki ni kaku* 九仞の功を一簣に欠く Estragar a pintura [Estragar uma ~ por um nada].
kyūjítsú [**uú**] 休日 O feriado. *Kyō wa* ~ *da* 今日は休日だ Hoje é feriado. ◇ ~ *ake* 休日明け O dia a seguir ao ~. ~ **kinmu** [**shukkin**] 休日勤務 [出勤] O ir trabalhar num (dia) ~. S/同 Kōkyúbi; kyūká¹; teíkyúbi; yasúmí. ⇨ shukújítsú; kyūgyō.
kyūjo [**uú**] 救助 O socorro; o salvamento. ~ *o motomeru* 救助を求める Pedir socorro. ~ *suru* 救助する Socorrer; salvar; acudir「a」. ◇ ~ **honbu** 救助本部 O posto central de ~. ~ *sagyō* 救助作業 A operação [Os serviços/trabalhos] de ~. ~ **sen** [**tei**] 救助船 [艇] O barco salva-vidas. ~ **shingō** 救助信号 Um S.O.S. (Ésse-ó-ésse); o pedido de socorro. ~ **tai. Jinmei** ~ *tai* 人命救助 O salvar 「primeiro」as vidas. Énjo; kyūén¹; kyūgo; kyūnán¹; kyūsái; kyūshútsú.
kyūjō¹ [**uú**] 窮状 Uma situação [Um estado] miserável. ~ *Risaisha no* ~ *o uttaeru* 罹災者の窮状を訴える Queixar-se da [Chamar a atenção para a] ~ dos flagelados.
kyūjō² [**uú**] 球場 O campo [estádio] de basebol.
kyūjō³ [**uú**] 球状 A forma de esfera. ★ ~ *no* 球状の Esférico; ⇨ Kyūkéi³.
kyūjō⁴ [**uú**] 弓状 A forma de arco. ★ ~ *no* 弓状の Arqueado; em (forma de) arco. S/同 Kyūkéi¹; yumí-gátá; yumínári (+).
kyūjō⁵ [**uú**] 休場 **1** [劇場が休みになること] O fechar (hoje) o teatro. S/同 Kyūén². **2** [出演者・競技者などが休んで出場しないこと] A ausência de um a(c)tor, sumoca, etc. ★ ~ *suru* 休場する Não aparecer [participar]. S/同 Ketsújó; kyūén².
kyūjō⁶ [**uú**] 旧状 O estado anterior. ⇨ kyū³.
kyūjō⁷ [**uú**] 旧情【E.】⇨ kyūkō⁴.
kyū-jóshō [**kyuú-jóo**] 急上昇 A subida repentina 「dos preços」. ⇨ unági ~.
kyūjó-tái [**uú**] 救助隊 A equipe/a [brigada] de salvamento. S/同 Kyūén-tái.

kyūjū [kyúu] 九十 Noventa. ★ ~ *ban me no* 九十番目の Nonagésimo.

kyūjutsu[1] [úu] 弓術 A arte de atirar com [O tiro ao] arco. Kyūdō[1] (+). ⇨ yumí.

kyūjutsú[2] [úu] 救恤【E.】O socorro; a ajuda「às vítimas do naufrágio」. S/同 Kyūsái (+).

kyūka[1] [úu] 休暇 **a)** O feriado; **b)** As férias; **c)** A licença (Na tropa). *Asu kara ~ da* 明日から休暇だ As férias começam amanhã. ★ ~ *chū de aru* 休暇中である Estar de férias. ~ *chū no renraku-saki* 休暇中の連絡先 O endereço durante as ~. ~ *ni naru* 休暇になる Entrar de férias; ter [ser] ~. ~ *o ataeru* 休暇を与える Dar ~; conceder ~. ~ *o morau* 休暇をもらう Tirar férias. ◇ ~ **negai** 休暇願い O pedir ~. *Kaki* ~ 夏季休暇 As férias de Verão. ⇨ yasúmí.

kyūka[2] [úu] 旧家 Uma família antiga. ★ ~ *no de aru* 旧家の出である Ser de uma família bem [~]. S/同 Meímóei; méika. ⇨ sohōkái.

kyūka[3] [úu] 毬果【Bot.】A pinha (das plantas coníferas); o estróbilo.

kyū-kábu [úu] 旧株 A a(c)ções velhas. ⇨ kyū[3].

kyū-kabu [kyuú-káa] 急カーブ Uma curva fechada. *Kono saki ~ ari* この先急カーブあり (掲示) Cuidado, curva fechada!

kyūkaí[1] [úu] 休会 A suspensão da reunião [sessão parlamentar]. ★ ~ *chū de aru* 休会中である Estar suspensa [fechada]「a Dieta」.

kyūkaí[2] [úu] 球界 O (mundo do) basebol.

kyūkáku [úu] 嗅覚 O olfa(c)to. ★ ~ *ga surudoi* [*Surudoi* ~ *o yūsuru*] 嗅覚が鋭い [鋭い嗅覚を有する] Ter um ~ apurado [um bom ~]. S/同 Shūkákú.

kyū-kákudo [úu] 急角度 O ângulo agudo.

kyūkán[1] [úu] 急患 Um caso urgente [de urgência] (de doença). *Nichiyōbi wa kyūshin-bi, shikashi ~ wa kono kagiri ni arazu* 日曜日は休診日, しかし急患はその限りにあらず (掲示) Fechado aos domingos exce(p)to em caso de urgência. S/同 Kyūbyō(nín).

kyūkán[2] [úu] 休館 O fechar「um museu, uma biblioteca」. *Nichiyōbi wa* 日曜日休館 (掲示) Fechado aos domingos. ★ ~ *suru* 休館する …

kyūkán[3] [úu] 休刊 A suspensão da publicação「de revista」. ★ ~ *suru* 休刊する Suspender「o jornal」. ◇ **Shinbun ~ bi** 新聞休刊日 O dia em que o jornal não sai [não há jornais]. ⇨ haíkán[2].

kyūkán[4] [úu] 旧刊 A antiga edição; o número atrasado de uma edição. ⇨ kyū[3].

kyūkán-chi [úu] 休閑地 O pousio [alqueive]; a terra alqueivada. ⇨ kyūkó[6].

kyūkan-chō [úu] 九官鳥【Zool.】O mainá (Ave parecida ao pega, que imita a voz de outras aves e a humana); *eulabes intermedius* [religiosa].

kyū-kazan [úu] 休火山 Um vulcão ina(c)tivo. ⇨ kakkazan; shi-kazan.

kyūkeí[1] [úu] 休憩 O descanso; o intervalo. ~ *go-fun-kan* 休憩 5 分間 (掲示) Cinco minutos de intervalo! ◇ ~ **jikan** 休憩時間 A hora de ~. ⇨ kyūsókú[1]; yasúmí.

kyūkeí[2] [úu] 求刑【Dir.】O pedir a pena. ★ ~ *suru* 求刑する Pedir a pena「de prisão perpétua para o acusado」.

kyūkeí[3] [úu] 球形 A forma de globo. S/同 Kyūjō[3].

kyūkeí-jó [úu] 休憩所 O lugar para descansar [A sala de recreio].

kyū-kéisha [úu] 急傾斜 A grande inclinação「do caminho」. S/同 Kyū-kōbai. ⇨ kyū[1].

kyūkéi-shitu [úu] 休憩室 ⇨ kyūkéí-jó.

kyūkétsú[1] [úu] 給血 ⇨ kyōkétsú.

kyūkétsú[2] [úu] 吸血 O sugar sangue (⇨ híru[2]). ◇ ~ **kōmori** 吸血こうもり【Zool.】O vampiro [morcego hematófago].

kyūkétsu-ki [úu] 吸血鬼 Um vampiro [explorador]. ⇨ kyūkétsú[2].

kyūki [úu] 吸気 **1** [動物が吸い込む息] A inspiração; a inalação de ar. A/反 Kóki. ⇨ kokyū. **2** [熱機関などでガス・蒸気を吸い入れること, またその吸い入れる気体] A admissão de ar「no cilindro」. A/反 Haíki.

kyūkin[1] [úu] 給金 ⇨ kyūryo[1].

kyūkin[2] [úu] 球菌【Bot.】O micrococo (Bactéria esférica).

kyūkó[1] [úu] 急行 **1** [急いで行くこと] O ir logo [a correr]. *Jiko genba e kisha o ~ saseru* 事故現場へ記者を急行させる Enviar imediatamente um repórter à cena do acidente. ◇ ~ **basu [erebētā]** 急行バス [エレベーター] O ó(ō)nibus [elevador] expresso. **2** [Abrev. de "~ *ressha*"] O (comboio/trem) expresso. ★ ~ *de iku* 急行で行く Ir no ~. ◇ ~ **densha [ressha]** 急行電車 [列車]. ~ **ken** 急行券 O bilhete de ~. ~ **ryōkin** 急行料金 A tarifa de ~ [O excesso de velocidade]. **Tokubetsu** ~ 特別急行 ~ especial (⇨ tokkyū[1]). A/反 Doñkō; kañkō; futsū[2]; kaísókú[1]; shiń-kánsen.

kyūkó[2] [úu] 休講 O feriado (Geralmente só de uma aula). ★ ~ *suru* 休講する Dar feriado [Não dar aula]. ⇨ kōgi[1].

kyūkó[3] [úu] 休校 O fechar「hoje」a [não haver] escola. ★ ~ *suru* 休校する Fechar a escola. ⇨ heíkó[5].

kyūkó[4] [úu] 旧交 (< kyū[3] + kōsaí[1])【E.】Uma velha amizade.

kyūkó[5] [úu] 休航 O suspender o serviço de barco [o voo].

kyūkó[6] [úu] 休耕 O alqueivar. ★ ~ *suru* 休耕する … ◇ ~ **chi** 休耕地 O alqueive [pousio]; a terra alqueivada. ⇨ kyūkánchi.

kyū-kóbai [uú-óo] 急勾配 A encosta íngreme [grande inclinação]. S/同 Kyū-kéisha.

kyū-kōgun [uú-óo] 急行軍 O marche-marche [A marcha forçada].

kyū-kōka [uú-óo] 急降下 (< kyū[5] + …) **1** [急に高度を下げること] O voo picado. ★ ~ *suru* 急降下する Descer em ~. ◇ ~ **bakugeki** 急降下爆撃 O bombardeio em ~. **2** [急に程度が下がること] A descida brusca「de temperatura」.

kyūkókú[1] [úu] 急告 Um aviso urgente. ★ ~ *suru* [*o dasu*] 急告する [を出す] Avisar urgentemente; dar ~. ⇨ kyū[1].

kyūkókú[2] [úu] 救国 A salvação nacional. ◇ ~ **undō** 救国運動 O movimento de ~.

kyūkón[1] [úu] 求婚 O pedir em casamento. ★ ~ *suru* 求婚する Pedir a mão「de」. S/同 Puropōzu.

kyūkón[2] [úu] 球根 O bo[u]lbo; a cebola. ◇ ~ **shokubutsu** 球根植物 A planta bo[u]lbosa.

kyūkutsu [úu] 窮屈 **1** [小さくて余裕がないこと] O ser apertado. *Futotte shimatte zubon ga ~ ni natta* 太ってしまってズボンが窮屈になった Engordei tanto que as calças me ficam apertadas. ★ ~ *na ie* 窮屈な家 Uma casa apertada [pequena demais]. ⇨

kitsúí; semái. **2** [固苦しいこと] O ser rígido [formal]. ★ ～ *na kisoku* 窮屈な規則 O regulamento rígido. ⇨ katákúrúshíi. **3** [気づまり; 気兼ね] O acanhamento. *Ano sensei no mae e deru to ～ da* あの先生の前へ出ると窮屈だ Sinto-me pouco à vontade [Fico acanhado] diante daquele professor. ⇨ ki-gáné. **4** [金銭・物資などが不足して余裕のないようす] As dificuldades financeiras. ★ ～ *na kurashi* 窮屈な暮らし Uma vida apertada [de muitas ～/de cinto apertado]. ⇨ hińkyū́.

kyū́kyo[1] [úu] 急遽【E.】Depressa; à pressa; apressadamente; de repente. ★ ～ *kikoku suru* 急遽帰国する Voltar ～ ao país.
[S/同] Totsúzéń (+). ⇨ kyu[1] **2**; níwaka.

kyū́kyo[2] [úu] 旧居【E.】A residência antiga [anterior]. [A/反] Shínkyo. ⇨ kyū[3].

kyū́kyṓ[1] [úú] 窮境【E.】⇨ kyū́chi[1].

kyū́kyō[2] [úu] 旧教 O catolicismo. [S/同] Katóríkkú-kyṓ (+). [A/反] Shínkyṓ. ⇨ Kirísútókyṓ.

kyū́kyókú [uú] 究 [窮] 極 O extremo [fim]. ★ ～ *no mokuteki* 究極の目的 O fim último; a causa [razão] final. [S/同] Kyū́kyṓ; shū́kyókú.

kyū́kyókú-séí [uú] 究 [窮] 極性【Fil.】A finalidade. ⇨ séí[2].

kyū́kyū́[1] [kyuú-] 救急 Os primeiros socorros; a urgência. ◇ **～ byōin** 救急病院 O hospital de ～ [com pronto-socorro]. **～ kanja** 救急患者 O doente/paciente de urgência. **～ tai (in)** 救急隊 (員) O (membro do) grupo do pronto-socorro. ⇨ **～ bako[sha]**.

kyū́kyū[2] [kyúu-] きゅうきゅう【On.】 **1** [物がこすれたり, きしんだりして鳴る音の形容] *Aruku to kutsu ga ～ naru [iu]* 歩くと靴がきゅうきゅう鳴る [いう] Estes sapatos rangem [chiam] ao andar. **2** [経済的に余裕がなく苦しむようす] ★ *Binbō de ～ to shite iru* 貧乏できゅうきゅうとしている Estar apertado [com dificuldades] de dinheiro. **3** [⇨ gyū́gyū]

kyū́kyū́[3] [kyuú-] 汲汲 O pensar só numa coisa. *Kane-mōke ni nomi ～ to shite iru* 金もうけにのみ汲々としている Não pensa mais que [Só pensa] em ganhar dinheiro. ⇨ netchū́; seńnéń[1].

kyū́kyū́-bako [kyuúkyúu] 救急箱 (< … + hakó) O estojo de primeiros socorros [de urgência].

kyū́kyū́-sha [kyuúkyúu] 救急車 A ambulância.

kyū́méí[1] [uú] 救命 O salvar vidas. ◇ **～ bōto [sen; tei]** 救命ボート [船; 艇] O barco salva-vidas. **～ dōi** 救命胴衣 O colete de salvação. **～(yō)gu** 救命 (用) 具 O equipamento salva-vidas.

kyū́méí[2] [uú] 究明【E.】A investigação「da origem do cancro」; o exame「de consciência」; o estudo; a indagação; o esclarecimento「do problema」. ★ ～ *suru* 究明する Esclarecer; examinar; estudar; investigar; indagar; inquirir.

kyū́méí[3] [uú] 糾 [糺] 明 A investigação precisa [rigorosa; minuciosa]. ★ *Hankō no dōki o ～ suru* 犯行の動機を糾明する Submeter「o suspeito」a rigoroso interrogatório para esclarecer o motivo do crime. [S/同] Kyū́dáń[2]; kyū́móń.

kyū́méń [uú] 球面【Mat.】A superfície esférica. ◇ **～ kikagaku** 球面幾何学 A geometria esférica. **～ kyō** 球面鏡 O espelho esférico.

kyū́míń[1] [uú] 窮民【E.】Os pobres; os necessitados; os indigentes.
[S/同] Bińbṓníń (o); hińmín (+).

kyū́míń[2] [uú] 休眠 **1** [動植物の冬眠など] A letargia; o estado larvar「da "semi"」. ⇨ kamíń; tōmíń[1]. **2** [物事がある期間, 活動をやめること]【Fig.】O estar parado (Dinheiro, fábrica). ⇨ kyū́shí[1]; teíshí.

kyū́móń [uú] 糾 [糺] 問【E.】O interrogatório cerrado [severo]. [S/同] Kyū́dáń[2]; kyū́méí[3] (+).

kyū́mu [úu] 急務【E.】Um negócio [assunto] urgente. [S/同] Kyū́-yṓ[2] (+). ⇨ kyū[1].

kyū́náń [uú] 救難 O socorro; o salvamento「de barco em perigo」. ◇ **～ sagyō** 救難作業 As operações de ～. [S/同] Énjo; kyū́éń[1]; kyū́go; kyū́jo; kyū́jútsú[2]; kyū́sáí; kyū́shútsú.

kyū́néń [uú] 旧年【E.】O ano velho. ～ *chū wa taihen o-sewa ni narimashita* 旧年中は大変お世話になりました Estou-lhe muito grato pela sua gentileza no ano que passou (Um cumprimento de Ano Novo). [S/同] Kyónen (o); sakúnéń (+). [A/反] Shínnen. ⇨ kyū́rṓ.

kyū́nétsú [uú] 吸熱 A absorção de calor exterior.

kyū́-ní [uú] 急に ⇨ kyū[1] **2**.

kyū́nyū́ [kyuú] 吸入 A inalação; a aspiração. ★ ～ *suru* 吸入する Inalar; aspirar. ◇ **～ ki** 吸入器 O inalador. **Sanso ～** 酸素吸入器 ～ de oxigé[ê]nio.

kyū́ón[1] [uú] 旧恩 Um favor (muito) antigo. ⇨ kyū[3].

kyū́óń[2] [uú] 吸音 O absorver [amortecer] o som. ◇ **～ zai** 吸音材 O material acústico.

kyū́pī [úu] キューピー (< Ing. kewpie) O bonequinho de cupido.

Kyū́piddo [úu] キューピッド (< Ing. Cupid < L.) O Cupido (Filho de Vé[ê]nus, deus do amor).

kyū́-pítchi [uú] 急ピッチ (< kyū[1] + Ing. pitch) O ritmo acelerado. ～ *de kōji ga susumerarete iru* 急ピッチで工事が進められている As obras estão a avançar a ～ [a toda a pressa].

kyúpora [kyū́pora] [úu] キュポラ [キューポラ] (< Ing. cupola < L.) **a)** A cúpula; **b)** O forno de cúpula. ⇨ yṓkṓro.

kyū́ráí[1] [uú] 救癩 O cuidar dos leprosos.

kyū́rai[2] [úu] 旧来【E.】「um abuso」Inveterado; que vem de longe; de longa data. [S/同] Jū́rai (+).

kyū́rákú[1] [uú] 急落【Econ.】A baixa [quebra] repentina. ★ ～ *suru* 急落する Baixar [Cair] de repente. [S/同] Bṓrákú (+). [A/反] Kyū́tṓ.

kyū́rákú[2] [uú] 及落 (< kyū́dáí[1] + rakúdáí) O resultado [sucesso ou o fracasso] do exame. ★ ～ *o hantei suru* 及落を判定する Julgar o resultado de um exame. [S/同] Gṓhi. ⇨ fu-gṓkaku; gṓkákú.

kyurásō キュラソー (< Top. Curaçau) O (licor de) curaçau.

kyū́réí[1] [uú] 旧例 **a)** O costume antigo; **b)** O precedente. [S/同] Zeńréí (+). [A/反] Shińréí.

kyū́réí[2] [uú] 急冷 O「líquido de」esfriamento rápido.

kyū́rékí [uú] 旧暦 O antigo calendário. ★ ～ *no shōgatsu* 旧暦の正月 O Ano Novo pelo [no] ～. [S/同] Ińrékí; taíínreki. [A/反] Shińrékí. ⇨ kyū[3].

kyū́ri [úu] 胡瓜【Bot.】**a)** O pepino; **b)** O pepineiro.

kyū́rī キュリー (< Antr. Curie)【Fís.】A curie (Unidade de massa de rádon).

kyū́rṓ [uú] 旧臘【E.】O fim do ano.
[S/同] Kyū́tṓ; sakútṓ.

kyuróttó(súkāto) [áa] キュロット (スカート) A saia-calça.

kyū́ryō[1] [úu] 給料 O salário; o ordenado. ★ ～ *o*

K

kyūryō²

ageru [*sageru*] 給料を上げる [下げる] Aumentar/Subir [Baixar] o ~. **~ o morau** [*eru*; *uketoru*] 給料をもらう [得る；受け取る] Receber o ~. **~ o shiharau** 給料を支払う Pagar o ~. ◇ **~ bi** 給料日 O dia de receber ~. **~ seikatsusha** [*tori*] 給料生活者 [取り] O assalariado. S/同 Chíngin; kyūkin; kyūyo; sárarī.

kyūryō² [**úú**] 丘陵 O morro; a colina.
S/同 Oká (+).

kyūryū [**kyuú**] 急流 A torrente; a corrente forte.
◇ **~ kudari** 急流下り A descida da ~「de barco ou canoa」. S/同 Gekīryū; honryū. A/反 Kanryū.

kyūsái [**úú**] 救済 O auxílio; a ajuda; a assistência. ★ **~ o ukeru** 救済を受ける Receber ajuda. ~ **suru** 救済する Ajudar. ◇ **Hinmin** [**Nanmin**]~ 貧民 [難民] 救済 ~ aos pobres [refugiados]. S/同 Énjo; kyūkyū¹; kyūgo; kyūjo; kyūjútsú²; kyūnań; kyūshútsú.

kyūsáku [**úú**] 旧作 A obra antiga「do autor」.

kyūséi¹ [**úú**] 急性 Agudo. ◇ **~ hai** [**jin**; **kan**] **en** 急性肺 [腎；肝] 炎 A pneumonia [nefrite; hepatite] aguda.

kyūséi² [**úú**] 旧姓 O sobrenome de solteira.

kyūséi³ [**úú**] 救世【E.】 A salvação do mundo. ◇ **~ gun** 救世軍 O Exército de Salvação. ⇨ **shu**.

kyūséi⁴ [**úú**] 急逝 ⇨ kyūshí².

kyūséi⁵ [**úú**] 旧制 O regime [sistema] antigo.
A/反 Shínséí; shín-sékíó.

kyūséi-shu [**úú**] 救世主 O salvador [redentor/Messias/Cristo]. S/同 Sukúí-nushi.

kyū-sékai [**úú**] 旧世界 O Velho Mundo; a Europa. S/同 Kyū-táiriku. A/反 Shín-sékai; shin-táiriku.

kyū-sékí [**úú**] 旧跡 Um lugar (de interesse) histórico; as ruínas. ◇ **Meisho** ~ 名所旧跡 Lugares de interesse [valor] histórico.
S/同 Koséki; shiséki. ⇨ iséki²; kyū³.

kyū-sékí-hō [**úú**] 求積法【Mat.】 A planimetria; a estereometria; a mensuração.

kyū-sékki [**úú**] 旧石器 Os utensílios de pedra paleolíticos. ◇ **~ jidai** 旧石器時代【H.】 O paleolítico; a era paleolítica [da pedra lascada].
A/反 Shín-sékki.

kyūsén [**úú**] 休戦 A suspensão de hostilidades; as tréguas; o armistício [cessar-fogo]. ★ **~ chū de aru** 休戦中である Estar em tréguas. ◇ **~ jōyaku** [**kyōtei**] 休戦条約 [協定] O tratado [acordo] de paz/~. S/同 Teísén. ⇨ shūsén².

kyū-sénpō [**úú**] 急先鋒 O chefe (de fila de um movimento).

kyūsétsu [**úú**] 旧説 A antiga teoria.
A/反 Shín-sétsú.

kyūsha [**úú**] 厩舎 O estábulo [curral]「das vacas」; a cavalariça [estrebaria]「dos cavalos」.
S/同 Umá-góya (o); umáyá (+).

kyū-shámen [**úú**] 急斜面 Um declive forte.

kyūshí¹ [**úú**] 休止 A pausa「entre dois versos」; a interrupção「da campanha eleitoral」. *Unten ichibu* ~ 運転一部休止 (掲示) Serviço de condução [transporte] parcialmente interrompido. ◇ **~ fu** 休止符 (⇨ kyūfú²). S/同 Chūshí; teíshí.

kyūshí² [**úú**] 急死 A morte repentina. ★ **~ suru** 急死する Morrer de repente. S/同 Kyūséi⁴; tońshí.

kyūshí³ [**úú**] 急使 Um mensageiro expresso (enviado a toda a pressa). S/同 Tókushi.

kyūshí⁴ [**úú**] 九死【E.】 O estar mesmo à beira da morte. ★ **~ ni isshō o eru** 九死に一生を得る Escapar à morte por um triz.

kyūshí⁵ [**úú**] 臼歯【Anat.】 O dente molar.
S/同 Óku-ba (+).

kyūshí⁶ [**úú**] 旧師【E.】 O「meu」 antigo professor.
S/同 Ónshi (+).

kyū-shíkí [**úú**] 旧式 **1**「昔からしきたりになっている古い方法・形式」O estilo antigo; a maneira tradicional. S/同 Shín-shíkí. **2**「時代おくれで古くさいよう す」Antiquado; fora de moda; ultrapassado.
Shín-shíkí. ⇨ jidái¹.

kyūshín¹ [**úú**] 休診 O fechar a clínica. *Honjitsu* ~ 本日休診 (掲示) Hoje não há consultas [a clínica está fechada]. ◇ **~ bi**. ⇨ shińsátsú.

kyūshín² [**úú**] 急進 **1**「急いで進むこと」O avanço [progresso] rápido. ★ **~ suru** 急進する Avançar [Progredir] rapidamente. S/同 Zeńshín. **2**「過激」 O radicalismo. ◇ **~ ha** 急進派 A fa(c)ção radical; os「políticos」radicais. **~ shugi** 急進主義 O radicalismo. S/同 Kagékí. A/反 Ońkén.

kyūshín³ [**úú**] 求心【Fís.】「o movimento」Centrípeto. ◇ **~ ryoku** 求心力 A força centrípeta.
A/反 Eńshín.

kyūshín⁴ [**úú**] 球審 O árbitro principal de basebol.
S/同 Shushiń (+).

kyūshin-bi [**úú**] 休診日 (< ⋯ ¹+hi) O dia em que não há consultas.

kyūshítsú [**úú**] 吸湿 A absorção da (h)umidade.
◇ **~ sei** 吸湿性 A higroscopicidade.

kyūshō [**úú**] 急所 **1**「命にかかわる所」O ponto vital. ★ **~ o hazureru** [*soreru*] 急所をはずれる [それる] felizmente「Não atingir o [acertar no] ~. **2**「要点」O ponto (principal)「da questão」. ★ **~ o hazureta** [*tsuita*] *shitsumon* 急所をはずれた [突いた] 質問 Uma pergunta desacertada/que não toca [que toca] o ~. S/同 Yóteń (+). **3**「弱点」 O ponto sensível [vulnerável]. ★ **~ o tsuku** 急所を突く Atingir o ~「de alguém」. S/同 Jakúteń (+); yowámí (+).

kyūshō [**úú**] 旧称 O nome antigo.
S/同 Kyūméi (+).

kyū-shōgatsu [**úú-óo**] 旧正月 O Ano Novo no calendário lunar [antigo].

kyūshóku¹ [**úú**] 給食 A refeição oferecida「pela empresa」. ◇ **Gakkō** ~ 学校給食 O almoço da escola.

kyūshókú² [**úú**] 休職 O tirar licença [deixar temporariamente o serviço].

kyūshókú³ [**úú**] 求職 A busca [procura] de emprego. ★ ~ 求職 (掲示) "Procura emprego"! ◇ **~ kōkoku** 求職広告 O anúncio a procurar trabalho [~]. ⇨ **sha**. **~ sha**. ⇨ Kyūjíń.

kyūshókú-sha [**úú**] 求職者 O candidato a [que procura] emprego.

kyūshu [**úú**] 鳩首【E.】 O conciliábulo. ◇ **~ kyōgi** 鳩首協議 Um ~; a reunião secreta.

kyūshū¹ [**kyuú**] 吸収 A absorção「das empresas pequenas pelas grandes」; a assimilação. ★ **~ suru** 吸収する Absorver「a (h)umidade」; assimilar「uma cultura estrangeira」. ◇ **~ gappei** 吸収合併 A incorporação por absorção. **~ ryoku** 吸収力 A força de ~. S/同 Sésshu. ⇨ kyūíń.

kyūshū² [**úú**] 急襲 Um ataque [assalto] repentino [de surpresa]. S/同 Kíshū.

kyūshū³ [**kyuú**] 旧習【E.】 Um costume [uso] antigo; a convenção. ⒮⃞囲 Kyúkáń; kyūtō².

kyūshútsú [**uú**] 救出 O salvamento「dos náufragos」. ★ *Hitojichi o* ~ *suru* 人質を救出する Libertar os reféns. ◇ ~ **sagyō** 救出作業 O trabalho de ~. ⒮⃞囲 Énjo; kyūéń¹; kyūgo; kyūjo; kyūjútsú²; kyūnáń.

kyū́so [**úu**] 窮鼠【E.】 Um rato encurralado. 囗ことわざ ~(*kaette*) *neko o kamu* 窮鼠(却って)猫を嚙む A inimigo que foge, ponte de prata (Lit.: se não tem para onde fugir até rato morde gato).

kyū́sō [**uú**] 急送 O enviar「encomenda」por expresso. ★ ~ *suru* 急送する ...

kyū́sókú¹ [**uú**] 休息 O descanso「eterno」; o repouso. ★ ~ *suru* [*o eru*; *o toru*] 休息する [を得る; を取る] Descansar; repousar. ◇ ~ **jikan** 休息時間 A hora de ~. ⇨ **jo**. ⒮⃞囲 Kyūkéi¹ (+); yasúmí.

kyū́sókú² [**uú**] 急速 A rapidez; a velocidade. ★ ~ *na shinpo o togeru* 急速な進歩を遂げる Fazer rápidos progressos. ◇ ~ **reitō** [**tōketsu**] 急速冷凍[凍結] A congelação rápida. ⒮⃞囲 Kōsókú; kyūgékí¹; kyū-ténpo.

kyū́sókú³ [**uú**] 球速 A velocidade da bola「do lançador」.

kyū́sókú-jó [**uú**] 休息所 O lugar de descanso [A sala de estar].

kyū́sú [**uú**] 急須 O bule (pequeno). ⇨ **pótto**. yakáń².

kyū́sū [**kyuúsúu**] 級数【Mat.】A série; a progressão. ◇ **Kika** [**Tōhi**] ~ 幾何[等比]級数 ~ geométrica. **Sanjutsu** [**Tōsa**] ~ 算術[等差]級数 ~ aritmética.

kyū́súi¹ [**uú**] 給水 O abastecimento de água. ★ ~ *o seigen suru* 給水を制限する Racionar a água. ◇ ~ (**jidō**) **sha** 給水(自動)車 O cami(nh)ão de abastecimento de água. ~ **ponpu** 給水ポンプ A bomba hidráulica. ~ **tanku** 給水タンク O depósito [reservatório] de água. ~ **tō** 給水塔 A caixa de água [Cima duma torre, para todo o bairro]. ⒮⃞囲 Haísúi. ⇨ suídó.

kyū́súi² [**uú**] 吸水 A absorção [aspiração] de água. ★ ~ *suru* 吸水する Absorver ... ⇨ kyūshítsú.

kyū́súru¹ [**uú**] 窮する 1 [物事が行き詰まる] Ficar perdido [encurralado/num beco sem saída/entre a espada e a parede]. 囗ことわざ *Kyūsureba tsūzu* 窮すれば通ず A necessidade é mãe da ciência [das descobertas]. ⒮⃞囲 Seppā-tsúmáru (+). 2 [当惑する; 困る] Ficar embaraçado [sem jeito; perplexo]. ★ *Hentō ni* ~ *suru* 返答に窮する Não saber que responder. ⒮⃞囲 Tōwákú súrú (+). 3 [金・物などが足りなくて苦しむ] Estar com dificuldades financeiras; ser pobre. ★ *Ishoku ni* ~ *suru* 衣食に窮する Não ganhar para comer e vestir. ⒮⃞囲 Kyūbō súrú. ⇨ komáru.

kyū́súru² [**uú**] 給する【E.】 1 [与える] Dar; conceder; conferir. ⒮⃞囲 Atáeró (+). 2 [あてがう] Prover「de」; fornecer. ★ *Ishoku o* ~ *suru* 衣食を給する Prover「o necessitado」de comida e roupa. ⒮⃞囲 Atégáu; shikyū́ súrú (+).

kyū́tái¹ [**uú**] 旧態【E.】 O estado antigo (das coisas). ◇ ~ **izen** 旧態依然 O estar como sempre; o estar (tudo) na mesma.

kyū́tái² [**uú**] 球体 O globo; a esfera; o corpo esférico. ⒮⃞囲 Kyū́-sékái. ⒜⃞反 Shiń-táiriku.

kyū-táiriku [**uú**] 旧大陸 O Velho Continente (Europa). ⒮⃞囲 Kyū́-sékái. ⒜⃞反 Shiń-táiriku.

kyūtéí¹ [**uú**] 宮廷 A Corte; o Palácio Real [Imperial]. ⒮⃞囲 Kínchū; kínri; kyūchū́; kyūdéń.

kyūtéí² [**uú**] 休廷 O adiamento da audiência (de tribunal). ★ ~ *suru* 休廷する Suspender [Adiar] a ... ⇨ heítéí²; kaítéí⁴.

kyū-téisha [**uú**] 急停車 A travagem rápida. ~ *ni go-chūi* 急停車に御注意 Cuidado com as ~s!

kyūtékí [**uú**] 仇敵 Um inimigo figadal. ⒮⃞囲 Adá; katákí (+); tékishu.

kyū́téń [**uú**] 急転 (Abrev. de "kyū-ténkan") Uma mudança repentina. ★ ~ *suru* 急転する Haver ~. ◇ ~ **chokka** 急転直下 De repente.

kyū-ténpo [**uú**] 急テンポ (< kyū¹ + P. tempo) O ritmo [andamento; movimento] rápido「do trabalho/da música」. ★ ~ *de* 急テンポで A ritmo acelerado/rápido. ⒮⃞囲 Kyūgékí¹ (+); kyūsókú² (o).

kyū-to [**úu**] 旧都【E.】 A antiga capital「Kyōto/Rio de Janeiro」. ⒮⃞囲 Kóto. ⒜⃞反 Shínto.

kyū́tō¹ [**uú**] 給湯 O abastecimento de água quente; o cilindro. ◇ ~ **ki** 給湯器 O esquentador de água; o cilindro.

kyū́tō² [**uú**] 旧冬 ⇨ kyūshū³.

kyū́tsúi [**uú**] 急追 O ir no encalço「do inimigo/criminoso/urso」.

kyūyákú [**uú**] 旧約 1 [昔の約束] A antiga promessa. ⇨ yakúsókú. 2【Cri.】A antiga aliança (Feita por Deus ao povo israelita). ◇ ~ **seisho** 旧約聖書 O Antigo Testamento. ⒮⃞囲 Shíń'yákú.

kyūyo¹ [**úu**] 給与 1 [給料] O salário; o ordenado. ◇ ~ **bēsu** 給与ベース O salário base. ~ **shotoku** 給与所得 Os ingressos (anuais) do ~. ~ **suijun** 給与水準 O nível de ~. ~ **taikei** 給与体系 O sistema de ~ s. **Genbutsu** ~ 現物給与 Pago em espécie [gé(ê)neros; mercadoria]. **Rinji** ~ 臨時給与 A extra. ⒮⃞囲 Kyū́ryō¹ (+); sárarí. 2 [給付] A ajuda. ⒮⃞囲 Kōfu; kyū́yō¹ (+).

kyū́yo² [**úu**] 窮余【E.】Um aperto. ★ ~ *no issaku*「*to shite*」窮余の一策「として」「Como」último recurso. ⒮⃞囲 Kurúshí-mágire (+). ~ kyūsúru¹.

kyū́yō¹ [**uú**] 休養 O repouso. ★ ~ *suru* [*o toru*] 休養する[を取る] Descansar; repousar; folgar. ⒮⃞囲 Hoyṓ; seíyṓ. ⇨ kyūkéí¹; kyūsókú¹.

kyū́yō² [**uú**] 急用 Um negócio [assunto] urgente. ★ ~ *de* 急用で「ir a Tóquio」Por um ~. ⒮⃞囲 Kyūmu.

kyū́yú [**uú**] 給油 1 [機械の摩擦部分に潤滑油をさすこと] A lubrificação. ★ ~ *suru* 給油する Lubrificar; olear. 2 [航空機・自動車・船舶などに燃料油を補給すること] O abastecimento de petróleo [gasolina; combustível]. ★ ~ *suru* 給油する Abastecer de... ◇ ~ **jo**. ~ **tanku** 給油タンク O depósito de...

kyūyū́¹ [**kyuú**] 旧友 Um velho amigo. ⒮⃞囲 Kyūchí².

kyūyū́² [**uú**] 級友 O (antigo) colega da escola. ⒮⃞囲 Dōkyū́sei (+); kurásúméto.

kyūyú́-jo [**uú**] 給油所 O posto de (abastecimento de) gasolina.

kyū́zō¹ [**uú**] 急増 O aumento rápido [repentino; vertiginoso]. ★ ~ *suru* 急増する Aumentar rapidamente. ⒜⃞反 Kyūgéń. ⇨ zōkáí¹.

kyū́zō² [**uú**] 急造 A construção apressada [provisória]. ★ ~ *no*「*barakku*」急造の「バラック」「Um barracão」Feito à pressa. ⒮⃞囲 Kyū́-góshirae; kyūsétsú (+).

M

ma[1] 間 **1** [空間的なスペース] O espaço; o intervalo. ★ *Ni-mētoru zutsu ~ o oku* 2 メートルずつ間を置く Deixar (um ~ de) dois metros entre cada「árvore」. S/周 Sukíma (+). ⇨ akí[2]; kūkán. **2** [時間的な開き] O tempo; a altura [hora]; o intervalo; a pausa「da frase/música」. *Isogashikute shokuji o suru ~ mo nai* 忙しくて食事をする間もない Ando tão ocupado que nem tenho tempo para comer. *Nante ~ ga i n'darō* なんて間がいいんだろう Que sorte [Foi (mesmo) na hora exa(c)ta]! ★ *~ o toru* 間を取る Fazer uma pausa. *Atto iu ~ ni* あっと言う間に Num instante [abrir e fechar de olhos]. *Sukoshi ~ o oite* 少し間をおいて Após algum tempo. I/慣用 *~ ga nukete iru* 間が抜けている Ser estúpido [Fazer tudo mal]. *Hanashi no ~ o motaseru* 話の間を持たせる (Pre)encher o tempo (com conversa)「por o convidado estar atrasado」. ⇨ aída; jikán[1]. **3** [ころあい] A ocasião; a oportunidade; o ensejo. ~ *o mi-hakaratte sono mondai o kiri-dasō to shite ita* 間を見はからってその問題を切り出そうとしていた Estava à espera de (uma) ~ para abordar o [tratar do] assunto. S/周 Kikái[1]; koróái; shió. ⇨ ún[1]. **4** [ばつ] As circunstâncias; a posição. ★ *~ ga waruí* 間が悪い Sentir-se embaraçado. *~ no waru-sō na kao o suru* 間の悪そうな顔をする Estar (com cara de) envergonhado. S/周 Batsú[3]; guáí; kimárí. **5** [部屋] A sala; o compartimento. ★ *Futa- ~ no ie* 二間の家 A casa de duas assoalhadas [dois cômodos (B.)]. S/周 Heyá (+).

ma[2] 真 **1** [本当] A verdade; a autenticidade. ★ *~ ni ukeru* 真に受ける Levar a sério「*Kare wa jōdan o sugu ~ ni ukeru* 彼は冗談をすぐ真に受ける Ele leva [toma] logo a brincadeira a sério」. S/周 Hontō (+); jíjitsu (+); makótó (+); shínjutsu (+). **2** [ma-: 正確に] Mesmo; exa(c)tamente. *Kaze wa ~ minami da* 風は真南だ O vento vem precisamente [do ~] do sul. ◇ **~ atarashii**. **3** [ma-: 純粋の] Puro; genuíno; autêntico. ◇ **~ mizu (ningen)**. **4** [ma-: 代表的な] Representativo; modelar. ◇ **~ aji** 真鯵【Zool.】O chicharro; a cavala; *trachurus japonicus*. ⇨ **~ gamo**.

ma[3] 魔 O demô[ô]nio; o diabo; o espírito maligno. ★ *~ ga sasu* 魔が差す Ficar tentado pelo diabo「a dizer um disparate」. *~ no kin'yō-bi* 魔の金曜日 A sexta-feira do azar. ◇ **Hōka ~** 放火魔 O piró[ô]mano; o piromaníaco [incendiário]. ⇨ ákuma; tōfíma.

má [áa] まあ **1** [とりあえず] Em todo o caso; seja como for. ★ *~ yatte goran* まあやってごらん Vá [~], experimenta! **2** [ちゅうちょするが] Bom [Bem]...; Digamos... ★ *~ boku wa yamete okō* まあ僕はやめておこう Bem, eu vou desistir. **3** [十分ではないが どうやら] De certo modo; até que. *Kimi to shite wa ~ jō-deki darō* 君としてはまあ上出来だろう Feito por ti, até saiu bem [não está mal]. **4** [驚嘆・感心の気持を表す] Oh!; Ai!; Que...! ~ *odoroita* まあ驚いた Mas que surpresa! *Yoku-mo ~ anna uso ga tsuketa mono da* よくもまああんなうそがつけたものだ Que descaramento o dele, pregar tal mentira.

ma-átáráshii 真新しい Novinho em folha [Completamente/Inteiramente novo]. ⇨ ma[2] **2**.

mabárá 疎ら Esparso; disperso; esporádico; escasso. *Ongaku-kai wa chōshū ga ~ datta* 音楽会は聴衆が疎らだった O concerto teve fraca [pouca] assistência.

mabátaki 瞬き (< mabátáku) O pestanejo; a piscadela (de olhos). ★ *~ mo sezu ni mitsumeru* 瞬きもせずに見つめる Olhar sem pestanejar. *~ (o) suru* 瞬き(を)する Pestanejar; piscar os olhos. S/周 Matátákí; mebátaki.

mabátáku 瞬く ⇨ mabátaki ★ .

mabáyui 眩い ⇨ mabúshíi.

ma-bíki 間引き **1** [農業で苗をうろぬくこと] O desbaste「do arrozal」. **2** [口べらしのために新生児を殺すこと] O infanticídio (para reduzir o número de dependentes). **3** [中間にあるものを省くこと] A redução; o corte. ◇ **~ unten** 間引き運転 O serviço reduzido「de carreiras de autocarro/ônibus」.

ma-bíku 間引く **1** [農作物の苗をうろぬく] Desbastar「arrozal」; rarear [arralear「o milho」]. **2** [口べらしのために新生児を殺す] Cometer infanticídio (para reduzir os dependentes). **3** [中間にあるものを省く] Reduzir. ⇨ ma-bíkí.

mabóróshi 幻 O「navio」fantasma; uma visão「do pai que morreu」; a ilusão; a miragem. ★ *~ o ou* 幻を追う Perseguir fantasmas; correr atrás de ilusões. ⇨ geń'éí; geńsō[1]; yumé.

má-buchi 目縁 (< me[1] + fuchí) Os olhos「inflamados」. ⇨ mábuta.

má-buka 目深 (< me[1] + fukái) O nível dos olhos. ★ *Bōshi o ~ ni kaburu* 帽子を目深にかぶる Enfiar [Enterrar] o chapéu até aos olhos.

máburu [áa] マーブル (< Ing. marble < Gr.) **1** [大理石] O mármore. **2** [二重] Daíŕseki. **3** [書籍などに使う特殊な装飾模様] O padrão marmoreado (Do papel, etc).

mabúshíi 眩しい Radioso; cintilante; deslumbrante; ofuscante. *Mabushikute me o akete irarenai* 眩しくて目をあけていられない A luminosidade é tão forte que ofusca a vista [mal posso abrir os olhos].

mabúshísa 眩しさ (< mabúshíi) A luminosidade; o brilho ofuscante.

mabúsu 塗す Cobrir「de」; polvilhar; salpicar. ★ *Dōnatsu ni satō o ~* ドーナッツに砂糖を塗す Polvilhar a rosca [filhó] com açúcar. ⇨ tsukéru[1].

mábuta 瞼・目蓋 **1**【Anat.】A pálpebra. ★ *~ ga omoku naru* 瞼が重くなる Ficar com sono. ◇ **Hito-e [Futa-e] ~** 一重[二重] 瞼 ~ simples [dupla (Mais bonita)]. **2** [記憶] A memória. ★ *~ ni nokoru* 瞼に残る Permanecer vivo na ~. *~ ni ukabu* 瞼に浮かぶ Vir à ~; recordar (vivamente). *~ no haha* 瞼の母 A imagem da mãe guardada (na ~) desde a infância.

machí[1] 町・街 **1** [都市] A cidade. ★ ～ *e* [*ni*] *iku* 町へ[に]行く Ir à ～. ◇ ⇨ **～ gi** [**hazure**/**isha**/**kōba**/**nami**]. [S/同] Tokái; tóshi. **2** [にぎやかな街路] A rua; a avenida. *Matsuri no gyōretsu ga ～ o neriaruita* 祭の行列が町を練り歩いた A procissão [O desfile] da romaria percorreu as ruas. [S/同] Gáiro. **3** [市・区を構成する小区画] O quarteirão; o bairro. ★ *Tōkyō-to Chiyoda-ku Kōji-* ～ 東京都千代田区麹町 O bairro Koji, freguesia [sub-município] Chiyoda, capital Tóquio. **4** [地方公共団体の一つ] A vila; o povoado. ◇ **～ yakuba** 町役場 A Municipalidade/Câmara/Prefeitura. ⇨ kén[3]; murá[1]; shi[5].

máchi[2] 襠 A entretela; o pano de reforço.

mā́chi [**áa**] マーチ (< Ing. march) A marcha. [S/同] Kṓshín-kyoku.

machí-ágúmú 待ちあぐむ ⇨ machí-wábírú.

machíáí 待合 O encontro marcado. ◇ ⇨ **～jaya** [**shitsu**]. **～ seiji** 待合政治 As manobras políticas por (de)trás dos bastidores. [S/同] Machí-áwásé (+).

machíáí-jáyá 待合茶屋 (<… ＋chayá) O ponto de encontro dos amantes.

machíáí-shitsu 待合室 A sala de espera.

machí-ákásu 待ち明かす (< mátsu[2] + …) Passar a noite esperando; esperar toda a noite.

machí-áwásé 待ち合わせ (< machí-áwáséru) **1** [待ち合わせること] A espera; o encontro marcado. ～ *no jikan ni okureta* 待ち合わせの時間に遅れた Cheguei atrasado a um encontro que tinha「com a minha amiga」. **2** [列車の] A espera. *Kono ressha wa tō-eki de jippun ～ o itashimasu* この列車は当駅で10分待ち合わせをいたします O comboio [trem] faz uma paragem [～] de dez minutos nesta estação.

machí-áwáséru 待ち合わせる (< mátsu[2] + …) Esperar「por」; ter encontro marcado. *Watashitachi wa san-ji ni kōen de ～ koto ni shita* 私たちは三時に公園で待ち合わせることにした Nós combinámos encontrar-nos no parque às três horas.

máchi-bari 待ち針 (< mátsu[2] + hári) O alfinete. [S/同] Komáchí-bári. [A/反] Nuí-bari.

machí-bító 待ち人 (< mátsu[2] + hitó) A pessoa [visita] esperada.

machí-bṓké 待ちぼうけ A espera debalde [em vão]. ★ ～ *o kuu* [*kuwaseru*] 待ちぼうけを食う[食わせる] Esperar [Fazer esperar] em vão.

machí-búgyō 町奉行【H.】⇨ búgyō.

machí-búsé 待ち伏せ (< machí-búsérú) A emboscada. ★ ～ *suru* 待ち伏せする ⇨ machí-búsérú.

machí-búsérú 待ち伏せる (< mátsu[2] + fuséru)「o leão」Pôr-se de emboscada.

machídṓshii 待ち遠しい Impaciente [Ansioso] pela chegada「de」. *Kodomo-tachi wa natsu-yasumi ga ～* 子供達は夏休みが待ち遠しい As crianças estão ansiosas pelas [à espera das] férias de verão. ⇨ machí-kánérú[-kógáréru]; mátsu[2].

machígáéru 間違える **1** [取り違える] Confundir「o professor com o empregado」. ★ *Heya o ～* 部屋を間違える Enganar-se na sala [no quarto]. **2** [やり損なう] Errar. ★ *Keisan o ～* 計算を間違える ～ o cálculo [a conta]. ⇨ machígáu.

machígáé-yásúi 間違えやすい Fácil de errar; susce(p)tível de engano.

machígái 間違い (< machígáu) **1** [誤り; 手落ち; 失策] O erro; o engano; o lapso; a falha. ★ ～ *ga aru* 間違いがある Ter erros [*Watashi no kioku ni ～ ga nakereba* …私の記憶に間違いがなければ Se bem me lembro/Se não não me engano]. ～ *naku* 間違いなく Sem falta; de certeza. ～ *o okasu* [*shidekasu*] 間違いを犯す[しでかす]Cometer um erro [lapso]; fazer um disparate. ⇨ ayámárí; shissákú; te-óchí. **2** [事故] O acidente; o desastre; o sinistro. ★ ～ *ga okoru* [*aru*] 間違いが起こる[ある]Acontecer [Ter] um acidente [*Nani ka kare ni ～ ga atta no darō ka* 何か彼に間違いがあったのだろうか Ter-lhe-á acontecido alguma coisa [Terá tido algum acidente/contratempo]?] [S/同] Hénji; jíko (+). **3** [紛争] A rixa; a encrenca. [S/同] Arásói (+); fuńsṓ (+). **4** [男女関係の] O deslize sexual [Um comportamento impróprio].

machígáu 間違う **1** [正しいところからはずれる] Errar; enganar-se. ★ *Machigatta kangae* 間違った考え A ideia falsa; a noção incorre(c)ta. **2** [⇨ machígáéru **1**]. **3** [⇨ machígáéru **2**].

machí-gí 街[町]着 (<… [1] + kirú) O traje domingueiro.

machí-házure 町外れ (<… [1] + hazúrérú) O subúrbio; os arrabaldes; a periferia da cidade.

machí-íshá 町医者 O médico de clínica geral [com consultório particular]. [S/同] Kaígyṓi (+).

machí-jíkan 待ち時間 (< mátsu[2] + …) O tempo de espera.

machí-kádó 街角 A (esquina da) rua. ～ *de battari kyūyū ni deatta* 街角でばったり旧友に出会った De repente encontrei-me ali na rua com um velho amigo. [S/同] Magárí-kádo (+); gaítṓ[3].

machí-kámáéru 待ち構える (< mátsu[2] + …) Estar alerta [à espera]. *Kare wa chansu no tōrai o machikamaete ita* 彼はチャンスの到来を待ち構えていた Ele estava atentamente à espera de uma boa oportunidade.

machí-kánérú 待ち兼ねる (< mátsu[2] + …) Esperar ansiosamente [Não poder esperar mais]. *Chōshū wa kare ga arawareru no o machikanete ita* 聴衆は彼が現れるのを待ちかねていた A audiência estava impaciente [morta] por que ele aparecesse (no palco). [S/同] Machí-kógáréru.

machí-kṓba [**óo**] 町工場 Uma pequena fábrica na cidade [vila].

machí-kógáréru 待ち焦がれる (< mátsu[2] + …) Esperar ansiosamente [impacientemente]; ansiar「por」. [S/同] Machí-kánéru.

machí-kúrású 待ち暮らす (< mátsu[2] + …) Passar a vida a esperar「pelo filho」[o dia à espera「do telefonema」].

machí-kútábíréru 待ちくたびれる (< mátsu[2] + …) Cansar-se de (tanto) esperar「a sua vez」. *Sono ko wa chichioya no kaeri o machikutabirete nete shimatta* その子は父親の帰りを待ちくたびれて寝てしまった A criança, cansada de esperar pelo pai, acabou por adormecer.

machímachi 区区 A diversidade; a variedade「de métodos」; a discordância. *Minna iken ga ～ da* みんな意見がまちまちだ Todos têm opiniões diferentes [As opiniões dividem-se]. [S/同] Iróíró (+); samázama (+); shúju; torídórí.

machí-náká 町中 O centro [coração] da cidade.

M

[S/同] Chimátá; shísei.
machí-námí 町並み (O alinhamento de lojas e residências nas) ruas da cidade.
máchinē マチネー (< Fr. matinée) A matiné[ê] (Sessão à tarde).
machí-nózómú 待ち望む (< mátsu² + …) Esperar「o Messias」; aguardar; estar na expectativa「de」; suspirar「por」. [S/同] Kitáí súrú (+).
machí-úkérú 待ち受ける (< mátsu² + …) Esperar; aguardar. *Tanken-tai ni wa kakoku na shiren ga machi-ukete ita* 探検隊には過酷な試練が待ち受けていた Duras provações aguardavam a equipa dos exploradores.
machí-wábírú 待ち侘びる (< mátsu² + …) Cansar [Fartar]-se de esperar. *Kanojo wa koibito no kaeri o machiwabite ita* 彼女は恋人の帰りを待ちわびていた Ela estava cansada de esperar pelo (regresso do) namorado.
[S/同] Machí-ágúmu. ⇨ machí-kútábíréru.
machí-yákuba 町役場 A câmara municipal; a casa do povo; a prefeitura. ⇨ shi-yákúsho.
máda まだ **1** [今も] Ainda. ～ *ame ga futte iru* まだ雨が降っている ～ está chovendo [a chover]. **2** [更に] Ainda. *Kimi ni misetai mono ga ～ takusan aru* 君に見せたいものがまだ沢山ある ～ tenho muitas outras coisas para te mostrar. [S/同] Mótto (+); sárani. **3** [今なおわずかに] Só; ainda. ～ *jū-ji da* まだ10時だ (Ainda) só são 10 horas. **4** [どちらもよくないがどちらかといえば] Antes; de preferência. ★ *Atsui yori ～ samui hō ga mashi da* 暑いよりまだ寒い方がましだ ～ o frio (do que o calor). **5** [済んでいない] O não ter acabado. ★ *Tōhyō ga mada no hito* 投票がまだの人 Os que ainda não votaram.
Madágásukaru マダガスカル (A ilha de) Madagáscar. ◇ **～ go** [**jin**] マダガスカル語[人] O malgaxe. **～ kyōwakoku** マダガスカル共和国 A República Malgaxe [de Madagáscar].
madáí¹ 間代 O aluguer[l] [A renda] do quarto. [S/同] Heyádáí (+).
ma-dáí² 真鯛 (<… ²**4** + tái)【Zool.】O pargo.
ma-dáké 真竹 (<… + také)【Bot.】O bambu vulgar; *phyllostachys bambusoides*.
ma-dákó 真蛸 (<… ²**4** + táko)【Zool.】O polvo vulgar; *octopus vulgaris*.
máda mada まだまだ Ainda não, ainda não. *Kare wa ～ porutogarugo o hanaseru to wa ienai* 彼はまだまだポルトガル語を話せるとは言えない Ainda não se pode dizer que ele fale p., longe disso [de modo nenhum]. ⇨ máda.
mádamu マダム (< Ing. Madam < Fr. Madame) **1** [夫人] A Senhora「rica」. マダム Minha senhora! [S/同] Ókusama (+). **2** [バーなどの女主人] A proprietária [dona; patroa] (de um bar, café, etc.). ★ *Yatoware ～* 雇われマダム A gerente「de uma casa no(c)turna」. [S/同] Máma.
madárá 斑 A malha; a pinta. ◇ **～ moyō** 斑模様 O padrão às pintas. [S/同] Búchi.
madárúi [**madárúkkói**] 間だるい[間だるっこい]【Col.】**a**) Lento; mole; **b**) Vago [Cheio de rodeios]. *Kimi no hanashikata wa hontō ni ～ nā* 君の話し方は本当に間だるいなあ Tens um modo de falar muito vago [Deixa-te de rodeios, diz o que queres]! ⇨ jiréttái; modókáshíi.
mádashimo まだしも「se (me) tivessem roubado o carro velho」Menos mal「mas roubaram-me o novo」; ainda; vá (lá); passe. *Ichinichi futsu-ka nara ～ ikkagetsu mo matenai* 一日二日ならまだしも一か月も待てない Se for um dia ou dois ainda vá [vá lá], mas um mês não espero.
máde 迄 **1** [時間的限界を示す] Até. ★ *Asa kara ban ～* 朝から晩まで De manhã (até) à noite. *Ima ～* 今まで ～ agora. *Sanji ～ ni ki nasai* 3時までに来なさい Venha ～ às [Chegue antes das] três horas. **2** [空間的到達点を示す] Até. *Ie kara eki ～ aruite jippun desu* 家から駅まで歩いて10分です De casa (até) à estação são 10 minutos a pé. **3** [はげしい程度の極端を示す] Até (ao ponto de). *Sonna ni ～ shite kanemochi ni naritai no ka* そんなにまでして金持ちになりたいのか Quer ficar assim tão rico? **4** [限度を示す] Até (ao limite de). *Kono kuruma ni wa rokunin ～ noreru* この車には6人まで乗れる A lotação do carro é (～/de) seis pessoas. **5** [… だけ] Só; somente; apenas. *Migi o-shirase ～* 右お知らせまで (手紙)「Escrevi esta carta」só para o informar「do ocorrido」. *Watashi wa dekiru koto o shita ～ [dake] desu* 私はできることをしたまで[だけ]です ～ fiz o que pude. [S/同] Daké; nómi. **6** [“ないまでも”の形でないにしても] Ainda [Mesmo] que. *Atte kurenai ～ mo semete tegami o kudasai* 会ってくれないまでもせめて手紙を下さい ～ não possa receber-me, mande-me ao menos uma carta.
mádo 窓 A janela「de guilhotina」. ★ ～ *kara miru* 窓から見る Olhar pela ～. ～ *o akeru* [*shimeru*] 窓を開ける[閉める] Abrir [Fechar] a ～. ◇ **～ garasu** 窓ガラス O vidro da ～; a vidraça.
madó-gíwá 窓際 (<… + kiwá) A beira da janela. ★ ～ *ni* 窓際に Perto [À beira] da… ～ *no seki* 窓際の席 O assento/lugar da [à beira da] janela. ◇ **～ zoku** 窓際族 Os empregados [funcionários] inúteis.
madó-guchi 窓口 (<… + kuchí) **a**) O balcão; o guiché[ê] (Kippu uri no ～ = a bilheteira); **b**) O encarregado「dos conta(c)tos com o público」. *Tōkyōkai wa Nippaku shinzen no ～ da* 当協会は日伯親善の窓口だ Esta associação serve de intermediária na amizade entre o J. e o B.
madóí¹ 惑い ⇨ mayóí.
madóí² 円[団]居 O círculo [A roda] animado[a]「de familiares」.
[S/同] Dańráń (+).
madó-káké 窓掛け (<… + kakéru) ⇨ kā̀ten.
madó-kázari 窓飾り As ornamentações das janelas [vitrinas]「nas lojas/festas」.
madómóázeru マドモアゼル (< Fr. mademoiselle) ⇨ o-jō-san; reíjō³.
Madónna マドンナ (< It. Madonna) Nossa Senhora; a Madona.
[S/同] Seíbó Mária (+).
ma-dórí 間取り (<… + tóru) A planta [organização dos espaços] de uma casa. ★ ～ *no yoi ie* 間取りの良い家 A casa com as divisões bem feitas. ◇ **～ zu** 間取り図 A planta de uma casa.
madórómí 微睡 (< madórómu) A soneca.
madórómu 微睡む Fazer uma soneca; dormitar. *Hinata de neko ga madoronde iru* 日向で猫がまどろんでいる O gato está a ～ ao sol.
[S/同] Útouto suru (+).
madórósú マドロス (< Hol. matroos) O marinheiro; o homem do mar.
[S/同] Funá-nori (o); súifu (+).
madóu 惑う【E.】⇨ mayóu.

madówásu 惑わす ⇨ mayówásu.
máe 前 **1** [顔が向いている方] A frente; a dianteira; a fronte. ~ *o yoku mite unten shi nasai* 前をよく見て運転しなさい Olhe bem para a sua frente, quando guia. ★ ~ *e susumu* 前へ進む Ir para a frente; seguir para diante. S/同 Zeńpō; zeńmén². Ushíró. **2** [正面] A (parte da) frente; a fronte; a frontaria. ★ *Ginkō no* ~ 銀行の前で Em ~ do banco. ◇ ~ **niwa** O jardim da frente. A/反 Shōmen. A/反 Ura. **3** [その時より早い時点] Antes; anteriormente (⇨ maé mótte). ~ *kara yōroppa e ikitakatta* 前からヨーロッパへ行きたかった Já antes [há tempos que] desejava ir à Europa. *Haha wa mada gojū* ~ *da* 母はまだ五十前だ A minha mãe ainda não tem 50 anos. ★ ~ *ni nobeta yō ni* 前に述べたように Como (já) disse ~; como acima referi [mencionei]. *Ame no furu* ~ *ni* 雨の降る前に Antes de chover. *Seki o isshūkan* ~ *ni yoyaku suru* 席を一週間前に予約する Reservar o lugar com uma semana de antecedência. *Shuppatsu* ~ 出発前 Antes da partida. I/慣用 *Arashi no* ~ *no shizukesa* 嵐の前の静けさ A calma que precede a [antes da] tempestade. S/同 Ízen¹; mukáshí. A/反 Áto, -go; nochí. **4** [順序の先の方] A anterioridade; a precedência. ~ *no nichiyō bi, no nichiyō bi no hi* 前の日曜に No domingo passado [anterior]. ~ *no pēji no ē ji* 前のページ A página anterior. P/ことわざ *Daiji no* ~ *no shōji* 大事の前の小事 a) Pequenos sacrifícios para realizar uma grande de empresa; b) Coisas pequenas que não podem ser negligenciadas para realizar as grandes. **5** [面前] Perante [Diante de.] *Hō no* ~ *de wa dare de mo byōdō da* 法の前では誰でも平等だ Todos são iguais perante a lei. ★ *Hito no* ~ *de* 人の前で Em público. *Shiken o* ~ *ni shite* 試験を前にして Em [Nas] vésperas de [do] exame. S/同 Meńzén; mo-kúzén. **6** [前科] {G.} Os antecedentes criminais; o cadastro. *Aitsu wa* ~ *ga ni-do mo aru sō da* あいつは前に二度もあるそうだ Parece que ele já tem dois ~. S/同 Zénka¹ (+). **7** [陰部] As partes púdicas [íntimas] (⇨ séiki⁴). ★ ~ *o kakusu* 前を隠す Cobrir ~. S/同 Ínbu. **8** [-maé: –ing] *A re*-feição para cinco pessoas; cinco doses de comida. ★ *Gonin* ~ *no shokuji* 5 人前の食事 A refeição para cinco pessoas; cinco doses de comida. ⇨ -buń² (+); ichínín-maé.
maé-áshi 前足 As patas [pernas] da frente; os membros anteriores.
máe-ba 前歯 (< ~ + ha¹) Os dentes da frente [Os incisivos]. ⇨ óku-ba.
maé-bárai 前払い (< ~ + haráu) O pagamento adiantado; o pré-pagamento. ◇ ~ **unchin** 前払い運賃 ~ do frete [transporte]. S/同 Maé-gáshí; sá-kí-bárái. A/反 Átó-bárai. ⇨ shokkéń².
maébáráí-kín 前払い金 O adiantamento; a quantia (o dinheiro) paga[o] antecipadamente.
maé-búré 前触れ **1** [予告] O anúncio antecipado; o pré-aviso. *Kare wa* ~ *mo naku totsuzen arawareta* 彼は前触れもなく突然現れた Ele apareceu de repente sem qualquer aviso [avisar nada]. Sakíbúré; yokókú. **2** [前兆] O indício; o pressentimento. *Ano kumo wa arashi no* ~ *da* あの雲は嵐の前触れだ Aquela nuvem é ~ de temporal. Kizáshí; zeńchō.
maé-gáki 前書き (< ~ + káku¹) O prefácio; o prólogo; a introdução; o proé[ê]mio; o preâmbulo. S/同 Jobuń; jorón; shogén. A/反 Átó-gáki.

maé-gámi 前髪 (< ~ + kamí) A franja (de cabelo sobre a testa).
maé-gári 前借り (< ~ + karíru) O adiantamento. ★ *Kyūryō no* ~ *o suru* 給料の前借りをする Receber um ~ do salário. S/同 Sakígári; zeńshákú. A/反 Maé-gáshí.
maé-gáshí 前貸し (< ~ + kasú) O pagamento adiantado; o adiantamento (de dinheiro). S/同 Maé-bárai (+); sakígáshí. A/反 Maé-gári.
maé-géiki 前景気 (< ~ + keíkí) A perspectiva; a expectativa. ★ ~ *o aoru* [*tsukeru*] 前景気をあおる [付ける] Fazer crescer a expectativa. ~ *wa jōjō* 前景気は上乗 As perspectivas「do recital/econó[ô]-micas」são as melhores.
maé-íwai 前祝い (< ~ + iwáu) A celebração antecipada. ★ ~ *o suru* [*yaru*] 前祝いをする[やる] Celebrar [Festejar] antecipadamente.
maé-kágami 前屈み (< ~ + kagámú) A inclinação do corpo para a frente. ★ ~ *ni naru* 前屈みになる Curvar-se; inclinar-se「sobre」. S/同 Maé-kógomi.
maékáké 前掛け O avental. ⇨ épuron.
maé-kíń 前金 O adiantamento (de dinheiro). S/同 Maé-bárai. A/反 Átó-kíń.
maé-kógomi 前屈み ⇨ maé-kágami.
maé-kójó 前口上 [kóo] 「芝居などの前に述べる言葉」O prólogo「de um drama」; a observação introdutória. **2** [前置き] A declaração preliminar; o preâmbulo. ~ *wa ii kara hayaku honndai ni hairi nasai* 前口上はいいから早く本題に入りなさい Deixe-se de (mais) preâmbulos e entre (mas é) no assunto. S/同 Maé-ókí (+).
maé máe 前前 (< máe) (Desde) há muito (tempo). ~ *kara kono kuruma ga hoshikatta* 前々からこの車が欲しかった ~ que desejava ter [queria comprar] este carro. ⇨ ízen¹.
maé mótte 前以て De antemão; antecipadamente; previamente. ★ ~ *shiraseru* 前以て知らせる Avisar ~. Arákájímé.
maé-múkí 前向き (< ~ + mukú) **1** [正面を向いていること] A posição de frente. A/反 Ushíró-múkí. **2** [考え方や態度が積極的であること] A atitude positiva [construtiva]; o encarar de frente. ★ ~ *ni taisho suru* 前向きに対処する Tomar medidas construtivas. S/同 Sekkyókú-téki (+). A/反 Ushíró-múkí.
maé-nómeri 前のめり (< ~ + noméru) A queda para a frente. ★ ~ *ni naru* 前のめりになる「tropeçar e」Cair de [para a] frente.
maé-ókí 前置き (< ~ + okú) A introdução; a nota introdutória; o prefácio「do livro」; o preâmbulo. *Kare no hanashi wa* ~ *ga nagai* 彼の話は前置きが長い Ele alonga-se em preâmbulos「inúteis」. S/同 Bótō; jobuń; jorón; maé-kójō; shorón.
maé-úri 前売り A venda antecipada; a reserva. ◇ ~ **ken** 前売り券 O bilhete pré-vendido.
maé-úshiro 前後ろ A frente e a traseira. ★ *Sha-tsu o* ~ *ni kiru* シャツを前後ろに着る Vestir a camisa com a frente para as costas. S/同 Ushíró-mae (+).
maé-wátáshi 前渡し **1** [先渡し] O pagamento [A entrega] em adiantamento. ◇ ~ **kin** 前渡し金 O adiantamento. S/同 Sakí-wátáshi. **2** [⇨ tetsu-ké-(kíń)].
maé-zúké 前付け (< ~ + tsukéru) 【Tip.】 O frontispício (de um livro).
máfia マフィア (< It. mafia) A máfia. ⇨ yákuza.
máfurā マフラー (< Ing. muffler) **1** [えりまき]

ma-fúyú 真冬 O pino [meio/forte] do inverno. ◇ **~ bi** 真冬日 Os dias com temperatura inferior a 0° centígrados. ⇨ ma².

magái 紛[擬]い (< magáu) A imitação; a falsificação. ★ *Sagi ~ no teguchi* 詐欺紛いの手口 O truque para enganar [falsificar]. ◇ **~ mono** 紛いもの Uma ~ [Falsificações]. S/同 Módoki; nisé(mónó)(+).

mágajin マガジン (< Ing. magazine) **1** [雑誌] A revista. ◇ **~ rakku** マガジンラック O porta-revistas [A estante de ~s]. S/同 **2** [カメラのフィルム容器の一つ] O carretel [A carga] de filme.

mágaki 籬【E.】A cerca rudimentar (de bambu). S/同 Masé(gaki).

ma-gámo 真鴨 (< ma⁴+ kámo) 【Zool.】O pato-bravo; o adem; *anas platyrhinchos*.

ma-gáné 真金【<...² + kané】【E.】O ferro (com que se faziam panelas, pás, etc.).

ma-gá-nukérú 間が抜ける ⇨ ma-nuké.

magáó 真顔【<...² + kaó】A cara séria; a expressão grave. ★ ~ *ni naru* 真顔になる Pôr-se sério. ⇨ majímé.

mágaretto [áa] マーガレット (< Ing. marguerite) 【Bot.】A margarida. ⇨ kikú³.

magári¹ 曲がり (< magáru) (Ex.: *nekutai no ~ o naoshi nasai* = endireite a gravata, que está torcida); a curvatura. ⇨ **nin**. A/反 heso | ~.

ma-gári² 間借り (<...¹5 + karírú) O aluguer[l] de um quarto. ★ ~ *suru* 間借りする Alugar um quarto. ◇ ~ **nin**. A/反 Ma-gáshí.

magárí-kádo 曲がり角 (< magárú + ...) **1** [道の角] A esquina. S/同 Kádo. **2** [変わり目の時] O ponto de viragem [mudança]. ★ *Jinsei no ~ni* 人生の曲がり角 Uma viragem na [nova fase da] vida. S/同 Kawárí-me.

magárí-kúnerú 曲がりくねる (< magárú + ...) Meandrar; 「rio」 serpentear; serpear. ★ *Magari-kunetta michi* 曲がりくねった道 A estrada tortuosa [com muitas curvas].

mágarin [áa] マーガリン (< Ing. margarin(e)) A margarina.

magárí-nári 曲がりなり O arrancão. *Kare wa ~ ni mo hitori de shigoto o oeta* 彼は曲がりなりにも一人で仕事を終えた Bem ou mal [Embora aos arrancões], ele acabou por [conseguiu] fazer o trabalho sozinho.

magárí-nín 間借り人 O inquilino [locatário] de um quarto. ⇨ ma-gárí².

magárú 曲がる (⇨ magári) **1** [まっすぐでなくなる] Curvar(-se); vergar-se; entortar-se; torcer-se. *Kono michi wa sono saki de migi ni magatte iru* この道はその先で右に曲がっている Esta rua vira à direita, um pouco adiante. *Nekutai ga magatte iru yo* ネクタイが曲がっているよ Você tem [está com] a gravata torcida. **2** [進行の方向を変える] Dobrar; virar; mudar de dire(c)ção. *Sono kado o magatte ni-ken-me ga boku no ie desu* その角を曲がって二軒目が僕の家です Virando essa esquina, a segunda casa é a minha. ⇨ mawárú. **3** [ねじける] Ser torto [retorcido; falso]. *Kare no konjō wa magatte iru* 彼の根性は曲がっている Ele tem um cará(c)ter ~. S/同 Nejí-kéru. ⇨ hinékúrú; magérú.

ma-gáshí 間貸し (<...¹5 + kasú) O dar quartos de aluguer/l. A/反 Ma-gári.

magáttá 曲がった (< magárú) **1** [湾曲した] Curvo; 「poste」 torto; 「caminho」 tortuoso. **2** [ねじけた] Retorcido. ★ ~ *koto o suru* 曲がったことをする Ser ~ [desonesto].

magáu 紛う【E.】Confundir. *Kore wa ~ kata naki kare no sakuhin da* これは紛う方なき彼の作品だ Isto é, sem sombra de dúvida, obra dele.

magé 髷 **a)** O totó (das mulheres); **b)** O carrapit[ch]o (Tb. à antiga moda j.; ⇨ magé-mónó²). ★ ~ *o yuu* 髷を結う Fazer um ~. S/同 Chónmágé-mónó; jidái-mónó.

magé-mónó¹ 曲げ物 (< magérú + ...) Um recipiente redondo feito de tiras de madeira torcidas. S/同 Wagé-mónó.

magé-mónó² 髷物 O romance [drama; filme] histórico/de costumes/de samurais. S/同 Chónmágé-mónó; jidái-mónó.

magérú 曲[枉]げる (⇨ magárú) **1** [曲がらせる] Dobrar; torcer. ★ *Harigane o ~* 針金を曲げる ~ o arame. *Hiza o ~* ひざを曲げる Dobrar o joelho. **2** [道理などをゆがめる] Deturpar; distorcer. ★ *Dōri o ~ michi ni magete hōdō suru* 事実を曲げて報道する Informar deturpando os fa(c)tos. *Hō o ~* 法を曲げる Dar voltas à lei. *Jijitsu wo magete hōdō suru* 事実を曲げて報道する Informar deturpando os fa(c)tos. S/同 Yugámérú. **3** [意志を折る] Vergar. *Nan to iwarete mo kono iken wa magerarenai* 何と言われてもこの意見は曲げられない Podem dizer o que quiserem que não mudarei de opinião [não me vou ~]. **4** [質に入れる] Penhorar; pôr no prego.

magírásu 紛らす (< magíréru) **1** [気をそらすようにする] Distrair(-se); entreter(-se); desviar a atenção. ★ *Kanashimi o ~* 悲しみを紛らす Afastar a tristeza. **2** [性かのごとくにごまかす] [性がにかにもがわからないようにする] Disfarçar. ★ *Jōdan ni ~* 冗談に紛らす (o assunto) com piadas. S/同 Kakúsu.

magiráwáshii 紛らわしい **1** [意味の曖昧な] Equívoco; 「um termo」 (Palavra) ambíguo; 「modo de agir」 dúbio. ★ ~ *koto o iu na* 紛らわしいことを言うな Deixe-se de ambiguidades [Eu não gosto de equívocos]! **2** [混同されやすい] Confuso; confundível. ★ ~ *namae* 紛らわしい名前 Um nome ~ [fácil de ser confundido].

magíré¹ 紛れ (< magíréru) A confusão; a complicação. ★ ~ *mo nai jijitsu* 紛れもない事実 O fa(c)to claro [evidente; iniludível; incontroverso].

-magíré² 紛れ O momento; a ocasião. ★ *Dosakusa ~ ni umai koto o suru* どさくさ紛れにうまいことをする Aproveitar a [Aproveitar-se da] confusão. *Haradachi ~ ni* 腹立ち紛れに "fiz isso" Num ~ [acesso] de raiva [ira].

magíré-kómu 紛れ込む (< magíréru + ...) Misturar-se. *Itsu no ma ni ka kare wa mishiranu gunshū no naka ni magirekonde ita* いつの間にか彼は見知らぬ群衆の中に紛れ込んでいた Sem dar por isso, ele ficou perdido na multidão. ⇨ haírí-kómu.

magíréru 紛れる (⇨ magírásu) **1** [入り交じり目立たなくなる] Confundir-se「com」; misturar-se; perder-se (de vista). ★ *Hitogomi ni ~* 人込みに紛れる Desaparecer no meio da multidão. *Sawagi ni magirete nigeru* 騒ぎに紛れて逃げる Escapar-se no meio da confusão. **2** [あることに心をうばわれて,他のことを一時忘れる] Distrair-se; esquecer. *Isogashi-*

sa ni magirete yakusoku o tsui wasureta 忙しさに紛れて約束をつい忘れた Distraído [Absorvido] com o trabalho, esqueci-me do compromisso que tinha. ★ *Ki ga* ~ 気が紛れる Sentir-se aliviado [~].

má-giwa ni 間際に (< *ma*¹ + *kiwá*) Imediatamente antes「de」; na iminência「de」. ★ ~ *natte* 間際になって「recusar」À última hora. *Hassha* ~ 発車間際に Mesmo na hora da partida「do comboio/trem」. *Shinu* ~ 死ぬ間際に Prestes a [Mesmo antes de] morrer. S同 Suńzeń.

magó¹ 孫 O neto. ★ ~ *ko no dai made* 孫子の代まで「ficar」Para a posteridade. ◇ ~ **deshi** 孫弟子「eu sou」Discípulo de um discípulo「do mestre」.

mágo² 馬子 O arrieiro [condutor] de cavalos de carga. ［ことわざ］ ~ *ni mo ishō* 馬子にも衣装 Um burro carregado de livros é um doutor. S同 Umákátá; umá-ói.

magó-bíki 孫引き (< … + *hikú*) A citação em segunda mão. ★ ~ *suru* 孫引きする Fazer uma ~.

ma-gói 真鯉 (< …² + *kói*) ［Zool.］A carpa preta [vulgar].

magō kata naki [óo] 紛う方なき ⇨ magáu.

ma-gókoro 真心 (< …² + *kokóro*) A sinceridade; o coração. ★ ~ *kara* 真心から Do fundo do ~. *komete* 真心こめて「um presente (dado)」De todo o ~. S同 Sekíshiń; tánsei.

mágomago suru まごまごする 1 ［うろたえる］Ficar atrapalhado [aturdido; desorientado; atarantado]. ~ *na* まごまごするな Não se atrapalhes (Tenha) Calma)! *Magomago shite* まごまごして Com a atrapalhação「perdi o comboio [trem]」. S同 Magótsúkú; urótáérú. 2 ［ぐずぐずする］Perder tempo (à toa). ~ *to sugu ni oinukarete shimau zo* まごまごするとすぐに追い抜かれてしまうぞ Se ficas para aí feito bruta bonta [aí a ~] os outros vão ultrapassar-te.

magó-nó-te 孫の手 O coçador para as costas (Lit. mão do neto).

magó-tsúkú まごつく Ficar atrapalhado [desnorteado; aturdido]. *Yōryō ga wakarazu saisho magotsuite ita* 要領がわからず最初まごついていた No começo, estava atrapalhado, por não saber (bem) de que se tratava. ★ *Magotsukazu ni* まごつかずに Prontamente; sem se atrapalhar. *Hentō ni* ~ 返答にまごつく Ficar sem resposta [sem saber que responder]. S同 Mágomago suru.

máguchi 間口 1 ［建物などの］(O comprimento da) fachada [da boca do palco]. *Sono ie wa* ~ *koso semai ga okuyuki ga kanari aru* その家は間口こそ狭いが奥行がかなりある Essa casa, apesar de ter a frente [~] estreita, tem bastante profundidade. 2 ［たずさえる事柄の幅］A amplitude; a extensão. ★ *Torihiki no* ~ *o hirogeru* 取引の間口を広げる Expandir os [alargar a quantidade dos] negócios.

Magúná-káruta マグナカルタ ［H.］A Magna Carta (L.). ⇨ daí-kénshō.

magúnéshia マグネシア (< Ing. magnesia) ［Quím.］ A magnésia. S同 Sańká-mágunéshúmu.

magúnéshíumu マグネシウム (< Ing. magnesium) ［Fís.］O magnésio (Mg 12). ◇ **Enka** ~ 塩化マグネシウム O cloreto de ~ (Mg 12). **Sanka** ~ 酸化マグネシウム O óxido de ~.

mágunichūdo マグニチュード (< Ing. < L. magnitudo) A magnitude. *Kantō dai-jishin no* ~ *wa nana ten kyū de atta* 関東大地震のマグニチュードは7.9であった O grande terra[e]moto de Kantō foi da ~ de 7.9° na escala de Richter.

mágure 紛れ O acaso;「foi」pura sorte.

maguré-átari 紛れ当たり O sucesso casual; o acertar por acaso [sorte].

magúro 鮪 ［Zool.］O atum; *thunnus thunys*. ⇨ mebáchí.

magúsá 秣 A forragem; o feno. ★ *Uma ni* ~ *o yaru* 馬にまぐさをやる Dar ~ ao cavalo. S同 Kaíbá.

magúsó 馬糞 (< umá + kusó) ［G.］O excremento [cagalhão (G.)] de cavalo. S同 Bafúń (+).

máhha マッハ (< Ing. mach) Mach (1 ~ = 340 m/s, que é a velocidade do som). ◇ ~ **sū** マッハ数 O número de Mach.

máhi 麻痺 1 ［Med.］A paralisia [parálise]; o entorpecimento. *Kare no hidari-ashi wa* ~ *shite iru* 彼の左足は麻痺している Ele tem a perna esquerda paralisada [paralítica]. ◇ **Nōsei** ~ 脳性麻痺 A ~ cerebral. **Shinzō** ~ 心臓麻痺 A paragem cardíaca [O ataque (de coração)]. **Zenshin** ~ 全身麻痺 A ~ geral. 2 ［本来の働きができなくなること］ ［Fig.］A paralisação; a suspensão. ★ *Kokkai no kinō o* ~ *saseru* 国会の機能を麻痺させる Paralisar o Parlamento. *Kōtsū no* ~ *jōtai* 交通の麻痺状態 O congestionamento [engarrafamento] ~ do trânsito.

ma-hígashi 真東 A dire(c)ção exacta de [Mesmo] leste. A反 Ma-níshí. ⇨ ma² 2.

ma-híru 真昼 O pleno dia; o meio-dia. ★ ~ *ni* 真昼に Em pleno dia; ao meio-dia. *Hirúhínáká*; *mappíruma*; *nitchū̂*. ⇨ ma² 2.

má-ho 真帆 A vela desfraldada. A反 Katá-hó.

mahō 魔法 A magia; a feitiçaria; a bruxaria. ★ ~ *no jūtan* [*kagami*; *kuni*] 魔法のじゅうたん［鏡；国］O tapete voador [O espelho mágico; O país das maravilhas]. ~ *o kakeru* 魔法をかける Enfeitiçar; fazer um bruxedo; encantar. ◇ ~ **bin** 魔法瓶 A garrafa térmica[-termo]. ~ **tsukai** 魔法使い O mago; o feiticeiro; o bruxo.
S同 Májutsu. ⇨ kíjutsu³; téjina.

mahóganī マホガニー (< Ing. mahogany) O mogno. ★ ~ *no isu* マホガニーの椅子 A cadeira (feita) de ~.

Mahómétto マホメット Maomé [Maomet]. ◇ ~ **kyō** マホメット教 O maometismo; o islamismo. ~ **kyōto** マホメット教徒 O muçulmano; o maometano. ⇨ Isúrámú-kyō.

maí¹ 舞 (< maú) A dança; o bailado. ★ ~ *o mau* 舞を舞う Dançar; bailar. ◇ ~ **ōgi** 舞扇 O leque de dança (j.). S同 Odóri (+).

maí-² 毎 Cada; todos. ◇ ~ **byō** ［fun］毎秒［分］ Cada segundo [minuto]. ~ **nichiyōbi** 毎日曜日 Todos os domingos; cada domingo.
S同 -góto. ⇨ máiban.

-maí³ 枚 (Numeral para coisas largas e finas) (Ex.: *Kippu ichi* ~ = 1 bilhete). ★ *San-jū* ~ *tsuzuri no nōto* 30枚つづりのノート Um caderno de 30 folhas.

-maí⁴ まい 1 ［打ち消しの推量］Não (Suposição). *Sonna koto wa aru* ~ そんなことはあるまい Isso não deve ser (bem) assim. S同 Nái darō. 2 ［打ち消しの意志］Não (Volição). *Zettai ni soko e wa iku* ~ 絶対にそこへは行くまい Eu nunca irei aí/Não souro lá ir de modo nenhum. 3 [-arumaishi の形で: ないから；ないので］Porque [Já que] não …. *Kodomo ja aru* ~ *shi*, *sonna koto wa shitte iru darō* 子供じゃあるま

いし, そんなことは知っているだろう ～ é criança, você devia saber isso.

maí-ágáru 舞い上がる (< maú + …) Esvoaçar; subir [flutuar] no ar. ★ *Hokori ga* ～ ほこりが舞い上がる Levantar-se a poeira.

mái-asa 毎朝 Todas as manhãs. ⇨ maí².

mái-ban 毎晩 Todas as noites. [S/同] Maí-yó; yo-gótó. ⇨ maí-².

maíbótsú 埋没 **1** [うずもれかくれること] O estar soterrado. ★ ～ *suru* 埋没する … ⇨ uzúmórérú. **2** [世に知られぬこと] O ser desconhecido. *Kare no gyōseki wa yo ni* ～ *shite shimatte iru* 彼の業績は世に埋没してしまっている Os feitos [trabalhos] dele são desconhecidos do público. ⇨ maísétsú.

ma-íchí-mónji 真一文字「a flecha foi em」Linha re(c)ta. ★ ～ *ni kuchibiru o musubu* 真一文字に唇を結ぶ Cerrar bem os lábios. [S/同] Itchókusen (+); massúgu (+).

maí-dó 毎度 (<… ² + do) **1** [いつも] Sempre (Ex.: *Kare ga mata monku o itte iru yo.* ～ *no koto sa* = Ele está outra vez a queixar-se! – Como ～ [É o costume]). ～ *go-hiiki itadakimashite arigatō gozaimasu* 毎度ごひいきいただきましてありがとうございます Obrigado por vir ～ à nossa loja. [S/同] Ítsumo (+); tsúne-ni. **2** [そのたびごと] Cada vez. [S/同] Maí-káí.

maí-gétsú 毎月 ⇨ maí-tsúkí.

mái-go 迷子 (< mayóu + ko) A criança perdida [extraviada]. ～ *no o-yobidashi o mōshi-agemasu* 迷子のお呼び出しを申し上げます Temos con(n)osco uma ～, façam favor de se dirigir(em) a nós. ★ ～ *ni naru* 迷子になる Perder-se「dos pais」. ◇ **～ fuda** 迷子札 A etiqueta de identificação (para a criança não se perder). [S/同] Mayóí-go.

maí-gṓ 毎号 Cada número (De jornal ou revista).

maí-hime 舞姫 (< maú + …) A dançarina; a bailarina. ⇨ maí-kó.

maí-hṓmu [óo] マイホーム (< Ing. my home) O meu lar; a minha cas(inh)a. ◇ **～ shugi** マイホーム主義 O estilo de vida caseiro [dar preferência à família].

maí-jí 毎時 (<… ² + jikáń) Cada hora; por hora. ★ ～ *gojikkiro de hashiru* 毎時50キロで走る Correr a 50 km por [à] hora.

maí-ká [áa] マイカー (< Ing. my car) O carro próprio. ◇ **～ zoku** マイカー族 As pessoas que têm carro (próprio). [S/同] Jikáyṓsha.

maí-káí 毎回 Cada vez; todas as vezes. [S/同] Maí-dó.

maí-kó 舞子 [妓] (< maú + …) A jovem dançarina「de Kyoto」que estuda para gueixa. ⇨ maí-hime.

maí-kómu 舞い込む (< maú + …) **1** [舞いながらはいる] Entrar voando. *Mado kara ko-no-ha ga maikonde kita* 窓から木の葉が舞い込んできた Olha uma folha que entrou pela janela! **2** [思いがけずやってくる] Entrar inesperadamente「um cão no jardim」. ★ *Kyōhakujō ga* ～ 脅迫状が舞い込む Receber uma carta de ameaça.

maíkúró マイクロ (< Ing. < Gr. mikrós: pequeno) Micro-. ◇ **～ basu** マイクロバス O ～-ônibus; a carrinha. **～ chippu** マイクロチップ O "microchip" (Peça de silicone「dos computadores」). ⇨ **～ erekutoronikusu [ha/hon/conpyūtā/purosessā]**. **～ firumu** マイクロフィルム O microfilme. **～ rīdā** マイクロリーダー O leitor de microfilmes.

maíkúró-erékútórónikusu マイクロエレクトロニクス (< Ing. < Gr.) A micro-ele(c)tró[ô]nica.

maíkúró-ha マイクロ波 A micro-onda.

máiku[maíkúróhon] マイク(ロホン) (< Ing. microphone < Gr. mikrós: pequeno + phoné: voz/som) O microfone. ★ ～ *o tsūjite hanasu* マイクを通じて話す Falar ao ～. ◇ **Kakushi ～** 隠しマイク ～ escondido/secreto.

maíkúró-kóńpyūtā [pyúu] マイクロコンピュータ – O microcomputador. [S/同] Maíkóń.

maíkúró-púróssésā マイクロプロセッサー (< Gr. + L.) O microprocessador.

máikyo 枚挙【E.】A enumeração. ★ ～ *ni itoma ga nai* 枚挙に暇がない Ser inumerável [sem conta] [*Kōsaten deno kōtsū jiko wa* ～ *ni itoma ga nai* 交差点での交通事故は枚挙に暇がない Os acidentes de carro [trânsito] não têm conta]. [S/同] Rékkyo.

maímái 毎毎 (< maí²) ⇨ maí-dó; saísái.

maí-módóru 舞い戻る (< maú + …) Voltar「ao ninho」; regressar; vir de volta. *Dashita tegami ga maimodotte kita* 出した手紙が舞い戻ってきた A carta veio [foi(-me)] devolvida.

maínású マイナス (< Ing. < L. minus) **1**【Mat.】Menos; o sinal negativo [de subtra(c)ção]. *Hachi* ～ *ni wa roku* 8マイナス2は6 8 menos 2 são 6. ◇ **～ kigō** マイナス記号 O sinal menos [–]. [S/同] Fu. [A/反] Púrasu. ⇨ hikú¹. **2**【Ele(c)tri.】O pólo negativo. [S/同] Ińkyókú. [A/反] Púrasu. **3** [不足; 欠損] O déficit[ce]; o saldo negativo. *Shishutsu ga ōku kakei wa* ～ *da* 支出が多く家計はマイナスだ As despesas são tantas que o nosso orçamento familiar está deficitário. ★ ～ *ni naru* マイナスになる Ter ～. ⇨ aká-jí; késson; sońshítsú. **4** [不利な点] A desvantagem; o defeito. ★ ～ *no imēji* [*kōka*] マイナスのイメージ [効果] A imagem [O efeito] negativa [o]. [S/同] Fúri; són. [A/反] Púrasu.

maí-néń 毎年 Todos os anos; anualmente; cada ano. ★ ～ *ikkai* 毎年一回 Uma vez por [Cada] ano. ～ *no* 毎年の Anual. ～ *san-gatsu ni* 毎年三月に Todos os anos, em Março. [S/同] Maí-tóshí; neńnéń.

mái-nichi 毎日 Todos os dias; diariamente; cada dia. ★ ～ *gozen* 毎日午前 Todas as manhãs [Todos os dias, de manhã]. ～ *no* 毎日の Quotidiano; diário. ～ *no yō-ni* 毎日のように Quase ～. [S/同] Híbi; reńjítsú.

maínóritī マイノリティー (< Ing. minority < L.) As minorias (Sociais/Rácicas).

maí-pésu [ée] マイペース (< Ing. my pace) O próprio ritmo. ★ ～ *de hataraku* マイペースで働く Trabalhar ao próprio [seu/meu] ritmo.

máiru¹ マイル (< Ing. mile < L. mília) A milha. ◇ **～ sū** マイル数 A distância em [O número de] ～.

máiru² 参 [詣] る【Cor.】 **1** [行く・来るの謙譲語] Ir; vir; visitar. *Chichi wa sugu ni kaette mairimasu* 父はすぐに帰って参ります O pai vem [volta] já. *Itte mairimasu* 行って参ります Até logo [Vou sair]. ⇨ ikú; kúru. **2** [参拝する] Ir rezar a um templo. ★ *Jinja ni* ～ 神社に参る ～ x[sh]intoísta. [S/同] Sańkéí súrú; sańpáí súrú. **3** [降参する] Ser derrotado; render-se. "*Dō da maitta ka.*" "*Maitta*"「どうだ参ったか」「参った」Então rendes-te? – Rendo. [S/同] Kṓsáń súrú. **4** [閉口する] Ficar doido [desnorteado]. *Kare wa seishinteki ni-mo nikutaiteki ni-mo sukkari maitte iru* 彼は精神的にも肉体的にもすっかり参っている Ele está muito em baixo, tanto física

majíwáru

como psicologicamente. ⓈⓇ Heíkô súrú; tôwáku súrú. **5** [異性に心を奪われる] Ficar [Estar] apaixonado. ◆ *Onna ni* 〜 女に参る 〜 por uma mulher. ⓈⓇ Horékómu.

maísétsú 埋設 O instalar debaixo da terra. ★ *kēburu o* 〜 *suru* ケーブルを埋設する Instalar cabos subterrâneos. ⇨ fusétsú²; maízô.

maishín 邁進 [E.] O avanço [ímpeto]; a impetuosidade; a dedicação. ★ *Shigoto ni* 〜 *suru* 仕事に邁進する Lançar [Atirar/Dedicar]-se ao trabalho. ◇ **Ichiro** 〜 一路邁進 O ir sempre a direito. ⓈⓇ Bakúshín; tosshín.

maí-shū 毎週 Todas as semanas; semanalmente; cada semana. ★ 〜 *nichiyōbi ni* 毎週日曜日に Todos os [〜 aos] domingos. 〜 *no* 毎週の「a reunião」 Semanal. 〜 *san-kai* 毎週 3 回 Três vezes por semana. ⇨ kakúshū; maí².

maísô 埋葬 O enterro; a inumação. ★ 〜 *suru* 埋葬する Enterrar; sepultar; inumar. ◇ 〜 **chi** 埋葬地 O cemitério ⇨ bóchi.

maí-sū [úu] 枚数 (< maí³ + kázu) O número de folhas. ⇨ maí³.

maí-tóshi 毎年 ⇨ maí-nén.

maí-tsúkí 毎月 (< maí² + ⋯) Todos os meses; mensalmente; cada mês. ★ 〜 *ichi-do* 毎月一度 Uma vez por mês. ⓈⓇ Mai-gétsú.

maí-yó 毎夜 ⇨ mái-ban.

maízô 埋蔵 **1** [うずめ隠すこと] O guardar debaixo da terra. **2** [うまっていること] O haver debaixo da terra「jazidas de minério」. ◇ 〜 **ryō** 埋蔵量 As reservas do subsolo. ⇨ maísétsú.

máján [aá] 麻雀 (< Ch. mah jong) O mah-jong. ★ 〜 *o yaru* [*suru*; *utsu*] 麻雀をやる[する; 打つ] Jogar 〜. ◇ 〜 **kurabu** [**ya**] 麻雀クラブ[屋] O clube [salão] de 〜. 〜 **pai** 麻雀パイ A peça [pedra] de 〜.

Majáru [áa] マジャール (< jin マジャール人 Os magiares (H.) [húngaros]. ⇨ Hángarí.

majíéru 交える ★ [まぜる] Misturar; incluir (Ex.: *seito mo majiete tōgi shita* = discutimos o assunto, com a participação também dos estudantes). ★ *Shijō o* 〜 *suru majiete* 私用を交える Trazer assuntos particulares「a uma reunião de trabalho」. ⓈⓇ Mazéru. **2** [交差させる] Cruzar「dois paus」. ★ *Hiza o majiete kataru* ひざを交えて語る Ter uma conversa informal [franca/entre amigos]「com_」. ⓈⓇ Kôsá sásérú. **3** [やりとりする] Trocar「umas breves palavras」. ★ *Hōka o* 〜 砲火を交える Disparar uns contra os outros. ⓈⓇ Torí-káwású; yarí-tori suru.

májika 間近 (< ma¹ + chikái) A proximidade; mesmo [muito] perto「do parque」. ★ 〜 *de miru* 間近で見る Ver de perto「a pintura」. ⓈⓇ Mokúzén.

májíkái 間近い (< ma¹ + chikái) **1** [距離が少ない] O estar「A pouca distância; (mesmo)」à mão. **2** [日時が迫っている] A pouco tempo「do fim das obras」. *Toshi no kure ga* 〜 歳の暮が間近い O ano está no fim.

ma-jikiri 間仕切り (< ma¹ + shikírí) O tabique [A divisória/divisão] entre dois quartos.

májikku マジック (< Ing. magic < L.) **1** [魔術] Mágico. ◇ 〜 **ai** マジックアイ [Ele(c)tri.] O olho 〜 (Dispositivo que dá sinal luminoso quando「o rádio」está bem sintonizado). 〜 **garasu** マジックガラス O vidro [transparente só de um lado]. 〜 **hando** マジックハンド O manipulador. 〜 **inki** [**pen**] マジックインキ[ペン] O marcador; a caneta de feltro.

〜 **nanbā** マジックナンバー O número 〜. ⓈⓇ Mahô. ⇨ kíjutsu³. **2** [手品] A prestidigitação. ⓈⓇ Téjina.

majimáji まじまじ Sem pestanejar; fixamente. ★ 〜 (*to*) *mitsumeru* まじまじ(と)見つめる Olhar fixamente; fitar sem pestanejar; cravar os olhos「em」. ⇨ jittô.

majíme 真面目 **1** [本気] A seriedade; a gravidade. 〜 *na hanashi da* 真面目な話だ Estou a falar a sério! 〜 *na hanashi* 真面目な話 A conversa séria. 〜 *ni giron suru* 真面目に議論する Debater [Discutir] seriamente. 〜 *ni yare* 真面目にやれ Faça (isso) direito/Nada de brincadeiras! ⓈⓇ Hoñki; shínken. **2** [誠実なこと] A seriedade; a honestidade; a integridade. ★ 〜 *na seikatsu o suru* 真面目な生活をする Levar uma vida honesta. 〜 *ni naru* 真面目になる Regenerar-se. ⓈⓇ Jitchôku; seíjítsu.

majímé-kúsáru 真面目くさる (G.) Pôr-se muito sério. ★ *Majimekusatta kao* (*tsuki*) *o suru* 真面目くさった顔(付き)をする Assumir um ar de gravidade; pôr uma cara muito séria.

majín 魔神 O diabo; um espírito mau. ⇨ ákuma.

májin [áa] マージン (< Ing. margin < L.) **1** [利ざや] A margem de lucro. *Wazuka na* 〜 わずかなマージン A pequena 〜. ⓈⓇ Riékí-ritsu; rizáyá. **2** [証拠金] [Econ.] A margem; a reserva. ◇ 〜 **torihiki** マージン取引 A transa(c)ção com margem. **3** [余白] A margem「da página」; o espaço em branco. ⓈⓇ Yohákú (+).

majínái 呪い A magia; o feitiço; a fórmula mágica. ★ (*O*) 〜 *o suru* (お)まじないをする Praticar a magia. ⇨ (+); júsu; norôí².

majíri 混 [交] じり (< majíru) A mistura; a combinação (Ex.: *kanji kana* 〜 *bun* = a escrita (Comum) com ideogramas chineses e silabário j.). ★ *Shiraga* 〜 *no atama* 白髪混じりの頭 O cabelo grisalho [já com algumas dés]. ◇ 〜 **ke** [**mono**].

majírí-áu 混じり合う ⇨ końgô¹; majíru.

majírí-ké 混じり気 A mistura; a mistela. ★ 〜 *no aru* 混じり気のある Misturado; impuro. 〜 *no nai mizu* 混じり気のない水 A água pura.

majírí-mónó 混じり物 (< majíri + ⋯) A mistela; o composto. ⓈⓇ Mazé-mónó.

majírógu 瞬ぐ [E.] ⇨ mabátaku ◇ .

majíru 混 [交] じる (< majíru) Misturar(-se); combinar-se; ligar-se; associar-se. *Kare ni wa furansujin no chi ga majitte iru* 彼にはフランス人の血が混じっている Ele também tem sangue francês. *Min'na ni majitte utatta* みんなに交じって歌った Juntei-me ao grupo e cantei [a cantar]. ⓈⓇ Mazá[é]ru.

majíwárí 交わり (< majíwáru) **1** [交際すること] O relacionamento; o comungar; a convivência. ⓈⓇ Kôsáí (+); tsukíáí (+). **2** [性交] As relações sexuais. ⓈⓇ Seíkô.

majíwáru 交わる **1** [交際する] Manter relações; conviver; ligar-se. *Hito wa sono* 〜 *tomo o mireba wakaru* 人はその交わる友を見れば分かる "Diz-me com quem andas e dir-te-ei quem és". ことわざ *Shu ni majiwareba akaku naru* 朱に交われば赤くなる ⇨ shu². ⓈⓇ Kôsái súrú. **2** [交差する] Cruzar-se; intersectar-se. *Ni-sen no* 〜 *ten* 2線の交わる点 O ponto de interse(c)ção de duas linhas. ⓈⓇ Kôsá súrú. **3** [交尾する] Acasalar(-se); copular; ter [fazer] o coito/a cópula.

M

májo 魔女 **1** [魔法使いの女] A bruxa; a feiticeira. ◇ ⇨ **~ gari**. **~ saiban** 魔女裁判 O julgamento das bruxas. **2** [悪魔の女] A mulher satânica [diabólica]; a megera.
majó-gárí 魔女狩り (<… + kári) **a**) A caça às bruxas; **b**) A calúnia política.
májutsu 魔術 **1** [魔法] A magia negra; a bruxaria; a feitiçaria; a necromancia. [S/同] Mahṓ (+); yṓjutsu. **2** [大がかりな奇術] A mágica (Arte); a prestidigitação; o ilusionismo. [S/同] Kíjutsu (+); téjina (+).
majútsú-shi 魔術師 **1** [魔法使い] O mago; o bruxo; o feiticeiro; o necromante. [S/同] Jujútsú-shi; mahṓ-tsúkai (+); majínái-shi. **2** [手品師] O mágico; o prestidigitador; o ilusionista. [S/同] Kijútsú-shi; tejíná-shi (+).
mákafushigi 摩訶不思議【E.】O grande mistério. ★ ~ *na dekigoto* 摩訶不思議なでき事 O acontecimento inexplicável [muito misterioso].
makánáí 賄い (< makánáu) **a**) As refeições; a comida; **b**) A administração da casa. ★ ~ *tsuki* [*nashi*] *no geshuku* 賄い付き [なし] の下宿 A pensão com [sem] comida. ⇨ shokújí[1].
makánau 賄う **1** [処置する] Custear; pagar; cobrir; financiar. ★ *Kuni no zaisei o* ~ 国の財政を賄う Arcar com as finanças do [Financiar o] país. [S/同] Kirímórí súrú. **2** [食事を給する] Fornecer as refeições (e tudo o necessário).
makárí-déru 罷り出る【E.】**a**) Apresentar-se [Vir]; **b**) Retirar-se [Sair].
makárí-máchígáu 罷り間違う Acontecer o pior; surgir uma emergência. *Makarimachigaeba inochi o otosu tokoro datta* まかり間違えば命を落とすところだった Se tivesse acontecido o pior, eu teria perdido a vida. ⇨ machígáu.
makárí-nāránu 罷りならぬ Não é permitido! *Mudan kekkin* ~ 無断欠勤罷りならぬ ~ ausentar-se do serviço sem autorização!
makárí-tṓru [óo] 罷り通る Ser permitido; passar (impune). ★ *Fusei ga* ~ *yo-no-naka* 不正が罷り通る世の中 Um mundo cheio de injustiças [em que a corrupção é permitida]. ⇨ tṓru.
makárṓní マカロニ (< It. maccheroni) O macarrão. ◇ **~ sarada** マカロニサラダ A salada de verduras e [com] ~.
makárú 負かる ⇨ makérú.
makáséru 任せる **1** [委任する] Confiar; entregar aos cuidados「de」; incumbir. *Ore ni makasete oke* おれに任せておけ Podes deixar isso ao meu cuidado/Deixa, que eu trato de tudo. [S/同] Iníń súrú. **2** [そのもののするがままにさせておく] Deixar [Dar toda a liberdade]. *Go-sōzō ni o-makase shimasu* ご想像にお任せします Deixo (isso) à sua imaginação. 「*Onna ga*」*mi o* ~「女が」身を任せる Entregar-se a um homem. *Un o ten ni* ~ 運を天に任せる Deixar ao acaso [nas mãos da providência]; aceitar o que der e vier. [S/同] Yudánéru. **3** [そのものの働きを自由に発揮させる] Fazer até onde há (possibilidade). ★ *Hima ni makasete* 暇に任せて「ler」Sempre que se tem tempo. *Kane ni makasete kaikomu* 金に任せて買い込む Comprar sem olhar a despesas [até onde chegar o dinheiro].
makású 負かす (⇨ makérú) Derrotar; bater; vencer; levar a melhor; superar; suplantar. ★ *Giron de* ~ 議論で負かす Vencer [Ganhar] o debate. [S/同] Kátsu; yabúru.
ma-kázú 間数 (< ma[1]**5** + …) O número de assoalhadas [salas]「da casa」. [S/同] Heyá-sū́.
maké 負け (< makérú) **1** [負けること] A derrota. ★ ~ *ga komu* 負けが込む Ter muitas derrotas. ◇ ⇨ **~ ikusa** [**inu; kosu**]; **kamisori ~**. [S/同] Haíbókú. [A/反] Kachí. **2** [⇨ o-máké].
Makédóníá マケドニア A Macedó[ô]nia. ◇ **~ jin** マケドニア人 O macedó[ô]nio.
maké-íkusa 負け戦 [軍] A batalha perdida. [S/同] Haígúń; haíséń. [A/反] Kachí-íkusa.
maké-ínú 負け犬 O cão derrotado (numa briga de cães); o vencido. *Ima-sara sonna iiwake o shite mo ~ no tōboe da* 今更そんな言い訳をしても負け犬の遠吠えだ Agora já não valem as desculpas [Agora é que falas? És um medroso!].
makéjí-dámashii 負けじ魂 (<… + támashii) O espírito indomável.
[S/同] Tṓkóń; tṓshi. ⇨ makéń-kí.
maké-kósu 負け越す Ter mais derrotas que vitórias. [A/反] Kachí-kósú.
makéń-kí 負けん気 (< Neg. de "makérú" + ki)【G.】O espírito combativo. ★ ~ *no tsuyoi kodomo* 負けん気の強い子供 A criança de ~ [que nunca quer perder]. [S/同] Makéjí-dámashii.
maké-óshímí 負け惜しみ (<… + oshímu) A renitência em aceitar a própria derrota (Ex.: *Soryā* [*Sore wa*] ~ *da yo* = (Ah) estão verdes!). ★ ~ *no tsuyoi hito* 負け惜しみの強い人 A pessoa que não sabe perder. ~ *o iwanai* 負け惜しみを言わない「o bom jogador sabe」Aceitar a derrota.
makérú 負ける (⇨ makású) **1** [敗北する] Ser vencido [derrotado]; sofrer uma derrota; perder. ★ ~ *ga kachi* 負けるが勝ち O deixar ganhar um pouco para (depois) ganhar tudo; o perder é ganhar. [S/同] Haíbókú súrú. [A/反] Kátsu. **2** [屈する] Submeter-se; ceder; entregar-se; render-se; sucumbir. ★ *Atsusa ni* ~ 暑さに負ける Ficar prostrado com o calor. *Yūwaku ni* ~ 誘惑に負ける Sucumbir [Ceder] à tentação. [S/同] Attṓ sáréru; kussúrú. [A/反] Kátsu. **3** [劣る] Ser inferior; ficar atrás. *Nihon o ai suru kimochi wa dare ni mo makenai* 日本を愛する気持ちはだれにも負けない Não fico atrás de ninguém no amor ao J. [S/同] Otóru. [A/反] Masáru. **4** [かぶれる] Ser alérgico [sensível]「a」. ★ *Urushi ni* ~ 漆に負ける Ser alérgico à laca. [S/同] Kabúrérú. **5** [値引きする] Fazer um desconto [abatimento]. *Mō sukoshi makete kure* もう少し負けてくれ Não pode fazer um pouco mais barato? [Faça (lá) mais um descontozinho]. ★ *Ichi-wari* ~ 一割負ける Dar 10% de desconto; ~ de 10%. [S/同] Nebíkí súrú.
mā́ketingu [aá] マーケティング (< Ing. marketing < L.)【Econ.】A compra ou venda no mercado; a comercialização. ◇ **~ risāchi** マーケティングリサーチ A pesquisa de mercado.
mā́ketto [áa] マーケット (< Ing. market < L.) **1** [いちば] O mercado; a feira; a praça. [S/同] Íchiba. ⇨ sū́pā-mā́ketto. **2** [しじょう] O mercado (de valores). ◇ **~ shea** マーケットシェア A cota do ~.
makézú-gírai 負けず嫌い (< Neg. de "makérú" + kirái) Inflexível; tenaz; pertinaz. ★ ~ *de aru* 負けず嫌いである Ser ~; não ceder fácilmente.
makézú-ótórazu 負けず劣らず Estar (mais ou menos) iguais. *Kono mise no kēki mo ano mise no*

ni ~ oishii この店のケーキもあの店のに負けず劣らずおいしい O bolo desta confeitaria é tão saboroso como o daquela.

mákí¹ 巻 (< makú³) **1** [巻くこと；巻いたもの] **a)** O enrolar; **b)** O rolo 「de "e-maki"/papiro/pergaminho」. ★ *Hito- ~ no nuno* [*ito*] 一巻の布[糸] Um rolo de pano (Um carrinho de linha). ◇ ⇨ ~ *zushi*. **2** [書物の区分] O volume; o tomo. ★ ~ *ichi* 巻一 O primeiro volume; o tomo I.

mákí² 薪 A lenha (Em achas; ⇨ takígí); o toro (Para rachar em achas). ~ *no taba* 薪の束 O feixe [molho] de achas. ~ *o waru* 薪を割る Rachar lenha. ◇ ~ **wari** 薪割り **a)** O cortar [rachar] lenha; **b)** O machado.

mákí³ 槇 [Bot.] O podocarpo (Planta gimnosperma); *podocarpus macrophylla*.

makiábérísuto マキアベリスト (< Machiavelli: antr.) O maquiavelista.

makiábérízumu マキアベリズム (< Machiavelli: antr.) O maquiavelismo.

makiágé-ki 巻き上[揚]げ機 (< makiágéru + kíkai) O guincho (com sarilho *ou* o cabrestante. S/同 Uínchi.

makí-agéru 巻き上げる (< makú³ + ⋯) **1** [巻き上げる] **a)** Enrolar; subir「a tela/persiana」; **b)** Levantar「pó」. ★ *Ho o* ~ 帆を巻き上げる Ferrar as velas. **2** [奪い取る] Extorquir; pregar calotes; roubar; esganar [deitar a unha「a」]. ★ *O-kane o* ~ お金を巻き上げる Extorquir dinheiro. S/同 Ubái-tóru.

makí-ámí 巻き網 (< makú³ + ⋯) A rede de arrastão; a varredoura.

makibá 牧場 ⇨ bokújó.

makí-chírásu 撒き散らす (< máku⁵ + ⋯) Espalhar (Tb. rumores); deitar. *Tabako no hai o yuka ni makichirasanaide kudasai* 煙草の灰を床に撒き散さないで下さい Por favor não deitem a cinza do cigarro pelo chão. ⇨ barámáku.

makí-é¹ 蒔き絵 (< máku⁴ + ⋯) O envernizamento com pó de prata [ouro].

makí-é² 撒き餌 (< máku⁵ + ⋯) A comida lançada「aos peixes/ás galinhas」.

makigai 巻き貝 (< makú³ + kái) [Zool.] A concha em caracol; o búzio. A/反 Nimáigai.

makí-gámi 巻き紙 (< makú³ + kami) O rolo de papel.

makí-gé 巻き毛 (< makú³ + ke) O cabelo encaracolado [anelado]; os caracóis.

makí-hígé 巻き鬚 (< makú³ + ⋯) [Bot.] A gavinha (Órgão da planta para se enroscar).

makí-jakú 巻き尺 A trena (B.) [fita métrica].

makí-jitá 巻き舌 (< makú³ + shitá) A fala com pronúncia acentuada dos RR [érres] (Rápida, pouco bonita).

makí-káeshi 巻き返し (< makí-káesu) **a)** O recuperar; o regresso em força; **b)** O contra-ataque. ★ ~ *o hakaru* 巻き返しを図る Tentar recuperar「a força」/Regressar em força. S/同 Hańgékí.

makí-káesu 巻き返す (< makú³ + ⋯) **1** [勢いを盛り返す] Recuperar「terreno perdido」; regressar em força「à política」; refazer-se. S/同 Taté-náósu. **2** [⇨ makí-módósu].

makí-kómu 巻き込む (< makú³ + ⋯) **1** [引き入れる] Apanhar; enrolar. ★ *Kikai ni makikomareru* 機械に巻き込まれる Ser apanhado pela「roda da」máquina. S/同 Hikí-íréru. **2** [巻き添えにする] Envolver「um país na guerra」; enredar; implicar. ★ *Jiken ni makikomareru* 事件に巻き込まれる Ver-se envolvido num caso [incidente]. ⇨ makí-zóé.

makí-módósu 巻き戻す (< makú³ + ⋯) Rebobinar. ★ *Bideo-tépu o* ~ ビデオテープを巻き戻す ~ *o* [*a* cassete do] vídeo. S/同 Makí-káesu [náosu].

makí-mónó 巻き物 (< makú³ + ⋯) **1** [軸物] O rolo (de pinturas, de pergaminho, de "e-maki"). **2** [反物] O rolo de tecido [pano].

makí-náosu 巻き直す ⇨ makí-módósu.

makí-ókósu 巻き起こす (< makú³ + ⋯) Causar [Criar]「entusiasmo」. ⇨ Hikí-ókósu.

mákishi マキシ (< L. maximus: máximo) O ser "maxi". ★ ~ *no sukátó* マキシのスカート A maxissaia (Até aos pés). A/反 Míni.

ma-kitá 真北 A direc(ç)ão exa(c)ta do [Mesmo] norte. S/同 Ma-mínami. ⇨ ma²2.

makí-tábako 巻き煙草 (< makú³ + ⋯) O cigarro. ⇨ hamákí.

makí-tóru 巻き取る (< makú³ + ⋯) Enrolar; dobar [fazer um novelo]. ★ *Fuirumu o* ~ フイルムを巻き取る Passar o filme duma bobina para outra.

makí-tsúké 蒔き付け (< máku⁴ + tsukéru) A sementeira. ⇨ tané-maki.

makí-tsúkéru 巻き付ける (< makú³ + ⋯) Atar「uma ligadura」à volta「do braço」.

makí-tsúku 巻き付く (< (makú³ + tsúku) A〔*hera* ⌋Enrolar-se; enroscar-se「à árvore」.

makí-zóé 巻き添え (< makú³ + soérú) O envolvimento; o enredamento; a implicação. ★ *Kenka no* ~ *o kuu* けんかの巻き添えを食う Ver-se envolvido numa briga. S/同 Sobá-zúe; tobátchírí. ⇨ kakáráí; tobátchírí.

makí-zúshi 巻き鮨 (< makú³ + sushí) O sushí enrolado em algas secas.

makká 真っ赤 (< ma² + áka) **1** [全く赤いこと] O vermelho vivo; rubro; carmesim; escarlate. ~ *ni naru* 真っ赤になる Ficar vermelho, vermelho! ~ *ni natte okoru* 真っ赤になって怒る Ficar rubro [afogueado] de cólera. S/同 makkúro; masshíro. **2** [まぎれもないこと] Completo [Só]. ★ ~ *na uso* 真っ赤なうそ A mentira redonda; uma grande-(ssíssima) mentira. S/同 Marúkkírí.

mákki 末期 Os últimos anos「da monarquia」; o final; a última fase「da guerra」; o ocaso [fim]「do negócio」. *Kare wa ~ no gan ni okasarete iru* 彼は末期の癌に冒されている Ele está com cancro [câncer] terminal. ~ *Meiji no* ~ 明治の末期 Os finais [~] da era Meiji. ◇ ~ ~ **teki** 末期 Shóki.

makkí-téki 末期的 Final. ★ ~ *shōjō o teisuru* 末期的症状を呈する Estar à beira do [Dar sinais de] colapso.

makkó¹ 抹香 O incenso em pó. ★ ~ *kusai* 抹香臭い Que cheira a devoção; beato.

makkó² [面] 真向 A cara; a frente. ★「*Ryōsha wa* ~ *kara tairitsu shite iru*「両者は ~ から対立している Os dois têm posições diametralmente opostas. S/同 Ma-shōmen.

makkō-kújira 抹香鯨 [Zool.] O cachalote; *physeter macrocephalus*.

makkúra 真っ暗 (< ma² + kuráí) **1** [全く暗いようす] A escuridão completa [absoluta]; todo escuro. ★ ~ *na heya* 真っ暗な部屋 O quarto todo escuro [escuro como breu]. ◇ ~ **yami** 真っ暗闇 As trevas; a escuridão cerrada. **2** [全く希望が持てないよ

うす」O desespero; o desânimo. *O-saki ～ da* お先真っ暗だ O futuro afigura-se negro [sem esperança]/Estou desesperado!

makkúro 真っ黒 (< ma² + kuroí) **1** [全く黒いこと] Negro como pez; muito [todo] preto. ★ ～ *na kami* 真っ黒な髪 O cabelo negrinho (negrinho) [negro como azeviche/carvão]. **2** [皮膚が日焼けなどで黒くなったさま] Preto do sol; bronzeado. **3** [邪悪なこと] Mau (Ex.: *kare no hara no naka wa ～ da ne* = ele é mesmo ～ não é [tem maus fígados não tem]?).

makótó 誠・真 **1** [誠意] A sinceridade; a honestidade. ★ ～ *o tsukusu* 誠を尽くす Dedicar-se de (todo o) coração. **2** [うそや偽りでないこと] A verdade (Ex.: ～ *no koto o ii nasai* = diga (lá) a ～); a realidade; o fa(c)to. ★ ～ *no yūki* 真の勇気 A verdadeira coragem. 『ことわざ』 *Uso kara deta ～* うそから出たまこと A mentira que, por ironia, veio a ser [se tornou] realidade. [S/同] Jíjitsu; shínjitsu. ⇨ makótó-ní [shíyaka].

makótó-ní 誠に Realmente; verdadeiramente; muito; extremamente; sinceramente; de coração. ～ *o-kinodoku desu* 誠にお気の毒です Sinto muito/Lamento imenso [imensamente]; *Go-enjo ～ arigatō gozaimasu* ご援助誠にありがとうございます Agradeço de todo o coração a ajuda prestada [Muito obrigado pela sua ajuda]. [S/同] Hońtó ní; jítsú ni.

makótó-shíyaka 誠しやか A Verso(s)ímil (sem(B.)]lhança. ★ ～ *na* 誠しやかな Verso(s)ímil; crível [～ *na uso o iu* 誠しやかなうそを言う Saber mentir]. [S/同] Hońtó-ráshíi.

makú¹ 幕 **1** [仕切り・おおいなどに用いる長い布] O reposteiro. ★ ～ *o haru* 幕を張る Correr [Fechar] o ～. **2** [劇などで舞台の前にたらす布] O pano (de palco). ★ ～ *ga aku [agaru]* 幕が開く [上がる] Abre [Sobe] o pano. ～ *ga oriru* 幕が下りる Cai [Fecha]. *Senkyo-sen no ～ ga aita* 選挙戦の幕が開いた Começou a campanha eleitoral. ◇ ⇨ ～ **ai[gire]; agé～**. [S/同] Dońchó; hikímaku. **3** [場合 (の場面)] A ocasião. *O-mae no deru ～ de wa nai* おまえの出る幕ではない Isto não é da sua conta/Você não tem que [a] ver com isto/Tu não és aqui chamado. [S/同] Baáí; bámen. **4** [劇の場面] O a(c)to (da peça/do drama). ★ *San ～ mono* 三幕物 A peça em três a(c)tos. **5** [相撲の幕内] A categoria superior de sumô (Ex.: ～ *ni agaru* = passar [ser promovido] a). ◇ ⇨ ～ **shíta**.

makú² 膜 **1** [物の表面をおおう薄い皮] A película; a nata「do leite quente」. ★ *Hyōmen ni ～ ga haru* 表面に膜が張る Formar-se uma película na superfície. **2** [生物の体の中の膜] 【Zool.】 A membrana; a pleura. ★ *Mizukaki no ～* 水かきの膜 ～ interdigital「do pato」. ◇ ⇨ ～ **jō [shitsu]** 膜状[質] De forma [natureza] membranosa.

makú³ 巻 [捲] く **1** [長いものを丸くたたむ] Enrolar「o filme」(Ex.: *Himo o maite tama ni suru* =Fazer um novelo com [Enrolar] o fio. Hebi ga toguro o maita = a cobra enroscou-se (toda)). ★ *Shōjō o maite tsutsu ni ireru* 賞状を巻いて筒に入れる ～ o diploma e enfiá-lo no canudo. **2** [うず状にしめす] Re(s)demoinhar. *Dakuryū ga uzu o maite ita* 濁流が渦を巻いていた As águas turvas faziam remoinho. 〖慣用〗 *Shita o ～* 舌を巻く ⇨ shitá²; tátámú. **3** [ねじって回す] Dar corda. ⇨ **néji**. **4** [まわりにくるりとからませる] Enrolar; pôr à voltar. ★ *Mafurā o kubi ni ～* マフラーを首に巻く Enrolar o cachecol ao [no] pescoço. **5** [回りを巻いて包む] Rodear; envolver; cercar. ★ *Kemuri ni makareru* 煙に巻かれる Ficar envolvido pelo fumo. [S/同] Kakómú. **6** [登山で迂回する]

makú⁴ 蒔く Semear「trigo」. ★ *Jibun de maita tane da to akirameru* 自分で蒔いた種だとあきらめる Paciência: quem fez a cama, nela se deita/Aceitar as culpas. 〖ことわざ〗 *Makanu tane wa haenu* 蒔かぬ種は生えぬ Só colhe quem semeia.

makú⁵ 撒く **1** [散布する] Espalhar; deitar. ★ *Shibafu ni mizu o ～* 芝生に水を撒く Regar a relva [o gramado]. ⇨ kiróků. **2** [はくらかす] Despistar; livrar-se「de」; iludir. ★ *Bikō o ～* 尾行を撒く ～ o perseguidor. [S/同] Hagúrákásu.

máku [áa] マーク (< Ing. mark) **1** [しるし] A marca; a sigla; o distintivo. ⇨ fugō¹; kigō¹; shirúshí; shóhyō. **2** [記録・点数] O recorde; a pontuação. ★ ～ *suru* マークする Marcar pontos [*Tairyō-ten o ～ suru* 大量点をマークする Bater o recorde em número de pontos]. ⇨ kirókú. **3** [目をつけること] O marcar. ★ *Kare o ～ suru* 彼をマークする Ficar de olho nele [Marcá-lo bem]. ⇨ kańshí.

makú-áí 幕間 O intervalo (entre os a(c)tos da peça). ★ ～ *no kyūkei ni hairu* 幕間の休憩に入る Começar o ～.

makú-gíré 幕切れ (< … + kiréru) **1** [演劇の一段落がついて閉幕となること] O cair [correr] do pano. 【A/反】 Makú-áké[í]. **2** [物事の終わり] O fim; o final; o desfecho. *Jiken wa soko de akkenai ～ to natta* 事件はそこであっけない幕切れとなった O incidente teve aí [assim] o seu súbito [inglório/triste] desfecho. [S/同] Shûkyókú; shûmátsú.

makú-nó-uchi 幕の内 (⇨ makú¹ 5) O lutador de sumô da categoria superior. 【A/反】 Makúshítá.

makúra 枕 **1** [寝るとき頭を支える道具] O travesseiro. ～ *o suru* 枕をする Usar [～ Reclinar a cabeça (no ～)]. 〖慣用〗 ～ *o kawasu* 枕を交わす Partilhar a cama「com」. ～ *o narabete uchi-jini suru* 枕を並べて討死する Morrer lado a lado num campo de batalha (Ex.: *Nyūshi de ～ o narabete uchi-jini shita =* No exame de admissão caímos todos redondos). ～ *o takaku shite neru* 枕を高くして寝る Dormir tranquilamente [bem/em paz]. **2** [寝ている頭の方] A cabeceira. ◇ ～ **moto [be]** 枕元 [辺] A cabeceira. ～ **sagashi** 枕探し O roubo em [ladrão de] quarto de hotel. **3** [ものごとの前につくことば] **a)** A palavra associada「à (ideia de) primavera」; **b)** O preâmbulo「do "rakugo"」. ◇ ～ **kotoba** 枕詞 O preâmbulo/exórdio [～ *o noberu* 枕詞を述べる (落語で) Contar primeiro uma história/historinha「antes de entrar no assunto」].

makúra-gi 枕木 (< … + ki) O dormente [A chulipa] (da via férrea).

makúrámé マクラメ (< Fr. macramé) O macramé.

makúrérú 捲れる Enrolar「as mangas」(para cima). ★ *Sukāto no suso ga makurete iru* スカートのすそが捲れている Ter a saia enrolada para cima. [S/同] Mekúrú. ⇨ makúrú.

makúrú 捲る **1** [まいて上げる] Arregaçar. ★ *Zubon no suso no makuri-ageru* ズボンのすそを捲り上げる ～ as calças. **2** [おおわれたものをあらわに出す] Descobrir. ★ *Ude o ～* 腕を捲る ～ os braços; pôr os braços ao léu. **3** [-makuru: しきりにあることをす

る] Continuar「a」(Ex.: *kare wa hataraki-makutta* = ele não parou de trabalhar「enquanto teve saúde」). ★ *Shaberi* ～ 喋りまくる Tagarelar (sem parar).

makú-shítá 幕下 O lutador de sumô de juniores. ⇨ maku[1] **5**.

makúshítátéru 捲し立てる【G.】Falar com eloquência; palrar. *Kare wa jiko no seitōsei o tōtō to makushitateta* 彼は自己の正当性を滔々とまくし立てた Ele para se defender falou falou falou, não havia maneira de se calar.

makútsú 魔窟 **1** [悪魔の住んでいる所] O inferno. **2** [悪者が住んでいる所] O covil「de ladrões」; o antro. **3** [私娼窟] O bordel; o lupanar; o prostíbulo. [S/同] Shishókutsu.

makúwáuri 真桑瓜【Bot.】O melão; o meloeiro. ⇨ méron.

mákyúró(kúrómu) [aá-óo] マーキュロ(クローム) (< Ing. mercurochrome < L. + Gr.) O mercurocromo. [S/同] Akáchíń.

mamá[1] 侭 **1** [その通りに任せること] Como for. ～ *yo* (*naru yō ni nare*) ままよ (なるようになれ) Para mim tanto faz; seja ～ [o que Deus quiser]. ★ *Hito no iu* ～ *ni naru* 人の言うままになる Ser um fantoche nas mãos de alguém. **2** [思う通り] Como. *Omou* ～ *ni koto ga hakonde itta* 思うままにことが運んでいった As coisas correram como se esperava. ★ ～ *naranu yo* ままならぬ世 O mundo [A vida] cheio[a] de contrariedades. ⇨ jiyū; katté[1]. **3** [その状態を続ける] Na mesma [Como está]. *Kutsu no* ～ *agatte kudasai* 靴のままあがって下さい Faça o favor de entrar assim [como está], sem se descalçar. *Sono* ～ *o-machi kudasai* そのままお待ち下さい (電話で) Espere sem desligar (o telefone). *Hai, sono* ～ はい、そのまま (写真を撮る時に) Assim!; Não se mexa!; Tal como está! ★ *Aru ga* ～ *no jinsei* あるがままの人生 A vida nua e crua. ⇨ sonó mámá.

máma[2] ママ (< It. mama) **1** [母親の愛称] A mamã; a mamãe (B.). ◇ **Kyōiku ～** 教育ママ A mãe (demasiado) devotada à educação escolar dos filhos. [A/反] Pápa. **2** [バーなどの女主人] A dona de bar ou estabelecimento semelhante.

máma[3] 間間 (< ma[1]) Ocasionalmente; às vezes; de vez em quando. ★ ～ *aru koto* 間々あること Coisas que acontecem ～. [S/同] Ṓō; oríórí; tokí-dókí.

mámā[1] [máa-] まあまあ **1** [相手を制止して] Vamos lá/Por favor! ～ *ochitsuki nasai* まあまあ落ち着きなさい ～, acalme-se! ⇨ chótto; shibáraku. **2** [まずまず] Assim, assim; mais ou menos. ★ ～ *no deki* まあまあの出来 O resultado sofrível/～. [S/同] Mázumazu.

mámā[2] [máa-, maámáa] まあまあ Meu Deus/Caramba/Que bom! ～, *mina-san o-soroi de yoku irasshaimashita* まあまあ，皆さんおそろいでよくいらっしゃいました Mas que bom terem vindo todos!

mamágótó 飯事 O brincar às casinhas.

mamá-háhá 継母 A madrasta. [S/同] Kéibo. [A/反] Kéifu.

mamá-kó 継子 O enteado. ★ ～ *atsukai suru* 継子扱いする Tratar com desprezo [como se trata um ～]. ～ *ijime o suru* 継子いじめをする Tratar mal ～. [A/反] Jisshí.

mámárédo [aá-ée] マーマレード (< Ing. marmalade < L.) **a)** A marmelada (⇨ marúméro); **b)** O doce de frutas. ⇨ jámu.

mamé[1] 豆 **1**【Bot.】O feijão; a ervilha; a soja. ★ ～ *o iru* 豆を煎る Torrar grãos. ◇ **～ ka** マメ科 As leguminosas. ⇨ **～ kasu**[**maki; tsubu**]. **～ rui** 豆類 As leguminosas de grão. **2** [牛・豚の腎臓] O rim「de porco」. **3** [mamé-: 小型の] Mini-. ◇ **～ denkyū** 豆電球 A ～ lâmpada; a lampadazinha. **～ kisha** 豆記者 A criança repórter. **～ taifū** 豆台風 O ～ tufão. [S/同] Ko-gátá.

mamé[2] 肉刺 A empola; a bolha. ★ ～ *darake no te* 肉刺だらけの手 As mãos empoladas [cheias de ～s]. ～ *ga tsubureta* 肉刺がつぶれた ～ rebentou. ⇨ íbo[2]; mizú-búkúré; táko[2].

mamé[3] まめ (⇨ mamémáméshíi) **1** [忠実] A fidelidade; a lealdade. [S/同] Chūjítsú; majímé. **2** [勤勉] A diligência; o zelo. ～ *ni hataraku* まめに働く Ser diligente/Trabalhar sempre em qualquer coisa. ◇ ⇨ **fude ～**. [S/同] Kińbéń. **3** [達者] A saúde. ★ ～ *de* [*ni*] *kurasu* まめで [に] 暮らす Viver gozando de boa ～. [S/同] Keńkó; tasshá.

mamé-déppō 豆鉄砲 (<… [1] + teppó) A espingarda (Brinquedo que dispara grãos, etc.); o estourote. *Hato ga* ～ *o kuratta yō na kao o suru* 鳩が豆鉄砲を食ったような顔をする Parecer estupefa(c)to [como boi a olhar para um palácio].

mamé-kású 豆糟 O bagaço [A borra] do feijão-soja (depois de lhe extrair o óleo).

mamé-máki 豆撒き **1** [豆の種を畑に撒くこと] O semear feijão. ★ ～ *o suru* 豆撒きをする … **2** [豆うち] O atirar feijões em torno「da casa」para afastar os maus espíritos. [S/同] Mamé-úchí.

mamémáméshíi まめまめしい Fiel; diligente; dedicado. ★ *Mamemameshiku byōnin no sewa o suru* まめまめしく病人の世話をする Cuidar do doente com (toda a) dedicação. ⇨ chūjítsú; kińbéń; mamé[3].

mamé-shíbori 豆絞り O padrão às pintinhas「da toalhinha」.

mamétáń 豆炭 O briquete oval.

mamétsú 磨滅 O desgaste「do pneu」.

mamíéru 見える【A.】**1** [仕える] Servir; prestar serviço. *Chūshin wa nikun ni mamiezu* 忠臣は二君にまみえず O vassalo leal não serve outro senhor. [S/同] Tsukáéru. **2** [⇨ ekkéń[2]]. **3** [会う] Encontrar-se「com」. *Ryōyū ai* ～ 両雄相まみえる Os dois heróis encontram-se face a face「no campo de batalha」. [S/同] Áu; taíméń súrú.

ma-mínami 真南 A dire(c)ção exa(c)ta do [Mesmo] sul. ⇨ ma[2] **2**.

-mámire 塗れ (< mamíréru) Cheio [Coberto]「de」. *Atama no teppen kara tsumasaki made hokori* ～ *ni natta* 頭のてっぺんからつま先までほこりまみれになった Fiquei ～ de pó [Fiquei empoeirado] dos pés à cabeça. ◇ ⇨ **ase** [**chi; doro**] **～**. ⇨ dárake.

mamíréru 塗れる Ficar coberto「de」. ★ *Ase to hokori ni mamirete hataraite iru* 汗とほこりにまみれて働いている Estar a trabalhar alagado em suor e coberto de pó.

ma-mízú 真水 A água doce (Sem sal). [S/同] Tańsúí. [A/反] Eńsúí. ⇨ ma[2] **3**.

ma-mó-naku 間もなく (⇨ ma[1]) Em breve; dentro de pouco tempo. ★ *Sono go* ～ その後間もなく Pouco (tempo) depois; logo após. [S/同] Hodó-náku; yagáté.

ma-mónó 魔物 O diabo. ★ *Onna wa* ～ 女は魔物 As mulheres são o ～ [difíceis de entender].

S/同 Bakémónó; yốkái.

mamóri 守り (< mamóru) **1** [守ること] A defesa. ★ ~ *ni tsuku* 守りに就く Jogar à ~. ~ *o katameru* 守りを固める Consolidar a ~. *Sora no* ~ 空の守り ~ aérea. S/同 Kéibi; shúbi; shúgo. **2** [⇨ o-mámóri].

mamóri-búkuro 守り袋 ⇨ o-mámóri.

mamóri-gami 守り神 (<… + kámi) Uma divindade prote(c)tora 「da casa」. S/同 Shugóshin. ⇨ shúgo².

mamóri-gátana 守り刀 (<… + katána) A espada de auto-defesa.

mamóri-hónzon 守り本尊 A divindade do lugar.

mamóru 守[護]る **1** [外敵などを防ぐ] Proteger; defender; guardar. ★ *Teki kara kuni o* ~ 敵から国を守る Proteger-se; defender o país (do inimigo). *Mi o* ~ *ru* 身を守る Hógo suru; kéigo suru. A/反 Okásu; semáru. **2** [決められたことなどに従う] Obedecer; observar; guardar; manter; cumprir. ★ *Dentō o* ~ 伝統を~ Manter a tradição. *Kisoku o* ~ 規則を守る Obedecer ao [Cumprir o] regulamento; observar as regras. A/反 Yabúru. ⇨ hóji; júnshu²; sónchō¹; tamótsu.

ma-múkai 真向かい (< ma²+…) [Exa(c)tamente] em frente. *Sono ginkō wa eki no* ~ *ni aru* その銀行は駅の真向かいにある Esse banco fica ~ à estação. S/同 Ma-múkō.

ma-múkō 真向う ⇨ ma-múkai.

mamúshi 蝮【Zool.】(Uma espécie de) víbora. ⇨ dokú-hébi.

mán¹ 万 **1** [千の十倍] Dez mil. ★ ~ *bun no ichi* 万分の一 A décima milésima parte. *Hyaku* ~ 百万 Um milhão. *Jū* ~ 十万 Cem mil. **2** [多数] Um grande número. ★ *Nan-* ~ *to iu kanshū* 何万という観衆 Dezenas de milhar [Grande número] de espectadores. ◇ ⇨ **byō**.

mán² 満【E.】 **1** [みちること] Todo. ★ ~ *o hiku* 満を引く **a)** [満を持す] Beber a taça toda (Virar o copo); **b)** Retesar o arco com toda a força. ~ *o jisu* 満を持す Estar preparado para tudo [todas as eventualidades]. S/同 Jūmán. ⇨ michíru. **2** [まる] Completo. *Musume wa kotoshi de* ~ *san-sai desu* 娘は今年で満3歳です A minha filh(inh)a completa 3 anos este ano. S/同 Marú. ⇨ kazóé-doshi.

máná マナー (< Ing. manners < L.) A educação [As maneiras]; o comportamento; os modos. ★ ~ *ga yoi [warui]* マナーが良い[悪い] Ter educação/boas maneiras [maus modos/Ser mal-educado]. ◇ **Tēburu** ~ テーブルマナー O comportamento [As regras da boa ~] à mesa. S/同 Gyōgí-sáhō.

manábí 学び (< manábú)【E.】A aprendizagem; o estudo. ★ ~ *no mado [niwa; sono]* 学びの窓[庭; 園] A escola; o estabelecimento de ensino.

manábú 学ぶ **1** [まねてする] Aprender. ★ *Seiyō bunka ni* ~ 西洋文化に学ぶ ~ da [com a] cultura ocidental. ⇨ mané; naráu¹. **2** [教わる] Ser aluno; ter como mestre 「o Prof. Tanaka」; receber [ter] lições. ★ *Burajirujin kara porutogarugo o* ~ ブラジル人からポルトガル語を学ぶ Aprender p. com um b. ⇨ osówáru. **3** [学問をする] Estudar. *Daigaku de (wa) butsuri-gaku o mananda* 大学で(は)物理学を学んだ Estudei física na universidade. *Yoku manabi yoku asobe* よく学びよく遊べ Estuda a sério e diverte-te bem. S/同 Beńkyō súru (+).

manádéshi 愛弟子 O aluno [discípulo] favorito; a menina dos olhos (do professor). ⇨ deshí; manámúsume.

maná-ítá 俎板 A tábua de cortar/trinchar (De cozinha). ~ *no ue no koi no yō de aru* 俎板の上の鯉のようである Estar dependente [à mercê] de outrem.

manájíri 眦 (< mánako + shiri) O rabo [canto] do olho. ~ *o kessu* まなじりを決す Fitar com fúria. S/同 Mé-jiri (+). A/反 Me-gáshira.

mánako 眼 **1** [目玉] O globo ocular. ◇ ⇨ **donguri** ~. S/同 Gańkyū (+); me (o); me-dámá (+). **2** [目] O olho; o olhar. ◇ ⇨ **nebóke** ~. S/同 Me (+); Métsuki; ganshiki.

manámúsume 愛娘 A filha querida; a menina dos seus olhos. ⇨ musúmé.

ma-nátsú 真夏 O pino do [Pleno] verão. ◇ ~ *bi* 真夏日 O dia em que a temperatura sobe acima dos 30°C.

manázáshí 眼差し (< me¹ + sásu) O olhar. ★ *Atatakai [Yasashii]* ~ *de miru* 温かい[優しい]眼差しで見る Olhar com ternura [afabilidade]. *Atsui* ~ *de kanojo o mitsumeru* 熱い眼差しで彼女を見つめる Fitá-la com um olhar ardente. S/同 Métsuki; shisén.

manbénnáku 万遍なく Uniformemente; por igual; completamente; sem exce(p)ção. ★ *Shorui ni* ~ *me o tōsu* 書類に万遍なく目を通す Passar os olhos por toda a papelada [documentação]. S/同 Amánéku; kumánaku. ⇨ kiń'ítsú; kińtō¹.

manbíki 万引き (< mabíki) O surripiar nas [ladrão de] lojas. ★ "*Hon o*" ~ *suru* 「本を」万引きする Surripiar 「um livro」.

manbo マンボ (< Esp. mambo) O mambo (Espécie de dança latino-americana). ★ ~ *o odoru* マンボを踊る Dançar ~.

manbō 翻車魚【Zool.】A lua-do-mar; o peixe-lua; *mola mola*.

mań-búń-nó-íchí 万分の一 (⇨ mán¹) A décima milésima parte. *Donna ni shite mo anata no go-on no* ~ *mo mukuemasen* どんなにしてもあなたの御恩の万分の一も報えません Por mais que eu faça, nunca poderei pagar aquilo que fez por mim. ★ *Go* ~ *no chizu* 五万分の一の地図 O mapa na escala de 1 para 50.000. ⇨ wázuka.

manbyō 万病 Toda a espécie [sorte] de doenças. ★ ~ *no kusuri* 万病の薬 O remédio para ~ [todos os males]; a panaceia.

manchákú 瞞着【E.】O logro; o dolo; o embuste; a fraude; a impostura. ⇨ azámúku; damásu; gomákásu.

manchō 満潮 A maré alta [cheia]; a prea[i]a-mar. ★ ~ *ji ni* 満潮時に Na ~. A/反 Kańchō.

mańdań 漫談 **1** [とりとめのない話] O bate-papo; a cavaqueira; a conversa. ⇨ mudá-bánashi. **2** [演芸の一つ] O monólogo có[ô]mico.

mańdárá 曼陀羅 (< Sân. mandala: "centro", "círculo")【Bud.】A "mandala" (Desenho mágico que representa as forças do universo).

mańdō 満堂【E.】⇨ mańjō.

mańdókóró 政所【H.】**1** [鎌倉・室町幕府の政庁] O órgão administrativo na era Kamakura e Muromachi. **2** [摂政・関白の妻を尊敬した言い方]【Cor.】A esposa do Regente. ★ *Kita no* ~ 北の政所 A esposa legítima do Regente.

mańdórín マンドリン (< Ing. mandolin(e) < It. man-

mané 真似 (< manérú) **1** [まねること] A imitação; a mímica. *Kodomo wa otona no ~ o shitagaru mono da* 子供はおとなの真似をしたがるものだ As crianças gostam de imitar os adultos. ★ *Hito no ~ ga umai* 人の真似がうまい Ser bom mímico [Ter jeito para imitar]. ◇ **Saru ~** 猿真似 A imitação superficial; o macaquear「a virtude/o amor」. S/同 Mohō. **2**[振り] A simulação; o fingimento. ★ *Naku ~ o suru* 泣く真似をする Fingir que chora. S/同 Furí. **3**[行動] O comportamento; os modos. *Baka na ~ wa yoshi nasai* 馬鹿な真似はよしなさい Não te faças parvo! /Que modos são esses?! S/同 Furúmái (+); kōdō (o).

máne マネー (< Ing. money < L.) O dinheiro. ◇ **Poketto ~** ポケットマネー O ~ para pequenos gastos; uns trocos. **~ sapurai** マネーサプライ O fundo [financiar]. ⇨ Kane¹ **2** (+).

mané-gótó 真似事 (< ~ + kotó) O simulacro「de justiça」; o arremedo;「isto é uma mera」formalidade. ★ *Daiku no ~ o suru* 大工の真似事をする Fazer de carpinteiro.

manéja [ée] マネージャー (< Ing. manager < L.) **1** [支配人] O gerente「de hotel」; o empresário. S/同 Kańriníń; kańtóku. **2**[世話役] O dire(c)tor. ◇ **Sutēji ~** ステージマネージャー ~ de cena.

manéki 招き (< manéku) O convite. *O-~ arigatō* お招き有難う Obrigado pelo seu ~. ★ *~ ni ōjiru [o kotowaru]* ~に応じる[を断る] Aceitar [Declinar] ~. S/同 Shōtai (+).

manékíń マネキン (< Ing. mannequin < Al. manekeen: homenzinho) **1**[衣料品展示用の人形] O manequim. **2**[ファッションモデル] O modelo. S/同 Fasshón-móderu.

manéki-néko 招き猫 (< manéku + …) O gato de barro colocado à porta das lojas (Dá sorte/prosperidade).

manéku 招く **1**[手招きする] Acenar; fazer acenos [sinal]. ★ *Te de [o futte] ~* 手で[をふって] 招く ~ com a mão. Temáneki suru. **2**[呼び寄せる] Convidar. ★ *Manekareta [Manekarezaru] kyaku* 招かれた[招かれざる] 客 Os convidados [não convidados]. *Yūjin o bansan ni ~* 友人を晩餐に招く ~ os amigos para jantar. S/同 Shōhéi súrú; shōtai suru. **3**[引き起こす] Provocar; causar. *Isshun no fu-chūi ga jiko o maneita* 一瞬の不注意が事故を招いた Um momento de distra(c)ção provocou o acidente. S/同 Hikí-okósu.

mań'éń 蔓延 [E.] A propagação; o estender-se. *Shinai de wa korera ga ~ shite iru* 市内ではコレラが蔓延している Na cidade há [grassa] uma epidemia de cólera. ⇨ habíkóru; ryūkō.

manérú 真似る Imitar「um jardim j.」; copiar; arremedar「o irmão」. ★ *Sensei no hatsuon o manete renshū suru* 先生の発音を真似て練習する Praticar imitando a pronúncia do professor. S/同 Mané(Mohō) súrú.

mań'étsú 満悦 A exultação; o regozijo; o contentamento. *Shachō wa shigoku go ~ no tei de atta* 社長は至極ご満悦の体であった O presidente da companhia exultava [estava radiante] (de alegria). ⇨ mánzoku.

mańgá 漫画 A caricatura; os desenhos animados; a história aos [em] quadr(ad)inhos. ★ *Mukashibanashi o ~ ka[ni] suru* 昔話を漫画化[に]する Pôr uma lenda em ~. ◇ **~ bon** [**zasshi**] 漫画本[雑誌] O livro [A revista] de ~. ◇ **~ ka** 漫画家 O caricaturista. **~ teki** 漫画的 Caricatural. **Yon-ko-ma ~** 四コマ漫画 A ~ em quatro quadr(ad)inhos.

mańgan¹ マンガン (< Al. mangan) O manganésio (Mn 25); o mangané[ê]s. ★ *~ no [o fukunda]* マンガンの[を含んだ] Manganico.

mańgań² 満願 O cumprimento de um voto [uma promessa]. *Kyō ga ~ no hi da* 今日が満願の日だ Hoje acabo de cumprir a promessa. S/同 Kechígáń.

mańgań³ 万巻 Dez mil volumes. ★ *~ no sho o yūsuru* 万巻の書を有する Ter uma boa biblioteca.

mańgékyō 万華鏡 O caleidoscópio. S/同 Bańkákyō; nishíkí-mégane.

máńgetsu 満月 A lua cheia. *Sono yo wa ~ datta* その夜は満月だった A noite era de ~. S/同 Bōgetsu; mochízuki. ⇨ Shíngetsu. ⇨ júgó-yá.

mańgō マンゴー (< Ing. mango < P. < Tâmul) [Bot.] A manga; a mangueira.

mańgúrōbu [óo] マングローブ (< Ing. mangrove < P. < ?) O mangue (Árvore dos trópicos).

mańgúsu [úu] マングース (< Ing. mangoose < P. < Marata) [Zool.] O mangusto [manguço]. S/同 Hebí-kúí-nézumi.

mańhōru [óo] マンホール (< Ing. manhole) A caixa de visita [de esgotos/gás].

mánia マニア (< Ing. < Gr. mania: loucura) A mania. ◇ **Kitte ~** 切手マニア ~ de cole(c)cionar selos. S/同 Nekkyō-sha.

maníáu 間に合う (< ma¹ + ni + áu¹) **1** [急場の役に立つ] Servir; responder às a(c)tuais necessidades. *Mannenhitsu wa sashiatari kore de maniai-sō da* 万年筆は差し当たりこれで間に合いそうだ Para já esta caneta deve servir. **2**[時間に遅れない] Estar [Chegar] a tempo「para」. *Isoganakereba kisha ni maniawanai ka-mo shirenai* 急がなければ汽車に間に合わないかもしれない Se não te apressas [avias/despachas] ainda podes perder o comboio [trem]. **3**[用が足りる] Bastar; chegar「para」; ser suficiente. *Kore dake no o-kane de maniai-sō da* これだけのお金で間に合いそうだ Este dinheiro deve ~. S/同 Taríru.

maníáwásé 間に合わせ (< maníáwáséru) O remedeio; o recurso provisório; o tapa-buracos. ◇ **~ no shūzen** ~の修繕 O conserto provisório [para remediar]. S/同 Tōzá-shínogi. ⇨ daíyō.

maníáwáséru 間に合わせる (< maníáwáséru) **1** [一時しのぎをする] Remediar. *Nan-to-ka shakkin shite sono ba wa maniawaseta* なんとか借金してその場は間に合わせた Consegui ~ a situação pedindo um empréstimo. **2**[ある時日までにことを運ぶ] Aprontar [Fazer (com) que fique pronto]. *Shorui wa getsumatsu made ni wa kanarazu maniawasemasu* 書類は月末までには必ず間に合わせます Eu terei os documentos prontos até ao fim do mês, sem falta.

mán'ichi 万一 (< mán¹ + ichí¹) **1**[ごくまれにあること] A emergência; a eventualidade; a contingência. ★ *~ ni sonaeru* 万一に備える Prevenir-se para qualquer eventualidade. *~ no koto ga atte mo* 万一のことがあっても Mesmo que aconteça o pior [Mesmo na pior das hipóteses]. ⇨ hijō¹. **2**[ひょっとして] Caso; por um acaso. *~ kare ga taoretara ano kazoku wa dō naru no darō* 万一彼が倒れたらあの家族はどうなるのだろう

の家族はどうなるのだろう Se por (um) acaso ele cair de cama, o que será daquela [acontecerá àquela] família? [S/同] Hyottóshíté; móshimo (+).

maníkyua マニキュア (< Ing. manicure < L.) O tratamento das unhas. ★ ~ *o suru* マニキュアをする Tratar das unhas.

mánimani まにまに À mercê [Ao capricho/sabor] 「de」. *Nami no ~ umidori ga tadayotte iru* 波のまにまに海鳥が漂っている As aves marinhas flutuam ao sabor das ondas. [S/同] Mamá ní.

mań'íń 満員 A lotação esgotada [completa]. ★ ~ 満員（掲示）Lotação esgotada! ~ *no kankyaku* 満員の観客 A plateia [casa/sala] superlotada. ◇ **~ densha** 満員電車 O comboio apinhado/à cunha [O trem superlotado]. ⇨ chṓ-mán'in.

ma-níngen 真人間 O homem honesto; o cidadão honrado. ★ ~ *ni naru* 真人間になる Emendar-se [Ficar outro homem]; tornar-se um ~. ⇨ ma² **3**.

Mánira マニラ Manila. ◇ **~ asa** マニラ麻 O cânhamo de ~.

ma-níshí 真西 A dire(c)ção exa(c)ta do [Mesmo] Oeste. [A/反] Ma-hígashi. ⇨ ma² **2**.

mańjí 卍 ⇨ mańji-tómoe.

mańjíri まんじり O adormecer. ~ *to mo sezu ni yo o akashita* まんじりともせずに夜を明かした Passei a noite sem ~ [pregar olho]. [S/同] Issúí.

mańjí-tómoe 卍巴 (< cruz gamada + ☯) A confusão; a misturada [miscelânea]. ⇨ irí-májíru.

mańjṓ 満場 Toda a assistência. ~ *itchi de sono an wa kaketsu sareta* 満場一致でその案は可決された Essa proposta recebeu aprovação unânime. ★ ~ *no kassai o abiru* 満場のかっさいを浴びる Ser aplaudido por todos (os presentes) [~]. ⇨ mańdṓ.

mańjū́ [úu] 饅頭 O bolo recheado de [com] doce de feijão. ◇ ⇨ **nikú~**.

mańjúshage 曼珠沙華【Bot.】⇨ higán-bana.

mańkái 満開 A plena florescência [floração]. *Sakura ga ~ de aru* 桜が満開である As cerejeiras estão em ~ [estão todas floridas].

mańkánshoku 満艦飾 **1**［軍艦を飾ること］As bandeiras para engalanar o navio. **2**［けばけばしく着飾ること］O enfeitar-se todo. ★ ~ *ni kikazatta onna* 満艦飾に着飾った女 A mulher toda enfeitada/ataviada. **3**［窓いっぱいに干すこと］O estendal completo. ★ *Sentaku-mono de ~ no beranda* 洗濯物で満艦飾のベランダ A varanda com um estendal de roupa a toda a largura.

mánki 満期 A expiração [O vencimento] de um prazo. *Teiki yokin ga ~ ni natta* 定期預金が満期になった Expirou [Venceu/Terminou] o período do depósito a prazo (fixo).

mańkítsú 満喫 **1**［十分に飲食すること］O banquetear-se [comer e beber à vontade]. ★ *Nihon-ryōri o ~ suru* 日本料理を満喫する Ter um banquete de comida j. ⇨ ínshoku. **2**［十分に楽しむこと］O regalar-se [desfrutar/gozar]. ★ *Kyūka o ~ suru* 休暇を満喫する Gozar as férias ao máximo. ⇨ ajíwáu; tańnṓ¹; tanóshímu.

mańkṓ 満腔【E.】O sentir sincero [do fundo do coração]. ~ *no shukui o hyōshimasu* 満腔の祝意を表します Apresento-lhe as minhas mais sinceras congratulações. [S/同] Karádá-jū́; zeńpúkú.

mánma 飯 ⇨ góhan.

mań-máe 真ん前 Mesmo em frente. ★ *Ginkō no ~ ni aru denwa bokkusu* 銀行の真ん前にある電話ボックス A cabina telefó[ô]nica (que fica) ~ do banco. ⇨ ma²; ma-múkai; me-nó-máe.

mańmákú 幔幕 A cortina. ★ ~ *o haru* 幔幕を張る Pendurar [Adornar com] cortinas. ⇨ makú¹.

mańmáń¹ 満満 Cheio [A transbordar]. ★ ~ *to mizu o tataeta mizuumi* 満々と水をたたえた湖 A lagoa cheia [O lago ~] de água. *Jishin ~ de aru* 自信満々である Estar cheio de [Ter plena] confiança em si próprio [mesmo].

mańmáń² 漫漫【E.】A imensidão; a vastidão.

mańmándē マンマンデー［漫漫的］(< Chi. manmandi) A lentidão. [S/同] Nóronoro (+); yukkúri (+).

mań-máru 真ん丸 O círculo perfeito. ★ ~ *na kao* 真ん丸な顔 O rosto redondo.

mań-márui 真ん丸い ⇨ mań-máru.

mánma-to まんまと Com êxito; facilmente (Ex.: *sō ~ wa nigasanai zo* = não te vou deixar escapar tão ~!); completamente. *Kare ni wa ~ damasareta [ippai kuwasareta]* 彼にはまんまとだまされた［一杯食わされた］Fui redondamente enganado por ele. ★ ~ *wana ni hamaru* まんまとわなにはまる Cair como um rato/pardal [redondamente na cilada]; deixar-se lograr por completo. ⇨ úmaku; umáuma to.

mańméń 満面【E.】O rosto todo. ★ ~ *ni emi o ukaberu* 満面に笑みを浮かべる Ficar (todo) radiante; ser todo sorrisos.

mánmosu マンモス (< Ing. manmoth) **1**【Zool.】O mamute. ⇨ zṓ¹. **2**［巨大なもの］【Fig.】O tamanho gigantesco. ◇ **~ daigaku** マンモス大学 A universidade gigante [monstro (Com demasiados alunos)]. **~ tankā** マンモスタンカー O petroleiro gigante. **~ toshi** マンモス都市 A megalópole [cidade monstruosa].

mań-náká 真ん中 (< ma² + náka) O centro; o meio. ★ *Mato no ~ o iru* 的の真ん中を射る Acertar no centro do alvo. *Michi no ~ o aruku* 道の真ん中を歩く Ir mesmo pelo meio da rua. *San-nin kyōdai no ~* 三人兄弟の真ん中 O irmão do meio dentre três irmãos. [S/同] Chū́ṓ; chū́shíń.

mán-nen 万年 **1**［非常に長い年月］【E.】(Dez) mil anos. [P/ことわざ] *Tsuru wa sennen kame wa ~* 鶴は千年亀は万年 O grou vive mil anos e a tartaruga dez mil. **2**［いつまでもかわらないこと］A eternidade; a perenidade. ◇ **~ kōshi** 万年講師 O eterno professor assistente. **~ seinen** 万年青年 O eterno [sempre] jovem.

mańnén-doko 万年床 (< … + tokó) A cama deixada por arrumar no "oshi-ire".

mańnén-hitsu 万年筆 A caneta de tinta permanente.

mańnén-yuki 万年雪 As neves perpétuas.

mańnérí (zumu) マンネリ（ズム）(< Ing. mannerism < L.) O maneirismo. ★ ~ *ni ochiiru* マンネリに陥る Cair no ~/Tornar-se rotineiro [estereotipado].

ma-nó-átárí 目のあたり (< me¹ + …) **1**［眼前］Diante dos olhos; à vista de; na presença de. *Hisan na kōkei o ~ ni shite kanojo wa sottō shita* 悲惨な光景を目のあたりにして彼女は卒倒した Ao ver aquela cena horripilante ela desmaiou. [S/同] Gańzéń; me nó máe (+); mokúzéń (+). **2**［直に；親密に］Pessoalmente [Com os meus próprios olhos] (Ex.: *nusumu tokoro o ~ ni mita* = eu vi roubar [o roubo] com os…). ⇨ chokúsétsú¹; jíka²; shitáshíku.

M

ma-nóbí 間延び (<… ¹+nobíru) **1** [間が長くなること] A lentidão; a monotonia. ★ ～ *shita ensō* 間延びした演奏 A execução musical lenta [fastidiosa]. ⇨ noróí². **2** [ひきしまってないこと] A moleza; a frouxidão. ★ ～ *shita kao* 間延びした顔 A cara de parvo [estúpido].

mańpítsú 漫筆【E.】As notas soltas [anotações casuais]. [S/同] Zuíhítsú.

mánpo 漫歩【E.】A volt(it)a; o passeio(zito). [S/同] Sozóró-áruki (+); sanpo.

mańpó-kéí 万歩計 O pedómetro [conta-passos].

mańpúkú¹ 満腹 O ficar satisfeito [comer bem]; 「ter」a barriga cheia (Col.). *Ā*, ～ *da* ああ, 満腹だ Ah! Estou cheio [satisfeito]. ◇ **～ kan** 満腹感 A sensação de cheio. [A/反] Kū́fúkú.

mańpúkú² 満幅【E.】⇨ mańkṓ; zeńpúkú.

mańríkí 万力 O torno (mecânico).

mańrúí 満塁【Beis.】As bases todas ocupadas. ◇ **～ hōmuran** 満塁ホームラン A volta completa (de uma só vez) ao campo. [S/同] Fúru-bēsu.

mańryṓ 満了 A expiração (do prazo). ★ ～ *suru* 満了する Expirar (o prazo). *Kigen ～ no hi* 期限満了の日 O dia da ～. ◇ **Ninki ～** 任期満了 O termo [～] do mandato. ⇨ mánki.

mańsái 満載 **1** [荷物を一杯のせること] A carga completa. ★ ～ *suru* 満載する Levar a ～;「ó[ô]nibus」ir cheio [completo]. ⇨ nosérú²; tsumí-kómu. **2** [雑誌などに記事をいっぱい載せること] O estar cheio [repleto]. ★ *Omoshiroi kiji o ～ shita zasshi* 面白い記事を満載した雑誌 A revista cheia de artigos interessantes. ⇨ nosérú².

mańsákú¹ 満作 A colheita farta [abundante]. ◇ **Hōnen ～** 豊年満作 O ano de ～ [boa safra]. [S/同] Hṓsákú (+).

mańsákú² 万作【Bot.】A hamamélis do J.

mańséí 慢性 O ser cró[ô]nico. ★ ～ *ka suru* 慢性化する Tornar-se… ～ *(no) bien* 慢性(の)鼻炎 A rinite crónica. [A/反] Kyū́séí.

mańshíń¹ 満身 O corpo todo. ★ ～ *ni minagiru seiki* 満身にみなぎる精気 ～ a respirar vitalidade. ～ *sōi da* 満身創痍だ Estar com o ～ coberto de feridas. [S/同] Zeńshíń (+).

mańshíń² 慢心 A presunção; a vaidade; o orgulho. *Kare wa yūshō shite ～ shite iru* 彼は優勝して慢心している Ele anda todo vaidoso [inchado] com a vitória. [S/同] Ogórí; omóí-ágárí; unúbóré.

mánshon マンション (< Ing. mansion) O apartamento de luxo.

Mánshū 満洲 A Manchúria. ⇨ Chū́goku.

mańsúí 満水「o tanque」Cheio de água.

mań-tán 満タン (<… ² + tánku)【G.】O depósito (do carro) cheio. ★「*Gasorin o*」～ *ni suru*「ガソリンを」満タンにする Encher o depósito「de gasolina」.

mań-tén¹ 満点 **1** [規定の点数いっぱいの点] A nota máxima. *Kare wa sūgaku de itsumo ～ o toru* 彼は数学でいつも満点を取る Ele tira [tem] sempre (a) ～ em matemática. **2** [申し分がない] Perfeito. ★ *Sābisu ～ no ryokan* サービス満点の旅館 A pousada [pensão] de serviço impecável [primoroso/～]. [S/同] Mṓshíbúń nái (+).

mańtéń² 満天【E.】Todo o céu; o firmamento inteiro. ★ ～ *no hoshi* 満天の星 O céu todo estrelado [salpicado de estrelas]. [S/同] Sóra ichíméń.

mań-ténka 満天下【E.】(< mán² + …) O mundo inteiro. ⇨ kuní-jū́; sekáí-jū́.

mánto マント (< P.) A capa; o manto; o capote. ⇨ gaítṓ¹; kṓto¹.

mańtórúpísu [íi] マントルピース (< Ing. mantelpiece) A consola da lareira.

mań-tsū́-man [úu] マンツーマン (< Ing. man to man) Individual; um contra um. ★ ～ *de ei-kaiwa o narau* マンツーマンで英会話を習う Receber lições individuais de conversação inglesa. ～ *no bōgyo [difensu]* マンツーマンの防御[ディフェンス] A defesa de marcação ～. [S/同] Ichi tai ichi.

manúgáréru 免れる **1** [のがれる] Escapar; salvar-se; sair ileso. *Hikōki wa ayauku tsuiraku o manugareta* 飛行機は危うく墜落を免れた O avião não caiu por pouco [por um triz]. ★ *Saigai o ～* 災害を免れる Sair ileso do [Escapar ao] desastre. [S/同] Nogáréru. **2** [回避する] Evitar; evadir-se; esquivar-se. ★ *Sekinin o ～* 責任を免れる Esquivar-se [Fugir] à responsabilidade. [S/同] Káihi suru.

ma-núké 間抜け (<… ¹ + nukérú)【G.】O bobo; o tolo; o idiota; o imbecil; o parvo; o burro. *Kono ～ me [ga]* この間抜けめ[が] Seu [Que] ～ ! ★ ～ *na koto o yaru* 間抜けなことをやる Fazer tolices [Ser tolo]. ◇ ⇨ **～ zúrá**. ⇨ norómá; tónma.

manúké-zúrá 間抜け面 (<… + tsurá)【G.】(Uma) cara de parvo.

mań'yū́ 漫遊 A viagem; o passeio. ★ *Sekai ～ o suru* 世界漫遊をする Viajar pelo mundo. ⇨ ryokṓ.

mańzá 満座 Toda a gente; todos os presentes. ～ *no naka de haji o kaita* 満座の中で恥をかいた Passei uma vergonha diante de ～.

mańzái 漫才 O diálogo có[ô]mico (Representado, gé[ê]nero "variedades"). ◇ **～ shi** 漫才師 O comediante.

mańzárá 満更 (Com neg.) Assim tão; inteiramente. *Kare wa ～ baka de mo nai rashii* 彼は満更馬鹿でもないらしい Ele não me parece totalmente [～] tolo. [S/同] Kanárázúshimo.

mańzéń 漫然 Ao acaso [À toa]. ⇨ boń'yári; nańtó-náku; búrabura.

mánzoku 満足 **1** [望みが満ちて不満のないこと] A satisfação. ★ ～ *ga iku* 満足が行く Satisfazer [Ficar satisfeito]. ～ *ge [sō] ni* 満足げ[そう]に Com ar de ～. ～ *suru* 満足する Ficar satisfeito [contente]. *Genjō ni ～ suru* 現状に満足する Estar satisfeito com a situação presente. ◇ **～ kan** 満足感 A sensação de ～. ⇨ jíko² ◇. **2** [十分なこと] O ser suficiente. ★ *Go-tai ～ na ko o umu* 五体満足な子を産む Dar à luz um filho perfeito [fisicamente normal]. ～ *ni* 満足に Suficientemente; bastante; adequadamente [*Furansugo wa oroka eigo mo ～ ni hanasenai* フランス語はおろか英語も満足に話せない Nem fala bem inglês, muito menos francês]. [S/同] Jū́bún; kańzéń.

maṓ [óo] 魔王【E.】Satanás; Lúcifer. ⇨ ákuma.

ma-ótoko 間男【G.】**a**) O adultério (Ex.: ～ *(o) suru* = ser infiel ao marido); **b**) O adúltero [amante]. ⇨ ma¹.

mappádaka 真っ裸 (< ma² + hadáká) A nudez completa. ★ ～ *ni naru* 真っ裸になる Ficar todo nu [em pelo (G.)]. [S/同] Marú-hádaka; suppádaka.

mappíra 真っ平 (< ma² + híra)【G.】De jeito [modo] algum; jamais; nunca (Ex.: *anna yatsu to tsukiau no wa ～ da* = Andar com aquele tipo? ～!). *Sonna yakume wa mō ～ (gomen) da* そんな役目はもう真っ平(御免)だ Um cargo assim [desses],

mappíruma nunca mais! ⇨ iyá¹.

mappíruma 真っ昼間 (< ma² + hirumá)【G.】O pleno dia. A/反 Ma-yónaka.

mappítsú 末筆【E.】O final [As últimas linhas] de uma carta. ~ *nagara okusama ni yoroshiku* 末筆ながら奥様によろしく Para a sua esposa, os meus melhores cumprimentos.

mappō 末法 A era de decadência do Budismo. ◇ ~ **shisō** 末法思想 O pensamento pessimista da ~. A/反 Shōbō; zōbō.

mappútatsu 真っニつ (< ma² + futatsú)【G.】O dividir [partir] em dois/ao meio「o partido/melão」.

Márai マライ ⇨ Maréshia.

maráriá マラリア (< It. malaria: "mau ar")【Med.】A malária; o paludismo. ★ ~ *ni kakaru* [*naru*] マラリアにかかる[なる] Contrair [Apanhar] ~. ◇ ~ **kanja** マラリア患者 O doente com [de] ~.

marasón (**kyōsō**) (**óo**) マラソン (競走) (< Ing. marathon < Gr.: top.) A corrida de [o] maratona. ◇ ~ **senshu** マラソン選手 O maratonista.

Máraui マラウイ O [A República do] Malawi. ◇ ~ **jin** マラウイ人 O habitante de ~.

Máraya マラヤ【A.】⇨ Maréshia.

maré マレ 1 [多くないさま] A escassez. *Yoru ni naru to kono michi mo hitodōri ga ~ ni naru* 夜になるとこの道も人通りが稀になる Quando anoitece, o movimento [de gente] nesta rua é pouco. S/同 Sukúnai. 2 [めったにないさま] A raridade. ★ ~ *na dekigoto* 稀なできごと o acontecimento raro [extraordinário]. ⇨ mezúrashíí.

Maréshia [**ée**] マレーシア (< Ing. Malaysia) A Malásia. ◇ ~ **jin** マレーシア人 O malaio. ~ **renpō** マレーシア連邦 A Federação da ~.

marí¹ 毬・鞠 A bola (~ *tsuki* = o (jogo de) bater ~ no chão). ◇ **Gomu** ~ ゴム毬 ~ de borracha. S/同 Bōrú (+).

Mári² マリ O Mali. ◇ ~ **jin** マリ人 O habitante de ~. ~ **kyōwakoku** マリ共和国 A República de ~.

Mária マリア (< L. < Gr. < Heb. Miryam) Maria. ◇ **Seibo** ~ 聖母マリア A Virgem ~.

marifáná マリファナ (< Esp. marijuana) A marijuana [o haxixe]. S/同 Táima.

marí-mó マリ藻【Bot.】Uma espécie de algas de água doce que se aglomeram formando bolas de tamanho variável.

marínba マリンバ (< P. < Quimbundo marimba) A marimba; o xilofone.

mariónétto マリオネット (< Fr. marionette) A marionete/a; o títere. ⇨ níngyō ◇.

marón-gurásse マロングラッセ (< Fr. marrons glacés) A castanha cristalizada. ⇨ kurí¹.

maroníe マロニエ (< Fr. marronnier) O castanheiro. ⇨ tóchi².

maróyaka まろやか **a)** O ser「vaso」arredondado; **b)** O ser meigo [doce]. ★ ~ *na ajino wain* 円やかな味のワイン O vinho macio. ⇨ marúí.

marú 丸・円 (⇨ marúí) 1 [円形; 球形] **a)** O círculo; **b)** O (sinal de estar) certo [bem/corre(c)to]. ★ ~ *de kakomu* 丸で囲む Pôr [Fazer] um círculo「à volta do número」. ⇨ *o egaku* 丸を描く Desenhar [Descrever] um círculo. ⇨ én¹; enkéí; kyū⁴; kyūkéí³. 2 [全部] A inteireza. ★ *Ringo o ~ no mama kajiru* りんごを丸のままかじる Roer [Comer] a maçã inteira. ⇨ kanzén¹; zénbu¹. 3 [句点] O ponto final [.]. ★ *Bun no owari ni ~ o tsukeru* [*utsu*] 文の終わりに丸をつけ る [打つ] Pôr ~ no fim da frase. S/同 Kutén. ⇨ tén². 4 [半濁音符] O sinal ortográfico para indicar o som "p"; a bolinha. *"Ho" ni ~ o utsu to "po" to yomu* "ほ" に丸を打つと "ぽ" と読む O "ho", com a ~ lê-se "po". 5 [かねの隠語]【G.】A massa (Dinheiro). S/同 Kané (○); kínsen (+). 6 [ゼロ] O zero. *Denwa bangō wa ni ~ yon ichi desu* 電話番号は 2041 です O número do telefone é: dois, zero, quatro, um; 7 [marú-: 全部; 全体] A totalidade. ◇ ⇨ ~ **bōzu**. ⇨ zénbu¹; zentái. 8 [marú-: 完全] A volta completa. ◇ ~ **ni-nen** 丸 2 年 Dois anos completos. A/反 Ashíkáke. ⇨ kanzén¹. 9 [-marú: 船のなまえにつける] (Suf. para navio j.). ◇ **Burajiru** ~ ブラジル丸 O navio "Brasil". 10 [-marú: 城郭の内部] As torres de um castelo. ⇨ **hon** ~.

marú-ánki 丸暗記 (<‥ 7 + aráú) A lavagem por inteiro. ★ *Futon o ~ suru*「布団を」丸洗いする Lavar「o acolchoado」todo. A/反 Tokí-árai.

marú-árai 丸洗い (<‥ 7 + aráú) A lavagem por inteiro. ★ *Futon o ~ suru*「布団を」丸洗いする Lavar「o acolchoado」todo. A/反 Tokí-árai.

marú-bátsú-shíki ○×式 O método de marcar certo (○) ou errado (×). ★ ~ *no shiken* ○×式の試験 O exame (algo mecânico) em que é só marcar ...

marú-bóshi 丸干し (<‥ 7 + hósu) A secagem「de peixe」por inteiro.

marú-bōzu (**óo**) 丸坊主 1 [坊主頭] A cabeça rapada. ⇨ bōzu ◇. 2 [山の木などが全部ないこと] O estar careca (...). ★ ~ *no yama* 丸坊主の山 A montanha sem [despida de] árvores.

maruchi-chánneru マルチチャンネル (< Ing. multichannel < L.)「TV」De vários [muitos] canais.

marúchi-média マルチメディア (< Ing. < L. multimedia) Os (meios de comunicação) multimédia.

marúchi-shōhō マルチ商法 (< Ing. < L. + ‥) O negócio múltiplo [combinado].

marú-dáshi 丸出し (<‥ 7 + dásu) Às claras; o mostrar tudo. ★ *Sune o ~ ni shite aruku* すねを丸出しにして歩く Caminhar com as pernas à mostra [ao léu]. S/同 Mukí-dáshi.

marú-dé まるで 1 [全く] Completamente; totalmente. *Kare wa itte iru koto to suru koto ga ~ chigau* 彼は言っていることとすることが違う O que ele diz e o que faz são duas coisas ~ diferentes. S/同 Mattákú (+); zenzén. 2 [あたかも] Como (se fosse). *Kare wa ~ shinin no yō ni aozamete ita* 彼はまるで死人のように青ざめていた Ele parecia [estava pálido como] um defunto. S/同 Átakamo; sanágárá.

marú-dóri 丸取り (<‥ 7 + tóru) O apropriar-se de tudo. ★ *Rieki o ~ suru* 利益を丸取りする Açambarcar o lucro.

marú-gáo 円顔 (< marúí + kaó) O rosto redondo; a cara de lua cheia.

marú-gári 丸刈り (<‥ 7 + karúí) O corte à escovinha [muito curto]. ★ *Atama o ~ ni suru* 頭を丸刈りにする Cortar o cabelo bem curto [~].

marú-gátá 丸形 (<‥ 1 + katá) A forma arredondada [circular/redonda].

marú-góshí 丸腰 (<‥ 7 + koshí¹) O estar desarmado [sem espada à cint(ur)a].

marúgótó 丸ごと「assar um frango」Inteiro;「escrever de novo」todo「o documento」. ★ *Ringo o ~ kajiru* りんごを丸ごとかじる Roer [Comer] a maçã com casca e tudo. ⟨S/同⟩ Marú nó mámá.

marú-hádaka 丸裸 **1** [⇨ mappádaka]. **2** [無一物] O ficar sem nada. ⟨S/同⟩ Ichímon-nashi (+).

maruí 丸[円]い (⇨ marúkú²) **1** [円形である] Redondo; 「forma」 circular. ★ ~ sara 丸い皿 O prato ~. ⇨ én¹; marú. **2** [穏やかである] Brando; manso; suave. ★ Hitogara ga ~ 人柄が丸い Ser [Ter um cará(c)ter] agradável. ⇨ eńmáń; odáyaka.

marú-kí 丸木 ⇨ marútá.

marúkí-bashi 丸木橋 (< ··· + hashí) O pinguelo; o tronco a servir de ponte.

marúkí-búne 丸木舟 (< ··· + fúne) A piroga; a canoa.

marúki(shí)suto マルキ(シ)スト (< Ing. marxist < Marx; antr.) O marxista.
⟨S/同⟩ Marúkúsú-shúgísha (+).

marúkishízumu マルキシズム O marxismo.
⟨S/同⟩ Marúkúsú-shúgí (+).

marúkkíri 丸っきり Completamente; absolutamente. ★ ~ wasurete ita 丸きり忘れていた Tinha-me esquecido completamente. ⟨S/同⟩ Mattákú (+); sukkári (+). ⇨ kotógótoku; súbete; zénbu¹.

marúkkói 丸っこい【G.】⇨ maruí.

máruku¹ マルク (< Al. mark) O marco (Moeda alemã). ◇ **Dóitsu ~** ドイツマルク ~ alemão.

marúku² 丸[円]く (Adv. de "maruí") **1** [円形に] 「cortar o papel」 Redondo; em círculo (em forma arredondada). Kodomotachi wa ~ natte suwatta 子供たちは円くなって座った As crianças sentaram-se em roda [em círculo]. ★ Me o ~ shite odoroku 目を丸くして驚く Arregalar os olhos de espanto. **2** [円満に] Amigavelmente. ★ Kenka o ~ osameru [matomeru] けんかを丸く収める[まとめる] Parar [Resolver ~] uma briga. ⟨S/同⟩ Eńmáń ní.

marú-kúbi 丸首 O decote redondo. ★ ~ no sētā 丸首のセーター A camisola [O suéter (B.)] de ~.

márukusu-réníń-shúgi [eé] マルクスレーニン主義 (< Marx + Lenin) O marxismo-leninismo.

marúkúsú-shúgí マルクス主義 (< Marx; antr.) O marxismo. ◇ **~ sha** マルクス主義者 O marxista.

marú-mágé 丸髷 O penteado j. das mulheres casadas. ⇨ **Nihon** ◇.

marúmárú¹ 丸まる Enrolar-se. Kare wa beddo no naka de marumatte ita 彼はベッドの中で丸まっていた Ele estava todo enrolado na cama.
⟨S/同⟩ Marúkú náru.

marúmárú² ○○ **1** [伏せ字のしるし] A parte em branco; reticências 「a empresa」 tal/x/assim assim. **2** [明らかにされない語句のしるし] Um certo. ◇ **~ jiken** ○○事件 Um certo caso [incidente]. ⟨S/同⟩ Batsú bátsú. ⇨ bô³.

marúmárú³ 丸々 **1** [全く] Completamente; inteiramente; totalmente. Kore de wa ~ ō-zon ni mo nari-kanenai これでは丸々大損にもなりかねないSe continuarmos assim, ainda podemos perder tudo.
⟨S/同⟩ Mattákú; sukkári. **2** [太っているようす] [marúmáru] Com aspecto roliço; [marúmáru] rechonchudo; 「velhote」 anafado. ★ ~(to) futotta buta 丸々(と)太った豚 O porco gordo.

marúmé-kómu 丸め込む (< marúméru + ···) **1** [丸めて中に入れる] Enrodilhado. ★ Zubon no poketto ni hankachi o ~ ズボンのポケットにハンカチを丸め込む Enfiar o lenço todo enrodilhado no bolso das calças. **2** [人を手なずける] Persuadir por meio de lisonja [Levar na conversa; induzir; enrolar. Kare wa rōjin o marumekonde o-kane o maki-ageta 彼は老人を丸め込んでお金を巻き上げた Ele extorquiu dinheiro ao velho levando-o na conversa. ⇨ damásu; ií-kúrúméru.

marúméró マルメロ (< P. < L.) O marmelo. ⇨ **Kariń**.

marúméru 丸める **1** [丸くする] Arredondar; enrolar; enrodilhar. ★ Senaka o ~ 背中を丸める Curvar-se; dobrar-se. **2** [坊主頭にする] Cortar o cabelo à escovinha. ⇨ **bózú**. **3** ⇨ marúmékómu」.

marúmí 丸[円]味 **a)** O ser redondo; **b)** Suave. ★ ~ no aru hitogara 丸味のある人柄 O homem (de cará(c)ter) amadurecido/suave.

marú-mié 丸見え (< ··· + miéru) O ser mais que evidente; o ver-se tudo. Kono heya wa soto kara ~ da この部屋は外から丸見えだ De fora vê-se o quarto todo.

marú-nókó 丸鋸 A serra circular.

marú-nómí 丸呑み (< ··· + nómu) **1** [丸ごと飲むこと] O engolir inteiro (sem mastigar). Hebi ga nezumi o ~ ni suru ヘビがネズミを丸呑みにする A cobra engole o rato inteiro. **2** [うのみ] O engolir. ★ Hito no hanashi o ~ ni suru 人の話を丸呑みにする Engolir [Acreditar em tudo] o que os outros dizem. ⇨ Unómí. **3** [丸暗記]【G.】O empinanço [decorar sem entender].

marú-óbi 丸帯 A faixa de quimono para os dias de gala.

marú-póchá 丸ぽちゃ【G.】As formas roliças [rechonchudas; cheias]. ★ ~ no onna no ko 丸ぽちゃの女の子 A menina rechonchuda [bochechuda].

Márusasu マルサス Malthus. ◇ **~ shugi** マルサス主義 O malthusianismo.

marútá 丸太 O tronco; o toro. ◇ ⇨ **~ goya**.
⟨S/同⟩ Marú-kí.

marútá-góyá 丸太小屋 (< ··· + koyá) A cabana de toros [paus].

marú-téńjō 丸天井 A abóbada; a cúpula.
⟨S/同⟩ Dōmu.

marú-tsúbúré 丸潰れ (< ··· + tsubúrérú) O estragar completamente 「o dia/a festa」. Kare no menboku wa ~ da 彼の面目は丸潰れだ Ele perdeu todo o prestígio.

marú-útsúshí 丸写し (< ··· + utsúsu) A cópia à letra [do livro].

marú-yáké 丸焼け (< ··· + yakérú) A destruição total pelo fogo. Kaji de ie ga ~ ni natta 火事で家が丸焼けになった A casa ardeu toda.

marú-yáki 丸焼き (< ··· + yakú) O assar inteiro. ★ Shichimenchō o ~ ni suru 七面鳥を丸焼きにする Assar o peru inteiro.

marú-yū マル優【Econ.】O depósito isento de impostos.

marú-zón 丸損 (< ··· + són) A perda [O prejuízo] total. ★ ~ o suru 丸損をする Perder tudo.

máryoku 魔力 Os poderes [As virtudes] mágicos [as]; o poder mágico 「da (palavra) escrita」.

maságuru まさぐる Ta(c)tear. ★ Juzu o (yubi-saki de) ~ 数珠を(指先で)まさぐる Passar as contas do "juzu" com os dedos. ⟨S/同⟩ Ijíru; motéásóbú.

másaka まさか **1** De maneira nenhuma; nunca. ~ kimi yatta no de wa nai darō ne まさか君やったのではないだろうね Não me digas que foste tu! / Não foste tu quem fez isso, pois não? ★ ~ no toki まさかの時

masákári 鉞 A alabarda. ⇨ óno.

masáki 柾目【Bot.】O evó[ô]nimo; o fusano; *evonimus japonicus*.

masá-mé 柾の veios regulares. ★ ~ *no tōtta zaimoku* 正目の通った材木 A madeira de ~.

mása-ni[1] 正に【E.】Exa(c)tamente; nem mais nem menos. ★ ~ *kare no itta tōri no koto ga okotta* 正に彼の言った通りのことがおこった Aconteceu ~ como ele tinha dito. S/同 Átakamo; chódó (+).

mása-ni[2] 将に【F.】A ponto de; prestes a; quase a. ~ *hi wa bosshi-yō to shite ita* 将に日は没しようとしていた O sol estava prestes [quase] a pôr-se. S/同 Íma ni mo (+); súguni.

-másari 勝[優]り (< *masáru*) O ser superior「a」. ★ *Otoko ~ no josei* 男勝りの女性 A mulher mais forte que um homem. ⇨ sugúreru.

masáru 勝[優]る Superar; suplantar; ganhar; ultrapassar; ser superior「a」[melhor]. ★ ~ *tomo otoranai* 勝るとも劣らない Não ser inferior「a」; não ficar atrás de (*Kendō de wa kare wa chichioya ni ~ tomo otoranai* 剣道では彼は父親に勝るとも劣らない Ele não fica atrás do [a dever nada ao] pai em "kendo". ★ ~ ~ *ō-otoko* 聞きしに勝る大男 Um homenzarrão ainda maior do que「eu」pensava. S/同 Hildéru; sugúreru.

masáshiku 正しく Certamente; justamente; sem dúvida. *Are wa ~ kanojo no yobu koe da* あれは正しく彼女の呼ぶ声だ É ela ~ que me está a chamar. S/同 Mása-ni; táshika-ni (+).

masátsu 摩擦 **1**「こすること」A fricção. ★ ~ *suru* 摩擦する Friccionar. ◇ ~ **on** [**Gram.**] A consoante [O som] fricativa[o]. ~ **denki [netsu; ryoku; teikō]** 摩擦電気[熱; 力; 抵抗] A ele(c)tricidade [O calor; força; resistência] por ~. **2**「あつれき」O atrito; a hostilidade. *Ryōkoku-kan ni ōkina ~ ga shōjita [okita]* 両国間に大きな摩擦が生じた[起きた] Travou-se um grave ~ entre os dois países. ◇ **Bōeki ~** 貿易摩擦 O conflito [atrito] comercial「entre dois países」. S/同 Atsúrékí; fúwa.

masá-yúmé 正夢 O sonho profético [real/tornado realidade]. A/反 Sakáyúmé.

masérru ませる Ser precoce [avançado]. *Ano ko wa toshi no wari ni masete iru* あの子は年の割にませている Aquela criança é muito precoce (para a idade). S/同 Otónábíru. ⇨ sōjúkú.

mashí 増し (< *masú*) **1**「まさっていること」O que é preferível. *Konna kutsu de mo, nai yori ~ da* こんな靴でもないよりましだ Estes sapatos servem, são melhores do que nada [andar descalço]. **2** [-mashí: 増し] O aumento「de salário」. ★ *Ichi-wari ~* 一割増し ~ de 10%. S/同 Zōká. ⇨ Gén.

ma-shíkaku 真四角 O quadrado (geometricamente) perfeito. ★ *Kami o ~ ni kiru* 紙を真四角に切る Cortar o papel quadrado. S/同 Seíhōkéí.

mashí[shú]máró マシ[シュ]マロ (< Ing. marshmallow) O malvaísco [A alteia] (Parecido à malva, serve para doces).

mashín 麻疹 ⇨ hashíka.

ma-shitá 真下 Mesmo por baixo. ★ *Hashi no ~ ni* 橋の真下に ~ da ponte. A/反 Ma-úé.

máshite 況して Muito [Ainda] mais; quanto mais. *Isogashikute hon o yomu hima mo nai. ~ asobi ni iku nado omoi mo yoranai* 忙しくて本を読む暇もない。まして遊びに行くなど思いもよらない Nem tempo tenho para ler, quanto mais para me divertir.

mashō 魔性【E.】O ser diabólico. ★ ~ *no onna* 魔性の女 A mulher vampiresca「~」.

ma-shōmen [óo] 真正面 **a)** Em frente; **b)**「chocar」(Mesmo) de frente「com outro carro」. ~ *no tatemono wa hakubutsukan desu* 真正面の建物は博物館です O edifício ~ é um museu. ★ *Kyōiku mondai ni ~ kara torikumu* 教育問題に真正面から取り組む Encarar de frente (a série) os problemas da educação. ⇨ chókushi[1]; ma-múkai; matómó.

máshu 魔手【E.】O poder [A mão] do mal. S/同 Dókuga; dókushu.

masón 磨損 O desgaste. ⇨ mamétsú; masátsú.

massáichū 真っ最中 (no meio) [Na reunião」. *Karera wa kenka no ~ de atta* 彼らはけんかの真っ最中であった Eles estavam ~ da luta. S/同 Massákari; mattádánaka; takénáwá. ⇨ sáichū.

massáji [áa] マッサージ (< Ing. massage < Fr. < Ár.) A massagem. ★ ~ *suru* マッサージ(を)する Fazer [Dar] uma ~. ◇ ~ **ryōhō** マッサージ療法 O tratamento à base de ~. ~ **shi** マッサージ師 O massagista. ⇨ anmá; momú.

massákari 真っ盛り (< *ma*[a] + *sakári*) O ponto culminante; o auge; o pino「do verão」. *Sakura ga ~ de aru* 桜が真っ盛りである As cerejeiras estão em plena florescência. ⇨ massáichū; saíséíkí; takénáwá.

massákasama ni 真っ逆様に (< *ma*[a] + *sakásámá*) De cabeça para baixo. ★ *Hashigo kara ~ ochiru* はしごから真っ逆様に落ちる Cair da escada ~.

massáki 真っ先 (< *ma*[a] + *sakí*) **1**「先頭」A cabeça「da fila」. ★ ~ *ni tatte hataraku* 真っ先に立って働く Dar o exemplo no trabalho. S/同 Sentō. **2**「最初」O começo; o princípio; antes de mais nada [primeiro que tudo]「precisamos de arranjar dinheiro」. ★ *Kaji-ba e ~ ni kaketsukeru* 火事場へ真っ先に駆けつける Ser o primeiro a acorrer ao local do incêndio. S/同 Íno ichíban; saíshó.

massáo 真っ青 (< *ma*[a] + *áo*) **a)** O azul marinho; **b)** A palidez cadavérica. *Sora wa aki-rashiku ~ ni harewatatte ita* 空は秋らしく真っ青に晴わたっていた O céu estava de um azul límpido [de (próprio do) outono]. ★ ~ *na kao* 真っ青な顔 O rosto (muito) pálido [como a cera]. ~ *ni natte okoru* 真っ青になって怒る Ficar pálido de raiva.

massátsú 抹殺 **1**「消し去ること」O apagar. *Kare no na wa kiroku kara ~ sareta* 彼の名は記録から抹殺された O nome dele foi riscado [apagado/tirado/cortado] da lista. S/同 Masshō. **2**「人や事実などを社会からほうむり去ること」**a)** A supressão; **b)** O negar「a verdade」. ★ *Handō bunshi o ~ suru* 反動分子を抹殺する Eliminar [Matar] os elementos rea(c)cionários.

másse 末世【E.】A época de decadência (em que vivemos).

masséki 末席【E.】O último lugar「da classe」; o assento de trás. ★ ~ *o kegasu* 末席を汚す Ter a honra de estar presente; ser um indigno membro「desta Associação」. S/同 Bassékí; shimózá. A/反 Kamízá.

massétsú 末節【E.】As ninharias [coisas sem importância]. ⇨ shiyō[6]. S/同 Masshō.

masshígura ni 驀地に A toda a velocidade; impetuosamente. ★ *Gōru megakete ~ tosshin suru* ゴールめがけてまっしぐらに突進する Arrancar e lançar-se veloz, para a meta.
[S/間] Isshín ni; wakíme mo furazu.

masshíkaku 真っ四角 ⇨ ma-shíkaku.

masshíro 真っ白 (< ma² + shíro) Muito branco. ★ *~ na shitsu* 真っ白なシーツ O lençol alvíssimo [branquinho~].

masshô¹ 末梢 **1** [こずえ] A ponta do ramo. ⇨ kozúé; edá. **2** [はし] A ponta; a periferia. ◇ **~ shinkei** 末梢神経 O nervo periférico. ⇨ **teki**.
[S/間] Hashí (o); mattáń (+).

masshô² 抹消 【E.】 A eliminação「dum jogador」. ★ *Meibo kara namae o ~ suru* 名簿から名前を抹消する Eliminar [Riscar] o nome da lista.
[S/間] Massátsú (+); sákujo (o).

masshójiki [óo] 真っ正直 (< ma² + shójíki) O ser honesto. ★ *~ na otoko* 真っ正直な男 O homem simples [...].

masshô-téki 末梢的「caso」Secundário.

masshúrūmu [ú] マッシュルーム (< Ing. mushroom) O cogumelo.
[S/間] Harátake; señyô-mátsutake; shañpínion.

massúgu 真っ直ぐ **1** [真一文字] [ir] A direito. *Yori-michi sezu ni ~ uchi e kaetta* 寄り道せずに真っ直ぐ家へ帰った Regressou dire(c)tamente a casa sem fazer desvios. ★ *~ ni mae o miru* 真っ直ぐ前を見る Olhar bem para a frente. [S/間] Ma-íchímónji. **2** [正直] A re(c)tidão; a verticalidade; a franqueza. *Kare wa kishô ga ~ da* 彼は気性が真っ直ぐだ Ele é franco por temperamento. [S/間] Shójíki (+).

masú 升・枡・桝 **1** [計量器の一つ] **a)** O copo quadrado (de madeira, para beber saké); **b)** Medida antiga. ★ *~ de kome o hakaru* 升で米を量る Medir o arroz com "masú". **2** [劇場のます席] O camarote; a frisa. **3** [Abrev. de "masúmé"].

masú² 鱒【Zool.】A truta; *oncorhyncus gorbusca*.

masú³ 増す **1** [増える] Aumentar. *Ō-ame de kawa no mizu-kasa ga mashite iru* 大雨で川の水かさが増している As [O volume das] águas do rio subiram [aumentou] com estas chuvadas. ★ *Shin'yô ga ~* 信用が増す A confiança aumenta. *Sore nimo mashite komatta koto ni wa* それにもまして困ったことには E o pior foi que [E ainda por cima]... [S/間] Fuéru. **2** [増やす] Aumentar. *Taifū wa shidai ni seiryoku o mashite iru* 台風はしだいに勢力を増している Ó tufão está aumentando [a ~] de intensidade. [S/間] Fuyásu.

másu⁴ マス (< Ing. mass < L.) **1** [⇨ atsúmárí]. **2** [⇨ tasú]. **3** ◇ **~ komi** [**puro**]. **1** [⇨ taíshů¹].

masú-gêmu [ée] マスゲーム (< Ing. mass-game) A calistenia [ginástica rítmica].

masúi 麻酔 A anestesia. ★ *~ ga kiku* 麻酔が効く~ ter efeito. *~ o kakeru* 麻酔をかける Anestesiar. ◇ **~ gaku** 麻酔学 A anestesiologia. **~ jū** 麻酔銃 A seringa de ~. **~ yaku** [**zai**] 麻酔薬[剤] O anestésico [anestesiante/estupefaciente]. **Kyokubu** [**Kyokusho**] **~** 局部[局所]麻酔 ~ local. **Sekizui** [**Zenshin**] **~** 脊髄[全身]麻酔 ~ raquidiana [geral].

masúkara マスカラ (< Ing. mascara < It.) A máscara (cosmética). ⇨ másuko.

masúkátto マスカット (< Ing. muscat < L.) O vinho [A uva] moscatel. ⇨ budó¹.

masúkómi [**masúkómyúníkéshon**] [ée] マスコミ[マスコミュニケーション] (< Ing. mass communication < L.) A [Os meios de] comunicação (de massas). ★ *~ ni sawagareru* [*sawagarenai*] マスコミに騒がれる[騒がれない] Ter muita [pouca] repercussão nos ~.

masúkótto マスコット (< Ing. mascot) O mascote. *Kanojo wa wareware no ~ teki sonzai de aru* 彼女は我々のマスコット的存在である Ela é a nossa mascote. ⇨ fukú²; mamórí-gami; ma-yóké.

másuku マスク (< Ing. mask) **1** [面] A máscara 「de oxigénio/de [anti-]gás/mortuária」. ★ *~ o kaburu* [*suru*] マスクをかぶる[する] Colocar [Pôr] a ~. [S/間] Kameń (+); meń (+). **2** [面] As feições. ★ *Amai ~* 甘いマスク ~ finas [delicadas]. Kaó; kaódachí; mensó. **3** [口・鼻をおおうもの] A máscara de gaze (Para o nariz e boca).

masúkú-méron マスクメロン (< Ing. musk melon) O melão almiscarado.

masúmasu 益々 Cada vez mais. *Kanojo no seikaku o shireba shiru hodo ~ suki ni natta* 彼女の性格を知れば知る程益々好きになった Quanto melhor [mais] a ia conhecendo, mais gostava dela.
[S/間] Issó; iyóiyo.

masúmé 升[桝] 目 **1** [ますではかった量] Uma medida [Um "masu¹"]. ★ *~ o nusumu* [*gomakasu*] 升目を盗む[ごまかす] Roubar na ~ [no peso]. **2** [真四角のしきり] A quadrícula. ★ *Genkô-yōshi no ~ o umeru* 原稿用紙の升目を埋める Escrever「j.」em papel quadriculado.

masú-média マスメディア ⇨ masúkómi.

masú-púro[**dákushon**] マスプロ（ダクション）(< Ing. mass production < L.) A produção em massa. ◇ **Masupuro kyōiku** マスプロ教育 A educação [...] [S/間] Taíryó-seísan.

masúráó 丈夫【E.】O homem viril [másculo].
[A/反] Taóyámé. ⇨ otóko.

masúru 摩する【E.】**1** [こする] Esfregar [Polir/Limpar] um pouco. ⇨ kosúru; migáku. **2** [こするくらいに近づく] Tocar. ★ *Ten o ~ taiboku* 天を摩する大木 Uma árvore alta, quase a ~ o céu. [S/間] Chikázúku (o); semáru (+).

másuta マスター (< Ing. master < L.) **1** [学長・船長など長と名のつく人] O dire(c)tor; o chefe; o capitão (do navio). [S/間] Chô (+); oyákata (+). **2** [酒場などの主人] O patrão; o dono; o proprietário. Tenshu. [A/反] Mádamu. **3** [修士] O licenciado; o mestre. ◇ **~ kōsu** マスターコース O mestrado [A licenciatura]. **Shūshí** (+). ⇨ dókutã. **4** [完全に習得すること] O domínio. ★ *Porutogarugo o ~ suru* ポルトガル語をマスターする Dominar o p. ⇨ shútókú².

masutábéshon [ée] マスターベーション (< Ing. masturbation < L.) A masturbação.
[S/間] Jíí; onanī (+); shuín.

masútádo [áa] マスタード (< Ing. mustard) A mostarda. ⇨ karáshi.

masútá-kí [ií] マスターキー (< Ing. master key < L.) A chave-mestra. [S/間] Oyá-kágí.

másuto マスト (< Ing. mast) O mastro. ★ *San-bon no fune* 3本マストの船 O navio de três ~ s.

matá¹ 又 A bifurcação. ★ *Futa ~ ni wakareta michi* 二叉に分かれた道 A estrada bifurcada [que tem/faz uma ~].

matá² 股 O entrepernas; a coxa. ★ *~ o hirogeru*

M

股を広げる Abrir as pernas. *Sekai o ～ ni kakeru* 世界を股にかける Viajar pelo mundo inteiro.

matá[3] 又·亦·復 (⇨ matá wa) **1** [再び] Novamente; outra vez. ～ *itsu-ka o-ai shimashō* 又いつかお会いしましょう Havemos de nos encontrar ～. [S/同] Futátábí; kasánété; matá-mátá; mṓ íchí-dó; ni-dó. **2** [同じく] Também. *Sore mo ～ yokarō* [*yoi deshō*] それも又よかろう[よいでしょう] Isso ～ é bom. [S/同] Dṓyṓ ní; hitóshíku; onájiku; yahári. **3** [別] Outro. *Sore wa ～ no kikai ni hanashi-aimashō* それは又の機会に話し合いましょう Esse assunto fica para outra ocasião. ～ *no na* 又の名 ～ nome. [S/同] Betsú (+); hoká (+). **4** [その上] Além de; também; ainda. *Kare wa gaka de ari ～ sakka de mo aru* 彼は画家であり又作家でもある Além de pintor, ele é também escritor. [S/同] Kátsu; sárani; sonó-úé. **5** [一方では; しかし] Mas [Por outro lado]. *Ani wa namakemono da ga otōto no hō wa ～ baka ni kinben da* 兄は怠け者だが弟の方は又馬鹿に勤勉だ O irmão mais velho é um preguiçoso ～ [ao passo que] o mais novo é muito trabalhador. ⇨ ippṓ[1]. **6** [それにしても] Mas, afinal de contas. *Nan de ～ sonna baka na koto o shita n'da* なんで又そんな馬鹿なことをしたんだ ～ por que fez tamanha tolice? [S/同] Soré-ní-shíté-mo. **7** [matá-: 間接の] Indire(c)tamente. ◇ ⇨ **～ danomi** [**deshi**/**gari**/**giki**]. ⇨ kańsétsú[1].

matá-bi 股火 (< ··· [2] + hi) 【G.】 O estar escarranchado ao fogo [ao lume/à lareira].

matá-dánomi 又頼み (< ··· [3] + tanómí) O pedido indire(c)to. ★ ～ *suru* 又頼みする Pedir através de um intermediário.

matá-déshí 又弟子 O aluno dum aluno「do famoso Prof. Tanaka」.

matá-dónari 又隣り (< ··· [3] + tonárí) O vizinho do vizinho. *Aoki-san no o-taku wa watashi no uchi no ～ da* 青木さんのお宅は私のうちの又隣りだ A casa da Sra. Aoki fica ao lado da casa do meu vizinho.

matá-gárí 又 [復] 借り (< ··· [3] + karírú) O subarrendamento; o empréstimo em segunda mão. [A/反] Matá-gáshí.

matágáru 跨る **1** [足をひらいて乗る] Montar; escanchar「as pernas」; escarranchar-se. ★ *Uma ni ～* 馬に跨る Montar a [no] cavalo (⇨ jṓbá). **2** [わたる] Estender-se; prolongar-se. *Fuji-san wa san-ken ni ～* 富士山は三県に跨る O monte Fuji abrange [estende-se por/pega com] três províncias.

matá-gáshí 又 [復] 貸し (< ··· [3] + kashí) O emprestar em segunda mão (Ex.: *Tomodachi ni hon o ～ shita* = Ele emprestou a um amigo o livro que lhe tinham emprestado). [A/反] Matá-gárí.

matá-gíkí 又聞き (< ··· [3] + kikú) A informação em segunda mão; o「saber por」ouvir dizer.

matágu 跨ぐ Saltar「a vala」; transpor「o ribeiro」. *Ni-do to kono ie no shikii o ～ na* 二度とこの家の敷居を跨ぐな Não volte [torne] a pôr os pés na minha casa. ⇨ koérú[1].

matágúrá 股座【G.】 ⇨ matá[2].

Mátai マタイ【Bí.】 (São) Mateus. ★ ～ *ni yoru fukuin* (*sho*) マタイによる福音（書）O Evangelho segundo ～.

matá-ítoko 再従兄弟 [従姉妹] O primo em segundo grau.

matá-mátá[**-moya**] 又又 [もや]「incomodar」Outra vez; uma vez mais. [S/同] Matá[3] **1**.

matáséru 待たせる (< mátsu[2]) Fazer esperar. *Nagaraku o-matase itashimashita* 長らくお待たせいたしました Desculpe(-me) a demora [tê-lo feito esperar].

matá-shite-mo 又しても ⇨ matá[3] **1**.

matátábí[1] 股旅 A vida vadia dos jogadores. ◇ **～ mono** 股旅物 As histórias de jogadores vadios.

matátábí[2] またたび【Bot.】 Árvore actinidiácia; *actinidia polygama*.

matátákí 瞬き (< matátáku) **1** [まばたき] O pestanejo; a piscadela (Ex.: *hito ～ suru aida ni* = num abrir e fechar de olhos). [S/同] Mabátaki (+). **2** [星などの光の明滅] A cintilação; o bruxulear. ★ *Hoshi no ～* 星の瞬き O cintilar [～] das estrelas.

matátáku 瞬く **1** [まばたきする] Piscar [Abrir e fechar os olhos]; pestanejar. ★ ～ [*Atto iu*] *ma-ni* 瞬く [あっという] 間に Num instante [abrir e fechar de olhos]. [S/同] Mabátaki suru (+). **2** [きらめく] Cintilar. *Sora ni wa hoshi ga matataite iru* 空には星が瞬いている As estrelas cintilam no céu. [S/同] Kirámeku (+); meímétsú súrú.

matá to nai 又と無い Único. ★ ～ *kikai* 又とない機会 A oportunidade única.

matá-úké 又請け ⇨ shitá-úké.

matá wa 又は Ou (então). *Enpitsu ～ pen de kaki nasai* 鉛筆又はペンで書きなさい Escreva a lápis ～ a caneta. [S/同] Arúiwa; móshikuwa. ⇨ matá[3].

matá-zúré 股擦れ (< ··· [2] + suréru) Uma inflamação [intertrigem/escoriação] nas virilhas/coxas.

matchá 抹茶 O chá verde em pó. [S/同] Hikíchá.

mátchi[1] マッチ (< Ing. match) O fósforo. ★ ～ *o tsukeru* [*suru*] マッチをつける[擦る] Acender [Riscar] ～. ◇ ⇨ **～ bako**.

mátchi[2] マッチ (< Ing. match) O jogo; a partida; o desafio. ◇ **～ pointo** マッチポイント O ponto decisivo da/o ～. **Taitoru ～** タイトルマッチ O último jogo para o título. [S/同] Kyṓgi; shiáí; shṓbu.

mátchi[3] マッチ (< Ing. match) A harmonia. ★ ～ *suru* マッチする「o chapéu」Combinar (bem)「com o vestido」. ⇨ chṓwá; itchí; niáí.

matchí-bako マッチ箱 (< ··· [1] + hakó) A caixa de fósforos. ★ ～ *no yō na ie* マッチ箱のような家 Casas como caixas…

maté-cha マテ茶 (< P. < Quíchua mati) O chá [A erva]-mate; a congonha.

matégai 馬刀貝【Zool.】O lingueirão; a navalheira; *solon gouldi*.

maténrō 摩天楼 O arranha-céu(s).

mató 的 **1** [標的] O alvo. ★ ～ *ni ataru* [*ateru*; *iru*] 的に当たる[当てる; 射る] Acertar no [Atingir o] ～. ～ *ni suru* 的にする Ter como [por] alvo. ～ *o hazureru* 的を外れる Desviar-se do [Não acertar no] ～. ～ *o nerau* 的を狙う Apontar [Fazer pontaria] ao ～. [S/同] Hyṓtékí. **2** [対象] O alvo; o centro; o foco; a meta. ★ ～ *o shiboru* 的をしぼる Concentrar-se「neste」[Focar「este」]「problema」. *Sekai no chūmoku no ～* 世界の注目の的 O ～ das atenções de todo o mundo. [S/同] Méate; mokúhyṓ. **3** [急所] O propósito; o ponto relevante. ★ ～ *o ita iken* 的を射た意見 A opinião relevante [que tocou no ponto]. [S/同] Kyū́shó.

matóí-tsúku 纏い付く ⇨ matsúwáru.

matómárí 纏まり (< matómárú) **1** [解決] A solução. ★ ～ *o tsukeru* まとまりをつける Solucionar. [S/同] Kaíkétsú (+). **2** [一貫性] A「composição com falta de」unidade; a consistência; o nexo. ★

~ no nai hanashi まとまりのない話 A conversa sem nexo [pés nem cabeça]. ⦅S/同⦆ Ikkánséi. **3** [統一] O entendimento. *Habatsu no tairitsu ga hageshiku tōnai no ~ ga nakanaka tsukanai* 派閥の対立が激しく党内のまとまりがなかなかつかない Os antagonismos entre as fa(c)ções são tão grandes que não conseguem chegar a um ~. ⦅S/同⦆ Tóítsu.

matoméru 纏まる (⇨ matóméru) **1** [解決する] Resolver-se; chegar(-se) a um acordo; concluir-se. *Kōshō wa jikan-nai ni wa matomaranakatta* 交渉は時間内にはまとまらなった As negociações não foram concluídas dentro do prazo. ⦅S/同⦆ Kaíkétsú súrú. **2** [かなり多く集まる] Juntar-se; reunir-se. ★ *Matomatta kane* まとまった金 Bastante [Uma quantia considerável de] dinheiro. Atsúmáru (+). **3** [整理された状態になる] (Co)ordenar. *Ronbun o kakō to shite mo kangae ga matomaranai* 論文を書こうとしても考えがまとまらない Mesmo que queira escrever a tese, não consigo ~ as ideias. ★ *Matomaranai hanashi* まとまらない話 A conversa sem nexo. **4** [統一ある状態になる] Estar unido. ★ *Shikkari matomatta chīmu* しっかりまとったチーム A equipa muito unida [bem entrosada].

matómé 纏め (< matóméru) **a)** [totalização; **b)** A conclusão; **c)** A mediação. ★ *Ronbun no sō-o suru* 論文の総まとめをする Fazer a recapitulação [o resumo] (geral) da tese. ◇ ~ **yaku** まとめ役 O (fazer de) mediador; o árbitro.

matóméru 纏める (⇨ matómáru) **1** [解決する] Resolver; dar solução; concluir; pôr fim. *Kono funsō wa hayaku matome-naku-te wa naranai* この紛争は早くまとめなくてはならない Esta guerra tem de terminar [ser resolvida] sem demora. ⦅S/同⦆ Kaíkétsú súrú. **2** [一括する] Reunir; juntar; compilar. *Kare no sakuhin wa matomerarete issatsu no hon ni natta* 彼の作品はまとめられて一冊の本になった As obras dele foram compiladas num volume [em livro]. ⦅S/同⦆ Ikkátsú súrú. **3** [整える] Ordenar; organizar. ★ *Dēta o* ~ データをまとめる ~ os dados. ⦅S/間⦆ Séiri suru; totónóéru. **4** [完成させる] Concluir. ★ *Kenkyū* [*Ronbun*] *o* ~ 研究 [論文] をまとめる [Terminar] a pesquisa [tese]. *Shōdan o* ~ 商談をまとめる [Fechar] o negócio. ⇨ kanséi1.

matómó 真面 **1** [正面] A frente. ★ ~ *ni kao o miru* 真面に顔を見る Enfrentar (cara a cara). ⦅S/間⦆ (Ma)shōmen (+). **2** [まじめ] A seriedade (Ex.: ~ *na minari o shite iru* = Estar decentemente [bem] vestido. *Fuzakenaide* ~ *ni yonde goran nasai* = (Vá!) não brinque e leia direitinho [com ar de ser]. ★ ~ *no shōbai* 真面な商売 O negócio sério [honesto]. ~ *ni kurasu* 真面に暮らす Viver honestamente. ⇨ majímé; shójíkí.

máton マトン (< Ing. mutton) (A carne de) carneiro. ⇨ hitsúji1.

matóu 纏う Vestir; usar. *Shōru o kata ni* ~ ショールを肩にまとう Cobrir os ombros com o xaile [Pôr o xaile ao ombro].

mátsu1 松 **1** [Bot.] O pinheiro. ★ ~ *no mi* 松の実 O pinhão; a pinha (⇨ matsú-kása). ◇ **aka [ezo; goyō; hai; kado; kara; kuro]** ~ 赤 [エゾ; 五葉; ハイ; 門; 唐; 黒] 松 (Á.)rvore por) excelência. ★ ~ *no ma* 松の間 O salão nobre. ⇨ také3; umé. **2** [Abrev. de "kado-"] O período festivo do Ano Novo. ★ ~ *ga toreru* 松がとれる Acabar-se ~. ⇨ matsú-nó-uchi.

mátsu2 待 [俟] **1** [人・物事の来るまで準備してじ っとしている] Esperar. *Chotto koko de o-machi kudasai* ちょとここでお待ちください Espere aqui um momento, por favor. ◇ *Kikai o* ~ 機会を待つ [Ficar à espera de] uma oportunidade/ocasião. ⦅P/ことわざ⦆ *Mateba kairo no hiyori ari* 待てば海路の日和あり Quem espera sempre alcança. **2** [人・物事の早く来ることを欲する] Esperar [Aguardar]. *Kodomo-tachi wa o-shōgatsu o tanoshimi ni shite matte iru* 子供たちはお正月を楽しみにして待っている A criançada aguarda ansiosamente a chegada do Ano Novo. ★ *Machi ni matta tanjōbi* 待ちに待った誕生日 O tão [ardentemente] esperado aniversário. *Kubi o nagaku shite otto no kaeri o* ~ 首を長くして夫の帰りを待つ ~ ansiosamente o regresso do marido. ⦅S/同⦆ Kitái súrú. **3** [頼る] Contar [com]; depender [de]. *Gan no chiryō wa kongo no kenkyū ni* ~ *tokoro ga ōkii* 癌の治療は今後の研究に待つところが大きい A cura do cancro depende [espera] muito das pesquisas a realizar. ★ *Ryōshiki ni* ~ 良識に待つ Contar com o bom senso. ⇨ tayóru.

-matsu3 末 **1** [すえ] O fim. ★ *Rainen* ~ *ni* 来年末に No fim do próximo ano. ⇨ Owári (+); sué. **2** [粉末] O pó. ⇨ fuñmátsú; koná-gúsuri.

matsú-ba 松葉 (< ~1 + ha) A caruma [As agulhas] (Folha de pinheiro).

matsúbá-bótan 松葉牡丹 【Bot.】 (A) flor das onze-horas; *portulaca grandiflora*.

matsú-bara 松原 (< ~1 + hará) O pinhal [pinheiral].

matsú-báyashi 松林 (< ~1 + hayáshí) O pinhal; a mata de pinheiros.

matsubá-zúe 松葉杖 (< ~1 + tsúe) As muletas. ★ ~ *o tsuite aruku* 松葉杖をついて歩く Andar de ~.

mátsubi 末尾 [E.] O fim [da palavra está cortado]. ★ ~ *san no denwa-bangō* 末尾 3 の電話番号 O número telefó(ô)nico terminado em três.

matsú-bókkuri 松ぼっくり ⇨ matsú-kása.

matsúdai 末代 **1** [死後の世] A posteridade; as gerações vindouras [futuras]. *Kare wa* ~ *made kienu omei no kōmutta* 彼は末代まで消えぬ汚名をこむった Ele está manchado com um estigma que jamais será esquecido. ◇ ~ *mono* 末代物 O obje(c)to perene. ⦅S/同⦆ Másse. **2** [すえの世] A vida [O mundo] depois da morte.

matsuéi 末裔 [E.] ⇨ kóéi4.

mátsuge 睫 As pestanas; os cílios. ◇ **Sakasa** ~ 逆さ睫 【Méd.】 A tricose (Crescimento das ~ para dentro). ⇨ tsuke ~.

matsúgo 末期 A hora derradeira [da morte]. ★ ~ *ni nozomu* 末期に臨む Estar à (beira) da morte. ~ *no mizu o toru* 末期の水を取る Assistir aos últimos momentos de um moribundo. ⦅S/間⦆ Imáwá; riñjú (+); shiñgíwá (+).

mátsuji 末寺 Um templo (budista) dependente de outro. ⦅A/反⦆ Hónzan.

matsújítsu 末日 O último dia. ◇ **Gogatsu** ~ 5 月末日 ~ de Maio. ⦅A/反⦆ Tsuítáchí.

matsú-kása 松毬 A pinha. ★ ~ *jō no* 松毬状の Pineal; do feito do ~. ⦅S/間⦆ Matsú-bókkuri.

matsú-kázari 松飾り As decorações com (ramos de) pinheiros no Ano Novo. ⇨ Kadómátsu.

matsú-káze 松風 **1** [松に吹く風] O sussurro do vento por entre os pinheiros; a brisa no pinhal. ⦅S/間⦆ Shōráí. **2** [茶がまが煮え立つ音] O som da água a ferver na chaleira. ⇨ cha-nó-yú.

matsú-kúi-mushi 松食い虫 (< … [1] + kúu + …) 【Zool.】O gorgulho do pinheiro.

matsú-mushi 松虫【Zool.】Uma espécie de grilo; *xenogryllus marmoratus*. ⇨ mátsu[1].

matsú-nó-uchi 松の内 Os primeiros (sete) dias do Ano Novo. ⇨ mátsu[1].

matsúri 祭「祀」り (< matsurú) **1**[祭礼]A romaria. ◇ ⇨ **áto no ~**. [S/間] Sáiréí; sáishi. **2**[大勢で浮かれ騒ぐこと]a festa. *Yūshō ga kimatte machi-jū ga o ~ kibun ni hitatte ita* 優勝が決まって町中がお祭り気分に浸っていた Conquistado o campeonato [Depois da vitória], toda a cidade ficou em festa. *Yuki* ~ 雪祭り O festival [A ~] da neve「em Sapporo」. [S/間] Saítén.

matsúri-ágeru 祭り上げる (< matsurú + …) **1**[あがめ尊ぶ]Prestar culto. ★ *Hotoke-sama o* ~ 仏様を祭り上げる ~ a Buda. **2**[おだてて無理に高い地位につける]Adular; colocar num pedestal. ★ *Kaichō ni* ~ 会長に祭り上げる Elevar (alguém) a presidente. ⇨ odátérú.

matsúri-báyashi 祭「祀」り囃子 (< … + hayáshi[2]) A banda de romaria.

mátsuro 末路 **1**[晩年]Os últimos anos. [S/間] Bánnén (+). **2**[なれのはて]O fim miserável [triste].

matsurú 祭「祀」る **1**[神霊をなぐさめる]Consolar. *Sosen no rei o* ~ 祖先の霊を祭る ~ (o espírito d)os antepassados. ⇨ nagúsáméru. **2**[神としてあがめ一定の場所にすえておく]Adorar; prestar culto. ⇨ agáméru.

matsúryū 末流【E.】**1**[支流]O afluente. [S/間] Shiryū (+). [A/反] Honryū. **2**[血系の末]O descendente. ★ *Heike no* ~ 平家の末流 ~ s do clã Heike. [S/間] Matsúéi. ⇨ shíson. **3**[流派の末]Um ramo (secundário「duma escola de chá」). [S/間] Máppa (+).

matsútáke 松茸【Bot.】O m[n]íscaro; *tricholoma matsutake*. ★ ~ *gari ni iku* 松茸狩りに行く Ir apanhar [aos] ~s.

matsúwáru 纏わる **1**[からみつく]Enroscar-se; enrolar-se. *Tsuru ga kakine ni matsuwatte iru* つるが垣根にまつわっている A trepadeira enroscou-se na cerca. [S/間] Karámítsúku. **2**[つきまとう]Seguir de perto; andar à volta「de」. *Kodomo ga hahaoya ni* ~ 子供が母親にまつわる A criança anda sempre à volta da mãe. [S/間] Tsukímátóu. **3**[関係する]Estar relacionado「com」. ★ *Shin-kōsha kensetsu ni* ~ *ichiren no shūwai jiken* 新校舎建設にまつわる一連の収賄事件 A série de corrupções relacionadas com a [que surgiram à volta da] construção do novo estabelecimento escolar. [S/間] Kańkéí súrú (+); kańrén súrú (+).

matsú-yáni 松脂 A resina de pinheiro.

mátta 待った (< mátsu[2]) **1**[待たせるときの掛け声]Espere [Pare]! (É mais forte que "matte"(kudasai)). **2**[囲碁などで相手のしかけた手を待ってもらうこと]A espera (Ex.: *kare wa sekkachi de nan demo* ~ *nashi da* = ele é um pressinhas [nervoso], não sabe esperar). ★ ~ *o kakeru* 待ったをかける Pedir para o adversário esperar. **3**[中止を求めること]A interrupção. *Kaihatsu keikaku ni* ~ *ga kakatta* 開発計画に待ったがかかった Veio ordem para parar o proje(c)to de desenvolvimento. ⇨ chūshí[1].

mattádanaka 真っ只中 (< ma[2] + tada + …) **1**[まん中]Mesmo「no」meio. ★ *Tekigun no* ~ *ni tobi-komu* 敵軍の真っ只中に飛び込む Lançar-se mesmo para o meio das tropas inimigas. [S/間] Mańnáká. **2**[~ 最中]massáichū.

mattáira 真っ平ら (< ma[2] + …) Perfeitamente plano [liso]. ★ ~ *no tochi* 真っ平らな土地 O terreno ~.

mattáku 全く **1**[全然]Completamente; totalmente; inteiramente (Ex.: ~ *no jitsugyōka* = um verdadeiro empresário). *Kono ken ni tsuite wa watashi wa* ~ *kankei ga nai* この件については私は全く関係がない Sou ~ alheio ao caso/Não tenho nada a ver com o assunto. ★ ~ *no uso* 全くのうそ Pura [Uma grande] mentira. [S/間] Kańzén ní; kotógótoku; súbete; zénbu; zeńfén. **2**[じつに]Realmente; de fa(c)to; na verdade (Ex.: ~ *yoku furu ne* = a chuva ~ carrega [chega]-lhe!). ~ *kimi no iu tōri da* 全く君の言う通りだ É ~ como você diz/Você tem toda a razão. ★ ~ *motte keshikaran* 全くもってけしからん É ~ imperdoável. [S/間] Hońtō ní; jitsú ni; makótó ní.

mattán 末端 **1**[はし]A extremidade; a ponta. ★ ~ *no shinkei* 末端の神経 O nervo periférico. ★ **hidai-shō** 末端肥大症【Med.】A acromegalia. [S/間] Hashí; sakí. **2**[組織などの中枢から最も離れたところ]A camada「O nível」inferior; a periferia. *Shirei ga* ~ *made tsutawaranai* 指令が末端まで伝わらない As ordens não chegaram (até) à periferia. ◇ ~ **kakaku** 末端価格 O preço de retalho [varejo]. [A/反] Chūō.

mátto マット (< Ing. mat) **a**) O capacho [tapete]; **b**) O colchão「para exercício」. ◇ ~ **undō** マット運動 Os exercícios de solo. ⇨ shikí-mónó.

mattó 真っ当 (< matomó).

máttoresu マットレス (< Ing. mattress) O colchão (ocidental). ⇨ shikí-búton.

mattōsúrú 全うする【E.】Cumprir. ★ *Ninmu o* ~ 任務を全うする ~ o dever. *Tenju o* ~ 天寿を全うする Morrer de velhice [morte natural]. ⇨ mattákú; yarí-tósu.

maú 舞う **1**[踊る]Dançar. ★ *Mai o* ~ 舞を舞う Dançar [Executar uma dança]. **2**[空中を舞う]Rodopiar no ar. *Ko no ha ga kaze ni matte iru* 木の葉が風に舞っている As folhas das árvores rodopiam no ar, levadas pelo vento.

ma-úé 真上「o seu quarto é」Mesmo por cima「do meu」. ★ *Atama no* ~ *ni* 頭の真上に ~ da cabeça. [A/反] Ma-shíta.

maúńdó マウンド (< Ing. mound)【Beis.】A posição do lançador.

maúńtén-báiku マウンテンバイク (< Ing. mountain bike < L.) A bicicleta de [para] todo o terreno.

ma-urá 真裏 ⇨ ma-ushiro.

ma-ushiro 真後ろ Mesmo atrás [por (de) trás]. ★ *Tsuitate no* ~ *no [ni]* 衝立ての真後ろの [に] ~ do biombo. [A/反] Mań-máe.

máusu マウス (< Ing. mouse < L.) O rato (do computador).

maúsú-písu [ii] マウスピース (< Ing. mouse piece) A boquilha「para instrumento de sopro/boxe」.

mawáré-mígi 回れ右 (< mawárú + …) Meia volta à [para a] direita. ~ 回れ右 ~, volver! (Ordem de comando「na ginástica」).

mawári 回り **1**[回ること; めぐること]A rotação「do motor」; a volta [o dar voltas]. *O-sake o nonde shita no* ~ *ga nameraka ni natta* お

酒を飲んで舌の回りがなめらかになった A bebida soltou-me a língua. ◇ **~ butai** 回り舞台 O palco giratório [que gira/anda à volta]. [S/同] Kaítéń. ⇨ isshū[1]. **2** [行き渡ること; 広がること] A propagação. *Hi no ~ ga hayai* 火の回りが早い O fogo estende [propaga]-se rapidamente. **3** [-máwari: 大きさを比べる時にその程度・段階をばく然と言う時に使う語] Uma boa (grande) diferença. *Ani wa otōto yori hito ~ ōkii* 兄は弟より一回り大きい O irmão mais velho é bastante [um bocado] maior do que o mais novo. **4** [-máwari: 経由] A via. ★ *Hokkyoku ~ de Yōroppa ni iku* 北極回りでヨーロッパに行く Ir à Europa via Pólo Norte. [S/同] Keíyú. **5** [-máwari: 12 年を一区切として年を数える単位] O ciclo de doze anos. *Kanojo wa watashi yori hito ~ toshi-ue da* 彼女は私よりひと回り年上だ Ela é doze anos mais velha (do) que eu. ⇨ jūníshi. **6** [-máwari; 回数を示す] A volta; o giro. ★ *Niwa o hito-~ suru* 庭を一回りする Dar uma ~ pelo jardim.

mawárí[2] 周り (< mawárú) **1** [周囲] **a**) A circunferência [O perímetro]; **b**) Os arredores; a vizinhança. ★ *~ jū ni* 周り中に Por toda a vizinhança. *~ no mono* 周りの者 Os circunstantes. ⇨ **mi no ~**. [S/同] Shūi. ⇨ átari[2]; fúkin[1]; kínpen[1]. **2** [ふち; へり] A margem; a orla; a beira. [S/同] Fuchí; herí; shūhéń.

mawárí-áwásé 回り合わせ (< mawárú + awáséru) O acaso; a coincidência (Ex.: *~ ga yoi* = ter sorte). [S/同] Megúrí-áwásé (+).

mawárí-dōrō [dóo] 回り灯籠 A lâmpada giratória com caleidoscópio. [S/同] Sōmátō. ⇨ tōrō.

mawárí-kúdói 回りくどい Que anda às voltas (sem tocar no ponto principal); difuso; prolixo. ★ *~ iikata o suru* 回りくどい言い方をする Falar com rodeios [Usar de circunlóquios]; ser difuso [vago/prolixo]. ⇨ meńdō-kúsái; tōmáwashi.

mawárí-máwátté 回り回って (< mawárú + mawárú) Depois de muitas voltas. *~ yōyaku mokutekichi ni tsuita* 回り回ってようやく目的地に着いた Depois de (dar/darmos) muitas voltas chegámos finalmente ao destino. [S/同] Megúrí-mégútté.

mawárí-michi 回り道 (< mawárú + …) A volta; o desvio [rodeio]. ★ *~ o suru* 回り道をする Fazer um desvio; dar uma (grande) ~. ⇨ tōmáwari.

mawárí-móchí 回り持ち (< mawárú + mótsu) O revezar-se; o turno. ★ *~ de sōji tōban o suru* 回り持ちで掃除当番をする Fazer a limpeza revezando-se [por turnos].

mawárú 回る (⇨ mawású) **1** [輪のように動く] 「motor」 Girar; rodar; andar à volta. *Chikyū wa taiyō no mawari o mawatte iru* 地球は太陽のまわりを回っている A terra gira em torno [à volta] do sol. [S/同] Kaítéń súrú. **2** [巡回する] Fazer a ronda; patrulhar. *Junsa ga tantō chiiki o mawatte iru* 巡査が担当地域を回っている O polícia/policial (B.) está a fazer a sua ronda [a patrulhar a sua área]. ⇨ juńkáí; mi-máwáru. **3** [行き渡る] Estender-se; espalhar-se. *Isogashikute soko made te ga mawaranai* 忙しくてそこまで手が回らない Estou tão ocupado que não tenho tempo para isso. [S/同] Ikítódóku; ikíwátáru. **4** [遠回りをする] Fazer um desvio [rodeio]. [P/ことわざ] *Isogaba maware* 急がば回れ "Quanto mais depressa mais devagar"/Nada de precipitações! /O caminho mais curto nem sempre é o mais rápido. [S/同] Tōmáwári suru (+); ukáí súrú. **5** [立ち寄る] Passar por. *Kaeri ni yūjin no ie e mawatta* 帰りに友人の家へ回った Na volta, passei pela casa do meu amigo. [S/同] Tachí-yórú (+). ⇨ yorí-míchí. **6** [目がくらむ] Estar estonteado. ★ *Me ga ~* 目が回る Estar com tonturas [vertigens]. [S/同] Kurámú. **7** [よく動く] Funcionar bem. ★ *Chie ga ~* 知恵が回る Ser perspicaz [inteligente]. **8** [利益を生む] Dar lucro. ★ *Nen shichi-bu ni ~* 年七分に回る Ter um lucro de 7% ao ano. **9** [時刻が過ぎる] Passar. *Mō sude ni jūni-ji o mawatte ita* もうすでに 12 時を回っていた Já passava das 12 horas. [S/同] Sugíru. **10** [他の立場・場所に移る] Mudar 「para」; passar 「a」. ★ *Kiki-yaku ni ~* 聞き役に回る Passar a (ser) ouvinte. [S/同] Utsúru. **11** [-máwaru: ほうぼう歩く] Andar às voltas. ◇ **Aruki ~** 歩き回る Percorrer; palmilhar.

mawáshí 回し (< mawású) **1** [回すこと] A transmissão; a circulação. ★ *~ nomi o suru* 回し飲みをする Beber, passando o copo de mão em mão. ◇ **~ mono** 回し者 O espião. **2** [ふんどし] A tanga. [S/同] Fuńdóshí.

mawású 回す (⇨ mawárú) **1** [回転させる] Fazer girar; rodar; voltar. ★ *Daiyaru o ~* ダイヤルを回す Marcar o número de telefone. [S/同] Kaítéń sásérú. **2** [順々に送り渡す; 行き渡るようにする] Passar; entregar; enviar; transferir. ★ *Honsha kara shisha e mawasareru* 本社から支社へ回される Ser transferido da sede para a sucursal (da empresa). *Tsugi e ~* 次へ回す Passar ao seguinte. [S/同] Okúrú; watású. **3** [周囲にめぐらす] Rodear; cercar. ★ *Takai hei o mawashita o-yashiki* 高い塀を回したお屋敷 A moradia 「rica」 cercada por altos muros. [S/同] Megúrású (+). **4** [運用する] Investir; empregar. ★ *O-kane o yūri [jōzu] ni ~* お金を有利[上手]に回す ~ bem o dinheiro. [S/同] Uń'yō súrú. **5** [手配する] Arranjar; mexer-se; dar as suas voltas. *Kuruma o genkan-saki e ~* 車を玄関先へ回す Levar o carro para a entrada. [I/慣用] *Te o ~* 手を回す Fazer arranjos secretamente [*Seijika ni te o mawashite torihiki o yūri ni hakobu* 政治家に手を回して取引を有利に運ぶ Pedir secretamente aos políticos que o favoreçam].

ma-wátá 真綿 (< ma[2] + …) A seda crua [natural]. [I/慣用] *~ de kubi o shimeru* 真綿で首を締める Arruinar alguém por meios indire(c)tos.

Máya マヤ Os Maias 「da Guatemala」. ◇ **~ bunka [bunmei]** マヤ文化[文明] A cultura/civilização maia [dos ~].

mayákáshí まやかし A falsificação. [S/同] Gomákáshí (+); nisémónó (+).

mayákú 麻薬 Os narcóticos; a droga; o tóxico. ★ *~ o jōyō suru* 麻薬を常用する Ser um viciado dos[a] ~. ◇ **~ chūdoku** 麻薬中毒 A toxicomania [intoxicação de ~] [*~ chūdoku ni naru* 麻薬中毒になる Intoxicar-se com ~. *~ chūdoku kanja* 麻薬中毒患者 O drogado]. **~ mitsubai-sha** 麻薬密売者 O traficante de ~. **~ torishimari-hō** 麻薬取締法 A lei de fiscalização dos[a] ~. ⇨ ahéń; kokáin; masúí; morúhíné.

mayóí 迷い (< mayóu) **1** [ためらうこと] A dúvida; a hesitação; a indecisão. [S/同] Tamerai. **2** [錯覚] A ilusão. ★ *~ ga [kara] sameru* 迷いが[から]さめる Perder as ilusões. [S/同] Sakkákú. **3** [仏教で悟り切れぬこと]【Bud.】A escuridão espiritual; as trevas.

mayóí-go 迷い子【D.】⇨ mái-go.

mayói-kómu 迷い込む (< mayóu + …) Perder-se [Entrar por engano]. *Doko kara ka neko ga ippiki mayoikonde kita* どこからか猫が一匹迷い込んで来た Apareceu aí, não sei donde, esse gato sem dono.

ma-yóke 魔除け (< …³ + yokéru) O amuleto; o talismã. ⇨ o-mámóri.

ma-yókó 真横 Mesmo ao lado. ⇨ ma-shítá; ma-úé.

ma-yónaka 真夜中 **a)** A meia noite (24 horas); **b)** 「estudar até」Alta [Altas horas da] noite. A/反 Ma-híru. ⇔ ma² **2**.

mayónézu [ee] マヨネーズ (< Ing. mayonnaise) A maionese. ★ ～ *o kakeru* マヨネーズをかける Pôr ～. ⇨ dorésshingu; sôsu.

mayóu 迷う **1** 「どうしてよいかと心が乱れる」Estar confuso [perplexo; indeciso]. ★ *Handan ni* ～ 判断に迷う Não saber que fazer [pensar]. **2** 「道がわからなくなる」Perder-se. *Dō yara michi ni mayotta yō da* どうやら道に迷ったようだ Parece que me perdi [enganei no caminho]. **3** 「邪道に入る」Andar por maus caminhos. *Kirisuto wa mayoeru mono o sukutta* キリストは迷える者を救った Cristo salvou os pecadores [errantes]. **4** 「誘惑される」Estar [Sentir-se] seduzido 「pelas honras」. ★ *Onna ni* ～ 女に迷う ～ por uma mulher. ⇨ yūwáku ◇. **5** 「悟り切れないでいる」Viver em trevas [escuridão espiritual]. **6** 「成仏しないでいる」Andar errante depois de morto. *Kare no tamashii wa imada ni mayotte iru yō da* 彼の魂はいまだに迷っているようだ Parece que a alma dele ainda anda errante neste mundo (sem atingir o nirvana).

mayówásu 迷わす (＝ mayóu) **1** 「どうしてよいかと心を乱れさせる」Deixar perplexo; desorientar (Ex.: ～ *yō na mondai wa sakeyō* = Vamos [É melhor] evitar questões embaraçosas). *Kore wa ōku no gakusha-tachi o mayowashite kita mondai da* これは多くの学者たちを迷わしてきた問題だ Este problema tem levantado dúvidas a [deixado perplexos] muitos cientistas. **2** 「まちがった方向に導く」Desencaminhar 「os jovens」. ★ *Ryūgen ni mayowasareru* 流言に迷わされる Deixar-se levar por boatos. **3** 「魅する」Fascinar. ★ *Otoko o* ～ *yō na utsukushisa* 男を迷わすような美しさ Uma beleza para [de] ～ qualquer homem. S/同 Mísúru.

máyu¹ 眉 A sobrancelha; o sobrolho. *Kare no jiman-banashi wa* ～ *ni tsuba o tsukete kikanakute wa naranai* 彼の自慢話は眉に唾をつけて聞かなくてはならない É preciso muito cuidado com as bazófias dele. *Kensa no kekka o mite isha no* ～ *ga kumotta* 検査の結果を見て医者の眉が曇った Ao ver o resultado do exame o médico franziu o ～. *Zen'in buji no shirase o kiite kazoku wa yōyaku* ～ *o hiraita* 全員無事の知らせを聞いて家族はようやく眉を開いた Ao ouvirem a notícia (de) que estavam todos salvos a família deu um suspiro de alívio. ★ ～ *o hachi no ji ni yoseru* 眉を八の字に寄せる Franzir o ～ [Fazer cara feia]. ～ *o hisomeru* 眉をひそめる Franzir o ～ [Ficar triste]. ◇ ⇨ **～ tsuba-mono [zumi]**. S/同 Máyu-ge (+).

máyu² 繭 O casulo. ★ ～ *kara ito o toru* 繭から糸を取る Desfiar ～.

mayú-dámá 繭玉 (< …² + tamá) O ramo 「de bambu」enfeitado com "mochi" em forma de casulo (e com outras decorações no Ano Novo).

máyu-ge 眉毛 (< …¹ + ke) 【Col.】⇨ máyu¹.

mayú-tsúbá-mónó 眉唾物 O conto do vigário. *Sono hanashi wa* ～ *da* その話は眉唾物だ Essa conversa cheira-me a ～ [história da carochinha] /Vai contar essa a outro! ⇨ ikágáwáshíi; utágáwáshíi.

mayú-zumi 眉墨 (< …¹ + sumí) O lápis para sobrancelhas.

mazámáza (to) まざまざ(と)【On.】(Ex.: *Ano kowakatta sensei no kao ga* ～ *omoi-ukabu* = Lembro-me bem [vivamente] da cara zangada do professor). S/同 Aríári (to); hakkíri (to).

mazárí-áu 混ざり合う ⇨ majírí-áu.

mazáru 混ざる ⇨ majíru.

mazé-áwásérú 混ぜ合わせる Misturar; combinar.

mazé-góhan 混ぜ御飯 (mazéru² + …) Um prato de arroz com carne, legumes, etc.

mazék(k)áesu 混ぜ(っ)返す **1** [⇨ kakí-mázéru]. **2** 「差し出口をして話を混ぜ返す」Estragar. ★ *Hito no hanashi o* ～ 人の話を混ぜ返す ～ a conversa.

mazékózé 混ぜこぜ【G.】⇨ gotá-mázé.

mazé-mono 混ぜ物 (< mazéru² + …) A mistura. ★ ～ *no nai kin* 混ぜ物のない金 O ouro puro [sem mistura]. S/同 Fujúnbutsu.

mazéru¹ 交ぜる Misturar. *Eigo to Furansugo o mazete hanasu* 英語とフランス語を交ぜて話す Falar misturando o ing. e o fr.

mazéru² 混ぜる **1** 「異質・異種の物を混入していっしょにする」Misturar; juntar; adicionar. ★ *Sake ni mizu o* ～ 酒に水を混ぜる Deitar água no vinho. S/同 Fukúméru (+); irérú (+); końnyū súru. ⇨ kuwáérú¹ (+). **2** 「かき混ぜる」Misturar; mexer; bater. ★ *Yu o yoku* ～ 湯をよく混ぜる Mexer bem o furô.

mazóhísuto マゾヒスト (< Al. masochist < Masoch: antr.) O masoquista. A/反 Sadísuto.

mazóhízumu マゾヒズム (< Al. masochism) O masoquismo. A/反 Sadísumu.

mázu 先ず (⇨ mázu wa) **1** [第一に] Primeiro [Primeiramente/Antes de mais nada]. ～ *hito-furo abite sore kara shokuji to shiyō* まず一風呂あびてそれから食事としよう vou tomar um banh(inh)o e (só) depois é que vou comer. S/同 Dái-ichi ni; saíshó ní; sakí ní. **2** [おおよそ] Quase; praticamente. ～ *sore ni machigai wa aru mai* まずそれに間違いはあるまい Isso é ～ certo. Daítái (+); tábun (+). **3** [ともかく] Para já; seja como for (Ex.: ～ *hito-anshin* = ～ estamos seguros [salvos]. *Kore de* ～ *daijōbu darō* これでまず大丈夫だろう ～ Pelo menos] creio que não haverá problema. S/同 Má; tómokaku (+); tónikaku (+).

mazúi まずい **1** [味が悪い] Fraco; sem sabor. *Ano resutoran no ryōri wa* ～ あのレストランの料理はまずい A comida daquele restaurante é fraca [não presta]. ★ *Mazusō na shokuji* まずそうな食事 A comida fracota. A/反 Oíshíi; umái. **2** [美しくない] Feio; sem graça. ～ *kao* まずい顔 O rosto ～. S/同 Miníkúi. A/反 Utsúkúshíi. **3** [下手だ] Fraco. ★ ～ *honyaku* まずい翻訳 A tradução fraca [mal feita]. *Ji ga* ～ *certo*. Daítái (+); tsutánái. **4** [具合が悪い] Mau. ～ *koto o shite kureta* na まずいことをしてくれたな Má tua que disparate você fez [(me)foi fazer]! ～ *toki ni kita ne* まずい時に来たね Vieste em má altura [hora].

mázumazu 先ず先ず Suficientemente. ～ *kore de*

mázu motte 先以って ⇨ mázu.

mazúshii 貧しい **1** [貧乏だ] Pobre; sem recursos. ★ ~ *kurashi o suru* 貧しい暮らしをする Viver pobremente [na pobreza]. ⇨ bińbō. **2** [少ない] Pouco; fraco; pobre. ★ *Sainō ga* ~ 才能が乏しい Ter pouco talento. ⎣S/鬥⎦ Sukúnái (o), tobóshíí (+). ⇨ hińjáku. **3** [謙虚な] Humilde; modesto; simples. *Kokoro no* ~ *hito wa saiwai de aru* 心の貧しい人は幸いである Felizes os humildes de coração. ⇨ kénkyo².

mázu wa 先ずは【E.】 Por agora; para já. ★ ~ *on-rei made* まずは御礼まで Primeiro que tudo [Antes de mais nada] os meus agradecimentos. ⎣S/鬥⎦ Ichíó. ⇨ mázu.

me¹ 目 **1** [視聴器官の一つ] O olho; a vista; o olhar. *Kurai tokoro de no dokusho wa* ~ *o waruku suru* 暗い所での読書は目を悪くする Ler sem luz faz mal à vista. ★ ~ *ga au* 目が合う Os「meus」olhos cruzam-se「com os dela」. ~ *ga chikai* 目が近い Ser míope (⇨ kińgáń). ~ *ga tōi* 目が遠い Não poder deixar「o velhinho/menino」sozinho. ~ *ga hikaru* 目が光る **a)** Ter olho de lince; ver bem「ao longe」; **b)** Estar vigilante. ~ *ga ii* [warui] 目がいい[悪い] Ter boa vista [Não ver/enxergar bem]. ~ *ga kiku* 目が利く Saber ver [Ter olho clínico]. ~ *ga mienai* 目が見えない Não ver; ser cego. ~ *ga tōi* 目が遠い Sofrer de hipermetropia (⇨ eńshī). ~ *ga tobideru yō na nedan* 目が飛び出るような値段 O preço exorbitante [que custa os olhos da cara]. ~ *ga todoku* 目が届く Estar ao alcance da vista. ~ *ga warui* 目が悪い Ter a vista má; ver mal. ~ *ni miete iru* 目に見えている Entrar pelos olhos; ser mais que evidente. ~ *ni mo tomaranu hayasa de* 目にも留まらぬ速さで Rápido como um raio; a uma velocidade [com uma rapidez] incrível. ~ *ni suru* 目にする Ver. ~ *ni tomaru* 目に留まる Chamar [Atrair] a atenção. ~ *ni ukabu* 目に浮かぶ **a)** Chamar [Atrair] a atenção; **b)** Agradar. ~ *no doku* 目の毒「aquele doce é」Uma tentação. ~ *no fu-jiyū na hito* 目の不自由な人 O invisual; o deficiente da vista. ~ *no hoyō* 目の保養 O deleite para a vista; o regalo para os olhos. ~ *no tsuke-dokoro* 目のつけどころ A capacidade de ver [O olho]「dum profissional/entendido」.「*Kai-gai ni*」~ *o mukeru*「海外に」目を向ける Voltar a atenção「para o estrangeiro」.「*Utagai no*」~ *o mukeru*「疑いの」目を向ける Lançar um olhar「de desconfiança」. ~ *o fuseru* [otosu] 目を伏せる[落とす] Baixar os olhos. ~ *o hanasu* 目を離す Descuidar-se; despregar o olho; desviar a atenção. ~ *o hikarasu* [hikarasu] 目を光らす[光らせる] Arregalar os olhos; vigiar com toda a atenção.「*Genjitsu ni*」~ *o hiraku*「現実に」目を開く Despertar「para a realidade」. ~ *o korasu* 目を凝らす Fixar os olhos「em」. ~ *o kubaru* 目を配る Ficar alerta [de sobreaviso/de olho aberto].「*Keisatsu no*」~ *o kuramasu*「警察の」目をくらます Iludir [Enganar]「a polícia」. ~ *o mawasu* 目を回す Desmaiar; perder os sentidos. ~ *o miharu* 目を見張る Arregalar os olhos「de admiração」. ~ *o muku* 目をむく Olhar fixamente「com raiva」. ~ *o oou* 目を覆う Tapar [Vendar] os olhos. ~ *o samasu* 目を覚ます Acordar; despertar.

~ *o tenjiru* 目を転じる Desviar a atenção [vista]. ~ *o tomeru* 目を留める Prestar atenção; olhar com agrado; pôr os olhos「em」. ~ *o tsuburu* [tojiru] 目をつぶる[閉じる] Fechar os olhos. ~ *o urumaseru* 目を潤ませる Ficar com os olhos rasos [marejados] de lágrimas. ~ *o utagau* 目を疑う Não poder acreditar no que vê. ~ *o yaru* 目をやる Olhar para; lançar um olhar sobre.「*Hito o*」~ *ga aru*「人を」見る目がある Saber ver [avaliar]「as pessoas」. *Mita* ~ *ga yoi* [warui] 見た目が良い[悪い] Ter boa [má] aparência. *O-* ~ *ni kakaru* お目にかかる Ter o prazer [a honra] de ver [Senjitsu *o-tōsama ni o-* ~ *ni kakari-mashita* 先日お父様にお目にかかりました Outro dia tive o prazer de ver [de me encontrar com] o seu pai]. *O-* ~ *ni kakeru* お目にかける Ter a honra [o prazer] de mostrar/de apresentar. *Senmonka no* ~ *kara mireba* 専門家の目から見れば Aos olhos [Do ponto de vista] dum especialista. *Urayamashi-sō na* ~ *de miru* うらやましそうな目で見る Olhar [Estar] com inveja. ⎣I/慣用⎦「*Amai mono ni*」~ *ga nai*「甘いものに」目がない Ser louco「por doces」. ~ *ga sameru* 目が覚める Despertar-se; acordar. ~ *ga suwaru* 目が据わる Ficar com o olhar parado (Olhar de bêbedo). ~ *ga takai* [ga koete iru] 目が高い [肥えている] Saber apreciar coisas de valor. ~ *ja nai* [じゃない] Não ser problema/ter importância. ~ *kara hana e nukeru* 目から鼻へ抜ける Ser muito esperto [Ter um olho!]. ~ *kara hi ga deru* 目から火が出る「ficar a」Ver estrelas (ao meio-dia)「com o choque」. ~ *mo aterarenai* 目も当てられない Deplorável; lastimável; nem se pode olhar. ~ *mo kurenai* 目もくれない Ignorar; não se dignar olhar. ~ *ni amaru* 目に余る Ser demais [de esgotar a paciência]; passar das medidas. ~ *ni fureru* 目に触れる Ver por acaso; entrever. ~ *ni hairu* [tsuku] 目に入る[付く] Chamar a atenção; dar nas vistas. ~ *ni miete* 目に見えて A olhos vistos; claramente「falso」. ~ *ni mono misete yaru* 目に物見せてやる Provar bem claro; fazer ver; mostrar com quantos paus se faz uma canoa.「*Haha no omokage ga*」~ *ni ukabu*「母の面影が」目に浮かぶ Vem-me à lembrança「a imagem da minha mãe」. ~ *no iro o kaeru* 目の色を変える Ficar como louco「à procura do filho」. ~ *no kataki ni suru* 目の敵にする Ter um ódio profundo [mortal]. ~ *no kuroi uchi ni* 目の黒いうちに Enquanto「eu」for vivo「eles não hão-de fazer isso」. ~ *no mae ga kuraku naru* 目の前が暗くなる Ficar tonto [louco/perdido]「ao receber a notícia da morte da filha」. ~ *(no naka) ni irete mo itaku nai* 目 (の中) に入れても痛くない Ter uma verdadeira adoração「pela filha」. ~ *no sameru yō na bijin* 目の覚めるような美人 A mulher de uma beleza deslumbrante. ~ *no ue no* (tan)*kobu* 目の上の (たん) こぶ O estorvo; o empecilho. ~ *no yariba ni komaru* 目のやり場に困る Não saber para onde olhar [se virar]. ~ *o hosomeru* [hosoku suru] 目を細める [細くする] Ficar todo contente; mostrar-se satisfeito. ~ *o kakeru* 目をかける Tratar [Cuidar de] alguém com especial atenção. ~ *o sankaku ni suru* 目を三角にする Arder de raiva. ~ *o sara no yō ni suru* 目を皿のようにする Abrir bem os olhos「para encontrar o dinheiro」.「*Odoroite*」 ~ *o shiro-kuro saseru*「驚いて」目を白黒させる Ficar até[ô]nito [pasmado; assombrado]. ~ *o sueru* 目を据える Olhar sem pestanejar; encarar bem.「*Shōrai-sei ni*」~ *o tsukeru*「将

来性に」目を付ける Confiar「no futuro」; ver「as possibilidades a longo prazo」. ～ *o ubawareru* 目を奪われる Ficar fascinado [encantado]. ～ *to hana no saki* [*aida*] 目と鼻の先 [間]Muito perto; quase pegado. [Pことわざ] ～ *ni wa* ～ *o ha ni wa ha o* 目には目を歯には歯を Olho por olho, dente por dente. ～ *wa kokoro no kagami* 目は心の鏡 O rosto é [Os olhos são] o espelho da alma. ～ *wa kuchi hodo ni mono o iu* 目は口ほどに物を言う Os olhos dizem mais (do) que a língua. [S/同] Mánako. ⇨ mé-no-tama.
2 [目の形をしたもの] O olho; o buraco redondo. ★ *Hari no* ～ 針の目 ～ da agulha (⇨ médo[2]). ⇨ uó-nó-mé.
3 [体験; 局面] A experiência; o tratamento; a situação. ★ *Hidoi* [*Kanashii*; *Kurushii*] ～ *ni au* ひどい [悲しい; 苦しい] 目に遭う Passar por uma experiência desagradável [triste; dolorosa]. [Pことわざ] *Yowari* ～ *ni tatari* ～ 弱り目に祟り目 Só「me」acontecem desgraças/Além da queda coice/Depois de um mal, outro vem/Uma desgraça nunca vem só.
4 [物と物のすき間又は交わった点] A malha; o dente「do pente」; a textura. ★ ～ *no arai nuno* 目の粗い布 O tecido de malha larga. *Goban no* ～ *no yō na* 碁盤の目のような Como a casa de tabuleiro de gô. *Nokogiri no* ～ 鋸の目 Os dentes do serrote. *Tatami no* ～ 畳の目 A textura [malha] do "tatami". ⇨ amí-mé[1,2]; awásé-mé; mokú-mé; musúbí-mé; nuí-mé; orí-mé[1,2]; sakáí-mé; saké-mé; wakáré-mé; waré-mé.
5 [サイコロの面につけた点のしるし] O ponto [A pinta] dos dados. ★ *Ii* ～ *ga denai* いい目が出ない Não ter sorte; não tirar pontos. **6** [中心] O centro. ★ *Taifū no* ～ 台風の目 ～ do tufão. ⇨ chúshín[1]. **7** [目盛り] A escala; a graduação em escala; a medida. *Hakari no* ～ *o yomu* はかりの目を読む Ler a ～ da balança. [S/同] Memórí (+). ⇨ me-bérí.

-me[2] 目 **1** [その順番・順序であることを表わす] (Suf. que indica o número ordinal). *Mae kara ni-ban* ～ *no seki ni suwatta* 前から２番目の席に座った Sentei-me na segunda fila, a contar da frente. ★ *Tokugawa sandai* ～ *shōgun Iemitsu* 徳川三代目将軍家光 Iemitsu, o terceiro x[sh]ogun Tokugawa. **2** [その性質を持つ意を表す] (Suf. que significa "um tanto", "a puxar [tender] para"). ★ *Chiisa* ～ *no* 小さ目の Um tanto [pouco] pequeno. **3** [大事な一点] (Suf. que significa momento [ponto] importante). ★ *Oya no shini* ～ 親の死に目 O momento da morte do pai [da mãe].

me[3] 芽 **1** 【Bot.】 O broto; o olho; o grelo; a vergôntea; o rebento. *Ki no* ～ *ga dehajimeta* 木の芽が出はじめた Os brotos das árvores começaram a nascer. ～ *o dasu* [*fuku*] 芽を出す[吹く] Brotar; germinar; deitar rebentos; rebentar. **2** [卵の胚盤] O embrião do ovo. [S/同] Haíbáń. **3** [新たに生じ, これから成長しようとするもの] O que está para crescer [se desenvolver; tomar forma]. ～ *no denai mama kare wa shinda* 芽の出ないまま彼は死んだ Ele morreu sem conhecer o sucesso. ★ *Aku no* ～ *o tsumu* 悪の芽を摘む Cortar o mal pela raiz.

mě[4] めっ (女性語) Olha lá!; bem!; porta-te como deve ser! *Hahaoya wa* ～ *to itazura-bōzu o tashinameta* 母親はめっといたずら坊主をたしなめた A mãe repreendeu o menino travesso, dizendo-lhe ～!

me-[5] 女 [牝・雌] A fêmea. ◇ **～ uma** 雌馬 A égua. **～ ushi** 雌牛 A vaca. [A/反] O. ⇨ mesú[1].

me-ákashi[**me-ákáshí**] 目明かし 【A.】 O detetive ao serviço de "yoriki", na era Edo. [S/同] Okáppíkí.

me-ákí 目明き (<… [1] + akú) **1** [目の見える人] A pessoa que tem o uso da vista; o visual. [A/反] Mőjíń; **2** [文字の読める人] O alfabetizado. [A/反] Mońmő. **3** [物の道理がわかる人] Os sábios「e os ignorantes」.

me-átáráshíi 目新しい Novo; especial; original; singular; raro. *Kore to itte* ～ *koto wa nani mo nakatta* これと言って目新しいことはなにもなかった Não houve nada de novo [de especial]. [S/同] Mezúráshíi.

mé-ate 目当て (<… [1]+aterú) **1** [目的] O obje(c)tivo; a finalidade; a intenção; a mira; o que se tem em vista. ★ *Kane o* ～ *ni kekkon suru* 金を目当てに結婚する Casar por interesse [dinheiro]. [S/同] Mokútékí (+). **2** [目標] O ponto de referência; o guia. ★ *Hoshi o* ～ *ni kōkai suru* 星を目当てに航海する Navegar guiado [orientando-se] pelas estrelas. [S/同] Me-jírushi; mokúhyő (+).

mebáchí メバチ 【Zool.】 O atum (de olhos grandes). ⇨ magúró.

me-báé 芽生え (< me-báéru) **1** [芽が出ること] A germinação; o brotar. ～ *no kisetsu da* 芽生えの季節だ É a estação [época] de ～. **2** [物事の起こり] O início; o despertar; o nascer. ★ *Ai no* ～ 愛の芽生え O despertar do amor. [S/同] Kizáshí.

me-báéru 芽生える (<… [3]+haéru) **1** [芽が出はじめる] Brotar; germinar. [S/同] Me-búku. **2** [きざす] Nascer; surgir; despertar; brotar. ★ *Koi ga* ～ 恋が芽生える O amor nascer; apaixonar-se. [S/同] Kizású; umárérú.

mé-bana 雌花 (<… [5]+haná) A flor feminina [pistilada]. [A/反] Ó-bana.

me-bárí 目張り (<… [1]+harú) **1** [すきまをふさぐこと] A vedação; o tapar「as fendas」. ⇨ fuságú. **2** [舞台化粧の一つ] As sombras feitas com delineador em volta dos olhos (Maquil(h)agem dos a(c)tores). [S/同] Aíráin (+).

me-bérí 目減り (<… [1]7+herú) **1** [重量が少なくなること] A perda de peso; o diminuir de volume. ★ *Kakō-chū ni* ～ *suru* 加工中に目減りする Diminuir de peso [volume] durante o processo de fabricação. **2** [価値が下がること] A desvalorização; a perda. ★ *Chokin no* ～ 貯金の目減り A perda no valor real da poupança [do dinheiro depositado no banco].

mé-boshi 目星 (<… [1]+hoshí) **1** [見当] A mira; o ter debaixo do olho; o「já」ter uma ideia. *Dō-yara hannin no* ～ *ga tsuita* どうやら犯人の目星がついた Finalmente, temos uma ideia do culpado [criminoso]. [S/同] Keńtő; mé-ate. **2** [目の玉にできる白い小さな点] 【Med.】 O leucoma.

mebóshíi 目ぼしい **1** [目立っている] Notável;「obra literária」importante. ⇨ medátsu. **2** [特に値打ちがありそうだ] De valor; interessante. ★ ～ *shina* 目ぼしい品 Os artigos de valor. ⇨ kané-mé.

me-búku 芽吹く (<… [3]+fúku) Brotar; germinar. [S/同] Me-báéru (+); megúmu[2].

me-búnryō 目分量 A medição a olho. ★ *Chōmiryō o* ～ *de hakaru* 調味料を目分量で測る Pôr [Medir] os temperos a olho.

mechá-kúchá 滅茶苦茶 【G.】 ⇨ mechá-méchá.

mechá-méchá 滅茶滅茶 【G.】 **1** [筋道がたたない

mechíonín メチオニン (< Ing. methionine) 【Bioq.】 A metionina.

méchiru メチル (< Al. methyl) O metil(o). ◇ **~ arukōru** メチルアルコール O álcool metílico.

medáká 目高 【Zool.】 Uma espécie de barrigudinho [guaru]; *oryzias latipes*.

me-dámá 目玉 (<...[1] + tamá) **1** [目の玉] O globo ocular. ★ **~ ga tobideru** 目玉が飛び出る Ficar com os olhos arregalados [~ *ga tobideru hodo takai tochi* 目玉が飛び出る程高い土地 O terreno exorbitantemente caro [de preço exorbitante]. ~ *o gyoro-tsukaseru* 目玉をぎょろつかせる Revirar os olhos com olhar felino. S/同 Gańkyū; mánako. **2** [叱られること] A reprimenda; a repreensão. ⇨ **o-~**. **3** [最も中心となる事柄] O atra(c)tivo; o melhor; o que é especial. ◇ **~ shōhin** 目玉商品 O artigo vendido sem lucro a fim de atrair os clientes.

medámá-yáki 目玉焼 (<... + yakú) O ovo frito [estrelado].

medárisuto メダリスト (< Ing. medalist) O condecorado com medalha. ◇ **Kin ~** 金メダリスト O vencedor [conquistador] da medalha de ouro. ⇨ medárú.

medarú メダル (< Ing. medal < L.) A medalha. ★ **~ o kakutoku suru** メダルを獲得する Ganhar [Conquistar] uma ~.

medátsu 目立つ (< me[1] + tátsu) Chamar [Atrair] a atenção; ser vistoso [berrante]; sobressair; dar nas vistas. *Kanojo no fukusō wa hito-kiwa medatte ita* 彼女の服装はひときわ目立っていた O traje dela sobressaía demais. *Kare wa medatte kenkō ni natta* 彼は目立って健康になった Ele melhorou, mas de que maneira! ★ *Medatanai hito* 目立たない人 Uma pessoa inócua [discreta; que não chama a atenção]. *Medatanai yō ni furumau* 目立たないようにふるまう Agir discretamente. *Yogore no ~ iro* 汚れの目立つ色 Uma cor que se suja muito [facilmente]. ⇨ kiwá-dátsu.

Mēdē [éē] メーデー (< Ing. May Day) O dia dos trabalhadores; o primeiro de maio.

medéru 愛でる【E.】 **1** [かわいがる] Amar; prezar; ter grande afeição [carinho]. ⇨ ái súru; itsúkúshímu; kawáígáru. **2** [鑑賞する] Apreciar; admirar. ★ *Hana o ~ su* 花を愛でる ~ as flores. S/同 Kańshō súrú (+). ⇨ homéru.

medetái めでたい **1** [祝うべきだ] Feliz; auspicioso; venturoso; abençoado. *Kyō wa ~ kekkonshiki da* 今日はめでたい結婚式だ Hoje é o dia do casamento, vai ser uma festa. ★ *Medetashi medetashi* めでたしめでたし O final [desfecho] feliz. ⇨ iwáú; yorókóbáshíi. **2** [お人好しすぎる] Ser bondoso [crédulo] demais. ⇨ **o-~**. ma-núké; óroka[1]. **3** [とても良い] Muito bom. *Kare wa kaichō no oboe ga ~* 彼は会長の覚えがめでたい Ele está nas boas graças do [é muito favorecido pelo] presidente.

média メディア (< Ing. media < L.) Os meios; o agente. ◇ **Masu ~** マスメディア Os meios de comunicação de massas (⇨ masúkómí). S/同 Baíkaibutsu (+); baítáí (+); shúdan (+).

medíkárú-chékku メディカルチェック (< Ing. medical check) O exame médico 「antes do jogo」. S/同 Keńkō-shíndan (+).

médo[1] 目処 A perspectiva; a visão; a ideia; a esperança; o indício. ★ **~ ga tsuku** [tatsu] 目処がつく[立つ] Conseguir [Poder] ter uma perspectiva sobre o futuro. S/同 Mé-ate; mi-tōshi.

médo[2] 針孔 O buraco da agulha.

médo [éē] メード (< Ing. maid) A criada (empregada) (doméstica). ★ *Hoteru no ~* ホテルのメード A empregada dos quartos do hotel. ⇨ jochū[1].

médorē メドレー (< Ing. medley) **1** [混合曲] A rapsódia; a mistura [miscelânea] de trechos de diversas canções. **2** [Abrev. de "médorē-rírē"] 【(D)esp.】 O estilo misto; o revesamento. ◇ **Kojin ~** 個人メドレー O estilo misto individual.

me-dōri [óo] 目通り **1** [謁見] A audiência; a recepção por uma autoridade. ★ *O-~ o yurusareru* お目通りを許される Ser recebido em audiência. S/同 Ekkén (+); haíétsu. **2** [目の高さでの木の太さ] O diâmetro [A grossura] do tronco de uma árvore à [na] altura dos olhos de uma pessoa em pé.

megá-hérutsu メガヘルツ (< Al. megahertz) 【Fís.】 O megahertz; o megaciclo. ⇨ shūhá-sū.

mégahon メガホン (< Ing. megaphone < Gr.) O megafone. ⇨ kakúséi-ki.

me-gákéru 目掛ける (<...[1] + kakéru) Visar; ter como meta; ter em vista; alvejar. *Teki no gōru o megakete tosshin shita* 敵のゴールを目掛けて突進した Eles atacaram, alvejando a baliza do adversário. S/同 Me-zásu (+).

mégami 女神 (< me[5] + kámi) A deusa.
A/反 Ōgami.

mégane 眼鏡 **1** [目にかけて視力を調節する器具] Os óculos. ★ **~ goshi ni miru** 眼鏡越しに見る **a)** [眼鏡の上から] Olhar por cima dos ~; **b)** [眼鏡を通して] Olhar com os ~. **~ no fuchi** 眼鏡の縁 A armação [Os aros] dos ~. **~ o hazusu** [kakeru] 眼鏡を外す[掛ける] Tirar [Pôr] os ~. *Do no tsuyoi* [yowai] *~* 度の強い [弱い] 眼鏡 ~ com muitas [poucas] dioptrias. ◇ **~ ya** 眼鏡屋 O oculista. **Fuchi-nashi ~** 縁なし眼鏡 ~ sem aros. **Kin-buchi ~** 金縁眼鏡 ~ de armação dourada [de ouro]. **2** [鑑識眼] O juízo; o parecer. ★ **~ ga kuruu** 眼鏡が狂う Enganar-se; fazer um juízo errado. **~ ni kanau** 眼鏡にかなう Agradar; cair no goto; ser aceito com simpatia. ◇ **~ chigai** 眼鏡違い O juízo errado. S/同 Kańshíki-gáń; kańtéí-gáń; mekíkí.

megáne-záru 眼鏡猿 (<... + sáru) 【Zool.】 Os tarsióideos; a társia (Parecida ao sagui); *tarsiidae*.

mégao 目顔 (<...[1] + kaó) O olhar. ★ **~ de shiraseru** 目顔で知らせる Fazer sinal com os olhos [o olhar]; piscar o olho. S/同 Mé-tsuki (+).

megárópórisu メガロポリス (< Ing. megalopolis < Gr.) A megalópole; a grande metrópole. S/同 Kyodaí-tóshi.

megá-sáikuru メガサイクル (< Ing. megacycle < Gr.) 【Fís.】 O megaciclo.

me-gáshira 目頭 (<...[1] + kashirá) A comissura [O canto] dos olhos (Do lado do nariz). ★ **~ ga atsuku naru** 目頭が熱くなる Sentir as lágrimas brotarem; ficar comovido até ás lágrimas. ~ *o osaeru* 目頭を押さえる Enxugar as lágrimas; pôr os dedos [o lenço] nos cantos dos olhos (para parar as lágrimas). A/反 Mé-jiri.

méga-ton メガトン (< Ing. megaton < Gr.) 【Fís.】 O megatão (Unidade de explosão correspondente a um milhão de toneladas de TNT). ★ ~ *kyū no suibaku* メガトン級の水爆 A bomba de hidrogé[ê]nio de um ou mais megatões. S/同 Hyakumán-tón.

megéru めげる **1** [気が弱る] Perder o ânimo; render-se; sucumbir. ★ *Samusa ni mo megezu* 寒さにもめげず Sem sucumbir ao frio. S/同 Hirúmu; yowáru. **2** [しょげる] Ficar deprimido; desanimar. ★ *Shiken ni ochite megeru* 試験に落ちてめげる ~ por ter sido reprovado no exame. S/同 Shogéru.

megúmárérú 恵まれる (Passiva de "megúmú¹") **1** [よい物事を与えられる] Ser beneficiado [abençoado; favorecido]; ter em abundância. *Burajiru wa tennen shigen ni negumarete iru* ブラジルは天然資源に恵まれている O Brasil é um páis rico em [tem muitos] recursos naturais. ★ *Jō-tenki ni* ~ 上天気に恵まれる Ter bom tempo. *Kodomo ni* ~ 子供に恵まれる Ter (muitos) filhos. *Sainō ni* ~ 才能に恵まれる Ser talentoso; ser dotado de grande talento. **2** [幸福である] Ser feliz [afortunado]. ⇨ kōfúkú¹.

megúmi 恵み (< megúmú¹) O favor [A graça] [de Deus]; a benevolência. ★ ~ *o kou* 恵みを請う Pedir (o favor de) uma esmola. ~ *o tareru* [*kakeru*] 恵みをたれる [かける] Mostrar-se benevolente; apiedar-se; compadecer-se. *Kami no* ~ *ni yotte* 神の恵みによって Pela graça de Deus. *O-* ~ *o* 恵みを(乞食が) (Dê) uma esmola ao pobre! ⇨ hodókóshí; onkéí.

megúmú¹ 恵む **1** [あわれむ] Ter compaixão; apiedar-se. S/同 Awárému (+). **2** [施しをする] Dar 「esmola」. S/同 Hodókósu.

megúmú² 芽ぐむ Brotar; germinar. S/同 Me-báeru (+); me-búku. ⇨ me³.

megúrású 巡 [回・廻] らす (< megúrú) **1** [まわりを囲むようにする] Cercar; fazer 「um muro」 à volta. *Sono tochi wa shūi ni tetsujōmō ga megurashite atta* その土地は周囲に鉄条網めぐらしてあった O terreno estava cercado com rede de arame. ⇨ kakómú. **2** [回転させる] Girar; virar. ★ *Kōbe o* ~ 頭をめぐらす Virar a cebeça. S/同 Mawású (+). **3** [考えを働かす] Pensar; refle(c)tir; ponderar. ★ *Keiryaku o* ~ 計略をめぐらす Tramar; maquinar; tecer intrigas. *Yōnen-jidai ni omoi o* ~ 幼年時代に思いをめぐらす Pensar nos [Recordar os] tempos da infância. ⇨ határákáséru.

megúrí 巡 [回・廻] り (< megúrú) **1** [回ること] A circulação; o fluxo. *Kōen o hito* ~ *suru* 公園を一めぐりする Dar uma volta ao parque. ★ *Chi no* ~ *ga warui* 血のめぐりが悪い a) Ter má circulação (de sangue); b) Ser lerdo [obtuso; estúpido; lento]. S/同 Junkán. **2** [場所々にあちこちを移ること] O percorrer; o dar a volta; o fazer o giro. ★ *Meisho* ~ *o suru* 名所めぐりをする Percorrer os [Fazer o giro dos] (principais) pontos turísticos. S/同 heńréki. **3** [周囲] A volta; o redor; as cercanias. S/同 Kakómí; shūi (+).

megúrí-ái 巡り合い (< megúrí-áu) O encontro fortuito [acidental]. S/同 Káíkó⁹. ⇨ saíkáí¹.

megúrí-áu 巡り会 [合] う (< megúrí + …) **a)** Encontrar-se casualmente; **b)** conseguir reencontrar após longos anos de procura. ★ *Kōun ni* ~ 幸運にめぐり合う Ter uma grande sorte (por acaso). S/同 Káíkó súrú.

megúrí-áwáse 巡 [回・廻] り合わせ (< megúrí-áu) O dedo do destino; a coincidência; a sorte; o fado; o acaso. *Fushigi na* ~ *de futari wa Burajiru de saikai shita* 不思議な巡り合わせで二人はブラジルで再会した Por estranha [feliz] coincidência, os dois encontraram-se no Brasil. S/同 Mawárí-áwáse. ⇨ únmei.

megúrú 巡 [回・廻] る **1** [まわる] Rodar; girar; circular; rodear; andar à roda [volta]. ★ *Shinai o* ~ *junkan-basu* 市内をめぐる循環バス O autocarro [ônibus] que circula pela cidade. S/同 Mawárú (+). **2** [再びもとに戻る] Dar uma volta, retornando ao ponto de partida; voltar; retornar. ★ *Inga wa* ~ 因果はめぐる A roda da sorte está sempre girando. **3** [あちこち回って行く] Percorrer; dar uma volta. ★ *Nihon kakuchi o* ~ 日本各地をめぐる Percorrer várias regiões do Japão. **4** [とりまく] Envolver; cercar; enredar. ★ *Shujinkō o* ~ *hitobito* 主人公をめぐる人々 As pessoas que cercam [estão envolvidas com] o personagem principal. S/同 Torímáku (+). **5** [関わる] Estar relacionado; envolver; abranger. ★ *Karera no kekkon o* ~ *mondai* 彼らの結婚をめぐる問題 Os problemas relacionados com o casamento deles. ⇨ kakáwáru.

me-gúsuri 目薬 (< …¹ + kusúrí) **1** [目に差す薬品] O colírio; o remédio [as gotas] para os olhos. ★ ~ *o sasu* 目薬を差す Deitar [Pôr] o colírio. **2** [比喩的に, 厚意や利益を得る目的で送るほんのわずかの金品] Um pequeno suborno. ★ ~ *ga kiku* 目薬が効く ~ ajuda [pode resultar]. ⇨ haná-gúsuri; wáiro.

mé-hana 目鼻 **1** [目と鼻] Os olhos e o nariz. **2** [顔立ち] A feição; a face; a aparência do rosto. ⇨ mehaná-dáchi. **3** [物事の輪郭] O contorno; a forma. ★ ~ *ga tsuku* 目鼻がつく Adquirir [Ganhar] forma; dar certo; entrar nos eixos [*Mada kōshō no* ~ *ga tsukanai* まだ交渉の目鼻がつかない Ainda não se sabe se as negociações vão dar certo]. ~ *o tsukeru* 目鼻をつける Dar forma definitiva. ⇨ kimárí; mi-tōshí.

mehaná-dáchi 目鼻立ち (< …¹ + tátsú) Os traços do rosto; as feições. ★ ~ *no totonotta kao* 目鼻立ちの整った顔 O rosto com traços bem delineados; o rosto bonito. S/同 Kaó-dáchi.

mé-hashi 目端 A esperteza; o ter olho. ★ ~ *ga kiku* 目端が利く Ser esperto [arguto; perspicaz]. ⇨ kitén¹.

meí 姪 A sobrinha. A/反 Oí.

méi¹ 銘 **1** [碑などに刻みしるした文] O epitáfio; a inscrição. ★ ~ *o kizamu* 銘を刻む Gravar a inscrição. **2** [いましめの言葉] O preceito; o mandamento; a regra. ★ *Zayū no* ~ 座右の銘 A máxima [regra; divisa] que sempre se tem presente. ⇨ imáshímé¹. **3** [刀剣などに刻まれた制作者の名] O nome gravado. ★ ~ *o utsu* 銘を打つ Inscrever [Gravar] o nome (na sua obra). ⇨ sákusha. **4** [品物に特につける名前] O nome [A marca] do produto. ★ *Nippon-sei to* ~ *o utta shōhin* 日本製と銘を打った商品 O artigo [produto] rotulado como sendo de fabrico japonês. ⇨ yobí-ná.

méi³ 命 【E.】 **1** [命令] A ordem. S/同 Meíréí (o); sáshizu (+). **2** [生命] A vida. S/同 Inochi (o); séi-

mei (+). **3** [運命] O destino; a sorte; o fado. [S/同] Únmei (+).
méi⁴ 明 **1** [明るいこと] A claridade; a luz. [A/反] Án. ⇨ akárúi. **2** [眼識] O discernimento; a sagacidade; a perspicácia. ★ *Senken no* ～ 先見の明 O saber ver [discernir] o futuro. [S/同] Gańríkí (+); gańshíkí. **3** [視力] A vista; a visão. [S/同] Shíryoku (+).
meí-⁵ 名【Pref.】Excelente; capaz; destro; famoso; grande. ◇ **～ pianisuto** 名ピアニスト O grande pianista. ⇨ yū́méí¹.
-meí⁶ 名 **1** [人を数える語] (Suf. numeral para contagem de pessoas). ★ *Go-* ～ 五名 Cinco pessoas. [S/同] -nín. **2** [呼び名] O nome. ◇ **Dantai ～** 団体名 ～ do grupo [da organização].
meíáń¹ 名案 Uma boa ideia. ★ ～ *ga ukabu* 名案が浮かぶ Ter ～. [S/同] Myṓáń. ⇨ áidea; omóí-tsúkí.
meí-áń² 明暗 **1** [明るいことと暗いこと] O claro-escuro; a luz e a sombra; a oposição. *Sono jiken ga futari no sono go no* ～ *o waketa* その事件が二人のその後の明暗を分けた Esse incidente fez com que os dois tomassem rumos opostos. **2** [幸と不幸] A felicidade e a infelicidade; a sorte e o azar; as voltas [vicissitudes]. ★ *Jinsei no* ～ 人生の明暗 As ～ da vida. **3** [色の濃淡; 明るさ] O contraste. ◇ **～ hō** 明暗法 O sombreado.
méiba 名馬 O cavalo de excelente qualidade. ⇨ meí-⁵; umá¹.
meíbáń 名盤【E.】O disco famoso. ⇨ rekṓdo.
méibi 明媚【E.】O aspecto belo. ★ *Fūkō* ～ *na tochi* 風光明媚な土地 A terra de belas [pitorescas] paisagens. [S/同] Zékka.
meíbíń 明敏【E.】A sagacidade; a agudeza de espírito.
meíbó 名簿 A lista [relação]. ★ ～ *ni noseru* [*kinyū suru*] 名簿に載せる[記入する] Escrever [Pôr; Regist(r)ar] na lista. ◇ **Kaiin ～** 会員名簿 ～ dos sócios. [S/同] Rísuto.
meíbṓ 名望 A reputação; a fama; o renome. ◇ **～ ka** 名望家 A pessoa famosa [de grande ～].
meíbṓ-kṓshi [**kóo**] 明眸皓歯 Olhos lúcidos e dentes brilhantes [brancos]; a beleza.
meíbókú¹ 名木 A árvore preciosa (por sua formosura, seu perfume, seu valor histórico, etc.).
meíbókú² 銘木 A árvore boa para madeira.
meíbúń¹ 名文 (<… ＋bún) **1** [すぐれた文章] O estilo (de reda(c)ção) excelente [primoroso]. ◇ **～ ka** 名文家 O escritor excelente. [A/反] Akúbúń. **2** [有名な文章] O texto [A frase] famoso[a]. ◇ **～ shū** 名文集 A cole(c)tânea [cole(c)ção] de textos famosos.
meíbúń² 明文 A cláusula explícita「de uma lei」. ◇ **～ ka** 明文化 A explicitação da cláusula de uma lei.
meíbúń³ 名分【E.】O pretexto; a justificacão. ★ ～ *no tatanu kōdō* 名分の立たぬ行動 Uma a(c)ção injustificável. ⇨ hónbun¹; táigi².
méibutsu 名物 **1** [名産] O produto característico da região. [P/ことわざ] ～ *ni umai mono nashi* 名物にうまい物なし Ser mais a fama que o proveito/A fama nem sempre condiz com a verdade [realidade]. [S/同] Meísáń. **2** [有名なもの] Uma coisa ou aspecto característico e famoso [atractivo] da região. ◇ **～ otoko** 名物男 Um homem muito popular. ⇨ yū́méí¹.
meíchá 銘茶 (<… ² ＋ cha) O chá de (excelente) qualidade [de nome].
méicho 名著【E.】O livro notável; a obra-prima. [S/同] Kessákú. ⇨ chosákú.
meí-chṓshi [**óo**] 名調子 A eloquência. ★ ～ *de shaberu* 名調子でしゃべる Falar com eloquência.
meíchū́ 命中 O tiro certeiro. ★ ～ *suru* 命中する Acertar no [Atingir o] alvo〔*Gyorai ga tekikan ni* ～ *shita* 魚雷が敵艦に命中した O torpedo atingiu em cheio o navio inimigo〕. ◇ **～ ritsu** 命中率 A taxa [percentagem] de acertar/～s. [S/同] Tekíchū́.
meídáí 命題 A proposição (matemática/lógica). ◇ **Dōitsu** [**Hitei**] **～** 同一 [否定] 命題 ～ idêntica [negativa].
meídáń 明断【E.】A sentença [opinião] bem clara. ⇨ saídáń¹.
méido¹ 明度 A luminosidade; a claridade; o grau [a intensidade] da cor. ⇨ sáido³.
meídó² 冥土 [途] O mundo dos mortos [das trevas]; o outro mundo. ★ ～ *no michizure* 冥土の道連れ A companhia na jornada para o ～〔～ *no michizure ni suru* 冥土の道連れにする Matar (alguém) para levar como companhia para o ～〕. [I/慣用] ～ *e tabidatsu* 冥土へ旅立つ Partir para o ～; morrer. [S/同] Anó yó; méifu; méikáí; yómi; yū́káí.
meídṓ 鳴動【E.】O abalo [tremor] retumbante. ★ ～ *suru* 鳴動する Abalar com estrondo. [P/ことわざ] *Taizan* ～ *shite nezumi ippiki* 大山鳴動して鼠一匹 Abalam-se os montes para parir um ratinho [Fazer muito barulho para nada].
meíéń 名園 [苑] O jardim famoso [de grande valor artístico]. ⇨ teíéń.
méifu 冥府 ⇨ meídó².
meífúkú 冥福 A paz após a morte; o descanso eterno. ★ ～ *o inoru* 冥福を祈る Rezar pela alma [pelo descanso eterno] do defunto.
méiga 名画 **1** [有名な絵] O quadro famoso; a obra-prima de pintura. ⇨ káiga. **2** [すぐれた映画] O filme excelente [de grande valor artístico]. ★ ～ *no jōeikai* 名画の上映会 A apresentação dum ～. ⇨ éiga¹.
meígárá 銘柄 **1** [取り引きする証券や商品の名称]【Econ.】O título (de bolsa); a cotação. ◇ **～ baibai** [**torihiki**] 銘柄売買 [取引] A venda a descoberto. **2** [商標] A marca (de um produto). [S/同] Shṓhyṓ.
meígárá-híń 銘柄品 A marca famosa [de (re)nome].
meígéń¹ 名言 O dito inteligente [engenhoso]; as palavras sábias. *Kedashi* ～ *de aru* けだし名言である Realmente, são palavras muito sábias. ★ ～ *o haku* 名言を吐く Falar com sabedoria; ter um grande dito.
meígéń² 明言 A afirmação [declaração]. ★ ～ *suru* 明言する Afirmar peremptoriamente; declarar explicitamente. [S/同] Dańgéń (+); geńméí.
méigetsu¹ 名月 A lua cheia em agosto (No calendário lunar). ★ *Chūshū no* ～ 中秋の名月～ ⇨ chū́shū́.
méigetsu² 明月 **1** [清く澄んだ月] A lua resplandecente [refulgente; clarinha]. **2** [満月に同じ] A lua cheia. [S/同] Mángetsu (+).
meígí¹ 名義 **1** [名目上の名まえ] O nome; o título. *Ano bessō wa tsuma no* ～ *ni natte iru* あの別荘は妻の名義になっている Aquela casa de campo está em

nome da minha mulher. ★ ~jō wa 名義上は Nominalmente「é ele o dono」. ◇ ~ henkō [kakikae] 名義変更[書き換え] A transferência do título. ⇨ ~nin. **2** [⇨ meímókú¹].

meígi² 名妓【E.】A gueix[sh]a que dança e toca "sha[xa]misen" muito bem; a gueix[gh]a de grande reputação por sua beleza.

meígi-nín 名義人 O proprietário (de fa(c)to)「de um título/uma conta no banco」.

meiháku 明白 O ser evidente [claro]. ★ ~ na jijitsu 明白な事実 A pura verdade; o fa(c)to ~ [incontestável].

meihō 盟邦 A nação aliada [coligada; confederada].【E.】⇨ Dōméi-koku (+); yūhō.

méii 名医 O médico famoso. ⇨ ishá¹.

meiji¹ 明示 O mostrar claramente; a especificação. ★ ~ suru 明示する Especificar 「Chikuwa no hōsō ni tenka-butsu o ~ suru ちくわの包装に添加物を明示する Escrever os ingredientes da "chikuwa" na embalagem.」 [A/反] Ánji. ⇨ méiki².

Méiji² 明治 A era Meiji (1868–1912). ◇ ~ ishin 明治維新 A Restauração (do imperador) Meiji.

meijin 名人 **1** [名手] O mestre; o perito; o artista; o ás. ★ Fue no ~ 笛の名人 Um mestre na [da] flauta. ◇ ~ gei 名人芸 A(c)tuação magistral. ~ hada [katagi] 名人肌気質 O temperamento (difícil) de mestre. [S/同] Méishu¹; tatsújín. **2** [将棋・囲碁の最高位の称号] O título de mestre de grau máximo nos jogos de "shogi" ou "go".

meijirú¹ 命じる Ordenar; mandar; exigir; dar uma ordem. **1** [命令する] Kare wa shutchō o meijirareta 彼は出張を命じられた Ele recebeu ordem de fazer [foi incumbido de] uma viagem de negócios. ★ Ryōshin no ~ tokoro ni shitagau 良心の命じる所に従う Ouvir [Seguir] a voz da consciência; fazer o que dita a consciência. [S/同] Meízúru. ⇨ meíréi. **2** [任命する] Nomear; encarregar. ★ Kachō o ~ 課長を命じる Nomear (para o cargo de) chefe de se(c)ção. [S/同] Meízúru. ⇨ nínméi. **3** [名づける] Pôr o nome. [S/同] Nazukéru (+). ⇨ meíméi¹.

meijirú² 銘じる【E.】Gravar; marcar profundamente. ★ Sensei no kotoba o kimo [kokoro] ni ~ 先生の言葉を肝[心]に銘じる Gravar as palavras do professor (bem fundo) no coração.

meijítsú 名実 A fama e a realidade. ★ ~ tomo ni shinshi de aru 名実共に紳士である Ser cavalheiro de nome e de fa(c)to; ser um verdadeiro [perfeito] cavalheiro. ⇨ jisshítsú; namaé.

meijō 名状【E.】A descrição; o dizer; o exprimir. ★ ~ shigatai 名状し難い Indescritível; inexprimível;「um medo」indizível.

méika¹ 名【銘】菓 O doce famoso [delicioso].

méika² 名花 **1** [花] A flor famosa [de rara beleza]. **2** [美人] A mulher bonita; a beldade. ★ Shakō-kai no ~ 社交界の名花 A mulher célebre por sua beleza na alta-roda (da sociedade). [S/同] Bíjo (+).

méika³ 名家 **1** [名門] A família ilustre (tradicional; notável; de grandes nomes). [S/同] Meímón (+). **2** [大家] O grande mestre; a pessoa competente e famosa. [S/同] Méishi³; taíká² (+).

méika⁴ 名歌 A poesia "tanka" famosa [célebre]. ⇨ wáka.

meíkái 明快 A clareza; a limpidez. ★ ~ na kotae 明快な答え A resposta clara [explícita]; inequívoca.

meíkáku 明確 A clareza; a precisão; a exa(c)tidão. ★ ~ na handan 明確な判断 O juízo exa(c)to. ⇨ meíhákú; meíkákú.

meikán 名鑑 A lista; o catálogo; o livro de regist(r)o; o dire(c)tório; o guia. [S/同] Meíbó.

meiken 名犬 O cachorro de boa raça; o cão muito fino. ⇨ inú.

méiki¹ 名器 O instrumento célebre por sua excelente qualidade. Sutoradibariusu no baiorin wa ~ to shite shirarete iru ストラディバリウスのバイオリンは名器として知られている Os violinos de Stradivarius são conhecidos [famosos] pelo seu excelente timbre. ⇨ gakkí²; kíbutsu¹; kígu¹.

méiki² 明記 A menção clara [explícita]. ★ Namae o ~ suru 名前を明記する Escrever bem [legivelmente/de maneira legível] o nome.

méiki³ 銘記【E.】O fixar [gravar] na memória/no coração. ★ Onshi no kotoba o kokoro ni ~ suru 恩師の言葉を心に銘記する Gravar (bem) no coração [Lembrar para sempre] as palavras do professor [mestre/chefe]. ⇨ meíjirú².

meíkín 鳴禽【E.】A ave canora [de canto melodioso]. ◇ ~ rui 鳴禽類 Os óscines.

meikō 名工 O grande mestre em artesanato. ★ Tōgei no ~ 陶芸の名工 O grande ceramista. [S/同] Meíshō.

meí-kónbi 名コンビ (< ~⁵ + Ing. combination) A combinação [O par] ideal「para a brincadeira」. ⇨ koñbíńéshun.

meíku 名句 **1** [名言] Um dito célebre; uma frase lapidar. [S/同] Meígén (+). **2** [すぐれた俳句] Um "haiku" famoso [lindo/lapidar].

meíkun 名[明] 君 Um soberano [monarca; rei; imperador] sábio. [S/同] Meíó. [A/反] Añkún. ⇨ kúnshu¹.

meíkyóku 名曲 Uma música [composição] excelente; a obra-prima musical.

meíkyō-shísui 明鏡止水 A paz [serenidade] perfeita (Como "espelho claro e água calma"). ★ ~ no shinkyō 明鏡止水の心境 O estado de plena serenidade espiritual. ⇨ ochítsúkú.

meíkyū 迷宮 **1** [中に入ると迷うように作られた宮殿] O labirinto [do palácio]. ⇨ kyúdéń; méiro. **2** [事件の解決がつかないこと] O caso insolúvel (confuso; emaranhado). ◇ ~ iri 迷宮入り O caso arquivado como insolúvel 「Sono satsujin jiken wa ~ iri to natta その殺人事件は迷宮入りとなった Esse caso de assassinato foi arquivado, na impossibilidade de encontrar o criminoso」.

meíméi¹ 命名 ~ suru **a**) O dar [pôr] o nome; **b**) A nomenclatura「da botânica」. Sono ko wa sofu no na o totte Takeshi to ~ sareta その子は祖父の名を取って武と命名された O menino recebeu [ficou com] o nome do avô, Takeshi.

meíméi² 銘銘 Cada um; cada qual; respectivo 「posto/ofício」. ★ ~ no kangae de 銘々の考えで「O plano」Conforme a ideia de cada um. ◇ ~ zara. [S/同] Kákuji (+); kákujin; onóono; sorézore.

meíméi-zara 銘銘皿 (< ~² + sará) O pratinho para servir salgadinhos [doces]; o pires.

meímétsú 明滅 O pisca-pisca; o bruxulear (da luz). ⇨ Teńmétsú.

meímō 迷妄【E.】A ilusão; o engano das dúvidas [tentações; ideias erróneas]. ⇨ mayói.

meímókú¹ 名目 **1** [表向きの名まえ] O título no-

minal. ★ ~ *dake* [*jō*] *no shachō* 名目だけ［上］の社長 O dire(c)tor nominal [sem voz a(c)tiva]. ◇ ~ **chingin** 名目賃金 O salário nominal. A/反 Jisshítsú. **2** [口実] O pretexto; a razão alegada. *Shutchō to iu* ~ *de tabi ni deta* 出張という名目で旅に出た Ele saiu de viagem alegando que iria em serviço. S/同 Kōjítsú (+).

meímóku² 瞑目【E.】 **1** [目をとじること] O fechar os olhos. **2** [安らかに死ぬこと] A morte serena. ⇨ shinú.

meímon 名門 A família ilustre [tradicional; de (re)nome]. ★ ~ *no de de aru* 名門の出である Descender de uma ~. ◇ ~ **daigaku** [**kō**] 名門大学［校］A universidade [escola] de renome (e tradição). S/同 Méika.

meímu 迷夢【E.】A ilusão; a quimera; o devaneio. ⇨ mayói.

meimyákú 命脈【E.】A vida; o manter a vida; o sobreviver. ★ ~ *o tamotsu* [*tsunagu*] 命脈を保つ［つなぐ］Conseguir sobreviver; ter a vida por um fio. S/同 Ínochi (o); séimei (+).

mêinichi 命日 A data [O aniversário] de falecimento.

Meiō-séi 冥王星【Astr.】「o planeta da Terra」Plutão.

meíréi 命令 **1** [命じること] A ordem. ★ ~ *ga deru* [*kudaru*] 命令が出る［下る］Ser dada [Vir] uma ~. ~ *ni shitagau* [*fukujū suru*] 命令に従う［服従する］Obedecer [Submeter-se] às ordens; acatar uma ~. ~ *ni somuku* [*sakarau*] 命令に背く［逆らう］Desobedecer; ir contra uma ~. *o dasu* [*hassuru; kudasu*] 命令を出す［発する；下す］Dar uma ~. ~ *o mamoru* 命令を守る Cumprir as ordens [uma ~]. ~ *ukeru* [*ni sessuru*] 命令を受け［に接する］Receber uma ~. ~ *suru* 命令する Ordenar; mandar. ◇ ~ **bun** 命令文 (Gram.) A oração imperativa. ~ **hō** 命令法 (Gram.) O (modo) imperativo. ~ **keitō** 命令系統 A linha de comando. ~ **kuchō** 命令口調 O tom (de voz) imperativo [antoritário; peremptório]. S/同 Shiréi. ⇨ íttsúke. **2** [法律] A lei; o decreto; o regulamento; o preceito. ⇨ hōrítsu.

meíréi-téki 命令的 Autoritário; imperativo; peremptório; terminante.

meíri 名利【E.】A honra e a riqueza; a fama e o proveito. ★ ~ *ni chōzen to shite iru* 名利に超然としている Ser indiferente às [Estar acima das] honras e riquezas. S/同 Myōri.

meíro 迷路 O labirinto; o dédalo. ★ ~ *ni mayoikomu* 迷路に迷い込む Embrenhar-se [Entrar; Meter-se] num labirinto. ⇨ meíkyū.

me-író 目色 O olhar; a expressão dos olhos; o humor. ★ ~ *o ukagau* 目色をうかがう Olhar de esguelha [soslaio]; ver se o parceiro está de bom humor. S/同 Me-nó-iro (+); métsuki (+).

meíró 明朗 **1** [ほがらかなこと] O ser alegre [vivaz; animado]. ◇ ~ **kaikatsu** 明朗快活 O ser alegre e cheio de vida. ⇨ Hogáraka; yōkí. **2** [公正なこと] O ser claro [justo; sério]. ★ ~ *na kaikei* 明朗な会計 As contas claras. ◇ ~ **ka** 明朗化 A clarificação [*Kai no un'ei o* ~ *ka suru no* 会の運営を明朗化する Clarificar a administração da Associação]. S/同 Kōséi.

meíron¹ 名論 O argumento inconcusso [claro; irrefutável].【E.】◇ ~ **takusetsu** 名論卓説 A opinião [teoria] irrefutável. ⇨ gíron.

meíron² 迷論【E.】O argumento absurdo [disparatado]. ⇨ gíron.

meíru 滅入る Ficar deprimido [angustiado]; abatido; acabrunhado]. ★ *Ki ga* ~ *yō na sabishii kurashi* 気が滅入るような寂しい暮らし A vida solitária, quase desanimadora. ⇨ fusági-kómu; yūútsú.

meíryō 明瞭 A clareza; a precisão; a exa(c)tidão. ★ ~ *na kotae* 明瞭な答え A resposta clara [inequívoca; explícita; precisa]. ~ *ni hatsuon suru* 明瞭に発音する Pronunciar com clareza. ◇ **Kantan** ~ 簡単明瞭 O ser simples [sucinto; breve] e claro [exa(c)to]. S/同 Meíháku; meíkáku. A/反 Aímáí; fu-méiryō.

meísáí¹ 明細 O pormenor; o detalhe; a minúcia. ★ ~ *na kaikei hōkoku* 明細な会計報告 A prestação de contas pormenorizada. *Shishutsu no* ~ *o hōkoku suru* 支出の明細を報告する Relatar [Dar conta de] todas as entradas e saídas (da caixa). ◇ ⇨ ~ **sho**. ⇨ uchíwáké.

meísáí² 迷彩 A camuflagem. ★ *Sensha ni* ~ *o hodokosu* 戦車に迷彩を施す Camuflar o tanque-de-guerra. ◇ ~ **fuku** 迷彩服 A roupa de ~; o (fato) camuflado. ⇨ kamúfúráju.

meísái-shó 明細書 (< ⋯ ¹ + sho) A indicação por escrito. ◇ **Kyūyo** ~ 給与明細書 ~ (e bem especificada) do pagamento.

meísákú 名作 A obra-prima; um primor de arte. ⇨ kessákú.

meísán 名産 O produto típico [famoso]. *Hiroshima no* ~ *wa kaki desu* 広島の名産はカキです ~ de Hiroshima é a ostra. S/同 Méibutsu.

meisátsú¹ 名刹【E.】O templo (budista) famoso [de longa tradição].

meisátsú² 明察【E.】 **1** [真相を見通すこと] O discernimento; a perspicácia; a intuição. ★ ~ *suru* 明察する Discernir; intuir. ⇨ dōsátsú. **2** [相手の推察を尊敬して言う語] (Cor.) A sua perspicácia. ★ *Go* ~ *no tōri desu* 御明察の通りです É exa(c)tamente como o senhor, com a ~, observou [disse]. S/同 Keńsátsú².

meíséi 名声 A reputação; a fama; o renome; a celebridade. ★ ~ *o eru* [*haseru*] 名声を得る［はせる］Ganhar [Conquistar] fama; tornar-se famoso [célebre; notável]. S/同 Homáré.

meíseki 明晰 A lucidez. *Zunō* ~ *de aru* 頭脳明晰である Ter uma inteligência lúcida; ser perspicaz [arguto].

meísen 銘仙 Um tipo de tecido de seda comum.

mé-isha 目医者 O médico da vista; o oftalmologista. S/同 Gańka-i. ⇨ mégane.

meíshi¹ 名刺 O cartão de visita. ~ *o itadakemasu ka* 名刺を頂けますか Por favor, poderia ficar com o seu cartão? ★ ~ *o dasu* 名刺を出す Apresentar [Entregar] o ~. ~ *o kōkan suru* 名刺を交換する Trocar cartões de visita. ◇ ~ **ban** 名刺判 Um tamanho de fotografia (5,4cm × 8,3cm). ~ **ire** 名刺入れ O porta-cartões (que se leva no bolso).

meíshi² 名詞【Gram.】O substantivo. ◇ ~ **ku** [**setsu**] 名詞句[節] A frase [oração] substantiva. **Busshitsu** [**Chūshō**; **Futsū**; **Koyū**; **Shūgō**] ~ 物質［抽象］；普通；固有；集合］名詞 ~ concreto [abstra(c)to; comum; próprio; cole(c)tivo]. **Keishiki** ~ 形式名詞 O pseudo-substantivo.

meíshi³ 名士 A pessoa distinta [notável; emi-

meíshín 迷信 A superstição; a crendice. ★ ~ *o daha suru* 迷信を打破する Acabar com as superstições. ◇ ~ **ka** 迷信家 O supersticioso. [S/同] Zokúshín.

meísho 名所 O lugar famoso; o ponto turístico [pitoresco]. ◇ ~ **kyūseki** 名所旧跡 Os lugares pitorescos e as ruínas históricas.

meíshō¹ 名称 O nome; a denominação; a designação. [S/同] Namaé (+); yobíná.

meíshō² 名勝 O lugar de extrema beleza natural [de paisagem pitoresca]. [S/同] Keíshō.

meíshō³ 名将 O grande comandante; o general [almirante] famoso [ilustre; notável]. ⇨ bushō²; shōgún.

meíshō⁴ 名匠 O grande mestre; o monstro sagrado [intocável]. ⇨ Kyoshō.

meíshu 名手 O「pianista de」gé[ê]nio; o talento; o perito; o mestre. ⇨ Meíjín (+).

meíshú 銘酒 O saqué famoso [de nome/de marca especial]. ⇨ saké¹.

meíshú「E.」O líder「dos aliados」; o país-líder「de nações amigas」. ⇨ daíhyō-sha; rídā²; shusái-sha.

meísō¹ 瞑想 A meditação; a concentração espiritual. ★ ~ *ni fukeru* 瞑想にふける Entregar-se à meditação. ~ *suru* 瞑想する Meditar; contemplar; refle(c)tir; fazer meditação. [S/同] Mokúsō.

meísō² 名僧 O bonzo [monge; sacerdote] ilustre [eminente; erudito]. [S/同] Kōsō⁶.

meísō³ 迷走 A dispersão; o extravio; o movimento [curso] errático. ★ ~ *suru* 迷走する Vaguear; desviar-se; extraviar-se. ◇ ~ **shinkei** 迷走神経 O (nervo) pneumo-gástrico; o (nervo) vago.

meísú [úu] 命数【E.】A duração [Os anos] da vida. ★ ~ *ga tsukiru* 命数が尽きる Acabar-se a vida; morrer. [S/同] Jumyō (+).

meísúru 瞑する【E.】**a)** Fechar [Cerrar] os olhos; **b)** Morrer; repousar [jazer] em paz. *Sore dake no seika ga areba motte meisu beshi da* それだけの成果があれば瞑すべしだ Tais resultados já devem ser o bastante. [S/同] Shinú (+).

meítéi 酩酊【E.】A embriaguez. [S/同] Deísúí; fuká-yói; taísúí. ⇨ yóu.

meítén 名店 A loja famosa. ◇ ~ **gai** 名店街 A rua [zona] de lojas famosas; a rua comercial famosa.

meítō¹ 名刀 A espada famosa por sua qualidade e beleza. [S/同] Meíkén. ⇨ katána.

meítō² 名答 A resposta acertada [exa(c)ta; pertinente]. *Zubari go-~ desu* ずばりご名答です É a respota exa(c)ta/Acertou em cheio [em cima; na muche/mosca]. ⇨ kotáe.

meíún 命運【E.】A sorte; o destino. ★ ~ *tsukiru* 命運尽きる Acabar-se a ~. [S/同] Únmei (+).

méiwaku 迷惑 O aborrecimento; o transtorno; o incó[ô]modo; a inconveniência. *Moshi go-~ de nakereba asu o-ukagai shimasu* もしご迷惑でなければ明日お伺いします Se não for inconveniente, farei a visita amanhã. ★ ~ *na* 迷惑な Incó[ô]modo; inconveniente; aborrecido; molesto. ~ *o kakeru* 迷惑を掛ける Incomodar; aborrecer; molestar [*Taihen go-~ o o-kake shimashita* 大変ご迷惑をお掛けしました Desculpe o grande incó[ô]modo [transtorno] que lhe causei]. ~ *suru* 迷惑する Ser incomodado [*Kare ga kigen o mamoranai no de watashi wa hijō ni ~ shite iru* 彼が期限を守らないので私は非常に迷惑している Estou com problemas por ele não cumprir os prazos].

meíyáku¹ 名訳 Uma tradução excelente. ⇨ hoń'yáku.

meíyáku² 盟約【E.】A promessa [O acordo] solene; o compromisso de honra. ★ ~ *o musubu* 盟約を結ぶ Selar solenemente o acordo. ⇨ seíyákú²; yakúsókú.

méiyo 名誉 A honra; o bom nome; a dignidade; a reputação; a fama; a honradez. ★ ~ *ni kakete chikau* 名誉にかけて誓う Jurar pela「minha」honra. ~ *ni [to] naru* 名誉に[と]なる Ser honroso [uma honra]. ~ *o kaifuku suru* 名誉を回復する Recuperar [Restabelecer] a honra. ~ *o kegasu [kizutsukeru]* 名誉を汚す[傷つける] Desonrar; macular a honra. ◇ ~ **kaichō [kyōju; shimin]** 名誉会長 [教授; 市民] O presidente [professor; cidadão] honorário [honorífico]. ~ **kison** 名誉毀損 A difamação. ~ **shoku** 名誉職 Uma posição honorária. ⇨ éiyo; homaré; meíséi; meńbókú; taímén¹.

meíyú 名優 O grande a(c)tor. ⇨ haíyú.

meízúrú¹ 命ずる ⇨ meíjírú¹.

meízúrú² 銘ずる【E.】⇨ meíjírú².

méjā¹ メジャー (< Ing. measure < L.) **1** [計量] A medida; o peso. ◇ ~ **kappu** メジャーカップ A taça (com escala) de medida. [S/同] Keíryō (+). **2** [巻き尺] A trena; a fita métrica. [S/同] Makíjáku.

méjā² メジャー (< Ing.major < L.) Maior; grande; principal; superior; importante; popular; mai[j]oritário. [A/反] Máina.

méji 目地 A junta; o intervalo entre tijolos ou pedras. ⇨ tsugí-mé.

mé-jiri 目尻 (< ⋯¹ + shirí) O rabo do olho; a comissura [o canto] externa [o] do olho. ★ ~ *no shiwa* 目尻のしわ As rugas nos cantos dos olhos; o pé-de-galinha. ~ *o sageru [~ ga sagaru]* 目尻を下げる [目尻が下がる] Ficar embevecido; derreter-se de alegria; mostrar-se extremamente satisfeito [contente]. [S/同] Manájírí. [A/反] Me-gáshira.

mejíro 目白【Zool.】Uma espécie de pardal com mancha branca à volta dos olhos; o olho-branco; *zosterops japonica*. ◇ ~ **oshi**.

mejiró-óshi 目白押し (< ⋯ + osú) O acotovelamento; a aglomeração. *Shigoto no irai ga ~ da* 仕事の依頼が目白押しだ Estão chegando, sem cessar, pedidos de trabalho. ★ ~ *ni narabu* 目白押しに並ぶ Enfileirar-se bem juntos; formar uma fila bem apertada.

me-jírushi 目印 (< ⋯¹ + shirúshí) **1** [見分けるための印] A marca; o marco; a baliza; o sinal. ★ ~ *o suru [tsukeru]* 目印をする[つける] Marcar; pôr um sinal. **2** [目標物] O marco; o guia; o ponto de referência「a torre」. [S/同] Mokúhyō(butsu).

mḗkā [ée] メーカー (< Ing. maker) O fabricante (de renome); a marca. ◇ ~ **hin** メーカー品 O artigo de marca famosa. **Ōte denki** ~ 大手電機メーカー Um grande ~ de aparelhos elé(c)tricos. [S/同] Seízō-gyósha.

mekajiki 梶木・眼旗魚【Zool.】O espadarte; *xiphias gladius*.

mekáké 妾 A amante; a amásia; a concubina. ★ ~ *o kakou* 妾を囲う Ter [Sustentar] uma amante. [S/同] Kakóí-mónó; ní-gō; sobámé. [A/反] Hońsái.

me-kákushi 目隠し (< ⋯¹ + kakúsu) **1** [目をおおう

もの] A venda (para tapar os olhos). ★ *Oni ni tenugui de* 〜 *o suru* 鬼に手ぬぐいで目隠しをする Vendar os olhos da "cabra-cega" (Brincadeira) com uma toalhinha. **2** [囲い·へいなど] O tapume; o tabique; o biombo; o anteparo; o guarda-vento. ★ *Yokushitsu no mado ni* 〜 *o tsukeru* 浴室の窓に目隠しをつける Pôr um tapume na janela do banheiro (B.) [do quarto de banho].

mekánízumu メカニズム (< Ing. mechanism < L.) O mecanismo. [S/同] Karákúrí; kikṓ; shikúmí.

-mékáshíi めかしい【Suf.】De aparência; que parece ser. ★ *Furu* 〜 古めかしい Que parece velho [antigo]. *Nama* 〜 生めかしい Atraente; provocante; sedutor. ⇨ -méku.

mekáshí-kómu めかし込む (< mekásu[1] + …) Enfeitar-se; maquil(h)ar-se com apuro [esmero]. *Sonna ni mekashi-konde doko e iku no* そんなにめかし込んでどこへ行くの Onde é que vais (assim) tão [toda] enfeitada?

mekásu[1] めかす【G.】Maquil(h)ar-se; enfeitar-se. [S/同] Kazárú; sharérú. ⇨ o-mékashi.

-mékásu[2] めかす (< méku)【Suf.】Fingir que; como se fosse. ★ *Jōdan mekashite iu* 冗談めかして言う Dizer a brincar [em tom de brincadeira]. ⇨ misékákérú; yosóóu.

mekátá 目方 O peso. ★ 〜 *de uru* 目方で売る Vender a peso. 〜 *ga omoi* [*karui*] 目方が重い [軽い]Ser pesado [leve]. 〜 *o hakaru* 目方を計る Pesar. [S/同] Jūryṓ; kakémé; omósá (+).

mekíkí 目利き (< … [1] + kikú) **1** [鑑定] A avaliação [estimação] do valor; o exame de autenticidade; a autenticação. ★ *Katana no* 〜 *o suru* 刀の目利きをする Avaliar a autenticidade da espada. [S/同] Kańtéí (+). **2** [鑑定家] O perito; o especialista; o avaliador; o conhecedor. [S/同] Kańtéí-ká (+).

mékimeki めきめき **1** [目だって] Visivelmente; a olhos vistos; de dia para dia. ★ *Ude ga* 〜 *agaru* 腕がめきめき上がる Melhorar de dia para dia na arte「de pintar」. ⇨ kiwá-dátsu; medátsu. **2** [⇨ mérimeri].

Mekíshíkó メキシコ O México. ◇ 〜 **Gasshūkoku** メキシコ合衆国 Os Estados Unidos do 〜. 〜 **jin** メキシコ人 O mexicano.

Mékka メッカ (< Ár. Makka) **1** [マホメットの生地] (A cidade de) Meca. **2** [あこがれの場所] O centro de grande atra(c)ção ou valor; a meca「da moda」.

mekké-mónó めっけもの【G.】(< mekkérú + …) **1** [ほりだしもの] O achado (feliz); a pechincha. *Kono tsubo wa chotto shita* 〜 *da* この壺はちょっとしためっけものだ Este vaso [bidão] é realmente um/a 〜. [S/同] Horídáshí-mónó (+). **2** [幸運] A sorte. *Inochi o otosanakatta dake de mo* 〜 *da* 命を落とさなかっただけでもめっけものだ Já foi uma grande sorte não ter perdido a vida.

mekkérú めっける【G.】⇨ mitsúkérú.

mekkí 鍍金 **1** [金属の] O revestimento; o banho; o douramento; a prateação; a niquelagem; a cromagem. ★ 〜 *ga hageta saji* 鍍金がはげた匙 A colher com o revestimento metálico saído [a sair]. 〜 *suru* 鍍金する Revestir [Dar um banho] com metal; dourar; pratear; niquelar; cromar〔*Dō ni gin o* 〜 *suru* 銅に銀を鍍金する Pratear o cobre〕. ◇ **Denki** 〜 電気鍍金 A galvanização. **Kin** [**Gin**] 〜 金 [銀] 鍍金 O douramento [A prateação]. [S/同] Tokín.

2 [写真の] A tonalização. **3** [見せかけ] O simulacro; a imitação; o arremedo; a máscara. ★ 〜 *ga hageru* 鍍金がはげる Ser desmascarado; mostrar [revelar] o seu verdadeiro cará(c)ter. ⇨ misékáké.

mekkíń 滅菌 A esterilização. ◇ 〜 **shitsu** 滅菌室 A sala esterilizada. [S/同] Sakkíń.

mekkíri (**to**) めっきり (と) Muito; imenso; notavelmente; visivelmente. 〜 *suzushiku natta* めっきり涼しくなった O tempo [Isto] refrescou muito! *Kare wa okusan o nakushite kara* 〜 *fukekonda* 彼は奥さんをなくしてからめっきり老けこんだ Ele envelheceu imenso [muito/de repente] depois da morte da esposa. ⇨ kiwá-dátsu; medátsu.

me-kóboshi 目溢し (< … [1] + kobósu) **1** [見落とすこと] O fechar os olhos. [S/同] Mi-ótóshí. **2** [黙認] A conivência; o consentimento tácito. ★ 〜 *suru* 目溢しする Deixar passar; fechar os olhos a; fazer vista grossa. [S/同] Mokúníń (+).

-méku めく【Suf.】Fazer entrever; assumir [ter] ar de; revelar o tom [sabor] de. *Daibun haru-meite kita* 大分春めいてきた O tempo está cada vez mais de primavera. ⇨ obíru.

mḗkú-áppu [eé] メークアップ ⇨ mḗkyáppu.

me-kúbari 目配り (< … [1] + kubáru) A observação; a vigilância; a supervisão.

me-kúbase 目配せ O sinal com os olhos; o olhar significativo; a piscadela. ★ 〜 *suru* 目配せする Piscar o olho [Fazer sinal com os olhos].

mekújira 目くじら **a**) O canto do olho; **b**) O olhar de cólera [censura]. ★ 〜 *o tateru* 目くじらを立てる Criticar [Censurar] histericamente [em altos brados] por pequenas falhas〔*Sonna ni* 〜 *o tateru hodo no koto de wa arumai* そんなに目くじらを立てるほどのことではあるまい Não é caso para ficar assim histérico [colérico]〕. [S/同] Mé-jiri (+).

mekúrá 盲 O cego. ⇨ fu-jíyū́.

mekúrá-báń 盲判 (< … + hán) O carimbo [A assinatura] feito[a] mecanicamente sem saber o conteúdo.

mekúrá-jímá 盲縞 (< … + shimá) O tecido de algodão azul-escuro.

mekúrá-méppō 盲滅法【G.】O agir cegamente; a imprudência. [S/同] Detárámé; yamíkúmó.

mekúrú 捲る **1** [まくる] Virar. ★ *Pēji o* 〜 ページを捲る 〜 a página. [S/同] Makúrú; urá-gáesu. **2** [はぎ取る] Arrancar; tirar com força. ★ *Yuka-ita o* 〜 床板を捲る Arrancar a tábua do soalho. [S/同] Hagásu; hagí-tórú.

mekúsáré-gáné 目腐れ金 ⇨ hashítá-gáné.

mé-kuso 目糞【G.】A remela. [P/ことわざ] 〜 *hana-kuso o warau* 目糞鼻糞を笑う Ri-se o roto do esfarrapado e o sujo do mal lavado. [S/同] Me-yání (+).

me-kyábetsu 芽キャベツ (< … [3] + kyábetsu) A couve de Bruxelas.

mḗkyáppu [eé] メーキャップ (< Ing. make-up) A maquil(h)agem; o pintar a cara. ★「*Fuke-yaku no*」〜(*o*) *suru*「老け役の」メーキャップ(を)する Maquil(h)ar [Pintar]-se de velho. [S/同] Mḗkú-áppu. ⇨ fuńsṓ[2]; keshṓ.

memágúrúshíi 目まぐるしい Estonteante; vertiginoso; desnorteante; rápido; desconcertante. ★ *Memagurushiku henka suru* 目まぐるしく変化する Mudar a um ritmo 〜. ⇨ hayái; awátádáshíi.

memái 眩暈 [目眩] A vertigem; a tontura; o ator-

meméshíí 女女しい Covarde; fraco; poltrão; pusilânime. ★ ~ *otoko* 女々しい男 O homem ~. [A/反] Óóshíí. ⇨ Íkuji² ◇.

me-mié 目見え (<…¹+míeru) **1** [お目にかかること] A audiência; a entrevista. [S/同] Haíétsú. ⇨ mamíéru. **2** [俳優の] A primeira representação (em palco); a estreia. ◇ **O-~ kōgyō** お目見え興行 O espe(c)táculo da ~「duma a(c)triz」. **3** [使用人の]【A.】 O período de experiência; a primeira entrevista com o patrão.

mémo メモ (< Ing. memo < L.memoria) O memorando; o apontamento; a nota; a anotação. ★ ~ *o toru* メモを取る Tomar nota de; anotar; tirar notas. ◇ **~ chō** メモ帳 A caderneta de anotações; a agenda; o livrinho de apontamentos. **~ yōshi** メモ用紙 O papel de anotações. [S/同] Obóé-gáki; te-bíkae.

me-mórí 目盛り (< me¹ + morú²) A escala (de aparelho de medição); a graduação. ★ *~ o yomu* 目盛りを読む Fazer a leitura da [Ler a] escala.

me-mótó 目元 [許] **1** [目のあたり] Junto [Perto/O contorno/A volta] dos olhos. ★ ~ *ga akaramu* 目元が赤らむ Ficar vermelho à volta dos olhos [Ficar com os olhos vermelhos]. **2** [目つき] A expressão dos olhos. ★ ~ *ga patchiri shite iru* 目元がぱっちりしている Ter olhos rasgados [grandes e expressivos]. ⇨ métsuki.

mén¹ 面 **1** [顔] O rosto; a face; a cara; as feições. ★ ~ *no yoku nai yakusha* 面のよくない役者 O a(c)tor feio. ~ *to mukau* 面と向かう Ficar face a face [cara a cara]; olhar na cara; encarar [*Kara ni ~ to mukatte sō ieru mono wa inai* 彼に面と向かってそう言える者はいない Ninguém ousa dizer-lhe isso na cara]. ◇ **~ tōshi.** [I/慣用] ~ *ga wareru* 面が割れる Ser reconhecido/identificado. [S/同] Gaímén; kaó (+); omóté; tsurá. **2** [仮面; 防具]『~ *to ippon toru* [*torareru*]』面を1本取る[取られる] Dar [Receber] um golpe na fronte (na luta de「kendō」). *Oni no ~* 鬼の面 ~ de diabo [ogre]. [S/同] Kámén; másuku. **3** [表面] A face; a superfície. ★ *Mizu no ~* 水の面 A superfície da água. [S/同] Gaímén; hyōmén (+). **4** [側面] O lado; a face. *Rippōtai wa roku-~ o yūsuru* 立方体は 6 面を有する O cubo tem seis faces [lados]. ◇ **~ tori** 面取り O alisamento dos cantos [das arestas] a chanfradura. **5** [ある方面] O aspecto; o prisma; o lado; o ângulo; a face. *Kare wa shi-seikatsu no ~ de wa mondai ga ōi* 彼は私生活の面では問題が多い Ele, na vida privada, tem facetas [coisas] reprováveis. ★ *Zaisei ~ de* 財政面で No [Sob o] aspecto financeiro. ⇨ búbun; hyōmén; ryōkí. **6** [紙面] A página「do jornal」. ◇ **Seiji [Keizai; Syakai] ~** 政治[経済; 社会]面 ~ de política [economia/assuntos gerais]. *Shinbun no dai ichi-~* 新聞の第一面 A primeira página do jornal. **7** [平たい物を数える語]【Suf.】(Numeral de "superfícies").

mén² 綿 O algodão. ◇ **~ kayaku** 綿火薬 A piroxilina [O algodão-pólvora]; a trinitroglicerina. **~ orimono** 綿織物 O tecido de ~. **~ seihin** 綿製品 Os artigos [produtos] de ~. ⇨ Mómén.

mén³ 麺 A massa; o macarrão. ⇨ sóba²; udón.

mén [én] メーン (< Ing. main) Principal. ◇ **~ ebento** メーンエベント A atra(c)ção «das festas». **~ sutorīto** メーンストリート A rua [avenida] ~. ⇨ jūyō¹; shuyō¹.

ménba 面罵【E.】A reprimenda; o insulto na cara. ⇨ nonóshíru; bató.

ménbā メンバー (< Ing. member < L.) O membro; o sócio. ◇ **Besuto ~** ベストメンバー O melhor quadro「~」「da equipa/associação」. **Regyurā ~** レギュラーメンバー ~ regular [efe(c)tivo]. [S/同] Ichí-ín.

mén-bō¹ 麺棒 O rolo de cozinha (para estender massa).

mén-bō² 綿棒 O cotonete [bastonete] com algodão-em-rama na ponta「para limpar a ferida」.

ménbō³ 面貌 As feições; a expressão; os traços [as linhas] do rosto. [S/同] Kaó-tsúkí; omózáshí. ⇨ ménsō.

ménbóku 面目 **1** [体面] A honra; a respeitabilidade; a dignidade; o orgulho; o prestígio; a "face". ★ ~ *nai* 面目無い Não ter cara「para pedir desculpa」; sentir-se envergonhado. ~ *o hodokosu* 面目を施す Ganhar prestígio「com uma grande obra」. ~ *o tamotsu* 面目を保つ Salvar [Manter] a honra. ~ *o ushinau* 面目を失う Perder a respeitabilidade; desonrar-se; desprestigiar-se. ~ *shidai mo nai* 面目次第もない Estar profundamente envergonhado; não ter maneira de pedir desculpa. [S/同] Éiyo (+); homáré; méiyo (+); ménmókú. **2** [姿] A aparência; o aspecto. ~ *o isshin suru* 面目を一新する「a cidade」Mudar completamente (de ~) [Ficar outra]. [S/同] Menmóku; súgata; teísáí; yōsú (+).

ménchí-kátsu メンチカツ (< Ing. mince + cutlet) Um bife [bolo] frito de carne moída.

ménchō 面疔【Med.】O furúnculo do rosto.

méndan 面談 A entrevista「pessoal」; a conversa face a face. ◇ **Isai ~** 委細面談 (掲示) Os pormenores serão discutidos mais tarde pessoalmente. ⇨ menkái.

méndō [óo] 面倒 **1** [手数がかかること] O trabalho; o incó[ô]modo; a complicação; a dificuldade; o aborrecimento. ★ ~ *na shigoto* 面倒な仕事 Um trabalho [serviço] duro [complicado; difícil]. ~ *o kakeru* 面倒を掛ける Dar trabalho; causar incó[ô]modo. *Koto o ~ ni suru* 事を面倒にする Complicar as coisas「sem necessidade」. [S/同] Yákkai; tetemá; tesū. **2** [トラブル] A complicação; o distúrbio; a dificuldade.「*Keisatsu to*」~ *o okosu*「警察と」面倒を起こす Criar complicações com a polícia. **3** [世話] O cuidado; a assistência. ★ ~ *o miru* 面倒を見る Cuidar de; tomar conta de. *Kodomo no ~ o tanomu* 子供の面倒を頼む Pedir para cuidar da criança. ◇ ⇨ **mi.** [S/同] Sewá (+).

méndō-kúsái 面倒臭い Trabalhoso; incó[ô]modo; molesto; aborrecido; complicado; maçador. *Taihen ni tsukarete hanashi o suru no mo mendōkusakatta* たいへんに疲れて話をするのも面倒臭かった Estava tão exausto que até o falar me era custoso. [S/同] Wazúráwáshíí. ⇨ táigí¹.

méndō-mí 面倒見 (<… **3** + míru) O cuidado; a atenção; a assistência. ★ ~ *ga ii* [*warui*] 面倒見がいい[悪い] Fazer tudo o que pode [Não fazer nada]「pelos velhinhos」. ⇨ sewá.

méndóri 雌鳥 (< mesú + torí) **a)** A galinha; **b)** A fêmea (das aves). [A/反] Óndóri. ⇨ niwátóri.

mén-dóshi 面通し ⇨ meń-tóshi.

me-néji 雌螺子 A porca do parafuso. [A/反] O-néjí.

meń'ékí 免疫 **1**【Med.】A imunidade. *Ichi-do kono byōki ni kakaru to ato wa ～ ni naru* 一度この病気にかかると後は免疫になる Quem contraiu esta doença (uma vez), fica imune. ★ ～ *ga dekiru* 免疫ができる Ser imunizado「contra a tuberculose」. ◇ **～ hannō** 免疫反応 A imunorreação [rea(c)ção de imunidade]「do feto é fraca」. ⇨ **～ gaku** [**sei; tai**]. **～ kessei** 免疫血清 O soro imunizante. **2** [慣れてしまって平気になること]【Fig.】A vacina [perda da sensibilidade]. ★ *Tokai no sōon ni ～ ni naru* 都会の騒音に免疫になる Acostumar-se ao [Ficar vacinado contra o] barulho da cidade.

meń'ékí-gaku 免疫学 A imunologia.

meń'ékí-séí 免疫性 A imunidade.

meń'ékí-táí 免疫体 O anticorpo; o corpo imunizado. [S/同] Kṓtáí.

meńjírú 免じる **1** [免除する] Dispensar; desobrigar; isentar. [S/同] Ménjo suru (+); yurúsu. **2** [免職する] Demitir [Exonerar/Destituir] do cargo. [S/同] Meńshókú súrú.

meńjíté 免じて Em consideração a. *Kono watashi ni ～ kare o o-yurushi kudasai* この私に免じて彼をお許し下さい Peço-lhe que lhe perdõe em consideração a mim [para comigo]. ⇨ shínshaku.

meńjítsú-yu 綿実油 O óleo de (semente de) algodão.

ménjo 免除 A dispensa; a isenção. ★ ～ *suru* 免除する Dispensar; desobrigar; isentar. ⇨ meńjírú.

meńjṓ [**óo**] 免状 **1** [免許状] A licença; o diploma. ◇ **Kyōin ～** 教員免状 O ～ de professor. [S/同] Meńkyó-jṓ. **2** [卒業証書] O diploma de formatura [conclusão do curso]. [S/同] Sotsúgyṓ shṓsho.

ménka 綿花 A flor de algodão. ⇨ watá[1].

meńkáí 面会 A entrevista; a visita; a audiência. ★ ～ *o motomeru* 面会を求める Solicitar [Pedir] uma entrevista. ◇ ⇨ **～ bi. ～ jikan** 面会時間 O horário de visitas「do hopital」. **～ shazetsu** 面会謝絶 (掲示) Visitas proibidas! ⇨ meńdáń; meńsétsú; taíméń[2].

meńkáí-bi 面会日 (<… + hi) O(s) dia(s) de visita.

meńkáí-níń 面会人 O visitante; a visita.

meńkáń 免官 A exoneração [demissão; destituição] de um cargo público. [S/同] Meńshókú.

meń-káyaku 綿火薬 ⇨ mén[2] ◇.

meńkítsú 面詰【E.】⇨ meńsékí[3].

meńkó めんこ [面子] Um jogo de crianças (Espécie de bota-fora, com figuras de cartão, etc.).

meń-kúí 面食い (<… [1] + kúu)【G.】Aquele que vai pela cara「da namorada」[aprecia demais a beleza física]. ⇨ kíryō.

meń-kúráu 面食らう【G.】Surpreender-se; ficar perplexo [aturdido/desconcertado]. *Kare no totsuzen no hōmon ni watashi wa menkuratta* 彼の突然の訪問に私は面食らった Fiquei surpreendido com a visita repentina dele. ⇨ awátérú; rṓbáí[1].

ménkyo 免許 **1** [官公庁の許可] A licença; o certificado de autorização. ★ ～ *o torikesu* [*teishi suru*] 免許を取り消す[停止する] Invalidar [Cancelar; Revogar; Cassar] a licença. ～ *o ukeru* [*toru*] 免許を受ける [とる] Receber [Tirar] o/a ～. ◇ **Unten ～** 運転免許 A carteira (B.) [carta] de motorista/condução. [S/同] Kyóka; nínka. **2** [師匠が弟子に奥義を伝えること] A transmissão do segredo de uma arte ao discípulo. ★ ～ *kaiden no udemae* 免許皆伝の腕前 A destreza [habilidade] de quem atingiu o grau máximo [supremo] numa arte.

meńkyó-jṓ[-shṓ] 免許状 [証] **a**) O certificado de autorização; a licença; **b**) A carta [carteira (B.)]「de motorista」. [S/同] Meńjṓ. ⇨ ménkyo.

ménma めんま (< Ch. mian-ma) O broto de bambu cozido e seco ou conservado em salmoura, muito usado na culinária chinesa.

meńméń[1] 面面【E.】Cada um; cada qual「o melhor」; todos os presentes「eram meus conhecidos」. [S/同] Hitó-bito; meíméí; onó-ono; reńchū́.

meńméń[2] 綿綿【E.】Contínuo; ininterrupto; sem fim; incessante. ★ ～ *to uttaeru* 綿々と訴える Reclamar sem parar; tecer um rosário de lamentações.

meńmítsú 綿密 A meticulosidade. ★ ～ *na* 綿密な Meticuloso; minucioso; detalhado; pormenorizado [～ *na keikaku* 綿密な計画 Um plano ～]. [S/同] Saímítsú; saíshíń; seímítsú. [A/反] Soryákú.

meńmókú 面目 ⇨ meńbókú.

ménō 瑪瑙 A ágata. ◇ **Shima ～** 縞瑪瑙 O ó[ô]nix.

me-nó-kó-kánjō[-zan] 目の子勘定 [算] O cálculo (feito) a olho. [S/同] Gaísáń (+).

me-nó-máe 目の前 **1** [眼前] A frente dos olhos. ★ ～ *de* 目の前で Em frente dos olhos; à vista; bem à mostra; diante do nariz. [S/同] Gańzéń; meńzéń. **2** [目前] A iminência; a véspera; a aproximação de uma data. *Shiken o ～ ni hikaete kare wa ochitsuki ga nakatta* 試験を目の前に控えて彼は落ち着きがなかった Ele estava nervoso com a aproximação do dia do exame. [S/同] Mokúzén.

meń-órimono 綿織物 O tecido de algodão. [S/同] Ménpu. ⇨ mén[2].

mé-no-tama 目の玉 O globo ocular; os olhos. ★ ～ *ga tobideru yō na nedan* 目の玉が飛び出るような値段 O preço exorbitante [de ficar de olhos arregalados]. ⇨ me-dámá.

ménpi 面皮 [つらの皮] A pele do rosto. ◇ **Tetsu ～** 鉄面皮 O descarado; o cara-de-pau; o cara-dura; a pessoa cínica. [S/同] Tsurá-nó-káwá.

ménpu 綿布 ⇨ mén[2] ◇.

mén-rui 麵類 A massa; o macarrão. ⇨ mén[3].

ménseki[1] 面積 A superfície; a área; a extensão. ★ ～ *ga goji-hheihō mētoru aru* 面積が 50 平方メートルある Ter 50 metros quadrados de superfície.「*Sankakkei no*」～ *o dasu* [*keisan suru*]「三角形」の面積を出す[計算する] Calcular a superfície de um triângulo. ◇ **Yuka ～** 床面積 A área do piso [soalho]. ⇨ hyṓ-ménseki.

meńsékí[2] 免責 A isenção [dispensa; imunidade] da obrigação. ◇ **～ jōkō** 免責条項 A cláusula de isenção. ⇨ ménjo.

meńsékí[3] 面責【E.】A repreensão pessoal. ★ ～ *suru* 面責する Repreender dire(c)tamente [pessoalmente]. [S/同] Meńkítsú.

meńsétsú 面接 A entrevista; o exame oral. ★「*Shūshoku no*」～ *o ukeru* [*okonau*; *suru*]「就職の」面接を受ける[行なう；する] Submeter-se à [Fazer a] entrevista「para um emprego」. ◇ **～ shiken** 面接試験 O exame oral; a entrevista para avaliar o candidato. ⇨ meńkáí; taíméń[2].

ménshi 綿糸 O fio de algodão (para tear); a linha de algodão (para coser). ⇨ moméń.

meńshíkí 面識 O conhecimento pessoal. ★ ～ *ga aru* 面識がある Conhecer pessoalmente [de vista].

◇ ⇨ **ichi-～**. ⇨ kaó-míshíŕí; shiŕí-ái.

meńshókú 免職 A demissão; a exoneração. ★ ～ *ni naru* 免職になる Ser demitido [exonerado; despedido]. ◇ **Chōkai ～** 懲戒免職 ～ por indisciplina. [S/同] Himéń; káiko; kaíshókú (+) ; kubí.

ménso 免訴 A cessação da demanda [do processo].

ménsō 面相 A feição [fisionomia; Os traços] do rosto; a cara. ★ *Hidoi go-～* ひどい御面相 A cara feia; o rosto de fugir. ◇ **Hyaku ～** 百面相 O [A arte de] fazer caretas [vários disfarces rápida e comicamente]. [S/同] Kaótsúkí (+) ; meńtéí; yṓbṓ[2].

ménsu メンス (< Al. < L. menstruatio) ⇨ gekkéí.

meńsúru 面する **1** [向かう] Dar para; estar voltado para; fazer frente「com」. ★ *Tōri ni ～ mado* 通りに面する窓 A janela que dá para a rua. [S/同] Mukáí-áu; mukáú; mukú. **2** [直面する] Encarar; enfrentar. ★ *Kiki ni ～* 危機に面する Enfrentar uma crise. [S/同] Chokúméń súrú (+) .

meńtáí 明太 (< Cor. mjanthae) A pescada-polaca já estripada, sem cabeça e seca. ◇ **～ ko** 明太子 As ovas de pescada-polaca, sazonadas com sal e pimenta. ⇨ tára[1] ◇.

meńtárú-hérusu メンタルヘルツ (< Ing. mental health < L.) A saúde mental [psíquica].

meńtárú-tésuto メンタルテスト (< Ing. mental test < L.) O teste de inteligência. [S/同] Chinṓ-kénsa (+) .

méntenansu メンテナンス (< Ing. maintenance < L.) A manutenção; a assistência.

meń-tṓshí 面通し (< ··· [1]**1** + tṓsu) A acareação [O acareamento]. ★ ～ *saseru* 面通しさせる Acarear「os dois para ver quem tem culpa」. [S/同] Kubí-jíkken; meń-dṓshí.

méntsu 面子 (< Chi. mian-zi) A honra; a aparência. ★ ～ *ga tsubureru* [*maru-tsubure ni naru*] 面子がつぶれる [まるつぶれになる] Ficar com a honra de rastos. ～ *ni kodawaru* [*torawareru*] 面子にこだわる [とらわれる] Preocupar-se demais com as aparências [a honra/face]. [S/同] Meńbókú; meńmókú; taíméń.

ménuetto メヌエット (< Fr. menuet)【Mús.】O minuete.

me-núkí 目抜き (< me + nukú: "que leva os olhos") O lugar [ponto] importante [principal; central]. ★ ～(*no ō-*) *dōri* 目抜き (の大) 通り A avenida principal. ⇨ ṓ-dṓri.

meń'yṓ[1] 緬 [綿] 羊【Zool.】O carneiro; a ovelha. [S/同] Hitsújí (+) .

meń'yṓ[2] 面妖【E.】O aspecto estranho [exquisito; fantasmagórico]. ⇨ ayáshíí; fushígí.

ményū メニュー (< Fr. menu) **1** [品書き] O menu; a ementa [lista dos preços]; o cardápio. ～ *o misete kudasai* メニューを見せて下さい Mostre-me ～. [S/同] Końdáté(hyṓ); o-shínágákí. **2** [機械の機能の一覧] A lista das funções「do computador」. ◇ **～ gamen** メニュー画面 ～ apresentada na tela「do computador」. **3** [プラン] O plano; o quadro; a tabela. *Torēningu no ～ o tsukuru* トレーニングのメニューを作る Fazer o plano [quadro] dos treinos.

meńzáifu 免罪符 A indulgência.

meńzéí 免税 A franquia; a isenção de imposto [de taxa]. ★「*Wain o*」～ *ni suru*「ワインを」免税にする Isentar「o vinho」de imposto. ◇ ⇨ **～hin** [**ten**].

meńzéí-híń 免税品 Os artigos isentos [livres] de imposto.

meńzéí-ten[1] 免税点 O limite da isenção de imposto.

meńzéí-ten[2] 免税店 A loja franca.

meńzéń 面前 Quem está presente; o público. [S/同] Me-nó-máe.

meńzúrú 免ずる ⇨ meńjírú.

meótó 夫婦 O casal. ◇ **～ jawan** 夫婦茶碗 Um par [jogo] de tigelas ou xícaras desiguais (a maior do marido, a menor da esposa). [S/同] Fúfu (+) .

meppṓ [óo] 滅法【G.】Terrivelmente;「o bebedor」fora de série; extraordinariamente. [S/同] Hanáhádáshíku; hijṓ ní; hṓgáí ní.

méramera めらめら Em grandes labaredas.

méramin メラミン (< Ing. melamine)【Quím.】A melamina. ◇ **～ jushi** メラミン樹脂 A resina de ～.

Meránéshia メラネシア A Melanésia. ◇ **～ jin** メラネシア人 O melanésio.

méranin メラニン (< Ing. melanin)【Bioq.】A melanina.

merénge メレンゲ (< Fr. meringue) O merengue.

meŕígōra(u)ndo [óo] メリーゴーラ(ウ)ンド (< Ing. merry-go-round) O carrocel. [S/同] Kaítéń-mókuba.

meríhárí めりはり **a**) O equilíbrio「entre o trabalho e o descanso」; a organização「da sua vida」; **b**) O modular [regular]「bem o efeito」. ★ ～ *no kiita bunshō* めりはりの利いた文章 A frase bem modulada [trabalhada]. [S/同] Yokúyṓ.

meríkéń-kó メリケン粉 (< Ing. Amerikan + ···) A farinha de trigo. [S/同] Komúgí-kó (+) .

meríkómú めり込む Afundar-se; submergir-se; cravar-se; enterrar-se「na lama」. ★ *Kabe ni merikonda dangan* 壁にめり込んだ弾丸 A bala cravada na parede.

mérimeri (to) めりめり(と) Rangendo;「a árvore cair」estalando; aos rangidos.

meríńsú メリンス (< Esp. merinos) ⇨ mosúŕíń.

méritto メリット (< Ing. merit < L.) O mérito; a vantagem.

meríyású メリヤス・莫大小 (< P. meias) A malha; o ponto de meia. ★ ～ *no shatsu* メリヤスのシャツ A camisa de malha; a camiseta. ⇨ nítto[1].

mérodī メロディー (< Ing. melody < Gr.)【Mús.】A melodia. [S/同] Seńŕítsú.

meródórama メロドラマ (< Ing. melodrama < Gr.) O melodrama; o dramalhão (G.).

meróméró めろめろ O aspecto mole, frouxo, perdido, cego, louco, etc. *Ano hito wa kodomo no koto ni naru to ～ ni natte shimau* あの人は子供のことになるとめろめろになってしまう Quando se trata dos filhos, ele amolece [fica cego/faz tudo].

méron メロン (< Ing. melon) O melão.

méruhen メルヘン (< Al. marchen) O conto de fadas [da carochinha]. [S/同] Dṓwá (+) ; otógí-bánashi (+) .

merúkúmāru [áa] メルクマール (< Al. markmal) O marco; o sinal de demarcação; a sinalização; o ponto de referência. [S/同] Hyṓshíkí (+) ; me-jírushi (o); shihyṓ (+) .

me-sákí 目先 **1** [目の前] A frente dos olhos. [S/同] Gańzéń; me nó máe (+) . **2** [当座] O agora; o momento presente. ★ ～ *no koto bakari kangaeru* 目先の事ばかり考える Pensar somente no ～. **3** [先見] A visão do futuro. ★ ～ *ga kiku* 目先が利く

Saber pensar no futuro [antecipar-se/prever]. S頁 Señkeñ. **4** [その場の趣向] A aparência; o aspecto. ★ ~ *ga kawatte iru* 目先が変わっている "do restaurante" mudou. S頁 Omómúkí; shukô. **5** [相場の] A cotação no futuro imediato.

meshí 飯 (⇨ komé) **1** [御飯] O arroz (cozido). ★ ~ *o taku* 飯を炊く Cozer o arroz. ◇ ~ **tsubu** 飯粒 O grão de ~. S頁 Góhan (+) . **2** [食事] A comida; a refeição. *Kare wa san-do no ~ yori tsuri ga suki da* 彼は三度の飯より釣りが好きだ Ele prefere não comer do que não ir à pesca. ★ ~ *no kuiage* 飯の食い上げ O perder os meios de sustento. ~ *no tane* 飯の種 O meio de vida [subsistência]; o ganha-pão. ~ *o kuu* 飯を食う a) Comer; b) Viver de. *Kusai* ~ *o kuu* 臭い飯を食う Ir para a prisão (cadeia). 1慣用 *Onaji kama no* ~ *o kuu* 同じ釜の飯を食う Viver debaixo do mesmo te(c)to. ◇ ~ **dai** 飯代 O custo [preço] da refeição. S頁 Shokují (+) .

Méshia メシア (< Hebraico Mashiah) O Messias. ★ ~ *no* メシアの Messiânico. S頁 Kyûséi-shu (+) .

meshí-ágáru 召し上がる (< mésu³ + ···) (Cor. de "nómu" e "taberu") Tomar. *Dôzo go-jiyû ni o-meshiagari kudasai* どうぞ御自由にお召し上がり下さい Por favor, sirva-se à vontade.

meshí-ágérú 召し上げる (< mésu³ + ···) Confiscar; apreender. ⇨ bosshû.

méshibe 雌蕊 O pistilo; o gineceu. A/瓦 Óshibe.

meshí-dásu 召し出す (< mésu³ + ···) 【E.】 **1** [呼び出す] Convocar; chamar. S頁 Yobí-dásu (+) . **2** [呼び出して雇う] Contratar [Chamar] para serviço.

meshí-dóki 飯時 (< ··· + tokí) A hora da refeição. S頁 Shokújí-dókí (+) .

meshíí 盲 【E.】 ⇨ mekúrá.

meshí-kákáeru 召し抱える (< mésu³ + ···) Empregar como criado [vassalo].

me-shítá 目下 O subalterno; o subordinado; o inferior; o mais novo. A/瓦 Me-úe.

meshí-tákí 飯炊き (< ··· + takú) O cozinheiro; os serviços de cozinha. S頁 Suíjí.

meshí-tsúkai 召し使い O criado; o empregado. ⇨ hôkô²; génan.

meshí-ya 飯屋 O restaurante que serve pratos populares; a taberna; a casa de pasto; o botequim. S頁 Taíshû-shókudô (+) .

Mesojísuto メソジスト (< Ing. Methodist < Gr.) Os metodistas. ◇ ~ **kyôkai** メソジスト教会 A igreja metodista.

mésomeso めそめそ (Im. de choramingas). ★ ~ *suru* めそめそする Choramingar; lamuriar-se; ser sentimental. ⇨ béso.

mésséji メッセージ (< Ing. message < L.) **1** [伝言] O recado; a mensagem. S頁 Deñgón (o); kotózúké (+) . **2** [声明] A mensagem. ★ ~ *o okuru* メッセージを送る Enviar uma ~. S頁 Seíméi³ (+) .

messéñjâ メッセンジャー (< Ing. messenger < L.) O mensageiro. S頁 Shísha.

mésshi-hókó [óó] 滅私奉公 【E.】 A dedicação completa「ao seu país」.

mésshu メッシュ (< Ing. mesh) A malha da rede; a textura reticulada. ★ ~ *no kutsu* メッシュの靴 O sapato de malha [rede de couro]. ⇨ amí-mé¹.

messô-na[-mo nai] [óó] 滅相な[もない]【G.】 Absurdo; ridículo; extravagante. *Watashi ga anata o damasu nante messô mo nai* 私があなたをだますなん

て滅相もない Eu enganar você?! Que absurdo! S頁 Toñdé-mó-nái. ⇨ hôgai.

messú(ru) 滅す(る)【E.】 Perecer; desaparecer. ⇨ horóbíru; kiérú.

mesú¹ 雌・牝 A fêmea. ◇ ~ **inu** 雌犬 A cadela; a cachorra. A/瓦 Osú.

mésu² メス (< Hol. mes) **1** [手術用の小刀]【Med.】 O bisturi; o escalpelo. ★ *Kañja ni ~ o ireru* 患者にメスを入れる Operar o doente. **2** [思い切った処置をとること]【Fig.】 A medida drástica; o cortar o mal pela raiz. ★ *Shûwai jikeñ ni ~ o ireru* 収賄事件にメスを入れる Tomar medidas drásticas para esclarecer e resolver o caso do suborno.

mésu³ 召す【E.】 **1** [呼ぶ] Chamar; convocar. ★ *Kami ni mesareru* 神に召される Ser chamado por Deus; falecer. S頁 Yobú. **2** [風邪をひく] Apanhar um resfriado. **3** [年をとる] Ser (de idade). ★ *O-toshi o meshita kata* お年を召した方 A pessoa de idade; o idoso. **4** [着る] Ser (de vestir). *Dono fuku ga o-ki ni meshimashita ka* どの服がお気に召しましたか Qual é o vestido que lhe agradou [de que gostou]?

métá [ee] メーター (< Ing. meter < L.) **1** [計量器] O contador「da ele(c)tri」. ★ ~ *ga agaru* メーターが上がる ~ sobe「marca mais consumo「de luz」]. S頁 Keíryô-ki. ⇨ kéiki². **2** [タクシーの] O taxímetro. ★ ~ *o okosu (taosu)* メーターを起こす[倒す] Ligar [Desligar] o ~. **3**【Suf.】 ⇨ métóru.

métan メタン (< Al. methan) O metano. ◇ ~ **gasu** メタンガス O gás metano.

metanóru [óó] メタノール (< Al. methanol)【Quím.】 O metanol; o álcool metílico. ⇨ Mechírú-árukôru; mokúséí.

metáru メタル (< Ing. metal < L.) **1** [⇨ medáru] . **2** [金属] O metal. ◇ ~ **furêmu** メタルフレーム A armação metálica. ◇ ~ **têpu** メタルテープ A fita metálica「de gravador」. S頁 Kíñzoku (+) .

metásékóia メタセコイア (< Ing. metasequoia)【Bot.】 A metassequóia.

me-táté 目立て (< ···¹ + tatéru) O amolar「a [os dentes da] serra」. ⇨ tógu.

metórónómu [óó] メトロノーム【Mús.】 O metró[ô]nomo.

metóru 娶る【E.】 Desposar; esposar. ★ *Tsuma o* ~ 妻を娶る Receber por esposa [~]. ⇨ totsúgu.

métóru [ee] メートル (< P.) **1** [長さ] O metro. ◇ ~ **hô** メートル法 O sistema métrico. *Heihô* [*Rippô*] ~ 平方 [立方] メートル ~ quadrado [cúbico]. **2** [⇨ **métá**] . 1慣用 ~ *o ageru* メートルを上げる Ficar「alegre/falador」sob o efeito do álcool [dos copos].

metsúbô 滅亡 A extinção; a queda; a ruína. ★ ~ *ni hin suru* 滅亡に瀕する Estar à beira da ~. ~ *suru* 滅亡する Extinguir-se; ruir; perecer; cair em ruínas. ⇨ botsúrákú; zetsúmétsú.

me-tsúbushi 目潰し (< ···¹ + tsubúsú) Qualquer coisa atirada aos olhos.

metsúké(-yákú) 目付け(役) a) O (super)intendente (H.); b) O guarda; o inspector; o admonitor.

metsúki 目付き O olhar; a expressão dos olhos. ★ ~ *ga surudoi* 目付きが鋭い Ter um olhar penetrante [agudo/vivo]. ★ ~ *no warui otoko* 目付きの悪い男 O homem [Um] mal-encarado.

métta 滅多 O (falar ao) acaso; a irreflexão. ★ ~ *na* 滅多な Impensado; irrefle(c)tido; imprudente

[～ na koto wa ienai 滅多なことは言えない É preciso tomar cuidado com o que diz]. ～ ni 滅多に Raramente; nunca.

⟨S/同⟩ Mechá-kúchá; múyami; yatárá.

mettá-úchí 滅多打ち (＜⋯+útsu) **a)** O bater muito [malhar em alguém como em centeio verde]; **b)** O arrasar o adversário com batidas sucessivas (Beis.). ★ ～ ni suru 滅多打ちにする ⋯

métta-yatárá ní めったやたらに [G.] 「bater」 Às cegas; à toa; indiscriminadamente.

⟨S/同⟩ Mechá-kúchá ní; múyami ni (+).

me-úchí 目打ち (＜⋯+útsu) **1** [穴をあける事] A perfuração; o fazer buraquinhos; o picotar 「o papel」. **2** [道具] O perfurador; o ponteiro (de aço); o picotador. ⟨S/同⟩ Seńmái-dōshi.

me-úé 目上 **a)** O superior; **b)** O mais velho.
⟨A/反⟩ Me-shíta.

me-útsuri 目移り (＜⋯+utsúru) A indecisão [hesitação; vacilação] na escolha. Watashi wa ～ ga shite nakanaka kare e no purezento o kimerarenakatta 私は目移りがしてなかなか彼へのプレゼントを決められなかった Ante tantas opções, foi difícil escolher um presente para o meu namorado.

me-yáni 目脂 A remela. ⇨ Mé-kuso.

meyású 目安 **a)** obje(c)tivo; a meta; o ponto de referência. ★ Saki no ～ o tsukeru [tateru] 先の目安を立てる[立てる] Fixar o/a ～ para o futuro. ⇨ kijún[1]; médo[1].

mēzā [ēe] メーザー (＜ Ing. maser: Abrev. de microwave amplification by stimulated emission of radiation) [Ele(c)trón.] O maser; a amplificação de microondas por emissão estimulada de irradiação.

me-zámashi[mezámáshí-dokei] 目覚まし (時計) (＜⋯+samásu+tokéi) O despertador. ★ ～ ga naru 目覚ましが鳴る ～ toca.

me-zámáshíi 目覚ましい (＜⋯+samásu) Notável; brilhante; espe(c)tacular. ★ ～ hataraki o suru 目覚ましい働きをする Realizar um feito ～. ⟨S/同⟩ Subárashíi.

me-zámé 目覚め (＜ mezáméru) **1** [眼がさめること] O despertar; o acordar. O-～ desu ka お目覚めですか Já acordou? **2** [本能などの発動] O despertar (despontar). ★ Jiga no ～ 自我の目覚め ～ do "ego". **3** [信仰上の] A conversão.

me-zámeru 目覚める (＜⋯+saméru) **1** [眼がさめる] Acordar; despertar. **2** [本心にかえる] Voltar a si. ★ Genjitsu ni ～ 現実に目覚める Despertar para a realidade. ⇨ kizúku[2]. **3** [本能などの] Despertar; despontar; brotar. ★ Sei ni ～ 性に目覚める Despertar para a sexualidade [o instinto sexual].

me-záshi 目刺し (＜⋯+sásu) As sardinhas secas, presas com uma taquara (Caninha de bambu) atravessada nos olhos. ⇨ marú-bóshi.

me-zásu 目指す (＜⋯+sásu) Visar; almejar; ter em vista; ter como obje(c)tivo [meta; alvo]. Sekai-shin-kiroku o ～ 世界新記録を目指す Ter como obje(c)tivo bater o recorde mundial.

⟨S/同⟩ Me-gákeru. ⇨ mé-ate; mokúhyō.

me-zátói 目敏い (＜⋯+satói) **1** [目がさとい] Que tem olho vivo [esperto]; rápido. ★ Mezatoku mitsukeru 目敏く見つける Achar [Encontrar; Detectar] rapidamente. **2** [目ざめやすい] Que tem o sono leve.

me-záwari 目障り (＜⋯+sawáru) **1** [見るのにじゃまになること・もの] O obstáculo que impede a visibilidade. Ki ga ～ de keshiki ga yoku mienai 木が目障りで景色がよく見えない As árvores impedem a vista da [não deixam ver a] paisagem. **2** [見て気に障るもの] Algo que ofende a vista. ★ ～ na kanban 目障りな看板 O cartaz [letreiro] que quebra a estética/que ofende a vista.

mezó-sópurano メゾソプラノ (＜ It. mezzo soprano) [Mús.] O meio-soprano. ⇨ áruto.

mezúráshígaru 珍しがる Ter curiosidade; achar curioso 「o andar do caranguejo」.

mezúráshíi 珍しい **1** [目新しい] Novo; inédito. Miru mono subete ga mina mezurashikatta 見るものすべてが皆珍しかった Tudo aquilo [o que eu via] era novo para mim. ⟨S/同⟩ Me-atáráshíi; monó-mézúráshíi. **2** [まれな] Raro. ★ ～ genshō 珍しい現象 Um fenó[ô]meno ～. ～ keiken 珍しい経験 A experiência singular [rara]. ⇨ Maré ná. **3** [結構な] Rico; precioso; excelente. ～ shina o arigatō gozaimasu 珍しい品を有り難うございます Obrigado pelo seu ～ presente. ⇨ kichō[1]; kékkō[1].

mezúráshiku 珍しく (Adv. de "mezúráshíi") Excepcionalmente. ★ ～ haya-oki suru 珍しく早起きする Levantar-se ～ cedo.

mi 身 **1** [からだ] O corpo. Kanojo wa ～ no konashi ga yūga da 彼女は身のこなしが優雅だ Ela tem um porte [～] elegante. Kō isogashikute wa ～ ga motanai こう忙しくては身が持たない Com tanto trabalho não vou [o ～ não vai] aguentar. ★ ～ mo kokoro mo kami ni sasageru 身も心も神に捧げる Dedicar-se [Servir] a Deus de corpo e alma. 「Kegawa no kōto o」 ～ ni matou 「毛皮のコートを」身にまとう Vestir um casaco de pele(s). 「Kichōhin o」 ～ ni tsukete 「貴重品を」身に付けて Levar [Usar] obje(c)tos de valor. ～ no chijimu omoi o suru 身の縮む思いをする Ficar encolhido [de medo/vergonha]. 「Hazukashikute」 ～ no okidokoro ga nai 「恥ずかしくて」身の置きどころがない Não saber onde enfiar a cara [se esconder] 「de tanta vergonha」. ～ o kawasu 身をかわす Esquivar-se 「a」; evitar 「o golpe」. ～ o kirareru yō na omoi ga [o] suru 身を切られるような思いが[を]する Sentir-se dilacerado [angustiado]. ～ o ko ni shite hataraku 身を粉にして働く Trabalhar arduamente; matar-se a trabalhar. 「Otoko ni」 ～ o makaseru 「男に」身を任せる Entregar-se a 「um homem」; ter relações sexuais. ～ o motte kabau 身を以てかばう Proteger alguém com o próprio corpo. ～ o nageru 身を投げる Atirar-se 「da ponte/do prédio」. ～ o uru 身を売る Vender-se; prostituir-se; vender ～. 「Shinseki e」 ～ o yoseru 「親戚へ」身を寄せる Depender [Viver à custa] dos parentes. Ikari ni ～ o furuwaseru 怒りに身を震わせる Tremer de raiva. Seifuku ni ～ o katameru 制服に身を固める Vestir [Andar de] uniforme. ⟨S/同⟩ Karádá; shíntai.

2 [わが身] O próprio corpo; o mesmo. 「Mite minu furi o shita hō ga ～ no tame da zo 見て見ぬふりをした方が身のためだぞ É melhor fingir que não viu [para ti (mesmo) fingir que não viu] nada. ★ ～ mo yo mo aranu [nai] kanashimi 身も世もあらぬ[ない]悲しみ A tristeza acabrunhadora [de sentir que nós e o mundo à nossa volta se afundou]. ～ ni oboe ga aru [nai] 身に覚えがある[ない] Lembrar-se [Não se lembrar] Ter de feito alguma coisa (má). 「Konpyūtā no gijutsu ga」 ～ ni tsuku 「コンピューターの技術が」身につく Dominar 「a técnica do computador」. ～ ni tsumasareru 身につまされる Sentir

[Simpatizar com]「a desgraça alheia」. ~ *no furikata o kangaeru* 身の振り方を考える Fazer planos de vida. ★ 「ことわざ」 *kara deta sabi* 身から出た錆 Quem semeia ventos colhe tempestades. ⟦S/同⟧ Jibúń; jíko; wága-mi.
3 [肉] A carne. *Kono sakana wa hone bakari de ~ ga sukunai* この魚は骨ばかりで身が少ない Este peixe só tem espinhas (e muito pouca carne). ◇ **Abura ~** 脂身 A gordura; o sebo. **Shiro ~** 白身 A carne branca de peixe. ⟦S/同⟧ Nikú.
4[~に対して] O conteúdo. ⟦I/慣用⟧ *~ mo futa mo nai* 身もふたもない Ser dire(c)to [franco] demais. **5**[心;まごころ] O coração; a alma; o espírito; o sentimento. ★「*Shigoto ni*」~ *o ireru*「仕事に」身を入れる Dedicar-se [Entregar-se] ao trabalho. ~ *o kezuru* 身を削る Passar um mau bocado [uns tempos difíceis]; viver em desespero. 「*Koi ni*」~ *o kogasu*「恋に」身を焦がす Apaixonar-se perdidamente; consumir-se de amores. ⟦S/同⟧ Kokóro; magókoro. **6** [身分] A condição [posição] social. *Hideyoshi wa hyakushō kara ~ o okoshite tenka o tōitsu shita* 秀吉は百姓から身を起こして天下を統一した Hideyoshi, passou [subiu] de camponês a unificador do país. ~ *ni amaru* [*sugiru*] *kōei* 身に余る [過ぎる] 光栄 Ser uma honra demasiado grande para mim. ⇨ mi-nó-hódō. ~ *o ayamaru* 身を誤る Desviar-se do bom caminho. ~ *o hiku* 身を引く Retirar-se「para evitar escândalos」. ~ *o katameru* 身を固める Casar-se; fixar-se num emprego. ~ *o tateru* 身を立てる Vencer na vida; viver da profissão. ⇨ chíí¹; míbun. **7** [立場] A posição. ★ *Tanin no ~ ni natte kangaeru* 他人の身になって考える Pensar, colocando-se no lugar [na situação/「pele (G.)」de outrem. ⟦S/同⟧ Kyōgú; táchiba.

mi² 実 **【A.】 1** [果実] O fruto. ★ ~ *ga iru* 実が入る ~ estar bem desenvolvido [cheio]. ~ *ga jukusu* 実が熟す ~ amadurecer. ~ *ga naru* 実がなる Dar fruto; frutificar. ~ *no ōi mi-o* 実の多い Carregado de frutos. ~ *o musubu* 実を結ぶ **a)** Dar ~; frutificar; **b)** 【Fig.】 Dar resultado; frutificar; concretizar-se [*Yagate kare no koi no ~ o musubu darō* やがて彼の恋も実を結ぶだろう Em breve o namoro dele deverá dar certo]. *Ume no ~* 梅の実 A ameixa. ⟦S/同⟧ Kájitsu.
2 [中身] O conteúdo. ★ ~ *no aru keikaku* 実のある計画 Um plano sólido [realizável/com cabeça, tronco e membros]. ⟦S/同⟧ Jisshítsú; naíyō (+); naká-mi (+). **3** [汁の具] Os ingredientes. ★ ~ *dakusan no sūpu* 実だくさんのスープ A sopa substancial.

mi³ 巳 **【A.】 1** [十二支の] A serpente (do zodíaco chinês). **2** [時刻の] **a)** As 10: 00h da manhã; **b)** Entre as 9:00h ~ 11:00h da manhã. **3** [方角の] O sul-sudeste.

mi-⁴ 【Pref.】 Não; ainda não …. ★ ~ *happyō no sakuhin* 未発表の作品 A obra inédita [não publicada]. ◇ ~ **juku** [**kaiketsu; seinen**].

-mi⁵ 味 【Suf.】O sabor; o toque; um quê. ★ *Shinken ~ ga tarinai* 真剣味が足りない Faltar um quê de seriedade. ◇ ~ **arigátá** [**fuka; kuro**] ~.

mi-ágéru 見上げる (< *míru* + …) **1** [仰ぎ見る] Olhar com reverência; erguer [levantar] os olhos. ★ *Biru no okujō ~* ビルの屋上を見上げる Olhar para o alto [terraço] do prédio. ⟦S/同⟧ Aógí-míru. ⟦A/反⟧ Mi-órósú. **2** [感心する] Admirar-se. *Sono yūki wa mi-ageta mono da* その勇気は見上げたものだ Ele tem [é de] uma coragem (admirável)! ⟦S/同⟧ Kańshíń súrú. ⟦A/反⟧ Mi-kúdású; mi-ságéru.

mi-ái 見合い (< *mi-áu*) A apresentação [O encontro preparado] de futuros noivos. ★ ~ *o suru* 見合いをする Submeter-se à apresentação a um [uma] jovem com fins matrimoniais. ◇ ~ **kekkon** 見合い結婚 O casamento arranjado.

mi-ákíru 見飽きる (< *míru* + …) Cansar-se [Ficar farto/enjoado] de ver「o filme」.

mi-átáru 見当たる (< *míru* + …) Achar; descobrir; encontrar; poder ver em volta [ao redor]. *Hasami ga miataranai* はさみが見当たらない Não acho [encontro] a tesoura. ⟦S/同⟧ Mitsúkárú (+).

mi-áu 見合う (< *míru* + …) **1** [つり合う] Estar de acordo; harmonizar; combinar. ★ *Nenrei ni miatta fukusō o suru* 年齢に見合った服装をする Vestir-se de acordo com a idade. ⟦S/同⟧ Tsurí-áu (+); niáu. **2** [互いに見る] Olhar um para o outro; encarar-se; fitar-se.

mi-áwáséru[-**áwásu**] 見合わせる [合わす] (< *mi-áu*) **1** [互いに見る] Olhar um para o outro; trocar um olhar; entreolhar-se. *Tagai ni kao o miawasete nikkori shita* 互いに顔を見合わせてにっこりした Eles sorriam um para o outro. **2** [対照する] Comparar; cotejar. ⟦S/同⟧ Taíshō súrú (+); teráshí-áwáséru (o). **3** [さしひかえる] Deixar de (fazer); desistir; abster-se de (fazer). *Ima no tokoro densha wa unten o miwasete iru* 今のところ電車は運転を見合わせている Por enquanto os comboios [trens] estão parados. ★ *Shuppatsu ~ o* 出発を見合わせる Não partir [ir] /Desistir da partida. ⟦S/同⟧ Hikáéru; sashí-híkáérú. ⇨ eńkí¹.

mi-áyámárú 見誤る (< *míru* + …) Não ver; ver mal; confundir「um com outro」. ★ *Shingō o ~* 信号を見誤る Confundir [Não ver (o sinal do) semá-foro/farol(B.)]. ⟦S/同⟧ Mi-chígáeru (+).

mibá 見場 【G.】 A aparência; o aspecto; a apresentação. ⟦S/同⟧ Gaíkań (+); mikáé (+); teísáí (+).

mibáé 見栄 [映]え (< *míru* + haéru) O realce [atra(c)tivo]; o fazer vista. *Kanojo wa akai doresu o kiru to ~ ga suru* 彼女は赤いドレスを着ると見栄えがする De [Com] vestido vermelho, ela faz mais vista.

mi-biiki 身贔屓 (<~¹ + híkí) O favoritismo [A parcialidade] para com os membros da família; o nepotismo.

mibójin [óō] 未亡人 A viúva. ⟦S/同⟧ Goké. ⟦A/反⟧ Otókó-yámome.

míbun 身分 **1** [社会的地位] O status; a posição [classe] social. ★ ~ *ga ii* [*takai*] 身分がいい [高い] Ser da alta sociedade [classe alta]. ~ *no aru hito* 身分のある人 Um aristocrata. ~ *o akasu* [*kakusu*] 身分を明かす [隠す] Revelar [Ocultar] a sua ~. ~ *o hoshō suru* 身分を保障する Garantir a posição social. ~ *sōō* [*fu-sōō*] *na kurashi* 身分相応 [不相応] な暮らし A vida compatível [incompatível] com a sua. ◇ ~ **shōmei-sho** 身分証明書 A carteira (B.)[certidão/O bilhete] de identidade. **2** [身の上] As condições [econó(ô)micas] de vida. *Kekkō na go ~ desu ne* 結構なご身分ですね Que vida boa, heim! ⟦S/同⟧ Kyōgú; mi-nó-úé.

mí-buri 身振り (<~¹ + furí) O gesto; a gesticulação; a mímica. ★ ~ *o majiete setsumei suru* 身振りを交えて説明する Explicar com [fazendo] gestos. ⟦S/同⟧ Dōsa; shígusa; jésuchá.

mi-búrui 身震い (<~¹ + furúéru) A tremura/tremedeira; o arrepio; o calafrio. ★ ～(*o*) *suru* 身震い(を)する Tremer; arrepiar[-se]; sentir calafrios [*Samusa de* ～ *suru* 寒さで身震いする Tremer de frio].

M

michákú 未着 【E.】 O que ainda não chegou. ◇ **～ hin** 未着品 Os artigos [A mercadoria] que estão [está] para chegar.

míchán-háchan [ií-áa] みいちゃんはあちゃん (< Míyo-chan + Hána-chan) 【G.】 As jovens pouco intelectuais [que não são para altos voos]; a(s) macaca(s)-de-auditório. [S/同] Mí-há.

michí[1] 道・路・途 **1** [通り; 道路] O caminho; a rua; o carreiro. ★ ～ *ni mayou* 道に迷う Perder-se (no caminho); enganar-se na rua. ～ *o akeru* 道をあける Dar passagem; abrir caminho. ～ *o fusagu* 道をふさぐ Impedir [Obstruir] a passagem; encher a ～. 「*Kuraku naru no de*」～ *o isogu* 「暗くなるので」道を急ぐ Apressar-se 「porque já está a escurecer」. ～ *o kiku* [*tazuneru*] 道を聞く[尋ねる] Perguntar o caminho [a rua]. ～ *o machigaeru* 道を間違える Errar o caminho; tomar o caminho errado. ～ *o yuzuru* 道を譲る Abrir caminho [passagem] a; deixar passar. *Kōshin ni* ～ *o hiraku* [*yuzuru*] 後進に道を開く[譲る]Abrir caminho à posteridade [às gerações futuras]. ⇨ dṓro; tṓrí[1]. **2** [方法; 手段] O meio; o caminho; o recurso. *Shinnen no aru tokoro kanarazu* ～ *wa hirakeru* 信念のあるところ必ず道は開ける Havendo ideal [convicções], há meio de o [as] realizar/Querer é poder. *Hoka ni toru-beki* ～ *ga nai* ほかにとるべき道がない Não há outro ～ [outra alternativa]. ⇨ hṓhṓ[1]; shúdan; tédate. **3** [教え; 正道] O 「bom」 caminho; o ensino; a moral. ★ *Hito no* ～ *ni somuku* 人の道にそむく Sair [Desviar-se] do bom caminho. *Kirisuto no* ～ キリストの道 O(s) ensinamento(s) de Cristo; a mensagem [doutrina] cristã. ⇨ dṓtoku; kyṓgi[5]. **4** [専門] A especialidade; o ramo; a profissão. *Kono* ～ *ni haitte go-nen ni naru* この道に入って5年になる Há cinco anos que estou neste/a ～. ★ ⇨ sonó míchí. *Uta no* ～ 歌の道 **a**) A profissão de cantor; **b**) O mundo da poesia. ⇨ hṓmen[1]; seńmóń.

míchi[2] 未知 【E.】 O desconhecido; o ignorado; o estranho; o incógnito; o 「país」 ignoto. ★ ～ *no ryōiki* 未知の領域 Um território [campo/mundo] desconhecido. [A/反] Kíchi.

michí-áfúrérú 満ち溢れる (< michíru + …) (Encher-se até) transbordar. ★ *Yorokobi ni michiafureta kao* 喜びに満ち溢れた顔 O rosto cheio [resplandecente] de alegria.
[S/同] Afúréru; michí-míchite-iru.

michí-ánnai 道案内 **1** [先に立って導くこと] A orientação; a condução; o guiar. ★ ～ *o suru* 道案内をする Orientar; conduzir; indicar o caminho; servir de guia [ser cicerone]. [S/同] Gáido. **2** [⇨ michí-shírube].

michí-bátá 道端 (< … [1] + hatá) A beira do caminho; a margem da estrada. ★ ～ *no ishikoro* 道端の石ころ **a**) A pedra à beira do caminho; **b**) Um entre muitos. [S/同] Robṓ.

michíbíkí 導き (< michíbíku) **1** [指導] A orientação; o conselho; a voz. ★ *Kami no o* ～ 神のお導き A voz [inspiração] de Deus. [S/同] Shidṓ. **2** [⇨ michí-ánnai].

michíbíkí-dásu 導き出す (< michíbíku + …) Dar; deduzir; extrair. ★ *Kōshiki ni ate-hamete kotae o* ～ 公式に当てはめて答えを導き出す Dar [Deduzir] a resposta, aplicando a fórmula indicada.

michíbíku 導く **1** [指導する] Orientar; conduzir; encaminhar; ensinar; dirigir. [S/同] Shidṓ súrú (+); tébiki suru (+). **2** [案内する] Guiar; conduzir; introduzir; informar. [S/同] Ańnái suru (+). **3** [ある状態に至らせる] Encaminhar; levar; fazer chegar. ★ *Jigyō o seikō ni* ～ 事業を成功に導く Realizar [Fazer triunfar] o proje(c)to.

mi-chígáeru 見違える (< míru + …) Confundir ao ver; não reconhecer. ★ ～ *hodo kirei ni naru* 見違えるほどきれいになる Estar irreconhecível, muito mais bonita. [S/同] Mi-áyámárú.

míchi-hi 満干 O fluxo e o refluxo. ★ *Shio no* ～ 潮の満干 ～ do mar [das ondas]; a (maré) enchente e vazante. [S/同] Kańmáń.

michí-júń 道順 O caminho; o roteiro 「da exposição」; o itinerário.

míchi-kake 満ち欠け (< michíru + kakéru) O crescente e o minguante [decrescente]. ★ *Tsuki no* ～ 月の満ち欠け As fases [O crescer e o minguar] da lua. ⇨ getsurei[2].

michí-kúsá 道草 **1** [道端に生えている草] O capim [mato; A erva] à beira do caminho. **2** [ある場所に向かう途中で他のことをして時間を費やすこと] A vadiagem [O fazer cera] a meio do caminho [recado]. ★ ～ *o kuu* [*Abura o uru*] 道草を食う[油を売る]Perder tempo [Vadiar] a meio do caminho.

michí-míchí 道道 No caminho; durante a caminhada. *Kuwashii koto wa* ～ *o-hanashi shimasu* 詳しいことは道々お話しします Os pormenores [detalhes] já lhos conto no caminho [enquanto caminhamos]. [S/同] Michí-súgárá.

michí-míchite iru 満ち満ちている Estar repleto [cheio; abarrotado]. [S/同] Michí-áfúrérú.

michí-náránu 道ならぬ (< … [1] + Neg. de "náru") Imoral; ilícito; proibido. ★ ～ *koi ni ochiru* 道ならぬ恋に落ちる Entregar-se a um amor ilícito. ⇨ fu-dṓtoku.

michínórí 道程 A distância; a jornada. *Tōi* ～ *o aruite iku* 遠い道程を歩いて行く Percorrer uma longa ～. [S/同] Dṓtéí; kyóri (+).

michíru 満ちる **1** [いっぱいになる] Encher(-se); ficar cheio [pleno; repleto]. ★ *Jishin ni michita kao* 自信に満ちた顔 O rosto confiante. ⇨ afúréru. **2** [潮がさしてくる] Começar a maré alta; subir a maré. [A/反] Hikú. **3** [期限になる] Completar-se [Terminar/Cumprir-se] o prazo. *Tsuki michite otoko no ko ga umareta* 月満ちて男の子が生まれた Completado o tempo de gestação [de dar à luz], nasceu o menino. **4** [完全になる] Completar (-se); ficar perfeito [completo]. [A/反] Kakérú.

michí-shíó 満潮 ⇨ mańchṓ.

michí-shírube 道しるべ **1** [道標] A placa de indicação. [S/同] Dṓhyṓ; michí-ánnai. **2** [手引き] O manual; o guia. [S/同] Tébiki (+).

michí-sū́ [úu] 未知数 【Mat.】 A incógnita. *Sekai ga kore kara dō natte iku ka wa* ～ *da* 世界がこれからどうなっていくかは未知数だ 【Fig.】 O que (é que) o mundo vai ser num futuro próximo é uma ～. [A/反] Kichí-sū.

michí-súgárá 道すがら ⇨ michí-míchí.

michí-sújí 道筋 **1** [通って行く道] O percurso; a rota; o caminho; o itinerário. ★ *Parēdo no* ～ パレードの道筋 O itinerário do desfile [da parada]. **2** [⇨ sují-michi].

michí-tárírú 満ち足りる (< michíru + …) Satisfazer-se; estar satisfeito [contente; feliz]. ★ *Michi-tarita seikatsu* 満ち足りた生活 Uma vida feliz. S/同 Mánzoku suru.

michí-yúki 道行き (<…¹ + ikú) **1** [昔の文体の一種] A literatura antiga de viagens, narrada seguindo um determinado ritmo. **2** [人形浄瑠璃・歌舞伎の] A encenação com efeitos sonoros e cé[ê]nicos, de uma viagem「de fuga」de amantes. **3** [ことの経過・順序] O processo; a sequência (dos acontecimentos). **4** [和装用のコートの一種] Um sobretudo usado com quimono.

michí-zúré 道連れ (<… + tsuré) O companheiro de viagem. ★ *Burajiru-jin to 〜 ni naru* ブラジル人と道連れになる Viajar com [em companhia de] um brasileiro. *Kodomo o 〜 ni shite jisatsu suru* 子供を道連れにして自殺する Suicidar-se levando consigo os filhos também. ことわざ *Tabi wa 〜 yo wa nasake* 旅は道連れ世は情け Nas viagens, a companhia, na vida a amabilidade.

mídara na 淫らな Obsceno; lascivo; indecente. ★ 〜 *jōdan* 淫らな冗談 O gracejo [A pilhéria] obsceno[a]. S/同 Hiwáí ná; iñwáí ná; waísétsú ná. ⇨ gehín; iyáráshíí.

midáré 乱れ (< midáréru) A desordem; o desarrumo; a confusão; o desalinho. ★ *Kami no 〜* 髪の乱れ Os cabelos desgrenhados. *Kokoro no 〜* 心の乱れ A perturbação (da mente); a falta de paz interior. *Kokyū no 〜 o totonoeru* 呼吸の乱れを整える Regularizar a respiração/Começar a respirar normalmente.

midaré-gámi 乱れ髪 (<… + kamí) O cabelo desgrenhado [despenteado].

midaré-kago 乱れ籠 O cesto da roupa suja.

midáréru 乱れる (⇨ midásu) **1** [整わなくなる] Desordenar-se; desalinhar-se; desarrumar-se. *Kaze de kami ga midareta* 風で髪が乱れた Com o vento fiquei com o cabelo todo desarrumado. S/同 Soróu; totónóu. **2** [規律や順序がめちゃめちゃになる] Conturbar-se; desorganizar-se; corromper-se; degenerar. *Fūki ga 〜* 風紀が乱れる Corromper-se a moral pública. **3** [平和でなくなる] Perder a paz; cair no[o] desordem [caos]. *Kuni ga 〜* 国が乱れる O país perde a paz. A/反 Osámáru. **4** [心が平静を失う] Perturbar-se; perder a paz. ★ *Kokoro ga 〜* 心が乱れる Perder a paz de espírito; ficar perturbado [aflito]. A/反 Ochítsúkú; osámáru.

mídari-ni 妄りに Sem permissão [razão]; desnecessariamente; indiscriminadamente; inopinadamente. 〜 *tachi-iru bekarazu* みだりに立ち入るべからず (掲示). Proibida a entrada sem permissão. ⇨ múyami.

midáshi 見出し **1** [新聞記事等の標題] O título (de um artigo); a legenda; a manchete. ★ *Ni-dan-nuki no 〜* 2段抜きの見出し A/O 〜 a duas colunas. S/同 Hyōdái. **2** [辞書等の] O verbete 「de dicionário」. ◇ **〜-go** 見出し語 O vocábulo; o verbete; a palavra-cabeça.

mi-dáshinámí 身嗜み (<…¹ + tashinámí) **1** [身なりを整える事] A apresentação; o asseio. ★ 〜 *ga yoi* 身嗜みがよい Que anda (sempre) asseado. **2** [教養や芸能を身につけること] A cultura geral. *Ei-kaiwa wa ima-ya gendaijin no 〜 da* 英会話は今や現代人の身嗜みだ Hoje em dia, quem se preze de ter uma 〜 tem de saber falar (um pouco de) inglês.

midásu 乱す (⇨ midáréru) Desorganizar; desarrumar; perturbar. ★ *Retsu o 〜* 列を乱す Sair da linha [fila]. S/同 Totónóeru.

mídi ミディ (< Fr. midi) Mídi. ◇ **〜 sukāto** ミディスカート A saia 〜 (Que chega à barriga da perna).

mi-dókóro 見所 (< míru + tokóró) **1** [見る価値のある点] O ponto mais importante. **2** [取り柄；見込み] O ponto positivo; o que é promissor. ★ 〜 *no aru seinen* 見所ある青年 Um jovem que promete [com qualidades]. S/同 Mikómí.

midóku 味読 A leitura saboreada [apreciando o conteúdo]. S/同 Jukudóku.

mídori 緑・翠 **1** [樹木；植物] As árvores (com folhas verdes). ★ 〜 *no hi* 緑の日 O dia da natureza (29 de abril, que é feriado nacional em comemoração do aniversário (em vida) do Imperador Shōwa). **2** [つやのあること] O tom brilhante [reluzente]. ★ 〜 *no kurokami* 緑の黒髪 O cabelo negro reluzente. **3** [緑色] O verde; o verdor. 〜 *shitataru yama-yama* 緑したたる山々 As montanhas verdejantes. ◇ **〜 iro** 緑色 A cor verde.

midóri-go 嬰児 O bebê[ê]; o menino recém-nascido. S/同 Eiji.

midórú-hébi-kyū ミドルヘビー級 (< Ing. middle heavy weight) [(D)esp.] O (peso) meio-pesado.

midóri-kyū ミドル級 (< Ing. middleweight) [(D)esp.] O peso médio.

mié¹ 見栄 A vaidade; a ostentação; a frivolidade. ★ 〜 *o haru* 見栄を張る (Fazer) por vaidade; ser vaidoso; mostrar-se; exibir-se; pavonear-se. ⇨ kyoé[è].

mié² 見得 A pose; a postura espaventosa「do kabúki」. ★ 〜 *o kiru* 見得を切る **a)** Gesticular com espavento; **b)** Dizer com orgulho「*Kane nado iranu to ō- 〜 o kitta* 金などいらぬと大見得を切った Ele disse orgulhosamente que não queria dinheiro」.

mié-bó (ôo) 見栄坊 (<…¹ + bō⁵) O vaidoso; o indivíduo frívolo. S/同 Miéppárí (+).

mié-gákúre 見え隠れ (< miéru + kakúréru) O aparecer e desaparecer a pequenos intervalos. *Tsuki ga kumo no aida ni 〜 shite iru* 月が雲の間に見え隠れしている A lua ora aparece ora desaparece com [(por) entre] as nuvens.

miéppári 見栄っ張り Um vaidoso [pavão].

miéru 見える (< míru) **1** [視力又は眼力がある] Enxergar; poder ver; avistar. *Kare ni wa jibun no ketten ga mienai* 彼には自分の欠点が見えない Ele não vê os próprios defeitos. *Kare no ie kara wa yama ga 〜* 彼の家からは山が見える Da casa dele vêem-se [podem avistar-se] as montanhas. ★ *Mi-enaku naru* 見えなくなる **a)** Perder a visão; **b)** Perder de vista「o avião」. **2** [思われる] Parecer; aparentar. *Kanojo wa rokujū da ga totemo sonna toshi ni wa mienai* 彼女は60だがとてもそんな年には見えない Ela tem 60 anos, mas não aparenta a idade que tem. *Kare wa shippai shita to 〜* 彼は失敗したと見える Parece que ele falhou [fracassou]. S/同 Omówáréru. **3** [姿をあらわす] Aparecer; vir; chegar. *Chikagoro Mori-kun no sugata ga mienai ne* 近ごろ森君の姿が見えないね Mori não tem aparecido [Não temos visto Mori] ultimamente. S/同 Irássháru; kúru. **4** [「見えない」の形で：理解できない] Entender; saber. *Kare no kokoro ga mienai* 彼の心が見えない Não se entende [sabe] o que ele pensa [tem na

mié-súku 見え透く Transparecer; ser visível até ao fundo; poder perceber. *Kare no kokoro no soko wa miesuite iru* 彼の心の底は見え透いている Vê-se bem qual é a intenção dele.

migáki 磨[研]き [こすってきれいにしたりつやを出したりすること] O lustre; o polimento. ★ *Yuka ni ～ o kakeru* 床に磨きをかける Dar lustre ao [Envernizar o] soalho. ◇ ～ *ko* 磨き粉 A poteia; o pó de polir. [S/周] Kénma. 2 [いっそうすぐれたものにすること] O melhoramento; o aperfeiçoamento; o aprimoramento. *Ano yakusha no gei wa saikin ichi-dan to ～ ga kakatte kita* あの役者の芸は最近一段と磨きがかかって来た Ultimamente, (a arte de representar d)aquele a(c)tor melhorou imenso.

migáki-ágeru 磨き上げる (< migákú + ⋯) 1 [磨いて仕上げる] Polir; lustrar; dar lustre (brilho). [S/周] Migáki-kómu; migáki-tátéru. 2 [よりすぐれたものにする] Aperfeiçoar; aprimorar; apurar; esmerar. ★ *Migaki-agerareta bunshō* 磨き上げられた文章 Um texto esmerado [primoroso].

migáki-níshin 身欠き鰊 O arenque seco (Sem cabeça nem cauda).

migákú 磨く 1 [こすってつやを出す・汚れを落とす] Esfregar; escovar; polir; lustrar; engraxar. ★ *Gin no supūn o ～* 銀のスプーンを磨く Polir a colher de prata. *Kutsu o ～* 靴を磨く Engraxar os sapatos. *Ha o ～* 歯を磨く Escovar os dentes. 2 [研磨する] Polir「o granito/o mármore」. *Renzu o ～* レンズを磨く Limpar [Polir] a lente. 3 [鍛える] Melhorar; aperfeiçoar; aprimorar; cultivar. ★ *Waza [Ude] o ～* 技[腕]を磨く a sua técnica. ⇨ kitáéru.

mi-gámáeru 身構える (< ⋯[1] + kamáeru) Pôr-se a postos [Preparar-se]「para o combate」.

migárá 身柄 O corpo; a pessoa. *Kare wa futō ni ～ o kōsoku sareta* 彼は不当に身柄を拘束された Ele foi detido [privado da liberdade] injustamente. ★ ～ *o hikiwatasu* 身柄を引き渡す Entregar o criminoso (à autoridade). ⇨ karáda.

mi-gárú 身軽 (< ⋯[1] + karúí) 1 [軽快に動けるようす] A agilidade; a leveza. ★ ～ *na fukusō* 身軽な服装 Um traje leve (ligeiro). 2 [やっかいなものから離れて行動が楽になるようす] O alívio. ★ ～ *ni naru* 身軽になる Sentir-se mais aliviado; ficar mais leve [*Jūdai na ninmu o oete ～ ni natta* 重大任務を終えて身軽になった Terminado este pesado encargo já me sinto mais aliviado [leve]].

mi-gátte 身勝手 (< ⋯[1] + katté) ⇨ jibún-kátte.

mi-gáwari 身代わり (< ⋯[1] + kawári) **a)** O substituto; o bode expiatório; **b)** A substituição. ★ ～ *ni naru* [*tatsu*] 身代わりになる[立つ] Substituir o [Ficar no lugar de] 「empregado」; morrer「pelo filho」; tornar-se o bode expiatório [*Kare wa shujin no ～ ni natte shinda* 彼は主人の身代わりになって死んだ Ele morreu em vez [lugar] do patrão]. ⇨ daíyáku.

migí 右 1 [左に対し] A direita; o lado direito. ～ *e narae* 右へ倣え(号令) Um passo, à direita! *Maware ～* 回れ右(号令) (Meia volta à) Direita, volver! ★ ～ *kara hidari ni* 右から左に A torto e a direito [*Kare wa kyūryō ～ kara hidari ni tsukatte shimau* 彼は給料を右から左に使ってしまう Ele gasta o salário a torto e a direito logo que o recebe]. ～ *to ieba hidari to iu* 右と言えば左と言う Ter espírito de contradição; estar sempre a contradizer [contrariar]「os outros」. [A/反] Hidári. 2 [前述のこと] O supradito; o acima citado [referido; mencionado]. ～ *no tōri sōi arimasen* 右の通り相違ありません Declaro [Afirmo] que o ～ é a expressão da verdade. [S/周] Zenjútsú; zénki. ⇨ jōki[3]. 3 [すぐれた方] O melhor; o superior. ★ ～ *ni deru* 右に出る Ser superior「em caligrafia」. 4 [保守派] O direitista; o situacionista; o conservador. [S/周] Úyoku (+). [A/反] Hidári. ⇨ hōshu[1].

migí-gáwá 右側 O lado direito. ◇ ～ *tsūkō* 右側通行 O trânsito [A passagem] pela direita. [A/反] Hidári-gáwa.

migí-kíki 右利き (< ⋯ + kikú) O destro; o destrimano; o destrimanismo. [A/反] Hidári-kíki.

migí-máwari 右回り (< ⋯ + mawárú) O virar (À volta) à direita. ◇ ～ *kaiten* 右回り回転 O giro à direita (no sentido dos ponteiros do relógio). [S/周] Tokéí-máwari. [A/反] Hidári-máwari.

mi-gírei 身奇麗[綺麗] (< ⋯[1] + kírei) Asseado; limpo. *Kanojo wa itsumo ～ ni shite iru* 彼女はいつも身奇麗にしている Ela anda sempre bem [toda] asseada.

migírí 砌【E.】A época; o tempo; o momento. *Kōkan no ～ go-jiai no hodo o o-inori mōshiagemasu* 向寒のみぎり、ご自愛の程をお祈り申し上げます Nesta época de frio intenso, venho enviar-lhe os meus votos de boa saúde. [S/周] Kóro (+); orí (+); sáí (+); tokí (o).

migí-té 右手 1 [右の手] A mão direita. [A/反] Hidárí-té. 2 [右の方] O lado direito. [S/周] Migí-gáwá (+).

migí-úde 右腕 1 [右の腕] O braço direito. [S/周] Uwán. [A/反] Hidárí-úde. 2 [頼りになる人] O braço direito; o indivíduo de confiança. *Kare wa shachō no ～ to natte hataraita* 彼は社長の右腕となって働いた Ele trabalhou como [era o] braço direito do presidente. ⇨ katá-úde.

migíwá 汀 (< mizú + kiwá) A beira d'água; a beira-mar. [S/周] Mizú-gíwá.

mi-gómóru 身籠る (< ⋯[1] + komóru) Ficar grávida; engravidar; conceber. [S/周] Harámu; nínshín súrú (+).

mi-góro[1] 見頃 (< míru + kóro) A melhor época para ver [contemplar]. *Sakura wa ima ga ～ da* 桜は今が見頃だ As cerejeiras estão em plena floração/Estamos na melhor época para contemplar as flores de cerejeira. [S/周] Mi-dókí.

mi-góro[2] 身頃 (< ⋯[1] + kóro) O corpo (de uma veste). ◇ *Mae ～* 前身頃 A frente do corpo.

mi-góróshí 見殺し (< míru + korósú) O abandono à própria sorte; o não socorrer; o deixar morrer sem ajuda. *Boku o ～ ni suru ki ka* 僕を見殺しにする気か Você vai-me deixar morrer aqui?

mi-góshírae 身拵え (< ⋯[1] + koshíráé) **a)** O vestir-se; **b)** O equipar-se. [S/周] Mi-jítaku (+). ⇨ keshō.

Ele gotáé 見応え (< míru + kotáéru) O valer a pena ver; o ser digno de ver. *Iguasu no taki wa ～ ga aru* [*jūbun da*] イグアスの滝は見応えがある[十分だ] Vale a pena ver as cataratas de [do (rio)] Iguaçu.

mígoto 見事 (< míru + kotó) 1 [立派なこと] O ser admirável. ★ ～ *na* 見事な Maravilhoso; excelente; admirável; esplêndido; lindo; belo [*Nante ～ na sakuhin deshō* なんて見事な作品でしょう Que obra maravilhosa!]. ～ *ni* 見事に Admiravelmente; maravilhosamente; muito bem [*Niwa no bara ga ～ ni saita* 庭のバラが見事に咲いた As rosas do jardim floresceram bem este ano]. [S/周] Rippá. ⇨

azáyaka; utsúkúshíi. **2** [完全なこと] O ser perfeito [Completo]. ★ *Mono no ~ ni* 物の見事に「falhar」 Completamente; perfeitamente; realmente; terrivelmente. ⇨ kańzéń¹.

migúrúmí 身ぐるみ (<… ¹ + kurúmu) Tudo, até a roupa do corpo. *Oihagi ni ~ hagasareta* 追剝ぎに身ぐるみはがされた O assaltante levou [roubou]-me ~.

mi-gúrúshíi 見苦しい (< míru + kurúshíi) Vergonhoso; feio; indecente; indigno. *~ tokoro o o-mise itashimashita* 見苦しい所をお見せいたしました Sinto muito que isto [esta coisa vergonhosa] tenha ocorrido diante de si. ★ *Migurushiku nai fukusō o suru* 見苦しくない服装をする Vestir-se decentemente. [S/同] Mittómónái.

mi-hákáráu 見計らう (< míru + …) **1** [見て適当な物をきめる] Escolher o que convém; saber escolher. [S/同] Mi-tsúkúróu (+). **2** [刻限を計る] Calcular [Escolher] a hora conveniente. *Hito-dōri no todaeta koro o mihakaratte basu ni notta* 人通りのとだえた頃を見計らってバスに乗った Escolhi a hora em que já há menos gente para tomar o autocarro [ônibus]. ★ *Koroai o mihakaratte* 頃合を見計らって Calculando a [Mesmo na] hora certa.

mi-hánásu 見放す (< míru + …) Abandonar; desistir; desamparar; desenganar. *Kanojo wa isha ni mihanasareta* 彼女は医者に見放された Ela está desenganada dos médicos. ⇨ mi-kágíru; mi-sútéru.

mi-háppyō 未発表 Não publicado; inédito. ⇨ mi⁴.

mi-hárai 未払い Não-pago; não-quitado. ★ *~ chingin* 未払い賃金 Os salários em atraso [por pagar/ainda ~s]. ⇨ mi⁴.

mi-háráshí 見晴らし (< mi-hárású) A vista; o avistar-se; a visibilidade. ★ *~ ga yoi [yoku nai]* 見晴らしがよい[よくない] Ter [Não ter] vistas. ◇ **~ dai** 見晴らし台 O mirante; o miradoiro; o lugar com boas vistas. [S/同] Chṓbṓ; nagámé; teńbṓ.

mi-hárású 見晴らす (< míru + …) Ver [Avistar] (até ao longe); ter uma vista panorâmica. *Taka-dai kara machi ga hito-me de miharaseru* 高台から町が一目で見晴らせる Da colina avista-se toda a cidade.

mi-hárí 見張り (< mi-hárú) **a)** A vigilância; a vigia; a guarda; **b)** O vigia; o guarda; a sentinela. ★ *~ ni tatsu* 見張りに立つ Estar de guarda [sentinela; atalaia].「*De-iriguchi ni*」*~ o oku [tateru]*「出入り口に」見張りを置く[立てる] Colocar guarda na entrada. 「*Keisatsu ga yōgisha ni*」*~ o tsukeru*「警察が容疑者に」見張りをつける「A polícia」põe guardas「a vigiar o criminoso」. *~ o suru* 見張りをする ⇨ mi-hárú **1**. [S/同] Bańnín; kańshí.

mi-hárú 見張る (< míru + …) **1** [監視する] Vigiar; guardar; estar [ficar] de sentinela. *Ayashii yatsu ga inai ka to mihatte ita* 怪しいやつがいないかと見張っていた Fiquei a vigiar, a ver se havia algum tipo suspeito. **2** [見開く] Arregalar os olhos; olhar assustado [admirado; maravilhado]; fixar. *Kanojo wa amari no utsukushisa ni me o mihatta* 彼女はあまりの美しさに目を見張った Ela arregalou os olhos diante de tanta beleza. ⇨ mi-híráku; mi-íru².

mi-háténú 見果てぬ (< míru + hatéru + nái) Sem fim; infinito; irrealizável. ★ *~ yume* 見果てぬ夢 O sonho irrealizável.

mi-háttatsu 未発達「o corpo」Subdesenvolvido; não-desenvolvido. ⇨ mi⁴.

míhā-zoku [miíhaa] ミーハー族 ⇨ míchāń-hā-chan.

mi-hírákí 見開き (< mi-híráku) O que se abre [parte] ao meio. ★ *~ no shashin* 見開きの写真 A fotografia em folha dupla [duas páginas].

mi-híráku 見開く (< míru + …) Arregalar os olhos. ★ *Me o ōkiku ~* 目を大きく見開く Arregalar [Abrir bem] os olhos. ⇨ mi-hárú.

mihítsú-nó-kói 未必の故意【Dir.】A negligência culpável; o desinteresse.

mihóń 見本 A amostra; o modelo. ◇ **~ ichi** 見本市 A feira industrial. **~ zuri** 見本刷り A prova (Em artes gráficas). [S/同] Sánpuru.

mi-hótóké 御仏 Buda (Cor.). [S/同] Hotóké-sámá (+).

mi-ídásu 見出だす (< míru + …) Encontrar; achar; descobrir. *Kare wa shūkyō ni hikari o miidashita* 彼は宗教に光を見出だした Ele encontrou a luz [o caminho] na religião. [S/同] Hakkéń súrú; mitsúké-dásu; mitsúkérú.

míira ミイラ [木乃伊] (< P. mirra: planta de resina cheirosa) A múmia. [P/ことわざ] *~ tori ga ~ ni naru* ミイラ取りがミイラになる Ir por lã e ficar tosquiado (Lit. O ladrão de ~s ficar ~).

miírí 実入り **1** [費やした労力に対する収入] O rendimento; a remuneração. ★ *~ no warui [yoi]* 実入りの悪い[良い] Mal [Bem] remunerado. [S/同] Shotókú (+); shūnyū (+). **2** [作物の実が成熟すること] A frutificação; o「arroz」gradar [ganhar grão].

mi-íru¹ 魅入る Enfeitiçar; fascinar; possuir. [S/同] Torítsúkú (+).

mi-íru² 見入る (< míru + …) Fixar a vista; olhar atentamente. *Seitotachi wa shiken-kan ni shinken ni mi-itte ita* 生徒たちは試験管に真剣に見入っていた Os alunos olhavam atentamente para a proveta [o tubo de ensaio]. [S/同] Chūshí súrú; mitsúmérú. ⇨ mi-hárú.

mijíká 身近 (<… ¹ + chikái) O que está perto [à mão]. ★ *~ na* 身近な Próximo; simples; familiar〔*~ na mono o daizai ni egaite goran* 身近な物を題材に描いてごらん Desenhem [Pintem] escolhendo como tema coisas que se encontram à sua volta〕. [S/同] Te-jíká.

mijíkái 短い **1** [長さが少ない]「fio」Curto. [I/慣用] *Obi ni mijikashi tasuki ni nagashi* 帯に短したすきに長し Muita água para encher um copo e pouca para encher um balde. [A/反] Nagái. **2** [時間が少ない] Breve; curto. ★ *~ haru-yasumi* 短い春休み As ~ as férias da primavera. [A/反] Nagái. **3** [気が短い] Impaciente. ★ *Ki ga ~* 気が短い Impaciente; irascível; nervoso. [A/反] Nagái.

mijíkáku 短く (Adv. de "mijíkái") Curto. *Kami o ~ katte moratta* 髪を短く刈ってもらった Cortei [Mandei cortar] o cabelo curto. ★ *Bun o ~ suru* 文を短くする Encurtar a frase (para ser mais bonita e sucinta). [S/同] Nágaku.

mijíká-mé 短め (< mijíkái + … ²**2**) Que tende [puxa] para o curto;「vestido」um tanto curto. [A/反] Nagá-mé.

mi-jímai 身仕舞い (<… ¹ + shimáú) ⇨ mi-jítaku.

míjime 惨め O ser miserável. ★ *~ na* 惨めな Miserável; lamentável; pobre; desgraçado; infeliz; triste〔*~ na kurashi [shinikata] o suru* 惨めな暮らし[死に方]をする Viver [Morrer] miseravelmente〕. ⇨ áware; hisán¹; kawáísṓ.

mijímé-sa 惨めさ (Sub.de "mijime") A desgraça; a

M

miséria; a infelicidade.

mijín 微塵 A ponta; o pó; a migalha; a partícula mais pequena. ★ *Koppa ~ ni kudakeru* こっぱ微塵に砕ける Ficar reduzido a pó [todo estilhaçado].

mijín(-girí) 微塵(切り) (<⋯+*kíru*) O picar [cortar] miudinho. ★ *Tamanegi o ~ ni suru* タマネギを微塵にする Picar a cebola miudinho [bem picadinha].

mijínkó 微塵子 (<⋯+ko¹) 【Zool.】 A pulga-d'água; *daphnia pulex.*

mijírogi 身じろぎ O movimento leve do corpo. ★ *~ mo sezu ni* 身じろぎもせずに Sem se mexer/Sem fazer o mínimo [o mais leve] movimento. S/同 Mi-úgoki.

mi-jítaku 身支度 (<⋯¹+*shitakú*) **a)** O vestir-se (e lavar-se); **b)** O equipar-se「para a viagem」. ★ *~ o suru* 身支度をする⋯. S/同 Mi-gátame; mi-góshirae; mi-jímai.

mijúkú 未熟 (⇨ mi⁴) **1** [成熟しない] O estar ainda) verde; o não estar maduro. ◇ *~ na kudamono* 未熟な果物 A fruta verde. A/反 Kańjúku. **2** [熟達しない] Imaturo; inexperiente; imperfeito. ◇ *~ mono* 未熟者 O indivíduo inexperiente [imaturo]. A/反 Eńjúku; jukúreń; jukútátsú.

mijúku-ji 未熟児 A criança prematura. ◇ *~ mō-makushō* 未熟児網膜症 A retinite da ~.

mikádó 帝・御門 【A.】 O imperador. S/同 Subérági; teńnó (+).

mi-káerí 見返り (< *míru* + *káeru*) **1** [代償] A compensação. ◇ *~ shikin* 見返り資金 O fundo [empréstimo] colateral. **2** [振り返ること] O furímáru.

mi-káeshi 見返し (< mi-káesú) **1** [書物の] A contracapa (do livro). **2** [洋服の] O lado de dentro da gola ou dos punhos da roupa.

mi-káesú 見返す (< *míru* + ⋯) **1** [振り返る] Voltar-se; olhar para trás. S/同 Furíkáeru (+). **2** [自分を見た相手を] Olhar também; devolver o olhar. **3** [くり返して見る] Tornar a ver; olhar novamente. *Tegami no nando mo ~* 手紙を何度も見返す Reler a carta repetidas vezes; não tirar os olhos da carta. S/同 Mi-náósú. **4** [自分をさげすんだ人を] Fazer ver quem somos [se é] a quem nos humilhou/desprezou. *Kitto ō-mono ni natte aitsu o mikaeshite yarō* きっと大物になってあついつを見返してやろう Ainda hei-de provar àquele tipo quem é mais importante.

mikáge(ishi) 御影(石) 【Min.】 O [A pedra de] granito. S/同 Kakógan (+).

mi-kágíru 見限る (< *míru* + ⋯) Perder a esperança e desistir; lavar as mãos. ★ *Kaisha o mikagitte tenshoku suru* 会社を見限って転職する Perder a esperança no [quanto ao futuro da] empresa e mudar de emprego. S/同 Mi-hánásu; mi-kíru; mi-sútérú (+).

mikái 未開 (< mi⁴) **1** [文化・文明が開けていない] O que é inculto [selvagem; primitivo; agreste]. ◇ *~ chi* 未開地 A terra inculta. **2** [土地が開けていない] O que não está explorado [cultivado]. ★ *~ no gen'ya* 未開の原野 O campo [mato/descampado] virgem/baldio. S/同 Mi-káitaku.

mi-káihatsu 未開発 (< mi⁴+⋯) O sub [não-]desenvolvimento. S/同 Mi-káitaku; tef-káihatsu.

mi-káiketsu 未解決 (< mi⁴+⋯) O não estar solucionado. ★ *~ no mondai* 未解決の問題 O problema por solucionar [ainda não solucionado].

mi-káitaku 未開拓 (⇨ mikái) Sem estar explorado. ★ *~ no shijō* 未開拓の市場 O mercado inexplorado. ◇ *~ chi* 未開拓地 O (terreno) baldio.

mikáké 見掛け (< mikákérú) A aparência; a fachada; o exterior. *Kare wa ~ hodo no okubyō-mono ja nai* 彼は見掛けほどの臆病者じゃない Ele não é tão covarde (medroso) como parece. P/ことわざ *Hito wa ~ ni yoranu mono* 人は見掛けによらぬもの As aparências iludem [enganam]/"Os homens não se medem aos palmos". S/同 Gaíkań; gaíkeń; mibá; uwábé.

mikáké-dáoshi 見掛け倒し (<⋯+*taósu*) A ostentação; o que só tem [faz] vista. ★ *~ no kikai* 見掛け倒しの機械 A máquina aparatosa [que faz vista] mas não tem utilidade.

mi-kákérú 見掛ける (< *míru* + ⋯) **1** [見受ける] Ver (de passagem/de longe). *Kare wa kono hen de yoku ~ hito desu* 彼はこの辺でよく見掛ける人です Ele vê-se muito por aqui. S/同 Mi-úkérú. **2** [見はじめる] Começar a ver. *Terebi o mikaekete futo tachiagatta* テレビを見掛けて, ふと立ち上がった Começou a ver televisão mas foi-se logo.

mikáki-níshin 身欠き鰊 ⇨ migákí-níshin.

mikákú 味覚 (< mi⁵ + kańkákú) **1** [味の感覚] O paladar; o gosto. **2** [味覚を楽しませてくれるもの] O sabor [saborear]. ★ *Aki no ~ matsutake* 秋の味覚まつたけ "Matsutake", o sabor de outono.

mi-kákunin 未確認 (< mi⁴ + ⋯) A não-identificação/-confirmação). ◇ *~ hikō buttai* 未確認飛行物体 O obje(c)to voador não identificado [OVNI]. *~ jōhō* 未確認情報 A notícia [informação] não-confirmada.

mikan 蜜柑 A tangerina. ★ *~ no kawa o muku* 蜜柑の皮をむく Descascar ~. ◇ *~ iro* 蜜柑色 A cor alaranjada. ⇨ oréńji.

mikań² 未完 (Abrev. de "mi-kánsei") Inacabado [Por acabar]. ★ *~ no taisaku* 未完の大作 A obra-prima ~. S/同 Mi-kánsei (+).

mikań³ 未刊 (Abrev. de "mi-káńkō") O que não foi publicado [editado]. ★ *~ no shōsetsu* 未刊の小説 O romance inédito [não-publicado]. A/反 Kikáń.

mikánéru 見兼ねる (< *míru* + ⋯) Não suportar ver; não poder ficar indiferente [(como) mero espectador]. *Tomo no kyūjō o miru ni mikanete te-dasuke shita* 友の窮状を見るに見兼ねて手助けした Não podia ver o meu amigo naquela situação aflitiva e ajudei-o [dei-lhe a mão].

mi-kánsei 未完成 Inacabado; incompleto; imperfeito (Como as "capelas imperfeitas" do Mosteiro da Batalha). ★ *~ no biru* 未完成のビル O prédio inacabado. S/同 Mikáń². ⇨ fu-kánzen.

mikátá¹ 味方 O aliado; o parceiro; o nosso; o nosso lado; o amigo. ★ *~ ni hiki-ireru* 味方に引き入れる Puxar alguém para o seu lado; fazer [conseguir] adeptos. 「*Sensei o*」*~ ni tsukeru*「先生を」味方につける Ter「o professor」como aliado [do seu lado]. *~ suru* 味方する Tomar partido「por」; ficar do lado de; apoiar「*Seron wa kare ni ~ shita*」世論は彼に味方した A opinião pública apoiou-o」. A/反 Áíté; tekí. ⇨ nakámá.

mikátá² 見方 (< *míru* + ⋯) **1** [見る方法] A maneira de ver. *Tenki-zu no ~ o oshiete kudasai* 天気図の見方を教えて下さい Podia ensinar-me a ~ o mapa [gráfico] meteorológico (do tempo)? S/同 Miyō. **2** [見解] O ponto de vista. ★ *~ ni yotte wa* [*~ o kaereba*] 見方によっては [見方を変えれば]

Conforme [Segundo] o ~. *Mono no* ~ 物の見方 A maneira de ver./O modo de encarar as coisas.

mi-káwású 見交わす (< míru + …) Entreolhar; trocar olhares. *Karera wa imi-ari-ge ni me to me o mikawashita* 彼らは意味ありげに目と目を見交わした Eles trocaram olhares significativos. ⓈⒽ Mi-áu; mi-wású.

miká-zúki 三日月 (< mikká + tsuki) **1** [陰暦で毎月三日の夜に出る月] A lua nova [crescente]. **2** [Abrev. de "~gata"] A meia-lua. ◇ **~ gata** 三日月形 A forma de meia-lua; o crescente; o traço arqueado. **~ mayu** 三日月眉 As sobrancelhas arqueadas.

mi-kéiken 未経験 A inexperiência. ◇ **~ sha** 未経験者 O [A] inexperiente.

mikén 眉間 A glabela; o sobrolho. ★ **~ ni shiwa o yoseru** 眉間にしわを寄せる Franzir o ~. ➾ máyu[1].

mi-ké-néko 三毛猫 O gato com malhas pretas e amarelas (além do branco).

mi-késsai 未決済 (< mi[4] + …) A não quitação; por liquidar [pagar/quitar].

mikétsú 未決 (➾ mi[4]) **1** [まだ決まらないこと] 【E.】 A pendência; por resolver. ◇ **~ jikó** 未決事項 O ítem [ponto/caso] pendente/em aberto. **~** Kikétsú. **2** [刑事被告人の罪について判決のないこと] 【Dir.】 Sem sentença; à espera de ser julgado. **~ kóryu** 未決拘留 A prisão preventiva; a detenção. **~ shū** 未決囚 O (réu) detido. Ⓐ Kikétsu.

miki 幹 **1** [植物の幹] O tronco; o caule. **2** [物事の重要な部分] A parte principal. ⓈⒽ Końkán.

míki[2] 神酒 ➾ o-míki.

mí-kiki 見聞き (< míru + kikú) O ver e ouvir. ★ **~ suru** 見聞きする O ver e ouvir; saber. ⓈⒽ Keńbúń.

mi-kíri 見切り (< mi-kíru) **1** [見切ること] A desistência; o abandono; o lavar daí as mãos. ★ **~ o tsukeru** 見切りをつける Desistir; abandonar [Kōshō ni ~ o tsukeru 交渉に見切りをつける Desistir das negociações]. ◇ **~ hassha** 見切り発車 **a)** O começar a andar antes de todos os passageiros terem entrado [no comboio/trem]; **b)** A execução precipitada [*Sono keikaku wa ikutsu ka no mondai-ten o nokoshita mama ~ hassha sareta* その計画はいくつかの問題点を残したまま見切り発車された O proje(c)to foi para diante sem resolver primeiro alguns pontos problemáticos]. ⓈⒽ Dańnéń. ➾ mi-kágíru. **2** [安売り] A [O preço de] liquidação. ◇ **~ hin** [mono]. ⓈⒽ Yasú-úri.

mikíri-hín[**-mónó**] 見切り品 [物] O artigo vendido a preço irrisório. ⓈⒽ Nagéúri-híń.

mi-kíru 見切る (< míru + …) **1** [見限る] Desistir; abandonar. ⓈⒽ Mi-kágíru (+); mi-sútéru (o). **2** [投げ売りする] Vender [Liquidar] a preço reduzido [irrisório]. ⓈⒽ Nagé-úrí súrú. **3** [見終わる] Acabar de ver; ver até ao fim. *Nagai eiga o saigo made mikirenakatta* 長い映画を最後まで見切れなかった O filme era muito comprido e não aguentei [o vi] até ao fim. ➾ mi-kíri.

míkisā ミキサー (< Ing. mixer < L. mixtus: misturado) **1** [セメントなどを混合する機械] O misturador; a betoneira. ◇ **~ sha** ミキサー車 O cami(nh)ão-betoneira. **2** [果物・野菜などを砕く器具] O liquidificador. ➾ jūsa. **3** [音量・音質を調整する技師または装置] O misturador de sons.

mi-kíwámé 見極め (< mi-kíwámeru) O discernimento; a clareza. ★ **~ ga tsuku** 見極めがつく Ficar claro; ter uma visão exa(c)ta. **~** *o tsukeru* 見極めをつける ➾ mi-kíwáméru. ⓈⒽ Mi-sádámé.

mi-kíwáméru 見極める (< míru + …) **1** [確実に認める] Certificar-se; confirmar. ★ *Yūrei no shōtai o ~* 幽霊の正体を見極める Certificar-se do [sobre o] fantasma. ⓈⒽ Kakúníń súrú (+); mi-sádáméru; mitódókeru. **2** [知りつくす] Apurar; conhecer a fundo. ⓈⒽ Haákú súrú; shirí-tsúkúsu.

mikká 三日 [月の第3日] O dia três. *Jūichi-gatsu ~ wa bunka no hi desu* 十一月三日は文化の日です (No Japão) o ~ de novembro é o dia da cultura. **2** [3 日間] Três dias. **~** (*me*) *goto* [*oki*] *ni* 三日 (目) ごと [おき] に Cada três [quatro] dias. ◇ **~ bōzu** 三日坊主 A pessoa volúvel [inconstante] [*Kare wa kin'en o hajimeta ga ~ bōzu datta* 彼は禁煙を始めたが三日坊主だった Ele começou a deixar de fumar mas foi inconstante [fogo de pouca dura]]. **~ tenka** 三日天下 O reinado de poucos dias; a glória efé(ê)mera; o sol de pouca dura.

mikkái 密会 O encontro secreto [clandestino]; o conciliábulo. ★ **~ suru** 密会する Encontrar-se secretamente; ter um ~. ⓈⒽ Albíkí; shinóbí-ái.

mikkéi 密計 【E.】 A conspiração; o conluio; a maquinação; a trama. ⓈⒽ Mítsúbó. ➾ íńbō.

mikkō 密航 **1** [運賃を払わずに船中にかくれて行くこと] A viagem clandestina a bordo de um navio (sem pagar a passagem). ★ **~ suru** 密航する Viajar incógnito. **2** [禁制を犯して航行すること] A viagem clandestina e ilegal. **~** *suru* 密航する Viajar ilegalmente.

mikkóku 密告 [ひそかに知らせること] A denúncia; a delação. ★ **~ suru** 密告する Denunciar; delatar. ◇ **~ sha** 密告者 O delator; o denunciante.

míkkyō 密教 【Bud.】 O budismo esotérico. Ⓐ Keńgyó.

miko 巫女 **1** [神子・御子] A virgem [donzela] dos santuários x[sh]intoístas. ⓈⒽ Fújo; kańnágí. **2** [市子] A necromante; a médium; a adivinha. ⓈⒽ Azúsámíko; ichíkó; kuchíyose; reíbái.

mikómi 見込み (< mikómu) **1** [望み; 可能性] A esperança; a possibilidade; o futuro; a chance (B.). ★ **~ ga aru** 見込みがある Ter futuro; haver esperanças [possibilidade] [*Ano otoko wa ~ ga aru* あの男は見込みがある Aquele sujeito tem futuro]. ◇ **~ usu** 見込み薄 Pouca possibilidade. ⓈⒽ Kanōséi; nozómí; shōráíséí. **2** [予想すること] A suposição; a previsão; a conjectura; o cálculo. ★ **~ *ga ataru*** [*hazureru*] 見込みが当たる [はずれる] Acertar [Errar] a previsão. *Raishun san-gatsu sotsugyō no ~ de aru* 来春三月卒業の見込みである A previsão [O plano] de se formar em março, na próxima primavera. ◇ **~ chigai.** ⓈⒽ Yosō.

mikómí-chigai 見込み違い (< mikómu + chigáú) O engano [erro] de previsão [cálculo].

mikómu 見込む (< míru + …) **1** [予想する・見積もる] **a)** Prever; conjecturar; contar com; **b)** Calcular [os custos/o tempo]. *Son no mikonde no shōbai da* 損を見込んでの商売だ É um negócio já a contar com as perdas. ⓈⒽ Mitsúmórú; yosō súrú. **2** [信用する] *Anata o mikonde o-negai ga aru no desu ga* あなたを見込んでお願いがあるのですが Gostaria de lhe fazer um pedido, que só a confiança que tenho em

mikón 未婚 (< mi⁴+kekkón) O estado de solteiro; o celibato. ★ ~ *no josei* [*dansei*] 未婚の女性 [男性] A solteira [O solteiro]. A/反 Kikón.

mí-koshi 御輿 [神輿] A palanquim x[sh]intoísta (Espécie de andor). ★ ~ *o katsugu* 御輿をかつぐ Carregar o ~. **2** [腰; しり] {G.} Os quadris; o assento; o rabo [sim-senhor] (G.). I/慣用 ~ *o ageru* 御輿を上げる **a)** Levantar-se; **b)** Sair; regressar; **c)** Agir; trabalhar [*Kare mo yatto* ~ *o ageru ki ni natta yō da* 彼もやっと御輿を上げる気になったようだ Parece que, finalmente, ele decidiu agir].

mi-kósú 見越す (< míru + ···) **1** [予想する] Prever; ter olho; adivinhar. *Taka-ne o mikoshite kabu o katta* 高値を見越して株を買った Ele previu que ia haver uma alta (no mercado) e comprou a(c)ções. S/同 Mikómu; yosō súrú. **2** [へだてを越して見る] Olhar por cima [o muro].

mikótó 尊・命 【A.】 Augusto; divino.

mikótónóri 詔・勅 As augustas palavras do imperador; o decreto imperial. S/同 Chokugó.

mi-kúbíru 見縊る (< míru + ···) Subestimar; desdenhar; menosprezar; desprezar. *Teki o* ~ *to hidoi me ni au zo* 敵を見縊るとひどい目に遭うぞ Se menosprezar o inimigo, você verá! S/同 Anádóru; baká ní súrú (+); keíshí súrú (+).

mikúdárí-hán 三行半 【A.】 A petição [carta] de divórcio. S/同 Riénjō.

mi-kúdású 見下す (< míru + ···) Olhar com desprezo; tratar com desdém [sobranceria/altivez]. S/同 Baká ní súrú (+); keíbétsú súrú (+).

mikújí 神籤 ⇨ o-mikújí.

mi-kúráberu 見比べる (< míru + ···) Comparar; confrontar. *Nise-mono to hon-mono o* ~ 偽物と本物を見比べる Comparar o [vinho] verdadeiro e [com] o falso. S/同 Hikákú súrú.

míkuro ミクロ (< Fr. ← Gr. mikrós: "pequeno") Micro. ★ ~ *no sekai* ミクロの世界 O microcosmo [mundo microcósmico]. ◇ **~ keizaigaku** ミクロ経済学 A microeconomia. **~ mētoru** ミクロメートル O micró[ô]metro. S/同 Maíkuró. A/反 Mákuro.

míkuron ミクロン ⇨ míkuro.

Mikúronéshia ミクロネシア A Micronésia. ◇ **~ jin** ミクロネシア人 O micronésio.

mi-mágáu 見紛う (< míru + ···) Confundir; não ver bem. S/同 Mi-ayámaru (o); mi-chígáeru (+).

mímáí 見舞い (< mimáú) **1** [ようすを尋ねるなどの訪問] A visita de solidariedade [para confortar quem está em dificuldade]. ★ *Byōki* [*Kaji*] ~ *ni iku* 病気 [火事] 見舞いに行く Visitar um doente [as vítimas do incêndio]. **2** [病人や被害者などにおくる手紙や品物] O donativo; a carta. ◇ **~ kin** 見舞い金 O ~ em dinheiro. **Shochū** ~ 暑中見舞い A carta [O cartão postal] para animar [os amigos] no calor do verão. **3** [加害] O [duro] golpe [da morte da mãe]. ★ *Ippatsu o-*~ *suru* 一発お見舞いする Dar um soco [murro].

mi-mámóru 見守る (< míru + ···) **1** [じっと見る] Olhar atentamente; contemplar; observar. ★ *Gunshū no* ~ *naka de* 群衆の見守る中で Diante do olhar atento do povo. **2** [保護する] Proteger [os órfãos]. S/同 Kí ó tsúkéru.

míman 未満 (< mi⁴ + mán²) Incompleto; menos [abaixo] de [mil yens]. *Jū-hassai* ~ *no kata o-kotowari* 18歳未満の方お断わり (提示) Proibido a menores de [a quem não completou] dezoito anos. ⇨ Íka¹.

mimáú 見舞う **1** [被災者・病人などに] Fazer uma visita de solidariedade [para confortar]. ★ *Byōnin o* ~ 病人を見舞う Visitar um doente. ⇨ mimáí; nagúsáméru. **2** [害を加える] Dar [um murro]; atacar.

mimáwárérú 見舞われる (Voz passiva de "mimáú") Sofrer; ser atacado [afe(c)tado] 「por」. *Sono chihō wa tabitabi kōzui ni* ~ その地方はたびたび洪水に見舞われる Essa região tem muitas [é muito afe(c)tada pelas] cheias.

mi-máwári 見回り (< mimáwárú) **1** [見回ること] A ronda; a inspe(c)ção; o patrulhamento. ★ ~ *o suru* 見回りをする Patrulhar; fazer a ronda. S/同 Patórórú. **2** [見回る人] A patrulha; o vigia.

mi-máwárú 見回る (< míru + ···) Patrulhar; vigiar; rondar. *Gādo-man ga biru-nai o mimawatte iru* ガードマンがビル内を見回っている O vigia [guarda; segurança] está a fazer a ronda dentro do prédio.

mi-máwású 見回す (< míru + ···) Olhar em volta [ao redor]. *Kare wa atari o kyorokyoro to mimawashita* 彼はあたりをきょろきょろと見回した Ele olhou, inquieto, à sua volta.

mimé 見目・眉目 A aparência; o rosto; o aspecto. ★ ~ *uruwashii* 眉目麗しい De rosto encantador [belo]. S/同 Yōbō; yōshi.

mimí 耳 **1** [聴感] O ouvido. ★ ~ *ga hayai* 耳が早い Ter um ~ apurado; captar logo as novidades. ~ *ga itai* 耳が痛い **a)** Ter dor de ~; **b)** Sentir dor na consciência ao ouvir [~ *ga itai hanashi* 耳が痛い話 Uma história que faz doer a consciência [que até me dá remorsos]]. ~ *ga kikoeru* 耳が聞こえる Ouvir. 「*Ongaku ni*」 ~ *ga koete iru* 「音楽に」耳が肥えている Ter bom ~ para a música. ~ *ga yoi* [*warui*; *tōi*] 耳が良い [悪い; 遠い] Ouvir bem [mal]. ~ *ni atsu* [*sawaru*] 耳に当たる [障る] Sentir-se indignado ao ouvir. 「*Uwasa ga*」 ~ *ni hairu*「うわさが」耳に入る Ouvir [Chegar-nos aos ouvidos「um boato/rumor」]. ~ *ni hasamu* 耳に挾む Ouvir por acaso; calhar ouvir. ~ *ni ireru* 耳に入れる Fazer saber; avisar; informar. 「*Kare ga nyūin shite iru koto o*」 ~ *ni suru*「彼が入院していることを」耳にする Ouvir dizer「que ele está hospitalizado」. 「*Zenshin o*」 ~ *ni suru*「全身を」耳にする Ser todo ouvidos. 「*Sō iu o-sekkyō wa*」 ~ *ni tako ga dekiru*「*hodo kikasareta*」「そういうお説教は」耳にたこができる「ほど聞かされた」 Já tenho calos nos ouvidos de 「por」 tanto ouvir esse sermão/Já estou farto desse sermão. ~ *ni tsuku* 耳に付く Não sair dos ~s [*Inu no naki-goe ga* ~ *ni tsuite nemurenakatta* 犬の鳴き声が耳に付いて眠れなかった Não consegui dormir com o [por causa do] latido do cachorro que não me saía dos ~s]. 「*Ryōte de*」 ~ *o fusagu* [*ōu*]「両手で」耳をふさぐ「おおう」 Tapar os ~s com as mãos/Pôr as mãos nos ~s. ~ *o kasu* 耳を貸す Escutar; prestar atenção [ouvidos]; fazer caso; ligar [*Kare wa watashi no iken ni* ~ *o kasō to shinakatta* 彼は私の意見に耳を貸そうとしなかった Ele não ligou [prestou ouvidos] à minha opinião]. 「*Kōgi ni*」 ~ *o katamukeru*「講義に」耳を傾ける Prestar atenção「à conferência」. ~

o narasu 耳を慣らす Educar o ~.「*Seseragi no oto ni*」~ *o sumasu*「せせらぎの音に」耳を澄ます Apurar o ~「para ouvir o murmúrio da corrente/do arroio」.「*Ayashii mono-oto ni*」「怪しい物音に」耳をそばだてる Pôr-se atentamente à escuta「ao ouvir um ruído suspeito」. ~ *o tsunzaku yō na himei* 耳をつんざくような悲鳴 Um grito de (ar)rebentar os tímpanos. ~ *o utagau* 耳を疑う Não poder acreditar no que se ouve [*Kare no tsumetai kotoba ni* ~ *o utagatta* 彼の冷たい言葉に耳を疑った Eu não podia acreditar na frieza com que ele me falou]. *Chotto o-* ~ *o haishaku* ちょっとお耳を拝借 Pod(er)ia conceder [dar]-me um minuto de atenção?「*Sonna iiwake nazo* ~ *motanu*「そんな言い訳なぞ」聞く耳持たぬ Não tenho ouvidos para desculpas dessas.「*Watashi no chūkoku wa kare no* ~ *migi no* ~ *kara haitte hidari no* ~ *nukete shimau*「*rashii*」「私の忠告は彼の」右の耳から入って左の耳へ抜けて行く「らしい」Parece que a ele os meus conselhos lhe entram por um ~ e saem pelo outro. ◇ ~ *nari*. **2**[耳殻] A orelha (⇨ mimí-tábu). *Kare wa hazukashisa no* ~ *no tsuke-ne made akaku natta* 彼は恥ずかしさに耳の付け根まで赤くなった Ele corou [ficou vermelho] de vergonha até às ~ s. **3**[器物の把手] A asa. ★ *Chawan no* ~ 茶碗の耳 ~ da chávena [xícara]. S/同 Totté. **4**[紙や織物のはし] A orelha (紙), a ourela [orla] (織物); a ponta; a extremidade. ★「*Hon no*」~ *o oru*「本の」耳を折る Fazer orelhas「ao livro」. ~ *o soroeru* 耳を揃える Pagar tudo de uma vez [*San-jū-man-en* ~ *o soroete kaeshita* 30万円耳を揃えて返した Devolvi os 300.000 yens duma vez [(bem)contadinhos]. **5**[食パンのふち] A côdea (do pão de forma).

mimí-aká 耳垢 (< … **2** + aká²) O cerume; a cera do ouvido. S/同 Mimí-kasu; mimí-kúsó.

mimí-átáráshíí 耳新しい (< … **1** + …) Novo; que é novidade. ★ ~ *hanashi* 耳新しい話 Uma novidade. ⇨ me-átáráshíí.

mimí-dáré 耳だれ (< … + taréru) A otorreia; o corrimento do ouvido. S/同 Jiró.

mimí-gákumon 耳学問 kikí-kájíŕí.

mimí-káki 耳掻き (< … + káku) O bastonete (para limpar os ouvidos).

mimí-kázari 耳飾り O brinco.
S/同 Íyaringu (+); mimí-wá.

mimí-kúsó 耳屎 ⇨ mimí-aká.

mimí-móto 耳元 O [Junto ao] ouvido. ⇨ motó².

mimí-náréru 耳慣れる Acostumar-se a ouvir.
S/同 Kikí-náréru (+).

mimí-nári 耳鳴り (< … **1** + narú) O tinido [zumbido] nos ouvidos. ★ ~ *ga suru* 耳鳴りがする Sentir um ~. S/同 Jiméí.

mimí-sén 耳栓 O tampão (para o ouvido).

mimí-sōji[óo] 耳掃除 A limpeza dos ouvidos.

mimí-tábu 耳朶 A orelha; o pavilhão auricular.
S/同 Jída; mimí-kázari.

mimittchii みみっちい Mesquinho; mísero; picuinhas; furreta. ★ ~ *konjō* みみっちい根性 O espírito mesquinho; a mesquinhez. S/同 Kechí-kúsáí (+); shimíttárété irú. ⇨ keń'yákú; setsúyákú.

mimí-úchí 耳うち (< … + útsu) O cochicho. ★ ~ *suru* 耳うちする Cochichar; falar ao ouvido.

mimí-wá 耳環 [輪] (< … + wa) O brinco (em forma de argola); a argola; a arrecada.

S/同 Íyaringu (+); mimí-kázari.

mimí-yórí 耳寄り (< … + yorú¹) As boas novas; o que vale a pena ouvir. *Sore wa* ~ *na hanashi da* それは耳寄りな話だ Essa [Isso] é uma boa notícia [um caso interessante].

mimí-záwari 耳障り (< … + sawárú²) O ser desagradável [irritante] ao ouvido.

mimízú 蚯蚓【Zool.】A minhoca. I/慣用 *Kare wa* ~ *ga notakutta yō na ji o kaku* 彼は蚯蚓がのたくったような字を書く Ele tem uma caligrafia horrível; a letra dele são (uns) gatafunhos [garranchos].

mimízú-báré 蚯蚓腫れ (< … + harérú²) O vergão. *Senaka o muchi de utarete* ~ *ni natta* 背中を鞭で打たれて蚯蚓腫れになった Levou chicotadas nas costas e ficou com [cheio de] vergões.

mimízuku 木菟【Zool.】A coruja. S/同 Fukúró.

mi-móchi 身持ち (< … + mótsu) O comportamento; a conduta. ★ ~ *ga yoi* [*warui*] 身持ちが良い [悪い] Portar-se bem [mal]; ter um ~ irrepreensível [censurável][~ *no warui onna* 身持ちの悪い女 A mulher leviana]. S/同 Hínkó.

mi-módae 身悶え (< … ¹ + modáéru) A contorção; a convulsão. ★ ~ *suru* 身悶えする Contorcer-se; torcer-se [*Amari no kanashisa ni kanojo wa* ~ *shite naita* あまりの悲しさに彼女は身悶えして泣いた Ela chorava contorcendo-se, tal [tamanha] era a tristeza.

mi-monó 見物 (< míru + …) O espe(c)táculo; uma vista interessante; a atra(c)ção. *Kare no odoroku kao wa* ~ *datta yo* 彼の驚いた顔は見物だったよ A cara assustada [de admiração] dele era digna de se ver.

mi-mótó 身元 [許] (< mi¹ + …²) **1**[素性] A identidade; a origem; a procedência. ★ ~ *fumei no shitai* 身元不明の死体 Um cadáver [corpo] não identificado. ~ *ga hanmei suru* [*wareru*] 身元が判明する[割れる] Ser identificado; reconhecer a identidade. *~ o shiraberu* 身元を調べる Investigar ~. S/同 Minóúé; sujó. **2**[身柄] O ser; o cará(c)ter; a pessoa. ★ ~ *o hoshō suru* 身元を保証する Afiançar; ser fiador; responsabilizar-se por. ★ ~ **hi-kiuke(nin)** 身元引き受け (人) O responsável por alguém. ★ ~ **hoshō-nin** 身元保証人 O fiador [avalista] de alguém.

mímoza ミモザ (< Ing. < L. mimosa) A mimosa. ⇨ akáshíá; oílgísó.

mí-muki 見向き (< míru + mukú) **1**[ふり返って見ること] O olhar para trás; o voltar-se. ★ ~ *mo sezu ni* 見向きもせずに [não voltar [se voltar] (para trás). ⇨ furí-káéru¹. **2**[関心をもつこと] O interessar-se. *Kekkon-banashi ni wa* ~ *mo shinai* 結婚話には見向きもしない[Ela] nem sequer se interessa em (conversas de) propostas de casamentos.

miná 皆 **1**[すべての人] Todos; toda a gente. *Ie no mono wa* ~ *gaishutsu shite iru* 家の者は皆外出している Hoje está ~ [estão ~] fora. ◇ ~ **sama** [san]. S/同 Mínáŕá (+). **2**[全部] Tudo. *Sore wa* ~ *watakushi no sei desu* それは皆わたくしのせいです Tudo isso é por culpa minha. ★ ~ *made iwazu ni* 皆まで言わずに Sem deixar dizer tudo (acabar de falar). S/同 Zénbu; súbete.

mi-nágé 身投げ (< … + nagéru) O suicidar-se atirando-se「à água/dum prédio」. ★ ~ (*o*) *suru* 身投げ(を)する Suicidar-se atirando-se.

minágíru 漲る **1**[満ちあふれる] Encher; aumentar; transbordar; inundar. **2** [満ち満ちる] Encher-se; transbordar. *Karera ni wa tōshi ga minagitte iru* 彼らには闘志が漲っている Eles estão transbordando [cheios] de espírito combativo. ⟨S/同⟩ Afuréru.

miná-góróshí 皆殺し (< … + korósú) O massacre; a aniquilação; a chacina; o extermínio. *Sono ikka wa ~ ni sareta* その一家は皆殺しにされた A família inteira [toda] foi assassinada/chacinada.

Minámátá-byō 水俣病 A doença de Minamata (Top.) (causada por poluição de mercúrio).

minámí 南 O sul. ★ ~ *e iku* 南へ行く Ir para o ~. ~ *ni* 南に No ~. ~ *no* 南の Do ~; sulino;「América」meridional. ~ *no hō ni* [*e*] *mukatte* 南の方に[へ] Para o ~; na dire(c)ção (do) ~. ~ (*yori*) *no kaze* 南(より)の風 O vento (do) ~. *Kita kara ~ e* 北から南へ Do norte ao ~. ◇ ⇨ ~ **Afurika [Amerika]**. ~ *gawa* 南側 O lado sul. ~ *hankyū* 南半球 O hemisfério sul. ~ *jūjisei* 南十字星 O Cruzeiro do Sul. ~ **kaikisen** 南回帰線 O trópico de Capricórnio. ⇨ ~ *kaze* [**muki**]. ⟨A/反⟩ Kitá. ⇨ nańpó.

Minámí-Áfúrika 南アフリカ A África do Sul. ◇ ~ **kyōwakoku** 南アフリカ共和国 A República da ~. ~ **jin** 南アフリカ人 Os sulafricanos. ⟨S/同⟩ Nań'á.

Minámí-Amérika 南アメリカ A América do Sul. ◇ ~ **jin** 南アメリカ人 Os sulamericanos. ⟨S/同⟩ Nańbéi.

minámí-kazé 南風 (< … + kazé) O vento (que sopra do) sul; os ventos meridionais.

minámí-múki 南向き (< … + mukú) O dar [estar voltado] para o sul.

minámóto 源 **1** [水源] A fonte; a nascente「do rio」. ⟨S/同⟩ Suígén. ⇨ izúmí. **2** [起源] A origem; o princípio; a fonte. *Kono shūkan wa bukkyō ni ~ o hasshite iru* この習慣は仏教に源を発している Este costume tem [é de] origem budista. ⟨S/同⟩ Kígen; końgén. ⇨ yurái.

mi-naósu 見直す (< míru + …) **1** [もう一度見る] Ver de novo; rever; tornar a ver. ★ *Tōan o ~* 答案を見直す Tornar a ver o [as respostas do] exame. **2** [再検討する] Reconsiderar; reexaminar; rever. ★ *Seisaku o ~* 政策を見直す as medidas [a política]. ⟨S/同⟩ Saí-kéntó suru. **3** [再認識する] Ver com outros olhos; descobrir. *Watashi wa ware o sukkari minaoshita* 私は彼をすっかり見直した Eu descobri nele outra pessoa (melhor) [Eu agora vejo-o com outros olhos/tenho melhor opinião dele]. ⟨S/同⟩ Saí-nínshiki suru. **4** [良い方に向かう] Recuperar; melhorar. ⟨S/同⟩ Mochí-naósú (+).

mi-narái 見習い (< minárái) O aprendiz. ◇ ~ **kangofu** 見習い看護婦 A aprendiz de enfermagem. ~ **kikan** 見習い期間 O período de aprendizagem [experiência/~].

mi-náráu 見習う (< míru + …) **1** [習う] Aprender; receber instruções. ★ *Jimu o ~* 事務を見習う Aprender a gerir (os serviços de escritório). ⟨S/同⟩ Manábú (+); obóéru. **2** [模範とする] Imitar; seguir o [tomar como] exemplo. *Ano hito o* [*ni*] *minaratte motto benkyō shi nasai* あの人を[に]見習ってもっと勉強しなさい Tome como exemplo aquele colega e estude mais.

mi-náréru 見慣(馴)れる (< míru + …) Acostumar-se a ver; conhecer bem; ser familiar. ★ *Mina-renai kao* [*hito*] 見慣れない顔[人] Um rosto [Uma pessoa] desconhecido/a.

mínari 身形・身装 A vestimenta; o traje; as aparências. ★ ~ *ni kamawanai hito* 身形に構わない人 A pessoa desleixada no vestir [que não se importa com as aparências]. ~ *o totonoeru* 身形を整える Arranjar-se; vestir-se; assear-se. *Rippana minari wo shite iru* りっぱな身形をしている Estar bem [elegantemente] vestido. ⟨S/同⟩ Yosóói.

miná-sama 皆さま【Cor.】 Meus [Excelentíssimos/Prezados] senhores. ~ *o-genki de irasshaimasu ka* 皆さまお元気でいらっしゃいますか Os senhores estão todos bem? /Espero que todos estejam de boa saúde.

miná-san 皆さん Todos; toda a gente; o pessoal (G.). ~ *sayōnara* 皆さんさようなら Até logo [Adeus] (a todos).

mináshí-go 孤児 O órfão; a órfã. ⟨S/同⟩ Kóji.

minású 見做す [做う] Considerar [Tratar] como. *Kesseki shita mono wa kiken to ~* 欠席したものは棄権と見做す Os que não comparecerem serão considerados como desistentes [como não tendo direito a votar]. ⟨S/同⟩ Hańtéi súrú; torí-átsúkáu.

mináto 港 O porto. ★「*Fune ga ~ ni hairu*「船が」港に入る「O navio」 aportar [entrar no ~]. ~ *ni tsuku* 港に着く Aportar; chegar ao ~. ◇ ~ **machi** 港町 A cidade portuária.

miná-zuki 水無月 (< mízú + nái + tsukí)【E.】 O sexto mês do calendário lunar; (o mês de) junho. ⟨S/同⟩ Rokúgátsú (+).

míndo 民度 **a)** O nível de vida do povo; **b)** O nível cultural do povo. ★ ~ *ga hikui* [*takai*] 民度が低い[高い~] é baixo [alto].

miné 峰・嶺 **1** [山の頂] O topo [pico/cume/alto/cimo; A crista] da montanha. ⟨S/同⟩ Oné; sańchō. **2** [刀剣の背] As costas de espada [de instrumento cortante]. ◇ ⇨ ~ **uchí**. ⟨A/反⟩ Ha³.

mín'éi 民営 A administração privada (civil). *Kokuyū kigyō o ~ ka suru* 国有企業を民営化する Privatizar uma empresa estatal. ◇ ~ **jigyō** 民営事業 O empreendimento civil [privado]. ~ **ka** 民営化 A privatização. ⟨A/反⟩ Kań'éi; kóéi.

míneraru ミネラル (< Ing. mineral < L.) O mineral. ◇ ~ **uōtā** ミネラルウオーター A água mineral. ⟨S/同⟩ Kōbútsú-shitsu; mukí-shitsu.

miné-úchi 峰打ち (< … **2** + útsu) O golpe com as costas da espada.

mingéi 民芸 A arte popular [nativa/regional/rústica]. ★ ~ *chō* [*fū*] *no kagu* [*fū*] *no kagu* 民芸調[風]の家具 Os móveis [A mobília] de estilo rústico. ◇ ~ **hin** 民芸品 O [Os produtos de] artesanato.

mingyō 民業 A empresa privada. ⟨A/反⟩ Kańgyō.

míni ミニ (< Ing. < L. minimus: mínimo) **1** [小型の]【Pref.】 Mini-. ⟨S/同⟩ Kogáta nó. **2** [⇨ miní-súkáto].

mín'i 民意【E.】 A opinião pública; o consenso do público; a vontade do povo. ⇨ yóron.

miní(**á**)**chúá** ミニ(ア)チュア (< Ing. miniature < L. miniatus: feito de mínio [zarcão]) A miniatura; a imagem reduzida.

minikā [**āa**] ミニカー (< Ing. minicar) **a)** O carro pequeno; **b)** A miniatura dum carro. ⇨ míni; mokéí.

miníkuí¹ 醜い **1** [美しくない] Feio; disforme; desfigurado; horrível. ★ ~ *kizu-ato* 醜い傷跡 Uma cicatriz horrível. **2** [見苦しい] Feio; triste; vergonhoso; desagradável; indecente; ignóbil; repugnante. ★ ~ *arasoi* 醜い争い Uma desavença [luta] triste/vergonhosa. ⓈⒻ Mi-gúrúshíí; mittómónái.

minikúi² 見にくい (< *míru* + nikúi) Difícil de ver; 「um vulto」que não se vê bem.

mini-súkáto [áa] ミニスカート (< Ing. miniskirt) A mini-saia. Ⓐ⒭ Roñgú-súkáto. ⇨ míni.

mínji 民事 A causa [A questão; O assunto] cível/do direito civil. Ⓐ⒭ Kéiji. ⇨ *saiban* [*soshō*].

mínjí-sáiban 民事裁判 O julgamento cível. ◇ ~ **sho** 民事裁判所 O tribunal (do) cível. Ⓐ⒭ Keíjí-sáiban.

mínjí-sóshō 民事訴訟 A a(c)ção [O processo] cível. ★ ~ *o okosu* 民事訴訟を起こす Mover [Instaurar] um/a ~. ◇ ~ **hō** 民事訴訟法 O direito [código] cívil. Ⓐ⒭ Keíjí-sóshō.

mínjó 民情 As condições de vida [A situação] do povo.

mínju 民需 A procura do público [da população civil]. ◇ ~ **hin** 民需品 Os produtos [artigos] de consumo (público/geral). ~ **sangyō** 民需産業 A (indústria de) produção de bens [artigos] de consumo. Ⓐ⒭ Gúnju; kánju.

mínka 民家 O habitação; a casa particular.

mínkán 民間 **1** [一般人社会] A comunidade civil; o povo. ◇ ~ **denshō** 民間伝承 O folclore; a lenda (⇨ mínwá). ~ **ryōhō** 民間療法 O tratamento caseiro; a medicina popular. ⓈⒻ Séken; sezókú. **2** [公的に対して] Civil; privado. *Sono mondai wa ~ ni yudanerareta* その問題は民間に委ねられた Esse problema é de esfera ~. ◇ ~ **gaikō** 民間外交 A diplomacia privada (de cidadãos comuns). ~ **hōsō (kyoku)** 民間放送 (局) A emissora privada. ~ **jin** 民間人 O civil. ~ **kigyō** 民間企業 A empresa privada. ~ **shihon** 民間資本 O capital privado.

mínkén 民権 【E.】Os direitos do povo. ◇ (**Jíyū**) ~ **undō** (自由) 民権運動 O movimento democrático [de democratização].

mínku ミンク (< Ing. mink) O arminho [A marta] (Mustelídeos). ★ ~ *no kōto* ミンクのコート O casaco [sobretudo] de ~.

mínná 皆 ⇨ miná.

míno 蓑 A capa (feita) de colmo. ⇨ amágu.

minō 未納 (⇨ mi⁴) O não estar pago [O estar por pagar]. ★ ~ *no yachin* [*jidai*] 未納の家賃[代] O aluguer[l] da casa [do terreno] por pagar. ◇ ~ **gaku (kin)** 未納額[金] A soma [importância] por pagar; o débito. ~ **sha** 未納者 O devedor.

mi-nógású 見逃す (< míru + nogásu) **1** [見落とす] Deixar escapar [passar]; não notar [ver]. ★ *Minogasenai eiga* 見逃せない映画 Um filme excelente [que não se pode deixar de ver]. ⓈⒻ Mi-ótósu. **2** [とがめずに置く] Fazer vista grossa a; deixar passar. *Kondo dake wa minogashite yarō* 今度だけは見逃してやろう Bem, desta vez vou ~, mas só desta! **3** [ボールを打たない] 【Beis.】 Não (re)bater「a bola arremessada」; perder. ★ *Zekkōkyū o* ~ 絶好球を見逃す Perder a melhor bola.

mi-nó-hódó 身の程 A posição social; o seu lugar. ★ ~ *o wakimaeru* 身の程をわきまえる Não querer ser mais do que se é. ~ *shirazu* 身の程知らず Mal-educado; descarado.

mi-nó-ké 身の毛 Os pelos do corpo. ★ ~ *no* [*ga*] *yodatsu* 身の毛の[が]よだつ「uma cena」Horripilante; horrendo; de arrepiar. ⓈⒻ Taímō. ⇨ sōké-dátsu.

mi-nókóshí 見残し (< mi-nókósu) O não ver (tudo); aquilo que ficou por ver.

mi-nókósu 見残す (< míru + …) Não ver. ★ *Hakurankai no ichibu o* ~ 博覧会の一部を見残す Não vi uma parte da exposição. ⇨ mi-ótósu.

mi-nó-máwárí 身の回り **1** [日常生活に必要なこまごました物] Os pertences; os obje(c)tos de uso pessoal. ★ ~ *no mono* [*shina*] 身の回りの物[品] Tudo o que é de uso pessoal. **2** [日常生活の雑事] Os serviços caseiros; os afazeres do dia-a-dia. ★ ~ *no sewa o suru* 身の回りの世話をする Cuidar [Tomar conta] algum ~. ⓈⒻ Shínpen.

minó-mushi 蓑虫【Zool.】O bicho-do-saco; *psychidae*.

minóri 実 [稔] り (< minórú) **1** [実ること] A frutificação; a colheita. ★ ~ *ga yoi* [*warui*] 実りがよい[悪い] Ter boa [má] colheita. ~ *no aki* 実りの秋 O outono, a estação das colheitas. ⓈⒻ Shúkákú; toríré. **2** [努力の成果] O resultado; o fruto. *Kaigi wa ~ ōi mono de atta* 会議は実り多いものであった A reunião foi muito producente [frutuosa]. ⓈⒻ Séika; shúkákú.

minórú 実 [稔] る **1** [実がなる] Frutificar; dar fruto. *Kotoshi wa ine ga yoku minotta* 今年は稲が良く実った Este ano o arroz está grado [tem muito grão]. (lit.)『*Minoru hodo kōbe no sagaru inaho ka na* 実るほど頭の下がる稲穂かな Quanto mais sábio, mais humilde. (Lit. A espiga, quanto mais carregada [grada] mais se inclina).』**2** [努力などが報いられる] Dar fruto [resultado]. ★ *Naganen no kurō ga minotta* 長年の苦労が実った O trabalho duro de longos anos deu resultado.

minóshíró-kín 身代金 O (dinheiro de) resgate. ★ ~ *meate no hankō* 身代金目当ての犯行 O crime praticado com mira no ~. ~ *o yōkyū suru* 身代金を要求する Exigir o ~.

mi-nó-take 身の丈 A estatura; a altura. ⓈⒻ Séi; sétake; shínchō.

mi-nó-ué 身の上 **1** [人の運命] O destino; a sorte; o fado. ⓈⒻ Únmei; únsei. **2** [境遇] A situação (de vida); as condições (em que se vive). *Kare wa ima de wa anraku na ~ da* 彼は今では安楽な身の上だ Ele agora tem uma ~ boa [está bem de vida]. ⓈⒻ Kyōgū; shiñjō. **3** [経歴] A vida; o passado. ★ ~ *o kataru* 身の上を語る Falar de si [do seu ~/da sua ~]. ◇ ~ **banashi[sōdan]**.

minóué-bánashi 身の上話 (< … + hanáshí) A história da sua vida; as reminiscências do passado. ★ ~ *o suru* 身の上話をする Contar coisas da sua ~. Ⓤ⒞ Uchíáké-bánashi.

minóué-sōdan [óo] 身の上相談 A consulta sobre si [problemas pessoais].

mínpei 民兵 O miliciano; o soldado civil.

mínpō¹ 民法【Dir.】O direito [código] civil.

mínpō² 民放 ⇨ miñkáñ ◇.

mínryoku 民力 【E.】O poder econó(ô)mico do povo; os recursos nacionais.

mínséi¹ 民政 A administração [O governo] civil. ★ ~ *o shiku* 民政を布く Estabelecer um ~ civil. Ⓐ⒭ Guñséí.

mínséi² 民生 O bem-estar público. ◇ ~ **iin** 民生委

員 O membro da comissão de assistência social.
mínsén 民選 A eleição por votação do povo. ◇ ~ **giin** 民選議員 O membro da Dieta [do Congresso/da Assembleia] eleito pelo povo. A/反 Kańsén.

mínshín 民心【E.】O sentimento [A vontade; interesse] popular. ★ ~ *ga dōyō suru* 民心が動揺する Ficar o povo agitado.

mínshu 民主 A democracia. ◇ ⇨ ~ **koku** [**shugi; teki**]. ~ **seido** 民主制度 A democracia; o sistema democrático. ~ **seiji** 民主政治 A política [O regime] democrática/o.

mínshū 民衆 O povo; o público; as massas. ~ *no koe o kiku* 民衆の声を聞く Ouvir a voz do povo. ◇ ~ **geijutsu** [**goraku**] 民衆芸術[娯楽] A arte [recreação] popular. ⇨ ~ **ka**. ~ **shinri** 民衆心理 A psicologia do ~. ⇨ taíshū[1].

mínshú-ká 民主化 A democratização. ★ *Kaisha no un'ei o* ~ *suru* 会社の運営を民主化する Democratizar a administração da empresa [firma]. ◇ ~ **undō** 民主化運動 O movimento de ~.

mínshú-ká 民衆化 A popularização.

mínshú-koku 民主国 O país democrático.

mínshúkú 民宿 A casa privada que também aceita hóspedes (mesmo em grande número).

mínshú-séi 民主制 O sistema democrático.

mínshú-shúgi 民主主義 A democracia. ★ ~ *no* 民主主義の Democrático. ◇ ~ **sha** 民主主義者 O democrata. S/同 Demókúráshī.

mínshú-téki 民主的 Democrático. ★ ~ *na kokka* 民主的な国家 O estado [país] ~.

Mínshú-tō 民主党 O partido democrático.

mínu-furi 見ぬ振り (< Neg. de míru + ···[3]) O fingir não ver; o fazer que não「viu」. *Karera wa watashi no shippai no mite* ~ *o shite kureta* 彼らは私の失敗を見て見ぬ振りをしてくれた Eles fingiram não ter [que não tinham] visto o meu erro.

mi-núku 見抜く (< míru + ···) Adivinhar; perceber; descobrir. ★ *Uso no minukareru* うそを見抜かれる Ser descoberta a mentira; ser desmascarado. S/同 Mi-tōsú; mi-yábúru.

mínwá 民話 O folclore; a lenda [o conto] popular. S/同 Mindén; mukań-sétsuwa; mukashí-bánashi.

min'yō 民謡 A música folclórica; o folclore. S/同 Rīyō; zokúyō.

min'yū 民有 A posse privada. ◇ ~ **chi** 民有地 A propriedade [O terreno] particular. ~ **rin** 民有林 A floresta privada [particular]. A/反 Kań'yū; kokúyū; kōyū. ⇨ mińkań **2**.

mínzoku[1] 民族 A raça; o povo; a etnia; a nação. ◇ ⇨ ~ **buyō** [**gaku**]. ~ **ishō** 民族衣装 O traje típico. ⇨ ~ **jiketsu**. ~ **ongaku** 民族音楽 A música folclórica. ⇨ ~ **shugi**. **Raten** ~ ラテン民族 Os povos latinos. **Shōsū** ~ 少数民族 A raça minoritária; as minorias; uma minoria rácica.

mínzoku[2] 民俗 O folclore; os usos e costumes tradicionais de um povo. ★ ~ *teki na* 民俗的な Popular; folclórico; tradicional. ◇ ~ **geinō** 民俗芸能 A arte popular [folclórica].

mínzókú-buyō 民族舞踊 A dança folclórica.

mínzókú-gaku[1] 民俗学 O folclorismo; o estudo do folclore. ◇ ~ **sha** 民俗学者 O folclorista; o especialista em [de] folclore.

mínzókú-gaku[2] 民族学 A etnologia. ◇ ~ **sha** 民族学者 O etnólogo.

mínzoku-jikétsú 民族自決 A auto-determinação de um povo.

mínzókú-shúgi 民族主義 O nacionalismo. ◇ ~ **sha** 民族主義者 O nacionalista.

mío 澪・水脈 **1**[航路] A rota (de navegação) marítima (fluvial). **2**[航跡] A esteira [O sulco] de navio. S/同 Kōsékí.

mi-óbóé 見覚え (< míru + obóéru) O reconhecer; o ter visto. ★ ~ *no* [*ga*] *aru kao* 見覚えの[が]ある顔 Um rosto que não「me」é estranho.

mi-ókúri 見送り (< mi-ókúrú) **1**[人を見送ること] A despedida「no aeroporto」. *Eki e chichi o* ~ *ni itta* 駅へ父を見送りに行ったFui despedir-me do meu pai à estação. **2**[見ているだけで手を出さないこと] O deixar「o proje(c)to」por fazer. ★ ~ *sanshin o kissuru* 見送り三振を喫する【Beis.】Não se mexer diante de três lances de bola válidos.

mi-ókúrú 見送る (< míru + ···) **1**[送別する] Despedir-se. *Yūjin o kūkō de miokutta* 友人を空港で見送った Despedi-me do meu amigo no aeroporto. S/同 Sōbétsú súrú. A/反 De-múkáérú. **2**[目送する] Acompanhar com os olhos [a vista]「até desaparecer」. **3**[死ぬまで世話する] Cuidar até ao fim [à morte]. ★ *Oya o* ~ 親を見送る Cuidar dos pais até ao fim. **4**[控える; 遅期する] Prorrogar; adiar; protelar. *Sono gian no saiketsu wa miokurareta* その議案の採決は見送られた A votação desse proje(c)to foi adiada. **5**【Beis.】Não se mexer para (re)bater a bola. ★ *Sutoraiku o* ~ ストライクを見送る Não (re)bater a bola válida.

mi-ómó 身重 (< ···[1] + omói) A gravidez; o estar grávida [de bebé/ê]. ★ ~ *no fujin* 身重の婦人 Uma (senhora) grávida; a gestante. S/同 Mi-móchí. ⇨ niń shín.

mi-órósú 見下ろす (< míru + orósu) Ver de cima para baixo. *Yama ni noboru to machi ga mioroseru* 山に登ると町が見下ろせる De cima da montanha avista-se a cidade.

mi-ósámé 見納め (< míru + osáméru)「dar」A última vista [olhada]「ao monte Fuji」. *Kore ga kono yo no* ~ *da* これがこの世の見納めだ「abriu a janela e disse」Esta é a minha「a este mundo」.

mi-ótóri 見劣り (< míru + otóru) A aparência inferior [pior]. *Yasui shinamono wa yahari* ~ *ga suru* 安い品物はやはり見劣りがする Realmente, os artigos baratos têm pior aspecto/~.

mi-ótóshi 見落とし (< mi-ótósu) A omissão; o lapso; o deslize. *Tashō no* ~ *wa manukarenai darō* 多少の見落としはまぬかれないだろう É [Será] inevitável que haja algum/a ~.

mi-ótósu 見落とす (< míru + ···) Deixar escapar [de ver]; omitir; não ver. *Donna chiisa-na machigai mo miotoshite wa naranai* どんな小さなまちがいも見落としてはならない Não se pode deixar passar [escapar] o mínimo erro. S/同 Mi-nógású; mi-súgósu.

mippéi 密閉 O estar hermeticamente [completamente] fechado. ★「*Heya o*」~ 「部屋を」密閉する Fechar completamente「a sala」.

mippū 密封 A selagem; o fechamento hermético [estanque ao ar, a vácuo]「do artigo」.

mírā ミラー (< Ing. mirror) O espelho. ◇ ~ **bōru** ミラーボール A bola de ~ para jogos de luz. **Bakku** ~ バックミラー (S/同 Kagamí (+).

mírai 未来 **1**[将来] O futuro. *Kimi ni wa kagayakashii* ~ *ga aru* 君には輝かしい未来がある Você tem um ~ brilhante [promissor]. ★ ~ *no otto* [*tsuma*] 未来の夫[妻] O futuro marido [A futura esposa]. ~ (*no koto*) *o yosō suru* 未来(のこと)を予想する Prever o ~. ◇ ~ **eigō**「*wasuru bekarazaru hi*」未来永劫「忘るべからざる日」A data que munca mais "se esquece". ~ **gaku** 未来学 A futurologia. ⇨ ~ **ha**. ~ **zō** 未来像 A imagem do ~. ⓈⓆ Shōrai. ⒶⓇ Káko. **2**［来世］【Bud.】 A outra vida; o além-túmulo. ⓈⓆ Ráise. ⒶⓇ Zénse. **3**【Gram.】 O (tempo) futuro. ◇ **Chokusetsu-hō** ~ 直説法未来 ~ do indicativo「de "ir" é "irei"」. **Tanjun** ~ 単純未来 ~ simples (Ex.: eu cantarei).

mirái-há 未来派【Arte】 O futurismo.

miren 未練 O relutância [o pesar] em abandonar algo. *Tokai seikatsu ni* ~ *wa nai* 都会生活に未練はない Nada me prende à vida urbana [Não tenho nenhum apego à cidade]. ★ *Ushinatta mono ni* ~ *o nokosu* 失った物に未練を残す Ficar apegado ao [Chorar o/Ter saudades do] que perdeu. ⓈⓆ Aíchákú; kokóró-nókori.

mirén-gâmâshíi 未練がましい Relutante; pesaroso; contrito. ★ ~ *koto o iu* 未練がましいことを言う Lamuriar-se; lamentar-se; queixar-se.

míri ミリ (< Fr. milli- < L.) **1**［千分の一］ Um milésimo. **2**［ミリメートル］ O milímetro (< miri-métoru).

miri-ánpéa ミリアンペア O miliampere.

miri-báru [áa] ミリバール【A.】 O milibar. ⓈⓆ Hekútó-pásukaru.

miri-gúramu ミリグラム (< Ing. milligram) O miligrama.

miri-ha ミリ波 A onda milimétrica.

miri-métoru [ée] ミリメートル (< P.) O milímetro.

miri-míkuron ミリミクロン (< Ing. millimicron) O milímicron.

mirin 味醂 O saquê adocicado. ◇ ~ **boshi** 味醂干し A sardinha seca temperada com ~.

miri-ríttoru ミリリットル (< P.) O mililitro.

miritári-rúkku ミリタリールック (< Ing. military look) O estilo militar (Moda).

míru[1] 見［観］る (⇨ miéru; miséru; goráń) **1**［目で］Ver; olhar; avistar; dar uma olhada; ler; examinar; avaliar; julgar; considerar. *Asu watashi wa yakyū o mi ni ikimasu* 明日私は野球を見に行きます Amanhã vou ver [assistir a] um jogo de beisebol. *Hason o ichi-wari to mite wa mon son wa nai darō* 破損を一割と見ても損はないだろう Mesmo avaliando a perda em 10%, ainda não dará prejuízo. *Kare wa hito o* ~ *me ga aru* 彼は人を見る目がある Ele conhece bem os outros [é bem psicólogo]. ★ ~ *beki mono ga nai* 見るべきものがない Não haver nada especial [digno de se ver]. ~ *kage mo naku yatsureru* 見るかげもなくやつれる Ficar magro e abatido/Ficar só pele e ossos. ~ *kara ni* 見るからに Que transpira [mostra] ser; logo à primeira vista; obviamente. ~ *ma ni ma* 見る間に Num instante; num abrir e fechar de olhos. ~ *mo muzan na* 見るも無残［惨］な Horrível; que custa ver. ~ *ni taenai* 見るに堪えない Não conseguir olhar「para uma cena horrível」. *Micha* [*Mite wa*] *irarenai* 見ちゃ[見ては]いられない Causar aflição ao ~. *Mite mo ki kochii yoi* 見ても心地良い Agradável à vista. *Mita tokoro de wa*「*taishita songai de wa nai*」見たところでは「大した損害ではない」Pelo que eu vi (foi dano não foi muito grande). *Mite minu* [*minai*] *furi o suru* 見て見ぬ[見ない]ふりをする Ver, mas fingir que não (viu). *Chirari to* ~ ちらりと見る Lançar um olhar; ver a correr; olhar de relance. *Chūi shite* [*Yoku*] ~ 注意して[よく]見る Olhar atentamente [Ver com atenção]. *Doko kara mite mo* どこから見ても Veja-se de que lado se vir「ele é inocente」. *Hi no me o* ~ 日の目を見る Dar certo; ser reconhecido; ter sucesso. *Jirojiro to* ~ じろじろと見る Olhar indiscretamente [com descaro]. *Kōi-teki ni* ~ 好意的に見る Ver com simpatia [bons olhos]. *Ōku* (*Sukunaku*) *mite* 多く［少なく］見て Avaliando para mais [menos]; no máximo [mínimo]; calculando (muito) por cima [baixo]. *Utagai no me* [*manako*] *de* ~ 疑いの目で見る Olhar com suspeita/desconfiança. *Zatto* ~ ざっと見る Dar uma olhada「ao/pelo jornal」; ver [ler] por alto. ⒫ ~ *to kiku to wa ō-chigai* 見ると聞くとは大違い Uma coisa é ouvir, outra é ver. *Minu ga hana* 見ぬが花 Antes ficar só na imaginação do que ver. ◇ ⇨ **me**.

2［世話をする］ Cuidar; tomar conta. ★ *Akanbō no mendō o* ~ 赤ん坊の面倒を見る ~ do/a bebé[ê]. *Rōjin o* ~ 老人を見る ~ dos velhinhos. ⓈⓆ Sewá suru.

3［調べて判断する］ Ver e julgar. ★ *Aji o* ~ 味を見る Provar「o vinho」; ver como está de sabor「o guisado」. *Tesō o* ~ 手相を見る Ler as linhas da palma da mão. *Tōan o* ~ 答案を見る Corrigir a prova [o exame]. *Yoi to* ~ 良いと見る Aprovar; considerar bom.

4［試みる・経験する］Tentar; experimentar; provar. *Ichido sekai isshū ryokō o shite mitai* 一度世界一周旅行をしてみたい Gostava de um dia (fazer a experiência de) dar uma volta ao mundo. *Iku dake itte mitara* 行くだけ行ってみたら Porque é que não vai, pelo menos? *Otona ni natte* ~ *to, kangaekata ga kawatte kita* 大人になってみると考え方が変わってきた Agora, como adulto, penso doutra maneira [tenho uma opinião diferente]. *Hito-kuchi tabete* ~ 一口食べてみる Comer um pouquinho para provar. ⓈⓆ Keíkén súrú.

5［考える］Pensar; considerar; julgar. *Sōnan-sha wa shinda mono to mirarete iru* 遭難者は死んだものと見られている Presume [Pensa]-se que as vítimas do acidente tenham morrido. *Sono ten kara* [*de*] ~ *to kono setsu wa tadashii* その点から[で]見るとこの説は正しい Sob esse ponto de vista, esta teoria está corre(c)ta. ★ ~ *hito ga mireba* 見る人が見れば「é evidente」Se uma pessoa tiver olhos para ver. *Iro-megane de* ~ 色眼鏡で見る Julgar com preconceito.

6［経験する］Ter; Passar por] uma experiência. *Ima ni miro* [*mite iro*] 今に見ろ[見ていろ] Ainda me hei-de vingar dele [Esperem, que ele vai-mas pagar]. *Sore mita koto ka* それ見たことか Não lhe disse [o avisei]? /Vê o que acontece quando não se ouvem os bons conselhos? ★ *Baka o* ~ 馬鹿を見る Fazer papel de bobo [tolo]. *Ukime o* ~ 憂き目を見る Passar por uma experiência amarga [dura].

7［至る］Encontrar; chegar a. *Jiken wa go-ka-getsu buri ni ketchaku o mita* 事件は5か月ぶりに決着を見た Após cinco meses encontrou-se uma solução para o caso.

míru[2] 診る Examinar; ver. ★ *Kanja o* ~ 患者を診る ~ o doente. *Kega no jōtai o* ~ けがの状態を診る ~ o estado da ferida. ⇨ shińsátsú.

míruku ミルク (< Ing. milk) **1**［牛乳］O leite. ◇ ~

míru-me 見る目 **1** [目にうつる所] A vista; a cena. ★ ~ *mo azayaka na shikisai* 見る目も鮮やかな色彩 A coloração [As cores] de encantar a vista com a sua viveza. **2** [観察の目] O olho clínico; os olhos de ver. *Kare wa hito o ~ ga nai* 彼は人を見る目がない Ele não sabe ver as pessoas. ⇨ **Kanshíkígán**.

mírumiru 見る見る (< *míru*) Num instante [momento/repente/abrir e fechar de olhos]. *Kumo ga ~ (uchi ni) sora zentai ni hirogatte itta* 雲が見る見る(うちに)空全体に広がっていった [De um momento para o outro] o céu ficou todo nublado [coberto de nuvens]. ⓈⒾ Tachímáchí.

miryō¹ 未了 O 「encontro」não estar acabado [terminado; encerrado]. ◇ **Shingi ~** 審議未了 A deliberação pendente. ⓈⒾ Kañryō.

miryō² 魅了 O fascínio; a fascinação. ★ ~ *suru* 魅了する Fascinar; encantar; cativar 「a assistência」; deslumbrar.

miryóku 魅力 O encanto; o atra(c)tivo; o agrado; o fascínio; o magnetismo; o interesse. *Kanojo wa taihen ~ teki na josei da* 彼女はたいへん魅力的な女性だ Ela é uma mulher muito atraente. *Sono hanashi ni wa taisō ~ o kanjiru* その話にはたいへん魅力を感じる Estou fascinado por esse caso.

mísa ミサ・弥撒 (< L. missa) A (santa) missa. ★ ~ *ni sanretsu [sanka] suru* ミサに参列[参加]する Assistir à [Participar na] ~. ~ *o okonau* ミサを行なう Dizer/Celebrar ~. ◇ ~ **kyoku** ミサ曲 A Missa 「De Angelis/Polifónica」. ⓈⒾ Seísan-shiki.

mi-sádáme 見定め (< *mi-sádámeru*) O ver bem 「antes de decidir」; a avaliação. *Jōkyō no ~ ga tsuku made wa ugoki-dasanai hō ga yoi* 状況の見定めがつくまでは動き出さない方がよい É melhor não agir antes de avaliar (bem) a situação. ★ *Zen'aku no ~* 善悪の見定め O distinguir o bem do [e o] mal. ⓈⒾ Mikíwámé.

mi-sádámeru 見定める (< *míru* + …) Avaliar; observar; ver antes de decidir. *Nariyuki o ~ ni* 成り行きを見定めに Observar o desenrolar [andamento] das coisas (até ao fim). ⓈⒾ Mikíwámeru.

miságe-háteta 見下げ果てた (< *miságeru* + *haté-ru*) Desprezível; vil; reles. ~ *yatsu da* 見下げ果てたやつだ Que indivíduo mais ~!

mi-ságeru 見下げる (< *míru* + …) Desprezar; subestimar; desdenhar. ⓈⒾ Anádóru; bésshi suru; karóñjiru; keíbétsu súrú (+); mikúdásu.

misái 未済 A não-quitação. Ⓐ/反 Kísái.

misáiru ミサイル (< Ing. missile < L. missilis) O míssil. ★ ~ *o hassha suru* ミサイルを発射する Lançar [Disparar] um ~. ◇ ~ **kichi** ミサイル基地 A base [rampa de lançamento] de mísseis. **Chi-tai-chi** [**kū**] ~ 地対地[空]ミサイル ~ terra-terra [anti-aéreo]. **Kaku** ~ 核ミサイル ~ nuclear [com ogivas/bombas nucleares]. **Kū-tai-kū** [**chi**] ~ 空対空[地]ミサイル ~ ar-ar[-terra]. **Senryaku** ~ 戦略ミサイル ~ de uso bélico [estratégico]. **Tairiku-kan dandō** ~ 大陸間弾道ミサイル ~ (de alcance) intercontinental. ⓈⒾ Yúdódan.

mi-sákai 見境 (< *míru* + …) A distinção; o discernimento; o juízo; o ver onde está o ponto. ★ *Zen'aku no ~ ga tsukanai* 善悪の見境がつかない Não ter discernimento; não saber distinguir o bem do mal. *Zengo no ~ mo naku taigaku suru* 前後の見境もなく退学する Abandonar os estudos irrefle(c)tidamente.

misáki 岬 O cabo; o promontório. ⇨ **hañtō**¹. ◇ **Roka ~** ロカ岬 O cabo da Roca (Em P.; é o ponto mais a oeste na Europa).

misáo 操 **1** [節操] A moralidade; a fidelidade aos princípios. ★ *Seijika to shite no ~ o mamoru* [*tateru*] 政治家としての操を守る[立てる] Ser fiel aos seus princípios como político. ⓈⒾ Sessō. **2** [貞操] A castidade; a pureza. ★ ~ *o mamoru* [*tateru*] 操を守る[立てる] Guardar a ~; ser fiel. ⓈⒾ Teísétsū; teísō.

misáságí 陵 ⇨ góryō¹.

misé 店・見世 A loja; a casa comercial; a venda; a tenda; o armazém. ★ ~ *ni dete iru shōhin* 店に出ている商品 Os artigos expostos na loja. 「*Jū-ji ni*」~ *o akeru* [*shimeru*]「10時に」店を開ける[しめる] Abrir [Fechar] a loja 「às 10h」. ~ *o dasu* [*hiraku*; *motsu*] 店を出す[開く; 持つ] Abrir [Ter] uma loja. ~ *o shimeru* [*tatamu*; *shimau*] 店を閉める[たたむ; しまう] Fechar a loja (definitivamente). *Ikitsuke no ~* 行きつけの店 A loja onde [a que] se costuma ir. *Takai* [*Yasui*] ~ 高い[安い]店 A loja careira [barateira]. ◇ ~ **ban** [*saki*]. ⇨ Shōten; sutóā.

misé-bá 見せ場 (< *miséru* + …) O ponto culminante; o clímax; a cena principal 「do filme」. ★ ~ *o tsukuru* 見せ場をつくる Preparar o clímax 「da peça」. ⓈⒾ Mi (sé)-dókóró.

misé-bán 店番 O empregado da loja.

misébírákásu 見せびらかす (< *miséru* + …) Exibir; mostrar; ostentar. *Daiya no yubiwa o tomodachi ni ~* ダイヤの指輪を友達に見せびらかす Exibir o anel de diamante aos amigos. ⓈⒾ Hikérákásu.

misé-bíraki 店開き (< … + *hiráku*) A inauguração d(e um)a loja. ⓈⒾ Kaíteñ; kaígyō. Ⓐ/反 Misé-jímai.

misé-dókóró 見せ所 (< *miséru* + *tokóró*) O lugar [momento] certo [exa(c)to; propício] para mostrar. *Koko ga dokyō no ~ da* ここが度胸の見せ所だ Aqui [Agora] é que se deve mostrar a coragem. ★ *Ude no ~* 腕の見せ所 O momento propício para mostrar a sua habilidade. ⓈⒾ Misé-bá; misé-dóki.

misé-gámae 店構え (< … + *kamáe*) O aspecto [tamanho; A fachada] da loja. ★ *Shareta ~ no shōten* しゃれた店構えの商店 Uma loja decorada com bom gosto. ⓈⒾ Misé-góshirae.

misé-gáne 見せ金 (< *miséru* + *kané*) O dinheiro que se mostra num negócio para adquirir confiança.

mi-séinen 未成年 A menoridade. ◇ ~ **sha**. Ⓐ/反 Seínén. ⇨ mi⁴.

miséinén-sha 未成年者 O [A] menor. ~ *nyūjō okotowari* 未成年者入場お断り (掲示) Proibida a entrada a [Os] menores (de vinte anos). Ⓐ/反 Seíjín. ⇨ shōnén.

mi-séiri 未整理 Por arrumar [ordenar]; desarrumado. ~ *no denpyō* 未整理の伝票 As facturas por ordenar [que não estão por ordem]. ⇨ mi⁴.

misé-jímai 店仕舞い (< … + *shimáu*) **1** [廃業すること] O fechar a loja [deixar o negócio]. *Fukeiki de ~ o suru* 不景気で店仕舞いをする Fechar a loja por causa da recessão. ⓈⒾ Haígyō. Ⓐ/反 Kaíteñ;

misé-bíraki. **2** [閉店] O fechar a [encerramento de expediente da] loja「ás 19h.」. [S/同] Heítéń.

misé-káké 見せ掛け (< misé-kákéru) A aparência; o fingimento. [S/同] Gaíkéń; uwábé.

misé-kákéru 見せ掛ける (< miséru + …) Fingir; simular; disfarçar-se「de polícia」. ★ *Nesshin na yō ni* ~ 熱心なように見せ掛ける Fingir que trabalha muito [que é muito sério].

misé-mónó 見世物 A exibição; o espe(c)táculo; a curiosidade. *Sā, doita doita ~ ja nai zo* さあどいたどいた見世物じゃないぞ Afastem-se! Isto não é um [nenhum] ~! ★ ~ *ni suru* 見世物にする Expor [Exibir] como curiosidade; mostrar como espe(c)táculo. ◇ **~ goya** 見世物小屋 A barraca de espe(c)táculos; o circo. [S/同] Kṓgyṓ; shṓ.

miséru[1] 見せる (< míru) **1** [人が見るようにする] Mostrar; revelar; fazer ver. *Hokano boushi o misetekudasai* ほかの帽子をみせてください Mostre-me outros chapéus. *Sono doresu wa kanojo o utsukushiku* ~ そのドレスは彼女を美しく見せる Esse vestido realça a beleza dela. ★ *Aseri o* ~ 焦りを見せる Mostrar-se [Estar] impaciente. *Kippu o* ~ 切符を見せる Mostrar o bilhete. *Sugata o* ~ 姿を見せる Aparecer; vir「à festa」. *Te no uchi o* ~ 手の内を見せる Abrir o jogo; revelar as suas intenções; pôr as cartas na mesa. [S/同] Aráwásu; shimésu. ⇨ keíkéń[1]; shińsátsú. **2** [ふりをする] Fingir; simular; disfarçar-se. ★ *Kanemochi-rashiku* ~ 金持ちらしく見せる Disfarçar-se de rico. [S/同] Misé-kákéru. **3** [強い意志を表す] Mostrar; provar. *Kitto yaritogete ~ to kokoro ni chikatta* きっとやりとげて見せると心に誓った Eu prometi a mim mesmo que vou ~ a quem quiser que levo o plano ao fim.

miséru[2] 診せる Consultar. ★ *Isha ni* ~ 医者に診せる Consultar o [Levar「o filho」ao] médico.

misé-sákí 店先 A (fachada/frente da) loja. ★ *Yaoya no ~ de* 八百屋の店先で Na loja de verduras「também vendem fruta」. [S/同] Teńtṓ.

miséshímé 見せしめ A lição; o (castigo para servir de) exemplo. ⇨ koráshímé.

mísesu ミセス (< Ing. Mrs.: mistress) A senhora (casada). [S/同] Fujíń; óku-san (+). ⇨ mísu[2].

misétsú 未設 Por instalar. ◇ **~ sen** 未設線 As linhas ~. [A/反] Kisétsú.

misé-tsúkéru 見せ付ける Fazer demonstração de; mostrar; exibir; ostentar. *Daibu o-atsui tokoro o misetsukerareta* だいぶお熱いところを見せつけられた Demonstraram ser tão amorosos um com outro, que até tive inveja. ★ *Jitsuryoku no sa o* ~ 実力の差を見せ付ける Mostrar a sua superioridade「absoluta」. [S/同] Misébírákásu.

míshimishi みしみし (Im. de rangido). ★ *Yuka ga ~ iu* 床がみしみしいう O soalho ranger. ⇨ kishímu.

míshin ミシン (< Ing.「sewing」machine) A máquina de costura. ★ ~ *o fumu* ミシンを踏む Costurar à máquina. ◇ **~ abura** ミシン油 O óleo para ~. **~ bari** ミシン針 A agulha da ~. **~ ito** ミシン糸 O fio de algodão [A linha] para ~. **~ me** ミシン目 O ponto de costura à máquina [~ *me no haitta pēji* ミシン目の入ったページ A página [folha] picotada/perfurada]. **Dendō ~** 電動ミシン ~ elé(c)trica.

mi-shíru 見知る (< míru + …) Conhecer de vista. ★ *Mi-shiranu* 見知らぬ Desconhecido; estranho [*Mi-shiranu hito* [*machi*] 見知らぬ人[町] A pessoa [cidade] estranha]. *Mishiri-oku* 見知り置く Ter em mente; não esquecer; regist(r)ar na memória [*Igo o-mi-shiri-oki kudasai* 以後お見知り置き下さい Espero poder contar com o senhor daqui por diante]. *mi-shitta* 見知った Conhecido;「uma cara」familiar [*Mi-shitta kao* [*keshiki*] 見知った顔[景色] Uma pessoa [paisagem] familiar]. ⇨ hitómíshírí.

mishṓ[1] 実生 A planta nascida de semente. ★ ~ *no momo no ki* 実生の桃の木 O pessegueiro nascido de semente. [S/同] Mibáé.

mishṓ[2] 未詳 Desconhecido; por identificar. *Heike monogatari no sakusha wa ~ desu* 平家物語の作者は未詳です O autor de "Heike Monogatari" é ~o [não se sabe (ao certo) quem é]. [S/同] Fushṓ. ⇨ mi[4].

mi-shóchi 未処置 O não-tratamento. ★ ~ *no mushi-ba* 未処置の虫歯 A cárie não tratada [O dente cariado por tratar]. [S/同] Mi-shóri.

mishū́ 未収「a conta」Por pagar [A cobrar/A receber]. ◇ **~ kin** 未収金 A quantia a receber [por cobrar]. ⇨ mi[4].

mi-shū́gaku [úu] 未就学 A pré-escolaridade. ◇ **~ jidō** 未就学児童 A criança em idade pré-escolar.

míso 味噌 **1** [調味料] A pasta fermentada de soja. [I/慣用] ~ *mo kuso mo issho ni suru* 味噌もくそも一緒にする Misturar alhos com bugalhos. ~ *o tsukeru* 味噌を付ける Estragar o guisado; falhar; sair-se mal. ◇ ⇨ **~ kkásu** [**ni**/**ppa**]. **~ koshi** 味噌こし O coador de ~. **~ shiru** 味噌汁 A sopa de ~. ⇨ **~ zuke; kuso** [**nuka**] **~**. **2** [特色とする点] O ponto característico; o ponto-chave; o bom. *Kono dentaku wa meishi no yō ni usui tokoro ga ~ nanda* この電卓は名刺のように薄いところが味噌なんだ A característica [~] desta calculadora ele(c)tró[ô]nica é a sua espessura que é como a de um cartão de visita. ◇ ⇨ **temae ~**.

misógí 禊 A (cerimó[ô]nia de) purificação; a ablução. ⇨ o-hárái[2]; o-kíyómé.

misójí 三十路 O trintenário [A trintona](Pessoa na casa dos trinta).

misóká 三十日・晦日 O último dia do mês (⇨ ṓ-mísoka). [S/同] Jińjítsú; tsugómórí. [A/反] Tsuítachí.

misókkásu 味噌っ滓 (< … + ko + kásu) **a**) A borra [O farelo] do "miso"; **b**) Uma pessoa [criança] que não é tratada como igual (aos outros); o refugo [lixo].

mi-sókónái 見損い (< mi-sókónáu) O juízo erró[ô]neo. [S/同] Mi-áyámárí; mi-máchígáí.

mi-sókónáu 見損う (< míru + …) **1** [見誤る] Enganar-se; ver mal. ★ *Hyōshiki o* ~ 標識を見損う Ver mal o sinal. [S/同] Mi-ayámáru; mi-máchígáu; mi-sóńjíru. **2** [見はずす] Deixar de ver; deixar passar (a oportunidade); perder; não ver. *Furansu bijutsu-ten o misokonatte shimatta* フランス美術展を見損ってしまった Acabei por perder a (oportunidade de ver) a exposição de arte francesa. [S/同] Mi-házúsú. **3** [評価を誤る] Enganar-se「fazendo um juízo demasiado lisonjeiro」. *Watashi wa kare o misokonatta* 私は彼を見損った Eu enganei-me「pensando que ele era de confiança」.

mi-sóméru 見初める (< míru + …) Enamorar-se à primeira vista. ⇨ hitómé-bóré.

misó-ní 味噌煮 (< … + nirú) O cozido temperado com "miso".

misóppa 味噌っ歯 (<… + ha) O dente de leite cariado [preto]. [S/同] Misóba.
mi-sóréru 見逸れる (< míru + …) **1** [見過ごす] Não perceber [notar/ver]. **2** [評価をあやまって人を低く見る] Subestimar; não dar o devido valor. *Migoto na sakuhin, desu ne o-misore shimashita* みごとな作品ですね, お見それしました É uma obra magnífica! Tenho de reconhecer que tinha subestimado o artista.
misósázai 鷦鷯 A carriça (Ave pequenina que anda junto aos cursos de água); *troglodytes*.
mi-sóshiki 未組織 Não-organizado. ◇ **~ rōdō-sha** 未組織労働者 O trabalhador ~ [não filiado num sindicato]. ⇨ mi⁴.
misó-shíru 味噌汁 ⇨ miso ◇.
misó-zúké 味噌漬け (<… + tsukérú) A conserva de legumes, peixe ou carne em "miso". *Tai no ~* 鯛の味噌漬け A conserva de pargo em "miso".
missátsú 密殺 O matar [abater]「gado」ilegalmente [em talho clandestino].
misséí 密生 O grassar; o crescer (como mato). *Sono ko-jima ni wa jumoku ga ~ shite iru* その小島には樹木が密生している Nessa ilhota as árvores são [formam] uma mata cerrada.
missétsú 密接 **1** [密着すること] O estar muito junto. *Kono atari wa tatemono ga ~ shite tatte iru* このあたりは建物が密接して立っている Aqui os prédios estão muito juntos [quase colados] uns aos outros. [S/同] Mitchákú. ⇨ misshū́. **2** [関係が深いこと] Estreito; íntimo. *Nippaku kankei wa kongo masumasu ~ ni naru darō* 日伯関係は今後ますます密接になるだろう As relações entre o Japão e o Brasil serão cada vez mais estreitas. ★ *~ na kankei [tsunagari] o motsu* 密接な関係 [つながり] を持つ Ter uma relação [ligação] estreita「com o outro caso」.
misshí 密使 O mensageiro [emissário; enviado] secreto.
misshíri みっしり **1** [⇨ bisshíri]. **2** [⇨ mitchíri].
misshítsú 密室 **1** [秘密の部屋] A sala [O quarto] secreta[o]. **2** [締め切った部屋] O quarto isolado「para crimes」. ◇ **~ satsujin-jiken** 密室殺人事件 Um (caso de) assassinato num ~.
misshó 密書 A carta confidencial; a mensagem secreta.
misshū́ 密集 A aglomeração. ★ *~ suru* 密集する Aglomerar-se; concentrar-se [*Soko wa jinka ga ~ shite iru* そこは人家が密集している Aí há muitas [um grande aglomerado de] casas].
missṓ 密葬 O funeral privado [só com os membros da família]. ★ *~ suru [o okonau]* 密葬する [を行なう] Fazer/Ter um ~. [A/反] Hońsṓ.
mísu¹ ミス (< Ing. miss) O erro; o engano; a falha. ★ *~ suru [o okasu]* ミスする[を犯す] Cometer um/a ~; enganar-se. ◇ ⇨ **~ jajji [kyasuto; purinto]**. [S/同] Érā; machígái; shippáí; yarí-sókónáí.
mísu² ミス (< Ing. Miss) **1** [未婚女性] A senhorinha [senhorita]; a moça [mulher] solteira. ◇ **Hai [Ōrudo] ~** ハイ [オールド] ミス A solteirona. **2** [代表的美人] A "miss" do concurso de beleza. **~ yunibāsu** ミスユニバース A miss universo.
misúbóráshíi みすぼらしい Pobre; miserável. ★ *~(mi)nari o suru [shite iru]* みすぼらしい(身)なりをする[している] Estar pobremente [miseravelmente] vestido. [S/同] Bińbṓ-kúsái; hińjákú.
mi-súérú 見据える (< míru + …) **1** [じっと見つめる] Fitar; fixar [olhar] atentamente. [S/同] Mitsúmérú. **2** [見定める] Prever; pensar a longo prazo. *Shōrai o misueta seisaku o tateru* 将来を見すえた政策を立てる Fazer um plano pensando no futuro. [S/同] Mi-kíwáméru; mi-sádáméru.
mi-súgí 身過ぎ (<…¹ + sugíru) Os meios de subsistência; o ganha-pão. ★ *Saihō de ~ yo-sugi o suru* 裁縫で身過ぎ世過ぎをする Viver da costura; ganhar a vida como costureira. [S/同] Kuráshí (+); seíkéí (+).
mi-súgósu 見過ごす ⇨ mi-nógású.
misúí 未遂 (⇨ mi⁴) O atentado frustrado [malogrado; fracassado]. ★ *Kūdetā wa ~ ni owatta* クーデターは未遂に終わった O golpe de estado fracassou. ◇ **Jisatsu ~** 自殺未遂 A tentativa de suicídio. **Satsujin ~** 殺人未遂 O atentado de homicídio. [A/反] Kisúí.
misú-jájji ミスジャッジ (< Ing. misjudge) O juízo errado.
mi-súkásu 見透かす (< míru + …) Ler; adivinhar; perceber; detectar. ★ *Hara [Kokoro] o ~* 腹 [心] を見透かす Ler/Adivinhar o que o outro pensa. [S/同] Mi-núku.
misú-kyásuto ミスキャスト (< Ing. miscasting) A distribuição infeliz [errada] dos papéis (De teatro, cinema, etc.).
mi-súmásu 見澄ます (< míru + …) Verificar [Assegurar-se]; olhar bem; observar cautelosamente. [S/同] Mi-kíwámérú; tashíkáméru.
misúmísú 見す見す「fui roubado」Em frente dos「meus」olhos; à vista; estando a ver「e não podendo fazer nada」. ★ *~ chansu o nogasu* 見す見すチャンスを逃す Deixar passar [escapar] a oportunidade sem poder fazer nada. [S/同] Múzamuza.
misú-púrínto ミスプリント (< Ing. misprint) O erro tipográfico [de imprensa]. [S/同] Goshókú.
misúru 魅する Encantar; cativar; enfeitiçar; fascinar. [S/同] Miryṓ[Miwákú] súrú.
mísutā ミスター (< Ing. Mr.: mister) **1** [敬称] O sr. [senhor]「Sasaki」. [S/同] San [Samá] (+). **2** [代表として選ばれた男性] O representante; o símbolo. ◇ **~ Jaiantsu** ミスタージャイアンツ O mister "Giants".
mísuterī ミステリー (< Ing. mystery < L.) **1** [神秘] O「autor do atentado ainda é um」mistério; o enigma. [S/同] Fushígí; káiki; shínpi. **2** [ミステリーストーリーの略] A história [novela/O romance] de aventuras. *~ shōsetsu* ミステリー小説 O romance de aventuras. [S/同] Kaíkí-shṓsetsu; suírí-shṓsetsu.
mi-sútéru 見捨てる (< míru + …) Abandonar; desamparar; desertar; deixar. ★ *Fukō na tomo o ~* 不幸な友を見捨てる ~ um amigo (que está) em dificuldade. [S/同] Mi-hánású.
-mítai みたい **1** [~のよう] Parecer; assemelhar-se a. *Baka ~* 馬鹿みたい Você parece tolo [bobo]! /Isso é um disparate. ★ *Kodomo ~ ni naki-wameku* 子供みたいに泣きわめく Chorar e gritar como uma criança. *Uso ~ na hanashi* うそみたいな話 Uma história incrível [que até parece mentira]. **2** [~らしい] Parece que. *Kaze o hiita ~ da* かぜをひいたみたいだ ~ apanhei um resfriado. [S/同] Rashíi.
mí-táké 身丈 **1** [身長] A estatura; a altura. [S/同] Mi-nó-take; sétake (+); shińchṓ (o). **2** [衣服のえり

M

の付け根からすそまでの背筋の長さ] O comprimento do corpo-atrás (Cos.).

mi-támá 御霊 **a**) A alma [O espírito] do falecido. ◇ **~ ya** 御霊屋 O jazigo/mausoléu; o sepulcro de uma pessoa nobre. [S/同] Shińréí. **b**) O Espírito Santo. [S/同] Seíréí.

mitá-mé ní 見た目に ⇨ me[1].

mitánai 満たない ⇨ mítsu[3]; michíru.

mitású 満[充]たす **1** [一杯にする] Encher; rechear; preencher. ★ *Koppu ni mizu o ~* コップに水を満たす Encher o copo de água. **2** [満足させる] Suprir; satisfazer; preencher; cumprir. ★ *Jōken o ~* 条件を満たす Cumprir os requisitos [Satisfazer as condições]. *Kūfuku* [*Shokuyoku*] *o ~* 空腹[食欲]を満たす Matar a fome [Satisfazer o apetite]. *Mitasareta* [*Mitasarenai*] *kimochi* 満たされた[満たされない]気持ち A sensação de (estar) satisfeito [insatisfeito]. [S/同] Mánzoku saseru.

mi-táté 見立て (< mitátéru) **1** [診断] O diagnóstico; a diagnose. *Isha no ~ chigai datta yō da* 医者の見立て違いだったようだ Parece que o médico se enganou no ~. [S/同] Shińdáń. **2** [選択] A escolha; o critério (de escolha). ★ *~ ga jōzu* [*heta*] *da* 見立てが上手[へた]だ Ter bom [mau] gosto. [S/同] Seńtákú. **3** [判断; 鑑定] O juízo. ★ *~ chigai* 見立て違い ~ errado; o engano. [S/同] Hándan; kańtéí.

mi-tátéru 見立てる (< míru + …) **1** [診断する] Diagnosticar. *Isha wa mōchō to mitateta* 医者は盲腸と見立てた O médico diagnosticou (como sendo) apendicite. [S/同] Shińdáń súrú. **2** [選択する] Escolher. *Kono nekutai wa kanojo ga mi-tatete kureta* このネクタイは彼女が見立ててくれた Ela escolheu esta gravata para mim. [S/同] Erábu. **3** [判断·鑑定する] Julgar; examinar; avaliar. *Kono shinju ga honmono de aru ka dō ka mitatete kudasai* この真珠が本物であるかどうか見立ててください Examine esta pérola a ver se é autêntica. [S/同] Hándan suru; kańtéí súrú. **4** [擬する] Simular; representar; imitar. *Tsukiyama o Fuji san ni mitateta niwa o tsukutta* 築山を富士山に見立てた庭を作った Fiz(eram) um jardim com um montículo representando o monte Fuji. [S/同] Gisúru; nazóráéru.

míta-tokoro 見たところ Por fora; pela aparência; aparentemente; à primeira vista. *~ nan no hentetsu mo nai tatemono datta* 見たところ何の変哲もない建物だった ~, era um prédio iqual a qualquer outro. ⇨ míru[1].

mitchákú 密着 **1** [ぴったりつくこと] A aderência; o agarrar-se. ★ *~ suru* 密着する Aderir; ficar ligado [agarrado] [*Seikatsu ni ~ shita dōgu* 生活に密着した道具 O utensílio muito usado [necessário] (na vida diária)]. ◇ **~ shuzai** 密着取材 A reportagem minuciosa e contínua「do caso」. **2** [写真でネガを印画紙にぴったりとつけること] O fazer cópias por contacto.

mitchíri みっちり Ininterruptamente; de modo intensivo; a sério. ★ *Ni-jikan ~ benkyō suru* 2時間みっちり勉強する Estudar (intensivamente) duas horas cheias.

mitéí 未定 (⇨ mi[4]) Não decidido; por decidir [marcar]. *Kyanpu no iki-saki wa ~ desu* キャンプの行き先は未定です O local de acampamento ainda não está [foi] decidido. ◇ ⇨ **~ kō**. [A/反] Kitéí.

mitéi-kō 未定稿 (< … + geńkó) O manuscrito por terminar; o rascunho. [A/反] Kettéi-kō.

mitékúré 見てくれ A aparência; a vista; o aspecto. ★ *~ bakari ki ni suru hito* 見てくればかり気にする人 A pessoa que só se preocupa com as aparências. *~ ga ii* [*warui*] 見てくれがいい[悪い] Ser [Não ser] atraente; ficar bem [mal]「com esse vestido」. [S/同] Gaíkáń; gaíkéń; mibá; mikáké; teísáí; uwábé.

míte-toru 見て取る (< míru + …) Perceber; notar; adivinhar; pescar (G.). *Kanojo ga chōhonnin de aru koto o sugu mitetotta* 彼女が張本人であることをすぐ見て取った Logo percebi [pesquei] que ela era a autora [causa] principal. [S/同] Kánpa suru; kánshu suru; mi-yábúru; satórú.

mitō[1] 未到 Nunca atingido [conseguido]. ★ *Zenjin ~ no igyō* 前人未到の偉業「a primeira viagem de circum-navegação foi」Um feito grandioso e inédito (nunca antes conseguido pelo homem).

mitō[2] 未踏 Nunca [Não] pisado/tocado pelo homem. ★ *Jinseki ~ no chi* 人跡未踏の地 A terra virgem. ◇ **~ hō** 未踏峰 O cume virgem.

mi-tódókéru 見届ける (< míru + …) Ver até ao fim; constatar (com os próprios olhos); assegurar-se; certificar-se; verificar. *Watashi wa sofu no saigo o mitodoketa* 私は祖父の最後を見届けた Assisti o meu avô até ao último momento [até ele expirar]. [S/同] Mi-kíwáméru; tashíkáméru.

mi-tógáméru 見咎める (< míru + …) Suspeitar; interrogar (o suspeito). ★ *Keikan ni mitogamerareru* 警官に見咎められる Ser interrogado pelo policial (B.) [polícia]. ⇨ ayáshímu.

mitómé(íń) 認め(印) (< mitómérú + …) A chancela; o selo privado; o carimbo. ★ *~ o osu* 認めを押す Chancelar; carimbar; pôr o seu ~. [S/同] Hán; hańkó; ińkáń. ⇨ jitsúíń.

mitómérú 認める **1** [目に留める] Reconhecer; observar. ★ *Tekki o ~* 敵機を認める Reconhecer o avião inimigo. [S/同] Kizúku; míru. **2** [見所があるものとして注目する] Apreciar; estimar; valorizar; reconhecer. *Kare wa wakaku shite yo ni mitomerareta sainō no aru sakka de aru* 彼は若くして世に認められた才能のある作家である Ele é um escritor de talento e como tal reconhecido pelo público, desde jovem! **3** [承認する] Aprovar; permitir; autorizar; reconhecer. ★ *Assari* [*Shibushibu*] *~* あっさり[しぶしぶ]認める ~ logo [com relutância]. *Hatsugen o ~* 発言を認める Autorizar a falar. *Jibun no hi o ~* 自分の非を認める Reconhecer o próprio erro. [S/同] Kyóka suru; shōníń súrú. **4** [判定する] Reconhecer; julgar; considerar. *Kare o hannin to ~* 彼を犯人と認める Considerá-lo como culpado [autor do crime]. [S/同] Hańtéí súrú; minású.

míton ミトン (< Ing. mitten) A mitene (Luva só com duas divisões, uma para o polegar e outra para os restantes dedos). ⇨ mítto; tebúkuro.

mitórérú 見とれる Ficar「a olhar」fascinado [encantado]. ★ *Meiga ni ~* 名画に見とれる Ficar fascinado [preso] por um belo quadro. [S/同] Mihórérú.

mitórí-zu 見取り図 (< mi-tórú[2] + zu) O esquema; o esboço; o plano; a planta. ★ *Kōjō no ~ o toru* [*kaku; tsukuru*] 工場の見取り図をとる[書く; 作る] Fazer [Traçar] a planta da fábrica. [S/同] Ryakúzú; sukkétchi.

mi-tóru[1] 看取る (< míru + …) Cuidar [Tomar conta]「do enfermo」. *Sobo wa kazoku ni mitorarete na-*

M

kunatta 祖母は家族に看取られて亡くなった A minha avó esteve sempre ao cuidado da família, até morrer. [S/同] Kángo suru.

mi-tóru2 見取る (< míru + …) **1** [見て取る] ⇨ mí-tetoru. **2** [見て写す] Esboçar; fazer um esboço「da fachada do palácio」.

mi-tṓshí 見通し (< mi-tṓsú) **1** [眺望] A visibilidade; a visão. *Kiri de ～ ga waruku natte ita* 霧で見通しが悪くなっていた O nevoeiro tirava a visibilidade. ★ *～ ga kiku* [*kikanai*] 見通しが利く [利かない] Ter boa [má/pouca] ～. **2** [洞察] A intuição; a percepção; o ver. ★ *Saki no ～ ga kiku hito* 先の見通しがきく人 A pessoa perspicaz [com intuição]. [S/同] Dṓsátsú. **3** [将来を見越すこと] A vista; a perspectiva; a previsão; o prognóstico. ★ *～ ga akarui* [*kurai*] 見通しが明るい[暗い] Ter perspectivas animadoras [poucas perspectivas]. *～ ga amai* 見通しが甘い Ser demasiado o(p)timista. *～ ga tsuku* [*tsukanai*] 見通しがつく[つかない] Ter uma [Não ter] ideia do que pode (vir a) acontecer. [S/同] Mikómí; yosókú.

mi-tṓsú 見通す (< míru + …) **1** [遠くまで一目で見渡す] Alcançar com a vista; avistar. ★ *Hayashi no mukō made ～* 林の向こうまで見通す ～ [Conseguir ver] até além [para lá] do bosque. **2** [洞察する] Ler o pensamento; adivinhar. ★ *Kokoro o ～* 心を見通す Ler o pensamento. [S/同] Dṓsátsú súrú; minúku. **3** [見越す] Prever. ★ *Shōrai o ～* 将来を見通す ～ o futuro. [S/同] Mikósú.

mítsu1 密 **1** [すきまもなく集まっていること] Concentrado;「o bosque」denso; compacto. [A/反] So. **2** [親しいこと] Íntimo; assíduo; contínuo. ★ *～ na aida-gara* 密な間柄 A relação íntima. *Renraku o ～ ni suru* 連絡を密にする Estar sempre em contacto; comunicar assiduamente. [S/同] Missétsú; shińmítsú. **3** [内々] Secreto. *Hakari-goto wa ～ naru o motte yoshi to su* 謀は密なるをもって良しとす A cilada, para ser boa, tem de ser secreta. [S/同] Himítsú; hísoka.

mítsu2 蜜 O mel; o néctar. ◇ ⇨ **～ mame** [**rō**]**; an** [**hachi; tō**] **～**.

mítsu3 満つ (A(c)tualmente us. só na neg.) Chegar; atingir. ★ *Jinkō sen-nin ni mitanai mura* 人口千人に満たない村 Uma aldeia com menos de mil habitantes [cuja população não chega a mil]. ⇨ michíru.

mitsú4 三つ **1** [三] Três. [S/同] Mittsú; sán. **2** [三歳] Três anos (de idade). [S/同] Mittsú; sán-sai.

mitsúbá 三葉【Bot.】A salsa da rocha; *crytotaenia candensis var. japonica*.

mitsú-bachi 蜜蜂 (<… 2 + hachí) A abelha. ★ *～ no mure* 蜜蜂の群れ O enxame. *～ no su* 蜜蜂の巣 A colmeia; o cortiço.

mitsúbái 密売 O contrabando; a venda ilícita. ◇ **～ hin** 密売品 Os artigos de contrabando. **～ sha** [**nin**] 密売者 [人] O contrabandista. ⇨ mítsu1; mitsú-yú.

mitsú-bṓeki [**óo**] 密貿易 O contrabando. ★ *Kenjū no ～ o yaru* [*suru*] 拳銃の密貿易をやる [する] Fazer contrabando de armas (de fogo). [S/同] Mitsú-yú.

mitsúdáń 密談 A conversa [consulta] secreta. ★ *～ suru* [*o kawasu*] 密談する[を交わす] Ter uma ～. [S/同] Hisóhísó bánashi. ⇨ mítsu1; naíshó-bánashi.

mítsudo 密度 **1** [単位体積あたりの質量] A densidade (A relação entre a massa de um corpo e o seu volume). ⇨ hijū. **2** [粗密の度合] A densidade [O grau]「de conteúdo」. ★ *～ no koi bunshō* 密度の濃い文章 Um texto denso [compacto]. ◇ **Jinkō ～** 人口密度 A ～ demográfica.

mitsúdómoe 三つ巴 (<… 4 + tomóé) **1** [巴が3つある紋章] O brasão com três figuras em forma de vírgula dentro de um círculo. **2** [三者がからみ合って対立すること] Uma briga (emaranhada) entre três「partidos」. ★ *～ no arasoi* 三つ巴の争い A briga a três.

mitsúgétsú 蜜月 (< mítsu2 + tsukí) A lua-de-mel. ◇ **～ ryokō** 蜜月旅行 A viagem de ～. [S/同] Hanémū́n (+).

mítsugi 密議 O conluio; o conclave; a consulta em sigilo. ★ *～ o korasu* 密議を凝らす Conluiar; conferenciar secretamente.

mitsúgí-mónó 貢ぎ物 (< mitsúgu + …) O tributo. ★ *～ o osameru* 貢ぎ物を納める Pagar ～.

mitsú-gó 三つ子 (<… 4 + ko) **1** [三歳の子] A criança de três anos. [P/ことわざ] *～ no tamashii hyaku made* 三つ子の魂百まで O que se aprende no berço carrega-se [dura] até à sepultura/O que o berço dá, só a cova o tira. **2** [三生児] Os trigé[ê]meos. [S/同] Sańséi-ji.

mitsúgu 貢ぐ **1** [貢ぎ物をささげる] Pagar tributo. [S/同] Keńjṓ súrú. **2** [金品を贈る] Custear「os gastos」. ★ *Kane o ～* 金を貢ぐ Gastar dinheiro.

mitsú-gúmí 三つ組み (<… 4 + kumí) O jogo [Conjunto] de três「chávenas」.

mitsúkárú 見付かる (⇨ mitsúkérú) **1** [見つけられる] Ser descoberto [encontrado; visto; apanhado]. ★ *Dare ni mo mitsukarazu ni* 誰にも見つからずに Sem ser visto por ninguém. **2** [見当たる] Achar; encontrar. *Nakushita tokei ga mitsukatta* なくした時計が見付かった Encontrei [Apareceu] o relógio que eu tinha perdido. ★ *Shigoto ga ～* 仕事が見付かる ～ um emprego. [S/同] Miátárú.

mitsúkérú 見付ける (⇨ mitsúkárú) **1** [見出す] Descobrir; achar; encontrar. ★ *Kinkō o ～* 金鉱を見付ける Descobrir uma mina de ouro. *Shigoto o ～* 仕事を見付ける ～ emprego. [S/同] Hakkéń súrú; mi-ídásu. **2** [見慣れる] Estar acostumado a ver. [S/同] Mináréru (+).

mitsúkúróu 見繕う (< míru + tsukúróu) Escolher bem [com gosto]. *Nani ka mitsukurotte motte kite kudasai* 何か見繕って持って来て下さい Escolha uma coisa a seu gosto e traga「que eu pago」. [S/同] Mihákárau; mi-sádáméru.

mitsú-mámé 蜜豆 Um doce japonês com cubos de geleia, feijões e frutas regado com mel ou xarope.

mitsú-mátá1 三椏 A planta da família das timeláceas, da qual se fabrica o papel japonês; *edgeworthia papyrifera*. ⇨ wáshi1.

mitsú-mátá2 三つ又 A trifurcação「do caminho」; o tridente; a forquilha com três dentes.

mitsúmérú 見詰める (< míru + tsuméru) Encarar; fitar; pregar os olhos「em」. *Kare wa koibito no kao o jitto mitsumeta* 彼は恋人の顔をじっと見詰めた Ele fitou a namorada. [S/同] Gyṓshí súrú.

mitsúmórí 見積もり (< mitsúmórú) A estimativa; o cálculo; o orçamento. ★ *～ o dasu* 見積もりを出す Orçar; fazer o/a ～. ◇ **～ gaku** 見積もり額 O valor [preço] calculado. **～ sho** 見積もり書 O

mitsúmórú 見積もる (< míru + …) Calcular; avaliar; orçar. *Ikura yasuku mitsumotte mo hyaku man en wa kakari-sō da* いくら安く見積もっても100万円はかかりそうだ Mesmo calculando [fazendo um cálculo] muito por baixo, deve custar um milhão de yens. ★ *Yosan o* ~ 予算を見積もる Fazer o orçamento. ⓈⒻ Gaisán súrú.

mitsú-nyūkoku [úu] 密入国 (< mitsu¹ + …) A entrada ilegal [clandestina] num país. ★ ~ *suru* 密入国する Entrar clandestinamente [como clandestino] num país. ◇ ~ *sha* 密入国者 O clandestino. ⓈⒻ Mitsú-shúkkoku.

mitsú-óri 三つ折り (< … ⁴ + óru) Dobrado em três. ★ *Binsen o* ~ *ni suru* 便箋を三つ折りにする Dobrar o papel de carta em três.

mitsúrín 密林 (⇨ mítsu¹) A selva [mata] virgem; o matagal. ⓈⒻ Jánguru. ⇨ zōki-báyashi.

mitsú-rō 蜜蠟 (< mítsu² + rō¹) A cera de abelha.

mitsuryō 密猟 [漁] A caça [pesca] ilegal. ★ ~ *suru* 密猟する Caçar [Pescar] ilegalmente. ◇ ~ *sha* 密猟者 O caçador [pescador] clandestino.

mitsúún 密雲 O nimbo; a nuvem densa [escura/carregada]. ⇨ añ'ún.

mitsúyáku 密約 O acordo [contrato; compromisso] secreto. ★ ~ *o kawasu* 密約を交わす Estabelecer [Fazer] um ~.

mitsú-yúbí 三つ指 Os três dedos (Polegar, indicador e médio; segundo a etiqueta japonesa, as mulheres apoiam ~ no tatami, para cumprimentar). ★ ~ *tsuite o-jigi o suru* 三つ指ついてお辞儀をする Cumprimentar graciosamente [com toda a educação].

mitsú-yú(nyū) 密輸(入) O contrabando; a importação ilegal. ★ *Kinseihin o* ~ *suru* 禁制品を密輸する Importar artigos [produtos] proibidos. ◇ ~ **hin** 密輸品 O artigo de ~. ⒶⓇ Mitsú-yúshutsu.

mitsú-yú(shutsu) 密輸(出) O contrabando; a exportação ilegal. ★ ~ *suru* 密輸する Exportar ilegalmente. ⒶⓇ Mitsú-yúnyū.

mitsúzō 密造 A fabricação ilegal [clandestina]. ★ *Kenjū o* ~ *suru* 拳銃を密造する Fabricar revólveres [pistolas] ilegalmente. ◇ ~ **shu** 密造酒 O vinho a martelo [de ~].

mitsú-zóroi 三つ揃い (< … + sorói) O terno (B.); o fato (completo, de homem). ⓈⒻ sebíró.

mittéi 密偵 O dete(c)tive particular; o espião. ⓈⒻ Súpai; himítsú-tántei.

mítto ミット (< Ing. mitt) A luva de basebol. ⇨ gúrabu; míton.

mittómónái 見っともない Vergonhoso; indecente; desagradável. ~ *kara yose* 見っともないからよせ Pare com isso, (olhe) que está gente a ver [que fica aí]! ⓈⒻ Minkúi.

mittsú 三つ **1** [三] Três. ⓈⒻ Mitsú; sán. **2** [三才] Três anos (de idade). ⓈⒻ Sán-sai.

mittsū 密通 O adultério. ★ ~ *suru* 密通する Cometer adultério. ⓈⒻ Kañtsú; misókágóto; shitsú. ⇨ fúgi¹; uwáki.

mi-úchí 身内 **1** [からだじゅう] O corpo todo [inteiro]. ★ ~ *ni chikara ga afureru* 身内に力があふれる Ficar todo [Sentir-se] cheio de energia. ⓈⒻ Karádá-jū; zeñshíń. **2** [親類] Os parentes; a família. ★ ~ *no haji* 身内の恥 A vergonha da [para a] família. ⓈⒻ Miyóri; shinrúri. **3** [子分] O sequaz [seguidor]「do bando de ladrões」. ⓈⒻ Kó-bun.

mi-úgoki 身動き O movimento (do corpo). ★ *Shakkin de* ~ *mo naranai* 借金で身動きもならない Estar enterrado em dívidas. ~ *suru* 身動きする Movimentar-se; mexer-se; agir. ⓈⒻ Mijírogi.

mi-úké 身請け (< … ¹ + ukéru) O resgate [A libertação] (de uma gueixa). ★ *Mae-gari o haratte* (*geisha o*) ~ *suru* 前借りを払って(芸者を)身請けする Resgatar [Libertar] uma gueixa mediante pagamento das dívidas dela. ⓈⒻ Rakushéki.

miúkéru 見受ける (< míru + …) **1** [見かけて de passagem」; encontrar「por acaso」. *Pātī wa mi-shitta kao mo ni-san mi-ukerareta* パーティでは見知った顔も二三見受けられた Na festa vi alguns conhecidos. ⓈⒻ Mikákéru. **2** [見て取る] Aparentar; parecer. *O-miuke shita tokoro sonna o-toshi to wa omoemasen* お見受けしたところそんなお年とは思えません O senhor não aparenta tanta idade. ⓈⒻ Mítetoru.

mi-úri 身売り (< … ¹ + urú) O vender-se. *Chichi no kaisha no keiei-nan de* ~ *shita* 父の会社は経営難で身売りした A empresa do meu pai estava com dificuldades e vendeu-a[-se].

mi-únáu 見失う (< míru + …) Perder de vista. *Hitogomi no naka de kanojo no sugata o miushinatta* 人込みの中で彼女の姿を見失った Perdi-a de vista, no meio da multidão. ★ *Jibun o* ~ 自分を見失う Perder a consciência [o sentido do bem e do mal].

mi-waké 見分け (< mi-wakéru) O distinguir; o diferenciar. ★ ~ *ga tsuku* 見分けがつく Conseguir distinguir. ~ *no* [*ga*] *tsukanai hodo yoku nite iru* 見分けのつかない程よく似ている Ser tão parecidos que não se distinguem [se consegue distingui-los]. *Zeñ'aku no* ~ *ga tsuku* 善悪の見分けがつく Saber distinguir o bem e o mal. ⓈⒻ Beñbétsú; hañbétsú; kúbetsu; shikíbétsú.

mi-wakéru 見分ける (< míru + wakéru) Distinguir; diferenciar; reconhecer; avaliar; identificar. ★ *Honmono to nisemono o* ~ 本物とにせ物を見分ける Distinguir o [vinho] verdadeiro do [e o] falso. ⓈⒻ Kañbétsú[Kañtéi/Kúbetsu/Shikíbétsú] súrú.

miwáku 魅惑 O fascínio「dum sorriso/duma mulher」; o encanto「duma criança」; o feitiço「do dinheiro/poder」. ★ ~ *teki* 魅惑的 Fascinante; encantador; deslumbrante; sedutor; atraente. ⓈⒻ Kowáku; miryó. ⇨ miryóku.

mi-wásúréru 見忘れる (< míru + …) Não reconhecer「o colega」; esquecer-se de alguém.

mi-wátásu 見渡す (< míru + …) Olhar em [à] volta; percorrer com os olhos [a vista]. *Mado no soto wa* ~ *kagiri no yuki-geshiki datta* 窓の外は見渡す限りの雪景色だった Da janela via-se (um manto de) neve até perder de vista. ★ *Atari o* ~ あたりを見渡す Olhar em volta. ⇨ Mi-hárású.

miyá 宮 **1** [神社] O templo x[sh]intoísta. ◇ ⇨ ~ **mairi**. ⓈⒻ Jínja (+). **2** [皇族] O príncipe [A princesa] da família imperial. ★ *Takamatsu no* ~ 高松の宮 (Sua alteza) o ~ Takamatsu. ⓈⒻ Miyá-sámá.

miyábí 雅び A elegância; a graça; o requinte. ⇨ fúga¹; yūbi; yūga.

miyábíru 雅びる Ser elegante [fino; requintado].

miyábíyaka 雅びやか Elegante; fino; requintado; gracioso; refinado. ★ ~ *na fukusō* 雅びやかな服装

O traje requintado/elegante.
mi-yábúru 見[看]破る (< míru + yabúru) Descobrir; detectar; perceber; reconhecer; desmascarar. ★ *Inbō o* ～ 陰謀を見破る Descobrir a conspiração. *Shōtai o* ～ 正体を見破る Desmascarar. [S/同] Kánpa suru; minúku.
miyágé-bánashi 土産話 (<… + hanáshí) As histórias [recordações/peripécias] da viagem. ★ *Ryokō no* ～ *o suru* 旅行の土産話をする Contar ～.
miyágé(mónó) 土産(物) **1** [手みやげ] O presente. ★ *Meido no* ～ 冥土の土産 O melhor [último] ～ para levar para o outro mundo. **2** [旅先で求める品]「comprar」Uma lembrança [recordação]「em Kyoto」. ◇ ⇨ **～ banashi**.
miyá-ké 宮家 A família imperial. ⇨ kṓzókú[1].
miyákó 都 **1** [皇居のあるところ] A corte; a cidade onde reside a família imperial. [S/同] Kyō. **2** [首都] A capital. ◇ ⇨ **～ iri** [**ochi**]. [S/同] Shúfu; shúto. **3** [都会] A metrópole; a (grande) cidade; o centro. ★ *Hana no* ～ *Pari* 花の都パリ Paris, cidade bela e grandiosa. [P/ことわざ] *Sumeba* ～ 住めば都 Para o passarinho, não há como seu ninho [Minha casinha meu lar, quem me dera lá estar].
miyákó-dori 都鳥 (<… + torí) [ミヤコドリ科の鳥] O baiagu; o ostraceiro; *haematopus ostralegus*. [S/同] Yurí-kámome.
miyákó-írí 都入り (<… + irú) A chegada à capital. ★ ～ *o suru* 都入りをする Chegar à [Entrar na] capital.
miyákó-óchí 都落ち (<… + ochíru) A saída [O afastamento] da capital; o desterro. *Seikatsu-nan no tame* ～ *o shita* 生活難のため都落ちをした Tivemos que deixar a [sair da] capital por dificuldades financeiras.
miyá-máiri 宮参り (<…[1] + máiru) **1** [うぶすなまいり] A primeira visita do recém-nascido ao templo x[sh]intoísta. **2** [七・五・三の宮もうで] A visita ao templo xintoísta para celebrar os 3, 5 e 7 anos de idade.
mi-yáru 見遣る (< míru + …) **1** [遠方を望み見る] Olhar [Dirigir um olhar] ao longe. ★ *Enpō o* ～ 遠方を見遣る Olhar ao longe. [S/同] Miwátású. **2** [その方を見る] Olhar. ★ *Katawara no hito o* ～ 傍らの人を見遣る ～ para a pessoa ao lado.
miyá-sámá 宮様 ⇨ miyá **2**.
mi-yásúi 見易い (< míru + …) Fácil de ver; bem visível. ★ ～ *basho ni keiji suru* 見易い場所に掲示する Fixar [Expor] num lugar ～. [S/同] Miyói.
miyá-zúkae 宮仕え (<… + tsukáéru) **1** [宮中に仕えること] O servir na corte imperial. **2** [役所や会社に勤めること] O ser funcionário. *Sumajiki mono wa* ～ すまじきものは宮仕え Quem a outro serve, não é livre [A vida do cortesão é uma contínua escravidão]. [S/同] Hṓkō; shíkan.
mí-yo 御代 [世] O império; o reinado. ★ *Meiji no* ～ *ni* 明治の御代に Durante o ～ de Meiji. ⇨ jidáí[1].
mi-yṓ [óo] 見様 (< míru + …) O modo de ver. ★ ～ *ni yotte wa* 見ようによっては Dependendo de como se vê. ◇ **～ mi-mane** 見様見真似 Ver e imitar logo. [S/同] Mikátá.
mi-yói 見好い (< míru + …) **1** [見苦しくない] Ficar bem「de quimono」; ser agradável. [A/反] Migúrúshíi; minikúi. **2** [⇨ mi-yásúi].
mi-yórí 身寄り (<… + yorú) O parente. ★ ～ *no nai rōjin* 身寄りのない老人 O velhinho sem parentes/família. [S/同] Énja; mi-úchí; shińrúí; shínzoku.
mizéń 未然 Antes de ocorrer; a tempo. ★ *Saigai o* ～ *ni fusegu* 災害を未然に防ぐ Impedir [Prevenir] uma calamidade a tempo. ◇ ⇨ **～ kei**.
mi-zéní 身銭 O (dinheiro do) próprio bolso. ★ ～ *o kitte sankō-sho o kau* 身銭を切って参考書を買う Comprar um livro de estudo [referência] do「meu」bolso. [S/同] Ji-bárá.
mizéń-kéí 未然形【Gram.】A forma negativa.
mizó 溝 **1** [地面の水路] A vala; a valeta; a sarjeta. ★ ～ *o horu* 溝を掘る Fazer uma ～. [S/同] Dobú. **2** [細長いくぼみ] O sulco; a estria; o rego; o entalhe; a ranhura. **3** [人と人の間の隔て] O fosso「entre os dois países」; a brecha; o abismo; a divergência. ★ ～ *ga dekiru* 溝ができる Criar [Abrir]-se um ～; surgirem divergências. [S/同] Gyáppu; hedáté; sukí (-má).
mizṓ 未曾有 Sem precedente. ★ ～ *no daijiken* 未曾有の大事件 Um caso de gravidade inaudita [inédita; ～]. [S/同] Kéu; kúzéń. ⇨ mi[4].
mizóóchí 鳩尾 A boca do estômago. ～ *o nagurarete kizetsu shita* 鳩尾を殴られて気絶した Levei um soco na ～ e desmaiei. [S/同] Mizúóchí.
mizóré 霙 A chuva acompanhada de neve. ★ ～ *ga futte iru* 霙が降っている Estar a chover e a nevar (ao mesmo tempo). [S/同] Hisámé.
mizóú 未曾有 ⇨ mizṓ.
mizú 水 **1** [無味無臭の液体] A água. ★ ～ *de usumeru* 水で薄める Diluir em ～.「*Koppu no*」～ *ga afureru*「コップの」水が溢れる ～ transbordar「do copo」.「*Ido no*」～ *ga kareru*「井戸の」水が涸れる ～「do poço」secar.「*Kawa no*」～ *ga nagareru*「川の」水が流れる ～「do rio」corre. ～ *mo morasanu keibi* 水も漏らさぬ警備 A vigilância severa [que não deixa passar nada]. ～ *ni ukabu* 水に浮かぶ Flutuar na ～.「*Suidō no*」～ *o dasu* [*tomeru*]「水道の」水を出す[とめる] Abrir [Fechar] a torneira.「*Tahata ni*」～ *o hiku*「田畑に」水を引く Irrigar「o arrozal」. ～ *o kaburu* 水をかぶる Tomar um (banho de) chuveiro. ～ *o kakete hi o kesu* 水をかけて火を消す Apagar o fogo com água. ～ *o kiru* 水を切る Escorrer a ～; enxugar.「*Izumi ni*」～ *o kumi ni yuku*「泉に」水をくみにゆく Ir buscar água à fonte.「*Niwa ni*」～ *o maku*「庭に」水をまく Regar o jardim. ～ *o nagasu* 水を流す Esvaziar「a jarra」; deixar correr a ～. ～ *o sasu* 水を差す **a**) Encher de [Pôr; Deitar] ～〔*Yunomi ni* ～ *o sasu* 湯飲みに水を差す Pôr ～ na xícara〕; **b**) Esfriar o ânimo; ser um balde de ～ fria〔*Hanashi ni* ～ *o sasu* 話に水を差す Estragar a conversa. *Netsui ni* ～ *o sasu* 熱意に水を差す Estarem todos animados e cair-lhes em cima um balde de ～ fria〕. *Uisukī o* ～ *de waru* ウィスキーを水で割る Misturar ～ com uísque. [I/慣用] ～ *ga au* 水が合う Dar-se bem「com o ambiente」〔*Kare ni wa tokai no* ～ *wa awanakatta* 彼には都会の水は合わなかった Ele não conseguiu adaptar-se à vida urbana/Ele não se deu bem na cidade〕. ～ *mo* [*no*] *shitataru* (*yō na*) *bijin* 水も[の]したたる(ような)美人 Uma beldade que até faz água na boca. ～ *ni nagasu* 水に流す Desculpar (e esquecer) tudo〔*Ima-made no koto wa subete* ～ *ni nagasō* 今までのことはすべて水に流そう Vamos esquecer tudo o que se passou entre nós (e ficar amigos como antes)〕. ～ *no awa* 水の泡 Vão; inútil; perdido〔*Sore made no doryoku wa subete* ～ *no awa to natta* それまでの努力はすべて水の

泡となった Todo o esforço feito até então foi inútil [em vão]. ~ *o akeru* 水を開ける Adiantar-se「a」; distanciar-se「dos demais competidores」. ~ *o mukeru* 水を向ける Tirar nabos da púcara; puxar pela língua [*Kare no honshin o sagurō to* ~ *o mukete mita* 彼の本心を探ろうと水を向けてみた Tentei puxar-lhe pela língua para saber quais são as verdadeiras intenções dele]. ~ *o utta yō na shizukesa* 水を打ったような静けさ Um silêncio total [sepulcral]. *Uo ga* ~ *o eta yō ni* 魚が水を得たように「sentir-se」Como peixe na ~. 「P=ことわざ」 ~ *kiyokereba uo sumazu* 水清ければ魚棲まず Se a ~ é pura demais e boa para os peixes/A integridade em demasia afugenta até os amigos. ~ *no nagare to hito no mi* 水の流れと人の身 O futuro do homem é como o da ~ corrente. ~ *to abura* 水と油 ~ e o azeite (não se misturam). ~ *wa hikuki ni tsuku* 水は低きにつく É natural que a ~ corra para baixo/ O homem não pode resistir à força da natureza. ~ *wa hōen no utsuwa ni shitagau* 水は方円の器に従う ~ amolda-se à forma do recipiente/O homem é sempre influenciado pelo meio ambiente. *Uo-gokoro areba* ~ *gokoro* 魚心あれば水心 Se você me faz um favor eu também lhe farei outro/"Amor com amor se paga".
2 [湯に対して冷水] A água fria. *Furo ga atsukatta no de* ~ *de umeta* 風呂が熱かったので水でうめた Como o banho estava quente demais, misturei [acrescentei]-lhe ~. ★ *Kizuguchi o* ~ *de hiyasu* 傷口を水で冷やす Aliviar a ferida com água fria.
3 [液状のもの] O líquido. ★ *Haremono no* ~ *o toru* はれものの水を取る Tirar o ~ [pus] da ferida.
4 [洪水] A inundação. ★ ~ *ga deru* 水が出る Haver uma ~. ~ *ga hiku* 水が引く ~ baixar [As águas baixarem]. **5** [相撲で] Um descansinho (para respirar quando a luta do sumô se alonga demais). ★ ~ *ga hairu* 水が入る Fazer ~. S/間 Chikará-mizu.

mizú-ábi 水浴び (<··· + abírú) **1** [水を浴びること] O banho frio. S/間 Suíyóku. **2** [みずおよぎ]【A.】 A natação. S/間 Mizúoyogi; suíéi.

mizú-ábura 水油 O óleo para o cabelo. ⇨ tsúbakí²; oribu ~.

mizú-ágé 水揚げ (<··· + agérú) **1** [陸揚げ] O descarregamento do navio. ★ ~ *suru* 水揚げする Descarregar o navio. S/間 Rikú-ágé. ni-ágé~. **2** [漁獲量] A pescaria. S/間 Gyokákú-ryō. **3** [売上金] O rendimento total da venda. ★ *Ichi-nichi gohyaku-man-en no* ~ 1日500万円の水揚げ Um rendimento total diário de cinco milhões de yens. S/間 Urágé-kín. **4** [生け花でいろいろな方法で花草の水の吸収をよくすること] A maneira de cortar o caule para que este absorva mais água e se conserve mais tempo no vaso (Arranjo floral).

mizú-áká 水垢 A incrustação (crosta) formada pela água「quente」. ~ *o toru* 水垢を取る Tirar [Limpar] as crostas da água.

mizú-ámé 水飴 O xarope de amido.

mizú-árai 水洗い (<··· + aráú) A enxaguadela enxaguadura. ★ ~ *suru* 水洗いする Enxaguar; passar por [lavar só com] água. S/間 Susúgí; yusúgí.

mizú-ásobi 水遊び (<··· + asóbú) O brincar na água. S/間 Mizú-itazura.

mizú-bána 水洟 (<··· + haná) ⇨ mizúppáná.

mizú-bárá 水腹 (<··· + hará) O estômago [A barriga] vazio/a[a dar boras].

mizú-báshira 水柱 (<··· + hashírá) A coluna [tromba] de água. *Kaitei kazan no bakuhatsu to tomo ni kyodai na* ~ *ga tatta* 海底火山の爆発とともに巨大な水柱が立った Com a explosão do vulcão submarino levantou-se uma enorme ~.

mizú-báshō 水芭蕉【Bot.】 O jarro; o copo-de-leite; a palma-de-são-josé; *lysichiton camtschatcense*.

mizú-bé 水辺 (<··· + he) A beira da água. S/間 Mizú-gíwá; mi-gíwá.

mizú-bításhí 水浸し (<··· + hitású) O ficar inundado [encharcado]. *Kōzui no tame sono chihō wa* ~ *ni natta* 洪水のためその地方は水浸しになった Com a enchente, a região ficou inundada.

mizú-bósō [óo] 水疱瘡 (<··· + hōsō) A varicela; a catapora. ★ ~ *ni kakaru* 水疱瘡にかかる Contrair [Apanhar] a ~. S/間 Suító.

mizú-búkúré 水脹れ (<··· + fukúrérú) A bolha; a empola.「*Yakedo de*」~ *ni natta*「火傷で」水脹れになった Formou-se uma ~ com a queimadura. S/間 Suíhó.

mizú-búsoku 水不足 (<··· + fusókú) A falta de água. ★「*Hideri-tsuzuki de*」~ *ni naru*「ひでり続きで」水不足になる Ficar com falta de água「devido à estiagem [seca]」.

mizú-déppō 水鉄砲 (<··· + teppō) A seringa (Brinquedo); o estourote.

mizú-dókei 水時計 (<··· + tokéi)【A.】 A clepsidra (Relógio de água). S/間 Rōkókú.

mizú-dórí 水鳥 ⇨ mizú-tórí.

mizú-gámé 水瓶【甕】(<··· + kamé) A vasilha [tina/ânfora/O cântaro/O jarro] da água. ◇ ~ *za* 水瓶座【Astr.】 O (signo do) Aquário.

mizú-gáshí 水菓子 (<··· + káshi) ⇨ kudámono.

mizú-géi 水芸 O número [fazer avarias/magias] com água. ★ ~ *o hirō suru* 水芸を披露する Apresentar várias magias com água. ⇨ kjutsu³.

mizúgí 水着 (<··· + kirú) O traje [fato/calção] de banho. ~ *sugata de* 水着姿で Em ~. S/間 Kaísúígí.

mizú-gíwá 水際 (<··· + kiwá) **a)** A beira da água; **b)** O cortar a entrada; a prevenção. ◇ ~ *sakusen* 水際作戦 A estratégia preventiva [*Seifu wa kokera bōeki no* ~ *sakusen o okonau koto o kettei shita* 政府はコレラ防疫の水際作戦を行うことを決定した O Governo ado(p)tou uma estratégia preventiva contra a cólera]. S/間 Kishí; migíwá.

mizúgíwá-dátsu 水際立つ (<··· + tátsu) Sobressair; ser excelente. ★ *Mizugiwadatta engi* 水際立った演技 Uma a(c)tuação [representação] excelente/soberba.

mizú-góké 水苔【蘚】(<··· + koké¹) O musgo dos pântanos; *sphagnum*.

mizú-gokoro 水心 (<··· + kokóró) ⇨ mizú **1**.

mizú-górí 水垢離 (<··· + kóri) A ablução [purificação] com água fria. S/間 Kóri.

mizú-gúsuri 水薬 (<··· + kusúrí) O remédio líquido. S/間 Súiyaku.

mizú-háké 水捌け (<··· + hakéru) O escoamento da água; a drenagem. ★ ~ *ga yoi [warui]* 水捌けが良い[悪い] Escoar bem [mal] (a água). ◇ ~ *guchi* 水捌け口 O dreno; o ralo; o escoadouro. S/間 Haísúí.

mizú-híkí 水引き (<··· + hikú) **1** [こより] As fitas ou fios (enrolados) de papel para atar presentes ou

mizú-írazu 水入らず (<… + Neg. de "íru") Só a família, sem estranhos. *Oyako ～ no seikatsu hodo yoi mono wa nai* 親子水入らずの生活ほどよいものはない Não há nada como a família.

mizú-iró 水色 O [A cor] azul-celeste. ★ ～ *no hankachi* 水色のハンカチ O lencinho azul-celeste. S/同 Sorá-iró.

mizú-kágami 水鏡 A superfície espelhada da água [A água como um espelho].

mizú-kágen 水加減 A proporção [quantidade] de água. ～ *o machigaeta rashiku go-han ni shin ga nokotte shimatta* 水加減をまちがえたらしくご飯にしんが残ってしまった Parece que me enganei na ～ e o arroz não ficou bem cozido.

mizú-káke-ron 水掛け論 (<… + kakéru + …) A discussão inútil [que não traz luz nenhuma]. *Kekkyoku ～ ni owatta* 結局水掛け論に終わった Pronto [Em suma], foi uma ～.

mizú-káki 水搔き・蹼 (<… + káku) **a)** A pá [do remo]; **b)** A membrana interdigital [do pato].

mízukara 自ら **1** [自分自身] Si mesmo. ★ ～ *no* 自らの Próprio; pessoal. ～ *o azamukanai* 自らを欺かない Não se enganar a ～. S/同 Jibún (jíshin)(+). **2** [自分で] Si mesmo. ★ ～ *kessuru* 自ら決する Decidir por ～. ～ *susunde* 自ら進んで Espontaneamente; por iniciativa própria [ele mesmo].

mizú-kásá 水嵩 Volume de água. *Kawa no ～ ga hetta [mashita]* 川の水嵩が減った[増した]O rio baixou [subiu]. S/同 Kasá; suíryō.

mizú-ké 水気 A água; o sumo [suco]; a (h)umidade. ★ ～ *no nai* 水気のない Seco [Sem ～]. ～ *no ōi momo* 水気の多い桃 O pêssego sumarento. S/同 Suíi. ⇨ súibun.

mizú-kémuri 水煙 O borrifo. ～ *o agete [tatete] mōtā-bōto ga hashitte itta* 水煙をあげて[立てて]モーターボートが走っていった O barco a vapor passou levantando borrifos (de água). S/同 Mizú-shíbuki (+).

mizú-kíri 水切り (<… + kíru) **1** [水を切ること] O (deixar) escorrer a água. ★ *Yasai no ～ o jūbun ni suru* 「野菜の水切り」を十分にする Escorrer bem a água dos legumes. **2** [遊びの一つ] O atirar pedrinhas a saltar, tangentes à água. **3** [生花の技法] O cortar o pé das flores dentro do água no "ikebana", para durarem mais.

mizú-kúmí 水汲み (<… + kúmú) O tirar água. ★ *Mizukumi o suru* [水を汲む]Tirar água [do poço].

mi-zúkúroi 身繕い (<…¹ + tsukúrou) ★ ～ (*o*)*suru* 身繕い(を)する Arranjar[Preparar]-se; vestir-se bem [para sair]. ⇨ mijítaku (+).

mizú-kúsá 水草 Uma planta aquática. S/同 suísó.

mizú-kúsái 水臭い **1** [水っぽい] Aguado; fraco. S/同 Mizúppói. **2** [よそよそしい] Cerimonioso; distante; reservado; fechado. *Watashi ni kakushigoto o suru nan te kimi mo zuibun ～ ne* 私に隠し事をするなんて君も随分水臭いね Então para que são esses segredos; Estás a ser ～ (com um amigo). S/同 Yosó-yóshii.

mizú-mákí 水撒き (<… + máku) O borrifar; o deitar água 「com regador」. S/同 Sańsúi.

mizú-mákura 水枕 O travesseiro [saco] de água/gelo. ⇨ yutánpo.

mizú-máshi 水増し (<… + masú) **a)** O acrescentar 「o vinho/leite」 com água; **b)** O aumentar de má-fé. ★ *Nyūgaku teiin o ～ suru* 入学定員を水増しする Declarar um número de alunos matriculados maior do que o real. *Seikyūsho o ～ suru* 請求書を水増しする Aumentar a fa(c)tura. ◇ **～ yōkyū** 水増し要求 O pedido de mais 「dinheiro」 do que aquilo a que tem direito.

mizúmi 湖 ⇨ mizú-úmi.

mizúmizúshíi 瑞瑞しい Fresco; novo; vivo; jovem. ★ ～ *kankaku* 瑞々しい感覚 A sensibilidade viva [fina]. ～ *kudamono* 瑞々しい果物 A fruta fresca [recém-colhida] e sumarenta. ～ *hana* 瑞々しい花 As flores fresquinhas [frescas]. *Mizumizushisa o tamotsu* 瑞々しさを保つ Conservar o frescor [viço/a juventude]. S/同 Shińsén; tsuyáyaka na; urúwáshii; wakáwákashii.

mizú-mónó 水物 **1** [液状のもの] O líquido; o alimento líquido; a bebida. S/同 Ekitái; ryūdóbutsu. **2** [当てにならぬもの] A sorte; o acaso; o calha(r). *Shōbu wa ～ da* 勝負は水物だ O jogo é um calha [uma questão de sorte].

mizú-móri[móré] 水漏り [漏れ] (<… + móru) A goteira; o gotejar. ★ ～ *no suru tenjō* 水漏りのする天井 O te(c)to com goteiras. S/同 Rōsúi.

mizú-múshi 水虫 「ter」Pé-de-atleta/Dermatomicose 「nas unhas/no calcanhar」.

mizú-ná 水菜 [Bot.] Uma espécie de mostarda aromática e nome usado para "kyōna", "mibuna" e "uwaba-misō".

mizú-ní 水煮 (<… + nirú) O cozer em água simples (⇨ mizú-táki). ★ *Saba no mizuni no kanzume* A cavala cozida e enlatada.

mizú-nómí 水呑み (<… + nómu) O copo [púcaro/A xícara] (para beber água). ◇ **～ ba** 水呑み場 A bica [fonte]; o bebedouro (dos animais). ⇨ **byakushō**.

mizúnómi-byákushō 水呑み百姓 (<… + hyakúshō) (A.) O lavrador pobre.

mizúóchí 水落ち・鳩尾 ⇨ mizóóchí.

mizú-ótó 水音 O ruído da água.

mizúppáná 水洟 (<… + haná) O monco; as moncas; o ranho. S/同 Hanámízú (+); mizúbaná.

mizúppói 水っぽい Aguado; 「uísque/café」 fraco. *Kono sūpu wa nan da ka ～* このスープはなんだか水っぽい Esta sopa está muito aguada [é só água].

mizú-sáibai 水栽培 O cultivo aquático [na água]. S/同 Suíkó(hō).

mizú-sákazuki 水杯 O brinde da despedida para sempre (feito com água). ★ ～ *o suru [kumikawasu]* 水杯をする[汲み交わす] Fazer o último brinde (enchendo as tacinhas um do outro).

mizúsáki-ánnai 水先案内 **a)** O piloto; **b)** A pilotagem. ★ *Fune no ～ o suru* 船の水先案内をする Pilotar um barco. ◇ **～ nin** 水先案内人 O piloto.

mizú-sáshi 水差し (<… + sásu) A vasilha [pequena tina] com água (Usada sobretudo na arte do chá).

mizú-shíbuki 水飛沫 O borrifo (de água).

mizú-shígoto 水仕事 Os serviços domésticos (Lavar, cozinhar).

mízu-shirazu 見ず知らず (< Neg. de míru/shirú) Estranho. ★ ～ *no hito [machi]* 見ず知らずの人[町]

A pessoa [cidade] ～a. [S/同] Mi-shíránú.
mizú-shṓbai [óo] 水商売 **a**) O negócio arriscado [perigoso]; **b**) O negócio de bar [vida no(c)turna]. ★ ～ *o yaru* 水商売をやる Ter um ～.
mizú-súmashi 水澄まし (＜… + sumásu) O besouro-d'água; *gyrinus japonicus*.
mizú-tákí 水炊き (＜… + takú) O cozer em água simples. [S/同] Mizú-ní. ★ *Tori no* ～ 鳥の水炊き Um prato de frango cozido e servido com molho acre.
mizú-támá 水玉 **1** [水滴] A gota de água [orvalho]. **2** [Abrev.de "～moyō"] As pint(inh)as「do vestido」.
mizú-támárí 水溜り (＜… + tamárú) A poça de água; o charco. *Ame no ato ni tokorodokoro ni ～ ga dekita* 雨の後に所々に水溜りができた Depois da chuva, o chão ficou encharcado.
mizútéń 不見転 **1** [芸者] **a**) A gueixa leviana; **b**) O ser um cabeça-no-ar. [S/同] Geíshá. **2** [相手を選ばず又調査もしないで決めること]【Econ.】O fazer ao calha(r); o aventurar-se. ★ ～ *de kau* 不見転で買う Comprar ao calha(r) [sem pensar].
mizú-tórí 水鳥 A ave aquática.
mizú-úmi 湖 O lago; a lagoa.
mizú-wárí 水割り (＜…+warú) A bebida alcoólica (misturada) com água. ★ *Uisukī no ～ ippai* ウイスキーの水割り一杯 Um copo de uísque com água [soda].
mizú-zémé[1] 水攻め (＜… + seméru[1]) A tá(c)tica militar de inundação ou corte do abastecimento de água. ★ *Shiro o ～ ni suru* 城を水攻めにする Inundar o [Cortar a água ao] castelo (do inimigo).
mizú-zémé[2] 水責め (＜… + seméru[2]) A tortura da água.
mo[1] も **1** [あるものも共に] Também; igualmente. *Kyō ～ atsui desu ne* 今日も暑いですね Hoje também está quente, não está? **2** [同種の事柄を列挙する] Tanto como; quer quer; e; nem nem (Frase neg.). *Asobi ni ikitai to omou ga o-kane ～ hima ～ nai* あそびに行きたいと思うがお金も暇もない Gostaria de ir passear, mas não tenho nem dinheiro nem tempo. *Kare wa eigo ～ doitsugo ～ hanasemasu* 彼は英語もドイツ語も話せます Ele fala ing. e al. [sabe falar tanto ing. como al.]. **3** [強調] Até; mesmo. *Aki ～ fukamatte kita* 秋も深まって来た Estamos mesmo no [em pleno] outono. *Kare ～ warui ga kimi ～ kimi da* 彼も悪いが君も君だ A culpa é tanto dele como sua [Ele tem culpa mas você também]! *Tōka ～ ame ga furi-tsuzuite imasu* 10日も雨が降り続いています Já há dez dias que chove que [a chuva não pára]!
mo[2] 喪 O luto. ★ ～ *ga akeru* 喪があける Deixar o ～. ～ *ni fukusuru* 喪に服する Deitar [Guardar] luto.
mō[1] もう **1** [間もなく] [óo] Já; dentro de [daqui a] pouco. ～ *sugu iku yo* もうすぐ行くよ Vou já! [S/同] Ma mó naku; súgu ni; yagáté. **2** [すでに] [óo] Já. *Kare wa ～ Kyōto ni tsuite iru darō* 彼はもう京都に着いているだろう Ele ～ deve ter chegado a Kyōto. ～ *dame da* もうだめだ Desisto [～ não aguento mais/não há nada a fazer]! [S/同] Imá góró wá; móhaya. **3** [更に] [oó] Já; além disso; mais. ～ *nani mo iu koto wa nai* もう何も言うことはない Já não há (mais) nada a dizer. ～ *hitotsu o-kashi o kudasai* もう一つお菓子を下さい Dê-me mais um bolo por favor. ◇ ⇨ **～ sukoshi**. [S/同] Sára-ni. **4** [別の] [oó] Outro; mais「um pouco」(⇨ mṓ súkóshi). ★ ～ *hitori no hito* もう一人の人 A outra pessoa; o ～. ～ *hitotsu no hō* もう一つの方 O ～「carro」. [S/同] Betsú nó.
mō[2] [óo] もう Muuu. *Ushi ga ～ to naita* 牛がもうと鳴いた A vaca/O boi/O vitelo mugiu.
mō[3] [óo] 蒙 A ignorância. ★ ～ *o hiraku* 蒙を啓く Acabar com a ～. ⇨ keímṓ.
mō-[4] [oó] 猛 (＜ mṓrétsú)【Pref.】Muito. ◇ ⇨ **～ benkyō** [**hangeki; renshū**].
mṓá [oó] 盲唖 O cego e (surdo) mudo.
mṓáí [oó] 盲愛 O amor cego. ★ ～ *suru* 盲愛する Amar cegamente. [S/同] Dekíáí; nekó-káwáigari.
mṓ-bénkyō [oó] 猛勉強 O estudo intenso; o marrar (Col.). ★ ～ *suru* 猛勉強する Marrar (a estudar)/Ser só estudar, estudar, estudar.
mobī́ru [íi] モービル (＜ Ing. mobile ＜ L.) Móvel [Móbil].
mochí[1] 持ち (Sub. de mótsu[1]) **1** [耐久力] O conservar-se. *Kono shokuhin wa ～ ga yoi [warui]* この食品は持ちが良い[悪い] Este alimento conserva-se bem/muito [pouco tempo]. ⇨ taíkyū́ ◇. **2** [-mochí: 持つ人]【Suf.】O ter. ◇ **Chikara ～** 力持ち Um forçudo; o que tem força. **Nyōbō ～** 女房持ち O (homem) casado. **3** [-mochí: 負担]【Suf.】O pagar. *Hiyō wa shusaisha-gawa ～ da* 費用は主催者側持ちだ O promotor paga [arcará com as despesas]. [S/同] Futáń. **4** [-mochí: 使用] De [Para]. ★ *Onna ～ no tokei* 女持ちの時計 O relógio ～ senhora. [S/同] Shiyṓ.
mochí[2] 餅 O bolo de massa de arroz. ★ ～ *o tsuku* 餅を搗く Amassar (desfazendo no pilão, com maços) o arroz. [P/ことわざ] ～ *wa ～ ya* 餅は餅屋 Cada um [qual] no seu ofício. ◇ ⇨ **～ gashi** [**tsuki**].
móchi[3] 黐 O visco. ★ ～ *de tori o toru* もちで鳥を捕る Apanhar aves com visco. [S/同] Torí-mochi.
mochí-ágárú 持ち上がる (＜ mótsu + …) **1** [上へあがる] Levantar-se; erguer-se. **2** [ことが起こる] Acontecer; surgir. *Nani ka taihen na koto ga mochi-agatta yō da* 何かたいへんなことが持ち上がったようだ Parece que surgiu (alg)um problema grave.
mochí-ágérú 持ち上げる (＜ mótsu + …) **1** [上にあげる] Levantar/Erguer「a cabeça」. *Omoi kaban o hyoi to mochiageta* 重いかばんをひょいと持ち上げた ～ [Agarrar] uma mala pesada como quem levanta uma palha. **2** [おだてる] Bajular; lisonjear; elogiar. *Kare wa mawari kara mochiagerarete, ii ki ni natte iru* 彼はまわりから持ち上げられて, いい気になっている Ele está todo vaidoso por ter sido elogiado [todo contente com os elogios que recebeu]. [S/同] Odátérú (+).
mochí-ágúmú 持ちあぐむ (＜ mótsu + agúmu) Não saber (o) que fazer com「tanta riqueza」. [S/同] Moté-ámásu (+); tekózúru.
mochí-áí 持 [保] ち合い (＜ mochí-áu)【Econ.】A estabilidade. *Sōba wa ～ de aru* 相場は持ち合いである O mercado [A bolsa] está estável.
mochí-aji 持ち味 (＜ mótsu + …) O sabor natural [próprio]; a cara(c)terística [força]. *Sono shinario wa gensaku no ～ o dashite inai* そのシナリオは原作の持ち味を出していない A encenação não transimite a força [o sabor] do「romance」original.
mochí-árúkú 持ち歩く (＜ mótsu + …) Levar (consigo). *Kono wāpuro wa ～ no ni benri da* このワープ

mochí-áu 持[保]ち合う (< mótsu + …) **1** [取引市場で相場がほとんど動かない状態][**Econ.**] Estar [Manter-se] estável. *Sōba wa taka-ne [hiku-ne] de mochi-atte iru* 相場は高値[低値]で持ち合っている O mercado [A bolsa] continua em alta [baixa]. **2** [出し合う] Pagar (cada um a sua parte).

mochí-áwásé 持ち合わせ (< mochí-áwásérú) O (calhar) ter (à mão). *Chōdo sono toki ainiku ko-zeni no ~ ga nakatta* ちょうどその時あいにく小銭の持ち合わせがなかった Infelizmente, (logo) nessa altura não tinha [não calhou ter] à mão uns trocos.

mochí-áwásérú 持ち合わせる (< mótsu + …) (Calhar) ter.

mochí-bá 持ち場 (< mótsu + …) **a)** O posto 「de trabalho」 (Ex.: *~o hanarete wa ikenai* = Não se afastem do seu posto!); **b)** A ronda (do guarda).

mochí-bun 持ち分 (< mótsu + …) A quota 「cota/parte」 「a pagar」.

mochí-dáshi 持ち出し (< mochí-dású) **1** [外へ持って出ること] O levar (daqui). *Korera no hon no katte na ~ wa kinshi sarete iru* これらの本の勝手な持ち出しは禁止されている É proibido retirar [levar] estes livros sem (pedir) licença. **2** [自腹を切ること] O pagar do próprio bolso. *Ryohi wa kekkyoku wa ~ ni natta* 旅費は結局は持ち出しになった Ao fim e ao cabo (fui eu que) tive de pagar a viagem.

mochí-dású 持ち出す (< mótsu + …) **1** [外へ持って出る] Levar (daqui). (⇨ **mochí-dáshi**.) **2** [盗み出す] Roubar. ★ *Mise no kane o mochi-dashite asobu* 店の金を持ち出して遊ぶ Divertir-se com dinheiro da loja (do pai). **3** [言い出す] Trazer 「um assunto」 à conversa. **4** [費用などが自分が負担する] Pagar do próprio bolso.

mochifu [ii] モチーフ (< Fr. motif < L.) O motivo 「musical」; o tema. ⓈⒸ Shudái.

mochí-fuda 持ち札 (< mótsu + …) As cartas (do baralho) que se têm na mão.

mochí-gáshi 餅菓子 (< …² + káshi) O "mochi" doce; o "mochi" com doce de feijão dentro.

mochí-gómá 持ち駒 (< …¹ + kóma) **1** [将棋の手駒] A pedra de "shōgi" ganha [comida] ao adversário. **2** [手下] A pessoa ou coisa de reserva.

mochí-gómé 糯[餅]米 (< … + komé) O arroz glutinoso. Ⓐ/Ⓡ Urúchí.

mochí-gúsá 餅草 (< …² + kusá) A artemísia (Cujas folhas tenras se misturam com "mochi"); *artemisia princeps*. ⓈⒸ Yomógí.

mochí-gúsáré 持ち腐れ (< mótsu + kusáru) Desperdício 「do salão」 (< mótsu + kusáru). *Subarashii saihō no gijutsu o motte iru no ni nani mo shinai nante takara no ~ da* すばらしい裁縫の技術を持っているのに何もしないなんて宝の持ち腐れだ Você sabe muito de costura: se não usa a sua arte, é um desperdício.

mochí-hádá 餅肌 A pele macia (como "mochi").

mochí-hákóbí 持ち運び (< mochí-hákóbú) O transporte. ★ *~ ni benri [fuben] na terebi* 持ち運びに便利[不便]なテレビ A televisão fácil [difícil] de transportar.

mochí-hákóbú 持ち運ぶ (< mótsu + …) Transportar. ⓈⒸ Hakóbú; únpán súrú.

mochí-ié 持ち家 (< mótsu + …) A casa própria. ⓈⒸ Mochí-yá.

mochíi-kátá 用い方 (< mochíiru + …) ⇨ yṓhō¹.

mochíiru 用いる **1** [使う] Usar 「a força」; utilizar; empregar. *Tetsu wa iroiro na mono ni mochiirarete iru* 鉄は色々なものに用いられている O ferro serve [utiliza-se] para muitas coisas. ★ *Atarashii hōhō o ~* 新しい方法を用いる — um novo método. **2** [任用する] Aproveitar [Usar os talentos de alguém]. ★ *Omoku mochiirareru* 重く用いられる Ocupar uma posição importante; estar bem aproveitado.

mochí-kábú 持ち株 (< mótsu + …) A「sua」apólice [a(c)ção]. ◇ ~ **gaisha** 持ち株会社 A companhia detentora (Que controla outras pela aquisição das a(c)ções emitidas por estas).

mochí-káéru¹ 持ち帰る (< mótsu + …) Levar para casa 「a propaganda」.

mochí-káéru² 持ち替える (< mótsu + …) Trocar de mão 「para se cansar com a mala」.

mochí-kákéru 持ち掛ける (< mótsu + …) Propor 「casamento」. ★ *Tomodachi ni umai hanashi o ~* 友達にうまい話を持ち掛ける Fazer uma proposta boa [atraente] a um amigo.

mochí-kátá 持ち方 (< mótsu + …) A maneira de segurar 「o pincel/violino」.

mochí-kírí 持ち切り (< mochí-kírú) O ter muito [estar cheio]. *Machi wa atarashii chōchō no uwasa de ~ datta* 町は新しい町長のうわさで持ち切りだった Na vila [No bairro] só se falava do novo presidente do município.

mochí-kírú 持ち切る (< mótsu + …) **1** [全部持つ] Levar [Segurar] tudo. *Te ni mochi-kirenai hodo takusan no purezento o moratta* 手に持ち切れない程たくさんのプレゼントをもらった Recebi tantos presentes que não os consigo segurar nas mãos. **2** [ある話ばかり続く] Ser o único tema [assunto] de conversa. *Mura-jū ga shusse shita kare no hyōban de mochi-kitte ita* 村中で出世した彼の評判で持ち切っていた Na aldeia só se falava do sucesso [da promoção] dele.

mochí-kómí 持ち込み (< mochí-kómú) O levar as suas coisas 「no avião」. *Kinai ~ te-nimotsu* 機内持ち込み手荷物 A bagagem de mão.

mochí-kómú 持ち込む (< mótsu + …) **1** [運び入れる] Levar algo consigo para um lugar. *Shanai ni kikenbutsu o ~ koto wa kinshi sarete iru* 車内に危険物を持ち込むことは禁止されている Obje(c)tos perigosos nos transportes não podem passar. **2** [相談などを持って行く] **a)** Propor 「casamento」; **b)** Fazer uma reclamação. *Kanojo wa watashi no tokoro ni sōdan-goto [kujō] o mochi-konde kita* 彼女は私の所に相談ごと[苦情]を持ち込んできた Ela veio-me consultar [apresentar uma queixa]. **3** [次の段階に入る] Conseguir 「o empate/passar a proposta de lei」.

mochí-kósú 持ち越す (< mótsu + …) Adiar. *Ketsugi wa tsugi no kaigi made mochi-kosareta* 決議はつぎの会議まで持ち越された A votação foi adiada para a sessão seguinte.

mochí-kótáéru a) 「o dique」 Aguentar. **b)** 「a comida deve」 Durar 「um mês」.

mochí-kúzúsú 持ち崩す (< mótsu + …) Dar cabo 「da saúde/fortuna」. *Ano otoko wa sake de mi o mochi-kuzushita* あの男は酒で身を持ち崩した Ele arruinou-se por causa da bebida.

mochí-máé 持ち前 「ser alegre por」 Natureza. *Kare wa konnan na toki mo ~ no kibinsa de umaku kiri-nuketa* 彼は困難な時も持ち前の機敏さで

うまく切り抜けた Ele conseguiu ultrapassar os tempos (mais) difíceis graças à sua esperteza inata [natural]. [S/同] Umáré-tsukí.

mochí-máwárí 持ち回り (< mótsu + …) O revezar-se (fazer à vez). ◊ **~ kakugi** 持ち回り閣議 A deliberação feita passando [circulando] por cada ministro.

mochí-máwáru 持ち回る (⇨ mochí-mawarí) Levar para toda a parte「coisas para vender」.

mochí-mono 持ち物 (< mótsu + …) **1** [所有物] A posse; a propriedade. *Ano bessô wa oji no ~ desu* あの別荘は叔父の持ち物です Aquela casa de campo [praia] é (propriedade) do meu tio. [S/同] Shoyúbutsu[hin]. **2** [携帯品] Os pertences; a bagagem. ★ *Seito no ~ o kensa suru* 生徒の持ち物を検査する Revistar os ~ dos alunos. [S/同] Keítái[Shojí]-hín.

mochí-náósú 持ち直す (< mótsu + …) **1** [元の良い状態にもどる] Recuperar「o doente」; arribar; melhorar. *Keiki ga mochi-naoshita* 景気が持ち直した A economia melhorou [recuperou]. **2** [⇨ mochí-káérú²].

mochí-nígé 持ち逃げ (< mótsu + nigérú) O roubar e fugir. ★ *Kaisha no kane o ~ suru* 会社の金を持ち逃げする Fugir com dinheiro da companhia.

mochí-nushi 持ち主 (< mótsu + …) O proprietário; o dono「do carro」. ★ *Yasashii kokoro no ~* 優しい心の持ち主 A pessoa com [dotada de] bom coração. [S/同] Shoyú-sha.

mochíron 勿論 Naturalmente; obviamente; sem dúvida; claro! *Kare wa eigo wa ~ doitsu-go mo furansu-go mo hanaseru* 彼は英語は勿論ドイツ語もフランス語も話せる Ele fala alemão e francês, e, ~ [nem é necessário dizer], inglês. ~ *sansei da* 勿論賛成だ Eu concordo, ~! murón.

mochí-sárú 持ち去る (< mótsu + …) Levar [Fugir com]「o dinheiro」. ⇨ mochí-nígé.

mochí-tsúkí 餅搗き (⇨ mochí²) O desfazer [esmagar] arroz (cozido) no pilão.

mochí-yóru 持ち寄る Trazer cada qual a sua parte. *Zairyo o iroiro mochi-yotte suki-yaki pâtî o shita* 材料をいろいろ持ち寄ってすき焼きパーティーをした Fizemos uma festa com "sukiyaki" com os ingredientes que cada um trouxe.

móchō [*móo*] 盲腸 O apêndice. ★ ~ *no shujutsu o ukeru* 盲腸の手術を受ける Operar o [Fazer (uma) operação ao] ~.

móchō-en [*móochóo*] 盲腸炎 A apendicite. [S/同] Chúsúien.

mo-chú 喪中 (⇨ mo²) O estar de luto. *Bôfu no ~ ni tsuki nenmatsu nenshi no go-aisatsu wa enryo sasete itadakimasu* 亡父の喪中につき年末年始のご挨拶は遠慮させて頂きます Peço desculpa de não lhe enviar as Boas Festas este ano por estar de luto pelo meu pai. ★ ~ *de aru* 喪中である …

modáé 悶え (< modáérú) A agonia; a angústia.

modáérú 悶える Agoniar-se; angustiar-se. ★ *Modae-kurushimu* 悶え苦しむ Contorcer-se de dor(es).

modán モダン (< Ing. modern < L.) Moderno. ◊ **~ âto** モダンアート A arte moderna.

modánízumu モダニズム (< Ing. modernism < L.) O modernismo. [S/同] Geńdái-fű[téki]; tôséí-fúu. [A/反] Dentô-shugi.

modéráto [*áa*] モデラート (< It. moderato < L.) 【Mús.】「andante」Moderado. ◊ **~ kantábire** モデラートカンタービレ ~ cantabile.

móderu モデル (< Ing. model < L.) **1** [型] O modelo. ★ ~ *chenji o okonau* モデルチェンジを行う Trocar o ~ [Mudar de aparência]. Katá. **2** [手本; 見本] O modelo. ◊ **~ kêsu** モデルケース O caso [exemplo] típico. [S/同] Mohán (+); tehón (+). **3** [美術製作の対象; 文学作品の素材] O modelo. *Kono shōsetsu no shujinkō ni wa jitsuzai no ~ ga aru* この小説の主人公には実在のモデルがある O protagonista do romance é um personagem [~] real. **4** [Abrev. de "fasshon moderu"] O modelo [manequim]. ◊ **Nūdo ~** ヌードモデル ~ nu.

móderu [*oó*] 詣でる Visitar um templo. [S/同] Máiru (+); sańkéi[sańpái] súrú. ⇨ hatsú-môde.

módo [*óo*] モード (< Fr. mode < L.) A moda. ◊ **Nyū ~** ニューモード ~ nova. *Toppu ~* トップモード ~ (mais) chique.

modókashii もどかしい Que faz perder a paciência (Ex.: ~ *yatsu da* ~ 奴だ Despacha-te, lesma! ~ *ge ni tazuneta* = Perguntou-me todo impaciente). *Jikan no tatsu no ga ~* 時間のたつのがもどかしい Já não aguento esta demora! [S/同] Ha-gáyúi; irádátáshíi; jiréttái (+).

módó-kén [*oó*] 盲導犬 O cão de cego.

-módoki もどき No estilo [sistema] de; parecido; semelhante; como. ★ *Shibai ~ no iimawashi* 芝居もどきの言いまわし A expressão (Modo de dizer) dramática (teatral).

módókú [*oó*] 猛毒 (< mō-¹ + …) O veneno mortífero. [S/同] Gekídóku.

modóri 戻り (< modóru) **1** [⇨ kaérí]. **2** [戻ること]【Econ.】A recuperação. ◊ **~ uri** 戻り売り A venda ao preço anterior, depois da ~.

modóru 戻る **1** [元の所へ帰る] Voltar; regressar. *Tada-ima modorimashita* ただ今戻りました Boa noite! (Lit. "voltei agora/já vim"). [S/同] Hikí-káesu; káeru. **2** [元の状態になる] Voltar「ao dono/ao seu lugar」; ficar como antes. ★ *Hondai ni ~* 本題に戻る Voltar ao tema (principal de que se estava a falar). *Jibun ni ~* 自分に戻る Voltar a si; recuperar. [S/同] Káesu.

modósu 戻す **1** [元へ返す] Devolver; fazer andar para trás. *Karita hon no moto no ichi e ~* 借りた本を元の位置へ戻す Tornar a pôr o livro no (seu) lugar. *Tokei o ichijikan ~* 時計を1時間戻す Atrasar o relógio uma hora. **2** [吐く] Vomitar. *Modoshi-sô ni naru* 戻しそうになる Causar vô[ó]mitos [Ficar com vontade de ~]. [S/同] Háku; ôto suru.

moé 燃え (< moérú¹) A queima; o arder. ★ ~ *ga warui maki* 燃えが悪いまき A lenha que arde mal.

moé-ágáru 燃え上がる (< moérú¹ + …) **1** [炎が高く上がる] Arder com [Levantar] labareda(s). [S/同] Moé-tátsu. **2** [感情などが高揚する]【Fig.】Inflamar-se. *Kare no kotoba wa watashi no naka ni ikari no honoo o moe-agaraseta* 彼の言葉は私の中に怒りの炎を上がらせた Fiquei tão zangado cá por dentro com o que ele disse!

moé-déru 萌え出る (< moérú² + …) Brotar; germinar. [S/同] Káesu; me-búku.

moé-gára 燃え殻 (< moérú¹ + kará) ⇨ moé-kásu.

moégí(iró) 萌黄(色) (< moérú² + kiíro) O verde

M

claro (A cor de talos ou folhas que acabam de despontar). [S/同] Ki[Usú]-mídori.

moé-hírógáru 燃え広がる (< moérú¹ + …) Espalhar-se; estender-se; propagar-se; alastrar. *Hi wa kyūsoku ni moe-hirogatta* 火は急速に燃え広がった O fogo alastrou rapidamente. [S/同] Eńshṓ súrú.

moé-kású 燃え滓 (< moérú¹ + …) **a)** O borralho [As brasas]; **b)** As cinzas [Os carvões]. [S/同] Moé-gárá.

moé-kíru 燃え切る (< moérú¹ + …) Arder totalmente; ser consumido pelo fogo.

moérú¹ 燃える **1** [燃焼する] Arder; chamejar [fazer chama]; incendiar-se; inflamar-se. ★ *Honoo o agete* ～ 炎を上げて燃える ～ levantando labaredas. *Makka ni* ～ 真っ赤に燃える Arder bem. [S/同] Neńshṓ súrú. **2** [炎が出たようになる]【Fig.】Brilhar. *Yū-yake de sora ga makka ni moete iru* 夕焼けで空が真っ赤に燃えている O céu brilha [parece estar a arder] com o sol poente. **3** [情熱が高まる] Apaixonar-se. ★ ～ *omoi* 燃える思い O amor ardente. *Aikoku no jō ni* ～ 愛国の情に燃える Inflamar-se [～] de amor pela pátria. *Kibō ni* ～ 希望に燃える Estar cheio de esperança.

moérú² 萌える Brotar; germinar; rebentar. ★ *Wakaba ga* ～ *kisetsu* 若葉が萌える季節 A estação do rebentar da folha [em que brotam as folhinhas novas]. [S/同] Kizásu ; me-búku (+) ; megúmú; moé-déru.

moé-sákáru 燃え盛る (< moérú¹ + …) Arder bem [com toda a força]. [S/同] Moé-ágáru (+) .

moésáshí 燃えさし O toco「da vela」; o resto「do pavio」. ★ ～ *no maki* 燃えさしのまき A lenha meio queimada; o tição.

moé-tátsu 燃え立つ (< moérú¹ + …) ⇨ moé-ágáru.

moé-tsúkíru 燃え尽きる ⇨ moé-kíru.

moé-tsúku 燃えつく (< moérú¹ + …) Pegar (começar a arder). *Maki ga shimette ite nakanaka moetsukanai* まきが湿っていてなかなか燃えつかない A lenha está (h)úmida e não há maneira de ～.

moé-útsúru 燃え移る (< moérú¹ + …) Espalhar-se; propagar-se. *Hi ga rinka e moeutsutta* 火が隣家へ燃え移った O fogo propagou-se à [passou para a] casa vizinha. ⇨ moé-hírógáru.

mṓfu [óo] 毛布 O cobertor; a manta. [S/同] Buráń(ketto).

mofúkú 喪服 O traje de luto. ⇨ mo².

mṓ-gákkō [oó] 盲学校 (< mójíń + …) A escola para invisuais.

mogáku 踠く Debater-se「para se soltar」; lutar [tentar tudo]「para fugir às más companhias」; (con)torcer-se. ★ *Mogakikurushimu* もがき苦しむ Contorcer-se de dor. [S/同] Agáku; notáútsu.

mṓgékí [oó] 猛撃 O ataque [golpe] violento. [S/同] Mṓkṓ. ⇨ kṓgékí.

mogéru 捥げる Arrancar-se. *Hana ga moge-sō na kurai kusai* 鼻がもげそうなくらい臭い Que cheiro insuportável [fétido]! ⇨ chigíréru; ochíru.

mógi 模擬 A imitação; o simulacro. ◇ **～ hōtei [saiban]** 模擬法廷[裁判] O ～ de tribunal (Na Faculdade de Dir.). **～ shiken** 模擬試験 O ensaio do exame (de admissão) (⇨ móshi²). ⇨ manérú; nisérú.

mogírí 捥ぎり (< mogíru) O porteiro da casa de espe(c)táculos (que controla os bilhetes).

mogíru 捥ぎる ⇨ mógu.

mogí-tórú 捥ぎ取る (< mógu + …) Arrancar; colher com força「o melão」; arrebatar「o poder ao tirano」.

mógu 捥ぐ Colher「fruta」; apanhar. ★ *Mogitate no tomato* もぎたてのトマト O tomate acabado de ～. [S/同] Mogíru; (mogí-)tórú.

mógumogu (to) もぐもぐ(と)【On.】**1** [口を十分に開けずに物を言うようす] ★ *Nani ka* ～ *to iu* 何かもぐもぐと言う Resmungar [Dizer qualquer coisa por entre dentes]. **2** [口を閉じたまま物をかむようす] Nham-nham.

mogúrá 土竜【Zool.】A toupeira; *talpa wagura*. ◇ **～ senjutsu** 土竜戦術 A tá(c)tica da ～ [O a(c)tuar na clandestinidade].

móguri 潜り (< mogúru) **1** [水中にもぐること] O mergulho. **2** [無資格で行うこと・人] A ilegalidade. ★ ～ *de shōbai o suru* 潜りで商売をする Comerciar sem licença [Ser marreteiro (B.)]. ～ *no isha* 潜りの医者 O médico sem licença para exercer. ⇨ mushíkaku.

mogúríkkó 潜りっこ A competição de mergulho「para ver quem aguenta mais debaixo da água」.

mogúrí-kómu 潜り込む (< mogúru + …) **1** [入り込む] Enfiar-se; meter-se. ★ *Futon ni* ～ ふとんに潜り込む ～ na cama [em vale de lençóis]. **2** [潜入する] Esconder-se; entrar「na sala」sem licença; entrar「na empresa」por portas travessas. [S/同] Seńnyū súrú. ⇨ hisómu; kakúréru.

mogúru 潜る **1** [水中にくぐり入る] Mergulhar (Ex.: *Kujira wa chōjikan mogutte irareru* = A baleia pode ficar muito tempo debaixo da àgua). ★ *Umi ni* ～ 海に潜る ～ no mar. **2** [物の下に入り込む] Esconder-se「debaixo da areia」.

mogúsá 艾 **a)** A artemísia. [S/同] Mochí-gúsá; yomógí. **b)** A folha seca (moída) de artemísia para moxa.

moháń 模範 O modelo; o exemplo. ★ ～ *o shimesu* 模範を示す Dar o exemplo. ～ *teki na seinen* 模範的な青年 Um jovem exemplar.「*Zenkō-seito no*」～ *to naru*「全校生徒の」模範となる Ser um ～ para todos os alunos da escola. ◇ **～ sei** 模範生 O estudante modelo [exemplar]. [S/同] Tehón. ⇨ mihóń.

mṓ-hángeki [oó] 猛反撃 O contra-ataque formidável. ⇨ mō-⁴.

mṓhátsú [oó] 毛髪 O cabelo. ◇ **～ shitsudo-kei** 毛髪湿度計 O higró[ô]metro de ～. [S/同] Kamí(nó ke) (+) .

móhaya 最早 Já. *Wareware no unmei mo* ～ *kore made da* 我々の運命も最早これまでだ Pronto, estamos perdidos [Desta (tragédia) ～ não escapamos]! [S/同] súde ni (+) .

móhea モヘア (< Ing. mohair < Ár.) O pelo de「cabra」angora.

mṓhítsú [oó] 毛筆 O pincel. ◇ **～ ga** 毛筆画 A pintura a [com o] ～. [S/同] Fudé (+) .

mohṓ 模倣 A imitação. ★ ～ *suru* 模倣する Imitar; plagiar; copiar. ◇ **～ sha** 模倣者 O imitador. [S/同] Mané (+) . [A/反] Sṓzṓ.

mṓi [óo] 猛威 A violência; a fúria. *Taifū ga* ～ *o furutta* 台風が猛威をふるった O tufão foi devastador [muito violento]. ⇨ íryoku¹; mō-⁴.

mṓja [óo] 亡者 **1** [死者] O morto. [S/同] Shiníń; shísha (+) . **2** [執念にとりつかれている者] O escravo; o louco. ★ *Garigari* ～ 我利我利亡者 Uma pessoa avarenta [escrava do lucro]. *Kane no* ～ 金の亡者 O louco por [escravo do] dinheiro.

mojámójá もじゃもじゃ【On.】★ ～ *no kami* もじゃもじゃの髪 O cabelo desgrenhado.

móji 文字 **a**) A letra「z」; **b**) A escrita「grega/miudinha」. ★ ～ *o yomenai hito* 文字を読めない人 O iletrado [analfabeto]. ◇ **～ ban** 文字盤 O mostrador. **～tajū-hōsō** 文字多重放送 O teletexto [telex]. ～ *zura* 文字面 Só a letra [o estilo]. ⇨ **hyōi** [**hyōon; ko; ō**] **～**. [S/同] Ji; mónji. ⇨ kańjí[2].

mojí-dṓri [**óo**] 文字通り (＜… + tórí) Literalmente; à [ao pé da] letra. ★ ～ *no* 文字どおりの「tradução」literal. ⇨ chokúyákú.

mójimoji もじもじ【On.】★ ～ *suru* もじもじする Ficar hesitante [nervoso/envergonhado/acanhado/com medo/a mexer-se].

mṓjíń [**oó**] 盲人 O cego; o deficiente visual; o invisual.

mojírí-uta 捩り歌 (＜ mojíru + …) A paródia「da Terceira Sinfonia」.

mojíru 捩る **1** [⇨ nejíru]. **2** [もとの表現に面白く似せて言う] Parodiar「Os Lusíadas」.

mṓjṓ [**moó**] 網状 Reticular; retiforme; reticulado. ⇨ mṓkáń.

mṓjū́[1] [**oó**] 猛獣 (⇨ mō-[4]) O animal feroz; a fera. ◇ ⇨ **～ gari**. ⇨ ke(dá)mónó; yajū.

mṓjū́[2] [**oó**] 盲従 A obediência [submissão] cega. ★ ～ *suru* 盲従する Obedecer cegamente [às cegas/como robôs]. ⇨ jū́zókú.

mṓjū́-gárí [**oó**] 猛獣狩り (＜… [1] + karú) A caça grossa; o safari. [S/同] Sáfari.

mojū́ru [**úu**] モジュール (＜ Ing. módule ＜ L. módulus) O módulo; a (unidade de) medida (proporcional).

móka モカ (＜ Top. Mocha) Café Moca.

mṓka [**óo**] 猛火 O fogo violento (Ex.: *Teki wa wareware ni* ～ *o abiseta* = O inimigo disparou sobre nós grandes rajadas de fogo); a conflagração; um grande incêndio. ★ ～ *ni tsutsumareru* 猛火に包まれる Ficar envolvido pelas labaredas;「a casa」ser um mar de fogo.

mṓkáń [**oó**] 毛管 **1** [Abrev. de ⇨ "mṓsái-kan"]. O tubo capilar. ◇ **～ genshō** 毛管現象 O fenô[ó]meno capilar; a capilaridade. **2** [Abrev. de ⇨ "mṓsáí-kékkáń"].

mṓkáru [**oó**] 儲かる (⇨ mṓkéru[1]) **1** [利益がある] Lucrar; ganhar; ser rentável [lucrativo] (Ex.: *Hyakuman-en* ～ = Ganhar [Ter um ganho de] 1 milhão de yens). ★ ～ *shōbai* 儲かる商売 O negócio rentável. **2** [得になる] Ganhar; ter sorte (Ex.: *Tomodachi ga koko made kuruma ni nosete kureta no de mōkatta* = Tive sorte porque um amigo me trouxe de carro). *Yasumi ga ichinichi mōkatta* 休みが一日儲かった Tivemos mais um feriado [Ganhámos mais um dia de férias].

mṓké[1] [**oó**] 儲け (⇨ mṓkéru[1]) **1** [利益] O lucro; o ganho. ★ ～ *ga aru* 儲けがある Ter lucro. ～ *ga ōi* [*sukunai; usui*] 儲けが多い[少ない; 薄い] Lucrar muito [pouco]. ～ *ni naru* 儲けになる Dar lucro; lucrar [ganhar]. *Boroi* ～ ぼろい儲け ～ grande [exorbitante/chorudo]. ◇ ⇨ **～ guchi** [**mono; shugi**]. ～ *shigoto* 儲け仕事 [S/同] Ríeki; rijúń; ritókú. **2** [得] O proveito; a sorte (Ex.: *Kore wa omowanu* ～*mono o shita* = Olha que achado [sorte]!). [S/同] Tokú.

mṓké[2] [**oó**] 設け (⇨ mṓkéru[2]) A preparação; o ter「um lugar para descansar」; a instalação; a reserva. ⇨ júnbi.

mṓké-gúchí [**oó**] 儲け口 (＜… [1] + kuchí) A fonte de lucro; um bom emprego (Bem pago). [S/同] Mṓké shígoto.

mokéí 模型 O modelo; a maqueta[e]. ★ ～ *o tsukuru* 模型を作る Fazer uma ～. ◇ **～ hikōki** 模型飛行機 ～ do avião. **Jitsubutsu-dai ～** 実物大模型 O ～ em [de] tamanho natural. [S/同] Hiná-gátá.

mṓké-mónó [**oó**] 儲け物 O achado; a pechincha; o negócio da China. *Kore wa* ～ *o shita zo* これは儲け物をしたぞ Isto foi um [Olha que] achado!

mṓkéń [**oó**] 猛犬 O cachorro [cão] bravo. ★ ～ (*ari*) *chūi* 猛犬(あり)注意(掲示) "Cuidado! Cão feroz!"

mṓkéru[1] [**oó**] 儲ける (⇨ mṓkáru) **1** [利益を得る] Ganhar [Fazer dinheiro]. [A/反] Són suru. **2** [得をする] Ter proveito [sorte]; beneficiar. *Kore wa mōketa zo renkyū da* これは儲けたぞ連休だ Que bom [sorte]! Vamos ter「dois」feriados seguidos! [S/同] Tokú (ó) súrú. [A/反] Són suru. **3** [子供を得る]【E.】**a**) Ter「um」filho; **b**) Dar à luz. ⇨ mṓke[1].

mṓkéru[2] [**oó**] 設ける **1** [用意する] Preparar; arranjar; organizar; reservar; prover. *Anata no tame ni shuseki o mōkemashita* あなたのために酒席を設けました Organizámos uma festa em sua homenagem. [S/同] Júnbi suru (+); yṓi suru (+). **2** [設置する] Instalar; fundar; abrir「um escritório」. [S/同] Setchí súrú (+). **3** [制定する] Estabelecer「leis」; instituir. ★ *Kisoku o* ～ 規則を設ける ～ [Fazer] uma regra. [S/同] Seítéí súrú (+).

mṓké-shúgi [**oó**] 儲け主義 O princípio [A lei; a teoria] do máximo lucro.

mṓkíń [**oó**] 猛禽 A ave de rapina. ◇ **～ rui** 猛禽類 Os rapt(ad)ores. ⇨ mṓjū́[1].

mókka[1] 目下 Agora; neste momento; hoje em dia; a(c)tualmente. ★ ～ *no tokoro* 目下のところ Por enquanto [De momento]「não há problemas」. [S/同] Génzai (+); íma (o).

mokká[2] 黙過 ⇨ mokúníń.

mokkáń 木管 **1** [Abrev. de ⇨ "mokkáń-gákki"]. **2** [木で作った管] O cano [tubo] de madeira. **3** [紡績で糸を巻き取る管] O carretel [carrinho]「de linhas」; o bilro; a bobina.

mokkáń-gákki 木管楽器 O instrumento (musical) de sopro de madeira.

mokkéí 黙契 (＜ ańmókú + kéíyákú)【E.】O acordo tácito. [S/同] Mokúyákú.

mokké-nó-sáíwáí 物[勿]怪の幸い A [O ter] sorte. *Koko de kimi ni atta no wa* ～ *da* ここで君に会ったのはもっけの幸いだ Foi uma sorte encontrá-lo aqui.

mokkíń 木琴 O xilofone. [S/同] Shírohon.

mokkó 畚 (＜ mótsu + ko) Um cesto simples de colmo [verga]「para carregar terra」.

mokkṓ[1] 木工 **1** [大工] O carpinteiro; o marceneiro. [S/同] Dáiku (+). **2** [木材の工芸] O artesanato [trabalho] em madeira. ◇ ⇨ **～ jo**. **～ kikai** [**kōgu**] 木工機械[工具] A máquina para trabalhar madeira [ferramenta do carpinteiro].

mokkṓ[2] 黙考 A meditação. ◇ **Chinshi ～** 沈思黙考 ～ profunda; a (alta) contemplação. ⇨ meísṓ; mokúshí; mokúsṓ.

mokkṓ-jó 木工所 A carpintaria [marcenaria]. ⇨ mokkṓ[1].

mókkyo 黙許 A conivência (para o mal); a permis-

são [o consentimento] tácito.
S/同 Me-kóboshi; mokúnín (+).

Mókó¹ [óo] 蒙古 A Mongólia. ◇ **~ go** 蒙古語 O [A língua] mongol. **~ han** 蒙古斑 A mancha mongólica. **~ jin** 蒙古人 Os mongóis.
S/同 Móngoru.

mókó² [óo] 猛虎 O tigre feroz. ⇨ torá¹.

mókó(geki) [moó] 猛攻 (擊) O ataque feroz [violento]. ★ **~ o kuwaeru** 猛攻を加える Atacar ferozmente. S/同 Mōgéki. ⇨ mō-⁴.

mókón [oó] 毛根 A raiz do cabelo [pêlo].

móko(to) 模糊 (と) Ambíguo. *Satsujin jiken no shinsō wa ~ to shite iru* 殺人事件の真相は模糊として いる A verdade sobre o (caso do) assassinato está muito **~a** [envolta em mistério]. ⇨ aímáí ~; boń'yári.

móku¹ 目 **1** [生物分類の一単位] A ordem. ◇ **Reichō ~** 霊長目 ~ dos primatas. ⇨ ka³; kó¹⁴. **2** [碁石や碁盤の目を数える語] A casa 「do tabuleiro de xadrez」. ◇ ⇨ **ichi ~**.

móku² 木 (Abrev. de mokúmé e mokúyōbi).

móku³ もく【て】 **1** [たばこ] O cigarro. S/同 Tabákó (+). **2** [吸いがら] A beata [prisca; ponta; O toco (B.)]. ◇ ⇨ **~ hiroi**. S/同 Suí-gárá (+).

mokúámí 木阿弥 ⇨ móto².

mókuba 木馬 **1** [木でつくった馬] O cavalo de madeira; os cavalinhos. **2** [体操用具の一つ] 【(D)esp.】 O plinto. ★ **~ o tobu** 木馬を飛ぶ Saltar o **~**. S/同 Umá.

mókubu 木部 **1** [木質部分] O xilema; o lenho. **2** [木の部分] A parte de madeira 「do móvel」. ⇨ kí².

mokúchō 木彫 A escultura [arte] em madeira. S/同 Ki-bóri (+). ⇨ chōkókú¹.

mokúdákú 黙諾 O consentimento tácito; a aquiescência. S/同 Mókkyo.

mokúdókú 黙読 O ler em silêncio (só para si). **~ suru** 黙読する ... A/反 Ońdókú.

mokúgéki¹ 目撃 Ver pessoalmente (com os próprios olhos). ◇ **~ sha** 目撃者 A testemunha ocular [de vista].

mokúgéki² 黙劇 ⇨ pańtómáímu.

mokúgyo 木魚 O tambor de madeira em forma de peixe utilizado nos ritos budistas.

mokúhái 木杯 [盃] O cálice de madeira (para beber saké).

mokúhán 木版 **a)** O baixo-relevo em madeira; **b)** A matriz da xilogravura; **c)** A xilografia [gravura em madeira].
mokúhán-gá 木版画 A xilogravura; a xilografia.
mokúhán-shi 木版師 O xilógrafo; o gravador em madeira.
mokúhán-zúrí 木版刷り (< ... + súru) O imprimir [reproduzir] por xilografia.

mokúhén 木片 A lasca [O pedaço] de madeira; o cavaco. S/同 Ki-gíré.

mókuhi 黙秘 O silêncio. **~ ken o kōshi suru** 黙秘権 を行使する Usar o direito de [ao] **~**. ★ **~ suru** 黙 秘する Manter o **~** [Ficar calado]. ⇨ damáru.

mokú-híroi もく拾い (< ... ³ + hiróí) 【G.】 O (que anda a) apanhar pontas de cigarro). ⇨ suí-gárá; tabákó.

mokúhón 木本 A árvore desenvolvida (Para corte). S/同 Kí (+). A/反 Sōhóń. ⇨ júmoku; kańbóku; teíbóku.

mokúhyō 目標 **1** [目じるし] O sinal [ponto de referência]; o guia. *Karera wa sono akari o ~ to shite susunda* 彼らはその明かりを目標として進んだ Eles seguiram, guiados por essa luz. S/同 Méate; me-jírushi. **2** [標的] O alvo (Ex.: ~*ni mukete jū no nerai o sadameru* = Apontar a arma ao ~.). ◇ **Kōgeki ~** 攻撃目標 ~ de ataque. S/同 Hyōtékí; mató (+). **3** [目安] O obje(c)tivo 「da vida」; a mira [meta]; o propósito; o fim [alvo/a finalidade 「desta lição」]. *Kotoshi no waga-sha wa ni-wari zōsan o ~ ni shite iru* 今年の我が社は2割増産を目標にしてい る A nossa firma este ano tem como obje(c)tivo um aumento de 20% na produção. ★ **~ ga takai** [*hikui*] 目標 が 高い [低い] Ter altos [poucos] ideais/~s. **~ ni tassuru** 目標に達する Alcançar [Atingir] o obje(c)tivo. ◇ ⇨ **~ gaku**. S/同 Hyōjyṓ; meyású; mokútékí.

mokúhyō-gaku [oó] 目標額 A quantia prevista. ★ **~ ni tassuru** 目標額に達する Atingir a [Chegar à] **~** 「de produção de ferro」.

mokúji 目次 O índice 「do livro」. ⇨ mokúrókú.

moku-mé 木目 O veio da madeira. ★ **~ no arai** 木目の荒い De [Com] veios grossos. **~ no komakai** 木目の細かい De veios finos. ⇨ itámé; masá-mé.

mokúmókú¹ 黙黙 Sem falar (dizer uma palavra); em silêncio. ★ **~ to hataraku** 黙々と働く Trabalhar **~**.

mókumoku² もくもく (Im. de fumo, nuvens, etc.). *Entotsu kara kemuri ga ~ dete iru* 煙突から煙がもく もく出ている Nuvens de fumo espesso sobem (saem) da chaminé.

mokú-néji 木螺子 O parafuso de madeira.
mokúnén(to) 黙然 (と) Silenciosamente [Em silêncio].

mokúnín 黙認 A aprovação tácita; o consentimento tácito; a conivência 「no crime」. ★ 「*Fusei o*」 **~ suru** 「不正を」黙認する Permitir [Tolerar; Consentir; Aprovar] tacitamente 「a injustiça」; fechar os olhos.
S/同 Me-kóboshi; mokúdákú; mókkyo.

mokúréi¹ 目礼 O cumprimento com um aceno da cabeça. ★ *Tagai ni ~ suru* 互いに目礼する Cumprimentar-se (de longe) com ...

mokúréi² 黙礼 O cumprimento [A reverência; A vé(ê)nia] em silêncio. ⇨ o-jígí; réí **1**.

mókuren 木蓮【Bot.】A magnólia.

mokúrókú 目録 **1** [⇨ mokúji]. **2** [リスト] O catálogo; a lista. ★ **~ ni noseru** 目録に載せる Pōr [Colocar] no/a **~**. 「*Zōsho no*」**~ o tsukuru** 「蔵書 の」目録を作る Fazer 「dos seus livros」; catalogar.

mokúrómi 目論見 (< mokúrómu) A trama; o plano; (ter) segundas intenções. ★ **~ ga hazureru** 目 論見が外れる Falhar 「o plano」.

mokúrómu 目論む Tramar; plane(j)ar; aprontar; maquinar. *Kare wa mata nani ka yokaranu* [*warui/yoku nai*] *koto o mokurondeiru* 彼は又何かよか らぬ[悪い / よくない]ことを目論んでいる Ele anda [está] outra vez a tramar alguma (má a(c)ção).
S/同 Takúrámu.

mokúsán 目算 **1** [見積もり] A estimativa (a olho); o cálculo aproximado. ★ **~ suru** 目算する Fazer um/a **~** 「do número das pessoas que estão na sala」. **2** [⇨ mokúhyō **3**]. ◇ [目算 に] A expe(c)tativa. ★ 「*Shiai ni katsu*」**~ ga kuruu** 「試 合に勝つ」目算が狂う Falhar **~** 「de ganhar o jogo」.

momí-ái

S/同 Keíkákú (+) ; mikómí; mokúrómí.

mokúsátsú 黙殺 O ignorar [não fazer caso「de」]; o não dar ouvidos「a」. ★ *Hinan no koe o ~ suru* 非難の声を黙殺する ... as críticas. ⇨ múshi².

mokúséí¹ 木製 O trabalho (feito) em madeira. ⇨ mokúzó¹.

mokúséí² 木星【Astr.】(O planeta) Júpiter.

mokúséí³ 木犀【Bot.】A flor [O jasmim]-do-imperador; *osmanthus asiaticus [fragrans]*.

mókushi¹ 黙示 **1**【啓示】A Revelação (de Deus). ◇ ~ **roku**. S/同 Keíjí (+). **2**【暗黙のうちに意思を表示すること】A implicação; o dar a entender. A/反 Meíjí.

mókushi² 黙視 A conivência; o fazer que não vê [fechar os olhos「a」] (Ex.: *Karera no sanjō o ~ shite irareyō ka* = Como (é que eu) posso ficar indiferente à tragédia deles?). S/同 Bōkán. ⇨ mi-nógású.

mokúshi-roku 黙示録 O Apocalipse.

mokúshítsú 木質 Lenhoso. ◇ ~ **bu** 木質部 O xilema; o lenho. ~ **ka** 木質化 A ligni [lenhi] ficação. ~ **sen'i** 木質繊維 A fibra lenhosa [de madeira].

mokúsó¹ 黙想 A meditação; a contemplação. ★ ~ *ni fukeru* 黙想にふける Entregar-se à ~. ~ *suru* 黙想する Meditar; recfle(c)tir. S/同 Meísó¹ (+) ; mokkó.

mokúsó² 目送【E.】O seguir「alguém」com os olhos. ★ ~ *suru* 目送する.

mokúsókú 目測 O medir a olho. ★ ~ *o ayamaru* 目測を誤る Ver [Calcular] mal「a distância」. ~ *suru* 目測する. ⇨ jissókú.

mokúsúru 黙する【E.】Calar; emudecer. S/同 Damáru (+).

mokúsúru² 目する【E.】Considerar (como)「amigo」. *Kono shōsetsu wa kotoshi no saikō kessaku to mokusarete iru* この小説は今年の最高傑作と目されている Este romance foi considerado o melhor do ano. S/同 Minású (+) ; míru (+).

mokútán 木炭 O carvão vegetal. ◇ ~ **ga** 木炭画 O desenho a carvão. ~ **gasu** 木炭ガス O gás de ~.

mokútéki 目的 A finalidade; o fim; a intenção; o obje(c)tivo; o propósito; o alvo. ★ *no tame ni wa shudan o erabanai no ga kare no yarikata da* 目的のためには手段を選ばないのが彼のやり方だ Ele, para atingir um fim, não olha a meios. *Kono hōritsu wa bosei hogo o ~ to shite iru* この法律は母性保護を目的としている Esta lei destina-se à prote(c)ção da maternidade. ★ ~ *o sadameru* 目的を定める Decidir o obje(c)tivo. ~ *o tassuru [togeru; hatasu]* 目的を達する[遂げる；果たす] Atingir um obje(c)tivo [Realizar as suas aspirações]. ◇ ~ **butsu** 目的物 O「meu」obje(c)tivo concreto. ⇨ ~ **chi**. ~ **kaku** 目的格【Gram.】O (caso) acusativo (do L.); corresponde ao complemento dire(c)to do P.). ~ **ron** 目的論 A teleologia. *Chokusetsu [Kansetsu] ~ go* 直接[間接]目的語 O obje(c)to/complemento dire(c)to [indire(c)to]. ~ **to** 目的, mé-ate; mokúhyô; tsumóri. ⇨ taíshô³.

mokútéki-chi 目的地 O (local do) destino. ★ ~ *ni tōtatsu suru* 目的地に達する [到達する] Chegar ao ~.

mokútô 黙禱 A reza [prece] (feita) em silêncio (Ex.: ~ ! = Um minuto de silêncio!). *Senshisha ni taishite ippun-kan no ~ o sasagemashō* 戦死者に対して一分間の黙禱をささげましょう Vamos fazer [oferecer] um minuto de silêncio em homenagem aos mortos da guerra. ★ ~ *suru* 黙禱する Rezar em ~.

mokúyáku 黙約【E.】O entendimento [acordo] tácito. S/同 Mokkéí. ⇨ yakúsókú.

mokúyôbí 木曜 (日) A quinta [5a]-feira.

mokúyôkú 沐浴【E.】O banho. ◇ ⇨ **saikai** ~. S/同 Nyúyókú (o); yuámí (+).

mokúzái 木材 A madeira (serrada). S/同 Zaímóku (+).

mokúzén¹ 目前 Diante dos olhos; à vista (Ex.: *Shiken o ~ ni hikaete* = Com o exame à porta [vista]. *Shi ga kare no ~ ni sematta* 死が彼の目前に迫った Ele esteve mesmo à morte. ~ *no rieki* 目前の利 O ganho imediato. S/同 Gańzén; me-nó-máe.

mokúzén² 黙然. ⇨ mokúnén.

mokúzô¹ 木造 (Feito) de madeira. ◇ ~ **kaoku** [**kenchiku**] 木造家屋[建築] A casa [construção] de madeira. ◇ ~ mokúséí¹.

mokúzô² 木像 A imagem [estátua] de madeira.

mo-kúzú 藻屑 Os restos de algas. ★ *Kaitei [Umi] no ~ to naru [kasu; kieru]* 海底 [海] の藻屑となる [化す; 消える] Afogar-se [Morrer] no mar.

mómái [óo] 蒙昧 ⇨ múchi¹ ⌒.

mômaku [óo] 網膜 A retina. ◇ ~ **hakuri** 網膜剥離 O deslocamento da ~.

momárérú 揉まれる (< momú) Levar encontrões「no meio da multidão」. *Kare wa seken no ara-nami ni momarete iru no de ningen ga dekite iru* 彼は世間の荒波にもまれているので人間ができている Ele é uma pessoa amadurecida [muito humana] porque levou muitos encontrões na vida.

momásérú 揉ませる (< momú) **1** [あんまさせる] Fazer alguém dar uma massagem. *Chichi wa maiban haha ni kata o ~ o sairu* は毎晩, 母に肩を揉ませる O meu pai todas as noites pede à minha mãe que lhe dê uma massagem aos [nos] ombros. **2** [気をもたせる] Inquietar. *Amari oya ni ki o ~ mono de-wa nai* あまり親に気を揉ませるものではない Não deve andar a ~ os pais.

momé(-gótó) 揉め (事) (< moméró + kotó) A dissensão; o problema; as fri(c)ções「dentro do Partido」; a desavença「do casal」; a discórdia「na família」. S/同 Fúwa; gótagota; toráburu.

momén 木綿 O (tecido de) algodão. ◇ ~ **ito** 木綿糸 A linha fio] de ~. S/同 Kótton; mén.

mômento [óo] モーメント (< Ing. moment < L.)【Fís.】O momento「de inércia」. ★ *Chikara no ~* 力のモーメント = de uma força.

momérú 揉める **1** [ごたごたが起こる] Zangar-se a discutir; haver sarilho (G.) [discussão]. *Kokkai wa yosan-an o megutte ō-mome ni mometa* 国会は予算案をめぐって大揉めに揉めた Com o plano do orçamento na Dieta levantou-se [foi] um grande banzé [quase (que) chegou a haver briga]. **2** [いらいらする] Ficar impaciente [inquieto/nervoso]. ★ *Ki ga ~* 気が揉める Preocupar-se [~]. S/同 Irádátsu; íraíra suru.

momi¹ 籾 **1** [籾のついた米] O arroz com casca. **2** [Abrev. de ~ "momí-gará"].

mómi² 樅【Bot.】O abeto; o pinheiro-alvar; *abies firma*.

mómi³ 紅絹 A [O tecido de] seda vermelha.

momí-ágé 揉み上げ A(s) suíça(s).

momí-ái 揉み合い (< momí-au) **1** [揉み合うこと] A

momí-áu 揉み合う (< momú+…) **1** [多くの人々が押し合い入り乱れる] Andar aos empurrões; empurrar-se. **2** [さかんに論議する] Ter uma grande [acirrada] discussão. **3** [株式で] Flutuar. *Denryokukabu ga momiatte iru* 電力株が揉み合っている As a(c)ções (de ele(c)tricidade estão a ~.

momí-dásu 揉み出す (< momú+…) Espremer esfregando.

momí-de 揉み手 (< momú+te) As mãos postas. ★ *~ de [o shite] enjo o tanomu* 揉み手で[をして] 援助を頼む Suplicar [Pedir] humildemente/de ~.

momí-gárá 籾殻 (<…[1]+kará) A casca grossa do arroz. ⇨ **wára**.

momí-hógúsu 揉みほぐす (< momú + …) Aliviar com massagens.

mómiji 紅葉 **1** [かえでの別称] O ácer; o bordo; *acer (saccharinum)*. ★ *~ no yō na te* 紅葉のような手 As mãozinhas lindas「da criança」. [S/同] Kaédé. **2** [こうよう] A folhagem variegada [vermelha e amarela] das árvores no outono. *Kanojo wa hazukashisa de manmen ni ~ o chirashita* 彼女は恥ずかしさで満面に紅葉を散らした Ela envergonhou-se e ficou toda corada. ◇ ◇ **~ gari**. [S/同] Kōyó (+).

momiji-gárí 紅葉狩り (<…+karú) O ver [apreciar] as folhas variegadas das árvores no outono. ★ *~ ni iku* 紅葉狩りに行く Ir…

momí-késhi 揉み消し (< momí-késu) O abafar [encobrir]「um escândalo」. ⇨ **kōsaku** 揉み消し工作 O estratagema para abafar algo.

momí-késu 揉み消す (< momú + kesú) **1** [火をもんで消す] Apagar esfregando. **2** [うわさなどを抑える] Abafar; ocultar; encobrir. ★ *Jiken o ~ 事件を揉み消す* O caso [incidente/escândalo].

momikúchá[shá] 揉みくちゃ[しゃ] **1** [人が人ごみなどで激しく揉まれること] O encontrão; a cotovelada [o empurra-empurra (B.)]. ★ *Hitogomi de ~ ni sareru* 人込みで揉みくちゃにされる Ser empurrado no meio da multidão. **2** [紙などが揉まれてしわになること] O amarrotar. ★ *Kami o ~ ni suru* 紙を揉みくちゃにする Amarrotar o papel

momí-ryóji 揉み療治 (< momú + …) A massagem. [S/同] Ańmá (+); massáji (o).

mómo[1] 股 A coxa (Tb. de galinha). ★ *~ no tsukene* ももの付け根 A virilha. ◇ **~ niku** もも肉 A carne de coxão (de vaca); o pernil (de porco).

momo[2] 桃 [Bot.] O pêssego. ★ *~ no sekku* 桃の節句 A Festa das bonecas [das Meninas] (três de março).

mômô[1] [moo-] もうもう (⇨ mō[2]) O mugido;「a vaca faz」muuu. *Ushi ga ~(to) naite iru* 牛がもうもう(と) 鳴いている O boi está a mugir.

mômô[2] [moo-] 濛濛 (Im. de nuvem de fumo [pó; vapor]). ★ *~ taru [to shita] hokori* 濛々たる [とした] ほこり Muita poeira.

momóhíki 股引 As ceroulas (Cuecas compridas). ⇨ **monpé**.

momó-iró 桃色 **1** [桃の花の色] O/A cor-de-rosa. [S/同] Pínku. **2** [男女間の情事に関することを言う語] Erótico (Ex.: *~ zasshi* = A revista ~a). ◇ **~ yūgi** 桃色遊戯 A aventura amorosa. **3** [左翼思想を帯びていること] A ideologia esquerdista.

mômóku [oó] 盲目 **1** [目が見えないこと] A cegueira. ◇ **~ hikō** 盲目飛行 O voo cego. **2** [理性を失い分別を欠くこと] A cegueira (de espírito). *Koi wa ~* 恋は盲目 O amor carnal é cego. ★ *~ no [teki] aijō [sūhai]* 盲目の[的]愛情[崇拝] O amor [A adoração] cego/a.

momónga 鼯鼠 [Zool.] O esquilo voador; *pteromys volans*. ⇨ musásábí.

momó-wáré 桃割れ (<…[2]+waréri) Um penteado j. usado pelas moças de 16-17 anos.

momú 揉む **1** [手にはさんで強くこする] Esfregar na [com a] mão; amarrotar. ★ *Kami o monde yawaraka ni suru* 紙を揉んで柔らかにする ~ o papel para o amaciar [tornar macio]. *Shio de kyūri o ~* 塩できゅうりを揉む Salgar o pepino e prensá-lo. **2** [あんまをする] Dar massagens. ★ *Kata o ~ 肩を揉む* Massagear os [~ aos] ombros. [S/同] Massáji[Ańmá] súrú. **3** [いらだたせる] Irritar-se; inquietar-se; preocupar-se. ★ *Ki o ~ 気を揉む* Preocupar-se. ⇨ irádátsu. **4** [入り乱れて押し合う] Empurrar-se; acotovelar-se. *Mai-asa, man'in densha no hitogomi ni momareru* 毎朝、満員電車の人込みに揉まれる Todas as manhãs no comboio [trem] cheio de gente há empurrão. **5** [さかんに議論しあう] [G.] Discutir muito. ★ *Momi ni monda yosan-an* 揉みに揉んだ予算案 O (plano do) orçamento apaixonadamente debatido [discutido]. **6** [けいこをつける] [G.] Treinar. *Hitotsu monde yarō* ひとつ揉んでやろう Vou treiná-lo. **7** [揺すぶる] Dar um abanão [empurrão]. [S/同] Yusúbúrú (+).

món[1] 門 **1** [家などの出入口] O portão; a entrada. ★ *~ kara hairu* 門から入る Entrar pelo ~. *~ o kuguru* 門をくぐる Atravessar o ~. ⇨ **Kádo**. **2** [すべて物事の出入、経由する所] A entrada [O entrar]. *Daigaku wa semaki ~ da* 大学は狭き門だ ~ para a universidade é difícil. **3** [学問・芸道の師の家] A casa do professor [mestre]. ★ *Tanaka kyōju no ~ o tataku* 田中教授の門をたたく Fazer-se discípulo do professor Tanaka. ⇨ **mónka**. **4** [生物分類上の一階級] O filo; a divisão. ◇ **Sekítsuí dóbutsu ~** 脊椎動物門 O filo dos vertebrados. ⇨ **kái**[3]; kō[14]; móku[1]. **5** [大砲を数える時にいう語] Numeral (de contagem) de canhões.

món[2] 紋・文 O brasão; as armas. [S/同] Jómón[2]; kamón[1] (+); mon-dókóró; monshó.

-mon[3] 問 A pergunta; o problema「de matemática」. ★ *Hyaku-~ Hyaku-tō* 百問百答 Cem perguntas, cem respostas. ⇨ mońdáí; shitsúmón.

mónaka 最中 O bolinho (como bolacha) recheado de doce de feijão e envolto em massa.

Mónako モナコ O Mó[ō]naco. ◇ **~ jin** モナコ人 O ~ [monegasco]. ◇ **~ kōkoku** モナコ公国 O principado do ~.

món-ban 門番 (⇨ món[1]) O porteiro. [S/同] Mon'éi; shuéi.

monbátsú 門閥 **1** [⇨ ié-gárá]. **2** [⇨ meímón].

mónbu 文部 Os assuntos [A parte] de educação. ◇ **~ daijin** 文部大臣 O ministro da educação. ⇨ **~ shō**.

Monbu-shō 文部省 O ministério de educação.

mońcháku 悶着 Os problemas [sarilhos; A encrenca (G.)]. *Mata hito-~ oki [ari]-sō da* またひと悶着起き[あり]そうだ Parece que vai haver mais algum sarilho. Arásóí; fuńsō; gótagota; momé-gótó.

mon-chú 門柱 O pilar do portão [Os pilares da

entrada].
mońdái 問題 **1** [解答を要する問い] A pergunta; a questão; o problema「de mat.」. ★ ~ *ni kotaeru* 問題に答える Responder à pergunta. ~ *o dasu* [*teishutsu suru*] 問題を出す[提出する] **a)** Dar [Entregar] o exame; **b)** Propor uma questão ou problema. ~ *o toku* 問題を解く Resolver a questão/o ~. *Sūgaku no* ~ 数学の問題 O problema de matemática. S/同 Shitsúmóń; toí. A/反 Kaító; kotáe. **2** [批評・論議・研究などの対象となる事柄] A questão; o problema; o caso; o assunto; a dificuldade. *Ano kaisha ga tōsan suru no wa mō jikan no* ~ *da* あの会社が倒産するのはもはや時間の問題だ A falência daquela firma é (só) uma questão de tempo. ~ *da* 問題だ Ser duvidoso [incerto; problemático] [*Kare ga seikō suru ka dō ka wa* ~ *da* 彼が成功するかどうかは問題だ O pior é não sabermos se ele vai ter sucesso (ou não)]. ~ *de nai* 問題でない Não importar [*Tanin ga nan to iō to* ~ *de wa nai* 他人がなんと言おうと問題ではない Não me importa o que dizem os outros (⇨ moñdáigai)]. ~ *kara hazureru* 問題から外れる Afastar-se do assunto. ~ *ni naranai* [~ *de nai*] 問題にならない[問題でない] Estar fora de questão [*Anna yatsu wa* ~ *de nai* あんなやつは問題でない Um tipo desses [assim] está fora de questão (⇨ moñdái-gai)]. ~ *ni naru* [~ *ka suru*] 問題になる[問題化する] Tornar-se um problema. ~ *ni suru* 問題にする Colocar [Considerar] como problema [*Sono teń wa* ~ *ni shinakute yoi* その点は問題にしなくてよい Nem precisa de se importar com tal coisa [Não faça problema disso]. ~ *o kaiketsu suru* 問題を解決する Solucionar a questão; resolver o problema. ~ *o katazukeru* 問題を片付ける Resolver o/a ~. *Shumi no* ~ 趣味の問題「isso é tudo」Uma questão de gostos. ◇ ~ **ishiki** 問題意識 A consciência dos problemas. ◇ ~ **teń** 問題点 O ponto controverso [O que está em discussão]. *Jūtaku* ~ 住宅問題 O ~ da habitação [falta de casas]. *Shikatsu* ~ 死活問題 A questão de vida ou morte. ⇨ gimóń; kotógárá. **3** [世間で注目を集めている事柄] O assunto do momento. ◇ ~ *no hito* 問題の人 A pessoa em questão [que é o ~]. **4** [厄介な事柄] O problema desagradável. ★ ~ *o okosu* 問題を起こす Causar um ~/escândalo [*Ano sensei wa jo-seito to* ~ *o okoshita* あの先生は女生徒と問題を起こした Aquele professor andou metido com uma aluna].

mońdái-gai 問題外 Fora de questão. *Kimi no yōkyū wa* ~ *da* 君の要求は問題外だ O que tu queres está ~ [é impossível]. S/同 Roń-gái.

mońdō [oo] 問答 **1** [問いと答え] Perguntas e respostas; o diálogo; o método socrático. ★ ~ *shiki ni* [~ *tai de*] 問答式に[問答体で] Em forma de ~ [catecismo]. ◇ zen ~ 禅問答 O método de ~ no budismo zen. **2** [議論] A controvérsia; a discussão; a disputa. ~ *muyō no* 問答無用の Não vale a pena falar mais disso [Acabou(-se) a discussão]! ◇ ~ **oshi** ~. S/同 Gíron (+); hanáshí-ái (+); roń-gái (+); roñsó (+).

mon-dókóró 紋所 ⇨ mon².

mońdóri もんどり A cambalhota [volta no ar]; o salto mortal. ★ ~(o) *utte yuka ni taoreru* もんどり(を)打って床に倒れる Cair de cambalhota [Dar um ~ e estatelar-se no chão]. S/同 Chū-gáeri (+); toñbó-gáeri (+).

mońéi 門衛 ⇨ móń-ban.
móngai 門外 **1** [門の外]「não sair para」Fora do portão「da escola!」. ★ ~ *fushutsu no hihō* 門外不出の秘宝 O tesouro de família zelosamente guardado「que nunca sai de casa」. A/反 Móńnai. **2** [専門以外]「isso está」Fora da「minha」especialidade.

mońgái-kan 門外漢 **1** [局外者] O estranho; aquele que é de fora. S/同 Kyokúgái-sha. **2** [非専門家] O leigo; o amador. *Watashi wa sono koto ni tsuite wa* ~ *na no de wakaranai* 私はそのことについては門外漢なのでわからない Não sei, porque sou leigo no [nesse] assunto. A/反 Seńmóń-ká.

mon-gámae 門構え (< ···¹ + kámáe) O aspecto do portão.

mońgeń 門限 A hora de [O ter hora para] fechar. ★ ~ *ni okureru* 門限に遅れる Chegar depois da hora de fechar.

Móngoru モンゴル A Mongólia. ◇ ~ **jin** モンゴル人 O mongol (O mongóis). ◇ Móko¹.

móningu-kóto [moó] モーニングコート (< Ing. morning coat) O fraque (Fato de cerimô[o]nia).

móníńgú-sábisu [moó-sáa] モーニングサービス (< Ing. morning service) O serviço matutino de preços reduzidos [baixos].

mónitā モニター (< Ing. monitor < L.) O monitor. ◇ ~ **terebi** モニターテレビ A TV com ~. *Shōhi-sha* ~ 消費者モニター ~ dos consumidores.

mónji 文字 ⇨ móji.

moñjiń 門人 O discípulo. S/同 Deshí (o); mońka (+); moñtéí. ⇨ séito¹.

Moñjú 文殊 O bodhisattva [A divindade budista] da sabedoria. 下ことわざ *San-nin yoreba* ~ *no chie* 三人寄れば文殊の智恵 A união faz a força.

mońka 門下 O discípulo「de um pintor」. ◇ ~ **sei** 門下生 ~. S/同 Deshí; moñjiń; moñtéí.

mońkáń 門鑑 O passe; o salvo-conduto. S/同 Tsūkó-kyóká-shó.

mon-kírí-gátá 紋切り型 (< ···² + kíru + katá) O formalismo. ★ ~ *no* 紋切り型の Estereotipado;「o cumprimento」formalista; convencional. S/同 O-kímari (+); o-sádámári.

móńko 門戸 A porta; a casa (Ex.: ~ *o haru* = **a)** Fazer uma casa (para dar nas vistas); **b)** Fundar a sua própria escola). ~ *o tozasu* 門戸を閉ざす Fechar-se; ser exclusivista. ◇ ~ **kaihō-shugi** 門戸開放主義 A política de abertura. ⇨ de-íri-guchi.

móńku 文句 **1** [文章中の語句] As palavras [Os termos]「do princípio do discurso」; a frase; a expressão. ★ *Arikitari no* ~ ありきたりの文句 Uma ~ banal [já gasta]. *Uta no* ~ 歌の文句 A letra (da canção). ⇨ Jíku. **2** [不平] A queixa; a reclamação; a obje(c)ção. *Kare no tōań wa* ~ *nashi de* 彼の答案は文句なしで O exame dele estava ó(p)timo [não tinha um único erro]. ~ *nashi* [*wa nai*] 文句なし[はない] **a)** Concordo [Não há/tenho qualquer obje(c)ção]; **b)** Estar satisfeito「com o quarto/os alunos」. ~ *o iu* [*tsukeru*] 文句を言う[つける] Queixar-se. S/同 Fuhéí; ifúń; kujó.

mońmé 匁 A medida equivalente a 3.75 gramas.

moñmó 文盲 Hi-shikíji.

moñmon 悶々 O tormento; a angústia; a agonia. ~ *to shite ichi-ya o akasu* 悶々として一夜を明かす Passar uma noite atormentada. ⇨ modáéru.

moń-náshi 文無し A penúria; sem (um) tostão

monó¹

[vintém]. ★ ~ *ni naru* 文無しになる Ficar sem dinheiro; ficar limpo [liso]. Ⓢ回 Ichímón-nashi.

monó¹ 物・もの (⇨ kotó¹) **1** [物体] A coisa física; o obje(c)to; o artigo; o produto. *Nani ka taberu ~ kudasai* 何か食べる物を下さい Dê-me algo de comer [qualquer coisa que se coma], se me faz favor. ◇ **Hakurai ~** 舶来物 Produtos estrangeiros. Ⓢ回 Shiná. **2** [品質] A qualidade. ★ ~ *no yoi kagu* 物の良い家具 A mobília de boa ~. Ⓢ回 Híñshítsú. **3** [事柄; 物事] O assunto; a coisa. ~ *ni wa junjo ga aru* 物には順序がある (Fazer) cada coisas a seu tempo. ~ *wa tameshi da* 物は試しだ É preciso experimentar para saber se é bom ou mau. ~ *ni dōjinai* 物に動じない Nunca perder o sangue-frio. ~ *wa sōdan da ga* 物は相談だが Queria que me desse [~ que me traz hoje aqui é pedir-lhe] um conselho…. Ⓢ回 Kotógárá; monógoto. **4** [不思議な霊力のある存在] O espírito; o fantasma. ~ *ni tsukareta yō ni* 物に憑かれたように Como se estivesse possesso. **5** [言葉] A linguagem. ★ ~ *no iikata* 物の言い方 A maneira de falar. ~ *o iu* 物を言う **a)** Dizer alguma coisa; **b)** Ter influência [força][*Chikara ga ~ o iu sekai* 力が物を言う世界 O mundo em que a força [o poder] é que conta/vale]. ~ *o iwaseru* 物を言わせる Valer-se de [Usar como arma][*Kare wa kane ni ~ o iwasete nan demo te ni ireru* 彼は金に物を言わせてなんでも手に入れる Ele com dinheiro consegue tudo (o que quer)]. ［ことわざ］~ *mo ii-yō de kado ga tatsu* 物もいいようで角が立つ Há maneiras de falar que podem ofender. Ⓢ回 Kotóbá (+). **6** [立派な事柄; 特にとりたてていうべきこと] O valer [ser coisa boa]; o êxito [sucesso]. ★ ~ *ni naru* 物になる Ter êxito; sair-se bem[*Ano wakai gaka wa ~ ni nari-sō da* あの若い画家は物になりそうだ Aquele jovem pintor promete [vai ter êxito]. ~ *ni suru* 物にする **a)** Fazer seu [Comprar]; **b)** Dominar [Aprender Bem]「 o p.」; **c)** Terminar 「 a investigação」[「*Onna o*」~ *ni suru* 「女を」物にする Conquistar uma mulher]. ~ *no kazu de wa nai* 物の数ではない Ser「um prejuízo」insignificante. [*Kiken na*] ~ *tomo shinai* [「危険な」物] とも しない Não fazer caso de [dar importância ao] perigo. **7** [道理] A razão. ★ ~ *ga wakaru* 物がわかる Ter bom senso; ser sensato (⇨ monó-wákári). ~ *o shiranai* 物を知らない Ser insensato; não conhecer o mundo. Ⓢ回 Dóri. **8** [なんとなく]【Pref.】Algo. ◇ ~ **sabishii** [*shizuka*] . **9** [-monó: **3** の慣用句化したもので断定・反語などで様々なニュアンスを表す] Muito; como? *Isogashikatta ~ de tsui yakusoku o wasurete shimatta* 忙しかったものでつい約束を忘れてしまった Estive muito ocupado e, sem querer, esqueci-me do compromisso. *Sonna koto ga aru ~ ka* そんなことがあるものか Isso é impossível! /Como é possível? ★ *Kono ni-san-nichi to iu ~* この二三日という Nos últimos dois ou três dias… **10** [文章の後につけ少し甘えた態度で事情を説明する気持を表す] Afinal; então. *Shiranakatta n' da ~* 知らなかったんだもの Afinal [Pois], eu não sabia! **11** [種類] Coisa de. ~ *Gendai ~* 現代もの「um romance que trata de」Coisas a(c)tuais [Acontecimentos contemporâneos]. **12** [値打がある もの] Coisa para. ★ *Nōberu-shō ~* ノーベル賞もの Uma obra [coisa] que merece [para receber] o Pré[ê]mio Nobel.

monó² 者 O indivíduo; a pessoa. *Kare o shiranai ~ wa inai* 彼を知らない者はいない Não há ninguém que o não conheça. ★ *Ie no ~* 家の者 Os (membros) da família; gente de casa.

monó-dáne 物種 (＜…¹ + *táne*) A esperança. ★ *Inochi atte no ~ da* 命あっての物種 Enquanto há vida, há esperança. Ⓢ回 Motó.

monó-gánáshii 物悲しい (＜…¹ + *kanáshíi*) Melancólico; triste.

monó-gátai 物堅い (＜…¹ + *katái*) Honesto; fiel [cumpridor]; sério. Ⓢ回 Gírígátái; jitchókú ná; ríchigi na; shójíkú na.

monó-gátáru 物語る (＜ monó-gátáru) **1** [まとまった話] O relato; a história; a narrativa. *Hanaseba nagai ~ desu* 話せば長い物語です Isso é [seria] uma longa história (para contar). Ⓢ回 Deñsétsú. **3** [小説] O romance; a novela; o conto; a fi(c)ção. Ⓢ回 Shósétsú. **4** [寓話] A fábula. ◇ **Isoppu ~** イソップ物語 "As ~s de Esopo". Ⓢ回 Gűwá.

monó-gátáru 物語る (＜…¹ + *katárú*) **1** [話す] Descrever; contar; narrar; relatar. Ⓢ回 Hanásu (o); katárú (+). **2** [ある事実がある意味を自然に表す] Provar; indicar; mostrar; revelar. *Fukaku kizami-komareta kao no shiwa ga rōku o monogatatte ita* 深く刻み込まれた顔のしわが労苦を物語っていた As rugas profundas no rosto bem mostravam os sofrimentos que passara. Ⓢ回 Aráwásu (+); shíméshi (+).

monó-gói 物乞い (＜…¹ + *kóu*) **1** [物を請い求めること] O pedir esmola; o mendigar. **2** [乞食] O mendigo. Ⓢ回 Kojíkí (+).

monó-gókoro 物心 (＜…¹ + *kokóro*) A idade [O uso] da razão (Ex.: ~ *ga tsukanai koro ni ikka wa Burajiru no imin shita* = Antes de ele atingir a ~ a família emigrou para o B.). ★ ~ *ga tsuku* 物心がつく Chegar à [Ter o] ~. Ⓢ回 Fúnbetsu.

monó-góshi 物腰 (＜…¹ + *koshí*) A atitude; a postura; as maneiras「elegantes」; o comportamento. ★ *Teinei na ~ de* 丁寧な物腰で De maneira delicada; polidamente. Ⓢ回 Kotóbá-tsúkí; tachíí-fúrumai; táido.

monó-goto 物事 (＜…¹ + *kotó*) As coisas; a vida. *Anata wa ~ o majime ni kangae-sugiru* あなたは物事を真面目に考えすぎる Você leva as/a ~ demasiado a sério.

mónoguramu モノグラム (＜ Ing. monogram ＜ L. ＜ Gr.) O monograma 「das Nações Unidas é ONU」.

monó-gúrúóshii 物狂おしい (＜…¹ + *kurúóshíi*)【E.】Louco;「ruído」insuportável. ★ ~ *shitto* 物狂おしい嫉妬 Um ciúme louco [exagerado]. Ⓢ回 Kurúóshíi.

monógúsá 物臭 A preguiça; a indolência. ◇ ~ (***Taró***) 物臭 (太郎) Um preguiçoso [molengão/trambolho]. ⇨ meñdó.

monó-hóshi 物干し (＜…¹ + *hósu*) A armação [corda] para secar roupa. ★ ~ *ni sentakumono o kakeru* 物干しに洗濯物をかける Estender a roupa. ◇ ~ **ba** 物干し場 O lugar para estender a roupa. ~ **zao** 物干しざお A vara para pôr roupa a secar (enfiando-a pelas mangas). ⇨ saó-dáké.

monó-hóshigé 物欲しげ ⇨ monó-hóshisó.

monó-hóshisó [**óó**] 物欲しそう (＜…¹ + *hoshíi* + -*sō*³) O estar com cara de quem quer「o chocolate」. ★ ~ *na kao-tsuki de* 物欲しそうな顔つきで Com cara… Ⓢ回 Monó-hóshigé.

monó-íi 物言い **1** [⇨ hanáshí-kátá; kotóbá-zúkai]. **2** [異議] A obje(c)ção. ★「*Hantei ni*」～ *o tsukeru*「判定に」物言いを付ける Não aceitar「a decisão do juiz」. [S/同] Igi (+).

monó-imí 物忌み O abster-se de comer/de sair de casa「por luto」. ⇨ dańjíkí.

monó-íré 物入れ (<… [1] + irérú) Algo para meter coisas (Gaveta, bolsa). ⇨ hikí-dáshí; iré-mónó.

monó-írí 物入り (<… [1] + íru) As despesas; os gastos. *Nenmatsu wa nani ka to* ～ *da* 年末は何かと物入りだ No fim de ano, em geral [com isto mais aquilo] há muitas ～. ★ ～ *ga ōi* 物入りが多い Ter muitas despesas [Gastar muito]「este mês」. [S/同] Sańzáí; shishútsú (+); shuppí (+).

monó-íwánu 物言わぬ (<… + Neg. de "iú") **1** [死んだ] Morto. ★ ～ *kitaku* 物言わぬ帰宅 O voltar ～ para casa. **2** [口がきけない] Calado; modesto.

monó-kágé 物陰 **a**) Uma sombra「de alguém no escuro」; **b**) O esconderijo. ★ ～ *kara yōsu o ukagau* 物陰からようすを伺う Observar [Ver] tudo às escondidas. ～ *ni kakureru* 物陰に隠れる Esconder-se atrás de algo.

monókúró モノクロ (Abrev. de "monokurōmu") O monocromo [A monocromia]. ◇ **～ shashin** モノクロ写真 A fotografia monocroma [monocromática/a preto e branco (+)]. [S/同] Shiró-kúró; tańshókú. [A/反] Kárā.

monókúrṓmu [óo] モノクローム (< Ing. monochrome < Gr.) ⇨ monókúró.

monó-máné 物真似 A mímica; a imitação. ★ ～ *o suru* 物真似をする Imitar.

monó-mézúráshíi 物珍しい「pássaro」Curioso; raro. ★ *Monomezurashi-sō ni nagameru* 物珍しそうに眺める Olhar com curiosidade.

monó-mí 物見 (<… + míru) **1** [見物] O turismo [visitar]. ★ ～ *yusan ni iku* 物見遊山に行く Ir/Sair de [Fazer uma] excursão. [S/同] Keńbútsú (+). **2** [Abrev. de "～yagura"] ◇ **～ yagura** 物見やぐら A torre de vigia. [S/同] Bṓrō; yagúrá (+). **3** [斥候] O vigia [espia]. [S/同] Sekkṓ.

monómí-dákái 物見高い (<… + takái) Curioso; intrometido.

monó-móchi 物持ち (<… + mótsu) **1** [金持ち] O rico [A gente bem]. [S/同] Kané-móchi (+); shisáń-ká; zaíśáń-ká. **2** [物を大事に長く使うこと] O durarem as coisas. *Kare wa* ～ *ga ii* 彼は物持ちがいい A ele duram-lhe muito「os sapatos」. ⇨ nagá-móchí[1].

monómónóshíi 物物しい (< monó[1]) **1** [いかめしい] Rigoroso. ★ ～ *keibi* 物々しい警備 A vigilância rigorosa. [S/同] Ikáméshíi; omóómóshíi. **2** [おおげさな]「título」Aparatoso; exagerado. ★ ～ *idetachi* 物々しいいでたち O vestido aparatoso [sair de maneira aparatosa]. [S/同] Ṓgésá ná.

monó-mórai 物貰い **1** [こじき] O mendigo. [S/同] Kojíkí (+). ⇨ monó-gói. **2** [Med.] O terçol; o hordéolo「na pálpebra」. [S/同] Bakúryū́-shu.

monó-náreta 物慣れた (<… + naréru) Experiente; 「olho de」entendido; habilidoso.

monó-nó ものの (< monó[1]) **1** [せいぜい] **a**) Inteiramente (Ex.: ～*migoto ni seikō shita* = Foi um sucesso completo); **b**) Menos de; só; apenas. ★ ～ *jippun mo tatanai uchi ni* ものの十分もたたないうちに Em menos [coisa] de dez minutos. [S/同] Seízéi. **2** [けれども] Embora; mas; ainda [mesmo] assim. *Shusseki no henji wa shita* ～ *ki ga susumanai* 出席の返事はしたものの気がすすまない Respondi [Prometi] que ia「à festa」mas não tenho vontade nenhuma de ir. [S/同] Kéredomo.

monó-nó-áware 物の哀れ【E.】A beleza do efé[ê]mero; a comovente fugacidade da beleza; o sentimento patético das coisas. ★ ～ *o kanjiru* 物の哀れを感じる Ser sensível à beleza (da natureza).

monó-nó-ké 物の怪【A.】O mau espírito. [S/同] Akúryṓ.

monó-óboe 物覚え **a**) A memória; **b**) O aprender. ★ ～ *ga ii* [*warui*] 物覚えがいい[悪い] Ter boa [má/fraca] memória. [S/同] Kiókú-ryoku.

monó-óji 物怖じ (<… [1] + ojíru) A timidez. ★ ～ *suru* 物怖じする Ser tímido [Assustar-se]〔*Hito-mae de mo* ～ *shinaide iken o itta* 人前でも物怖じしないで意見を言った Disse o que pensava diante de toda a gente sem medo nenhum/sem ～〕.

monó-ókí 物置き (<… + okú) **a**) O depósito [quarto de arrumações]; **b**) A despensa. *Tonari no heya wa* ～ *ni natte iru* 隣の部屋は物置きになっている O quarto do [ao] lado é para [está sendo usado como] ～. ◇ **～ goya** 物置き小屋 Uma casi(nho)ta que serve de ～. [S/同] Náya.

monó-ómoi 物思い (<… + omóu) A meditação; o pensar [matutar]; a reflexão. ★ ～ *ni fukeru* 物思いにふける Meditar; refle(c)tir. [S/同] Shían; uréi.

monó-óshimi 物惜しみ (<… + oshímu) A mesquinhez; a avareza. ★ ～ *sezu ni* 物惜しみせずに Sem ser mesquinho; generosamente. [S/同] Kéchí.

monó-ótó 物音 O [A coisa do] ruído; o barulho. ～ *hitotsu kikoe nakatta* 物音一つ聞こえなかった Não se ouvia o mais leve ruído! ★ ～ *o tateru* 物音を立てる Fazer ruído.

mónoraru モノラル (< Ing. monaural < L.) A monofonia; monaural. ◇ **～ rekōdo** モノラルレコード O disco monofó[ô]nico. [A/反] Sutéréó.

monórḗru [ée] モノレール (< Ing. monorail < L.) O monotrilho; o monocarril.

monórṓgu [óo] モノローグ (< Ing. monologue < Gr.) O monólogo.

monó-sábíshíi 物寂[淋]しい Triste; desgostoso; solitário; melancólico. [S/同] Urá-sábíshíi.

monó-sáshi 物差し **1** [物の長短を差し計る道具] **a**) A régua (⇨ jṓgi); a fita métrica [o metro]; **b**) A medida. ★ ～ *de hakaru* 物差しで計る Medir com a régua. **2** [物事を評価するときの基準] O padrão; o critério; a「mesma」bitola [medida]. *Kare o futsū no* ～ *de hakattara ōmachigai da* 彼を普通の物差しで計ったら大間違いだ Seria um grande erro querer avaliá [julgá]-lo pelos critérios comuns. [S/同] Shákudo.

monó-shírí 物知[識]り (<… + shirú) O sabe-tudo; a enciclopédia viva [ambulante]. [S/同] Hakúgákú; hakúshíkí.

monó-shízuka 物静か **1** [何となく静かだ]「dia」Calmo; tranquilo;「lugar」sossegado. ⇨ hissóri. **2** [態度が穏かだ] Calmo; sereno. ★ ～ *na hito* 物静かな人 A pessoa ～. ⇨ ochítsúkú; odáyaka.

monó-súgói 物凄い **1** [おそろしい] Horroroso; pavoroso; terrível; horrível. ★ ～ *kao o shita yōkai* 物凄い顔をした妖怪 O fantasma com um rosto ～. [S/同] Kimí ga warúi; osóróshíi. **2** [はなはだしい] Extraordinário;「dívida」enorme; espantoso. ★ ～ *hakushu* 物凄い拍手 Uma grande salva de

monótáipu モノタイプ (< Ing. monotype < Gr.) O monotipo. S/周 Jidō chūzō shókújí-ki.

monó-tárínái 物足りない (<… +Neg. de "ta(ri)rú") Insatisfatório;「professor」que deixa muito [algo] a desejar; a que falta qualquer coisa; insuficiente; pouco convincente. *Nan-to naku ~ tokoro no aru shibai datta* なんとなく物足りないところのある芝居だった Foi uma representação que não satisfez completamente [a que faltou algo].

monó-úí 物憂い [慵] い Lânguido; indolente; melancólico. ★ *Mono-u-ge ni ~* 物憂げに Melancolicamente; languidamente. ⇨ darúí; táigi¹; tsuráí; yúūtsú.

monó-úrí 物売り (<… + urú) O vendedor ambulante; o bufarinheiro. ⇨ shónín².

monó-wákáré 物別れ A rup[tu]ra; o ficar cada qual com a sua (opinião). *Hanashi wa ~ ni owatta* 話は物別れに終わった A conversa deixou cada qual para seu lado [terminou em desacordo]. S/周 Ketsúrétsú.

monó-wákári 物分かり (< monó²**7** + wakáru) O entender (as coisas). ★ *~ ga hayai [osoi]* 物分かりが早い[遅い] Rápido [Lento] de entendimento; ser esperto [tapado]. *~ no yoi [warui] hito* 物分かりの良い[悪い] 人 A pessoa compreensiva [incompreensível]. S/周 Nomí-kómí; ríkai.

monó-wárai 物笑い O obje(c)to/alvo de riso [ridículo/zombaria]. *Sonna koto o shitara seken no ~ ni naru yo* そんなことをしたら世間の物笑いになるよ Se fizer isso, será obje(c)to do riso de toda a gente. ★ *~ no tane* 物笑いの種 O motivo de riso [~]. ⇨ waráí-gúsá.

monó-wásure 物忘れ (<… + wasúrérú) O ser esquecido; o「estar-me a」falhar a memória. *Toshi no sei ka saikin ~ ga hidokute komaru* 年のせいか最近物忘れがひどくて困る Ultimamente estou a ficar (muito) esquecido. Será a idade? ⇨ *~ o suru* 物忘れをする … S/周 Bōkýákú; shitsúnén.

monó-yáwáraka 物柔らか [voz] Suave; delicado;「o tom (de voz)」meigo. ★ *~ na taido* 物柔らかな態度 A atitude delicada. *~ ni iu* 物柔らかに言う Falar com delicadeza [suavidade]. S/周 Odáyaka.

monó-zúki 物好き (<… +sukí¹) O capricho; o fazer por gosto [só para ver]. *~ ni mo hodo ga aru to iu mono da* 物好きにも程があるというものだ O capricho também tem o seu limite. S/周 Kōzu; súikyō.

monpe もんぺ As calças de trabalho (das mulheres). ⇨ momóhíkí; zubón.

monpúku 紋服 ⇨ món-tsuki.

monsátsú 悶々 い hyōsátsú.

monséki 問責 [E.] A repreensão; a censura. ★ *~ suru* 問責する Repreender「o aluno」; censurar「o Ministro pela sua declaração」. S/周 Kitsúmón.

mónshi¹ 門歯 Os (dentes) incisivos. S/周 Máe-ba (+); ⇨ ha¹.

mónshi² 悶死 [E.] A morte (muito) dolorosa. S/周 Modáé-jíní (+).

moń-shíró-chō 紋白蝶 [Zool.] A borboleta-da-couve; *pieris brassicae*.

monshō 紋章 O brasão; (o escudo de) armas. ◇ *~ gaku* 紋章学 A heráldica. S/周 Jōmón; kamón (+); món; moń-dókóró.

monsún [úu] モンスーン (< Ing. monsoon < P. < Ár. mauasim: estação「para ir a Meca」) A monção. ⇨ kisétsú-fū.

montáju [áa] モンタージュ (< Fr. montage < L.) A montagem. ◇ *~ shashin* モンタージュ写真 *~* fotográfica; a fotomontagem.

montéí 門弟 [E.] ⇨ deshí.

montō 門徒 **1** [宗門の信徒] O seguidor「do budismo」. **2** [Abrev. de ⇨ Montōshū].

Montō-shū 門徒宗 ⇨ Shínshū.

món-tsuki 紋付き (<…² +tsúku) O "kimono" com o brasão da família. S/周 Monpúku.

monúké-nó-kárá 蛻の殻 **1** [からになっている状態] O vazio. *Keisatsu ga kaketsuketa toki kare wa nigeta ato de beddo wa ~ datta* 警察が駆けつけた時彼は逃げた後でベッドはぬけの殻だった Quando chegou a polícia já ele tinha fugido e a cama estava vazia. **2** [魂の脱け去った体] O corpo desprovido de alma. ⇨ nuké-gárá.

mon'yō 紋 [文] 様 [E.] ⇨ moyō.

monzeki 門跡 **a)** O abade budista de Honganji (Templo de Kyoto); **b)** O abade da sede duma seita; **c)** O templo cujo abade é da nobreza.

monzén 門前 [Em] frente do portão. ◇ ◇ *~ barai*. *~ machi* 門前町 A cidade construída junto a um templo (⇨ jōka²). 【I慣用】 *~ ichi o nasu* 門前市をなす Parecer uma feira [Ter muitos visitantes] (Ex.: *Ano mise wa ~ ichi o nasu seikyō da* = Aquela loja tem muito movimento [faz muito negócio]). *~ jakura o haru* 門前雀羅を張る Ter poucos visitantes. 【Pことわざ】 *~ no kozō narawanu kyō o yomu* 門前の小僧習わぬ経を読む Aprender sem ir à escola.

monzén-bárai 門前払い (<… +harau) O dar com a porta na cara. ◇ *~ o kuu* 門前払いを食う Levar com … (Ex.: *Kare ni ~ o kuwasareta* = Ele deu-me com … [não me ouis receber]).

monzétsú 悶絶 [E.] O desmaiar de dor.

móppara 専ら Unicamente; somente; inteiramente. *Kare wa ~ dokusho ni hi o okutte iru* 彼は専ら読書に日を送っている Ele dedica todo o tempo à leitura [passa o dia a ler]. S/周 Hitásúrá; hitósuji (ni); ichízu (ni).

móppu モップ (< Ing. mop) O esfregão; o trapo.

móra [óo] 網羅 ⇨ Inclúir (tratar de) tudo.

moráí 貰い (< moráú) **1** [もらうこと] A gorjeta; a gratificação. ◇ *~ mono* 貰い物 O (receber um) presente (Ex.: *Kare kara ~ mono o shita* = Ele deu-me [Recebi dele] um ~). *~ naki* 貰い泣き O chorar ao ver os outros chorar(em). **2** [物ごいなどの受ける施しもの] A esmola. **3** [祝儀] O donativo. ⇨ kokóró-zúké; shūgi¹.

moráí-bi 貰い火 (<… + hi²) O fogo que pegou [veio] da casa vizinha. S/周 Ruíshō.

moráí-gó 貰い子 (<… + ko) **a)** A criança ado(p)-tada; **b)** A ado(p)ção de uma criança. S/周 Yōshí.

moráí-jíchí 貰い乳 (< moráú + chichí) A amamentação por uma ama-de-leite.

morárísuto モラリスト O moralista.

móraru モラル A moral「pública」. S/周 Dōtoku.

morásu 漏 [洩] らす **1** [漏れるようにする] Verter; deixar sair. *Shōben o ~* 小便を漏らす Molhar as [Urinar nas] calças. **2** [気持ちを外に表す] Expressar; deixar transparecer. *Honne o ~* 本音を漏らす Dizer o que (realmente) pensa. *Tameiki o ~* ため息を漏らす Deixar escapar um suspiro. **3** [秘密を知らせる] Revelar; divulgar. ★ *Jōhō o ~* 情報を

漏らす Divulgar um informação (secreta).　**4** [抜かす; のがす] Omitir; deixar escapar [fugir]. *Mizu mo morasanu sōsa-mō* 水も漏らさぬ捜査網 A investigação rigorosa; o cerco fechado; o passar a pente fino. *Saidai morasazu hanasu* 細大漏らさず話す Contar com todos os pormenores; dizer tudo.　◇ **ii [kiki] ~**.　⇨ issúrú; nogásu; nukású.

morátóriamu モラトリアム (< L. moratorium) A moratória; o tempo extra.　◇ **~ ningen** モラトリアム人間 A eterna criança [pessoa infantil que não quer ser adulta].　S/同 Shiháráí-éńkí[yū́yo].

moráú 貰う　**1** [受ける] Receber. ★ *Henji o ~* 返事を貰う ~ resposta. *Nenkin o ~* 年金を貰う ~ uma pensão. *Okurimono o ~* 贈り物を貰う ~ presentes.　**2** [家にむかえる] Fazer seu "um órfão".　★ *Yome o ~* 嫁を貰う Casar. *Kondo no shiai wa moratta mo dōzen da* 今度の試合はもらったも同然だ O próximo jogo já cá canta [é quase já o tivéssemos ganho].　**4** [引き受ける] Encarregar-se. *Kono kenka wa ore ga moratta* このけんかはおれがもらった Deixe essa briga por minha conta.　**5** [うつされる] Apanhar de outrem. ★ *Kaze o ~* 風邪をもらう ~ um resfriado.　**6** [してもらうの形で、サービスをする] Prestarem-nos um serviço. *Kare ni sore o eiyaku shite moratta* 彼にそれを英訳してもらった Ele traduziu-me [fez o favor de me traduzir] isso para inglês.

moré 漏[洩]れ (< morérú)　**1** [水などの漏れること] A goteira (de água); a perda.　◇ **Gasu ~** ガス漏れ A fuga [perda] de gás.　**2** [抜け落ち] A omissão; a falta. *Kono risuto ni wa ~ ga takusan aru* このリストには漏れがたくさんある Faltam muitos nomes na lista.　◇ **Shinkoku ~** 申告漏れ O não declarar algo.　S/同 Datsúrákú; iró; mi-ótóshí; nukéóchi.　⇨ morénaku.

moré-gúchi 漏れ口 (< ~ + kuchí) A fenda ou buraco (por onde sai o líquido).

móre-kiku 漏れ聞く (< morérú + …) Ouvir dizer (por acaso). *~ tokoro ni yoreba* 漏れ聞くところによれば Pelo que ouvi dizer…

morénaku 漏れなく Sem exce(p)ção. *Kono keihin wa ōbosha zen'in ga ~ moraeru* この景品は応募者全員が漏れなくもらえる Todos os inscritos, ~, receberão este brinde.　S/同 Kotógótoku; nokórazu.

mó-rénshū [oó] 猛練習 O treino intensivo/duro. ★ *Shiai ni sonaete ~(o) suru* 試合に備えて猛練習(を)する Preparar-se para o jogo com treino intensivo [treinando intensivamente].

moréru 漏[洩]れる　**1** [すき間などからこぼれる] Vazar; verter; escapar-se (de). *Kāten no sukima kara akari ga morete iru* =Passa um pouco de luz pela fenda da cortina. *Kono yōki ni wa zettai ni mizu ga morenai* この容器は絶対に水が漏れない Este recipiente não verte.　**2** [他に知られる] Saber-se. *Himitsu ga ~* 秘密が漏れる ~ um segredo.　**3** [抜け落ちる] Ser omitido [excluído]; ficar de fora. *Kare no sakuhin wa oshiku mo nyūsen ni moreta* 彼の作品は惜しくも選に漏れた Lamentavelmente a obra dele foi excluída (da sele(c)ção).　S/同 Hazúrérú; nukérú; ochíru.　⇨ moré.

mórétsú [oó] 猛烈 O ser muito intenso. ★ *~ na atsusa* 猛烈な暑さ O calor intenso [terrível/tremendo/de rachar]. *~ ni benkyō suru* 猛烈に勉強する Estudar muito [como um bruto (G.)].

S/同 Gekírétsú; kyṓrétsú.

móri[1] 守り　**1** [子守り] A ama. ★ *Akachan no ~ o suru* 赤ちゃんの守りをする Cuidar [Tomar conta] do bebé[ê]. Ko-móri.　**2** [-mori: 守ること] A guarda; a vigilância.　◇ **Tōdai ~** 灯台の守り O faroleiro.　⇨ bańnín[1].

mori[2] 盛り (< morú)　**1** [盛った分量] O prato abundante. *Ano shokudō wa ~ ga ii* あの食堂は盛りがいい Naquele restaurante servem porções grandes.　**2** [Abrev. de ⇨ "morísóbá"].

mori[3] 森 O bosque; a floresta; a selva.　P[ことわざ] *Ki o mite ~ o mizu* 木を見て森を見ず Ver a árvore e não ver a floresta [Esquecer o principal].

mori[4] 銛 O arpão. ★ *Kujira ni ~ o utsu* 鯨に銛を打つ Arpoar [Atirar o ~ a] uma baleia.

mori-ágari 盛り上がり (< ~ ágáru)　**1** [盛り上がること] A excitação; o entusiasmo "da festa".　**2** [映画などの興味の高まること] O clímax. *Kono shōsetsu wa isasaka ~ ni kakeru* この小説はいささか盛り上がりに欠ける A a(c)ção (n)o romance não atinge [tem] um ~.

mori-ágaru 盛り上がる　**1** [うずたかくなる] Fazer uma saliência; ficar bem cheio "o copo". ★ *Kinniku no moriagatta ude* 筋肉の盛り上がった腕 O braço musculoso.　**2** [気勢や興趣が高まる] Intensificarse; surgir com força; animar-se. *Kokumin no naka kara kakushin no koe ga moriagatte kita* 国民の中から革新の声が盛り上がってきた Intensificou-se a voz do povo que exigia reformas.

mori-ágeru 盛り上げる　**1** [うずたかくする] Amontoar. ★ *Ochi-ba o uzutakaku ~* 落葉をうずたかく盛り上げる Pôr [Juntar] as folhas (secas) num monte.　**2** [勢いや興趣を高める] Animar "a assistência". ★ *Shiki o ~* 士気を盛り上げる Levantar o moral.

mori-bána 盛り花 (< ~[2] + haná) O arranjo floral em cestos ou vasos rasos.　⇨ ikebana.

moríbúden モリブデン (< Al. < Gr. molybdaina: massa de chumbo) [Quím.] O molibdé[ê]nio [molibdeno(Mo 42)].

mori-dákusan 盛り沢山 (< ~[2] + takúsán) O ter muita coisa "no programa da festa". ★ *~ na naiyō* 盛り沢山な内容 Um conteúdo rico [variado].

mori-káesu 盛り返す (< morú[2] + …) Recuperar; reagir. *Wareware no chīmu wa kōhan ni natte ikioi o mori-kaeshita* 我々のチームは後半になって勢いを盛り返した A nossa equipa reagiu na segunda parte.

mori-kómu 盛り込む (< morú[2] + …) Incorporar; introduzir [inserir]. *Samazama na kangae o sono keikaku ni morikonda* 様々な考えをその計画に盛り込んだ Introduzimos diversas ideias nesse plano.　⇨ Kumí-iréru.

mórimori (to) もりもり (と) (< morú[2]) 【On.】 ★ *~ faito ga waku* もりもりファイトがわく Estar muito animado [combativo]. *~ taberu* もりもり食べる Comer como um bruto [com muito apetite].

mori-sóbá 盛り蕎麦 (< morú[2] + …) Um prato de trigo sarraceno servido numa escudela de bambu.　S/同 Morí[2] 2.

Mōrítánia [oó] モーリタニア A Mauritânia.　◇ **~ jin** モーリタニア人 O mauritano. **~ Isuramu Kyōwakoku** モーリタニアイスラム共和国 A República Islâmica da ~.

mori-tátéru 守り立てる (< mamóru + …)　**1** [守り育てる] Criar "o sobrinho".　**2** [再興する] Levantar; apoiar. ★ *Kaisha o ~* 会社を守り立てる Le-

morí-tsúchí 盛り土 (< morú² + …) O aterro alto; a elevação de terreno.

morí-tsúké 盛り付け (< morí-tsúkéru) O pôr nos pratos [na travessa].

morí-tsúkéru 盛り付ける (< morú² + …) Pôr em travessas. ★ *Sashimi o ōzara ni* ～ さしみを大皿に盛りつける Pôr o sashimi (de maneira estética) na travessa [bandeja de laca].

mórō [moó] 朦朧 Tonto; atordoado [zonzo]; vago; semiconsciente. ★ ～ *to shita kioku* 朦朧とした記憶 A lembrança vaga [apagada]. *Suigan* ～ *to shite* 酔眼朦朧として Com os olhos turvos [vagos/piscos] da bebedeira. ⓈⒽ Aímaí; boń'yari.

moró-há 諸刃 Dois gumes. ★ ～ *no tsurugi* 諸刃の剣 A espada de ～. ⓈⒽ Ryō-bá (+). Ⓐ/Ⓡ Katá-há.

moró-hádá 諸肌 Os ombros (e o tronco) nus. ★ ～ *o nugu* 諸肌を脱ぐ a) Arregaçar as mangas [Despir a parte de cima do quimono]; b) Trabalhar a sério [*Senkyo no ōen ni yorokonde* ～ *o nugu tsumori da* 選挙の応援に喜んで諸肌を脱ぐつもりだ É com todo o gosto que penso trabalhar para a campanha eleitoral]. Ⓐ/Ⓡ Katá-hádá.

moróí 脆い 1 [こわれやすい] Frágil; quebradiço. *Rōjin no hone wa* ～ 老人の骨は脆い Os ossos dos idosos fra(c)turam facilmente. ⓈⒽ Kowáré [Kudáké]-yásúí. 2 [たわいない] Débil; vão. *Yume wa moroku mo kuzuresatta* 夢は脆くもくずれ去った E assim se desfez o meu sonho. 3 [感じやすい] Sentimental. *Jō ni* ～ *otoko* 情に脆い男 Um homem ～ [que se comove facilmente]. ◇ ⇨ **namida** ～.

Morókko モロッコ Marrocos. ◇ ～ *jin* モロッコ人 O marroquino. ～ *ōkoku* モロッコ王国 O reino de ～.

morókóshí 蜀黍 O sorgo [milho painço]. ◇ ⇨ **tō**～. ⓈⒽ Kōryań; takákíbí; tókíbí.

móroku [oó] 耄碌 [G.] A senilidade. ★ ～ *shite iru* 耄碌している Estar caduco [senil]. ⇨ rōsúí².

morómóró 諸諸 Vários; diversos; todos os tipos de. ★ ～ *no jijō* 諸々の事情 As várias circunstâncias. ⓈⒽ Shóhan; iróíró.

móro ni 諸に Em cheio; completamente. *Nettō o* ～ *kabutte ō-yakedo o shita* 熱湯をもろにかぶって大火傷をした A água a ferver caiu-lhe (mesmo) em cheio e ficou com uma grande queimadura [na perna].

mórosa 脆さ (< moróí) A fragilidade「do coração humano」.

moró-té 諸手 As duas mãos;「receber de」braços abertos. *Hitobito wa sono iken ni* ～ *o agete sansei shita* 人々はその意見に諸手を上げて賛成した A assistência concordou plenamente com aquela opinião. ⓈⒽ Ryō-té (+). ⇨ morózáshí.

morótómó(ní) 諸共(に) [E.] Junto; com tudo. *Karera wa kuruma* ～ *kawa e tsukkonda* 彼らは車諸共川へ突っ込んだ Eles caíram [foram parar] ao rio com carro e tudo. *Shinaba* ～ 死なば諸共 Se temos que morrer, morramos (todos) juntos.

moró-záshí 諸差し [Sumō] A técnica de agarrar o adversário com os dois braços por baixo dos dele.

móru¹ モル (< Ing. mol) O mole; a molécula-grama. ◇ ～ **nōdo** モル濃度 A molaridade; a concentração molar.

morú² 盛る 1 [高く積む] Amontoar; empilhar. *Tsuchi o* ～ 土を盛る Amontoar a terra [Pôr a terra num monte]. ⓈⒽ Tsumú. 2 [秘かに飲ませる] Ministrar [Dar]. ★「*Kokuō ni*」*doku o* ～「国王に」毒を盛る ～ veneno「ao rei」.

móru³ 漏[洩]る ⇨ moréru.

móru [oó] モール (< P. mo(n)gol) a) O galão; b) O trancelim. ◇ **Kin** [**Gin**] ～ 金[銀]モール ～ dourado [prateado].

morúhíné モルヒネ (< Hol. morphine < Gre. morpheus) A morfina. ◇ ～ **chūdoku** モルヒネ中毒 A morfinomania. ～ **chūdoku [jōyō]-sha** モルヒネ中毒[常用]者 O morfinó(ô)mano; o morfinomaníaco; o viciado da ～. ⓒ ahéń; mayákú.

Mórujibu モルジブ As Maldivas. ◇ ～ **jin** モルジブ人 O maldiviano. ～ **kyōwakoku** モルジブ共和国 A República das ～. ～ **shotō** モルジブ諸島 O Arquipélago das ～.

Morúmón モルモン Os mórmones. ◇ ～ **kyō** モルモン教 O mormonismo. ～ **shūto [kyōto]** モルモン宗徒[教徒] O mórmon.

morúmótto モルモット (< Hol. marmot) 1 [Zool.] A cobaia; o porquinho-da-Índia. ⓈⒽ Teńjíkú-nézumi. 2 [試験台とされる人] A cobaia (humana). ⓈⒽ Jikkeń-dáí.

Mórusu [oó] モールス Morse. ◇ ～ **fugō** モールス符号 O alfabeto [código/sinal] ～.

morútárú モルタル (< Ing. mortar < L.) A argamassa. ★ ～ *nuri no ie* モルタル塗りの家 A casa argamassada (Com paredes de estuque e ～).

mósa 猛者 Um ás [brasa/veterano]「no futebol」. ★ *Jūdō ni-dan no* ～ 柔道二段の猛者 Um forte veterano de judo do segundo "dan". ⓈⒽ Seféí.

mósai-kan [oó] 毛細管 [Fís.] O tubo capilar. ◇ ～ **genshō** 毛細管現象 ⇨ mōkáń.

mósai-kékkán [oó] 毛細血管 [Anat.] O vaso capilar. ⇨ mōkáń.

mosákú¹ 模作 [E.] Uma imitação「de Hiroshige/Portinari」. ◇ ⇨ gańsakú.

mosákú² 模索 [E.] to ta(c)tear [apalpar]. ★ ～ *suru* 模索する Andar às apalpadelas「no escuro」. ◇ ⇨ **anchu**～.

mósen [oó] 毛氈 O tapete. ⇨ shikí-mónó.

mósha 模写 A reprodução「duma pintura」; a réplica; a cópia; o fac-símile. ⇨ utsúshí.

moshámosha もしゃもしゃ ⇨ mojámójá.

móshi¹ 若し Se; no caso de. ★ ～ *yokattara* もしよかったら Se quiser「pode vir conosco」. ◇ ⇨ ～ **mo** [**ya**].

móshi² 模試 (Abrev. de "mogí shíken") O ensaio de exame. ⇨ mógi.

móshí-ágéru [oó] 申し上げる (< mósu + …) 【Cor. de "iu"】 1 [言うの謙讓語] Exprimir. *Minasama ni mōshiagemasu* 皆様に申し上げます Atenção por favor! 2 [敬意を表す] Fazer; dizer. *O-kotae mōshiagemasu* お答え申し上げます Permita-me responder-lhe.

móshí-áwásé [oó] 申し合わせ (< móshí-áwáséru) O acordo; a combinação. ★ ～ *ni yori* 申し合わせにより De comum acordo [Segundo o combinado]. ◇ ～ **jíkō** 申し合わせ事項 Os ítens [As cláusulas] do que foi combinado.

móshí-áwáséru [oó] 申し合わせる (< mósu + …) Combinar「usar o mesmo uniforme」; marcar; arranjar; fazer [estabelecer] um acordo. ★ *Mōshiawaseta jikan ni* 申し合わせた時間に Na hora marcada [combinada]. ⇨ torí-kímérú; yakúsókú.

mṓshí-búń [oó] 申し分 (< mṓsu + bún²) O protesto; a obje(c)ção. ★ ～ *no nai* 申し分のない Perfeito; impecável〔*Kare wa taikai de ～ no nai seiseki o ageta* 彼は大会で申し分のない成績をあげた Ele (ob)teve um resultado impecável na competição〕.

mṓshí-dé [oó] 申し出 (< mṓshí-déru)【E.】A oferta; a proposta; o pedido「de esclarecimento」. *Ōku no hitotachi kara enjo no ～ ga atta* 多くの人たちから援助の申し出があった Houve muitas pessoas que se ofereceram para ajudar.
[S/同] Mṓshí-ídé; mṓshí-kómí (+).

mṓshí-déru [oó] 申し出る (< mṓsu + …) Propor; participar「à polícia」; perguntar「na secretaria」. *Nani ka iken no aru kata wa mōshidete kudasai* 何か意見のある方は申し出て下さい Quem tiver alguma sugestão, faça favor de dizer [de a propor].

mṓshí-go [oó] 申し子 (< mṓsu + ko) **1** [神仏に祈ってさずかった子] Um filho, presente do céu (Por quem se rezou muito). **2** [特殊な背景のもとに生じたもの] O produto das circunstâncias. *Watakushi mo jidai no ～ da* 私も時代の申し子だ Eu também sou um produto da minha geração.

mṓshí-hírákí [oó] 申し開き (< mṓsu + hiráku) A justificação; a explicação; a defesa. ★ ～ *o suru* 申し開きをする Defender-se (em público).
[S/同] Beńméí (+); ií-hírákí (o).

mṓshí-ídé [oó] 申し出で ⇨ mṓshí-dé.

mṓshí-íré [oó] 申し入れ (< mṓshí-írérú) O pedido; a proposta; a reclamação. ★ *Kifu no ～ o suru* 寄付の申し入れをする Dar um donativo「ao clube」.
[S/同] Mṓshí-kómí.

mṓshí-írérú [oó] 申し入れる (< mṓsu + …) Oferecer; propor「a paz」; apresentar; pedir formalmente. ★ *Kujō o ～* 苦情を申し入れる Apresentar uma queixa. [S/同] Mṓshí-kómu.

mṓshí-kánérú [oó] 申しかねる Hesitar em dizer; não se atrever a「pedir dinheiro」. ⇨ ií-kánéru; kanéru.

móshi ka shitara[suru to] 若しかしたら[すると]Talvez; possivelmente. ～ *shippai suru kamo shirenai ga yatte miyō* もしかしたら失敗するかもしれないがやってみよう Talvez [Pode ser que] eu falhe, mas vou tentar. [S/同] Hyottó shítára[súrú tó].

mṓshí-kómí [oó] 申し込み (< mṓshí-kómu) **1** [申し出] A proposta; o requerimento; o pedido. ★ *Kekkon no ～ o kotowaru* 結婚の申し込みを断る Recusar a ～ de casamento. [S/同] Mṓshí-dé. **2** [応募] A inscrição. ★ ～ *o shimekiru* 申し込みを締め切る Encerrar as ～ s [o prazo da ～]. ～ *o uketsukeru* 申し込みを受け付ける Aceitar a ～. ◇ ⇨ **～ jun [sho]**. **～ kin** 申し込み金 A taxa de ～. **～ yōshi** 申し込み用紙 O papel [formulário] de ～. [S/同] Ṓbó. **3** [予約] A reserva「de hotel」. ★ *Zasshi no teiki-kōdoku no ～* 雑誌の定期講読の申し込み A assinatura da revista. [S/同] Yoyákú (+).

mṓshíkómí-júń [oó] 申し込み順 A ordem das inscrições.

mṓshíkómí-shó [oó] 申込書 O requerimento (por escrito).

mṓshí-kómu [oó] 申し込む (< mṓsu + …) **1** [申し出る] Propor; pedir. *Kare wa kanojo ni kekkon o mōshikonda* 彼は彼女に結婚を申し込んだ Ele propôs-lhe casamento. [S/同] Mṓshí-déru. **2** [応募する] Inscrever-se. ★ *Hagaki de marason sanka o ～* はがきでマラソン参加を申し込む ～ por cartão-postal na maratona. [S/同] Ṓbó súrú. **3** [座席などを予約する] Reservar; assinar「uma revista」. ★ *Ryokan ni shukuhaku o ～* 旅館に宿泊を申し込む Reservar a [um quarto na] pensão. [S/同] Yoyákú súrú (+).

mṓshí-kósú [oó] 申し越す (< mṓsu + …) Informar; comunicar. ★ *Shomen de o-mōshikoshi no ken* 書面でお申し越しの件 A questão mencionada [que「nos」comunicou] na sua carta.

móshiku-wa 若しくは (⇨ móshi¹) Ou então. *Watakushi ～ Tanaka made go-renraku kudasai* 私若しくは田中までご連絡下さい Faça (o) favor de entrar em conta(c)to comigo ou então com (o) Tanaka. [S/同] Arúiwa (+); matáwa (+); sá-mo-nakereba.

móshi-mo 若しも Se; no caso de. ～ *shippai shitara dō shiyō* もしも失敗したらどうしよう ～ falharmos, o que (é que) vamos fazer? [S/同] Mán'ichi; móshi.

móshimoshi もしもし **a)** Desculpe [Por favor]. ～, *chotto o-tazune shitai no desu ga* もしもし, ちょっとおたずねしたいのですが ～, podia dizer-me「onde é [fica] a estação」? **b)** Alô (B.) [Estou/Está lá?]. (Ao telefone)～, *Yamada-san desu ka* (電話で) もしもし, 山田さんですか Alô [Está lá?] É o senhor Yamada?

mṓshíń¹ [oó] 盲[妄]信 A fé cega [que não duvida]. ★ *Kusuri no kikime o ～ suru* 薬の効き目を盲信する Ter uma ～ no remédio. ⇨ shińjíru.

mṓshíń² [oó] 盲進【E.】O avanço imprudente [às cegas]. ★ ～ *suru* 盲進する Avançar cegamente.

mṓshíń³ [oó] 猛進【E.】O avanço impetuoso. ◇ ⇨ **chototsu ～**.

mṓshí-nóbéru [oó] 申し述べる (< mṓsu + …) Declarar; dizer. *Honken ni tsuite isasaka mōshinobetai* 本件についていささか申し述べたい Gostaria de dizer algo sobre esta questão [isto].

mṓshí-ókúrérú [oó] 申し遅れる (< mṓsu + …) Esquecer-se de dizer antes. *Mōshiokuremashita ga watashi wa Yamada desu* 申し遅れましたが私は山田です Ah, já me estava a esquecer: chamo-me [o meu nome é] Yamada.

mṓshí-ókúrí [oó] 申し送り (< mṓshí-ókúrú) **a)** A mensagem [O mandar dizer]; **b)** O dizer [transmitir] ao substituto o que tem a [que] fazer. ★ ～ *o suru* 申し送りをする … ◇ **～ jikō** 申し送り事項 O item [Os pontos] a transmitir.

mṓshí-ókúrú [oó] 申し送る (< mṓsu + …) **1** [先方へ言ってやる] Mandar dizer; comunicar. ★ *Tegami de ～* 手紙で申し送る Informar [～] por carta. **2** [次から次へと言い伝える] Transmitir; passar a palavra (uns aos outros). ★ *Junguri ni ～* 順繰りに申し送る ～ por ordem.

mṓshí-táté [oó] 申し立て (< mṓshí-tátéru) **a)** A declaração; **b)** A solicitação [exigência/instância]. ★ ～ *o suru* 申し立てをする ⇨ mṓshí-tátéru. ◇ **～ sho** 申し立て書 ～ escrita.

mṓshí-tátéru [oó] 申し立てる (< mṓsu + …) **a)** Declarar [Apresentar]「a sua opinião」; **b)** Protestar [Alegar]「ignorância」; **c)** Solicitar [Instar/Pedir]. *Karera wa kuchiguchi ni igi o mōshitateta* 彼らは口々に異議を申し立てた Eles obje(c)taram em coro.

mṓshí-úkéru [oó] 申し受ける (< mṓsu + …) **a)** Receber; **b)** Pedir; exigir「o custo do envio」.
[S/同] Ukéru; uké-tóru.

mṓshí-wáké [oó] 申し訳 (< mṓsu + …) **1** [弁解] A desculpa; a justificação; a escusa; a explicação.

Okurete ~ nai [arimasen] 遅れて申し訳ない [ありません] Desculpa[e] (por) ter chegado atrasado. **2** [形ばかりであること] A mera formalidade; o arremedo「de jardim」. *Saiban wa tada hon-no ~ teido [bakari] no mono datta* 裁判はただほんの申し訳程度 [ばかり] のものだった O julgamento foi (apenas) um/a ~.

móshí-wátáshi [oó] 申し渡し (< *móshí-wátásu*) ⇨ *íí-wátáshi*.

móshí-wátásu [oó] 申し渡す (< *mósu* + ⋯) Dizer; sentenciar. ★ *Shikei o móshiwatasareru* 死刑を申し渡される Ser sentenciado [condenado] à morte. S同 Íí-wátásu; seńkóku súrú.

móshi-ya 若しや Porventura; às vezes「pode ser que esteja em casa, vou telefonar」; (por)acaso. ~ *to omotta koto ga hontō ni natta* 若しやと思ったことが本当になった Nós [A gente] a pensar que era difícil tal (coisa) acontecer e afinal aconteceu!

móshí-yō [moó] 申し様 (< *móshi* + ⋯) A maneira de dizer [exprimir]. *Nan to mo o-wabi no ~ ga arimasen* なんともお詫びの申し様がありません Não sei como [tenho palavras para] lhe pedir desculpa. S同 Íí-yō.

moshó 喪章 O [A faixa de crepe para] luto「no braço/peito」. ⇨ mo².

mósho [oó] 猛暑 O calor intenso [de rachar].

móshon [oo] モーション (< Ing. motion < L.) **1** [身振り] O sinal [= piscar o olho]. ★ *Onna no ko ni chotto ~ o kakete miru* 女の子にちょっとモーションをかけてみる Fazer a corte [Arrastar a asa] a uma moça. ⇨ kódó¹; mí-buri; uńdó¹. **2** [Beis.] O preparar-se [(começar a fazer o) movimento]「para atirar a bola」.

moshú 喪主 A pessoa (de família) que preside ao funeral. ⇨ mo².

móshú¹ [oó] 妄執 A obsessão「de que é Buda/contra alguém」. S同 Móńéń.

móshú² [oó] 猛襲 【E.】 O ataque cerrado. ★ ~ *suru* 猛襲する Destroçar「o inimigo」. S同 Kyóshū.

mósó [moó] 妄想 A alucinação; a mania [ilusão]. ◇ *Higai* ~ 被害妄想 O complexo de perseguição.

mósó(chiku) [moó] 孟宗 (竹) [Bot.] Espécie de bambui; *phyllostachys pubescens*.

mossári (to) もっさり (と) **1** [気がきかなくてやぼったいようす] (Im. de preguiçoso, lento). ★ ~ *shita otoko* もっさりした男 Um molengão/preguiçoso. **2** [毛がたくさん生えているようす] (Im. de「cabelo」 grande e descuidado).

mosú 燃す ⇨ moyású.

mósu [oó] 申す [Cor.] **1** [言うの謙譲語] Dizer (Ex. *Suzuki to mōshimasu* = Chamo-me Suzuki). *Chichi ga yoroshiku to mōshite orimashita* 父がよろしくと申しておりました O meu pai disse [pediu](-me) para lhe apresentar as suas respeitosas cumprimentos. ⇨ iú; katárú¹; tsugérú. **2** [多く "お" [ご] ⋯申す" の形で、その動作中の相手に対する敬意を表す] (Em vez de "suru" – fazer –, e junto a outro v., é o máximo do cor.). *Eki mae de o-machi mōshite orimasu* 駅前でお待ち申しております Estarei à sua espera em frente da estação. S同 Ításu.

mosúgúrín [ii] モスグリーン (< Ing. moss green) O verde-escuro. S同 Fuká-mídori.

mō súkóshí もう少し (⇨ mō¹) Mais um pouco. *Sarada o ~ ikaga desu ka* サラダをもう少しいかがですか Aceita [Toma/Não quer] ~ de salada? ~ *shite*

kara もう少ししてから Daqui a pouco.

mósuku モスク (< Ing. mosque < Ár. masjid) A mesquita. S同 Kaíkyō-jíin.

mosúrín モスリン (< Ing. muslin) A musselina.

mo-súsó 裳裾【E.】A cauda da indumentária「de dança/da rainha」.

mótá [óo] モーター O motor. ◇ ~ *baiku* モーターバイク A moto(cicleta). ~ *bōto* モーターボート O barco a motor. ⇨ **pūru**. ⇨ deńdó-ki; geńdó-ki; hatsúdó-ki.

motágérú 擡げる **a)** Levantar a cabeça; **b)** Ganhar força; ganhar [vir/dar]. *Namake-gokoro ga atama o motageta* 怠け心が頭を擡げた Está-me a dar a preguiça. S同 Mochí-ágérú (+).

mótamota もたもた (Im. de lentidão) (Ex: *Nani no ~shite iru no da* = Despacha-te! /(Por) que estás (para aí) a fazer cera?). ~ *shite iru to jikan ga nakunatte shimau zo* もたもたしていると時間がなくなってしまうぞ Se estamos com estes vagares não temos tempo. ⇨ gúzu guzu.

mótá-púru [oó-úu] モータープール (< Ing. motor pool) O parque de estacionamento (de carros).

motárásu 齎す Trazer; levar; produzir; causar (Ex.: *Kare kara motarasareta jōhō ni yoreba* = Segundo informações trazidas por ele⋯). *Taifū ga motarashita higai* 台風がもたらした被害 Os danos causados pelo tufão. S同 Kitásu; motté-íkú[-kúru].

motáré-kákáru 凭れ掛かる (< *motáréru* + ⋯) Apoiar-se; encostar-se「em」a outro「em」. ★ *Mado ni motarekakatte hanasu* 窓にもたれ掛かって話す Conversar à [apoiado na] janela. S同 Yorí-kákáru.

motáréru 凭れる **1** [寄りかかる] Apoiar-se「em」; encostar「a」(Ex.: *Kabe ni ~* = Encostar-se à parede). S同 Motáré-kákáru (+); yorí-kákáru. **2** [食べ物が消化されず気持ちが悪い] Ser indigesto [pesado].

motásé-kákéru 凭せ掛ける (< *motáréru* + ⋯) Encostar; apoiar. S同 Taté-kákérú (+); yosé-kákéru.

motáséru 持たせる (< *mótsu¹*) **1** [持つようにさせる] Deixar ter; dar. *Kodomo ni wa taikin o ~ mono de wa nai* 子供には大金を持たせるのではない Não se deve entregar [~] muito dinheiro às crianças. **2** [運ばせる] Mandar levar/trazer. *Kare wa henji o tsukai no mono ni motasete yatta* 彼は返事を使いの者に持たせてやった Ele mandou o empregado (a) levar [entregar] a resposta. **3** [保たせる] Fazer durar; conservar [manter] (Ex.: *Kozukai san-man-en o ikkagetsu motaseyō* = Vou ver se os trinta mil yens para pequenas despesas (me) duram um mês). ★ *Kikai o nagaku ~* 機械を長く持たせる ~ a máquina. S同 Tamótaséru. **4** [負担させる] Fazer pagar. ★ *Kanjō o senpō ni ~* 勘定を先方に持たせる ~ a conta ao destinatário. ⇨ fután. **5** [わざと期待させる] Dar「falsas」esperanças. ★ *Ki o ~* 気を持たせる Deixar na expe(c)tativa [~].

motátsúkú もたつく Atrasar-se. *Jiko no tame kōji no shinkō ga motatsuite iru* 事故のため工事の進行がもたついている Por causa do acidente as obras estão-se a atrasar. ⇨ mótamota.

moté-ámáshi-móno 持て余し者 (< *moté-ámású* + ⋯) A ovelha negra; o estorvo. *Kare wa ikka no ~ da* 彼は一家の持て余し者だ Ele é a ~ [dor de cabeça] da família.

moté-ámásu 持て余す Achar impossível; não

moté-ásóbu 玩[弄]ぶ **1**［いじる］**a)** Mexer (Ex.: *Kanojo wa hanashinagara nekkuresu o moteasonde ita* = Ela estava a falar e a ~ [brincar] com o cordão do pescoço); **b)** Distrair-se (Ex.: *Haiku o* ~ = ~ a fazer poesias). ⇨ iji(ku)ru. **2**［なぶる］Aproveitar; brincar com; entreter-se com. *Kare wa kanojo no kimochi o moteasonda dake na no da* 彼は彼女の気もちをもてあそんだだけなのだ Ele só se aproveitou (dos sentimentos) dela. S/同 Nabúru. ⇨ nagúsámí ◇. **3**［自由自在にあやつる］Controlar [Dominar] (à vontade). *Unmei [Nami] ni moteasobareru* 運命［波］にもてあそばれる Ser um joguete do destino [das ondas].

moté-háyásu 盲点 **1**【Anat.】(< motéru + …) Admirar; adorar; louvar. *Mukashi wa kanojo mo bijin-joyū to motehayasareta mono da* 昔は彼女も美人女優と持てはやされたものだ Antigamente ela foi admirada como uma linda a(c)triz. S/同 Homé-sóyásu.

mōten ［óo］盲点 **1**【Anat.】O ponto cego (da retina do olho). **2**［人の気づかない所］O ponto fraco [calcanhar de Aquiles]; a falha. *Kore wa hō no* ~ *o takumi ni tsuita hanzai da* これは法の盲点をたくみについた犯罪だ Este crime foi cometido com muita astúcia, tirando partido de uma ~ da lei [um ponto em que a lei é omissa].

moté-náshi 持て成し (< moté-násu) A hospitalidade; o acolhimento [tratamento]; a recepção. *Nan no o-* ~ *mo dekimasen de shitsurei itashimashita* なんのおもてなしもできませんで失礼致しました Faz favor de desculpar se não recebeu como merece/Desculpe a simplicidade da/o ~. ★ ~ *ni azukaru* [*o ukeru*] 持て成しにあずかる[を受ける] Gozar da hospitalidade/Ser recebido. *Chaka no* ~ *o ukeru* 茶菓の持て成しを受ける Ser bem recebido, com chá e doces. S/同 Kańtái. ⇨ go-chísó.

moté-násu 持て成す (< mótsu + …) ［取り扱う］Tratar; receber. ★ *Kokuhin to shite* ~ 国賓として持て成す ~ como convidado oficial do governo. S/同 Taígú súrú; torí-átsúkáu. **2**［歓待する］Hospedar [Receber como hóspede]. ★ *Tochi no meibutsu ryōri de kyaku o* ~ 土地の名物料理で客を持て成す Receber [Regalar] os hóspedes com pratos típicos da região. S/同 Kańtái súrú.

motéru¹ 持てる (< mótsu) Poder [Conseguir] ter. ★ ~ *kuni to motazaru kuni* 持てる国と持たざる国 Os países ricos e pobres.

motéru² もてる Ter sucesso; ser admirado「pelos alunos」. *Kare mo wakai koro wa yoku* (*onna ni*) *motete ita* 彼も若い頃はよく（女に）もてていた Quando ele era jovem, fazia sucesso entre as mulheres.

mōteru ［óo］モーテル (< Ing. motel) O motel; o prostíbulo「e prostituição」.

motó¹ 下・許 **1**［物の下］Sob; debaixo. ★ *Mankai no hana no* ~ 満開の花の下 Sob a [Debaixo da] árvore em plena floração. S/同 Shitá. **2**［ある人の影響の及ぶ範囲］Com. ★ *Ryōshin no* ~ *de kurasu* 両親のもとで暮らす Viver ~ os pais. **3**［条件・限定の及ぶ範囲］Perante; com. *Danjo wa hō no* ~ *ni byōdō de aru* 男女は法の下に平等である Os homens e as mulheres são iguais perante a lei.

motó² 元・本・素・原 **1**［根本］A base. *Jijitsu o* ~ *ni shite iken o nobeta* 事実を元にして意見を述べた Dei uma opinião baseada nos fa(c)tos [na verdade]. **2**［原因］A causa; a origem. ~ *wa to ieba kimi no fu-chūi ga maneita koto da* 元はと言えば君の不注意が招いたことだ O seu descuido é que provocou isso [foi a ~ disso]. ★ *Hi no* ~ 火の元 ~ do incêndio. ［P=ことわざ］*Kuchi wa wazawai no* ~ 口は禍いの元 A língua é um perigo [a ~ de todos os males]. *Shippai wa seikō no* ~ 失敗は成功の元 Errando, aprende-se. S/同 Gén'ín. **3**［元栓］A torneira de segurança; a chave geral. ★ *Suidō* [*Gasu*] *no* ~ *o kiru* 水道［ガス］の元を切る Fechar a ~ da água [do gás]. S/同 Ne-mótó. **4**［原料］A matéria-prima. ★ *Purin* [*Sūpu*] *no* ~ プリン［スープ］の素 Os ingredientes [O material/ ~] do pudim [da sopa]. **5**［資本］O capital. ★ ~ *mo ko mo nakunaru* 元も子もなくなる Perder tudo [~ e o juro]. S/同 Motódé; gánpon; shihón (+). **6**［以前］Antes; antigamente. *Odoroita koto ni hannin wa* ~ *keikan de atta* 驚いたことに犯人は元警官であった Para surpresa de todos, o criminoso era um ex-policial (B.)[antigo polícia]. ★ ~ *no tōri* 元の通り の木阿弥 (だった)「Tornei」a ficar sem nada. ~ *no saya ni osamaru* 元の鞘に収まる「O casal」tornou a juntar-se/Ficar「amigos」como dantes.

mótō ［moó］毛頭 Nunca; nada; nenhum (Ex.: *Watakushi wa* ~ *ki ni shite imasen* = Eu não me importo (absolutamente) nada com isso). *Anata o hinan suru ki wa* ~ *arimasen* あなたを非難する気は毛頭ありません Longe de mim qualquer intenção de o censurar! S/同 Mijín mó.

motó-chō 元帳 O livro-mestre. S/同 Geńbó (+).

motó-dé 元手 (< …⁵ + te) **1**［資本］O capital (Ex.: *Kono shōbai ni wa sōtō* ~ *ga kakatta* = Investi muito ~ neste negócio). *Nani o suru ni mo* ~ *ga iru* 何をするにも元手がいる Para qualquer negócio é preciso ~. S/同 Shíkin. **2**［元になるもの］A base de tudo. *Supōtsu senshu wa karada ga* ~ *da* スポーツ選手は体が元手だ Para um atleta o ~ é o físico.

motó-dōri ［óo］元通り (< …⁶ + tōri) Como antes; como dantes [antigamente]. ★ ~ *jōbu* [*genki*] *ni naru* 元通り丈夫［元気］になる Ficar forte [bom/são] como d(antes).

motó-góe 元肥 (< … + koé) O adubo deitado ao plantar/semear. A/反 Oí-góe.

motó-gómé-jū 元込め銃 (< … + koméru + …) A arma「espingarda」de carregar pela culatra.

motói 基【E.】O fundamento; a base; o alicerce. S/同 Dodái (+); kíso (+); końtéí (+).

motó-jímé 元締め (< … + shiméru) O que controla tudo (Dinheiro/negócio/abastecimentos).

motó-kín 元金 **1**［元手］O capital. S/同 Motódé (+); shihóńkín (+). **2**［がんきん］O capital principal. A/反 Gánkin (+). S/同 Ríshi.

motomé 求め (< motoméru) **1**［請求］O pedido (Ex.: *Kare wa watakushi no* ~ *ni ōjite kita no desu* = Ele veio a pedido meu). S/同 Seíkyú. **2**［購入］A compra; a aquisição. *Terebi no o-* ~ *wa zehi tōten de* テレビのお求めはぜひ当店で Adquira o seu televisor na nossa loja. S/同 Kónyú.

motoméru 求める **1**［請う］Pedir; requerer; exigir. ★ *Ryōshin ni kyoka o* ~ 両親に許可を求める Pedir licença aos pais「para viajar」. S/同 Negáu; kóu; yókyú súrú. **2**［得ようとして捜す］Procurar;

motómete

buscar. ★ *Kōfuku o* ~ 幸福を求める ~ a felicidade. *Ten'in motomu* 店員求む (掲示) Precisa-se empregado. ⇨ sagású. **3**「買う」Comprar; adquirir. Ⓢ/同 Kaú (+).

motómete 求めて ⇨ wázawaza.

motómótó 元元 **1**「損も得もないこと」【Sub.】Não ter nada a perder; ser o mesmo. *Shippai shite mo* ~ *da* 失敗しても元々だ Mesmo que fracassemos não temos…[é o mesmo]. **2**［もともと］【Adv.】**a)** Para começar「a culpa foi sua」;「ser esquecido」por natureza. **b)** Originariamente「isto veio [foi indroduzido] da China. ⇨ móto-yori.

motó-né 元値「vender ao [abaixo do]」Preço de custo. Ⓢ/同 Génka (+); shííré-ne.

motóru 悖る【E.】Ser contra [contrário a] (Ex.: *Mu-da wa watakushi no shugi ni* ~ = O desperdiçar é contra os meus princípios). ★ *Hito no michi ni* ~ *okonai* 人の道に悖る行い Uma a(c)ção contrária à moral. Ⓢ/同 Hañsúru (+); somúku (+).

motó-séñ 元栓 ⇨ motó²³.

móto-yori 元［固・素］より **1**［初めから］Desde o começo [princípio]. *Sonna koto wa* ~ *shōchi no ue da* そんなことは元より承知の上だ Eu já [~] contava com isso/Isso, para mim, não é novidade. Ⓢ/同 Gánrai; hónrai; motómótó **2** (+). **2**［言うまでもなく］Sem dúvida; como é natural; claro; nem é preciso dizer. *Kono shōhin wa waga-kuni wa* ~ *hiroku zen-sekai de urarete iru* この商品はわが国は元より広く全世界で売られている Esta mercadoria vende-se no nosso país, ~, e no nundo inteiro. Ⓢ/同 Mochíron (+).

motózúku 基づく **1**［起因する］Ter (a sua) origem em; resultar [vir] de「um rumor/mal-entendido」. *Sono shūkan wa meishin ni motozuite iru* その習慣は迷信に基づいている Esse costume vem [tem] origem numa superstição. Ⓢ/同 Kíiñ súrú. **2**［根拠とする］Basear-se; fundamentar-se. ★ *Jijitsu ni* ~ *giron* 事実に基づく議論 A argumentão baseada na verdade [O argumento sólido]. **3**［準拠する］De acordo com; conforme「as instruções recebidas」. *Kono kiyaku wa hōritsu ni motozuite iru* この規約は法律に基づいている Este contrato está a lei [é legal]. Ⓢ/同 Júnkyo suru.

mótsu¹ 持つ **1**［身に帯びる；所有する；抱く］Ter; pegar; segurar; carregar; levar consigo. *Kare wa kono ginkō ni kōza o motte iru* 彼はこの銀行に口座を持っている Ele tem uma conta neste banco. *Kare wa san-nin no kodomo o motte iru* 彼は3人の子供を持っている Ele tem três filhos. *Gimon o* ~ 疑問を持つ Duvidar; ter dúvidas. *Imi o motanai kotoba* 意味を持たない言葉 A palavra sem sentido. *Kasa o motte dekakeru* 傘を持って出かける Levar [Sair com] o guarda-chuva. *Mise o* ~ 店を持つ Ter uma loja. *Shachō no katagaki o* ~ 社長の肩書を持つ Ter o título de presidente (de companhia). *Shigoto o* ~ 仕事を持つ Ter uma profissão [um trabalho; um emprego]. ⇨ keítáí; shoyū. **2**［受け持つ］**a)** Encarregar-se; **b)** Pagar. *Ichi-nensei no kurasu o* ~ 一年生のクラスを持つ Encarregar-se de [Ter a] turma do primeiro ano. ⇨ ké-mótsú. ⇨ futáñ; tañtó¹. **3**［長くそのままの状態が続く］Durar; conservar; manter; aguentar (Ex.: *Ima made gaman shite kita ga mō motanai* = Já não aguento mais. *Ano mise wa kare de motte iru* = É ele que aguenta a loja). *Konna seikatsu ga tsuzuitara karada ga motanai* こんな生活が続いたら体が持たない Se continuar a levar uma vida assim [Com esta vida], o corpo não aguenta(rá) [vai aguentar]. *Kono tenki wa tōbun* ~ *deshō* この天気は当分持つでしょう Este tempo durará [vai-se manter] um pouco mais. Ⓘ/慣用 *Owari Nagoya wa shiro de* ~ 尾張名古屋は城で持つ O que aguenta Owari é o castelo de Nagoya. Ⓢ/同 Tamótsu. **4**［行う］Ter; realizar. *Shushō wa takoku shunō to kinkyū no kaidan o motta* 首相は他国首脳と緊急の会談を持った O primeiro Ministro teve um encontro urgente com chefes de outros países.

mótsu² 臓物 (Abrev. de "zómótsú")【G.】As vísceras de ave [porco; vaca; peixe].

motsúré 縺れ (< motsúréru) **1**［もつれること］O enredo; a confusão; o emaranhamento. ★「*Himo no*」~ *o toku*「ひもの」縺れを解く Desemaranhar [desenlear] a corda/o fio. **2**［舌や足が自由に動かなくなること］O entorpecimento「das pernas」. ★ *Shita no* ~ 舌の縺れ A gaguez [~ da língua]. **3**［ごたごた］A sarilhada [O imbroglio]; a complicação. *Kanjō no* ~ 感情の縺れ sentimental. ⇨ gótagota; momé-gótó.

motsúréru 縺れる **1**［からみ合う］Entrelaçar [Emaranhar]-se. ★ *Ito ga motsureta* 糸がもつれた Entrelaçou-se a linha. **2**［事柄が複雑に入り乱れて混乱する］Complicar-se. *Kōshō wa motsure suto [ni totsunyū shita* 交渉はもつれストに突入した As negociações complicaram-se e entrou-se em greve. **3**［舌などが自由に動かなくなる］**a)** Engrolar (⇨ do-móru)［Tartamudear］. ⇨ motsúré²; **b)** Tropeçar [Cambalear; Trocar as pernas]. ★ *Ashi ga motsu-rete korobu* 足がもつれて転ぶ Tropeçar e cair.

mottai 勿体 O ser só verniz [fachada/para dar nas vistas]. ★ *Tsumaranu* [*Tsumaranai*] *koto ni* ~ *o tsukeru* つまらぬ［つまらない］ことに勿体を付ける Dar importância a bagatelas. ⇨ igéñ.

mottái-búru 勿体ぶる Dar-se ares de importância; ter o rei na barriga; ser presunçoso.

mottái-náí 勿体ない **1**［惜しい］Que desperdício!; ser pena. *Mada tsukaeru no ni suteru no wa* ~ まだ使えるのに捨てるのは勿体ない É uma [Ai que] pena deitar fora o que ainda tem utilidade. **2**［おそれ多い］**a)** Ser mais do que se merece (Ex.: *Watakushi no yō na mono ni wa* ~ *o-home no kotoba desu* = Eu não sou digno de tais elogios); **b)** Ser indigno [um sacrilégio]「pôr a estátua em tal lugar」. Ⓢ/同 Arígátái; katájíkénái; osóréói.

motte 以て **1**（~ mótsu + te）［手段を表す］【E.】Com; por (meio de). ★ *Shomen o* ~ *tsūchi suru* 書面を以て通知する Avisar por escrito. Ⓢ/同 De; yotté. **2**［理由を表す］【E.】Por (causa [razão] de); devido a (Ex.: ~ [*Shitagatte*] *kare ga sai-yūshū senshu to nintei suru* = Por essa razão declaro-o o melhor atleta). ★ *Hakugaku o* ~ *shirarete iru* 博学を以て知られている「Ela é」conhecida pela sua erudição. Ⓢ/同 ryūí; yué. **3**［「で」の強調］Com; a. *Denwa no uketsuke wa honjitsu san-ji o* ~ *shimekirasete itadakimasu* 電話の受け付けは本日3時をもって締め切らせていただきます Hoje, às (três horas), deixamos de atender o telefone. Ⓢ/同 De. **4**［その上に］E (além disso); e (também). ★ *Rikō de* ~ *aikyō no aru musume* 利口で以て愛敬のある娘 Uma moça [rapariga] inteligente ~ simpática. Ⓢ/同 Kátsu (+); náo (+); sonó úé (o). **5**［それによっ

motté-íkú 持って行く 1 [持ってあちこちへ行く] Levar「o aviso」a vários lugares, um por um. *Shin-seihin no panfuretto o o-tokui-saki e* 〜 新製品のパンフレットをお得意先へ持って回る Levar um folheto [panfleto] do novo produto aos fregueses. 2 [遠回しな言い方をする] Falar com (muitos) rodeios.

motté-mawatta 持って回った (Adj. de motte-mawaru²) Evasivo. ★ 〜 *iikata o suru* 持って回った言い方をする Ser 〜; falar com rodeios. S/同 Mawarí-kúdoi.

motté-nó-hóká 以ての外 Impensável [Imperdoável]. *Sonna koto o yōkyū suru to wa* 〜 *da* そんなことを要求するとは以ての外だ Exigir uma coisa dessas é 〜 [um absurdo]. ⇨ keshíkárán; tondé mó nái.

mótte-umareta 持って生まれた (< *mótsu* + *umárérú*) Nato; de nascença [por natureza]; natural; inato. ★ 〜 *sainō* 持って生まれた才能 O talento 〜.

mótto もっと「corra」Mais「depressa」; ainda mais; muito mais (Ex.: 〜 *mashi na fuku wa nai no ka* = Não tens uma roupa (um pouco) melhor para vestir?). *Porutogarugo o* 〜 *benkyō shite shōrai wa tsūyaku ni naritai* ポルトガル語をもっと勉強して将来は通訳になりたい Quero estudar 〜 o p. para no futuro [mais tarde] ser intérprete.

móttó モットー (< Ing. < It. motto < L. muttum: grito) O lema; o mote; a divisa; o princípio. *Shōjiki ga kare no* 〜 *da* 正直が彼のモットーだ Ser honesto [A honestidade] é o lema dele. S/同 Hyōgó; shinjō; surōgan; zayū nó méi.

mottómo¹ 尤も 1 [道理であるようす][Adj./Sub.] Razoável; lógico; compreensível. *Sore wa go-* 〜 *desu* それはご尤もです O senhor tem toda a razão. ⇨ **go-**〜; 〜 **rashii**. 2 [とはいうものの][Conj.] Ainda que (é natural); aliás (Ex.: *Kare wa porutogarugo ga jōzu da. Burajiru sodachi da kara ne* = Ele fala p. bem. Aliás foi educado no B.). *Ichiō kono e wa kansei shita.* 〜 *amari manzoku no iku dekibae de wa nai ga* 一応この絵は完成した。尤もあまり満足のいく出来ばえではないが Este quadro está terminado, ainda que eu não estou inteiramente contente com ele. S/同 Tádashi.

mottómo² 最も O mais (Ex.: *Kono kawa wa koko wa* 〜 *hiroi* = Aqui é onde o rio é mais largo). *Fuji-san wa Nippon de* 〜 *takai yama da* 富士山は日本で最も高い山だ O monte Fuji é o mais alto [a montanha mais elevada] do J. ★ 〜 *jūyō na koto* 最も重要なこと O [A coisa] mais importante「é saber viver」. ⇨ saikṓ¹.

mottómo-ráshii 尤もらしい (< *mottómo*¹ + …) Que parece sério (verdadeiro) (Ex.: 〜 *uso o tsuku no ga umai* = Ele tem jeito para mentir. *Kare wa* 〜 *kao o shite detarame o iu* = Ele diz os maiores disparates (e fica) todo sério). ★ 〜 *hanashi* 尤もらしい話 A história que até parece verdade.

móya 靄 A névoa; o nevoeiro; a neblina. *Yama ni wa* 〜 *ga kakatte ita* 山には靄がかかっていた A serra tinha「muito」nevoeiro. ◇ **usu**〜. ⇨ kasumí; kirí¹.

moyáí¹ 舫い (< *moyáu*) A amarra. ★ 〜 *o toku* 舫いを解く Soltar as amarras. ◇ 〜 **bune** 舫い船 O barco amarrado「a」. ⇨ moyáí².

moyáí² 催おい【G.】(< *moyóu* + *aú*) a) Em comum [sociedade]. b)「trabalhar」Juntos.

móyamoya (to) もやもや(と) (⇨ *móya*) 1 [煙・湯気などが立ちこめぼんやりしているようす] Com fumo [vapor/nevoeiro] (Ex.: *Shitsunai ni wa tabako no kemuri ga* 〜 *tachikomete ita* = O quarto estava todo cheio de fumo de tabaco). *Furo-ba ni wa yuge ga* 〜 *tachikomete ita* 風呂場には湯気がもやもや立ちこめていた A casa de banho estava cheia de vapor. 2 [すっきりしないさま] a) Triste; sombrio; b) Frio; zangado. ★ 〜 *shita kibun* もやもやした気分 Uma sensação esquisita [de tristeza].

moyáshi 萌やし Os rebentos [de feijão/cevada] (Cul.). ◇ 〜 **kko** 萌やしっ子 A criança débil「criada na cidade/numa estufa」.

moyású 燃やす (⇨ *moérú*¹) 1 [燃す] Queimar; acender「o lume/a vela」. ◇ *Ochiba o* 〜 落ち葉を燃やす Queimar as folhas secas. S/同 Mosú. 2 [心を高揚させる] Inflamar; arder (Ex.: *Kenkyū ni jōnetsu o* 〜 = Gostar muito da [Estar entusiasmado na] sua pesquisa). ★ *Shiai ni tōshi o* 〜 試合に闘志を燃やす Jogar com garra [espírito combativo].

moyáu 舫う Atracar; amarrar. ⇨ moyáí¹.

moyō 模様 1 [図案] O desenho [padrão]; a figura. ★ 〜 *o tsukeru* 模様をつける Enfeitar [Desenhar]. ◇ 〜 **gae**. 2 [ようす] O ar; o aspecto [parecer]; a aparência; o indício [de vida na Lua]; o estado; as circunstâncias. *Hikōki wa okurete tōchaku suru* 〜 *desu* 飛行機は遅れて到着する模様です Parece [Tem ares] que o avião vai chegar atrasado. ◇ Arísama; yṓsu (+).

moyō-gáe 模様替え (〜 + *kaérú*) 1 [住まいの改造] A remodelação. ★ *Heya* [*Mise*] *no* 〜 *o suru* 部屋[店]の模様替えをする Remodelar a sala [loja]. ⇨ kaísō³; kaí-zṓ¹. 2 [計画の変更] A alteração; a mudança. *Kōen no setchi keikaku wa takuchi no zōsei ni* 〜 *ni natta* 公園の設置計画では宅地の造成に模様替えになった O plano (das obras) do parque (público) foi alterado para alargar a zona habitacional. ⇨ Henkṓ (+).

moyóóshí 催し (< *moyóósu*) a) A festa [celebração]; b) A função [cerimónia/O número (do programa)]. *Gakkō sōritsu nana-ji-sshūnen o iwau* 〜 *ga atta* 学校創立70周年を祝う催しがあった Houve a celebração do se(p)tuagésimo aniversário da fundação da escola. ⇨ atsúmarí; gyṓjí¹; shūkái¹.

moyóósu 催す 1 [開催する] Realizar; celebrar. *Sōbetsu no kai ga moyoosareta* 送別の会が開かれた

Houve uma [Foi realizada a] festa de despedida. Ⓢ⦅周⦆ Kaísái súrú. **2** [そそう] Sentir. ★ *Samuke o ~* 寒けを催す ~ calafrios [frio]. Ⓢ⦅周⦆ Sasóú. **3** [きざす] Sentir vontade de. ★ *Ben'i o ~* 便意を催す Ter [~] vontade de ir à casa de banho/ao banheiro (B.). Ⓢ⦅周⦆ Kízásu.

moyóri 最寄り Vizinho; mais próximo. ★ *~ no eki* 最寄りの駅 A estação ~a. Ⓢ⦅周⦆ Fúkin (+); kínjo (o).

mozáiku モザイク (< Ing. < L. musa) O (trabalho em) mosaico. ◇ ~ **byō** モザイク病【Bot.】O mosaico (Moléstia das plantas que faz as folhas variegadas). ~ **ga** [moyō] モザイク画[模様] O desenho em mosaico.

Mozánbíku [ii] モザンビーク Moçambique. ◇ ~ **jin** モザンビーク人 Moçambicano.

Móze [óo] モーゼ Moisés. ★ ~ *no jikkai* モーゼの十誡 Os dez mandamentos.

mozén 猛然 Ferozmente [Como um toiro/raio]. *Kuma wa ~ to karyūdo ni osoikakatta* 熊は猛然と狩人に襲いかかった O urso investiu ~ contra o caçador.

Mózeru [óo] モーゼル (< Mauser: antr) Máuser. ◇ ~ **(renpatsu) jū** モーゼル (連発) 銃 O fuzil ~.

mozō 模造 A imitação. ★ ~ *no daiyamondo* 模造のダイヤモンド Uma ~ de diamante; o diamante falso [artificial]. ◇ ~ **hin** 模造品 Uma ~; o artigo falsificado. Ⓢ⦅周⦆ Imitéshon.

mózomozo (to) もぞもぞ (と)【On.】**1** [虫などがうごめくさま] Como a andar às voltas. ★ *Senaka ga ~ suru* 背中がもぞもぞする Tenho uma sensação de calafrios [de ter um bicho] nas costas. **2** [動作がはっきりせず落ち着きのないさま] Com bichos-carpinteiros. **3** [⇨ nóronoro] .

mózu 百舌・鵙【Zool.】O picanço; *lanuis bucephaus*.

mozúkú 水 [海] 雲 Uma alga marinha da família das spermatochnaceae.

mu 無 a) O nada; in-; i-; não; sem; b) O Absoluto; o nirvana; o vazio. *Sekkaku no go-kōi o ~ ni suru wake ni wa mairimasen* 折角の御好意を無にするわけにはまいりません Não posso ser desagradecido (recusar a sua gentileza). ◇ ~ **bansō** 無伴奏 Sem acompanhamento (musical). ⇨ ~ **kankaku [shikaku]**. Ⓐ⦅反⦆ Yū. ⇨ nái[1].

mu-ánda 無安打【Beis.】Nenhuma (re)batida. Ⓢ⦅周⦆ Nō-hítto.

mubō[1] 無帽 (< … +bōshí)「sair」Sem chapéu [Com a cabeça descoberta].

mubō[2] 無謀 A imprudência; o disparate; a irresponsabilidade; a temeridade. ★ ~ *na koto o suru* 無謀なことをする Ser imprudente [precipitado/temerário]. ~ *ni mo* 無謀にも Imprudentemente; temerariamente. Ⓢ⦅周⦆ Múcha; mutéppō.

mu-bóbi [óo] 無防備 Indefeso; 「soldado」desarmado. *Ano kuni wa keizai shinryaku ni taishite wa mattaku ~ de aru* あの国は経済侵略に対しては全く無防備である Aquele país está totalmente indefeso face a uma invasão de firmas estrangeiras.

mú-byō 無病 O ter boa saúde; o ser sadio [são]; saudável]. ★ ~ *sokusai de aru* 無病息災である Ser 「um velhote」rijo; ter ó(p)tima saúde. ⇨ génki[1]; kenkó[1].

múcha 無茶【G.】O disparate; (o) absurdo; o exagero; a exorbitância; o ser temerário [precipitado]; a loucura. *Sonna ni ~ o iu mono de wa nai* そんなに無茶を言うものではない Você não devia dizer tantos disparates. ★ ~ *na inshoku* 無茶な飲食 A bebida excessiva [em excesso]. ~ *na nedan* 無茶な値段 O preço exorbitante. ~ *na yōkyū* 無茶な要求 A exigência absurda. Ⓢ⦅周⦆ Mécha; mechá-kúchá **2**. ⇨ mechá-kúchá.

muchá-kúcha 無茶苦茶【G.】⇨ mechá-kúchá.

mu-chákuriku 無着陸 O voo dire(c)to [sem escala]. ★ ~ *hikō o okonau* 無着陸飛行を行う Fazer um ~ [Voar dire(c)tamente]「para Roma」.

múchi[1] 無知 A ignorância; o desconhecimento. *Bungaku ni kanshite wa watashi wa mattaku ~ de aru* 文学に関しては私は全く無知である Em literatura sou um ignorante. ◇ ~ **mōmai** 無知蒙昧 O atraso [~ *mōmai no yakara* 無知蒙昧のやから Um grupo de indivíduos atrasados [ignaros]. ~ **monmō** 無知文盲 O analfabetismo. Ⓢ⦅周⦆ Múgaku; múshiki.

múchi[2] 鞭 a) O chicote; a vergasta; o açoite (Para criminosos). ★ ~ *o furuu* 鞭を振るう Chicotear; usar [dar com] o chicote. ★ *Uma ~ de usu/uma ni ~ o ateru* 馬を鞭で打つ / 馬に鞭を当てる Dar uma chicotada (com o chicote) ao cavalo. b) A severidade. ★ *Sensei no ai no ~* 先生の愛の鞭「do professor para (o) bem do aluno.

múchi[3] 無恥【E.】A insolência; a falta de vergonha. ◇ **Kōgan ~** 厚顔無恥 O descaramento; o ser um (des)avergonhado; o ter cara de lata. Ⓢ⦅周⦆ Hají-shírazu (+).

múchi-muchi むちむち ⇨ mutchíri.

muchín 無賃 O não pagamento. ◇ ~ **jōsha** 無賃乗車 A viagem gratuita [~ *jōsha suru* 無賃乗車する **a)** Viajar gratuitamente [de graça]; **b)** Viajar sem bilhete [pagar]). Ⓢ⦅周⦆ Muryó; musén.

mu-chítsujo 無秩序 A desordem; a confusão; o caos. ★ ~ *na shakai* 無秩序な社会 A sociedade caótica [onde não há lei].

muchí-úchi(shō) 鞭打ち (症) (< múchi[2] + útsu)【Med.】A deslocação do músculo [da vértebra cervical] por choque; a chicotada. *Kōtsū-jiko de ~ ni natta* 交通事故で鞭打ちになった Ele sofreu [teve] uma ~ num acidente de trânsito.

muchí-útsu 鞭打つ (< múchi[2] + …)【**1**「鞭で打つ」 Chicotear; açoitar (o criminoso). *Shinin ni ~ yō na koto wa iu na* 死人に鞭打つようなことは言うな Não ofenda ao morto. **2** [はげます] Encorajar; estimular. ★ *Namakegokoro ni ~* 怠け心に鞭打つ ~ os [Puxar pelos] preguiçosos. Ⓢ⦅周⦆ Bentátsu súrú; hagémású (+).

muchū 夢中 **1** [夢の中] O estado de inconsciência. ◇ ~ **hokō** 夢中歩行 O sonambulismo. ⇨ yumé. **2** [熱中すること] O entusiasmo [estar absorvido/todo entregue a] (Ex.: *Kare wa ~ de terebi o mite ita* = Ele estava todo absorvido na TV). ★ *Koibito ni ~ ni naru* 恋人に夢中になる Ficar louco [cego]「pela namorada」. Ⓢ⦅周⦆ Netchū. **3** [自覚を失うこと] O ficar fora de si. ★ ~ *ni natte jibun no chīmu o seien suru* 夢中になって自分のチームを声援する Aplaudir freneticamente [como loucos] a sua equipa. ◇ **Muga ~** 無我夢中 O êxtase; a abstra(c)ção.

mudá 無駄 **1** [無益] O ser inútil (Ex.: *Kare no settoku shiyō to shite mo ~da yo* = É inútil [excusado] tentar convencê-lo). *Ikura monku o itte mo ～ de aru* いくら文句を言っても無駄である É inútil queixar-se. ★ ～ *na*「*doryoku*」無駄な「努力」「esforço」Fútil; inútil; vão. [S/同] Mú-eki. **2** [浪費] O desperdício; o esbanjamento. *Jikan o ～ ni suru* 時間を無駄にする Desperdiçar o [Perder] tempo. *Hanashi ni ～ ga ōi* 話に無駄が多い Dizer muitas inutilidades [coisas que não vêm a propósito]. *Hiyō no ～ o habuku* 費用の無駄を省く Evitar os gastos desnecessários. ⇨ rṓhí.

mudá-áshí 無駄足 Os passos perdidos [A viagem em vão]. *Nando ka kare no uchi e itta ga ～ datta* 何度か彼の家へ行ったが無駄足だった Fui algumas vezes a casa dele mas foram passos perdidos [não o consegui encontrar].

mudá-bánashi 無駄話 A conversa inútil [fútil; ociosa]; a tagarelice. ★ ～ *o suru* 無駄話をする Tagarelar [Dar à língua]; bater papo. [S/同] O-sháberi. ⇨ mudá-gúchí.

mudá-bóné 無駄骨 (＜… ＋honé) 【G.】 O esforço [trabalho] infrutífero [vão; inútil; perdido]. *Kanojo o settoku shiyō to iroiro yatte mita ga ～ datta* [*ni owatta*] 彼女を説得しようといろいろやってみたが無駄骨だった [に終わった] Tentei tudo para a convencer mas foi trabalho perdido. ★ ～ *o oru* 無駄骨を折る Cansar-se inultilmente [em vão]. [S/同] Torṓ.

mudá-gúchí 無駄口 (＜… ＋kuchí) A palavra [conversa] inútil. ★ ～ *o kiku* [*tataku*] 無駄口を利く [叩く] Palrar; dar à língua 〔～ *o kiite bakari inai de shigoto o shi nasai* 無駄口を利いてばかりいないで仕事をしなさい Trabalhem, em vez de estar só a palrar [tagarelar]〕.

múdai[1] 無代 ⇨ muryṓ.

múdai[2] 無題 Sem título. ★ ～ *no e* 無題の絵 O quadro [A pintura] "Sem título".

mudá-jíní 無駄死に (＜… ＋shinú) A morte inútil [vã]. ★ ～ *suru* 無駄死にする Morrer inutilmente [em vão]. [S/同] Inú-jíní.

mudáń 無断 **1** [予告しないですること] Sem avisar [dizer nada] (Ex.: ～*de kaiko suru nante hidoi* = É horrível que me despeçam (do emprego) sem qualquer aviso!). ◇ **～ kekkin** 無断欠勤 A falta ao serviço ～. ⇨ yokókú. **2** [許可を得ないですること] Sem licença. ～ *tachi-iri kinshi* 無断立入禁止 Entrada proibida! ◇ **～ shakuyō** 無断借用 O usar ～ [sem autorização]. ⇨ kyóka.

mudá-zúkai 無駄遣い (＜… ＋tsukáú) O desperdício; o gasto inútil. *Ichi-man-en mo ～ o shite shimatta* 一万円も無駄遣いをしてしまった Desperdicei [Deitei fora (G.)] dez mil yens. [S/同] Rṓhí.

mudéń 無電 (Abrev. de "muséń dénshin [dénwa]") A radiotelegrafia; o/a rádio; a telegrafia/telefonia sem fio(s) [TSF]. ★ ～ *o utsu* 無電を打つ Radiotelegrafar; enviar um radiograma.

mū́do [úu] ムード (＜ Ing. mood) O ambiente; a atmosfera. ★ ～ *ga ii resutoran* ムードがいいレストラン O restaurante de ～ agradável. *Akirame ～* あきらめムード Um sentimento derrotista. *Taihei ～ no yo no naka* 太平ムードの世の中 O mundo cheio [em ～] de paz. ◇ **～ myū́jikku** [**ongaku**] ムードミュージック[音楽] A música para criar ambiente. ⇨ fuń'íki; jṓcho; kíbun[1]; kimóchí.

mú-doku 無毒「cobra」Que não tem veneno; inócuo.

mú-eki 無益 O ser inútil; sem proveito (Ex.: *Sonna koto o shite mo ～ da* = Que (é que) adianta isso「dizer à polícia」?). ★ ～ *na sesshō* 無益な殺生 O matar por matar. [S/同] Mudá. [A/反] Yū́ékí.

muéń[1] 無煙 Sem [Que não faz] fumo. ◇ **～ kayaku** 無煙火薬 A pólvora ～. ⇨ **～tan**. ⇨ kemúrí.

muéń[2] 無鉛 Sem [Que não contém] chumbo. ◇ **～ gasorin** 無鉛ガソリン A gasolina sem chumbo. ⇨ namárí[1].

muéń[3] 無塩 Sem sal. ◇ **～ batā** 無塩バター A manteiga ～. ⇨ shió[1].

muéń[4] 無縁 **1** [縁がないこと] A falta de relação (Ex.: *Sonna taikin ni wa ～da* = Eu não sei o que é [nunca tive nas mãos] tanto dinheiro). *Ima made geijutsu nado to wa ～ no seikatsu o shite kita* 今まで芸術などとは無縁の生活をしてきた Até agora vivi alheio à arte [a arte não me dizia nada]. **2** 【Bud.】 O não deixar família. ◇ **～ botoke** 無縁仏 O defunto que não tem parentes para lhe cuidar do túmulo. [A/反] Uéń.

muéń-táń 無煙炭 O carvão mineral [de pedra]; a antracite. ⇨ muéń[1].

mufū́ 無風 **1** [風のないこと] A calmaria. ◇ **～ jōtai** 無風状態 Uma grande ～. ⇨ **～ tai**. **2** [波乱がないこと] A calma「no seu partido/na frente laboral」. ★ ～ *jōtai no kawase sōba* 無風状態の為替相場 O mercado ina(c)tivo; a bolsa estagnada.

mu-fúnbetsu 無分別 A falta de juizo; a imprudência; a indiscrição; a leviandade; a insensatez. ★ ～ *na koto o suru* 無分別なことをする Agir com ～ [Ser imprudente]. [S/同] Mukṓmizu; mutéppō.

mufū́-táí 無風帯 A região [zona; latitude] de calmaria [calmas]. ◇ **Sekidō ～** 赤道無風帯 As calma(ri)s equatorias.

múga 無我 **1** [我意のないこと] O desprendimento (Ex.: ～*no ai* = O amor desprendido [desinteressado/puro]). ★ ～ *no kyōchi ni tassuru* 無我の境地に達する Atingir um (estado espiritual de) perfeito ～. [S/同] Bótsuga. **2** [我を忘れること] O alheamento. ◇ **～ muchū** 無我夢中 O ficar fora de si; o arrebatamento (Ex.: ～ *muchū de wa-ga-kō no chīmu o ōen shite ita* = Eu estava fora de mim [como um louco] a torcer pela equipa da minha escola).

múgai[1] 無害 O ser inofensivo; o não fazer mal (Ex.: ～*na jinbutsu* = A pessoa que não faz mal a ninguém). *Kono kusuri wa ningen ni wa ～ da* この薬は人間には無害だ Este remédio é inofensivo. [A/反] Yū́gáí.

mugáí[2] 無蓋 Sem cobertura; descoberto. ★ ～ *sha* [*no jidōsha*] 無蓋車[の自動車] O carro descapotado. [A/反] Yū́gáí. ⇨ futá.

múgaku 無学 A falta de instrução [estudos]; sem estudos. ★ ～ *na hito* 無学な人 A pessoa analfabeta [sem estudos]. ◇ **～ monmō** 無学文盲 O analfabetismo crasso. [S/同] Mu-kyṓiku.

múgei 無芸 Sem [O não ter] uma arte ou ofício. *Kare wa ～ taishoku da* 彼は無芸大食だ A arte dele é comer [ser um glutão]. [P/ことわざ] *Tagei wa ～* 多芸は無芸 Aprendiz de tudo e oficial de nada/Homem dos sete ofícios. [S/同] Geí-náshí.

mugéń[1] 無限 O não ter limites; o ser ilimitado; o infinito. *Chikyū no shigen wa ～ de wa nai* 地球の資源は無限ではない Os recursos naturais não são ilimitados. ◇ **～ dai** 無限大 A infinidade 〔～ *dai no kyori* 無限大の距離 A distância infinita〕. **～ kyūsū**

M

無限極数 A progressão infinita. **~ sekinin** 無限責任 A responsabilidade ilimitada (Dir.). **~ shō** 無限小 O infinitésimo. **~ shōsū** 無限小数 O número infinitamente pequeno. 〖反〗 Yūgén.

mugén[2] 夢幻 【E.】 O sonho; o devaneio; a fantasia. **~** *teki na* 夢幻的な Ilusório; fantástico; de sonho. ◇ **~** *geki* 夢幻劇 A peça (teatral) fantasiada.

múge ni 無下に À primeira; logo de caras; sem mais nem menos. **~** *kotowaru wake niwa ikanai* 無下に断るわけにはいかない Não se pode recusar **~**. ★ **~** *suru* 無下にする Ignorar. 〖同〗 Sugénaku.

múgi 麦 (Nome gené[ê]rico; ⇨ kokúmotsu) O trigo; a cevada; o centeio; a aveia. ◇ **~** *batake* [*hata*] 麦畑 O campo de **~**. **~** *bue* 麦笛 A flauta "de aveia". **~** *cha* [*yu*] 麦茶[湯] O chá de trigo torrado. **~** *fumi* 麦踏み O trilhar **~**. **~** *kari* 麦刈り A ceifa. **~** *maki* 麦蒔き A sementeira. **~** *meshi* [*ii*] 麦飯 O arroz (cozido) com **~** (Comida pobre que substitui o arroz.). ⇨ *wara*; *hadaka* [*karasu*; *ko*; *ō*; *rai*] **~**.

mugí-wárá 麦藁 A palha「triga/centeia」. ◇ **~ bō**(**shi**) 麦藁帽(子) O chapéu de palha.

mugói 惨い a) Cruel; atroz; sem piedade; bárbaro; desumano. ★ **~** *atsukai o ukeru* 惨い扱いを受ける Ser tratado com crueldade. b) Horrível. ★ **~** *shinikata o suru* 惨い死に方をする Ter uma morte **~** [trágica]. 〖同〗 Mugótáráshíí. ⇨ zańkóku.

mugón 無言 O silêncio; o mutismo (Ex.: *Futari no aida ni wa* **~** *no ryōkai ga atta* = Havia um entendimento tácito entre ambos [os dois]. **~** *de inoru* = Rezar em silêncio). *Kare wa* **~** *de unazuku bakari de atta* 彼は無言でうなずくばかりであった Ele, em silêncio, só acenava com a cabeça. ◇ **~** *geki* 無言劇 A pantomim[n]a.

mugótáráshíí 惨たらしい ⇨ mugói (+).

muháí 無配 【Econ.】 Sem dividendos. ◇ **~ kabu** 無配株 A a(c)ção **~**. 〖反〗 Yūháí.

mú-hi 無比 Sem rival [par]; ímpar. *Amazongawa no suiryō wa sekai* **~** *de aru* アマゾン川の水量は世界無比である Em volume de água, o (rio) Amazonas não tem par no mundo. *Kare no eigo wa seikaku* **~** *da* 彼の英語は正確無比だ O inglês dele é perfeito [não pode ser melhor]. 〖同〗 Musó.

mu-híhan 無批判 Sem crítica [usar a cabeça] (Ex.: *Shinbun kiji o subete* **~** *ni u-nomi ni shite wa naranai* = Não podemos engolir tudo o que dizem os [vem nos] jornais).

mu-hítsú 無筆 O iletrado. 〖同〗 Monḿō (+).

muhō 無法 **1** [道理にはずれていること] A brutalidade; a crueldade. ★ **~** *na shochi* 無法な処置 A medida cruel [injusta]. ◇ **~** *mono* 無法者 a) O desordeiro; b) O proscrito; o fora [que vive à margem] da lei. 〖同〗 Hidó; mudō; rifújin. rińbō. **2** [法がないこと] A anarquia. ◇ **~** *chitai* 無法地帯 A zona [terra] sem lei.

múhon 謀反 [叛] a)「o crime de」Alta traição; b) A rebelião; a revolta; a insurreição. ★ **~** *ga okita* 謀反が起きた Houve [Deu-se] uma **~**. ◇ **~** *o kuwadateru* 謀反を企てる Conspirar [Insurgir-se] contra. **~** *suru* [*o okosu*] 謀反する [を起こす] Rebelar(-se); revoltar-se. ◇ **~** *nin* 謀反人 O rebelde; o revoltoso. 〖同〗 Hańgyakú; hańrań.

mu-hōshin [óo] 無方針 A falta de plano. ★ **~** *de aru* 無方針である Não ter um plano [uma linha/política definida].

mu-hōshū [óo] 無報酬 A gratui(ti)dade; de graça; sem remuneração. ★ **~** *de hataraku* 無報酬で働く Trabalhar gratuitamente [**~**].

muhyō 霧氷 【Met.】 A geada branca.

mu-hyōjō [óo] 無表情 A inexpressividade; o não deixar transparecer no rosto. ★ **~** *ni hanasu* 無表情に話す Falar sem fazer qualquer expressão no rosto.

mú-i[1] 無為 【E.】 **1** [自然のままのこと] O deixa correr. 〖反〗 Sákui. **2** [何もしないこと] A ociosidade. ★ **~** *ni hi o okuru* 無為に日を送る Passar os dias na **~**. ◇ **~** *musaku* 無為無策 A política dos braços cruzados [do não fazer nada]. **~** *toshoku* 無為徒食 Uma vida de **~**/preguiça;「ele é」só comer.

mú-i[2] 無位 【E.】 Sem posição (social). ★ **~** (*mukan*) *no hito* 無位(無官)の人 O cidadão comum; o símples cidadão. 〖同〗 Mukán.

mu-íchibutsu[**motsu**] 無一物 O「começar do」nada [zero]. *Kaji de yake-dasarete* **~** *ni natta* 火事で焼け出されて無一物になった Perdi tudo no incêndio (,fiquei mesmo sem nada).

mu-íchimon 無一文 ⇨ ichímon[2].

mu-ígi 無意義 Sem sentido. 〖同〗 Mu-ími. 〖反〗 Yū-ígi.

muíká 六日 O dia seis; seis dias.

mu-imi 無意味 Sem sentido; inútil; que não serve para nada. ★ **~** *na koto o iu* 無意味なことを言う Dizer disparates [coisas sem sentido].

mu-íń 無韻 Sem rima. ◇ **~ shi** 無韻詩 O verso livre [A poesia **~**].

mu-íshiki 無意識 A inconsciência; sem querer [pensar/sem cair na conta]. ★ **~** *na*[*no*;*teki*] 無意識な[の; 的]「estado」 Inconsciente; involuntário [**~** *na dōsa* 無意識な動作 A a(c)ção involuntária; o movimento espontâneo]. **~** *ni tanin o kizu-tsukeru* 無意識に他人を傷つける Ferir alguém inconscientemente [sem querer].

mu-i-son 無医村 A aldeia sem médico.

mú-jaki 無邪気 A ingenuidade; a inocência; a candura. **~** *na shōjo* 無邪気な少女 Uma jovem símples [ingé[ê]nua]. ⇨ adókénái.

múji 無地 O tecido liso (de uma cor só); sem enfeite). ◇ **~** *mono* 無地物 O pano [tecido] liso. 〖反〗 Gará.

mu-jihi 無慈悲 A crueldade; sem compaixão [piedade/coração]. ★ **~** *na kokoro* 無慈悲な心 O coração cruel. **~** *ni tangan o kyakka suru* 無慈悲に嘆願を却下する Rejeitar desapiedadamente [sem dó nem piedade] o pedido. 〖同〗 Mujó; reíkóku.

mu-jíkaku 無自覚 **1** [認識していないこと] A falta de reflexão; a irresponsabilidade (Ex.: *Kare wa* **~** *na kōdō ni hashitta* = Ele foi irresponsável [agiu irrefle(c)tidamente]). 〖同〗 Nińshíkí-búsoku. **2** [⇨ mu-íshiki]

mu-jíko 無事故 Sem acidentes (Ex.: *Watakushi wa ni-nen-kan* **~** *unten desu* = Conduzo há dois anos e nunca tive qualquer [nenhum] acidente).

mujín 無人 Sem gente. ◇ **~ fumikiri** 無人踏切 A passagem de nível sem guarda. **~ tō**.

mujiná 狢 【Zool.】 O texugo-urso.「*Karera wa*」*hito-tsu* [*onaji*] *ana no* **~** *da*「彼らは」一つ [同じ] 穴の狢「だ」【Fig.】「Eles são todos da」mesma laia [farinha do mesmo saco]. ⇨ aná-gúmá; tánuki.

mujíń-tō 無人島 A ilha desabitada [deserta].

mujínzō 無尽蔵 A reserva inesgotável; o poço sem fundo (Ex.: *Kare wa kane nara ~ da* = Ele tem dinheiro que nunca mais acaba). *Sekiyu wa ~ na wake de wa nai* 石油は無尽蔵なわけではないO petróleo não é inesgotável.

mújitsu 無実 **1** [内容の伴わないこと] A falta de conteúdo [base]. ◇ **Yūmei ~** 有名無実「o especialista」 Só de nome. **2** [ぬれぎぬ] A acusação falsa. ★ *~ no tsumi de toraerareru* 無実の罪で捕えられる Ser preso por um crime não cometido. *~ no tsumi ni towareru* 無実の罪に問われる Ser acusado injustamente. S/周 Enzáí; nurégínú.

mujō¹ 無情 **1** [情けごころのないこと] Sem coração. ★ *~ na yo no naka* 無情な世の中 O mundo cruel [~]. S/周 Fu-nínjō hakújō; reíkókú; reítán. **2** [心のないこと]「o mundo」Inanimado (Pedras e plantas). S/周 Hijō (+).

mujō² 無上 Supremo; o maior. *Musuko no tanjō wa kare ni ~ no yorokobi ga ataeta* 息子の誕生は彼に無上の喜びを与えた O nascimento do filho foi para ele a maior alegria. S/周 Saíkō (+).

mujō³ 無常 A mutabilidade; a instabilidade; a inconstância; a incerteza; a transitoriedade; o efé[ê]mero. *Kono yo wa subete ~ [Jinsei wa ~ de aru]* この世はすべて無常「人生は無常である」Nada é certo neste mundo [A vida (humana) é uma contínua mudança].

mujō-kan [ó o] 無常観 A sensação de que tudo na vida é efé[ê]mero.

mu-jōken [ó o] 無条件 Sem condições. ★ *~ de shōdaku suru* 無条件で承諾する Concordar incondicionalmente [~]. ◇ **~ kōfuku** 無条件降伏 A rendição incondicional/~. **~ hansha** 無条件反射 O reflexo incondicional.

mujún 矛盾 A contradição; a incompatibilidade「das duas afirmações」; a incongruência. ★ *~ suru* 矛盾する Contradizer-se (*Kare ga iu koto to okonai to ga ~ shite iru* 彼は言うことと行いとが矛盾している O que ele faz está em contradição com o que diz. *~ shita* 矛盾した Contraditório; incompatível; incongruente). ◇ **~ ritsu** 矛盾律 O princípio de contradição (Fil.).

mu-jūryō[-jūryoku] [úu] 無重量 [重力] A ausência de gravidade. ◇ **~ hikō** 無重量飛行 O voo livre da a(c)ção da gravidade. **~ jōtai** 無重量状態 O estado de ~.

mu-káchi 無価値「obje(c)to」Sem valor.

mukáde 百足・蜈蚣 【Zool.】 A centopeia [escolopendra].

mukáe 迎え (< mukáérú) O ir receber [esperar]. *Hikōjō no oji fūfu o ~ ni itta* 飛行場に伯父夫婦を迎えに行った Fui esperar os (meus) tios ao aeroporto. ★ *Hisho o ~ ni dasu*「秘書」迎えに出す Mandar「a secretária」a receber alguém. *Genkan made ~ ni deru*「玄関まで」迎えに出る Ir até à entrada (da casa) para receber alguém. ◇ **~ mi-zu** 迎え水 **a)** A água que se oferece aos antepassados (⇨ mukáé-bi); **b)** A água que se põe na máquina [mangueira] para auxiliar o seu funcionamento [escoamento]. *O ~ o* **a)** A pessoa que nos vem buscar「com carro」; **b)** A hora「O mensageiro」da morte. ⇨ **~ bi** [zake]. A/反 Okúri.

mukáe-bi 迎え火 (<… + hi) O fogo sagrado para acolher as almas dos mortos no (O)-Bon. ★ *~ o taku* 迎え火を焚く Acender à entrada da casa ~. A/反 Okúri-bi.

mukáe-íréru 迎え入れる (< mukáérú + …) Receber; acolher; mandar entrar. ★ *Kyaku o ie ni ~* 客を家に迎え入れる ~ a visita.

mukáérú 迎える **1** [来るのを待ち受ける] Receber; acolher; esperar; convidar; esperar; abrir a porta a. *Kaku bun'ya no senmon-ka o mukaete zadankai ga okonawareta* 各分野の専門家を迎えて座談会が行われた Houve [Realizou-se] uma mesa redonda com a participação de especialistas [peritos] de cada se(c)tor [vários ramos]. *Isha o ~* 医者を迎える (Ir) chamar o médico. *Tsuma o ~* 妻を迎える Casar; tomar por esposa. **2** [めぐってくる時に臨む] Chegar. *Jūhachi no haru o ~* 18 の春を迎える Cumprir dezoito primaveras/anos. *Oi o ~* 老いを迎える Chegar à velhice. *Tanjōbi [Shinnen] o ~* 誕生日を[新年] 迎える Fazer anos [Dar as boas-vindas ao Ano Novo]. ⇨ mukáe. **3** [機嫌を取る] Lisonjear; dizer sim, sim. ★ *Jōshi no i o ~* 上司の意に迎える Dizer sempre sim do (seu) superior.

mukáé-útsu 迎え撃つ (< mukáérú + …) Interce(p)tar「o míssil」; bater「a equipa adversária no nosso campo」. ★ *Teki o ~* 敵を迎え撃つ Ir ao encontro do inimigo. S/周 Geígéki súrú.

mukáé-zake 迎え酒 (<… + saké) A pinga para curar a ressaca.

mukái 向かい (< mukáú) **1** [対抗すること] O enfrentar. ◇ **~ bi** [kaze]. **2** [前面; 前方] O lado oposto. *Waga-ya no ~ wa yūbinkyoku da* 我が家の向かいは郵便局だ No lado oposto à [minha casa fica/é o correio. ◇ **~ gawa** 向かい側 O outro lado [~]. S/周 Mukō; shōmén.

mukái-áu 向かい合う (< mukáú + …) Estar「à mesa」em frente um do outro (Ex.: *Eki ni mukaiatte hoteru ga aru* = No outro lado da estação há um hotel). S/周 Mukí-áu.

mukái-áwase 向かい合わせ Face a face; virados um para o outro; defronte. *Kare to ~ ni suwatta* 彼と向かい合わせに座った Sentei-me virado para ele.

mukái-bí 向かい火 (<… + hi) O contra-fogo.

mukái-kaze 向かい風 O vento contrário. S/周 Gyakúfú. A/反 Oí-káze.

mu-kájū 無果汁 O não conter sumo [suco] de fruta. ★ *~ no jūsu* 無果汁のジュース O sumo artificial.

múkamuka (to) むかむか (と) (⇨ mukátsúkú) [On.]. **1** [吐き気の起こるさま] *Iya na nioi de kaide mune ga ~ shite kita* いやなにおいをかいで胸がむかむかしてきた Senti um cheiro horrível e fiquei enjoado [mal disposto]. **2** [腹をたてるようす] *Tsumaranai koto de keisatsu ni utagawarete ~ shita* つまらないことで警察に疑われてむかむかした A polícia suspeitou de mim sem razão [por uma coisa de nada] e zanguei [chateei]-me.

mukán¹ 無官【E.】Sem cargo público.

mukán² 無冠【E.】Sem coroa. ★ *~ no teiō* 無冠の帝王 Um rei ~.

mu-kándo 無感動「o rosto」Inexpressivo; sem se impressionar「com nada」. ⇨ mu-kánkaku.

mu-kángae 無考え A irreflexão; a falta de juízo; a precipitação; a irresponsabilidade; a leviandade (Ex.: *Rōjin ni sonna koto o iu nante mattaku ~ da* = Como é que ele foi dizer isso ao velhinho? Deve ter perdido o juízo!). ★ *~ ni kōdō suru* 無考えに行動する Agir irrefle(c)tidamente. ⇨ mu-fúnbetsu.

mu-kánkaku 無感覚 A insensibilidade (Tb.espiritual); a apatia; sem [a falta de] sensação. *Samusa ni te ga kajikande ~ ni natta* 寒さに手がかじかんで無感覚になった Tenho as mãos entorpecidas pelo [com o] frio e sem sensação. ◇ **~ shō** 無感覚症 A anestesia [perda da sensibilidade].

mu-kánkei 無関係 Sem [O não ter] relação「com」. *Jibun no shigoto to wa ~ ni kono chōsa o hiki-uketai* 自分の仕事とは無関係にこの調査を引き受けたい Quero fazer este levantamento, independentemente do meu trabalho. ★ *Mondai ni ~ no kotogara* 問題に無関係の事柄 Uma coisa que nada tem (nada) a ver com o problema.

mu-kánshin 無関心 A indiferença; o desinteresse; a falta de interesse. *Shokuryō mondai ni tsuite wa wareware mo ~ de wa irarenai* 食糧問題については我々も無関心ではいられない (Também) nós não podemos ser indiferentes ao problema dos recursos alimentares. ★「*Seiji ni*」*~ na hito*「政治に」無関心な人 A pessoa indiferente à política.

mukáppára 向かっ腹 (< mukáu + hará)【G.】A raiva [fúria]. ★ *~ o tateru* 向かっ腹を立てる Ficar furioso [como uma cobra]; ter um acesso de ~; enraivecer-se.

mukáshi 昔 Antigamente [Os tempos antigos]. *~ ~ aru tokoro ni o-jīi-san to o-bā-san ga imashita* 昔々ある所におじいさんとおばあさんがいました Era uma vez um velhinho e uma velhinha que viviam num lugar. *Kare wa mō ~ no omokage ga nai* 彼はもう昔の面影がない Ele já não é nada do que era (Está velho). *Kono hen wa ~ mo ima mo chittomo kawaranai* この辺は昔も今もちっとも変わらない Aqui não mudou nada (, está tudo como antigamente). ★ *~ kara no shūkan* 昔からの習慣 O costume muito antigo. *~ no yoshimi de* 昔のよしみで A recordar os velhos tempos. *~ o shinobu* 昔を偲ぶ Olhar para o passado. [I/慣用] *~ totta kinezuka* 昔取った杵柄 A habilidade antiga. *~ no mae no hanashi* 二昔「も前の話」「isso foi há mais de」Vinte [Cem/Mil] anos. *Hito* 一昔 Dez [Muitos] anos.

mukáshi-bánashi 昔話 (<…+ hanáshi) **1**「おとぎ話」O conto infantil [para crianças];「contar」histórias.「*Momotarō*」*wa taihen yūmei na ~ no hitotsu da*「桃太郎」はたいへん有名な昔話の一つだ "Momotaro" é um dos mais famosos contos infantis (do J.). ⇨ o-tógí-bánashi. **2**「懐旧談」O falar do passado. *Toshiyori no ~ da to omotte kiite kudasai* 年寄りの昔話だと思って聞いてください Escute, desculpando que são recordações de um velho. ★ *~ o suru* 昔話をする … [S/同] Kaíkyūdan.

mukáshi-fū 昔風 A moda antiga. ★ *~ na kanga-ekata* 昔風な考え方 O pensar antiquado [à antiga]. [S/同] Kófū (+).

mukáshi-gátari 昔物語り (<…+ katarú) O falar [Uma coisa] do passado. [S/同] Mukáshi-bánashi.

mukáshi-kátagi 昔気質 O ser à (moda) antiga. ★ *~ no richigi na oyaji* 昔気質の律儀なおやじ O pai [velho] honesto, à moda antiga. ⇨ ippón-gí.

mukáshi-nágara 昔ながら Que não muda com o passar do tempo; como antigamente [sempre]; tradicional. *Ano mise wa ~ no hōhō de teyaki-senbei o tsukutte iru* あの店は昔ながらの方法で手焼きせんべいを作っている Naquela loja fazem bolachas salgadas de arroz caseiras, à maneira tradicional.

mukáshí-nájimi 昔馴染み O velho amigo [conhecido]. [S/同] Ósáná-nájimi (+).

mu-káshítsú-sékinin 無過失責任【Dir.】A responsabilidade por erro não cometido.

mukátsúki むかつき【G.】⇨ hakí-ké.

mukátsúkú むかつく **1**[吐き気がする] Ter vontade de vomitar; enjoar [sentir enjoo]「no carro」. [S/同] Múkamuka suru. **2**[腹が立つ] Ficar mal disposto; sentir nojo/náuseas; zangar-se. *Aitsu no kao o mite iru to mukatsuite kuru* あいつの顔を見ているとむかついてくる Não posso ver aquele tipo, fico mal disposto [sinto nojo]. [S/同] Múkamuka suru.

mukáu 向かう **1**[面する] Olhar para; dar para; estar voltado [de frente] para. *Kagami [Tsukue] ni ~* 鏡[机]に向かう Ver-se ao espelho [Sentar-se à secretária/mesa]. *Shinkō hōkō ni mukatte migi-gawa* 進行方向に向かって右側 A direita [O lado direito] de quem vai「de carro」. [S/同] Meń súru. **2**[目ざして進む] Dirigir-se [Ir]「para Ōsaka」; avançar em dire(c)ção a. *Koronbusu wa nishi ni mukatte kōkai shita* コロンブスは西に向かって航海した Colombo navegou para [rumo a] oeste. *Fune de oki ni ~* 船で沖に向かう Navegar para o alto-mar. [S/同] Ikú (+); omómúku. **3**[逆らう] **a)** Opor-se; atrever-se a; virar-se [voltar-se]「contra o pai」; **b)** Atacar; atirar-se「ao ladrão e paralizá-lo」. ★ *~ tokoro teki nashi* 向かう所敵なし Derrotar [Arrasar/Levar de vencida] todos os inimigos. *Kaze ni mukatte hashiru* 風に向かって走る Correr contra o vento. [S/同] Atárú; hamúkáu; sakáráu(o). **4**[近づく] Inclinar-se; aproximar-se;「a situação」começa「a melhorar」. *Sofu no byōki wa kaihō ni mukatta* 祖父の病気は快方に向かった O avô (já) está [começa] a melhorar. [S/同] Chikázúku (+). ⇨ katamúku.

-muké 向け (< mukérú)(Virado) para. ★ *Taishū ~ no shōhin* 大衆向けの商品 As mercadorias [Os artigos] para o grande público. ⇨ múki¹ **3**.

mukéi 無形【E.】Impalpável; imaterial; intangível; moral. ◇ **~ bunkazai** 無形文化財 O patrimó[ô]nio cultural intangível. [A/反] Yūkéi.

mu-keikaku 無計画 Sem plano. ★ *~ na shishutsu* 無計画な支出 O gastar ~「à toa」.

mu-keikoku 無警告「o despedimento」 Sem aviso [notificação] prévio[a]. ★ *~ no suto* 無警告のスト A greve ~.

mu-keisatsu 無警察 A anarquia. ★ *~ jōtai de [ni] aru* 無警察状態で[に]ある Estar numa situação anárquica [de (completa) ~]. ⇨ mu-séifu.

mukérú¹ 向ける **1**[向かせる] **a)** Virar. *Hinan no hoko-saki wa seifu ni mukerareta* 非難の矛先は政府に向けられた As críticas foram [viraram-se] contra o governo. ★「*Kamakura e*」*Ashi o ~*「鎌倉へ」足を向ける Ir para「Kamakura」. *Chūi o ~* 注意を向ける Prestar atenção. *Kodomo o tadashii michi ni ~* 子供を正しい道に向ける Orientar a criança no bom caminho. *Shisen o ~* 視線を向ける (Dirigir o) olhar. *Utagai no me o ~* 疑いの目を向ける Lançar um olhar de suspeita. **b)** Dirigir-se; **c)** Mandar. *Tsukai o ~* 使いを向ける ~ um mensageiro. **2**[ふりむける] Usar; aplicar; dedicar; destinar. *Kare wa yosei o shakai-fukushi ni muketa* 彼は余生を社会福祉に向けた Ele dedicou o resto da vida à assistência social. ★ *Kaigai yushutsu ni mukerareta seihin* 海外輸出に向けられた製品 O produto para exportação. *Shōkin o nanmin kyūsai ni* ～ 賞金を難民救済に向ける Dar o prê[é]mio pecuniário (para ajuda) aos refugiados. [S/同] Furí-átéru; warí-átéru.

mukérú[2] **剝ける** Saltar「a pele da testa」.

múki[1] **向き** (< mukú[1]) **1** [方向] A dire(c)ção; a orientação; a posição. *Kono ie wa* ～ *ga warui* この家は向きが悪い Esta casa não tem boa orientação. ★「*Kaze no*」～ *ga kawaru*「風の」向きが変わる A dire(c)ção「do vento」mudar. *Minami* ～ *no hiatari no yoi ie* 南向きの日当たりのよい家 A casa voltada para o sul e soalheira [que apanha muito sol]. [S/同] Hṓkṓ. ⇨ hṓí[1]. **2** [ある種類の傾向・性質を持つ人] A pessoa; o gosto. *Kono shina go-kibō no* ～ *wa kakari ni o-mōshitsuke kudasai* この品御希望の向きは係にお申しつけください Os que desejarem este produto, tenham a bondade de se dirigir ao encarregado. *Go-yō no* ～ *o osshatte kudasai* 御用の向きをおっしゃって下さい Diga-me o que deseja [eu posso fazer por si]. **3** [適合] Próprio para. *Hito ni wa sorezore* ～ *fu-* ～ *ga aru mono da* 人にはそれぞれ向き不向きがあるものだ Cada qual [um de nós] tem mais jeito para umas coisas do que para outras. ★ *Josei* ～ *no supōtsu* 女性向きのスポーツ O desporto [esporte] ～ mulheres. ⇨ -muké; tekígṓ; tekítṓ.

múki[2] **無期** (O período) indefinido. *Kaigi wa* ～ *enki ni natta* 会議は無期延期になった A reunião foi adiada indefinidamente. ★ ～ *chōeki o iiwatasareru* 無期懲役を言い渡される Ser condenado a prisão perpétua. [S/同] Mu-kígen. [A/反] Yū́ki.

múki[3] **無機** Inorgânico. ◇ **～ butsu** [**tai**] 無機物[体] A matéria [substância] ～a. **～ kagaku** 無機化学 A química ～a. **～ kagōbutsu** 無機化合物 O composto ～. **～ shitsu** 無機質 **a**) A matéria ～a [mineral]; **b**) Mecânico;「voz」artificial. [A/反] Yū́ki.

múki[4] **むき** ⇨ múki-ni-naru.

mukí-áu **向き合う** ⇨ mukáí-áu.

mukí-dáshí **剝き出し** (< mukí-dásu) **1** [露出] O mostrar [descobrir]. ★「*Hada o*」～ *ni suru*「肌を」剝き出しにする Descobrir-se. ～ *no* [*ni shita*] *kata* 剝き出しの[にした]肩 Os ombros nus [ao léu (G.)]. ⇨ árawa; marú-dáshí. **2** [露骨] A franqueza; o ser claro. *Kare wa kanjō o* ～ *ni shite shabetta* 彼は感情を剝き出しにしてしゃべった Ele disse tudo [bem claro] o que sentia. ★ *Teki-i o* ～ *ni suru* 敵意を剝き出しにする Mostrar a sua hostilidade. [S/同] Akarásámá; rokótsú.

mukí-dásu **剝き出す** (< mukú[2] + …; ⇨ mukí-dáshí) Mostrar (Ex.: *Inu ga ha o mukidashite unatta* = O cão arreganhou os dentes, a rosnar). ★ *Ha o mukidashite warau* 歯を剝き出して笑う Rir-se com todos os dentes.

mu-kídō **無軌道** **1** [軌道のないこと] Sem trilho. ◇ **～ densha** 無軌道電車 O autocarro [ônibus] elé(c)trico. **2** [常軌を逸すること] O extraviar-se; o perder o tino. ★ ～ *na seikatsu* 無軌道な生活 A vida dissoluta/extraviada. ⇨ detárámé; hi-jṓshiki.

mu-kígen **無期限** Sem prazo [limite de tempo]. ◇ **～ kashitsuke-kin** 無期限貸し付け金 O empréstimo sem data de vencimento/～. ～ *suto*(*raiki*) 無期限スト(ライキ) A greve por tempo indefinido.

mu-kímei **無記名** Sem nome [assinatura]. ◇ **～ saiken** [**kabu**] 無記名債権[株] A obrigação do Tesouro. **～ tōhyō** 無記名投票 O voto secreto.

mukí-mí **剝き身** (< mukú[2] + …) Descascado [Desconchado]. ★ *Hamaguri no* ～ 蛤の剝き身 Castanholas (Amêijoas) já sem concha.

mukí-muki **向き向き** (< múki[1]) A inclinação de cada um. *Kyōdai san-nin wa* ～ *no michi o ayunda* 兄弟三人は向き向きの道を歩んだ Os três irmãos escolheram cada qual o seu caminho. ⇨ sorézore.

mu-kíń **無菌** Asséptico [Sem micróbios]. ◇ **～ baiyō** 無菌培養 A cultura ～ a. **～ hō** 無菌法「por」Assepsia. ～ *shitsu* 無菌室 A sala esterilizada [～ a]. ⇨ sakkíń.

mukí-náóru **向き直る** (< mukú[1] + …) Virar [Voltar]-se「para o lado donde vinha o som」.

múki-ni-naru **むきになる** O reagir [zangar-se/levar (demasiado) a sério]. *Kare wa sakkā no hanashi ni naru to sugu* ～ 彼はサッカーの話になるとすぐむきになる Quando [Logo que] se fala em futebol ele reage [perde a cabeça].

mu-kíryoku **無気力** A franqueza; a languidez; a apatia. ★ ～ *na taido* 無気力な態度 Uma atitude fraca [apática].

mú-kizu **無傷** [疵] **1** [けがのないこと] Ileso [Sem ferimento]. ★ ～ *de kaette kuru* 無傷で帰ってくる Voltar ～「da guerra」. ⇨ kegá. **2** [きずのないこと] Sem qualquer estrago. *Hōmotsu wa* ～ *no mama hokan sareta* 宝物は無傷のまま保管された Este tesouro「de família」conservou-se ～ [em perfeito estado]. **3** [欠点・罪・失敗・負けなどがないこと] Sem falha; impecável. *Waga chīmu wa mada* ～ *de aru* 我がチームはまだ無傷である A nossa equipa continua ～ [ainda não perdeu nenhuma partida].

mukkúri (**to**) **むっくり(と)** **1** [起き上がるようす] Pesadamente. ★ ～ *okiagaru* むっくり起き上がる Levantar-se ～. **2** [太っているようす] Como uma bola. ★ ～ *koete iru* むっくり肥えている Estar (gordo como) uma bola.

mukkúto **むっくと**「levantar-se」De repente. ⇨ mukkúri (to) **1**.

múko[1] **婿** **1** [娘の夫] O genro. ◇ **～ erabi** [**sagashi**] 婿選び[捜し] A escolha [procura] de um ～/partido. **2** [結婚する相手の男性] O noivo. [S/同] Hanámuko; shińrṓ (+). [A/反] Yomé. **3** [入り婿] O genro e herdeiro. ★ ～ *o morau* 婿をもらう Arranjar um ～. ◇ **～ tori** 婿取り O ado(p)tar como genro… **～ yōshi** 婿養子 ～ e filho ado(p)tivo.

múko[2] **無辜**【E.】A inocência. ★ ～ *no tami* 無辜の民「oprimir」O povo inocente.

mukṓ[1] **向こう** **1** [向かっている方向] Lá; além. ～ *e tsuitara tegami o kudasai* 向こうへ着いたら手紙を下さい Quando chegar lá escreva-me. ～ *o goran* 向こうをご覧 Olhe (para ～)! ★ ～ *e ike* 向こうへ行け Saia daqui [Vá para ～]! ～ *muki ni naru* 向こう向きになる Virar-se para ～. ～ *ni mieru yama* 向こうに見える山 A montanha que se vê além. ～ *san-gen ryōdonari* 向こう三軒両隣り Os nossos vizinhos mais próximos. [S/同] Achírá. **2** [未来] Daqui a; para o futuro. ★ *Kyō kara* ～ *tōka-kan no uchi ni* 今日から向こう十日間のうちに Daqui a [Dentro de] dez dias (A partir/contar de hoje). ⇨ kóngo[1]. **3** [相手方] O outro. ★ ～ *ga warui* 向こうが悪い Ele [～] é que é o culpado. ～ *ni mawasu* 向こうに回す Ser contra. ～ *o haru* 向こうを張る Fazer frente; aguentar-se〔*Sūpā no* ～ *o hatte ano mise wa niku no yasu-uri o shite iru* スーパーの向こうをはってあの店は肉の安売りをしている Para se aguentar contra a competição do supermercado aquela loja está a vender a carne barata〕. ◇ ⇨ **～mochi**. ⇨

M

aíté; tekí[1].

mukó[2] 無効 a) Inválido; b) Sem efeito. *Kyōsei sareta yakusoku wa ~ de aru* 強制された約束は無効である O compromisso forçado é inválido. ★「*Kippu ga*」*~ ni naru*「切符が」無効になる Perder a validade.「*Keiyaku o*」*~ ni suru*「契約を」無効にする Anular「o contrato」. ◇ *~ tōhyō* 無効投票 O voto nulo/inválido. Ⓐ/反 Yúkō.

mukó-gáshí 向こう河岸 (<… + kashí) ⇨ mukógíshí.

mukó-gáwá 向こう側 **1** [反対の側] O outro lado; o lado de lá. ★ *Kawa no ~ e wataru* 川の向こう側へ渡る Atravessar para o ~ do rio. *Michi no ~ ni iru* 道の向こう側に居る Do [No] ~ da rua. **2** [相手方] O outro [A outra parte]「não quis resolver o caso fora do tribunal」. Aítégátá (+); seńpō (o).

mukó-gíshí 向こう岸 (<…[1] + kishí) A outra margem; a margem de lá (Ex.: *Fune de ~ ni iku* = Atravessar o rio [lago] de barco).

mukó-háchímaki 向こう鉢巻き (<…[1] + hachí-maki) A tira de pano à volta da cabeça (dos trabalhadores). ★ *~ de ganbaru* 向こう鉢巻きで頑張る Trabalhar com unhas e dentes; arregaçar as mangas e lançar-se ao trabalho.

mukó-kizu [óo] 向こう傷 A ferida [cicatriz] na testa. ★ *~ no aru otoko* 向こう傷のある男 O homem com ~.

mukó-mizu [óo] 向こう見ず A temeridade; a imprudência. ★ *~ na koto o yaru* 向こう見ずなことをやる Ser imprudente [precipitado]. Ⓢ/同 Mubō; mu-fúnbetsu; mu-téppō.

mukó-móchí 向こう持ち (<…[3] + mótsu) O ser outrem a pagar. *Kyō no kanjō wa ~ da* 今日の勘定は向こう持ちだ Hoje paga ele [é ele a pagar]. Ⓐ/反 Kochirá-móchí.

mukón 無根 【E.】Infundado. ★ *Jijitsu ~ no hanashi* 事実無根の話 Uma história ~ a [sem fundamento/sem base nenhuma]. Ⓢ/同 Mújitsu.

mukó-zúné 向こう脛 (<…+ suné) A canela. ★ *~ o keru* [kerareru] 向こう脛を蹴る [蹴られる] Dar [Levar/Apanhar] uma canelada.

mukú[1] 向く **1** [ある方向に向かう] a) Virar; b) Dar. *Jishin wa kita o muite iru* 磁針は北を向いている A agulha (magnética) está virada para o norte. *Migi muke migi* 右向け右 Direita, volver! ★ *Kochira [Achira] o ~* こちら [あちら] を向く Virar-se para cá [lá]. *Soppo [Yoko] o ~* そっぽ [横] を向く Olhar [Virar a cara] para o lado. *Ue [Shita] o ~* 上 [下] を向く Olhar para cima [baixo]. Ⓢ/同 Mukáú. **2** [傾く] Virar; dar. *Ki ga muitara asobi ni de mo itte miyō* 気が向いたら遊びにでも行ってようSe me der [puxar] para aí sair saio para me divertir. Ⓢ/同 Katámúku. **3** [適する] Ser próprio「para」. *Kono shōhin wa fujin ni muku* この商品は婦人に向く Este artigo é (próprio) para senhora. Ⓢ/同 Tekísúru.

mukú[2] 剥く Descascar (fruta); esfolar (um animal). ★ *Ringo no kawa o hōchō de ~* りんごの皮を包丁で剥く Descascar a maçã com (uma) faca. Ⓢ/同 Hagúsu; hágu.

múku[3] 無垢 **1** [純粋] Puro. ★ *Kin ~ no okimono* 金無垢の置物 A figurinha (de adorno) de ouro ~ [maciço]. **2** [純心] Inocente; puro; imaculado; sem mancha [labéu]. ★ *~ no otome* 無垢の乙女 A jovem ~ [virginal]. Úbu (+). **3** [無地のひと揃え] O fato [vestido] todo branco. ◇ ⇨ **shiro** ~.

múkuchi 無口 Calado; de poucas palavras; taciturno. ★ *~ na hito* 無口な人 A pessoa calada. Ⓢ/同 Kagén; kamóku.

mukúdori 椋鳥 【Zool.】O estorninho; *sturnus vulgaris*. **1** [田舎者] **a)** O saloio [rústico/caipira]; **b)** O papalvo. Ⓢ/同 Inákámónó (o); o-nóborisan (+).

mukúgé[1] 尨毛 O pelo comprido e fofo「do cão」.

mukúgé[2] 木槿 【Bot.】O hibisco; *hibiscus syriacus*.

mukúi 報い (< mukúíru) **1** [行為の結果として自分の身に受けるもの] O castigo. *Kare wa tōzen no ~ o uketa no da* 彼は当然の報いを受けたのだ Ele pagou as (G.) [recebeu o ~ que merecia]. ★ *Akuji no ~* 悪事の報い ~ do mal「que fez」. Ⓢ/同 Káhō. **○** tátari. **2** [人のために働いた労苦に対する報酬] A recompensa [paga] (Ex.: *~o nozomazu kenmei ni hataraita* = Trabalhou, trabalhou sem pensar na ~). Ⓢ/同 Hōshú (+).

mukú-ínú 尨犬 O cachorro felpudo. ⇨ mukúgé[1].

mukúíru 報いる **1** [報酬する] Premiar; recompensar. ★ *Kōrō ni ~* 功労に報いる ~ o mérito. *Mukuwarenai shigoto* 報われない仕事 O trabalho que não compensa. *On ni ~* 恩に報いる Retribuir o favor recebido. **2** [仕返しをする] Retaliar; ripostar. ★ *Isshi o ~* 一矢を報いる Pagar na mesma moeda [~]; fazer-lhes pagar.

mukúmí 浮腫 (< mukúmu) O inchaço [edema]. ★ *~ ga hiku* 浮腫が引く Desinchar.

mukúmu 浮腫む Inchar. ★ *Mukunda kao* むくんだ顔 O rosto inchado.

múkumuku (to) むくむく (と) **1** [肥えたようす] (Im. de gordo). ★ *~ futotta aka-chan* むくむく太った赤ちゃん O bebé [ê] rechonchudo. **2** [多く重なり合ってわき立つようす] (Im. de volumoso). *Nyudōgumo ga ~ moriagatta* 入道雲がむくむく盛り上がった De repente o céu cobriu-se de espessas nuvens.

mukúrérú むくれる **1** [はがれる] hagáréru (+); mukúrú[2] (+). **2** [ふきげんになる] 【G.】Ficar carrancudo [rabugento/mal-humorado]. ★ *Sukoshi no koto de ~ ko* 少しのことでむくれる子 A criança rabugenta. Ⓢ/同 Fukúréru. **○** fu-kígen.

mukúró 軀 【E.】 **1** [死体] O cadáver. Ⓢ/同 Nakígárá; shigái (+); shitái (o). **2** [からだ] O corpo.

mu-kyōiku [óo] 無教育 Sem estudos. ★ *~ na hito* 無教育な人 A pessoa ~. Ⓢ/同 Múgaku (+).

mu-kyōsō [óo] 無競争 Sem concorrentes; a falta de concorrência「leva à estagnação」.

mukyū[1] 無休 Sem descanso [fechar]. *Nenjū ~* 年中無休 (掲示) Aberto() todo o ano!

mukyū[2] 無給 Sem remuneração. ★ *~ de hataraku* 無給で働く Trabalhar ~ [de graça]. *~ no shigoto* 無給の仕事 O trabalho não remunerado. Ⓐ/反 Yúkyú.

mukyū[3] 無窮 【E.】 **a)** O eterno「móvel」; **b)** O infinito. Ⓢ/同 Eién (+); mugén (+).

muméí[1] 無名 **1** [名前のわからないこと] Desconhecido. ★ *~ senshi no haka* 無名戦死の墓 O túmulo do soldado ~. **2** [無記名] Sem nome [assinatura]. ★ *~ no tegami* 無名の手紙 A carta ~ (⇨ tokúméí[1]). Mu-kímei. **3** [有名でないこと] O anonimato; a obscuridade; um zé-ninguém. *~ no gaka* 無名の画家 Um pintor obscuro. Ⓐ/反 Yúméí.

mumếi² 無銘【E.】Sem o nome「da marca」. A/反 Zaímeí.

mu-ménkyo 無免許 Sem autorização (oficial). ◇ **~ i** 無免許医 O médico sem habilitações. **~ unten** 無免許運転 O conduzir sem carta [carteira] (de condução).

múmi 無味 **1**［味のないこと］Insípido [Sem sabor]. ◇ **~ mushū** 無味無臭 e inodoro. ⇨ ají¹. **2**［面白みのないこと］Sem graça. ★ **~ kansō na** 無味乾燥な「o discurso/a piada」(nenhuma).

mumō 無毛 Sem pelos [cabelo]. ◇ **~ shō** 無毛症 A atriquia [calvície].

mûmû [muúmúu] ムームー (< Háwai: muu muu) Um vestido leve e colorido das havaianas.

muná-bíré 胸鰭 (< muné² + híré) As barbatanas peitorais.

muná-gé 胸毛 (< muné² + ke) **1**［胸に生える毛］O pelo no peito. **2**［鳥の胸の毛］As penas do papo.

muná-gí 棟木 (< muné² + ki) A viga da cumeeira.

muná-gúrá 胸倉［座］(< muné² + kurá)【G.】A gola「do casaco」. *Kare wa sekinin-sha no* **~** *o totte [tsukande] kitsumon shita* 彼は責任者の胸倉を取って [つかんで] 詰問した Ele agarrou o responsável pela **~** e pediu-lhe contas. ⇨ erí.

muná-gúrúshíí 胸苦しい (< muné² + kurúshíí) Asfixiante. *Yo-naka ni munagurushikute me o samashita* 夜中に胸苦しくて目をさましました De noite senti-me asfixiado [com uma aflição no peito] e acordei. S/同 Iki-gúrúshíí (+).

muná-hábá 胸幅 ⇨ muné-haba.

muná-ítá 胸板 (< muné² + …) A arca do peito. ★ *Atsui* **~** 厚い胸板 A peitaça; o peito grosso [forte].

muná-kúsó 胸糞 (< muné² + …)【G.】As tripas. *Kare no iiwake o kiite iru to* **~** *ga waruku naru* 彼の言い訳を聞いていると胸糞が悪くなる Ao ouvir as desculpas dele, até se me revolvem as **~**.

muná-mótó[-sáki] 胸元［先］(< muné² + …) O peito (Ex.: *~ no jūjika ga me o hiita* = Chamou-nos a atenção a cruz que trazia ao **~**). ★ *Pisutoru o* **~** *ni tsukitsukeru* ピストルを胸元につきつける Apontar uma pistola ao **~**.

muná-sáwagi 胸騒ぎ (< muné² + …) **a)** A apreensão; **b)** Um「mau」pressentimento [agouro]. *Kon'ya wa nan-to-naku* **~** *ga suru* 今夜は何となく胸騒ぎがする Esta noite estou um pouco apreensivo.

munáshíí 空しい **1**［形ばかりで内容がない］Oco; vazio; sem conteúdo. *Sono senden monku wa hade da ga* **~** その宣伝文句は派手だが空しい É uma frase boa para propaganda, mas oca. **2**［無益である］Inútil. ★ *Munashiku toki no sugosu [tsuiyasu]* 空しく時を過ごす［費やす］Passar o tempo ociosamente/sem fazer nada. **3**［はかない］Vão; efé[ê]mero; transitório. **~** *kono yo* 空しいこの世 Como a vida é vã! S/同 Hakánái (+).

munáshisa 空しさ (Sub. de munáshíí) A vaidade [inutilidade/O engano]「da riqueza」.

muná-tsúkí-hátcho 胸突き八丁 (< muné² + tsukí + …) **1**［登り道］A subida [O caminho] a pique. **2**［難しい所］O ponto mais difícil; o escolho;「aqui é que é o busílis. *Tonneru kōji wa* **~** *ni sashikakatta* トンネル工事は胸突き八丁にさしかかった As obras do túnel chegaram ao ponto mais difícil.

munázán(´yō) 胸算（用）(< muné² + san´yó) **a)** O cálculo mental (fazer contas de cabeça); **b)** O pensar [esperar/imaginar]. ★ *ga hazureru* 胸算が外れる Enganar-se. **~** *o suru* 胸算をする … S/同 Futókōró kánjō. ⇨ mitsúmóri.

muné¹ 旨 **1**［趣意］O fa(c)to; o resultado. *Torihiki ga seikō shita* **~** *o kakiokutta* 取り引きが成功した旨を書き送った Escrevi a dizer que fizemos o negócio. S/同 Shúi. **2**［第一に大切なこと］O grande princípio; a coisa mais importante. *Bun wa kanketsu o* **~** *to seyo* 文は簡潔を旨とせよ Para escreverem uma reda(c)ção, o/a **~** é a concisão. ⇨ hóngi. **3**［⇨ ikō²］.

muné² 胸 **1**［胸部］**a)** O peito; b) Os seios. **~** *mo arawa na sugata* 胸も露わな姿 Com o **~** todo à mostra. **~** *ni te o atete kangaeru* 胸に手を当てて考える Levar a mão ao **~** a pensar. **~** *o haru* 胸を張る Endireitar-se; empertigar-se; pôr o peito para fora. ◇ **~haba**. S/同 Kyōbu. **2**［心臓］O coração (Ex.: *Chotto aruita dake de* **~** *ga kurushíí* = Basta andar um bocadinho, sinto logo uma dor no **~**). *Nani ga hajimaru no ka to omou to* **~** *ga dokidoki shita* 何が始まるのかと思うと胸がどきどきした Ao ver [pensar] que algo ia acontecer, o **~** começou(-me) a palpitar com mais força. S/同 Shínzō. **3**［肺］Os pulmões. ★ *Shinsen na kūki o* **~** *ippai ni suu* 新鮮な空気を胸一杯に吸う Encher os **~** de ar. S/同 Hai (+). **4**［胃］O estômago. **~** *ga yakeru* 胸が焼ける Ter azia. **5**［心］O coração; a alma. *Kare no dō shiyō to watashi no* **~** *hitotsu ni atta* 彼をどうしようと私の胸一つにあった O destino dele dependia apenas de mim. ★ *ga itamu*「*jiko*」胸が痛む「事故」「Um acidente de」cortar o **~**. *ga sawagu* 胸が騒ぐ Aflijir-se; preocupar-se.「*Kanashimi ni*」**~** *ga tsubureta*「悲しみに」胸がつぶれた Fiquei (com o **~**) esmagado「de tristeza」. I/慣用 **~** *ni ichimotsu aru* 胸に一物ある Ter alguma (coisa) fisgada (G.); a tramar alguma. **~** *ni kotaeru*「*kugen*」胸にこたえる「苦言」Ficar impressionado com「a franqueza das críticas」. *Himitsu o jibun hitori no* **~** *ni tatamu*「秘密を自分一人の」胸に畳む Guardar o segredo (bem guardadinho) só para si. **~** *no tsukae ga oriru* 胸のつかえが下りた「resolveu-se aquele mal-entendido e」Fiquei [Senti-me] aliviado.「*Kibō ni*」**~** *o fukuramaseru*「希望に」胸を膨らませる Ficar cheio [radiante]「de」com a/expe(c)tativa」. *Kodomo no byōki ni* **~** *o itameru*「子供の病気に」胸を痛める Ficar aflito [triste]「com a doença do filho」.「*kare e no ai ni*」**~** *o kogasu*「彼への愛に」胸を焦がす Apaixonar-se「por ele」.「*Buji o kiite*」**~** *o nadeorosu*「無事を聞いて」胸を撫で下ろす Sentir um grande alívio「ao saber que estavam todos livres de perigo」. **~** *o shimetsukeru* 胸を締めつける Apertar-se o **~**「ao ouvir tal notícia」.「*Haha no kotoba ni hatto*」**~** *o tsukareta*「母の言葉にはっと」胸を突かれた Senti que as palavras da minha mãe me atravessavam o **~**.「*Yūkan na kōi ni*」**~** *o utareru*「勇敢な行為に」胸を打たれる Ficar impressionado [emocionado]「com um a(c)to heróico」. *Sotto* **~** *ni himeru* そっと胸に秘める Guardar só para si (sem dizer a ninguém). *Yorokobi de* **~** *ga odoru* 喜びで胸が Vibrar de alegria. S/同 Shínchū. ⇨ munázán'yō.

muné³ 棟 **1**［屋根の一番高いところ］A cumeeira. **2**［⇨ muna-gí］**3**［家屋の軒数を数える語］(Numeral para casas).

muné-áge 棟上げ (< …³ + agerú) A armação da

muné-áte 胸当て (< ···² + atérú) **1** [よろいの] A couraça (da armadura); a prote(c)ção [almofada] para o peito [no beisebol]. **2** [胸の所に当てる切れ] O babeiro [babador (B.)].

muné-haba 胸幅 O [A largura do] busto. ⇨ muné².

muné-kázari 胸飾り ⇨ buróchi.

muné-kúsó 胸糞 [G.] ⇨ muná-kúsó.

múnen 無念 **1** [無心]【Bud.】O abstrair-se. ◇ **~ musō** 無念夢想 (O estado de) completa abstra(c)ção [serenidade] [~ *musō no kyōchi ni hairu* 無念夢想の境地に入る Ficar liberto de qualquer ideia ou pensamento]. S/同 Mushín (+). **2** [残念] A pena; o aborrecimento. ★ ~ *ni omou* 無念に思う Ter pena; ficar ressentido. ~ *o harasu* 無念を晴らす Vingar-se; fazê-las pagar. S/同 Zańnén (+).

muné-sánzun 胸三寸 O「meu」ínitimo. *Banji watashi no ~ ni aru* 万事私の胸三寸にある Eu é que decido [Tudo depende do que eu quiser].

munétsú 無熱【Med.】A apirexia. ◇ **~ shuyō** 無熱腫瘍 O abcesso apirético. S/同 Heínétsú.

muné-wári-nágaya 棟割り長屋 (< ···³ + warú + ···) O prédio de moradias térreas.

muné-yáké 胸焼け (< ···² + yakérú)【Med.】O ter azia. ★ ~ *ga suru* 胸焼けがする ...

múni 無二 O melhor [maior] (Lit. "sem segundo"). ★ ~ *no shin'yū* 無二の親友 ~ amigo. S/同 Murúí; musō; yúitsu.

múnieru ムニエル (< Fr. meunière: moleira) O guarnecer com farinha.

múni-musan 無二無三 [E.] ⇨ shaní-múni.

muninsho 無任所 Sem pasta. ◇ **~ daijin** 無任所大臣 O ministro ~.

múnmun むんむん (Im. de「quarto」abafado ou muito cheio). *Ensō-kaijō wa wakamono no nekki de ~ shite ita* 演奏会場は若者の熱気でむんむんしていた O local do concerto era um delírio de animação juvenil.

munō 無能 A incompetência; a incapacidade; a ineficiência. *Yatō wa kozotte seifu no ~ o hinan shita* 野党はこぞって政府の無能を非難した A oposição foi unânime em criticar a ~ do governo. ★ ~ *na otoko* 無能な男 Um incompetente. ◇ **~sha**. S/同 Mu-nōryoku. 反/反 Yūnō.

mu-nōryoku [óo] 無能力 **1** [能力のないこと] A incapacidade; a incompetência. S/同 Munō. **2**【Dir.】A inabilidade.

munō-sha 無能者 O incapaz.

mún-sáruto [uú] ムーンサルト (< Ing. moon + P. salto)【Gin.】O salto na lua (Uma técnica da barra fixa).

múnyamunya (to) むにゃむにゃ (と)【On.】A engrolar. ★ ~ *negoto o iu* むにゃむにゃ寝言を言う Engrolar qualquer coisa a sonhar.

múnzu (to) むんず (と)【On.】Com toda a força. ★ ~ *ude o tsukamu* むんずと腕をつかむ Agarrar o braço ~.

muón 無音 Sem ruído; silencioso.

murá¹ 村 A aldeia. ◇ **~ bito** 村人 O aldeão. ⇨ **~ hachibu**. **~ shibai** 村芝居 O teatro rural; os autos de ~. S/同 Murá-zátó; sońráku.

murá² 斑 (⇨ madará) **1** [一様でないこと] A irregularidade; o ter altos e baixos. ★ ~ *no aru somemono* むらのある染物 O tecido tingido irregularmente [com vários matizes]. **2** [気が変わりやすいこと] A inconstância. ★ ~ *no aru* [*nai*] *seikaku* 斑のある[ない] O temperamento inconstante/caprichoso [equânime/estável]. ◇ ⇨ **~kki**.

murágaru 群がる (< muré + ···) Aglomerar-se; agrupar-se; ajuntar-se (Ex.: Tsutsuji no hana ga muragatte saite iru = As azáleas estão todas floridas). *Panda no ori ni wa itsumo kodomo-tachi ga muragatte iru* パンダの檻にはいつも子供たちが群がっている Há sempre muitas [bandos de] crianças ao pé da jaula dos (ursos) pandas. S/同 Muréru².

murá-háchibu 村八分 O ostracismo. ★ ~ *ni sareru* 村八分にされる Ser ostracizado.

murákkí 斑気 O temperamento instável. ★ ~ *no nai hito* 斑気のない人 A pessoa instável [equânime]. S/同 Ki-mágúré. ⇨ murá² **2**.

murákúmó 群[叢]雲 (< muré + ···)【E.】Um bando de nuvens.

múramura (to) むらむら (と) (Im. de impulsividade/"dar-lhe o mafarrico"). *Nusumi o shiyō to iu ki ga ~ okotte kita* 盗みをしようという気がむらむら起こってきた Senti de repente a tentação [um forte impulso] de roubar.

murásaki 紫 [Abrev. de ~ "murásákí-író"] O roxo (violeta); a cor roxa. ★ ~ *ni naru* 紫になる Ficar roxo「do frio」. *Ao* [*Aka*]*-mi-gakatta* ~ 青[赤]味がかった紫 A púrpura [O carmesim]. ◇ **~ kyabetsu** 紫キャベツ O repolho roxo. **2**【Bot.】A erva das sete sangrias; *lythospermum erythrorhizon*. S/同 Mináshígusa; murásákísō; nemúrasaki. **3** [醤油] O molho de soja. S/同 Shōyú (+).

murásáki-író 紫色 ⇨ murásáki **1**.

murásáki-tsúyukusa 紫露草【Bot.】A tradescância; *tradescantia reflexa*.

murásáki-zúishō 紫水晶 (< ···¹ + súishō) A ametista (Pedra semipreciosa de cor roxa). S/同 Améshísuto.

murá-sáme 村雨 (< ···¹ + áme) O aguaceiro [péd'água].

murásu 蒸らす Abafar「as castanhas assadas」. ⇨ músu; muréru¹ **2**.

murá-súzume 群雀 (< muré + ···) Um bando de pardais.

murá-zátó 村里 (< ···¹ + sató) O povoado. S/同 Sońráku.

muré 群れ O rebanho (De ovelhas/cabras); a manada (De vacas/cavalos/elefantes); o bando (De aves); o cardume (De peixes); o enxame (De inse(c)tos); o「chefe do」grupo (Geral). ★ ~ *o tsukuru* [*nasu*] 群れを作る[成す] Agrupar-se; formar um/a ~. S/同 Atsúmári (+); gún.

muréru¹ 群れる **1** [温度が高く湿気がこもる] Ficar「com o pescoço」suado [a arder]; ficar「o ar」abafado. *Kutsu o haite iru to ashi ga mureru* 靴をはいていると足が蒸れる Se calço sapatos fico (logo) com os pés suados. ★ *Kusa no mureta nioi* 草の蒸れたにおい O cheiro da erva húmida e quente. **2** [飯などが] Crescer [Ficar bem cozido] (depois de abafado). *Go-han ga mureta* ご飯が蒸れた O arroz já cresceu.

muréru² 群れる ⇨ murágaru.

múri 無理 **1** [困難なこと] Impossível [Muito duro].

Sonna chikara-shigoto wa kodomo ni wa ~ da そんな力仕事は子供には無理だ Um trabalho tão pesado é ~ para uma criança. ★ ~ *na「keikaku」*無理な「計画」Um plano irrealizável. **2** [理不尽] Não natural; irracional; irrazoável; incompreensível. *Kare ga sō iu no wa ~ mo nai koto da* 彼がそういうのは無理もないことだ (Até) é natural [compreensível] que ele diga isso. *Kare no hatsugen wa ~ kono ue nai* 彼の発言は無理この上ない A intervenção [opinião] dele é irracional a mais não poder (ser). ~ *na「chūmon」*無理な「注文」Um pedido absurdo [~]. ◇ ~ **karanu**. Ⓢ⃞ Rifújin. **3** [強いて行うこと] A força; o obrigar. ~ *ni to wa mōshimasen ga dekireba o-me ni kakaritai no desu ga* 無理にとは申しませんが出来ればお目にかかりたいのですが Não queria de forma alguma incomodá-lo mas ficar-lhe-ia extremamente grato se me pudesse receber. ⸨ことば⸩ ~ *ga tōreba dōri ga hikkomu* 無理が通れば道理が引っ込む Quando a força é que manda, adeus (ó) razão. ◇ ~ **jii** [**mutai/nandai/yari**]. ~ **shinjū** 無理心中 O suicídio amoroso forçado. **4** [強いて困難なことを行なうこと] A sobrepesse. ~ *o sureba kyō ni kono shigoto wa owaru deshō* 無理をすれば今日中にこの仕事は終わるでしょう Terá de ser (a trabalhar à) ~, mas podemos terminar hoje o trabalho. *Haha wa ~ ga tatatte nekonde shimatta* 母は無理がたたって寝こんでしまった A minha mãe caiu doente por trabalhar demais. **5** [Mat.] Irracional. ◇ ~ (**hōtei**)**shiki** 無理(方程)式 A equação ~. ~ **sū** 無理数 O número ~. Ⓐ⃞ Yúri.

murí-jíi 無理強い (<··· **3** + shíiru) A coa(c)ção; o forçar. ★ ~ *o suru hito ni wa suru mono de wa nai* Coagir [*Iyagate iru hito ni* ~ *o suru mono de wa nai*] 嫌がっている人には無理強いをするものではない Não se deve forçar quem não quer.

mu-ríkai 無理解 A incompreensão. ★ ~ *na oya ni kurushimu* 無理解な親に苦しむ Ter uns pais incompreensivos [sem compreensão].

murí-kárānu 無理からぬ Natural. *Sono keikaku no shippai mo ~ koto da* その計画の失敗も無理からぬことだ (Mas) é ~ que o plano tenha falhado! ⇨ mottómo¹; múri **2**; tōzén¹.

múri-mútai 無理無体【G.】A coa(c)ção; a força. ★ ~ *ni hatarakaseru* 無理無体に働かせる Fazer [Obrigar a] trabalhar à força [sob coa(c)ção]. ⇨ múri **3**.

múri-nandái 無理難題 O impossível; um [pedido] absurdo. ★ *Aite ni ~ o fukkakeru* 相手に無理難題をふっかける Exigir o ~ ⇨ múri **3**.

murí-óshi 無理押し (<··· **3** + osú) O forçar「a aprovação do plano」.

murí-sándan 無理算段 O juntar (daqui e dali) uns centavos. ★ ~ *shite kane o koshiraeru* 無理算段して金を作る Conseguir (juntar) dinheiro a muito custo.

mu-ríshi 無利子 ⇨ múrisoku.

mu-rísoku 無利息 Sem juros. ★ ~ *de kane o kariru* 無利息で金を借りる Contrair um empréstimo sem juros.

muríyári (ní) 無理やり (に)「o fazer」À força. ⇨ múri **3**.

muró 室 hímuro; onshítsú¹.

muró-aji 室鯵 [Zool.] Uma espécie de carapau; *decapterus muroadsi*.

murón 無論 ⇨ mochíron.

muruí 無類 Sem par; extraordinário「saber」. ★ ~ *no kōjinbutsu* 無類の好人物 Uma pessoa extraordinária (muito boa). ◇ ~ **chin** ~. Ⓢ⃞ Múhi.

múryo 無慮【E.】**a)** Mais ou menos; Ⓢ⃞ Búryo, ōkátá (+); ōyósō (o); zattō (+). **b)** Uns (bons). Ⓢ⃞

muryō¹ 無料 De graça; livre; gratuito; grátis. ◇ ~ **chūsha-jō** 無料駐車場 O estacionamento ~. ~ **haitatsu** 無料配達 A entrega de graça. ~ **nyūjō** [**kanran**] (**ken**) 無料入場 [観覧] (券) Entrada livre/gratuita. **Yon-sai miman unchin ~** 4 歳未満運賃無料 (掲示) Passagem [Viagem] grátis para crianças com 4 anos incompletos. Ⓢ⃞ Múdai; táda. Ⓐ⃞ Yūryō.

muryō² 無量【E.】「um amor」 Sem medida; a imensidade. ★ ~ *no imi ga aru* 無量の意味がある Ter um significado enorme「para mim」. ◇ ⇨ **kan-~**. Ⓢ⃞ Mugén.

múryoku 無力 **1** [力のないこと] Sem força [energia]; a fraqueza. ★ ~ *kan o oboeru* 無力感を覚える Ter a sensação de fraqueza. **2** [勢力や権力のないこと] Sem poder [meios/dinheiro]「de/para a(c)tuar」. ★ ~ *na minshū* 無力な民衆 O povo ~ [incapaz]. Ⓐ⃞ Yūryóku.

mu-sábetsu 無差別 Sem [A não-] discriminação. ◇ ~ **bakugeki** 無差別爆撃 O bombardeamento indiscriminado. ~ **kyū** 無差別級 (柔道) A categoria de peso livre (Judo). Ⓢ⃞ Byōdō.

musábóri-yómu 貪り読む (< musábóri + ···) Ler com avidez. ★ *Shinbun o ~* 新聞を貪り読む Devorar [~] o jornal.

musábōru 貪る Devorar; ser glutão; ambicionar「riquezas」. ★ *Bōri o ~* 暴利を貪る Explorar [Chupar (G.)]; exigir juros altos. *Damin o ~* 惰眠を貪る Preguiçar ⇨ fukéru³; hoshígáru.

musái 椴 ⇨ musá-kúrúshíi.

mu-sáishoku 無彩色 Acromático.

musákú 無策 O não ter uma política [um plano]. *Seifu wa jitai ni taishite mattaku ~ de atta* 政府は事態に対して全く無策であった O governo não tinha qualquer plano para enfrentar a situação. **mui ~** 無為無策 ⇨ mú-i¹ ◇.

mu-sákui 無作為 Ao acaso. ★ ~ *ni erabu* 無作為に選ぶ Escolher ao ~. ◇ ~ **chūshutsu-hō** 無作為抽出法 O sistema de tirar amostras ao ~.

musá-kúrúshíi 穢苦しい (< musái + ···) Desalinhado; sujo; esquálido. ~ *tokoro e yōkoso oide kudasaimashita* 穢苦しい所へようこそおいで下さいました Estou confundido com a [Fico-lhe muito grato pela] sua simpática visita. ★ ~ *kakkō o shite iru* 穢苦しい恰好をしている Estar ~. Ⓢ⃞ Musái. ⇨ kitánái.

musán¹ 無産 Pobre. ◇ ~ **kaikyū** 無産階級 As classes pobres; o proletariado. ~ **sha** 無産者 O proletário. Ⓐ⃞ Yūsán.

musán² 霧散 O evaporar-se [desaparecer]. ★ ~ *suru* 霧散する ⇨ kiri¹.

musásábi 鼯鼠 [Zool.] O esquilo voador; *petaurista leucogenys*. ⇨ rísu.

musébí-náki 咽び泣き (< musébí-náku) O soluço.
musébí-náku 咽び泣く (< musébí + ···) Soluçar.
musébu 咽ぶ **1** [むせる] Ficar sufocado. ★ *Kemuri ni ~* 煙に咽ぶ ~ com o fumo. Ⓢ⃞ Muséru. **2** [咽び泣く] Soluçar. ★ *Kiri ni ~ kiteki* 霧に咽ぶ汽

muséi¹ 笛 O apito da sereia a ~ [ecoar] no nevoeiro. *Ureshi-namida ni* ~ うれし涙に咽ぶ [Ficar como[vido] de [com a] alegria.

muséi¹ 無声 Mudo. ◇ ~ **eiga** 無声映画 O cinema [filme] ~. A/反 Yúséi.

muséi² 無性 Assexuado; assexual. ◇ ~ **seishoku** 無性生殖 A reprodução ~a. A/反 Yúséi.

muséi³ 夢精 A polução; a ejaculação no(c)turna. ⇨ shaséi¹.

mu-séibutsu 無生物 Os seres inanimados. ◇ ~ **jidai** 無生物時代 [Geol.] A era azóica.

mu-séifu 無政府 A anarquia; sem governo. ★ ~ *jōtai ni naru [ochiiru]* 無政府状態になる [陥る] Transformar-se [Cair] numa situação anárquica. ◇ ~ **shugi** 無政府主義 O anarquismo. ~ **shugi-sha** 無政府主義者 O anarquista.

mu-séigen 無制限 (⇨ mugén¹) Sem limite [res[tri]ção).

muséi-ran 無精卵 O ovo goro/não fecundado. A/反 Juséiran.

musé-káeru 咽せ返る (< muséru + ...) **1** [ひどくむせる] Ficar sufocado. ★ ~ *yō na hito-ikire* 咽せ返るような人いきれ Um cheiro a gente [pessoas] sufocante. **2** [ひどくむせび泣く] Soluçar convulsivamente.

mu-sékinin 無責任 A irresponsabilidade. ★ ~ *na koto o iwa* 無責任なことを言う Fazer disparates.

mu-sékítsúi-dóbutsu [óo] 無脊椎動物 [Zool.] Os (animais) invertebrados.

musén¹ 無線 (A telegrafia) sem fios; o rádio. ◇ ~ **denshin** 無線電信 A radiotelegrafia [~]. ~ **denshin-kyoku** 無線電信局 A estação de radiotelegrafia. ~ **denwa** 無線電話 O radio(tele)fone. ~ **hyōshiki** 無線標識 O radiofarol; a sinalização telegráfica. ~ [**rajio**] **kyoku** 無線 [ラジオ] 局 A estação de rádio. ~ **sōjū** [**seigyo**] 無線操縦 [制御] O controle por rádio; o radiocomandar. ~ **takushī** 無線タクシー O táxi sem rádio (comunicação). ~ **tsūshin** 無線通信 A radiotelegrafia [radiocomunição]. ~ **tsūshin-shi** 無線通信士 O operador de rádio. ~ **yūdō** 無線誘導 O comando [A orientação] por rádio. *Amachua* ~-**ka** アマチュア無線家 O radioa[mador. A/反 Yúséi.

musén² 無銭 Sem pagar [dinheiro]. ◇ ~ **inshoku** 無銭飲食 O comer (e beber) ~. ~ **ryokō** 無銭旅行 **a)** O viajar ~ [de borla (G.)]; **b)** O ir à boleia [de carona]. S/同 Muchín.

muséppói 咽っぽい (< muséru + -pói) Sufocante; asfixiante.

muséru 咽せる Ficar sufocado; engasgar-se. *Kemuri ni musete namida ga deta* 煙に咽せて涙が出た Fiquei sufocado [aflito/asfixiado] com o fumo e até me saíram as lágrimas. ⇨ muséru.

mu-séssō 無節操 Sem princípios [moral/linha]. ★ ~ *na otoko* 無節操な男 Um homem inconstante [~].

músha 武者 [E.] O guerreiro (com a armadura). ◇ ~ **burui**. ~ **ningyō** 武者人形 A figura (Boneco) de ~. ~ **shugyō** 武者修行 O treino [tirocínio] de ~. S/同 Búshi (+); tsuwámonó.

mushábúri-tsúku むしゃぶり付く [G.] Agarrar-se「ao irmão, ou parente」. *Yatto meguriatta chichi ni mushaburitsuita* やっと巡り会った父にむしゃぶり付いた Ele lançou-se aos braços do pai que não via há tanto tempo.

mushá-búrui 武者震い (<··· + furúéru) O fremir de excitação para a luta.

múshakusha むしゃくしゃ [On.] ★「*Kibun ga*」~ *suru*「気分が」むしゃくしゃする Ficar mal-humorado [de mau humor].

múshamusha むしゃむしゃ [On.] ★ *Pan o taberu* パンをむしゃむしゃ食べる Devorar o pão (com grandes dentadas, a dar ao queixo). ⇨ musábóru.

mushí¹ 虫 (⇨ mushí-kéra) **1** [昆虫など] O inse(c)to; o bich(inh)o. ★ ~ *ga kutta sētā* 虫が食ったセータ ~ A camisola [suéter (B.)] roída pela traça. ~ *ga tsuku* 虫が付く **a)** Ter bicho (Cerejas/Maçãs) [Caruncho (Madeira)]; **b)** Arranjar má companhia [*Oya wa musume ni* ~ *ga tsukanai yō ni kanshi shinakute wa naranai* 親は娘に虫が付かないように監視しなくてはならない Os pais devem estar atentos a que a filha não arranje algum namorado indesejável]. ★ ~ *no ne* 虫の音 O canto dos inse(c)tos. I/慣用 ~ *mo korosanu yō na kao* 虫も殺さぬような顔 A cara inocente [de quem não faz mal a uma mosca]. ~ *no iki de aru* 虫の息である Estar a respirar com um passarinho (Quase a morrer). ~ **kago** 虫籠 A gaiola para inse(c)tos. ~ **pin** 虫ピン O prisioneiro (Parafuso/Alfinete sem cabeça). ~ **sasare** 虫刺され A picada de ~. ~ **tori-ami** 虫取り網 A rede para apanhar「borboletas」. ~ **yoke** 虫よけ Um remédio contra os [para proteger dos] ~s. ⇨ konchú. **2** [回虫] A lombriga (Nematelminte). ★ ~ *ga waku* 虫がわく Ter lombrigas. ~ *o kudasu* 虫を下す Expelir as ~. ⇨ kaichū³. **3** [気分] **a)** O humor; **b)** A despreocupação [O não-te-rales (G.)]; **c)** O pressentimento. *Kare wa dōmo* ~ *ga sukanai* 彼はどうも虫が好かない Não consigo simpatizar com ele (Ele e eu) não afinamos pelo mesmo diapasão]. *Kare wa kyō wa* ~ *no idokoro ga warui rashii* 彼は今日は虫の居所が悪いらしい Ele hoje parece-me que está de mau humor. *Mendō na koto wa zenbu hito ni oshitsukete shimau nante* ~ *ga yosugiru* 面倒なことは全部人に押しつけてしまうなんて虫が良すぎる Empurrar todo o trabalho custoso para os outros é abusar [é ser cara dura]. ~ *no shirase* 虫の知らせ O pressentir; o adivinhar. *Hara no* ~ *ga osamaranai* 腹の虫が納まらない Continuar zangado. **4** [虫気] O ser doentio (irrequieto). ★ ~ *ga okoru* 虫が起こる Parecer um mafarrico (G.) [Não parar quieto]. ◇ ~ **fuji** 虫封じ O espantar o mafarrico「da criança, com rezas」. S/同 Kań (+); mushíké. **5** [一つのことに熱中する人] O maníaco. ★ *Hon no* ~ 本の虫 O rato de biblioteca. *Shigoto no* ~ 仕事の虫 O que vive só para o [O ~/ercravo do] trabalho.

múshi² 無視 O não fazer caso. *Min'i o* ~ *shita seisaku* 民意を無視した政策 Uma política que ignora o [não faz caso do] povo. ◇ **Shingō** ~ 信号無視 O (sinal do) semáforo.
S/同 Mókushi. ⇨ keíshí¹.

múshi³ 無私 [E.] A imparcialidade. ★ ~ *no taido* 無私の態度 A atitude imparcial. *Kōhei* ~ ~「*no hantei*」公平無私「の判定」「um juízo」Justo e imparcial.

múshi⁴ 無死 [Beis.] O não ter nenhum jogador fora do jogo. ★ ~ *manrui de aru* 無死満塁である Ter as bases ocupadas com zero.

mushí-átsúi 蒸し暑い (< músu + ...) Quente e húmido. *Nihon no natsu wa* ~ 日本の夏は蒸し暑い

O verão do J. é 〜.
mushí-bá 虫歯 (< mushí-kúí + ha) O dente cariado [podre]. ★ 〜 *ga itamu* 虫歯が痛む Ter uma dor de dentes. 〜 *ni naru* 虫歯になる Ter [Ganhar] cárie. 〜 *o chiryō suru* 虫歯を治療する Tratar [Chumbar] um dente. [S/同] Úshi.
mushíbámu 蝕む (< mushí1 + hámu3) **1** [虫に食われる] Roer; carcomer. ★ *Gaichū ga mushibanda ki* 害虫が蝕んだ木 A árvore (toda) carcomida dos [pelos] bichos. **2** [少しずつ害する] Afe(c)tar [Danificar]. *Karō ga kenkō o mushibanda* 過労が健康を蝕んだ O excesso de trabalho afe(c)tou-lhe a saúde.
mushí-bóshí 虫干し (< … 1 + hósu) O arejar [pôr ao ar/sol]. ★ *Irui* [*Zōsho*] *no* 〜 *o suru* 衣類 [蔵書] の虫干しをする Arejar a roupa [os livros]. [S/同] Doyṓ-bóshí.
mushí-búró 蒸し風呂 (< músu + furó) A sauna (Banho de vapor, finlandês). *Man'in densha no naka wa maru-de* 〜 *no yō da* 満員電車の中はまるで蒸し風呂のようだ O comboio [trem] à cunha parece [é] uma 〜.
mushí-gáshi 蒸菓子 (< músu + káshi) Os doces cozidos em [a] vapor.
mu-shíhon 無資本「começar」Sem capital.
mushí-káéshí 蒸し返し (< mushí-káésú) **1** [蒸し返すこと] O tornar a cozer em [a] vapor. **2** [再び問題にすること] O tornar a apresentar「o problema」para discussão.
mushí-káésú 蒸し返す (< músu + …) **1** [蒸したものをもう一度蒸す] Recozer em [a] vapor. **2** [再び問題にする] Trazer outra vez à baila; tornar a falar「de」. ★ *Mukashi no kenka o* 〜 昔のけんかを蒸し返す Reavivar [〜] guerras passadas (desagrádáveis). ⇨ mushí-káéshí.
mu-shíkaku 無資格 Sem habilitações. ★ 〜 *no kyōin* 無資格の教員 O professor 〜. ◇ **〜 sha** 無資格者 A pessoa 〜/não qualificada. ⇨ mu-ménkyo.
mushí-ké 虫気 ⇨ mushi1 **4**.
mu-shíken 無試験 Sem (prestar) exame. ★ 〜 *de nyūgaku suru* 無試験で入学する Entrar numa escola 〜.
mushí-kérá 虫螻【G.】Um verme. ★ 〜 *dōzen no otoko* 虫螻同然の男 Um inútil. *Hito o* 〜 *no yō ni atsukau* 人を虫螻のように扱う Desprezar os outros.
mushí-ki 蒸し器 (< músu + …) A panela para cozer em vapor; o cuscuzeiro (B.).
mushí-kúdáshí 虫下し (< … 1 + kudású) O vermífugo; o vermicida. ⇨ mushí1 **2**.
mushí-kúí 虫食い (< … 1 + kúu) (O「pêssego」estar) comido do bicho.
mushí-mégane 虫眼鏡 A lupa. [S/同] Rū́pe.
múshimushi 蒸し蒸し (< músu) Quente e húmido. *Kyō wa* 〜 *suru* 今日は蒸し蒸しする Hoje está 〜 [um tempo abafado]. ⇨ mushí-átsúi.
mushíń 無心 **1** [何も考えないこと] **a**) A absorção「na pintura」; **b**)「o dizer」Sem querer; **c**) O não sentir (Plantas e pedras). ★ 〜 *ni asobu kodomotachi* 無心に遊ぶ子供達 As crianças todas absorvidas a brincar. **2** [⇨ mú-jaki]. **3** [物をねだること] O pedido [favor]. *Kane o* 〜 *suru* 金を無心する Pedir dinheiro (com muita insistência).
mu-shínjin 無信心 ⇨ fu-shínjin.
mu-shínkei 無神経 A insensibilidade; a falta de sensibilidade. ★ 〜 *na otoko* 無神経な男 Um tipo insensível [sem sensibilidade (nenhuma)]. ⇨ atsúkámáshíi; dońkáń.
mushín-ron 無神論 O ateísmo; a descrença. ◇ **〜 sha** 無神論者 O ateu; o descrente. [A/反] Yū́shín-ron.
mushírí-tóru 毟り取る (< mushírú + …) Arrancar「dinheiro ao contribuinte」. ⇨ mogí-tórú.
mushíró1 蓆·筵 A esteira「de junco」. ★ 〜 *o shiku* 蓆を敷く Estender a 〜 (no chão). [I/慣用] *Hari no* 〜 *ni suwaru* 針の蓆に座る ⇨ hári1. ⇨ gozá.
múshiro2 寧ろ Mais [Antes]「prefiro morrer」; de preferência「ia de avião」; (antes) pelo contrário「eu disse que gosto」. *Kare wa shōsestsuka to iu yori* 〜 *shijin da* 彼は小説家というより寧ろ詩人だ Ele, mais que romancista, é poeta.
mushírú 毟る **1** [引き抜く] Arrancar. ★ *Kusa o* 〜 草を毟る 〜 erva. *Tori no ke o* 〜 鳥の毛を毟る Depenar [〜 as penas]. **2** [魚の身などをほぐす] Separar; tirar「as espinhas」. [S/同] Hogúsu.
mu-shíryo 無思慮 A imprudência. ★ 〜 *na kōdō* 無思慮な行動 A conduta imprudente. [S/同] Mu-fúnbetsu (+).
mu-shíryoku 無資力 A falta de meios [capital].
mushí-yákí 蒸し焼き (< músu + yakú) O refogado. ★ *Tori-niku o* 〜 *ni suru* 鳥肉を蒸し焼きにする Refogar frango.
mushízú 虫酸 [唾] A azia [pirose]. ★ 〜 *ga hashiru* 虫酸が走る Ter azia.
músho むしょ【G.】A gaiola (Cadeia). ★ 〜 *gaeri* むしょ帰り O cadastrado (reincidente). [S/同] Kańgókú (+); keímúsho (o).
mushṓ 無償「trabalhar」De graça. ◇ **〜 kōfu** 無償交付 A distribuição grátis [〜]「dos livros」. **〜 kōi** 無償行為 Um a(c)to gratuito. [S/同] Muryṓ (+); táda. [A/反] Yū́shṓ.
múshoku1 無色 **1** [色のないこと] Sem cor;「líquido」incolor. ◇ **〜 tōmei** 無色透明 Incolor e transparente. [A/反] Yū́shókú. **2** [一党一派にかたよらないこと] A neutralidade. ★ 〜 *no tachiba o toru* 無色の立場をとる Tomar uma posição neutra. ⇨ chū́séí3.
múshoku2 無職 Sem ocupação [profissão]; sem emprego (⇨ shitsúgyṓ). ★ 〜 *sha* [*no hito*] 無職者 [の人]Os desempregados 〜. *Jūsho futei* 〜 住所不定無職 Sem casa (fixa) nem emprego/profissão.
mushṓ-ní 無性に Muito, muito! *Sono onna no ko wa Furansu ningyō o* 〜 *hoshigatte ita* その女の子はフランス人形を無性に欲しがっていた Ela queria 〜 [morria por (ter)] uma boneca francesa. [S/同] Múyami-ni; yatárá-ní.
mu-shózoku 無所属「jornalista」Independente; não ligado a um grupo. ★ 〜 *no giin* 無所属の議員 O deputado apartidário [〜].
mushū́ 無臭 Inodoro. ★ 〜 *no kitai* 無臭の気体 O gás 〜 [sem cheiro].
mushúkú-mónó 無宿者 ⇨ yadó-náshí.
mu-shū́kyō [**úu**] 無宗教 Sem religião.
mu-shúmi 無趣味 **1** [味わい·おもしろみがないようす] A falta de gosto. [S/同] Bu-fū́ryū. **2** [趣味がないようす] Sem (nenhum) passatempo. ★ 〜 *na hito* 無趣味な人 A pessoa 〜.
mu-shū́nyū [**shúu**] 無収入 O não ter rendimentos.
musṓ1 夢想 A fantasia; o sonho; a imaginação. 〜

musô² *da ni [mo] shinakatta yō na dekigoto ga okotta* 夢想だに[も]しなかったような出来事が起こった Aconteceu algo que eu não [nem] sonhava [imaginava]. ◇ **~ ka** 夢想家 O sonhador.
S/同 Kúsō (+).

musô² 無双 **1** [無比] Sem par [igual]; ímpar. ◇ **Kokon ~** 古今無双 Único [~] na história; o melhor de sempre. S/同 Múhi (+); múni (+); murúi (o). **2** [衣類・器具の] O mesmo. ◇ **~ baori** 無双羽織 O "haori" com forro do ~ tecido (que o lado direito).

musô³ 無想 ⇨ múnen.

músu 蒸す **1** [ふかす] Cozer em vapor [banho-maria]. ★ *Manjū o* ~ まんじゅうを蒸す ~ um "manjū". S/同 Fukásu. **2** [むしむしする] Estar (um tempo) abafadiço [quente e húmido]. *Kyō wa asa kara* ~ *nē* 今日は朝から蒸すわね Hoje temos [está] um tempo ~ desde de manhã. ⇨ múshimushi.

musú [úu] 無数 Inumerável; um número infinito. *Hoshi wa ~ ni aru* 星は無数にある As estrelas são em número infinito [Há um ~ de estrelas]. ★ ~ *no rei o dasu* 無数の例を出す Dar inúmeros [um sem-número de/inumeráveis] exemplos.

musubí 結び (< musúbú) **1** [むすぶこと] O fazer o nó; a laçada. ◇ ~ **me; chō ~**. S/同 Kukúri. **2** [結末] O fim [fecho]; a conclusão. ★ ~ *ni* 結びに Para concluir [terminar; Como conclusão]. ~ *no ichiban* 結びの一番 [Sumō] A última luta do dia. ~ *no kotoba* 結びの言葉 As palavras de encerramento「da sessão/carta」. S/同 Ketsúmátsú; owárí (+); shimékúkúri. **3** [⇨ nigirí-méshi].

musubí-mé 結び目 O nó [na corda/do cordão/fio]. ★ ~ *ga toketa* [hodoketa] 結び目が解けた[ほどけた] ~ desfez-se. ~ *o hoduku* [koshiraeru] 結び目をほどく[こしらえる] Desfazer [Fazer/Dar] ~.

musubí nó kámi 結びの神【G.】O Cupido (deus do amor).

musubí-tsúkéru 結び付ける (< musúbí + ···) **1** [ゆわえつける] Atar 「a」. S/同 Kukúrí-tsúkéru; yuwáé-tsúkéru. **2** [関係づける] Ligar; relacionar 「uma coisa com outra」; aproximar「os dois países」. ⇨ kańkéí-zúkéru.

musubí-tsúki 結び付き (< musúbí-tsúku) A ligação; as relações. ★ *Seifu to zaikai no* ~ 政界と財界の結び付き ~ de [entre o] governo com [e] os círculos financeiros. S/同 Kańkéí (+); tsunágári.

musubí-tsúku 結び付く (< musúbí + ···) **1** [結ばれて一つになる] Ligar; associar. *Tomodachi no namae to kao ga musubitsukanai* 友達の名前と顔が結び付かない Não consigo ligar o nome do seu amigo com a (cara da) pessoa. **2** [関係しあう] Ligar-se; ter relação. *Futatsu no jiken wa missetsu ni musubi-tsuite iru* 二つの事件は密接に結び付いている Os dois casos estão intimamente ligados.

musubú 結ぶ **1** [ゆわえてつなぐ] Fazer [Dar] o nó; atar; apertar. *Nekutai o* ~ ネクタイを結ぶ ~ a [Fazer o nó da] gravata. **2** [交わりを緊密にする] Estabelecer uma relação. *Karera wa yūjō ni yotte kataku musubarete iru* 彼らは友情によって固く結ばれている (A eles) liga-os uma grande amizade. ★ *Dōmei o* ~ 同盟を結ぶ Aliar-se [Fazer/Formar uma aliança]. *En o* ~ 縁を結ぶ **a)** Casar; **b)** ~. ⇨ kańkéí. **3** [つなぐ] Ligar. *Honshū to Kyūshū o* ~ *hashi* 本州と九州を結ぶ橋 A ponte entre [que liga] Honshū e Kyūshū. S/同 Tsunágú. **4** [生じる] Resultar [Dar (bom) resultado]. *Keikaku ga mi o musunda* 計画が実を結んだ O plano resultou. **5** [構えつくる] Fazer. ★ *Iori o* ~ 庵を結ぶ ~ o [Meter-se no] seu abrigo/cantinho. ⇨ kaméáyu; tsukúru. **6** [終える] Encerrar; terminar. *Kansha no kotoba de hanashi o musunda* 感謝の言葉で話を結んだ Encerrou o (seu) discurso com palavras de agradecimento. S/同 Oérú (+); shimé-kúkúrú. **7** [口などを閉じる] Fechar bem [com força]. ★ *Gyūtto kuchi o* ~ ぎゅっと口を結ぶ ~ a boca. S/同 Tojíru. **8** [取り決める] Concluir「um acordo」. ★ *Jōyaku o* ~ 条約を結ぶ [Estabelecer/Assinar] o tratado「de paz」. S/同 Teíkétsú súrú.

musúí 無水 Anidro [Anídrico] (Sem água). ◇ **~ arukōru** 無水アルコール O álcool anídrico [absoluto]. **~ kagōbutsu** 無水化合物 O anidrido [composto ~]. **~ tansan** 無水炭酸 O anidrido carbó[ô]nico [dióxido de carbono].

musukári ムスカリ【Bot.】O muscari (Flor liliácea, roxa, em cacho).

musukó 息子 O filho (varão). ◇ **Ato-tori ~** 跡とり息子 ~ herdeiro [morgado].
S/同 Segáré; shísoku. A/反 Musúmé.

musúme 娘 **1** [息女] A filha. S/同 Sókujo. A/反 Musúkó. **2** [若い女] A donzela; a moça. ◇ **~ gokoro** 娘心 O coração jovem; o gosto de ser ~ [bonita]. **~ jidai** 娘時代 Os ~ [meus] tempos de moça. **~ zakari** 娘盛り A flor da juventude. ⇨ otóme.

mútai 無体 **1** [形がないこと] Intangível. ◇ **~ zaisan** 無体財産 A propriedade ~. S/同 Mukéí (+). **2** [道理にあわないこと] Violento. ★ ~ *na furumai* 無体なふるまい O comportamento ~. S/同 Muhô (+); múri-mútai.

mu-tánpo 無担保 Sem caução [garantia]. ★ ~ *de kane o kasu* 無担保で金を貸す Emprestar dinheiro ~. S/同 Mu-téító (+).

mutchíri むっちり【On.】◇ ~ *to shita onna no ko* むっちりとした女の子 A moça gorducha.

mu-teikéi 無定形 Amorfo. ◇ **~ tanso** 無定形炭素 O carbono ~.

mu-teikéi² 無定型 (Em forma) Livre. ◇ **~ shi** 無定型詩 O verso [A poesia] ~.

mu-teíken 無定見 Sem ideias próprias. ★ ~ *na hito* 無定見な人 A pessoa volúvel [~].

mu-teíkō 無抵抗 A não-resistência. ◇ **~ shugi** 無抵抗主義 O princípio da ~. **~ shugi-sha** 無抵抗主義者 O partidário da ~.

mutékátsú-ryū 無手勝流【G.】**a)** O ganhar 「a guerra」sem combater; **b)** O「meu」estilo; a maneira de ~.

mutékí¹ 無敵【E.】A invencibilidade. ★ ~ *no yūsha* 無敵の勇者 O herói invencível. ⇨ musô².

mutékí² 霧笛 A sereia (a avisar) de nevoeiro.

mu-ténka 無添加 Sem aditivos. ◇ **~ shokuhin** 無添加食品 O alimento natural [~].

mu-téppō 無鉄砲 A imprudência [temeridade]; a loucura. *Mattaku ~ na koto o suru yatsu da* まったく無鉄砲なことをする奴だ Mas tu estás louco (?)/Como (é que) você pôde fazer uma ~ destas [assim]! S/同 Atósáki-mízu; mubô; mu-fúnbetsu; mukômizu.

mutô 無糖 Sem açúcar. ★ ~ *no kan-kōhī* 無糖の缶コーヒー O café em lata ~.

mu-tódoke 無届け Sem avisar. ◇ **~ kekkin** 無届

mutōka [óo] 無灯火「o carro」Sem luzes [faróis]. ⇨ Mudán.

mu-tókuten 無得点「o jogo」Sem pontos.

mu-tónchaku[-tónjaku] 無頓着 O não ligar [fazer caso/se importar] (Ex.: *Kare wa mattaku jibun no hyōban ni wa ~ da* = Ele não liga à [faz caso da/se importa com a] (sua) reputação). *Kare wa fukusō ni kanshite wa ~ de aru* 彼は服装に関しては無頓着る Ele veste qualquer coisa [de qualquer maneira]. ⌧ Mu-kánshin.

mútsu 鯥【Zool.】Uma e[a]nchova j.; *scombrops boops*.

mutsū 無痛【Med.】「o tumor」Indolor [Sem dor]. ◇ ~ **bunben** 無痛分娩 O parto ~. ⇨ masúi.

mútsuki 睦月【E.】⇨ ichígatsu.

mútsuki² 襁褓【E.】⇨ o-mútsu; o-shíme¹.

mutsúmájíi 睦まじい「família」Feliz; harmonioso; afe(c)tuoso. *Karera wa shinu made naka mutsumajiku kurashita* 彼らは死ぬまで仲睦まじく暮らした Eles viveram harmoniosamente [sempre unidos/amigos] até à morte. ★ ~ *aidagara* 睦まじい間柄 A relação afe(c)tuosa; o ser muito amigos.

muttó súru むっとする 1【憤る】Ficar zangado [carrancudo/amuado]. *Ani wa mutto shita kao de damarikonde shimatta* 兄はむっとした顔で黙りこんでしまった O meu irmão fez cara séria e não disse (uma só) palavra. 2【悪臭・熱気がこもる】Ficar abafado. ★ ~ *atsusa* むっとする暑さ Um calor abafado. ~ *nioi* むっとするにおい Um cheiro abafadiço [de (lugar) abafado/a mofo].

muttsú 六つ Seis (Em palavras compostas; ⇨ muíká). ⌧ Rokú.

muttsúri むっつり【On.】★ ~ *to damarikomu* むっつりと黙りこむ Zangar-se e ficar calado. ◇ ⇨ **shinneri** ~. ~ *ya* むっつり屋 Um carrancudo/taciturno. ⇨ muttó súru.

múyami 無闇 1【無考え】A imprudência. *Ano hito wa sugu okoru no de ~ na koto wa ienai* あの人はすぐ怒るので無闇なことは言えない É preciso ter cuidado [ser prudente nas palavras] porque ele fica logo zangado. ★ ~ *yatara*「ni taberu」無闇矢鱈「に食べる」「comer」Sem regra/necessidade [À toa]. ⌧ Mu-shíryo; yatará. 2【過度】O excesso. ~ *ni kodomo o shikaru no wa yokunai* 無闇に子供を叱るのはよくない Não é bom repreender demasiado as crianças. ★ ~ *ni kane o tsukau* 無闇に金を使う Esbanjar o dinheiro; gastar (dinheiro) à toa. ~ *ni nomu* 無闇に飲む Beber demais [em ~]. ⌧ Kádo.

muyō 無用 1【役に立たないこと】Inútil. 🛈【慣用】~ *no chōbutsu* 無用の長物 Um「elefante de」luxo (que só dá despesa). ~ *no yō* 無用の用 O que (às vezes) parece ~, é o que vai depois fazer falta. ⌧ Múeki. ⚠ Yūyō. 2【必要でないこと】Desnecessário. *Naga-i wa* ~ 長居は無用 Não se devem ser demorados. *Nokku* ノック無用 Entre sem bater (à porta). ★ ~ *no shinpai o suru* 無用の心配をする Preocupar-se sem necessidade. ⌧ Fuyō. 3【用事のないこと】**a)** O não ter assuntos a tratar; **b)** Proibido. ~ *no mono hairu bekarazu* 無用の者入るべからず(掲示) Proibida a entrada de estranhos [quem não tem...]. ◇ **Tenchi** ~ 天地無用 (掲示) Proibido [(Por favor) não] virar「a caixa」.

múyoku 無欲 Desapegado. *Ano hito wa kane ni ~ da* あの人は金に無欲だ Ele é ~ do dinheiro [não é ganancioso]. ★ ~ *na hito* 無欲な人 A pessoa ~ a. ⌧ Kayóku. ⚠ Don'yóku.

muyū-byō 夢遊病 O sonambulismo. ◇ ~ **sha** 夢遊病者 O sonâmbulo. ⌧ Muchŷkó.

múzai 無罪 Inocente. ★「*Hikoku-nin o*」~ *ni suru*「被告人を」無罪にする Declarar「o réu」~. ~ *no senkoku o ukeru* 無罪の宣告を受ける Ser absolvido. ◇ ~ **hanketsu** 無罪判決 A absolvição. ~ **hōmen** 無罪放免 O declarar ~ e libertar. ⌧ Yūzái.

múzamuza(to) むざむざ(と) Sem resistência [mais nem menos]; às boas. *Kono mama* ~ *hikisagaru no wa hara ni sue-kaneru* このままむざむざ引きさがるのは腹にすえかねる **a)** (Ah) eu não posso desistir (fugir) assim ~; **b)** Facilmente (Ex.: ~ *hikkakaru* = Cair [Ser enganado] ~). *Sagishi ni damasareta* 詐欺師にむざむざだまされた Ele deu com um vigarista e caiu como um rato. ⌧ Assári to (+); tayásuku (+); wáke mo naku (+).

muzán 無残(惨・慙) 1【むごたらしいこと】O ser cruel. ★ ~ *ni koroshu* 無残に殺す Matar cruelmente. ⌧ Mugótaráshíi. 2【いたましいこと】O ser trágico. ★ *Miru mo* ~ *na kōkei* 見るも無残な光景 Uma cena horrível [que só vê-la cortava o coração]. ⌧ Hisán.

múzei 無税 Isento de imposto. ★ ~ *no yunyū-hin* 無税の輸入品 Importações isentas... ◇ ~ **hin** 無税品 Um artigo ~. ⌧ Menzéi. ⚠ Yūzéi.

mu-zōsa [óo] 無造作 1【わけもないこと】A facilidade. ★ ~ *ni yatte nokeru* 無造作にやってのける Realizar [Levar a efeito] ~. ⌧ Tayásúi. 2【気軽・ぞんざいこと】A simplicidade. ★ ~ *ni fuku o kiru* 無造作に服を着る Vestir com ~. ⌧ Kigárú; zonzái.

muzúgáyúi むず痒い (< múzumuzu + kayúi) Que faz comichão. *Shimoyake no tame te ga* ~ 霜やけのため手がむず痒い Sinto comichão nas mãos (por causa) das frieiras.

muzúkáru むずかる Estar irrequieto [maldisposto]. *Akanbō ga muzukatte neyō to shinai* 赤ん坊がむずかって寝ようとしない O bebé[ê] está ~ e não quer dormir. ⌧ Mutsúkáru.

muzúkáshíi 難しい 1【わかりにくい】Difícil (de entender). *Kare wa itsumo* ~ *hon bakari yonde iru* 彼はいつも難しい本ばかり読んでいる Ele só lê [anda sempre a ler] livros difíceis. ★ ~ *bunshō* 難しい文章 O texto ~. ⌧ Wakáríníkúi. ⚠ Yasáshíi. 2【解決しにくい】「problema」Difícil (de resolver). ★ ~ *jōsei* 難しい情勢 Uma situação ~ [delicada]. ~ *toshigoro no kodomo-tachi* 難しい年頃の子供たち As crianças em idade delicada [~]. ⚠ Yasáshíi. ⇨ fukúzátsú; kónnan; mendō; yákkai. 3【気づかいな】Preocupante. *Byōjō ga* ~ 病状が ~ O estado do doente ~. 4【苦情が多い; 気むずかしい】Rabugento. ★ ~ *hito* 難しい人 Uma pessoa (de trato) difícil. ~ *koto o iu* 難しいことを言う Ser ~. ⇨ ki-múzúkáshíi. 5【機嫌が悪い】Aborrecido. ★ ~ *kao o suru* 難しい顔をする Mostrar-se ~. ⇨ fu-kígen.

múzumuzu むずむず【On.】1【絶えずかゆいようす】★ *Hana ga* ~ *suru* 鼻がむずむずする Sentir comichão no nariz. ⌧ Muzúgáyúi. ⇨ kayúi. 2【あせってもどかしく思うようす】*Ippatsu kare ni mimatte yaritakute ude ga* ~ *shita* 一発彼に見舞ってやりくた

M

て腕がむずむずした Tinha tantas ganas [tanta vontade] de lhe dar um soco que me custou dominar-me [aguentar a mão]. [S/同] Modókáshíi.

múzuto むずと【E.】Com violência. ★ *Aite no munagura o ~ tsukamu* 相手の胸ぐらをむずとつかむ Deitar-lhe as mãos ~ à [Agarrá-lo com ~ pela] gola「do casaco」. ⇨ múnzu.

myakú 脈 **1** [脈搏] A pulsação [O pulso]. ★ ~ *ga hayai* [*osoi*] 脈が速い[遅い] Ter a ~ acelerada [lenta]. ~ *ga hayaku* [*osoku*] *naru* 脈が速く[遅く]なる A ~ ficar mais rápida [lenta]. ~ *o toru* 脈を取る Tomar o ~. ~(*o*) *utsu* 脈(を)打つ Palpitar; pulsar. [S/同] Myakúhákú. ⇨ dókidoki. **2** [見込み] A esperança. ★「*Kono shigoto ni wa*」~ *ga nai*「この仕事には」脈がない Este proje(c)to ardeu [não dá esperança nenhuma]. [S/同] Mikómí; nozómí. **3** [鉱脈] O filão [veio]「de ouro」. [S/同] Kṓmyákú.

myakúdṓ 脈動 **1** [力の作用の周期的変化]【Geol.】O movimento ondulatório. **2** [力強い動き] O pulsar [vibrar]「da vida」.

myakúhákú 脈搏 O pulso; a pulsação. ~ *ga seijō* [*fusei*] *da* 脈搏が正常[不整]だ ~ está normal [irregular]. ◇ **~ kei** 脈搏計 O pulsímetro; o esfigmomanó[ô]metro. **~ sū** 脈搏数 O número de pulsações. [S/同] Myakú **1**.

myakúmyákú 脈脈 Contínuo; sem interrupção.【E.】*Daigaku sōritsu no seishin wa ~ to shite tsuzuite iru* 大学創立の精神は脈々として続いている O espírito que presidiu à fundação da universidade continua vivo [ininterrupto].

myakúrákú 脈絡 A conexão; a ligação; o nexo; a coerência. ★ ~ *no nai koto o iu* 脈絡のないことを言う Ser incoerente; dizer coisas sem nexo.

myṓ [óo] 妙 **1** [非常に優れていること]「o jeito」Extraordinário「para representar」; uma maravilha「de expressão」. ⇨ kṓmyṓ². **2** [玄妙] O portento [mistério/A maravilha]. ★ *Zōka no* ~ 造化の妙 ~ da Criação. **3** [奇妙] O ser estranho [curioso/raro]. (Ex.: ~ *na koto ni* (*wa*) *kutsu ga kata-hō nakunatte ita* = Estranhamente [Por raro que pareça] um dos sapatos tinha desaparecido). [S/同] Fushígí; hén; kímyō.

myṓ-án [oó] 妙案 Uma ideia brilhante [excelente/maravilhosa]. ~ *o omoitsuita* 妙案を思いついた Tive uma ~ [grande ideia]! [S/同] Meíán (+).

myṓban¹ [óo] 明晩 Amanhã à noite. [A/反] Sakúban.

myṓbáń² [oó] 明礬 O alume [alúmen]. ◇ **~ seki** 明礬石 A aluminite [pedra-ume] (Sulfato de alumínio e potássio).

myṓchṓ [myoó] 明朝 Amanhã de manhã.

myṓdái [oó] 名代 O representante; o substituto. ★ *Shachō no ~ to shite* 社長の名代として Como represante do presidente. [S/同] Daírí.

myṓga¹ [óo] 冥加 **1** [神仏のおかげ] A prote(c)ção [bênção/O favor/graça] de Deus. ★ ~ *no itari* 冥加の至り A maior ~. [S/同] Myṓri; okágé. **2** [幸せであること] A ventura; a sorte. ★ *Inochi ~ na hito* 命冥加な人 A pessoa com sorte [que tem sete fôlegos].

myṓgá² [oó] 茗荷【Bot.】Uma espécie de gengibre. ⇨ shṓgá.

myṓgi [óo] 妙技 A grande habilidade [arte/façanha] (Ex.: *Kodomotachi ga soroban no ~ o arasotta* = As crianças puseram-se ao desafio a ver quem tinha mais habilidade em calcular no ábaco).

myṓgó-nichi [oó] 明後日 Depois de amanhã. [S/同] Asátte. ⇨ myṓnichi.

myṓji [óo] 名[苗]字 O sobrenome; o apelido「Sousa/Tanaka」. [S/同] Séi.

myṓjṓ [myoó] 明星 **1** [金星] (A estrela) Vé[ê]nus. ★ *Ake no* ~ 明けの明星 A estrela d'alva [da manhã]. *Yoi no* ~ 宵の明星 A estrela da tarde. ⇨ kińséí⁵. **2** [ある分野で最もすぐれた人] A grande estrela「da ópera」; o astro. ★ *Bundan no* ~ 文壇の明星 O/A ~ [A grande figura] do mundo literário.

myṓ-kéí [oó] 妙計【E.】Um plano ideal [genial/engenhoso]. [S/同] Myṓáń; myṓsákú.

myṓ-mi [óo] 妙味【E.】O encanto [sabor/primor]「deste poema」. [S/同] Daígómi.

myṓnen [óo] 明年 O próximo ano. [S/同] Raínéń (+). [A/反] Sakúnéń.

myṓnichi [óo] 明日 Amanhã. [S/同] Ashítá (+); asú.

myṓ-réí [oó] 妙齢 A flor da idade. ★ ~ *no fujin* [*josei*] 妙齢の婦人[女性] A mulher na ~ [em plena juventude]. [S/同] Hṓki; toshígóro (+).

myṓri [óo] 冥利 A sorte; um mimo dos deuses. ★ *Otoko* [*Yakusha*] ~ *ni tsukiru* 男[役者]冥利に尽きる Ser o homem [a(c)tor] mais feliz do mundo. [S/同] Myṓga.

myṓ-sákú [oó] 妙策【E.】A ideia [tá(c)tica] genial. [S/同] Myṓáń; myṓkéí.

myṓ-shu¹ [óo] 妙手 **1** [巧みなこと] Um mestre. ★ *Gitā no* ~ ギターの妙手 Um grande guitarrista. [S/同] Meíjín. **2** [うまい手段] Uma boa jogada. ★ *Shōgi de ~ o sasu* 将棋で妙手を指す Fazer ~ no "shōgi". [A/反] Ákushu.

myṓ-shu² [óo] 妙趣【E.】O encanto [A beleza extraordinária].

myṓ-yaku [óo] 妙薬 A panaceia; o remédio santo [que cura tudo/que faz maravilhas]. ★ *Ibyō no* ~ 胃病の妙薬 ~ para doenças do estômago. [S/同] Ryṓyákú.

myū́jikaru [úu] ミュージカル (< Ing. musical < L.) Musical. ◇ **~ komedī** ミュージカルコメディー A opereta.

myū́zu [úu] ミューズ (< Ing. Muse < L.) A musa [inspiração]; as nove ~s (das artes liberais).

N

n ん (Abrev. de "no¹" e única consoante que, em japonês, vale como sílaba e, portanto, se pronuncia; Ex.: *sō da to omou n'desu* = creio que sim).

na¹ 名 **1** [物の名前; 呼び名] O nome (De tudo, em geral). *Ano hana no* ～ *wa nan to iimasu ka* あの花の名は何といいますか Como se chama aquela flor? *Kare wa "noppo" to iu* ～ *de tōtte iru* 彼は「のっぽ」という名で通っている Ele é conhecido por [pela alcunha de] "torre". ことわざ ～ *wa tai o arawasu* 名は体をあらわす Os nomes e as naturezas quase sempre concordam. S同 Meíshó; yobí-ná. **2** [氏名] O nome completo. *Kanojo no* ～ *wa Satō Yōko to iimasu* 彼女の名は佐藤洋子と言います Ela chama-se Yōko Satō (Em j. a ordem do ～ e sobrenome é ao contrário do p.). ～ *o nanoru* 名を名乗る Apresentar-se; dizer o ～ [quem é]. ～ *o tsukeru* 名を付ける Dar [Pôr] o ～. ～ *o yobu* 名を呼ぶ Chamar pelo ～. S同 Namáe (+); séimei; shímei. **3** [名声; 評判] A fama; a reputação; o renome. *Sonna koi wa bunmei kokka no* ～ *ni hajiru mono da* そんな行為は文明国家の名に恥じるものだ Tal conduta é uma vergonha num país civilizado. ★ ～ *ga tōru* 名が通る Ser célebre. ～ *ga ureru* 名が売れる Ser popular. ～ *mo nai sakka* 名もない作家 Um escritor desconhecido. ～ *o ageru* 名を上げる Ganhar fama. ～ *o hazukashimeru* 名を辱める Deixar mal o nome「da família」. ～ *o kegasu* 名を汚す Perder a ～. ～ *o kizutsukeru* 名を傷つける Ferir [Manchar] a ～. ～ *o nokosu* 名を残す Ficar na história; deixar (muita) fama. ～ *o kōsei ni tsutaeru* 名を後世に伝える Deixar fama. ～ *o nasu* 名を成す Tornar-se célebre. 慣用 ～ *o sutete jitsu o toru* 名を捨てて実を取る Mais vale o proveito que a fama. S同 Hyōban; meísêi; méiyo. **4** [名目; 口実] O pretexto; a justificação; o nome. *Jiei no* ～ *no moto ni takoku o shinryaku suru* 自衛の名の下に他国を侵略するInvadir um país sob pretexto de autodefesa. ～ *bakari no shōkyū* 名ばかりの昇給 Um aumento nominal do salário. *Hō no* ～ *ni oite* 法の名において Em nome da lei. *Kare wa shachō to itte mo* ～ *bakari da* 彼は社長といっても名ばかりだ Ele é presidente (mas) só de nome. S同 Kōjítsú; meíbût; meímókú; utái-mónku.

na² 菜 **1** [葉を食べる野菜] A verdura (cuja parte comestível são as folhas); a(s) hortaliça(s). S同 Aóna; náppa. ⇨ yasái. **2** [あぶらな] A colza. S同 Abúrána(+); natáne (+).

na³ な Vê(s)!; está(s) ver?; bem [pronto]. ～, *kimi tanomu yo ne* な, 君頼むよ Pronto, faz-me (lá) esse favor! S同 Ná. *ne⁶* [ね].

-na⁴ な **1** [感嘆] Que …! *Samui* ～ 寒いな Que frio! S同 -na. **2** [禁止] Não「faça isso! *Sawagu* ～ 騒ぐな Pouco barulho!; Não faça bagunça (B.) [banzé]. **3** [命令] Vamos! *Aruite iki* ～ 歩いて行きな Vá a pé, vamos! *Kore o kudasai* ～, これをください な Dê [Venda]-me este, vá! **4** [願望] Ah, se …; como …; quanto …. *Sora o tobetara* ～ 空を飛べたらな Ah, se eu pudesse voar! /Quem me dera poder voar! **5** [念を押す] Bem, espero「que」. *Sore wa hontō deshō* ～ それは本当でしょうな Tem a certeza de que (isso) é verdade?「Bem…; olhe…; está ver? *Ano* ～, *migi ni mawasu n'da yo* あのな, これをな, 右に回すんだよ Olhe, é este, está a ver? É só girá-lo para a direita.

ná¹ 「áa」なあ ⇨ na³.

-nā² なあ ⇨ -na ⁴ **1 / 4**.

na-áté 名宛 (<…¹+atéru) até-ná.

nábe 鍋 (⇨ kamá²) A panela [caçarola/caçoula]; o tacho. ★ ～ *de niru* 鍋で煮る Ferver na/o ～. ～ *no futa* 鍋のふた O testo; a tampa. ～ *o hi ni kakeru* 鍋を火にかける Pôr a panela ao lume. ◇ ～ **kama (rui)** 鍋釜 (類) Os utensílios de cozinha. ～ **mono [ryōri]** 鍋物 [料理] (Um prato) servido na caçarola.

nabé-yáki 鍋焼き (<…+yakú) Um prato cozinhado em panela. ◇ ～ **udon** 鍋焼きうどん Macarrão cozido.

nabikáséru 靡かせる (<nabíku) **1** [従わせる] Conquistar; conseguir com [à força de]「dinheiro」. S同 Shitágáwásérú (+). **2** [ひるがえす] Desfraldar; ondular; flutuar; tremular. ★ *Kami no ke o kaze ni nabikasete hashiru* 髪の毛を風になびかせて走る Correr, com o cabelo ondulando ao vento. S同 Hirúgáesu.

nabíku 靡く **1** [服従する] Ceder; render-se; ser conquistado. ★ *Kinryoku ni* ～ 金力になびく Curvar [Render]-se diante do dinheiro. S同 Fukújú súru (+). **2** [ひるがえる] Flutuar; ondular; desfraldar. S同 Hirúgáeru.

nabúri-góróshi 嬲殺し (< nabúri+korósú) O matar, brincando com a vítima. ★ ～ *ni suru* なぶり殺しにする Matar com requintes de crueldade.

nabúri-móno 嬲り物 (<nabúri+…) Um obje(c)to de mofa [ridículo]. ★ ～ *ni suru* なぶり物にする Ridicul[iz]ar; fazer pouco「de alguém」. S同 Nagúsámí-mónó (+).

nabúru 嬲る **1** [からかう] Zombar [Rir-se]「de」; escarnecer. S同 Karákáu (+). ⇨ azákéru; hiyákásu. **2** [いじめる] Repreender; castigar. S同 Ijímérú (+); saínámu. **3** [もてあそぶ] Brincar [Distrair-se] com. S同 Motéásobu.

náchi(su) ナチ(ス) (< Al. nazis: nationalsozialistische) O nazista. ◇ ～ **Doitsu** ナチ(ス)ドイツ A Alemanha nazista.

nachízumu ナチズム (< Ing. nazism < Al.) O nazismo.

náda 灘 **1** [波の荒い海] O alto mar. ◇ **Genkai [Kumano]** ～ 玄海[熊野]灘 O Mar de Genkai [Kumano]. **2** [灘の酒] Nada (Região da Província de Hyōgo). ★ ～ *no kippon* 灘の生一本 Saké legítimo [puro] de Nada.

nadái 名代 O nome; a fama. ★ ～ *no budōshu [dorobō]* 名代のぶどう酒[泥棒] Um vinho [ladrão] famoso.

na-dákai 名高い (< na¹+takái) Famoso; célebre; muito conhecido; notável; notório; ilustre. *Buraji-*

nadáméru 宥める Acalmar; sossegar. *Kare wa okotte iru chichioya o nadameta* 彼は怒っている父親をなだめた Ele ajudou a acalmar (a ira d)o pai.

nadámé-súkású 宥め賺す (< nadáméru + …) Levar, com festinhas「uma criança, a …」. ⇨ shizúméru².

nadáraka なだらか **1**［ゆるやか］Suave; pouco a subir. ★ ~ *na saka* なだらかな坂 Uma encosta ~. S/同 Yurúyaka. **2**［なめらか］Suave;「conversações」sem atritos. S/同 Namérakà (+). **3**［おだやか］Calmo; agradável「no falar」. S/同 Odáyaka (+).

nadáré 雪崩 A avalancha[e]; o alude. ~ *ga okita* 雪崩が起きた Houve uma ~. ~ *o utsu* 雪崩を打つ「o inimigo」Mover-se como uma ~.

nadáré-kómu 雪崩込む It [Vir] como uma avalancha[e]. *Nyūjō no aizu to tomo ni kankyaku wa kaijō ni nadarekonda* 入場の合図と共に観客は会場になだれ込んだ Ao ouvir o sinal de entrada, os espectadores entraram no salão como…

nadé-ágéru 撫で上げる (< nadéru + …) Ajeitar; passar a mão levantando「o pelo do gato」. ★ *Kami o* ~ 髪を撫で上げる Pentear o cabelo para cima; passar a mão pelo [sobre o] cabelo. ⇨ nadé-tsúkérú; sukú³.

nadé-gátá 撫で肩 (< nadéru + káta) Os ombros (des) caídos [o inclinado]. ⇨ ikári-gata.

nadé-gíri 撫で斬[切]り (< nadéru + kíru)「fazer」Uma razia「no inimigo」; a assolação.

nadé-órósu 撫で下ろす (< nadéru + …) Respirar; suspirar; ficar em paz; passar a mão de cima para baixo no peito (em sinal de alívio). ★ *(Hotto) mune o* ~ (ほっと)胸を撫で下ろす Dar um (grande) suspiro de alívio.

nadéru 撫でる Passar「a mão」por; dar「em」; tocar. ★ *Kodomo no atama o* ~ 子供の頭を撫でる Afagar uma criança na cabeça.

nadéshiko 撫子［Bot.］A cravina (Uma espécie de cravo, de flores mais pequenas); *dianthus superbus*. ⇨ kânêshon.

nadé-tsúkérú 撫で付ける (< nadéru + …) Assentar; alisar. ★ *Kami o pomādo de* ~ 髪をポマードで撫で付ける Assentar o cabelo com pomada.

-nádo など **1**［例示を示す］Etc. (Abrev. de "et caetera", que em L. significa "e o resto"); e outras coisas. *Hon ya nōto* ~ *o kau* 本やノートなどを買う Comprar livros, cadernos [blocos], ~. ⇨ tatóeba. **2**［強調を示す］Como; e coisas do mesmo estilo. *Uso* ~ *tsuku mon ka* うそなどつくもんか Eu não digo mentiras, percebe? ⇨ nán-ka; nán-zo.

náe 苗 A planta novinha (de viveiro). ★ *Ine [Sugi] no* ~ *o ueru* 稲［杉］の苗を植える Plantar arroz [cedros]. ◇ ~ *doko* 苗床 O viveiro.

naéru 萎える **1**［しおれる］「flor」Murchar um pouco. S/同 Shiórérú (+). ⇨ karérú¹. **2**［力がなくなる］Estar fraco「dos joelhos」. *Netakiri no byōnin wa ashi-koshi ga naete shimatta* 寝たきりの病人は足腰が萎えてしまった O doente, muito tempo de cama, ficou sem força nos quadris/nas pernas.

na-fúdá 名札 A etiqueta (De papel, metal, etc.); o rótulo; o nome. ⇨ ráberu.

náfukin ナフキン ⇨ nápukin.

nafútárín ナフタリン (< Al. naphtalin) A naftalina.

nagá- 長- (< nagái¹) (Só se usa em palavras compostas; ⇨ nagái; nága-no¹).

nagá-áme 長雨 (< nagái + …) A chuva prolongada; dias seguidos, de chuva; um chover-sem-parar. ⇨ nobásu².

nagá-bánashi 長話 (< nagái + hanáshi) A lengalenga; o falar [conversar] durante muito tempo. ⇨ nagá-dángi.

nagá-bíkáséru 長引かせる (< nagái-bíku) Prolongar [Alargar] (indefinidamente); fazer durar. *Watashi-tachi wa koko de no taizai o kore ijō* ~ *koto wa dekinai* 私たちはここでの滞在をこれ以上長引かせることはできない Nós não podemos ~ mais a nossa estadia aqui. ⇨ nobásu².

nagá-bíku 長引く (< nagái + hikú) Durar muito; prolongar-se. *Samazama na iken ga dete kaigi ga naga-biita* 様々な意見が出て会議が長引いた Houve muitas opiniões e a reunião prolongou-se.

nagá-chōba 長丁場 (< nagái + …) Uma longa etapa. *Sono kōshō wa ichi-nen ijō no* ~ *datta* その交渉は1年以上の長丁場だった As negociações demoraram mais de um ano.

nagá-dángi 長談義 (< nagái + …) O discurso prolixo [comprido] e enfadonho; a maçadoria. I/慣用 *Heta no* ~ 下手の長談義 Discurso de pessoa que não sabe falar em público. ⇨ nagá-bánashi.

nagá-dōchū 長道中 (< nagái + …) ⇨ nagá-tábí.

nagáe 轅 Os varais (da carroça).

nagá-gútsú 長靴 (< nagái + kutsú) As botas de cano [de borracha]. S/同 Bútsu. A/反 Tañgútsú.

nagái¹ 長い Longo; comprido. *Chichi wa mō* ~ *koto nai* 父はもう長いことない O meu pai já não vai viver muito tempo. *Higa nagaku natte kita* 日が長くなってきた Os dias estão a ficar mais compridos. *Kare wa hana no shita ga* ~ 彼は鼻の下が長い［Fig.］Ele é mulherengo. ★ ~ *aida [koto]* 長い間［こと］「Há」muito tempo. ~ *kao* 長い顔 O rosto comprido. ~ *me de miru* 長い目で見る Ver「as coisas」a longo prazo. *Ki no* ~ *hito* 気の長い人 A pessoa paciente. P/ことわざ ~ *mono ni wa makarero* 長いものには巻かれろ Aos poderosos não faças guerra. A/反 Mijíkai.

nagá-i² 長居 (< nagái + irú) O ficar muito tempo num lugar; o demorar-se. ~ *wa muyō* 長居は無用 É favor não atrapalhar (o serviço) *~ suru* 長居する Demorar-se. S/同 Chōzá; nagá-jíri.

nagá-íki 長生き (< nagái + ikíru) O viver muito; a longevidade. ★ ~ *suru* 長生きする Ser longevo; chegar a velho. *Uchi wa* ~ *no kakei da* うちは長生きの家系だ A minha família é longeva. S/同 Chōju; chōmêi. ⇨ Hayá-jínî; waká-jínî.

nagá-ímó 長芋 (< nagái + …)［Bot.］O inhame-da-china; o cará; *dioscorea batatas*. ⇨ toróró ◇; yamá-ímó.

nagá-isú 長椅子 (< nagái + …) O canapé; o sofá. ⇨ sófá.

nagá-jíri 長尻 (< nagái + shirí)［G.］⇨ nagá-i².

nágaku 長〈永〉く (Adv. de nagái¹) (Por) muito tempo. *Byōnin wa mō* ~ *wa nai deshō* 病人はもう長くはないでしょう O doente já não deve viver muito. ★ ~ *naru* 長くなる Prolongar-se; levar mais (tempo). ~ *suru [nobasu]* 長くする［延ばす］Prolongar; deixar「o vestido」comprido. ~ *te [to] mo* 長くて［と］も (N)o máximo「5 dias」.

nagámé[1] 眺め (< nagáméru) A vista; o panorama. *Ii ~ da* いい眺めだ Que vista tão linda! ⇨ fúkei; késhiki[1].

nagámé[2] 長目 Uma coisa folgada [sobre o comprido]. *Himo o ~ ni kiru* ひもを長目に切る Cortar o fio compridinho [um pouco mais comprido (que o necessário)]. A/S) Míjkámé.

nagáméru 眺める Contemplar. *Kare wa watashi no kao o shigeshige to nagameta* 彼は私の顔をしげしげと眺めた Ele olhou fixamente para mim. ★ *Jitto ~* じっと眺める Perder-se a ~ 「o panorama/o filho」. *Tōku o ~* 遠くを眺める ~ ao longe. ⇨ mírú¹; mi-wátású.

nagá-móchi[1] 長持ち (< nágaku + mótsu) O durar muito. *Kono tenki wa ~ shinai darō* この天気は長持ちしないだろう Este tempo não vai durar muito. ⇨ monó-móchi **2**.

nagámóchi[2] 長持 Uma arca j. para roupa.

nagánaga 長長 Por muito tempo; longamente; ao comprido. *~ (to) o-jama shimashita* 長々（と）お邪魔しました Desculpe ter-lhe tirado tanto tempo [Obrigado pela sua paciência]. ★ *~(to) noberu [hanasu]* 長々（と）述べる［話す］ Discursar [Falar] longamente. *~(to) nesoberu [yokotawaru]* 長々と寝そべる［横たわる］Deitar-se ao comprido「na cama, na erva」. ⇨ nagátáráshíi.

nagá-nén 長年 Muitos anos. ★ *~ ni watatte [no aida]* 長年に渡って［の間］ Durante ~. *~ no keiken* 長年の経験 Uma longa experiência.

nága-no[1] 長の Longo. ★ *~ wazurai* 長の患い Uma doença cró[ô]nica. (S/司) Nagái (+).

nága-no[2] 永の Para sempre. ★ *~ wakare* 永の別れ A despedida ~. (S/司) Eikyū́ nó (+).

-nágara ながら **1** [⋯しつつ] Ao mesmo tempo que…; com. ★ *Namida ~ ni wakareru* 涙ながらに別れる Despedir-se com lágrimas. *Shokuji shi-hanasu* 食事しながら話す Falar enquanto se come [Comer e falar]. ◇ **~ zoku** ながら族 A pessoa que trabalha vendo televisão ou ouvindo rádio. **2** […にもかかわらず] Apesar de; mas; embora. *Kare wa are hodo no sainō ga ari ~ seikō shinakatta* 彼はあれほどの才能がありながら成功しなかった Apesar de (ele) ter tanto talento, fracassou. *Mazushii ~ mo kōfuku ni kurasu* 貧しいながらも幸福に暮らす É pobre, mas é feliz. **3** [そのままの] Como; quando. ★ *Umare ~ no shijin* 生まれながらの詩人 Um poeta nato [de nascença]. *Mukashi ~ no inaka-ya* 昔ながらの田舎家 Casas antigas da província. **4** [それ全部] Comer「a maçã com a casca e」 tudo. (S/司) -goto (+).

nagáráeru 長らえる ⇨ nagá-íki.

nagáraku 長らく【E.】Por muito tempo. *~ go-busata itashimashita* 長らくご無沙汰いたしました Desculpe o meu longo silêncio [esta longa demora em lhe dar notícias minhas]. (S/司) Nagái aida (+); nágaku.

nagáré 流れ (< nagáréru) **1** [流れること・物] A corrente. *Kono kawa wa ~ ga hayai* この川は流れが速い Este rio é impetuoso [tem muita ~]. ★ *Hito no ~ ni shitagatte susumu* 人の流れに従って進む Ir [Deixar-se levar] na ~. *Jidai no ~ ni tsuite ikenai* 時代の流れについていけない Não ser capaz de acompanhar o ritmo da época. *Rekishi [Shisō, Toki] no ~* 歴史［思想; 時］の流れ As ~s da história [do pensamento; dos tempos]. *Shiai no ~ ga kawatta* 試合の流れが変わった Mudou o ritmo da partida. **2** [同じ筋につながるもの] A linha. ★ *Inshōha no ~ o kumu gaka* 印象派の流れをくむ画家 O pintor da escola [~] impressionista. ⇨ keitō¹; kettō¹. **3** [計画・催しの中止] O cancelamento. *Ame no tame ensoku wa o ~ ni natta* 雨のため遠足はお流れになった Por causa da chuva a excursão foi cancelada. (S/司) Toríyámé (+).

nagáré-boshi 流れ星 (< nagáréru + hoshí) Uma estrela cadente. (S/司) Ryū́sei.

nagáré-dámá 流れ弾 (< nagáréru + tamá) Uma bala perdida [extraviada]. ★ *~ ni ataru* 流れ弾にあたる Ser atingido por ~. (S/司) Ryū́dán.

nagáré-dásu 流れ出す (< nagáréru + ⋯) Sair「um fluido」; correr. *Taru kara budōshu ga nagaredashita* 樽からぶどう酒が流れ出した O vinho correu da/o pipa/o. ⇨ nagáré-déru.

nagáré-déru 流れ出る (< nagáréru + ⋯) Sair; correr [fluir] para fora. *Nikkō no Kegon no taki wa Chūzenji-ko kara ~ kawa ga tsukuru taki da* 日光の華厳の滝は中禅寺湖から流れ出る川がつくる滝だ As quedas Kegon, em Nikkō, são as águas do (pequeno) rio que sai do lago Chūzenji. ⇨ nagáré-dásu.

nagáré-kómu 流れ込む (< nagáréru + ⋯) Desaguar; correr para dentro. *Amazongawa wa Taiseiyō ni ~* アマゾン川は大西洋に流れ込む O rio Amazonas desagua no (Oceano) Atlântico.

nagáré-móno 流れ者 (< nagáréru + ⋯) Uma pessoa errante; um vagabundo.

nagáréru 流れる (⇨ nagásu) **1** [すべるように動く] Correr; escoar; passar. *Kyō wa kuruma ga yoku nagarete iru* きょうは車がよく流れている O tráfico hoje está bom [com muito escoamento]. ★ *Ase [Chi] ga ~ 汗［血］が流れる* Correr suor [sangue]. *Denryū ga ~* 電流が流れる A ele(c)tricidade passar. **2** [広まる] Espalhar-se. *Warui uwasa wa sugu ~* 悪いうわさはすぐ流れる Os maus boatos espalham-se depressa. (S/司) Hirómáru. **3** [予定していたものが取りやめになる] Ser cancelado. *Undō-kai ga ame de nagareta* 運動会が雨で流れた Devido à chuva, a gincana foi cancelada. ⇨ chū́shí; toríyámé. **4** [さすらう] Vaguear. *Geinin no ikkō wa nagare nagarete Hokkaidō ni tadoritsuita* 芸人の一行は流れ流れて北海道にたどり着いた O grupo de artistas andou de um lado para a outro e foram parar [ter] a Hokkaidō. (S/司) Samáyóu (+); sasúráu (+). **5** [質に入れたものの所有権がなくなる] Ser confiscado. *Shichigusa ga nagareta* 質草が流れた O penhor foi confiscado. ⇨ shichí² (+). **6** [ある好ましくない方向に傾く] Tender [Descambar/Cair]. *Kare no kangae wa sugu hikan-teki ni ~* 彼の考えはすぐに悲観的に流れる Ele tende logo para o pessimismo. (S/司) Hashíru (+); katámúkú (+). **7** [水で押し流される] Deixar-se levar com a [Ir na] corrente. *Ō-ame de hashi ga nagareta* 大雨で橋が流れた Com chuvas torrenciais, a ponte foi levada pela corrente. **8** [正しい形からはずれる] Desviar-se; perder o equilíbrio. *Karada ga nagarete shūto dekinakatta* 体がシュートできなかった Perdi o equilíbrio e não pude lançar a bola ao cesto. **9** [流元する] Abortar.

nagáré-ságyō 流れ作業 (< nagáréru + ⋯) O trabalho [A produção] em série.

nagáré-tsúku 流れ着く (< nagáréru + ⋯) Chegar [Vir] por/na água. ★ *Hamabe ni ~* 浜辺に流れ着く Vir dar na praia. Hyōchákú súrú.

nágasa 長さ (Sub. de nagái) O comprimento. *Kono*

himo no ～ *wa dono kurai desu ka* このひもの長さはどのくらいですか Quanto tem este fio de ～? ★ ～ *o soroete kiru* 長さをそろえて切る Cortar「tábuas」com o mesmo ～. ⇨ také¹.

nagásáréru 流される (< nagásu) **1** [風·波の力で動かされる] Ser levado pela(s) água(s). *Kōzui de hashi ga nagasareta* 洪水で橋が流された A ponte foi levada numa inundação. **2** [感情に動かされる] Deixar-se levar. ★ *Kanjō ni* ～ 感情に流される ～ do [pelo] sentimento. **3** [追放される] Ser desterrado [exilado; expulso]. *Zainin wa shima ni nagasareta* 罪人は島に流された O criminoso foi exilado para a ilha.

nagáshí¹ 流し (< nagásu) A pia [tina/banheira] com desague/cano. ◇ **～ bina** 流しびな O costume tradicional de pôr a flutuar bonecos "hina" de papel no rio, por ocasião da festa das meninas, 3 de março.

nágashi² 流し O que está sempre a andar [correr]. ★ ～ *no takushī* 流しのタクシー O táxi que anda à procura de fregueses.

nagáshí-ami 流し網 (< nagásu + …) A rede flutuante [de arremesso; com bóias].

nagáshí-kómu 流し込む (< nagásu + …) Deitar um líquido (em quantidade) dentro de ou sobre algo. ★ *Igata ni* ～ 鋳型に流し込む Deitar「o metal líquido」no molde.

nagáshí-mé 流し目 (< nagásu + …) **1** [横目] Um olhar de lado (Não de frente). ★ ～ *de* [*ni*] *miru* 流し目で [に] 見る Olhar de esguelha [soslaio]. [S/同] Yokómé (+). **2** [色目] Um olhar amoroso. ★ ～ *o okuru* 流し目を送る Deitar ～. [S/同] Iróme.

nagá-sódé 長袖 (< nagái + …) A(s) manga(s) comprida(s). ⇨ hań-sódé.

nagásu 流す (⇨ nagáréru) **1** [液体などが流れるようにする] Despejar; deitar. *Gesui ni gomi o nagasanaide kudasai* 下水にごみを流さないで下さい Não deitem lixo na sanita [pia]. ★ *Ase o nagashite hataraku* 汗を流して働く Suar a trabalhar. *Kōkai no namida o* ～ 後悔の涙を流す Chorar de arrependimento. [I/慣用] *Mizu ni* ～ 水に流す Perdoar e esquecer [*Ima made no koto wa subete mizu ni nagashite kudasai* 今までのことは全て水に流して下さい Perdoe-me e esqueça tudo o que houve até agora entre nós]. **2** [広める] Difundir. ★ *Nyūsu* [*Uwasa*] *o* ～ ニュース [うわさ] を流す Espalhar/～ a notícia [o rumor]. [S/同] Hirómérú. **3** [予定していたものを取りやめる] Cancelar「o encontro」. [S/同] Chūshí súrú (o); torí-yáméru (+). ⇨ ryūkái. **4** [客を求めて移動する] Andar à procura de fregueses. *Shin'ya takushī ga machi o nagashite iru* 深夜タクシーが街を流している De noite os táxis andam pela cidade à procura de passageiros. **5** [質に入れた品物の所有権を失う] Perder, por confiscação, obje(c)tos empenhados [postos no prego]. ⇨ shichí² ◇. **6** [罪人を追放する] Banir; exilar. ⇨ rukéí; ruzáí; shimá -nágashi. **7** [軽い力でやる] Fazer de qualquer maneira. ★ *Hyaku-mētoru karuku nagashite hashiru* 100 メートル軽く流して走る Correr cem metros a meia velocidade. ◇ ⇨ **kiki** [**yomi**]-**～**.

nagású-kújira 長須鯨【Zool.】O rorqual [balenóptero] (Baleia); *balaenoptera physalus*.

nagá-tábí 長旅 (< nagái + …) Uma longa viagem.

nagátáráshíi 長たらしい (< nagái) Prolixo; longo e enfadonho. ★ ～ *enzetsu* [*sekkyo*] 長たらしい演説 [説教] A arenga [O sermão] ～. ⇨ kudói.

nagá-tsúzuki 長続き (< nagái + tsuzúkú) O continuar (por) muito tempo. ★ ～ *suru* 長続きする Durar muito. [S/同] Eízókú.

nagá-wázurai 長患い (< nagái + …) Uma longa enfermidade (Em geral, de cama).

nagáyá 長屋 Casas compridas e térreas para viverem várias famílias. ◇ **～ zumai** 長屋住い O viver em ～. ⇨ hiráyá.

nagá-yu 長湯 (< nagái + yu) O ficar muito tempo no "furo". ★ ～ *suru* 長湯する Ficar…

nagé 投げ (< nagéru)【(D)es.】O lançamento; o deitar ao chão, lançando. ◇ **～ waza** 投げ技 O golpe [A técnica] de atirar「o adversário」ao chão.

nagé-ágéru 投げ上げる (< nagéru + …) Atirar「a bola」ao ar.

nagé-dású 投げ出す (< nagéru + …) **1** [放り出す] Atirar (com). ★ *Yuka ni ashi o nage-dashite suwaru* 床に足を投げ出して座る Sentar-se de [com as] pernas estendidas no chão. [S/同] Hṓrí-dásu. **2** [差し出す] Entregar. ★ *Sokoku no tame ni inochi o* ～ 祖国のために命を投げ出す Dar a vida pelo (próprio) país. [S/同] Sashí-dású. **3** [放棄する] Abandonar. ★ *Chūto de shigoto o* ～ 中途で仕事を投げ出す ～/Deixar o trabalho a meio. [S/同] Hṓki suru.

nagé-íré 投げ入れ (< nagé-íréru) Um estilo de arranjo de flores.

nagé-íréru 投げ入れる (< nagéru + …) Lançar para dentro「de algo」. [S/同] Nagé-kómu.

nagé-káesu 投げ返す (< nagéru + …) Devolver「a bola」atirando.

nagé-kákéru 投げ掛ける (< nagéru + …) **1** [投げるように荒々しく掛ける] Pôr, atirando. **2** [投げて届くようにする] Atirar; lançar. ★ *Rōjin ni atatakai kotoba o* ～ 老人に温かい言葉を投げ掛ける Dirigir palavras carinhosas aos velhinhos. **3** [提出する] Apresentar. ★ *Gimon o* ～ 疑問を投げ掛ける Levantar um problema; fazer uma pergunta.

nagékáwáshíi 嘆かわしい (< nagéku) Digno de lástima; lamentável; triste. *Musuko made ga watashi o uragiru to wa* ～ *koto da* 息子までが私を裏切るとは嘆かわしいことだ Até o meu filho me atraiçoou, imagine a minha tristeza! ⇨ nasákénái.

nagékí 嘆き (< nagéku) A lamentação; a dor; o gemido; a desolação; a mágoa. ★ ～ *no amari yamai no toko ni fusu* 嘆きのあまり病の床に伏す Ficar doente de (tanta) mágoa. [S/同] Kanáshímí.

nagékí-kánáshímu 嘆き悲しむ (< nagéku + …) Estar desolado; chorar de tristeza.

nagé-kí(s)su 投げキ(ッ)ス (< nagéru + Ing. kiss) Um beijo atirado (de longe).

nagé-kómú 投げ込む (< nagéru + …) Lançar [Deitar; Atirar]「em/a」. ★ *Gomi o umi ni* ～ ごみを海に投げ込む Deitar o lixo no mar. [S/同] Nagé-íréru.

nagéku 嘆く **1** [悲嘆する] Chorar; lamentar; sentir. ★ *Haha no shi o* ～ 母の死を嘆く Chorar a morte da mãe. [S/同] Hitáń súrú. **2** [慨嘆する] Lastimar; queixar-se. ★ *Seikai no fuhai o* ～ 政界の腐敗を嘆く Queixar-se da [Lastimar a] corrupção dos políticos. [S/同] Gaítáń súrú.

nagé-kúbí 投げ首 (< nagéru + …) De cabeça caída. ★ *Shian* ～ *no tei de aru* 思案投げ首の体である Não saber que fazer; sentir-se perdido.

nagé-náwá 投げ縄 (< nagéru + …)「atirar/deitar」O laço「ao vitelo」.

nagé-ní 投げ荷 (< nagéru + …) A carga alijada [atirada/jogada] ao mar.
nagéru 投げる **1** [ほうる] Lançar; jogar; atirar. ★ *Bōru o* ～ ボールを投げる ～ a bola. [S/同] Hṓrú. **2** [あきらめる] Desistir. *Kare wa nani o hajimete mo sugu tochū de nagete shimau* 彼は何を始めてもすぐ途中で投げてしまう Ele começa um trabalho e desiste logo a meio. [S/同] Akíráméru (+); hṓki suru (+).
nagéshí 長押 Espécie de platibanda, de interior de casa japonesa, entre o alto de duas colunas.
nagé-sútéru 投げ捨てる (< nagéru + …) **1** [投げて出す] Deitar (fora). ★ *Tabako no suigara o mado kara* ～ たばこの吸いがらを窓から投げ捨てる ～/Atirar a ponta do cigarro pela janela. **2** [ほったらかしにする] Deixar; pôr de lado. ⇨ hottárákásu.
nagé-táósu 投げ倒す (< nagéru + …) Atirar「alguém」ao chão.
nagé-tóbásu 投げ飛ばす (< nagéru + …) Atirar「alguém」pelo ar [ao chão].
nagé-tsúkéru 投げ付ける (< nagéru + …) **1** [投げて当てる] Atirar「a」. ★ *Inu ni ishi o* ～ 犬に石を投げ付ける Atirar uma pedra a um cão [cachorro]. **2** [強く言い放つ] Lançar; proferir. ★ *Arai kotoba o* ～ 荒い言葉を投げ付ける Proferir palavras duras.
nagé-úrí 投げ売り (< nagéru + urú) O malbarato (A venda abaixo do custo). [S/同] Dánpingu; suté-úrí. ⇨ urí-dáshí.
nagéútsu 投げうつ・擲[抛]つ Atirar com; abandonar; entregar. *Kare wa inochi o nageutte ninmu o suikō shita* 彼は命を投げうって任務を遂行した Ele deu a vida para cumprir o dever. ★ *Zaisan o* ～ 財産を投げうつ Desbaratar os seus bens. [S/同] Hṓki suru (+); nagé-dású.
nagé-wázá 投げ技 ⇨ nagé ◇.
nagéyárí[1] 投げ遣り A negligência; o desleixo; o desmazelo; a incúria. ★ ～ *na taido de* 投げ遣りな態度で Com atitude negligente [desleixada]. ⇨ suté-báchí.
nagé-yárí[2] 投げ槍 (< nagéru + …) A azagaia; a lança de arremesso. ⇨ yarí-nágé.
nagí 凪 (< nágu) A bonança; a calmaria; a calma. ～ *ni natta* 凪になった Veio [Fez-se] ～. ◇ **Asa** [**Yū**] **～** 朝[夕]凪 ～ da manhã [tarde]. [A/反] Shiké.
nagínátá 薙[長]刀 A alabarda. [S/同] Chṓtṓ.
nagísá 渚 A praia (Parte onde batem as ondas). [S/同] Mi(zu)gíwá; namí-úchí-gíwá.
nagí-táósu 薙ぎ倒す (< nágu + …) Segar「erva」; ceifar. ★ *Teki o batta-batta to* ～ 敵をバッタバッタと薙ぎ倒す Fazer uma razia no [Ceifar o] inimigo.
nagómu 和む Ter [Ficar em] paz; acalmar-se; tranquilizar-se. ★ *Hyōjō ga* ～ 表情が和む Ter um rosto pacífico. [S/同] Yawárágu.
nagórí 名残 **1** [痕跡] O vestígio; a lembrança; os restos. *Genzai no Tōkyō ni wa Edo no* ～ *wa hotondo nai* 現在の東京には江戸の名残はほとんどない Na Tóquio de hoje quase não restam vestígios de quando era Edo. [S/同] Końsékí. ⇨ omókágé. **2** [心残り] O ficar com pena por não satisfazer um íntimo desejo. ★ ～ *ga tsukinai* 名残が尽きない As despedidas não têm fim. ～ *o oshimu* 名残を惜しむ Dizer(-se) muitos adeuses; sentir a tristeza da partida.
nagórí-óshíi 名残惜しい Custoso na despedida. *O-wakare suru no wa o-* ～ お別れするのはお名残惜しい Quanto me custa despedir-me de si.
nagóyaka 和やか Agradável; simpático; alegre; acolhedor. ★ ～ *na fun'iki* 和やかな雰囲気 Um ambiente ～. [S/同] Odáyaka; wáki-aiai.
nágu 凪ぐ Acalmar-se; tranquilizar-se. *Kaze ga naida* 風が凪いだ O vento parou. *Umi wa naide iru* 海は凪いでいる O mar está calmo [sem uma onda].
nagúrí-áí 殴り合い (< nagúrí-áu) O andar aos murros; o pegar-se. ★ ～ *o suru* 殴り合いをする Brigar.
nagúrí-áu 殴り合う (< nagúru + …) Andar aos murros; pegar-se; agarrar-se.
nagúrí-gákí 殴り書き (< nagúru + káku) O rabisco; a garatuja; os gatafunhos; os garranchos. ★ ～*(o) suru* 殴り書き(を)する Fazer ～s; rabiscar. ～ *no memo* 殴り書きのメモ A nota [anotação] rabiscada. ⇨ hashírí-gákí; rańpítsú.
nagúrí-káesu 殴り返す (< nagúru + …) Dar também [Devolver] um murro; dar o troco【G.】.
nagúrí-kákáru 殴り掛かる (< nagúru + …) Vir [Cair] em cima「de alguém」「aos socos/murros」.
nagúrí-kómí 殴り込み O assalto. ★ ～ *o kakeru* 殴り込みをかける Assaltar (quem está em casa).
nagúrí-kórósu 殴り殺す (< nagúru + …) Matar com [aos] murros.
nagúrí-táósu 殴り倒す (< nagúru + …) Deitar「alguém」ao chão a [com um] murro.
nagúrí-tsúkéru 殴り付ける (< nagúru + …) Bater; dar(-lhe) muitas (G.). ★ *Chikara ippai* ～ 力一杯殴り付ける Bater「a alguém」com toda a força.
nagúru 殴る Dar um murro [soco]; bater; dar uma surra [sova]「em」. *Kare wa ikinari watashi no atama o nagutta* 彼はいきなり私の頭を殴った Ele, sem mais, deu-me um soco na cabeça. ⇨ útsu[1].
nagúsámé 慰め (< nagúsáméru) O consolo; a consolação; o conforto; o alívio. ★ ～ *no kotoba* 慰めの言葉 As palavras de ～. *Semete mo no* ～ せめてもの慰め A「minha」única consolação.
nagúsáméru 慰める Consolar; confortar. *Nan to itte kanojo o nagusamete yoi ka wakaranai* 何と言って彼女を慰めてよいかわからない Não sei como [que lhe dizer para] a consolar. *Un ga warukatta no da to kangaete mizukara o nagusameta* 運が悪かったのだと考えて自らを慰めた Consolei-me pensando que foi falta de sorte. ★ *Nagusame-yō mo nai* 慰めようもない Estar inconsolável. [S/同] Itáwáru.
nagúsámí 慰み A brincadeira; o entretimento; o passatempo. *Umaku ittara o-* ～ うまくいったらお慰み Vamos ver se sai bem [dá certo]. ★ ～ *ni hon o yomu* 慰みに本を読む Ler para se entreter. ◇ **～ mono** 慰み物 O brinquedo. **～ mono** 慰み者 Um joguete [obje(c)to de mofa]. **Te ～** 手慰み **a)** O entretimento; o brincar [distrair-se] com algo, nas mãos; **b)** O (jogo de) apostar. ⇨ ki-báráshí; tanóshími.
nái[1] 無い【Gram.】(Neg. do verbo "aru" – haver – e de todos os verbos; muda de forma como os adje(c)tivos). *Haha wa mō kono yo ni wa* ～ 母はもうこの世にはない A minha mãe já não está neste mundo. "*Mada o-kane ga aru no*" "*Mō* ～ [*arimasen*]"「まだお金があるの」「もうない[ありません]」Ainda há dinheiro? — Já não há. *Sore wa nakatta koto ni shiyō* それはなかったことにしよう Vamos fazer de conta que não houve nada. *Negatte mo* ～ *chansu* [*kōun*] 願ってもないチャンス[幸運] Uma oportunidade que não esperava [que nem de encomenda]. *Sō*

ja ~ (ka) そうじゃない(か) Não acha(s)? ⇨ nákattara; nákereba; nákute.

-naí² 内【Suf.】Dentro de. ★ *Katei ~ bōryoku* 家庭内暴力 A violência doméstica [entre os membros da mesma família]. *Kigen ~ ni shorui o dasu* 期限内に書類を出す Apresentar a documentação dentro do prazo. *Koku [Kaisha] ~* 国 [会社] 内 Dentro do país (da firma). A/反 -gái. ⇨ ínai.

nái-³ 内【Pref.】 **1**[内側]Interno. ◇ **~ shukketsu** 内出血 A hemorragia interna. **2**[内] Uchigáwá. **2**[内へ] Secreto. S/同 Naíhó.

náibu 内部 (A parte de)dentro; o interior. *Kare wa kaisha no ~ no jijō ni kuwashii* 彼は会社の内部の事情に詳しい Ele conhece bem a firma por dentro. ◇ **~ bunretsu** 内部分裂 A cisão interna. **~ kōzō** 内部構造 A estrutura interna. S/同 Naímén; uchígáwá. **2**[内反] Gáibu.

naíbu [ii] ナイーブ (< Ing. naive < Fr. < L. nativus: que nasce) ★ **~ na** ナイーブな Ingé[ê]nuo; frágil; sensível. ⇨ señsá'í; úbu.

naíbún 内聞 O segredo. *Dō ka kono hanashi wa go-~ ni o-negai shimasu* どうかこの話は御内聞にお願いします Peço-lhes que guardem segredo disto [sobre este assunto]. ⇨ naímítsú; naíshó.

naíbúnpi(tsu) 内分泌【Biol.】A secreção interna. ◇ **~ eki** 内分泌液 As hormonas. **~ sen** 内分泌腺 A(s) glândula(s) de ~. A/反 Gaíbunpi(tsu).

náichi 内地 **1**[本国] A Metrópole. S/同 Hóngoku (+). A/反 Gáichi. **2**[国内] Dentro [O interior] do país. ★ **~ san no gyūniku** 内地産の牛肉 Carne de vaca nacional. ◇ **~ kinmu** 内地勤務 O trabalhar no país. S/同 Kokúnai. A/反 Gáichi. **3**[内陸] O interior (Longe da costa). S/同 Naírikú (+).

naichí-mái 内地米 O arroz nacional. A/反 Gaíchímái. ⇨ komé.

naí-dáijin 内大臣【H.】O secretário [assessor] do Imperador (Na era Meiji).

naidákú 内諾 O consentimento oficioso [não oficial; particular]. ★ **~ o eru** 内諾を得る Obter [Receber] o ~. ⇨ shōdákú.

naídán 内談 As negociações oficiosas [não oficiais]. S/同 Mitsúdán.

naién¹ 内縁 O casamento consensual; a união livre. ★ **~ no tsuma** 内縁の妻 A mulher num/a ~.

naién² 内苑 O jardim privado dum grande palácio ou templo xintoísta. A/反 Galéín.

naífu ナイフ (< Ing. knife) A faca; a navalha. ★ **~ de kiru** ナイフで切る Cortar à [com (uma)] ~. ◇ **Batā [Kudamono] ~** バター[果物]ナイフ A faca da manteiga [fruta].

naífukú 内服 A via oral; o uso interno. ★ **~ suru** 内服する Tomar (o remédio) por via oral. S/同 Naíyō. A/反 Gaíyō.

naifúkú-yaku 内服薬 O remédio para tomar por via oral. A/反 Gaíyōyaku.

naifún 内紛 A luta interna. ★ **~ ga okiru** 内紛が起きる Haver [Ocorrerem] lutas internas「no país, na firma」. S/同 Uchiwámómé. ⇨ funshō¹; naírán¹.

nái-gai 内外 **1**[内と外] Dentro e fora. ★ *Ie no ~ o sōji suru* 家の内外を掃除する Fazer limpeza ~ da casa. ⇨ náka¹; sóto. **2**[国内と国外] Dentro e fora do país. ★ **~ no jōsei** 内外の情勢 A situação nacional e internacional. ⇨ kokúgai; kokúnai. **3**[およそ] Mais ou menos. ★ *Isshūkan ~ de* 一週間内外で Numa semana, ~. S/同 Zéngo (+).

naígáshíró 蔑ろ Como se não existisse. ★ **~ ni suru** 蔑ろにする Não ter (qualquer) apreço「por」; não fazer caso「de」; ter desprezo「por」; menosprezar; não respeitar. ⇨ múshi².

náigi 内儀 **1**[商家のかみさん] A esposa do comerciante [dono da loja]. **2**[身分のある人の奥さん] A esposa de alguém ilustre.

naígū [úu] 内宮 O santuário interior de Ise. S/同 Naíkū. A/反 Gekú.

naíhó¹ 内包 **a)** O conter; **b)** A conotação. ★ *Sono jiken ga ~ suru sho-mondai* その事件が内包する諸問題 Os vários problemas que o caso tem [encerra].

naíhó² 内報 A informação secreta. ⇨ hōkókú¹.

náii 内意 O desígnio [A intenção] secreto[a]; a ordem [missão] secreta; o plano secreto; a íntima convicção; os verdadeiros sentimentos. ★ *Shachō no ~ o ukete* 社長の内意を受けて「viajar」Em [Com] missão secreta do presidente (da firma). ⇨ himítsú; naímé!; naíshín¹.

naíji¹ 内示 Uma comunicação preliminar [oficiosa; não oficial; particular; confidencial]. ★ **~ suru** 内示する Comunicar confidencialmente [oficiosamente].

náiji² 内耳【Anat.】O ouvido interno. ⇨ gáiji.

naiji-en 内耳炎【Med.】A labirintite [otite interna].

naijín 内陣 A parte mais interior dum templo.

naijítsú 内実 **1**[内部の事実・事情] A (verdadeira) realidade. *Waga-sha no keiri no ~ wa hi no kuruma de aru* 我が社の経理の内実は火の車である ~ da situação financeira da nossa firma é explosiva. S/同 Naíjō (+). **2**[本当のところ] De fa(c)to; na realidade. ★ **~ komatte iru** 内実困っている O fa(c)to é que「~」estou perdido. S/同 Sonō jítsú (+).

náijo 内助 A ajuda da mulher [esposa]. *Kare wa tsuma no ~ no kō de shusse shita* 彼は妻の内助の功で出世した Ele triunfou [teve êxito] na vida graças à ~. S/同 Chikárá-zóé; énjo.

naíjō 内情 A situação [coisa; O assunto] por dentro. *Kaisha no ~ ni tsūjite iru (akarui)* 会社の内情に通じている(明るい) Estar por dentro de [Conhecer a verdadeira] situação da firma.

naíju 内需 O consumo [A procura] interno[a]. ★ **~ no kakudai** 内需の拡大 A expansão do/a ~. A/反 Gáiju. ⇨ juyō².

naiká 内科 **1**[医学の一部門] A clínica geral; a medicina interna. ★ **~ no byōki** 内科の病気 As doenças de ~. ◇ **~ i** 内科医 Um clínico geral; o terapeuta. **2**[1を専門に治療するところ] Um consultório médico; uma clínica; a se(c)ção de clínica geral de um hospital. A/反 Geká.

naikái 内海 O mar interior「de Seto」; um braço-de-mar. S/同 Uchíúmí; kaíjó.

náikaku¹ 内閣 O Governo [Ministério; Gabinete Ministerial]. ★ **~ iri suru** [~ ni hairu] 内閣入りをする[内閣に入る] Entrar para o Governo; ser nomeado Ministro. **~ o soshiki suru** 内閣を組織する Formar Governo. **~ o taosu [datō suru]** 内閣を倒す[打倒する] Derrubar o Governo. ◇ **~ kaizō** 内閣改造 A remodelação do Governo. **~ kanbō chōkan** 内閣官房長官 O secretário chefe do gabinete. **~ sō-jishoku** 内閣総辞職 A demissão geral do ~. **~ sōridaijin** 内閣総理大臣 O primeiro-ministro [Primeiro Ministro].

Gen-~ 現内閣 O a(c)tual ~. **Renritsu ~** 連立内閣 Um Governo de Coligação. **Seitō ~** 政党内閣 Um Governo maioritário.

naíkáku² 内角 **1**［図形の内側にできる角］【Mat.】Um ângulo interno. ★ *Sankakkei no ~ no wa* 三角形の内角の Os ~ s do triângulo. A/反 Gaíkáku. **2**［野球で打者に近い所に来る投球］【Beis.】O canto do lado interior［que está mais próximo do batedor］. S/同 Mekáké (+). A/反 Seísáí. ⇨ naíei¹.

naíkéi 内径 O calibre［diâmetro interno］「do cano」.

naíki 内規 Os estatutos; o regulamento. ⇨ kitéi¹·³.

naikín 内勤 O trabalho em casa［de escritório］. A/反 Gaíkín.

naíkō¹ 内向 A introversão; o ser introvertido. ★ ~ *teki na*［~ *gata no*］*hito* 内向的な［内向型の］人 Pessoa introvertida［de carácter introvertido］; um introvertido. ◇ ~ **sei** 内向性 A introversão. S/同 Uchí-kí. A/反 Gaíkō. ⇨ hazúkáshígáríyá; uchí-kí.

naíkō² 内攻【Med.】O retrocesso. ★ ~ *suru* 内攻する「uma doença」Retroceder.

naíkō³ 内航 (Abrev. de "naíkóku kōro") A navegação［rota］costeira. A/反 Gaíkó.

naíkóku 内国 Doméstico; interno. ◇ **~ kawase** 内国為替 O câmbio ~. **~ kōro** 内国航路 ⇨ naíkō³. S/同 Kokúnai (o); náichi (+).

naí-kōshō［óo］内交渉 As negociações preliminares. ◇ ~(*o*)*suru* 内交渉(を)する Realizar ~.

naíkú［úu］内宮 ⇨ naígú.

naíméi 内命 Uma ordem secreta. ★ ~ *o kudasu*［*ukeru*］内命を下す［受ける］Dar［Receber/Ter］~. ⇨ meíréi.

naímén 内面 **1**［内側］O lado interior［de dentro］. ★ ~ *kara kansatsu suru* 内面から観察する Ver［Observar］de dentro. S/同 Naíbu; uchígáwá. A/反 Gaímén. **2**［精神・心理の方面］O interior; o espírito; o coração. *Kare wa ku kuchi wa warui ga ~ wa atakarai hito da* 彼は口は悪いが内面は温かい人だ Ele é má língua［tem uma fala agressiva］mas tem bom coração. ◇ **~ byōsha** 内面描写 Uma descrição psicológica. A/反 Gaímén; hyōmén.

naímítsú 内密 O segredo. ★ ~ *no*［*na*］*hanashi* 内密の［な］話 Um assunto secreto.
S/同 Himítsú (+); naínáí; naíshó (+).

nai-móno-nédari 無い物ねだり ◇ ~(*o*)*suru* 無い物ねだり (を) する Pedir o impossível. ★ ~(*o*)*suru* 無い物ねだり(を)する Pedir...

náimu 内務【A.】(⇨ hōmu¹) Os assuntos internos dum país. ◇ **~ chōkan** 内務長官 O Secretário do Interior. **~ daijin** 内務大臣 O Ministro do Interior. **~ shō** 内務省 O Ministério do Interior. S/同 Naíséi. A/反 Gáimu.

naínáí 内々 A confidência; o segredo. ~ *no hanashi desu ga* 内々の話ですが Vou-lhe dizer uma coisa, mas é segredo.
S/同 Naímítsú (+); naíshó (o); uchíwá.

naínén-kikan 内燃機関 O motor de combustão interna. Gaínénkíkan.

naíran¹ 内乱 A guerra civil「de Espanha」. ★ ~ *o okosu*［*shizumeru*］内乱を起こす［鎮める］Provocar/Causar/Desencadear uma［Acabar com a］~.

naíran² 内覧【E.】Uma visita particular (A uma exposição de arte, de modas, etc.). A/反 Naíkén.

~ chihō［**bu**］内陸地方［部］As regiões do［O］~. **~ sei kikō** 内陸性気候 Um clima continental.

náiron ナイロン (< Ing. nylon: nome comercial da fibra sintética) O náilon［nailão; nylon］.

naísái¹ 内債 (Abrev. de "naíkóku sáimu") A dívida interna (do país). A/反 Gaísáí.

naísái² 内済 O resolver「a querela」fora de tribunal. S/同 Jidán (+).

naísái³ 内妻 A mulher, numa união livre.
S/同 Mekáké (+). A/反 Seísáí. ⇨ naíei¹.

naíséi¹ 内政 Os assuntos internos dum país. ◇ **~ kanshō** 内政干渉 A interferência［ingerência］nos ~. **~ mondai** 内政問題 Um problema de administração interna. ⇨ náimu.

naíséi² 内省 A reflexão; o exame. ★ ~ *suru* 内省する Refle(c)tir; considerar. ~ *teki na* 内省的な「Uma pessoa」refle(c)tida［que pensa］.
S/同 Hańséí (+).

naísén¹ 内戦 A guerra civil.
Naíran; shimín sénsō.

naísén² 内線 **1**［屋内配線］(Abrev. de "okúnái háisen") A instalação elé(c)trica interna. A/反 Gaíséń. **2**［電話の］O ramal (A extensão) (de telefone). ◇ **~ denwa** 内線電話 O telefone interno［só para dentro de casa］. A/反 Gaíséń.

naísétsú 内接【Geom.】Inscrito. ★ *En ni ~ suru shikakkei o kaku* 円に内接する四角形をかく Traçar um quadrado ~ no círculo. ◇ **~ en** 内接円 Um círculo ~ . A/反 Gaísétsu.

náishi 乃至 **1**［…から…まで］Entre ... e ...; de ... ... ★ *Nijū ~ sanjissai* 20乃至30歳 Entre os 20 e os 30 anos (de idade). **2**［または］Ou (entre). ★ *Kita ~ hokutō no kaze* 北乃至北東の風 Vento norte ~ nordeste. S/同 Matá wa (+).

naíshi-kyō 内視鏡【Med.】O endoscópio.

naíshín¹ 内心 **1**［心のなか］Por dentro; no coração; lá no íntimo. *Kare wa ~(de wa) odayaka de nakatta* 彼は内心(では)穏やかでなかった Ele, por dentro, não estava calmo. ★ ~ *o uchiakeru* 内心を打ち明ける Abrir o coração; dizer o que sente/pensa. S/同 Shínchū. **2**【Geom.】O centro do círculo inscrito dum polígono.

naíshín² 内申 A informação confidencial. ★ ~ *suru* 内申する Dar uma ~. ◇ **~ sho** 内申書 Um certificado confidencial「das notas e cará(c)ter do aluno」.

naíshín³ 内診 **1**［女性の生殖器の中を診察すること］【Med.】Um exame ginecológico. ★ ~ *suru* 内診する Fazer ~. **2**［宅診］A consulta na clínica (do médico). S/同 Takúshín. A/反 Ōshín.

nai-shínnō［óo］内親王 A princesa.
A/反 Shínnō. ⇨ kōjo¹.

naishó 内緒［所・証］**1**［ひみつ］O segredo. *Kanojo wa ryōshin ni ~ de gakkō o yasunda* 彼女は両親に内緒で学校を休んだ Ela deixou de ir à escola sem avisar os pais. ★ ~ *ni suru* 内緒にする Guardar segredo; considerar secreto. S/同 Himítsú; naímítsú. ⇨ hísohíso ◇. **2**［暮らし向き］As finanças familiares. ~ *ga kurushii* 内緒が苦しい Estar mal de vida［dinheiro］. S/同 Kuráshí-múkí (+).

naishó-bánashi 内緒［所・証］話 (<…+ hanáshí) Um segredo (dito em conversa). ★ ~ *o suru* 内緒話をする Dizer segredos.

naishó-gótó 内緒［所・証］事 (<…+ kotó) Um segredo; um assunto secreto.

naíshóku 内職 Um emprego subsidiário; o biscate/o; o gancho. ★ ~ *ni hon'yaku o suru* 内職に

naí-shúgen [úu] 内祝言 Um casamento só com os familiares presentes a participar.

naí-shúkketsu 内出血【Med.】Uma hemorragia interna. ★ ~ *suru* [*okosu*] 内出血する [を起こす] Ter uma ~.

naísō 内装 Os acabamentos do interior (duma casa). ◇ ~ **kōji** 内装工事 As obras [O trabalho] dos interiores. A/反 Gaísō. ⇨ sōshókú¹.

náitā ナイター (< Ing. night < L.) Um desafio no(c)turno「de beis.」. ◇ ~ **chūkei** ナイター中継 A transmissão dire(c)ta de um ~ na televisão.

naítéí¹ 内定 A decisão [aprovação] não oficial. *Shūshoku ga ~ shita* 就職が内定した Já me disseram que tenho emprego por ~. ◇ **Gōkaku-sha** 合格内定者 Os aprovados por ~. ⇨ kettéí.

naítéí² 内偵 Um inquérito [Uma investigação] secreto[a]. ★ ~(*o*) *suru* 内偵(を)する Fazer ~.

naítéki 内的「a vida」Interior; interno;「valor」intrínseco. ◇ ~ **yōin** 内的要因 A causa interna. A/反 Gaítéki. ⇨ náibu; naíshín¹.

naíto ナイト 1 [夜] (< Ing. night < L.) A noite. ~ **gaun** ナイトガウン O roupão. ~ **kurabu** ナイトクラブ O clube no(c)turno. ~ **kyappu** ナイトキャップ A touca [O gorro] de dormir. ~ **tēburu** ナイトテーブル A mesa [mesinha] de cabeceira. S/同 Yóru (+). 2 [騎士] (< Ing. knight) O cavaleiro (Sobretudo duma antiga ordem de cavalaria). S/同 Kíshi (+).

naítsū 内通 1 [裏切り] A traição; a conspiração; o conta(c)to secreto. ★ ~ *suru* 内通する Trair; comunicar secretamente「com」. ◇ ~ **sha** 内通者 O traidor. S/同 Urágíri (+). 2 [密通] O adultério. S/同 Mittsū (+).

naíyá 内野【Beis.】O quadrado. ◇ ~ **anda [furai]** 内野安打 [フライ] A pancada [O lançamento] dentro do ~. ~ **seki** 内野席 As bancadas do ~. ~ **shu** 内野手 Os jogadores das bases. A/反 Gaíyá.

naíyáku 内約 Um contrato [acordo] privado. S/同 Mitsúyáku (+). ⇨ yakúsóku.

naíyó¹ 内容 O conteúdo; a substância; a matéria; o assunto; o teor. *Kare no hanashi ni wa ~ ga nai* 彼の話には内容がない O que ele diz tem pouco[a] conteúdo [substância]; é [é pouco] profundo; ★ ~ *ga hōfu de aru* 内容が豊富である Ter muito conteúdo; ser rico (em conteúdo). ~ *no jūjitsu shita kōen* 内容の充実した講演 Uma conferência [palestra] cheia de [rica em] conteúdo. *Jiken no ~ no keii* 事件の内容入り A história do incidente. *Tegami no ~* 手紙の内容 O teor da carta. ◇ ~ **mihon** 内容見本 Um[a] modelo [mostra] do conteúdo. ~ **shōmei**「**yūbin**」内容証明「郵便」Correio com a」declaração do conteúdo. ~ nakámi.

naíyó² 内用 ⇨ naífúku.

naíyū 内憂 As discórdias domésticas (Da casa, do país). P/とわざ ~ *gaikan komogomo itaru* 内憂外患こもごも至る Vivemos num mar de problemas: em casa discórdias, de fora a ameaça do inimigo. S/同 Naífún (+). A/反 Gaíyū.

naízai 内在 O estar em; a imanência. ★ ~ *suru* 内在する Estar (dentro); ser imanente. *Kami no ~* 神の内在 A imanência divina [de Deus]. ~ *teki* 内在的 Imanente; inerente; próprio. A/反 Gaízáí.

naízō¹ 内臓【Biol.】O órgão interno; as vísceras. ★ ~ *no* 内臓の Visceral. ◇ ~ **byō [shikkan]** 内臓病 [疾患] A afe(c)ção de um ~.

naízō² 内蔵 O ter dentro. ★ *Furasshu ~ no kamera* フラッシュ内蔵のカメラ A máquina fotográfica com clarão [flash] incorporado.

najímí 馴染み (< najimu) 1 [馴染むこと] O conhecer de perto; a familiaridade. *Kare to wa ~ ga usui [fukai]* 彼とは馴染みが薄い [深い] Conheço-o mal [bem]. ★ ~ *ni naru* 馴染みになる Acostumar-se; ficar a gostar cada vez mais. ~ *no mise* 馴染みの店 A (minha) loja preferida. *O-~ no dashimono* お馴染の出し物 O「seu」número preferido (Canção, peça teatral, etc.). ◇ ~ **kyaku** 馴染み客 Um cliente habitual. ⇨ **kao [mukashi; osana] ~**. 2 [情交] O ser amigo; a amizade. ★ ~ *o kasaneru* 馴染みを重ねる Ficar [Fazer-se] cada vez mais amigo.

najimu 馴染む 1 [なれ親しむ] Acostumar [Habituar/Adaptar]-se「a」; gostar「de」. ◇ *Atarashii kankyō ni ~* 新しい環境に馴染む ~ ao novo ambiente. ⇨ natsúku. 2 [調和する] Combinar「com」; ligar [ir] bem. *Kono kāten no iro wa yuka ni najimanai* このカーテンの色は床に馴染まない A cor da cortina não combina (bem) com o chão. ◇ *Ashi ni najinda kutsu* 足に馴染んだ靴 Sapatos que se adaptam bem ao pé. *Hada ni yoku ~ kurīmu* 肌によく馴染むクリーム Um creme muito bom para a pele.

najiru 詰る Repreender; dar uma raspanete [uma bronca]. ★ ~ *yō na kuchō de* 詰るような口調で Num tom de censura/repreensão. S/同 Kitsúmón súru. ⇨ imáshíméru; seméru; togáméru.

náka¹ 中 1 [内部] Dentro. ~ *e o-hairi kudasai* 中へお入り下さい Faz favor de entrar. *Ie no ~ kara koe ga kikoeta* 家の中から声が聞こえた Ouviam-se vozes em casa [lá de ~]. ★ *Heya no ~ no nozoku* 部屋の中をのぞく Olhar para ~ do quarto. *To o ~ kara shimeru* 戸を中から閉める Fechar/Trancar a porta por ~. S/同 Náibu. A/反 Sóto. 2 [範囲内] Entre; dentro. *Chūshoku-dai wa sanka-hi no ~ ni fukumarete imasu* 昼食代は参加費の中に含まれています O (preço) do almoço está incluído na cobrança pela participação. *Kare wa otoko no ~ no otoko da* 彼は男の中の男だ Ele é um homem como não há outro. *Supōtsu no ~ de wa tenisu ga ichiban suki da* スポーツの中ではテニスが一番好きだ De [Entre] todos os desportos, aquele de que gosto mais é o té(ê)nis. S/同 Uchí. 3 [中間] O meio. ★ ~ *ichi-nichi oite henji o dasu* 中一日おいて返事を出す Responder com um dia de intervalo [permeio]. ~ *o totte nisen-en no o kau* 中を取って2千円のを買う Escolher o do meio (em preço) e comprá-lo por 2.000 yens. S/同 Aídá; chūkán; mańnáká (+). ⇨ heíkín. 4 [進行中; 続行中] Quando. *O-isogashii ~ o o-koshi kudasaimashite arigatō gozaimasu* お忙しい中をお越し下さいましてありがとうございます Muito obrigado por ter vindo à nossa casa apesar de estar tão ocupado. ★ *Ame no ~ o dekakeru* 雨の中を出かける Sair com chuva. S/同 Sáichū.

náka² 仲 As relações; os termos; algo que existe entre duas ou mais pessoas. *Karera wa ~ ga yoi [warui]* 彼らは仲がよい [悪い] Eles estão [não estão] de boas relações/Eles dão-se [não se dão] bem. *Kimi to watashi no ~ da, enryo suru na* 君と私の仲だ、遠慮するな Somos amigos, nada de cerimó(ô)nias. ★ ~ *mutsumajii* 仲睦まじい Que é íntimo [muito amigo].「*Fūfu no* ~ *o saku*「夫婦の」仲を裂

〈 Alhear o marido da mulher; perturbar a harmonia do casal. ~ *o torimotsu* 仲を取り持つ Ser [Servir de] intermediário「num casamento」; mediar「disputa」. ⇨ náka-yoku. *Kitte mo kirenu ~ da* 切っても切れぬ仲だ Ser unha e carne; ser muito amigos. S/同 Aídá-gárá.

nakába 半ば **1**［半分程度］A metade; o meio; a parte. *Kare ga seikō shita no wa ~ doryoku ~ kōun no o-kage da* 彼が成功したのは半ば努力半ば幸運のおかげだ Ele triunfou, em parte graças ao esforço e em parte por sorte. ★ ~ *kusatta ringo* 半ば腐ったリンゴ A maçã metade [meio] podre. ~ *mu-ishiki no uchi ni* 半ば無意識のうちに Semi-inconsciente(mente). ⇨ hañbán. **2**［中途；最中］Os meados. ★ *Gojū-dai ~ no hito* 50代半ばの人 Um senhor dos seus 55 (anos). *Shigatsu no ~ ni* 4月の半ばに Em [A] ~ de abril 〔中旬〕. ⇨ chūjúń. ⇨ chūtó; sáichū; tochū.

naká-dáchí 仲立ち (<…² + tátsu) A mediação; os serviços; a intervenção. *Kare no ~ de shōdan ga seiritsu shita* 彼の仲立ちで商談が成立した Com a [Graças à] mediação dele as conversações sobre o negócio resultaram. ★ ~ (*o*) *suru* 仲立ち(を)する Fazer de [Servir] intermediário; intervir; interceder. ◇ ~ (**nin**) 仲立ち(人) O intermediário. S/同 Chūkáí; hashí-wátashi; shūséń.

naká-dárúmi 中弛み (<…¹ + tarúmú) O ponto morto. *Keiki wa ~ (jōtai) da* 景気は中弛み(状態)だ O mercado [A economia] está num ~.

naká-gáí 仲買 (<…² + káú) A corretagem; o negócio à comissão. ★ ~ *o suru* 仲買をする Ser corretor. ◇ ~ **gyō** 仲買業 A profissão [O ofício] de corretor. ◇ ~ **nin** 〜人. ◇ ~ **ten** 仲買店 A casa de ~.

nakágái-níñ 仲買人 O corretor. ◇ **Kabushiki torihiki** ~ 株式取引仲買人 ~ da Bolsa e do comércio. S/同 Buróka.

naká-goro 中頃 (<…² + kóro) Os meados. ★ *Rokugatsu no ~ ni* 6月の中頃に Por meados de Junho. S/同 Nakába.

naká-hódó 中程 **1**［中程度］O meio; a média. *Kare no seiseki wa kurasu no ~ da* 彼の成績はクラスの中程だ Em notas ele é médio na classe. **2**［まん中のあたり］Mesmo no meio; bem dentro. (*Kuruma no*) ~ *ni o-tsume kudasai* (車の)中程にお詰めください Apertem-se [Entrem] bem para dentro da carruagem! **3**［中ごろ］O meio. *Shiai no ~ de ame ga furi-dashita* 試合の中程で雨が降り出した A meio do desafio começou a chover. S/同 Nakágóró.

naká-írí 中入り O intervalo nas lutas de sumô ou representações de nô. ★ ~ *go no torikumi* 中入り後の取組 As lutas principais após o intervalo.

naká-jikíri 中仕切り (<…¹ + shikíru) A divisão interior (da casa).

nakámá 仲間 **1**［いっしょに何かをする者同士］O colega [companheiro]; o parceiro; os da grupo [da turma]; o grupo. ★ ~ *iri* (*o*) *suru* [~ *ni hairu*] 仲間入り(を)[仲間に入る]する Entrar para o grupo. ~ *ni* (*hiki*) *ireru* 仲間に(引き)入れる Admitir no grupo. ~ *ni suru* 仲間にする Aceitar como colega. ◇ ~ **dōshi** 仲間同士 Os companheiros. ~ **hazure** 仲間はずれ O afastamento do grupo〔*Hito o ~ hazure ni suru* 人を仲間はずれにする Afastar alguém do grupo〕. ~ **ishiki** 仲間意識 A consciência de grupo. ~ **uchi** 仲間内 Entre colegas. ~ **ware** [**genka**] 仲間割れ[喧嘩] O desentendimento [A briga] entre colegas. **Asobi** ~ 遊び仲間 Colega de brincadeira〔jogo〕. S/同 Dóséí; dōshi. **2**［同種］A mesma espécie. *Sakura wa bara no ~ da* 桜はバラの仲間だ A cerejeira é da família da roseira. S/同 Dōshú.

naká-mákú 中幕 Um entrea(c)to「em representações de kabuki」.

nakámí 中身 **1**［中］O que há dentro; o conteúdo. *Fukuro no ~ wa nan desu ka* 袋の中身は何ですか Que é que tem o saco? ★ ~ *no koi* [*usui*] *hanashi* 中身の濃い[薄い]話 A palestra com muito [pouco] conteúdo. S/同 Naíyó.

naká-mísé 仲見世 As lojas de prendas em recintos de templo「Asakusa」. ◇ ~ **dōri** 仲見世通り Uma rua só de ~.

nakánáka なかなか **1**［かなり］Muito; bastante; em alto grau. *Kono shigoto wa ~ hone ga oreru* この仕事はなかなか骨が折れる Este trabalho é muito duro. ~ *no gakusha* なかなかの学者 Um grande investigador [mestre]. S/同 Kánari. **2**［たやすくできないさま］(Com o v. na neg.) Facilmente. *Byōki ga ~ naoranai* 病気がなかなか治らない A doença não cura [não há maneira de curar].

naká-náori 仲直り (<…² + naóru) O fazer as pazes; o ficar outra vez amigos; a reconciliação.

naká-níwá 中庭 O pátio (interior); o claustro.

nakánzuku 就中 (< náka + ni + tsúku)【E.】Antes de mais; especialmente. S/同 Kóto-ni (-); tóku-ni; toríwáké ~.

naká-óré 中折れ (<…¹ + oréru) Flexível. ◇ ~ **bō** (**shí**) 中折れ帽(子) O chapéu mole [de feltro].

-nákase 泣かせ (Sub. de nakáséru) O martírio [A tristeza]. ★ *Ano ko wa oya ~ da* あの子は親泣かせだ Aquele filho é o/a ~ dos pais.

nakáséru 泣かせる (< nakú¹) **1**［泣くようにさせる］ Fazer chorar. **2**［嘆かせる］Dar que [Fazer] sofrer. S/同 Kurúshíméru. **3**［感動させられる］Comover; arrancar lágrimas; fazer chorar. ~ *hanashi da* 泣かせる話だ É uma história comovedora [que faz chorar]. ⇨ -nákase; nakású¹.

nakáshi 仲仕 O estivador. ⇨ okínákashi.

nakású¹ 泣かす (< nakú¹) **1**［泣くようにする］Fazer chorar. *Sono ko wa ijimekko ni nakasareta* その子はいじめっ子に泣かされた Foi um maroto que fez chorar essa criança. **2**［感動を与える］Comover; emocionar. *Sono hanashi ni wa minna nakasareta* その話にはみんな泣かされた Ficaram todos emocionados com o [aquele] caso.

nakású² 中州[洲]【Geol.】O banco de areia.

naká-tágai 仲違い (<…² + tagáu) A desavença; o desavir-se; a discórdia. *Karera wa ~ shite iru* 彼らは仲違いしている Eles estão [andam] desavindos.

naká-tsúgí 中継 [次]ぎ (<…¹ + tsugú) **a**) A junta 〔junção〕; a ligação; **b**) O intermediário. ◇ ~ **bōeki** 中継ぎ貿易 O comércio de trânsito. ~ **kō** 中継ぎ港 O porto de trânsito. ⇨ chūkáí¹; torí-tsúgí.

nákattara 無かったら【Gram.】(Forma condicional de náí¹). *Mō kippu ga ~ shikata ga nai* もう切符が無かったら仕方がない Se já não houver bilhetes, paciência! S/同 Nákereba.

naká-yásumi 中休み (<…¹ + yasúmu) Um (breve) descanso/intervalo. ⇨ kyūkéí¹.

naká-yoku 仲良く (<…² + yóí) Amigavelmente. ★ *Fūfu ~ kurasu* 夫婦仲良く暮らす Viver ~ como esposos/Ser um casal feliz.

naká-yoshi 仲良[好]し (<…² + yói) **a)** O ser amigos; a camaradagem; **b)** Um amigo. ★ ~ *de aru* 仲良しである Ser amigos. ⇨ shín'yū.

naká-yubi 中指 O dedo médio (maior). ⇨ hitósáshi[ko; kusúri; oyá]-yubi.

naká-zóra 中空 (<… + sóra) O ar (Espaço).

naké-náshi なけなし (< nái + nái) A migalha. *Watashi wa ~ no kane o hataite sono hon o katta* 私はなけなしの金をはたいてその本を買った Tirei da carteira os vinténs que me restavam e comprei aquele livro.

nákereba なければ 【Gram.】 (Forma condicional de naí¹). *Asu ame de ~ shuppatsu shimasu* 明日、雨でなければ出発します Amanhã, se não chover, vou partir. *Mō kaera-~ narimasen* もう帰らなければなりません Já tenho de voltar (para casa). ⇨ nákatara.

nakí¹ 泣き (< nakú¹) O choro; o chorar. ★ ~ *no namida de* 泣きの涙で Desfeito [Todo/a] em lágrimas. ~ *o ireru* 泣きを入れる「Pedir perdão a」Chora(minga)r.

nakí² 亡き O morto [falecido; defunto]; a morte. ★ ~ *ato o tomurau* 亡き後を弔う Fazer um a(c)to [serviço] religioso pelo defunto; prestar as honras fúnebres. *Ima wa ~ shachō* 今は亡き社長 O nosso saudoso presidente. ⇨ nakí-gárá; nái¹; nakúnárú¹.

nakí-ákasu 泣き明かす (< nakú¹ + …) Passar toda a noite a chorar.

nakí-bésó 泣きべそ (< nakú¹ + …) **a)** O chorão (⇨ nakí-múshi); **b)** O estar quase a chorar. ★ ~ *o kaku* 泣きべそをかく Choramingar.

nakí-bókuro 泣き黒子 (< nakú¹ + hokúró) Um lunar (Sinal) por baixo do olho.

nakí-dásu 泣き出す (< nakú¹ + …) Deitar[Pôr-se]a chorar. ★ *Ima ni mo nakidashi-sō na sora moyō* 今にも泣き出しそうな空模様 O tempo carregado; o céu a ameaçar chuva.

nakí-dókóró 泣き所 (nakú¹ + tokóró) O ponto fraco; o tendão [calcanhar] de Aquiles. ★ *Benkei no ~* 弁慶の泣き所 O ponto fraco dos fortes (Como Benkei: século 12). 同 Jakútóké (+).

nakí-gáó 泣き顔 (< nakú¹ + kaó) As lágrimas; a cara de choro. 同 Nakíttsúrá.

nakí-gárá 亡骸 (< kará) O cadáver; o corpo do defunto. 同 Itái (+); shikábáné; shitái (+). ⇨ ikótsú.

nakí-góe¹ 泣き声 (< nakú¹ + kóe) **a)** O choro; o pranto; o gemido [soluço]; o vagido; **b)** A voz lacrimosa. ⇨ namídá-góe.

nakí-góe² 鳴き声 (< nakú¹ + kóe) A voz dos animais (De todos; em p. diz-se "canto" para aves e inse(c)tos; para os animais grandes há palavras próprias, por ex. o "relincho" do cavalo, "latido" do cão,…).

nakí-gótó 泣き言 (< nakú¹ + kotó) A queixa; o lamento; a lamúria. ★ ~ *o iu* 泣き言を言う Queixar-se; lastimar-se; lamuriar-se. ⇨ Guchí.

nakí-hárasu 泣き腫らす (< nakú¹ + …) Ter os olhos inchados de chorar. *Kanojo wa me o akaku nakiharashite ita* 彼女は目を赤く泣き腫らしていた Ela tinha os olhos vermelhos (e inchados) de (tanto) chorar.

nakí-íru 泣き入る (< nakú¹ + …) Chorar amargamente, em silêncio.

nakí-jákúru 泣きじゃくる (< nakú¹ + shakúru) Soluçar.

nakí-jógo 【óo】 泣き上戸 (< nakú¹ + …) O bêbe[a]do choramingas [que chora]. ⇨ waráí-jógo.

nakí-kúrásu 泣き暮らす (< nakú¹ + …) Viver na miséria [a chorar].

nakí-kúzúréru 泣き崩れる (< nakú¹ + …) Desfazer-se em lágrimas.

nakí-máné 泣き真似 (< nakú¹ + …) O fazer[fingir] que chora. ★ ~ (o) *suru* 泣き真似(を)する Chorar lágrimas de crocodilo. 同 Sorá-naki; sorá-námida; tsukúrí[usó]-nákí.

nakí-múshi 泣き虫 (< nakú¹ + …) O chorão [A chorona]; o choramingas. ⇨ nakí-bésó.

nakínakí 泣き泣き (< nakú¹) A chora(minga)r. ★ *Haha ni ~ uttaeru* 母に泣き泣き訴える Ir dizer [acusar] à mãe, a chorar.

nakí-néíri 泣き寝入り (< nakú¹ + neíru) **1** [泣きながら寝ること] O "nené" adormecer a chorar. **2** [あきらめること] O desistir de querer fazer algo, por medo do adversário. *Sagi ni attara ~ shite wa ikenai* 詐欺にあったら泣き寝入りしてはいけない Se for defraudado, não se cale [não fique parado].

naki ni shimo árazu 無きにしもあらず【E.】 Haver, ainda que muito pouco. *Seikō suru nozomi wa ~ da* 成功する望みは無きにしもあらずだ A esperança de sucesso é pouca mas há alguma.

nakí-núréru 泣き濡れる (< nakú¹ + …) Ter lágrimas no rosto.

nakí-ótóshi 泣き落とし (< nakí-ótósu) O convencer à força de lágrimas. ◇ ~ **senjutsu** 泣き落とし戦術 A estratégia das lágrimas.

nakí-ótósu 泣き落とす (< nakú¹ + otósu) Convencer com lágrimas. 同 Nakí-tsúku (+).

na-kírí-bóchō 【bóo】 菜切り包丁 (< na + kíru + hōchō) A faca de cortar legumes (depressa e fininho).

nakí-sákébu 泣き叫ぶ (< nakú¹ + …) Dar gritos (de dor).

nakí-tsúku 泣き付く (< nakú¹ + …) **1** [泣いてすがりつく] Chegar-se「a alguém」a chorar. **2** [泣くようにして頼む] Pedinchar; pedir por todos os santos. *Kare wa kane o kashite kure to watashi ni nakitsuite kita* 彼は金を貸してくれと私に泣き付いてきた Ele veio-me pedinchar dinheiro.

nakí-(t)tsúrá 泣き(っ)面 (< nakú¹ + …) A cara de choro. ことわざ ~ *ni hachi* 泣き(っ)面に蜂 Uma desgraça nunca vem só. 同 Nakí-gáó (+).

nakí-wákáré 泣き別れ (< nakú¹ + wakáréru) O despedir de com muitas lágrimas.

nakí-wáráí 泣き笑い (< nakú¹ + waraú) O chorar e rir ao mesmo tempo. ★ ~ *suru* 泣き笑いする …

nakí-yámu 泣き止む (< nakú¹ + …) Parar de chorar.

nakkúrú-bóru 【óo】 ナックルボール (< Ing. knuckle ball)【Beis.】A bola lançada fazendo mais força nos dedos.

nakōdo 仲人 O casamenteiro. ★ ~ *o suru* 仲人をする Ser [Fazer de] ~. ~ *o tanomu* 仲人を頼む Pedir a alguém para ser ~. 同 Baíshákú-nín.

nakú¹ 泣く **1** [声をあげて、涙を流す] Chorar. ★ ~ ~ *mi no ue o akasu* 泣く泣く身の上を明かす Falar de si com lágrimas. ~ *ni (mo) nakenai* 泣くに(も)泣けない Nem se pode chorar. *Naite mo waratte mo* 泣いても笑っても Quer queira quer não queira; a bem ou a mal. *Nakitai dake ~* 泣きたいだけ泣く Chorar à vontade. *Nakitaku naru* 泣きたくなる Ter [Dar] vontade de chorar. *Oioi to* ~ おいおいと泣く Romper num choro. *Otoko-naki ni* ~ 男泣きに泣く Acabar por romper num grande pranto. *Samezame to* ~ さめざめと泣く Chorar amargamente. *Ureshi-naki ni* ~ うれし泣きに泣く Chorar de alegria. *Wāwā* ~ わあわあ泣く Chorar alto [muito]. ことわざ ~ *ko to jitō ni wa katenu* 泣く子と地頭には勝てぬ Não adianta (É inútil) arguir com criança e chorar e barão a mandar. **2** [涙をこぼさんばかりに嘆く・悩む] Arrepender-se; sofrer; lamentar muito. *Sonna e o shuppin suru to kimi no namae ga* ~ *yo* そんな絵を出品すると君の名前が泣くよ Se expuser esse(s) quadro(s) à sua reputação vai sofrer. 慣用 *Naite Bashoku o kiru* 泣いて馬謖を斬る Punir alguém que errou, por mais querido que seja, para manter a justiça. ⇨ *kanáshímú*; *nagéku*. **3** [やむをえず承知する] Conformar-se. *Kyō no tokoro wa hitotsu goman-en dake de naite moraitai* 今日のところは一つ五万円だけで泣いてもらいたい Por hoje peço-lhe que se conforme com 50.000 yens (não lhe posso dar mais). ⇨ *shōchi*[1].

nakú[2] 鳴く **a)** Cantar (Aves e inse(c)tos); **b)** Fazer [ão, ão/cócóról] (O verbo "nakú" tem múltiplas traduções. veja-as nos nomes dos animais). *Hara no mushi ga* ~ 腹の虫が鳴く Tenho o estômago (a barriga) a dar horas. *Kono dōbutsu wa nan to nakimasu ka* この動物は何と鳴きますか Como faz este animal? *Nakazu tobazu de aru* 鳴かず飛ばずである Levar uma vida obscura. 慣用 ~ *made matō hototogisu* 鳴くまで待とう時鳥 Esperar com paciência a oportunidade. ことわざ ~ *neko wa nezumi o toranu* 鳴く猫はねずみを捕らぬ Gato miador não é bom caçador [Pessoa que só tem garganta]. ⇨ *nakí-góe*[2].

náku-mo-ga-na 無くもがな【E.】(= nákute mo ii) Supérfluo; inútil. ~ *no kazari wa* 無くもがなの飾り O enfeite ~. 四字 Arázú-mó-ga-na.

nakúnárú[1] 亡くなる (*nakúsú*) **1** [無い状態になる] Desaparecer; perder-se; ir-se. *Arayuru nozomi ga nakunatta* あらゆる望みが無くなった Foram-se todas as esperanças. [紛失する] Desaparecer. *Watashi no saifu ga itsu no ma ni ka nakunatta* 私の財布がいつの間にか無くなった Desapareceu a minha carteira. 四字 Funshítsú-súrú; nakúsú; ushínáú. **2** [尽きる] Acabar [Esgotar/Ir]-se. *Jikan ga nakunatta* 時間が無くなった Já não há tempo. ~ *Zaisan ga* ~ 財産が無くなる A fortuna. 四字 Tsukíru.

nakúnárú[2] 亡くなる【亡くなる】 Morrer; falecer. (*Watashi no) chichi wa sude-ni nakunarimashita* (私の)父がすでに亡くなりました O meu pai já faleceu. ⇨ *shinú*.

nakúsú 無[亡] くす (*nakúnárú*[1,2]) **1** [失う] Perder. ★ *Saifu o* ~ 財布を無くす A carteira. *Shin'yō o* ~ 信用を無くす a confiança. *Tsuma o* ~ 妻を亡くす ~ a mulher (por morte). 四字 Ushínáú. **2** [除去・根絶する] Suprimir; eliminar; liquidar. ★ *Hanzai o* ~ 犯罪を無くす ~ (Acabar com] a criminalidade. 四字 jōkyo; końzétsú.

nákute なくて【Gram.】(Forma de "ligação" de "nái"). **1** [ないので] Por não haver. *Kane ga* ~ *komatte iru* 金がなくて困っている Estar com dificuldades de dinheiro. **2** [なければ] Não ser. ~ *wa nara-nu[-nai]* なくてはならぬ[ない] Indispensável; necessário [*Kare wa waga-sha ni wa* ~ *wa naranu sonzai da* 彼は我が社にはなくてはならぬ存在だ Ele é (uma peça) indispensável na nossa firma]. **3** [ではなくて] Não ser. *Kare wa gakusei de wa* ~ *shakai-jin da* 彼は学生ではなくて社会人だ Ele não é estudante, já trabalha [é empregado].

náma 生 **1** [ありのままの状態] Cru; fresco; natural. ★ ~ *no koe* 生の声 A voz natural [ao vivo]. ~ *no niku* 生の肉 A carne crua. *Sakana o* ~ *de taberu* 魚を生で食べる Comer o peixe cru. ⇨ ~ **bīru**. ~ **chūkei[hōsō]** 生中継[放送] A transmissão dire(c)ta [ao vivo]. ~ **firumu** 生フィルム O filme por usar. ~ **gomu** 生ゴム A borracha natural [crua]. ~ **kurīmu** 生クリーム O creme de nata; a nata batida. ~ **mizu** 生水 A água crua (Não filtrada ou não fervida). ~ **tamago** 生卵 O ovo cru. ~ **tsuba** ~ **wakuchin** 生ワクチン A vacina viva. ~ **yasai** 生野菜 As verduras cruas [ao natural]. **2** [未完成であること] Imperfeito. *Kare no saku wa hyōgen ga mada* ~ *da* 彼の作は表現がまだ生だ O estilo (das obras) dele ainda é (um pouco) ~. **3** [Abrev. de gen-námá]. **4** [Abrev. de namá-bíru]. **5** [Abrev. de namáíki].

namá-ágé 生揚げ (<…+ agérú) **1** [揚げ方が十分でないこと・もの] O estar mal [só meio] frito. *Kono katsu wa mada* ~ *da* このカツはまだ生揚げだ Este bife à milanesa ainda não está bem frito. **2** [厚揚げ] O "tōfu" frito. 四字 Atsú-ágé. ⇨ abúráge.

namá-ákubi 生欠伸 Um leve bocejo. ★ ~ *o kami-korosu* 生欠伸をかみ殺す Parar o bocejo.

namá-átátákáí 生暖かい Tépido; quente e húmido. ⇨ nurúi.

namá-bíru [ii] 生ビール (<…+ Ing.beer) A cerveja não pasteurizada (a alta temperatura); o chope (B.); a cerveja a copo.

namá-bóshí 生干し (<…+ hósu) 「peixe」 Só meio seco. ⇨ namá-gáwáki.

namá-byōhō [byóo] 生兵法 (<…**2** + hyōhō) **a)** Umas tinturas de tá(c)tica militar; **b)** Uns laivos de uma ciência. ことわざ ~ *wa ō-kega no moto* 生兵法は大怪我のもと O saber um pouco é perigoso.

namáé 名前 **1** [名称] O nome; a denominação. ★ ~ *dake no shachō* 名前だけの社長 O presidente nominal [só de nome]. ~ *make suru* 名前負けする Não ser digno do nome (que tem). 四字 Méíshō; na[1]. **2** [姓名] O nome (todo). ★ ~ *o akasu* 名前を明かす Revelar o nome. ~ *o dasu [fuseru]* 名前を出す [伏せる] Mencionar [Ocultar] o nome. ~ *o kasu* 名前を貸す Emprestar [Dar] o nome. 四字 Na[1]; séimei. **3** [名] O primeiro nome. ★ *Sei wa Yamada* ~ *wa Tarō* 姓は山田名前は太郎 O sobrenome é Yamada, o ~ Tarō. 四字 Na[1]. **4** [名義] O nome de registo ★ *Chichi no* ~ *de karita manshon* 父の名前で借りたマンション O apartamento alugado em [com o] nome do meu pai.

namá-fírumu 生フィルム ⇨ náma ◇.

namá-gáshi 生菓子 (<…+ káshi) Os doces ou pastéis frescos (e para comer logo).

namá-gáwáki 生乾き (<…+ kawáku) Meio seco. ★ ~ *no sentakumono* 生乾きの洗濯物 A roupa que ainda não está bem seca. ⇨ namá-gáwáshí.

namá-gómi 生ごみ O lixo biodegradável.

namá-gómú 生ゴム ⇨ náma ◇.

namá-góróshí 生殺し (<…+ kórosu) **1** [半殺し] O deixar meio morto. ★ *Hebi no* ~ 蛇の生殺し A cobra meio morta. 四字 Hań-góróshí (+). **2** [中途半端にしておくこと]【Fig.】O deixar 「o namorado」na dúvida.

namágúsá-bṓzu [óo] 生臭坊主 (< namágúsái + …) O monge (budista) mundano.

namá-gúsái 生臭い (<… + kusái) **1** [生の魚肉のにおいがするようす] Que cheira a sangue, carne ou peixe. *Kono sakana wa* ～ この魚は生臭い Este peixe tem um cheiro muito forte. **2** [僧に俗気のあるようす] Mundano. ★ ～ *bōsan* 生臭い坊さん O bonzo ～.

namá-háńká 生半可 (Algo feito) a meias. ～ *na chishiki* 生半可な知識 O conhecimento imperfeito [a meias]. [S/同] Chū́tó hánpa (+); namájíkká.

namá-hénjí 生返事 A resposta vaga. ★ ～ *o suru* 生返事をする Dar uma～; fugir à pergunta.

namá-hṓsō [óo] 生放送 ⇨ náma ◇.

namáíkí 生意気 Atrevido; descarado; insolente; ousado; pedante; presumido. *Aitsu wa kane mo nai no ni* ～ *ni mo kuruma o katta* あいつは金もないのに生意気にも車を買った Aquele tipo não tem dinheiro e teve o descaramento de comprar carro. ～(*na koto*) *o iu na* 生意気(なこと)を言うな Tem vergonha nessa cara! /Não está(s) bom do miolo! ★ ～ *zakari no kodomo* 生意気盛りの子供 A criança na idade rebelde [de responder]. [S/同] Hańkátsū; koshákú; seń'étsú.

namájí(kká) なまじ(っか) **1** [無理をして] Imprudente; precipitado. ～ *kuchi o dashita bakari ni kenka ni makikomareta* なまじ口を出したばかりに喧嘩にまきこまれた Fui meter-me onde não era chamado e fiquei no meio da briga. **2** [中途半端の] Incompleto; pouco. *Tōsetsu* ～ *no* [*na*] *kane de wa ie wa kaemasen* 当節なまじの[な]金では家は買えません Hoje, uma casa não se compra por pouco [por dois vinténs].

namá-jí[shí]rói 生白い (<… + shirói) Um pouco pálido; branquinho. ⇨ aó-jíróí.

namá-kájírí 生噛り (<… + kajíru)「sei」Umas tintas [Duas coisas]「de L.」. ★ ～ *no chishiki* 生かじりの知識 Um conhecimento superficial.

namá-káwá 生皮 Uma pele por curtir. ★ ～ *o hagu* 生皮をはぐ Tirar a pele「ao boi」; esfolar. ⇨ naméshí-gáwá.

namáké-gúsé 怠け癖 (< namákéru + kusé) A indolência; o vício da preguiça. ★ ～ *ga tsuku* 怠け癖がつく Habituar-se à preguiça.

namáké-mónó[1] 怠け者 (< namákéru + …) O preguiçoso; o mandrião; o molengão [molengas]. [P/ことわざ] ～ *no sekku-bataraki* 怠け者の節句働き "O preguiçoso para não dar um passo, dá oito".

namáké-mónó[2] 樹懶【Zool.】A preguiça.

namákéru 怠ける **a**) Preguiçar; **b**) Não fazer. ★ *Shigoto o* ～ 仕事を怠ける Trabalhar pouco [Não ir trabalhar]. [S/同] Okótárú; sabóru.

namá-kí 生木 **1** [立ち木] Uma árvore (em pé). [S/同] Tachíkí. **2** [切りたての木] A madeira [lenha] verde (acabada de cortar). [I/慣用] ～ *o saku* 生木を裂く Separar à força [*Kanojo to wakareru no wa* ～ *o sakareru omoi datta* 彼女と別れるのは生木を裂かれる思いだった Separar-me dela era como se me serrassem vivo].

namá-kizu 生傷 A ferida (recente); o golpe. *Kono ko wa* ～ *ga taenai* この子は生傷が絶えない Esta criança anda sempre a ferir-se [machucar-se]. [A/反] Furúkizu.

namákó 海鼠【Zool.】A holotúria; o pepino-do-mar; o tripango.

namákó-ita 海鼠板 A chapa ondulada (de zinco, ferro).

namá-kubi 生首 Uma cabeça recém-cortada (Ainda com sangue).

namákúrá 鈍 **1** [よく切れないこと・刀] Embotado; rombo. ★ ～ *na hōchō* [*katana*] 鈍な包丁[刀] A faca [catana/espada] com o fio embotado. **2** [いくじのないこと] Cov[b]arde. ⇨ íkuji[2] ◇.

namámékáshíi 艶めかしい Sedutor(a); fascinante. ～ *metsuki o suru* 艶めかしい目つきをする Lançar olhares sedutores. [S/同] Adáppói; iróppói (+).

namá-mi 生身 **1** [生き身] O corpo vivo;「o rei」em carne e osso. *Ningen* ～ *da kara itsu byōki o shinai to mo kagiranai* 人間生身だからいつ病気をしないとも限らない O homem, sendo de carne, nunca está livre de uma doença. **2** [なまの肉類] A carne crua; o peixe「"maguro"」cru.

namá-mizu 生水 ⇨ náma ◇.

namá-mono 生物 Os alimentos (Carne, peixe, fruta), ao natural.

namánámáshíi 生生しい Fresco; vívido; vivo; palpitante. *Sore wa watashi no kioku ni ima mo namanamashiku nokotte iru* それは私の記憶に今も生々しく残っている Ainda hoje tenho isso vivo na memória. ★ ～ *byōsha* 生々しい描写 A descrição vívida [palpitante].

namá-níé 生煮え (<… + niérú) **1** [十分に煮えていないこと] A meia cozedura. *Imo ga* ～ *de mada katai* いもが生煮えでまだ固い As batatas ainda estão duras [mal cozidas]. **2** [態度のはっきりしないさま] Pouco claro; duvidoso; ambíguo. ★ ～ *no henji o suru* 生煮えの返事をする Dar uma resposta pouco clara. ⇨ niékíránai.

namá-núrúi 生温い **1** [少しぬるい] Um pouco morno. ★ ～ *o-cha* 生温いお茶 Chá um ～. **2** [きびしくない] Brando; pouco rigoroso; benigno. ★ ～ *shochi o toru* 生温い処置をとる Tomar medidas fracas [só meias-medidas]. [S/同] Te-núrúí.

namárí[1] 鉛 O chumbo (Pb 82). ★ ～ *iro no* 鉛色の「céu」Cor de ～. ～ *chūdoku* 鉛中毒 O saturnismo ("Saturno" era o nome usado pelos alquimistas para ～).

namárí[2] 訛り (< namáru[1]) O sotaque. *Kanojo wa furansugo* ～ *no porutogarugo o hanasu* 彼女はフランス語訛りのポルトガル語を話す Ela fala o p. com ～ francês. *Kare wa Kansai* ～ *ga aru* 彼は関西訛りがある Ele tem o ～ (da região) de Kansai. [P/ことわざ] ～ *wa kuni no tegata* 訛りは国の手形 ～ é o sinal mais claro de onde alguém é. ⇨ hṓgén[1].

namáru[1] 訛る Afastar-se do falar padrão ou da língua de origem.

namáru[2] 鈍る Embotar-se「a faca」; estar [ficar] embotado; emperrar. *Undō-busoku de karada ga namatte shimatta* 運動不足で体が鈍ってしまった Por falta de exercício tenho o corpo um pouco emperrado. ★ *Ude ga* ～ 腕が鈍る Baixar de forma. [S/同] Nibúru.

namású 膾・鱠 Uma salada j., de peixe cru e legumes. [P/ことわざ] *Atsumono ni korite* ～ *o fuku* あつものに懲りて膾を吹く Gato escaldado de água fria tem medo.

namá-tsúbá 生唾 A saliva; o fazer água na boca. ★ ～ *ga deru* 生唾が出る Fazer crescer [Ficar com]

água na boca.
namá-wákuchin 生ワクチン ⇨ náma ◇.
namá-yáké 生焼け (<… + yakérú) Algo levemente assado ou cozido. ★ ～ *no niku* 生焼けの肉 O bife [A carne] mal passado[a].
namá-yásai 生野菜 ⇨ náma ◇.
namá-yásáshíí 生易しい Fácil; que vai às boas. *Kono shigoto wa ～ kangae de wa nashi-togerare-nai* この仕事は生易しい考えでは成し遂げられない Este trabalho exige decisão/força. [S/同] Tayásúi.
namá-yói 生酔い (<… + yóu) O estar meio bêbedo [embriagado]; a bebedeirazita. [P/ことわざ] ～ *honshō tagawazu* 生酔い本性違わず In vino veritas (L.) [O ébrio diz o que sente]. [S/同] Horóyói (+).
namá-zákana 生魚 (<… + sakáná) O peixe (servido) cru.
namázú 鯰【Zool.】O bagre; *parasilurus asotus*. ◇ **～ hige** 鯰髭 O bigode ralo e caído dos lados.
namá-zúmé 生爪 (<… + tsumé) A unha (Só a parte viva). ★ ～ *o hagasu* 生爪をはがす Cair [Arrancar-se] ～.
namékúji 蛞蝓【Zool.】A lesma; *incilaria bilineata*.
naméraka 滑らか **1** [つるつるしたようす] Liso; macio; suave;「mar」calmo. *Ita o kezutte ～ ni suru* 板を削って滑らかにする Alisar [Aplainar] uma tábua. ⇨ tsúrutsuru. **2** [よどみのないようす] Suave; fluente; sem perturbações. *Kare no hanashiburi wa ～ da* 彼の話しぶりは滑らかだ Ele fala com muita fluência. *Giji ga ～ ni susunda* 議事が滑らかに進んだ A discussão dos pontos apresentados correu muito bem. ★ ～ *na kābu* 滑らかなカーブ Uma curva suave. [S/同] Sumúzu.
naméru 嘗[舐]める **1** [舌でなでるようにする] Lamber; chupar. *Kanojo wa musume o ～ yō ni kawaigatte iru* 彼女は娘を嘗めるようにかわいがっている Ela estremece a [morre de ternura pela] filha. ★ *Ame o ～* 飴を嘗める Chupar um rebuçado [uma bala]. [S/同] Nebúru; shabúru. **2** [味わう] Provar; ver o gosto. ★ *Uisukī o ～ yō ni nomu* ウィスキーを嘗めるように飲む Tomar o uísque aos golinhos. [S/同] Ajíwáu (+); gánmi suru. **3** [経験する] Experimentar; saber o que é「passar fome」. ★ *Yo no shinsan o ～* 世の辛酸をなめる Saber o que são as agruras da vida. [S/同] Keíkén súrú (+). **4** [侮る] Ter em pouco; desprezar; chupar. *Hito [Watashi] o ～ na* 人[私]をなめるな Tu sabes com quem te metes [pensas que me chupas]? [S/同] Anádóru; mikúbíru. **5** [焼く] Engolir; devorar. *Honoo wa tachimachi sono tatemono o nametsukushita* 炎はたちまちその建物をなめつくした Em poucos minutos o edifício foi devorado pelas chamas.
naméshí 鞣し (< namésu) O curtume.
naméshí-gáwá 鞣し皮 (< … + kawá) A pele curtida; o couro.
namésu 鞣す Curtir「peles」.
namí[1] 波 **1** [水面の盛り上がる動き] A onda; a vaga. ★ ～ *ga arai [takai]* 波が荒い[高い] O mar está bravo [encapelado]. ～ *ga shizuka [odayaka] da* 波が静か[穏やか]だ O mar está calmo. ～ *ga tatsu* 波が立つ Haver ondas; o mar tem [faz] ondas. ～ *ni nomareru [sarawareru]* 波にのまれる[さらわれる] Ser tragado [levado] pelas ondas. ～ *no ma ni ma ni tadayou* 波の間に間に漂う Flutuar ao sabor das ondas. ⇨ úmi[1]. **2** [波のように打ち寄せたり,揺れ動いたりするもの]【Fig.】A enchente; a vaga. *Depāto no tokubaijō wa oshiyoseru hito no ～ de gottagaeshite ita* デパートの特売場は押し寄せる人の波でごった返していた A se(c)ção de saldos [liquidação] do armazém era um mar [uma ～] de gente. ★ *Fukyō no ～ ni osowareru* 不況の波に襲われる Ter [Ser apanhado por] uma grande depressão econó[ô]mica. **3** [むら]【Fig.】O mudar「de disposição/por capricho」; o ter altos e baixos. *Kare wa seiseki ni ～ ga aru* 彼は成績に波がある As notas dele têm altos e baixos. [S/同] Murá. **4**【Fís.】A onda「magnética/sonora」. ⇨ hadṓ.
namí[2] 並・並み **1** [中ぐらい] O comum; a média. ～ *no hito de wa kono mondai o toku koto wa dekinai darō* 並みの人ではこの問題を解くことはできないだろう Não é qualquer um que pode resolver este problema. ◇ ⇨ **～ ashi**. [S/同] Chū́kúráí; futsū́. ⇨ atárímáé; chū[1]; jō[1]. **2** [同程度] O mesmo nível; como. ★ *Hito [Seken] ～ ni kurasu* 人[世間]並みに暮らす Viver como o comum da gente. **3** [めいめい] Cada「casa」; todos. ◇ ⇨ **noki [tsuki] ～**. **4** [料理でふつうのもの] Normal; (mais) comum. ★ ～ *zushi* 並寿司 O "sushi" ～. ⇨ jō[1]; tokújṓ.
namí-áshí 並み足 O passo [andar] normal.
námida 涙 As lágrimas. *Sono hisan na kōkei ni omowazu ～ ga afure-deta* その悲惨な光景に思わず涙があふれ出た Ao ver aquela tragédia, vieram-me as ～ aos olhos. ★ ～ *ga deru hodo warau* 涙が出るほど笑う Chorar de riso. ～ *ga hoo o tsutatte nagareta* 涙が頬を伝って流れた ～ corriam-lhe pela face. ～ *ga kareru hodo naku* 涙が涸れるほど泣く Chorar até se「lhe」secarem as ～. ～ *ga komiagete kuru* 涙がこみ上げて来る Virem as ～ aos olhos. ⇨ **～ nagara**. ～ *ni kureru* 涙に暮れる Desfazer-se em ～. ～ *ni musebu* 涙にむせぶ Estar sufocado pelas ～. ～ *ni nureta kao* 涙にぬれた顔 O rosto banhado em ～. ～ *o fuku* 涙を拭く Limpar as ～. ～ *o nagasu* 涙を流す Chorar; derramar lágrimas. ～ *o nomu* 涙をのむ Conter a vontade de chorar. ～ *o osaeru* 涙を抑える Conter [Reprimir] as ～. ～ *o sasou* 涙を誘う Arrancar lágrimas. ～ *suru* 涙する Chorar. [I/慣用] *Chi mo ～ mo nai shiuchi* 血も涙も無い仕打ち Um tratamento cruel [sem dó nem piedade]. *O-～ chōdai no eiga* お涙頂戴の映画 Um filme sentimental(ão) [melodramático]. *Suzume no ～ hodo no kyūryō* 雀の涙ほどの給料 Um salário insignificante.
namídá-gáó 涙顔 (<… + kaó) A cara de choro.
namídá-góe 涙声 (<… + kóe) A voz chorosa; o falar a chorar. ★ ～ *de hanasu* 涙声で話す Falar com a voz embargada pelas lágrimas.
namídá-gúmáshíí 涙ぐましい (< namídá-gúmu) Comovente; de chorar; patético; enternecedor. ★ ～*(hodo no) doryoku o suru* 涙ぐましい(程の)努力をする Esforçar-se tanto que até dá pena.
namídá-gúmu 涙ぐむ Estar quase [mesmo] a chorar; estar com lágrimas nos olhos.
namídá-kíń 涙金 Um pré[ê]mio de consolação (em dinheiro).
namídá-mórói 涙脆い Que chora facilmente [logo]. ★ ～ *hito* 涙脆い人 Um[a] choramingas.
namídá-nágara 涙ながら「despedir-se」A chorar.
namí-dátsu 波立つ (<… + tátsu)「o mar」Encapelar-se [Encrespar-se].
namí-gáshírá 波頭 (<… + kashírá) A crista da

onda. [S/同] Hatṓ.

namí-gátá 波形 (< + katá) A forma ondular [ondulada]; 「chapa de zinco」 às ondas.

namí-íru 並み居る【E.】Estar postado [em peso]. ★ ～ *kyōteki o shirizokeru* 並み居る強敵を退ける Derrotar um grupo forte de adversários.

namíjí 波路【E.】O caminho dos mares; a rota (marítima). ★ ～ *haruka ni* 波路遥かに Lá longe, do outro lado do mar. [S/同] Funájí; kṓro (+).

namí-kaze 波風 **1** [波と風] As ondas e o vento; a tempestade. ⇨ ará-námí; fū́ha. **2** [もめごと]【Fig.】**a**) A discórdia; a dissensão; a desavença; **b**) A adversidade. *Katei ni ～ ga tatta* 家庭に波風が立った Houve dissensões na família.

namíkí 並木 Uma fileira [fila] de árvores. ◇ **～ michi** 並木道 A alameda; o caminho ladeado de árvores.

namí-má 波間 Nas [Entre as] ondas. ★ ～ *ni ukabu* 波間に浮かぶ Flutuar nas ～.

namí-mákura 波枕【E.】 **1** [波の音が枕元に聞こえてくること] O dormir ouvindo o som das ondas. **2** [船旅] A viagem por mar. [S/同] Funá-tábí (+).

namínámi[1] なみなみ Até transbordar. ★ *Koppu ni sake o ～ (to) tsugu* コップに酒をなみなみ(と)注ぐ Encher um copo de saqué ～.

namínámí[2] 並並 O comum; o ordinário; o normal. ★ ～ *naranu doryoku o suru* 並々ならぬ努力をする Fazer um esforço extraordinário [fora do ～]. ⇨ futsū́; namí[2].

namí-nórí 波乗り (<… + norú)【(D)esp.】A "ressacagem"; o jacaré; o aquaplano. ★ ～ *o suru* 波乗りをする Aquaplanar; ressacar. ◇ **～ ita** 波乗り板 A prancha para deslizar na ressaca (das ondas). [S/同] Sā́fin (+).

namí-shíbuki 波しぶき O borrifo das ondas.

namí-úchí-gíwá 波打ち際 (<… + útsu + kiwá) A orla da praia. [S/同] Migíwá; nagísá.

namí-útsu 波打つ Ondular; ondear. ★ ～ *inaho* 波打つ稲穂 Os arrozais (já com espiga) a ondular (ao vento).

namí-yóké 波除け (<… + yokéru) O molhe; o quebra-mar. ⇨ bṓhátéí.

Namú-ámídá-butsu 南無阿弥陀仏【Bud.】Espécie de jaculatória das seitas Jōdo-Shū[-Shinshū].

Namú-myṓhṓ-réngékyṓ 南無妙法蓮華経【Bud.】Espécie de jaculatória da seita Nichiren.

nán[1] 何 (⇨ nán-[2]; náni) Que. ～ *desu ka, oya ni mukatte sono taido wa* 何ですか, 親に向かってその態度は Que é isso? Falar assim aos [Tomar essa atitude com os] pais? "*Kore wa ～ desu ka*" "*Sore wa hon desu*" 「これは何ですか」「それは本です」Que é isto? — É um livro. ～ *nari to o-mōshitsuke kudasai* 何なりとお申し付け下さい (Ora diga lá) Estou ao seu inteiro dispor. *Kore wa ～ no yaku ni mo tatanai* これは何の役にも立たない Isto é completamente inútil [não presta para nada]. ◇ ⇨ **～ da** [**da ga**/**da ka**/**da kanda**/**dakke**/**dattara**/**datte**/**de mo**/**do**/**doki**/**gatsu**/**to**/**to ka**/**to mo**/**to naku**/**to wa nashi ni**]. ～ *to itte mo* [*shite mo*] 何と言っても[しても] ⇨ nán-to **1**. *Moshi ～ deshitara* もし何でしたら Se você não se importa 「eu também vou」. *Sō itcha* [*itte wa*] *～ desu ga* … そう言っちゃ[言っては]何ですが… Se me é permitido (dizer)….

nán-[2] 何 **1** [疑問を表す] Quantos?; Que? *Go-kyōdai wa ～ nin desu ka* 御兄弟は何人ですか Quantos irmãos tem? *Burajiru kara Nihon made hikōki de ～ jikan kakarimasu ka* ブラジルから日本まで飛行機で何時間かかりますか Quantas horas leva de avião do B. ao J.? ◇ ⇨ **～ ban** [**ben**/**ji**/**kai**]. [S/同] Íku-. **2** [不定の数を表す] "Tantos". ★ ～ *man-en mo suru hon* 何万円もする本 Um livro para [que custa] dezenas de milhar de yens. *Hachi-ji ～-pun ka no hikōki* 八時何分かの飛行機 O avião das 8 (horas) e tal [pico]. [S/同] Íku-.

nán[3] 難 **1** [困難] A dificuldade; o problema. ★ ⇨ nán-naku. ～ *ni ataru* 難にあたる Enfrentar [Atacar de frente] um/a ～. ◇ **～ mon** 難問 Um problema difícil. **Jūtaku ～** 住宅難 A falta [～] de casas. **Seikatsu ～** 生活難 O viver com dificuldades financeiras. [S/同] kónnan (+). **2** [災難] O desastre; a tragédia; o perigo. ★ ～ *o manugareru* [*nogareru*] 難を免れる[逃れる] Escapar ao/à ～. [I/慣用] *Ichi- ～ satte mata ichi- ～* 一難去ってまた一難 Desgraças, umas atrás das outras! [S/同] Saínán; wazáwáí. **3** [欠点] O defeito; o "senão". ★ ～ *o ieba* 難を言えば「o pai」Se algum ～ tem「é trabalhar de mais」. [S/同] Kettén (+); nańtén.

-nán [4] 男 O filho-. ◇ **Chō** [**Ji; San**] **～** 長[次; 三]男 O filho mais velho [O segundo filho; O terceiro filho]. [A/反] -jo. ⇨ musúkó.

nána 七 (⇨ naná-tsu) Sete. [S/同] Shichí.

naná-e 七重 Sete vezes; o sé(p)tuplo. [I/慣用] ～ *no hiza o yae ni oru* 七重の膝を八重に折る Pedir de joelhos/Pedir por todos os santos.

naná-fúshigi 七不思議 As sete maravilhas do mundo (Os jardins suspensos de Babilónia, etc.).

naná-iro 七色 As sete cores 「do arco-íris」.

naná-jū 七十 Setenta. [S/同] Shichíjū́.

naná-kórobi-yá-oki 七転び八起き (<… + koróbú + … + okíru) Os vaivéns da fortuna; as vicissitudes da vida. *Jinsei wa ～ da* 人生は七転び八起きだ A vida tem altos e baixos. ⇨ futṓ-fúkútsú.

naná-kusa 七草 **1** [七種類の草] As "sete ervas". ★ *Haru* [*Aki*] *no ～* 春[秋]の七草 ～ da primavera [do outono]. **2** [正月七日の行事] 7 de janeiro. ◇ **～ gayu** 七草粥 Um caldo de arroz com as sete ervas e servido no dia ～.

naná-kuse 七癖 "Os sete defeitos". [P/ことわざ] *Nakute ～* なくて七癖 Não há ninguém sem defeitos [Defeitos, todos temos].

naname 斜め **1** [はす] **a**) A inclinação 「de encosta/escada」; **b**) A posição de lado. ★ ～ *ni sen o hiku* 斜めに線を引く Traçar em diagonal [uma linha oblíqua]. ～ *ni suru* 斜めにする Inclinar [Colocar em diagonal]. *Gaku ga ～ ni natte iru* 額が斜めになっている O quadro está inclinado. ◇ **～ yomi** 斜め読み A leitura rápida/em diagonal. [S/同] Hasú. **2** [ゆがんでいること]【Fig.】O mau humor. *Go-kigen ～ da* 御機嫌斜めだ 「Hoje o professor」está de ～ [de fel e vinagre]. ⇨ yugámú.

Nań'á(rénpō) 南ア(連邦)【H.】A União Sul-Africana. [S/同] Minámí Áfúríká (kyṓwákoku).

na-náshí 名無し Um "sem nome"; um desconhecido. ★ ～ *no Gonbei* 名無しの権兵衛 Um fulano; um zé-qualquer [-dos-anzóis (B.)]. ⇨ mumeí[1].

nanátsu 七つ **1** [しち] Sete. ⇨ nána. **2** [七歳] Sete anos. **3** [昔の時刻]【A.】As 4 horas da manhã ou da tarde.

nánbā ナンバー (< Ing. number < L. numerus) O número. ★ *Kyōto ～ no kuruma* 京都ナンバーの車

Carro com placa de Quioto. ◇ **~ purēto** ナンバープレート A placa da matrícula. **~ wan** ナンバーワン O número um; o primeiro; o melhor. **Bakku ~** バックナンバー Um ~ antigo [avulso]「de revista」. **Sutandādo ~** スタンダードナンバー Um ~ (musical) célebre [bom; clássico].
[S/同] Bańgṓ (+).

nán-ban[1] 何番 (< nán + bańgṓ) Que número? *Anata no denwa bangō wa ~ desu ka* あなたの電話番号は何番ですか Qual é [~ tem] o seu telefone?

nańbáń[2] 南蛮 **1** [南方の異民族に対する蔑称] Os bárbaros meridionais [do sul] (Este termo que, na China, tinha sentido pejorativo, no J. engloba todos os povos do sueste asiático e outros, porque em relação à China e J. vinham do sul, por mar). **2** [ポルトガルとスペイン] "Nanban" (Termo que engloba tudo o que respeita aos conta(c)tos do J. com P. e Espanha nos séc. 16 e 17); os primeiros europeus, sobretudo os portugueses, que vieram ao Japão. ◇ **~ bōeki** 南蛮貿易 O comércio ~. **~ bunka** 南蛮文化 A cultura ~. **~ jin** 南蛮人 Os ~ [bárbaros vindos do sul] (⇨ kṓmṓjin). **~ sen** 南蛮船 A nau ~.

nańbáríńgú(máshín) ナンバリング(マシン) (< Ing. numbering machine < L.) A máquina de numerar.

Nańbéí 南米 A América do Sul. ◇ **~ tairiku** 南米大陸 O continente sul-americano.
[S/同] Minámí-Ámérica. ⇨ Chū́béí[1]; Hokúbéí.

nán-ben[1] 何遍 Quantas vezes?
[S/同] Íku-do; nán-do (+); nán-kai (+).

nańbéń[2] 軟便 As fezes soltas.

nánboku 南北 O norte e o sul. ★ *~ ni hashiru sanmyaku* 南北に走る山脈 Uma cordilheira (que vai [se estende]) na dire(c)ção norte-sul. ◇ **~ Amerika** 南北アメリカ As Américas do Norte e do Sul. **~ chō jidai** 南北朝時代【H. do J.】A era (1333-1392) das (duas) Dinastias Norte e Sul. **~ mondai** 南北問題 O problema Norte-Sul. ⇨ tṓzai.

nánbu 南部 A parte sul; o sul. ◇ **~(no) Burajiru** 南部(の)ブラジル O sul do B. **Porutogaru ~** ポルトガル南部 A parte meridional [sul] de P.
[A/反] Hókubu. ⇨ minámí.

nań-búngaku 軟文学 A literatura barata [erótica].

nańbútsú 難物 A pessoa ou assunto difícil. *Saigo no mondai ga ~ datta* 最後の問題が難物だった A última pergunta foi ~/um bico-de-obra.

nańbyṓ 難病 A doença incurável [séria; de tratamento difícil]. ⇨ byṓkí; nán[3].

nań-chákuriku 軟着陸 A aterragem [aterrissagem (B.)] suave. ★ *Tsuki ni ~ suru* 月に軟着陸する Fazer uma ~ na lua.

nańchṓ[1] 難聴 **1**【Med.】(O ser) duro de ouvido; a bradiacusia. ◇ **~ sha** 難聴者 A pessoa que é dura de ouvido. **2** [放送がよく受信できないこと] A má captação「do rádio」. ◇ **~ chiiki** 難聴地域 Uma zona de ~.

nańchṓ[2] 軟調 **1**【Econ.】A tendência à baixa (da bolsa/do mercado). [A/反] Keńchṓ. **2** [写真] O contraste fotográfico fraco. [A/反] Kṓchṓ.

Nańchṓ[3] 南朝 **1** [中国史の] O período da história chinesa de 420-589, em que a capital era Nanquim. **2** [日本史の] O período da história j. do imperador Godaigo 1336 até ao imperador Gokameyama 1424, em que Yoshino também era meia capital. [A/反] Hokúchṓ.

nán-da 何だ **1** [文頭で驚き軽蔑等を示す] O quê?; Quê!; Ah! ~, *kimi ka* なんだ, 君か ~ É Você [És tu]? ~, *kore kurai no kizu* なんだ, これくらいの傷 É uma feridita de [Ah! Isto não é] nada! ⇨ náni. **2** [文末で軽視・非難を示す] O quê? *Meiyo ga ~* 名誉がなんだ Que importa a honra? ⇨ náni.

nań-dá-ga [**-kedo**] 何だが[けど] (< náni + da + …) É… mas…. *Jibun de iu no mo ~ madamada wakai mono ni wa makenai yo* 自分で言うのもなんだがまだまだ若い者には負けないよ Desculpe a falta de modéstia mas ainda não fico atrás dos novos.

nańdáí[1] 難題 **1** [難問] Um problema difícil. ★ *~ to torikumu* 難題と取り組む Enfrentar-se com um ~. [S/同] Nańmóń. **2** [無理な注文] Um pedido difícil. ★ *Muri ~ o fukkakeru* 無理難題を吹っかける Pedir demasiado. [S/同] Íígákárí.

nán-dai[2] 何代 Várias gerações. ★ *~ mo tsuzuita kyūka* 何代も続いた旧家 Uma família muito antiga.

nań-dáí-mé 何代目 Que geração「dos Tokugawa é Yoshinobu」? (É a décima quinta e última).

nán-da-ka 何だか (< náni + da + ka) **1** [何であるか] (O) que é; assim (como). *Nani ga ~ wakaranai* 何が何だかわからない Não sei (o) que é [que estão a dizer]. ★ *~ marui mono* 何だか円いもの Uma coisa assim redonda. **2** [何となく] Não [Sem] saber como [porquê]; um tanto. ★ *~ kibun ga warui* 何だか気分が悪い Não sei o que tenho [é isto], mas sinto-me mal. [S/同] Nań-tó-náku.

nán-da-kán-da 何だかんだ (< náni + da + káni + da) Isto e aquilo; uma coisa e outra; de qualquer modo [forma]; afinal de contas. *~ de jūman-en wa hitsuyō da* 何だかんだで10万円は必要だ Com uma coisa e outra são precisos cem mil yens. *~ to monku bakari iu* 何だかんだと文句ばかり言う Só sabe falar mal dos outros [Está sempre a queixar-se].

nán-dakke 何だっけ O que era?; Qual? ~, *hora kono aida mita eiga* 何だっけ, ほらこのあいだ見た映画 Qual era o filme que vimos outro dia?

nań-dáttara 何だったら Se achar melhor; Se quiser. ~ *mō kaette ii yo* 何だったらもう帰っていいよ ~ já pode voltar. [S/同] Nań-nára (+).

nán-datte 何だって **1** [なぜ] Por que (razão)? *~ sonna tsumetai koto o iu n'da* 何だってそんな冷たいことを言うんだ Por que me fala com essa frieza? [S/同] Dṓshite; nán de; náze (+). **2** [なんであっても] Seja como [o que] for. "*Yūshoku nani ga tabetai*" "*~ ii yo*"「夕食, 何が食べたい」「何だっていいよ」Que quer comer ao jantar? — (Pode ser) qualquer coisa. **3** [問いただすことをあらわす] Quê?! *~, aitsu ga shinda* 何だって, あいつが死んだ Quê?! O sujeito morreu?

nán-de-mo 何でも (< náni + …) **1** [すべて] Tudo; qualquer coisa; (seja) o que for. *Anata no tame nara ~ shimasu* あなたのためなら何でもします Por você [ti] farei tudo. ★ *~ ka (n) de mo shitte iru* 何でもか(ん)でも知っている Saber tudo e mais alguma coisa. **2** [どうしても] Seja como for; sem falta; a todo o custo. *~ ka (n) de mo daigaku ni hairitai* 何でもか(ん)でも大学に入りたい Quero entrar na universidade, seja como for [a todo o custo]. ★ *Nani ga ~* 何が何でも A todo o custo; seja de que maneira for. [S/同] Dṓshitemo. **3** [どうやら] Talvez; ao que parece; pelos vistos; consta [ouvi dizer] que…. ～ *kanojo wa byōki de nyūin shite iru sō da* 何でも彼女は病気で入院しているそうだ Dizem que ela está doente e hospitalizada. [S/同] Dṓyara; tábun. **4** [たいしたことではない] (Não é) nada; sem [de pequena] importância. "*Dōmo sumimasen*" "*Iie ～ arimasen*"「どうもすみません」「いいえ何でもありません」Ah, desculpe — Ora essa, não foi nada. ～ *nakatta yō ni* 何でもなかったように Como se não fosse nada.

N

nańdémó-yá 何でも屋 **1** [店] Um bazar [mercatudo]; a loja de miudezas (onde há de tudo); o armazém de secos e molhados. [S/同] Yorózú-yá; zakká-ten. **2** [人] Um factótum [faz-tudo; pau para toda a colher]. *Kare wa ～ da ga sugureta mono wa nai* 彼は何でも屋だがすぐれたものはない Ele é o homem dos sete ofícios mas não sabe fazer nada bem.

nán-do[1] 何度 **1** [何回] Quantas vezes? ～ *yatte mo shippai shita* 何度やっても失敗した Tentei muitas [várias] vezes mas não fui capaz. ★ ～ *mo* [*to naku*] 何度も [となく]Várias vezes; vezes sem conta. [S/同] Íku-do; nán-ben[1]; nán-kai. **2** [度数を尋ねる] Quantos graus? (Tb. do vinho). *Kono kakudo wa ～ desu ka* この角度は何度ですか Este ângulo quantos graus tem? ⇨ do[1].

nańdó[2] 納戸 O quarto de arrumações (Roupas, etc.).

nań-dókí 何時 **1** [なんじ]【A.】Que horas. [S/同] Nán-ji (+). **2** [どんな時] Sempre; a qualquer hora. ◇ ⇨ **itsu ～**.

nán-gatsu 何月 Que mês? *Shingakki wa ～ kara desu ka* 新学期は何月からですか Quando [Em que mês] começa o ano le(c)tivo? ⇨ tsukí[1].

nańgí 難儀 **1** [面倒] A dificuldade; o trabalho; o espinho. ★ ～ *na shigoto* 難儀な仕事 O trabalho difícil [espinhoso]. [S/同] Kónnan (+); meńdṓ; méiwaku. **2** [苦労] O sofrer. *Doro-michi o aruku no ni ～ shita* 泥道を歩くのに難儀した Custou-me caminhar por causa da lama. ⇨ kurúshímu.

nańgyṓ 難行 As práticas ascéticas; as penitências. ★ ～ *kugyō no sue* 難行苦行の末 Ao fim de muitas ～ e trabalhos. [S/同] Kugyṓ. ⇨ shugyṓ.

náni 何 **1** [正体不明の物事を指す] O que; qualquer coisa. ～ *ga* ～ [*nan*] *da ka sappari wakaranai* 何が何だかさっぱりわからない Não entendo nada/Estou completante perdido [desorientado; desnorteado]. ～ *ga* ～ [*nan*] *de mo yari-togeru zo* 何がなんでもやりとげるぞ Custe o que custar hei-de fazer isto. ～ *kara* ～ *made kare wa kanzen da* 何から何まで彼は完全だ Ele é perfeito em tudo. ～ *o kakusō kanojo koso ōhi da* 何を隠そう彼女こそ王妃だ Vou-lhe(s) revelar agora mesmo que é ela a rainha. ～ *o suru* [*iu*] *n'da* 何をするん [言うん] だ Que estão a fazer [dizer]? *Eki made* ～ [*nan*] *de iku no* 駅まで何で行くの Como [Em que] vai para a estação? *Sono nyūsu o* ～ [*nan*] *de shirimashita ka* そのニュースを何で知りましたか Como (é que) soube essa notícia? ★ ～ *ka ni tsukete fuhei o iu* 何かにつけて不平を言う Queixar-se de tudo. ～ *ka to isogashii* 何かと忙しい Não sei como é mas「estou」sempre ocupado. ～ *kure to naku sewa o suru* 何くれとなく世話をする Ajudar [Cuidar de]「alguém」de várias maneiras [nisto e naquilo]. ～ *o oite mo kaketsukeru* 何をおいてもかけつける Deixar tudo e ir a correr. ⇨ nán[1]. **2** [ぼかして言う] Um tanto, um pouco. *Hakkiri iu no mo* ～ *desu ga* はっきり言うのも何ですが Desculpe a franqueza, mas …. **3** [驚愕・反問の意] (O) quê! ～, *mō ichi-do itte miro* 何, もう一度言ってみろ ～ A ver se te atreves a dizer isso outra vez! **4** [たいしたことはない] Quê/Oh!. ～, *ii n desu yo* 何, いいんですよ Não faça caso. ～, *kamau mono ka* 何, かまうものか E a mim que me importa (isso)? **5** [少しも] Nada. ★ ～ *fu-jiyū naku* 何不自由なく Sem「me」faltar ～. ～ *kigane naku* 何気兼ねなく Sem nenhuma cerimó[ô]nia; à vontade. [S/同] Sukóshí mó. **6** [なぜ] Porquê. ～ *naite* (*i*)*ru no* 何泣いて (い) るの Por que chora? [S/同] Náze (+).

nán'i[1] 南緯 A latitude sul. ★ ～ *sanjū-do* 南緯30度 Trinta graus [30 °] de [,] latitude sul. [A/反] Hókui. ⇨ ído[2].

nán'i[2] 難易 A dificludade ou facilidade; o grau de dificuldade. ★ *Shiken no ～ do* 試験の難易度 A dificuldade do exame. ⇨ kónnan; yṓi[2].

naní-búń 何分 **1** [なんらか] O que for; algum; qualquer. ～ *no go-kifu o negaimasu* 何分の御寄付を願います Faça(m) um donativo, qualquer que seja, por favor. [S/同] Nán-ra-ka (+). **2** [どうか; どうぞ] ～ *yoroshiku o-negai shimasu* 何分よろしくお願いします É com todo o respeito que lhe(s) peço este favor. [S/同] Dṓ ka (o); dṓzo (+). **3** [なにしろ] De qualquer maneira. ★ ～ *tenki ga warui no de* … 何分天気が悪いので… ～, como o tempo está mau …. [S/同] Nánishiro (+); tónikaku (+).

náni-gashi 何某 Um certo; um fulano. ★ ～(*ka*) *no kane* 何某 (か) の金 Uma certa quantia [soma] de dinheiro. *Suzuki ～ to iu hito* 鈴木何某という人 Um tal [fulano chamado] Suzuki.

naní-gé-nái 何気無い Casual; natural; sem querer [intenção]. ★ ～ *fū* [*sama*] *o yosoou* [*suru*] 何気ない風[様]を装う[する] Fingir「que não sabe」.

naní-gé-náku 何気無く (Adv. de naní-gé-nái).

naní-górtó 何事 (＜… ＋kotó) Que; qualquer coisa. (*Ittai*)～ *desu ka* (一体) 何事ですか Então que há [foi]? *Uso o tsuku to wa ～ da* 嘘をつくとは何事だ Não tem vergonha de mentir? ★ ～ *ga okotte mo* 何事が起こっても Haja o que houver; aconteça o que acontecer. ～ *mo nakatta* (*ka no*) *yō ni* 何事もなかった (かの) ように Como se nada fosse [tivesse passado].

naní-hódó 何程 Quanto; que. *Hiyō wa ～ desu ka* 費用は何程ですか Quanto é a despesa? *Shi tote ～ no koto ga arō ka* 死とて何程のことがあろうか Que (me) importa morrer? /E daí? Se morrer, morro. ⇨ dónna ni; íkura[1].

náni-ka 何か **1** [任意・不定の物・こと] Algo; o que; alguma coisa. ～ *go-yō desu ka* 何か御用ですか Deseja alguma coisa? ～ *shitsumon wa nai desu ka* 何か質問はないですか Tem [Têm] alguma pergunta (a fazer)? *Ano hito ga shinda nante ～ no machigai deshō* あの人が死んだなんて何かの間違いでしょう Como? Morreu? Não será engano? *Chichi wa ～ to iu to sugu okoru* 父は何かというとすぐ怒る Diante do meu pai não se pode falar, zanga-se logo. ★ ～ *to benri na shina* 何かと便利な品 Um obje(c)to útil para tudo. [S/同] Naní-ká-shírá. **2** [不特定のあること] Qualquer coisa assim [parecida]. *Kēki ka ～ amai mono nai?* ケーキか何か甘いものない Não tem (por aí) um bolo ou qualquer outra coisa doce?

naní-ká-shírá 何かしら **1** [どういうわけか] Algo. ～ *iya na muna-sawagi ga suru* 何かしらいやな胸騒ぎ

がする Sinto-me inquieto sem saber porquê. **2**[何か] Algo. ~ *no o-rei o shinakute wa naranai* 何かしらのお礼をしなくてはならない Devo retribuir-lhe com ~ [Tenho de lhe dar algum presente]. ［S同］Náni ka **1** (+). **3**[不審に思うようすを表す] Que será? *Ara*, ~, あら, 何かだ Nossa [Meu Deus], (o) ―「aquele barulho」?

nani-kúsó 何糞【G.】Tu vais ver! /Diabos me levem「se」! ~, *makeru mono ka* 何糞, 負けるものか Já vais ver quem perde!

naní-kúwánu-kao 何食わぬ顔 (< náni + Neg. de kúu + …) Uma cara de inocente [de「quem não comeu o bolo」]. ★ ~ *o suru* 何食わぬ顔をする Pôr uma ~. ⇨ naní-gé-nái.

naní-mó 何も **1**[すべて] Tudo. *Kare wa kūfuku mo* ~ *wasurete shigoto ni bottō shita* 彼は空腹も何も忘れて仕事に没頭した Ele, absorvido no trabalho, esqueceu-se de comer e de tudo. ［S同］Íssai (+); náni mo ká mo (+); súbete (+). **2**[(次に打ち消しの語を伴って) 全く]Nada. ~ *arimasen ga dōzo meshiagate kudasai* 何もありませんがどうぞ召し上がってください Desculpe ser uma comida [coisa] simples, mas faz favor. **3**[特に取り立てて] Especialmente. ~ *sō hara o tateru koto mo nai deshō* 何もそう腹を立てることもないでしょう Não há [vejo](assim) razão (especial) para se zangar tanto. ［S同］Betsú-ní.

náni-mo ká-mo 何も彼も Tudo; inteiramente. ~ *kimi no o-kage da* 何も彼も君のおかげだ É ~ graças a você/A ti o devo. ［S同］naní-mó **1**; súbete (+).

naní-mónó 何者 Quem; o caso [C.]. *Ano otoko wa* ~ *da* あの男は何者だ Quem é aquele? *Kare wa usotsuki igai (no)* ~ *de mo nai* 彼は嘘つき以外(の)何者でもない Ele não passa de um mentiroso [aldrabão]. ［S同］Dáre (+).

náni-shiro 何しろ Bem; seja como for; de qualquer maneira [modo]; como vê(em). ~ *jijō ga jijō na no de kare o yurushite yarimashita* 何しろ事情が事情なので彼を許してやりました Bem, naquelas circunstâncias achei melhor perdoar-lhe. ［S同］Naní-búñ; tónikaku (+).

naní-tózó 何卒 Por favor. ~ *yoroshiku o-negai mōshiagemasu* 何卒よろしくお願い申し上げます Permita-me que me atreva a pedir-lhe este favor. ［S同］Dō ka (+); dózo (+).

Naníwá-búshí 浪花節 (< "chimei" + fushí) A trova/toada; a narração, acompanhada a "shamisen", de histórias de cavalaria, etc. ［S同］Rōkyókú.

nani[nan]**yá-káya** 何や彼や Isto e aquilo; uma coisa e outra. ~ *de o-kane o daibu tsukatta* 何や彼やでお金をだいぶ使った Com ~ gastei muito dinheiro. ★ ~(*to*) *monku no iu* 何や彼や(と)文句を言う Queixar-se disto e daquilo. ［S同］Aré-ya koré-ya; iróíró (+).

náni-yara 何やら Qualquer; um; não sei (bem) quê. *Sakuban* ~ *hen na oto ga shita* 昨晩何やら変な音がした Ontem à noite pareceu-me ouvir um ruído estranho. ［S同］Náni-ka (shira); nán-da-ka.

náni-yori 何より Mais do que tudo. *Kenkō ga* ~(*mo*) *daiji da* 健康が何より(も)大事だ A saúde vale ~. *O-genki de* ~ *desu* お元気で何よりです Que bom vê-lo (assim) com saúde.

nanjákú 軟弱 **1**[弱々しいこと] A fraqueza [debilidade]; a instabilidade. ~ *na jiban* 軟弱な地盤 Uma base pouco segura. ~ *na karada* [*seikaku*] 軟弱な体[性格]Um corpo [cará(c)ter] fraco. ⇨ hiyó-wá. **2**[弱腰] Tímido [Sem nervo]. ◇ ~ **gaikō** 軟弱外交 Uma diplomacia ~. ［S同］Yowá-góshí. ［A反］Kyókō. **3**[相場が安いようす]【Econ.】Com tendência para a baixa. ［S同］Yowáfúkumi.

nán-ji[1] 何時 Que horas. ~ *no densha de iku no desu ka* 何時の電車で行くのですか Em que comboio [trem] vai?「―Nodas 11h」. *Ima* ~ *desu ka* 今何時ですか ~ *sō* ? ★ ~ *kara* ~ *made* 何時から何時まで De ~ a ~? /Quanto dura?

nánji[2] 汝・爾【E.】Tu. " ~ *jishin o shire*"「汝自身を知れ」"Conhece-te a ti mesmo". ⇨ kimí[3]; o-máé.

nánji[3] 難事【E.】Um caso difícil. ★ ~ *ni ataru* 難事に当たる Enfrentar ~.

nanji[4] 難治【E.】 **1**[病気が治りにくいこと] A cura difícil. **2**[治めにくいこと] A administração difícil.

nan-jikan 何時間 Quantas horas「leva?」. ⇨ nán-ji[1].

nanjírú 難じる ⇨ hínan.

nanjū 難渋 **1**[はかどらないこと] A estagnação; a paralisação; o congestionamento. *Kōshō wa* ~ *o kiwameta* 交渉は難渋を極めた As negociações foram morosas e difíceis. ［S同］Nankō. **2**[苦しむこと] A dificuldade; a aflição. ★ *Yamamichi ni* ~ *suru* 山道に難渋する Ver-se aflito para subir a encosta da serra. ［S同］Nánjí (+). ⇨ kurúshímu.

nanká[1] 南下 O descer [ir] para sul. ★ ~ *suru* 南下する Ir para sul. ［S同］Hokújō.

nanká[2] 軟化 **1**[柔らかくなること] O abrandamento; o amolecimento; a debilitação. ⇨ yawáráka[2]. **2**[穏やかになること] O abrandamento. *Kare no katakuna na taido ga* ~ *shita* 彼の頑なな態度が軟化した A atitude intransigente dele abrandou. ⇨ odáyaka. **3**【Econ.】A baixa (de bolsa). ［A反］Kōka.

nán-ka[3] なんか Que tal; lá; como esse. *Aitsu* ~ *shin'yō dekinai* あいつなんか信用できない Vou lá (eu) a acreditar naquele tipo [cara]. *Kore* ~ *dō desu ka* これなんかどうですか Que tal este? ［S同］Nádo.

nań-ká-getsu 何か月 Quantos meses. *Ie o tateru no ni* ~ *kakarimasu ka* 家を建てるのに何か月かかりますか ~ *leva a construir uma casa?

nán-kai 何回 Algumas [Quantas] vezes. *Akiramenai de* ~ *kayatte mi nasai* あきらめないで何回かやってみなさい Tente várias [umas poucas de] vezes, não desista. ［S同］Íku-do; nán-ben; nán-do.

nańkaí[2] 難解 Difícil de entender. ★ ~ *na bunshō* 難解な文章 Um trecho ~. ⇨ muzúkáshíí.

nańkaí[3] 南海 O mar a(o) sul「de Shikoku」. ⇨ nań'jō.

nańkań 難関 Um[a] grande obstáculo [barreira]. ★ ~ *ni idomu* 難関にいどむ Lutar com um grande problema. *Kazukazu no* ~ *o toppa suru* 数々の難関を突破する Superar inúmeros obstáculos.

Nańkiń[1] 南京 (< Chi. Nan-jing) **1**[中国または東南アジア方面から渡来したものの意を表す]**a)** Obje(c)tos procedentes da China e do sudeste da Ásia; **b)** Obje(c)tos pequenos, raros e graciosos. ◇ ~ **bu-kuro** 南京袋 O saco de juta. ~ **dama** 南京玉 As contas de vidro ou porcelana. ~ **jō** 南京錠 O aloquete. ~ **mame** 南京豆 O amendoim. ~ **mu-shi** 南京虫 **1** ~. **2**[⇨ kabochá]. ［S同］Nańkyókú[2].

nańkiń[2] 軟禁 O estar de residência vigiada. ★ ~ *suru* 軟禁する Pôr de residência vigiada. ◇ ~ **jōtai** 軟禁状態「Ele está」 de… ⇨ kańkiń[1].

nańkítsú 難詰 A vituperação; a censura. ★ ~ *suru* 難詰する Vituperar; censurar. ⇨ toítsúméru.

nańkó[1] 軟膏 A pomada; 「pôr」o unguento.

nańkó[2] 難航 **1**「航行が難儀すること」A travessia [O voo] difícil. ⇨ kôkô[3]. **2**「物事の進行がはかどらないこと」O andamento lento [trabalhoso]. *Kōshō wa ~ shite iru* 交渉は難航している As negociações estão difíceis e morosas.

nańkô-fúráku 難攻不落 **1**「攻撃が困難なこと」A inexpugnabilidade. ★ ~ *no yōsai* 難攻不落の要塞 Uma fortaleza inexpugnável. **2**「承知しないこと」 [Fig.] 「a pessoa」Irredutível.

nań-kôgai 軟口蓋 O véu palatino.

nańkótsú 軟骨 A cartilagem. ★ ~(*jō*) *no* 軟骨(状)の Cartilaginoso; cartilagíneo. Ⓐ/Ⓡ Kôkótsú.

nańkúsé 難癖 O defeito; a falta (inexistente). ★ ~ *o tsukeru* 難癖をつける Ter a mania de criticar [descobrir/andar à procura de defeitos].

nańkyókú 南極 O Polo Sul [Antár(c)tico]. ◊ ~ *chihō* [*chitai*] 南極地方[地帯] A região [zona] polar [antár(c)tica]. ~ *kai* 南極海 O Oceano Antár(c)tico. ~ *kansoku-tai*[-*sen*] 南極観測隊 [船] O grupo [navio] para a exploração do ~. ~ *ken* 南極圏 O círculo antár(c)tico. ~ *tairiku* 南極大陸 O continente antár(c)tico. ~ *ten* 南極点 O (centro do) ~. Ⓐ/Ⓡ Hokkyókú.

nańkyókú 難局 A crise; a situação crítica [difícil]. ★ ~ *ni ataru* 難局に当たる Deparar [Encontrar-se] com uma ~. ~ *o dakai suru* 難局を打開する Superar a [uma] ~/Sair da [duma] ~. Ⓢ/Ⓙ Nańkań.

nańkyū 軟球 A bola mole de borracha 「de beis./amadores」. Ⓐ/Ⓡ Kôkyū.

nańmín 難民 O(s) refugiado(s). ◊ ~ *kyanpu* 難民キャンプ O campo de ~. ~ *kyūsai* 難民救済 A ajuda aos ~.

nańmón 難問 Um problema [Uma pergunta] difícil. ★ ~ *o dasu* 難問を出す Fazer uma pergunta difícil. Ⓢ/Ⓙ Nańdai.

nán-naku 難なく 「… + nái」Sem dificuldade; como se nada fosse. *Kare wa ~ kyūdai shita* 彼は難なく及第した Ele passou no exame ~ com uma perna às costas. Ⓢ/Ⓙ Tayásúku; wáke(mo)naku.

nań-nań-séí 南南西 O su-sudoeste.

nań-nań-tô 南南東 O su-su-d(o)este.

nańnán-to-suru 垂んとする 【E.】Quase. ★ *Ichiman ni ~ chōshū* 一万に垂んとする聴衆 Uma de ~ dez mil pessoas. ⇨ hotóndo.

nań-nára 何なら Se quiser 「não se importa/for necessário」. ~ *kochira kara ukagaimasu* 何ならこちらから伺います Se quiser, posso ir eu 「a sua casa」.

nán-nen 何年 **1**「年数」Quantos anos. *Nippon ni kite (kan) ni narimasu ka* 日本に来て何年(間)になりますか Há ~ está no [chegou ao] Japão? **2**「年代」Que ano. *Anata wa ~ umare desu ka* あなたは何年生まれですか Em ~ nasceu?

nán-nichi 何日 **1**「日数」(Quantos) dias. **2**「日付」Que dia (do mês). *Kyō wa ~ desu ka* 今日は何日ですか ~ é hoje?

nań-ní-mó 何にも **1**「何事にも；何物にも」Nada. *Sonna koto o shite mo ~ naranai* そんなことをしても何にもならない Isso não adianta (nada). **2**「全く」Nada. *Watashi wa sono ken ni tsuite ~ shirimasen* 私はその件について何も知りません Disso não sei (absolutamente) ~. Ⓢ/Ⓙ Mattákú; nańi-mó **2** (+); sukóshimo; zeńzéń.

nán-nin 何人 (Quantas) pessoas; alguns; uns tantos. *Ano jiko de ~ mo no hitobito ga shinda* あの事故で何人もの人が死んだ Houve vários mortos naquele desastre. ★ ~ *ka no seito* 何人かの生徒 Alguns [Uns quantos] alunos. *Nijū ~ ka no hitobito* 二十何人かの人々 Umas vinte e tal [tantas] pessoas.

nán-ni-seyo 何にせよ (<… + *surú*) ⇨ náni-shiro.

nán-no 何の **1**「疑問」Que …? ~ *hanashi o shite iru no* 何の話をしているの De que estão a falar? ~ *tame ni Porutogarugo o manabu no desu ka* 何のためにポルトガル語を学ぶのですか Para que estuda p.? ★ ~ *kano* (*to*)*itte mo* 何のかの(と)言っても Por mais que tu digas … /Não quero cá saber! /Afinal de contas… ~ *kinashi ni* 何の気無しに Casualmente; sem querer; à toa; por acaso [casualidade]. **2**「否定」Qualquer; nenhum/-a. ★ ~ *imi mo nai* 何の意味もない **a**) Não significa nada; **b**) Isso não tem ~ valor [importância]. ~ *yaku ni mo tatanai* 何の役にも立たない Não servir [prestar] para nada. **3**「なにほどの」Qual 「estudar」?; que 「coisa difícil será」? "*Daijōbu desu ka*" "~ *kore-shiki*"「大丈夫ですか」 「何のこれしき」"Você está bem?" "Ah, não foi nada". ~ *koto wa nai, sugu shōchi shita*, 何のことはない, すぐ承知した Aquilo era (uma coisa) fácil [simples] e eu aceitei [compreendi] logo. **4**「強調の意」 E não sei que mais! Tem ~ bem 「frio」; de que maneira! *Atsui no ~ tte!* 暑いの何のって Calor mas calor!

Nań'ô 南欧 A Europa meridional [do sul]. Ⓢ/Ⓙ Minámí Yôróppa (+). Ⓐ/Ⓡ Hokúô.

ná-no-de なので Porque; uma vez que. ⇨ kara[1]; nó de.

ná-no-hana 菜の花 A colza. Ⓢ/Ⓙ Abúrána (+).

nanó[nú]**ká** 七日 **a**) Sete dias; **b**) O dia sete (do mês). ~ nána.

na-nóri 名乗り (< na-nóru) O nome; a identidade. ★ ~ *o ageru* 名乗りをあげる Dizer o nome; identificar-se.

na-nóru 名乗る **1**「名を告げる」Dizer o nome; chamar-se. ★ *Satō to ~ otoko* 佐藤と名乗る男 Um homem chamado [por nome] Satō. **2**「申し出る」 *Hannin wa keisatsu ni nanotte* [*nanori*] *deta* 犯人は警察に名乗って[名乗り]出た O criminoso entregou-se à Polícia. **3**「自分の名とする」Adoptar; ficar com o nome. ★ *Tsuma no sei o ~* 妻の姓を名乗る Adoptar o sobrenome da mulher [esposa].

nanpa[1] 軟派 **1**「軟文学を愛好する者」A 「O que gosta de」literatura erótica. Ⓐ/Ⓡ Kôha. **2**「穏健で主張の弱い政党」Os moderados; a fa(c)ção moderada. Ⓐ/Ⓡ Kôha. **3**「新聞で社会面・文化面を担当する部署やその人々」A se(c)ção social e cultural (de um jornal). ★ ~ *no kisha* 軟派の記者 O reda(c)tor da ~. Ⓐ/Ⓡ Kôha. **4**「不良行為のある知らぬ女性を誘うこと」O namorico; o derriço. ★ ~ *suru* 軟派する Namoricar; derriçar (G.).

nanpa[2] 難破 O naufrágio. ◊ ~ *sen* 難破船 O navio naufragado. Ⓢ/Ⓙ Nańsén.

nań-pító 何人 (< náni + hító) 【E.】Seja quem for. ~ *tari tomo nyūshitsu o kyoka dekimasen* 何人たりとも入室を許可できません Não posso deixar entrar 「no quarto」~ 「um qualquer」. Ⓢ/Ⓙ Dáre (+).

nańpô 南方 A zona austral; o sul. Ⓢ/Ⓙ Hoppô.

nańpú[1] 南風 ⇨ minámí-káze.

nańpú[2] 軟風 Uma aragenzinha; a brisa; o zéfiro.

(Poét). [S/同] Bifū (+); soyó-kaze (o).

Nańpyṓyō [**pyóo**] 南氷洋 O Oceano Glacial Antár(c)tico.

nán-ra 何等 Qualquer; algum; nenhum「valor」. ~ *shinpai (suru koto wa) nai* 何等心配(することは)ない Não se preocupe./Não há razão para preocupação de espécie alguma. ★ ~ *ka no hōhō [katachi] de* 何等かの方法[形]で De uma maneira qualquer [ou de outra]. ⇨ naní-mó; nán-no.

nánro 難路 Um caminho escabroso [de cabras]; um caminho intransitável. [S/同] Ákuro; kénro.

nán-sai 何歳 Quantos anos? *Anata wa ~ desu ka* あなたは何歳ですか ~ tem? *Kare wa anata yori ~ ue [shita] desu ka* 彼はあなたより何歳上[下]ですか ~ lhe leva ele a si [lhe leva você a ele]? ★ *Nijū ~ ka no toki ni* 二十何歳かの時に Quando eu tinha vinte e poucos [e tal] anos. [S/同] Íkutsu.

nańséí 南西 O sudoeste. [S/同] Seínáń.

nańséń 難船 O naufrágio [navio naufragado]. [S/同] Nańpá[2].

nánsensu ナンセンス (< Ing. nonsense < L.) Uma coisa sem [que não faz] sentido. *Mattaku ~ da* 全くナンセンスだ Você não sabe o que está a dizer/Não seja estúpido! ⇨ bakágéru; kudáránáí.

nańshíkí 軟式 O jogar com bola de borracha. ◇ **~ tenisu** 軟式テニス O té[ê]nis com… [A/反] Kṓshíkí.

nańshó 難所 O lugar [ponto] perigoso.

nańshókú 難色 A relutância; a cara feia. ★ ~ *o shimesu* 難色を示す Fazer cara feia/Mostrar relutância. ⇨ fu-sánsei.

nańsúí 軟水 A água branda (que não contém muitos sais de cálcio, magnésio, etc). [A/反] Kṓsúí[2].

nańtáí-dṓbutsu [**óo**] 軟体動物【Zool.】Um[Os] molusco[s].

nańtáń 南端 A parte sul (De um país, etc.). ★ *Sai ~* 最南端 O extremo [A extremidade] sul. [A/反] Hokútáń. ⇨ nánbu.

nán-te[1] 何て **1** [なんと] Que「lindo!」. *Ima ~ itta no* 今何て言ったの Que (é que) você disse? [S/同] Nán-to. **2** [何という] Seja o que for; algo de especial. ~ *koto wa nai* 何てことはない Não é nada「difícil; importante」. [S/同] Nán to iu.

-nán-te[2] なんて【Col.】Algo assim como. *Anna tokoro de kimi ni au ~ omotte mo inakatta* あんな所で君に会うなんて思ってもいなかった Nunca pensei que nos fôssemos encontrar naquele lugar! *Gakkō ~ zettai ikanai* 学校なんて絶対行かない Ir à escola? Nem me fales nisso! *Suzuki ~ (iu) hito wa shiranai* 鈴木なんて(いう)人は知らない Suzuki? Não conheço [Nunca o vi mais gordo (nem mais magro)].

nańtén[1] 南天 **1** [南の空] O céu do hemisfério sul. **2** [メギ科の植物名]【Bot.】A planta-misteriosa; a nandina; *nandina domestica* (Originária do Japão, onde se usa como adorno no "O-shōgatsu", juntamente com o pinheiro e o bambu; é de folha perene e o fruto são bagas vermelhas).

nańtén[2] 難点 **1** [欠点] O defeito. *Ano hito no ~ wa yakusoku o mamoranai to iu koto desu* あの人の難点は約束を守らないということです ~ dele é não cumprir o que promete. [S/同] Kettén (+). **2** [困難な点] A dificuldade; um "mas … ". *Jōken ni ~ ga aru* 条件に難点がある Algumas das condições têm os seus "mas" [não são satisfatórias]. ⇨ kónnan.

nán-to 何と **1** [疑問; 不定] Como; de que maneira; que. ~ *itte mo Pere wa subarashii sakkā senshu da* 何と言ってもペレは素晴らしいサッカー選手だ Mas [Digam o que disserem/quiserem] Pelé é um grande futebolista! ~ *o-rei mōshiagetara yoi ka wakarimasen* 何とお礼申し上げたらよいかわかりません Não sei como lhe agradecer. *Sore wa porutogarugo de ~ iimasu ka* それはポルトガル語で何と言いますか Como se diz (isso) em p.? [S/同] Dṓ; dóno yōni. **2** [感嘆] Que …! ~ *iu atsusa da* 何という暑さだ Que calor! [S/同] Nán-te[1] **1**. **3** [間投詞] Eh!; afinal; sabes?; imagina! ~ *kimi hannin wa kare de wa nakatta n'da* 何と君犯人は彼ではなかったんだ Sabes (uma coisa)? O criminoso não foi ele! [S/同] Né.

nańtṓ 南東 O su(d)este. [S/同] Tṓnán.

nán-to-ka 何とか De alguma maneira; qualquer coisa. ~ *ittara dō da* 何とか言ったらどうだ Porque não lhe diz uma palavra (sobre o assunto) [Então não tem nada para me dizer]? ~ *naru sa* 何とかなるさ Não há-de haver problema/No fim vai dar tudo certo. ★ ~ *ka(n)to ka* 何とかか(ん)とか「Dizer」não sei quê. ~ *shite* 何とかして De uma maneira ou de outra. ~ *yatte [kurashite] iku* 何とかやって[暮らして]行く Melhor ou pior [De qualquer forma], vai-se andando [vivendo].

nán-to-mo 何とも **1** [本当に・全く] De fa(c)to; realmente. ~ *mōshiwake gozaimasen* 何とも申し訳ございません Peço ~ [Não sei como pedir] desculpa. [S/同] Hontṓ ní (+); mattákú (+). **2** [何であるか] Dificilmente exprimível. *Boku kara wa ~ ienai* 僕からは何とも言えない Eu não sei que dizer. **3** [たいしたことではない] Sem importância. *Watashi, kare no koto (nan ka) ~ omotte inai wa yo* 私, 彼のこと(なんか)何とも思っていないわよ Ele não me importa [atrai] lá muito. *Kono chiryō wa itaku mo ~ nai* この治療は痛くも何ともない Este tratamento não é nada doloroso.

nań-tó-náku 何と無く Um pouco; não sei bem mas… *Kare wa saikin ~ hen da* 彼は最近何となく変だ Ultimamente ele anda um pouco estranho.

nán-to-shite-mo 何としても A todo o custo; seja como for. ~ *Burajiru e itte mitai* 何としてもブラジルへ行ってみたい Quero ir ao B. ~.

nań-tó(wá)-náshi-ni 何と(は)無しに ⇨ nań-tó-náku.

nań'yṓ 南洋 O(s) mar(es) do sul (Em relação ao J., é a parte do Pacífico da região do equador mais povoada de ilhas). ◇ **~ shotō** 南洋諸島 As ilhas dos ~. [A/反] Hokúyṓ. ⇨ nańkáí[3].

nań-yṓbi [**óo**] 何曜日 Que dia (da semana). *Kyō [Sono hi] wa ~ desu ka* 今日[その日]は何曜日ですか Que dia é hoje [Em que dia calha/Que dia vai ser「a reunião」]? ⇨ nán-nichi.

nánzan 難産 (<… + sán) **1** [難しい出産] O parto difícil. [A/反] Ánzan. **2** [なかなか成立しないこと]【Fig.】O parto difícil. ★ ~ *no sue hossoku shita shin-naikaku* 難産の末発足した新内閣 O novo Gabinete [Governo] formado depois de um ~.

nán-zo 何ぞ (< nan[1] + zo)【E.】**1** [疑問] O que? *Jinsei to wa ~ ya* 人生とは何ぞや ~ é a vida (humana)? [S/同] Náni ka (+). **2** [不特定のある物をさす] Algo. *Konna sukoshi no kane ~ de gomakasarenai zo* こんな少しの金何ぞでごまかされないぞ Pensa que me engana? Isto não é dinheiro. [S/同] Náni-ka (+).

náo なお・尚 **1** [やはり] Ainda. *Sore demo ~ kano-*

N

jo wa kare o ai shite ita それでもなお彼女は彼を愛していた Ainda assim [Não obstante/Apesar de tudo], ela amava-o [gostava dele]. [S/同] Aí-káwárázú; yahári. **2** [更に] Ainda mais. *Jitai wa ~ issō waruku natta* 事態は尚一層悪くなった A situação piorou ~. [S/同] Issṓ; náo-katsu; sára-ni (+). **3** [まだ] Ainda. *Sore wa haru ~ asai aru hi no koto datta* それは春なお浅いある日のことだった Isto aconteceu certo dia ~ no começo da primavera. [S/同] Máda (+). **4** [付け加えれば] Finalmente. ~ *shōsai ni tsuite wa honbu ni toi-awaseraretai* 尚詳細については本部に問い合わせられたい ~ quanto aos pormenores consultem os (nossos) serviços centrais.

náo-katsu 尚且つ **1** [更に] E (além disso). *Kare no shigoto wa binsoku de ~ seikaku da* 彼の仕事は敏速で尚且つ正確だ Ele é rápido e exa(c)to no trabalho. [S/同] Sára-ni (+); sonó úé. **2** [それでもまだ] Apesar de「ser um professor severo lembro-me muito dele」. [S/同] Nímo kakawarazu (+).

na-óré 名折れ (< ··· + oréru) A desonra; a vergonha. ★ *Ikka no ~ ni [to] naru* 一家の名折れに[と]なる Desonrar o nome [Ser a ~] da família.

naórí 治り (< naóru[2]) A cura; a recuperação. *Wakai uchi wa byōki o shite mo ~ ga hayai* 若いうちは病気をしても治りが早い Quando se é novo as doenças curam depressa.

naóru[1] 直る (⇨ naósu[1]) **1** [よいまたは正常な状態になる] Normalizar-se; ficar direito [composto/bom/corrigido/···]; recuperar. *Mae ni mo chūi shita no ni kono tango no tsuzuri ga mada naotte (i)nai yo* 前にも注意したのにこの単語のつづりがまだ直って(い)ないよ Já lhe chamei a atenção mas esta palavra ainda não está bem escrita. *Sake o nondara chichi no kigen ga naotta* 酒を飲んだら父の気嫌が直った Depois de beber o pai recuperou o bom humor. **2** [正しく座わる] Sentar-se corre(c)tamente. *Soko e naore* そこへ直れ Sente-se aí corre(c)tamente [direito/como deve ser]. [S/同] Seízá súrú (+). **3** [一段上の地位・席へつく] Subir de posto; passar「a」. ★ *Ni-tō kara ittō e ~* 二等から一等へ直る Ser promovido [Subir/Passar] da segunda categoria para a primeira.

naóru[2] 治る (⇨ naósu[2]) Sarar; curar. *Kotoshi no kaze wa nakanaka naoranai* 今年の風邪はなかなか治らない A gripe [O resfriado] deste ano custa a passar/~.

naó-sárá 尚更 Pois por isso mesmo; muito mais [menos]. *Kokunai ryokō datte suru yutori ga nai no ni kaigai ryokō nante ~ da* 国内旅行だってするゆとりがないのに海外旅行なんてなおさらだ Nem sequer tenho tempo para viajar dentro do país, quanto mais ir ao estrangeiro. [S/同] Issṓ; masúmasu.

naóshí 直し (< naósu[1]) **1** [訂正] A corre(c)ção; a emenda. ★ ~ *no ōi genkō* 直しの多い原稿 O original cheio de corre(c)ções. [S/同] teíséí. **2** [修繕] O conserto. ★ *Kutsu o ~ ni dasu* 靴を直しに出す Mandar consertar os sapatos. [S/同] shū́zéń (+).

naósu[1] 直す (⇨ naóru[1]) **1** [よいまたは正常な状態にする] Compor; melhorar; corrigir. ★ *Keisan [Tesuto] no machigai o ~* 計算[テスト]のまちがいを直す Corrigir a conta [prova]. *Warui kuse o ~* 悪い癖を直す Corrigir um mau hábito. ⇨ kaíryṓ; kyṓséí[2]; teíséí[1]. **2** [修理する] Consertar; reparar. *Kowareta rajio o denki-ya ni naoshite morau* こわれたラジオを電気屋に直してもらう Mandar consertar o rádio no ele(c)tricista. [S/同] Shū́ri suru (+); shū́zéń súrú (+). **3** [整える] Ajustar; ordenar; compor. ★ *Kami no midare o ~* 髪の乱れを直す Pentear [Arranjar] o cabelo. *Nekutai o ~* ネクタイを直す Endireitar a gravata. [S/同] Séiri suru; seítóń súrú; totónóéru. **4** [換算する] Reduzir. ★ *Shōsū o bunsū ni ~* 小数を分数に直す ~ Fa(c)tor(iz)ar um número decimal. [S/同] Kańsáń súrú. **5** [翻訳する] Traduzir. ★ *Nihongo o porutogarugo ni ~* 日本語をポルトガル語に直す ~ o j. em p. [S/同] Hoń'yákú súrú.

naósu[2] 治す (⇨ naóru[2]) Curar. *Sensei, dō ka kono ko no byōki o naoshite kudasai* 先生, どうかこの子の病気を治して下さい Senhor doutor veja se me cura o meu filho. [S/同] Chiryṓ súrú.

naózárí 等閑 O não fazer caso. *Sono mondai wa ~ ni dekinai* その問題はなおざりにできない (Isso) não se pode deixar assim/Temos de tratar disso. [S/同] Naígáshíró; orósoka (+); yurúgásé. ⇨ íí-kágéń.

napā́mu [áa] ナパーム (< Ing. napalm = palmitato de sódio, cujo símbolo químico é "Na") O napalm. ◇ **~(baku) dan** ナパーム(爆)弾 A bomba de ~.

náppa 菜っ葉 A(s) hortaliça(s). ◇ **~ fuku** 菜っ葉服 O macacão [Fato macaco] (⇨ ṓbā́ṓru). [S/同] Na[2].

nápukin ナプキン (< Ing. napkin) **1** [食卓の] O guardanapo. ◇ **Kami ~** 紙ナプキン ~ de papel. **2** [生理用品の一つ] O absorvente; a faixa higié[ê]nica [sanitária]. [S/同] Pátto.

nára 楢 Uma espécie de carvalho; *quercus mongolica var. grosseserrata*. ⇨ búna; káshi[10].

-nára(ba) なら(ば) **1** [仮定・条件を示す] Se. *Ikitai ~ ike* 行きたいなら(ば)行け Se quiser ir, vá. *Watashi ga anata ~ sonna koto wa shinai* 私があなたなら(ば)そんなことはしない Se eu fosse você, não faria tal coisa. **2** [···に関しては] Se; de; relativamente a. *Denki no koto ~ watashi ni makasete kudasai* 電気のことなら(ば)私に任せてください De ele(c)tricidade entendo eu.

narábérú 並べる **1** [一列に続ける] Alinhar; juntar. *Watashi to kare to wa kaisha de tsukue o narabete shigoto o shite iru* 私と彼とは会社で机を並べて仕事をしている Nós dois trabalhamos no mesmo escritório (sentados) um ao lado do outro. **2** [整理して置く] Pôr; arrumar. ★ *Tēburu ni shokki o ~* テーブルに食器を並べる Pôr a mesa. ⇨ chińrétsú súrú; haírétsú súrú; hirógérú. **3** [比較する] Comparar. *Kō shite narabete miru to kimi-tachi kyōdai wa jitsu ni yoku nite iru ne* こうして並べて見ると君たち兄弟は実によく似ているね Vendo-os assim juntos são muito parecidos, vê-se bem que são irmãos. [S/同] Hikákú súrú (+). **4** [列挙する] Enumerar. ★ *Iiwake o ~* 言い訳を並べる Inventar (toda a espécie de) desculpas. [S/同] rékkyo suru.

narábé-tátéru 並べ立てる (< narábérú + ···) Apresentar uma longa lista「de proje(c)tos」. ★ *Monku o ~* 文句を並べ立てる Fazer muitas queixas.

narábí 並び (< narábú) **1** [一列に続いているもの] O ser [ficar] ao lado. *Hanaya wa yaoya no ~ ni arimasu* 花屋は八百屋の並びにあります A loja de flores é pegada à [fica ao lado da] de verduras. **2** [同程度のもの] O estar à altura. ⇨ shū́rui; tagúi.

narábí-nái 並びない Insuperável; incomparável; ímpar; sem rival. *Bahha wa ~ orugan no meishu de mo atta* バッハは並びないオルガンの名手でもあった Bach era também um organista ~.

narábí-ní 並びに Bem [Assim] como; e; mas também. *Mikeranjero wa gaka* ~ *chōkokuka to shite sainō o hakki shita* ミケランジェロは画家並びに彫刻家として才能を発揮した Miguel Ângelo celebrizou-se como pintor e como escultor. [S/同] Oyóbí.

narábú 並ぶ **1** [同じ向きにいくつも続く] Estar em fila [um ao lado do outro]. ★ *Koibito to narande aruku* 恋人と並んで歩く Passear com o[a] namorado[a]. *Tate* [*Yoko*] *ni* ~ 縦[横]に並ぶ Pôr-se um atrás [ao lado] do outro. **2** [同じ程度である] Ser igual [semelhante]; estar à mesma altura. *Kendō ni kakete wa kare ni narabu mono wa inai* 剣道にかけては彼に並ぶ者はいない Em kéndô ele não tem igual/rival [ninguém lhe chega]. **3** [兼ねる] E; mas também. ★ *Saishoku narabi-sonawaru josei* 才色並び備わる女性 Uma mulher de [com] talento e beleza. [S/同] Kanéru.

-náradewa ならでは Só; típico. *Kyōto ni wa mada Nihon* ~ *no machi-nami ga nokotte iru* 京都にはまだ日本ならではの町並みが残っている Kyōto conserva ainda feições de cidade típica japonesa [só do J.].

narái 習い (< naráu) **1** [習慣] O costume; o uso. [S/同] Shikítárí (+); shū́káń (o). **2** [つね] O comum; o normal. *Eiko seisui wa yo no* ~ *de aru* 栄枯盛衰は世の習いである A vida tem sempre altos e baixos.

narákú 奈落 (< Sân. naraka) **1** [地獄] O inferno; o abismo. ★ ~ *no soko ni ochiru* [*tsukiotosareru*] 奈落の底に落ちる[突き落とされる] Cair [Ser precipitado] no fundo do ~. [S/同] Jigókú (+). **2** [舞台の床下] A parte por baixo do palco. **3** [どん底] As profundidades「do desespero」. [S/同] Dońzókó (+).

naránai ならない (Neg. de "náru"). **1** ["動詞+ては"の形で禁止を表す] Não se deve …. *Sake o nonde unten shite wa* ~ 酒を飲んで運転してはならない ~ beber quando se vai conduzir [guiar]. **2** [義務を表す] Ter de … *Watashi ni wa yaraneba* ~ *koto ga takusan aru* 私にはやらねばならないことがたくさんある Tenho muito que fazer. **3** [どうしようもない] Nem saber (que fazer). *Shinpai de* ~ 心配でならない Estou tão preocupado que nem sei!

narású¹ 鳴らす **1** [音を出す] (Fazer) soar; tocar; emitir som. ★ *Fue o* ~ 笛を鳴らす Tocar flauta. *Yubi o* ~ 指を鳴らす Estalar os dedos. **2** [評判をとる] Ter fama; dar brado; ser conhecido「por」. *Kanojo mo mukashi wa bijin de narashita mono da* 彼女も昔は美人で鳴らしたものだ Ela, quando jovem, era famosa pela sua beleza. ⇨ hyṓbáń. **3** [言いたてる] Expressar. ★ *Fuhei o* ~ 不平を鳴らす Queixar-se. [S/同] Iítátéru (+).

narásu² 慣らす Acostumar; habituar. ★ *Atsusa ni karada o* ~ 暑さに体を慣らす ~ o corpo ao calor.

narásu³ 馴らす Domesticar; amansar; domar. ★ *Yasei no raion o narashite gei o shikomu* 野生のライオンを馴らして芸を仕込む Domar o leão e ensinar-lhe habilidades.

narásu⁴ 均す **1** [平らにする] Alisar; passar o rolo「em」; aplanar; nivelar. ★ *Guraundo o* ~ グラウンドを均す ~ o campo. [S/同] Taírá ní súrú. **2** [平均する] Tirar a média. ★ *Narashite tsuki jūman-en no shūnyū* 均して月 10 万円の収入 O salário médio mensal de cem mil yens. [S/同] Heíkíń súrú (+).

naráu¹ 習う **1** [けいこする] Treinar; praticar; exercitar. [P/ことわざ] ~ *yori narero* 習うより慣れろ Aprender praticando/A prática é a melhor mestra. [S/同] Kéiko suru (+); reńshū́ súrú (+). **2** [学ぶ] Estudar. ★ *Musume ni piano o narawaseru* 娘にピアノを習わせる Mandar ~ piano à filha.

naráu² 倣う Imitar; seguir o exemplo. ★ *Senrei ni* ~ 先例に倣う Seguir o precedente/Fazer como antes. [S/同] Manérú (+); mohṓ súrú; shitágáú.

naráwáshí 習わし O costume「deste país」. [S/同] Fū́shū́; kańshū́; narái; shikítárí; shū́káń (+).

narázú-mónó ならず者 Um velhaco; um malandro. [S/同] Buráíkáń; gorótsúkí; warú-mónó.

naré-áí 馴れ合い (< naré-áu) A conivência; a cumplicidade. ★ ~ *no soshō* 馴れ合いの訴訟 A a(c)ção judicial colusória.

naré-áu 馴れ合う (< naréru² + áu) **1** [親しみ合う] Ser amigo. ⇨ náka-yoku. **2** [ぐるになる] Entenderem-se「os dois para o mal」. *Karera wa nareatte shigoto o namaketa* 彼らは馴れ合って仕事を怠けた Eles combinaram [entenderam-se] e faltaram ao trabalho. ⇨ gúru.

narékko 馴れっこ【G.】O que está acostumado. ★ ~ *ni naru* 馴れっこになる Acostumar-se「a tudo」. ⇨ naréru².

narénáréshíi 馴れ馴れしい (< naréru²) Demasiado familiar; atrevido; que toma confiança. ★ *Iya ni narenareshiku* [~ *taido de*] *hanasu* いやに馴れ馴れしく[馴れ馴れしい態度で]話す Falar com uma familiaridade que incomoda [demasiada familiaridade].

naré-nó-háté 成れの果て (< náru + …) A sombra do que era; um「grande industrial」arruinado. *Are ga ichi-dai no gōshō no* ~ *da* あれが一代の豪商の成れの果てだ Aquele é o comerciante falido do que foi no começo uma grande casa comercial.

naréru¹ 慣れる **1** [習慣になる] Acostumar-se; habituar-se; familiarizar-se. *Watashi wa mō sukkari atarashii kankyō* [*tochi*] *ni naremashita* 私はもうすっかり新しい環境[土地]に慣れました Já me habituei perfeitamente a este ambiente [esta terra]. ★ *Nareta tetsuki de*「*háshi o tsukau*」慣れた手つきで「箸を使う」「Usar」bem「os pausinhos」; com muito jeito; habil(idosa)mente. ⇨ shū́káń¹. **2** [なじんで具合よくなる] Acostumar-se. ★ *Tsukai-nareta jisho* 使い慣れた辞書 O dicionário preferido [a [com] que se está acostumado].

naréru² 馴れる Acostumar-se; domesticar-se. ★ *Hito ni nareta* [*narenai*] *saru* 人に馴れた[馴れない]猿 O macaco manso [bravo]. ⇨ najímu.

naréru³ 熟れる Amadurecer bem. ⇨ jukúsúru.

naréshon [ée] ナレーション (< Ing. narration < L.) A narração [O comentário; explicação] (num programa de televisão, de rádio, etc.). ⇨ hanáshí; jojútsú; katárí¹; monógátari; wájutsu.

narḗtā [ée] ナレーター (< Ing. narrator < L.) O narrador; o locutor. [S/同] Katárí-té. ⇨ naréshon.

narí¹ 形・態 **1** [かたち] A forma. [S/同] Kakkṓ (+); katáchí (+). **2** [からだつき] O (tamanho do) corpo. *Ōkina* ~ *o shite naku nante mittomonai* 大きななりをして泣くなんてみっともない Não tem vergonha? Tão grande e ainda a chorar! [S/同] Karádá (+). **3** [身なり] O vestido; a maneira de se vestir. ★ *Misuborashii* ~ *o shite iru* みすぼらしいなりをしている Andar andrajoso [mal vestido]. [S/同] Fukúsṓ (+); fū́tei; mínari (+).

narí² 鳴り (< narú²) O som; o toque「do guizo」. ★ ~ *o hisomeru* 鳴りを潜める Não aparecer; andar muito calado.

narí[3] **なり** **1** [選択を表す] Um ou outro; qualquer. *Doko e* ～*(to) katte ni itte shimae* どこへなり(と)勝手に行ってしまえ Vá para onde quiser. **2** […するとすぐ] Logo a seguir; apenas; mal. *Kaette kuru* ～ *chichi wa nete shimatta* 帰って来るなり父は寝てしまった O pai foi chegar e cama [deitou-se logo mal chegou]. **3** [そのままで] O estar como estava. *Sono hon wa katta* ～ *mada yonde nai* その本は買ったなりまだ読んでない Esse livro ainda está como o comprei. [S/同] -kirí (+); -mamá (o).

-narí[4] **なり** **1** [形・かっこうを表す] Em forma de. ★ *Yumi* ～ *ni karada o sorasu* 弓なりに体をそらす Fazer um arco com o corpo. ⇨ katáchí. **2** [ふさわしいようすを表す] Próprio; conveniente. ★ *Jibun* ～ *ni doryoku suru* 自分なりに努力する Esforçar-se o possível [à sua maneira]. ⇨ -rashíi. **3** [そっくり従うようすを表す] A obediência completa. ★ *Oya no iu* ～ *ni naru* 親の言うなりになる Obedecer inteiramente aos pais.

narí-ágárí **成り上がり** (< narí-ágáru) O enriquecimento repentino. ◇ ～ **mono** 成り上がり者 O "novo-rico". ⇨ naríkíń.

narí-ágáru **成り上がる** (< náru + …) Enriquecer [Subir de posição] rapidamente. *Kare wa kōin kara shachō ni nariagatta* 彼は工員から社長に成り上がった Ele saltou de simples operário a presidente da firma. [A/反] Narí-ságáru. ⇨ narí-ágárí.

narí-furi **形振り** A maneira (De vestir, etc.); a aparência. ★ ～ *kamawazu hataraku* 形振り構わず働く Trabalhar sem se importar com aparências. ⇨ furúmái; mí-nari.

narí-hátéru **成り果てる** (< náru + …) Decair. ★ *Kojiki ni* ～ 乞食に成り果てる Ficar a viver de esmolas. ⇨ narí-ságáru.

narí-híbíku **鳴り響く** (< narú + …) **1** [音が] Tocar; ressoar. *Shigyō no beru ga gakkōjū ni nari-hibiita* 始業のベルが学校中に鳴り響いた A campainha tocou por toda a escola chamando ao trabalho. [S/同] Narí-wátáru **1**. **2** [評判などが] Estender-se; espalhar-se; ressoar. *Kare no meisei wa sekai ni nari-hibiite iru* 彼の名声は世界に鳴り響いている Ele é famoso em todo o mundo. [S/同] Narí-wátáru **2**.

narí-káwáru **成り代わる** (< náru + …) Agir em nome [Tomar o lugar] de outra pessoa. *Honnin ni narikawatte on-rei mōshi-agemasu* 本人に成り代わって御礼申し上げます Em nome do interessado desejo apresentar-lhes os meus (sinceros) agradecimentos. ⇨ daírí.

narí-kí **生り木** A árvore de fruta. [S/同] Káju (+).

naríkíń **成金** **1** [将棋で歩の駒が金になること] A pedra de xadrez que, invadindo o terreno adversário, passa de peão a ouro. **2** [急に金持ちになった人] O novo-rico. ◇ **Sensō** ～ 戦争成金 ～ que enriqueceu com a guerra.

narí-kíru **成り切る** (< náru + …) Transformar-se inteiramente 「em」. ★ *Yaku ni* ～ 役に成り切る Identificar-se com o personagem (do seu papel).

narí-mónó **鳴り物** (< narú + …) **a)** A fanfarra; a música; **b)** O instrumento musical (No kabuki, todos menos o "shamisen"). ★ ～ *iri no senden* 鳴り物入りの宣伝 A propaganda com música.

narí-ságáru **成り下がる** (< náru + …) Decair; empobrecer. ★ *Kojiki ni* ～ 乞食に成り下がる Cair na miséria [mendicidade]. [S/同] Ochíbúréru (+). [A/反] Narí-ágáru. ⇨ narí-hátéru.

narí-sókónái **成り損い** (< narí-sókónáu) Um fracassado [malogrado].

narí-sókónáu **成り損う** (< náru + …) Não chegar a ser 「campeão」; malograr-se.

narí-súmásu **成り済ます** (< náru + …) Fazer-se passar por; disfarçar-se. ★ *Isha ni nari-sumashite kanja o shinsatsu suru* 医者に成り済まして患者を診察する Dar consultas como se fosse médico.

narí-táchí **成り立ち** (< narí-tátsu) **1** [成立] A conclusão; o acabamento; o (ar)remate. [S/同] Seírítsú (+).
2 [できた過程] A origem; a história. ★ *Nihon no* ～ 日本の成り立ち A história da origem do Japão. ⇨ katéí[3]; yuráí.
3 [ある要素・成分からなる組織・機構] A formação 「do "kanji"」; a composição; a estrutura. ★ *Bun no* ～ 文の成り立ち A estrutura da frase. ⇨ kikṓ[3]; sóshiki.

narí-tátsu **成り立つ** (< náru + …) **1** [成立する] **a)** Realizar-se; efe(c)tivar-se; ultimar-se; concluir-se. ★ *Shōdan ga* ～ 商談が成り立つ Ultimar-se o negócio. [S/同] Dekí-ágárú; seírítsú súrú (+). **b)** Ter valor [razão de ser]. *Sō iu kangae mo ichiō* ～ そういう考えも一応成り立つ Isso também tem a sua razão de ser.
2 [構成される] Compor-se. *Mizu wa sanso to suiso kara* ～ 水は酸素と水素から成り立つ A água é composta de oxigé[ê]nio e hidrogé[ê]nio. [S/同] Kṓséí sáréru.
3 [採算が取れる] *Kono shōbai wa jūbun* ～ この商売は十分成り立つ Este negócio rende.

-nárito **なりと** ⇨ narí[3].

narí-wátáru **鳴り渡る** (< narú + …) **1** [音が] Ouvir-se; encher. *Fanfāre ga kyōgi-jō ni nariwatatta* ファンファーレが競技場に鳴り渡った A música da fanfarra encheu o estádio. [S/同] Narí-híbíku **1** (+). **2** [評判などが] Estender-se; espalhar-se. [S/同] Narí-híbíku **2** (+).

narí-yúkí **成り行き** (< náru + ikú) O andamento dos acontecimentos; o rumo (que as coisas levam); o pé em que as coisas estão; o resultado; a situação. ★ ～ *ni makaseru* 成り行きに任せる Deixar correr [as coisas seguir o seu curso normal]. *Koto no* ～ *o miru* ことの成り行きを見る Ver como as coisas correm [em que param as modas].

náru[1] **成[為]る** **1** [ある状態に変わる・達する] Vir a ser; transformar-se; tornar-se; ficar. *Ichi to san o tasu to yon ni* ～ 1と3をたすと4になる Um e [mais] três são quatro. *Ichinen de chokin ga bai ni natta* 1年で貯金が倍になった Num ano o depósito dobrou. *Kare no itta koto ga hontō ni natta* 彼の言ったことが本当になった Afinal foi como ele disse. *Watashi wa kotoshi de hyaku-sai ni* ～ 私は今年で100歳になる Este ano faço 100 anos. *Yoru ni* ～ *to kyū ni hiete kita* 夜になると急に冷えて来た Com a noite, (isto) de repente pôs-se frio. *Zenbu de ikura ni narimasu ka* 全部でいくらになりますか Quanto custa tudo? ★ *Byōki ni* ～ 病気になる Adoecer; ficar doente. *Hadaka ni* ～ 裸になる Ficar nu; despir-se. *Kanemochi ni* ～ 金持ちになる Enriquecer [Ficar/Tornar-se] rico. *Otona ni* ～ 大人になる Crescer [(Já)ser adulto]. *Oyogeru yō ni* ～ 泳げるようになる Aprender a nadar. **2** [構成される] Constar de; ser (feito de). *Ningen no karada no san-bun-no-ni wa suibun kara* ～ 人間の体の3分の2は水分からなる

Dois terços do corpo humano são água. [S/同] Kóséí sárérú; narí-tátsú. **3** [出来上がる] Ganhar forma; realizar; fazer. *Kono jiten wa ōku no hito no te ni yotte natta* この辞典は多くの人の手によってなった Este dicionário foi elaborado por muitas pessoas. [ことわざ] *Naseba ~ nasaneba naranu nanigoto mo* 為せば成る為さねば成らぬ何事も Querer é poder. [S/同] Dekí-ágárú; jōju suru; shi-ágáru. **4** [がまんできる; 許せる] Suportar; tolerar. *Anna yatsu ni makete ~ mono ka* あんなやつに負けてなるものか Não me vou deixar derrotar por aquele tipo. [I/慣用] *Naranu kannin suru ga kannin* 成らぬ堪忍するが堪忍 A (verdadeira) paciência é suportar o insuportável. **5** [将棋で] Passar. *Fu ga kin ni ~ 歩が金に成る* O peão passa a ouro (Depois de entrar no campo adversário) (xadrez). **6** [相手の動作を尊敬する意を表す] (Cor.) *Mō kono hon o goran [o-yomi] ni narimashita ka* もうこの本を御覧[御読み]になりましたか Já leu este livro?

narú² 鳴る **1** [音が出る] Tocar; ressoar. *Kūfuku de o-naka ga gū to natta* 空腹でおなかがグーとなった Estou com a barriga a dar horas. *Shōgo o shiraseru kane ga natta* 正午を知らせる鐘が鳴った O sino já deu o meio-dia [as doze]. [I/慣用] *Ude ga ~* 腕が鳴る Querer mostrar sua perícia. **2** [評判が高い] Ser famoso. *Kanojo wa saishoku kenbi o motte ~* 彼女は才色兼備をもって鳴る Ela é famosa pela sua inteligência e beleza. ⇨ hyōbán.

náru³ 生る Dar fruto; frutificar. *Ringo ga suzu-nari ni nátte iru* りんごが鈴なりに生っている A macieira está tão carregadinha (de maçãs) que parece "kagura-suzu". [S/同] Minórú.

narúbéku なるべく Se (for) possível. *~(nara) kyō kite kudasai* なるべく(なら)今日来て下さい Procure [Faça o possível por] vir hoje. [S/同] Dekíru-kágiri.

naru-hódō 成程 Sim; realmente; compreendo; é mesmo; de fa(c)to. *~, kore wa oishii* 成程、これはおいしい Isto sabe mesmo bem. *~ to omowaseru* 成程と思わせる Convencer「que é assim」. [S/同] Hoñtóní; makótóní.

narúkó 鳴子 A taramela「para espantar os pássaros」. [S/同] Hikí-ítá; torí-ódoshi.

narúshi(shí)suto ナルシ(シ)スト O narcisista.

narúshi(shí)zumu ナルシ(シ)ズム (< Ing. narcissism < L. < Gr. Narkissos, nome mitológico e de flor) O narcisismo. [S/同] Jikó-ái. ⇨ unúbóre.

narútáké なるたけ ⇨ narúbéku.

nása¹ なさ (< "nái": Neg. de áru) O não haver; a inexistência. *Kare no ikuji no ~ ni wa akireta* 彼の意気地のなさにはあきれた Estou pasmado com a covardia dele.

Nása² ナサ [NASA] (Abrev. do Ing. National Aeronautics and Space Administration) A ~.

nasáke 情け **1** [思いやり] A compaixão; a bondade; a caridade; o amor. ★ *~ o kakeru* 情けをかける Ser compassivo (bondoso). *~ yōsha naku* 情け容赦なく「bater」sem dó nem piedade. *~ ga ada to naru* 情けが仇となる O perdão faz o ladrão/Perdoar ao mau é dizer-lhe que o seja. [ことわざ] *~ wa hito no tame narazu* 情けは人の為ならず Quem faz o bem, em casa o tem/Fazer o bem só tem olhar de quem. [S/同] Nínjō; omóíyárí. **2** [異性間の愛情] O amor entre homem e mulher. ★ *~ o kawasu* 情けを交わす **a)** Amar-se; **b)** Ter relações sexuais.

nasáké-búkai 情け深い (< … + fukái) Que tem coração; compassivo; caritativo; bondoso.

nasáké-nái 情け無い **1** [嘆かわしい] Lamentável; vergonhoso; miserável. ★ *~ arisama* 情け無いありさま Uma situação lamentável. *~ seiseki* 情け無い成績 As notas (escolares) baixas [miseráveis]. *Nasakenai naru* 情け無くなる Lamentar; sentir pena; sentir-se miserável [desgostoso; deprimido]. [S/同] Nagékáwáshíí. **2** [無情な] Desumano; cruel. ★ *~ shiuchi* 情け無い仕打ち Um tratamento ~. [S/同] Tsurénái. ⇨ mujō¹.

nasáké-shírazu 情け知らず (< … + Neg. de "shirú") Sem coração;「tratamento」desumano. ★ *~ na yatsu* 情け知らずなやつ Um sujeito ~. [S/同] Hakújō.

nasánu-naka 生さぬ仲 (< Neg. de "násu" + …) O parentesco por afinidade [não sanguíneo].

nasáru なさる **1** [するの尊敬語] (Cor. de "suru") Fazer. *Dō nasaimasu ka* どうなさいますか Que decide [vai fazer]? **2** [-ているの尊敬語] (Suf. verbal). *Sensei ga ikite i ~ to hyaku-sai desu* 先生が生きていなさると 100 歳です Se o professor fosse vivo teria 100 anos. ⇨ násu; surú¹.

nasá-sō [oo] なさそう Parece que「não …」. ★ *Omoshiroku ~ na hyōjō o suru* 面白くなさそうな表情をする Fazer cara de quem não está a gostar. ⇨ nási¹.

nashi¹ 梨 [Bot.] A pera; a pereira (~no ki). [I/慣用] *~ no tsubute* 梨の礫「escrevi-lhe duas cartas mas」Nem resposta [pio].

náshi² 無し (< nái) Sem; não ser [ter; haver]. *Sonna hidoi no ~ da yo* そんなひどいの無しだよ Isso é demasiada crueldade! *Reigai ~ ni* 例外無しに Sem exce(p)ção.

nashi-kuzúshi 済し崩し O pagamento a prestações; o fazer「algo」pouco a pouco. ★ *Mondai o ~ ni kaiketsu suru* 問題を済し崩しに解決する Resolver vários problemas um após outro.

nashi-tógéru 成(為)し遂げる (< násu + …) (Conseguir) realizar; terminar; completar. ★ *Dai-jigyō o ~* 大事業を成し遂げる Levar a cabo [Terminar] uma grande obra. [S/同] Kañséí sásérú; shi-tógéru; yarí-tógéru.

nashónárisuto ナショナリスト (< Ing. nationalist < L.) **1** [民族主義者] O racista. [S/同] Miñzóku-shúgísha. **2** [国家主義者] O nacionalista. [S/同] Kokká-shúgísha; kokúsúí-shúgísha.

nashónárizumu ナショナリズム (< Ing. nationalism < L.) **1** [民族主義] O racismo. [S/同] Miñzóku-shúgí. **2** [国家主義] O nacionalismo. [S/同] Kokká-shúgí; kokúsúí-shúgí.

násu¹ 成す Fazer; formar. *Imi o nasanai* 意味を成さない Não fazer sentido. *Mure o nashite* 群れを成して Em grupo (Enxame, cardume, etc.). *Na o ~ 名を成す* Celebrizar-se; tornar-se famoso. *San [Zai] o ~ 産 [財] を成す* Fazer uma fortuna. ⇨ jōju; shitó-géru.

násu² 為す Fazer; agir; exercer. ★ *~ ga mama ni makasu* 為すがままにかす Deixar a coisa correr. *~ sube no ushinau [shiranai]* 為す術を失う [知らない] Não saber (o) que fazer. [I/慣用] *Naseba naru* 為せば成る. [S/同] Okónáú (+); surú (+).

násu(bi) 茄子・茄 [Bot.] A beringela (Da família das solanáceas; muito cultivada no J. e existente no B., P., etc.).

nasúrí-ái 擦り合い (< nasurí-áu) A recriminação recíproca [mútua].

nasúrí-áu 擦り合う Recriminar-se mutuamente. ★ *Tagai ni sekinin [tsumi] o ~* 互いに責任[罪]を擦り合う Imputar [Tornar] a culpa um ao outro.

nasúrí-tsúkéru 擦り付ける (< nasúru + …) **1** [塗り付ける] Esfregar「as mãos num pano」; pintar. ★ *Kanbasu ni enogu o ~* カンバスに絵の具を擦り付ける Pintar uma [Jogar as cores na] tela. **2** [転嫁する] Atribuir; deitar a(s) culpa(s). ★ *Sekinin o ~* 責任を擦り付ける ~ a responsabilidade aos demais. ⟨S/同⟩ Nasúru **2**; teńká súru.

nasúru 擦る **1** [塗り付ける] Deitar「champô no corpo todo」; besuntar [lambuzar]「a cara com tinta」esfregando. ★ *Kabe ni shikkui o ~* 壁に漆喰を塗る Revestir de argamassa [Rebocar] a parede. **2** [nasúrí-tsúkéru **1**] Nasúri-tsukéru; nurí-tsukéru (+). **2** [= nasúrí-tsúkéru **2**].

natá 鉈 A machadinha. ⇨ káma¹; óno.

na-táne 菜種 A semente de colza. ◇ **~ abura** 菜種油 O óleo de ~. ⇨ abúrá-na; ná-no-hana.

natané-zúyu 菜種梅雨 (< … + tsuyú) A chuva persistente no começo da primavera.

natórí 名取 O mestre; o professor. ★ *Odori no ~* 踊りの名取 ~ de dança. ⇨ shíshō³.

natóríumu ナトリウム (< Al. < L. Natrium) O sódio (Na 11). ◇ **~ ranpu** ナトリウムランプ A lâmpada de ~. **Enka ~** 塩化ナトリウム O cloreto de ~.

natsú 夏 O verão. ◇ ⇨ **basho** [**fuku; jikan; mikan**]; **mono**; **yasumi**].

natsú-bá 夏場 (A época do) verão.

natsú-báshó 夏場所 O torneio de sumô do verão. ⟨S/同⟩ Gogátsú-báshó.

natsú-báté 夏ばて (< … + batéru) [**G.**] O (ser vítima de) cansaço do verão. ⟨S/同⟩ Natsú-máké (+).

natsú-fúku 夏服 A roupa de verão.

natsú-gáre 夏枯れ (< … + karérú) A época morta [baixa] do verão (Comércio fraco). ⟨A/反⟩ Fuyú-gáré.

natsúín 捺印 O selo [carimbo; sinete]. ★ *~ suru* 捺印する Carimbar; pôr o ~. ⟨S/同⟩ Óín.

natsú-jikan 夏時間 A hora de verão (O J. não tem). ⟨S/同⟩ Samá-táimu (+).

natsúkáshíi-gáru 懐かしがる (< natsúkáshíi + …) Ter [Sentir] saudades. ⟨S/同⟩ Natsúkáshímu.

natsúkáshíi 懐かしい Saudoso; querido. ★ *Ryōshin ga ~* 両親が懐かしい Ter saudades dos pais. *~ kokyō* 懐かしい故郷 A saudosa terra natal. *~ minha querida terra.* ⟨S/同⟩ Shitáwáshíi.

natsúkáshímu 懐かしむ Sentir saudades; lembrar com nostalgia. ★ *Seishun jidai o ~* 青春時代を懐かしむ Recordar com saudade os anos da juventude. ⟨S/同⟩ Natsúkáshí-gáru. ⇨ natsúkáshíi.

natsúkáshisa 懐かしさ (< natsúkáshíi) A saudade; a nostalgia.

natsúkéru 懐ける (< natsúku) Ganhar a confiança「das crianças」; domesticar「um leão」. ⟨S/同⟩ Naráśu (+); tenázúkéru (+).

natsúku 懐く Afazer-se [Acostumar-se]「a」; dar-se「com」; gostar「de」. *Kono ko wa atarashii sensei ni nakanaka natsukanai* この子は新しい先生になかなか懐かない Esta criança não se acostuma [afaz] ao [com o] novo professor.

natsú-máké 夏負け (< … + makérú) O (ser vítima do) cansaço do verão. ⟨S/同⟩ Natsú-báté.

natsúmé 棗 **1** [ナツメ科の植物名] [**Bot.**] A jujuba (Árvore e fruto; parecida ao juazeiro); a macieira-de-anáfega; *zizyphus jujuba*. ⇨ yáshi¹. **2** [茶入れ] Uma espécie de bidão ou vasilha de laca para guardar chá (em forma de jujuba).

natsú-mikan 夏蜜柑 [**Bot.**] Uma espécie de toranja (Parecida com a laranja e mais amarga); *citrus natsudaidai* Hayata.

natsú-mónó 夏物 A roupa de verão. ⟨S/同⟩ Natsú-fúku. ⇨ fuyú ◇.

natsú-múki 夏向き (< … + mukú) (Próprio) para o [De] verão (Roupa, casa, cabelo, …).

natsú-yásé 夏痩せ (< … + yasérú) O emagrecimento (com o calor e falta de apetite) do verão.

natsú-yásumi 夏休み As férias do verão.

nátte-nai 成ってない (Que) não está bem [não está certo; não faz sentido]. *Kimi no kotae wa marude ~* 君の答えはまるで成ってない A tua resposta está inteiramente errada.

nátto ナット (< Ing. nut) [**Mec.**] A porca (de um parafuso). ⇨ borútó¹.

nattō [óo] 納豆 O feijão-soja fermentado (Prato de cheiro característico). ◇ ⇨ **ama** ~.

nattókú 納得 O assentimento; a anuência; o convencimento. ★ *~ suru* 納得する Assentir; anuir; convencer-se. *~ zuku de* 納得ずくで Com consentimento. ⟨S/同⟩ Ryōkái; shōchí.

náu¹ 綯う Trançar; entrançar. *Dorobō o toraete nawa o ~* 泥棒を捕えて縄を綯う Casa arrombada trancas nas portas. ⟨S/同⟩ Yóru (+). ⇨ yuú²; doró-náwá.

náu² ナウ (< Ing. now) [**G.**] Agora. ⇨ géndai.

na-úté 名うて Célebre; famoso. ★ *~ no akutō* 名うての悪党 Um malfeitor ~. ⟨S/同⟩ Na-dákái (+); yūméi (o).

nawá 縄 A corda. ★ *~ de shibaru* 縄でしばる Prender [Atar] com uma ~. *~ o toku* 縄を解く **a)** Desapertar [Desatar] a ~; **b)** Pôr em liberdade. *~ o kakeru* 縄を掛ける **a)** Prender「alguém」; **b)** Atar [Prender] com uma ~ (um animal, um fardo, etc.). *~ o nau* 縄をなう Fazer uma ~. *~ o utsu* 縄を打つ **a)** Prender「alguém」; **b)** Medir o terreno com a ~. ⟨Ⅰ/慣用⟩ *O-~ ni suru (o chōdai suru)* お縄にする[を頂戴する] Prender「um criminoso」[Ser preso「pela polícia」]. ⟨P/ことわざ⟩ *Kafuku wa azanaeru ~ no gotoshi* 禍福はあざなえる縄のごとし A boa sorte e o azar [A felicidade e a infelicidade] sempre vêm entrelaçados (Um após outro, como se fossem fios de uma mesma corda). ◇ ⇨ **~bari** [**bashigo/me/noren/tobi/tsuki**]. ⇨ himó; nagé-náwá; tsunái.

nawá-bári 縄張り (< … + harú) **1** [縄を張って境界を定めること] O pôr uma corda para marcar os limites「do terreno para fazer casa」. **2** [勢力範囲] Os「meus」domínios [A jurisdição]. ★ *~ o arasu* 縄張りを荒らす Entrar [Meter-se] no domínio alheio. *~ o hirogeru* 縄張りを広げる Alargar a esfera de influência. ◇ ⇨ **~ arasoi** 縄張り争い A disputa sobre zonas de influência.

nawá-báshigo 縄梯子 (< … + hashígó) A escada de corda.

nawá-me 縄目 **1** [縄の編み目または結び目] Os nós da corda. **2** [縄でしばられ捕らえられること] O ser preso. ★ *~ no chijoku o ukeru* 縄目の恥辱を受ける Passar pela vergonha de ser preso.

nawá-nóren 縄暖簾 **1** [のれん] A cortina de cordas. **2** [飲み屋] A taberna; a tasca; o botequim. [S/同] Nomí-ya (+).

nawáshíró 苗代 Um tabuleiro [canteiro] de arroz (Para transplante).

nawá-tóbí 縄跳[飛]び (<… + tobú) O saltar [salto] à corda.

nawá-tsúkí 縄付き (<… + tsúku) Um preso [criminoso]. ⇨ zaínín[1].

náya 納屋 Um depósito [palheiro; galpão (B.)]; a adega. [S/同] Monó-ókí(góyá). ⇨ kurá[1].

nayámáshíi 悩ましい **1** [苦しい] Doloroso; triste; confrangedor. ★ ～ *hibi o okuru* 悩ましい日々を送る Passar os dias na tristeza. [S/同] Kurúshíi (+). **2** [官能を刺激する] Voluptuoso; 「som」 escantador. ～ *pōzu o toru* 悩ましいポーズをとる Tomar uma pose voluptuosa. ⇨ kańnṓ[2].

nayámásu 悩ます (< nayámu) Atormentar; torturar. ★ *Atama o* ～ 頭を悩ます Torturar o espírito/Puxar pela cabeça. *Seken no chūshō ni nayamasareru* 世間の中傷に悩まされる Ser caluniado. [S/同] Kurúshíméru.

nayámí 悩み (< nayámu) O problema; a tristeza; a dor; as agruras; a preocupação. ★ ～ *ga aru* 悩みがある Sofrer; ter problemas; andar cheio de ～s. ～ *o uchiakeru* 悩みを打ち明ける Falar dos seus ～s [das suas ～s]. ⇨ kúnō; kurúshímí; shińpái-gótó.

nayámu 悩む **1** [心の中であれこれと考えて苦しむ] Preocupar-se; afligir-se; sofrer. ★ *Koi ni* ～ *toshigoro* 恋に悩む年ごろ A idade de sofrer de amores. [S/同] Kurúshímu. **2** [肉体の苦痛で苦しむ] Sofrer. ★ *Shinkeitsū ni* ～ 神経痛に悩む Ter uma nev[u]ralgia]. *Sōon ni* ～ *jūmin* 騒音に悩む住民 Os habitantes vítimas da poluição sonora. [S/同] Kurúshímu.

náyonayo (to) なよなよ(と) Delicada[Fraca]mente. ★ ～ *shita koshi* なよなよ(と)した腰 A cintura fina. [S/同] Yowáyówáshíi.

na-záshí 名指し (< na-zásu) O dizer o nome. ★ ～ *de yobu* 名指しで呼ぶ Chamar pelo nome. ～ *suru* 名指しする Dizer o nome; nomear. ⇨ shiméí[3].

na-zásu 名指す (<… + sásu) Dizer o nome; nomear.

náze 何故 Por que. ～ *chikoku shita no desu ka* なぜ遅刻したのですか ～ chegou [veio] atrasado? [S/同] Dṓ shite; nánde.

nazó 謎 **1** [よくわからないもの] O mistério; o enigma; o segredo. *Kanojo no kako wa* ～ *ni tsutsumarete iru* 彼女の過去は謎に包まれている O passado dela é um [está envolto num véu de] mistério. ★ ～ *no bishō [jinbutsu]* 謎の微笑[人物] Um sorriso [Uma pessoa] enigmático[a]. ～ *o toku* 謎を解く Desvendar o mistério. **2** [遠回しに言うこと] A insinuação; uma indire(c)ta. *Kare ni za o hazusu yō ni* ～ *o kaketa* 彼に座をはずすように謎を掛けた Insinuei-lhe [Disse-lhe indire(c)tamente] que se retirasse. ⇨ ańjí; shísa[1]; tṓmáwashi. **3** [⇨ nazónázó].

nazónázó 謎謎 (< nán-zo nán-zo) A charada [adivinha]; o enigma. ★ ～ *o toku* 謎々を解く Adivinhar. [S/同] Nazó **3**.

nazóráéru 準[准・擬]える【E.】 Fazer à imitação 「de」[a imitar]; comparar. *Jinsei wa shibashiba tabi ni nazoraerareru* 人生はしばしば旅になぞらえられる A vida costuma-se comparar a uma viagem. ⇨ nisérú; tatóéru.

nazóru なぞる **1** [すでに書いてある文字・絵などの上をなする] Decalcar (pondo papel transparente por cima). *Tehon o nazotte shūji no renshū o shita* 手本をなぞって習字の練習をした Pratiquei caligrafia decalcando um modelo. **2** [ある文章などをそっくりまねする] Imitar servilmente [à letra]; plagiar.

na-zúké-óyá 名付け親 (<… [1] + tsukéru + oyá) O 「padrinho ou a madrinha」 que escolhe o nome da criança (Em geral o pai ou a mãe da mãe da criança). ⇨ dáibo; dáifu.

na-zúkéru 名付ける (<… [1] + tsukéru) Dar [Pôr] o nome; chamar. *Karera wa chōjo o Ryōko to nazuketa* 彼らは長女を涼子と名付けた Deram o nome de [Puseram] Ryōko à primeira filha. [S/同] Meíméí.

nazúná 薺【Bot.】 A bolsa-de-pastor; o braço-de-preguiça; *capsella bursa-pastoris Medic.* [S/同] Peńpén-gusa.

ne[1] 根 **1** [植物の根] A raiz. ★ ～ *ga haeru [tsuku;* ～ *o orosu]* 根が生える[つく; をおろす] Lançar raiz; pegar. *Kusa no* ～ *o wakete mo sagasu* 草の根を分けても探す Revirar tudo à procura 「do criminoso」. ◇ ⇨ **～-hori ha-hori**. **2** [土台; 根元] O fundamento; a fase. ～ *o orosu* 根を下ろす Lançar raízes; arraigar-se. *Ha no* ～ *ga awanai* 歯の根が合わない Tremer 「de frio/medo」. *Iki no* ～ *o tomeru* 息の根を止める Matar. ⇨ dodáí[1]; ne-mótó. **3** [根源] O fundamento; o motivo; a causa; a origem. ★ ～ *mo ha mo nai uwasa* 根も葉もない噂 Um rumor sem nenhum fundamento. *Tairitsu no* ～ *ga fukai* 対立の根が深い A raiz do conflito é profunda. [S/同] Końgén. **4** [本来の性質] O temperamento. *Kare wa* ～ *wa yoi hito da* 彼は根は良い人だ Ele, no fundo [por ～] é uma boa pessoa. ★ ～*kkara no shōnin* 根っからの商人 Um que já nasceu negociante. [S/同] Hónshō; umárétsúkí. **5** [心の底] O fundo do coração. *Boku no koto o* ～ *ni motsu* 僕のことを根に持つ Ele tem qualquer coisa [guarda ressentimento] contra mim. **6** [はれものの中心] A raiz. *O-deki no* ～ *ga fukkireta* おできの根がふっきれた O furúnculo rebentou [supurou] pela ～.

ne[2] 音 O som; o canto. *Doko kara ka fue no* ～ *ga kikoete kita* どこからか笛の音が聞こえてきた Ouvia-se, vindo não sei donde, o som duma flauta. ★ ～ *o ageru* 音を上げる Render-se [*Kare wa* ～ *o agezu saigo made sono shigoto o yari-togeta* 彼は音を上げず最後までその仕事をやり遂げた Sem desanimar ele levou a cabo essa obra]. *Gū no* ～ *mo denai* ぐうの音も出ない Ficar sem palavra [*Kare wa chichi oya ni kyūsho o tsukarete gū no* ～ *mo denakatta* 彼は父親に急所を突かれてぐうの音も出なかった O pai tocou-lhe no ponto fraco e ele ficou …]. [S/同] Ne-író (+); otó (o).

ne[3] 値 **1** [値段] O preço. *Kono koin wa shōrai* ～ *ga deru deshō* このコインは将来値が出るでしょう Esta moeda daqui a algum tempo vai valer mais. ★ ～ *ga haru* 値が張る Ter um ～ alto. ◇ ⇨ **～ agari [age]**. [S/同] Atáí; nedáń (+). **2** [ねうち] O valor. [S/同] Neúchí (+).

ne[4] 寝 (< nerú) O (tempo de) sono. [S/同] Suímíń (+). ★ ～*(ga) tarinai [tarite iru]* 寝(が)足りない[足りている] Não dormir [Ter dormido] o suficiente.

ne[5] 子 **a)** O (signo do) Rato; **b)** A meia-noite (A.); **c)** O norte (A.).

ne[6] [**nḗ**] [**ée**] ね [ねえ] (< P. não é ?) **1** [呼びかけ] Ó!; bem; sabe(s); ouve [oiça] (lá). ～ *okāsan, asobi* *ni itte mo ii deshō* ね［ねえ］おかあさん、遊びに行ってもいいでしょう Ó mãe, posso ir brincar, não posso? **2**［感動を表す］Que! *Ii keshiki desu (wa)~* いい景色です(わ)ね Que bela vista [Que esplêndido panorama]! ⇨ -na⁴; -na². **3**［念を押す］Não é?; certamente. *Sore wa tashika deshō ~* それは確かでしょうね［ねえ］Isso é verdade, não é? ⇨ -na⁴; -na². **4**［ためらい］Hum!; não sei. *Sō desu ~, nan to ka shimashō* そうですね［ねえ］、何とかしましょう Hum! Vamos dar um jeito.

ne-ágári 値上がり (<…³+agárú) A subida. ★ ~ *suru* 値上がりする Subir.
S/同 Ne-ságári. ⇨ ne-ágé.

ne-ágé 値上げ (<…³+agérú) O aumento. *Denkiryōkin ga ichi-wari ~ ni natta* 電気料金が1割値上げになった A ele(c)tricidade teve um ~ de 10%. ★ ~ *suru* 値上げする Aumentar.
S/同 Ne-ságé. ⇨ ne-ágári.

Neándérútárú-jin ネアンデルタール人 (< Al. Neandertal) O homem de Neandertal.

ne-ásé 寝汗 (<nerú+…) O suor no(c)turno (Por doença ou sonho). ★ ~ *o kaku* 寝汗をかく Ter suores no(c)turnos.

-néba ねば ⇨ nákereba.

nebákkói 粘っこい **1**［⇨ nébaneba］. **2**［性格などがしつこい］Importuno. S/同 Kudói (+); shitsúkói (+).

nébaneba ねばねば **1**［粘るようす・そのもの］O ser pegajoso. ★ *Kuchi no naka ga ~ suru* 口の中がねばねばする Ter a boca pegajosa. S/同 Nebákkói **1**. ⇨ nebári. **2**［しつこいようす］De maneira importuna. S/同 Nebákkói **2**.

nebári 粘り (< nebáru) **1**［ねばること・もの］A viscosidade. ★ ~ *no aru mochi* 粘りのある餅 O "mochi" viscoso. ◇ ⇨ **ke**. **2**［根気］A tenacidade; a constância; o agarrar-se. *Kare wa ~ zuyoi* 彼は粘り強い Ele é muito tenaz [constante]. S/同 Końkí (+).

nebári-gáchi 粘り勝ち (<…+kachí) A vitória da persistência. *Wareware no chīmu no ~ datta* 我々のチームの粘り勝ちだった Foi a ~ da nossa equipa/e.

nebári-ké 粘り気 A viscosidade. ★ ~ *no aru[nai] kome* 粘り気のある[ない]米 O arroz viscoso [não viscoso]. S/同 Nebári-ryóku.

nebári-zúyói 粘り強い (<…+tsuyói) **1**［よく粘る］Ser bem viscoso [pegajoso; grudento; glutinoso]. **2**［根気強い］Constante; perseverante; persistente. ★ *Nebari-zuyoku itamae no shugyō o suru* 粘り強く板前の修業をする Ser ~ no estudo da culinária. S/同 Końkí-zúyói.

nebári-zúyosa 粘り強さ (Sub. de nebári-zúyói) A constância; a perseverança.

nebáru 粘る **1**［粘着性がある］Ser viscoso [pegajoso]. **2**［根気よく続ける］Agarrar-se; não largar. *Nebari ni nebatte tsui ni shiai ni katta* 粘りに粘ってついに試合に勝った Lutámos com unhas e dentes e ganhámos o desafio. ⇨ gańbáru.

nebátsúkú 粘っく Ser pegajoso [viscoso; glutinoso]. S/同 Nébaneba suru; nebarú **1**.

ne-bíé 寝冷え (<…+hiéru) Um resfriado apanhado de noite [a dormir].

ne-bíki¹ 値引き (<…³+hikú) O desconto; o abatimento. *Sukoshi ~ shite kudasai* 少し値引きして下さい Por favor faça-me um pequeno ~.

ne-bíki² 根引き (<…¹+hikú) O arrancar pela raiz.
S/同 Ne-kógí.

nebó 寝坊 **a)** O acordar tarde [ficar na cama]; **b)** o dorminhão [dorminhoco]; o que gosta de se levantar tarde. ★ ~ *suru* 寝坊する Acordar tarde. S/同 Asá-nébō.

neböké-gáó 寝惚け顔 (< ne-bókéru + kaó) **a)** A cara sonolenta (ver); **b)** O rosto vago [inexpressivo].

neböké-góe 寝惚け声 (< ne-bókéru + kóe) **a)** A voz sonolenta; **b)** Uma voz indecifrável.

neböké-mánako 寝惚けまなこ Olhos sonolentos [de sono].

ne-bókéru 寝惚ける (<nerú+…) **1**［目がはっきり覚めていない］Estar meio adormecido. *Sakuya watashi wa nebokete beddo kara ochimashita* 昨夜私は寝惚けてベッドから落ちました De noite, meio dormido [a dormir], caí da cama. S/同 Ne-tóbókéru. **2**［はっきりしない］Vago, indefinido. *Nani neboketa koto o itte iru n da* 何寝惚けたことを言っているんだ Porque estás (para aí) a dizer disparates?

ne-bukái 根深い (<ne¹+fukái) **1**［樹木などは］De raiz muito funda. ★ ~ *haremono* 根深い腫れ物 Um abcesso muito profundo. **2**［物事の源が古い］Grande; inveterado; profundo. ★ ~ *urami* 根深い恨み Um ~ rancor. S/同 Końkí-zúyói.

ne-búkúró 寝袋 (<…⁴+fukúro) O saco (forrado e impermeável) de dormir (ao ar livre).

ne-búmi 値踏み (<…⁴+fumú) A avaliação; o apreçamento. ★ ~ *suru* 値踏みする Avaliar.

néburu [ée] ネーブル (< Ing. navel orange) 【Bot.】 A laranja de umbigo.

ne-búsoku 寝不足 (<…⁴+fusókó) A falta de sono. ★ ~ *de aru* 寝不足である Estar [Andar] com falta … S/同 Ne-súgí.

ne-bútó 根太 (<…¹+futói) 【Med.】 Um furúnculo (nas partes mais carnudas do corpo). ⇨ yó⁷.

ne-chígaeru 寝違える Torcer [Dar um mau jeito "ao pescoço"] durante o sono.

nechíkkói ねちっこい【G.】 Teimoso. ★ *Nechikkoku fuhei o iu* ねちっこく不平を言う Estar sempre a queixar-se. ⇨ néchinechi **2**.

néchinechi ねちねち **1**［⇨ nébaneba］ **2**［性質や話しぶりがしつこくて、あっさりしないさま］Importuno. ★ ~*(to) iyami o iu* ねちねちといやみを言う Estar sempre a importunar. ⇨ nechíkkói.

néda 根太 O barrote. ◇ ~ *ita* 根太板 A madeira para soalho. ⇨ tarúki.

nedán 値段 O preço; o custo. *Kome no ~ ga agatta [sagatta]* 米の値段が上がった[下がった] O preço do arroz subiu [baixou]. *Fuyu wa hana no ~ ga takai* 冬は花の値段が高い No inverno as flores são caras. ★ ~ *o tsukeru* 値段をつける Pôr [Marcar] o preço. S/同 Ne³.

nedáru ねだる Pedir importunamente; pedinchar. *Haha ni kozukai o nedatta ga moraenakatta* 母に小遣いをねだったがもらえなかった Pedi dinheiro à minha mãe mas não mo deu. S/同 Segámu. ⇨ nakí-tsúku.

ne-dáyashi 根絶やし (<…¹+tayásu) **1**［根元から取り去ること］O erradicar; o desarraigar. S/同 Końzétsú súrú. **2**［すっかりなくすこと］【Fig.】Extirpar; acabar com. ★ *Hantai-ha o ~ ni suru* 反対派を根絶やしにする ~ todos os oposicionistas.

ne-dóko 寝床 (<…⁴+tokó) A cama. ~ *ni tsuku [hairu]* 寝床につく[入る]Deitar-se; ir dormir [para a

~]. ~ *o hanareru* 寝床を離れる Levantar-se. ⟨I/慣用⟩ *Unagi no* ~ 鰻の寝床 Um quarto estreito e longo ("Cama de enguia"). ⇨ béddo; futón; shindái¹.

ne-fúdá 値札 O rótulo [A etiqueta] do preço.

nefúróze [óo] ネフローゼ (< Al. < Gr. néphros: rim) 【Med.】 A nefrose (Diferente de nefrite).

néga ネガ (< Ing. negative) 【Fot.】 O negativo. ⟨S/同⟩ Genbán; ingá. ⟨A/反⟩ Póji.

ne-gáéri 寝返り (<…⁴+ káeru) **1** [体の向きをかえる] O dar voltas [virar-se] na cama (De noite). ★ ~ *o utsu* 寝返りを打つ Dar voltas na cama; mudar de posição. **2** [裏切り]【Fig.】 O virar a casaca; a traição. ★ ~ *o utsu* 寝返りを打つ Trair; atraiçoar; virar a casaca. ⟨S/同⟩ Urágíri (+).

negáéru 寝返る Trair; atraiçoar. ★ *Tekigata ni* ~ 敵方に寝返る Passar-se [Bandear-se] para o (lado do) inimigo; virar a casaca.

negái 願い (< negáu) O pedido; a petição; o desejo; a aspiração. *Hitotsu anata ni o-~ ga aru n desu ga* ひとつあなたにお願いがあるんですが Tenho um pedido a fazer-lhe. *Tsui ni naganen no ~ ga kanatta* ついに長年の願いが叶った Finalmente consegui o que há tantos anos desejava. ~ *o kiki-ireru* 願いを聞き入れる Atender o pedido. *Setsu-naru* ~ 切なる願い Um desejo ardente. ◇ ~ **de** お願いで A petição; o pedido. ⇨ **goto**. ⇨ kitái¹.

negái-déru 願い出る (< negáu + …) Requerer; fazer um requerimento [pedido]. ★ *Kyūka o* ~ 休暇を願い出る Pedir férias.

negái-gótó 願い事 (< negáu + kotó) Um desejo [pedido]; uma oração. ⟨S/同⟩ Kígan; negái (+).

negái-ságe 願い下げ (<…⁴+ sagéru) **1** [取り下げること] O retirar [um processo do tribunal]. ★ *Kokuso o ~ ni suru* 告訴を願い下げにする Retirar a querela. ⟨S/同⟩ Tori-ságe (+). **2** [断りたいこと] A recusa (absoluta); o aceitar. *Sonna shigoto wa kochira kara ~ da* そんな仕事はこちらから願い下げだ Não aceito [conte comigo] para] esse trabalho.

ne-gán 寝棺 ⇨ ne-kán.

ne-gáo 寝顔 (<…⁴+ káo) A cara de sono.

negáttari kanáttari 願ったり叶ったり (< negáu + kanáu) Ser o ideal. *Kare ga kite kurereba ~ da* 彼が来てくれれば願ったり叶ったりだ Se ele vier é o ideal [oiro sobre azul].

negátte-mo-nai 願ってもない Que caiu do céu; o/a maior. *Kore wa ~ chansu da* これは願ってもないチャンスだ Esta é a melhor oportunidade.

negáu 願う [請い求める] **1** Desejar; ansiar [por]. *Watashi wa kaku-heiki haizetsu o kokoro kara negatte iru* 私は核兵器廃絶を心から願っている Peço-vos que destruamos todas as armas atô[ô]-micas. ⇨ negátte mo nai. **2** [祈願する] Rezar; rogar; suplicar. ★ *Kami ya hotoke ni kanai anzen o* ~ 神や仏に家内安全を願う pela família a todos os deuses. ⟨S/同⟩ Kígan suru. ⇨ inóru. **3** [申請する] Pedir; requerer; solicitar. ★ *Tokō kyoka o* ~ 渡航許可を願う ~ licença para viajar. ⟨S/同⟩ Shinséi súrú. **4** [買ってもらう] Ser cliente. *Maido gohiiki ni negatte orimasu kara o-yasuku shite okimasu* 毎度ごひいきに願っておりますからお安くしておきます Vou fazer um desconto pois o senhor é nosso freguês [~]. **5** [頼む] Pedir o favor 「de」. *Jimintō o yoroshiku o-negai shimasu* 自民党をよろしくお願いします (選挙で) Votem no "Jimintô". *Tanaka-ka*-*chō o o-negai shimasu* 田中課長をお願いします (電話で) Por favor, (chamava) o chefe da se(c)ção, sr. Tanaka. *Tōkyō-eki made o-negai shimasu* 東京駅までお願いします (タクシーで) Por favor até à estação de Tóquio. ◇ **Negái-ágéru** 願い上げる Pedir respeitosamente. ⇨ negái-déru.

negáwáku-ba[wa] 願わくば [は] Nós Vos pedimos; oxalá; queira Deus; peço a todos os santos. ⟨S/同⟩ Dô-ka.

negáwáshíi 願わしい Desejável. *Mina de kyōryoku suru koto ga* ~ 皆で協力することが願わしい É ~ [de desejar] que todos colaborem. ⟨S/同⟩ Konómáshii (+); nozómáshii (+).

négi 葱 A cebola comprida (Toda comestível). ⟨S/同⟩ Nagá-négi; ne-búká; nihón-négi. ⇨ tamá-négi.

negiráu 犒う Manifestar apreço [agradecimento]; reconhecer. ★ *Rōo ~* 労を犒う Mostrar agradecimento 「a alguém」pelos seus serviços. ⇨ itáwáru.

ne-gíru 値切る (<…³+ kíru) Regatear; fazer que 「lhe」baixem o preço; arrancar. *Sen en no furuhon o happyaku en ni negitte katta* 千円の古本を八百円に値切って買った Arranquei este alfarrábio [livro velho] de mil yens por oitocentos. ⇨ ne-bíkí².

ne-gókóchí 寝心地 (<…⁴+ kokóchí) A maneira de sentir na cama. *Kono beddo wa ~ ga ii* [*warui*] このベッドは寝心地がいい [悪い] Nesta cama dorme-se bem [mal].

ne-góró 値頃 (<…³+ koró) **1** [買うのに手頃な値段] O preço bom [acessível]. *Chōdo ~ no uriya o mitsuketa* ちょうど値頃の売家を見つけた Encontrei uma casa à venda por um ~. **2** [適当な値段] Um preço razoável.

ne-gótó 寝言 (<…⁴+ kotóbá) **1** [睡眠中の] O falar de noite; a sonilóquência. **2** [たわごと] O dito disparatado; o disparate; a bobagem (B.). *Nani ~ o itte iru n da* 何寝言を言っているんだ Não diga disparates! ⇨ tawágótó.

negúrá 塒 (< nerú + kurá) **1** [鳥が寝る所] O ninho; o esconderijo; o covil; a toca. ★ ~ *ni tsuku* [*kaeru*] 塒につく [帰る] Estar no [Voltar para o] ninho. **2** [わが家]【G.】 O meu ninho (A minha toca).

negúríjé ネグリジェ (< Fr. négligé) A camisa de dormir; a camisola (B.). ⇨ ne-mákí; pájama; yukatá.

ne-gúrúshíi 寝苦しい (<…⁴+ kurushíi) Difícil dormir. *Natsu no yo wa atsukute ~* 夏の夜は暑くて寝苦しい No verão, de noite, com o calor é ~.

ne-gúsé 寝癖 (<…⁴+ kusé) **1** [寝相] A maneira [O hábito] de dormir. ★ ~ *no warui kodomo* 寝癖の悪い子供 A criança que se mexe muito durante o sono. ⟨S/同⟩ Nezō (+). **2** [押しつぶされた髪] O desalinho do cabelo depois de dormir.

nehán 涅槃 (< Sân. nirvāna) O nirvana. ★ ~ *ni iru* 涅槃に入る Entrar no (Atingir o) ~. ⇨ gedátsú.

né-horí ha-hori 根掘り葉掘り Inquisitivamente; tintim-por-tintim. ★ ~ *tazuneru* 根掘り葉掘り尋ねる Ser inquisitivo [curioso; perguntador]; perguntar tintim-por-tintim [tudo, tudo, tudo] 「sobre a minha família」. ⟨S/同⟩ Kamá-góma ni; kotó-kómáka ni.

ne-íki 寝息 A respiração (Ruído). ⇨ ibíkí) durante o sono.

neírí-bána 寝入りばな (< neíru + haná) O primeiro [pegar no] sono. ~ *o okosareta* 寝入りばなを起こされた Acordaram-me quando eu já estava a dormir.

ne-író 音色 O timbre. ⇨ kowá-író[-né]; ne².

ne-íru 寝入る (< nerú + irú) **1** [熟睡する] Dormir como uma pedra. *Kodomotachi wa gussuri neitte iru* 子供たちはぐっすり寝入っている As crianças estão a ~ [dormir a sono solto]. **2** [眠につく] Adormecer; pegar no sono. [S/同] Ne-tsúku.

ne-ísú 寝椅子 O canapé; a espreguiçadeira. [S/同] Nagá-ísú.

néji [捻・捩] 子 **1** [釘状の] O parafuso. ★ ~ *de tomeru* ねじでとめる Meter [Segurar com] um ~; aparafusar. ~ *o mawasu* ねじをまわす Apertar ~. ~ *o shimeru* [*yurumeru*] ねじを締める [ゆるめる] Atarraxar/Aparafusar [Desatarraxar/Desaparafusar]. ◇ **Me ~** 雌ねじ A rosca fêmea; o filete interno; a porca. ⇨ **moku ~**. **O ~** 雄ねじ A rosca macho; o filete externo; o parafuso. **2** [ぜんまいの] A mola; a corda (de relógio). ★ ~ *ga yurumu* ねじがゆるむ **a)** Afrouxar(-se) a mola; **b)** [Fig.] Afrouxar-se; desleixar-se. ~ *o maku* ねじを巻く Dar corda ao relógio [*Saikin aitsu wa tarunde iru kara sukoshi ~ o maite yarō* 最近あいつはたるんでいるから少しねじを巻いてやろう Ultimamente ele anda um pouco frouxo, é preciso sacudi-lo um pouco].

néji-ágéru 捩じ上げる (< nejíru + ...) Torcer「o braço a alguém」; levantar torcendo.

neji-ákéru 捩じ開ける (< nejíru + ...) Forçar [Abrir]「a porta/janela com pé-de-cabra ou outro instrumento」. [S/同] Kojíakérú (+).

neji-fúséru 捩じ伏せる (< nejíru + ...) Deitar ao chão segurando. *Keikan wa dorobō o nejifuseta* 警官は泥棒を捩じ伏せた O polícia deitou o ladrão ao chão e segurou-o. [S/同] Nejítáósu.

nejíkeru 捩ける **1** [曲がりくねる] Estar torcido. [S/同] Magárikúnéru. **2** [ひねくれる] Ser retorcido (falso). ★ *Kokoro no nejiketa kodomo* 心の捩けた子供 Uma criança de cará(c)ter retorcido. [S/同] hinékúréru (+); nejíkúréru.

neji-kiru 捩じ切る (< nejíru + ...) Cortar torcendo.

neji-kómú 捩じ込む (< nejíru + ...) **1** [押し込む] Meter [Fazer entrar], torcendo. *Kōto no poketto ni shūkanshi o nejikonda* コートのポケットに週刊誌を捩じ込んだ Enfiei a revista no bolso do sobretudo. [S/同] Oshí-kómu. **2** [抗議する] Opor-se; ser「fortemente」contra. ★ *Kyōkō ni* ~ 強硬に捩じ込む Opor-se tenazmente. [S/同] Kōgi suru (+).

neji-kugi 螺子釘 O prego-parafuso.

neji-mágéru 捩じ曲げる (< nejíru + ...) **1** [捩って曲げる] Dobrar torcendo. **2** [むりやりに曲げる] Distorcer. *Jijitsu o nejimagete hōdō suru koto wa yoku nai* 事実を捩じ曲げて報道することはよくない Não se deve ~ a verdade dos fa(c)tos.

neji-máwashi 螺子回し (< ... + mawású) A chave de parafusos [de fenda]. [S/同] Doráibâ.

ne-jímé¹ 音締め (< ...² + shiméru) **a)** A afinação (apertando as cordas de instrumento musical, sobretudo do "shamisen"); **b)** O som bem afinado. ⇨ chórítsú².

ne-jímé² 根締め (< ...¹ + shiméru) **1** [草木の根のまわりを固めること] O calcar bem a terra para a planta pegar (bem). **2** [いけ花] O suporte ou os ramos e flores mais pequenos que se colocam na base do arranjo floral.

neji-óru 捩じ折る (< nejíru + ...) Cortar torcendo.

nejíré (< nejíréru) **1** [ねじれること・もの] A torcedura. ★ *Harigane no* ~ 針金の捩じれ ~ do arame. **2** [変形] [Fís.] A torção. ★ ~ *no hōkō* 捩じれの方向 A dire(c)ção da ~.

nejíréru 捩 [捻] じれる **1** [よれて曲がる] Torcer. *Nekutai ga nejireta* ネクタイが捩じれた Fiquei com a gravata torcida [torta]. **2** [ひねくれる] Ser retorcido. [S/同] Hinékúréru (+); nejíkeru.

nejírí-háchímaki 捩じり鉢巻 (< nejíru + ...) Uma faixa que se ata à volta da cabeça para parar e limpar o suor. *Kinō wa ~ de benkyō shita* 昨日は捩じり鉢巻で勉強した Ontem estudei com unhas e dentes [de mangas arregaçadas].

nejírí-tórú 捩じり取る (< nejíru + ...) Arrancar (Com gesto brusco ou torcendo). [S/同] Mogítórú (+).

ne-jiró 根城 (< ...¹ + shiró) **1** [本城] O castelo principal (Onde morava o daimyô); o quartel-general. [S/同] Gajô; hónjô; kyojô. [A/反] De-jíro. **2** [本拠] O centro [a base]「das operações」. [S/同] Hónkyo.

nejíru 捩 [捻] じる **1** [ひねる] Torcer. *Kubi o yō ni shite mimawasu* 首を捩じるようにして見回す Olhar bem em volta. **2** [力を加えて回す] Desandar. ★ *Suidō-sen o ~* 水道栓を捩じる ~ (Para abrir ou fechar) a torneira. [S/同] Hinéru. ⇨ mawású.

ne-kán 寝棺 O caixão [esquife; féretro; ataúde]. [S/同] Ne-gán. [A/反] Za-kán.

nekáséru 寝かせる ⇨ nekású.

nekáshí-tsúkéru 寝かし付ける (< nekású + ...) Pôr「o menino」a dormir; adormecer「o bebé」.

nekású 寝かす **1** [寝るようにする] Pôr a [Fazer] dormir; adormecer「o bebé」. **2** [横たえる] Pôr no chão [em posição horizontal]. ★ *Hashigo o ~ ni shite* はしごを寝かすようにして Pôr a escada ao chão. [S/同] Yokótáéru. **3** [活用せずに手元におく] Conservar (Sem usar, vender, etc.). ★ *Shikin o ~* 資金を寝かす Ter capital parado. **4** [発酵させる] Fermentar. ★ *Pan-kiji o ~* パン生地を寝かす Deixar a massa (do pão) levedar/~. ⇨ hakkô³.

nekkáchífu [i] ネッカチーフ (< Ing. neckerchief) Lenço do pescoço [da cabeça]. ⇨ sukáfu.

nékkara 根っから **1** [生まれつき] De nascimento; por natureza [carácter]. *Kare wa ~ no shōnin da* 彼は根っからの商人だ Ele nasceu para o negócio. [S/同] Motómótó; umarétsúkí. **2** [全く] Completamente [Absolutamente nada]. *Sonna koto ~ shiranai* そんなこと根っから知らない Não tenho a menor [mínima] ideia (disso). [S/同] Mattákú (+); sappári (+); zenzén (+).

nekkétsú 熱血 [E.] **a)** O sangue ainda quente; **b)** O fervor; a vida; o fogo; a paixão. ◇ **~ kan** 熱血漢 Um homem a(c)tivo [apaixonado; irascível]. ⇨ nekki **2**.

nekki 熱気 **1** [熱い空気] O ar quente (Sobretudo da atmosfera). [A/反] Réiki. **2** [高揚した意気] O entusiasmo; o ardor. ★ ~ *no komotta kaijō* 熱気のこもった会場 O salão「estava」ao rubro. ⇨ nekkétsú. **3** [熱のほてり] A febre alta. ★ *Byōnin no ~* 病人の熱気 ~ do doente.

nekkíngú ネッキング (< Ing. necking) O fazer carícias na cabeça, beijando-se. ⇨ pettíngú.

nekkó 根っ子 [G.] **1** [草木の根] A raiz. [S/同] Ne¹. **2** [切り株] O toco. ⇨ nekí-kábú. **3** [根本] A raiz; a base; o fundamento. [S/同] Kónpon.

nékku ネック (< Ing. neck) **a)** O pescoço; a gola; o

colarinho; **b)** A parte estreita; o braço「da guitarra」; **c)**【Fig.】O obstáculo. *Shikin-busoku ga ~ ni natte keikaku ga shinkō shinai* 資金不足がネックになって計画が進行しない A falta de capital [dinheiro] está impedindo o andamento do proje(c)to.

nekkú-ráin ネックライン (< Ing. neckline) O decote. ⒮⃞回 Erí-gúri.

nékkure[rē]su ネックレ[レー]ス (< Ing. necklace) O colar. ⒮⃞回 Kubí-kázari.

nekkyō 熱狂 O entusiasmo; o arrebatamento; o fervor; a excitação. ★ ~ *suru* 熱狂する Entusiasmar-se; excitar-se; ficar arrebatado. ~ *teki fan* 熱狂的ファン O entusiasta; um grande fã; o fanático. ⇨ kyōshín[1].

néko 猫 O gato [A gata]. ~ *ga nyānyā naite iru* 猫がニャーニャー鳴いている ~ está a miar. ◇ ~ *mo shakushi mo* 猫も杓子も Qualquer um [gato pingado] [*Saikin wa ~ mo shakushi mo gorufu o shitagaru* 最近は猫も杓子もゴルフをしたがる Hoje em dia ~ joga golfe). 【ことわざ】 ~ *ni katsuobushi* 猫に鰹節 Manteiga em nariz de cão. ~ *ni koban* 猫に小判 Lançar pérolas a porcos. 【Ⅰ/慣用】 ~ *no hitai hodo no tochi* 猫の額ほどの土地 Um palmo de terra. ~ *no ko ikiji inai* 猫の子一匹いない Não haver ninguém [alma viva]. ~ *no me no yō ni kawaru* 猫の目のように変わる Ser como o cataveno. ~ *no te mo karitai hodo isogashii* 猫の手も借りたいほど忙しい Estar tão ocupado que qualquer ajuda é bem-vinda. ~ *o kaburu* 猫を被る Ser hipócrita (lobo com pele de cordeiro). ◇ ~ **baba** [**jita/kaburi/ze**]. *Shamu* ~ シャム猫 O ~ siamês.

nekó-bábá 猫ばば O surripiar; o deitar a unha「a」. ★ ~ *suru* [o *kimekomu*] 猫ばばする [をきめこむ]. ⇨ chakufúkú.

ne-kógi 根こぎ (< ··· + kógu) O arrancar pela raiz; o desarraigar; o erradicar. ★ ~ *ni suru* 根こぎにする Arrancar pela raiz. ⒮⃞回 Ne-bíki; nekósógi (+).

nekó-irazu 猫いらず (商標) (< ··· + Neg. de "irú") O veneno para ratos.

nekó-jitá 猫舌 (< ··· + shitá) [O ter] A língua de gato; o não gostar de coisas quentes.

nekó-káburi 猫被り (< ··· + kabúru) A hipocrisia; o fingir [ser só para mostrar]「que é modesto」.

nekó-káwaigari 猫可愛がり (< ··· + kawaígáru) O mimo exagerado.

nekóméishi 猫目石【Min.】O crisoberilo [olho-de-gato] (Pedra semipreciosa). ⒮⃞回 Kyattsúái.

ne-kómi 寝込み (< nerú + kómu) O estar a dormir. *Keisatsu wa hannin no ~ o osotta* 警察は犯人の寝込みを襲った A Polícia apanhou o criminoso quando ele estava a dormir.

ne-kómu 寝込む (< nerú + ···) **1** [寝入る] Dormir profundamente [como uma pedra]. ⒮⃞回 Ne-íru. ⇨ jukúsúfú. **2** [長く床につく] Ficar de cama. *Kaze de mikka mo nekonde shimatta* 風邪で3日も寝込んでしまった Fiquei três dias de cama com um resfriado. ⒮⃞回 Ne-tsúku.

nekó-nádé-góe 猫撫で声 (< ··· + nadéru + kóe) A voz insinuante. ★ ~ *de hanasu* [*o dasu*] 猫撫で声で話す[を出す] Falar com (uma) ~ [com palavrinhas/falinhas doces].

ne-kórōbu 寝転ぶ (< nerú + ···) Estender-se ao comprido. ⒮⃞回 Nesóbéru.

ne-kósógi 根こそぎ (< ··· + kosógu) **1** [根まで抜く] こと] O arrancar pela raiz. *Taifū de niwa-ki ga ~ ni sareta* 台風で庭木が根こそぎにされた O tufão arrancou as árvores do jardim. ⒮⃞回 Nekógí. **2** [全部] Tudo. *Dorobō ni ~ motte ikareta* 泥棒に根こそぎ持って行かれた O ladrão roubou-me ~. ⒮⃞回 Sukkári (+); zénbu (+).

nekó-yánagi 猫柳【Bot.】O salgueiro; *salix gracilistyla*.

nekó-ze 猫背 (< ··· + se) A corcunda; a giba.

ne-kúbi 寝首 Um "pescoço a dormir". ★ ~ *o kaku* 寝首を掻く **a)** Matar alguém durante o sono; **b)** Ser traiçoeiro; atraiçoar「o colega de trabalho」.

nékutai ネクタイ (< Ing. necktie) A gravata. ★ ~ *o musubu* [*shimeru; suru*] ネクタイを結ぶ [締める; する] Pôr a ~. *Nō ~ de ~* ノーネクタイで Sem ~. ◇ ~ **dome** ネクタイ止め O botão da ~. ~ **pin** ネクタイピン O alfinete da ~. ⇨ **chō ~**. ⒮⃞回 Tái.

ne-máki 寝巻き・寝間着 **a)** A roupa de dormir (Em geral, o que varia de crianças para adultos); **b)** Uma espécie de roupão, mas de tecido fino, parecido com a "yukata". ⇨ negúrijé; pájama.

ne-máwashi 根回し (< ···[1] + mawású) **1** [植物の] O cavar à volta da árvore (para a transplantar com muita raiz e terra). **2** [事前に手を打つこと]【Fig.】As negociações prévias. ★ ~ *suru* 根回しする Preparar o terreno.

ne-mími 寝耳 (< nerú + ···) O(s) ouvido(s) de quem dorme. 【Ⅰ/慣用】 ~ *ni mizu* 寝耳に水 Uma grande surpresa.

ne-monógátari 寝物語 (< nerú + ···) **1** [寝ながらする] Uma história para adormecer (crianças). **2** [同衾でする話] A conversa na cama.

ne-mótó 根元 [本] **1** [根] O pé da árvore. **2** [根本] A raiz (Tb. do problema). ⒮⃞回 Konpón (+).

nému [**ēe**] ネーム (< Ing. name < L.) **1** [名前] O nome. *Uwagi ni ~ o irete morau* 上着にネームを入れてもらう Bordar o nome no casaco. ◇ ~ **baryū** ネームバリュー O valor [A fama] do ~. ⒮⃞回 Na (+); namáe (o). **2** [キャプション] O título; o cabeçalho. ⒮⃞回 Kyápushon. **3** [Abrev. de "~ *purēto*"] A placa [indicação] do nome; a etiqueta.

nemúgáru 眠がる (< nemú + gáru) Sentir sono.

nemúí 眠い [眠たい] Estar com sono; sonolento. ★ ~ *me o kosuru* 眠い目をこする Esfregar os olhos de sono. *Nemuku naru yō na hanashi* 眠くなるような話 A conversa que dá sono. *Nemu-sō na kao* 眠そうな顔 A cara com sono. ⇨ nemúgáru.

nemú-ké 眠け O sono; a sonolência. ~ *zamashi ni atsui kōhī o nonda* 眠け覚ましに熱いコーヒーを飲んだ Tomei um café (quente) para tirar [espantar] o sono. ★ ~ *ga sasu* 眠けがさす Ter um ataque de sono. ~ *o moyoosu* 眠けを催す Dar sono.

nému-no-ki 合歓木【Bot.】A albízia; *Albizzia julibrissin* (Diferente da acácia e mimosa).

nemúrásérú 眠らせる ⇨ nemúrású.

nemúrású 眠らす **1** [眠るようにする] Pôr a dormir; deitar; levar para a cama. ⒮⃞回 Nekású. **2** [殺す]【G.】Tirar o pio; matar. ⒮⃞回 Korósú.

nemúrí 眠り **1** [眠る事] O sono; o dormir. ★ ~ *ni ochiru* 眠りに落ちる Adormecer. ~ *o samasu* 眠りを覚ます Acordar [Despertar] (do ~). *Asai* [*Fukai*] ~ 浅い [深い] 眠り Leve [profundo]. *Hito* ~ *suru* 一眠りする Fazer uma soneca. ◇ ~ **byō** 眠り病 A doença do sono. ⇨ ~ **gusuri**. suímín. **2** [死ぬこと] O sono eterno; a morte. ★

Nagai [*Eien no*] ～ *ni tsuku* 永い［永遠の］眠りにつく Falecer; dormir o ～ [derradeiro sono]. [S/同] Eímíń.

nemúrí-gúsuri 眠り薬 (<… + kusúrí) O soporífero; o remédio para dormir. [S/同] Suímín-yaku.

nemúrú 眠る **1** [目をとじて無意識の状態になる] Dormir; adormecer. *Sakuya wa yoku nemurema-shita ka* 昨夜は良く眠れましたか Dormiu bem ontem à noite? ★ *Gussuri* ～ ぐっすり眠る Dormir profundamente [como uma pedra]. *Shōtai (mo) naku* ～ 正体(も)なく眠る Dormir a sono solto. *Suyasuya (to)* ～ すやすや(と)眠る Dormir tranquilamente. **2** [活動を休んでいる] Estar parado. ★ *Ginkō ni nemutte iru yokin* 銀行に眠っている預金 O depósito bancário parado/sem movimento. **3** [死んでいる] Morrer. ★ *Yuki no shita ni* ～ *sen'yū* 雪の下に眠る戦友 O camarada de guerra sepultado na neve. [S/同] Shinú.

nemúsṓ 眠そう (< nemúí) Sonolento. *Kanojo wa* ～ *da* 彼女は眠そうだ Ela parece estar [que está] com sono. ★ ～ *na kao* [*me*] 眠そうな顔[目] A cara de sono [Os olhos sonolentos].

nén[1] 年 (Us. sobretudo em palavras compostas; ⇨ toshí[1]). **1** [とし] O ano. ★ ～ *ni ichi-do no matsuri* 年に一度の祭り O festival [A romaria] anual. [S/同] Ichí-nen (+). **2** [365 日を一くぎりとする期間] O ano. *Ani wa san-* ～*-kan Burajiru ni ita* 兄は 3 年間ブラジルにいた O meu irmão mais velho esteve no B. três anos. ★ *Ichi* ～*-go* 1 年後 Daqui a um ano. *Ichi-* ～ *jū* 一年中 ～ todo [inteiro]. *Ichi-*～ *keiyaku de* 1 年契約で Com contrato de um ～. *Nijū-go* ～ *mono no wain* 25 年もののワイン O vinho com 25 anos de envelhecimento. *Ni-*～ *mae* 2 年前 Há [Faz] dois anos; dois anos atrás. *Ni-*～ *tsuzukete* 2 年続けて Dois anos consecutivos. *Sen-kyūhyaku-gojū-ni* ～ *ni* 1952 年に No ano (de) 1952. ◇ ⇨ **mai** ～. ⇨ nén-do[1]. **3** [年季] O período; o prazo. ★ *Detchi-bōkō no* ～ *ga akeru* 丁稚奉公の年が明ける Terminar o (～ do) aprendizado. [S/同] Neńkí.

neń[2] 念 **1** [気持ち] O sentimento; a sensação. ★ *Jiseki no* ～ *ni karareru* 自責の念に駆られる Sentir-se culpado; sentir remorsos. [S/同] Kimóchí (+). **2** [念願] O desejo. ★ *Fukushū no* ～ *ni moeru* 復讐の念に燃える Ter [Arder em] desejos de vingança. [S/同] Neńgáń (+); shukúbṓ; shukúgáń. ⇨ ichí-nen[2]. **3** [注意] A atenção; o cuidado; a precaução. ～ *ni wa* ～ *o ire yo* 念には念を入れよ Tenha o máximo cuidado [Toda a atenção é pouca]! ～ *no tame kasa o motte dekake-yō* 念のため傘を持って出かけよう Pelo seguro [Por precaução], é melhor levar o guarda-chuva. ★ ～ *no itta saiku* 念の入った細工 A confe(c)ção muito elaborada. ⇨ chū́i[1]; neń-írí.

neń-áké 年明け **1** [年季明け] O fim do prazo de serviço. ⇨ neńkí[1]. **2** [新年] O Ano Novo. [S/同] Shínnen (o); toshí-áké (+).

ne-náshí-gusa 根無し草 (<… [1] + nái + kusá) **1** [浮き草] O nadabau; a lentilha-d'água. [S/同] Ukí-kúsá. **2** [さすらい人] O desarreigado; o vagabundo; a pessoa sem assento [que não criou raízes]. ★ ～ *no jinsei* 根無し草の人生 A vida desenraizada [desarreigada].

neńbán-gan 粘板岩 A ardósia [lousa]; o xisto argiloso. ⇨ surḗto.

neńbútsú 念仏 Uma invocação [oração] budista. ★ ～ *o tonaeru* 念仏を唱える Invocar Amida. [P/ことわざ] *Uma no mimi ni*～ 馬の耳に念仏 Lançar pérolas a porcos [*Kare ni nani o chūkoku shite mo uma no mimi ni* ～ *da* 彼に何を忠告しても馬の耳に念仏だ Dar conselhos a ele é ～ [tempo perdido]].

neńchákú 粘着 A adesão. ★ ～ *suru* 粘着する Aderir; pegar-se; colar-se. ◇ **～ ryoku** 粘着力 A força de ～. **～ sei** 粘着性 A adesividade. **～ tēpu** 粘着テープ A fita adesiva; a fita-cola. **～ zai** 粘着剤 O adesivo; o aglutinante. ⇨ kuttsúku.

neńchṓ 年長 O ser mais velho. *Kare wa boku yori yottsu* ～ *da* 彼は僕より四つ年長だ Ele é quatro anos mais velho (do) que eu. ◇ **～ sha** 年長者 O sénior; os idosos; as pessoas de mais idade. **Sai ～ sha** 最年長者 O mais velho (de todos).

neńchū́[jū́]-gyṓji [óo] 年中行事 Os acontecimentos [As ocorrências] anuais「da escola」.

neńdáí 年代 **1** [年号] A data; datas. *Tsugi no kotogara o* ～ *jun ni narabe-kae nasai* 次の事柄を年代順に並べかえなさい Disponha os seguintes fa(c)tos por ordem cronológica. ◇ **～ ki** 年代記 A crónica; os anais. [S/同] Neńgṓ. ⇨ neń-gáppi. **2** [時代] A era; a época; a geração. ★ ～ *mono no wain* 年代物のワイン (O vinho de) "vintage" [reserva; colheita especial]. *Sen kyū-hyaku ni-jū* ～ *no sakka-tachi* 1920 年代の作家たち Os escritores dos anos [da geração de] vinte. ⇨ jidáí[1].

néndo[1] 年度 O ano (Fiscal, escolar, etc.). ★ ～ *hajime* [*gawari*] *ni* 年度初め［替わり］に No começo [Na mudança/No fim] do ～. ～ *matsu no shiken* 年度末の試験 Os exames do fim do ano (le(c)tivo). ◇ **Gaku ～** 学年度 ～ le(c)tivo [escolar]. **Kaikei ～** 会計年度 ～ fiscal. [S/同] Nénji.

néndo[2] 粘土 O barro. ★ ～ *shitsu* [*jō*] *no* 粘土質[状]の Argiloso; barrento. ～ *zaiku o suru* 粘土細工をする Trabalhar em ～. *Hito-katamari no* ～ 一塊の粘土 Um bocado [pedaço/torrão] de ～.

nén'eki 粘液 O muco; a mucosidade; o líquido viscoso. ★ ～ *jō no* 粘液状の Mucoso. ～ *shitsu no hito* 粘液質の人 Um homem de temperamento fleumático [pachorrento]. ◇ **～ ben** 粘液便 A evacuação mucosa. **～ sen** 粘液腺 As glândulas mucosas. ⇨ neńséí[1].

nénga 年賀【E.】Os votos de Bom Ano Novo. ★ *O* ～ *ni dekakeru* [*iku*; *mawaru*] お年賀に出かける［行く；まわる］Fazer as visitas de ～/Boas Festas. ◇ **～ jō** [**hagaki**] 年賀状[はがき] O postal de ～. ⇨ nénshi; shínnen[2].

neńgá-jō 年賀状 ⇨ nénga.

neńgákú 年額 A quantia anual. ★ ～ *hyakuman-en no hojokin* 年額百万円の補助金 O subsídio anual de um milhão de yens. ⇨ getsúgákú.

neńgán 念願 O grande anseio; o maior desejo. *Naganen no* ～ *ga kanatta* 長年の念願がかなった Cumpriu-se ～ [a grande aspiração] da minha vida. ★ *Sekai heiwa o* ～ *suru* 世界平和を念願する Rezar ardentemente pela paz no mundo. [S/同] Negái (+); shukúbṓ; shukúgáń.

neń-gáppi 年月日 A data (Ano, mês e dia). ⇨ hi-zúké; neńdáí **1**.

neń-gárá nén-jū 年がら年中 Durante o ano inteiro; sempre. *Haha wa* ～ *sewashinaku hataraite iru* 母は年がら年中せわしなく働いている A minha mãe anda sempre numa azáfama. [S/同] Ítsumo; nénjū; shíjū; shótchū.

neńgén 年限 O período [termo; prazo; tempo]. *Taishoku no ~ ga chikazuite kita* 退職の年限が近づいてきた Já falta pouco para a reforma. ◇ **Shūgyō ~** 修業年限 O tempo [Os anos] de estudo. [S/同] Neńkí. ⇨ kígen².

néngetsu 年月 **a**) Os anos; o tempo; **b**) A data (Mês e ano). ★ ~ *o heru* 年月を経る Envelhecer. [S/同] Toshítsuki; sáigetsu.

neńgṓ [**óo**] 年号 O nome do reinado de cada imperador. *Sen kyū-hyaku hachijūkyū-nen ichi-gatsu ni ~ ga "Heisei" to aratamerareta* 1989 年 1 月に年号が「平成」と改められた Em Janeiro de 1989 a era mudou para "Heisei". [S/同] Geńgṓ.

neńgóró 懇ろ **1** [親切でていねいなこと] A cortesia; a cordialidade; a delicadeza. ★ ~ *na motenashi* 懇ろなもてなし A hospitalidade atenciosa [cordial]. [S/同] Końsétsú. **2** [親しいこと] A intimidade; a confiança. [S/同] Kón'i (+). ⇨ shitáshíi. **3** [男女が仲良くなる] A intimidade (entre homem e mulher). ★ ~ *ni naru* 懇ろになる Tornar-se íntimo「de」.

neńgú 年貢 A renda [O tributo] fundiária[o]. ★ ~ *o osameru* 年貢を納める Pagar ~. [I/慣用] ~ *no osamedoki* 年貢の納め時 (São) horas de as pagar [de resolver esta situação].

neń-írí 念入り (<… ²+irérú) O cuidado; a atenção. ★ ~ *ni shigoto o suru* 念入りに仕事をする Trabalhar conscienciosamente/com todo/a o/a ~. [S/同] Nyū́néń; tánnen.

nénji 年次 **1** [年ごと] Anual. ◇ **~ hōkoku** 年次報告 O relatório ~. **~ keikau** 年次計画 O plano ~. **~ sōkai** 年次総会 A assembleia geral ~. [S/同] Toshí-góto. **2** [年度] O ano「da formatura」. [S/同] Néndo (+).

neńjírú 念じる **1** [心の中で祈る] Rezar; fazer votos. *Watashi-tachi wa kare no buji o nenjite iru* 私たちは彼の無事を念じている Nós fazemos votos pela segurança dele. [S/同] Neńzúrú. ⇨ inóru. **2** [いつも心にとめて思う] Estar sempre a pensar; ter em mente. ★ *Shiken gōkaku o kokoro kara ~* 試験合格を心から念じる Ter sempre presente o sucesso nos exames. [S/同] Neńzúrú.

nénjū 年中 **1** [一年の間] (Durante) todo o ano. *Kono māketto wa ~ mukyū da* このマーケットは年中無休だ Este mercado está ~ aberto. ◇ **~ gyōji** 年中行事 ⇨ neńchū́-gyṓji. ⇨ -jū́⁵. **2** [いつも] Sempre. ★ ~ *isogashii* 年中忙しい ~ ocupado. ◇ ⇨ **nen-gara ~**. [S/同] Ítsumo (+); shíjū.

neńkáń¹ 年間 **1** [一年間] (De/Por/Durante) um ano; anual. ◇ **~ heikin-shotoku** 年間平均所得 A renda média anual. **~ keikaku** 年間計画 O programa anual. **~ yosan** 年間予算 O orçamento aunal. ⇨ nénji; néndo¹. **2** [年代] A era; os anos. ★ *Meiji ~ ni* 明治年間に Na/Nos ~ Meiji. [S/同] Neńdáí.

neńkáń² 年鑑 O almanaque; o anuário. ◇ **Tōkei ~** 統計年鑑 O anuário estatístico.

neńkí¹ 年季 **1** [奉公の約束の年限] O aprendizado; o tempo de serviço. ◇ ⇨ **~ bōkō**. **2** [長年の修業や奉公] A longa prática; a experiência. ★ ~ *ga haitte iru* 年季が入っている Possuir uma longa prática; ter larga experiência. ~ *no haitta shokunin* 年季の入った職人 O operário bem treinado [muito experiente]. ⇨ jukúréń.

neńkí² 年忌 O aniversário da morte. [S/同] Káiki.

neńkí-bṓkō [**óo**] 年季奉公 (<… ¹**1** + hṓkō) A aprendizagem「de alfaiate」.

neńkíń 年金 A pensão (anual). ★ ~ *de kurasu* 年金で暮らす Viver da ~. ~ *o ataeru* [*ukeru*] 年金を与える[受ける] Conceder [Receber] ~. ◇ **~ juryōsha** [**seikatsu-sha**] 年金受領者[生活者] O pensionista. **Izoku ~** 遺族年金 ~ de sangue. **Kokumin ~** 国民年金 ~ de reforma (Do Estado). **Kōsei ~** 厚生年金 ~ social. **Shūshin ~** 終身年金 ~ vitalícia.

neńkṓ 年功 **1** [長年の功労] O tempo [Os anos] de serviço. ★ ~ *de* [*ni yori*] *hyōshō sareru* 年功で[により] 表彰される Ser jubilado [louvado] pelo ~. ◇ **~ joretsu** 年功序列 O escalonamento segundo ~. **2** [長年の熟練] A longa experiência. ★ ~ *o tsumu* 年功を積む Possuir [Ter] ~. ⇨ jukúréń.

nénmaku 粘膜【Anat.】A (membrana) mucosa.

neńmátsú 年末 O fim do ano. ◇ **~ chōsei** 年末調整 A corre(c)ção (dos impostos) de ~. **~ ō-uri-dashi** 年末大売り出し A liquidação de ~. [S/同] Saímátsú. [A/反] Nénshi.

nénnai 年内 (N)este [Antes do fim do] ano. *Shin-chiku-chū no ie wa ~ ni kansei no yotei desu* 新築中の家は年内に完成の予定です O plano é terminar a reconstrução da casa ~. ⇨ neńkáń; nénju.

nénne ねんね **1** [寝ること(幼児語)]【Infa.】O dormir; o fazer nené[ê]. ★ ~ *suru* ねんねする Ir ~ [para a cama]; deitar-se. ⇨ nerú¹. **2** [子供っぽいこと] O ser criança. *Kanojo wa mada ~ da* 彼女はまだねんねだ Ela ainda é uma [muito] criança. ⇨ kodómóppói.

neńnéko(**-banten**) [**neńnékó-bánten**] ねんねこ (半纏) O casaco curto de ama, próprio para se trazer uma criança às costas. ⇨ hańtéń³.

neńnéń 年年 Todos os anos; ano após ano. *Bukka wa ~ agaru ippō da* 物価は年々上がる一方だ Os preços aumentam ~ [de ano para ano]. ◇ **~ saisai** 年々歳々 ~. [S/同] Maínéń (+); maítóshí (o); reínéń.

neńpáí 年配 [輩] O ter (os seus) anos; a idade. *Watashi wa ano hito no mittsu ~ desu* 私はあの人の三つ年輩です Eu sou três anos mais velho do que ele. ★ ~ *no fujin* 年輩の婦人 Uma mulher de certa idade. *Rokujū ~ no shinshi* 60 年配の紳士 Um cavalheiro de [com] cerca de sessenta anos. ◇ ⇨ **dō ~**. ⇨ neńréí.

neńpṓ¹ 年俸 O vencimento anual. *Kare wa ~ happyaku-man-en da* 彼は年俸八百万円だ Ele tem um ~ de oito milhões de yens. [S/同] Neńkyū́. ⇨ neńshū́.

neńpṓ² 年報 O relatório anual. [S/同] Neńkáń-hṓkoku.

neńpú¹ 年賦 A prestação anual. ⇨ buńkátsú-barai; geppú².

neńpú² 年譜 A cró[ô]nica. ⇨ raíréki; riréki-sho.

neńpyṓ 年表 A tábua cronológica. ◇ **Nihon rekishi ~** 日本歴史年表 ~ [O quadro cronológico] da história do J.

nénrai 年来 (Desde) há (muitos) anos. ~ *no yume ga kanatta* 年来の夢がかなった Realizou-se o meu [Realizei um] velho sonho. *Kare wa watashi no jū- ~ no yūjin da* 彼は私の 10 年来の友人だ Ele é meu amigo há uns bons [largos] dez anos. [S/同] Nagánéń (+).

neńréí 年齢 A idade. ★ ~ *no sa* 年齢の差 A diferença de ~. ◇ **~ seigen** 年齢制限 O limite de ~. **~ sō** 年齢層 O grupo etário. **Seishin ~** 精神年齢 ~ mental. ⇨ toshi¹; neñpái.

néñri 年利【Econ.】O juro anual. ⇨ ríshi.

neñríki 念力【E.】A (força de) vontade. [戸ことわざ] (*Omou*) ~ *iwa o mo tōsu* (思う)念力岩をも通す Querer é poder. ⇨ íshi²; seishín-ryoku.

neñríñ 年輪 **1**[木目]Os aneis de crescimento (das árvores). ⇨ mokúmé. **2**[歴史]A história. ⇨ rekíshi¹. **3**[年と共に深まってゆく経験]A experiência [O efeito] dos anos.

neñryō 〖óo〗 燃料 O combustível. **~** *ga kireta* 燃料が切れた Acabou-se o ~. ◇ **~ hi** 燃料費 As despesas de ~. ◇ **~ pōnpu** 燃料ポンプ A bomba de ~. **~ tañku** 燃料タンク O tanque de ~. **Eki**[**Ki**; **Ko**]**-tai** = 液[気;固]体燃料 ~ líquido [gasoso; sólido]. **Kaku ~** 核燃料 ~ nuclear.

-neñsái 年祭 O aniversário (Festa). ★ *Kamoinshu botsu-go yon-hyaku ~* カモインシュ没後四百年祭 O quarto centenário [quadringentésimo ~] da morte de Camões. ⇨ kinén-bi; shúnén².

neñsáñ 年産 A produção anual. ★ ~ *ichi-man dai no jidōsha kōjō* 年産一万台の自動車工場 A fábrica com uma ~ de dez mil automóveis. ⇨ gessáñ; nissáñ².

neñséí 粘性 A viscosidade. ⇨ nén'eki.

-neñseí² 年生 O aluno de determinado ano escolar. *Kono ko wa shōgaku go-~ desu* この子は小学5年生です Esta criança está no quinto ano da escola primária.

neñshi 年始 **1**[年の始め]O começo do (novo) ano; o (dia de) Ano Novo. [S/同]Neñtō; shínnen; shíñshutō. [A/反]Nenmátsū. ⇨ gañjítsū. **2**[新年の祝い]As Boas-Festas de Ano Novo. ◇ **~ mawari** 年始回り As visitas de ~. [S/同]Nénga.

neñshó¹ 年少 A menoridade; a menoridade. *Kare wa chīmu no sai-~ da* 彼はチームの最年少だ Ele é o mais novo da equipa/e. ◇ **~ sha** 年少者 O jovem; o menor. [A/反]Neñchó. ⇨ shōnén; mi-séí-nén-sha.

neñshó² 燃焼 **1**[物が燃えること]A combustão. ★ ~ *suru* 燃焼する Arder; queimar-se; inflamar-se. ◇ **~ butsu** 燃焼物 Os combustíveis. **Kanzen**[**Fu-kanzen**]**~** 完全[不完全]燃焼 ~ completa [incompleta]. ⇨ hakká²; moéru¹. **2**[持っている力を出し尽くすこと]O pôr [usar] toda a energia. ★ *Seishun o saseru* 青春を燃焼させる Empenhar-se com todo o ardor juvenil「numa causa」/Dedicar a sua juventude「a fazer o bem」.

neñshū 年収 A receita [O rendimento] anual. *Kare no ~ wa go-hyakuman-en da* 彼の年収は五百万円だ Ele tem um rendimento anual de cinco milhões de yens. ⇨ gesshū.

neñshútsú 捻[拈]出 O conseguir depois de muito trabalho. *Yatto no koto de ryohi o ~ shita* やっとのことで旅費を捻出した Finalmente (lá) consegui arranjar o dinheiro para a viagem. [S/同]Hinéri-dasu. ⇨ kúmen.

neñsū〖úu〗年数 O número de anos. ★ ~ *o kaketa kenkyū* 年数をかけた研究 A pesquisa de (vários) anos. ~ *o heta* 年数を経た Velho; idoso; antigo. ◇ **Kinzoku ~** 勤続年数 Os anos de serviço seguido. **Taiyō ~** 耐用年数 A duração (de uma máquina); a

vida「de」. [S/同]Néngetsu. ⇨ neñdáí.

neñtó¹ 年頭【E.】O começo do ano. ★ ~ *no aisatsu* 年頭の挨拶 Os cumprimentos de Ano Novo. ◇ **~ kyōsho** 年頭教書 A mensagem de Ano Novo「do primeiro-ministro」. [S/同]Néñshi (+).

neñtó² 念頭【E.】A mente; o pensamento. *Watashi wa kenkō o itsumo ~ ni oite iru* 私は健康をいつも念頭に置いている Eu estou sempre a pensar na saúde. ★ ~ *ni ukabu* 念頭に浮かぶ Ocorrer; vir à ideia [cabeça]; lembrar-se. ~ *o hanarenai* [*saranai*] 念頭を離れない[去らない]Não sair de/a ~. [S/同]Atámá; ichū; kañgae; kokóro (+); kyōchū. ⇨ neñ¹**1**.

neñzá 捻挫【Med.】A entorse. ★ ~ *suru* 捻挫する Torcer「o braço」. ⇨ kujíku.

neñzúrú 念ずる【E.】⇨ neñjíru.

néo- ネオ (< Ing. < Gr. neo: novo) Neo... ◇ **~ riarizumu**[**romañchizumu**] ネオリアリズム[ロマンチズム]O neo-realismo[-romantismo]. ⇨ atáráshíi; shíñ⁵.

ne-óki 寝起き (< nerú + okíru) **1**[目をさますこと] (ne-óki) O acordar; o despertar. ★ ~ *ga warui* [*yoi*] 寝起きが悪い[良い]Acordar de mau [bom] humor. [A/反]Netsúki. **2**[寝ることと起きること](neoki) O viver [dormir e o acordar]. ★ ~ *o tomo ni suru* 寝起きを共にする Viver juntos. [S/同]Kíkyo.

néoñ ネオン (< Ing. < Gr. neon: recente) **1**[希ガス] O (gás) néon (Ne 10). **2**[Abrev. de "~sain"] A iluminação néon. ◇ **~ gai** ネオン街 A rua iluminada a néon. ◇ **~(saiñ)** ネオン(サイン) O anúncio luminoso de néon.

ne-óshi 寝押し (< nerú + osú) O vincar com o peso do corpo.

Nepáru〖áa〗ネパール O Nepal. ◇ **~ go** ネパール語 O nepali. ◇ **~ jin** ネパール人 O nepalês.

neppú 熱風 A lufada de ar quente.

neputsúníum ネプツニウム (< L. neptunium) O neptúnio (Np 93).

neráí 狙い **1**[狙うこと]A pontaria. ★ ~ *o ayamaru* [*ga hazureru; ga kuruu*] 狙いを誤る [がはずれる; が狂う]Falhar [Errar] o alvo/a ~. ~ *o sadameru* 狙いを定める Fazer ~; alvejar. *Mato ni ~ o tsukeru* 的に狙いをつける Fazer ~ ao alvo. ◇ **~ uchi**. **2**[目標]O intuito; o fim; a intenção; a mira. ★ ~ *ga ii* 狙いがいい A intenção é boa. ~ *ga hazureru* 狙いがはずれる Não conseguir os seus fins. *Chōsa no ~ wa nan desu ka* 調査の狙いは何ですか Qual é o [obje(c)tivo] da pesquisa. [S/同]Mé-ate; mokúhyó; mokútéki.

neráí-úchi¹ 狙い撃ち O disparo certeiro. ★ *Ōkami o ~ suru* オオカミを狙い撃ちする Acertar (em cheio) no lobo. [S/同]Sogéki.

neráí-úchi²【Beis.】狙い打ち O acertar na bola「à primeira」.

neráú 狙う **1**[目標物に命中させようと見当をつける] Alvejar; apontar; ter em mira; tomar como alvo. ★ *Emono o neratte jū o kamaeru* 獲物を狙って銃を構える Fazer pontaria à caça. **2**[目をつけて取ろうとする]Visar (Ter em vista). *Kare wa shachō no isu o neratte ita* 彼は社長の椅子を狙っていた Ele tinha em vista o cargo de Director [estava com o olho em ser] presidente. ~ *Inochi o ~* 命を狙う Querer matar alguém. *Senden kōka o ~* 宣伝効果を狙う Contar com o impa(c)to da propaganda. *Yūshō o ~* 優勝を狙う Visar a [Apontar à] vitória. **3**[チャンスをうかがう]Estar à espreita [coca]. ★ *Suki o neratte kan-*

neréru 練れる (< néru²) **1** [練った状態になる] Ficar amassado「cimento」. **2** [上手になる] Elaborar. *Kono bunshō wa nerete inai* この文章は練れていない Esta frase não está bem elaborada [trabalhada]. **3** [円熟する] Amadurecer; sazonar. *Kare wa nereta hito da* 彼は練れた人だ Ele é uma pessoa madura.

nerí 練り (< néru²) **a)** O amassar; **b)** O polir.

nerí-arúku 練り歩く (< néru² + …) Desfilar (em procissão). *Matsuri no dashi ga tōri o neri-aruita* 祭の山車が通りを練り歩いた Os carros do cortejo desfilaram pelas ruas.

nerí-áwasu[áwaséru] 練り合わす [合わせる] (< néru² + …) Amassar com.

nerí-é 練り餌 (< néru² + esá) **a)** A pasta alimentícia (para pássaros); **b)** A isca.

nerí-gárashi 練り辛子 (< néru² + karáshí) A mostarda em pasta.

nerí-gínú 練り絹 (< néru² + kínu) A seda brunida.

nerí-hámigaki 練り歯磨き (< néru² + …) A pasta dentífrica [de dentes].

néru¹ 寝る **1** [立っているものが横になる] Deitar-se; inclinar-se. *Shinsatsu-dai ni nete kudasai* 診察台に寝て下さい Podia … nesta cama? (Para exame médico). ⇨ Okíru. **2** [眠る] Dormir. ★ *Hitoban nezu ni [neaide] kangaeru* 一晩寝ずに [寝ないで] 考える Passar a noite a pensar sem … [pregar olho]. ⸢ことわざ⸥ … *ko wa sodatsu* 寝る子は育つ O dormir é salutar para as crianças. *Neta ko o okosu* 寝た子を起こす Arranjar lenha para se queimar. ⒮岡 Nemúrú. ⇨ Okíru. **3** [病気で床につく] Estar de cama. ★ *Kaze de* … 風邪で寝る … com um resfriado. ⒮岡 Nekómu. **4** [男女が] Dormir. ★ *Onna to* … 女と寝る … [Ir para a cama] com uma mulher. **5** [商品や資金が動かない状態にある] Estar parado. *Kane ga nete iru* 金が寝ている O dinheiro está … **6** [柔道で寝技をかける] Aplicar técnicas rasteiras (no judo). ⇨ ne-wáza. **7** [こうじがよくできている] Fermentar. ⇨ jukúséí.

néru² 練る **1** [こねる] Amassar. ★ *An o* … あんを練る … farinha de feijão. **2** [絹を煮て柔らかくする] Brunir; dar lustro. **3** [金属を鍛えて叩き鍛える] Dar têmpera. ★ *Katana o* … 刀を練る … à espada. *Udo na*どを練ることで) Apurar. *Keikaku o* … 計画を練る … o plano. *Taisaku o* … 対策を練る Estudar bem as medidas. **5** [学芸や精神を向上する] Exercitar; adestrar-se「em」. *Ude o* … 腕を練る Adestrar-se na técnica「do desenho」. **6** […] ⇨ nerí-arúku.

néru³ ネル (⇨ furánnéru) A flanela. ◇ **Men [Hon] … 綿 [本] ネル …** de algodão [lã].

ne-ságari 値下がり (< …³ + sagári) A descida (baixa) do preço. *Kin ga jippāsento … shita* 金が１０％値下がりした O preço do ouro baixou [desceu] dez por cento. ⒮岡 Ne-ágári.

ne-ságé 値下げ (< …³ + sagéru) A redução do preço. ★ … *suru* 値下げする Baixar [Reduzir] o preço. ⒮岡 Ne-ágé.

nésan [ée] 姉さん **1** [姉の敬称] A「nossa」irmã mais velha. ⇨ ané. **2** [見知らぬ若い女性を呼ぶ語] A menina; a moça. *Chotto, soko no o-nēsan, hankachi ga ochita yo* ちょっと、そこのお姉さんハンカチが落ちたよ Ó-, deixou cair o lenço. **3** [旅館・料理屋などで客が給仕の女性を呼ぶ時の語] A empregada. ⇨ jochū́. **4** [芸妓などが先輩を呼ぶ時の語] A「nossa」colega「mais velha」.

neshíná 寝しな A hora de ir para a cama. … *ni fui no kyaku ga otozureta* 寝しなに不意の客が訪れた Quando me ia (a) deitar apareceu uma visita (imprevista). ⒮岡 Negíwá. ⒜反 Okíshíná.

ne-shizúmaru 寝静まる (< nerú¹ + …) Dormir em grande sossego [a sono solto]. *Machi wa shin to neshizumatte iru* 町はしんと寝静まっている A cidade dorme, sossegada.

ne-shṓben 寝小便 O urinar na cama. ★ … *suru* 寝小便をする Urinar… ⇨ yanyóshō.

nesóberu 寝そべる Estar deitado ao comprido. *Chichi wa beddo ni nesobette shinbun o yonde iru* 父はベッドに寝そべって新聞を読んでいる O pai está … [refastelado] na cama a ler o jornal. ⒮岡 Ne-kórobu; ne-kórogáru.

nesobíréru 寝びれる Não conseguir dormir; não ter sono. *Nesobirete asa made okite ita* 寝そびれて朝まで起きていた Não consegui dormir [pregar olho] até de madrugada.

nesséí 熱誠【E.】O entusiasmo; o calor; a sinceridade. ⒮岡 Magókoro (о); séii (+); sekíséí.

nessén¹ 熱戦 A luta renhida [encarniçada]. ★ … *o kurihirogeru [tenkai suru]* 熱戦を繰り広げる [展開する] Travar uma … ⒮岡 Gekíséń.

nessén² 熱線【Fís.】Os raios infravermelhos. ⒮岡 Sekígáíséń (+).

nesshá-byō 熱射病【Med.】O estado mórbido produzido pelo calor; a termoplegia; a calentura; a termação. ⇨ nisshábyō.

nésshin 熱心 O entusiasmo; toda a atenção; o ardor; o fervor; o zelo. *Kanojo wa porutogarugo no benkyō ni … da* 彼女はポルトガル語の勉強に熱心だ Ela está entusiasmada com o estudo do p. *Kimi wa benkyō ni taisuru … sa ga tarinai* 君は勉強に対する熱心さが足りない Você tem falta de … [interesse] pelo estudo. ★ … *ni kōgi o kiku* 熱心に講義を聞く Escutar a conferência [Ouvir o professor] com toda a atenção. ⇨ netchū́.

nessúrú 熱する **1** [加熱する] Aquecer; esquentar. *Tetsu wa … to akaku naru* 鉄は熱すると赤くなる Quando aquecido, o ferro torna-se vermelho. ⒮岡 Kanétsú súrú. **2** [熱中する] Entusiasmar-se. *Nihonjin wa nesshi-yasuku same-yasui* 日本人は熱しやすく冷めやすい Os japoneses tão depressa se entusiasmam como arrefecem. ⒮岡 Netchū́ sú-rú (+). ⇨ muchū́; nésshin. **3** [熱くなる] Ficar quente.

ne-súgíru 寝過ぎる (< nerú¹ + …) Dormir demais.

ne-súgósu 寝過ごす (< nerú¹ + …) Deixar-se dormir; não acordar a horas. *Kyō wa nesugoshite gakkō ni okurete shimatta* 今日は寝過ごして学校に遅れてしまった Hoje deixei-me dormir [acordei tarde] e cheguei atrasado à escola. ⒮岡 Ne-súgíru.

netá ねた (< táne)【G.】**1** [記事などの材料] O assunto [bom material para] notícia. *Kono jiken wa shinbun no ii … ni naru* この事件は新聞のいいねたになる Este incidente [caso] vai dar um bom artigo de jornal. ★ … *o shiireru* ねたを仕入れる Reunir … **2** [証拠] A prova. *Kisama no … wa agatte iru n'da zo* きさまのねたは上がっているんだぞ Temos muitas provas contra você. ⒮岡 Shōkó (+). **3** [手品などの仕掛け] O truque; o segredo. ★ … *o akasu* ね

たを明かす Descobrir 〜. ⇨ shikáké.

netá-kírí 寝たきり (< nerú + -kiri) O estar sempre de cama. ★ 〜 *ni naru* 寝たきりになる Ficar [Cair] de cama. ★ 〜 *no byōnin* 寝たきりの病人 O doente acamado [que já não se levanta]. ◇ **〜 rōjin** 寝たきり老人 O velhinho que está acamado.

netámáshíi 妬[嫉]ましい (< netámu) **a)** Invejável「nome」; **b)** Invejoso. ★ *Netamashiku omou* ねたましく思う Ter inveja. ⇨ netámu; uráyámáshíi.

netámí 妬[嫉]み (< netámu) A inveja. ★ 〜 *bukai* ねたみ深い (Muito) invejoso. 〜 *o kau* ねたみを買う Provocar 〜. [S/同] Shítto; sonémí.

netámu 妬[嫉]む Ter inveja; ser invejoso. *Kare wa sono shōshin no tame minna kara netamarete iru* 彼はその昇進のためみんなからねたまれている Todos têm inveja dele por causa da promoção [por ter sido promovido]. [S/同] Shítto suru; sonému; yakú.

netchū́ 熱中 O entusiasmo; o zelo; o fervor; o ardor; a paixão. ★ 〜 *saseru* 熱中させる Entusiasmar; arrebatar. 〜 *suru* 熱中する Entusiasmar-se「por」; absorver-se「em」; ficar louco「por」; entregar-se「a」[*Kare wa dokusho ni 〜 shite iru* 彼は読書に熱中している Ele está completamente absorto na leitura (do livro)]. ⇨ muchū́; nésshin.

neté mo sámete mo 寝ても覚めても (< nerú + saméru) Acordado ou a dormir; (de) dia e (de) noite. ★ 〜 *shigoto bakari no chichi* 寝ても覚めても仕事ばかりの父 O meu pai que trabalha dia e noite [só pensa em trabalhar].

ne-tómari 寝泊まり (< nerú + tomárú) A hospedagem. ★ 〜 *suru* 寝泊まりする Hospedar-se. [S/同] Kíkyo; ne-ókí **2**; shukúhákú.

nétoneto ねとねと Pegajosamente. ★ 〜*(to) shita torimochi* ねとねと(と)した鳥もち O visco pegajoso. [S/同] Nettóri. ⇨ bétabeta.

ne-tóru 寝取る (< nerú¹ + …) Roubar o marido [a mulher] a outrem. ★ *Tsuma o netorareta otoko* 妻を寝取られた男 O marido enganado; o cuco (B.); o corno (G.).

netsú 熱 **1** [熱さのもとになるもの]【Fís.】O calor. *Kōri ni 〜 o kuwaeru to mizu ni naru* 氷に熱を加えると水になる O gelo derrete com o 〜. ★ 〜 *ni tsuyoi busshitsu* 熱に強い物質 O material termorrígido. ◇ **〜 bōchō** 熱膨張 A dilatação térmica. **〜 bōchō-ritsu** 熱膨張率 O coeficiente de dilatação térmica. **〜 dendō** 熱伝導 A condução de 〜. **〜 dendō-ritsu** 熱伝導率 A condutividade térmica. **〜 enerugī** 熱エネルギー A energia térmica. **〜 kagaku** 熱化学 A termoquímica. **〜 kōritsu** 熱効率 O rendimento térmico. **〜 shori** 熱処理 O tratamento térmico. ⇨ atsúi. **2** [高い体温] A febre. ★ 〜 *ga agaru* 熱が上がる Subir a 〜. 〜 *ga yonjū-do mo aru* 熱が 40 度もある Ter 40° de febre! 〜 *ga hidoi* 熱がひどい Ter 〜 alta. 〜 *ga hiita* [*sagatta*; *sameta*] 熱がひいた[下がった; 冷めた] 〜 baixou. 〜 *ni ukasareru* 熱に浮かされる Delirar de 〜. 〜 *o hakaru* 熱を測る Medir a 〜 [Tirar a temperatura]. *Kusuri de 〜 o sageru* 薬で熱を下げる Fazer baixar a 〜 com remédios. **3** [熱意; 熱狂] A paixão; a vida; o entusiasmo; o ardor; o calor; o fervor. *Kare no engi wa totemo 〜 ga komotte iru* 彼の演技はとても熱がこもっている A representação dele tem muita vida. *Saikin sappari benkyō ni 〜 ga hairanai* 最近さっぱり勉強に熱が入らない Ultimamente tenho andado com falta de interesse [entusiasmo] pelo estudo [não me apetece nada estudar]. *Watashi wa ima ano joyū ni 〜 o agete iru* 私は今あの女優に熱を上げている Ando agora apaixonado por aquela a(c)triz. ★ 〜 *no komotta enzetsu* 熱のこもった演説 O discurso caloroso [inflamado]. *Burajiru no sakkā* 〜 ブラジルのサッカー熱 A loucura pelo futebol no B. ⇨ nekkyṓ; netchū́; nétsui. **4** [気炎] O bom humor; a animação. ★ *Katte na 〜 o fuku* 勝手な熱を吹く Dizer fanfarr(on)ices; ter garganta. [S/同] Kién.

netsú-áí 熱愛 A paixão; o amor ardente.

netsú-béń 熱弁 O discurso inflamado [eloquente]; a arenga. ★ 〜 *o furuu* 熱弁をふるう Fazer um/a 〜; ser eloquente. ⇨ beńróń; beńzétsú.

netsúbṓ 熱望 O desejo ardente; a grande aspiração. *Dokusha no 〜 ni kotaete jisho o saihan shita* 読者の熱望に応えて辞書を再版した Respondendo ao 〜 dos leitores, fez-se a reedição do dicionário. ★ 〜 *suru* 熱望する Desejar ardentemente; ansiar「por」. [S/同] Katsúbṓ; setsúbṓ.

netsú-bṓchō [**bóo**] 熱膨張 [脹]【Fís.】⇨ netsú **1** ◇.

netsú-byṓ 熱病【Med.】A febre; a pirexia. ★ 〜 *ni kakaru* 熱病にかかる Ter febre.

netsú-déndō 熱伝導【Fís.】⇨ netsú **1** ◇.

nétsudo 熱度 **1** [熱の度合] O (grau de) calor. **2** [熱心さ] O (grau de) entusiasmo.

netsúéń 熱演 O representar com muita vida. ★ 〜 *suru* 熱演する Representar (uma peça)…

nétsui 熱意 O entusiasmo; o ardor; o calor. *Watashi wa shigoto e no 〜 o ushinatta* 私は仕事への熱意を失った Perdi o entusiasmo pelo trabalho. ★ 〜 *no aru taido* 熱意のある態度 A atitude calorosa. 〜 *o motte benkyō suru* 熱意を持って勉強する Estudar com ardor. [S/同] Jṓnétsú; netsújṓ.

netsújṓ 熱情 O amor ardente; a paixão. ◇ **〜 ka** 熱情家 Um apaixonado. [S/同] Jṓnétsú (+); nétsui.

netsú-kágaku 熱化学【Fís.】⇨ netsú **1** ◇.

netsúkákú 熱核【Fís.】Termonuclear. ◇ **〜 hannō** [**yūgō**] 熱核反応[融合] A rea(c)ção [fusão] 〜. **〜 heiki** [**sensō**] 熱核兵器[戦争] A arma [guerra] 〜.

ne-tsúkí 寝付き (< ne-tsúku) O adormecer. *Kono ko wa 〜 ga yoi* [*warui*] この子は寝付きがよい[悪い] Esta criança adormece logo [custa-lhe a adormecer]. [A/反] Ne-ókí **1**.

ne-tsúku 寝付く (< nerú¹ + …) **1** [寝入る] Adormecer; dormir. ★ *Kodomo o netsukaseru* 子供を寝付かせる Pôr a criança a 〜. [S/同] Ne-íru. **2** [病気で床につく] Estar de cama. *Haha ga shinrō de netsuite shimatta* 母が心労で寝ついてしまった Minha mãe ficou de cama [caiu doente] por se preocupar demais. [S/同] Ne-kómu.

netsúppói 熱っぽい **1** [体温が高い] Febril; que está com um toque de febre. *Kaze de 〜* 風邪で熱っぽい「Estou」〜 por causa do resfriado. ⇨ netsú **2**. **2** [情熱的] Entusiástico; ardoroso; veemente. ★ 〜 *manazashi de mitsumeru* 熱っぽいまなざしで見つめる Lançar um olhar fogoso. [S/同] Jṓnétsú-tékí. ⇨ netsú **3**.

netsúrétsú 熱烈 O entusiasmo; o calor; a paixão; o fervor. ★ 〜 *na kangei o ukeru* 熱烈な歓迎を受ける Ser calorosamente ovacionado [recebido]. 〜 *na ren'ai* 熱烈な恋愛 O amor apaixonado.

netsú-ríkígaku 熱力学【Fís.】A termodinâmica.

netsúrúi 熱涙【E.】As lágrimas ardentes. S/同 Kańrúi (+). ⇨ námida.
netsúryō 熱量【Fís.】A quantidade de calor [calorias]. ★ ~ *ga ōi* [*sukunai*] *shokumotsu* 熱量が多い[少ない]食物 O alimento com muitas [poucas] calorias. ◇ ~ **kei** 熱量計 O calorímetro. ~ **sokutei** 熱量測定 A calorimetria. ⇨ enérugī; károri.
netsú-sámashi 熱冷まし(<…+samásu) O antipirético; o medicamento contra a febre. S/同 Genétsú-zai.
netsú-shóri 熱処理 ⇨ netsú **1**.
netsúzō 捏造 A invenção [fabricação]. *Sono uwasa wa subete kare ga ~ shita mono datta* そのうわさはすべて彼が捏造したものだった Esse boato foi todo inventado por ele [tudo invenção dele]. S/同 Detchiágé (+).
nettái 熱帯【Geol.】A zona tórrida [tropical]; os trópicos. ◇ ~ **chihō** 熱帯地方 A região tropical. ~ **gyo** [**shokubutsu**] 熱帯魚[植物] Os peixes [As plantas] tropicais. ~ **sei kikō** 熱帯性気候 O clima tropical. ~ **sei teikiatsu** 熱帯性低気圧 A depressão atmosférica tropical. ⇨ anéttai; kańtái[1]; ońtái[1].
nétto ネット(< Ing. net) **1**[スポーツでコートを仕切る網] A rede. ★ ~ *o haru* ネットを張る Pôr ~. ◇ ~ **in** ネットイン [A bola] bater na ~ e cair no campo adversário. ~ **purē** ネットプレー O jogo junto à ~. **Tatchi** ~ タッチネット O tocar na rede. ~ **ura** ネット裏 A cabeceira [bancada para a imprensa]. S/同 Amí. **2**[網;網状のもの] A rede. **3**[正味 (NET)] Líquido. ★ ~ *go-hyaku-guramu no niku* ネット500g の肉 500g. de peso ~ de carne. ◇ ~ **sukoā** ネットスコアー【(D)esp.】O resultado ~. **4**[Abrev. de ~wāku"] A rede; a cadeia. ★ *Zenkoku* ~ *no hōsō* 全国ネットの放送 ~ de transmissão em [para] todo o país.
nettō 熱湯 A água a ferver. ★ ~ *ni tōsu* 熱湯に通す Passar por ~. ◇ ~ **shōdoku** 熱湯消毒 A desinfec(ç)ão em ~. ⇨ yu.
nettóri ねっとり Viscoso; pegajoso. ★ ~(*to*) *asebamu* ねっとり(と)汗ばむ Estar pegajoso da transpiração [do suor]. S/同 Bétabeta; nétoneto. ⇨ nébaneba.
nettó-wáku [áa] ネットワーク (< Ing. network) A rede [do metro[ô]]; a cadeia "de TV [.]".
neúchí 値打ち **1**[価値] O valor; a valia. *Hito no ~ wa kane de hakaru koto wa dekinai* 人の値打ちは金で計ることはできない O ~ de uma pessoa não se mede em dinheiro. *Sono eiga wa miru ~ ga aru* その映画は見る値打ちがある Vale a pena ver esse filme. ~ *ga deru* 値打ちが出る Tornar-se valioso. S/同 Káchi. **2**[値段] O preço. *Kono e wa hyakuman-en kurai no ~ ga aru* この絵は百万円くらいの値打ちがある Este quadro vale mais ou menos um milhão de yens. S/同 Atái; tedá (+).
ne-waké 根分け(<…+wakéru) A divisão [O corte/A separação] das raízes para transplante [tação]. ⇨ kabú-wáke.
ne-wáza 寝技[業](< nerú[1]+wazá) **1**[柔道・レスリングの] As técnicas de luta rasteiras. A/反 Tachíwáza. ◇ ~ **shi** 寝業師 O manipulador de [por trás dos] bastidores. S/同 Rimén kōsaku (+).
né-ya 閨(< nerú[1]+heyá) O quarto de dormir. S/同 Shínshítsú (+).
ne-záké 寝酒 (<…[4]+saké) A bebida antes de deitar; o copito para dormir melhor.
ne-zámé 寝覚め(< nerú[1]+saméru) O acordar. ★ ~ *ga warui* 寝覚めが悪い **a)** Acordar rabugento [mal disposto]; **b)** Estar com remorsos [*Ano imawashii jiken o omoidasu to ~ ga warui* あのいまわしい事件を思い出すと寝覚めが悪い Sinto remorsos ao lembrar-me desse horrível incidente]. S/同 Me-zámé.
ne-zásu 根差す (<…[1]+sásu) **1**[植物の根がつく] Lançar raízes; pegar. S/同 Ne-zúku. **2**[定着する] Fixar-se; lançar raízes; arreigar-se. S/同 Teíchákú súrú (+). **3**[基づく] Derivar [Vir] [de]. *Kare no seikaku wa sono oitachi ni fukakau ne-zashite iru* 彼の性格はその生い立ちに深く根差している O cará(c)ter dele vem-lhe da [tem muito a ver com a] infância. S/同 Motózúku.
ne-záyá 値鞘(<…[3]+sáya)【Econ.】A margem (de lucro) [do comerciante].
ne-zō 寝相 (<…[4]+sō) A posição de dormir. ★ ~ *ga warui* 寝相が悪い Mexer-se muito a dormir. S/同 Ne-súgata.
ne-zúku 根付く (<…[1] + tsúku) **1**[⇨ ne-zásu **1**]. **2**[物事の基礎が固まる] Arreigar-se; ganhar raízes.
nezúmí 鼠【Zool.】O rato. ~ *ga chūchū naite iru* 鼠がちゅうちゅう鳴いている Está para aí um rato a chiar. *Teki wa fukuro no* (*naka no*) ~ *dōzen de aru* 敵は袋の(中の)鼠同然である O inimigo está como um rato apanhado na ratoeira. *Yatsu wa tada no ~ ja nai* 奴はただの鼠じゃない Ele não é nenhum zé-ninguém. ★ *Atama no kuroi ~* 頭の黒い鼠 O ratinho de cabeça preta (Pessoa)「que comeu os doces」. *Nure-~ ni naru* 濡れ鼠になる Ficar (molhado) como um pi(n)to. ◇ **hanabi** 鼠花火 O molinete. **Dobu**[**No**]~ どぶ[野]鼠 O leirão [A ratazana].
nezúmí-irazu 鼠いらず (<… + Neg. de "irú") A mosqueira (Armário com rede).
nezúmí-iró 鼠色 O cinzento; a cor cinzenta. S/同 Gurē; haíró (+).
nezúmí-kō 鼠講 O negociar na bolsa reinvestindo os lucros.
nezúmí-tori 鼠取り (<… + tóru) **a)** A ratoeira; **b)**【G.】O aparelho automático com radar para prender os motoristas que excedem o limite de velocidade; a pistola (G.). ⇨ nekó-írazu.
nezúmí-zan 鼠算 (<… + zan [時]) A progressão geométrica. ★ ~ *teki ni fueru* ねずみ算的に増える Aumentar em ~ [Multiplicar-se como os cogumelos]. ⇨ kasókú-do.
nezú-nó-bán 寝ずの番 (< Neg. de nerú[1] +…) **a)** A vigia [vigilância] (no(c)turna); **b)** O guarda no(c)turno. ~ *o suru* 寝ずの番をする Estar de ~. S/同 Fushińbán.
ne-zúyói 根強い (<…[1] + tsuyói) Fortemente arreigado [enraizado]. ★ ~ *henken* 根強い偏見 O preconceito ~.
ni[1] に **1**[時] Em; a; na altura; quando. *Asu no asa ku-ji ~ Narita to tachimasu* 明日の朝9時に成田をたちます Parto de Narita amanhã de manhã às 9 horas. *Haha wa watashi ga go-sai no toki ~ nakunarimashita* 母は私が5歳の時に亡くなりました A minha mãe morreu quando eu tinha cinco anos. ★ *Doyōbi no ban ~* 土曜日の晩に No domingo à noite. *Kyonen no nigatsu tsuitachi ~* 去年の2月1日に No dia um de Fevereiro do ano passado.

N

Sen-kyūhyaku-gojū-san-nen ～ 1953 年に Em [No ano (de)] 1953.
2 [場所] Em. *Watashi wa Risubon ～ sunde imasu* 私はリスボンに住んでいます Eu vivo ～ Lisboa. ★ *Sentaku-mono o hi ～ hosu* 洗濯物を日に干す Secar a roupa (lavada) ao sol. ⇨ de¹; e¹.
3 [方向] Para; a; em dire(c)ção「a」. *Fune wa nishi ～ [e] susunde itta* 船は西に [へ] 進んで行った O barco navegou para ocidente. *Nihon wa nan-boku ～ nagai shima-guni da* 日本は南北に長い島国だ O J. é uma cadeia [comprida série] de ilhas na dire(c)ção norte-sul. *Tsugi no michi o migi ～ [e] magari nasai* 次の道を右に [へ] 曲がりなさい Volte [Vire] à direita na próxima rua. [S/同] E.
4 [変化の結末] Em; a; para. ★ *Otona ～ naru* 大人になる Tornar-se adulto. *Shingō ga aka ～ kawaru* 信号が赤に変わる O semáforo [farol (B.)] ficou [mudou para] vermelho.
5 [動作の帰着点] Em; a. ★ *Heya ～ [e] hairu* 部屋に [へ] 入る Entrar na sala. *Nihon kara Burajiru ～ [e] tsuku* 日本からブラジルに [へ] 着く Chegar ao B. vindo do J. *Tana ～ [e] hon o noseru* 棚に [へ] 本をのせる Colocar o livro na prateleira [estante].
6 [受身・使役の相手] Por. *Watashi wa chichi ～ obuwarete byōin e itta* 私は父におぶわれて病院へ行った Eu fui ao hospital encavalitada nas costas do pai. *Watashi wa fune ～ yurareru to kibun ga waruku naru* 私は船に揺られると気分が悪くなる Sinto-me mal disposto quando o navio balança. ★ *Hito ～ haji o kakaseru* 人に恥をかかせる Ser humilhado ～ alguém.
7 [対象] A; em; com. *Hito no iken bakari ～ tayoranaide jibun de kangae nasai* 人の意見ばかりに頼らないで自分で考えなさい Não te apoies só na opinião dos outros, mas pensa também pela tua cabeça. ★ *Kabe ～ yorikakaru* 壁に寄りかかる Encostar-se à parede.
8 [目的] Para; a (fim de). ★ *Eki made chichi o mukae ～ iku* 駅まで父を迎えに行く Ir esperar o pai à estação. *Kaimono [Sanpo] ～ iku* 買物 [散歩] に行く Ir às compras [passear]. *Tomodachi o shokuji ～ sasou* 友達を食事に誘う Convidar amigos ～ comer.
9 [として] Como. *Kōkō no nyūgaku iwai ～ udedokei o morau* 高校の入学祝いに腕時計をもらう Receber um relógio de pulso (～ pré[ê]mio) pela entrada no liceu.
10 [原因] Com; por; de. *Watashi wa ryūgaku no yorokobi ～ [de] mune o odorasete ita* 私は留学の喜びに [で] 胸をおどらせていた O meu coração pulava de alegria por ir estudar no estrangeiro. ★ *Ikari [Samusa] ～ [de] furueru* 怒り [寒さ] に [で] 震える Tremer de raiva [frio]. **11** [割合] Em; por. *Honkō no gakusei no uchi san-nin ～ hito-ri wa kaigai ryokō no keiken ga aru* 本校の学生のうち三人に一人は海外旅行の経験がある Dos estudantes desta escola, um em cada três já foi ao estrangeiro. ★ *Jikkai ～ ikkai no wari de* 10 回に 1 回の割で À razão de uma em cada dez vezes. *Nen [Tsuki] ～ ikkai* 年 [月] に 1 回 Uma vez por ano [mês]. **12** [添加] E; mais. *Konban no yūhan wa sashimi ～ [to] sukiyaki da* 今晩の夕飯はさしみに [と] すき焼きだ O jantar de hoje vai ser "sashimi" ～ "sukiyaki". [S/同] To (+). **13** [逆接] Se; a. *Motto benkyō shite okeba shiken ni ukatta darō ～* もっと勉強しておけば試験に受かっただろうに Se tivesses estudado mais, talvez tivesses passado no exame. **14** [範囲] Entre. *Inu ～ mo iroiro atte korī wa ōkii hō da* 犬にもいろいろあってコリーは大きい方だ Cães há de todos os tamanhos: o cão pastor escocês é grande. **15** [しようとしても] Mesmo que「quisesse」. *Kanojo ga ie-de shita no wa iu ～ iwarenu [iu koto ga dekinai] wake ga aru no desu* 彼女が家出したのは言うに言われぬ [言うことができない] 訳があるのです Ela teve razões para fugir de casa que não se podem dizer. **16** [繰り返す動作の強調] Mais e mais. *Kanojo wa naki ～ naita* 彼女は泣きに泣いた Ela chorou tanto [que não parava]! **17** [能力の主体] Para「as minhas forças」; *Watashi ～ wa sonna kiken na shigoto wa dekimasen* 私にはそんな危険な仕事はできません Eu não posso fazer trabalho tão perigoso. **18** [状態の内容] Em. ★ *Shigen ～ tomu kuni* 資源に富む国 O país rico ～ recursos. **19** [条件つきで認められる内容] Sim … mas. *Yuki wa furu ～ wa futta ga hon-no sukoshi datta* 雪は降るには降ったがほんの少しだった (Sim) nevar nevou, mas pouco.

ni² 二・弐 **1** [ふたつ] Dois. [S/同] Futátsú. **2** [第 2 番目の] O segundo. ◇ ⇨ **～ no tsugi [ku]**. **3** [同じでない事] Diferente. *Dōigo to ruigigo wa ～ ni shite ichi de nai* 同意語と類義語は二にして一でない "Dōigo" e "ruigigo" não são a mesma coisa, são (duas) coisas diferentes.

ni³ 荷 **1** [荷物] A carga; o carregamento. ★ *～ o katsugu* 荷をかつぐ Levar a carga (às costas). *～ o koshiraeru [toku]* 荷をこしらえる[解く] Empacotar [Desempacotar]. *～ o tsumu [orosu]* 荷を積む [降ろす] Carregar [Descarregar]. [S/同] Ní-motsu (+). ⇨ kámotsu. **2** [重荷]【Fig.】O peso; o encargo. *Kare ni wa sono shigoto ga ～ ni natte iru ni chigai nai* 彼にはその仕事が荷になっているに違いない Esse trabalho deve ser um peso para ele. ★ *～ ga katsu [omoi]* 荷が勝つ[重い] Ser um encargo demasiado pesado. *Kata no ～ o orosu* 肩の荷を下ろす Tirar um peso [fardo] dos ombros. ⇨ futáń; sekíníń.

ni⁴ ニ【Mús.】O ré. ★ *～ chō [tan] chō no* ニ長 [短] 調の Em ré maior [menor].

ni-ágáru 煮上がる (< nirú + …) Ferver [Cozer] bem.

ni-ágé 荷揚げ (< … ³ + agérú) O descarregamento (Da água para terra; ⇨ ni-óroshi). ★ *～ suru* 荷揚げする Descarregar. ◇ **～ ba** 荷揚げ場 O local do ～. **～ kō** 荷揚げ港 O porto de ～. [S/同] Rikú-ágé.

niáí 似合い (< niáu) A boa combinação. ★ *～ [Fu ～] no fūfu* 似合いの [不似合いの] 夫婦 O casal bem [mal] combinado.

niá-mísú ニアミス (< Ing. near miss) A quase [O perigo de] colisão (de dois aviões).

niáshí 荷足 O lastro. [S/同] Ashíní; karúní; sokóní.

ni-átsukai 荷扱い (< … ³ + atsúkáu) O despacho de bagagens. ★ *～ ga arai [teinei da]* 荷扱いが荒い [ていねいだ] Despachar bagagens sem [com] cuidado. ◇ **～ nin [sho]** 荷扱い人[所] O despachante.

niáu 似合う Ficar [Cair; Ir] bem; combinar; condizer. *Kare wa kao ni niawazu romanchisuto da* 彼は顔に似合わずロマンチストだ Ele é um romântico ainda [se bem] que não tenha cara disso. *Kono nekutai wa kimi ni yoku ～* このネクタイは君によく似合う Esta gravata fica [cai]-lhe bem. ⇨ chṓwá; fusáwáshíi; pittári.

niáwáshíi 似合わしい (< niáu) Conveniente; apropriado; adequado. ★ *Shinshi ni niawashikaranu* [*niawashikunai*] 紳士に似つかわしからぬ [似合わしくない] 行動 A a(c)ção imprópria de um cavalheiro.

ni-bái 二倍 Duas vezes; o dobro. *Jū wa go no ～ da* 10は5の二倍 Dez é o ～ de cinco. ★ ～ [*bai*] *ni naru* 二倍になる Ficar o ～. ～ [*bai*] *ni suru* 二倍にする Dobrar; duplicar.

ní-ban 二番 O número dois; o segundo. *Kanojo no seiseki wa kurasu de ～ da* 彼女の成績はクラスで二番だ Nas notas ela é a segunda da turma. ★ ～ *me ni* 二番目に Em segundo lugar. ～ *me no* 二番目の Segundo. ⇨ futátsú; ni².

nibán-sénji 二番煎じ (＜…＋senjírú) **1** [茶・薬など] A segunda utilização das mesmas folhas de chá. ★ ～ *no o-cha* 二番煎じのお茶 O chá passado [feito/coado] pela segunda vez. **2** [前のくり返し] A reprodução; a repetição. *Kono sakuhin wa Toruga no ～ da* この作品はトルガの二番煎じだ Esta obra é uma ～ (doutra) de Torga. [S/関] Yakí-náóshí.

ni-básha 荷馬車 A carroça. ⇨ ni-gúruma.

níbe-mo-nai にべもない Sem rodeios [cerimó[ô]nia]. *Nibe mo naku kotowaru* にべもなく断る Recusar peremptoriamente [sem mais]. [S/関] Sokké nai.

ni-bóshi 煮干し (＜nirú＋hósu) A sardinha pequena seca. [S/関] Dashí-jako.

ní-bu 二部 **1** [二つの部分] Duas partes「do livro」. ～ *ni wakeru* 二部に分ける Dividir em ～. ◇ ～ **gasshō** 二部合唱 O coro a [de] duas vozes. ～ **gassō** 二部合奏 O dueto. **2** [第2部] A segunda parte. **3** [大学の夜間部] O curso no(c)turno. ～ Yakán-bu. [A/反] Ichí-bu. **4** [二通; 二冊] Duas cópias「do documento/da carta」; dois exemplares「livro」. *Shorui ～* 書類二部 Dois documentos.

nibúi 鈍い **1** [刃があまり切れない] Embotado; rombo. ★ *Kire-aji no ～ naifu* 切れ味の鈍いナイフ A faca embotada. [A/反] Surúdói. **2** [頭の働き・動作などがのろい] Estúpido; tapado; bronco. *Kare wa dōsa ga ～* 彼は動作が鈍い Ele é lento de movimentos. [A/反] Surúdói. ～ noró². **3** [はっきりしない] Fosco; baço. ★ ～ *hikari* 鈍い光 A luz baça. [A/反] Surúdói.

ni-bún 二分 A divisão em duas partes. ★ ～ *no ichi* 二分の一 Um meio (1/2). ～ *suru* 二分する Dividir ao meio [em duas partes] [*Kenpō-kaisei wa seron o ～ shita* 憲法改正は世論を二分した A revisão constitucional dividiu a opinião pública.]。～ hańbun.

nibu-ónpu 二分音符【Mús.】Uma mínima.

nibúru 鈍る **1** [頭の働き・動作などがのろくなる] Perder; baixar; enfraquecer. *Samukute yubi no kankaku ga nibutta* 寒くて指の感覚が鈍った Com o frio perdi a sensibilidade nos dedos. ★ *Atama* [*Kan*] *ga ～* 頭 [勘] が鈍る Perder a agilidade de espírito. [S/関] Yowáru. ～ Saéru. **2** [刃などが切れなくなる]「faca」Embotar.

ni-byóshi [ôo] 二拍子 (＜…＋hyóshí) 【Mús.】 O compasso binário [a/de dois tempos].

ní-chaku 二着 O segundo lugar (na chegada à meta). ⇨ chakú.

níchanicha にちゃにちゃ **1** [べたべた] Pegajosamente. [S/関] Bétabeta (+). **2** [態度がしつこいようす] Insistentemente. ～ shitsúkói.

níchi 日 **1** [Abrev. de "nichiyôbi"] O domingo. ★ *Do ～ kyūgyō* 土日休業 (掲示) Fechado (ao) sábado e domingo. **2** [Abrev. de "Nippón"] O Japão. ◇ ⇨ ～ **Bei; Nippaku; Nippo. 3** [日数] O dia. *Kono fuku no kurīningu wa nan-～ de shi-agarimasu ka* この服のクリーニングは何日で仕上がりますか Quantos dias demora [leva] a limpeza do fato? ★ *Ichi-～ ni hachi-jikan hataraku* 1日に8時間働く Trabalhar 8 horas por dia.

Níchi-Bei 日米 O J. e os Estados Unidos. ★ ～ (*kan*) *no* 日米 (間) の Entre [Do] ～. ◇ ～ **anzen hoshō jōyaku** 日米安全保障条約 O Tratado de segurança entre ～. ～ **shunō kaidan** 日米首脳会談 A conferência de cúpula entre ～.

nichibótsú 日没 (日が pôr-do-sol); o ocaso. ～ *mae* [*go*] 日没前 [後] Antes [Depois] do ～. [S/関] Hi-nó-irí. [A/反] Hi-nó-dé.

nichibú 日舞 (Abrev. de "Nihón búyō") A dança japonesa. [A/反] Yóbu.

Níchi-Ei 日英 O Japão e a Grã-Bretanha. ★ ～ (*kan*) *no* 日英 (間) の Entre ～; anglo-japonês.

nichigén 日限 O prazo; a data; o dia marcado. *Asu de tegata no ～ ga kireru* 明日で手形の日限が切れる A letra vence [expira] amanhã. ★ ～ *made ni* 日限までに Até (a)o dia marcado. [S/関] Kígen; kíjitsu. ～ shimékírí.

Nichigín 日銀 (Abrev. de "Nihón gínkō") O Banco do J. ◇ ～ **ken** 日銀券 A nota emitida pelo ～. ～ **sōsai** 日銀総裁 O administrador do ～.

Níchi-I 日伊 O Japão e a Itália.

níchiji 日時 O dia e a hora; a data. *Shuppatsu no ～ wa nochi-hodo o-shirase shimasu* 出発の日時は後程お知らせします Depois informarei sobre ～ da partida. ～ hi-zuké; jíkoku¹.

nichijō 日常 O dia-a-dia; todos os dias; o qu[c]otidiano. ★ ～ *hitsuyō na* 日常必要な De necessidade diária [quotidiana]. ～ *no koto* 日常のこと Um acontecimento quotidiano. ～ **gyōmu** 日常業務 O serviço [trabalho] de rotina. ～ **kaiwa** 日常会話 A conversa [linguagem corrente]. ～ **sahanji** 日常茶飯事 O ser frequente [ser o pão nosso (Lit.: chá e arroz) de cada dia]. ～ **sei** 日常性 O ramerrão diário. ～ **seikatsu** 日常生活 A vida diária [de rotina]. [S/関] Fúdan; héjó; héiso; heízéí.

nichínichi 日日 [A/反] Cada dia; todos os dias. [1/慣用] ～ *kore kōjitsu* 日日是好日 A vida normal [de ～] é a melhor. [S/関] Híbi (+); máinichi (o).

Nichí-Ró-sénsō 日露戦争 A Guerra Russo-Japonesa (8. 2. 1904 – Maio 1905).

níchiya 日夜 **1** [日と夜] De dia e de noite. [S/関] Chúya. ⇨ hirú¹; yóru¹. **2** [絶え間なく] Sem descanso [parar]. ～ *doryoku suru* 日夜努力する Esforçar-se continuamente/～. [S/関] Ítsumo (+).

nichiyō 日用 O uso diário. ◇ ～ **hin** 日用品 O artigo de ～. ⇨ nichíjō.

nichíyō(bi) [ôo] 日曜 (日) O domingo. ★ ～ *goto ni* 日曜ごとに Todos os ～s. ◇ ～ **ban** 日曜版 A edição de ～. ～ **daiku** 日曜大工 A carpintaria aos ～s [O carpinteiro amador]. ～ **gaka** 日曜画家 O pintor aos ～s. ～ **gakkō** 日曜学校 A catequese; o estudo do catecismo; a doutrina.

nichiyō-hín 日用品 ⇨ nichíjō ◇.

níchō 二調【Mús.】O ré.

ni-dái 荷台 A caixa de carga; a carroçaria.

ni-dáiséítō-séí[-**shúgi**] 二大政党制 [主義] O bipartidarismo [sistema bipartidário].

ni-dáshí 煮出し (＜ni-dásu) A (de)cocção; o decocto. ◇ ~ **jiru** 煮出し汁 O caldo (De carne, vegetais, etc.).

ni-dásu 煮出す (< nirú + ···) **1** [煮て味を出す] Ferver bem; cozer até apurar. **2** [煮始める] Começar a ferver.

ni-dó 二度 Duas vezes. *Burajiru wa kondo de ~ me desu* ブラジルは今度で二度目です Esta é a minha segunda visita ao B. *Konna itazura wa ~ to (futatabi) shite wa ikenai yo* こんないたずらは二度と(再び)してはいけないよ Não tornes a fazer esta travessura (outra vez). ★ ~ *kurikaeshite* 二度繰り返して Por ~. ~ *to nai kikai* 二度とない機会 Uma oportunidade [ocasião] única. ~ *tsuzukete* 二度続けて ~ seguidas. *Shū [Tsuki] ni* ~ 週[月]に二度 ~ por semana [mês]. [ことわざ] ~ *aru koto wa sando aru* 二度あることは三度ある Não há duas sem três. ◇ ⇨ ~ **dema [zaki]**. [S/同] Ni-kái.

nidó-démá 二度手間 (< ··· + *temá*) O trabalho duplo [desnecessário; repetido].

nidó-záki 二度咲き (< ··· + *sakú*) O florescer duas vezes (no ano). ★ ~ *no bara* 二度咲きのバラ A roseira que floresce [dá flor] ~.

nié-kíranai 煮え切らない Indeciso; irresoluto; vago; dúbio; vacilante. ★ ~ *henji o suru* 煮え切らない返事をする Dar uma resposta vaga. ~ *otoko* 煮え切らない男 Um homem irresoluto [indeciso]. ~ *taido o toru* 煮え切らない態度を取る Tomar uma atitude ~. ⇨ gúzu; yūjúfúdán.

nié-kúríkaeru 煮え繰り返る (< nirú + ···) **1** [煮沸する] Ferver em borbulhão [cachão]. *Yakan (no o-yu) ga niekurikaette iru* やかん(のお湯)が煮え繰り返っている A água da chaleira está a ~. ⇨ Futtō súrú; nié-tágírú. **2** [腹が立つ] Zangar-se; ferver (por dentro). *Harawata [Hara no naka] ga ~ yō da* 腹わた[腹の中]が煮え繰り返るようだ Estou a ferver 「de raiva」.

niérú 煮える (< nirú) **1** [食物に熱が通る] Estar cozido; cozer. *Kono niku wa yoku niete iru [inai]* この肉はよく煮えている[いない] Esta carne está bem [mal] cozida. **2** [腹が立つ] Zangar-se; ferver (por dentro). ⇨ nié(kúrí)káeru. **3** [話がまとまる] Chegar a acordo. [S/同] Matómárú (+).

nié-yú 煮え湯 (< nirú + ···) A água a ferver [em ebulição]. ~ *o nomasu* 煮え湯を飲ます Trair a confiança; ser infiel [*Watashi wa kare ni ~ o nomasareta* 私は彼に煮え湯を飲まされた Ele traiu-me [apunhalou-me pelas costas]]. [S/同] Nettó (+).

ní-fuda 荷札 A etiqueta. ★ *Nimotsu ni ~ o tsukeru* 荷物に荷札をつける Pôr ~ [o talão] na bagagem.

nigái 苦い **1** [味覚の一つ] Amargo. *Kono konagusuri wa ~ aji ga suru* この粉薬は苦い味がする Este remédio por tem um sabor ~ [Estes pós são amargos]. **2** [不快である] Irritado; carrancudo. ★ ~ *kao o suru* 苦い顔をする Mostrar desagrado [irritação]; franzir o sobrolho [as sobrancelhas]. [A/反] Amái. ⇨ fukái²; fu-kígen. **3** [つらい] Duro; penoso; doloroso. ~ *keiken o suru* 「~ *me ni au*」 苦い経験をする[苦い目にあう] Ter [Passar por] uma experiência ~ [desagradável]. ⇨ kurúshíí; tsurái.

nigámi 苦味 O travo; o amargor; o gosto amargo. ★ ~ *bashitta [no aru] kao* 苦味走った[のある] 顔 O rosto austero e bem-parecido. ~ *no kiita [usui] bīru* 苦味のきいた[薄い] ビール A cerveja com muito [pouco] travo. [S/同] Nígasa. ⇨ ajī³.

nigá-mushi 苦虫 (< nigái + *mushí*: "verme") O amargor. ★ ~ *o kami-tsubushita yō na kao o suru* 苦虫をかみつぶしたような顔をする Fazer uma careta (de desagrado).

nigánígáshíí 苦苦しい (< nigái) Desagradável; repugnante. ★ ~ *kao o shite* 苦々しい顔をして Com cara de repugnância/desagrado. *Niganigashige ni warau* 苦々しげに笑う Ter um sorriso amargo.

nigán-réfu 二眼レフ (< ··· +Abrev. de Ing. reflex) A máquina fotográfica reflectora de duas obje(c)tivas. ⇨ ichígáf² ◇.

ni-gáo 似顔 (< niséru + káo) O retrato. ★ ~(*e*) *o kaku* 似顔(絵)を描く Pintar ~. ⇨ shōzō-gá.

nigárí-kiru 苦り切る Mostrar-se carrancudo. *Aitsugu keikan no fushōji ni keisatsu tōkyoku wa nigarikitte ita* 相次ぐ警察の不祥事に警察当局は苦り切っていた As autoridades policiais estavam irritadas com a repetição dos escândalos envolvendo oficiais da polícia.

nígasa 苦さ (< nigái) O amargor. [S/同] Nigámi.

nigásu 逃がす **1** [自由にしてやる] Pôr em liberdade; deixar ir. *Tori o nigashite yaru* 鳥を逃がしてやる Soltar [~] o passarinho. **2** [取り逃がす] Deixar fugir [escapar]. ★ *Kikai o ~* 機会を逃がす [Perder] a oportunidade. [ことわざ] *Nigashita sakana wa ōkii* 逃がした魚は大きい "É sempre o peixe grande que se escapa". [S/同] Torí-nígásu. ⇨ ushínáu.

nigáté 苦手 **1** [いやな相手] A pessoa chata [maçadora]. *Boku wa ano otoko ga dai no ~ da* 僕はあの男が大の苦手だ Não suporto [posso com] aquele tipo/Ele é a pessoa mais maçadora que eu conheço. **2** [不得意; 嫌い] O 「meu」ponto fraco 「é a matemática」. ★ *Suiei ga ~ de aru* 水泳が苦手である Ser mau nadador; não saber nadar bem. [S/同] Fu-éte; fu-tókui.

nigátsú 二月 (O mês de) Fevereiro. [S/同] Kisárágí.

nigá-wárai 苦笑い (< nigái + ···) O sorriso amargo [amarelo; forçado]. [S/同] Kushō.

ni-gáwase 荷為替 (< ···³ + *kawásé*) 【Econ.】A letra documentária. ◇ ~ **shin'yōjō** 荷為替信用状 O crédito documentário. ~ **tegata** 荷為替手形 A letra de câmbio documentária.

nigé 逃げ (< nigéru) A evasão; a fuga. *Watashi wa ~ mo kakure mo shinai* 私は逃げも隠れもしない Não estou tratando de fugir nem de me esconder. ★ ~ *o utsu [haru]* 逃げを打つ[張る] Fugir (às responsabilidades).

nigé-ashi 逃げ足 (< nigéru + ···) A fuga; o deitar a fugir; o dar às da vila-diogo ["pernas para que vos quero"].

nigé-bá 逃げ場 (< nigéru + ···) O abrigo; o refúgio; o esconderijo. ★ ~ *o sagasu* 逃げ場を探す Procurar um ~. ~ *o tsukuru* 逃げ場を作る Arranjar um ~. ~ *o ushinau* 逃げ場を失う Não ter onde se abrigar [para onde fugir]. ⇨ nigé-michi.

nigé-dású 逃げ出す (< nigéru + ···) Deitar a fugir; pôr-se a andar. ★ *Kosokoso (to) ~* こそこそ(と)逃げ出す Fugir às escondidas. *Ō-isogi de ~* 大急ぎで逃げ出す Raspar-se (logo).

nigé-góshí 逃げ腰 (< nigéru + *koshí*) **a)** O preparar-se para fugir; **b)** O ser evasivo [fugir com o rabo à seringa (J.)]. ~ *ni naru* ~ になる Estar prestes a fugir. ★ *Sono oshi-uri wa keikan no sugata o mitsukeru to ~ ni natta* その押し売りは警官の姿を見つけると逃げ腰になった O bufarinheiro [vendedor de bugigangas] ao avistar o polícia [ver o policial (B.)]

preparou-se logo para fugir.
nigé-gu[ku]chi 逃げ口 (< nigéru + kuchí) A porta de fuga; a saída secreta.
nigé-jítaku 逃げ支度 (< nigéru + shitáku) A preparação da fuga.
nigé-kákúré 逃げ隠れ (< nigéru + kakúréru) O andar fugido [a monte]. *Mō ~ shimasen* もう逃げ隠れしません Estou pronto para o que der e vier.
nigé-kíru 逃げ切る (< nigéru + …) **1** [うまく逃げる] Escapar-se. Ⓢ/回 Nigé-óséru. **2** [うまく勝つ] Conseguir ganhar. ★ *Itten-sa de ~* 一点差で逃げ切る ~ por um ponto (de diferença).
nigé-kójō [kóo] 逃げ口上 (< nigéru + …) A evasiva. ★ ~ *o iu* 逃げ口上を言う Dar uma resposta evasiva [Inventar uma ~]. ⇨ íí-nógáré; kójítsú.
nigé-kómú 逃げ込む (< nigéru + …) Fugir「para」; refugiar-se「na primeira porta」.
nigé-mádóu 逃げ惑う (< nigéru + …) (Andar a) correr à procura de uma saída.
nigé-máwáru 逃げ回る (< nigéru + …) Correr [Fugir] de um lado para outro.
nigé-michi 逃げ道 [路] (< nigéru + …) **1** [逃げて行く路] O caminho para se escapar; uma saída. ⇨ kátsuro; kétsuro; nuké-míchí; táiro. **2** [責任のがれの方法] A desculpa; o pretexto. ⇨ íí-wáke; kójítsú; nigé-kójō.
nigén 二元 A dualidade. ◇ **~ hōteishiki** 二元方程式 A equação com duas incógnitas. **~ ron** 二元論 O dualismo. **~ ronsha** 二元論者 O dualista. **Ōsaka Tōkyō ~ hōsō** 大阪・東京二元放送 A transmissão em simultâneo de Ōsaka e Tóquio.
nigé-nóbíru 逃げ延びる (< nigéru + …) Conseguir fugir; escapar são e salvo. ★ *Keisatsu no te kara ~* 警察の手から逃げ延びる Escapar à [Fugir da] polícia. ⇨ nigé-kíru; nigé-óséru.
nigé-ókúréru 逃げ遅れる (< nigéru + …) Não fugir a tempo. *Kare wa kaji de nige-okurete yake-shinda* 彼は火事で逃げ遅れて焼け死んだ Não conseguiu fugir a tempo e morreu queimado.
nigé-óséru 逃げ果せる (< nigéru + …) ⇨ nigé-kíru.
nigéru 逃げる **1** [のがれる] Fugir; escapar-se. *Abunai, nigero* 危ない, 逃げろ Fuja, que é perigoso! *Kare wa okusan ni nigerareta* 彼は奥さんに逃げられた A mulher deixou-o [fugiu-lhe]. ★ *Hōhō no tei de ~* ほうほうの体で逃げる Fugir com o rabo entre as pernas (G.). *Kossori ~* こっそり逃げる Fugir às ocultas. ⁅ことわざ⁆ ~ *ga kachi* 逃げるが勝ち Salve-se quem puder! Ⓢ/回 Nogáréru; tōbō súrú. **2** [避ける] Evitar; fugir「a」. *Atsusa kara nigete Karuizawa no bessō e itta* 暑さから逃げて軽井沢の別荘へ行った Fui para a casa de campo em…para fugir ao calor. ★ *Iya na shigoto kara ~* いやな仕事から～ Evitar trabalhos desagradáveis. Ⓢ/回 Sakéru. **3** [競技でリードを保つ]「o cavalo」Distanciar-se e ganhar「a corrida」; ir à frente. *Shui no chīmu wa ichi-gēmu-sa de nigete iru* 首位のチームは1ゲーム差で逃げている A equipa/e que está no primeiro lugar tem uma vantagem de [vai à frente por] apenas uma vitória. Ⓢ/回 Nigé-kíru; nigé-óséru.
nigé-sókónáu 逃げ損なう (< nigéru + …) ⇨ nigé-ókúréru.
nigé-úséru 逃げ失せる (< nigéru + …) Desaparecer da vista; evaporar-se. *Doko e nige-useta ka kage mo katachi mo nakatta* どこへ逃げ失せたか影も形もなかった Evaporou [Sumiu]-se sem deixar rasto de si.
nigírásérú 握らせる (< nigírú) **1** [手に持たせる]

Deixar pegar (na mão). **2** [いろわを渡す] Subornar; untar as mãos a alguém. *Bengi o hakatte morau tame ni kare ni hyaku-man-en hodo nigiraseta* 便宜をはかってもらうため彼に百万円ほど握らせた Entregou-lhe cerca de um milhão de yens para que lhe facilitasse a vida.
nigíri 握り (< nigírú) **1** [握るところ] O cabo; a mão; a pega「do guarda-chuva」. Ⓢ/回 Guríppu. **2** [握った量・太さ・長さ] O punhado; a mão-cheia. *Hito-~ no hito* [*suna*] ひと握りの人［砂］Um punhado de pessoas/gente [areia]. **3** ⇨ nigírí-zúshí.
nigírí-kóbushi 握り拳 (< nigírú + …) O punho; a mão fechada. Ⓢ/回 Genkótsú.
nigírí-méshi 握り飯 (< nigírú + …) A bola [O triângulo] de arroz「para levar de merenda para a excursão」. Ⓢ/回 Níghiri; o-músubi.
nigírí-shímérú 握り締める (< nigírú + …) Apertar na mão; segurar com força. ★ *Handoru o ~* ハンドルを握り締める Segurar bem o volante.
nigírí-tsúbúsu 握り潰す (< nigírú + …) **1** [強く握ってつぶす] Partir [Esborrachar] na mão. **2** [ためやにする] Parar; bloquear; meter na gaveta. *Watashi no teian wa nigiri-tsubusareta* 私の提案は握り潰された A minha proposta foi metida「na gaveta」.
nigírí-yá 握り屋 (< nigírú + …) O agarrado; o sovina; o pão-duro (G./B.).
nigírí-zúshí 握り鮨 (< nigírú + sushí) O "sushi" comprimido com as mãos. ⇨ chiráshí ◇.
nigírú 握る **1** [手の指でものをつかむ] Agarrar; pegar; segurar na mão; empunhar. *Sono hahaoya wa kodomo no te o shikkari nigitte aruite ita* その母親は子供の手をしっかり握って歩いていた A mãe caminhava segurando firmemente [bem] a criança pela mão. ★ *Sushi o ~* すしを握る Fazer "o-nigiri". **2** [自分のものとする] Deter; ter. *Chichi ga waga-ya no jikken o nigitte iru* 父が我が家の実権を握っている Quem manda [detém o poder] em casa é o meu pai. ★ *Aite no yowami o ~* 相手の弱みを握る Conhecer os (pontos) fracos do adversário. *Seiken o ~* 政権を握る ~ o poder (político). ⇨ shirú¹.
nigíwái 賑わい (< nigíwáu) A alegria [prosperidade/festa/vida]; a afluência; o concurso de gente. *Hakurankai wa taihen na ~ datta* 博覧会は大変な賑わいだった A exposição teve grande afluência de visitantes「foi muito concorrida」.
nigíwásu 賑わす (< nigíwáu) **a)** Animar; dar vida; **b)** Encher;「a rodovia」trazer prosperidade「à região」. *Kanojo no kekkon wa masu-komi o ōi ni nigiwashita* 彼女の結婚はマスコミを大いに賑わしたO casamento dela teve grande eco nos órgãos de comunicação.
nigíwáu 賑わう **1** [にぎやかになる] Estar animado 「cheio de vida」. *Ueno dōbutsuen wa kodomozure de nigiwatte iru* 上野動物園は子供連れでにぎわっている O jardim zoológico de Ueno está cheio de crianças trazidas pelos pais. **2** [繁盛する] Florescer; prosperar. *Kono tōri wa dono mise mo nigiwatte iru* こ の通りはどの店も賑わっている Nesta rua todas as lojas fazem bom negócio.
nigíyaka 賑やか **1** [人出が多く盛んなこと] Animado 「cheio de vida」. *Kure no machi wa ~ da* 暮れの街は賑やかだ As ruas no fim do ano estão animadas de gente. Ⓐ/反 Sabíshíí. ⇨ hánjō¹. **2** [陽気な

Alegre; jovial. ★ ～ *na hito* 賑やかな人 A pessoa ～. [S/同] Shízuka. ⇨ yṓkí[3].
ní-gō 二号 **1** [2番目のもの] O「pavilhão/A sala」(número) dois. [S/同] Ní-ban. **2** [めかけ]【G.】A concubina; a amante. [S/同] Mekáké (+).
nigóń 二言【E.】A duplicidade; a hipocrisia. *Bushi ni ～ wa nai* 武士に二言はない Um "samurai" nunca falta à palavra. ⇨ ni-mái-jita.
N
nigórí 濁り (< nigóru) **1** [汚くなる; 純粋でなくなること] A turvação; a impureza. ★ *Yo no ～ ni somaru* 世の濁りに染まる Ser contagiado pelas impurezas do mundo. **2** [濁点] O sinal ゛, que muda o som da sílaba básica (は para ば). [S/同] Dakúténn (+).
nigórí-zake 濁り酒 (<… + saké) O saqué espesso [com depósito]. [S/同] Dobúrókú. [A/反] Seíshú.
nigóru 濁る (⇨ nigósu) **1** [純粋・透明でなくなる] Turvar-se; ganhar impurezas. ★ *Nigotta mizu* 濁った水 A água turva. [S/同] Súmu. **2** [色彩・音声などがはっきりしなくなる] Toldar-se; anuviar-se; ficar baço (Olhos, cor); ficar rachado (Som de instrumento). ★ *Nigotta haiiro no kumo* 濁った灰色の雲 A nuvem de um cinzento carregado.
ni-góshirae 荷拵え (<…[3] + koshíráérú) O acondicionamento da carga; o fazer a bagagem.
nigósu 濁す (⇨ nigóru) **1** [透明でないようにする] Turvar. **2** [あいまいにする] Ser ambíguo [obscuro]. *Daijin wa kotoba o nigoshite hakkiri kotaenakatta* 大臣は言葉を濁してはっきり答えなかった O ministro foi ambíguo na resposta. ⇨ gomákásu.
nigótta 濁った ⇨ nigóru.
ni-gúń 二軍【(D)es.】O quadro de suplentes. [A/反] Ichí-gúń.
ni-gúruma 荷車 (<…[3] + kurúmá) A carroça (Mais ou menos grande, puxada por homens ou animais). ★ ～ *o hiku* 荷車を引く Puxar ～.
nihírísuto ニヒリスト (< Ing. nihilist < L.) Um [Os] niilista[s]. [S/同] Kyomú shúgísha.
nihírízumu ニヒリズム (< Ing. nihilism < L.) O niilismo. [S/同] Kyomú-shúgi.
níhiru ニヒル (< L. nihil) O nada. ★ ～ *na warai* ニヒルな笑い O sorriso niilista. [S/同] Kyómu.
ni-hódoki 荷ほどき (<…[3] + hodóku) O desembalar. ★ ～(*o*) *suru* 荷ほどき(を)する Desfazer a embalagem [as malas]; desempacotar.
Nihón 日本 O Japão; O País do Sol Nascente. ★ ～ *biiki* [*girai*] *no* 日本びいき[ぎらい]の Pró [Anti]-japonês. ～ *teki na bijin* 日本的な美人 A beldade j. ◇ **～ Arupusu** 日本アルプス Os Alpes j. ⇨ **～ bare** [**kai**/**ken**/**shi**/**shu**/**tō**]. **～ buyō** 日本舞踊 A dança j. **～ cha** 日本茶 O chá j. **～ ga** 日本画 A pintura j. **～ gaku** 日本学 A japanologia. **～ gakujutsu kaigi** 日本学術会議 A Academia de Ciências do J. **～ gakusha** 日本学者 O japanologista. **～ gakushiin** 日本学士院 A Academia do J. **～ gami** 日本髪 O penteado j. **～ geijutsuin** 日本芸術院 A Academia de Artes do J. **～ ginkō** 日本銀行 O Banco do J. **～ ginkō-ken** 日本銀行券 A nota do Banco do J. **～ go** 日本語 O j.; a língua j. **～ hōsō kyōkai** 日本放送協会 A Emissora Nacional do J.; a NHK. **～ ichi** 日本一 O primeiro [melhor] do J. **～ jin** 日本人 O j. **～ jūketsukyūchū** 日本住血吸虫【Zool.】Um parasita que provoca a bilharziose [bilharzíase/esquistossomíase]. **～ kaikō** 日本海溝 A cavidade (marítima) do J. **～ kairyū** 日本海流 A corrente do J. **～ kōgyō kikaku** 日本工業規格 Normas da Indústria J. **～ ma** 日本間 A sala de [com] tatámí. **～ nōen** 日本脳炎【Med.】A encefalite nipónica. **～ nōrin kikaku** 日本農林規格 Normas da Agricultura J. **～ pen kurabu** 日本ペンクラブ O clube Literário [Pen] do J. **～ ryōri** 日本料理 A cozinha [culinária] j. **～ seifu** 日本政府 O governo j. **～ sekijūjisha** 日本赤十字社 A Cruz Vermelha J. **～ shirīzu** 日本シリーズ【(D)esp.】O campeonato de basebol. **～ shōkō kaigisho** 日本商工会議所 A Câmara de Comércio e Indústria do J. **～ yakkyokuhō** 日本薬局方 A farmacopeia j. [S/同] Nippón.
nihóń-báré 日本晴れ (<… + haré) O dia de sol radioso; o céu [sol] do J.
nihóń-dáté 二本立て (<… + tatéru) Duas coisas simultâneas; duplo. *Kare wa hyōron to kenkyū no ～ de shigoto o susumete iru* 彼は評論と研究の二本立てで仕事を進めている Ele faz crítica「literária」e investigação (ao mesmo tempo).
Nihón-kai 日本海 O mar do J. ◇ **～ gawa** 日本海側 A região ao longo da costa do Mar do Japão (Em frente à China e Coreia).
nihóń-kéń 日本犬 O cão de raça j.
nihón-shi 日本史 A história do J.
nihóń-shú 日本酒 O saké.
nihóń-tṓ 日本刀 A catana [espada j.].
nihyákú-tṓká 二百十日 O 210º dia (do calendário lunar, cerca do qual vinha o último tufão do verão).
niíńséí (**do**) [**niíńséí; niíńséido**] 二院制(度) O bicameralismo; o sistema bicameral. ⇨ ichí-íń-séí.
níisan 兄さん **1** [兄] O (meu) irmão mais velho. [S/同] Áni(ki). ⇨ nḗsan; otṓtó. **2** [年若い男を軽く親しんで呼ぶ語]【G.】O rapaz [moço]. [A/反] Nḗsan.
nijí[1] 虹 O arco-íris. ★ ～ *iro no* 虹色の Iridescente. ～ *no nana iro* 虹の七色 As sete cores do ～.
níji[2] 二次 **1** [副次] O segundo lugar. *Sore wa ～ teki na mondai da* それは二次的な問題だ Isso é um problema secundário. ◇ **～ kai** 二次会 A segunda festa「da formatura」(Para falar e beber à vontade, depois da outra mais formal/oficial). **～ shiken** 二次試験 O segundo exame. [S/同] Fúkuji; nígi. **2** [二回め] A segunda vez. ◇ **～ seichō** 二次性徴 A característica sexual secundária. **3**【Mat.】O segundo grau. ◇ **～ hōteishiki** 二次方程式 A equação quadrada de ～.
ni-jígen 二次元 Duas dimensões; bidimensional.
níjiki 二食 ⇨ ní-shoku.
nijí-mású 虹鱒【Zool.】A truta arco-íris; *salmo gairdnerii*.
nijímí-déru 滲み出る (< nijímu + …) **1** [しみ出る] Fluir; escorrer; manar; verter. *Hōtai kara chi ga nijimi-dete iru* 包帯から血が滲み出ている O sangue está a escorrer [assomar] pela ligadura. **2** [自然と表れる] Permear; transpirar. *Haha no kotoba ni wa aijō ga nijimi-dete ita* 母の言葉には愛情が滲み出ていた As palavras da (minha) mãe transpiravam afeição.
nijímu 滲む Espalhar-se; encher-se; embaciar. *Kanojo no me ni namida ga nijinde iru* 彼女の目に涙が滲んでいる Ela tem os olhos marejados [cheios] de lágrimas. ★ *Chi no ～ yō na doryoku* 血の滲むような努力 Um esforço extenuante [de suar sangue]. ⇨ shimírú.
nijírí-gúchí 躙[躪]り口 (< nijíru[1] + kuchí) A porti-

nha (de entrada) da sala [casa] da cerimó[ô]nia do chá. ⇨ chashítsú.
nijíri-yóru 躙 [躪] り寄る (< nijíru¹ + …) Acercar-se sem se levantar.
nijíru¹ 躙 [躪] る Esmagar com o pé.
nijirú² 煮汁 ⇨ ni-dáshí.
nijō 二乗 O quadrado; a segunda potência. *San no ~ wa kyū de aru* 3の二乗は9である O ~ de três é nove. ★ ~ *suru* 二乗する Elevar ao [à] ~. ~ **kon** 二乗根 A raiz quadrada. 〔S同〕 Jijó (+).
nijū¹ 二十 (O número) vinte. ★ ~ *bun no ichi* 二十分の一 Um vigésimo. *Nijussai-dai no onna* 二十歳代の女 A mulher na casa dos vinte (anos). *(Dai)~ ban me no* (第) 二十番目の Vigésimo. ~ **Nijusseiki** 二十世紀 O século vinte.
nijū² 二重 A duplicação; o dobro. ◇ ~ *kokuseki de aru* 二重国籍である Ter dupla nacionalidade. ~ *ni suru [naru]* 二重にする[なる] Duplicar. ~ *ni tsutsumu* 二重に包む Embrulhar duas vezes. ~ *no tema ga kakaru* 二重の手間がかかる Dar duplo trabalho. ~ *seikatsu o suru* 二重生活をする Viver em dois lugares (Por causa do emprego; levar uma vida dupla). ◇ ~ **ago** 二重あご O duplo queixo. ~ **boin** 二重母音 O ditongo (Ex.: o "ui" de "muito"). ~ **chōbo** 二重帳簿 A contabilidade por partidas dobradas. ~ **hitei** 二重否定【Fil.】A dupla negativa. ~ **jinkaku** 二重人格 A dupla personalidade. ~ **kazei** 二重課税 A tributação dupla. ~ **kōzō** 二重構造 A estrutura「económica」dupla/paralela. ~ **maru** 二重丸 O círculo duplo. ~ **supai** 二重スパイ O agente duplo. ~ **utsushi** 二重写し A sobreposição de imagens. ~ **zoko** 二重底 O fundo duplo「mala」. ⇨ chōfúkú; futá-e.
nijūshō [**úu**] 二重唱【Mús.】O dueto [duo] (Vozes).
nijūsō [**úu**] 二重奏【Mús.】O dueto [duo] (Instrumentos).
nijūyoku-jikan 二十四時間 As vinte e quatro horas (do dia). ◇ ~ **kinmu** 二十四時間勤務 O serviço permanente. ~ **sei** 二十四時間制 O sistema de ~「do pequeno supermercado」.
ni-kái¹ 二回 (As) duas vezes. *Kono zasshi wa tsuki [nen]~ no hakkō da* この雑誌は月[年]二回の発行だ Esta revista publica-se duas vezes por mês [ano]. ◇ ~ **me** 二回目 A segunda vez. ~ **sen** 二回戦 (Bas.) O segundo ataque.
ni-kái² 二階 O segundo andar (J.); o primeiro andar (P. e B.). ★ ~ *kara oriru* 二階から降りる Descer do ~. ~ *ni [e] agaru* 二階に[へ]上がる Subir ao ~. ◇ ~ **ya** (**date** (**no ie**)) 二階屋 [建て (の家)] A casa de dois andares [(P.e B.) um andar]. 〔I/慣用〕~ *kara me-gusuri* 二階から目薬 "Tapar o sol com uma peneira"/"Buscar agulha em palheiro".
ni-kátá 煮方 (< nirú + shikátá) A cozedura「do feijão」.
nikáwá 膠 O grude [A cola].
ni-káyou 似通う (< nirú + …) Parecer-se; assemelhar-se.
níkibi 面皰 A espinha (na cara); a borbulha; o acne. ★ ~ *o tsubusu* にきびをつぶす Espremer ~. ⇨ fukí-dé-mónó.
nikká 日課 O exercício [trabalho] diário. *Watashi wa sanpo o ~ ni shite iru* 私は散歩を日課にしている Tenho por exercício diário passear. ★ ~ *o tateru* 日課を立てる Planear as tarefas diárias. ◇ ~ **hyō** 日課表 O horário「de hoje」. ⇨ jikán-hyō; nittéí.
nikkái 肉塊 ⇨ nikúkái.
nikkán¹ 日刊 A publicação diária. ◇ ~ **shi** 日刊紙 Um (jornal) diário. ⇨ gekkán; shúkán³.
nikkán² 肉感 ⇨ nikúkán.
Níkkan³ 日韓 O Japão e a Coreia (do Sul). ◇ ~ **kaidan** 日韓会談 As conversações entre ~.
nikkéi¹ 日系 A descendência (origem/linha) japonesa. ◇ ~ *shihon no kaisha* 日系資本の会社 A companhia de capital japonês. ◇ ~ **Burajirujin** 日系ブラジル人 O brasileiro de ~. ~ **sansei** 日系三世 A terceira geração de ~.
níkkei² 肉桂【Bot.】**a)** A caneleira [árvore de canela]; **b)** A canela; o cinamomo. 〔S同〕Níkki; shínamon.
Nikkéiren 日経連 (Abrev. de Nihon keieisha renmei) A Federação das Associações Patronais do Japão. ⇨ keídánren.
nikkérú ニッケル (< Ing. nickel)【Quím.】O níquel (Ni 28). ◇ ~ **kō** ニッケル鋼 O aço-níquel. ~ **kuromukō** ニッケルクロム鋼 O aço inoxidável. 〔S同〕Hakúdó.
nikki 日記 O diário. ★ ~ *o tsukeru* 日記をつける Escrever um ~. ◇ ~ **bungaku** 日記文学 A literatura de ~. ~ **chō** 日記帳 O (livro/caderno do) ~. **E** ~ 絵日記 ~ ilustrado.
nikkō 日光 A luz do sol; os raios solares; a radiação solar. ★ ~ *ni ateru* 日光に当てる Pôr [Colocar] ao sol. ~ *ga sashikomu* 日光が差し込む A luz entra [penetra]「pela janela」. ◇ ~ **ryōhō** 日光療法【Med.】A helioterapia. ~ **shōdoku** 日光消毒 A desinfe(c)ção por exposição à ~. ⇨ ~ **yoku**. **Chokusha** ~ 直射日光 A incidência dire(c)ta dos raios solares. 〔S同〕Hí nó híkárí; yōkō.
nikkóri にっこり Toda[o] risonha[o]. ★ ~ [*to*] *waratte* にっこり[と]笑って Com um grande sorriso. 〔S同〕Nikóri. ⇨ níkoniko.
nikkō-yoku [**óo**] 日光浴 O banho de sol. ★ ~ *o suru* 日光浴をする Tomar banhos de sol.
nikkúnému ニックネーム (< Ing. nickname) A alcunha; o apelido (B.). 〔S同〕Adáná (+).
Nikkyōso [**óo**] 日教組 (Abrev. de Nihon kyōshokuin kumiai) O Sindicato dos Professores do J.
nikkyū 日給 O salário diário; a jorna [jeira] (A.). ★ ~ *de hataraku* [*yatou*] 日給で働く [雇う] Trabalhar [Empregar] ao dia. ◇ ~ **gekkyū** 日給月給 O salário [A quantia] mensal da jorna. ◇ ~ **sei** 日給制 O sistema de ~. ⇨ hi-yátói; shúkyū²; gekkyū.
ni-kō 二項【Mat.】Os dois monómios [termos]; um binó[ô]mio. ◇ ~ **bunpu** 二項分布 A distribuição binomial. ~ **shiki** 二項式 O binómio; a expressão de dois termos. ~ **teiri** 二項定理 O binómio de Newton.
ni-kobóréru 煮零れる (< nirú + …) Transbordar da panela.
nikóchín ニコチン (< Ing. < Fr. Nicot: antr)【Fís.】A nicotina. ◇ ~ **chūdoku** ニコチン中毒【Med.】O nicotinismo [tabagismo/tabaquismo]. ~ **san** ニコチン酸 O ácido nicotínico.
nikóge 和毛 A penugem. 〔S同〕Ubúgé (+); watágé (+).
ni-kógóri 煮凝り A gelatina de peixe.
ni-kómí 煮込み (< nirú + kómu) O cozer bem. ⇨ gottá-ní; shichū.

ni-kómu 煮込む (< nirú + …) **1** [まぜて煮る] Estufar [Guisar] em conjunto. ★ *Niku to yasai o* ~ 肉と野菜を煮込む Estufar carne com vegetais. **2** [十分に煮る] Cozer bem「o feijão」. ★ *Shichū o* ~ シチューを煮込む ~ o estufado.

nikoniko にこにこ A sorrir; risonhamente. *Kono ko wa itsumo* ~ *shite iru* この子はいつもにこにこしている Este menino está sempre sorridente. ◇ ~ **gao** にこにこ顔 A cara risonha; a expressão radiante. (S/同) Nikkóri.

nikópón にこぽん (< níkoniko + pón to) 【G.】 O sorriso e as palmadinhas nas costas.

nikóri にこり A sorrir; com um sorriso. *Kare wa* ~ *to mo shinakatta* 彼はにこりともしなかった Ele nem sequer um sorriso esboçou. (S/同) Nikkóri.

ni-kōtái-séi 二交替制 O sistema de dois turnos. ★ ~ *de hataraku* 二交替制で働く Trabalhar em dois turnos.

nikóyaka にこやか Risonho; simpático; bem disposto; afável. ★ ~ *na kao* にこやかな顔 A cara risonha. ~ *ni warau* にこやかに笑う Sorrir afavelmente.

nikú 肉 **1** [皮膚の下の柔らかい部分] O músculo (⇨ nikú-bánare); a carne. *Hoo no* ~ *ga ochita ne* ほおの肉が落ちたね Está mais magro de rosto, não está? ◇ ⇨ **chū ~ chūzei**. ことわざ ~ *o kirasete hone o tatsu* 肉を切らせて骨を断つ Expor-se a (um) grande perigo para derrotar o inimigo. *Chi waki ~ odoru* 血湧き肉踊る Excitante; emocionante. (S/同) Kínniku. **2** [食用肉] A carne「de vaca」. **3** [果肉]~ *o kiru* 肉を切る Trinchar ~. *Katai [Yawarakai]* ~ かたい[柔らかい] 肉 ~ rija/dura (tenra). *Yoku yaita (Namayake no)* ~ よく焼いた[生焼けの]肉 A carne bem [mal] passada. ◇ ~ **dango (jū; juban; manjū)**. ~ **ryōri** 肉料理 O prato de ~. **3** [果肉] A polpa. ~ *no ōi kudamono* 肉の多い果物 A fruta carnuda. (S/同) Kaníkú. **4** [厚み] A suculência. ★ *Gen'an no o tsukeru* 原案に肉をつける Dar mais [conteúdo] ao plano original. **5** [肉体] A carne. ★ ~ *no yūwaku* 肉の誘惑 As tentações da ~. ◇ ⇨ **yoku**. Nikútái. ⇨ Réi. **6** [印肉] A almofada para carimbos. (S/同) Inníkú. ⇨ shuníkú.

nikú-bánare 肉離れ (< … + hanáréru) 【Med.】 A distensão muscular.

nikú-bútó 肉太 (< … + futói) A escrita grossa. ★ ~ *ni kaku* 肉太に書く Escrever grosso. (A/反) Nikúbósó.

nikúchi 肉池 A caixinha de tinta de carimbo. ⇨ in-níkú; shuníkú.

nikúdán 肉弾 A bala humana. ◇ ~ **sen** 肉弾戦 A guerra com ~.

nikú-dángo 肉団子 A almôndega (de carne).

nikúga 肉芽 【Med.】 A granulação. ◇ ~ **shu** 肉芽腫 O granuloma.

nikúgán 肉眼 O olho nu; a vista desarmada. ★ ~ *de mieru hoshi* 肉眼で見える星 A estrela visível a olho nu [à vista desarmada]. ⇨ Ragán.

nikú-ge 憎気 (< nikúmi + ki) O rancor [ódio].

nikúgyū 肉牛 O gado bovino para corte. ⇨ nyūgyū.

nikúháku 肉薄 [迫] **1** [間近に攻め寄せる] O encalço. ★ *Teki ni ~ suru* 敵に肉薄する Ir no ~ do inimigo.
2 [もうひとつの所まで迫ること] O encalço. *Nihon no erekutoronikusu gijutsu wa beikoku ni* ~ *shite iru* 日本のエレクトロニクス技術は米国に肉薄している A tecnologia ele(c)trô(ô)nica do J. vai mesmo no ~ da [está a apanhar a] americana.

nikúhén 肉片 O naco [pedaço] de carne.

nikúhítsú 肉筆 A escrita à mão. ★ ~ *no tegami* 肉筆の手紙 A carta autógrafa. ◇ ~ **ga** 肉筆画 A pintura autógrafa. (S/同) Jihítsú; shinpítsú; te-gákí.

nikúi¹ 憎い **1** [しゃくにさわる] Odioso [Odiento]; detestável; abominável. *Koroshite yaritai hodo kare ga* ~ 殺してやりたいほど彼が憎い Tenho-lhe um ódio de morte. (S/同) Nikúráshíi.
2 [感心だ] (Por paradoxo) Formidável;「moça」de morrer「por ela」. *Nakanaka ~ koto o iu ne* なかなか憎いことを言うね Isso é mesmo ~ [Muito bem/Apoiado/Tem razão/Disse bem]! ⇨ kańshíí¹; kawáíí; sukí¹.

-nikúi² にくい Difícil de. ★ *Atsukai ~ onna* 扱いにくい女 A mulher difícil. ◇ **Ii ~** 言いにくい Difícil de dizer. (A/反) -yasúí.

nikú-író 肉色 A cor encarnada (De carne). (S/同) Hadá-iró (+).

nikújū 肉汁 O molho da carne (Que dela sai quando se comprime ou assa).

nikú-jú(jí)ban 肉襦袢 A camiseta [camisola interior] cor da pele, usada justa ao corpo.

nikúkái 肉塊 O bolo [bolo], ou o corpo.

nikúkán 肉感 O prazer sensual [carnal]. ★ ~ *teki (na) bijin* 肉感的(な)美人 A beldade sensual.

nikú-kíri-bóchō 肉切り包丁 (< … + kíru + hóchō) A faca de trinchar carne.

nikú-mán(nikú-mánjū) 肉饅(頭) A bola [O pastel] de farinha recheada[o] de carne.

nikúmáré-gúchí 憎まれ口 (< nikúmáréru + kuchí) A maledicência; a má-língua. ~ *o tataku [kiku]* 憎まれ口を叩く[利く] Falar mal「de」; chamar nomes. (S/同) Dokúzétsú.

nikúmárékko 憎まれっ子 (< nikúmáréru + ko) O miúdo [rapaz] mau; o diabrete. ことわざ ~ *yo ni habakaru* 憎まれっ子世にはばかる A erva ruim é a que cresce mais. ⇨ iJmékko.

nikúmáré-yákú 憎まれ役 (< nikúmu + …) **a)** O papel de mau. *Kare ga ~ o katte deta* 彼が憎まれ役を買って出た Ele ofereceu-se para o ~. **b)** O (papel de) mau「da fita」. ★ ~ *o tsutomeru* 憎まれ役を務める Fazer de mau. ⇨ katáki-yákú.

nikúmu 憎む Odiar; ter ódio「a」; detestar; abominar; ter rancor [aversão]. *Karera wa nikumiatte iru* 彼らは憎みあっている Eles odeiam-se (um ao outro). ★ *Nikumenai yatsu* 憎めないやつ O sujeito inofensivo. *Nikunde mo amari aru yatsu* 憎んでも余りあるやつ O sujeito execrável. ⇨ Aí súru.

nikúníkushíi 憎憎しい Odioso; detestável; insuportável. ★ ~ *taido* 憎々しい態度 A atitude ~. *Nikunikushige ni warau* 憎々しげに笑う Sorrir com ódio. ⇨ nikúi¹; nikúráshíi.

nikúráshíi 憎らしい Odioso; detestável; desagradável. *Aitsu ga ~* あいつが憎らしい É um tipo ~. (A/反) Kawáíi. ⇨ nikúi¹.

nikurómú ニクロム (< Ing. nichrome) 【Fís.】 O nicromo [cromo-níquel]. ◇ ~ **sen** ニクロム線 【Ele(c)tri.】 O fio [arame] de ~.

nikú-rui 肉類 As carnes.

níkusa 憎さ (Sub. de nikui) O ódio. ことわざ *Kawai-sa amatte* ~ *hyaku-bai* かわいさ余って憎さ百倍 De um grande amor pode nascer um ódio ainda [cem vezes] maior. ⇨ nikúshímí.

nikúséi 肉声 A voz natural [humana].

nikúshímí 憎しみ O ódio; o rancor; a raiva; a aversão; a inimizade. ★「Han'nin ni」~ o idaku [motsu] (犯人に) 憎しみを抱く[持つ] Ter ódio「ao criminoso」. 「Tomo kara」~ o kau [ukeru]「友から」憎しみを買う[受ける] Despertar [Provocar]「do amigo」. S/周 Zôo. ⇨ urámí¹.

nikúshín 肉親 A consanguinidade; o parentesco. ★ ~ no jō 肉親の情 A afeição que liga os parentes/Os laços [A voz] do sangue. ⇨ ketsúen.

nikúshóku 肉食 O comer carne; o ser carnívoro. ~ dōbutsu [jū] 肉食動物[獣] O animal carnívoro. A/反 Saíshóku; sóshóku.

nikúshú 肉腫 [Med.] O sarcoma.

nikútái 肉体 A parte física; o corpo. ★ ~ kankei o musubu 肉体関係を結ぶ Ter relações sexuais. ~ teki (na) kutsū 肉体的 (な) 苦痛 O sofrimento físico. ◇ ~ **bi** 肉体美 A beleza física [corporal]. ~ **rōdō** 肉体労働 O trabalho braçal. S/周 Karáda. A/反 Réikon; séishin.

nikú-ya 肉屋 a) O açougue; o talho; b) O açougueiro; o carniceiro.

nikú-yóku 肉欲 Os desejos [As paixões] carnais; a luxúria. ★ ~ ni fukeru [oboreru] 肉欲にふける [おぼれる] S/周 Jôyóku; shikíjō; shikíyóku. ⇨ seí-yóku.

nikú-zúke 肉付け (<... +tsukéru) **1** [肉をつけて厚みを出すこと] A moldagem. ~ suru 肉付けする Moldar; modelar. **2** [内容を与えて豊かにすること] O conferir substância [conteúdo]. ★ ~ suru 肉付けする Dar conteúdo; enriquecer.

nikú-zuki 肉付き (<...+tsúku) A compleição; a musculatura. ★ ~ ga yoi 肉付きがよい Estar bem fornecido de carnes. ~ no yoi musume 肉付きのよい娘 A moça chei(inh)a. ⇨ nikú-zúke.

nikúzúkú 肉豆蔲 A noz-moscada [moscadeira]. S/周 Natsuméggu.

ni-kyú 二級 O segundo grau [estádio]; a segunda categoria [classe]. ◇ ~ **hin** 二級品 Os artigos de segunda categoria. ⇨ kyū².

ní-mai 二枚 Duas folhas. ★ ~ no hagaki 二枚の葉書 Dois postais (Um deles para a resposta).

nimái-gai 二枚貝 (<...+kái) 【Zool.】 O molusco bivalve.

ni-mái-gásane 二枚重ね (<...+kasáne) A sobreposição de duas folhas. ★ ~ no toiretto pēpā 二枚重ねのトイレットペーパー O papel higiê[ê]nico duplo.

ni-mái-jita 二枚舌 (<...+ shitá) A duplicidade [hipocrisia]; Kare wa ~ o tsukau 彼は二枚舌を使う Ele tem duas caras [é um hipócrita]. ⇨ nigôn.

ni-mái-mé 二枚目 **1** [芝居の美男役] O papel de galã. **2** [美男子] O bonitão. S/周 Bidánshi.

ni-máme 煮豆 (< nirú + ...) Os feijões cozidos.

-ní mo にも Também; mesmo; ainda que. Kanojo wa fukō ~ hayaku ni ryōshin o nakushita 彼女は不幸にも早くに両親を亡くした Ela, infelizmente [por infelicidade], perdeu os pais muito cedo. Kyō wa dare ~ awanakatta 今日は誰にも会わなかった Hoje não encontrei ninguém. Magarinari ~ hitori de kimono ga nueta 曲がりなりにも一人で着物が縫えた Ainda que não muito bem, consegui fazer um quimono sozinha. Sore kurai watashi ~ dekiru それくらい私にもできる Isso também eu sei fazer/Isso até eu posso. ★ Dō ~ naranai どうにもならない Não há nada a fazer [tem remédio]. Nan ~ nai 何にもない Não há nada「para comer」. ⇨ mo¹; ni¹.

ni-monó 煮物 (< nirú + ...) O cozido. ★ ~ o suru 煮物をする Cozer; fazer um ~.

nimō-saku [óo] 二毛作 Duas colheitas num ano. A/反 Ichímô-saku. ⇨ urá-sákú.

nímotsu 荷物 **1** [手荷物] A bagagem. Kuruma no torankuni ~ o tsunde kudasai 車のトランクに荷物を積んでください Leve [Ponha] ~ na bagageira do carro. ★ ~ o matomeru 荷物をまとめる Fazer as malas. ~ sanko 荷物三個 Três volumes de ~. S/周 Te-nímotsu. **2** [貨物] S/周 Kámotsu. **3** [負担] O peso; o encargo. ★ Jinsei no o-~ 人生のお荷物 A cruz da vida. Kodomo ga ~ ni naru 子供が荷物になる Os filhos tornam-se [são] um encargo.

nin¹ 任 [E.] O cargo; o posto; o encargo; a missão; a obrigação. Kare wa Burajiru to no kōshō no ~ ni aru [atatte iru] 彼はブラジルとの交渉の任にある [当たっている] Ele está encarregado das negociações com o B. Kare wa sono ~ de wa nai 彼はその任ではない Esse serviço não é da competência dele. ★ ~ o hatasu [mattō suru] 任を果たす[全うする] Desempenhar [Cumprir/Levar a cabo] a sua missão. S/周 Tsutómé (+); yakúmé; nínmu.

nin² 人 **1** [nin] "Pessoa" (Us. como pref. ou suf.). Jū ~ 十人 Dez pessoas. ⇨ nínzú[zu]. **2** [ひととなり] 【E.】 A personalidade; o cará(c)ter. 「P2とわざ」 mite hō (o) toke 人 (を) 見て法を説け Ver [Conhecer] o auditório antes de pregar [falar].

nináu 担う **1** [かつぐ] Levar ao(s) ombro(s). ~ Jū ~ 銃を担う a espingarda. S/周 Katsúgu. **2** [引き受ける] Arcar com [Levar] o peso「de」; ★ Jidai o ~ wakamono 次代を担う若者 Os jovens que serão os responsáveis [arcarão com o peso] na próxima geração. ⇨ hikí-úkeru.

nínchi¹ 任地 O posto local] (de trabalho). ★ ~ ni omomuku 任地に赴く Partir para o seu ~.

nínchi² 認知 **1** [確かにそうだと認めること] O reconhecer. ~ suru 認知する Aceitar. **2** [自分の子供だと認めること] 【Dir.】 A perfilhação. ★ Kodomo o ~ suru 子供を認知する Perfilhar o filho (ilegítimo).

nínchi-shó 認知症 a) A demência; b) A doença [A síndrome/O mal] de Alzheimer.

ní-nen 二年 Dois anos.

ninén-sei¹ 二年生 O aluno do segundo ano.

ninén-seí² 二年生 A duração de dois anos. ◇ ~ (no) shokubutsu [sōhon] 二年生 (の) 植物 [草本] A planta [erva] bienal.

ninénsó 二年草 A planta bienal. ⇨ ichí-nen² ◇ ; ninénséi²; tanén-séi.

níngén 人間 **1** [ひと; 人類] O homem [ser humano]; o gê[ê]nero humano. ★ ~ no kawa o kabutta akuma 人間の皮をかぶった悪魔 O demó[ô]nio em forma humana. ~ no kuzu 人間のくず A escória da humanidade. ◇ ~ **ai** 人間愛 O amor humano. ⇨ ~ **banare** [dokku/mi/sei/teki/waza]. ~ **kankei** 人間関係 As relações humanas. ~ **kōgaku** 人間工学 A engenharia humana. ~ **kokuhō** 人間国宝 O tesouro nacional vivo. ~ **nami** 人間並「no kurashi o suru」 Levar uma vida「digna de um ser humano. ~ **shakai** 人間社会 A sociedade (humana). ~ **sogai** 人間疎外 A alienação do homem.

[ことわざ] ~ banji saiō ga uma 人間万事塞翁が馬 "Há males que são [vêm por] bens". [S/同] Hitó; jínrui. **2** [人柄; 人] A personalidade; a pessoa; o cará(c)ter. *Kare wa sonna koto no dekiru ~ ja nai* 彼はそんなことのできる人間じゃない Ele não é pessoa capaz de fazer tal coisa. ★ ~ *ga dekita [dekite iru] hito* 人間ができた[できている]人 Um homem às direitas. ~ *ga shikkari shite iru* 人間がしっかりしている Ser uma pessoa de cará(c)ter [de confiança/às direitas]. ◇ ~ **keisei** 人間形成 A formação humana [da personalidade/do ~]. ~ **zō** 人間像 A imagem (ideal) do ser humano. [S/同] Hitógárá; jínbutsu.

ningén-bánare 人間離れ (<… +hanáréru) Sobre-humano. ~ *shita chikara-mochi* 人間離れした力持ち Ela tem uma força ~ a.

ningén-dókku 人間ドック 【Med.】 O exame médico completo.

ningén-gírai 人間嫌い (<… +o +kiráú) **a)** A misantropia; **b)** O misantropo.

ningén-mi 人間味 O ter humanidade. ★ ~ *no aru [nai] keiji* 人間味のある[ない]刑事 O dete(c)tive humano (desumano). [S/同] Ninjó-mi.

ningén-séi 人間性 A humanidade; a natureza [dignidade] humana. ~ *o ubau* 人間性を奪う Desumanizar. [S/同] Ningén-ráshisa.

ningén-téki 人間的 Humano. ◆ *o jíndó-téki.*

ningén-wáza 人間業 O poder humano. ★ ~ *de nai* 人間業でない Sobre-humano.

níngyo 人魚 **1** [想像上の生物] A sereia. [S/同] Kójín; mâméido. **2** [ジュゴンの別名] O dugongo [porco-marinho]. [S/同] Júgon.

ningyō 人形 **1** [おもちゃ] O boneco; o títere; o fantoche. ~ **geki** [**shibai**] 人形劇[芝居] O teatro de títeres [marionetas]. ~ **jōruri** 人形浄瑠璃 O teatro de títeres [marionetas] japonês. ~ **tsukai** 人形遣い O titereiro. ⇨ ayatsuri [yubi]. [S/同] Déku. ◇ kokéshí. **2** [主体性のない人] O fantoche (boneco); o bonifate; o autó(ô)mato.

nin'i 任意 O livre arbítrio; a livre vontade; a opção. *Kai ni sanka suru shinai wa ~ desu* 会に参加しないは任意です A participação na reunião é facultativa [livre]. ★ ~ *ni erabu* 任意に選ぶ Escolher livremente. *Enshū-jō no ~ no itten* 円周上の任意の一点 Um ponto qualquer [à escolha] sobre a circunferência. ◇ ~ **dantai** 任意団体 O organismo privado (livre de qualquer relação estatal). ~ **dōkō** 任意同行 O acompanhar [ir junto] de livre vontade. ~ **hoken** 任意保険 O seguro facultativo. ~ **shuttō** 任意出頭 【Dir.】O comparecimento voluntário. ~ **sōsa** 任意捜査 A busca policial com consentimento (da pessoa visada). [S/同] Zuíí. ⇨ Íshí[2].

ninín-gúmi 二人組 (<… +kumí) O duo [dueto]. ★ ~ *no gōtō* 二人組の強盗 Um par de ladrões. ⇨ futári.

ninín-máe 二人前 O dose para duas pessoas. ★ ~ *no shokuji* 二人前の食事 A refeição para …

ninín-sánkyaku 二人三脚 **a)** A corrida (De dois, atados) a três pernas; **b)** A união de esforços.

ni-nínsho 二人称 【Gram.】A segunda pessoa. ⇨ nínshô[1].

nínja 忍者 O soldado espia (da era feudal do J.). [S/同] Shinóbí. ⇨ nínjutsu.

ninjín 人参 【Bot.】A cenoura. ◇ **Chōsen** ~ 朝鮮人参 A ginsengue; ~ medicinal.

ninjíru 任じる **1** [担当させる] Nomear. *Kare wa Monbu Daijin ni ninjirareta* 彼は文部大臣に任じられた Ele foi nomeado Ministro da Educação. [S/同] Nínzúru. **2** [自任する] Assumir-se「como」; considerar-se. *Dari wa mizukara tensai o motte ninjite iru* ダリは自ら天才をもって任じている (O pintor espanhol) Dali considerava-se a si mesmo um gé(ê)nio. [S/同] Jinîn súrú; nínzúru.

ninjō 人情 O sentimento humano [de humanidade]; o coração. ★ ~ *ni atsui [usui]* 人情に厚い[薄い] Com muito [pouco] coração. ~ *no aru [nai] hito* 人情のある[ない]人 A pessoa com [sem] coração. ~ *no kibi o ugatsu [ni fureru]* 人情の機微をうがつ[に触れる] Tocar o coração. *Giri to ~ no itabasami ni naru* 義理と人情の板ばさみになる 「um pai」 Ficar entalado entre o dever e o sentimento. ⇨ ~ **mi**. **fu** [**hi**]~. ◇ jō[2]; nasaké.

~ **banashi** 人情話 A história [O romance] que (nos) pinta ao vivo as pessoas na sua vida real. ⇨ ~ **mi**. **fu** [**hi**]~. ◇ jō[2]; nasaké.

ninjō-mi (óo) 人情味 A humanidade; a bondade. ★ ~ *afureru hanashi* 人情味あふれる話 A história cheia de humanidade. [S/同] Jōmi.

ninjó-zátá 刃傷沙汰 (<…+satá) O incidente com derramamento de sangue. *Kōron wa ~ ni oyonda [natta]* 口論は刃傷沙汰に及んだ[なった] A disputa acabou em sangue. ⇨ shōgái[2] ◇.

ninjú 忍従 【E.】A submissão (passiva); a resignação. ★ ~ *no seikatsu o okuru* 忍従の生活を送る Levar uma vida de ~. ⇨ fukújú; níntai.

ninjutsu 忍術 A arte marcial da espionagem [dos "ninja"]. ◇ ~ **tsukai** 忍術使い O especialista de ~; o espião. [S/同] Shinóbí.

nínka 認可 A autorização; a aprovação. *Kūkō kensetsu no ~ ga orita* 空港建設の認可が下りた Foi autorizada a construção do aeroporto. [Já deram autorização para construir o aeroporto.] ~ *o ukeru [eru]* 認可を受ける[得る] Receber [Obter] autorização. ~ *suru* 認可する Autorizar; aprovar. ~ **gakkō** 認可学校 A escola oficialmente reconhecida. ~ **shō** 認可証 O certificado de autorização. ⇨ kyóka.

ninkán 任官 A nomeação para um cargo público. *Kare wa kotoshi Tōkyō de saibankan ni ~ shita* 彼は今年東京で裁判官に任官した Este ano ele foi nomeado juiz em Tóquio. [A/反] Taíkán.

nínki[1] 人気 **1** [人々からの受け; 評判] A popularidade; o agrado do público. *Ano kyōju wa gakusei ni ~ ga aru* あの教授は学生に人気がある Aquele professor é popular entre os estudantes. *Kono omocha ga ima ~ o atsumete iru* このおもちゃが今人気を集めている Este brinquedo é agora muito popular. ★ ~ *ga deru [masu]* 人気が出る[増す] Tornar-se popular [Ganhar maior popularidade]. ~ *ga otoroeru [ochiru]* 人気が衰える[落ちる] Perder ~. ~ *jōshō-chū no kashu* 人気上昇中の歌手 O cantor cada vez mais popular. ~ *no aru* 人気のある Popular. ~ *o yobu* 人気を呼ぶ Ganhar ~. ~ *zetchō de aru* 人気絶頂である Estar no apogeu de ~. ◇ ~ **bangumi** 人気番組 O programa popular [do ~]. ~ **haiyū** 人気俳優 O a(c)tor [A a(c)triz] popular. ~ **kabu** 人気株 As a(c)ções de grande procura. ~ **mono** 人気者 「Ela」 é muito popular. ~ **tōhyō** 人気投票 A sondagem de popularidade. ⇨ jínbô. **2** [その土地の気風] A atmosfera [O ambiente] 「do mercado」. ★ ~ *no yoi tochi* 人気のよい土地 A terra com bom ~.

nínki[2] 任期 O tempo [período] de serviço. *Kono sangatsu de kare no ～ wa kireru* [*manryō ni naru*] この三月で彼の任期は切れる[満了になる] Em março expira o ～ dele. ★ ～ *ippai tsutomeru* 任期いっぱい勤める Cumprir ～. [S/同] Niñgén.

niñkí-tori 人気取り (<… + tóru) A jogada publicitária; o querer ser popular. ◇ **～ seisaku** 人気取り政策 A medida [política] demagógica.

nínku 忍苦【E.】O estoicismo; a firmeza de ânimo. ★ ～ *no isshō* 忍苦の一生 Uma vida austera [estóica]. ⇨ níntai.

niñkyṓ 任[仁]侠 O espírito cavalheiresco. [S/同] Gikyṓ; otókó-gi.

niñmári にんまり Complacentemente; condescendetemente. ★ ～(*to*)*suru*[*warau*] にんまりと(と)する[笑う] Sorrir ～. ⇨ nikkóri.

niñméí 任命 A nomeação [designação]. *Kare wa chūzai-Porutogaru taishi ni ～ sareta* 彼は駐ポルトガル大使に任命された Ele foi nomeado embaixador em [para] P. ◇ **～ ken** 任命権 O poder de ～. [A/反] Kaíníñ.

niñméñ 任免 (< niñméí + ménjo) A nomeação e a deposição [destituição]. ★ ～ *ken o motsu* 任免権を持つ Ter (o) poder de nomear e depor [destituir].

nínmu 任務 O encargo; a missão; a função; o trabalho; a incumbência. *Kare wa jūdai na ～ o obite Rio e tonda* 彼は重大な任務を帯びてリオへ飛んだ Ele voou para o Rio incumbido de uma importante missão. ～ *o ataeru* [*kasu*] 任務を与える[課す] Atribuir [Conferir]～. ～ *o hatasu* 任務を果たす Desempenhar ～. [S/同] Shigótó; tsutómé; yakúmé.

niñníkú 大蒜 O alho.

ni-nó-áshí 二の足 O "segundo passo". [I/慣用] ～ *o fumu* 二の足を踏む Vacilar; hesitar; estar hesitante (Lit. "parar ao ～") [*Chichi wa oji no hoshōnin ni naru no ni ～ o funde iru* 父はおじの保証人になるのに二の足を踏んでいる O meu pai hesita em ser fiador do meu tio].

ni-nó-kú 二の句 A palavra de réplica; a resposta. ★ ～ *ga tsugenai* 二の句が継げない Ficar boquiaberto [sem palavra].

ni-nó-máí 二の舞 "A mesma dança". *Ani no shippai no ～ o enjite shimatta* 兄の失敗の二の舞を演じてしまった Cometi o mesmo erro [Fui na ～/mesma cantiga] do meu irmão mais velho.

ni-nó-tsúgí 二の次 O ser secundário [sem importância]. *Shōhai wa ～ da* 勝敗は二の次だ Ganhar ou perder é secundário [não importa]. [S/同] Ató-máwashi.

ni-nó-údé 二の腕 O braço. [S/同] Jṓwáñ (+).

ni-nó-zen 二の膳 Vários pratos. ★ ～ *tsuki no shokuji* 二の膳つきの食事 A refeição com ～.

nínpi 認否【E.】A aprovação ou desaprovação. ◇ **Zaijō ～** 罪状認否【Dir.】A acusação pública.

niñpí-níñ 人非人 O bruto; o bárbaro. *Kono ～ no rokude nashi* この人非人のろくでなし Que animal [monstro/～]! [S/同] Hitódénáshí.

nínpu[1] 人夫 O trabalhador braçal. ◇ **～ gashira** 人夫頭 O capataz. [S/同] Niñsókú.

nínpu[2] 妊婦 A mulher grávida. ◇ **～ fuku** 妊婦服 O vestido pré-mamã. ⇨ niñshíñ; sánpu[1].

niñsánpu 妊産婦 (< nínpu + sánpu) As (mulheres) grávidas e parturientes.

niñshíkí 認識 O conhecimento; a cognição; a percepção. *Kare wa sekai jōsei ni tsuite ～ busoku da* 彼は世界情勢について認識不足だ Ele tem pouco conhecimento da situação mundial. ★ ～ *o arata ni suru* 認識を新たにする Ver sob outro ângulo; ver a uma nova luz. ～ *o fukameru* 認識を深める Aprofundar o ～. ◇ **～ ron** 認識論 A epistemologia; a teoria cognoscitiva [do conhecimento].

niñshíñ 妊娠 A gravidez; a concepção; a gestação. ★ ～ *suru* 妊娠する Engravidar. ～ *shite iru* 妊娠している Estar grávida. ◇ **～ chūdokushō** 妊娠中毒症 A toxemia da gravidez. **～ chūzetsu** 妊娠中絶 O aborto. **Sōzō ～** 想像妊娠 O rebate falso de gravidez. [S/同] Jutáí; kaíníñ; kaítáí.

niñshṓ[1] 人称【Gram.】A pessoa. ◇ **～ daimeishi** 人称代名詞 O pronome pessoal「eu」. **～ henka** 人称変化 A mudança de ～. **Ichi** [**Ni; San**]**～** 一[二; 三]人称 A primeira [segunda; terceira]～. ⇨ **hi ～**.

niñshṓ[2] 認証 A confirmação「pública/governamental」; o reconhecimento. ★ ～ *suru* 認証する Autenticar; reconhecer. ◇ **～ kan** 認証官【Dir.】O funcionário público cuja nomeação e demissão está sujeita à ～ do imperador. **～ shiki** 認証式 A cerimó[ô]nia da ～. ⇨ niñtéí.

nínsō 人相 **1** [人の顔形] A fisionomia; a cara; as feições; o rosto; o semblante. ★ ～ *no warui otoko* 人相の悪い男 O homem de má cara [com cara de mau]. ◇ ⇨ **～ gaki**. **2** [顔形からよめる運命・性格] A fisionomia; o cará(c)ter. ★ ～ *o miru* [*uranau*] 人相を見る[占う]Ler na cara o cará(c)ter [Adivinhar o destino pela ～]. ◇ **～ gaku** 人相学 A fisiognomonia; a arte de conhecer o cará(c)ter pela ～ [pelas linhas do rosto]. ⇨ kaó.

niñsṓ-gákí 人相書き (<… + káku) A descrição fisionó[ô]mica.

niñsókú 人足 O trabalhador braçal (Carregador, estivador, etc.). [S/同] Nínpu[1]. ⇨ dokátá.

níntai 忍耐 A perseverança; a paciência. *Wareware no ～ mo mō genkai da* 我々の忍耐ももう限界だ A nossa paciência já está no limite. ★ ～ *suru* 忍耐する Ter paciência; aguentar; suportar. [S/同] Gáman; shínbō.

niñtái-ryoku 忍耐力 A fortaleza; a paciência. *Kodomo no kyōiku ni wa ～ ga hitsuyō de aru* 子供の教育には忍耐力が必要である É preciso (ter) paciência para educar crianças. ★ ～ *ni kakeru* 忍耐力に欠ける Carecer de [Ter pouca] ～.

niñtáí-zúyói 忍耐強い (<… + tsuyói) Perseverante; constante; forte; paciente. ★ ～ *hito* 忍耐強い人 A pessoa ～.

niñtéí 認定 A aprovação「dos livros escolares」; o reconhecimento; a autorização. ★ *Zōwai o jijitsu to ～ suru* 贈賄を事実と認定する「o juiz」Reconhecer o suborno como certo. ◇ **～ sho** 認定書 O certificado. ⇨ niñshṓ[2].

ni-núshí 荷主 O proprietário ou expedidor da carga [bagagem].

niñ'yṓ[1] 任用【E.】A nomeação [designação] (para um cargo). ★ ～ *suru* 任用する Nomear; designar. [S/同] Niñméí (+).

niñ'yṓ[2] 認容【E.】A admissão; a aceitação. ★ ～ *suru* 認容する Admitir; aceitar. [S/同] Yṓníñ (+).

nínzū[**zu**] 人数 **1** [人の数] O número (de pessoas). *Ryōri wa ～ bun shika arimasen* 料理は人数分しかありません A comida só chega para esse ～.

~ *ga sorotta* 人数がそろった (Pronto) já estamos todos. ★ ~ *ga fueru* 人数が増える Aumentar. ~ *ga hitori tarinai* 人数が一人足りない Falta um [uma pessoa]. ~ *o kazoeru* 人数を数える Contar as pessoas. [S/同] Íńzū. **2** [大勢の人] Muita gente. ★ ~ *o kuridasu* 人数を繰り出す Enviar grandes reforços (para a frente de batalha). [S/同] Taníńzū; tasū́ (+).

nińzúru 任ずる ⇨ nińjíru.

Niṓ [óo] 仁王【Bud.】Os dois deuses-guardiões (No pórtico dos templos). ★ ~ *dachi ni naru* 仁王立ちになる Empertigar-se todo. ◇ **~ mon** 仁王門 O pórtico dos ~.

nióí[1] 匂い (⇨ nióí[2]) **1** [かおり; 香気] O cheiro; o odor; o aroma; a fragrância; o perfume. *Ano oku-san wa itsumo kōsui no ~ o punpun sasete iru* あの奥さんはいつも香水の匂いをぷんぷんさせている Aquela senhora anda sempre toda perfumada. *Kono hana wa nan to mo ienai ī ~ ga suru* この花は何とも言えないいい匂いがする Esta flor tem um cheirinho [perfume]! ~ *o hanatsu* [*hassuru*] 匂いを放つ[発する]Deitar [Ter/Exalar] cheiro/cheirar. *Wakaba no ~ o kagu* 若葉の匂いをかぐ Cheira a [Sente-se o cheiro das] folhas novas. [S/同] Kaórí; kṓki. **2** [趣] O sabor; o tom. ★ *Kofū na ~* 古風な匂い O sabor da antiguidade. *Hinabita ~ no suru chashitsu* ひなびた匂いのする茶室 A sala para a cerimó[ô]nia do chá com um ~ rústico. *Kyomu-shugi no ~ no suru hon* 虚無主義の匂いのする本 O livro com um certo ~ niilista. [S/同] Fúzei; omómúkí.

nióí[2] 臭い(⇨ nióí[1]) **1** [臭気] O mau cheiro; o fedor. *Aitsu wa itsumo sake no ~ o sasete iru* あいつはいつも酒の臭いをさせている Ele anda sempre a tresandar [cheirar] a vinho. *Nani ka iya na ~ ga shimasen ka* 何かいやな臭いがしませんか Não lhe está a cheirar mal? ★ ~ *o toru* [*nuku*] 臭いを取る[抜く] Tirar [Eliminar]~. *Kusatta tamago no ~ ga suru* 腐った卵の臭いがする Cheirar a ovo podre. *Tabako no ~ ga fuku ni shimitsuite iru* たばこの臭いが服にしみついている A roupa cheira a tabaco. [S/同] Kusámí; shū́ki. **2** [感じ] O ar; o indício. *Hanzai no ~ ga suru* 犯罪の臭いがする Cheira-me a crime.

ni-óroshi 荷卸し (<… ³ + orósu) O descarregamento. ★ ~ *suru* 荷卸しする Descarregar. [S/同] Ni-ágé (+).

nióu[1] 匂う (⇨ nióu[2]) **1** [よい香りがする] Cheirar; exalar cheiro. *Ume no hana no kaori ga atari ni niotte ita* 梅の花の香りが辺りに匂っていた Aqui e acolá sentia-se o cheiro das flores de ameix(i)eira. *Kono hana wa amari niowanai* この花はあまり匂わない Esta flor não tem muito cheiro. **2** [色が映える] Resplandecer. ★ *Asahi ni ~ yama-zakura-bana* 朝日に匂う山桜花 As flores de cerejeiras silvestres a ~ [brilhar] ao sol nascente.

nióu[2] 臭う (⇨ nióu[1]) **1** [臭く感じる] Cheirar mal; feder. *Gesui ga pūn to ~* 下水がぷうんとにおう Os esgotos fedem [têm um cheiro fétido]. *Ninniku no sei de kuchi ga ~* にんにくのせいで口がにおう Estou com mau hálito por ter comido [Tenho a boca a cheirar a] alho. **2** [疑わしく感じられる]【G.】Suspeitar; cheirar. *Sono torihiki ni wa hanzai ga ~* その取り引きには犯罪がにおう Suspeito que há [Cheira-me a] fraude neste negócio. ⇨ ayáshíí.

niówásu[**niówáséru**] 匂わす [匂わせる] (< nióu[1]) **1** [香気を発する] Perfumar; cheirar a perfume. **2** [ほのめかす] Insinuar; dar a entender. *Kare wa jishoku no ikō o niowaseta* 彼は辞職の意向を匂わせた Ele insinuou que ia deixar o cargo. [S/同] Ańjí súrú; honómékásu.

Níppaku 日伯 (< Níchi + Háku) O J. e o B. ★ ~ (*kan*) *no* 日伯(間)の Nipo-brasileiro [Entre ~].

Níppo 日葡 (< Níchi + Po) O J. e P. ★ ~ (*kan*) *no* 日葡(間)の Luso-nipónico [Entre ~].

nippṓ 日報 O jornal [boletim, etc] diário. ⇨ geppṓ; neńpṓ[2]; shū́hō.

Nippón 日本 O Japão. [S/同] Nihón.

nirá 韮【Bot.】Uma espécie de alho-porro, de folhas comestíveis.

nirámékko 睨めっこ O sério (Jogo de fitar olhos nos olhos). ~ *shimashō, a pu pu* にらめっこしましょう, あっぷっぷ Vamos jogar ao ~.

nirámí 睨み (< nirámu) **1** [にらむこと] O olhar sério. *Chichioya no hito ~ de kodomo wa otonashiku natta* 父親のひとにらみで子供はおとなしくなった Com [A] um ~ do pai a criança ficou logo quiet(inh)a. **2** [威圧] A influência; a autoridade. ★ ~ *o kikaseru* にらみを利かせる Usar [Exercer] ~.

nirámí-áí 睨み合い (< nirámí-áu) **1** [互いににらむこと] O olhar-se fixamente um ao outro. **2** [反目] A hostilidade; o antagonismo. *Ryōsha no ~ ga tsuzuite iru* 両者のにらみ合いが続いている Ambos continuam a hostilizar-se. ⇨ hańmókú; taírítsú.

nirámí-áu 睨み合う (< nirámu + …) **1** [互いににらむ] Olhar fixos um para o outro. *Futari wa kuchi mo kikazu ni nirami-atte ita* 二人は口もきかずににらみ合っていた Os dois olhovam-se fixamente em silêncio. **2** [反目する] Estar desavindo; observar-se com hostilidade. [S/同] Hańmókú súrú; taírítsú súrú.

nirámí-áwáséru 睨み合わせる (< nirámu + …) Tomar (algo) como comparação. *Hiyō to nirami-awasete ryokō no keikaku o tateyō* 費用とにらみ合わせて旅行の計画を立てよう Façamos o plano da viagem tendo em conta as despesas que envolve. [S/同] Kańgáé-áwáséru; kṓryo suru.

nirámí-káesu 睨み返す (< nirámu + …) Devolver uma olhadela penetrante.

nirámí-tsúkéru 睨み付ける (< nirámu + …) Lançar um olhar severo [penetrante]; olhar com desafio; olhar furioso/a.

nirámu 睨む **1** [見据える] Fixar o olhar「em」; lançar um olhar penetrante [de desafio]. *Kare wa sugoi kao de watashi o niranda* 彼はすごい顔で私をにらんだ Ele olhou-me com [fez-me] uma cara terrível. ★ *Yokome de ~* 横目でにらむ Olhar de soslaio. ⇨ mi-súérú; nirámí-tsúkéru. **2** [見当をつける] Calcular; conje(c)turar. *Watashi wa kanojo o yonjussai kurai to niranda* 私は彼女を 40 歳くらいとにらんだ Eu calculei que ela tivesse cerca de 40 anos. ★ *Ayashii to ~* 怪しいとにらむ Suspeitar; desconfiar「de」. ⇨ keńtṓ[1]. **3** [監視する] Vigiar. *Kare wa keisatsu ni niramarete iru* 彼は警察ににらまれている Ele está a ser vigiado pela polícia. **4** [考えに入れる] Considerar; tomar em consideração; ter em vista. ★ *Senkyo o niranda seiji-katsudō* 選挙をにらんだ政治活動 As a(c)tividades políticas com vista às [com a mira nas] eleições.

nirán-séí 二卵性 Biovular; dizigótico. ◇ **~ sōseiji** 二卵性双生児 Os gé[ê]meos dizigóticos. ⇨ ichírán-séí.

niré 楡【Bot.】O u[o]lmeiro; o olmo; *ulnius davidia-*

na var. japonica.
nirén-jū 二連銃 A espingarda de dois canos.
ní-retsu 二列 As duas fileiras [filas; colunas; linhas]. ★ *Mae* [*Ushiro*] *kara* ~ (*me*) *ni* 前 [後ろ] から二列 (目) に Na segunda fila contando [a contar] da frente [de trás].
ni-rín-záki 二輪咲き (< ... + *sakú*) A flor dupla; as flores gé[ê]meas.
nirítsú-háihán 二律背反【哲】A antinomia. ★ ~ *no* 二律背反の Antinómico; contraditório. ⇨ mujún.
nirú¹ 煮る Cozer; ferver. *Nite kuō to yaite kuō to katte ni shiro* 煮て食おうと焼いて食おうと勝手にしろ (olhe) Faça como [o que] quiser! *Aitsu wa nite mo yaite mo kuenai yatsu da* あいつは煮ても焼いても食えないやつだ Não gramo [consigo tragar] aquele sujeito/Aquele tipo é intragável [um osso duro de roer]. ★ *Jagaino o yoku* ~ じゃがいもをよく煮る Cozer bem as batatas. ⇨ wakásúi¹; yudéru.
nirú² 似る Ser parecido; parecer-se; assemelhar-se. *Ano kyōdai wa totemo yoku nite iru* [*ikura ka nite iru*; *amari nite inai*] あの兄弟はとてもよく似ている [いくらか似ている；あまり似ていない] Aqueles irmãos parecem-se muito [um pouco]; pouco] (um com o outro). *Nita yō na hanashi* 似たような話 A história análoga [semelhante/parecida]. *Nite hi naru* [*Sono futatsu wa nite hi naru mono da*] その二つは似て非なるものだ Esses dois parecem iguais mas não são]. *Nite mo ni-tsukanai* 似ても似つかない Não se parecer nada; não ter nada em comum [*Musume wa hahaoya to wa nite mo nitsukanai josei da* 娘は母親とは似ても似つかない女性だ A filha é completamente diferente [não tem nada da mãe]. *Doko to naku Suisu ni nita fūkei* どことなくスイスに似た風景 A paisagem que faz lembrar a [um tanto parecida com a da] Suíça. A/反 Chigáu; kotónáru.
ní-rui 二塁【Beis.】A segunda base. ◇ **da** 二塁打 A batida que dá para correr até à ~. ~ **shu** 二塁手 O jogador da ~.
ni-ryū 二流 A segunda classe [categoria; ordem; qualidade]. ~ *no hoteru* 二流のホテル O hotel de ~. ◇ ~ **kō** 二流校 A escola de ~. A/反 Ichí-ryū.
ni-ryúká 二硫化【Quím.】A bissulfuração. ◇ ~ **butsu** 二硫化物 O bissulfito. ~ **tanso** 二硫化炭素 O bissulfito de carbono.
ní-san 二三 Dois ou três; uns poucos; alguns. ~ *ukagaitai koto ga arimasu* 二三伺いたいことがあります Tenho algumas perguntas a fazer [duas ou três coisas para perguntar]. ★ ~ *nichi shitara* 二三日したら Dentro de (uns) dias [dois ou três dias]. S/同 Íkura ka; íkutsu ka; shōshō.
ni-sánká 二酸化【Quím.】A bioxidação. ◇ ~ **butsu** 二酸化物 O dióxido; o bióxido. ~ **iō** 二酸化硫黄 O dióxido de enxofre. ~ **tanso** 二酸化炭素 O dióxido de carbono.
nisé¹ 偽・贋【O ser imitação [ˈdiamanteˈ falso]; falsificado; fingido]. ◇ ~ **gane** [**mono**; **satsu**]. ~ **keiji** [**isha**] にせ刑事 [医者] O pretenso/fingido/falso dete(c)tive [médico]. ~ **shōmon** にせ証文 O documento falso [falsificado].
níse² 二世【Bud.】As duas existências [vidas]; esta vida e a outra; este mundo e o outro. ★ ~ *no chigiri* 二世の契り A promessa [O voto] de um amor eterno. ⇨ génse; ráise.

nisé-ákáshia 贋アカシア【Bot.】A falsa acácia; a acácia bastarda; *robinia pseudoacacia*. S/同 Harí-énju.
nisé-gáne 偽 [贋] 金 (< ... + *kané*) O dinheiro falso(ificad)o. ~ *o tsukuru* 贋金を作る Fazer notas falsas; falsificar dinheiro. ⇨ nisé-sátsú.
ní-sei 二世 **1** [二代目] O segundo. ◇ **Don Joan** ~ ドンジョアン二世 D. João Ⅱ. S/同 Ní-dái-me. **2** [日系の二世] O japonês da segunda geração. *Kare wa Burajiru no* ~ *da* 彼はブラジルの二世だ Ele é brasileiro de pais japoneses. ⇨ nikkéi¹. **3** [長男]【G.】O primogé[ê]nito/herdeiro. ★ ~ *tanjō* 二世誕生 O nascimento do ~. S/同 Júnia.
nisé-mónó¹ 偽 [贋] 物 O obje(c)to falsificado [imitado]. *Honmono to* ~ *to o miwakeru* 本物とにせ物とを見分ける Distinguir o verdadeiro do falso. ★ ~ *o tsukamaseru* にせ物をつかませる Impingir ~. S/同 Mozō-hín. A/反 Hoń-mónó.
nisé-mónó² 偽 [贋] 者 O impostor. A/反 Hónnin.
nisérú 似せる (< nirú²) Copiar; imitar; ˈDeusˈ fazer ˈo homemˈ à ˈSuaˈ semelhança; falsificar; contrafazer. S/同 Manérú.
nisé-sátsú 贋 [偽] 札 A nota falsa [falsificada]. ★ ~ *o tsukuru* 贋札を作る Falsificar notas; fazer notas falsas. S/同 nisé-gáne.
nishí 西 O oeste [ocidente]. ★ ~ *muki no heya* 西向きの部屋 O quarto virado [que dá] para o poente~; ~ *ni mukatte susumu* 西に向かって進む Ir [Avançar] para o ~. ◇ ~ **gawa shokoku** 西側諸国 Os (vários) países ocidentais. ~ **Yōroppa** 西ヨーロッパ A Europa ocidental. **Ma** ~ 真西 Mesmo para [em dire(c)ção ao] oeste. I/慣用 ~ *mo higashi mo wakaranai* 西も東もわからない **a)** Estar desorientado [perdido]; **b)** Não saber nada [*Koshite kita bakari de kono machi wa* ~ *mo higashi mo wakaranai* 越してきたばかりでこの町は西も東もわからない Tendo acabado de me mudar, esta cidade é-me ainda completamente estranha]. S/同 Higáshí.
nishí-bi 西日 (< ... + *hi*) O sol (da parte) de tarde. *Kono heya wa* ~ *ga sasu* この部屋は西日がさす Este quarto apanha ~.
nishijín-óri 西陣織 O brocado de "Nishijin".
nishíki 錦 **1** [織物] O brocado japonês. I/慣用 ~ *no mi-hata* 錦の御旗 **a)** O estandarte imperial (feito de ~); **b)** Uma causa nobre [*Heiwa o* ~ *no mi-hata to shite* 平和を錦の御旗として Em nome [Sob a bandeira] da paz]. ◇ ~ **e** [**hebi**]. **2** [美しいもの] As coisas belas. ★ ~ *o matou* 錦をまとう Vestir brocados (roupa de gala). I/慣用 *Kokyō ni* ~ *o kazaru* 故郷に錦を飾る Voltar triunfante (coberto de glória e riquezas) à terra natal.
nishíki-e 錦絵 A xilogravura colorida. S/同 Ukiyó-e.
nishíki-goi 錦鯉 (< ... + *kói*)【Zool.】A carpa híbrida de várias cores.
nishíki-hebi 錦蛇【Zool.】O pitão [A jibóia/anaconda] (Cobras bonitas).
ni-shímé 煮染め (< ni-shíméru) O refogado com molho de soja. ⇨ ni-kómí.
ni-shímérú 煮染める (< nirú + ...) Refogar. ⇨ ni-kómí.
níshin¹ 鰊・鯡【Zool.】O arenque; *clupea harangus*. ◇ **Kunsei** ~ 燻製鰊 ~ defumado.
nishín² 二伸【E.】tsuíshín.

nishíń-hṓ 二進法 O sistema binário; a numeração binária.

níshin-ittái 二進一退「avançar com prudência」Dois passos para a frente e um para trás.

ni-shíntō 二親等【Dir.】O parentesco em segundo grau. [S/同] Ni-tṓshin. ⇨ shińtṓ³.

-ni shité mo にしても Ainda [Mesmo] que. *Mondai wa kaiketsu suru ~ jikan wa kakarō [kakaru darō/deshō]* 問題は解決するにしても時間はかかろう[かかるだろう/でしょう]~ o problema se resolva, vai levar tempo. *Sore ~ kare wa oso-sugiru* それにしても彼は遅すぎる Mesmo assim, ele está a demorar demais.

-ni shité wa にしては Considerando; se; para. *Kaimono ni itta ~ kaeru no ga ososugiru* 買い物に行ったにしては帰るのが遅すぎる Se foi [Para ter ido a] fazer compras, está demorado demais.

ní-shoku 二食 Duas refeições「por dia」.

ni-shókú-zúrí 二色刷り (<… + súru) A impressão a duas cores.

nisṓ 尼僧 A monja (sobretudo budista). ⇨ áma¹; shísutā; shū́dṓ-jo.

ní-sókú nó wáraji 二足の草鞋 Duas ocupações simultâneas. [I/慣用] ~ *o haku* 二足の草鞋をはく Ter ~「a de médico e escritor」.

ni-sókú-sán-mon 二束三文 Dois vinténs. ★ ~ *de [ni] kau [uru]* 二束三文で[に]買う[売る] Comprar [Vender] por ~.

níssan¹ 日参 A ida diária. *Yakusho ni ~ shite yatto kyoka o moratta* 役所に日参してやっと許可をもらった Depois de (muitas) idas (quase) diárias à Câmara [Prefeitura(B.)], finalmente consegui a licença.

nissáń² 日産 A produção diária「de 200 carros」. ⇨ gessáń; neńsáń.

Nisséki 日赤 (Abrev. de "Nihón sekíjū́jí sha") ⇨ Nihón.

nisshá-byṓ 日射病 A insolação. ★ ~ *ni kakaru* 日射病にかかる Apanhar uma ~. [S/同] Kakúráń. ⇨ nesshá-byṓ.

nisshí 日誌 O diário. ★ ~ *o tsukeru* 日誌をつける Escrever um ~. ◇ **Gakkyū ~** 学級日誌 ~ da turma. **Kōkai ~** 航海日誌 ~ de bordo. [S/同] Nikkí (+).

nisshíńgéppo 日進月歩 O progresso [desenvolvimento; avanço] rápido. ~ *no yo no naka da* 日進月歩の世の中だ Estamos num mundo de ~.

Nisshíń-sénsō 日清戦争【H.】A guerra sino-japonesa (1894-1895).

nisshṓ 日照 A luz solar [do dia]. ◇ **~ jikan** 日照時間【Met.】A duração do dia. **~ ken** 日照権 O direito a sol (Não ter casas altas em frente da sua).

nisshṓki [óo] 日章旗 A bandeira do J. [S/同] Hinómárú (+). ⇨ hatá¹; kokkí².

nisshókú 日食 [蝕]【Astr.】O eclipse do sol. ◇ **Bubun** [**Kaiki**]**~** 部分[皆既]日食 O eclipse parcial [total] do sol. ⇨ gesshókú.

Nísso 日ソ (< Nihón + Sóren)【A.】O J. e a União Soviética (Agora diz-se "Nichi-Ro"). ⇨ Róshia.

nissū́ [úu] 日数 (O número de) dias. *Kare ga taiin suru made ni wa kanari no ~ ga kakaru* 彼が退院するまでにはかなりの日数がかかる Ainda faltam bastantes dias para [até] ele sair [ter alta] do hospital. [S/同] Hi-kázú.

nísu ニス (< Ing. varnish < L. < Gr. < top. Berenike) O verniz. ★ ~ *o nuru* ニスを塗る Envernizar; passar ~. [S/同] Kashítsú; wanísú. ⇨ urúshí.

ní-taki 煮炊 [焚] き (< nirú¹ + takú) A cozinha. ★ ~ *suru* 煮炊きする Cozinhar; fazer [preparar] a comida. [S/同] Suíjí (+).

nitá-mónó 似た者 (< nirú² + …) Parecidos. ◇ **~ dōshi** 似た者同士「no nosso grupo somos」Todos ~. **~ fūfu** 似た者夫婦 Marido e mulher com o mesmo feitio [que estão (bem) um para o outro].

nítanita にたにた Com um sorriso mau. ★ ~ *suru [(to) warau]* にたにたする[(と) 笑う] Sorrir arreganhando os dentes. [S/同] Nitári. ⇨ níyaniya.

nitári にたり ⇨ nítanita.

nitárí-yóttári 似たり寄ったり Praticamente [Quase] igual [a mesma coisa]; ela por ela. *Dore mo mina ~ da* どれもみな似たり寄ったりだ São todos quase iguais. [S/同] Daídṓshṓi; gojíppó-hyáppo.

ni-tátéru 煮立てる (< nirú¹ + …) Ferver「água para cozinhar」.

ni-tátsu 煮立つ (< nirú¹ + …) Ferver; entrar em ebulição. *Nabe ga guragura ni-tatte iru* 鍋がぐらぐら煮立っている A água da panela está a ferver em cachão. [S/同] Nié-tátsu.

nítchimo-sátchimo 二進も三進も Nem para a frente nem para trás; sem saída [solução]. ~ *ikanai* 二進も三進も行かない Estar numa situação crítica [difícil].

nitchókú 日直 O plantão. *Kyō no ~ wa Yamada-san desu* 今日の日直は山田さんです Hoje é a vez do Sr. Yamada estar de ~. ★ ~ *o suru* 日直をする Estar de ~. [A/反] Shukúchókú. ⇨ tṓchókú.

nitchū́¹ 日中 De dia; durante o dia. [S/同] Hirú-má. [A/反] Yo-náká.

Nítchū² 日中 (< Nihón + Chū́goku) O J. e a China. ◇ **~ bōeki** 日中貿易 O comércio sino-japonês. **~ kankei** 日中関係 As relações sino-japonesas [entre ~].

níto 二兎【E.】Duas lebres [Dois coelhos]. [P/ことわざ] ~ *o ou mono wa itto o mo ezu* 二兎を追う者は一兎をも得ず Quem tudo quer, tudo perde [Quem muito abarca pouco aperta].

ni-tṓ [óo] 二等 **1** [二等車の略] A segunda classe. ◇ **~ sha** 二等車 A carruagem de ~. **2** [二番目の等級] A segunda classe [categoria]. ◇ **~ hei** 二等兵 O soldado raso. **~ sei** 二等星 A estrela de segunda magnitude. **~ senshitsu** 二等船室 O camarote de segunda classe. **~ shō** 二等賞 O segundo pré[ê]mio.

nitṓ-búń 二等分 A bisse(c)ção. ★ *Kēki o ~ suru* ケーキを二等分する Partir o bolo ao meio [em duas metades]. ◇ **~ sen** 二等分線 O bisse(c)tor; a bisse(c)triz.

nitṓ-dáté 二頭立て (<… + tatéru) A parelha「de cavalos」. ★ ~ *no basha* 二頭立ての馬車 A carruagem [O coche] de dois cavalos.

nitṓhéń-sáńkákkei 二等辺三角形 O triângulo isósceles.

nítoriru ニトリル (< Al. nitril)【Quím.】O nitrilo.

nítoro ニトロ (< Al. < Gr. nitro)【Quím.】Nitro. ◇ **~ guriserin** ニトログリセリン A nitroglicerina. ~ *ki* ニトロ基 O nitrato. **~ serurōzu** ニトロセルローズ A nitrocelulose.

nitṓ-ryū́ 二刀流 **1** [剣術の流儀] A esgrima com duas espadas. **2** [甘いものも酒も好きなこと] O gostar tanto de doces como de vinho.

ni-tṓshin [óo] 二等親 ⇨ ni-shíntō.

nitsúkáwáshíi 似つかわしい Apropriado; adequado; conveniente. ⒮⒠ Fusáwashíi (+).

ni-tsúké 煮付け (< ni-tsúkéru) O refogado. ★ *Sakana no* ~ 魚の煮付けの ~ de peixe.

ni-tsúkéru 煮付ける (< nirú¹ + …) Refogar「em molho de soja」.

ni-tsúmáru 煮詰まる (< ni-tsúméru) **1**[煮える] Ficar apurado. **2**[まとまってくる: でき上がってくる] Ganhar forma. *Hanashi mo daibu ni-tsumatte kita kara sorosoro ketsuron o da sō* 話もだいぶ煮詰まってきたからそろそろ結論を出そう Como o assunto já está (mais ou menos) claro, é tempo de tirar as conclusões.

ni-tsúméru 煮詰める (< nirú¹ + …) **1**[よく煮る] Apurar o cozinhado; engrossar o molho. ★ *Nikujū no* ~ 肉汁を煮詰める Deixar ~ de carne. **2**[仕上げる; まとめ上げる] Ultimar; rematar. ★ *Keikaku o* ~ 計画を煮詰める Dar os toques finais no plano.

nittéi 日程 O programa [plano/A agenda] (do dia). *Renjitsu ga tsumatte iru* 連日日程が詰まっている Tenho estes dias todos tomados [a agenda cheia]. ~ *o henkō suru* 日程を変更する Alterar ~. ~ *o kumu* 日程を組む Fazer ~. ◊ ~ **hyō** 日程表 O horário (do dia). **Giji** ~ 議事日程 A ordem do dia. ⒮⒠ Sukéjűru. ⇨ nikká.

nítto¹ ニット (< Ing. knit) A malha. ★ ~ *no sūtsu* ニットのスーツ O fato de ~. ◊ ~ **uea** ニットウエア As malhas.

nítto² にっと Afe(c)tadamente; forçadamente.

nittō 日当 **a)** O subsídio diário; **b)** A jorna. ★ ~ *go-sen en o harau* 日当五千円を払う Pagar 5.000 yens por dia. ⇨ Nikkyú.

ni-úgoki 荷動き O movimento [fluxo] de carga [mercadoria]. ★ ~ *ga kappatsu da* 荷動きが活発だ ~ é muito.

ni-úké 荷受け (< …³ + ukéru) O levantamento da carga [mercadoria]. ~ **kikan** 荷受け機関 A agência transitária. ~ **nin** 荷受け人 O agente transitário; o despachante. ⒜⒠ Ni-ókuri.

niwá¹ 庭 **1**[屋敷の中の] O jardim; o quintal (⇨ yasáí); o pátio (⇨ naká-níwá). ★ ~ *no teire o suru* 庭の手入れをする Trabalhar no [Cuidar do] jardim. ~ *o tsukuru* 庭を作る Ajardinar [Fazer um ~]. ◊ ~ **ishi** 庭石 A pedra [rocha] ornamental de jardim. ~ **ki** 庭木 A planta de ~. ~ **saki** [mae] 庭先 [前] A entrada do ~. ~ **shi**, **shigoto** 庭仕事 A jardinagem. ⇨ kṓeí¹; sǿno²; teíén. **2**[物事を行う場所] [E.] O local. ★ *Ikusa no* ~ 戦いの庭 O campo de batalha. *Manabi no* ~ 学びの庭 A escola.

ní wa² には ⇨ ni¹.

niwá-íjiri 庭いじり (< … + ijíru) A jardinagem de amador. ★ ~ *o suru* 庭いじりをする Fazer um pouco de ~.

níwaka 俄か A subitaneidade; o repente; o improviso. *Sofu no byōjō ga* ~ *ni akka shita* 祖父の病状がにわかに悪化した O estado (de saúde) do meu avô piorou subitamente [de repente]. ◊ ~ **ame** [**benkyō; kyōgen**]. ⒮⒠ Dashí-núké; totsúzén.

niwáká-bénkyō 俄か勉強 O empinaço (da matéria de exame à última da hora). ⇨ ichíyázúké.

niwáká-jíkomi 俄か仕込み (< … + shikómu) A preparação atabalhoada. ★ ~ *no chishiki* にわか仕込みの知識 Os conhecimentos adquiridos à pressa.

niwáká-jítate 俄か仕立て (< … + shitatéru) O improviso; a improvisação. ⇨ niwáká-jíkomi.

niwáká-kyṓgen [**óo**] 俄か狂言 A farsa improvisada.

niwáká-zúkuri 俄か作り (< … + tsukúru) A improvisação. ★ ~ *no inu-goya* にわか作りの犬小屋 A casota de cão improvisada. ⇨ maníáwásé.

niwá-ki 庭木 ⇨ niwá¹.

niwá-sáki 庭先 [前] ⇨ niwá¹.

niwá-shi 庭師 O jardineiro (paisagista). ⒮⒠ Engéí-ká; ueḱí-yá; zōén-ká.

ni-wátashi 荷渡し (< …³ + watasú)「fazer」A entrega da mercadoria.

niwatṓkó 庭常・接骨木 【Bot.】O sabugueiro.

niwátóri 鶏 【Zool.】A criação [As aves de capoeira]; o galo (⇨ ondóri); a galinha (~ mendóri); o frango (~ wakádori); o pinto (pintainho) (~ hiyókó). ~ *ga kokekokkō to naku* 鶏がコケコッコーと鳴く O galo faz cocorocó. ★ ~ *ga toki o tsukuru* 鶏が時をつくる O galo canta as horas. ◊ ~ *no niku* 鶏の肉 A carne de galinha [frango]. ⒫⒠⒠ ~ *o saku ni gyūtō o mochiu* [motsu] 鶏を割くに牛刀を用う [持つ] Matar moscas com uma espingarda (Lit.: preparar a galinha [o frango] com um cutelo). ~ **goya** 鶏小屋 O galinheiro; a capoeira. ⇨ yṓkéí.

niyákéru にやける【G.】Ser efeminado [maricas].

ni-yákkai 荷厄介 **1**[手間物をもてあますこと] A sobrecarga (de bagagem). **2**[面倒; yákkai].

niyákú 荷役 O serviço de carga e descarga de navios; a estivagem. ~ *ni karidasareru* 荷役に駆り出される Ser chamado para (fazer) a ~. ◊ ~ **ninpu** 荷役人夫 O estivador.

níyaniya にやにや (Im. de riso afe(c)tado ou escarninho). ~ *suru na* にやにやするな Deixa-te de risinhos (idiotas). ⇨ nítanita; usú-wárai.

niyári にやり (Im. de sorrir). *Sōzō shita tōri no kekka ni natte kare wa omowazu* ~ *to shita* [waratta] 想像した通りの結果になって彼は思わずにやりとした [笑った] Contente com o resultado esperado, ele não conteve um sorriso. ⇨ niyaniya; usú-wárai.

niyṓ 二様 Dois sentidos [modos]; duas maneiras [formas]. *Kono kotoba wa* ~ *ni toreru* [kaishaku dekiru] この言葉は二様にとれる [解釈できる] Esta palavra (Ou afirmação) tem dois sentidos [pode-se entender de duas maneiras]. ⒮⒠ Futá-tṓri.

ni-yóri 似寄り (< …³ + yorú) O ser parecido.

ni-zákana 煮魚 (< nirú¹ + sakáná) O peixe cozido com molho de soja e açúcar. ⇨ yakí-zákana.

ni-zúkuri 荷造[作] り (< …³ + tsukúru) O encaixotamento [empacotamento]; o fazer as malas; a embalagem. ★ ~ *o toku* 荷造りを解く Desempacotar; desembalar. ~ *suru* 荷造りする Encaixotar; empacotar; embalar. ⒮⒠ Konpṓ. ⇨ hōsṓ.

ni-zúmí 荷積み (< …³ + tsumú) O carregamento. ★ *Fune ni* ~ *suru* 船に荷積みする Carregar o navio. ◊ ~ **kṓ** 荷積港 O porto de ~ (despacho).

-no¹ の **1**[内容・状態・性質等についての限定] De. ★ *Burajiru de* ~ *seikatsu* ブラジルでの生活 A vida no B. *Chichi* ~ *shosai* 父の書斎 O escritório do pai. *Hinoki* ~ *hashira* 檜の柱 A coluna de cipreste. *Kuni* ~ *tame* 国のため Pela [Para bem da] pátria. *Kyō* ~ *shinbun* 今日の新聞 O jornal de hoje. *Yuki*

~ yō na hada 雪のような肌 A pele branca como [de] neve. **2**[動作・状況の主体] De. ★ *Sakura ~ [ga] saku koro* 桜の[が]咲く頃 O tempo das cerejeiras em flor. *Tomodachi ~ kuru hi* 友達の来る日 O dia em que o amigo vem (Nestas loc. pode-se usar "no" só porque depois vem um sub.: koro, hi). **3**[もの; こと] A coisa. *Iku ~ wa iya na no da* 行くのはいやなのだ Não quero ir. *Imōto ga hashitte iku ~ ga mieta* 妹が走っていくのが見えた Eu vi a minha irmã a correr. *Kirei na ~ o kudasai* きれいなのを下さい Dê-me a「agenda」bonita. *Kore wa watashi ~ da* これは私のだ Isto é meu. *Sakana no umai ~ ga tabetai nā* 魚のうまいのが食べたいなあ Apetecia-me comer um peixe saboroso. *Kuru ~ ga osoi* 来るのが遅い Tarda em chegar. *Sono hashiru ~ no hayai koto hayai koto* その走るのの速いこと速いこと Isso é que é uma corrida veloz! **4**[事態の説明・強調・確認] Sabia?; Acaso será?(Ênfase) *Kare wa byōki na ~ da* 彼は病気なのだ (Porque) ele está doente! *Kimi mo yuku ~ ka* 君もゆくのか Tu também vais? **5**[列挙] É ainda mais; etc. *Itai ~ itaku nai ~ tte totemo gaman ga dekinakatta* 痛いの痛くないのってとても我慢ができなかった Não conseguia suportar tantas dores. *Ringo da ~ mikan da ~ takusan itadaita* りんごだのみかんだのたくさん頂いた Derammem maçãs, tangerinas, mais de quantas coisas. **6**[4の文末語化したもの。説明的な気持ちを表す(女性語)][Infa.] É como lhe digo! ★ *Aru ~ yo* あるのよ Tenho, tenho [sim senhor]! *Iie chigau ~* いいえ違うの Não, não é. *Kore desu ~* これですの É este, vê? *Sō desu ~* そうですの É sim (senhor). *Totemo iya na ~ yo ne* とてもいやなのよね Não me agrada nada. **7**[6の疑問形(女性語)][Infa.] Que acha? *Dō suru ~* どうするの Que faz, então? *Doko ga guai ga warui ~* どこか具合が悪いの Não se sente bem [Dói-lhe alguma coisa?] *Nani o suru ~* 何をするの Que vai fazer? **8**[4 又は 6 の強調形(女性語)][Infa.] Ouviu bem?; Entendeu? *Anata wa shinpai shinaide benkyō dake shite ireba ii* ～ あなたは心配しないで勉強だけしていればいいの Tu devias preocupar-te com o estudo e nada mais (, ouviste?) *Itsu made mo mesomeso shinai* ～ いつまでもめそめそしないの Deixa-te mas é de pieguices (, ouviste [estás a ouvir]?).

no² 野 **1**[原] O campo; o prado; a planície. *~ ni mo yama ni mo hito ga kuridasu* 野にも山にも人が繰り出す As gentes avançam por planícies e montanhas. ⟨T/慣用⟩ *Ato wa ~ to nare yama to nare* あとは野となれ山となれ Depois, salve-se quem puder/Depois de mim o dilúvio! ⟨S/同⟩ Hára; nó-hara; norá; tá-hata. **2**[野生の] Silvestre. ◇ ⇨ **usagi**.

nō¹ [のう] 能 **1**[才能] A capacidade; [ter] talento「para a música」. *Kare wa neru shika ~ ga nai otoko da* 彼は寝るしか能がない男だ Ele só sabe dormir. ⟨P/ことわざ⟩ *~ aru taka wa tsume o kakusu* 能ある鷹は爪を隠す(Lit. "O falcão (que é) forte esconde as garras") /Quem mais sabe menos procura mostrar. ⟨S/同⟩ Nōryoku; saínó. **2**[能楽] O (teatro) nô. ★ ~ **butai** [**yakusha**] 能舞台 [役者]O palco [a(c)tor] de ~. ~ **kyōgen** 能狂言 A farsa do nô. ⇨ **men**. ⟨S/同⟩ Nōgáku.

nō² [のう] 脳 **1**[脳髄][Anat.] O cérebro. ★ *~ no hataraki* 脳の働き O funcionamento do ~. ◇ *~ saibō* 脳細胞 As células do ~. ~ **shōgai** 脳障害 A lesão [O trauma] cerebral. ⇨ ~ **geka** [**hinketsu/jūketsu/kessen/maku/shi/shinkei/shintō/shukketsu/shuyō/sotchū/ten/zui**]. ⟨S/同⟩ Nō-míso; nózui. ⇨ zúnō. **2**[精神の働き] Os miolos; a cabeça. ★ *~ ga yowai* 脳が弱い Ter fraca cabeça [pouco miolo]. ⟨S/同⟩ Atámá.

nō³ ノー (< Ing. no < L. non) **1**[否定] Não. ★ *Iesu ka ~ ka* イエスかノーか Sim ou ~? ★ *~ to iu* ノーと言う Dizer ~; recusar. **2**[ノー; に]Sem. ◇ ~ **auto** [**dan**] ノーアウト[ダン][Bei.] Sem foras. ~ **bura** ノーブラ Sem sutiã. ~ **gēmu** ノーゲーム[Bei.] O jogo nulo. ~ **hitto nō-ran** ノーヒットノーラン[Bei.] A partida sem golpes [batidas] nem corridas. ~ **kaunto** ノーカウント Sem efeeito. ~ **komento** ノーコメント Sem comentários [*Sono ken ni tsuite wa ~ komento desu* その件についてはノーコメントです Não temo nada a dizer desse assunto]. ~ **māku** ノーマーク[(D)esp.] Sem marcação. ~ **nekutai** ノーネクタイ Sem gravata. ~ **sumōkingu** ～スモーキング Proibido fumar. ~ **surību** ノースリーブ Sem mangas. ~ **sutokkingu** ノーストッキング Sem meias. ~ **tatchi** ノータッチ Sem referências.

nō⁴ [のう] 膿 [Med.] O pus; a sânie. ⟨S/同⟩ Umí (+).

nō⁻⁵ [のう] Muito forte; denso; escuro. ◇ ~ **kasshoku** 濃褐色 O castanho escuro. ~ **ryūsan** 濃硫酸 O ácido sulfúrico concentrado/forte. ⇨ kói³.

Nóa ノア Noé. ◇ *~ no hakobune* ノアの方舟「em casa tenho tantos bichos como」A arca de ~.

no-bánashi 野放し (< ... ³+hanásu) **1**[放し飼い] O pastoreio [trazer/criar os animais nos pastos]. ⟨S/同⟩ Hanáshí-gái (+). **2**[放任] O dar rédea [deixar andar à vontade]. ~ *ni kan kenchiku ni taisuru kisei ga hitsuyō da* 野放しの違反建築に対する規制が必要だ É necessário regulamentar a construção ilegal desenfreada. ⟨S/同⟩ Hōníń.

nó-bara 野薔薇 [Bot.] A roseira brava.

nobásu¹ 伸ばす (⇨ nobíru) **1**[長さを長くする] Alongar; prolongar; esticar「o pescoço」; estender. ★ *Kami o nagaku ~* 髪を長く伸ばす Deixar crescer o cabelo. *Tsuru [Eda] o ~* 蔓 [枝] を伸ばす Lançar os sarmentos [ramos]. **2**[まっすぐにする] Estirar; desdobrar; endireitar. ★ *Ashi o ~* 足を伸ばす a) Estirar as pernas; b) Ir mais adiante [um pouco] [*Burajiru e itta tsuide ni Aruzenchin made ashi o nobashita* ブラジルへ行ったついでにアルゼンチンまで足を伸ばした Aproveitei a ida ao B., dei mais um salto até à Argentina]. *Koshi o ~* 腰を伸ばす Espreguiçar [Endireitar]-se. *Shiwa o ~* しわを伸ばす Alisar as dobras; passar a ferro. ⇨ nobéru². **3**[盛んにする] Desenvolver; expandir; propagar; dilatar. ★ *porutogarugo no chikara o ~* ポルトガル語の力を伸ばす Aperfeiçoar o (domínio do) p. *Saínō o ~* 才能を伸ばす Cultivar os talentos. *Seiryoku o ~* 勢力を伸ばす Expandir a influência. *Te o ~* 手を伸ばす Expandir o seu raio de a(c)ção. *Uriage o ~* 売り上げを伸ばす Aumentar as vendas. **4**[薄くする] Diluir; dissolver; tornar fino. ★ *Kinzoku o ~* 金属を伸ばす Adelgaçar o metal (⇨ nobé-gane). *Nori no mizu de ~* のりを水で伸ばす Diluir um pouco muito a cola. **5**[なぐり倒す] [G.] Estatelar no [Atirar ao] chão. *Kare wa yopparai o ichigeki no moto ni nobashita* 彼は酔っ払いを一撃のもとに伸ばした Ele atirou o bêbado ao chão com um soco [murro]. ⟨S/同⟩ Nósu; taósu; yattsúkéru.

nobásu² 延ばす (⇨ nobíru) **1** [時間を長くする] Prolongar; aumentar. ★ *Eigyō-jikan o ~* 営業時間を延ばす ~ as horas de serviço. *Kaiki o ~ chū-ni-nichi ~* 会期を一日延ばす Prolongar a estadia por um dia. **2** [時間を遅らせる] Adiar; retardar, demorar. *Sono hi ni dekiru koto o yokujitsu made ~ na* その日にできることを翌日まで延ばすな Não deixes para amanhã o que podes fazer hoje! ◇ *Henji o ~* 返事を延ばす ~ a resposta. *Kanjō [Shiharai] o ~* 勘定 [支払い] を延ばす ~ /Protelar o pagamento (da conta). *Kettei o yokujitsu ni ~* 決定を翌日に延ばす Adiar a decisão para o dia seguinte. S/同 Okúrasérú. **3** [さらに距離を長くする] Prolongar; aumentar o comprimento ou a distância. ★ *Chikatetsu o ~* 地下鉄を延ばす Prolongar (a linha d)o metropolitano.

nóbe¹ 延べ (< nobéru²) O total. ◇ *~ jikan [nissū]* 延べ時間 [日数]O total de horas [dias]. *~ jin'ín* 延べ人員 O número total de pessoas [operários; passageiros]. *~ menseki* 延べ面積 A superfície total. ⇨ gókéí.

nóbe² 野辺 [E.] O campo. ★ *~ no hana* 野辺の花 A flor silvestre [do ~]. ◇ *~ okuri* S/同 Nóhara.

nobé-bárai 延べ払い (< nobéru²**3** + haráu) O pagamento diferido [a prazo]. *Kare wa sono kikai o ~ de katta* 彼はその機械を延べ払いで買った Ele comprou essa máquina a prazo [a prestações]. ◇ *~ yushutsu* 延べ払い輸出 A exportação em ~.

nobé-bō 延べ棒 (< nobéru²**1** + …) O lingote; a barra de metal. ★ *Kin no ~* 金の延べ棒 A barra de ouro.

nobé-gane 延べ金 (< nobéru²**1** + kané) O metal laminado; a chapa [folha] de metal.

nōbén [oó] 能弁 A eloquência; o ter o dom da palavra. *Kare wa ~ da* 彼は能弁だ Ele é muito eloquente. ◇ *~ ka* 能弁家 O orador eloquente. S/同 Yūbén (+). ⇨ Totsúbén.

nobé-ókuri 野辺送り O funeral. S/同 Sōsó; tomúráí.

nóbéríumu [oó] ノーベリウム (< A. Nobel: antr.) 【Quím.】O nobélio (No 102).

nobéru¹ 述 [陳] べる Dizer; exprimir; declarar; mencionar. *Mae [Saki] ni nobeta yō ni watashi wa kono keikaku ni sansei desu* 前 [先] に述べたように私はこの計画に賛成です Como disse antes, eu sou a favor deste proje(c)to. ★ *Iken o ~* 意見を述べる [Dar] a sua opinião. *Shukují o ~* 祝辞を述べる Proferir [Dizer] algumas palavras de felicitações. S/同 Chínjútsú súrú. ⇨ iú.

nobéru² 延 [伸] べる **1** [伸ばす]Estender. ★ *Sukui no te o ~* 救いの手を伸べる Socorrer; dar [~] a mão. S/同 Nobású. **2** [広げる] Estender; desdobrar. ★ *Toko o ~* 床を伸べる Fazer a cama; estender o "futon". **3** [繰り越す] Adiar; prorrogar. ★ *Hi o ~* 日を延べる ~ o dia. S/同 Kurí-kósú.

Nōberu [oó] ノーベル Nobel. ◇ *~ bungaku/heiwa] shō* ノーベル「文学/平和」賞 O pré[ê]mio ~. ◇ *~ shō jushō* ノーベル賞受賞 [候補] 者 O laureado/galardoado com o [O candidato ao] pré[ê]mio ~.

nóbetsu のべつ Sempre; sem cessar [parar]. *Kanojo-tachi wa ~ makunashi (ni) shabette ita* 彼女たちはのべつ幕無しにしゃべっていた Elas falavam sem parar. S/同 Hikkírínáshi; táezu.

nobí¹ 伸 [延] び (⇨ nobíru) **1** [のびること] O crescimento; a expansão; o desenvolvimento. *Sengo Nihon no keizai wa kyōi-teki na ~ o shimeshita* 戦後日本の経済は驚異的な伸びを示したA economia j. expandiu-se tremendamente depois da guerra. *Shinchō no ~* 身長の伸びO crescimento em altura. **2** [手足をのばすこと] O crescimento ou estender das pernas ou os braços. ★ *~ o suru* 伸びをする … **3** [塗料などが広がること] O espalhar-se. *Kono kurīmu wa ~ ga yoi* このクリームは伸びがよい Este creme espalha-se bem.

nobí² 野火 A queimada. S/同 no-yáki.

nobí-ágáru 伸び上がる (< nobíru + …) Pôr-se nas pontas do pé; esticar-se. *Tana no ue no hako o nobiagatte totta* 棚の上の箱を伸び上がって取った Estiquei-me todo [Puz-me nas …] e tirei a caixa da prateleira. ⇨ se-nóbi.

nobí-chijimí 伸び縮み (< nobíru + chijímú) A elasticidade. *Kono gomu-himo wa yoku ~ suru* このゴムひもはよく伸び縮みする Este fio tem muita ~. S/同 Shínshúkú.

nobí-náyamu 伸び悩む (< nobíru + …) **1** [順調に進まない] Crescer [Aumentar] pouco. *Kaisha no gyōseki ga nobi-nayande iru* 会社の業績が伸び悩んでいる A companhia não tem conseguido grandes resultados. **2** [相場で] Estagnar. *Shikyō wa nobi-nayande iru* 市況は伸び悩んでいる O mercado está quase estagnado.

nobí-nobi 伸び伸び (< nobíru + …) A descontra(c)ção. *~ (to) sodatta kodomo* 伸び伸び(と) 育った子供 As crianças criadas [que crescem] à vontade [em liberdade]. ◇ *~ (to) kurasu* 伸び伸び(と) 暮らす Viver sem preocupações. *~ (to)shita buntai* 伸び伸び(と)した文体 O estilo fluente. *~ suru* 伸び伸びする Estar descontraído.

nobí-nobi² 延び延び (< nobíru + …) O adiamento; a protelação. *Kare no rai-Nichi wa ~ ni natte iru* 彼の来日は延び延びになっている A visita [vinda] dele ao J. tarda em se concretizar.

nobíru 伸 [延] びる (⇨ nobásu¹ ²) **1** [長く続く] Prolongar-se; estender-se; dilatar-se. *Michi ga kita e massugu ni nobite iru* 道が北へまっすぐに伸びている O caminho prolonga-se, sempre a direito, para o norte. *Kami ga kata made nobita* 髪が肩まで伸びた O cabelo cresceu-me até aos ombros. ★ *Kusa ga bōbō nobite iru niwa* 草がぼうぼう伸びている庭 O jardim invadido [todo cheio] de ervas. *Se(i) ga go-senchi ~* 背が5センチ伸びる Crescer cinco centímetros. **2** [まっすぐになる] Endireitar-se. ★ *Waishatsu no shiwa ga nobita* ワイシャツのしわが伸びたA prega da camisa desapareceu [já está passada]. A/反 Chíjímú; magárú. **3** [達する; 届く] Estender-se; prolongar-se. *Chikatetsu ga kōgai made nobita* 地下鉄が郊外まで延びた O metropolitano prolongou-se [já chega] até aos subúrbios. ◇ *Keisatsu no te ga ~* 警察の手が伸びる Ser procurado pela polícia. S/同 Tassúrú; tódóku. **4** [力を増す] Fazer progressos; crescer. *Eigo no gakuryoku ga nobite iru* 英語の学力が伸びている O "seu" inglês está a melhorar. *Mise no uriage ga nennen nobite iru* 店の売り上げが年々伸びている As vendas da "nossa" loja crescem de ano para ano. **5** [長びく] Prolongar-se. *Enzetsu ga yotei jikan yori nobita* 演説が予定時

間より延びた O discurso prolongou-se para além da hora marcada. [S/同] Nagá-bíku. **6** [時期が遅れる] Atrasar-se. ★ *Orinpikku no kaikai ga ichi-jikan nobita* オリンピックの開会が 1 時間延びた A abertura das Olimpíadas atrasou-se uma hora. [S/同] Okú-rérú. **7** [広がる] Espalhar-se. *Kono kurīmu [enogu] wa yoku* ~ このクリーム[絵の具]はよく伸びる Este creme [Esta tinta] espalha bem. [S/同] Hirógá-rú. **8** [弾力がなくなる] Afrouxar; amolecer; ficar bambo. ★ *Pantsu no gomu ga nobita* パンツのゴムが伸びた O elástico das cuecas ficou lasso/frouxo [perdeu a força]. **9** [動けなくなる] Ficar prostrado. ★ *Appākatto de yuka ni nobita* アッパーカットで床に伸びた Com um murro no queixo ficou estatelado [~] no chão.

nobórí[1] **上り** (< nobórú) **1** [上へあがること] A subida. ◇ ⇨ **~ ori** [**zaka**]. [A/反] Kudárí. **2** [地方から中央へ行くこと] A ida à cidade/capital. ~ *no michi ga konde iru* 上りの道が混んでいる O trânsito para a capital está congestionado. ◇ **~ ressha** 上り列車 O comboio [trem] com destino à capital. [A/反] Kudárí. **3** [Abrev. de ⇨ "nobórí-źaká"] A subida; encosta. *Michi wa ~ ni natte iru* 道は上りになっている O caminho é uma ~ [a subir]. [A/反] Kudárí. **4** [Abrev. de "noboriressha"] O comboio [trem] para a capital. [A/反] Kudárí.

nobórí[2] **登り** (< nobórú) A subida; a escalada. *Yama wa kudari wa raku da ga ~ wa kitsui* 山は下りは楽だが登りはきつい Descer o monte é fácil mas subir custa muito. ★ *Yama* ~ 山登り O subir [escalar] montanhas/montes; o montanhismo [alpinismo] (⇨ tózan). [A/反] Kudárí.

nobórí[3] **幟** **1** [細長い布] O pendão; o guião; a bandeira. ★ ~ *o tateru* 幟を立てる Içar ~. **2** [Abrev. de ⇨ "koí-nóbori"]

nobórí-chṓshi [**óo**] **上り調子** O estar a melhorar. ★ ~ *no seiseki* 上り調子の成績 Os resultados cada vez melhores.

nobórí-guchi 上り口 (<… + kuchí) O começo da subida.

nobórí-kúdari 上り下り A subida e a descida「do rio de barco」. *Shuto kōsoku wa ~ tomo jūtai shite iru* 首都高速は上り下りとも渋滞している O trânsito da auto-estrada [rodovia] da capital está congestionado nos dois sentidos.

nobórí-ori 上り下り (<… + oríru) A subida e a descida. ★ ~ *suru* 上り下りする Subir e descer「as escadas」.

nobórí-tsúméru 上り詰める (< nobórú + …) Subir (mesmo) até a(o) cimo. *Kaidan o nobori-tsumeta tokoro ni okujō e tsūjiru doa ga atta* 階段を上り詰めた所に屋上へ通じるドアがあった Mesmo no cimo das escadas havia uma porta que dava para o terraço.

nobórí-záká 上り坂 (<… + saká) **1** [坂道の] A subida/encosta. [A/反] Kudárí-záká. **2** [よい方向に向かってゆく状態] A melhora; o progresso. *Keiki mo yōyaku ~ ni natte kita* 景気もようやく上り坂になってきた Finalmente a situação econó[ô]mica está a melhorar. [A/反] Kudárí-záká.

nobórú[1] **上る** **1** [高い方へゆく] Subir; elevar-se; ascender. *Gōkaku tsūchi o uke-totte ten ni mo ~ kokochi datta* 合格通知を受け取って天にも上る心地だった Pulei de alegria ao receber a notícia de ter passado no exame. ★ *Atama ni chi ga* ~ 頭に血が上る Zangar-se; chegar a mostarda ao nariz. [A/反] Kudárú; oríru. **2** [上の方へ移動する] Subir; trepar; escalar. ★ *Gake o* ~ 崖を上る ~ o precipício. *Hashigo o* ~ はしごを上る Subir pela escada. [A/反] Oríru. **3** [上流へゆく] Subir. ★ *Fune de kawa o* ~ 船で川を上る ~ o rio de barco. [A/反] Kudárú. **4** [都へ行く] Ir à capital. ★ *Kyō e* ~ 京へ上る Ir à capital [a Tóquio]. [A/反] Kudárú. **5** [相当の程度に達する] Ascender; chegar. ★ *Shishōsha ga sen-nin ni ~ dai-jiko* 死傷者が千人に上る大事故 Um grande acidente em que o número de mortos ascendeu a mil (pessoas). [A/反] Kudárú. **6** [扱われる] Tratar-se; vir à conversa. ★ *Kaigi ni ~ gidai* 会議に上る議題 A questão tratada na reunião. *Sejō [Hito] no kuchi ni ~ uwasa* 世上[人]の口に上るうわさ O boato que anda na boca do povo. *Uwasa ni ~ bijin* うわさに上る美人 A beldade de quem muito se fala. **7** [食膳に出される] Ser servido à [Aparecer na] mesa. *Shokutaku ni kesa toreta bakari no sakana ga nobotta* 食卓に今朝とれたばかりの魚が上った Serviu-se peixe pescado hoje de manhã.

nobórú[2] **登る** **1** [山の上の方へ行く] Subir [Escalar]「a montanha」. **2** [物の上にあがる] Subir; trepar. *Endan ni* ~ 演壇に登る Subir à tribuna. *Ki ni ~ bekarazu [nobotte wa ikenai]* 木に登るべからず (É) proibido ~ às árvores. [A/反] Oríru.

nobórú[3] **昇る** **1** [空の高い方へ行く] Subir; nascer. *Taiyō wa higashi kara* ~ 太陽は東から昇る O sol nasce no Oriente/Este. [A/反] Ochíru; shizúmú. **2** [高い地位につく] Ascender; elevar-se. *Naporeon wa tōtō kōtei no kurai ni nobotta* ナポレオンはとうとう皇帝の位に昇った Napoleão ascendeu por fim à dignidade de imperador. [A/反] Oríru.

nobósé 逆上せ (< nobósérú[1]) **a)** O ficar afogueado; **b)** A excitação; **c)** A tontura. [S/同] Gyakújṓ; jṓkí.

nobósé-ágáru 逆上せ上がる (< nobósérú[1] + …) **1** [夢中になる] Perder a cabeça. ★ *Ninki kashu ni* ~ 人気歌手にのぼせ上がる ~ por um cantor popular. [S/同] Muchū́ ní náru; nobósérú[1] **2**. **2** [思い上がる] Inchar (de presunção). *Sukoshi homerareta karatte ~ na* 少しほめられたからってのぼせ上がるな Não se envaideça [fique logo todo inchado] só porque lhe deram um elogio. [S/同] Nobósérú[1] **3**; omóí-ágáru. **3** [逆上する] Enfurecer-se; ficar furioso「e dar um murro na mesa」. [S/同] Gyakújṓ súrú.

nobósérú[1] **逆上せる** **1** [頭に血が上る] Ficar afogueado (e sentir tonturas). *Naga-yu de nobosete shimatta* 長湯でのぼせてしまった De estar muito tempo no banho quente, sinto tonturas. **2** [夢中になる] Apaixonar-se. *Kare wa ano musume ni nobosete iru* 彼はあの娘にのぼせている Ele está apaixonado por aquela moça. **3** [思い上がる] Ficar cheio de presunção;「o sucesso」subir à cabeça. *Kare wa seikō ni sukkari nobosete iru* 彼は成功にすっかりのぼせている Ele anda [está] todo vaidoso [inchado] com o sucesso. [S/同] Nobósé-ágáru **1**; omóí-ágáru; unúbórérú. **4** [逆上する] Excitar-se; ficar furioso; irritar-se. *Kare wa sugu ni katto* ~ 彼はすぐにかっとのぼせる Ele irrita-se facilmente [à mais pequena coisa]. [S/同] Gyakújṓ súrú (+).

nobósérú[2] **上せる** (< nobórú) **1** [あげる]【E.】Servir (À mesa). [S/同] Agérú (+). **2** [書きのせる]【E.】Regist(r)ar por escrito「nas a(c)tas do encontro」. [S/同] Kakí-nósérú (+). **3** [のぼらせる] Trazer à discussão. ★ *Wadai ni* ~ 話題に上せる Trazer à conversa. [S/同] Nobórásérú (+).

nóbyó [noó] 脳病【Med.】A doença cerebral [do cérebro]. ◇ ~ **in** 脳病院 O hospital para doenças cerebrais. ⇨ seíshín-byő; shińkéí-shő.

nochi 後 Depois; mais tarde; posteriormente. ★ ~ *no yo* 後の世 A posteridade. *Ni-jikan* ~ 二時間後 Duas horas ~. *Kumori* ~ *ame* 曇後雨 Céu nublado e depois chuva. *Sono* [*Kono*] ~ その [この] 後 Depois disso (disto). ◇ ~ **~; ~ hodo.** ⓢ/同 Áto; mírai; shórai. Ⓐ/反 Máe; sakí.

nóchi [oó] 農地 O terreno destinado à agricultura [lavoura]; a terra arável [de cultivo]. ◇ ~ **hō** 農地法【Dir.】A lei agrária. ~ **kaikaku** 農地改革 A reforma agrária.

nochi-hódó 後程 Depois; já; daqui a pouco. ★ *Dewa* ~ では後程 Então, até ~. *Mata* ~ *o-ukagai itashimasu* また後程お伺い致します ~ volto a visitá-lo. Ⓐ/反 Sakí-hódó.

nochí-nóchi 後後 O futuro (remoto); a posteridade. ★ ~ *made katari-tsutaerareta buyūden* 後々まで語り伝えられた武勇伝 O heroísmo transmitido à posteridade. ⓢ/同 Átó-átó; sakí-zaki.

nochí-zói 後添い (< … + sóu) A segunda esposa. ⓢ/同 Gosái ~.

nóchū [oó] 嚢中【E.】「não ter nada」No bolso; dentro da bolsa. ★ ~ *muichimon de aru* 嚢中無一文である Estar sem vintém. Ⓐ/反 Kaíchū.

-nóde ので Porque; por causa de; devido a. *Ame ga furanai* ~ *kaze ga hidoi* 雨が降らないのでほこりがひどい Há muito pó porque não chove. ⓢ/同 Tamé. ⇨ *kara¹*.

nódo 喉・咽 **1** [口の奥の方] A garganta; a(s) goela(s). *Kare no namae wa* ~ *made dekakatte iru ga omoidasenai* 彼の名前は喉まで出かかっているが思い出せない Tenho o nome dele mesmo na pont(inh)a da língua mas não me sai. *Shinpai de shokuji mo* ~ *o tōranai* 心配で食事も喉を通らない Estou tão preocupado que perdi o apetite [não consigo comer]. ★ ~ *ga itai* 喉が痛い Dói-me a [Tenho dor de] garganta. ~ *ga kawaita* 喉が渇いた Tenho [Estou com] sede. ~ *ni tsukaeru* 喉につかえる Engasgar-se. ~ *no kawaki o iyasu* 喉の渇きを癒す Matar [Aliviar] a sede. Ⓘ/慣用 ~ *ga naru* 喉が鳴る Crescer a água na boca [Lamber os lábios com apetite]. ~ *kara te ga deru hodo hoshii* 喉から手が出るほど欲しい Estar morto por ter「um carro」. ◇ ⇨ **botoke/bue/chinko/kubi/moto**). **2** [声] A voz. *Kanojo wa ii* ~ *o shite iru* 彼女はいいのどをしている Ela tem boa voz [uma voz bonita]; ela canta bem. ◇ ~ **jiman konkūru** のど自慢コンクール O concurso de cantores amadores; o festival da canção. ⓢ/同 Kóe.

nódó¹ [oó] 濃度 O (grau de) densidade「do gás」; a concentração「do leite/da sopa」.

nódó² [oó] 農奴 O servo da gleba (Escravo).

nódó³ [noó] 能動 A(c)tivo. ★ ~ *teki na taido* 能動的な態度 A atitude ~. ◇ ~ **tai.** Ⓐ/反 Judó. ⇨ sekkyókú.

nodó-bótoke 喉仏 (< … + hotóké) A maçã-de-adão.

nodo-búe 喉笛 (< … + fué) A glote; as goelas;「cortar」o gargalo.

nodóchinko 喉ちんこ【G.】⇨ kőgáí².

nódoka 長閑か **1**「おちついて静かなさま」「rosto」Aprazível. ★ ~ *na keshiki* のどかな景色 A paisagem ~. ⇨ odáyaka. **2** [天気がよいかなさま] A-gradável; ameno. ★ ~ *na haru no hi* のどかな春の日 Um dia ~ de primavera. ⓢ/同 Uráraka.

nodo-kubi 喉頸 **1**「首の前面」O pescoço; a garganta. **2** [急所]【Fig.】O ponto vital. *Zeimusho ni* ~ *o osaerarete iru no de mō datsuzei wa dekinai* 税務署に喉頸を押さえられているのでもう脱税はできない O fisco [ministério da fazenda] apanhou-nos o truque e já não podemos fugir aos impostos.

nodó-mótó 喉元 A garganta. 「ことわざ」~ *sugireba atsusa o wasureru* 喉元過ぎれば熱さを忘れる Passado o perigo, se esquece o santo (Ter memória curta).

nódó-tái [noó] 能動態【Gram.】A voz a(c)tiva.

nóén¹ [oó] 農園 A fazenda; a quinta; a plantação. ⇨ nójó.

nóén² [oó] 農炎【Med.】A encefalite.

nóén³ [oó] 濃艶 O encanto. ⇨ adéyaka.

nófú¹ [oó] 納付【E.】O pagamento. ★ *Zeikin o* ~ *suru* 税金を納付する Pagar os impostos. ◇ ~ **kigen** 納付期限 O prazo de ~. ~ **kin** 納付金 A quantia a pagar. ⓢ/同 Nónyú.

nófú² [oó] 農夫 **1** [作男] O trabalhador rural [do campo]. **2** [農民] O camponês. ⇨ Nómín.

no-gáki [oó] 能書き (< … ¹ + káku) **1** [薬の効能書き] O folheto anexo ao medicamento com a enumeração das respectivas virtudes. **2** [自己宣伝の文句] O apregoamento das próprias virtudes; o falar de si; a bazófia. ~ *wa ii kara hayaku hondai ni haitte kure* 能書きはいいから早く本題に入ってくれ Deixe lá de falar das suas coisas e entre (mas é) no assunto.

nō-gákkō [noó] 農学校 A escola de agronomia.

nō-gákú¹ [oó] 農学 A agronomia. ◇ ~ **bu** 農学部 A faculdade de ~. ~ **sha** 農学者 O agrónomo [agronomista].

nōgákú² [oó] 能楽 O (teatro) nô. ◇ ~ **dō** 能楽堂 O teatro [salão] de nô. ⇨ nō¹.

nogaréru 逃れる **1** [逃げる] Fugir; escapar; evadir-se. *Hannin wa kokugai e nogareta* 犯人は国外へ逃れた O culpado [criminoso] fugiu para o estrangeiro. ★ *Hō no ami o* ~ 法の網を逃れる Fugir à lei. *Keisatsu no te o* ~ 警察の手を逃れる Escapar da polícia. *Tokai no sōon o* ~ 都会の騒音を逃れる Fugir ao ruído da cidade. ⓢ/同 Nigé-dású; tōzákáru. ◇ ~ **botoke** Livrar-se [de]; esquivar-se; evitar. ★ *Gimu o* ~ 義務を逃れる Esquivar-se ao dever. *Sekinin o* ~ 責任を逃れる Fugir à responsabilidade. ⓢ/同 Káihi suru; manúgárery.

nogasu 逃がす **1** [~ nigásu]. **2** [つかみ損なう] Deixar fugir. ★ *Kikai o* ~ 機会を逃がす ~ a oportunidade. **3** [-nogásu: し損なう] Deixar de. ~ **Kiki** ~ 聞き逃がす Não ouvir. ⇨ *mi* ~.

nōgéi [oó] 農芸 As técnicas agrícolas; a agricultura. ◇ ~ **kagaku** 農芸化学 A agroquímica.

nō-géka [oó] 脳外科【Med.】A cirurgia cerebral. ◇ ~ **i** 脳外科医 O neurocirurgião.

nógi 芒【Bot.】A pragana (dos cereais).

nō-giku 野菊 (< … ² + kikú)【Bot.】O crisântemo silvestre.

nógisu ノギス (< Al. < L. Nonius < P. Pedro Nunes: matemático p. do séc.16 e inventor deste instrumento) O nónio [compasso de espessura/calibrador].

nōgu [oó] 農具 A alfaia agrícola. ⓢ/同 Kőgu; nő-kigu; nőki.

nōgyō [noó] 農業 A agricultura; a lavoura. ◇ ~ **chitai** 農業地帯 A região agrícola. ~ **daigaku** 農業

大学 O instituto de agronomia. **~ haisui** 農業排水 A drenagem agrária. **~ keizai** 農業経済 A economia agrária. **~ koku** 農業国 O país agrícola. **~ kyōdō kumiai** 農業協同組合 A cooperativa agrícola. **~ seisaku** 農業政策 A política agrária. **~ shikenjō** 農業試験場 A estação agron[ô]mica experimental. ⇨ nōgakú[1].

nóha [óo] 脳波【Med.】A onda cerebral. ◇ **~ kei** 脳波計 O ele(c)troencefalógrafo. **~ zu** 脳波図 O ele(c)troencefalograma.

nóhan-ki [óo] 農繁期 As épocas de maior trabalho no campo. A/反 Nóhánki.

nó-hara 野原 Os campos; a campina; o prado. ◇ ⇨ **yake [yuki]~**.

nóhín [óo] 納品 A entrega de mercadoria. ★ **~ suru** 納品する Fazer ~. ◇ **~ sho** 納品書 A guia de ~. ⇨ nōnyū.

nó-hínketsu [óo] 脳貧血【Med.】A anemia cerebral. ★ **~ o okosu** 脳貧血を起こす Ter uma.

nōhítsú [óo] 能筆 A boa caligrafia [letra linda]. ◇ **~ ka** 能筆家 O calígrafo. S/同 Nōshó. A/反 Akúhítsú; seppítsú.

nohóhón のほほん (Im. de não fazer nada) A indiferença; o desinteresse. ★ **~ to kurasu** のほほんと暮らす Levar uma vida (de não) não-te-rales. ⇨ nónki.

nōhón [óo] 納本【Dir.】a) A entrega de livros; b) A apresentação de um livro aos censores do governo.

nohōzu [óo] 野放図 1 [しまりがないこと] O desregramento. *Kare wa jitsu ni ~ na otoko da* 彼は実に野放図な男だ Ele é um desregrado. ⇨ ōhei; zúzúshíí. 2 [際限のないこと] A imensidão.

nó-íkketsu [óo] 脳溢血【Med.】A hemorragia cerebral. ★ **~ de taoreru** 脳溢血で倒れる Cair vítima de [Ter] um [uma] ~. S/同 Nō-shúkketsu. ⇨ nō-sótchū.

nóiron ノイロン ⇨ nyūron.

noíróze [óo] ノイローゼ (< Al. neurose < Gr. neuron: corda, nervo)【Med.】A neurose. *Kare wa ~ gimi da* 彼はノイローゼ気味だ Ele é um tanto neurótico. S/同 Shinkeí-shō.

nōji[1] [óo] 農事 A agricultura. ◇ **~ shikenjō** 農事試験場 O campo de experiências agrícolas.

nōji[2] [óo] 能事【E.】O seu trabalho [dever]. ★ **~ owareri [tareri] to suru [nasu]** 能事終わりり [足りり] とする [なす] Dar por terminada a sua obrigação.

nōjō [óo-óo] 農場 A fazenda; a chácara; a granja; a quinta. ◇ **~ keiei** 農場経営 A administração da ~. **Kōhī ~** コーヒー農場 A fazenda [plantação] de café; o cafezal. **Shūdan ~** 集団農場 A exploração agrícola cole(c)tiva. ⇨ nōén[1].

nó-jūketsu [óo-úu] 脳充血【Med.】A congestão [hiperemia] cerebral. ⇨ nō-íkketsu.

nójuku 野宿 O「pastor/gado」dormir ao relento [no campo]. ★ **~ suru** 野宿する ... ⇨ yaéí.

nóka [óo] 農家 A casa de lavrador; a família camponesa.

nokáí [óo] 納会 O último encontro do ano [mês]; a última sessão「da Bolsa」. A/反 Hakkáí.

nōkán [óo] 納棺 A deposição do cadáver no ataúde [caixão]. ★ **~ suru** 納棺する Colocar [Depor] o... S/同 Nyūkán. ⇨ shukkán.

nōkan-ki [óo] 農閑期 A época morta dos trabalhos agrícolas. A/反 Nōhánki.

nó-kásúítáí [óo] 脳下垂体【Anat.】A glândula pituitária; a hipófise. ◇ **~ horumon** 脳下垂体ホルモン As hormonas da hipófise.

nó-káunto [óo] ノーカウント (< Ing. no count)「a bola」Sem efeito. ⇨ nō[3].

noké-móno 除け者 (< nokerú + ...) O marginalizado. ★ **~ ni suru** 除け者にする Excluir (do grupo); marginalizar.

nokerú[1] 退ける (⇨ nokú) 1 [どかす] Remover; retirar; afastar. *Isu o nokete kudasai* 椅子を退けてください Faça o favor de ~/tirar a(s) cadeira(s). S/同 Dokású. 2 [平気でする] Fazer sem receio nenhum; despachar「bem e depressa o trabalho」; realizar. *Tohō mo nai koto o yatte noketa* 途方もないことをやってのけた Ele realizou uma obra extraordinária.

nokerú[2] 除ける Omitir; excluir. *Kare o nokete wa shigoto nu naranai* 彼を除けては仕事にならない Este trabalho não pode ser feito sem ele. S/同 Habúku; nozóku (+).

nó-késsen [óo] 脳血栓【Med.】A trombose cerebral. ⇨ nō-íkketsu.

nokézóru 仰け反る Inclinar-se para trás. S/同 Sorí-káeru. A/反 Nomérú.

nokí 軒 O beiral (do telhado). *Kanda de wa hon'ya ga ~ o narabete [tsuranete] iru* 神田では本屋が軒を並べて [連ねて] いる Em Kanda (Bairro de Tóquio) as livrarias pegam umas com as outras. ◇ ⇨ **~ nami** [saki; shita].

nōki [óo] 納期 1 [品物を納める期限] O prazo de entrega「da mercadoria」. 2 [金銭を納める期限] O prazo de pagamento.

nō-kígu [óo] 農機具 As alfaias agrícolas.

nōkín [óo] 納金 O pagamento ou o dinheiro pago. ★ **~ suru** 納金する Pagar. ⇨ Nyūkín.

nokí-námi 軒並み 1 [家の並び]【Sub.】A fila de casas. 2 [家ごと]【Adv.】De porta em porta. *Mura de wa ~ dorobō ni hairareta* 村では軒並み泥棒にはいられた Entrou ladrão em todas as casas da aldeia. 3 [どれもこれも]【Adv.】Todos; um atrás do outro. *Raigetsu kara kōkyō-ryōkin wa ~ neage ni naru* 来月から公共料金は軒並み値上げになる A partir do próximo mês, o custo de todos os serviços públicos vai aumentar.

nokí-sáki 軒先 1 [軒の端の方]「pendurar roupa」 Debaixo [Na ponta] do beiral. 2 [軒の近く] Perto de casa「há uma padaria」.

nokí-shítá 軒下 Debaixo do beiral.

nókkā ノッカー (< Ing. knocker) A aldraba (Para fechar a ou bater à porta). ⇨ nóku.

nokké のっけ【G.】O começo. ★ **~ kara** のっけから Desde ~ [o princípio]「deu briga」. S/同 Saíshó (+).

nókku ノック (< Ing. knock) 1 [ドアを叩く] O bater à porta. ★ **~ muyō** ノック無用 (掲示) Entre [Abra] sem bater. *Doa o ~ suru* ドアをノックする Bater à porta. 2 [エンジンの異常燃焼] A pancada (O barulho estranho) do motor. 3【Beis.】A batida repetida da bola para treino.

nokkú-áuto ノックアウト (< Ing. knock out) 1 [ボクシングの] A neutralização do adversário; o pôr (o adversário) fora de jogo. ◇ **~ gachi** ノックアウト勝ち A vitória por ~. 2 [野球で投手が打たれて交替すること]【Beis.】A eliminação do lançador. ★ **~ suru** ノックアウトする Eliminar o... 3 [すっかりやっつけること] A derrota; o desbaratar.

nokkú-dáun ノックダウン (< Ing. knock down) **1** [ボクシングの] O derrube. ★ ~ *suru* ノックダウンする Derrubar; deitar abaixo [ao chão]; lançar por terra. **2** [現地組み立て] O exportar peças「de automóvel」para montagem (noutro país). ◇ **~ hō-shiki** ノックダウン方式 O sistema de ~.

nóko 鋸 ⇨ nokógiri.

nókó¹ [noó] 農耕 A agricultura [lavoura]; o cultivo [amanho] da terra. ◇ **~ chi** 農耕地 A terra arável. **~ shakai** [**minzoku**] 農耕社会[民族] Uma sociedade agrária (Um povo agrícola).

nókó² [noó] 濃厚 **1** [こってりしているようす] O ser denso「líquido」, forte「gosto」, concentrado. *~ na keshō* 濃厚な化粧 A maqui(l)hagem carregada. ◇ **~ shiryō** 濃厚飼料 A forragem concentrada. [A/反] Tánpaku. ⇨ kói³. **2** [可能性が強いようす] O ser quase certo「que vamos ganhar」. *Kore de kare ni taisuru watashi no utagai wa ~ ni natta* これで彼に対する私の疑いは濃厚になった Com isto, as minhas suspeitas sobre ele aumentaram. [A/反] Kihákú. **3** [強烈な] Apaixonado.

nokógiri 鋸 A serra; o serrote. ★ *~ de ita o kiru* [*hiku*] 鋸で板を切る[ひく] Serrar uma tábua. *~ no ha no yō na* 鋸の刃のような Dentado (como ~).

nokógíri-sō 鋸草 [Bot.] O milefólio; a aquileia; *achillea sibirica*.

nokógíri-zame 鋸鮫 (<··· + samé) [Zool.] O tubarão-serra; *pristiophorus japonicus*.

nokó-kúzu 鋸屑 (< nokógiri + ···) A serradura; o serrim.

nó-kón [oó] 濃紺 (< nō⁵ + ···) O azul-marinho; azul-escuro.

nókonoko のこのこ Descaradamente; sem se importar. *Kare wa hiru-sugi ni natte ~ (to) shukkin shite kita* 彼は昼過ぎになってのこのこ(と)出勤してきた Ele teve o descaramento de só aparecer no serviço depois do meio-dia! ⇨ atsúkámáshíi.

nokórazu 残らず (Neg. de "nokóru") Tudo; completamente; sem exce(p)ção. *Watashi no tomodachi wa hitori ~ sono shiken ni gōkaku shita* 私の友だちは一人残らずその試験に合格した Todos os meus amigos passaram nesse exame. ★ *~ hanasu* 残らず話す Dizer [Contar] tudo. *Arigane o ~ tsukau* 有り金を残らず使う Gastar até o último yen [até ao último centavo]. [S/同] Súbete; zénbu.

nokóri 残り (< nokóru) O resto「do trabalho」; as sobras. *Hyaku kara san-jū o hiku to ~ wa ikutsu desu ka* 100から30を引くと残りはいくつですか Subtraindo trinta de cem, quantos ficam [restam]? ★ ⇨ **~ mono** [**sukunai**]. *~ no jikan* [*jinsei*] 残りの時間[人生] O que resta de tempo [vida]. *Yūshoku no ~ 夕食*の残り As [Os ~] do jantar. [S/同] Amárí.

nokóri-bi 残り火 (< ··· + hí) As brasas; o borralho.

nokóri-ga 残り香 (< ··· + kaórí) O aroma remanescente [que fica]「na roupa」.

nokórí-móno 残り物 (< nokóru + ···) Os restos; as sobras. [ことわざ] *~ ni wa fuku ga aru* 残り物には福がある O último「morango」é o de sorte.

nokórí-súkúnái 残り少ない O faltar [restar] pouco. *Kotoshi mo nokori-sukunaku natta* 今年も残り少なくなった O ano está quase a terminar.

nokóru 残る (⇨ nokósu) **1** [あとにとどまる] Ficar. ★ *Ie ni ~* 家に残る ~ em casa. *Kesshō ni ~* 決勝に残る ~ para a [o apuramento] final. *Osoku made kaisha ni ~* 遅くまで会社に残る ~ até tarde no serviço. **2** [後まで続く] Continuar; restar. *Asa no uchi ame ga ~ deshō* 朝のうち雨が残るでしょう (天気予報) A chuva deve continuar da parte da manhã. *Kare no aribai ni wa gimon ga nokotta* 彼のアリバイには疑問が残った Ainda restam dúvidas sobre o álibi dele. *Musume ni wa haha no omokage ga nokotte ita* 娘には母の面影が残っていた A filha ainda tinha traços da mãe. *Wagashi no fukuyoka na ajiwai ga shita ni nokotte iru* 和菓子のふくよかな味わいが舌に残っている Ainda tenho na boca o sabor suculento do doce j. ★ *Yakedo no ato ga nokotte iru* やけどの跡が残っている Ainda tenho os sinais da queimadura. **3** [余る] Restar; sobrar. *Ikura hataraite mo (o-kane ga) nokoranai* いくら働いても(お金が)残らない Por mais que trabalho nunca tenho dinheiro. [S/同] Amáru. **4** [後世に伝わる] Ficar para a posteridade. *Kare no chōkoku wa kōsei made ~ darō* 彼の彫刻は後世まで残るだろう A esculturas dele vão ~. [S/同] Tsutawárú. **5** [相撲で相手の技をこらえる] 【Sumô】 Manter-se [Ficar] na arena. *Nokotta nokotta* 残った残った Ainda não, ainda não (perdeu) [Força, força]! *Yokozuna wa dohyō-giwa de nokotta* 横綱は土俵際で残った O grande campeão manteve-se firme na linha da arena.

nokósu 残す (⇨ nokóru) **1** [後においておく] Deixar (para trás). *Kodomo o ie ni nokoshite dekaketa* 子供を家に残して出かけた Saí deixando os filhos em casa. ★ *Shakkin o nokoshite shinu* 借金を残して死ぬ Morrer endividado [deixando dívidas]. *Okitegami* [*Dengon*] *o ~* 置き手紙[伝言] を残す Deixar um bilhete [recado]. *Shigoto o yari ~* 仕事をやり残す Deixar o trabalho incompleto [a meio]. **2** [余らせる] Deixar. ★ *Nokosazu ni zenbu taberu* 残さずに全部食べる Comer tudo (sem ~ nada). *Gohan* [*O-kazu*] *o hanbun ~* ご飯[おかず]を半分残す Deixar metade do arroz [prato principal]. *Ko ni zaisan o ~* 子に財産を残す ~ a fortuna aos filhos. **3** [伝える] Transmitir; deixar; legar. ★ *Na o kōsei ni ~* 名を後世に残す Deixar (o seu) nome na [Fazer] história. **4** [相撲で相手の技をこらえる] 【Sumô】 Aguentar-se (dentro da arena). *Ōzeki yoku nokoshimashita* 大関よく残しました O ozeki aguentou-se bem e ganhou!

nokótsú [oó] 納骨 O depor as cinzas [os ossos]. ★ *~ suru* 納骨する Sepultar. ◇ **~ dō** 納骨堂 O jazigo [ossário/A casa dos ossos].

noku 退く (⇨ nokérú¹) Sair do caminho; afastar-se; arredar-se. *Chotto soko o noite kure* ちょっとそこを退いてくれ Sai daí, por favor. ★ *Hito o tōsu tame waki* [*yoko*] *e ~* 人を通すため脇[横]へ退く Afastar-se (para o lado) para deixar passar as pessoas. [S/同] Dokú (+); tachísaru.

nokútán [áa] ノクターン (< Ing. nocturne < L.) [Mús.] O no(c)turno de Chopin ~. *Yasōkyoku* (+).

Nókyō¹ [noó] 農協 (Abrev. de "Nōgyō Kyōdō Kúmiai") A cooperativa agrícola.

nókyō² [oó] 膿胸 [Med.] O empiema torácico.

nōmáku [oó] 脳膜 [Anat.] As meninges. ◇ **~ en** 脳膜炎 [Med.] A meningite.

nomaréru¹ 飲まれる (< nómu¹) **1** [酒を飲んでつぶれる] Ficar sob o efeito do álcool. *Anna ni sake ni nomarete wa dame da* あんなに酒に飲まれてはだめだ Beber até ao ponto de ficar dominado pelo álcool, não está bem. **2** [受身] Beberem-nos「a água」. *Boku no sake o tomodachi ni nomarete shimatta* 僕の酒を友達に飲まれてしまった Um amigo bebeu-me o vinho (Na festa).

nomaréru² 呑まれる (< nómu²) **1** [威圧される] Amedrontar-se; intimidar-se. ★ *Ki o* ～ れる Intimidar-se. **2** [包み込まれる] Ser tragado [engolido; devorado]. *Sono bōto wa nami ni nomareta* そのボートは波に呑まれた Ó barco foi tragado pelas ondas.

nómaru [óo] ノーマル (< Ing. < L. normalis "segundo a norma") Normal; comum; regular. ⓈⓇ Seijó (+). Ⓐ反 Abúnōmaru. ⇨ futsú²; hyōjún.

noméseru 飲ませる (< nómu) Dar de beber; deixar beber; fazer [obrigar a] beber. *Hahaoya wa akanbō ni chichi o nomaseta* 母親は赤ん坊に乳を飲ませた A mãe deu o peito ao [amamentou o] bebé[ê]. *Mizu o ippai nomasete kudasai* 水を一杯飲ませて下さい Deixe-me tomar [Dê-me] um copo de água.

nó-mén [óo] 能面 A máscara de nô. ★ ～ *no yō na kao* 能面のような顔 O rosto pálido e inexpressivo.

nomérí-kómu のめり込む (< nomérú + …) Enterrar-se; cair num atoleiro. ★ *Aku no michi ni* ～ 悪の道にのめり込む Atolar-se no caminho do mal. ⓈⓇ Hamarí-kómu; ochíiru.

noméru¹ のめる Cair para a frente. *Ishi ni tsumazuite (mae ni) nometta* 石につまずいて（前に）のめった Tropecei numa pedra e caí para a frente. Ⓐ反 Nokézóru. ⇨ korōbú; taoréru.

noméru² 飲める **1** [飲むことができる] Ser bebível [potável]. *Sono mizu wa nomemasu ka* その水は飲めますか Essa água é potável [pode-se beber]? **2** [酒が好きだ] Beber bem [muito]. *Kare wa* ～ *kuchi da* 彼は飲める口だ Ele bebe bem [muito]. **3** [酒がよくできている]「o vinho」Beber-se bem [Ser bom]. *Kono sake wa nakanaka* ～ この酒はなかなか飲める Este saké é muito bom.

nóme-ya-utáe 飲めや歌え (< nómu + ya + utáu) A farra; a pândega. *Wareware wa hana-mi ni itte* ～ *no ō-sawagi o shita* 我々は花見に行って飲めや歌えの大騒ぎをした Fomos ver as cerejeiras em flor e fizemos uma grande ～ (foi beber e cantar).

nomí¹ 蚤【Zool.】A pulga. ★ ～ *no fūfu* 蚤の夫婦 O casal desproporcionado (Homem pequeno com mulher grande). ～ *o toru* 蚤を取る Apanhar ～.

nómi² 鑿 O cinzel. ★ ～ *de horu* 鑿で彫る Lavrar e [com] ～. *Itchō no* ～ 一丁〔挺〕の鑿 Um ～.

-nómi³ のみ Só; somente; apenas; simplesmente. *Gakureki* ～ *de hito no handan shite wa ikenai* 学歴のみで人を判断してはいけない Não se deve avaliar uma pessoa ～ pelos seus estudos. ⓈⓇ Bákari; daké.

nomí-ákasu 飲み明かす (< nómu¹ + …) Passar a noite a beber. ⇨ katarí-ákasu.

nó-michi 野道 A vereda [O carreiro] entre campos. ⓈⓇ Nóji.

nomí-guchi 呑み口 (< nómu + kuchí) A torneira; a bica. ⓈⓇ Kassén. ⇨ jagúchí; nomí-kuchi 2.

nomí-gúsuri 飲み薬 (< nómu + kusúri) O medicamento para tomar por via oral; o remédio de ingerir. ⓈⓇ Naífukú-yaku; naíyô-yaku.

nomí-hósu 飲み干〔乾〕す (< nómu + …) Escorropichar; beber de um trago. ⇨ íkki¹.

nomí-káké 飲みかけ (< nómu¹ + kakéru) O deixar a meio a bebida ou o cigarro. ★ ～ *no gurasu* 飲みかけのグラス O copo meio bebido.

nomí-kómi 飲み込み (< nomí-kómu) **1** [ものを飲みこむこと] O engolir. **2** [理解すること] A compreensão [percepção]; o apanhar「logo o que se ouve」. *Kare wa* ～ *ga hayai [osoi]* 彼は飲み込みが早い［遅い］Ele é de percepção rápida [lenta]. ◇ ⇨ **haya** ～. ⓈⓇ Rīkai.

nomí-kómu¹ 飲み込む (< nómu¹ + …) **1** [のどを通す] Engolir; deglutir; ingerir. ★ *Gokuri to* ～ ごくりと飲み込む Engolir de uma vez. *Kusuri [Tsuba] o* ～ 薬〔つば〕を飲み込む Engolir o remédio [a saliva]. **2** [表に出さないよう抑える] Reprimir; esconder. ★ *Ikari o gutto* ～ 怒りをぐっと飲み込む Reprimir a ira. **3** [理解・納得する] Compreender; ver; aceitar. ★ *Kotsu [Hōhō; Yarikata] o* ～ こつ〔方法；やり方〕を飲み込む Ver o jeito [método; a maneira].

nomí-kómu² 呑み込む (< nómu² + …) **1** [かまないで丸ごとのどを通す] Engolir sem mastigar. **2** [中に収めてしまう]【Fig.】Engolir; submergir; absorver. ★ *Go-man-nin o nomi-komu kyūjō* 5万人を呑こむ球場 O estádio com capacidade para cinquenta mil pessoas.

nomí-kuchi 飲み口 (< nómu¹ + …) **1** [飲んだ時の口あたり] O gosto; o sabor; o paladar. ★ *No yoi [warui] sake* 飲み口の良い［悪い］酒 O saké agradável ao paladar. **2** [⇨ nomí-guchi].

nomí-kui 飲み食い (< nómu¹ + kúu) O comer e beber. ★ ～ *no hiyō* 飲み食いの費用 As despesas da comida e bebida. ⓈⓇ Ínshoku.

nomí-mizu 飲み水 (< nómu¹ + …) A água potável. ⓈⓇ Ínryōsui.

nomí-mono 飲み物 (< nómu¹ + …) A(s) bebida(s). *O-- wa nan ni shimasu ka* お飲み物は何にしますか O que deseja para [vai] beber? ⓈⓇ Ínryō.

nómín [óo] 農民 O camponês; o lavrador; o campesinato. ★ ～ *no* 農民の Rural; camponês; rústico. ◇ ～ **bungaku [geijutsu; shōsetsu]** 農民文学〔芸術；小説〕A literatura [arte; O romance] rústica[o]. ～ **ikki** 農民一揆 A revolta camponesa. ～ **undō** 農民運動 O movimento rural. ⓈⓇ Hyakúshō; nófu.

nomí-nakama 飲み仲間 (< nómu¹ + …) Os companheiros nos [de] copos. ⓈⓇ Nomí-tómodachi.

nomí-náosú 飲み直す (< nómu¹ + …) Tornar a beber; beber mais; voltar a encher o copo.

nómi-narazu のみならず (< nomí³ + Neg. de *náru*¹") Não só … mas também; e não só isso; além disso. *Kimi wa benkyō ga tarinai* ～, *jugyō taido mo warui* 君は勉強が足りないのみならず、授業態度も悪い Você estuda pouco e além disso é mal comportado na aula.

nomí-nígé 飲み逃げ (< nómu¹ + nigéru) O sair sem pagar o que se bebeu. ★ ～ *o suru* 飲み逃げする Beber e não pagar ⇨ kuí-nígé; musén-ínshoku.

nomí-níkúi 飲みにくい (< nómu¹ + -nikúi) Custar a [Difícil de] beber; desagradável ao paladar. ⓈⓇ Nomí-zúrai. Ⓐ反 Nomí-yói.

nomí-nó-ichi 蚤の市 O bazar de velharias; a feira da ladra「em Lisboa」.

nomí-nókóshi 飲み残し ⇨ nomí-sáshi.

nomí-sáshi 飲み止し (< nómu¹ + sásu) Os restos de uma bebida [um cigarro]. ⇨ nomí-káké.

nomí-shíró 飲み代 Um dinheirito para beber uns copos [uma pinga]. ⓈⓇ Sakadáí; saká-té.

nṓ-míso [**oó**] 脳味噌 **1** [脳] O cérebro. [S/同] Nō (o); nṓzui. **2** [知恵] O miolo [bestunto]. ★ ～ *o shiboru* 脳味噌を絞る Puxar pela/o cabeça/～; dar voltas ao miolo. [S/同] Chíe; chíryoku.
nomí-súgí 飲み過ぎ (< nomí-súgírú) O abuso da bebida; o beber demais.
nomí-súgírú 飲み過ぎる (< nómu[1] + …) Abusar da bebida; beber demais.
nomísuke 飲 [呑] み助【G.】O bêbe[a]do; o ébrio; o borracho. [S/同] Nónbē. ⇨ yoppáráí.
nomí-táósu 飲み倒す (< nómu[1] + …) Beber e não pagar. *Gorotsuki ni nomi-taosareta* ごろつきに飲み倒された O bandido foi-se [saiu] sem me pagar as bebidas. ⇨ nomí-nígé.
nomí-tómodachi 飲み友達 (< nómu[1] + …) O(s) amigo(s) com quem se costuma beber. ⇨ nomí-nákama.
nomí-tórí 蚤取り (< … [1] + tóru) O apanhar pulgas. ◇ **～ manako** 蚤取り眼 O olho aberto [olhar atento] [～ *manako de* [*ni natte*] *sagasu* 蚤取り眼で [になって] 探す Espiolhar].
nomí-tsúbúréru 飲 [呑] み潰れる (< nómu + …) Cair de bêbedo. [S/同] Yoí-tsúbúréru (+).
nomí-tsúbúsu 飲[呑]み潰す (< nómu + …) Gastar a fortuna na bebida. *Kare wa shindai o nomi-tsubushite shimatta* 彼は身代を飲み潰してしまった Ele gastou a…
nomí-ya[1] 飲 [呑] み屋 (< nómu + …) A taberna; o botequim; o bar. ◇ **Ippai ～** 一杯飲み屋 ～ de beber um copo e sair. ⇨ bā[1]; izákáyá.
nomí-ya[2] 呑み屋 (< nómu[2] + …) O escritório de venda de bilhetes de aposta.
nomí-yói 飲みよい (< nómu[1] + …) Agradável ao paladar; fácil de beber. [A/反] Nomí-níkúi.
nómu[1] 飲む **1** [液体などをのどを通す] Beber; tomar; ingerir. ★ *Cha o* ～ 茶を飲む Tomar chá. *Kusuri o* ～ 薬を飲む Tomar o remédio. [I/慣用] *Katazu o* ～ 固唾を飲む Conter a ansiedade; ficar ansioso [com um pé no ar]. **2** [酒を飲む] Beber「vinho/cerveja/saké」. ◇ **～, utsu, kau** 飲む, 打つ, 買う Do que os homens gostam: beber, jogar e mulheres. **3** [たばこを吸いこむ] Fumar; inspirar. ★ *Tabako o* ～ たばこを飲む Fumar.
nómu[2] 呑む **1** [かまないで丸ごとのどを通す] Engolir. *Hebi ga kaeru o* ～ へびがかえるを呑む A cobra engole sapos. **2** [止める] Conter「a respiração」. ★ *Iki o* ～ 息を呑む Inspirar [*Iki o* ～ *yō na bijin* [*kōkei*] 息を呑むような美人[光景] Uma beldade [Um espe(c)táculo] indizível]. **3** [おしころえる] Reprimir; conter. *Namida o* ～ 涙を呑む ～ as lágrimas. [S/同] Koráéru. **4** [受け入れる] Aceitar; engolir. ★ *Jōken o* ～ 条件を呑む ～ as condições. *Seidaku awase* ～ 清濁合わせ呑む Ser tolerante; tratar com bons e maus (sem distinções). [S/同] Uké-írérú. **5** [圧倒する] Desprezar; fazer pouco caso「de」. ★ *Nonde kakaru* 呑んでかかる Menosprezar; dar pouca importância. [S/同] Attṓ súrú. **6** [隠し持つ] Ocultar; esconder. ★ *Futokoro ni dosu* [*tantō*] *o* ～ 懐にどす [短刀] を呑む ～ a adaga [o punhal] no peito.
nṓmu[1] [**óo**] 濃霧 O nevoeiro cerrado. ◇ **～ chūihō** [**keihō**] 濃霧注意報[警報] O aviso [alarme] de ～. ⇨ kirí[1].
nṓmu[2] [**óo**] 農務 Os assuntos agrícolas.
nṓ-nánkáshō [**noó**] 脳軟化症【Med.】O amolecimento do cérebro.
nṓ-náshí [**oó**] 能なし A incompetência. ★ ～ *no otoko* 能なしの男 Um incompetente. [S/同] Munṓ.
nónbē 飲兵衛 O borracho. [S/同] Nomísuke; ṓzáké-nomi.
nońbéń-dárári のんべんだらり Ociosamente. ★ ～ *to hi o okuru* のんべんだらりと日を送る Viver na ociosidade [indolência].
nońbíri のんびり Despreocupadamente; tranquilamente. *Burajirujin wa* ～ (*to*) *shita kokuminsei o motte iru* ブラジル人はのんびりとした国民性を持っている Os b. são um povo despreocupado. ★ ～ *shita den'en fūkei* のんびりした田園風景 A vista [cena] calma, sossegada, do campo. ～(*to*) *kurasu* のんびり(と) 暮らす Viver sem preocupações. [S/同] Nobí-nóbi. ⇨ yukkúri; yuttári.
nońdákúré 飲んだくれ O bêbedo. ⇨ nomísuke; nónbē; ṓ-záké-nomi.
no-nézumi 野鼠 O rato do campo; o arganaz; a ratazana. ⇨ dobú ◇.
noń-fíkushon ノンフィクション (< Ing. < L. non fictum: não inventado) A literatura de não-ficção. [A/反] Fíkushon. ⇨ dokyúméntarī.
-noni のに **1** [目的] Para「fazer isto é preciso tempo」; a fim de. *Kono e o shiageru* ～ *nikagetsu kakatta* この絵を仕上げるのに 2 か月かかった Este quadro levou dois meses a pintar. **2** [にもかかわらず] Apesar de; mas; embora. *Kare wa kane mo nai* ～ *zeitaku ga suki da* 彼は金もないのにぜいたくが好きだ Apesar de não ter [Embora não tenha] dinheiro, ele gosta do luxo/Não tem dinheiro mas gosta de luxos. **3** [願望] (Ai) quem me dera; oxalá; (ah/ai) tomara eu. *Anata mo issho ni kureba yokatta* ～ あなたもいっしょに来れば良かったのに Ai, tomara eu [quem me dera] que você também tivesse vindo [Você também devia ter vindo]!
nónki 呑 [暢] 気 O ser despreocupado [descuidado; tranquilo; pacato; calmeirão]. *Karera wa shinpai-goto ga nakute* ～ *da* 彼らは心配事がなくて呑気だ Eles levam uma vida descansada [calma], sem preocupações. ★ ～ *na shōbun* 呑気な性分 O ânimo leve. ～ *ni kurasu* 呑気に暮らす Levar uma vida despreocupada. ◇ **～ mono** 呑気者 O indivíduo folgazão; um calmeirão. ⇨ kirákú; nṓnṓ; yū́chō.
nṓnṓ [**oó-óo**] のうのう Sem preocupação; regaladamente. ★ ～ *to kurasu* のうのうと暮らす Levar boa vida [uma vida regalada]. ⇨ nónki.
nonóshíru 罵る Injuriar; insultar; chamar nomes. ★ *Kuchi-gitanaku* ～ 口汚く罵る Insultar com nomes feios. [S/同] Hínan suru; shikárú.
noń-pórí ノンポリ (< L. non + Gr. politikós) Apolítico. ★ ～ *no gakusei* ノンポリの学生 O estudante ～ (Não ligado a um partido político).
noń-púró ノンプロ (< Ing. < L. non professio: não, como profissão) O amador; o não-profissional. ◇ **～ yakyū** ノンプロ野球 O beis. de amadores. [A/反] Púro. ⇨ amáchúá.
noń-sékuto ノンセクト (< Ing. non + sect < L.)「radical mas」Apartidário.
noń-sútóppu ノンストップ (< Ing. non stop < L. stuppa < Gr. styppé: estopa)「comboio/trem」Dire(c)to;「elevador」sem paragens [interrupção].
noń-táitoru ノンタイトル (< Ing. non + title < L.) Sem título「para campeonato」. ◇ **～ sen** [**matchi**] ノンタイトル戦[マッチ] O jogo amigável.

nónyū [oó] 納入 **1** [金銭を納めること] O pagamento. ★ *Nyugakukin o daigaku ni ~ suru* 入学金を大学に納入する Pagar a matrícula de inscrição à universidade. A/反 Chōshū. ⇨ nōfú¹. **2** [製品を納めること] A entrega de mercadoria. ★ *Seihin o kaisha ni ~ suru* 製品を会社に納入する Fazer ~ à companhia. ◇ **~ hin** 納入品 Os vários produtos [artigos] entregues. A/反 Chōshū.

noppérabō のっぺらぼう **1** [変化のないこと] A monotonia; a uniformidade. ★ *~ na enzetsu* のっぺらぼうな演説 O discurso monótono. **2** [おばけの一つ] O monstro sem olhos, boca e nariz.

noppéri のっぺり Inexpressivamente. *Kare wa ~ (to) shita kao o shite iru* 彼はのっぺり(と)した顔をしている Ele tem um rosto apagado [sem expressão].

noppíki-náranai 退っ引きならない Inevitável; imprevisível; indiscutível. ★ *~ shōko* 退っ引きならない証拠 A prova irrefutável [indiscutível]. *~ tachiba ni oikomareru* 退っ引きならない立場に追い込まれる Ser posto numa situação crítica/Ficar entre a espada e a parede.

nóppo のっぽ [G.] Uma torre. A/反 Chíbi.

norá 野良 O campo; o mato. ◇ **~ gi** 野良着 A roupa de trabalhar no ~. ⇨ **~ inu** [**neko**]. **~ shigoto** 野良仕事 O trabalho no ~. S/同 Táhata.

norá-inú 野良犬 O cachorro sem dono; o cão vadio. S/同 Yakén.

nórakura のらくら (< norárí-kúrari) Ociosamente; preguiçosamente. ★ *~(to) hi o okuru* のらくら(と)日を送る Andar na mandriice. *Ichinichi-jū ~ suru* 一日中のらくらする Passar o dia na ociosidade [sem fazer nada]. ◇ **~ mono** のらくら者 O mandrião; o preguiçoso. ⇨ búrabura.

norá-nékó 野良猫 O gato vadio [sem dono].

norárí-kúrari のらりくらり **1** [のらくら] Indolentemente; ociosamente. ⇨ Nórakura. **2** [ぬらりくらり] Dubiamente; evasivamente. ★ *~ to iinogare o suru* のらりくらりと言い逃れをする Evadir-se com desculpas. S/同 Nurárí-kúrari.

norén 暖簾 **1** [店の屋号などを染め店先に掲げた布] A meia-cortina, (Cortina, geralmente de pano, que desce até meia altura da entrada, nas lojas típicas japonesas). ★ *~ o orosu* 暖簾をおろす Fechar a loja (⇨ **2**). [ここにD] *~ ni udeoshi* 暖簾に腕押し O desperdício de tempo [energia]. **2** [店の伝統・信用・営業権] A fama da loja. *Kono mise wa ~ ga furui* この店は暖簾が古い Esta loja tem longa tradição. ★ *~ o orosu* 暖簾をおろす Fechar [Deixar] o negócio. ★ *~ o wakeru* 暖簾を分ける Instalar (outra pessoa) no mesmo ramo de negócio. **3** [店の信用] A reputação; o bom nome. *Sore wa mise no ~ ni kakawaru* それは店の暖簾にかかわる Isso atinge ~ da loja. ★ *~ o kegasu* 暖簾を汚す Prejudicar ~ do estabelecimento.

norí¹ 糊 A cola; o grude; a goma. *Kono shatsu wa ~ ga yoku kiite iru* このシャツは糊がよくきいている Esta camisa está bem engomada. ★ *~ o tsukeru* 糊をつける Colar [Pôr cola]; engomar. *~ to hasami* 糊とはさみ A simples cópia e adaptação de「livro escrito」por outro. ◇ **~ shiro; chí~. Gomu ~** ゴム糊 A goma arábica.

nori² 海苔 **1** [海藻] 【Bot.】 A alga. **2** [食品] A alga comestível processada. ~ *ichi-jō* 海苔一帖 Dez folhas de ~. ◇ ⇨ **yaki~**.

norí³ 乗り (< norú) **1** [顔料などの] O espalhamento; a aderência. *Kyō wa keshō no ~ ga warui* 今日は化粧の乗りが悪い Hoje a maqui(l)hagem não se espalha bem. **2** [リズム感] O sentido do ritmo. *Kono kyoku wa ~ ga warui* この曲は乗りが悪い Esta música não tem ritmo. **3** [-norí] O tomar um transporte. *Yonin ~ no jidōsha* [*hikōki*] 四人乗りの自動車[飛行機] O automóvel [A avioneta] para quatro pessoas. ◇ **Hikōki ~** 飛行機乗り O piloto.

nóri⁴ 法 【E.】 A lei. S/同 Kísoku (o); okíté (+).

nōri¹ [óo] 脳裡 [裏] 【E.】 A mente; a memória. *Haha no yasashii omokage wa watashi no ~ ni kizami-komareta* [*yaki-tsuite*] *iru* 母の優しい面影は私の脳裡に刻み込まれて[焼きついて]いる A imagem da minha querida mãe está-me gravada na ~. ★ *~ ni ukabu* 脳裡に浮かぶ Recordar-se; vir à ~ (cabeça).

nōri² [óo] 能吏 O funcionário capaz.

norí-agéru 乗り上げる (< norú¹ + ⋯) Encalhar; varar. *Fune ga asase ni noriageta* 船が浅瀬に乗り上げた O navio encalhou no baixio [banco de areia].

norí-ái 乗り合い (< norú¹ + áu) O viajar num transporte com outra pessoa. ★ *~ no kyaku* 乗り合いの客 O passageiro [companheiro de viagem]. ◇ **~ basha** [**takushi**] 乗り合い馬車[タクシー] O coche [táxi] para várias pessoas.

norí-awáséru 乗り合わせる (< norú¹ + ⋯) Viajar juntos; tomar o mesmo meio de transporte. *Gūzen wareware wa onaji densha ni nori-awaseta* 偶然我々は同じ電車に乗り合わせた Calhou viajarmos juntos no mesmo comboio [trem]. S/同 Norí-áwasu.

norí-áwasu 乗り合わす ⇨ norí-awáséru.

norí-bá 乗り場 (< norú¹ + ⋯) A paragem (de autocarro [ônibus]); a praça (de táxis); a plataforma (de comboio [trem]); o cais (de navios). S/同 Jōsén-jō; jōsha-jō. ⇨ hōmu³; teíryú¹ ◇.

norí-dásu 乗り出す (< norú¹ + ⋯) **1** [乗って出かける] Embarcar; partir. *~ Oki ni ~* 沖に乗り出す Partir para o alto mar. **2** [進んで関係する] Lançar-se「a」; entregar-se「a」. *Keisatsu ga sōsa ni nori-dashita* 警察が捜査に乗り出した A polícia lançou-se à investigação [busca] (do autor do crime). **3** [体を前方に出す] Debruçar-se「na janela」; inclinar-se para a frente「e ouvir com atenção」. ★ *Hiza o ~* ひざを乗り出す Acercar-se com interesse (estando sentado no tatámi).

norí-gókóchi 乗り心地 (< norú¹ + kokóchi) A sensação de um meio de transporte. *Shinsha no ~ wa jojō da* 新車の乗り心地は上々だ O novo carro é muito có(ô)modo. ⇨ ne-gókóchi.

norí-iréru 乗り入れる (< norú¹ + ⋯) **1** [乗ったままで車を中に入れる] Entrar de [Meter o] carro. ★ *Genkan-saki made kuruma o ~* 玄関先まで車を乗り入れる Ir de carro até à entrada. **2** [定期路線を延長する] Ligar com. ★ *Chikatetsu ga Jei Aru Ni nori-irete iru* 地下鉄が J. R. に乗り入れている A linha do metro (politano) converge [liga] com a (linha) dos Japan Railways「East」.

norí-káé 乗り換え (< norí-káéru) **1** [交通機関を換えること] O transbordo; a baldeação. *Yamanote-sen o go-riyō no kata wa ~ desu* 山手線を御利用の方はお乗り換えです Os senhores passageiros que tomam a Linha Yamanote fazem favor de mudar na próxima estação. ◇ **~ eki** 乗り換え駅 A estação onde se muda de comboio. **~ kippu** 乗り換

norí-káeru 乗り換える (< norú¹ + …) **1**［交通機関を］Transbordar; baldear; mudar de「trem」. *Kōbe hōmen e wa tsugi de nori-kaete kudasai* 神戸方面へは次で乗り換えてください As pessoas que vão para Kobe fazem favor de mudar na próxima estação. ⟨S/同⟩ Norí-útsúru. **2**［とりかえる］Mudar. ~ *Hoshu-ha ni* ~ 保守派に乗り換える Passar［~］para os conservadores. *Shinsha ni* ~ 新車に乗り換える Mudar de carro, para o novo modelo. **3**［株式などを］Converter a(c)ções. ★ *"A" kabu kara "B" kabu e* ~ A 株から B 株へ乗り換える ~ A em B.

norí-kákáru 乗り掛かる (< norú¹ + …) **1**［乗ろうとする］Estar para [prestes a] embarcar. *Watashi ga norikakatta toki densha no doa ga shimatta* 私が乗り掛かった時電車のドアが閉まった Quando eu ia entrar para o comboio, a porta fechou-se. ⟨I/慣用⟩ *Norikakatta fune da. Ato e wa hikenai* 乗り掛かった船だ. 後へは引けない Você tomou esse compromisso. Agora não pode recuar. **2**［おおいかぶさる］Lançar-se em cima. *Kare-ra wa nori-kakatte dorobō o osae-tsuketa* 彼らは乗り掛かって泥棒を押さえつけた Eles lançaram-se ao ladrão e imobilizaram-no.

norí-kí 乗り気 (< norú¹ + …) O entusiasmo; o empenho; o interesse; o ir na onda. *Shachō wa sono shōdan ni sukkari* ~ *ni natte iru* 社長はその商談にすっかり乗り気になっている O presidente está sumamente empenhado nesse negócio. ⇨ sekkyokú ◇.

norí-kíru 乗り切る (< norú¹ + …) **1**［乗ったまま最後まで行く］Atravessar. ★ *Taiheiyō o yotto de* ~ 太平洋をヨットで乗り切る ~ o Oceano Pacífico num iate. **2**［難局を突破する］【Fig.】Superar. ★ *Fukyō o* ~ 不況を乗り切る ~ a recessão. *Nankyoku [Konnan] o* ~ 難局［困難］を乗り切る ~ uma grande dificuldade. ⟨S/同⟩ Norí-kóeru.

norí-kóeru 乗り越える (< norú¹ + …) **1**［物の上を越える］Saltar. *Dorobō wa hei o nori-koete nigeta* 泥棒はへいを乗り越えて逃げた O ladrão saltou a sebe［o muro］e fugiu. **2**［切り抜ける］Vencer; superar. *Samazama na shōgai o norikoete futari wa kekkon shita* 様々な障害を乗り越えて二人は結婚した Os dois casaram depois de vencerem muitos obstáculos. ⟨S/同⟩ Kiri-núkéru. **3**［他の人の水準を追い越す］Ultrapassar. ★ *Senjin o* ~ 先人を乗り越える ~ os nossos maiores. ⇨ oí-kósu.

norí-kómu 乗り込む (< norú¹ + …) **1**［乗る］Embarcar; entrar. **2**［乗ったまま中へ入る］*Kare wa kuruma de genkan-saki ni norikonde kita* 彼は車で玄関先に乗り込んで来た Ele veio de carro até à entrada. **3**［操り込む］Penetrar; introduzir-se. *Kare wa tekichi ni norikonde yūkan ni tatakatta* 彼は敵地に乗り込んで勇敢に戦った Ele penetrou no terreno inimigo e lutou com grande bravura.

norí-kónásu 乗りこなす (< norú¹ + …) Domar montando. ★ *Ara-uma o* ~ 荒馬を乗りこなす ~ um cavalo bravo.

norí-kóshi 乗り越し (< norí-kósu) A ultrapassagem do destino previsto (nos trens). ★ ~ *o suru* 乗り越しをする. ◇ ~ **ryōkin** [**unchin**]［運賃］O excesso a pagar pela ~.

norí-kósu 乗り越す (< norú¹ + …) Passar a「sua」 estação (nos comboios). *Me ga sameru to eki o futatsu norikoshite ita* 目が覚めると駅を二つ乗り越していた Quando acordei já tinha passado duas estações (para lá da minha).

norikúmi-in 乗組員 A tripulação; o tripulante. ⇨

norí-kúmu 乗り組む (< norú¹ + …) Embarcar; tripular. ★ *Jettoki ni sōjūshi to shite* ~ ジェット機に操縦士として乗り組む Entrar na tripulação de um (avião a ja(c)to como piloto.

norí-maki 海苔巻き (< norú¹ + makú) O bolo de arroz avinagrado com peixe ou legumes no meio e enrolado em algas. ⇨ o-nígiri; sushí.

norí-máwásu 乗り回す (< norú¹ + …) Dar uma volta「a cavalo/de carro」. *Kare wa kōkyūsha o norimawashite iru* 彼は高級車を乗り回している Ele anda por aí (às voltas) num automóvel caro.

norí-móno 乗り物 (< norú¹ + …) O meio de transporte; o veículo. ★ ~ *no ben ga yoi [warui]* 乗り物の便が良い［悪い］O serviço de transportes é bom [mau]. ◇ ~ **yoi** 乗り物酔い O enjoo nas viagens.

nōrín［oō］農林 A agricultura e florestas. ◇ ~ (**suisan**)**daijin**［**shō**］農林（水産）大臣［省］O Ministro [Ministério] da ~ (e pescas).

norí-nígé 乗り逃げ (< norú¹ + nigéru). **1**［代金を払わず逃げる］Fugir sem pagar o transporte. *Takushō* ~ *suru* タクシーを乗り逃げする Fugir sem pagar o táxi. ⇨ kisérú **2**. **2**［盗んで逃げる］O fugir num meio de transporte roubado. ~ *Jitensha o* ~ *suru* 自転車を乗り逃げする Roubar uma bicicleta e fugir.

norí-ókúréru 乗り遅れる (< norú¹ + …) **1**［乗りそこなう］Perder; não apanhar. *Nebō shite itsumo no basu ni norikureta* 寝坊していつものバスに乗り遅れた Acordei tarde e perdi o meu autocarro [ônibus]. **2**［時流から取り残される］Ficar ultrapassado. ~ *Jidai no nami ni* ~ 時代の波に乗り遅れる Não acompanhar a evolução da época［~］.

norí-ori 乗り降り (< norú¹ + orírú) O embarque e desembarque. ~ *no sai wa ashimoto ni o-ki o tsuke kudasai* 乗り降りの際は足元にお気をつけ下さい Ao entrar e sair「do comboio/trem」, façam o favor de ver bem onde põem o pé. ⟨S/同⟩ Shōkō.

norí-shíró 糊代 A dobra adesiva (de um envelope).

norí-sókónáu 乗り損なう (< norú¹ + …) ⇨ norí-ókúréru.

norí-sútérú 乗り捨てる (< norú¹ + …) Abandonar「o carro」. *Hannin wa kuruma o norisutete nigeta* 犯人は車を乗り捨てて逃げた O criminoso abandonou o carro e fugiu.

norí-té (< norú¹ + …) **1**［馬に乗る人］O valeiro. **2**［乗客］O passageiro.

norító 祝詞 A oração [reza] x[sh]intoísta. ★ ~ *o ageru* 祝詞をあげる Recitar uma ~. ⇨ inóri; kyō³.

nōrítsú［oō］能率 A eficiência. ◇ ~ *ga agaru [sagaru, ochiru]* 能率が上がる［下がる；落ちる］aumenta [baixa; cai]. ~ *ga yoi* 能率が良い Ser eficiente. ~ *o ageru* 能率を上げる Aumentar ~. ~ *teki na yarikata* 能率的なやり方 O método eficiente. *Hi-teki na* 非能率的な Ineficiente. ◇ ~ **kyū** 能率給 O pré[é]mio/aumento pela ~ no trabalho. ~ **shugi** 能率主義 O princípio da ~.

norí-tsúbúsu 乗り潰す (< norú¹ + …) Estafar「o cavalo」. ★ *Kuruma o* ~ 車を乗り潰す ~ o carro.

norí-tsúkeru 乗り付ける (< norú¹ + …) **1** [乗って目的地まで来る] Ir de carro até … *Eki kara takushī de hoteru e noritsuketa* 駅からタクシーでホテルへ乗り付けた Da estação fui de táxi até (a)o hotel. **2** [乗り慣れる] Estar habituado a andar de「carro」. *Noritsukenai fune de yotte shimatta* 乗りつけない船で酔ってしまった Enjoei, por não estar acostumado a andar de barco.

norí-útsúru 糊移る (< norú¹ + …) **1** [乗り換える] Fazer o transbordo「para」. ⑤同 Norí-káeru (+). **2** [体にとりつく] Entrar no corpo. *Shiryō ga miko ni noriutsutta* 死霊が巫女に乗り移った O espírito do defunto entrou no médium. ⇨ torítsúku.

norí-zúké 糊漬け (< … ¹ + tsukéru (+)] O pôr cola; o engomar. ★ ~ **suru** 糊付けする …

norói¹ 呪い (< norúu) A maldição; o feitiço; a imprecação; a praga. ★ ~ **o kakéru** [toku] 呪いをかける [解く] Amaldiçoar/Rogar pragas [Romper o feitiço]. ⑤同 Júso.

norói² 鈍い **1** [遅い] Vagaroso; lento; demorado. *Kare wa shigoto ga* ~ 彼は仕事が鈍い Ele é ~ no trabalho. ⑤同 Osói. **2** [頭の働きが鈍い] Tapado; lento; obtuso. *Kanojo wa atama no hataraki ga* ~ 彼女は頭の働きが鈍い Ela é (muito) lenta de entendimento. ⑤同 Nibúi (+).

noróké 惚気 (< norókéru) O falar dos seus amores. ★ ~ *o iu* のろけを言う Gabar-se dos seus casos de amor.

norókéru 惚気る Falar dos seus amores; gabar-se das suas conquistas. *Kare wa saikun no koto o yoku* ~ 彼は細君のことをよくのろける Ele gosta muito de falar do amor que tem à mulher.

norómá 鈍間 O bronco; o estúpido; o lorpa. *Kono* ~ *me* このろまめ Que [Seu] imbecil/~! ★ ~ *na otoko* のろまな男 Um ~. ⑤同 Ma-núke.

nóronoro のろのろ Lentamente; vagarosamente. ★ ~ *aruku* のろのろ歩く Andar a passo de lesma (⇨ namékúji). ~ *unten* のろのろ運転 O tráfico lento [quase parado].

noróshí 狼煙・烽火 O sinal de alerta; o fogo (De sinal). ~ *o agete tsūshin suru* 狼煙を上げて通信する Comunicar-se por meio de fogos. *Kakumei no* ~ *ga agatta* 革命の狼煙が上がった Já foi dado o sinal…para a revolução. ⑤同 Róén.

norú¹ 呪う Amaldiçoar; rogar pragas; lançar imprecações. ★ ~ *beki* 呪うべき Maldito. *Norowareta hito* 呪われた人 A pessoa maldita. *Unmei o* ~ 運命を呪う Amaldiçoar [Praguejar contra] o destino. 反意語 *Hito o norowaba ana futatsu* 人を呪わば穴二つ Voltar-se o feitiço contra o feiticeiro/ Quem morte alheia espera, a sua lhe chega.

norú¹ 乗る [ものの上に上がる] Subir; trepar. ★ *Hiza no ue ni* ~ ひざの上に乗る ~ para o colo. *Yane ni* ~ 屋根に乗る ~ ao telhado. A/反 Oríru. **2** [乗り物に] Embarcar; entrar; tomar; montar. ★ *Fune ni* ~ 船に乗る Subir a bordo do navio [Embarcar]. *Jitensha* [*Uma*] *ni* ~ 自転車 [馬] に乗る Montar a bicicleta [o cavalo]. A/反 Oríru. **3** [あるもので運ばれる] Ser trazido; entrar. *Kaze ni notte fue no ne ga kikoeru* 風に乗って笛の音が聞こえる Ouve-se o som da flauta trazido pelo vento. ★ *Denpa ni* ~ 電波に乗る Ser transmitido pelo rádio. *Kidō ni* ~ 軌道に乗る Ser posto em órbita. *Ryūtsū kikō ni* ~ 流通機構に乗る Ser transportado pela [Entrar na] rede de distribuição. **4** [よく合う; 調子づく] Har-monizar-se; sintonizar「com」; entrar「no ritmo do trabalho」. ★ *Ki ga* ~ 気が乗る Inclinar-se「a」; sentir-se disposto「a」. *Nami ni* ~ 波に乗る Ir na onda. *Rizumu ni* ~ リズムに乗る Apanhar o ritmo「da música」. **5** [ひっかかる] Cair; deixar-se enganar. *Mō sono te ni wa noranai yo* もうその手には乗らないよ Já não torno a ir [cair] nessa (cilada). ★ *Kuchi-guruma ni* ~ 口車に乗る Deixar-se levar por falinhas mansas. ⑤同 Hikkákáru. **6** [加わる] Participar. ★ *Hito-kuchi* ~ 一口乗る Tomar parte [~]. *Keikaku ni* ~ 計画に乗る Associar-se ao [~ no] proje(c)to. *Sōdan ni* ~ 相談に乗る ~ na consulta. **7** [十分につく] Aderir. ★ *Abura ga* ~ 脂が乗る **a)** Estar「a sardinha」na melhor sazão; **b)** Estar no auge [na plenitude] da sua a(c)tividade. *Inku ga noranai kami* インクがのらない紙 O papel a que não adere a tinta (mal para escrever). *O-shiroi ga* ~ 白粉がのる O pó de arroz adere bem (à pele). **8** [勢いに乗じる] Aproveitar. ★ *Chōshi ni* ~ 調子に乗る ~ a maré. *Zu ni* ~ 図に乗る Abusar (da confiança). **9** [ある基準を超える] Subir [Chegar] até um certo nível. *Shichō-ritsu ga roku-wari-dai ni* ~ 視聴率が六割台に乗る A taxa de audiência subiu aos 60%.

norú² 載る **1** [掲載される] Vir (mencionado). *Kinō no kaji no koto ga shinbun ni notte iru* 昨日の火事の事が新聞に載っている O (caso do) incêndio de ontem vem no jornal. *Sono kotoba wa jisho ni notte inai* その言葉は辞書に載っていない Essa palavra não vem [aparece] no dicionário. *Risuto ni notte iru* リストに載っている Vir na lista. **2** [置かれる; 積まれる] Caber; levar. *Kono torakku ni wa sonna ni noranai yo* このトラックにはそんなに載らないよ Este cami(nh)ão não pode levar tanta carga. ⇨ okú³.

Norúdikku ノルディック (< Ing. Nordic) 【(D)es.】 Nórdico. ◇ ~ **shumoku** [**kyōgi**] ノルディック種目 [競技] O evento [A competição] ~ [a]. ⇨ árupen.

norú-ká sóru-ka 乗るか反るか (< nobíru) Ou vai ou racha. ~ *yatte miyō* 伸るか反るかやってみよう Vou tentar, aconteça o que acontecer [Isto ~]. ⑤同 Ichíka bachíka ~.

nóruma ノルマ (< Ru. norma < L.) A tarefa que cabe a cada um. ★ ~ *o hatasu* [*tassei suru*] ノルマを果たす [達成する] Levar a cabo ~ [Atingir a meta estabelecida]. ~ *o kasu* ノルマを課す Designar ~.

Nóruuē ノルウェー A Noruega. ◇ ~ **go** ノルウェー語 O norueguês (Parecido só ao sueco).

nóryō [**noó**] 納涼 O gozar da fresca nas noites quentes do verão. ◇ ~ **sen** 納涼船 O barco de recreio no verão. ~ **bon-odori taikai** 納涼盆踊り大会 O baile folclórico em noite de verão. ⇨ suzúmu; yū-súzumi.

nóryoku [**óo**] 能力 **1** [力] A capacidade; a competência; a aptidão. *Dōbutsu wa kiken o yochi suru* ~ *ga aru* 動物には危険を予知する能力がある Os animais têm a capacidade de pressentir o perigo. *Kono mondai wa watashi no* ~ *no genkai o koete iru* この問題は私の能力の限界を超えている Este problema ultrapassa a minha ~. ★ ~ *no aru hito* 能力のある人 O indivíduo capaz [competente]. ~ *o hakki suru* 能力を発揮する Mostrar/Exibir a habilidade. ◇ ~ **betsu hensei** 能力別編成 A organização de grupos consoante a ~. ~ **kyū** 能力給 A remuneração conforme a ~. ~ **shugi** 能力主義 O sistema de promoção por mérito. **2** [資格]

【Dir.】 A faculdade. ◇ **Kenri** ～ 権利能力 ～ de gozar de direitos.

nosábáru のさばる Ser mandão; meter-se [mandar] em tudo; invadir. *Kono machi de wa furyō ga nosabatte iru* この町では不良のさばっている Nesta cidade os delinquentes invadem tudo [fazem o que querem]. ⇨ deshábáru; ibáru.

nōsákú-butsu [oó] 農作物 Os produtos agrícolas; as colheitas. S/同 Nōsánbutsu; sakúmotsu.

nōsákú-motsu [oó] 農作物 ⇨ nōsákúbutsu.

nōsánbutsu [oó] 農産物 Os produtos agrícolas, a produção agrícola. S/同 Nōsákubu[mo]tsu.

nōsátsú [oó] 悩殺 O encanto; o fascínio; o feitiço. *Watashi wa kanojo ni ～ sareta* 私は彼女に悩殺された Eu fiquei fascinado por ela. ⇨ miryó².

nōsei [oó] 農政 A administração agrícola.

nōséi-(shōri)máhi [noó] 脳性(小児)麻痺【Med.】A poliomielite; a paralisia infantil.

nō-sékízúi-máku-en [oó] 脳脊髄膜炎【Med.】A meningite cérebro-espinal.

nosérú¹ 乗せる (< norú¹) **1**「乗り物に人を入れる」Transportar; levar [deixar ir]「de carro」. *Eki made (kono kuruma ni) nosete moraemasen ka* 駅まで(この車に)乗せてもらえませんか Não me pode dar uma boleia [carona] (D.) até à estação? ★ *Kankō-kyaku o noseta basu* 観光客を乗せたバス O autocarro [ônibus] com turistas. **2**「それで運ばせる」Transmitir. *Terebi wa nyūsu o denpa ni nosete cha no ma ni todokeru* テレビはニュースを電波に乗せて茶の間に届ける A T.V. leva-lhe as notícias a casa. **3**「調子を合わせる」Conciliar; harmonizar. ★ *Merodī ni nosete utau* メロディーに乗せて歌う Cantar acompanhando a melodia. **4**「相手を引きこむ」Iludir; enrolar; levar na conversa; enganar. *Sērusuman wa shufu o kuchi-guruma ni nosete ka mono o kawaseta* セールスマンは主婦を口車に乗せて高価な物を買わせた O vendedor levou a dona de casa na conversa e fê-la comprar um produto caro. **5**「加わらせる」Deixar que alguém participe [tome parte]「em」. ★ *Mōke-banashi ni hito-kuchi nosete morau* もうけ話に一口乗せてもらう Tomar parte num negócio lucrativo. S/同 Kuwáwáru.

nosérú² 載せる (< norú²) **1**「上に置く;積む」Colocar; pôr. *O-bon ni kappu o mittsu ～* お盆にカップを三つ載せる ～ três taças na bandeja. *Tēburu no ue ni kabin o noseru* テーブルの上に花瓶を載せる ～ um vaso de flores na [sobre a] mesa. A/反 Orósu. **2**「掲載する」Publicar. *Watashi wa shinbun ni kyūjin kōkoku o noseta* 私は新聞に求人広告を載せて Publiquei no jornal um anúncio de "precisa-se". ★ *Zasshi ni ronbun o ～* 雑誌に論文を載せる ～ um artigo na revista. S/同 Kéisái súrú.

noshi 熨 (斗) Um ornamento de papel para presentes. ★ ～ *o tsukeru* のしを付ける Pôr um "noshi" no presente. ◇ ～ **bukuro** のし袋 O envelope para uma oferta de dinheiro. ～ **gami** のし紙 O papel para enfeite「do presente」. ⇨ mizú-híkí.

noshí [oó] 脳死【Med.】A morte cerebral.

noshí-ágaru 伸し上がる (< nósu + …) Avançar aos empurrões; subir na vida. *Kare wa ichiyaku sutā ni noshiagatta* 彼は一躍スターに伸し上がった Ele de repente [num ápice] transformou-se num grande astro「do futebol」. ⇨ shussé.

noshí-kákáru 伸し掛かる (< nósu + …) **1**「覆いかぶさる」Pender sobre; inclinar-se para. *Atama no ue kara noshikakatte kuru yō na zeppeki da* 頭の上から伸し掛かって来るような絶壁だ É um penhasco que parece que nos vai cair na [em cima da] cabeça. **2**「重みがかかる」Oprimir; pesar sobre. *Fuan [Sekinin] ga kare no ue ni omoku noshikakatta* 不安[責任]が彼の上に重く伸し掛かった A ansiedade [responsabilidade] caiu, pesada, sobre ele.

noshí-mochi 伸し餅 (< nósu + …) O bolo achatado de "mochi".

nō-shínkei [noó] 脳神経【Anat.】O nervo craniano (Que sai dire(c)tamente do cérebro e passa por um dos buracos do crânio).

nō-shíntō [noó] 脳震盪【Med.】A concussão cerebral.

nōshó [oó] 能書【E.】A boa caligrafia. ◇ ～ **ka** 能書家 O calígrafo. S/同 Nōhítsó; tappítsú (+).

nōshō¹ [noó] 脳漿【Anat.】O fluido cerebral.

Nōshō² [noó] 農相 ⇨ nōrín ◇.

nōshú¹ [oó] 脳腫【Med.】O tumor.

nōshu² [óo] 膿腫【Med.】O abcesso; o apostema.

nō-shúkketsu [oó] 脳出血【Med.】A hemorragia [O derrame] cerebral. S/同 Nō-íkketsu (+).

nōshúkú [oó] 濃縮 O enriquecimento; a concentração. ★ ～ *suru* 濃縮する Concentrar; enriquecer. ～ **jūsu** 濃縮ジュース O sumo [suco] concentrado. ～ **uran** 濃縮ウラン O urânio enriquecido.

nō-shúyō [noó] 脳腫瘍【Med.】O tumor cerebral.

no-sódachi 野育ち (< …² + sodátsu) O ser criado sem educação. ★ ～ *no ko* 野育ちの子 A criança sem educação.

nōsón [oó] 農村 A vila [aldeia; comunidade] rural. ★ ～ *no seikatsu* 農村の生活 A vida no campo [nas comunidades rurais]. ◇ ～ **chitai** 農村地帯 A região agrícola. ～ **keizai [shakai]** 農村経済[社会] A economia [sociedade] rural. ～ **mondai** 農村問題 Os problemas rurais. ⇨ gyosón; sañsón.

nósonoso のそのそ Vagarosamente; indolentemente. ⇨ nossóri.

nō-sótchū [oó] 脳卒中【Med.】A apoplexia cerebral. ⇨ nō-íkketsu.

nossóri のっそり De maneira pachorrenta. ★ ～ (*to*) *tachiagaru* のっそり(と)立ち上がる Levantar-se nas calmas. ⇨ nósonoso.

nósu 伸す (< nobású) **1**「のばす」Estender. ★ *Noshita ika* 伸したイカ A lula/siba [O choco] estendido[a]. S/同 Nobású. **2**「しわを」Alisar; desenrugar. S/同 Nobású. **3**「発展する」Melhorar; desenvolver. *Saikin sono sūpāmāketto wa gungun uri-age o noshite kita* 最近そのスーパーマーケットはぐんぐん売り上げを伸して来た Ultimamente esse supermercado vende imenso. S/同 Hatten súrú (+); hírógárú; nobíru (+). **4**「更に遠くまで行く」Prolongar; ir mais longe. *Watashi-tachi wa Atami kara sara ni Hakone e noshita* 私たちは熱海から更に箱根へ伸した De Atami prolongámos a nossa viagem até Hakone. **5**「なぐり倒す」【G.】Derrubar; deitar ao chão. *Namailo io ito ～ zo* 生意気を言うと伸すぞ Se dizes insolências [começas com cantigas (M.)] derrubo-te no chão.

nosútárujia ノスタルジア (< Ing. < L.) A nostalgia; a saudade. S/同 Kyōshū. ⇨ kyōshū.

notákúru のたくる (⇨ notá-útsu) **1**「くねって這い動く」Retorcer-se「como uma enguia」; contorcer-se「com as dores」. *Kare wa mimizu ga notakutta*

yō na ji o kaku 彼はみみずがのたくったような字を書く A letra dele é cada gatafunho [garrancho] (Lit: parecem minhocas retorcidas)! **2** [乱暴に書く] Garatujar; rabiscar「na parede」.

nótán [oó] 濃淡 A luz e a sombra; o matiz. ★ ~ *o tsukeru* 濃淡をつける Sombrear (uma pintura). *Iro no* ~ 色の濃淡 O ~ /contraste das cores. ⇨ meí-áń[2].

no-táre-jíní 野垂れ死に (< … + taréru + shinú) A morte na sarjeta [de cão]. ★ ~ *o suru* 野垂れ死にをする Morrer abandonado [como um cão]. S/周 Yukí-dáóré.

notaúchí-máwaru のた打ち回る ⇨ notá-útsu.

notá-útsu のた打つ Contorcer-se. ★ *Gekitsū ni* ~ 激痛にのた打つ ~ de dor. ⇨ mogáku.

notén 野天 O ar livre; o céu aberto. S/周 Rotén (+); yágai (+).

nótén [oó] 脳天 O toutiço [bestunto]; os miolos. ★ ~ *o tataki-waru* 脳天を叩き割る Partir o ~.

nóto [oó] ノート (< Ing. note < L.) **1** [かきとめること] O apontamento; a nota. ★ ~ *suru* [*o toru*] ノートする[を取る] Tirar notas; escrever「o que o professor diz」. S/周 Obóé-gákí. **2** [注釈] A nota [anotação]. ★ ~ *o tsukeru* ノートをつける Acrescentar「muitas」notas「ao texto/livro」. S/周 Chūsháku. **3** [Abrev. de "nōtobukku"] O bloco [caderno]. ★ ~ *ni kaku* ノートに書く Escrever no ~. **4** [調子] O tom. ⇨ Chó(shí).

nótto ノット (< Ing. knot) O nó. ★ *Ni-jū* ~ *dasu fune* 20 ノット出す船 O barco que dá 20 nós. ⇨ káiri[3].

nottórí 乗っ取り (< nottóru[2]) **1** [横領] A abs(p)ção「doutra firma」. ⇨ óryō. **2** [ジャックすること] O sequestro. ◇ ~ **hannin** 乗っ取り犯人 O sequestrador. S/周 Haíjákku.

nottóru[1] 則[法]る Seguir (um exemplo); conformar-se「com」; obedecer「a」. *Shikiten wa koshiki ni nottotte ogosoka ni okonawareta* 式典は古式にのっとっておごそかに行われた A cerimô[ô]nia realizou-se com toda a solenidade conforme a tradição. ⇨ shitágáú.

nottóru[2] 乗っ取る (< norú + tóru) **1** [横領する] Apoderar-se. ★ *Kaisha o* ~ 会社を乗っ取る ~ da firma. **2** [ジャックする] Sequestrar; capturar. ★ *Hikōki* [*Basu*; *Fune*] *o* ~ 飛行機 [バス; 船] を乗っ取る ~ um avião [autocarro/ônibus; navio].

no-úsagi 野兎 **a)** A lebre (Tem as patas e orelhas maiores que o coelho); **b)** O coelho bravo [do mato].

nowákí[**ké**] 野分 〖E.〗O tufão do começo de outono. S/周 Taífú.

no-yáki 野焼き (< … + yakú) A queimada. ⇨ nóbi[2].

nóyáku [oó] 農薬 Os produtos químicos usados na agricultura「sulfato」; os inse(c)ticidas. ◇ ~ **sanpu** 農薬散布 A pulverização (aérea) das culturas.

nó-yama 野山 As colinas e os vales. ★ ~ *o kakemeguru* 野山を駆けめぐる Correr por vales e montes. S/周 Sán'ya.

no-zárashi 野晒し (< … [2] + sarású) A exposição à intempérie. ★ ~ *ni suru* 野晒しにする Expor à … . ~ *no jitensha* 野晒しの自転車 A bicicleta (deixada fora) à mercê da intempérie. ⇨ amá-zárashi.

nózéí [oó] 納税 O pagamento de impostos. ~ *suru* 納税する Pagar os … . ◇ ~ **gaku** 納税額 A importância [quantidade de dinheiro] dos impostos a pagar. ~ **gimu** 納税義務 A obrigação de pagar … . ~ **hikiate** [**jūtō**] **kin** 納税引当 [充当] 金 O fundo de reserva destinado a ~. ~ **kijitsu** 納税期日 A data de ~. ~ **sha** 納税者 O contribuinte. ~ **shinkoku** 納税申告 A declaração de rendimentos. ~ **tsūchi-sho** 納税通知書 A notificação aos contribuintes. A/反 Chózéí.

nozóíte 除いて (< nozókú[2]) Exce(p)to; salvo; fora. *Nichiyō, saijitsu* ~ *eigyō shite imasu* 日曜・祭日を除いて営業しています Aberto ~ aos domingos e feriados. *Wazuka na reigai o* ~ わずかな例外を除いて Com「~」raras exce(p)ções. ⇨ Nozókéba.

nozókéba 除けば (< nozókú[2]) ⇨ nozóíte.

nozókí 覗き (< nozókú[1]) A espreitadela; a espiadela. ◇ ~ **ana** 覗き穴 O buraco [orifício] para espreitar; a vigia「da porta」. ~ **mado** 覗き窓 O postigo (⇨ tsukí-mí). ~ **megane** 覗き眼鏡 As vistas estereoscópicas (através de uma pequena lente inserida no aparelho).

nozókú[1] 覗 [覘] く **1** [隙間などから見る] Espreitar; espiar. ★ *Bōenkyō o* ~ 望遠鏡を覗く Espreitar/Ver pelo binóculo. *Kagi-ana kara* ~ 鍵穴から覗く ~ pelo buraco da fechadura. **2** [下を見る] Olhar. ★ *Tani-zoko o* ~ 谷底を覗く Olhar para o fundo da ravina. **3** [うかがう] Dar uma olhadela [vista de olhos]. *Chotto furuhon-ya de mo nozokō ka* ちょっと古本屋でも覗こうか Que tal irmos ~ aos alfarrabistas? ★ *Michi no sekai o* ~ 未知の世界を覗く Ver terras desconhecidas. **4** [物の一部が見える] Assomar; brotar. *Kuchi moto ni yaeba ga nozoite iru* 口元に八重歯が覗いている O dente torto fica-se a ver nos lábios.

nozókú[2] 除く **1** [とりのける] Remover; retirar; tirar; levar. *Shōgaibutsu o* ~ 障害物を除く Remover os obstáculos; tirar os trastos. *Zutsū no tane o* ~ 頭痛の種を除く Libertar-se de um pesadelo; tirar a preocupação da cabeça. **2** [除外する] Excluir; exce(p)tuar. *Ichibu no chiiki o nozoki* [*nozoite*] *zenkoku-teki ni ame ni natta* 一部の地域を除き [除いて] 全国的に雨になった Exce(p)tuando alguma região, choveu por todo o país. S/周 Hazúsú.

nozómáshíí 望ましい (< nozómú[1]) Desejável. *Mina ga kyōryoku suru koto ga* ~ 皆が協力することが望ましい É ~ [bom] que todos colaborem. ★ *Nozomashikunai jinbutsu* 望ましくない人物 A criatura indesejável.

nozómí 望み (< nozómú[1]) **1** [願い; 希望] O desejo; a esperança; o anseio; a aspiração; a vontade. *Damu ga kansei shite mura-bito no* ~ *ga kanatta* ダムが完成して村人の望みがかなった Com a construção da barragem, cumpriu-se a aspiração do povo da terra. *Kimi wa* ~ *ga taka-sugiru* 君は望みが高すぎる Você é demasiado ambicioso. *O-* ~ *no shina o o-tori kudasai* お望みの品をお取り下さい Escolha o「artigo」que quiser. ~ *dōri no kekka* 望み通りの結果 O resultado [efeito] desejado. *Ga tatareru* 望みが絶たれる Perder a esperança. ~ *o* [*musuko ni*] *kakeru* 望みを [息子に] かける Pôr todas as esperanças「no filho」. ~ *o suteru* 望みを捨てる Desesperar. ~ *o takusu* 望みを託す Depositar esperança. ~ *o togeru* [*jitsugen suru*] 望みを遂げる [実現する] Realizar o desejo. ~ *o ushinau* 望みを失う Perder as esperanças. *O-* ~ *naraba* お望みならば Se for do seu agrado; se assim desejar. S/周 Kibō; negái. **2** [見込み] A possibilidade; a esperança. *Keikaku no jitsugen wa* ~ *usu da* 計画の実現は望み

薄だ A probabilidade [～] de o plano se concretizar é (muito) pequena. *Seikō no ～ naki ni shimo arazu da* 成功の望みなきにしもあらずだ Ainda há alguma esperança de sucesso. ⟨S/同⟩ Kanốséí; mikómí.

nozómú[1] 望む **1** [願望する；期待する；ほしがる] Desejar; querer; aspirar「a」; estar ansioso「por」; ter esperança. *Dare de mo kōfuku ni naritai to nozonde iru* 誰でも幸福になりたいと望んでいる Todos desejam ser felizes. *O-nozomi nara dōzo* お望みならどうぞ Se quiser [desejar], faça o favor. *Yohodo doryoku shinai to seikō wa nozomenai* 余程努力しないと成功は望めない Se não se esforçar muito, não há esperança de êxito. ★ *Heiwa o ～* 平和を望む Desejar a paz. ⟨S/同⟩ Negáu. **2** [見ům らす] Ver; avistar; abranger com o olhar. *Kono oka no ue kara wa machi zentai ga nozomeru* この丘の上からは町全体が望める Desta colina pode-se ～ toda a cidade. ⟨S/同⟩ Mi-hárású.

nozómú[2] 臨む **1** [面する] Dar para; estar voltado [virado] para. *Sono hoteru wa umi ni nozonde ita* そのホテルは海に臨んでいた O hotel dava para o mar. ⟨S/同⟩ Meń súrú; mukú. **2** [当面する] Encarar; estar frente a frente. *Kare wa ochitsuite shi ni nozonda* 彼は落ち着いて死に臨んだ Ele enfrentou a morte serenamente. **3** [出席する] Estar presente; assistir. ★ *Kaikaishiki ni ～* 開会式に臨む → à cerimó[ô]nia de inauguração. ⟨S/同⟩ Shussékí súrú.

nó-zui (óo) 脳髄【Anat.】O encéfalo. ⟨S/同⟩ Nō[2].

nózuru ノズル (< Ing. nozzle) A agulheta (de mangueira); o tubo de descarga; (o).

nūbérú-bágu [uú-áa] ヌーベルバーグ (< Fr. nouvelle vague) A nova onda [vaga/moda/tendência].

nūbó [uú-óo] ヌーボー (< Fr. nouveau < L. novus) **1** [アール・ヌーボー] [úu] A arte nova. ◇ **～ roman** ヌーボーロマン O romance dentro do estilo de ～. **2** [つかみどころのない事] 【G.】Sem expressão. ★ *～ to shita fūbō* ヌーボーとした風貌 Um rosto ～.

nūdo [úu] ヌード (< Ing. nude < L. nudus) O nu; a nudez. ★ *～ ni naru* ヌードになる Ficar nua「num filme」. ◇ **～ dansā** ヌードダンサー A dançarina nudista. **～ shashin** ヌード写真 (A fotografia de) um nu. **～ shō** ヌードショー O espe(c)táculo nudista. ⟨S/同⟩ Hadáká.

nūdoru ヌードル (< Ing. noodle) O talharim; o macarrão às tiras. ⟨S/同⟩ méń[3]; udóń.

nué 鵺 Uma quimera (Animal misterioso). ★ *～ teki jinbutsu* 鵺的人物 A criatura misteriosa [Uma ave rara].

núgā ヌガー (< Fr. nougat) O nogado. ⇨ kyáńdē.

nugasu[nugáséru] 脱がす[脱がせる] **a)** Despir; desnudar; **b)** Descalçar. *Kare wa watashi ni te o kashite gaitō o nugaseta* 彼は私に手を貸して外套を脱がせた Ele ajudou-me a despir o sobretudo.

nugéru 脱げる (< núgu) Descalçar-se. *Kono kutsu wa ōki-sugite sugu nugete shimau* この靴は大きすぎてすぐ脱げてしまう Estes sapatos ficam-me largos, (e) logo se descalçam.

núgu 脱ぐ **a)** Despir; **b)** Tirar; **c)** Descalçar. *Bōshi o ～* 帽子を脱ぐ Tirar o chapéu. *Kimono o ～* 着物を脱ぐ Despir-se; tirar a roupa. *Hito-hada [Kata-hada] ～* ひと肌 [片肌] 脱ぐ hitó-hada[2]; katá-hádá. *Kutsu o ～* 靴を脱ぐ Descalçar os sapatos. *Uwagi o ～* 上着を脱ぐ Tirar [Despir] o sobretudo. *Zubon o ～* ズボンを脱ぐ Tirar [Despir] as calças. ⟨S/同⟩ Tóru. ⟨A/反⟩ Kíru.

nugúu 拭う **1** [水分や汚れをふき取る] Secar; enxugar「o rosto」; limpar. ★ *Zōkin de tēburu no yogore o ～* 雑巾でテーブルの汚れを拭う Limpar a mesa com um pano. ⟨I/慣用⟩ *Kuchi o ～* 口を拭う Fingir-se de inocente. [*Kare wa kuchi o nugutte issai jiken no shinsō o katar anakatta* 彼は口を拭って一切事件の真相を語らなかった Ele fingiu-se de inocente e não disse nada sobre (a verdade d)o caso]. *Shiri o ～* 尻を拭う ⇨ shirí[1]. Fukí-tóru. **2** [つぐなう] Apagar; safar. ★ *～ koto no dekinai tsumi* 拭うことのきない罪 O pecado imperdoável [crime indelével]. ⇨ kesú; kiyóméru; nozókú.

nuí-áwáséru 縫い合わせる (< núu + ～) Remendar; coser. ★ *Kizu-guchi o ～* 傷口を縫い合わせる Suturar [Coser] uma ferida.

nuí-bári 縫い針 (< núu +hári) A agulha de coser.

nuí-gúrúmí 縫いぐるみ (< núu + kurúmu) **1** [おもちゃの] O boneco [A boneca] de pano [trapos]. ★ *～ no kuma* ぬいぐるみの熊 O urso de pano. **2** [着ぐるみ] O fato de fantasia.

nuí-íto 縫い糸 (< núu + ～) A linha de coser.

nuí-kómi 縫い込み (< nuí-kómu) A dobra; a prega.

nuí-kómu 縫い込む (< núu + ～) Coser; meter na dobra.

nuí-mé 縫い目 (< núu + ～) **1** [縫い合わせた部分] A costura; a sutura. *Fukuro no ～ ga hokorobita* 袋の縫い目がほころびた A costura do saco descoseu-se. ★ *～ nashi no kutsushita* ～なしの靴下 As meias sem costura. *～ o hodoku* 縫い目をほどく Desfazer a costura [Descoser]. **2** [糸の目] O ponto. ★ *Komakai [Arai] ～* 細かい [粗い] 縫い目 O ponto fino (largo).

nuí-móno 縫い物 (< núu + ～) A costura; o bordado. ⟨S/同⟩ Saíhō. ⇨ shishú[1].

nuí-shíró 縫い代 A margem para a costura「de dois panos」.

nuí-tóri 縫い取り (< núu + tóru) O bordado. ⇨ shishú[1].

nuí-tsukéru 縫い付ける (< núu + ～) Pregar com pontos de costura. ★ *Shatsu ni botan o ～* シャツにボタンを縫い付ける Pregar um botão na camisa.

nuká 糠 O farelo [rolão] de arroz ⇨ nuká-mísó. ⟨I/慣用⟩ *～ ni kugi* (⇨ nuká-bátarakí) 糠に釘 Água em cesto roto [*Anna yatsu ni ikura itte mo ～ ni kugi da* あんなやつにいくら言っても糠に釘だ Por mais que se lhe diga é inútil [não adianta/é água em cesto roto]. ⟨S/同⟩ Ko-nuká.

nuká-áme 糠雨 O chuvisco; a morrinha. ⟨S/同⟩ Kirísámé (o); konúká-áme (+); sái-u; shô-u.

nuká-bátarakí 糠働き (<… + hatarákú) O trabalho perdido [em vão]. ⇨ nuká.

nuká-mísó 糠味噌 A pasta feita de farelo de arroz. ★ *～ kusai nyōbō* 糠味噌臭い女房 A mulher caseira. *～ zuke no kyūri* 糠味噌漬けのきゅうり O pepino temperado com ～ (Picles). ⟨I/慣用⟩ *～ ga kusaru* 糠味噌が腐る Estragar-se a festa [*Kimi ga utau to ～ ga kusaru yo* 君が歌うと糠味噌が腐るよ Não cantes, que estragas a festa [espantas a assistência]].

nukári 抜かり (<nukárú) A inadvertência; o descuido. *Kanojo wa yaru koto ni ～ ga nai* 彼女はやる事に抜かりがない Ela é muito cautelosa [cuidadosa] no que faz. ★ *～ naku yaru* 抜かりなくやる Agir

nukárú¹ ⇨ (< nukú) Descuidar-se; estragar o guisado (G.). ~ *na* 抜かるな Veja o que faz [Quero o serviço bem feito]!
S/闇 Óchido (+); te-núkari (+). ⇨ nuké-mé.

nukárú² ぬかる Estar enlameado. *Sakuyamo ō-ame de michi ga nukatte iru* 昨夜の大雨で道がぬかっている As ruas estão enlameadas devido à [com a] chuvada de ontem à noite.

nukárúmí 泥濘 **1** [どろどろした所] O lamaçal; o lodaçal. *Jípu ga ~ ni hamari-konde shimatta* ジープがぬかるみにはまり込んでしまった O jipe ficou atolado [enterrado] no ~. **2** [ひどい状態] 【Fig.】 Um apuro. ★ *Shakkin no ~ kara hai-deru* 借金のぬかるみからはい出る Libertar-se do ~ da dívida.

nukású 抜かす (< nukú) **1** [省く] Omitir; suprimir; saltar 「um capítulo」. *Watashi wa ichi-peji nukashite yonde shimatta* 私は1ページ抜かして読んでしまった Eu saltei [li saltando] uma página. ⇨ habúku; nukú; tobású. **2** [言う] 【G.】 Dizer. *Namaiki o ~ na* 生意気を抜かすな Não digas impertinências [Deixate de cantigas]!

nuká-yórokobi 糠喜び A alegria prematura; o deitar foguetes antes da festa. *Shujutsu ga seikō shita to omotta no mo ~ ni owatta* 手術が成功したと思ったのも糠喜びに終わった Pensou-se que a operação tinha corrido bem mas afinal a alegria durou pouco [foi deitar foguetes antes da festa].

nuká-zúkе 糠漬け (< … + tsukéru) O legume posto de conserva em pasta de farelo de arroz.

nukázuku 額ずく Fazer uma vé[ê]nia profunda (até tocar o chão 「tatami」 com a cabeça). ⇨ ogámu; réi¹.

nuké-ágaru 抜け上がる (< nukéru + …) ⇨ hagéagaru.

nuké-ána 抜け穴 (< nukérú + …) **1** [通り抜けられる穴] A passagem secreta [subterrânea]. S/闇 Nuké-míchi. **2** [うまくのがれる手段]【Fig.】 A saída; a escapatória. *Kare wa hōritsu no ~ o yoku shitte iru* 彼は法律の抜け穴をよく知っている Ele conhece bem as brechas da lei. S/闇 Nuké-míchi (+).

nuké-dásu 抜[脱]け出す (< nukérú + …) **1** [そっと・黙って出て行く] Escapulir-se; esgueirar-se; esquivar-se; sair. *Watashi wa kōgi 「kaigi」 no tochū kossori nukedashita* 私は講義 [会議] の途中こっそり抜け出した Esgueirei-me da sala a meio da aula [conferência]. S/闇 Nuké-déru **1**. **2** [牢屋などから脱出する] Escapar; fugir. *Sono shūjin wa kanshi no me o nogarete rōya o nuke-dashita* その囚人は監視の目をのがれて牢屋を抜け出した O preso evadiu-se [fugiu da prisão iludindo a vigilância [os guardas]. S/闇 Dasshútsú súrú; nuké-déru **1**. **3** [困難な状態からよくなる] Sair; libertar-se 「de」. ★ *Fukō 「Hinkon」 kara ~* 不幸 [貧困] から抜け出す Sair da desgraça [miséria]. S/闇 Nuké-déru **1**. **4** [毛や歯などが抜け始める] Começar a cair 「o cabelo」; perder. ⇨ datsúmō; nuké-déru **4**.

nuké-déru 抜[脱]け出る (< nukérú + …) **1** ⇨ nuké-dásu **1**, **2**, **3**. **2** [ひいでる] Superar; ser o melhor. *Kare wa seiseki wa kurasu no naka de ichidan to nuke-dete iru* 彼の成績はクラスの中で一段と抜け出ている As notas dele superam todas as outras na [são as melhores da] turma. S/闇 Híidéru (+); nukíndéru (+).

nuké-gáké 抜け駆け (< nukérú + kakéru) O ultra-passar os [saltar à frente dos] outros. ★ ~ *(o) suru* 抜け駆け (を) する Adiantar-se e ganhar [levar a melhor].

nuké-gárá 抜 [脱] け殻 (< nukérú + kará) **1** [脱皮した殻] A exúvia [pele largada por certos animais]. ★ *Hebi no ~* ヘビの抜け殻 Uma pele de cobra. / *Semi no ~* セミの抜け殻 A pele duma cigarra. **2** [中身のなくなったあとのもの] O esqueleto; os vestígios. *Kare wa sono shokku de tamashīi no ~ no yō ni natte shimatta* 彼はそのショックで魂の抜け殻のようになってしまった Depois desse choque, ele ficou uma sombra do que era.

nuké-gé 抜 [脱] け毛 (< nukérú + ke) **a)** Os cabelos caídos; **b)** A queda do cabelo. S/闇 Datsúmō.

nuké-káwaru 抜け替 [代] わる (< nukérú + …) Mudar 「os dentes, o pelo, as penas, a pele」. *Uchi no ko wa mō sukkari ha ga nukekawatta* うちの子はもう歯がすっかり抜け替わった O meu filho já mudou os dentes todos.

nuké-kiru 抜け切る (< nukérú + …) **1** [歯や毛髪などがすっかり抜けてしまう] Cair totalmente 「o cabelo」. **2** [危険な状況を完全に脱しきる] Desaparecer completamente 「o perigo」. **3** [含まれていたものが全部なくなる] Desaparecer [Perder/Sair] completamente. ★ *Suibun [Aku] ga ~* 水分 [あく] が抜け切る Perder toda a água [todo o amargor].

nuké-mé 抜け目 (< nukérú + …) O descuido; a imprudência. ~ *no nai yatsu da* 抜け目のないやつだ O tipo [cara] é fino [um finório]! *Kare wa kane mōke ni wa ~ ga nai* 彼は金もうけには抜け目がない Ele, para ganhar dinheiro, não lhe falta esperteza. ★ 「*Seikai o*」 ~ *naku tachi-mawaru* 「政界を」抜け目なく立ち廻る Manobrar com astúcia 「os políticos」. S/闇 Te-núkari; yudán.

nuké-míchi 抜け道 (< nukérú + …) **1** [近道] O atalho. ⇨ Chiká-michi (+). ⇨ kandō³. **2** [逃げ道] O subterfúgio; a escapatória; a desculpa. ★ ~ *o yōi shite oku* よく *shite oku* 抜け道を用意しておく Preparar [Arranjar] uma ~. / *Hō no ~* 法の抜け道 A fuga à lei. S/闇 Nigé-michi; nuké-ána. ⇨ kōjítsú.

nuké-ní 抜け荷 (< nukérú + …) 【H.】 O contrabando. ⇨ mitsú-bōeki.

núkenuke (to) ぬけぬけ (と) Descaradamente; sem vergonha. *Yoku mo ~ sonna koto ga ieru ne* よくもぬけぬけとそんなことが言えるね E você tem o atrevimento [descar(ament)o] de me dizer uma coisa dessas! S/闇 Sháshá (to).

nukérú 抜ける (< nukú) **1** [脱落する; 離脱する] Cair. *Ha ga ippon nuketa* 歯が1本抜けた Caiu-me um dente. *Kisetsu no kawari-me ni wa ko-tori no hane ga ~ 季節の変わり目には小鳥の羽が抜ける Na mudança de estação, as penas das aves caem [as aves mudam a pena]. *Saikin kami ga yoku ~* 最近髪がよく抜ける Ultimamente tem-me caído muito cabelo. *Yuka ga hito no omomi de nuketa* 床が人の重みで抜けた O soalho ruiu [cedeu] com o peso de tanta gente. ⇨ datsúrakú súrú; ridátsú súrú. **2** [なくなる] Desaparecer; perder-se. *Gussuri netara kaze [tsukare] ga nuketa* ぐっすり寝たら風邪 [疲れ] が抜けた Após dormir bem, o resfriado [cansaço] passou. *Watashi wa daigaku gōkaku no shirase o kiite karada-jū no chikara ga nukete shimatta* 私は大学合格の知らせを聞いて体中の力が抜けていった Ao saber da aprovação no exame da universidade, senti-me desfalecer (Devido ao longo estado de tensão). ★ *Ki no nuketa bīru* 気の抜けたビール A cerveja choca. *Koshi ga* 〜 腰が抜ける **a**) Não se poder levantar; ficar paralizado「de medo」; **b**) Não poder deixar [separar-se]. *Gakusei-kibun ga nakanaka nukenai* 学生気分がなかなか抜けない Conservar [Não poder deixar] o espírito de estudante. [S/同] Kiérú; nakúnárú. **3** [漏れる] Faltar; não estar [vir]. *Watashi no namae ga meibo kara nukete iru* 私の名前が名簿から抜けている O meu nome não vem na lista. ⇨ fusókú; moréru. **4** [通過する] Atravessar; passar além de. *Wareware wa yatto no omoi de machi no hito-gomi o nuketa* 我々はやっとの思いで街の人込みを抜けた Acabámos finalmente por atravessar o congestionamento da cidade. [S/同] Tsúká súrú; tsukí-tṓru. **5** [のがれ出る] Evadir-se; sair. *Watashi wa kibun ga waruku natte kaigi o tochū de nuketa* 私は気分が悪くなって会議を途中で抜けた Saí a meio da reunião por me sentir mal. **6** [知恵が不足している] Ser um tanto estúpido; faltar um parafuso [uma aduela]. *Kare wa doko to naku nukete iru* 彼はどことなく抜けている Ele não regula bem (da cachimónia)/Ele falta-lhe… **7** [透明である] Ser (muito) transparente. *Kanojo wa* 〜 *yō ni iro ga shiroi* 彼女は抜けるように色が白い Ela é branca, a não poder ser mais. ★ 〜 *yō ni aoi sora* 抜けるように青い空 O céu azul, azul, azul. ⇨ sukí-tṓru; tṓméí.

nukésákú 抜け作【G.】O cabeça de nabo [asno]. ⇨ ma-núké.

núki[1] 抜き (< nukú) **1** [除き去ること] O deixar [omitir]; o pôr fora. *Chōshoku* 〜 *de dekaketa* 朝食抜きで出かけた「Ele saiu」sem tomar o café. ★ *Jōdan wa* 〜 *ni shite* 冗談は抜きにして Fora de brincadeira. *Shokuhi wa* 〜 *ni shite* 食費は抜きして Sem incluir (o dinheiro d)as refeições. [S/同] Náshi. **2** [勝ち抜き] A vitória. ★ *Go-nin* 〜 *no shōbu* 5人抜きの勝負 Derrotar cinco adversários em série.

nukí[2] 貫【Arqui.】A trave [viga]; o barrote.

nukí-áshí 抜き足 (< nukú + …) Os passos sorrateiros [pés de lã]. ★ 〜 *sashi-ashi shinobi-ashi de* 抜き足差し足忍び足で Pé ante pé; como um ladrão.

nukí-dásu 抜き出す (< nukú + …) **1** [引き出す] Tirar. *Hon-dana kara hon o issatsu nuki-dashita* 本棚から本を一冊抜き出した Tirei um livro da estante. [S/同] Hikí-dásu. **2** [選び出す] Escolher; sele(c)cionar. *Ōku no sakuhin no naka kara yūshū sakuhin o sanpen nuki-dashita* 多くの作品の中から優秀作品を三篇抜き出した De entre os muitos trabalhos literários escolhi [seleccionei] os três melhores.

nukí-gákí 抜き書き (< nukú + káku) O extra(c)to [excerto]. ★ *Hon o* [*kara*] 〜 *suru* 本を[から]抜き書きする Tirar excertos de um livro. [S/同] Bassúí; kakí-núkí; tekírókú.

nukí-mí 抜き身 (< nukú + …) A espada nua [desembainhada]. ★ 〜 *o furimawasu* 抜き身を振り回す Brandir a 〜. [S/同] Bakkéń; battṓ; hakújíń.

nukíńdéru 抜[擢・抽]きん出る Exceder; superar; destacar-se. *Kare wa daigaku o hitokiwa nukindeta seiseki de sotsugyō shita* 彼は大学をひときわ抜きん出た成績で卒業した Ele concluiu o curso universitário com distinção. ⇨ nuké-déru; zubá-núkéru.

nukí-sáshí-náránai[**náránu**] 抜き差しならない[ならぬ] (< nukú + sásu + Neg. de "naru") Sem saída. 〜 *hame ni ochiitte shimatta* 抜き差しならない破目に陥ってしまった Caí num dilema [Estou num beco 〜]. ⇨ noppíkí-náránai.

nukí-té 抜き手 (< nukú + …) A braçada por cima da cabeça「ao nadar」.

nukí-tórí 抜き取り (< nukí-tóru) **1** [取り出すこと] O tirar à sorte. ★ *Zeikan no* 〜 *kensa* 税関の抜き取り検査 A inspe(c)ção「de malas」ao acaso na alfândega. **2** [盗み取ること] O surripiar.

nukí-tóru 抜き取る (< nukú + …) **1** [取り除く] Arrancar; tirar; extrair. *Yubi ni sasatta toge o nukitotta* 指にささったとげを抜き取った Tirei/Arranquei/Extraí o espinho do dedo. ⇨ torí-nózóku. **2** [取り出す] Tirar; retirar. *Hondana kara hon o issatsu nukitotta* 本棚から本を一冊抜き取った Tirei um livro da estante. ⇨ torí-dású. **3** [盗み取る] Surripiar; furtar. *Saifu no nakami o nukitorareta* 財布の中身を抜き取られた Roubaram-me (tudo) o que tinha na carteira. ⇨ nusúmu.

nukí-úchí 抜き打ち (< nukú + útsu) **1** [刀を抜くと同時に切りつけること] O golpe de espada desferido quase instantâneamente. **2** [予告なしに突然行うこと] A surpresa. ★ 〜 *ni tesuto o suru* 抜き打ちにテストをする Dar um exame de surpresa [sem avisar]. ◇ **〜 kensa** 抜き打ち検査 A inspe(c)ção surpresa [sem aviso prévio].

nukí-zúrí 抜き刷り (< nukú + súru) A separata「do artigo」. [S/同] Betsú-zúrí.

nukú 抜く **1** [引いて取る] Tirar; arrancar; extrair. *Yakuza no nakama ni hairu to nakanaka ashi ga nukenai* やくざの仲間に入るとなかなか足が抜けない Uma vez entrado no grupo dos "yakuza", dificilmente se consegue sair. ★ *Haisha de ha o nuite morau* 歯医者で歯を抜いてもらう Arrancar um dente no dentista. *Katana o* 〜 刀を抜く Desembainhar a espada. *Sen o nuita bīru* 栓を抜いたビール A garrafa de cerveja aberta [destampada]. *Zassō o* 〜 雑草を抜く Arrancar as ervas (daninhas). ⇨ hikú[1]; tóru. **2** [除き去る] Retirar; tirar. *Kanojo wa otto kara katte ni seki o nukareta* 彼女は夫から勝手に籍を抜かれた O marido, sem a consultar, retirou-lhe o nome do regist(r)o de família. *Kare no rakutanteki na warai ni ichidō dokke o nukareta* 彼の楽天的な笑いに一同毒気を抜かれた Ficámos de boca aberta perante o seu riso o(p)timista. ★ *Yōfuku no shimi o* 〜 洋服のしみを抜く Tirar as nódoas do fato. [S/同] Jókyo suru; nozókí-sáru. **3** [省く] Omitir; passar por cima. *Kyō wa i no guai ga warukatta no de chūshoku o nuita* 今日は胃の具合が悪かったので昼食を抜いた Hoje não almocei por me sentir mal do estômago. ★ *Te o nuite insutanto-sūpu o tsukau* 手を抜いてインスタントスープを使う Fazer uma sopa instantânea para poupar tempo. [S/同] Habúku. **4** [攻め落とす] Tomar (de assalto). ★ *Kenjin o* 〜 堅陣を抜く 〜 uma praça forte. [S/同] Tsuránúku. **5** [追い越す] Ultrapassar; suplantar; adiantar-se. *Sono sōsha wa ikki ni san-nin nuita* その走者は一気に三人抜いた Esse atleta ultrapassou três adversários de uma vez. [S/同] Oí-kósu; oí-núku. **6** [着物のえりを抜き出す] Compor a gola. ★ *Emon* [*Eriashi*] *o* 〜 えもん[襟あし]を抜く 〜 do vestido [quimono] de modo a fazer realçar a nuca. **7** [-núku: 果てる] Ir [Chegar] até ao limite [máximo]. *Kare wa kangae* [*mayoi*]*-nuite, yatto ketsuron o dashita* 彼は考え[迷い]抜いて，やっと結論を出した Ele, depois de muito pensar [duvidar], chegou finalmente a uma conclusão.

nukúmaru 温まる Aquecer-se. [S/周] Atátámáru (+).

nukúméru 温める Aquecer; esquentar. [S/周] Atátámáru (+).

nukúmi 温み ⇨ nukúmóri.

nukúmóri 温もり O calor (morno); o aconchego/conforto「do lar」. *Nedoko ni wa mada ~ ga nokotte ita* 寝床にはまだ温もりが残っていた A cama ainda estava quente. ★ *Sakusha no hada no ~ ga tsutawaru sakuhin* 作者の肌の温もりが伝わる作品 Uma obra em que se sente o pulsar do autor. [S/周] Atátákámi; nukúmí.

núkunuku (to) ぬくぬく(と) **1**[あたたかいさま] Aconchegadamente. *Kotatsu no atamaru no wa kimochi ga yoi* こたつでぬくぬくと暖まるのは気持ちがよい Dá gosto (uma pessoa) aquecer-se [aconchegar-se] ao "kotatsu". **2**[ずうずうしいさま] Regaladamente. *Ima-goro hannin wa doko ka de ~ kurashite iru no darō* 今頃犯人はどこかでぬくぬくと暮らしているのだろう A esta hora o criminoso deve estar em qualquer parte, regalado da vida.

numá 沼 O pântano; o paúl. ◇ **~ chi** 沼地 As terras pantanosas. ⇨ doró-númá.

nunó 布 O pano; o tecido. ★ **~ sei no** 布製の Feito de ~. ◇ **~ ji** 布地 O tecido. **~ kire** 布きれ O retalho de pano. [S/周] Kíré. ⇨ gofúkú; tañmónó.

nunó-mé 布目 A textura. ★ **~ no arai** 布目の粗い De ~ grosseira. ⇨ orí-mé².

núrakura (to) ぬらくら(と) ⇨ nórakura.

núranura ぬらぬら ⇨ núrunuru.

nurárikúrari (to) ぬらりくらり(と) ⇨ norári-kúrari.

nurású 濡らす (⇨ nurérú) Molhar, (h)umedecer. ★ *Hankachi no mizu de ~* ハンカチを水で濡らす ~ o lenço na água.

nuré-bá 濡れ場 (< nurérú + …) A cena amorosa. [S/周] Rabú-shín (+).

nuré-éñ 濡れ縁 (< nurérú + …)【 Arqui.】 A varanda aberta.

nuré-gínú 濡れ衣 (< nurérú + kínu) A calúnia; a acusação falsa. ★ **~ o kiserareru** 濡れ衣を着せられる Ser injustamente acusado.

nuré-nézumi 濡れ鼠 ⇨ nezúmí.

nurérú 濡れる (⇨ nurású) Molhar-se. *Michi wa ame de nurete iru* 道は雨で濡れている A rua está molhada (da chuva). ★ *Ase de bisshori nureta shatsu* 汗でびっしょり濡れたシャツ A camisa banhada [encharcada] de suor.

nuré-té 濡れ手 (< nurérú +) A mão molhada. [I/慣用] **~ de awa** 濡れ手で粟 Ganhar muito「dinheiro」sem esforço [*Tochi no nedan ga kyū ni agatte ~ de awa no boro-mōke o shita hito ga iru* 土地の値段が急に上がって濡れ手で粟のぼろもうけをした人がいる Houve gente que ganhou [fez] muito dinheiro com a subida em flecha do preço do terreno].

nurí 塗り (< nurú **1**) **1**[漆の] A laqueação; a envernização. *Kono o-bon wa ~ ga yoi [warui]* このお盆は塗りが良い[悪い] Esta bandeja está bem [mal] envernizada. **2**[ペンキの] A pintura. ★ *Shiro ~ no kabe* 白塗りの壁 A parede pintada de branco. [S/周] Tosó.

nurí-báshi 塗り箸 (< … + háshi) Os pauzinhos de laca.

nurí-é 塗り絵 (< nurú + …) O desenho para depois「a criança」pintar por cima.

nurí-gúsuri 塗り薬 (< nurú + kusurí) A pomada; o unguento. ⇨ gaíyó¹ ◇.

nurí-káéru 塗り替[変]える (< nurú + …) Pintar de novo [outra cor]; aplicar nova capa [demão] de pintura. *Naporeon sensō wa Yōroppa no chizu o nuri-kaeta* ナポレオン戦争はヨーロッパの地図を塗り替えた As guerras napoleó(ô)nicas mudaram o mapa da Europa.

nurí-mónó 塗り物 (< nurú + …) Os obje(c)tos de madeira laqueada. [S/周] Shikkí.

nurí-tákúru 塗りたくる (< nurú + …) Pintar muito. ★ *Kanbasu ni enogu o ~* カンバスに絵の具を塗りたくる Carregar a tela de tintas.

nurí-táté 塗り立て (< nurú + …) A pintura de fresco. *Penki ~* ペンキ塗り立て (掲示) Pintado de fresco!

nurí-tátéru 塗り立てる (< nurú + …) **1**[きれいに塗る] Pintar com esmero. ★ *Kabe o shiroku ~* 壁を白く塗り立てる Pintar bem a parede de branco. **2**[ごてごて塗る] Pintar em excesso. [S/周] Nurí-tákúru.

nurí-tsúbúsu 塗り潰す (< nurú + …) Pintar completamente. *Kabe wa makkuro ni nuritsubusareta* 壁はまっ黒に塗り潰された A parede foi toda pintada de preto. *Machi wa kānibaru isshoku ni nuritsubusarete iru* 街はカーニバル一色に塗り潰されている Toda a cidade é carnaval.

nurí-tsúkéru 塗り付ける (< nurú + …) **1**[塗る] Pintar; besuntar「com óleo」. ★ *O-shiroi o ~* おしろいを塗り付ける Passar pó-de-arroz no rosto. **2** [罪などを人にかぶせる] Deitar as culpas「a」. [S/周] Nasúrí-tsúkéru (+).

nurú 塗る **1**[物の表面にすりつける] Pintar; untar; aplicar「uma camada de verniz」. ★ *Kao ni kurīmu o ~* 顔にクリームを塗る Pôr [Untar a cara com] creme. *Kuchibiru ni kuchibeni o ~* 唇に口紅を塗る Pintar os lábios. *Penki no nutta kabe* ペンキを塗った壁 A parede pintada. [S/周] Nurí-tsúkéru. **2**[責任や罪を人にかぶせる] ⇨ nasúrí-tsúkéru **2**.

nurúi 温い **1**[なまぬるい] Tépido; morno. *Furo ga ~* 風呂がぬるい A água do banho [da banheira] está morna. *Kōhī ga nuruku natta* コーヒーがぬるくなった O café ficou morno. **2**[きびしくない] Frouxo; brando; mole. ⇨ namá-núrúi; te-núrúi.

nurumá-yu 微温湯 A água tépida [morna]. [I/慣用] *Sonna ~ ni tsukatta [hitatta] yō na seikatsu wa okuritakunai* そんなぬるま湯につかった[ひたった]ような生活は送りたくない Não me interessa uma vida assim fácil [cómoda]. ⇨ nié-yú.

nurúméru 微温める Amornar. ★ *Nettō o ~* 熱湯をぬるめる Deixar [amornecer] a água.

nurúmu 微温む **1**[あたたかくなる] Ficar morno「o banho」; 「o tempo」começar a aquecer. **2**[ややさめる] Arrefecer um pouco. ⇨ saméru¹.

núrunuru ぬるぬる (Im. de escorregadio/viscoso). *Abura de ~ suru* 油で~るぬるめるする As mãos estão oleosas. [S/周] Núranura; núrakura.

núshi 主 **1**[主人] O senhor; o patrão; o dono. [S/周] Áruji (+); dañná; shújin (o). ⇨ kachó². **2**[所有者] O proprietário; o dono. ★ **~ no nai yakata** 主のない館 A mansão abandonada [sem dono]. ◇ ⇨ **hiroi [otoshi] ~**. Mochí-nushi (+); shoyú-sha (+). **3**[夫] O marido; o esposo. [S/周] Ottó (+); shújin (+). **4**[行為者] O autor. ★ *Tegami no ~* 手紙の主 O ~/remetente da carta. [S/周] Kóí-sha. **5**[古くから存在する物・人] O patriarca「da

nyúchó

firma」. ★ *Mori no* ～ *no daija* 森の主の大蛇 O dragão que é o gé[e]nio prote(c)tor do bosque. ⇨ furú-dánuki. **6** [⇨ o-núshi].

nusú-bító 盗人 (< nusúmu + hító) O ladrão; o gatuno; o larápio. ★ ～ *takedakeshíí* 盗人猛々しい Descarado como um ladrão. [ことわざ] ～ *ni mo sanbu no ri* 盗人にも三分の理 O ladrão também tem a sua parte de razão. ～ *ni oisen* 盗人に追い銭 Fazer bem a vilão e lançar água em cesto roto. ～ *o mite nawa o nau* 盗人を見て縄をなう (Depois da) casa roubada, tranca na porta. ～ *o toraete mireba waga ko nari* 盗人を捕らえて見れば我が子なり Ladrão preso, seu filho é. [S/同] Doróbô (+); nusúttó.

nusúmi 盗み (< nusúmu) O roubo; o furto. ★ ～ *o hataraku* [*suru*] 盗みを働く[する] Roubar; furtar; surripiar. [S/同] Doróbô.

nusúmi-gíki 盗み聞き (< nusúmu + kíku) O ficar à escuta. ★ ～ (*o*) *suru* 盗み聞き(を)する Escutar às escondidas [por trás das portas]. [S/同] Tôchô.

nusúmi-gúi 盗み食い (< nusúmu + kúu) O comer às escondidas ou coisas roubadas. ★ ～ (*o*) *suru* 盗み食い(を)する.

nusúmi-mí 盗み見 (< nusúmi-míru) O olhar furtivo. ⇨ nusúmi-gíki.

nusúmi-míru 盗み見る (< nusúmu + …) Lançar um olhar furtivo.

nusúmi-yómi 盗み読み (< nusúmu + yómu) A leitura subreptícia [às escondidas].

nusúmu 盗む **1** [人のお金や品物をそっと取る] Roubar; furtar; tirar; pilhar; rapinar; surripiar. *Doróbô wa tesage-kinko o nusunde nigeta* どろぼうは手さげ金庫を盗んで逃げた O gatuno fugiu com a caixa do dinheiro. [S/同] Ubáu. ～ chorómókásu; shikkéi. **2** [こっそりする] Fazer pela calada. *Hito-me* [*Kanshi no me*] *o nusunde dekakeru* 人目[監視の目]を盗んで出かける Sair pela calada [sorrateiramente/iludindo a vigilância]. ⇨ tôrúi¹. **3** [ひそかにまねて学ぶ] Plagiar. ★ *Shi no gei* [*waza*] *o* ～ 師の芸[技]を盗む Roubar o segredo da arte do mestre. **4** [時間をやりくりする] Arranjar tempo. ★ *Hima o nusunde piano o hiku* 暇を盗んでピアノを弾く Tocar piano nos momentos livres. ⇨ yaríkuri.

nusúttó 盗っ人 ⇨ nusú-bító.

nutá A salada de peixe, com vinagre e "miso".

nútto ぬっと De súbito [repente]; inesperadamente. *Iwakage kara kuma ga* ～ *arawareta* 岩陰から熊がぬっと現れた O urso surgiu ～ de trás de uma rocha. ⇨ totsúzén.

núu 縫う **1** [糸と針でつなぎ合せる] Coser; costurar; suturar. *Haha ni zubon no hokorobi o nutte morat-ta* 母にズボンのほころびを縫ってもらった A mãe coseu-me a costura das calças. *Kare wa yubi o kitte mi-hari nutta* 彼は指を切って三針縫った Ele cortou o dedo e levou três pontos (⇨ hôgô). **2** [⇨ nuítóri]. **3** [すりぬけるようにして進む] Serpear「rio」; avançar às curvas. ★ *Hito-gomi* [*Zattô*] *o nutte susumu* 人込み[雑踏]を縫って進む Avançar furando por entre a multidão.

nyá [áa] にゃあ Miau; o mio. *Neko ga* ～ *naku* 猫がにゃあと鳴く ～ (faz miau).

nyô [óo] 尿 A urina. ★ ～ *no* 尿 Urinário [～ *no kensa* 尿の検査 A análise a ～]. ～ *o dasu* [*suru*] 尿を出す[する] Fazer xixi (Col.). ♢ ～ **heisoku** 尿閉塞 [Med.] A uretrostase; a obstrução da uretra. ⇨ nyôdô; [S/同] (o)-shíkko (+); shôbén (o).

nyôbó [óo] 女房 **1** [妻] A esposa; a mulher. *Kare wa* ～ *no shiri ni shikarete iru* 彼は女房の尻に敷かれている Ele é dominado pela ～. [ことわざ] ～ *to tatami wa atarashíí hô ga yoi* 女房と畳は新しい方が良い Não há nada como o que é novo. ♢ ⇨ ～ **kidori** [mochi; zura]. ♢ ～ **yaku** 女房役 O braço direito; o homem de confiança. **Anesan** ～ 姉さん女房 A mulher mais velha do que o marido. **Oshikake** ～ 押しかけ女房 A mulher que forçou o marido a casar. **Sewa** ～ 世話女房 A esposa dedicada. [S/同] Kánai; tsúma. **2** [宮廷に仕える女性] [H.] A cortesã.

nyôbô-kidori[zurá] [nyoó] 女房気取り[面] (< … + kidórí/tsurá) O fazer-se passar por esposa「de」.

nyôbô-móchi [nyoó] 女房持ち (< … + mótsu) O homem casado. [S/同] Saítáisha.

nyôdô [nyoó] 尿道 [Anat.] A uretra. ♢ ～ **en** 尿道炎 [Med.] A inflamação da ～. ⇨ nyô(káñ).

nyôdókú-shô [nyoó] 尿毒症 [Med.] A uremia.

nyô-i [óo] 尿意 A vontade de urinar. ★ ～ *o moyoosu* 尿意を催す Ter ～. ⇨ bén'i.

nyojítsú 如実 A realidade. *Kono sakuhin wa gyoson no seikatsu ga* ～ *ni egakarete iru* この作品は漁村の生活が如実に描かれている Nesta obra descreve-se a vida com realismo [tal como é] numa aldeia de pescadores. ⇨ arí-nó-mámá; jissái.

nyô-káñ [óo] 尿管 [Anat.] O uréter.

nyóki-nyoki (**to**) にょきにょき (と) Uns atrás dos outros. *Take no ko ga* ～ *haete kita* 竹の子がにょきにょきと生えて来た Os rebentos de bambu brotaram ～ [a olhos vistos]. ⇨ tsugí-tsugi.

nyonín 女人 [E.] A mulher. ♢ ～ **kinsei** 女人禁制 (掲示) Entrada proibida a mulheres. [S/同] Joséi (+); onñá (+).

Nyorái 如来 (< Sân. Tathâgata) [Bud.] O Buda. ⇨ Amída; Hotóké; Shaká-(múni).

nyóro-nyoro (**to**) にょろにょろ (と) Em ziguezague. *Hebi ga* ～ *michi o hatte iru* ヘビがにょろにょろと道をはっている Vai ali uma serpente a ziguezaguear.

nyôso [óo] 尿素 [Quím.] A ureia. ♢ ～ **jushi** 尿素樹脂 A resina de ～.

nyotái 女体 [E.] O corpo de mulher. [A/反] Nantái.

nyû [úu] ニュー (< Ing. new < L. novus) Novo. *Kono fuku wa o-* ～ *desu* この服はニューです Este vestido é ～. ♢ ～ **famiri** [**fasshon**/**fêsu**/**môdo**/**myújikku**/**rukku**/**taun**]. [S/同] atárashíí (+).

nyúansu ニュアンス (< Fr. nuance < L. nubes: nuvem) O matiz; o cambiante; o tom. *Bimyô na* ～ *no sa* 微妙なニュアンスの差 A diferença su(b)til dos matizes. ⇨ iñ'éi; iró-áí.

nyúbachi [úu] 乳鉢 O almofariz; o gral.

nyúbái [úu] 入梅 O começo da estação das chuvas. [S/同] Tsuyú-írí. [A/反] Shútsúbáí. ⇨ báiu.

nyúbi [úu] 乳尾 [Anat.] O quilo.

nyúbô¹ [úu] 乳棒 O pilão; a mão do almofariz. ⇨ nyúbachi.

nyúbô² [úu] 乳房 [Anat.] O mamilo. ♢ ～ **en** 乳房炎 [Med.] A mastite.

nyúbu [uú] 入部 A admissão [O ingresso] num clube. *Boku wa sakkâ-bu ni* ～ *shita* 僕はサッカー部に入部した Eu entrei no clube de futebol. [A/反] Taíbú.

nyúchó [úu] 入超 (Abrev. de "yunyû chókáʼ") O excesso das importações sobre as exportações.

Hatten tojōkoku wa nagaku ~ ni nayande iru 発展途上国は長く入超に悩んでいる Os países em desenvolvimento têm há muito o problema do ~. A/反 Shutchō.

nyūdén [**uú**] 入電 O telegrama recebido. *San Pauro no tokuha'in kara ~ ga atta* サンパウロの特派員から入電があった Recebemos um telegrama do nosso correspondente [enviado especial] em São Paulo. A/反 Raídén; Dadén.

nyūdō [**úu**] 入道 **1** [出家すること；出家した人]【Bud.】O (ir para) bonzo. **2** [坊主頭] O cabelo rapado [à escovinha]. ⇨ bōzu. **3** [坊主頭の化け物] Um duende [monstro] de cabeça rapada.

nyūdō-gúmo [**uú-óo**] 入道雲 (＜… **2** ＋ kúmo)【Met.】Os cúmulos-nimbos. S/関 Sekíran-un.

nyūéi [**uú**] 入営 O alistamento. ★ ~ *suru* 入営する Alistar-se no exército. ⇨ heíéi; nyūtái.

nyūeki [**uú**] 乳液 **1**【Bot.】O látex [látice]「da seringueira」. **2** [化粧品の] A loção leitosa.

nyū-fámirī [**uú**] ニューファミリー (＜ Ing. new family) A família nuclear.

nyū-fásshon [**uú**] ニューファッション (＜ Ing. new fashion) A última [nova] moda.

nyū-fḗsu [**uú-ée**] ニューフェース (＜ Ing. new face) A cara nova「na firma」. S/関 Shíngáó; shíŋíń.

nyūgáku [**uú**] 入学 A admissão a uma escola; a matrícula. *Go-~ omedetō gozaimasu* 御入学おめでとうございます Parabéns por ter passado na admissão. ★ ~ *o kyoka suru* 入学を許可する Admitir. ~ *suru* 入学する Entrar [Ser admitido] na escola; matricular-se. ◊ ~ **gansho** 入学願書 O pedido de admissão. ~ **kin** 入学金 A propina de matrícula. ~ **shigansha** 入学志願者 Os candidatos à [para a] escola. ~ **shikaku** 入学資格 As qualificações necessárias à [Os requisitos para a] admissão. ~ **shiken** 入学試験 O exame de admissão. ~ **shiki** 入学式 A cerimó(ô)nia de abertura das aulas. ~ **tetsuzuki** 入学手続き As formalidades da [requeridas para a] admissão. A/反 Sotsugyō. ⇨ gakkō.

nyū-gan [**uú**] 乳癌【Med.】O cancro da mama.

nyūgóku [**uú**] 入獄 O entrar para a prisão. A/反 Shutsugóku. ⇨ kaŋgoku.

nyūgyō [**uú**] 乳業 A indústria de lacticínios. ⇨ nyū-seíhin.

nyūgyú [**nuuú**] 乳牛 A vaca leiteira. ⇨ nikúgyū; ushí[1].

nyūhákushoku [**uú**] 乳白色 O branco de [como] leite. S/関 Chichííró.

nyūhí [**uú**] 入費 O custo; as despesas. S/周 Híyó (+); nyūgyō.

nyūín [**uú**] 入院 A hospitalização; a internação; a entrada no hospital. ★ ~ *saseru* 入院させる Hospitalizar [Levar para o hospital]. ~ *suru* 入院する Dar entrada no [Ir para o] hospital; hospitalizar-se. ◊ ~ **chiryō** 入院治療 O tratamento hospitalar. ~ **kanja** 入院患者 Os doentes internados. ~ **ryō** 入院料 O custo de internamento. A/反 Talíín. ⇨ byōíń[1].

nyūjáku [**uú**] 柔弱 A fraqueza; a debilidade. ★ ~ *na jinbutsu* 柔弱な人物 A pessoa frágil. S/周 Jújáku. ⇨ hiyówáí; yowáyówáshíí.

nyūji [**úu**] 乳児 A criança de peito; o bebé[ê]; o nené[ê]. ◊ ~ **in** 乳児院 O infantário. ⇨ Chi-nómí-go. ⇨ akánbó; nyūyóji; yōji[2].

Nyūjirándo [**uú**] ニュージーランド A Nova Zelândia. ◊ ~ **jin** ニュージーランド人 O neozelandês.

nyūjō[1] [**uú**] 入場 A entrada (num recinto). *Gakusei ni kagiri ~ muryō* 学生に限り入場無料 (掲示) "Livre só para estudantes". ★ ~ *o kobamu* 入場を拒む Não deixar entrar. ~ *suru* 入場する Entrar. ◊ ~ **ken** 入場券 O bilhete de ~ [O ingresso/A ~]. ~ **ken uriba** 入場券売場 A bilheteira. ~ **kinshi** 入場禁止 Entrada proibida! ~ **kōshin** 入場行進 O desfile inaugural「dos atletas」. ~ **ryō** 入場料 O preço de ~. ~ **sha** 入場者 O espe(c)tador; o visitante. ~ **shiki** 入場式 A cerimó[ô]nia de ~/abertura. ~ **zei** 入場税 O imposto de ~. A/反 Taíjó.

nyūjō[2] [**uú**] 乳状 A emulsão. ⇨ chichí[2]; nyūká[2].

nyūjō[3] [**uú**] 入城 A entrada no castelo. ⇨ shiró[2].

nyūká[1] [**uú**] 入荷 A entrada de mercadoria. *Madeira kara wain ga ~ shita* マデイラからワインが入荷した Chegou vinho da Madeira. ◊ ~ **hin** 入荷品 A mercadoria que deu entrada. A/反 Shukká.

nyūká[2] [**uú**] 乳化 A emulsificação. ★ ~ *suru* 乳化する Emulsionar. ◊ ~ **zai** 乳化剤 O emulsionante.

nyūkái [**uú**] 入会 A entrada numa associação. ★ *Kyōkai ni ~ suru* 協会に入会する Entrar para uma ~. ◊ ~ **kin** 入会金 A taxa de ~. ~ **sha** 入会者 O novo membro [sócio]. A/反 Dakkái; taíkái.

nyūkáku [**uú**] 入閣 A entrada para o governo. ★ ~ *suru* 入閣する Entrar ~. ⇨ náikaku[1].

nyūkín [**uú**] 入金 **1** [金を受け取ること] A entrada de dinheiro; A(s) receita(s). *Kyō wa jū-man-en no ~ ga atta* 今日は10万円の入金があった Hoje tivemos uma receita de cem mil yens. ◊ ~ **denpyō** 入金伝票 O vale. A/反 Shukkín. **2** [払いこむこと] O pagamento. ★ *Ginkō ni jugyō-ryō o ~ suru* 銀行に授業料を入金する Pagar as propinas (dos estudos) pelo banco. **3** [内金を入れること] O pagamento parcial; o sinal.

nyūkó [**uú**] 入庫 **1** [商品を入荷すること] A armazenagem. A/反 Shukká. ⇨ sōko. **2** [電車・バスなどを車庫に入れること] A entrada「da carruagem」na garagem「ao fim do dia」. A/反 Shukká. ⇨ shákó.

nyūkō [**uú**] 入港 A entrada (no porto). *Nihon-maru wa kongetsu tō-ka Yokohama ni ~ no [suru] yotei desu* 日本丸は今月10日横浜に入港の [する] 予定です O (navio) Nihon-maru vai dar entrada no porto de...(no) dia 10 deste mês. ◊ ~ **kyokashō** 入港許可証 A autorização de ~. ~ **tetsuzuki** 入港手続き As formalidades de ~. ~ **zei** 入港税 Os direitos portuários. A/反 Shukká. ⇨ minátó.

nyūkóku [**uú**] 入国 A entrada (no país). ★ ~ *o kyoka* [*kinshi*; *kyozetsu*] *suru* 入国を許可 [禁止；拒絶] する Autorizar [Proibir; Recusar] ~. ~ *suru* 入国する Entrar no país. ◊ ~ **kanri jimusho** 入国管理事務所 Os serviços de imigração/~. ~ **kanrikyoku** 入国管理局 A se(c)ção da imigração/~. ~ **kyokashō** 入国許可証 A autorização de ~. ~ **sashō** 入国査証 O visto. ~ **sha** 入国者 A pessoa que deu ~. ~ **tetsuzuki** 入国手続き As formalidades de [para a] ~. ~ **Fuhō** ~ 不法入国 ~ ilegal. A/反 Shukkóku.

nyūkyo[1] [**úu**] 入居 O ir (viver) para uma casa. ★ ~ *suru* 入居する... ◊ ~ **sha** 入居者 O inquilino.

nyūkyó[2] [**uú**] 入渠【E.】A entrada (na doca). ★ ~ *suru* 入渠する Entrar na doca. ⇨ dókku.

nyūmáku [**uú**] 入幕【Sumō】A elevação à primeira categoria de lutador de sumô. ★ ~ *suru* 入

nyū-mốdo [**úumóo**] ニューモード (< Ing. new + < Fr. mode) A última [nova] moda. ⇨ nyū-fásshon.

nyǔmón[¹] [**uú**] 入門 **1** [弟子入り] (num lugar) como discípulo. *Saru [Aru] shodōka no tokoro ni ~ shita* さる[ある]書道家のところに入門した Fiz-me discípulo de um mestre de caligrafia. ⓈⒿ Deshí-iŕí. **2** [入門書] A introdução (iniciação). ★「*Porutogarugo* ~」ポルトガル語入門「Introdução ao P.」ⓈⒿ Nyūmón-shó.

nyǔmón-shó [**uú**] 入門書 O manual [compêndio]. ⇨ nyǔmón **2**.

nyū-myūjikku [**nyuú-myúu**] ニューミュージック (< Ing. new + music < L.) A música moderna.

nyūnén [**uú**] 入念 O cuidado; o esmero. ★ *~ na junbi* 入念な準備 A preparação cuidadosa [esmerada]. ⓈⒿ Neń-irí; tánnen.

nyūron [**úu**] ニューロン (< Al. < Gr. neuron: corda, nervo) 【Med.】 O neuró[ô]nio; a célula nervosa. ⇨ shínkei.

nyū-rúkku [**uú**] ニュールック (< Ing. new look) O novo estilo. ⇨ nyū-fásshon.

nyūsán [**uú**] 乳酸 【Quím.】 O ácido láctico. ◇ **~ inryō** 乳酸飲料 A bebida láctica. **~ kin** 乳酸菌 O bacilo láctico [do leite].

nyūsátsú [**uú**] 入札 A licitação; o leilão. ★ *~ ni fusuru* 入札に付する Leiloar; vender por licitação. *~ suru* 入札する Licitar; fazer uma oferta. **Saikō ~ sha** 最高入札者 O licitante [licitador] do maior lanço. **Shimei [Ippan] ~** 指名[一般]入札 *~ privada* [pública]. ⇨ Iré-fuda. ⇨ rakúsátsú.

nyū-séihin [**uú**] 乳製品 Os lacticínios. ⇨ nyǔgyō.

nyūséki [**uú**] 入籍 O inscrever no registr(r)o da família. ★ *(Tsuma o) ~ suru* (妻を)入籍する Inscrever a mulher… ⒶⓇ Joséki.

nyūsén[¹] [**uú**] 入選 **1** O ganhar [vencer] um concurso. ★ *(Tenrankai ni) ~ suru* (展覧会に)入選する Ser sele(c)cionado para a exposição. ◇ **~ saku** 入選作 A obra vencedora. **~ sha** 入選者 O concorrente sele(c)cionado [vencedor].

nyūsén[²] [**uú**] 乳腺 【Anat.】 As glândulas mamárias. ◇ **~ en** 乳腺炎 【Med.】 A mastite; a inflamação das ~.

nyūsén[³] [**uú**] 入船 A chegada de um navio. ⓈⒿ Irí-fúne. ⇨ nyǔkō.

nyūshá[¹] [**uú**] 入社 O ingresso numa firma. ★ *~ suru* 入社する Entrar [Ingressar]… ⒶⓇ Taíshá. ⇨ kaíshá.

nyūshá[²] [**uú**] 入射 A incidência. ◇ **~ kaku** 入射角 【Fís.】 O ângulo de ~. **~ kōsen** 入射光線 A luz incidente. ⓈⒿ Tóshá.

nyūshí[¹] [**úu**] 乳歯 【Anat.】 Os dentes de leite. ⒶⓀ Eíkyúshi. ⇨ ha¹.

nyūshí[²] [**uú**] 入試 (Abrev. de "nyūgákú shíken") O exame de admissão a uma escola.

nyūshín[¹] [**uú**] 入神 【E.】 Divino. ★ *~ no gi o shimesu* 入神の技を示す Mostrar (que tem) um talento ~ [extraordinário]「para o piano」. ⇨ kamíwáza.

nyūshín[²] [**uú**] 入信 A conversão; o abraçar a fé. ★ *Kirisutokyō ni ~ suru* キリスト教に入信する Converter-se ao cristianismo. ⇨ shinkō¹.

nyūshítsú [**uú**] 入室 O entrar num compartimento. ⒶⓇ Taíshítsú.

nyūshó [**uú**] 入所 **a)** O entrar/ir「para a prisão」. ⒶⓇ Shusshó. **b)** O entrar「para membro do instituto」. ⒶⓇ Taíshó.

nyūshō [**uú**] 入賞 A obtenção do pré[ê]mio. ★ *Ittō ni ~ suru* 一等に入賞する Ganhar [Conquistar/Obter] o primeiro pré[ê]mio. ◇ **~ sakuhin** 入賞作品 A obra laureada [premiada]. **~ sha** 入賞者 O premiado [laureado]. ⇨ nyūsén¹.

nyūshóku [**uú**] 入植 A colonização. *Ōku no nihonjin ga Burajiru ni ~ shita* 多くの日本人がブラジルに入植した Muitos j. foram como colonos para o B.「em 1908」. ◇ **~ sha** 入植者 O colono. ⇨ imín.

nyūshú [**uú**] 入手 O adquirir [deitar à mão]. ★ *~ suru* 入手する Obter […]. ⓈⒿ Rákushu; shutkú (+).

nyūsu [**úu**] ニュース (< Ing. news < L.) A notícia. *Nani ka omoshiroi ~ wa arimasen ka* 何かおもしろいニュースはありませんか Há [Tem] alguma ~ interessante? *Kono jiken wa ~ baryū ga aru [takai]* この事件はニュースバリューがある[高い] Este acontecimento vale (muito) como ~/O caso tem valor noticioso. ◇ **~ eiga** ニュース映画 O documentário [filme] de a(c)tualidades. **~ kaisetsu** ニュース解説 O comentário das ~ s. **kyasutā** ニュースキャスター O locutor do noticiário. **~ sokuhō** ニュース速報 ~ imediata/rápida/dada no momento. **~ sōsu** ニュースソース A fonte de informação [da ~]. **~ tokushū** ニュース特集 A edição especial de ~ s. **Kaigai ~** 海外ニュース O noticiário internacional. **Rinji ~** 臨時ニュース O noticiário; o boco informativo. **Rōkaru ~** ローカルニュース O noticiário regional; as ~ s locais. **Supōtsu ~** スポーツニュース O noticiário (d)esportivo. **Toppu ~** トップニュース A primeira [maior] ~. ⓈⒿ Shirásé. ⇨ hōdō.

nyūtái [**uú**] 入隊 O alistamento no exército. ★ *~ suru* 入隊する Alistar-se. ◇ **~ sha** 入隊者 O recruta. ⒶⓇ Jotái. ⇨ nyūéi.

nyū-táun [**uú**] ニュータウン (< Ing. new town) A nova urbanização.

nyūtó[¹] [**uú**] 入党 A filiação num partido. ⒶⓇ Dattó; ríto.

nyūtó[²] [**uú**] 乳頭 【Anat.】 **1** [乳首] O(s) mamilo(s); o bico da mama. ⓈⒿ Chí-kubi (+). **2** [舌などの] A papila.

nyūtó[³] [**uú**] 乳糖 【Fís.】 A lactose; o açúcar do leite. ⓈⒿ Rakútōsu.

nyūtoraru [**úu**] ニュートラル (< Ing. < L.) **a)** O ser neutral; **b)** O ponto morto. *Gia o ~ ni suru* ギアをニュートラルにする Pôr a alavanca de velocidades em ponto morto.

nyūtoron [**úu**] ニュートロン (< Ing. < L.) 【Fís.】 O neutrão [nêutron]. ⓈⒿ Chúséishi.

nyútto にゅっと De repente. *Kare wa mado kara ~ kao o dashita* 彼は窓からにゅっと顔を出した Ele assomou ~ à janela. ⇨ nútto.

nyūwá [**uú**] 柔和 A brandura; a mansidão; a suavidade. ⓈⒿ Onwá; Keń'ankū.

nyūyó [**uú**] 入用 O precisar [ser necessário]. ★ *~ no [na] shina* 入用の[な]品 Os artigos necessários. ⓈⒿ Hitsúyó (+); iríyō. ⇨ Fuyō.

nyūyōji [**uúyóo**] 乳幼児 Os bebé[ê]s e as crianças. ⇨ nyūji; yōji².

nyūyóku [**uú**] 入浴 O banho. ★ *~ suru* 入浴する Tomar banho. ⇨ furó.

nyūzái [**uú**] 乳剤 【Fís.】 A emulsão.

お

o¹ を (Partícula usada depois do complemento dire(c)to com mais verbos do que em p.) ★ *Densha ~ oriru* 電車を降りる Descer do comboio [trem]. *Gakkō ~ yasumu* 学校を休む Faltar [Não ir] às aulas. *Hon ~ yomu* 本を読む Ler. *Kōen ~ aruku* 公園を歩く Passear no [pelo] parque. *Ōsaka ~ tatsu* 大阪を発つ Deixar [Partir de] Ōsaka. *Sora ~ tobu* 空を飛ぶ Voar. *Watashi ~ yubisashita* 私を指差した Apontou para mim (com o dedo).

o-² お【御】**1**[尊敬・丁寧の気持ちを表す] (Pref. que indica admiração/respeito/veneração/delicadeza). ~ *jō-sama ga ~ hana o ~ ike ni natta* お嬢様がお花をお生けになった A senhorita é que fez o arranjo floral. ★ ~ *cha* お茶 O chá verde/j. ~ *mizu* お水 A água. ~ *ko-san* お子さん O(s) seu(s) filho(s). **2**[女性の名につけて尊敬、親愛の意を添える] (Pref. de alguns nomes próprios femininos). ★ ~ *Hana (san)* お花(さん) A Hana.

o-³ 小【Pref.】**1**[小さいの意を表す] Pequeno. ★ ~ *gawa* 小川 Um rio pequeno; o riacho. **2**[少しの意を表す] Um pouco. ★ ~ *gurai michi* 小暗い道 O caminho ~ escuro. **3**[物に対する親しみを表す] Belo; bonito.

o⁴ 尾 **1**[しっぽ] O rabo; a cauda (De animais, aves ou de cometa). ★ ~ *o furu* 尾を振る **a)** Abanar o/a ~; **b)** Bajular; adular; tentar agradar. ~ *o hiku* 尾を引く **a)** Deixar rasto; **b)** Continuar a ter influência/fazer-se sentir [*Imada ni ano toki no shippai ga ~ o hiite iru* いまだにあの時の失敗が尾を引いている O fracasso daquela ocasião ainda hoje se faz sentir]. 【I/慣用】 *Tora no ~ o fumu* 虎の尾を踏む Arriscar-se; fazer algo muito perigoso. **2**[山のすそ] O sopé. ~ *o nagaku hiku yama* 尾を長く引く山 A montanha que tem um sopé muito extenso. 【S/同】 Susó. 【A/反】Miné.

o⁵ 緒 **1**[ひも] O cordão; a tira (de pano). ★ *Geta no ~ o sugeru* 下駄の緒をすげる Pôr uma ~ no "geta". 【I/慣用】*Kanninbukuro no ~ ga kireru* 堪忍袋の緒が切れる Esgotar-se a ~ (Chegar ao limite da) paciência. 【P/ことわざ】 *Katte kabuto no ~ o shimeyo* 勝ってかぶとの緒を締めよ (Mesmo) depois da vitória não tires o capacete! **2**[楽器や弓に張る糸] A corda (de instrumento musical/do arco).

ō¹ [oo] 王 1[君主] O rei; o monarca. **2**[実力で第一にあるもの]【Fig.】O rei. *Shishi wa hyakujū no ~ da* 獅子は百獣の王だ O leão é o rei dos animais. ★ *Sakkā no tokuten' ~* サッカーの得点王 O rei dos artilheiros (do futebol). **3**[将棋・トランプの王] (Carta de baralho/Peça de xadrez). ★ ~ *o tsumeru* 王を詰める Pôr o rei em xeque-mate.

ō-² [oo] 大 1[大きいことを示す] Grande; imenso. ◇ ~ **unabara** 大海原 O imenso oceano. 【S/同】Dái-. ⇨ Ōkíi. **2**[程度が、はなはだしいを示す] Grande. ★ ~ *usotsuki* 大嘘つき Um ~ mentiroso.

ō³ [oo] おお 【Interj.】 Oh/Ah! ~ *itai* [*atsui*; *tsumetai*; *samui*] おお痛い[熱い; 冷たい; 寒い] ~, que dor [que quente; que frio; que salgado]! ~ *kowai* [*osoroshii*; *iya da*] おおこわい[恐ろしい; 嫌だ] Oh, que medo [que horror; que desagradável].

ō⁴ [oo] 翁 1[男の老人] O velho; o ancião. 【S/同】Ōkína. **2**[男の老人の敬称] O nosso velho (Com respeito). ★ *Fukuzawa ~* 福沢翁 ~ Fukuzawa.

o-ágári [ō] お上がり (< o² + agárú) 【Col.】**1**[客を招じ入れようとする語] Faça favor de entrar. ★ *Semai ie desu ga dōzo ~ (kudasai)* 狭い家ですがどうぞお上がり(下さい) A casa é pequena [Não sou digno da sua visita], mas, entre, por favor [~]. **2**[飲食を勧める語] Sirva-se.

oái 汚穢 ⇨ owái.

o-áiníku-sámá お生憎様 É uma pena; infelizmente. ~ *desu, kisha wa mō dete shimaimashita* お生憎様です、汽車はもう出てしまいました ~, o comboio [trem] já partiu. ⇨ aíníku.

o-áisō [ō] お愛想 1[もてなし] A hospitalidade (Ex.: *Nan no ~ mo nakute shitsurei itashimashita* =Desculpe a falta de ~). *Nan no ~ mo itashimasen de* 何のお愛想もいたしませんで Desculpe, eu queria tê-lo recebido melhor... **2**[お世辞] As palavras de (mera) cortesia. ★ ~ *o iu* お愛想を言う Dizer amabilidades [~]. **3**[料理屋の勘定書] A conta (do restaurante). ★ ~ *o-negai shimasu* お愛想お願いします Por favor, a conta. 【S/同】(O-)kánjō (+). ⇨ aísó.

ō-áji [ō] 大味 O ter pouco sabor [ser insípido].

o-ámari お余り O resto; as sobras. ★ ~ *o chōdai suru* お余りをちょうだいする Ficar com o/as ~. 【S/同】O-kóbore.

ō-áná [ō] 大穴 1[大きな穴] Um buracão [grande buraco]. **2**[大きな欠損] Um grande buraco; uma grande perda. ★ *Kaisha no chōbo ni ~ o akeru* 会社の帳簿に大穴をあける Causar um ~ [desfalque] na caixa [nas contas] da firma. **3**[競馬・競輪などの大きな番狂わせ] O número da sorte grande; a zebra (B.). ★ ~ *o nerau* [*ateru*] 大穴をねらう[当てる] Apostar [Acertar] na zebra.

ō-áré [oó] 大荒れ 1[激しい嵐] A tempestade; o furacão. ★ *Kaijō ga ~ ni naru* 海上が大荒れになる O mar ficar tempestuoso [muito revolto]. **2**[ひどく荒れること] O tumulto; a agitação. *Kotoshi no senkyo wa ~ datta* 今年の選挙は大荒れだった As eleições deste ano foram muito tumultuosas.

ō-ári [oó] 大有り【G.】Muitíssimos「erros」; 「há razões ~ de sobra.

ō-áse [oó] 大汗 O suor abundante; a transpiração profusa. ★ ~ *o kaku* 大汗をかく Suar [Transpirar] muito/profusamente.

o-áshi お足【G.】O dinheiro; a massa. ~ *ga tarinakute nani mo dekinai n'da yo* お足が足りなくて何もできないんだよ ~ não chega e não posso fazer nada. 【S/同】Kané.

ō-áshi [oó] 大足 O pé grande; o pezão; a pata (de animal). 【I/慣用】 *Baka no ~* 馬鹿の大足 Grande pé e grande orelha sinal é de grande bruto.

oáshisu オアシス (< P. < L. < Gr.) **1**[砂漠の中の] O oásis. **2**[憩いの場] Um oásis.

ó-átari [oó] 大当たり **1** [命中] O acertar em cheio (Ex.: *Kare no itta koto wa* ~ *datta* = Foi exa(c)tamente como ele disse); o tiro certeiro. **2** [大成功] Grande sucesso (êxito). *Kongetsu no shibai wa* ~ *da* 今月の芝居は大当たりだ A peça (representação) deste mês foi um ~. ⟨S/同⟩ Dái-séikó. **3** [くじの的中で] A sorte grande; o primeiro prémio. ★ ~ *o toru* 大当たりをとる Tirar (Sair-nos) a/o ~. **4** [野球で打撃が好調なこと]「dar」Uma grande paulada (Bas.).

o-átsúráémúki お誂え向き 【G.】 **1** [注文したとおりにできているさま]「este carro está mesmo」Como「eu」queria. **2** [希望どおりのさま]「o tempo」Ideal; que até parece de encomenda. *Shigoto ni* ~ *no heya* 仕事にお誂え向きの部屋 O quarto ideal para trabalhar.

ó-aza [oó] 大字 Uma grande divisão de cidade ou aldeia. ⇨ áza².

o-ázúké お預け 【G.】 **1** [大などに言う場合] Espere (pela sua comida). ★ ~! おあずけ Espera [~/Pára]! ~ *o kuu* お預けをくう Levar nas trombas [Ser parado]. **2** [実施の保留] O adiamento; o deixar para depois; o pôr de molho. 昇給は当分お預けだ A subida de salários fica adiada por enquanto [algum tempo].

obá 伯 [叔] 母 A tia. ⟨A/反⟩ Ojí.

óbā [oó] オーバー (< Ing. over) **1** [外套] O sobretudo. ★ *Kegawa no* ~ 毛皮のオーバー ~ de pele. ◇ ~ **kōto** オーバーコート O casaco; o casacão; o sobretudo. ⟨S/同⟩ Gaító¹; kóto¹. ⇨ uwá-gí. **2** [超過] O excesso. ★ *Seigen jikan o* ~ *suru* 制限時間をオーバーする Exceder o [Passar do] tempo permitido. ⟨S/同⟩ Chōká. **3** [大げさなようす] Exagerado. ★ ~ *na hyōgen* オーバーな表現 A expressão ~ a. ~ *ni warau* [*naku*, *okoru*] オーバーに笑う [泣く; 怒る] Rir [Chorar; Zangar-se] demais. ⟨S/同⟩ Ōgé-sá (+).

óbā-hándo [oó] オーバーハンド (< Ing. over hand) 【(D)esp.】 O levantar o braço acima do ombro. ◇ ~ **sābu** オーバーハンドサーブ O saque [bolar] levantando o braço. ⟨A/反⟩ Ańdá hándo. ⇨ uwáté.

óbā-hīto [oó-ii] オーバーヒート (< Ing. overheat) O sobreaquecimento. *Kuruma no enjin ga* ~ *shita* 車のエンジンがオーバーヒートした O motor aqueceu demais [ficou sobreaquecido]. ⇨ Kanétsú².

óbā-hōru [oóbáá hóoru] オーバーホール (< Ing. overhaul) A revisão geral. ★ *Kuruma no* ~ *suru* [*ni dasu*] 車をオーバーホールする [に出す] Fazer uma ~ do [Mandar revisar o] carro. ⟨S/同⟩ Káitai-shúri.

óbáká [oó] 大馬鹿 【G.】 Um grande idiota (tolo; estúpido). *Sonna hema o yaru to wa nan to iu* ~ *da* そんなへまをやるとは何という大馬鹿だ Fazer uma tolice dessas, só (mesmo) um ~ como tu [você]. ⟨S/同⟩ Ahó; báka; o-báka-san.

o-báke お化け (< o + bakéru) 【G.】 O fantasma; a assombração; o papão. ★ ~ *no yō na* お化けのような Como um fantasma. ◇ ~ **yashiki** お化け屋敷 A casa mal-assombrada. ⟨S/同⟩ Baké-mónó; yúrei. ⇨ májo; yōkáí¹; baké-mónó.

óbákó [oó] 大葉子・車前草【Bot.】 A tanchagem; *plantago asiatica var. densiuscula*.

óbā-kōto [oó-kóo] オーバーコート (< Ing. overcoat) ⇨ óbā **1**.

óbán¹ [oó] 大判 **1** [貨幣]【A.】A moeda de ouro de forma oval antigamente usada no J. ⟨A/反⟩ Kóban. **2** [大型] (De tamanho) grande. ◇ ~ **shi** 大判紙 A folha ~ de papel.

óbán² [oó] 凹板 ⇨ óhán.

ó-bana¹ 雄花 (< osú + haná)【Bot.】A flor estaminada (masculina/com estames). ⟨A/反⟩ Mé-bana.

ó-bana² 尾花 ⇨ susúkí.

óbā-óru [oóbááoru] オーバーオール (< Ing. overall) O macacão (B.)「fato-macaco」; a bata; o guarda-pó de sarja.

óbā-rán [oó] オーバーラン (< Ing. overrun)【(D)esp.】A ultrapassagem「da faixa」.

óbā-ráppu [oó] オーバーラップ (< Ing. overlap) A sobreposição. ★ ~ *suru* オーバーラップする Sobrepor-se a imagem (Enquanto a anterior ainda se não apaga).

óbári [oó] 大梁 (ō² + harí)【Arqui.】A viga mestra.

óbā-rōn [oóbááróon] オーバーローン (< Ing. overloan)【Econ.】O empréstimo feito por um banco ao Banco Central.

obá-sán 小 [伯, 叔] 母さん **1** [⇨ obá]. **2** [婦人] A senhora. ⟨A/反⟩ Obá-chán. ⟨A/反⟩ Ojí-sán.

o-bā-san [áa] お婆さん **1** [祖母] A avó [vovó]. ⟨A/反⟩ Ojí-san. **2** [老婆] A senhora idosa; a anciã. ⟨A/反⟩ Ojí-chan.

ó-báshó [oó] 大場所 【(D)esp.】 O torneio (normal/da época) de sumô. ⇨ háru¹.

óbā-shúzu [oó-úu] オーバーシューズ (< Ing. overshoes) As galochas (para usar por cima dos sapatos).

óbā-súró オーバースロー (< Ing. overhand throw) 【(D)esp.】⟨S/同⟩ Uwáté-nágé. ⟨A/反⟩ Ańdásúró. ⇨ óbāhándo.

óbā-táimu [oó] オーバータイム (< Ing. overtime) **1** [超過勤務] O trabalho extraordinário [fora do expediente normal]; a hora extra. ◇ ~ **teate** オーバータイム手当 O pagamento das horas extraordinárias [do ~]. **2** [スポーツで時間・回数の超過] O prolongamento (do jogo).

óbā-wāku [oó-wáa] オーバーワーク (< Ing. overwork) O excesso de trabalho; o trabalho excessivo. ⟨S/同⟩ Karō (+).

Ō-béi [oó] 欧米 A Europa e a América. ★ ~ *jin* 欧米人 Os europeus e americanos. ~ *shokoku* 欧米諸国 Os países da Europa e da América. ⇨ Amérká; Yōróppa.

obékka おべっか 【G.】 A lisonja; a bajulação (Ex.: *Kare wa itsumo jōshi ni* ~ *o tsukau* = Ele anda sempre a lisonjear [engraixar (B.)] os (seus) chefes). ★ ~ *o ma ni ukeru* おべっかを真に受ける Acreditar em lisonjas. ◇ ~ **tsukai** おべっか使い O bajulador; o lisonjeador; o lisonjeiro. ⟨S/同⟩ Obénchárá; hetsúráí.

obénchárá おべんちゃら ⇨ obékka.

ó-béya [oó] 大部屋 (< ⇨ +heyá) **1** [大きな部屋] O aposento [A sala; quarto] grande. **2** [劇場の下級の俳優の雑居する部屋] O vestiário dos artistas secundários. ◇ ~ **haiyū** 大部屋俳優 O a(c)tor de segunda categoria.

óbi [oó] (⇨ ō²) **a)** A faixa (do quimono); **b)** Uma faixa [Um cinto]. ★ ~ *o musubu* [*shimeru*] 帯を結ぶ [締める] Apertar o ~. ◇ ~ **age** 帯上げ; **gami; jime; jō; kawa; nokogiri.** ~ **himo** 帯紐 A tira/fita「de pano」. ~ **ji** 帯地 O tecido para "obi". ~ *shin* 帯芯 A entretela do "obi". **Kuro** [**Shiro; Aka; Cha**

~ 黒[白; 赤; 茶]帯 A faixa (ou cinturão) preta [branca; vermelha; castanha]. 慣用 ~ *ni mijikashi tasuki ni nagashi* 帯に短し襷に長し É demais para um e pouco para dois/Muita água para um copo e pouca para um balde;

obí [oóbíí] オービー (< Ing. OB: old boy) Os antigos alunos; os alunos formados. 反 Gen'éki.

obi-ágé 帯揚げ (< … +agérú) A faixa que se amarra por baixo do "obi" para o segurar. ⇨ obí-jíme.

obí-dóme 帯止め (< … +tomérú) O fecho (ornamental) da frente do "obi".

obiérú 怯える Temer; assustar-se; recear; sentir medo. *Kodomo wa kaminari ni obiete nakidashita* 子供は雷に怯えて泣き出した A criança deitou a chorar com medo do trovão.

obi-fú 帯封 A cinta de papel. ★ ~ *o suru* 帯封をする Pôr uma ~ à volta. 同 Obí-gámí.

obí-gámí 帯紙 (< … + kamí) a) A cinta de papel para cingir「a revista」. ★ *Satsutaba no* ~ 札束の帯紙 = um maço de notas. b) A tira de papel「para propaganda」. 同 Obí-fú.

obí-jíme 帯締め (< … +shiméru) A fita estreita que se amarra por cima do "obi". ⇨ obi-ágé.

obijó 帯状 Ao [Sobre o] comprido. ★ *Sakumotsu o* ~ *ni ueru* 作物を帯状に植える Plantar「a hortaliça」~. 同 Taijō.

obi-káwa 帯革[皮] 1 [バンド・ベルト] O cinto [cinturão] (de couro). 同 Bándo; berútó (+); kawá-obi. 2 [機械用のベルト] A correia (da máquina). 同 Shirábégáwa.

ó-bíké [oó] 大引け (< … ² +hikí) 【Econ.】 O encerramento [fecho] da Bolsa. ◇ ~ **nedan** 大引け値段 O preço à hora do ~. 反 Yoritsúkí.

ó-bíkí [oó] 大引き【Arqui.】 a) A viga comprida「em que assenta o soalho」; b) O dormente.

obíkí-dásu 誘き出す Atrair [Fazer vir] para fora「do esconderijo」. ★ *Hannin o* ~ 犯人を誘き出す ~ o criminoso.

obíkí-iréru 誘き入れる Atrair para dentro.

obíkí-yóséru 誘き寄せる Atrair para perto [o pé de si)]. ★ *Otori de emono o* ~ 囮で獲物を誘き寄せる Atrair a caça com uma isca.

ó-bín [oó] 大瓶 A garrafa grande. ★ *Bīru no* ~ ビールの大瓶 ~ de cerveja. 反 Kobín. ⇨ Obín².

obí-nókógiri 帯鋸 A serra cilíndrica [de fita].

obíré 尾鰭 (< … + hiré) A barbatana caudal. ⇨ ohire.

obíru 帯びる 1 [身につける] Levar; ir com. ★ *Ken o* ~ 剣を帯びる Levar a espada. 2 [任務などを身に負う] Ser encarregado de; ter. *Kare wa tokushu na nimmu o obite kuni o tatta* 彼は特殊な任務を帯びて国を発った Ele deixou o país com [encarregado de] uma missão especial. 3 [内に有する・含む] Estar com; ter; conter. ★ *Shuki o* ~ 酒気を帯びる Ter [Estar com] ar/cara de embriagado. *Urei no obita hyōjō* 憂いを帯びた表情 O rosto triste [marcado pela tristeza].

obítádáshíi 夥しい 1 [多い] Numeroso「povo」; incalculável「número de ouvintes」; abundante [em grande quantidade]. ★ ~ *shukketsu* 夥しい出血 A hemorragia abundante [muito grande]. 同 Oí (+); taryō nó (+).
2 [甚だしい]「um ruído」Terrível. *Kare wa reigi o shiranai koto* ~ 彼は礼儀を知らないこと夥しい Ele é extremamente mal-educado; a falta de educação dele é ~. 同 Hanáhádáshíi.

obíyákású 脅かす 1 [地位や身分などを危うくする] Ameaçar; pôr em perigo [ser uma ameaça para]「a paz」. *Kyōryoku na shinjin no shutsugen wa beteran senshu-tachi no chii o obiyakashita* 強力な新人の出現はベテラン選手たちの地位を脅かした O aparecimento [A entrada] de um bom novo elemento fez com que os atletas veteranos se sentissem ameaçados. 2 [おどす] Intimidar; atemorizar; meter medo. 同 Kyōhákú súrú (+); odósú (o).

óbó [oó] 応募 a) A inscrição; b) O responder「ao anúncio」; c) O alistar-se「no exército」; d) O concorrer [tomar parte num concurso/certame]; e) A resposta「ao apelo」. ◇ ~ **mōshikomi** 応募申し込み O pedido de [O fazer a] inscrição. ~ **sha** 応募者 O inscrito; o [a] concorrente; o candidato. ~ **hagaki** 応募はがき O (cartão) postal para a inscrição.

óbó¹ [oó-] 横暴 A violência; o despotismo; a tirania. ★ ~ *na furumai* 横暴な振る舞い O comportamento despótico [tirânico/violento]. *Rīdā no yarikata wa* ~ *da* リーダーのやりかたは横暴だ A atitude do chefe é despótica [tirânica].

óbó² [oó] オーボー ⇨ óboe.

oboe 覚え (< obóeru) 1 [記憶] A memória; o lembrar [recordar]-se. *Watashi wa sonna yakusoku o shita* ~ *wa nai* 私はそんな約束をした覚えはない Eu não me lembro de ter feito tal promessa. ★ *Mi ni* ~ *no nai utagai o ukeru* 身に覚えのない疑いをうける Ser suspeito de algo que não se lembra de ter cometido.
2 [体得すること] O aprender. ★ *Ji no* ~ *no [ga] hayai kodomo* 字の覚えの[が]早い子供 A criança que aprende bem a escrever.
3 [自信] A confiança em si mesmo. *Ude ni* ~ *ga aru wakamono o atsumete sumō taikai ga hirakareta* 腕に覚えがある若者を集めて相撲大会が開かれた Foi aberto um campeonato de sumô convocando os jovens (já) com confiança em si mesmos. 同 Jishín¹ (+).
4 [信用; 評判] Boa reputação. ★ ~ (*ga*) *medetai* 覚え(が)めでたい Ser bem visto; ser o favorito; cair bem [nas graças de]; ter ~. ⇨ hyōbán; shinráí; shin'yō.
5 [感じ, 感覚] A sensação「do frio」. 同 Kanjí (+); kankákú (o).

óboe [oó] オーボエ (< It. < Fr. hautbois) 【Mús.】 O oboé. 同 Óbó².

oboé-chígái 覚え違い (< … + chigáu) O erro de memória. ★ ~ (*o*) *suru* 覚え違い(を)する Cometer um ~.

oboé-gáki 覚え書き (< … +káku) 1 [メモ] A anotação; o apontamento; a nota. ★ ~ *o suru* [*toru*] 覚え書きをする[とる] Fazer uma anotação; um ~; anotar [tomar nota]. 同 Mémo (+). 2 [略式の外交文書] O memorando; o memorándum. ★ ~ *o okuru* 覚え書きを送る Enviar [Mandar] um ~.

obóeru 覚える 1 [記憶する] Lembrar-se. *Kare wa jiken no koto o nani mo oboete inakatta* 彼は事件のことを何も覚えていなかった Ele não se lembrava nada do incidente [desse caso]. *Oboete iro* 覚えていろ Você vai-me pagar por esta (desfeita) [Tu hás-de-mas pagar (lembra-te bem)]! ★ *Hakkiri* [*Bon'yari*] *to oboete iru* はっきり[ぼんやり]と覚えてい

る Lembro-me bem [vagamente]. **2**[習得する] Aprender. ★ *Kake-goto no aji* [*omoshirosa*] *o ～* 賭け事の味[おもしろさ]を覚える Apanhar [Tomar] o gosto a ao apostar/às apostas. *Kotsu o ～* こつを覚える Aprender o truque [Apanhar o jeito]. *Kuruma no unten o ～* 車の運転を覚える a conduzir [guiar] (o carro). *Shigoto o ～* 仕事を覚える a arte [o ofício]. **3**[感じる] Sentir. ★ *Dōjō o ～* 同情を覚える a ～ pena [dó]. *Te ni itami o ～* 手に痛みを覚える uma dor na mão. S/同 Kañjírú (+).

obókó おぼこ【G.】**1**[純情] A inocência. *Seken shirazu no ～ da* 世間知らずのおぼこだ É uma (garota) inocente que não sabe nada do mundo. S/同 Juñjō (+). **2**[処女] A virgem. ◇ *～ musume* おぼこ娘 A moça virgem. Kimúsume (+); shójō (+).

o-bón お盆 ⇨ bón.

ō-bóra [**oó**] 大ぼら (<...² + hóra)【G.】Uma grande mentira. ◇ *～ o fuku* 大ぼらを吹く Dizer uma ～.

obóré-dáni 溺れ谷 (< obóréru + taní)【Geol.】A ria.

obóré-jíni 溺れ死に【A.】⇨ obórérú.

obórérú 溺れる **1**[水に] Afogar-se; estar debaixo da (cair à) água. ★ *Oborete shinu* 溺れて死ぬ Morrer afogado. ことわざ *～ mono wa wara o mo tsukamu* 溺れる者はわらをもつかむ Quem se afoga, às palhas se agarra [Para quem está perdido, todo o mato é caminho]. *Sakushi saku ni ～* 策士策に ～ Ir por [buscar] lã e ficar tosquiado/Cair na própria armadilha/Virar-se o feitiço contra o feiticeiro; **2**[ふける] Entregar-se; meter-se em. ★ *Onna no ai ni ～* 女の愛に溺れる Perder a cabeça com mulheres. *Sake* [*Mayaku*] *ni ～* 酒[麻薬]に溺れる Entregar-se à bebedeira [Meter-se na droga].

oboró 朧ろ **a)** Indistinto; **b)** Em fios [farrapos]. ★ *Akari ga ～ ni terasu* 明かりが朧ろに照らす Essa luz alumia pouco.

oboró-gé 朧ろ気 (<...+ki) Vago; indistinto. ★ *～ na kioku* 朧ろ気な記憶 A lembrança vaga [muito apagada/obscura]. *～ ni oboete iru* 朧ろ気に覚えている Lembrar-se [Recordar-se] vagamente.

oboró-zuki 朧月 (<...+tsuki) A lua mortiça. ◇ *～ yo* 朧月夜 O(A noite de) luar mortiço.

obóshíi 覚しい Que parece [aparenta] ser 「estrangeiro」. ★ *Hannin to ～ otoko* 犯人と覚しい男 Um homem ～ o criminoso. S/同 Obóshíki; omówáréru.

obóshíki 覚しき【A.】⇨ obóshíi.

oboshiméshi 思し召し **1**[身分ある人の考え] A vontade de alguém importante. *Nanigoto mo Kami no ～ shidai desu* 何事も神の思し召し次第です Tudo depende da ～ de Deus [Deus é que sabe/manda]. S/同 Gyói; mikókóró. **2**[好意を含む意向] A boa vontade. *Kifu no gaku wa ～ de kekkō desu* 寄付の額は思し召しで結構です O valor da doação deixamo-lo à ～ de cada um. ⇨ kokórózáshí. **3**[異性に対する関心] [Col.] O gostar [estar apaixonado]. S/同 Koí-gókoro (+); reñjō.

o-bótchan お坊ちゃん **1**[身分のある人の子の敬称] O menino [filho] do patrão. **2**[他人の息子の敬称] O seu filho. **3**[世間知らずに育った男性] O filh(n)o de papai (B./G.); o menino criado numa redoma de vidro. *Kare wa mattaku ～ sodachi da* 彼は全くお坊ちゃん育ちだ Ele é um ～; Ele nunca soube o que custa[é] a vida.

obótsúkánáí 覚束ない **1**[疑わしい] Duvidoso; incerto. *Kono jigyō no seikō wa ～* この事業の成功は覚束ない O êxito deste proje(c)to é ～. ★ *～ tenki* 覚束ない天気 O tempo instável [～]. S/同 Utágáwáshíi. **2**[しっかりしていない] Inseguro; vacilante. *Kare wa yami-agari na no de ashi-dori ga ～* 彼は病上がりなので足取りが覚束ない Ele esteve doente (de cama) e não tem firmeza nas pernas. ★ *～ tetsuki* 覚束ない手つき A mão insegura [de principiante]. S/同 Abúná-gé ná; tayóri náí.

ōbuje オブジェ (< Fr. objet)【Arte】O obje(c)to artístico; a obra de arte. S/同 Bijútsúhín (+).

óbún¹ [**oó**] 応分 Adequado; conveniente; justo; devido; segundo a sua capacidade; apropriado. ◇ *～ no kifu o suru* 応分の寄付をする Contribuir segundo as suas posses. S/同 Bún pṓ (+).

ōbun² [**oó**] オーブン (< Ing. oven) O forno. ◇ *～ tōsutā* オーブントースター A torradeira de ～ ou mini-～. **~ reñji** オーブンレンジ O forno elé(c)trico combinado com o de microondas. S/同 Téñpi.

óbún³ [**oó**] 欧文 O escrito [texto/tipo「do computador」] em letras latinas.

ō-búne [**oó**] 大船 (<...² + fúne) O navio grande. I/慣用 *～ ni notta kimochi* 大船に乗った気持ち A sensação de segurança.

obúráto [**áa**] オブラート (< Al. oblate) Um papel comestível「de massa」. ★ *Kusuri o ～ ni tsutsumu* [*kurumu*] 薬をオブラートにつつむ[くるむ]Embrulhar os pós do remédio em ～ [e tomá-los assim.]

ō-búrí¹ [**oó**] 大降り (<...² + fúru) A chuvada [chuva violenta; torrencial]. S/同 Ōame. ⇨ Ko-búrí¹. ⇨ hoñ-búrí.

ō-búrí² [**oó**] 大振り (<...² + furí) **1**[大きく振ること] O girar muito o corpo. *Battā wa ～ shisugite sanshin shita* バッターは大振りしすぎて三振した O batedor foi eliminado por "sanshin" por ter girado ～. **2**[大型] (De tamanho) grande. A/反 Kobúrí².

ō-búroshiki [**oó**] 大風呂敷 (<...² + furóshíkí) **1**[大きな風呂敷]"Furoshiki" grande. **2**[大きなことを言うこと]【G.】A fanfarronice; a jactância. ★ *～ o hirogeru* 大風呂敷をひろげる Alardear; gabar-se; fanfarronar.

obúsáru 負ぶさる (⇨ obúu) **1**[背に抱かれる] Ir às costas. ★ *Haha no se ni ～* 母の背に負ぶさる ～ da mãe. **2**[頼る] Depender de; viver à custa da. S/同 Tayóru (+).

obútsú 汚物 A imundície; os excrementos. ◇ *～ shori shisetsu* 汚物処理施設 Os [O sistema de] esgotos.

obúu 負ぶう Levar [Carregar] às costas. ★ *Akañbō o ～* 赤ん坊を負ぶう Levar o bebé[ê] às costas. S/同 Óu²; seóu.

obúzábā [**áa**] オブザーバー (< Ing. observer) O observador. ★ *Kaigi no ～* 会議のオブザーバー「O que vem só como」Observador do congresso. S/同 Bōchō-sha.

o-chá お茶 (⇨ cha) **1**[茶] O chá (verde/j.). ★ *～ o ireru* お茶を入れる Fazer chá. I/慣用 *～ o nigosu* お茶を濁す Encobrir [Enganar]; ser evasivo [*Tekitō na henji de ～ o nigoshita* 適当な返事でお茶を濁したEle deu uma resposta evasiva [Saiu-se despistar)]. **2**[休憩] O intervalo para tomar chá. *～ ni shimashō* お茶にしましょう Vamos ao 「nosso」 chazinho; vamos descansar um pouco. S/同 Kyūkéí. ⇨

ócháku yátsu. **3** [茶道] A arte/cerimó(ô)nia do chá. ★ ~ o oshieru [narau] お茶を教える[習う] Ensinar [Aprender] a ~. ◇ ~ **kai** お茶会 A reunião da ~. ⓈⓇ Sádó. ⇨ kô-chá.

ócháku [oó] 横着 **1** [ずうずうしいさま; ずるいさま; 不正なこと] Desavergonhado; sem-vergonha; descarado; caradura; atrevido. **2** [なまけること; なまけているさま] A preguiça; a indolência. *Kare wa ~ de nete bakari iru* 彼は横着で寝てばかりいる Ele é um preguiçoso, só sabe dormir. ★ ~ *o kimekomu* 横着をきめこむ Ser indolente; não cumprir a sua obrigação. ◇ ~ **mono** 横着者 O preguiçoso; o mandrião [calaceiro] (G.). ⓈⓇ Bushó[1].

o-chá-no-ko お茶の子 **1** [⇨ cha-gáshi]. **2** [容易にできること] A tarefa (muito) fácil; a canja (G.). *Sonna koto wa ~ (saisai) da* そんなことはお茶の子(さいさい)だ Isso para mim é canja. ⓈⓇ Asá-méshi-máe; hetchárá.

ocháppi [ii] お茶っぴい 【G.】 A menina espevitada [precoce]; a serigaita. ⓈⓇ Okyán; osháma; oténbá.

o-chá-úke お茶受け ⇨ cha-úke.

o-cháyá お茶屋 ⇨ chayá.

ochí 落ち (< ochíru) **1** [手抜かり] O erro; a falha [omissão] 「no relatório」. ★ *Chōbo ni ~ ga aru* 帳簿に落ちがある Há um/a ~ no livro das contas. ⓈⓇ Te-núkari(+); óchido(+). **2** [行きつくところ] O fim [resultado]; desfecho (Ex.: *Ōkata son'na tokoro ga ~ da to omotte ita* = Eu já [bem] sabia que o resultado ia ser esse). *Karera wa shippai shite nige-modotte kuru no ga ~ darō* 彼らは失敗して逃げ戻って来るのが落ちだろう No fim eles hão-de perder [falhar] e voltar para trás a fugir. **3** [落語・ジョークのさげ] O desfecho humorístico; 「não entender」o ponto da piada. *Rakugo [Manzai] no ~* 落語[漫才]の落ち O ~ do... **4** [-ochi] 【Suf.】 **a)** A expulsão (Exílio). ★ *Miyako ~* 都落ち ~ da capital. **b)** A redução; a queda. *Haitō ~* 配当落ち ~ dos (ex)dividendos.

ochí-áu 落ち合う (< ochíru + ···) **1** [人と人とが会う] Encontrar-se; juntar-se. *Karera wa ni-ji ni eki de yakusoku o shita* 彼らは二時に駅で落ち合う約束をした Eles combinaram encontrar-se às duas (horas) na estação. **2** [二つの川、道などが一緒になる] Juntar-se; encontrar-se. *Futatsu no kawa ga ~ tokoro ni mura ga aru* 二つの川が落ち合う所に村がある No lugar [local] onde os dois rios se juntam há uma aldeia. ⓈⓇ Deáu.

ochí-áyu 落ち鮎 (< ochíru + ···) A truta "ayu" que desce o rio para a desova.

óchi-ba 落ち葉 (< ochíru + ha) **1** [葉が落ちること] O 「tempo de」cair da folha. ⓈⓇ Rakuyó. **2** [落ちた葉] As folhas secas.

ochí-bó 落ち穂 (< ochíru + ho) A espiga caída.

ochíbó-híroi 落ち穂拾い (< ··· + hiróí) **a)** A respiga; **b)** O respigador. ★ ~ *o suru* 落ち穂拾いをする Respigar.

ochíbúrérú 落ちぶれる Decair; cair na [ficar reduzido à] miséria; arruinar-se. *Kakumei-go kizoku wa ochiburete kojiki ni made natta* 革命後貴族は落ちぶれて乞食にまでなった Depois da revolução, a nobreza decaiu até ao ponto de ter de mendigar (para viver). ⓈⓇ Reírákú súrú.

óchido 落ち度 **a)** A falta; a falha; o erro; **b)** A culpa. *Jikken ga shippai shita no wa doko ka ni ~ ga atta kara da* 実験が失敗したのはどこかに落ち度があったからだ A experiência fracassada [saiu mal] porque houve aí qualquer erro. ★ *Jibun no ~ o mitomeru* 自分の落ち度を認める Reconhecer os próprios erros. ⓈⓇ Ayámáchi; kashítsú; shippáí.

ó-chígai [oó] 大違い A diferença grande. *Yūshō to jun'yūshō to dewa ~ da* 優勝と準優勝とでは大違いだ Há uma grande diferença entre (ser) campeão e vice-campeão.

ochí-guchi 落ち口 (< ··· + kuchí) **1** [河・樋などの落ち込む所] A embocadura (do rio); a boca 「do regador」. **2** [物の落ちはじめ] O início da queda. **3** [くじや入れ札で当った人]【E.】O que teve a sorte grande. ⓈⓇ Tōsén-sha(+).

ochíiru 陥る **1** [落ちて、はまり込む] Cair num buraco; ficar atolado 「num pântano」. ⓈⓇ Ochí-kómú(+). **2** [悪い状態に入る] Ficar em estado crítico (Perigoso). ★ *Jirenma ni ~* ジレンマに陥る Ficar [Cair] num dilema. *Konsui jōtai ni ~* 昏睡状態に陥る Entrar em coma. *Zaisei konnan ni ~* 財政困難に陥る Entrar em crise financeira. **3** [計略にかかる; はまる] Cair em. ★ *Wana ni ~* わなに陥る ~ na armadilha. *Yūwaku ni ~* 誘惑に陥る Sucumbir/Ceder à [Cair na] tentação. ⓈⓇ Hamárú. **4** [攻め落とされる] Cair nas mãos de. *Tsui-ni shiro [yōsai] wa teki no te ni ochiitta* ついに城[要塞]は敵の手に陥った Por fim, a fortaleza caiu nas mãos do inimigo. ⓈⓇ Ochíru.

ochí-kásánárú 落ち重なる (< ochíru + ···) Cair amontoando-se.

o-chikázúki お近付き (< chikázúku) O (ter a honra de) conhecer. *Kore wa honno ~ no shirushi desu* これはほんのお近付きのしるしです Isto [Este presente] é apenas um sinal do prazer que tenho em ficar a conhecê-lo/a.

ochí-kóbóré 落ち零れ (< ochí-kóbóréru) **1** [落ちて散乱しているもの] O resto; o que se estraga/perde. **2** [他のものについていけないこと、その人]【G.】O ficar [que fica] para trás. *Aitsu wa ~ da* あいつは落ちこぼれだ Ele é incapaz de acompanhar as aulas/Ele é um atrasado.

ochí-kóbóréru 落ち零れる (< ochíru + ···) **1** [落ちて散乱する] Cair e ficar (para) ali perdido/esparragado (Por ex. arroz, ao pé do moinho elé(c)trico). ⓈⓇ Kobóré-óchíru. **2** [脱落する] Ficar atrasado [para trás] nos estudos. *Kare wa asonde bakari ita no de kurasu de ochikoborete shimatta* 彼は遊んでばかりいたのでクラスで落ちこぼれてしまった Ele ficou para trás na turma (dele): andou só a brincar!

ochí-kómu 落ち込む (< ochíru + ···) **1** [落ちてはまり込む] Cair num buraco. ★ *Ido ni ~* 井戸に落ち込む Cair no poço. ⓈⓇ Ochííru. **2** [陥没する] Ceder [Afundar]. *Ō-ame ni jiban ga ochikonda* 大雨で地盤が落ち込んだ Chouveu muito e o terreno cedeu [afundou]. ⓈⓇ Kañbótsú súrú. ⇨ hekómú. **3** [よくない状態になる]【Fig.】Ficar muito em baixo; baixar. *Daigaku nyūshi ni shippai shite kare wa sukkari ochikonde iru* 大学入試に失敗して彼はすっかり落ち込んでいる Não conseguiu passar no exame de admissão à universidade e anda muito em baixo. ★ *Kabuka ga ochikonda* 株価が落ち込んだ O valor das a(c)ções baixou.

ochí-kúbómu 落ち窪む (< ochíru + ···) Ficar côncavo [encovado/chupado]. ★ *Ochikubonda me* 落ち窪んだ目 Olhos encovados [fundos].

ochí-mé 落ち目 (< ochíru + …) A cair [declinar]; periclitante. ★ ~ ni naru 落ち目になる Estar a ~ [baixar].

ochí-múshá 落ち武者 (< ochíru + …)【A.】O guerreiro (derrotado) em fuga.

ochí-nóbíru 落ち延びる (< ochíru + …) Fugir para longe (até um lugar bem seguro). *Karera wa Miyako kara Kyūshū made ochinobita* 彼らは都から九州まで落ち延びた Eles fugiram da Capital (Kyoto) e só pararam em Kyūshū.

óchiochi おちおち (< ochítsúkú) Tranquilamente; em paz. *Yoru mo ~ nerarenai* 夜もおちおち寝られない Nem de noite poder dormir ~.

ochíru 落ちる **1** [落下する] Cair. *Hikōki ga ochite takusan no hito ga shinda* 飛行機が落ちてたくさんの人が死んだ O avião caiu e morreu muita gente. *Ōkaze de kaki no mi ga takusan ochita* 大風で柿の実がたくさん落ちた Com o vendaval, caíram muitos dióspiros [caquis]. ★ *Kaidan* [*Isu*, *Uma*] *kara ~* 階段 [椅子／馬] から落ちる ~ da escada [cadeira/do cavalo]. [ことわざ] *Saru mo ki kara ~* 猿も木から落ちる Até o macaco cai do galho/"Aliquando dormitat Homerus"; [S/同] Rakká súrú.
2 [くずれる] Desmoronar-se; cair. *Kabe* [*Tenjō*] *ga ochita* 壁 [天井] が落ちた A parede [O te(c)to] caiu. [S/同] Kuzúréru.
3 [色・しみなどが とれる] Sair. *Kono shimi wa ikura aratte mo ochinai* このしみはいくら洗っても落ちない Por mais que (se) lave, esta mancha não sai. ★ *Yogore ga yoku ~ sekken* 汚れがよく落ちる石鹸 O sabão que tira bem a sujidade. [S/同] Toréru.
4 [もれる；抜ける] Faltar. *Meibo kara futari no namae ga ochite iru* 名簿から二人の名前が落ちている Faltam dois nomes na lista.
5 [程度が低くなる] Diminuir; baixar; descer; piorar. *Kono kiji wa sochira no yori daibu ~ ne* この生地はそちらのより大分落ちるね Este artigo é pior do que [é bem inferior a] esse. *Kono resutoran wa aji ga ochita* このレストランは味が落ちた Este restaurante piorou [baixou de qualidade]. *Maketa bokusā wa rankingu jū-i ni ochita* 負けたボクサーはランキング10位に落ちた O boxeador que perdeu desceu para (o) décimo lugar. *Mise no uriage ga ochite* 店の売り上げが落ちた As vendas da loja diminuíram. *Sono kashu wa saikin ninki ga ochita* その歌手は最近人気が落ちた Esse cantor está a perder a fama. [A/反] Agáru. ⇨ herú; otóru; sagáru.
6 [落第する] Reprovar [Ser reprovado]. ★ *Nyūgaku shiken ni ~* 入学試験に落ちる ~ no exame de admissão. [A/反] Ukáru. ⇨ rakudái ^{1}; rakugó ^{2} ◇.
7 [人のものになる] Render-se. *Kare no hageshii jōnetsu no mae ni tsui ni kanojo mo ochita* 彼の激しい情熱の前についに彼女も落ちた Perante tal paixão, ela finalmente rendeu-se. *Sono e wa kyōbai de kare ni ochita* その絵は競売で彼に落ちた O quadro leiloado [do leilão] foi parar às mãos dele.
8 [おちいる] Cair em. ★ *Keiryaku* [*Wana*] *ni ~* 計略 [わな] に落ちる【Fig.】Cair na trama [armadilha] (de alguém). *Koi ni ~* 恋に落ちる Apaixonar-se [Ficar apaixonado]. [S/同] Hamáru; ochíiru.
9 [堕落する] Cair num vício. *Kare wa mayaku ni obore ~ tokoro made ochita* 彼は麻薬に溺れ落ちるところまで落ちた Ele afundou-se [caiu de todo] no vício da droga. [S/同] Daráku súrú.
10 [ひそかに 逃げる] Fugir às escondidas. ★ *Miyako o ~* 都を落ちる ~ da Capital.
11 [月・日が没する] Pôr-se. *Taiyō ga nishi no yama ni ochita* 太陽が西の山に落ちた O sol pôs-se [desapareceu no ocaso] por trás da montanha.
12 [手形が現金になる] Vencer [Dever ser pago]. *Kono tegata wa kongetsu matsu de ~* この手形は今月末で落ちる Esta letra vence no fim do mês.
13 [つきものが払われる] Sair; ser expulso. *O-harai ni yotte akuryo ga ochita* お祓いによって悪霊が落ちた Graças à benzedura o espírito mau saiu.
14 [光などが注がれる] Incidir; dar. *Hi no hikari ga yuka ni ochita* 日の光が床に落ちた A luz do sol dava [incidia] no chão.
15 [納得する] Convencer. [I/慣用] *Fu ni ochinai* 腑に落ちない Não ~.
16 [柔道で締められて気絶する] Desmaiar [Perder os sentidos]. ★ *Aite no shime-waza de ~* 相手の締め技で落ちる ~ com o golpe de estrangulamento.
17 [観念して白状する] Confessar「o crime」. *Hannin wa tōtō ochita* 犯人はとうとう落ちた O criminoso acabou confessando [por confessar] o crime.

óchi-séi [oó] 横地性【Bot.】O geotropismo transversal.

ochí-shío 落ち潮 (< ochíru + …) ⇨ hikí-shío.

ochí-tsúkérú 落ち着ける (< ochíru + …) **a)** Acalmar-se; **b)** Assentar arraial; ficar num lugar. *Ki o ochitsukete hanashi o kiite kudasai* 気を落ち着けて話を聞いて下さい Ou[i]ça-me com calma. ★ *~ basho* 落ち着ける場所 Um lugar calmo [sossegado]. *Kokoro o ~* 心を落ち着ける Acalmar-se; recolher-se. ⇨

ochí-tsúki 落ち着き (< ochí-tsúkú) **1** [安定したようす] A calma; a serenidade. *Kare no hanashikata ni wa nenrei kara kuru ~ ga kanjirareru* 彼の話し方には年令から来る落ち着きが感じられる Na maneira de falar dele, nota-se a serenidade dos anos [da idade]. *Sono shirase o kiite kare wa kokoro no ~ o ushinatta* その知らせを聞いて彼は心の落ち着きを失った Ao receber a notícia ele perdeu a ~ [paz (de espírito)]. *~ no nai hito* [*metsuki*] 落ち着きのない人 [目付き] A pessoa [O olhar] inquieta[o]. *~ o tori-modosu* 落ち着きを取り戻す Recuperar a ~ [presença de espírito]. **2** [もののすわり；安定] O equilíbrio; a estabilidade. *Kono isu wa ~ ga yoi* この椅子は落ち着きが良い Esta cadeira tem estabilidade [~]. [S/同] Antéi.

ochítsúkí-háráu 落ち着き払う (< ochítsúkú + …) Manter a compostura [calma/presença de espírito]. ★ *Ochitsukiharatta taido* [*yōsu*] *de* 落ち着き払った態度 [ようす] で A atitude [O aspe(c)to] imperturbável/inteiramente calma[o].

ochítsúkí-sákí 落ち着き先 O novo endereço [paradeiro]. *Mukō ni tsuitara ~ o shirasete kudasai* 向こうに着いたら落ち着き先を知らせて下さい Quando chegar lá, dê-me o seu novo endereço.

ochí-tsúkú 落ち着く (< ochí-tsúkérú) **1** [居所などが決まる] Instalar-se; estabelecer-se; ficar. *Kare wa tenten to shoku o kaete ita ga yatto kokku to shite ochitsuita* 彼はてんてんと職を変えていたがやっとコックとして落ち着いた Ele andou a saltar de emprego em emprego e por fim ficou [parou em] cozinheiro. *Shinkyo ni ochitsuitara o-tegami kudasai* 新居に落ち着いたらお手紙下さい Quando estiver (bem instalado) na sua nova casa, mande-me notícias.

2 [気持ちが平静になる] Acalmar-se; sosse gar; ficar calmo [em paz]. *Mā ochitsuki nasai* まあ落ち着きなさい Ora, acalme-se! ★ *Ochitsuita taido [hanashi-kata]* 落ち着いた態度[話し方] A atitude [fala] calma. *Ki [Kokoro; Kibun] ga* ～ 気[心; 気分]が落ち着く Ficar calmo.
3 [物事がしずまる] Estabilizar-se; acalmar. *Bōdō [Konran; Sawagi] ga ochitsuita* 暴動[混乱; 騒ぎ]が落ち着いた O motim [A confusão/barulho] acalmou. *Kono tokoro sōba ga ochitsuite iru* このところ相場が落ち着いている Agora a (cotação da) Bolsa mantém-se estável. *Kyō wa itami mo sukoshi ochitsuita* 今日は痛みも少し落ち着いた Hoje, a dor acalmou um pouco. [S/同] Osámáru (+); shizúmáru. ⇨ ańtéí ◇. **4** [帰着する] Concluir. ～ *tokoro wa hitotsu da* 落ち着く所は一つだ Há apenas uma conclusão. *Nagai giron no ageku kekkyoku saisho no an ni ochitsuita* 長い議論のあげく結局最初の案に落ち着いた Após longa discussão, concluímos que o primeiro plano era o melhor. [S/同] Kichákú[Kikétsú] súrú. **5** [穏やかである] Ser discreto [sóbrio]. ★ *Ochitsuita fukusō [gara; iro]* 落ち着いた服装[柄; 色] O traje [padrão; A cor] discreto/a [sóbrio/a]. ⇨ hadé.

ochíudo 落人【A.】O desertor (Soldado que foge [vira costas] ao inimigo). [S/同] Ochū́do.

ṓchṓ [oó-] 王朝 (⇨ chṓ[10]) **1** [同じ王家に属する帝王の系列, またその治める時期] A dinastia「de Avis」. **2** [帝王の朝廷] O regime dinástico [imperial]; a corte; a monarquia. **3** [奈良・平安時代のこと] As dinastias de Nara e de Heian (Kyoto). ◇ **～ jidai** 王朝時代 A era de Nara e Heian ～. **～ bungaku** 王朝文学 A literatura da era das ～. [A/反] Buké-jídai.

ochóbó-guchi おちょぼ口【G.】A boquinha bonita「da jovem」.

o-chóko お猪口 A tacinha de saké. *Kasa ga tsuyoi kaze de* ～ *ni natta* 傘が強い風でお猪口になった Era tal [tão forte] a ventania, que o guarda-chuva ficou virado do avesso. ⇨ chóko.

o-chṓshí-mónó お調子者【G.】Um frívolo; um palhaço. [S/同] Chṓshí-mónó; otchókóchói.

ochū́do [úu] 落人【A.】⇨ ochíudo.

ṓda [óo] 殴打 O murro. ★ ～ *suru* 殴打する Dar um ～. ⇨ nagúru; tatáku.

ṓdā [óo] オーダー (< Ing. order < L. ordo: ordem) **1** [注文] O pedir「um bife」. *Bōi ga* ～ *o kiki ni kita* ボーイがオーダーを聞きに来た O empregado veio perguntar「-me」o que queria. ◇ ⇨ **～ mēdo**. [S/同] Chū́móń (+). **2** [打撃順]【Beis.】A ordem dos batedores. [S/同] Raiń'áppu (+); battíńgú ṓdā.

o-dábutsu お陀仏【G.】 **1** [死ぬこと] A morte. ★ ～ *ni naru* お陀仏になる Bater a bota; esticar o pernil. ⇨ shinú. **2** [だめになること] O ir (tudo) por água abaixo. *Kono fukyō de kaisha mo tsui ni* ～ *da* この不況で会社もついにお陀仏だ Com esta depressão, a firma está acabada/enterrada [acabará indo (por) água abaixo]. [S/同] Damé; shippái.

ṓdái [oó] 大台 A (grande) marca (nível). *Sōba ga hyaku-en no* ～ *o waru* 相場が100円の大台を割る A cotação da Bolsa (Do dólar) está abaixo (da marca) dos 100 yens.

ṓ-dáiko [oó] 大太鼓 (< …[2] + taíkó) O tambor grande. [A/反] Ko-daiko.

o-dáimókú お題目 **1** [日蓮宗で唱える南無妙法蓮華経の称] A oração [jaculatória] da seita "Nichiren" ("namumyōhōrengekyo"). ★ ～ *o tonaeru* お題目を唱える Recitar a ～. **2** [口先だけの主張] A cantilena; a propaganda; a conversa fiada. *Akarui senkyo wa* ～ *ni suginakatta* 「明るい選挙」はお題目にすぎなかった A promessa de eleições limpas foi só cantilena [～].

odákú 汚濁【E.】A sordidez; a corrupção; a conspurcação; a depravação. ★ ～ *no yo* 汚濁の世 O mundo corrupto [sórdido; depravado]!

odámaki 苧環 **1**【Bot.】A aquilégia; a erva-pombinha; *aquilegia flabelatta*. **2** [玉のように巻いた麻糸] O novelo [carrinho] de linhas.

ṓdā-mḗdo [oó-ée] オーダーメード (< Ing. made-to-order) Feito por medida [encomenda]. ★ ～ *no fuku* オーダーメードの服「O vestuário」～. [S/同] Chū́móń-fuku. [A/反] Kiséi-fuku, redímḗdo. ⇨ ṓdā **1**.

ṓdáń[1] [oó] 横断 A travessia「do mar」; o atravessar (Ex.: *Koko de dōro ga senro o* ～ *shite iru* = Aqui a estrada corta a [passa por cima da] linha férrea). ★ *Dōro o* ～ *suru* 道路を横断する Atravessar a rua [estrada]. *Fune de Taiheiyō o* ～ *suru* 船で太平洋を横断する Atravessar [Cruzar] o Oceano Pacífico de navio. ◇ **～ hodō** 横断歩道 A faixa de segurança. **～ kinshi** 横断禁止 Proibido atravessar. **～ men** 横断面 O corte transversal「dum tronco」. **～ sen** 横断線 A linha transversal. **Tairiku ～ tetsudō** 大陸横断鉄道 A ferrovia transcontinental. [A/反] Jū́dáń[1].

ṓdáń[2] [oó] 黄疸【Med.】A icterícia (Bílis no sangue).

ṓ-dásukari 大助かり (< … [2] + tasúkáru)【Col.】A grande ajuda. *Sōshite kurereba* ～ *desu* そうしてくれれば大助かりです Isso será a maior ajuda que me pode dar.

odáté 煽て (< odátérú) A lisonja; o elogio (exagerado/interesseiro) (Ex.: ～ *ni wa zettai noranai zo* = Olha que eu não vou [não me deixo levar] com lisonjas!). *Ano otoko wa sugu* ～ *ni noru* あの男はすぐ煽てに乗る Ele, se o lisonjearem, faz tudo o que lhe pedirem.

ṓdáté-mono [oó] 大立て者 (⇨ shujínkō) **1** [芝居の一座の中心となる俳優] O astro [A estrela]; o/a melhor a(c)tor/a(c)triz. ★ *Kare wa ichiza no* ～ *da* 彼は一座の大立て者だ Ele é o ～ da companhia teatral. **2** [重きをなす人物] A grande figura; uma sumidade. ★ *Bundan [Seikai; Zaikai] no* ～ 文壇[政界; 財界]の大立て者 Uma ～ do mundo literário [político; financeiro].

odátérú 煽てる (⇨ odáté) Lisonjear; incensar. *Minna wa kare o odatete sono shigoto o hikiukesaseta* 皆は彼を煽ててその仕事を引受けさせた Todos o incensaram e, assim, convenceram-no a aceitar o serviço.
[S/同] Sosónókásu; seńdṓ súrú. ⇨ homéru.

ṓdátsú [oó] 横奪【E.】⇨ ṓryō.

odáwárá-hyōjō[hyōgi] [óo] 小田原評定[評議]【G.】A consulta inútil/estéril/de Odawara. *Kyō no kaigi wa* ～ *de nan no ketsuron mo denakatta* 今日の会議は小田原評定で何の結論も出なかった A reunião de hoje foi uma ～, não se chegando a conclusão alguma.

odáwárá-jṓchin [óo] 小田原提灯 (< … + chṓchín) A lanterna de papel de forma cilíndrica e dobrável.

O

odáyaka 穏やか Calmo; brando; pacífico; sereno; moderado; ameno. *Kono atari wa kikō ga ～ da* この辺りは気候が穏やかだ Aqui o clima é ameno. *Kenka o shinai de ～ ni hanashi-aō* けんかをしないで穏やかに話し合おう Nada [Deixem-se] de brigas e vamos conversar com calma. *Rikon to wa ～ de nai ne* 離婚とは穏やかでないね Divórcio? Coisa complicada! … ★ ～ *na hi* [*tenki*] 穏やかな日 [天気]Um dia [tempo] calmo. ～ *na hitogara* [*seikaku*; *seishitsu*] 穏やかな人柄[性格]; 性[質] A personalidade [O cará(c)ter; O temperamento] calma[o]. ～ *na kaiketsu* 穏やかな解決 Uma solução pacífica. ～ *na monogoshi* [*taido*] 穏やかな物腰[態度] O comportamento [A atitude] gentil/moderado[a]. ⇨ heíón[1]; nódoka; onwá[1]. A/反 Hagéshíi.

odáyaka-naránu[de wa nai) 穏やかならぬ [ではない]Provocante; inquietante; ameaçador. ★ ～ *kotoba* [*taido*] 穏やかならぬ (ではない) 言葉 [態度] A linguagem [atitude] desagradável. S/同 Fuón.

ō-dé [**óó**] 大手 (< ō-te) Os braços abertos/estendidos. *Machi no hitobito wa karera o ～ o hirogete mukaeta* 町の人々は彼らを大手を拡げて迎えた A cidade recebeu-os de braços abertos. ～ *o hirogete yukute ni tachifusagaru* 大手を広げて行く手に立ちふさがる Pôr-se em frente de braços estendidos「para impedir o passo」. I/慣用 ～ *o furu* 大手をふる a) Não ter medo nenhum; b) 「ir」Em triunfo; c) 「a corrupção」Passar impune.

odéki おでき [G.] A espinha; um furuncul(oz)ito; a erupção cutânea.

ō-déki [**óó**] 大出来 [G.] O grande sucesso. *Ano enzetsu wa kare ni shite wa ～ datta* あの演説は彼にしては大出来だった O discurso, para ser dele, foi um ～ [muito bom]. S/同 Jō-déki (+).

odéko おでこ [G.] 1 [額] A testa. S/同 Hitái. 2 [額が高く出ていること・人] A testa [fronte] saliente.

ōdékoron [**óó**] オーデコロン (< Fr. eau de cologne) A água de coló(ô)nia. S/同 Ōdótóware.

odémáshí お出まし [E.] A honrosa vinda [presença]; a intervenção「do ministro para resolver o caso」.

odén おでん Um cozido japonês (com nabo, ovos, etc.).

ódio [**oó**] オーディオ (< Ing. < L. audio: oiço) Audio; audiovisual. ◇ ～ **mania** オーディオマニア O fã [aficionado] de audio. ～ **mētā** オーディオメーター O audi(ô)metro.

ódishon [**oó**] オーディション (< Ing. audition < L.) O teste de audição (para artistas).

ōdo [**óo**] 黄土 [Geol.] 1 [北米・ヨーロッパ・アジアなどの淡黄色の土] O loesse. S/同 Résu. 2 [黄色の顔料] O ocre, a ocra. ◇ ～ **iro** 黄土色 A cor de ～. S/同 Ōkuru.

ōdó[1] [**oó**-] 王道 [E.] a) O governo sábio (e justo); b) O caminho real [fácil]. Pことわざ *Gakumon ni ～ nashi* 学問に王道なし Todo estudo exige esforço. Had/反.

ōdó[2] [**oó**-] 黄銅 [Min.] O latão. ◇ ⇨ ～ **kō** S/同 Shínchú (+).

ōdó[3] [**oó**-] 横道 ⇨ kōdō[5].

ōdoburu [**óó**] オードブル (< Fr. hors d'oeuvre) Os aperitivos. S/同 Zenśáí.

ō-dōgu [**oódoo**] 大道具 [Te.] O cenário. ◇ ～ **kata** 大道具方 O cenógrafo. A/反 Ko-dógu.

odókashi 嚇し (< odókású) ⇨ odóshí.

odókúsú 嚇 [脅] す 1 [⇨ odósú]. 2 [おどろかす] Assustar (Ex.: *Odokasanaide kure yo* = Não me assustes rapaz [pá (G.)]). *Kimi no itazura ni wa hontō ni odokasareta* 君のいたずらには本当に嚇された Assustaste-me com a (tua) partida [pirraça]. S/同 Odórókásu (+).

odóké おどけ (< odókéru) [G.] 1 [冗談] A piada; o gracejo; a pilhéria; a facécia; o chiste. S/同 Jōdán (+). 2 [道化] A palhaçada; a bufonaria; a chocarrice. ◇ ～ **mono** おどけ者 O humorista; o gracejador; o brincalhão; o palhaço; a pessoa divertida. ～ **shibai** おどけ芝居 A farsa (burlesca); a paródia. S/同 Dōké (+).

odókéru おどける [冗談を言う] Gracejar; brincar; contar [dizer] piadas. 2 [道化る]Fazer de bobo; fazer palhaçadas. ★ *Odoketa arukikata* [*miburi*] おどけた歩き方[身振り] O andar [gesto] có(ô)mico/engraçado/divertido.

ōdō-kō [**oódoo**-] 黄銅鉱 [Min.] A calcopirite/a; a pirite/a de cobre.

ōdókoro [**oó**] 大所 [G.] 1 [大金持ちの家] A família rica [abastada]「(cá)da terra」. 2 [有力者] A pessoa importante; o figurão; o manda-chuva. ★ *Seikai no ～* 政界の大所 Os figurões da política. S/同 Yúryóku-sha (+).

ōdómó [**oó**] 大供 [G.] O adulto.

ódona [E.] Otóná (+). ⇨ Kodómo.

ódoodo (to) おどおど (と) Timidamente. ★ ～ *suru* おどおどする Ter medo; ficar acanhado [nervoso] [*Kare wa hitomae ni deru to ～ suru* 彼は人前ではとおどおどする Ele tem medo dos outros. ⇨ bíkubiku; ózuozu.

odóri 踊り (< odórú) A dança. ★ ～ *o odoru* 踊りを踊る Dançar. ◇ ⇨ ～ **ko**. ～ **te** 踊り手 O dançarino.

ō-dóri [**oódoo**] 大通り (< ō-+tórí[1]) A avenida; uma rua principal.

odóri-ágáru 踊り上がる (< odórú + …) Pular de alegria. *Gōkaku no shirase o kiite kare wa odorigatte yorokonda* 合格の知らせを聞いて彼は踊り上がって喜んだ Ele pulou de alegria quando lhe disseram que tinha passado no exame. S/同 Tobágáru.

odóribá 踊り場 (< odórí + bashō) 1 [ダンスホール] O salão de dança. S/同 Dańshí-hốru. 2 [階段の中にある、平らな足休めの場所] O patamar「da escada」.

odóri-kákáru 踊り掛かる (< odórí + …) Atirar-se「a alguém」. *Tora wa emono ni odorikakatta* 虎は獲物に踊り掛かった O tigre atirou-se à [caiu em cima da] presa. S/同 Tobí-kákáru (+).

odóri-ko 踊り子 (< odórí) 1 [踊りを踊る少女] A dançarina [bailarina]. 2 [踊り手] O dançarino. S/同 Odórí-té.

odóri-kómu 踊り込む (< odórú + …) Pular para dentro de; romper [a pulo] pela casa adentro. ★ *Fune ni ～* 船に踊り込む Saltar [Pular] para o [dentro do] barco. ⇨ tobí-kómu.

odóri-máwáru 踊り回る (< odórú + …) a) Dançar; b) Saltar [Pular]. ★ *Yorokonde ～* 喜んで踊り回る～ de alegria.

odórókásu 驚かす (< odóróku) a) Surpreender; causar surpresa; deixar ató(ô)nito; b) Assustar. *Kare no kibatsu na hatsumei wa itsumo hitobito o odorokashita* 彼の奇抜な発明はいつも人々を驚かした As invenções originais dele sempre deixavam as pessoas ató(ô)nitas. S/同 Bikkúri saseru; odókású.

odóróki 驚き (< odóróku) **a)** A surpresa; o espanto; o pasmo; a admiração; **b)** O susto; o medo. *Sonna koto mo shiranai to wa 〜 da ne* そんなことも知らないとは驚きだね É de espantar [admirar] que não saiba uma coisa dessas. ★ 〜 *no amari koe mo denai* 驚きの余り声も出ない Não conseguir falar de [com o/por causa do] susto. 〜 *no iro o miseru* 驚きの色を見せる Mostrar-se surpreendido. 〜 *no koe o ageru* 驚きの声を上げる Gritar de susto. 〜 *no me o miharu* 驚きの目を見張る Arregalar os olhos de susto.

odóróki-iru 驚き入る Ficar pasmado [muito admirado]. *Minna kare no tejina no migotosa ni odorokiitta* 皆彼の手品の見事さに驚き入った Todos ficaram admiradíssimos com as maravilhosas artes mágicas dele.

odóróku 驚く **a)** Admirar-se; ficar admirado [espantado/surpreendido]; **b)** Assustar-se; ficar aterrado「ao ver o urso」. *Ano futari wa 〜 hodo yoku nite iru* あの二人は驚くほどよく似ている Aquelas duas são tão parecidas que é de (a gente se) admirar. *Kanojo no uta no umai no ni wa odoroita* 彼女の歌のうまいのには驚いた Fiquei espantado por ela cantar tão bem. *Konna jiken wa 〜 ni wa ataranai* こんな事件は驚くには当たらない Isto é um caso que não tem nada que [de] admirar. *Monooto ni odoroite hitobito ga ie no naka kara tobidashite kita* 物音に驚いて人々が家の中から飛び出して来た Assustados com o barulho, saíram todos de casa a correr. ★ 〜 *beki utsukushisa* 驚くべき美しさ Uma beleza surpreendente. *Odoroita koto ni wa …* 驚いたことには … Com grande surpresa minha ….

odóróódóróshíi おどろおどろしい [E.] 「おおげさ」 Exagerado. [S/同] Ōgésá ná (+). **2** [恐ろしい] Assustador. 〜 *ongaku* おどろおどろしい音楽 Uma música horrível [pavorosa]. [S/同] Osóróshíi.

odóru¹ 踊る **1** [舞踊する] Dançar. *Odori o 〜* 踊りを踊る Dançar. *Ongaku ni awasete 〜* 音楽に合わせて踊る 〜 com (acompanhamento de) música. *Tango [Sanba; Warutsu] o 〜* タンゴ [サンバ；ワルツ] を踊る 〜tango [samba; valsa]. ⇨ buyō; maú. **2** [手先となって行動する]【Fig.】 Manobrar; manipular; levar; enganar. *Anna yatsu ni odorasareru to wa kimi mo darashi ga nai* あんなやつに踊らされるとは君もだらしがない Você também é bem tolo para se deixar 〜 por um indivíduo daqueles.

odóru² 躍る **1** [はねる] Pular; saltar「da água」. [S/同] Hanéru (o); tobíágáru (+); chōyáku súru (+). **2** [どきどきする] Palpitar;「o coração de alegria」. **3** [みだれる] Tremer (Ex.: *Kare wa odotta yō na ji o kaku* = Ele tem uma letra muito tremida. *Gamen ga odotte iru* = A imagem (da TV) está a 〜).

odóshí 脅し (< odósú) **1** [おどかし；恐喝] A ameaça; a intimidação; a chantagem. *Sonna 〜 ni dare ga noru mono ka* そんな脅しに誰が乗るものか Quem é que vai ceder a uma 〜 dessas? *Yatsu wa 〜 ga kikanai* やつは脅しがきかない O「Aquele」tipo não vai com ameaças [〜]. ★ 〜 *o naraberu* 脅しを並べる Fulminar ameaças. ◇ **〜 monku** 脅し文句 As palavras de 〜. **2** [案山子]【D.】 ⇨ kakáshí.

ō-dóshima [oó] 大年増 (< …² + toshímá) A mulher de idade; a quarentona.

odóshítsúkéru 脅しつける Ameaçar; amedrontar. ★ 〜 *yō na taido* 脅しつけるような態度 Uma atitude de ameaça. ⇨ odósú.

odósú 脅す Ameaçar; intimidar. *Korosu zo to odosarete boku wa yamu naku otoko no iu tōri ni shita* 殺すぞと脅されて僕はやむなく男の言う通りにした O sujeito ameaçou-me de morte e eu, que remédio, fiz o que ele (me) disse. ★ *Odoshite kane o ubau* 脅して金を奪う Roubar [Extorquir] dinheiro com ameaças. [S/同] Kyōhákú súrú; odókású.

ódótówaré [oó] オードトワレ (< Fr. eau de toilette) ⇨ ódékóron.

ōén [oó] 応援 **1** [援助] A ajuda; o apoio; o auxílio; o socorro. *Fukkyū sagyō ni gun no 〜 ga kuwawatta* 復旧作業に軍の応援が加わった O exército também ajudou no trabalho de「remoção dos escombros do terramoto」. ★ 〜 *o tanomu/motomeru [yōsei suru]* 応援を頼む／求める [要請する] Pedir [Solicitar] ajuda. 〜 *suru* 応援する Ajudar; apoiar. ◇ **〜 busshi** 応援物資 Os primeiros socorros. [S/同] Énjo; kaséi. **2** [声援] O apoio; o aplaudir; a torcida (B.); a claque; o bater palmas. ◇ **〜 dan** 応援団 O claque; a 〜. **〜 danchō** 応援団長 O chefe do/a 〜. **〜 enzetsu** 応援演説 O discurso de apoio. **〜 ka [ki]** 応援歌[旗] A música [bandeira] do/a 〜. **〜 seki** 応援席 O lugar [Os assentos] do/a 〜.

o-érá-gátá お偉方 [G.] (< o + eráí + kátá) Os dignitários; as pessoas importantes; o figurão (Depr.).

oérú 終える (⇨ owárú) Terminar; acabar; concluir; finalizar. ★ *Shigoto o oete kitaku suru* 仕事を終えて帰宅する 〜 o serviço e voltar para casa. *Shōgai no 〜* 生涯を終える Morrer; terminar os seus dias. [S/同] Sumásu.

oétsú 嗚咽 [E.] O pranto; o soluço; o choro. ★ 〜 *suru [o morasu]* 嗚咽する[をもらす] Soluçar. [S/同] Musébí-nákí (o); susúri-nákí (+).

ofénsu オフェンス (< Ing. offence)【(D)es.】O ataque. [S/同] Kōgéki. [A/反] Difénsu.

ofisharu オフィシャル (< Ing. official < L.) Oficial. ★ 〜 *na hatsugen* オフィシャルな発言 Um comentário [Uma declaração] 〜. ◇ **〜 gēmu** オフィシャルゲーム O jogo 〜. **〜 kōshi** [ki] オフィシャル公使[規] (+).

ófisu オフィス (< Ing. office < L.) O escritório; a repartição. ★ 〜 *gai* オフィス街 Uma área de escritórios. 〜 *redī* オフィスレディー A funcionária (de uma firma). [S/同] Jimúsho (+).

ófu オフ (< Ing. off) **1** [離れる・はずれること] Fora de. *Shīzun 〜* シーズンオフ 〜 estação. **2** [休暇, 勤務時間外] A folga. *Ashita wa 〜 de nan no yotei mo nai* 明日はオフで何の予定もない Amanhã estou de folga, e não tenho nenhum plano. **3** [スイッチなどが切れていること] Desligado. ★ *Terebi no suitchi o 〜 ni suru* テレビのスイッチをオフにする Desligar o televisor. [A/反] Ón³.

ōfū [oó] 欧風 [E.] O estilo europeu [ocidental]. [S/同] Seíyō-fū (+); yōróppá-fū. ⇨ wa-fū.

o-fúdá お札 O amuleto; o talismã. [S/同] Gofú; jufú; o-mámórí (+).

ofúkú [oó] 往復 **1** [行って帰ること] A ida e volta. *Gakkō e wa 〜 tomo aruite kayotte imasu* 学校へは往復とも歩いて通っています Eu vou para a escola a pé, na ida e na volta. *Ōsaka made 〜 (kippu) otona ichi-mai kodomo ichi-mai kudasai* 大阪まで往復(切符) 大人1枚子供1枚下さい Por favor, dê-me dois bilhetes de ida e volta até [para] Osaka, um de[para] adulto e outro de[para] criança. ◇ **~ jōshaken [kippu]** 往復乗車券[切符] O bilhete de ~. **~ unchin** 往復運賃 A tarifa [de táxi] de ~. **~ undō** 往復運動 O movimento alternado [de vaivém]. ［S/同］Yukí-káeri. ［A/反］Katámíchí. **2** [手紙のやりとり] A correspondência; a troca de cartas. ◇ **~ hagaki** 往復葉書 O cartão postal com resposta paga. **~ shokan** 往復書簡 Cartas para e de「Portugal」[A correspondência). ［S/同］Buńtsū (+); kōkán (+). **3** [文際] O ver [visitar]-se「com frequência」. ［S/同］Kōsái (+).

o-fúkúro お袋【G.】A minha mãe(zinha). ★ ~ no aji お袋の味「não há nada como」A comida da [feita pela] mãe. ~ san お袋さん A sua mãe(zinha); a mãe(zinha)「dele」. ［S/同］Háha (+).

ofuráin オフライン (< Ing. off line)【Ele(c)tri.】Fora da linha. ◇ **~ hōshiki** オフライン方式 O sistema de processamento de informação. ［A/反］Ońráin.

o-fúré お触れ【A.】⇨ furé¹.

ofúrékó オフレコ (< Ing. off the record) Para informação particular; confidencial. *Daitōryō no taidan wa ~ de okonawareta* 大統領の対談はオフレコで行われた A conversa (a dois) do Presidente foi ~.

o-fúru お古 (< o-² + furú-mónó)【G.】(O artigo) usado; em [de] segunda mão.

ofusaído オフサイド (< Ing. offside)【(D)esp.】O impedimento. ★ ~ *o torareru* オフサイドをとられる Receber um ~; estar em "offside".

o-fusé お布施 ⇨ fusé.

ofúsétto オフセット (< Ing. offset) O offset. ◇ **~ insatsu** オフセット印刷 A impressão em offset.

ó[ō]gá [oó] 大鋸 A serra (grande).

ōga [oó] 横臥【E.】O deitar-se「o doente」de lado [ao comprido]「na cama」.

ō-gákari [oó] 大掛かり (< ō² + kakáru) Grande escala. ★ ~ *na* 大掛かりな「um levantamento」De [Em]「(envergadura」;「plano ambicioso」*Seiji no butai-ura de wa ~ na fusei ga okonawareta seiji* 政治の舞台裏では大掛かりな不正が行われた「Neste caso」houve injustiças em「os bastidores da política」. ~ *na sōchi* 大掛かりな装置 A aparelhagem de ~. ［S/同］Daí-kibo; ō-jíkake.

ogá-kúzu [oó] 大鋸屑 O serrim [A serradura].

ogámí-táosu 拝み倒す (< ogámu + ···) Convencer alguém, à força de muito pedir [com muitas vénias]. *Yūjin ni ogamitaosarete tōtō kane o kashite shimatta* 友人に拝み倒されてとうとう金を貸してしまった O meu amigo tanto me pediu, que acabei por lhe emprestar o dinheiro.

ogámu 拝む **1** [礼拝する；祈願する] Adorar; rezar. ★ *Te o awasete* ~ 手を合わせて拝む Rezar de mãos postas; pôr as mãos, a rezar. **2** [拝見する; 拝観する] Ver「a sua obra-prima」; olhar com respeito; reverenciar. ［S/同］Haíkań súrú (+); haíkń súrú (+).

óganđī [oó] オーガンディー (< Ing. organdy) O organdi [A cassa] (Tecido fino, transparente).

ō-gánemochi [oó] 大金持ち (< ··· ² + kanémóchi) O (multi)milionário; o ricaço. ［S/同］Fugō.

ō-gárá [oó] 大柄 **1** [体格が大きい] De compleição [constituição] grande; grande de corpo; bem constituído. ★ ~ *na hito* 大柄な人 Uma pessoa「alta e corpulenta」. ［A/反］Ko-gárá. **2** [縞目・模様の大きいこと] O motivo [padrão; enfeite; A estampa] grande. ［S/同］Ō-gátá. ［A/反］Ko-gára.

ō-gátá [oó] 大形[型] **1** [大きな形・型で] **a)** Tamanho grande; macro「-molecula/-computador」. **b)** ~ **basu** [**hikōki; reizōko**] 大型バス[飛行機; 冷蔵庫] O autocarro/ônibus [avião; frigorífico] grande; **b)** o jogador de「Grande calibre [categoria/qualidade]; **c)** 「a fusão de empresas em」Grande escala. ［A/反］Ko-gátá. **2** [大きな模様] ⇨ Ō-gárá.

o-gáwá [oó] 小川 (< o³ + kawá¹) O riacho; o córrego; o arroio; o regato; o ribeiro. ★ ~ *no seseragi* 小川のせせらぎ O murmúrio do ~.

ō-génka [oó] 大喧嘩 (< ··· ² + keńká¹) A briga violenta; a grande desavença [discussão]. ★ ~ *o suru* [*ni naru*] 大喧嘩をする[になる] Ter [Haver] uma ~.

ō-gésá [oó] 大袈裟 **1** [誇張すること] O exagero; o fazer espalhafato (Ex.: *Sonna ni ~ ni sawaganaide* = Pare (lá) com esse espalhafato!). ★ ~ *na hanashi* 大袈裟な話 Uma gabarolice [Um exagero]. ~ *na miburi [taido]* 大袈裟な身振り[態度] O gesto [A atitude] exagerado[a]. ~ *ni iu* 大袈裟に言う Ser exagerado. *Koto o ~ ni iu [kakitateru]* ことを大袈裟に言う[書きたてる] Aumentar; exagerar. ［S/同］Ōbá; ōgyō. **2** [大仕掛けなこと] Pomposo; aparatoso; espampanante. ★ ~ *na kazaritsuke* 大袈裟な飾り付け A decoração pomposa.

ōgi 荻【Bot.】O junco comum; *miscanthus sacchariflorus.*

ógi¹ [oó] 扇 O leque. ★ ~ *de aogu* 扇であおぐ Abanar com o ~. ［S/同］Seńsú¹; suéhíró.

ōgi² [oó] 奥義【E.】O coração [segredo]「do Zen」. ⇨ ókugi.

ōgi-gátá [oó] 扇型 (< ōgí¹ + katá) **a)** Um se(c)tor「da circunferência」; **b)** Em [A forma de] leque. ［S/同］Seńkéń; seńjō³.

ō-gimi [oó] 大君【E.】⇨ ō-kími.

oginái 補い (< ogínáu) **a)** Um complemento「do meu baixo salário」; **b)** A compensação.

ogináu 補う Suprir [um empregado]; **b)** Compensar. *Kare no kinbensa wa ketten o oginatte amari aru* 彼の勤勉さは欠点を補って余りある A diligência dele supre de sobra os defeitos que tem. ★ *Akaji o bōnasu de* ~ 赤字をボーナスで補う Cobrir (compensar) o défice com a bonificação「do fim do ano」. ［S/同］Hosōkú súrú (+); umé-áwáséru.

ō-gírí [oó] 大切り (< ··· ² + kíru) **1** [ものを大きく切る] O cortar grande. ★ *Pan o ~ ni suru* パンを大切りにする Cortar o pão em fatias [bocados] grandes. ⇨ atsú-gírí. **2** [歌舞伎の切り狂言] O último número do programa. ［S/同］Kirí-kyōgen.

ō-góe [oó] 大声 (< ··· ² + kóe) A voz alta [esganiçada]; o grito. ★ ~ *de yobu [hanasu; warau; naku]* 大声で呼ぶ[話す；笑う；泣く] Chamar aos gritos [Falar alto/Rir às gargalhadas/Chorar em voz alta]; ~ *o ageru [dasu; tateru]* 大声を上げる[出す; たてる] Gritar; berrar.

ōgóń [oó] 黄金 **1**[金] O ou[oi]ro. ◇ **~ jidai** 黄金時代 O período áureo「do Kabuki」. **~ bunkatsu** 黄金分割 A se(c)ção de ~. **~ iro** 黄金色 A cor dourada. **~ netsu** 黄金熱 A febre [corrida para as jazidas] do ouro. **~ ritsu** 黄金律 A regra de ~「da educação é gostar dos alunos」. ［S/同］Kiń (+). kogáné. **2** [貨幣] O dinheiro. ◇ **~ bannō (shugi)** 黄金万能(主義) (O princípio) do "dinheiro todo-poderoso" [O viver para o ~]. ［S/同］Káhei; kíńsen. **3** [価値のあること] O valer tanto como o ou-

ogóri¹ おごり (< ogorú¹) **1** [ぜいたく] A extravagância; o luxo. ★ ~ *ni fukeru* [*o kiwameru*] 奢りにふける[をきわめる] Viver no maior luxo. ⓈⓇ Sháshi; zeítákú (+). **2** [人に御馳走すること] O convidar; o pagar「o almoço no restaurante」.

ogóri² 驕り O orgulho; a arrogância; a altivez; a insolência. *Kare wa ~ ga taido ni deru kara kirawareru* 彼は驕りが態度に出るから嫌われる Ele é malquisto [Não gostam dele] por se[se mostrar] arrogante. ⓈⓇ Kyômáń; omólágárí.

ogórú¹ 奢る **1** [ぜいたくをする] Gostar [Ser amigo] de luxos. ★ *Ogotta seikatsu* 奢った生活 A vida luxuosa. *Kiru* [*Taberu*] *mono ni* ~ 着る[食べる]ものに奢る Esbanjar em vestuário [alimentação]. *Kuchi ga ogotte iru* 口が奢っている Ser biquento [exigente em questões de comida]. **2** [馳走する] Convidar para comer e beber; pagar a conta. *Sensei wa minna ni chûshoku o ogotte kureta* 先生は皆に昼食を奢ってくれた O professor convidou-nos a todos para o almoço. Furúrnáu; (go-)chísô súrú.

ogórú² 驕る **1** [慢心する] Ser arrogante; vangloriar-se. ★ *Ogori-takabutta hitobito* 驕り高ぶった人々 As pessoas arrogantes [cheias de si]. ⓅⓉ ~ *Heike* [*Ogoreru mono*] *wa hisashikarazu* 驕る平家 [驕れる者]は久しからず O que abusa do poder, tarde ou cedo vem a perder. ⓈⓇ Mańshíń súrú. **2** [わがままにふるまう] Ser egoísta.

ó-gósho [óó] 大御所 **1** [隠居した将軍] O ex-"Shôgun"「Ieyasu」. **2** [第一人者] Uma grande [ilustre] figura. ★ *Bundan* [*Zaikai*] *no* ~ 文壇[財界]の大御所 ~ do mundo literário [financeiro]. ⓈⓇ Dái-ichínínsha (+); ô-dáté-mónó.

ogósoka 厳か Solene. ★ ~ *na gishiki* 厳かな儀式 A cerimôni[ô] nia ~.

ó-gótó [óó] 大事 (< ô² + kotó) O caso sério (Ex.: *Sore wa* ~ *da* = Isso é (um caso) sério). ★ ~ *ni narazu ni sumu* 大事にならずにすむ Terminar sem complicações. ~ *ni naru* 大事になる Complicar-se [Ficar um ~]. *Yarisokonattara* ~ *da* やりそこなったら大事だ Se falhar vai ser perigoso [um ~]. ⓈⓇ Daíjí¹.

ó-gúchi [óó] 大口 (< ô² + kuchí) **1** [大きい口] A boca grande. ★ ~ *o akete warau* 大口を開けて笑う Dar uma gargalhada. **2** [大言] A jactância; a garganta; a bazófia. ★ ~ *o kiku* [*tataku*] 大口をきく[たたく] Ter garganta; fanfarronear; bazofiar. ⓐⓇ Taígén. **3** [大量](A quantia) grande. ★ ~ *no chûmon* [*torihiki*] 大口の注文[取引] A grande encomenda [transa(c)ção]. ◇ ~ **juyôsha** 大口需要者 Um bom [grande] cliente. ⓈⓇ Taíryô (+). Ⓐ/Ⓡ Ko-gúchi.

ó-gúi [óó] 大食い (< ô² + kúu) 【G.】 **1** [多く食べること] A glutonaria; a voracidade; o ser glutão. *Sonna ni* ~ *suru to karada o kowasu yo* そんなに大食いすると身体をこわすよ A [Se comeres tanto dás cabo da saúde. ⓈⓇ Taíshókú¹. Ⓐ/Ⓡ Shôshókú. **2** [多く食べる人・動物] O comilão; o glutão. ⓈⓇ Taíshókúká[kan].

Ógúma-zá [óó] 大熊座 (⇒ kumá¹) 【Astr.】 A Ursa Maior. ⓈⓇ Ókúmá-zá.

ó-gúmí [óó] 大組み A composição「duma página do jornal para imprimir」. ★ *Pêji o* ~ *ni suru* ページを大組みにする Compor a página. ⓈⓇ Ko-gúmí.

Ogúrá-hyákúníń-ísshu 小倉百人一首 **a)** Cem poemas de cem poetas (editados em Ogura por Fujiwara); **b)** As cartas (de jogar) com cem poemas famosos.

ogyáto [áa] おぎゃあと **a)** Uá, uá. ★ *Ogyâ* ~ *naku* おぎゃあおぎゃあと泣く「a criança」Berrar ~. **b)** O primeiro choro (do recém-nascido). *Kono yo ni* ~ *umarete irai* この世におぎゃあと生まれて以来 Desde que「nasci」.

ogyô 御形【Bot.】⇨ hahákógusa.

ôgyô [óó] 大仰 [形]【Col.】O exagero. *Aitsu wa itsu demo iu koto ga* ~ *da* あいつはいつでも言うことが大仰だ Ele é um exagerado. ⓈⓇ Gyôgyôshíí (+); ôgésá (o).

ógyókú [óó] 黄玉【Min.】O topázio. ⓈⓇ Topázu (+).

ohá 尾羽 A pena da cauda. Ⓘ/慣用 ~ *uchikarasu* 尾羽打ち枯らす Estar na dependura/miséria [miseravelmente vestido].

ôha [óó] 横波【Fís.】A vibração [onda] transversal. ⓈⓇ Yokónámí (+). Ⓐ/Ⓡ Jûha; taténámí.

ô-hába [óó] 大幅 **1** [普通より幅の大きいこと] A largura grande. ◇ ~ **mono** 大幅物 O tecido de ~. Ⓢ/Ⓡ Hiró-haba. Ⓐ/Ⓡ Namí-haba. **2** [開きが大きいこと] Grande (escala). ★ ~ *na nesage* 大幅な値下げ A grande baixa dos preços.

o-háchí お鉢【G.】 **1** [飯びつ] O recipiente (utilizado) para colocar o arroz já cozido. ⓈⓇ O-hítsú. **2** [順番] A vez. *Tsui-ni watashi ni yakuin no* ~ *ga mawatte kita* ついに私に役員のお鉢が回って来た Por fim chegou a minha vez de ser funcionário. ⓈⓇ Juńbáń (+). **3** [火山山頂の火口] A cratera. ◇ ~ **meguri** 御鉢めぐり O ver o panorama dando a volta à ~「do monte Fuji」.

o-hági お萩 O bolinho de arroz coberto de massa doce de feijão. ⓈⓇ Botámochi.

o-hágúró お歯黒・鉄漿【A.】Os dentes tingidos de preto (Já foi moda no J.).

o-hájiki おはじき Um jogo de meninas que consiste em mover com piparotes disquinhos「de vidro」.

ohákó おはこ【G.】A especialidade; o forte. *Ano yakusha no* ~ *wa Hamuretto da* あの役者のおはこはハムレットだ ~ daquele a(c)tor é representar [fazer (o papel) de] Hamlet. ★ ~ *o dasu* おはこを出す Representar o seu ~ [número predile(c)to]. ⓈⓇ Jûháchí-ban. ⇨ o-lé-gei.

óháń [óó] 凹版 A gravura em talha; o entalho/e. ◇ ~ **insatsu** 凹版印刷 A impressão em ~. Ⓐ/Ⓡ Toppáń. ⇨ mokúháń.

o-hána お花 **1** [花の丁寧語] A flor (Cor.). **2** [生け花] O [A arte do] arranjo floral. ⓈⓇ Iké-bana.

o-háráí¹ お払い (< haráu) O deitar (trastes velhos) ao lixo.

o-háráí² 御祓い A benzedura [O espantar os maus espíritos à] x[sh]intoísta. ★ *Kannushi-san ni* ~ *o shite morau* 神主さんに御祓いをしてもらう Receber uma ~ do sacerdote xintoísta.

o-háráí-bákó お払い箱 (< ... ¹ + hakó)【G.】**a)** O despedir do trabalho; a reserva. ~ *ni naru* お払い箱になる Ser despedido [Passar à reserva]. **b)** O lixo; o traste velho. *Kowareta kûrâ o* ~ *ni suru* こわれたクーラーをお払い箱にする Deitar o aparelho de ar condicionado ao lixo.

o-hári お針【G.】 **1** [針仕事](O trabalho de) costura. Ⓢ囲 Harí-shígoto; saíhō¹ (+). **2** [⇨ o-hárí-kó].

o-hárí-kó お針子【G.】A costureira. Ⓢ囲 Nuí-kó(san).

ohátsú お初【Col.】**1** [最初] A primeira vez. ～ *ni o-me ni kakarimasu* お初にお目にかかります (Muito) prazer em conhecê-lo. **2** [初物] As primícias. Ⓢ囲 Hatsúmonó (+). ⇨ hashírí. **3** [新しくおろした服など] A roupa nova que se veste pela primeira vez. *Sono fuku* ～ *da ne* その服は初だね É a primeira vez que te vejo com esse vestido, não é?

oháyō お早う Bom dia. ★ ～ *gozaimasu* おはようございます (丁寧な言い方) Bom dia (Mais cortês).

óhei [óo] 横 [押] 柄 A arrogância; a insolência; a prepotência. ★ ～ *na kuchi o kiku* 横柄の口をきく Falar com insolência. ～ *na taido* 横柄な態度 A atitude insolente [arrogante]. Ⓢ囲 Fusón; gōgán; gōmán; kōmán; sondái. Ⓐ反 Keńsón.

óhi [óo] 王妃 A rainha (esposa do rei; ⇨ joō). Ⓢ囲 Kīsaki; kógō. Ⓐ反 Ō.

o-hírákí お開き (< hiráku)【G.】O fim; o encerramento. *Kore nite* ～ *ni itashimashō* これにてお開きにいたしましょう Com isto, vamos dar por encerrado o encontro ⌜. Ⓢ囲 Heíkái (+); owárí (+).

óhire 尾鰭 **1** [魚の尾と鰭] A cauda e as barbatanas. **2** [魚類などの後端にあるひれ] A barbatana caudal. Ⓢ囲 Obíré (+). **3** [よけいなもの; つけくわえ]【Fig.】O exagero (Ex.: ～ *no tsuita hanashi* = Uma história muito exagerada. *Kare wa sono hi no dekigoto o* ～ *o tsukete hanashita* = Ele contou o que aconteceu nesse dia mas aumentou muito [com muito floreado]). ★ ～ *ga tsuku* 尾鰭がつく Aumentar [*Uwasa wa* ～ *ga tsuite hiromatta* うわさは尾鰭がついて広まった O boato foi aumentado à medida que se espalhou]. ～ *o tsukeru* 尾鰭をつける Exagerar [Aumentar]. Ⓢ囲 Omáké.

ó-híroma [óó] 大広間 O salão.

o-hírómé 御披露目 ⇨ híró¹.

o-hí-sámá お日様【Infa.】O sol. Ⓢ囲 Hi (+); o-ténto[ō]-sama; táiyō (o).

o-hításhí お浸し (< o² + ···) A verdura cozida [fervida] e depois temperada ⌜com de molho de soja ⌟. Ⓢ囲 Hitáshí(mónó) (+).

o-hítóyóshí お人好し (< o² + hitó¹ + yóshi³) O bonachão; o crédulo; o incauto; o ingé[ê]nuo; o inocente. *Sonna hanashi de damasareru nante zuibun* ～ *da* そんな話でだまされるなんてずいぶんお人好しだ Você é muito ingé[ê]nuo, para se deixar enganar nessa conversa [enganar tão facilmente]. Ⓢ囲 Kōjínbutsu.

o-hítsú お櫃 O tacho (de madeira) do arroz (cozido). ⇨ hitsú.

o-hítsújí 牡羊 (< osú¹ + ···) O carneiro. ◇ ～ **za** 牡羊座 A constelação de Áries [do ～]. Ⓐ反 Me-hítsújí.

o-híya お冷や(< o + ···)【1** [水] A água fria [fresca; gelada]. ～ *o ippai kudasai* お冷やを一杯ください Dê-me um copo de ～. Ⓢ囲 Híya. **2** [冷えた飯] O arroz frio. Ⓢ囲 Hiyá-méshí (+).

o-hízámoto お膝元 ⇨ hizá-mótó.

óhō [óó] 応報 A paga (ou o castigo merecido). ⇨ ínga¹.

o-hyákúdó お百度【G.】a) O rezar, andando cem vezes de um lado para o outro em frente do templo; b)【Fig.】O pedir repetidas vezes alguma coisa. *Kyoka o eru tame ni yakusho ni* ～ *o funda* 許可を得るために役所にお百度を踏んだ Tive de ⌜que⌟ ir mais de cem vezes à repartição para pedir uma licença. ◇ ～ **mairi** お百度参り O ～.

ohyō 大鮃【Zool.】O hipoglosso [halaboíte]; *hyppoglossus stenolepis*. Ⓢ囲 Masúgárei; ohyṓ-hírame.

oí¹ 老い **1** [老年] (< oíru²) A velhice. ★ ～ *o kakotsu* 老いをかこつ Queixar-se da ～. Ⓢ囲 Rōnén. **2** [老人] O velho. ★ ～ *mo wakaki mo* 老いも若きも Os velhos e os moços [novos]. Ⓢ囲 Rōjín (+); toshíyórí (+).

oí² 甥 O sobrinho. ⇨ meí¹.

óí³ おい【Interj.】Alô!; Ei!; Pss!; Ó⌜senhor⌟! ～ *chotto mate* おい、ちょっと待て Ei! espere um pouco; b) Isso não⌜é como você diz⌟. ⇨ óioí¹.

óí¹ [óo] 多い Muitos; grande quantidade. *Ōkereba* ～ *hodo yoi* 多ければ多いほどよい Quanto mais melhor. *Kare wa ōku no hon o yonda* 彼は多くの本を読んだ Ele leu muitos livros. *Kono byōki wa kodomo ni* ～ この病気は子供に多い Esta doença tem maior incidência [é muito comum] nas crianças. ★ *Ōku naru* 多くなる Aumentar [*Saikin kaigai ryokō o suru hito ga ōku natta* 最近海外旅行をする人が多くなった Ultimamente tem aumentado o número de pessoas que vão ao estrangeiro. *Yukidoke de kawa no mizu ga ōku natta* 雪解けで川の水が多くなった A água do rio aumentou com o derreter da neve]. *Ōku tomo* [*temo*] 多くとも [でも] Quanto muito / No máximo. Ⓐ反 Sukúnái. ◇ ōku.

óí² [óo] おおい Óóó!; Ei! ～ *Nakamura kun* おおい中村君 Nakamura! ⇨ óí³.

óí³ [óó] 覆い (< óú) A coberta⌜de mesa⌟; o véu; a cobertura⌜da cadeira/do carro⌟. ★ ～ *no aru* [*nai*] 覆いのある[ない] Com [Sem] ～. ～ *o suru* [*kakeru*] 覆いをする[掛ける] Cobrir. ～ *o toru* 覆いを取る Descobrir.

óí⁴ [óo] 王位 O trono; a dignidade real; a coroa. ★ ～ *ni tsuku* 王位に就く Subir ao ～. ～ *o arasou* [*ubau*] 王位を争う[奪う] Disputar (Usurpar) o ～. ～ *o tsugu* 王位を継ぐ Suceder no trono⌜do pai⌟; herdar a coroa. ～ *o yuzuru* 王位を譲る Abdicar o ～ em favor do filho⌟. ◇ ～ **keishōken** 王位継承権 O direito de sucessão ao ～.

oí-ágéru 追い上げる (< oú + ···) a) Ir atrás [no encalço]⌜da caça⌟; b) Apanhar⌜os que vão à frente⌟.

oíbáné 追い羽根 (< oú + hané) O volante [A peteca] (Jogo).

ó-íbari [óo] 大威張り (< ō² + ibáru)【1** [ひどくいばること] A jactância. **2** [大っぴらにふるまうこと] O fazer às claras. ◇ ōppírá.

oíbóré 老いぼれ (< oíbórérú)【G.】**1** [老いぼれること] A caducidade; a decrepitude. ◇ ～ **uma** 老いぼれ馬 O cavalo (já) trôpego. Ⓢ囲 Mōroku; rōsúí. **2** [老いぼれた人] O velho caduco [caquético/carunchoso]. Ⓢ囲 Oí; rōjín (+); toshíyórí (+).

oíbórérú 老いぼれる【G.】Ficar caduco [velho; decrépito; caquético]. Ⓢ囲 Oísárábáeru. ⇨ mōroku.

oi-chírásu 追い散らす (< oú + ···) Dispersar. *Kidōtai wa demo-tai o oichirashita* 機動隊はデモ隊を追い散らした A polícia de choque dispersou os [o grupo de] manifestantes. Ⓢ囲 Oí-háráu; oí-mákúru; oí-tátéru.

oi-dáshí 追い出し (＜oi-dásu) O enxotar「animais」; o pôr na rua; o despedir. ★ *Heya-dai o tamete apâto kara ~ o kutta* 部屋代をためてアパートから追い出しを食った Fui posto na [no olho da] rua por não pagar a renda do apartamento (durante muito tempo). S/同 Oí-táté.

oi-dásu 追い出す (＜oú＋dásu) **1** [追って外へ出す] **a)** Afugentar; enxotar; **b)** Levantar. *Ryōken ga emono o kusamura kara oidashita* 猟犬が獲物を草むらから追い出した O cão (de caça) levantou [fez sair] a caça da moita. S/同 Oí-háráu; oí-tátéru **1**. **2** [追放する] Expulsar; despedir; mandar embora; pôr na [no olho da] rua. *Taido no warui shiyōnin o oidashita* 態度の悪い使用人を追い出した Mandei embora o empregado porque não gostava da atitude dele. ★ *Shokuba o oidasareru* 職場を追い出される Ser despedido (do trabalho/emprego). *Tsuma o ~* 妻を追い出す ＝ a mulher. S/同 Oí-háráu; oí-tátéru **1**; tsuíhô súrú.

oidé お出で (⇨ ikú¹; kúru¹; irú¹) **1** [居ることの尊敬語] Estar [Ficar]. *Kyōto ni wa hisashiku ~ desu ka* 京都には久しくお出でですか Vai ~ muito tempo em Kyoto? *Otōsama wa ~ desu ka* お父様はお出でですか Seu pai está? **2** [来ると,行くことの尊敬語] Ir; vir. *Dochira e ~ desu ka* どちらへお出でですか (Para) onde vai? *Yōkoso ~ kudasaimashita* ようこそお出でくださいました Seja bem-vindo (à minha casa). *~ o negau [kou]* お出でを願う[乞う] Peço sua vinda [a sua presença]. *Koko made ~* ここまでお出で Venha cá; Anda cá「meu menino」. S/同 Kóríń; ráiga. **3** [親しい者への命令] Faça favor. *Soko de matte ~* そこで待っておいで ＝ de esperar aí.

oidé-oidé お出でお出で【G.】O aceno com a mão para chamar alguém. ★ *~ o suru* お出でお出でをする Acenar que venha. S/同 Temáneki (+).

o-ié お家 (＜o²＋…) **1** [他人の家の尊敬語] (Cor. de casa (de outrem)) A sua casa. ⇨ o-táků. **2** [封建時代の主人の家] A família [casa] do senhor (feudal). S/同 Júnpů.

o-ié-gei お家芸 **1** [歌舞伎などでその家に古くから伝わる芸] O repertório hereditário「do artista de kabuki」. **2** [おはこ] A especialidade; o forte; o papel preferido「do artista」. *Jūdō wa Nihon no ~ da* 柔道は日本のお家芸だ O judo é uma ~ [arte tradicional] do J. S/同 Júnpů; ohákó.

oihágí 追い剥ぎ (＜oú＋hágu) **a)** O ataque à mão armada; **b)** O salteador [ladrão de estrada]. ★ *~ ni au* 追い剥ぎに遭う Ser assaltado. S/同 Tsujígôto; tôzóku.

oi-háji 老い恥 Uma a(c)ção vergonhosa praticada na velhice.

oi-háráu 追い払う (＜oú＋…) Afugentar「os maus pensamentos」; expulsar; despejar; pôr「o bêbedo/vendedor」a andar. *Keikan ga yajiuma o oiharatta* 警官が野次馬を追い払った A polícia dispersou os curiosos. ★ *Hae o ~* 蠅を追い払う Afugentar [Enxotar] as moscas. ⇨ oíchírásu.

oi-hátéru 老い果てる (＜oíru²＋…) Ficar alquebrado com a idade. ⇨ Oí-kúchíru.

oi-káesu 追い返す (＜oú＋…) Repelir「o inimigo」; mandar embora [de volta/pelo mesmo caminho]. ★ *Shakkin ni kita yūjin o ~* 借金に来た友人を追い返す Mandar embora um amigo que queria um empréstimo. ⇨ oi-háráu.

oi-kákéru 追い掛ける (＜oú＋…) **1** [あとから追う] Perseguir;「a criança」correr atrás「da mãe」. ★ *Hannin o ~* 犯人を追い掛ける Perseguir o criminoso. S/同 Okkákéru; tsuíséki súrú. **2** [引き続いてことがおこる；あることをする] Acontecer seguidamente. *Tsugi tsugi ni oikakete jiken ga okotta* 次々と追い掛けて事件が起こった Aconteceram vários casos desagradáveis um após o outro [uns a seguir aos outros]. ⇨ oú¹; sekásu.

ói-kákúsu [oó] 蔽い隠す (＜ óú＋…) Encobrir; esconder.

oi-kázé 追い風 (＜oú＋…) O vento favorável; o vento a favor [de popa/de feição]. ★ *~ o ukete hansō suru* 追い風を受けて帆走する Navegar de vento em [com vento de] popa. S/同 Júnpů; mukái-kaze.

oi-kómí 追い込み (＜oi-kómu) **1** [追って中に入れること] O encurralar. **2** [ラストスパート] A arrancada [O arranque] final. *~ o kakeru* 追い込みをかける Fazer o último esforço [Dar a/o *~*]. *Iyoiyo juken mo ~ da* いよいよ受験も追い込みだ Está na hora de fazer o último esforço para o exame de admissão「à universidade」! S/同 Rasútó-súpâto. **3** [最終段階] A fase [re(c)ta] final. *Senkyo-sen wa iyoiyo saigo no ~ ni haitta* 選挙戦はいよいよ最後の追い込みに入った A campanha eleitoral entrou na ~. **4** [印刷]【Tip.】A composição recorrida. ★ *~ ni suru* 追い込み記事にする Compor o artigo de modo compacto (para não mudar de linha ou página).

oi-kómu¹ 追い込む (＜oú＋…) **1** [追いたてて中へはいらせる] Encurralar「o gado」; tocar para dentro. ★ *Niwatori no koya ni ~ niwatori o* 鶏を小屋に追い込む Meter as galinhas no poleiro/Tocar as galinhas para dentro do galinheiro **2** [苦しい立場におとしいれる] Forçar [Levar] [a demitir-se]; apertar「para obrigar a falar」. *Kare o jisatsu ni oikonda no wa nan datta no darō ka* 彼を自殺に追い込んだのは何だったのだろうか(o) Que (é que) o terá levado a suicidar-se? S/同 Ochírásu (+); otósh-íréru (o); oí-tsúméru. **3** [ゴール近くで最後の力を出して迫る] Dar a arrancada final. *Honmeiba ga sentōba o oikonde kita* 本命馬が先頭馬を追い込んできた O cavalo favorito começou a apanhar o da dianteira na re(c)ta final. **4** [活字を前の行や頁に続けて組む] Fazer a composição seguida. *Kono gyō wa zen pēji ni ~ koto* この行は前ページに追い込むこと ~ desta linha na página anterior!

oi-kómu² 老い込む (＜oíru²＋…) Envelhecer muito [de repente]. S/同 Môroku suru; oíbórérú. A/反 Waká-gáeru.

oi-kóshi 追い越し (＜oí-kósu) A ultrapassagem. ◇ *~ kinshi* 追い越し禁止 Ultrapassagem proibida. *~ kinshi kuiki* 追い越し禁止区域 A zona de ~ proibida.

oi-kósu 追い越す (＜oú＋…) **1** [あとから来て先のものより前になる] Ultrapassar; passar à frente. *Michi de torakku o oikoshita* 道でトラックを追い越した Ultrapassei o cami(nh)ão na estrada. S/同 Oí-núku. **2** [劣っていたものがあるものより優れたものになる] Ultrapassar; superar. *Seimitsu kikai kōgyō ni oite waga kuni ga shibaraku takoku ni oikosareru koto wa nai darō* 精密機械工業において我が国はしばらく他国に追い越されることはないだろう No campo da indústria de máquinas de precisão, o nosso país não será superado por outros tão cedo.

oi-mákúru 追いまくる (< oú + …) **1** [はげしく追い払う] Afugentar com toda a força. S/同 Oí-chírásu (+); oíháráu (+); oí-tátéru. **2** [はげしくせきたてられる] Sobrecarregar. ★ *Shigoto ni oimakurareru* 仕事に追いまくられる Andar sobrecarregado de trabalho.

oi-máwásu 追い回す (< oú + …) **1** [あちこちと追い回す] Perseguir em [por] toda a parte. *Netsuretsu fan ga kare o oimawashita* 熱烈なファンが彼を追い回した Fãs loucos [entusiastas] perseguiam-no… **2** [付きまとう] Assediar. ★ *Onna no shiri o ~ おんなのしりを追い回す* mulheres. **3** [こき使う] Fazer trabalhar excessivamente; fazer suar no trabalho. *Ie no yōji de oimawasareta* 家の用事で追い回された O serviço de casa fez-me suar [não me deixou respirar]. S/同 Kókitsukau (+); oítsúkáu.

oi-mé 負い目 (< oú + …) A dívida. *Watashi wa kare ni ~ ga aru* 私は彼に負い目がある **a)** Tenho uma ~ com ele [Eu devo-lhe dinheiro]; **b)** Eu devo-lhe muito moralmente [Tenho muito que lhe agradecer]. S/同 Fusáí; hikémé. ⇨ shakkín.

ôín[1] [oó] 押印 A carimbagem; o carimbar [pôr o carimbo]. *Koko ni ~ shite kudasai* ここに押印して下さい Carimbe aqui, por favor. S/同 Natsúín (+).

ôín[2] [oó] 押韻 A rima. ★ ~ *suru* 押韻する Rimar. ⇨ iń[2]; kyakuín[2]; tō-ín[3].

ôinaru 大いなる (< ôi-ni) [E.] Grande「amigo/feito/respeito」; vasto. ~ *daichi* 大いなる大地 A terra vasta. S/同 Idáí ná; ókina (+).

ôi-ni [oó] 大いに **1** [ひじょうに・はなはだしく] Grandemente; muito; à grande. ★ ~ *benkyō suru* 大いに勉強する Estudar muito. ~ *chigau* 大いに違う Ser muito diferente. S/同 Hanáhádáshíku (+); hijō ní (o). **2** [たくさん] Muito; excessivamente. ★ ~ *taberu* 大いに食べる Comer ~. S/同 Sukúnákárázu; takúsán (+).

Ôínú-zá [oó] 大犬座【Astr.】O Cão Maior.

ôioi [oó] **1** [呼びかけ] Ei! ~ *sore o doko e motte yuku no da* おいおいそれをどこへ持ってゆくのだ Ei! a [para] onde vai levar isso? ⇨ ói[3]; ói[2]. **2** [泣き声] [On.] Bué!; o berreiro. ~ *naku* おいおい泣く Fazer (para ali) um grande berreiro.

oióí (ni[**to**]**)** 追い追い(に [と]) **1** [だんだんと] Gradualmente; pouco a pouco; aos poucos. ~ *o-wakari ni narimasu* おいおいおわかりになります Você vai entender aos poucos [com o tempo]. S/同 Dandán (o); shidáí ní (+); sonó úchí (+). **2** [ひとつひとつ順を追って]「explicar tudo」Passo por passo [Por ordem].

oirákú 老いらく [E.] A velhice. ★ ~ *no koi* 老いらくの恋 O amor na ~; paixões de velho. S/同 Rōnén (+).

oirán 花[華]魁 A cortesã; a prostituta de alta classe. ◇ ~ *dōchū* 花魁道中 O desfile de ~s. S/同 Jorō; tayú; yújo.

ô-írí 大入り **1** [見物人がたくさんいること] A casa (de espe(c)táculos) cheia; o ter muita gente. ★ ~ *ni naru* 大入りになる Ficar lotado [cheio]. ◇ ~ **ba** 大入り場 A galeria. ~ **man'in** 大入り満員 A casa superlotada. A/反 Fuírí. ◇ mań'ín[2] [大入り袋の略] A gorjeta (entregue num envelope aos empregados quando a casa [do cinema] se enche). ◇ ~ **bukuro** 大入り袋 Os envelopes-gorjeta.

óiru オイル (< Ing. oil < L. oleum: azeite de oliveira) O azeite; o óleo; o petróleo. ◇ ~ **dará** オイルダラー

O petrodolar. ~ **shēru** オイルシェール O xisto oleoso. ~ **shiruku** オイルシルク A seda oleada. ~ **tanku** オイルタンク O tanque de óleo. **Enjin** ~ エンジンオイル O óleo de motor. **Sarada** ~ サラダオイル O azeite [óleo] de salada. S/同 Abúrá. ⇨ sekí-yú.

oíru[2] 老いる Envelhecer. ★ *Oita haha* 老いた母 A minha velhinha mãe. P にこ中 *Oite wa ko ni shitagae* 老いては子に従え Obedeça aos filhos na velhice. A/反 Wakáyáku.

oí-sáki[1] 生い先 O futuro. *Kono ko no ~ ga tanoshimi da* この子の生い先が楽しみだ Tenho muitas esperanças neste [no futuro deste] filho. S/同 Shōráí (+); yukúsákí.

oí-sáki[2] 老い先 (< oíru[2] + …) Os anos que (ainda) restam de vida. ★ ~ *mijikai haha* 老い先短い母 A mãe velhinha [que já não poderá viver muitos anos].

oi-sárábáéru 老いさらばえる Enfraquecer de velhice; ficar decrépito. ★ *Oisarabaeta mi* [*shintai*] 老いさらばえた身[身体]Um corpo enfraquecido pela velhice. S/同 Oíbórérú (+). ⇨ oíru[2].

oi-sémáru 追い迫る (< oú + …) Estar quase a apanhar「o da frente/o ladrão」.

oísén 追い銭 O dinheiro pago ainda por cima. P にこ中 *Dorobō* [*Nusubito*] *ni ~* 泥棒 [盗人] に追い銭 Pagar ao ladrão. S/同 Oí-gáné.

oi-shigéru 生い茂る Crescer em abundância [a olhos vistos]「o capim/as ervas ruins」. *Wakaba no ~ shoka to natta* 若葉の生い茂る初夏となった Chegou o começo do verão, em que a folhagem das plantas cresce a olhos vistos. S/同 Hánmo suru.

oishíí おいしい **1** [味がよい] Gostoso; delicioso; saboroso. *Ā ~* ああおいしい Que「sumo」~ [delícia 「de vinho」]! *Burajiru ni wa ~ kudamono ga takusan aru* ブラジルにはおいしい果物がたくさんある No Brasil há muitas frutas saborosas. *Taihen oishiku itadakimashita* たいへんおいしくいただきました(お礼の言葉) Estava uma delícia (Palavras com que se agradece ao anfitrião). S/同 Umáí. A/反 Mazúi. ⇨ bími; jímí[1]; kômi. **2** [魅力的な] Delicioso; atraente. *Kare wa ~ hanashi o motte kita* 彼はおいしい話を持ってきた Ele veio com um negócio [uma proposta] atraente. **3** [口先だけの] Agradável ao ouvido; lisonjeiro. *Zuibun ~ koto o iu ne* ずいぶんおいしいことを言うね Está(s) sendo muito lisonjeiro.

ō-ísogashi 大忙し (< ō° + isogashíí) Estar superocupado; não saber para onde se virar. *Hikkoshi no junbi de ~ da* 引っ越しの準備で大忙しだ Estou que não sei para onde me virar com a preparação da mudança de casa.

ô-ísogi [oó] 大急ぎ A urgência; a pressa. ~ *de shokuji o suru* 大急ぎで食事をする Comer a correr [à pressa]. ~ *no yōji de dekakeru* 大急ぎの用事で出かける Sair para uma urgência [fazer um serviço urgente]. *Kono shorui o todokete kure, ~ da* この書類を届けてくれ、大急ぎだ Entregue [Leve] este documento, é urgente! ⇨ isógu.

óisore-to おいそれと Assim (sem mais nem menos); de repente. ~ *kane wa denai yo* おいそれとは金は出ないよ O dinheiro não sai ~ (, que é que você pensa?) +.

oi-súgáru 追い縋る (< oú + …) Rodear「o ministro」 [Agarrar-se a] alguém. ~ *haha-oya no te o furiharatte musuko wa dete itta* 追い縋る母親の手をふり払

って息子は出て行った O filho sacudiu de si a [os braços da] mãe que estava agarrada a ele e fugiu de casa.

o-íta おいた (< o² + itázúrá)【Col.】A travessura. *Anmari ~ shicha* [*o shite wa*] *dame yo* あんまりおいたしちゃ［をしては］だめよ Basta de ~s [traquinices] /Vá, porte-se bem! [S/同] Itázúrá (+).

oí-táchí 生い立ち **1**［成長すること］O crescimento. ★ *Kodomo no ~ o mimamoru* 子供の生い立ちを見守る Velar pelo ~ [desenvolvimento] da criança. [S/同] Seíchṓ (+). **2**［成長するまでの経歴］Os primeiros anos (de vida); a criação; as origens. ★ ~ *no ki* 生い立ちの記 A história dos「meus」primeiros anos. [S/同] Riréki; sodáchí.

oí-táté 追い立て (< oí-tátéru) A expulsão; o despejo. ★ ~ *o kū* 追い立てを食う Ser expulso [despejado]「por não pagar a renda da casa」. [S/同] Oí-dáshí.

oí-tátéru 追い立てる (< oú + …) **1**［追いはらう］Enxotar; despejar. *Niwatori o oitatete koya ni ireta* にわとりを追い立てて小屋に入れた Enxotei as galinhas para o galinheiro. [S/同] Oí-hárau. **2**［せかされる］Sobrecarregar. ★ *Zatsuji ni oitaterareru* 雑事に追い立てられる Andar sobrecarregado de diversos trabalhos. [S/同] Oí-mákúru **2**.

óite¹ 於て (⇨ okéru)【E.】 **1**［場所・地点を示す］Em. *Kotoshi no Biennāre-ten wa San Pauro ni ~ kaisai sareru* 今年のビエンナーレ展はサンパウロに於て開催される A (Exposição) Bienal deste ano será realizada em São Paulo. [S/同] De (+). **2**［時代・時間を示す］Em. *Gendai ni ~ wa erekutoronikusu no hattatsu ga mezamashii* 現代に於てはエレクトロニクスの発達がめざましい É notável o progresso da ele(c)tró[ô]nica na a(c)tualidade [hoje ~ dia]. [S/同] De; ni atte. **3**［…に関して, …について］Quanto a; no referente [que diz respeito] a; em. *Jirō wa jinbutsu ni ~ Tarō ni sugure, gaku ni ~ Tarō ni otoru* 次郎は人物に於て太郎にすぐれ, 学に於て太郎に劣る Jirô, ~ cará(c)ter, supera o Tarô, mas nos estudos fica abaixo dele. **4**［仮定 (「は」を伴う)］Se; no caso de. ★ *Shushi ni go-sandō ni ~ wa* …趣旨に御賛同に於ては … ~ concordar inteiramente com o teor [conteúdo]「do plano」…

oíté² 措いて (< okú⁴)【E.】A não ser; fora; exce(p)to. *Kare o ~ hoka ni tekininsha wa inai* 彼を措いてほかに適任者はいない Não há pessoa adequada a não ser ele; Além dele [Exce(p)to ele/Fora ele] não vejo mais ninguém capaz.

oíté³ 追い手 O perseguidor. ★ ~ *o maku* 追い手をまく Despistar o ~. [S/同] Otté (+).

oíté⁴ 追い風 O vento favorável. [S/同] Juńpū; oí-kázé (+); otté.

oítékíbórí 置いてきぼり O abandonar [deixar para trás] alguém「numa ilha」. ★ ~ *ni suru* 置いてきぼりにする … ~ *o kū* 置いてきぼりを食う Ser abandonado; ser deixado perdido [sozinho]. [S/同] Okí-zárí.

o-ítómá お暇 A despedida. *Mō ~ shinakereba narimasen* もうお暇しなければなりません Já tenho de me despedir [voltar].

oí-tsúkáu 追い使う (< oú + …) ⇨ kóki-tsukau.

oí-tsúku 追い付く (< oú + …) Atingir; apanhar; alcançar; adiantar. *Ima sara kuyande mo oitsukanai* 今さら悔やんでも追い付かない Agora (já) não adianta arrepender-se [não vale apena chorar]. *Nii no senshu ga toppu no senshu ni oitsuita* 二位の選手がトップの選手に追い付いた O atleta que estava no segundo lugar alcançou o primeiro. *Saki ni dekakete kudasai, jiki ni oitsukimasu kara* 先に出かけてください, じきに追い付きますから Vá indo (na frente) que eu já o apanho.

oí-tsúméru 追い詰める (< oú + …) Encurralar; cercar; colocar em posição difícil; acossar「o veado」. ★ *Kyūchi ni oitsumerareru* 窮地に追いつめられる Ser colocado em posição difícil; ficar (todo) apurado [em apuros]; ficar entre a espada e a parede. [S/同] Oí-kómu.

oí-úchí 追い撃［討］ち (< oú + útsu) **1**［追いかけて攻撃すること］A caça; a flagelação. ★ ~ *o kakeru* 追い撃ちをかける Flagelar o [Dar caça ao] inimigo em fuga. [S/同] Tsuígékí; tsuítṓ. **2**［さらに打撃を与える］Um novo golpe; um segundo flagelo. *Reigai de nayamu chihō ni sara ni suigai no ~ ga kakerareta* 冷害で悩む地方にさらに水害の追い撃ちがかけられた A região flagelada pelo frio sofreu novo flagelo, o das enchentes. ★ ~ *o ukeru* 追い撃ちを受ける Sofrer repetidos golpes; receber golpe após [atrás de] golpe.

o-íwáí お祝い (⇨ iwái) A congratulação; os parabéns; as「minhas」felicitações. ★ ~ *o noberu* お祝いを述べる Dar os/as ~s.

oí-yáru 追い遣る (< oú + …) **1**［⇨ oí-hárau］. **2**［せきたてて行かせる］Impelir; levar. *Sono jiken ga kare o jisatsu ni oiyatta* その事件が彼を自殺に追い遣った Esse incidente [caso] é que o levou ao suicídio.

ṓja [óo] 王者 **1**［王である人］O rei; o monarca. [S/同] Kúnshu (+); ṓ(sámá) (o). **2**［その社会で一番力のあるもの］O rei; o manda-chuva. *Raion wa sabanna no ~ da* ライオンはサバンナの王者だ O leão é o rei da selva [savana].

oján おじゃん【G.】O ir「tudo」ao ar [por água abaixo]; o dar em águas de bacalhau; o fracasso. *Sono keikaku wa ~ ni natta* その計画はおじゃんになった Esse plano fracassou [foi todo ao ar]. [S/同] Damé; fúi (+).

ojí 伯［叔］父 O tio. ⇨ obá.

ṓji¹ [óo] 王子 O príncipe. [A/反] Ṓjo.

ṓji² [óo] 往事【E.】O [As coisas do] passado. ★ ~ *o kaiko suru* 往事を回顧する Recordar ~.

ṓji³ [oó] 往時【E.】Os tempos passados [idos]; o passado. ★ ~ *o shinobu* 往時をしのぶ Recordar ~. [S/同] Mukáshí (+). [A/反] Kínji.

ṓ-jídai [oó] 大時代 **1**［ひじょうに古めかしく時代後れなこと・もの］O tempo muito antigo; o tempo dos afonsinos [da maria castanha] (P.); o tempo da onça [em que se amarrava cachorro com linguiça] (B.). ★ ~ *na*「*yarikata*」大時代な「やり方」O método antiquado [do tempo…]. **2**［歌舞伎の］(Abrev. de ~kyōgen) ◇ **~ kyōgen** [**mono**] 大時代狂言［物］As farsas [peças teatrais] mais antigas do kabúki, representadas na corte, antes dos Genji-Heike.

o-jígí お辞儀 A vé[ê]nia (Com inclinação tb. do corpo). *Nihonjin wa aisatsu no toki akushu no kawari ni ~ o suru* 日本人は挨拶のとき握手のかわりにお辞儀をする Os japoneses cumprimentam-se com uma ~ em vez do aperto de mão. ★ *Teinei ni* [*Karuku*] *~ suru* 丁寧に［軽く］お辞儀する Fazer uma respeitosa [leve] vénia. ⇨ réi¹.

ojígíső 含羞草【Bot.】A mimosa sensitiva [pudica]; *mimosa pudica*. [S/同] Nemúrí-gusa.

o-jíi-san おじいさん **1** [祖父] O avô. [S/同] Sófu. [A/反] O-bāsan. **2** [男の老人] O ancião; o velhinho; o homem idoso. [A/反] O-bāsan. ⇨ rōjín; toshíyórí.

ójika 牡鹿 (< osú + shiká) O veado; o cervo; o gamo. [A/反] Méjika.

ṓ-jíkake [oó] 大仕掛け (< ō[2] + shikáké) ⇨ ṓ-gákari.

ojíké 怖じ気 (< ojíkérú + ki[1]) O medo; os nervos. ★ ~ *datsu* [*zuku*] 怖じ気立つ[づく] Ficar nervoso [tefetefe (Pop.)/com medo]. [S/同] Kyṓfúshin.

ojíkérú 怖ける Temer; ficar com medo. [S/同] Kowágáru. ⇨ ojíké.

ṓjírú [oó] 応じる **1** [相手の行動に反応する] Responder. *Donna toi ni mo kanojo wa iya na kao hitotsu sezu ni ōjita* どんな問いにも彼女はいやな顔ひとつせずに応じた Ela respondeu a todas as perguntas, mesmo desagradáveis, sem mostrar qualquer (sinal de) irritação. ★ *Chōsen ni* ~ 挑戦に応じる ~ ao desafio. [S/同] Kotáéru. **2** [誘いかけを承諾する] Aceitar. *Yorokonde go-shōtai ni ōjimasu* 喜んで御招待に応じます Aceito agradecido[com prazer] o seu convite. [S/同] Hikíúkéru (+); shṓdákú súrú. **3** [相手の期待通りにする] Satisfazer. ★ *Isogashikute chūmon ni ōjikirenai* 忙しくて注文に応じきれない Não poder ~ [atender] todos os pedidos (por serem muitos). *Juyō ni* ~ 需要に応じる ~ a [Dar resposta à] procura. *Kibō ni* ~ 希望に応じる ~ o [Corresponder ao]「seu」desejo. [S/同] Kotáéru. **4** [対応する; かなう] Condizer; ir ao encontro de; corresponder. *Kojin kojin no nōryoku ni ōjita kyōiku ga nozomashii* 個人個人の能力に応じた教育が望ましい É desejável [ideal] uma educação adaptada [que corresponda] à capacidade de cada um. [S/同] Kanáu; taíṓ súrú.

ojí-sáń 小父さん **1** [年上の男の人を親しんで言う語] Um homem [senhor; titio (B.);「ó」ti「António」(P.)]. ★ *Nikuya no* ~ 肉屋の小父さん O homem do talho [açougue]. *Yoso no* ~ よその小父さん ~ de fora [que não é da terra]. **2** [おじ] O tio. [A/反] Obá-sáń.

ṓjíté [oó] 応じて (Gerúndio de ⇨ ṓjírú) Segundo「as possibilades de cada um」; de acordo com; respondendo「ao desejo de todos」. ★ *Bun ni* ~ *seikatsu suru* 分に応じて生活する Viver de acordo com a posição de cada um. *Tsumi ni* ~ *bassuru* 罪に応じて罰する Punir conforme o crime.

ojíya おじや O arroz aguado [malandro] (Espécie de sopa grossa, tb. com ovo ou legumes, tudo cozido). [S/同] Zṓsúí. ⇨ kayú.

ṓjo 王女 A princesa. [A/反] Ṓji[1].

ṓjō 往生 (⇨ ṓjṓ-gíwá) **1** [この世を終わったのち極楽浄土に生まれること]【Bud.】O renascer no outro mundo. ◇ **Gokuraku ~** 極楽往生 O ir para o paraíso. ⇨ rínne; saíséí[1]. **2** [死ぬこと] A morte. ★ *Dai* ~ *o togeru* 大往生を遂げる Falecer [Morrer]. *Kubi o shimerarete* ~ *shita niwatori* 首をしめられて往生した鶏 A galinha que morreu [foi desta para melhor] por asfixiamento. *Benkei no tachi* ~ 弁慶の立ち往生 O morrer como Benkei [de pé/com as calças]. [S/同] Shibṓ (+). **3** [あきらめて静かにすること]【G.】A desistência. *Sono teido no koto de* ~ *suru yō na otoko de wa nai* その程度のことで往生するような男ではない Ele não é homem que desista por tão pouco. **4** [処置に困ること] Uma grande dificuldade; o ver-se perdido; o pensar que morria. *Aitsu no shitsukosa ni wa hotohoto* ~ *shita yo* あいつのしつこさにはほとほと往生したよ Eu vejo-me perdido [nelas] com a teimosia[insistência] daquele sujeito. [S/同] Heíkṓ (+); końkyákú.

ṓjṓ-gíwá [oó] 往生際 (< … + kiwá) **1** [死にぎわ] A hora da morte. *Akutō wa akutō rashiku* ~ *wa kirei ni shiro* 悪党は悪党らしく往生際はきれいにしろ Você é um bandido, saiba morrer como tal [sem se queixar]. [S/同] Shiní-gíwá (+). **2** [思い切り] A rendição; o perder. ~ *no warui otoko da* 往生際の悪い男だ Um homem que não sabe perder [reconhecer a derrota].

ojókú 汚辱【E.】A vergonha; a desonra; a ignomínia; a mancha. ★ ~ *o kōmuru* 汚辱をこうむる Ser desonrado; ser vítima de uma ~. [S/同] Bujókú (+); chijókú; hají (o); hazúkáshímé; kutsújókú.

o-jṓ-san[-sama] [óo] お嬢さん [様] **1** [他人の娘の尊称] A sua filha. *Otaku no* ~ *wa ogenki de irasshaimasu ka* お宅のお嬢さんはお元気でいらっしゃいますか ~ está (passando) bem (de saúde)? [S/同] Reíjṓ. ⇨ musúmé. **2** [若い未婚女性に対する呼びかけ] A senhorita [senhorinha/menina] (Referindo-se a moça solteira). ⇨ óku-san[-sama]. **3** [苦労知らずに育った女性] A moça mimada; a menina rica. ◇ **~ sodachi** お嬢さん育ち O crescer [ser criada] com todos os mimos.

o-jṓzú お上手 (< o[2] + jōzú) A lisonja; a adulação; a bajulação. *Ma,* ~ *ne* まあ, お上手ね Deixe-se de lisonjas [Não seja lisonjeiro]. ★ ~ *o iu* [*tsukau*] お上手を言う[使う] Lisonjear [Bajular]. [S/同] obékka (+); oséjí (o).

oká[1] 岡・丘 A colina (pequena); o outeiro. [S/同] Kyū́ryṓ.

oká[2] 陸 A terra; o litoral. [I/慣用] ~ *ni agatta kappa* 陸に上がった河童 Peixe (Lit. "kappa" (Duende do rio) fora d'água (Pessoa que não funciona fora do seu meio-ambiente)). [S/同] Rikú(chí) (+). [A/反] Úmi.

ṓká[1] [oó] 欧化 A ocidentalização; a europeização. ★ ~ *suru* 欧化する Europeizar; ocidentalizar. ◇ **~ shugi** 欧化主義 O ocidentalismo. [S/同] Seíyṓ-ká (+).

ṓka[2] [óo] 謳歌 A glorificação; o elogio; o canto; o louvor. ★ *Seishun o* ~ *suru* 青春を謳歌する Cantar a [Fazer o elogio da] juventude. [S/同] Raísáń; sánbi; shṓsáń.

ṓka[3] 桜花【E.】A flor de cerejeira. ~ *ranman* 桜花爛漫 As cerejeiras todas floridas. ⇨ sakúrá.

okábó 陸稲【Bot.】O arroz cultivado na terra seca. [S/同] Rikútṓ. ⇨ íne.

okábóré 傍 [岡] 惚れ **1** [横恋慕] O amor cavalheiresco/plató[ô]nico/não declarado. ★ ~ *suru* 傍惚れする Amar platonicamente [secretamente]. [S/同] Yokórénbo (+). **2** [片思い] O amor não correspondido. [S/同] katáómoi (+).

o-kábú お株 A especialidade; o forte「dela não é cozinhar」. ★ *Hito no* ~ *o ubau* 人のお株を奪う Ganhar ao adversário no terreno [na/o ~] dele. [S/同] Jū́háchíban; ohákó (+).

o-kádó-chígai お門違い O enganar-se na porta; o erro. *Watakushi o semeru no wa* ~ *da* 私を責めるのはお門違いだ Você está a culpar a pessoa errada. [S/同] Keńtṓchígai.

o-káérí お帰り (< o[2] + káeru) **1** [帰ること] O ir embora. *O-kyaku-san wa mō* ~ *da yo* お客さんはもうお帰りだよ As nossas visitas já foram (embora). **2**

[あいさつ] O voltar.

o-káéshí お返し (< o² + káesu) **1** [返礼] A retribuição. *Kekkon iwai no ～ wa nani ni shiyō* 結婚祝いのお返しは何にしよう Que vamos mandar em [como] retribuição do presente de casamento? ～ *o suru* お返しをする Pagar um favor. [S/同] Heńréí. **2** [仕返し] A retaliação; a vingança; o pagá-las. *Kono mae nagurareta ～ ni yatsu o naguri-kaeshite yatta* この前なぐられたお返しにやつをなぐり返してやった Dei-lhe uma surra em paga de ele me ter batido outro dia. [S/同] Hṓfúkú; shikáéshí. **3** [おつり] O troco. *Hai, ni-hyaku en ～ desu* はい, 二百円お返しです Aqui está [tem] o seu ～: 200 yens.

o-kágé 御陰 [蔭] **1** [神仏の助け] A ajuda de Deus; 「escapei á morte por」 prote(c)ção divina. [S/同] Kágo (+). **2** [人から受けた恩恵] **a)** A graça; o favor; a ajuda; **b)** (Ironia) A culpa. ～ *sama de minna genki desu* 御陰様でみんな元気です Graças a Deus, estamos todos bem. *Boku no seikō wa kimi no ～ da* 僕の成功は君の御陰だ O meu sucesso deve-se a você [devo-(t)o a ti] /Foi graças a ti que tudo correu bem. *Kare no ～ de tonda me ni atta* 彼の御陰でとんだ目にあった Passei um mau apuro por causa dele.

o-kákáé お抱え (< kakáérú) Privativo; particular. ★ ～ *ni suru* お抱えにする Contratar para serviço ～. *Shachō ～ no untenshu* 社長お抱えの運転手 O motorista particular do dire(c)tor [presidente]. ⇨ seńzókú; seń'yṓ.

ṓkákumaku [oó] 横隔膜【Anat.】O diafragma.

o-kámá 御釜 [竈] **1** [かま·かまどの丁寧語] (Cor. de ⇨ kamá). **2** [火山の噴火口] A cratera. [S/同] Fuńkákō (+). **3** [男色を好む人; またその相手]【G.】O paneleiro [bicha (B.)].

o-kámáí お構い (< kamáu) **a)** O importar-se [fazer caso]; **b)** A hospitalidade. *Dōzo ～ naku* どうぞお構いなく Não se incomode [preocupe/importe] comigo. *Nan no ～ mo sezu shitsurei itashimashita* 何のお構いもせず失礼いたしました Desculpe a nossa pobre hospitalidade ([S/同] Moténáshí). *Kare wa hito no meiwaku nado (ikkō) ～ nashi da* 彼は人の迷惑など(いっこう)お構いなしだ Ele não se importa (nada) com [de] incomodar [molestar] os outros.

okáme[1] おかめ **1** [お多福] A mulher de cara achatada e redonda; a mulher feia. [S/同] Otáfuku. ⇨ hyottókó. **2** [食物] Fatias de pasta de peixe, ovo, cebolinho e cogumelos cozidos. ◇ **～ udon** おかめうどん O caldo de macarrão com ～.

okámé[2] 傍 [岡] 目 O espe(c)tador. ◇ **～ hachimoku** 傍目八目 ～ vê melhor que o jogador. [S/同] Bṓkáń; yosóme (+).

okámi[1] 女将 A dona [patroa/proprietária] de hospedaria [restaurante]. [S/同] Joshṓ; mádamu; máma.

o-kámi[2] 御上 **1** [天皇; 朝廷] O imperador; a corte imperial. [S/同] Chṓtéí; teńnṓ (+). **2** [政府] O governo; as autoridades. [S/同] Séifu (+); yakúshó. **3** [主君] O rei [monarca]; o amo [senhor]. [S/同] Shújin (+); shúkun (+). **4** [奥さん; 内儀] A senhora. ★ *Tonari no ～ san* となりの御上さん ～ [mulher] do vizinho. [S/同] Ṓku-san (+).

ṓkami 狼 **1**【Zool.】O lobo 「uiva」. ★ ～ *no mure* 狼の群れ A alcateia. ◇ **～ za** 狼座【Astr.】Lobo. **Ippiki ～** 一匹狼 O solitário [que faz tudo só/se isola (dos outros)]. **2** [比喩的に女性を脅かす男] O conquistador; o dom-joão. ★ *Okuri ～* 送り狼 O acompanhante traidor duma mulher.

okáń 悪寒 O arrepio; o calafrio. ★ ～ *ga suru* [*o oboeru*] 悪寒がする [を覚える] Sentir calafrios.

ṓkáń [oó] 王冠 **1** [王のかぶるかんむり] A coroa (real). **2** [栄誉のしるしのかんむり] A coroa de louros [da vitória]. **3** [びんの口金] A tampa 「de garrafa de vidro」. ★ *Bīru no ～* ビールの王冠 A tampa da garrafa de cerveja. ⇨ kuchí-gáné; sén³.

o-káné お金 ⇨ kané¹.

o-káńmúri お冠【G.】O estado de mau humor [irritação; aborrecimento; desgosto]. *Kanojo wa ～ da* 彼女はお冠だ Ela está irritada. [S/同] Fu-kígen (+).

o-káppá(átama) おかっぱ(頭) O cabelo curto (Senhoras). ★ ～ *ni suru* おかっぱにする Cortar o ～.

okárá おから O resíduo [A borra] do "tôfu". [S/同] Tṓfú-gárá; ú no hana.

ṓkáré-sukúnakare [oó] 多かれ少なかれ (< ṓí¹ + sukúnái) Uns mais outros menos 「todos temos defeitos」; em maior ou menor grau. ～ *dare demo ren'ai no keiken wa aru* 多かれ少なかれ誰でも恋愛の経験はある ～ todos nos apaixonámos por alguém, alguma vez na vida. [S/同] Tashṓ.

okárína オカリナ (< It. ocarina) A ocarina (Nome de ave e instrumento de sopro).

o-kā́-san [áa] お母さん A mãe. ～お母さん(呼びかけ) (Ó minha) ～ [Mamãe (B.)/Mamã]! *Tarō, ～ no iu koto kiki nasai* 太郎, お母さんの言うこと聞きなさい Tarô não ouves o que eu [a tua ～] digo [diz]? [S/同] Háha; hahaue; kā́chan; kā́san; máma; ofúkúrósáń. [A/反] O-tṓsán.

okáshígáru おかしがる (< okáshíi + …) **1** [面白がる] Achar graça 「à história」. ★ *Okashigatte warau* おかしがって笑う Achar graça 「ao cachorrinho」 e rir. [S/同] Omóshírógáru (+). **2** [不思議がる] Estranhar. [S/同] Fushígígáru (+).

okáshíi おかしい **1** [おもしろい] Divertido; ter graça; engraçado; có[ô]mico. *Nani ga sonna ni ～ no da* 何がそんなにおかしいのだ Que é que tem assim tanta graça/Onde é que está a piada? *Okashikute tamaranai* おかしくてたまらない Ai que engraçado, é de morrer a rir. ★ *Okashina kao o suru* おかしな顔をする Fazer caretas. *Okashina koto o iu* おかしな事を言う Dizer piadas [graças]. [S/同] Omóshírói. ⇨ kokkéí.
2 [普通と違っている] Estranho; raro; esquisito; 「um tipo」 maluco [excêntrico/um pouco original]. *Kono niku wa sukoshi ～ yō da* この肉は少しおかしいようだ Esta carne está um pouco rara. ★ *Atama ga ～* 頭がおかしい Estar mal [Não estar bom] da cabeça/Ser amalucado [meio maluco].
3 [不適切だ] Impróprio; incongruente; que não fica bem. *Oya ga iu no mo ～ ga ano ko wa sunao de ii ko da* 親が言うのもおかしいがあの子は素直でいい子だ Não fica bem (estar a) elogiar o meu próprio filho, mas ele é um rapaz [moço] obediente e bom. ⇨ fu-tékisetsu[-tékitō]. **4** [怪しい] Suspeito. ～ *koto ni natte kita* おかしいことになってきた Isto está a ficar ～ [está-me a cheirar a esturro]. *Kare no kōdō wa ～* 彼の行動はおかしい A conduta dele é suspeita. [S/同] Ayáshíí (+).

okáshina おかしな ⇨ okáshíí **1**.

okáshísa おかしさ (Sub. de "okáshíi") A piada; o riso. ★ ～ *o koraeru* おかしさをこらえる Dominar/Aguentar o ~ [Resistir à vontade de rir].

ókásshoku [oó] 黄褐色 A cor bronzeada.

okásu¹ 犯す **1**[罪悪などを] Cometer; perpetrar. *Kare wa satsujin-zai o okashita* 彼は殺人罪を犯した Ele cometeu [fez] um assassinato/homicídio. *Tsumi o ~* 罪を犯す Pecar [Cometer um crime/um pecado/uma falta]. **2**[規則・法律などを] Violar; infringir; transgredir「as regras」. ★ *Hō o ~* 法を犯す a lei. 〔A/反〕Mamóru. **3**[強姦する] Violar; estuprar. ★ *Bōryoku de onna o ~* 暴力で女を犯す ~ uma mulher. 〔S/同〕Gōkáń súrú.

okásu² 冒す **1**[困難なことをあえてする] Arriscar [Pôr em risco]「a (própria) vida」; desafiar「o perigo」. *Kare wa nando mo shi no kiken o okashita* 彼は何度も死の危険を冒した Ele desafiou [arriscou] várias vezes a morte [vida]. **2**[害をあたえる] Prejudicar; atacar; danificar [causar dano]. *Nae ga shimo ni okasareta* 苗が霜に冒された As mudas「dos viveiros de arroz」foram danificadas pela geada. **3**[尊厳などを傷つける] Profanar; brasfemar; poluir; desonrar. *Ano hito ni wa okashigatai igen ga aru* あの人には冒しがたい威厳がある Aquele senhor tem [é de] uma dignidade impoluta. **4**[他人の姓を名のる] Usar indevidamente o nome「do clã Minamoto」.

okásu³ 侵す **1**[侵入する] Invadir; violar. *Kokuseki fumei no kōkūki ga waga ryōdo o okashita* 国籍不明の航空機がわが領土を侵した Um avião de nacionalidade não identificada violou [invadiu] o nosso espaço aéreo. 〔S/同〕Shíńnyū súrú. **2**[侵害する] Violar; infringir. ★ *~ bekarazaru kenri* 侵すべからざる権利 O direito inviolável. *Kengen o ~* 権限を侵す Infringir a autoridade (os direitos) de outrem. *Puraibashī o ~* プライバシーを侵す Violar a privacidade. 〔S/同〕Shíńgáí súrú.

ókátá [oó] 大方 **1**[多分] Provavelmente; mais ou menos; talvez「chova」. *~ sonna koto darō to omotta* ~ そんなことだろうと思った Foi como eu previra (É o que eu calculava/pensava) mais ou menos. 〔S/同〕Osóraku (+); tábun (+); taítéí. **2**[だいたい] Quase. *Hi wa ~ katamuite ita* 日は大方傾いていた O sol estava a pôr-se. 〔S/同〕Arákátá; daítáí (o); hotóndo (+). **3**[大部分] A maioria. *~ no kaisha wa doyō hankyū desu* 大方の会社は土曜半休です ~ das firmas fazem meio-expediente aos sábados. 〔S/同〕Taíháń; daíbúbun (+). **4**[世間一般の人] O povo em geral. *~ no go-sandō no etai ga* ~ の御賛同を得たい Conto com [Peço] o apoio de todos vós [de todos todos].

o-káwari お代わり (< o² + kawarú) O repetir um prato (de comida/bebida). ★ *Sanbai mo gohan o ~ suru* 3 杯もご飯をお代わりする Repetir três vezes o arroz (Comer 4 tigelinhas dele).

okáyaki 傍[岡]焼き O ciúme; a inveja. ★ *~ suru* 傍焼きをする Ficar ciumento「Ter inveja」「da felicidade de alheia」.

oká-yú 陸湯 A água quente (para dar uma enxaguadela depois de sair da banheira). ★ *~ o tsukau* 陸湯を使う Enxaguar-se com água quente fora da banheira. 〔S/同〕Agári-yu (+); kakári-yu.

o-kayú お粥 A papa [papinha] de arroz. ⇨ kayú; omóyú.

o-kázari お飾り (< o² + kazárí) **a)** O enfeite [adorno] 「do altar」; as decorações「do Ano Novo」. **b)** A pessoa (que está ali só para [como] enfeite).

ó-káze [oó] 大風 O vento forte; a ventania; o vendaval; o furacão. *~ ga fukiareta* 大風が吹き荒れた O vento bramou furiosamente. 〔S/同〕Bōfú; kyōfú; reppú; seńpú.

o-kázu お数［菜] O prato principal. *Konban no ~ wa nan darō* 今晩のおかずは何だろう Que será hoje o jantar? 〔S/同〕Fukúshókúbutsu; o-sáí; sōzáí. 〔A/反〕Góhan.

óke 桶 A tina; o alguidar de madeira. ★ *~ ni ippai no mizu* 桶に一杯の水 ~ cheio/a de água. ◇ *~ ya* 桶屋 O tanoeiro [*Kaze ga fukeba ~ ya ga mōkaru* 風が吹けば桶屋がもうかる As vezes a sorte é de quem menos se espera]. ⇨ o-hítsú; tarú¹.

ōke 王家 [óó] A família [casa] real. 〔S/同〕Ōzóku.

ókē [oó] オーケー (< Ing. O.K.) **a)** Entendido [Muito bem/Está bem]. "*Kare ni denwa o shite-oite ne*" "~" 「彼に電話をしておいてね」「~」"Não se esqueça de lhe telefonar!" "Sim senhor [~]." **b)** A licença. ★ *~ suru* オーケーする Aprovar [Dar licença]. **c)** Corre(c)to; certo; bem. *Banji ~ da* 万事オーケーだ Está tudo ~ [em ordem].

ó-kéń [oó] 王権 A autoridade [O poder] real. ◇ *~ shinju setsu* 王権神授説 A teoria do direito divino dos reis.

o-kérá お螻蛄 **1**[ケラ科の昆虫] O grilo-toupeira. 〔S/同〕Kerá. **2**[一文なし]【G.】Sem um tostão. ★ *~ ni naru* おけらになる Ficar ~ 〔S/同〕Ichímón nashi (+); sukáńpín.

okéru だける【E.】(⇨ óite¹) **1**[場所，時間を示す] Em; quando. ★ *Hōtei ni ~ shōgen* 法廷に於ける証言 O depoimento em [no] tribunal. **2**[関係を示す] Para...como... ★ *Ha no shokubutsu ni ~ wa hai no dōbutsu ni ~ ga gotoshi* 葉の植物に於けるは肺の動物に於けるがごとし As folhas são para plantas o que os pulmões são para os animais [As folhas são (como que) os pulmões das plantas].

ókésutora [oó] オーケストラ (< Ing. < Gr. orchestra) **1**[管弦楽] A música de orquestra. 〔S/同〕Kańgéngaku. **2**[管弦楽団] A orquestra (sinfó[ô]nica). ◇ *Shítsunai ~* 室内オーケストラ ~ de câmara. 〔S/同〕Kańgén-gakúdáń.

oki¹ 沖 O alto mar. ★ *~ ni deru* 沖に出る Partir para o ~ [Fazer-se ao largo]. *Santosu ~ de* サントス沖で Ao largo [No ~] de Santos. 〔S/同〕Okíai.

oki² 燠 [赤くおこった炭火] A brasa; o borralho. **2** [けしずみ] O carvão (Brasas apagadas). 〔S/同〕Keshízúmí (+). ⇨ haí².

-oki³ 置き (< oki) 【Suf.】Cada. ★ *5 mētoru ~ kui o utsu* 5 メートル置きにくいを打つ Pôr estacas cada [de cinco em] cinco metros. *San-juppun ~ ni hassha suru* 30 分置きに発車する Partir cada trinta minutos「comboios/trens」.

okiágári-kóboshi 起き上がり小法師・不倒翁 (⇨ okí-ágáru) O joão teimoso; o boneco que fica sempre em pé.

okí-ágáru 起き上がる (< okíru + …) Levantar-se;「a criança já consegue」pôr-se em pé. ★ *Byōshō kara ~* 病床から起き上がる Levantar-se do leito de doente.

okíai 沖合い O alto mar; ao largo「de Izu」. ◇ *~ gyogyō* 沖合い漁業 A pescaria no alto (mar). ⇨ okí¹.

okíámí 沖醤蝦 Os eufausiáceos (Animaizinhos artrópodes, principal alimento das baleias).

oki-bá(shó) 置き場(所) (< okú + …) O lugar (para pôr coisas). *Nimotsu no ~ mo nai hodo chirakatte ita* 荷物の置き場もないほど散らかっていた Havia [Estava com] tanta coisa espalhada no chão que não tinha onde [lugar para] pôr a bagagem. *Taikutsu de mi no ~ mo nai* 退屈で身の置き場もない Estou tão aborrecido que não sei que faça [fazer]. ◊ **Zaimoku ~** 材木置き場 O depósito da madeira [para as madeiras].

oki-bíki 置き引き (< okú + hikú) O roubar bagagem (deixando outra falsa). *Handobaggu o ~ sareta* ハンドバッグを置き引きされた Roubaram-me a (minha) bolsa.

oki-chigáeru 置き違える (< okú + …) Deixar [Pôr] no lugar errado.

oki-dásu 起き出す (< okíru + …) Sair da cama; levantar-se.

oki-dókei 置き時計 (< okú + tokéi) O relógio de mesa.

oki-dókoró 置き所 (< okú + tokóro) ⇨ oki-bá(shó).

oki-fushi 起き伏し (< okíru + fúsu) **1** [⇨ ne-óki]. **2** [日常生活すること] Viver. *Hitotsu yane no shita ni ~ suru* 一つ屋根の下に起き伏しする ~ juntos [sob o mesmo te(c)to]. **3** [寝ても起きても] Sempre; todo o tempo. ~ *haha no mi o anjiru* 起き伏し母の身を案じる Cuidar ~ da mãe.

oki-gáke 起き掛け (< okíru + kakéru) Logo ao levantar. S/同 Óki-núke.

oki-gásá 置き傘 (< okú + kása) O guarda-chuva (extra) que fica [se tem] no local do emprego.

ókíí [oó] 大きい (⇨ ókina) **1** [広い; かさが多い] Grande. *Bōya ōkiku natta ne* 坊や大きくなったね Como você cresceu, meu filho [Que ~ está, menino]! *Zō wa riku no honyūrui no uchi de mottomo ~* 象は陸の哺乳類のうちで最も大きい O elefante é o maior dos [de todos os] mamíferos terrestres. ★ *Ōkisugiru yofuku* 大きすぎる洋服 O fato ~ demais. *Ko-ushi hodo no ~ inu* 子牛ほどの大きい犬 O cachorro do tamanho de [(tão) ~ como] um bezerro. *Toshi ni shite wa ~ kodomo* 年にしては大きい子供 A criança grande [muito crescida] para a idade. A/反 Chíísái.
2 [数・量が多い] Alto; largo; grande. ★ *~ koe o dasu* 大きい声を出す Falar muito alto. *Shūyō nōryoku ga ~ hoteru* 収容能力が大きいホテル Um hotel (muito) grande [(com capacidade) para muita gente]. A/反 Chíísái.
3 [程度がはなはだしい] Imenso; grave; enorme. *Kaji wa mirumiru ōkiku natta* 火事はみるみる大きくなった O incêndio transformou-se de repente num mar de chamas. ★ *~ ayamari* 大きい誤り O erro grave. *~ itade o ukeru* 大きい痛手を受ける Receber um grande golpe (Perda de algo). *~ kitai o kakeru* 大きい期待をかける Depositar grandes esperanças 「no filho」. A/反 Chíísái.
4 [おおげさである] Exagerado; fanfarrão; louco. *Kare no hanashi wa itsumo ~* 彼の話はいつも大きい Ele é um ~. ★ *~ koto o kangaeru* 大きいことを考える Ter planos loucos. A/反 Chíísái.
5 [年上である] Mais velho. ★ *~ niisan* 大きい兄さん O (meu) irmão ~. A/反 Chíísái. ⇨ toshíúe.
6 [度量が広い] Magnânimo. *Kyūryō o morattara ki ga ōkiku natte minna ni ogotte shimatta* 給料をもらったら気が大きくなってみんなにおごってしまった Quando recebi o 「primeiro」 salário senti-me ~ [como um rei] e paguei 「um almoço」 aos colegas. ★ *~ jinbutsu* 大きい人物 A pessoa magnânima [aberta/que tem (grande) abertura de espírito]. A/反 Chíísái. **7** [重要である] Importante; grande; sério; crucial. *Ima kare ni yamerareru no wa ~* 今彼にやめられるのは大きい A saída dele, neste momento, é um caso sério [é mau] 「para a firma」 *~ mondai* 大きい問題 O problema ~. *~ shinbun-dane ni naru* 大きい新聞種になる 「o caso」 Ir dar grande brado nos jornais. A/反 Chíísái. **8** [尊大である] Arrogante; insolente. *Kare wa taido ga ~* 彼は態度が大きい Ele é um arrogante.

oki-káe 置き換え (< okí-káeru) **a)** O mudar 「os livros」 dum lugar para outro; **b)** O substituir.

oki-káeru 置き換える (< okú + …) **1** [物を現在の場所から他へ移して置く] Mudar de posição. *Ima no tsukue o shosai ni ~* 居間の机を書斎に置き換える Mudar a mesa da sala de estar para a (sala) de leitura. **2** [とりかえて別のものを置く] Repor; substituir; trocar. *Porutogarugo no tango o nihongo ni ~ dake de wa honyaku to wa ienai* ポルトガル語の単語を日本語に置き換えるだけでは翻訳とは言えない A simples substituição de vocábulos portugueses por (vocábulos) japoneses não se pode chamar tradução. S/同 Toríkáéru.

ókiku 大きく ⇨ ókíí.

o-kímari お決まり (< oʳ + …) O costume; a rotina. ★ *~ no kotae o suru* お決まりの答えをする Dar a resposta costumeira. *~ no monku* お決まりの文句 A frase de sempre [do ~] 「para se desculpar」. S/同 Jóréí; kañréí; kōréí; o-sádámárí (+).

ókíme [oó] 大きめ (< ókíí) Um pouco [A puxar para o] grande. ★ *~ no kutsu* 大きめのくつ Sapatos um pouco grandes.

ō-kímí 大君 [E.] Sua Majestade (Imperial). S/同 Ō-gími; teñnō (+).

oki-míyage 置き土産 (< okú + …) O presente (de despedida). *Naikaku wa sō-jishoku ni saishite ~ ni sono hōan o teishutsu shita* 内閣は総辞職に際して置き土産にその法案を提出した O gabinete, antes de resignar em massa, deixou essa proposta de lei como presente de despedida, por assim dizer.

oki-monó 置物 (< okú + 「飾り物」) O obje(c)to de adorno 「do "tokonoma"」. **2** [比喩的に] [Fig.] A figura decorativa. *Kaichō to wa ie ~ ni suginai* 会長とはいえ置物にすぎない Embora seja o presidente da associação, não passa de uma ~ [um boneco]. ⇨ Chíísái.

ókina 翁 O ancião. S/同 Ojīsan. A/反 Ōna.

ōkina [oó] 大きな Grande; enorme. ★ *~ kao o suru* 大きな顔をする Envaidecer-se [Ficar vaidoso]. *~ kuchi o tataku* 大きな口をたたく Dizer bazófias; ser fanfarrão. *~ o-sewa da* 大きなお世話だ Vai à fava [Isto não é da tua/sua conta]! *~ ie o tateru* 大きな家を建てる Construir uma casa grande. S/同 Ókíí (+).

oki-nákáshi 沖仲仕 O estivador.

oki-náóru 起き直る (< okíru + …) Endireitar-se. ★ *Toko no ue ni ~* 床の上に起き直る Pôr-se direito, sentado na cama.

Okináwá 沖縄 (As ilhas j. de) Okinawa.

ōki-ni [oó] 大きに (⇨ ókíí) **1** [非常に] Muito. *~ gokurō sama* 大きに御苦労様 Fico-lhe ~ grato pelo trabalho 「de vir até aqui」. S/同 Hijō ni; ói ni (+).

2 [おおきにありがとうの略] Muito obrigado (D. de Kansai). [S/同] Arígatō (+).

o-kí-ní-írí お気に入り (< o² + ki + irú⁴) O (ser) preferido [favorito; predile(c)to]. *Kare wa shujin no ~ da* 彼は主人のお気に入りだ Ele é o favorito [menino bonito] do patrão. [S/同] Ki-ní-írí.

okí-núké 起き抜け (< okíru + nukérú) Logo ao levantar. *Kesa ~ ni kokusai denwa ga kakatte kita* 今朝起き抜けに国際電話がかかってきた Hoje, ~, recebi uma chamada (telefó[ô]nica) internacional. [S/同] Okí-gáké.

okíppánáshí 置きっ放し (< okú + hanásu³) O deixar desarrumado [por arrumar/de qualquer maneira]. *Kare wa itsumo shinbun o yuka ni ~ ni shite iru* 彼はいつも新聞を床に置きっ放しにしている Ele deixa sempre o jornal no tatami, sem o arrumar. ⇨ okí-zárí.

okíru 起きる **1** [横になっていたものが立つ] Levantar-se. *Byōnin wa mō jibun de okirareru yō ni natta* 病人はもう自分で起きられるようになった O doente já pode [consegue] ~ (sozinho) da cama. [I/慣用] *Koronde mo tada de wa okinai* 転んでもただでは起きない Saber tirar proveito (de tudo,) até dos reveses. [S/同] Okí-ágáru (+). **2** [起床する] Levantar-se (da cama). *Kare wa maiasa rokuji ni ~* 彼は毎朝六時に起きる Ele levanta-se todos os dias (Lit. manhãs) às seis horas. ★ *Asa hayaku ~* 朝早く起きる ~ (de manhã) cedo. [S/同] Kishṓ súrú. **3** [目をさます] Acordar; despertar-se. ★ *Mezamashidokei de ~* 目覚まし時計で起きる Ser acordado pelo [~ com o] despertador. **4** [眠らないで] Estar acordado [a pé]. *Mada okite ita no* まだ起きていたの Ainda esta-va(s) acordado? ★ *Okite matte iru* 起きて待っている Ficar esperando acordado. **5** [発生する] Ter lugar; ocorrer; acontecer; surgir. *Nani ga okita no desu ka* 何が起きたのですか Que aconteceu? ★ *Kiseki ga okita* 奇跡が起きた Aconteceu o [Houve um] milagre. [S/同] Hasséí súrú; okóru² **1** (+).

ṓkísa [oó] 大きさ (Sub. de "ṓkíi") **1** [物の長さ・広さ・かさなどの度合] O tamanho; a dimensão; a grandeza; o volume. *Kono heya no ~ wa dono kurai desu ka* この部屋の大きさはどのくらいですか Qual é o tamanho deste [Que dimensões tem este] quarto? *Kono kōen wa Narita kūkō to onaji ~ da* この公園は成田空港と同じ大きさだ Este parque é tão grande como o [do tamanho do] aeroporto de Narita (Tokyo). **2** [度量] A grandeza. *Kare no ~ wa bonjin ni wa rikai shigatai* 彼の大きさは凡人には理解しがたい ~ dele ultrapassa a compreensão do homem comum.

ókishidanto オキシダント (< Ing. oxidant) O oxidante. ◇ **~ nōdo** オキシダント濃度 A concentração de [O grau] ~.

okíshídṓru オキシドール [óo] (< Al. oxydol) O oxydol (Nome farmacêutico da água oxigenada). [S/同] Kasáńká súísósui.

okíshífuru オキシフル (Uma marca) ⇨ okíshídṓru.

okíté 掟 **1** [きまり] O regulamento「da escola」; o mandamento「de Deus」; a regra. ★ *~ o mamoru* 掟を守る Guardar a/o ~. *~ o sadameru* 掟を定める Estabelecer o/a ~. *~ o yaburu* 掟を破る Infringir a/o ~. [S/同] Kimárí (+); kísoku; kitéí; sadámé. **2** [法律] A lei. [S/同] Hṓrítsú (+).

okí-tégami 置き手紙 (< okú + ···) A mensagem [carta; O recado] que se deixa para alguém. *Kare wa watashi ate no ~ o nokoshite itta* 彼は私あての置き手紙を残していった Ele partiu [foi-se] deixando um/a ~ para mim. ⇨ deńgóń.

okí-wásúréru 置き忘れる (< okú + ···) **1** [物の置き場を忘れる] Esquecer onde. *Megane o doko ka ni okiwasureta* 眼鏡をどこかに置き忘れた Esqueci os óculos não sei onde [em qualquer parte]. **2** [置いたまま持って行くのを忘れる] Esquecer. *Kyōshitsu ni dare ka ga okiwasureta rashii hon ga atta* 教室に誰かが置き忘れたらしい本があった Havia um livro na (sala de) aula que deve ter sido esquecido [deixado] por alguém.

okí-yá 置屋 A casa de gueix[sh]as.

okí-zárí 置き去り (< okú + sáru) O abandono. *Akanbō wa hitobanjū soko ni ~ ni sarete shimatta* 赤ん坊は一晩中そこに置き去りにされてしまった O bebé[ê] ficou aí abandonado [ao ~] (durante) a noite inteira. ★ *Saishi o ~ ni suru* 妻子を置き去りにする Abandonar a esposa e os filhos. ⇨ oítékíbórí.

okí-zúrí 沖釣り (< ··· ¹ + tsurí) A pescaria ao largo [no alto (mar)]. [A/反] Isó-zúrí; oká-zúrí.

okkábúséru おっかぶせる **1** [かぶせるを強めて言う語] Pôr uma coisa em cima de outra. [S/同] Kabúséru (+). **2** [責任を人になすりつける] Culpar. *Sekinin o dōryō ni ~* 責任を同僚におっかぶせる Deitar a culpa aos [~ os] colegas. [S/同] Nasúrí-tsúkéru (+); oshí-tsúkéru. **3** [高圧的な態度をとる] Ser enfático [quase ameaçador]. *~ yō na kuchō* おっかぶせるような口調 Um tom (de voz) autoritário [enfático]. [S/同] Kṓátsú-tékí. **4** [人の言動の終わるや否やそれを否定するようなことをする] Ser logo contra. *Okkabusete iu* おっかぶせて言う Ripostar; falar logo contra; dizer logo que não.

okkákéru 追っ掛ける【G.】Perseguir; correr atrás「do ladrão」. [S/同] Oíkákéru (+).

okkáná-bíkkuri (de) おっかなびっくり (で) (< okkánái + ···)【G.】Com grande medo; a tremer das pernas「no primeiro exame oral」. [S/同] Kowágówa (+); osórúósoru.

okkánágáru おっかながる【G.】⇨ kowágáru.

okkánái おっかない【G.】⇨ kowái; osóróshíi.

okkóchíru おっこちる【G.】⇨ ochíru.

okkū́ [úu] 億劫 Ser aborrecido「escrever tantas cartas」/maçador「ser porteiro」. *Samui to nani o suru no mo ~ da* 寒いと何をするのも億劫だ Quando faz frio até aborrece trabalhar. [S/同] Meńdṓ (+).

okkū́gáru 億劫がる (< okkū́ + ···) Ter preguiça de fazer; achar aborrecido [maçador]. *Kanojo wa atokatazuke o chittomo okkūgaranai* 彼女は後片付けをちっとも億劫がらない Ela não acha nada aborrecido [Ela até (parece que) gosta de] arrumar「a cozinha」.

ṓkṓ¹ [oó-] 往航 A viagem de ida. ★ *~ no fune* 往航の船 O navio a partir [em ~]. *~ no tochū de* 往航の途中で Na ~. [A/反] Fukúkṓ; kikṓ. ⇨ ikí²; ṓfúkú.

ṓkṓ² [oó-] 横行 **1** [威張って歩くこと] O andar arrogante. ★ *~ kappo suru* 横行闊歩する Andar todo arrogante (Como um "yakuza"). **2** [はびこること] O campear; o estar infestado. ★ *Kaizoku no ~ suru umi* 海賊の横行する海 O mar infestado de piratas.

ṓkṓ³ [oó-] 王侯 Os príncipes [reis e aristocratas]. ◇ **~ kizoku** 王侯貴族 Rei e nobreza [nobres].

o-kóbore お零れ (< kobóréru) **a)** Os restos「da

O

chuva]; **b**) As sobras「da abundância」. *Yamada-kun ga takarakuji ni atatta node minna de ~ ni azukatta* 山田君が宝くじに当たったのでみんなでおこぼれにあずかった Como Yamada acertou na lota[e]ria todos recebemos umas sobrinhas.
⟨S/周⟩ Yotóku.

o-kóégákari お声掛かり (< o² + … + kakáru) A recomendação; a ordem. *Shachō no ~ de atarashii kikai o kōnyū shita* 社長のお声掛かりで新しい機械を購入した Por ~ do presidente comprámos uma máquina nova.

okógámáshíí 烏滸がましい Presunçoso. *Jibun de iu no mo ~ ga watashi wa kore de mo kinben(ka) da* 自分で言うのもおこがましいが私はこれでも勤勉(家)だ Pode parecer presunção [Desculpem a falta de modéstia] mas eu sou muito estudioso/aplicado. ★ *Okogamashiku mo chūkoku o suru* おこがましくも忠告をする Ousar dar conselhos.
⟨S/周⟩ sashidégámáshíí.

o-kóge お焦げ (< o² + kogéru) O esturro. *Go-han no ~* ご飯のお焦げ O arroz esturrado.

o-kógoto お小言 ⇨ kogótó¹.

ókókú 王国 **1**[王を主権者とする国] O reino. ◇ **Oranda ~** オランダ王国 ~ da Holanda. ⇨ kyōwákoku; téikóku. **2**[比喩的にあるものが大きな力で栄えている国] O J. é ~ do reino do beis. ◇ **Jidōsha ~** 自動車王国 ~ dos automóveis.

okónái 行い (< okonáu) **1**[行為] O a(c)to; a a(c)ção. ★ *Rippa na ~ o suru* 立派な行いをする Praticar uma boa ~. ⟨S/周⟩ Kói. **2**[品行] A conduta; o comportamento. ★ *~ no yoi[warui]hito* 行いの良い[悪い]人 A pessoa bem[mal] comportada. *~ o aratameru* 行いを改める Corrigir-se; mudar de ~; comportar-se melhor. ⇨ Hínkó; mimóchí; sokó.

okónáú 行う **1**[物事をする] Agir; realizar; fazer; praticar [pôr em prática]; cumprir. *Asu sūgaku no shiken ga okonaimasu[ga arimasu]* 明日数学の試験を行います[があります] Amanhã há [tenho, tenho/vou fazer] exame de matemática. *Tadashii koto o ~ made da* 正しいことを行うまでだ Só podemos fazer o que é bom [o que nos dita a (nossa) consciência]. ★ *Akuji[Zenkō] o ~* 悪事[善行]を行う Praticar más[boas] a(c)ções. *Seigi o ~* 正義を行う Praticar a justiça. ｟反語｠ *Iu wa yasuku ~ wa katashi* 言うは易く行うは難し Do dizer ao fazer vai muita diferença/Falar é fácil, fazer é que é difícil/Com a língua também eu faço (G.). ⟨S/周⟩ Jikkō súrú; jisshí súrú; surú (+). **2**[仏道の修業をする] ⇨ shugyō ◇.

okónáwárérú 行われる (Voz passiva de okónáú) Ser feito [realizado]. *Burajiru de wa sakkā ga sakan ni okonawarete iru* ブラジルではサッカーが盛んに行われている No Brasil joga [pratica]-se imenso o futebol. *Kare no enzetsu wa porutogarugo de okonawareta* 彼の演説はポルトガル語で行われた O discurso dele foi em p. *Shin-seihin no senden ga sakan ni okonawareta* 新製品の宣伝が盛んに行われた Fizeram[Fez-se] uma grande propaganda do [desse] novo artigo/produto. *Sore wa rironjō no koto de jissai ni wa okonawarenai* それは理論上のことで実際には行われない Isso é só teórico e não se pode realizar na prática.

o-kónómí お好み O gosto; a preferência. *Nan de mo ~ dōri[shidai]ni itashimasu* 何でもお好みどおり [次第]に致します Farei tudo ao [de acordo com o] seu gosto. *~ no mono o-suki na dake o-tori kudasai* お好みのものをお好きなだけお取り下さい Sirva-se à vontade do que gostar. ◇ ~ **shokudō** お好み食堂 O restaurante com grande variedade de pratos. ~ **yaki** お好み焼き Um pastel de carne, legumes, etc., tudo envolto em massa de farinha.

okóráséru[okórásu] 怒らせる[怒らす] (< okóru¹) Irritar; fazer zangar. ★ *Hito o ~ yō na koto o suru* 人を怒らせるようなことをする Fazer coisas que irritam a gente [as pessoas/os outros].

okóri¹ 起こり (< okóru²) **1**[物事のはじまり] A origem; o começo; o nascimento. *Romansu-go no ~ wa ratengo de aru* ロマンス語の起こりはラテン語である A origem das línguas românicas é latim. ★ *Chimei no ~* 地名の起こり A origem do topó[ô]nimo [nome da terra]. ⟨S/周⟩ Kígen; motó. **2**[原因] A causa; o motivo. *Fūfugenka no ~ wa kodomo no kyōiku ni tsuite datta* 夫婦げんかの起こりは子供の教育についてだった ~ da zanga entre o casal foi do problema da educação dos filhos. *Koto no (somo somo no) ~ wa kō(iu)n)da* 事の(そもそもの)起こりはこう(なん)だ A coisa foi (mais ou menos) assim [da seguinte maneira/esta]. ⟨S/周⟩ Gen'íń (+).

okóri² 瘧【Med.】A malária. ★ *~ o yamu[wazurau]* 瘧を病む[患う] Contrair a ~.

okórínbō 怒りん坊 A pessoa irritável [irritadiça]. ⇨ okóríppóí.

okóríppóí 怒りっぽい Irritável; irascível; rabugento; irritadiço; com [que tem] pelo na venta (G.). *Kare wa tanki de ~ seikaku da* 彼は短気で怒りっぽい性格だ Ele tem um temperamento impaciente e irritadiço.

okóru¹ 怒る **1**[腹をたてる] Zangar-se; irritar-se. *Kare no okotte iru no o mita koto ga nai* 彼の怒っているのを見たことがない Nunca o vi zangado. *Kare wa tsumaranai koto de ~ otoko da* 彼はつまらないことで怒る男だ Ele zanga-se por qualquer coisa [por dá cá aquela palha]. ★ *Okotta kao o suru* 怒った顔をする Mostrar-se zangado. *Okotte gyakujō suru* 怒って逆上する Ficar vermelho de raiva (cólera). *Okotte kao ga aoku naru* 怒って顔があおくなる Empalidecer de raiva. *Kankan ni ~* かんかんに怒る Ficar furioso [como uma fera/víbora]. *Punpun[Puripuri] ~* ぷんぷん[ぷりぷり]怒る Arreliar-se [Ficar muito zangado]. *Rekka no gotoku ~* 烈火のごとく怒る Inflamar-se de cólera. ⟨S/周⟩ Ikáru. **2**[強く叱る] Repreender; dar uma repreensão [reprimenda/um raspanete (Col.)]. *Itazura o shite o-tō-san ni okorareta* いたずらをしておとうさんに怒られた Fiz uma travessura e apanhei/levei uma ~ [bronca] do meu pai. ⟨S/周⟩ Shikáru (+).

okóru² 起こる (⇨ okósu¹) **1**[発生する] Ocorrer; originar-se [ter origem]; acontecer; surgir; aparecer. *Kaji wa shibashiba fuchūi kara ~* 火事はしばしば不注意から起こる Os incêndios, muitas vezes, são (originados) por descuido. *Kono machi ni saikin kakushu no sangyō ga okkotte kita* この町に最近各種の産業が起こってきた Começaram a surgir [aparecer] diversas indústrias nesta cidade. *Ningen no isshō wa nani ga ~ ka wakaranai* 人間の一生は何が起こるかわからない Ninguém sabe o que nos espera [pode acontecer] na vida. *Sono sensō wa dōshite okotta no desu ka* その戦争はどうして起こったのですか Como [Por que] rebentou essa guerra? ★ *Donna* *koto ga okotte mo* どんなことが起こっても Aconteça o que acontecer. *Infure kara ~ sho-mondai* インフレから起こる諸問題 Os vários problemas resultantes [que resultam] da inflação. Ⓢ㊥ Hasséi súrú; okíru **5**. **2** [熱・電気などが生じる] Ser gerado [produzido]; produzir-se. *Buttai o masatsu suru to netsu to denki ga ~* 物体を摩擦すると熱と電気が起こる A fricção entre [Quando se friccionam] dois corpos gera [produz(em)-se] calor e ele(c)tricidade. **3** [病気の発作が生じる] Ter um ataque; ter um acesso de 「febre」; ser acometido 「por várias doenças」. *Shinzō mahi ga ~* 心臓まひが起こる Ter um ataque de coração.

okóru³ 興る (⇨ okósu²) Tornar-se próspero 「o comércio」; florescer 「Lisboa no séc. xv」; prosperar.

okóru⁴ 熾る Começar a arder; pegar. *Hi ga okotta* 火が起こった O fogo pegou [começou a arder]. Ⓢ㊥ Moé-dásu. ⇨ okósu³.

okóshi¹ 粔籹 Um doce de arroz.

o-kóshi² お越し (< o+kosú**7**) **a)** A ida; **b)** A vinda. *Dochira e ~ desu ka* どちらへお越しですか Aonde vai? *Dōzo ~ kudasai* どうぞお越し下さい Venha (a minha casa).

okósu¹ 起こす (⇨ okóru²) **1** [倒れたものを立てる] Erguer; endireitar; levantar. ★ *Katamuita fune o ~* 傾いた船を起こす Endireitar o barco. *Koronda kodomo o okoshite yaru* ころんだ子供を起こしてやる Levantar a criança (do chão).
2 [目をさます] Acordar. *Asa hayaku okosareta no de nemukute shikata ga nai* 朝早く起こされたので眠くてしかたがない Acordaram-me cedo (esta manhã) e estou cheio de sono. (Ⓘ/㊗) *Neta ko o ~* 寝た子を起こす Abrir uma ferida; procurar sarna para se coçar; criar problemas desnecessariamente.
3 [物事を始める] Começar; abrir; lançar; inaugurar. *Gakusei ga chūshin to natte kono undō o okoshita* 学生が中心となってこの運動を起こした Os estudantes criaram [começaram] este movimento, sendo eles os responsáveis. ★ *Jigyō o ~* 事業を起こす Começar [Abrir] um negócio. *Sensō o ~* 戦争を起こす Começar a guerra. *Soshō o ~* 訴訟を起こす Abrir [Levantar] um processo. Ⓢ㊥ Kaíshi súrú; setsuritsú súrú; sōshi súrú.
4 [生じさせる] Produzir; gerar; dar origem; provocar; fazer nascer. *Masatsu wa netsu o ~* 摩擦は熱を起こす A fricção gera o calor. ★ *Denki o ~* 電気を起こす Gerar ele(c)tricidade. *Genki (Kibō) o okosaseru* 元気 [希望] を起こさせる Ficar com (mais) ânimo [esperança]. *Kanshaku o ~* かんしゃくを起こす Ter um acesso de raiva.
5 [病気を生じさせる] Adoecer; contrair [apanhar]. ★ *Haien o ~* 肺炎を起こす Contrair [Apanhar/Ter] uma pneumonia. **6** [土を掘りかえす] Lavrar; cavar. ★ *Hatake [Tsuchi] o ~* 畑 [土] を起こす ~ o campo [a terra]. **7** [力を加えてはぎ取るように動かす] Arrancar. ★ *Dōro no shiki-ishi o ~* 道路の敷石を起こす Levantar [~] as lajes do caminho (calcetado). **8** [カルタ・花札などの表を出す] Virar [Mostrar]. ★ *Fuda o ~* 札を起こす ~ a carta. **9** [録音されたものを文字で書く] Escrever o que está gravado. *Supīchi o tēpu kara ~* スピーチをテープから~ Escrever o discurso gravado na fita. **10** [写真をプリントする] Revelar. *Shashin o nega kara ~* 写真をネガから起こす~ o negativo [a fotografia].

okósu² 興す (⇨ okóru³) Levantar; promover 「a indústria」. ★ *Kuni o ~* 国を興す Levantar [Fazer prosperar] o país.

okósu³ 熾す Fazer. ★ *Hi o ~* 火を熾す ~ lume [uma fogueira].

okótári 怠り (⇨ okótárú) **1** [なまけること] A negligência; a indolência; a preguiça. ★ *~ naku mainichi benkyō suru* 怠りなく毎日勉強する Estudar diligentemente todos os dias. Ⓢ㊥ Táida; taímán.
2 [不注意] O descuido; a falta; o desleixo; o desmazelo. Ⓢ㊥ Fuchúi (+); yudán (+).

okótárú 怠る **1** [なまける] Negligenciar; ser indolente [preguiçoso; negligente; desleixado; mandrião (G.)]. ★ *Shokumu o ~* 職務を怠る Ser negligente (no trabalho/na sua obrigação). Ⓢ㊥ Namákéru (+). **2** [油断する] Descuidar-se; distrair-se; não prestar atenção. ★ *Chūi o ~* 注意を怠る Descuidar-se; distrair-se; não prestar atenção. Ⓢ㊥ Yudán súrú.

okóze 虎魚 [Zool.] O peixe-escorpião.

óku¹ 奥 **1** [中へ深く入ったところ] O interior; mais lá para dentro; o fundo 「da rua」. ★ *Kokoro no ~ ni* 心の奥に No fundo do coração. *Yama no ~* 山の奥 O interior [A parte de lá] da montanha. **2** [家の中で家人のいつもいる所] A parte mais interior da casa. ★ *~ no ma [heya]* 奥の間 [部屋] A sala de estar da família. *Kyaku o ~ ni tōsu* 客を奥に通す Conduzir a visita à sala do fundo. **3** [貴人の妻] [H.] A esposa de nobre; a dama. Ⓢ㊥ Fujín. ⇨ óku-san.

óku² 億 **1** [数の単位] Cem milhões. **2** [数がけたはずれに多いこと] O número astronó[ô]mico [extraordinariamente grande]. ★ *Kyo ~ no zai* 巨億の財 A fortuna enorme [incalculável].

okú³ 置く **1** [すえる] Pôr; colocar. *Doko ni kabin o okō ka* どこに花びんを置こうか Onde vamos ~ o vaso [a jarra] de flores? *Kono yo ni mi o ~ tokoro ga nai* この世に身を置く所がない Não tenho nada (de) meu [onde cair morto]. ★ *Hikui chii ni okareru* 低い地位に置かれる Ser colocado numa posição inferior. *Kata ni te o ~* 肩に手を置く Pôr a mão no ombro. *Kyōkai ni seki o ~* 教会に籍を置く Pertencer à igreja; ser fiel [membro] da igreja. *Yon moku ~* 4目置く (碁に) (No jogo de gô) Conceder quatro pedras de vantagem. Ⓢ㊥ Suérú.
2 [残す] Deixar. *Kodomo wa ie ni oite kimashita* 子供は家に置いて来ました Deixei as crianças (sozinhas) em casa. *Daikin o oite mise o deru* 代金を置いて店を出る Pagar [Deixar o dinheiro na mesa] e sair 「do restaurante」. Ⓢ㊥ Nokósu; todómérú.
3 [(Depois de outro verbo; ⇨ **5**) 状態や行為の結果を保つ] Deixar. *Dentō wa keshite oite kudasai* 電灯は消しておいてください Quando sair(em) deixe(m) a luz apagada. ★ *Iitai koto o iwanaide ~* 言いたいことを言わないで置く Deixar de dizer o que se quer. *Sono mama ni shite ~* そのままにして置く Deixar na mesma [como está].
4 [設置する] Instalar; abrir. ★ *Jimusho o ~* 事務所を置く ~ um escritório. Ⓢ㊥ Mōkéru; setchí súrú.
5 [保存する] Conservar; deixar; guardar. *Niku wa atsui toki ni wa nagaku okenai* 肉は暑い時には長く置けない A carne, no verão (com o calor), não se conserva [se pode deixar] muito tempo. Ⓢ㊥ Hozón súrú.
6 [質にいれる] Depositar. ★ *Kamera o shichi ni ~* カメラを質に置く Penhorar [~ na casa de penhores] a máquina fotográfica.

okú[4]

7 [雇う] Contratar; empregar. ★ *Untenshu o ~* 運転手を置く um motorista. Ⓢ Yatóu (+).
8 [人を住まわせる] Admitir. ★ *Geshuku-nin o ~* 下宿人を置く inquilinos「em casa」.
9 [配置する] Designar; nomear. ★ *Kaku-shō ni daijin o ~* 各省に大臣を置く ministros para os vários ministérios.
10 [間を隔てる] Deixar. ★ *Aida [Kankaku] o ~* 間[間隔]を置く espaço [um intervalo]; espaçar. *Ikken oite tonari (no ie)* 1軒置いて隣（の家）A casa a seguir à primeira; a segunda casa. **11** [心にとめる] Ter presente [em conta]. ★ *Nentō ni ~* 念頭に置く Ter presente [em mente]. **12** [重視する] Dar importância; respeitar. ★ *Ichimoku okareru* 一目置かれる Ser respeitado. *Omoki o ~* 重きを置く Dar importância. **13** [計算して結果を出す] Calcular; fazer o cálculo. ★ *Soroban o ~* 算盤を置く Calcular no ábaco. **14** [金箔・蒔絵などを施す] Deitar; aplicar. ★ *Kinpaku o ~* 金箔を置く Dourar; aplicar folha de ouro. **15** [-teoku]: あらかじめする] Fazer de antemão. ★ *Denwa bangō o oshiete ~* 電話番号を教えておく Deixar o número do telefone.
16 [霜や露などがおりる]【E.】Acumular-se. ★ *Kusaba ni ~ tsuyu* 草葉に置く露 O orvalho acumulado [em gotas] na erva.

okú¹ 措く **1** [除く] Excluir; exce(p)tuar. *Kare o oite wa shidōsha wa hoka ni inai* 彼をおいては指導者は他にいない Além dele [Exce(p)to ele] não há outro dirigente [outro com qualidades para chefe]. Ⓢ Nozókú (+); sashíókú. **2** [やめる] Deixar de lado [de fora]; deixar de. *Kare wa shōsan ~ atawazaru engi o miseta* 彼は賞賛おくあたわざる演技を見せた Ele teve uma a(c)tuação que tinha [não podia deixar] de arrancar aplausos. ★ *Jōdan wa sate oki* 冗談はさておき Fora de brincadeira. Ⓢ Okú¹; yamérú (+).

óku [óo] 多く (< ōi²) **1** [たくさん] Muito. *Burajiru wa ~ no kōsanbutsu ni megumarete iru* ブラジルは多くの鉱産物にめぐまれている O Brasil tem ‒ minério. ★ *~ o kataranai* 多くを語らない Não falar ~. *~te* [tomo] 多く(ても) O máximo [Quando ~]「vinte」. *Ryō [Kazu] ga ~ naru* 量[数]が多くなる A quantidade [O número] aumentar. Ⓢ Takúsán.
2 [たいてい] A maioria [maior parte]. *Kono ōku no ~ wa gaikoku-muke desu* この品の多くは外国向けです ‒ destas mercadorias é para exportação. Ⓢ Taítéí.

óku-ba 奥歯 (<…¹+ha¹) O (dente) molar. Ⓘ *~ ni mono ga hasamatta yō na iikata o suru* 奥歯に物がはさまったような言い方をする Falar [Andar] com rodeios. Ⓢ Kyúshi. Ⓐ Máeba.

okúbí 噯気 O arroto; a eructação. Ⓘ *~ ni mo dasanai [misenai]* おくびにも出さない[見せない] Não dar nenhum sinal [o mínimo indício/a entender nada]. Ⓢ Geppú.

okúbú[fú]kái 奥深い (<…¹+fukái) **1** [奥の方に遠く深い] Que se estende para lá; denso. ★ *~ mori* 奥深い森 A floresta densa. **2** [意味が深い]「conteúdo」 Denso; profundo. ★ *~ imi* 奥深い意味 Um significado profundo.

okúbyō [óo] 臆病 A cobardia; a pusilanimidade. ★ *~ na* 臆病な Cob[v]arde; medroso; pusilânime. *~ ni mo* 臆病にも Covardemente; medrosamente. *~ ni naru* 臆病になる Acobardar-se; amedrontar-se. ◇ **~ mono** 臆病者 O covarde; o medroso;

o medricas (G.); o pusilânime.

óku-chi 奥地 O interior; o sertão. *Bandeirantesu wa Burajiru no ~ e to tanken o shite itta* バンデイランテスはブラジルの奥地へと探検をして行った Os bandeirantes exploraram o interior do B. ⇨ óku¹.

okúdán 臆[憶]断 A conje(c)tura. Ⓢ Suídán.

okúgai 屋外 Fora de casa; na rua; ao ar livre. ★ *~ no kūki* [kion] 屋外の空気[気温] O ar de fora [A temperatura exterior]. ◇ **~ enzetsu** [shūkai] 屋外演説[集会] A arenga「política」/O discurso [A reunião] na rua. **~ yūgi** [undō] 屋外遊戯[運動] Os jogos [O exercício] ao ar livre. Ⓢ Kógai; yágai (+). Ⓐ Okúnai.

okúgáta 奥方 **a)** A dama nobre; **b)** A esposa. Ⓢ Fujín; óku-sama (+); reíkéf; reíshítsú. ⇨ óku¹.

ókugi 奥義 O arcano; o mistério; os segredos de uma arte. ★ *~ o sazukeru* 奥義を授ける Transmitir os ~. *Tetsugaku* [*Bungaku*] *no ~ o kiwameru* 哲学[文学]の奥義を究める Aprofundar-se no [Embrenhar-se no] estudo da filosofia [literatura]. ◇ **~ denju** 奥義伝授 A iniciação nos [A transmissão dos] ~. Ⓢ Gókui; okú-nó-te; shíngi; ógi². ⇨ óku¹; shínpí.

okújō 屋上 O terraço. Ⓘ *~ oku o kasu* 屋上を架す Dizer uma coisa desnecessária; chover no molhado. ◇ **~ bia gāden** 屋上ビアガーデン A cervejaria num ~ 「no verão」. ◇ **~ tenjō¹**; yáne.

okúmán 億万 Bilhões. ◇ **~ chōja** 億万長者 O bi [multi] milionário; o bilionário (B.); o ricaço.

okúmátta 奥まった Retirado; afastado; escondido. ★ *~ heya* 奥まった部屋 O quarto afastado「da entrada」; o quarto do fundo. ⇨ óku¹.

Ókumá-zá [óó] 大熊座【Astr.】⇨ Ógumá-zá.

okúmén 臆面 O fazer cerimó[ô]nia; o ter vergonha. *Kare wa ~ mo naku uso o tsuku* 彼は臆面もなく嘘をつく Ele mente descaradamente [sem rebuço]. Ⓢ Ópúu.

okúmí 衽・袵 A entretela; a nesga de pano para reforçar as costuras「do quimono」.

okúnai 屋内 O interior da casa. ◇ **~ de** [ni] 屋内[に] Dentro de casa. ◇ **~ haisen** 屋内配線 A instalação elé(c)trica da casa. **~ pūru** 屋内プール A piscina coberta. **~ undōjō** [kyōgijō] 屋内道場[競技場] O ginásio[estádio/campo de jogos] coberto. **~ yūgi** [supōtsu] 屋内遊戯[スポーツ] O jogo [desporto/esporte] de salão. Ⓐ Kógai; okúgai.

o-kúní-jíman お国自慢 O orgulho da terra natal [da (nossa) terrinha]; a especialidade da terra「é o vinho」. *Shibaraku wa ~ ni hana ga saita* しばらくはお国自慢に花が咲いた Ao princípio era cada qual só a falar (com orgulho) da sua [própria] terra.

o-kúní-námari お国訛り O sotaque regional [da terra]. Ⓢ Hőgén (o); ináká-kótoba; kuní-námari (+).

okú-niwá 奥庭 O quintal; o pátio interior. Ⓢ Nakã-niwá. ⇨ óku¹.

okú-nó-in 奥の院 O santuário mais interior. ⇨ naíjín.

okú-nó-te 奥の手 **1** [奥義] O segredo; o mistério. Ⓢ Híjutsu; ókugi (+). **2** [最後の手段] O último recurso [cartucho]; a última cartada [tentativa]. ★ *~ o dasu* 奥の手を出す Jogar a última cartada; queimar o último cartucho. *~ o tsukau* 奥の手を使う Usar o último recurso「dizendo ao filho que o deserdava」. [S/同] Kirífuda.

okúrá オクラ (< Ing. okra) 【Bot.】 O quiabo; o quiabeiro; *abelmoschus esculentus*.

Ṓkúrá-dáijin [oó] **大蔵大臣** **1** [蔵相] O Ministro da Fazenda 【B.】 [das Finanças 【P.】]. [S/同] Zṓshṓ. ⇨ Ṓkúrá-shō. **2** [主婦] 【G.】 A dona de casa. ★ *Waga-ya no* ～ わが家の大蔵大臣 O "ministro da fazenda" da minha casa. ⇨ shúfu.

okúrásérú 後[遅]らせる (< okúrérú) **1** [おくれるようにする] Atrasar「a resposta」; diferir; procrastinar; adiar; deixar para depois. ★ *Kitaku o sanjippun* ～ 帰宅を 30 分遅らせる Atrasar meia hora o regresso a casa. **2** [時計の針を動かす] Atrasar o relógio. [A/反] Susúmérú.

Ṓkúrá-shō [oó] **大蔵省** O Ministério da Fazenda. 【B.】 [das Finanças 【P.】]. ⇨ ṓkurá-dáijin.

okúrású 後[遅]らす ⇨ okúrásérú.

okúré 後[遅]れ (< okúrérú) **1** [おくれること] O atraso. ★ *Go fun* ～ *no ressha* 5 分遅れの列車 O trem (B.) [comboio (P.)] com 5 minutos de atraso. **2** [劣ること] O ficar atrás. ★ ～ *o toru* 後れを取る Ficar atrás [*Sakkā nara kare wa dare ni mo* ～ *o toranai* サッカーなら彼は誰にも後れを取らない Em (matéria de) futebol, ele não fica atrás de ninguém].

okúré-básé 後れ馳せ (< okúrérú + haséru) **1** [おくれてかけつけること] O partir [ir a correr] atrasado. ★ ～ *ni yatte kuru* 後れ馳せにやって来る Aparecer tarde. **2** [他より時機におくれること] O chegar tarde [fora de horas]. ～ *nagara o-iwai mōshiagemasu* 後れ馳せながらお祝い申し上げます Embora atrasadas quero apresentar-lhe as minhas felicitações.

okúré-gé 後れ毛 (< ··· + ke) O cabelo solto [desprendido]. ★ ～ *o kakiageru* 後れ毛をかき上げる Pentear [Arranjar] o cabelo.

okúrérú 後[遅]れる (⇨ okúrásérú) **1** [定まった時機より遅くなる] Atrasar-se; chegar tarde [atrasado]. *Kono rosen no basu wa yoku* ～ この路線のバスはよく遅れる Os ônibus (B.) [autocarros (P.)] desta linha andam muitas vezes atrasados ★ *Shimekiri-bi ni* ～ 締切り日に遅れる Chegar depois [fora] do (último dia do) prazo. **2** [とり残される] Ficar para trás; chegar depois. *Sentō rannā ni sukoshi okurete kare wa gōru shita* 先頭ランナーに少し後れて彼はゴールした Ele chegou à meta um pouco atrás [depois] do vencedor. *Ryūkō ni* ～ 流行に遅れる Não acompanhar a [Ficar fora de] moda. **3** [時計が] O relógio atrasar(-se). *Kono tokei wa mainichi go fun zutsu* ～ この時計は毎日 5 分ずつ遅れる Este relógio atrasa(-se) cinco minutos por dia [em 24 horas]. [A/反] Susúmú.

okúrí 送り (< okúrú) **1** [荷物を送ること] O mandar [expedir]. ★ *Ōsaka* ～ *no shina* 大阪送りの品 A mercadoria para (se mandar para) Osaka. ◇ ⇨ **～ chin** [jō]. **2** [人を見送ること] O despedir; a despedida. ★ ～ *mukae* 送り迎え O transporte particular de ida e volta「para a escola」[～ *mukae o suru* 送り迎えをする Levar e trazer「o presidente de carro todos os dias]. [S/同] Miókúrí (o); o-míókúrí (+). [A/反] Mukáé. **3** [管轄を移すこと] A transferência. ★ *Kensatsuchō* ～ 検察庁送り～「de um caso ou pessoa」para a procuradoria da República [da justiça]. **4** [工作機械] A alimentação de máquinas. **5** [葬送] 【E.】 O enterro [levar alguém a enterrar]. **6** [⇨ okúrí-jṓ].

okúrí-bi 送り火 (< ··· + hi) As luzes [lanternas] aos mortos (para os despedir). [A/反] Mukáé-bi.

okúrí-chíń 送り賃 O carreto (Pop.); o (preço do) tansporte; o frete. [S/同] Sṓryō (+).

okúrí-dásu 送り出す (< okúrú + ···) **1** [送って外へ出す] Mandar; acompanhar à saída; despedir-se de. ★ *Sotsugyōsei o* ～ 卒業生を送り出す Despedir-se dos [Lançar na vida profissional os] alunos diplomados [formados]. **2** [すもうの決まり手] 【Sumô】 Pôr [Atirar para] fora (da arena com um empurrão) o adversário.

okúrí-gána 送り仮名 (< okúrú + kaná) As letras do silabário japonês acrescentadas ao ideograma chinês para escrever a desinência da palavra. ⇨ furí-gána.

okúrí-jṓ 送り状 A fa(c)tura. ★ (*Buppin no*) ～ *o kaku* (物品の) 送り状を書く Fa(c)turar a [Escrever a ～ da] mercadoria.

okúrí-káesu 送り返す (< okúrú + ···) Devolver; mandar de volta. [S/同] Heńsṓ súrú.

okúrí-kómu 送り込む (< okúrú + ···) Mandar em força [à pressa/em grande quantidade]; entregar. *Kare wa kogaisha ni jūyaku to shite okurikomareta* 彼は子会社に重役として送り込まれた Ele foi mandado à força como dire(c)tor para uma filial [firma subsidiária]. ★ *Ni o* ～ 荷を送り込む Enviar muita mercadoria.

okúrí-mónó 贈り物 (< okúrú[2] + ···) O presente; a prenda「de Natal」; a lembrança. *Kore wa anata e no* ～ *desu* これはあなたへの贈り物です Isto é um ～ [uma ～] para você [si/ti]. ★ ～ *o suru* 贈り物をする Dar [Oferecer] um/a ～. [S/同] Purézento; shińmótsú; tsukáímónó. ⇨ hanámúké; miyágé.

okúrí-na 諡 [贈り名] O nome [título] póstumo. ⇨ okúrí **5**. [S/同] Shigṓ; tsuígṓ; zṓgṓ. ⇨ káimyō.

okúrí-níń 送り人 O remetente. [A/反] Okurisaki.

okúrí-sákí 送り先 O destino; o destinatário. [A/反] Okurinin.

okúrí-tódókéru 送り届ける (< okúrú + ···) Levar (até) ao destino; entregar. *Kanojo o kuruma de ie made okuritodoketa* 彼女を車で家まで送り届けた Levei-a a casa de carro.

okúrú[1] **送る** **1** [物品などを向こうへ届くようにする] Mandar; enviar; expedir; despachar. ★ *Aizu o* ～ 合図を送る Fazer sinal. *Dengon o mōshi* ～ 伝言を申し送る Mandar recado. *Kane o* ～ 金を送る Mandar [Enviar] o dinheiro. *Ko-zutsumi o* ～ 小包を送る ～ uma encomenda (postal). **2** [人につきそって行く] Acompanhar [Levar]. *O-taku made o-okuri itashimashō* お宅までお送り致しましょう Vou acompanhá-lo até [Eu levo-o de carro a] casa. **3** [見送る] Assistir [Acompanhar até] à partida; (ir) despedir-se de「alguém」. ★ *Genkan de kyaku o* ～ 玄関で客を送る Acompanhar a visita até à porta. [S/同] Mi-ókúrú. **4** [派遣する] Enviar alguém. *Kare wa tokushi to shite Burajiru ni okurareta* 彼は特使としてブラジルに送られた Ele foi ao Brasil como enviado especial. [S/同] Hakéń súrú. [A/反] Mukáérú. **5** [時をすごす] Passar o tempo. *Kyonen wa kyōri de natsu o okutta* 去年は郷里で夏を送った O ano passado passei o verão na minha terra. ★ *Bannen o tanoshiku* ～ 晩年を楽しく送る Viver os últimos anos (de vida) feliz. *Itazura ni isshō o* ～ いたずらに一生を送る Viver sem proveito; levar uma vida inútil [sem saber para quê]. [S/同] Sugósu. **6** [順

ぐりに移す」「tirar uma folha e」Passar「as outras à volta」. **7** [葬送する] Levar a enterrar. ★ *Hitsugi o* ~ 棺を送る Acompanhar o féretro [caixão]. **8** [送り仮名をつける] Escrever "okurigana". ★ *Katsuyō gobi no bubun o kana de* ~ 活用語尾の部分をかなで送る Escrever as desinências em "kana".

okúrú² 贈る **1** [人に物をあげる] Oferecer; dar de presente. *Kanojo no tanjōbi ni wa nani o okurō ka* 彼女の誕生日には何を贈ろうか Que prenda lhe vou [poderia] ~ no aniversário dela? ★ *Hana-taba o* ~ 花束を贈る Oferecer um ramalhete [uma grinalda] de flores. *Yakunin ni wairo o* ~ 役人に賄賂を贈る Subornar o funcionário público.
2 [賛辞などを与える] Dizer; proferir; saudar. ★ *Hanamuke no kotoba o* ~ [*noberu*] はなむけの言葉を贈る [述べる] Dizer [Proferir] algumas palavras de despedida. **3** [称号・名前などを与える] Conceder; conferir; premiar. ★ *Hakushi gō o okurareru* 博士号を贈られる Receber o grau de Doutor [Ser doutorado].

óku-sama 奥様 (Ainda mais cor. do que ⇨ óku-san). **1** [他人の妻に対する敬称] **a)** A sua senhora [mulher/esposa]; **b)** Senhora. *Moshi-moshi,* ~ *de irasshaimasu ka* もしもし、奥様でいらっしゃいますか Está [Alô]? É a senhora「Tanaka」? Ⓢ/同 Fujín; reíkéí; reíshítsú. **2** [女主人に対する敬称] Minha senhora. ★ ~ *o-kuruma no yōi ga dekimashita* 奥様、お車の用意ができました ~ o carro está pronto [à sua espera].

óku-san 奥さん (⇨ óku¹; óku-sama) **1** [他人の妻に対する敬称] **a)** A senhora [mulher] de outrem (⇨ kánai); **b)** A sua senhora (⇨ shúfu¹). ★ *Tanaka-san no* ~ 田中さんの奥さん A senhora Tanaka. **2** [女主人; 年輩の女性] (Ó minha) senhora.

okúsétsú 臆[憶]説 (⇨ okúsókú) A hipótese; a conje(c)tura. *Nihongo no kigen ni kansuru* ~ *wa ikutsu ka aru* 日本語の起源に関する憶説はいくつかある Existem várias hipóteses [teorias; opiniões] acerca da origem da língua japonesa. ★ ~ *o tateru* 憶説を立てる Pôr uma hipótese; supor; conjeturar. Ⓢ/同 Kasétsú (+).

okushon [oo] オークション (< Ing. < L. auctio: aumento) A hasta pública; o leilão; a licitação. ★ ~ *ni kakeru* オークションにかける Pôr em hasta pública; leiloar. Ⓢ/同 Kyōbái; seríúri.

okú-sókó 奥底 **1** [奥深い所] O fundo「do mar」; a profundeza; a profundidade. ★ ~ *no shirenai tani* [*hito*] 奥底の知れない谷 [人] O vale profundo [Um enigma/Uma pessoa imperscrutável]. **2** [本心] 「amar do」 Fundo「do coração」. *Kokoro no* ~ *o uchiakeru* 心の奥底を打ち明ける Abrir o (~ do) coração. Ⓢ/同 Hónshin.

okúsókú 憶[臆]測 (⇨ okúsétsú) A suposição; a especulação. ★ ~ *suru* 憶測する Supor; imaginar; especular. *Sore wa tan-naru* ~ *ni suginai* それは単なる憶測に過ぎない Isso não passa de uma ~ [Isso é uma mera ~]. Ⓢ/同 Soñtákú; sōzō (+); suísókú (+).

okúsúru 臆する【E.】Temer; ser tímido; recear; hesitar. ★ *Okusezu ni mono o iu* 臆せずに物を言う Falar sem receio [medo]. Ⓢ/同 Ojíkérú (+).

okútábu [áa] オクターブ (< Ing. octave < L.) A oitava. ★ *Ichi* ~ *ageru* [*sageru*] 1 オクターブ上げる [下げる] Subir [Baixar] uma ~.

ókutan オクタン (< Ing. octane) O octano. ◇ ~ *ka* オクタン価 O índice de ~ [*Kono gasorin wa* ~ *ga takai* このガソリンはオクタン価が高い Esta gasolina tem um alto índice de ~].

okú-té 晩生 [奥手] **1** [成熟のおそい稲の品種] O arroz serôdio. Ⓢ/同 Bañtó. Ⓐ/反 Nakáté; wáse. **2** [成熟のおそい実の品種] O ser serôdio;「a fruta」tardia. ★ ~ *no azuki* 晩生の小豆 O feijão-soja serôdio. Ⓐ/反 Nakáté; wáse. **3** [成熟のおそい人] O recôndito [que demora a amadurecer/fazer-se adulta]. *Uchi no musume wa* ~ *da* うちの娘は奥手だ A nossa filha continua uma criança. **4** [異性に対して気が弱い] O ser tímido/a em relação ao sexo oposto.

óku-yama 奥山 O recôndito [seio; meio] da montanha; o interior do mato [da floresta].

o-kúyámí お悔やみ Os pêsames; as condolências. *Kokoro kara* ~ *mōshiagemasu* 心からおくやみ申し上げます Apresento-lhe os meus (mais) sentidos pêsames.

okúyúkáshíí 奥床しい Fino; distinto; elegante.

okú-yúki 奥行き **1** [入口から奥までの長さ] O fundo de uma casa [um armário]. ★ ~ *nihyaku-mētoru no jisho* 奥行きを 200 メートルの地所 O terreno com duzentos metros de fundo. ~ *no aru* [*fukai*] *mise* 奥行のある [深い] 店 A loja com muito ~. Ⓐ/反 Máguchi.
2 [学識・経験などの奥深さ] A profundidade de conhecimentos ou experiência. *Kare no gakumon ni wa* ~ *ga aru* 彼の学問には奥行きがある Ele tem um profundo conhecimento da sua especialidade [Ele é um (verdadeiro) sábio].

okú-záshiki 奥座敷 A sala-de-estar da família.

okú-zúké 奥付け (<… + tsukéru) O colofão; o ex-líbris. Ⓢ/同 Okú-gákí.

okyan お侠 O ser espevitado; o traquinas. ★ ~ *na musume* おきゃんな娘 A menina traquinas [levada/saída/sapeca (B.)]; a maria-rapaz. Ⓢ/同 Hasúppá; oténbá (+).

ókyū¹ [óó] 王宮 O palácio real.
Ⓢ/同 Kôkyo; kôkyū; kyūdéñ (+).

ókyū² [óó] 応急 A resposta a uma emergência. ◇ ~ *kōji* 応急工事 As obras provisórias [de emergência]. ~ *saku* 応急策 O plano de emergência. ~ *shochi* 応急処置 A medida de emergência. ~ *teate* 応急手当 Os primeiros socorros.

o-máchídōsámá お待ちどうさま (⇨ mátsu²) Desculpe tê-lo feito esperar. *"Dōmo* ~ !" *"Sā mairimashō"*「どうもおまちどうさま!」「さあ参りましょう」~ *tanto* (tempo); *"Pronto, vamos".*

ō-máchigai [óó] 大間違い Um grande erro. *Kare o shin'yō shita no ga* ~ *datta* 彼を信用したのが大間違いだった Foi ~ confiar [ter confiado] nele.

o-máe お前 **1** [君] (Termo de tratamento entre homens ou de superior para inferior) Tu; você. ~ *no kao nado mō mitaku mo nai* お前の顔などもう見たくもない Eu nem te quero ver mais à minha frente! **2** [神仏や身分の高い人の前] A「real」presença. ★ *Tonosama no* ~ *ni mairu* 殿様のお前に参る Ir à presença do seu senhor. **3** [夫が妻をよぶ語] (Tratamento do marido para a mulher; ⇨ anáta¹) Meu bem; querida; amor. *Choi to* ~ *miseban o tanomu yo* ちょいとお前店番を頼むよ〜 , fique tomando [fica a tomar] conta da loja por um instante.

o-máirí お参り (< o² + máiru) A visita ao templo (⇨

haká-máiri). *Higan ni wa o-tera ni ～ o shimasu* 彼岸にはお寺にお参りをします Costumo visitar o templo na semana do equinócio. [S/同] Sańkéí.

ṓmáká [oó] 大まか **1** [おうよう] A generosidade. ★ ～ *na* 大まかな Generoso. *Kane ni ～ de aru* 金に大まかである Não saber o que é o dinheiro;「ele é」um mãos largas [rotas]. [S/同] Ōraka; ṓyṓ (+). **2** [大ざっぱなようす] O ser aproximado [geral]. ★ ～ *ni ieba* 大まかに言えば (Falando) de uma maneira geral. ～ *ni mitsumoru* 大まかに見積もる Fazer o orçamento aproximado [por alto]. [S/同] Ṓzáppa (+).

o-máké お負け (< o²+makérú) **1** [値引きすること] O desconto [abatimento]. *Sen en o-kaiage goto ni gojūen ～ itashimasu* 1000円お買上げごとに50円おまけいたします Fazemos um ～ de cinquenta yens por cada mil (yens) de compras. **2** [付録] O suplemento. *Shinnen-gō no zasshi ni wa ～ ga takusan tsuku* 新年号の雑誌にはおまけがたくさん付く A edição de Ano Novo da revista traz muitos ～s. [S/同] Furókú; keíhíń. **3** [その上に付け加えること] O troco; um「carapau/pêssego」extra. *Kore wa ～ no hanashi da* これはおまけの話だ Esta história é para compor as coisas. ◇ ⇨ **～ ni**.

ṓ-máké [oó] 大負け (< makérú) **1** [大敗] A derrota fragorosa [estrondosa/completa/grande]. *Sakkā de waga kuni wa Burajiru ni ～ shita* サッカーでわが国はブラジルに大負けした O nosso país sofreu uma ～ no jogo de futebol contra o Brasil. [S/同] Taíháí (+). **2** [大減価] Um grande desconto. ～ *ni makete ni-sen en desu* 大負けに負けて 2000 円です Com ～, que nunca fazemos, custa [fica por] dois mil yens.

o-máké-ní お負けに (⇨ o-máké) E além disso; e ainda por cima. *Kare wa atama ga ii shi ～ supōtsu bannō da* 彼は頭がいいしおまけにスポーツ万能だ Ele é inteligente ～ (é) um grande (d)esportista. [S/同] Sonó úé.

o-mámórí お守り (< o²+mamóru) O amuleto. ～ *o hadami hanasazu motte iru* お守りを肌身離さず持っている Levar [Trazer] sempre (consigo) o ～. [S/同] Gofú; mamórí-fuda.

ṓ-mátá [oó] 大股 Os passos largos. ★ ～ *ni aruku* 大股に歩く Caminhar a [com] passos largos. [A/反] Ko-mátá.

o-mátsúrí-sáwagi お祭り騒ぎ (⇨ matsúrí) A festa; a alegria; a folia; a algazarra. ★ ～ *o suru* お祭り騒ぎをする Fazer [Ser] uma grande festa. [S/同] Baká[Dońchán]sáwagi.

ṓ-máwari [oó] 大回り **1** [遠回り] O caminho mais longo; o rodeio. [S/同] Tṓmáwari (+). **2** [大きな円をかいて回ること] O dar uma grande volta. ★ ～ *o suru* 大回りをする Fazer a volta mais larga「para entrar na garagem」. [A/反] Ko-máwari.

o-máwari(san) お巡り(さん)【G.】O policial (B.); o guarda; o polícia. [S/同] Juńsá; keísátsú-kan.

o-mé お目【Cor.】 **1** [⇨ me¹]. **2** [見ることの尊敬語] Os seus olhos; a sua vista. *Hajimete ～ ni kakarimasu* 初めてお目にかかります Muito prazer em conhecê-lo. *Sasuga ～ ga takai* さすがお目が高い O senhor realmente sabe ver [apreciar] o「valor disto」. *Tonda tokoro o ～ ni kakete mōshiwake gozaimasen* とんだところをお目にかけて申し訳ございません Peço desculpa desta cena [de ter feito tal coisa na sua presença].

ṓ-mé [oó] 大目 A vista grossa; o fechar os olhos; a tolerância. *Kondo dake wa ～ ni mite kudasai* 今度だけは大目に見てください Peço-lhe para fazer vista grossa [para deixar passar] só desta vez.

o-médama お目玉 (⇨ me-dámá) O raspanete; a repreensão; a reprimenda. ★ ～ *o kuu [chōdai suru]* お目玉を食う[頂戴する] Levar/Apanhar um raspanete. ⇨ ṓ-médama; shikárú.

ṓ-médama [oó] 大目玉 (⇨ o-médama) Um grande raspanete; a bronca (B.).

o-médétá おめでた (< o²+medétái) **1** [めでたい祝い] O acontecimento feliz. [S/同] Kéiji. **2** [結婚] O casamento. [S/同] Kekkóń (+). **3** [妊娠・出産] A gravidez; o estar de bebé[ê]. *Okusan ～ da sō desu ne* 奥さんおめでただそうですね Ouvi dizer que a senhora está (à espera) de bebé, é verdade? ⇨ nińshíń; shussáń.

o-médétái おめでたい (< o²+…) **1** [めでたいの丁寧語] Feliz; auspicioso. [S/同] Medétái (+). **2** [お人よしの] Ingé[ê]nuo; simplório; bonacheirão. *Sore o ma ni ukeru hodo o-medetaku wa nai* それを真にうける程おめでたくない Não sou assim tão ingé[ê]nuo que vá acreditar nisso. ★ ～ *otoko* おめでたい男 O (homem) ～. ⇨ guchókú; o-hítóyóshí.

o-médétṓ(gózáimásu) おめでとう(ございます) Parabéns [(Dou-lhe as minhas) felicitações]! *Go-kekkon [O-tanjōbi] ～* ご結婚[お誕生日]おめでとう(ございます) Parabéns pelo seu casamento [aniversário]! *Shin-nen [Akemashite] ～* 新年[明けまして]おめでとう(ございます) Feliz Ano Novo!

o-mégane お眼鏡 O parecer; o gosto. ★ ～ *ni kanau* お眼鏡にかなう Cair bem「ao chefe」. ◇ **～ chigai** お眼鏡違い O não agradar [não cair bem]. [S/同] Kańshíkígan; kańtéí; me-kíkí.

oméí 汚名 A mancha na honra [no bom nome]; a desonra; a infâmia; a ignomínia. ★ ～ *o bankai suru* 汚名を挽回する Reparar a ～. ～ *o kōmuru* 汚名をこうむる Ter a reputação manchada [um ferrete/um estigma]. ～ *o susugu* 汚名をすすぐ Limpar o「meu」nome. [S/同] Akúméí; shū́búń.

o-mékashi おめかし (< o²+mékásu) O enfeitar-se; o arranjar-se; o vestir-se bem.

o-mémíé お目見得 **1** [身分の高い人に会うこと] A audiência; a entrevista「com o chefe」. ★ ～ *suru* お目見えする Ter uma ～. [S/同] Haíétsú; o-médṓrí. **2** [歌舞伎の] A estreia de um artista. **3** [新しく作られたものが人々の前に姿を現すこと] A primeira apresentação ao público de alguma coisa nova; a saída「das novas moedas」. *Kondo atarashii dezain no densha ga ～ suru* こんど新しいデザインの電車がお目見えする Vai sair um novo modelo de comboio [trem]. **4** [新しい奉公人] O período à [para] experiência num emprego. ◇ **～ dorobō** お目見え泥棒 O ladrão que se emprega para roubar (a firma).

ṓméń [oó] 凹面 A concavidade. ◇ **～ kyō** 凹鏡 O espelho côncavo.

ómeome (to) おめおめ(と) Com (todo o) descaro; descaradamente. *Imasara ～ damashita tomo ni ai ni wa ikenai* 今さらおめおめとだました友に会いには行けない Não vou agora ter o descaro [desplante] de me ir encontrar com um amigo que enganei. [S/同] Núkenuke to; shā́shā to.

o-méshí お召し (< o²+mésu)【Cor.】 **1** [召し出し] O chamamento「de Deus」. ★ ～ *ni azukaru* お召しにあずかる Ser chamado. ⇨ obóshíméshí **1**. **2**

ómeshí [oó] 大飯 Muita comida. ◇ **~ gui**[**gurai**] 大飯食い[食らい] O glutão; o comilão.

o-méshi-káe お召し替え (Cor. de ⇨ ki-gáe.)

o-méshí-mono お召し物 ⇨ o-méshí **2**.

o-méza お目覚 (< me-zámeru) O docinho (dado à criança) ao despertar [acordar].

ómezu-okúsézu 怯めず臆せず Destemidamente; sem ficar [ficar nervoso]. *Sono ko wa takusan no chōshū no mae de ~ rippa ni ensō shita* その子はたくさんの聴衆の前で怯めず臆せず立派に演奏した「A miúda」tocou「violino」diante daquela numerosa assistência com toda a perícia e sem ficar nervosa. ⇨ dódó[1].

o-míki お神酒 **1** [神前に供える酒] O saqué oferecido como libação aos deuses. ◇ **~ dókkuri** お神酒徳利 **a)** Um par de garrafinhas de ~; **b)** Um par de amigos que andam sempre juntos. **2** [酒]【G.】 ⇨ saké[1].

o-míkuji お神籤 O oráculo escrito. [S/同] Mikújí.

omínaeshi 女郎花 [Bot.] A valeriana; a patrínia; *patrinia scabiosaefolia*.

o-míotsuke 御御御付け ⇨ misó-shíru.

o-míshiríoki お見知り置きを O gostar de ser conhecido de alguém.

ó-mísoka [oó] 大晦日 A véspera de Ano Novo; o último dia do [a passagem de] ano. [S/同] Ōtsúgómori.

o-mísóre o見逸れ **a)** O não reconhecer alguém. *Go-rippa ni nararete ~ shimashita* 御立派になられてお見逸れしました O senhor está tão importante que não o reconheci. **b)** O nunca pensar [que eu, fosse professor...]. ⇨ mi-súgósú; mi-wásúréru.

omítto オミット (< Ing. omit < L.) O omitir; o excluir 「do grupo」. [S/同] Habúku; jogáí súru (o); nukású (+). ⇨ doróppu.

ó-mízu [oó] 大水 A inundação; a enchente. ★ **~ ni nagasareru** 大水に流される Ser levado pela enchente. [S/同] Demízú; kōzúi (+); shussúí.

ómo- [Pref.] Principal; [as crianças como] centro 「da festa」. ◇ **~ gawa** 主川 O rio maior [principal] 「do país」. ⇨ datta[na; ni].

omócha 玩具 **1** [がんぐ] O brinquedo. *Pasokon wa kare no ~ da* パソコンは彼の玩具だ O computador pessoal é o ~ dele. ★ **~ no heitai** [*uma; kisha; pisutoru*] 玩具の兵隊[馬; 汽車; ピストル] O soldadinho [cavalinho; trem/comboio; A pistola] para brincar. ◇ **~ bako** 玩具箱 A caixa dos ~s. **~ ya** 玩具屋 A loja de ~s. [S/同] Gángu. **2** [もてあそぶもの] O brinquedo [obje(c)to de diversão]. ★ **~ ni suru** 玩具にする Usar como um ~ 「*Kanojo wa kare ni ~ ni sareta* 彼女は彼に玩具にされた Ela foi usada por ele como um ~」. [S/同] Nagúsámímónó.

omó-dáchi 面立ち ⇨ kaó-dáchi.

omódátta 主[主]立った Principal.

omóéru 思える (< omóu) **1** [思うことができる] Poder pensar [crer]. *Kare ga sono shigoto o zenbu hitori de yatta to wa omoenai* 彼がその仕事を全部一人でやったとは思えない Não acredito [posso crer] que ele tenha feito esse trabalho sozinho. **2** [思われる] Sentir; gostar. *Sono toki hodo oya ga arigataku omoeta koto wa nakatta* その時ほど親がありがたく思えたことはなかった Nunca senti tanta gratidão aos meus pais como nessa altura.

omó-gáwari 面変わり (< omóté + kawáru) O mudar de cara 「com doença」.

omóháyúi 面映ゆい Acanhado; envergonhado. [S/同] Hazúkáshíí (o); kimáríwárúí (+); terékúsáí (+).

omói 重い **1** [目方が多い] Pesado. *Namari wa tetsu yori mo ~* 鉛は鉄よりも重い O chumbo é mais ~ que o ferro. [A/反] Karúí. **2** [動きがてきぱきしない] Pesado; carregado; lento; vagaroso. ★ **~ *ashi o hikizutte aruku*** 重い足をひきずって歩く Andar com dificuldade [arrastando os pés]. *Atama ga ~* 頭が重い Sentir a cabeça pesada. *Ki* [*Kibun*] *ga ~* 気[気分]が重い Sentir-se deprimido; estar abatido. *Kokoro ga ~* 心が重い Ter um peso no coração *Koshi no ~ hito* 腰の重い人 A pessoa lenta 「no trabalho」; o molengão. *Kuchi ga ~* 口が重い Ser taciturno [de poucas falas]. [A/反] Karúí. ⇨ omótáí. **3** [物事の程度がはなはだしい] Pesado; sério; grave; importante; severo. *Chichi no byōki ga izen yori omoku natta* 父の病気が以前より重くなった O estado [A doença] do meu pai agravou-se. ★ **~ *batsu*** 重い罰 Um castigo severo [pesado]. **~ *sekinin*** 重い責任 Uma grande responsabilidade. **~ *tsumi*** 重い罪 O crime grave. **~ *zei*** 重い税 O imposto pesado. [A/反] Karúí. **4** [重要な] Importante. ★ **~ *chii*** 重い地位 A posição ~. [S/同] Jūyó ná (+).

omói 思い (< omóu) **1** [思うこと; 考え] O pensamento. *Kare wa tōi mukashi no koto ni ~ o haseta* 彼は遠い昔のことに思いを馳せた Ele começou a relembrar o seu passado longínquo. ★ **~ nashi** [**no hoka/no mama/~**]. **~ *o korasu*** 思いを凝らす Concentrar-se; puxar pela cabeça. **~ *o megurasu*** 思いをめぐらす Pensar a sério; dar voltas ao miolo. **~ *o itasu*** 思いを致す Pensar「no」[Dar atenção「ao」problema]. [S/同] **~ *nakaba ni sugiru*** [*sugu/sugin*] 思い半ばに過ぎる[過ぐ/過ぎん] Pode calcular/imaginar「qual terá sido a minha alegria」. [S/同] Kańgáe. **2** [願望] O desejo. *Kimi no ~ o kanaete ageyō* 君の思いをかなえてあげよう Vou satisfazer o teu desejo. *Naganen no ~ ga kanatta* 長年の思いがかなった Consegui realizar este ~ de 「que acalentava (no peito) há tantos anos. [S/同] Gańbō; negái; nozómí. **3** [愛情] A afeição; o amor. *Kono ko wa oya ~ da* この子は親思いだ Esta criança gosta dos [tem amor aos] pais. *Ōku no seinen ga kanojo ni ~ o yosete ita* 多くの青年が彼女に思いを寄せていた Muitos rapazes estavam apaixonados (de amor) por ela/Muitos moços gostavam dela. ★ **~ *o kogasu*** 思いを焦がす Estar apaixonado. [S/同] Koí-gókoro. **4** [経験] A experiência. ★ *Hazukashii ~ o suru* 恥ずかしい思いをする Sentir-se envergonhado [Passar uma vergonha]. *Iya na* [*Tsurai*] ~ *o suru* 嫌な [辛い] 思いをする Ter uma desagradável [amarga/dolorosa]. [S/同] Keíkeń. **5** [憂い] A preocupação; o pensar. **~ *ni shizumu*** 思いに沈む Ficar a pensar [cismar]. [S/同] Shińpáí; ureí. **6** [うらみ; 執念; 怒り] A ira; o desejo de vingança [desforra]; o ressentimento. ★ **~ *o harasu*** 思いを晴らす Desforrar-se「de」; vingar-se「de」. [S/同] Shúnen (+); urámí (o). **7** [予想; 想像] A saudade 「da sua terra」; o desejo de ver. ★ **~ *o haseru*** 思いを馳せる Pensar「nos tempos da infância」. **~ *mo yoranai jiko*** 思いも寄らない事故 Um acidente incrível [que não se podia imaginar」. ⇨ kitáí[1]; sōzó[1]; yosó.

omói-ágáru 思い上がる (< omóu + …) Ser vaidoso [todo convencido; presunçoso]. ★ *Omoiagatta seinen* 思い上がった青年 O moço presunçoso [muito senhor do seu nariz].
[S/同] Nobósérú (+); tsukéágaru.

omói-ámáru 思い余る (< omóu + …) Não [Ficar sem] saber (o) que fazer「com o marido e ir para tribunal」; ficar perdido [desesperado]; não suportar [aguentar] mais. ★ *Omoiamatte jisatsu suru* 思い余って自殺する Suicidar-se de desespero.

omói-átáru 思い当たる (< omóu + …) Lembrar-se; vir à ideia; acertar; ocorrer. *Sō iwarereba naru hodo ~ fushi ga aru* そう言われればなる程思い当たる節がある Isso (que foi dito agora por si) fez-me lembrar uma coisa [um ponto importante].
[S/同] Kizúku.

omói-áu 思い合う (< omóu + …) Amar-se (um ao outro); ser recíproco o amor. *Futari wa tagai ni fukaku omoiatte iru* 二人は互いに深く思い合っていた Havia um amor profundo entre ambos [os dois].

omói-áwáséru 思い合わせる Ligar as coisas [os fa(c)tos/uma coisa com outra]. *Are kore ~ to ano toki kare ga itta kotoba no imi ga wakatte kita* あれこれ思い合わせるとあの時彼が言った言葉の意味がわかって来た Agora, ligando umas coisas com outras, é que eu comecei a perceber o que ele disse [queria dizer] na altura.

omói-chígái 思い違い (< omóu + chigáu) O malentendido; o equívoco; o engano; a confusão. ★ *~ o suru* 思い違いをする Enganar-se; fazer confusão [*Kare wa nani ka ~ o shite iru* 彼は何か思い違いをしている Ele está algo equivocado [um pouco enganado]]. [S/同] Gokái (+); kańchígai (o); kangáéchígai; sakkáku.

omóidáshi-wárai 思い出し笑い (< omóu + waráu) O riso provocado por súbita lembrança de uma coisa engraçada. ★ *~ o suru* 思い出し笑いをする Rir(-se) sozinho [com os seus botões].

omói-dásu 思い出す (< omóu + …) 1 [忘れていたこと、覚えていたことを心に思い浮かべる] Recordar-se; lembrar-se; vir à lembrança. *Aa sore de omoidashita* ああそれで思い出した Ah! (agora) já me lembro. *Kagoshima ni wa Rio o omoidasaseru yō na tokoro ga aru* 鹿児島にはリオを思い出させるところがある Em Kagoshima há lugares que fazem lembrar o Rio de Janeiro. *Kare wa tokidoki omoidashita yō ni benkyō suru* 彼は時々思い出したように勉強する Ele estuda, quando lhe lembra [Às vezes, de repente, dá-lhe para estudar]. [S/同] Kaísō súrú; omói-káesu 2 [-ókósu/-tsúku 2 /-úkábérú]; sōki suru. 2 [思い始める] Começar a pensar. *Kare wa saikin daietto o shiyō to omoidashita rashii* 彼は最近ダイエットをしようと思い出したらしい Parece que ele há pouco começou a pensar em fazer regime/dieta. [S/同] Omói-hájímeru (+).

omóidé 思い出 A recordação; a lembrança; a reminiscência. *Kyanpu no ~ ni mina no shashin o utsushita* キャンプの思い出に皆で写真を写した Tirámos uma fotografia todos juntos como lembrança do acampamento. ★ *~ ni fukeru* 思い出にふける Lembrar com saudade「a juventude」[Perder-se em reminiscências]. *Yōroppa ryokō no ~ no ki* ヨーロッパ旅行の思い出の記 Notas/Apontamentos duma viagem à Europa. ◇ **~ banashi** 思い出話 A conversa do passado [*~ banashi o suru* 思い出話をする Falar do [Conversar sobre o] passado]. [S/同] Kaísō; tsúísō. ⇨ omói-dásu.

omói-dóri 思い通り (< omóu + tóri) O que se pensa [quer]. ★ *~ ni* 思い通りに Como se esperava [queria]; satisfatoriamente; a contento [de todos] [*Banji ~ ni hakonda* 万事思い通りに運んだ Tudo correu a「seu」bel-prazer [contento]. *Yo no naka wa nakanaka jibun no ~ ni wa ikanai mono da* 世の中はなかなか自分の思い通りにはいかないものだ A vida nem sempre corre como nós queremos]. [S/同] Omói-nó-mámá.

omói-égáku 思い描く (< omóu + …) Imaginar; ver em imaginação. ★ *Shinkon seikatsu o ~* 新婚生活を思い描く o que será a vida de casados. [S/同] Sōzō súrú (+).

omói-gákénai 思い掛けない (< omóu + Neg. de "kakéru") Inesperado; imprevisto; casual; que não se pensava; com que não se contava. *Jitai wa ~ hōkō ni shinten shite itta* 事態は思い掛けない方向に進展していった A situação tomou um rumo imprevisto. ★ *~ okuri-mono* 思い掛けない贈り物 Um presente com que「eu」não contava. ⇨ igáf⁰; omói-mo-yoranai.

omói-iré 思い入れ (< omóu + irérú) 1 [深く思うこと] O pensar só numa coisa; a concentração. *Kanojo no koibito e no ~ wa sugoi mono da* 彼女の恋人への思い入れはすごいもの Ela só pensa no namorado. [S/同] Chínshi; meísō. ⇨ omóikómí. 2 [歌舞伎の] A postura (calada mas eloquente) de personagem de teatro.

omói-ítáru 思い至る (< omóu + …) Chegar a [Acabar de] entender. *Ima ni natte jitai no jūdai-sa ni omoi-itatta* 今になって事態の重大さに思い至った Agora é que me vejo [Finalmente entendi] a gravidade da situação.
[S/同] Kańgáé-óyóbu; omói-óyóbu.

omói-káesu 思い返す (< omóu + …) 1 [⇨ kańgáé-náósu; omói-náósu]. 2 [思い出す] Recordar; lembrar. *Omoikaeseba watakushi ga gakkō o deta no wa mō san-jū-nen mae ni naru* 思い返せば私が学校を出たのはもう三十年前になる Agora que eu recordo [Pensando bem], já saí da escola há trinta anos! [S/同] Omói-dásu 1 (+).

omói-kiri 思い切り (< omói-kíru) 1 [思い切ること] O decidir「sim ou não」. *~ no warui otoko da shū* 思い切りの悪い男だ És um (homem) indeciso! ★ *~ yoku akirameru* 思い切りよくあきらめる Desistir de uma vez [sem mais dúvidas]. [S/同] Akíráme (+); dańnén. 2 [思う存分であるさま] À vontade; a belprazer; até não querer mais; com toda a força. ★ *~ naoru o tsukau* 思い切り力を使う Gastar (o) dinheiro à vontade. *~ naku [taberu]* 思い切り泣く [食べる] Chorar [Comer] à vontade [até fartar (G.)]. [S/同] Dekíru-kágiri; omóikitte 2; omóu-zońbún.

omói-kíru 思い切る (< omóu + …) 1 [あきらめる] Desistir. *Katei no jijō de daigaku shingaku o omoi-kitta* 家庭の事情で大学進学を思い切った Desisti de seguir o curso universitário por motivos familiares [razões de família]. [S/同] Akíráme (+); dańnén suru. 2 [決心する] Decidir. [S/同] Késshin suru (+).

omói-kítta 思い切った (Adj. de omói-kíru 2)「medida」Radical; drástico;「passo」ousado; resoluto; decidido. ★ *~ koto o suru* 思い切ったことをする Ser

omói-kítte 思い切って (< omói-kíru **2**) **1** [ひと思いに] Resolutamente; decididamente; corajosamente [com toda a coragem]. ★ 〜 *iu* 思い切って言う Falar abertamente [sem medo]. 〜 *kane o dasu* 思い切って金を出す Dar muito [logo o] dinheiro. ⓈⒿ Hitóomoi ni. **2** [思う存分]「beba」Quanto quiser; até não poder mais; à vontade. ⓈⒿ Dekíru-kágiri; omóikíru **2** (+); omóu-zoñbún (+).

omói-kógáréru 思い焦がれる (< omóu + …) ⇨ kogáréru.

omói-kómi 思い込み (< omói-kómu) O meter-se uma coisa na cabeça; uma ideia própria. *Kanojo wa 〜 ga hageshii kara gokai o toku no ga taihen da* 彼女は思い込みが激しいから誤解を解くのが大変だ Ela é muito agarrada às suas [próprias] ideias e para desfazer um mal-entendido é um caso sério. ★ *Katte na 〜 ni motozuku* 勝手な思い込みに基づく A poiar-se numa ideia falsa [Basear-se num falso pressuposto].

omói-kómu 思い込む (< omóu + …) **1** [信じる] Acreditar; convencer-se; estar convencido [seguro]. *Kare wa jibun ga tensai da to omoikonde iru* 彼は自分が天才だと思い込んでいる Ele está convencido (de) que é um gé[ê]nio. ⓈⒿ Shiñjíru. **2** [執心する] Decidir [Pensar que é assim]. *Ittan kō to 〜 to kare wa teko demo ugokanai* いったんこうと思い込むと彼はてこでも動かない Se ele decide "é assim", nem com uma alavanca se consegue demovê-lo. ★ *Omoikondara inochigake* 思い込んだら命がけ Uma vez decidido, 「ele」joga a própria vida. ⓈⒿ Shūshíñ súrú.

omói-mádóu[-máyou] 思い惑う [迷う] (< omóu + …) Hesitar; ficar indeciso.

omói-mégúrású 思い巡らす Refle(c)tir; dar muitas voltas a uma ideia; pensar e tornar a pensar. *Iroiro omoimegurashite ita no de jikan wa igai to hayaku tatta* いろいろ思い巡らしていたので時間は意外と早く経った Como estava refle(c)tindo sobre várias coisas, o tempo passou despercebido [num instante]. ⓈⒿ Jukkō súrú; omóimáwasu.

omói-midáréru 思い乱れる (< omóu + …) Ter pensamentos conflituosos;「a paixão amorosa」 perturbar [mexer com] o juízo. ★ *Chiji ni omoimidarete iru* 千々に思い乱れている Ficar com o coração dividido por emoções conflituosas [Estar muito confuso lá por dentro].

omói-mo-yoranai[-yoranu] 思いも寄らない [寄らぬ] (< omói + mo + yorú) Inesperado; não imaginar [passar pela cabeça]. *Anata ni o-me ni kakarō to wa omoi mo yorimasen deshita* [*yoranakatta*] あなたにお目にかかろうとは思いも寄りませんでした [寄らなかった] Nunca imaginei que o fosse encontrar/Que surpresa encontrar-me com você! / Quem imaginava [imaginaria] que o ia encontrar (aqui). ⇨ omói-gákénai.

omói-náosu 思い直す (< omóu + …) Reconsiderar; pensar melhor; mudar de ideia. *Daigaku o chūtai suru koto o omoinaoshite wa dō ka* 大学を中退することを思い直してはどうか Não seria melhor repensar a ideia de abandonar a universidade? ⓈⒿ Kañgaé-naósu; omói-káesu **1**.

omói-náshí 思いなし **a)** O preconceito; **b)** A impressão; a imaginação. 〜 *ka kyō no kare wa genki ga nakatta* 思いなしか今日の彼は元気がなかった Não sei se é impressão minha mas ele hoje estava murcho [meio doente]. ⓈⒿ Ki nó séi.

omói-náyámu 思い悩む (< omóu + …) Ficar preocupado; preocupar-se; afligir-se. ★ *Yuku sue o 〜* 行く末を思い悩む 〜 com o futuro. ⓈⒿ Omói-wázúrau.

omói-nó-hóká (ní) 思いの外 (に) Fora de toda a expectativa; ao contrário do que se pensava. *Nyūin-chū no kare wa 〜 genki na yōsu datta* 入院中の彼は思いの外元気なようすだった Ele está no hospital mas, com [para] grande surpresa minha, ele parecia forte. ⓈⒿ Añgái (+); igái (o); zóngai.

omói-nókósu 思い残す (< omói + …) Ter de que se arrepender; ficar com remorsos. *Kore de shinde mo 〜 koto wa nai* これで死んでも思い残すことはない Agora já posso morrer sem remorsos. ⇨ míren.

omói-nó-mámá 思いのまま A seu gosto; à vontade; a seu bel-prazer; como quer; livremente. *Kare wa porutogarugo ga 〜 ni hanaseru* 彼はポルトガル語が思いのままに話せる Ele fala sem nemnhuma dificuldade o [diz tudo o que quer em] português. ⓈⒿ Omói-dóri.

omói-ókósu 思い起こす (< omóu + …) Lembrar; recordar. ★ *Sugisatta hi o 〜* 過ぎ去った日を思い起こす 〜 os tempos passados. ⓈⒿ Omói-dásu **1** (+); sōki suru.

omói-ómoi 思い思い Cada qual à sua maneira [ao seu gosto]. *Karera wa 〜 ni tanoshinde ita* 彼らは思い思いに楽しんでいた Eles divertiam-se 〜. ⓈⒿ Teñdé ni; teñdéñ barabara.

omói-óyóbú 思い及ぶ (< omóu + …) ⇨ omói-tsúku.

omói-shíru 思い知る (< omóu + …) Ver [Saber] bem; perceber; aprender; dar-se conta. *Omoishitta ka* 思い知ったか Toma lá 「uma lambada」 para aprenderes! [Percebeu ou ainda quer mais?] *Arashi no naka de tsukuzuku ningen no hiriki-sa o omoishitta* 嵐の中でつくづく人間の非力さを思い知った No meio da tempestade dei-me conta da (é que eu senti/vi bem a) incapacidade/pequenez humana.

omói-súgóshí 思い過ごし (< omói-súgósu) O dar demasiada importância; a desconfiança infundada; a cisma. *Sore wa kimi no 〜 da yo* それは君の思い過ごしだよ Isso deve ser apenas imaginação [cisma] sua.

omói-súgósu 思い過ごす (< omóu + …) Pensar de mais; dar demasiada importância. ⓈⒿ Kañgaésúgíru.

omói-tátsu 思い立つ (< omóu + …) Pensar fazer; lembrar-se. *Natsu yasumi ni kaigai ryokō o omoitatta* 夏休みに海外旅行を思い立った Resolvi viajar para o exterior (B.) [Penso ir ao estrangeiro] nas férias de verão. ことわざ *Omoitatta ga kichijitsu* [〜 *hi ga kichinichi*] 思い立ったが吉日 [思い立つ日が吉日] Enquanto o ferro está quente é que é malhar/Não deixes para amanhã o que podes fazer hoje (Lit. O dia em que te lembre fazer uma coisa é o dia dela/a sorte). ⓈⒿ Késshin suru (+).

omói-tódómáru 思い止まる (< omóu + …) Desistir; abandonar a ideia 「de casar com ele」. *Jisatsu o 〜* 自殺を思い止まる Abandonar a ideia de se suicidar. ⓈⒿ Akíraméru (+); dañnéñ suru.

omói-tsúki 思い付き (< omói-tsúku) **a)** O plano; a

ideia. *Idai na hatsumei mo ～ kara hajimatta* 偉大な発明も思い付きから始まった Há grandes invenções que começaram por uma simples ideia. **b**) Uma ideia que vem de repente à cabeça. ★ ～ *de iu* 思い付きで言う Dizer o que「lhe」vem à cabeça/Falar sem pensar.

omóí-tsúku 思い付く (< omóu + …) **1** [考えが浮かぶ] Pensar; ocorrer; vir à cabeça. *Ii koto o omoitsuita* いいことを思い付いた Ocorreu-me [Tive] uma boa ideia. [S/同] Kangáé-tsúku. **2** [思い出す] Lembrar-se. *Naze motto hayaku sore o omoitsukanakatta no da* なぜもっと早くそれを思いつかなかったのだ Por que não se lembrou disso antes [mais cedo]. [S/同] Omóí-dásu **1** (+).

omóí-tsúméru 思い詰める (< omóu + …) Cismar「no filho ausente」; estar sempre a pensar na mesma coisa; consumir-se (a pensar). ★ *Omoitsumeta yō na yōsu de* 思い詰めたようなようすで Com ar [cara] de cisma.

omóí-úkábérú 思い浮かべる (⇨ omóí-úkábú) Trazer à lembrança [memória]; lembrar-se; recordar. *Ima de mo jū-nen mae no ano hi no koto o hakkiri to ～ koto ga dekiru* 今でも10年前のあの日のことをはっきりと思い浮かべることができる Ainda agora, dez anos depois, me lembro [recordo] perfeitamente [como se fosse hoje] desse dia. [S/同] Omoí-dásu **1** (+); sṓki suru.

omóí-úkábú 思い浮かぶ (⇨ omóí-úkábérú) Vir à lembrança; ocorrer. *Futo seizen no chichi no sugata ga omoiukande kita* ふと生前の父の姿が思い浮かんできた De repente, veio-me à lembrança a figura do meu pai quando era vivo. ⇨ omóí-dásu **1**.

omóí-wázúráu 思い煩う (< omóu + …) Preocupar-se; inquietar-se; afligir-se. *Asu no koto o ～ koto nakare* [*wa nai*] 明日のことを思い煩うことなかれ [はない]Não vos preocupeis com o (dia de) amanhã. [S/同] Nayámu (+).

omóí-yárí 思い遣り (< omóí-yárú) A dedicação; a atenção; o pensar nos outros [nos demais]. *Kanojo wa dare ni mo shinsetsu de ～ ga fukai* [*aru*] 彼女は誰にも親切で思い遣りが深い [ある]Ela é muito bondosa e atenciosa para com todos. ★ ～ *no nai hito* [*kotoba*] 思い遣りのない人 [言葉]Uma pessoa egoísta [Palavras frias/egoístas]. [S/同] Dṓjṓ.

omóí-yárú 思い遣る (< omóu + …) **1** [人の身を推しはかって同情する] Ter pena; apiedar-se; ser delicado; sentir com os outros. *Watashi wa kare no shinchū o omoiyatte nani mo iwanaide ita* 私は彼の心中を思いやって何も言わないでいた Eu senti o que se passava no íntimo dele e fiquei calado. [S/同] Dṓjṓ súrú. **2** [思いをはせる] Lembrar-se (com saudade). ★ *Kokyō o ～* 故郷を思いやる Sentir [Ter] saudades da terra natal. **3** [案じる] (Na voz passiva) Ficar-se preocupado; imaginar. *Ima kara sonna fū ja* [*de wa*] *saki ga omoiyarareru ne* 今からそんなふうじゃ [では] 先が思いやられるね Se agora já é assim, imagine o que será no futuro. *Musuko no yukusue ga omoiyararete naranai* 息子の行く末が思いやられてならない O futuro do meu filho preocupa-me muito.

ṓ-mójí [**oó**] 大文字 **1** [大きな文字] A letra grande [garrafal]. [A/反] Ko-mójí. **2** [頭文字] A letra maiúscula [inicial]. [S/同] Haná-móji; kashírá-móji (+). [A/反] Ko-mójí.

omókágé 面影・俤 **1** [誰かに似た顔かたち; 風采] O sinal; o ar; a semelhança; a parecença. *Kanojo ni wa haha-oya no ～ ga aru* 彼女には母親の面影がある Ela é parecida [dá ares] à mãe. *Kare ni wa mukashi no ～ wa nai* 彼には昔の面影はない Ele não é nada parecido com o que era dantes [Ele está outro/muito diferente]. [S/同] Fū́sáí; kaó-kátáchí; kaótsúkí; omózáshí. **2** [心に浮かぶ風景] O sinal; o vestígio; os traços. *Kyōto ni wa furui Nihon no ～ o shinobaseru basho ga ōku aru* 京都には古い日本の面影をしのばせる場所が多くある Em Kyoto há muitos lugares que lembram o [lugares com vestígios do] Japão antigo. ★ *Mukashi no ～ o todomeru* 昔の面影をとどめる Conservar os ～s do passado.

omókájí 面舵 **1** [かじを右にとること] O virar o leme a estibordo [boreste (B.)] (Para a direita). ～ *ippai* 面舵一杯 Todo a estibordo! ～ (*tore*) 面舵(取れ) Estibordo, leme! ★ ～ *o toru* 面舵を取る Virar a estibordo. [A/反] Torí-kaji. **2** [右舷] O estibordo. [S/同] Úgen. [A/反] Sagén; torí-kaji.

ṓ-mṓke [**oó-móo**] 大儲け O grande lucro. ★ ～ *o suru* 大儲けをする Ter grande [muito] lucro. [A/反] Ṓ-zón.

omókí 重き (⇨ omóí[1]) O peso; importância. ★ ～ *o nasu* 重きをなす Ter prestígio [peso; autoridade]; desempenhar um papel importante「na política」[*Kare wa gakusha to shite ～ o nashite iru* 彼は学者として重きをなしている Ele é um cientista de peso [prestígio]]. ～ *o oku* 重きを置く Dar importância; pôr ênfase. [S/同] Omómí. ⇨ kén'i.

omó-(k)kúrúshii 重(っ)苦しい (< omóí[1] + …) Opressivo; pesado; carregado. ★ ～ *fun'iki* 重苦しい雰囲気 O ambiente ～. *Mune ga ～* 胸が重苦しい Sentir um peso no peito; custar「-lhe」respirar.

omómí 重み (< omóí[1]) **1** [重さ] O peso「da mala」. [S/同] Omósá (+). **2** [重要さ] A importância; a autoridade [o peso]「das palavras do mestre」. [S/同] Jū́yṓ-sá; omókí. **3** [貫禄] A dignidade. ★ ～ *no aru hito* 重みのある人 A pessoa digna [com dignidade]. [S/同] Kańrókú (+).

omómóchí 面持ち A expressão「de nervosismo」; o aspecto; o ar; o rosto. *Karera wa fuan-sō na ～ o shite iru* 彼らは不安そうな面持ちをしている Eles estão com a preocupação estampada no rosto/Eles têm um aspe(c)to inquieto. [S/同] Hyṓjṓ (+); kaótsúkí (o).

omómúkí 趣 **1** [風情] O bom gosto; a elegância; a beleza; o encanto; a atra(c)ção. ★ ～ *no aru*「*niwa*」趣のある「庭」「O jardim」bonito/cara(c)terístico/cheio de ～. ～ *no nai* 趣のない「uma cidade」Sem cara(c)terísticas especiais. [S/同] Ajíwáí; fúzei (+); gáshu; jṓshu; kyṓshú; omóshírómí. **2** [ようす] A aparência; o aspecto; a feição; o ar. *Yokohama no machi ni wa doko to naku ekizochikku na ～ ga tadayotte iru* 横浜の街にはどことなくエキゾチックな趣が漂っている (A cidade de) Yokohama tem o seu ar [o seu quê de] exótico. [S/同] Arísama; yṓsú (+). ⇨ fuń'íki. **3** [内容・趣旨] O teor「do discurso」; o conteúdo「da mensagem」; o sentido; o significado「do texto original」. [S/同] Ími; naíyṓ (+); shúshi (+). **4** [事情] O estado; a situação. *Go-byōki no ～ kokoro yori o-mimai mōshiagemasu* ご病気の趣心よりお見舞い申し上げます Soube que estava doente e venho desejar-lhe as melhoras. [S/同] Jijṓ (+).

omómúku 赴く【E.】 **1** [向かって行く] Ir「para o

seu novo posto」; dirigir-se para「casa」; caminhar. ★ *Yokubō no ~ mama ni suru* 欲望の赴くままにする Seguir os seus apetites [as suas paixões]. [S/局] Ikú (+). **2**［ある状態に向かう］Ficar; mudar para. *Haha no byōki wa kaihō ni omomuita* 母の病気は快方に赴いた A minha mãe começou a melhorar. [S/局] Mukáú (+).

omómúró-ni 徐ろに Pouco a pouco; lentamente; vagarosamente;「esperar」calmamente「a oportunidade」. ★ ~ *kuchi o hiraku* 徐ろに口を開く Mastigar as palavras. [S/局] Yaórá; yukkúri; yurúyaka ni.

ómo-na 主な Principal; importante. *Pātī ni wa zaikai no ~ hitobito ga atsumatta* パーティーには財界の人々が集まった À recepção vieram as principais figuras do mundo financeiro. ★ *Kotoshi no ~ jiken* 今年の主な事件 Os acontecimentos mais importantes deste [do] ano. [S/局] Daíjí ná; omódátta; shuyō ná.

omónágá 面長 (< omóté² + nagái¹) O rosto oval. ★ ~ *no* [*na*] *bijin* 面長の[な] 美人 A beldade de ~.

omónéru 阿る Bajular; adular「os poderosos」; lisonjear「o público [povo] para o explorar」. [S/局] Hetsuráu (+); tsuíshō súrú.

omo-ní¹ 重荷 (< omói¹ + nímotsu) **1**［重い荷物］A carga pesada. **2**［負担］O fardo; o peso; o encargo; a responsabilidade. ★ ~ *o ou* 重荷を負う Assumir o encargo; carregar um fardo. [S/局] Fután.

ómo-ni² 主に Principalmente; sobretudo; essencialmente. (*Maitoshi*) *natsu wa ~ kaigan de sugoshimasu* (毎年) 夏は～海岸で過ごします O verão passo-o ＝「quase tudo」na praia. [S/局] Daí-bútan; shú to shite; taítéí.

omónjíru 重んじる Prezar「o seu bom nome」; estimar; ter em alto conceito; dar valor [importância]; apreciar. ★ *Kane yori mo meiyo o ~* 金よりも名誉を重んじる Dar mais importância à honra do que ao dinheiro. [S/局] Jūshi suru; Sonchō súrú; tattóbu; uyámáú. [A/反] Karúgárúshíl.

ómón-kín [oó] 横紋筋【Anat.】O músculo estriado. ◇ ~ **sen'í** 横紋筋繊維 A fibra de ~. [S/局] Kokkákúkín. [A/反] Heíkátsúkín.

ó-móno [oó] 大物 **1**［大きいもの］A caça grossa; um「bicho」grande. *Nani ka ~ ga kakatta ga tsuri-nigashita* 何か大物がかかったが釣り逃がした Um peixe grande ficou no anzol mas deixei-o escapar. **2**［大きな勢力・能力を持っている人］A figura [pessoa] importante. *Kondo no naikaku wa ~ zoroi da* 今度の内閣は大物ぞろいだ Os membros do novo gabinete são todos figuras importantes [de alto gabarito]. [A/反] Ko-mónó. [Fig. **b**] A pessoa fora de série [digna de se lhe tirar o chapéu]「por andar a roubar há dez anos sem ser apanhado pela polícia」.

omónpákáru 慮る【E.】Pensar bem; ser prudente. *Yoku-yoku omonpakatte koto o okonawanakereba naranai* よくよく慮って事を行わなければならない É preciso ~ antes de agir. ★ *Shōrai o ~ suru* 将来を慮る Pensar a sério no futuro. [S/局] Kańgáeru (o); kōryo suru (+).

omónzúrú 重んずる ⇨ omónjíru.

omóómóshíí 重々しい (< omóí²) Grave; solene; digno. ~ *ashidori de aruku* 重々しい足取りで歩く Andar solenemente [todo ~]. ~ *kuchō de hanasu* 重々しい口調で話す Falar num tom grave [solene]. [A/反] Karúgárúshíí.

omóri¹ 錘・重り **1**［重みをかけるもの］O chumbo; a chumbada. ★ *Tsuri-ito ni ~ o tsukeru* 釣り糸に錘をつける Colocar o/a ~ na linha de pesca. **2**［分銅］O peso. ★ *Hakari no ~* 秤の錘 ~ da balança. [S/局] Fundó.

o-móri² お守(り) A ama. ★ *Kodomo no ~ o suru* 子供のお守りをする Tomar conta de uma criança. [S/局] Ko-mórí.

ô-mórí [oó] 大盛り (< ô² + morú) A dose grande (de comida); uma pratada; um prato muito cheio. [S/局] Yamá-mórí.

omósá 重さ (< omóí²) **1**［目方］O peso. ★ *Nimotsu no ~ o hakaru* 荷物の重さを量る Pesar a bagagem [carga]. [S/局] Méká tá; omómí. **2**［重要さ］A importância; o peso「da responsabilidade」. *Watashi ni wa sono hanashi no ~ ga wakaranakatta* 私にはその話の重さがわからなかった Não vi (qual fosse) a importância dessa conversa. [S/局] Jūyósá. **3**［物体に作用する重力の大きさ］【Fís.】A (O peso da) gravidade (dos corpos). ⇨ Jūryō. ⇨ shitsúryō.

omóshí 重し・重石 (< omóí²) **1**［物を押さえておくもの］Um peso (Coisa pesada). ★ *Tsukemono ni ~ o suru* [*noseru*] 漬け物に重しをする[のせる] Colocar [Pôr] em cima ~ para comprimir os legumes de conserva. [S/局] Oshí. **2**［貫禄］A importância [O peso]「como ministro」; a autoridade. *Kare wa ~ ga kikanai no de buka ga iu koto o kikanai* 彼は重しがきかないので部下が言うことをきかない Como [Uma vez que] ele não tem autoridade os subalternos não fazem caso do que ele diz. [S/局] Kańrókú. ⇨ omókí; omómí; omósá.

omóshírógáru 面白がる (< omóshírói) Divertir-se; gostar「do discurso」; achar graça; sentir prazer. *Kodomo-tachi wa omoshirogatte neko o ijimete ita* 子供たちは面白がって猫をいじめていた A criançada divertia-se a [sentia prazer em] maltratar o gato.

omóshíró-hánbun 面白半分 (< omóshírói + ···) Em parte por brincadeira; meio a brincar (meio a sério). ★ ~ *de* [*ni*] *shigoto o suru* 面白半分で[に]仕事をする Trabalhar a brincar. [S/局] Fuzáké-hanbun; jódán-hánbun.

omóshírói 面白い **1**［こっけいだ］Engraçado;「um tipo」có[ô]mico. *Kare wa ~ koto o itte hito o warawaseru no ga umai* 彼は面白い事を言って人を笑わせるのがうまい Ele, com as suas piadas, faz rir toda a gente. ★ *Hijō ni ~ jōdan* 非常に面白い冗談 A piada muito engraçada. [S/局] Kokkéí dá; okáshíí; omóshíró-ókáshíí. ⇨ Jódán. **2**［楽しい］Agradável; divertido; alegre. *Kinō no pātī wa omoshirokatta* 昨日のパーティーは面白かった A festa de ontem esteve [foi] muito ~. *Koitsu wa omoshiroku natte kita* こいつは面白くなってきた Isto está a ficar divertido. *Saikin benkyō ga omoshirokute shikata ga nai* 最近勉強が面白くて仕方がない Ultimamente o estudo tornou-se um grande prazer para mim [é uma alegria estudar]. *Mā ~ wa ne* まあ面白いね Que divertido! *Ā omoshirokatta* ああ面白かった Ai, foi tão divertido! ★ *Omoshirokunai hito* 面白くない人 Uma pessoa desagradável [sem graça]. **3**［興味をそそられる］Interessante. ~ *yatsu da* 面白いやつだ É um sujeito ~. *Chotto ~ hanashi o kiita n'da ga* ... ちょっと面白い話を聞いたんだが… Quer saber uma novidade ~ que eu ouvi? *Kare wa tsukiatte ~* [*omoshirokunai*] *hito da* 彼はつき合って面白い[面白くない]人だ Ele é um bom [mau] companheiro/Ele é uma pessoa de trato agradável [desagradável]. [S/同] Kyṓmí-bú-kái. **4** [否定の形で使って思い通りでない] (Na neg.) Satisfatório; bom. *Kare no yōdai wa omoshiroku-nai* 彼の容態は面白くない O estado de saúde dele não é (nada) ～.

omóshíró-mí 面白み (< omóshírói) O interesse 「do romance」; a graça. *Boku ni wa kabuki no ～ ga wakaranai* 僕には歌舞伎の面白みがわからない Não entendo [vejo/consigo entender] onde está o/a ～ do "kabuki". ～ *no nai otoko* 面白みのない男 O homem sem graça; um chato (G.). [S/同] Ajíwáí; omómúkí; omóshírósa (+).

omóshíró-ókáshíi 面白おかしい Có[ô]mico; divertido. ★ ～ *hanashi* 面白おかしい話 Uma farsa [história ～a].

omóshíró-sa 面白さ (Sub. de omóshírói) ⇨ omóshírómí.

omóshíró-sṓ [óo] 面白そう (< omóshírói + sō[3]) O parecer engraçado [divertido; interessante]. ～ *na eiga da* 面白そうな映画だ O filme que parece [deve ser] interessante.

omótái 重たい ⇨ omóí[1].

o-mótásé(mónó) 御持たせ(物) O presente. [S/同] Miyágé (o); okúrí-mónó; te-míyage (+).

omóté[1] 表 (⇨ omóté[2]) **1** [物の正面となる側] A cara; a (parte da) frente 「do envelope」; a face; o anverso 「da medalha」. ★ ～ *o dasu* 表を出す Mostrar 「a carta」. *Kahei* [*Kōka*] *no* ～ 貨幣[硬貨]の表 A cara [O anverso] da moeda. ◇ **～ byōshi** 表表紙 O frontispício [A capa da frente] (do livro). **～ gawa** 表側 O lado da frente. [S/同] Hyṓmén. [A/反] Urá. **2** [外を向く側] O (lado) direito [de fora]. *Washi wa tsurutsuru shite iru hō ga ～ da* 和紙はつるつるしている方が表だ O direito [lado principal/onde se escreve] do papel japonês é o liso. **3** [うわべ] O exterior; por fora; a aparência. *Kanojo wa ura mo ～ mo nai shōjiki na hito da* 彼女は裏も表もない正直な人だ Ela é honesta [franca/a mesma por fora e por dentro]. ★ ～ *ni kanjō o arawasanai* 表に感情を表さない Não mostrar o que sente. ～ *o kazaru* 表を飾る Salvar as aparências. [S/同] Mikáké; mitékú-ré; sotómí; uwábé (+). [A/反] Urá. **4** [おおやけ] Público; oficial; formal. ～ *ni dasenai jijō ga aru* 表に出せない事情がある Há coisas [razões] que não são [se podem fazer] públicas. ◇ ⇨ **～ zata**. [S/同] Kṓshíkí; omótémúkí (+); ṓyáké (o). **5** [家の正面] A frente [fachada] da casa. ～ *kara haitte kudasai* 表から入ってください Por favor, entre pela frente. ★ ～ *genkan* [*mon*; *guchi*; *no to*] 表玄関[門; 口; の戸] A porta/entrada da frente. [S/同] Shṓmén. [A/反] Ṓku; urá. **6** [戸外] Fora (de casa); na rua. ～ *wa mada kurai* 表はまだ暗い (Lá) fora ainda está escuro. *Sukoshi ～ o sanpo shite koyō* [*kimashō*] 少し表を散歩して来よう[来ましょう] Vamos dar um passeio lá fora [uma volta ao ar livre]. ★ ～ *e deru* 表へ出る Sair para a rua. [S/同] Kógai; okúgai; sóto (+). [A/反] Uchí. **7**【Beis.】O 「estarmos nós ao」 ataque. ★ *San kai no* ～ 3回の表 ～ da terceira partida. [A/反] Urá. **8** [畳表] O revestimento [material de fora] do tatami. ◇ ⇨ **～ gae**. **9** [方面] 【A.】A dire(c)ção. **Edo ～** 江戸表 ～ de Edo.

omóté[2] 面 (⇨ omóté[1])【E.】 **1** [⇨ kaó]. **2** [⇨ mén]. **3** [外面; 表面] A superfície. ★ *Mizu no ～* 水の面 ～ da água. [S/同] Gaímén; hyṓmén.

ṓ-móté [oó] 大持て (< ō[2] + motéru)【G.】O ser muito admirado 「pelas mulheres」. *Nihon josei wa gaikoku de ～ da* 日本女性は外国で大持てだ A mulher japonesa é muito admirada [requestada] no estrangeiro [lá fora].

omóté-dátsu 表立つ (<…[1] + tátsu) 「fazer o possível para o problema」 Vir a público [à tona]. *Omote-datta ugoki wa nai* 表立った動きはない Não se vê [nota] qualquer movimento [mudança].

omóté-dṓri [óo] 表通り (<…[1] + tṓrí) A rua principal [em frente 「do hotel」]. [A/反] Urá-dṓri.

omóté-gáé 表替え (<…[1]**8** + kaérú) A troca do revestimento. ★ *Tatami no ～ o suru* 畳の表替えをする Trocar o revestimento do tatami.

O

omóté-génkan 表玄関 (⇨ omóté[1] **5**) **1** [正式の玄関] A entrada principal; a porta da frente; o vestíbulo. [A/反] Uchí-génkan. **2** [国や大都市などの主要な出入口]【Fig.】A entrada principal; o pórtico. *Narita kūkō wa Nihon no ～ de aru* 成田空港は日本の表玄関である O Aeroporto de Narita é a/o ～ do Japão.

omóté-gúchí 表口 (<…[1]**5** + kuchí) A entrada [porta] da frente. [S/同] (Omóté) génkan (+).

omóté-kánban 表看板 **1** [劇場などの正面の看板] **a)** A tabuleta 「da loja」; **b)** O cartaz 「do cinema」. [S/同] Kańbáń. **2** [表面の名目] O pretexto; a máscara; a fachada. *Kare wa ～ wa jitsugyōka da ga hongyō wa mitsuyu-gyō da* 彼は表看板は実業家だが本業は密輸業だ Ele é um contrabandista mascarado [com capa] de homem de negócios. [S/同] Meímókú.

omóté-móń 表門 (⇨ omóté[1] **5**) O portão principal [da frente]. [S/同] Seímóń (+); zeńmóń. [A/反] Urá-móń.

omóté-múkí 表向き **1** [公然たること] Abertamente; publicamente; o ser público; oficialmente. *Sōtai wa ～ kyoka sareta wake de wa nai ga mokkyo sarete iru* 早退は表向き許可されたわけではないが黙許されている Não é que haja licença oficial [clara] de sair 「do trabalho」 antes da hora, mas há (licença) tácita [mas ninguém diz nada]. [S/同] Omóté-zátá. **2** [うわべ] A aparência; o deitar poeira nos olhos. *Sore wa ～ no hanashi de jitsu wa ura ga aru* それは表向きの話で実は裏がある Isso é o que 「ele」 diz para deitar poeira nos olhos à gente mas há outro lado da história [mas a verdade é outra]. ★ ～ *no riyū* 表向きの理由 A razão oficial; o pretexto. [S/同] Uwábé. **3** [おおやけ] Oficial; público. ★ ～ *no go-yō* 表向きの御用 O assunto ～. [S/同] Ṓyáké. ⇨ séifu[1]; yakúshó[1].

Omóté-Níhón 表日本 ⇨ Taíhéiyō (◇ ～ gawa). [A/反] Urá-níhón.

omóté-zátá 表沙汰 (<…[1]**4** + satá) **1** [表立つこと] O vir a público. *Shanai de no uchiwa-mome ga ～ ni natta* 社内での内輪もめが表沙汰になった As intrigas [lutas] internas da firma vieram a público. [S/同] Ṓyáké-zátá.
2 [訴訟] O processo; o levar [ir] a tribunal. *Kare no tsukaikomi o ～ ni shinaide sumasu hōhō wa nai ka* 彼の使いこみを表沙汰にしないで済ます方法はないか Não haverá meio de resolver tudo sem levar a tribunal o caso do desfalque [roubo] feito por ele? [S/同] Saíbáń-zátá; soshṓ.

omótó 万年青【Bot.】A erva-pinheira; *rhodea japonica* (Da família dos íris).

O

ṓmótó [oó] 大本 O principal; a base; o fundamental. ★ ～ *no mondai* 大本の問題 O problema fundamental. *Kyōiku no ～ o wasureru* 教育の大本を忘れる Esquecer o/a ～ de toda a educação. [S/同] Koṅpón (+).

omóu 思［想］う (⇨ omóéru; omówáréru) **1** [考える] Pensar; julgar; achar. *Konna tokoro e konakereba yokatta to ～* こんな所へ来なければよかったと思う Penso [Acho/Julgo] que teria sido melhor não ter(mos) vindo (aqui). *Nan de-mo omotte iru koto o hanashite kudasai* 何でも思っていることを話してください Diga tudo o que pensa [Fale à vontade]. *Watashi wa sō wa omowanai* 私はそうは思わない Eu não penso assim [Eu acho que não]. ★ *Ii to ～* いいと思う Achar bem [Aprovar]. *Nan to mo omowanai* 何とも思わない **a)** Não saber que dizer; **b)** Não se importar; não fazer caso; tanto lhe dar/fazer. *Watashi ga ～ ni* 私が思うに Na minha opinião… *Watashi wa kō ～ n'desu* 私はこう思うんです Eu penso que [assim]… [S/同] Hándan suru; kangáéru.
2 [信じる] Acreditar; estar convencido. *Kare wa mujitsu da to ～* 彼は無実だと思う Acredito que ele está [é] inocente. *Yūrei wa sonzai suru to omoimasu ka* 幽霊は存在すると思いますか Você acredita em [na existência de/que há] fantasmas? ★ ～ *tōri ni suru* [*yaru*] 思う通りにする[やる] Fazer como se pensa; agir de acordo com as suas convicções. [S/同] Shiṅjíru.
3 [感じる] Sentir. *Kayui to omottara ka ni sasarete ita* かゆいと思ったら蚊にさされていた Senti aqui (uma) comichão (vontade de coçar) e vi que estava sendo [tinha sido] picado por um mosquito. [S/同] Kaṅjírú.
4 [みなす] Pensar; crer; supor. *Kare wa omotta yori wakai* 彼は思ったより若い Ele é mais novo do que eu supunha [cria/pensava]. *Watashi o nan-sai da to omoimasu ka* 私を何歳だと思いますか Quantos anos me dá [pensa que eu tenho]? [S/同] Minású.
5 [誤認する] Tomar por; pensar. *Hajime kanojo o furansujin da to omotta* 初め彼女をフランス人だと思った Quando [A primeira vez que] a vi pensei que fosse francesa.
6 [志す] Pensar; tencionar; querer. *Ryūgaku shiyō to omotte ita no ni jikkō dekinakatta* 留学しようと思っていたのに実行できなかった Tencionava ir estudar ao estrangeiro mas não pude realizar esse intento [desejo]. [S/同] Késshin suru; kokórózásu.
7 [想像する] Supor; imaginar「que é um grande escritor」. [S/同] Sṓzṓ súrú; suíryṓ súrú.
8 [予想する] Pensar; sonhar; esperar; calcular. *Kimi ga kuru to wa yume ni mo omowanakatta* 君が来るとは夢にも思わなかった Nem sonhava que você viesse. ★ ⇨ **～ tsubo**. *Omotta tōri* 思った通り Conforme [Como] esperava. [S/同] Yóki suru; yosṓ súrú.
9 [回想する] Recordar; lembrar. ★ *Mukashi o ～* 昔を思う ～ o passado. [S/同] Kaísṓ súrú; kiókú súrú; tsuíókú súrú; tsuísṓ súrú.
10 [願う] Querer; desejar. *Yo no naka wa ～ ni makasenu koto bakari* 世の中は思うに任せぬことばかり Neste mundo nada corre como a gente quer [A vida está cheia de surpresas]. ★ ～ *tōri ni furumau* 思う通りにふるまう Agir livremente. [S/同] Gaṅbṓ súrú; kibṓ súrú; kitáí súrú; negáu.
11 [もくろむ] Pensar; tencionar [ter intenção]; pretender. *Chichi wa watashi o bengoshi ni shiyō to omotte iru* 父は私を弁護士にしようと思っている O meu pai quer que eu seja [pretende fazer de mim um] advogado. [S/同] Mokúrómu. **12** [愛する] Amar; apaixonar-se. ★ *Omoi omowareru naka* 思い思われる仲 Uma (relação de) amizade mútua; amar-se mutuamente; estar apaixonados. *Ko o ～ oya no kokoro* 子を思う親の心 O carinho [amor] dos pais pelos filhos. [S/同] Aísúru (+); itsúkúshímu; shitáú; taísétsú ni suru. **13** [心配する] Preocupar-se; recear. *Watashi wa kare no yukusue o omotte iru no da* 私は彼の行く末を思っているのだ Estou preocupado com o futuro dele. [S/同] Aṅjíru; kizúkáu; shiṅpáí súrú. **14** [怪しむ; 疑う] Pensar; estranhar; duvidar. *Dō shite sonna koto ni natta no ka to omotte shirabete mita* どうしてそんなことになったのかと思って調べて見た Estranhei que isso tivesse acontecido [Pensei cá para mim "como é que isto é possível?"] e fui verificar. *Hontō ni hitori de sore ga dekiru kashira to omotta* 本当に一人でそれができるかしらと思った Duvidei se podia realmente fazer isso sozinho. [S/同] Ayáshímu; ibúkáru; utágáú.

omóu-sama 思う様 ⇨ omóu-zoṅbún.

omóu-tsubo 思う壷 O que se esperava; a armadilha; a boca do lobo;「este já está cá no」papo. ★ *Aite no ～ ni hamaru* 相手の思う壷にはまる Cair na armadilha do inimigo.

omóu-zoṅbún 思う存分「estudar/bater」Até não poder mais; sem parar; à vontade; à farta. *Kanojo wa hitori ni naru to ～ naita* 彼女はひとりになると思う存分泣いた Quando ficou sozinha chorou sem parar. [S/同] Jū́bún ni; omóíkírí.

omówákú 思わく (< omóu) **1** [考え·意図·見当] O pensar; o tramar; a intenção; o cálculo. *Kare ni wa nani ka ～ ga aru ni chigai nai* 彼には何か思わくがあるに違いない É certo [Sem dúvida] que ele anda a tramar alguma (coisa). ★ ⇨ **～ chigai** [**dōri**]. *～ ga ataru* [*hazureru*] 思わくが当たる[はずれる] Acertar [Errar] nos cálculos. [S/同] Íto²; kaṅgáe; keṅtṓ¹; mikómí; mokúrómí. **2** [評判·受け] A opinião alheia [dos outros]; o que os outros pensam. *Tanin no ～ bakari ki ni shite itara nani mo dekinai* 他人の思わくばかり気にしていたら何もできない Se a gente se preocupa demasiado com a ～, não se faz [pode fazer] nada. ★ *Seken no ～ mo kamawazu* 世間の思わくも構わず Sem se importar com a ～ ["o que dirão"]. [S/同] Hyṓbáṅ; uké. **3** [相場の予想] A especulação. ★「*Kabuka no*」*～ ga ataru* [*hazureru*]「株価の」思わくが当たる[はずれる] Acertar [Errar] na ～. ◇ ⇨ **～ gai; ～ uri**. [S/同] Tṓki¹.

omówákú-chígai 思わく違い (<… + chigáú) O erro de cálculo. *Tonda ～ de ōzon o shite shimatta* とんだ思わく違いで大損をしてしまった Tive grande prejuízo [Perdi uma fortuna] por um ～. [S/同] Keṅtṓ-házure (+); mikómí-chígai (+).

omówákú-dṓri [óo] 思わく通り (<… + tṓrí) Conforme o previsto; como se esperava. ★ ～ *ni naru* 思わく通りになる Acontecer ～. [S/同] Mikómídṓri; kaṅgáédṓri.

omówákú-gáí 思わく買い (<… ³ + kaú) A compra especulativa. ★ *Kabu o ～ suru* 株を思わく買いする Especular em a(c)ções (na bolsa).

omówákú-úrí 思わく売り (<… ³ + urú) A venda especulativa. ★ ～(*o*) *suru* 思わく売り(を)する Especular, vendendo a(c)ções「na alta」.

omówánu 思わぬ (⇨ omówazu) Inesperado; não

contar. ★ ～ *fukaku o toru* 思わぬ不覚をとる Ter [Sofrer] um revés com que não se contava. [S/同] Omói-mo-yoranai; yosṓ-gai no.

omówáréru 思われる (Voz passiva de omóu; ⇨ omówáséru). **1** […と見える] Parecer. *Ame ga furi-sō ni* ～ 雨が降りそうに思われる Parece que vai chover. *Watashi ni wa kare ga ii hito no yō ni* ～ 私には彼がいい人のように思われる Ele parece-me (ser) boa pessoa. **2** […と人から考えられる] Ser tido「por homem honesto」; ser considerado. *Hito ni yoku omowaretai nara dare ni de-mo shinsetsu ni shi nasai* 人に良く思われたいなら誰にでも親切にしなさい Se quer que os outros pensem bem de si seja amável com todos [eles]. **3** [愛される] Ser amado. *Ano futari wa tagai ni omoi* ～ *naka da* あの二人は互いに思い思われる仲だ Aqueles dois estão apaixonados um pelo outro.

omówásé-búrí 思わせ振り (< omówáséru + fúri²) A insinuação; o trejeito「de amor」; o insinuar-se; o ser「um ar」insinuante. *Sonna* ～ *o shinai de hontō no koto o itte kure* そんな思わせ振りをしないで本当のことを言ってくれ Deixa-te de trejeitos [Nada de insinuações] e diz a verdade. ★ ～ *o iu* 思わせ振りを言う Insinuar alguma coisa.

omówáséru 思わせる (< omóu) Dar a entender; fazer pensar; insinuar. *Kono kyoku wa kotori no saezuri o* ～ この曲は小鳥のさえずりを思わせる Esta música faz lembrar o canto das avezinhas.

omówáshíi 思わしい (< omóu) Satisfatório; bom. *Kōji no susumi guai ga omowashiku-nai* 工事の進み具合が思わしくない O andamento das obras não é nada ～. *Chichi no byōjō ga omowashiku-nai* 父の病状が思わしくない O meu pai não está bem [O estado de saúde do meu pai não é ～]. [S/同] Konómáshíi; negáwáshíi.

omówazu 思わず (⇨ omówánu) Instintivamente; sem querer [intenção];「falar」irrefle(c)tidamente. ★ ～ *ōgoe de sakenda* 思わず大声で叫んだ Instintivamente dei um grande grito「e socorreram-me」. [S/同] Shirázúshírazu; tsúi.

ómoya 母屋 A casa [O prédio] principal. [P/ことわざ] *Hisashi o kashite* ～ *o torareru* 庇を貸して母屋を取られる Emprestar o beiral e ficar sem a casa [Dar a mão e ficar sem o braço]. [A/反] Hánare.

omó-yátsure 面窶れ (< omóté + …) O rosto macilento; o aspecto extenuado. *Kare wa byōki no sei de daibu* ～ *shite iru* 彼は病気のせいでだいぶ面窶れしている Ele tem um ～ devido à doença.

omóyú 重湯 O caldo [A papa] de arroz (Para bebê[é]s e doentes). ⇨ o-kayú².

omó-záshí 面差し O semblante; o aspecto. [S/同] Kaódáchí (+).

ṓmú¹ [oó] 鸚鵡【Zool.】O papagaio. ◇ ～ **byō** 鸚鵡病 A psitacose. ⇨ ～ **gaeshi** [**gai**].

ṓmu² [óo] オーム (< Ing. ohm)【Ele(c)tri.】Ohm (Unidade de resistência). ★ ～ *no hōsoku* オームの法則 A lei óhmica [de ～] (V = RI).

ṓmú-gáeshi [oó] 鸚鵡返し (< … + káesu) O papaguear. ★ ～ *ni iu* 鸚鵡返しに言う Repetir como o papagaio; papaguear.

ṓmú-gai [oó] 鸚鵡貝【Zool.】O nautilo.

ṓ-múgi [oó] 大麦 A cevada.

o-múkáé お迎え (< o² + mukáérú) **1** [迎えの丁寧語, 謙譲語] O ir buscar alguém. ～ *no kuruma ga mairimashita* お迎えの車が参りました (Já) está ali o carro que o vem buscar. **2** [お盆の祖先の霊を迎えること] As boas-vindas aos espíritos dos antepassados no "bon". **3** [死期が迫ること] A morte. ★ ～ *ga kuru* お迎えが来る Morrer.

o-múkai お向かい (< o² + mukáú)【Col.】O lado oposto [de lá]; em frente. ～ *san wa o-rusu desu* お向かいさんはお留守です A família em frente saiu [está fora].

ṓ-múkashi [oó] 大昔 A mais remota antiguidade. ★ ～ *kara* 大昔から Desde a ～ [tempos imemoriais]. ～ *no hitobito* 大昔の人々 O homen pré-histórico. [S/同] Táiko¹. ⇨ mukáshí.

ṓmúkō [oó] 大向 **1** [芝居の立見席] A plateia (do teatro). **2** [芝居の立見席の人] O público; a plateia; as massas. ★ ～ *o unaraseru* 大向をうならせる Conquistar o/a/as ～. [S/同] Keńbútsú-níń.

ṓmúné [oó] 概ね【E.】Quase; geralmente [em geral]; a maior parte. *Shigoto no susumi-guai wa* ～ *ryōkō da* 仕事の進み具合は概ね良好だ Em [De um modo] geral, o trabalho está progredindo satisfatoriamente [a andar bem]. [S/同] Ṓyósó; daítáí¹.

omúníbasu オムニバス (< Ing. < L. omnibus: para todos) De vários autores [assuntos/temas]; variado. ◇ ～ **eiga** [**dorama; myūjikaru**] オムニバス映画[ドラマ; ミュージカル] Um filme [drama; musical] ～. ～ **keishiki** オムニバス形式 A forma variada「de fazer o filme」. ⇨ básu¹.

omúráisu オムライス (< Ing. omelet(te) + rice) A omelete com recheio de arroz.

omúrétsú オムレツ (< Fr. omelette < L. lamella: lâmina) A omelete.

o-músubi お結び【Col.】⇨ nigírí-méshí; o-nígiri.

o-mútsu お襁褓 O cueiro; a fralda. ★ ～ *o suru* おむつをする Pôr [Colocar] a ～. ～ *o torikaeru* おむつを取りかえる Mudar [Trocar] a ～. ◇ ～ **kabā** おむつカバー A calcinha (impermeável [de plático] para cobrir a ～). ～ **kabure** おむつかぶれ A inflamação (da pele) causada pela ～. [S/同] O-shíme; mútsuki.

ón¹ 恩 (⇨ óngi; oń-shírazu) O favor; a bondade; o bem; o amor; o dever de gratidão. *Sensei no go-* ～ *wa isshō wasuremasen* 先生の御恩は一生忘れません Jamais esquecerei a bondade do [o que devo ao] professor. ★ ～ *ga aru* [*ni naru*] 恩がある[になる] Ter uma dívida de gratidão [Ter de pagar um favor]. ～ *ni mukuiru* [*o kaesu*] 恩に報いる[を返す] Retribuir [Pagar] um favor. ～ *o hodokosu* [*uru*] 恩を施す[売る] Fazer/Prestar um favor (a alguém). ～ *o motte ada ni mukuiru* 恩をもって仇に報いる Pagar o mal com o bem. ～ *o shiru* 恩を知る Ser agradecido [grato]. *Oya no* ～ 親の恩 A dívida filial (para com os pais). [I/慣用] ～ *o ada de kaesu* 恩を仇で返す Pagar o bem com o mal./Morder a mão de quem dá (Ser desagradecido).

oń² 音 **1** [おと] O som; o ruído「do motor」. [S/同] Otó (+). ⇨ ne². **2** [音声・発音] O som (das palavras). **3** [漢字の字音] A leitura [pronúncia] chinesa do ideograma. ★ *Kanji o* ～ *de yomu* 漢字を音で読む Ler o ideograma em chinês. [A/反] Kuń¹.

ón³ オン (< Ing. on) **1** [電気のスイッチを入れた状態] A ligação; o ligar. *Dentō no suitchi o* ～ *ni suru* 電灯のスイッチをオンにする Ligar a [o interruptor da] luz. ★ ～ *ni natte iru* オンになっている Estar ligado. [A/反] Ṓfu. **2**【Go.】O relvado. ★ *Bōru ga gurīn ni* ～ *shita* ボールがグリーンにオンした A bola ficou no

O

O

～. **3** […の上] Em cima de. *Sābu wa ～ rain de haitte iru* サーブはオンラインで入っている O bolar (No té[ê]nis) [A bola ao bolar] caiu em cima da linha (Está dentro/salva).

ṓna [óo] 媼【E.】A mulher idosa.
[S/同] Rṓba. [A/反] Ṓkina.

ṓnā [óo] **オーナー** (< Ing. owner) O proprietário; o dono. ★ *Yakyū chīmu no ～* 野球チームのオーナー ～ da equipa de beisebol. *Resutoran no ～* レストランのオーナー ～ do restaurante.
[S/同] Shoyū́sha. ⇨ mochí-nushi.

onágá 尾長【Zool.】A pega azul; *cyanopica cyanus.*

onágá-dori 尾長鳥 (< o⁴ + nagái + torí)【Zool.】Um galo de cauda comprida (Até 8m).
[S/同] Chṓbíkei; nagáó-dori.

o-nágare お流れ **1** [取り止め] A suspensão. ★ ～ *ni naru* お流れになる「o jogo de futebol」Ser suspenso; ir por água abaixo. ～ *ni suru* お流れにする Anular; suspender. [S/同] Chū́shí¹; toríyámé. **2** [目上の人からさしていただく杯] O saqué que se bebe no copo [na taça] usado/a pelo superior. ★ ～ *o chōdai suru* お流れを頂戴する Ter a honra de beber pela mesma tacinha.

onágá-záru 尾長猿 (< o⁴ + nagái + sáru)【Zool.】O macaco rabudo; *cercopithecus.*

onágó 女子【A.】⇨ fujíń¹; jochū́¹; ońná; musúmé.

o-nágúsámí お慰み (⇨ nagúsámí) A alegria; o melhor; o prazer. *Umaku ittara ～ da* うまくいったらお慰みだ Se correr [sair] bem é uma alegria [tanto melhor]「mas eu duvido」!

oń'áí 恩愛【E.】A afeição「da família」; o amor「conjugal/paternal/filial」.
[S/同] Itsúkúshímí; násake.

onái-doshi 同い年 (< onájí + toshí) A mesma idade. *Kare to watashi wa ～ da* 彼と私は同い年だ Ele e eu somos da ～. [S/同] Dṓnéń; onájí tóshí (+).

onájí 同じ (⇨ onájiku) **1** [同一] O mesmo; igual; idêntico. ★ ～ *koto o nando mo iu* 同じことを何度も言う Dizer muitas vezes a mesma coisa. ～ *namae* 同じ名前 O mesmo nome. [I/慣用] ～ *ana no mujina* 同じ穴の貉 Ser da mesma laia/Ser farinha do mesmo saco. ～ *kama no meshi o kuu* 同じ釜の飯を食う Comer「arroz」da [na] mesma panela. **2** [同類] O mesmo. ★ ～ *machigai* [*shippai; ayamachi*] *o kurikaesu* 同じまちがい [失敗; 誤ち] をくり返す Repetir o mesmo erro [fracasso; engano]. ～ *katachi no ie* 同じ形の家「duas」Casas iguais [com a mesma forma/planta]. **3** [同様; 同然] O mesmo; igual; semelhante; similar. *Watashi mo anata to ～ kangae desu* 私もあなたと同じ考えです Eu também penso como [do mesmo modo que] você. *Dochira demo watashi ni wa ～ koto da* どちらでも私には同じことだ Tanto me faz/Para mim é igual [a mesma coisa]. ★ ～ *yō na* [*ni*] 同じような[に] Igual [Igualmente]. [S/同] Dṓyṓ¹; dṓzéń. **4** [同程度; 同量; 等しい] O mesmo; igual. ★ ～ *takasa* [*hayasa; futosa*] 同じ高さ[速さ; 太さ] A mesma altura [velocidade; grossura]. [S/同] Hitóshíi. **5** [変わらない] O mesmo; o não mudar. *Kono hen wa jū-nen mae to ～ da* この辺は十年前と同じだ (Isto) aqui está como há dez anos (não mudou nada). [S/同] Kawáránái. **6** [どうせ] Se; já que; uma vez que. ～ *kau nara ii mono o katta hō ga yoi* 同じ買うならいいものを買ったほうがよい Comprar por comprar, compre (uma) coisa boa [～ vai (mesmo) comprar é melhor comprar um bom artigo]. [S/同] Dṓsé.

onájiku 同じく (< onájí) **1** [同様に]【Adv.】Da[o] mesma[o] maneira [modo]; assim [tal] como; igualmente. *Chichi to ～ watashi mo isha no michi o ayunda* 父と同じく私も医者の道を歩んだ Tal como o meu pai, eu também segui a carreira de médico. **2** [ならびに; および]【Conj.】E; bem como. ★ *Nyūsen Yamada-kun, ～ Tanaka-kun* 入選山田君, 同じく田中君 Os classificados foram [são]「os alunos」Yamada ～ Tanaka. ⇨ onájí.

o-náká お腹【Col.】A barriga; o estômago; o ventre; a pança (De animal grande). ★ ～ *ga ippai da* [*ni naru*] お腹が一杯だ[になる] Ter [Ficar com] a barriga cheia. ～ *ga ōkii* お腹が大きい **a**) Ter a/uma barriga grande; **b**) Estar grávida. ～ *ga suku* [*suita*] お腹が空く[空いた] Ficar com [Estar cheio de] fome. ～ *no ko* お腹の子 A criança nascitura. ～ *o kakaete warau* お腹を抱えて笑う Rir às gargalhadas [torcendo-se todo]. ～ *o kowasu* お腹をこわす Ter uma dor de ～ (⇨ shṓká¹ ◇).
[S/同] Hará.

onárá おなら【Chu.】A ventosidade [flatulência]; o traque; o peido (＋chu.). ★ ～ *o suru* おならをする Soltar uma ～ [os gases intestinais]; peidar; dar um ～. [S/同] He.

o-násake お情け A piedade; a compaixão. *Kare wa sensei no ～ de shinkyū shita* 彼は先生のお情けで進級した Ele passou de ano por ～ do professor.

ṓ-nátá [oó] 大鉈 O machado de guerra; o cutelo. ★ ～ *o furuu* 大鉈を振う Brandir o ～; levar tudo à paulada [a ferro e fogo]; ser drástico.

ońbíń¹ 穏便 Amigável. ★ ～ *na kaiketsu hōhō* 穏便な解決方法 A solução ～「sem ir a tribunal」. ～ *ni koto o sumasu* [*Hanashi o ～ ni sumaseru*] 穏便にことをすます[話を穏便にすます] Resolver o caso amigavelmente [a bem/ficando todos amigos].
[S/同] Ońtṓ. ⇨ odáyaka.

ońbíń² 音便 A eufonia; a mudança eufó[ô]nica (de parte da palavra). "*Nani to*" *wa ～ de* "*nan'to*" *ni naru*「なにと」は音便で「なんと」になる "Nani to", por eufonia, fica "nan'to". ◇ **Hatsu ～** 撥音便 ～ por nasalização. **I ～** イ音便 ～ do i (Ex. "kakite" → "kaite"; "gozarimasu" → "gozaimasu"). **Soku ～** 促音便 ～ por eliminação de uma sílaba numa consoante geminada e de som oclusivo (Ex. "tachite" → "tatte"; "torite" → "totte").

ońbóró おんぼろ (⇨ bóro)【Col.】Esfarrapado (Roupa); gasto; em ruínas; escangalhado (Máquinas). ★ ～ *no* [*na*] *kutsu* おんぼろの[な]くつ Os sapatos todos gastos. ◇ **～ jidōsha** おんぼろ自動車 O calhambeque [carro velho]; a carripana; o batelatas. [S/同] Bóro; bóroboro.

ónbu 負んぶ【G.】**1** [背に負うこと] O levar [carregar] às costas. ★ *Akanbō o ～ suru* 赤ん坊をおんぶする Carregar o bebé[ê]... ⇨ dákko; se-óu. **2** [頼ること]【Fig.】A dependência. *Itsumade-mo ～ ni dakko ja nasakenai zo* いつまでもおんぶにだっこじゃなさけないぞ É uma vergonha continuar assim dependendo dos outros. [S/同] Tayóru.

ońbú-kígō 音部記号【Mús.】A clave. ◇ **Kō [Chū; Tei] ～** 高[中; 低]音部記号 ～ de sol [lá; dó].

ońbuzuman オンブズマン (Sueco "ombudsman": representante) O comissário [delegado] que investiga queixas「dos particulares」em relação ao

Estado.

ónchi 音痴 **1** [音楽のわからないこと] O não ter ouvido (para a música); o ser desafinado. *Kare wa hidoi ~ da* 彼はひどい音痴 Ele não tem ouvido nenhum. ⇨ chōshíppázure. **2** [感覚が鈍いこと] [G.] O não ter jeito 「para economia」. ★ *Kikai ~ no hito* 機械音痴の人 A pessoa sem [que não tem] jeito para (lidar com) máquinas. ◇ **Hōkō ~** 方向音痴 A falta de sentido de orientação.

onchō¹ 音調 A ento(n)ação「da palavra」; o tom [ritmo]「da música」.

onchō² 恩寵 (⇨ onkéi) [E.] A graça; o favor; a concessão. ★ *~ o ukeru [kōmuru]* 恩寵を受ける [被る] Receber uma graça「um favor」. *Kami no ~* 神の恩寵 A graça divina [de Deus]. [S/同] Itsúkúshími; megúmí.

ónchū 御中 Excelentíssimos [Ilustríssimos] senhores (Em cartas). ★ *Jōchi Daigaku porutogarugo Gakka ~* 上智大学ポルトガル語学科御中 Aos ~ do Departamento de Português da Universidade Sofia (Tóquio).

ondán 温暖 Quente; ameno. *Hawai wa kikō ga ~ de aru* ハワイは気候が温暖である O clima do Hawai é ameno. *~ na tochi* 温暖な土地 A terra de clima ameno. ◇ **~ zensen** 温暖前線 [Met.] A frente quente. [A/反] Kańréi¹. ⇨ onwá¹.

óndo¹ 温度 A temperatura. *Heya no ~ wa nijū-do desu* 部屋の温度は20度です ~ da sala é de vinte graus. ★ *~ ga jū-do agatta* 温度が10度上がった subiu 10 ℃. *~ ga jū-do ni sagatta* 温度が10度に下がった baixou/desceu/caiu para 10 ℃. *~ ga takai [hikui]* 温度が高い[低い]~ está alta (baixa). 「*Kaisui no* 」*~ o hakaru*「海水の」温度を測る Medir a ~「da água do mar」. ◇ **~ chōsetsu** 温度調節 A regularização da ~. **~ chōsetsu sōchi** 温度調節装置 O termóstato. **~ sokutei** 温度測定 keń'ón. **Taikan ~** 体感温度 ~ efe(c)tiva. **Zettai [Hyōjun] ~** 絶対[標準]温度 ~ absoluta [padrão].

óndo² 音頭 **1** [先に立つこと] **a)** O dirigir「a banda」; a dire(c)ção [iniciativa]「da festa」; **b)** O brinde (do começo). ★ *Kanpai no ~ o toru* 乾杯の音頭をとる Brindar「à saúde dos presentes」; fazer um brinde「com um cálice de vinho do Porto」. **2** [歌] A música (canção/dança) folclórica. ⇨ **Tōkyō ~** 東京音頭 A canção Tōkyō.

ondó-kei 温度計 O termó(t)metro. ◇ **Enkaku-jiki ~** 遠隔自記温度計 O teletermó(t)metro. **Saikō [Saitei] ~** 最高[最低]温度計 ~ de máxima [mínima]. **Sesshi [Kashi] ~** 摂氏[華氏]温度計 ~ centígrado/célsius (+) [Fahrenheit].

ondókú 音読 (⇨ on²) **1** [声を出して読むこと] A leitura em voz alta. ★ *~ suru* 音読する Ler em voz alta. [A/反] Mokúdókú. **2** [漢字を字音で読むこと] A leitura chinesa do "kanji". [S/同] Oń-yómí (+). [A/反] Kuńdókú; kuń-yómí.

ondóri 雄鳥[鶏] (< osú + torí) **a)** O macho das aves; **b)** O galo. [A/反] Meńdóri.

ondóru 温突 (< Core. ontol < Chi.) A fornalha para aquecer o soalho (Sistema de aquecimento coreano).

ondó-tori 音頭取り (< ~² + tóru) **1**[歌の]O regente do coro. **2** [主唱者] **a)** O chefe [cabecilha]; **b)** O que brinda [e começa]「a festa」. ★ *Demo [Sutoraiki] no ~* デモ[ストライキ]の音頭取り O cabecilha da manifestação [greve].

[S/同] Shushō-sha.

óne 尾根 A crista; o lombo; o espinhaço; a lombada (Entre as vertentes da montanha). [S/同] Ryōséń.

oń'éá オンエア (< Ing. on the air) No ar. *Sono bangumi wa ~ sareta* その番組はオンエアされた Esse programa foi transmitido [para o ar]. ⇨ hōsó¹.

o-négáí お願い (< o² + negáu) O pedido. *Anata ni ~ ga arimasu [gozaimasu]* あなたにお願いがあります[ございます] Tenho um ~ a fazer-lhe. *O-henji kudasaimasu yō ~ mōshi-agemasu* 御返事下さいますようお願い申し上げます Peço-lhe encarecidamente [respeitosamente] que me envie uma resposta/Peço-lhe a gentileza de me responder. *Mazu wa ~ made* まずはお願いまで Agradeço antecipadamente [desde já] a atenção dispensada ao meu (Em cartas). *Aoki-san no ~ shimasu* 青木さんをお願いします (電話で) Gostaria de falar com o Sr. Aoki/Por favor [gentileza], podia chamar o Sr. Aoki?

ónéń [**oó**] 往年 [E.] Os anos passados; antes; o passado. *Kare wa ~ no meiyū de aru* 彼は往年の名優である Ele foi um artista famoso [Ele é um artista que antes/no passado teve (muita) fama]. [S/同] Mukáshí¹, ōji³.

o-nésho おねしょ [Col.] ⇨ ne-shōbén.

ónétsú(byō) [**oó**] 黄熱 (病) [Med.] A febre amarela.

oń-gaeshi 恩返し (< óń¹ + káesu) A retribuição do [O pagar o] favor. ★ *Onjin ni ~ o suru* 恩人に恩返しをする Pagar (de alguma maneira) ao seu benfeitor. [S/同] Hōón.

óngaku 音楽 A música. ★ *~ o narau [ensō suru]* 音楽を習う[演奏する] Estudar [Interpretar/Tocar] música. ◇ **~ gaku** 音楽学 A [O estudo de]; a musicologia. **~ gakkō** 音楽学校 O conservatório [A escola/academia] de ~. **~ ka** 音楽家 O músico. ⇨ **~ kai. ~ konkūru** 音楽コンクール O concurso de ~. **~ kyōiku** 音楽教育 A educação musical. **~ sai** 音楽祭 O festival de ~. **Eiga [Gekijō; Koten; Rekōdo] ~** 映画音楽[劇場;レコード] para filme [de cena; clássica; de disco].

ongakú-kai 音楽会 O concerto; o recital. ★ *~ o moyoosu* 音楽会を催す Realizar [Dar] um ~.

ongán 温顔 [E.] O rosto [semblante] afável; a fisionomia agradável [bondosa/serena/pacifica]. ★ *~ no hito* 温顔の人 A pessoa de ~. ⇨ nyūwá; odáyaka; yasáshíí¹.

ongén 音源 O som「do filme」;「dete(c)tar/descobrir」a fonte sonora.

óngi 恩義[誼] (⇨ óń¹) O favor; a obrigação; o dever de gratidão. 恩義を感じる Sentir-se grato [obrigado]. *~ ni mukuiru* 恩義に報いる Retribuir o favor; ser grato.

oṅgúsútórômu [**oó**] オングストローム (< antr. Angstrom) [Fís.] O Angstrom (Unidade para medir o comprimento das ondas de luz; um $\sim$ equivale à bilionésima parte de 1 metro).

ongyókú 音曲 **1** [三味線による俗曲] A canção acompanhada a shamisen. ⇨ haútá. **2** [日本風の音楽の総称] A música japonesa.

oní 鬼 (⇨ on²) **1** [魔物] O ogre; o diabo; o gê[é]nio mau. *~ wa soto fuku wa uchi* 鬼は外福は内 (豆まきで) Fora os diabos e dentro a boa sorte! (Palavras de esconjuro) ★ *Jigoku no ~* 地獄の鬼 O diabo; o demô[ó]nio. ◇ **~ taiji** 鬼退治 A extermi-

nação dos ogres「por Momotarô」. ことわざ *mo jūhachi bancha mo debana* 鬼も十八番茶も出花 Todas as coisas são boas no seu tempo/Até o diabo, quando (era) moço era bonito. ~ *no inu [inai] ma ni sentaku* 鬼の居ぬ[居ない]間に洗濯 Patrão fora, dia santo na loja. *Rainen no koto o iu to ~ ga warau* 来年のことを言うと鬼が笑う Não se deve contar com o ovo no rabo da galinha/Vender o azeite antes das oliveiras semeadas. 慣用 *~ no kubi o totta yō ni「yorokobu」*鬼の首を取ったように「喜ぶ」「Ficar todo contente」como se tivesse feito uma grande proeza.
2 [鬼のような人・もの]【Fig.】Uma fera; um homem endiabrado. *Fukushū [Shitto] no ~* 復讐［嫉妬］の鬼 Uma fera a respirar vingança [ciúme].
3 [鬼のように強く勇猛な人] Um valente [forçudo]; a pessoa capaz. 慣用 *~ ni kanabō* 鬼に金棒 Ainda [Tanto] melhor. ~ *no kakuran* 鬼の霍乱 Uma doença repentina apanhada por quem parecia vender saúde.
4 [無慈悲な人] Uma pedra. ★ ~ *no yō na hito* 鬼のような人 Uma pessoa desumana [insensível como ~]. *Kokoro o ~ ni suru* 心を鬼にする Ficar insensível [duro como ~]; endurecer o coração. 慣用 *~ no me ni mo namida* 鬼の目にも涙 Até os corações de pedra [mais duros] por vezes choram. ことわざ *Wataru seken ni ~ wa nashi* 渡る世間に鬼はない Há gente boa em toda a parte [Gente má, má, não existe]. **5** [執念を燃やす人] A pessoa esforçada. ★ *Shigoto no ~* 仕事の鬼 Um doido por trabalhar; um escravo do trabalho. **6** [鬼ごっこの鬼] (⇨ *oní gókko*) O gato (No jogo do mesmo nome). ~ *san kochira, te no naru hō e* 鬼さんこちら、手の鳴る方へ Ô gat(inh)o, é aqui (que está o rato), não ouves as palm(inh)as?

oní-² 鬼 (⇨ oni¹) 【Pref.】 **1** [勇猛] Intrépido; valente. ◇ **~ shōgun** 鬼将軍 O general ~ [com coração de leão]. **2** [無慈悲] Desumano; cruel;「juiz」duro [implacável]. ◇ **~ baba** 鬼婆 A megera; a bruxa. **~ gunsō** 鬼軍曹 O sargento ~. **~ keiji** 鬼刑事 O dete(c)tive ~ [temido]. **3** [巨大] Gigantesco; grande; colossal. A vitória-régia gigante (⇨ hasú²). ⇨ **yanma**.

oní-ázami 鬼薊【Bot.】O cardo violeta; *cirsium nipponense*.

oní-ba 鬼歯 (<…¹ + ha¹) O dente encavalitado. S/同 Yáebá (+).

oni-bi 鬼火 (<…¹ + hi) O fogo fátuo. S/同 Kitsúné-bi.

oní-gámi 鬼神 (<…¹ + kámi) ⇨ kijín³.

oni-gáwara 鬼瓦 (<… + kawará) **1** [棟の両端の瓦]【Arqui.】A gárgula (Beiral com carranca). **2** [いかつい顔] A carranca [cara feia]; a carantonha.

o-nígiri おにぎり【Col.】⇨ nigirí-méshi.

oní-gókko 鬼ごっこ O (jogo do) gato; o (brinquedo de) pegador. ★ ~ *o suru* 鬼ごっこをする Brincar ao [Jogar o] ~. ⇨ oní **6**.

o-nii-san お兄さん ⇨ níisan.

oní'íki 音域【Mús.】A gama; a escala. ⇨ seí-íki¹.

oníkko 鬼っ子 **1** [親に似ない子] A criança que não se parece com os pais. **2** [歯がはえて生まれた子] A criança que já nasceu com (os) dentes.

o-nímotsu お荷物 Um peso [fardo]. ★ *Tanin no ~ ni naru* 他人のお荷物になる Tornar-se [Ser] um ~ para os outros. S/同 Fután; yakkái-monó.

on'ín 音韻【Lin.】O fonema. ◇ **~ gaku[ron]** 音韻学[論] A fonética. ⇨ ónsei.

ónion オニオン (< Ing. onion) A cebola. ◇ **~ sūpu [guratan]** オニオンスープ[グラタン] A sopa [O gratinado] de ~. S/同 Tamá-négi (+).

oni-yánma 鬼蜻蜓【Zool.】A maior libélula do Japão (com mais de 10 cms); *anatogaster sieboldii*.

oní-yuri 鬼百合【Bot.】Um lírio encarnado com pintas pretas; *lilium tigrinum*.

onjín 恩人 O benfeitor; o prote(c)tor; o salvador. *Kare wa watashi no inochi no ~ da* 彼は私の命の恩人だ Ele salvou-me [Eu devo-lhe] a vida.

onjō 温情 A benevolência; a consideração. ★ ~ *aru hanketsu* 温情ある判決 A sentença benevolente. ◇ **~ shugi** 温情主義 O paternalismo. ⇨ nasáke.

onjún 温順 Dócil. ★ *~ na hitogara* 温順な人柄 Um cará(c)ter ~.

onkái 音階 A escala (musical). ◇ **Chō [Tan]** **~** 長[短]音階 ~ maior [menor].

onkán 音感 O ouvido apurado. ★ ~ *ga surudoi [nibui]* 音感が鋭い[にぶい] Ter bom [mau] ouvido. ◇ **~ kyōiku** 音感教育 A educação acústica [do ouvido]. **Zettai ~** 絶対音感 A afinação perfeita.

onkéi 恩恵 (⇨ onchó²) O favor; o benefício; a graça. ★ ~ *ni yokusuru* 恩恵に浴する Receber [Ter] o「grande」benefício [de viver em sociedade」. ~ *o ukeru* 恩恵を受ける Receber [Ter] ~; ser beneficiado [favorecido]. ~ *o hodokosu* 恩恵を施す Conceder um/a ~. [*Shizen* [*Kagaku gijutsu*, *Hōritsu*] *no* ~ 自然[科学技術; 法律]の恩恵 Os benefícios da natureza [tecnologia; lei]. S/同 Ontákú.

onkén 穏健 Moderado. ★ ~ *na hōhō o toru* 穏健な方法を取る Tomar medidas moderadas. ◇ **~ ha** 穏健派 A ala [fa(c)ção política] moderada [dos moderados]. A/反 Kagekí¹.

on-kisé-gámashii 恩着せがましい (<…¹ + kiséru + kamakéru) Interesseiro. ★ ~ *taido* 恩着せがましい態度 Uma atitude ~a.

ónko 恩顧【E.】O favor; a atenção; o patrocínio; o apoio. ★ *Hito no ~ o kōmuru [ukeru]* 人の恩顧を蒙る[受ける] Receber atenções/favores.

ónkō 温厚 Gentil; afável; cortês. ★ *~ na hitogara* 温厚な人柄 O cará(c)ter ~. ◇ **~ tokujitsu** 温厚篤実 ~ e sincero.

ónko-chishin 温故知新【E.】O estudar o passado para saber ver o presente; a história como mestra da vida; o aprender do passado.

ónkyō 音響 O otó; s(ōn) O som; o estrondo. ◇ **~ kōka** 音響効果 **a)** O som「na representação de uma peça teatral」; **b)** A acústica [~ *kōka no yoi hōru* 音響効果の良いホール Um salão com boa acústica]. **~ sokushinki** 音響深測機 A sonda de profundidade (com ecó[ó]metro).

ónkyō-gaku[óō] 音響学【Fís.】A [O estudo da] acústica.

onkyū¹ 恩給 A pensão. ★ ~ *de kurasu* 恩給で暮らす Viver (só) da ~. ◇ **~ juryō-sha** 恩給受領者 O pensionista. **~ seido** 恩給制度 O sistema de ~. **Kafu ~** 寡婦恩給 ~ de viuvez. S/同 Nenkín (+).

onkyū² 温灸 A moxa dentro de um cilindrozinho. ⇨ kyū².

onméi 音名【Mús.】O nome das notas.

onmítsú 隠密 O segredo. **1** [秘密] ★ *Koto o ~*

ni hakobu ことを隠密に運ぶ Fazer (a coisa) em ～. [S/同] Himítsú (+). **2** [間諜]【A.】 O espião; o agente secreto. [S/同] Kańchṓ; nínja.

ónmon 諺文 ⇨ hánguru.

ońná 女 **1** [女性一般] A mulher. ★ ～ *no yō na koe* 女のような声 Uma voz de mulher. ～ *o kudoku* 女をくどく Galantear [Seduzir] uma ～. ～ *o shiru* 女を知る Ter relações sexuais com uma ～. ◇ **～ aruji** 女主 A dona (de casa); a proprietária; a patroa「da loja」. **～ asobi** [**dōraku**] 女遊び[道楽] A libertinagem. **～ de-iri** 女出入り Os problemas [casos] amorosos. **～ kyaku** 女客 A cliente; a freguesa. **～ moji** 女文字 ⇨ ońnádé[1] **1**. ～ *mono* 女物 Os obje(c)tos [artigos] para mulheres. **～ oya** 女親 ⇨ hahá-óyá. **～ tomodachi** 女友達 A amiga; a colega. **～ yaku** 女役 O papel feminino. ⇨ **～ gata**. **～ yamome** 女やもめ A viúva. [P/ことわざ] ～ *no ichinen iwa o mo tōsu* 女の一念岩をも通す ～ de cabeça dura, até a pedra fura. ～ *san-nin yoreba kashimashii* 女三人寄ればかしましい Três mulheres (e um pato), fazem uma feira. *Jiken no ura ni ～ ari* 事件の裏に女あり Por trás de um grande incidente há sempre uma ～. [A/反] Otókó. **2** [大人の女性] A mulher adulta. ★ ～ *ni naru* 女になる Fazer-se mulher (tendo relações sexuais). **3** [情婦] A amante. ★ ～ *o kakou* 女を囲う Ter uma ～. [S/同] Aíjíń; jṓfu. **4** [売春婦] A prostituta. ★ ～ *o kau* 女を買う Pagar a uma ～. [S/同] Baíshúnfu. **5** [女性の器量・特性] A (qualidade de) mulher. ★ ～ *ga agaru* 女が上がる Subir [Valorizar-se] como mulher.

ońná-bárá 女腹 (<… + hará) A mulher que só gera [dá à luz] meninas. [A/反] Otókó-bárá.

ońná-búrí 女振り (<… + furí) O encanto feminino; a graça feminil. ★ ～ *ga sagaru* 女振りが下がる Perder a/o ～. [A/反] Otókó-búrí.

ońná-dátera-ni 女だてらに Apesar de ser mulher. ～ *ni nan to iu mane da* 女だてらに何というまねだ Isso é próprio [comportamento] de uma senhora?

ońná-dé 女手 (<… + te) **1** [女性の筆蹟] A letra [caligrafia] de mulher. ★ ～ *no tegami* 女手の手紙 A carta escrita por uma mulher. [S/同] Ońná móji. **2** [女性の働き] A mão-de-obra feminina. *Haha wa ～ hitotsu de kazoku no kurashi o sasaete ita* 母は女手一つで家族のくらしを支えていた A minha mãe sustentava a família só(zinha). [A/反] Otókó-dé.

ońná-gátá 女形 (<… + katá) **1** [その役] O papel feminino. ★ ～ *o enzuru* 女形を演ずる Representar um ～「no kabúki」. **2** [その人] O a(c)tor (Homem) que representa um papel feminino. *Kabuki no mei-～* 歌舞伎の名女形 Um grande ～ de kabuki. [S/同] Oyáma (+).

ońná-gírai 女嫌い (<… + kiráú) **a)** A misoginia; **b)** Misógino [Que tem aversão às mulheres].

ońná-gókoro 女心 (<… + kokóro) **a)** O coração da mulher; **b)** A psicologia feminina; **c)** A mulher que gosta de um homem. [P/ことわざ] ～ *to aki no sora* 女心と秋の空 O coração da mulher é como o céu de outono (Instável). ⇨ otókó-gókoro.

ońná-góroshi 女殺し (<… + korósú) **1** [女を殺すこと] O matar [que mata] uma mulher. **2** [⇨ ońnátárashi].

ońná-gúrui 女狂い (<… + kurúu) **a)** O libertino; **b)** A libertinagem. [A/反] Otókó-gúrui.

ońná-gúsé 女癖 (<… + kusé)【G.】 O fraco pelas mulheres. ★ ～ *ga warui* 女癖が悪い Ter um ～; ser um mulherengo.

ońná-jótai 女所帯 (<… + shotái) O lar [A casa] só com mulheres. [A/反] Otókó-jótai.

ońná-móchí 女持ち (<… + mótsu) De mulher [senhora]. ★ ～ *no kasa* [*tokei*] 女持ちの傘 [時計] O guarda-chuva [relógio] ～.[A/反] Otókó-móchí.

ońná-no-ko 女の子 **1** [少女] A menina. **2** [若い女性] A jovem; a moça. ★ *Jimusho no ～* 事務所の女の子 A moça do escritório. **3** [娘] A filha. *Watashi ni wa ～ ga futari aru* [*iru*] 私には女の子が二人ある[いる] Eu tenho duas filhas. **4** [女の赤ん坊] Uma menina (recém-nascida). ★ ～ *ga umareta* 女の子が生まれた Nasceu uma menina. [A/反] Otókó-no-ko.

ońná-ráshíi 女らしい Feminil; mulheril; de mulher; feminino. ★ ～ *hito* 女らしい人 A mulher muito mulher. *Onna-rashiku nai* 女らしくない Não ser ～. *Onna-rashisa* 女らしさ A feminilidade. [A/反] Otókó-ráshíi.

ońná(t)tárashi 女(っ)たらし (<… + tarásu[2])【G.】 Um galanteador; um mulherengo; um conquistador; um dom-joão.

ońná-záká 女坂 (<… + saká) Uma rampa [subida/ladeira] suave. [A/反] Otókó-záká.

ońná-zákari 女盛り (<… + sakárí) A mulher na flor da idade. ★ ～ *de aru* 女盛りである Estar na flor da idade. ～ *no fujin* 女盛りの婦人 Uma senhora na plenitude da juventude. ～ *o sugiru* 女盛りを過ぎる Ficar velha.

ońná-zúkí 女好き (<… + súku) **1** [女色を好むこと] **a)** O gostar de mulheres; **b)** O apaixonado por [que gosta de] mulheres. *Ano kyōdai wa sorotte taihen na ～ da* あの兄弟はそろって大変な女好きだ Aqueles irmãos são todos perdidos [muito apaixonados] por mulheres. **2** [女から好かれること] O ser cobiçado pelas mulheres. ★ ～ *no suru* 女好きのする Um rosto cobiçado pelas [que atrai as] mulheres.

ońnéń 怨念【E.】 O rancor; o ressentimento. ★ ～ *o idaku* 怨念を抱く Guardar [Ter] rancor. [S/同] Ikóń; urámí.

oń-nó-ji 御の字【G.】 O ser satisfatório; o ser bom [uma alegria]. *Ashita ame sae furanakereba ～ da* 明日雨さえ降らなければ御の字だ Era bom [Quem me dera] que amanhã não chovesse. [S/同] Arígátái.

óno 斧 O machado. ★ *Ki o ～ de kiri-taosu* 木を斧で切り倒す Derrudar uma árvore à machadada [com um ～].

ṓnṓ [**oó-**] 懊悩【E.】 ⇨ modáé; nayámí.

o-nóbori-san お上りさん【G.】 O provinciano [sertanejo/saloio/caipira] de visita à cidade.

onónóku 戦 [慄] く Tremer「de frio」. ★ *Kyōfu ni ～* 恐怖におののく ～ de medo. ◇ **Osore ～** 恐れおののく Temer e ～. [S/同] Obíérú; wanánáku.

onóono 各各 Cada um [qual]. [S/同] Kákuji (+); meíméi (+); sorézore (o).

onóré 己れ **1** [自分]【E.】 O próprio; se; si;「ser rigoroso consigo」mesmo. ★ ～ *o shire* 己れを知れ Conhece-te a ti mesmo. **2** [汝]【G./Interj.】 Seu miserável「por que me atraiçoou?」; tu. ～ *nikkuki yatsu-me* 己れにっくきやつめ! Tu és um tipo odioso!

onózúkárá [**onózúto**] 自ずから [自ずと] Naturalmente; como coisa natural;「se você estudou, o resultado virá」por si (mesmo). *Kono mondai wa toki ga ～ kaiketsu shite kureru darō* この問題は時が

O

自分から解決してくれるだろう O tempo (por si mesmo) se encarregará de resolver o problema.

ónpa 音波【Fís.】A onda sonora. ◇ **~ tanchiki** 音波探知器 O dete(c)tor de ~ s. ⇨ **chō**.

onpárédo [ée] オンパレード (< Ing. on parade) Em exibição ou grande quantidade; em parada; em desfile. [S/同] Daí-kōshin. ⇨ seí-zóroi.

onpú 音符 **1**【Mús.】A nota. ★ **~ o yomu** 音符を読む Solfejar [Ler música]. ◇ **Futen** ~ 付点音符 O ponto de aumentação. **Zen** ~ 全音符 A (nota) semibreve. **2**[文字の補助記号] Um sinal diacrítico. ⇨ chōon¹; dakúón; hań-dákuon; hańpúkó; sokúon.

onpyō-móji 音標文字 **1**[表音文字] A letra [O sinal fonético]「do alfabeto latino」. [S/同] Hyōónmóji. **2**[音声記号] O sinal fonético. ◇ **Bankoku** [**Kokusai**] **~** 万国[国際]音標文字 O alfabeto [sinal] fonético internacional.

onráin オンライン (< Ing. on line) Em linha. ◇ **~ hōshiki** [**shisutemu**] オンライン方式 O sistema de processamento de informação ~. [A/反] Ofúráin.

onrítsú 音律 O tom「alto/baixo」.

onryō¹ 音量 O volume (do som/da voz). **~ o ageru** [ōkiku suru] 音量をあげる[大きくする] Aumentar o volume「da TV」. **~ o shiboru** [chiisaku suru] 音量をしぼる[小さくする] Baixar o ~. [S/同] Boryūmu.

onryō² 怨霊 A alma penada. ★ **~ ni toritsukareru** 怨霊にとりつかれる Ser perseguido por uma ~. ⇨ réi⁴.

ónsa 音叉【Fís.】O diapasão.

ónsei 音声 A voz; um som. ◇ **~ gaku** 音声学 A fonética. **~ gengo** 音声言語 A fala; a linguagem verbal. **~ kigo** 音声記号 A representação gráfica da voz. **~ kikan** 音声器官 O aparelho vocal. **~ tajū hōsō** 音声多重放送 A emissão múltipla. ⇨ kóe¹; otó; oń-kyō.

onséi-gaku 音声学 A fonética.

onsén 温泉 As termas; águas termais. ◇ **~ ni iku** 温泉に行く Ir para as termas. **~ ni tsukaru** 温泉につかる Tomar banho nas ~. ◇ **~ ba** 温泉場 As termas; a estância (balneária) de águas termais. **~ ryōhō** 温泉療法 A cura nas ~. **~ ryokan** [**yado**] 温泉旅館[宿] O hotel (A pensão) com balneário termal. **~ ryokō** 温泉旅行 O ir (passar) uns dias de férias às termas. [S/同] Idéyú.

onsétsú【Lin.】A sílaba. ★ **~ ni kiru** [**kugiru**] 音節に切る[区切る] Fazer a divisão silábica; dividir em sílabas. ◇ **~ moji** 音節文字 A letra silábica [que é uma ~; Por exemplo as vogais do português e todo o "kana" japonês, até o "n"). **Dai-ichi** [**ni**; **san**] ~ 第一[二；三]音節 A primeira [segunda; terceira] ~. **Hei** [**Kai**] ~ 閉[開]音節 fechada [aberta]. **Tan** [**Ni**; **San**; **Ta**] ~ 単[二；三；多]音節 O monossílabo [dissílabo; trissílabo; polissílabo]. [S/同] Háku; shíraburu.

ónsha 恩赦【Dir.】A a(m)nistia; o indulto. ★ **~ ni yokusuru** [**azukaru**] 恩赦に浴する[あずかる] Ser a(m)nistiado; receber a(m)nistia. *Fukuekishū wa ~ o ataeru* 服役囚に恩赦を与える A(m)nistiar o [Dar a(m)nistia ao] prisioneiro.

ónshi¹ 恩師 O meu (querido/antigo/saudoso/respeitado) professor.

ónshi² 恩賜 O presente do imperador. ◇ **~ shō** 恩賜賞 O pré[ê]mio conferido pelo imperador「aos melhores cientistas ou artistas」.

onshín 音信 A carta; as notícias. ★ **~ ga aru** 音信がある Ter carta [notícias]. ◇ **~ futsū** 音信不通 A comunicação (correspondência) interrompida [*Kare wa mō jū-nen mo ~ futsū ni natte iru* 彼はもう十年も音信不通になっている Há [Já faz] dez anos que não nos comunicamos [tenho notícias dele]]. [S/同] Shōsóku; táyori; reńráku. ⇨ tsūshín.

on-shírazu 恩知らず (< ón¹ + Neg. de "shirú") **a)** A ingratidão; **b)** O ingrato. *Kono ~ me* この恩知らずめ Seu ingrato! ⇨ bóón².

ónshitsú¹ 温室 A estufa. ◇ **~ kōka** 温室効果 O efeito de ~. **~ saibai** 温室栽培 A cultura de ~. **~ sodachi**. [S/同] Binírú-háusu.

ónshitsú² 音質 A qualidade do som.

onshitsú-sódachi 温室育ち (< ·· + sódatsu) O ser criado numa redoma (de vidro) [com muito mimo]. *Kanojo wa ~ de seken-shirazu da* 彼女は温室育ちで世間知らずだ Ela foi criada numa ~ e não sabe nada da vida.

ónshó¹ 温床 **1**[フレーム] O viveiro coberto「de vidro」para manter o calor. [S/同] Furêmu. [A/反] Reíshó. ⇨ náe. **2**[ある物事が生まれ育ちやすい環境]【Fig.】O viveiro「de vício」. *Hinmin-gai wa byōki to hanzai no ~ de aru* 貧民街は病気と犯罪の温床である Os bairros pobres [degradados] são um ~ de crimes e doenças.

ónshó² 恩賞 O pré[ê]mio; a recompensa「por ter salvo muitas vidas」. ⇨ Hóbí.

onshókú 音色 O timbre「da harpa」. [S/同] Neíró. ⇨ onshítsú².

ónshū 恩讐【E.】O amor e o ódio.

ónso 音素【Lin.】O fonema. ◇ **~ ron** 音素論 A foné[ê]mica.

onsókú 音速 A velocidade (de propagação) do som. ★ **~ no kabe o yaburu** [**koeru**] 音速の壁を破る[越える] Ultrapassar「o avião」a barreira do som. ◇ **~ shōheki** 音速障壁 A barreira do som. **Chō** ~ 超音速 A velocidade supersó[ô]nica. ⇨ máhha.

ónsu オンス (< Ing. ounce) A onça (29,691 gramas).

ónsúí 温水 A água quente. ◇ **~ pūru** 温水プール A piscina de ~. [S/同] Reísúí. ⇨ yú.

ontái¹ 温帯 A zona temperada. ◇ **~ chihō** 温帯地方 Uma região do ~. **~ teikiatsu** 温帯低気圧 A pressão atmosférica baixa da ~. ⇨ kańtáí; nettái.

ontái² 御大 (< oń-táishō)【G.】O chefe; "este é cá" o manda-chuva. [S/同] Kashírá; shuryō; táishō.

ontéí 音程【Mús.】O tom [intervalo musical]. ★ **~ ga kurutte iru** [*hazurete iru*] 音程が狂っている[はずれている] Desafinar; estar fora de tom. ◇ **Han** [**Zen**] ~ 半[全]音程 O meio-tom [tom inteiro].

ónteki 怨敵 O inimigo figadal [mortal]. [S/同] Katákí; kyūtéki.

ontén¹ 恩典 O privilégio [favor] especial. ★ *Taisha* [*Zeikin menjo*] *no ~ o ukeru* [*ni yoku suru*] 大赦[税金免除]の恩典を受ける[に浴する] Receber [Ter], por ~, a(m)nistia [isenção de impostos].

ónten² 温点 Um ponto quente「na pele」. [A/反] Réiten.

ontō 穏当 Conveniente; apropriado「ele disse algo muito」razoável; acertado; corre(c)to. ★ **~ na shochi** 穏当な処置 A medida acertada [conveniente]. ⇨ datō².

o-núshi お主【A.】Você. [S/同] O-maé.

onwá 温和 **1**[気候などがあたたかくおだのか] Tempe-

rado; ameno. ★ ~ na「kikō」温和な「気候」O clima ~. **2**[性質がおだやか] Moderado; pacato; brando; calmo.
oṅwá[2] 穏和 Moderado; meigo. ★ ~ na hyōgen [shudan]; hōsaku] 穏和な表現[手段；方策] A expressão [O meio; medida] moderada/o. *Seikaku ga ~ no hito* 性格が穏和な人 Uma pessoa de cará(c)ter meigo.
oṅ'yáku 音訳 A transliteração (dum alfabeto para outro). "巴里" *wa* "pari" *no ~ da*「巴里」は「パリ」の音訳だ "巴里" é a ~ de "pari" (Paris).
oṅ'yóku 温浴 O banho quente; o banho nas termas. ◇ ~ *ryōhō* 温浴療法 A terapia [cura] com banhos quentes. A/反 Peshímizumu.
oṅ-yómi 音読み (< *oṅ*[2] + ···) A leitura [maneira de ler] chinesa dos ideogramas. *Kanji o ~ suru* 漢字を音読みする Ler o「kanji」à chinesa [em chinês]. S/同 Oṅdóku. A/反 Kuṅ-yómi.
ó-nyūdō [oóṅyūu-] 大入道 **a)** O bonzo grandalhão; **b)** O homenzarrão [monstro] todo careca.
oṅzárokku オンザロック (< Ing. on the rocks) Só com gelo.
oṅzóṅ 温存 O (ter o cuidado de) conservar. *Kyōto wa sen-nen no dentō-bi o ~ shite iru* 京都は千年の伝統美を温存する Quioto conserva com todo o cuidado a sua beleza (tradicional) milenar.
oṅzóshi [óo] 御曹司 Um filho privilegiado [fidalgo].
óō [oó-] 往往【E.】Por [Às] vezes. S/同 Máma[1]; orióri; shiba shiba; tokídóki.
ó-óba [oó] 大伯[叔]母 A irmã dos avós; a tia dos pais.
óoi 多い ⇨ ói[1].
ó-óji [oó] 大伯[叔]父 O irmão dos avós; o tio dos pais.
óoku 多く ⇨ óku.
óōkú [oó] 大奥【A.】O pavilhão interior do palácio do shōgun (ocupado pela mulher e concubinas).
oóshíi 雄雄しい Varonil; viril; corajoso; másculo. ★ ~ *taido* 雄々しい態度 A atitude viril. A/反 Meméshii.
ó-ótoko [oó] 大男 O homenzarrão [homem muito grande]; o grandalhão. ことわざ *sōmi ni chie ga mawari-kane* 大男総身に知恵が回りかね Homem grande, besta de pau [cabeça de nabo].
opáru [áa] オパール (< Ing. opal)【Min.】A opala. S/同 Taṅpáku-seki.
ópera オペラ (< It.) A ópera. ◇ ~ *gurasu* オペラグラス O binóculo de teatro. ~ *kashu* オペラ歌手 O cantor de ~. S/同 Kagék[2].
opéreshon [ée] オペレーション (< Ing. operation < L.) A operação「militar/da bolsa」.
operétā [ée] オペレーター (< Ing. operator < L.) O operador「da máquina」; o telefonista; o empresário「de um barco alheio」.
operétta オペレッタ (< It.) A opereta.
opóchúnízumu オポチュニズム (< Ing. opportunism < L.) O oportunismo. S/同 Gotsugó[Hiyórími; Rínki óhéṅ] shúgi.
óppai おっぱい【G.】**a)** O leite; **b)** A mama. ⇨ chí-busa; chichí[2].
oppáráu 追っ払う (< *oú*[1] + haráu)【Col.】Expulsar; mandar embora; espantar. S/同 Oíháráu (+).
óppirá [oó] おおっぴら Abertamente;「isto não é para se dizer」em público; (inteiramente) à mostra; às claras. ★ ~ *na kankei* [*kōsai*] おおっぴらな関係[交際] A mancebia às claras.
oppóridasu おっぽり出す (< *oú* + *hōrú*[1] + *dasú*)【G.】
opúchímísuto オプチミスト (< Ing. optimist < L.) O o(p)timista. S/同 Rakútéṅká (+); rakkáṅrónja. A/反 Peshímisuto.
opúchímízumu オプチミズム (< Ing. optimism < L.) O o(p)timismo. S/同 Rakútéṅshúgi (+); rakkáṅron. A/反 Peshímizumu.
ópuṅ [óo] オープン (< Ing. open) **1**[開いていること；開放；公開] Aberto; livre. *Mise o ~ suru* 店をオープンする Inaugurar [Abrir] uma loja. ◇ ~ *māketto operēshoṅ* オープンマーケットオペレーション A operação de mercado aberto [comércio de emissão de títulos] S/同 Kōkái shíjō sōsa. ~ *shatsu* オープンシャツ A camisa de gola aberta [sem colarinho] (⇨ kaíkíṅ-shatsu). ~ *shoppu* オープンショップ A loja de entrada livre. **2**[おおわれていないこと] Descoberto; raso. *~ kā* オープンカー O carro descapotável. ~ *setto* オープンセット A filmagem ao ar livre. **3**[自由なこと；障害のないこと] Livre; aberto; público. ~ *gēmu* [*rēsu*] オープンゲーム[レース] O jogo [A corrida] aberto[a] ao público. **4**[態度などがあけっぴろげなこと] Aberto; franco. ★ ~ *na taido* オープンな態度 A atitude franca [aberta de abertura]. S/同 Aképpíróge; kaíhō-téki.
ópúníṅgú [oó] オープニング (< Ing. opening) A abertura. ~ *no kyoku* オープニングの曲 A música de ~. S/同 Hajímári; kaíshí; makú-áke.
opushoṅ オプション (< Ing. option < L.)) **a)** A opção; o poder escolher. ⇨ seṅtákú[2] ◇; **b)** O poder comprar ou vender na Bolsa; **c)** Uma possibilidade.
ōrái [óo] 往来 **1**[通行] O vaivém; o tráfico; o trânsito. ~ *suru* 往来する Ir e vir; passar. ◇ ~ *bōgai* 往来妨害 O obstáculo, ou [a impedir o] trânsito. S/同 Tsúkō[1] (+). **2**[道路] A rua. *Kodomo ga ~ de asonde iru* 子供が往来で遊んでいる As crianças estão a brincar na rua. S/同 Dōro; tōri. **3**[行き来] **a)** A comunicação「com a sua terra」; **b)** A oscilação「da bolsa」. *Kabuka wa hyaku-en dai o ~ shita* 株価は百円台を往来した O preço da a(c)ções oscilava muito na casa dos cem yens.
ōrai [óo] オーライ (< Ing. all right) Tudo em ordem; tudo certo; pronto.
ōraka [óo] おおらか O ser generoso [magnânimo]. ★ ~ *na seikaku* おおらかな性格 O cará(c)ter magnânimo. S/同 Ōyō.
Oráṅdá オランダ (< P.) A Holanda. ◇ ~ *go* オランダ語 O holandês. ~ raṅgaku.
oráṅ'útaṅ [úu] オランウータン (< Hol. < Mal. orang + utan)【Zool.】O orangotango; *orang-utan pongo pygmacus*. S/同 Shōjō[5].
oratório オラトリオ (< It. oratorio)【Mús.】O oratório. ⇨ Seítáṅ-kyoku.
oré[1] 俺【G.】Eu (Us. só por homens). ⇨ bóku; jibúṅ[1]; watá(kú)shi.
oré 折れ (< *oréru*) Um pedaço「de ramo partido」.
oré-ái 折れ合い ⇨ orí-ái.
oré-áu 折れ合う ⇨ orí-áu.
órefiṅ オレフィン (< Ing. olefin(e))【Quím.】A olefina.
o-réi お礼 **1**[謝辞] O agradecimento; a gratidão.

Go-kōi ni taishi atsuku ~ mōshiagemasu 御厚意に対し厚くお礼申し上げます Expresso-lhe [Quero exprimir-lhe] os meus profundos agradecimentos pela sua gentileza. ★ ~ *no shirushi ni* お礼の印に Em sinal de ~. ~ *o iu* お礼を言う Expressar o ~; agradecer. ⒮⒠ Sháji. ⇨ kánsha¹. **2** [謝礼] A gratificação; a recompensa; os honorários. ★ ~ *o suru* お礼をする Gratificar; recompensar. ⒮⒠ Sha-réí. **3** [返礼] A retribuição; a paga. *Purezento no ~ ni kare o ie ni shōtai shita* プレゼントのお礼に彼を家に招待した Como retribuição pelo presente, convidei-o a vir「almoçar」a minha casa. ⒮⒠ O-káeshí; henréí. ⇨ reí¹.

o-réi-máiri お礼参り (< ··· +máiru) **1** [神仏への] A visita ao templo em sinal de agradecimento. **2** [やくざなどの] O ajuste de contas; a vingança. *Mina ~ ga osoroshii no de keisatsu ni mikkoku shinai* 皆お礼参りがおそろしいので警察に密告しない Como todos têm medo do/a ~「dos "yakuza"」ninguém informa a [comunica à] polícia.

oréin オレイン (< Al. olein) 【Quím.】A oleína. ◇ ~ **san** オレイン酸 O ácido oleico.

o-rékiréki お歴歴 [G.] Pessoas [Figuras/Personagens] notáveis/famosas/ilustres.

oré-me 折り目 ⇨ orí-fmé¹.

orénji オレンジ (< Ing. orange) 【Bot.】A laranja. ◇ ~ **iro** オレンジ色 O (A cor de) laranja. ~ **jūsu** オレンジジュース O suco 【B.】; [sumo 【P.】] de ~.

ó-renzu [oó] 凹レンズ A lente côncava. ⒜⒱ Totsú-rénzu. ⇨ rénzu.

óréómáishin [oó] オーレオマイシン (< Ing. aureomycin) A aureomicina.

oréru 折れる **1** [曲がって二つの部分に離される] Quebrar; fra(c)turar; partir. *Koronde hone ga oreta* ころんで骨が折れた Tropecei e fra(c)turei [parti] um osso. ★ *Eda* [*Hari*; *Bō*] *ga oreta* 枝[針; 棒]が折れた O galho [A agulha; bastão/pau] quebrou(-se). **2** [曲がって二重になる] Dobrar. ★ *Futatsu* [*Mittsu*] *ni* ~ 二つ[三つ]に折れる em dois [três]. **3** [曲がる] Virar; fazer uma curva. ★ *Michi* [*Kawa*] *ga* ~ 道[川]が折れる O caminho [rio] vira. **4** [折れて] Virar. *Kono saki no kado o migi ni orete kudasai* この先の角を右に折れて下さい Na próxima esquina vire à direita. ⒮⒠ Magáru (+). **5** [譲歩する] Ceder. *Kimi no ho kara orete dereba kenka ni naranai* 君の方から折れて出ればけんかにならない Se você ~ nāo haverá briga [zaragata]. ⒮⒠ Jóho suru; yuzúru.

oré-sén-gúrafu 折れ線グラフ O gráfico linear [em linha quebrada].

orí¹ 折 **1** [際; 時] A ocasião; o tempo; a altura [o momento]; quando. *Kore wa Kyōto e itta ~ ni katte kita o-kashi desu* これは京都へ行った折に買って来たお菓子です Estes doces comprei-os quando fui a Kyoto. *Uwasa yo shite iru to ~ mo ~ (tote) kare honnin ga yatte kita* うわさをしていると折も折(とて)彼本人がやって来た Estávamos a falar dele e, precisamente nesse momento, aparece ele! ⒮⒠ Jíten; tokí. **2** [機会] A oportunidade; a ocasião. *Itsu ka ~ o mite* [*ukagatte*] *o-tazune shimasu* いつか折を見て[うかがって]お訪ねします Um [Qualquer] dia, encontro uma oportunidade, e faço-lhe uma visita. ★ ⇨ ~ **ashiku** [**yoku**]. *Mata to nai ~* 又とない折 única. ⒮⒠ Jíki; kikáí. ⇨ orí kara.

orí² 折 (⇨ -orí⁶ **2**) A caixinha (De madeira ou de papelão). ★ *Bentō o ~ ni tsumeru* 弁当を折に詰める Pôr o lanche numa ~. ⒮⒠ Orí-bako.

orí³ 澱・滓 O sedimento; as borras「do café」; o depósito. *Wain no ~ ga bin no soko ni shizunde iru* ワインの澱がビンの底に沈んでいる Esta garrafa (de vinho) tem「um pouco de」depósito no fundo. ⒮⒠ Yodómí; kásu.

orí⁴ 檻 **1** [獣の] A jaula. ★ ~ *ni ireru* 檻に入れる Enjaular. *Mōjū no ~* 猛獣の檻 ~ das feras. **2** [牢獄] A prisão. ⒮⒠ Rōgókú.

orí⁵ 織り (< *óru²*) O tecido; a tecelagem「de Hakata」.

-orí⁶ 折り (< *óru¹*) **1** [折ること] A dobra. ★ *Futatsu ~ ni suru* 二つ折りにする Dobrar em dois. **2** [折り詰め] A caixa. ◇ *Kashi ~* 菓子折り ~ de doces. ⇨ orí².

orí-ái 折り合い (< orí-áu) **1** [人と人との仲] O relacionamento. ⒮⒠ Náka. **2** [妥協] O compromisso [acordo]. ★ ~ *o tsukeru* 折り合いをつける Mal ou bem [De qualquer modo] resolver o problema. ⒮⒠ Dakyō.

orí-áshiku 折悪しく Infelizmente [Por pouca sorte]. *Kare wa ~ watashi no rusu ni kita* 彼は折悪しく私の留守に来た ~ ele veio quando eu não estava. ⒜⒱ Aínikú (+). ⒮⒠ Orí-yóku. ⇨ orí¹.

orí-áu 折り合う (< *óru¹* + ···) **1** [解決をつけるために譲り合う] Ceder; fazer um compromisso. *Sōhō no jōken ga oriatte shōdan ga matomatta* 双方の条件が折り合って商談がまとまった Ambas as partes cederam (um pouco) nas condições que punham e, assim, fecharam o negócio. ⇨ dakyō; kyōtéí; yuzúrí-áí. **2** [和合する] Entender-se; dar-se bem. *Kare no yō na ganko-mono to oriatte iku no wa muzukashii* 彼のようながんこ者と折り合って行くのはむずかしい Com uma pessoa teimosa como ele, é difícil ~. ⒮⒠ Wagō-súrú.

orí-bako 折り箱 (< ··· ¹ + hakó) ⇨ orí².

oríbu [ií] オリーブ (< Ing. olive) 【Bot.】A oliveira. ◇ ~ **iro** オリーブ色 O verde-oliva (B.)/-oliváceo/-azeitona/-escuro. ~ **yu** オリーブ油 O azeite.

orí-do 折り戸 (< ··· ¹ + to) A porta de dois batentes [duas folhas].

orientaru オリエンタル Oriental. ⒮⒠ Tōyō-téki (+).

oriéntêshon [ée] オリエンテーション (< Ing. orientation < L.) A orientação. *Shinnyūsei no ~ no oriéntêshon* 新入生のオリエンテーション ~ (dada) aos calouros [novos estudantes].

oriénto オリエント O oriente. ★ ~ *no* オリエントの Oriental. ◇ ~ **gaku** オリエント学 O orientalismo. ⒮⒠ Tōyō¹ (+).

orí-éri 折り襟 (< orí¹ + ···) **a)** A gola (dobrada [virada para baixo]); o colarinho「da camisa」; **b)** A lapela (do casaco). ⒜⒱ Tsumé-éri.

orí-fushi 折節 **1** [たまに] De vez em quando; às vezes. *Kare no koto o ~ omoidasu* 彼のことを折節思い出す Lembro-me [Nós falamos] dele. ⒮⒠ Tokídókí (+). **2** [季節]【Sub./E.】As estações do ano. ★ ~ *no utsuri-kawari* 折節の移り変わり A mudança das ~. ⇨ orí¹.

orí-gami 折り紙 (< *óru¹* + *kamí*) **1** [紙を折る遊び] O [A arte de trabalhar em papel]. ★ ~ *no tsuru* 折り紙の鶴 O grou (Espécie de cegonha) de papel. ~ *o oru* [*zaiku o suru*] 折り紙を折る[細工をする] Fazer trabalhos/bonecos de papel. **2** [保証書・鑑

定書] A garantia; o atestado de autenticidade. ★ ~ *tsuki* 折り紙付き Garantido; autêntico; 「pianista」 reconhecido 「internacionalmente」. S/同 Hoshō-tsukí.

ori-gúchi 降り口 (< *oríru* + *kuchí*) A descida. ★ *Kaidan no* ~ *na sakuhin* 階段の降り口 A cimo [~] das escadas. A/反 Nobóri-guchi.

ori-hime 織り姫 (< *óru*[1] + ···) **a)** A princesa tecedeira; **b)** Vega (Estrela); **c)** A tecedeira. S/同 Shókujo; hatáoríko.

ori-hón 折り本 (< *óru*[1] + ···) O livreto 「de sutras」, não encadernado, em forma de harmó(ô)nica.

oríttè 折り入って (< *oru*[1] + *irú*[4]) (Pedindo) por favor. ~ *tanomitai koto ga aru* 折り入って頼みたいことがある Quero pedir-lhe um favor muito especial [e espero que me conceda]. S/同 Tokúbétsú ní; zéhitomo.

ori-jáku 折り尺 (< *óru*[1] + *sháku*) O metro articulado (de carpinteiro).

ori-ji 織り地 (< *óru*[2] + ···) A textura (do tecido).

orijinárìtí オリジナリティー (< Ing. originality < L. originalitas) A originalidade. S/同 Dokúsō-séí.

orijinaru オリジナル (< Ing. original < L.) **1** [独創的] Original. ★ ~ *na sakuhin* オリジナルな作品 A obra ~. S/同 Dokúsō-téki. **2** [複製品に対して原物・原本] O original. ⇨ geñbútsú; geñgá; geñsáku. **3** [書き下ろし] A peça original 「de Gil Vicente」.

orí-kában 折り鞄 (< *óru*[1] + ···) A pasta para documentos.

orí-káeshí 折り返し (< *orí-káesú*) **1** [衣類の] **a)** A bainha 「da calça/saia/lenço」; **b)** ⇨ *orí-éri*. **2** [ひき返すこと] A volta; o retorno. ◇ ~ (**chi**) **ten** 折り返し(地)点 O ponto de retorno 「na maratona」. ~ *unten* 折り返し運転 O funcionamento limitado 「dos comboios/trens」. **3** [歌の繰り返し歌うところ] O estribilho 「refrão」. S/同 Rifúréin (+). **4** [すぐさま] 「digo ao meu filho para lhe telefonar」 Logo 「que chegue」; imediatamente. ~ *o-henji kudasai* 折り返しお返事下さい Responda-me pela volta do correio [assim que receba esta carta]. S/同 Súgu ni; tádachi-ni.

orí-káesú 折り返す (< *óru*[1] + ···) **1** [折り曲げる] Dobrar. ★ *Zubon no suso o* ~ ズボンの裾を折り返す Fazer [~] a bainha da calça. **2** [道などを] 戻る] Voltar outra vez (para cá [lá]); fazer o retorno. *Kono ressha wa tsugi no eki de orikaeshimasu* この列車は次の駅で折り返します Na próxima estação, este comboio [trem] volta para trás.

orí-kara 折から (⇨ *orí*[1]) **1** [ちょうどその時] Nesse momento [mesmo instante]; então. ~ *ame ga furidashite shiai wa chūshi ni natta* 折から雨が降り出して試合は中止になった Mesmo nesse momento [~] começou a chover o jogo foi cancelado. ★ ~ *no ōame* [*reppū*; *raiu*] *de* 折からの大雨 [烈風; 雷雨] で Com a chuvada [ventania; trovoada] de então. S/同 Oríshimo. **2** [···の時である] Apesar de; nessa época de. *Samusa kibishii* ~ *o-kawari gozaimasen ka* 寒さ厳しい折からお変わりございませんか Como tem passado com este frio?

orí-kásánárú 折り重なる (< *óru*[2] + ···) Ficar uma coisa em cima da outra. *Ressha ga kyū-teisha shita no de jōkyaku wa orikasanatte taoreta* 列車が急停車したので乗客は折り重なって倒れた Como o trem [comboio] parou bruscamente, os passageiros foram uns para cima dos outros e caíram.

ori-kásánéru 折り重ねる (< *óru*[1] + ···) Dobrar e empilhar.

ori-kó 織り子 (< *óru*[2] + ···) A tecedeira (Jovens operárias das fábricas de tecidos 「durante a guerra」). ⇨ orí-hime.

ori-kómi 折り込み (< *ori-kómú*[1]) **a)** O inserir; **b)** A folha desdobrável. ◇ ~ **kōkoku** 折り込み広告 O folheto de anúncio inserto no jornal.

ori-kómú[1] 折り込む (< *óru*[1] + ···) **1** [中の方へ折り曲げる] Dobrar. ★ *Shītsu no hashi o* ~ シーツの端を折り込む Dobrar 「por cima do cobertor」 a ponta do lençol. **2** [はさみ込む] Inserir; colocar [meter/pôr].

ori-kómú[2] 織り込む (< *óru*[1] + ···) **1** [織り交ぜる] Entretecer. ★ *Kinshi o orikonda kenpu* 金糸を織り込んだ絹布 A [O pano de] seda entretecida com fios dourados. **2** [組み入れる] [Fig.] Inserir; intercalar; entremear. ★ *Hanashi no naka ni jōku o* ~ 話の中にジョークを織り込む Entremear o discurso com piadas. S/同 Kumíréru; morí-kómu.

ori-mágéru 折り曲げる (< *óru*[1] + ···) Dobrar; curvar. ★ *Karada o* ~ 身体を折り曲げる Curvar-se [~ o corpo].

ori-mázéru 織り交ぜる (< *óru*[2] + ···) Entremear; misturar 「realidade e fi(c)ção」.

ori-mé[1] 折り目 (< *óru*[1] + *me*) **1** [折った境目; 折りぎわ] O vinco; a prega; a dobra. ★ ~ *dōri ni tatamu* 折り目通りに畳む Dobrar pela/o ~. ~ *ga surikireru* 折り目が擦り切れる Rasgar-se [Puir] no/a ~. ~ *o tsukeru* 折り目をつける Vincar 「as calças」; fazer o/a ~. **2** [礼儀作法] **a)** A educação; as boas maneiras; a polidez [cortesia]. ★ ~ *tadashii hito* 折り目正しい人 A pessoa polida [bem educada]. **b)** A ordem [regra]. ★ ~ *no aru seikatsu o suru* 折り目のある生活をする Levar uma vida regrada/Ser uma pessoa re(c)ta. ⇨ kejímé. **3** [区切となる大切な時期] Uma fase [Um período] importante. ★ *Jinsei no* ~ 人生の折り目 「o casamento é」 Um momento importante da vida. S/同 Fushí-mé; ku-gírí.

ori-mé[2] 織り目 (< *óru*[2] + *me*) A textura. ★ ~ *no arai* [*komakai*] *kiji* 織り目の荒い [細かい] 生地 O pano de ~ grosseira 「fina」.

ori-móno[1] 織物 (< *óru*[2] + ···) O tecido. ◇ ~ **gyō** 織物業 **a)** O comércio de ~s; **b)** A fabricação de ~s. ~ **kōgyō** 織物工業 A indústria têxtil [de ~s]. ~ **kōjō** 織物工場 A fábrica de ~s. **Kinu** ~ 絹織物 ~ de seda. **Men** ~ 綿織物 ~ de algodão.

ori-mono[2] 下り物 (< *oríru* + ···) **1** [こしけ] O corrimento; a leucorreia. ⇨ Koshíké. **2** [月経] A menstruação; o mênstruo; as regras. S/同 Gekkéí (+). **3** [後産] As secundinas; as páreas. ⇨ Ató-zan (+).

ori-móto 織元 (< *óru*[2] + ···) O fabricante de tecidos.

ori-móyō 織模様 (< *óru*[2] + ···) O desenho [padrão] do tecido.

óríñ [oó] 黄燐 [Quím.] O fósforo amarelo.

orínásu 織りなす (< *óru*[2] + ···) Entretecer 「a vida de alegrias e tristezas」. ⇨ tsukúru.

oríñpíkku オリンピック (< Ing. olympics < Gr. Olympia) A Olimpíada; os jogos olímpicos. ★ ~ *ni sanka suru* オリンピックに参加する Participar na/nos ~. ~ *o kaisai suru* [*hiraku*] オリンピックを開催する [開く] Realizar os/a ~. ◇ ~ **senshu** オリンピック選手 O atleta olímpico. ~ **senshu mura** オリンピッ

ク選手村 A aldeia olímpica. ~ **soshiki iinkai** オリンピック組織委員会 A comissão olímpica. **Kokusai [Nihon] ~ iinkai** 国際 [日本] オリンピック委員会 A comissão olímpica internacional [japonesa]. **Pure ~** プレオリンピック A pré-olimpíada. **Tōki ~** 冬期オリンピック ~ de inverno. [S/同] Gorín.

Órion オリオン (< Gr. Oríon) Oríon [Orionte]. ◇ **~(dai) seiun** オリオン (大) 星雲 A constelação de ~. **~ za** オリオン座 O ~; o Caçador

orí-órí 折折 **1** [その時その時] Cada. ★ *Shiki ~ no hana* 四季折々の花 As flores de ~ estação. [S/同] Orí-fushi. **2** [時々] De vez em quando; ocasionalmente「vejo-o」; às vezes. [S/同] Tokídókí (+).

O

oríru 下 [降] りる (⇨ orósu¹) **1** [下へ移動する] Descer. ★ *Kaidan [Hashigo] o ~* 階段 [はしご] を下りる ~ as escadas [da escada]. *Maku ga orita* 幕が下りた Desceu o pano (do palco). [A/反] Agárú. **2** [乗物から出る] Descer; sair; desembarcar. ★ *Fune [Hikōki; Kuruma] kara [o] ~* 船 [飛行機; 車] から [を] 降りる Desembarcar do navio [avião; Descer do carro]. *Orimasu* 降ります "Vou descer! " [A/反] Norú. **3** [霜・露などが] Cair. ★ *Hatsu-shimo ga ~* 初霜が降りる Cair a primeira geada. **4** [役所などから与えられる] Vir [Receber]「luz verde」. ★ *Biza [Pasupōto] ga ~* ビザ [パスポート] が下りる Receber [Ser concedido] o visto [passaporte]. *Kyoka ga ~* 許可が下りる Vir [Ser concedida] a licença [permissão]. [S/同] Kudárú. **5** [役などを退く] Deixar o cargo [a função]; sair; demitir-se. ★ *Chiji no za o ~* 知事の座を降りる Deixar o cargo [Demitir-se] de Governador「de Tōkyō」. [S/同] Yamérú. **6** [勝負事や実行を断念する] Desistir. *Konkai wa dame da shōbu o ~ yo* 今回はだめだ勝負を降りるよ (ポーカーなどで) Desta vez não dá, desisto [passo/não jogo]. **7** [体外に出る] Sair「do intestino」. ★ *Mushi ga ~* 虫が下りる Sairem as lombrigas. **8** [かぎがかかる] Fechar. ★ *Jō ga orite iru* 錠が下りている「a porta já」Está fechada. [A/反] Akú. **9** [なくなる] Desaparecer; ir-se. *Subete o kokuhaku shite mune no tsukae ga orita* すべてを告白して胸のつかえが下りた Depois de confessar tudo foi-se [desapareceu] este peso que tinha no peito [cá dentro]. **10** [高速道路を出る] Deixar a [Sair da] rodovia/auto-estrada.

orí-shimo 折りしも【E.】⇨ orí-kara.

orí-tátámí 折り畳み (< orí-tátámu) O ser de dobrar. ◇ **~ gasa** 折り畳み傘 O guarda-chuva dobrável [de dobrar]. **~ shiki** 折り畳み式 Dobrável.

orí-tátámu 折り畳む (< óru¹ + …) Dobrar. ★ *Kami o ~* 紙を折り畳む ~ o papel.

orí-tátsu 下 [降] 立つ (< oríru + …) **1** [着地して立つ] Pousar. ★ *Tsuru ga sora kara ~* 鶴が空から下り立つ O grou [A cegonha] vai ~. **2** [馬・乗り物などから降りて立つ] Apear-se. **3** [低い所に移動して立つ] Descer. ★ *Niwa ni ~* 庭に下り立つ ~ ao jardim.

ṓrítsú [oó] 王立 Real. ◇ **~ bijutsukan** 王立美術館 O museu ~. ⇨ kokúrítsú.

orí-yóku 折よく (< ori¹ + …) Por sorte; felizmente. *Kare wa ~ watashi ga zaitaku no toki ni yatte kita* 彼は折よく私が在宅の時にやって来た ~ ele veio [chegou] quando eu estava em casa. [A/反] Orí-áshiku.

orí-zúmé 折り詰め (<…² + tsuméru) A caixinha「laqueada」. ◇ **~ bentō** 折り詰め弁当 O lanche numa ~.

orí-zuru 折り鶴 (< óru¹ + tsúru) O grou [A cegonha] de papel dobrado. ⇨ orí-gami.

óro 悪露【Med.】Os lóquios.

ṓro [óo] 往路【E.】A ida. [A/反] Fúkuro; kíro³.

órochi 大蛇 Uma serpente gigante. ★ *Yamata no ~* 八岐の大蛇 Uma serpente-monstro de oito cabeças. [S/同] Dáija (+); uwábámí.

óroka¹ 愚か Tolo; tonto; estúpido; idiota; louco. ★ *~ na kangae* 愚かな考え Uma ideia estúpida [louca/tonta]. *~ sa* 愚かさ A estupidez [idiotice]. ◇ ⇨ **~ mono**. [S/同] Báka; ma-núké.

óroka² 疎か Não… muito menos… *Watashi wa uisukī wa ~ bīru mo nomenai* 私はウイスキーは疎かビールも飲めない Eu não bebo cerveja, muito menos uísque [e uísque nem se fala]. [S/同] Dókoro ka.

oróká-mónó 愚か者 O tolo; o tonto; o imbecil. [S/同] Baká-mónó.

orókáshíi 愚かしい (< óroka¹) Tolo; parvo.

óro-oro おろおろ (Im. de ficar aflito/perdido/sem saber que fazer) ★ *~ shita「yōsu de」*おろおろした「ようすで」Com um ar inquieto [aflito]. *~ to「arukimawaru」*おろおろと「歩きまわる」「andar」Feito uma barata tonta. ◇ ⇨ **~ goe**. ⇨ úro-uro.

oróóró-góe おろおろ声 (<… + kóe) A voz tré[ê]mula [aflita/de aflição].

ṓrórá [oó] オーロラ (< Ing. aurora < L.) A aurora. [S/同] Kyok(ú)kṓ.

oróshí¹ 卸し (< orósu²) O comércio por atacado [junto/grosso]. ★ *~ de kau [uru]* 卸しで買う [売る] Comprar [Vender] por atacado. ◇ ⇨ **~ ne**. **~ shō** 卸し商 O atacadista. ⇨ **~ uri**. [A/反] Ko-úrí.

óroshi² 颪 O vento que sopra (pela) montanha abaixo. ◇ **Akagi ~** 赤城颪 O vento da serra Akagi.

-oroshi³ 下ろし (< orósu¹)【Suf.】**1** [すりくずしたもの] Ralado (Desfeito). ◇ **Daikon ~** 大根下ろし O nabo ~. ⇨ **~ ae [gane]**. **2** [新しい品物を使うこと] Novo [Saído do alfaiate]. ★ *Shitate ~ no sebiro* 仕立て下ろしの背広 Um casaco [paletó] ~. **3** [おろすこと] Descarregar. ★ *Nimotsu no tsumi ~* 荷物の積み下ろし O carregar e ~「a bagagem」.

oróshí-áé 下ろし和え (< orósu + aéru) O nabo ralado e temperado.

oróshí-gáné 下ろし金 (< orósu + kané) O ralador.

oróshí-né(dan) 卸し値 (段) O preço de atacado. ★ *~ de kau [uru]* 卸し値で買う [売る] Comprar [Vender] ao ~. [A/反] Koúrí-né(dan).

oróshí-úrí 卸し売り Venda por atacado. ◇ **~ bukka shisū** 卸し売り物価指数 O índice de preços atacadistas. **~ gyōsha [shō]** 卸し売り業者 [商]【Econ.】O atacadista. **~ kakaku** 卸し売り価格 O preço de ~. **~ shijō** 卸し売り市場 O mercado atacadista. [A/反] Ko-úrí.

orósu¹ 降 [下] ろす (⇨ oríru) **1** [高所から] Baixar; pôr no chão [em baixo]; tirar. ★ *Hashigo o ~* はしごを下ろす Baixar [Tirar] a escada. *Nabe o hi kara ~* 鍋を火から下ろす Tirar a panela do lume. *Ne o ~* 根を下ろす Criar [Lançar] raízes. **2** [車から] Deixar; descarregar. *Takushī wa kyaku o Ginza de oroshita* タクシーは客を銀座で降ろした O táxi deixou o passageiro na Ginza. **3** [錨を] Lançar âncora. *Fune wa Tōkyō-kō ni ikari o oroshite iru* 船は東京港に錨を下ろしている O navio está ancorado no porto de Tóquio. **4** [窓掛・幕などを] Baixar; descer. ★ *Kāten [maku] o ~* カーテン [幕] を下ろす ~ a cortina [o pano]. **5** [荷物を] Descarregar. ★

Torakku [*Kasha*; *Fune*] *kara tsumini o* ~ トラック[貨車; 船]から積荷を降ろs ~o cami(nh)ão [vagão; navio]. ⟦S/同⟧ Dásu. **6** [役·職から] Despojar; tirar; exonerar. ⟦S/同⟧ Shirizókaséru. **7** [新品を] Estrear. ★ *Shatsu o* ~ シャツを下ろs ~ a camisa nova. **8** [貯金を] Retirar [Levantar]. ★ *Ginkō no yokin o* ~ 銀行の預金を下ろs ~ o depósito bancário. ⟦S/同⟧ Hikí-dásu. **9** [堕胎する] Abortar. ★ *Kodomo o* ~ 子供を下[堕]ろs Provocar o aborto da criança. ⟦S/同⟧ Datái-súru. **10** [下ろし金で] Ralar. ⟦S/同⟧ Surí-tsubúsu. **11** [魚を] Cortar em filetes. ★ *Sakana o san-mai ni* ~ 魚を三枚に下ろs Fazer filetes de peixe [Cortar o peixe em filetes]. **12** [錠を] Correr. ★ *Jō o* ~ 錠を下ろs Fechar à chave [~ o fecho]. Kakéru. **13** [供物を下げる] Retirar. **14** [はずす] (Re)tirar. ★ *Gaku o* ~ 額を下ろs ~ o quadro. ⟦S/同⟧ Hazúsú.

orósu[2] 卸す (⇨ oróshi[1]) Vender por atacado. *Ano ton'ya wa shokuryōhin o kono machi no kouriten ni oroshite iru* あの問屋は食料品をこの町の小売店に卸している Aquele armazenista é que vende gé(ê)neros alimentícios por atacado aos retalhistas [varejistas] desta [cá da] cidade.

óru[1] 折る **1** [曲げて痛める] Fra(c)turar; partir; quebrar. ★ *Enpitsu no shin o* ~ 鉛筆のしんを折る ~ a mina do lápis. *Hone o* ~ 骨を折る **a)** Fra(c)turar o osso; **b)** [骨] Dar cabo dos ossos [Trabalhar muito]. **2** [折り畳む] Dobrar 「a carta」. *Kare wa shinbun o futatsu ni otte tsukue ni oita* 彼は新聞を二つに折って机に置いた Ele dobrou o jornal e pô-lo em cima da mesa. **3** [曲げる] Dobrar. ★ *Hiza o otte suwaru* 膝を折ってすわる Sentar-se no chão. *Yubi o otte hikazu o kazoeru* 指を折って日数を数える Contar os dias pelos dedos. **4** [折って作る] Fazer dobrando. ★ *Tsuru o* ~ 鶴を折る Fazer um grou (Cegonha) (com uma folhinha de papel colorido). **5** [気持ちをくじく] Ceder; dar-se por vencido; render-se. ★ *Ga o* ~ 我を折る Dar-se por vencido; ceder (do seu eu). **6** [邪魔をする] Perturbar; interromper. ★ *Hanashi no koshi o* ~ 話の腰を折る Interromper a conversa [quem está a falar].

óru[2] 織る Tecer. ★ *Hata o* ~ 機を織る Trabalhar no tear [~ i].

ōru[1] [oó] オール (< Ing. oar) O remo. ★ ~ *de bōto o kogu* オールでボートを漕ぐ Remar [Levar o barco a remo]. ◇ ⇨ **uke**. ⟦S/同⟧ Kái.

ōru[2] [oó] オール (< Ing. all) Todo. ~ *Nippon* オール日本「o campeonato」 Nacional [De todo o Japão]. ⟦S/同⟧ Zén(bu) (+).

ōrú-bákku [oó] オールバック (< Ing. all + back) O estilo de pentear o cabelo todo para trás. ★ *Kami o* ~ *ni suru* 髪をオールバックにする Pentear o cabelo [Usar o cabelo penteado] para trás.

ōrúdo-mísu [oó] オールドミス (< Ing. old + miss) A solteirona.

orugán オルガン (< P. < L. < Gr.) O órgão. ~ *o hiku* オルガンを弾く Tocar órgão. ◇ ~ **sōsha** オルガン奏者 O organista. **Paipu** ~ パイプオルガン ~ de tubos.

orugánáiza オルガナイザー (< Ing. organizer < L.) O organizador.

orugásumusu オルガスムス (< Al. < Gr.) O orgasmo. ⟦S/同⟧ Ákume; zettchō-kan.

orúgōru [oó] オルゴール (< Hol. orgel) A caixa de música.

orugu オルグ ⇨ orúgánáiza.

órúmáíti [oó] オールマイティ (< Ing. almighty) **1** [全知全能の神] 「Deus」 Todo-poderoso; o(m)nipotente. **2** [トランプの最も強い札] A carta mais forte; o ás.

órúnáito [oó] オールナイト (< Ing. all-night) A noite toda [Toda a noite]. *Kono mise wa* ~ *de eigyō suru* この店はオールナイトで営業する Esta loja fica aberta ~. ◇ ~ **kōgyō** オールナイト興行 O espe(c)táculo que dura ~. ⟦S/同⟧ Shúya; tetsuyá.

órúráundo [oó] オールラウンド (< Ing. all round) Versátil [Completo]. ◇ ~ **purēya** オールラウンドプレーヤー O instrumentalista [jogador] ~.

órúrí [oó] 大瑠璃 【Zool.】 O apanha-moscas (Passarinho azul e branco).

órúsúpáisu [oó] オールスパイス (< Ing. allspice) A pimenta da Jamaica.

órúsútā [oó] オールスター (< Ing. all-star) Os astros [melhores elementos]; as estrelas 「da can(ç)ão」. ◇ ~ **gēmu** [sen] オールスターゲーム [戦] A competição composta dos melhores jogadores; o jogo da sele(c)ção. ~ **kyasuto** オールスターキャスト O elenco dos melhores artistas.

órú-uke [oó] オール受け (< ... [1] + ukéru) A toleteira (Para o tolete ou forquete do remo).

óryō [oó-] 横領 A usurpação; a apropriação indevida; o desfalque. ~ *suru* 横領する Usurpar; desfalcar. ◇ ~ **sha** 横領者 O usurpador [autor de desfalque]. ~ **zai** 横領罪 Um [O crime de] desfalque. ⟦S/同⟧ Chakúfúkú; nekó-babá; ódátsú (E.).

óryōkú [oó] 応力 【Fís.】 A tensão (Máquina); a tensão interna (Fundição). ◇ ~ **kei** 応力計 O tasímetro. ⟦A/反⟧ Gaíryoku.

óryōkúshoku [oó] 黄緑色 O verde-amarelo; a cor verde amarelada.

ósa[1] 筬 O pente de tear.

ósa[2] 長 【E.】 ⇨ chō[3]; kashírá.

o-sádámárí お定まり (< sádámáru) 【G.】「a saudação (meramente)」 Convencional [Formal]; 「a piada」 já gasta [que já tem barbas]; 「as queixas」 do costume [de sempre]; rotineiro; estereotipado. ★ ~ *no monku* お定まりの文句 A expressão já gasta; o chavão. ⟦S/同⟧ O-kímari.

osáe 押さえ [抑え] (< osáeru) **1** [重し] **a)** O peso; o apoio; **b)** O pisa-papéis. ⟦S/同⟧ Buńchíń (+). ★ *Kami ni* ~ *o suru* 紙に押さえをする Segurar [a papelada] com um pisa-papéis. ⟦S/同⟧ Omóshí. **2** [行列軍のしんがり] A retaguarda. ★ *San-gun no* ~ 三軍の押さえ ~ das forças armadas (O exército, a marinha e a força aérea). ⟦S/同⟧ Shíngári. **3** [にらみ; 支配力] A autoridade; o controle/o. *Kare wa buka ni* ~ *ga kiku* 彼は部下に抑えが利く Ela faz-se respeitar pelos [tem o respeito dos] (seus) subordinados.

osáe-gátáí-[**kírénai**] 抑え難い [切れない] (< osáeru + ...) Irreprimível; incontrolável; irresistível; indomável; violento. ★ ~ *no shibo* [*gekijō*] 抑え難い思慕[激情] Uma afeição irresistível/louca 「pela família」 [paixão/emoção irreprimível/violenta].

osáekómi 押さえ込み (< osáe-komu) 【(D)esp.】 O imobilizar o adversário 「no tatami」.

osáe-kómu 押さえ込む [抑え込む] (< osáeru + ...) **1** [柔道で] 【(D)esp.】 Imobilizar o adversário 「no tatami」. ★ *Osaekonde ippon toru* 押さえ込んで一本取る ~ e ganhar um ponto. **2** [表面に出ないように

osáéru する」Reprimir. ★ *Hantaiha o ~* 反対派を抑え込む ~ os contrários [da oposição].

osáéru 押さえる・押える **1** [動かないように押さえつける] Prender; segurar. ★ *Pin de kami (no ke) o ~* ピンで髪（の毛）を押さえる ~ o cabelo com um gancho. *Uma o ~* 馬を抑える Segurar o cavalo「com o freio」. ⇨ *osáé-tsúkéru*.
2 [防ぐ; 阻止する] Parar 「o avanço do inimigo」; conter. *Pesuto no ryūkō wa dare mo ~ koto ga dekinakatta* ペストの流行は誰も抑えることができなかった Ninguém conseguia ~ o grassar da peste. *Infure no kakudai o ~* インフレの拡大を抑える ~ a [o aumento da] inflação. Ⓢ/週 Fuségu.
3 [鎮圧; 抑圧する] Abafar; subjugar; reprimir; controlar; dominar; sufocar. ★ *Han-seifu undō o ~* 反政府運動を抑える Abafar o movimento antigovernamental. *Kōfun shita gunshū o ~* 興奮した群衆を抑える Dominar a multidão excitada.
4 [こらえる] Refrear; conter; controlar; dominar. ★ *Ikari [Kanshaku; Namida, Warai] o ~* 怒り [癇癪; 涙; 笑い] を抑える Conter a ira [a explosão de cólera; as lágrimas; o riso]. Ⓢ/週 Koráéru(+).
5 [おおう] Cobrir; tapar. ★ *Kizuguchi o gāze de ~* 傷口をガーゼで押さえる Cobrir a ferida com gaze. *Te de kuchi o ~* 手で口を押さえる ~ a boca com a mão. Ⓢ/週 Óu. **6** [捕える] Apanhar; deter; ca(p)turar; prender. ★ *Bōkō no genba o ~* 暴行の現場を押さえる ~ alguém em flagrante a(c)to de violência. **7** [大事なものとしてしっかりとつかむ] Apanhar. ★ *Hanashi no yōten o ~* 話の要点を押さえる Captar [~] os pontos essenciais da conversa. **8** [品物が furi-te に自由にならないようにする] Embargar. ★ *Zaisan o ~* 財産を押さえる ~ os bens. ⇨ *sashí-ósáéru*. **9** [確保する] Reservar. ★ *Hoteru no heya o ~* ホテルの部屋を押さえる ~ um quarto no hotel. **10** [ある水準を越えないようにとどめる] Controlar; limitar; reduzir; conter. *Higai o saishōgen ni ~* 被害を最少限に抑える Reduzir os danos ao mínimo.

osáé-tsúkéru 押さ[抑]え付ける (< osáéru +…) **1** [押しふせる] Imobilizar. ★ *Aite o taoshite ~* 相手を倒して押さえ付ける Derrubar e ~ o adversário. **2** [抑制する] Reprimir. ★ *Wakamono no yōkyū o ~* 若者の要求を抑え付ける ~ as exigências「de mudança」dos jovens「não é bom」. Ⓢ/週 Yokúátsu súrú.

o-ságari お下がり **1** [神仏に供えたもの] A oferenda (que foi) retirada do santuário. **2** [客に出したごちそうの残り] A iguarias que a visita deixou (de comer). **3** [衣服・品物などの] **a)** A roupa já usada por irmãos mais velhos; **b)** O pai-velho [burro/A sebenta (Caderno de apontamentos feitos por estudantes mais antigos).

o-ságe お下げ (< o² + sagéri¹) A trança. ★ ~ *no shōjo* お下げの少女 A menina de [com] trancinha.

o-sái お菜 ⇨ o-kázú.

ó-sáji [óó] 大匙 A colher de sopa. ★ *Satō ~ sanbai* 砂糖大匙 3 杯 Três colheres grandes [(das) de sopa] de açúcar. Ⓐ/反 Ko-sáji.

o-sáki¹ 御先 (< o² +…) Primeiro; à frente. *~ ni shitsurei* 御先に失礼 Desculpe por ir primeiro [(Então) com licença]. *Dōzo ~ e [ni]* どうぞ御先へ[に] Por favor，（primeiro「a senhora」）. *Hitoashi ~ ni mairimasu* 一足御先に参ります Se me dá licença, eu vou indo à frente. ◊ ⇨ **~ makkura**.

o-sáki² 尾先 (< o¹ +…) A ponta da cauda「do gato」.
o-sákibō お先棒 (< o² +…) O joguete [instrumento]. ★ ~ *o katsugu* お先棒を担ぐ Ser um ~ dos outros [nas mãos de outro].
o-sáki-mákkúra お先真っ暗 O não ter futuro; o futuro muito negro. *Boku no jinsei wa ~ da* 僕の人生はお先真っ暗だ Não vejo nenhum futuro cá para mim. A minha vida está muito negra.
ó-sámá [óó] 王様 ⇨ ó¹.
osámári 収［納］まり (< osámáru) **1** [おさまること] A solução. **2** [落着] O acordo satisfatório; a conclusão. ★ ~ *o tsukeru* 収まりをつける Resolver「a questão」. Ⓢ/週 Ketcháku; shímatsu. **3** [おちつきぐあい] O enquadramento; a harmonia. *Kono kakejiku wa kono toko-no-ma ni ~ ga warui* この掛軸はこの床の間に収まりが悪い Este quadro não fica bem neste "tokonoma".

osámáru 治［納・収・修］まる **1** [平和になる] Ficar em paz; gozar de paz; ser bem governado; acalmar. *Yo no naka ga osamatte iru* 世の中が治まっている O mundo [país] está em paz. Ⓐ/反 Midáréru. **2** [落ちつく; 鎮まる] Passar; ficar como antes. *Jishin [Kaji] ga ~* 地震［火事］が収まる Parar o terre[a]moto [Apagar-se o incêndio]. **3** [痛みなどが鎮静する] Passar. ★ *Fukutsū [Zutsū, Ha-ita] ga ~* 腹痛［頭痛; 歯痛］が治まる ~ a dor de barriga [de cabeça; de dentes]. *Seki ga ~* せきが治まる ~ a tosse. **4** [心が落ち着く] Acalmar-se. ★ *Ikari ga ~* 怒りが納まる Acalmar-se da [Passar a] ira. **5** [中にきちんと] Caber. ★ *Irui ga tansu ni ~* 衣類がタンスに収まる A roupa ~ toda no armário. **6** [元に戻る] Voltar a ser como antes; recuperar. ★ *Moto no chii ni ~* 元の地位に納まる Recuperar a antiga posição. I/慣用 *Moto no saya ni ~* 元の鞘に納まる「o casal」Tornar [Voltar] a juntar-se (⇨ sáya²). **7** [納入される] Ser pago; receber; ser entregue「o imposto」. ★ *Zeikin ga ~* 税金が納まる ~ o imposto. **8** [ある状態に満足して落ち着く] Aceitar; sentir-se bem; ficar satisfeito. *Kono ketsuron de wa sōhō tomo osamaranai darō* この結論では双方とも納まらないだろう Nenhum dos lados vai aceitar esta conclusão. *Shachō no za ni ~* 社長の座に納まる Instalar-se [Sentir-se bem] como presidente. **9** [行いがよくなる] Portar-se bem [como deve (ser)]; controlar-se (a si mesmo). ★ *Sokō ga osamaranai otoko* 素行が修まらない男 Um malcomportado [homem que não sabe] ~ osáméru.

osámé 納め (< osáméru) **1** [終わり; 最後] O fim. ★ ~ *ni* 納めに Para finalizar. Ⓢ/週 Sáigo. **2** [-osame] O último. *Kono ippai ga kyō no nomi ~ da* この一杯が今日の飲み納めだ Este copo é o ~, por hoje. ◊ ⇨ **Mi-~**.

osáméru 治［収・納・修］める **1** [世の中を支配・統治する] Reinar「em」; governar. ★ *Kuni o ~* 国を治める Governar um país. **2** [乱れたものを円満に片づける] Subjugar; reprimir; apaziguar; aplacar; pacificar. ★ *Kenka o maruku ~* 喧嘩を丸く収める Parar (inteiramente) a briga. **3** [管理する] Administrar; controlar. ★ *Kawa no mizu o ~* 川の水を治める Controlar o caudal [as águas] do rio. **4** [病苦をしずめる] Acalmar (Mitigar). ★ *Itami o ~ kusuri* 痛みを治める薬 O remédio para ~ a dor. Ⓢ/週 Shizúméru. **5** [見えないようにする] Guardar no seu [devido] lugar. ★ *Kanashimi o mune ni ~* 悲しみを胸に納める Guardar as tristezas só para si. **6**

[しまう] Guardar. *Saifu o futokoro ni* ～ 財布をふところに収める Guardar a carteira no bolso de dentro 「do casaco」. [I/慣用] *Hoko o* ～ 矛を収める Parar a guerra. [S/同] Shimáú. **7** [得る; 成果などをあげる] Obter; ter; ganhar; conseguir. *Konnendo kaisha wa ōkina rieki o osameta* 今年度会社は大きな利益を収めた Este ano a companhia (ob)teve grandes lucros. ★ *Kachi* [*Shōri*] *o* ～ 勝ち [勝利] を収める Ganhar [Obter a vitória]. **8** [自分のものにする] Obter; conseguir; apossar-se 「de」. *Kenryoku o shuchū ni* ～ 権力を手中に収める Ter o poder nas mãos. [S/同] Éru. **9** [払い込む] Pagar. ★ *Zeikin* [*Nengu*] *o* ～ 税金 [年貢] を納める Pagar os impostos. [S/同] Haráí-kómu. **10** [納品する] Suprir; fornecer; abastecer. ★ *Torihiki-saki ni chūmon no shina o* ～ 取引先に注文の品を納める Fornecer [Entregar] a mercadoria pedida pelo cliente. [S/同] Nốhíń súrú. **11** [収蔵する] Guardar; armazenar. ★ *Ōku no kokuhō o osameta bijutsukan* 多くの国宝を収めた美術館 O museu com muitas peças que são tesouro nacional. [S/同] Shū́zố súrú. **12** [奉納する] Oferecer. ★ *Jinja ni kumotsu o* ～ 神社に供物を納める Fazer uma oferta ao santuário (shintoísta). [S/同] Hốnố súrú. **13** [受納する] Aceitar. *Soshina desu ga dōzo o-osame kudasai* 粗品ですがどうぞお納め下さい Trouxe-lhe um pequeno presente/Isto é uma insignificância mas por favor aceite. [S/同] Uké-tórú. **14** [それをもって終わりとする] 【Suf.】 Terminar; encerrar. ★ *Mai-*～ 舞い納める Encerrar [Terminar o espe(c)táculo] com a última dança. [S/同] Oérú. **15** [学問・道理・技芸などを身につける] Cultivar 「a arte/as letras」; estudar; adquirir; dedicar-se. ★ *Gakumon o* ～ 学問を修める Adquirir conhecimentos. **16** [行いを正しくする] Orientar. ★ *Mi o* ～ 身を修める Saber orientar-se [Portar-se bem]. ⇨ osámáru.

o-sámúi お寒い (Cor. de "samúi") **1** [寒いの丁寧な言い方] Frio. *Kono goro wa hontō ni* ～ *koto de gozaimasu* この頃は本当にお寒いことでございます Estes dias tem feito realmente muito frio. **2** [見かけや内容が貧弱である] Pobre; fraco. ★ *Ronbun no naiyō ga* ～ 論文の内容がお寒い O conteúdo da tese é ～. [S/同] Hińjákú; nasáké-nái.

o-sáń お産 O parto. ★ ～ *ga karui* [*omoi*] お産が軽い [重い] Ter um ～ normal/fácil [difícil]. ～ *o suru* お産をする Ter um ～ [Dar à luz 「dois filhos」]. [S/同] Shussáń; san³.

osáná-gáó 幼顔 (< osánái + kaó) O rosto infantil [de criança].

osáná-go 幼子 (< osánái + ko) A criança pequena; o infante; o bebé[ê]. [S/同] Yốji².

osáná-gókoro 幼心 (< osánái + kokóro) Os sentimentos [O coração] de criança. *Hajimete uma o mita toki* ～ *ni totemo kowakatta no o oboete iru* 初めて馬を見た時幼心にとても恐かったのを覚えている Lembro-me que quando eu era criarça e vi pela primeira vez um cavalo, tive muito medo. [S/同] Kodómó-gókoro.

osánái 幼い **1** [幼少だ] Infantil; muito novo; de tenra idade. *Watashi no ko wa mada* ～ 私の子はまだ幼い O meu filho [A minha filha] ainda é criança/pequeno[a]. [S/同] Itókénái; yốshố. **2** [幼稚だ] 「uma ideia」 Infantil; inocente; imaturo; inexperiente. *Senmonka ni shite wa mikata ga* ～ 専門家にしては見方が幼い Para [Sendo] um especialista, tem uma visão [opinião] um pouco infantil/simplista. [S/同] Kodómóppói; yốchí.

osáná-nájimi 幼馴染み (< osánái + …) O amigo de infância.

o-sándon おさんどん 【Pop./A.】 **1** [女中] A criada. [S/同] Jochū́ (+). **2** [台所仕事] O trabalho da cozinha. ★ ～ *o suru* おさんどんをする Cozinhar (Ex.: *Kyō wa otto ga* ～ *o shite kurete iru* = Hoje quem cozinha é o meu homem [marido]).

o-sánji お三時 【G.】 O chá das três; a merenda. [S/同] O-yátsu (+).

osáósá おさおさ 【G.】 Inteiramente; bem; tudo. *Yōi* ～ *okotari nashi* 用意おさおさ怠りなし Estamos bem preparados/Estamos apostos para todas as eventualidades. [S/同] Hotóndo.

o-sárái おさらい (< saráu) O rever (em casa) as lições; o ensaio 「de piano」. ★ *Sūgaku no* ～ *o suru* 数学のおさらいをする Rever a lição [Fazer os exercícios] de Matemática. [S/同] Fukúshū́.

o-sátó お里 【G.】 **1** [“里” の丁寧語] A casa dos pais (da mulher casada). [S/同] Jikká¹ (+); séika. **2** [氏素姓] A terra; a educação. *Kare wa hanashikata de* ～ *ga shireru* 彼は話し方でお里が知れる Vê-se que educação teve [de que terra é] pelo modo de falar/Ele denuncia-se pela fala. ⇨ sató.

o-sátsú お札 ⇨ satsú¹.

ṓsátsú¹ [oó] 応札 ⇨ nyū́sátsú.

ṓsátsú² [oó] 殴殺 ⇨ bokúsátsú.

ṓ-sáwagi [oó] 大騒ぎ (< ō² + …) O tumulto; a algazarra; o pandemó[ô]nio; o alvoroço; a desordem; a gritaria; a agitação; a encrenca [bagunça/o sarrabulho] (G.). ★ ～ *o okosu*/*makiokosu*/*hikiokosu*] 大騒ぎを起こす / 巻き起こす / 引き起こす Provocar/Levantar/Fazer um/a grande ～.

ṓsé¹ [oó] 仰せ **1** [お言葉] As suas palavras [O que V. Exa. diz]. *Sono ken ni tsukimashite wa mattaku* ～ *no tōri desu* その件につきましては全く仰せの通りです Quanto a isso [a esse caso], é exa(c)tamente como V. Exa. [o senhor] diz. [S/同] O-kótóbá. **2** [お言いつけ] As suas ordens. ★ ～ *no mama ni itashimashō* 仰せのままにいたしましょう Seguiremos (fielmente) ～. [S/同] O-íítsúké.

ṓse² [óo] 逢う瀬 【E.】 O encontro amoroso. ★ ～ *o kasaneru* 逢う瀬を重ねる Ter muitos ～s.

oséchí-ryṓri [óo] お節料理 Os pratos do [servidos no] Ano Novo.

ṓséí¹ [oó] 旺盛 Grande; excelente. ★ *Genki* [*Kiryoku*; *Katsuryoku*] ～ *na hito* 元気 [気力; 活力] 旺盛な人 Uma pessoa cheia de saúde [energia; vitalidade]. *Shokuyoku* [*Chishiki-yoku*] *ga* ～ *de aru* 食欲 [知識欲] が旺盛である Ter um apetite excelente [um grande desejo de saber].

ṓséí² [oó] 王政 O regime [sistema] real [imperial]. ◇ ～ **fukko** 王政復古 A restauração [O restabelecimento] do ～.

o-séjí お世辞 O elogio só para agradar [só por educação]; a adulação. *Kare no e wa* ～ *ni mo umai to ienai* 彼の絵はお世辞にもうまいと言えない Os quadros dele nem por educação se pode dizer que sejam bons. ★ ～ *ga umai* [*heta da*] お世辞がうまい [下手だ] Ser [Ser pouco] diplomático. ～ *ni noserareru* お世辞に乗せられる Deixar-se enganar por bajulações [embalar/levar por falinhas mansas]. ～ *o iu* お世辞を言う Lisonjear. ～ *o ma ni ukeru* お世辞を真に受ける Tomar os elogios a sério. *Kokoro ni mo* *nai* ～ 心にもないお世辞 O elogio fingido. ◇ **～ warai** お世辞笑い O sorriso adulador.

o-sékkai お節介 O ser intrometido; o meter o nariz onde não é chamado. *Iranu* [*Yokei na*] ～ *wa yamete kure* いらぬ[余計な]お節介はやめてくれ Não meta o nariz [se meta] onde não é chamado. ★ ～ *na* 「*hito*」お節介な「人」Um intrometido. ～ *o suru* [*yaku*] お節介をする[やく] Intrometer-se 〔～ *o yaku na* お節介をやくな (Vai-te daqui e) mete-te na tua vida!〕. ⇨ kuchídáshí; sashídé-gámáshíí.

o-sékkyṓ お説教 ⇨ sekkyṓ.

osén 汚染【E.】A poluição; a contaminação. ★ ～ *suru* 汚染する Contaminar; poluir 〔*Jūyu ga ryūshutsu shite umi ga* ～ *sareta* 重油が流出して海が汚染された O mar ficou poluído pelo vazamento do petróleo〕. ◇ **～ busshitsu** 汚染物質 A matéria poluente [contaminante]. **～ taisaku** 汚染対策 A medida anti-poluente. **Hōshanō ～** 放射能汚染 ～ pela radioa(c)tividade. **Kankyō ～** 環境汚染 ～ do meio ambiente. **Taiki ～** 大気汚染 ～ da atmosfera [do ar]. ⇨ kṓgáí[1].

ṓsén[1] [**oó**] 応戦 **a**) O contra-ataque; **b**) O aceitar o desafio. ★ *Teki no hōgeki ni* ～ *suru* 敵の砲撃に応戦する Responder ao ataque do inimigo; contra-atacar; fazer o contra-ataque.

ṓsén[2] [**oó**] 横線 A linha de lado a lado. ◇ **～ kogitte** 横線小切手 O cheque cruzado.

oséósé 押せ押せ **1** [攻撃の勢い] A posição de ataque. *Waga chīmu wa shūshi* ～ *de teki ni taishō shita* 我がチームは終始押せ押せで敵に大勝した A nossa equipa/e esteve sempre ao ataque e conseguimos uma grande vitória (frente ao adversário). **2** [仕事などがのびのびになって重なる] O andar cheio de [O não saber para onde se virar com tanto] trabalho. ★ *Shigoto ga* ～ *ni naru* 仕事が押せ押せになる Ter muito [rimas de] trabalho para fazer. ⇨ osú [2].

-ṓséru [**oó**] おおせる Poder「esconder para sempre o roubo」; conseguir. *Kare wa keiji no tsuiseki kara manma to nige-ōseta* 彼は刑事の追跡からまんまと逃げおおせた Ele conseguiu escapar à (perseguição da) polícia. [S/同] Oérú.

ṓsétsú [**oó**] 応接 A recepção. ★ ～ *ni itoma ga nai* 応接に暇がない Não ter mãos a medir [tempo para as encomendas]. ★ *Kyaku o* ～ *suru* 客を応接する Receber as visitas. ◇ ⇨ **～ ma**.

ṓsé-tsúkáru [**oó**] 仰せ付かる Receber; ser incumbido.

ṓsé-tsúkéru [**oó**] 仰せ付ける Incumbir; dizer [mandar]. *Nan demo enryo naku ōsetsukete kudasai* 何でも遠慮なく仰せつけて下さい Estou à sua inteira disposição/Disponha (de mim à vontade, é só dizer).

ṓsétsú-ma 応接間 A sala de visitas.

ṓsétsú-shitsu [**oó**] 応接室 A sala de visitas. [S/同] Ṓsétsú-má; kyakúmá. ⇨ ṓsétsú.

o-sháberi おしゃべり (< shabéru) **1** [人と話をすること] A conversa; a cavaqueira; o papo (B.). ★ ～ *o suru* おしゃべりをする Conversar; cavaquear; bater um ～. **2** [べらべらとしゃべりすぎるようす] A tagarelice. ★ ～ *na onna* おしゃべりな女 A mulher tagarela. [S/同] Tabén. **3** [人を中傷する] A bisbilhotice; o mexerico; o dar à língua; o「ir」bisbilhotar「ao superior」.

o-sháburi おしゃぶり (< shabúru) A chupeta.

o-shaká おしゃか【G.】**a**) O estragar-se; o ir(-se) ao ar; o arder; **b**) O artigo defeituoso. *Soko ni ana ga aichatta* [*aite shimatta*] *kara kono kutsu wa* ～ *da* 底に穴があいちゃった[あいてしまった]からこの靴はおしゃかだ Estes sapatos já arderam! Estão furados por baixo! [S/同] Dekísókónáí; oján.

o-sháká-sámá お釈迦様 (< Cor. de Sháka) O Buda. *Kare no shōtai wa* ～ *de mo go-zonji aru mai* 彼の正体はお釈迦様でもご存じあるまい Aquele homem é impenetrável [um mistério], nem o Espírito Santo (⇨ seíréí[3]) sabe o que ele é.

o-shákú お酌 **1** [酒をつぐこと] O servir saké. ★ *Kyaku ni* ～ *o suru* 客にお酌をする Servir saké ao freguês. **2** [まだ一人前にならない芸者; 半玉] A gueix[sh]a principiante. [S/同] Hańgyókú; maí-kó.

o-sháma おしゃま【G.】A precocidade. ★ ～ *na onna no ko* おしゃまな女の子 A garota precoce. [S/同] Omáse ⇨ maséru.

o-sháre おしゃれ (< sharérú) O (gostar de) andar elegante; a elegância no vestir. ★ ～ *na*「*hito*」おしゃれな「人」A pessoa que gosta de vestir bem [anda sempre toda fina]. ～ *o suru* おしゃれをする Enfeitar-se [Vestir a primor]. ⇨ hadé.

oshí[1] 押[圧]し (< osú[2]) **1** [押すこと] O empurrão. ★ *Yokozuna no* ～ 横綱の押し ～ dado por um "yokozuna". **2** [圧迫; 重し] O peso (⇨ osáé). ★ *Zubon ni* ～ *o suru* ズボンに押[圧]しをする Vincar/Prensar a [Fazer o vinco na] calça. **3** [威圧] O ter peso [influência]. *Kare wa bōryokudan ni* ～ *ga kiku* 彼は暴力団に押しが利く Ele tem muito/a ～ entre os capangas (B.) [bandidos]. **4** [しつこさ; 図々しさ] A persistência; a teimosia; o puxar [empurrar]. ～ *no itte de iku yori shikata ga nai* 押しの一手でいくより仕方がない A melhor (e única) maneira é empurrar [ir para a frente].

oshí[2] 唖 O mudo; a mudez. ⇨ rṓa; fu-jíyū́.

ṓshí [**oó**] 横死 A morte violenta (Não natural). ★ *Ressha jiko de* ～ *suru* [*o togeru*] 列車事故で横死する[を遂げる] Morrer (de ～) num acidente de comboio [trem].

oshíágé-pónpu 押し上げポンプ (< oshí-ágéru + …) A bomba de pressão [ar].

oshí-ágéru 押し上げる (< osú[2] + …) Empurrar [Puxar]「alguém」para cima「na parede」; pôr lá em cima.

oshí-áí 押し合い (< oshí-áu) O encontrão; o empurrão. ◇ ⇨ **～heshiai**.

oshíái-heshíái 押し合いへし合い【G.】O dar empurrões; o empurra-empurra. *Tokubai-hin uriba de wa ōzei no hito ga* ～ *shite ita* 特売品売場では大勢の人が押し合いへし合いしていた Na se(c)ção (de vendas) de liquidação [saldos] era tudo [toda a gente] aos empurrões.

oshí-ákéru 押し開ける (< osú[2] + …) Abrir empurrando; forçar「a porta」; arrombar.

oshí-átéru 押し当てる (< osú[2] + …) Apertar; (pôr e) segurar. ★ *Chi no deru kizuguchi ni hankachi o* ～ 血のでる傷口にハンカチを押し当てる Parar o sangue da ferida com o lenço.

oshí-áu 押し合う (< osú[2] + …) Empurrar-se. *Oshiawanaide junban ni o-nori kudasai* 押し合わないで順番にお乗り下さい Queiram subir [entrar] /「para o comboio」sem empurrar [sem se empurrar(em) (uns aos outros)].

oshí-bá 押し葉 (< osú[2] + ha[2]) A folha estampada (entre as folhas de um livro). ⇨ oshí-báná.

ó-shíbai [oó] 大芝居　**1**［大仕掛な芝居］A peça (de teatro) em grande estilo; uma grande representação.　**2**［いちかばちかで物事をすること］【Fig.】A jogada [tentativa] arriscada.　★ ～ *o utsu* 大芝居を打つ Fazer uma ～.

oshí-báná 押し花（< osú² + haná）A flor dessecada. ⇨ oshí-bá.

óshibe 雄蕊［Bot.］O estame; o androceu (Conjunto dos estames). ⓈⓇ Méshibe.

o-shíbori お絞り（< shiború）A toalh(inh)a (quente e) humedecida para limpar as mãos (e a cara)「no restaurante」.　★ ～ *no dōzo* お絞りをどうぞ Com licença (aqui tem a ～). ⇨ táoru; te-núgúí.

oshí-bótan 押しボタン（< osú² + …）O botão (de apertar). ◇ ～ *shiki shingōki* 押しボタン式信号機 O semáforo [farol(B.)] com ～.

o-shíchíyá お七夜 (A festa do) sétimo dia do nascimento.

oshí-dámáru 押し黙る（< osu³ + …）Manter-se calado; não abrir a boca [dizer palavra]. *Kanojo wa nani o kiite mo utsumuita mama oshidamatte ita* 彼女は何を聞いてもうつむいたまま押し黙っていた Por mais perguntas que (lhe) faziam não se mantinha-[continuava] calada e cabisbaixa.

oshí-dáshi 押し出し（< oshí-dásu）　**1**［押し出すこと］A saída (forçada).　**2**［人の様子; 風采］A presença; a boa apresentação; bom aspe(c)to.　★ ～ *ga rippa na hito* 押し出しが立派な人 A pessoa com (muita) presença. ⓈⓇ Fúsáí.　**3**［Sumô］O empurrar o adversário para fora do "dohyō"; ⇨ oshí¹ 1.　**4**［Beis.］O conseguir um ponto por falta do adversário.

oshí-dásu 押し出す（< osú² + …）　**1**［押して出す］Empurrar para fora; espremer.　★ *Chūbu kara enogu* [*kurímu*; *hamigaki*] *o* ～ チューブから絵の具［クリーム; 歯みがき］を押し出す Espremer a bisnaga de guache [creme; pasta de dentes].　**2**［大勢で出かける］Sair em grande número; sair em massa. ⓈⓇ Kurí-dású.　**3**［掲げる］Apregoar (aos quatro ventos).　★ *Kane no kakaranu senkyo no surōgan o zenmen ni* ～ 金のかからぬ選挙のスローガンを前面に押し出す o lema de fazer as eleições com pouco dinheiro.

oshídori 鴛鴦［Zool.］O pato-mandarim; *aix galericulata*. ◇ ～ *fūfu* 鴛鴦夫婦 Um casal inseparável [que vive em perfeita harmonia].

oshíé¹ 教え（< oshiérú）　**1**［教育; 薫陶］O ensino; a lição.　★ ～ *o aogu* [*kou*] 教えを仰ぐ［請う］Pedir lições a um mestre.　**2**［教訓; いましめ］O ensinamento. *Senjin no* ～ *o mamoru* 先人の教えを守る Seguir o ～ dos antepassados.　**3**［教義］A doutrina; os ensinamentos; os preceitos.　★ ～ *o toku* 教えを説く Doutrinar; evangelizar; pregar.

oshí-é² 押し絵（< osú² + …）A pintura「de pano」em relevo「da raqueta do (jogo do) volante」.

oshié-gó 教え子（< oshiérú + ko）Um「meu」discípulo「antigo aluno」.

oshié-kátá 教え方 O método de ensino; a maneira de ensinar.　★ ～ *ga umai* [*heta da*] 教え方がうまい［下手だ］Saber [Não saber] ensinar.

oshié-kómu 教え込む（< oshiérú + …）Incutir [Inculcar]「o respeito pelas pessoas」; fazer entrar na cabeça; ensinar até saber bem.　★ *Gyōgi sahō o* ～ 行儀作法を教え込む Ensinar bem as boas maneiras.

oshiérú 教える　**1**［知識や技芸などを］Ensinar「a usar o computador」; instruir; le(c)cionar; dar aulas「de j.」. *Gakusei ni porutogaru-go o* ～ 学生にポルトガル語を教える Ensinar p. ⓈⓇ Kyōīkú súrú; kyōju suru. Ⓐ反 Manábú; osówárú.　**2**［知らせる］Ensinar; informar [fazer saber]; mostrar; dizer「o número do telefone」.　★ *Michi o* ～ 道を教える Ensinar o caminho. ⓈⓇ Shimésu; shiráséru.　**3**［教えさとす］Ajudar a descobrir.　★ *Hito no michi o* ～ 人の道を教える o verdadeiro caminho (do homem/da vida).

oshígáru 惜しがる ⇨ oshímu.

oshigé-(mó-)náku 惜し気(も)なく（⇨ oshíí）Prodigamente;「dar」generosamente「parte da fortuna aos pobres」; desinteressadamente.　★ ～ *kane o tsukau* 惜し気(も)なく金を使う Gastar sem pena [ficar a chorar] o dinheiro. ⓈⓇ Míren naku.

oshí-hákáru 推し量る（< osu³ + …）Prescrutar; imaginar.　★ *Hito no kokoro o* ～ 人の心を推し量る o que alguém sente. ⓈⓇ Suíryí¹ súrú.

oshí-hírógéru 押し広げる（< osú² + …）　**1**［力を加えて広げる］Alargar [Abrir mais] fazendo força.　★ *Kizu-guchi o* ～ 傷口を押し広げる Abrir um pouco mais a ferida.　**2**［範囲を広げる］Alargar; ampliar.　★ *Kono kangae o oshí-hirogete iku to* この考えを押し広げていくと Se ampliarmos esta ideia「chegaremos à mesma conclusão」.

oshí-hírómeru 押し広める（< osú² + …）**a)** Difundir「novas ideias」; **b)** Amplificar.　★ *Kyōgi o* ～ 教義を押し広める Difundir uma doutrina.

oshii 惜しい　**1**［残念だ］Triste; lamentável; deplorável. *Ano zekkō-ki no nogashita to wa* ～ *koto o shita* あの絶好機を逃したとは惜しいことをした Foi triste [uma pena] ter deixado escapar aquela excelente oportunidade.　**2**［貴重だ; かけがえのない］Precioso; insubstituível; valioso. *Igakukai ni* ～ *hito o nakushita* 医学界に惜しい人をなくした A medicina perdeu um grande médico. *Jikan ga* ～ *hoshii* 時間が惜しい Quem me dera ter mais tempo.　**3**［よすぎてもったいない］Ser um desperdício; ser mal-empregado; ser bom demais. *Mada hakeru kutsu o sutete wa* ～ まだはける靴を捨てては惜しい É um desperdício deitar fora uns sapatos que ainda se podem usar. *Kimi ni ageru no nara oshikunai* 君にあげるのなら惜しくない Em ti é bem-empregado [Se é para ti dou-to com todo o gosto].

oshí-iré 押し入れ（< oshí-iréru）O armário embutido.　★ *Futon o* ～ *ni shimau* 布団を押し入れにしまう Guardar o acolchoado no ～.

oshí-iréru 押し入れる（< osú² + …）Empurrar para dentro; encher bem「a mala」.

oshí-íru 押し入る（< osú² + …）Invadir; assaltar; entrar à força; entrar sem licença; forçar a entrada. *Gōtō ga heya ni oshiitta* 強盗が部屋に押し入った O ladrão assaltou o quarto.

oshí-ítádáku 押し戴く（< osú² + …）Receber [Aceitar] com reverência [com toda a honra].　★ *Chōrō o meiyo kaichō ni* ～ 長老を名誉会長に押し戴く Ter(mos) a honra de nomear presidente honorário a pessoa mais idosa.

oshí-káesu 押し返す（< osú² + …）Fazer recuar;「o vento」puxar para lá [empurrar]「a porta」.　★ *Aite no rikishi o* ～ 相手の力士を押し返す ～ o lutador de sumô adversário. ⓈⓇ Oshí-módósu.

oshíkáké-nyóbō [oó] 押し掛け女房（< oshí-ká-

oshí-kákeru 942

kéru + …) A mulher que forçou um homem a casar com ela.

oshí-kákeru 押し掛ける (< osu² + …) **1** [押し寄せる] Invadir; inundar. *Depāto no bāgen ni kyaku ga ōzei oshikaketa* デパートのバーゲンに客が大勢押し掛けた Uma multidão de fregueses invadiu a liquidação do hipermercado/armazém. **2** [招かれないのに行く] Fazer-se [Ir sem ser] convidado. *Kare wa chijin no ie ni sugu zuzūshiku* ~ 彼は知人の家にすぐ図々しく押し掛ける Ele anda sempre pelas casas dos conhecidos, descaradamente.

oshí-kíri 押し切り (< oshí-kíru) O cortador「de palha/forragem」; a foice-guilhotina.

oshí-kíru 押し切る (< osu² + …) **1** [力を入れ押して切る] Cortar pressionando com força. **2** [反対や無理があるのにそれを押しのけてする] Desafiar [Levar de vencida]. *Kokumin no hantai o oshikitte seifu wa zōzei shita* 国民の反対を押し切って政府は増税した Desafiando a vontade popular, o governo aumentou os impostos.

o-shíkíse お仕着せ **1** [奉公人に与える衣服] O uniforme [A libré/A fateota (G.)]「da empresa」. ★ ~ *o kiru* お仕着せを着る Vestir o/a ~. **2** [上からあてがわれた型通りのもの] 【Fig.】 Pré-estabelecido; o impor (de cima)「a Constituição」. ★ ~ *no kisoku* お仕着せの規則 Regras impostas sem consultar.

o-shíkko おしっこ 【Infa.】 O chichi (Urina). ★ ~ *(o) suru* おしっこ(を)する Fazer chichi. ⇨ nyō; shōben.

oshí-kóméru 押し込める (< osu² + …) **1** [閉じ込める] Encerrar; meter「as ovelhas no aprisco」. [S/同] Tojikómeru (+). **2** [⇨ oshí-kómu].

oshí-kómí 押し込み (< oshí-kómu) **1** [押し込むこと] O encher [meter] à força/pressão. **2** [強盗] O assaltante. ◇ ~ **gōtō** 押し込み強盗 Um ~ 「ladrão que entra nas casas por meio de arrombamento」. **3** [⇨ oshí-íré].

oshí-kómu 押し込む (< osu² + …) **1** [無理に入れる] Engarrafar「mais de cem pessoas na sala」; meter a criança à força「no quarto」; forçar para dentro. *Kane o poketto ni* ~ 金をポケットに押し込む Abarrotar [Encher] os bolsos de dinheiro. **2** [無理に入る] Forçar a entrada; entrar sem licença. *Arakure (ta) otoko ga sū-nin heya ni oshikonde kita* 荒くれ(た)男が数人部屋に押し込んで来た Um bando de desordeiros entrou pela sala (a)dentro. [S/同] oshí-íru (+).

oshí-kórósu 圧し殺す (< osu² + …) **a)** Asfixiar [Matar] apertando「o pescoço」; **b)** Conter; abafar; reprimir; baixar「a voz」; refrear. *Otoko wa hikuku oshikoroshita koe de hanashita* 男は低く圧し殺した声で話した O homem falou em voz abafada [baixa].

o-shímái お仕舞い **1** [やめること; 終わり] O fim; o término. お仕舞いにする Encerrar; terminar; findar. [S/同] Owári (+). **2** [最後の部分] O [A parte] final「do programa」. *Shokuji no* ~ *ni kōhī o nonda* 食事のお仕舞いにコーヒーを飲んだ Após a refeição tomei café. [S/同] Owári (+); sáigo (+). **3** [売り切れる] O acabar[-se]-gotar[-se]. *Hanbāgā wa mō* ~ *ni narimashita* ハンバーガーはもうお仕舞いになりました O [Ham]burger já (se)acabou. [S/同] Owári; urikíre. **4** [だめになること] O queimar-se [destruir-se]. *Nani mo ka mo* ~ *da* 何もかもお仕舞いだ Está tudo perdido/Pronto, ardeu (tudo)!

oshímákuru 押しまくる (< osu² + …) **a)** Puxar e mais puxar (até ao fim); **b)** Atacar até levar de vencida (o adversário).

o-shíme¹ おしめ ⇨ o-mútsu.

oshímé² 押し目【Econ.】A baixa no mercado (de valores). ◇ ⇨ ~ **gai**.

oshímé-gái 押し目買い (< … ² + kái) 【Econ.】O comprar quando o preço está em baixa.

o-shímérí お湿り【G.】Uma (rica) chuvinha. *Kekkō na* ~ *desu ne* けっこうなお湿りですね Que chuva agradável! /Choveu em boa hora!

oshímí-nái 惜しみない (< oshímu) Ilimitado; sem poupar [pena de dar]; imenso; grande. ★ ~ *hakushu o okuru* 惜しみない拍手を送る Dar [Aplaudir com] uma grande salva de palmas.

oshí-módósu 押し戻す (< osu² + …) Empurrar outra vez para lá; obrigar a recuar. *Demotai wa kidōtai ni oshimodosareta* デモ隊は機動隊に押し戻された Os manifestantes foram obrigados a recuar pela polícia de choque. [S/同] Oshí-káesu.

oshí-móndō 押し問答 A discussão acirrada. ~ *no sue naguri-ai ni natta* 押し問答の末なぐり合いになった Depois de uma ~ [de muito discutirem/altercarem] brigaram.

oshí-mo-osáré-mo-shinai[sénu] 押しも押されもしない[せぬ] (< osu²) (De reputação) incontestável;「uma posição」firme [bem assente]「na política」; reconhecido. ★ ~ *ichiryū no gaka* 押しも押されもしない一流の画家 Um grande pintor, por todos reconhecido (como tal).

oshímu 惜しむ **1** [出すこと・与えることを嫌がる] Poupar; gastar com parcimó(ô)nia; economizar; não prodigalizar. ★ *Doryoku o oshimanai* 努力を惜しまない Não poupar [medir] esforços. *Honeori o* ~ 骨折りを惜しむ Poupar-se; não querer trabalhar muito. [S/同] Dashí-óshimu. **2** [捨てがたく残念に思う] Sentir; chorar; lastimar; queixar-se「do tempo perdido em reuniões inúteis」; ter pena de. *Kare no shi wa kokka no tame ni oshimite mo nao amari aru* 彼の死は国家のために惜しみてもなお余りある Tendo sido uma grande perda para a nação, nunca a morte dele será demais chorada. ★ ~ *beki* 惜しむべき Lamentável; lastimável. ~ *raku wa*. *Nagori o* ~ 名残を惜しむ Sentir muito a despedida; ter relutância em partir. **3** [大事にする] Valorizar; dar valor [importância]; prezar. ★ *Inochi o* ~ 命を惜しむ Prezar a [Dar valor à] vida. *Jikan o* ~ 時間を惜しむ Valorizar o tempo.

oshímu-raku-wa 惜しむらくは Só ter um senão; só ser pena que. *Kanojo wa bijin da ga* ~ *sukoshi se ga hikui* 彼女は美人だが惜しむらくは少し背が低い Ela é bonita, só é pena que seja [só tem um senão; é] um pouco baixa.

óshín¹ [óó] 往診 A visita médica. ◇ ~ **ryō** 往診料 O honorário [preço] da ~.

óshín² [óó] 往信 A carta [O postal] com[em que se pede uma]resposta. [A/反] Henshín². ⇨ ófúku ◇.

oshí-nábete 押しなべて (< osu² + narábérú) Em geral; (quase) todos「os brasileiros gostam de futebol」. *Bukka wa* ~ *antei shite iru* 物価は押しなべて安定している Os preços ~ estão estáveis. ⇨ gáishite (+); ippán.

oshí-nágásu 押し流す (< osu² + …) Levar empurrando.

o-shínkó お新香 Os picles [legumes em salmoura].

o-shínóbí お忍び【G.】Incógnito; às escondidas.

Ōjo ga ~ de machi ni dekakerareta 王女がお忍びで町へ出かけられた A princesa foi à cidade incógnita [às escondidas]. [A/反] Bikṓ¹.

oshí-nókeru 押し退ける (< osú² + …) **1** [力を入れ押してどける] Empurrar e tirar do caminho. **2** [人と争い実力を発揮してそれに打ち勝つ] Empurrar [Deitar abaixo/Passar por cima]. ★ *Hito o oshinokete shusse suru* 人を押し退けて出世する Subir na vida passando por cima dos outros.

ṓ-shio [óo] 大潮 A maré de sizígia [águas-vivas]; a maré-viva. [A/反] Ko-shío.

o-shíóki お仕置 ⇨ shióki.

oshírógúrafu オシログラフ (< Ing. oscillograph < L.) 【Ele(c)tron.】O oscilógrafo. [S/同] Shindṓ-kirókúki.

oshírógúramu オシログラム (< Ing. oscillogramm) 【Ele(c)tron.】O oscilograma.

oshírói 白粉 O pó de arroz. ★ ~ *o tsukeru* [*otosu*] 白粉をつける[落とす] Pôr [Tirar] o ~. ◇ **Kona** [**Mi-zu**] ~ 粉［水］白粉 ~ [~ líquido].

oshírói-bana 白粉花 (< … +haná) 【Bot.】A maravilha; a jalapa verdadeira; *mirabilis jalapa*.

oshírósúkópu [óo] オシロスコープ (< Ing. oscilloscope) 【Ele(c)tron.】O osciloscópio.

oshí-ságeru 押し下げる (< osú² + …) Empurrar [Puxar] para baixo.

oshí-súsúmeru 押し進める (< osú² + …) Puxar; levar adiante; fazer avançar; prosseguir. ★ *Suiri* [*Ron*; *Setsu*; *Kangae*] *o* ~ 推理［論；説；考え］を推し進める Prosseguir o raciocínio [a teoria; a opinião; o pensamento].

oshí-táoshí 押し倒し (< oshí-táosu) O "oshitaoshi" (Um dos golpes do sumô, que consiste em derrubar [deitar ao chão] o adversário).

oshí-táosu 押し倒す (< osú² + …) Derrubar [Deitar ao chão] empurrando. *Kare wa densha ni norō to shite hitonami ni oshitaosareta* 彼は電車に乗ろうとして人波に押し倒された Ele foi derrubado pela multidão ao entrar no comboio [trem].

oshí-tátéru 押し立てる (< osú² + …) **1** [押して起こす] Levantar; pôr em [de] pé. **2** [掲げる] Desfraldar. **3** [推挙する] Escolher; indicar. ★ *Kare o chiji kōho ni* ~ 彼を知事候補に押し立てる Indicá-lo (como candidato) para governador「de Tokyo」.

oshíté¹ 押して (< osú²) **1** [にもかかわらず] Mesmo (assim); apesar「da chuva」. ★ *Byōki* ~ *yuku* 病気を押して行く Ir, mesmo doente. **2** [無理に] Insistentemente. ★ ~ *kiku* [*tanomu*] 押して聞く［頼む］Perguntar [Pedir] ~ [com insistência]. [S/同] Múri ni; shíte.

oshíté² 推して (< osú²) 【E.】Por dedução; inferindo [imaginando]; por suposição. *Konnan na koto wa* ~ *shiru-beshi da* 困難なことは推して知るべしだ A dificuldade「que ele teve」pode-se facilmente supor [imaginar].

oshí-tó(dó)méru 押し止める (< osú² + …) Impedir; parar. *Kare ga ikō to suru no o muriyari oshitodometa* 彼が行こうとするのを無理やり押し止めた Ele queria ir (à viva força) mas eu parei-o.

oshí-tósu 押し通す (< osú² + …) Persistir; insistir; levar「o plano」até (a)o fim. *Jibun no iken o akumade* ~ 自分の意見をあくまで押し通す Continuar/Manter-se na sua; Ser teimoso [agarrado à própria opinião]. [S/同] Tsuránúku.

ṓshítsú [óo] 王室 A casa real. ⇨ ō¹; óke.

oshí-tsúbúsu 押し潰す (< osú² + …) Esmagar「com a roda do carro」; esborrachar「os pêssegos」.

oshítsúké-gámáshíi 押し付けがましい (< oshí-tsukéru) Exigente; tirânico; impositivo; mandão. ★ ~ *taido de shigoto o meizuru* 押し付けがましい態度で仕事を命ずる Mandar trabalhar os outros como um tirano.

oshí-tsúkéru 押し付ける (< osú² + …) **1** [圧する] Apertar「contra a porta do carro」; prensar. *Senaka ni kenjū o* ~ 背中に拳銃を押し付ける Pôr [Apontar]-lhe o revólver por trás das costas. **2** [強制する] Forçar; impor. ★ *Iya na shigoto o* ~ *いやな仕事を押し付ける* Forçar alguém a fazer um trabalho desagradável. **3** [だまして掴ませる] Impingir; burlar. ★ *Soakuhin o* ~ 粗悪品を押し付ける Impingir uma sucata. **4** [責任をとらせる] Deitar a responsabilidade [culpa] aos outros. *Shigoto no shippai o buka ni oshitsuketa* 仕事の失敗を部下に押しつけた Ele fez mal o trabalho e deitou as culpas aos subalternos.

oshí-tsúmáru 押し詰まる (< osú² + …) **1** [年末に近くなる] Estar mesmo [quase] a acabar. *Kotoshi mo iyoiyo oshitsumatte kita* 今年もいよいよ押し詰まってきた Estamos mesmo no fim do [de mais um] ano. **2** [さしせまる；窮迫する] Ser urgente [premente]. *Jōsei wa oshitsumatte kita* 情勢は押し詰まってきた A situação urge [é premente]. [S/同] Sashí-sémáru.

oshí-tsúméru 押し詰める (< osú² + …) **1** [押して入れこむ] Encher bem [até não caber mais]. ★ *Hako ni mikan o* ~ 箱にミカンを押し詰める Encaixotar as [Encher a caixa de] tangerinas. [S/同] *Tsumé-kómú* (+). **2** [押して動けないようにする] Empurrar. ★ *Hito o kabegiwa ni* ~ 人を壁際に押し詰める Levar [~] alguém à [contra a] parede.

oshí-úri 押し売り (< osú² + …) O vendedor ambulante importuno. ★ ~ *o-kotowari* 押し売りお断り (揭示) Proibida a entrada de ~s. ~ *suru* 押し売りする Forçar a comprar.

oshí-wákéru 押し分ける (< osú² + …) Abrir caminho à força. ★ *Gunshū no oshiwakete susumu* 群衆を押し分けて進む ~ por entre a multidão.

oshí-yáru 押し遣る (< osú² + …) Empurrar para o lado; afastar. *Kare wa tabako no nioi o kiratte haizara o tōku ni oshiyatta* 彼は煙草のにおいを嫌って灰皿を遠くに押しやった Ele afastou o cinzeiro, pois não gosta do cheiro de cigarro.

oshí-yóséru 押し寄せる (< osú² + …) **1** [波などが] Avançar (em força); invadir. ★ *Bunmei* [*Kaikaku*; *Kindaika*] *no nami ga* ~ 文明［改革；近代化］の波が押し寄せる Os ventos (Lit. a onda) da civilização [reforma; modernização] invadirem「o país」. **2** [大勢で押しかける] Invadir. *Tōsan shita kaisha ni saikensha ga oshiyoseta* 倒産した会社に債権者が押し寄せた Os credores invadiram a firma falida. [S/同] Oshí-kákeru.

oshí-zúshí 押し鮨 (< … + sushí) O "oshizushi" (Um prato de sushi à maneira de Osaka).

ṓshṓ 和尚 O bonzo (principal dum templo budista). [S/同] Bō-sán (+); jūshoku.

ṓshṓ¹ [óo] 応召 O convocar; o alistar; o recrutar. [A/反] Shṓshū súru.

ṓshṓ² [óo] 王将 O rei (no jogo de "shōgi"). ⇨ ō¹.

o-shṓbán [óo] お相伴 O compartilhar「do dinheiro/lucro」. ★ *Gochisō no* ~ *o suru* [*ni azukaru*] 御

馳走のお伴をする[にあずかる] Compartilhar do banquete (oferecido por outrem).

oshóku 汚職 A corrupção; o suborno; a traficância. ★ ~ o tekihatsu suru 汚職を摘発する Denunciar a/o ~. ◇ ~ **jiken** 汚職事件 Um caso [escândalo] de ~. ⓈⒻ haínín.

óshókú [óó] 黄色 Amarelo; a cor amarela. ◇ ~ **jinshu** 黄色人種 A raça amarela.

óshu 応手 [E.] [碁・将棋で] O contra-ataque [A resposta] 「no "shōgi"」.

óshū[1] 応酬 **1** [やり返すこと] A resposta [paga] 「que merece」. ★ ~ no kōgeki ni ~ suru 敵の攻撃に応酬する Responder ao ataque (do) inimigo. **2** [交換; やりとり] A troca. ★ ~ suru 応酬する Trocar. Yaji no ~ 野次の応酬 O ralhar [trocar] palavras injuriosas. ⓈⒻ Yarí-tori.

óshū[2] [óó] 押収【Dir.】O confisco; a apreensão. ★ Shorui o ~ suru 書類を押収する Confiscar [Apreender] os documentos.

Óshū[3] [óó] 欧州 A Europa. ◇ ~ **keizai kyōryoku kikō** 欧州経済協力機構 A Comunidade Económ(ó)ica Europeia. ~ **kyōdōtai** 欧州共同体 A Comunidade (A.) [União] Europeia; EU/UE. ⓈⒻ Yōróppa (+).

osó-bán 遅番 (< osói + …) O segundo [último] turno. ★ ~ no kinmu 遅番の勤務 O serviço do ~. Ⓐ/Ⓡ Hayá-bán.

ósódókkusu [óó] オーソドックス (< Ing. orthodox < L. < Gr.) 「o método」 Ortodoxo [Tradicional/Clássico/Seguro]. ⓈⒻ Seító².

osói 遅い (⇨ osókú) **1** [時刻・時期が] Tarde. Kyō wa mō ~ kara ne nasai 今日はもう遅いから寝なさい 「menino」Vá dormir (por) que já é ~. Yukigúni de wa haru ga ~ 雪国では春が遅い Nas terras frias [da neve], a primavera chega ~ [é mais] tardia]. Ima kara de wa mō ~ 今からではもう遅い Agora (já) é ~. Ima kara demo osoku nai 今からでも遅くない Ainda não é ~ (demais). Kaeri ga ~ 帰りが遅い Voltar ~. Kōkai shite mo mō ~ 後悔してももう遅い É ~ para se arrepender [Agora não adianta nada arrepender-se]. ◇ **oso-jie. Osojimo yūbé.** O orvalho tardio. Ⓐ/Ⓡ Hayái. **2** [速度がにぶい] Vagaroso; moroso; lento. ★ ~ norimono 遅い乗り物 O (meio de) transporte vagaroso. Ashi [Hashiru no] ga ~ 足[走るの]が遅い Andar devagar [Correr pouco]. Atama no kaiten [Mono wakari] ga ~ 頭の回転[ものわかり]が遅い Ser lento de entendimento. ⓈⒻ Noróí. Ⓐ/Ⓡ Hayái.

osói-kákáru 襲いかかる (< osóu + …) Atacar. ★ Raion ga suigyū ni ~ ライオンが水牛に襲いかかる O leão ~ o [atirar-se ao] búfalo.

ó-sōji [óósóo] 大掃除 A grande limpeza; a limpeza geral 「da escola」.

osó-jié 遅知恵 (< osói + chié) **1** [知恵の発達の遅いこと] A inteligência de uma criança que demora a desenvolver-se. **2** [後知恵] Uma (boa) ideia que nos vem quando já é tarde.

osókáré-háyakare 遅かれ早かれ Cedo ou tarde; mais cedo ou mais tarde. Dare mo ga ~ sensō ni naru to shinjite ita 誰もが遅かれ早かれ戦争になると信じていた Todos acreditavam que ~ haveria guerra. ⓈⒻ Ítsuka wa; sōbán.

osóku 遅く (Adv. de ⇨ osóí) **1** [時刻・時期が] Tarde. ★ Asa hayaku kara yoru ~ made 朝早くから夜遅くまで De manhã cedo até altas horas da noite. Sakuya ~ 昨夜遅く Ontem à noite, já tarde. **2** [速度が] Devagar; vagarosamente. ★ ~ aruku 遅く歩く Andar ~. ~ suru 遅くする Lançar a bola mais devagar.

osóku(to)mo 遅く(と)も O mais tardar. ~ yūshoku made ni wa modoritai 遅くとも夕食までにはもどりたい Penso [Quero] voltar, o mais tardar, à hora do jantar.

osó-máki 遅蒔き (< osói + máku) **1** [時期遅れに種をまくこと] A sementeira atrasada [tardia]. ★ ~ no kyūri 遅蒔きのきゅうり O pepino que foi semeado tarde. Ⓢ/Ⓕ Hayá-máki. **2** [時機におくれてことをすること] O agir (demasiado) tarde. ★ ~ nagara taisaku ni torikakaru 遅蒔きながら対策に取りかかる Tomar medidas, embora tarde. ⓈⒻ Okúrébáse.

o-sómatsu お粗末 (⇨ sómatsu) O ser modesto [pobre/fraco]. "Gochisōsama" ~ "sama deshita" 「ごちそうさま」「お粗末さまでした」"A comida estava deliciosa" "Obrigado." (Lit.: desculpe por esta modesta [pobre] refeição). Jitsu ni ~ na hon'yaku じつにお粗末な翻訳 Uma tradução muito [realmente] fraca. ⓈⒻ Tsumáránai; yókunai.

osón 汚損【E.】O ficar sujo [danifica do/estragado]. ★ Tenjihin o ~ suru 展示品を汚損する Danificar as obras expostas.

o-sónáé お供え (< sonáéru) **1** [お供え餅] O bolo de "mochi"² de oferenda (Grande, como queijo). ⓈⒻ Kagamí-mochi. **2** [お供え物] A oferenda 「colocada no altar do templo」. ★ ~ o suru お供えをする Oferendar [Dar uma ~]. ◇ ~ **mono** お供え物 A oferenda (feita). ⓈⒻ Kúmotsu.

osóraku 恐らく (< osórshíí) Possivelmente; provavelmente. Asu wa ~ ame darō 明日は恐らく雨だろう Amanhã, ~ vai chover. Ⓢ/Ⓕ Tábun[1].

osóré 恐れ (< osóréru) [恐怖] O temor; o medo; o pavor. ★ ~ o shiranai yūsha 恐れを知らない勇者 Um valente [herói] que não sabe o que é medo. ⓈⒻ Ífu; kyōfu. **2** [心配; 懸念] O receio; o perigo. Kotoshi wa infuruenza ga dai-ryūkō suru ~ ga aru 今年はインフルエンザが大流行する恐れがある Este ano receia-se que haja um grande surto de gripe. ★ ~ ga nai 恐れがない Não haver perigo (receio). ⓈⒻ Kenén; kígu; shínpáí.

osóré-iru 恐れ入る (< osóréru + …) **1** [恐縮する; わびる] Pedir desculpa. Osore-irimasu ga mō-ichido kurikaeshite kudasai 恐れ入りますがもう一度繰り返してください Desculpe [Por favor], podia repetir (outra vez)? ⓈⒻ Sumímásén. **2** [有難く・かたじけなく思う] Ficar muito grato [agradecido]. Goshinsetsu ni tasukete itadaki osore-irimasu 御親切に助けていただき恐れ入ります Fico-lhe muito grato pela sua ajuda [tão amável (simpática)]. ⓈⒻ Kyōshúkú súrú. **3** [驚きあきれる] Ficar espantado. Kono samui no ni suiei to wa ~ この寒いのに水泳とは恐れ入る Fico [Estou] espantado: nadar com um frio destes! **4** [敬服する] Render-se; prestar homenagem「à façanha de beber dez cervejas」. Kimi no udemae ni wa ~ 君の腕前には恐れ入る Rendo-me diante da tua [sua] habilidade. ⓈⒻ Keífúkú súrú.

osórénágara 恐れながら (< osóréru + …) Respeitosamente. ~ kakka ni mōshiagemasu 恐れながら閣下に申し上げます「sr. Presidente」Comunico ~ a Vossa Excelência o seguinte: …

osóré-ói [óó] 畏れ多い 「a explicação」Que se faz

com todo o respeito. *Kono kata wa osoreōku mo ōke no himegimi de aru* この方は畏れ多くも王家の姫君である Esta pessoa é uma digníssima princesa da família real. ⇨ mottáí-nái.

osóré-ónónóku 恐れ戦く (< osóréru + …) Tremer de medo; ficar aterrado. *Kare wa jibun no tsumi no fukasa ni osoreononoita* 彼は自分の罪の深さに恐れ戦いた Ele ficou aterrado com a gravidade da sua culpa.

osóréru 恐[畏]れる **1** [こわがる] Temer; ter medo de. ★ *Hebi* [*Kaminari*; *Bakudan*; *Yūrei*] *o* ～ 蛇[雷; 爆弾; 幽霊]を恐れる Ter medo das cobras [do trovão; às bombas; de fantasmas]. *Sukoshi mo osorezu* 少しも恐れず Sem medo nenhum. [S/同] Kowágáru (+). **2** [心配・懸念する] Preocupar-se; ter medo de; recear. *Kare wa chikoku o osorete yotei yori ichi-jikan mo mae ni ie o deta* 彼は遅刻を恐れて予定より一時間も前に家を出た Ele, com receio [medo] de chegar tarde [atrasado], saiu de casa uma hora antes (do horário previsto). [S/同] Shińpáí súrú. **3** [畏怖する; うやまう] Respeitar; temer. ★ *Kami o* ～ 神を畏れる ～ a Deus.

ṓsóritī [**oó**] オーソリティー ⇨ kén'i¹.

o-sóróí お揃い (< soróu) **1** [服などが同じこと] Igual; mesmo; idêntico. *Kyōdai de* ～ *no fuku o kite iru* 兄弟でお揃いの服を着ている Os (dois) irmãos estão com um fato igual. **2** [二人またはそれ以上で一緒にすること] Junto「com」; acompanhado. *Kore wa* (*kore wa*) *mina-san* ～ *de yoku irasshaimashita* これは(これは)皆さんお揃いでよくいらっしゃいました (então) Sejam todos muito bem-vindos/Ora viva toda a boa companhia!

osóróshígáru 恐ろしがる (⇨ osóróshíi) Ter medo. [S/同] Kowágáru (+); osóréru.

osóróshí-ge 恐ろしげ (⇨ osóróshíi) Horrível [Que mete medo]. ★ *Jiko no taiken o* ～ *ni kataru* 事故の体験を恐ろしげに語る Contar a experiência do acidente, como quem ainda está com medo.

osóróshíi 恐ろしい **1** [怖い]「um acidente」Horrível [Terrível]; pavoroso; de fugir; assustador. ★ ～ *gyōsō* [*kaotsuki*] 恐ろしい形相[顔付き] A fisionomia [expressão/cara] horrível/de fugir (⇨ osóróshí-ge). ～ *kaibutsu* [*bakemono*] 恐ろしい怪物[化け物] O monstro [fantasma] pavoroso/aterrador/horrendo. ～ *omoi o suru* 恐ろしい思いをする Ficar aterrado; passar um susto terrível. [S/同] Kowáí¹ (+). **2** [非常な; 甚だしい] Espantoso;「um frio」terrível; impressionante. ★ ～ *ikioi* [*hayasa*] *de* 恐ろしい勢い[速さ]で Com uma força/energia [velocidade] ～. **3** [たいしたものだ] Incrível; espantoso; impressionante. *Shūkan to wa* ～ *mono de taishoku-go mo mu-ishiki ni kaisha no hō ni ashi ga muku* 習慣とは恐ろしいもので退職後も無意識に会社の方に足が向く O costume é uma coisa ～, mesmo depois de aposentado [deixar o trabalho], ainda às vezes, distraído, me ponho a caminho da firma.

osóróshíku 恐ろしく (Adv. de osoroshii) Terrivelmente; muito. ★ *Kyō wa* ～ *atsui* [*samui*] 今日は恐ろしく暑い[寒い] Hoje está ～ quente [frio]. *Seikatsu-hi ga* ～ *kakaru* 生活費が恐ろしくかかる O custo de vida é ～ alto.

osóróshisa 恐ろしさ (Sub. de ⇨ osóróshíi) O terror; o horror; o pavor; o medo. [S/同] Kyṓfu; kówasa.

osórúbéki 恐るべき (⇨ osóréru) **1** [恐れるのが当然な] Terrível; de meter medo. ★ ～ *densenbyō* 恐るべき伝染病 Uma epidemia ～. **2** [甚だしい] De espantar [admirar]. ★ ～ *iryoku* [*chikara*] 恐るべき威力[力] O poder [A força] ～. [S/同] Monó-súgói.

osórúósoru 恐る恐る (⇨ osóréru) Com medo; com receio. *Kurai no de* ～ *benjo ni itta* 暗いので恐る恐る便所に行った Fui ao banheiro (B.) [à casa de banho] ～ porque estava escuro. [S/同] Kowá-gówa.

osóu 襲う **1** [危害を加える] Atacar; passar causando danos; assaltar. *Fubuki ga mura o osotta* 吹雪が村を襲った Caiu uma nevada terrível na aldeia (que paralizou tudo). [S/同] Shū́gékí súrú. **2** [心身をさいなむ] Ter (um ataque de). ★ *Hirōkan* [*Kūfukukan*; *Nemuke*] *ni osowareru* 疲労感[空腹感; 眠気]に襲われる ～ cansaço [fome; sono]. **3** [受け継ぐ] Suceder. ★ *Chichi no ato o* ～ 父の跡を襲う ～ ao pai「na loja」. [S/同] Uké-tsúgú.

osó-úmare 遅生まれ (< osói + umárérú) O que nasce entre (o dia) 2 de abril e 31 de dezembro. [A/反] Hayá-úmare.

osówárú 教わる **1** [習う] Aprender; instruir-se. ★ *Rekishi wa Tanaka sensei ni* ～ 歴史は田中先生に教わる Ser aluno de história do professor… [S/同] Naráu; oshíéráréru. **2** [人から知らせてもらう] Ser informado.

osó-zákí 遅咲き (< osói + sakú) **1** [花が遅く咲くこと] A floração serôdia. ★ ～ *no hana* 遅咲きの花 A flor de ～ [que floresce tarde]. **2** [能力が遅く現れること] Tardio; lento「a revelar-se」. ～ *no sainō ga ima kaika shita* 遅咲きの才能が今開花した O talento dele, que tardou a revelar-se, desabrochou [floresceu] agora (plenamente). [A/反] Hayá-zákí.

osshā́ru 仰しゃる (Cor. de "iu") Dizer; falar. *Anata no* ～ *koto wa watashi ni wa yoku wakarimasen* あなたの仰しゃることは私にはよくわかりません Não entendo [sei bem] o que quer dizer. *Nan-to demo osshai* 何とでもおっしゃい Diga o que quiser.

osú¹ 雄・牡 (⇨ dańséí¹) O macho. 雄の羊 ⇨ o-hítsuji. ～ *no niwatori* 雄の鶏 ⇨ ońdórí. ◇ **～ buta** 雄豚 O porco. **～ neko** 雄猫 O gato. **～ raion** 雄ライオン O leão. **～ uma** 雄馬 O cavalo. [A/反] Mesú¹.

osú² 押[圧]す **1** [力を加えて動かす] Empurrar; puxar para lá. ★ *Doa o oshite akeru* ドアを押して開ける Abrir a porta empurrando(-a). [I/慣用] *Ose ose ni naru* 押せ押せになる ⇨ oséósé. *Osu na osu na no dai-seikyō* 押すな押すなの大盛況 Um grande negócio「com rios de gente a fazer compras」; um sucesso [recorde]「de (gente na) bilheteira」. **2** [圧倒する] Dominar; estar sempre ao ataque. ★ *Aite chīmu o oshite oshite oshimakuru* 相手チームを押して押して押しまくる Atacar e mais atacar a equipa adversária até a levar de vencida. ⇨ oshí-mo-osáré-mo-shinai[sénu]. [S/同] Attṓ súrú. **3** [圧す] Pressionar; apertar; tocar. ★ *Yobirin o* ～ 呼び鈴を押す Tocar a [Apertar o botão da] campainha. **4** [判などを押す] Carimbar; selar. ★ *Sutanpu o* ～ スタンプを押す Carimbar [Pôr o carimbo]. **5** [無理にがまんしてする] Aguentar; suportar. ★ *Byōki o oshite shutsujō suru* 病気を押して出場する Comparecer mesmo doente; ～ as dores e ir. **6** [確める] Assegurar-se; certificar-se. ★ *Nen o* ～ 念を押す ⇨ neń². [I/慣用] *Dame o* ～ 駄目を押す ⇨ damé.

osú³ 推す **1** [推測する] Supor. *Ano rakutan-buri kara oshite dōmo kare wa shitsuren shita yō da* あの

落胆ぶりから推してどうも彼は失恋したようだ Pelo ar deprimido dele, suponho que o namoro se desfez. S[問] Suísóku súrú. **2** [推薦する] Recomendar; propor. ★ *Shinyū o iinchō ni* ～ 親友を委員長に推す ～ um amigo para (o cargo de) presidente da comissão. S[問] Suíséin súrú.

osuí 汚水 A água suja [residual/dos esgotos]. ◇ ～ **shori** 汚水処理 O tratamento das águas residuais. ～ **shorijō** 汚水処理場 A estação de tratamento das .... A/反 Jósuí. ⇨ gesúí; haísúí[1].

o-súji お大筋 O principal; as linhas gerais; 「o plano nas suas」grandes linhas. S[問] Arámáshí; ará-sújí (+); taíryákú.

osuká オスカー (< Antr. Oscar) O óscar. ◇ ～ **hai[jo] yū** オスカー俳[女] 優 A a(c)tor [A a(c)triz] premiado[a] com o ～.

o-súmashi お澄まし **1** [気どること] A afe(c)tação. ★ ～ *na onna no ko* おすましな女の子 A menina afe(c)tada. Kidói. **2** [⇨ sumáshí-jíru].

o-súmí-tsúki お墨付き O certificado de garantia. ★ *Kottō-hin ni honmono da to iu* ～ *o morau* 骨董品に本物だというお墨付きをもらう Receber ～ para comprovar que as antiguidades são verdadeiras. S[問] Hoshō.

osúmíumu オスミウム (< Hol. osmium < L. < Gr.) 【Quím.】O ósmio (Os 76).

osú na osú na 押すな押すな ⇨ osu[2]「2.

o-súso-wáké お裾分け O presente [dos primeiros pêsseços] para compartilhar a alegria. ★ ～ *suru* お裾分けする Partilhar 「Dar parte「do lucro」a alguém」. S[問] O-fúkúwáké.

Ôsútórária [oó] オーストラリア (< P.) A Austrália. ◇ ～ **renpo** オーストラリア連邦 A República Federal da ～. ～ **tairiku** オーストラリア大陸 O continente australiano.

Ôsutória [oó] オーストリア A Áustria. ◇ ～ **jin** オーストリア人 O austríaco. ～ **kyōwakoku** オーストリア共和国 A República da ～.

ó-táchímawari [oó] 大立ち回り (⇨ tachímáwári) Uma grande luta; o andar ao soco. ★ ～ *o enjiru* 大立ち回りを演じる Representar「no palco」uma ～.

otáfuku お多福 A mulher feia. ◇ ～ **kaze** お多福風邪 A parotidite [papeira caxumba]. ～ **mame** お多福豆 A fava-de-cavalo. S[問] Okáme.

o-tágáí お互い Mútuo; recíproco. ★ ◇ ～ **ni** お互いに Mutuamente; reciprocamente. ◇ ～ **sama**.

o-tágáí-sámá お互い様 (⇨ tagáí) E eu [o senhor] faria o mesmo. "*Go-shinsetsu ni arigatō*" "*Iie itsumo anata ni tasukete itadaite iru kara* ～ *desu*"「御親切にありがとう」「いいえ、いつもあなたに助けていただいてるからお互い様です」"Muito obrigado pela sua gentileza." "De nada, o senhor também me está a ajudar". ⇨ ái-mi-tagáí.

ótáí[1] 応対 A recepção; o atender; o trato. ★ ～ *buri ga yoi* [*jōzu*] 応対ぶりが良い[上手] Saber receber [tratar (com) as pessoas]. ～ *suru* 応対する Receber alguém. ⇨ óśétsú.

ótáí[2] [oó] 横隊 (⇨ rétsu) A formatura; o cerrar fileiras.

ótáí[3] [oó] 黄体【Anat.】O corpo lúteo; a substância amarela (de placenta). ◇ ～ **horumon** 黄体ホルモン A progesterona.

o-táíkó お太鼓 (< o-táikómúsubí) O (estilo do laço de "óbi" em) tamborzinho.

o-táíra ní お平らに Sente-se [Fique] à vontade. S[問] O-rákú ní.

ótáká [oó] 大鷹【Zool.】O açor; *astur gentilis*.

o-tákái お高い Altivo; arrogante; todo inchado [vaidoso]. 1[慣用] *O-takaku tomaru* お高くとまる Pôr-se nos pincaros [Querer ser superior] [*Kanojo wa bibō o hana ni kakete o-takaku tomatte iru* 彼女は美貌を鼻にかけてお高くとまっている Ela tem demasiado orgulho de ser bonita, e anda sempre com (aqueles) ares de superioridade].

otákébí 雄叫び【E.】O grito de guerra; o berro「do elefante」.

o-tákú お宅 **1** [相手の家・家庭] A sua casa. *Asu* ～ *e ukagaimasu* 明日お宅へ伺います Amanhã faço-lhe uma visita [vou a sua casa]. **2** [あなた] Você; o senhor; a senhora. ★ ～ *no go-shujin* [*oku-san*] お宅の御主人[奥さん/夫] O seu marido [A sua esposa].

o-támá-jakushi お玉杓子 (< o[2] + ... + shákushi) **1** [かえるの子] O girino. **2** [丸い杓子] A concha. **3** [音符]【G.】A nota musical (⇨ ónpu).

o-támáyá 御霊屋【E.】O mausoléu「dos reis」. S[問] Reíbyó. ～ mi-támá.

otámégókashi おためごかし【G.】O fazer com segundas intenções; o fingir. ★ ～ *no shinsetsu* おためごかしの親切 O favor [A amabilidade] fingido[a]. ～ *o iu* おためごかしを言う Adular; bajular; lisonjear.

otánchín おたんちん【Chu.】O estúpido [tapado]. S[問] Ma-núké; nő-náshí.

o-tásshí お達し (< tassúrú) A ordem [notificação] 「superior/do gerente」. S[問] O-fúré; tsútátsú.

o-tázúné-monó お尋ね者 (< o[2] + tazunéru + ...) O procurado [pela polícia]「por assassínio」; o fugido à justiça. *Kubi ni kenshō no tsuita* ～ 首に懸賞のついたお尋ね者 O que tem a cabeça a prê[ê]mio. S[問] Hánnin; yōgí-sha.

otchókóchói おっちょこちょい【G.】A pessoa irrequieta; um cabeça-no-ar.

o-té お手 **1** [⇨ te]. **2** [犬などに対して] A pata. ～ お手 (Ordem dada ao cão/cavalo) Levanta [Dá (cá)] a pat(inh)a!

ó-té[1] [oó] 大手 **1** [城の表門] A entrada [fachada] principal de um castelo. ◇ ～ **mon** 大手門 O portão principal. **2** [大企業] Uma grande companhia [empresa; firma]. ◇ ～ **suji** 大手筋 **a)** As grandes ～; **b)** Os grandes empresários [negociantes「da bolsa」].

ó-té[2] [oó] 王手 **1** [将棋] O xeque(-mate). ～ 王手 Xeque-mate! ★ ～ *o kakeru* 王手をかける Pôr em xeque [Dar o] ～. **2** [もうすぐ達成できること]【Fig.】**a)** O pôr em xeque「o exército inimigo」; **b)** O estar perto da meta [a um passo da vitória]. *Kyojin wa iyoiyo konki no yūshō ni* ～ *o kaketa* 巨人いよいよ今期の優勝に王手をかけた A equipa (de beis.) dos Gigantes está a um passo de [de ganhar o] campeonato.

o-té-ágé お手上げ (< o[2] + te + agérú) O não haver nada a fazer; o não ter saída. *Konna ni ame bakari futte wa* ～ *da* こんなに雨ばかり降ってはお手上げだ Como não para de chover, desistimos [não há nada a fazer].

o-té-árai お手洗い (< o[2] + te + aráú) O lavabo; a casa de banho; o banheiro. ★ ～ *wa doko deshō ka* お手洗いはどこでしょうか (desculpe,) Onde é o/a ～? S[問] Beñjó; tóire.

o-té-dama お手玉 (< o² + te + tamá) O jogo de saquinhos「de feijão」. ★ ~ *o suru* お手玉をする Brincar ao ~.

ótékkō [oó] 黄鉄鉱【Min.】A pirite.

o-té-mae お手前 O ritual de servir o chá. ⇨ te-máé.

o-té-mórí お手盛り (< o² + te + morú²) O fazer para benefício próprio [para meter ao bolso]. ◊ ~ *yosan* お手盛り予算 O orçamento feito em benefício próprio [a pensar em si].

o-té-mótó お手許 **1**[⇨ te-mótó]. **2**[箸] Os pauzinhos (Termo usado só nos restaurantes). ⇨ háshi².

otén 汚点【E.】 **1**[しみ; よごれ] A mancha. ★ ~ *o tsukeru* 汚点をつける Manchar. Ⓢ/同 Shimí; yogóré. **2**[好ましくない点; 不名誉な点] A desonra; a mácula. *Sono jiken wa honkō no rekishi ni ōkina ~ o nokoshita* その事件は本校の歴史に大きな汚点を残した Esse incidente deixou uma grande mácula na história da nossa escola.

ótén [oó] 横転 **1**[横ざまにころがること] O cair [dar uma reviravolta] para o lado. *Kuruma wa yokokaze o ukete ~ shita* 車は横風を受けて横転した O carro apanhou vento lateral e caiu [deu…] para o lado. **2**[曲技飛行で左右に回転すること] O rolo (Cabriola de rotação do avião em voo horizontal).

o-ténbá お転婆【G.】A menina [moça] pouco feminina; a menina turbulenta (travessa). ◊ ~ *musume* お転婆娘 A garota travessa. Ⓢ/同 Hanékkáérí; o-kyán.

o-ténki お天気 **1**[⇨ ténki¹]. **2**[きげん]【G.】 humor. *Kyō wa buchō no ~ ga waru sōda* 今日は部長のお天気が悪そうだ O dire(c)tor (do serviço) parece estar hoje de mau humor. Ⓢ/同 (Go)kígén.

o-ténkí-yá お天気屋【G.】A pessoa temperamental (caprichosa/que é de luas).

o-té-nó-mónó お手の物 A especialidade; o forte. *Chūgokugo nara kare wa ~ da* 中国語なら彼はお手の物だ O chinês é o/a ~ dele. Ⓢ/同 Jú-háchí-ban; oháko; tokuí.

o-téntō-sama おてんとさま【G.】⇨ táiyō¹.

o-tétsudai-san お手伝いさん【Col.】A empregada doméstica; a criada (A.). ★ *o yatou* [*tsukau*] お手伝いさんを雇う [使う] Ter uma ~. Ⓢ/同 Kaséi-fu; ⇨ jochū¹.

o-té-tsuki お手付き (< o² + té + tsúku) O pôr a mão na carta errada (⇨ káruta).

o-té-yáwáráká-ni お手柔らかに (< o² + te + yawárákái) Com indulgência [cuidado/jeito]. ★ ~ *negaimasu* お手柔らかに願います Por favor, (tenha) cuidad(inh)o「em não me ofender」.

otó 音 **1**[音響]【G.】(⇨ ne²); **b)** O barulho; o ruído (⇨ monó-ótó). ★ ~ *ga kikoeru* [*suru*] 音が聞こえる[する] Ouvir-se um ~. *~ mo naku arawareru* [*kieru*] 音もなく現われる[消える] Aparecer [Desaparecer] sem fazer ruído (nenhum). ~ *no takasa* [*kōtei*] 音の高さ[高低] O timbre (A escala/variação) do som. ~ *no tsuyosa* [*kyōjaku*] 音の強さ[強弱] O volume do som. ~ *o dasu* [*tateru*] 音を出す[立てる] Produzir um [fazer ruído]. ~ *o ōkiku* [*chiisaku*] *suru* 音を大きく[小さく]する Aumentar/Subir [Baixar/Diminuir] (o volume do) som.「*Jishin ga*」~ *o tatete kuzureru*「自信が」音を立ててくずれる Desmoronar-se; perder de repente「a auto-confiança」; ruir com grande estrondo. *Ame no* ~ 雨の音 O ruído da chuva. *Hara no naru* ~ 腹の鳴る音 O barulho do estômago [da barriga a dar horas]. *Kaminari no* ~ 雷の音 O ribombar do trovão. *Mizu ga haneru* ~ 水がはねる音 O ruído da água a saltar. *Nami no* ~ 波の音 O barulho (marulhar) das ondas. *Ōkina* [*Chiisana*] ~ 大きな[小さな]音 O som alto [baixo]; muito [pouco] ruído. *Takai* [*Hikui*] ~ 高い[低い]音 O som agudo [grave/baixo]. **2**[評判] A fama. *~ ni kiku* [*kikoeta*] *kare no udemae o haiken shiyō* 音に聞く[聞こえた]彼の腕前を拝見しよう Vamos ver a tão famosa [proclamada] habilidade dele. Ⓢ/同 Uwásá (+); hyōbán (+).

óto¹ [oó] 嘔吐 O vó[ō]mito; o enjoo; a náusea. ~ *suru* 嘔吐する Vomitar. ⇨ agerú; háku¹; modósu.

ótō-² [oó] オート (< Ing. < Gr. automatos: que age por si mesmo) **1**[自動の] Automático. ◊ ~ *doa* オートドア A porta ~ da. **2**[自動車の] (Em palavras compostas) De automóvel. ◊ ~ **rēsu**.

ótō¹ [oó-] 応答 A resposta. *Kochira honbu, ichi-gōsha* ~ *seyo* こちら本部、一号車応答せよ Aqui é a central de comando! Carro nº 1, responda. ★ ~ *suru* 応答する Responder; reagir. ◊ **Shitsugi** ~ 質疑応答「exame de」Perguntas e respostas.

ótō² [oó-] 王党 O partido monárquico [Os monárquicos].

ótō³ [oó-] 黄桃 O pêssego amarelo (Tb. para compota).

ótō⁴ [oó-] 桜桃 **a)** A cereja (⇨ sakúránbó); **b)** A cerejeira (ocidental) que dá cerejas (⇨ sakúrá).

ótōbai [oó] オートバイ (< Ing. autobicycle) A moto; a motocicleta. ★ ~ *ni noru* オートバイに乗る Montar na ~; andar de ~. ◊ ~ **rēsu** オートバイレース ⇨ ótō-rēsu. Ⓢ/同 Báiku; jidónírínsha.

Ōtō-bóruta [oó] オートボルタ ⇨ Burúkína Fáso.

ótō-fókasu [oó-oo] オートフォーカス A focagem [focalização] automática.

otógái 頤【E.】O queixo. Ⓘ/慣用 *~o toku* [*hazusu*] 頤を解く[はずす] Fazer rir; dar o riso (à risa). Ⓢ/同 (Shitá)agó (+).

o-tógi お伽 (⇨ o-togí-bánashi) O conto de fadas. ★ ~ *no kuni* お伽の国 O país das maravilhas [do conto de fadas]; o mundo dos sonhos; a terra encantada.

o-tógi-bánashi お伽話 (< … + hanáshí) O conto infantil [de fadas; da carochinha].

otóhime 乙 [弟] 姫【A.】A princesinha do palácio do Dragão (Lenda).

ótōjairo [oó] オートジャイロ (< Ing. autogiro < Esp.) O autogiro [helicó(p)tero].

Ó-tókage [oó] 大蜥蜴【Zool.】O monitor (Ré(p)til que avisa da aproximação do crocodilo); *varanus salvator*.

otokó 男 **1**[男子; 男性] O homem; o sexo masculino. ★ ~ *o shiranai onna* 男を知らない女 A mulher virgem「que não conhece varão」. ◊ ~ **moji** 男文字 **a)** A caligrafia masculina; a letra de homem **b)** O ideograma chinês. ~ **mono** 男物 O artigo para homem [cavalheiro]. ~ **oya** 男親 O pai; o progenitor (⇨ chichí-óyá). ~ **tomodachi** 男友達 O amigo. ~ **yaku** 男役 O papel masculino「no filme」. ~ **yamome** 男やもめ O viúvo (~ *yamome ni uji ga waku* 男やもめに蛆がわく Em casa de viúvo a limpeza deixa muito a desejar).

2 [青年男子; 一人前の男性] Um homem (adulto). *Kimi o ~ to mikonde [mite] tanomitai koto ga aru* 君を男と見こんで[見て]頼みたいことがある Tenho uma coisa a pedir-te, por já te considerar um homem. ~ *nara shikkari shiro* 男ならしっかりしろ Seja forte, se é homem [Então você é homem ou quê/ou não é?]. ｢ことわざ｣ ~ *wa shikii o matageba shichi-nin no teki ari* 男は敷居を跨げば7人の敵あり ~ quando começa a trabalhar, encontra pela frente muitos inimigos. [I/慣用] ~ *ni naru* 男になる (estar a) Ficar um homem. ~ *no naka no* 〜 の男 ~ was ~; -de verdade; ~ como os que o são. ◇ ~ ***ippiki*** 男一匹 Um homem destemido [cheio de confiança em si mesmo].

3 [人間; やつ] O sujeito [indivíduo/tipo/gajo]; o cara (B.). *Kare wa jitsu ni ii ~ da* 彼は実にいい男だ Ele é realmente um bom sujeito [um tipo porreiro (G.)].

4 [男子の本領; 面目] (⇨ otókó-búrí) A honra [reputação]. ~ *ga sutaru* 男がすたる Perder a ~. ~ *ga tatsu* 男が立つ Salvar a ~. ~ *myōri [myōga]* 男冥利[冥加] A felicidade [sorte] de ter nascido homem [~ *myōri ni tsukiru* 男冥利につきる Que sorte eu tive em ter nascido homem]. ~ *o ageru [sageru]* 男を上げる[下げる] Aumentar [Perder] a ~. ◇ **Date** ~ 伊達男 Um grande [distinto] cavalheiro; um senhor.

5 [男ぶり; 容姿] A masculinidade; o aspecto varonil. ★ *Ii* ~ いい男 Um homem másculo; o bonitão. ◇ ~ **mae** 男前 Um homem completo [viril]. **6** [情夫] O amante. ★ ~ *ga dekiru [o tsukuru]* 男ができる[を作る] Ter [Arranjar] um ~. ◇ ~ **deiri** 男出入り O ter amantes [~ *deiri ga hageshii* 男出入りが激しい Ter muitos amantes]. **7** [下男] O trabalhador.

otókó-bára 男腹 (< ··· + hará) A mulher que só gera [dá à luz] varões. [A/反] Ońná-bára.

otókó-búrí 男振り (< ··· + furí) **1** [男性的容姿] O ser varonil (viril); a masculinidade. ★ ~ *no yoi hito* 男振りの良い人 Um homem (todo) pimpão. **2** [男子の面目] A reputação [honra]; o prestígio. ★ ~ *o ageru [sageru]* 男振りを上げる[下げる] Ganhar [Perder] prestígio.

otókó-dátera 男だてら O não ser (próprio de um) homem. ~ *ni mesomeso naku na* 男だてらにめそめそ 泣くな Um homem não chora, ouviu? / Basta de choramingar, isso não é (próprio) de homem. [A/反] Ońná-dátera.

otókó-dé 男手 (< ··· + te) **1** [男性の書いたもの] A caligrafia masculina. ★ ~ *no tegami* 男手の手紙 A carta escrita por um homem. **2** [男性の働き手] A ajuda [força/mão] de um homem. ★ *Hikkoshi no ~ ga tarinai* 引っ越しの男手が足りない Precisamos de um homem para o trabalho da mudança (da casa). [A/反] Ońná-dé.

otókó-gi 男気 (< ··· + ki) O espírito cavalheiresco. ★ ~ *o dasu* 男気を出す Ser [Portar-se como] um cavalheiro. [S/同] Kyōki⁴.

otókó-gírai 男嫌い (< ··· + kiráú) Andrófobo; o ter androfobia. *Kanojo wa ~ da* 彼女は男嫌いだ Ela tem androfobia [não pode ver os homens]. [A/反] Ońná-gírai.

otókó-gókoro 男心 (< ··· + kokóro) **a)** O coração [sentimento] dos homens; **b)** Os instintos masculinos. ｢ことわざ｣ ~ *to aki no sora* 男心と秋の空 Os homens mudam como o tempo no outono (Dizem as mulheres). [A/反] Ońná-gókoro.

otókó-góroshi 男殺し (< ··· + korósú) **1** [男を殺すこと] O assassinato de um homem. [A/反] Ońná-góroshi. **2** [男を悩殺する女性] 【G.】 A mulher fatal [irresistível]. [A/反] Ońná-góroshi.

otókó-gúrui 男狂い (< ··· + kurúu) A atra(c)ção lasciva por homens. [A/反] Ońná-gúrui.

otókó-gúsé 男癖 (< ··· + kusé) A mania de se meter com homens. [A/反] Ońná-gúsé.

otókó-jótai 男所帯 (< ··· + shotái) A casa [O lar] sem mulher. [A/反] Ońná-jótai.

otókó-másari 男勝り (< ··· + masáru) A mulher corajosa [de alto-lá-com-ela]. ★ ~ *no josei* 男勝りの女性 Uma valentona (que pode mais que um homem).

otókó-móchí 男持ち (< ··· + mótsu) Para cavalheiro [homem]. [S/同] Otókó-mónó (+). [A/反] Ońná-móchí.

otókó-nákí 男泣き (< ··· + nakú) O choro de homem; o choro silencioso e contido. ★ ~(*o*) *suru* [*ni naku*] 男泣き(を)する[に泣く] Chorar por não poder já conter a emoção.

otókó-no-ko 男の子 **1** [男の子供] O menino; a criança do sexo masculino. [A/反] Ońná-no-ko. **2** [むすこ] O filho. [A/反] Ońná-no-ko. **3** [若い男] O moço; o rapaz. [A/反] Ońná-no-ko.

otókóppúrí 男っ振り 【G.】 ⇨ otókó-búrí.

otókó-ráshíi 男らしい Varonil; (próprio) de homem; ｢estilo｣ viril [másculo]. *Otokorashiku shiro* 男らしくしろ Seja [Porte-se como um] homem! [A/反] Ońná-ráshíi.

otókó-shū 男衆 **1** [男の連中] A rapaziada. **2** [下男] Os criados. [S/同] Génan. [A/反] Ońná-shū.

otókó-zaká 男坂 (< ··· + saká) A ladeira íngreme [a pique]. [A/反] Ońná-zaká.

otókó-zákari 男盛り (< ··· + sakári) A plenitude [O apogeu] da virilidade. [A/反] Ońná-zákari.

otókó-zúkí 男好き (< ··· + sukí) **1** [男の好みに適する女の容姿] O agradar aos homens. ★ ~ *no suru kao* 男好きのする顔 O rosto que agrada aos (atrai os) homens. **2** [多情な女] (⇨ otókó-gúrui) O gostar dos homens. *Ano onna wa ~ da* あの女は男好きだ Aquela mulher é namoradeira [gosta dos homens]. [A/反] Ońná-zúkí.

ótókúchūru [oó-úu] オートクチュール (< Fr. haute couture) A alta costura.

o-tókúí お得意 (⇨ tokuí⁴) **1** [得手] O forte; a especialidade. *Sono uta wa kare no ~ da* その歌は 彼のお得意だ Essa canção é o/a ~ dele. ⇨ Fu-éte; fu-tókui. **2** [顧客] O「nosso」 freguês; o cliente. ★ *Mise no ~* 店のお得意 ~ da casa. [S/同] Kok(y)ákú.

ótómáchíkku [oó] オートマチック (< Ing. automatic < Gr.) Automático (⇨ Jidō shōjū).

otóme 乙女 [少] 女 A donzela; a virgem; a moça [rapariga] solteira. ◇ ~ **tsubaki** 乙女椿 Uma espécie de camélia (japoneira). ⇨ **za**.

ótómēshon [oó-ēe] オートメーション (< Ing. automation; ⇨ ōto-²) A automatização. ◇ ~ **ka** オートメーション化~.

Otómé-zá 乙女座 【Astr.】 A Virgem.

ótōmíru [oó-íi] オートミール O mingau de aveia. ⇨ eńbakú.

o-tómo お供 O ir ｢consigo｣; o acompanhar ｢o

presidente」.*Tochū made ~ shimashō* 途中までお供しましょう Vou acompanhá-lo até meio caminho. ⇨ zuíkô.

otóná 大人 **1** [十分に成長した人] O adulto. *Nyūjō-ryō wa ~ (hitori) sanbyaku-en desu* 入場料は大人一人三百円です O (preço de) ingresso para adultos é (de) 300 yens. ★ *~ ni naru* 大人になる Fazer-se [Chegar a] adulto. **2** [考え方・態度が青くさくなく老成している さま] A pessoa amadurecida. *Ano seinen wa nakanaka ~ da* あの青年はなかなか大人だ Aquele moço está muito amadurecido [está um adulto]. Ⓢ/閲 Kodómó.

otóná-bíru 大人びる Parecer adulto. ★ *Otonabita ko* 大人びた子 A criança precoce [que parece um adulto]. Ⓢ/閲 Maséru.

otóná-búru 大人ぶる Comportar-se como adulto; tomar ares de adulto. *Shōgakusei no ane wa otonabutte imōtotachi ni sekkyō o shite ita* 小学生の姉は大人ぶって妹たちに説教をしていた A irmã mais velha que anda na (escola) primária, tomando ares de adulta, estava a fazer um sermão às outras irmãzinhas.

otóná-gé-nái 大人気ない Impróprio de um adulto; pueril; infantil. ★ *~ taido* 大人気ない態度 A atitude infantil. Ⓢ/閲 Kodómó-jímita.

otónáshíí おとなしい **1** [温和で従順] Calmo;「animal」manso; sossegado; dócil; pacífico; pacato; tranquilo. *Kare wa ~ seikaku de kenka o shita koto ga nai* 彼はおとなしい性格でけんかをしたことがない Ele é calmo (por natureza) e nunca brigou. ★ *~ inu [uma]* おとなしい犬[馬] O cão [cavalo] mans(inh)o. *~ kodomo* おとなしい子供 A criança dócil [sossegada]. *Otonashiku shite i nasai* おとなしくしていなさい(親が子に)Fique quieto. [1/慣用]*Karite kita neko no yō ni ~* 借りて来た猫のようにおとなしい Muito sossegadinho. **2** [地味な] Discreto. *~ gara* おとなしい柄 O enfeite ~. *~ katachi [moyō] no fuku* おとなしい形[模様]の服 O vestido de corte [padrão/enfeite] ~. Ⓐ/反 Hadé na.

ótó-résu [oó-ée] オートレース (< Ing. auto race) A corrida de carros; o automobilismo.

otóri 囮 O chamariz; o disfarce; a isca; o engodo; a armadilha. ★「*Tori o*」~ *ni tsukau*「鳥を」囮に使う Usar「uma ave」como isca. ◇ ~ *shōhin* 囮商品 O artigo oferecido (a preço baixo) para atrair a freguesia. ~ *sōsa* 囮捜査 Uma investigação criminal usando vários/as ~s.

otóróe 衰え (< otóróeru) O definhamento「da saúde」; o diminuir [baixar]「das chamas/da fama」; o enfraquecimento; o declínio「dos faraós」.

otóróéru 衰える Debilitar-se; enfraquecer; declinar; decair; perder「popularidade」;「a memória」diminuir;「o negócio」piorar. *Rōma teikoku no ikioi wa shidai ni otoroeta* ローマ帝国の勢いは次第に衰えた O poder do império romano decaiu gradualmente/O poderio romano começou a declinar. ★ *Shiryoku ga ~* 視力が衰える A vista enfraquecer [faltar]. Ⓢ/閲 Suíjákú súrú; yowámáru.

otóru 劣る Ser inferior a [pior que]; ficar atrás [a dever]. *Ano ko wa hashiru koto ni kakete wa dare ni mo otoranai* あの子は走ることにかけては誰にも劣らない A correr, aquela criança não fica atrás de ninguém. *Chikushō ni mo ~* 畜生にも劣る Ser pior que um animal. *Masaru tomo otoranai* 勝るとも劣らない Ser comparável a; não ser inferior a [*Kanojo wa kiryō de wa ane ni masaru tomo otoranai* 彼女は器量では姉に勝るとも劣らない Em beleza, (ela) é comparável [não é inferior/não fica a dever nada] à irmã mais velha]. Ⓐ/反 Masáru.

o-tó-sama[-san] [oó]お父様[さん](Ó) meu pai. Ⓐ/反 O-ká-sama[-san].

ótó-sánrin(sha) [oó] オート三輪(車) (< ··· + sanrínsha) O triciclo a motor.

otó-sátá 音沙汰 A notícia; o pio (G.); a palavra. *Sore irai kare kara wa ~ ga nai* それ以来彼からは音沙汰がない Desde então, não há [temos] notícias dele/Desde então, dele, nem pio [palavra]. Ⓢ/閲 Shōsókú; táyori; reñrákú.

o-tóshi お通し O aperitivo; o petisco. Ⓢ/閲 Tōshí(mónó).

otóshí-ana 落とし穴 (< otósu + ···) **1** [鳥獣を捕える為の] O fojo; a cova; o buraco; a armadilha. ★ *~ o horu* 落とし穴を掘る Fazer uma cova. **2** [人を陥れるための] [Fig.] A cilada; a armadilha. *Seikō ni yorokobu kare no mae ni ōkina ~ ga matte ita* 成功に喜ぶ彼の前に大きな落とし穴が待っていた Estava ele (ainda) a saborear o sucesso e já uma enorme cilada o aguardava. ★ *~ ni hamaru [kakaru; ochiru]* 落とし穴にはまる[かかる; 落ちる] Cair na ~. Ⓢ/閲 Kañseí; wána.

otóshí-bánashi 落とし話(< otósu + hanáshi) Uma piada (um pouco verde/baixa). Ⓢ/閲 Rakúgó (+).

otóshí-buta 落とし蓋 (< otósu + futá) A tampa-êmbolo (Menor que a boca da panela e que assenta no cozido).

o-tóshídámá お年玉 (< o² + toshi + tamá) O presente de Ano Novo [em dinheiro]. ★ *~ o yaru [morau]* お年玉をやる[もらう] Dar [Receber] um ~. ◇ ~ *bukuro* お年玉袋 O envelope com ~.

otóshí-dáné 落とし胤 (< otósu + táne) O filho ilegítimo. ★ *Shōgun no* ~ 将軍の落とし胤 ~ do shōgun. Ⓢ/閲 Otóshí-go; rakúíñ².

otóshí-go 落とし子 (< otósu + ko) **1** [⇨ otóshídáné] **2** [望ましくない結果] A consequência indesejável. ★ *Sensō no ~* 戦争の落とし子「a fome foi」Uma ~ da guerra.

otóshííréru 陥れる **1** [だまして苦しい立場におとす] Fazer cair「o pobre」numa cilada; pôr num (grande) dilema [apuro]. *Kare wa watakushi o kyūchi ni otoshiireta* 彼は私を窮地に陥れた Ele pôs-me num ~ [numa situação muito difícil]. **2** [攻め取る] Tomar. ★ *Shiro o ~* 城を陥れる ~ o castelo. Ⓢ/閲 Otósu.

otóshímérú 貶める Desprezar; fazer pouco caso de. ★ *Hito o ~* 人を貶める Desprezar os outros. Ⓢ/閲 Mi-kúdású (+); sagésúmu (+).

otóshí-mónó 落とし物 (< otósu + ···) O obje(c)to perdido [achado]. ★ *~ o suru* 落とし物をする Perder algo. Ⓢ/閲 Ishítsu-bútsu; wasúré-mónó. Ⓐ/反 Hiróí-mónó.

otóshí-nushi 落とし主 (< otósu + ···) O dono do obje(c)to achado [A pessoa que perdeu algo].

o-tóso お屠蘇 ⇨ tóso.

otósu 落とす **1** [高所から] Deixar cair; lançar [deitar/jogar] (lá) de cima (para baixo). *Kono ki wa (maitoshi) aki ni ha o ~* この木は(毎年)秋に葉を落とす Esta árvore fica toda despida (das folhas) no outono. *Kyūen no herikoputā ga busshi o otoshite itta* 救援のヘリコプターが物資を落として行った O heli-

cóptero de socorro passou lançando abastecimentos lá de cima. ★ *Koppu [Sara] o otoshite waru* コップ [皿] を落として割る Deixar cair o copo [prato] e parti-lo.
2 [程度を下げる] Baixar「a voz」; baixar de「categoria」; perder「o crédito」; diminuir; baixar [perder]「dez quilos」. *Nedan o sageru ni wa hinshitsu o ~ shika nai* 値段を下げるには品質を落とすしかない Para baixar o preço é preciso baixar a qualidade. ★ *Chōshi [Tenpo] o ~* 調子 [テンポ] を落とす Diminuir o ritmo. *Hinkaku o ~* 品格を落とす Fazer perder da dignidade. *Koe o otoshite hanasu* 声を落として話す Falar baixando a voz. *Ontei o ~* 音程を落とす Baixar o som (musical). *Sokuryoku o ~* 速力を落とす Diminuir [Baixar] a velocidade. *Kurai o ~* 位を落とす Baixar alguém de posição.
3 [取り除く] Tirar. ★ *Furo (no yu) o ~* 風呂 (の湯) を落とす Esvaziar a (água da) banheira. *Hige o ~* 髭を落とす Cortar a barba (⇨ sóru¹). *Shimi [Yogore; Aka] o ~* しみ [汚れ; 垢] を落とす Limpar「a nódoa/mancha/sujidade/o surro. *Shōgi de hishakaku o ~* 将棋で飛車角を落とす Comer (no xadrez) o bispo e o castelo.
4 [失う] Perder. *Kaimono ni dekakete saifu o otoshite shimatta* 買物に出かけて財布を落としてしまった Fui fazer [às] compras e perdi a carteira. ★ *Inochi o ~* 命を落とす Morrer. *Ishin [Ninki; Shin'yō] o ~* 威信 [人気; 信用] を落とす Perder o prestígio [a popularidade; a confiança].
5 [もらす] Tirar. ★ *Meibo kara namae o ~* 名簿から名前を落とす ~ o nome da lista.
6 [取り損ねる] Falhar; perder; não conseguir. ★ *Bōru o ~* ボールを落とす Perder a bola [Jogar mal]. *Tan'i o ~* 単位を落とす Não conseguir as unidades-crédito.
7 [ひそかに逃れさせる] Deixar fugir de propósito 「um prisioneiro」a meio do caminho.
8 [落第させる] Reprovar. *Kono kyōju wa gakusei o takusan ~ no de yūmei da* この教授は学生をたくさん落とすので有名だ Este professor é famoso por ~ muito [por dar muitas reprovações].
9 [去らせる] Exorcizar. ★ *Tsukimono o ~* つき物を落とす ~ um (mau) espírito.
10 [攻めとる] Tomar. ★ *Shiro [Yōsai; Jinchi] o ~* 城 [要塞; 陣地] を落とす ~ um castelo [forte; uma posição inimiga]. **11** [陥れる] Fazer cair na armadilha; enganar. ★ *Hito o mujitsu no tsumi ni ~* 人を無実の罪に落とす ~ um inocente fazendo-o aparecer como culpado. **12** [残して去る] Deixar (ficar); gastar. *Kono shima de wa kankōkyaku no ~ kane ga yuiitsu no genkin shūnyū da* この島では観光客の落とす金が唯一の現金収入だ O dinheiro deixado pelos turistas é a única (fonte de) receita desta ilha. **13** [払う; 払って得る]【Econ.】**a)** Deduzir; pagar; **b)** Comprar. *Kono hiyō wa hitsuyō keihi de otoseru* この費用は必要経費で落とせる Esta despesa pode ser deduzida dos gastos necessários [ordinários]. *Tegata o ~* 手形を落とす Liquidar um título. **14** [気絶させる] Derrubar e asfixiar. ★ *Shimewaza de ~* 締め技で落とす (柔道) で Aplicar o golpe de gravata (no judô). **15** [忘れる; もらす]【Suf.】Omitir; saltar; esquecer. ◇ *Kaki ~* 書き落とす Não [Esquecer-se de] escrever. **16** [落札する] Arrematar (em leilão). ★ *Seri de ~* 競りで落とす Comprar num leilão. **17** [話の最後でうまく笑わせる] Terminar [Rematar] com uma piada. **18** [料理に加える] Pôr (no prato). *Sūpu ni tamago o ~* スープに卵を落とす Deitar um ovo na sopa. **19** [白状させる] Fazer confessar「o crime」.

otōtó 弟 O irmão mais novo. ★ *Ue [Naka; Shita; Sue; Sugu] no ~* 上 [中; 下; 末; すぐ] の弟 ~ antes de「mim」[do meio; a seguir a「mim」]; caçula (B.) [benjamim]; logo a seguir a「mim」. ◇ **~ bun** 弟分 O subordinado. Ⓐ/Ⓡ Imōtó. ⇨ áni¹.

otótói 一昨日 Anteontem. ★ *~ no asa [yoru]* 一昨日の朝 [夜] ~ de manhã [à noite]. ①/慣用 *~ koi* 一昨日来い Suma-se (da minha vista) e não torne a aparecer aqui! Ⓢ/同 Issákújitsu.

otótoshi 一昨年 Há dois anos. Ⓢ/同 Issákúnen.

ōtótsú 凹凸 [oō] **1** [でこぼこ] O ter altos e baixos; o desnível. ★ *~ no hageshii michi* 凹凸の激しい道 Uma estrada toda esburacada (com altos e baixos). ◇ **~ renzu** 凹凸レンズ Uma lente côncavo-convexa. Ⓢ/同 Dekóbókó. **2** [不均等] O ser irregular. ★ *Seiseki ni ~ ga aru* 成績に凹凸がある Ter notas [resultados] muito irregulares. Ⓢ/同 Fukínkō; fu-kíntō.

otótsuí 一昨日 ⇨ otótói.

otōzúré 訪れ (< otózúréru) **1** [⇨ hōmón]. **2** [到来] A chegada.

otōzúréru 訪れる **1** [訪問する] Visitar; fazer uma visita. *Furui tomo ga waga-ya o otozureta* 古い友が我が家を訪れた Um velho amigo fez-me uma visita. Ⓢ/同 Hōmóń súrú; tazúneru. **2** [季節・時期が到来する] Chegar. *Yuki-fukai kitaguni ni mo yatto haru ga otozureta* 雪深い北国にもやっと春が訪れた A primavera finalmente chegou também às terras nevadas do norte. Ⓢ/同 Tōrái súrú.

ótsu¹ 乙【Sub.】**1** [十干の第二] O segundo signo do calendário "jikkan". **2** [甲ではじまる順位の第二] O segundo「melhor」; o「grau/a nota」B. ◇ ⇨ **kō ~**.

otsú² 乙【G./Adj.】**1** [味なこと; 粋なこと] Engenhoso; engraçado; rico [bacana] (B.); raro [novo]. ★ *~ na aji* 乙な味 Um bom [rico] sabor. *~ na koto o iu* 乙なことを言う Dizer coisas engraçadas [cheias de engenho]. Ⓢ/同 Ají. **2** [普通と異なること; 気取っていること] Estranho; original; curioso; afe(c)tado. ★ *~ ni sumasu* 乙にすます Fazer pose; fazer-se [dar-se ares de] importante.

ō-tsúbú 大粒 [oō] A gota [O pingo/O grão] grande. ★ *~ no namida* 大粒の涙 Grandes (gotas de) lágrimas. *~ no shinju* 大粒の真珠 Pérolas grandes. Ⓐ/Ⓡ Ko-tsúbú.

o-tsúgé お告げ (< tsugérú) O oráculo; a revelação; a mensagem divina. ★ *Kami no ~* 神のお告げ A mensagem divina; oráculo do Senhor! Ⓢ/同 Takúséń.

ō-tsúgómori [oō] 大晦 (日)【A.】⇨ ō-mísoka.

o-tsúkí お付き (< tsukú) O acompanhante [auxiliar/ajudante]; a escolta. Ⓢ/同 O-tómo; tsukí-sói.

o-tsúkúrí お作り (< tsukúru) **1** [⇨ keshō]. **2** [⇨ sashímí].

o-tsúmami お摘み ⇨ tsumámí.

o-tsúmú お頭【Infa.】⇨ atámá.

o-tsúrí お釣り【Col.】O troco. *~ de gozaimasu* お釣りでございます Faz favor, o troco. Ⓢ/同 Tsurí(séń).

o-tsútómé お勤め【Col.】**1** [仏前の読経] A recitação da sutra (Bud.). ★ *Asa no ~ suru* 朝のお勤めをする Fazer a ~ da manhã. Ⓢ/同

Dokyṓ; gońgyṓ. **2** [勤務] O trabalho [emprego]. *Dochira e ～ desu ka* どちらへお勤めですか Onde trabalha [vai trabalhar]? [S/同] Kínmu.

o-tsúya お通夜 ⇨ tsúya².

o-tsúyu お汁【Col.】⇨ tsúyu³.

otté¹ 追っ手 O perseguidor. ★ ～ *ga semaru* 追っ手が迫る ～ está-se a aproximar. ～ *o kakeru* 追っ手を掛ける Enviar um ～ [os seus agentes/capangas (B.)]. ～ *o maku* 追っ手をまく Despistar o ～.

otté² 追って (< oú¹) Posteriormente; mais tarde; depois. *Shōsai ni tsuite wa ～ renraku shimasu* 詳細については追って連絡します Dos pormenores, informaremos ～.

otté-gákí 追って書き (< ··· + káku) O pós-escrito [P.S./Post scriptum (L.)]. [S/同] Tsuíshíń (+).

ottó¹ 夫 O marido.
[S/同] (Go-)shújin; téishu. [A/反] Tsúma.

ótto² おっと【G.】Oh! Opa! (B.); Ui! ★ ～ *abunai* おっと危ない ～, cuidado! ～ *dokkoi* おっとどっこい Essa não!; Ora essa!

ottóri おっとり Calmamente. ★ ～ *shita seikaku* おっとりした性格 Um cará(c)ter calmo [tranquilo; sereno; sossegado; pacífico].

ottórí-gátana 押っ取り刀 O ter a espada em punho (desembainhada). [I/慣用] ～ *de kaketsukeru* 押っ取り刀で駆け付ける Correr a toda a pressa [de espada em punho]. [S/同] Ṓ-áwate.

ottósei 膃肭獣【Zool.】A foca. ⇨ ashíká; azárashi.

ottsúkáttsu おっつかっつ Aproximadamente iguais. ★ ～ *no shōbu* おっつかっつの勝負 Um jogo sensivelmente [mais ou menos] igual.
[S/同] Chobóchóbó; tońtón.

ottsúké 追っ付け【G.】Logo [Já]; num instante. *Kare mo ～ yatte kuru darō* 彼も追っ付けやって来るだろう Ele também deve vir ～.
[S/同] Ma mó naku; sonó úchí.

ottsúkéru 押っ付ける【G.】⇨ oshí-tsúkéru.

ottsúku 追っ付く【G.】⇨ oí-tsúku.

oú¹ 追 [逐] う **1** [追い掛ける] **a)** Perseguir; ir no encalço; **b)** (Na voz passiva) Estar muito ocupado. ★ ～ *mono to owareru mono* 追う者と追われる者 O perseguidor e o perseguido. *Oitsu owaretsu no tatakai* 追いつ追われつの戦い Uma competição [luta] renhida. *Mainichi no shigoto* [*nikka; shukudai*] *ni owareru* 毎日の仕事 [日課; 宿題] に追われる Viver ocupadíssimo com o trabalho [os horários; os deveres da escola]. [P/ことわざ] *Saru mono wa owazu* 去るものは追わず Não se deve reter quem quer partir. [S/同] Oí-kákéru.
2 [順序などに従う] Seguir; ir por ordem. ★ *Hi* [*Toshi*] *o otte* 日 [年] を追って Ano [Dia] após ano [dia]. *Jun o otte hanasu* 順を追って話す Falar com ordem [Explicar ponto por ponto]. [S/同] Shitágáú.
3 [追い求める] Procurar; buscar; seguir. ★ *Risō o ～* 理想を追う ～ um ideal. *Ryūkō o ～* 流行を追う Seguir a [Ir atrás da] moda. [S/同] Tsuíkyū́¹ súrú.
4 [追い払う] Expulsar; afugentar; enxotar; espantar. *Kare wa tsukaikomi ga roken shite shoku o owareta* 彼は使い込みが露見して職を追われた Ele foi expulso do emprego quando se descobriu o desfalque. ★ *Hae o ～* ハエを追う Enxotar as moscas.
5 [追い立てる] Tocar. *Kare wa ushi o ichiba e otte itta* 彼は牛を市場へ追って行った Ele tocou os bois à feira.

oú² 負う **1** [背負う] Carregar. ★ *Akanbō o se ni ～* 赤ん坊を背に負う ～ o bebé [Levar o bebê às costas]. [P/ことわざ] *Ōta ko ni oshierarete asase o wataru* 負うた子に教えられて浅瀬を渡る Às vezes os jovens podem ensinar os mais velhos (Lit. Atravessar o vau「do rio」guiado pela criança que leva às costas). [S/同] Obúu; se-óu; shoú.
2 [責任などを身に引き受ける] Acarretar; ter; assumir. *Kare wa sono sekinin o otte kaisha o yameta* 彼はその責任を負って, 会社をやめた Ele, assumindo a responsabilidade, demitiu-se da companhia. ★「*Nōzei no*」*gimu o ～*「納税の」義務を負う Ter obrigação de「pagar os impostos」. *Ninmu o owasareru* 任務を負わされる Ficar com um encargo. *Te ni oenai* 手に負えない Não conseguir dar conta (do recado). [S/同] Hikí-úkéru.
3 [負傷・損害を受ける] Sofrer「muito dano」. ★ *Jūshō o ～* 重傷を負う ～ um ferimento grave [Ficar gravemente ferido].
4 [恩恵をこうむる] Receber favores de [Dever muito a]. *Watakushi no kangae wa kare no ronbun ni ～ tokoro ga ōkii* 私の考えは彼の論文に負う所が大きい As minhas ideias baseiam- se em grande parte na [Eu devo muito à] tese dele.

ṓú [oó] 覆 [蔽・被・掩] う **1** [かぶさる]「a neve」Cobrir「o chão」; estender sobre. *Komen wa ichimen no kōri de ōwarete ita* 湖面は一面の氷で覆われていた A superfície do lago estava toda coberta (por uma camada) de gelo. ★ *Tsuta ni ōwareta tatemono* つたに覆われた建物 O edifício coberto de heras. **2** [隠れるようにかぶせる; 着せる] Cobrir; tapar. ★ *Me o ～ yō na sanjō* 目を覆うような惨状 Um desastre「de carro」horrível [que nem se podia ver]. *Naedoko o binīru de ～* 苗床をビニールで覆う Cobrir o viveiro (de plantas) com plástico. **3** [広くゆきわたらせる] Envolver; invadir. *Seikai o ～ kuroi kiri* 政界を覆う黒い霧 A mentira (que envolve o mundo) da política. **4** [隠す] Encobrir; esconder; ocultar. *Kimi ga okashita tsumi wa mohaya ～ beku mo nai* 君が犯した罪は最早覆うべくもない Já não vale a pena tentar ～ o crime que você cometeu [praticou].

ṓ-úké [oó] 大受け (< ō² + ukéru) A grande aceitação [popularidade]. *Enkai de kare ga utatta uta wa ～ datta* [*shita*] 宴会で彼が歌った歌は大受けだった [した] A música que ele cantou no banquete foi um sucesso [teve grande aceitação].

ṓ-únábara [oó] 大海原【E.】O mar imenso. ⇨ úmi¹.

ṓ-úridashi [oó] 大売り出し A grande liquidação [Grandes saldos]. ◇ **Saimatsu ～** 歳末大売り出し ～ de fim de ano.

óushi 牡牛 **a)** O boi; **b)** O touro. [A/反] Méushi.

Oúshí-zá 牡牛座【Astr.】O (signo do) Touro.

ṓ-útsushi [oó] 大写し A fotografia [filmagem] tirada de muito perto; o instantâneo. ★ ～ *o toru* 大写しを撮る Tirar um instantâneo [a foto de perto]. [S/同] Kurṓzúáppu.

owáí 汚穢【E.】Os excrementos. ★ ～ *o kumu* 汚わいをくむ Recolher ～ (da latrina/cloaca).

o-wáráí お笑い **1** [落語] A história para rir. ～ *o isseki mōshi-agemasu* お笑いを一席申し上げます (E agora, meus senhores) vou-lhes contar uma ～. [S/同] Rakúgó. **2** [人に笑われる出来事] Uma palhaçada (ridícula). ◇ ⇨ **～gusa**.

ṓ-wárai [oó] 大笑い (< ō² + waráú) A grande gargalhada [risada]. *Koitsu wa ～ da* こいつは大笑いだ Isto é mesmo para rir [Ele até me faz rir]! ★ ～ *o suru* 大笑いをする Dar uma ～. ⇨ takáwárai.

o-wáráí-gúsá お笑い草 (<… + kusá) 【Col.】 O obje(c)to de riso [zombaria/chacota] 「de toda a gente」. *Koitsu wa tonda* ～ *da* こいつはとんだお笑い草だ Isto é inteiramente [totalmente/mesmo] ridículo. ⓢ/同 O-wáráí.

ó-wárawa [**óó**] 大童 O fazer sem parar; o dar-lhe duro. *Dare mo kare mo juken junbi ni* ～ *da* 誰も彼も受験準備におおわらわだ Isto agora estão todos só a estudar para os exames de admissão「à universidade」. ★ ～ *de hataraku* おおわらわで働く Trabalhar sem parar. ⇨ takáwárai.

owári 終わり (< owáru) O fim; o término; o fecho 「do programa televisivo」; o encerramento. *Pātī wa sorosoro* ～ *ni chikazuite ita* パーティーはそろそろ終わりに近づいていた A festa já estava para [quase a] terminar. ★ ～ *ni nozonde* 終わりにのぞんで Em conclusão; para terminar [finalizar]. ～ *ni suru* [*naru*] 終わりにする[なる] Dar por terminado [Terminar]. *Hajime kara* ～ *made* 初めから終わりまで Do começo ao fim. *Kore de* ～ *desu* これで終わりです Pronto (, acabou). *Kyonen no* ～ *no koro* 去年の終わりの頃 No fim [No fin] do ano passado. ⓢ/同 O-shímáí.

owáru 終わる **1** [しまいになる] Terminar; findar; encerrar. *Natsu ga owatta* 夏が終わった Terminou [Lá se foi] o verão. *Sono keikaku wa shippai ni owatta* その計画は失敗に終わった Esse plano fracassou [redundou em/foi um fracasso]. Ⓐ/反 Hajímárú. **2** [終える] Encerrar. *Kore de sotsugyō-shiki o owarimasu* これで卒業式を終わります (Com isto/E assim) encerramos [damos por encerrada] a sessão de formatura. ◇ **kiki** ～ 聞き終える Acabar de ouvir [Ouvir até ao fim]. ⓢ/同 Oérú. Ⓐ/反 Hajíméru.

owásérú [**owású**] 負わせる [負わす] (< oú²) **1** [背負わせる] Fazer carregar/Obrigar a levar. ★ *Omoi nimotsu o* ～ 重い荷物を負わせる ～ muito peso. **2** [負担させる] Fazer assumir [arcar]; impor 「uma obrigação/um peso」. *Kare ni jibun no sekinin o boku ni owaseta* 彼は自分の責任を僕に負わせた Ele fez-me arcar com a responsabilidade (que era) dele. **3** [罪を] Culpar [Deitar a culpa a]; imputar [atribuir]. ★ *Hito ni mujitsu no tsumi o* ～ 人に無実の罪を負わせる Incriminar um inocente. **4** [傷を] Ferir. ★ *Aite ni chimeishō o* ～ 相手に致命傷を負わせる Desferir um golpe mortal no [～ mortalmente o] adversário.

ó-wáza [**óó**] 大技[業] Um grande golpe; uma saída brilhante. Ⓐ/反 Ko-wázá.

oya¹ 親 **1** [父と母と] Os pais. *Ano ko wa* ～ *ni nite totemo atama ga yoi* あの子は親に似てとても頭が良い Aquele menino puxou [saiu-se] aos pais e é muito inteligente. *Kare wa* ～ *o nakasete bakari iru* 彼は親を泣かせてばかりいる Ele só dá que sentir aos pais. ★ ～ *ni shinareru* 親に死なれる Perder (por morte) o pai [a mãe]. ～ *no iu koto o kiku* 親の言うことを聞く Obedecer aos [Fazer o que dizem/mandam os] pais. ～ *no nai ko* 親のない子 Um órfão; uma órfã. ～ *o tomo omowanai taido* 親とも思わない態度 Uma atitude de desprezo [de não fazer caso dos] pais. ～ *o taisetsu* [*somatsu*] *ni suru* 親を大切[粗末]にする Ter muito [pouco] amor/respeito aos pais. ⓟ/ことわざ ～ *ni ninu* [*nite inai*] *ko wa onigo* 親に似ぬ[似ていない]子は鬼子 O filho [A filha] que não se parece com o pai [a mãe] é um/a filho/a indigno/a. ～ *no inga ga ko ni mukuiru* 親の因果が子に報いる Os pecados dos pais são pagos pelos filhos. ～ *no kokoro ko shirazu* 親の心子知らず Os filhos às vezes não sabem quanto devem aos pais. ～ *no* (*hikari wa*) *nanahikari* 親の(光は)七光り O prestígio dos pais prestigia mais os filhos. ～ *wa nakutomo ko wa sodatsu* 親は無くとも子は育つ Mesmo sem os pais os filhos lá se criam. *Kono* ～ *ni shite kono ko ari* この親にしてこの子あり Tal pai tal filho [Filho de peixe sabe nadar]. *Umi no* ～ *yori sodate no* ～ 生みの親より育ての親 Antes pais que criam [educam] do que pais que geram. Ⓘ/慣用 ～ *no sune o kajiru* 親の脛をかじる Viver à custa dos pais. ～ *no yokume* 親の欲目 Os pais tendem a apreciar os filhos mais do que eles merecem [são todos corujas]. ◇ ～ **baka** {**fukō**; **kōkō**}. ～ **kyōdai** 親兄弟 Os pais e os irmãos. **2** [物を生じる元; 元祖] O pai; a mãe; o fundador; o inventor; o iniciador. *Kare ga sono sōchi no umi no* ～ *de aru* 彼がその装置の生みの親である Ele é o inventor [pai] desse mecanismo/sistema. ◇ ～ **imo** 親芋 [Bot.] O tubérculo [inhame]-mãe. ～ **kabu** 株株 **a)** A planta-mãe; **b)** As a(c)ções antigas 「de uma sociedade anó[ô]nima」. **3** [トランプの] A mão (No jogo de cartas). ★ ～ *ga mawatte kuru* [～ *ni naru*] 親が回って来る[親になる] Ser a mão. **4** [ばくちなどの] O banqueiro [da casa de jogo]. **5** [中心的・支配的位置にあるもの] 【Pref.】 O que dá para todos. ◇ ～ **denwa** 親電話 O telefone central. ～ **kagi** 親鍵 A chave-mestra. ～ **kyoku** 親局 A estação central 「da TV」. **6** [大小の内大きい方] 【Pref.】 O maior. ◇ ⇨ **yubi**. Ⓐ/反 Ko¹.

óya² おや Oh!; Meu Deus!; Olá! ～, *dare ka kita* や, 誰か来た Oh! Está ali alguém. ～, *kimi datta no ka* おや, 君だったのか Olá! Era você? ◇ ⇨ ～; ～ **mā**.

óya (**óo**) 大家 O senhorio; o proprietário da casa alugada. ⓢ/同 Yánushi. Ⓐ/反 Tanakó.

oyá-báká 親馬鹿 O pai [A mãe] coruja.

oyá-báshira 親柱 (<… +hashírá) O pilar principal (central) (da casa).

oyá-bun 親分 O que manda; o chefe [cabecilha]. *Karera wa* ～ *kobun no kankei da* 彼らは親分子分の関係だ Eles são da mesma quadrilha; um é chefe e o outro sequaz. ★ *Yakuza* [*Suri*; *Sanzoku*] *no* ～ やくざ[すり; 山賊]の親分 O chefe/cabecilha dos bandidos [carteiristas; salteadores]. ◇ ～ **hada** 親分肌 O cará(c)ter magnânimo [vaidoso/paternalista]. ～ **kaze** 親分風 O ar de quem gosta de mandar. *Onna* ～ 女親分 Uma mandona. ⓢ/同 Oyá-dámá; bósu; kashírá. Ⓐ/反 Kóbun².

oyá-búne 親船 (<… + fúne) O navio-mãe; o navio de abastecimento/provisões. Ⓘ/慣用 ～ *ni notta kimochi* 親船に乗った気持ち O sentimento de segurança. ⓢ/同 Bosén¹ (+); bokán (+). ⇨ óbuné.

oyá-dámá 親玉 (<… + tamá) 【G.】 O chefe; o rei. ⓢ/同 Oyá-bun.

oyá-dori 親鳥 (<… + torí) A (ave) mãe. Ⓐ/反 Hína.

oyá-fúkō 親不孝 A ingratidão (desobediência) aos pais. ◇ ～ **mono** 親不孝者 Um/a ingrato/a para com os pais. Ⓐ/反 Oyá-kōkō.

oyá-gáisha 親会社 (<… + kaíshá) A empresa

mãe. ⓈⓃ Ko-gáisha.
oyá-gákari 親掛かり (<··· + kakáru) Dependente dos pais. *Kare wa mada ~ no mi da* 彼はまだ親掛かりの身だ Ele ainda depende dos pais.
oyá-gáwari 親代わり (<··· + kawári) Quem faz as vezes dos pais; os pais ado(p)tivos.
oyá-gi 親木 (<··· + ki) A planta em que se faz o enxerto (⇨ tsugí-kí).
oyá-gókoro 親心 (<··· + kokóro) O amor paterno [materno]; o coração de mãe [pai]. ★ *~ kara deta kotoba* 親心から出た言葉 A expressão do ~. ⓅことわざⒶ *Oya omou kokoro ni masaru ~* 親思う心に勝る親心 O amor dos pais aos filhos é maior (do) que o dos filhos aos pais.
oyá-góroshi 親殺し (<··· + korósu) **a)** O parricídio (Crime); **b)** O parricida (Criminoso).
Ⓐ/反 Kó-góroshi.
oyágó-sán 親御さん (Cor. de oya) Os seus (respeitosos) pais. ⓈⓃ Go-ryōshin (+).
óyaji 親父 **1** [父親] [Col.] O pai [que me deu a vida]. Ⓟことわざ *Jishin kaminari kaji ~* 地震, 雷, 火事, 親父 As coisas que metem mais medo são o terre[a]moto, o trovão, o incêndio e o pai. ⓈⓃ Chíchi; chichí-óyá; o-tō-san. Ⓐ/反 O-fúkúró. **2** [親分] [G.] O chefe (⇨ óya-bun). **3** [中年以上の男] [G.] O velhote「teimoso」(⇨ ojí-sán). **4** [飲食店の] [G.] O patrão [dono]. ★ *Nomiya no ~* 飲み屋の親父 ~ de um bar [botequim/uma tasca].
oyá-kátá 親方 O chefe; o mestre; o capataz. ★ *Daiku no ~* 大工の親方 O mestre de carpinteiro. Ⓘ/慣用 *~ hinomaru* 親方日の丸 A administração negligente das repartições públicas. ⓈⓃ Tōryō[1].
óyáke 公 [oó] Público; oficial; governamental. ★ 「*Jiken ga*」 *~ ni naru* 「事件が」公になる 「O caso」 tornar-se [vir a] público. 「*Gakusetsu o*」 *~ ni suru* 「学説を」公にする Apresentar publicamente 「a nova teoria」. *~ no tachiba* 公の立場 A posição oficial.
Ⓐ/反 Watákúshi.
óya-ko 親子 **1** [親と子] Os pais e os filhos. *Kanojo wa ~ hodo toshi no chigau otoko to tsukiatte iru* 彼女は親子程年の違う男と付き合っている Ela anda (a namorar) com um homem que podia ser pai dela. ★ *~ no jō* 親子の情 A afeição entre pais e filhos. *~ sorotte* 親子そろって「旅行」 Toda a família (junta). ◇ *~ donburi* 親子丼 Uma grande tigela de arroz com carne de galinha e ovo 「「Mãe e filho」」. *~ shinju* 親子心中 O suicídio familiar. **2** [親子の関係にたとえられる二つの物] Duas coisas interdependentes. ◇ *~ denwa* 親子電話 O telefone com extensão [ramal].
oyá-kókō 親孝行 [oó] A obediência aos pais; a piedade filial. ★ *~ o suru* 親孝行をする Obedecer a [Respeitar os] pais.
ⓈⓃ Kōkō[1]. Ⓐ/反 Oyá-fúkō.
o-yákúshó-shigoto お役所仕事 O formalismo [A rotina] burocrático[a]; a burocracia; o trabalho não-te-rales.
oyáma おやま O a(c)tor「de kabuki」que representa um papel feminino. ⓈⓃ Ońnágáta.
óya mā おやまあ [Col./Interj.] Oh!; Meu Deus!; Caramba!; Puxa! (B.); (Minha) Nossa (Senhora)! (B.) *~ konna tokoro de o-me ni kakaru to wa kigū desu ne* おやまあこんな所でお目にかかるとは奇遇ですね, não esperava encontrá-la aqui! / *~*, que surpresa encontrá-lo aqui!

ó-yámaneko [oó] 大山猫 [Zool.] O lince; o lobo-cerval.
o-yámá-nó-táishō お山の大将 [G.] **1** [子供の遊戯] O rei do morro (Jogo de crianças). ★ *~ ware hitori* お山の大将我一人 *~ sou* (só) eu. **2** [小事を成して得意がる人] [Fig.] A pessoa que se gaba de coisa insignificante; o gabarolas.
oyá-másari 親勝り (<··· + masáru) O ultrapassar os pais. ★ *~ no kashikoi musuko* 親勝りの賢い息子 O filho ainda mais inteligente (do) que「o pai」.
oyá-mótó 親許 [元] O lar [A casa] (paterno[a]); os pais. *~ de kurasu* 親許でくらす Viver com os pais. *~ e kaeru* 親許へ帰る Voltar ao lar.
ⓈⓃ Jikká.
oyá-náshi 親無し (<··· + nái) 「criança」 Sem pais.
◇ ⇨ *~ go*.
oyánáshi-go[-kko] 親無し子 [っ子] O órfão de pai e mãe.
oyá-ómoi 親思い (<··· + omóu) O pensar nos [gostar dos] pais. *Kare wa ~ no musuko da* 彼は親思いの息子だ Ele é um filho devotado [gosta muito dos pais].
óya oya おやおや (⇨ óya mā) [Interj.] Oh, oh!; Caramba!; Estamos bem [mal] arranjados!; Esta agora!; *~, itsu no ma ni ka kanari ame ga futte kimashita ne* おやおや, いつの間にかかなり雨が降って来ましたね E esta chuvinha forte vinda (assim) de repente?
oyá-shíó 親潮 A corrente das Curilas (Desce do Mar de Bering e traz muito plâncton e peixe: arenque e bacalhau).
ⓈⓃ Chishímá-káiryū. Ⓐ/反 Kuró-shíó.
oyá-shírazu 親知らず **1** [知歯] O dente do siso. ★ *~ ga haeru* 親知らずが生える Nascerem os *~*.
ⓈⓃ Chíshi. **2** [親の顔を知らないこと・子] A criança que não conhece os pais.
o-yásúí お安い [Col.] **a)** Fácil; simples. *~ go-yō desu* お安い御用です Isso [O que me pede] é *~* (de fazer). ⓈⓃ Kańtań; wáke-nai. **b)** (Neg.) Complicado (mas a sério). *Ano futari wa o-yasukunai naka da* あの二人はお安くない仲だ Aqueles dois são amantes.
o-yásúmi お休み (< o² + yasúmu) **1** [休息; 休暇] [Col.] O descanso; o não trabalhar; a folga. *Kanojo wa kyō kaze de ~ desu* [*shite imasu*] 彼女は今日風邪でお休みです [しています] Ela não trabalha hoje porque está com gripe [tem um resfriado]. ⇨ yasúmí; kyūká[1]. **2** [寝ること; 寝る時の挨拶] Bom sono 「Durma bem」; boa-noite 「até amanhã (se Deus quiser)」. ★ *~ (nasai)* お休み (なさい) Boa noite! (Só ao despedir-se à noite, antes de deitar; ⇨ końbań wá).
ó-yásuuri [oó] 大安売り Uma grande liquidação [promoção].
o-yátsu お八つ [G.] A merenda; o chá. ★ *~ no jikan* お八つの時間 A hora do/a *~*. ⓈⓃ (O-)sánji.
oyá-yúbi 親指 O polegar (Sobretudo da mão). ⇨ ko-yúbí.
oyá-yúzuri 親譲り (<··· + yuzúrú) O herdar dos pais (⇨ isán¹). ★ *~ no kishō* 親譲りの気性 O temperamento herdado「da mãe」.
óyō¹ [oó] 応用 A aplicação (prática). *Sono hatsumei wa ~ no han'i ga hiroi* その発明は応用の範囲が広い Essa invenção tem larga aplicação. ★ *~ suru* 応用する Aplicar. *Genri no ~* 原理の応用 *~ do(s)*

princípio(s). ◇ **~ butsurigaku [kagaku; kagaku]** 応用物理学[化学; 科学] A física [química; ciência] aplicada. **~ mondai** 応用問題 Os exercícios práticos「do exame」. **~ shinrigaku [sūgaku]** 応用心理学[数学] A psicologia [matemática] aplicada. ⇨ katsúyṓ; tekíyṓ¹; teń'yṓ.

ōyṓ² [**oó-**] 鷹揚 [大様] O ser magnânimo [tolerante/indulgente]. ★ **~ na taido** 鷹揚な態度 A atitude magnânima. **~ ni sodatsu** 鷹揚に育つ Ser criado com muita liberdade.

o-yóbare 御招ばれ (< yobú) 【Col.】 O convite para almoço ou jantar. *Kon'ya wa o-tomodachi no tokoro de ~ nan desu* 今夜はお友達の所で御招ばれなんです Esta noite ele foi convidado para jantar por um amigo.

oyóbázú-nágárá 及ばずながら (< Neg. de "oyóbú" + …) Apesar das minhas modestas possibilidades. *~ go-jinryoku itashimashō* 及ばずながら尽力致しましょう Vou fazer o possível para [por] ajudá-lo, ~.

oyóbí 及び (< oyóbú) E; assim como. *Kaigi ni wa Ōkurashō, Gaimushō ~ Tsūsanshō no daihyō ga shusseki shita* 会議には大蔵省，外務省及び通産省の代表が出席した Na reunião estiveram presentes os representantes dos Ministérios da Fazenda (B.) [das Finanças], das Relações Exteriores (B.) [dos Negócios Estrangeiros] ~ da Indústria e Comércio. Ⓢ/同 Narábí-ní; -to.

oyóbí-góshí 及び腰 (< oyóbú + koshí) **1**[不安定な姿勢] A postura inclinada. **2**[あいまいな態度]【Fig.】 A atitude vacilante [indecisa; hesitante]. *Seifu no shisei wa ~ sono mono datta* 政府の姿勢は及び腰そのものだった A atitude do governo foi, literalmente [nem mais nem menos/para usar a palavra própria], indecisa. Ⓢ/同 Nigé-góshí.

oyóbí-mo-tsukanú[tsukanai] 及びもつかぬ[つかない] Que não chega; que nem é comparável. *Kare wa watashi nado wa ~ yoi ude no motte iru* 彼は私などは及びもつかぬ良い腕を持っている Ele「toca piano」muito melhor que eu/A minha habilidade não chega [se pode comparar] à dele (nem de longe).

oyóbósú 及ぼす Exercer「influência sobre」; causar「prejuízo」. *Kare no gendō wa hitobito ni ōkina eikyō o oyoboshita* 彼の言動は人々に大きな影響を及ぼした Ele exerceu grande influência nos [sobre os] outros por palavra e exemplo. ★ *Ine ni gai o ~* 稲に害を及ぼす Causar danos aos arrozais.

oyóbú 及ぶ **1**[ある点まで達する・到る] Alcançar; atingir; chegar; estender-se. *Soko made wa kangae ga oyobanakatta* そこまでは考えが及ばなかった Não pensei nisso [até esse ponto]. ★ *Chikara no ~ kagiri* 力の及ぶ限り Até onde chegarem [derem] as forças; enquanto for possível. *Chōzuru ni oyonde* 長ずるに及んで À medida que os anos passam. *Hyakuman-en ni ~ hiyō* 百万円に及ぶ費用 A despesa que atinge [sobe a/chega a] um milhão de yens. Ⓢ/同 Itáru; tassúru.
2[行きわたる; 普及する] Atingir. *Taifū no higai [eikyō] wa zenkoku ni oyonda* 台風の被害[影響]は全国に及んだ Os danos [As consequências] do tufão atingiram todo o país. Ⓢ/同 Watarú².
3[あるものと肩を並べる] Igualar; equiparar. *Koto sūgaku ni kanshite wa watashi wa kare no ashi-moto ni mo oyobanai* こと数学に関しては私は彼の足元にも及ばない Em (coisas de) matemática eu sou muito inferior a ele. ★ ⇨ **Oyobi-mo-tsukanu**. *Sōzō mo oyobanai* 想像も及ばない Ultrapassar a imaginação. Ⓢ/同 Kanáú³.
4[立ちいたる; ついにそうなる] Chegar ao ponto de; ir até. *Seifu no taisaku ni hara o tateta hantai-ha wa tsui ni jitsuryoku kōshi ni oyonda* 政府の対策に腹を立てた反対派はついに実力行使に及んだ Indignados com as medidas [a política] do governo, a oposição foi até à violência. ★ *Koto koko ni oyonde wa* 事ここに及んでは Depois de a situação chegar a tal [Chegados a este] ponto…
5[否定形で: 必要がない] (Na neg.) Ser necessário. *Wazawaza kite itadaku ni wa oyobimasen* わざわざ来ていただくには及びません Não há necessidade [precisa de ter o incómodo] de vir. ★ *Iu ni wa oyobanai* 言うには及ばない Nem é preciso dizer/referir [É (mais que) evidente].
6[かなう] Realizar; satisfazer. ★ *Oyobanu koi [negai]* 及ばぬ恋[願い] O amor [O desejo] irrealizável/inatingível. Ⓢ/同 Kanáú¹.
7[意味を強める] (Suf. de ênfase) Muito. ★ *Kiki ~* 聞き及ぶ Ouvir ~ [com frequência].

oyógásu[oyógáseru] 泳がす[泳がせる] **1**[泳がせる] Deixar nadar「as crianças na piscina」. *Ike ni koi o ~* 池に鯉を泳がす Pôr [Deitar] carpas no tanque [laguinho]. **2**[泳ぐしぐさをする] Desequilibrar「o adversário e deixá-lo a nadar em seco」. ★ *Te o chū ni ~* 手を宙に泳がす Abanar (com) as mãos (no ar). **3**[容疑者などをつかまえないでおく] Deixar solto [livre] (Para servir de isca). *Mayaku soshiki o kaimetsu saseru tame keisatsu wa sono bainin o waza to oyogasete oita* 麻薬組織を壊滅するため警察はその売人をわざと泳がせておいた Para acabar com a rede de tráfico de drogas a polícia deixou solto aquele traficante.

oyógí 泳ぎ (< oyógú) O nadar [A natação]. ★ *~ ga umai [heta da]* 泳ぎがうまい[へただ] Nadar bem [mal].「*Umi e*」 *~ ni iku*「海へ」泳ぎに行く Ir nadar「ao mar」. *Mō hito ~ shiyō* もうひと泳ぎしよう Vamos dar mais uma nadadela [um mergulho]. ◇ **~ te** 泳ぎ手 O nadador. Ⓢ/同 Suíéí.

oyógí-máwáru 泳ぎ回る (< oyóyú + …) Nadar (num espaço limitado).

oyógí-tsúku 泳ぎ着く (< oyóyú + …) Chegar nadando; atingir a nado. *Kare wa yōyaku kishi ni oyogitsuita* 彼はようやく岸に泳ぎ着いた Finalmente ele chegou à [atingiu a] margem, a nado.

oyógí-wátáru 泳ぎ渡る (< oyóyú + …) Atravessar a nado. *Kawa [Kaikyō] o ~* 川[海峡]を泳ぎ渡る Atravessar o rio [estreito] a nado.

oyógú 泳ぐ **1**[水中を] Nadar. *Watashi wa kanazuchi de mattaku oyogenai* 私はかなづちで全く泳げない Eu nado como um prego (Lit. martelo) [Eu não sei nadar]. Ⓢ/同 Suíéí sǘrú. **2**[よろめく] Cambalear; perder o equilíbrio. ★ *Karada [Ashi] ga ~* からだ[足]が泳ぐ Perder o equilíbrio do corpo [pé] (⇨ oyógásu **2**). **3**[巧みにかき分けて進む]【Fig.】 Avançar desviando-se dos obstáculos; furar. ★ *Hitogomi o ~* 人ごみを泳ぐ Avançar pelo meio da multidão [do aglomerado de gente].

ō-yórokobí 大喜び (< ōkíí) Uma grande alegria. *Kare wa sono shirase ni ~ datta* 彼はその知らせに大喜びだった Ele ficou contentíssimo [teve/sentiu] com a notícia. ★ **~ suru** 大喜びする Ficar radiante (de

alegria).
oyósó[**ṓyósó**] [**oó**] 凡そ [大凡] **1** [大体]【Adv.】 Aproximadamente; mais ou menos; cerca de. *Sono machi no jinkō wa* ~ *san-man hodo desu* その町の人口はおよそ三万ほどです A população da cidade é de ~ trinta mil (habitantes). **2** [あらまし]【Sub.】 O (conjunto) geral; o grosso「da obra está terminado」. ★ ~ *no kentō* およその見当 A estimativa aproximada [por alto]. **3** [そもそも]【Adv.】 No fundo; geralmente; basicamente. ~ *ningen de heiwa o nozomanu* [*nozomanai*] *mono wa inai* およそ人間で平和を望まぬ者はいない ~ não há ninguém que não deseje a paz. [S/同] Oshí-nábete; sómosomo. **4** [全く]【Adv.】 Totalmente; completamente; absolutamente; inteiramente. *Sonna koto o shitatte* [*shita to itte*] ~ *imi ga nai* そんなことをしたって [したといって] およそ意味がない Isso é ~ desprovido de sentido [E que adianta (fazer) isso?]. [S/同] Mattákú.
ṓ-yúkí [**oó**] 大雪 Uma grande nevada.
ṓza [**óo**] 王座 **1** [王の座] O trono. ★ ~ *ni tsuku* 王座に就く Subir ao trono. **2** [第一の地位] O primeiro lugar; o lugar de campeão. ★「*Hebī-kyū no*」~ *o ubau*「ヘビー級の」王座を奪う Conquistar o ~ dos pesados. ◇ **~ kettei-sen** 王座決定戦 O desafio final [A final (+)] do campeonato.
ṓ-záké [**oó**] 大酒 (<… + saké) O beber muito (bebidas aocoólicas). ★ ~ *o nomu* 大酒を飲む Beber muito [em excesso]. ◇ ⇨ **~ nomi**.
ṓ-záké-nomi [**oó**] 大酒飲み (<… + nómu) O beberrão [borrachão].
o-zá-nárí お座なり Algo perfun(c)tório; só para enganar; a mera formalidade. ★ ~ *na aisatsu* お座なりなあいさつ O cumprimento por mera formalidade. ~ *o iu* お座なりを言う Dizer por dizer.
ṓzáppa [**oó**] 大雑把 **1** [おおよそであるようす] Geral; por alto. ★ ~ *na mitsumori* 大ざっぱな見積もり A estimativa (feita muito) por alto「é de 3 milhões de yens」. ~ *ni itte* 大ざっぱに言って Geralmente falando. ~ *ni mite* 大ざっぱに見て Vendo por alto. [S/同] Ṓmáká; ṓ-zúkami. **2** [雑な]「um trabalho」 Imperfeito; descuidado; desleixado. ★ ~ *na yarikata* 大ざっぱなやり方 A maneira descuidada (de fazer as coisas). [S/同] Zatsú.
o-záshíkí お座敷 **1** [⇨ zashíkí]. **2** [酒宴の席] O banquete para beber. ★ ~ *ga kakaru* お座敷が掛かる O ser convidada「gueix[sh]a」para um ~. ◇ **~ gei** お座敷芸 Os entretenimentos dos hóspedes nos ~.
ṓzéi [**oó**] 大勢 Muita gente. ★ ~ *de oshikakeru* 大勢で押しかける Ir em multidão. *Hito ga* ~ *iru* [*kuru*] 人が大勢いる[来る] Haver [Vir] ~.
ṓzeki [**óo**] 大関【Sumô】 "Ōzeki" (Categoria logo abaixo de "yokozuna" que é o grau máximo).
o-zéńdáté お膳立て **1** [膳ごしらえ] O preparar [fazer] a comida. ★ *Yūshoku no* ~ *o suru* 夕食のお膳立てをする Fazer o jantar. **2** [準備]【Fig.】 A preparação「do terreno para as conversações」; os preparativos. ★「*Kaigi no*」~ *o suru*「会議の」お膳立てをする Preparar [Fazer os ~ para] a reunião. [S/同] Júnbi; yṓi[1].
ṓ-zókú [**oó**] 王族 A família [estirpe] real.
ozómáshíi おぞましい「uma cena」 Horrível; que dá pena; horroroso; revoltante. ★ *Sōzō suru no mo* ~ 想像するのもおぞましい Ficar horrorizado [a tremer] só de imaginar.
ózon オゾン (< Gr. ozon: cheirar) O ozono [ozônio] (O_3). ◇ **~ hasseiki** オゾン発生器 O ozonizador. **~ hōru** オゾンホール O buraco no[na camada de] ~. **~ shori** [**ka**] オゾン処理[化] A ozonização. **~ tai** [**sō**] オゾン帯[層] A camada de ~; a ozonosfera.
o-zṓní お雑煮 ⇨ zṓní.
ṓ-zóra [**oó**] 大空 (<…[2] + sóra) O céu; o firmamento. ★ ~ *no moto de* ~ 大空の下で Sob o céu aberto.
ṓ-zúkami [**oó**] 大摑み (<…[2] + tsukámu) A generalização. ★ ~ *ni* 大摑みに Por grosso [alto]; em linhas gerais. [S/同] Ṓzáppa.
ṓ-zúmé [**oó**] 大詰め (<…[2] + tsumé) **1** [最終段階] O desenlace; o desfecho; o fim. ★ ~ *ni naru* [*chikazuku*] 大詰めになる[近づく] Chegar ao [Aproximar-se do] fim. **2** [歌舞伎の最後の場面] A cena final「do kabúki」.
ṓ-zúmō [**oó**] 大相撲 (<…[2] + sumṓ) **1** [興行] O grande torneio de sumô. ◇ **~ hatsu** [**haru; natsu; aki; Nagoya; Kyūshū**] **basho** 大相撲初 [春; 夏; 秋; 名古屋; 九州] 場所 ~ de Janeiro [Primavera; verão; Outono; Nagoya; Kyūshū]. **2** [熱戦] A luta excitante [animada]. *Sono torikumi wa* ~ *ni natta* その取り組みは大相撲になった A luta tornou-se excitante [ficou animada].
ózuozu おずおず Timidamente; de maneira hesitante. ★ ~ (*to*) *iu* ~ (と) 言う (falar a) Titubear. ~ *to shita taido* おずおずとした態度 A atitude tímida [de medo]. [S/同] Bíkubiku; kowá-gówa; osórúósoru.
ṓzúrú [**oó**] 応ずる ⇨ ṓjírú.

O

P

pā¹ [áa] バー (< Ing. < L. par) **1** [平価; 額面同価] 【Econ.】 A paridade; a equivalência; o par. **2** [規準打数] O número ideal de tacadas no golfe.

pā² [áa] ぱあ 【G.】 **1** [賢くない] O maluco [que não regula bem da cabeça]. *Báka; usú-nóró.* **2** [ゼロになること] O não ter nada. *Mōke ga hitoban de ~ ni natta* もうけが一晩でぱあになった Numa noite gastei tudo o que tinha ganho e fiquei liso [sem nada]. **3** [じゃんけんの"かみ"] O "papel" (no "janken")

pabírion パビリオン (< Ing. < L. papílio: borboleta) O pavilhão para exposições.

pácha-pacha (to) ぱちゃぱちゃ (と) (Im. de salpicar ou chapinar) Chape, chape.

páchikuri ぱちくり 【G.】 O aspecto dos olhos a pestane(j)ar [piscar]. ★ *Odoroite me o ~ saseru* 驚いて目をぱちくりさせる Ficar com os olhos a pestane(j)ar [piscar].

pachínko パチンコ **1** [投石器] A funda [fisga]; a atiradeira [o estilingue] (B.). **2** [遊戯] O ~ (Jogo de azar e relaxamento). ★ *~ o yaru [suru]* パチンコをやる[する] Jogar ~. ◇ *~ ya* パチンコ屋 Um ~ (Casa).

pachín-to ぱちんと 【On.】 **1** [かたいものを締め合わせるさま, または音] Pim. ★ *Handobaggu o ~ shimeru* ハンドバッグをぱちんとしめる Fechar a bolsinha [malinha] de mão, /com estalido. **2** [強くたたく音] Pum. ★ *Ryōte o ~ utsu* 両手をぱちんと打つ Bater com as palmas das mãos, ~.

páchi-pachi (to) ぱちぱち (と) (Im. de crepitar, bater palmas e piscar). *Ki no eda ga ~ moete iru* 木の枝がぱちぱち燃えている A lenha está a crepitar. *Me o ~ saseru* 目をぱちぱちさせる Piscar os olhos.

pachíri-to ぱちり (Im. de estalido seco) Pim [Pá]; clique. *Shashin o ~ toru* 写真をぱちりととる Tirar uma foto(grafia), clique!

pachítto ぱちっと (Im. de som rápido) Pum. *~ dentō o tsukeru [kesu]* ぱちっと電灯をつける[消す] Ligar [Desligar] o interru(p)tor/a luz, pum!

páddo パッド (< Ing. pad) O enchimento. ★ *Jakketto no kata ni ~ o ireru* ジャケットの肩にパッドを入れる Pôr ~s nos ombros da jaqueta.

páfe パフェ (< Fr. parfait) O pavê. ◇ **Furūtsu [Chokorēto]** ~ フルーツ[チョコレート]パフェ ~ de frutas [chocolate].

páfékuto [áa] パーフェクト (< Ing. perfect < L.) Perfeito. ★ *~ na hito* パーフェクトな人 Uma pessoa ~ a. *Shigoto o ~ ni konasu* 仕事をパーフェクトにこなす Fazer um travalho ~ [com (toda) a] perfeição]. ◇ *~ gēmu* パーフェクトゲーム Um jogo ~.

pafōmansu パフォーマンス (< Ing. performance < L.) **a)** O desempenho「no [do] cargo」; **b)** A capacidade; o rendimento [funcionamento]「da máquina」; **c)** A representação「no palco」.

páfu パフ (< Ing. puff) O pompom; a borla (para pó-de-arroz).

págoda パゴダ (< Ing. < P. < Sân. butkadah: "templo") O pagode (Templo budista, de torre alta, sobretudo da Birmânia e da Índia).

pái¹ パイ (< Ing. pie) A torta. ◇ **Appuru [Mito]** ~ アップル[ミート]パイ ~ de maçã [carne].

pái² 牌 (< Chin. 牌) A peça [peça] de "mājan".

pái³ パイ 【Mat.】 O pi [π]. ⒮周 Eńshúrítu.

painápipuru パイナップル (< Ing. pineapple) 【Bot.】 O abacaxi; o ananás.

paipú パイプ (< Ing. pipe) **1** [管] O cano; o tubo. ◇ *~ orugan* パイプオルガン O órgão (de tubos). *~ rain* パイプライン (vestido") O oleoduto. ⒮周 Kán (+). **2** [二者間の橋渡しをするもの] O mediador; o elo de ligação「nas negociações」. **3** [喫煙用の] O cachimbo. ★ *~ ni hi o tsukeru* パイプに火をつける Acender o ~. *~ o fukashite [kuwaete] iru* パイプをふかして[くわえて]いる Estar a fumar cachimbo.

pairótto パイロット (< Ing. pilot < Gr.) O piloto. ◇ *~ fāmu* パイロットファーム A fazenda-modelo[-~]. *~ ranpu* パイロットランプ A lâmpada [luz]~.

pájama パジャマ (< Ing. pajamas < Persa: pae: "perna"+jama: "vestido") O pijama. ⒮周 Ne-máki.

pāji [áa] パージ (< Ing. purge) ⇨ tsuíhő.

páka-paka (to) ぱかぱか (と) 【On.】(Im. das patas do cavalo a trote) Clop, clop.

pākingu [áa] パーキング (< Ing. parking) O estacionamento. ◇ *~ mētā* パーキングメーター O parquímetro. ⒮周 Chūshajō (+).

pākínsón-byō [áa] パーキンソン病 (< Ing. Parkinson's disease + byōki) 【Med.】 A doença de Parkinson.

Pakisutan パキスタン O Paquistão. ◇ *~ jin* パキスタン人 O paquistanês.

pakkíngú パッキング (< Ing. packing) **1** [荷造り] A embalagem; o empacotamento. ⒮周 Ni-zúkuri. **2** [荷造りの際のつめ物] O material de acondicionamento; o recheio. **3** [液体·気体のもれを防ぐもの (パッキン)] O empanque (para vedar junturas).

pákku パック (< Ing. pack) **1** [荷物; 包装] A embalagem; o embrulho; o pacote「de cogumelos」. ★ *~ suru* パックする Embalar; empacotar; embalar. ◇ **Shinkū** ~ 真空パック A ~ a vácuo. **2** [化粧術の] A máscara (Asseio/Beleza). **3** [浮氷群] Uma massa de gelo flutuante. **4** [アイスホッケーの] (< Ing. puck) O disco de borracha (A "bola" no hóquei sobre o gelo).

pákorētá パーコレーター (< Ing. percolator < L.) O filtro; o coador「de café」.

páku-paku (to) ぱくぱく (と) **1** [口を大きくあけたりしめたりするさま] (Im. de abrir e fechar a boca). *Sakana ga kuchi o ~ sasete iru* 魚が口をぱくぱくさせている O peixe está a abrir e fechar a boca. **2** [盛んに物を食べているさま] (Im. de devorar a comida). *Oishi-sō ni ~ tabete iru* おいしそうにぱくぱく食べている Ele está todo regalado a comer. **3** [物の破れ目があくさま] (Im. de rasgão a abrir e fechar). *Kutsu no soko ga ~ shite iru* くつの底がぱくぱくしている Os meus sapatos estão todos rotos [estão-se a rir] por baixo.

pakúri (to) ぱくり (と) **1** [大きく口をあけて食べるよ

うす]〈Im. de abrir muito a boca〉. *Hitokuchi ni ~ to tabete shimatta* 一口にぱくりと食べてしまった Ele comeu「o peixe」só de uma bocada. ★ ⓈⓆ Pakkúri (to); pakútto. **2** [破れ目などが大きく開くさま]〈Im. de rasgão〉. *Kizu ga ~ to kuchi o akete iru* 傷がぱくりと口をあけている A ferida está toda aberta. ⓈⓆ Pakkúri (to); pakútto.

pakúru ぱくる 〖G.〗 **1** [かっぱらう] Surripiar [Furtar com ligeireza]. ⓈⓆ Kappárau (+). **2** [逮捕する] Prender; deitar a unha. *Keisatsu ni pakurareta* 警察にぱくられた Foi preso pela polícia. ⓈⓆ Kénkyo suru (+); táiho suru (o).

pakú-tsúkú ぱくつく ⇨ páku-paku (to) 〖G.〗〈Im. de se atirar à comida〉. *Kēki o umasō ni ~* ケーキをうまそうにぱくつく Comer [Atacar] com regalo o bolo.

pakútto ぱくっと ⇨ pakúri (to).

pāma パーマ (< Ing. permanent wave < L.) A permanente (no cabelo). ~ *o kakete kudasai* パーマをかけて下さい Faça uma ~, por favor. ◇ **Sutorēto** ~ ストレートパーマ ~ para alisar o cabelo; a desfrisagem.

pán パン (< P.) **1** [食品の]O pão. ★ ~ *ni batā o nuru [tsukeru]* パンにバターをぬる[つける] Barrar o ~ com manteiga. ~ *no mimi* パンの耳 A côdea. ~ *o yaku* パンを焼く **a)** Fazer [Cozer] ~ (no forno); **b)** Torrar o ~. ◇ ~ **dane** [**ko**; **shoku**]. ~ **ya** パン屋 A padaria; a panificadora. **An** [**Jamu**] ~ あん[ジャム]パン ~ com recheio de doce de feijão [geleia]. **Furansu** ~ フランスパン O cacete. **Kashi** ~ 菓子パン ~ doce. **Kuro** ~ 黒パン O pão negro [integral/de centeio]. **Rōru** ~ ロールパン O pãozinho em forma de rolo. 〖食物〗O pão; a comida. *Hito wa ~ nomi ni te ikuru mono ni arazu* 人はパンにのみて生くるものにあらず「Nem só de pão vive o homem「mas de Deus」」.

Pánama パナマ O Panamá. ◇ ~ **bō** パナマ帽 O panamá (Chapéu). ◇ ~ **jin** パナマ人 Os panamenses. ~ **unga** パナマ運河 O canal do ~.

-panashi 放し (< hanásu) **1** [したままであること]O deixar em certo estado [a meio/mal feito]. *Itsu demo yarippanashi nan da kara* いつでもやりっ放しなんだから「Não gosto」porque você deixa sempre as coisas a meio/mal feitas. ★ *Dentō no tsukeppanashi* 電灯のつけっ放し O deixar a luz acesa (sem necessidade). **2** [し続けていること]O continuar (sem parar). *Makeppanashi de wa kao ga tatanai* 負けっ放しでは顔がたたない Perder sempre「no bas.」é uma vergonha!

pánchi パンチ (< Ing. punch) **1** [穴をあける器具]O alicate de furar; o furador. ◇ ~ **kādo** パンチカード O cartão (per)furado. ◇ ~ [拳闘の]O soco [murro]. ★ ~ *o kuu* [*kuwasu*] パンチを食う[食わす] Levar/Apanhar [Dar/Mandar] um ~. **3** [迫力]A força; a garra; o travo「do vinho」; o gosto; o interesse. ★ ~ *no kiita uta* パンチのきいた歌 Uma canção com garra/sucesso. ⓈⓆ Hakúryoku.

pánda パンダ (< Ing. < Nepali: panda) 〖Zool.〗O panda; o urso-gato. ◇ **Jaianto** ~ ジャイアントパンダ ~ gigante; *ailuropoda melanoleucus*.

pań-dáné パン種 (< ··· + táne¹) A levedura; o fermento.

páneru パネル (< Ing. panel) 〖Arqui.〗O painel. ◇ ~ **hītā** パネルヒーター O aquecedor de ~.

panerú-dísúkásshon パネルディスカッション (< Ing. panel discussion) A discussão pública dum problema por um grupo de especialistas.

pańfurétto パンフレット (< Ing. pamphlet) O panfleto; o folheto. ⓈⓆ Shō-sásshi.

pánikku パニック (< Ing. panic < Gr. panikon Delma: terror que vem do deus Pã) O pânico; o terror. ~ *jōtai ni ochiiru* パニック状態に陥る Cair em estado de [Ficar em (+)] pânico. ~ *o hiki-okosu* パニックを引き起こす Provocar pânico. ⓈⓆ Kyōkó.

pánji パンジー (< Ing. pansy) 〖Bot.〗O amor-perfeito; *viola tricolor*. ⓈⓆ Sańshóku súmire.

pań-kéki [**ēe**] パンケーキ (< Ing. pancake) **1** [菓子の]A panqueca (B.). **2** [化粧の]Um pó facial, aplicado com esponja humedecida.

pań-kó パン粉 (< P. pão + ko⁴) Migalhas de pão.

páńku パンク (< Ing. puncture < L.) **1** [タイヤの]O furo (no pneu). *Taiya ga ~ shita* タイヤがパンクした Tive um ~. **2** [機能が停止する状態] O não aguentar [funcionar]. *Denwa ga sattō shite kaisen ga ~ shita* 電話が殺到して回線がパンクした Houve tantos [tal chuva de] telefonemas que a linha ficou interrompida. ⓈⓆ Harétsu.

pán-no-ki パンの木 〖Bot.〗A fruta-pão; *artocarpus communis*.

panorâma パノラマ (< Ing. < Gr. pan + horama: espe(c)táculo) O panorama. ★ ~ *no yō na keshiki* パノラマのような景色 Uma vista ampla, panorâmica. ◇ ~ **satsuei** パノラマ撮影 A fotografia panorâmica.

pańpan¹ パンパン A prostituta; a meretriz.

pań-páń² ぱんぱん **1** [はちきれそうにいっぱいであるさま]〈Im. de muito cheio〉. ★ *O-naka ga ~ ni naru made taberu* おなかがぱんぱんになるまで食べる Comer até rebentar [ficar empanturrado]. **2** [平たいもので物をたたいている時の音]〈Im. de ruído abafado〉. ★ *Hoshita futon o futon-tataki de ~* (*to*) *tataku* 干したふとんをふとんたたきでぱんぱん(と)たたく Secar e bater o "futon" com uma vara.

pánpusu パンプス (< Ing. pumps) Os escarpins; uns sapatos de senhora.

pań-shóku パン食 (< ··· + shokú¹) A refeição à base de pão.

pań-súto パンスト (Abrev. de "pantī sutokkingu") As meias-calças.

pańtágurafu パンタグラフ (< Ing. pantograph < Gr.) 〖Ele(c)tri.〗O pantógrafo.

pántaron パンタロン (< Fr. pantalon < It. Pantaleone: antr) Calças largas de senhora. ⇨ zubón.

pántī パンティー (< Ing. panties) A(s) calcinha(s) (Peça interior do vestuário feminino). ◇ ~ **stokkingu** パンティーストッキング ⇨ pań-súto.

pańtómáimu パントマイム (< Ing. pantomime < Gr.) A pantomima. ★ ~ *de enjiru* [*arawasu*] パントマイムで演じる[表す] Representar uma [Expressar através de] ~. ⓈⓆ Mugón-geki.

pántsu パンツ (< Ing. pants) **a)** As cuecas; **b)** O calção. ★ ~ *ichi-mai ni naru* パンツ一枚になる Ficar em [só com as] cuecas. ◇ **Kaisui** ~ 海水パンツ O calção de banho. **Shōto** ~ ショートパンツ As calças curtas; os calções. **Torēningu** ~ トレーニングパンツ O calção de treino.

pán-ya¹ パン屋 ⇨ pán ◇.

páń'ya² パンヤ (< P. < Mal. pani) A paina (Fibra). ★ ~ *no ki* パンヤの木 A paineira; a paina-de-seda; a barriguda; *bombax malabaricum*. ⇨ watá-gé.

pápa パパ (< Ing. < It. papa) O papá; o papai (B.). A/反 Máma.

papáiya パパイヤ【Bot.】A papaia (Fruta originária da América Central); o mamão (B.).

pápirusu パピルス (< Gr. pápyros)【Bot.】O papiro; *cyperus papyrus*.

páppa-to ぱっぱと【G.】**1**[ものが飛び散るさま] (Im. de espalhar ou atirar). **2**[金などを惜しげなく使うさま] (Im. de esbanjar dinheiro). *Kanojo wa kane o ~ tsukau* 彼女は金をぱっぱと使う Ela esbanja o dinheiro. **3**[無遠慮にしゃべるさま] (Im. de falar sem reservas). *Kare wa iitai koto o ~ iu* 彼は言いたいことをぱっぱと言う Ele não tem papas na língua [Ele fala claro/diz tudo o que pensa]. **4**[煙などが出るさま] (Im. de abundância). **5**[てきぱきと] (Im. de rapidez). ★ ~ *heya o katazukeru* ぱっぱと部屋を片づける Arrumar a sala num instante [abrir e fechar de olhos]. **6**[はたく音] (Im. de espanar). *Hokori o ~ hataite otosu* ほこりをぱっぱとはたいて落とす Espanar o pó.

Papúa-nyū-gíníyá パプアニューギニヤ A Papua-Nova Guiné. ◇ ~ **jin** パプアニューギニア人 Os papuas [papuásios].

papúrika パプリカ (< Húngaro < Croata papar: "pimentão") A páprica.

parábórá-ántena パラボラアンテナ (< Ing. < L. < Gr.) A antena parabólica.

paráchifusu パラチフス (< Al. paratyphus < Gr.)【Med.】O paratifo; a febre paratifóide.

páradaisu パラダイス (< Ing. paradise < Fr. < L. < Gr.) O paraíso. S/同 Rakuén; téngoku.

parádókkusu パラドックス (< Ing. < Gr. parádoxon: "incrível") O paradoxo. S/同 Gyakúsétsú (+).

párafin パラフィン (< Ing. paraffin < L. parum: "pouco" + affinis: "que liga" — que não se mistura com outros corpos)【Quím.】A parafina. ★ *o nuru* パラフィンを塗る Parafinar; untar com ~. ◇ **shi** ~ パラフィン紙 O papel parafinado.

Páraguai パラグアイ O Paraguai. ◇ ~ **jin** パラグアイ人 O paraguaio.

páragurafu パラグラフ (< Ing. < Gr. paragraphos: "escrito ao lado") O parágrafo. S/同 Dañráku (+).

parájiumu パラジウム【Quím.】O paládio (Pal 46).

parámétá パラメーター (< Ing. parameter) (ée)【Mat.】O parâmetro.

párapara (to) ぱらぱら(と) **1**[軽く少し散らばるさま] (Im. de coisas pequenas a cair). *Ame ga ~ (to) furidashita* 雨がぱらぱら(と)降り出した Começaram a cair umas pingas de chuva. *Niku ni ~ (to) shio o furikaketa* 肉にぱらぱら(と)塩をふりかけた Deitei um pouco de sal na carne. **2**[らほら] [parápará] (Im. de esparso). ~ (*to*) *hakushu ga okotta* ぱらぱら(と)拍手がおこった Houve uns aplausos esparsos. S/同 Pótsu-potsu (to). **3**[本などを手早くめくるさま] (Im. de fazer à pressa). ★ *Hon o ~ mekuru* 本をぱらぱらめくる Folhear um livro.

parárínpíkku パラリンピック (< Ing. Paralympic < paralysis+olympic) A Para-olimpíada; a Olimpíada dos paraplégicos.

paráshúto [úu] パラシュート (< Ing. < Fr. parachute) O pára-quedas. ★ ~ *de oriru* [*kōka suru*] パラシュートで降りる[降下する] Descer de ~. ◇ ~ **butai** パラシュート部隊 Os [O corpo de] pára-quedistas. S/同 Rakkásan (+).

paráttsúkú ぱらつく **a**) Cair em pequenas gotas; **b**) Ser desigual. *Ame ga paratsuite kita* 雨がぱらついてきた Começaram a cair uns borrifos (de chuva). *Dēta ga paratsuite hakkiri shita keikō ga mirarenai* データがぱらついていて、はっきりした傾向が見られない Os dados apresentam grande irregularidade e não se vê uma tendência clara. ~ barátsukí.

parátto ぱらっと Um pouco. ★ *Mame ni ~ shio o furikakeru* 豆にぱらっと塩をふりかける Deitar ~ de sal nos feijões. ⇨ párapara (to).

parédo [ée] パレード (< Ing. parade < L. parare: preparar) O desfile. *Pōr a tinta na* ~. ◇ *~ o kurihirogeru* パレードを繰り広げる Desfilar. ◇ **Yūshō** ~ 優勝パレード ~ da [para comemorar a] vitória. **Shukuga** ~ 祝賀パレード O cortejo. S/同 Kōshíñ[1] (+).

Parésúchína パレスチナ A Palestina. ◇ ~ **jin** パレスチナ人 Os palestinianos. ~ **kaihō kikō** パレスチナ解放機構 (PLO) A Organização da Libertação da ~ (OLP).

parétto パレット (< Fr. < It. paletta < L.) A paleta (de pintor). ★ ~ *ni enogu o dasu* パレットに絵の具を出す Pôr a tinta na ~. ◇ ~ **naifu** パレットナイフ A espátula (de pintor). S/同 Enógúkótí.

Pári パリ Paris. ◇ ~ **kko** パリっ子 O parisiense.

pári-pari ぱりぱり **1**[歯切れ良く物をかむ音] (Im. de ruído). *Kare wa o-senbei o ~ to oto o tatete tabete iru* 彼はおせんべいをぱりぱりと音を立てて食べている Ele faz ruído ao comer "o-senbei". **2**[真新しいさま] [parí-párí] (Im. de novo). *Mite kare no sebiro, shinchō no ~ yo* 見て彼の背広、新調のぱりぱりよ Veja o paletó [casaso] dele, é novinho em folha! ★ *Nori no kiita ~ no yukata* 糊のきいたぱりぱりの浴衣 O robe japonês bem engomado. **3**[勢いが良いさま] [parí-párí] (Im. de bem feito, de boa qualidade). *Kare wa ~ no ginkō-ka da* 彼はぱりぱりの銀行家だ Ele é um banqueiro de primeira [e peras (G.)].

párítī パリティー (< Ing. parity)【Econ.】A paridade (da moeda). ◇ ~ **kakaku** [**keisan**] パリティー価格 [計算] O preço [cálculo] de ~. ⇨ pā[1].

parítto shita ぱりっとした Perfeito; bem feito. ★ ~ *minari no shinshi* ぱりっとした身なりの紳士 Um cavalheiro muito [todo] bem vestido.

párodī パロディー (< Ing. parody Gr. parodia: cantar ao lado de outro) A paródia. S/同 Mojírí.

páru [áa] パール (< Ing. pearl) A pérola. S/同 Shiñjú (+).

parúchízan パルチザン (< Ing. partisan < Fr. < It. partigiano) O guerrilheiro; o membro da resistência.

párupu パルプ (< Ing. pulp < Fr. < L.) A polpa; a pasta para fabrico de papel.

párusu パルス (< Ing. pulse < L.)【Ele(c)tri.】O pulso elé(c)trico.

pāsā [áa] パーサー (< Ing. purser) O comissário de bordo.

pasá-pásá ぱさぱさ (Im. de seco). ★ ~ *no gohan* ぱさぱさのごはん O arroz cozido, muito solto [seco]. ⇨ basábásá; bósoboso.

pāséñtéji [aa-ée] パーセンテージ (< Ing. percentage) A porcentagem (B.) [percentagem]. S/同 Hyakúbúñ-ritsu. ⇨ buaí; rítsu[1]; waraí.

pāséñto [aá] パーセント (< Ing. per cent < L.) Por

cento. *Uchi de wa shūnyū no nijippāsento o yachin ni atete iru* うちでは収入の 20 %を家賃に当てている Em casa, 20% do nosso rendimento vai para o aluguer/l.

páseri パセリ (< Ing. parsley)【Bot.】A salsa crespa; *petro celinum sativum*.

pasókón パソコン (Abrev. de "pāsonaru konpyūta") O computador pessoal. ◇ **~ tsūshin** パソコン通信 O correio ele(c)tró(ô)nico; a comunicação por computador.

pāsonaru-konpyūta パーソナルコンピュータ ⇨ pasókón.

passhíngú-shótto パッシングショット (< Ing. passing shot)【(D)esp.】A passagem (de bola); um passe. ⇨ **pásu 5**.

pásu パス (< Ing. pass) **1** [無賃乗車券; 無料入場券] O passe livre. ◇ **Kao ~** 顔パスO livre trânsito por ser conhecido. ★ *Kao no* 顔の Fun̄ pásu. **2** [定期乗車券] O passe「social」(Pago). S/筒 Teíkí-ken (+). **3** [合格] A aprovação; o passar. S/筒 *Shiken o [ni] ~ suru* 試験を[に]パスする Passar [Ser aprovado] no exame. S/筒 Gōkáku (+). **4** [トランプで] A passagem. *Mochifuda ga nai no de ~ shita* 持札がないのでパスした Passei porque não tinha (aquela carta). S/筒 Kikén. **5** [スポーツで] O passe. S/筒 Sōkyū.

pasú-bōru [óō] パスボール (< Ing. passed ball)【Beis.】A bola perdida (pelo apanhador).

pasúpōto [óō] パスポート (< Ing. passport < Fr. L.) O passaporte. S/筒 Ryokén.

pásuteru パステル (< Ing. < Fr. < It. pastelo) O pastel. ◇ **~ ga** パステル画 O (quadro a) pastel. **~ karā** パステルカラー As cores para pastel.

patán [áa] パターン (< Ing. pattern < L. patronus) **1** [型] O padrão; o modelo. ★ *Nihon bunka no ~* 日本文化のパターン ~ da cultura japonesa. S/筒 Katá; ruíkéi. **2** [事業] O esboço [plano]. S/筒 Zukéi. **3** [型紙] O molde. S/筒 Katá-gámi (+).

patán to ぱたんと Pumba [Bumba]! *To [Futa] o ~ shimeta* 戸[ふた]をぱたんとしめた Bati a porta [tampa]、～! ⇨ batán to.

páta-pata (to) ぱたぱた(と) **1** [軽くほこりなどをはたくさま] (Im. de pancadas leves). ★ *Hataki o ~ kakeru* はたきをぱたぱたかける Limpar (o pó) com o espanador. ⇨ hatáku. **2** [生き物などが軽く音をたてるさま] (Im. de ruído repetido). ★ *Surippa de aruku* スリッパでぱたぱた歩く Fazer ruído com as chinelas ao andar. ⇨ péta-peta (to). **3** [小旗などが風に音をたてるさま] (Im. de farfalhar). *Monzen no kobata ga ~ natte iru* 門前の小旗がぱたぱた鳴っている A bandeirinha da entrada a farfalhar com o vento. **4** [物事がはかどるさま] (Im. de rapidez).

patátto ぱたっと ⇨ pattari.

patchí ぱっち (< Core. pat-chi) Uma espécie de calças. ⇨ momóhíkí.

patchíri ぱっちり (と) (Im. de abrir os olhos (e sorrir)). ★ ~ *me o akete iru* ぱっちり目をあけている「a criança」Ter os olhinhos todos abertos.

páte パテ a) A massa「de vidraceiro」(< Ing. putty) ★ *Mado-garasu ni ~ o tsumeru* 窓ガラスにパテを詰 Pôr massa nos caixilhos da janela. b) O patê. (< Fr. pâté; Cul.)

paténtó パテント (< Ing. patent < L.) A patente.

pátī [áa] パーティー (< Ing. party) **1** [会合] A festa; a reunião social. ★ ~ *o hiraku* パーティーを開くDar uma festa [recepção]; fazer uma reunião. ◇ **~ ken** パーティー券A [O bilhete de] entrada para a festa. **Dansu ~** ダンスパーティー Um baile. **2** [登山隊] O grupo de alpinistas. *Daigakusei yo-nin no ~ ga sōnan shita* 大学生 4 人のパーティーが遭難した Um grupo de quatro universitários perdeu-se nas montanhas. S/筒 Tozán-tái.

pátó [áa] パート (< Ing. part < L.) **1** [部分] A parte. S/筒 Búbun (+). **2** [合唱の] A parte [voz]. ★ *Sopurano no ~* ソプラノのパート ~ de soprano. **3** [パート・タイムの] O trabalho a tempo parcial. *Watashi wa sūpā de ~ o shite iru* 私はスーパーでパートをしている Eu trabalho num supermercado à hora [a tempo parcial]. S/筒 Arúbáito; pátó-táimu. A/反 Furú-táimu. **4** [パートタイマーの] O extranumerário [empregado a tempo parcial]. S/筒 Arúbáito; pátó-táima. A/反 Furú-táima.

patóká [áa] パトカー (< Ing. patrol car) O carro patrulha [da polícia]. S/筒 Patórórú-ka.

patōna [áa] パートナー (< Ing. partner < L. pars) **1** [相手] O parceiro; o companheiro; o par. ★ *Dansu no ~* ダンスのパートナー O par da dança. S/筒 Aíté. **2** [事業などを共同でする人] O sócio. ★ *Gōben jigyō no ~* 合弁事業のパートナー ~ duma empresa [sociedade empresarial]. S/筒 Aíbō; nakámá.

patōrón パトロン (< Ing. patron < L. patrōnus) **1** [後援者] O patrocinador; o mecenas. S/筒 Kōénsha. **2** [芸者などの旦那] O prote(c)tor [patrão] de "geisha". ★ *Kanemochi no ~* 金持ちのパトロン ~ rico. S/筒 Daňná.

patōroru [óō] パトロール (< Ing. patrol) A patrulha; a ronda「da polícia」. *Keikan ga futari hito-kumi de ~ o shite iru* 警官が二人一組でパトロールをしている Os polícias [policiais (B.)] andam a patrulhar [fazer a ronda] em grupos de dois. ◇ **~ kā** パトロールカー O carro da ~. S/筒 Juňkái; juňshí.

pátosu パトス (< Al. < Gr. pathos)【Arte】O patos, a emoção. ⇨ Étosu.

pátó-táimā [áa] パートタイマー (< Ing. part-timer) O extranumerário. ⇨ pátó **4**.

pátó-táimu [áa] パートタイム (< Ing. part-time) ⇨ pátó **3**, **4**.

pattári ぱったり Repentinamente; inesperadamente; de repente. *Eki de kare to ~ atta* 駅で彼とぱったり会った Encontrei-me com ele ~ na estação. *Kodomo wa ~ taorete ugokanaku natta* 子供はぱったり倒れて動かなくなった De repente, o menino caiu e perdeu os sentidos.

pátto[1] ぱっと a) De repente; subitamente. *Atari ga ~ akaruku natta* あたりがぱっと明るくなった ~ ficou tudo iluminado [cheio de luz]. *Hazukashisa no amari kanojo wa ~ hō o akarameta* 恥ずかしさの余り彼女はぱっと顔を赤らめた ~ ela ficou corada com vergonha. *Sono uwasa wa machi-jū ni ~ hirogatta* その噂は町中にぱっと広がった Esse rumor espalhou-se [propagou-se] rapidamente [~] pela cidade. *Kare wa ~ mi o hirugaeshite nigeta* 彼はぱっと身を翻して逃げた Ele desviou-se de repente e fugiu. b) De maneira extraordinária; conspicuamente.

pátto[2] パット (< Ing. putt)【Go.】A pancadinha [tacada leve] para introduzir a bola no buraco.

pátto[3] パット (< Ing. pad) ⇨ páddo.

pátto-shinai ぱっとしない (<…[1] +neg. de suru) Sem destaque; ordinário [nada extraordinário]; inconspícuo; obscuro. *Konkai no orinpikku de wa Nippon wa amari patto shinakatta* 今回のオリンピックで

は日本はあまりぱっとしなかった Nestas olimpíadas o Japão não teve muito destaque. ★ ～ *sakka* ぱっとしない作家 Um escritor obscuro.

paúndó-kéki [éé] パウンドケーキ (< Ing. pound cake) O bolo inglês. 同 Batá-kéki.

pázuru パズル (< Ing. puzzle) O quebra-cabeças; o enigma; a adivinha. ◇ ～ **Jigusō** ～ ジグソーパズル O quebra-cabeças; o brinquedo de armar [juntar]. **Kurosuwādo** ～ クロスワードパズル As [O enigma de] palavras cruzadas. 同 Hañjí-mónó; nazó.

péa ペア (< Ing. pair < L. pars) O par. ★ ～ *no shatsu* ペアのシャツ Camisas iguais [da mesma cor/do mesmo estilo]. ◇ ～ **rukku** ペアルック "os namorados que estão com" Roupas iguais. ⇨ o-sóról; tsuí².

pécha-kucha (to) ぺちゃくちゃ(と) 【Col.】「estar」A tagarelar. *Jugyō-chū ni kudaranai koto o ～ o-shaberi shite wa ikenai* 授業中にくだらないことをぺちゃくちゃおしゃべりしてはいけない Não é permitido tagarelar [falar] durante a aula.

pechánko ぺちゃんこ 【Col.】 **1** [おしつぶされたさま] O ser esmagado 「carro」achatado/espatifado/esborrachado]. ★ ～ *ni suru* ぺちゃんこにする Esmagar. **2** [言い込められたよう*s*] ★ ～ *ni yarikomerareru* ぺちゃんこにやり込められるFicar vencido[de rastos]. ⇨ ií-mákásu. **3** [元気をなくしたようs] O ficar triste [abatido] 「por ser repreendido」. *Shitsuren shite ～ ni natta* 失恋してぺちゃんこになった Ficou abatido por uma desilusão amorosa [paixão não correspondida].

péchika ペチカ (< Ru. pechka) Um forno de tijolo. ⇨ dañbô.

pechikóto [óo] ペチコート (< Ing. petticoat) A anágua; o saiote; a saia interior [de baixo]. ⇨ shitá-gí.

pedárú ペダル (< Ing. < L. pedalis: do pé) O pedal. ★ ～ *o fumu* ペダルを踏む **a)** Dar ao ～ (para ir depressa); **b)** Carregar no ～ (para parar 「o carro」). *Jitensha no ～ o fumu* 自転車のペダルを踏む Pedalar a bicicleta. *Piano no ～ ペダル* ～ do piano. ◇ **Burēki** ～ ブレーキペダル ～ do travão.

pedikyua ペディキュア (< Ing. pedicure < L.) O calista; o pedicuro. ⇨ maníkyua.

Pégasasu ペガサス (< Ing. < L. Pegasus < Gr.) 【Mit.】 O Pégaso [cavalo alado].

pehá [eé] ペーハー (< Al. pH) 【Quím.】 O potencial de hidrogé[ê]nio; pH. ⇨ arúkárí-séí; sań-séí².

peínto ペイント (< Ing. paint) A tinta. 同 Peñki.

pei-péi ぺいぺい 【Col.】 Um pobre principiante. *Watashi wa mada ～ desu* 私はまだぺいぺいです Eu ainda sou ～. 同 Kaké-dáshí; shiñmái.

péji [eé] ページ (< Ing. page < L.) A página. *Tekisuto no sanjū-ichi ～ o hiraite kudasai* テキストの31ページを開いてください Abram o livro na ～ trinta e um, por favor. *Sono omoide wa kanojo no jinsei no ichi ～ o kazatta* その思い出は彼女の人生の1ページを飾った Essa lembrança foi uma ～ importante da vida dela. ★ ～ *o mekuru* 「*kuru*」ページをめくる「繰る」Folhear [Passar as ～s]. *Hachi ～ ni notte iru* 8ページに載っている Estar [Vir] na ～ oito.

péke ぺけ (< Chin. buke < Mal. pergi) 【G.】 **1** [だめ] O rejeitar; no 「exame」estar mal; o deitar fora. *Sono puran wa ～ ni natta* そのプランはぺけになった Esse plano foi rejeitado. 同 Damé. **2** [「×」の しるし] O sinal × [de errado]. 同 Bátsu (+); battén.

pekín-dákku 北京ダック (< Ing. Peking duck) **a)** O pato pequinês (Zool.); **b)** O pato assado (Cul./Chin.).

pekín-génjin 北京原人 O homem primitivo de pequim; *sinanthropus pekinensis*.

pekón-to ぺこんと **1** [物がへこむさま] (Im. de amolgar). *Kan ga ～ hekonda* 缶がぺこんとへこんだ A lata ficou um pouco amolgada. **2** [頭だけを急に下げるさま] Levemente; um pouco. 同 Pyokón-to.

péko-peko ペコペコ **1** [頭をさげるさま] [péko peko] (Im. de servilismo/subserviência). *Kare wa jōshi ni ～ suru shika nō no nai ningen da* 彼は上司にぺこぺこする脳のない人間を Ele não sabe mais que dizer sim-sim aos de cima. ⇨ hetsúráu. **2** [空腹] [pekó pékó] (Im. de fome) *Onaka ga ～ da* おなかがぺこぺこだ Estou cheio de [com muita] fome.

pékuchin ペクチン (< Ing. pectin < Gr. pektós: espesso) 【Bioq.】 A pectina.

pén ペン (< Ing. pen < L. penna: pena de ave) **1** [インクを用いる筆記具] A caneta (de tinta permanente); a pena (A.). ◇ ～ **ga.** ～ **saki** ペン先 A ponta [O bico] da ～. **Bōru** ～ ボールペン A (caneta) esferográfica. **Sain** ～ サインペン ～ para assinar (Escreve mais grosso). 同 Mañnén-hitsu. ⇨ buñbógu; hikkí. **2** [文筆活動] A pena; a a(c)tividade literária. ★ ～ *o toru* ペンを取る Dedicar-se a escrever 「à pena」. ことわざ ～ *wa ken yori tsuyoshi* ペンは剣より強し A pena é mais forte que a espada [A inteligência supera a força]. ◇ ～ **furendo** [**paru**] ペンフレンド[パル] O amigo por correspondência. ～ **nēmu** ペンネーム O pseudó[ô]nimo (de escritor). 同 Buñpítsu-kátsudō. ⇨ fudé.

penánto ペナント (< Ing. pennant) **1** [細長い三角旗] A flâmula; a bandeirinha triangular; a bandeirola; o galhardete. **2** [優勝] A [O estandarte da] vitória; o campeonato. ◇ ～ **rēsu** ペナントレース (A luta pelo) campeonato 「de bas.」. 同 Yúshō.

penárutī ペナルティー (< Ing. penalty) 【(D)esp.】 O pênalti (B.); a grande penalidade. ★ ～ *o kasu* ペナルティーを課す Marcar um/a ～. ◇ ～ **eria** ペナルティーエリア A área de ～. ～ **gōru** ペナルティーゴール O golo [gol] de ～. ～ **kikku** ペナルティーキック O chuto [chute] de ～. 同 Bassókú. ⇨ hañsókú.

pénchi ペンチ (< Ing. pinchers) O alicate; a tu[o]rquês. ⇨ hasámí¹; yattókó.

péndanto ペンダント (< Ing. pendant) O pingente; o pendente; o berloque; o pende[u]ricalho. ⇨ kubíkázari; nékkuresu.

peñ-gá ペン画 (< Ing. pen + …) O desenho à pena.

pengíñ ペンギン (< Ing. penguin) 【Zool.】 O pinguim.

pénī ペニー (< Ing. penny) Um péni.

penishírín ペニシリン (< Ing. < L. penicillum: pincel) 【Med.】 A penicilina. ◇ ～ **chūsha** ペニシリン注射 A inje(c)ção de ～. ⇨ kōséí-bússhitsu.

peñkí ペンキ (< Hol. pek) A tinta. ～ *de saku o shiroku nutta* ペンキで柵を白く塗った Pintei a cerca [o muro] de branco [com tinta branca]. ★ ～ *nuritate* ペンキ塗りたて (掲示) Tinta fresca [Pintado de fresco]! 同 tóryô.

peñkí-yá ペンキ屋 (< Hol. pek + …) O pintor (de paredes).

peñpén-gusa ぺんぺん草 【Bot.】 A bolsa-de-pastor; *capsella bursa-pastoris*. 同 Nazúná. ⇨ naná-kusa.

pénsu ペンス (< Ing. pence) A duodécima parte dum xelim. ⇨ *péni*.

pépā [éé] ペーパー (< Ing. paper < L. papyrus) **1** [紙] O papel. ◇ **~ bakku** ペーパーバック A brochura [O livro brochado]. **~ kurafuto** ペーパークラフト O trabalhar em ~. **~ naifu** ペーパーナイフ Um corta-papéis. **~ tesuto** ペーパーテスト O exame escrito. S/同 Kamí(+). **2** [書類] Os papéis; os documentos. **~ wāku** ペーパーワーク Os trabalhos de escrita. **3** [書類上の；実在しない] O não existir. ◇ **~ doraibā** ペーパードライバー Motorista habilitado mas que nunca conduz. **~ kanpanī** ペーパーカンパニー A companhia falsa [fictícia/só no papel]. **~ puran** ペーパープラン O plano que está [ficou] só no papel. **4** [サンドペーパーの略] A lixa (de papel).

pepāminto ペパーミント (< Ing. peppermint) A hortelã-pimenta. S/同 Hakká (+).

pê-pê [peépée] ぺえぺえ ⇨ pei-péi.

pépushin ペプシン (< Ing. < Gr. pepsis: digestão) 【Bioq.】 A pepsina.

perá-péra ぺらぺら【G.】 **1** [流暢なようす] [pérá-pérá] Fluentemente; correntemente. *Kare wa eigo ga ~ da* 彼は英語がぺらぺらだ Ele fala inglês ~. S/同 Ryúchō. **2** [軽々しくしゃべるさま] (Im. de dar à língua). **3** [紙をめくるさま] [pérapera] (Im. de pressa). ★ **~ to jisho o mekuru** ぺらぺらと辞書をめくる Folhear depressa o dicionário. S/同 Párapara. **4** [薄くて弱いさま] [perápérá] (Im. de fino e fraco). ★ **~ no kami** ぺらぺらの紙 O papel fino e que rasga logo.

perikán ペリカン (< Ing. pelican < Gr. pelekan) 【Zool.】 O pelicano.

peróri-to ぺろりと【G.】 **1** [舌を出すさま] (Im. de deitar a língua de fora). ★ *shita o dasu* ぺろりと舌を出す Deitar a língua de fora 「e lamber」. **2** [すっかり食べてしまうさま] (Im. de comer tudo). ★ *Gochisō o ~ tairageta* ごちそうをぺろりと平らげた Limpou tudo (G.). ⇨ Peróttro.

Perū ペルー O Peru. **~ jin** ペルー人 O peruano. **~ kyōwa koku** ペルー共和国 A República do ~.

Perúshia ペルシア【H.】 A Pérsia (= Íran). **~ go** ペルシア語 O persa. **~ jin** ペルシア人 Os persas. **~ neko** ペルシア猫 O gato persa. **~ wan** ペルシア湾 O Golfo Pérsico.

péseta ペセタ (< Esp. peseta) A peseta (Moeda espanhola).

peshánko ぺしゃんこ ⇨ pechánko.

peshímisuto ペシミスト (< Ing. pessimist < L.) O pessimista. S/同 Eńseíká; hikáńronsha. A/反 Oputímisuto.

peshímizumu ペシミズム (< Ing. pessimism < L.) O pessimismo. S/同 Eńseí-ron; hikán-ron. A/反 Oputímizumu.

péso ペソ (< Esp. peso) O peso (Moeda 「do México」).

pêsosu [éé] ペーソス (< Ing. pathos < Gr.) O patético 「da vida」. S/同 Aíshū; hiáikan.

péssarī ペッサリー (< Ing. pessary < L.) 【Med.】 O pessário [supositório vaginal]. ⇨ hiníń².

pêsu [éé] ペース (< Ing. pace < L.) O passo; o ritmo; o andamento. *Jibun no ~ o mamotte hashitta* 自分のペースを守って走った Corri ao meu ritmo [passo]. ◇ **~ mēkā**. Hochō; sókudo; tenpo.

pêsu-mēkā ペースメーカー a) 【Med.】 O marcapasso; b) O corredor 「de maratona」 que, arrancando para a frente, marca o ritmo (da corrida).

pésuto ペスト (< Hol. < L. pestis) 【Med.】 A peste 「bubó[ō]nica/negra」. S/同 Kokúshí-byó.

pésuto [éé] ペースト (< Ing. paste < L. < Gr.) [食品の] A pasta (alimentícia). ◇ **Rebā ~** レバーペースト O patê de fígado. **2** [電気] A cola; a resina.

petán-to ぺたんと **1** [はりつくさま] Paf!; pum! ★ *Hanko o ~ osu* はんこをぺたんと押す ~ ! Pôr o carimbo. ⇨ harí-tsúku. **2** [平たくすわるさま] Paf! 「sentar-se no sofá」

péta-peta (to) ぺたぺた(と) **1** [粘りつくさま] (Im. de colar muita coisa). ★ *Shīru o nōto ni ~ haru* シールをノートにぺたぺた貼る Colar muitos emblemas no [na capa do] caderno. ⇨ bétabeta; harú²; kuttsúku. **2** [貼りつくように打ち当たる音] 「bater」Tape, tape.

petári-to ぺたりと ⇨ petán-to.

petchánko ぺっちゃんこ【Col.】⇨ pechánko.

petéń ペテン【G.】O logro; o embuste; a fraude. S/同 Ikásámá; sági. ⇨ petén-shi.

petén-shi ペテン師 O embusteiro; o impostor; o vigarista. S/同 Sagíshi.

pettári (to) ぺったり(と) Firmemente. *Kodomo ga hahaoya ni ~ kuttsuite iru* 子供が母親にぺったりくっついている A criança está ~ [toda] agarrada à mãe. ⇨ bettári; petán[ri]-to.

pettíngu ペッティング (< Ing. petting) A carícia amorosa (libidinosa). A/反 Nekkíńgú.

pétto ペット (< Ing. pet) O animal (pequeno) de estimação. ★ **~ o kau** ペットを飼う Ter um ~. ◇ **~ fūdo** ペットフード A ração [comida] para animais 〜.

pettó-bótoru ペットボトル (< PET bottle) A garrafa [O frasco] de plástico [*poli-e*tileno "*terephthalate*"].

pī [ii] ピー Piii! **~ to fue o fuku** ピーと笛を吹く Apitar com muita força. ⇨ *píripiri* **3**.

piánisshimo ピアニッシモ (< It. pianissimo) 【Mús.】O pianíssimo; pp. ⇨ piánó **2**.

piánisuto ピアニスト (< Ing. pianist) O pianista.

piánó ピアノ【楽器】(< Ing. < It. piano) O piano. ★ **~ o hiku** ピアノを弾く Tocar piano. ◇ **Appuraito ~** アップライトピアノ ~ vertical [de armário]. **Gurando ~** グランドピアノ ~ de cauda. **2** [強弱記号]「cantar」Piano. A/反 Fórute.

píāru [píiaa] ピーアール (< Ing. P.R. [Public Relations]) A propaganda; a publicidade; as relações públicas. ◇ **~ katsudō** ピーアール活動 As a(c)tividades publicitárias [de ~]. ⇨ Kōhō; seńdeń (+). ⇨ kókuku¹.

píasu ピアス (< Ing. pierced earring) O brinco com fecho. ⇨ íya-ringu.

pícha-picha (to) ぴちゃぴちゃ(と) (Im. de ruído de líquido). *Neko ga ~ gyūnyū no namete iru* 猫がぴちゃぴちゃ牛乳をなめている O gato está a beber o leite. ⇨ bíchabicha.

pichikáto [áa] ピチカート (< It. pizzicato) 【Mús.】 Destacado [Picado/Pizicato/Pizz.].

píchi-píchi (to) ぴちぴち(と) **1** [生魚などの活発にはねまわるようす] (Im. de agitar-se com força). *Tsuriageta sakana ga baketsu no naka de ~ hanete ita* 釣り上げた魚がバケツの中でぴちぴち跳ねていた O peixe que apanhei dava cada salto no balde! ⇨ hanémáwaru. **2** [若々しく元気のいいさま] (Im. de vida/alegria). ★ **~ shita musume** ぴちぴちした娘

Uma moça jovial [cheia de vida/alegre]. ⇨ génki[1]; hatsúrátsú; kappátsú; wakái[1].

píero ピエロ (< Fr. pierrot) O pierrô (Palhaço de circo). [S/同] Dṓké-yákusha.

Pigúmī́-zoku [ii] ピグミー族 Os Pigmeus.

pī́-hyororo [ii] ぴいひょろろ (Im. de pio harmonioso). *Tonbi ga ~ to naite iru* とんびがぴいひょろろと鳴いている Oiça como é lindo o canto [pio] do milhafre!

piká don ぴかどん【G.】A bomba ató[ô]mica; a estrela ao meio-dia. [S/同] Geńbákú (+).

piká-ichi ぴか一【G.】O ás [melhor]. *Ano ko wa kurasu de ~ da* あの子はクラスでぴか一だ Ela é a melhor da turma. [S/同] Dańtótsú. ⇨ ḗsu; hanágátá; tóppu.

píka-pika ぴかぴか **1** [つやがあって美しいようす] (Im. de lustroso). ★ *Kutsu o ~ ni migaku* 靴をぴかぴかに磨く Engraxar bem o sapatos (até ficarem a luzir). **2** [光が点滅するさま] (Im. de brilhar). *Yozora ni hoshi ga ~ (to) hikatte ita* 夜空に星がぴかぴか(と) 光っていた As estrelas brilhavam no céu. ⇨ hikáru; kagáyákú. **3** [真新しいさま] (Im. de「carro」novo em folha). ★ *~ no ichinensei* ぴかぴかの一年生 Os caloiros (do primeiro ano) todos com cara de novatos. ⇨ shińmáí.

pikári-to ぴかりと (Im. de resplandecente). *Inazuma ga ~ hikatta* 稲妻がぴかりと光った Viu-se um grande relâmpago.

pikátto ぴかっと ⇨ pikári-to.

píke ピケ (< Fr. piqué) O piqué[ê] (de algodão). ◇ **~ bō** ピケ帽 O chapeú de ~.

píke(tto) [pikétto] ピケ(ット) (< Ing. picket < Fr. piquet) O piquete. ★ *~ o haru [yaburu]* ピケを張る[破る] Formar um [Furar o] piquete. ⇨ sutóráiki.

píkkeru ピッケル (< Al. pickel) A picareta.

píkkoro ピッコロ (< It. piccolo) O flautim.

pikkú-áppu ピックアップ (< Ing. pick up) **1** [選抜] A escolha. ★ *Yoi shina o ~ suru* 良い品をピックアップする Escolher [Levar] um bom artigo. [S/同] Senbatsu. ⇨ hiróí-ágéru; torí-ágérú. **2** [レコードのプレーヤーの] O fonocaptador [captador de som]「do gira-discos」. **3** [(車に) 乗せる] O recolher [levar/apanhar]. ★ *Nimotsu o ~ suru* 荷物をピックアップする Levar a bagagem「dos turistas, no carro」.

pī́ku [ii] ピーク (< Ing. peak) **1** [山頂] O cume [cimo/topo] (da montanha); o pico. [S/同] Chṓjṓ (+); itádákí (+); sańchṓ (+). **2** [最大値] O auge; o grau [ponto] mais alto; o pique. ★ *Rasshu awā no ~* ラッシュ・アワーのピーク A hora de ponta [mais movimento/maior pique (B.)]. [S/同] Saí-kṓchō (+); zetchṓ (+).

píkunikku ピクニック (< Ing. picnic) O piquenique; a excursão; o dia no campo. [S/同] Eńsókú; no-ásobi; yúsan. ⇨ rekúríéshon.

píku-piku ぴくぴく (Im. de tique/estremeção). *Mabuta ga ~ shite iru* 瞼がぴくぴくしている As pálpebras estão a tremer/mexer.

pikúríń-sáń ピクリン酸 (< Al. pikrin + ⋯)【Quím.】O ácido pícrico [trinitrofenol].

píkurusu ピクルス (< Ing. pickles) As verduras em salmoura. [S/同] Píkkuru (su). ⇨ tsuké-mónó.

píkuseru ピクセル (< Ing. pixel) A unidade [entidade] mínima independente (da imagem que aparece na tela) do computador.

pī́man [ii] ピーマン【Bot.】(< Fr. piment) O pimentão. ⇨ tṓgárashi.

píń[1] ピン (< Ing. pin) **1** [留め針; 虫ピン; 安全ピン] **a)** O alfinete de segurança ([S/同] Ańzén-pin). **b)** O percevejo (Tachinha) ([S/同] Mushípin). **c)** O fecho「da gravata」([S/同] Tomébári). **2** [ヘアピン] O gancho [A segurança]. ★ *~ de kami o tomeru* ピンで髪をとめる Prender o cabelo com um/a ~. [S/同] Bobípin; heápin. **3** [ボーリングの標的] Os pinos [bonecos] (do boliche). **4** [ゴルフでホールにさす標柱] A bandeirinha (que indica buraco de golfe). **5** [ピントの略] (Abrev. de "pinto"). ★ *~ ga amai* ピンが甘い Estar ligeiramente [um pouco] desfocado.

píń[2] ピン (< P. pinta: o ás das cartas?) O melhor; o ás; o número um. *Kōhī to itte mo ~ kara kiri made aru* コーヒーといってもピンからきりまである Cafés há muitos [Há cafés e cafés] (desde o melhor ao pior). [S/同] Saí-jṓtō. [A/反] Kirí.

pińʼáppú-gā́ru [áa] ピンアップガール (< Ing. pinup girl) A moça que faz de modelo「em cartazes」.

pī́nattsu [ii] ピーナッツ (< Ing. peanut) O amendoim. ◇ **~ batā** ピーナッツバター O creme de ~. [S/同] Nańkín-mame; rakkásei (+).

píń-bóké ピンぼけ (< piñtó[1] + bokéru[2]) **1** [写真で] O desfocar. **2** [的はずれ] Despropositado [Sem relação com o assunto]. *Kare ga ~ na kotae o shita no de mina ga waratta* 彼がピンぼけな答えをしたので皆が笑った Como a resposta dele não tinha relação [nada a ver] com a pergunta, deitaram-se todos a rir. [S/同] Mató-házure.

pínchi ピンチ (< Ing. pinch) O apuro; o perigo. ★ *~ ni ochiiru* ピンチに陥る Ver-se apurado; ficar num (grande) ~. *~ o dassuru [kirinukeru]* ピンチを脱する[切り抜ける] Sair do apuro. ◇ **~ hittā** ピンチヒッター【Beis.】O substituto de emergência. [S/同] Kíki (+); kyū́chi (+).

píń-háné ピンはね (< ⋯ + hanéru)【G.】O surripiar; o deitar a unha「a」. *Kanji ga kaihi o ~ shita* 幹事が会費をピンはねした O administador [encarregado] surripiou parte do dinheiro dos sócios. ⇨ uwámáé.

pínku ピンク (< Ing. pink) **1** [うすい紅色] O/A cor-de-rosa. [S/同] Momó-író; tańkṓshoku. **2** [色事に関すること] O erotismo. ◇ **~ eiga** ピンク映画 O filme erótico [pornográfico].

pín-pin (to) ぴんぴん(と) **1** [元気に跳躍するさま] (Im. de saltar). *Sakana ga ~ hanete iru* 魚がぴんぴんはねている Os peixes estão a saltar. [S/同] Píchipichi. **2** [健康で元気なさま] (Im. de muita saúde). *Ano hito wa kyūjū ni natte mo mada ~ shite iru* あの人は九十になってもまだぴんぴんしている Ele, com noventa anos, está fresco como um pero. ⇨ génki[1]; keńkṓ[1]; tasshá. **3** [相手の気持ちなどを強く感じるさま] (Im. de sentir). *Kanojo no kimochi wa ~ (to) itai hodo watashi no mune ni tsutawatte kuru* 彼女の気持ちはぴんぴん痛いほど私の胸に伝わってくる Imagino o que ela sofrerá, se até a mim me faz sentir tanto.

pínpon ピンポン (< Ing. ping-pong) O pingue-pongue; o té[ê]nis de mesa. ◇ **~ dai** ピンポン台 A mesa de ~. [S/同] Takkyū́.

pińsétto ピンセット (< Fr. pincette) A pinça (pequena). ★ *~ de hasamu* ピンセットではさむ Pegar [Apanhar] com uma ~.

pintó[1] ピント (< Hol. brandpunt) **1** [レンズの焦点] O foco (da lente). ★ *~ ga atte [hazurete; kurutte] iru*

ピントが合って［はずれて；狂って］いる Estar focado/focalizado [desfocado]. ～ *o awaseru* ピントを合わせる Foca(liza)r. [S/同] Shṓten. **2**［要点］O ponto (certo). ★ ～ *hazure na kotae* ピントはずれな答え A resposta descabida [despropositada/sem sentido]. [S/同] Chū́shín-ten; yṓtén.

pín to[2] **ぴんと** **1**［物が勢いよくはね上がったりそり返ったりするさま］(Im. de saltar, mover-se, torcer). *Hakari no hari ga ～ haneagatta* はかりの針がぴんとはね上がった A agulha da balança moveu-se de repente. ★ ～ *sorikaetta hige* ぴんとそり返ったひげ A barba retorcida. *Yubi de ～ hajiku* 指でぴんとはじく Dar um forte piparote. ⇨ hané-ágáru; sorí-káeru. **2**［伸びて，まっすぐに強く張っているさま］(Im. de esticado). *Sentaku shita shūtsu o ～ nobashite hoshita* 洗濯したシーツをぴんと伸ばして干した Estiquei bem o lençol lavado e pu-lo a secar. *Sesuji o ～ nobashi nasai* 背筋をぴんと伸ばしなさい Endireite bem a espinha. ⇨ hikí-nóbású; hippáru. **3**［張りつめ，引き締まっているさま］(Im. de tenso). ～ *haritsumeta kūki no naka de kesshōsen wa maku o aketa* ぴんと張り詰めた空気の中で決勝戦は幕を開けた No meio da tensão geral, começou a (partida) final do campeonato. ⇨ harí-tsúméru. **4**［敏感に悟るさま］(Im. de compreender). *Kare no setsumei de wa dōmo ～ konai* 彼の説明ではどうもぴんと来ない Não compreendo (lá muito) bem a explicação dele. ⇨ nattókú; satórú.

pipétto ピペット (< Ing. pipette < Fr. pipe + ette) A pipeta; o conta-gotas.

pí-pī [píi] ぴいぴい【On.】 **1**［笛の音や鳥·虫などの鳴き声］(Im. de piar, chilr(e)ar, tocar「flauta」, choramingar). *Hina ga ～ naite iru* ひながぴいぴい鳴いている Os pint(ainh)os estão a piar「com fome」. **2**［窮乏のさま］(Im. de não ter dinheiro). ★ *Kane ga nakute ～ shite iru* 金がなくてぴいぴいしている Estar teso [liso/sem um vintém]. ⇨ bínbō; kyū́bō.

pípíému [píí-] ピーピーエム (< Ing. *p*arts *p*er *m*ilion) O p.p.m.; as partes por milhão. *Haiki gasu nōdo ga hachi ～ aru* 排気ガス濃度が８ピーピーエムある A concentração de gás de descarga「dos carros」é de 8 p.p.m. [S/同] Hyakú-máń-bún-ritsu.

pírafu ピラフ (< Turco pilāw) O pilau [pilaf] (Prato de arroz com várias iguarias e temperos).

pirámíddo ピラミッド (< Gr. pyramidos) A pirâmide. [S/同] Kińjítṓ.

piráníá ピラニア (< P. < Tupi)【Zool.】A piranha.

píra-pira [to] ぴらぴら(と) ⇨ hírahira.

píriodo ピリオド (< Ing. period < Gr.) O ponto final. ★ ～ *o utsu* ピリオドをうつ **a)** Pôr [Escrever] ～; **b)** Terminar〔*Karera no kekkon-seikatsu wa tatta hantoshi de ～ o utta* 彼らの結婚生活はたった半年でピリオドを打った A vida de casados deles terminou em meio ano!〕. ⇨ shū́shífu.

píripiri ぴりぴり **1**［感覚が強く刺激されるさま］(Im. de comichão). *Hi ni yaketa senaka ga ～ suru* 日に焼けた背中がぴりぴりする Sinto comichão nas costas por estarem queimadas do sol. ⇨ hírihiri. **2**［神経が過敏になっているようす］(Im. de tensão). *Shiken mae de minna ～ shite ita* 試験前でみんなぴりぴりしていた Como eram vésperas de exame estavam todos nervosos [tensos/com os nervos à flor da pele]. **3**［笛を吹く音］Pii, pii! ⇨ pī.

pirítsúkú ぴりつく ⇨ pirítto.

pirítto ぴりっと **1**［瞬間的に刺激する味や痛さ］(Im. de picante e dor aguda). ～ *karashi ga kiita* ぴりっとからしが効いた (Apre), que pimenta picante [tão forte]! **2**［辛辣なようす］(Im. de cáustico/picante). ★ ～ *shita fūshi [yūmoa]* ぴりっとした風刺［ユーモア］A sátira [O humor] picante/mordaz. ⇨ shińrátsú.

piróshíkí ピロシキ (< Ru. pirozshke) Um bolinho de carne moída, com cebola, etc.

pishán-to ぴしゃんと ⇨ pishári-to.

písha-pisha ぴしゃぴしゃ【On.】 Chape, chape; pumba, pumba. *Kodomo no shiri o ～ hirate de tataite o-shioki o shita* 子供の尻をぴしゃぴしゃ平手でたたいてお仕置きをした Dei uma nalgada [palmada no rabo] ao meu filho, de castigo.

pishári-to ぴしゃりと **1**［戸などを手荒くしめるさま］(Im. de brusco). ～ *mado o shimeta* ぴしゃりと窓を閉めた「Ele」fechou a janela bruscamente. [S/同] Pishán-to; pishátto. ⇨ shiméru[3]. **2**［平手で打つさま］(Im. de esbofetear). *Kare wa musuko no hoo o ～ utta* 彼は息子のほおをぴしゃりと打った Ele deu uma bofetada [lambada] ao filho. [S/同] Pishán-to; pishátto. ⇨ útsu[1]. **3**［水などがはねるさま］(Im. de fazer saltar). *Koi ga ～ ike no mizu o haneta* 鯉がぴしゃりと池の水をはねた A carpa, com uma espadeirada, fez saltar a água. [S/同] Pishán-to; pishátto. ⇨ hanéru[1]. **4**［きっぱりと拒絶するさま］Peremptoriamente. *Kare wa futō na yōkyū o ～ hanetsuketa* 彼は不当な要求をぴしゃりとはねつけた Ele rejeitou ～ [à primeira] exigência tão absurda. [S/同] Kippári to; pishán-to; pishátto. **5**［うまく適合するさま］(Im. de exa(c)tidão). *Keisan no kotae ga ～ atta* 計算の答えがぴしゃりと合った O (resultado do) cálculo estava exa(c)to. [S/同] Pishán-to; pishátto.

pishátto ぴしゃっと ⇨ pishári-to.

píshíbī [píishíibíi] ピーシービー (< Ing. P.C.B.: *p*oly*c*hlorinated *b*iphenyl) O policlorato bifenilo (Gás altamente tóxico (da atmosfera)).

píshi-pishi ぴしぴし **1**［鞭などで物を鋭くたたく音］(Im. de bater com chicote). *Uma ni muchi o ～ ireta* 馬に鞭をぴしぴし入れた Ele deu umas boas [fortes] chicotadas ao cavalo. **2**［容赦のないさま］「obrigar」Sem dó nem piedade. [S/同] Bíshi-bishi.

pishítto ぴしっと **1**［物が割れたりする時の音］(Im. de estalar). *Nettō ni garasu no koppu o iretara ～ hibi ga haitta* 熱湯にガラスのコップを入れたらぴしっとひびがはいった Meti o copo na água quente e estalou. **2**［激しく打つ音］(Im. de chicotada). ～ *uma ni hito-muchi atete hashiri-dashita* ぴしっと馬にひとむち当てて走り出した Dei uma chicotada no cavalo e deitou logo a correr. [S/同] Bashítto. **3**［すきがなくきびしいさま］(Im. de rigor). *Motto ～ shi nasai* もっとぴしっとしなさい Você precisa de ter mais disciplina (, ouviu?). **4**［正確であるさま］(Im. de justeza, perfeição). *Origami no kado o ～ oru* 折り紙の角をぴしっと折る Dobrar o papel de "origami", fazendo o canto direitinho [bem justo].

písuton ピストン (< Ing. piston < It. < L.) O pistão; o êmbolo. ◇ **～ yusō** ピストン輸送 O transporte contínuo [sem parar]「dos feridos」.

pisútórú ピストル (< Ing. pistol < It.) O revólver; a pistola. ★ ～ *o mukeru [tsukitsukeru]* ピストルを向ける［突きつける］Apontar o/a ～. ～ *o utsu [hassha suru]* ピストルを撃つ［発射する］Disparar (o/a ～). [S/同] Keńjū́.

pitári-to ぴたりと **1**［すきまなくくっつくさま］(Im. de muito junto). ～ *yorisotte aruita* ぴたりと寄り添って

歩いた Eles iam colados [encostadinhos] um ao outro. ⟦S周⟧ Pitátto; pittári to. **2** [静止する] Repentinamente. ★ *Kuruma ga ~ tomatta* 車がぴたりと止まった O carro parou ~. ⟦S周⟧ Pitátto; pittári to. **3** [きちんと] Hermeticamente [Bem]. ★ *Odori no kata ga ~ kimaru* 踊りの型がぴたりと決まる Dançar bem; ter um passo de dança perfeito. ⟦S周⟧ Pitátto; pittári to. **4** [正確であるさま] Perfeitamente. *Keisan ga ~ atta* 計算がぴたりと合った O cálculo estava certo. ★ *Kōbutsu o ~ ateru* 好物をぴたりと当てる Acertar com o「seu」prato favorito. ⟦S周⟧ Pishári-to; pittári to. **5** [ちょうど出会うさま] Mesmo de frente [caras]. ★ *Me to me ga ~ atta* 目と目がぴたりと合った Os nossos olhos cruzaram-se ~. ⟦S周⟧ Chódo. **6** [絶えること]「acabar」De repente ou para sempre.

pitátto ぴたっと ⇨ pitári-to.

P **pítchā** ピッチャー (< Ing. pitcher) O arremessador [lançador]「da bola」. ⟦S周⟧ Tōshu. ⇨ pítchi **6**.

pítchi ピッチ (< Ing. pitch) **1** [ボートの] A voga [cadência] dos remos. **2** [ペース] O ritmo. ★ *~ o ageru* [*otosu*] ピッチ上げる [落とす] Aumentar [Diminuir] o ~. ◇ *Kyū ~* 急ピッチ ~ acelerado. ⟦S周⟧ Nṓrítsú; pḗsu; sókudo. **3** [音楽] O timbre; a altura do som. **4** [機械で、たくさん続くものの2つの間] O passo「de hélice/rosca」. **5** [石油精製の残留物] O pez [breu/piche]. **6** [野球] O lanço; o arremesso. ◇ *Wairudo ~* ワイルドピッチ ~ falhado「no beis.」. ⇨ pítchā.

pitchíngú ピッチング (< Ing. pitching) **1** 【Beis.】 O [A técnica do] arremesso. ⟦S周⟧ Tōkyū. **2** [船の揺れ] A arfagem「do navio/avião」.

pítíé [iíee] ピーティーエー (< Ing. P.T.A.) Associação de Pais e Professores.

pittári ぴったり **1** [すきまなく合うさま] Hermeticamente; bem. ★ *~ to o shimeta* ぴったり戸を閉めた「Ela」fechou ~ a porta. *Han'nin no ato o ~ tsukeru* 犯人の跡をぴったりつける Seguir bem [mesmo] no encalço do criminoso. ⇨ kanzén[1]; kítchíri. **2** [似ているさま] A calhar (propósito); mesmo. *Kono hon wa hajimete nihon-go o manabu hito ni ~ da* この本は初めて日本語を学ぶ人にぴったりだ Este livro é mesmo [ideal] para quem começa a estudar japonês. ⇨ nitsúkawáshíi; tekító. **3** [うまく合致するさま] Perfeitamente; mesmo. ★ *Hachi-ji pittari ni* 8時ぴったりに Às oito horas em ponto. ⇨ Chódo.

pítto ピット (< Ing. pit) **1** [穴] O buraco. ⟦S周⟧ Aná (+). **2** [陸上競技の] A caixa de areia (para salto). ⇨ suná-bá. **3** [自動車レースの] O fosso (para parcagem/reparações). ◇ *~ in* ピットイン (O carro de corrida) entrar no ~「para se abastecer de gasolina」. **4** [ボウリングで] O fosso (onde caem as bolas do boliche). **5** [囲われた場所に] A cabina. ◇ *Koku ~* コクピット A cabina「dos pilotos de avião」. **6** [配管のための床下のすきま] O vão por baixo do soalho「para a tubagem」.

píyo-piyo (to) ぴよぴよ (と) 【On.】 Piu, piu. *Hiyoko ga ~ naite iru* ひよこがぴよぴよ鳴いている Os pint(ainh)os estão a piar [fazer ~]. ⇨ pí pī.

píza ピザ (< It. pizza) A piza.

-po ぽ (Por ex.: *hashippo: hashi + po* = pontinha「da pau」) -inho, -zinho. ⇨ -ko[10]; -cho[3].

pochán-to ぽちゃんと 【On.】「cair na água」Ploc! ⟦S周⟧ Bochán.

pócha-pocha (to) ぽちゃぽちゃ (と) **1** [愛らしくふっくらしているさま] (Im. de rechonchudo). ★ *~ shita onna no ko* ぽちゃぽちゃした女の子 Uma menina rechonchuda. **2** [水などをかき乱す音・さま] Chape, chape.

póchi [*óo*] ポーチ (< Ing. porch) ⇨ génkan[1]; kurúmá-yósé.

póchi-pochi ぽちぽち **1** [小点] [pochípóchí] As pintinhas. ⟦S周⟧ Tentén. **2** [少しずつ] [póchipochi] Aos poucos (pouquinhos). ⟦S周⟧ Bóchibochi; bótsubotsu.

poínséchia ポインセチア (< Ing. poinsetia) 【Bot.】 A poinsétia [eufórbia/asa-de-papagaio]; *euphorbia pulcherrima*.

poíntá ポインター (< Ing. pointer) 【Zool.】 O (cão) perdigueiro.

poíntó ポイント (< Ing. point) **1** [要点] O ponto (principal); o caso; o assunto. ★ *~ o osaete kotaeru* ポイントを押さえて答える Dar uma resposta exa(c)ta「a propósito」. ⟦S周⟧ Yōtén. **2** [得点] O ponto (no jogo). ★ *~ o ageru* ポイントを挙げる Ganhar [Marcar/Fazer] pontos/um ponto. ◇ *~ gettā* ポイントゲッター O bom [melhor] marcador; o que faz mais pontos. ⟦S周⟧ Tensū; tokutén. **3** [線路上の] As agulhas (da ferrovia). **4** [点] O ponto. ◇ *Chāmu ~* チャームポイント O ponto mais atraente「dela são os olhos」. *Chekku ~* チェックポイント ~ de controle. *Wīku ~* ウイークポイント ~ fraco. ⟦S周⟧ Kásho; tén. **5** [活字の大きさ] O ponto. ★ *Hachi ~ no katsúji* 8ポイントの活字 O tipo (Letra) de oito ~ s. **6** [小数点] A vírgula (do número decimal). ⟦S周⟧ Shōsū-ten.

póitto ぽいっと Pim, pim! ★ *Mado kara ~ kamikuzu o suteru* 窓からぽいっと紙くずを捨てる Pim! atirar (com) o papel pela janela. ⇨ nagé-sútéru.

póji ポジ (< Ing. positive < L.) Positivo. ◇ *~ firumu* ポジフィルム O positivo (da película fotográfica). ⟦S周⟧ Pójitibu; yōgá. ⟦A反⟧ Néga.

pókā [*óo*] ポーカー (< Ing. poker) O póquer (jogo de cartas). ◇ *~ feisu* ポーカーフェイス Um rosto impassível [*~ feisu o suru* ポーカーフェイスをする Pôr ~「Ser cara de pau」]. ⇨ múhyōjō.

pokán (to) ぽかん (と) **1** [ばんやりしているさま] À toa; sem fazer nada. *Kinō wa nani mo shinaide ~ to sugoshita* きのうは何もしないでぽかんと過ごした Ontem passei o dia ~. ⟦S周⟧ Boń'yari (to). **2** [口を大きく開けているさま] De boca aberta; sem palavra. *Watashi wa bikkuri shite kuchi o ~ to akete nagamete ita* 私はびっくりして口をぽかんと開けて眺めていた Eu fiquei ~ [boquiaberto] de admiração「por tal surpreza/beleza」. ⟦S周⟧ Angúri (to). **3** [堅いものをたたく音] Pumba! ★ *~ to atama o tataku* ぽかんと頭をたたく Pumba! dar uma palmada na cabeça. ⟦S周⟧ Pokári (to).

póka-poka (to) ぽかぽか (と) **1** [暖かいさま] (Im. de calor). *Hashitta no karada ga ~ shite kita* 走ったので体がぽかぽかしてきた Vim [Andei] a correr e estou com calor. ⇨ atátákái. **2** [くりかえしなぐるさま] Tau, tau! ★ *~ naguru* ぽかぽかなぐる Surrar [Dar ~]. ⇨ pokári to.

pokári (to) ぽかり (と) **1** [なぐるさま] (Im. de bater). ★ ~ *to naguru* ぽかとなぐる Bater. ⇨ pokápoka (to) **2**. **2**[ロ・穴が急に開くさま] (Im. de buraco). *Jimen ni* ~ *ana ga aite ita* 地面にぽかりと穴が開いていた Havia um grande buraco no chão! [S/同] Pokkári to.

pokétto ポケット (< Ing. pocket) O bolso. ★ ~ *kara te o dasu* ポケットから手を出す Tirar a mão do ~. *Epuron ni* ~ *no aru* エプロンにポケットのある Fazer um ~ no avental. ◊ ~ **ban** ポケット版 A edição de ~. ~ **beru** ポケットベル A campainha de ~ (Ele(c)tró[ô]nica). ~ **bukku** ポケットブック O livro de ~. ~ **gata** ポケット型 O tamanho de ~. **jiten** ポケット辞典 O dicionário de ~. ~ **manê** ポケットマネー O dinheiro para pequenos gastos; uns trocos (⇨ kozúkái-sén). Mune [Shiri] ~ 胸[尻]ポケット ~ da frente [de trás]. *Uchi* ~ 内ポケット ~ de dentro. ⇨ Kakúshí.

pokín-to ぽきんと (Im. de estalar muito, de uma vez). ★ *Koeda o* ~ *oru* 小枝をぽきんと折る Esgaçar (Cortar sem instrumento) um ramo. [S/同] Pokíri to; pókiri. ⇨ póki-poki (to).

póki-poki (to) ぽきぽき (と) (Im. de estalar pouco de cada vez). ★ *Yubi o* ~ *narasu* 指をぽきぽき鳴らす Estalar os dedos. ⇨ pokín-to.

pokítto ぽきっと ⇨ pokín-to.

pokkári (to) ぽっかり (と) **1**[軽く浮かぶさま] (Im. de flutuar). ★ ~ *ukanda kumo* ぽっかり浮かんだ雲 As nuvens a flutuar, leves, no céu. ⇨ ukábú. **2**[穴が大きく開いているさま] (Im. de buraco/falta). *Kare ga nukete chīmu ni* ~ *ana ga aita* 彼が抜けてチームにぽっかり穴が開いた Com a saída dele a equipa ficou com um grande buraco. [S/同] Pokári (to). **3**[水中から突然現われるさま] De repente. *Kaeru ga suimen ni* ~ *atama o dashita* 蛙が水面にぽっかり頭を出した ~ a rã deitou a cabeça fora da água.

pokkíri ぽっきり **1** ⇨ pokín-to. **2** [-pokkiri: ちょうど; それだけ] Exa(c)tamente. ★ *Go-sen'en* ~ 5千円ぽっきり ~ cinco mil yens. ⇨ Chódó.

pokkúri[1] 木履 Umas soquinhas. ⇨ getá.

pokkúri[2] ぽっくり Repentinamente. ★ ~ (to) *shinu* ぽっくり死ぬ Morrer ~. ◊ ~ **byō**. ⇨ kyū´ní; totsúzén.

pokkúri-byō´ ぽっくり病 Uma doença imprevisível [que pode causar a morte a qualquer momento].

póku-poku-to ぽくぽくと **1**[木魚などを叩く音] (Im. de som oco). *O-bō-san ga mokugyo o* ~ *tataite iru* お坊さんが木魚をぽくぽくと叩いている O bonzo está a percutir o "mokugyo". **2**[馬がゆっくり歩くさま] (Im. de passo vagaroso). *Uma ga* ~ *aze-michi o aruite iru* 馬がぽくぽくと畦道を歩いている Vê-se um cavalo a andar devagar pelo carreiro do arrozal. ⇨ yukkúri.

pomádo [áa] ポマード (< Fr. pommade) A pomada; a brilhantina. ★ *Kami ni* ~ *o tsukeru* 髪にポマードをつける Pôr brilhantina no cabelo.

pon-bíki ぽん引き (< pón-to + hikú)【G.】**1**[だまして金をまきあげる者] O vigarista. ⇨ sági[1]. **2**[売春の客引き] O proxeneta. ⇨ cáften; ⇨ chulo. [S/同] Kyakú-híkí.

pónchi-é ポンチ絵 (< Ing. punch + e) A caricatura.

póncho ポンチョ (< Esp. poncho) O poncho. ⇨ gaító[1].

póndo ポンド (< Ing. pound) **1**[重量単位] A libra (453, 6 gramas). **2**[貨幣単位] A libra (esterlina).

poní-téru [ii-ée] ポニーテール (< Ing. ponytail) O rabo-de-cavalo (Penteado). ⇨ kamí[3].

pon-kán ポン柑 (< Poona (Cidade indiana) + mikan) 【Bot.】A (tangerina) poncã. ⇨ míkan[1].

ponkótsú ポンコツ A sucata; o ferro-velho. ◊ ~ **sha** [jidósha] ポンコツ車[自動車] O calhambeque; o carro para a ~. ⇨ Haihín.

pón-pon ぽんぽん **1**[連続して破裂するような音] Pum, pum, pum! *Hanabi ga* ~ (to) *agatte iru* 花火がぽんぽん(と)上がっている Olhem os foguetes [o fogo de artifício] ~! ◊ ~ **jōki**. **2**[遠慮なく物を言うさま] Trás, trás. *Kare wa dare ni demo* ~ (to) *mono o iu* 彼は誰にでもぽんぽん(と)物を言う Ele é ~ com toda a gente [não tem papas na língua com ninguém]. **3**[幼児語でおなか]【Infa.】A barriga. [S/同] Hará; o-náká. **4**[軽く叩く音] (Im. de bater ligeiramente). ★ *Suika o* ~ *to tataku* すいかをぽんぽんと叩く Bater ligeiramente na melancia (para ver se está madura).

ponpón-jōki [óo] ポンポン蒸気 O barco a vapor. [S/同] Jóki-sén (+).

pónpu ポンプ (< Hol. pomp) A bomba. ★ ~ *de mizu o kumiageru* ポンプで水を汲み上げる Tirar [Puxar] água à ~. ◊ **Enshin** ~ 遠心ポンプ ~ centrífuga. **Jōki** [**Kaiten**] ~ 蒸気[回転]ポンプ ~ a vapor. **Kyūsui** ~ 給水ポンプ ~ da água. **Suiage** [**Teoshi**] ~ 吸い上げ[手押し]ポンプ ~ aspirante/de su(c)ção [~ manual]. ⇨ atsúryoku.

pón-to ぽんと **1**[軽くたたいたりけったりするさま] (Im. de tocar). ★ ~ *kata o tataku* ぽんと肩を叩く Dar uma palmada no ombro. **2**[急に勢いよく飛び上がったり、飛び出したりするさま] (Im. de ruído). ★ ~ *koruku*(-sen) *o nuku* ぽんとコルク(栓)を抜く Pum! arrancar a rolha. **3**[気前よく出すようす] (Im. de boa vontade). ★ *Jū-man en o* ~ *kifu suru* 十万円をぽんと寄付すること Dar logo cem mil yens. **4**[投げ出すさま] (Im. de atirar). *Tabako no hako o* ~ *tsukue no ue ni oita* たばこの箱をぽんと机の上に置いた Ele atirou (com) a caixa de cigarros para cima da mesa.

póppo-to ぽっぽと **1**[煙や湯気が勢いよく立ちのぼるさま] Pó, pó!; fu, fu! *Kisha wa* ~ *kemuri o dashite hashitta* 汽車はぽっぽと煙を出して走った O comboio/trem corria deitando (muito) fumo. **2**[体が熱くなってくるさま] (Im. de calor). *Takibi ni atatte kao ga* ~ *hotteta* たき火にあたって顔がぽっぽと火照った Estive ao lume e fiquei todo corado [com o rosto a arder]. ⇨ kákka to; póka-poka.

poppu-áto [áa] ポップアート (< Ing. pop art) A arte "pop" (Que dá valor artístico às coisas comuns). ⇨ bijútsu; zeń-éi.

poppúkón [óo] ポップコーン (< Ing. popcorn: milho estoirado) A pipoca. ⇨ tōmórokoshi.

póppusu ポップス (< Ing. pops)【Mús.】**1**[軽音楽] A música ligeira. [S/同] Keí-óngaku. **2**[バンド] A banda [orquestra ligeira]. [S/同] Bańdó; gakúdán.

pópura ポプラ (< Ing. poplar)【Bot.】O choupo; o álamo. ◊ ~ **namiki** ポプラ並木 A alameda; a fila de [uma rua com] ~s.

pópurin ポプリン (< Ing. poplin + Fr. + It.) A popelina (Tecido de algodão).

pópyurā ポピュラー (< Ing. popular < L.) **1**[音楽] Popular. ◊ ~ **songu** ポピュラーソング A cantiga ~. ⇨ póppusu. **2**[大衆的] De massas; popular. [S/同] Taíshú-téki; tsūzókú-téki.

Pốrando [óo] ポーランド A Poló[ô]nia. ◇ **~ go** ポーランド語 O polaco [polonês (B.)].

poráróídó-kámera ポラロイドカメラ (< Ing. polaroid camera) A câmara polaróide.

porí-búkuro ポリ袋 (< Ing. polythylene + fukúró) O saco de polietileno [plástico].

porí-échiren ポリエチレン (< Ing. polyethylene) 【Quím.】 O polietileno.

porí-éńká-bínīru [ii] ポリ塩化ビニール (< Gr. poly- + … + < Ing. vinyl) 【Quím.】 O polivinilideno-cloreto.

porí-ésuteru ポリエステル (< Ing. polyester) 【Quím.】 O poliéster.

pórimā ポリマー (< Ing. polymer) 【Quím.】 O polímero. [S/同] Jūgṓtái. [A/反] Mónomā.

Porínésia ポリネシア A Polinésia.

pório ポリオ (< Ing. polio) 【Med.】 A poliomielite. [S/同] Shṓní-máhi.

P

póri-pori (to) ぽりぽり (と) (Im. de roer [rilhar] 「castanhas/amendoim」). ⇨ bóribori (to).

porīpu [ii] ポリープ (< L. pōlypus) 【Med.】 O pólipo. *I ni ~ ga dekita* 胃にポリープが出来た Tenho pólipos no estômago.

porí-púrópíren ポリプロピレン (< Ing. polypropylene) 【Quím.】 O polipropileno.

porí-úrétan ポリウレタン (< Ing. polyurethane) O poliuretano.

porónḗzu [ée] ポロネーズ (< Fr. polonaise) 【Mús.】 A polaca (Dança e música).

poróníumu ポロニウム (< Ing. polonium) 【Quím.】 O poló[ô]nio (Po 84).

poróń-póróń ぽろんぽろん (Im. de tocar). ★ *Gitā o ~ to tsumabiku* ギターをぽろんぽろんと爪引く Tocar [Dedilhar] a guitarra.

póro-poro (to) ぽろぽろ (と) (Im. de chorar muito/deixar cair). *Kanojo wa namida o ~ koboshita* 彼女は涙をぽろぽろこぼした Ela desfez-se em lágrimas. ⇨ bóroboro (to).

pṓrú [oó] ポール (< Ing. pole) **1** [電車の] O poste. **2** [棒高飛びの] A vara grande do salto à vara.

póruka ポルカ (< Checo pulka) 【Mús.】 A polca (Dança boémia). ⇨ búkyoku[1]; buyṓ.

Porútógárú ポルトガル Portugal. ◇ **~ go** ポルトガル語 O português [A língua portuguesa]. **~ kyōwakoku** ポルトガル共和国 A República Portuguesa.

pósutā ポスター (< Ing. poster) O cartaz. ★ *~ o hagasu [haru]* ポスターをはがす[貼る] Arrancar [Colar] cartazes. ◇ ⇨ **~ karā**. **Senden ~** 宣伝ポスター ~ de propaganda. [S/同] Harígámí.

posútā-kárā ポスターカラー (< Ing. poster color) As cores [A tinta] para cartazes. ⇨ enógú.

pósuto ポスト (< Ing. post) **1** [郵便受け] O (posto do) correio; a caixa do correio. [S/同] Yū́bín-uke. **2** [地位; 役職] O posto [cargo]; a posição. *Kare wa jūyō na ~ ni tsuita* 彼は重要なポストについた Ele recebeu um [está num] ~ importante. ⇨ chíi[1]; nínmu. **3** [後継者] Pós; após; depois de.

pṓtā [óo] ポーター (< Ing. porter < L.) O carregador 「do aeroporto」; o bagageiro 「de hotel」.

pṓtaburu [óo] ポータブル (< Ing. portable < L.) Portátil. ◇ **~ terebi** ポータブルテレビ A [O aparelho de] televisão ~. [S/同] Keítáí (+).

potā́ju [áa] ポタージュ (< Fr. potage lié) A sopa cremosa [espessa].

póta-pota (to) ぽたぽた (と) (Im. de gotejar). *Kao kara ase ga ~ ochite kita* 顔から汗がぽたぽた落ちてきた O suor escorria-lhe do rosto. [S/同] Bótabota (to); póto-poto (to); tára-tara (to). ⇨ shitátáru.

potári to ぽたりと ⇨ potátto.

potátto ぽたっと (Im. de gota). *Inku ga ~ kami no ue ni tareta* インクがぽたっと紙の上にたれた Pum! caiu uma grande gota de tinta no papel. [S/同] Potári to.

potchí ぽっち **1** [小さい点] [potchí] Um pontinho. [S/同] Teń (+). **2** [-pótchi] 【Suf.】 Só; somente; apenas. ★ *Koreppotchi* これっぽっち~「há」isto.

poténsharu ポテンシャル (< Ing. potential < L.) Potencial. ◇ **~ enerugī** ポテンシャルエネルギー A energia ~. [S/同] Seńzáí-tékí (+).

póteto ポテト (< Ing. potato) A batata. ◇ **~ chippusu** ポテトチップス As ~ s fritas (em pacote). **Furaido ~** フライドポテト As ~ s fritas. **Masshu ~** マッシュポテト O puré de ~. [S/同] Jagá-ímó (+).

póto-poto (to) ぽとぽと (と) ⇨ póta-pota (to).

pṓtó-wáin [oó] ポートワイン (< Ing. Port wine) O vinho do Porto (P.); um Porto 「de honra」.

Potsúdámú-séngen ポツダム宣言 【H.】 A declaração de Potsdam (1945).

potsúnén-to ぽつねんと (Im. de solidão). *Kare wa hiroi zashiki ni hitori ~ shite ita* 彼は広い座敷に一人ぽつねんとしていた Ele estava, sozinho, naquela sala enorme. ⇨ sabíshíi.

potsún-to ぽつんと (Im. de solitário). *~ hitori torinokosareta* ぽつんと一人取り残された Deixaram-me sozinho! [S/同] Potsúri-to.

pótsu-potsu (to) ぽつぽつ (と) **1** [雨などが降るさま] [pótsu potsu] (Im. de cair). *Ame ga ~ furidashita* 雨がぽつぽつ降り出した Começou a chover. **2** [散在するさま] [pótsu potsu] (Im. de isolado/espalhado). *Tōku ni ~ ie ga mieru dake datta* 遠くにぽつぽつ家が見えるだけだった Apenas [Só] se avistavam ao longe algumas casas isoladas/espalhadas. [S/同] Teńtéń tó. **3** [少しずつ] [pótsu potsu] Aos poucos; pouco a pouco; gradualmente. [S/同] Sórosoro; sukóshí-zútsu (+). **4** [小さな点や穴があちこちにあるさま] [pótsu pótsú] (Im. de pequenas coisas que aparecem 「na pele」). ⇨ bótsubotsu.

potsúrí-potsúri (to) ぽつりぽつり (と) **1** [⇨ pótsu-potsu (to)]. **2** [とぎれとぎれに話すさま] Aos poucos 「começou a falar」. [S/同] Pótsu-potsu (to) **3**; togíré-tógire ni.

potsúri-to ぽつりと **1** [孤立しているさま] (Im. de sozinho). *Hitori dake ~ nokosareta* 一人だけぽつりと残された Deixaram-no [Ficou ele] só/sozinho. [S/同] Potsún-to. **2** [ひとこと] (Im. de dizer pouco). *Kanojo wa chiisana koe de ~ to nani ka tsubuyaita* 彼女は小さな声でぽつりと何かつぶやいた Ela balbuciou qualquer coisa [disse uma ou duas palavras em voz baixa]. [S/同] Hitó-koto.

pottéri ぽってり (Im. de gordo). ★ *~ shita chūnen-onna* ぽってりした中年女 Uma mulher de meia idade cheia [gorducha].

pótto[1] ぽっと **1** [急に明るくなったり現れたりするさま] De repente. *~ akari ga tomotta* ぽっと明かりがともった ~ acendeu-se uma luz. **2** [ぼんやりするさま] (Im. de alheamento). *Sonna tokoro de ~ shite nai de kotchi e oide* そんな所でぼっとしていないでこっちへおいで Venha cá, não fique (para) aí a sonhar. ◇ ⇨ **~ de**. ⇨ pátto[1]; pṓttó.

pótto[2] ポット (< Ing. pot) **1** [つぼ] A chaleira/cafeteira. ⇨ kama[2]; kyūsú. ◇ **Kōhī ~** コーヒーポット A cafeteira. [S/同] Tsubó. **2** [魔法瓶] A garrafa térmica. [S/同] Mahṓ-bin.

pṓttó [**oó**] **ぽうっと** **1** [ほんのりと赤くなること] (Im. de levemente corado). *O-sake o nonda no de me no fuchi ga ~ akaku natta* お酒を飲んだので目の縁がぽうっと赤くなった Bebeu e ficou com os olhos um pouco corados à volta. ⇨ póttó[1]. **2** [ぼんやりするようす] (Im. de atordoamento). *Kanojo o hito-me mite sugu ~ shite shimatta* 彼女を一目見てすぐぽうっとしてしまった Ele olhou para ela e ficou logo perturbado (de amores). ⇨ póttó[1].

pottó-dé ぽっと出 【G.】 O saloio; o provinciano; o caipira. ★ *~ no joyū* ぽっと出の女優 Uma a(c)triz que acaba de aparecer [com pouca experiência].

po-yákú 葡訳 (< porútógárúgó + …) A tradução portuguesa [em português]. ★ *Wabun o ~ suru* 和文を葡訳する Traduzir do j. em [para] p.

pṓzu[1] [**óo**] **ポーズ** (< Ing. pose < L.) **1** [姿勢] A posição [postura]. ⇨ shiséí[1]; táido. **2** [見せかけの態度] A atitude artificial; a pose. *Kare no dōjō wa tan naru ~ ni suginai* 彼の同情は単なるポーズに過ぎない A simpatia dele é artificial [só por fora/só para mostrar]. ⇨ kidórí; misé-káké.

pṓzu[2] [**óo**] **ポーズ** (< Ing. pause < L.) A pausa; o intervalo. [S/同] Aí-má; ma.

puchí-búru プチブル (< Fr. petit bourgeois) O pequeno burguês. [S/同] Shṓ-shímin.

púdingu プディング (< Ing. pudding) O pudim. [S/同] Púrin.

pū́doru [**úu**] **プードル** (< Ing. poodle < Al.) 【Zool.】 O cão de água. ⇨ inú.

Puérútó Ríko プエルトリコ Porto Rico. ◇ **~ jin** プエルトリコ人 Os porto-riquenhos.

pu-í (**tó**) **ぷい** (**と**) Abruptamente; sem mais (explicações). *Kare wa ~ to seki o tatta* 彼はぷいと席を立った ~ (levantou-se e) saiu da sala. ⇨ bu-áisō; fu-kígen.

púka-puka (**to**) **ぷかぷか** (**と**) **1** [煙草を吸うさま] (Im. de fumar). *~ tabako o fukashite iru* ぷかぷか煙草を吹かしている Olhem como ele fuma (parece uma chaminé)! ⇨ supásupa. **2** [水に浮くさま] (Im. de boiar). *Ukiwa ni tsukamatte ~ uite ita* 浮き輪につかまってぷかぷか浮いていた「Ele」estava a nadar [boiar] agarrado à bóia.

pún-pun (**to**) **ぷんぷん** (**と**) **1** [強くにおうさま] (Im. de cheiro forte). *Daidokoro wa ninniku no nioi ga ~ shite iru* 台所はにんにくのにおいがぷんぷんしている Na cozinha é um (tal) cheiro a alho! ⇨ nióu[2]; puń-tó. **2** [怒ったようす] (Im. de zanga). *Kare wa ~ shite* [*okotte*] *dete itta* 彼はぷんぷんして [怒って] 出ていった Ele zangou-se e saiu [Ele, zangado, saiu]. ⇨ okóru[1]; pún-tó **2**.

puń-tó ぷんと **1** [におうさま] (Im. de cheiro). *~ akushū ga hana o tsuita* ぷんと悪臭が鼻をついた Senti um cheiro desagradável. ⇨ pún-pun (to) **1**. **2** [怒ったようす] (Im. de amuo). *Kanojo wa ~ kuchi o togaraseta* 彼女はぷんと口をとがらせた Amuada, ela fez beicinho [mostrou má cara]. ⇨ pún-pun (to) **2**.

puráchíná プラチナ (< Ing. < L. platina) A platina. [S/同] Hakkín[1].

púragu プラグ (< Ing. plug) A ficha (na ponta do fio). *Kare wa tōsutā no ~ o konsento ni sashikonda* 彼はトースターのプラグをコンセントに差し込んだ Ele ligou a torradeira à tomada da ele(c)tricidade.

purágúmátízumu プラグマティズム (< Ing. pragmatism < Gr. pragma: a(c)ção) O pragmatismo. [S/同] Jitsúyṓ-shúgi.

puráibashī プライバシー (< Ing. privacy < L.) A privacidade. ★ *~ no shingai* プライバシーの侵害 A vicolação da ~. *~ o mamoru* プライバシーを守る Defender a「sua」~. ⇨ shíji[3].

puráídó プライド (< Ing. pride) O orgulho; o amor próprio; a dignidade; o sentido da honra. ★ *~ o kizutsukeru* プライドを傷つける Ferir o/a ~. *~ ga takai* プライドが高い Ter orgulho [(um grande) sentido da honra]. [S/同] Hokórí; jisónshin.

purákā́do [**áa**] **プラカード** (< Ing. placard < Fr.) O cartaz. *~ o kakagete kōshin shita* プラカードを掲げて行進した Fizemos um desfile com cartazes. ⇨ kań-báń[1]; pósutā.

purámóderu プラモデル (< purásúchíkku + Ing. model) O modelo de plástico.

púramu プラム (< Ing. plum) 【Bot.】 A ameixa. ⇨ sumómó.

púran プラン (< Ing. plan) O plano; o proje(c)to. *Natsu-yasumi no ~ o tateta* 夏休みのプランを立てた Fiz [Tenho] um plano para as férias de verão. [S/同] Keíkákú; sekkéí.

puránétáríumu プラネタリウム (< Al. < L. planetarium) O planetário.

puránkuton プランクトン (< Ing. plankton < Gr.) O plâncton. ◇ **Dōbutsu-sei ~** 動物性プランクトン O zooplâncton. **Shokubutsu-sei ~** 植物性プランクトン O fitoplâncton.

puránto プラント (< Ing. plant < L.) A fábrica; o equipamento industrial [fabril] completo. ◇ **~ kensetsu** プラント建設 A construção da ~. **~ yushutsu** プラント輸出 A exportação de fábricas (para instalação noutro país).

puráséójimu プラセオジム 【Quím.】 (< Ing. praseodym) O praseodímio (Pr 59).

purású プラス (< Ing. < L. plus) **1** [足すこと] Mais. *Ichi ~ ni wa* [*ikōru*] *san* 1プラス2＝[イコール] 3 Um ~ dois são [é igual a] três. ◇ **~ mainasu** プラスマイナス Mais e menos. **~ mainasu zero** プラスマイナスゼロ Mais e menos dá zero [anulam-se]. [A/反] Maínású. **2** [正であること] 【Mat.】 Positivo; acima de zero. ◇ **~ kigō** プラス記号 O (sinal) mais[＋]. [A/反] Maínású. **3** [陽性] 【Med.】「sero」Positivo. [S/同] Yṓséí. [A/反] Maínású. **4** [陽極] O pólo positivo; o ânodo. [S/同] Yṓkyókú. [A/反] Maínású. **5** [利益] O lucro; o ganho; o adiantar [aproveitar]; o proveito; a vantagem. *Ano hito ni totte sono shigoto wa ~ ni natta* あの人にとってその仕事はプラスになった Para「ela」esse trabalho foi bom [vantajoso]. *Shimete ni-man-en no ~ da* しめて2万円のプラスだ No total dá [temos] um lucro de vinte mil yens.

purásúchíkku プラスチック (< Ing. plastic < Gr.) O plástico. ◇ **~ bakudan** プラスチック爆弾 A bomba de ~. **~ moderu** プラスチックモデル O modelo de ~. **~ seihin** プラスチック製品 Os produtos [obje(c)tos] de ~. ⇨ gṓséí[1] ◇.

purásutā プラスター (< Ing. plaster) O reboco; a argamassa. ◇ **~ bōdo** プラスターボード O estuque. [S/同] Shikkúí (+).

purátánasu プラタナス (< Ing. platanus) 【Bot.】 O plátano; a faia. [S/同] Suzúkáké-nó-kí.

purátóníkkú-rábu プラトニックラブ (< Ing. platonic love) O amor plató[ô]nico. ⇨ seíshin[1].

P

purắttóhṓmu [**óo**] **プラットホーム** (< Ing. platform) A plataforma「da estação」. [S/同] Hṓmu (+).
purázúmá プラズマ (< Ing. plasma < Gr.) **1** [高度に電離した気体]【Fís.】 O plasma. **2** [血しょう]【Biol.】O plasma (Do sangue e linfa).
purḗ [**ée**] **プレー** [**プレイ**] (< Ing. play) **1** [競技] O jogo. ★ *Zonbun ni ~ suru* 存分にプレーする Jogar à vontade. ◇ **~ bōru** プレーボール (かけ声) Bola em jogo [Vamos/Força]! **Naisu ~** ナイスプレー Uma jogada boa [linda]. **2** [演劇] **a**) A representação [peça] teatral; **b**) A sessão「de cinema」. ◇ **~ gaido** プレーガイド A agência de bilhetes「pré-comprados para todo o gé[ê]nero de espe(c)táculos」. **3** [遊び] A brincadeira; o brincar; a diversão. ◇ ⇨ **~ bákku**. **~ bōi** プレーボーイ O namorador irresponsável.
purḗ-bákku プレーバック [**プレイバック**] (< Ing. play back) O ligar「outra vez」a gravação.
puréhábú プレハブ (< Ing. prefab(ricated)) A pré-fabricação. ◇ **~ jūtaku** プレハブ住宅 A casa pré-fabricada.
purémiamu[**prémíá**] **プレミアム** [**プレミア**] (< Ing. premium < L.) **1** [額面超過額]【Econ.】O ágio「do ouro」. [S/同] Uchíbú. **2** [入場券の割増金] A comissão; o pré[ê]mio. ★ *~ tsuki no kippu* プレミアム付きの切符 O bilhete [ingresso] acrescido de comissão. [S/同] Tesū́ryō; warímáshí-kíń. **3** [おまけ] O pré[ê]mio. [S/同] O-máké (+).
purémíá-shṓ [**óo**] **プレミアショー** (< Ing. premier show) A estreia「do filme」; a primeira apresentação.
purḗń-sṓda [**eé-óo**] **プレーンソーダ** (< Ing. plain soda) A água mineral com gás.
purḗ-ófu プレーオフ (< Ing. play-off)【(D)es.】O jogo de desempate. [S/同] Kesshṓ-sen.
purépárắto [**áa**] **プレパラート** (< Al. < L. praeparatum) Um preparado「químico/farmacêutico」.
puréryū́do [**úu**] **プレリュード** (< Ing. prelude < L.) O prelúdio (musical). [S/同] Zeńsṓ-kyoku.
purésu プレス (< Ing. press) **1** [工作機械の] A prensa. ◇ **~ kakō** プレス加工 O processo de ~; a prensagem. **2** [印刷; 出版物] A imprensa; o prelo; a tipografia. **3** [新聞] A imprensa. ◇ **~ kōdo** [**kurabu; kyanpēn**] プレスコード [クラブ; キャンペーン] O código [clube; A campanha] de ~. [S/同] Shińbúń. **4** [アイロンの仕上げ] O passar「roupa」a ferro. ★ *~ no kiita zubon* プレスのきいたズボン As calças bem passadas. ⇨ aíróń.
purésú-hámu プレスハム (< Ing. pressed ham) O presunto prensado.
purḗsú-kíkku プレースキック (< Ing. place kick)【(D)es.】Um livre dire(c)to.
purésuto プレスト (< It. presto)【Mús.】O presto [vivo/apressado].
puré-tá-pórute プレタポルテ (< Fr. prêt à porter) O pronto-a-vestir. [S/同] Kṓkyū kíséi-fuku. [A/反] Ōtó-kúchū́ru. ⇨ redímḗdo.
purḗtó プレート (< Ing. plate) **1** [写真の乾板] A chapa fotográfica. [S/同] Kańpáń. **2** [野球の] O lugar do batedor. ◇ **Hōmu ~** ホームプレート O quadrado (Bas.). **3** [真空管の陽極] O elé(c)trodo positivo「dos tubos de vácuo」. **4** [板; 板金] A placa; a chapa. ◇ **Nanbā ~** ナンバープレート A matrícula; ~ com o número. ⇨ bańkíń.
purḗyā [**ée**] **プレーヤー** (< Ing. player) **1** [競技者] O jogador. [S/同] Kyṓgí-sha. **2** [演奏者] O tocador「de flauta」. [S/同] Eńsṓ-sha. **3** [演技者] O a(c)tor. **4** [レコードの] O toca [gira]-discos. [S/同] Rekṓdó-purḗyā.
purézento プレゼント (< Ing. present < L.) O presente. ◇ **Kurisumasu ~** クリスマスプレゼント ~ de Natal. [S/同] Okúrí-mónó.
purímádónna プリマドンナ (< It. prima donna) A prima-dona [protagonista] (da ópera).
purímúrá プリムラ (< L. primula)【Bot.】A prímula [primavera]; *premula officinalis*. ⇨ sakúrásṓ.
púrin プリン (< Ing. pudding) O pudim. [S/同] Púdingu.
purínsesu プリンセス (< Ing. princess < L.) ⇨ ṓjo.
purińtó プリント (< Ing. print < L.) **1** [印刷] A impressão. ★ *~ suru* プリントする Imprimir. ◇ **~ haisen** プリント配線 O circuito de ~. [S/同] Ińsá-tsú (+). **2** [印刷物] O (material) impresso. ★ *~ o kubaru* プリントを配る Distribrui folhas impressas「aos alunos」. [S/同] Ińsátsú-butsu; surí-mono. **3** [写真の焼きつけ] A revelação; a cópia fotográfica. [S/同] Yakí-tsúké. **4** [捺染] A estampa; o padrão. ★ *~ no shatsu* プリントのシャツ A camiseta [camisa] estampada. [S/同] Nasséń.
puripéído-kā́do プリペイドカード (< Ing. prepaid card < L.) O cartão pré-comprado.
púri-puri (**to**) **ぷりぷり** (**と**) **1** [弾力性に富むようす] (Im. de elástico e fofo). ★ *~ shita o-shiri* ぷりぷりしたお尻 As nádegas gorduchas e fofas「do menino」. [S/同] Purúń-púrún (to). **2** [怒っているようす] (Im. de estar irritadíssimo). *Kare wa ~ shite ita* 彼はぷりぷりしていた Ele estava indignado [como uma fera] /Ele até deitava chispas (pelos olhos). [S/同] Búri-buri (to); pún-pun (to).
purī́tsu [**ii**] **プリーツ** (< Ing. pleats) A prega. ◇ **~ sukāto** プリーツスカート A saia pregueada [às ~s]. [S/同] Hída.
purízumu プリズム (< Ing. prism) O prisma.
púro プロ **1** [プロフェッショナルの略] (< Ing. professional < L.) O profissional. ★ *~ iri suru* プロ入りする Profissionalizar-se; passar a ~. ◇ ⇨ **~ yakyū**. **~ gorufā** プロゴルファー O (jogador) ~ de golfe. [S/同] Hońshókú; kúrōto; purófésshonaru. [A/反] Áma. ⇨ semí-púró. **2** [Abrev. de "purodakushon"]. **3** [Abrev. de "puroguramu"]. **4** [Abrev. de "puroretaria"]. **5** [Abrev. de "puropaganda"]
puródákushon プロダクション (< Ing. production < L.) **1** [生産] A produção. ◇ **Masu ~** マスプロダクション ~ em massa. **2** [映画の製作所] Um estúdio「de cinema」. **3** [芸能プロ] A agência de produções [programas] artísticas[os].
puródyū́sā [**úu**] **プロデューサー** (< Ing. producer < L.) O realizador (Dire(c)tor de produção). [S/同] Seísákusha. ⇨ dirékutā.
purófésā プロフェッサー (< Ing. professor < L.) O professor (titular). [S/同] Kyṓjú (+).
purófésshonaru プロフェッショナル (< Ing. professional < L.) O profissional. [S/同] Shokúgyṓ-tékí. [A/反] Amáchúá. ⇨ púro.
purófī́ru [**ii**] **プロフィール** (< Ing. profile < L.) O perfil. [S/同] Yokó-gáó.
purógúrámā プログラマー (< Ing. programmer < Gr.) O programador.
purógúrámingu プログラミング (< Ing. programming < Gr.) A programação「para computador」.

purógúramu プログラム (< Ing. program < Gr.) **1** [予定; 計画表] O programa. *Pātī no ~ o kunda* パーティーの プログラムを組んだ [Já] fizemos ~ da festa. *Shichō no aisatsu wa ~ ni notte iru* 市長のあいさつはプログラムに載っている O discurso do Presidente da Câmara [do Prefeito] está [vem/consta] no ~. ◇ **~ gakushū** プログラム学習 O estudo programado [segundo instruções claras]. **~ gengo** プログラム言語 A linguagem (artificial) de ~. S/同 Keíkákúhyō; yotéí. ⇨ bañgúmí; mokúrókú. **2** [電算機の指示] O programar. *Denshi-keisanki ni ~ shita* 電子計算機にプログラムした Programei o computador. ◇ **~ seigyo** プログラム制御 O controle programado.

puróĵékuto プロジェクト (< Ing. project < L.) O proje(c)to. ★ *~ o seikō saseru* プロジェクトを成功させる Realizar o ~; ter êxito [sucesso] na realização do ~. ◇ **~ chīmu** プロジェクトチーム A equipa do ~. **Kaihatsu ~** 開発プロジェクト Um ~ de desenvolvimento. ⇨ keíkáku.

puróméchíumu プロメチウム (< Ing. promethium) 【Quím.】O prométio (Pm 61).

purómúnádo [áa] プロムナード (< Fr. promenade) Um (lugar bom para) passeio. S/同 Sañpó-michi; yúhódō.

purónputā プロンプター (< Ing. prompter) O ponto (no palco do teatro).

purópágánda プロパガンダ (< Ing. propaganda < L.) A propaganda; a publicidade. S/同 Señdéñ (+).

purópan プロパン (< Al. propan) O propano. ◇ **~ gasu** プロパンガス O gás propano.

purópérá プロペラ (< Ing. propeller) A hélice. ★ *~ no yoku* プロペラの翼 A pá da ~. ◇ **~ ki** プロペラ機 O avião a hélice. ⇨ hané[1].

purópóshon [óo] プロポーション (< Ing. proportion < L.) A proporção. S/同 Kiñsél; tsurí-ái.

purópózu [óo] プロポーズ (< Ing. propose < Fr. < L.) O pedido de casamento. ★ *Koibito ni ~ suru* 恋人にプロポーズする Pedir [Propor] casamento; pedir a mão da namorada. S/同 Kyūkóñ.

puró-résú プロレス (< Ing. professional wrestling) A luta-livre.

puró-résúrā プロレスラー (< Ing. professional wrestler) O lutador (de luta-livre).

purórétária プロレタリア (< Fr. prolétariat < L.) **1** [労働者階級] O proletariado [A classe proletária]. ◇ **~ buñgaku** プロレタリア文学 A literatura do ~. **~ kakumei** プロレタリア革命 A revolução proletária. S/同 Musán káikyū; rōdōshá káikyū; purórétárĩáto. S/反 Burujoáĵí. **2** [労働者] O proletário. S/同 Musánsha; rōdō-sha. S/反 Burujóá.

puroséssa プロセッサ (< Ing. processor < L.) O processador [central (dos computadores).

purósesu プロセス (< Ing. process < L.) **1** [⇨ katéí] ◇ **~ chīzu** プロセスチーズ O queijo tratado [beneficiado/pasteurizado]. **2** [写真製版術] O processo fotomecânico; a fotogravura.

purotéáze [áa] プロテアーゼ (< Al. protease) As protéases (Enzimas que mudam as proteínas em aminoácidos).

purótékutā プロテクター (< Ing. protector < L.) O prote(c)tor; o dispositivo de prote(c)ção.

Purótésutanto プロテスタント (< Ing. protestant < L.) Os protestantes. ⇨ katórĩkku.

purótto プロット (< Ing. plot) O enredo「do romance」; o entrecho; a urdidura「da peça/do drama」. S/同 Kōsō; súji (+); sují-gákí (+).

puró-yákyū プロ野球 O ba[bei]sebol profissional.

pūru [úu] プール (< Ing. pool) **1** [水泳用の施設] A piscina. ◇ **~ saido** プールサイド A beira da ~. **Onsui ~** 温水プール ~ de água quente. **Shitsunai ~** 室内プール ~ coberta. **2** [たまり場] O local para depositar. **Mōtā ~** モータープール O estacionamento「de carros」. **3** [共同計算] 【Econ.】O acordo entre várias firmas. ◇ **~ keisan** プール計算 A conta cole(c)tiva. **4** [ためておくこと] Um fundo. ★ *Shikin o ~ shite oku* 資金をプールしておく Criar ~. ⇨ takúwáéru.

purún-púrun (**to**) ぷるんぷるん (と) (Im. de gelatinoso). ⇨ púri-puri (to)[1].

purútóníumu プルトニウム (< Ing. plutonium) 【Quím.】O plutó[ó]nio (Pu 94).

pússhu-hon プッシュホン (< Ing. push-button telephone) O telefone (de carregar nos botões).

putómáin プトマイン (< Al. ptomain < Gr. ptoma: cadáver) 【Quím.】A ptomatina [ptomaína].

putsún [pu(t)tsúri] (**to**) ぷつん [ぷ(っ)つり] (と) **1** [切れてしまうようす] (Im. de「fio」partir). *Sakana ni hikarete tsuri-ito ga ~ to kireta* 魚に引かれて釣糸がぷつんと切れた A linha (de pesca) partiu(-se) com a força do peixe. **2** [急に途絶えるようす] De repente. *Kare no shōsoku ga ~ to todaeta* 彼の消息がぷつんと途絶えた ~ ficámos sem notícias dele. S/同 Futtsúri (to); pattári (to).

pyokón-to ぴょこんと **1** [頭だけを急にさげるようす] (Im. de baixar uma vez a cabeça). ★ *~ atama o sageru* ぴょこんと頭を下げる Baixar a cabeça「para evitar o soco」. S/同 Pekón-to. **2** [ふいに現れるようす] (Im. de aparecimento súbito). S/同 Hyóí to; hyokkóri to.

pyóko-pyoko (**to**) ぴょこぴょこ (と) (Im. de pinto a andar). *Hiyoko ga ~ aruite iku* ひよこがぴょこぴょこ歩いていく Olhem, os pint(ainh)os a andar! S/同 Hyóko-hyóko (to).

pyón-pyon ぴょんぴょん Aos saltos/pul(inh)os. ⇨ hanéru[1].

pyón-to ぴょんと De um salto [pulo]. *Kaeru ga mizutamari o ~ tobikoeta* 蛙が水たまりをぴょんと飛び越えた O sapo, ~, saltou a poça de água. ⇨ hanéru[1]; tobú[1,2].

pyúá-móruto ピュアモルト (< Ing. pure malt) O uísque feito de um só malte「de cevada」(Não misturado).

pyūma [úu] ピューマ (< Ing. puma) ⇨ hyō[4].

pyúń-to [uú] ぴゅうんと ⇨ pyū to.

pyū-pyū [uú] ぴゅうぴゅう (と)「o vento/chicote」Zzz, zzz. ⇨ hyūhyū (to).

pyūre [úu] ピューレ (< Fr. purée) O puré[ê]「de batata」. ◇ **Tomato ~** トマトピューレ ~ de tomate.

Pyúrítan [úu] ピューリタン (< Ing. Puritan < L.) **1** [清教徒] Os Puritanos. S/同 Seíkyóto. **2** [きびしく道徳を守る人] Puritano. S/同 Geñkáku-ká.

Pyúrítánízumu [úu] ピューリタニズム (< Ing. puritanism < L.) **1** [清教徒主義] O puritanismo. S/同 Seíkyóhá; seíkyóto-shúgi. **2** [厳粛主義] O rigorismo. S/同 Geñséí [geñkáñ] shúgi.

pyú (**t**) **to** [úu] ぴゅう (っ) と (Im. de「vento/projé(c)til」) Zum! *Dangan ga ~ tonda* 弾丸がぴゅっと飛んだ ~! o projé(c)til [a bala] silvou no ar. S/同 Pyūń-to.

R

ra¹ ラ (< It. la) 【Mús.】O [A nota] lá.

-ra² 等 Os [As]; e outros; e os seus「companheiros」. ★ *Kodomo ～ o yobu* 子供等を呼ぶ Chamar as crianças. Ⓢ同 -dómo; -tachi (+) . ⇨ kárera.

rába 騾馬 【Zool.】**a)** O macho; e mu; **b)** A mula. ⇨ róba; umá¹.

rábā ラバー (< Ing. rubber) A borracha. Ⓢ同 Gómu (+) .

rabénda ラベンダー (< Ing. lavender) 【Bot.】A alfazema; *lavandula spica/officinalis*.

ráberu ラベル (< Ing. label) O rótulo; a etiqueta; o letreiro; a legenda. Ⓢ同 Rettéru.

rábo[**rabóratorī**] ラボ[ラボラトリー] (< Ing. laboratory < L.) O laboratório. ⇨ gógaku; jikkéń ◇ .

rábu ラブ (< Ing. love) **1** [恋愛] O amor. ◇ ～ **retā** ラブレター A carta de amor. ～ **shīn** ラブシーン A cena amorosa [de amor]. Ⓢ同 Reń'ái (+) . ⇨ kói¹. **2** [無得点] O zero [no té(ê)nis]. ◇ ～ **ōru** ラブオール Zero a zero.

ráchi¹ 埒 **a)** A cerca「do campo de equitação」; **b)** O limite; **c)**「fazer」sentido. ★ ～ *ga aku [akanai]* 埒があく［あかない］Sair [Não sair] daqui; adiantar [não adiantar]. ～ *mo nai* 埒もない Absurdo; parvo;「o que ele diz é」estúpido;「uma discussão」sem sentido. ～ *o akeru [tsukeru]* 埒をあける［つける］Avançar; adiantar; encontrar uma saída [solução]. ⇨ geńkái¹; kakói¹; ku-gíri¹; sakái; sakú³; shikíri.

ráchi² 拉致 O rapto. ⇨ yúkái¹.

radéń 螺鈿 A incrustação de madrepérola [nácar]. ◇ ～ *zaiku* 螺鈿細工 O trabalho [artefa(c)to] em madrepérola.

rádo[**ādo**] ラード (< Ing. lard) O lardo; o unto; a banha de porco. Ⓢ同 Tónshi. ⇨ hétto.

rádon ラドン (< Ing. radon < L.) 【Quím.】O rádon (Rn 86); o radônio (B.).

ráfu 裸婦 A「pintura de」mulher nua [despida].

ragáń 裸眼 Sem binóculo;「ver a」olho nu. ⇨ nikugáń.

rágubī ラグビー (< Ing. Rugby: top) O râguebi.

ráguran ラグラン (< Ing. Raglan: antr) Raglã. ◇ ～ **sode** ラグラン袖 A manga ～ (Redonda).

rái¹ 雷 O trovão; o raio. Ⓢ同 Kamínári (+) .

rái² 癩 【Med.】O Hańséń-byó.

rai-³ 来 O futuro; o próximo. ◇ ～ **gakki** 来学期 O próximo ano le(c)tivo. ～ **getsu**. Ⓐ反 Señ-; zeń-.

-raí⁴ 来 De; desde; a começar de. ★ *Nijū-nen ～ no yūjin* 20 年来の友人 Um velho amigo de há vinte anos. *Sakunen ～* 昨年来 Desde o ano passado. Ⓢ同 Konókata. ⇨ írai².

ráibaru ライバル (< Ing. rival < L.) O rival; o concorrente; o competidor; o antagonista; o adversário. Ⓢ同 Kyōsó áite.

ráiburarī ライブラリー (< Ing. library < L.) A biblioteca. ◇ **Firumu ～** フィルムライブラリー A filmoteca. Ⓢ同 Toshókan (+) . ⇨ hón'ya.

raíbyō 癩病 【Med.】 ⇨ Hańséń-byó.

raíchō¹ 来朝 【E.】O vir [chegar] ao País do Sol Nascente. ⇨ raí-níchí.

raíchō² 来聴 【E.】A assistência「a uma conferência/reunião」; a presença [vinda]. *Go- ～ o kansha itashimasu* 御来聴を感謝致します Agradecemos a sua honrosa presença.

raíchō³ 雷鳥 【Zool.】A ptármiga; o lagópode [lagopo] (Espécie de perdiz que habita altas montanhas e fica branca no inverno); *lagopus mutus*.

raídan¹ 来談 【E.】O vir tratar dum assunto.

raídeń¹ 来電 【E.】O vir um telegrama; o telegrama recebido. ★ *Burajiria ～ ni yoreba* ブラジリア来電によれば Segundo telegrama (vindo) de Brasília. ⇨ deńpó¹.

raídeń² 雷電 【E.】O trovão e o relâmpago [raio]. ⇨ ínazuma; kamínári.

raídō 雷同 ⇨ fúwaraidó.

ráifu-ráin ライフライン (< Ing. life-line < L.) A linha vital (De vida, abastecimentos, comunicações).

ráifúrú(jū) ライフル(銃) (< Ing. rifle) A espingarda.

raifú-sáiensu ライフサイエンス (< Ing. life science) As ciências da vida.

raifú-sáikuru ライフサイクル (< Ing. life cycle) **a)** O ciclo vital (dos seres vivos); **b)** A duração「dum artigo」.

raifú-wáku [**áa**] ライフワーク (< Ing. lifework) O trabalho de uma vida; a obra laboral [importante].

ráiga 来駕 【E.】A sua honrosa vinda「à minha casa」.

ráigetsu 来月 O próximo mês; o mês que vem. Ⓢ同 Yokúgétsu. Ⓐ反 Séngetsu. ⇨ końgétsu.

raíhái 礼拝 ⇨ reíhái¹.

raíhíń 来賓 O convidado especial [de honra]. ◇ ～ **seki** 来賓席 O assento [reservado aos] ～. Ⓢ同 Hōmón-kyaku[-sha]; kyakú (o); raíkyákú (+) .

raíhō 来訪 【E.】 ⇨ hōmóń¹.

rái-i 来意 【E.】O obje(c)tivo [motivo] da visita. ★ ～ *o tazuneru* 来意を尋ねる Perguntar o ～.

raíjō 来場 【E.】O vir [chegar] a um lugar. *Kuji made ni go ～ kudasai* 9時までに御来場下さい Fazem favor de chegar「à reunião」até às nove (horas).

raíkái 来会 【E.】A participação numa reunião. ⇨ raíjó; shussékí.

raíkán 雷管 O detonador; a espoleta.

raíkań 来観 【E.】O vir ver「a exposição」. ⇨ raíjó.

raíkō 来航 【E.】A vinda por mar. ★ *Perī[Kurofune]* ～ ペリー［黒船］来航 ～ do Almirante Perry [dos navios negros]. ⇨ raíjó.

raikyákú 来客 A visita; o visitante; o hóspede. ★ ～ *yō no zabuton* 来客用の座ぶとん As esteiras [almofadas] para as visitas. Ⓢ同 Hōmón-kyaku; raíhíń.

raímeí¹ 雷鳴 A trovoada; o trovejar [trovão]. ～ *ga todoroita* 雷鳴がとどろいた Ouviu-se o ribombar da ～ [do trovão]. ⇨ kamínári.

raíméí² 雷名 【E.】A grande reputação [fama]; o renome. ★ ～ *o tenka ni todorokaseru* 雷名を天下

ráimu ライム (< Ing. lime) 【Bot.】 **a)** A lima (Fruto); **b)** A limeira (Planta); *citrus medica*.

raí-múgi ライ麦 (< Ing. rye + …) 【Bot.】 O centeio; *secále cereale*.

ráin ライン (< Ing. line < L. linea) **1** [線] A linha [o campo」. S同 Sén (+). **2** [列] A fila; a fileira. ◇ **~ dansu** ラインダンス A dança em ~. S同 Rétsu (+).

ráinā ライナー (< Ing. liner) 【Bas.】 O voo raso e em linha re(c)ta da bola.

ráin'áppu ラインアップ (< Ing. lineup) 【(D)esp.】 A formação dos jogadores no campo antes [Os elementos] da partida.

raínén 来年 O próximo ano; o ano que vem. P/慣用 ~ *no koto o iu to oni ga warau* 来年のことを言うと鬼が笑う Não contes os pintos senão depois de nascidos; Pôr a carroça à frente dos bois/Quem pode contar com o dia de amanhã? S同 Myônen. A反 Kyónen. ⇨ kotóshi; yokú-nén.

raí-nichi 来日 A chegada [O vir] ao Japão. *Burajiru no daitōryō ga ~ shita* ブラジルの大統領が来日した O presidente do Brasil chegou ao Japão. S同 Raíchó¹. ⇨ tóchákú.

rainín 来任 【E.】 A vinda para assumir o seu posto (de trabalho). ⇨ chakúnín.

raión ライオン (< Ing. lion < Gr.) 【Zool.】 O leão [A leoa]. S同 Shíshi.

raí-ráishū 来来週 Depois da semana que vem; daqui a duas semanas. S同 Saráishū. ⇨ ráishū¹.

raírákku ライラック (< Ing. lilac) 【Bot.】 O lilás; *syringa vulgaris*. S同 Ríra.

raírákú 磊落 A franqueza; a generosidade; a magnanimidade. S同 Gôhô; hôtán.

raírékí 来歴 **1** [経歴] Os antecedentes; o currículo 「da minha vida」; o passado. S同 Keíréki (o), riréki (+). **2** [由来] A origem [história] 「deste templo」. ⇨ **koji** ◇. S同 Yurái (+); yúisho.

rairín 来臨 【E.】 A vinda (de pessoa importante).

raísán 礼賛 [賛] A admiração; a adoração; en-có(ô)mio; o louvor. **★ ~** *suru* 礼賛する Glorificar; adorar; louvar. S同 Shôsán.

ráise 来世 A outra vida; o outro mundo. **★ ~** *no kôfuku o inoru* 来世の幸福を祈る Rezar pelo descanso eterno de alguém. ⇨ meífúkú. S同 Góse; miráise. A反 Zénse. ⇨ génse.

ráisensu ライセンス (< Ing. license < L.) A licença. ⇨ kyóka; ménkyo.

raishá 来社 【E.】 O visitar [ir a] uma empresa.

raishín¹ 来診 A vinda para consulta médica 「ao nosso hospital」. ⇨ óshín¹.

raishín² 来信 【E.】 A carta recebida; a chegada de correspondência.

ráishū¹ 来週 A próxima semana; a semana que vem. S同 Yokúshū. A反 Senshū. ⇨ konshū¹.

ráishū² 来襲 O assalto. **★ ~** *suru* 来襲する Dar o ~ [Atacar de surpresa]. S同 Shūrái.

raishún 来春 A próxima primavera. S同 Raíháru.

raísú-kárē ライスカレー (< Ing. rice and curry) O arroz (com molho) de caril. S同 Karē-raísu (+).

ráitā¹ ライター (< Ing. lighter) O isqueiro. **★ ~** *o tsukeru* ライターをつける Acender o ~. ◇ **Gasu ~** ガスライター ~ a [de] gás.

ráitā² ライター (< Ing. writer) **1** [著者] O escritor. ◇ **Shinario ~** シナリオライター O dramaturgo; ~ de peças 「teatrais」. S同 Chojútsúká (+); sakká (o); shippítsúsha (+). **2** [記者] O reda(c)tor; o jornalista. S同 Kísha (+).

raítén 来店 A vinda à nossa loja. *Maido go-itadakimashite arigatō gozaimasu* 毎度御来店いただきまして有難うございます É sempre um prazer atendê-lo na [Bem-vindo à] nossa loja.

ráito¹ ライト (< Ing. right) **1** [野球]【Bas.】(mão) direita do campo. S同 Uyoku. A反 Réfuto. **2** [挙闘] O direito [soco com a direita] 「no boxe」.

ráito² ライト (< Ing. light) **1** [光] A luz; o farol; a iluminação. **★** *Kuruma no heddo ~ o tsukeru* 車のヘッドライトをつける Ligar os faróis (da frente). S同 Akári (o); shômei (+); tôka. **2** [軽い] Leve; ligeiro. ◇ **~ kyū** ライト級 O peso leve 「no boxe」. **~ myūjikku** ライトミュージック A música ligeira.

raíto-áppu ライトアップ (< Ing. light up) As iluminações 「da cidade」.

raíto-bán ライトバン (< Ing. light + van) A canadiana; a carrinha.

ráiu 雷雨 A (chuva com) trovoada; o temporal [aguaceiro] acompanhado de trovões.

raíún 雷雲 A nuvem negra de trovoada. S同 Kamínári-gúmo.

raiyū 来遊【E.】O passeio; 「faça」uma visita 「à minha terra」. ⇨ hômón¹.

rajíárú-táiya ラジアルタイヤ (< Ing. radial tire) O pneu radial.

rajiētā [ee] ラジエーター (< Ing. radiator < L.) O radiador.

rájio ラジオ (< Ing. radio < L.) O (aparelho de) rádio. *~ ga kakatte iru* ラジオがかかっている ~ está ligado. **★ ~** *de hōsō suru* ラジオで放送する Radiodifundir; transmitir por [pela] rádio. *~ no oto o ōkiku* [*chīsaku*] *suru* ラジオの音を大きく[小さく]する Pôr o ~ mais alto [baixo]. *~ o kiku* ラジオを聞く Ouvir (o/a) ~. *~ o tsukeru* [*kesu*] ラジオをつける[消す] Ligar [Desligar] o ~. ◇ **~ aisotōpu** ラジオアイソトープ O radioisótopo. **~ bangumi** ラジオ番組 O programa de ~. **~ bikon** ラジオビーコン O radiofarol. **~ hōsō** ラジオ放送 A radiodifusão. **~ hōsō-kyoku** ラジオ放送局 A estação de radiodifusão [~]. **~ kontorōru** ラジオコントロール O comando pelo rádio.

rajio-zónde ラジオゾンデ (< Ing. radiosonde【Met.】) A radiossonda.

rajiumu ラジウム (< L. radium)【Quím.】O rádio (Ra 82). ◇ **~ ryōhō** ラジウム療法 A radioterapia.

rákan 羅漢 (< Abrev. de arakan: < Sân. arhat) O iluminado.

rakétto ラケット (< Ing. racket < Fr. < Ár. rähet) A raqueta/e 「de pinguepongue」.

rakká¹ 落下 A queda; a descida. **★ ~** *suru* 落下する Cair; descer. ◇ **~ chiten** 落下地点 O local [ponto] da queda 「dos pedaços do avião」. ⇨ **san.**

rákka² 落花 【E.】 **1** [花が散ること] O cair das flores. ◇ **~ rōzeki** 落花狼藉 「o meu quarto está em」 Grande desordem. **2** [散った花] As flores caídas.

rákkā ラッカー (< Ing. lacquer) A laca. ⇨ urúshí.

rakkán¹ 楽観 O o(p)timismo. *Jōkyō wa ~ o yurusanai* 状況は楽観を許さない A situação não é para o(p)timismos. **★ ~** *suru* 楽観する Ser o(p)timista; ver com bons olhos; ver tudo cor de rosa. ◇

ron [setsu; shugi] 楽観論[説;主義] O o(p)timismo (assumido/por sistema). ~ **ronsha** 楽観論者 O otimista. ⇨ **Hikán**.

rakkán² 落款 A assinatura e selo do artista. ⒶⓇ

rakkásan 落下傘 O pára-quedas. ★ ~ *de kōka suru* 落下傘で降下する Descer em [de] ~. ~ *de nimotsu o tōka suru* 落下傘で荷物を投下する Lançar a carga em ~. ◊ ~ **butai** 落下傘部隊 O corpo [destacamento] de pára-quedistas.
Ⓢ囲 Paráshuto. ⇨ rakká¹.

rakkásei 落花生 【Bot.】 O amendoim; *arachis hipogaea.* Ⓢ囲 Nañkín-mame; pínattsu (+).

rákkī ラッキー (< Ing. lucky) Com [Que tem] sorte. ◊ ~ **sebun** ラッキーセブン O sétimo ataque é o da sorte (Beis.). ~ **zōn** ラッキーゾーン A zona de sorte (Beis.). ⇨ kôuń.

rakkō 猟虎 (< Áinu: rakko) 【Zool.】 A lontra-do-mar; *enhydra lutris.*

rákku ラック a) (< Ing. L. < lac) A (solução de) goma-laca; o verniz; b) (< Ing. rack) A prateleira. ◊ **Ōdio** ~ オーディオラック ~ para colocar os aparelhos de áudio.

rakkyō 辣韮 【Bot.】 A chalota; o alho-porro; a cebolinha; *allium bakeri.* ◊ ~ **zuke** 辣韮漬け Os picles de ~; a ~ em salmoura.

rakkyū 落球 【(D)esp.】 A queda da bola. ★ ~ *suru* 落球する Deixar cair [escapar] a bola.

rakú 楽 **1** [安楽] A comodidade; o conforto; a folga; o alívio; a paz; o descanso. *Kono isu wa totemo ~ da* この椅子はとても楽だ Esta cadeira é muito confortável. *O-~ ni nasatte kudasai* お楽になって下さい Esteja à vontade, por favor/A casa é sua! ~ *na kurashi* 楽な暮らし Uma vida folgada [tranquila/com pouco trabalho]. ~ *ni shinu* 楽に死ぬ Morrer pacificamente [em paz]. ~ *ni naru* 楽になる Ficar desafogado [mais descansado]; sentir alívio *(Hayaku ~ ni naritai* 早く楽になりたい Quem me dera morrer (que não aguento o sofrimento). *Kusuri ga kiite daibu ~ ni natta* 薬が効いて大分楽になった Fiquei bastante aliviado devido ao efeito do remédio). ~ *o suru* 楽をする Viver à vontade; levar boa vida [trabalhar pouco]. *Ryōshin ni ~ o saseru* 両親に楽をさせる Dar conforto aos pais. Ⓟ慣用 ~ *areba ku ari* 楽あれば苦あり Não há rosa sem espinhos (nem peixe sem espinhas). Ⓢ囲 Añráku. ⒶⓇ Kú. **2** [容易] O fácil [ser simples]; o não custar [dar trabalho]. *Kore kara saki no michi wa ~ da* これから先の道は楽だ O caminho daqui para diante é (mais) fácil. *Watashi ni totte porutogaru-go de tegami o kaku koto wa ~ ja nai* 私にとってポルトガル語で手紙を書く事は楽じゃない Para mim, escrever uma carta em português dá trabalho [não é fácil]. ★ ~ *de nai shigoto* 楽でない仕事 O trabalho difícil [que custa]. ~ *ni* 楽に Facilmente; bem; sem custo (dificuldade) [*Koro kara eki made wa go-fun mo areba ~ ni aruite ikeru* ここから駅までは5分もあれば楽に歩いて行ける Daqui, a pé, à estação chega-se bem em cinco minutos]. **3** [⇨ sénshúraku].

rakubá 落馬 A queda [O cair] do cavalo.

rakúbán 落盤 O desmoronamento numa (galeria da) mina. ◊ ~ **jiko** 落盤事故 O acidente causado pelo ~.

rakúcháku 落着 A solução. *Kore de kono ken wa medetaku ikken ~ da* これでこの件はめでたく一件落着だ Felizmente, resolveu-se esta questão [temos este caso resolvido]. ⇨ ketchákú.

rakúchō 落丁 A falta [omissão] de páginas. ~ *bon wa o-torikae itashimasu* 落丁本はお取りかえいたします Se faltar alguma página ao livro trocamos por outro. ⇨ rañchô¹.

rakúdá 駱駝 【Zool.】 O camelo; o dromedário「do deserto」; *camelus.* ★ ~ *no kobu* 駱駝のこぶ A giba [bossa] do camelo.

rakúdái 落第 A reprovação. *Kanojo wa hahaoya to shite wa ~ da* 彼女は母親としては落第だ Como mãe, ela não é boa. ★ ~ *suru* 落第する Reprovar; ser [sair] reprovado. *Shiken ni ~ shita* 試験に落第した Fui reprovado no exame. ◊ ~ **sei** 落第生 O (estudante) reprovado [repetente]. Ⓢ囲 Fu-gókáku. ⒶⓇ Gōkákú; kyūdáí. ⇨ ryūnéń.

rákudo 楽土 O paraíso; o éden. Ⓢ囲 Gokúrákú (+); rakúéń (+); téngoku (o). ⒶⓇ Jigókú.

rakúen 楽園 O paraíso「das delícias」. ★ *Chijō no ~* 地上の楽園 ~ terrestre [na terra]. Ⓢ囲 Gokúrákú; rákudo; téngoku (+). ⒶⓇ Jigókú.

rakúgáki 落書き O rabisco; a garatuja. ◊ ~ **kinshi** 落書き禁止 (掲示) Proibido rabiscar!

rakúgan 落雁 Uma espécie de rebuçado.

rakúgo¹ 落語 O monólogo; a arte de contar [inventar] histórias. ◊ ~ **ka** 落語家 O profissional de ~; o contador de histórias. Ⓢ囲 Otóshí-bánashi.

rakúgo² 落後 [伍] A desistência; o fracasso; o ficar para trás. ★ ~ *suru* 落後する Desistir. ◊ ~ **sha** 落後者 O「corredor」desistente.

rakúgyū 酪牛 A vaca leiteira. ⇨ nyūgyú.

rakúháku 落魄 【E.】 A miséria. Ⓢ囲 Botsúrákú (+); reírákú (+). ⇨ ochíbúrérú.

rakúín¹ 烙印 O [A marca do] ferrete. ★ ~ *o osu* 烙印を押す Marcar「o gado」com ferrete [*Kare wa hanzaisha no ~ o osareta* 彼は犯罪者の烙印を押された Ele ficou (marcado) com o ~ [o estigma/a mácula] de criminoso]. Ⓢ囲 Yakíń.

rakúín² 落胤 【E.】 O filho ilegítimo [bastardo] (de pai nobre e mãe plebeia).
Ⓢ囲 Otóshí-dane[-go] (+).

rakú-íñkyo 楽隠居 O retirar-se da vida pública [a(c)tiva] mas viver despreocupado; uma boa aposentação. *Kare wa ~ no mi de aru* 彼は楽隠居の身である Ele vive com uma ~.

rakujítsu 落日 O pôr do sol; o ocaso; o (sol) poente. Ⓢ囲 Iríhí; rakúyó; yûhí (+). ⇨ nichíbótsú.

rakujō 落城 A rendição do castelo.

rakúméi 落命 【E.】 A morte. ★ ~ *suru* 落命する Morrer. Ⓢ囲 Shi (+).

rakúnō 酪農 A pecuária [indústria] leiteira; os lacticínios. ◊ ~ **gyō** 酪農業 A indústria de lacticínios. ~ **ka** 酪農家 O produtor de lacticínios. ~ **seihin** 酪農製品 Os lacticínios.

rakúrái 落雷 A queda de raio. ★ ~ *ni utareru* 落雷に打たれる Ser fulminado [atingido] por um raio. ~ *suru* 落雷する Cair um raio. ⇨ kamínáí.

rakúráku (to) 楽楽 (と) Com a maior facilidade; com uma perna às costas (G.); facilmente. *Kare wa ~ nyūgaku shiken ni gōkaku shita* 彼は楽々と入学試験に合格した Ele passou no exame vestibular [de admissão「à universidade」] com ~.
Ⓢ囲 Rakú (+).

rakúrúi 落涙 【E.】 O derramar lágrimas. ★ ~ *suru* 落涙する Derramar [Comover-se até às] lágri-

rakusa 落差【Fís.】**a)** O desnível; a diferença de nível. ★ ～ *hyaku-mētoru no taki* 落差100メートルの滝 A catarata com cem metros de queda「～」. **b)** A「grande」diferença「entre o sonho e a realidade」.

rakúsán 酪酸【Quím.】O ácido butírico.

rakúsátsú 落札 **a)** O maior lanço (num leilão); a maior oferta「de compra」; **b)** A melhor proposta「para o contrato」. ★ ～ *suru* 落札する Vencer os concorrentes. ⇨ nyūsátsú.

rakúséi 落成 A conclusão [O acabamento] das obras. ◇ ～ **pātī** 落成パーティー A festa da ～. ～ **shiki** 落成式 A cerimô[ô]nia da inauguração.

rakúséki¹ 落石 O desmoronamento [A queda] de pedras; a pedra solta. ◇ ～ **chūi!** 落石注意 (掲示) Atenção ao perigo de ～.

rakúséki² 落籍【E.】⇨ mi-úké.

rakúsén 落選 **a)** A derrota nas [O perder as] eleições; **b)** O não ser escolhido [aceite/classificado]. *Kare wa senkyo de* ～ *shita* 彼は選挙で落選した Ele perdeu as eleições. ～ **sha** 落選者 O candidato derrotado [não eleito]. A/反 Nyūsén; tōsén.

rakúshō 楽勝 A vitória fácil; a canja (G.). *Kondo no shiken wa* ～ *datta* 今度の試験は楽勝だった Desta vez o exame foi canja [facílimo]. ★ ～ *suru* 楽勝する Vencer facilmente; ganhar com facilidade; ser canja. S/同 Taíshō. A/反 Shínshō. ⇨ rakúráku.

rakushu 落手【E.】**1**[受け取る事] O receber「a carta」. S/同 Nyūshú. **2**[将棋でまずい手を打つ事] A má jogada.

rakútán 落胆 O desânimo; o desalento; a desilusão. ★ ～ *suru* 落胆する Ficar desanimado [abatido/descoroçoado]「com o resultado」. S/同 Ki-óchí. ⇨ gakkári; zetsúbó.

rakútáze[áa] ラクターゼ【Quím.】A lactase.

rakútén 楽天 O o(p)timismo. ◇ ～ **ka** 楽天家 O o(p)timsta. ～ **shugi** 楽天主義 O otimismo. S/同 Rakkán. ⇨ Énséí.

rakútén-chi 楽天地 O éden; o paraíso. S/同 Rakúén; rakuén (+) ; téngoku (+).

rakútóze[óo] ラクトーゼ【Quím.】A lactose.

rakú-yáki 楽焼 A cerâmica artesanal [utilitária/pouco resistente].

rakúyō 落葉 O cair das folhas. ◇ ～ **ju** 落葉樹 A árvore de folha caduca. S/同 Óchíba. ⇨ jōryókú; karé-há.

ráma¹ 駱馬・羊駝 (< Quíchua: lhama)【Zool.】O lama.

ráma² ラマ (< Tib. blama) O lama (Monge budista tibetano). ◇ ～ **kyō** ラマ教 O lamaísmo. ～ **kyōto** ラマ教徒 O lamaísta. ～ **sō** ラマ僧 (monge) lama.

ráme ラメ (< Fr. lamé < L.) A flama [lhama]; o tecido recamado「de flama de ouro/prata」.

rámen[áa] ラーメン (< Chin. la-mian) O macarrão (fino, às tiras, ensopado).

ramúne ラムネ (< Ing. lemonade) A limonada; a bebida gasosa. S/同 Sáida. ⇨ remónédo.

ramu-shu ラム酒 (< Ing. rum) O rum.

rán¹ 乱 A desordem; o tumulto; a rebelião; a revolta「de Shimabara」; a revolução; a guerra「de Onin」. ★ *o osameru* 乱を治める Dominar [Parar] a revolta. ◇ ～ **kaihatsu** 乱開発 A exploração [O progresso] desordenada/o. ～ **kōge** 乱高下 A flutuação violenta「do mercado de valores/da bolsa」. ～ **hańfań**¹; naírań¹; sōdō.

rán² 欄 **1**[新聞などの] A coluna (de jornal). ◇ **Kōkoku** ～ 広告欄 A [página] de publicidade [de anúncios]. **Seiji** ～ 政治欄 ～ [se(c)ção] da política. **2**[記入欄] A coluna de inscrição. ★ *Shotei no* ～ *ni kakikomu* 所定の欄に書き込む Preencher a coluna indicada.

rán³ 蘭【Bot.】A orquídea.

rańbai 乱売 O malbarato; o vender mais barato que os concorrentes. ★ ～ *suru* 乱売する Malbaratar; vender por qualquer preço. S/同 Nagé-úrí (+).

rańbátsú 濫伐 A desarborização indiscriminada [descontrolada]; o desmatamento [corte] desordenado.

rańbíki 蘭引 (< P. < Ár. < Gr.)【A.】O alambique. S/同 Jōryū-ki.

rańbō 乱暴 **1**[あばれる事; ようす] A brutalidade; a violência; a agressão. ★ ～ *na* 乱暴な Violento; agressivo. ～ *o hataraku* 乱暴を働く Agredir; ser violento; usar violência. ～ *mono* 乱暴者 Um bruto [tipo agressivo]. ⇨ sobó. **2**[荒っぽい] A rudeza; a grosseria; a aspereza. ★ ～ *ni* 乱暴に Rudemente; à [de maneira] bruta *Yūbinbutsu o* ～ *ni toriatsukau na* 郵便物を乱暴に取り扱うな Não atire com o correio!. S/同 Teárá. A/反 Téinei. **3**[不当] futō¹; múcha; muhō. **4**[向こう見ず] muhō²; muhō-mizu.

ranbu 乱舞【E.】A dança frenética「das abelhas」; a folia. ★ *Kyōki* ～ *suru* 狂喜乱舞する Dançar, como um louco, de alegria.

rańchi¹ ランチ (< Ing. lunch) O almoço. ◇ ～ **taimu** ランチタイム A hora do ～. S/同 Chūshókú (+).

rańchi² ランチ (< Ing. launch) A lancha. S/同 Hashíké.

rańchíki-sáwagi 乱痴気騒ぎ【G.】A orgia; a pândega; a farra. ～ *o suru* [*yaru*] 乱痴気騒ぎをする [やる] Andar na pândega; fazer uma patuscada [farra]. S/同 Bakáí[Dońcháń]-sáwagi (+).

rańchō¹ 乱丁 O erro de paginação. ～ *no baai wa o-torikae shimasu* 乱丁の場合は、お取りかえします(掲示) No caso de haver páginas defeituosas, trocamos por outro livro. ◇ ～ **bon** 乱丁本 O livro com páginas trocadas. ⇨ rakúchō.

rańchō² 乱調 A perturbação; a falta de ordem [ritmo/controle]. ★ *Kabu no* ～ 株の乱調 A flutuação violenta das a(c)ções. *Tōshu-jin no* ～ *te-buri no rańchō* Os nervos [A falta de controle] do arremessador (de beisebol). S/同 Końfań (+).

randa¹ 乱打【E.】O bater sem jeito「na bola」.

randa² 懶惰【E.】⇨ táida.

rańdámú-sáńpuringu ランダムサンプリング (< Ing. random sampling) As amostras tiradas ao acaso.

rańdébū ランデブー (< Fr. rendez-vous) **1**[人工衛星や宇宙船が宇宙空間で出会うこと] O encontro no espaço. ⇨ dokkíńgú. **2**[男女のデートのこと] O encontro amoroso. S/同 Aíbíkí; déto (+); mikkáí. ⇨ machí-áwáseki.

rańdókú 乱読 A leitura sem método.

rańdóri 乱取り (<…¹+*tóru*)【(D)esp.】**a)** O treino livre「de judo」; **b)** O jogar a rapar (tudo).

rańdóséru ランドセル (< Hol. ransel) A pasta-mochila dos livros.

rań-gái 欄外 A margem (da página). ★ ～ *no chū* 欄外の注 A nota marginal [à ～].

rańgákú 蘭学 Os estudos holandeses (na era Edo).

rań-gúi 乱杭 (< ...[1] + kúi) A estacaria desalinhada. ◇ **~ ba** 乱杭歯 A dentadura irregular.

rańgyó 乱行 **1** [乱暴なふるまい] A violência; a conduta violenta. **2** [不行跡] A licenciosidade; a libertinagem; a conduta desregrada. ⇨ Hōtō (+).

rań-hánsha 乱反射【Fís.】A reflexão difusa [irregular].

ránjerī ランジェリー (< Fr. lingerie) A roupa interior (ocidental) de senhora. ⇨ shitági.

ranjū-hóshō (hó) 藍綬褒章 ⇨ hōshō[4].

ranjúkú 爛熟 **1** [果実の熟しすぎること] O [pêssego] estar maduro demais. ⇨ jukúsú(ru). **2** [成熟の極] A plena maturidade; o ápice. ★ **~ suru** 爛熟する ... *Bunka no ~ ki* 文化の爛熟期 O período áureo duma cultura. ⇨ ránman.

rańkákú 乱 [濫] 獲 A pesca [caça] excessiva/indiscriminada.

rańkán[1] 欄干 O parapeito「da ponte」; o gradeamento [a grade]「da varanda」. ⇨ Tesúrí (+).

rańkán[2] 卵管【Anat.】O oviduto; as trompas uterinas [de Falópio]. ⇨ Rappákán.

ránkingu ランキング (< Ing. ranking) A classificação. ⇨ Jún'i; ránku.

rań-kíryū 乱気流【Met.】O aeromoto; o ar turbulento; a turbulência.

rańkó 乱交 A bacanal; a promiscuidade sexual. ◇ **~ pátī** 乱交パーティー A orgia; o sexo em grupo.

ránku ランク (< Ing. rank) A classe; a categoria; o grau. ⇨ Jún'i; ránkingu.

ránma[1] 乱麻【E.】O emaranhado「de fios de linho」; o nó górdio; a meada; a complicação; o caos. 慣用 *Kaitō ~ o tatsu* 快刀乱麻を断つ Desfazer o/a ~. ⇨ asá ◇.

ránma[2] 欄間【Arqui.】O painel decorativo de madeira entre as "fusuma" e o te(c)to.

ránmán 爛漫【E.】A plena florescência. *Haru ~ no hana no iro* 春爛漫の花の色 As (mil) cores primaveris. ◇ **tenshin ~**.

ránmyákú 乱脈 A desordem; a desorganização; a confusão; o descontrole. *Ano kaisha no keiri wa ~ o kiwamete iru* あの会社の経理は乱脈を極めている A contabilidade daquela empresa está (n)uma desordem completa.

ránna ランナー (< Ing. runner)【(D)es.】O corredor. ◇ **Pinchi ~** ピンチランナー ~ suplente. ⇨ sōsha[1].

rańníngú ランニング (< Ing. running) **1**[走ること] A corrida. ★ **~ o suru** ランニングをする Correr. ◇ **~ shūzu** ランニングシューズ Os sapatos de ~. ⇨ hashíru; kakékko; kyōsō[2]. **2**[そでなしのシャツ] A camiseta [camisola interior] sem manga. ★ **~ o kite iru** ランニングを着ている Estar com ~. ◇ **~ shatsu** ランニングシャツ ~.

rań'ó 卵黄 A gema (do ovo). ⇨ Kimi (+). 反 Rańpákú; shíro-mi.

ranórín ラノリン (< Al. L. lana: lã)【Quím.】A lanolina.

rańpákú 卵白 A clara (do ovo). ⇨ Shíro-mi (+). 反 Rań'ó; kimí.

rańpátsú[1] 乱 [濫] 発 **1** [弾丸を] O tiro fortuito; o atirar [disparar] à toa. **2** [法令や貨幣を] A emissão excessiva「de ordens/decretos」. ★ *Tegata [Shihei] o ~ suru* 手形 [紙幣] を乱発する Emitir demasiadas letras [notas].

rańpátsú[2] 乱髪【E.】A melena; a guedelha; o cabelo em desalinho. ⇨ Midárégámí (+).

ránpi 乱 [濫] 費 O esbanjamento; o desperdício. ★ **~ suru** 乱費する Esbanjar「dinheiro」; desperdiçar「energias」. ⇨ Mudá-zúkai (o); rōhí (+). 反 Setsúyákú.

rańpítsú 乱筆【E.】Os (pobres) rabiscos [garranchos]; a「carta」escrita à pressa. ~ *o-yurushi kudasai* 乱筆お許し下さい Desculpe os rabiscos (desta carta) [o meu pobre estilo/a minha letra].

ránpu[1] ランプ (< Ing. lamp < L. < Gr. lampé: brilho) **a)** A lâmpada「elé(c)trica」; **b)** O candeeiro; **c)** A candeia; o lampião. ◇ **~ dai** ランプ台 O suporte do/a ~. **Arukōru ~** アルコールランプ ~ à álcool. **Mame ~** 豆ランプ A lamparina.

ránpu[2] ランプ (< Ing. ramp) A rampa de acesso.

rańrán 爛爛【E.】O brilho「dos olhos de gato」. *Kare no me wa ~ to hikatte ita* 彼の目は爛々と光っていた Os olhos dele até (re)brilhavam.

rańrítsú 乱 [濫] 立 O aparecimento desordenado「de novos edifícios」; o nascer [aparecer/ser] como os cogumelos. *Sono senkyo-ku de wa kōhosha ga ~ shite iru* その選挙区では候補者が乱立している Nesse distrito eleitoral há uma verdadeira inundação de candidatos [os candidatos são como os cogumelos].

rań-sáibō 卵細胞【Biol.】O oócito. ⇨ ránshi[2].

ránsákú 乱 [濫] 作 O escrever obras demais. ★ **~ suru** 乱作する ...

ránsei[1] 乱世 Os perturbados tempos「em que vivemos」; a época de anarquia. 反 Chísei.

ránséi[2] 卵生【Zool.】A oviparidade. ◇ **~ dōbutsu** 卵生動物 O (animal) ovíparo. 反 Taíséi.

rańsén 乱戦 O combate turbulento; a luta confusa「entre partidos políticos」. ⇨ Końséń (+).

rańshá 乱射 O disparar às cegas [em todas as dire(c)ções]. *Jū o ~ suru* 銃を乱射する Disparar (a espingarda)...

ránshi[1] 乱視【Med.】O astigmatismo. ◇ **~ gan** 乱視眼 A vista astigmática.

ránshi[2] 卵子【Zool./Bot.】O óvulo. ⇨ tamágo.

rańshín 乱心【E.】A demência; a perturbação mental; a loucura. ⇨ hakkyō.

rańsō 卵巣【Anat.】O ovário. ★ **~ no** 卵巣の Ovariano; ovárico. ◇ **~ en** 卵巣炎 A ovarite. **~ horumon** 卵巣ホルモン As hormonas do ~. **~ tekishutsu shujutsu** 卵巣摘出手術 A ovariectomia [ooforectomia/ovariotomia].

ránsōun 乱層雲【Met.】O nimbo-estrato. ⇨ Rań'úń.

ránsū-hyō 乱数表【Mat.】A tabela de números aleatórios.

rań-táisei 卵胎生【Zool.】O (animal) ovo(vi)víparo.

rańtán ランタン (< Ing. lantern) A lanterna. ⇨ Kakútō. ⇨ ránpu[1].

rańtō 乱闘 A luta [briga] confusa「entre os amotinados e a polícia」. ⇨ Rańséń. ⇨ tokkúmíáí.

rań'úń 乱雲【Met.】⇨ ránsōun.

rań'yō 乱 [濫] 用 O abuso「das palavras」. ★ *Kenri o ~ suru* 権利を乱用する Abusar do poder. ◇ **Shokken ~** 職権乱用 ~ do posto.

ránzátsú 乱雑 A desarrumação; a confusão; a desordem. *Kare wa itsumo tsukue no ue o ~ ni shite iru* 彼はいつも机の上を乱雑にしている Ele tem sempre a mesa desarrumada. ★ **~ na** 乱雑な Desarrumado; desordenado. ⇨ Mu-chítsujo.

ranzó 乱[濫]造 A superprodução. ★ ~ **suru** 乱造する Produzir demais (sem se esmerar). ◇ **Sosei** ~ 粗製乱造 ~ de artigos de qualidade inferior.

raóchū 老酒 (< Chin. lao chiu) Uma bebida alcoólica chinesa (de arroz).

Ráosu ラオス O Laos. ◇ ~ **jin** ラオス人 O laociano.

rappá 喇叭 A trombeta; a corneta; o cornetim; o clarim; a trompa; a buzina. ★ ~ **gata no** 喇叭形の Em forma de trombeta. ~ **o fuku** 喇叭を吹く a) Tocar a/o ~; buzinar; b) Ser fanfarrão; buzinar; chamar ruidosamente a atenção. ◇ ~ **nomi** [**zubon/zuisen**] **Shingun** ~ 進軍喇叭 O toque de corneta para marchar.

rappá-nómi 喇叭飲み (<…+nómu)【G.】O beber pela garrafa. ★ ~ **o suru** 喇叭飲みをする …

rappá-zúbon 喇叭ズボン As calças em sino [à marinheiro]. ◇ Berubótomu; pántaron (+).

rappá-zúisen 喇叭水仙 (<…+ suíséń) 【Bot.】O narciso amarelo; *narcissus poeticus*.

ráppu ラップ (< Ing. lap) A volta ou circuito completo em pista de corridas. ◇ ~ **taimu** ラップタイム O tempo por [de uma] volta.

rápusodī ラプソディ (< Ing. rhapsody < Gr.)【Mús.】A rapsódia. S/词 Kyōshíkyoku.

rarétsú 羅列 A enumeração; a lista. *Kare no shukuji wa biji-reiku no ~ da* 彼の祝辞は美辞麗句の羅列だ O discurso congratulatório dele é (apenas) uma série de frases floreadas. ★ *Zenrei o ~ suru* 前例を羅列する Enumerar exemplos [casos que (já) se deram antes].

rárī ラリー (< Ing. rally) **1**【(D)esp.】A (re)batida (seguida, da bola, sem marcar pontos). **2**【自動車競走】O rali (de automóveis).

rárugo ラルゴ (< It.largo) 【Mús.】O (andamento) largo [muito espaçoso].

rasén 螺旋 a) A espiral; b) O parafuso (⇨ néji). ★ ~ **jō no** 螺旋状の 「o fumo a subir」 Em (forma de) espiral. ◇ ~ **kaidan** 螺旋階段 A escada em espiral [caracol]. ~ **kin** 螺旋菌 O espirilo.

rásha 羅紗 (< P.) A raxa; o tecido grosso de lã. ◇ ~ **gami** 羅紗紙 O papel aveludado (de parede).

-rashíi らしい **1**【あるもののように見える】Parecer. *Asu wa ame ga furu* ~ 明日は雨が降るらしい Parece que amanhã vai chover. *Dōmo sō* ~ どうもそうらしい Parece que sim [que é verdade]. *Sono hanashi wa dōmo uso* ~ *ne* その話はどうもうそらしいね Parece que isso [essa conversa] é mentira. ★ *Hontō* ~ *hanashi* 本当らしい話 Uma história que parece real [verdadeira]. **2**【ふさわしい】Como; digno de; (próprio) de. *Kimi-rashiku mo nai ne* 君らしくもないね Isso não parece (digno de você)! *Kodomo wa kodomo-rashiku shi nasai* 子供は子供らしくしなさい Você deve portar-se como a criança que ainda é. *Kono atari ni wa gekijō* ~ *gekijō wa nai* このあたりには劇場らしい劇場はない Nestas redondezas não há nada que mereça (ter) o nome de [que se pareça com um] teatro. ★ *Onna-rashiku furumau* 女らしく振る舞う (Com)portar-se como (uma) mulher. ⇨ fusáwáshíi.

rashín[1] 羅針 A agulha de marear. ◇ ~ **ban** [**gi**] 羅針盤[儀]A bússola; a rosa-dos-ventos.

rashín[2] 裸身 ⇨ ratái.

rashi-shokúbutsu 裸子植物 【Bot.】As gimnospermas [plantas gimnospérmicas].

rásseru ラッセル (< Al. rasselgeräusch) 【Med.】O sopro [ruído] bronquial; a respiração cava.

rassérú-sha ラッセル車 (< Ing. Russel snow plow) O engenho para tirar a neve [da via-férrea].

rásshu[**rasshúawā**] ラッシュ(アワー) (< Ing. rush hour) As horas de ponta [de mais movimento]. S/词 Konzátsú-ji.

rásuku ラスク (< Ing. rusk) A rosca [filhó]; o pão doce torrado.

rásuto ラスト (< Ing. last) Último. ◇ ~ **supāto** ラストスパート O arranque final 「da corrida」. S/词 Hadáká (+). ⇨ karáda.

ratái 裸体 O (corpo) nu; a nudez. ◇ ~ **shugi** 裸体主義 O nudismo. ~ **shugisha** 裸体主義者 O nudista. **Han** [**Zen**] ~ 半[全]裸体 Semínu [Inteiramente nu]. S/词 Hadáká (+). ⇨ karáda.

ratén ラテン Latino. ★ ~ **ka suru** ラテン化する Latinizar. ◇ ~ **Amerika** ラテンアメリカ A América Latina [~ *Amerika no* ラテンアメリカの Latino-americano]. ~ **bungaku** ラテン文学 A literatura latina. ~ **go** ラテン語 A língua latina; o latim. ~ **go gakusha** ラテン語学者 O latinista. ~ **kei** ラテン系 [の] Os povos latinos 「da Europa」. ~ **ongaku** ラテン音楽 A música latina [latino-americana].

Ratóbia ラトビア A Letó(ô)nia. ◇ ~ **jin** ラトビア人 O letão [A letã].

ratsuwán 辣腕 A capacidade, a competência; a habilidade. ★ ~ *o furuu* [*hakki suru*] 辣腕を振るう [発揮する] Mostrar [Revelar] grande habilidade. ◇ ~ **ka** 辣腕家 A pessoa habilidosa [capaz/eficiente]. S/词 Sugó-úde (+). ⇨ udé-máe.

raúdo-súpīkā[**ii**] ラウドスピーカー (< Ing. loud-speaker) O altifalante. S/词 Kakúséi-ki (+).

ráundo ラウンド (< Ing. round) A volta [partida/O jogo] 「de boxe」.

ráunji ラウンジ (< Ing. lounge) O salão [A sala] de estar/de espera 「do hotel」. S/词 Gorákúshitsu (+). ⇨ machíai-shitsu.

ráwan ラワン (< Tag. lauan) Lauan (Designação genérica de madeiras leves e resistentes, de vários países da Ásia).

razó 裸像 A estátua nua. S/词 Ratái-zō.

réba[1] レバー (< Ing. liver) O fígado 「de vaca」 para cozinhar.

réba[2] レバー (< Ing. lever) **1**【機械の】A alavanca. S/词 Téko. **2**【自動車の】A alavanca das mudanças (de velocidade).

Rebánon レバノン O Líbano. ◇ ~ **jin** レバノン人 O libanês. ~ **kyōwakoku** レバノン共和国 A República do ~.

réberu レベル (< Ing. level) **1**【水準】O nível 「de civilização elevado」. ◇ ~ **appu** レベルアップ O melhoramento [progresso/A subida de ~]. ~ **daun** レベルダウン O retrocesso; a baixa (descida) de ~. S/词 Suíjúń (+). **2**【水準器】O nível (de bolha de ar) 「para nivelar o terreno」. S/词 Suíjúń-ki.

rébyū[1] レビュー (< Fr.revue)【Te.】A revista.

rébyū[2] レビュー (< Ing. review) A crítica; o comentário. ◇ **Bukku** ~ ブックレビュー A (recensão)crítica a [de] um livro. S/词 Hihyō (+); hyōrón (+).

rédā (ée) レーダー (< Ing. radar) O radar. ★ ~ *ni utsuru* レーダーに写る Ser detectado pelo]. ~ **kichi** レーダー基地 A base de ~. ~ **mō** レーダー網 A rede de ~.

réddo-kādo レッドカード (< Ing. red card) 【(D)esp.】

O cartão vermelho「para expulsar o futebolista」.
rédī レディー (< Ing. lady) A senhora; a dama. ◊ **~ fāsuto** レディーファースト Primeiro [Em primeiro lugar] as senhoras. **Fāsuto ~** ファーストレディー A primeira dama (do país). ⦅S/同⦆ Shukújo. ⦅A/反⦆ Jéntoruman. ⇨ fujín¹²; joséī¹; kifújin.
redīmédo [ée] レディーメード (< Ing. ready-made) O pronto-a-vestir. ⦅S/同⦆ Dekiái; kiséī. ⦅A/反⦆ Ōdámédo. ⇨ puré-tá-pórutê.
réferī レフェリー (< Ing. referee < L.) O árbitro; o juiz「de linha」. ◊ **~ sutoppu** レフェリーストップ A interrupção feita pelo árbitro. ⦅S/同⦆ Shínpán'in.
réfu レフ A máquina fotográfica reflex [com reflector/de espelho]. ◊ **ni me** 二眼レフ ~ de uma [duas] obje(c)tiva/s.
réfuto レフト (< Ing. left field)【D(esp.)】O (que joga do lado) esquerdo. ★ **~ ni furai o utsu** レフトにフライを打つ Bater a bola (do beis.) para o lado esquerdo do campo. ⦅S/同⦆ Sáyoku. ⦅A/反⦆ Ráito.
regáto [áa] レガート (< It. legato)【Mús.】Ligado.
régatta レガッタ (< Ing. < It.regat(t)a) A regata. ⦅S/同⦆ Bótó[Yottó] résu (+).
réguhon レグホン (< Ing. leghorn < It. Livorno: top) Uma raça de galinhas que põem muitos ovos.
régyurā レギュラー (< Ing. regular < L.)【正式の】Regular; normal; oficial; efe(c)tivo. ◊ **~ gasorin** レギュラーガソリン A gasolina regular [de índice de octano regular]. **~ menbā** レギュラーメンバー O membro (sócio) efe(c)tivo. **~ saīzu** レギュラーサイズ O tamanho normal [médio]. ⇨ seíshīkí¹. **2**［正選手］O jogador [atleta] profissional/regular「da equipa」. ★ **~ ni naru** レギュラーになる Entrar para a equipa/e. ⦅S/同⦆ Seí-sénshu.
réī¹ 礼【おじぎ】**1** O cumprimento com a cabeça; a mesura; a reverência; a vé[é]nia. ★ **~ o suru** 礼をする Fazer um ~. ⦅S/同⦆ Keíreí; o-jígí. ⇨ éshaku. **2**［礼儀］As boas maneiras; a cortesia; a etiqueta. ★ **~ o shiru** 礼を知る (Saber) ser bem-educado; ter maneiras; ter educação. **~ o shissuru** [kaku] 礼を失する [欠く]Ser descortês; não ter educação; ser mal-educado [~ **o kaku koto no naī yō ni ki o tsukeru** 礼を欠く事のないように気をつける Ter cuidado em não faltar ao respeito). **~ o tsukusu** 礼を尽くす Ser cortês [bem-educado]. ⦅S/同⦆ Reígí. ⇨ sá-hō. **3**［謝辞］O agradecimento; a gratidão; o reconhecimento. **Go-shinsetsu ni taishi atsuku on-mōshi-agemasu** 御親切に対し厚く御礼申し上げます Agradeço-lhe profundamente a sua gentileza. **Kore wa hon-no o- ~ no shirushi desu** これはほんのお礼の印です Isto é [Este presentinho] é apenas um pequeno sinal da minha gratidão. **O ~ ni wa oyobimasen** お礼にはおよびません Não tem que agradecer. **~ o iu** 礼を言う Agradecer; dizer obrigado. ⦅S/同⦆ Sháji. **4**［謝礼］A remuneração; a gratificação; a recompensa; a paga. **Watashi no inu o mitsukete kudasatta kata ni wa ichiman-en no o- ~ o sashiagemasu** 私の犬を見つけて下さった方には１万円のお礼をさしあげます Ofereço uma ~ de dez mil yens a quem encontrar o meu cachorro. ★ **~ o suru** 礼をする Gratificar; remunerar; pagar; recompensar. ⦅S/同⦆ Hóshuú; sharéī (+). **5**［返礼］A retribuição; a paga; o agradecimento. **Byōki mimai no o- ~ ni yūjin ni hon o okutta** 病気見舞いのお礼に友人に本を送った Enviei um livro ao meu amigo como agradecimento da visita que me fez quando estive

[estava] doente. ⦅S/同⦆ Heńreí. **6**［礼式］As formalidades; a praxe; a cerimó(ô)nia. **Koshiki no ~ ni nottoru** 古式の礼にのっとる Seguir antigas praxes. ⦅S/同⦆ Reíshíkí (+).
réī² 例 **1**［いつものきまり］O hábito; o costume; a praxe. **~ no yotte ~ no gotoshi** 例によって例の如し (É) sempre a mesma lengalenga [história]！ ★ **~ ni naku** 例になく Fora de [Contra o] costume [**Kesa ~ ni naku hayaku me ga sameta** 今朝例になく早く目が覚めた Hoje, ao contrário do costume, acordei cedo]. **~ no yotte** 例によって Como de costume [**Kare wa kyō mo ~ ni yotte yoku nonda** 彼は今日も例によってよく飲んだ Hoje, como de costume, ele bebeu demais]. **~ no** 例の De sempre; do costume; conhecido [que nós já sabemos] [**~ no basho de ~ no jikan ni aimashō** 例の場所で例の時間に会いましょう Vamo-nos encontrar no lugar e à hora do costume]. ⇨ shúkán¹; tsúréī. **2**［先例］O precedente. **Kono yō na ~ wa ima made ni nakatta** このような例は今までになかった Isto é uma coisa sem precedente. ★ **~ ni naru** 例になる Criar precedente; servir de exemplo [**Kore ga ~ ni natte wa komaru** これが例になっては困る Não quero que isto venha a criar um ~]. ⦅S/同⦆ Seńreí; zeńreí. **3**［実例］O exemplo; a regra; o caso. **Kore wa hon-no hitotsu no ~ ni suginai** これはほんの一つの例にすぎない Isto é apenas [um] mais [um] exemplo. ★ **~ o ageru** [**shimesu**] 例を挙げる[示す] Exemplificar; dar exemplos. **~ to shite hiku** 例として引く Citar (como exemplo). **Yoku aru ~** よくある例 Um ~ frequente. ⦅S/同⦆ jitsúreí; ruíreí.
réī³ 零 O zero. ⇨ zéro.
réī⁴ 霊【"imortalidade da" alma; o espírito. **~ no** [**teki na**] 霊の[的な] Espiritual. **Sosen no ~ o matsuru** 祖先の霊を祭る Venerar o ~ dos antepassados. ◊ **~ seí** 霊性 A espiritualidade. ⇨ tamáⁿ.
réī⁵ 令【E.】**1**［⇨ meíreí］. **2**［⇨ hōkí²］.
reiáuto レイアウト (< Ing. layout) O desenho [esboço]; plano; traçado); a disposição「dos anúncios no jornal」; a colocação「dos móveis」. ⦅S/同⦆ Warí-tsuke.
reibáī 霊媒 O médium. ★ **~ no** 霊媒の Mediúnico; espírita. ◊ **~ jutsu** 霊媒術 A mediunidade; o espiritismo. **~ shi** 霊媒師 O espírita; o espiritista.
reibō 冷房 O ar condicionado「está a funcionar bem」. ★ **~ chū** 冷房中（掲示）Ar condicionado ligado！ **~ kanbi** 冷房完備（掲示）Todo o prédio com ar condicionado. ◊ **~ byō** 冷房病 A doença proveniente [causada pelo] ~. **~ sōchi** 冷房装置 O aparelho [A instalação] do ~. ⦅S/同⦆ Eákóńdíshoningu.
reí-bún 例文 O exemplo (Frase). ⇨ yóreí.
reibyō 霊廟【E.】O mausoléu.
⦅S/同⦆ Mitámáyá; otámáyá.
reíchi 霊地 O lugar sagrado.
⦅S/同⦆ Reíjó⁴. ⇨ seíchi¹.
reíchō 霊長 O mais desenvolvido [forte]. **Ningen wa banbutsu no ~ de aru** 人間は万物の霊長である O homem é o rei da criação. ◊ **~ ruī** 霊長類 Os primatas.
reidái 例題 **a)** O exemplo「para provar a teoria」; **b)** O exercício「de matemática no fim da lição」.
réī-do 零度 O grau [ponto] zero [0 ℃]. ★ **~ ijō** [**ika**] **no ondo** 零度以上 [以下] の温度 A temperatura acima [abaixo] de zero (graus). ◊ **Zettai ~** 絶

対零度 Zero absoluto. ⇨ hyṓten[1].
reíéń 霊園 O campo-santo; a necrópole; o cemitério. [S/同] Bóchi (+); haká-bá.
reífújin 令夫人【E.】「como está?」A sua esposa [senhora]; a excelentíssima esposa「do presidente」. [S/同] Óku-sama (+); reíshítsú.
reífúkú 礼服 O traje de cerimó[ô]nia. ★ ～ *chakuyō ni oyobazu* 礼服着用に及ばず（招待状の文句）Traje de passeio [Não é necessário usar ～].
[A/反] Heífúkú.
reígáí[1] 例外 A exce(p)ção. ～ *no nai kisoku wa nai* 例外のない規則はない Não há regra sem exce(p)ção. *Kono kisoku ni wa ikutsu ka no ～ ga aru* この規則にはいくつかの例外がある Esta regra tem algumas exce(p)ções. ★ ～ *naku* [*nashi*] 例外なく[なし] Sem exce(p)ção. ～ *o mitomeru* 例外を認める Admitir [Fazer] uma ～. ～ *teki* 例外的 Exce(p)cional.
reígáí[2] 冷害 Os danos [estragos] do frio.
reígéń[1] 例言 ⇨ hańréí[2].
reígéń[2] 霊験【E.】⇨ reíkéń.
reígéń[3] 冷厳 A severidade.
reígétsú 例月 O mês habitual [「as despesas deste mês foram como」do costume]; cada mês; todos os meses. ⇨ reíjítsú; reínéń; maí-tsúkí.
reígí 礼儀 As boas maneiras; a educação; a etiqueta; a fineza; o decoro. *Aitsu wa ～ o shiranai* あいつは礼儀を知らない Ele não tem educação [maneiras]. ★ ～ *o kaku* 礼儀を欠く Ter falta de ～. ～ *o mamoru* 礼儀を守る Guardar as regras da/o/as ～. ～ *o mushi suru* 礼儀を無視する Não fazer caso de [estar cá com] etiquetas. ～ *shirazu no* 礼儀知らずの Descortês; mal-educado; sem educação. ～ *tadashii* 礼儀正しい Cortês; fino; bem-educado. ～ *tadashiku furumau* 礼儀正しく振る舞う Portar-se com ～; ser bem-educado. ⇨ reíhṓ[1]; sahō.
reígū́[1] 冷遇 O acolhimento [tratamento] frio; a falta de hospitalidade. ★ ～ *suru* 冷遇する Tratar [Atender] friamente; receber com frieza.
[A/反] Kṓgū; reígū[2]; yū́gū. ⇨ gyakútáí.
reígū́[2] 礼遇【E.】O acolhimento cortês; o tratamento honroso.
[S/同] Kṓgū (+); yū́gū (o). [A/反] Reígū́[1].
reíháí[1] 礼拝 O culto; a oração; a adoração. ★ ～ *suru* 礼拝する Adorar [Prestar culto] a「Deus」. *Asa no ～ ni deru* 朝の礼拝に出る Assistir [Ir] às orações da manhã. ◇ **～ dō** 礼拝堂 A capela. **～ shiki** 礼拝式 A cerimó[ô]nia religiosa.
reí-háí[2] 零敗 **1** [ゼロ敗] A derrota completa [a zero]. ★ ～ *o kissuru* 零敗を喫する Ficar a zero; levar [apanhar] uma ～. [S/同] Zeró-háí. **2** [無敗] Sem derrotas. ◇ **Sanshō ～** 三勝零敗 Três vitórias ～ [e zero derrotas]. [S/同] Muháí (+).
reíhítsú 麗筆【E.】A caligrafia bonita.
[S/同] Tappítsú (+).
reíhṓ[1] 礼法 As regras da etiqueta. [S/同] Reígí (+).
reíhṓ[2] 礼砲 A salva de tiros.
reíhṓ[3] 霊峰【E.】O monte「Fuji」sagrado.
reíhyṓ 冷評 A crítica desfavorável [fria/pouco entusiástica]. ⇨ kokúhyṓ.
reíîkí 霊域 O recinto [local] sagrado.
reíjí[1] 例示 A ilustração [exemplificação]. ★ ～ *suru* 例示する Indicar [Ilustrar/Explicar/Mostrar] com um exemplo; exemplificar.
réiji[2] 零時 As zero horas. ★ *Gozen* [*Gogo*] ～ *ni* 午前[午後]零時に Às ～ da manhã [Ao meio-dia].
reíjíń 麗人【E.】A beldade. ★ *Dansō no ～* 男装の麗人 ～ travesti [com trajes masculinos].
[S/同] Bíjin (+); kájin.
reíjítsú 例日 O dia habitual [do costume];「no dia dos meus anos trabalhei como nos」outros dias. ⇨ reígétsú; reínéń.
reíjṓ[1] 礼状 A carta de agradecimento. ★ ～ *o dasu* 礼状を出す Escrever uma ～ [a agradecer].
reíjṓ[2] 令状 O mandato; o certificado; a ordem. ★ ～ *ni yoru* [*yoranai*] *taiho* 令状による[よらない]逮捕 A prisão com [sem] mandato/ordem (de captura). ～ *o hassuru* 令状を発する Emitir [Passar] um/a ～. [S/同] Reíshó. ◇ **Sōsa ～** 捜査令状 O mandato de busca.
reíjṓ[3] 令嬢 A sua filha. ★ *Kudō-shi go-～* 工藤氏御令嬢 A menina [filha] do sr. Kudō.
[S/同] O-jṓsan (+). ⇨ musúmé; reísókú.
reíjṓ[4] 霊場 O lugar sagrado. ◇ **～ meguri** 霊場めぐり A volta [peregrinação] aos ～s [templos famosos]. [S/同] Réichi.
réika[1] 零下 Abaixo de zero (graus). ～ *hachi-do ni* [*made*] *sagatta* 零下 8 度に（まで）下がった (a temperatura) Desceu/Baixou a [até] oito graus abaixo de zero. [S/同] Hyṓtén-ka. ⇨ hyṓten[1]; réido.
réika[2] 冷菓 A sobremesa [fruta em calda] gelada; os doces gelados.
reíkáí[1] 例会 A reunião [sessão/assembleia] ordinária; o encontro「anual」habitual [da praxe]. ◇ **Getsu ～** 月例会 A reunião mensal.
reíkáí[2] 霊界 **1** [精神界] O mundo espiritual [do espírito]. **2** [死後の世界] O mundo dos mortos [espíritos].
reíkáí[3] 例解 A ilustração [O exemplo para explicar].
reíkáń[1] 霊感 A inspiração「divina da Sagrada Escritura」. ★ ～ *ga hirameku* [*okoru*; *waku*] 霊感がひらめく[起こる; わく] Ter [Surgir] uma ～.
[S/同] Íńsúpíréshon.
reíkáń[2] 冷汗 O suor frio「de medo/vergonha」.
[S/同] Hiyá-ásé (+).
reíkéí[1] 令兄【E.】O seu irmão.
[S/同] O-níi-san (+). ⇨ reítéí.
reíkéí[2] 令閨【E.】⇨ reífújin.
reíkéń 霊験 A força milagrosa. ★ ～ *arataka na hotoke-sama* 霊験あらたかな仏様 A imagem de Buda com ～. [S/同] Go-ríyaku (+); reígéń[2]. ⇨ kisékí[1].
reíkétsú 冷血 **1**【Zool.】O sangue frio. ◇ **～ dōbutsu** 冷血動物 Os animais de ～. [A/反] Ońkétsú. ⇨ hen'ón dṓbutsu. **2** [無情] A crueldade; a insensibilidade;「matar a」sangue frio. ◇ **～ kan** 冷血漢 O homem cruel [desumano/insensível/sem coração]. [S/同] Mujṓ (+).
réiki[1] 冷気 O ar frio「da montanha」. [A/反] Nekkí.
réiki[2] 霊気 A atmosfera [O ambiente] sagrada/o.
reíkíń 礼金 A gratificação; a remuneração.
[S/同] Sharéí.
reíkṓ 励行 A execução diligente; o ser fiel [rigoroso「nas horas/na pontualidade」]. ★ ～ *suru* 励行する … ◇ **Ugai ～** うがい励行 O ser fiel nos [O não dispensar os] seus gargarejos.
reíkókú[1] 冷酷 A crueldade. *Kare wa mattaku ～ da* 彼は全く冷酷だ Ele é muito cruel [tem um coração de pedra/é frio como o gelo]. ⇨ mugói; reítán.
reíkókú[2] 例刻【E.】A hora habitual [do costume/de sempre].

réikon 霊魂 A alma; o espírito. [S/同] Réi[4]; támashii (+). [A/反] Nikútáí.
reíku 麗句【E.】⇨ bíji-réiku.
reíkyákú 冷却 **a**) A refrigeração; o refrescar「a água」; **b**) O acalmar「os nervos」. ◇ **～ ki** 冷却器 O refrigerador; o radiador (do carro). **～ kikan** 冷却期間 O tempo de ～ [～ *kikan o oku* 冷却期間を置く Deixar algum tempo para ～]. **～ sui** 冷却水 A água fresca [gelada]. ⇨ reítṓ; reízṓ.
reíkyū́ 霊柩 O ataúde [caixão/féretro]. ◇ **～ sha** 霊柩車 O carro fúnebre; a essa. [S/同] Hitsúgí (+).
reímáí 令妹【E.】A sua irmã mais nova. [S/同] Imṓtó-Sán (+). ⇨ réishi[1].
reí-máiri 礼参り (<… + máiru) ⇨ o-réí-máiri.
reíméí[1] 黎明【E.】O alvorecer; a aurora. ◇ ⇨ **～ ki**. [S/同] Yo-áké (+).
reíméí[2] 令名【E.】O nome ilustre; o renome; a fama. [S/同] Meíséí (+).
reíméi-ki 黎明期 Os primórdios [O período do alvorecer]. ★ *Genshiryoku jidai no* ～ 原子力時代の黎明期 ～ da era (da energia) nuclear.
reímyṓ 霊妙 A maravilha; o milagre. ★ ～ *na* 霊妙な Sobrenatural; maravilhoso; miraculoso.
reínéń 例年 Todos os anos; os outros anos. ★ ～ *no tōri ni* 例年の通りに Como ～. ⇨ heínéń; maínéń; maítóshí; reígétsú; reíjítsú.
reíníkú[1] 冷肉 A carne fria.
reíníkú[2] 霊肉 A carne e o espírito.
reíńkṓto [**óo**] レインコート (< Ing. raincoat) O (sobretudo) impermeável. [S/同] Amá-gáppa.
reíńshū́zu [**úu**] レインシューズ (< Ing. rain shoes) As galochas [Os botins]; as botas de borracha. [S/同] Amá-gutsu. ⇨ nagá-gútsú.
réi-ófu レイオフ (< Ing. lay off) **a**) O despedimento temporário; **b**) A suspensão temporária「do trabalho da fábrica」.
réipu レイプ (< Ing. rape) O estupro. ⇨ gṓkáń.
reírákú 零落 A ruína; a miséria; a decadência. ★ ～ *suru* 零落する「um rico/nobre」Arruinar-se; ficar na miséria (envergonhada). ◇ **～ sha** 零落者 O arruinado. [A/反] Eítátsú. ⇨ ochíbúrérú.
reíréíshíi 麗麗しい Vistoso; floreado; pretensioso. ★ *Reireishiku kakitateta kiji* 麗々しく書き立てた記事 Um artigo exageradamente floreado [escrito com muitos floreios]. ⇨ hadé; ṓ-gésá; wazá-tó-ráshíi.
réiri 怜悧【E.】A inteligência. [S/同] Rikṓ (+).
reírṓ 玲瓏【E.】**a**) O som cristalino; **b**) O fulgor「do sol」; o brilho「da pérola」. ★ *Tama o korogasu yō na* ～ *taru koe* 玉を転がすような玲瓏たる声 A voz cristalina「da cantora」.
reísáí[1] 零細 Pequeno; insignificante. ★ ～ *na rieki* 零細な利益 Um lucro ～. ◇ **～ kigyō** 零細企業 A pequena empresa.
reísáí[2] 例祭 A festa habitual [do costume]; a festa「anual」.
reíséí 冷静 A serenidade; a tranquilidade; a calma; a presença de espírito. ★ ～ *na hito* 冷静な人 A pessoa serena [tranquila/calma]. ～ *na shochi o hodokosu* 冷静な処置を施す Agir com calma [serenidade]. ～ *ni naru* 冷静になる Serenar(-se); recuperar a calma; ficar calmo. ～*-sa o ushinau* 冷静さを失う Perder a ～.
reíséń[1] 冷泉 A nascente de água mineral fria. ⇨ ońséń.
reíséń[2] 冷戦 A guerra fria.
reísétsú 礼節【E.】⇨ reígí.
réishi[1] 令姉【E.】A sua irmã mais velha. ⇨ reímáí.
réishi[2] レイシ・茘枝【Bot.】O medronho-uva (Planta tropical de fruto comestível).
reíshíkí 礼式 As formalidades; a etiqueta.
reíshítsú[1] 令室【E.】⇨ reífújin.
reíshítsú[2] 麗質【E.】A beleza inata [natural].
reíshṓ[1] 冷笑 O sorriso escarninho [zombeteiro]. ★ ～ *o abiseru* 冷笑を浴びせる Lançar/Fazer um ～ [de escárnio]. [S/同] Azáwáraí; chṓshṓ.
reíshṓ[2] 例証 A exemplificação; a prova. *Jisetsu no* ～ *to shite ikutsu ka no jijitsu o ageta* 自説の例証としていくつかの事実をあげた Ele mencionou alguns fa(c)tos como prova da sua teoria. ★ ～ *suru* 例証する Provar; ilustrar; exemplificar.
reísṓ 礼装 O traje de cerimó[ô]nia. ★ ～ *suru* 礼装する Usar [Vestir ～]. [A/反] Ryakúsṓ. ⇨ reífúkú; seísṓ[2].
reísókú 令息【E.】O seu filho. ⇨ reíjṓ[3].
reísóń 令孫【E.】O seu neto.
reísúí 冷水 A água fria. ◇ **～ masatsu** 冷水摩擦 A fricção com toalha embebida em ～. **～ yoku** 冷水浴 O banho frio [de ～]. [A/反] Ońsúí.
reítán 冷淡 **1** [無関心] O desinteresse; a apatia; a indiferença. ★ ～ *na taido o toru* 冷淡な態度をとる Tomar uma atitude indiferente. [S/同] Mu-kánshin. [A/反] Nésshin. ⇨ mu-tónchaku. **2** [不親切; 無情] A frieza; a insensibilidade. *Kare wa tsuma ni* ～ *da* 彼は妻に冷淡だ Ele é frio [pouco atencioso] para (com) a esposa. ⇨ hiyáyaka; tsumétáí.
reítéí 令弟【E.】O seu irmão mais novo. ⇨ reíkéí.
reí-tékí 霊的「a vida」Espiritual.
reítén 零点 O zero. ★ *shiken de* ～ *o toru* 試験で零点を取る Tirar (um) ～ no exame. ⇨ réi[3].
reítétsú 冷徹【E.】「falar com」A cabeça fresca; a imparcialidade; o realismo.
reítṓ 冷凍 (⇨ reízṓ) A congelação. ★ ～ *suru* 冷凍する Congelar [～ *shita sakana* 冷凍した魚 O peixe congelado]. ◇ **～ kansō** 冷凍乾燥 ～ a seco. **～ ki** [**ko; sōchi**] 冷凍機[庫; 装置] O congelador [A câmara frigorífica]. **～ shokuhin** [**niku; yasai**] 冷凍食品[肉; 野菜] O artigo alimentar [A carne; A verdura] congelado[a]. **Kyūsoku ～** 急速冷凍 ～ rápida. [A/反] Kaítṓ. ⇨ reízṓ.
reíyákú 霊薬 O elixir; o remédio milagroso.
reízéń[1] 霊前 A frente do lugar onde se venera a alma do morto. ★ ～ *ni hana o sonaeru* 霊前に花を供える Colocar [Pôr] flores「na campa」ao morto. ⇨ butsúzéń; shińzéń[2].
reízéń[2] 冷然 A frieza [secura]. [S/同] Reítán (+).
reízṓ 冷蔵 (⇨ reítṓ) A refrigeração [conservação em frio]. ★ ～ *suru* 冷蔵する Refrigerar [Conservar fresco]. *Yō* ～ 要冷蔵 (表示) "Conservar no frigorífico [na geladeira] ou em lugar fresco"! ◇ ⇨ **～ ko**. **～ sha** 冷蔵車 O carro [vagão] frigorífico.
reízṓ-ko [**óo**] 冷蔵庫 O frigorífico [A geladeira]. ◇ **Denki ～** 電気冷蔵庫 ～ elé(c)trica/o.
reízókú 隷属 A subordinação; a sujeição; a dependência. ★ ～ *suru* 隷属する Estar subordinado [sujeito]「a」. ◇ **～ teki chii** 隷属的地位「estar numa」Posição subordinada [de ～]. [S/同] Jūzókú.
réjā レジャー (< Ing. leisure < Fr. loisir < L. licere: ser permitido) O「lugar de」lazer; o ócio; a folga; o descanso; o recreio; a diversão. ◇ **～ sangyō** レジ

ヤー産業 A indústria de lazer. 〚S/同〛Yóka.

réji[rejisutā] レジ（スター）(< Ing. register) **a)** O caixa (Pessoa); **b)** O registo; o (aparelho) regist(r)ador「do restaurante」.

rejisutansu レジスタンス (< Fr. résistance < L.) A resistência. ◇ **~ undō** レジスタンス運動 A [O movimento「nacionalista」de] resistência.

réki¹ 【E.】 ⇨ koyómi.

-reki² 歴【E.】A história; a experiência; os antecedentes; a carreira anterior. *Kare wa tenisu ~ sanjū-nen no beteran da* 彼はテニス歴30年のベテランだ Ele é veterano em té(ê)nis, com trinta anos de carreira [experiência]. ◇ **Shoku ~** 職歴 As habilitações profissionais. ⇨ keíréki; rekíshi¹.

rekidai 歴代 As gerações sucessivas. ★ *~ no naikaku* 〔ō〕歴代の内閣〔王〕Os sucessivos gabinetes [reis]. ◇ **~ shi** 歴代史 A cró(ô)nica; os anais; "as décadas"「de João de Barros」. 〚S/同〛 Dáidai; rekíséi.

rekidán 轢断 A mutilação [O corte] pelas rodas de um veículo. ⇨ setsúdán.

rekígan 礫岩【Min.】O conglomerado (de várias rochas).

rekihō¹ 歴訪【E.】As visitas seguidas [consecutivas]. ★ *Kakkoku o ~ suru* 各国を歴訪する Visitar sucessivamente (de uma vez) vários países. ⇨ hōmón¹.

rekihō² 暦法 O método de compor [fazer/marcar] o calendário「chinês」. ⇨ réki¹.

rekijitsú 暦日【E.】O (dia do) calendário; a data. ⇨ koyómi; hi-níchí.

rekinén 歴年 O ano solar.

rekinín 歴任 As nomeações sucessivas para vários cargos. *Kare wa iroiro na daijin o ~ shita* 彼はいろいろな大臣を歴任した Ele foi nomeado várias [muitas] vezes ministro.

rekíréki 歴々 **1** [身分の高い人] A pessoa bem [importante]. ★ *Zaikai no o~* 財界のお歴々 As pessoas importantes (os grandes) do mundo econô(ó)mico. **2** [⇨ rekízén].

rekisátsú 轢殺 O matar atropelando [com o carro]. ★ *~ suru* 轢殺する... ⇨ hikí-kórosu; rekíshi¹.

rekíséi¹ 歴世 ⇨ rekídai.

rekíséi² 瀝青【Min.】O betume; o pez mineral. ◇ **~ tan** 瀝青炭 O carvão betuminoso [gordo].

rekisén 歴戦【E.】As batalhas [lutas] sucessivas; a experiência de batalhas sucessivas. ★ *~ no yūshi* 歴戦の勇士 O herói de muitas batalhas.

rekishi¹ 歴史 **1** [昔から今までの経過] A história. ★ *~ hajimatte irai* 歴史始まって以来 Desde que há história; desde os alvores da ~. *~ izen no* 歴史以前の Pré-histórico. *~ jō no jinbutsu* 歴史上の人物 A personagem histórica. *~ ni nokoru* 歴史に残る Ficar [Ter o seu lugar] na ~. *~ o sakanoboru* 歴史をさかのぼる Remontar [Reportar-se] ao passado. *~ o tsukuru* 歴史を作る Fazer história「com a sua façanha」. *Nihon [Seiyō; Tōyō] no ~* 日本［西洋；東洋］の歴史 O ~ do Japão 「Ocidente; Oriente」. 〚P/慣用〛 *~ wa kurikaesu* 歴史は繰り返す~「nos seus fracassos」repete-se. **~ ka** 歴史家 O historiador; historiógrafo. **~ shōsetsu** 歴史小説 O romance histórico; a novela histórica. 〚S/同〛Shísho. **2** [ある事物の経歴] Uma história (particular). *Tōsha wa sōritsu irai hyaku-nen no ~ ga aru* 当社は創立以来100年の歴史がある A nossa firma já tem uma história de cem anos. ★ *~ no aru machi* 歴史のある町 Uma cidade histórica [com muita história]. ⇨ eńkákú¹; keíréki; raíréki; yúisho.

rekíshi² 轢死 A morte por atropelamento de veículo. ★ *~ suru* 轢死する Morrer「cortado pelas rodas do comboio/trem」. ⇨ rekísátsu.

rekíyū 歴遊【E.】⇨ yūréki.

rekizén 歴然【E.】A evidência; a clareza. *Shōko ga ~ to shite nokotte iru* 証拠が歴然として残っている Existe uma prova evidente [As provas「do crime」são (mais que) evidentes]. 〚S/同〛Rekíréki **2**. ⇨ akíraka; meíhákú.

rékka¹ 烈火【E.】O fogo violento; a fúria das chamas [labaredas]. ★ *~ no gotoku ikaru* 烈火の如く怒る Ficar furioso [vermelho de raiva].

rekká² 劣化【Quím.】A deterioração [do urânio］.

rekká-sha [áa] レッカー車 (< Ing. wrecker) **a)** O guincho; **b)** O (carro) rebocador「da polícia」.

rékki 列記 A enumeração; a lista「dos que ganharam」. ★ *~ suru* 列記する Enumerar (um por um). 〚S/同〛Rekíki.

rékki-to-shita れっき[歴] とした (< rekíréki **2**) **1** [明白な] Evidente; patente. ★ *~ jijitsu* れっきとした事実 Uma realidade ~; um fa(c)to ~. *~ shōko o soroeru* れっきとした証拠をそろえる Reunir provas evidentes. 〚S/同〛Meíhákú ná. **2** [正式の] Legal;「um (quadro de) Hiroshige」genuíno; oficial. ★ *~ shorui* れっきとした書類 O documento oficial. 〚S/同〛Seíshíkí nó. **3** [りっぱな] Respeitável; distinto「advogado」; elevado. ★ *~ iegara no de aru* れっきとした家柄の出である Ser de uma família respeitável. 〚S/同〛Dódó táru; rippá ná.

rekkókú 列国 Os [Todos os] países; as nações. ◇ **~ kaigi** 列国会議 A conferência internacional. 〚S/同〛Shókoku (+) .

rékkyo 列挙 A enumeração; a especificação. ★ *~ suru* 列挙する Enumerar; especificar「todas as vantagens do plano」. 〚S/同〛Máikyo. ⇨ rékki.

rekkyō 列強【E.】As「militarmente」grandes potências.

rekōda [óo] レコーダー (< Ing. recorder < L.) **1** [記録係] O oficial de regist(r)o. 〚S/同〛Kiroku-gákari. **2** [記録機] O regist(r)ador mecânico. ◇ **Taimu ~** タイムレコーダー O marcador [relógio] de ponto. 〚S/同〛Kirókú-ki. **3** [録音機] O gravador (de som). ◇ **Tēpu ~** テープレコーダー O gravador (de fita magnética). 〚S/同〛Rokuón-ki.

rekōdingu [óo] レコーディング (< Ing. recording) **1** [記録すること] O regist(r)o [regist(r)ar]. 〚S/同〛Kiróku. **2** [録音すること] A gravação (de som). ⇨ Fukíkómí; rokuón.

rekōdo [óo] レコード (< Ing. record < L.) **1** [記録]「bater」"record"「mundial em maratona」. ⇨ Kirókú (+). **2** [音盤] O disco. ◇ *~ ni fukikomu [rokuon suru]* レコードに吹き込む［録音する］ Gravar em ~. *~ o kakeru* レコードをかける Pôr um ~. ◇ **~ gaisha** レコード会社 A firma [empresa] de discos. **~ purēyā** レコードプレーヤー O gira [toca]-discos. **~ LP** レコードLP O disco LP. 〚S/同〛Ońbáń.

rekúríeshon [ée] レクリエーション (< Ing. recreation < L.) A recreação; o descanso; o passatempo; o recreio. ⇨ asóbí; kyúyō¹; yóka¹.

rémon レモン (< Ing. lemon < L.) 【Bot.】O limão; *citrus limon*. ◇ **~ sui** レモン水 A limonada. **~**

sukasshu レモンスカッシュ A limonada gasosa. **~ tī** レモンティー O chá (preto) com limão.

remónédo [ee] レモネード (< Ing. lemonade < L.) A limonada. ⇨ ramúné.

-rén 連 **1** [紙の] A resma [500 folhas] (de papel). **2** [つれ; 仲間] O grupo. ◇ **Yakunin ~** 役人連 ~ dos funcionários públicos. [S/周] Reńchú; -táchi; yakárá. **3** [ひとくくりのもの] Um conjunto; uma dezena「do rosário」; uma volta [camada].

ren'ái 恋愛 O amor; os amores; a paixão; o idílio [romance] amoroso. ★ **~ suru** [ni ochiiru] 恋愛する [に陥る] Apaixonar-se [Ficar apaixonado; Enamorar-se]. ◇ **~ jiken** 恋愛事件 Um caso de amor; um problema amoroso. **~ kankei** 恋愛関係 As relações amorosas. **~ kekkon** 恋愛結婚 O casamento por amor「**~ kekkon o suru** 恋愛結婚をする Casar por amor」. **~ shijō-shugi** 恋愛至上主義 O amor pelo amor; o pôr o amor acima de tudo. ⇨ ái¹; kói¹.

reńbai 廉売 O preço (muito) baixo; a liquidação; o saldo. [S/周] Yasú-úri (+).

reńban 連判 A assinatura cole(c)tiva; o pôr o carimbo uns atrás dos outros. ◇ **~ jō** 連判状 O pa(c)to「secreto」assinado por todos. ⇨ rénsho.

reńbin 憐憫 [E.] A compaixão; a pena. ★ **~ no jō o moyōsu** 憐憫の情を催す Sentir compaixão [Ter pena]. [S/周] Awárémí (+).

reńbo 恋慕 [E.] Um grande amor; a adoração; a paixão. ◇ **Yoko ~** 横恋慕 O enamorar-se por uma pessoa casada ou prometida em casamento. [S/周] Aíbo. ⇨ yokó-rénbo.

rénchi¹ 廉恥 [E.] O pundonor; o brio; a honra. ⇨ harénchi.

rénchi² レンチ (< Ing. wrench) A chave inglesa [de porcas]. ⇨ supána.

reńchókú 廉直 [E.] A honradez; a integridade de cara(c)ter; a honestidade.

reńchū 連中 (⇨ -rén **2**) A roda; a companhia; a「gente daquela」laia [raça]; a classe; o grupo「perigoso da droga」. **Anna ~ to wa tsukiawanai hō ga yoi** あんな連中とはつきあわない方がよい É melhor não andar [tratar] com tal ~/gente. [S/周] Reńjū. ~ gurúpu; nakámá.

rénda 連打 **a)** O bater [dar pancadas]「na porta」sem parar; **b)** O bater「na bola de beis.」várias vezes seguidas. ★ **~ suru** 連打する …

reńdáń 連弾 [Mús.] As quatro-mãos; o dueto de piano. ★ **~ (o) suru** 連弾 (を) する Tocar a quatro mãos [Tocar um ~]. ◇ **Piano ~ kyoku** ピアノ連弾曲 A peça de piano para quatro mãos.

reńdō 連動 **a)** A interligação「dos dois problemas」; **b)** O engate. ★ **~ suru** 連動する **a)** Estar interligado [intimamente unido]. ◇ **~ ki** 連動機 A embraiagem. **~ sōchi** 連動装置 O dispositivo [A engrenagem] de ligação.

rénga¹ 煉瓦 O tijolo. ★ **~ o yaku** 煉瓦を焼く Cozer os ~ s. 「~ zukuri no tatemono 煉瓦造りの建物 O edifício [A construção] de/em ~. ◇ **~ bei** 煉瓦塀 O muro [A cerca] de ~. **Aka ~** 赤煉瓦 ~ vermelho. ⇨ táiru.

rénga² 連歌 **a)** A "renga"; **b)** O compor poemas longos (e com outros poetas). ◇ **~ shi** 連歌師 O poeta [compositor] de "renga".

rengé 蓮華 **1** [はすの花] A flor de loto [lódão]. ⇨ hasú². **2** [⇨ reńgésó]. **3** [⇨ chirírénge].

reńgésó 蓮華草 [Bot.] O astrágalo; *astragalus sinicus*.

reńgó 連語 **a)** A clásula (da frase); **b)** A palavra composta.

reńgó 連合 A união/liga (de empresas) [O Cartel]; a aliança (de vários países); a combinação「de grupos/partidos」. ★ **~ suru** 連合する Unir-se; aliarse; ligar-se. ◇ **~ dantai** [kai] 連合団体 [会] A associação geral. ⇨ **~gun** [koku].

reńgó-gun [óo] 連合軍 As forças [O exército] aliadas [o].

reńgó-koku [óo] 連合国 As nações [potências] aliadas; os (países) aliados. ⇨ dōméi-koku.

reńgókú 煉獄 O purgatório.

réngyō 連翹 [Bot.] A vara-doirada; *forsythia suspensa*.

Reńín-shúgi [eé] レーニン主義 [H.] O leninismo.

rénja レンジャー (< Ing. ranger) **1** [森林や国立公園などの管理人] O guarda florestal. **2** [突撃隊員] O comando [membro de uma equipe especializada em ataque de surpresa]. ◇ **~ butai** レンジャー部隊 Os [A companhia] de comandos.

rénji¹ レンジ (< Ing. range) O fogão de cozinha. **~ de ryōri o atatameru** レンジで料理を温める Aquecer a comida no ~. **Denshi ~** 電子レンジ O ~ (de) microondas [fogão ele(c)tró(ô)nico]. **Gasu ~** ガスレンジ O fogão a gás.

rénji² 連子 A treliça (B.); a persiana [grade] entrelaçada. ◇ **~ mado** 連子窓 A janela com ~.

reńjítsú 連日 Os dias seguidos [consecutivos]; todos os dias; dia após dia. ◇ **~ ren'ya** 連日連夜 Dias e noites「a chover」. [S/周] Máinichi (+).

reńjó 恋情 [E.] O amor; a paixão. ⇨ Bojó (+); koígokoro (o).

reńjú 連珠 **a)** As contas (do rosário); **b)** ⇨ Gomókú.

reńjū 連中 A roda; a banda; o grupo; a gente; a classe. [S/周] Reńchū (+).

rénka¹ 恋歌 [E.] A poesia [O poema] de amor. [S/周] Koí-uta (+).

rénka² 廉価 O preço baixo [barato; módico; moderado]. ★ **~ de uru** 廉価で売る Vender barato [a/por um preço módico]. ◇ **~ ban** 廉価版 A edição barata. **~ hin** 廉価品 Os artigos de liquidação; os saldos. [S/周] Ańka; yasúne.

reńkań 連関 ⇨ kańréń.

reńkéi¹ 連携 A colaboração「entre duas empresas」; a cooperação. ★ **~ shite koto ni ataru** 連携して事にあたる Enfrentar a situação de mãos dadas; colaborar「para derrotar o inimigo」. ⇨ teíkéí³.

reńkéi² 連係 [繋] A concatenação; o encadeamento; a ligação; a conexão. ★ **~ o mitsu ni suru** 連係を密にする Estreitar [Aumentar] a ~. **~ o tamotsu** 連係を保つ Manter [Conservar] a ~.

reńkétsú¹ 連結 A ligação; a junção; o atrelar. ★ **~ suru** 連結する Ligar [*Kono ressha ni wa shokudōsha ga ~ sarete iru* この列車には食堂車が連結されている Este comboio [trem] tem carruagem-restaurante」. ◇ **~ ki**[sōchi] 連結器[装置] O [O dispositivo de] engate.

reńkétsú² 廉潔 [E.] A probidade; a integridade; a honradez; a re(c)tidão. [S/周] Seíréń-képpákú.

reńki 連記 A votação múltipla. ★ **Ni-mei ~ suru** 2名連記する Escrever os nomes de dois candidatos no mesmo papel. ◇ **~ sei** 連記制 O sistema de

~. 「A/反」Tánki. ⇨ rékkyo.
reńkinjutsu 錬金術 A alquimia.
rénko 連呼 O repetir [gritar] muitas vezes「o nome do candidato」.
reńkō 連行 O levar alguém preso. ★ *Yōgisha o ~ suru* 容疑者を連行する Levar o suspeito「e entregá-lo à polícia」. ◇ **Kyōsei ~** 強制連行 ~ à força.
reńkon 蓮根 【Bot.】A raiz de loto (É comestível). 「S/同」Hasú(-ne).
reńkyū 連休 Os feriados seguidos; a série de dois ou mais dias de feriado.
rénma 錬磨 O treino; o refinar; a disciplina. ★ ~ *suru* 錬磨する Polir; refinar. ◇ **Hyakusen ~** 百戦錬磨「um soldado veterano com」Muita experiência em inúmeras batalhas. 「S/同」Tánren (+).
reńmei[1] 連盟 A liga; a união; a aliança. ★ ~ *ni kanyū suru* 連盟に加入する Aderir à ~. ◇ **Kokusai ~** 国際連盟 A Liga das Nações (H.). 「S/同」Dōmeí. ⇨ reńgō.
reńmei[2] 連名 A firma [assinatura] comum. ~ *de tegami o okuru* 連名で手紙を送る Enviar uma carta assinada por vários.
reńmén 連綿【E.】A ininterrupção; a continuidade. ★ ~ *taru* 連綿たる「um costume」Antigo; contínuo; sem interrupção. ~ *to tsuzuku* 連綿と続く Continuar「a falar」ininterruptamente [sem parar].
reńnén 連年 Ano após ano; vários anos seguidos; anos a fio. 「S/同」Neńnén (+).
reńnyū 練[煉]乳 O leite condensado. ⇨ gyūnyū.
reńpái 連敗 As derrotas seguidas; uma série [sucessão] de derrotas. ★ ~ *suru* 連敗する Ser derrotado sucessivamente; ter uma ~. 「A/反」Reńshō.
reńpátsú 連発 Os disparos seguidos; a descarga de tiros; a rajada. ★ ~ *suru* 連発する Disparar [Mandar] uma ~「*Shitsumon o ~ suru* 質問を連発する Metralhar com [Fazer muitas] perguntas」. ◇ **~ jū** 連発銃 A arma [espingarda] automática [de repetição]. ⇨ reńzóku.
reńpéi 練兵 O exercício [treino/A instrução] militar. ◇ **~ jō** 練兵場 O campo de ~; a parada. ⇨ kúnren.
reńpó[1] 連邦 **a)** A federação; a confederação; **b)** O estado (con)federado. ◇ **~ saibansho** 連邦裁判所 O tribunal federal. **~ seido** 連邦制度 O sistema federal/federativo「do Brasil/dos E.U.A.」. **~ sifu** 連邦政府 O governo federal (Central). *Burajiru ~ kyōwakoku* ブラジル連邦共和国 A República Federativa do Brasil.
reńpó[2] 連峰 A cordilheira; a cadeia de montanhas. 「S/同」Rénzan.
reńráku 連絡 **1**「関係」A relação. ⇨ kańkéi[1]. **2**「通信」A comunicação; a transmissão; a informação; o conta(c)to; a notícia. *Asu no kaigi wa chūshi na to watashi no tokoro e ~ ga atta* 明日の会議は中止だと私の所へ連絡があった Comunicaram-me [Foi-me transmitido] que a reunião de amanhã foi [tinha sido] suspensa. *Kanojo to ~ ga tsukanai* 彼女と連絡がつかない Não consigo entrar [pôr-me] em conta(c)to com ela. ★ ~ *o mitsu ni suru* 連絡を密にする Intensificar a comunicação [os conta(c)tos]. ~ *o tatsu* [*shadan suru*] 連絡を断つ [遮断する] Cortar toda a comunicação [por carta]. ~ *o toru* 連絡を取る Entrar em conta(c)to com. ~ *o tsukeru* 連絡をつける Estabelecer a comunicação. ~ *suru* 連絡する Comunicar; transmitir. ◇ **~ iinkai** 連絡委員会 A comissão de informações. **~ gakari** 連絡係 O encarregado dos conta(c)tos; o centro de informação. **~ jikō** 連絡事項 Os assuntos [pontos] a transmitir. **~ kaigi** 連絡会議 A reunião para coordenar tudo [todas as informações e ações]. **~ kikan** 連絡機関 O órgão informativo. **~ mō** 連絡網 A rede de informação [comunicação]. **~ Tsūhō**; tsūshín. **3**「交通上の接続」A conexão; a ligação. *Eki kara wa soko made basu no ~ ga aru* 駅からはそこまで(バ)スの連絡がある Da estação até lá tem (ligação de) autocarro (ônibus). **~** *suru* 連絡する Ligar [*Kono densha wa tsugi no eki de kyūkō to ~ shimasu* この電車は次の駅で急行と連絡します Este trem/comboio liga [faz ligação] com o expresso na próxima estação]. ◇ **~ eki** 連絡駅 A estação de ligação. 「S/同」Setsúzóku.
reńráku-sén 連絡船 O barco de ligação [passagem]「entre duas ilhas」.
reńrén 恋恋【E.】O estar muito apegado「a uma pessoa/a um posto」. ★ ~ *to suru* 恋々とする ...
reńrítsú 連立 A coligação. ◇ **~ hōteishiki** 連立方程式【Mat.】As equações compatíveis [O sistema de equação]. **~ naikaku** 連立内閣 O governo de coligação.
rénsa 連鎖 A cadeia; a série; a ligação「entre dois incidentes」. ◇ **~ hannō** 連鎖反応 A rea(c)ção em cadeia [~ *hannō o okosu* 連鎖反応を起こす Provocar uma rea(c)ção em cadeia「em todo o país」].
reńsái 連載 A publicação em série「no jornal」; o seriado. ◇ **~ shōsetsu** 連載小説 O romance [A novela] em série/folhetim.
reńsá(jō)-kyūkin [úu] 連鎖 (状) 球菌【Med.】O estreptococo. ⇨ rénsa.
reńsáku 連作 **1**「作物の」A mesma cultura na mesma terra mais de uma vez seguida. 「A/反」Rińsáku. **2**「作品の」A obra sobre tema já tratado noutra (do mesmo autor); a obra que é continuação de outra.
reńséi 錬成【E.】O adestramento (Físico ou moral); a formação; a disciplina; o treinamento. ★ ~ *suru* 錬成する Adestrar [Treinar]-se; disciplinar o cará(c)ter. ◇ **~ jo** 錬成所 O lugar de ~.
reńsén 連戦 A série de batalhas [jogos/desafios]; as batalhas seguidas. ★ ~ *suru* 連戦する Ter uma ~. **~ renpai** 連戦連敗 As derrotas seguidas. **~ renshō** 連戦連勝 As vitórias seguidas. ⇨ reńshō.
rénsho 連署 A assinatura cole(c)tiva; a firma [o assinar] com outro. ★ ~ *suru* 連署する Assinarem todos juntos. *Hoshōnin ~ no motte* 保証人連署をもって Com a firma do fiador. ⇨ reńbán.
reńshō 連勝 A série de vitórias; as vitórias seguidas. ★ ~ *suru* 連勝する Ganhar「várias」vezes seguidas. ◇ **~ shiki baken** 連勝式馬券 O bilhete de aposta dupla nas corridas de cavalos. 「A/反」Reńpái. ⇨ reńsén.
reńshū 練習 O exercício「de gram.」; o ensaio「da peça」; o trein(amento); a prática. *Burajiru no uta o kiku koto wa porutogarugo no yoi ~ ni naru* ブラジルの歌を聞 [聴] く事はポルトガル語のよい練習になる Ouvir canções brasileiras é um bom método para aprender p. ★ ~ (*o*) *suru* 練習 (を) する Treinar-se「para a maratona」; exercitar-se; praticar; fazer

exercício. [*Kodomo ni piano no ~ o saseru* 子供にピアノの練習をさせる Fazer [Mandar] a criança praticar o piano]. ~ *o tsumu* 練習を積む Treinar bem [Praticar muito]. *Porutogaru-go kaiwa no ~* ポルトガル語会話の練習 A prática de conversação p. ◇ **~ búsoku** 練習不足 A falta de ~. **~ chō** 練習帳 O caderno de exercícios. **~ jiai** 練習試合 A partida de [para] treino. **~ jō** 練習場 O campo de treino. **~ kyoku** 練習曲 O estudo [de solfejo/piano]. **~ mondai** 練習問題 Os exercícios [problemas「de mat.」]. **~ sei** 練習生 O exercitante. **~ sen** 練習船 O navio-escola (Sagres/Yamato-maru). **~ yō** 練習用 Para exercício [「fato」De treino]. Mō **~** 猛練習 ~ duro [puxado]. [S/囲] Kéiko; osárái.

rensō 連想 A associação de ideias. ★ ~ *suru* 連想する Associar ideias; pensar [*Kono e o mite nani ni ~ shimasu ka* この絵を見て何を連想しますか O que lhe faz lembrar esta pintura?]. ◇ **~ gēmu** 連想ゲーム a) A palavra de passe; b) O (jogo de) adivinhar palavras. ⇨ sōzō[1].

rentái[1] 連帯 A solidariedade; o fazer em grupo [comum]. ★ ~ *no* 連帯の Solidário. ◇ **~ hoshōnin** 連帯保証人 O co-fiador. **~ hoshō** 連帯保証 A fiança [garantia] solidária/cole(c)tiva. **~ kan [sei; shin]** 連帯感[性; 心] O sentido de solidariedade. **~ saimu** 連帯債務 A dívida [obrigação] solidária. **~ saimu-sha** 連帯債務者 O devedor solidário. **~ sekinin** 連帯責任 A responsabilidade comum [conjunta/cole(c)tiva/solidária].

rentái[2] 連隊 O regimento. ◇ **~ chō** 連隊長 O comandante do ~. **~ honbu** 連隊本部 O quartel general do ~. **~ ki** 連隊旗 A bandeira do ~.

rentái-kéi 連体形【Gram.j.】A forma「variável」de um v. ou adj. que modifica ("se liga a") um "taigen" (Ex.: *Ii [Kaku/Kaita]* mono). ⇨ taigen[2].

rentái-shi 連体詞 O termo invariável da frase que modifica "taigen" (Ex.: *Kono* hon).

rentá-kā レンタカー (< Ing. rent a car) O sistema [A firma] de carro「particular」de aluguer/l.

réntan 煉炭 O briquete; o aglomerado de carvão.

rénta-sáikuru レンタサイクル (< Ing. rent a cycle) a) A bicicleta alugada; b) O alugar bicicletas.

rentátsú 練達 A habilidade; a destreza; a perícia. ★ ~ *no shi* 練達の士 O perito「no tiro ao arco」; o especialista. ⇨ jukútátsú.

rentétsú 錬鉄 O ferro forjado. [S/囲] Tañtétsú.

rénto レント (< It. *lento*)【Mús.】Lento.

rentō 連投【Beis.】O lançamento da bola pelo mesmo lançador em dois jogos seguidos.

rentōgén レントゲン (< Al. *Roentgen*: antr.)【Fís.】O raio X. ◇ **~ gishi** レントゲン技師 O radiologista. **~ kensa** レントゲン検査 O exame radiológico. **~ kikai** レントゲン機械 O (aparelho de) ~. **~ ryōhō** レントゲン療法 A aplicação de raios X; a radioterapia. **~ shashin** レントゲン写真 A radiografia; a chapa do ~ [~ *shashin o toru* レントゲン写真をとる Tirar uma radiografia [chapa]]. **~ tōshi (hō)** レントゲン透視 (法)【Fís.】A fluoroscopia [radiografia]. [S/囲] Ekkúsú-sen.

rén'ya 連夜 As noites seguidas [a fio]. ⇨ reñjítsu.

rén'yō 連用 O uso contínuo. ★ ~ *suru* 連用する Continuar com [a usar]「o mesmo remédio」. ◇ **~ kei** 連用形【Gram.j.】A forma de ligação adverbial ou verbal. **~ shūshokugo** 連用修飾語【Gram.j.】O modificador adverbial.

renzá 連座 O envolvimento; a implicação; a cumplicidade. ★ ~ *suru* 連座する Estar implicado「no escândalo」.

renzan 連山 A cordilheira; a cadeia de montanhas; a serrania. [S/囲] Reñpō[2].

renzókú 連続 A continuação; a continuidade; a sucessão; a sequência. ★ ~ *suru* 連続する Continuar; fazer [chover/trabalhar] sem interrupção. ◇ **~ kōen** 連続講演 Uma série de conferências [aulas]「por vários」. **~ mono** 連続物 O seriado. **~ terebi shōsetsu** 連続テレビ小説 A novela seriada [em série] de televisão. **Fu ~** 不連続 A descontinuidade.

renzu レンズ (< Ing. *lens* < L.) A lente. ★ ~ *o awaseru* レンズを合わせる Ajustar a ~. ~ *o mukeru* レンズを向ける Apontar [Virar] a ~「para」. ~ *o shiboru* レンズをしぼる Foca(liza)r a lente. ◇ **Bōen ~** 望遠レンズ A teleobje(c)tiva. **Gōsei ~** 合成レンズ As lentes compostas. **Kakudai ~** 拡大レンズ A lupa (⇨ mushí-mégane); ~ de aumento. **Ō [Totsu] ~** 凹[凸]レンズ A lente côncava [convexa]. **Setsugan ~** 接眼レンズ A (~) ocular. **Taibutsu ~** 対物レンズ A obje(c)tiva.

reópon レオポン【Zool.】O (animal) híbrido da leoa e do leopardo.

repátorī [áa] レパートリー (< Ing. *repertory* < L.) O repertório「do cantor」.

repōto [óo] レポート (< Ing. *report* < L.) a) O relatório「para a firma」; a reportagem; b)「entregar」o trabalho「ao professor」.

reppū 烈風 O vendaval; a ventania; o vento violento. ~ *ga fuite iru* 烈風が吹いている Está um/a ~! [S/囲] Kyōfū (+).

rēru [ée] レール (< Ing. *rail*) O carril [trilho] (de ferro). ★ ~ *kara hazureru* レールからはずれる Descarrilar; saltar [sair] dos carris. ~ *o hashiru* レールを走る Correr [Deslizar] nos carris. ~ *o shiku* レールを敷く a) Assentar os carris [Fazer a ferrovia]; b) Encarrilhar「um assunto」[*Wahei kōshō e no ~ ga shikareta* 和平交渉へのレールが敷かれた As negociações de paz já estão encarrilhadas [a decorrer]]. ◇ **Kāten ~** カーテンレール A calha (para a cortina correr). ⇨ sénro; tetsudō.

rēsā [ée] レーサー (< Ing. *racer*) O corredor. ⇨ kyōsō-sha.

resépushon レセプション (< Ing. *reception* < L.) A (festa de) recepção. ★ ~ *o hiraku* レセプションを開く Dar [Fazer] uma recepção. ⇨ eñ-káí[1]; kañ-géí (~); shōtái[1] (~).

reshībā [ii] レシーバー (< Ing. *receiver* < L.) O auscultador (do telefone); o receptor. ⇨ jushíñ (~).

reshíbu [ii] レシーブ (< Ing. *receive* < L.)【(D)esp.】O receber [apanhar] da bola. ◇ **Kaiten ~** 回転レシーブ ~ dando uma viravolta.

rēshíngú-kā レーシングカー (< Ing. *racing car*) O carro [automóvel] de corrida.

reshípi レシピ (< Ing. < L. *recipe*) A receita (Médica, de cozinha, para uma problema); o récipe.

reshíto [ii] レシート O recibo (do pagamento). [S/囲] Ukétóri-shō; ryōshū́-shō (+).

reséí[1] 劣性 Recessivo (No mendelismo). ◇ **~ iden** 劣性遺伝 A hereditariedade recessiva. **~ keishitsu** 劣性形質 O cará(c)ter ~. [A/反] Yū́séi.

reséí[2] 劣勢 Inferior em força [número]. [A/反] Yū́séi.

resséki 列席 A presença. *Go ~ no minasama* 御列席の皆様 Minhas senhoras e meus senhores! S/同 Rétsuza; shusséki (+).

resséki-sha 列席者 O presente [assistente]. *Pātī ni wa ōku no ~ ga atta* パーティーには多くの列席者があった Veio muita gente à festa.

resshá 列車 O trem (B.); o comboio. ★ *~ ni nori-okureru* 列車に乗り遅れる Perder o ~. *~ ni noru* 列車に乗る Tomar o ~. *~ no unkō* 列車の運行 A circulação dos ~s. ◊ **bōgai** 列車妨害 A obstrução do [da linha]. **~ daiya** 列車ダイヤ O horário dos ~s. **jidō seigyo sōchi** 列車自動制御装置 O sistema de controle automático dos ~s. **~ jiko** 列車事故 O acidente [desastre] no ~. **Chokkō ~** 直行列車 ~ dire(c)to. **Futsū [Kyūkō] ~** 普通[急行]列車 ~ comum [expresso; o rápido]. **Kamotsu [Ryokaku] ~** 貨物[旅客]列車 ~ de carga [passageiros]. **Nobori [Kudari] ~** 上り[下り]列車 ~ que vai para a [que sai da] cidade. **Rinji [Zōhatsu] ~** 臨時[増発]列車 ~ especial [A composição suplementar/extra]. **Shi [Shū] hatsu ~** 始[終]発列車 O primeiro [último] ~ (do dia). **Yakō ~** 夜行列車 ~ no(c)turno. S/同 Dénsha (+); kishá.

resshín 烈震 (⇨ jishín³) O terremoto [sismo] violento. ⇨ kyōshín².

resshō 裂傷 O corte [rasgão] da pele; a laceração.

réssun レッスン (< Ing. lesson < L.) A lição [aula]. ★ *Piano no ~* ピアノのレッスン ~ de piano. S/同 Kéiko; renshú (+).

ressurú 列する【E.】 **1** [出席する] Estar presente 「em」. ★ *Kaigi ni ~* 会議に列する ~ na [Ir à] reunião. S/同 Resséki súrú (+); shusséki súrú (o). **2** [仲間入りする] Pertencer 「a」; fazer parte [dos grandes países」. ★ *Go-dai-kyōkoku ni ~* 五大強国に列する Ser [Fazer parte] dos cinco países mais fortes (do mundo). ★ Nakámá-íri súrú (~). naráberú; rekkyo; tsuránéru.

résu¹ [ée] レース (< Ing. lace < L.) A renda. ★ *~ no fuchi-kazari* レースの縁飾り O debrum [cairel/A orla] de renda. *Te-ami no ~* 手編みのレース ~ feita à mão. ◊ **~ ami** レース編み A malha de ~. **~ ito** レース糸 O fio de [para] ~.

résu² レース (< Ing. race) A corrida; a competição. ★ *~ o suru* レースをする Competir na corrida [Correr]. S/同 Kyōgi; kyōsō.

resúbian レスビアン (< Ing. lesbian < Gr.) A lésbica; a lesbiana. ⇨ dōséi-ai; hómo.

resúrā レスラー (< Ing. wrestler) O lutador. ◊ **Puro ~** プロレスラー ~ profissional 「de luta livre」.

résuringu レスリング (< Ing. wrestling) A luta livre [corpo a corpo].

résutoran レストラン (< Fr. restaurant < L. restaurare: "restabelecer" as forças) O restaurante. ⇨ shokúdō².

rétā レター (< Ing. letter < L. litterae: carta) A carta. ◊ **~ pēpā** レターペーパー O papel de ~. **Rabu ~** ラブレター ~ de namoro. S/同 Tegámí (+).

retákkusu レタックス (< Ing. letax: "letter fax") O correio ele(c)tró(ô)nico (G.).

rétaringu レタリング (< Ing. lettering) A rotulagem; o (pôr o) rótulo.

rétasu レタス (< Ing. lettuce < L.)【Bot.】A alface; *lactuca scariola var.sativa*. S/同 Chishá. ⇨ sárada ◊.

réto [ée] レート (< Ing. rate < L.) A taxa. ◊ **Kawase ~** 為替レート ~ de câmbio. **Kōshiki ~** 公式レート ~ 「cotação] oficial. S/同 Buái; rítsu; waráí.

retórikku レトリック (< Ing. retoric) A retórica.

retóruto レトルト (< Hol. retort < L.)【Quím.】A retorta. ◊ **~ shokuhin** レトルト食品 Alimentos preparados e conservados no vácuo.

rétsu 列 **a)** A fila (fileira); **b)** A galeria 「de pessoas importantes」(⇨ ressúró **2**). **~ ni kuwawaru** [*warikomu*] 列に加わる[割り込む] Pôr [Meter]-se na fila. *~ no ushiro ni tsuku* 列の後うにつく Pôr-se no fim da fila. ◊ *o kuzusu* [*midasu*] 列を崩す[乱す] Romper [Estragar] a fila; sair da fila. *~ o tsukuru* 列を作る Enfileirar (-se); pôr(-se) em fila; fazer [formar] uma fila. *Ichi ~ me ni [no]* 1 列目に[の] Na [Da] primeira fila. *Tate* [*Yoko*] *ni ni ~ ni narabu* 縦[横]に2列に並ぶ Alinhar em perpendicular [horizontal]. ◊ **Ni ~ ō [jū] tai** 2列横[縦]隊 (A formação em) duas filas horizontais [verticais/perpendiculares]. **Zen [Kō] ~** 前[後]列 A primeira [última] ~; ~ da frente [de trás].

retsúákú 劣悪【E.】A inferioridade [má qualidade]. ★ *~ na seihin* 劣悪な製品 Um artigo inferior [de má qualidade].

retsúdén 列伝 A série de biografias. ◊ **Eiyū ~** 英雄列伝 Biografias de heróis. ⇨ deńkí³.

retsújákú 劣弱【E.】Fraco 「militarmente/de saúde」. ⇨ rettō¹.

retsújō 劣情 A paixão [O apetite] carnal; o desejo sensual; o sentimento ignóbil. **~ *o aoru*** [*chōhatsu suru*] 劣情をあおる[挑発する] Excitar [Provocar] desejos sensuais. ⇨ jōyókú; yokújō².

retsúrétsú 烈烈【E.】O ser (muito) violento. ⇨ hagéshíí.

rétsuza 列座【E.】A assistência. **~ *suru*** 列座する A assistir; ir. S/同 Resséki (+); shusséki (o).

rettérú レッテル (< Hol. letter < L.) O rótulo; o letreiro; o dístico; a etiqueta. *Kare wa uragirimono no ~ o harareta* 彼は裏切者のレッテルをはられた Ele foi rotulado de traidor. S/同 Ráberu.

rettō¹ 劣等 O ser (de categoria) inferior; a inferioridade. ◊ **~ kan** 劣等感 O complexo de inferioridade. **~ sei** 劣等生 O aluno fraco. A/反 Yūtō; yútō.

rettō² 列島 O arquipélago 「dos Açores」. ◊ **Nihon ~** 日本列島 ~ Japonês. ⇨ guńtō²; shótō³.

rettō-kan [óo] 劣等感 (⇨ rettō¹) O complexo de inferioridade. **~ *o idaku*** 劣等感を抱く Ter complexo de inferioridade. A/反 Yúétsu-kan.

réyon [ée] レーヨン (< Ing. rayon) O raiom; a seda vegetal [artificial]. S/同 Jíńkén.

réza¹ レザー (< Ing. leather) **a)** O couro; **b)** A pele artificial; a napa. ◊ **~ kurosu** レザークロス O tecido a imitar pele; a napa. ⇨ kawá².

réza² レザー (< Ing. razor) A navalha de barba; a gilete (de barba). ⇨ Kamísórí (+).

réza [ée] レーザー (< Ing. laser: abrev. de *light amplification by stimulated emission of radiation*)【Fís.】O laser. ◊ **~ disuku** レーザーディスク O disco ~. **~ kōsen** レーザー光線 Os raios (de) laser. **~ puríntā** レーザープリンター A impressora ~.

rezón-détoru レゾンデートル (< Fr. raison d'être) A razão de ser 「do Estado」.

ri¹ 利 **1** [利益] O lucro; o ganho. ★ ~ **ni satoi** 利に聡い Esperto [Ter olho] para o negócio. ~ **o eru** [*osameru*] 利を得る[納める] Ter lucro. (P慣用) *Gyofu no* ~ 漁夫の利 Enquanto brigam os cães, come o lobo a ovelha. (S/周) Móké (+); rïeki (o). **2** [都合が良い事; 他に勝る点] A vantagem. *Chi no* ~ *o eru* 地の利を得る Conseguir uma posição geográfica vantajosa. ⇨ béngi; bénri; kő-tsúgō. **3** [利子] O juro. (S/周) Rïshi (+); risóku (o).

ri² 理 **1** [道理; 理屈] A razão. *Kare no iibun ni mo ichi* ~ *aru* 彼の言い分にも一理ある Ele (também) tem alguma ~ [Há uma certa lógica no que ele diz]. ★ ~ *ga aru* 理がある Ter razão. ~ **ni au** [*kanau*] 理に合う[適う] Ser razoável (conforme à ~; racional; lógico). ~ **ni hansuru** 理に反する Ser irracional [ilógico; absurdo; contrário à ~]. ~ **ni ochiru** 理に落ちる Ser polémico [crítico]. ~ **no tōzen** 理の当然 O ser (mais que) natural [*Kare ga okoru no mo* ~ *no tōzen da* 彼が怒るのも理の当然だ Ele tem toda a ~ para ficar [É mais que natural que ele fique] zangado]. (P慣用) *Nusutto ni mo sanbu no* ~ *aru* 盗人にも三分の理 Até o ladrão tem a sua razão. ⇨ dőrí; rikútsú; ríron. **2** [原理] Os princípios; a lei natural [da razão]. ★ *Shizen no* ~ 自然の理 A lei natural. (S/周) Génri (+). **3** [真理] A verdade. (S/周) Shínri (+).

ri³ 里 O "ri" (Antiga unidade de distância, igual a 3,9km).

ri-ágé 利上げ (< …¹ + agéru) 【Econ.】 O aumento da taxa de juros. (反/反) Ri-ságé.

riárisuto リアリスト (< Ing. realist < L.) O realista. (S/周) Genjítsú[Shajítsú]-shugí-sha.

riárizumu リアリズム (< Ing. realism < L.) O realismo. (S/周) Genjítsú[Shajítsú]-shugí.

riárú-táimu リアルタイム (< Ing. real time < L.) A(c)tual; imediato; simultâneo; ◇ ~ **shori** リアルタイム処理 【Info.】 O processamento [tratametno] imediato [simultâneo].

riású-shíkí-káigan リアス式海岸 【Geol.】 A costa muito recortada(o) por rias.

ribáibaru リバイバル (< Ing. revival < L.) A renovação「da antiga moda」; o renascimento「religioso」. ⇨ fukkátsú.

ri-bárai 利払い (…³ + haráu) O pagar os juros.

ribáshíburu [áa] リバーシブル (< Ing. reversible < L.)「hélice/motor」Reversível.

ríben 利便 【E.】 ⇨ bénri.

ribérárisuto リベラリスト (< Ing. liberalist < L.) O liberal; o partidário do liberalismo. (S/周) Jiyú-shugísha.

ribérárízumu リベラリズム (< Ing. liberalism < L.) O liberalismo. (S/周) Jiyú shugí.

ríberaru リベラル (< Ing. liberal < L.)「a tradição」Liberal「da nossa universidade」; aberto. (S/周) Jiyú-shugíshékí.

Ribéría リベリア A (República da) Libéria. ★ ~ *senseki no fune* リベリア船籍の船 O navio de nacionalidade「bandeira」liberiana. ◇ ~ **jin** リベリア人 O liberiano.

ribéto リベート (< Ing. rebate < L.) O ágio; o abatimento; a comissão; a devolução de uma parte do pagamento como comissão ou suborno. ★ ~ *o harau* [*toru*] リベートを払う[取る] Pagar [Tirar/Receber] uma comissão. (S/周) Warí-módóshí.

ribétsú 離別 **1** [⇨ rikón]. **2** [別離] A separação; o afastamento. ★ ~ *suru* 離別する Separar-se「da família」. (S/周) Bétsuri.

ribétto リベット (< Ing. rivet < Ár.) O rebite; o cravo.

Ríbia リビア A (República Árabe da) Líbia. ◇ ~ **jin** リビア人 O líbio.

ribídō リビドー (< L.libido: desejo) 【Psic.】 A libido; o desejo sensual.

ribíngú-kítchin リビングキッチン (< Ing. living kitchen) A cozinha com sala de estar.

ribó-kákusan リボ核酸 【Bioq.】 O ácido ribonucleico [RNA].

ribon リボン (< Ing. ribbon) A fita「do cabelo」. ◇ ~ **furawā** リボンフラワー A flor artificial feita com fita; a fitinha「do embrulho do presente」.

ríbu リブ (< Ing. lib < liberation < L.) ⇨ űman ~ .

ribyō 罹病 O contrair uma doença. ★ ~ **ritsu** 罹病率 A morbilidade.

richákúriku 離着陸 A descolagem e aterr(iss)agem (de avião). ⇨ ri[chaku]ríkú.

richi 理知 [智] O intelecto; a inteligência. ★ ~ *o hatarakasu* 理知を働かす Usar o ~ [a cabeça]. ⇨ chí²; chísei¹; rísei.

ríchi¹ リーチ (< Ing. reach) 【(D)esp.】 O alcance do braço「no boxe」.

ríchi² リーチ (< Chin. li-zhi) [麻雀] O declarar que vai ganhar com mais uma jogada no "mah-jong".

ríchigi 律義 A re(c)titão; a honradez; a integridade. ◇ ~ **mono** 律義者 A pessoa honesta [integra]. ⇨ jitchókú; kimájíme; shójíkí.

richiumu リチウム 【Quím.】 O lítio (Li 3).

rídā¹ [ií] リーダー (< Ing. reader) O livro (escolar) de leitura. (S/周) Tokúhón.

rídā² [ií] リーダー (< Ing. leader) O chefe; o líder. (S/周) Shidő-sha (+).

rídā-shíppu リーダーシップ (< Ing. leadership) **1** [指導力] A capacidade de liderança. (S/周) Shidőryoku (o); tősőtsúryoku (+). **2** [指導権] A liderança; a iniciativa; o comando. ★ ~ *o toru* リーダーシップを取る Assumir o comando; tomar a iniciativa. (S/周) Shudőken (+); shudőken (+).

ridátsú 離脱 A separação; o abandono. ★ ~ *suru* 離脱する Deixar; abandonar; separar-se [*Kare wa tő o* ~ *shita* 彼は党を離脱した Ele deixou o [saiu do] partido]. (S/周) Dattái.

rídíngú-hítta [ií] リーディングヒッター (< Ing. leading hitter) 【Beis.】 O melhor batedor. (S/周) Shuí dásha. ⇨ bátta.

rído¹ [ií] リード (< Ing. lead) **1** [先導・指導すること] A orientação; a guia; a condução; a dire(c)ção; a chefia. ★ ~ *suru* リードする Guiar; conduzir; dirigir; chefiar; orientar. ⇨ señdő¹; shidő¹. 「競技で優位に立つこと」A liderança; a vantagem; o estar a ganhar (o jogo). ★ ~ *suru* リードする Liderar; estar a ganhar. **3** [走者が塁を離れること] 【Beis.】 O avançar só um pouco [a ver] para a base seguinte. ★ ~ *o toru* リードを取る Avançar. **4** [ダンスで相手を導くこと] O guiar na dança. **5** [電気の引き込み線] O fio [cabo] (eléc(c)trico condutor). ◇ ~ **sen** リード線 O fio condutor. (S/周) Dősén (+); hikűkőmí-sén. **6** [新聞の見出しと記事の間の要約] O sumário de um artigo de jornal, colocado entre o título e o corpo do mesmo.

rído² [ií] リード (< Ing. reed) 【Mús.】 A palheta; a lingueta. ◇ ~ **gakki** リード楽器 O instrumento (de sopro) com ~ s. ⟨S/同⟩ Shitá.

ríeki 利益 **1** [もうけ] O ganho; o lucro. ★ ~ *ga aru* [*ni naru*] 利益がある[になる] Dar lucro; lucrar. ~ *o ageru* 利益を上げる Aumentar os lucros. ~ *o dokusen suru* 利益を独占する Monopolizar [Ficar com todos] os lucros. ~ *o eru* 利益を得る Lucrar [Ter lucro]; ganhar. ~ *o motarasu* 利益をもたらす Dar lucro; render; ganhar. ◇ ~ **bunpai**/**haibun**/**haitō** 利益分配[配分/配当] A distribuição dos lucros. ~ **kin** 利益金 O (dinheiro de) lucro; o ganho. ~ **ritsu** 利益率 A taxa de lucro. **Jun** ~ 純利益 ~ líquido. ⟨S/同⟩ Mōké, ri¹; ritóku. ⟨A/反⟩ Són; songái; sonshítsú. **2** [便宜] O proveito; o interesse; o benefício; o bem「da sociedade」. *Kare wa itsumo jibun no* ~ *o dai-ichi ni kangaeru* 彼はいつも自分の利益を第一に考えている Ele pensa sempre primeiro nos seus interesses. ★ ~ *ni naru* 利益になる Ser proveitoso. *Jibun no* ~ *o hakaru* 自分の利益を計る Pensar nos seus interesses. ◇ ~ **daihyōkoku** 利益代表国 O país que representa os interesses de outro. ⟨S/同⟩ Béngi.

ríen 離縁 **1** [離婚] O divórcio. ★ ~ *suru* 離縁する Divorciar-se「da esposa」. ◇ ~ **jō** 離縁状 A declaração [carta] de ~. ⟨S/同⟩ Rikón (+). **2** [養子の縁を切ること] A anulação do contrato de ado(p)ção.

ri-fúda 利札 O cupão.

ri-fújin 理不尽 O ser absurdo [insensato/「um preço」 exorbitante/disparatado]. ★ ~ *na koto o iu* [*suru*] 理不尽な事を言う[する] Dizer [Fazer] disparates. ~ *na yōkyū* 理不尽な要求 Uma exigência impensável [absurda]. ⇨ múri.

rifúréin リフレイン (< Ing. < Fr. refrain < L.) O refrão; o estribilho. ◇ hañpúkú.

rifurésshu リフレッシュ (< Ing. refresh) O retemperar-se. ◇ ~ **kyūka** リフレッシュ休暇 Umas férias extraordinárias para se retemperar [e reciclar].

rifurétto[**īi**] リーフレット (< Ing. leaflet) O folheto; a folha de propaganda. ⟨S/同⟩ Birá (+); kōkókú (o); oríkómí-kōkoku (+).

rifuto リフト (< Ing. lift) O ascensor「com cadeiras do campo de esqui」; o teleférico. ~ *ni noru* リフトに乗る Tomar o ~. ◇ erébéta; rōpú-úei.

rígai 利害 Os interesses「vitais do país」; as conveniências. *Ryōsha no* ~ *wa ai-han suru* 両者の利害は相反する Os dois têm interesses opostos [diferentes]. ◇ ~ **kankei** 利害関係, リ〈関係の〉 relação de interesses; os ~ privados. ~ **kankei-sha** 利害関係者 O (lado) interessado. ⇨ ríeki; songái.

rígaku 理学 As ciências. ◇ ~ **bu** 理学部 A faculdade de ~. ~ **hakushi** 理学博士 O doutor em ~. ~ **ryōhō** 理学療法 A fisioterapia. ~ **shi** 理学士 O bacharel em ~. ⇨ rikágaku.

rigén 俚諺 [E.] O ditado popular; o provérbio. ⟨S/同⟩ Kotowázá (+).

rigō 離合 As mudanças [Os encontros e desencontros]「da vida」. ◇ ~ **shūsan** 離合集散 A junção e a separação; as alianças e desalianças [rupturas]「dos partidos」.

rígu[**īi**] リーグ (< Ing. league < L.) A liga「de bas.」. ◇ ~ **sen** リーグ戦 O campeonato (entre todas as equipes) da liga; o torneio.

ri-gúi 利食い [Econ.] A realização de lucro. ◇ ~ *suru* 利食いする Lucrar [Fazer dinheiro] com venda「de a(c)ções」. ◇ ~ **gai** 利食い買い O retrovender (as a(c)ções). ~ **uri** 利食い売り A venda com lucro.

rihábírí(**téshon**) リハビリ (テーション) (< Ing. rehabilitation < L.) A reabilitação「para recuperar o movimento do braço」. ★ ~ *o suru* リハビリをする Fazer (exercícios de) ~. ⟨S/同⟩ shakái-fúkki.

rihán 離反 [E.] O afastamento; o desinteresse; a indiferença. *Taishū no kokoro wa gen-seifu kara* ~ *shite iru* 大衆の心は現政府から離反している O público vive desinteressado [alheado] do a(c)tual governo. ⟨S/同⟩ Ridátsu.

rihásaru [**áa**] リハーサル (< Ing. rehearsal) O ensaio. ★ ~ *o suru* リハーサルをする Ensaiar. ⟨S/同⟩ Maé-géiko; sō-géiko; sō-zárai. ⇨ kéiko.

rihátsu¹ 理髪 O corte [arranjo] do cabelo. ◇ ~ **shi** 理髪師 O barbeiro; o cabeleireiro. ~ **ten** 理髪店 A barbearia. ⟨S/同⟩ Sañpátsú (+). ⇨ riyō²; tokóyá.

rihátsu² 利発 A sagacidade; a esperteza. ★ ~ *na* 利発な Sagaz; inteligente; esperto. ⟨S/同⟩ Rikō (+).

ri-hi 理非 ◇ yóshi-ashi; zéhi.

rihō 理法 A lei. ★ *Shizen no* ~ 自然の理法 Um princípio [Uma ~] da natureza. ⟨S/同⟩ Hōsōkú (+).

ri-in 吏員 O funcionário público. ⟨S/同⟩ Chihō-kómúin (+); kōri.

ríji 理事 O membro efe(c)tivo dum senado「de universidade」[dum conselho de administração]; o administrador. ◇ ~ **chō** 理事長 O presidente do conselho de administração. ~ **kai** 理事会 A dire(c)toria; o senado; o conselho de administração. ~ **koku** 理事国 O país membro「do Conselho de Segurança das Nações Unidas」.

rijún 利潤 O lucro; o ganho; o rendimento. ★ ~ *o ageru* 利潤を上げる Aumentar o ~. ◇ ~ **tsuikyū** 利潤追求 A procura [busca/mira] do ~. ⟨S/同⟩ Ríeki (+). ⟨A/反⟩ Són; songái.

ríka¹ 理科 (O curso [ramo] de) ciências. ◇ ~ **kei** 理科系 A área [O ramo/O curso/Área] de ciências. ⇨ búnka¹.

rika² 李下 [E.] Debaixo da ameixeira. ⸨P'ことわざ⸩ ~ *ni kanmuri o tadasazu* 李下に冠をたださず Evite levantar suspeitas (Lit. "não ajeite a coroa [o chapéu alto] ~").

rikágaku 理化学 (< bútsuri + ⋯) A física e química; as (ciências) físico-químicas. ◇ ~ **kenkyūjo** 理化学研究所 O instituto de (ciências) físico-químicas.

rikai 理解 **1** [了解] O entendimento; a compreensão. ★ ~ *ga hayai* [*osoi*] 理解が早い[遅い] Ser rápido [lento] (a entender). ~ *ni kurushimu* 理解に苦しむ Custar a entender; não entender facilmente. ~ *o fukameru* 理解を深める Entender melhor [O-tagai no ~ o fukameru お互いの理解を深める Conhecer-se mais um ao outro]. ~ *suru* 理解する Compreender; entender [*Kare ni wa geijutsu o* ~ *suru kokoro ga nai* 彼には芸術を理解する心がない Ele não tem sensibilidade artística]. ◇ **ryoku**. ⟨S/同⟩ Nomíkómí; ryōkái. **2** [他人の立場・気持ちを思いやること] A compreensão; o concordar [estar de acordo]. *Watakushi no totta taido o* ~ *shite moraitai* 私のとった態度を理解してもらいたい Espero que você concorde com a atitude que tomei. ~ *dekiru* 理解できる Entender [Concordar] [*Kimi no kimochi wa watashi ni mo* ~ *dekiru* 君の気持ちは私にも理解できる Eu também compreendo o que você sente neste momento [Eu concordo consigo]]. ★ ~ *ga aru* 理解がある Ter compreensão. ~ *suru* 理解する Compreender; entender; concordar.

rikái-ryoku 理解力 A capacidade [O poder] de compreensão; a inteligência. ★ ~ *ga aru* 理解力がある Ser muito inteligente; ter muita/o ~. ~ *ni toboshii* 理解力に乏しい Ter pouco/a ~.

rikán¹ 罹患【E.】⇨ ribyō.

rikán² 離間 [E.] A quebra de relações sociais; o afastar-se; o distanciamento. ⓈⓀ Hańkáń.

rikén 利権 A concessão; (a aquisição de) um direito. *Kakkoku no ~ no hogo suru* 各国の利権を保護する Proteger os direitos (adquiridos) de cada país. ★ ~ *o ataeru* 利権を与える Dar uma concessão. ~ *o kakutoku suru* 利権を獲得する Adquirir [Obter] a concessão 「das minas de ouro」. ◇ **~ ya** 利権屋 O caçador de [especulador em] concessões.

ríki¹ 利器【E.】 **1** [鋭い刃物] O instrumento cortante; a arma branca. ⓈⓀ Há-mono (+). Ⓐ⁄Ⓡ Dónki. **2** [便利な器具や機械] O instrumento útil. ★ *Bunmei no ~* 文明の利器 Um [Uma grande vantagem/As facilidades] da civilização.

ríki² 力 (⇨ rikímu)【G.】A força. ◇ ~ **ei** [**ga-ku**/**shi**]; **ji**[**ta**] ~. **San-nin** ~ 三人力 ~ de três homens. ⇨ rikiryō (+); séiryoku; táiryoku.

rikiéi 力泳 (⇨ ríki²) A natação vigorosa. ★ ~ *suru* 力泳する Nadar com toda a força. ⇨ rikisō¹.

rikígaku 力学 A dinâmica. ★ ~ *(jō) no hō* 力学 (上) の Dinâmico. ◇ **Sei [Dō] ~** 静 [動] 力学 A (~) estática [cinética/cinemática].

rikíkań 力感 (⇨ ríki²) A (impressão de) força; o vigor. *Kono e wa ~ afureru sakuhin da* この絵は力感溢れる作品だ Este quadro dá uma impressão de força (extraordinária). ⓈⓀ Hakúryoku.

rikímu 力む (⇨ ríki²) **1** [力を入れる] Fazer força; empurrar [puxar] com força. ⓈⓀ Chikárá o iréru [koméru]; ikímu. **2** [力があるように見せかける] Fazer-se forte. ★ *Rikinde miseru* 力んで見せる Querer ~ [mostrar que tem força]. ⓈⓀ Ibáru (o); kíóu (+); kyosḗi ó hárú; tsuyógáru. **3** [緊張して力が入る] Ficar tenso [nervoso]. *Sonna ni rikímazu, raku ni shiken ni nozomi nasai* そんなに力まず、楽に試験に臨みなさい Não se ponha tenso, o exame requer calma.

rikíryō 力量 **1** [能力] A capacidade; o talento [as qualidades] 「de/para ser chefe」; a habilidade. ★ ~ *o shimesu* 力量を示す Mostrar a sua ~. ⓈⓀ Nóryoku (+); udéméé. **2** [腕力] A força física; o músculo. ⓈⓀ Wánryoku (+).

rikisáku 力作 A obra-prima; a obra 「literária」 bem elaborada [trabalhada]. ⓈⓀ Rōsáku.

rikíseń 力戦 A batalha renhida; a luta árdua. ★ ~ *suru* 力戦する Lutar renhidamente [com toda a força]. ⓈⓀ Fuńséń; fuńtō.

rikísétsu 力説 A insistência; a ênfase; a argumentação enérgica. ★ ~ *suru* 力説する Enfatizar; insistir 「em」; sublinhar 「*Kare wa nippaku kankei no jūyōsei* ~ *shita* 彼は日伯関係の重要性を力説した Ele enfatizou a importância das relações nipo-brasileiras」. ⓈⓀ Kyōchō.

rikishi 力士 (⇨ ríki²) O lutador [atleta] de sumô. ⓈⓀ O-súmō sań; sumō-tori; sekítóri.

rikísō¹ 力走 A corrida esforçada. ★ ~ *suru* 力走する Correr com toda a força. ⇨ rikiéi.

rikísō² 力漕 A remada enérgica [vigorosa]. ★ ~ *suru* 力漕する Remar com energia [toda a força].

rikíteń 力点 **1** [重点] O ponto importante; 「pôr」 a ênfase 「no estudo da língua」. *Keizai saiken ni ~ o oita seisaku* 経済再建に力点をおいた政策 A política [medida] que dá importância à recuperação econó(o)mica. ⓈⓀ Jǘteń (+); shugáń(teń). **2** [力のかかる点] O ponto de aplicação da força. ⇨ shitéń²; ríki².

rikítō¹ 力投 O lançar a bola 「de bas.」 com muita força. ⇨ nagéru; ríki².

rikítō² 力闘 A luta renhida. ⓈⓀ Fuńséń; fuńtō; rikíséń (+). ⇨ ríki².

rikka 立夏 O começo [primeiro dia] do verão.

rikkén 立憲 Constitucional. ◇ ~ **kun [min]-shu seitai** 立憲君 [民] 主政体 A monarquia (democracia) ~. **~ seiji** 立憲政治 O governo ~. **~ shugi** 立憲主義 O constitucionalismo.

rikkóho [**óo**] 立候補 (⇨ kōho) O candidatar-se. ★ ~ *o sengen suru* [*torikesu*] 立候補を宣言する [取り消す] Apresentar [Retirar] a sua candidatura. ~ *suru* 立候補する Candidatar-se. **~ sha** 立候補者 O candidato. **~ todoke**(**i**)**de** 立候補届出 A inscrição para [como] candidato.

rikkókú 立国 **1** [⇨ keńkókú]. **2** [それを基本政策にして国を繁栄させること] A base do país [é a indústria]. ◇ **Kankō** ~ 観光立国 O país que vive do turismo.

rikkyákú 立脚 O basear-se. ◇ ~ **chi** (**ten**) 立脚 (点) O ponto de vista; a posição em que 「você」 se coloca 「é errada」.

rikkyō 陸橋 **1** [高架橋] O viaduto (Passagem ou ponte sobre outra via). ⇨ tekkyō. **2** [歩道橋] A passarela; o passeio elevado. ⇨ Hodókyō (+).

riko 利己 O egoísmo. ★ ~ *teki na* 利己的な 「o interesse」 Egoístico [Egoísta]; interesseiro; egocêntrico. ◇ **~ shugi** 利己主義 O egoísmo; o egocentrismo. **~ shugi-sha** 利己主義者 O egoísta [egocentrista]. Ⓐ⁄Ⓡ Ríta.

rikō¹ 利口 **1** [頭がよいこと] O ser inteligente. ★ ~ *buru* 利口ぶる Fazer-se inteligente. ~ *ni naru* 利口になる Aprender [*O-kage de hito-tsu ~ ni narimashita* おかげで1つ利口になりました Com esta 「amarga」 experiência [Graças a si] aprendi mais um pouco]. ◇ **~ mono** 利口者 O indivíduo inteligente [perspicaz]. ⓈⓀ Réiri; rihátsú; sṓmḗi. Ⓐ⁄Ⓡ Báka. **2** [ききわけがよくおとなしい] O ser bom [bem comportado]. *Kono ~ san* このお利口さん Ai que menino tão bonzinho [Ela é muito boazinha] 「, já não chora」! **3** [要領がしつこく抜け目がないこと] O ser fino [esperto/astuto]. *Kare wa ~ ni tachimawatte seijika to shite no chii o ushinawanakatta* 彼は利口に立ち回って政治家としての地位を失わなかった Ele foi astuto (agiu com astúcia) e conseguiu continuar na política.

rikō² 履行 A execução 「da ordem」; o cumprimento 「da promessa」; a implementação. ★ ~ *suru* 履行する Executar; cumprir; implementar [*Keiyaku o ~ suru* 契約を履行する Cumprir [Implementar] o contrato]. ◇ **~ sha** 履行者 O executante. **Fu** [**Mi**] **~** 不 [未] 履行 O não cumprimento 「é punível por lei」. ⓈⓀ Jikkō (o); jisséń (+).

rikō-gákubu 理工学部 A Faculdade de Tecnologia [de Ciências] 「da universidade」.

rikóń 離婚 O divórcio. ★ ~ *suru* 離婚する Divorciar-se [*Wareware fūfu wa seikaku no fu-itchi de ~ shita* 我々夫婦は性格の不一致で離婚した Nós divorciámo-nos por incompatibilidade de cará(c)ter. ~ *sareru* 離婚される Obter o ~]. ◇ **~ soshō** 離婚訴

訟 O processo de ~. **~ tetsuzuki** 離婚手続 As formalidades (do processo) de ~. **~ todoke** 離婚届 A petição [O pedido] de ~. ⟨S/同⟩ Ríen **1**.

rikóru [óo] リコール (< Ing. recall) A revogação; a destituição「de funcionários públicos, por voto popular」. ★ ~ *suru* リコールする Destituir; revogar; demitir. ◇ **~ sei** リコール制 O sistema de ~. **~** *undō* リコール運動 O movimento de ~「da câmara municipal」.

rikú 陸 A terra; a terra firme; o continente; o litoral. ★ ~ *no* [*ni sumu*] *dōbutsu* 陸の[に住む]動物 O animal terrestre [que vive na terra (⇨ rikúséi]. ◇ ⇨ **jō**. **~ tsuzuki** 陸続き O estar ligado [ter ligação] por terra. ⟨S/同⟩ Oká; rikú-chí. ⟨A/反⟩ Úmi. ⇨ taíríku.

rikú-ágé 陸揚げ (< ... + agerú) A descarga (De barco para terra; ⇨ ni-óroshi); o descarregamento; o desembarque. **★ ~** *suru* 陸揚げする Descarregar; desembarcar. ◇ **~ kō** 陸揚げ港 O porto de ~. ⟨S/同⟩ Ni-ágé.

rikúchi 陸地 A terra; a terra firme; a crosta terrestre. ◇ **~ sokuryō** 陸地測量 A agrimensura [medição da ~]. ⟨S/同⟩ Rikú (+). ⟨A/反⟩ Úmi.

rikuésuto リクエスト (< Ing. request < L.) O pedido; a requisição. ◇ **~ bangumi** リクエスト番組 O programa「de rádio」com canções pedidas [encomendadas] pelos ouvintes.

rikufū 陸風【Met.】A brisa terrestre; o terral. ⟨A/反⟩ Kaífū.

rikúgun 陸軍 O exército. ◇ **~ daijin** 陸軍大臣 O Ministro do ~「na segunda guerra mundial」. **~ shikan [shōkō]** 陸軍士官[将校] O oficial militar. **~ shikan gakkō** 陸軍士官学校 A Academia Militar. ⟨A/反⟩ Káigun; kūgúrì. ⇨ gúntai.

rikúhéi 陸兵 (< rikúgun + heitái) As forças terrestres; a infantaria.

rikujō 陸上 **1**[陸の上]Terrestre;「ir/viajar」por terra. **~** *de* ~ 陸上 Em terra. ◇ **~ dōbutsu** 陸上動物 O animal terrestre (⇨ rikúséi). **~ kinmu** 陸上勤務 O serviço em terra「da companhia de aviação」. **~ yusō** 陸上輸送 O transporte ~ (⇨ rikúùn). ⟨S/同⟩ Oká; rikú. **2**[Abrev. de " ~ kyōgi"]◇ **~ kyōgi** 陸上競技 O atletismo. **~ kyōgi-jō** 陸上競技場 O estádio.

riku(ú)kai 陸海 **1**[陸上と海上]A terra [O continente] e o mar. **2**[陸軍と海軍]O Exército e a Marinha.

riku(ú)káigun 陸海軍 (< rikúgun + káigun) O Exército e a Marinha (de Guerra).

rikú-kai-kū 陸海空 **1**[陸と海と空]A terra, mar e ar. **2**[陸軍と海軍と空軍]O Exército, a Marinha e a Aeronáutica [Força aérea]. ◇ **~ gun** 陸海空軍 Todas as Forças Armadas.

rikúráinínguú-shíto [ii] リクライニングシート (< Ing. reclining seat) A poltrona [O assento] reclinável.

rikuro 陸路 A via terrestre; o caminho [a rota] por terra. ★ ~ *Kōbe ni mukau* 陸路神戸へ向かう Dirigir-se para Kobe por via terrestre. ⇨ rikú.

rikurūto リクルート (< Ing. recruit) O recrutamento (de recém-formados, pelas empresas). ◇ **~ fasshon [rukku]** リクルートファッション[ルック] O fato [A apresentação] dos recém-formados que buscam emprego.

rikúséi 陸生 [棲]「a planta」Terrestre. ◇ **~ dōbutsu** 陸生動物 O animal ~. ⟨A/反⟩ Suíséi. ⇨ rikú.

rikúsén 陸戦 A operação [O combate; batalha] terrestre. ◇ **~ tai** 陸戦隊 A tropa de desembarque; os fuzileiros navais. ⇨ rikúséi[3].

rikúshō 陸相【A.】O Ministro do Exército. ⟨S/同⟩ Rikúgún-dáijin.

rikútō 陸稲 O arroz de sequeiro. ⟨S/同⟩ Okábó (+). ⟨A/反⟩ Suítō. ⇨ íne; komé. rikú.

rikútsú 理屈 [窟] **1**[理論]A teoria. *Kare wa nan ni demo ~ o tsukeru* 彼は何にでも理屈をつける Ele tem (sempre) uma ~ para tudo. **2**[道理]A lógica; a razão. *Anata no iu koto ni mo jūbun ~ ga aru* あなたの言う事にも十分理屈がある O que você diz também tem bastante lógica. *Sonna ~ wa nai* そんな理屈はない Isso é absurdo [não tem lógica (nenhuma)]. ★ ~ *ga tatsu* 理屈が立つ Ter razão; ser razoável [lógico; coerente; justo]. **~** *ni atte* [*kanatte*] *iru* 理屈に合って [適って] いる Ser lógico/Ter lógica. **~** *ni awanai* 理屈に合わない Ser ilógico [incoerente; absurdo]. ◇ ⇨ **zeme**. ⟨S/同⟩ Dórì; jóri. **3** [議論] O argumento; a discussão; a implicação. *Kono eiga wa ~ nuki ni omoshiroi* この映画は理屈抜きに面白い Este filme é simples e divertido. ★ ~ *o iu* [*koneru*] 理屈を言う [こねる]Sofismar; argumentar. ⇨ **ppoi**. ◇ **~ ya** 理屈屋 A pessoa amiga de discussões; o sofista. ⟨S/同⟩ Gíron. ⇨ heríkutsu. **4**[口実;筋道] O pretexto; a desculpa; a escusa; a justificação. *Nan to be-mo ~ wa tsuku* 何とでも理屈はつく Você [Ele] tem ~ para tudo. ★ ~ *o naraberu* 理屈を並べる Inventar pretextos. *Mottomo rashii ~ o tsukeru* もっともらしい理屈をつける Alegar [Dar] um bom/uma boa ~. ⟨S/同⟩ Kōjítsú; sívake.

rikútsúppói 理屈っぽい Implicativo; capcioso; sofista; (demasiado) teórico.

rikútsú-zémé 理屈責め (< ... + semeru) A verberação com uma série de razões. ★ ~ *ni suru* 理屈責めにする Refutar [Verberar]「alguém」com uma série de razões. ⟨S/同⟩ Ri-zúmé.

rikúún 陸運 O transporte terrestre. ◇ **~ kyoku** 陸運局 A secretaria dos ~. ⇨ rikújó.

rikúzóku (to) 陸続 (と)【E.】⇨ zokuzókú[1].

rikyō[2] 離郷 O deixar a terra natal. ⟨S/同⟩ Shukkyō.

rikyō[2] 離京 O deixar (sair de) Tóquio.

rikyū 離宮 A casa de campo [A vila] imperial「de Katsura」.

rikyūru [úu] リキュール (< Ing. liqueur < Fr. < L.) O licor.

ri-máwari 利回り (< ... [1] + mawáró)【Econ.】O dividendo; o rendimento「das a(c)ções」; o juro; a percentagem de juros. ★ ~ *ga yoi* [*warui*] 利回りが良い[悪い] Render muito [pouco].

rímen 裏面 **1**[物の裏側]O verso [reverso]; o lado oposto. ★ ~ *ni tsuzuku* 裏面に続く (表示)Continua no verso (da página). ⟨S/同⟩ Urá (o); ura-gáwá (+). ⟨A/反⟩ Hyómén. **2**[事の裏側] O interior; a parte de trás [de dentro]. *Kono jiken no ~ ni wa nani ka ga aru* [*hisonde iru*] この事件の裏面には何かがある [潜んでいる] Por trás deste caso há algo (encoberto)/Este caso não está bem contado. ★ ~ *o saguru* [*kansatsu suru*] 裏面を探る [観察する] Sondar o que há (lá) por dentro [trás]. ◇ **~ kōsaku** 裏面工作 As manobras de [por trás dos] bastidores. **~** *shi* 裏面史 A história por dentro. ⟨S/同⟩ Uchímákú (+); urá; urágáwá. ⟨A/反⟩ Hyómén.

rimókón リモコン (Abrev. de "rimótó kóntóróru").
rimótó-kóntóróru [róo] リモートコントロール (< Ing. remote control < L.) O telecomando [comando à distância]. ◇ **sōchi** リモートコントロール装置 O dispositivo de ～. [S/同] Rimókón.
rímujin リムジン (< Fr. limousine < Limoges, top.) 「tomar」A limusina 「para o aeroporto」.
rín[1] 燐【Quím.】O fósforo (P 15). ★ ～ **no** 燐の Fosfóreo; fosfórico; fosforoso. ★ ～ **dō**[**seidō**] 燐銅[青銅] O cobre [bronze] fosforoso.
rín[2] 鈴 A campainha; o guizo. ⇨ béru; suzú[1]; yobí-rín.
-rín[3] 輪 (Numeral para flores e rodas). ★ *Ichi ～ no hana* 一輪の花 Uma flor. **Ni ～ sha** 二輪車 O veículo de duas rodas, a bicicleta (⇨ jitensha[1]). **San ～ sha** 三輪車 O veículo de três rodas; o triciclo.
rín[4] 凛 ⇨ rínzén.
rín[5] 厘 Um "rin" (Unidade milesimal de dinheiro, peso e comprimento).
rín りいん【On.】O retinir; trriiim. ～ *to denwa ga natta* りいんりいんと電話が鳴った O telefone tocou várias vezes [esteve muito tempo a retinir]; ⇨ rín[2].
rínbán 輪番 O turno; a rotação. ★ ～ *de* 輪番で「ficar de vigia」Por turnos [rotação]; alternadamente. ◇ ～ **sei** 輪番制 O sistema de ～. [S/同] Mawári-bán.; ⇨ kōtai[1].
rinbu 輪舞 A (dança de) roda. [S/同] Róndo.
rínbyō[1] 淋[痳]病【Med.】A gonorreia; a blenorragia. ★ ～ *no* 淋病の Gonorreico. ◇ ～ **kin** 淋病菌 O gonococo. [S/同] Rínshítsú[2].
rinchi[1] リンチ (< Ing. Lynch, antr.) O linchamento; a linchagem. ★ ～ *o kuwaeru* リンチを加える Linchar 「o ladrão」; matar [castigar] sumariamente/por suas mãos. [S/同] Shikéi[2].
rinchi[2] 隣地【E.】O terreno contíguo [adjacente].
rindō[1] 林道 O caminho florestal; a picada.
rindō[2] 竜胆・龍膽【Bot.】A genciana (Flor azul).
ríndóku 輪読 A leitura por turno [à vez].
rínen[1] 理念 Uma ideia「errada de progresso」; uma ideologia「socialista/progressista」; a concepção. ★ *Kyōiku no ～* 教育の理念 A filosofia [ideia] da educação; os princípios [ideais] educativos「da nossa universidade」.
rínen[2] リネン ⇨ rínnéro.
ríngáku 林学 A silvicultura; a ciência florestal. [S/同] Ríngyō[Sanrín/Shínrín]-gaku.
ríngeru リンゲル【Med.】A solução de Ringer. ◇ ～ **chūsha** リンゲル注射 A inje(c)ção de ～.
ríngetsu 臨月 O último mês de gestação; o final da gravidez. [S/同] Umí-zuki.
ríngo 林檎 A maçã. ★ ～ *no ki* 林檎の木 A macieira. ～ *no yō na hoho* 林檎のような頬 As faces rosadas (Como uma ～ vermelha). ◇ ～ **san** 酸 O ácido málico. ～ **shu** 林檎酒 A sidra; o vinho de ～s. **Ao** ～ 青林檎 ～ de cor verde. **Yaki** ～ 焼き林檎 ～ assada.
ríngoku 隣国 O país vizinho.
ríngu リング (< Ing. ring)【1】(D)esp.】O ringue; a quadra「de té[ê]nis」; o estrado「de boxe」. ★ ～ *ni agaru* リングに上がる Subir ao [Entrar no] ～. ◇ ～ **saido** リングサイド A primeira fila de assentos no ～. **2** [⇨ yubí-wa]. **3** [⇨ wa[4]].
ríngyō 林業 A silvicultura; a indústria florestal. ◇ ～ **shiken-jō** 林業試験場 O horto florestal. ⇨ ríngáku.
riniá-mōtā [óo] リニアモーター (< Ing. linear motor < L.) A levitação magnética. ◇ **kā** リニアモーターカー O comboio [trem] (de alta velocidade) de ～.
ri-nichi 離日【E.】O partir [sair] do Japão. [A/反] Hó[Raí]-nichi.
rinín 離任【E.】O deixar o cargo. [A/反] Chakúnín.
rinji 臨時 **1** [特別の場合] O ser extraordinário [exce(p)cional/extra/especial/eventual]. ★ ～ *ni* 臨時に A título extraordinário; exce(p)cionalmente; especialmente. ◇ ～ **kokkai** 臨時国会 A sessão extraordinária do Parlamento. ～ **kyūgyō** 臨時休業 O descanso especial. ～ **nyūsu** 臨時ニュース A notícia fora do programa (⇨ sokúhō). ～ **ressha** 臨時列車 O comboio [trem] especial. ～ **zōkan-gō** 臨時増刊号 A edição especial [aumentada]. ⇨ tokúbétsú. **2** [一時的であること] O ser temporário「governo」provisório/「dire(c)tor」interino]. ★ ～ *ni* 臨時に Provisoriamente; temporariamente; interinamente. ◇ ～ **yatoi** 臨時雇い O emprego temporário. [S/同] Ichíjí-tékí.
rinjín 隣人 O vizinho; a vizindade; a vizinhança; o próximo. ◇ ～ **ai** 隣人愛 O amor do próximo [do (seu) semelhante]. ⇨ kínjo; tonári.
rinjō 臨場 A presença; a assistência. ★ ～ *suru* 臨場する Estar presente; ir; assistir. ◇ ～ **kan** 臨場感 A sensação de presença. [S/同] Rínsékí (+).
rinjū 臨終 A hora da morte. ★ ～ *no kotoba* [*negai*] (+) 臨終の言葉[願い] As derradeiras palavras [O último desejo]. [S/同] Mátsugo; shiní-gíwá.
rínka[1] 隣家 A casa vizinha [logo a seguir à nossa]. ⇨ tonári.
rínka[2] 輪禍 O desastre de trânsito. ★ ～ *ni au* 輪禍にあう Ter um ～. [S/同] kōtsū-jíko.
rínka[3] 燐火 O fogo-fátuo. [S/同] Kitsúné-bi; oní-bi. ⇨ rínkō[1].
rínkai[1] 臨海【E.】A「estrada à」beira-mar.
rínkai[2] 臨界 Crítico. ～ **kaku** 臨界角 O ângulo limite. ～ **ondo** 臨界温度【Fís.】A temperatura crítica.
rínkáiseki 燐灰石【Min.】A apatite.
rínkáku 輪郭 **1** [外形線] O contorno「do edifício/monte Fuji」; o perfil. ★ ～ *no totonotta kao* 輪郭の整った顔 O rosto elegante [bem vincado]. ～ *o egaku* 輪郭を描く Esboçar; delinear; desenhar o ～. **2** [概略] O esboço; os traços gerais. ★ *Jiken no ～ o tsukamu* [*shiru*] 事件の輪郭をつかむ [知る] Captar [Saber] os traços gerais do acontecimento. [S/同] Aútórún; gaíryákú (+); gaíyō (+).
rínkán[1] 輪姦 A violação [O estupro] em grupo. ⇨ gōkán.
rínkán[2] 林間 O campo; em pleno mato. ◇ ～ **gakkō** 林間学校 A instrução [Um curso de férias] ao ar livre [no campo].
rínkéi 鱗茎【Bot.】O bo[u]lbo. ◇ ～ **shokubutsu** 鱗茎植物 A planta bo[u]lbosa. ⇨ kyūkón[2].
rínkén 臨検 A vistoria; a inspe(c)ção. ★ ～ *suru* 臨検する Vistoriar; fazer a ～; inspec(c)ionar. *Senpaku no ～ o okonau* 船舶の臨検を行なう Fazer a vistoria ao [do] navio.
rínki[1] 臨機 A hora do acontecimento; as circunstâncias; a ocasião. ◇ ～ **ōhen no shochi o toru** [～ *ōhen no shochi o toru* 臨機応変の処置を取る Tomar medidas oportunas (con-

forme o caso); reagir logo [na hora]].
rínki[2] 悋気【E.】O ciúme.
[S/同] Shítto (o); yakímóchi (+).
riń-kíń 淋菌【Med.】O gonococo. ⇨ rińbyṓ.
rińkṓ[1] 燐光【Fís.】A fosforescência.
rińkṓ[2] 燐鉱 O fosfato mineral.
rińkṓ[3] 臨港 A zona portuária. ◇ **~ sen** [**tetsudō**] 臨港線 [鉄道] A linha ferroviária do porto.
rińkṓ[4] 輪講 A série de aulas dadas por turno por vários professores「aos mesmos alunos」.
rínku[1] リンク (< Ing. rink) A pista [O ringue] ◇ **Sukēto ~** スケートリンク ~ de patinagem.
rínku[2] リンク (< Ing. link < L.) A ligacão. *Futatsu no mondai o ~ sasete kangaeru* 2つの問題をリンクさせて考える Considerar os dois problemas ligados [em conjunto].
rińkyū́ 臨休 (Abrev. de "rińjí kyū́gyō [kyū́kō/kyū́-ka]").
rínne 輪廻 (< Sân. samsāra) A metempsicose; a transmigração das almas (de um corpo para outro). [S/同] Rutéń; teńséí.
rińnérú リンネル (< Fr. linier) O artigo de linho. [S/同] Rínen[2].
rinṓ 離農 O deixar a agricultura; o abandono do campo. ★ ~ *suru* 離農する …
rinóríumu リノリウム (< Ing. linoleum < L.) O linóleo.
rinṓrú-sáń リノール酸 (< Ing. linol(e)ic acid)【Quím.】O ácido linoleico.
rínpa 淋巴・リンパ (< L. lympha: água)【Anat.】A linfa. ◇ **~ eki** リンパ液 A [O plasma da] linfa. ~ *kan* リンパ管 O vaso linfático. **~ kan-en** リンパ管炎 A linfangite. **~ kei** リンパ系 O sistema linfático. **~ sen** [**setsu**] リンパ腺[節] A glândula linfática.
rínpo 隣保【E.】A vizinhança.
[S/同] Tonárí kínjo (+).
rińpṓ 隣邦【E.】O país vizinho. [S/同] Ríngoku (+).
rińpúń 鱗粉 O pó escamoso「da borboleta/mariposa」.
rińrákú 淪落【E.】A depravação; a decadência; a vergonha. [S/同] Darákú (+).
rińrétsú 凛烈「um frio」Intenso; severo; terrível. [S/同] Mṓrétsú (+).
rínri[1] 倫理 A moral; a ética. ★ ~ *teki* 倫理的「a responsabilidade」Moral; ético. ◇ ⇨ **~ gaku**. [S/同] Dṓtoku (+); móraru.
rínri[2] 淋漓【E.】O brotar [transbordar]「de água」; o escorrer「suor」. ⇨ ryū́káń[2].
rińrí-gaku 倫理学 A ética; a moral. ◇ **Jissen ~** 実践倫理学 A prática da moral; ~ vivida. [S/同] Rínri[1]. ⇨ dṓgákú[3].
rińríń[1] 凜凜【E.】 **1** [厳しいさま] O rigor; a severidade. ⇨ kibíshíi; rińzéń. **2** [りりしいさま] A grandeza de ânimo; a valentia; a bravura. ★ *Yūki ~ taru wakamono* 勇気凛々たる若者 O jovem valente. ⇨ riríshíi.
rín-rin[2] りんりん【On.】O tlim tlim; o tinir「da campainha da cabra」.
rińrítsú 林立【E.】O erguerem-se altos e numerosos (Como floresta). *Shinjuku ni wa kōsō-biru ga ~ shite iru* 新宿には高層ビルが林立している Em Shinjuku há [erguem-se] muitos arranha-céus.
rińsákú 輪作【Agr.】O afolhamento; a rotação [o alternar] das culturas. [A/反] Reńsákú.
rińsáń 燐酸【Quím.】O fosfato [ácido fosfórico]. ◇ ⇨ **~ en**. **~ hiryō** 燐酸肥料 O fertilizante [adubo] fosfatado. **~ karushiumu** 燐酸カルシウム O fosfato de cálcio.
riń-sánbutsu 林産物 Os produtos florestais. ⇨ kaísáń[2] ◇; nṓsánbutsu.
rińsán-en 燐酸塩【Quím.】O (sal de) fosfato.
rińséí[1] 輪生【Bot.】O verticilo. ◇ **~ ka** 輪生花 A flor verticilada [em ~].
rińséí[2] 林政 A administração florestal.
rińsékí[1] 臨席 A presença; o comparecimento; a participação; a assistência; o estar na reunião. ★ ~ *suru* 臨席する Estar presente; comparecer. ◇ **~ sha** 臨席者 Os [As pessoas] presentes.
[S/同] Ressékí (+); rińjṓ.
rińsékí[2] 隣席 O assento ao lado.
rińséń 臨戦 O entrar em guerra. ◇ **~ taisei** 臨戦態勢 O estar (em estado) de alerta; o estar em pé de guerra.
rińsétsú 隣接 A contiguidade; a vizinhança; a adjacência; a proximidade. ★ ~ *suru* 隣接する Ser contíguo [vizinho; adjacente;「o quintal deles é」pegado「ao nosso」]. ⇨ tonárí-áu.
rińshítsú[1] 隣室 O quarto vizinho [ao/do lado].
rińshítsú[2] 淋質【E.】⇨ rińbyṓ.
rińshṓ[1] 臨床【Med.】A clínica [prática da medicina]. ◇ **~ i** [**ka**] 臨床医[家] O clínico [terapeuta]. **~ igaku** 臨床医学 A (medicina) clínica. **~ jikken** 臨床実験 O teste [A experiência]「de um novo medicamento」. **~ kōgi** 臨床講義 A (lição) clínica. **~ shindan** 臨床診断 O diagnóstico clínico. **~ shinri** 臨床心理 A psicologia clínica [do doente].
rińshṓ[2] 輪唱【Mús.】A ronda; o rondó; a roda.
rińshókú 吝嗇 A avareza; a mesquinhez; a sovinice. ◇ **~ ka** [**kan**] 吝嗇家[漢] O avarento; o sovina. [S/同] Kéchí (o); shimíttáré (+).
rínsu リンス (< Ing. rinse) A laca [brilhantina/O creme] para o cabelo. ★ *Kami o ~ suru* 髪をリンスする Pôr creme no cabelo.
rińtákú 輪タク (<… [4] + tákushī) O táxi-bicicleta; o riquexó.
rińtéń 輪転 A rotação. ◇ **~ ki** 輪転機 A máquina de imprimir rotativa.
rín to 凛と ⇨ rińzéń.
rín'ya 林野【E.】As florestas e as campinas. ◇ **~ chō** 林野庁 A Secretaria (Nacional) de Administração Florestal. ⇨ hayáshí[1]; nó-hara.
ri-nyṓ 利尿【Med.】A diurese; o urinar. ◇ **~ zai** 利尿剤 O (medicamento) diurético.
ri-nyū́ 離乳【Med.】O desmame; o tirar o peito; a desmama; a suspensão da amamentação. ◇ **~ ki** 離乳期 O período [tempo] da/o ~. **~ shoku** 離乳食 A comida para bebé[ê]s.
rińzéń 凛然【E.】 **1** [寒さの厳しいようす] O fazer muito frio. **2** [人の態度やありさまなどがキリッとして勇ましいようす] A imponência; a dignidade. ★ ~ *to ii-hanatsu* 凛然と言い放つ Proferir「o discurso」[Falar] com força e dignidade. [S/同] Rín to.
rińzú 綸子 O cetim com desenho bordado.
ri-óchí 利落ち (<… [1] + ochíru) A quitação do dividendo; o pagamento da dívida. ◇ **~ saiken** 利落ち債券 A obrigação paga. ⇨ ri-fúdá.
rippá 立派 **1** [素晴らしい] O ser distinto [excelente/magnífico/grande/esplêndido]. *Kare wa ~ na keireki o motte iru* 彼は立派な経歴を持っている Ele tem uma carreira magnífica. ★ ~ *na hito* 立派な

R

人 A pessoa importante [distinta]. ~ na seika 立派な成果 Um resultado excelente; um grande êxito. ~ ni 立派に Com distinção; excelentemente; magnificamente [~ ni seijin shita 立派に成人した Já é um homem [é uma mulher]!]. ⇨ subárashíi. **2** [尊敬・賞賛すべき;価値ある] O ser honrado [perfeito/bom/lindo/admirável]. *Kare ga jibun no ayamachi o mitometa no wa ~ na koto da* 彼が自分のあやまちを認めたのは立派な事だ É admirável que ele tenha reconhecido o seu erro. *Kare wa kuchi de wa ~ na koto o iu ga jikkō shita tameshi ga nai* 彼は口では立派な事を言うが実行したためしがない Ele diz coisas muito lindas mas nunca fez nada. ⇨ káchi[1]; shōsán[1]; sońkéí. **3** [正当な] O ser suficiente/completo/claro/certo. *Kyōkatsu wa ~ na hanzai da* 恐喝は立派な犯罪だ A intimidação é certamente um [é um claro] crime. ★ ~ na kōjitsu 立派な口実 O pretexto justo [razoável/admissível]. ~ na shōko 立派な証拠 A prova completa [suficiente/clara]. ~ ni 立派に Claramente; certamente [*Kanojo wa dokushin no yō na kao o shite iru ga ~ ni teishu ga iru* 彼女は独身のような顔をしているが立派に亭主がいる Ela tem cara [jeitos] de solteira mas tem marido [mas não há (qualquer) dúvida que já é casada)]. ⇨ jūbún[3]; sońkéí.

rippṓ[1] 立法 a) A legislação; b) A lei「de Moisés」. ◇ ~ **fu** 立法府 A legislatura. ~ **kikan** 立法機関 O órgão legislativo. ~ **sha** 立法者 O legislador. ⇨ hōséí[1]; shihō[2].

rippṓ[2] 立方【Mat.】O cubo; a terceira potência. ◇ ⇨ **kon** [tai]. ⇨ rittáí.

rippō-kon [õo] 立方根【Mat.】A raiz cúbica.

rippō-tái 立方体 Um cubo (hexaedro regular).

rippúku 立腹 A cólera; a ira; a raiva; a zanga; a fúria. ★ ~ *suru* [*Hara ga tatsu*] 立腹する [腹が立つ] Encolerizar-se; irritar-se; irar-se; enraivecer-se; zangar-se. ⇨ ikáru; okóru[1].

rira[1] リラ (< Gr. lyra)【Mús.】A lira. ⇨ taté-goto.

rira[2] リラ (< It. lira) A lira (Moeda it.).

rira[3] リラ (< Fr. lilas < Ár. lilak: azulado)【Bot.】O lilás. Ⓢ/回 Raírakku (+).

riré リレー (< Ing. relay < L.) O revezamento; a estafeta; a ligação. ◇ ~ **rēsu** リレーレース A corrida de estafetas「de quatrocentos metros」.

riréki 履歴「minha/carreira/história」pessoal. ◇ ⇨ **sho**. Ⓢ/回 Keíréki.

riréki-sho 履歴書 O currículo (curriculum vitae (L.)) (escrito).

ririfu [ii] リリーフ (< Ing. relief < L.) **1** [野球で先発投手を救援すること]【Beis.】A substituição「do lançador」. ◇ ~ **tōshu** リリーフ投手 O lançador suplente. **2** [浮き彫り] O relevo.

ririku 離陸 A descolagem; o levantar voo. ★ ~ *suru* 離陸する Descolar. ◇ ~ **jikan** 離陸時間 A hora de「do avião」. Ⓐ/反 Chakúríku.

riríshii 凜凛しい Galhardo; nobre; garboso; brioso; corajoso; valente. ★ ~ *taido* 凜々しい態度 A atitude nobre [corajosa]. ⇨ rińríń[1] **2**.

ririshízumu リリシズム (< Ing. lyricism < L. < Gr. lyra: lira) O lirismo. Ⓢ/回 Jojō-mi.

riritsu 利率 A taxa do juro. ★ ~ *o ageru* [*sageru*] 利率を上げる [下げる] Aumentar [Baixar] a ~. ◇ ~ **hikiage** [**hikisage**] 利率引き上げ[引き下げ] A subida [redução] da ~.

ríron 理論 A teoria. ★ ~ *jō* 理論上 Teoricamente; em teoria. ~ *jō no* 理論上の Teórico; teorético. ◇ ~ **butsurigaku** 理論物理学 A física teórica [abstra(c)ta]. ~ **ka** 理論家 Um teórico. ~ **teki kenkyū** 理論的研究 O estudo teórico. ~ **tōsō** 理論闘争 A polê(ê)mica (discussão) teórica. Ⓐ/反 Jisséń; jissáí. ⇨ dōrí[1]; gíron; rikútsú.

ríro-seizéń 理路整然 O ser lógico [consistente/bem pensado]. ★ ~ *taru* [*to shita*] 理路整然た[とした]「um argumento」Perfeito [Lógico].

rírú [ii] リール (< Ing. reel) **1** [つりざお・テープの巻き取り器] O carretel. ★ ~ *o maku* リールを巻く Girar o ~. ◇ ~ **zao** リール竿 A cana (vara) com carretel. **2** [フィルムの巻き取り] A bobina (de filme).

ri-ságe 利下げ (< risókoō + sagéru) A redução [baixa] de juros. ★ ~ *suru* 利下げする Reduzir [Baixar] os juros.

risái 罹災 O sofrer [ter; ser vítima de] uma calamidade/um flagelo. ★ ~ *suru* 罹災する ... ◇ ~ **chi** 罹災地 As áreas [terras/regiões] flageladas. ◇ ~ **sha** [**min**]. Ⓢ/回 Hisáí (+).

risáikuru リサイクル (< Ing. recycle < L.) A reciclagem (De materiais, capital e pessoas).

risái-sha [-**min**] 罹災者 [民] As vítimas「da inundação」; os flagelados. ★ *Jishin no ~* 地震の罹災者 ~ do terremoto. Ⓢ/回 Saímíń.

risáitaru リサイタル (< Ing. recital < L.)【Mús.】O recital. ★「*Piano no*」~ *o hiraku* [*suru*]「ピアノの」リサイタルを開く[する] Dar um ~ de piano. ⇨ dokúshō[1]; dokúsō[2].

risán 離散 [E.] A dispersão; a debandada; a desagregação. *Kare no kazoku wa ryōshin no shigo, ikka* ~ *no ukime ni atta* 彼の家族は両親の死後、一家離散の憂き目にあった Depois da morte dos pais, a família (dele) ficou tragicamente desagregada [desfeita]. ★ ~ *suru* 離散する Dispersar-se; debandar; desagregar-se. Ⓢ/回 Shisán.

risei 理性 A razão; a capacidade de pensar [raciocinar]. ★ ~ *ga aru* [*no nai*] 理性がある[のない] Racional [Irracional]. ~ *ni shitagau* 理性に従う Ouvir [Seguir] a voz da razão. ~ *ni uttaeru* 理性に訴える Apelar à razão「dos ouvintes」. ~ *o hatarakasu* 理性を働かす Usar o raciocínio [a razão]. ~ *o sonaeta hito* 理性を備えた人 A pessoa racional [com capacidade de raciocínio]. ~ *o torimodosu* 理性を取り戻す Tornar a ser racional. ~ *o ushinau* [*kaku*] 理性を失う[欠く] Perder a razão [Ser pouco racional]. ~ *teki* (*na*) 理性的 (な) Racional.

riséki 離籍 O apagar [retirar] o nome do regist(r)o civil. ★ ~ *suru* 離籍する ...

ríshi 利子 O juro. *Kono teiki-yokin no ~ wa dono kurai desu ka* この定期預金の利子はどの位ですか Qual é o ~ deste depósito a prazo? ★ ~ *ga tsuku* 利子がつく Render [Dar juro]. ~ *o harau* 利子を払う Pagar os juros [~]. *Mu ~ de* 無利子で Sem juros. *Takai* [*Yasui*] ~ *de* 高い [安い] 利子で A juros altos [baixos]. ◇ ~ **heikō-zei** 利子平衡税 O imposto para igualização de juros. ~ **shotoku** 利子所得 A renda [entrada] de juros.

rishō[1] 離礁 O desencalhe「do barco」. Ⓐ/反 Zashō.

rishō[2] 離床 [E.] **1** [起床] O levantar-se. Ⓢ/回 Kishṓ (+). **2** [床払い] O restabelecimento; o (já poder) levantar-se.

rishókú[1] 利殖 O enriquecer; o fazer [ganhar] dinheiro. ◇ ~ **hō** [**no michi**] 利殖法[の道] A ma-

neira de ~.
rishóku² 離職 O deixar [perder] o emprego. ◇ ~ **sha** 離職者 **a)** O desempregado; **b)** O reformado. ⇨ jishóku; shisshókú; shitsúgyó; taíshókú².

rishū 履修 O tomar [escolher/tirar] uma matéria/um curso. *Daigaku de porutogaru-go o* 大学でポルトガル語を履修した Tomei [Escolhi/Terminei] o curso de p. na universidade. ◇ ~ **tan'i** 履修単位 A unidade; o crédito. ~ **todoke** 履修届 A inscrição [matrícula] num [para um] curso.

risó 理想 O ideal. ★ ~ *ga takai* 理想が高い Ter um grande ~. ~ *ni kanau* 理想に適う Corresponder ao「meu」~. ~ *ni moete iru* 理想に燃えている Estar a arder [Sentir-se atraído] por um ~. ~ *no otto [tsuma]* 理想の夫[妻] O marido [A esposa] ideal. ~ *o idaku* 理想を抱く Acalentar [Ter] um ~. ~ *o jitsugen suru* 理想を実現する Realizar o seu ~ [sonho]. ~ *o ou* 理想を追う Procurar [Aspirar a] um ~. ~ *o tsuikyū suru* 理想を追求する Viver um ~. ~ *teki (na)* 理想的(な)「o país」Ideal「para férias」. ~ *to shite wa* 理想としては「ter a paz」Como ideal. ◇ ~ **ka** 理想化 A idealização [~ *ka suru* 理想化する Idealizar]. ~ **ka** 理想家 **a)** O idealista; **b)** O utopista. ~ **kyō** 理想郷 A utopia. ~ **ron** 理想論 Uma teoria idealista. ~ **shugi** 理想主義 O idealismo. A反 Gén̄jítsú.

risóku 利息 O juro. S間 Ríshi (+).

risón 離村 O sair [A fuga]「dos jovens」da aldeia「para a cidade」. ◇ ~ *suru* 離村する ...

risshí-den 立志伝 Uma vida [história] de sucesso pessoal. ★ ~ *chū no jinbutsu* 立志伝中の人物 Uma pessoa que triunfou na vida por esforço próprio. S間 Rísshin-shussé-dan.

risshin(shussé) 立身 (出世) O sucesso na vida; o êxito profissional [na carreira]. ◇ ~ **dan** 立身談 ⇨ risshí-den. ~ **shugi** 立身主義 O carreirismo; o culto do sucesso [êxito] profissional.

risshō 立証 A prova. ★ *Kare no muzai o* ~ *suru shiryō* 彼の無罪を立証する資料 Os documentos que provam a inocência dele. S間 Shōméí.

risshóku 立食 O copo d'água (bufete). ◇ ~ **kai [pātī]** 立食会[パーティー] A reunião [festa] com copo d'água [comes e bebes] de pé. ⇨ tachígúí.

risshū 立秋 O começo [primeiro dia] do outono.

risshún 立春 O começo [primeiro dia] da primavera.

rissúí 立錐【E.】O estar à cunha [cheio a não poder mais]. ★ ~ *no yochi mo nai* 立錐の余地もない Estar apinhado [à cunha/como sardinha em canastra]. ⇨ kíri³.

rissúrú 律する【E.】**a)** Regular; **b)** Julgar. ⇨ hándan; shóri.

rísu 栗鼠【Zool.】O esquilo; *sciurus vulgaris*.

rísu [lí] リース (< Ing. lease) A locação; o aluguel[r]; o arrendamento. ◇ ~ **gyō** リース業 A agência locadora. ⇨ Chíń-gáshí; réntanu.

risúí 利水 A hidrotecnia; o aproveitamento das águas. ◇ ~ **kōji** 利水工事 As obras de ~. S間 Chisúí (+); súíri (+). ⇨ káńgáí³.

risuku リスク (< Ing. risk < L.) O risco; o perigo; a gravidade. ★ ~ *o okasu* リスクを冒す Arriscar-se; aventurar-se; perigar; correr um [perigo]. S間 Kíkéń (+).

risurín リスリン (< Ing. glycerine)【Quím.】A gliceri-na. S間 Gurísérín̄ (+).

risúru 利する【E.】Beneficiar; aproveitar [tirar proveito]「daquela experiência」. ★ ~ *tokoro ga aru [nai]* 利する所がある[ない] Ter [Não ter] proveito. ⇨ riyó¹.

risuto リスト (< Ing. list < Gr.) A lista. ◇ ~ *o tsukuru* リストを作る Fazer ~「dos participantes/livros」. ◇ **Burakku** ~ ブラックリスト ~ negra. **Kokyaku** ~ 顧客リスト ~ dos fregueses habituais. Shyō¹; meíbó; meísáí-shó; mokúrókú.

risútórá(kucharingu) リストラ (クチャリング) (< Ing. restructuring) A reestruturação「do sistema/da empresa」.

ríta 利他 O altruísmo; a dedicação ao próximo. ◇ ~ *teki na* 利他的な Altruísta; altruístico. ◇ ~ **shugi** 利他主義 O altruísmo. ~ **shugisha** 利他主義者 O altruísta. A反 Ríko. ⇨

ritán-mátchi リターンマッチ (< Ing. return match) A [O desafio de] desforra. S間 Setsújókú-sén.

ritchí 立地 A localização; o lugar. ◇ ~ **jōken ga yoi** 立地条件が良い As condições do lugar são boas.

rítéí 里程 A quilometragem (Lit. a distância em "ri"). ◇ ~ **hyō** 里程標 O marco quilométrico [miliário]. S間 Michínórí (+).

ritéki 利敵 N. agir, ou o aproveitar ao inimigo. ◇ ~ **kōi** 利敵行為 Uma traição; um a(c)to que só aproveita ao inimigo. S間 Urá-gírí (+).

ritén 利点 O ponto bom [deste carro]; a vantagem. S間 Chōsho (+); torí-é. A反 Kettén; tánsho.

ritó¹ 離党 A saída do partido (político). ★ ~ *suru* 離党する Sair do partido. S間 Dattō. A反 Nyūtō.

ritó² 離島 **a)** A ilha afastada (solitária). S間 Hanáré-jima (+). **b)** O abandonar a ilha.

Ritóánía リトアニア A (República da) Lituânia. ◇ ~ **jin** リトアニア人 O lituano.

ritóku 利得 O proveito; o ganho; o lucro. ◇ **Futō** ~ **(kōi)** 不当利得 (行為) (O a(c)to de) Exploração [usura]. ~ mōké¹; ríeki.

ritómású リトマス (< Ing. litmus)【Quím.】O tornassol. ◇ ~ **shikenshi** リトマス試験紙 O papel de ~ (Avermelha em meio ácido e azula em básico).

rítsu¹ 率 A proporção; a porcentagem (B.) [percentagem]; o grau; o índice; o coeficiente; a taxa. ★ ~ *no yoi [warui] shigoto* 率の良い [悪い] 仕事 O trabalho bem [mal] pago. *Takai [Hikui]* ~ *de* 高い [低い] 率で A [Uma alta / baixa] taxa「de reprovados」. ◇ **wari-biki** ~ 割引率 A percentagem de desconto. ⇨ hirítsú; waríaí.

rítsu² 律【E.】**1**【法】A lei; o regulamento; a norma; o princípio「de causalidade」. ◇ **Dōtoku** ~ 道徳律 A lei moral. **Shizen** ~ 自然律 A lei natural. S間 Hō; kísoku (o); okíté (+). **2**【戒律】Os mandamentos do budismo. S間 Kaírítsú (+). **3**【韻律】A rima.

ritsúán 立案 **1**【計画を立てること】(A ideia do) proje(c)to. ★ ~ *suru* 立案する Plane(j)ar. ◇ ~ **sha** 立案者 O autor do proje(c)to [plano]; o idealizador. S間 Ánshútsú. **2**【文案を練ること】A formulação; a minuta; o rascunho; o esboço. ★ ~ *suru* 立案する Fazer o/a ~. ⇨ buń'áń; sóáń¹.

ritsúdó 律動 O ritmo; o movimento rítmico. ★ ~ *teki na* 律動的な Rítmico; ritmado; cadenciado. ◇ ~ **taisō** 律動体操 A ginástica rítmica. ⇨ rízumu.

ri-tsúkí 利付き (<…¹ + tsúku)「título de crédito」

Com juros.
ritsúméi 立命【E.】⇨ ańshín-rítsúméi.
ritsúrón 立論 O argumento; a argumentação.
ritsúryō 律令【H.】O código administrativo do Japão, do século sétimo ao décimo (Era centralizado numa oligarquia).
ritsúzén 慄然【E.】O ter [sentir] horror [arrepios]「só de pensar no que vi na guerra」. ★ ~ *to suru* 慄然とする… ⇨ zottó súru.
ritsúzō 立像 A estátua em [de] pé. A/反 Zazó.
rittái 立体【Geom.】Um (corpo) sólido. ◇ ~ **gahō** 立体画法 A estereografia; o método de pintura em profundidade [em três dimensões]. ⇨ ~ **ha**. ~ **kan** 立体感 A sensação de profundidade [relevo]; o efeito tridimensional [estereoscópico]. ~ **kikagaku** 立体幾何学 A geometria sólida [espacial]; a estereometria. ~ **kōsa** 立体交差 O cruzamento sobreposto [duplo]. ~ **onkyō** 立体音響 O som estereofô[ô]nico. ~ **teki**. ~ **zukei** 立体図形 A figura geométrica sólida [em três dimensões]. A/反 Heímén. ⇨ rippō².
rittái-há 立体派【Arte】O cubismo. ★ ~ *no* 立体派の「estilo」Cubista. S/同 Kyúbízumu.
rittáishi 立太子 A investidura do [como] Príncipe Herdeiro. ◇ ~ **rei [shiki]** 立太子礼[式] A cerimô[ô]nia da ~.
rittái-téki 立体的 Sólido; estereométrico; tridimensional; cúbico. *Kare wa sono keikaku ni tsuite* ~ *ni setsumei shita* 彼はその計画について立体的に説明した Ele explicou o plano de maneira clara [sob todos os aspectos]. ★ ~ *na kaodachi* 立体的な顔立ち A fisionomia de traços bem vincados.
rittō¹ 立冬 O começo [primeiro dia] do inverno.
rittō² 立党【E.】A constituição [criação/fundação] de um novo partido (político).
rittóru リットル (< P.) O litro.
riyáká リヤカー (< Ing. rear + car) A bicicleta-carreta.
ríyaku 利益 ⇨ go-ríyaku.
riyō¹ 利用 O aproveitamento; o (bom) emprego; o (bom) uso; a (boa) aplicação; a utilização. *Haibutsu o* ~ *suru* 廃物を利用する Utilizar [Aproveitar] os restos/resíduos. *Hima [Kane] o* ~ *suru* 暇[金]を利用する Aplicar [Usar] bem o tempo livre [dinheiro]. *Kyūka o* ~ *shite ryokō suru* 休暇を利用して旅行する Viajar aproveitando as férias. ◇ ~ **hō** 利用法 O modo [método] de usar. ~ **kachi** 利用価値 O valor utilitário. ~ **sha** 利用者 O usuário; o utilizador; o utente. ⇨ shiyō¹.
riyō² 理容 O cortar o cabelo (e fazer a barba). ◇ ~ **gakkō** 理容学校 A escola para [de] cabeleireiros. ~ **shi** 理容師 O cabeleireiro; o barbeiro. S/同 Rihátsú. ⇨ biyō.
ríyoku 利欲 A ganância; a avidez; a cobiça. ★ ~ *o hanarete* 利欲を離れて Longe de [Sem pensar em] ganâncias.
riyū 理由 **1**[わけ]O motivo; a causa; a razão. *Chikoku no* ~ *no setsumei shi nasai* 遅刻の理由の説明しなさい Explique a razão [o motivo] do seu atraso「à aula」. *Kare ga watashi no waruguchi o iu* ~ *ga wakaranai* 彼が私の悪口を言う理由がわからない Não entendo o motivo pelo qual [sei porque é que] ele fala mal de mim. *Sore wa* ~ *ni wa naranai* それは理由にはならない Isso não é razão「para chegar atrasado」. ★ ~ *naku [nashi]* 理由なく[なし]

Sem motivo [razão; justificação; causa]. ~ *no ikan ni kakawarazu* 理由の如何にかかわらず Com razão ou sem ela. ~ *o akiraka ni suru* 理由を明らかにする Dizer claramente a razão. *Jūbun [Hakujaku] na* ~ 十分[薄弱]な理由 Uma razão forte/suficiente [fraca]. *Katei [Keizai; Kenkō]-jō no* ~ *de* 家庭[経済; 健康]上の理由で Por razões familiares [econômicas; de saúde]. S/同 Wáke. **2**[考量]A conta; a consideração. ★ *Nenshō no* ~ *de* 年少の理由で Em ~ da pouca idade [Como é de menoridade]. **3**[動機]O motivo; a motivação; a causa. ★ *Jisatsu no* ~ *de* 自殺の理由で No ~ do suicídio. S/同 Dōkí (+).
rizábu リザーブ **a)** ⇨ yoyákú; **b)** ⇨ yóbi.
rizái 理財【E.】A「alta」finança; a economia. ◇ ~ **ka** 理財家 O economista; o financeiro. S/同 Kéizai (+).
ri-záyá 利ざや (< …¹ + sáya) A margem de lucro. ★ ~ *kasegi o suru [~ o kasegu]* 利鞘かせぎをする[~をかせぐ] Fazer/Conseguir algum lucro「negociando em a(c)ções」.
rizóru リゾール (< Al. lysol)【Quím.】O lisol (Desinfe(c)tante com ácido fénico).
rizóto リゾート (< Ing. resort) Um local de descanso [lazer] com hoteis, etc. ◇ ~ **chi** リゾート地 A terra com ~. ~ **kaihatsu** リゾート開発 A construção de locais de lazer caros. ~ **manshon** リゾートマンション O apartamento num ~ para férias.
ri-zúmé 理詰め (< ri² + tsuméru) A razão; o aduzir [amontoar] razões; o argumento. ★ ~ *de tokifuseru* 理詰めで説き伏せる Convencer com [à força de] argumentos. ⇨ rikútsú; ríron.
rizúmíkaru リズミカル (< Ing. rhythmical < Gr.) Rítmico. ★ ~ *na kyoku* リズミカルな曲 Uma música rítmica [com muito ritmo].
rízumu リズム (< Ing. rhythm < Gr.) O ritmo. ★ ~ *ni awasete [notte]* リズムに合わせて[乗って] Ao ritmo「do tambor」. ◇ ~ **kan** リズム感 O sentido do ritmo. ⇨ chōshi¹; richúdó.
ro¹ 炉 A lareira (cavada「na cozinha」); a fornalha. ◇ **Genshi** ~ 原子炉 O rea(c)tor nuclear; a pilha ató[ô]mica. ⇨ dánro; iróri.
ro² 絽 A escumilha [gaze/a] de seda.
ro³ 櫓 A ginga. ★ ~ *o kogu [osu]* 櫓を漕ぐ[押す] Remar [Empurrar] a ginga; dar à ~.
ro⁴ ロ【Mús.】O「A nota」si. ◇ ~ **chō [tan] chō** ロ長[短]調 O si maior [menor].
Ro⁵ 露 (Abrev. de "Róshia").
rō¹ (ōō) 労 **a)** O esforço; o trabalho; **b)** O encargo「de presidir à festa」. ★ ~ *ni mukuiru* 労に報いる Retribuir [Recompensar] o trabalho. ~ *o itowa [oshima] nai* 労をいとわ[惜しま]ない Não se poupar a trabalhos「pelos amigos」[Não poupar esforços]. *Tsūyaku no* ~ *toru* 通訳の労を取る Fazer de intérprete [Encarregar-se de traduzir]. P/慣用 ~ *ōku shite kō sukunashi* 労多くして功少なし Muito trabalho e pouco dinheiro [fruto]. S/同 Honé-órí; kúrō (+); rōyoku. ⇨ dóryoku.
rō-² (ōō) 老【E.】A velhice. ◇ ~ **sensei** 老先生 O velho professor [doutor]. A/反 Rójín (+). A/反 Yó[Waká]-.
rō³ (ōō) 牢 A cadeia; a prisão. ★ ~ *ni hairu [tōzuru; ni ireru]* 牢に入る[投ずる; 入れる] Ir para a [Meter na] ~. ~ *o yaburu [yaburi o suru]* 牢を破る[牢破りをする] Fugir da ~. ◇ ~ **ban**. S/同 Kańgókú (+); rōgókú (+); rōyá (o).

rō[4] [óo] 蠟 A cera. *Kyō no yūshoku wa ~ o kamu yō datta* 今日の夕食は蠟をかむようだった O jantar de hoje parecia palha [não sabia a nada]. ★ *~ o hiku* 蠟を引く Encerar; pôr cera. ◇ ⇨ **~ gami**. **~ ningyō** 蠟人形 O boneco de ~.

rō[5] [óo] 楼【E.】O torreão; o mirante. ⇨ monómí ◇ ; shōrō[1].

róa [óo] 聾啞 O surdimutismo; a surdez e a mudez. ◇ **~ gakkō** 聾啞学校 A escola de surdos-mudos.

róba 驢馬【Zool.】O burro.

róba [óo] 老婆 A anciã; a velha. ◇ ⇨ **~ shin**. ⇨ o-bá-san.

róbái[1] [oó] 狼狽 O embaraço; a perturbação; a atrapalhação; a confusão. ~ *shite* 狼狽して「fugir」 Todo atrapalhado. ⇨ awátéru.

róbái[2] [oó] 臘梅【Bot.】Um arbusto, semelhante à ameixeira (⇨ umé), de flores amarelas, originário da China; *chimonanthus praecox*.

róbán [oó] 牢番 O guarda da prisão. ⇨ rō[3].

róbá-shin [oó] 老婆心 A demasiada solicitude; o preocupar-se demais com os outros. *~ kara kimi ni hito-koto chūkoku shite oku yo* 老婆心から君に一言忠告しておくよ Vou dar-te um aviso, só para teu bem!

robatá 炉端 (< ro[1] + hatá) A lareira; o lume. ⓢ/囲 Ro-hén. ⇨ iróri.

robéria ロベリア A lobélia.

róbī ロビー (< Ing. lobby < L.) O vestíbulo; a sala de espera; a entrada 「do hotel」.

robiisuto ロビイスト (< Ing. lobbyist) Um manipulador [intrigante] 「entre os congressistas dos Estados Unidos」.

rō-bíki [oó] 蠟引き (< rō[4] + hikú) O dar [passar] cera. ★ *~ suru* 蠟引きする a) Encerar; b) Puxar cera.

róbingu[**róbu**] ロビング [ロブ] (< Ing. lob) 【(D)esp.】O jogar uma bola alta 「no té[ê]nis」.

robó 路傍 A beira do caminho. **~ *ni tatsu*** 路傍に立つ Ficar à ~. **~ *no hito*** 路傍の人 O estranho [desconhecido]. ⓢ/囲 Michí-bátá (+).

róbo [óo] 老母【E.】A「minha」mãe velhinha. ⇨ rófu.

róbóku [oó] 老木 A árvore velha [carcomida].

robotto ロボット (< Checo robota: trabalho escravo) **1**「人造人間」O robô「humano」. **2**「自動機械」A máquina automática; o robô. ◇ **Sangyō-yō ~** 産業用ロボット O robô industrial. **~ āmu** ロボットアーム O braço de robô. **3**「あやつり人形」Um robô (Pessoa que não pensa); o fantoche; o autó[ô]mato; o boneco. *Watashi wa ryōshin no ~ ni wa naritakunai* 私は両親のロボットにはなりたくない Eu não quero ser um mero boneco dos meus pais. ⇨ ayátsúrí-níngyō.

róbyō [roó] 老病 ⇨ rójín.

róchin [óo] 労賃 ⇨ chíngin.

rócho 口調【Mús.】A clave de si. ⇨ ro[4].

rodái 露台 A varanda. ⓢ/囲 Barúkōní (+). ⇨ eńgáwá.

róddo ロッド (< Ing. rod) A vara; a vassoura 「da cortina」; a haste 「da antena」. ⇨ tsurí-záó.

rōdéń [oó] 漏電 O curto-circuito. ★ *~ suru* 漏電する Dar um ~.

rōdō [roó] 労働 O trabalho. ★ *~ suru* 労働する Trabalhar. ◇ **~ daijin** 労働大臣 O Ministro do ~. **~ hō** 労働法 As leis do ~. **~ iinkai** 労働委員会 A comissão governamental de questões laborais [de ~]. **~ jikan** 労働時間 As horas de ~. **~ jinkō** 労働人口 A população a(c)tiva. **~ jōken** 労働条件 As condições de ~. **~ kankei chōsei-hō** 労働関係調整法 A lei reguladora do ~ [das relações laborais]. **~ kijun-hō** 労働基準法 A lei das condições de ~. **~ kinko** 労働金庫 A caixa de crédito dos trabalhadores. **~ kumiai** 労働組合 O sindicato. **~ kumiai-in** 労働組合員 O (trabalhador) sindicalizado. **~ kyōyaku** 労働協約 O contrato de ~. **~ mondai** 労働問題 O problema [A questão] laboral. **~ ryoku** 労働力 A mão-de-obra; 「não haver」braços「para tanto trabalho」. **~ saigai** 労働災害 O acidente de ~. **~ sanpō** 労働三法 As três leis sindicais principais ("~ kijunhō", "~ kumiaihō", "~ kankei chōseihō"). **~ sha**. **~ shijō** 労働市場 O mercado de ~. **~ shō** 労働省 O Ministério do ~. **~ sōgi** 労働争議 O conflito laboral [de ~]. **~ undō** 労働運動 O movimento operário [dos trabalhadores]. **Jikan-gai ~** 時間外労働 O trabalho nas horas extra(ordinárias). **Kei [Jū] ~** 軽[重]労働 ~ leve [pesado]. **Kyōsei ~** 強制労働 ~ forçado [escravo].

ródóku [oó] 朗読 A leitura em voz alta; b) A recitação; a declamação. ★ *~ suru* 朗読する a) Ler em voz alta; b) Recitar [Declamar]「uma poesia」. ⇨ dókusho.

rōdō-résu [oó-ée] ロードレース (< Ing. road race) A corrida em estrada.

rōdō-sha [roódóo] 労働者 O trabalhador; o operário. ◇ **Chingin ~** 賃金労働者 O assalariado. **Hiyatoi ~** 日雇い労働者 O jornaleiro (sem contrato de trabalho, ao dia). **Kinniku [Nikutai] ~** 筋肉 [肉体]労働者 O trabalhador braçal. **Zunō ~** 頭脳労働者 O trabalhador intelectual. ⇨ rōsáf[1].

rōdō-shō [roó] ロードショー (< Ing. road show) As sessões (de cinema) contínuas.

rōdō-wáku [oó] ロードワーク (< Ing. roadwork) A corrida de treino na estrada.

roéi 露営 O bivaque; o acampamento provisório. ★ *~ suru* 露営する Acampar ao ar livre. ◇ **~ chi** 露営地 O local de acampamento. ⓢ/囲 Yaéí.

rōéi[1] [oó] 漏洩【E.】a) O derrame; o escape「de gás」; b) A divulgação「dum segredo」. ◇ **Kimitsu ~** 機密漏洩 A divulgação do segredo. ⇨ morású; moréru.

rōéi[2] [oó] 朗詠 A recitação「de uma poesia」. ⓢ/囲 Rōgín.

róéki [oó] 労役 A faina; a labuta; a fadiga; o trabalho pesado. ★ *~ suru* 労役する Labutar; suar. ⇨ chikárá-shígoto; rokú[1]; rō[3].

rófu [óo] 老父 O「meu」pai velhinho. ⇨ róbo.

rō-gámi [oó] 蠟紙 (< rō[4] + kami) O papel encerado.

rōgán [oó] 老眼 A presbitismo; a presbitia; a vista cansada. ◇ **~ kyō** 老眼鏡 Os óculos para ler [vista cansada]. ⇨ eńshí.

rōgín [oó] 朗吟 ⇨ rōéi[2].

rōgó [óo] 老後 A velhice; a idade avançada. ★ *~ ni sonaeru* 老後に備える Preparar-se para a velhice. *~ no tanoshimi* 老後の楽しみ「os netos são」A consolação da velhice. ⓢ/囲 Bańnéń.

rōgóku [oó] 牢獄 A prisão; a cadeia; o cárcere. ⓢ/囲 Kańgókú (+); keímúsho (+); rō[3]; róyá (+).

rōgo-máku ロゴマーク (< Ing. logo-mark) O logótipo「da empresa/instituição」.

rógosu ロゴス (< Gr. lógos) **1** [言葉; 知性] A palavra; a razão. **2** [キリスト] O Verbo [Logos/A Palavra「do Pai」/Cristo]. "*Hajime ni* ～ [*kotoba*] *ariki*"「初めにロゴス [言葉] ありき」"No princípio era o Verbo". [S/同] Kirísútó.

róha ロハ【G.】⇨ táda[1].

rṓháí [oó] 老廃【E.】O「cavalo/automóvel」estar velho e caduco. ◇ ～ **butsu** 老廃物 A sucata. [S/同] Rṓkyū́[1].

rṓhéí [oó] 老兵 O veterano; o velho soldado.

ro-hén 炉辺【E.】A lareira. [S/同] Robátá (+).

rṓhí [oó] 浪費 O desperdício; o esbanjamento. ★「*jikan o*」～ *suru*「時間を」浪費する Desperdiçar「o tempo」; esbanjar「o dinheiro」. ◇ ～ **ka** 浪費家 O desperdiçador; o esbanjador. [S/同] Mudá-zúkai (+). [A/反] Setsúyákú; keń'yákú.

rṓ-hī́ru [oó-íi] ローヒール (< Ing. low heel) O salto baixo. [A/反] Haí-hī́ru.

rṓho [óo] 老舗【E.】⇨ shinísé.

rṓhṓ [roó] 朗報 A notícia boa [alegre]. [S/同] Kippṓ. [A/反] Hihṓ. ⇨ nyū́su; shirásé.

R

rṓjákú[1] [oó] 老弱 **a**) A fraqueza da velhice; **b**) Os velhos e as crianças.

rṓjaku[2] [óo] 老若【E.】⇨ rṓnyákú.

róji[1] 路地 O beco; a viela; a ruela. ◇ ～ **ura** 路地裏 ～ das traseiras.

róji[2] 露地 **1** [覆いのない土地] A terra a céu descoberto. ◇ ～ **saibai** 露地栽培 O cultivo「de flores」a céu descoberto. **2** [茶室の庭園] O jardim adjacente à casa de chá.

rójikaru ロジカル ⇨ rónri.

rójikku ロジック ⇨ rónri.

rṓjín [oó] 老人 A pessoa idosa; o ancião [velhinho/a anciã]. ◇ ～ **byō** 老人病 As doenças dos idosos. ～ **byō** [**i**] **gaku** 老人病 [医] 学 A geriatria. ～ **gaku** 老人学 A gerontologia. ～ **hōmu** 老人ホーム O lar da terceira idade. ～ **sei chihō** 老人性痴呆 A demência senil. [S/同] Toshíyórí. [A/反] Wakámónó.

rojíumu ロジウム (< Ing. rhodium < Gr.)【Quím.】O ródio (Rh 45).

rojṓ 路上 Na rua. ★ ～ *ni chūsha suru* 路上に駐車する Estacionar (o carro) ～. [S/同] Michí-bátá.

rṓjo [óo] 老女 A mulher idosa.

rṓjṓ [roójoo] 籠城 **1** [城にたてこもること] O cerco; o estar cercado no castelo. ★ ～ *suru* 籠城する Estar cercado. **2** [外に出ずにいること] O fechar-se em casa「para escrever」.

rṓjúkú [oó] 老熟【E.】⇨ jukúréń.

róka 濾過 A filtração; a filtragem. ◇ ～ **bako** [**nō; shi; sō**] 濾過函 [嚢; 紙; 層] A caixa [O saco; O papel; camada] de filtro. ～ **eki** 濾過液 A água-mãe. ～ **ki** 濾過器 O filtro; o coador.

rṓká[1] [oó] 老化 O envelhecimento; a senilidade. ◇ ～ **genshō** 老化現象 O fenó[ô]meno [processo] de ～; o sintoma de senilidade.

rṓká[2] [oó] 廊下 O corredor; a passagem; a galeria. ★ ～ *zutai ni* 廊下伝いに Ao longo do/a ～. ◇ **Watari** ～ 渡り廊下 A passagem [O ～ de ligação].

rṓkáí [oó] 老獪【E.】A astúcia; a velha raposa; o macaco de rabo coçado. ★ ～ *na seijika* 老獪な政治家 Um político astuto [batido/espertalhão].

rṓkákú [oó] 楼閣【E.】O edifício alto e magnífico; a torre. ★ *Sajō no* ～ 砂上の楼閣 Os castelos no ar; o construir sobre areia. [S/同] Kṓrṓ; takádónó.

rṓkaru [óo] ローカル (< Ing. local < L.) Local. ◇ ～ **hōsō** ローカル放送 A emissão ～. ～ **karā** ローカルカラー A cor ～; as características da terra. ～ **nyūsu** ローカルニュース As notícias locais [da região/terra]. ～ **sen** ローカル線 A linha ～.

ro-kátá[**-kéń**] 路肩 A berma [margem] da estrada「está mole」. ⇨ robṓ.

róke ロケ (Abrev. de "rokḗshon"). ◇ ～ **tai** ロケ隊 O grupo que anda a filmar fora.

rokéń 露顕 A revelação; a descoberta. ★ ～ *suru* 露顕する Revelar-se「o crime/conluio」[*Akuji ga* ～ *suru* 悪事が露顕する Revelar-se o crime].

rokḗshon [ée] ロケーション (< Ing. location) **1** [野外撮影] Os exteriores; o local (de filmagem) fora dos estúdios. ★ ～ *ni iku* ロケーションに行く Ir filmar fora. [S/同] Róke. **2** [位置] A localização; o local. [S/同] Íchi (+).

rṓkétsú(**zómé**) [oó] 蠟 [臈] 纈 (染め) (< ... + somérú) A tintura a cera; o (tecido estampado) batique (indonésio).

rokétto[1] ロケット (< Ing. rocket) O foguetão; o foguete. ★ ～ *o uchi-ageru* ロケットを打ち上げる Lançar um foguetão「para ir à lua」. ◇ ～ **dan** [**hō**] ロケット弾[砲] O míssil/A bomba-foguete [O lança-foguetões/O canhão lança-cabos]. ～ **enjin** ロケットエンジン O motor-foguete. ～ **hassha sōchi** ロケット発射装置 O dispositivo de lançamento de ～. ～(**hikō**) **ki** ロケット (飛行) 機 O avião-foguete. ～ **kōgaku** ロケット工学 A balística; a engenharia de ～ s. **San-**[**Ta-**]**dan-shiki** ～ 三 [多] 段式ロケット ～ triestágio [multiestágio]. **Tsuki** [**Uchū**] ～ 月 [宇宙] ロケット ～ lunar [espacial]. **Wakusei** ～ 惑星ロケット ～ interplanetário. ⇨ misáiru.

rokétto[2] ロケット (< Ing. locket) O medalhão「com a foto do marido para pôr ao peito」.

rṓkíń [oó] 労金 (Abrev. de "rṓdṓ kínko"). ⇨ rṓdṓ.

rókka 六価【Quím.】Hexavalente. ◇ ～ **kuromu** 六価クロム O cromo ～.

rókkā ロッカー (< Ing. locker) O armarinho [cacifo]「da estação」com chave. ◇ ～ **rūmu** ロッカールーム O vestiário com armários.

rokkákú(**kei**) 六角 (形) O exágono.

rokkáń[1] 肋間【Anat.】Intercostal (Entre as costelas). ◇ ～ **dōmyaku** [**kin; shinkei**] 肋間動脈 [筋; 神経] A artéria [O músculo; O nervo] ～. ～ **shinkei-tsū** 肋間神経痛 A neuralgia ～.

rokkán[2] 六感 O sexto sentido; a intuição. [S/同] Dái-rokkáń (+).

rokkótsú 肋骨【Anat.】A costela.

rókku ロック (< Ing. rock)【Mús.】O roque.

rokkú-áuto ロックアウト (< Ing. lockout) O encerramento「da fábrica」. ⇨ shimé-dáshí; heísá.

rokkú-kúráimingu ロッククライミング (< Ing. rock climbing) O escalar rochedos.

rokkúń-rṓru [óo] ロックンロール (< Ing. rock-'n'-roll) O "rock and roll".

rṓko [óo] 牢固【E.】A firmeza. ★ ～ *taru* [*to shita*] 牢固たる [とした]「a convicção」Firme.

rṓkṓ [roó] 老巧 O ser experiente e hábil. ★ ～ *na* 老巧な「um professor」Experiente. ⇨ rṓréń.

rókoko ロココ (< Fr. rococo)【Arte】O rococó. ◇ ～ **shiki kenchiku** ロココ式建築 A arquite(c)tura [Um edifício] rococó/barroca(o)「de Nikkō」.

rokótsú 露骨 **1** [むき出し; あからさま] O ser inteiramente claro [aberto/franco]. ★ ~ *ni iu* 露骨に言う Falar claramente [com toda a franqueza]. ~ *ni teki-i o shimesu* [*miseru*] 露骨に敵意を示す [見せる] Mostrar hostilidade abertamente. 〖同〗 Akárásámá; árawa; mukí-dáshí. **2** [下品] A indecência; o descaro. *Amari ni* ~ *sugiru jōdan wa tsutsushinde moraitai* あまりに露骨すぎる冗談は慎んでもらいたい Não quero ouvir [Cale-se com essas] piadas indecentes. ★ ~ *na e* 露骨な絵 A pintura indecente.

rókótsú [*oó*] 老骨 O corpo envelhecido; a carcaça; um velho alquebrado. ★ ~ *ni muchi-utte* 「*hataraku*」老骨に鞭打って「*働く*」「trabalhar」 Puxando pela ~ [Apesar da idade]. 〖同〗 Rōku²; rōtaí (+).

rokú¹ 六 Seis. ★ ~ *bun no ichi* 六分の一 Um sexto [A sexta parte「do salário」]. (*Dai*)~ *ban-me no* (第) 六番目の Sexto.

róku² 禄 **a)** 【H.】 O estipêndio; a paga「de cem "koku" de arroz」; **b)** O salário. ★ ~ *o hamu* 禄を食む Receber o「bom」~. 〖同〗 Hórókú; karókú.

róku¹ [*oó*] 労苦 O trabalho; a fadiga. 〖同〗 Honéórí (+); kúrō (+).

róku² [*oó*] 老軀 【E.】 ⇨ rōkótsú.

rokú-bái 六倍 Seis vezes; o sêxtuplo.

rokúbókú 肋木 O espaldar (Aparelhagem de ginástica).

rokúbúngi 六分儀 O sextante.

rokú-démó-nái 碌[陸]でもない (< rokú ná + …) 【G.】 Inútil;「um dito」disparatado. ~ *koto o iu na* ろくでもない事を言うな Não diga asneiras [disparates]! 〖同〗 Kudáránáí; tsumáránai.

rokú-dé-náshí 碌[陸]でなし (< rokú na + …) 【G.】 Um inútil; um zero; um velhaco. *Kono* ~ *me* この ろくでなしめ Seu velhaco! 〖同〗 Yakútátázú.

rokúgá 録画 O regist(r)o de imagem [TV]. ★ ~ *suru* 録画する Regist(r)ar imagens. ⇨ rokúón.

rokúgátsú 六月 (O mês de) junho.

rokújú [*úu*] 六十 Sessenta; 60. 【慣用】 ~ *no tenarai* 六十の手習い Nunca é tarde para aprender/Aprender até morrer.

rokújū-shō [*úu*] 六重唱 【Mús.】 O sexteto (Composição para seis vozes).

rokújū-sō [*úu*] 六重奏 【Mús.】 O sexteto (Composição para seis instrumentos).

rokúmákú 肋膜 【Anat.】 A pleura. ◇ ~ **en** 肋膜炎 A pleurisia.

rokúmén-táí 六面体 【Geom.】 O hexaedro.

rokú ná 碌[陸]な Satisfatório; suficiente; adequado; apropriado;「um restaurante」bom [decente]. ⇨ júbún¹; mánzoku; yóí¹.

rokú ní 碌[陸]に Bem; suficientemente; muito; adequadamente; decentemente; satisfatoriamente. *Yūbe wa* ~ *nemurenakatta* ゆうべは碌に眠れなかった Não dormi bem [o suficiente] ontem à noite. 〖同〗 Rokúrúku; rokúsúppó. ⇨ júbún¹ ◇ ; mánzoku ni ◇ ; sōtō¹; yóku¹.

rokúón 録音 O regist(r)o de som; a gravação. ★ ~ *suru* 録音する Gravar. ◇ ~ **hōsō** 録音放送 A transmissão de uma ~ ; o programa radiofó[ô]nico gravado (Não ao vivo). ~ **ki** 録音機 O regist(r)ador de som; o gravador. ~ **saisei** 録音再生 A reprodução da ~「O ligar o gravador」. ~ **shitsu** 録音室 A sala de gravação. ~ **tēpu** 録音テープ A fita (magnética de gravação). ⇨ rokúgá.

rokúró 轆轤 **a)** O torno; a roda de oleiro; **b)** A roldana de retorno. ★ ~ *o mawasu* 轆轤を回す Fazer rodar o ~. ◇ ⇨ ~ **kubi**.

rokúró-kubi 轆轤首 【G.】 Um fantasma de pescoço elástico que de noite bebe o óleo das lanternas.

rokú-sán(**-sán**)**séí** 六三 (三) 制 O sistema educativo j. de 6-3-3 (Seis anos de instrução primária e três de ensino médio obrigatório e mais três livre).

rokúshō [*oó*] 緑青 O verdete「no metal」; a pátina; o azinhavre [azebre].

rokúsúppó 碌[陸]すっぽ 【G.】 ⇨ rokú ní.

rókyō [*roo*] 老境 A velhice. ★ ~ *ni hairu* 老境に入る Entrar na ~「mas continuar jovem de espírito」. 〖同〗 Rōnén (+).

rókyókú [*oó*] 浪曲 O recitativo cantado, acompanhado a "shamisen". 〖同〗 Naníwá-búshi.

rókyū¹ [*oó*] 老朽 A decrepitude; o estar (muito) gasto [velho]. ★ ~ *ka suru* 老朽化する「o edifício」 Ficar velho (carunchoso). 〖同〗 Fúru-bóke (+).

rókyū² [*oó*] 籠球 O basquetebol; a bola-ao-cesto. 〖同〗 Basúkéttó-bōru (+).

Róma [*óo*] ローマ **a)** (A cidade de) Roma; **b)** A Roma antiga. 【ことわざ】 ~ *wa ichi-nichi ni shite narazu* ローマは1日にして成らず Roma e Pavia não se fizeram num dia. *Subete no michi wa* ~ *ni tsūzu* 全ての道はローマに通ず Todos os caminhos levam [vão dar] a Roma. ◇ ~ **hō** ローマ法 O direito romano. ~ **hōō** [*kyōkō*] ローマ法王[教皇] O Papa. ⇨ ~ **ji**. ~ **jin** ローマ人 Os romanos. ~ **sūji** ローマ数字 Os algarismos [números] romanos. ~ **Teikoku** ローマ帝国 O Império Romano.

rōma-ji ローマ字 O alfabeto latino; a escrita latina; a letra latina. ◇ **Hebon-shiki** ~ ヘボン式ローマ字 O sistema usado por Hepburn (e neste dicionário) para escrever japonês no ~. 〖同〗 Ratén [Rōmá]-móji. ⇨ arúfábétto.

románchikku ロマンチック (< Ing. romantic < Fr. < L.) Romântico; sonhador; sentimental. 〖同〗 Kūsō-téki.

románchíshízumu ロマンチシズム (< Ing. romanticism < Fr. < L.) O romantismo. 〖同〗 Rōmán-shúgi. ⇨ rōmán-há.

románchísuto ロマンチスト (< Ing. romanticist < Fr. < L.) **1** [浪漫主義者] O (escritor) romântico. 〖同〗 Rōmán-shúgi-sha. **2** [空想家; 夢想家] O utopista; o sonhador. 〖同〗 Kūsō-ka; musō-ká.

románésuku ロマネスク (< Fr. romanesque) Romanesco; romântico. ◇ ~ **kenchiku** [*yōshiki*] ロマネスク建築[様式] A arquitec(t)ura (O estilo) ~ a[o].

rōmán-há [*oó*] 浪漫派 A escola romântica; os「escritores」românticos (Do século XIX.).

rōmán-shúgi [*oó*] 浪漫主義 O romantismo. ◇ ~ **sha** 浪漫主義者 O「escritor」romântico.

rōmansu ロマンス (< Ing. romance < L.) **1** [伝奇小説; 恋愛小説] O romance de amor. 〖同〗 Deñkí [Reñ'aí] shōsetsu. **2** [恋物語] O caso [A aventura] amoroso[a]; um romance「de pouca duração」. **3** [小歌曲] 【Mús.】 A balada romântica.

rōmansu-gó ロマンス語 As línguas românicas (que vêm do L., como o P.).

rōmansu-gúrḗ [*ée*] ロマンスグレー (< Ing. romance gray) Os belos cabelos grisalhos do homem de meia-idade.

románsú-kā [*áa*] ロマンスカー (< Ing. romance +

car) O carro [comboio/trem] de luxo.

romáńsú-shíto [íi] **ロマンスシート** (< Ing. romance + seat) O assento romântico [especial]「de casal」.

rṓmáń-tékí [oó] 浪漫的 Romântico.
[S/同] Romáńchíkku (+). ⇨ rṓmáń-há.

rṓmá-sū́ji [oó-úu] **ローマ数字** Os algarismos [números] romanos.
[S/同] Tokéi-sūji. ⇨ sań'yṓ-sū́ji.

rómei 露命 A vida precária [pobre]; a vida efê[é]mera (como uma gota de orvalho). ★ ~ *o tsunagu* 露命を繋ぐ Ir vivendo mas com muita dificuldade.

roméń 路面 A (superfície da) estrada/rua; o piso. ★ ~ *o kaishū suru* 路面を改修する Reparar o piso「da estrada」. ◇ **~ densha** 路面電車 O bonde (B.) [(carro)eléctrico (P.)].

rṓmóń [oó] 楼門 O pórtico [arco] de dois andares「do templo budista」.

rṓmu[1] [óo] 労務 O (posto de) trabalho; o serviço. ◇ **~ kanri** 労務管理 A administração do trabalho; a gerência dos serviços. **~ sha** 労務者 O trabalhador; o empregado.

rṓmu[2] [óo] **ローム** (< Ing. loam)【Geol.】A greda; a argila. ◇ **~ sō** ローム層 O estrato de ~「vulcânica de Kanto」.

rón 論 **1** [議論] A argumentação; o argumento; a discussão. [P/ことわざ] ~ *yori shōko* 論より証拠 Contra fa(c)tos não há argumentos. ◇ **Chūshō ~** 抽象論 Um argumento abstra(c)to [muito teórico]. ⇨ **~ sō; mizukake ~**. [S/同] Gíron. ⇨ rońjíru. **2** [理論; 意見] A teoria; o tratado; a opinião. ◇ **Geijutsu ~** 芸術論 Teoria [Tratado] de arte. **Jinsei ~** 人生論 "O que é o Homem?"; (Tratado de) Antropologia Cultural. **Shinka ~** 進化論 O evolucionismo「de Darwin」. ⇨ íken[1]; ríron.

rṓn[1] [óo] **ローン** (< Ing. loan) O empréstimo. ◇ **Ginkō ~** 銀行ローン ~ bancário.
[S/同] Kashí-tsúké.

rṓn[2] [óo] **ローン** (< Ing. lawn) A relva; a grama; o relvado; o gramado. ◇ ⇨ **~ tenisu**.
[S/同] Shibáfú (+).

rońbákú 論駁 A refutação. ⇨ hańbákú; hańróń[1].

rońbúń 論文 A tese; o ensaio; o artigo「para uma revista」; a dissertação; um trabalho. ★ ~ *o kaku* 論文を書く Escrever um/a ~. ◇ **~ shiken** 論文試験 O exame de tese. **Gakui ~** 学位論文 A tese para (receber) um grau acadé[ê]mico. **Hakase ~** 博士論文 A tese de doutoramento. **Sotsugyō ~** 卒業論文 A ~ de formatura.

rońchṓ 論調 (⇨ rón) O teor [tom] dos argumentos; a crítica; a opinião. ◇ **Shinbun ~** 新聞論調 O tom [Os comentários] da Imprensa.

rońdáí 論題 O tema [assunto]「da discussão」; o título「da conferência」. [S/同] Gidáí (+).

rońdáń[1] 論壇 O mundo dos críticos [da crítica]. ⇨ gеńróń[1] ◇.

rońdáń[2] 論断 O veredi(c)to; a conclusão.

róndo(keishiki) **ロンド**(形式) (< It. rondo)【Mús.】A ronda.

rṓ-nékku [oó] **ローネック** (< Ing. low-neck) O decote. ⇨ haínékku.

rṓnéń [oó] 老年 A velhice;「ficar surdo com」a idade avançada. ◇ **~ ki** 老年期 O tempo da velhice. [S/同] Rṓréí. ⇨ seínéń[1].

roń-gáí 論外 **1** [問題外] Fora de questão [do assunto]. ★ ~ *de aru* 論外である Estar ~; não valer a pena discutir;「isso é tão evidente que」nem se discute. [S/同] Mońdái-gai. **2** [議論の範囲外] Fora do âmbito do assunto (que se está a resolver).

Rońgó 論語 Os Analectos (De Confúcio, célebre filósofo chinês, de 551-479 A.C.). [P/ことわざ] ~ *yomi no ~ shirazu* 論語読みの論語知らず Um letrado ignorante; o que lê muito mas não entende [assimila] nada. *Inu ni ~* 犬に論語 Trabalho mal-empregado (⇨ néko [umá[1]] ◇).

róngu **ロング** (< Ing. long < L.) Longo; comprido. ◇ **~ heā** ロングヘアー O cabelo comprido. **~ pasu** ロングパス【(D)esp.】Um passe ~. **~ ran** ロングラン A longa temporada [série de exibições]「duma peça/dum filme」. **~ shotto** ロングショット (Cine.) O plano geral [de conjunto]. **~ sukāto** ロングスカート A saia comprida.
[S/同] Nagái (+). [A/反] Mijíkái; shṓto.

rṓníń [oó] 浪人 **1** [浪士]【H.】O samurai sem senhor; o guerreiro errante. [S/同] Rṓshi[2]. **2** [学生の] O estudante que não passou no vestibular [exame de admissão à universidade] e fica, fora da escola, a estudar「num "yobikō"」para tentar de novo. ★ ~ *suru* 浪人する Ficar a preparar-se para o exame vestibular. **3** [失業者] O desempregado. ◇ **Shūshoku ~** 就職浪人 A pessoa que terminou o curso mas ainda não conseguiu emprego. [S/同] Shitsúgyṓ-sha (+).

rṓ-níngyō [oó] 蠟人形 A [O] boneca [o] de cera.

rońjí-áu 論じ合う (< rońjíru + …) Discutir entre todos [os dois].

rońjín 論陣 (⇨ rón) A [O campo de] argumentação. ★ ~ *o haru* 論陣を張る Argumentar com toda a força.

rońjíru 論じる **1** [議論する; 評論する] Discutir; argumentar; analisar. ★ ~ *made mo naku* 論じるまでもなく Nem valer a pena discutir. [S/同] Rońzúru. **2** [問題を取り扱う] Tratar. *Kono hon wa Burajiru to Nippon no keizai ni tsuite ronjite iru* この本はブラジルと日本の経済について論じている Este livro trata da economia do Brasil e do Japão. ⇨ toríátsúkáu. **3** [問題とする] Ter em conta; considerar. ★ ~ *ni tarinai* 論じるに足りない Nem [Não] valer a pena ~.

rońjí-tsúkúsu 論じ尽くす (< rońjíru + …) Discutir [Tratar] exaustivamente; esgotar a argumentação. *Kono mondai wa sude ni ronjitsukusarete iru* この問題はすでに論じ尽くされている Esta questão já esta mais que discutida.

rońjútsú 論述 a) A afirmação; b) O enunciado「da tese/questão」. ★ ~ *suru* 論述する Expor [Enunciar]「por escrito」.

rońkṓ 論考 A apreciação「de um assunto」.

rońkókú 論告【Dir.】A declaração final「do provedor de justiça」. ★ ~ *suru* 論告する「o promotor público」Fazer a ~. ◇ **~ kyūkei** 論告求刑 ~ e a reclamação de pena「pelo promotor público」.

rońkyákú 論客【E.】O controversista [argumentador]. ⇨ rońjíru.

rónkyo 論拠 O fundamentos [A base] do argumento. ★ ~ *o shimesu* 論拠を示す Mostrar os ~.

rońkyū́[1] 論究【E.】A busca da razão [verdade] através do debate. ⇨ rón; tsuíkyū́[23].

rońkyū́[2] 論及 A referência. ★ ~ *suru* 論及する Tocar「no assunto」; referir-se「pormenorizamente ao caso」.

roñnán 論難【E.】A crítica forte; a denúncia.
rónpa 論破【E.】A refutação; o deitar abaixo「uma teoria」. S/同 Séppa. ⇨ roñbákú.
rónpāsu ロンパース (< Ing. rompers) O macacãozinho [fatinho de macaco] de criança.
roñpō 論法「falta de」lógica; o raciocínio. ◇ **sandan ~**.
roñpyō 論評 O comentário「da imprensa ao plano do governo」; a crítica; a apreciação. ★ ~ *suru* 論評する Comentar; tratar.
rónri 論理 **a)** A lógica; o raciocínio; **b)** A maneira de ver [pensar]. ★ ~ *jō* 論理上 Logicamente; racionalmente. ~ *ni awanai* 論理に合わない Não ser lógico [coerente]. ~ *teki (na)* 論理的(な) Lógico; coerente; racional. hi ~ *teki* 非論理的 Ilógico; incoerente; irracional. ⇨ **jisshō shugi** 論理実証主義 O positivismo lógico. ⇨ **gaku**.
roñri-gaku 論理学 A (ciência da) lógica.
roñseñ 論戦 A polé[ê]mica; o debate; a disputa. ★ ~ *o kawasu* 論戦を交わす Polemi(ci)zar; ter um/a ~. S/同 Rōñsō (+).
roñsétsú 論説 O comentário [artigo] de fundo. ◇ ~ **iin** [**kisha**] 論説委員[記者] O membro [jornalista] da reda(c)ção. ~ **ran** 論説欄 A (coluna) editorial「do jornal」(⇨ shasétsú).
rónsha [**rónja**] 論者 **1**[議論をする人] O disputante; o polemista; b) O defensor. ◇ **Heiwa** ~ 平和論者 O pacifista [defensor da paz]. **2**[論文の執筆者] O articulista; o autor「da tese/teoria」. ⇨ rón.
rónshi 論旨 O ponto [A força/A finalidade] do argumento. S/同 Roñtén. ⇨ rón.
rónshō 論証 A demonstração; a prova. S/同 Risshō (+); shōméí (o).
rónsō 論争 A disputa; o arguir; o debate; a discussão; a polé[ê]mica. ~ *no yochi no nai* 「a verdade/o fa(c)to」Indiscutível. ~ *o yobu* 論争を呼ぶ Provocar uma ~. ~ *suru* 論争する Disputar; debater; discutir; ter uma polémica. ◇ ~ **sha** 論争者 O arguente; o polemista. S/同 Roñséñ.
roñtékí 論敵 O oponente [adversário] (Numa disputa「filosófica」).
roñtén 論点 O ponto vital [central] do argumento; a questão principal (da discussão). ★ ~ *o hazureru* 論点を外れる Sair do ponto principal da questão/o ~. ~ *o meikaku ni suru* 論点を明確にする Precisar [Esclarecer] o/a ~. S/同 Rónshi.
róñ-ténisu [**oó**] ローンテニス (< Ing. lawn tennis) O (jogo de) tén[ê]nis. ⇨ Ténisu (+).
rónyáku [**oó**] 老若【E.】Os jovens e os anciãos; os novos e os velhos. ★ ~ *nan'nyo o towazu* 老若男女を問わず Sem distinção de idade ou [nem de] sexo. S/同 Rōjaku; rōyō.
ronzúru 論ずる ⇨ roñjíru.
roppō[1] 六法 Os seis Direitos (Constitucional – ou Constituição – civil, comercial, penal, Código de Processo Civil e Código de Processo Criminal). ◇ ~ **zensho** 六法全書 O Compêndio dos ~ [das Leis (Fundamentais)].
róppō[2] 六方 **1**[六つの方角] As seis dire(c)ções (norte, sul, este, oeste, cima, baixo). **2**[歌舞伎の所作のひとつ] O gesticular muito; o pavonear-se. ★ ~ *o fumu* 六方を踏む Fazer grandes gestos teatrais「no kabúki」.
roppō-tái 六方体 ⇨ rokúméñ-taí.

rōpu [**oó**] ロープ (< Ing. rope) A corda. ★ ~ *de shibaru* [*o kakeru*] ロープで縛る[をかける] Amarrar [Prender] com uma ~. S/同 Nawá (+). ⇨ himó; tsuná[1].
rōpú-úéi [**oó**] ロープウエイ (< Ing. ropeway) O teleférico; o cabo aéreo de transporte.
rōrā [**oó**] ローラー (< Ing. roller < L.) (⇨ rōrú) **1**[ロードローラー] O rolo (De comprimir「o piso」). **2**[印刷の] O rolo (Cilindro impressor).
rōrā-béaringu [**oó**] ローラーベアリング (< Ing. roller bearing) O rolamento de rolos (cilíndricos).
rōrā-kánaria [**oó**] ローラーカナリア【Zool.】Uma variedade de canário.
rōrā-sukéto [**oó-ée**] ローラースケート (< Ing. roller skates) O patim de rodas. ◇ ~ *o suru* ローラースケートをする Patinar.
rōréi [**oó**] 老齢 A velhice. ★ ~ *ni tassuru* 老齢に達する Atingir a [Ter uma longa] velhice. ◇ ~ **neñ-kin** 老齢年金 A pensão de ~. ⇨ rōnéñ.
rōréñ [**oó**] 老練 A (longa) experiência; a maturidade. ★ ~ *na* 老練な「carpinteiro」Experimentado; 「professor」veterano. ⇨ Rōjúkú; rōséi **2**.
rorétsú 呂律 A articulação (das palavras); a dicção. ★ ~ *ga mawaranai* 呂律が回らない Tartamudear; entarameler-se; não ser capaz de articular.
rōrétsú [**oó**] 陋劣【E.】A vileza; a infâmia; a baixeza. S/同 Hirétsú (+).
rōríñgu [**oó**] ローリング (< Ing. rolling) O balanço「do navio」. ★ ~ *suru* ローリングする Balançar.
rōrō[1] [**oó**] 朗朗【E.】A sonoridade. ★ ~ *to hibiku koe* 朗朗と響く声 A voz clara e ressonante.
rōrō[2] [**oó**] 浪浪 **a)** O vagabundear; **b)** O ficar sem emprego. ★ ~ *no mi ni naru* 浪々の身になる Ficar sem emprego. ⇨ shitsúgyō.
rōrú [**oó**] ロール (< Ing. roll < L.) O「doce em」rolo. ◇ ~ **kyabetsu** ロールキャベツ ~ de carne picada envolta em folha de couve. ~ **pan** ロールパン Um pãozinho (em rolo)「para o pequeno-almoço」. ⇨ makí-kómu; natsú**3**; rōrā.
rōryoku [**oó**] 労力 **a)** O trabalho; o esforço; **b)** A mão-de-obra. ★ ~ *o oshimu* 労力を惜しむ Poupar esforço. ~ *o tsuiyasu* 労力を費やす Gastar energias; despender「muito」~. S/同 Rō[1]. ⇨ honé-óri; shígótó.
rōsái [**oó**] 労災 (Abrev. de rōdōsha saígái hoshō hóken) O seguro contra acidentes de trabalho. ◇ ~ **hoken** 労災保険 O seguro contra...
rōsái [**oó**] 老妻 A minha velha mulher. ⇨ tsúma[1].
rōsáku [**oó**] 労作 Um trabalho longo [laborioso/de romanos]. ⇨ rikísáku.
rōséi [**oó**] 老成 **1**[おとなびていること] A precocidade; a prematuridade. ★ ~ *suru* 老成する Ser「estranhamente」precoce [prematuro]. ⇨ otōnábíru. **2**[老練] ⇨ rōréñ.
rōsékí [**oó**] 蠟石【Min.】O talco; a esteatite.
roséñ 路線 **1**[交通機関が通っている道筋] A carreira; o percurso. ⇨ sénro. **2**[とるべき方針] A linha; a orientação; a política. ◇ **Kihon** ~ 基本路線 ~ básica. S/同 Hōshíñ (+).

róshi 濾紙 O papel de filtro [para coar]. [S/同] Koshí-gámi; roká-shi.

róshi [óo] 労使 Os empregados e o patronato; o trabalho e o capital. ◇ ~ **kankei** 労使関係 As relações entre (os) empregados e o(e) patronato. ~ **kyōchō** 労使協調 A cooperação entre trabalhadores e patronato「pela participação de todos no capital」; boas relações entre ~. ⇨ ródō-sha; shiyó-sha; shihón.

róshi² [óo] 浪士 [H.] ⇨ rōnín.

róshi³ [óo] 牢死 A morte [O morrer] na prisão.

Róshia ロシア (< Ru. Rossiya) A Rússia. ◇ ~ **go** [**jin**] ロシア語 [人] O russo. ⇨ Sóren.

róshō [roo] 朗誦 ⇨ rōdóku.

róshō² [roo] 老将 [E.] **1** [老軍將] O velho general. **2** [老練な老軍將] O general veterano.

róshō³ 労相 O ministro do trabalho. [S/同] Ródō-dáijin.

róshon [óo] ローション (< Ing. lotion < L.) A loção. ◇ **Afutá-shebu** ~ アフターシェーブローション ~ para (depois d) a barba. ⇨ keshō-sui.

róshū¹ [óo] 老醜 [E.] A fealdade [Os males/As rabugices] da velhice. ★ ~ *o sarasu* 老醜をさらす Mostrar as/os ~; ser um velho desagradável.

róshū² [óo] 陋習 [E.] O vício; o mau costume [hábito]. ★ ~ *o yaburu* 陋習を破る Acabar com um ~.

roshutsú 露出 **1** [むき出しにすること] A mostra; a exibição. ~ *suru* 露出する Exibir; ficar à vista; mostrar「o peito」;「o tesouro」aparecer; deitar a cabeça de fora. **2** [写真の] A exposição (fotográfica) à luz. ◇ ~ **jikan** 露出時間 O tempo [A duração] da ~. ~ **kei** 露出計 O fotó[ō]metro.

róshutsú [óo] 漏出 A fuga「de gás」; o escape「de gasolina」.

rōsóku [óo] 蝋燭 A vela; o círio「pascal」. ★ ~ *no shin* 蝋燭の芯 O pavio da ~. ~ *o kesu* 蝋燭を消す Apagar a ~. ~ *o tomosu* 蠟燭をともす Acender ~. ◇ ~ **tate** 蝋燭立て O castiçal.

rōsu ロース (< Ing. roast: "carne boa para assar") O lombo「de vaca/porco」. ◇ ~ **hamu** ロースハム O presunto de ~.

rōsuí [óo] 老衰 A senilidade; a decrepitude; a velhice. ★ ~ *de shinu* 老衰で死ぬ Morrer de velhice [velho/a]. ~ *sei no* 老衰性の Senil. ~ *suru* 老衰する Ficar senil [decrépito]. ◇ ~ **ki** 老衰期 (O período d)a velhice. ⇨ rōjín; rōnén.

rōsuí² [óo] 漏水 A fuga [O derrame; O escape] d'água. ◇ ~ **suru** 漏水する Ter [Haver] uma ~. [S/同] Mizú-móre (+).

rōsuru 労する Labutar; trabalhar; ter [dar] trabalho. ★ *Rōsezu shite* 労せずして Sem trabalho [esforço]「nenhum」. [I/慣用] *Rōshite kō nashi* 労して功なし Muito trabalho e pouco proveito/Trabalhar muito para nada. [S/同] Honé o óru (+); kúrō suru (+).

rōsuru² [óo] 弄する Usar; arranjar. ★ *Kiben o* ~ 詭弁を弄する Sofismar; usar sofismas. *Saku o* ~ 策を弄する ~ um estratagema. [S/同] Moté-ásobu (+).

rōsuru³ [óo] 聾する [E.] Ensurdecer; ficar surdo.

rōsuto [óo] ロースト (< Ing. roast) A rosada; o assado; a carne assada; o churrasco. ★ ~ *suru* ローストする Assar. ◇ ~ **chikin** ローストチキン O frango assado. ⇨ abúru; yakú⁷.

rōtáí [óo] 老体 A pessoa de idade avançada; o corpo velho; a carcaça. ⇨ rōjín; rōku².

rō-táika [óo] 老大家 Uma veneranda autoridade; um velho mestre.

rōtáketa [óo] 﨟長けた [E.]「a senhora」De beleza refinada;「um cavalheiro」requintado [fino] (e belo). ⇨ kihín¹; senrén.

rōtári [óo] ロータリー (< Ing. rotary < L.) A rotunda「para o tráfico」. ◇ ~ **enjin** ロータリーエンジン O motor rotativo. ~ **kurabu** ロータリークラブ O clube Rotário. ~ **kurabu-in** ロータリークラブ員 O rotário.

rotéí 路程 A distância; o percurso.

rotéí² 露呈 [E.] A revelação; o pôr a nu「o atentado」. ~ *suru* 露呈する Revelar(-se)「a verdade」. [S/同] Bákuro (+). ⇨ roshútsú.

rotén 露天 O ar livre. ◇ ~ **bori** [**buro**]. [S/同] Okúgai; yágai.

rotén² 露店 A tenda ao ar livre; a barraca de feira. ◇ ~ **shōnin** 露店商人 O barraqueiro.

rotén³ 露点 [Fís.] O ponto de condensação「do orvalho/do ar」.

rotén-bóri 露天掘り (< ··· ¹ + hóru) A mineração a céu aberto [ao ar livre].

rotén-búro 露天風呂 (< ··· ¹ + furó) O banho (quente) ao ar livre.

rōtēshon [oó-ée] ローテーション (< Ing. rotation < L.) A rotação; o turno「de trabalho」. ◇ ~ **pitchā** ローテーションピッチャー [Beis.] O arremessador que faz parte do turno regular.

rōtín [oó-ii] ローティーン (< Ing. low + teen) O adolescente com menos de quinze anos. [A/反] Háitīn.

rotō 路頭 [E.] A rua; o abandono. ~ *ni mayou* 路頭に迷う Ficar ao abandono [na rua]. [S/同] Michí-bátá (+).

rōtórú [óo] ロートル (< Chin. 老頭児: lao-tour) O ancião [A anciã]; o velho. [S/同] Rōjín (+).

rōya [óo] 牢屋 A cadeia; o cárcere; a prisão. [S/同] Kañgókú; keímúsho ~; rō³; rōgóku.

ró-yáburi [óo] 牢破り (< ··· ³ + yabúru) A evasão; a fuga da cadeia. [S/同] Datsúgókú (+).

rōyárú-zérí [óo] ローヤルゼリー (< Ing. royal jelly) A geleia real.

rozário ロザリオ (< P.) [Cri.] O rosário; o terço. ⇨ juzú.

rozéki [óo] 狼藉 [E.] **1** [散乱] A balbúrdia; a desordem; a confusão. ◇ **Rakka** ~ 落花狼藉 Uma ~ de deitar a casa abaixo (Lit. as flores) abaixo. [S/同] Sañráñ (+). **2** [乱暴] A violência. ★ ~ *no kagiri o tsukusu* 狼藉の限りを尽くす Usar toda a sorte de violência. ~ *o hataraku* 狼藉を働く Ser violento. ◇ ~ **mono** 狼藉者 O desordeiro; o indivíduo perigoso. [S/同] Rañbō (+).

rū [úu] ルー (< Fr. roux) Um molho alourado (De farinha, leite e ovo). ◇ **Karē** ~ カレールー ~ de caril.

rúbi ルビ (< Ing. ruby < L.) **1** [ルビ用活字] [Tip.] O tipo de corpo 5 1/2 (Na Inglaterra). **2** [ふり仮名] A colocação de "kana" [caracteres fonéticos] ao lado dos ideogramas. ★ ~ *o furu [tsukeru]* ルビを振る[付ける] Escrever "kana" ao lado dos ideogramas「chineses para facilitar a leitura」. [S/同] Furigána (+).

rúbī ルビー (< Ing. ruby < L.) [Min.] O rubi. ★ ~ *iro no* ルビー色の Cor de ~. [S/同] Kōgyókú.

rubíjiumu ルビジウム【Quím.】O rubídio (Rb 37).
rûburu [úu] ルーブル O rublo.
ruchín-wáku ルーチンワーク (< Ing. routine work) O trabalho rotineiro [de rotina].
rúfu 流布 A divulgação; o correr [espalhar-se]「um rumor」. ◇ ～ **bon** 流布本 A edição popular [de um livro」. ⇨ yukí-wátaru.
rugórú-eki ルゴール液 (商) A solução de Lugol.
rúi[1] 類 **1**[種類] A espécie; a natureza; a qualidade; o tipo; a classe. ★ ～ *o koto ni suru* 類を異にする Diferir da espécie. ◇ ～ **hachū**. **Sake** ～ 酒類 As [Os tipos de] bebidas alcoólicas. [S/同] Nakamá; shúrui (+); taguí. **2**[類例] Um caso análogo [igual]; um exemplo parecido [semelhante]. Excepcional [Raro; Singular; Único]; sem igual [paralelo]「na história」. [⇨にも] ～ *wa tomo o yobu* 類は友を呼ぶ Cada qual com seu igual.
rúi[1] 塁 **1**[とりで] O forte; a fortaleza; a barricada; a trincheira. ★ ～ *o mamoru* 塁を守る Defender o/a ～. ～ *o masu(ru)* 塁を壓す(る) **a**) Aproximar-se; apertar「o cerco」; **b**) Estar à altura「de」; rivalizar「com」; saber quase tanto「como o mestre」. [S/同] Torídé (+). **2**[ベース]【Beis.】A base. ◇ **Ichi** [**Ni**; **San**] ～ 一[二; 三]塁 A primeira [segunda; terceira] base.
rúi[3] 累【E.】O incô[ó]modo; a complicação; o problema. [S/同] Kakáwáríaí (+). ⇨ makí-zóé.
ruibétsú 類別 A classificação; o separar [dividir]「as maçãs segundo o tamanho」. ★ ～ *suru* 類別する Classificar. [S/同] Bunrúi (+).
ruidáí[1] 類題 **a**) Uma questão semelhante [do mesmo gé[ê]nero]; **b**) Uma antologia de poemas do mesmo tema.
rúidai[2] 累代【E.】As gerações sucessivas. [S/同] Dáidai (+).
ruién 類縁【E.】A relação familiar; o parentesco; a afinidade「entre duas escolas de pensamento」.
rui(gí)gó 類(義)語【P. (Q. quase) sinó[ô]nimo. ◇ ～ **jiten** 類語辞典 O dicionário de ～s. ⇨ dógí-go.
ruihán 累犯 A reincidência (num crime). ◇ ～ **sha** 累犯者 O (criminoso) reincidente. [S/同] Saíhán.
ruiji 類似 A「grande」semelhança「entre os dois」; a analogia; a parecença. ★ ～ *no* 類似の Semelhante; parecido. ◇ ～ **hin**. ～ **ten** 類似点 O ponto parecido. ⇨ kyōtsū́; nirú[2].
ruiji-hín 類似品 Os artigos [As mercadorias] semelhantes. ～ *ni go-chūi* 類似品に御注意 Cuidado com os artigos de imitação!
ruijin'en 類人猿【Zool.】O antropóide; o 「macaco」antropomorfo.
ruijṓ 累乗【Mat.】O elevar um número「à quinta」potência. ◇ ～ **kon** 累乗根 A raiz; o sinal de radical. [S/同] Béki; sốjố.
ruiká 累加 A acumulação; o aumento acumulativo. [S/同] Ruíséki (+). [A/反] Teígén.
ruikán 涙管【Anat.】O canal lacrimal.
ruikéí[1] 類型 **a**) O tipo; a classe; o exemplar; o modelo; **b**) O que não tem originalidade; esteriotipado. [A/反] Teńkéí.
ruikéí[2] 累計 O total; a soma total. [S/同] Gókéí (+); tốtaru.
ruikú 類句 Uma frase [Um "haiku"] semelhante.
ruinén 累年「juntar dados de」Anos consecutivos.
ruiréi 類例 Um caso [exemplo] semelhante.
[S/同] Rúi[1] **2**.
rui-rúi 累累【E.】O amontoado; a pilha; o montão; o monte. ★ ～ *to* 累々と Aos mont(ō)es; em pilha.
ruiséki 累積 A acumulação「dos dividendos」. ★ ～ *suru* 累積する Acumular. ◇ ～ **akaji** 累積赤字 O défice acumulado.
ruisén 涙腺【Anat.】A glândula lacrimal.
ruishín[1] 累進 **a**) A promoção sucessiva (gradual)「de posto」; **b**) O aumento progressivo. ★ ～ *suru* 累進する Subir progressivamente. ◇ ～ **kazei** 累進課税 A taxação progressiva. ～ **zei** 累進税 O imposto progressivo.
ruishín[2] 塁審【Bas.】O juiz das bases.
ruishṓ 類焼 O fogo que passou「a outra casa」. ★ ～ *o manugareru* 類焼を免れる Escapar ao fogo. ～ *suru* 類焼する Arder também. ◇ ～ **kaoku** 類焼家屋 As casas apanhadas pelo incêndio. [S/同] Eńshṓ (+).
ruisúí 類推 A (inferência por) analogia. ～ *suru* 類推する Inferir.
ruisúru 類する【E.】Ser parecido [semelhante]「ao pinheiro」; ser「uma árvore」da mesma espécie. [S/同] Nikáyóu (+); nirú[2](o).
ruizṓ 累増【E.】O aumento progressivo. [S/同] Ruíká.
rujítániá-jin ルジタニア人 (< L. Lusitania: top)【H.】O lusitano [luso]. ⇨ Porutógárú-jin (+).
rúju [úu] ルージュ (< Fr. rouge) O baton. [S/同] Kuchí-béni (+).
rukéí 流刑 O degredo; o desterro; o exílio. [S/同] Ruzaí; ryū́kéí; shimá-nágashi (+).
rúkī [úu] ルーキー (< Ing. rookie)【Beis.】O principiante. ⇨ shińjín[1].
Rukúsénbúrugu ルクセンブルグ O Luxemburgo. ◇ ～ **jin** ルクセンブルグ人 O luxemburguês. ～ **Taikōkoku** ルクセンブルグ大公国 O Grão-Ducado do ～.
rúkusu ルクス (< L. lux) O lux (Unidade de intensidade de iluminação).
Rūmánía ルーマニア A Romé[ê]nia. ◇ ～ **go** ルーマニア語 O ～.
rúmen [úu] ルーメン (< L. lumen) Um lúmen (Unidade de fluxo luminoso).
rumín 流民 ⇨ ryū́mín.
rū́mu [úu] ルーム (< Ing. room) O quarto. ◇ ～ **bōi** [meido] ルームボーイ[メイド] O camareiro [A camareira; a empregada dos quartos]. ～ **chāji** ルームチャージ O preço do ～. ～ **kūrā** ルームクーラー Um aparelho de ar condicionado de「sala」. ～ **meito** ルームメイト O companheiro de ～. ～ **sábisu** ルームサービス O serviço de ～. [S/同] Heyá (+).
rúnba ルンバ (< Esp. rumba)「dançar」A rumba.
runín 流人【E.】O desterrado; o exilado. ⇨ tsuíhó.
rúnpen ルンペン (< Al. lumpen: farrapo) O marginal; o vagabundo. [S/同] Furṓ-sha (+).
rū́pe [úu] ルーペ (< Al. lupe) A lupa. [S/同] Kakúdáíkyṓ; mushímégane (+).
rúpī ルピー (< Ing. rupee < Sân. rupya: prata amoedada) A rupia.
rúpia ルピア ⇨ rúpī.
rúpinasu ルピナス (< Ing. < L. lupinus)【Bot.】O tremoceiro (Planta); o tremoço (Fruto). [S/同] Haúchíwá-mame.
rupṓ(rútáju) ルポ(ルタージュ) [áa] ルポ(ルタージュ) (< Fr. reportage < L. re-portare: trazer de volta) A reportagem; o

relato. ◇ **Genchi ~** 現地ルポ ○ do local「do acidente」. ⇨ kíji¹.

rúretto [úu] ルーレット (< Fr. roulette) **1** [賭博の一種] A roleta. **2** [洋裁用の(ルレット)] O rolete.

rúri 瑠璃【Min.】A lazulite; o (lápis-)lazúli.

rurō 流浪【E.】A vagabundagem; o nomadismo. ★ ~ *no tami* 流浪の民 O povo nô(ô)mada. ◇ **~ nin [sha]** 流浪人[者]O vagabundo; o nómada. Ⓢ同 Rōrō. ⇨ yūbókuí.

rúru [to] 縷縷【E.】 **1** [続くさま]「o fumo a sair da chaminé」Sem parar. **2**[くわしく]「explicar」Pormenorizadamente. Ⓢ同 Kuwashíku (+).

rúru [úu] ルール (< Ing. rule < L. regula: pau direito) A regra; o regulamento; a lei; a norma; o critério. ◇ **~ ihan** ルール違反 A violação da/o ~. Ⓢ同 Kísoku (o); kitéí (+).

rúsu 留守 **1** [不在] A ausência. ★ ~ *chū ni* 留守中に Durante a「minha」~; quando「o dono」está fora「quando *no [o] suru* 留守に[を]する Ausentar-se「do J.」; estar fora; sair. ~ *o azukaru* 留守を預かる Tomar conta da casa「na ~ do dono」. ~ *o tsukau* 留守をつかう Fingir [Mandar dizer] que não está. ◇ ⇨ **~ ban. ~ taku** 留守宅 A casa cujo dono está ausente [que não tem ninguém] (⇨ akí-yá). **~ den'wa** 留守番電話 O Fuzál. ⇨ í-rúsú. **2**[「お-~」の形で、おろそか] A negligência; o descuido. ★ *Benkyō ga o- ~ ni naru* [*Benkyō o o- ~ ni suru*] 勉強がお留守になる[勉強をお留守にする]Descuidar o estudo. Ⓢ同 Orósoka (+).

rusú-bán [-i] 留守番[居] **a)** O guardar a casa; **b)** A pessoa que guarda a casa. ★ ~ *o suru* 留守番をする Guardar a [Tomar conta da casa]; ficar de guarda à casa. ◇ **~ den'wa** 留守番電話 O telefone com gravador.

rutéchíumu ルテチウム (< Ing. lutetium < L. Lutetia: Paris)【Quím.】O lutécio (Lu 71).

rutén 流転【E.】 **1** [限りなく移り変わること] A mudança contínua; a mutabilidade. *Banbutsu wa ~ suru* 万物は流転する No mundo, tudo muda. **2** [流浪] A migração「dos ciganos」; as vicissitudes「da vida」. Ⓢ同 Rurō (+). **3** [輪廻]【Fil.】A metempsicose; a transmigração da alma. Ⓢ同 Rínne (+).

ruténíumu ルテニウム (< Ing. ruthenium < L. Ruthenia: Rússia)【Quím.】O ruté(ê)nio (Ru 44).

rúto¹ [úu] ルート (< Ing. route < Fr. < L. rupta via: caminho cortado) A via; o canal; o caminho; o percurso「do autocarro」. ★ *Seiki [Yami] no ~ de* 正規[闇]のルートで Por via legal [ilegal]; pelos canais normais [por canais secretos]. Ⓢ同 Kéiro (+). ⇨ dóro.

rúto² [úu] ルート (< Ing. root) **a)**【Mat.】A raiz (quadrada). Ⓢ同 Heíhōkon. **b)** A raiz da palavra (⇨ gogén).

rútsubo 坩堝 O cadinho; o crisol. *Burajiru wa jinshu no ~ da to iwareru* ブラジルは人種の坩堝だと言われる Diz-se que o Brasil é um cadinho de raças. ★ *Kōfun no ~ to kasu* 興奮の坩堝と化す Ficar todo exaltado [nervoso; eufórico].

Ruwánda ルワンダ O Ruanda. ◇ **~ jin** ルワンダ人 O ruandense. **~ kyōwakoku** ルワンダ共和国 A República do ~ (Não confundir com Luanda, capital de Angola!).

ruzáí 流罪 O exílio; o desterro; o degredo. ★ ~ *ni shosuru* 流罪に処する Exilar; desterrar; condenar à pena de degredo. ◇ **~ nin** 流罪人 ⇨ runín. Ⓢ同 Rukéí; ryūkéí. ⇨ shimá-nágashi.

rúzu [úu] ルーズ (< Ing. loose) O ser relaxado [descuidado]. ★ *Kinsen ni ~ na hito* 金銭にルーズな人 Uma pessoa descuidada em matéria de dinheiro. Ⓢ同 Daráshi(gá)náí (+); iíkágén ná (o).

rúzú-rífu [ruúzú ríi] ルーズリーフ (< Ing. loose leaf) O caderno de folhas soltas.

ryákki 略記 A descrição resumida. Ⓐ反 Shōkí. ⇨ ryakúsu; shōryákú¹.

ryáku 略 **1** [短縮] O resumo; o abreviar; a síntese. ◇ **~ nenpyō** 略年表 A cronologia sintetizada. Ⓢ同 Tañshúkú (+). **2** [省略] A omissão. ★ *Ika ~ ni kōhen* (表示) Omite-se o resto; e assim por diante. Ⓢ同 Shōryákú.

ryakúdatsú 略[掠]奪 O saque; a pilhagem; a espoliação. ★ ~ *suru* 略奪する Saquear; pilhar; espoliar. ◇ **~ hin** 略奪品 O despojo; o espólio; a presa. Ⓢ同 Gōdátsú (+).

ryakúdén 略伝 Uma pequena biografia; a biografia resumida. Ⓢ同 Shōdén.

ryakufúkú 略服 O traje simples [informal]. Ⓢ同 Ryakúsō. Ⓐ反 Seífúkú. ⇨ reífúkú.

ryakúgá 略画 O esboço「duma paisagem」.

ryakúgén 略言 O dizer em poucas palavras. ★ ~ *sureba* 略言すれば Resumindo [Numa palavra]「ele é um grande poeta」. Ⓢ同 Yakúgén.

ryákugi 略儀【E.】A informalidade; a brevidade. ~ *nagara shomen o motte go-aisatsu mōshi-agemasu* 略儀ながら書面をもって御挨拶申し上げます Permita-me a informalidade desta saudação [de o avisar] por carta. Ⓢ同 Ryakúshíkí (+).

ryakugó 略語 A abreviatura「de televisão é TV」; a sigla. ⇨ ryakújí.

ryakugō 略号 O código; a cifra; o sinal; a marca.

ryakújí 略字 O ideograma simplificado. Ⓐ反 Seiji.

ryakújútsú 略述【E.】A apresentação resumida; o relato breve. Ⓢ同 Ryákki (+). ⇨ ryakúsétsú.

ryakúréki 略歴 O currículo resumido. ⇨ keíréki.

ryakúsétsú 略説 A descrição [apresentação] geral; o resumo.

ryakúshíki 略式 A informalidade; a simplicidade; a rapidez. ★ ~ *de [ni]* 略式で[に] Sem grandes formalidades. ◇ **~ meirei** 略式命令 A ordem sumária (Dir.). **~ tetsuzuki** 略式手続 As formalidades simples; os trâmites rápidos. Ⓢ同 Ryákugi. Ⓐ反 Hoñshíkí; seíshíkí.

ryakushō 略称 A abreviatura; a designação [forma] abreviada. *"Nichigin" wa "Nihon Ginkō" no ~ de aru*「日銀」は「日本銀行」の略称である "Nichigin" é a ~ de "Nihon Ginkō" (Banco do Japão).

ryakusō 略装 O traje informal; o traje de passeio; a roupa habitual. Ⓢ同 Ryakúfúkú. Ⓐ反 Seísō.

ryakúsu 略す **1** [縮める] Encurtar; resumir; abreviar. ★ *Ryakushite setsumei suru* 略して説明する Explicar resumidamente. Ⓢ同 Chijímérú. **2** [省く] Omitir. *Shōsai wa ryakushimasu* 詳細は略します Omitimos [Deixamos] os pormenores. *Ika ~ ni ryaku* (表示) O resto pode-se ~/E assim por diante. Ⓢ同 Habúku; shōryákú súrú. **3** [略取する] Saquear; roubar. Ⓢ同 Ryakúdátsú súrú (+).

ryakúzú 略図 O esboço; o mapa simples.

ryō¹ [óo] 量 A quantidade. ~ *yori mo shitsu ga kanjin da* 量よりも質が肝心だ É mais importante [Vale mais] a qualidade (do) que a quantidade. ★

～ *ga fueru* [*masu*] 量がふえる［増す］～ aumentar. ～ *ga ōi* [*sukunai*] 量が多い［少ない］Ser muito [pouco] em quantidade. *Sake* [*Tabako*] *no* ～ *o herasu* 酒［タバコ］の量を減らす Cortar na bebida [Fumar menos]. *Kōtsū* ～ 交通量 O volume do tráfico. *Ta* [*Shō*] ～ 多［少］量 A grande [pequena] ～.
[S/同] Buńryṓ. ⇨ shitsú[1].

ryō[2] [**óo**] 猟 **1** [銃猟；狩猟] A caça; 「fazer」 uma caçada. ★ ～ *ni dekakeru* [*iku*] 猟に出かける［行く］Ir à caça. ⇨ jū́ryō[2]; kári[3]; shuryṓ[1]. **2** [獲物] A caça. ★ ～ *ga sukunai* [*takusan aru*] 猟が少ない［たくさんある］Há pouca [muita] caça. [S/同] Emónó (+).

ryō[3] [**óo**] 漁 **1** [魚類をとること] A pesca; a pescaria. ★ ～ *ni iku* 漁に行く Ir à pesca. ～ *o suru* 漁をする Pescar. ⇨ gyógyō. **2** [漁獲] O peixe; a pesca 「está fraca」. ★ ～ *ga sukunai* 漁が少ない Há pouco peixe. [S/同] Gyokákú (+).

ryō[4] [**óo**] 良「resultado」Bom「no exame」.

ryō[5] [**óo**] 寮 **1** [寄宿舎] O lar/dormitório「para estudantes」. ◇ **～ bo** 寮母 A governanta [administradora] do ～. **～ chō** 寮長 O dire(c)tor do ～ r. **～ sei** 寮生 O interno; o inquilino do ～. [S/同] Kishúkúsha. **2** [別荘] A casa de campo. [S/同] Bessṓ (+).

ryō[6] [**óo**] 領 **1** [領地] O território; a possessão; o domínio; o feudo. *Burajiru wa mukashi Porutogaru* ～ *datta* ブラジルは昔ポルトガル領だった O Brasil já foi território português. [S/同] Ryṓchi **1** (+); ryṓdo (o); ryṓíkí **1** (+). **2** [よろい・かぶとを数える語] Numeral de armaduras e elmos.

ryō[7] [**óo**] 料 **1** [料金] O preço; o custo; o dinheiro; a taxa. ◇ **Denwa ～** 電話料 A taxa do telefone. **Jugyō ～** 授業料 As propinas; o custo dos estudos. **Nyūjō ～** 入場料 O preço da entrada. **Tesū ～** 手数料 A comissão; as despesas de expediente. [S/同] Dáikin (+); ryṓkin (o); téate. **2** [材料] O material; o ingrediente. ◇ **Chōmi ～** 調味料 O condimento; o tempero. [S/同] Zaíryṓ (+).

ryō[8] [**óo**] 両 **1** [日本の昔の貨幣単位]【H.】Antiga unidade monetária e de peso do J. ★ *Jū-* ～ 十両 Dez ryōs. **2** [双方] Ambos; um e outro; os dois 「partidos」. ★ ～ *gawa ni* 両側に Num lado e noutro; nos dois lados; em ambos os lados. ◇ ⇨ **～ men**. [S/同] Sṓhō. ⇨ futátsú. **3** [車両] [oó] A carruagem; o vagão. [S/同] Sharyṓ (+).

ryō[9] [**óo**] 涼【E.】O fresco. ★ ～ *o ireru* 涼を入れる Refrescar 「a sala」. ～ *o motomeru* 涼を求める Buscar o [Gostar do] ～. [S/同] Suzúshísa (+).

ryō[10] [**óo**] 陵 O mausoléu 「do Imperador」.

ryō[11] [**óo**] 稜 A aresta.

ryṓ-bá[1] [**oó**] 両刃 (< ryō[8] **2** + ha) Os dois gumes「da espada」. [S/同] Moróhá. [A/反] Katá-bá.

ryṓbá[2] [**oó**] 猟場 O parque [A reserva] de caça.

ryṓbá[3] [**oó**] 漁場 O lugar de pesca. [S/同] Gyojṓ (+).

ryṓba[4] [**óo**] 良馬【E.】O cavalo bom [de boa raça]. [S/同] Méiba (o); shúnme (+).

ryṓ-bírákí [**oó**] 両開き (<… [8]**2** + hiráku) De [Que tem] duas folhas. ★ ～ *no to* 両開きの戸 A porta de duas folhas. [S/同] Kańnṓńbíraki.

ryṓbun [**óo**] 領分 **1** [領土] O território. [S/同] Ryṓchi **1**; ryṓdo (+); ryṓíkí **1**. **2** [支配範囲] O âmbito; a esfera; o domínio. ★ *Tanin no* ～ *o okasu* 他人の領分を侵す Invadir a esfera dos outros. *Kodomo no* ～ 子供の領分 O domínio [mundo] das crianças. [S/同] Ryṓíkí **2**.

ryṓchi [**óo**] 領地 **1** [領土] O território; o âmbito nacional; a área do país. [S/同] Ryṓbun **1**; ryṓdo (+); ryṓíkí **1**. **2** [封土]【H.】O domínio; o feudo. [S/同] Hṓdo.

ryódan 旅団 A brigada. ◇ **～ chō** 旅団長 O brigadeiro; o chefe de ～.

ryṓdáń [**oó**] 両断 A dicotomia; o separar em dois. ★ ～ *suru* 両断する Cortar em duas partes; separar em dois; partir [quebrar] ao meio. ◇ ⇨ **ittō ～**.

ryṓdáté 両建て (<… [8]**2** + tatéru)【Econ.】A operação dupla (na Bolsa).

ryṓdo [**óo**] 領土 O território; a área do país. ★ ～ *no hozen* 領土の保全 A integridade territorial. ◇ **～ arasoi** 領土争い O conflito territorial [de (limites de) fronteira]. **～ kakuchō** 領土拡張 A expansão territorial [do ～]. **～ kakuchō-shugi** 領土拡張主義 O expansionismo. **～ ken** 領土権 O direito territorial. [S/同] Ryṓbun **1**; ryṓchi **1**; ryṓíkí **1**.

ryṓdṓ [**ryoó**] 両道 As duas esferas [artes]. ◇ **Bunbu ～** 文武両道「ter habilidade tanto na」Arte literária como na arte militar.

ryṓdṓ-tái [**yoó**] 良導体【Fís.】「o cobre é」Um bom condutor「de ele(c)tricidade」.

ryṓéń [**oó**] 良縁 O bom casamento; um bom par [partido]. ★ ～ *o musubu* [*eru*] 良縁を結ぶ［得る］Ter o casamento ideal.

ryṓfū́[1] [**oó**] 涼風【E.】A brisa [aragem; viração; aura] fresca. [S/同] suzú-kaze (+). ⇨ ryō[9].

ryṓfū́[2] [**oó**] 良風【E.】Os bons costumes [hábitos]; a virtude. [S/同] Bifū́; junpū. [A/反] Akúfū́. ⇨ ryō[4].

ryṓga [**óo**] 凌駕【E.】O sobrepujar. ★ ～ *suru* 凌駕する Sobrepujar 「o mestre na pintura」; superar; ultrapassar. ⇨ oí-kósu; shinógu.

ryṓgáé [**oó**] 両替 (<… [8]**1** + kaérú) O câmbio; o troco (de dinheiro). ★ ～ *suru* 両替する Cambiar; fazer operações de câmbio; trocar dinheiro. [*Ichiman en o sen en satsu jū-mai ni* ～ *suru* 1万円を1000円札10枚に両替する Trocar dez mil yens em dez notas de mil (yens)]. ◇ **～ jo** 両替所 Um lugar de câmbio. **～ shō** [**ten**] 両替商[店] A agência [casa] de câmbio. **～ ya** 両替屋 O cambista.

ryṓgai [**óo**] 領外 (⇨ ryō[6]) Fora do território. [A/反] Ryṓnai.

ryṓgáń[1] [**oó**] 両眼 Os dois olhos. [A/反] Katá-mé. ⇨ me[1]; ryō[8] **2**.

ryṓgáń[2] [**oó**] 両岸 (⇨ ryō[8]) As duas margens「do rio」. ⇨ kishí[1].

ryṓ-gáwá [**oó**] 両側 (⇨ ryō[8]) Os dois lados. ★ *Michi no* ～ *ni* 道の両側に Nos [Aos/Dos] ～ da rua. [A/反] Katá-gáwá.

ryṓ-gírí(tábako) [**oó**] 両切り(たばこ) (<… [8]**2** + kíru) O cigarro sem filtro.

ryṓ-háshí [**oó**] 両端 (⇨ ryō[8]) As duas extremidades; ambas as pontas. [S/同] Ryṓtáń.

ryṓ-héika [**oó**] 両陛下 O Imperador e a Imperatriz; Suas Majestades Imperiais.

ryóhí 旅費 As despesas [Os gastos] de viagem. ⇨ kṓtsū́-hi.

ryṓ-hi [**óo**] 良否【E.】O bom e [ou] o mau; o bem e [ou] o mal; 「saber ver」a qualidade「do produto」. ★ ～ *o handan suru* 良否を判断する Fazer um juízo qualitativo. ～ *o miwakeru* 良否を見分ける Distinguir o bem do mal; saber julgar. [S/同] Yóshiashi (+); zén'aku.

R

ryōhín [oó] 良品 Os artigos [produtos/As mercadorias] de boa qualidade. A/反 Soákúhín.

ryō-hó¹ [ryoó] 両方 Ambos; os dois [as duas]; um e outro. ★ ～ *tomo* 両方共 Ambos; tanto uns como o outro「são bons alunos」. S/周 Ryósha; sôhô. A/反 Katáhô.

ryōhó² [ryoó] 療法 A terapêutica [terapia]; o método terapêutico [de tratamento]. ★ *Seishin* ～ *o yatte miru* 精神療法をやってみる Tentar a psicoterapia. ◇ **Katei** ～ 家庭療法 O remédio caseiro. **Rigaku [Sagyō]** ～ 理学［作業］療法士 O fisioterapeuta. ⇨ chiryô.

ryō-íki [oó] 領域 **1**［領土］O território; o domínio territorial. S/周 Ryóbun **1**；ryóchi；ryódo (+). **2**［領分］O âmbito; a esfera; o domínio; o campo de a(c)ção; o se(c)tor. ★ *Michi no* ～ 未知の領域 Um campo desconhecido. S/周 Ryóbun² (+).

ryōín [oó] 両院 Ambas as [As duas] Câmaras「da Dieta/do Congresso」. ★ ～ *itchi no giketsu* 両院一致の議決 A decisão unânime de ambas as [das duas] Câmaras. ～ *o tsūka suru* 両院を通過する Ser aprovado pelas [Passar nas] duas Câmaras. ◇ ～ **giin** 両院議員 Os membros de ～.

ryōji¹ [oó] 領事 O cônsul [A consulesa]. ★ ～ *no* 領事の Consular. *Porutogaru chūzai no Nihon* ～ ポルトガル駐在の日本領事 O J. em P. ◇ ～ **kan** 領事館 O consulado. ～ **kan-in** 領事館員 O funcionário [pessoal] do consulado. ⇨ sô-ryóji.

ryōji² [óo] 療治 O curativo; a cura; o tratamento. ◇ **Ara** ～ 荒療治 O curativo feito à pressa [de qualquer maneira]. **Momi** ～ 揉み治 A (cura por) massagem. S/周 Chiryô (+).

ryōji-kan 領事館 ⇨ ryōji¹ ◇.

ryojō 旅情 O sonho do viajante; o gosto de viajar. ★ ～ *o nagusameru* 旅情を慰める Satisfazer o ～. ～ *o sosoru* 旅情をそそる Convidar a viajar;「nesta terra tudo parece」atrair o viajante. S/周 Ryoshô.

ryōjō [ryoó] 猟場【E.】O parque de caça. S/周 Ryōbá² (+).

ryōjókú [oó] 凌辱 **1**［辱しめ］O vexame; o ultraje; a humilhação; o insulto. ★ ～ *suru* 凌辱する Insultar. **2**［婦女暴行］A desfloração; a violação; a violação da virgindade. ★ ～ *sareru*［*o ukeru*］凌辱される［を受ける］Ser desflorada (violada). ～ *suru* 凌辱する Desonrar; desflorar; estuprar; violar. S/周 Bókô (+).

ryōjū [oó] 猟銃 A espingarda [arma] de caça. ⇨ ráifuru; sandán³ ◇.

ryōka¹ [óo] 良家 ⇨ ryōke¹.

ryōka² [óo] 良貨【Econ.】A moeda forte. ことわざ *Akka wa* ～ *o kuchiku suru* 悪貨は良貨を駆逐する A moeda má [fraca] expulsa a ～. A/反 Akka.

ryōkái [oó] 了解［諒］O entender; a compreensão; **b**) O acordo; a concordância; o consentimento. ～ ～ *kochira O.K.* 了解了解こちら OK（通信）Certo, certo, aqui tudo bem! ～ *ga tsuku* 了解がつく Chegar a um acordo. ～ *ni kurushimu* 了解に苦しむ Custar a [Não poder] entender; ser difícil de compreender. ～ *o eru* 了解を得る Obter o consentimento. ～ *o motomeru* 了解を求める Pedir para concordar「com o plano」. ～ *suru* 了解する **a**) Entender; compreender; **b**) Concordar; consentir. *Sōgo no* ～ 相互の了解 O acordo mútuo. S/周 Ryóshô. ⇨ ríkai; shôdákú; shôhín¹.

ryōkái² [oó] 領海 As águas territoriais. ◇ ～ **shinpan** 領海侵犯 A invasão das ～「de Angola」. A/反 Kókai.

ryokakú 旅客 O passageiro. ◇ ～ **annaijo** 旅客案内所（O serviço de）informações. ～ **gakari** 旅客係 O comissário de bordo. ～ **meibo** 旅客名簿 A lista dos ～ s「do avião」. ～ **te-nimotsu azukarijo** 旅客手荷物預り所 O depósito de bagagens dos ～s. ～ **unchin** 旅客運賃 O preço da passagem [do bilhete]. ～ **yusō** 旅客輸送 O transporte de ～s. S/周 Ryokyákú. ⇨ jókyákú.

ryokán 旅館 A pensão; a hospedaria; a estalagem; a pousada. ★ ～ *ni tomaru* 旅館に泊まる Ficar numa ～. ～ *no shujin* 旅館の主人 O estalajadeiro/O dono da ～. ～ *o itonamu* 旅館を営む Ter uma ～. ◇ ～ **gyō** 旅館業 A hotelaria. S/周 Hatágó; yadóya. ⇨ hóteru¹.

ryōkán¹ [oó] 量感 A sensação de volume [de grossura/de gordura]. ★ ～ *ga* [*no*] *aru* 量感が［の］ある「*bolumoso*」vaca leiteira」com grande corpanzil. S/周 Boryûmu; rittáikan.

ryōkán² [oó] 僚艦 O navio de conserva [que acompanha outro]. S/周 Ryôsén³.

ryōkán³ (**úndó**) [oó] 猟官（運動）【E.】A corrida [caça] aos cargos públicos.

ryōke¹ [oo] 良家 A família boa [distinta]. ★ ～ *no de de aru* 良家の出である Ser de ～; ser bem-nascido. S/周 Ryóka¹.

ryōke² 両家 As duas famílias「dos noivos/dos Yamadas e Satōs」.

ryokén 旅券 O passaporte. ★ ～ *no sashō o ukeru* [*shite morau*] 旅券の査証を受ける［してもらう］Receber [Obter] o visto no ～. ～ *o kafu*［*kôfu*］*suru* 旅券を下付［交付］する Conceder [Dar] o ～. S/周 Pasúpôto ～; ryokô ménjó.

ryōkén¹ [oó] 了見［料簡・量見］**1**［考え，意図］A ideia; a noção; a opinião; a [o ponto de] vista; a intenção. *Kare wa* ～ *ga semai* 彼は了見が狭い Ele tem vistas (muito) estreitas. *Warui* ～ *o okosu* 悪い了見を起こす Ter más ideias [intenções]. ◇ ⇨ ～ **chigai**. **2**［分別］A discrição. ★ *Kakujin no* ～ *ni makaseru* 各人の了見に任せる Confiar no discernimento [na ～] de cada um. S/周 Saíryô (+). **3**［がまん］【G./A.】A tolerância; a indulgência; a paciência. S/周 Gáman (o); kánben (+).

ryōkén² [oó] 猟犬 O cão de caça. ⇨ ryô².

ryōkén-chígai [oó] 了見［料簡・量見］違い **1**［誤った考え］A ideia errada; o juízo [conceito; ponto de vista] erró(ô)neo; o erro; o equívoco. ★ ～ *o suru* 了見違いをする Ter uma ideia errada「da questão」; fazer um juízo erró(ô)neo. S/周 Kańchígai. **2**［軽率なこと］A leviandade; a imprudência; a falta de tino [discernimento; juízo]. ★ ～ *o suru* 了見違いをする Cometer uma leviandade [imprudência]. ⇨ keísótsú.

ryōki¹ [óo] 猟期 O tempo da caça.

ryōki² [óo] 漁期 O tempo da pesca. S/周 Gyóki.

ryōki³ [óo] 猟奇 A mania das curiosidades [do bizarro/da excentricidade/do grotesco/da extravagância]. ◇ ～ **bungaku** 猟奇文学 A literatura grotesca [de aventuras; excêntrica]. ⇨ ijô²; kikái⁴.

ryōki⁴ [oó] 涼気（º ryô⁹）O (ar) fresco; a frescura. S/周 Ryôkí⁶. ⇨ suzúshísa.

ryōki⁵ [oó] 僚機【E.】O avião de conserva [que acompanha outro]. ⇨ ryōsén³.

ryōkin [óo] 料金 O (dinheiro do) pagamento; a taxa; o preço; a tarifa; o custo. ~ *wa atobarai de kekkō desu* 料金は後払いで結構です O pagamento pode ser [ficar para] depois. ★ ~ *o harau* 料金を払う Pagar. ~ *o toru* 料金を取る Cobrar「a chamada」. *Takai* [*Hikui*] ~ *de* 高い[低い]料金で Por um preço alto [baixo]. *Waribiki* ~ *de* 割引料金で Com desconto. ◇ ~ **betsunō** (**yūbin**) 料金別納(郵便) Taxa paga (à parte nos correios). ~ **hyō** 料金表 A tabela de preços; a tarifa. ~ **kōnō** (**yūbin**) 料金後納(郵便) O reembolso posterior da taxa; o pagar depois「nos correios」. ~ **neage** [**nesage**] 料金値上げ[値下げ]O aumento [A baixa] do/a ~. **Denki** [**Denwa; Gasu; Suidō**] ~ 電気[電話;ガス;水道]料金 A taxa da luz [do telefone; do gás; água]. **Takushī** ~ タクシー料金 ~ do táxi. [S/周] Daíkíń. ⇨ ryō⁷.

ryokká 緑化 O repovoamento florestal. ◇ ~ **undō** 緑化運動 A campanha de ~. [S/周] Shokuríń; zóríń. ⇨ ryokúchí.

ryokō 旅行 **a)** A viagem; a excursão; **b)** O turismo (⇨ kankō¹). ★ ~ *chū*(*ni*) 旅行中(に)Em [Durante a] viagem. ~(*o*)*suru* 旅行(を)する Viajar. *Shō* ~ *suru* 小旅行をする Dar uma volta. ◇ ~ **annai** 旅行案内 O guia turístico [de viagens]. ~ **annai-jo** 旅行案内所 A agência de turismo [de viagens]. ~ **ka** 旅行家 O viajante. ~ **kaban** 旅行鞄 A pasta [maleta] (de viagem); as malas. ~ **ki** 旅行記 O diário [relato] de viagem. ~ **saki** 旅行先 O destino. ~ **sha** 旅行者 O viajante. ~ **sha** 旅行社 A agência de viagens [turismo]. ~ **shīzun** 旅行シーズン A época boa para viajar [de muito turismo]. **Basu** ~ バス旅行 A ~ de autocarro [de ônibus]. **Hi-gaeri** ~ 日帰り旅行 O ir e vir no mesmo dia. **Sekai isshū** ~ 世界一周旅行 Uma (viagem de) volta ao mundo. **Shisatsu** ~ 視察旅行 A viagem de inspe(c)ção. **Shūgaku** ~ 修学旅行 A ~ de estudo「de todo o colégio」. [S/周]

ryōkō¹ [**ryoo**] 良好 O ser bem; o estar bem. *Kenkō jōtai wa kiwamete* ~ *desu* 健康状態はきわめて良好です Estou muito bem de saúde [em ó(p)tima saúde. ⇨ íi; yói¹; yúshú¹.

ryōkō² [**ryoo**] 良港 Um bom porto.

ryōkū [**oó-úu**] 領空 O espaço aéreo (territorial). ◇ ~ **shinpan** 領空侵犯 A violação do ~.

ryokúbén 緑便 As fezes esverdeadas.

ryokúchá 緑茶 O chá verde. ⇨ bańchá; kō-chá.

ryokúchí 緑地 A área para floresta; a zona arborizada. ⇨ ryokká.

ryokúgyókú 緑玉 [Min.] A nefrite.

ryokúhí 緑肥 O adubo vegetal.

ryokúíń 緑陰 [E.] A sombra de uma árvore.

ryókuju 緑樹 [E.] O verde; as árvores verdejantes.

ryokúnáishō 緑内障 [Med.] O glaucoma.

ryokúsō(**rui**) 緑藻(類) [Bot.] As algas verdes.

ryókuya 緑野 [E.] A campina verdejante. [S/周] Sōgéń (+).

ryokyákú 旅客 ⇨ ryokákú.

ryōkyakú 両脚 As duas pernas. [S/周] Ryō-áshí (+).

ryōkyókú 両極 Os dois pólos「da terra/de um magnete」. ★ ~ *no* 両極の Bipolar. ◇ ~ **chihō** 両極地方 As regiões polares. ⇨ ~ **tan**.

ryō-kyókutan [óo] 両極端 Os dois extremos; opostos; pólos opostos. *Karera wa seikaku-teki ni* ~ *da ga angai ki ga au* 彼等は性格的には両極端だが案外気があう Eles, no cará(c)ter, são pólos [diametralmente] opostos, mas dão-se [entendem-se] muito bem. ⇨ ryōkyókú.

ryōmáe [**oó**] 両前「o casaco com」Duas fileiras de botões. [S/周] Dáburu (+). [A/反] Katámáé.

ryōmátsú [**oó**] 糧秣 [E.] As provisões (para os soldados) e a forragem (para os animais).

ryōmé [**óó**] 量目 O peso「do peixe」. [S/周] Hakáríme; kakémé; mekátá (+); omósá (o).

ryōmén [**óó**] 両面 As duas faces; os dois lados「do disco」. ◇ ~ **kachi** 両面価値 A ambivalência (do carácter) (Psic.). ~ **seisaku** 両面政策 A política de dois pólos [bipolar]. ~ **tēpu** 両面テープ A fita-cola que cola dos dois lados. ⇨ ~ **zuri**. [A/反] Katámén.

ryōmén-zúri [**óó**] 両面刷り (<… + *súru*) A impressão nos dois lados (da folha).

ryōmi [**óó**] 涼味 [E.] O fresco; a frescura. [S/周] Ryōkí⁴. ⇨ ryō⁹.

ryōmíń [**óó**] 良民 O povo bom [pacífico]. ⇨ gumíń.

ryōnai [**óó**] 領内 Dentro do território. ⇨ ryōdo.

ryōri [**óo**] 料理 **1** [調理; 料理名] **a)** A culinária; a cozinha [o cozinhar] (⇨ daídókóró); **b)** O prato「brasileiro」; **c)**「servir」A comida [refeição]「quente」. *Ano mise no* ~ *wa umai* [*mazui*] あの店の料理はうまい[まずい]A cozinha [comida] daquele restaurante é boa [fraca/má]. ~ *ga jōzu* [*heta*] *de aru* 料理が上手 [下手] である Ser bom [fraco/mau] cozinheiro. ~ *ni te o tsukenai* 料理に手をつけない Não pôr a mão na [provar a] comida; não comer nada. ~ *o dasu* 料理を出す Pôr a comida na mesa. ~ *suru* 料理する Cozinhar; fazer [preparar] a comida. *Ariawase no* ~ 有り合わせの料理 O prato preparado com o que houver. *Sappari* [*Assari*] *shita* ~ さっぱり[あっさり]した料理 A comida simples [pouco condimentada]. *Shitsukoi* ~ しつこい料理 A comida pesada [de difícil digestão]. ◇ ~ **ba** 料理場 A cozinha. ~ **ban** [**nin**] 料理番 [人] O cozinheiro. ~ **dōgu** 料理道具 Os utensílios de cozinha; os apetrechos culinários. ~ **gakkō** 料理学校 A escola de culinária. ~ **gaku** 料理学 A gastrologia; a gastronomia; a culinária. ~ **hō** 料理法 A receita culinária. ~ **kyōshitsu** 料理教室 As aulas [O curso] de culinária. ⇨ ~ **ten** [**ya**]. **Furansu** [**Kyōto**] ~ フランス[京都]料理 A cozinha francesa [de Quioto]. **Ippin** ~ 一品料理 O prato independente [à parte] (⇨ tańpíń). **Niku** [**Sakana; Yasai**] ~ 肉[魚;野菜]料理 O prato (à base) de carne [peixe; legumes]. [S/周] Chōri. **2** [処理] O despacho; o tratar「da situação/do problema」. ★ *Teki o* ~ *suru* 敵を料理する Tratar [Dar cabo] do inimigo; matar o inimigo. [S/周] Shóri (+).

ryōríń [**óó**] 両輪 As duas rodas. ★ *Kuruma no* ~ *no gotoshi* 車の両輪の如し Como as duas rodas de um carro;「trabalhar」com eficiência [bem sintonizados um com o outro].

ryōri-ten 料理店 ⇨ ryōri-ya.

ryōrítsú [**óó**] 両立 A compatibilidade; a coexistência. ~ *suru* 両立する Ser compatível; poder「fazer」duas coisas ao mesmo tempo (*Gakugyō to arubaito o* ~ *saseyō to omotta ga muri datta* 学業とアルバイトを両立させようと思ったが無理だった Pensei

[Tentei] estudar e fazer um biscate ao mesmo tempo mas não consegui (conciliar as duas coisas)].

ryóri-ya [oó] 料理屋 A casa de pasto; o restaurante. ★ ~ no shujin 料理屋の主人 O dono do/a ~. ⓢ[同] Ryóri-ten; ryótéi. ⇨ résutoran; shokúdó¹.

ryóryó¹ [ryoó—] 寥寥 【E.】 **1** [まれ] Raro. ⓢ[同] Maré (+). **2** [寂しい] Triste. ⓢ[同] Sabíshíi (+).

ryóryó² [ryoó—] 両両 (< ryó*²) 【E.】 Os dois; ambos; um e outro. ⇨ ryó-hó¹; ryósha.

ryósái [oó] 良妻 【E.】 A boa esposa. ◊ ~ **kenbo** 良妻賢母 A perfeita dona de casa e perfeita mãe de família; ~ e ó(p)tima mãe. A/反 Akúsái.

ryósáku [oó] 良策 A medida sábia [boa].

ryósán¹ [oó] 量産 A produção em massa [em grande quantidade; em grande escala]「de carros」. ★ ~ suru sugeru fazer Produzir em massa. ~ ka o hakaru 量産化を図る (Começar a) produzir em massa. ◊ ~ **taisei** 量産体制 O sistema de ~. ⓢ[同] Taíryó séisan (+).

ryó-san² [oó] 両三 Dois ou três「dias」.

ryósátsú [oó] 諒[了]察 A consideração; o ter em conta「uma opinião」. ★ ~ suru 諒察する Considerar. ⓢ[同] Ríkai (+). ⇨ sassúrú; suísátsú¹.

ryóséí¹ [oó] 両性 **a)** Os dois [Ambos os] sexos; a bissexualidade; o hermafroditismo. ★ ~ no 両性の Bissexual; hermafrodita. ◊ ~ **ka** 両性花 【Bot.】 A flor hermafrodita. ~ **seishoku** 両性生殖 A anfigamia. ~ **tai** 両性体【Biol./Bot.】O (organismo) hermafrodita. **b)** Duas qualidades [características] (Geralmente opostas).

ryóséí² [oó] 良性【Med.】Benigno. A/反 Akúséí.

ryóséí³ [oó] 両棲[生]【Zool.】Anfíbio. ◊ ~ **dóbutsu** 両棲動物 O animal ~. ⇨ **rui**.

ryóséi-rui [oó] 両棲[生]類【Zool.】Os (animais) anfíbios. ⇨ ryóséí³.

ryósén¹ [oó] 猟[漁]船 **1**[魚をとる船] O barco de pesca. ⓢ[同] Gyosén (+). **2**[海獣をとる船] O (barco) baleeiro.

ryósén² [oó] 稜線 A linha do cume da serrania. ⓢ[同] Óne.

ryósén³ [oó] 僚船 O navio auxiliar [de conserva]. ⓢ[同] Ryókań² (+).

ryósha [oó] 両者 【E.】 Os dois「adversários」. ⓢ[同] Futárí; ryóhó¹; ryóryó.

ryoshi [oó] 猟師 O caçador. ⓢ[同] Káryúdo.

ryóshi¹ [óo] 漁師 O pescador. ◊ ~ **machi** 漁師町「Nazaré é」Uma vila pesqueira. ⓢ[同] Gyófu.

ryóshi³ [oó] 量子【Fís.】O quantum「de a(c)ção」. ◊ ~ **butsurigaku** 量子物理学 A física quântica. ~ **rikigaku** 量子力学 A mecânica quântica. ~ **ron** 量子論 A teoria quântica [dos quanta].

ryóshíki [oó] 良識 O bom senso. ★ ~ ni kakete iru 良識に欠けている Ter falta de ~. ⇨ jóshíkí.

ryóshin¹ [oó] 両親 Os pais. ⓢ[同] Fúbo. ⇨ chíchi¹; futáóyá; háha.

ryóshin² [óo] 良心 A consciência. Sonna koto o suru no wa watashi no ~ ga yurusanai そんなことをするのは私の良心が許さない A minha ~ não me permite fazer tal coisa [uma coisa dessas]. ★ ~ ga togameru 良心が咎める [Sentir a ~ a remorder]. ~ ni somuku 良心に背く Agir contra a [Não ouvir a voz da] ~. ~ no jiyū 良心の自由 A liberdade de ~. 「é um direito da pessoa」. ~ no kashaku 良心の呵責 O remorso [remordimento]. ~ teki na shigoto [mise] 良心的な仕事[店] Um trabalho bem feito [Uma loja conscienciosa].

ryóshítsú [oó] 良質 A boa qualidade「do papel」. ⓢ[同] Jóshítsú. A/反 Akúshítsú. ⇨ ichíryú.

ryóshó [ryoó] 了承 **a)** A compreensão; o ficar a saber; **b)** A aprovação; o concordar. ★ ~ suru 了承する **a)** Compreender; **b)** Concordar. ⓢ[同] Shóchí (o); shódáku (+). ⇨ rikai.

ryóshókú [oó] 糧食 As provisões; os víveres; os mantimentos. ⓢ[同] Shokúryó (+); tabé-mono (+).

ryoshū 旅愁 【E.】A melancolia da viagem. ⓢ[同] Ryojó (+).

ryóshu¹ [óo] 領主 【H.】O senhor feudal. ⇨ daímyó; tóno.

ryóshu² [óo] 良種 A raça pura.

ryóshū [oó] 領収 O receber o [A recepção do] pagamento. ★ ~ suru 領収する Receber; ser pago. ◊ ~ **sho.** ~ **zumi** 領収済み "Pago"; liquidado.

ryóshú-shó[shó] [oó] 領収書[証] O recibo (de pagamento). ★ ~ o dasu [kaku; kiru] 領収書を出す[書く; 切る] Dar [Escrever/Passar] o ~.

ryosó 旅装 Os apetrechos [O enxoval] de viagem. ★ ~ o toku 旅装を解く Ver-se livre de todos os apetrechos da viagem; desfazer a(s) mala(s). ⓢ[同] Tabí-jítaku (+).

ryó-sóde [oó] 両袖 As duas mangas. ◊ ~ **zukue** 両袖机 A mesa com duas gavetas. ⇨ ryó⁸ 2.

ryótán [oó] 両端 As duas extremidades; os extremos. ⓢ[同] Ryó-háshí. ⇨ ryó⁸ 2.

ryó-té [oó] 両手 As [Ambas as] mãos; **b)** Os braços. ★ ~ de motsu 両手で持つ Segurar [Pegar] com ~. ~ o hirogeru 両手を広げる **a)** Abrir [Estender] os braços; **b)** Espalmar as mãos. ◊ ~ **ni hana** 両手に花 Estar「todo risonho」entre duas mulheres bonitas [Ter dois grandes sucessos「na casa e na firma」]. Moró-té. Katá-té. ⇨ ryó⁸ 2; ryó-úde.

ryotéi [oó] 旅程 【E.】O itinerário; o roteiro; o traje(c)to「de cinco dias」. ⓢ[同] Ryóku níttei.

ryótéi [oó] 料亭 O restaurante (japonês de qualidade). ★ ~ no okami 料亭の女将 A dona [proprietária/hospedeira] da ~. ⓢ[同] Ryóri-ya. ⇨ résutoran; shokúdó¹.

ryó-ténbin [oó] 両天秤 Os dois pratos da balança. ⓘ[慣用] ~ ni kakeru 両天秤にかける Jogar com pau de dois bicos. ⇨ ryó⁸ 2.

ryó-tó [ryoó] 両刀 Duas espadas. ◊ ~ **zukai** 両刀使い **a)** [刀の] O usar duas espadas; **b)** [二芸を兼ねる人] A espada versada em duas artes; **c)** [酒も甘いものもいける人] A pessoa que gosta tanto de bebidas alcoólicas como de doces. ⇨ ryó⁸ 2.

ryó-úde [oó] 両腕 Os dois braços. ⇨ ryó-té.

ryóyákú [oó] 良薬 O remédio bom; o medicamento eficaz. P[ことわざ] ~ wa kuchi ni nigashi 良薬は口に苦し O remédio bom amarga na língua/As verdades doem. ⓢ[同] Myóyákú.

ryóyó¹ [oó] 療養 O tratamento (médico). ★ ~ suru 療養する **a)** Recuperar-se; **b)** Tratar-se [Fazer tratamento]. Mokka ~ chū de aru [~ shite iru] 目下療養中である[療養している] Estar em plena convalescença [agora a tratar-se]. ◊ ~ **hi** 療養費 Os custos [As despesas] de ~. ~ **seikatsu** 療養生活 A convalescença. Jitaku ~ 自宅療養 O ~ [A convalescença] em casa. ⇨ ~ **jo**. ⇨ chiryó; yójó².

ryóyó² [ryoó] 両用 O usar de duas maneiras [em

alturas diferentes]. ◇ **Suiriku ～** 水陸両用「a embarcação」Para terra e para água. [S/同] Kéń'yṓ (+).

ryṓyṓ-jó [**ryoó**] 療養所 O sanatório; a casa de saúde. ⇨ ryṓyṓ[1].

ryṓyókú [**oó**] 両翼 **1** [鳥・飛行機のつばさ] As duas asas. ⇨ tsubásá. **2** [軍陣・隊列など左右に広がっているものの両はし] As duas alas [pontas「do campo de futebol」]; os dois flancos.

ryṓyū́[1] [**oó**] 領有 A posse; a possessão. ★ ～ *suru* 領有する Possuir; apossar-se. ◇ **～ chi** 領有地 Uma possessão [colónia] (H.). **～ ken** 領有権 O direito de ～. [S/同] Shoyū́ (+).

ryṓyū́[2] [**oó**] 両雄【E.】Dois heróis. [P/ことわざ] ～ *narabi-tatazu* 両雄並び立たず Não pode haver dois galos na mesma capoeira [no mesmo poleiro]. ⇨ eíyū́.

ryṓyū́[3] [**oó**] 良友【E.】O bom amigo [A boa amiga]. [A/反] Akúyū́.

ryṓyū́[4] [**oó**] 僚友 O colega; o camarada. [S/同] Dṓryṓ (+).

ryṓzáí [**oó**] 良材 **1** [良い材木] A madeira boa [de lei]. ⇨ zaímóku. **2** [良い人材] O bom elemento (humano); o pessoal capacitado「da firma」. ⇨ jińzáí.

ryṓzéń [**oó**] 瞭然【E.】Evidente; óbvio; claro. [S/同] Hańzéń. ⇨ ichí-mókú ◇.

ryṓzókú [**oó**] 良俗「ser contra a moral e」Os bons costumes. ★ *Kōjo ～ ni hansuru* 公序良俗に反する Ser contra a ordem social [pública] e os ～. [S/同] Ryṓfū́[2] (+).

ryū́[1] [**úu**] 竜・龍 O dragão. [S/同] Ryṓ; tatsú.

-ryū[2] 流 **1** [型] O tipo; a maneira; o modo. *Kare wa naganen Burajiru ni ita no de subete ga Burajiru ～ da* 彼は長年ブラジルに居たので全てがブラジル流だ Como ele viveu muito tempo [muitos anos] no Brasil, faz tudo à (maneira) brasileira. ★ *Jiko ～ ni* [*de*] 自己流に[で] À sua maneira; ao seu modo. [S/同] Katá. **2** [流派] A escola; o estilo. ⇨ ryū́ha. **3** [等級] A classe; a categoria. ⇨ ichí-ryū́; ni-ryū́; sań-ryū́.

ryū́an [**úu**] 硫安【Quím.】O sulfato de amó[ô]nio.

ryū́bi [**úu**] 柳眉【E.】O sobrolho arqueado; as sobrancelhas lindas [em forma de meia-lua]. ～ *o sakadateru* 柳眉を逆立てる Franzir o sobrolho; franzir「, indignada,」a sua linda testa. ⇨ máyu[1].

ryū́bí-jutsu [**uú**] 隆鼻術 A rinoplastia.

ryū́bókú [**uú**] 流木 A madeira flutuante「transportada a boiar na água」.

ryū́chí [**uú**] 留置 A detenção. ★ ～ *suru* 留置する Deter. ◇ **～ jo** 留置所 A casa de ～. **～ ken** 留置権 O direito de ～.

ryū́chō [**úu**] 流暢 A fluência. ★ ～ *na* 流暢な「falar um p.」Fluente; eloquente. ～ *ni* 流暢に Fluentemente [*Kare wa go-ka-kokugo o ～ ni hanasu* 彼は5か国語を流暢に話す Ele fala fluentemente cinco línguas]. ⇨ súrasura.

ryū́dáń[1] [**uú**] 流弾 A bala perdida [acidental]. [S/同] Nagáré-dámá.

ryū́dáń[2] [**uú**] 榴弾 A granada「de mão」.

ryū́dṓ [**uú**] 流動 O fluir. ★ ～ *suru* 流動する Fluir; circular; estar instável. ～ *teki na* 流動的な Fluido; flutuante; líquido; circulante; instável. ◇ ⇨ **～ butsu**. **～ sei** 流動性 A fluidez. **～ shihon** 流動資本 O capital circulante [flutuante]. **～ shisan** [**shikin**] 流動資産[資金] O patrimó[ô]nio operacional [fundo líquido]. ⇨ **～ shoku**. **～ sokutei** 流動測定 A reometria. [A/反] Kotéí; seíshí; teíshí.

ryū́dṓ-butsu [**ryuúdóo**] 流動物 **1** [流動体] A substância líquida; o fluido. [S/同] Ryū́dṓtáí. **2** [食事の] O alimento líquido. [S/同] Ryū́dṓshoku.

ryū́dṓkō [**ryuúdóo**] 硫銅鉱【Min.】A calcopirite [pirite de cobre].

ryū́dṓ-shoku [**ryuúdóo**] 流動食 O alimento líquido; a dieta de comidas líquidas.

ryū́dṓ-táí [**uú**] 流動体 A substância líquida; o líquido; o fluido. [S/同] Ryū́dṓ-butsu **1**; ryū́táí.

ryū́gákú [**uú**] 留学 Os estudos no estrangeiro [exterior]. ★ ～ *suru* 留学する Estudar no… ◇ **～ sei** 留学生 O que estuda no…; o bolsista (B.); o bolseiro (P.) [*Zai-Nichi gaikokujin ～ sei* 在日外国人留学生 O estudante estrangeiro no Japão].

ryū́géń [**uú**] 流言 O boato. ★ ～ *ni madowasareru* 流言に惑わされる Acreditar em [Ter medo de] boatos. ◇ **～ higo** 流言飛[蜚]語 ～ falso [infundado]. ⇨ déma; uwásá.

ryū́gí [**uú**] 流儀 **1** [流派] O estilo; a escola. [S/同] Ryū́ha (+). ⇨ -ryū[2]. **2** [やり方] A maneira; o modo; o estilo. [S/同] Shikítárí; yarí-kátá (+).

ryū́ha [**úu**] 流派 A escola; o estilo. [S/同] Ryū́gí. ⇨ -ryū[2].

ryū́ho [**úu**] 留保 **a**) A [O deixar de] reserva. ★ ～ *suru* 留保する Reservar「dinheiro」. [S/同] Horyū́ (+). **b**) O ressalvar [reservar] um direito.

ryū́hyṓ [**uú**] 流氷 O banco [A massa] de gelo flutuante. ⇨ hyṓzan.

ryū́-i [**úu**] 留意 A atenção; a consideração; o cuidado. [S/同] Chū́i (+). ⇨ neńtṓ[2].

ryū́-íkí [**uú**] 流域 A bacia hidrográfica/fluvial.

ryū́-íń [**uú**] 溜飲 A pirose; a azia「de estômago」. ★ ～ *ga sagaru* 溜飲が下がる **a**) Ficar sem azia; **b**) Sentir grande satisfação; ficar aliviado「ao saber que ele se demitira」. ～ *o sageru* 溜飲を下げる **a**) Tirar a azia; **b**) Ficar aliviado.

ryū́jṓ [**uú**] 粒状 A forma de grão. ★ ～ *no* 粒状の「textura」Granular. [S/同] Tsubújṓ (+). ⇨ tokkí[1].

ryū́ju [**úu**] リュージュ (< Fr. luge) O tobogã; o trenó (d)esportivo. ⇨ sóri[1]; bóbusurē.

ryū́ká [**uú**] 硫化【Quím.】A sulfuração; o tratar pelo enxofre. ◇ **～ aen** 硫化亜鉛 A blenda [O sulfureto de zinco]. **～ butsu** 硫化物 O composto de enxofre; o sulfureto. **～ gin** 硫化銀 O sulfureto de prata. **～ senryō** 硫化染料 O corante sulfuroso [sulfúreo]. **～ suiso** 硫化水素 O sulfureto de hidrogé[ê]nio; o ácido sulfídrico. **～ tetsu** 硫化鉄 O sulfureto de ferro.

ryū́káí [**uú**] 流会 A suspensão da assembleia [reunião].

ryū́káń[1] [**uú**] 流感 (Abrev. de "ryūkō-sei kanbō") A gripe. ⇨ ińfúrúénza.

ryū́káń[2] [**uú**] 流汗【E.】A transpiração. ★ ～ *rinri de aru* 流汗淋漓である Transpirar por todos os poros. ⇨ áse; ŕinri[2].

ryū́kéí [**uú**] 流刑【A.】O desterro. [S/同] Rukéí (+); ruzáí. ⇨ shimá-nágashi.

ryū́kétsú [**uú**] 流血 O derramamento de sangue; a sangria. ★ ～ *no sanji* 流血の惨事 O acidente sangrento.

ryū́ki [**úu**] 隆起 A saliência; a protuberância; a elevação. ★ ～ *suru* 隆起する「a terra」Ter [Fazer] uma ～. [A/反] Chińkṓ. ⇨ kifúkú[1]; morí-ágáru.

R

ryū́kí-hei [uú] 竜騎兵 O drago [soldado de cavalaria] (A.).
ryúkku(sákku) [ryukkúsákku] リュック(サック) (< Al. rucksack) A mochila「da escola/de alpinista」.
ryū́ko [úu] 竜虎【E.】 **1** [竜と虎] O dragão e o tigre. ⇨ ryū́¹; torá¹. **2** [すぐれた力量を持つ二人の英雄・豪傑] Os dois melhores [gigantes]. ★ ~ *no [ai-utsu] arasoi* 竜虎の[相うつ]争い A luta titânica entre dois gigantes.
ryū́kṓ [uú] 流行 **1** [はやり] A moda. ★ ~ *ni okureru* 流行に後れる Ficar fora de ~; não acompanhar [seguir] a ~. ~ *no sentan o iku* 流行の先端を行く Andar na última ~. ~ *okure no* 流行後れの Passado [Fora] de ~; bota-de-elástico. ~ *o ou* 流行を追う Andar sempre atrás da [Seguir a] ~. ~ *suru* 流行する Estar em ~. ◇ **~ go** 流行語 A palavra que está em ~. **~ ka** 流行歌 A canção da ~. [S/同] Hayárí. ⇨ niǹkí¹. **2** [蔓延] A propagação. ★ ~ *suru* 流行する Grassar; espalhar-se; propagar-se. ◇ **~ byō** 流行病 A epidemia. ⇨ **~ sei**.
ryū́kṓ-séí [uú] 流行性 A epidemicidade. ◇ **~ jikasen-en** 流行性耳下腺炎 A parotidite epidé[ê]mica; a caxumba (B.); a papeira (P.). **~ kanbō** 流行性感冒 A epidemia de gripe. **~ nō-sekizui-maku-en** 流行性脳脊髄膜炎 A meningite cérebro-espinal epidé[ê]mica.
ryū́kótsú [uú] 竜骨 A quilha「de barco/das aves」. ◇ **~ dai** 竜骨台 Os blocos de ~.
ryū́máchí(su) リューマチ(ス) (< Ing. rheumatism < Gr. rheūma: fluxo) O reumatismo. ★ ~ *ga okoru* リューマチが起こる Ter reumatismo. ◇ **Kyūsei** [**Mansei**] **~** 急性[慢性]リューマチ ~ agudo [cró[ô]nico].
ryū́míń [uú] 流民 O povo [A população] errante; os refugiados. [S/同] Rumín.
ryū́néń [uú] 留年 A reprovação; o perder o [ficar no mesmo] ano. ◇ **~ sha** [**sei**] 留年者[生] O (aluno) reprovado; o repetente. ⇨ rakúdáí.
ryū́níń [uú] 留任 A permanência no cargo「de dire(c)tor」. ★ ~ *suru* 留任する Permanecer [Continuar] no cargo. ⇨ jiníń¹; teńníń¹.
ryū́nyū́ [ryuú] 流入 A afluência; o influxo「de capital」; a entrada. ★ ~ *suru* 流入する Afluir; entrar. [A/反] Ryū́shútsú.
ryū́réí [uú] 流麗【E.】 A fluência「no escrever」; a fluidez. ★ ~ *na buntai* 流麗な文体 O estilo fluente.
ryū́ro [úu] 流露【E.】 A efusão; o transbordar. ★ *Kanjō no* ~ 感情の流露 ~ do sentimento. [S/同] Hátsuro; rúro; tóro.
ryū́ryṓ [uú] 流量【Fís.】 O fluxo「elé(c)trico」; o volume「de água da corrente」.
ryū́ryū́¹ [ryuú-] 隆隆【E.】 Com força; prosperamente;「cantar」com grande sucesso. ⇨ ryū́séí².
ryū́ryū́² [ryuú-] 粒粒【E.】 Com perseverança; grão a grão. ★ ~ *shinku suru* 粒々辛苦する Trabalhar duramente e com perseverança.
ryū́ryū́³ [ryuú-] 流流【E.】 Perfeitamente; até aos últimos pormenores; um após outro. [I/慣用] *Saiku wa ~, shiage o gorōjiro* 細工は流々, 仕上げを御覧じろ Vai ficar uma obra perfeita. Espere e verá.
ryū́sa [úu] 流砂 A areia movediça.
ryū́sáń [uú] 硫酸【Quím.】 O ácido sulfúrico. ◇ **~ aen** 硫酸亜鉛 O sulfato de zinco (hidratado); o vitríolo branco (A.). **~ dō** 硫酸銅 O sulfato de cobre (hidratado); o vitríolo azul (A.); a pedra-lipes. **~ en** 硫酸塩 Um sulfato [sal de ~]. **~ kariumu** 硫酸カリウム O sulfato de potássio. **~ maguneshiumu** 硫酸マグネシウム O sulfato de magnésio. **~ tetsu** 硫酸鉄 O sulfato de ferro.
ryū́sándan [uú] 榴霰弾 A granada cheia de balas que se desfaz em estilhaços. ⇨ ryū́dáń².
ryū́séí¹ [uú] 流星 A estrela cadente. ◇ **~ jin** 流星塵 A poeira cósmica. **~ u** 流星雨 A chuva de meteoros [de estrelas]. [S/同] Nagáré-boshi (+).
ryū́séí² [uú] 隆盛 A prosperidade; o florescer. ~ *o kiwameru* 隆盛をきわめる Chegar ao auge da prosperidade; ficar muito florescente. [S/同] Sakáń. ⇨ sakáéru.
ryū́séń-kéí [uú] 流線形[型] A forma aerodinâmica「do novo carro」.
ryū́shi [ū́u] 粒子 A partícula「de luz」; o corpúsculo; o grânulo; o grão「de areia」. ⇨ tsúbu.
ryū́shítsú [uú] 流失 O ser destruído [levado] pela enxurrada. ◇ **~ kaoku** 流失家屋 A casa levada pela enxurrada.
ryū́shútsú [uú] 流出 O derramamento「do líquido」; a fuga; o escoamento「de (grandes) cérebros para o estrangeiro」. ★ *Bunkazai no kaigai* ~ 文化財の海外流出 A fuga [O desvio] do patrimó[ô]nio cultural para o estrangeiro. [A/反] Ryū́nyū́.
ryū́sókú [uú] 流速 A velocidade da passagem do líquido [da corrente].
ryū́súí [uú] 流水 A água corrente. ◇ **Kōun ~** 行雲流水 Agir de acordo com as circunstâncias (Lit. como nuvem que passa e água que corre). [A/反] Seísúí; shisúí.
ryū́táí [uú] 流体【Fís.】 O fluido. ◇ **~ rikigaku** 流体力学 A hidrodinâmica. [S/同] Ryū́dṓtáí (+).
ryū́to [úu] リュート【Mús.】 (< Ing. lute < Ár. al-and) O alaúde.
ryū́tṓ-dábi [uú] 竜頭蛇尾【E.】 O fogo de pouca dura; o fogo de vista (Lit.: cabeça de dragão e cauda de serpente). ★ ~ *ni owaru* 竜頭蛇尾に終わる Ser fogo de vista; ser só promessas [ameaças/garganta]. [S/同] Sakí-bósórí (+).
ryū́-to-shita [úu] 隆とした【G.】 Elegante; garrido; giro.
ryū́tsū́ [ryuú] 流通 **1** [金・物質の] A circulação; a distribuição. ★ ~ *suru* 流通する Circular; ser distribuído. ◇ **~ kahei** 流通貨幣 A moeda corrente [em circulação]. **~ kikō** 流通機構 O mecanismo de distribuição「na indústria」. **~ shihon** 流通資本 O capital circulante. **~ shōken** 流通証券 O valor [título] negociável. ⇨ tsū́yō¹. **2** [空気の] A ventilação; a circulação de ar; o arejamento. ★ ~ *suru* 流通する Ventilar; arejar. ⇨ kańkí².
ryū́yṓ [uú] 流用 O aproveitamento indevido; o desvio「de dinheiro」. ★ ~ *sareta kōkin* 流用された公金 O dinheiro público desviado. [S/同] Teń'yṓ.
ryū́zan [úu] 流産 **1** [胎児の] O aborto; o parto prematuro. ★ ~ *suru* 流産する Abortar. ⇨ chū́zétsú; datáí; sṓzan. **2** [挫折]【Fig.】 O abortar; o insucesso; o malogro. *Kenpō kaisei-rongi wa ~ ni owatta* 憲法改正論議は流産に終わった O proje(c)to da reforma constitucional abortou [falhou/não foi para a frente].
ryū́zénkō [uú] 竜涎香 O âmbar cinzento.
ryū́zétsúran [uú] 竜舌蘭【Bot.】 A agave (Uma espécie de sisal, originária do México).
ryū́zú [uú] 竜頭 A coroa do relógio.

S

sa[1] 差 **1** [へだたり] A diferença; a desigualdade; a disparidade; a margem. *Kare to watashi no kyūryō wa amari [taishita] ~ ga nai* 彼と私の給料はあまり[大した]差がない Não há muita [grande] diferença entre o salário dele e o meu. *Sekai de wa hinpu no ~ ga hageshii* 世界では貧富の差が激しい No mundo, a diferença entre pobres e ricos é muito grande. ★「*Jitsuryoku no*」 *~ ga aru*「実力の」差がある Diferir (Haver diferença「na capacidade」. *~ o tsukeru* 差をつける a) Discriminar [Fazer diferenças]; b) Passar à frente do adversário. *Mibun [Nenrei] no ~* 身分[年齢]の差 A disparidade social [A diferença de idade]. *Wazuka no ~ de makeru* わずかの差で負ける Perder por pouca diferença [por uma margem muito pequena]. ⇨ Sái; sói. **2**[引いた残り]【Mat.】O resto. *Go to san no ~ wa ni desu* 5と3の差は2です Cinco menos três são [dá] dois/Entre 5 e 3 a diferença é dois.

sa[2] 左 O seguinte. *Hanashi no yōten wa ~ no tōri* 話の要点は左の通り O ponto essencial do assunto é o ~. (S/同) ika (o); tsugí (+).

sa[3] 然【E.】Assim; deste modo; desta maneira [forma]. *~ mo arinan* 然もありなん É natural; não podia ser de outra maneira. *~ ni arazu* 然にあらず Não é assim / Isso não está certo/corre(c)to). (S/同) Sō (+). ⇨ sámo.

-sa[4] さ [名詞を作る接尾語] (Suf. para "substantivar"「os adje(c)tivos」). ◇ **Omoshiro-~** おもしろさ A graça; o interesse. ⇨ omóshírói.

sa[5] さ [助詞] Hein!; Mau!; Sabes!; Vês?; Pá (G.). *Nani ~, shitteru kuse ni* 何さ, 知ってるくせに Mau! Não te faças despercebido! *Boku ga ~ gakkō e ittara ~ minna ga ~ atsumatte kita* 僕がさ学校へ行ったらさみんながさ集まってきた Quando cheguei à escola, vês, todos, vês, vieram a correr para mim!

sā [áa] さあ **1** [促して] Vá [Vamos]!; Eia!; Avante!; Coragem! *~ dōzo o-hairi kudasai* さあどうぞお入り下さい Vamos, entre por favor! *~ meshiagare* さあ召し上がれ Vá, sirva-se, por favor! *~ shigoto da* さあ仕事だ ~ vamos trabalhar! **2**[急に状態が変わって] Ora!; Bem!; Ah!; Oh!; Nossa!; Puxa! *~ taihen* さあたいへん Oh que desgraça! **3**[ためらって] Hum!; *~ dō naru deshō* さあどうなるでしょう Hum, vamos ver! **4**[ぼかして] Sei lá; H(u)m. *~ yoku wakarimasen* さあよくわかりません Hum, não sei bem! *"Eki wa dotchi desu ka"* "~"「駅はどっちですか」「さあ」"Onde é a estação?" "Hum, não sei."

sabá 鯖【Zool.】 A cavala. (I/慣用) *~ o yomu* 鯖を読む Enganar na conta [*Kanojo wa toshi o go-sai mo ~ o yonde iru* 彼女は年を5歳も鯖を読んでいる Ela diz que é 5 anos mais nova do que de fa(c)to é].

sábā [sáa] サーバー (< Ing. server) **a)** O bolador [que lança a bola]「no voleibol」; **b)** O bule; **c)** O distribuidor [o banco] de dados do computador.

sabáibaru サバイバル (< Ing. survival < L.) A「luta pela」sobrevivência.

sabákéru 捌ける **1** [よく売れる] Ter boa [muita] saída; vender bem. ★ *Yoku ~ shina* よく捌ける品 A mercadoria que tem boa saída [se vende bem]. (S/同) Hakéru; uréru (+). **2** [世なれてざっくばらん である] Ter experiência da vida「e ser franco」. ★ *Sabaketa hito [jinbutsu]* 捌けた人[人物] A pessoa experiente [segura/aberta/franca]. (S/同) Yo-náréru.

sabákí[1] 捌き (< sabáku[2]) **a)** A manipulação; o manejo; o manuseio; **b)** O movimento. ★ *Shōhin no ~ guai* 商品の捌き具合 A venda [O movimento] dos artigos. *Tazuna ~ ga jōzu da* 手綱捌きが上手だ Ser hábil no ~ das rédeas. ◇ **te ~**.

sábakí[2] 裁き (< sabáku[3]) **1** [裁判] O julgamento. ★ *~ o ukeru* 裁きを受ける Ser julgado. (S/同) Sáiban. **2** [神の審判] A justiça divina.

sabákú[1] 砂漠 **1** [地形の] O deserto「do Sara/Gobi」**2** [うるおいのない所] Um deserto [lugar sem calor humano]. ≃ ará[é]nó.

sabáku[2] 捌く **1** [手際よく処理する] Manejar; controlar; lidar「com」; manipular. *Shokuin hitori de kono shigoto wa tōtei sabaki-kirenai* 職員一人でこの仕事は到底捌ききれない É absolutamente impossível um só empregado dar conta deste serviço. ★ *Bōru o ~ o hōru o hitanaide ~* ボールを捌く Controlar a bola. *Sakana o ~ sashimi o hitoritsu* 魚を捌く Cortar [Preparar] o peixe「para "sashimi"」. **2** [売りこなす] Vender tudo [muito]. ★ *Kippu o ~* 切符を捌く Vender (todos) os bilhetes.

sabáku[3] 裁く **a)** Julgar; dar a sentença; sentenciar; **b)** Resolver; solucionar. ★ *Hannin [Hikoku] o ~* 犯人[被告]を裁く Julgar o criminoso [réu]. *Jiken [Funsō] o ~* 事件[紛争]を裁く Resolver o incidente [conflito].

sabánna サバンナ (< Ing. savanna < Taino)【Geol.】A savana; o sertão.

sábasaba さばさば (⇨ sabákéru **2**)【On.】**1**[あっさりしている] (Im. de franco [aberto]). ★ *~ shita hito* さばさばした人 A pessoa franca. **2**[すがすがしい] (Im. de alívio). *Mondai ga subete kaiketsu shite yatto ~ shita* 問題がすべて解決してやっとさばさばした Finalmente, todos os problemas foram resolvidos e já estou [fiquei] aliviado. (S/同) Sappári.

sâbérú [áa] サーベル (< Hol. sabel)【A.】O sabre.

sábetsu 差別 **1**[不当に低く待遇すること] A discriminação; a distinção. ★ *Dansei to josei o ~ suru* 男性と女性を差別する Fazer discriminação「no emprego」entre homens e mulheres. ◇ ~ **taigū** 差別待遇 O tratamento discriminatório [~ *taigū suru* 差別待遇する Tratar discriminatoriamente/Fazer ~]. ~ **teppai** 差別撤廃 A abolição da discriminação. ~ **yōgo** 差別用語 O vocabulário discriminatório; a linguagem [palavra] pejorativa. **2** [区別] A separação; a distinção. ◇ ~ **ka** 差別化 A diferenciação [*Shōhin no ~ ka o hakaru* 商品の差別化を図る Procurar que os artigos se diferenciem].

sabí 錆・銹 A ferrugem; a oxidação. ★ ~ *ga tsuku* 錆がつく Oxidar/Enferrujar(-se). (I/慣用) *Mi kara deta ~* 身から出た錆 Quem má cama faz, nela se deita / Quem semeia ventos colhe tempestades. ◇ ~ **dome** 錆止め Um anti-oxidante[-ferruginoso].

~ iro 錆色 A cor da ferrugem. ⇨ sabíru.

sabí² 寂 **1** [古色] A pátina. **2** [老熟] O que foi formado [amadurecido/embelezado] pelo tempo. ★ ~ *no aru koe* 寂のある声 A voz forte [bem formada]. **3** [文学・芸道の] A simplicidade elegante; a beleza clássica [refinada/amadurecida] 「do "haikai" de Bashô」. ⇨ wabí².

sabíreru 寂れる Perder a animação; decair; declinar. *Ano machi wa chikagoro sabirete kita* あの店は近頃寂れてきた Os negócios daquela loja estão em declínio. ★ *Sabire-hateta mura* 寂れ果てた村 Uma aldeia desolada.

sabíru 錆びる **1** [金属が] Enferrujar; oxidar-se. *Shikke de tetsu wa ~* 湿気で鉄は錆びる O ferro enferruja com a (h)umidade. ★ *Sabi-yasui* 錆びやすい Fácil de ~; que enferruja [oxida] facilmente. **2** [技能が] 「の体を無精で使わず portuguêsの体で使わずに ～」 「O corpo sem trabalhar/o português por não o usar」 Ganhar ferrugem.

sabíshii 寂しい **1** [物悲しい] Triste; solitário; só; desolado. *Anata ga inakute totemo ~* あなたがいなくてとても寂しい Sinto-me muito triste [só] sem você. ★ *Sabishiku kurasu* [*shinu*] 寂しく暮らす [死ぬ] Viver [Morrer] sozinho. ⇨ monó-gánáshíi. **2** [にぎやかでない] Desolado; deserto. ★ ~ *tōri* 寂しい通り A rua ~. [A反] Nigíyaka. **3** [満ち足りない] Vazio. ★ *Futokoro ga ~* ふところが寂しい Ter a carteira vazia [a carteira a pedir dinheiro]. *Kuchi ga ~* 口が寂しい Querer comer algo; estar com fome.

sâbisu [*áa*] サービス (< Ing. service < L.) **1** [もてなし] O serviço; o atendimento. ★ ~ *no yoi* [*warui*] *ryokan* サービスの良い [悪い] 旅館 A pensão [hospedaria] que atende bem [mal]. ~ (*o*) *suru* サービス(を) する **a)** Servir; atender; prestar serviço; **b)** Oferecer (um artigo) gratuitamente ou por um preço especial. ◇ ~ **gyō** サービス業 Os [A indústria de] serviços. ~ **ryō** サービス料 A (tarifa de) serviço; [*betsu*] サービス料込み [別] 別の [à parte]. ~ **seishin** サービス精神 O espírito servical. ~ **sutēshon** サービスステーション O posto de gasolina; a oficina. **Afutā** ~ アフターサービス A assistência técnica; a garantia. **Mōningu** ~ モーニングサービス A comida a preço reduzido durante o período da manhã. [S/同] Moténáshí; ótái; séttai. **2** [奉仕] O serviço extra. *Kutsu o kattara kutsu kurīmu o ~ shite kureta* 靴を買ったら靴クリームをサービスしてくれた Quando comprei os sapatos, deram-me a pomada [o creme] de graça. *Sore wa ~ desu* それはサービスです Isso é oferecido [de graça/por conta da casa]. ◇ ~ **hin** サービス品 O artigo gratuito [com preço especial]. **3** [esp.] O serviço; o bolar. ◇ ~ **rain** サービスライン A linha de ~. ⇨ sâbu.

sabí-tsúku 錆び付く (< sabíru + …) **1** [錆びて動かなくなる] Enferrujar; oxidar-se. *Uramon no kagi ga sabitsuite shimatta* 裏門の鍵が錆びついてしまった A fechadura da porta de trás enferrujou. **2** [使いものにならなくなる] Enferrujar. *Watashi no porutogarugo mo daibu sabitsuite iru* 私のポルトガル語もだいぶ錆びついている O meu p. está muito enferrujado.

sabō 砂防 O parar [impedir] a erosão [o deslizamento de terra ou areia]. ~ **kōji** 砂防工事 Obras contra a erosão. ~ **rin** 砂防林 A plantação de árvores para parar 「a areia」.

sabóru サボる (< Fr. sabotage) [G.] Mandriar; não trabalhar. ★ *Gakkō* [*Jugyō*] *o ~* 学校 [授業] をサボる Matar a aula (B.); fazer gazeta; não ir às aulas.

sabótáju [*áa*] サボタージュ (< Fr. sabotage) **a)** A sabotagem; **b)** A greve de zelo. ★ ~ *suru* [*o okonau*] サボタージュする[を行う] Sabotar; fazer sabotagem.

sabótén サボテン・仙人掌 (< Esp. sapoten) [Bot.] O cacto.

sâbu [*áa*] サーブ (< Ing. serve) [(D)esp.] O saque; o bolar; o servir. ★ ~ *suru* サーブする Bolar. ◇ ~ **chenji** サーブチェンジ Muda de bola [bolador]. [S/同] Sábisu **3**.

sabú-táitoru サブタイトル (< Ing. subtitle < L.) O subtítulo; o segundo título. [S/同] Fukú-dái.

sáchi 幸 [E.] **1** [獲物] O fruto [produto/A riqueza]. ★ *Umi* [*Yama*] *no ~* 海 [山] の幸 Os frutos do mar [da montanha]. **2** [幸福] A felicidade; a sorte; a ventura. ★ ~ *arekashi to inoru* 幸あれかしと祈る Desejar boa sorte a alguém.

sáchiráito [*áa*] サーチライト (< Ing. searchlight) O holofote.

sádaka 定か [E.] Certo; seguro; claro. *Kioku ga ~ de wa nai* 記憶が定かではない Não me lembro bem (ao certo). [A反] Akíraka (+); táshika (+).

sadámaru 定まる **1** [決まる] Decidir-se; resolver-se; determinar-se; fixar-se. ★ ~ *hi* 定まる日 O dia [data] que está decidido [a data do casamento」. [S/同] Kimárú. ⇨ sadáméru. **2** [おさまる; しずまる] Apaziguar-se; estabilizar-se; aquietar-se. *Kono tokoro tenkō ga sadamaranai* このところ天候が定まらない O tempo nesses tempos não tem maneira de se estabilizar. [S/同] Antéi súru.

sadámé 定め (< sadáméru) [E.] **1** [規則] A lei; o determinar; o regulamento; o estatuto. ★ ~ *no jikoku* 定めの時刻 A hora determinada. [S/同] Kísoku (+); okíté; toríkímé. **2** [運命] O destino; a sina; o fado. ★ ~ *naki* 定めなき Incerto; inconstante; efé[ê]mero; transitório. [S/同] Únmei (+).

sadámeru 定める Decidir; determinar; fixar; estabelecer. ★ *Hō no ~ tokoro ni yori* 法の定めるところにより Como determina [manda] a lei. *Kyo o ~ Fix* 居を定める Fixar residência. *Nerai o ~* ねらいを定める Determinar o obje(c)tivo [alvo]. [S/同] Kiméru.

sadámeshí 定めし ⇨ kittó¹.

sadísuto サディスト (< Sade: antr) O sadista; o sádico. [A反] Mazóhísuto.

sadízumu サディズム (< Sade: antr) O sadismo.

sadō¹ 作動 O funcionamento. ~ *suru* 作動する Funcionar; estar em ~. ~ *rebā* 作動レバー A alavanca [manivela] de comando.

sádō² 茶道 A arte [cerimó[ô]nia] do chá. [S/同] Cha-nó-yú.

sadō³ 差動 [Fís.] O diferencial.

sadórú サドル (< Ing. saddle) O selim 「da bicicleta」.

saé¹ 冴え (< saéru) **1** [すんでいること] A nitidez; a clareza; o limpidez. ★ *Ne-iro no ~* 音色の冴え A nitidez do som. **2** [あざやかなこと] A lucidez; a destreza. ★ *Ude* [*Atama*] *no ~ o miseru* 腕 [頭] の冴えを見せる Mostrar a sua destreza [inteligência].

sáe² さえ **1** [すら] Até; mesmo. *Sonna koto wa kodomo de ~ dekiru* そんなことは子供でさえできる Até uma criança pode fazer isso. ★ *Aruku koto ~ dekinai* 歩くことさえできない Nem sequer [mesmo] conseguir andar. [S/同] Súra. **2** [その上]

Além disso; ainda por cima. *Ame ga takusan furi kaze ~ fuki-dashita* 雨がたくさん降り風さえ吹き出した Chovia muito e ~ começou a fazer vento. S/同 Sonó ué. **3** [少なくとも] Se (pelo [ao] menos). *Tenki ~ yokereba kono jiko wa okoranakatta no ni* 天気さえよければこの事故は起こらなかったのに ~ fizesse [tivesse feito] bom tempo, este acidente não teria acontecido. S/同 Sukunáku tomo.

saégiru 遮る **1** [見えなくする] Interceptar (Obstruir/Cortar/Tirar) a vista. *Hei ni saegirarete mukō-gawa wa nani mo mienakatta* 塀に遮られて向こう側は何も見えなかった O muro obstruía a vista, e não pude ver nada (no outro lado). ★ *Shikai o ~* 視界を遮る ~ a vista. **2** [妨げる] Deter; bloquear; parar; cortar; impedir; interromper. ★ *Kotoba o ~* ことばを遮る Interromper; cortar a palavra. *Yukute o ~* 行く手を遮る Impedir a passagem. S/同 Samátágeru.

saéru 冴える **1** [冷える] Fazer muito frio. ★ *Fuyu no saeta yoru* 冬の冴えた夜 Uma noite fria [gelada] de inverno. S/同 Hiéru (+). **2** [澄んで見える] Ver-se claramente [nitidamente]. *Kon'ya wa gekkō [tsuki] ga saete iru* 今夜は月光 [月] が冴えている Esta noite o luar [a lua] está muito claro/a. **3** [音がはっきりきこえる] Ouvir nitidamente. *Kane no ne ga fuyu-zora ni sae-watatta* 鐘の音が冬空に冴え渡った O som do sino ouvia-se, nítido, no céu de inverno. ★ *Saeta [Saenai] ne-iro* 冴えた [冴えない] 音色 O som nítido [indistinto]. **4** [色があざやかである] Ter cor viva. ★ *Saeta [Saenai] iro* 冴えた [冴えない] 色 A cor viva [escura]. *Kao-iro ga saenai* 顔色が冴えない Ter um ar triste [taciturno]. **5** [神経が興奮している] Ter a mente desperto. ★ *Atama ga ~* 頭が冴える Ter a cabeça lúcida (desperta). *Me ga saete nemurenai* 目が冴えて眠れない Não conseguir dormir por estar excitado. **6** [あざやかな; 素晴らしい] Ser perfeito (brilhante). ★ *Saenai otoko [shigoto]* 冴えない男 [仕事] O homem [O serviço] desanimador. **7** [元気で生き生きする] Estar vivo [animado]. ★ *Kibun ga saenai* 気分が冴えない Estar deprimido [desanimado].

saézúri 囀り (< *saézuru*) **a)** O canto; o gorjeio; o trinado [trino] 「das aves」; **b)** A tagarelice 「das meninas」.

saézúru 囀る **a)** 「as avezinhas a」 Gorjear; cantar; trinar; **b)** Tagarelar. ⇨ shúkań (o).

safáia サファイア (< Ing. sapphire < L. < Gr. < Heb. sappir) 【Min.】 A safira. ⇨ kōgyóku.

sáfari サファリ (< Ing. < Swahili safari: viagem) O safari (Expedição de caça na savana africana). ◇ **~ pāku** サファリパーク O parque zoológico (em que os animais estão soltos e os espectadores andam de carro para os ver).

sáfin [áa] サーフィン (< Ing. surfing) O surfe. S/同 Namí-nóri.

safúran サフラン (< Hol. saffraan) 【Bot.】 O açafrão; *crocus sativus*.

sága 性 [E.] **1** [持って生まれた性質] A natureza; a índole. S/同 Seíshítsú (+). **2** [習慣] O costume; o hábito. ⇨ Naráwáshí (+); shúkań (o).

sagákú 差額 A diferença. ★ ~ *o shiharau* 差額を支払う Pagar a ~.

ságan[1] 左岸 A margem esquerda 「do rio」. A/反 Úgan.

sagáń[2] 砂岩 【Min.】 O arenito; o grés.

sagánái さがない Mau. ★ ~ *hito no kuchi* さがない人の口 A má-língua.

sagári-mé 下がり目 (< *sagaru* + …) **1** [たれ目] Os olhos repuxados para baixo dos lados de fora. S/同 Taré-mé. A/反 Agárí-mé. **2** [物価のさがりはじめ] O começar a baixar. *Natsu-yasai no ne ga sorosoro ~ da* 夏野菜の値がそろそろ下がり目だ Os preços das verduras de verão vão começar a baixar. A/反 Agárí-mé.

sagáru 下がる **1** [たれさがる] Pender; estar (de) pendurado. *Tsurara ga sagatte iru* つららが下がっている O sincelo está pendurado 「do beiral do telhado」. S/同 Taré-ságarú. **2** [低い方に移る] Baixar. *Kare no majimesa ni wa hontō ni atama ga ~ no majimesa ni wa hontō ni atama ga sagaru* 彼のまじめさには本当に頭が下がる Eu tiro o meu chapéu à seriedade dele. *Bukka ga sagatta* 物価が下がった O custo de vida baixou. *Hyōban ga ~* 評判が下がる A fama ~. *Netsu [Ondo] ga sagatta* 熱 [温度] が下がった A febre [temperatura] baixou. *Seiseki ga sagatta* 成績が下がった As notas baixaram. **3** [退出する] Retirar-se. *Mō sagatte yoi* もう下がってよい Pode ~ [Já se pode ir embora]. **4** [下付される] Vir. *Onkyū [Pasupōto] ga sagatta* 恩給 [パスポート] が下がった Já veio a pensão [o passaporte]. **5** [後方へ移る] Retroceder; recuar. ★ *San-po ushiro e ~ tres passos* 三歩後ろへ下がる ~ três passos. **6** [時代が後になる] Descer; andar (o tempo); tornar-se mais recente. *Butai wa jidai ga sagatte jūkyū-seiki to natta* 舞台は時代が下がって19世紀となった A cena [O palco dos acontecimentos] passou agora para o séc. 19.

sagáshí-áteru 捜 [探] し当てる (< *sagású* + …) Encontrar; achar; descobrir; localizar. *Keisatsu wa yōyaku hannin no kakurega o sagashiateta* 警察はようやく犯人の隠れ家を捜し当てた A polícia encontrou finalmente o esconderijo do criminoso. S/同 Mitsúké-dásu; sagáshí-dasu.

sagáshí-dasu 捜 [探] し出す (< *sagású* + …) **1** [⇨ sagáshí-áteru]. **2** [さがし始める] Começar a buscar.

sagáshí-máwáru 捜 [探] し回る (< *sagású* + …) Buscar; andar à procura [busca]. ★ *Machijū o ~* 町中を捜し回る ~ pela cidade inteira [toda].

sagáshí-monó 捜 [探] し物 (< *sagású* + …) O obje(c)to procurado. ★ ~ *o suru* 捜し物をする Procurar um obje(c)to.

sagású 捜 [探] す Buscar; procurar. ★ *Ie [Hikidashi; Poketto] (no naka) o ~* 家 [引き出し; ポケット] の中を捜す ~ em casa [na gaveta; nos bolsos]. *Otoshimono o ~* 落とし物を捜す ~ um obje(c)to perdido. *Shoku o ~* 職を探す ~ um emprego. *Yoku [Chimanako ni natte; Kumanaku; Nokorazu] ~* よく [血眼になって; くまなく; 残らず] 捜す ~ bem [como um desesperado; por todos os cantos; sem deixar nada por revolver]. P/とわざ *Nana-tabi sagashite hito o utagae* 七度探して人を疑え Procure bem antes de suspeitar.

sagé-gami 下げ髪 (< *sagéru*[1] + *kamí*) O cabelo rabo-de-cavalo [em carrapito]. S/同 O-ságe (+). ⇨ o-subérákáshí.

sagé-maku 下げ幕 (< *sagéru*[1] + …) A cortina de descer; o pano de boca do palco.

sagéń 左舷 O bombordo. A/反 Úgen.

sagéru[1] 下げる **1** [位置を上から下へ変える] Abaixar; baixar. ★ *Atama o hikuku ~* 頭を低く下げる

Baixar bem a cabeça. Ⓐ/反 Agéru. **2** [たらす] Pendurar; suspender. ★ *Kāten o* ~ カーテンを下げる Pendurar [Pôr] a cortina. *Suzu o kubi ni sageta neko* 鈴を首に下げた猫 Um gato com guizo no [ao] pescoço. Ⓢ/同 Burásagéru; tsurúsú. ⇨ tarásu[1]. **3** [後方に移り] Fazer recuar; chegar atrás. *Kuruma o kōhō ni* ~ 車を後方に下げる Recuar o carro. **4** [片づける] Retirar; arrumar. ★ *O-zen [Shokki] o* ~ 御膳[食器]を下げる ~ os pratos [Arrumar a mesa]. Katá-zúkéru. **5** [ひき出す] Retirar. ★ *Chokin o* ~ 貯金を下げる Retirar dinheiro (do banco). Ⓢ/同 Hikí-dásu. **6** [低くする] Baixar; reduzir. *Kare wa kono jiken de otoko o sageta* 彼はこの事件で男を下げた Com esse incidente a reputação dele baixou [sofreu]. ★ *Bukka [Nedan] o* ~ 物価 [値段] を下げる ~ o custo de vida [os preços]. *Hinshitsu o* ~ 品質を下げる Piorar; baixar a qualidade. *Netsu o* ~ 熱を下げる Baixar a febre 「à força de remédios」.

sagéru[2] 提げる Levar (dependurado). ★ *Kamera o kata kara* ~ カメラを肩から提げる ~ a máquina fotográfica ao [dependurada do] ombro.

sagé-shío 下げ潮 A maré baixa; a baixa-mar; a maré vazia. Ⓐ/反 Hikí-shío (+); kańchō; ochí-shío. Ⓐ/反 Agé-shío.

sagésúmí 蔑み (< sagésúmu) O menosprezo; o desprezo. Ⓢ/同 Keíbétsú (+).

sagésúmu 蔑む Menosprezar; desprezar; desdenhar. Ⓢ/同 Keíbétsú súrú (+).

sági[1] 詐欺 A fraude; a burla; a defraudação; a fraudulência; a impostura. ★ ~ *ni au [kakaru]* 詐欺にあう[かかる] Ser vítima de uma fraude; ir no conto do vigário. ~ *o suru [hataraku]* 詐欺をする [働く] Fraudar [Cometer uma fraude]. ◇ ~ **shi** 詐欺師 O fraudador; o burlista; o enganador; o defraudador. Ⓢ/同 Katári; petén.

sagi[2] 鷺【Zool.】A garça. 〔ことわざ〕 ~ *o karasu to iikurumeru* 鷺をからすと言いくるめる Sofisticar [Sofismar]; dizer que o branco é preto.

sagúrí 探り (< sagúrú) A sondagem; a investigação; o tenteio; a exploração. ★ *Aite no ichū e* ~ *o ireru* 相手の意中へ探りを入れる Sondar [Tentear] as intenções do outro [rival; consulente].

sagúrí-ashi 探り足 (< sagúrú + ⋯) O ir [andar] a ta(c)tear com os pés.

sagúrí-átéru 探り当てる (< sagúrú + ⋯) **1** [見つけ出す] Descobrir; achar; encontrar. ★ *Kōmyaku o* ~ 鉱脈を探り当てる ~ (um filão de) minério. Ⓢ/同 Mitsúké-dásu (+); sagáshí-átéru; sagúrí-dásu. **2** [さわって見つけ出す] Encontrar às apalpadelas. *Yami no naka de tsui ni kagi-ana o saguri-ateta* 闇の中でついに鍵穴を探り当てた No meio da escuridão acabei por ~ o buraco da fechadura.

sagúrí-dásu 探り出す (< sagúrí + ⋯) Descobrir; achar; encontrar; detectar. ★ *Himitsu o* ~ 秘密を探り出す ~ o segredo. Ⓢ/同 Mitsúké-dásu (+); sagáshí-átéru; sagúrí-átéru.

sagúrú 探る **1** [探し求める] Procurar; buscar; ta(c)tear; apalpar. ★ *Poketto no naka o* ~ ポケットの中を探る Procurar no bolso; apalpar os bolsos. Ⓢ/同 Sagású (+). **2** [たずね求める] Explorar; descobrir. ★ *Nippon no bi o* ~ 日本の美を探る ~ a beleza do J. ~ *o* 探 ~ を 探る. **3** [ひそかに様子を調べる] Sondar; perscrutar; inquirir. ★ *Hara (no naka) o* ~ 腹(の中)を探る Sondar as intenções (do outro). *Teki-jō o* ~ 敵情を探る Sondar a situação do inimigo. ⇨ shirábéru; ukagáu.

ságyō 作業 O trabalho; o serviço. ★ ~ *chū (ni)* 作業中 (に) Durante o ~. ~ *o kaishi [chūshi] suru* 作業を開始 [中止] する Começar [Interromper] o ~. ~ *(o) suru* 作業 (を)する Trabalhar. ◇ ~ **ba** 作業場 A oficina. ◇ ~ **bo** 作業帽 O boné de ~. ◇ ~ **fuku [gi]** 作業服 [着] A roupa de ~. ◇ ~ **in** 作業員 O trabalhador; o operário. ~ **jikan** 作業時間 As horas de ~. ~ **nōritsu** 作業能率 A eficiência no ~. ~ **ryōhō** 作業療法 A terapia [terapêutica] (por meio) do trabalho. **Nagare** ~ 流れ作業 ~ em série. Ⓢ/同 Rōdō; shigótó.

sáha 左派 A ala [fa(c)ção da] esquerda. ★ ~ *no hito* 左派の人 O esquerdista. Ⓢ/同 Sátó; sáyoku 左 (+). Ⓐ/反 Úha.

sáhai 差配 **1** [とりさばく こと; 世話] Os bons ofícios; os serviços. Ⓢ/同 Assén; sewá (+); shúsén. **2** [土地などの管理] A administração (dos bens imóveis). ◇ ~ **nin** 差配人 O administrador. ⇨ kánri.

sahō 作法 As boas maneiras; a etiqueta; a boa educação. ★ ~ *dōri ni* 作法通りに Como manda a ~. ~ *ni kanau [hazureru]* 作法にかなう[はずれる] Ser boa [má/falta de] educação. ~ *o oshieru [narau]* 作法を教える [習う] Ensinar [Aprender] as/a ~. ~ *o shitte iru* 作法を知っている Ter [Saber o que são] boas maneiras. *O-cha no* ~ お茶の作法 As etiquetas da arte do chá. Ⓢ/同 Gyōgí (+); reígí.

sahódó 然 [左] 程 Não 「é」tanto 「como você diz」; não … tão …; 「não sou」especialmente [particularmente] 「amigo de viajar」. *Kanojo no byōki wa* ~ *omoku nai* 彼女の病気はさほど重くない A doença dela não é assim tão grave. Ⓢ/同 Sońná ní; soré-hódó.

sái[1] 才 **1** [才能] A habilidade; o talento; a aptidão; a capacidade; o dom. ★ *Gogaku no* ~ *ga aru* 語学の才がある Ter talento [Ser dotado] para línguas. Ⓢ/同 Saínō (+). **2** [才知] A inteligência; a perspicácia; a sagacidade. 〔ことわざ〕 *Saishi,* ~ *ni taoreru* 才子、才に倒れる O inteligente erra por confiar demasiado na sua ~. Ⓢ/同 Kíchi (+); kitén; sáichi (+).

sái[2] 際 O momento; a ocasião; a hora; o caso; as circunstâncias. *Kono* ~ *da kara yamu o enai* この際だからやむを得ない Nestas circunstâncias [Se o caso é assim/Nesse caso] não há nada a fazer. *Nagoya made no koshi no* ~ *wa watashi no ie ni mo o-yori kudasai* 名古屋までお越しの際は私の家にもお寄り下さい Quando passar por Nagoya, passe também por minha casa. ★ *O-ai shita* ~ お会いした際 Quando nos virmos 「falamos disso」. *Shuppatsu no* ~ *(ni)* 出発の際 (に) No momento [À hora] da partida. Ⓢ/同 Baái; kikái; orí; tokí (+).

sái[3] 犀【Zool.】O rinoceronte.

sái[4] 賽 O dado (de jogar). ★ ~ *wa nage ni kiru* 賽の目に切る Cortar 「a cenoura」em cubos pequenos. Ⓘ/慣用 ~ *wa nagerareta* 賽は投げられた Os dados estão lançados/Pronto, agora não podemos voltar para trás. Ⓢ/同 Saíkóro (+).

sái[5] 差異 A diferença; a disparidade.

[S/同] Chigáí (o); sa[1] (+) ; sṓí (+) .

saí-[6] 再 Re-. ◇ ⇨ **~ gunbi [kyōiku]**. ⇨ futátábí.

-sai[7] 歳 Anos de idade. *Anata wa nan ~ [O-ikutsu (Cor.)] desu ka* あなたは何歳［お幾つ］ですか Quantos anos [Que idade] tem? ★ *Go ~ no shōjo* 5 歳の少女 A menina de 5 anos.

saí-áí 最愛【E.】(O mais) querido. ★ *~ no tsuma [kodomo]* 最愛の妻[子供] A esposa [Os filhos] querida [os].

saí-ákú 最悪 O pior. ★ *~ no baai ni sonaeru* 最悪の場合に備える Preparar-se para o pior (dos casos). [A/反] Saíryṓ; saízéń.

saíbáí 栽培 O cultivo; a cultura. ★ *~ suru* 栽培する Cultivar [*Sono chihō de wa ringo ga ~ sarete iru* その地方ではりんごが栽培されている Nessa região há [cultivam-se] maçãs]. ◇ **~ gyogyō** 栽培漁業 A exploração de viveiros. **~ sha** 栽培者 O agricultor; o cultivador. **Kaju ~** 果樹栽培 A fruticultura; a pomicultura; ~ de árvores de fruta. **Sokusei ~** 促成栽培 O amadurecimento artificial das ~s.

sáiban 裁判 O julgamento; o tribunal. ★ *~ chū de aru* 裁判中である Estar na justiça [em ~]. *~ ni fusuru [kakeru]* 裁判に付する[かける] Submeter a ~; processar; pôr em tribunal. *~ ni katsu [makeru]* 裁判に勝つ[負ける] Ganhar [Perder] a causa. *~ ni naru* 裁判になる Ir a ~. *~ o okonau* 裁判を行う Julgar. *~ o ukeru* 裁判を受ける Ser julgado. *~ zata ni suru* 裁判沙汰にする Recorrer à justiça; ir para tribunal; processar. ◇ **~ hiyō** 裁判費用 A despesa judicial. ⇨ **~ kan**. **~ ken** 裁判権 A jurisdição. **~ kiroku** 裁判記録 A a(c)ta do ~. **~ tetsuzuki** 裁判手続き O procedimento judicial; os trâmites do ~. **Gunji ~** 軍事裁判 O tribunal militar. [S/同] Sábaki.

saíbánétíkkusu サイバネティックス (< Ing. cybernetics < Gr.) A cibernética.

saíbán-kan 裁判官 a) O juiz; b) Os tribunais.

saíbáń-shó 裁判所 O tribunal (de justiça); o foro. ◇ **Chihō ~** 地方裁判所 O tribunal regional. **Katei ~** 家庭裁判所 O tribunal de assuntos familiares. **Kōtō ~** 高等裁判所 O tribunal superior [de segunda instância]. **Min [Kei; Gun] ji ~** 民［刑；軍］事裁判所 O tribunal civil [criminal; militar]. **Saikō ~** 最高裁判所 O Supremo Tribunal.

saíbétsú 細別 A subdivisão; o fra(c)cionamento. ★ *Mittsu ni ~ suru* 3つに細別する (Sub)dividir em três. [S/同] Saíbúń.

saíbṓ 細胞 **1** [生物の]【Biol.】A célula. ★ *~ no shinchintaisha* 細胞の新陳代謝 O metabolismo celular. *~ o tsukuru* 細胞を作る Formar uma ~. ◇ **~ bunretsu** 細胞分裂 A divisão celular. *~ eki* 細胞液 O líquido celular. **~ gaku** 細胞学 A citologia. **~ gakusha** 細胞学者 O citologista. **~ kaku** 細胞核 O núcleo (celular). **~ maku** 細胞膜 A membrana celular. **~ shitsu** 細胞質 O citoplasma. **~ soshiki** 細胞組織 O tecido celular. **Gan ~** 癌細胞 ~ cancerígena [cancerosa]. **2** [党の末端組織] A célula 「de partido político」. ★ *Kyōsantō no ~* 共産党の細胞 ~ comunista.

sáibu 細部 O detalhe; o pormenor; a minúcia. ★ *~ ni watatte kentō suru* 細部にわたって検討する Examinar todos os pormenores. [A/反] Ṓ-sújí.

saíbúń 細分 A subdivisão; o fra(c)cionamento. ★ *~(ka) suru* 細分（化）する Subdividir; fra(c)cionar. [S/同] Saíbétsú.

saí-búsō 再武装 (< saí-[6] + …) O rearmamento.

sáichi 才知【E.】O engenho; o espírito; a sagacidade; a inteligência. ★ *~ ni taketa [tonda] kotae* 才知に長けた［富んだ］答え A resposta engenhosa [espirituosa]. [S/同] Kíchi (+) ; kitéń; sáiki[1].

sáichū 最中 Mesmo no meio. ★ *Denwa no ~ ni* 電話の最中に ~ do telefonema [No momento exa(c)to em que estava a telefonar]. *Shokuji no ~ ni* 食事の最中に Em plena [Mesmo a meio da] refeição. [S/同] Massákari.

sáidā サイダー (< Ing. cider) A soda; a gasosa; a (água) gasosa adoçada. ⇨ ramúné.

saídáí[1] 最大 O maior; o máximo. ★ *~ kyū no sanji o teisuru* 最大級の讃辞を呈する Pôr nas nuvens; elogiar [aplaudir] ao máximo; tecer os maiores elogios. ◇ **~ atsu [chō; shutsu; soku] ryoku** 最大圧［張；出；速］力 A pressão [tensão; potência; velocidade] máxima. **~ fūsoku [fūryoku]** 最大風速[風力] A velocidade [força] máxima do vento. **~ kōyakusū** 最大公約数 ~ O máximo divisor comum. **~ sekisairyō** 最大積載量 A (capacidade de) carga máxima. [A/反] Saíshṓ[1].

saídáí[2] 細大【E.】Os mais pequenos pormenores. ★ *~ morasazu hanasu [oboete iru]* 細大漏らさず話す[覚えている] Contar tudo, até aos ~ [Lembrar-se dos ~].

saídáń[1] 裁断 **1** [布や紙を切ること] O corte. ★ *~ suru* 裁断する Cortar. ◇ **~ ki** 裁断機 A máquina de cortar 「papel」; a guilhotina. **2** [裁決] A decisão; o juízo. ★「*Gichō no*」*~ o aogu [ni makaseru]*「議長の」裁断を仰ぐ[に任せる] Deixar a decisão ao (juízo do) presidente. *~ o kudasu* 裁断を下す Decidir; anunciar a ~. [S/同] Sáiketsu[3].

saídáń[2] 祭壇 O altar. ★ *~ o mōkeru* 祭壇を設ける Fazer um ~. ◇ **Shu ~** 主祭壇 O altar-mor.

saídéń 祭殿 Um santuário. ⇨ jíin.

sáido[1] 再度 Outra [A segunda] vez; de novo. ★ *~ no chōsen o kokoromiru* 再度の挑戦を試みる Fazer uma tentativa; tentar mais uma [outra] vez. [S/同] Futátábí; ni-dó; ryṓdo. ⇨ saí-[6].

sáido[2] 済度【Bud.】A salvação. ⇨ sukúí[1].

sáido[3] 彩度 A intensidade [O grau de pureza] da cor. ⇨ méido[1].

sáido[4] サイド (< Ing. side) O lado. [S/同] Gawá (+) .

saídó-bíjinesu サイドビジネス (< Ing. side + business) O trabalho suplementar [secundário; subsidiário]. ⇨ arúbáito.

saídó-bṓdo [óo] サイドボード (< Ing. sideboard) O guarda-louça; o aparador; o bufete. ⇨ shokkí ◇ ; todáná.

saídó-búrḗki [ée] サイドブレーキ (< Ing. side + brake) O travão de mão [de emergência].

saídó-kā́ [áa] サイドカー (< Ing. sidecar) O carrinho [atrelado] lateral 「de motocicleta」.

saí-dókú 再読 A segunda leitura; o reler.

saídó-ráin サイドライン (< Ing. side line) **1** [側線] A linha lateral 「do campo de futebol」. [S/同] Sokúséń. **2** [傍線] O "sublinhado". [S/同] Bṓséń.

saídó-súrṓ サイドスロー (< Ing. sidearm throwing) 【(D)es.】O arremesso lateral; a bola fora. [S/同] Yokóté-nágé. ⇨ ańdā́súrṓ; ṓbā́súrṓ.

saídó-sútéppu サイドステップ (< Ing. side step) O passo lateral [para o lado] 「na dança/boxe」.

saídó-tḗburu [ée] サイドテーブル (< Ing. side table) A mesinha; a mesa auxiliar/de cabeceira.

saíen¹ 再演 A reapresentação; a reprise (B.). [S/反] Shoén. ⇨ saí-jôei.

saíen² 才媛【E.】A mulher inteligente [de talento]. [S/同] Sáijo.

saíen³ 菜園 A horta. ◇ **Katei ~** 家庭菜園 O quintal; a cortina (~ da casa). [S/同] Yasái-bátake.

saífu 財布 O porta-moedas; a carteira; a bolsa. ★ **~ ga kara ni naru** 財布が空になる Ficar sem dinheiro [com a ~ vazia]. [I/慣用] **~ no himo o nigitte iru** 財布のひもを握っている Mandar no dinheiro「da família」. **~ no himo o shimeru [yurumeru]** 財布のひもを締める [ゆるめる] Apertar [Alargar] os cordões à bolsa/Gastar pouco [muito] dinheiro. **~ no kuchi ga katai** 財布の口が固い Gastar pouco dinheiro; economizar; ser agarrado [avarento/mesquinho/pão duro (B.)]. **~ no soko o hataku** 財布の底をはたく Gastar até (a)o último centavo. [S/同] Gamá-gúchi; satsú-iré; zení-iré.

saigái 災害 A calamidade; a catástrofe; o desastre; o sinistro; o acidente. ★ **~ o kōmuru [ukeru]** 災害をこうむる [受ける] Sofrer um/a ~. ◇ **~ bōshi** 災害防止 A prevenção de ~s. **~ chi** 災害地 O local [lugar] do ~. **~ kyūjo honbu** 災害救助本部 O centro de socorro às vítimas (da/o ~). **~ taisaku** 災害対策 As medidas de prevenção de ~s. **Dai ~** 大災害 Um/a grande ~. [S/同] Saínan.

saígen¹ 再現【E.】O reaparecimento「da moda」; a reprodução「de uma pintura」. ★ **Eiga no meibamen o ~ suru** 映画の名場面を再現する Reproduzir uma cena célebre de um filme.

saígen² 際限 O limite; o fim. ★ **~ (mo) naku hanasu** 際限 (も) なく話す Ter uma conversa interminável; falar, falar, falar. [S/同] Géndo (+); geńkái (+); kagírí (+); kirí (+).

sáigetsu 歳月【à medida que】O tempo [Os dias]「passa/m」; os anos. **Kono jisho no kansei saseru no ni nijū-nen no ~ o tsuiyashita** この辞書を完成させるのに20年の歳月を費やした Levámos 20 anos a fazer este dicionário. [ことわざ] **~ hito o matazu** 歳月人を待たず O tempo e a maré não esperam por ninguém. [S/同] Néngetsu (+); toshí-tsuki.

sáigi 猜疑 A suspeita; a desconfiança. ◇ **~ shin** 猜疑心 A suspeita; a desconfiança. [S/同] Jasúí.

sáigo¹ 最後 **1**「一番終わり」O final; o fim; o último. **Kanojo no uta wa pātī no ~ o kazaru no ni fusawashikatta** 彼女の歌はパーティーの最後を飾るにふさわしかった A canção dela foi boa para terminar a「foi a chave de oiro da」festa. **Kare to ~ ni atta no wa jū-nen mae datta** 彼と最後に会ったのは10年前だった A última vez que me encontrei com ele foi há dez anos. **Kore ga watashi ni ataerareta ~ no chansu da** これが私に与えられた最後のチャンスだ Esta é a minha última oportunidade. ★ **~ kara niban-me ni gōru-in suru** 最後から2番目にゴールインする Atingir a meta em penúltimo lugar. **~ made tatakau [yarinuku]** 最後まで戦う [やり抜く] Lutar até (a)o fim [Levar a cabo]. **~ ni hito-koto mōshiagemasu** 最後に一言申し上げます Para finalizar [terminar], gostaria de dizer umas palavras. **~ no bansan** 最後の晩餐 A Última Ceia [de Jesus de L. da Vinci]. **~ no chikara o furishiboru** 最後の力をふり絞る Esgotar as últimas forças. **~ no shinpan** 最後の審判 O Juízo Final「de Miguel Ângelo」. **~ no shudan ni uttaeru [o toru]** 最後の手段に訴える [をとる] Recorrer ao [Usar o] último recurso. **~ tsūchō o** **dasu [hassuru]** 最後通牒を出す [発する] Mandar um ultimato/Dar o último aviso. **Hito no hanashi o ~ made kiku** 人の話を最後まで聞く Ouvir todas as opiniões [o que os outros dizem] até (a)o fim. [S/同] Owári; saíshū¹. [S/反] Saíshó.

2「一旦 …したら」Se … pronto! **Kare wa iidashitara ~ kesshite ato e wa hikanai** 彼は言い出したら最後決して後へは引かない Quando [Se] ele diz uma coisa, pronto [não há maneira de ceder].

sáigo² 最期 O fim; o último momento; a morte. ★ **~ o mitodokeru** 最期を見とどける Ver uma pessoa morrer; assistir à morte「do amigo」. **Akkenai ~** あっけない最期 A morte inesperada [precoce]. **Hisan na [Migoto na] ~ o togeru** 悲惨な [見事な] 最期を遂げる Ter uma morte trágica [heróica]. [S/同] Ríńjū (+); shiní-gíwá (+).

saí-gúnbi 再軍備 (< saí-⁶ + …) O rearmamento. ★ **~ suru** 再軍備する Rearmar-se.

saíhai 采配 A chefia; o comando; o ce(p)tro do mando. ★ **~ o furuu** 采配を振るう Dirigir; comandar「a equipa」; liderar; mandar. [S/同] Meírei (+); sáshizu (+); shíki (+).

saí-hákkō 再発行 (< saí-⁶ + …) A reedição (⇨ saí-han⁶) ; a reemissão. ★ **~ suru** 再発行する Reeditar「um livro」; reemitir「um certificado」.

saíhán¹ 再版 (< saí-⁶ + …) A reimpressão [segunda tiragem] (do livro). ◇ **~ ni naru** 再版になる Ser reimpresso. [S/同] Saíkán¹.

saíhán² 再犯 (< saí-⁶ + hańzái) A reincidência; a recaída; a recidiva. ◇ **~ sha** 再犯者 O reincidente; o recidivista. [S/同] Ruíhán. [A/反] Shohán.

saí-hán³(bai) 再販 (売) (< saí-⁶ + …) A revenda. ◇ **~ kakaku** 再販価格 O preço de ~. ⇨ teńbái.

saí-hátě 最果て (< saí-⁶ + …) Os confins [Ponto mais extremo/O fim] do mundo. ★ **~ no machi [chi]** 最果ての町 [地] A cidade [A terra] situada no/s ~.

saíhátsú 再発 **a)** A repetição; a nova ocorrência; **b)** A recaída [recidiva]. **Kare no byōki wa mada ~ no osore ga aru** 彼の病気はまだ再発の恐れがある Ele ainda pode ter [correr o risco de] uma recaída. ★ **~ suru** 再発する Repetir-se; reaparecer; ocorrer de novo; tornar a acontecer. **Jiko no ~ o fusegu** 事故の再発を防ぐ Precaver-se contra a repetição do acidente.

saíhén 細片 O fragmento; o estilhaço「de ferro」; a lasca「de madeira」; o caco. ⇨ hahén; kakéra.

saí-hénsei 再編成 (< saí-⁶ + …) A reorganização「da comissão」; a reestruturação.

sáihi 採否【E.】A ado(p)ção ou rejeição; a aprovação [admissão] ou reprovação. ★ **~ o tsūchi suru** 採否を通知する Avisar se foi admitido ou não. **Hōan no ~ o kyoshu de kettei suru** 法案の採否を挙手で決定する Decidir a ado(p)ção ou rejeição do proje(c)to-lei levantando a mão [por voto não secreto].

sáihi² 歳費 **1**「一年間に使う費用」O gasto [A despesa] anual. **2**「議員の一年間の手当」O salário [subsídio] anual dos parlamentares.

saihítsú 才筆【E.】O estilo brilhante; o talento literário (de escritor). ★ **~ o furuu** 才筆をふるう Ter um estilo brilhante [Escvever muito bem/Ser um grande escritor]. [S/同] Buń-sái (+); keńpítsú.

saihō 裁縫 A costura. **~ o suru** 裁縫をする Costurar; coser. ◇ **~ bako** 裁縫箱 A caixa de ~. **~ basa-**

mi 裁縫ばさみ A tesoura de ~ (No J. é parecida a uma pinça, sem cabo ou buracos para os dedos). **~ dōgu** [**shitsu**] 裁縫道具[室] Os utensílios [A sala] de ~. ⇨ S/同 Hari-shígoto; nuí-móno; o-hári. ⇨ shishū[1].

saihō-jōdo [**jóo**] 西方浄土 【Bud.】 O paraíso. ⇨ S/同 Gokúrakújódo; saíhōgókúrákú.

sáihon サイホン (< Ing. siphon < Gr.) O sifão「da máquina do café」.

sai-hōsō [**hóo**] 再放送 (< saí-[6] + ···) A retransmissão. ★ *Terebi-bangumi o* ~ *suru* テレビ番組を再放送する Retransmitir um programa de televisão.

sai-hóssoku 再発足 (< saí-[6] + ···)【E.】 O recomeço; o reinício.

saihyō 砕氷 **1**[氷をくだくこと] A quebra de gelo. ◇ **~ kan** [**sen**] 砕氷艦[船]O navio quebra-gelos. **2**[くだけた氷] O gelo quebrado.

sai-hyōka [**óo**] 再評価 (< saí-[6] + ···) **a)** A revalorização [O tornar a dar valor]; **b)** A reavaliação [O tornar a ver se tem valor]. *Yōroppa no chūsei no geijutsu wa ima ~ sarete iru* ヨーロッパの中世の芸術は今再評価されている A arte medieval da Europa está sendo outra vez valorizada [apreciada]. ★ *Shisan no ~* 資産の再評価 A ~ de todo o patrimó[ô]nio 「da pessoa」.

saiin-zai 催淫剤 O (remédio) afrodisíaco.

saijin 才人 A pessoa inteligente [de talento]. S/同 Sáishi[2].

saijítsú 祭日 O feriado nacional. ⇨ kyū́jítsú.

sáijo 才女 **1**[才知のすぐれた女性] A mulher inteligente [de talento]. ★ ~ *no homare ga takai* 才女の誉れが高い Ter fama de ~. S/同 Saíen[2]; saíjín. **2**[特に文才のある女性] A mulher com talento para a literatura.

saijō 最上 O melhor (em qualidade); o maior; o mais alto [acima]. ★ ~ *no shina* 最上の品 O artigo de primeira [da melhor] qualidade. ◇ **~ dan** 最上段 **a)** O escalão [nível] mais alto「do judo」; **b)** O degrau [de escada] mais acima. ⇨ **kyū** (**sei**). **~ tō** 最上等 A melhor qualidade [categoria]. S/同 Gokújō; mujṓ; saíkṓ; shijṓ.

saijō 斎場 **1**[祭りを行う場所] O local duma cerimó[ô]nia「budista」. ⇨ saídán[2]. **2**[葬儀場] O local do velório; a câmara mortuária. ⇨ Sógíjó (+).

saí-jōei [**óo**] 再上映 (< saí-[6] + ···) A reapresentação [segunda sessão]「do filme」; a reprise (B.).

saí-jōkyū [**jóo**] 最上級 **1**[学級] A classe [O ano] mais adiantada[o] (da escola). **2**[文法の] O superlativo (Por ex.: lindíssimo).

saí-jōkyūsei [**úu**] 最上級生 O estudante do curso [nível; grau; da classe] mais adiantado/a.

sáika[1] 災禍【E.】 A calamidade; o desastre; o acidente. ⇨ sáinán.

sáika[2] 裁可【E.】 A sanção real [imperial]. ★ (*Go*) ~ *o aogu* [*eru*] (御)裁可を仰ぐ[得る] Pedir [Receber] a ~. ~ *suru* 裁可する Sancionar; dar a ~.

saikái[1] 再会 O reencontro. ★ ~ *o shukusuru koto o iwau* 再会を祝する Comemorar o ~. ~ *suru* 再会する Reencontrar; encontrar-se de novo. *Jū-nen-buri ni osana-najimi to* ~ *shita* 10年振りに幼なじみと再会した Reencontrei-me com um amigo de infância que não via há dez anos].

saikái[2] 再開 A reabertura. ★ *Kōshō [Bōeki] o* ~ *suru* 交渉[貿易]を再開する Reabrir as negociações [o comércio com o exterior].

sai-kái[3] 最下位 A posição mais baixa; o grau mais baixo. ★ ~ *no chīmu* 最下位のチーム A equipe/a classificada em último lugar.

saikái[4] 際会【E.】 A defrontação「com um problema」. S/同 Hōchákú.

saikai-mókúyókú 斎戒沐浴 A ablução [purificação]. ★ ~ *suru* 斎戒沐浴する Purificar-se; fazer abluções.

saikáku 才覚 **1**[気転] A inteligência; a sagacidade; o engenho. ★ ~ *no aru hito* 才覚のある人 A pessoa inteligente [sagaz]. S/同 Kíchi; kitén. **2**[金の工面] O jeito [A maneira]「de arranjar dinheiro」. ⇨ kúmen; sańdán[2].

sai-kákunin 再確認 (< saí-[6] + ···) A reconfirmação. ★ ~ *suru* 再確認する Reconfirmar.

saikán[1] 再刊 (< saí-[6] + ···) A reedição. ★ ~ *suru* 再刊する Reeditar; tornar a publicar. S/同 Fukkán; saí-hán. A/反 Shokán.

saikán[2] 才幹 A habilidade; o talento; a capacidade. ⇨ Saínō (+).

saikédérikku サイケデリック (< Ing. psychedelic) Psicodélico; berrante; fora do normal. S/同 Geńsō.

saikéi 歳計 O balanço anual.

saikéikoku 最恵国 A nação mais favorecida (por outra nas importações). ◇ **~ jōkan** [**yakkan**] 最恵国条款 [約款] A cláusula de ~. **~ taigū** 最恵国待遇 O tratamento de ~ [~ *taigū o ataeru* 最恵国待遇を与える Dar o tratamento de ~].

sai-kéirei 最敬礼 A reverência profunda; a saudação de máximo respeito. ★ ~(*o*) *suru* 最敬礼(を)する Fazer uma ~.

saikén[1] 再建 **1**[焼けたりこわれたりした建造物を建てなおすこと] A reconstrução; a reedificação. ★ *Kyōkai o* ~ *suru* 教会を再建する Reconstruir a igreja. **2**[滅びたり衰えたりした組織・団体を又もとの状態につくり上げること] A reconstrução; a reorganização; a restauração. ★ *Zaisei no* ~ *ni noridasu* 財政の再建に乗り出す Lançar-se à reorganização completa das finanças.

saikén[2] 債券【Econ.】 O título「de crédito/dívida」; a obrigação「do Tesouro」. ★ ~ *o hakkō suru* 債券を発行する Emitir títulos [obrigações]. ◇ **~ torihiki-jo** 債券取引所 A bolsa. **Denwa ~** 電話債券 ~ de telefone. **Kimei ~** 記名債券 ~ nominal. **Kokko ~** 国庫債券 ~ do Tesouro (Nacional). **Mukimei ~** 無記名債券 ~ ao portador. **Tōshi ~** 投資債券 ~ de investimento.

saikén[3] 債権【Econ.】 O crédito. *Kare ni taishite ga aru* 彼に対して債権がある Tenho um ~ com ele [Sou credor dele]. ◇ **~ hō** 債権法 A lei do ~. **~ jōto** 債権譲渡 A concessão do ~. **~ koku** 債権国 A nação credora. **~ sha** 債権者 O credor. **~ sha kaigi** 債権者会議 Uma reunião dos credores. A/反 Sáimu.

saí-kensa 再検査 (< saí-[6] + ···) Outra [Uma nova] inspe(c)ção.

saí-kentō 再検討 (< saí-[6] + ···) O reexame. *Kono keikaku ni wa ~ no yochi ga aru* この計画には再検討の余地がある Este proje(c)to ainda precisa de ser reexaminado [de mais estudo]. ~ *suru* 再検討する Reexaminar; tornar a ver/estudar.

sáiketsu[1] 採決 A votação. *Sono ketsugian wa ~ no kekka nijūttai zero de kaketsu sareta* その決議案は採決の結果20対0で可決された Essa resolução foi

saikétsu² 採血 A extra(c)ção de sangue. ★ ~ suru 採血する Tirar [Extrair] sangue. ⇨ keńketsu; yukétsú.

sáiketsu³ 裁決 O veredicto; a sentença; a decisão. ★ ~ o kudasu 裁決を下す Pronunciar [Dar] a sentença. S/同 Shodań.

sáiki¹ 才気 O talento; a inteligência; a perspicácia. ★ ~ kanpatsu de aru 才気煥発である Ser brilhante [muito inteligente]. S/同 Kíchi.

sáiki² 再起 **1** [病気が回復すること] O restabelecimento; a recuperação. *Kare wa kōtsū jiko de funō da* 彼は交通事故で再起不能だ Ele está irrecuperável por causa do acidente de trânsito. ~ *suru* 再起する Restabelecer-se; recuperar-se. **2** [帰り咲き] A volta 「da antiga moda」. *Ano yakyū senshu wa kantoku to shite ~ shita* あの野球選手は監督として再起した Aquele jogador de basebol voltou (à a(c)tividade) de novo, agora como técnico treinador. ~ *o hakaru* 再起を図る Tentar voltar (à a(c)tividade). S/同 Kaéri-záki.

S sáiki³ 再帰【Gram.】「o verbo/pronome」Reflexivo (Por ex.: enganar-se).

saikín¹ 最近 Ultimamente 「sinto-me bem de saúde」; recentemente; estes 「há poucos」dias. *Kanojo wa ~ kekkon shita* 彼女は最近結婚した Ela casou recentemente. ★ *~ no chōsa de wa* 最近の調査では Segundo as últimas investigações 「da polícia」. *Goku ~ no nyūsu* ごく最近のニュース A notícia fresca [recente]. S/同 Chikágoro.

saikín² 細菌 A bactéria; o micróbio; o bacilo; o germe. ◇ ~ **baiyō** 細菌培養 A cultura de bactérias. ~ **gaku** 細菌学 A bacteriologia. ~ **gakusha** 細菌学者 O bacteriologista; o bacteriólogo. ~ **heiki** 細菌兵器 A arma biológica. ~ **ryōhō** 細菌療法 A bacterioterapia. ~ **sen** 細菌戦 A guerra com armas bacteriológicas [biológicas]. S/同 Bakútéria. ⇨ bakín.

sáiko 最古 O mais antigo. ★ *Nippon ~ no tera* 日本最古の寺 O templo bud. ~ *do J.* A/反 Saíshiń.

saikō¹ 最高 **1** [最も程度が高いこと] O máximo; o mais alto. *Uriage wa ~ ni tasshita* 売り上げは最高に達した As vendas atingiram o ponto ~. ★ *~ no dekibae* 最高の出来栄え Uma execução [Um trabalho] ó(p)timo/a [excelente]. *~ ten o toru* 最高点をとる Tirar (a) nota máxima. ◇ ~ **gaku** 最高額 O valor [montante] máximo 「das vendas」. ~ **gakufu** 最高学府 A mais alta instituição de ensino 「é a universidade」. ~ **gendo** 最高限度 O limite máximo. ~ **kanbu** 最高幹部 O grupo executivo; os administradores; os dire(c)tores; a dire(c)ção. ~ **kandankei** 最高寒暖計 O termó[o]metro de máxima. ~ **kensatsuchō** 最高検察庁 A Procuradoria Geral da República. ~ **kiroku** 最高記録 O recorde (máximo). ~ **komon** 最高顧問 O conselheiro supremo. ~ **kyū** 最高級 O grau máximo. ~ **saibansho** 最高裁判所 O supremo tribunal. ~ **saibansho chōkan** 最高裁判所長官 [判事] O chefe [juiz] do supremo tribunal. ~ **sokudo** 最高速度 A velocidade máxima. ~ **suijun** 最高水準 O nível máximo [mais alto]. S/同 Saíjō¹; shijō. A/反 Saítéi. **2** [非常に] Ó(p)timo; o não poder ser melhor. *"Kyanpu, dō datta"? "Mō ~ yo"*「キャンプどうだった」「もう最高よ」"Como foi o acampamento"? "Foi ó(p)timo [Não podia ter sido melhor]". *Sono eiga wa ~ ni omoshiroi* その映画は最高に面白い Esse filme é extremamente interessante.

saikō² 再興 (< saí-⁶ + …) O ressurgimento 「dum ideal」; a restauração 「do país」; o restabelecimento. ★ ~ *suru* 再興する Ressurgir; restaurar; refazer 「*Ie o ~ suru* 家を再興する Refazer a família」. S/同 Fukkō¹; saíkín².

saikō³ 再考 A (re)consideração. ★ *~ no yochi ga nai* 再考の余地がない Não há lugar para mais considerações. ~ *suru* 再考する Reconsiderar; pensar melhor; tornar a pensar.

saikō⁴ 採鉱 A mineração. ★ *~ suru* 採鉱する Explorar uma [Trabalhar numa] mina. ◇ ~ **fu** 採鉱夫 O mineiro (⇨ kōfu⁵). ~ **yakingaku** 採鉱冶金学 A mineralurgia. S/同 Saíkútsú (+).

saikō⁵ 採校 (< saí-⁶ + kōseí)【Tip.】As segundas provas. ◇ **Yō** ~ 要再校「o manuscrito」Que necessita de ~. S/同 Saí-kōsei. ⇨ shokō².

saikō⁶ 採光 A iluminação. ★ *~ no yoi [warui] heya* 採光の良い「部屋 A sala bem [mal] iluminada; o quarto com muita [pouca] ~. ◇ ~ **mado** 採光窓 A clarabóia. ⇨ shomeí².

saí-kóchō [kóo] 最高潮 O auge 「do entusiasmo」; o apogeu. ★ *Kare no ninki ga ~ ni tasshita* 彼の人気が最高潮に達した A fama dele atingiu o apogeu.

saí-kófu [óo] 再交付 (< saí-⁶ + …) A reemissão. ★ *Pasupōto no ~ o shinsei suru* パスポートの再交付を申請する Pedir outro [a ~ do] passaporte.

saí-kóhō [kóo] 最高峰 **1** [峰] O pico mais alto. ★ *Andesu-sanmyaku no ~* アンデス山脈の最高峰 ~ dos Andes. ⇨ miné. **2** [比喩的に] A autoridade máxima; a obra máxima. ★ *Gadan no ~* 画壇の最高峰 O pintor número um.

saíkóku 催告 A intimação 「para pagar a dívida」; a notificação. ★ ~ *suru* 催告する Intimar; notificar. S/同 Kaíkokú; seíkyū¹ (+).

saíkon 再婚 (< saí-⁶ + kekkóń) O segundo casamento. ★ ~ *suru* 再婚する Casar-se (pela) segunda vez 「em segundas núpcias」. ◇ ~ **sha** 再婚者 O casado em segundas núpcias. A/反 shokón.

saíkóro 骰子 O dado. ★ *~ no me [nageru]* 骰子の目 Os pontos [As pintas] do ~. *~ o furu* 骰子を振る [投げる] Lançar [Botar (Col.)] o ~. S/同 Saí⁴.

saikō-sérapisuto サイコセラピスト (< Ing. psychotherapist < Gr.) O psicoterapeuta [psiquiatra].

saikú 細工 **1** [製作] O trabalho 「artesanal/em filigrana」; a obra; o acabamento; a confecção. ★ *~ ga yoi [warui]* 細工が良い [悪い] Estar bem [mal] acabado. *~ o hodokosu* 細工を施す Fazer um trabalho artesanal 「*Seimitsu na ~ o hodokoshita kabin* 精密な細工を施した花瓶 O vaso [A jarra] (de flores) trabalhado/a [com primor]」. *~(o) suru* 細工(を)する Trabalhar [*Hōseki o ~ suru* 宝石を細工する Trabalhar em pedras preciosas]. *Nyūnen na ~* 入念な細工 O trabalho com mais apuro. **2** [物] A obra. ◇ ~ **mono** 細工物 O arte-fa(c)to. ~ **nin** [**shi**] 細工人 [師] O artesão [artista]. **Bekkō** [**Garasu; Hōseki; Kai; Kanamono; Kin-gin; Take; Tō**] **zaiku** べっこう [ガラス; 宝石; 貝; 金銀; 金銀; 竹; 籐] 細工 O trabalho em tartaruga [vidro; pedras preciosas; conchas; metal; filigrana [ouro e prata]; bambu; rotim/junco grosso]. **2** [術策] O artifício; o estratagema; o ardil; a partida. ★ ~ *o hodokosu [suru]* 細工を施ず[する] Usar de artifícios; tramar; falsificar *Chōbo [Hōkokusho] ni ~ o suru* 帳簿［報告書］に細工をする Falsificar o livro das contas [relatório]. *Ura de ~ suru* 裏で細工をする Tramar (por trás/pelas costas). [I/慣用] ~ *wa ryūryū shiage o go-rōjiro* 細工は流々仕上げをご覧じろ Já está tudo pronto [acabado; preparado] e agora verá o resultado. S/熟 Takúrámí.

sáikun 細君 A esposa; a mulher.
S/熟 Kamí-sáñ; nyōbō (+); óku-san; tsúma¹ (o).

sáikuringu サイクリング (< Ing. cycling < Gr. *kýklos*: círculo, roda) O ciclismo [andar de bicicleta]. ★ ~ *ni dekakeru [iku]* サイクリングに出かける[行く] Sair [Ir] para um passeio de bicicleta.

sáikuron サイクロン (< Ing. cyclon < Gr. *kýklos*: círculo) [Met.] O ciclone. ⇨ taífū.

sáikuru サイクル (< Ing. cycle < Gr. *kýklos*: círculo) **1** [周期] O ciclo; algo que se repete periodicamente. S/熟 Shúki (+). **2** [周波] [Fís.] O ciclo; o tempo; o período. ★ *Shūhasū sanjikkiro ~ no onpa* 周波数30キロサイクルの音波 A onda sonora de 30 quilociclos de frequência. **3** [⇨ jiténsha] .

saikutsú 採掘 A mineração; a exploração de minas. ◇ ~ *suru* 採掘する Minerar; explorar [trabalhar em] minas. ◇ ~ **chi** 採掘地 A mina. ~ **ken** 採掘権 O direito de ~. S/熟 Hakkútsú; saíkⁿ⁴.

sáikyō 最強 O mais forte [poderoso]. ★ *Chijō no guntai* 地上最強の軍隊 O exército mais poderoso do mundo. ◇ ~ **menbā** 最強メンバー Os membros ~.

sai-kyōiku [óo] 再教育 (< saí-⁶ + ⋯) A reeducação; a reciclagem. ★ ~(*o*) *suru* 再教育(を)する Reciclar「os empregados」. ⇨ shōgai¹ ◇.

saímátsú 歳末 O fim de ano. ◇ ~ **ō-uridashi** 歳末大売り出し A liquidação de ~.
S/熟 Neñmátsú (+).

saimín 催眠 A hipnose (Sono artificial). ◇ ~ **jōtai** 催眠状態 O estado hipnótico; o transe. ~ **jutsu** 催眠術 O hipnotismo [~ *jutsu ni kakaru* 催眠術にかかる Ficar hipnotizado. ~(**jutsu**) **chiryō** 催眠(術)治療 A hipnoterapia [cura pelo hipnotismo]. ~ **jutsu shi** 催眠術師 O hipnotizador; ~. ~ **ryōhō** 催眠療法 A cura por ~. ~ **zai** 催眠剤 O (produto) hipnótico; o hipnógeno; a droga. ⇨ suímíñ.

saimítsú 細密 A minúcia; a minudência; o detalhe; o pormenor. ★ ~ *na* 細密な「o exame médico」 Minucioso; minudente; pormenorizado; detalhado. ◇ ~ **ga** [**gaka**] 細密画[画家] A (pintura) miniatura [O miniaturista]. S/熟 Chimítsú (+); meñmítsú (+); séichi; seími.

saimókú 細目 Os pormenores. ★ ~ *ni watatte kentō suru* 細目にわたって検討する Estudar [Examinar/Pensar] até aos últimos pormenores.

sáimu 債務 A dívida; o débito. ★ ~ *o hatasu* 債務を果たす Saldar [Liquidar] a ~. ◇ ~ **furikō** 債務不履行 O não pagamento da ~. ~ **koku** 債務国 O país devedor. ~ **sha** 債務者 O devedor. ⇨ saíkⁿ⁴.

sáin¹ サイン (< Ing. sign < L.) **1** [合図] O sinal. ★ ~ *o okuru* サインを送る Fazer sinal. ◇ **Burokku ~** ブロックサイン O sinal, composto de um conjunto de gestos, usado nos jogos de beisebol. S/熟 Áizu (+). **2** [署名] A assinatura; o assinar; o autógrafo. ~ *iri no hon* サイン入りの本 O livro autografado pelo [com a ~ do] autor. ~(*o*) *suru* サイン(を)する Assinar; escrever a ~um「 ~ *shite kudasai* サインして下さい Assine, por favor」. ◇ ~ **bōru** サインボール A bola autografada「pelos jogadores」. ~ **pen** サインペン A caneta de ponta de feltro「para assinar」. S/熟 Kimeí; shomeí¹.

sáin² サイン (< Ing. sine) [Mat.] O seno.
S/熟 Seígeñ.

saínámu 苛む Atormentar; torturar; remorder. ★ *Kōkai ni sainamareru* 後悔に苛まれる Ser atormentado pelo [Ter] remorso. ⇨ ijímérú; kurúshímérú; nayámásu.

sainán 災難 A desgraça; o infortúnio; a calamidade; o desastre; o acidente. *Tonda ~ da* とんだ災難だ Que desgraça! ★ ~ *ga furikakaru* 災難が降りかかる Sobrevir uma desgraça. ~ *ni au* 災難に遭う Sofrer [Ter] um/a ~. ~ *o manugareru* 災難を免れ Escapar à [ao] ~ [Evitar a/o ~]. ◇ ~ **tsuzuki** 災難続き Calamidades seguidas [sucessivas/em série]. S/熟 Saígaí; saíka¹; saíyákú; wazáwáí.

sainéñ 再燃 O reaparecimento; o tornar a surgir. *Ano mondai ga ~ shita* あの問題が再燃した Aquele problema tornou a surgir.

saínín 再任 (< saí-⁶ + niñmeí) A nomeação pela segunda vez. ◇ ~ *suru* 再任する Nomear novamente [de novo].

sái-nínshiki 再認識 (< saí-⁶ + ⋯) O reconhecer de novo「a importância do problema」.

sainō 才能 O talento; a capacidade; o dom; o dote; a aptidão. ★ ~ *ga aru* 才能がある Ter talento [*Kare wa gogaku no ~ ga aru* 彼は語学の才能があるEle tem talento para línguas]. ~ *o hakki suru* 才能を発揮する Mostrar o seu talento. ~ *o migaku* 才能を磨く Cultivar [Desenvolver] o seu/a sua ~. ~ *o nobasu* 才能を伸ばす Desenvolver ~. *Sugureta ~ no mochinushi* すぐれた才能の持ち主 O dotado [senhor/possuidor] de um talento extraordinário. ⇨ sái¹.

sáinyū 歳入 A receita [renda] anual de um país. S/熟 Saíshútsú.

sái-nyūkoku [úu] 再入国 (< saí-⁶ + ⋯) A reentrada (num país). ◇ ~ **kyokasho** 再入国許可書 Visto [Licença] de ~.

Saió [óo] 塞翁 Saio (Antr. chinês; só se usa na expressão "~ ga uma": a história do cavalo de ~. [P/こわざ] (*Ningen banji*) ~ *ga uma* (人間万事)塞翁が馬 É difícil saber o que é boa e má sorte.

sairái 再来 [E.] A segunda vinda [de Cristo]. *Ano gaka wa Pikaso no ~ da to iwarete iru* あの画家はピカソの再来と言われている Aquele pintor é outro [um segundo] Picasso.

sairéí 祭礼 O festival「shintoísta」; a festividade; a celebração (religiosa). ⇨ matsúrí; gíshiki; saíteñ².

sáiren サイレン (< Ing. siren) A sirene/a; a sereia「do navio」. *Kōjō no ~ ga natte iru* 工場のサイレンが鳴っている ~ da fábrica está a tocar.

sáirento サイレント (< Ing. silent < L.) **1** [発音しない文字] A letra muda. **2** [無声映画] O filme mudo. [A/反] Museí eíga. S/熟 Tōkí.

sáiro サイロ (< Ing. silo < Gr. *syrós*: tulha de grãos) O silo.

sairókú 採録 **a)** A transcrição; o regist(r)o; **b)** A gravação. ★ ~ *suru* 採録する **a)** Transcrever; **b)** Gravar. ⇨ kirókú.

saírúi 催涙 Lacrimogé[ê]neo. ◇ **~ dan** 催涙弾 A bomba ~ a. ~ **gasu** 催涙ガス O gás ~.

sairyō[1] 最良 O melhor. ★ *Shōgai ~ no toshi* 生涯最良の年 O(s) melhor(es) ano(s) da「minha」vida. [S/周] Saízén[1]. [A/反] Salákú.

sairyō[2] 裁量 A discrição; o arbítrio. ★ *Shachō no ~ de* 社長の裁量で「ser promovido」Por arbítrio do presidente da firma. [S/周] Shodán.

saisáki 幸先 O presságio; o pressentimento. ★ *~ ga yoi* 幸先が良い Ter bons presságios; ter um bom começo. [S/周] Engí; zenchó.

saisán 採算 O lucro; o ganho. ★ *~ ga au [toreru]* 採算が合う[とれる] Ser lucrativo/Dar lucro [*Sono joken [nedan] de wa ~ ga torenai* この条件[値段]では採算がとれない Nessas condições [Com esse preço] não dá lucro]. ◇ **Dokuritsu ~ sei** 独立採算制 O sistema de autofinanciamento.

saisán(sáishi) 再三 (再四)「avisei-o」Muitas [Várias; Não sei quantas; Repetidas] vezes. ★ *~ chūi suru* 再三注意する Avisar ~. [S/周] Tabí-tábí (+).

saiséi[1] 再生 **1**[生き返ること] O renascimento; a renascença. [S/周] Soséi. **2**[廃品の] A reciclagem. ★ *~ suru* 再生する Reciclar; tornar a usar. *~ hin[shi]* ~ 品[紙] O produto [papel] reciclado. **3**[録音の]【Ele(c)tri.】A reprodução; o pôr「o vídeo」a andar; o ligar「a cassete」. ★ *~ suru* 再生する Ligar; reproduzir. ◇ **Rokuon ~ sōchi** 録音再生装置 O gravador; o sistema de reprodução do som. **4**[生物体の]【Zool.】A regeneração. ★ *~ suru* 再生する Regenerar-se. **5**【Psic.】A reminiscência.

saiséi[2] 祭政【E.】⇨ séi-kyō[3].

saiséiki 最盛期 **1**[全盛期] Os tempos áureos; a época de prosperidade. [S/周] Zenséiki. ⇨ ógón ◇. **2**[出さかり] A estação; a época. *Ima wa ichigo no ~ da* 今は苺の最盛期 Estamos na [Agora é a] ~ dos morangos. [S/周] De-sákarí; shun.

saí-séisan 再生産 (< saí-[6] + ...) O tornar a produzir.

saiséki[1] 採石 A extra(c)ção de [O cortar/arrancar] pedra. ★ *~ suru* 採石する Extrair [...] pedra. ◇ **~ ba** 採石場 A pedreira; a canteira.

saiséki[2] 砕石 **a)** O britamento; **b)** A brita [pedra britada]; c) o cascalho. ★ *~ suru* 砕石する Britar; triturar. ◇ **~ ki** 砕石機 A britadeira.

saisén[1] 再選 A reeleição「do presidente」.

saisén[2] 賽銭 O donativo em dinheiro; a esmola. ★ *(o) ~ o ageru* (お) 賽銭をあげる Fazer um ~; dar uma ~. ◇ **~ bako** 賽銭箱 A caixa das ~s.

saisétsu 細説 A explicação minuciosa.
[S/周] Shōsétsu. ⇨ setsúméi.

sáishi[1] 妻子 A esposa e os filhos. ★ *~ o yashinau* 妻子を養う Sustentar ~. ◇ **~ mochi** 妻子持ち O homem com família. [S/周] Tsúma-ko.

sáishi[2] 才子 O homem talentoso [inteligente]. [I/慣用] *~ sai ni taoreru [oboreru]* 才子才に倒れる [溺れる] Falhar por confiar demais no seu talento. [S/周] Saijín. ⇨ salén[2]; sáijo.

sáishi[3] 祭司 O oficiante; o celebrante.

sáishi[4] 祭祀 O ritual; o rito; a festa religiosa. [S/周] Saítén[2] (+).

sai-shíken 再試験 (< saí-[6] + ...) Um segundo exame. ⇨ tsuí-shí(ken).

saishíki [saishóku] 彩色 A coloração; o colorido; o ser a cores. ★ *~ (o) suru* 彩色 (を) する Colorir.

saishín[1] 最新 O mais novo [recente; moderno]. ★ *~ gata no jetto-ki* 最新型のジェット機 O avião a jacto mais moderno [do último modelo]. *~ no jōhō* 最新の情報 A informação [notícia] mais recente; as últimas novidades. *~ shiki no setsubi* 最新式の設備 As instalações mais modernas.

saishín[2] 細心 O cuidado; a minúcia; a prudência. ★ *~ no chūi o harau* 細心の注意を払う Prestar cuidadosa [escrupulosa] atenção.
[S/周] Menmítsú.

saishín[3] 再審 A revisão (do processo). ★ *~ o meizuru [seikyū suru]* 再審を命ずる[請求する] Ordenar [Pedir] a ~. *~ suru* 再審する Fazer a ~.

sáishite 際して (< sáí[2] + surú) Em (caso de; por ocasião de. *Kaikai ni ~ hitokoto go-aisatsu mōshi-agemasu* 開会に際して一言ごあいさつ申し上げます Na abertura deste encontro [congresso] gostaria de pronunciar (alg)umas palavras de saudação.

saishó 最初 O início; o começo; o princípio. ★ *~ kara* 最初から Desde o ~ [*~ kara hajimemashō* 最初から始めましょう Vamos começar「a estudar o livro」desde o ~]. *~ ni* 最初に Primeiramente/Primeiro/Em primeiro lugar. *~ no* 最初の Primeiro; inicial; original [*~ no ichi-nenkan* 最初の1年間 Os primeiros doze meses; o primeiro ano. *~ no yotei dewa* 最初の予定では Segundo o plano original [inicial]...] *~ wa saigo ni* No [Ao] ~ [*~ wa dare demo shippai suru mono da* 最初は誰でも失敗するものだ No começo, qualquer um fracassa [se engana]]. [S/周] Sáigo; sashō. ⇨ hajíme.

saishō[1] 最小 O menor; o「preço」mínimo. ◇ **~ gen (do)** 最小限 (度) O (grau) mínimo [*Higai o ~ gen(do)ni kuitomeru* 被害を最小限 (度)に食い止める Reduzir os danos ao mínimo]. **~ kōbaisū** 最小公倍数 O mínimo múltiplo comum. [A/反] Saídáí.

saishō[2] 宰相【A.】O primeiro-ministro. [S/周] Shushō (+).

saishóku[1] 菜食 A alimentação vegetariana. ◇ **~ shugi** 菜食主義 O vegetarianismo. **~ shugisha** 菜食主義者 O vegetariano.
[A/反] Nikushóku. ⇨ yasái.

saishóku[2] 才色【E.】A inteligência e a beleza (de uma mulher). ★ *~ kenbi no josei* 才色兼備の女性 A mulher que tem ~ [que une as duas coisas: ~].

sáishu 採取 (⇨ sáishú[2]) **1**[選び取ること] A recolha. ★ *~ suru* 採取する Recolher. *Ketsueki o ~ suru* 血液を採取する Fazer ~ (de sangue). **2**[抽出] A extra(c)ção. ★ *Orību kara orību-yu o ~ suru* オリーブからオリーブ油を採取する Extrair [Tirar/Fazer o] azeite da azeitona.

saishú[1] 最終 O último; o fim; o definitivo. ★ *~ no [teki na]* 最終の[的な] Final; último; definitivo. *~ teki ni ketsuron o dasu* 最終的に結論を出す Apresentar a conclusão definitiva (final). ◇ **~ bi.** **~ dankai** 最終段階 A última etapa. **~ densha** 最終電車 O último comboio [trem] do dia. **~ kai** 最終回 O último turno; o último vaivém. **~ kettei** 最終決定 A decisão final. **~ raundo** 最終ラウンド O último assalto (de boxe). **~ sōsha [eisha]** 最終走者 [泳者] O último corredor [nadador]. [S/周] Sáigo[1]. ⇨ Saishó.

sáishú[2] 採集 A cole(c)ção. ★ *Chō o ~ suru* 蝶を採集する Cole(c)ionar borboletas. ◇ **~ ka** 採集家 O cole(c)cionador. *Konchū ~* 昆虫採集 ~ de inse(c)tos. ⇨ sáishu.

saíshúbi¹ [úu] 最終日 (<…¹+hi) O último dia.
sai-shúppatsu 再出発 (<saí-⁵+…) O recomeço. ★ ~ *suru* 再出発する Recomeçar「a vida」.
saíshútsú 歳出 Os gastos anuais do Estado ou duma organização pública. A/反 Saínyú.
sáisoku¹ 催促 A insistência; a pressão; o cobrar; o reclamar. *Oya-san wa hito-tsuki de mo yachin ga tamaru to ya no ~ da* 大家さんは一月でも家賃がたまると矢の催促だ Se me atraso, nem que seja um mês, no pagamento do aluguer/l, o proprietário da casa insiste a toda a hora que lhe pague. ★ ~ *suru* 催促する Insistir; exigir [reclamar; solicitar] urgentemente [*Hayaku kuru yō ni kare ni ~ shi nasai* 早く来るように彼に催促しなさい[Puxa por ele]para vir depressa. *Henji o ~ suru* 返事を催促する Exigir uma [Insistir numa] resposta. *Shiharai o urusaku ~ suru* 支払いをうるさく催促する Reclamar [Exigir] o pagamento]. ◇ ~ **jō** 催促状 A carta de cobrança.

saísóku² 細則 O regulamento (mais) pormenorizado. ★ *Betsu ni ~ o mōkeru* 別に細則を設ける Apresentar, à parte, um ~. S/類 Kísoku¹.

saíta 最多 O maior número「de golos/de vezes」. ◇ ~ **shutsujō** 最多出場「jogador」ter participado mais vezes [A máxima participação]「num campeonato」.

saítai 妻帯 O ter esposa. ★ ~ *suru* 妻帯する Casar (-se). ◇ ~ **sha** 妻帯者 O homem casado. S/~ sáishi¹.

saítakú 採択 A ado(p)ção; a escolha「o uso」「dum livro de texto」. ★ *Gian o ~ suru* 議案を採択する Ado(p)tar uma proposta [um proje(c)to de lei].

saítán¹ 最短 O mais curto [breve]. ◇ ~ **kōsu** 最短コース O caminho mais curto「*Shusse no ~ kōsu o tadoru* 出世の最短コースを辿る Seguir o caminho mais curto para triunfar na vida [ser promovido]」. ◇ ~ **kyori** 最短距離 A distância mais curta. A/反 Saíchó.

saítán² 採炭 A mineração de carvão-de-pedra. ◇ ~ **fu** 採炭夫 O mineiro de carvão. S/類 Shuttán, 石炭採掘; sekítan; tankó².

saítéí¹ 最低 **1**「最も程度が低いこと」**a)** O mais baixo; **b)** O mínimo. ★ ~ *ni mitsumoru* 最低に見積る Calcular [Fazer o cálculo] muito por baixo. ~ *no seiseki de* 最低の成績で Com notas baixíssimas [a nota mínima]. ◇ ~ **chingin** 最低賃金 O salário mínimo. ~ **gen (do)** 最低限 (度) O limite mínimo. ~ **jōken** 最低条件 A condição mínima [sine qua non]. ~ **kion** 最低気温 A temperatura mínima. **2**[非常に悪いこと]Muito mau; péssimo; sem valor. *Ano mise no ryōri wa ~ da* あの店の料理は最低だ A comida daquele restaurante é péssima. *Nani ya, anna otoko, ~* 何よ,あんな男,最低 Quê? Ele, como homem, não vale nada! A/反 Saíkó.

saítéí² 裁定 A arbitragem; a decisão; o julgamento. ★ ~ *suru* 裁定する Arbitrar; decidir; julgar. ◇ ~ **an** 裁定案 A proposta de [para] arbitragem.

saítéki 最適 (<saí+tekísétsú) O ser ideal [o mais apropriado/adequado]. *Kare wa gichō to shite ~ da* 彼は議長として最適だ Ele é a pessoa ideal para presidente. ◇ ~ **jōken** 最適条件【Biol.】As condições o(p)timas.

saítén¹ 採点 A avaliação; o dar as notas. ★ ~ *ga amai* [*karai*] 採点が甘い[辛い]Ser generoso [severo]na; dar boas [más]notas. ~(*o*)*suru* 採点(を)する Dar as notas. ◇ ~ **bo** [**hyō**] 採点簿[表]O livro [A cadernetal/A lista] das notas.

saítén² 祭典 O festival. ★ *Supōtsu no ~* スポーツの祭典 ~ (d)esportivo. S/類 Saíréi.

sái-u 細雨【E.】O chuvisco; a chuva miudinha; a garoa; o cacimbo. S/類 Kírísámé (+); nukááme.

sai-úyoku 最右翼 (<saí+…) A extrema direita; a direita radical. S/類 Kyóku-u. A/反 Saí-sáyoku.

saíwáí 幸い **1**[幸福]A felicidade. *O-yaku ni tateba ~ desu* お役に立てば幸いです Sentir-me-ei feliz se lhe puder ser útil em alguma coisa. I/慣用 *Koko-ro no kiyoki mono wa ~ nari* 心の清き者は幸いなり【Bí.】Feliz(d)aquele com o coração puro「porque verá (a) Deus」. S/類 Kōfúkú (+); sáchi. A/反 Fukō; fu-shíawase. **2**[幸運]A sorte; a felicidade. ~ *(na koto ni* [*ni*; *mono*; *shite*])*koto naku shite sunda* 幸い(なこと[に;にも;にして])事となくして済んだ Felizmente [Ditosamente/Afortunadamente] tudo terminou sem grandes problemas. ★ ~ *suru* 幸いする Favorecer [*Kotoshi wa tenkō ga ~ shite kome no deki ga yoi* 今年は天候が幸いして米の出来が良い Este ano, favorecido com [graças ao] bom tempo, o arroz gradou bem [tem muito grão]]. S/類 Kōún. A/反 Fú-un; wazáwáí.

saíwán 才腕 O talento; a habilidade. S/類 udémaé.

saiyákú 災厄【E.】⇨ saínán.

saíyō 採用 **1**「取り上げて用いること」A ado(p)ção; a aceitação; o uso. ★ ~ *suru* 採用する Ado(p)tar; aceitar; usar. **2**[任用; 採用] O emprego. ★ ~ *suru* 採用する Empregar [*Shinnyū shain o go-nin ~ suru* 新入社員を5人採用する Empregar 5 novos funcionários]. ◇ ~ **mōshikomi** 採用申し込み O pedido de admissão ao ~. ~ **shiken** 採用試験 O exame de admissão ao ~. ~ **tsūchi** 採用通知 O aviso de admissão ao ~. ~ **Kari** ~ 仮採用 ~ provisório [à experiência]. S/類 Koyō; nínyō.

saíyú 採油 A extra(c)ção de petróleo.

saízén 最善 O melhor [máximo]. ★ ~ *no hōhō* [*saku*] 最善の方法[策]O melhor modo [A melhor medida]. ~ *o tsukusu* 最善を尽くす Esforçar-se ao máximo. S/類 Saíjó¹; saíryō¹. A/反 Saíaku.

saízén² 最前 ⇨ sakí-hódó.

sai-zénretsu 最前列 A fileira [fila] da frente; a primeira fila.

sai-zénsen 最前線 A (linha da) frente「da batalha」; a primeira linha [de progresso da ante].

sáizu サイズ (<Ing. size) O tamanho; a medida; o número. *Anata no bōshi no ~ wa* あなたの帽子のサイズは Qual é o número do seu chapéu? *Kono fuku wa ~ ga awanai* この服はサイズが合わない Este fato não me serve. ~ *o hakaru* サイズを計る Medir o tamanho; tomar [tirar] a medida.

sáji¹ 匙 A colher. *O* [*Cha*] ~ *ni-hai no satō* 大[茶]匙2杯の砂糖 Açúcar; (pôr) duas colheres de sopa [chá]. I/慣用 ~ *o nageru* 匙を投げる Perder a esperança [*Kare no byōki ni wa donna isha mo ~ o nageta* 彼の病気にはどんな医者も匙を投げた Ele está desenganado dos médicos [Os médicos dizem todos que ele não tem cura]]. ◇ ⇨ ~ **kagen**. S/類 Supún.

sáji² 些事【E.】A ninharia; a insignificância. ★ ~ *ni kodawaru* 些事にこだわる Preocupar-se com ninharias. S/類 Shiyō-massétsú (+); shóji.

sáji [áa] サージ (<Ing. serge) A sarja (tecido).

sají-kágen 匙加減【G.】 **1** [調剤] A dosagem [quantidade]. ★ *Kusuri* [*Ryōri*] *no* ～ *o machigaeru* 薬 [料理] の匙加減を間違える Errar a dose. [S/同] Chṓzáí. **2** [手加減] A maneira de agir; o jeito. *Kono torihiki wa buchō no* ～ *hitotsu de dō ni demo naru* この取引きは部長の匙加減一つでどうにでもなる Este negócio depende totalmente da vontade [do agir] do dire(c)tor de serviços. [S/同] Te-kágen (+) ; te-gókoro. ⇨ sáji[1].

sajíkí 桟敷 O camarote (do teatro). ◇ **Tenjō ～** 天井桟敷 A (galeria) geral; o galinheiro (G.).

sa[sha]jíń 砂塵 A nuvem de areia「vinda da China/de Marrocos」. [S/同] Suná-bókori (+) ; suná-kémuri.

sajṓ 砂上 O estar sobre a areia. [I/慣用] ～ *no rōkaku* 砂上の楼閣「construir」Castelos no ar.

saká[1] 坂 A encosta; a ladeira; a rampa. ★ ～ *o noboru* [*kudaru*; *oriru*] 坂を上る[下る; 降りる] Subir [Descer] a ～. ～ *o nobotta* [*kudatta*] *tokoro ni* 坂を登った [下った] ところに No [Ao] cimo [fundo] da ～. *Kewashii* ～ 険しい坂 A encosta íngreme [escarpada/a pique/muito inclinada]. *Kyū na* [*Yuruyaka na*] ～ 急な [ゆるやかな] 坂 ～ íngreme [suave]. [I/慣用] *Rokujū no* ～ *o kosu* 60 の坂を越す Passar a encosta dos 60 (anos). ◇ ⇨ **nobori** [**kudari**] **zaka**. [S/同] Saká-michi.

sáka[2] 茶菓 O chá e [com] doces. [S/同] Cháka.

saká-bá 酒場 (< saké[1] + …) O bar; a taberna; a tasca; o botequim; o boteco. ★ ～ *no shujin* 酒場の主人 O taberneiro; o botequineiro; o dono do bar. [S/同] Izákáyá; nomí-ya.

saká-dáchí 逆立ち (< sakásá + tátsu) O pôr-se de pernas para o ar. ★ ～ *de* [*shite*] *aruku* 逆立ちで [して] 歩く Andar com as mãos. ～ *suru* 逆立ちする **a**) Pôr-se de pernas para o ar; plantar bananeira (G.); **b**) Esforçar-se ao máximo 〔～ *shite mo kare ni wa kanawanai* 逆立ちしても彼にはかなわない Por mais que me esforce, não consigo ganhar-lhe [ser tão bom como ele]〕.

saká-dáí[**-shíró**] 酒代 (< saké[1] + …) **1** [飲みしろ] O dinheiro para bebidas [beber/os copitos]. [S/同] Nomíshiro. **2** [⇨ kokóró-zúké].

saká-dárú 酒樽 (< saké[1] + tarú) O barril de saqué; o tonel de vinho.

saká-dátéru 逆立てる (< sakásá + tatéru) Eriçar; arrepiar; ouriçar. *Neko ga ke o sakadateta* 猫が毛を逆立てた O gato eriçou o pelo.

saká-dátsu 逆立つ (< sakásá + tátsu) Ficar arrepiado [com pele de galinha/com os cabelos em pé].

sakáé 栄え (< sakáéru) A prosperidade; a glória; o bem-estar; o sucesso. [S/同] Éiga; hań'éí (+) . ⇨ eíkṓ[1].

sakáéru 栄える Prosperar; florescer. *Kuni* [*Mise*] *wa masumasu sakaeta* 国 [店] はますます栄えた「desde então」O país [A loja] prosperou sempre [cada vez mais]. [S/同] Hań'éí súrú. [A/反] Otóróéru; suítáí súrú.

saká-gó 逆子 (< sakásámá + ko)【Med.】A agripa [criança que nasce pelos [primeiro com os] pés].

saká[**ké**]**-gúrá** 酒蔵 (< saké[1] + kurá) **1** [酒の貯蔵場] O depósito de saqué [bebidas alcoólicas]. **2** [酒場] O bar; a taberna; o botequim.

sakái 境 **1** [境界] O limite; a divisa; a fronteira. ★ ～ *ni aru* 境にある Estar no limite 〔*Fujisan wa Shizuoka-ken to Yamanashi-ken no* ～ *ni aru* 富士山は静岡県と山梨県の境にある O monte Fuji fica no limite entre as províncias de Shizuoka e Yamanashi〕. ～ *ni naru* 境になる Servir de ～〔*Kono michi ga ryōken no* ～ *ni natte iru* この道が両県の境になっている Esta estrada serve de limite [é a linha divisória] entre as duas províncias〕. ～ *ni suru* 境にする Fazer (de algo) um limite. ～ *no hei* 境の塀 O muro da divisa「dos dois terrenos」. ～ *o sessuru* 境を接する Ser contíguo [vizinho]〔*Burajiru wa Paraguai to* ～ *o sesshite iru* ブラジルはパラグアイと境を接している O B. é vizinho do [faz fronteira com o] Paraguai〕. *Seishi no* ～ *(me) o samayou* 生死の境(目)をさまよう Estar entre a vida e a morte. ◇ ⇨ **～ me.** [S/同] Buńkáí; kyṓkáí; sakáí-mé. ⇨ kokkyṓ[1]. **2** [限定された特定の場所] O limiar. ★ *Godō* [*Shōjō*; *Shinpi*] *no* ～ 悟道 [清浄; 神秘] の境「chegar ao」～ da sabedoria suprema [pureza; do mistério]. [S/同] Kyṓchi; shińkyṓ.

sakáí-mé 境目 A divisa; a linha divisória. *Watashi no ie to rinka to no* ～ *wa koko desu* 私の家と隣家との境目はここです ～ entre a minha casa e a do vizinho é aqui. ★ *Ikiru ka shinu ka no* ～ 生きるか死ぬかの境目 O estar entre a vida e a morte. [S/同] Kyṓkáí; sakái (+) .

sakákí 榊【Bot.】A japoneira templária; *cleyera japonica* [*ochnacea*] (Árvore da família da japoneira e muito plantada junto aos templos).

saká-máku 逆巻く (< sakásámá + …) Encapelar-se; agitar-se. ★ ～ *ōnami* 逆巻く大波 As ondas grandes e encapeladas [bravas]. ⇨ saká-námí.

saká-mórí 酒盛り (< saké[1] + morú) A festa com bebidas; a festança; o festim. ★ ～ *o suru* 酒盛りをする Dar um/a ～. [S/同] Eń-káí (+) ; shuéń; utágé.

sakáń[1] 盛ん **1** [繁栄] A prosperidade. *Nihon de-wa bukkyō ga* ～ *da* 日本では仏教が盛んだ No J. há muitos budistas. [S/同] Hań'éí. **2** [盛大] A magnificência; a grandeza; o sucesso. [S/同] Seídáí (+) . **3** [旺盛] A vitalidade; o vigor. *Oite masumasu* ～ *de aru* 老いて益々盛んである Apesar da velhice, ainda conserva todo o seu vigor. ★ *Kekki* ～ *na seinen* 血気盛んな青年 O jovem de muita vitalidade. [S/同] Ṓséí. **4** [しきりに行うようす] A intensidade; o entusiasmo. ★ ～ *na hakushu o okuru* 盛んな拍手をおくる Aplaudir com entusiasmo. ～ *ni aikyō o furimaku* 盛んに愛嬌をふりまく Mostrar-se muito amável. [S/同] Kappátsú; shikírí. **5** [流行] A moda; a voga; a popularidade. *Saikin gakusei no aida de tenisu ga* ～ *da* 最近学生の間でテニスが盛んだ Ultimamente, o té[ê]nis é um (d)esp. muito popular entre os estudantes. [S/同] Hayárí; ryū́kṓ.

sakáń[2] 左官 O rebocar (paredes). ◇ **～ ya** 左官屋 O trolha.

sakáná[1] 魚 O peixe. ★ ～ *no hone* [*kawa*; *niku*] 魚の骨[皮; 肉] A espinha [pele; carne] do ～. ◇ **～ ya** 魚屋 **a**) A peixaria; **b**) O peixeiro. ⇨ uó.

sakáná[2] 肴 O (prato de) acompanhamento das bebidas. ★ *Uwasabanashi o* ～ *ni sake o nomu* うわさ話を肴に酒を飲む Beber [Tomar] saqué, falando de boatos [da vida alheia].

saká-nádé 逆撫で (< sakásámá + nadéru) **1** [毛などをはえている方向と逆の方向に撫でること] O levantar os pelos [coçar no sentido contrário ao da inclinação do pelo「do cavalo」]. **2** [わざわざ人の神経にさわるような行動をとること] O irritar. *Ima kare ni sore o ittara kare no shinkei o* ～ *suru koto ni* *naru* 今彼にそれを言ったら彼の神経を逆撫でにすることになる Se lhe disser isso agora, ele vai ficar irritado.

saká-námi 逆波 (< sakásá + ···) A onda encapelada [alterosa/brava].

saká-néji 逆捩じ (< sakásá + nejíru) **a)** O destorcer; **b)** O refutar [deitar abaixo] o adversário. ★ ~ *o kuu* [*kuwaseru*] 逆捩じを食う[食わせる] Ser refutado [Refutar].

sakánóbóru 遡[溯]る **1** [上流へ向かう] Subir o [Ir contra a correnteza do] rio. ★ *Fune de kawa o* ~ 舟で川を遡る Subir o rio de barco. **2** [過去へ返る] Remontar (ao passado). *Tōji ni sakanobotte kangaeru to* 当時に遡って考えると Se pensarmos, remontando-nos àquela época···.

sakáráu 逆らう **1** [反抗する] Resistir; lutar; revoltar-se; opor-se; desobedecer「aos pais」. ★ *Jidai* [*Yo no fūchō*] *ni* ~ 時代[世の風潮]に逆らう Lutar [Ir] contra a corrente/maré. S/同 Hamúkáu; hańkō[hańtái] suru; taté-tsúku. **2** [反対の方向に進もうとする] Ir contra [na dire(c)ção contrária]. ★ *Kaze ni sakaratte susumu* 風に逆らって進む Avançar contra o vento. A/反 Mukáú.

sakári 盛り **1** [絶頂] A plenitude; a pujança; o auge. *Bara ga ima* ~ *ni saite iru* バラが今を盛りと咲いている As rosas estão agora em plena florescência. *Sakura no hana ga* ~ *o sugita* 桜の花が盛りを過ぎた As flores de cerejeira já começam a cair. ★ *Atsui* ~ *ni* 暑い盛りに Em pleno [No auge do] calor. S/同 Zetchō. **2** [人生の充実期] A pujança [plena força] da vida; a flor da idade. *Kare wa ima ga* ~ *da* 彼は今が盛りだ Ele está na ~. ★ *Jinsei no* ~ *o suguru* 人生の盛りを過ぎる Passar a flor da idade. *Wakai* ~ *ni* 若い盛りに Em plena juventude. S/同 Sōnéń. **3** [発情] O cio. ★ ~ *ga tsuku* 盛りが付く Estar no [Andar com o] ~. S/同 Hatsújō.

sakári-bá 盛り場 **a)** O local de diversões; **b)** O centro com muito movimento「de comércio/veraneantes」. S/同 Chūshíngai; hańkágai; kańrókúgai.

sakásá(má) 逆さ(ま) A(o) contrário; de pernas para o ar. "*Ēbishī*" *o* ~ *ni itte goran* "ABC"を逆さに言ってごらん Diga "ABC" ao contrário [de trás para a frente]. ★ *Junjo o* ~ *ni suru* 順序を逆さにする Inverter a ordem. S/同 Gyakú; hańtái.

sakásá-mátsuge 逆さ睫 A tricose [triquíase].

sákasu [áa] サーカス (< Ing. circus < L.) O circo. ◇ ~ **dan** [**geinin**] サーカス団[芸人] A companhia [O artista] de ~. S/同 Kyokúbá; kyokúgéi.

saká-té¹ 逆手 (< sakásá + ···) O pegar ao contrário; agarrar-se「à barra」por baixo.

saká-té² 酒手 (< saké¹ + te) 【G.】 ⇨ saká-dái[-shíró].

saká-úrámí 逆恨み (< sakásá + ···) O ressentimento injustificado [sem razão/por um mal-entendido]. ★ ~ *suru* 逆恨みする Ressentir-se injustamente「*Kare no tame ni chūkoku shita no ni* ~ *sareta* 彼の為に忠告したのに逆恨みされた Avisei-o para bem dele e ficou ressentido comigo」.

saká-yá 酒屋 (< saké + ···) A loja de bebidas alcoólicas.

saká-yúmé 逆夢 (< sakásá + ···) O sonho que não se realizou. *Rakudai suru yume o mita ga* ~ *ni* [*to*] *natte hoshii* 落第する夢を見たから逆夢に[と]なってほしい Eu sonhei que não vou passar no exame mas espero que o sonho não se realize. A/反 Masáyúmé.

saké¹ 酒 **a)** O saqué [saké/vinho de arroz]; **b)** O vinho; **c)** As bebidas alcoólicas. *Kare wa* ~ *ga hairu to hito ga kawaru* 彼は酒が入ると人が変わる Ele fica outro [muda completamente] quando bebe. ★ ~ *bitari ni naru* 酒びたりになる Ficar bêbedo (como um odre). ~ *ga mawaru* 酒が回る O álcool começa a produzir o seu efeito. ~ *ga* [*ni*] *tsuyoi* [*yowai*] 酒が[に] 強い[弱い] Aguentar muito [pouco] o ~. ~ *kusai* 酒臭い Cheirar a ~. ~ *ni nomareru* 酒に飲まれる Ficar completamente embriagado [bêbedo]. ~ *ni oboreru* 酒に溺れる Afogar-se nos copos [Entregar-se à bebida]. ~ *ni you* 酒に酔う Embriagar-se; embebedar-se. ~ *o nomu* 酒を飲む Beber (saqué). ~ *o sugosu* 酒を過ごす Beber demais. ~ *o tashinamu* 酒をたしなむ Beber um pouco (e gostar); apreciar o ~. ~ *o tsutsushimu* [*yameru*; *tatsu*] 酒を慎む[やめる；断つ] Procurar não beber [Deixar de beber; Cortar com o álcool]. *Tsuyoi* [*Yowai*] ~ 強い[弱い] 酒 A bebida forte/com elevado grau alcoólico [com pouco álcool]. ことわざ ~ *wa hyakuyaku no chō* 酒は百薬の長 O saqué é o melhor remédio para todos os males. ◇ ~ **guse** 酒癖 O que um faz quando bebe [~-*guse ga warui* 酒癖が悪い Ser um mau bebedor/ Ficar mau quando bebe]. ~ **kasu** 酒糟 A borra do ~. ~ **kiki** 酒利き O provador de vinhos. ⇨ ~ **nomi**. **Kiki-zake** 利き酒 **a)** A prova de vinhos; **b)** O ~ para prova. **Mukae-zake** 迎え酒 O beber para se curar da ressaca. **Yake-zake** 自棄酒 O beber por desespero [para afogar tristezas].

⇨ **hańnyá** 般, o-**míki**; **nihoń-shu**.

sáke² 鮭 【Zool.】 O salmão. ◇ ~ **kan** 鮭缶 ~ enlatado [A lata de ~]. **Shio-zake** 塩鮭 O salmão conservado em [com] sal.

sakébi(góe) 叫び(声) (< sakébu + kóe) O grito; o clamor; o alarido; o brado; o berro. ★ ~ *o ageru* [*hassuru*] 叫びをあげる[発する] Gritar「por [a pedir] socorro」; dar um (grande) grito. S/同 Waméki-góe.

sakébu 叫ぶ **1** [声を張りあげる] Gritar; exclamar; bradar; soltar [dar] gritos. ★ *Koe o kagiri ni* ~ 声を限りに叫ぶ Gritar a plenos pulmões [o mais alto possível]. "*Tasukete kure*" *to* ~-*goe de* ~ 「助けてくれ」と大声で叫ぶ Gritar "socorro"! S/同 Waméku. **2** [世間に向かって意見を主張する] Clamar; apelar「pela paz」. ★ *Mujitsu o* ~ 無実を叫ぶ (Pro)clamar a sua inocência. S/同 Shuchō súrú.

sakéi 左傾 A tendência [inclinação] para a esquerda; a radicalização. ★ ~ *suru* 左傾する Radicalizar-se; inclinar-se para a esquerda. S/同 Sayókú-ká (+). A/反 Ukéi.

saké-mé 裂け目 (< sakéru² + ···) A greta「na pele」; a racha「na louça」; a rachadura; a fenda「no solo/gelo」; o rasgão「na roupa」. ★ *Daichi no* ~ 大地の裂け目 A fenda na terra. S/同 Yabúré-mé; waré-mé.

saké-nómi 酒飲み (< saké¹ + nómu) O bebedor; o beberrão; o bom copo. S/同 Hidárí-kíkí; jógo;

saké-zúkí; sató; shugó. [S/反] Géko.

sakéru[1] 避ける **1** [よける] Evitar; fugir; esquivar-se. ★ *Hitome o sakete kurasu* 人目を避けて暮らす Viver escondido [sem falar com ninguém]. *Kiken o ~ kiken o sakeru* 危険を避ける Fugir do [Evitar o] perigo. *Sakegatai konnan* 避けがたい困難 Um sacrifício [trabalho] inevitável. [S/同] Yokéru. **2** [近寄らない] Evitar. *Saikin kare wa watashi o sakete iru* 最近彼は私を避けている Ultimamente ele evita-me [procura não se encontrar comigo]. **3** [さしひかえる] Esquivar-se; evitar. ★ *Genmei o ~* 言明を避ける Evitar pronunciar-se [Esquivar-se a falar claramente]. ⇨ enryó ◇; sashí-híkáeru.

sakéru[2] 裂ける「o ramo」Rachar;「a roupa」rasgar; lacerar「o corpo」;「a terra」fender-se. *Kuchi ga sakete mo sore wa ienai* 口が裂けてもそれは言えない Não falo sobre isso nem que me matem [Lit. rasguem a boca]. *Rakurai de ki ga saketa* 落雷で木が裂けた A árvore rachou com a queda do raio.

sakí[1] 先 **1** [先端] A ponta; a extremidade. ★ *~ ga togatte iru* 先が尖っている Ter a ponta aguçada. *~ o togarasu* 先を尖らす Aguçar a ponta. *Hari [Byō; Enpitsu] no ~* 針［びょう; 鉛筆］の先 A ponta de agulha [tacha; lápis]. [S/同] Señtáñ; tottán. **2** [先端] Disputar a ~ [*Jugyō shūryō no kane ga naru ya ina ya seito wa ~ o arasotte kōtei e mukatta* 授業終了の鐘が鳴るやいなや生徒は先を争って校庭へ向かった Ao tocar para acabar a aula, os alunos correram [precipitaram-se] para o pátio da escola, disputando-o todos a ~]. [S/同] Señtó. [A/反] Áto. **3** [より早く] A prioridade temporal; o primeiro. *Dōzo o-~ ni* どうぞお先に Tenha a bondade [Passe, por favor]! *O-~ ni shitsurei shimasu* お先に失礼します Com (a) sua licença, vou indo (para casa). *Shokuji yori furo ga ~ da* 食事より風呂が先だ Vou tomar banho antes da refeição. ★ *~ ni iku* 先に行く Ir primeiro [à frente]. **4** [前方] Adiante; para diante; à frente. *Kono ~ ni gakkō ga arimasu* この先に学校があります Ali adiante há uma escola. ★ *Kono ~ tsūkō kinshi* この先通行禁止（掲示）Proibido passar! [S/同] Zeñpó. **5** [未来] O futuro. *Anata wa mada ~ ga nagai* あなたはまだ先が長い Você ainda tem um longo ~ pela frente. *Musume no kekkon mo sō ~ no hanashi de wa nai* 娘の結婚もそう先の話ではない O casamento da minha filha está para breve [não distante]. ★ *~ ga [no] aru* 先の［ある］Ter [Com] futuro. *~ no ~ made kangaeru* 先の先まで考える Pensar a longo prazo; prever bem tudo. *~ no koto o shinpai suru* 先の事を心配する Preocupar-se com o ~ [com o que poderá acontecer]. *~ no nai* ~のない (ga mijikai) mi 先のない［先が短い］身 A pessoa com pouco tempo de vida. *~ o miru* 先を見る Pensar no ~. *~ o mitōsu* 先を見通す Pensar bem no ~. *Kore kara ~* これから先 A partir daqui; de agora em diante. **6** [以前] O anterior [de antes]. ★ *~ no daitōryō [jiken]* 先の大統領［事件］O Presidente da República [incidente] anterior. [S/同] Ízen. [A/反] Ígo, nochí. **7** [前もって] Antes; com antecedência. ★ *~ ni shiraseru* 先に知らせる Avisar antecipadamente [~]. [S/同] Arákájímé (+); maé mótte (+). **8** [目的の場所] O [local [lugar/país] de] destino. ★ *Gaishutsu [Iki; Shigoto; De] ~* 外出［行き / 仕事 / 出］先 O destino para onde saiu [foi/O local de trabalho/saiu]. [S/同] Moku-

téki-chi. **9** [続き；残り] A sequência; a continuação; o resto; o restante. *Sono ~ o tsuzukete kudasai* その先を続けて下さい Continue「a ler」. [S/同] Nokórí; tsuzúkí (+). **10** [先方; 相手] A outra parte [já deu o parecer; ele; ela. ★ *~ no iken [mōshide]* 先の意見［申し出］A opinião [proposta] da outra parte. [S/同] Aíté (o); señpō (+).

sakí[2] 左記【E.】O seguinte [que segue]. *~ no tōri torikimeru* 左記の通り取り決める Determino da maneira ~; ... [S/同] Kójútsú. ⇨ Íka[2]; kákí[5]; tsugí[1].

sakí-bárái 先払い (<…[1] + haráu) **1** [到着払い] O pagamento no destino [contra entrega「da mercadoria」]. ★ *~ ni suru* 先払いにする Fazer ~ [Pagar ao portador]. ★ *Unchin ~ nimotsu* 運賃先払い荷物 A carga com o frete a cobrar. [S/同] Chakú-bárai. [A/反] Motó-bárai. **2** [前払い] O pagamento adiantado. *Shuppatsu mae ni ryohi no ~ o suru* 出発前に旅費の先払いをする Fazer ~ das despesas de viagem. [S/同] Maé-bárai (+). [A/反] Ató-bárai.

sakí-báshíru 先走る (<…[1] + hashíru) Ser demasiado avançado [Ir demasiado à frente]. ★ *Sakibashitta hito [kangae]* 先走った人［考え］A pessoa [ideia] demasiado avançada (para a época). *Sakibashitta koto o suru* 先走ったことをする Fazer coisas muito avançadas [revolucionárias].

sakíbō 先棒【G.】**1** [前の方でかつぐこと・人] O carregador dianteiro [da frente]. ★ *O-~ o katsugu* お先棒をかつぐ Ser o ~ do palanquim. [S/同] Sakí-gátá. [A/反] Atóbō. **2** [手先] O lacaio; o capanga. ★ *~ ni tsukau* 先棒に使う Usar alguém como instrumento [~]. [S/同] Te-sákí (+).

sakí-bósó 先細 (<…[1] + hosóí) A「caneta de」ponta fina [afunilada「das calças de ganga」]. [A/反] Sakí-bútó. ⇨ sakí-bósórí.

sakí-bósórí 先細り (<…[1]+hosóru) **1** [⇨ sakí-bósó]. **2** [勢いや数量がおとろえだり衰えたり減ったりすること] O acabar aos poucos. *Kono shōbai mo ~ da* この商売も先細りだ Este negócio acabará aos poucos [vai de mal a pior]. [S/同] suítáí (+).

sakí-búré 先触れ ⇨ maé-búré.

sakí-bútó 先太 (<…[1] + futói) **a)** O ser mais grosso na ponta (Como moça); **b)** O ter a ponta grossa. [A/反] Sakí-bósó.

sakí-dátéru 先立てる (<…[1] + tatéru) Pôr [Levar/Fazer] à frente. ★ *Michi-annai o sakidatete yama o noboru* 道案内を先立てて山を登る Escalar a montanha com um guia.

sakí-dátsu 先立つ (<…[1] + tátsú) **1** [先行する] Ir na frente de; preceder; fazer antes de. *Shuppatsu ni sakidatte* 出発に先立って Antes da partida ~. **2** [先に死ぬ] Preceder na morte; morrer antes de. *Watashitachi fūfu wa kodomo ni sakidatareta* 私達夫婦は子供に先立たれた Nós perdemos o nosso (querido) filho. **3** [何よりも先に必要である] Ter prioridade; ser mais necessário ou importante. *Sore o kaitai no da ga ~ mono ga nai* それを買いたいのだが先立つものがない Queria comprar isso mas falta o principal [dinheiro/mais importante].

sakí-dóri 先取り (<…[1]+tóru) **1** [予め受け取ること] O receber adiantado [antes dos outros]. **2** [他人より先に取ること] A antecipação. ★ *~ suru* 先取りする Adiantar-se aos outros [*Jidai [Mirai]o ~ shita sangyō* 時代［未来］を先取りした産業 Uma indústria de ponta [que se adiantou às outras/à época]].

sakígáke 先駆け・魁 **1** [他人に先んずること] A li-

saki-goro 先頃〔＜…¹＋koro〕Outro dia; há poucos dias「a minha mãe adoeceu」. ⦗S/同⦘ Konó áídá (o); seńdátté; sénpan; senjítsú (+).

sakí-hódó 先程 Há momentos [um momento]; pouco antes. ★ ~ no o-hanashi 先程のお話 O assunto de há pouco [de que falávamos antes]. ⦗S/同⦘ Sákki (+); seńkókú. ⦗A/反⦘ Nochí-hódó.

sakí-máwari 先回り 1 ［出し抜くこと］A antecipação. ★ ~ suru 先回りする Anteciparse [ao adversário]; adivinhar「o fim da história」; dashínúkú. 2 ［先に着くこと］O passar à frente「e chegar primeiro à meta」. ★ ~ shite senshu-tachi o gōru de matsu 先回りして選手たちをゴールで待つ Passar à frente「de moto」e esperar pelos corredores na meta.

saki-mídáréru 咲き乱れる〔＜sakú⁴＋…〕Estar tudo florido [em plena floração]. *Kōen ni wa iro toridori no hana ga sakimidarete iru* 公園には色とりどりの花が咲き乱れている O jardim [parque] está todo florido [cheio de variegadas flores em plena floração].

saki-móno 先物〔Econ.〕As operações a termo. ◇ **~ gai** 先物買い A compra a termo. **~ torihiki** 先物取り引き A operação a termo. ⦗A/反⦘ Geńbútsú.

sa[sha]kíń 砂金 O ouro aluvial [em pó]; a areia aurífera.

sakínjí[zú]ru 先んじ［ず］る Ir à frente; preceder; antecipar-se「ao adversário」; adiantar-se. ★ *Ji-dai ni* ~ 時代に先んじる Adiantar-se à época. ⦗ことわざ⦘ *Sakinzureba hito o seisu* 先んずれば人を制す Quem primeiro chega, primeiro é servido/Homem prevenido vale por dois. ⇨ sakí-dátsu.

sakí-ótótói 一昨昨日 Trasanteontem; há três dias; três dias atrás. ⦗S/同⦘ Issákúsákújitsu. ⇨ otótói.

sakí-ótótóshi 一昨昨年 Três anos atrás; há[faz] três anos. ⦗S/同⦘ Issákúsákúnen. ⇨ ototoshi.

sakísófo[ho]n サキソフォ［ホ］ン〔＜A. Sax: antr＋Gr. phone〕O saxofone. **~ sōsha** サキソフォン奏者 O tocador de ~; o saxofonista. ⦗S/同⦘ Sakúsóhon.

sákitto 〔áa〕サーキット〔＜Ing. circuit＜L.〕O circuito.

sakí-wátáshí 先渡し〔＜…¹＋watasú〕〔Econ.〕 1 ［契約後、一定期間たった後に商品を引き渡すこと］A entrega a termo (da mercadoria). 2 ［貨物を到着先で相手に渡すこと］A entrega da mercadoria no local da chegada do meio de transporte. 3 ［仕事の前にお金を渡すこと］O pagamento adiantado.

saki-yámá 先山 O mineiro veterano. ⦗A/反⦘ Ató-yámá.

sakí-zaki 先先〔＜…¹＋sakí¹〕 1 ［将来］O futuro (distante). ★ ~ no koto o shinpai suru 先々の事を心配する Preocupar-se com o「dos filhos」. ⦗S/同⦘ Shōrai (+); sué. 2 ［行く所々］Todos os lugares onde se vai. *Iku ~ de atsuku motenasareta* 行く先々で厚くもてなされた Tive uma recepção calorosa por toda a parte [em todos os lugares onde fui]. 3 ［先端］A ponta; a extremidade. ⦗S/同⦘ Sakí¹ (o); seńtáń (+).

sakká 作家 O escritor; o romancista; o novelista; o homem de letras; **b)** O artista. ◇ **Joryū ~** 女流作家 A escritora. ⦗S/同⦘ Búnshi; buńpítsú-ská; shōsétsú-ká. ⇨ chósha.

sákkā サッカー〔＜Ing. soccer〕O futebol. ⦗S/同⦘ Shúkyū. ⇨ futtó-bōru.

sakkáku 錯覚 1 ［知覚の］A ilusão; a alucinação; a falsa impressão. ★ ~ o okosu [okosaseru] 錯覚を起こす［起こさせる］Dar [Ter] ilusão. *Me no* ~ 目の錯覚 A ilusão ó(p)tica. ⇨ geńsó; mōsó. 2 ［勘違い］O engano. *Kare no imōto o kon'yakusha da to* ~ *shita* 彼の妹を婚約者だと錯覚した Enganei-me, pensando que a irmã (mais nova) dele era a noiva. ⦗S/同⦘ Kań-chígai (o); omói-chígáí (+).

sakkákú 錯角〔Mat.〕Os ângulos alternos internos.

sakkárín サッカリン〔＜Ing. saccharin＜L.＜Sân.〕【Quím.】A sacarina.

sakká-shō 擦過傷 A escoriação; a arranhadura; o esfolamento; o arranhão. ⦗S/同⦘ Kasúrí-kizu (o); surí-kizu (+).

sákki¹ さっき〔G.〕Há pouco; ainda agora; pouco antes. ★ ~ *kara* さっきから Há algum tempo [um pouco]. ~ *made* さっきまで Até há pouco. ~ *no hito [hanashi]* さっきの人［話］A pessoa [conversa] de há pouco. *Tsui* ~ ついさっき Ainda [Mesmo (mesmo)] agora. ⦗S/同⦘ Imáshígátá; sakí-hódó.

sakkí 殺気 A sede de sangue; a ferocidade; a violência; a excitação. ★ ~ *datsu* 殺気立つ Excitar-se [*Sakki-datta me de* 殺気立った目で Com olhar feroz]. ~ *ga minagiru* 殺気がみなぎる Respirar violência [Estar sedento de sangue].

sakkíń 殺菌 A esterilização; a pasteurização; a desinfe(c)ção. ★ ~ *suru* 殺菌する Esterilizar; pasteurizar; desinfe(c)tar. ◇ **~ gyūnyū** 殺菌牛乳 O leite pasteurizado. **~ ryoku** 殺菌力 O poder esterilizador. **~ zai** 殺菌剤 A [O] germicida; o esterilizador; o desinfe(c)tante. ⇨ shódókú.

sákkon 昨今 Estes dias; os últimos dias; a(c)tualmente; hoje (em dia)「está tudo caro」. ★ ~ *no sesō* 昨今の世相 As condições sociais [A vida] de hoje. ~ *no yōki* 昨今の陽気 O tempo dos últimos dias. ⦗S/同⦘ Chikágoro (+); konógóró (+); saíkíń (o).

sákku サック〔＜Ing. sack〕 1 ［袋・さや］A caixinha; o estojo. 2 ［避妊具］O condom.

sakkyóku 作曲 A composição musical. ★ ~ *suru* 作曲する Compor (música). ◇ **~ ka [sha]** 作曲家［者］O compositor. ⇨ sakúshi¹.

sakkyū 早急 A urgência. ~ *ni henji o kudasai* 早急に返事を下さい Responda-me urgentemente [com urgência]. ⦗S/同⦘ Shíkyū; sókyū; sumíyaka.

sakkyū 遡及及〔E.〕⇨ sokyū.

sakóku 鎖国 O isolamento do país. ★ ~ *suru* 鎖国する Fechar [Isolar] o país. ◇ **~ jidai** 鎖国時代 A era de isolamento do Japão (1639-1854). **~ seisaku** 鎖国政策 A política de ~. **~ shugi** 鎖国主義 O isolacionismo. ⦗A/反⦘ KAÍKÓKU.

sakótsú 鎖骨【Anat.】A clavícula.

sáku¹ 作 1 ［製作 (品)］A autoria; a obra; o trabalho. ★ *Kakiemon ~ no tsubo* 柿右衛門作の壺 Sakúhíń (+); seísákúhíń (+). 2 ［農作物の出来具合］A colheita; a safra. ◇ **~ fu ~. Heinen ~** 平年作 ~ normal [como todos os anos]. ⦗S/同⦘ Shūkáku (+).

sáku² 策 **a)** O plano; **b)** A política; o esquema; o

sakú[3] truque; **c)** O meio; o expediente; o estratagema; a medida; a maneira. ★ ～ *ga tsukiru* 策が尽きる Esgotar todos os meios [planos] 「sem conseguir resolver o problema」. ～ *o kōjiru* 策を講じる Encontrar [Buscar] medidas. ～ *o megurasu* 策を巡らすTentar vários meios. ～ *o rō suru* 策を弄する Usar truques; recorrer a (vários) estratagemas. *Saizen no* ～ 最善の策 A melhor ～. ◇ ⇨ **bō** [**dō/ryaku**]. ⇨ hakárígótó; keíkáků; hôhô¹; shúdan.

sakú[4] 柵 A cerca; a sebe. ⇨ heí²; kakóí.

sakú[5] 咲く Florescer; florir; desabrochar. *Bara ga ima ni sakari to sakihokotte iru* バラが今を盛りと咲き誇っている As rosas estão agora em plena floração. ★ *Hanashi ni hana ga* ～ 話に花が咲く Conversar animadamente; ficar animada a conversa. *Seiyō no bunbutsu ga hana to saita jidai* 西洋の文物が花と咲いた時代 A era em que a civilização ocidental estava no (seu) apogeu.

sakú[5] 割 [裂] く **1**[引き離す] Separar; dividir. *Koibito-dōshi no naka o* ～ 恋人同士の仲を割く Separar à força os namorados. **2**[分ち与える] Arranjar. ★ *Isogashii jikan o tomodachi no tame ni* ～ 忙しい時間を友達のために割く ～ tempo para「ajudar」os amigos. **3**[切る] Rasgar; rachar; dilacerar; dividir; separar violentamente [com força「os dois」]. ★ *Kami o futatsu ni* ～ 紙を二つに裂く Rasgar o papel em dois. *Kinu o* ～ *yō na himei wo ageru* 絹を裂くような悲鳴の声を上げる O grito estridente. *Namaki o* ～ 生木を裂く Separar「os namorados/o filho」à força. ⇨ wakéru; warúí¹.

sakú-[6] 昨 (Pref. que significa passado [último]). ★ ～ *hachi-gatsu itsuka* 昨8月5日 Ontem, dia cinco de agosto.

sakú[7] 萌 [Bot.] A cápsula (da semente).

sakubáků 索漠 [E.] O desolamento; a aridez. [S/同] Rakúbáků.

sakúban 昨晩 A noite passada; esta [ontem à] noite. [S/同] Sakúyúˇ; yúbé (+).

sakúbō 策謀 O estratagema; a intriga; a maquinação. ★ ～ *o megurasu* 策謀を巡らす Intrigar; maquinar. [S/同] Inbō (o); sakúdō¹; sakúryáků (+).

sakúbún 作文 **1**[文章を作ること，その文章] A composição literária; a dissertação; a reda(c)ção. ◇ **Jíyū** ～ 自由作文 A composição livre. **2**[体裁だけは整っているが独創性に欠ける内容の乏しい文章] A dissertação ～ sem conteúdo; um elaborado de frases. ★ ～ *ni owaru* 作文に終わる O discurso do ministro「Não passar de uma mera dissertação [de um ～]. [S/同] Kúbúň (+).

sakúchō 昨朝 [E.] Ontem de manhã.

sakúdō[1] 策動 A manobra; a intriga. ◇ **～ka** 策動家 O maquinador; o conspirador; o intrigante. [S/同] Aň'yáků; kakúsáků (+); sakúbō.

sakúdō[2] 索道 O teleférico [cabo aéreo de transporte]. [S/同] Rōpú-úéi (+).

sakúen 錯塩 [Quím.] O sal duplo [em bruto].

sakúfú 作風 **1**[文体，表現法] O estilo (literário). ★ *Yūmei na sakka no* ～ *o maneru* 有名な作家の作風をまねる Imitar o ～ de um escritor famoso. [S/同] Shuhō (+). ⇨ buň-táf¹. **2**[音楽・美術などの特色ある風] O estilo (peculiar). ★ *Bahha [Pikaso] no* ～ バッハ[ピカソ]の作風 ～ de Bach [Picasso].

sakúgan-ki 削[鑿] 岩機 [Min.] O perfurador de rochas.

sakúgárá 作柄 A safra; a colheita. *Kotoshi no* ～ *wa yoi [warui]* 今年の作柄は良い[悪い] A safra deste ano é boa [fraca/má]. ⇨ sakú¹²; shúkáků.

sakúgén 削減 A redução; a diminuição; o corte. ★ ～ *suru* 削減する Reduzir; diminuir; cortar. *Yosan [Jiň'iň] o ōhaba ni* ～ *suru* 予算[人員]を大幅に削減する Fazer um grande corte no orçamento [pessoal]. [S/同] Geňsáf¹.

sákugo 錯誤 [E.] **1**[思い違えること] O erro; o engano; o equívoco. ★ ～ *ni ochiiru* 錯誤に陥る Cometer um ～; equivocar-se. [S/同] Ayámárí (+); machígáí (o). **2**[事実と観念の不一致] O desacordo. ◇ *Jidai* ～ 時代錯誤 O anacronismo.

sákugu 索具 O cordame [A enxárcia/Os apetrechos] de um navio.

sakúgyō 昨暁 [E.] Ontem, ao romper do dia.

sákuhíň 作品 A obra「literária/de esculturaˇ」. ◇ ～ **shū** 作品集 A cole(c)ção [cole(c)tânea] de várias obras.

sákuí[1] 作為 **1**[作ること；作りごと] A artificialidade; a artificialidade. *Kono hōkoku ni wa* ～ *no ato ga mirareru* この報告には作為の跡が見られる Nota-se certa artificialidade [algo artificial] neste relatório. ★ ～ *teki na* 作為的な Artificioso; artificial. [S/同] Koshíráé-gótó; tsukúrí-gótó. [A/反] Múi; mu-sákui. **2**[犯罪] [Dir.] A perpetração. ◇ ～ **han** 作為犯 O crime de ～.

sákuí[2] 作意 **1**[創作の趣向] O tema central; o motivo; a intenção do artista. **2**[故意] A intenção; o intento. [S/同] Kóí (+).

sakúí[3] [G.] Franco; aberto; fixe. ⇨ kisáků¹.

sakúiň 索引 O índice「de matérias do livroˇ」.

sakújitsu 昨日 Ontem. [S/同] Kinô (+).

sakújo 削除 A eliminação; a anulação; o cancelamento; o cortar; o apagar. ★ *Namae o meibo kara* ～ *suru* 名前を名簿から削除する Cortar o nome da [na] lista. [S/同] Masshô. [A/反] Tsuíká.

sakúmotsu 作物 A colheita; os produtos agrícolas. *Kotoshi wa* ～ *no deki ga hayai [yoi; osoi; warui]* 今年は作物の出来が早い[良い；遅い；悪い] A colheita deste ano está adiantada [boa; atrasada; má/fraca]. [S/同] Nōsákubutsu (+).

sakúnéň 昨年 O ano passado. [S/同] Kyónéň (+); kyunéň.

sakúnyū 搾乳 A ordenha(ção). ★ ～ *suru* 搾乳する Ordenhar「a vaca/cabra/ovelhaˇ」. ◇ ～ **ki** 搾乳器 A máquina de ordenhar. ⇨ chichí².

sakú-ótoko 作男 [G.] O trabalhador agrícola [rural].

sakúrá 桜 **1**[植物] [Bot.] A cerejeira; o cerdeiro [a cerdeira]; a ginjeira. ★ *Dōki no* ～ 同期の桜 O companheiro [colega] de classe「do mesmo anoˇ」. *Mankai no* ～ 満開の桜 A cerejeira toda florida [em plena florescência]. ◇ ～ **iro** 桜色 A cor-de-rosa clara. ～ **mochi** 桜餅 O doce de massa de arroz e feijão embrulhado em folha de ～. ～ **niku** 桜肉 A carne de cavalo (Comestível; em baníků). ⇨ ～ **sō; ha [uba; yo]-zakura**. ⇨ sakúráňbó. **2**[客を装った内部の者] [G.] O claque [comprador simulado/de ajuste/para animar]. ★ ～ *o tsukau [yatou]* さくらを使う[雇う] Usar [Contratar] um ～.

sakúrá-gai 桜貝 (＜…+*kái*) [Zool.] Uma concha cor de cereja; *nitidotellina nitidula*.

sakúráň 錯乱 A perturbação; a confusão; o frenesi(m). ★ ～ *suru [saseru]* 錯乱する[させる] Ficar

sakúránbō [**bó**] 桜んぼ坊 A cereja. 〚S/同〛Ốtō.
sakúrásō 桜草【Bot.】A primavera; a prímula; *primula sieboldii*.
sakúréi 作例 Um exemplo; um modelo「de reda(c)ção」. ⇨ jitsúréi.
sakúrétsú 炸裂 A explosão; o estouro. ★ ~ *suru* 炸裂する Explodir; estourar. 〚S/同〛Harétsú (+).
sákuru [**áa**] サークル (< Ing. circle < L.)O círculo; o grupo; o clube. ◊ **~ katsudō** サークル活動 As a(c)tividades do ~. 〚S/同〛Nakamá (+). ⇨ gurúpu; kúrabu¹.
sakúryáku 策略 O estratagema; a trama; o ardil; o truque; a manobra. ★ ~ *o megurasu* 策略を巡らす Tramar, a manobra. ◊ **~ ka** 策略家 O manobrador; o espertalhão. 〚S/同〛Bōryáku; keíryáku. ⇨ señryáku.
sákusaku¹ さくさく【On.】(Im. de gelo, neve, hortaliça, …, ao parti-los). ★ *Shimobashira* [*Yuki*] *o ~ (to) fumu* 霜柱［雪］をさくさく（と）踏む Fazer ruído ao caminhar sobre "shimobashira" [neve].
sakúsakú² 嘖嘖【E.】(Im. de aplauso). *Kare no sakuhin wa kōhyō ~ datta* 彼の作品は好評嘖々だった A obra dele foi muito aplaudida.
sakúsáñ 酢［醋］酸【Quím.】O ácido acético.
sakúséi¹ 作成 A elaboração; o fazer. ★ ~ *suru* 作成する Fazer; preparar; elaborar; escrever [*Keiyakusho o* ~ *suru* 契約書を作成する Redigir [Escrever] o contrato].
sakúséi² 作製 ⇨ seísakú².
sakúséñ 作戦 **a)** A tá(c)tica; a manobra; a estratégia; o plano de a(c)ção. **b)** As operações militares. ★ ~ *ga zu ni ataru* [*umaku yuku*] 作戦が図に当たる［うまくいく］Acertar no/a ~. ~ *o ayamaru* 作戦を誤る Cometer um erro tá(c)tico [operacional]. ~ *o kaeru* 作戦を変える Mudar de tá(c)tica. ~ *o neru* 作戦を練る Elaborar um/a ~. ~ *o tateru* 作戦を立てる Ter uma estratégia. ◊ **~ kaigi** 作戦会議 O conselho de guerra; a reunião para decidir a estratégia. **Jōriku ~** 上陸作戦 As operações de desembarque. 〚S/同〛Señjítsú. ⇨ hōhō¹; keíkáku; señryáku.
sákusha 作者 O autor; a autora. *Kono sakuhin no ~ wa dare desu ka* この作品の作者は誰ですか Quem é o/a ~ desta obra? ◊ **~ fumei** [**fushō**] 作者不明［不詳］【E.】O ~ desconhecido/a. 〚S/同〛Chósha; sakká.
sakúshi¹ 作詞 A composição de letras para música. ★ ~ *suru* 作詞する Compor as letras para música. ◊ **~ ka** [**sha**] 作詞家[者] O compositor de ~. ⇨ sakkyókú.
sakúshi² 作詩 A versificação; o escrever [fazer] poesia. 〚S/同〛Shisákú (+).
sakúshi³ 策士 **a)** O homem hábil [que sabe manobrar]; **b)** O intrigante; o maquinador.
sákushu 搾取 A exploração. ★ ~ *suru* 搾取する Explorar [Os mais fracos]. ~ *suru* [**Hi ~**] **kaikyū** 搾取［被搾取］階級 A classe exploradora [explorada]. **Chūkan ~** 中間搾取 ~ dos intermediários.
sakúsō 錯綜【E.】A complicação; o emaranhado; o intri(n)car-se「a situação」. ★ ~ *suru* 錯綜する Complicar-se; emaranhar-se. *Soko de wa rigai kankei ga ~ shite ita* そこでは利害関係が錯綜していた Ali havia um grande emaranhado de interesses. 〚S/同〛Sakúzatsu. ⇨ iri-kúmu.

sakútéki 索敵 A procura do [caça ao] inimigo; o「fazer um」reconhecimento. ★ ~ *suru* 索敵する Procurar o inimigo; reconhecer. ◊ **~ ki** 索敵機 O avião de reconhecimento. 〚S/同〛Teísátsú (+).
sakúya 昨夜 A última noite; ontem à noite. 〚S/同〛Sakúyū; sakúban; yúbé (+). ⇨ zén'ya.
sakúzatsu 錯雑【E.】⇨ sakúsō.
sakúzeñ 索然【E.】O ser seco [desolado; árido; enfadonho]. ★ *Kyōmi ~ to shite iru* 興味索然としている Ser enfadonho [Não ter interesse nenhum].
sakúzú 作図 **1**［図を作ること］O desenhar. ~ *suru* 作図する Desenhar (uma figura). 〚S/同〛Seízú (+). **2**【Geom.】A construção (de figura geométrica).
sakú-zúké 作付け (< … ¹ + tsukéru) A plantação. ★ *Kome no ~ menseki* 米の作付け面積 A área de ~ de arroz.
sakyū 砂丘 A duna (Monte ou elevação de areia no deserto ou praia).
samá¹ 様【E.】**1**［ようす］O estado; o aspecto; o modo; a vista; a aparência. ★ *Kanashige na ~* 悲しげな様 A aparência triste [tristonha]. **2**［姿かたち］A boa aparência; o ficar bem/bonito. ★ ~ *ni naru* 様になる Ficar bem. 〚S/同〛Arí-sama (+). ⇨ jōtáí¹; yósú; zamá.
-samá² 様 **1**［人名や身分のあとにつけて敬意を示す］Senhor [Sr.]; senhora [Sr. a]. *Danna* [*Go-shu-jin*]*-sama* 旦那［御主人］様 Meu senhor [O seu patrão/marido]. *-dóno*; *-san*². **2**［丁寧に言う気持ちを示す］(Suf. de cor. us. com tudo o que é do interlocutor). *Go-chisō ~* 御馳走様 Muito obrigado [agradecido] pelo seu delicioso [jantar]. *O-tsukare ~* 御疲れ様 Obrigado「pelo trabalho que teve」!
sámá サマー (< Ing. summer) O verão. ◊ **~ taimu** サマータイム A hora de ~. 〚S/同〛Natsú (+).
samáríumu サマリウム【Quím.】(< Ing. samarium) O samário (Sm 62).
-samásamá 様様 (⇨ samá); Bendito; maravilhoso. *Ie ni ite sakká no shiai ga mirareru no da kara terebi ~ da* 家にいてサッカーの試合が見られるのだからテレビ様様だ Maravilhosa televisão (por)que assim posso ver os desafios de futebol em casa!
samásu¹ 冷ます (⇨ saméru¹)【冷ます】Deixar arrefecer [esfriar]「o chá」. *Netsu o ~ kusuri* 熱を冷ます薬 O remédio que faz [ajuda a] baixar a febre. 〚S/同〛Hiyásu. **2**［高ぶっていた感情・興味を落ち着かせる］Acalmar; moderar; serenar; refrear. ★ *Kyō o ~* 興を冷ます Ser desmancha prazeres; estragar a festa; ser um balde de água fria.
samásu² 覚［醒］ます (⇨ saméru²) **1**［目を］Acordar; despertar. ★ *Me o ~* 目を覚ます Acordar; despertar. **2**［迷いを］Desiludir; abrir os olhos. ★ *Mayoi o ~* 迷いを覚ます Tirar a ilusão; desiludir. **3**［酔いを］Aliviar [Espantar] a bebedeira. ★ *Tsumetai kūki ni atatte yoi o ~* 冷たい空気に当たって酔いを覚ます Ir para o [Apanhar ar fresco para ~].
samátágé 妨げ (< samátágéru) O obstáculo; o estorvo; o impedimento. *Infure ga keizai seichō no ~ ni (to) natte iru* インフレが経済成長の妨げに［と］なっている A inflação é [está sendo] um obstáculo ao desenvolvimento econó(ô)mico. 〚S/同〛Bōgáí; jamá (+).
samátágéru 妨げる **1**［じゃまをする］Obstar; es-

samá-táimu サマータイム ⇨ sámá ◇.
samáyóu 彷徨う **1**[あてもなく歩きまわる] Vaguear; andar sem destino certo. ★ *Mori o ~* 森を彷徨う Vaguear pelos bosques. ⒶⓇ Sasúráu. **2**[ある場所にはっきりとどまらないであちこち動く] Oscilar; ficar suspenso; pairar. ★ *Seishi no sakai o ~* 生死の境を彷徨う Ficar [Estar] entre a vida e a morte. **3**[決心がつかずに迷う] Ficar relutante [indeciso]; hesitar. Ⓢ/同 Tamérau (+); mayóu (o).
samázama 様様 (< samá) A variedade; a diversidade. ★ *~ na [no]* 様々な[の] Vários [interesses/problemas]; diversos [*Shuju ~ na hito* 種々様々な人 Toda a sorte [espécie] de gente]. Ⓢ/同 Iróiró (+); kakújó; torídoró.
samé 鮫【Zool.】O tubarão. ◇ *~ hada* 鮫肌 A pele áspera; a ictiose. ⇨ fuká².
saméru¹ 冷める (⇨ samásu²) **1**[冷える] Ficar frio; esfriar. *Súpu ga samenai uchi ni tabe nasai* スープが冷めないうちに食べなさい Tome a sopa antes que arrefeça [esfrie]. Ⓢ/同 Hiéru. ⒶⓇ Atátámáru. **2**[興奮・感情がおちつく] Esfriar; serenar; acalmar-se. *Sameta me de miru* 冷めた目で見る Ver [a situação] com calma [de olhos abertos]. Ⓢ/同 Saméru².
saméru² 醒[醒]める (⇨ samásu²) **1**[目に] Acordar; despertar. ★ *Me ga ~* 目が覚める Acordar; despertar. *Me no ~ yō na bijin (akai iro)* 目の覚めるような美人[赤い色] A mulher bonita [O vermelho vivo] de ficar de olhos arregalados. *Nete mo samete mo* 寝ても覚めても Quer dormido, quer acordado; sempre. Ⓢ/同 Me-zaméru. **2**[迷いが] Abrir os olhos; recobrar o juízo; voltar a si. *Kare wa akumu kara samete majime ni hataraki-dashita* 彼は悪夢から覚めてまじめに働き出した Ele despertou daquela loucura [ganhou juízo] e começou a trabalhar a sério. *Kōfun ga ~* 興奮が醒める Acalmar-se; passar a tensão. Ⓢ/同 Me-zaméru. **2**[酔いが] Passar. ★ *Sake no yoi ga ~* 酒の酔いが覚める ~ a bebedeira.
saméru³ 褪める Desbotar; descorar; perder a cor. *Kono shatsu wa aratte mo iro ga samenai* このシャツは洗っても色が褪めない Esta camisa não desbota ao lavar (com água quente).
samézáme-to さめざめと【On.】Amargamente. ★ *~ naku* さめざめと泣く Chorar ~.
samídáre 五月雨 A chuva do começo do verão. Ⓢ/同 Báiu (+); tsuyú (o).
samíshíi 淋しい ⇨ sabíshíi.
sámitto サミット (< Ing. summit < L.) A cimeira (de chefes de Estado).
sámo さも **1**[そうも] Assim; dessa maneira. ★ *~ ari nan* さもありなん Acredito que seja assim. ★ *~ ari-sō na koto da* さもありそうなことだ Pode ser que seja ~; é bem possível. Ⓢ/同 Sómo. **2**[いかにも] Realmente; com efeito; na verdade; certamente; evidentemente; muito. ★ *~ oishi-sō ni taberu* さもおいしそうに食べる Comer muito regalado. ◇ ⇨ **~ nai to**. Ⓢ/同 Iká-nimo (+).
samón 査問 O inquérito; o interrogatório. ★ *~ suru* 査問する Inquirir; interrogar. ◇ *~ iinkai* 査問委員会 A comissão de inquérito.

sámo nai to [sámo nakereba; sámo nakuba] 然もないと [然もなければ; 然もなくば] De outra maneira; caso contrário; ou então; senão. *Kyō ka, samo nakereba asu shuppatsu shiyō* 今日か、さもなければ明日出発しよう Vamos partir hoje ou então amanhã.
samóshíi さもしい Baixo; sórdido; sujo; ordinário. ★ *~ konjō* さもしい根性 A mentalidade baixa [ordinária]. *~ yatsu* さもしいやつ O sujeito ordinário. ⇨ asámáshíi; ijí-kítánái; iyáshíi.
sámósútátto [aá] サーモスタット (< Ing. thermostat < Gr.) O termostato.
samówáru [áa] サモワール (< Ru. samovar: que ferve por si próprio) O samovar.
samúgári(yá) 寒がり (屋) (< samúi + gáru)「o meu irmão é」Um friorento. ⒶⓇ Atsúgári(yá).
samúgáru 寒がる (< samúi + ···) Ser friorento (sensível ao frio); sentir muito o frio. ⒶⓇ Atsúgáru.
samúi 寒い **1**[気温が低い] Frio. *Kyō wa ~* 今日は寒い Hoje faz [está] frio. ★ *Ashimoto ga ~* 足元が寒い Ter os pés frios. *Hi ichi-nichi ni samuku naru* 日一日と寒くなる Ficar mais frio de dia para dia [Ficar cada dia mais frio]. *Samukute furuete iru* 寒くて震えている Estar a tiritar [tremer] de frio. **2**[さびしい]【Fig.】Vazio; fraco; pobre. ★ *Futokoro ga ~* ふところが寒い Estar com os bolsos vazios; ter pouco dinheiro. *O ~ shakai fukushi seisaku* お寒い社会福祉政策 Uma política de previdência social muito insuficiente [fraca].
samúké 寒気 (< samúi + ki¹) A frialdade; o calafrio; o arrepio. ★ *~ ga suru [o kanjiru]* 寒気がする [を感じる] Ter [Sentir] arrepios.
samúrái 侍【A.】**1**[武士] O samurai; o guerreiro. Ⓢ/同 Búshi. **2**[大した人物] Um homem audaz [com/de coragem]. *Kare wa nakanaka no ~ da* 彼はなかなかの侍だ Ele é um homem corajoso/~.
sámusa 寒さ (Sub. de "samúi") O frio. ★ *~ ga kibishii* 寒さが厳しい Fazer um ~ rigoroso [terrível]. *~ ga mi ni shimiru* 寒さが身に沁みる ~ penetra no corpo [entra até aos ossos]. *~ ni sonaeru* 寒さに備える Prevenir-se contra o ~. *~ ni tsuyoi [yowai]* 寒さに強い [弱い] Aguentar bem/muito [pouco] o ~. *~ o shinogu [fusegu]* 寒さをしのぐ [防ぐ] Suportar [Evitar] o ~. ⒶⓇ Atsusa.
samúzámu-to 寒寒と (< samúi) Desoladamente; friamente. ★ *~ shita* 寒々とした Desolado; deserto; desanimador; Um quarto / frio.
samú-zóra 寒空 (< samúi + sóra) O céu [frio] de inverno. ★ *Kono ~ ni* この寒空に Com este ~.
san¹ 三 Três. ★ *~ ban-me ni* 三番目に Em terceiro lugar. *~ ban-me no* 三番目の「O problema」número ~. *Dai ~ no* 第三の O terceiro「problema」. ◇ ⇨ **~ bai [do; nen; nin]**. **~ bun-no-ichi** 三分の一 Um terço.
-san² さん【Col.】(Tratamento menos formal do que ⇨ "-samá" e usado com toda a gente) **a)** Senhor(a); **b)** Digno [Respeitado/Respeitável]. *Go-chisō ~* ごちそうさん Obrigado pela sua hospitalidade [por este rico almoço/café/copo de vinho]! *Go-kurō ~* ご苦労さん Obrigado pelo trabalho que teve [que lhe demos].
san³ 産 **1**[出産][sán] O parto. ★ *(O) ~ ga omoi [karui]* (お)産が重い [軽い] Ter um ~ difícil [fácil].

(*O*)～ *o suru* (お)産をする Dar à luz. [S/同] Buńbéń; shussáń (+). **2** [産物] [sán] O produto. *Kono chihō wa komugi o ～ suru* この地方は小麦を産する Esta região produz [dá] muito trigo. ★ *Porutogaru ～ no wain* ポルトガル産のワイン O vinho p. [produzido em P.]. [S/同] Sańbútsú. **3** [出身] [sán] Natural; nascido. *Watashi wa Kyūshū no ～ desu* 私は九州の産です Eu nasci em [sou natural de] Kyushu. [S/同] Shusshíń (+). **4** [財産] [sán] A fortuna. ★ ～ *o nasu* 産を成す Fazer uma ～.

sán[4] 算 **1** [算木] A ordem. ★ ～ *o midasu* 算を乱す Desordenar [～ *o midashite nigechitta* 算を乱して逃げ散った「ser vencidos e」Retirar [Fugir] em desordem]. **2** [⇨ keísáń[1]].

sán[5] 酸【Quím.】O ácido. ◇ **～ rui** 酸類 Os ～s. ⇨ **～ sei. Jaku** [**Kyō**] **～** 弱[強]酸 ～ fraco [forte]. [A/反] Arúkárí.

sán[6] 桟 **1** [かんぬき] A tranca. ★ *To no ～ o orosu* 戸の桟をおろす Tirar a ～ da porta. **2** [根太・横木] A travessa (de sustentação do soalho). **3** [障子・窓などのほね] A armação (da porta ou janela).

sán[7] 賛 O louvor; o elogio. ⇨ sánbi[1].

sán[8] 惨【E.】Terrível.

-san[9] 山 O monte; a montanha. ★ *Fuji ～* 富士山 O monte Fuji. ⇨ yamá.

sanádá-himo 真田紐 O nastro [cadarço/A fita]「de fio de algodão」.

sanádá-mushi 真田虫【Zool.】A té[ê]nia; a bicha solitária. [S/同] Jṓchū́.

sanáé 早苗 A muda de arroz. ⇨ íne.

sanágárá さながら【E.】Como; tal e qual; como se fosse. ★ *Jigoku ～ no kōkei* 地獄さながらの光景 Uma cena horrível; um verdadeiro inferno. [S/同] Chṓdó; marú-dé; sokkúri; sonó-mámá.

sanágí 蛹 A crisálida; a ninfa; a pupa.

sánaka 最中【E.】Mesmo no meio. *Atsui ～ ni gaishutsu shita* 暑い最中に外出した Saí no forte do calor. [S/同] Massáichū (o); sáichū (+).

sanátóríumu サナトリウム (< Ing. < L. sanatorium) O sanatório. ★ ～ *de ryōyō suru* サナトリウムで療養する Estar num ～. [S/同] Ryṓyṓ-jó.

sańbá[1] 産婆 A parteira.

sánba[2] サンバ (< P. < Quimbundo semba: umbigada) O [A dança do] samba.

sańbá-gárasu 三羽烏 (< sań[1] + -wa[6] + kárasu) O trio; o triunvirato. ★ *Seikai no ～* 政界の三羽烏 O trio do mundo político. ⇨ tório.

sań-bái 三倍 Três vezes; o triplo. *Ni no ～ wa roku de aru* 2の三倍は6である Três vezes dois são [(é) igual a] seis. ★ ～ *ni fuyasu* 三倍に増やす Aumentar para o triplo.「*Uri-age o*」～ *ni suru*「売り上げを」三倍にする Triplicar as vendas.

sańbái-zu 三杯酢 (< sań[1] + hái[8] + su) Um molho feito de vinagre, molho de soja e açúcar.

sańbáshí 桟橋 O cais; o ancoradouro; o embarcadouro; o molhe. ★ ～ *o watatte jōsen suru* 桟橋を渡って乗船する Atravessar o cais e [para] embarcar.

sánbi[1] 賛 [讃] 美 O louvor; a glorificação; o elogio; a admiração. ★ ～ *suru* 賛美する Louvar「o Senhor」; glorificar; elogiar. *Jinsei* [*Rōdō*] *o ～ suru* 人生[労働]を賛美する Glorificar a vida [o trabalho]. ◇ ⇨ **～ ka. ～ sha** 賛美者 O admirador. [S/同] Shṓsáń; shṓyṓ.

sánbi[2] 酸鼻【E.】O desastre; o horror; o pavor. ★ ～ *o kiwameru* 酸鼻を極める Ser extremamente desastroso [horroroso; pavoroso]. ⇨ itámáshíi; mugói.

sańbí-ká 賛 [讃] 美歌 (⇨ sánbi[1]) O hino「ao Senhor」; o canto de louvor「a Deus」. ★ ～ *o utau* 賛美歌を歌う Cantar [Entoar] um ～. ⇨ séika[9].

sańbṓ[1] 参謀 **1** [軍の将校] **a**) O estado-maior; **b**) O oficial do estado-maior. ◇ **～ chō** 参謀長 O chefe do estado-maior. **～ honbu** 参謀本部 A sede do estado-maior. **～ kaigi** 参謀会議 O conselho de guerra. ⇨ shṓkō[2]. **2** [相談役] O conselheiro; o coordenador; o perito. ◇ **Senkyo ～** 選挙参謀 O coordenador da campanha eleitoral. [S/同] Sṓdán'yaku (+); burén.

sańbṓ[2] [óo] 三方 (< sań[1] + hō[1]) Três lados. ★ ～(*o*) *yama ni kakomareta tochi* 三方(を)山に囲まれた土地 O terreno cercado de montanhas por ～. [S/同] Sańméń.

sańbṓ[3] 三宝 Uma pequena mesa de madeira para colocar ofertas.

sańbóń-shṓbu [óo] 三本勝負【(D)esp.】A luta de três assaltos「de boxe」.

sánbu 三部 Três partes. ◇ **～ gasshō** [**gassō**] 三部合唱 [合奏]【Mús.】O coro a três vozes [Um terceto]. **～ keishiki** 三部形式【Mús.】A forma ternária. **～ saku** 三部作「os três livros formam」Uma trilogia.

sańbúń[1] 散文 A prosa. ◇ **～ tai** 散文体 (O estilo de) prosa. ★ ～ *teki na hito* 散文的な人 A pessoa prática [prosaica]. [A/反] Ińbúń.

sańbúń[2] 三分 A trisse(c)ção [O dividir em três partes]. ★ *Ichi to* [*ikka*] ～ *no ichi* 1 ⅓ Um e um terço. ～ *suru* 三分する …

sańbútsú 産物 **1** [産出物] O produto. *Budō wa Yamanashi-ken no ～ da* ぶどうは山梨県の産物だ A uva é um ～ da província de Yamanashi. [S/同] Bussáń; sańshútsú-butsu. **2** [成果] O resultado; o fruto. *Kono shōsetsu wa kare no Yōroppa ryokō no ～ da* この小説は彼のヨーロッパ旅行の産物だ Este romance é fruto da viagem dele à Europa. [S/同] Séika (+).

sańbyákú-dáigen 三百代言【A.】O「advogado」chicaneiro; o trapaceiro; o charlatão.

sań-byṓshí [óo] 三拍子 (< sań[1] + hyṓshí) **1** [音楽の]【Mús.】O compasso ternário. **2** [三つの条件] Os três requisitos [As três condições] importantes. *Ano otoko wa nomu utsu kau no ～ da* あの男は飲む打つ買うの三拍子だ Aquele homem reúne os três vícios de beber, jogar e frequentar prostíbulos. ★ ～ *sorotta* 三拍子揃った As três condições reunidas;「o jogador」completo;「o lugar」ideal.

sánchi[1] 産地 **1** [品物を生産する土地] O centro produtor; a região produtora. *Tōhoku chihō wa kome no ～ to shite yūmei da* 東北地方は米の産地として有名だ O nordeste (do Japão) é conhecido como região (produtora) de arroz. ◇ **～ chokubai** [**chokusō**] 産地直売[直送] A venda [remessa] dire(c)ta do ～. [S/同] Seísán-chi. **2** [動物の生まれた土地] O centro de criação. ★ *Uma no ～* 馬の産地 Um ～ de cavalos. [S/同] Seísán-chi.

sánchi[2] 山地 A região montanhosa. ⇨ yamá.

sańchṓ 山頂 O cume [topo] da montanha. ★ ～ *o kiwameru* 山頂を窮める Chegar ao [Conquistar o] ～. [S/同] Chṓjṓ; sańjṓ[3]. [A/反] Sańrókú.

sánchū 山中【E.】「um carreiro」Nas montanhas. [S/同] Sańkáń; yamáái.

S

sańdáí 参内 A visita ao palácio imperial. ★ ~ *suru* 参内する Fazer uma ~.

sań-dáń¹ 三段 Três degraus [partes/colunas「do jornal」]. ◇ ⇨ ~ **gamae**.

sańdáń² 段 **1**【工夫】O artifício; o jeito; a maneira; o arranjo; a solução. ★ ~ *ga tsuku* 算段がつく Ficar resolvido; chegar a uma solução. *O-kane o kariru ~ o shite kure* お金を借りる算段をしてくれ Arranje-me maneira [jeito] de conseguir quem me empreste dinheiro. **2**【金の都合をつける事】O controlo/e; o usar bem. ★ *Kakei o yarikuri ~ suru* 家計をやりくり算段する Controlar a economia doméstica. ⇨ yarikuri.

sańdáń³ 散弾 O cartucho; o chumbo. ◇ ~ **jū** 散弾銃 A caçadeira; a espingarda de caça.

sańdáń-gámae 三段構え (<…¹ + kamáe) Tríplice「plano para não falhar」; triplo/a.

sańdáń-rónpō 三段論法【Fil.】O silogismo. ★ ~ *de ronjiru* 三段論法で論じる Arguir [Argumentar/Discutir] em ~ [forma silogística].

sańdáń-tobi 三段跳び (<…¹ + tobú²) **1**【陸上競技】O salto triplo. **2**【とんとん拍子】【Fig.】Uma promoção rápida deixando para trás o mais antigos. ★ ~ *no shusse o suru* 三段跳びの出世をする Ter ~. ⟨S/同⟩ Tońtóń-byōshi (+).

sańdárú サンダル (< Ing. sandals < Gr.) As sandálias.

sán-do¹ 三度 **1**【3回】Três vezes. *Kare wa ~ no meshi yori tsuri ga suki da* 彼は三度の飯より釣りが好きだ Ele gosta mais de pescar do que [das horas para pescar até se esquece] de comer. ★ ~ ~ 三度三度 Das ~. ◇ ~ **me** 三度目 A terceira vez. ⟨P/ことわざ⟩ ~ *me no shōjiki* 三度目の正直 A terceira vez é proverbialmente decisiva/A sorte é à terceira vez 「vou tentar outra vez」. *Hotoke no kao mo ~ aru* 仏の顔も三度 Duas vezes passe, mas três é demais. *Ni-do aru koto wa ~ aru* 二度あることは三度ある Cesteiro que faz um cesto faz um cento. **2**【音程】【Mús.】A terceira; o intervalo de três sons.

sán-do² 酸度【Quím.】A [O grau de] acidez.

sándo³ サンド (< Ing. sand) A areia. ◇ ~ **baggu** サンドバッグ O saco de ~. ~ **pēpā** サンドペーパー A lixa. ⟨S/同⟩ Suná (+).

sándo⁴ サンド ⇨ sańdóítchi.

sáńdo¹ 賛同【E.】A aprovação; o beneplácito; o apoio; o endosso. ★ ~ *o motomeru* 賛同を求める Pedir o/a ~. ~ *suru* 賛同する Aprovar; apoiar; endossar. ⟨S/同⟩ Sańséí (+). ⟨A/反⟩ Hańtáí.

sáńdo² 参道 O caminho de acesso ao santuário. ◇ **Omote** ~ 表参道 A alameda principal de … **Ura** ~ 裏参道 ~ por trás.

sáńdo³ 山道 O caminho de montanha. ⟨S/同⟩ Yamá-michi (+).

sańdóítchi サンドイッチ (< Ing. Sandwich, antr.) A sanduíche [sande]. ★ ~ *ni naru* [*sareru*] サンドイッチになる [される]【Fig.】Ficar um/a ~ (Entalado ou esmagado). ◇ **Hamu** ~ ハムサンドイッチ ~ de [Duas fatias de pão com] presunto. ⟨S/同⟩ Sándo⁴.

sańdo-pḗpā (ée) サンドペーパー ⇨ sándo³.

sańfújiń-ká 産婦人科 (< sań-ká + fujiń-ká) A obstetrícia e ginecologia. ◇ ~ **i** 産婦人科医 O médico obstetra e ginecologista.

sáńga 参賀【E.】A visita congratulatória ao Palácio Imperial「no Ano Novo」. ★ ~ *suru* 参賀する Fazer a ~. ◇ **Ippan** ~ 一般参賀 ~ do povo.

sań-gáí¹ 三階 (< sań¹ + káí) O segundo andar (No J. o rés-do-chão conta como andar). *Kare no heya wa ~ da* 彼の部屋は三階だ O quarto dele fica no ~.

sańgáí² 惨害【E.】Os pesados danos; a destruição; a devastação. ★ *Bakugeki* [*Jishin; Kasai*] *no* ~ 爆撃[地震;火災]の惨害 ~ do bombardeio [terremoto/incêndio]. ⟨S/同⟩ hígai; sońgái.

sańgáí³ 三界【E.】Os três mundos da existência: passado, presente e futuro. ⟨P/ことわざ⟩ *Onna ~ ni ie nashi* 女三界に家なし A mulher não tem uma casa onde possa descansar (Quando solteira, sujeita-se ao pai, quando casada, ao marido, e na velhice, aos filhos). ⟨S/同⟩ Zeń-sékai (+).

sańgakú¹ 山岳 As montanhas. ◇ ~ **bu** [**kai**] 山岳部[会] O clube de alpinismo. ~ **chihō** 山岳地方 A região montanhosa.

sańgaku² 産額 A [O montante/rendimento da] produção. ⟨S/同⟩ Seísań-dáká (+).

sángaku-kyódō 産学協同 A cooperação indústria-universidade.

sań-gatsu 三月 (O mês de) Março. ⟨S/同⟩ Yayóí.

sańgéki 惨劇【E.】Uma tragédia. ★ *Hakuchū no* ~ 白昼の惨劇 ~ em pleno dia. ⇨ hígeki.

sań-génshoku 三原色 As três cores primárias.

sańgí 算木 (⇨ sáń¹) **a)** Os palitos [paus] para aprender a calcular; **b)** Pequenos blocos de madeira para adivinhação.

Sańgí-in 参議院 A Câmara Alta [dos Conselheiros]. ◇ ~ **gichō** 参議院議長 O presidente da ~. ~ **giin** 参議院議員 O membro da ~. ⇨ shūgí-in.

sángo¹ 珊瑚 O coral. ◇ ~ **chū** 珊瑚虫【Zool.】O polipo (Animal fitozoário). ⇨ ~ **ju**. ~ **shō** 珊瑚礁 O recife de corais.

sańgo² 産後 Após o parto; pós-puerperal. ★ ~ *no hidachi ga yoi* [*warui*] 産後の肥立ちが良い[悪い] Ter boa [má] convalescença ~. ⇨ sańzéń².

sańgo-jú 珊瑚樹 **1**【木の枝の形をした珊瑚】Uma formação de coral em forma de árvore. ⇨ sángo¹. **2**【植物】【Bot.】*Viburnum awabuki*.

sańgoku 三国 **a)** Três países; **b)** o Japão, a China e a Índia; **c)** O mundo todo. ◇ **Dai** ~ 第三国 Um terceiro país.

sańgú (úu) 参宮 A ida a um santuário shintoísta.

sańgúrasu サングラス (< Ing. sunglasses) Os óculos escuros [para o sol].

sańgyō¹ 産業 A indústria. ★ ~ *no gōri-ka* 産業の合理化 A racionalização [eficiência/rentabilização] da ~. ~ *o shōrei suru* 産業を奨励する Promover [Incentivar; Estimular] a ~. ◇ ~ **betsu** (**rōdō**) **kumiai** 産業別(労働)組合 Os sindicatos dos trabalhadores industriais. ~ **ka** 産業化 A industrialização「do país」. ~ **kai** 産業界 O mundo da ~. ~ **kakumei** 産業革命【H.】A revolução industrial. ~ **seisaku** 産業政策 A política industrial. ~ **shihon** 産業資本 O capital industrial. ~ **supai** 産業スパイ O espião industrial. **Dai-ichi-ji** [**dai-ni-ji**] ~ 第一次[第二次]産業 ~ primária [secundária]. **Kikan** ~ 基幹産業 ~ básica [de base]. **Shayō** ~ 斜陽産業 ~ em decadência [declínio].

sańgyō² 蚕業 A seri(ci)cultura. ⇨ káiko³.

sańgyō-kōkoku 三行広告 Um anúncio classificado. ★ *Shinbun ni ~ o dasu* 新聞に三行広告を出す Publicar ~ no jornal.

sań'hań-kíkan 三半規管【Anat.】Os canais se-

sán'i 賛意【E.】A aprovação. ⟨S/同⟩ Dói.
san'ín 産院 A maternidade (Hospital).
san'ítsú 散逸【E.】A dispersão (e perda). *Sensai de ōku no shiryō ga ~ shita* 戦災で多くの資料が散逸した Com a guerra, muitos documentos ficaram dispersos [se perderam/se extraviaram].
san-jáku 三尺 (< … + sháku³) **a)** Três "shaku"; **b)** O cinto [A faixa] simples de quimono usado pelos homens no trabalho. ⟨ことわざ⟩ ~ *sagatte shi no kage o fumazu* 三尺下がって師の影を踏まず O discípulo deve caminhar [ir] três shakus atrás do mestre para não lhe pisar na sombra.
sán-ji¹ 三時 As 3 horas (da tarde). ★ O~ 御三時 O lanche da tarde; (a hora d)o chá. ⇨ o-yátsu.
sánji² 賛辞【E.】O elogio; o louvor; o panegírico; o encó[ô]mio. ★ ~ *o okuru [noberu; teisuru]* 讃辞を贈る[述べる;呈する] Enaltecer; louvar; tecer louvores; fazer o panegírico. ⟨S/同⟩ Shósañ (+).
sánji³ 惨事 O desastre; a catástrofe. ★ *Ryūketsu no ~* 流血の惨事 ~ sangrenta/o [com feridos]. ◇ *Dai* ~ 大惨事 Uma (grande) catástrofe. ⟨S/同⟩ Sañgéki.
sán-ji⁴ 三次 Terceiro「plano quinquenal do governo」. ◇ ~ *hōteishiki* 三次方程式【Mat.】A equação do ~ grau.
sánji⁵ 産児 **a)** A natalidade; **b)** A criança recém-nascida. ◇ ~ *seigen* 産児制限 A limitação da natalidade.
sánji⁶ 参事 O secretário「da Câmara Alta」; o conselheiro. ◇ ~ *kan* 参事官 O conselheiro「da embaixada do Japão」.
san-jigen 三次元 As três dimensões. ★ ~ *no sekai* 三次元の世界 O mundo tridimensional.
sañjírú 散じる **1**[散る;散らす] Dispersar; espalhar. ⟨S/同⟩ Chirású (+). **2**[なくなる;なくす] Esbanjar; desperdiçar. ⟨S/同⟩ Nakúsú (+). ⇨ sañzáí¹. **3**[気分を晴らす] Divertir-se.
sánjo 賛助 O apoio; o amparo; o patrocínio; o beneplácito; o consentimento. ★ ~ *o eru* 賛助を得る Obter ~. ~ *o motomeru* 賛助を求める Solicitar o ~. ◇ ~ *kaiin* 賛助会員 O sócio benemérito.
sanjó¹ 参上【E.】A visita. *Sassoku o-taku e ~ itashimasu* さっそくお宅へ参上いたします Vou-lhe já fazer uma ~. ⇨ hómóñ¹.
sañjó² 三乗【Mat.】O cubo. *San no ~ wa nijūshichi* 3 の三乗は 27 ~ de três é [Três ao ~ são] vinte e sete. ★ ~ *suru* 三乗する Elevar ao ~. ◇ ~ *kon* 三乗根 A raiz cúbica. ⟨S/同⟩ Rippô. ⇨ jijó².
sañjó³ 山上【E.】O cimo da montanha. ~ *no suikun [sekkyō]* 山上の垂訓[説教]【Bí.】O sermão (de Cristo) da montanha. ⟨S/同⟩ Sañchō (+).
sañjó⁴ 惨状【E.】Um espe(c)táculo deplorável[de cortar o coração]. *Senchi no ~ wa me o ōu bakari de atta* 戦地の惨状は目をおおうばかりであった A situação trágica da área de guerra era de tapar os olhos [era um ~].
sañjókú 産褥【E.】**a)** O puerpério; **b)** O leito puerperal. ◇ ~ *netsu* 産褥熱 A febre puerperal.
sán-jú¹ 三十 Trinta. *Kare wa ~ dai (sanjissai) da* 彼は三十代(三十歳)だ Ele está na casa dos ~. ~ *ban-me no* 三十番目の O trigésimo.
sañ-jú² 三重 Três camadas; triplo. ★ ~ *ni suru* 三重にする Triplicar. ~ *no* 三重の Triplo; tríplice; triplicado. ◇ ~ *ku* 三重苦 O estar cego, surdo e mudo; uma tripla [tríplice] desgraça. ⇨ shō.
~ **shōtotsu** 三重衝突 A colisão de 3 carros.
sáñju-rókkei 三十六計【G.】O melhor das tá(c)ticas. ~ *nigeru ni shikazu* 三十六計逃げるにしかず Nesse caso, o melhor [~] é fugir.
sañju-shō 三重唱【úu】O trio; o trecho musical para três vozes.
sañjútsú 算術【E.】A aritmética. ◇ ~ **heikin** 算術平均 A média aritmética. ⟨S/同⟩ Keísáñ; sáñpó; sañsú (+). ⇨ súgaku.
sañká¹ 参加 A participação; a adesão; a entrada. ★ *Demo [Shūkai] ni ~ suru* デモ[集会]に参加する Participar [Tomar parte] na manifestação [reunião]. ◇ ~ **chīmu [koku]** 参加チーム[国] As equipas [Os países] participantes. ~ **sha** 参加者 O participante. ⟨S/同⟩ Sañká²; sañrétsú; sán'yo.
sañká² 酸化【Quím.】A oxidação. ★ ~ *shiyasui kinzoku* 酸化しやすい金属 O metal facilmente oxidável. ~ *suru* 酸化する Oxidar; ficar oxidado. ◇ ~ **butsu.** ~ **karushiumu** 酸化カルシウム O óxido cálcico. ~ **maguneshiumu** 酸化マグネシウム O óxido de magnésio. ~ **tanso** 酸化炭素 O óxido de carbono. ~ **tetsu** 酸化鉄 O óxido de ferro. ~ **zai** 酸化剤 O oxidante. ⟨反⟩ Kañgéñ.
sañká³ 産科 A obstetrícia; a tocologia. ◇ ~ **i** 産科医 O obstetra. ⇨ fujín-ká; sañfújíñká.
sañká⁴ 讃[讚]歌 O hino [A canção] de louvor [a Deus] ⟨S/同⟩ sañbíká). ★ *Ai [Seishun] no ~* 愛[青春]の讃歌 O hino ao amor[à juventude].⟨S/同⟩ Shóka.
sánka⁵ 傘下【E.】A filiação; a prote(c)ção「estrangeira」; a subordinação. ★ *Daikigyō no ~ ni hairu* 大企業の傘下に入る「uma pequena empresa」Filiar-se numa grande empresa.
sañká⁶ 惨禍【E.】A calamidade; a destruição; a catástrofe. ★ *Jishin [Kasai; Sensō] no ~ o kōmuru [ukeru]* 地震[火災;戦争]の惨禍を被る[受ける] Ser vítima da ~ do terremoto [incêndio; da guerra]. ⟨S/同⟩ Sañgáí².
sañká-butsu 酸化物【Quím.】O óxido. ◇ **Kinzoku** ~ 金属酸化物 ~ metálico.
sañkáí¹ 山海【E.】A montanha e o mar. ★ ~ *no chinmi* 山海の珍味 As comidas raras da montanha e do mar. ⇨ sáchi.
sañkáí² 散会 O adiamento; o levantar a sessão [reunião]. *Kokkai wa ima ~ shita* 国会は今散会した A Dieta acaba de ser adiada.
sañkáí³ 参会【E.】A assistência; a participação; a presença. ⟨S/同⟩ Sañká (+); sañrétsú; shusséki (+).
sañkáí⁴ 山塊 A massa (independente) de montanhas. ⇨ sañmyáku.
sankáku 三角 O triângulo. ★ 「*Kami o*」 ~ *ni kiru* 「紙を」三角に切る (Re)cortar「o papel」em ~ (s). ~ *ni suru* 三角にする Fazer um ~ [*Me o* ~ *ni shite okoru* 目を三角にして怒る Franzir o sobrolho, cheio de raiva]. ◇ ~ **chū** 三角柱 O prisma triangular. ~ **jōgi** 三角定規 A régua triangular; o nónio. ~ **kankei** 三角関係 Um ~ amoroso [~ *kankei ni aru* 三角関係にある Andar metido num ~ amoroso]. ~ **kansū** [hi] 三角関数【比】【Mat.】A proporção [função] trigonométrica. ⇨ **kei** [nami]. ~ **sokuryō** 三角測量「fazer」a triangulação「do terreno」. ~ **su** 三角州【Geol.】Um delta (⟨S/同⟩ Derúrá). ~ **sui** 三角錐 Uma pirâmide triangular. ~ **ten** 三角点 O ponto de triangulação.

sańkákú² 参画 A participação num plano. *Kare wa sono jigyō ni ~ shita* 彼はその事業に参画した Ele participou [tomou parte] nessa empresa. ⟶ Sańká (+); sán'yo.

sańkákú-kei 三角形 A forma triangular. ◇ **Sei [Chokkaku; Nitōhen; Futōhen] ~** 正[直角；二等辺；不等辺]三角形 Um triângulo [re(c)tângulo; isóscele(s); escaleno].

sańkákú-nami 三角波 O mar agitado [bravo/picado]. ⇨ sánkaku¹.

sańkán¹ 参観 A visita (de inspe(c)ção). ★ *~ suru* 参観する Visitar. ◇ **Jugyō ~** 授業参観 ~ às aulas 「para ver como vai o filho nos estudos」. ⟶ Keńbútsú; keńgáku.

sańkán² 山間【E.】Nas [Entre as] montanhas. ★ *~ no hekichi* 山間の僻地 Um lugar perdido (lá) ~. ⟶ Yamááí.

sańké 産気 As dores do parto. ★ *~ zuku* 産気付く Começar a sentir ~.

sańkéi¹ 三景 Os 3 grandes cenários [lugares mais bonitos] (do país). ◇ **Nihon ~** 日本三景 ~ do J. (Amanohashidate, Itsukushima e Matsushima).

sańkéi² 参詣 A romaria; a visita a um templo. ★ *~ suru [ni iku]* 参詣する [に行く] Ir em romaria; visitar um templo. ⇨ juńréi; sańpái¹.

sańkéi³ 山系 Um complexo montanhoso; a cordilheira. ◇ **Himaraya ~** ヒマラヤ山系 A ~ dos Himalaias. ⇨ sańmyáku.

sańkén 散見【E.】O aparecer [ver-se] às vezes [uma ou outra vez].

sańkén-búnrítsu 三権分立 A separação dos três poderes (Administrativo, legislativo e judicial).

sańkétsú 酸欠 A falta [insuficiência] de oxigé[ê]nio (no ar); o ar rarefeito「no cimo do Monte Fuji」. ⇨ sánso.

sańkō 参考 A referência; a consulta; a informação. ★ *~ ni naru* 参考になる Servir (como base) de ~. *~ ni suru* 参考にする Usar como referência; consultar *(Watashi wa kono hon o ~ ni shite benkyō shite iru* 私はこの本を参考にして勉強している Eu consulto muito este livro para os meus estudos). *Go-made ni* 御参考までに Para sua [vossa] informação... ◇ **~ nin** 参考人 A testemunha. **~ shiryō** 参考資料 O material de consulta; a bibliografia (⇨ buńkén¹). **~ sho** 参考書 Um livro [Uma obra] de consulta.

sańkō-shiki【óo】三項式【Mat.】Um trinó[ô]mio (Por ex.: $ax^2 + bx + c$).

sańkyáku 三脚 O tripé. ★ *~ o sueru* 三脚を据える Colocar [Fixar/Assentar] o ~.

sańkyō 山峡 A garganta; o desfiladeiro. ⟶ Keíkókú (+); tanimá (o).

sańmá 秋刀魚【Zool.】A cavala; cololabis saira.

sań-máimé 三枚目【G.】O (papel de) bobo; o a(c)tor có[ô]mico. ★ *~ o enjiru* 三枚目を演じる Representar o [Fazer papel de] bobo. ⟶ Dókéshi. ⇨ niámé.

sańmán 散漫 O ser distraído; o não ter nexo. *Kare wa chūiryoku ga ~ da* 彼は注意力が散漫だ Ele [Aquele homem] é (muito) distraído [é um cabeçano-ar]. ★ *~ na shikō* 散漫な思考 O pensamento ilógico [sem nexo/à deriva]. *~ ni naru* 散漫になる Divagar; perder-se no (discurso).

sań-mén 三面 **1** [三つの方面] Três lados. **2** [新聞の社会面] A página local [social] de jornal (Com assuntos diversos, incluindo crimes). ◇ **~ kiji** 三面記事 Um assunto [As notícias] da ~.

sańmén-kyō 三面鏡 (O toucador com) três espelhos.

sańmí 酸味 A acidez「do leite estragado」. ★ *~ no aru* 酸味のある Azedo; ácido. ⇨ sańséi¹; suppái.

sánmi-ittái 三位一体【Cri.】A (Santíssima) Trindade.

sánmon¹ 三文【G.】**a)**(H.) Uma pequena moeda; **b)**Pouco valor; um tostão; um figo; uma bagatela. *Kono yubiwa wa ~ no neuchi mo nai* この指輪は三文の値うちもない Este anel não vale nada [um tostão]. ◇ **~ bunshi** 三文文士 Um escrevinhador [escritor sem valor]. ⇨ ni-sókú-sánmon.

sańmón² 山門 O portal [A entrada principal] (de templo budista).

sańmō-saku 【óo】三毛作 Três safras [colheitas] por ano. ⇨ ichí[ni] mō-saku.

sańmyákú 山脈 A cordilheira. ◇ **Andesu ~** アンデス山脈 ~ dos Andes. ⇨ sańkéi³.

sań-nén 三年 Três anos. ◇ **~ sei** 三年生 O terceiranista「do colégio」.

sań-nín 三人 Três pessoas. 「ことわざ」*~ yoreba monju no chie* 三人寄れば文珠の知恵 A união faz a força. ◇ **~ gumi**...

sańnín-gúmi 三人組 (< ... + kumi) Um grupo de três pessoas; o trio; a tríade.

sań-nínshō 三人称【Gram.】A terceira pessoa. ★ *Dōshi no ~ fukusū-kei* 動詞の三人称複数形 O [A forma do] verbo na ~ do plural (Por ex.: eles são). ⇨ ni-nínshō.

sanō 砂嚢 **1** [砂を詰めた袋] Um saco (cheio) de areia. **2** [鳥類の] A moela「de galinha」. ⟶ Suná-búkuro (+); suná-gímó (o).

sańpái¹ 参拝 A visita [peregrinação] a santuários x[shín]intoístas. ★ *~ suru* 参拝する Fazer ~. ⇨ sańgū; sańkéi².

sańpái² 酸敗 A acidificação.

sańpái³ 惨敗【E.】A derrota desastrosa. ⟶ Zańpái.

sańpái-kyūhái 三拝九拝【E.】"3 prostrações e 9 vé[ê]nias". ★ *~ shite tanomu* 三拝九拝して頼む Pedir「ajuda」de joelhos.

sańpátsú¹ 散髪 O corte de [cortar o] cabelo. ★ *~ suru* 散髪する Cortar o... ◇ **~ ya** 散髪屋 **a)** O barbeiro; **b)** A barbearia. ⟶ Chóhátsú; rihátsú. ⇨ tokóyá.

sańpátsú² 発発 **a)** O haver [ocorrer] esporadicamente; **b)** Poucas batidas (Beis.). ◇ **~ teki** 散発的「um caso」Esporádico「de assassinato」.

sánpi 賛否【E.】Os prós e os contras; o aprovar e o não aprovar. ★ *~ o tou* 賛否を問う Ver quem é a favor e contra; pôr「a proposta」à votação. ◇ **~ ryōron** 賛否両論 Os argumentos pró e contra.

sańpín 産品 Um produto.

sańpó 散歩 O passeio. ★ *~ ni iku* 散歩に行く Ir passear [dar um ~]. *~(o) suru* 散歩(を)する Passear. ⟶ Sańsákú; sozóróarúki.

sánpu¹ 産婦 A parturiente. ⇨ nínpú².

sánpu² 散[撒]布 A pulverização; o borrifo; a rega. ★ *~ suru* 散布する Pulverizar; borrifar; regar *(Hatake ni nōyaku o ~ suru* 畑に農薬を散布する Pulverizar a plantação (com insecticidas)). ◇ **~**

ki 散布器 O pulverizador.
sanpúku 山腹 A encosta [O lado] da montanha.
sanpúkutsui 三幅対 Um grupo de três; um tríptico; o trio; a tríade.
sánpuringu サンプリング (< Ing. sampling) A amostra「de um novo artigo/produto」.
sánpuru サンプル (< Ing. sample) Uma amostra. S/同 Mihón (+).
sańrán[1] 産卵 A postura dos ovos (Aves); a desova (Peixes). ★ ~ *suru* 産卵する Pôr ovos; desovar. ◇ ~ **ki** 産卵期 A época da desova「do salmão」.
sańrán[2] 散乱 [E.] O espalhar-se. *Heya no naka wa shihō ni kamikuzu ga ~ shite iru* 部屋の中は四方に紙くずが散乱している O quarto tem pedaços de papel (espalhados) por todos os cantos.
sańrétsu 参列 A presença; o assistir; o ir. ◇ ~ **sha** 参列者 Os presentes [assistentes]. S/同 Resséki; sańkái[3]; shusséki.
sańrín 山林 a) Montanhas e florestas; b) A floresta no monte. S/同 hayáshi[1]; yamá.
sańrin-sha 三輪車 O triciclo.
sańróku 山麓 O sopé do monte. S/同 Yamá-súso. A/反 Sańchō.
sánrui[1] 三塁 [Bas.] A terceira base. ◇ ~ **shu** 三塁手 O jogador da [postado na] ~.
sánrui[2] 酸類 (< sán[4] + ‥‥) Os ácidos.
sańrūmu [úu] サンルーム (< Ing. sunroom) Uma varanda soalheira envidraçada.
sańryō 山陵 ○ óne.
sań-ryū 三流 A「equipa/empresa de」terceira categoria.
sańsái 山菜 As plantas silvestres comestíveis. ◇ ~ **ryōri** 山菜料理 Um prato de ~.
sańsákú 散策 [E.] ⇨ sańpó.
sańsán 燦燦 [E.] Cintilante; brilhante.
sańsán-gógo 三三五五 "Aos 3 e aos 5"; em pequenos grupos. *Seito wa ~ tōkō shite kita* 生徒は三々五々登校してきた Os alunos foram chegando à escola ~.
sańsán-kúdo 三三九度 (A cerimó[ô]nia do) casamento (xintoísta). ★ ~ *no sakazuki o ageru [kawasu]* 三々九度の杯をあげる [交わす] Casar.
sańsá-ro 三叉路 [E.] A junção de 3 ruas; a trifurcação de um caminho.
sańsá-shínkei 三叉神経 [Anat.] O (nervo) trifacial. ◇ ~ **tsū** 三叉神経痛 A neu[nev]ralgia trifacial.
sańséi[1] 賛成 O aprovar; o concordar; a aprovação. ~ *no kata wa te o agete kudasai* 賛成の方は手を挙げて下さい Quem concorda [é a favor] podia levantar a mão? ~! 賛成賛成 Sim! Sim! [Muito bem! /Inteiramente de acordo!] ★ ~ *no i o hyō suru [hyōmei suru; shimesu]* 賛成の意を表する [表明する; 示す] Dar a sua aprovação. ~ *o eru* 賛成を得る Ser aprovado. ~ *suru* 賛成する Concordar; aprovar; ser a favor; estar de acordo. ◇ ~ **sha** 賛成者 A(s) pessoa(s) a favor. ~ **tōhyō** 賛成投票 O voto a favor. S/同 Dóí; sańdō; shíji[1]. A/反 Hańtái.
sańséi[2] 酸性 A acidez. ★ ~ *ni suru* 酸性にする Acidificar. ◇ ~ **dojo** 酸性土壌 A terra ácida. A/反 Arúkári-séí.
sánsei[3] 三世 A terceira geração.
sańséi-ken 参政権 Os direitos políticos; o sufrágio [voto]. ⇨ seńkyó-ken.
sańséki 山積 [E.] O acumular-se; o estar em rimas [aos montes]. ★ *Shigoto ga ~ shite iru* 仕事が山積している Ter muito trabalho acumulado [para fazer]. S/同 Yamá-zúmí.
sańsén[1] 参戦 A participação numa guerra. ★ ~ *suru* 参戦する Participar [Entrar] na guerra.
sań-sén[2] 三選 O eleger pela terceira vez. ★ *Shichō ni ~ sareru* 市長に三選される Ser eleito Prefeito [Presidente da Câmara] (por/pela) terceira vez.
sán-sha 三者 Três membros. ◇ ~ **kaidan [mendan]** 三者会談[面談] A conferência tripartida [O encontro a três]. ⇨ **dai** ~.
sánshi 蚕糸 A seda (crua). S/同 Kénshi; klito (+).
sánshi-suíméi 山紫水明 [E.] Uma paisagem de grande beleza natural. ★ ~ *no chi* 山紫水明の地 A terra de grande beleza natural.
sańshítsu[1] 産室 A sala de partos. S/同 Sanjó; ubúyá; buńbén-shitsu.
sańshítsu[2] 蚕室 O quarto [lugar] para seri(ci)cultura [criação do bicho-da-seda].
sańshó[1] 参照 A referência; a consulta. ★ *Hyakka-jiten o ~ suru* 百科事典を参照する Consultar uma enciclopédia. ⇨ sańkō[1].
sań-shó[2] 三唱「dar」Três vivas [banzais]「ao campeão」.
sańshó[3] 山椒 [Bot.] Uma espécie de pimenta japonesa; *zanthoxylum piperitum*. P/こわざ ~ *wa kotsubu de piriri to karai* 山椒は小粒でぴりりと辛い Os homens não se medem aos palmos.
sán-shoku[1] 三色 Três cores. ◇ ~ *no* 三色の Tricolor. ~ **ki** 三色旗 Uma bandeira tricolor「francesa」. ⇨ **[sańshíki] sumire**.
sán-shoku[2] 三食 (As) três refeições. ★ ~ *bun no shokuryō* 三食分の食糧 Provisões para ~. ~ *hirune tsuki* 三食昼寝付き「um emprego」Com ~ e sesta (Diz-se da dona de casa).
sańshókú[3] 蚕食 [E.] A ocupação [invasão] sistemática (Lit. "comer como o bicho-da-seda"); o devorar. ★ *Kaigai shijō o ~ suru* 海外市場を蚕食する Invadir os mercados estrangeiros.
sańshókú[sańshíki]-súmire 三色すみれ A violeta tricolor; o amor-perfeito. S/同 Pánjí (+).
sańshóuo [óo] 山椒魚 [Zool.] (Uma espécie de) salamandra. ◇ **Ō ~** 大山椒魚 A salamandra grande; *megalo batrachus japonicus*. ⇨ sańshō[3].
sán-shu 三種 a) Três espécies; b) A terceira categoria. ⇨ jíngi[2].
sańshú 参集 [E.] O juntar-se [reunir-se/acorrer]. S/同 Shūgō (+).
sańshútsu[1] 産出 A produção. ★ ~ *suru* 産出する Produzir. ◇ ~ **daka [gaku]** 産出高[額] O valor produzido. ~ **ryō** 産出量 A quantidade produzida. *Sekiyu ~ koku* 石油産出国 O país produtor de petróleo.
sańshútsú[2] 算出 O cômputo [cálculo]. ★ *Shūshi o ~ suru* 収支を算出する Fazer ~ das [Calcular as] entradas e despesas. S/同 kéísán[1].
sańso 酸素 [Quím.] O oxigé[ê]nio. ◇ ~ **bonbe** 酸素ボンベ A garrafa de ~. ~ **ketsubō-shō** 酸素欠乏症 [Med.] A anoxemia; a falta [insuficiência] de ~ no sangue; a dificuldade em respirar. ~ **kyūnyū** 酸素吸入 A inalação de ~. ~ **kyūnyū-ki** 酸素吸入器 O inalador de ~. ~ **masuku** 酸素マスク A máscara de ~. **Ekitai** ~ 液体酸素 ~ líquido.
sańsō[1] 山荘 [E.] A casa「de veraneio」na monta-

sansō² 三相【Ele(c)tri.】Três fases. ◇ **~ kōryū** 三相交流 Uma corrente alternada trifásica.

sansón 山村 Uma aldeia (que fica) na montanha. [S/同] Yamá-zátó.

sansū́ 【úu】算数 **1** [学科名] A aritmética. ⇨ sañjútsú.
2 [計算] O cálculo. *Kare wa ~ ni akarui* 彼は算数に明るい Ele é bom em ~ [tem jeito para contas]. [S/同] Keísán (+).

sánsui¹ 山水 Montanhas e rios. ◇ ⇨ **ga**.

sansúi² 散 [撒] 水 A rega [irrigação]. ★ **~ suru** 散水する Regar [Irrigar]. ◇ **~ sha** 散水車 O carro de irrigação (das ruas). [S/同] Mizú-mákí (+).

sansúi-gá 山水画 A pintura de (uma) paisagem「de montanhas e correntes」. ⇨ sánsui¹.

sansúru 産する ⇨ sañshútsú¹.

Sántákúrosu【óo】サンタクロース (< Ing. Santa Claus < S. Nicolau) O Pai-Natal [Papai-Noel (B.)].

Sántá Mária サンタマリア (< P.) Santa Maria; Nossa Senhora.

santán¹ 惨憺 [澹]【E.】**a)** O ser trágico [horroroso]; **b)** O ser exaustivo. *Keikaku wa ~ taru kekka ni owatta* 計画は惨憺たる結果に終わった O proje(c)to teve um fim trágico. ◇ **Kushin ~** 苦心惨憺 Um trabalho exaustivo [louco]「para terminar uma obra」.

santán² 賛嘆【E.】A admiração. ★ **~ no koe o ageru** 賛嘆の声をあげる Exclamar, cheio de ~. **~ suru** 賛嘆する Admirar; louvar. [S/同] Shósán (+).

santéí 算定 A avaliação; o cálculo; a estimativa; o orçamento. *Sono kasai no higai-gaku wa ichi-oku-en to ~ sareta* その火災の被害額は1億円と算定された Os prejuízos do incêndio foram calculados [avaliados] em cem milhões de ienes.

santó 三等 O terceiro lugar; a terceira classe [categoria]. ★ *Kyōso de ~ ni naru [o toru]* 競走で三等になる[を取る]Ficar em terceiro lugar na corrida. ◇ ⇨ **~ bun**. **~ shō** 三等賞 O terceiro préfi]mio.

san-tóbun 三等分 A divisão em três partes iguais.

santó-kín 三頭筋【Anat.】O músculo tricípite.

Santomé-purinshipe サントメ・プリンシペ (A República Popular de) São Tomé e Príncipe. ◇ **jin** サントメ・プリンシペ人 O(s) são-tomense(s).

sán'ya 山野【E.】Montanhas e campos. [S/同] Nó-yama (+). ⇨ sánsui¹.

sán'yaku¹ 三役 As [Os] três posições [funções; papéis; postos] mais importantes de uma organização. ★ *Tō no ~* 党の三役 As três pessoas mais importantes [pessoas-chave] do partido.

sán'yaku² 散薬 ⇨ koná-gúsuri.

sán'yo 参与 **1** [関係する事] A participação. ★ **~ suru** 参与する Participar; tomar parte「em」. [S/同] Sañkáí (+); sañkákú². **2** [役名] O conselheiro; o consultor.

sán'yōchū【óo】三葉虫 A trilobite.

sán'yōsúji【óo】算用数字 O algarismo árabe. [S/同] Arabia sūji.

sanzáí¹ 散財【G.】**1** [出費] O gasto; a despesa. *Taihen ~ o o-kake shimashita* 大変散財をおかけしました Fez「hoje」muita despesa comigo. [S/同] Shuppí.
2 [浪費] O esbanjar [desperdício de] dinheiro. [S/同] Róhí (+).

sanzáí² 散在【E.】O estarem espalhados「os membros do grupo por todo o mundo」. [S/同] Teñzái.

sanzán 散散 **1** [物事の程度・状態が非常にはなはだしいさま] Duramente; severamente; extremamente; excessivamente; rudemente; muito. ★ *~ kurō suru* 散々苦労する Sofrer duramente. *~ meiwaku o kakeru* 散々迷惑をかける Causar muito aborrecimento. *~ kangaeta kekka no ketsuron ga* 散々考えた結果の結論は Esta é a conclusão a que cheguei depois de muito pensar. **2** [物事の結果・状態が非常に悪いさま] O ser「uma situação」terrível. ★ **~ na me ni au** 散々な目に遭う Passar um mau bocado; ver-se nelas.

sanzén¹ 燦然【E.】「o feito」Brilhante. ★ **~ to kagayaku** 燦然と輝く Brilhar「na história」. [S/同] Kírakira.

sanzén² 産前 Antes do parto. ★ **~ sango no kyūka** 産前産後の休暇 As férias antes e depois do parto [de maternidade]. [A/反] Sañgó².

sanzóku 山賊 O bandido [salteador; bandoleiro] (que anda) à monte. ◇ **~ kōi** 山賊行為 O banditismo. ⇨ tōzóku.

san-zún 三寸 (< ~¹ + sún) **a)** Três "sun" (Aproximadamente 9cm); **b)** O ter lábia. [I/慣用] *Mune ~ ni osameru* 胸三寸に収める Conter-se; reprimir o seu sentimento. *Shita-saki ~ de marumekomu* 舌先三寸で丸め込む Conquistar alguém com a sua eloquência.

Sanzú-nó-káwá 三途の川【Bud.】O Rio dos Três Infernos [Cursos]. [I/慣用] **~ o wataru** 三途の川を渡る Cruzar o ~; morrer.

saó 竿・棹 **1** [竹の幹で作った細長い棒] O pau [varapau]; a vara. ◇ **~ bakari** [**dake**]; **take** [**tsuri**] **zao**. **Hatazao** 旗竿 O mastro (para) da bandeira. **Monohoshizao** 物干し竿 **~** para pôr「roupa」a secar. **2** [舟をとく道具] A vara [O varapau] do barco; a zinga. [I/慣用] *Nagare ni ~ sasu* 流れに棹す **a)** Ir [Impelir o barco] ao sabor da corrente; **b)** Aproveitar a maré「e chegar a ministro」. **3** [たんす、旗・羊羹などを数える語]【Gram.】(Numeral para contar "hata, tansu, yōkan"). ★ *Futa- ~ no tansu* 二竿のたんす Dois armários.

saó-bákari 竿秤 (< ~ + hakári) A balança de braço e pratos. [S/同] Teñbín **1**. ⇨ sará-bákari.

saó-dáké 竿竹 (< ~ + také) O pau (sobretudo de bambu)「para pôr roupa a secar」. ⇨ monó-hóshí (+).

sapōtā サポーター【óo】(< Ing. supporter < L.) O apoiante (Com dinheiro); o fã [entusiasta/torcedor]「da equipa」.

sappári【**to**】さっぱり (と)【On.】**1** [整とんされているさま] Agradavelmente limpo [asseado/arrumado]. **~** *shita fukusō* [*sumai*] さっぱりした服装 [住まい] O traje todo asseado [A casa bem arrumadinha]. [S/同] Kozáppári (+); sukkíri. **2** [淡白であるさま] Natural, simples e agradável. **~** *shita seikaku* さっぱりした性格 Um cará(c)ter franco. [S/同] Assári. **3** [気分がいいさま] O sentir-se outro. *Furo ni haitte ~ shita* 風呂に入ってさっぱりした Sinto-me outro com este banhinho. [S/同] Sawáyaka; sōkái. **4** [少しも] Nada; nem sombras. *Kanojo kara ~ tayori ga nai* 彼女からさっぱり便りがない Não tenho nenhuma notícia dela. [S/同] Chíttómo; ikkóní; sukóshimo. **5** [不振であるさま] Uma desgraça (G.). *Keiki wa ~ da* 景気はさっぱりだ A situação econó[ô]mica está ~. [S/同] Mattákú (+); zeñzén. **6** [後

にのこらないさま] Inteiramente; completamente; totalmente. ★ ~ *en o kiru* さっぱり縁を切る Cortar relações ~. Ⓢ⃝同 Kippari (to) (+).

sappúkei [úu] 殺風景 O ter falta de gosto [estética]; o ser「um homem」prosaico [sem imaginação]. ★ ~ *na heya* 殺風景な部屋 Um quarto sem nada [graça]. ⇨ kyó-zámé; mu-shúmi.

sará 皿 **1** [食事用の] **a)** O prato; a travessa; **b)** Um prato (Comida). ★ *Asai* [*Fukai*] ~ 浅い [深い] 皿 O ~ baixo [fundo/de sopa]. [和慣用] *Me o* ~ *no yō ni shite miru* 目を皿のようにして見る Olhar de olhos arregalados. ◇ ~ **arai**; **hai-zara**. **Meimei-zara** 銘々皿 O prato individual. *Sūpu-zara* スープ皿 O ~ de sopa. ⇨ hachi[3]. **2** [皿のような形をしたも の] Qualquer coisa que se assemelhe a prato. ★ *Hiza no* ~ 膝の皿 A rótula (do joelho). **3** [はかり の] O prato de balança.

sará-árai 皿洗い (< ~ **1** + aráu) O lavar [limpar] os pratos. ◇ ~ **ki** 皿洗い機 A máquina da loiça [de lavar pratos].

sáraba[1] さらば 【E.】 Então; nesse caso; se é assim; e assim. *Motome yo*, ~ *ataerareru* [*Motome nasai, sō sureba ataerareru de arō*] 求めよ、さらば与えられん [求めなさい、そうすれば与えられるであろう] 【Bí.】 Pedi e recebereis (Mateus, 7,7).

sáraba[2] さらば 【E.】 Adeus! ~ *sokoku yo* さらば祖 国よ Minha Pátria [Meu J.]~! Ⓢ⃝同 O-sáraba; sayó[yō]nárá (+).

sará-bákari 皿秤 (< ~ **3** + hakarí) A balança de pratos. ⇨ saó-bákari.

sarábúréddo サラブレッド (< Ing. thoroughbred) O cavalo de sangue puro; o puro-sangue.

saráchí 更地 O lote de terreno sem construções.

sárada サラダ (< P. < L. salata: com sal) A salada. ◇ ~ **doresshingu** サラダドレッシング O molho de ~. ~ **na** サラダ菜 *Lactuca sativa*; uma espécie de alface (⇨ chisha[3]). ~ **oiru [yu]** サラダオイル [油] O óleo [azeite] para ~. **Furūtsu [Yasai]** ~ フルーツ [野菜] サラダ ~ de frutas [legumes].

saráígétsú 再来月 Daqui a dois meses.

saráínen 再来年 Daqui a dois anos.

sarákédásu さらけ出す Revelar; pôr a descoberto [às claras]. ★ *Nani mo ka mo* [*Sukkari*] ~ 何もかも [すっかり] さらけ出す Pôr tudo às claras.

sará-kín サラ金 O prestamista (agiota). ⇨ sárarī.

sará-máwashi 皿回し (< ~ **1** + mawású) O truque (de mágico) de girar os pratos.

sarámi-sóseji サラミソーセージ (< It. salami) O salame.

sáran サラン A resina de cloreto de polivinilo (Nome comercial: "saran").

sára-ni 更に (⇨ naó-sará) **1** [もう一度] Outra vez; de novo; (pela) segunda vez; novamente. ★ ~ *chōsen suru* 更に挑戦する Tentar ~. Ⓢ⃝同 Futátábí (o); sáido[1] (+). **2** [その上] Além disso; também. *Kare wa eigo ga tassha de* ~ *porutogarugo mo hanaseru* 彼は英語が達者で更にポルトガル語も話せる Ele sabe bem inglês e ~ fala português. Ⓢ⃝同 Sonó-úé (+). **3** [なお一層] Ainda mais; cada vez mais. ★ ~ *doryoku suru* 更に努力する Esforçar-se ~. Ⓢ⃝同 Issó; masúmasu; mótto. **4** [少しも] Nem um pouco, nem sequer. *Kare wa tanin no chūkoku o kiku yōsu ga* ~ *nai* 彼は他人の忠告を聞く様子が更にない Ele nem sequer tem interesse em ouvir o conselho dos outros. Ⓢ⃝同 Chittómo (+);

ikkō(ni) (+); mattákú (+); sukóshimo (+); zeń-zéń (+).

sárarī サラリー (< Ing. salary < L. salarium) O salário. ★ ~ *ga yoi* サラリーが良い Ter um bom ~. ◇ ~ **man** サラリーマン O (empregado) assalariado. ~ **man kin'yū** サラリーマン金融 ⇨ sará-kín. Ⓢ⃝同 Gekkyū (+); hókyū (+); kyūryō (o).

sárári-to さらりと 【On.】 **1** [きっぱり] Inteiramente; completamente. *Iya na koto o* ~ *wasureru* いやな事をさらりと忘れる Esquecer ~ coisas desagradáveis. Ⓢ⃝同 Assári; kippári (to). **2** [軽く] Com toda a naturalidade. ★ *Ii-nikui koto o* ~ *itte nokeru* 言いにくい事をさらりと言ってのける Falar ~ problema sério ~. Ⓢ⃝同 Karúkú (+). **3** [手ざわりが軽くなめらかなさま] De agradável maciez. ★ ~ *shita hadazawari* さらりとした肌ざわり 「o pano」 Agradável ao ta(c)to/Macio. **4** [湿りけのないさま] De natureza fina. ★ ~ *shita aji* さらりとした味 O sabor agradável/suave.

sarásá サラサ・更紗 (< P. < Malaio sarásah) A saraça (Tecido fino (ou papel) com desenhos de flores, animais, etc. , originário da Índia e muito difundido no J. depois da chegada dos p.). ◇ **Indo** ~ インドサラサ ~ da Índia.

sarásárá[1] 更更 (< sára-ni **4**) Nenhum(a); nada. *Konna ame no hi ni dekakeru tsumori nante* ~ *nai* こんな雨の日に出かけるつもりなんて更々ない Não tenho intenção nenhuma [qualquer (a mais) mínima] intenção de sair num dia de chuva como este [hoje]. Ⓢ⃝同 Kesshíté (+); mattákú (+); sára-ni; sukóshi-mo (+).

sárasara[2] (**to**) さらさら 【On.】 **1** [物の軽く触れあう音] (Im de ruído leve). *Ogawa ga* ~ *nagarete iru* 小川がさらさら流れている Sussurram os riachos [Ouve-se o sussurro dum riacho]. **2** [すらすらと] Depressa; facilmente. ★ *Tegami o* ~ *shitatameru* 手紙をさらさらしたためる Escrever uma carta ~ [em dois minutos/ao correr da pena]. Ⓢ⃝同 Súrasura (to) (+). **3** [湿りけのないさま] Seco; enxuto; solto. ★ ~ *no* [*shita*] *yuki* さらさらの [した] 雪 A neve solta.

saráshí 晒 [曝] し (⇨ sarású) O branqueamento. ◇ ~ **ko** [**kubi**/**mono**]. ~ **ori** 晒織 ⇨ seísei[1].

saráshí-kó 晒し粉 (< ~ + koná) A lixívia; o cloreto.

saráshí-kubi 晒 [曝] し首 (< sarású + ···) 【A.】 A cabeça decapitada [cortada] e exposta ao público. ★ ~ *ni suru* 晒し首にする Expor as ~ s ao público.

saráshí-monó 晒し者 (< sarású + ···) O criminoso exposto ao público [na praça]. ★ ~ *ni naru* 晒し者になる **a)** Ser [Ficar] pendurado na forca; **b)** Ser obje(c)to de escárnio. ~ *ni suru* 晒し者にする **a)** Deixar pendurado na forca; **b)** Ridicularizar [Escarnecer]. ⇨ sarású **3**.

sarásóju [óo] 沙羅双樹 【Bot.】 *Shorea robusta* (Árvore da Índia, etc. de boa madeira).

sarású 晒 [曝] す **1** [風雨などに] Expor à intempérie. ★ *Enten ni sarasareru* 炎天に晒される Estar a apanhar a torreira do sol. **2** [水にひたしてあくを抜く] Embeber [o legume] em água; curar [os tremoços]. ★ *Tamanegi no mizu ni* ~ 玉葱を水に晒す Embeber a cebola (picada) em água. **3** [多くの人の目に触れるようにする] Expor-se. ★ *Hito-mae de haji* [*shūtai*] *o* ~ 人前で恥 [醜態] を晒す Passar uma vergonha. **4** [危険な状態に置く] Expor-se. ★ *Kiken ni mi o* ~ 危険に身を晒す ~ ao perigo.

5 [漂泊する] Pôr à cora; branquear.

saráú[1] 攫う Levar; tirar; roubar; arrebatar; fugir com; sequestrar; arrancar; raptar. ★ *Kane o saratte nigeru* 金を攫って逃げる Roubar o dinheiro e fugir. *Kodomo o ~ 子供を攫う* Raptar uma criança. *Ninki o ~* 人気を攫う Arrancar aplausos. S/同 Mochí-sárú.

saráú[2] 復習う Estudar a lição. ★ *Baieru o ~* バイエルを復習う Tocar pelo "Beyer" (Um livro de prática de piano para principiantes). S/同 Fukúshū súrú (+). ⇨ o-sáráí; yoshū́.

saráú[3] 浚う Limpar; desentupir. ★ *Dobu o ~* どぶを浚う Limpar a vala [sarjeta].

sáredo (mo) されど (も) ⇨ shikáshi.

sarékóbe [óo] 曝れ首・髑髏 ⇨ sharékóbe.

saríchírúsán サリチル酸【Quím.】O ácido salicílico. ⇨ **mechiru** サリチル酸メチル O salicitato metílico. ~ **sōda** サリチル酸ソーダ O salicilato de sódio.

sarídómáido サリドマイド A talidomida (Tranquilizante perigoso para grávidas).

sarígénái さり気ない「um ar」Natural;「falar do crime」como se não fosse nada. ★ ~ *fū o suru* さり気ない風をする Fingir que não sabe [é com ele]. *Sarigenaku furumau* さり気なく振る舞う Portar-se com naturalidade. S/同 Naníigénái.

sáron サロン (< Fr. salon) O salão「de dança」. ⇨ **Heā** ヘアーサロン ~ de beleza; a cabeleileira. S/同 Híroma (+); kyakúmá (o); ósétsú-má (+).

sáru[1] 猿【Zool.】O macaco. ⌐ことわざ⌐ ~ *mo ki kara ochiru* 猿も木から落ちる "Até ~ cai da árvore"/"Quandóque bónus dormítat Homérus" (L.)/Até os sábios se enganam. ⇨ **mane [mata; mawashi; shibai]**. S/同 Etéḱo.

sáru[2] 去る 1 [離れる] Partir; deixar; largar; afastar-se. ★ *Butai [Shoku] o ~* 舞台「職」を去る Deixar o palco/teatro「cargo」. *Kokyō o ~* 故郷を去る Deixar a terra natal. *Yo o ~* 世を去る Morrer. ⌐P:ことわざ⌐ ~ *mono wa hibi ni utoshi* 去る者は日々に疎し Longe da vista longe do coração. ~ *mono wa owazu kitaru mono wa kobamazu* 去る者は追わず来たる者は拒まず Sei viver só e acompanhado. S/同 Hanáréru. A/反 Kúru[1]. 2 [過ぎ去る] Desaparecer; acabar; passar. *Chansu wa eikyū ni satte shimatta* チャンスは永久に去ってしまった Lá se foi [Perdeu-se] a oportunidade. S/同 Owárú; kuíséru; sugíru; sugí-sáru. 3 [なくなる; 消える] Passar; desaparecer; sumir(-se). *Kiki ga satta* 危機が去った Passou a crise. *Itami ga ~* 痛みが去る A dor passar. S/同 Kiéru; nakúnáru. 4 [時間・空間的に隔たる] Estar distante no tempo ou espaço. ★ *Ima o ~ koto nijū-nen mae* 今を去る事 20 年前 Há「Fará agora」20 anos. S/同 Hedátáru 1.

sáru[3] 去 Último; anterior; passado. ★ ~ *mikka* 去る三日 O último dia três (deste mês). A/反 Kitáru[2].

sáru[4] 然る [E.] 1 [或る] Um [Certo]. ★ ~ *basho [hito]* 然る場所「人」Um lugar [Certa pessoa]. S/同 Áru (+); toáru. 2 [こう] sonó-yō-na]

sarúbárusán サルバルサン Salvarsan (Nome comercial do arsenobenzol).

sarúbéji [ée] サルベージ (< Ing. salvage < L.) 1 [沈没船の引き揚げ作業; 海難援助] O salvamento「de navio naufragado」. 2 [借金や債権取り立て] A cobrança「de dívida」.

sarúbía サルビア【Bot.】A salva; *salvia officinalis*. S/同 Higórómósǿ.

sarúfá-zái サルファ剤 Os medicamentos à base de sulfa(midas).

sarúgútsuwa 猿轡 (< … [1] + kutsúwá) A mordaça. ★ ~ *o hameru [kamasu]* 猿轡をはめる [かます] Amordaçar;「o dentista」pôr uma ~.

sarú-jié 猿知恵 (< … [1] + chié) A esperteza aparente [de rato] (Lit. de macaco).

sarú-máne 猿真似 A macaquice; o arremedo; a imitação superficial.

sarú-mátá 猿股 O calção; as cuecas.

sarú-máwashi 猿回し (< … [1] + mawású) **a)** O espe(c)táculo de macacos; **b)** O exibidor [apresentador] do ~.

sarúmónérá サルモネラ (< Lat. salmonera)【Bioq.】A salmonela. ⇨ **kin** サルモネラ菌 O vírus da ~.

sáru-mono 然る者 Uma pessoa forte [fora do comum; temível]. *Teki mo ~ da* 敵も然る者だ O nosso adversário é temível [não é um qualquer].

sarú-shíbai 猿芝居 **a)** O teatro de macacos; **b)** A farsa; **c)** O plano tonto.

sarúsúberi 百日紅【Bot.】O lilás-da-Índia; a escumilha; *lagerstroemia indica*. S/同 Hyakújítsúkō.

sárutan サルタン (< Ing. sultan) O sultão.

sasá 笹【Bot.】Espécie de cana ou bambu, rasteira, de caule fino e folhas grandes. ⇨ také[3].

sasáé 支え (< sasáérú) O suporte; a estaca; a escora; o esteio; o sustentáculo「da família」; o apoio「psicológico」. ⇨ ~ *ni suru* 支えにする Apoiar. *Kokoro no ~* 心の支え O apoio moral. S/同 shichū́[1].

sasáérú 支える 1 [持ちこたえる] Sustentar; apoiar; manter. ★ *Ikka o ~* 一家を支える Sustentar [Manter] a família. S/同 Iji suru; Mochíkótáéru. 2 [つっかいになる] Escorar; aguentar; amparar. *Hashira ga yane o sasaete iru* 柱が屋根を支えている A coluna está a ~ o te(c)to. 3 [援助する] Amparar; ajudar; assistir. ★ *Yūjin ni sasaerareru* 友人に支えられる Ser amparado pelos amigos. 4 [食い止める] Deter; conter; parar. ★ *Teki no kōgeki o ~* 敵の攻撃を支える Deter o avanço do inimigo. S/同 Kuítómérú (+).

saságe[gi] 大角豆【Bot.】O feijão-chicote (De vagem comprida e redonda); *vigna sinensis*. ⇨ azúkí.

saságe-mónó 捧げ物 (< saságérú + …) A oferenda. S/同 Sonáé-móno.

saságéru 捧「献」げる 1 [持ち上げる] Erguer; levantar. ★ *Ryōte ni shōjō o ~* 両手に賞状を捧げる Erguer o diploma nas mãos. S/同 Mochíágéru 1. 2 [献上する] Consagrar; oferecer. ~ *Reizen ni hana o ~* 霊前に花を捧げる Oferecer flores ao morto. S/同 Kenjō súrú; sonáéru. 3 [尽くす] Dedicar「a vida a trabalhar pelos pobres」; consagrar. ★ *Fukyō ni isshō ~* 布教に一生を捧げる ~ toda a sua vida à evangelização. S/同 Tsukúsu 2.

saságe-tsútsú 捧げ銃 (< … + tsutsú) O apresentar armas. ~ (かけ声) 捧げ銃 Apresentar, armas! ~ *o suru* 捧げ銃をする …

sásai 些細 A insignificância. ★ ~ *na koto de okoru* 些細な事で怒る Zangar-se por uma ~ [ninharia/coisa trivial]. S/同 Wázuka.

sasákúre ささくれ (< sasákúréru) A raigota (Espiga ou pele levantada junto à raiz das unhas).

sasákúréru ささくれる 1 [物の先が細かく分かれる]

Rachar [Fender]-se「nas pontas」. **2** [ささくれができる] Ter raigota (nas unhas). **3** [気持ちが荒れる] Ficar nervoso (impaciente; irritado).

sasámé-yuki 細雪 [E.] A neve fina;「caiu」uma nevesita; uns farelos (de neve).

sasámí 笹身 A carne branca [de peito de frango].

sasáru 刺さる Espetar-se. *Nodo ni sakana no hone ga sasatta* のどに魚の骨が刺さった Espetouse-me uma espinha (de peixe) na garganta.

sasátsú 査察 A inspe(c)ção; a investigação. ★ ~ *suru* 査察する Inspe(c)cionar; investigar. ◇ ~ *kan* [shi] 査察官[使] O inspe(c)tor. *Kúchū* ~ 空中査察 A inspe(c)ção aérea. S/同 Chōsa (o); shisátsú (+).

sasáyaka ささやか O ser「um」pequeno「sonho」[simples;「um salário」modesto]. ★ ~ *na kōfuku* ささやかな幸福 Uma pequena alegria. ~ *no okurimono* ささやかな贈り物 Um pequenino [~] presente. ~ *ni kurasu* ささやかに暮らす Viver modestamente. ⇨ hosóbóso; wázuka.

sasáyáki 囁き (< sasáyáku) O sussurro; o murmúrio; o cochicho. ★ *Akuma no* ~ 悪魔の囁き Uma tentação do diabo.

sasáyáku 囁く **a)** Sussurrar; segredar「ao ouvido」; cochichar; **b)** Dizer à boca calada; haver um rumor「que a empresa vai falir」. *Mimimoto de* ~ 耳元で囁く Segredar ao ouvido.

sasén 左遷 A despromoção; o baixar [descer] de categoria/posto. ★ ~ *suru* 左遷する Despromover. S/同 Kōnin; kōshóku. A/反 Eíten.

sasérú[1] させる **1** [強制する] [Gram.] **1** [強制する] Forçar; obrigar. *Watashi wa tsui ni hakujō sasérareta* 私はついに白状させられた Finalmente fui [Acabei por ser] forçado a confessar. **2** [放任する] Deixar fazer; permitir. *Watashi ga sono toki itara kare ni sonna koto wa sasenakatta no ni* 私がその時いたら彼にそんな事はさせなかったのに Se eu estivesse lá nessa altura, não o teria deixado fazer [não lhe teria permitido] isso. ★ *Kodomo no sukina yō ni sasete oku* 子供の好きなようにさせておく Deixar as crianças à vontade [fazerem o que querem].

-sásére[2] させる **1** [強制して] Mandar「fazer」. *Watashi wa kare o kochira e ko-saseta* 私は彼をこちらへ来させた Mandei que ele viesse [Mandei-o vir] aqui. **2** [放任を示して] Deixar「fazer」. *Chotto kangae-sasete kudasai* ちょっと考えさせて下さい Deixe-me pensar um pouco. **3** [「させていただく」の形で] Decidir [Ter de] fazer. *Tsugō ni yori asu wa kyūgyō sasete itadakimasu* 都合により明日は休業させていただきます Por razões particulares [imprevistas] amanhã fechamos「a loja/o escritório」.

sashí 差し 【G.】 A dois; frente a frente. ★ ~ *de nomu* 差しで飲む Beber a dois. ◇ ~ **mono** ~. ⇨ sásu[1].

sashí-ágérú 差し上げる (< sásu[1] + ⋯) **1** [持ち上げ] Erguer; levantar「nos braços」; elevar. ★ *Bāberu o takadaka to* ~ バーベルを高々と差し上げる A barra (de pesos) bem alta. ⇨ Agérú; mochí-ágérú. **2** [敬語] [Cor.] Dar; oferecer; presentear. *Kore wa anata ni sashiagemasu* これはあなたに差し上げます Isto é para si [Ofereço-lhe isto]. *Nani o sashiagemashō ka* 何を差し上げましょうか [店で] O que posso oferecer-lhe?

sashi-ashi 差し足 (< sásu[1] + ⋯) O andar nas pontas dos pés [O ir pé-ante-pé]. I/慣用 *Nuki ashi* ~ *shinobi ashi* 抜き足差し足しのび足 Passos secretos.

sashí-átári 差し当たり Por enquanto; por ora [agora]; de momento. ~ *kore de maniau* 差し当たりこれで間に合う Para já [~]「isto」chega. S/同 Mókka; tōbún (+); tōmén.

sashí-chígáérú 刺し違える (< sásu[2] + ⋯) Apunhalar-se mutuamente [um ao outro].

sashídáshi-nín 差出し人 (< sashídású + ⋯) O remetente. ★ ~ *fumei no tegami* 差し出し人不明の手紙 Uma carta sem ~. A/反 Ukétórí-nín.

sashí-dású 差し出す (< sásu[1] + ⋯) **1** [提出する] Apresentar. **2** [送る] Enviar. ★ *Dainin o* ~ 代人を差し出す ~ o substituto. **3** [差しのべる] Estender. ★ *Te o sashidashite akushu o suru* 手を差し出して握手をする ~ a mão para cumprimentar.

sashídé-gámashíí 差し出がましい Inoportuno; atrevido; intrometido; descarado. ~ *yō desu ga, ⋯ sashi dashimashō ga, ⋯ sashi dashitai you desu ga* ⋯ 差し出がましいようですが、⋯ Desculpe o meu atrevimento, mas ⋯.

sashide-guchi 差し出口 (< sashídéru + kuchí) O comentário inoportuno.

sashí-déru 差し出る Intrometer-se. *Sashideru koto* [*mane*] *o suru na* 差し出た事[真似]をするな Não te intrometas [Não metas o nariz onde não és chamado]! ⇨ kańshó[1]. **2** [心に抱く] Ter; abrigar. *Kare no shōgen ni wa gimon o ~ yochi ga nai* 彼の証言には疑問を差し挟む余地がない O testemunho dele não deixa margem a dúvidas. ⇨ Idáku (+).

sashie 挿し絵 (< sásu[6] + ⋯) A ilustração; a gravura. ★ ~ *o ireru* 挿し絵を入れる Inserir [Pôr] ~s. ◇ ~ *gaka* 挿し絵画家 O ilustrador. S/同 Sōgá; kátto.

sashígáné 差し金 (< sásu[1] + kané) **1** [⇨ kanejáku]. **2** [そそのかすこと] A instigação「para demitir o presidente」; a incitação; a sugestão. *Korera no inbō wa subete kare no ~ da* これらの陰謀はすべて彼の差し金だ Estas intrigas foram todas instigadas por ele. ⇨ sosónókasu.

sashí-hásámu 差し挟む (< sásu[6] + ⋯) **1** [間に入れる] Inserir; pôr「uma marca no livro」. ★ *Kuchi o* ~ 口を差し挟む Intrometer-se (na vida alheia). ⇨ kańshó[1]. **2** [心に抱く] Ter; abrigar. *Kare no shōgen ni wa gimon o ~ yochi ga nai* 彼の証言には疑問を差し挟む余地がない O testemunho dele não deixa margem a dúvidas. ⇨ Idáku (+).

sashí-hikáeru 差し控える (< sásu[1] + ⋯) **1** [控え目にする] Moderar-se; cortar. ★ *Shokuji no ryō o ~食事の量を差し控える* ~ na comida. **2** [やめる] Abster-se. ★ *Hatsugen o* ~ 発言を差し控える ~ de falar. ⇨ mi-áwáséru **3**.

sashi-hiki 差し引き (< sashí-híku) **1** [減じる事] A dedução; a subtra(c)ção. **2** [勘定の] O saldo; o balanço. ★ ~ *kanjō o suru* 差し引き勘定をする Fazer o ~ da conta. **3** [慰労のための] (+).

sashí-híku 差し引く (< sásu[1] + ⋯) Deduzir; subtrair; descontar. ★ *Tesúryō o sashihiite nijū-man-en no shūnyū* 手数料を差し引いて20万円の収入 A renda [entrada] de 200.000 yens, depois de (serem) deduzidas as despesas de expediente.

sashí-iré 差し入れ (< sashí-iréru) **1** [挿入] A inserção; o meter. S/同 Sōnyū. **2** [刑務所の] A entrega de coisas aos presos. ★ *Shūjin ni irui no ~ o suru* 囚人に衣類の差し入れをする Entregar [Dar] roupa aos presos. **3** [慰労のための] [Fig.] Uma ajuda para animar. *Zangyō o shite iru hitotachi ni bentō no ~ ga atta* 残業をしている人達に弁当の差し入れがあった Deram lanches aos que ficaram a trabalhar depois do serviço.

sashí-iréru 差し入れる (< sásu[6] + ⋯) **1** [挿入する] Inserir; meter「a mão no bolso」. S/同 Sashíkómu (+); sõnyū súru. **2** [刑務所に] Entregar [Dar] aos presos. ⇨ sashí-íré **2**. **3** [慰労の為に] Dar 「de comer para animar quem trabalha」. ⇨ sashí-íré **3**.

sashí-káeru 指し替える (< sásu⁶ + …) Repor; mudar 「a fachada」; substituir; trocar. ★ *Kabin no hana o ~* 花びんの花を差し替える ~ as flores da jarra. Ⓢ 回 Kōkán súru; torí-káérú (+).

sashí-kákaru 差し掛かる (< sásu³ + …) **1** [通りかかる] Aproximar-se. *Ressha wa tonneru ni sashikakatta* 列車はトンネルに差し掛かった O comboio [trem] aproximou-se do túnel. Ⓢ 回 Kakáru. **2** [おおいかぶさる] Cobrir;「o ramo」estender-se sobre 「o muro」. ⇨ kabúsáru. **3** [時期に入る]「o verão」 Estar à porta; começar.

sashí-káké 差し掛け (< sásu¹ + kakéru) O jogo inacabado 「de xadrez」.

sashí-kákéru 差し掛ける (< sásu¹ + …) Estender sobre; cobrir. ⇨ kazású.

sashí-kí 挿し木 (< sásu⁶ + …) O chantão (B.); o tanchão;「o pegar de」estaca.

sashí-kizu 刺し傷 (< sásu² + …) A punhalada; a facada.

sashikó 刺し子 O estofo [tecido acolchoado].

sashí-kómi 差し込み (< sashí-kómu) **1** [挿入] A inserção; um inserto「na revista」. Ⓢ 回 Sashí-íré **1**; sōnyū (+). **2** [プラグ] [Ele(c)tri.] A tomada. ◇ ~ **puragu** 差し込みプラグ A ficha macho. **3** [胸･腹の激痛] A dor súbita [espasmódica; convulsiva]. Ⓢ 回 Shakú.

sashí-kómu 差し込む (< sásu⁶ + …) **1** [挿入する] Inserir; meter. ★ *Kagi o kagi-ana ni ~* 鍵を鍵穴に差し込む Meter a chave na [no buraco da] fechadura. Ⓢ 回 Hasámí-kómu; sashííréru; sõnyū súrú; tsukkómu. **2** [胸･腹が激しく痛む] Sentir uma dor súbita. *Kyū ni i ga sashikonda* 急に胃が差し込んだ Senti [Tive] uma dor súbita no estômago.

sashí-kórósu 刺し殺す (< sásu¹ + …) Apunhalar [Matar a punhaladas]. Ⓢ 回 Shisátsú súrú.

sashí-máneku 指し招く (< sásu¹ + …) Acenar com a mão. Ⓢ 回 Temáneki suru (+).

sashí-máwáshi 差し回し (< sásu¹ + mawású) O mandar um carro para ir buscar alguém. ★ *Ōkurashō ~ no kuruma* 大蔵省差し回しの車 O carro enviado pelo Ministério da Fazenda.

sashimí 刺身 O "sashimi" (Prato de peixe cru, cortado em fatias mais ou menos grossas). ◇ ~ **bōchō** 刺身包丁 A faca para preparar ~. Ⓢ 回 Tsukúrí; tsukúrími.

sashí-módósu 差し戻す (< sásu¹ + …) Devolver 「os documentos/papéis」; mandar de volta. ★ **Sashimodoshi hanketsu** 差し戻し判決 A sentença devolvida.

sashimono¹ 指し物 (< sásu¹·⁷ + …) A marcenaria. ◇ ~ **shi** 指し物師 O marceneiro. ⇨ taná; tatégu; tañsú; tsukúé.

sáshimo-no² さしもの 【E.】 Embora; até; apesar de. ~ *mei-i ni mo haha no byōki wa naosenakatta* さしもの名医にも母の病気はなおせなかった Até um médico tão famoso não conseguiu curar a minha mãe. Ⓢ 回 Sasúgá nó (+).

sashí-múkái 差し向かい (< sásu¹ + mukáú) Frente a frente.

sashí-múkéru 差し向ける (< sásu¹ + …) **1** [派遣する] Enviar; mandar; despachar. ★ *Jidōsha o ~* 自動車を差し向ける Mandar um carro (para ir buscar alguém). Ⓢ 回 Hakén súrú; tsukáwású. **2** [ある方向へ向ける] Dirigir-se「para」; ir. Ⓢ 回 Mukásérú; mukérú (+).

sashí-ne 指し値 (< sásu¹ + …) 【Econ.】 O preço indicado [limite]. ★ ~ *de kau [uru]* 指し値で買う [売る] Comprar [Vender] pelo ~. ◇ ~ **chūmon** 指し値注文 O pedido [A encomenda] ao ~.

sashí-nóbéru 差し伸べる (< sásu¹ + …) Estender. ★ *Enjo no te o ~* 援助の手を差し伸べる ~ a mão 「a」; ajudar; auxiliar. Ⓢ 回 Sashí-dású. ⇨ nobásu.

sashí-óku 差し置く (< sásu¹ + …) **1** [放置する] Deixar como está. *Anata no tame nara nani o sashioite mo kaketsukemasu* あなたの為なら何を差し置いても駆けつけます Por você deixarei tudo. Ⓢ 回 Hōchísuru; sutéókú. **2** [無視する] Ignorar; menosprezar; passar por cima de. *Shachō o sashioite fukushachō ga kettei o kudashita* 社長を差し置いて副社長が決定をした O vice-presidente decidiu, ignorando a vontade do presidente. Ⓢ 回 Múshi suru.

sashí-ósáé 差し押さえ (< sashí-ósáeru) O embargo; o arresto; a apreensão; o confisco [a confiscação]; a penhora. ★ ~ *o kuu [sareru]* 差し押さえを食う [される] Ser embargado; confiscado. *~ o suru* 差し押さえをする Embargar; confiscar. ◇ ~ **bukken** 差し押さえ物件 A coisa arrestada. ~ **reijō** 差し押さえ令状 O mandato de ~.

sashí-ósáeru 差し押さえる (< sásu¹ + …) Embargar「os bens do réu」; arrestar; apreender; confiscar; penhorar.

sashí-sáwárí 差し障り **1** [支障] O obstáculo; o impedimento; o estorvo; o problema. *Kare wa ~ ga dekite kesseki shita* 彼は差し障りが出来て欠席した Ele não compareceu devido a um impedimento. Ⓢ 回 Samátáge; sashítsúkáe (+); shishó. **2** [まずい影響] A ofensa; a desconsideração; o insulto; o ultraje. *Dare ka ni ~ ga aru to ikenai kara nani mo iimasen* 誰かに差し障りがあるといけないから何も言いません Não digo nada por recear que possa ofender alguém [para não ofender alguém]. ★ ~ *no nai wadai* 差し障りのない話題 Um tema de conversa inofensivo [que não compromete ninguém]. Ⓢ 回 Akúéikyō.

sashí-sáwárú 差し障る (< sásu¹ + …) Obstruir; atrapalhar; impedir「a vista/o trabalho」. Ⓢ 回 Sashítsúkáéru (+).

sashí-sémáru 差し迫る (< sásu¹ + …) Ser iminente [urgente; premente]; estar próximo. ★ *Sashisematta yōji* 差し迫った用事 O assunto urgente. *Kane ga sashisematte hitsuyō de aru* 金が差し迫って必要である Ter grande [muita] necessidade de dinheiro. Ⓢ 回 Seppákú súrú.

sashí-shímésu 指し示す (< sásu¹ + …) Indicar; mostrar; apontar. ★ *Chizu o sashishimeshite setsumei suru* 地図を指し示して説明する Explicar apontando no mapa. Ⓢ 回 Shíji suru.

sáshitaru さしたる 【E.】 Particular; especial; que se diga. *Ryōsha no aida ni ~ sōi wa nai* 両者の間にしたる相違はない Não há diferença ~ entre os dois. Ⓢ 回 Kakúbétsú nó; sahódó nó (+); táishita (o).

sáshite さして Particularmente; muito. *Sore wa ~ jūyō na mondai de wa nai* それはさして重要な問題ではない Isso não é um problema ~ importante. Ⓢ 回 Amárí (+); kakúbétsú; sahódó (+); soréhó-

dó (+); táishite (o).
- **sashí-tómérú** 差し止める (< sású¹ + …) Proibir; suspender. *Shinbun no hakkō o ~* 新聞の発行を差し止める Suspender o [a edição do] jornal. ⑤同 Kińshí súrú (o); teíshí súrú (+).
- **sashí-tōsu** 刺し通す (< sású² + …) Furar; perfurar; varar「de lado a lado com a espada」.
- **sashí-tsúkáe** 差し支え (< sású¹ + …) **a)** O impedimento; o obstáculo; a inconveniência; **b)** O problema; a obje(c)ção; o inconveniente. *~ ga atte kyō wa ikemasen* 差し支えがあって今日は行けません Surgiu um ~ e não posso ir hoje. ⑤同 Samátágé; sashísáwárí; shishō.
- **sashítsúkáe nái** 差し支えない Poder; ser possível; não haver problema. *Kare wa kega o shita ga aruku ni wa ~* 彼はけがをしたが歩くに差し支えない Ele magoou [feriu]-se mas pode andar. *Kono hon o o-kari shite mo ~ desu ka* この本をお借りしても差し支えないですかPosso levar emprestado este livro?
- **sashí-tsúkáeru** 差し支える (< sású¹ + …) Constituir obstáculo; ser problema; atrapalhar; ser inconveniente. *Amari yofukashi o suru to asu no shigoto ni ~* あまり夜更しをすると明日の仕事に差し支える Se ficar acordado até muito tarde, no dia seguinte o serviço [trabalho] sofre/não rende. ⑤同 Sashísáwárú.
- **sashi-wátáshi** 差し渡し ⇨ chokkéí¹; zeńchō¹.
- **sáshizu** 指図 A dire(c)ção; a instrução; a ordem; a indicação. *Hito no ~ wa ukenai* 人の指図は受けない Não recebo ordens de ninguém「aqui mando eu」. ★ *~ dōri ni suru* 指図通りにする Fazer「o trabalho」 de acordo com as instruções recebidas. *~ ni shitagau* 指図に従う Cumprir as instruções. *~ o aogu [ukeru]* 指図を仰ぐ[受ける] Pedir [Receber] instruções. *~(o) suru* 指図(を)する Dar ordens; indicar. ⑤同 Meíréí; shíji; shíkí.
- **sashízúmé** 差し詰め **1**「つまるところ」Ao fim e ao cabo; numa palavra; por assim dizer. *Koko wa ~ Burajiru no Kyōto ni itta tokoro desu* ここは差し詰めブラジルの京都といった所です Esta cidade é, ~, a Kyoto do Brasil. **2** tsumáru tokoro; iwábá¹. **2**「さしあたり」Por enquanto; por (ag)ora. *Kane ni tsuite wa ~ shinpai wa nai* 金については差し詰め心配はない Quanto a dinheiro, ~, não precisa de se preocupar. ⇨ sashiátárí.
- **sashō**¹ 詐称 A declaração falsa; a deturpação「da verdade」. ★ *~ suru* 詐称する Deturpar; falsificar. ★ *Mibun o ~ suru* 身分を詐称する Trocar a identidade.
- **sashō**² 査証 O visto. ★「*Ryoken no*」*~ ukeru*「旅券の」査証を受ける Receber o ~ no passaporte. ◇ **Nyūkoku [Shukkoku] ~** 入国[出国]査証 ~ de entrada [saída]. ⑤同 Bíza.
- **sashō**³ 些少 【E.】Uma ninharia [insignificância]; pouco. *~ desu ga o-osame kudasai* 些少ですがお納め下さい Queira ter a bondade de aceitar esta insignificância「de presente」. ⇨ Wázuka.
- **sáshu** 詐取 A fraude; o engano; o logro. ★ *~ suru* 詐取する Defraudar「os irmãos nas partilhas」; enganar; loprar. ⇨ sági¹.
- **sasóí** 誘い (< sasóú) **1**「招き;すすめ」O convite「para o casamento/concerto」. ★ *~ ni ōjiru* 誘いに応じる Aceitar o ~. ⇨ Manékí; shōtai. **2**「誘惑」A sedução; a tentação. ★ *~ ni noru* 誘いに乗る Cair na tentação.「a moça」deixar-se seduzir. ⑤同 Sosónókáshí; yūwáku.
- **sasóri** 蠍【Zool.】O escorpião. ◇ **~ za** 蠍座【Astr.】O Escorpião.
- **sasóú** 誘う **1**「一緒にすることを勧める」Convidar. ★ *Ryokō [Butōkai] ni ~* 旅行[舞踏会]に誘う Convidar para viajar [ir ao baile] juntos. ⑤同 Kań'yū súrú. **2**「そそのかす」Tentar; seduzir. ★ *Aku no michi ni sasowareru* 悪の道に誘われる Ser tentado para maus caminhos. ⑤同 Sosónókásu; yūwáku súrú. **3**「うながす」Provocar; induzir; causar; suscitar. *Dōjō o ~* 同情を誘う Suscitar compaixão. *Nemuke o ~* 眠けを誘う「um longo discurso」Causar [Dar] sono. ⑤同 Unágású.
- **sássa-to** さっさと Rapidamente; imediatamente; apressadamente; depressa. *~ dete ike* さっさと出て行け Saia [Vá embora] imediatamente [já]! *~ shi nasai* さっさとしなさい Depressa! /Despacha-te! *~ shokuji o sumaseru* さっさと食事をすませる Comer num minuto. ⇨ sassoku.
- **sasshi**¹ 察し (< sassúrú) **1**「推察」A conje(c)tura; a percepção; a imaginação; o adivinhar. ★ *~ ga yoi [warui]* 察しが良い[悪い] Ser de inteligência rápida [Ser obtuso]. *Daitai [Oyoso] no ~ ga tsuku* 大体[およそ]の察しがつく Poder imaginar mais ou menos「do que se trata」o que é.」 ⑤同 Suísátsú. **2**「思いやり」A consideração「para com os outros」; a compreensão; a simpatia. ⑤同 Omóíyárí.
- **sásshi**² サッシ (< Ing. *sash*) O caixilho「de janela」. ◇ **Arumi ~** アルミサッシ ~ de alumínio.
- **sasshi**³ 冊子 O livreto/e; o livro; o panfleto. ◇ **Shō ~** 小冊子 Um livrinho [panfletozinho]. ⇨ shómótshu.
- **sasshín** 刷新 A reforma「(completa) do ensino」; a renovação; a remodelação. ★ *~ suru* 刷新する Reformar; renovar *[Jinji o ~ suru* 人事を刷新する Fazer uma (grande) remodelação do pessoal]. ⑤同 Isshín; kakúshín. ⇨ kaízén.
- **sasshō** 殺傷 O derramamento de sangue. ★ *~ suru* 殺傷する Derramar sangue; ferir e matar. ◇ **~ nōryoku** 殺傷能力「Uma arma que tem」Muita capacidade de destruição [~].
- **sásshu** サッシュ【柔らかい布】O pano macio. **2**「ぴーエ」⇨ sássó.
- **sassō** 颯爽【E.】O ser garboso [galhardo; vistoso]; elegante. ★ *~ taru sugata* 颯爽たる姿 A figura garbosa. *~ to aruku* 颯爽と歩く Caminhar garbosamente. *~ to shita wakamono* 颯爽とした若者 O moço garboso.
- **sassōku** 早速「começar o trabalho」Imediatamente;「entrar」dire(c)tamente [logo]「no assunto」; prontamente; rapidamente; sem demora. *~ no go-henji (o) arigatō gozaimashita* 早速の御返事(を)ありがとうございました Agradeço a [Obrigado pela] sua rápida resposta. *Modorimashitara ~ o-denwa itashimasu* 戻りましたら早速お電話致します Telefonarei assim [logo] que voltar. ★ *~ desu ga* 早速ですが Vamos entrar já no assunto: ... ⑤同 Súgu ni; súgu-sama; sumíyaka ni. ⇨ sássa-to.
- **sassúrú** 察する **a)** Conje(c)turar; supor; sentir; presumir; imaginar; julgar; **b)** Compreender; simpatizar; sentir. *Go-tabō no koto to o-sasshi itashimasu* 御多忙のこととお察し致します Suponho que deve estar muito ocupado. *Kare no shinchū wa ~ ni amari aru* 彼の心中には察するに余りある O sofrimento [A tristeza] dele deve ser maior do que nós pode-

mos imaginar. *Kare no gendō kara* ～ *ni* 彼の言動から察するに A julgar pela conduta, ele não mudou. *O-sasshi mōshi masu* お察し申します Compreendo o que você está sentindo [a sentir]. *O-sasshi no tōri* お察しの通り É mesmo [exa(c)tamente] como o senhor imagina. ★ ～ *tokoro* 察するところ É possível que…; talvez; provavelmente.
[S/同] Omóíyárú; oshíhákáru.

sásu[1] **指す・差す** (⇨ sásu[3]) **1** [指示する] Apontar「a casa com o dedo」; indicar; marcar. *Jishaku ga kita o* ～ 磁石が北を指す A bússola indica o Norte. *Kandankei ga reika nijū-do o* ～ 寒暖計が零下20度を指す O termó[ô]metro indica [marca/dá] vinte graus negativos [abaixo de zero]. *Tokei no hari wa jūni-ji o sashite iru* 時計の針は12時を指している O (ponteiro do) relógio marca doze horas. ★ *Kono go no* ～ *imi* この語の指す意味 O significado desta palavra. [S/同] Shíji[2] suru. **2** [目指す] Ir para [em dire(c)ção a]; rumar. *Watashitachi wa higashi o sashite susunda* 私達は東を指して進んだ Avançámos para [na dire(c)ção] Leste. [S/同] Mezásu (+). **3** [指名する] Nomear; designar; referir-se; chamar. *Kanojo wa jugyōchū nando mo sasareta* 彼女は授業中何度も指された Ela foi chamada (à lição) várias vezes (durante a aula). ★ *An'ni* ～ 暗に指す Aludir; insinuar. *Na o* ～ 名を指す Chamar pelo nome. [S/同] Nazásu; shiméí súrú. **4** [将棋で] Jogar「xadrez」. ★ *Ikkyoku* ～ 一局指す Fazer uma jogada [～ uma partida]. **5** [舞で] Estender os braços para a frente (na dança japonesa). ★ ～ *te hiku te* 指す手引く手 O movimento de braços para a frente e para trás. **6** [かざす] Abrir. ★ *Kasa o* ～ 傘をさす ～ o guarda-chuva. **7** [長さを計る] Medir. ★ *Tanmono o* ～ 反物を指す ～ o tecido.

sásu[2] **刺す** **1** [突き刺す] Furar; trespassar; perfurar; espetar; cravar. ★ ～ *yō na itami* 刺すような痛み A dor lancinante. *Yubi ni hari o* ～ 指に針を刺す Picar-se com a agulha [Espetar a agulha no dedo]. **2** [虫が] Picar. *Hachi ni ude o sasareta* 蜂に腕を刺された Picou-me no braço uma abelha. **3** [刺激する] Morder; remorder. *Kōkai no nen ga mune o sashita* 後悔の念が胸を刺した Senti (muitos) remorsos. **4** [縫う] Costurar; dar uns pontos. [S/同] Núu. **5** [船でさおを水中に] Impelir [Empurrar] o barco com a vara. **6** [鳥を鳥もちでとる] Apanhar pássaros com isca. **7** [野球で] Pôr fora de jogo. ★ *Sōsha o* ～ 走者を刺す Pôr o corredor fora de jogo.

sásu[3] **差す** (⇨ sásu[1]) Sentir; ficar. ★ *Hoho ni akami ga* ～ ほほに赤味が差す Ficar (com o rosto) um pouco corado. ★ *Iyake ga* ～ いやけが差す Sentir repugnância; ficar desgostoso. *Ki ga* ～ 気が差す Sentir-se constrangido [culpado] (⇨ togáméru). *Ma ga* ～ 魔が差す Ficar possesso do demó[ô]nio.

sásu[4] **射す** Brilhar; bater; cair. ★ *Kage ga* ～ 影が射す Cair a sombra. *Nishibi ga* ～ 西日が射す Bater o sol de tarde. *Gokō ga* ～ 後光が射す Ter [Brilhar] uma auréola「na cabeça」. ⇨ íru[5].

sásu[5] **差す・注す・点す** **1** [液体を注ぐ] Pôr [Deitar] um líquido. ★ *Nettō ni mizu o* ～ 熱湯に水をさす ～ água (fria) na fervura. *Megusuri o* ～ 目薬をさす Aplicar o [Pôr] colírio (na vista). [I/慣用] *Mizu o* ～ 水をさす Desanimar; fazer perder a graça. [S/同] Sosógú. **2** [色をつける] Pintar. ★ *Kuchibeni o* ～ 口紅をさす ～ os lábios.

sásu[6] **挿す・差す** **1** [入れ込む] Pôr. *Katana o* ～ 刀を挿す ～ a espada à cintura. ★ *Hana o kabin ni* ～ 花を花びんに挿す ～ flores no vaso. **2** [差し木をする] ⇨ sashí-kí.

sasú[7] **砂州** O banco de areia.

sasúgá **流石** **1** [そうはいうもののやはり] Mesmo assim; ainda assim; mas. *Kono atsusa ni wa* ～ *ni maitta* この暑さにはさすがにまいった Já se esperava, mas este calor é insuportável. *Mukuchi na kare mo* ～ *ni damatte irarenakatta* 無口な彼もさすがに黙っていられなかった Mesmo ele que é de poucas palavras não conseguiu ficar calado. **2** [いかにもやはり] Com razão; de fa(c)to; certamente; ealmente; sem dúvida. ～ *wa kimi da, yoku yatta* さすがは君だ, よくやった De fa(c)to tu eras o homem indicado! Parabéns! ～! ～! さすがさすが Muito bem! muito bem! **3** [(さすが…も) の形で] Mesmo; até; apesar de. ～ *no yūsha mo yūrei ni wa yowai* さすがの勇者も幽霊には弱い Até um valente como ele tem medo de fantasmas. [S/同] Aré hódó nó; sashímono.

sasúpéndā **サスペンダー** (< Ing. suspender < L.) Os suspensórios.

sásupensu **サスペンス** (< Ing. suspense < L.) A suspensão; o momento de grande tensão「no filme」.

sasúráí **流離** (< sasúráu)【E.】O errar [vaguear]. ～ *no tami* 流離の民 O povo errante [nómada].
[S/同] Hṓrō; rurō.

sasúráu **流離う**【E.】Vaguear; errar.
[S/同] Rurṓ súrú; samáyóu.

sasúrú **摩る・擦る** Esfregar; coçar; afagar; acariciar; alisar. ★ *Senaka o* ～ 背中を摩る Coçar as costas. [S/同] Nadéru.

satá **沙汰** **1** [評定; 裁判] A deliberação; o julgamento. [P/ことわざ] *Jigoku no* ～ *mo kane shidai* 地獄の沙汰も金次第 Poderoso cavaleiro é Dom Dinheiro. [S/同] Hyṓtéí; sáiban. **2** [指図] A dire(c)ção; a ordem; a instrução. ★ *Otte* ～ *suru* 追って沙汰する Dar「novas」instruções mais tarde. ◇ **～ yami** 沙汰止み O não se falar mais no assunto. **3** [事件; 事柄] O caso; o procedimento; o a(c)to. *Kare no kōi wa shōki no* ～ *de wa nai* 彼の行為は正気の沙汰ではない O a(c)to dele não é um procedimento normal. ★ *Kyōki no* ～ 狂気の沙汰 Um a(c)to de loucura. **4** [たより] A notícia; a informação; a comunicação. ★ *Nan no* ～ *mo nai* 何の沙汰もない Não ter nenhuma notícia. ◇ ⇨ **oto ～**. [S/同] Shirásé (+); táyori (+). ⇨ go-búsátá.

sátan **サタン** (< Hebr. Satan) Satanás. [S/同] Ákuma.

sátchi **察知**【E.】O perceber「que ele mentia」; o pressentir. ★ *Saigai o mizen ni* ～ *suru* 災害を未然に察知する Pressentir que vai ocorrer uma calamidade. ⇨ mi-núku; sassúrú.

satchū-zai [úu] **殺虫剤** O inse(c)ticida.
[S/同] Kuchū́zai.

sáte **さて** **1** [ところで] Bem. ～ *hanashi kawatte* さて話変わって ～, outro assunto: … [S/同] Tokóró-de. **2** [さあ] Então [E agora]? ～ *iza to naru to nani mo dekinai* さていざとなると何もできない ～, quando é preciso [na ocasião], não faz nada. ～ *komatta* さて困った E agora? Estou perdido [Não sei que fazer]. ～ *soro-soro hajimeyō ka* さてそろそろ始めようか Então, vamos começar?
[S/同] Sā́. ⇨ sáte-oku; sáte-wa.

satéí **査定** A avaliação「do valor/dos rendimentos」.

★ ~ *suru* 査定する Avaliar. *Zeigaku no* ~ 税額の査定 ~ do imposto. ◇ **~ gaku** 査定額 O valor [A quantia] da ~.

sáten サテン (< Hol. satijn < Ch. Zaitun, top.) O cetim. ★ ~ *no fuku* サテンの服 O vestido de ~. S/同 Shúsu.

sáte-oku さて[措]く Pôr [Deixar] de lado. ★ *Jōdan wa sate oki* 冗談はさておき (bem) Pondo de lado a [Agora, fora de] brincadeira. *Nani wa sate oki* 何はさておき Antes de tudo [de mais nada].

sátesate さてさて Que; como; na verdade; realmente; verdadeiramente. ~ *ganko na yatsu da* さてさて頑固なやつだ Que sujeito mais [tão] teimoso! S/同 Nán-to-mo.

satetsú¹ 砂鉄 A areia ferruginosa; a limalha de ferro.

satetsú² 蹉跌【E.】A falha; o revés; o malogro; o fracasso; o insucesso. ★ *Jigyō* [*Jinsei*] *ni* ~ *o kitasu* 事業[人生]に蹉跌をきたす Causar o [Levar ao] fracasso nos negócios [na vida]. S/同 Shippái; tsumázukí; zasétsú.

sáte-wa さては **1**[それでは]Então; nesse caso; se é assim então. ~ *gomakasu ki da na* さてごまかす気だな ~ você quer-me enganar. Soré-déwa. **2**[その上]Além de. *Nomu wa, utau wa da,* ~ *odoridasu shimatsu* 飲むわ,歌うわでさては踊り出す始末 Além de beber e cantar, começou até a dançar. S/同 Sonó-úé (+).

sató 里 **1**[人家が集まっているところ]O povoado; a aldeia. ◇ ~ *hito* [人·家を離れた家]Hitó-zátó; soñráku. **2**[ある人が帰った家]O lar (paterno); a casa dos pais. ★ ~ *ni kaeru* 里に帰る Visitar a [Voltar à] casa dos pais. ◇ ⇨ ~ **gaeri** [go/gokoro/imo/oya]; **furu** ~. S/同 Jikká (+); o-sátó. **3**[素姓]A origem [Os antecedentes] de alguém. ★ *O-* ~ *ga shireru* お里が知れる Trair-se; cair; revelar o verdadeiro cará(c)ter.

sató [óo] 砂糖 O açúcar. ★ ~ *iri no* 砂糖入りの Açucarado [Com/Que contém açúcar]. ◇ ~ **daikon** 砂糖大根 A beterraba. ~ **gashi** 砂糖菓子 O doce de ~; a bala (B.); o rebuçado. ~ **ire** 砂糖入れ O açucareiro. ~ **kibi** 砂糖きびA cana de ~. ⇨ **aka** [**kaku**; **kōri**; **kuro**; **shiro**] **zató**.

sató-gáeri 里帰り (< ··· +káeru) **1**[結婚後初めて実家に帰ること]A primeira visita da recém-casada ao lar dos pais. **2**[妻,奉公人等が実家にしばらく帰ること]A volta temporária da esposa [do criado/do obje(c)to de arte] ao lugar de origem.

sató-gó 里子 (< ··· + ko) O filho ado(p)tivo [de leite]. ★ ~ *ni dasu* [*yaru*] 里子に出す[やる]Confiar o filho aos cuidados de outra família. ⇨ sató-óyá.

sató-gókoro 里心 (< ··· + kokóro) A nostalgia; a saudade do lar [da pátria]. ★ ~ *ga tsuku* 里心がつく Ter nostalgia [saudades] do lar [seu cantinho]. S/同 Bōkyō; hōmúshíkku.

satói 敏[聡]い **1**[さとい]kashikói. **2**[鋭い]Apurado; aguçado; perspicaz; 「olho」vivo. ★ *Me ga* ~ 目が敏い ⇨ me-zátói. *Ri ni* ~ 利に敏い Perspicaz [Que não dá ponto sem nó]. S/同 Binkán ná (+); surúdói (+).

sató-ímó 里芋【Bot.】O inhame; *colocasia antiquorum*.

sató-óyá 里親 Os pais ado(p)tivos. A/反 Sató-gó.

satóri 悟り (< satóru) **1**[理解]A compreensão; o entendimento; a intuição; a percepção. ★ ~ *ga ii* [*hayai*] 悟りがいい[早い]Rápido; intuitivo. ~ *ga nibui* [*osoi*] 悟りが鈍い[遅い]Lento [Tardo] (de entendimento); tapado. S/同 Ríkai. **2**[真理を会得すること]【Bud.】A iluminação espiritual. ★ *no kyōchi ni tassuru* 悟りの境地に達する Atingir a ~. ~ *o hiraku* 悟りを開く Ser espiritualmente iluminado; intuir a [o que é a tal] ~. S/同 Gódó.

satóru 悟[覚]る **1**[気付く]Ver; perceber; intuir. ★ *Dare ni mo satorarezu ni* 誰にも悟られずに Sem ninguém perceber [se aperceber/dar conta]. S/同 Kizúku. **2**[真理を会得する]Ser espiritualmente iluminado. *Kare wa sugu satotta yō na koto o iu* [*kuchi o kiku*] 彼はすぐ悟ったような事を言う[口をきく]Ele fala sempre como se soubesse tudo.

satóshi 諭し (< satósú) A admoestação; a admonição; a advertência; o conselho. ⇨ imáshíméí; otsúgé.

satósú 諭す Admoestar; advertir; aconselhar. ★ *Junjun* [*Konkon*] *to* ~ 諄々[こんこん]と諭す ~ com paciência.

satsú 札 O papel-moeda; a nota. ★ *O-* ~ *o kuzusu* [*komakaku suru*] お札をくずす[細かくする]Trocar uma ~. **Nise** ~ **ire** [**taba**]. **Nise** ~ 偽札 A ~ falsa. **Sen en** ~ 千円札 A ~ de mil yens. S/同 Shíhei.

-satsú² 冊 (Suf. numeral para contar livros). ★ *Hon o san* ~ *kau* 本を3冊買う Comprar três livros.

satsubátsú 殺伐 Que é sanguinário [violento]; selvagem; feroz; bárbaro). ★ ~ *taru* [*to shita*] *kōkei* 殺伐たる[とした]光景 A cena violenta. ⇨ aráaráshíi.

satsúbírá 札片 (⇨ satsú¹) 【G.】O dinheiro. ★ ~ *o kiru* 札片を切る Esbanjar (o ~).

satsuéi 撮影 **a)** O tirar fotografias; **b)** A filmagem. ★ ~ *suru* 撮影する Fotografar; filmar. ◇ **~ gishi** 撮影技師 O operador de filmagens. **~ jo** 撮影所 O estúdio cinematográfico. **~ ki** 撮影機 A máquina [câmara] de filmagem (⇨ shashíñ ◇). **~ sha** 撮影者 O que filma; o fotógrafo. **Eiga** ~ 映画撮影 A ~ para cinema. **Kōsokudo** ~ 高速度撮影 A ~ em alta velocidade. **Kūchū** ~ 空中撮影 A ~ aérea. **Suichū** ~ 水中撮影 A ~ dentro d'água. **Tokushu** ~ 特殊撮影 A ~ de efeito especial.

satsúgái 殺害 O assassínio [assassinato]. ◇ ~ **genba** 殺害現場 O local do ~. S/同 Koróshí; satsújín. ⇨ gyakúsátsú.

sátsui 殺意【E.】A intenção [vontade] de matar. ★ ~ *o idaku* 殺意を抱く Ter [Andar com] ~.

satsú-íré 札入れ (< ··· ¹ + irérú) A carteira (das notas). ⇨ saífu.

satsújín 殺人 O assassinato; o homicídio; o assassínio. ★ ~ *o okasu* 殺人を犯す Cometer um ~. ◇ **~ han (nin)** 殺人犯(人) O criminoso de ~; o homicida; o assassino. **~ ki** 殺人鬼 O assassino sanguinário [maníaco]; o facínora. **~ misui** 殺人未遂 A tentativa de homicídio. ⇨ **~ teki**. **~ yōgi (sha)** 殺人容疑(者) O suspeito de ~. ⇨ **~ zai**.

satsújín-téki 殺人的「uma competição」Terrível [De morte]. ~ *konzatsu* 殺人的混雑 Uma confusão ~.

satsújin-zai 殺人罪 O crime de homicídio. ★ ~ *ni towareru* 殺人罪に問われる Ser acusado de ~.

satsúki¹ 五月 O mês de) Maio (no calendário lunar). ⇨ gógatsu.

satsúki² 皐月【Bot.】O rododendro; *rhododendron indicum*. ⇨ tsutsúji.

satsúkí-báre 五月晴れ (<…¹+haréru¹) Um dia de céu azul nos meses da estação das chuvas.

satsumá-ímo 薩摩芋【Bot.】A batata doce; *ipomoea batatas*. Ｓ[周] kánsho. ⇨ jagá-ímo.

satsúríku 殺戮【E.】O massacre; o morticínio cruel; o genocídio; a carnificina. ◇ **Tairyō ~** 大量殺戮 Um genocídio (em escala). Ｓ[周] Satsúgai. ⇨ gyakúsátsú.

satsú-tábá 札束 O maço de notas. ⇨ satsú¹.

sátto さっと **a)** Subitamente; de repente; **b)** Depressa; rapidamente. ◇ **~** *kao o akarameru* 顔を赤らめる Ficar logo corado. **~** *tai[mi]o kawasu* っと体[身]をかわす Esquivar-se rapidamente; desviar-se.

sattō 殺到 A inundação; a afluência repentina ou anormal de gente. *Hijō-beru ga naru ya ina ya kankyaku wa de-guchi ni ~ shita* 非常ベルが鳴るいなや観客は出口に殺到した Mal [Assim que] tocou [se ouviu] o alarme, os assistentes precipitaram-se para [inundaram] a saída. Ｓ[周] Oshí-yóséru.

Saúji-Arabia サウジアラビア A Arábia Saudita.

sáuna サウナ (< Finlandês sauna) A sauna. ◇ **~ buro** サウナ風呂 [O banho de vapor].

saúndo サウンド (< Ing. sound < L.) O som. ◇ **~ torakku** サウンドトラック A pista sonora「da película do filme」. Ｓ[周] Onkyō; otó (+).

saúsúpō サウスポー (< Ing. south-paw)【(D)esp.】O lançador (boleiro) canhoto. Ｓ[周] Sawán tōshu.

sawá 沢 **1**「低地の水たまり」O pântano; o lodaçal [lamaçal]; o charco. ⇨ shitsúgén². **2**「山間の谷川」O vale; a baixada.

sawágáshíi 騒がしい (< sawágásu) **1**「やかましい」Barulhento; ruidoso. *Sawagashiku suru na* 騒がしくするな Não faça barulho! Ｓ[周] Sōzhshíí; yakámáshíí. **2**「不穏な」Agitado; tumultuoso. *Yo no naka [Seken] ga nan to naku ~* 世の中[世間]がなんとなく騒がしい O mundo está um tanto agitado [Vivemos uns tempos conturbados]. Ｓ[周] Fuōná.

sawágásu 騒がす (< sawágu) Perturbar; agitar; inquietar; alarmar. ★ *Seken o sawagaseta jiken* 世間を騒がせた事件 Um acontecimento [caso] que alarmou muita gente [deu que falar]. Ｓ[周] Sawágáséru.

sáwagi 騒ぎ (< sawágu) **1**「騒ぐこと」O barulho; o clamor; o rebuliço (G.); a confusão; a agitação. *Erai [Taihen na] ~ da* えらい [大変な] 騒ぎだ Que barulho [confusão; agitação]! ◇ **Baka ~** 馬鹿騒ぎ A algazarra; a farra; a pândega; a festa. *Kara ~* 空騒ぎ Muito barulho por nada; o barulho sem razão. **2**「騒動; 事件」O caso; o tumulto. **~** *o ōkiku suru* 騒ぎを大きくする Aumentar o tumulto [Complicar o caso]. **~** *o okosu* 騒ぎを起こす Criar [Provocar] um tumulto. ◇ **Kaji ~** 火事騒ぎ Um (caso de) incêndio. Ｓ[周] Jíken; sōdō. **3**「"どころの騒ぎでない"の形で」A festa; a graça; a celebração. *Sobo no kyūshi de shōgatsu dokoro no ~ de wa nai* 祖母の急死で正月どころの騒ぎではない Com a morte repentina da minha avó, o Ano Novo desta vez não é para celebrar [festas].

sawágí-tátéru 騒ぎ立てる (< sawágu + …) Fazer muito barulho「nos jornais」; gritar; fazer (para ali) um estardalhaço (G.); alarmar [fazer alarde]; clamar. **~** *hodo no koto de wa nai* 騒ぎ立てる程のことではない Não é caso para (fazer) tanto barulho!

sawágu 騒ぐ **1**「やかましい声や音をたてる」Fazer barulho; gritar. **~** *to inochi ga nai zo* 騒ぐと命がないぞ Se você grita, um homem morto! **2**「もてはやす」Comentar; aplaudir; elogiar; aclamar. ★ *Seken de sawagareta shōsetsu* 世間で騒がれた小説 A novela muito aplaudida [comentada/falada] (pelo público). Moté-háyásu. **3**「言いたてる」Clamar; reclamar; protestar. *Shimin ga zōzei ni taishite sawaide iru* 市民が増税に対して騒いでいる O povo está protestando contra a subida dos impostos. **4**「心の落ち着きを失う」Perder a paz; inquietar-se; afligir-se. ★ *Mune [Kokoro] ga ~* 胸 [心] が騒ぐ [Ficar com o coração aos pulos]. **5**「あわてふためく」Agitar-se; perturbar-se; atrapalhar-se. *Chichi wa donna toki de mo sukoshi mo awatezu sawagazu kōdō shita* 父はどんな時でも少しもあわてず騒がず行動した O meu pai nunca se atrapalhava, era a calma em pessoa. **6**「にぎやかに遊ぶ」Divertir-se; fazer uma farra. ★ *Nome ya utae de ~* 飲めや歌えで騒ぐ ~ bebendo e cantando.

sawá-kai 茶話会 O chá [A reunião social]. Ｓ[周] Kōndánkai.

sawán 左腕 O braço esquerdo. ◇ **~ tōshu** 左腕投手 ⇨ saúsúpō.

sawará¹ 鰆【Zool.】A cavala espanhola; *scomberomorus niphonius*.

sawará² 花柏・椹【Bot.】Uma variedade de cipreste japonês; *hamaecyparis pisifera*.

sawárí¹ 触り (< sawárú) **1**「感触」**a)** O「ser um tecido macio ao」ta(c)to; a sensação. Ｓ[周] Kañshóku. **b)** O trato. Hitó-átári (+). **2**「聞かせどころ」**a)** A passagem mais emocionante [comovente]; **b)** O clímax [do drama]. ★ **~** *no bamen* 触りの場面 A cena mais comovente. Ｓ[周] Kikídókóró.

sawárí² 障り O impedimento; o problema; o empecilho (G.). ★ **~** *ga aru* 障りがある Ter um problema「de saúde」. ★ *Tsuki no ~* 月の障り ⇨ gekkéí. Ｓ[周] Samátágé; sashí-sáwárí; sashí-tsúkáé; shōgái.

sawárú¹ 触る Tocar; mexer. **~** *bekarazu* 触るべからず (掲示) Não ~! ★ *Kata ni ~* 肩に触る Tocar no ombro. ことわざ *Sawaranu kami ni tatari nashi* 触らぬ神に祟りなし Abelha só dá mordidela em quem trata com ela. Furérú.

sawárú² 障る **1**「じゃまになる」Aborrecer; ofender; ferir; irritar. *Kare wa sugu hito no ki ni ~ koto o iu* 彼はすぐ人の気に障ることを言う Ele está sempre a ferir os outros. **2**「病気になる」Fazer mal à saúde. *Yo-fukashi bakari shite iru to karada ni sawarimasu yo* 夜更しばかりしていると体に障りますよ Se ficar sempre (acordado) até tão tarde isso vai fazer mal à sua saúde. **3**「さしつかえる」Ser um obstáculo. ★ *Asobi ga sugite benkyō ni ~* 遊びが過ぎて勉強に障る Brincar tanto que (o descanso) é um obstáculo ao estudo. Ｓ[周] Sashí-tsúkáéru.

sawáyaka 爽やか **1**「すがすがしいようす」O ser refrescante [delicioso; agradável]. ★ **~** *na kaze* 爽やかな風 O vento. Ｓ[周] Sugásúgáshíí. **2**「あざやかなようす」O ser fluente [eloquente]. ★ *Benzetsu ~* 弁舌爽やかに Fluentemente;「discursar/falar」eloquentemente. Ｓ[周] Azáyaka.

sáya¹ 莢 A vagem; a cápsula. ★ *Mame no ~ muku* 豆の莢をむく Descascar vagens [feijões]. ⇨ edá-mámé.

sáya² 鞘 **1**「刀などのおおい」A bainha. ★ *Katana o*

~ ni osameru 刀を鞘に収める Embainhar a espada [Meter a espada na ~]. ⟨Ⅰ/慣用⟩ *Moto no ~ ni osamaru* 元の鞘に収まる Ficar outra vez unido o casal. ◇ ⇨ **~ ate**. **2**［差額］〖Econ.〗 O ágio; a margem (de lucro); a diferença (de preço); a comissão; a percentagem. ★ ~ *o kasegu* 鞘を稼ぐ Ficar com uma comissão. ◇ **Gyakuzaya** 逆鞘 A diferença negativa. ⇨ ri-záyá.

sayá-áté 鞘当て (< ~ ² + atérú) A rivalidade. ★ *Koi no ~* 恋の鞘当て ~ no amor.

sayá-éndō 莢豌豆〖Bot.〗A ervilha; *pisum sativum*.

sayá-íngen 莢隠元〖Bot.〗A vagem; o feijão-verde; *phaseolus vulgaris*.

sáyō¹ 作用 **1**［他の物に影響を与えること］O efeito; a função; a a(c)tuação; a a(c)ção. ~ **Fuku** ~ 副作用 Os efeitos secundários (colaterais)「do remédio」. **Kagaku** ~ 化学作用 A a(c)ção química. *Shinshoku* ~ 侵食作用 A erosão「dos ventos」; a a(c)ção corrosiva「do ácido」. *Shōka* ~ 消化作用 O processo digestivo; o metabolismo da digestão. **2**［力学の］〖Mec.〗 A a(c)ção. ~ **ryō** 作用量 A quantidade de ~. ~ **ryōshi** 作用量子 O quantum de ~. ~ **sen** 作用線 A linha de ~. ~ **ten** 作用点 O ponto de ~. **Han** ~ 反作用 A rea(c)ção.

sayō² 左様 **1**［そのよう］Tal; semelhante. ~ *na jijitsu wa gozaimasen* 左様な事実はございません Não há [houve] ~ coisa! ⟨S/同⟩ Sonó yṓ. **2**［そうだ］Sim; na verdade; de fa(c)to; é mesmo. ~ *de gozaimasu* 左様でございます É sim, senhor. ⟨S/同⟩ Sṓ da.

sáyoku 左翼 **1**［左のつばさ］A asa esquerda. ⟨A/反⟩ Úyoku. ⇨ tsubásá. **2**［野球で］ O campo esquerdo (do campo). ⟨S/同⟩ Réfuto. ~ **shu** 左翼手 O (jogador) esquerdo. ◇ ~ **bunshi** 左翼分子 O elemento esquerdista [da ~]. ~ **dantai** 左翼団体 A organização [O grupo] esquerdista. ~ **teki** 左翼的[relativo ao] ~. *Shin* ~ 新左翼 A nova ~. ⟨S/同⟩ Sáha; satṓ. Úyoku.

sayó-kyoku 小夜曲 A serenata. ⟨S/同⟩ Serénáde.

sayōnárá[sayónárá] さようなら [さよなら] Adeus; até logo; até à vista. ★ ~ *o iu* さようならを言う Dizer adeus. ~(o) *suru* さようなら(を)する Despedir-se; dizer adeus「*Dokushin seikatsu ni ~ suru* 独身生活にさようなら Dizer adeus à vida de solteiro; casar-se」. ◇ ~ **hitto** [**hōmuran**] さよならヒット [ホームラン] O último lance [A última volta completa] da partida de beisebol.

sayóri 細魚〖Zool.〗Um peixe-agulha; *hemirhamphus sajori*.

sáyu 白湯 A água quente [fervida] (Simples). ★ *Kusuri o ~ de nomu* 薬を白湯で飲む Tomar o remédio com água quente. ⟨S/同⟩ Yu (+).

sáyū 左右 **1**［左と右; 左や右］**a**) A direita e [ou] a esquerda; **b**) O trocadilho; o pau de dois bicos. ★ *Gen o ~ ni suru* 言を左右にする Jogar com as palavras; usar trocadilhos[subterfúgios]. ◇ ~ **ta-ishō** 左右対称 A simetria. ⟨S/同⟩ Migí-hídari. ◇ ~ *no hito ni soba* ~ の人のそば O lado de (alguém). ★ ~ *ni haberu* 左右に侍る Servir alguém, a seu lado. ~ *ni meizuru* 左右に命ずる Dar ordens aos que tem ao lado [ao seu serviço]. ⟨S/同⟩ Kátáwárá; sokkíń. **3**［思いのままに動かすこと］O dominar [influenciar]. *Kare wa sugu tanin no iu koto ni ~ sareru* 彼はすぐ他人の言うことに左右される Ele é facilmente influenciado pelo que os outros dizem. ★ *Kanjō ni ~ sareyasui* 感情に左右されやすい Que se deixa levar pela emoção. *Shōgai*[*Unmei*]*o ~ suru jiken* 生涯[運命] を左右する事件 Um acontecimento que decide uma vida [um destino].

sázae 栄螺〖Zool.〗O turbilho; *turbo cornutus*. ★ ~ *no tsuboyaki* 栄螺の壺焼き ~ assado na sua própria concha.

sazaméki さざめき【E.】(< sazaméku) O ruído「animado do mercado」; a「alegre」gritaria「das crianças」. ⟨S/同⟩ Zawámékí (+).

sazaméku さざめく【E.】 **1**［ざわざわ音がする］Fazer ruído. **2**［にぎやかに騒ぐ］Fazer algazarra. ★ *Warai* ~ 笑いさざめく rindo alegremente. ⟨S/同⟩ Zawámékú (+); zawátsúkú. ⇨ sazaméki.

sazánámí 漣・小波 **1**［細かく立つ波］A ondulação; a onda pequena. *Kaze ga fuku to suimen ni ~ ga tatta* 風が吹くと水面に漣が立った O vento soprou, levantando pequenas ondulações à superfície da água. **2**［小さな争い］Pequenas discórdias「entre países」. ★ *Fūfu no naka ni ~ ga tatsu* 夫婦の仲に漣が立つ Haver ~ no casal [entre o marido e a mulher]. ⇨ fúwa; namí-kaze.

sazánka 山茶花〖Bot.〗A camélia [japonesa] de flor miúda; *camellia sasanqua*.

sazaré-ishi 細石 O cascalho; as pedrinhas. ⟨S/同⟩ Ko-íshí. ⇨ jarí.

sázo(kashi) さぞ(かし) Certamente; sem dúvida; presumivelmente; como; quanto; seguramente. ~ *tsurakattarō* さぞつらかったろう Imagino como deve ter sofrido!

sazúkári-monó 授かりもの (< sazúkáru + …) O presente; a dádiva. *Ko wa ten kara no ~* 子は天からの授かりもの Os filhos são um/a ~ do Céu.

sazúkáru 授かる (⇨ sazúkéru) **1**［上位者から与えられる］Ter a honra [alegria (o prazer] de receber. ★ *Kodakara* [*Kodomo*] *o ~* 子宝 [子供] を授かる Ter um filho. ⟨S/同⟩ Itádákú; moráú (+); tamáwárú. **2**［教わる; 教えられる］(Ter a honra de) aprender. ★ *Kadō no hiden o ~* 華道の秘伝を授かる Receber/~「do mestre」o segredo do arranjo floral.

sazúkéru 授ける (⇨ sazúkáru) **1**［上位者から与える］Doar; outorgar; conferir; conceder. *Tokken o ~ tokuken o ataeru* 特権を授ける Conceder um privilégio. ⟨S/同⟩ Agérú; atáérú; tamáu; yarú. **2**［教える］Ensinar「os segredos duma arte」. ★ *Hisaku o ~* 秘策を授ける ~ uma medida secreta. ★ Dénju suru.

se¹ 背 **1**［背中］As costas; o dorso. ★ ~ *o nobasu* 背を伸ばす Esticar as ~; endireitar-se. *Isu no ~* 椅子の背 O espaldar da cadeira. *Seken ni ~ o mukeru* 世間に背を向ける Rejeitar a sociedade/ Virar as costas ao mundo. ⟨Ⅰ/慣用⟩ ~ *ni hara wa kaerarenu* 背に腹は替えられぬ Não há outra maneira [outro meio]. ⟨S/同⟩ Senáká. **2**［背後］O lado de trás; as costas. ★ *Mado o ~ ni shite suwaru* 窓を背にして座る Sentar-se de costas para a janela. ⟨S/同⟩ Ushírógáwá. **3**［背丈］A estatura; a altura. *Anata no ~ no takasa wa dore kurai desu ka* あなたの背の高さはどれくらいですか Qual é a sua [Quanto tem de] altura? ★ ~ *ga takai*[*hikui*] 背が高い[低い] Ser alto [baixo]. *Kono pūru wa ~ ga tatanai* このプールは背が立たない Nesta piscina perco o pé. ⟨S/同⟩

Séi; sétake; shińchō. **4** [山の尾根] A crista [cumeada/lombada] da montanha. [S/同] Óne. **5** [書物の背表紙] A lombada (do livro).

se[2] **瀬** **1** [浅瀬] O baixio; o vau. [S/同] Asásé (+). [A/反] Fuchí. **2** [早瀬] A torrente; a correnteza. ◇ **～ oto** 瀬音 O som da ～. [S/同] Hayásé. **3** [場合; 機会] A ocasião; as circunstâncias. [I/慣用] *Mi o sutete koso ukabu ～ mo are* 身を捨ててこそ浮かぶ瀬もあれ Quem não arrisca, não petisca [não se aventura não passa o mar]. ◇ ⇨ **ō ～**. [S/同] Baáí; kikái. **4** [立場] A situação; a posição. ★ *Tatsu ～ ga nai* 立つ瀬がない Ficar num (grande) dilema [numa posição embaraçosa]. [S/同] Táchiba.

se[3] **畝** (Unidade de medida agrária equivalente a aproximadamente cem metros quadrados).

sebámáru 狭まる Ficar estreito; estreitar(-se). ★ *Shiya ga ～* 視野が狭まる ～ o campo de visão. [A/反] Hirógárú.

sebáméru 狭める Estreitar; reduzir. ★ *Katsudō han'i o ～* 活動範囲を狭める Reduzir a área de a(c)ção. [A/反] Hirógérú.

se-bángō 背番号 (< se[1] + …) O número do jogador 「de futebol」. [S/同] Zékken.

se-bíré 背鰭 (< … [1] + hiré) A barbatana dorsal.

sebíró 背広 O terno (B.); o fato (Casaco e calça).

sebíru せびる【G.】Pedir 「dinheiro」 com insistência; pedinchar. ★ *O-kozukai o ～* お小遣いをせびる ～ dinheiro 「aos pais」. [S/同] Nedáru; segámu.

se-bóné 背骨 (< … [1] + honé) A espinha dorsal; a coluna vertebral.

se-búmí 瀬踏み (< … [2] + fumú) **a)** A sondagem 「do fundo do rio」; **b)** O sondar 「o dono do terreno」.

sechígárái 世知辛い【G.】**a)** Duro; **b)** Avarento. ～ *yo no naka da* 世知辛い世の中だ Que vida dura!

sedáí 世代 **a)** A geração. *Ojiisan to boku ja ～ ga chigau* おじいさんと僕じゃ世代が違う O avô e eu somos de gerações diferentes. ◇ **Dō ～** 同世代 A mesma ～. **b)** Uma geração [Um período de uns trinta anos. **c)** A geração 「assexuada」.

sédan セダン (< Ing. sedan) O automóvel sedã.

séfu [ée] セーフ【(D)esp.】(< Ing. safe) Salvo; safo. [A/反] Áuto.

ségaki 施餓鬼【Bud.】Um rito pelos mortos (sobretudo famintos).

segámu せがむ Importunar alguém com pedidos; pedir insistentemente. ★ *Segande kuruma o katte morau* せがんで車を買ってもらう Receber um carro 「comprado pelos pais」 à força de muito o pedir. [S/同] Nedáru; sebíru.

segáré 倅・悴【G.】 **1** [息子] O filho. **2** [自分の息子] O meu filho. [S/同] Gusókú.

se-gáwá 背革 (< … [1] + kawá) O couro 「para a cadeira」.

séhi 施肥 A adubação. ★ ～ *suru* 施肥する Adubar.

sehyṓ 世評 A reputação; o que as pessoas dizem; a fama. ★ ～ *ni noboru* 世評にのぼる Andar nas bocas do povo. [S/同] Fūhyṓ.

séi[1] **生**【E.】A vida; a existência. ★ ～ *aru mono* 生あるもの O ser vivo [O que tem vida]. [S/同] Ínochi (+); séimei (+). [A/反] Shi. ⇨ ikíru.

séi[2] **性** **1** [性質] A natureza. *Narai ～ to naru* 習い性となる O hábito é uma segunda ～. [S/同] Seíshítsú (+). **2** [男女の] O sexo. ★ ～ *ni mezameru* 性に目覚める Despertar sexualmante [para o ～]. ◇ **～ hanzai** 性犯罪 O crime sexual. **～ honnō** 性本能 O instinto sexual. **～ horumon** 性ホルモン A hormona [O hormônio] sexual. ⇨ **～ kōi** [**kyōi-ku**]. **3** [文法の]【Gram.】O gé[ê]nero 「feminino de "bom" é "boa"」.

séi[3] **所為** A causa; a culpa; a origem; a influência; o motivo. *Jibun no shita koto o tanin no ～ ni shite wa ikenai* 自分のしたことを他人の所為にしてはいけない Não deve deitar a culpa aos outros daquilo que você fez. *Ki no ～ da yo* 気の所為だよ Isso é imaginação tua! ★ *Toshi no ～(de)* 年の所為(で) Devido à [Por motivo de] idade. *Yōki no ～(de)* 陽気の所為(で) Graças ao bom tempo 「estavam todos alegres」.

séi[4] **背** ⇨ se[1].

séi[5] **精** **1** [精霊] O duende; a ninfa; a náiade[a]; a fada. ★ *Mizu no ～* 水の精 A náiade [ninfa das águas]. **2** [精力] A energia; o vigor; a vitalidade. ★ ～ *mo kon mo tsukihateru* 精も根も尽き果てる Ficar exausto. ～ *no tsuku tabemono* 精のつく食べ物 O alimento revigorante. *Shigoto ni ～ o dasu* 仕事に精を出す Trabalhar com energia [afinco]. ◇ ⇨ **～ ippai**. [S/同] Séiryoku. **3** [精液] O esperma. ★ ～ *o morasu* 精を漏らす Derramar ～; ejacular. ⇨ séishi[7].

séi[6] **姓** O nome de família; o sobrenome. ★ *Kimura no ～ o nanoru* 木村の姓を名のる Usar o ～ [Chamar-se/Ser] Kimura. [S/同] Myṓji. ⇨ namáé; séi-mei[2]; shímei[1].

séi[7] **正** **1** [道徳的に正しいこと] O bem 「e o mal」. ◇ ⇨ **～ ja**. [A/反] Ja. **2** [論理学の定立] A tese. ◇ ⇨ **～ hangō**. [A/反] Hán. **3** [正式なもの] O ser 「um triângulo/sócio」 regular [normal; comum]; o original. ★ ～ *fuku ni-tsū no shorui* 正副二通の書類 O original e a cópia; o documento em duplicado [duplicata]. ◇ ⇨ **～ shain**. [A/反] Fukú. **4** [プラス]【Mat.】Positivo. ★ ～ *no sū* 正の数 O número positivo. [A/反] Fu. [S/同] Purású.

séi[8] **聖** Santo. ★ ～ *Pauro* 聖パウロ São [S.] Paulo.

-sei[9] **制** O sistema. ★ *Yo-nen ～ (no) daigaku* 四年制(の)大学 A universidade com curso de quatro anos.

-sei[10] **製** A produção; o fabrico.

-sei[11] **世** A geração.

seíáí 性愛 O amor sexual.

seíákú-setsu 性悪説 A visão ética, segundo a qual a natureza humana é má. [A/反] Seízén-setsu.

seíáń 成案 O plano definitivo. [A/反] Shiáń; sṓáń.

seíátsú 制圧 O domínio; o controle. ★ ～ *suru* 制圧する Dominar; controlar.

séibai 成敗【E.】A punição. ★ ～ *suru* 成敗する Punir. [P/ことわざ] *Kenka ryō ～* 喧嘩両成敗 Numa briga ambos são culpados [devem ser castigados].

séibatsu 征伐 A subjugação; a conquista. ★ ～ *suru* 征伐する Subjugar; conquistar. [S/同] Táiji.

seíbétsú[1] 性別 A distinção de sexo. ★ ～ *ni kankei naku [o towazu]* 性別に関係なく[を問わず] Sem distinção de [Independentemente do] sexo.

seíbétsú[2] 生別 A separação para sempre. ⇨ ikíwákáré.

seíbétsú[3] 聖別 A santificação; a consagração.

séibi 整備 **a)** A preparação; a instalação; o equipamento; **b)** A manutenção; a conservação. ★ ～ *furyō ni yoru jiko* 整備不良による事故 O acidente causado por falta de manutenção. ～ *suru* 整備する **a)** Preparar; **b)** Manter. ◇ **～ in** 整備員 O pessoal

de manutenção. **~ ko** 整備工 O mecânico.
Séibo[1] 聖母 A Virgem Maria; Nossa Senhora; a Santíssima Virgem; Santa Maria.
seíbó[2] 歳暮 **1** [年末] O fim de ano. ★ ~ *ō-uridashi* 歳暮大売り出し A grande venda de ~. [S/同] Kuré; neńmátsú; saímátsú. **2** [年末の進物] O presente de fim de ano. ★ *O-~ o okuru* 御歳暮を贈る Mandar um ~. ⇨ chūgéń[1].
séibo[3] 生母【E.】A verdadeira mãe. [S/同] Jitsúbo. ⇨ kéibo[1]; yṓbo.
seíbṓ[1] 制帽 O boné「do uniforme escolar」.
seíbṓ[2] 声望【E.】A reputação; a fama e popularidade. ★ ~ *no takai hito* 声望の高い人 A pessoa de grande ~「como político」. [S/同] Jińbṓ.
séibu 西部 **1** [西の部分] A「minha casa fica na」parte oeste「da cidade」. [A/反] Tṓbu. ⇨ nishí. **2** [アメリカ合衆国の] A parte [O] oeste dos Estados Unidos. ◇ **~ geki** 西部劇 O filme de campinos [gaúchos/vaqueiros] norte-americanos.
séibun[1] 成分 O ingrediente; o componente; a parte [o elemento] constituinte. ★ *Bun no* ~ 文の成分 Os componentes de uma frase. ◇ **Fuku ~** 副成分 O ingrediente secundário. **Shu** (**yō**) **~** 主(要)成分 O ingrediente principal「do remédio」.
séibun[2] 精分 A nutrição.
seíbúń[3] 正文 O texto original [oficial]「do tratado de paz」. [S/同] Hoń-bun.
seíbúń-hṓ[**-ritsu**] 成文法 [律]A lei escrita; o estatuto; o código. [A/反] Fubún-hō.
seíbúń-ká 成文化 A codificação. ★ ~ *suru* 成文化する Codificar.
séibutsu[1] 生物 O(s) ser(es) vivo(s). ◇ ⇨ **~ gaku**. **~ heiki** 生物兵器 A arma biológica. **~ kagaku** 生物化学 A bioquímica. **~ kai** 生物界 O mundo biológico. **~ ken** 生物圏 A biosfera. **~ kōgaku** 生物工学 A biotecnologia. [A/反] Mu-séibutsu.
seíbútsú[2] 静物 A natureza-morta. ◇ **~ ga** 静物画 A pintura de ~. **~ gaka** 静物画家 O pintor de ~.
seíbútsú-gaku 生物学 A biologia.
seíbyṓ 性病 A doença venérea. ★ ~ *ni kakaru* 性病にかかる Contrair uma ~.
seíchá 製茶 A fabricação [transformação/O tratamento] do chá.
séichi[1] 聖地 **1** [神聖な土地] A Terra Santa. **2** [パレスチナのこと] A Palestina.
seíchí[2] 整地 A terraplenagem「para construção」; a preparação do solo「para plantio」. ★ ~ *suru* 整地する Terraplenar; preparar o solo para plantar [semear]. [S/同] Ji-nárashi.
séichi[3] 精緻【E.】A su(b)tileza「da crítica/de observação」; a exa(c)tidão; a finura「do traço na pintura」; o primor. ★ ~ *o kiwameta sakuhin* 精緻を極めた作品 Uma obra [Um estudo] exaustiva[o]. [S/同] Meńmítsú; seíkó; seímítsú.
seíchṓ[1] 成長 **1** [幼体が成体になること] O crescimento; o aperfeiçoamento [amadurecimento]「da pessoa/do animal/do jogador/do artista」. *Fukō wa ningen o ~ saseru* 不幸は人間を成長させる O infortúnio faz amadurecer o homem. ★ *Ichininmae ni ~ suru* 一人前に成長する Tornar-se um adulto. ◇ **~ horumon** 成長ホルモン A hormona do crescimento. **~ ki** 成長期 O período de ~. **2** [規模が拡大すること] O crescimento; o aumento. ◇ **~ ritsu** 成長率 A taxa de ~. **~ sangyō** 成長産業 A indústria em crescimento. **Keizai ~** 経済成長 O crescimento econó[ô]mico. ⇨ **~ kabu**.
seíchṓ[2] 生長 O crescimento「da planta」. ★ *Ine no ~* 稲の生長 ~ do arroz.
seíchṓ[3] 正調 A melodia ortodoxa [tradicional/clássica]「de "Oiwake"」.
seíchṓ[4] 政庁 A repartição [O prédio] governamental.
seíchṓ[5] 清澄 O ser claro [límpido].
seíchṓ[6] 清聴【Cor.】O ouvir. *Go-~ arigatō gozaimashita* 御清聴ありがとうございました Obrigado pela sua atenção.
seíchṓ[7] 性徴【Biol.】A característica sexual. ★ *Dai ichi-ji* [*ni-ji*] ~ 第一次 [二次] 性徴 ~ primária [secundária].
seíchṓ[8] 整調 **1** [調子を整えること] O afinar「o violino」; o regular「a máquina」. **2** [ボート] A voga; o remar; o remador principal. ★ ~ *o tsutomeru* 整調をつとめる Ser voga.
seíchṓ-kabu [**óo**] 成長株 **1** [株式] As a(c)ções「de uma indústria」em crescimento [alta]. **2** [有望な人物] A pessoa com futuro [em ascensão].
seíchṓ-zai [**óo**] 整腸剤 O medicamento para desarranjos intestinais. ⇨ chṓ[1].
seíchū́[1] 成虫【Zool.】A imago; a forma definitiva de um inse(c)to. [A/反] Yṓchū.
seíchū́[2] 掣肘【E.】A restrição; o controle. ★ ~ *o kuwaeru* 掣肘を加える Restringir; controlar; pôr restrições. ~ *o ukeru* 掣肘を受ける Ser restringido. [S/同] Kṓsókú (+); seíyákú (+).
seíchū́[3] 精虫【Biol.】O espermatozóide. [S/同] Séishi (+).
seídáí 盛大 A solenidade; a grandeza; a magnificência; o esplendor. ★ ~ *na gishiki* [*kangei; shukuen*] 盛大な儀式 [歓迎; 祝宴]A cerimó[ô]nia [recepção; O banquete] esplêndida[o].
séidaku 清濁【E.】A pureza e a impureza; o bom e o mau. [I/慣用] ~ *awase nomu* 清濁併せ呑む Ser magnânimo [muito tolerante] (tratando com toda a gente).
seídáń[1] 政談 O falar de política.
seídáń[2] 星団 O grupo de estrelas.
seídáń[3] 清談 O bate-papo; a conversa amena.
séi-dasu 精出す Ser diligente[esforçado];esforçar-se. ★ *Sei dashite hataraku* 精出して働く Trabalhar com diligência [afinco]. ⇨ séi[5].
seí-dénki 静電気【Fís.】A ele(c)tricidade estática. *Sētā o nuidara pachipachi to ~ ga okita* セーターを脱いだらパチパチと静電気が起きた Ao despir a camisola [o suéter]「de lã」chispou com ~.
séido[1] 制度 O sistema「de trabalho」; a instituição; o regime「de governo」. ★ ~ *ka suru* 制度化する Sistematizar; institucionalizar. ~ *o mōkeru* 制度を設ける Estabelecer um ~. ~ *o shikō suru* 制度を施行する Pôr em prática o sistema. ◇ **Hōken ~** 封建制度 O regime feudal. **Kyōiku ~** 教育制度 O sistema educacional [de ensino]. **Shin** [**Kyū**] **~** 新[旧] 制度 O novo [velho] ~.
séido[2] 精度 A precisão. ★ ~ *ga hikui* [*takai*] 精度が低い[高い] Ser「uma máquina」de baixa [alta] ~.
seídṓ[1] 正道 O caminho re(c)to. ★ ~ *o ayumu* 正道を歩む Seguir o [pelo] ~. ~ *o fumu* [*fumihazusu*] 正道を踏む[踏み外す] Ser honesto [desonesto]. [S/同] Jadṓ.
seídṓ[2] 青銅【Quím.】O bronze. ★ ~ *no zō* 青銅の像 A estátua de ~. ◇ **~ ki jidai** 青銅器時代 A

idade do ~. ⓈⒼ Burónzú; karákane.

seidô³ 聖堂 **1** [孔子をまつった建物] O templo de Confúcio. **2** [礼拝堂] A igreja (⇨ kyôkái¹); a capela; o templo. ⓈⒼ Reíháidô.

seidô⁴ 制動 A travagem; o amortecimento; a diminuição da velocidade. ★ 「Kyū」 ~ o kakeru「急」制動をかける Travar 「bruscamente」. ◇ ~ **ki** 制動機 O travão; o freio. ~ **sôchi** 制動装置 O dispositivo de ~.

seidôkú 精読 A leitura atenta. ★ ~ *suru* 精読する Ler atentamente. ⓈⒼ Jukúdókú. ⇨ séi⁵ **2**.

seiéi 精鋭 **1** [すぐれていること] A elite; a nata; a fina flor; o escol. ◇ **Shôsu** ~ **shugi** 少数精鋭主義 O preferir a qualidade à quantidade; o elitismo. **2** [強い兵士] O soldado de elite. ◇ ~ **butai** 精鋭部隊 A tropa de elite. ⇨ séi⁵ **2**.

séieki 精液 O sé(ê)men; o esperma; o líquido seminal. ⇨ séi⁵ **3**.

seién¹ 声援 O grito de encorajamento; o apoio 「eleitoral」; a claque; a torcida 「dos fãs」. ★ ~ *suru* 声援する Torcer; fazer claque; apoiar. *Sakan ni ~ o okuru* 盛んに声援を送る Apoiar entusiasticamente. ⇨ óen.

seién² 製塩 A fabricação de sal; a salinação. ~ **gyô** 製塩業 A indústria salina [do sal]. ~ **jo** 製塩所 A salina. ⇨ shió¹.

seién³ 凄艶【E.】A beleza encantadora 「fascinante」. ⓈⒼ Yóén.

séifu 政府 O governo. ★ ~(*gawa*) *no* 政府(側)の Do 「lado do」 ~. ◇ *no seisaku suru* 政府の政策 A política do ~. ~ *o shiji suru* 政府を支持する Apoiar o ~. ~ *o taosu* 政府を倒す Derrubar [Deitar abaixo] o ~. ◇ ~ **kikan** 政府機関 O órgão governamental [do ~]. ~ **tôkyoku** 政府当局 As autoridades governamentais. **Mu** ~ **jôtai** 無政府状態 A situação 「O estado」de anarquia. **Porutogaru** ~ ポルトガル政府 ~ português. ⓈⒼ Náikaku.

séifu² 正負【Mat.】O「número」positivo e o negativo. ⇨ séi⁷ **4**.

seifúku¹ 征服 **1** [打ち負かして従える] A conquista; a subjugação; o domínio. ◇ *Shizen o* ~ *suru* 自然を征服する Dominar a natureza. ◇ ~ **sha** 征服者 O conquistador; o dominador. ~ **yoku** 征服欲 O desejo de conquista. **2** [困難なことをなし遂げる] O vencer as dificuldades [os obstáculos]. ★ *Eberesuto o* ~ *suru* エベレストを征服する Conquistar o Everest.

seifúku² 制服 O uniforme. ◇ ~ **seibô** 制服制帽 O uniforme e o boné. ⒶⒻ Yúnifômu.

seifúku³ 正副 **a)** O titular e o vice; **b)** O original e a cópia. *Gansho wa* ~ *ni-tsū o hitsuyô to suru* 願書は正副2通を必要とする O requerimento tem de ser em duplicado (original e cópia). ◇ ~ **gichô** 正副議長 O presidente e o vice-presidente da Assembleia.

seifún 製粉 A moagem. ★ *Komugi o* ~ *suru* 小麦を製粉する Moer o trigo. ◇ ~ **gyô** 製粉業 A indústria moageira [de ~].

seigákú 声楽 A música vocal. ◇ ~ **ka** 声楽家 O vocalista; o cantor. ~ **ka** 声楽科 O curso de ~. ⇨ kígaku.

seigán¹ 請願 A petição「à Câmara」. ★ ~ *o kyakka suru* 請願を却下する Indeferir [Rejeitar] uma ~. ~ *suru* 請願する Fazer [Apresentar] uma ~. ◇ ~ **sha** 請願者 O peticionário. ~ **sho** 請願書 ~ por escrito.

seigán² 誓願【E.】O voto; o juramento; a promessa.

seigán-zai 制癌剤 O medicamento contra o cancro [câncer]. ⓈⒼ Kôgan-zai.

seigén 制限 A limitação; a restrição; o limite; o racionamento. ★ ~ *naku* 制限なく Sem limite[restrição]. ~ *o kanwa suru* 制限を緩和する Relaxar (um pouco) as restrições. ~ *o kuwaeru* 制限を加える Pôr [Impor] limitações. ~ *o ukeru* 制限を受ける Ser sujeito a restrições. ~ *sareru* 制限される Ser limitado [restringido] [*Shokuji o* ~ *sareru* 食事を制限される Ficar [Ser posto] a dieta]. ~ *suru* 制限する Limitar; restringir [*Sono sharyô no teiin wa hyakugojū-nin to* ~ *sarete iru* その車両の定員は150人と制限されている A lotação desse vagão é de cento e cinqu[co]enta pessoas. *Supīdo o* ~ *suru* スピードを制限する Limitar a velocidade「por lei」]. *Jikan [Supēsu] ni* ~ *ga aru* 時間[スペース]に制限がある Ter limite de tempo [espaço]. ◇ ~ **jikan** 制限時間 O tempo limitado. ~ **sokudo** 制限速度 A velocidade limitada. **Kyūsui** ~ 給水制限 O racionamento de água. **Mu** ~ 無制限 Ilimitado; sem restrição. **Nenrei** ~ 年齢制限 O limite de idade. **Sanji** ~ 産児制限 O controle (A limitação) da natalidade. ⇨ geñkái¹; kagíri.

seigén² 正弦【Mat.】O seno. ◇ ~ **kyokusen** 正弦曲線 A curva senoidal [de ~]; a sinusóide. ⓈⒼ Sáin. ⇨ yogén³.

séigi¹ 正義 A justiça. ◇ ~ **kan** 正義感 O senso de ~ [*Kare wa* ~ *kan ga tsuyoi* 彼は正義感が強い Ele tem um grande sentido de ~].

séigi² 盛儀【E.】Uma cerimô[ô]nia solene [pomposa].

séigo¹ 生後 Depois do nascimento. *Kanojo wa* ~ *mamonaku oya to shiniwakareta* 彼女は生後間もなく親と死に別れた Ela perdeu os pais [ficou órfã] pouco depois de nascer. ~ *ni-kagetsu no nyūji* 生後2か月の乳児 O bebé[ê] de dois meses.

seigo² 成語 A frase feita; a expressão idiomática; o idiotismo. ◇ **Koji** ~ 故事成語 Provérbios [Aforismos] e idiotismos. ⇨ kañ'yô¹.

séigo³ 正誤 **1** [正しいこと、誤っていること] O certo e o errado. **2** [訂正] A correc(ç)ão de erros; a re(c)tificação. ◇ ~ **hyô** 正誤表 Erratas! [A errata; "corrigenda" (L.). ⓈⒼ Teíséi².

seigô 正号【Mat.】O sinal positivo. ⒶⒻ Fugô. ⇨ séi⁷ **4**.

séigyo¹ 制御 **1** [支配し調整すること] O controle; o domínio; o comando. ◇ ~ *suru* 制御する Controlar; dominar; comandar. **2** [機械・電気の] O controle; o manejo; o comando. ◇ ~ *suru* 制御する Controlar; manejar; comandar. ◇ **Jidô** ~ **sôchi** 自動制御装置 O equipamento de controle [comando] automático「do avião」.

séigyo² 生魚【E.】**1** [生きている魚] O peixe vivo. **2** [新鮮な魚] O peixe fresco. ⓈⒼ Séngyo.

seigyô¹ 生業 A ocupação; a profissão. ★ ~ *ni isoshimu* [*hagemu*] 生業いそしむ[励む] Dedicar-se à sua ~. ⓈⒼ Nariwái; shokúgyô (+).

seigyô² 正業 A ocupação [profissão] honesta. ★ ~ *ni tsuku* 正業に就く Ter uma ~.

seiha 制覇 **1** [征服] A conquista; o domínio; a supremacia. ★ ~ *suru* 制覇する Conquistar; dominar [*Kaijô* [*Sekai*; *Shijô*] *o* ~ *suru* 海上 [世界; 市

場] を制覇する Dominar o mar [mundo; mercado]]. [S/同] Seífúkú (+).
2 [競技上の] A conquista. ★ ～ *suru* 制覇する Conquistar a vitória.
seíhákú 精白 A refinação; o beneficiamento. ★ ～ *suru* 精白する Refinar; beneficiar. ◇ **～ mai** 精白米 O arroz beneficiado.
seíháń[1] 正犯 O crime principal. ◇ **～ sha** 正犯者 O criminoso principal. [A/反] Jū́háń.
seíháń[2] 製版 A chapa; o cliché[ê]. ★ ～ *suru* 製版する Fotogravar; fazer a/o ～. ◇ **Shashin ～** 写真製版 A fotogravura.
séi-hán-gṓ [**óo**] 正反合【Fil.】A tese e a antítese. ⇨ séi[7] **2**.
seí-hántai 正反対「ter o efeito」Exa(c)tamente [Inteiramente] contrário; ser diametralmente oposto. *Chichi to haha no seikaku wa marude ～ da* 父と母の性格はまるで正反対だ O meu pai e a minha mãe têm cara(c)teres inteiramente opostos.
seíhéí 精兵【E.】A tropa de elite. ★ ～ *o yorisuguru* 精兵をよりすぐる Selec(c)ionar a ～. [S/同] Kyṓhéí; seíéí (+).
seíhékí 性癖 A tendência; a inclinação; a propensão; o hábito. *Kare ni wa nomu to hito ni sekkyō suru ～ ga aru* 彼には飲むと人に説教する性癖がある Ele, quando bebe, gosta de [dá-lhe para] fazer sermões aos outros. [S/同] Kusé (+).
seíhéń 政変 **1** [クーデター] O golpe de Estado. [S/同] Kū́détā. **2** [内閣の更迭] A mudança de gabinete [governo].
séihi[1] 成否【E.】O sucesso ou o insucesso; o resultado. ★ ～ *o dogaishi suru* 成否を度外視する Não se importar com o ～. ～ *o uranau* 成否を占う (tentar) Adivinhar o resultado.
séihi[2] 正否 Certo ou errado. ★ *Koto no ～ o tashikameru* 事の正否を確かめる Verificar se está ～ [se é bom ou mau].
seíhíń[1] 製品 O produto manufa(c)turado [acabado]. ◇ **～ kensa** 製品検査 A inspe(c)ção do produto. **Burajiru ～** ブラジル製品 O produto [artigo] brasileiro. **Gaikoku ～** 外国製品 O produto estrangeiro. **Kagaku** [**Kōgyō**] **～** 化学 [工業] 製品 O produto químico [manufa(c)turado]. **Shin ～** 新製品 O produto novo.
seíhíń[2] 清貧【E.】A pobreza honesta. ★ ～ *ni amanjiru* 清貧に甘んじる Contentar-se com uma ～.
seí-hírei 正比例【Mat.】A proporção [razão] dire(c)ta. ★ ～ *suru* 正比例する Estar na ～ [*Aru kuni no kami no shōhiryō wa sono bunka suijun to* [*ni*] ～ *suru* ある国の紙の消費量はその文化水準と [に] 正比例する O consumo de papel dum país está na ～ do seu nível cultural]. [A/反] Hań-pírei.
seíhṓ[1] 西方 O [A dire(c)ção] oeste. [S/同] Saíhṓ. [A/反] Tṓhṓ. ⇨ nishí.
seíhṓ[2] 製法 O processo [método] de fabricação「do vidro/pão」.
seíhṓkei [**óo**] 正方形 O quadrado. [S/同] Ma-shíkaku.
seíhókú 西北 O noroeste. ◇ **～ sei** 西北西 O oeste-noroeste. [A/反] Tṓnán.
seíhóń[1] 製本 A encadernação. ★ ～ *suru* 製本する Encadernar. ◇ **～ jo** [**kōjō**] 製本所[工場] A loja [oficina] de ～. **～ ya** 製本屋 O encadernador.
seíhóń[2] 正本 **1** [謄本] A certidão; o documento autenticado. [S/同] Tṓhóń. **2** [原本] O (livro) original. [S/同] Geńpóń. [A/反] Fukúhóń.
seíhyṓ[1] 製氷 A fabricação de gelo. ◇ **～ shitsu** 製氷室 A câmara de ～. ⇨ kṓrí[1].
seíhyṓ[2] 青票 A cédula azul「para votar contra na Dieta」. [A/反] Hakúhyṓ.
séi-i 誠意 A sinceridade; a honestidade. ★ ～ *ni kakete iru* 誠意に欠けている Faltar sinceridade. ～ *no aru* [*nai*] *hito* 誠意のある [ない] 人 Uma pessoa com [sem] ～. ～ *o shimesu* 誠意を示す Mostrar sinceridade/Ser sincero/honesto. [S/同] Jítsui; ma-gókoro. ⇨ seíjítsú[1].
seí-íkí[1] 声域【Mús.】A gama [amplitude] de voz.
seí-íkí[2] 聖域 O recinto sagrado.
seííkú[1] 成育 O crescimento; o desenvolvimento. ★ ～ *suru* 成育する Crescer; desenvolver-se. [S/同] Hatsúíkú; seíchṓ.
seííku[2] 生育 **a**) O nascer e crescer; **b**) O criar「os filhos」. ★ *Ine no ～ jōkyō* 稲の生育状況 O (estado do) crescimento do arroz「vai bom」.
seííń[1] 成員 O membro「de uma associação」. *Kōenkai no ～ wa genzai hyáku-mei de aru* 後援会の成員は現在100名である Os membros da Associação de Apoio são a(c)tualmente cem. [S/同] Ménbā.
seííń[2] 成因【E.】A origem; a causa.
seí-íppai 精一杯 (< séi[5] + …) (Com) o máximo esforço; (com) toda a força; todo o [o melhor] possível; o limite; o mais. ★ ～ *doryoku suru* 精一杯努力する Fazer todo o possível. ～ *ikiru* 精一杯生きる Viver a vida em cheio. ～ *koe o hariageru* 精一杯声を張り上げる Gritar o mais possível [a plenos pulmões].
séija[1] 正邪 (⇨ séi[7]) O bem e o mal. ★ ～ *o hanbetsu suru* 正邪を判別する Distinguir o bem do [e o] mal. ⇨ zén'aku.
séija[2] 聖者 O santo. ★ ～ *to aogareru* 聖者と仰がれる Ser tido por santo. [S/同] Seíjíń.
seíjákú 静寂【E.】O silêncio; o sossego; a quietude; a calma; a tranquilidade. ★ ～ *o yaburu* 静寂を破る Romper o ～. [S/同] Kánsei. ⇨ seíshúkú.
seíjí[1] 政治 **1** [まつりごと] A política; o governo; os negócios de Estado. ★ ～ *ni tazusawaru* 政治に携わる Meter-se em política. ～ *no hinkon* 政治の貧困 A falta de (habilidade) política. ～ *o ronzuru* 政治を論ずる Discutir política. ◇ **～ dantai** 政治団体 A organização [O grupo] política/o. **～ dōtoku** [**rinri**] 政治道徳 [倫理] A moralidade [ética] política. **～ gaku** 政治学 As ciências políticas. **～ gakusha** 政治学者 O cientista político. **～ han** 政治犯 O criminoso político. **～ hanzai** 政治犯罪 O crime político. **～ ka** 政治家 O político; o estadista. **～ katsudō** 政治活動 A a(c)tividade política. **～ kenkin** 政治献金 A contribuição [doação] política. **～ kessha** 政治結社 A associação política. **～ kikō** 政治機構 A estrutura política. **～ kōsaku** 政治工作 A manobra política. **～ mondai** 政治問題 O problema político. **～ ran** 政治欄 A coluna política (do jornal). **～ ryoku** 政治力 A força [influência] política. **～ shikin** 政治資金 O fundo para a(c)tividades políticas. **～ teki** 政治的 Político. **～ undō** 政治運動 O movimento político. **～ ya** 政治屋 O politiqueiro [politicote/politicão]. **Jiyū** [**Hoshu**] **～** 自由 [保守] 政治 A política liberal [conservadora]. **Seitō ～** 政党政治 A política [O sistema] de partidos. **2** [策謀をめぐらすこと] A estratégia; o estratagema. *Kare wa naka-*

S

naka no ~ ka da 彼はなかなかの政治家だ Ele é um grande estrategoa.
seijí² 青磁 A porcelana verde-pálida. ⇨ jíki⁶.
seijí-hō 正字法【Gram.】A ortografia. S/周 Seíshhōó. ⇨ tsuzúrí.
seijín¹ 成人 **a)** O adulto; **b)** A maioridade. ★ ~ *no hi* 成人の日 O dia de ~. ~ *shita musume* 成人した娘 Uma moça que atingiu a ~. ◇ ~ *suru* 成人する Atingir a ~. ◇ ~ **byō** 成人病 A doença de adultos. ~ **eiga** 成人映画 O cinema para adultos [maiores de 18 anos]. ~ **kyōiku** 成人教育 A educação de adultos. ~ **shiki** 成人式 A cerimó[ô]nia de (quem atingiu a) ~.
seijín² 聖人 O santo; o sábio [mestre] religioso. ◇ ~ **kunshi** 聖人君子 O homem sábio e virtuoso. S/周 Kúnshi; seíja. ⇨ seíjo.
seijítsú 誠実 A sinceridade; a honestidade; a integridade. ★ ~ *na* 誠実な Sincero; honesto; íntegro. ~ *ni hataraku* 誠実に働く Trabalhar honestamente. S/周 Chújítsú. ⇨ séi-i.
seijítsú² 聖日 O dia santo (de guarda).
seíjo 聖女 A (mulher) santa. ⇨ seíjín².
seijō¹ 正常 A normalidade; o normal. ★ ~ *na* 正常な「o horário/a velocidade」Normal. ◇ ~ **ka** 正常化 [Gaikō kankei o ~ ka suru 外交関係を正常化する Normalizar [Reatar/Melhorar] as relações diplomáticas.] ⇨ Íjō.
seijō² 政情【E.】A situação política. ~ *ga fuantei da* 政情が不安定だ ~ está instável. S/周 Seíkyókú.
seijō³ 清浄 A pureza; a limpeza. ★ ~ *na kūki* 清浄な空気 O ar puro. ◇ ~ **yasai** 清浄野菜 Os legumes limpos.
S/周 Múku; seíketsú; shójú. A/反 Fujó.
seijō⁴ 世情【E.】⇨ seíshítsú.
seijōki [óo] 星条旗 A bandeira dos Estados Unidos.
seijúkú 成熟 **1** [よく実ること] O amadurecimento「Tb. da situação」; a maturação. **2** [一人前に成長すること] O desenvolvimento pleno; a maturidade; a maioridade. ★ ~ *suru* 成熟する Ser [Já estar] um adulto. **3** [十分な境を積んでうまくなること] A perfeição; o aperfeiçoamento. ★ ~ *shita engi* 成熟した演技 A representação perfeita. S/周 Eńjúkú.
seijún 清純 A pureza. ★ ~ *na otome* 清純な乙女 A moça pura. S/周 Seíkétsú; séiso.
séika¹ 成果 O resultado; o fruto「do trabalho」. ★ ~ *o ageru* 成果をあげる Ter [Dar] resultado. ~ *o osameru* 成果を収める Obter [Conseguir]「um bom」resultado.
séika² 生家【E.】**1** [生まれた家] A casa onde se nasceu. ★ *Mōtsuaruto no ~* モーツァルトの生家 A casa onde nasceu Mozart. **2** [肉親のいる家] A casa dos pais. S/周 Jikká; sató. A/反 Kónka; yóka.
séika³ 正価 O preço fixo. ★ ~ *de kau* [*uru*] 正価で買う [売る] Comprar [Vender] por ~.
séika⁴ 正貨 A espécie; o dinheiro「de contado」; a moeda「sonante」. ★ ~ *de shiharau* 正貨で支払う Pagar em ~. S/周 Hoń'í-káhei.
séika⁵ 正課 O curso (currículo) regular. ★ ~ *gai no kamoku* 正課外の科目 A matéria extra-curricular. S/周 Hisshú-kámoku.
séika⁶ 声価【E.】A reputação. ★ ~ *ga takai* 声価が高い Ter grande reputação. ~ *o takameru* 声価を高める Aumentar a ~. S/周 Meísei; hyóbáń (+).

séika⁷ 青果 As verduras e frutas. ◇ ~ **shijō** 青果市場 O mercado de ~.
séika⁸ 盛夏【E.】O「estar em」pleno verão; o pico do verão. S/周 Ma-nátsú.
séika⁹ 聖歌 O canto litúrgico [religioso]. ◇ ~ **tai** 聖歌隊 O coro de ~. S/周 sańbíká.
séika¹⁰ 聖火 **1** [神聖な火] A tocha [chama] sagrada; o fogo sagrado. **2** [オリンピックのための火] A tocha [chama] olímpica.
séika¹¹ 生花【E.】A flor natural. A/反 Zóká.
séika¹² 製菓 A confeitaria; a fabricação de doces. ◇ ~ **gaisha** 製菓会社 A companhia de doces. ~ **gyō** 製菓業 A indústria de doces. ⇨ káshi².
séika¹³ 製靴 A fabricação de sapatos [calçado]. ◇ ~ **gyō** 製靴業 A indústria de calçado. ⇨ kutsú.
séika¹⁴ 精華【E.】A quinta-essência; o melhor「da arte do kabuki」. ★ *Bushidō no* ~ 武士道の精華 ~ do espírito cavalheiresco [código do samurai].
seikágaku 生化学 A bioquímica.
seíkái¹ 正解 A resposta certa [corre(c)ta]. ~ 正解 Acertou [Certo]! ★ ~ *suru* 正解する Responder corre(c)tamente; dar a ~. ◇ ~ **sha** 正解者 O que acertou [deu a ~].
seíkái² 政界 O mundo político [da política]. ★ ~ *ni hairu* [*utte deru*] 政界に入る [打って出る] Entrar no ~. ~ *no ōdatemono* 政界の大立者 Um graúdo [Uma figura proeminente] no ~. ⇨ seíjí¹.
seíkái³ 盛会【E.】A reunião concorrida [bem sucedida]. *Pātī wa ~ datta* パーティーは盛会だった A festa foi muito concorrida [foi um sucesso].
seí-káiin 正会員 O sócio [membro] efe(c)tivo.
seíkái-ken 制海権 O domínio do mar; a supremacia naval. ~ *o nigiru* [*ushinau*] 制海権を握る [失う] Ter [Perder] a ~.
seí-kakkō 背恰好 A estatura; a compleição. S/周 Taíkakō. ⇨ séi⁴.
seíkakú¹ 正確 A precisão; a exa(c)tidão; a corre(c)ção. *Kare wa jikan ni ~ de aru* 彼は時間に正確である Ele é pontual. *Mita koto o ~ ni hanashite kudasai* 見たことを正確に話して下さい Diga exa(c)tamente o que viu. ★ ~ *na chizu* 正確な地図 O mapa exa(c)to [bem feito]. ~ *na jōhō* 正確な情報 A informação corre(c)ta. ~ *ni hakaru* 正確に測る Medir bem [com precisão]. ~ *ni hatsuon suru* 正確に発音する Pronunciar corre(c)tamente. ~ *sa* 正確さ A precisão; a exa(c)tidão. *Tokei no yō ni ~ na* 時計のように正確な Pontual [Certinho/Exa(c)to] como um relógio. A/反 Fu-seíkaku.
seíkakú² 性格 **1** [ある人物の傾向] O cará(c)ter; o temperamento; a natureza; o gé[ê]nio. ★ ~ *ga au* [*awanai*] 性格が合う [合わない] Ter o mesmo cará(c)ter [cara(c)teres diferentes]. ~ *jō no ketten* 性格上の欠点 O defeito de cará(c)ter. ~ *no fu-itchi* 性格の不一致 A incompatibilidade de temperamento. *Tsuyoi* [*Yowai*] ~ *no hito* 強い [弱い] 性格の人 A pessoa de cará(c)ter forte [fraco]. ◇ ~ **byōsha** 性格描写 A cara(c)terização; a descrição do cará(c)ter. ~ **gaku** 性格学 A cara(c)terologia. ~ **geki** 性格劇 A peça de personagens excêntricas. ~ **haiyū** 性格俳優 O a(c)tor especializado em representar tipos excêntricos. **2** [物事の傾向] O cará(c)ter. *Sore to kore to wa mondai no ~ ga betsu da* それとこれとは問題の性格が別だ Isso é uma coisa (de ~) diferente.
seíkakú³ 製革 O curtume; o curtir peles. ◇ ~ **gyō**

製革業 A indústria de curtumes.

seíkáń[1] 生還 **1** [生きて帰ること] A volta「da guerra/do espaço」com vida. ★ ～ *suru* 生還する Voltar com vida; regressar ileso. ◇ **～ sha** 生還者 O sobrevivente. **2** [野球の] O feito de um jogador do lado atacante alcançar a base principal e fazer um ponto (Beis.).

seíkáń[2] 精悍 A intrepidez; a bravura. ★ ～ *na metsuki* 精悍な目つき O olhar destemido.

seíkáń[3] 静観【E.】A espera cautelosa. ★ ～ *suru* 静観する Esperar e ver〔*Jitai o ～ suru* 事態を静観する Ver em que as coisas param〕.

seíkáń[4] 製缶 A fabricação de latas [caldeiras].

seíkátsú 生活 **1** [暮らし] A vida. ★ ～ *ga kurushii* 生活が苦しい Ter [Levar] uma ～ dura [difícil]. ～ *ga raku* [*yutaka*] *de aru* 生活が楽 [豊か] である Ter uma ～ fácil [confortável/regalada]. ～ *ni komaru* 生活に困る Viver com dificuldades. ～ *o aratameru* 生活を改める Mudar de ～. ～ *suru* 生活する Viver. *Sono hi sono hi no ～ ni owareru* その日その日の生活に追われる Ter de lutar diariamente pela ～. ◇ **～ fujo** 生活扶助 Uma ajuda para viver [o sustento]. **～ hi** 生活費 As despesas ordinárias [para viver]. **～ hitsujuhin** 生活必需品 Os artigos de primeira necessidade (para a ～). **～ hogo** 生活保護「receber」A assistência social. **～ ku** 生活苦 Os sofrimentos [As agruras] da ～. **～ kyōdō kumiai** 生活協同組合 A associação cooperativa dos consumidores. **～ nan** 生活難 As dificuldades [turras] da ～. **～ ryoku** 生活力 A força para lutar pela ～. **～ sekkei** 生活設計 Os planos [proje(c)tos] de ～. **～ sha** 生活者 Os que vivem「na rua/da aposentadoria」. **～ shikin** 生活資金 O fundo de subsistência. **～ shudan** 生活手段 Os meios de ～. **～ suijun** [**teido**] 生活水準[程度] O nível [padrão] de ～. **～ yōshiki** 生活様式 A maneira [O estilo] de ～. **Shakai ～** 社会生活 ～ social. **Shūdan ～** 集団生活 ～ cole(c)itiva [em grupo]. [S/同] Kuráshí. **2** [生体のもっている活性] A vitalidade (de um ser vivo). ◇ **～ hannō** 生活反応 A rea(c)ção vital.

Seí-kázoku 聖家族 A Sagrada Família (Jesus, Maria e José).

seíkéí[1] 生計 O meio de vida; a subsistência; o ganha-pão. ★ ～ *o tateru* 生計を立てる Arranjar um ～. [S/同] Kuráshí. ⇨ seíkátsú.

seíkéí[2] 整形 **a**) A ortopedia; **b**) A operação plástica [de beleza]「ao nariz」. ◇ **～ geka** 整形外科 A cirurgia ortopédica. **～ gekai** 整形外科医 O ortopedista. **～ shujutsu** 整形手術 A operação ortopédica.

seíkéí[3] 成形 **a**) O dar a forma「perfeita」; **b**) A moldagem. ★ *Purasuchikku o ～ suru* プラスチックを成形する Moldar plástico.

seíkéí[4] 西経【Geol.】A longitude oeste. ★ ～ *nijū-do sanjippun* 西経 20 度 30 分 20°30′ de ～. ⇨ tṓkéí[3].

seí-kéí[5] 政経 (Abrev. de "seiji keizai") A política e a economia.

seíkéń[1] 政権 **a**) O poder político. ★ ～ *o nigiru* 政権を握る Assumir o ～ [as rédeas do governo]; ～ *o ushinau* 政権を失う Perder o ～. **b**) O governo [A administração]「socialista」.

seíkéń[2] 政見 A opinião [visão] política; o programa político. ◇ **～ hōsō** 政見放送 A transmissão de um ～「dos vários partidos, na campanha eleitoral」.

seíkétsú 清潔 A limpeza; o asseio. ★ ～ *na* 清潔な「um quarto/governo」Limpo; asseado. [A/反] Fukétsú.

séiki[1] 世紀 O século「vinte e um」. ★ ～ *no saiten* 世紀の祭典 O grande festival do ～. *Kon ～ sho* [*chū*; *kō*]-*ki ni* 今世紀初 [中; 後] 期に No início [Em meados; fim] deste ～.

séiki[2] 正規 O ser regular [devido/normal/legítimo/oficial]. ★ ～ *no tetsuzuki o fumu* 正規の手続きを踏む Cumprir as devidas formalidades. ◇ **～ gun** 正規軍 O exército regular. [S/同] Seíshíkí.

séiki[3] 生気 O ânimo; a vitalidade; o vigor; a vida. ★ ～ *hatsuratsu to shita* 生気溌剌とした Animado; vivo; vigoroso. ～ *no nai kaotsuki* 生気のない顔つき Um rosto murcho/triste. ～ *o torimodosu* [*ushinau*] 生気を取り戻す [失う]「a economia」Recuperar [Perder] o vigor. [S/同] Génki (o); kakkí (+).

séiki[4] 性器 Os órgãos genitais [sexuais].

séiki[5] 生起 A ocorrência; o ocorrer.

seíkíń 精勤 A diligência「no estudo」; a assiduidade「ao trabalho」. ★ ～ *suru* 精勤する Ser diligente [assíduo]. ◇ **～ teate** 精勤手当 Uma remuneração por assiduidade. [S/同] Kaíkíń (+); seíréí[4].

seíkṓ[1] 成功 O sucesso; o êxito; o bom resultado. *Go- ～ o o-inori shimasu* 御成功をお祈りします Faço votos pelo seu sucesso. ★ ～ *suru* 成功する Ter [Ser um] êxito〔*Sakkyokuka to shite ～ suru* 作曲家として成功する Ter sucesso como compositor〕. *Jigyō o ～ ni michibiku* 事業を成功に導く Conduzir a empresa ao sucesso. ◇ **～ sha** 成功者 A pessoa bem sucedida [com sucesso]. **Fu ～** 不成功 O insucesso. [S/同] Jṓju; tasséí. [A/反] Shippáí.

seíkṓ[2] 性交 A relação [união] sexual; a cópula; o coito. ★ ～ *suru* 性交する Ter relaçãoes sexuais. ◇ **～ funō** 性交不能 A impotência (sexual). [S/同] Kṓgṓ; kṓsétsú. ⇨ kṓbi[1].

seíkṓ[3] 精巧【E.】A perfeição; o esmero「do trabalho」; a delicadeza; a finura; a precisão. *Kono kikai wa ～ ni dekite iru* この機械は精巧に出来ている Esta máquina está muito bem feita [é muito sofisticada]. ～ *na* 精巧な Perfeito; esmerado; delicado; fino; preciso.

seíkṓ[4] 製鋼 A fabricação de aço. ◇ **～ gyō** 製鋼業 A indústria do aço. **～ hō** 製鋼法 O processo de ～. **～ jo** 製鋼所 A usina (B.) [fundição] de ～; o alto-forno.

seíkṓ[5] 性向【E.】A inclinação「para a preguiça」. [S/同] Seíkákú (+). ⇨ seíshítsú.

seíkṓ[6] 生硬【E.】O ser cru [rude/imaturo/imperfeito/grosseiro]. ★ ～ *na bunshō* 生硬な文章 O estilo cru [imperfeito]. ⇨ mijúkú.

seíkṓ[7] 性行【E.】O cará(c)ter e a conduta.

seíkṓhṓ 正攻法 A tá(c)tica regular; a maneira dire(c)ta de tratar「com outro comerciante」. ★ ～ *de iku* 正攻法でいく Usar [Ado(p)tar] a ～.

seí-kṓi [**ṓo**] 性行為 O a(c)to sexual. ⇨ séi[2] **2**.

Seí-kṓkai 聖公会 A Igreja Episcopaliana [Anglicana].

seíkókú 正鵠【E.】O (centro do) alvo; a mira. ★ ～ *o eru* [*iru*] 正鵠を得る[射る] Acertar [Dar] no ～〔*Sore wa ～ o eta* [*ita*] *iikata da* それは正鵠を得た [射た] 言い方だ O sr. acertou [As suas palavras acertaram] mesmo no alvo〕.

séikon[1] 精根 A energia; as forças. ★ ～ *tsukihate-*

séikon² 精魂 A alma; o espírito; o coração. ★ ~ *o katamukeru* 精魂を傾ける Dedicar-se de todo (o) coração. ⇨ séishin¹.

seíkótsú 整骨 A coaptação; a redução de ossos deslocados [fra(c)turados]. ◇ ~ **i** 整骨医 O ortopedista; o endireita (G.).
[S/周] Honé-tsúgí; sekkótsú (+).

seikú 成句 A expressão [frase/locução] idiomática.

seikū-ken 制空権 O domínio do ar. ★ ~ *o nigiru* [*ushinau*] 制空権を握る[失う] Ter [Perder] a/o ~.

seikúń 請訓 O pedir instruções 「ao governo」.
[A/反] Kaíkúń.

sei-kúrabe 背比べ (< ⋯ ¹ + kurábérú) A comparação de estaturas [alturas].

seíkyo 逝去【E.】A morte; o falecimento. ★ ~ *suru* 逝去する Morrer; falecer.
[S/周] Shíbô. ⇨ shótéń³.

seíkyô¹ 生協 (Abrev. de "seikatsu kyōdō kumiai") A associação [cooperativa] dos consumidores.

seíkyô² 盛況 A prosperidade 「do negócio」; o sucesso. ⇨ seídáí.

séi-kyô³ 政教 (< seíjí + shúkyô)【E.】A política e a religião; o estado e a igreja. ◇ ~ **bunri** 政教分離 A separação da política e da religião [do Estado e da Igreja]. ~ **itchi** 政教一致 A união do ~.
[S/周] Saíséí.

sei-kyóiku 性教育 A educação sexual. ⇨ séi²².

seíkyókú 政局 A (situação) política. ★ ~ *no antei* 政局の安定 A estabilidade política. ~ *o dakai suru* 政局を打開する Sair do impasse político.
[S/周] Seíjô.

seíkyú 請求 O pedido; a petição; a reclamação; a requisição; a solicitação. ★ ~ *dōri ni* 請求通りに Conforme o/a ~. ~ *ni ōjiru* 請求に応じる Atender a/o ~. ~ *suru* 請求する Pedir; reclamar; requisitar; requerer; solicitar. ◇ ~ **gaku** 請求額 O valor [A quantia] solicitado/a. ⇨ ~ **ken** [**nin**; **sha**; **sho**].
[S/周] Kaíkókú; saíkókú. ⇨ yốkyú.

seíkyú² 性急 A impaciência; a impetuosidade; a precipitação. ★ ~ *ni ketsuron o dasu* 性急に結論を出す Tirar uma conclusão apressada; concluir apressadamente [demasiado depressa].
[S/周] Kyū (o); sékkachi (+).

seíkyú-ken [**úu**] 請求権 O direito de petição [solicitação].

seíkyú-níń 請求人 O reclamante; o requisitante; o solicitador.

seíkyú-sha [**úu**] 請求者 ⇨ seíkyú-níń.

seíkyú-shó 請求書 A fa(c)tura; a conta; a nota de débito.

seímái 精米 a) O beneficiamento do arroz; b) O arroz beneficiado. ★ ~ *suru* 精米する Beneficiar o arroz. ◇ ~ **jo** 精米所 A fábrica de ~. ⇨ génmai; komé.

séimei¹ 生命 **1**【いのち】A vida. ★ ~ *ga nagai* [*mijikai*] 生命が長い[短い] Ter vida longa [curta]. ~ *ni betsujō nai* 生命に別状ない Não há perigo de ~. ~ *ni kakawaru byōki* 生命にかかわる病気 A doença mortal. *Hito no* ~ *o sukuu* [*ubau*] 人の生命を救う [奪う] Salvar [Matar] alguém. ◇ ~ **hoken** 生命保険 O seguro de ~. ~ **ryoku** 生命力 A vitalidade; a força vital. ~ **sen** 生命線 (手相の) A linha [ruga] da palma da mão que representa a vida (Adivinhação). ⇨ ínochi. ⇨ jumyô. **2**【いちばん大切なもの】A alma 「dum romance/quadro」; o principal; o mais importante. ◇ **Seiji** ~ 政治生命 A alma da política. **Senshu** ~ *ni kakawaru ōkega* 選手生命にかかわる大けが Uma ferida grave que pode afe(c)tar a sua vida de [como] atleta. [S/周] Seízúí.

séi-mei² 姓名 O nome (completo); o nome e o sobrenome. ★ ~ *o nanoru* [*tsugeru*] 姓名を名乗る[告げる] Dar [Dizer] o nome. ◇ ~ **handan** 姓名判断 A onomatomancia.
[S/周] Shímei. ⇨ myốji; na¹; namáé.

seímeí 声明 A declaração 「do ministro」; o comunicado 「oficial/do governo」; a comunicação 「de protesto」. ★ ~ *o dasu* 声明を出す Fazer um/a ~. ~ *suru* 声明する Declarar; comunicar. ◇ ~ **sho** 声明書 ~ escrita/o. [S/周] Kốgeń; seńgéń (+).

seímítsú 精密 O ser minucioso [preciso/exa(c)to/pormenorizado]. ★ ~ *na keikaku* 精密な計画 O plano ~. ~ **kensa** 精密検査 O exame minucioso. ~ **kikai** 精密機械 A máquina de precisão.
[S/周] Chímítsú; seíkô³.

seímón¹ 正門 O portão [A entrada principal].
[S/周] Omóté-móń. [A/反] Urá-móń.

seímón² 声門【Anat.】A glote.

seímón³ 誓文 O juramento escrito.
[S/周] Seígón; seíyákú-shó (+).

seímón⁴ 声紋 O regist(r)o da voz.

seímu 政務 Os negócios de Estado/governo. ★ ~ *o toru* 政務を執る Tratar dos ~; governar. ◇ ~ **jikan** 政務次官 O vice-ministro [sub-secretário] parlamentar.

seínán 西南 O sudoeste. ◇ ~ **sei** 西南西 O oeste-sudoeste [O.S.O.]. [S/周] Nańséí.

seínén¹ 青年 O [A] jovem; os jovens; a mocidade; a juventude. ◇ ~ **danjo** 青年男女 Os jovens de ambos os sexos; a juventude masculina e feminina. ~ **ki** 青年期 A adolescência.
[S/周] Waká-mónó; wakôdo.

seínén² 成年 **a)** A maioridade; **b)** O adulto. ★ ~ *ni tassuru* 成年に達する Atingir a maioridade. ◇ ~ **sha** 成年者 O adulto; o maior de idade. **Mi** ~ (**sha**) 未成年(者) O menor (de idade); a menoridade. ⇨ seíjíń¹.

seínén-gáppi 生年月日 A data [Ano, mês e dia] de nascimento.

seínikú 精肉 A carne (de qualidade). ◇ ~ **ten** 精肉店 O talho; o açougue.

seínô 性能 A capacidade; o aproveitamento 「do aluno」; a eficiência 「o rendimento/o funcionamento」「da máquina」. ★ ~ *no yoi kikai* 性能の良い機械 A máquina potente [que rende muito]. ⇨ nốryoku; seíshítsú.

seiô 西欧【E.】A Europa Ocidental. ★ ~ *ka suru* 西欧化する Ocidentalizar. ◇ ~ **bunmei** 西欧文明 A civilização europeia/ocidental. ~ **jin** 西欧人 O ocidental; o europeu. [A/反] Tốô. ⇨ séiyô¹.

seíón 静穏【E.】A quietude; a tranquilidade; a paz; o sossego. [S/周] Ańnóń (+); heíóń (o).

séirai 生来 A natureza; 「preguiçoso /curioso」 de nascimento. ★ ~ *no* 生来の「poeta」 Inato; 「curioso」 por natureza. [S/周] Umáré-tsúkí (+).

seíréí¹ 生令 A determinação governamental; o

decreto do governo [ministério]. ⇨ *hōréí*[1].

seiréí[2] 精霊 O espírito; a alma.

seiréí[3] 聖霊【Cri.】O Espírito Santo. ★ *Chichi to ko to 〜 no mi-na ni oite* 父と子と聖霊の御名において Em nome do Pai e do Filho e do 〜. ◇ **〜 kōrin** 聖霊降臨 O Pentecostes [A vinda/A descida do 〜].

seiréí[4] 精励【E.】A diligência; a assiduidade「ao trabalho」; a aplicação「ao estudo」. S/周 Kaíkín (o); seíkín[1].

seiréki 西暦 A era cristã; d.C.; Anno Domini (L.); o calendário ocidental/gregoriano. ⇨ *kígen*[4].

seirén[1] 精[製]錬 A refinação; o refinamento「do ouro」. ★ 〜 *suru* 精錬する Refinar. ◇ **〜 jo** 精錬所 A refinaria; a fundição. S/周 Yakín.

seirén[2] 精練 a) A limpeza「da lã/dos casulos da seda」; b) O treino「da equipa de futebol」.

seirén[3] 清廉【E.】A integridade; a probidade; a honestidade; a re(c)tidão. ★ 〜 *keppaku na* 清廉潔白な Inteiramente honesto [re(c)to].

seirétsú 整列 A disposição [formação] em fila. ★ 〜 *suru* 整列する Fazer [Dispor-se em] fila(s).

séiri[2] 整理 **1** [乱れているものを秩序正しくすること] A ordem; a regularização; a arrumação; o arranjo. ★ 〜 *suru* 整理する Arrumar; pôr em ordem [*Kichin-to 〜 sareta heya* きちんと整理された部屋 O quarto bem arrumado. *Ronten o 〜 suru* 論点を整理する Esclarecer os pontos em questão]. ◇ **〜 bu** 整理部 (新聞) A se(c)ção de arrumações [o título final de um jornal]. **〜 dana** [**dansu**] 整理棚 [箪笥] A prateleira [O armário] para arrumações. **Kukaku 〜** 区画整理 O loteamento do terreno. S/周 Seitón. **2** [むだなものを処分すること] A) A liquidação; b) A redução; o corte. ★ *Shakkin o 〜 suru* 借金を整理する Liquidar a dívida. ◇ **Jin'in 〜** 人員整理 A redução do pessoal.

séiri[2] 生理 **1** [生理学] A fisiologia. ★ 〜 *teki (na) genshō* 生理的 (な) 現象 O fenó(ô)meno fisiológico. 〜 *teki ni kirau* 生理的に嫌う Detestar visceralmente; ter aversão visceral「a alguém」. ◇ **〜 gaku** 生理学 A fisiologia. **〜 teki shokuensui** 生理的食塩水 A solução salina fisiológica. **〜 teki yokkyū** 生理的欲求 O desejo fisiológico; um instinto (⇨ *hoñno*). **2** [月経] A menstruação; as regras. (⇨ 〜 *ga hajimaru* 生理が始まる Começar a 〜. ◇ **〜 bi** 生理日 O período menstrual. **〜 kyūka** 生理休暇 As férias menstruais. S/周 Gekkéí; ménsu.

séi-ríkigaku 静力学【Fís.】A (Mec.) estática.

seirítsú 成立 O acontecer [ganhar forma/corpo]; a materialização; a concretização; a formação; a organização; o nascimento; a realização; a aprovação; a conclusão. *Burajiru to Nihon to no aida de jōyaku ga 〜 shita* ブラジルと日本との間で条約が成立した Foi concluído um tratado entre o Brasil e o Japão. *Yosan ga Gikai de 〜 shita* 予算が議会で成立した O orçamento foi aprovado pela Dieta.

seirō[1] 蒸籠 O recipiente [de bambu] para cozinhar a vapor.

seirō[2] 晴朗 O ser「tempo」claro [limpo; bom].

seirón[1] 正論 O argumento sólido. ★ 〜 *o haku* 正論を吐く Aduzir [Dar] um 〜.

seirón[2] 政論 O discutir política.

Seirón セイロン (A.) O Ceilão. ◇ **〜 cha** セイロン茶 O chá cingalês [de 〜]. ◇ Suríránka (+).

seiryákú 政略 A tá(c)tica [estratégia/manobra] política. ◇ **〜 kekkon** 政略結婚 O casamento por conveniência [razões políticas].

seiryō[1] 声量 O volume da voz. ★ 〜 *ga aru* [*nai*] 声量がある [ない] Ter muita [pouca] voz.

seiryō[2] 清涼【E.】O fresco; o refrescar. ◇ **〜 inryōsui** 清涼飲料水 O [A bebida] refrigerante; o refresco. **〜 zai** 清涼剤 O refrigerante; o tó(ô)nico [*Sono hanashi wa wareware ni totte ippuku no 〜 zai datta* その話は我々にとって一服の清涼剤だった Essa conversa [notícia] foi para nós um grande tónico [deixou-nos animados].

séiryoku[1] 勢力 A influência; a força; o poder. *Taifu wa shidai ni 〜 ga otoroetsutsu aru* 台風はしだいに勢力が衰えつつある O tufão está a perder aos poucos a força. ★ 〜 *o furuu* 勢力を振るう Usar a sua influência. 〜 *o masu* 勢力を増す Aumentar a 〜. 〜 *o ushinau* 勢力を失う Perder a 〜. ◇ **〜 arasoi** 勢力争い A luta「entre países」pelo poder [pela supremacia]. **han'i** [**ken**] 勢力範囲 [圏] A esfera de influência. **〜 ka** 勢力家 O homem poderoso [influente]. S/周 Íryoku; iséí. ⇨ *kénryoku*.

séiryoku[2] 精力 **1** [活力] A energia; o vigor; a vitalidade. 〜 *ga michi-afurete iru* 精力が満ちふれている Respirar [Estar transbordante de] energia. 〜 *ga tsukiru* 精力が尽きる Esgotar-se a energia. 〜 *o katamukeru* 精力を傾ける Dedicar toda a energia. 〜 *o tsukeru* 精力をつける Revigorar-se; ganhar energias. 〜 *teki* [*ōsei*] *na* 精力的 [旺盛] な Enérgico. 〜 *zetsurin no hito* 精力絶倫の人 Uma pessoa de energia inigualável [incomparável/sem igual]. ◇ **〜 gentai** 精力減退 A perda [diminuição] da 〜. S/周 Katsúryoku; séí[2]. **2** [男性の性的能力] A potência sexual masculina.

seiryū[1] 清流【E.】A corrente de água límpida [cristalina]. A/反 Dakúryú.

seiryū[2] 整流【Ele(c)tri.】A re(c)tificação; a comutação. ◇ **〜 ki** [**kan**] 整流器 [管] O re(c)tificador [A válvula re(c)tificadora]. **〜 shi** 整流子 O comutador.

seisáí[1] 正妻 A esposa legítima. S/周 Hoñsáí. A/反 Mekáké.

seisáí[2] 生 [生]彩【E.】O colorido; o brilho; o esplendor; a vivacidade. *Kare wa saikin 〜 ga nai* 彼は最近精彩がない Ultimamente ele anda murcho [não tem vivacidade]. ★ 〜 *o hanatsu* 精彩を放つ Brilhar「entre os colegas」. 〜 *o kaku* 精彩を欠く Ter falta de 〜. S/周 Kōsáí; seishókú[3]. ⇨ *séiki*[3].

seisáí[3] 制裁 As sanções; a punição; o castigo disciplinar. ★ 〜 *o kuwaeru* 制裁を加える Punir; castigar. ◇ **Hō** (**ritsu**) [**Keizai; Shakai**] **teki 〜** 法(律) [経済; 社会] 的制裁 As sanções legais [econó(ô)micas; sociais]. **〜 sochi** 制裁措置 As medidas disciplinares [punitivas].

seisákú[1] 政策 A política; a linha「do partido」. ★ 〜 *o tateru* 政策を立てる Ter uma 〜. ◇ **〜 kōryō** 政策綱領 A linha [plataforma] política. **Gaikō** [**Keizai; Sangyō; Shakai**] **〜** 外交 [経済; 産業; 社会] 政策 A política diplomática [econó(ô)mica, industrial; social].

seisákú[2] 製作 A fabricação; a produção. ★ *Eiga o 〜 suru* 映画を製作する Realizar [Fazer] um filme. ◇ **〜 hi** 製作費 O custo do fabrico. S/周 Sakúséí.

seisán[1] 生産 **1** [作り出すこと] A produção. ★ 〜 *o kiritsumeru* [*sakugen suru*] 生産を切り詰める [削

seísán² 1048

減する] Cortar [Reduzir/Diminuir] a ~「de armas/arroz」. ~ *suru* 生産する Produzir [*Kono kōjō de wa nenkan gosen-man-dai no kuruma o ~ shite iru* この工場では年間五千万台の車を生産しているEsta fábrica produz cinquenta milhões de carros por ano]. ◇ ~ **chi** 生産地 O centro [A zona; A região] de ~. ~ **chōsei** 生産調整 A regularização de ~. ⇨ ~ **daka [sha]**. ~ **gijutsu** 生産技術 A tecnologia industrial; a técnica de ~. ~ **hi [kosuto]** 生産費[コスト] O custo de ~. ~ **kajō** 生産過剰 A superprodução; o excesso de ~. ~ **kakaku** 生産価格 O preço de custo. ~ **kanri** 生産管理 O controle de ~. ~ **ryoku** 生産力 A capacidade de ~. **sei** 生産性 A produtividade. ~ **shisū** 生産指数 O índice de ~. A/反 Shōhí. **2** [将来性があること] O ser produtivo; o levar a alguma coisa; o resultar. ~ *teki na* 生産的な [*Konna kaiwa wa ~ teki de wa nai* こんな会話は生産的ではない Uma conversa assim não leva a nada].

seísán² 精算 O acerto de contas. ★ ~ *suru* 精算する Fazer [Acertar] as contas [*Unchin o ~ suru* 運賃を精算する Pagar o que falta da passagem [do bilhete]「do comboio/trem」]. ◇ ~ **jo** 精算所 O guichê[ê] de ~ (ou máquina automática).

seísán³ 清算 **a)** A liquidação; **b)** O esquecer; o encerrar「o passado/o problema」; **c)** O cortar「relações/com o namorado」. ★ *Kako o ~ suru* 過去を清算する Esquecer o passado. *Shakkin o ~ suru* 借金を清算する Liquidar a dívida. ◇ ~ **gaisha** 清算会社 A empresa falida [em liquidação]. ~ **nin** 清算人 O liquidante. ~ **sho** 清算書 O balanço de liquidação.

seísán⁴ 成算【E.】A esperança [perspectiva] de sucesso. *Sono keikaku ni wa nan no ~ mo nai* その計画には何の成算もない Esse plano não tem nenhuma [qualquer] esperança (de sucesso).

seísán⁵ 凄惨【E.】O horror. ★ ~ *na jiken* 凄惨な事件 Um caso horrível [horroroso/pavoroso]. S/同 Hisán (+).

seísán⁶ 正餐 O jantar; o banquete. S/同 Díná (+).

seísán⁷ 聖餐【Cri.】A eucaristia; o banquete sagrado; a comunhão; a ceia do Senhor. ◇ ~ **shiki** 聖餐式 A missa [celebração da ceia do Senhor].

seísán⁸ 青酸【Quím.】O ácido cianídrico [prússico]. ◇ ~ **kari** 青酸カリ O cianeto [cianureto] de potássio.

seísán-butsu 生産物 O produto. ⇨ seísán¹.

seísán-daka 生産高 A produção; o rendimento; a quantidade produzida. ⇨ seísán¹.

sei-sánkák(u)kei 正三角形【Mat.】O triângulo equilateral [equilátero/regular].

seísán-sha 生産者 O produtor; o fabricante. ◇ ~ **kakaku** 生産者価格 O preço de ~. A/反 Shōhí-sha. ⇨ seísán¹.

seísán-zai 制酸剤【Q】O agente/produto] antiácido.

seísátsú 生殺【E.】Vida e morte. ★ ~ *yodatsu no ken o nigiru* 生殺与奪の権を握る「uma empresa」Deter o poder de ~「numa terra」(A terra depender inteiramente da empresa).

seísei¹ 精製 A refinação. ◇ ~ *suru* 精製する Refinar. ◇ ~ **en** 精製塩 O sal refinado. ~ **hō** 精製法 O processo de ~. ~ **jo [kōjō]** 精製所[工場] A refinaria. S/同 Sosei.

seísei² 生成【E.】**1** [自然に物が出来上がる事] A formação「de um lago」; a geração. ★ ~ *suru* 生成する Criar-se; formar-se; gerar-se. S/同 Hassei. **2** [人工的に作り出す事] O criar [produzir]. ★ ~ *sareta shin'yaku* 生成された新薬 Um novo medicamento.

seiséi-dódó 正正堂堂 (⇨ séi⁷) Honesto;「jogo」franco; justo; corre(c)to. ~ *to tatakau* 正々堂々と戦う Lutar honesta e corajosamente; fazer jogo limpo.

sei-séikatsu 性生活 A vida sexual. ⇨ séi² **2**.

seiséi-suru 清清する Refrescar; aliviar; consolar; sentir-se bem. *Ase o kaita ato de hito-furo abiru to ~* 汗をかいたあとでひと風呂あびると清々する Um banho depois de transpirar (muito) é um consolo. ⇨ sappári; sōkái¹.

seísékí 成績【E.】**a)**「bom」resultado「do trabalho」; **b)** A nota「de aproveitamento」. *Saikin tōsha no eigyō ~ wa ryōkō da* 最近当社の営業成績は良好だ Ultimamente, a nossa empresa tem tido bons resultados. ★ ~ *ga agatta [sagatta]* 成績が上がった[下がった] ~ melhorou [piorou]. ~ **hyō** 成績表 A lista das notas/O boletim escolar. **Hanbai** ~ 販売成績 O resultado das vendas. **Kō [Fu]** ~ 好[不]成績 O bom [mau] resultado. S/同 Gyōsékí; jissékí. ⇨ teńsū.

sei-sékkai 生石灰【Fís.】A cal viva [virgem].

seísén¹ 生鮮 O ser fresco. ★ ~ *na* 生鮮な「legumes」Frescos. ◇ ~ **shoku(ryō)hin** 生鮮食(料)品 Os alimentos deterioráveis. S/同 Shińsén (+).

seísén² 精選 A escolha cuidadosa; a sele(c)ção rigorosa. ★ ~ *suru* 精選する Escolher bem; sele(c)cionar. ~ **hin** 精選品 Os artigos sele(c)cionados [da melhor qualidade]. S/同 Erínúkí; yorínúkí.

seísétsú 正接【Geom.】A tangente.

séi-sháin 正社員 (⇨ séi⁷) O funcionário [empregado] efe(c)tivo da empresa.

séishi¹ 生死 A vida e [ou] morte. ★ ~ *ni kakawaru mondai* 生死にかかわる問題 Uma questão vital [de vida ou de morte]. ~ *no sakai o samayou* 生死の境をさまよう Estar entre a vida e a morte.

séishi² 静止 O ficar parado [estacionário]. ★ ~ *jōtai ni aru* 静止状態にある Estar parado [estacionário]. ~ *suru* 静止する Estacionar; parar; repousar. ◇ ~ **eisei** 静止衛星 O satélite estacionário. ~ **kidō** 静止軌道 A órbita estacionária. S/同 Teíshí.

séishi³ 制止 O controle; a ordem de parar; a contenção「da multidão」. *Sono ko wa keikan no ~ mo kikazu ni tobidashita* その子は警官の制止もきかずに飛び出した A criança saltou, ignorando a ordem da polícia. ★ ~ *suru* 制止する Controlar; mandar parar. S/同 Kińshí; yokúshí.

séishi⁴ 正視 O encarar; o olhar bem de frente. ★ *Genjitsu o ~ suru* 現実を正視する Encarar a realidade. S/同 Chókushi.

séishi⁵ 製紙 O fabrico [A fabricação] de papel. ◇ ~ **gyō** 製紙業 A indústria (de fabricação) de papel.

séishi⁶ 製糸 A fiação「de seda」. ◇ ~ **gyō** 製糸業 A indústria de ~. ~ **gyōsha** 製糸業者 O industrial de ~. ~ **(kō)jō** 製糸(工)場 A fábrica de ~.

séishi⁷ 精子【Zool./Bot.】O espermatozóide (Dos animais); o anterozóide (Das plantas). S/同 Seíchú². A/反 Ránshi.

séishi⁸ 誓詞 O juramento; a promessa. ⇨ chikáf².

séishi⁹ 誓紙【E.】O juramento escrito; a promessa

escrita.
séishi[10] 世嗣 [子][E.] O herdeiro do título e suserania de um senhor feudal.
S/同 Shíshi; yotsúgí (+).

séishi[11] 正史 [E.] A história oficial.

seishíki[1] 正式 A forma própria [regular/oficial/legal]. ★ ~ *na tetsuzuki o fumu* 正式の手続きを踏む Cumprir as formalidades「legais」. ◇ ~ **hōmon** 正式訪問 A visita oficial「do ministro」.
S/同 Hońshíkí; séiki[2]. A/反 Ryakúshíkí.

seishíki[2] 整式 [Mat.] A expressão integral.

séishin[1] 精神 **1** [こころ] O espírito; a alma; o coração; a mente; o gé(ê)nio (cará(c)ter)「distinto de um povo」. ★ ~ *o irekaeru* 精神を入れ替える Mudar de espírito [mentalidade]. ~ *teki enjo* 精神的援助 A ajuda [O apoio] espiritual. ［/慣用］ ~ *itto nani-goto ka narazaran* 精神一到何事か成らざらん Querer é poder. ◇ ~ **anteizai** 精神安定剤 O tranquilizante. ~ **bunretsushō** 精神分裂症 tōgō-shitchō-shō ~ **bunseki** (**gaku**) 精神分析 (学) A psicanálise [~ *bunseki o suru* 精神分析をする Psicanalisar]. ⇨ ~ **byō**. ~ **eisei** 精神衛生 A higiene mental. ~ **geka** 精神外科 A psicocirurgia. ~ **hakujaku** 精神薄弱 ⇨ chitéki-shōgái. ~ **igaku** 精神医学 A psiquiatria. ~ **ijō** 精神異常 ⇨ shōgai. ~ **jōtai** 精神状態 O estado mental. ~ **ka** 精神科 A [O curso de] psiquiatria. ~ **kantei** 精神鑑定 O exame psiquiátrico. ~ **kōzō** 精神構造 A mentalidade [estrutura mental]. ~ **nenrei** 精神年齢 A idade mental. ~ *ron [shugi]* 精神論 [主義] O espiritualismo. ~ **ryōhō** 精神療法 A psicoterapia. ⇨ ~ **ryoku**. ~ **sakuran** 精神錯乱 A demência; a perturbação mental. ~ **seikatsu** 精神生活 A vida espiritual [do espírito] (⇨ chi-téki). ~ **shōgai** 精神障害 A desordem [deficiência] mental. ~ **shūyō** 精神修養 A cultura [O cultivo] do espírito. S/同 Kokóro. A/反 Nikútái; busshítsú.
2 [物事の根本をなす意義] O espírito. ★ *Kyōiku no* ~ 教育の精神 ~ da educação. ◇ **Supōtsuman** ~ スポーツマン精神 ~ (d)esportivo.

seishín[2] 清新 O frescor; a novidade. ★ ~ *na kankaku* 清新な感覚 A sensação nova.

seishín-byō 精神病 A psicopatia [doença mental]. ◇ ~ **gaku** 精神病学 A psiquiatria. ~ *i* 精神病医 O (médico) psiquiatra.

seishín-ryoku 精神力 A força de espírito [de vontade]; a resistência espiritual.

seishín-séii 誠心誠意 Sincera e devotadamente; de todo o [de alma e] coração. ◇ ~ *koto ni ataru* 誠心誠意事に当たる Entregar-se a uma coisa ~. ⇨ ma-gókoro.

seishítsú 性質 **1** [性分] A natureza; o temperamento; a índole; o cará(c)ter; a personalidade. *Kanojo wa haha-oya ni* ~ *ga nite iru* 彼女は母親に性質が似ている Ela, no ~, é parecida à [com a] mãe. ★ ~ *no yoi [warui]* 性質の良い[悪い] De boa [má] índole. S/同 Kishítsú; seíkákú; shōbun. ⇨ kishō[1].
2 [ある物の特性] A propriedade; a qualidade; a natureza. *Kono mondai wa kojin de kaiketsu subeki* ~ *no mono da* この問題は個人で解決すべき性質のものだ Este problema, por natureza, é para ser solucionado pessoalmente [só pode ser resolvido pelo próprio]. ★ ~ *jō* 性質上 Por natureza. Bus-

shitsu no ~ 物質の性質 As propriedades da matéria. S/同 Tokúséi; tokúshítsú.

seishó[1] 清書 O trabalho [A cópia] passado[a] a limpo. S/同 Jōshó. ⇨ shitá-gákí.

seishó[2] 聖書 A Bíblia; a Sagrada Escritura. ★ ~ *no ku* 聖書の句 Uma frase do ~. ◇ **Kyū** [**Shin**'] **yaku** ~ 旧[新]訳聖書 O Antigo [Novo] Testamento (da ~). S/同 Báiburu.

seishó[3] 斉唱 **1** [同じことばを声をそろえて同時にとなえること] O grito uníssono. ★ ~ *suru* 斉唱する Gritar em uníssono. ◇ **Banzai** ~ 万歳斉唱 O grito "Viva! ".
2 [多人数で旋律を歌うこと][Mús.] (O canto em) uníssono. ◇ ~ *gasshō*[1].

seishókú[1] 生殖 A reprodução; a procriação; a geração. ★ ~ *suru* 生殖する Reproduzir; procriar; gerar. ◇ ~ **ki** 生殖器 O órgão reprodutor (⇨ séiki[4]). ~ **kinō** 生殖機能 A função reprodutora. ~ **ryoku** 生殖力 A força [capacidade] reprodutora; a fecundidade; a virilidade (No homem). ~ **saibō** 生殖細胞 A célula reprodutora. ~ **sen** 生殖腺 A glândula reprodutora; a gónada [o testículo (No macho)/o ovário (Na fêmea)]. **Yū** [**Mu**] **sei** ~ 有[無]性生殖 A reprodução sexuada (assexuada).

seishókú[2] 聖職 A ordem sacra; a função sagrada; o sacerdócio. ★ ~ *ni aru* 聖職にある Exercer uma ~; ser sacerdote. ~ *ni tsuku* 聖職に就く Ser ordenado. ◇ ~ **sha** 聖職者 O clérigo; o sacerdote; o padre; o ministro (sagrado). ~ ⇨ sōshóku[3].

seishókú[3] 生色 [E.] A aparência viva [saudável].
S/同 Seísái[2] (+) . ⇨ séiki[3].

seishónen [óo] 青少年 A juventude; os jovens; a geração jovem; a mocidade. ★ ~ *muke no eiga* 青少年向けの映画 O filme [cinema] para ~. ◇ ~ **hanzai** 青少年犯罪 A delinquência juvenil. ⇨ seínén[1]; shónén.

seishú 清酒 O saqué (refinado). S/同 Saké (+).

seishúkú 静粛 [E.] O silêncio; a calma; a ordem; o sossego. ~ *ni negaimasu* 静粛に願います Silêncio (No corredor de hospital) [Ordem (Na Dieta)], por favor! ⇨ shízuka.

seishún 青春 A juventude; a primavera da vida; a flor da idade; a mocidade. ◇ ~ **jidai** 青春時代 Os dias [O(s) tempo(s)] da juventude. ⇨ seíshónen.

seiso 清楚 [E.] O asseio; a limpeza. ★ ~ *na* 清楚な Asseado; limpo [~ *na minari o suru* 清楚な身なりをする Vestir-se asseadamente [com asseio]. S/同 Seljún.

seisó[1] 清掃 A limpeza. ★ ~ *suru* 清掃する Limpar; varrer. ◇ ~ **fu** [**in**] 清掃夫[員] O homem da ~; o varredor de ruas (No J. não há: cada qual varre o seu pedaço de rua). ~ **sha** 清掃車 **a)** O cami(nh)ão da ~ das ruas; **b)** O carro (cole(c)tor) do lixo. S/同 Sójí.

seisó[2] 正装 O traje de cerimó(ô)nia; o (grande) uniforme「militar」. ~ *ni wa oyobimasen* 正装には及びません (招待状の文句) Traje de passeio (Em convites). ★ ~ *shite dekakeru* 正装して出かける Ir de ~. ⇨ ki-kázáru; mekásu[1].

seisó[3] 盛装 [E.] O vestido [traje] de gala/luxo. ~ *suru* 盛装する Vestir luxuosamente [~ *shita josei* 盛装した女性 A mulher luxuosamente vestida]. ⇨ ki-kázáru; mekásu[1].

seisó[4] 政争 A rivalidade [luta/questão] política.

seísṓ⁵ 星霜【E.】Os anos. [S/同] Néngetsu (o); sáigetsu (+).
seísṓ-ken [**óo**] 成層圏【Astr.】A estratosfera. [A/反] Taíryū́-ken.
seísókú 棲[生]息 A habitação. ★ ~ *suru* 棲息する Habitar; viver. ◇ **~ chi** 棲息地 O lugar [A área] de ~; o habitat「do lobo/da cegonha」. ⇨ seítáí².
seísū́¹ [**úu**] 正数 (⇨ séi⁷)【Mat.】O número positivo. [A/反] Fusū́.
seísū́² [**úu**] 整数【Mat.】O número inteiro. ⇨ shṓsū́².
seísúí 盛衰【E.】Os altos e baixos「da vida」; as vicissitudes; a ascensão e a decadência「dos impérios」. ◇ **Eiko ~** 栄枯盛衰 A prosperidade e a decadência; as vicissitudes. [S/同] Kṓbṓ; kṓháí.
seísúru¹ 制する (⇨ séi⁹) **1** [制定する] Estabelecer; instituir; aprovar; promulgar. [S/同] Seítéí súrú (+). **2** [抑制する] Reprimir; refrear; dominar; controlar. ★ *Hantai iken o* ~ 反対意見を制する Dominar a opinião contrária. [S/同] Yokúséí súrú (+). **3** [支配する] Dominar「o mundo」; ter todo o poder. ★ *Kisen o* ~ 機先を制する Antecipar-se a alguém「e ganhar」; tomar a iniciativa. *Shimei o* ~ 死命を制する Ter poder de vida e de morte. [P/ことわざ] *Sakinzureba hito o* ~ 先んずれば人を制する Antecipe [Adiante]-se aos outros e a vitória será sua. [S/同] Shíhai suru (+).
seísúru² 製する ⇨ seízṓ.
seítáí¹ 生体 O corpo [organismo] vivo. ◇ **~ hannō** 生体反応 A rea(c)ção vital. **~ jikken** 生体実験 As experiências com corpos vivos. **~ kaibō** 生体解剖 A vivissecção. **~ kōgaku** 生体工学 A bioengenharia. [S/同] Namámi. [A/反] Shitáí.
seítáí² 生態 Os hábitos; o modo de vida; o meio ambiente. ★ *Konchū no ~ o kansatsu suru* 昆虫の生態を観察する Observar o meio (ambiente) de um inse(c)to. ◇ **~ gaku** 生態学 A ecologia (⇨ ekóroji). **~ gakusha** 生態学者 O ecologista. **~ kei** [**shu**] 生態系[種] O sistema [A espécie] ecológico[a].
seítáí³ 声帯【Anat.】As cordas vocais; a voz. ◇ **~ mosha** 声帯模写 A imitação da voz.
seítáí⁴ 政体 A forma [O sistema] de governo; o regime. ◇ **Kunshu ~** 君主政体 O regime monárquico. **Kyōwa ~** 共和政体 O regime republicano. **Rikken ~** 立憲政体 O sistema constitucional. [S/同] Kokútáí.
seítáí⁵ 静態 O ser estacionário [estático]. ◇ **~ tōkei** 静態統計 A estatística estática. [A/反] Dṓtáí.
seítáí⁶ 聖体【Cri.】O corpo de Cristo; o pão eucarístico; a hóstia sagrada. ◇ **~ haiju** [**hairyō**] 聖体拝受[拝領] O receber o/a ~; a comunhão.
seí-táká 背高 (< séi⁴ + takái)【G.】A estatura alta. ◇ **~ noppo** 背高のっぽ O「João」comprido; alto como uma torre.
seítáń 生誕 O nascimento. ★ ~ *no chi* 生誕の地 O local de ~. ~ *hyaku-nen o iwau* 生誕百年を祝う Celebrar o centenário do ~. [S/同] Tańjṓ (+).
seítéí 制定 O estabelecer; a promulgação「de uma lei」. ★ ~ *suru* 制定する Estabelecer; instituir; promulgar.
seí-tékí¹ 性的 Sexual. ★ ~ *na miryoku no aru onna* 性的な魅力のある女 A mulher com atra(c)tivo/atra(c)ção ~. ◇ **~ kankei** [**kōshō**] 性的関係[交渉] As relações sexuais.
seí-tékí² 静的【E.】Estático; parado; imóvel. [A/反] Dṓtékí.
seítékí³ 政敵 O oponente [adversário; rival; inimigo; antagonista] político.
seítéń¹ 晴天 O bom tempo; o céu claro. *Koko no tokoro ~ tsuzuki da* ここのところ晴天続きだ Ultimamente tem feito bom tempo. *Honjitsu wa ~ nari* 本日は晴天なり Hoje faz bom tempo (O que se costuma dizer para experimentar o microfone). [S/同] Kṓtéń; o-ténki. ⇨ dońtén; úten.
seítéń² 青天【E.】O céu azul [limpo]. ★ ~ *hakujitsu no mi to naru* 青天白日の身となる Ser declarado completamente inocente. ~ *no hekireki* 青天の霹靂 O ficar a ver estrelas ao meio-dia; o acontecimento inesperado [*Kare ni totte tenkin meirei wa ~ no hekireki datta* 彼にとって転勤命令は青天の霹靂だった Quando recebeu a ordem de transferência, ele ficou a ver estrelas ao meio-dia].
seítéń³ 聖典 O livro sagrado (duma religião). [S/同] Kyṓtéń.
seí-ténkan 性転換 A mudança de sexo. ◇ **~ sha** 性転換者 A pessoa que mudou de sexo.
seítétsú 製鉄 A siderurgia. ◇ **~ gaisha** 製鉄会社 A companhia siderúrgica. **~ gyō** 製鉄業 A indústria siderúrgica. **~ jo** [**kōjō**] 製鉄所[工場] A fábrica [usina (B.)] siderúrgica.
séito¹ 生徒 O aluno. ★ *Zenkō ~ ni renraku suru* 全校生徒に連絡する Comunicar a todos os ~s da escola. ◇ **~ kai** 生徒会 A associação de ~s. **~ kaichō** 生徒会長 O presidente da associação de ~s. ⇨ gakúséí¹; jídō².
séito² 聖徒 O discípulo de Cristo. [S/同] Shínto; shíto (+).
seítṓ¹ 正当 O ser justo [corre(c)to/legítimo/legal/razoável/bom/devido/próprio]. ★ ~ *ka suru* 正当化する Justificar; legitimar. ~ *na riyū nashi ni* 正当な理由なしに Sem justa causa. ~ *na tetsuzuki o fumu* 正当な手続きを踏む Cumprir as formalidades legais [devidas]. ~ *to mitomeru* 正当と認める Reconhecer [Ter como] legítimo. ◇ **~ bōei** 正当防衛 A「luta em」legítima defesa. **~ sei** 正当性 A legitimidade; a legalidade; a justeza. [A/反] Futṓ.
seítṓ² 正統 **a**) A legitimidade「de nascimento/do governo」; **b**) A ortodoxia. ★ ~*(teki) na* 正統(的)な **a**) Legítimo; **b**) Ortodoxo. ◇ **~ ha** 正統派 A escola ortodoxa「de arranjo floral」.
seítṓ³ 政党 O partido político. ~ *o kessei suru* 政党を結成する Formar um partido. ◇ **~ in** 政党員 O membro do ~. **~ seiji** 政党政治 A política [O sistema] de ~s. **Hoshu** [**Kakushin**] **~** 保守[革新]政党 ~ conservador [renovador]. **Ni-dai ~ sei** 二大政党制 O bipartidarismo. **Shinpo** [**Kyūshin**] **~** 進歩[急進]政党 O partido progressista [radical].
seítṓ⁴ 精糖 **a**) A refinação de açúcar; **b**) O açúcar refinado. [A/反] Sotṓ. ⇨ satṓ.
seítṓ⁵ 製糖 A fabricação de açúcar. ◇ **~ gaisha** 製糖会社 A companhia de ~. **~ gyō** 製糖業 A indústria açucareira [de açúcar]. **~ jo** [**kōjō**] 製糖所[工場] A usina [fábrica/O engenho (H.)] de açúcar. ⇨ satṓ.
seítṓ⁶ 製陶 A fabricação de cerâmica [porcelana]; a olaria. ◇ **~ gyō** 製陶業 A indústria de ~. ⇨ tṓki³.
seítókú 生得 O ser「um direito」inato; o ter por natureza. ◇ **~ kannen** 生得観念【Fil.】A ideia

inata. ~ **setsu** 生得説【Fil.】O nativismo. ~ **teki** 生得的 Inato; ingé[ê]nito; natural. [S/同] Shōtókú; umárétsúkí (+).

seítón 整頓 A ordem; a arrumação; o arranjo. ★ ~ **suru** 整頓する Pôr em ordem; arrumar; arranjar [*Kono heya wa amari* ~ *sarete inai* この部屋はあまり整頓されていない Este quarto não está muito bem arrumado]. [S/同] Séiri¹ (+).

seítsū 精通【E.】O ser versado [bom conhecedor; perito; o conhecer por dentro e por fora]. *Kare wa go-ka-kokugo ni* ~ *shite iru* 彼は五か国語に精通している Ele sabe bem cinco idiomas. [S/同] Tsūgyō.

séi-u 晴雨 O fazer sol ou chover;「o fato para」 qualquer tempo. ★ ~ *ni kakawarazu* 晴雨にかかわらず Quer chova quer faça sol; faça o tempo que fizer「vamos」. ◇ ~ **kei** 晴雨計 O baró[ô]metro. ⇨ séítén¹; úten.

seíúchí 海馬・海象 (< Ru. sivuch)【Zool.】A morsa; a vaca-marinha; *odobenus rosmarus*.

seíún¹ 星雲【Astr.】A nebulosa. ★ ~ (*jō*)*no* 星雲 (状) の Nebuloso. ◇ **Gasu-jō** ~ ガス状星雲 gasosa [difusa]. **Kajō** ~ 渦状星雲 ~ planetária [extragalática].

seíún² 青雲【E.】O ideal; a ambição (Lit. nuvem azul). ★ ~ *no kokorozashi o idaku* 青雲の志を抱く Ter a/o ~「de ser um grande homem」.

séiya 聖夜 A véspera [noite (+)] de Natal (Lit. noite santa). [S/同] Kuriśúmású-íbu (+).

seíyákú¹ 制約 **a)** A restrição; a limitação; **b)** A condição. ★ ~ **suru** 制約する Restringir; limitar; condicionar. *Jikan no* ~ *o ukeru* 時間の制約を受ける Ser restringido [limitado/condicionado] pelo tempo. [S/同] Seígén (+). ⇨ jōken.

seíyákú² 誓約 O juramento; a promessa solene; o compromisso. ★ ~ *o hatasu* [*jikkō suru*; *mamoru*] 誓約を果たす [実行する; 守る] Cumprir a/o ~. ~ *o yaburu* 誓約を破る Romper/Quebrar a/o ~. *dōri ni* 誓約通りに De acordo com a/o ~. ~ **suru** 誓約する Jurar; prometer [*Kare wa watashi ni yakusoku wa mamoru to* ~ *shita* 彼は私に約束は守ると誓約した Ele prometeu-me que cumpriria o prometido]. ◇ ~ **sha** 誓約者 As partes do ~. ~ **sho** 誓約書 escrito/a. [S/同] Chikáí. ⇨ seígáń².

seíyákú³ 製薬 A fabricação de medicamentos; a farmácia. ◇ ~ **gaisha** 製薬会社 A empresa farmacêutica. ⇨ kusúrí.

séiyo¹ 西洋 O Oeste; o Ocidente; a Europa. ★ ~ *fū* [*ryū*, *shiki*] 西洋風 [流; 式] A maneira [O hábito; O estilo] ocidental. ~ *ka suru* 西洋化する Ocidentalizar. ~ *no kuniguni* 西洋の国々 Os países ocidentais. ◇ ~ **bunmei** 西洋文明 A civilização ocidental. ~ **ga** 西洋画 A pintura ocidental [a óleo]. ~ **jin** 西洋人 O ocidental; o europeu. ~ **ryōri** 西洋料理 A cozinha ocidental. ~ **shi** 西洋史 A história ocidental. [A/反] Tōyō. ⇨ Seíō.

séiyo² 静養 O repouso; o restabelecimento「da doença」. ★ ~ *no tame ni* 静養のために Para repouso. ~ *suru* 静養する Repousar. *Inaka ni* ~ *ni iku* 田舎に静養に行く Ir repousar no interior [para a província]. [S/同] Seísákú²; seísáń¹.

sei-yókú 性欲 O apetite sexual; o desejo carnal. ★ ~ *o manzoku saseru* 性欲を満足させる Satisfazer [Saciar] o ~. ◇ ~ **tōsaku** 性欲倒錯 A homossexualidade; a inversão sexual. ~ **tōsakusha** 性欲倒錯者 O homossexual; o invertido.

[S/同] Aíyókú; jōyókú; nikúyókú. ⇨ séí² **2**.

seíyú¹ 精油 O óleo [azeite] refinado. ◇ ~ **jo** 精油所 A refinaria de óleo [azeite]. ⇨ abúrá¹.

seíyú² 製油 **a)** A refinação de petróleo; **b)** O petróleo refinado. ◇ ~ **jo** [**kōjō**] 製油所 [工場] A refinaria de petróleo. ⇨ sekíyú.

seíyū 声優 O dobrador [a(c)tor/artista de dobragens]「de filmes」. ⇨ fukí-káé¹.

seízá¹ 星座【Astr.】A constelação. ◇ ~ **hayami-zu** 星座早見図 O mapa das constelações.

seízá² 正座 A posição co(r)re(c)ta de se sentar (no chão) (Sobre os calcanhares). ★ ~ **suru** 正座する Sentar-se corre(c)tamente. [A/反] Agúrá.

seízá³ 静座 A posição sentada de meditação.

seízáí 製材 **a)** A serragem de madeira; **b)** A madeira serrada. ★ ~ **suru** 製材する Serrar madeira. ◇ ~ **gyō** 製材業 A indústria madeireira. ~ **jo** [**kōjō**] 製材所 [工場] A serração; a serraria (B.). ⇨ mokúzáí.

séizan 青山【E.】**1**「木が青々と茂っている山」A montanha [colina] verdejante. **2**「墳墓の地」A sepultura; o local de descanso eterno. [Pにとわざ] *Ningen itaru tokoro* ~ *ari* 人間到る所青山あり Em qualquer parte do mundo se encontra uma boa ~.

seízeí 精精 **1**「多くても」No máximo; quando muito. *Koko kara eki made wa* ~ *go-fun gurai shika kakaranai* ここから駅までは精々5分ぐらいしかかからない Daqui até à estação leva cinco minutos, ~. [S/同] Ōkute mo. **2**「できるだけ」Na medida do [Tanto quanto] possível; o máximo possível. ~ *benkyō sasete itadakimasu* 精々勉強させていただきます (商売の) Vou-lhe fazer o melhor preço possível. [S/同] Dekírú dáké; seí-íppaí.

seízén¹ 生前 A vida; a existência. ★ ~ *ni* 生前に Durante a vida; enquanto vivo. ~ *no ishi ni yori* 生前の遺志により De acordo com a vontade expressa em vida [antes de morrer]. [A/反] Shígó.

seízén² 整然 O ser ordenado [lógico「no modo de pensar」/sistemático「no trabalho」/organizado]. ★ ~ *to katazukerareta heya* 整然と片づけられた部屋 O quarto bem arrumado [ordenado].

seízén-setsu 性善説 A teoria segundo a qual a natureza humana é fundamentalmente boa. [A/反] Seíaku-setsu.

seízō 製造 A manufa(c)tura; a produção; a fabricação. ★ ~ **suru** 製造する Manufa(c)turar; produzir; fabricar [*Kono kōjō de wa kamera no buhin o* ~ *shite iru* この工場ではカメラの部品を製造している Esta fábrica produz peças de máquinas fotográficas. *Nihon de* ~ *sareta tokei* 日本で製造された時計 O relógio fabricado no J. [de fabrico j.]]. ◇ ~ **daka** 製造高 A quantidade produzida. ~ **gyō** 製造業 A indústria (manufa(c)tureira). ~ **gyōsha** [**nin**; **moto**] 製造業者 [人; 元] O produtor; o fabricante. ~ **hi** 製造費 O custo de fabrico [produção]. ~ **jo** [**kōjō**] 製造所 [工場] A fábrica; a usina (B.).

seízón 生存 A vida; a sobrevivência. ★ ~ **suru** 生存する Viver; sobreviver. ◇ ~ **ken** 生存権 O direito à vida. ~ **kyōsō** 生存競争「aqui é」A luta pela ~ [~ *kyōsō ni kanu makeru* 生存競争に勝つ [負ける] Vencer [Perder] na luta pela ~. ~ **sha** 生存者 O sobrevivente. ⇨ ikí-nókórí.

seí-zóroi 勢揃い A formação militar; o alinhar [reunir-se] em grande número (Atletas).

seizú 製図 **a)** O desenho [desenhar]; **b)** A cartografia; o fazer mapas. ★ ~ *suru* 製図する … ◇ ~ **ban** [**zukue**] 製図板[机] A prancheta [mesa] para desenhador/desenhista. ~ **ka** 製図家 **a)** O desenhista; **b)** O cartógrafo. ~ **ki** (**kai**) 製図器 (械) Os instrumentos para ~. ⇨ sakúzú.

seizúi 精髄 [E.] A essência; o espírito; a alma; a medula. ★ *Nihon bunka no* ~ 日本文化の精髄 da cultura japonesa. (S/同) Shińzúi (+).

séji¹ 世事 Os assuntos [negócios] mundanos; a vida prática. ★ ~ *ni utoi* 世事に疎い Ter pouco jeito para os/a ~; não saber nada dos/da ~. (S/同) Zókuji.

séji² 世辞 A adulação; a lisonja; as falinhas mansas. ⇨ o-séji.

séjin 世人 O povo; o público; o mundo. ★ ~ *no shōsan o hakusū* 世人の賞賛を博す Receber o aplauso do público (em geral).

sejō 世情 Os assuntos mundanos; o mundo. (S/同) Séji¹ (+).

sékai 世界 O mundo. ★ ~ *hiroshi to iedomo* 世界広しと言えども Por maior que seja o ~. ~ *jū de* [*ni*] 世界中で[に] Em todo o ~ (*Kono jiken no nyūsu wa* ~ *jū ni hiromatta* この事件のニュースは世界中に広まった A notícia deste acontecimento espalhouse pelo ~ inteiro [por todo o ~]. ~ *no hate made* 世界の果てまで [ir] Até aos confins [ao fim] do ~. ~ *no kuchi kara* 世界の口から [reunir-se] Dos quatro cantos do ~; de toda a parte. ~ *teki na* [*teki ni yūmei na*] *gaka* 世界的な [的に有名な] 画家 O pintor mundialmente famoso. *Dōbutsu no* ~ 動物の世界 [Os] ~ [dos animais]. *Gakumon no* ~ 学問の世界 [Os círculos] acadé[ê]mico/s. *Seiji no* ~ 政治の世界 ~ da política. *Sōzō no* ~ 想像の世界 ~ da imaginação. (I/慣用) ~ *o mata ni kakete shōbai suru* 世界を股にかけて商売する Andar em negócios pelo ~ inteiro. ◇ ~ **heiwa** 世界平和 A paz mundial. ~ **hoken kikan** 世界保健機関 A Organização Mundial da Saúde. ~ **isshū ryokō** 世界一周旅行 O dar uma volta ao ~. ~ **ji** 世界時 A hora universal. ~ **jinken sengen** 世界人権宣言 A Declaração Universal de Direitos Humanos. ~ **kakkoku** 世界各国 Todos os países do ~. ⇨ ~ **kan** [**shi**]. ~ **reki** 世界暦 O calendário universal. ~ **renpō** 世界連邦 [A.] A Liga das Nações (⇨ Kokúréń). ~ **seisaku** 世界政策 A política mundial. ~ **shugi** 世界主義 O cosmopolitismo; o internacionalismo. **Dai-ichi** [**ni**]-**ji** ~ **taisen** 第一 [二] 次世界大戦 A Primeira [Segunda] Guerra Mundial. **Shin** [**Kyū**] ~ 新 [旧] 世界 O Novo [Velho] Mundo. **Zen** ~ 全世界 ~ inteiro.

sekai-kan 世界観 A visão do mundo 「muito limitada」.

sekai-shi 世界史 A história universal.

sékando セカンド [(D)es.] **a)** A [O jogador da] segunda base; **b)** ⇨ sekóńdó **2**.

séka-seka せかせか [On.] (⇨ sekásu) (Im. de irrequieto). *Kare wa itsumo* ~ *shite iru* 彼はいつもせかせかしている Ele está sempre irrequieto [apressado/impaciente]. ★ ~ (*to*) *aruku* せかせか (と) 歩く Andar de um lado para o outro. ⇨ awátadáshíi.

sekásu 急かす Apressar; pressionar; instar; apertar; empurrar; urgir. *Sonna ni sekasu na* そんなに急かすな Não me apresse tanto [aperte]. *Watashi wa kare kara henji o sekasarete iru* 私は彼から返事を急かされている Ele está a instar comigo para lhe dar uma resposta. (S/同) Isógáséru (+); sekítátéru.

séken 世間 O mundo; a vida; a gente; o público. ~ *ippan de wa kore ga narawashi da* 世間一般ではこれが習わしだ É assim que se faz [É esse o costume] em toda a parte. ~ *ni kaomuke ga naranai* [*dekinai*] 世間に顔向けがならない[できない] Assim não me posso apresentar em público outra vez. ~ *no kuchi wa tokaku urusai mono da* 世間の口はとかくうるさいものだ O mexerico do povo é [As pessoas falam] demais. ★ ~ *e deru* 世間へ出る Lançar-se à vida. ~ *ga hiroi* [*semai*] 世間が広い[狭い] Ter muitos [poucos] conhecidos. ~ *ga iya ni naru* 世間がいやになる Ficar farto dos outros. ~ *itaru tokoro ni* 世間いたる所に Em qualquer parte do mundo. ~ *kara wasurerareru* 世間から忘れられる Cair no esquecimento (dos outros). ~ *ni akaruku naru* 世間に明るくなる Abrir os olhos (ao mundo); ficar a conhecer a vida. ~ *ni hiromeru* [*fuichō suru*] 世間に広める [吹聴する] Propagar-se pelo mundo. ~ *ni shireru* 世間に知れる Ficar célebre. ~ *no chūmoku o hiku* 世間の注目を引く Atrair a atenção do ~. ~ *no hyōban ni naru* 世間の評判になる Andar nas bocas do povo; ser o assunto do dia. ~ *no hyōban o ki ni suru* 世間の評判を気にする Preocupar-se com o que os outros dizem. ~ *no temae* 世間の手前 Perante a sociedade [o público]. ~ *o atto iwaseru* 世間をあっと言わせる Surpreender [Fazer abrir a boca a] toda a gente. ~ *o habakaru* 世間をはばかる Ter medo do que os outros dizem. ~ *o sawagaseru* 世間を騒がせる Causar sensação; dar que falar [~ *o sawagasu* [*seru*] *yō na jiken* 世間を騒がす[せる] ような事件 Um acontecimento sensacional. ~ *o semaku suru* 世間を狭くする Diminuir o círculo de conhecidos. ~ *o shitte iru* 世間を知っている Conhecer o mundo; ter experiência da ~. ~ *o shiranai hito* 世間を知らない人 A pessoa inexperiente [que não sabe o que é a vida]. ~ *o wataru* 世間を渡る Viver; levar a vida. ~ *teki na* [*ni*] 世間的な (な) Mundano; 「posição」 social. ~ *to en o tatsu* 世間と縁を断つ Cortar as relações com a sociedade; afastar-se do convívio social. (P/ことわざ) ~ *no kuchi ni to wa taterarenu* 世間の口には立てられぬ Há-de haver sempre quem fale. ~ *wa hiroi yō de semai* 世間は広いようで狭い O mundo parece grande mas na realidade é pequeno. ◇ ~ **banare** [**banashi/nare/shirazu/tei/zure**]. (S/同) Shabá; shákai.

sekén-bánare 世間離れ (< … + hanáréru) O ser fora do comum. ★ ~ *shita hito* 世間離れした人 A pessoa rara [que vai pelos seus caminhos].

sekén-bánashi 世間話 (< … + hanáshí) A conversa; o cavaco (G.); o bate-papo (G.). ⇨ zatsúdáń.

sekén-námi 世間並み O ser médio [ordinário]; normal; comum; habitual. ★ ~ *ni kurasu* 世間並みに暮らす Viver decentemente; levar uma vida comum. ~ *no hito* 世間並みの人 A pessoa comum [normal]. ~ *no koto o suru* 世間並みの事をする Fazer coisas comuns [habituais]. ~ *ijō* [*ika*] 世間並み以上 [以下] Acima [Abaixo] da média [do normal].

sekén-náré 世間慣れ (< … + naréru) O ter experiência da vida. ★ ~ *shita hito* 世間慣れした人 Uma pessoa experiente.

sekén-shírazu 世間知らず (< … + neg. de shirú) A inexperiência da vida. *Kare wa mattaku* ~ *da* 彼は

全く世間知らずだ Ele é um inexperiente. ⒮慣 Sekén-mízu.

sekén-téi 世間体 As aparências; a fachada; a reputação. *Kono sai* ~ *nado kamatte irarenai* この際世間体など構っていられない Neste caso não nos podemos preocupar com aparências. ⇨ taímén[1]; teísá[2].

sekén-zúré 世間擦れ (<…+suréru) O ser sofisticado [batido na vida]. ★ ~ *shite inai hito* 世間擦れしていない人 Uma pessoa inexperiente [ingê(ê)nua; que nunca sofreu na vida].

sekí[1] 咳 A tosse. ~ *ga nakanaka tomaranai* 咳がなかなか止まらない Não há maneira de me parar [passar] a ~. ~ *ga deru* 咳が出る Ter tosse. ~ *o suru* 咳をする Tossir. ◇ ~ **barai** [**dome/komu**[1]].

sekí[2] 席 **1** [座席] O assento; a cadeira; o lugar. ~ *wa mōshikomi-jun de kimeru* 席は申し込み順で決める O lugar será reservado conforme a ordem dos pedidos. *Anata no tame ni buchō no* ~ *o akete okimasu* あなたのために部長の席を空けておきます Vou deixar o lugar de dire(c)tor de serviço para o senhor. *Kono* ~ *wa aite imasu ka* この席は空いていますか Este assento está livre? ★ ~ *ni modoru* 席に戻る Retomar o [Voltar ao seu] ~. ~ *ni tsuku* 席に着く Tomar o seu ~; sentar-se. ~ *no atatamaru hima ga nai* 席の暖まる暇がない Andar sempre em movimento; não ter tempo de aquecer o assento. ~ *no junjo* 席の順序 A ordem de precedência (para as pessoas se sentarem). ~ *no toriai o suru* 席の取り合いをする Lutar para conseguir lugar. ~ *o keru* 席を蹴る Abandonar repentinamente o ~. ~ *o toru* [*kakuho suru*] 席を取る [確保する] Apanhar [Reservar] o ~. ~ *o yoyaku suru* 席を予約する Reservar o ~. ~ *o yuzuru* 席を譲る Ceder o ~. **Ippan** ~ 一般席 A (plateia) geral [do teatro]. **Tachimi** ~ 立ち見席 A galeria; o lugar em pé. ⒮慣 Zaséki. **2** [場所] O local; o recinto; a altura (ocasião). *Kono* ~ *de wa iemasen* この席では言えません Aqui [Agora] não posso dizer. ★ ~ *o aratameru* 席を改める Ir para outro local「e falar」. ~ *o hanareru* 席を離れる Sair do lugar. ~ *o hazusu* 席をはずす Sair do lugar. ~ *o kaeru* 席を替える Mudar de ~. ~ *o tatsu* 席を立つ Levantar-se do ~. *Kaigō no* ~ *de* 会合の席で Na (altura da) reunião. ⒮慣 Bashó (+). **3** [⇨ yosé].

sekí[3] 堰「construir」A barragem;「fazer」o dique. *Kanojo wa* ~ *o kitta yō ni shaberidashita* 彼女は堰を切ったようにしゃべり出した Ela rompeu para ali a falar que parecia uma cachoeira.

sékí[1] 籍 **1** [戸籍] O regist(r)o civil. ★ ~ *o ireru* [*nuku*] 籍を入れる [抜く] Regist(r)ar uma pessoa na família [Tirar o nome duma pessoa do ~ familiar]. ⇨ hónseki; kosékí[1]. **2** [所属] O regist(r)o「na escola」. ~ *o oku* 籍を置く Regist(r)ar-se「no clube」.

sékí[5] 積 【Mat.】 O produto. *Ni to go no* ~ *wa jū de aru* 2と5の積は10である ~ de 2 vezes 5 é [Dois a multiplicar por cinco são] 10. Ⓐ反 Shō.

sékí[6] 関 ⇨ sekíshó.

sekíbáku 寂寞【E.】A solidão; a desolação. ⒮慣 Sekíryō[2].

sekíbán[1] 石版 Uma litografia. ★ ~ *zuri ni suru* 石版刷りにする Litografar. ◇ ~ **zuri** [**insatsu**] 石版刷り [印刷] A litografia.

sekíbán[2] 石盤 A lousa「de Valongo」.

sekí-bárai 咳払い (<…+haráu) O expe(c)torar. ★ ~ *o suru* 咳払いをする Limpar a garganta.

sekíbókú 石墨【Min.】A grafite; a plumbagina.

sekíbún 積分【Mat.】O cálculo integral. ◇ ~ *suru* 積分する Integrar. ◇ ~ **hōteishiki** 積分方程式 A equação integral. **Tei** [**Futei**] ~ 定 [不定] 積分 O integral definido (indefinido). Ⓐ反 Bibún.

sekíbútsú 石仏 A imagem budista de [em] pedra.

sekíchíkú 石竹【Bot.】O cravo; o craveiro; o cravo-da-china. ◇ nadéshiko.

sekíchíń 石沈 (Abrev. de "sekkekkyū chinkō sokudo"). ⇨ sekkékkyū.

sekíchū[1] 脊柱【Anat.】A coluna vertebral; a espinha dorsal. ◇ ~ **wankyoku** 脊柱彎曲 A curvatura espin(h)al. ⒮慣 Sebóné (+); sekítsúí (+).

sekíchū[2] 石柱 O pilar [poste] de pedra.

sekídō 赤道 O [A linha do] Equador. ~ *chokka ni* 赤道直下に「a foz do rio Amazonas fica」Exa(c)tamente na ~. *chokka no kuni* 赤道直下の国 O país equatorial. ◇ ~ **gi** 赤道儀 O telescópio equatorial. ~ **sai** 赤道祭 A festa por [ao] cruzar o ~. **Kita** [**Minami**] ~ **kairyū** 北 [南] 赤道海流 A corrente equatorial do Norte [Sul].

sekídó-kō [**dóo**] 赤銅鉱【Min.】A cuprite; o cobre-vermelho.

sekí-dómé 咳止め (<…+tomérú) O remédio para [contra] a tosse.

sekíeí 石英【Min.】O quartzo. ◇ ~ **gan** 石英岩 O quartzito. ~ **garasu** 石英ガラス O vidro de ~.

sekígái-sén 赤外線【Fís.】O raio infravermelho. ◇ ~ **kamera** 赤外線カメラ A máquina fotográfica de ~s. ~ **ryōhō** 赤外線療法 O tratamento por ~s. ~ **shashin** 赤外線写真 A fotografia por ~s. ⇨ shigaí-sén.

sekígáku 碩学【E.】O homem de grande erudição; o sábio; o grande cientista. ⇨ táika[2].

Sekígún 赤軍【H.】O exército vermelho.

sekíhái 惜敗 A derrota por pouco [por uma pequena margem]. ★ ~ *suru* 惜敗する Perder [Ser derrotado] por pouco. ⇨ kańpáí[3]; shińshó[3].

sekíhán 赤飯 O arroz cozido com feijão vermelho (Azuki) (É um prato de festa).

sekíhí 石碑 A lápide; a pedra tumular.

sekíhíń 赤貧【E.】A extrema pobreza; a miséria; a penúria. Ⓘ慣用 ~ *arau ga gotoshi* 赤貧洗うが如し Viver na maior miséria. ⒮慣 Gokúhíń. ⇨ bínbō.

sekíjí 席次 **a)** A ordem de assentos (precedência); **b)** A posição「O lugar」「na escola」. *Watashi no* ~ *wa gojū-nin chū jūgo-ban da* 私の席次は50人中15番だ Eu「nas notas」estou em 15° lugar numa turma de 50. ⇨ júń'í; júnjo.

sekíjítsu 昔日【E.】Os velhos tempos; o passado. *Soko ni wa sude-ni* ~ *no omokage wa nakatta* そこにはすでに昔日の面影はなかった Ali já não havia [se via] nada do/dos ~. ⒮慣 Mukáshí (+).

sekíjō 席上 (⇨ sékí[2] **2**) O local [A ocasião] da reunião. ★ *Kaigi no* ~ *de* 会議の席上で Na [Durante a] reunião.

Sekí-jūji [**úu**] 赤十字 A Cruz Vermelha. ◇ ~ **byōin** 赤十字病院 O hospital da ~. ~ **kokusai iinkai** 赤十字国際委員会 O Comitê Internacional da ~. ~ **sha** 赤十字社 ~.

sekí-jún[1] 席順 A ordem de assentos [precedência]. ⒮慣 Sekíjí (+).

sekí-jún[2] 石筍【Min.】A estalagmite.

sekí-kómu[1] 咳き込む Ter um acesso de tosse; tossir convulsivamente.

sekí-kómu[2] 急き込む (< séku[1] + …) Agitar-se; inquietar-se; atrapalhar-se「a falar」.

sekimén[1] 赤面【E.】O corar [ficar corado]「de vergonha」. *Mattaku ~ no itari desu* 全く赤面の至りです Desculpe, mas sei que a culpa é toda minha [eu estou envergonhado de mim mesmo]. ★ *~ suru* 赤面する Corar. ◇ **~ kyōfu-shō** 赤面恐怖症 A eritrofobia; o medo mórbido de ficar ruborizado [corado] diante dos outros.
⟨S/同⟩ Kaṅgáń. ⇨ makká.

sekimén[2] 石綿【Min.】O amianto; o asbesto.
⟨S/同⟩ Asúbésuto; ishíwátá.

sékimu 責務【E.】O dever「do estudante」; a obrigação. ★ *~ o hatasu* 責務を果たす Cumprir o/a ~. ⟨S/同⟩ Nínmu (+). ⇨ gímu; sekínín.

sekinén 積年【E.】Muitos anos;「o problema de」longa data. ★ *~ no urami o harasu* 積年の恨みを晴らす Vingar-se de uma queixa antiga [de ~].

sekinín 責任 **a)** A responsabilidade; **b)** O dever. *Kore wa subete kare no ~ da*[*kare ni ~ ga aru*] これはすべて彼の責任だ[彼に責任がある] Tudo isto é da ~ dele/Ele é responsável de [por] tudo isto. ★ *~ aru chii* 責任ある地位 A posição de responsabilidade. *~ no shozai o akiraka ni suru* 責任の所在を明らかにする Deixar bem claro quem é o responsável. *~ o hatasu* 責任を果たす Cumprir a sua ~ [o seu]. *~ o hito ni tenka suru* 責任を人に転嫁する Passar a ~ a outrem; deitar a culpa aos outros. *~ o kanjiru* 責任を感じる Sentir a ~; sentir-se culpado. *~ o motsu* 責任を持つ Assumir a ~. *~ o nogareru [kaihi suru]* 責任を逃れる[回避する] Fugir à [ao] ~. *~ o ou* 責任を負う Ter a ~「de」; ser responsável「por」. *~ o toru* 責任を取る Tomar [Assumir] a ~; responsabilizar-se [*~ o totte jishoku suru* 責任を取って辞職する Assumir a ~ e demitir-se]. ◇ **~ hoken** 責任保険 O seguro de obrigação [responsabilidade]. **~ kan** 責任感 O senso [sentido] de ~. **~ nogare** 責任逃れ O faltar [fugir] à/ao ~. **~ sha** 責任者 O encarregado [responsável]. **Rentai ~** 連帯責任 A ~ solidária [comum/mútua/de grupo]. **Yū [Mu] gen ~** 有［無］限責任 A ~ limitada [ilimitada]. ⟨S/同⟩ Sékimu.

sekí-nó-yámá 関の山 (⇨ séki[6]) O máximo. *Kare ni wa kore kurai no shigoto ga ~ da* 彼にはこれくらいの仕事が関の山だ Isto [Este trabalho] é o ~ que ele pode fazer. ⟨S/同⟩ Seíppai (+); séizéi.

sekirán-un 積乱雲【Met.】O cúmulo-nimbo; a nuvem de trovão [de muita chuva].
⟨S/同⟩ Nyūdōgúmo (+).

sekí-rárá 赤裸裸【E.】**a)** A nudez; **b)** A franqueza; pão pão, queijo queijo;「dizer」as coisas como elas são. ★ *~ ni kokuhaku suru* 赤裸々に告白する Confessar tudo (sem rodeios).

sekírei 鶺鴒【Zool.】A alvéola; a lavandisca.

sékiri 赤痢 A disenteria; a diarreia. ◇ **~ kanja** 赤痢患者 O doente disentérico [de/com ~]. **~ kin** 赤痢菌 O bacilo de ~. ⇨ geri.

sekirín 赤燐【Quím.】O fósforo vermelho.

sekiryō[1] 席料 O preço [aluguer/l] de um lugar「para comer/ter uma reunião」.

sekiryō[2] 寂寥【E.】A solidão; a desolação.
⟨S/同⟩ Sekíbákú (+).

sekisái 積載 O carregamento; a carga. ★ *Kasha ni shizai o ~ suru* 貨車に資材を積載する Carregar o material no vagão. ◇ **~ ryō [nōryoku]** 積載量［能力］A quantidade [capacidade] de carga. **~ tonsū** 積載トン数 A tonelagem「do cami(nh)ão」.
⟨S/同⟩ Tósái. ⇨ nímotsu.

sekiséi-ínko 背黄青鸚哥【Zool.】O periquito (-de-testa-amarela).

sekisétsú 積雪 A acumulação de neve; a neve acumulada. *~ ga ni-mētoru ni oyonda* 積雪が2メートルに及んだ A neve atingiu dois metros. ◇ **~ ryō** 積雪量 A quantidade de neve. ⇨ yukí[1].

sekishó 関所 A barreira [O posto] de fiscalização「nos caminhos」. ★ *~ o koeru* 関所を越える Passar pela barreira [guarda/pelo posto fiscal].
⟨S/同⟩ Séki[1].

sekishókú 赤色 **1**［赤い色］A cor vermelha; o vermelho. ⇨ áka[1]. **2**［共産主義］O comunismo.
◇ **~ kakumei** 赤色革命 A revolução vermelha (russa). ⟨S/同⟩ Kyōsán-shúgi (+).

sekitán 石炭 O carvão mineral [de pedra]; a hulha.
★ *~ o horu* 石炭を掘る Extrair o ~. *~ o moyasu [taku]* 石炭を燃やす［焚く］Queimar [Usar] carvão.
◇ **~ ekika** 石炭液化 A liquefação do ~. **~ gara** 石炭殻 A escória de ~. **~ gasu** 石炭ガス【Quím.】O gás de ~. **~ kei** 石炭系【Geol.】O sistema carbonífero. **~ ki** 石炭紀【Geol.】A era carbonífera. **~ sō** 石炭層 O veio/O jazigo[de ~].
~ sutōbu 石炭ストーブ O fogão [A estufa] a [de] carvão. ⇨ mokútán; sumí[1].

sekí-tátéru 急き立てる (< séku[1] + …) Apressar; urgir; apertar. ★ *Mada ka mada ka to ~* まだかまだかと急き立てる - insistentemente [~ a toda a hora]. ⟨S/同⟩ Isógáséru (o); sekáséru (+).

sekí-tékkō 赤鉄鉱【Min.】A hematite.

sekí-tómérú 塞［堰］き止める (< séku[2] + …) Deter; interceptar; interromper; represar. ★ *Sekitomerareta kawa* 塞き止められた川 O rio represado.

sekítsúi 脊椎【Anat.】A coluna vertebral. ◇ **~ dōbutsu** 脊椎動物 O animal vertebrado. **~ en** 脊椎炎【Med.】A espondilite. **~ kariesu** 脊椎カリエス【Med.】A cárie vertebral. **~ kotsu** 脊椎骨 A vértebra. ⟨S/同⟩ Se-bóné; sekíchū[1]. ⇨ sekízui.

sekiún 積雲【Met.】O cúmulo.

sekíyú 石油 O petróleo. ◇ **~ gaisha** 石油会社 A companhia de ~. **~ gasu** 石油ガス O gás de ~. **~ kagaku** 石油化学 A petroquímica. **~ kagaku kōgyō** 石油化学工業 A indústria petroquímica. **~ kagaku seihin** 石油化学製品 O produto petroquímico. **~ kōgyō** 石油工業 A indústria do ~. **~ konbinātō** 石油コンビナート O complexo industrial de ~. **~ ranpu** 石油ランプ O lampião [A lamparina] a querosene/~. **~ shigen** 石油資源 Os recursos naturais petrolíferos. **~ sutōbu** 石油ストーブ O fogão [A estufa] a querosene/~. **~ tanku** 石油タンク O tanque [reservatório] de ~. ⇨ tōyú[1].

sekízái 石材 A pedra de [para] construção.

sekízō[1] 石造 A construção de [em] pedra. ★ *~ no* 石造の Construído [Feito] de [em] pedra. ◇ **~ kaoku** 石造家屋 A casa de [em] pedra. ⇨ mokúzō.

sekízō[2] 石像 A estátua de [em] pedra.

sekízui 脊髄【Anat.】A medula espin(h)al. ◇ **~ en** 脊髄炎 A mielite. **~ masui** 脊髄麻酔 A anestesia raquidiana. **~ shinkei** 脊髄神経 O nervo espin(h)al. ⇨ sekítsuí.

sekká 赤化 A comunização. ★ ~ *suru* 赤化する Comunizar. ⇨ kyṓsán-shúgi.

sékkachi せっかち【G.】O ser impaciente. ★ ~ *na* せっかちな Impaciente; apressado; impetuoso; precipitado; desassossegado.
Ⓐ/反 Ki-nágá; nónki. ⇨ tánki².

sékkai¹ 石灰【Fís.】A cal (O óxido de cálcio). ★ ~ *shitsu no* 石灰質の Calcário. ◊ ~ **gan** [seki]-**nyū** 石灰乳 O leite de ~. ~ **sui** 石灰水 A água de ~. **Sei** ~ 生石灰 ~ **viva** [virgem]. **Shō** ~ 消石灰 ~ apagada. ⇨ karúshíumu; sekkó¹.

sekkái² 石塊【E.】Uma pedra; o calhau; o seixo. Ⓢ/同 Ishíkóro (+).

sékkai³ 切開【Med.】A incisão. ★ ~ *suru* 切開する Cortar; abrir; operar; fazer uma ~. ◊ ~ **shujutsu** 切開手術 A operação cirúrgica.

sekkái-gan[-**seki**] 石灰岩【石】(⇨ sékkai¹) A rocha [pedra] calcária.

sekkáku 折角 **1**[苦心して] Com muito esforço; trabalhosamente. ~ *tameta kane o dorobō ni torareta* せっかく貯めた金を泥棒に取られた Um ladrão levou [roubou]-me o dinheiro que eu, com tanto trabalho, tinha juntado. ⇨ kúshin. **2**[わざわざ] Com gentileza; amavelmente; dever; de propósito. ~ *desu ga kore wa itadakemasen* せっかくですがこれはいただけません Agradeço a sua gentileza, mas não posso aceitar. ~ *no o-sasoi desu ga, isogashii no de shitsurei shimasu* せっかくのお誘いですが、忙しいので失礼します Muito obrigado pelo seu amável convite, mas não tenho tempo. *Watashi no* ~ *no chūkoku mo muda ni natta* 私のせっかくの忠告もむだになった De nada adiantou o conselho que lhe dei só para bem dele. ⇨ wázawaza. **3**[貴重も] Com alegria; ansiosamente. ~ *no pikunikku mo ame de chūshi ni natta* せっかくのピクニックも雨で中止になった Nós ansiosos à espera do piquenique, e foi cancelado por causa da chuva!

sekkan¹ 折檻 O castigo físico; o dar umas nalgadas「à criança」; b) O dar um raspanete [uma severa repreensão]. ★ ~ *suru* 折檻する a) Castigar; b) Dar um raspanete.

sekkán² 石棺 O túmulo [A sepultura de pedra「dos romanos」]. ⇨ hitsúgi.

sekkásshoku 赤褐色 O castanho [marrom (B.)] avermelhado.

sekkéi 設計 a) O plano; o proje(c)to; b) O desenho. ★ ~ *suru* 設計する a) Plane(j)ar; b) Desenhar. ★ *Shōrai no seikatsu no* ~ 将来の生活設計 O plano [projecto] do meu futuro. ◊ ~ **sha** 設計者 O planejador; o arquite(c)to; o desenhista. ~ **sho** 設計書 O plano e suas especificações. ~ **zu** 設計図 A planta [O plano] do prédio; o desenho.

sekkéi² 雪渓 O vale coberto de neve.

sekkékkyū 赤血球【Anat.】O glóbulo vermelho; o eritrócito. ◊ ~ **chinkō sokudo** 赤血球沈降速度 O índice de sedimentação do sangue.

sekkén¹ 石鹸 O sabão. ★ ~ *de te o arau* 石鹸で手を洗う Lavar as mãos com sabão. ◊ ~ **ire** 石鹸入れ A saboneteira. ~ **sui** 石鹸水 ~ líquido. **Keshō** ~ 化粧石鹸 O sabonete. **Kona** ~ 粉石鹸 ~ em pó. **Sentaku** ~ 洗濯石鹸 ~ para (lavar) a roupa.

sekkén² 席巻 [捲]【E.】O conquistar tudo. *Sono kashu no ninki wa tachimachi kunijū* ~ *shita* その歌手の人気はたちまち国中を席巻した A popularidade do cantor espalhou-se logo por [conquistou] todo o país.

sekkén³ 接見 A audiência (Entrevista de superior). ★ ~ *suru* 接見する Dar [Conceder] uma ~; receber alguém. ◊ ~ **shitsu** 接見室 A sala de ~s. Ⓢ/同 Inkén; kaikén (+). ⇨ meñkái.

sekki 石器 Os instrumentos de pedra. ◊ ~ **jidai** 石器時代 A Idade da Pedra. **Kyū** [**Chū**; **Shin**] ~ **jidai** 旧[中; 新] 石器時代 A Idade da Pedra lascada/O Paleolítico [O Mesolítico / O Neolítico] ~ polida].

sekkín 接近 a) A aproximação; b) O gostar; a intimidade; ~ a semelhança; a igualdade. ★ ~ *suru* 接近する Aproximar-se; chegar(-se para) perto; rondar (de perto) [*Futari no naka wa kyūsoku ni* ~ *shita* 二人の仲は急速に接近した A intimidade entre os dois aumentou rapidamente. *Taifū wa Kyūshū ni* ~ *shi-tsutsu aru* 台風は九州に接近しつつある O tufão está-se aproximando de Kyūshu]. ⇨ chiká-yóru; chikázúku.

sekkó¹ 石膏【Min.】O gesso (Sulfato de cálcio hidratado).

sekkó² 石工 O canteiro; o pedreiro. ⇨ ishíyá.

sekkó³ 斥候 a) A exploração; o reconhecimento; a patrulha; b) O batedor; o explorador [espia]. ★ ~ *o dasu* 斥候を出す Mandar espias [para observar as posições do inimigo]. Ⓢ/同 Teísátsú (+).

sekkótsú 接骨 A coaptação; a redução de ossos deslocados [fra(c)turados. E.】. ◊ ~ **i** [**in**] 接骨医 [院] O ortopedista / O consultório de ortopedia. ⇨ honétsugi.

sekku 節句 A festa sazonal (São cinco, sendo a principal "kodomo no hi", a 5 de maio). ことわざ *Namakemono no* ~ *bataraki* 怠け者の節句働き Fiandeira preguiçosa, ao domingo é aguçosa. ◊ **Hatsu-zekku** 初節句 A primeira ~ do recém-nascido.

sékkusu セックス (< Ing. sex < L.) O sexo. ★ ~ *suru* セックスする Ter relações sexuais. ◊ ~ **apīru** セックスアピール O encanto [atra(c)tivo] sexual. ~ **chekku** セックスチェック O teste [A verificação] do ~ (das atletas femininas). Ⓢ/同 Séi²²².

sekkyáku 接客 A recepção / O atendimento 「aos visitantes」. *Buchō wa* ~ *chū desu* 部長は接客中です O dire(c)tor (de serviço) está com [a atender] um cliente neste momento. ◊ ~ **gakari** 接客係 A recepcionista. ~ **gyō** 接客業 O cerviço de atendimento [ao público em hotéis]. ⇨ séttai.

sekkyō [**ôo**] 説教 **1**[宗教の] O sermão; a pregação. ★ ~ *suru* 説教する Fazer o/a ~; pregar. ◊ ~ **sha** [**shi**] 説教者[師] O pregador. **2**[訓戒] A admoestação; o raspanete; a repreensão. *Ano sensei no o-* ~ *ni wa akiaki shita* あの先生のお説教にはあきあきした Já estou farto das repreensões daquele professor. ★ ~ *suru* 説教する Admoestar; repreender; fazer sermões. *O-* ~ *o kuu* お説教を食う Ser admoestado [repreendido]; levar [apanhar] um ~. Ⓢ/同 Chúkóku; kuñkái.

sekkyóku 積極 ~ *sei* positivo. ◊ ~ **sei** 積極性 A a(c)tividade; a iniciativa [~ *sei no aru* [*ni kakeru*] *hito* 積極性のある[に欠ける]人 Uma pessoa cheia [com falta] de iniciativa]. ~ **teki** 積極的 Positivo; a(c)tivo [~ *teki ni kōdō suru* 積極的に行動する Ser positivo e agir]. ~ **seisaku** 積極政策 A política positiva [política a(c)tiva]. ~ **shugi** 積極主義 O positivismo (⇨ jisshó-shúgi); o a(c)tivismo.

séko¹ S周 Nódô. A反 Shôkyóku.

séko¹ 世故 As coisas da vida [do mundo]. ★ ~ *ni takete iru* 世故にたけている Saber muito do mundo. ~ *ni utoi* 世故に疎い Ter pouca experiência das ~. S周 Séji¹ (+).

séko² 勢子 O batedor [que bate o terreno para levantar a caça].

sekó 施工 A construção; a execução de obras. ★ ~ *suru* 施工する Construir 「um prédio」. S周 Shikô (+). ⇨ *kôji*¹.

sekó-hán セコハン (Abrev. do Ing. second hand)【G.】O artigo usado [em segunda mão]. S周 Chúkóhín (+).

sekóndo セコンド (< Ing. second < L.) **1** [秒] O segundo. S周 Byô (+). **2** [ボクシングの] O segundo (O auxiliar ou o assistente do boxeador).

séku¹ 急く Apressar-se; ser impaciente. *Ki bakari seite shigoto wa ikkô ni hakadoranai* 気ばかり急いて仕事は一向にはかどらない Apesar da minha pressa [Eu bem quero ir depressa mas] o serviço não rende. ことわざ *Seite wa koto o shisonjiru* 急いては事をし損じる É o que fazem as pressas! /Devagar se vai ao longe/Quanto mais depressa mais devagar. S周 Aséru (+); isógu (o).

séku² 塞[堰]く Represar; barrar; parar. S周 Bôgái súrú (+); jamá súrú (o); sekí-tóméru (+).

sékú-hárá セクハラ (< Ing. sexual harassment) O assédio sexual 「no emprego」.

sékushī セクシー (< Ing. sexy < L.) Sexualmente atraente. ★ ~ *na* セクシーな~. S周 Seítékí súrú (+).

sekúshónárízumu セクショナリズム (< Ing. sectionalism) O fa(c)ciosismo 「político」; o sectarismo 「dos vários grupos」.

sékuto セクト (< Ing. sect) A seita; a facção. ◇ ~ **shugi** セクト主義 O sectarismo; o partidarismo. **Non** ~ ノンセクト Não-sectário. S周 Buñpá (+).

semái 狭い Estreito; limitado; (r)estrito; apertado; pequeno. ★ ~ *imi ni kaishaku suru* 狭い意味に解釈する Interpretar no sentido (r)estrito. ~ *michi* 狭い道 O caminho estreito/apertado. ~ *sekai ni tojikomoru* 狭い世界に閉じこもる Isolar-se no seu pequeno mundo. *Semaku naru* 狭くなる Tornar-se [Ficar] estreito [pequeno] [*Kodomo ga ōkiku natte ie ga semaku natta* 子供が大きくなって家が狭くなった Os filhos cresceram e a casa ficou pequena]. *Semaku suru* 狭くする Estreitar 「o caminho」. *Katami no* ~ *omoi o suru* 肩身の狭い思いをする ⇨ káta-mi². *Ryōken no* ~ *hito* 了見の狭い人 ⇨ ryôkéñ¹. *Shiya no* ~ *hito* 視野の狭い人 A pessoa de visão [vista] estreita/limitada. ことわざ *Sekai wa hiroi yō de* ~ 世界は広いようで狭い O mundo (parece grande, mas afinal) é pequeno (Ao encontrar alguém sem imaginar). A反 Híroí. ⇨ chíisái.

semá-kúrúshíí 狭苦しい (< semáí + ···)「o quarto」Estreito e incó[ô]modo.

semáru 迫る **1** [強いる] Pressionar; urgir; forçar; apertar; obrigar; compelir. ★ *Henji o* ~ 返事を迫る Urgir a resposta. *Hitsuyō ni semararete* 必要に迫られて Apertado pela necessidade. S周 Shíiru. **2** [近づく] Aproximar-se; chegar perto; avançar. *Yūgure ga kokukoku to sematte ita* 夕暮れが刻々と迫っていた Estava a escurecer cada vez mais. *Wareware no mi ni kiken ga sematte ita* 我々の身に危険が迫っていた Nós estávamos em perigo. ★ *Shiki no sematta byōnin* 死期の迫った病人 O doente moribundo. *Shin ni sematta engi* 真に迫った演技 A representação quase real 「do a(c)tor」. S周 Chikázúku (+).

semé¹ 責め (< semérú²) **1** [責任]「cumprir」A「sua」responsabilidade; a culpa. ★ ~ *o ou* 責めを負う Ter ~. S周 Sekíníñ (+). **2** [拷問] A tortura.

-semé² 攻め (< semérú¹)「tomar」A ofensiva; o「estar sempre ao」ataque. ◇ **Akushu-zeme** 握手攻め O ser rodeado por uma multidão que lhe quer apertar a mão.

semé-ágúmu 攻め倦む (< semérú¹ + ···) Desistir, desanimados, do ataque.

semé-áu 攻め合う (< semérú¹ ···) Atacar-se mutuamente.

semé-hóróbósu 攻め滅ぼす (< semérú¹ + ···) Atacar e destruir; arrasar 「a cidade」.

semé-íru 攻め入る (< semérú¹ + ···) Invadir 「o」; penetrar 「no território inimigo」.

semé-ku 責め苦 A tortura; o tormento; o suplício. ★ *Jigoku no yō na* ~ *ni au* [*o ukeru*] 地獄のような責め苦に遭う[を受ける] Passar [Sofrer] torturas infernais/horríveis.

seméñto セメント (< Ing. cement < L.) O cimento. ★ ~ *de katameru* [*o nuru*] セメントで固める[を塗る] Cimentar. ◇ ~ **kōgyō** セメント工業 A indústria de ~. ~ **kōjō** セメント工場 A fábrica de ~. ~ **mikisā** セメントミキサー A betoneira.

semé-ótósu 攻め落とす (< semérú¹ + ···) Tomar (de assalto). ★ *Toride o* ~ 砦を攻め落とす ~ a fortaleza/a fortificação. S周 Kôryákú súrú; semétóru.

semérú¹ 攻める Atacar; investir 「contra」. S周 Kôgékí súrú; shûgékí súrú. A反 Mamóru.

semérú² 責める **1** [しつこく要求する] Perseguir; pedir com insistência; insistir; apertar. *Shakkin o harae to semerareru* 借金を払えと責められる Ser perseguido pelos credores. **2** [非難する] Condenar; censurar; repreender; culpar; reprovar. *Ima-sara kare o semete mo shikata ga nai* 今更彼を責めても仕方がない Agora [Passado tanto tempo] não adianta culpá-lo. S周 Hínan suru; najíru; to-gáméru. **3** [苦痛を与える] Torturar; atormentar. ★ *Semete doro o hakaseru* 責めてどろをはかせる Fazer 「o suspeito」confessar por meio [à força] de torturas.

semé-sáínamu 責め苛む (< semérú² + ···) Maltratar; tratar cruelmente; atormentar; torturar.

semé-tátérú¹ 攻め立てる (< semérú¹ + ···) Atacar repetidamente [sem parar].

semé-tátérú² 責め立てる (< semérú² + ···) Torturar severamente 「para obrigar a confessar」.

sémete¹ せめて Ao menos; pelo menos. *Ie wa zenshō shita ga keganin ga denakatta no ga* ~ *mo no sukui da* 家は全焼したが怪我人が出なかったのはせめてもの救いだ A casa foi totalmente destruída pelo fogo, mas ~ ninguém ficou ferido [mas ainda bem que nos salvámos todos]. ⇨ sukúnáku tomo.

semé-té² 攻め手 (< semérú¹ + ···) **1** [攻める側の人] O atacante. ★ ~ *ni mawaru* 攻め手に回る Estar a ganhar [ao ataque]. **2** [攻め手の手段] O (meio de) ataque 「no xadrez」. ★ ~ *ni tsumaru* 攻め手に詰まる Esgotar todos os meios de ataque.

semé-tórú 攻め取る ⇨ semé-ótósu.

semé-yóséru 攻め寄せる (< semérú¹ + ···) Atacar

em peso. *Tekigun ga ikkyo-ni semeyosete kita* 敵軍が一挙に攻め寄せて来た O inimigo avançou em peso para [contra] nós.

semí 蟬【Zool.】A cigarra (Parecida a uma mosca gigante; a história da ~ e da formiga é "kirigirisu"!). ◊ *ga naite iru* 蟬が鳴いている ~ está a cantar. ◊ **~ shigure** 蟬時雨 A cegarrega das ~s. (Lit. A chuva do canto das ~s).

semí-kóron セミコロン (< Ing. semicolon) O ponto e vírgula [;]. ⇨ kónma; kóron.

séminā セミナー (< Ing. seminar < L.) O seminário ⌈de/sobre literatura⌋.

semí-púró セミプロ (< Ing. semipuro) O semi-profissional.

sén¹ 千 Mil. ★ ~ *bai no* 千倍の Mil vezes. ~ *ban-me no* 千番目の Milésimo (Ordinal). ~ *nen* 千年 Mil anos. *Nan-zen mo no* 何千もの Milhares (e milhares). *Yon-~ nin (mo no hito)* 四千人（もの人）Quatro ~ pessoas.

sén² 線 **1** ⌈すじ⌋ A linha; o raio ⌈X (⇨ ekkúsúsen)/solar⌋ (⇨ kôsén¹). ★ ~ *jō ni* 線上に Na ⌈de⌋. ~ *jō no* 線上の Linear. ~ *ni sotte* 線に沿って⌈ir⌋ Ao longo [lado] da ~. ~ *o hiku* 線を引く **a)** Traçar uma ~ ⌈no quadro⌋; **b)** Sublinhar ⌈uma palavra⌋; **c)** Determinar o limite. *Hosoi [Futoi]* 細い[太い] 線 A linha [escrita] fina [grossa]. ⟦S/同⟧ Súji. **2** ⌈成り行き; 段取り⌋ A direc(ç)ão; o caminho; a linha. *Ii ~ itteru* いい線行ってる Está no caminho [na direção/linha] certo[a]. *Kono ~ de ikō de* この線で行こう Vamos seguir esta linha. **3** ⌈印象⌋ A impressão ⌈de uma pessoa⌋. ~ *no futoi [hosoi] hito* 線の太い[細い] 人 A personalidade forte [fraca/sensível/delicada]. **4** ⌈鉄道線路; 航路⌋ A linha (férrea [marítima]). ★ *Ichi-ban ~* 一番線 A linha (número) um [da estação de Narita]. ◊ **Nobori [Kudari] ~** 上り[下り]線 A linha que vai para a [sai da] cidade; os comboios/trens que vêm para o [saem do] centro. ⇨ sénro. **5** ⌈電話線⌋ A linha. ◊ **Denshin [Denwa] ~** 電信[電話] 線 ~ telegráfica [telefó[ô]nica]. ⟦S/同⟧ Deñwá-séñ. **6** ⌈緯度の⌋ O paralelo. ★ *Sanjūhachi-do ~* 38度線 ~ trinta e oito.

sén³ 栓 A rolha; a torneira; o fecho. ★ ~ *ga katai [yurui]* 栓が固い[緩い] A rolha está apertada [frouxa]. *Gasu [Suidō] no ~ o akeru [shimeru]* ガス[水道] の栓を開ける[閉める] Abrir [Fechar] a torneira do gás (da água). ~ *o suru* 栓をする Fechar a torneira; pôr a rolha ⌈*Mimi ni ~ o suru* 耳に栓をする Tapar os ouvidos⌋. ⇨ futá; jagúchi.

sén⁴ 先 Anterior; primeiro; a frente; a dianteira. ⟦S/同⟧ Sakí (+). ⇨ ízen¹.

sén⁵ 腺【Anat.】A glândula. ★ ~ *jō no* 腺状の Glandular. ◊ **Gai [Nai]bunpi ~** 外[内] 分泌腺 A secreção (glandular) externa [interna].

sén⁶ 選 A sele(c)ção; a escolha; a aceitação; a compilação. ★ ~ *ni hairu [moreru]* 選に入る[漏れる] Ser ⌈livro⌋ sele(c)cionado/aceite. ◊ **Meisaku ~** 名作選 A compilação de obras literárias famosas. **Shichō ~** 市長選 A escolha [eleição] do prefeito (B.) [presidente da câmara]. ⇨ erábu.

sén⁷ 銭 Um sen (1/100 do yen); um centavo [vintém/tostão]. *Ano mise wa issen mo makenai* あの店は一銭もまけない Naquela loja não descontam (nem) um ~.

senáká 背中 O dorso; as costas. ★ ~ *o nobasu [mageru]* 背中を伸ばす[曲げる] Esticar [Dobrar] as ~. *Hito ni ~ o mukeru* 人に背中を向ける Virar as ~ a alguém. ~ *awase* 背中合わせ **a)** O pôr-se de costas ⌈*Karera wa tagai ni ~ awase ni suwatta* 彼らは互いに背中合わせに座った Eles sentaram-se de costas um para o outro⌋; **b)** O não gostarem um do outro; **c)** O ⌈complexo de superioridade e de inferioriedade⌋ serem dois lados da mesma moeda (Parecerem diferentes e serem iguais).

seńbai 専売 O monopólio; a monopolização; a exclusividade. ★ ~ *(ni) suru* 専売 (に) する Monopolizar. ◊ ~ **hin** 専売品 O artigo de monopólio. ~ **ken** 専売権 O (direito de) monopólio. ~ **tokyo** 専売特許 (O) Os direitos de) patente.

seńban¹ 旋盤 O torno ⌈mecânico⌋. ★ ~ *ni kakeru* 旋盤にかける Tornear. ◊ ~ **kō** 旋盤工 O torneiro. ~ **kōjō** 旋盤工場 A tornearia.

seńban² 千万 ⌈estar⌋ Mil vezes ⌈arrependido⌋; muitíssimo; realmente; deveras. ★ *Futodoki [Shitsurei] ~ da* 不届き [失礼] 千万だ ⌈ele foi⌋ ~ insolente. ⇨ hanáhádá.

seńbátsú 選抜 (⇨ sén⁶) A sele(c)ção; a escolha; a classificação. ★ ~ *suru* 選抜する Sele(c)cionar; escolher; classificar. ◊ ~ **chīmu** 選抜チーム A equipa sele(c)ta [de membros sele(c)cionados]. ~ **shiken** 選抜試験 O exame de ~. ⟦S/同⟧ Seńkō²; señshútsú; señtéi²; yorínúkí.

seńbei 煎餅 O biscoito (duro) de farinha de arroz. ◊ ~ **buton** 煎餅蒲団 O "futon" pobre (Fino e duro).

seńbén 先鞭【E.】A prioridade ⌈da descoberta⌋; a iniciativa; o pioneirismo. ★ ~ *o tsukeru* 先鞭をつける Ir à frente; ser pioneiro. ⇨ sén⁴.

seńbétsú¹ 選別 A escolha; a classificação; a separação; a sele(c)ção. ★ ~ *suru* 選別する Escolher; classificar; separar. ◊ ~ *ki* 選別機 O classificador [separador] mecânico ⌈das cartas/da fruta⌋. ⟦S/同⟧ Señtéi².

seńbétsú² 餞別 O presente [dinheiro] de despedida (A quem for para uma longa viagem). ⟦S/同⟧ Hanámúké.

sénbi¹ 船尾 A popa; a ré; a parte traseira da embarcação. ⟦S/同⟧ Tomó. ⟦A/反⟧ Séñshu³.

sénbi² 戦備【E.】Os preparativos para a guerra. ★ ~ *o totonoeru* 戦備を整える Fazer os ~/Preparar-se para a guerra. ⟦S/同⟧ Gúnbi (+).

seń-bíkí 線引き (< …² + híkú) O traçar [fazer] uma linha. ★ *Kukaku ni ~ suru* 区画に線引きする Traçar a linha de demarcação ⌈dos lotes⌋. ◊ ~ **kogitte** 線引き小切手 O cheque traçado.

seńbín 宅便 ⇨ zeńbín.

seńbō 羨望【E.】A inveja. *Kare wa wakai toki kara nakama no ~ no mato ni atta* 彼は若い時から仲間の羨望の的であった Ele desde pequeno era o [o alvo de] inveja dos companheiros ⌈por ser bom aluno⌋. ★ ~ *no me de miru* 羨望の目で見る Ter [Olhar com] inveja. ~ *suru* 羨望する Invejar ⌈a beleza/a calma⌋; cobiçar. ⇨ uráyámáshígáru.

seńbō-kyō 潜望鏡 O periscópio ⌈de vigia⌋.

seńbótsú 戦没 [歿] A morte em campanha [no campo de batalha; na guerra]. ★ ~ *suru* 戦没する Morrer em campanha. ◊ ~ **sha** 戦没者 Os mortos de guerra. ⟦S/同⟧ Señshi² (+).

sénbu 宣撫【E.】A pacificação. ◇ **~ kōsaku** 宣撫工作 O trabalho [A tá(c)tica] de ~.

sénbyō 線描 O esboço. ◇ **~ ga** 線描画 Um ~.

senbyō-shi [óo] 戦病死 A morte por doença contraída na frente de batalha. ★ ~ suru 戦病死する Morrer por doença contraída na frente de batalha.

senbyō-shitsu [óo] 腺病質【Med.】A escrofulose.

senchá 煎茶 O chá (verde) de qualidade média. ⇨ matchá.

senchákú 先着 O (que chega) primeiro. ★ ~ jun ni 先着順に「ponham-se em fila」Por ordem de chegada. ⇨ sén⁴.

sénchi 戦地 A frente de batalha; o campo de batalha. ★ ~ e iku 戦地へ行く Ir [Partir] para a frente. S/同 Senjō.

senchímentárizumu センチメンタリズム (< Ing. sentimentalism < L.) O sentimentalismo「piegas」. S/同 Kańshō-shugi.

senchi(mentaru) [senchímentaru] センチ(メンタル) (< Ing. sentimental < L.) Sentimental. S/同 Kańshō-tékí.

senchi(mētoru) [senchímētoru] [ée] センチ(メートル) (< P.) O centímetro [cm].

sénchō 船長 **1** [船頭] O capitão de navio; o comandante「da Sagres」. S/同 Sendō. **2** [船頭から船尾までの長さ] [senchō] O comprimento do navio.

senchú¹ 戦中「eu nasci」Durante a guerra. ◇ **~ ha** 戦中派 A geração do tempo da guerra. ⇨ sengō; senzén.

senchū² 船中 No [O interior do/Durante a viagem de] navio. ★ ~ de [nite] 船中で[にて] No [A bordo do] navio. S/同 Sénnai. ⇨ senjō³.

sendái 先代 A [O da] geração anterior; o antigo「dono/mestre」.

sendán¹ 船団 A frota; a armada. ◇ **Yusō ~** 輸送船団 A frota de navios de transporte. S/同 Señtái.

sendán² 専断【E.】A arbitrariedade; a decisão arbitrária. ◇ **~ de** 専断で「decidir」Arbitrariamente. S/同 Dokúdán (+).

sendán³ 栴檀【Bot.】A amargoseira [azedaraque]; o lilás-da-índia; melia azedarach. P.どとわざ **~ wa futaba yori kanbashi** 栴檀は双葉より芳し Os gé[ê]nios revelam-se desde a infância.

séndatsu 先達【E.】**a)** O precursor; o pioneiro; uma grande figura「das letras」; **b)** O guia. ⇨ ańnái; sendō¹; ⇨; shidō¹.

sendátté 先だって Outro dia; há pouco (tempo); recentemente. Tsui ~ kare ni atta toki wa sonna koto wa chittomo itte nakatta つい先だって彼に会った時はそんな事はちっとも言ってなかった Ainda ~ o encontrei e ele nem tocou nesse assunto [não disse absolutamente nada]. ★ ~ kara [rai] 先だってから[来] Desde o outro dia. ~ no kaigi de 先だっての会議で Na reunião de outro dia. S/同 Konó aída (+); sakígoro; senjítsú (+).

sendén 宣伝 A propaganda; a publicidade. Kore wa san-oi-ni waga-sha no ~ ni naru これは大いに我が社の宣伝になる Isto é uma boa ~ para a nossa firma. ★ ~ ni noru 宣伝に乗る Engolir a [Deixar-se levar pela] ~. ~ (o) suru 宣伝(を)する Fazer ~. ◇ **~ bira** 宣伝ビラ A folha de ~. **~ bu** 宣伝部 O departamento de publicidade (da empresa). **~ eiga** 宣伝映画 O filme de ~. **~ hi** 宣伝費 As despesas de ~. **~ kā** 宣伝カー O carro de ~. **~ kōka** 宣伝効果 O resultado da ~. **~ monku** 宣伝文句 A frase publicitária. **~ posutā** 宣伝ポスター O cartaz de ~. **~ sen** 宣伝戦 A guerra de ~; a campanha publicitária (propagandista).

séndo¹ 鮮度 O frescor. ★ ~ ga ochiru 鮮度が落ちる Perder o ~. ~ no takai yasai 鮮度の高い野菜 A verdura muito fresca. ~ o tamotsu 鮮度を保つ Conservar o ~. ⇨ shińsén¹ ◇.

séndo² 先途【E.】**1** [⇨ nari-yukí]. **2** [成否の決まる重大な時] O momento decisivo.

sendō¹ 先導 A guia [orientação]. ★ ~ suru 先導する Guiar. Sensei no ~ de 先生の先導で Guiado pelo [Sob a orientação do] professor. ◇ **~ sha** 先導者 O guia; o líder. **~ sha** 先導車 O carro de escolta; o carro batedor. S/同 Ańnái (+).

sendō² 扇[煽]動 A instigação; a agitação; o incitamento; a demagogia. ★ ~ suru 扇動する Instigar; agitar; incitar; fazer demagogia [Minshū o ~ shite machi o konran saseru 民衆を扇動して街を混乱させる Provocar desordens na rua incitando o povo]. ◇ **~ sha** 扇動者 O instigador; o agitador; o demagogo. S/同 Kyōsa.

sendō³ [óo] 船頭 O barqueiro; o mestre [capataz] do barco. P.どとわざ **~ ōku shite fune yama ni noboru** 船頭多くして船山に登る Muitos cozinheiros estragam o guisado/Barco de muitos ~s encalha (Lit. sobe à montanha). S/同 Sénchō **1**.

sen'éi 尖鋭 **1** [鋭くとがっているようす] O ser agudo [afiado; intenso]. ⇨ surúdói. **2** [急進的なようす] O ser radical [extremista]. ★ ~ ka suru 尖鋭化する Radicalizar. ◇ **~ bunshi** 尖鋭分子 Os elementos radicais [extremistas]. **~ teki** 尖鋭的 Radical; extremista. S/同 Kyūshín tékí.

sen'éki 戦役 A guerra「não serve para nada」. S/同 Señsō (+); tatakái (+).

sen'étsu 僭越 A presunção; a arrogância; a petulância; a ousadia; o atrevimento. ~ nagara ichidō o daihyō shite hitokoto mōshiagemasu 僭越ながら一同を代表して一言申し上げます Pedindo desculpa do (meu) atrevimento, vou usar da [dizer uma] palavra em nome de todos [das famílias dos noivos].

sengá 線画 O desenho (só) a lápis.

sengái¹ 選外 A desclassificação; o ficar de fora (da sele(c)ção). ★ ~ to naru 選外となる Ser desclassificado. ◇ **~ kasaku** 選外佳作 A menção honrosa「da canção」. S/同 Rakúsén (+). A/反 Nyūsén.

sengái² 船外「cair para」Fora do navio. A/反 Sénnai.

sengáku 浅学【E.】O conhecimento superficial. ★ ~ hisai o kaerimizu 浅学非才を顧みず Apesar da minha falta de conhecimentos e de talento (Referindo-se, modestamente, a si próprio). A/反 Hakúgáku.

sengán¹ 洗顔 A lavagem do rosto. ★ ~ suru 洗顔する Lavar o rosto [a cara]. ◇ **~ kurīmu** [sekken] 洗顔クリーム[石鹸] O creme [sabonete] para (lavar) o rosto. S/同 Señmén.

sengán² 洗眼 A lavagem dos olhos. ★ ~ suru 洗眼する Lavar os olhos. ◇ **~ yaku** 洗眼薬 O colírio.

sengén 宣言 A declaração; a proclamação; o manifesto; o comunicado. ★ ~ suru 宣言する Declarar; fazer um/a ~. ◇ **Dokuritsu ~** 独立宣言 A proclamação da independência. **Jinken ~** 人権宣

言 A declaração dos direitos do homem. **Kyōdō ~** 共同宣言 O comunicado conjunto; a declaração conjunta. ⇨ Seímeí³.

séngetsu 先月 O mês (próximo) passado [transa(c)to]. ★ ~ *no tsuitachi ni* 先月の一日に No dia primeiro [um] do ~. ◇ **~ gō** 先月号 O número 「de revista」 do ~. ⇨ ráigetsu; seńseń ◇.

séngi¹ 詮議 a) A discussão; o exame; a deliberação; a consideração; b) A inquirição; a sindicância; o interrogatório; c) A interferência. ★ ~ *chū de aru* 詮議中である Estar a ser examinado [discutido; investigado]. ~ *suru* 詮議する a) Discutir; b) Inquirir; interrogar; examinar; c) Interferir 「num caso que não lhe diz respeito」. ⇨ Torīshírábé (+).

séngi² 先議 A consulta [deliberação/discussão] prévia. ~ *suru* 先議する Discutir previamente. ◇ **~ ken** 先議権 O direito de ~. ⇨ sén⁴.

señ-gíri 千切り (<…¹+kíru) O cortar [legumes] em pedacinhos finos e compridos. ★ *Daikon o ~ ni suru* 大根を千切りにする Cortar o nabo em [aos] fios. ⇨ señróppon.

sengo 戦後 O (a)pós-guerra. ◇ **~ ha** 戦後派 A geração do ~. ⇨ señchū; señzéń.

séngoku 戦国 [H.] Os reinos ("kuni") em guerra. ◇ **~ jidai** 戦国時代 O período de guerras civis (no Japão: 1467-1568);

séngu 船具 O funágu.

seńgū [úu] 遷宮 A mudança dos símbolos sagrados do santuário antigo para o novo 「em Ise」.

séńgún-bánba 千軍万馬 [E.] Inúmeras [Mil] batalhas. ⇨ hyakúséń⁴.

séngyo 鮮魚 O peixe fresco. ⇨ sakáná¹.

séngyō 専業 A ocupação exclusiva; a única profissão. ◇ **~ nōka** 専業農家 A família que se dedica exclusivamente [só] à agricultura [lavoura]. **~ shufu** 専業主婦 A dona de casa a tempo inteiro.

sén'i¹ 繊維 A fibra. ◇ **~ sangyō** 繊維産業 A indústria têxtil [de tecidos]. **~ shitsu** 繊維質 A fibrosidade. **Gōsei [Kagaku] ~** 合成[化学]繊維 ~ sintética [química].

sén'i² 船医 O médico de bordo.

sén'i³ 戦意 O espírito combativo [de combate]. ★ ~ *o ushinau* 戦意を失う Perder o ~ 「ânimo para lutar」. ⇨ Tōshí.

sen'ín 船員 A tripulação; o tripulante; o marinheiro; o marujo. ⇨ Funánori; súifu.

sénja 選者 O juiz 「do júri que escolhe o premiado」.

sénji 戦時 O tempo [período; A altura] da guerra. ★ ~ *chū ni* 戦時中に Durante a guerra. ~ *mo heiji mo* 戦時も平時も Tanto na [no tempo de] guerra como na [no tempo de] paz. ◇ **~ hensei [taisei]** 戦時編成[体制] A organização [estrutura/O regime] de guerra. **~ hoshō** 戦時補償 A inde(m)nização de guerra. **~ keiki** 戦時景気 A prosperidade de alguns negócios durante a guerra. **~ keizai** 戦時経済 A economia de [virada para a] guerra. **~ kōsai [kokusai]** 戦時公債[国債] A dívida pública [nacional] do ~. ⇨ héiji; hijō ji.

senjí-dásu 煎じ出す (< señjírú + …) Preparar uma infusão; extrair por cozimento.

señjí-gúsuri 煎じ薬 (< señjírú + kusúrí) O chá de erva medicinal; a infusão medicinal.

señjín¹ 先陣 a) A vanguarda [frente de batalha/guarda avançada]; b) A vanguarda 「da indústria」. ★ ~ *o kiru* [*uketamawaru*] 先陣を切る[承る] Ir na vanguarda. ◇ **~ arasoi** 先陣争い A disputa da [pela] vanguarda. ⇨ Señpó².

señjín² 戦陣 a) A posição de batalha [combate]; b) As tropas da (linha da) frente. ⇨ jínchi¹.

señjín³ 先人 [E.] O predecessor; o antecessor. ★ ~ *no ato o tadoru* 先人の跡を辿る Seguir o [nos passos do] ~. ⇨ sósen.

señjín-nó-táni 千仞[尋]の谷 [E.] O abismo; o desfiladeiro insondável.

señjírú 煎じる Ferver; preparar uma infusão. ★ *Cha o ~* 茶を煎じる Ferver [Preparar] o chá.

señjítsú 先日 Outro dia; há (uns) dias; faz pouco tempo. ★ ~ *kara* [*rai*] 先日から[来] Desde outro dia. ⇨ Konó áídá (+); seńdátté.

señjí-tsúméru 煎じ詰める (< señjíru + …) **1** [薬草などを] Engrossar por fervura. **2** [結論が出るまで論じる] Condensar; resumir. *Kare no hanashi wa senjitsumereba kō da* 彼の話は煎じ詰めればこうだ Resumindo o que ele disse é assim [o seguinte].

señjō¹ 洗浄[滌] A lavagem; a irrigação 「intestinal」. ★ ~ *suru* 洗浄する Lavar; irrigar. ◇ **~ ki** 洗浄器 A seringa [O aparelho] para irrigação [clister]. **I ~** 胃洗浄 A lavagem gástrica [ao estômago].

señjō² 戦場 O campo de batalha. ★ ~ *to kasu* 戦場と化す 「a cidade」 Transformar-se num ~. S/同 Sénchi.

señjō³ 船上 No [Dentro do] barco. ★ ~ *de* 船上で A bordo. ⇨ sénchū².

señjō⁴ 扇[煽]情 [E.] O ser 「um romance」 picante [lascivo/sugestivo]. ◇ **~ teki** 扇情的 Lascivo [~ *teki na pōzu* 扇情的なポーズ A postura lasciva].

señjō⁵ 扇状 A forma de leque. ◇ **~ chi** 扇状地 [Geol.] O cone aluvial. ⇨ ōgí¹.

señjú 先住 O habitar primeiro. ◇ **~ min** 先住民 Os primeiros habitantes; o nativo; o aborígene. **~ minzoku** 先住民族 O povo primitivo [nativo; aborígene; indígena]. ⇨ geńjū-min.

señjū² 専従 O dedicar-se a numa só coisa. ★ ~ *suru* 専従する … ◇ **Kumiai ~ sha** 組合専従者 O funcionário de uma firma que dedica o tempo inteiro ao sindicato operário. ⇨ Señjūń² (+).

señjútsú 戦術 A tá(c)tica 「de guerra」; a estratégia. ★ ~ *o neru* 戦術を練る Elaborar uma ~. ~ *teki na* 戦術的な Tá(c)tico; estratégico. *Kōmyō na ~ o tsukau* 巧妙な戦術を使う Empregar uma ~ hábil. ◇ **~ ka** 戦術家 O estrategista [estratego/a]. ⇨ Sakúsén. ⇨ señryáku.

sénka¹ 戦禍 [E.] O flagelo da guerra. ★ ~ *o manugareru* 戦禍を免れる Escapar ao ~. S/同 Señsáí¹ (+).

sénka² 戦火 [E.] A [As labaredas do] guerra. ★ ~ *ni mimawareru* 戦火に見舞われる Ser vítima do ~ 「alvo do ataque inimigo」. ⇨ sénka¹; seńsó¹.

sénka³ 戦果 [E.] O resultado [Os ganhos] da batalha; a façanha militar. ★ *Kagayakashii ~ o osameru* [*ageru*] 輝かしい戦果を収める[挙げる] Conseguir brilhantes resultados [Realizar uma grande façanha] na guerra. S/同 Señsékí¹.

sénka⁴ 選科 O curso optativo [livre/de opção]. ⇨ hónka¹.

sénka⁵ 専科 O curso especializado. ⇨ hónka¹.

sénka⁶ 選歌 a) A sele(c)ção de poemas; b) O poema selec(c)ionado [escolhido].

señkái 旋回 a) A volta; a revolução 「da lua à volta da Terra」; a rotação; a evolução 「da dança」; o

senkáku-sha 先覚者 a) O pioneiro「do sufrágio universal」; o precursor; b) O guia; o「antigo」 mestre. ⇨ sénku ◇; séndatsu.

senkán¹ 戦艦 O navio de guerra; o couraçado. ⇨ guñkáñ.

senkán² 潜函 A caixa pneumática; a ensecadeira. ◇ ~ **byō** 潜函病 O mal-dos-mergulhadores.

señ-katá せん方【E.】 ⇨ shikáta.

senkén¹ 先見【E.】 A previsão; a visão; a conje(c)tura. ★ ~ *no mei ga aru* 先見の明がある Ser previdente「Ter visão/olho「e ganhar as eleições」」. S/圓 Yóchi (+); yokéñ.

senkén² 先遣 A primeira expedição. ◇ ~ **butai** 先遣部隊 A tropa avançada; o primeiro contingente.

senkétsú¹ 先決 A prioridade de decisão [solução]. ◇ ~ **mondai** 先決問題 O problema a resolver primeiro「é o dinheiro」.

senkétsú² 鮮血 O sangue fresco. *Kizuguchi kara ~ ga hotobashitta* 傷口から鮮血がほとばしった O sangue jorrou da ferida. A/反 Ikí-chí.

sénki¹ 戦記 A narrativa [história/o relato] de guerra. ◇ ~ **mono** 戦記物 Histórias de guerras. S/圓 Gúnki.

sénki² 戦機【E.】 A hora [O momento propício] para (dar) o ataque.

sénki³ 疝気【Med.】 Uma cólica (no baixo-ventre). [ことわざ] *Hito [Tanin] no ~ o zutsū ni yamu* 人[他人]の疝気を頭痛に病む Meter o nariz onde não é chamado [no que não lhe diz respeito].

senkíñ 千金【E.】 Muito dinheiro; a maior riqueza. ★ ~ *ni atai suru* 千金に値する Valer ~; não haver dinheiro que pague「tanta alegria」. ⇨ **ikkaku ~**. S/圓 Taíkíñ.

sénko 千古【E.】 a) A mais remota antiguidade; b) A eternidade. S/圓 Táiko. ⇨ eléñ; eíkyū.

senkō¹ 専攻 A especialização (acadé[ê]mica). *Go-wa nan desu ka* 御専攻は何ですか Qual é a sua ~? ★ ~ *suru* 専攻する Especializar-se [Tirar uma ~]「em História」. ◇ ~ **ka** 専攻科 O curso de ~. ~ **kamoku** 専攻科目 A matéria de ~. S/圓 Señshū².

senkō² 選考・銓衡 A escolha「para um cargo」; a sele(c)ção. ★ ~ *ni moreru* 選考に漏れる Não ser escolhido. ~ *suru* 選考する Escolher; selec(c)ionar. ◇ ~ **iinkai** 選考委員会 A comissão [O júri] de ~. ~ **kijun** 選考基準 O critério de ~. ⇨ señbátsú; señshútsú.

senkō³ 先行 O「sub.」preceder「o adj., em p.」[anteceder]; o ser o primeiro; o ir à frente. *Jidai ni ~ suru shisō* 時代に先行する思想 A ideia pioneira [avançada] para a época.

senkō⁴ 線香 (A varinha de) incenso. ★ ~ *o taku* 線香を焚く Queimar incenso. ◇ ~ **hanabi** 線香花火「a fama é como」O fogo de artifício (Brinquedo, lançado em frente de casa). **Ka-tori ~** 蚊取り線香 Uma espécie de ~ contra os mosquitos.

senkō⁵ 戦功 O mérito militar; o a(c)to de bravura no campo de batalha. ★ ~ *o tateru* 戦功を立てる Distinguir-se pela sua bravura no campo de batalha. S/圓 Kókō.

senkō⁶ 穿孔 A perfuração「com trado」. ★ ~ *suru* 穿孔する Perfurar; fazer [abrir] um furo; picotar「o cartão」. ◇ ~ **l** ~ 胃穿孔 ~ gástrica [do estômago]. ⇨ aná¹.

senkō⁷ 閃光 O relâmpago; o raio de luz. ★ ~ *o hanatsu* 閃光を放つ Relampejar [Relampaguear]; fulgurar; luzir. S/圓 Furásshu (+).

senkō⁸ 先攻【D/esp.】 O ser primeiro a jogar [bolar]. *Shiai wa waga-chūmu no ~ de hajimatta* 試合は我がチームの先攻で始まった No começo do jogo a bola foi nossa.

senkō⁹ 潜航【E.】 a) O ir debaixo da água (⇨ señsúí¹); b) O esconder-se. ★ *Chika ni ~ suru* 地下に潜行する Entrar na clandestinidade. ◇ ~ **katsudo** 潜行活動 A(c)tividade clandestina.

senkō¹⁰ 潜航 A viagem [navegação] submarina. ★ ~ *suru* 潜航する Viajar [Ir] em submarino. ◇ ~ **tei** 潜航艇 O submarino (⇨ señsúíkáñ).

senkō¹¹ 選鉱 A separação do minério. ★ ~ *suru* 選鉱する Separar minério.

senkóku¹ 宣告 A sentença; a declaração「do médico/árbitro」; o veredicto. ★ ~ *suru* 宣告する Sentenciar; dar a/o ~ [*Kare wa shikei o ~ sareta* 彼は死刑を宣告された Ele foi condenado à [a pena de] morte]. ◇ ~ **yūyo** 宣告猶予 A suspensão condicional da pena.

senkóku² 先刻 a) Há pouco tempo; ainda agora; agorinha; b) Já. *Sonna koto wa ~ shōchi da* そんな事は先刻承知だ Já sabia disso (há muito). ★ ~ *kara* 先刻から Desde há pouco tempo. S/圓 Imáshígátá (+); sakí-hódó (o); sákki (+).

sénkotsu 仙[薦]骨【Anat.】 O (osso) sacro.

sénku 先駆 a) O「carro」ir primeiro [à frente]; b) O ser pioneiro. ★ ~ *o nasu* [~ *to naru*] 先駆を成す[先駆となる] a) Ir primeiro; b) Ser o iniciador. ◇ ~ **sha** 先駆者 O pioneiro (iniciador)「da educação universitária」.

señ-kúchi 先口【G.】 O ser [chegar] primeiro.

senkú-sha 先駆者 ⇨ sénku.

señ-kyakú¹ 先客 A visita [O cliente] que chegou primeiro [antes de mim]. *Kare no tokoro ni wa ~ ga atta no de watashi wa matte ita* 彼の所には先客があったので私は待っていた Como ele estava com uma [outra] visita, eu fiquei à espera.

señ-kyakú² 船客 O passageiro (do navio). ◇ ~ **meibo** 船客名簿 A lista de ~. **Ittō** [**Ni-tō**] ~ 一等[二等]船客 ~ de primeira [segunda] classe.

senkyákú-bánrai 千客万来 A sucessão [chegada] interminável de clientes [visitas]. *Kono mise wa itsumo ~ da* この店はいつも千客万来だ Esta loja está sempre repleta [cheia] de clientes.

sénkyo¹ 選挙 A eleição; a votação. ★ ~ *ni katsu* [*makeru*] 選挙に勝つ[負ける] Vencer/Ganhar [Perder] as eleições. ~ *ni (utte) deru* 選挙に(打って)出る Candidatar-se. ~ *o okonau* 選挙を行う Ter [Realizar] eleições. *Gichō o ~ de erabu* 議長を選挙で選ぶ Escolher o Presidente「da Dieta」por ~. ◇ ~ **bi** 選挙日 A data das eleições. ~ **bōgai** 選挙妨害 A obstrução às [das] eleições. ~ **enzetsu** 選挙演説 O discurso (de propaganda) eleitoral. ~ **hōsō** 選挙放送 A transmissão da campanha eleitoral. ~ **ihan** 選挙違反 A fraude eleitoral. ~ **jō** 選挙場 O local de votação. ~ **kanri iinkai** 選挙管理委員会 A comissão administradora das eleições. ⇨ ~ **ken**. ~ **kōhō** 選挙公報 O boletim oficial dos resultados eleitorais. ~ **ku** 選挙区 O distrito eleitoral [*Dai* [*Chū*; *Shō*] ~ *ku sei* 大[中; 小]選挙区制 O sistema de grande [médio; pequeno] distrito eleitoral]. ~ **min** [**nin**] 選挙民[人] O eleitorado. ~ **posutā** 選挙ポスター Os cartazes de propaganda eleitoral. ~ **seido** 選挙制度 O sistema eleitoral. ~ **sen** 選挙戦 A campanha eleitoral. ~ **shikin** [**hi**] 選挙資金[費] Os fundos [custos] da campanha eleitoral. ~ **sokuhō** 選挙速報 A informação rápida dos resultados eleitorais. ~ **tachiainin** 選挙立会人 O fiscal de apuração de votos. ~ **undō** 選挙運動 A campanha eleitoral. ~ **undō-in** 選挙運動員 O propagandista [apoiante a(c)tivo] eleitoral. ~ **yūzei** 選挙遊説 A caravana eleitoral.

sénkyo[2] 占拠【E.】A ocupação. ★ ~ *suru* 占拠する Ocupar. ◇ ~ **chi** 占拠地 O território ocupado. **Fuhō** ~ 不法占拠 ~ ilegal. [S/同] Seńryṓ[1] (+).

seńkyṓ[1] 宣教 O trabalho missionário. ◇ ~ **shi** 宣教師 O missionário. [S/同] Fukyṓ; deńdṓ.

seńkyṓ[2] 戦況 A situação militar [da guerra]. ★ ~ *o hōjiru* 戦況を報じる Anunciar [Publicar] a ~. ⇨ seńkyókú.

seńkyó-ken 選挙権 O direito de voto.

seńkyókú 戦局 O andamento [A situação] da guerra. ~ *ga ippen shita* 戦局が一変した ~ mudou repentinamente. ⇨ seńkyṓ[2].

seńkyū́-gan [**úu**] 選球眼【Bas.】O ter olho para ver se a bola vem boa de [para] bater.

seńmáí-dṓshi [**óo**] 千枚通し (< sén[1] + máí[3] + tṓsu) O furador「de rima de papel」.

seń-mán 千万 Dez milhões. ★ *Issenman-ban-me no* 1千万番目の「O」décimo milionésimo「turista」.

seńméí 鮮明 A clareza; a nitidez. ★ ~ *na eizō* 鮮明な映像 A imagem nítida [clara]. ~ *ni kioku shite iru* 鮮明に記憶している Lembrar-se claramente; ter「o caso」vivo na memória. ~ *sa* 鮮明さ O grau [estado; A qualidade] de ~. ⇨ azáyaka.

seńméń 洗面 A lavagem do rosto; o lavar a cara. ★ ~ *suru* 洗面する … ◇ ~ **dai** 洗面台 O lavatório. ~ **dōgu** 洗面道具 Os aprestos para ~. ⇨ ~ **jo** [**ki**]. [S/同] Seńgáń[1].

seńméń-jó 洗面所 O lavatório [balneário].

seńméń-ki 洗面器 A bacia (para lavar o rosto).

seńmétsú 殲滅【E.】A aniquilação; o aniquilamento; o extermínio. [S/同] Minágóróshí (+).

seńmíń 選民 Os eleitos de Deus; o povo eleito [escolhido]. ◇ ~ **shisō** 選民思想 O elitismo. ⇨ eŕíto.

seńmṓ 繊毛【Zool.】O cílio. ◇ ~ **chū rui** 繊毛虫類 Os cilíferos; os ciliados; os ciliógrados. ~ **undō** 繊毛運動 O movimento ciliar.

seńmóń 専門 **1** [1つのことを研究すること] A especialidade. *Watashi wa seibutsugaku ga* ~ *da* 私は生物学が専門だ A minha ~ é biologia. ★ ~ *chigai* [*gai*] *no* 専門違い[外]のFora da ~. ~ *ka suru* 専門化する Especializar-se. ~ *no* [*teki na*] 専門の[的な] Especializado [*Nyūji* ~ *no byōin* 乳児専門の病院 O hospital pediátrico]. ◇ ~ **gakkō** 専門学校 A escola (de especialização) profissional [técnica]. ~ **go** 専門語 O termo técnico; a terminologia técnica. ~ **i** 専門医 O médico especialista. ~ **ka** 専門家 O especialista; o profissional. ~ **kamoku** 専門科目 A (matéria de) especialização. ~ **katei** 専門課程 O curso especializado; a especialização (⇨ seńkṓ[1]). ~ **kyōiku** 専門教育 O ensino especializado. ~ **shoku** 専門職 O trabalho especializado. ~ **ten** 専門店 A loja especializada. **2** [そればかりすること] O fazer uma coisa só. *Aitsu wa kuike* ~ *da* あいつは食い気専門だ Ele é só [Ele só sabe] comer.

sénmu 専務 **a**) A atribuição [O trabalho] principal; **b**) A superintendência. ◇ ~ **torishimari-yaku** 専務取締役 O dire(c)tor superintendente [executivo]; o administrador.

sénnai 船内 A bordo; dentro do navio. ★ ~ *itaru-tokoro* [*kumanaku*] 船内至る所[くまなく]「procurar」Da proa à popa; por todo o navio. [S/同] Sénchū[2]; seńjṓ[3]. [A/反] séngai[2].

seńnéń[1] 専念 A concentração; a aplicação; a dedicação. ★ ~ *suru* 専念する Concentrar-se; dedicar-se「ao apostolado」; aplicar-se「ao trabalho」. [S/同] Seńshíń[1].

seńnéń[2] 先年 Há uns anos; o ano passado; outro ano.

seńnín[1] 仙人 Um eremita lendário que vive nas montanhas.

seńníń[2] 専任 O serviço a tempo integral [inteiro]. ◇ ~ **kōshi** 専任講師 O professor efe(c)tivo. [A/反] Keńníń. ⇨ seńjū́[2].

seńníń[3] 先任 A antiguidade [prioridade]; o ser mais antigo「na carreira/função」. ◇ ~ **sha** 先任者 O predecessor. [S/同] Zeńníń.

seńníń[4] 選任 A nomeação (por escolha). ★ ~ *suru* 選任する Nomear「o secretário do partido」; escolher.

seńnṓ 洗脳 A lavagem ao cérebro. ★ ~ *suru* 洗脳する Fazer uma ~「aos ignorantes」.

seń-núkí 栓抜き (< …[3] + nukú) O abridor de garrafas; o saca-rolhas.

sénnyo 仙女 A ninfa; a fada.

seńnyū́ 潜入 A infiltração. ★ ~ *suru* 潜入する Infiltrar-se. *Kokunai ni* ~ *shita supai* 国内に潜入したスパイ O espião que se infiltrou no país.

seńnyū́-kan[**-shu**] [**úu**] 先入観[主] O preconceito; a ideia preconcebida. *Watashi ni wa kare wa kowai to iu* ~ *ga atta* 私には彼はこわいという先入観があった Eu tinha o ~ (de) que ele era um homem perigoso. ★ ~ *ni torawareru* 先入観に捉われる Deixar-se levar por ~s. ~ *o idaku* [*motsu*] 先入観を抱く[持つ] Ter preconceitos. ~ *o suteru* 先入観を捨てる Livrar-se de ~s.

seń'ṓ 専横 A arbitrariedade; o despotismo; a tirania. ★ ~ *na* 専横な「chefe」Arbitrário;「ministro」déspota;「marido」tirano. [S/同] Ṓbō (+).

se-nóbi 背伸び **1** [身長を高く伸ばす] O esticar [endireitar]-se. ★ ~ *shite tana kara hako o toru* 背伸びして棚から箱を取る Esticar-se [Pôr-se nas pontas dos pés] e tirar a caixa da prateleira. **2** [能力以上のことをすること] O querer fazer mais do que pode. ~(*o*) *shite otona no mane o suru no wa yame nasai* 背伸び(を)して大人のまねをするのはやめなさい Vá, não queira poder [ser] tanto como um adulto.

seńpáí[1] 先輩 O sénior; os maiores; o mais velho [antigo]; o superior; o veterano; o antecessor. *Kare wa watashi no daigaku no ni-nen* ~ *da* 彼は私の大学の2年先輩だ Ele é 2 anos mais velho (do) que eu [dois anos à minha frente] na faculdade. *Kono sekai de wa kare yori watashi no hō ga* ~ *da* この世

S

界では彼より私の方が先輩だ Neste mundo [campo/ramo de a(c)tividade] sou mais antigo (do que) ele. ★ ~ kaze o fukaseru 先輩風を吹かせる Assumir ares de superioridade; querer mostrar que é (o) ~. ~ zura o suru 先輩面をする Assumir uma atitude de superior.

senpái² 戦敗 A derrota na [O perder a] guerra. ◇ ~ koku 敗戦国 O país derrotado. S/同 Haísén (+). A/反 Senshō.

sénpaku¹ 船舶 O navio; o barco; a embarcação. ◇ ~ gaisha 船舶会社 A companhia de navegação. S/同 Fúne (+).

senpákú² 浅薄 A superficialidade; a frivolidade; a leviandade. ★ ~ na chishiki 浅薄な知識 O conhecimento superficial. ~ na hito 浅薄な人 A pessoa frívola/leviana. S/同 Keihákú (+).

senpan¹ 先般 O outro dia; há uns tempos. ★ ~ rai 先般来 Desde há algum tempo [~]. S/同 Kahán; konó aída.

senpan² 戦犯 (Abrev. de "sensō hanzai") O crime [criminoso] de guerra. ◇ E- kyū ~ A級戦犯 ~ da classe A.

senpátsú¹ 洗髪 A lavagem do cabelo. ★ ~ suru 洗髪する Lavar a cabeça [o cabelo]. ⇨ senGáhí².

senpátsú² 先発 a) O「avião」partir antes [primeiro]; b) O começar antes「a produzir computadores」. ★ ~ tai 先発隊 O contingente avançado; a tropa avançada. ~ tōshu 先発投手 O primeiro arremessador da partida (Bas.).

senpén-bánka 千変万化 A série de mudanças「do humor/a forma das nuvens」; o parecer [ser como] um caleidoscópio. ~ suru 千変万化する Estar sempre a mudar.

senpén-ichirítsú 千篇一律【E.】A monotonia; o estar sempre a contar a mesma história [a tocar o mesmo disco]; o bater na mesma tecla; o ser「um discurso」esteriotipado. ⇨ Ippónjoshi.

sénpi 戦費 As despesas da guerra.

senpó¹ 先方 **1**[相手] A outra parte; os outros. ★ ~ no ikō o tazuneru 先方の意向を尋ねる Perguntar a intenção da ~. S/同 Aíté (+). **2**[目的地] a) O destino; b) O destinatário. Nan-ji ni ~ ni tsukimasu ka 何時に先方に着きますか A que horas chegaremos ao destino? S/同 Mokutéki-chi.

senpó² 先峰 A vanguarda; a dianteira; a [o] ponta de lança; o líder. Kare wa kakuheiki hantai undō no ~ da 彼は核兵器反対運動の先鋒 Ele é o ~ do movimento contra as armas nucleares.

senpó³ 戦法 A tá(c)tica; a estratégia「de desgaste do inimigo」. ⇨ sénryaku; senryákú.

senpó⁴ 旋法【Mús.】O modo. ◇ Kyōkai ~ 教会旋法 ~ eclesiástico.

sénpu 先夫 O ex-[falecido] marido. ★ ~ to no ko 先夫との子 O filho do ~. A/反 Sensáí¹.

senpú 旋風 O re(de)moinho; o ciclone; o vendaval; o furacão; o tufão. Ano pianisuto wa kurashikku ongaku no sekai ni ichidai ~ o makiokoshita あのピアニストはクラシック音楽の世界に一大旋風を巻き起こした Aquele pianista fez grande sensação [causou/levantou um ~] no mundo da música clássica (com as suas interpretações). S/同 Tsumújíkaze.

senpú-ki [úu] 扇風機 O ventilador; a ventoinha.

senpúkú¹ 船腹 **1**[船の胴の部分] O casco (por fora) [porão (por dentro)] do navio. **2**[船の積載能力] A tonelagem [capacidade de carga] do navio.

senpúkú² 潜伏 **1**[隠れる事] O esconder-se; o andar escondido [fugido]. ★ ~ chū no hannin 潜伏中の犯人 O criminoso foragido [que anda fugido]. ~ suru 潜伏する Esconder-se; andar foragido. ⇨ kakúréru. **2**[病気の]【Med.】A latência; a incubação. ◇ ~ ki 潜伏期 O período de ~.

senrán 戦乱 A [Os distúrbios da] guerra. ★ ~ no yo 戦乱の世 O mundo em [abalado pela] guerra. S/同 Sénka².

senréi¹ 洗礼【Cri.】O ba(p)tismo. ★ ~ o hodokosu 洗礼を施す Administrar o ~; ba(p)tizar. ~ o ukeru 洗礼を受ける Receber o ~; ser ba(p)tizado. ◇ ~ mei 洗礼名 O nome cristão [de ~].

senréi² 先例 O precedente [exemplo anterior]. ★ ~ ga nai 先例がない Não ter precedente. ~ ni shitagau 先例に従う Seguir a praxe [o precedente]. ~ o tsukuru 先例を作る Estabelecer um precedente. ~ o yaburu 先例を破る Romper (com) a praxe. S/同 Zenréí (+).

senrén 洗練 O polimento; o refinamento. ★ ~ sareta 洗練された「um cavalheiro」Refinado [「estilo」Polido] [~ sareta mi no konashi 洗練された身のこなし O porte [Os modos] refinado [os]]. S/同 Akánúké.

senrétsú¹ 戦列 A linha de combate; a fileira de soldados em ordem de batalha. ★ ~ ni kuwawaru 戦列に加わる Ir para a linha de combate. ~ o [kara] hanareru 戦列を[から]離れる Deixar a linha de combate.

senrétsú² 鮮烈 O ter brilho [vida/nitidez]. ★ ~ na inshō o ukeru 鮮烈な印象を受ける Ter [Ficar com] uma impressão nítida [vívida/clara/inesquecível]. ⇨ azáyaka; hagéshíi.

sénri 千里 Mil "ri" (Medida itinerária equivalente a 3,927 km); uma longa distância. P/ことわざ ~ no michi mo ippo kara 千里の道も一歩から Devagar se vai ao longe/Grão a grão enche a galinha no papo/Se queres acabar, tens de começar. Akuji ~ o hashiru 悪事千里を走る A má notícia corre depressa.

senrí-gán 千里眼 A clarividência; a intuição; o olho de lince. Kare wa ~ da 彼は千里眼だ Ele é clarividente [vê à distância/tem olho de lince].

senrí-hín 戦利品 A presa [O troféu/Os despojos] de guerra. ⇨ ryakúdátsú.

senrítsú¹ 旋律 A melodia. S/同 Mérodï.

senrítsú² 戦慄【E.】O calafrio; o arrepio; o tremor. Sono hanashi o kiita dake de omowazu ~ ga hashitta その話を聞いただけで思わず戦慄が走った Senti calafrios [arrepios] só de ouvir essa história. ~ suru 戦慄する Sentir um ~. ~ subeki kōkei 戦慄すべき光景 A cena horrorosa [arrepiante/de arrepiar]. ⇨ furúérú; onónoku.

sénro 線路 A linha férrea; o trilho. ★ ~ o shiku 線路を敷く Assentar o/a ~. ◇ ~ kōfu 線路工夫 O trabalhador da construção de ~s. ~ kōji 線路工事 A construção [As obras] da ~. S/同 Kidō; rérú.

senróppon 千六本 O cortar em pedacinhos fininhos mas compridos. ★ Daikon o ~ ni kiru 大根を千六本に切る Cortar o nabo em…; esfiar nabo. ⇨ kúchíkú.

senryáku 戦略 A estratégia. ★ ~ jō 戦略上 Estratégico [Estrategicamente]. ~ jō no [teki na] yōsho 戦略上の[的な]要所 O ponto importante do [sob o] ponto de vista estratégico. ~ *o tateru* 戦略を立てる Ter [Descobrir] uma ~. ◊ **~ bakugeki** 戦略爆撃 O bombardeio [bombardeamento] estratégico. **~ busshi** 戦略物資 O material estratégico. **~ heiki** 戦略兵器 A arma estratégica. **~ ka** 戦略家 O estrategista [estrego/a]. ⇨ señjútsú.

señryo¹ 千慮 Vários [Mil] pensamentos. Pことわざ *Chisha ni mo ~ no isshitsu* 智者にも千慮の一失 Mesmo o sábio, entre os seus ~, pode ter algum errado. S/向 Jukkó (+); júkuryo.

señryo² 占領 A ocupação (militar). ★ ~ *suru* 占領する Ocupar. [*Hiroi heya o hitori de ~ suru* 広い部屋を一人で占領する Ocupar um quarto grande sozinho). *Tekikoku no ~ ka ni aru* 敵国の占領下にある Estar sob a ~ do (país) inimigo. ◊ **~ chi** 占領地 O território ocupado. **~ gun** 占領軍 As forças de ~. **~ koku** 占領国 O país ocupante. S/向 Sénkyo²; dokúséñ.

señryo² 染料 (⇨ señshókú) As tintas; os corantes; a tintura. ◊ **~ kōgyō** 染料工業 A indústria de tinturaria. **Gōsei [Tennen] ~** 合成 [天然] 染料 Os corantes sintéticos [naturais]. ⇨ chakúshókú; gañryó; peñkí.

sén-ryo³ 千両 Mil "ryō" (Antiga unidade monetária do Japão). **~ bako** 千両箱 A caixa [arca] para moedas de oiro. **~ yakusha** 千両役者 Um grande a(c)tor.

señryo⁴ 選良 [E.] **1** [選ばれたりっぱな人] Os escolhidos [homens bons]. **2** [代議士] O deputado [representante do povo]. S/向 Daígíshi (+).

señryoku 戦力 O poder militar.

señryū 川柳 Um verso humorístico (de 17 sílabas). ⇨ hakíku; kyóka³.

sénsā センサー (< Ing. sensor < L.) O sensor「de calor/velocidade」; a célula foto-elé(c)trica [fotovoltaica].

sénsa-banbetsu 千差万別【E.】A variedade infinita. *Hitokuchi ni jinsei to itte mo ~ da* ひとくちに人生と言っても千差万別だ A vida humana é muito variada, diferindo de pessoa para pessoa. ★ ~ *no kangae-kata* 千差万別の考え方 Mil [Infinitas] maneiras de pensar. ⇨ Iróiró (+).

señsai¹ 先妻 A ex-esposa. Ⓐ/反 Sénpu. ◊
señsai² 戦災 Os danos [A devastação] da guerra. ★ ~ *o kōmuru* [*manugareru*] 戦災を被る [免れる] Sofrer os/a [Escapar aos/à] ~. ◊ **~ chi** 戦災地 A terra devastada pela guerra. **~ koji** 戦災孤児 Os órfãos da guerra. S/向 Sénka¹.

señsai³ 繊細 **a)** O ser fino [esguio]; **b)** A delicadeza [fragilidade]. ★ **~ na shinkei** 繊細な神経 Os nervos delicados [fracos/sensíveis]. S/向 Deríkéto.

señsákú 詮索・穿鑿 O inquirir [espiar; esquadrinhar; meter o nariz (G.)]. *Kare wa tanin no koto o iroiro ~ suru no de, minna ni iyagararete iru* 彼は他人の事をいろいろ穿鑿するので、みんなに嫌がられているElé é um bisbilhoteiro [quer meter o nariz em tudo] e por isso ninguém gosta dele. ★ ~ *suru yō na metsuki de* 穿鑿するような目つきで Com olhos de querer ~. ~ *zuki na hito* 穿鑿好きな人 Um intrometido.

sénsasu センサス (< Ing. census < L.) O censo; o recenseamento (da população). S/向 Jiñkó-chōsa (+); kokúséí-chōsa (+).

señsei¹ 先生 **1** [教師] O professor; o mestre. ~ *koko o oshiete kudasai* 先生ここを教えて下さい Professor, explique-me isto (aqui) por favor. ★ ~ *o suru* 先生をする Ser professor; dar aulas. *Dansu no ~ ダンスの先生 ~ de dança.* S/向 Kyōfu; kyōshi; shidō sha. **2** [敬称] O doutor (Político, médico, pessoa respeitável). ~, *kanja no yōdai wa ikaga deshō ka* 先生、患者の容態はいかがでしょうか (señhor) Doutor, como está o doente? *Yamada ~, konnichi wa* 山田先生、こんにちは Boa tarde, Doutor Yamada. **3** [からかい・親しみの気持ちで人をさす言葉] O mestre [artista] (G.) (Exprime intimidade ou um certo desprezo). *Nani, ~ ga atama ga itai datte* 何、先生が頭が痛いだって Como? O nosso ~ está com dor de cabeça? S/向 Táishō; yátsu.

señsei² 宣誓 O juramento. *Kare wa seisei dōdō to tatakaimasu to ~ shita* 彼は正々堂々と戦いますと宣誓した Ele jurou lutar cumprindo todas as regras do jogo. ★ ~ *shite shōgen suru* 宣誓して証言する Depor sob juramento. ◊ **~ shiki** 宣誓式 A cerimó[ó]nia de ~. ⇨ chikáfu; yakúsókú.

señsei³ 専制 O absolutismo「real」(H.); a autocracia. ★ ~ *teki na* 専制的な Absoluto; autocrático. ◊ **~ kunshu** 専制君主 O monarca [rei] absoluto. **~ seiji** 専制政治 O governo absoluto; uma ~.

señsei⁴ 先制 O tomar a dianteira; a iniciativa. ★ **~ no hōmuran o utsu** 先制のホームランを打つ Marcar os primeiros pontos com uma volta completa (ao campo) (Bas.). ◊ **~ kōgeki** 先制攻撃 O ataque preventivo「aéreo」. **~ ten** 先制点 O primeiro ponto [golo (Futebol)].

señsei-jutsu 占星術 A astrologia [astromancia]. ◊ **Sensei-ka[-shi; -gakusha]** 占星家 [師; 学者] O astrólogo [astromante]. S/向 Hoshíúranai.

señséki¹ 戦績 O mérito [militar]; o (bom) resultado「da equipa de futebol neste campeonato」. ★ *Rippa na ~ o nokosu* 立派な戦績を残す Obter excelentes ~s. S/向 Sénka³.

señséki² 船籍 A nacionalidade [bandeira] do navio. ★ ~ *fumei no fune* 船籍不明の船 O navio de nacionalidade desconhecida. ~ *o tōroku suru* 船籍を登録する Regist(r)ar a ~. *Nihon ~ no fune* 日本船籍の船 O navio de [com a] bandeira japonesa. ◊ **~ kō** 船籍港 O porto de regist(r)o. ⇨ koséki¹.

señséñ¹ 宣戦 A declaração de guerra. ★ ~ *(fukoku) suru* 宣戦 (布告) する Declarar guerra「a」.

señséñ² 戦線 A frente; a linha de batalha [combate; fogo]. ★ ~ *ni iku* [*tatsu*] 戦線に行く [立つ] Ir para a [Estar na] ~. ~ *o haru* 戦線を張る Fazer uma frente. ◊ **Jinmin ~** 人民戦線 A frente popular. **Kyōdō ~** 共同戦線 A frente comum.

señséñ- 先先 Antes do último [passado]. ◊ **~ getsu** 先々月 Há dois meses. **~ shū** 先々週 Há [Faz] duas semanas. ⇨ sén⁴.

señséñ-kyōkyō 戦戦恐恐 [兢兢] 【E.】Amedrontado; caladinho [cheiinho] de medo; todo temeroso. ★ ~ *to shite iru* 戦々恐々としている Estar ~ [*Itsu chichi ga okoridasu ka to kazoku zen'in ~ to shite ita* いつ父が怒り出すかと家族全員戦々恐々としていた A família estava sempre temerosa por causa das explosões (de ira) do pai]. S/向 Bíkubiku (+).

señséshoñ [ée] センセーション (< Ing. sensation < L.) A sensação. ★ *Ichidai ~ o maki-okosu* 一大センセーションを巻き起こす Provocar uma grande ~. ⇨ hañnó¹.

señséshoñaru [ée] センセーショナル (< Ing. sensational < L.) Sensacional. ★ ~ *na dekigoto* センセー

ショナルな出来事 O acontecimento ～.

sénsha[1] 戦車 O tanque de guerra; o carro blindado; o carro de combate [assalto]. ◇ **～ tai** 戦車隊 O corpo de tanques. ⇨ sṓkṓ[3] ◇.

seńshá[2] 洗車 A lavagem do carro. ★ ～ *suru* 洗車する Lavar o carro. ◇ **～ jō** 洗車場 O posto [lugar] para lavar carros.

sénshí[1] 戦士 **a**) O「túmulo do」soldado「desconhecido」; o combatente; o guerreiro; **b**) O combatente [lutador/campeão]「da liberdade」. ⇨ héishi[1].

seńshí[2] 戦死 A morte na guerra; a morte no campo de batalha [luta; combate]. ★ ～ *suru* 戦死する Morrer na/o… *Meiyo no ～ o togeru* 名誉の戦死を遂げる Morrer gloriosamente [no campo de batalha]. ◇ **～ sha** 戦死者 O soldado morto na guerra. **～ sha meibo** 戦死者名簿 A lista dos mortos em combate. [S/同] Seńbótsú.

sénshi[3] 戦史 A história militar [da guerra]. ★ ～ *ni nokoru* 戦史に残る Ficar (regist(r)ado) na ～.

sénshi[4] 先史 A pré-história. ◇ **～ gaku** 先史学 ～ (como estudo/ciência). **～ jidai** 先史時代 A era pré-histórica.

seńshíń[1] 専心 A dedicação; a aplicação. ★ *Shigoto ni ～ suru* 仕事に専心する Dedicar [Aplicar]-se ao trabalho. *Ichi-i ～ gakumon ni hagemu* 一意専心学問に励む Devotar-se inteiramente [Dedicar-se só] ao estudo. [S/同] Seńnéń[1]. ⇨ shū́chū́.

seńshíń[2] 先進 O avanço; o desenvolvimento; o adianto. ◇ **～ kogyōkoku** 先進工業国 O país industrializado. **～ koku** 先進国 O país desenvolvido. [A/反] Kṓshíń.

seńshítsú 船室 O camarote (de navio). ◇ **Tokutō [Ittō; Nitō] ～** 特等 [一等; 二等] 船室 ～ especial [de primeira (classe); de segunda]. [S/同] Kyábin.

seńshṓ[1] 戦勝 A vitória (na guerra). ★ ～ *o iwau* 戦勝を祝う Celebrar a ～. ◇ **～ kinenbi** 戦勝記念日 A data comemorativa da ～. **～ koku** 戦勝国 O país vitorioso. [A/反] Haíséń; seńpáí[2].

seńshṓ[2] 先勝 A vitória na primeira luta; o ganhar o primeiro jogo. ★ ～ *suru* 先勝する …

seńshókú 染色 (⇨ seńryṓ[2]) A tintura. ★ ～ *suru* 染色する Tingir. ◇ ⇨ **～tai**.

seńshókú-táí 染色体【Biol.】O cromossoma/o. ◇ **～ ijō** 染色体異常 A aberração dos ～s.

sénshu[1] 選手 O jogador; o atleta. *Kare wa sakkā no ～ de aru* 彼はサッカーの選手である Ele é futebolista [jogador de futebol]. ◇ ⇨ **～ ken**. **～ mura** 選手村 A aldeia olímpica [dos atletas]. **～ sensei** 選手宣誓 O juramento do atleta.

sénshu[2] 先取 O fazer [tomar] primeiro. ★ ～ *suru* 先取する Fazer primeiro. ◇ **～ tokuten** 先取得点 O primeiro ponto.

sénshu[3] 船首 A proa (de navio). ★ ～ *o mukeru* 船首を向ける Virar a proa「para」. [A/反] Sénbi[1].

sénshu[4] 船主 O proprietário de um navio. [S/同] Funá-nushi (+).

seńshū́[1] 先週 A semana passada; a última semana. *Kare wa ～ no kyō, Nihon o shuppatsu shita* 彼は先週の今日, 日本を出発した Ele partiu do Japão há exa(c)tamente uma semana. ★ ～ *no getsuyōbi ni* 先週の月曜日に Na segunda-feira (da semana) passada. ⇨ końshū́[1]; raíshū́[1].

seńshū́[2] 専修 A especialização. ★ ～ *suru* 専修する Especializar-se「em l.」. ◇ **～ ka** 専修科 O curso de ～. [S/同] Seńkṓ[1].

seńshū́[3] 選集 A antologia. ◇ **Po-shi ～** 葡詩選集 Uma ～ de poesia portuguesa.

seńshū́[4] 千秋【E.】O tempo muito longo; mil anos; a eternidade. ★ *Ichi-jitsu ～ no omoi de aru* 一日千秋の思いである「na ânsia de ver o filho」Um dia parecer uma ～. ◇ ⇨ **～raku**.

seńshú-ken 選手権 (⇨ sénshu[1]) O campeonato; o título. ★ ～ *o bōei suru* 選手権を防衛する Defender o título. ～ *o ushinau [kakutoku suru]* 選手権を失う[獲得する] Perder [Conquistar] o título. ◇ **～ hojisha** 選手権保持者 O campeão; o detentor do título. **～ jiai** 選手権試合 O campeonato; a luta pelo título.

seńshū́-raku [úu] 千秋楽 (⇨ seńshū́[4]) O último dia「do campeonato de sumô」.

seńshútsú 選出 A eleição; a escolha. ★ ～ *suru* 選出する Eleger; escolher. *Tōkyō-to ～ no giin* 東京都選出の議員 Os deputados eleitos pela [na] Metrópole de Tokyo. [S/同] Seńbátsú; sénkyo[1].

seńsṓ[1] 戦争 A guerra. ★ ～ *chū [jōtai] de aru* 戦争中 [状態] である Estar em (estado de) ～. ～ *de shinu* 戦争で死ぬ Morrer na ～. ～ *ni iku* 戦争に行く Ir para a ～. ～ *ni katsu [makeru; yabureru]* 戦争に勝つ[負ける; 敗れる] Ganhar [Perder] a ～. ～*(o) suru* 戦争(を)する Fazer guerra; guerrear; combater; pegar em armas. ◇ **～ bungaku [eiga]** 戦争文学[映画] A literatura [O filme] de ～. **～ giseisha** 戦争犠牲者 A vítima de ～. **～ hanzai** 戦争犯罪 O crime de ～. **～ hanzai-nin** 戦争犯罪人 O criminoso de ～. **～ hōki** 戦争放棄 A renúncia à ～. **Keizai ～** 経済戦争 Uma ～ econó[ô]mica (com outro país). **Kōtsū ～** 交通戦争 ～ do trânsito. **Sekai ～** 世界戦争 ～ mundial. [S/同] Ikúsá; tatákáí.

seńsṓ[2] 船倉 [艙] O porão (do navio). ★ *Kamotsu o ～ ni ireru* 貨物を船倉に入れる [Pôr] Acomodar a carga no ～.

seńsṓ[3] 船窓 A portinhola [vigia] (do navio).

seńsókú 船側 O costado [lado/flanco] do navio. ◇ **～ watashi** 船側渡し Entregue [Livre de despesas] no costado do navio; FAS.

seńsú[1] 扇子 O aban(ic)o; o leque. ★ ～ *de aogu* 扇子であおぐ Abanar (com) o ～. ⇨ ṓgí[1].

sénsu[2] センス (< Ing. sense < L.) O senso; o gosto. *Kare wa fuku no ～ ga yoi* 彼は服のセンスが良い Ele tem bom gosto na escolha do traje. ★ ～ *no aru kaiwa o suru* センスのある会話をする Saber conversar. *Yūmoa no ～ ga aru* ユーモアのセンスがある Ter senso de humor.

seńsúí[1] 潜水 A submersão; o mergulho. ★ ～ *suru* 潜水する Mergulhar. ◇ **～ bō [fuku]** 潜水帽[服] O capacete de mergulho [O escafandro]. **～ bokan** 潜水母艦 O navio-depósito [-abastecedor] de submarinos. **～ byō** 潜水病 O mal-dos-mergulhadores. ⇨ **～ fu [kan]**. **～ gu** 潜水具 Os apretos para mergulhar.

seńsúí[2] 泉水 A fonte; o chafariz; o laguinho de jardim. ⇨ fuńsúí; izúmí.

seńsúi-fu 潜水夫 O mergulhador; o escafandrista.

seńsúi-káń 潜水艦 O submarino.

seńsúru 宣する ⇨ seńgén; seńkókú.

séntā センター (< Ing. center < L.) **1** [スポーツの] O centro. ◇ **～ furai** センターフライ (Bas.) A bola batida para o ～ do campo. **～ fowādo [hāfu]** センターフォワード[ハーフ] O avançado-centro [médio]. **～ rain** センターライン A linha do ～. **2** [施設] O centro. ◊ **Kokuritsu gan ~** 国立がんセンター ~ Nacional de Oncologia [do cancro/do câncer]. **Shoppingu ~** ショッピングセンター ~ comercial. **Supōtsu ~** スポーツセンター ~ (d)esportivo. S/同 Shísetsu.

sentái[1] 船体 O casco de navio.

sentái[2] 船隊 A frota (de navios). ◊ **Hogei ~** 捕鯨船隊 A frota de baleeiros. S/同 Sendán[1].

sentái[3] 戦隊 A esquadra [armada] (de navios de guerra). ⇨ kántai[3].

sentái[4] 蘚苔【Bot.】O musgo; a briófita. ◊ **~ gaku** 蘚苔学 A briologia. **~ shokubutsu** 蘚苔植物 As briófitas. ⇨ koké[1].

sentákú[1] 洗濯 A lavagem da roupa. *Kono fuku wa ~ de chijinde shimatta* この服は洗濯で縮んでしまった Esta peça (de roupa) encolheu com a lavagem. **~ ga kikanai nuno** 洗濯がきかない布 O tecido [pano] não lavável. **~ ni dasu** 洗濯に出す Mandar para lavar. **~ (o)suru** 洗濯(を)する Lavar (a) roupa. ◊ **~ basami, ~ dai** 洗濯代 O preço de ~. **~ ki [mono; ya], ~ sekken** 洗濯石鹸 O sabão para a roupa. **~** aráu.

sentákú[2] 選択 A escolha; a opção. ★ **~ ni mayou** [*kurushimu*] 選択に迷う[苦しむ] Não saber qual [que] escolher. **~ no yochi ga nai** 選択の余地がない Não ter (outra) escolha. **~ o ayamaru** 選択を誤る Escolher mal; errar [enganar-se] na escolha. **~ suru** 選択する Escolher; optar「por」. ◊ **~ ken** 選択権 O direito de opção. ⇨ **shusha ~**. S/同 Sentétsu[2]. A/反 erábu.

sentáku-básami 洗濯挟み (<…[1] + hasámi) A mola da roupa (a secar).

sentákú-ki 洗濯機 A máquina de lavar roupa. ◊ **Zenjidō ~** 全自動洗濯機 ~ toda automática.

sentákú-monó 洗濯物 A roupa suja [para lavar]; a roupa lavada. **~ o hosu** 洗濯物を干す Pôr a roupa a secar.

sentákú-yá 洗濯屋 A lavanda[e]ria. ⇨ kurńningu.

sentán[1] 先[尖]端 **a)** A ponta「do dedo/lápis」; a extremidade; **b)** A primeira linha; a vanguarda; a ponta de lança. ★ **~ teki na** 先端的な Ultramoderno;「a medicina」de vanguarda;「a tecnologia」 de ponta. *Jidai no ~ o iku* 時代の先端を行く Ser inovador; adiantar-se à época. *Misaki no ~* 岬の先端 A extremidade do cabo; a ponta do promontório. ◊ **Sai ~** 最先端 A vanguarda;「o ser」ponta de lança. ⇨ sentó[1]; tottán.

sentán[2] 戦端【E.】As hostilidades. ★ **~ o hiraku** 戦端を開く Iniciar as ~ [a guerra].

sentā-óbu-ékuserensu センターオブエクセレンス (< Ing. center of excellence < L.) Um grande instituto [centro] de investigação (de fama mundial).

senté 先手 **a)** A primeira jogada「do xadrez」; o primeiro a jogar; **b)** A antecipação; a iniciativa. ★ **~ o utsu** 先手を打つ Antecipar [Adiantar]-se; tomar a iniciativa. A/反 Goté.

sentéi[1] 剪定 A poda「da vinha」. ★ **~ suru** 剪定する Podar「árvores」. ◊ **~ basami**.

sentéi[2] 選定 A sele(c)ção; a escolha「de livros」. ★ **~ suru** 選定する Selec(c)ionar; escolher. ◊ **~ kijun** 選定基準 O critério de ~. ⇨ Sentákú[2].

sentéi[3] 先帝 O ex-imperador (Falecido).

sentéi[4] 船底 O fundo do navio; o porão. S/同 Funá-zókó (+).

sentéi-básami 剪定鋏 (<…[1] + hasámi) A tesoura (grande) da/e poda.

sentétsu[1] 先哲 O antigo mestre; o sábio. ◊ **~ sai** 先哲祭 A cerimó[ô]nia de homenagem aos (nossos) ~ s.

sentétsu[2] 銑鉄 O ferro gusa [ainda em bruto].

sénto 遷都【E.】A transferência [mudança] da Capital. S/同 Miyákó-útsuri.

sentō[1] 先頭 A vanguarda; a frente; a testa; a cabeceira; o comando; a liderança; a dianteira. ★ **~ ni tatte aruku** 先頭に立って歩く Ir [Andar] à frente de todos. *o kitte hashiru* 先頭を切って走る Correr à frente de todos. ◊ **~ dasha** 先頭打者 O primeiro batedor (Bas.). S/同 Sakí. A/反 Kóbi.

sentō[2] 戦闘 A batalha; o combate; a luta. ★ **~ teki na** 戦闘的な Combativo. ◊ **~ bakugeki-ki** 戦闘爆撃機 O caça-bombardeiro. **~ fuku** 戦闘服 O traje de combate; o camuflado. **~ in** 戦闘員 O combatente. **~ jōtai** 戦闘状態 O estado de guerra. **~ ki** 戦闘機 O avião de combate [O caça]. **~ ryoku** 戦闘力 A força combativa.

sentō[3] 尖塔 O pináculo「do templo」; o campanário; a torre sineira [de igreja].

sentō[4] 銭湯【G.】O banho público (Há muitos, mas já houve mais). S/同 Furóya; kóshū-yókujō.

sentóbánádó-kén セントバーナード犬 O são-bernardo (Cão de raça, adestrado pelos monges do Convento de S.Bernardo, nos Alpes).

sentórárú-hītingu [ii] セントラルヒーティング (< Ing. central heating) O aquecimento central. S/同 Shūchū-dánbō.

se-nukí 背抜き (<…[1] +nukú)「casaco」Sem forro e aberto atrás.

sen'ún 戦雲【E.】As nuvens [O perigo] de guerra. I/慣用 **~ kyū o tsugeru** 戦雲急を告げる As ~ adensam-se. ⇨ sensó[1].

sén'ya 先夜 Outra noite; uma destas noites.

sen'yákú 先約 O compromisso prévio/anterior. *Kyō wa ~ ga arimasu* 今日は先約があります Hoje já tenho um [outro] compromisso. ⇨ yakúsóku.

sen'yō 専用 O uso exclusivo [privativo]. ◊ **~ ki** [**sha**]. **Hokōsha ~ dōro** 歩行者専用道路 A rua só para peões [pedestres]. A/反 Kyōyō. ⇨ dokúsén; sen'yū[3].

sen'yō-ki [óo] 専用機 O avião particular.

sen'yō-sha [óo] 専用車 O carro particular.

sen'yū[1] 戦友 O companheiro de armas.

sen'yū[2] 占有 A ocupação「do terreno/da casa」; a posse. **~ suru** 占有する Ocupar; tomar posse. ◊ **~ butsu** 占有物 Uma posse. **~ ken** 占有権 O direito de posse. ⇨ Hoyú; shoyú.

sen'yū[3] 専有 A posse exclusiva; o monopólio. ★ **~ suru** 専有する Ter a ~; monopolizar. ◊ **~ sha** 専有者 O proprietário exclusivo. S/同 Dokúsén. A/反 Kyōyū.

senzái[1] 洗剤 O detergente. ◊ **Chūsei ~** 中性洗剤 ~ neutro. ⇨ sekkén[1].

senzái[2] 潜在 A potencialidade [possibilidade]; a latência; a dormência. ★ **~ suru** 潜在する Ser「uma força/influência/um perigo」latente [dormente]. ◊ **~ ishiki** 潜在意識 (Psic.) O subconsciente. **~ kanja** 潜在患者 O doente afe(c)tado (por doença) mas que não tem sinais (dela). **~ shitsugyō** 潜在失業 O desemprego invisível (mas real). A/反 Keńzai.

senzái³ 千載【E.】Mil anos. ⟨I/慣用⟩ ~ *ichigū no kōki* 千載一遇の好機 Uma oportunidade única.

senzán-kō 穿山甲【Zool.】O pangolim; o tamanduá; o papa-formigas; o formigueiro; *manis pentadactyla*.

senzén 戦前 Antes da guerra. ⟨A/反⟩ Sengó.

sênzo 先祖 Os antepassados. *Kare no ~ wa kizoku datta* 彼の先祖は貴族だった — dele eram nobres. ★ ~ *daidai no haka* 先祖代々の墓 O túmulo dos「da família」. ~ *denrai no takara* 先祖伝来の宝 O tesouro de família [transmitido de geração em geração]. ⟨S/同⟩ Sósen. ⟨A/反⟩ Shíson.

senzóku 専属 O pertencer exclusivamente「a」. ★ *Wagasha ~ no haiyū* 我が社専属の俳優 O a(c)tor exclusivo da nossa companhia「de kabuki」. ~ *keiyaku* 専属契約 O contrato de exclusividade. ⇨ senjū²; senníń².

seoí-náge 背負い投げ a) O golpe de judo que consiste em lançar ao chão o adversário usando as costas como alavanca; b) O atraiçoar [abandonar]「um amigo」. ⟨S/同⟩ Seoínáge.

se-óu 背負う **1**［背中に乗せる］Carregar [Levar]「um grande saco」às costas. *Kodomo o seotte kaimono ni iku* 子供を背負って買い物に行く Ir às compras com a criança às costas. **2**［責任をおう］Assumir a responsabilidade. ★ *Jūnin to kare hitori ni seowaseru* 重任を彼一人に背負わせる Carregar「não é bom」. ★ *Yamanami o seotte tatsu* 山並みを背負って立つ「a casa」Ter monte por trás. ⟨S/同⟩ Shoú. **3**［背後に置く］Ter por trás [nas costas]. ★ *Yamanami o seotte tatsu* 山並みを背負って立つ「a casa」Ter monte por trás.

separétsu［ee］セパレーツ (< Ing. separates < L.) O fato de duas peças. ★ ~ *no mizugi* セパレーツの水着 O fato de banho de duas peças; o "bikini".

sépia セピア (< Ing. < L. sepia) A sépia. ★ ~ *iro no* セピア色の Da cor de ~「Castanho escuro」.

seppáku 切迫 **a)** O aperto; a urgência; a iminência「da partida」; **b)** A tensão「entre os dois países」. ★ ~ *suru* 切迫する Aproximar-se; estar iminente [à porta]; apertar. ★ ~ *shita jitai* 切迫した事態 A situação tensa. ◇ ~ *kan* 切迫感 A sensação de urgência. ⟨S/同⟩ Kínpáku. ⇨ sashí-sémaru.

seppán 折半 A divisão ao meio. ★ ~ *suru* 折半する Dividir ao meio [a meias]「*Watashi wa kare to rieki o* ~ *shita* 私は彼と利益を折半した Eu dividi os lucros a meias com ele」. ⟨S/同⟩ Nitóbún.

seppá-tsúmaru 切羽詰まる【G.】Ser encostado à parede; estar num grande aperto. ★ *Seppatsumatte hakujō suru* 切羽詰まって白状する Confessar à força [depois de o apertarem].

séppō 説法 A prédica; o sermão. ⟨P.とわざ⟩ *Shaka ni* ~ 釈迦に説法 Ensinar o pai-nosso ao vigário (Lit. o sermão a Buda). ⟨S/同⟩ Sekkyō (+).

seppúku 切腹 O suicídio por estripação. ★ ~ *suru* 切腹する Praticar o ~. ⟨S/同⟩ Hará-kíri.

seppún 接吻 O beijo; o ósculo. ★ ~ *suru* 接吻する Beijar; dar um ~. ⟨S/同⟩ Kísu; kuchí-zúke.

sērā［ee］セーラー (< Ing. sailor) O marinheiro. ◇ ~ **fuku** セーラー服 O「estar」vestido à [de] ~ (Comumente usado como uniforme escolar pelas estudantes do ensino secundárro). ⟨S/同⟩ Súifu (+).

serámikkusu セラミックス (< Ing. ceramics < Gr.) A cerâmica.

séren セレン【Quím.】O selé[ê]nio (Se 34). ◇ ~ **seiryūki** セレン整流器 O rectificador de ~.

serenáde[serénado]［áa］セレナーデ [セレナード]【Mús.】A serenata. ⟨S/同⟩ Sayókyoku.

seri¹ 芹【Bot.】a) A salsa japonesa; b) A filipêndula; *oenanthe javanica*. ◇ **Oranda-zeri** オランダ芹 ⇨ páseri.

serí² 競り【Econ.】O leilão; a licitação. ★ ~ *ni dasu* [*kakeru*] 競りに出す[かける] Leiloar. ◇ ~ **ichi** 競り市 O local [mercado] de leilão. ⟨S/同⟩ Kyōbái.

serí-ágeru 競り上げる (< *séru¹* + …) Elevar o lance no leilão. ⇨ serí-ótósu[-úri].

serí-ái 競り合い (< serí-áu) A competição. ★ ~ *ni naru* 競り合いになる Transformar-se em ~. ⟨S/同⟩ Haríai; kyōsō (+).

serí-áu 競り合う (< *séru¹* + …) Competir「na corrida de automóveis」. ⟨S/同⟩ Haríau; kyōsō súrú (+).

serí-dáshi 迫り出し (< serí-dásu) **1**［押し上げて出す事］O deitar para fora「a barriga」. ⟨S/同⟩ Oshídáshi. **2**【Arqui.】O alçapão (no chão do palco).

serí-dásu 迫り出す **1**［突き出る］Deitar (Sair) para fora. ★ *O-naka ga* ~ おなかが迫り出す Ganhar barriga; ter a barriga saída [grande]. ⟨S/同⟩ Tsukí-déru. **2**［芝居の舞台で］Aparecer no palco pelo alçapão.

serifú 台詞・科白 **1**［劇中の言葉］O papel; a fala. ★ ~ *o oboeru* 台詞を覚える Aprender o papel. ~ *o tochiru* 台詞をとちる Atrapalhar-se no/a ~. ◇ ~ **mawashi** 台詞回し A elocução [declamação] teatral. ⇨ bōhákú; dokúhákú. **2**［ものの言い方］A palavra; o que se diz. *Sore ga oya ni mukatte iu ~ ka* それが親に向かって言う台詞か Como te atreves a dizer isso [uma coisa dessas] a teus pais? ★ *Doko ka de kiita yō na* ~ どこかで聞いたような台詞 Uma coisa que nos parece já ter ouvido (em qualquer parte). ⇨ ígúsá.

serí-ótósu 競り落とす (< *séru¹* + …) Ganhar [Comprar] em leilão.

seríumu セリウム【Quím.】O cério (Ce 58).

serí-úri 競り売り (< *séru¹* + urú) O leilão; a licitação. ★ ~ *suru* 競り売りする Leiloar; licitar. ⟨S/同⟩ Kyōbái (+); serí¹.

séro セロ (< Ing. cello)【Mús.】O violoncelo. ⟨S/同⟩ Chéro (+).

sérohan セロハン (< Fr. cellophane) O celofane. ◇ ~ **shi** セロハン紙 O papel celofane. **Sero**(**han**) **tēpu** セロ(ハン)テープ A fita plástica [adesiva de ~].

séron 世論 A opinião pública. ⟨S/同⟩ Yóron (+).

sérori セロリ (< Ing. celery)【Bot.】O aipo; *apium graveolens* var. *dulce*.

serotépu[ee]セロテープ (商標) A fita plástica [adesiva de celofane]. ⟨S/同⟩ Seróhán tépu.

séru¹ 競る Competir; disputar; leiloar. ⇨ kyōbái ◇; serí-áu.

séru² セル (< Hol. serge) A sarja「de seda, para kimono」. ⇨ sáji.

serúfu-sábisu［áa］セルフサービス (< Ing. self-service) O「restaurante de」auto-serviço.

serúfu-táima セルフタイマー (< Ing. self-timer) O disparador [regulador] automático.

serúroido セルロイド (< Ing. celluloid) A celulóide「da armação dos meus óculos」.

serúrōzu［óo］セルローズ (< Ing. cellulose)【Quím.】A celulose (das plantas).

sērusu［ee］セールス (< Ing. sales) A venda. ★ *Ku-*

ruma no ~ *o suru* 車のセールスをする Vender carros. ◇ **~ man** セールスマン O vendedor; o agente de vendas. **~ pointo** セールスポイント O ponto forte「da nova marca」. [S/同] Hańbáí (+).

seryṓ 施療 O tratamento médico gratuito.

sesáí 世才 A esperteza; o conhecimento do mundo [da vida].

sesékómáshíi せせこましい【G.】 **1** [狭苦しい] Pequeno; limitado; apertado. ★ ~ *heya* せせこましい部屋 O quarto apertado. ⇨ semái; semákúrú-shíi. **2** [こせこせした] Inquieto; niquento; picuinhas (G.); difícil de contentar. ★ ~ *ningen* せせこましい人間 A pessoa ~ [de vistas estreitas]. [S/同] Kósekose shita (+).

sesérágí せせらぎ【E.】**a**) O arroio; o riacho(zinho); **b**) O murmúrio [ruído] de riacho.

sesérawáráí せせら笑い (< sesérawáráu)【G.】O sorriso zombeteiro [de desprezo/de mofa/de escárnio]. ★ ~ *o suru* せせら笑いをする Sorrir com desprezo. [S/同] Azákérí (+); reíshṓ.

sesérawáráu せせら笑う【G.】Rir zombeteiramente; sorrir com desprezo; zombar; mofar; escarnecer.

seséru 挵る Tirar; palitar「os dentes」(⇨ ha¹).

seshíméru せしめる【G.】Bifar「mil yens ao colega」; deitar a unha「ao que é dos outros」. ★ *Manma to* ~ まんまとせしめる Bifar「o dinheiro todo」sem dificuldade.

seshú 施主 **a**) O que preside ao funeral (⇨ moshú); **b**) O que faz uma oferenda「ao templo budista」; **c**) A (empresa) construtora「de um prédio」. [S/同] Sekṓnushi.

seshū́ 世襲 O ser「um título」hereditário. ◇ **~ sei** 世襲制 O sistema hereditário.

sesíumu セシウム【Quím.】O césio (Cs 55).

sesṓ 世相 **a**) Uma fase [Um aspecto] da vida; **b**) Os sinais dos tempos; **c**) As condições sociais. ★ *Gendai no* ~ *o han'ei suru jiken* 現代の世相を反映する事件 Um acontecimento que refle(c)te a sociedade a(c)tual [que é um sinal dos tempos].

sessákú 拙策【E.】**a**) O trabalho malfeito; **b**) (Cor.) O meu modesto [pobre] trabalho.

séssa-tákuma 切磋琢磨【E.】**a**) O aprimoramento diligente/contínuo「do cará(c)ter」; **b**) A emulação「no estudo, entre amigos」. ★ ~ *suru* 切磋琢磨する Aprimorar-se; emular「o amigo」.

sesséí¹ 摂生 O cuidado da [com a] saúde; ter um regime; o regime. ★ ~ *suru* 摂生する Cuidar da saúde. ◇ **Fu ~** 不摂生 O descuido [A negligência] com a saúde. [S/同] Yṓjṓ.

sesséí² 節制 A temperança; a moderação「no comer」; o comedimento. ★ ~ *suru* 節制する Moderar-se; ser comedido. *Enbun o* ~ *suru* 塩分を節制する Moderar-se no [Pôr menos] sal. ⇨ hikáéru.

sessén¹ 接戦 A luta encarniçada [corpo-a-corpo]; a batalha renhida; o desafio「de futebol」renhido [perigoso]. ★ ~ *no sue katsu* 接戦の末勝つ Vencer após uma luta renhida [encarniçada].

séssen² 接線【Geom.】A tangente; a linha tangencial.

séssen³ 雪線 A linha das neves perpétuas.

sésse-to せっせと Diligentemente; duramente; sem parar. ★ ~ *kane o tameru* せっせと金を貯める Não parar de juntar dinheiro. [S/同] Hitásúrá.

sesshá 接写 A fotografia de perto [de/em primeiro plano]; o instantâneo.

sésshi 摂氏 (< Celsius, antr.) Centígrado; célsius (+). ★ ~ *jū-do no mizu* 摂氏 10 度の水 A água a 10°C [graus ~]. ◇ **~ kandankei** 摂氏寒暖計 O termó[ô]metro na escala centesimal [Celsius]. ⇨ káshi⁶.

sesshṓ¹ 折衝 A negociação. ★ ~ *o kasaneru* 折衝を重ねる Ter várias negociações「entre os dois países」. ~ *suru* 折衝する Negociar. [S/同] Dánpan; kṓshṓ (+).

sésshō² 殺生 **a**) A destruição da vida; o matar; **b**) A crueldade. *Sore wa amari ni* ~ *da* それはあまりに殺生だ Isso é muito cruel [Você está a ser cruel comigo]. ★ ~ *na* 殺生な Cruel. ⇨ zańkókú.

sésshō³ 摂政【A.】O regente「D. Pedro」; a regência. ★ ~ *no miya* 摂政の宮 O Príncipe Regente. ~ *o oku* 摂政を置く Instaurar uma ~. ⇨ kánpaku.

sesshókú¹ 接触 **1** [人との] O conta(c)to; a ligação; a conexão; a relação. *Watashi wa dekiru dake kare to no* ~ *o sakete iru* 私はできるだけ彼との接触を避けている Estou evitando tanto quanto possível o ~ com ele. ★ ~ *o tamotsu* [*tatsu*] 接触を保つ [断つ] Manter [Cortar] a/o ~. ~ *suru* 接触する Ter [Entrar em] conta(c)to. ⇨ kańkéí¹; sessúrú¹. **2** [物体の] O toque; o conta(c)to; a batida; a colisão. ★ ~ *saseru* 接触させる Ligar. ~ *suru* 接触する Conta(c)tar; tocar; bater; colidir [*Kare no kuruma ga basu ni* ~ *shita* 彼の車がバスに接触した O carro dele bateu no autocarro [teve uma pequena colisão com o ônibus]]. ◇ **~ jiko** 接触事故 O acidente de batida; a colisão de veículos. **~ ten** 接触点 O ponto de conta(c)to. ⇨ shṓtótsú.

sesshókú² 節食 A moderação na comida; a dieta. [S/同] Geńshókú. ⇨ sesshú³; zesshókú.

sésshu¹ 摂取 A ado(p)ção; a ingestão「de alimentos/calorias」; a assimilação「de conhecimentos」; a absorção. ★ ~ *suru* 摂取する Assimilar; ado(p)tar; ingerir; absorver [~ *sareta senshin-bunmei* 摂取された先進文明 A civilização avançada que foi ado(p)tada. *Eiyōbun o tainai ni* ~ *suru* 栄養分を体内に摂取する Absorver substâncias nutritivas no organismo]. ◇ **~ ryō** 摂取量 A quantidade absorvida [ingerida]. ⇨ kyū́shū¹.

sésshu² 接種 A inoculação; a vacinação. ★ ~ *suru* 接種する Inocular; vacinar. ◇ ⇨ **yobō ~**.

sesshú³ 節酒 A moderação na bebida [no álcool]. ⇨ kińshú¹; sesshókú².

sésshu⁴ 窃取 O roubo; o furto. ★ ~ *suru* 窃取する Roubar; furtar.

sesshū́ 接収 A requisição「pelo governo」; a confiscação; o confisco; a desapropriação. ★ ~ *o kaijo suru* 接収を解除する Liberar o/a ~. ~ *suru* 接収する Requisitar; confiscar; desapropriar. ◇ **~ jūtaku** 接収住宅 A residência desapropriada. ⇨ shū́yṓ².

sessṓ 節操 **1** [主義を守ること] A constância [firmeza]; a fidelidade; a integridade; a honra; a lisura. **2** [貞操] A castidade; a fidelidade. *Ano onna wa* ~ *ga nai* あの女は節操がない Aquela mulher não é casta [fiel ao marido]. [S/同] Teísṓ (+).

sessókú 拙速 O fazer as coisas depressa ainda que mal; o despachar o trabalho.

sessókú-dṓbutsu [óo] 節足動物【Zool.】Os artrópodes.

sessúí 節水 (⇨ sessúrú²) A economia de [O poupar a] água. ★ ~ *suru* 節水する Economizar a

S

água.

sessúrú[1] 接する **1** [隣接する] Ser adjacente [vizinho]; ser contíguo; confinar; fazer fronteira. *Burajiru wa Paraguai to kokkyō o sesshite iru* ブラジルはパラグアイと国境を接している O Brasil confina [faz fronteira] com o [é vizinho do] Paraguai. *Rińsétsu súrú*. **2** [応接する；交際する] Atender「os clientes」; tratar com; ter relações com. *Kare wa ima made ni ōku no gaijin ni sesshita* 彼は今までに多くの外人に接した Ele tratou [teve conta(c)to] com muitos estrangeiros até agora. ⇨ *kōsái*[1], *ōsétsuú*. **3** [接触する] Tocar em. ★ *En ni ~ chokusen* 円に接する直線 A tangente ao [linha re(c)ta que toca o] círculo. S/同 Sesshōkú súrú. **4** [あう] Receber. *Kyūhō ni ~* 急報に接する―uma notícia [informação] urgente.

sessúrú[2] 節する Economizar; poupar.
S/同 sesséi súrú; setsúyákú súrú.

sesúji 背筋 O dorso; as costas; os músculos ao longo da espinha. ★ *~ ga samuku naru* 背筋が寒くなる Sentir frio nas costas. *~ o nobasu* 背筋を伸ばす Endireitar-se.

sétā [ée] セーター O pulôver; a malha [camisola] de lã. ★ *~ o amu* セーターを編む Fazer um/a ~.

setái 世帯 O lar; a família. ◇ *~ nushi* 世帯主 O chefe do/a ~. S/同 Shotái.

sétake 背丈 a) A estatura. S/同 Shińchō (+). b) A altura「do vestido」. ⇨ se[1].

setchákú 接着 A adesão; a colagem. ◇ *~ suru* 接着する Aderir; colar. ◇ *~ zai* 接着剤 O material [agente] adesivo.

setchí 設置 a) O instituir「uma escola」; b) A instalação「do ar condicionado」. ★ *Gakkō no ~ kijun* 学校の設置基準 Os requisitos「legais/do Ministério da Educação」para fundar uma escola. *Iinkai o ~ suru* 委員会を設置する Constituir [Instituir] uma comissão. ⇨ sétsubi; shísetsu[2]; sonáétsukéru.

setchú 折衷 A mistura [combinação]「de estilos」; o compromisso「entre os vários interesses」; o ser eclé(c)tico. ★ *~ suru* 折衷する Misturar; combinar. *Wa-yō ~ no ryōri* 和洋折衷の料理 A ~ da cozinha j. e ocidental. ◇ *~ an* 折衷案 Um plano de compromisso. *~ shugi* 折衷主義 O ecle(c)tismo「filosófico」.

setchú 雪中 a) Com [Debaixo de] neve (a cair); b)「caminhar」Sobre a neve.

séto 瀬戸 **1** [海峡] O canal [estreito]. ◇ *~ giwa*. ⇨ kaíkyō[1]. **2** [⇨ setómónó]. ⇨ *~ biki*.

setó-biki 瀬戸引き A esmaltagem. ◇ *~ nabe* 瀬戸引き鍋 A panela esmaltada [de esmalte]. S/同 Hōrō (+).

setó-giwá 瀬戸際 (<… + kiwá) O momento crítico [crucial/perigoso]; o estar à beira [da falência]. *Ima ga daiji no ~ da* 今が大事の瀬戸際だ Agora é o momento crucial [importante]. ★ *Ikiru ka shinu ka no ~ ni iru* 生きるか死ぬかの瀬戸際にいる Estar entre a vida e morte. S/同 Séndo[2].

setó-mónó 瀬戸物 A porcelana「chinesa」; a cerâmica. S/同 Tōjíki.

sétsu[1] 節 **1** [機会] A ocasião; a oportunidade; a altura. *Ano ~ wa o-sewa ni narimashita* あの節はお世話になりました Muito obrigado pela sua amabilidade (naquela ocasião). ★ *O-hima no ~ wa* お暇の節は Quando tiver tempo「apareça」. S/同 Kikái (o); orí (+). **2** [節操] A virtude; a integridade; os princípios. ★ *~ o mageru [magenai]* 節を曲げる [曲げない] Faltar aos [Manter os] seus princípios. S/同 Sessō (+). **3** [文章の] O parágrafo; o versículo (Dos capítulos da Bí.); a passagem; a parte; a estrofe「dum poema」. ★ *Dai isshō dai ni ~ da* 第1章第2節 A segunda parte do capítulo primeiro. ⇨ shō[9]. **4** [一区切り] A parte; a divisão. ★ *Fāsuto sutēji, dai-san ~* ファーストステージ、第3節 A terceira parte [semana] do primeiro período「do campeonato de futebol」. **5** [文法の] [Gram.] A cláusula; a oração. ◇ *Jū (Zoku) ~* 従(属)節 A oração subordinada. **Shu ~** 主節 A oração principal.

sétsu[2] 説 **1** [意見] A opinião; o ponto de vista. *Sono ken ni kanshite wa iroiro na ~ ga aru* その件に関してはいろいろな説がある Sobre esse assunto existem diferentes pontos de vista [Quanto a isso há muitas opiniões]. S/同 Íken (+). **2** [学説] A teoria. ★ *Atarashii ~ o tateru* 新しい説を立てる Expor [Apresentar] uma nova ~. S/同 Gakúsétsu (+). **3** [うわさ] O rumor; a versão. ★ *Kare ga hannin da to iu ~* 彼が犯人だという説 ~ que diz que ele é o criminoso. S/同 Fúhyō; uwásá (+).

sétsu[3] 切 (⇨ kíru[1]) O ser sério [ardente; veemente; fervoroso]. ★ *~ naru omoi* 切なる思い Um desejo ardente. ⇨ *~ ni negau* 切に願う Pedir ardentemente. ◇ *~ bō* [gan/jitsu/nai/nasa].

sétsubi 設備 O equipamento; as instalações. *Kono gakkō wa ~ ga yoi [totonotte iru]* この学校は設備が良い [整っている] Esta escola tem boas ~. ◇ *~ o suru [hodokosu]* 設備をする[施す] Equipar; instalar. *Kindai-teki ~ no hoteru* 近代的設備のホテル O hotel com instalações modernas. ◇ *~ hi* 設備費 A despesa [O custo] do ~. *~ tōshi* 設備投資 O investimento [investir] em ~. **Bōka ~** 防火設備 ~ contra fogos. S/同 Shísetsu. ⇨ setchí.

setsúbiji 接尾辞【Gram.】O sufixo.
S/同 Setsúbígo; setsúji. S/同 Settōgó

setsúbō 切望【E.】O desejo ardente [fervoroso; sincero; veemente]; o estar ansioso「por ver os pais」. ★ *~ suru* 切望する Desejar ardentemente [*Watashi wa sono kaisha e no nyūsha o ~ shite iru* 私はこの会社への入社を切望している Tenho um grande desejo de entrar nessa [ir para essa] firma]. S/同 Netsú-bō.

setsúbún 節分 a) A véspera da mudança das estações; b) O dia que precede o início da primavera (Por volta de 3 de fevereiro).

setsúdań 切断 O corte; a amputação「da perna」. ★ *~ suru* 切断する Cortar; amputar. ◇ *~ men* 切断面 A superfície [face] do corte. *~ shujutsu* 切断手術 A amputação. ⇨ kíru[3]; sétsuyo.

setsúdeń 節電 A economia [poupança] de energia elé(c)trica. ★ *~ suru* 節電する Economizar [Poupar] energia. ⇨ sessúí.

sétsudo 節度【E.】A moderação; a devida medida. ★ *~ no aru* 節度のある Que tem moderação [é moderado]. *~ o mamoru [issuru]* 節度を守る [逸する] Ser moderado [imoderado]「na bebida」. *~ o motte kōdō suru* 節度を持って行動する Agir com moderação [prudência]. ⇨ hodóái; koróái.

setsúéi 設営 A montagem, a construção. ★ *~ suru* 設営する Construir「um posto de observação na serra」[*Kyanpu o ~ suru* キャンプを設営する

Acampar; montar o acampamento」.
setsuén 節煙 A moderação no fumar [cigarro/fumo]. ★ ～ *suru* 節煙する Moderar-se [Cortar] no ～. ⇨ kin'én¹.
setsugái 雪害 Os danos causados pela neve.
setsugán¹ 切願【E.】O rogo; o pedido; a súplica. ★ ～ *suru* 切願する Rogar; pedir; suplicar. ［S/同］Kongán (+).
setsugán² 接岸 A atracação. ★ ～ *suru* 接岸する Atracar「no cais/molhe」.
setsugán-rénzu 接眼レンズ A ocular「do microscópio/telescópio」.
setsugén¹ 節減【E.】A redução. ◇ **Keihi ～** 経費節減 ～ das despesas. ［S/同］Setsúyáku (+).
setsugén² 雪原【E.】Os campos nevados [cobertos de neve].
setsugó 接合 **1** [2つの物をつなげること] A junção [ligação]「de duas peças de metal」. ★ ～ *suru* 接合する Juntar; ligar. ◇ ～ *zai* 接合剤 A cola; o grude; o material da ～. **2** [2つの細胞が合体すること] A zigose [conjugação celular]; a fecundação. ◇ ～ *shi* [**tai**] 接合子［体］O zigoto.
setsújítsu 切実 O ser sério [urgente/intenso]. ★ ～ *na yōkyū* 切実な要求 O pedido urgente. ［S/同］Sétsu³; tsúsétsu.
sétsujo 切除 A excisão「por corte/raspagem」. ★ ～ *suru* 切除する Fazer uma ～; excisar. ⇨ setsudán.
setsújókú 雪辱 A reabilitação; a desforra. ★ ～ *suru* 雪辱する Tirar a desforra; reabilitar-se; desforrar-se. *Kyonen no ～ o hatasu* 去年の雪辱を果たす Tirar a desforra do ano passado. ◇ ～ **sen** 雪辱戦 O jogo de desforra.
setsújó-sha [óó] 雪上車 O veículo [carro] que se desloca sobre a neve.
setsuméi 説明 A explicação; a exposição; a elucidação; a descrição. ★ ～ *dekinai* 説明できない Impossível de explicar; que não tem explicação. ～ *ga tsuku* 説明がつく Poder explicar; encontrar a explicação. ～ *no yō ga nai* 説明の要がない Não haver maneira de explicar. ～ *o motomeru* [*yōkyū suru*] 説明を求める［要求する］Pedir [Exigir] explicações. ～ *suru* 説明する Explicar; expor; elucidar「a questão」. ◇ ～ **gaki** [**sho**] 説明書 A nota explicativa; as [o manual de] instruções「da máquina de lavar」. ◇ ～ **in** 説明員 O explicador. **Shūshoku ～ kai** 就職説明会 Uma [A reunião de] explicação sobre a busca de emprego「aos universitários finalistas」. ［S/同］Kaísétsu.
setsúmón 設問 A pergunta「do exame」. ★ ～ *ni kotaeru* 設問に答える Responder às ～s. ⇨ mondái; shitsumón.
sétsuna 刹那「viver só para」O momento「presente」; o instante. ～ *no* [*teki na*] 刹那の［的な］Momentâneo; instantâneo; passageiro. *Sono ～ no* 刹那の Nesse ～. ◇ ～ **shugi** 刹那主義 O princípio de viver só para os prazeres do momento. ［S/同］Shunkán (+).
setsúnai 切ない (⇨ sétsu³)「o sofrimento」Dilacerante「da morte do filho」; doloroso; triste; aflitivo. ★ ～ *mune no uchi o akasu* 切ない胸の内を明かす Revelar a dor [aflição] que tem no íntimo [peito/coração]. ［S/同］Tsuráí.
setsúnása 切なさ (Sub. de setsúnai) O sentimento de dor [pena; aflição].

setsurétsu 拙劣【E.】O ser「um trabalho」malfeito/grosseiro/mal-acabado」. ★ ～ *na bunshō* 拙劣な文章 A frase malfeita [trôpega]. ［S/同］Retsúáku. ［A/反］Kômyô.
sétsuri 摂理 A providência divina [de Deus].
setsúrítsú 設立 A fundação「da escola」; a organização「do grupo coral」. *Waga-sha wa ～ irai hyaku-nen ni naru* 我が社は設立以来 100 年になる A nossa empresa foi fundada há 100 anos. ★ ～ *suru* 設立する Fundar; organizar. ◇ ～ *sha* 設立者 O fundador; o organizador.
setsúsétsu 切切 (< *sétsu*³) Ardente; veemente; comovente; intenso. ★ ～ *to uttaeru* 切々と訴える Fazer um apelo comovente [de a gente chorar]. ⇨ hishíhíshí.
setsuwá 説話 A narrativa; a lenda; a história; o conto; a fábula. ◇ ～ **tai** 説話体 O estilo narrativo. ［S/同］Monógátari (+). ⇨ densétsu; mukashíbánashi; uetsú; shinwá¹.
setsúyáku 節約 A economia; a poupança o poupar. *Kono hōhō wa jikan to rōryoku no ～ ni naru* この方法は時間と労力の節約になる Este método poupa tempo e trabalho. ★ ～ *suru* 節約する Economizar; poupar「～ *shita keihi* 節約した経費 A pouca despesa graças à poupança」. ◇ ～ **ka** 節約家 A pessoa poupada. ［S/同］Ken'yáku.
sétsuyu 説諭 A admoestação; o conselho; a advertência; o aviso. Kunkái (+); sekkyô (o).
setsúzóku 接続 **1** [電気の]【Ele(c)tri.】A junção; a ligação; a conexão. ★ ～ *suru* 接続する Juntar; ligar; cone(c)tar「～ *sareta futa-tsu no kairo* 接続された二つの回路 Dois circuitos ligados [cone(c)tados]」. **2** [交通の] A conexão; a ligação. *Kono ressha wa tsugi no eki de tokkyū ni ～ suru* この列車は次の駅で特急に接続する Este comboio [trem] liga [tem ligação] com o expresso na próxima estação. ［S/同］Renráku. **3** [文法の]【Gram.】A ligação「das orações do período」. ◇ ～ *shi* 接続詞 A conjunção. **Jūzoku [Tói] ～ shi** 従属［等位］接続詞 A conjunção subordinativa (Ex.: porque, quando, que) [coordenativa (Ex.: e, nem, mas)].
séttá セッター (< Ing. setter) **a)** O cão perdigueiro [que marra quando fareja caça]; **b)** O que levanta [prepara] a bola [no voleibol].
séttai 接待 **a)** A recepção; **b)** O oferecer「jantares」. ★ ～ (*o*) *suru* 接待(を)する **a)** Receber; **b)** Atender. ◇ ～ **gakari** 接待係 A recepcionista. ～ **hi** 接待費 As despesas de recepção「do presidente」. ［S/同］Moté-náshí.
settéi 設定 O estabelecer「as regras」; o criar「um fundo/uma bolsa」; o instituir「um novo sistema」; o fixar. *Aru jōkyō o ～ suru* ある状況を設定する Criar uma determinada situação.
sétten 接点 **1** [接する点]【Mat.】O ponto de encontro「de duas linhas」. **2** [共通項] O ponto comum [de acordo]「entre os empregados e a administração」. *Kono futatsu no jiken ni wa ～ ga nai* この2つの事件には接点がない Não há nada [de comum] entre estes dois casos [Estes casos não têm nada a ver um com o outro].
sétto セット (< Ing. set) **1** [一組] O jogo「de móveis」; o serviço「de chá」. ～ *ni natte iru* セットになっている *Kore wa go issetto ni natte iru* これは5個1セットになっている Este é um jogo de cinco peças. ★ ～ *de uru* セットで売る Vender por [só o] jogo. **2** [道具・機械などを

整えて用意すること] O ajustar. ★ *Mezamashidokei o roku-ji ni ~ suru* 目覚まし時計を6時にセットする Ajustar o despertador para as 6 horas. ★ *Tēburu o ~ suru* テーブルをセットする Pôr [Preparar] a mesa. ⇨ yōi¹. **3** [髪の形を整えること] O arranjo do cabelo. ★ ~ *suru* セットする Arranjar [Pentear] o cabelo. ◇ ~ **rōshon** セットローション A loção para o cabelo. [映画の] O cenário. ◇ **Opun** ~ オープンセット ao ar livre. **5** [スポーツ] A série de jogos. ★ *Dai-ichi ~ o toru* [*otosu*] 第1セットを取る[落とす] Vencer a primeira série. ◇ ~ **pointo** セットポイント O ponto decisivo da série. **6** [受信機] O aparelho (receptor). ◇ **Rajio** [**Terebi**] ~ ラジオ[テレビ]セット ~ de rádio [TV].

settō 窃盗 **a**) O roubo; o furto; o latrocínio (Dir.); **b**) O ladrão. ★ ~ *o hataraku* 窃盗を働く Praticar um ~; roubar; furtar. ◇ ~ **hannin** 窃盗犯人 O ladrão; o gatuno. ~ *zai* 窃盗罪 O crime de roubo. [S/同] Doróbō (+) ⇨ gōtō.

settō-gó 接頭語【Gram.】 O prefixo.
[A/反] Setsúbiji.

settokú 説得 A persuasão. ★ ~ *suru* 説得する Persuadir; convencer [*Watashi wa jishu suru yō ni kare o ~ shita* 私は自首するように彼を説得した Eu persuadi (convenci) a entregar-se]. ◇ ~ **ryoku** 説得力 A força de ~ [~ *ryoku no aru* 説得力のある Ser persuasivo; ter「grande」força de ~]. ⇨ toki-fúserú.

settsúku せっつく【G.】 Apressar; instar; urgir.
[S/同] Sekí-tátéru (+).

sewá 世話 **1** [やっかいなこと] O trabalho; o incô[ô]modo「causado aos outros」. ★ ~ *nashi de aru* 世話なしである Não dar trabalho [*Sono hōhō ga ichiban ~ nashi da* その方法が一番世話なしだ Esse é o método que dá menos trabalho]. **2** [気を配って、面倒をみること] O cuidado [cuidar]; a ajuda; o auxílio. *Dō shiyō to ōkina* [*yokei na*] *o~ da* どうしようと大きな[余計な]お世話だ Ninguém lhe pediu conselho sobre o que tenho de fazer (; meta-se mas é na sua vida). ★ ~ *ni naru* 世話になる Ser obje(c)to de cuidados; ser ajudado [*Kare ni wa mukashi iroiro ~ ni natta* 彼には昔いろいろ世話になった Ele antigamente ajudou-me muito] Ele devo-lhe muitos favores]. ~ *no yakeru* [*yakenai*/*iranai*] 世話の焼ける[焼けない/いらない]「子供」Dar [Não dar] muito trabalho「cuidar dele」. ~ *o suru* [*yaku*] 世話をする[焼く] Cuidar「de」[*Ano hito wa dare ni de mo ~ o yakitagaru* あの人は誰にでも世話を焼きたがる Ele gosta de cuidar dos [está sempre a ajudar os] outros. *Hatake* [*Ueki*] *no ~ o suru* 畑[植木]の世話をする Cuidar da horta [das plantas]. *Kare wa watashi ga shitsugyō-chū ni yoku ~ o shite kureta* 彼は私が失業中によく世話をしてくれた Ele prestou-me muita ajuda durante o tempo que estive desempregado]. ~ *o yakasu* 世話を焼かす Dar trabalho. ~ *zuki na hito* 世話好きな人 A pessoa serviçal. *Iranu o~* いらぬお世話 O cuidado desnecessário; o amor que mata. *Yokei na ~ o yaku* 余計な世話を焼く Meter-se onde não é chamado; ser indiscreto. ◇ ~ **nin** [**yaku**] 世話人[役] O encarregado; o administrador. ~ **nyōbō** 世話女房 A boa dona de casa. [S/同] Menídō; yákkai. **3** [推薦・斡旋] O fazer de intermediário; o dar um jeito. *Katei-kyōshi o~* ~ *itadakemasen ka* 家庭教師をお世話いただけませんか Pod(er)ia recomendar-me um (bom) professor particular? ★ *Shūshoku no ~ o suru* 就職の世話をする Ajudar a encontrar emprego. *Yūjin no ~ de* 友人の世話で Por intermédio [gentileza] de um amigo. **4** [世俗] A vida cotidiana; o assunto do dia-a-dia; as coisas da vida. ◇ ~ **mono**(**geki**) 世話物(劇)【Te.】 O drama [A peça/O teatro de costumes]. [S/同] sezókú (+); tsūzókú (o).

sewáshíí 忙しい (< *sewá*) Atarefado; muito ocupado. ★ *Sewashiku suru* せわしくする Estar [Andar] ~. [S/同] Isógashíí (+); sewáshínái (o).

sewáshínái 忙しない【G.】 Trapalhão; agitado; desassossegado; irrequieto; apressado; barulhento. ★ ~ *hito* せわしない人 Um trapalhão [atabalhoado]. *Sewashinaku hataraku* せわしなく働く Trabalhar apressadamente [atabalhoadamente].
[S/同] Isógashíí (+); sewáshíí.

-séyo せよ (< *surú*¹) Ainda que「tivesse razão não lhe devia bater」; posto que; mesmo que; quer; ou. *Sore o kau ni ~ kawanai ni ~ miru dake mite miyō* それを買うにせよ買わないにせよ見るだけ見てみよう Quer compre ou [quer] não, vou dar uma olhada nisso [ao menos vou ver como é]. ★ *Shingi izure ni mo ~* 真偽いずれにもせよ Quer seja verdade ou [quer] não.

sezókú 世俗 O mundo; o século; o vulgo. ★ ~ *ka suru* 世俗化する Vulgarizar; popularizar; secularizar. ~ *o chōetsu suru* 世俗を超越する Situar-se acima do ~. ~ *teki na* 世俗的な Vulgar; popular; comum; secular. [S/同] Tsūzókú.

sha¹ 社 (Abrev. de "jinja", "kaisha" e "kessha"). ★ *Waga ~* [*Wareware no kaisha*] 我が社[我々の会社] A nossa empresa. ◇ ~ **nai** [**gai**] 社内[外] Dentro [Fora] da empresa.

sha² 紗 A cassa [gaze] de seda.

shabá 娑婆 (< Sân. Sahā) **a**) Este mundo; aqui em baixo (Em relação ao céu); **b**) O mundo livre; a sociedade (Linguagem dos presos e soldados). ★ ~ *ke ga aru* 娑婆気がある Ter ambições mundanas. ~ *ni deru* 娑婆に出る Sair da prisão; ganhar a liberdade; voltar à ~. [S/同] Génse; zokú-séken.

shabéru¹ 喋る【G.】 Conversar; falar; tagarelar. *Benkyō-chū wa shaberu na* 勉強中はしゃべるな Enquanto [Quando] se estuda não se fala! *Shaberi-makuru* [*-tateru*] しゃべりまくる[立てる] Falar demais [sem parar]; monopolizar a conversa. *Kudaranu koto o ~* くだらぬ事をしゃべる Falar bobagem; dizer disparates; ser mal-educado. *Yoku ~ hito* よくしゃべる人 A pessoa faladora. ⇨ hanásu¹; iú.

shábéru² シャベル (< Ing. shovel) A pá「para tirar/remover/limpar a neve」. ◇ **Pawā** ~ パワーシャベル ~ mecânica. [S/同] Sukóppu.

shábetto [**āa**] シャーベット (< Ing. sherbet) O sorvete (gelado) de frutas.

shabón シャボン (< P.; agora só se usa em palavras compostas) O sabão. ★ ~ *dama o fuku* シャボン玉を吹く Fazer bolinhas de ~. [S/同] Sekkén (+).

shabúru しゃぶる Chupar「o dedo」. ★ *Ame o ~* あめをしゃぶる ~ bala (B.) [rebuçado(s) (P.)]. *Hone made ~* 骨までしゃぶる【Fig.】 Explorar uma pessoa até (a)o extremo; (os ossos〉 ao velhote」. ~ naméru; iú.

sháchi 鯱【Zool.】 A orca [O roaz-de-bandeira] (Da família dos delfinídeos); *grampus orca*.

shachíhókó 鯱・鯱鉾 **a**) Um peixe lendário com

shákai

cabeça de tigre e escamas aguçadas no dorso; **b)** A telha 「dourada」em forma desse peixe 「no cume do telhado do castelo」. ★ ~ *baru* 鯱張る Ser cerimonioso [muito formal] 「~ *batta aisatsu* 鯱張ったあいさつ O cumprimento todo cerimonioso」. ~ *dachi suru* 鯱立ちする Plantar bananeira (G./B.); pôr-se de pernas para o ar (Ex.: ~ *dachi shite mo kare ni wa katenai* = Por mais que faça, (a ele) não lhe ganho).

shachō 社長 O presidente [dire(c)tor-presidente] de uma companhia. ◇ **Fuku** ~ 副社長 O vice-presidente.

sháchū[1] 車中 O interior do comboio [trem]/carro. ★ ~ *de* 車中で「comer」No [Dentro do] carro. ◇ ~ *haku* 車中泊 O pernoitar no ~.

sháchū[2] 社中 **a)** Dentro da empresa (⇨ shánai[1]); **b)** Dentro do grupo (da companhia de artistas/teatro). ⇨ sha[1].

shadai 車台 A estrutura[armação/O esqueleto]de um carro; o chassi(s). [S/同] Sháshī.

shadán[1] 遮断 A interrupção; o corte. ★ ~ *suru* 遮断する Interromper; parar; cortar [*Hikari* [*Oto*; *Ketsuryū*] *o* ~ *suru* 光[音;血流]を遮断する Cortar a luz [o som; Parar o sangue]」. ◇ ~ *ki* 遮断機 O aparelho para cortar o trânsito [a ele(c)tricidade]. **Kōtsū** ~ 交通遮断 O bloqueio do trânsito. ⇨ saégíru; shahéí.

shadán[2] 社団 A corporação; a associação. ◇ ~ **hōjin** 社団法人 A pessoa corporativa jurídica. ⇨ zaídán.

shadátsú 洒脱 【E.】A naturalidade; o desembaraço; a finura; a liberdade; a franqueza. ★ ~ *na* 洒脱な Desembaraçado; fino; livre; natural; franco. ◇ **Keimyō** ~ 軽妙洒脱「o estilo dele é de」Uma ~ refinada [elegante]. [S/同] Sharáků.

shadén 社殿 O pavilhão principal do santuário x[sh]intoísta. ⇨ hónden.

shadō 車道 A pista da estrada. [A/反] Hodō.

shádō-kyábinetto シャドーキャビネット (< Ing. shadow cabinet) O gabinete sombra 「do partido da oposição que espera ganhar o poder」.

shaéí 射影 [Mat./Fís.] ⇨ tōéí.

sháfu 車夫 O puxador de "jinrikisha". [S/同] Kurumá-hiki.

sháfuto シャフト (< Ing. shaft) O eixo.

shafutsú 煮沸 A fervura. ★ ~ *suru* 煮沸する Ferver. ⇨ futtō.

shagámú しゃがむ Pôr-se de cócoras; acocorar-se. [S/同] Kagámú; uzúkúmaru.

shagáre-góe 嗄れ声 (< shagárerú + kóe) A voz rouca [áspera; arenosa; gutural].

shagárerú 嗄れる Ficar com a voz rouca [áspera; gutural]. [S/同] Karérú (o); kasúrérú (+); shiwágárérú.

shagéki 射撃 O tiro; o disparo; o fogo; a descarga. ★ ~ *suru* 射撃する Disparar; abrir fogo; atirar. ◇ ~ *enshū* 射撃演習 O exercício de tiro. ~ *jō* 射撃場 O campo de tiro; o lugar de tiro ao alvo. **Kakko** [**Issei**] ~ 各個[一斉]射撃 Um tiro [tiroteio/Uma fuzilaria]. ~ hōgékí.

shahéí 遮蔽 O coberto [abrigo; A prote(c)ção] 「do sol/das balas/da radiação」. ★ ~ *suru* 遮蔽する Cobrir; abrigar; proteger. ◇ ~ *butsu* 遮蔽物 A cobertura; a prote(c)ção. ⇨ saégíru; shadán[1].

sháhen 斜辺 O lado oblíquo; a hipotenusa 「de um triângulo re(c)to」.

shahí 社費 As expensas [despesas] da companhia. ★ ~ *de dekakeru* 社費で出かける Viajar/Ir a expensas [a cargo/à custa] da companhia.

shahón 写本 O manuscrito [A cópia manuscrita] (de um livro); o códice.

shá-i 謝意【E.】**a)** A gratidão; o agradecimento. ★ ~ *o hyō suru* 謝意を表する「quero」Expressar [Manifestar]「-lhe a minha」gratidão. ⇨ kánsha[1]; sháji. **b)**「o pedir」Desculpa [por erro]. ⇨ shazáí.

sháin 社員 O empregado [funcionário] de uma companhia; o pessoal. ◇ ~ **kenshū** 社員研修 O treino [A formação] da ~. ~ **ryō** 社員寮 O alojamento [dormitório] para os empregados. **Sei** ~ 正社員 O empregado efe(c)tivo.

sháji 謝辞 (⇨ shasúrú) 【E.】 As palavras de agradecimento. ★ ~ *o noberu* 謝辞を述べる Dizer umas 「breves」~. ⇨ shá-i.

shajíkú 車軸 O eixo (da roda). [I/慣用] ~ *o nagasu yō na ame* 車軸を流すような雨 A chuva torrencial; o chover a cântaros.

shajítsú 写実 A descrição obje(c)tiva [real]; o realismo. ★ ~ *teki na* 写実的な Realista; obje(c)tivo; real. ~ *ha* 写実派 A escola realista. ~ *sei* 写実性 A qualidade de [O sabor a] real. ~ *shugi* 写実主義 O realismo 「artístico/filosófico」.

Sháka 釈迦 (< Sân. sakyamuni) Buda. [P/ことわざ] ~ *ni seppō* 釈迦に説法 Ensinar o pai-nosso ao vigário (Lit. pregar Zen num sermão) a ~.

shákai 社会 **1** [世間] A sociedade; o público; a comunidade (⇨ kyōdōtáí); a cole(c)tividade. ★ ~ *ni deru* 社会に出る Começar a vida; (passar a) ser um elemento a(c)tivo [produtor] da ~. ~ *ni kōken suru* 社会に貢献する Ser útil [Dar o seu contributo] à sociedade. ~ *no ichi-in de aru* 社会の一員である Ser membro da ~. ~ *no teki* 社会の敵 O inimigo da [elemento nocivo à] ~. ~ *teki (na)* 社会的(な) Social 「~ *teki chii o eru* 社会的地位を得る Ganhar [Ter] uma posição social. ~ *teki ni hōmurareru* 社会的に葬られる Cair no esquecimento; ficar fora de cena」. ◇ ~ *aku* 社会悪 O mal social. ~ *bu* 社会部 A se(c)ção das notícias locais 「do jornal」. ~ **chitsujo** 社会秩序 A ordem social. ~ **fuan** 社会不安 A instabilidade [insegurança] social. ~ **fukushi** 社会福祉 A assistência social. ~ **gaku** 社会学 A sociologia. ~ **gakusha** 社会学者 O sociólogo. ~ **genshō** 社会現象 O fenó[ô]meno social. ~ **hōshi** 社会奉仕 O serviço social. ~ **hoshō** 社会保障 A previdência [segurança] social. ~ **jigyō** 社会事業 A obra [O serviço] social. ~ **jigyōka** 社会事業家 O benemérito social. ~ **jin** 社会人 Um membro responsável [de pleno direito] da ~. ~ **jōsei** 社会情勢 A situação social. ~ **ka** 社会科 Estudos Sociais (Disciplina do ensino médio). ~ **kagaku** 社会科学 As ciências sociais. ~ **keiyaku** 社会契約 O contrato social. ~ **keizai** 社会経済 A economia social. ~ **kikō** 社会機構 O mecanismo social. ~ **kōgaku** 社会工学 A engenharia social. ~ **kōzō** 社会構造 A estrutura social. ~ **kyōiku** 社会教育 A educação cívica. ~ **men** 社会面 A página de notícias locais. ~ **mondai** 社会問題 O problema social. ~ **sei** 社会性 A sociabilidade; a natureza social 「da pessoa」. ~ **seigi** 社会正義 A justiça social/distributiva. ~ **seikatsu** 社会生活 A vida

[O convívio] social; a vida como membro da sociedade. **~ shinrigaku** 社会心理学 A psicologia social. **~ sō** 社会層 Um estrato [Uma camada] social. **~ soshiki** 社会組織 A organização [O sistema] social. **~ tanbō** 社会探訪 A reportagem da página social. **~ undō** 社会運動 O movimento social; a campanha pública. **2** [人々の集まり] A sociedade; o mundo「dos políticos」. *Isha* [*Gakusha*; *Geijutsuka*] *no* ~ 医者 [学者; 芸術家] の社会 O mundo dos médicos [cientistas; artistas]. ◇ **Ippan ~** 一般社会 A sociedade em geral. **Jōryū** [**Chūryū**; **Kasō**] **~** 上流 [中流; 下層] 社会 A alta [média; baixa] camada social. **3** [思想としての] A sociedade. ◇ **~ minshu-shugi** 社会民主主義 A social-democracia. **~ shugi** 社会主義 O socialismo. **~ shugisha** 社会主義者 O「ideólogo」socialista. **Shihonshugi ~** 資本主義社会 ~ capitalista.

shakákú 射角 O ângulo de tiro「de canhão」.

shakáń 舎監 O dire(c)tor do lar [dormitório]「de estudantes」. ⇨ kishúkú-sha.

shakáń-kyóri 車間距離 A distância entre carros que seguem na mesma dire(c)ção.

sháke 鮭 ⇨ sáke[2].

shakéń[1] 車検 A vistoria de veículos. ★ ~ *ni dasu* 車検に出す Levar o carro à [para] vistoria.

shakéń[2] 車券 O bilhete de aposta na corrida de bicicletas.

shakétsú 瀉血【Med.】A sangria; a flebotomia.

shákishaki しゃきしゃき【On.】(Im. de agilidade, frescura, agrado). ★ ~ *shita hito* しゃきしゃきした人 A pessoa ágil [decidida; despachada].

shakkáń 借款 O empréstimo. ★ ~ *o kyōyo suru* 借款を供与する Conceder um ~「a outro país」. ~ *o ukeru* 借款を受ける Receber um ~. ◇ **~ kyōtei** 借款協定 O acordo de ~. **En ~** 円借款 ~ em yens.

shakkín 借金 A dívida. ★ ~ *de kubi ga mawaranai* 借金で首が回らない Estar enterrado em ~s [endividado até às orelhas]. ~ *ga aru* 借金がある Ter dívidas [uma ~]. ~ *o fumitaosu* 借金を踏み倒す Dar calote; não pagar a ~; ser caloteiro. ~ *o kaesu* [*katazukeru*] 借金を返す[片づける] Pagar [Liquidar] a ~. ~ *o tanomu* [*mōshikomu*] 借金を頼む[申し込む] Pedir um empréstimo. ~ *o toritateru* 借金を取り立てる Cobrar a ~. ~ *suru* [*o koshiraeru*] 借金する[をこしらえる] Contrair [Fazer] uma ~. ◇ **~ tori** 借金取り O cobrador de ~s. [S/同] Fusáí.

shakkíri しゃっきり【On.】(Im. de boa forma). *Kare wa toshi o totte mo ~ shite iru* 彼は年をとってもしゃっきりしている Ele mantém-se em boa forma [está todo fresco] apesar da idade. ⇨ shákishaki.

shákkuri しゃっくり (< shakúrú) O soluço. ★ ~ *ga tomaranai* しゃっくりが止まらない Não parar de soluçar [passar o ~]. ~*(o) suru* しゃっくり (を) する Soluçar; estar com soluços.

sháko[1] 車庫 A garagem (Tb. de camionetas, etc.). ◇ **~ ire** 車庫入れ O meter「o carro」na ~.

sháko[2] シャコ【Zool.】**a**) A castanhola [concha] gigante; *tridacna gigas* ([S/同] shakógai); **b**) A perdiz; **c**) A lagosta-gafanhoto; *oratosquilla oratoria*.

shakṓ[1] 社交 (⇨ kṓsáí[1]) O convívio [conta(c)to] social; as relações sociais. ★ ~ *teki na* 社交的な Sociável〔*Hi ~ teki na* 非社交的な Insociável〕. ~ *zuki na* 社交好きな Sociável. ◇ **~ dansu** 社交ダンス A dança social; o baile. **~ jirei** 社交辞令 O palavreado convencional; as palavras da etiqueta. ⇨ **~ jutsu** [**ka**/**kai**/**sei**].

shakṓ[2] 遮光 O anteparo [resguardo] da luz. ★ ~ *suru* 遮光する Proteger [Resguardar] da luz.

shakṓ[3] 射幸 [倖]【E.】A especulação. ★ ~ *shin o sosoru* 射幸心をそそる Incitar o desejo especulador [de ~]. ~ *teki na* 射幸的な Especulador.

shakṓ-jutsu [óo] 社交術 O saber conviver [ter trato] com as pessoas.

shakṓ-ká [oó] 社交家 A pessoa sociável [da sociedade].

shakṓ-kai [óo] 社交界 O mundo [meio] da alta sociedade.

shakṓ-séí [oó] 社交性 A sociabilidade.

shakú[1] 癪 **1** [不愉快で腹が立ってむしゃくしゃすること] A irritação; o vexame; a ofensa. ★ ~ *ni sawaru* 癪に障る Irritar; fazer perder a paciência; mexer com os nervos〔*Kare no taido ga ~ ni sawatta* 彼の態度が癪に障った A atitude dele irritou-me〕. ~ *no tane* 癪の種 O motivo de irritação. [S/同] Kańshákú. **2** [さしこみ] O espasmo; a cãibra. [S/同] Sashí-kómí (+).

shakú[2] 酌 O servir saqué (ou outra bebida).

sháku[3] 尺 A unidade de medida japonesa equivalente a 30,3cm. ◇ ⇨ **~ do**.

shakúbúkú 折伏 A conversão forçada [à força]「usada por Sōka-gakkai」.

shakúchí 借地 O arrendamento de terra [propriedade]. ◇ **~ ken** 借地権 O (direito de) arrendamento. **~ nin** 借地人 O arrendatário. **~ ryō** 借地料 O preço de ~.

shákudo 尺度 **a**)「a pessoa é」A medida「de todas as coisas」; a escala; o critério; o padrão. *Sore wa bunmei o hakaru ~ ni naru* それは文明を計る尺度になる Isso serve de padrão [É esse o critério] para avaliar o grau [valor] duma civilização. ★ *Kyōtsū no* ~ 共通の尺度 ~ comum. **b**) O [A medida de] comprimento. ⇨ meyású; monó-sáshi.

shakúdṓ 赤銅 A liga de cobre e ouro. ★ ~ *iro no* 赤銅色の Castanho-claro;「rosto」bronzeado「pelo sol」.

shakúháchí 尺八 O "shakuhachi" [pífaro] (de bambu com 5 buracos).

shakúhṓ 釈放 A libertação (do preso). ★ ~ *suru* 釈放する Libertar; pôr em liberdade. ◇ **Kari ~** 仮釈放 A liberdade condicional.

shákui 爵位 O título nobiliárquico [de nobre(za)].

shakúméí 釈明 A explicação; a defesa; a justificação. ★ ~ *no yochi ga nai* 釈明の余地がない Não ter explicação [desculpa]「possível」. ~ *o motomeru* 釈明を求める Pedir explicações [Exigir uma explicação]. ~ *suru* 釈明する Explicar; defender「a sua decisão」; justificar-se.
[S/同] Beńméí (+); beńkáí (o).

shakúnágé 石楠花【Bot.】O rododendro; *rhododendron degronianum*.

shakúnétsú 灼熱 **a**) A incandescência「do metal」; **b**) O calor abrasador; **c**) A paixão amorosa. ★ ~ *no koi* 灼熱の恋 A paixão [O amor] ardente. ~ *no taiyō* 灼熱の太陽 O sol abrasador.

shakúrérú 杓れる Ser côncavo. ★ *Shakureta ago* しゃくれたあご O queixo alto [côncavo/levantado]. ⇨ hekómú.

shakúrí-ágéru しゃくり上げる (< shakúrú + …) Soluçar; chorar convulsivamente.

shakúrú 杓る **1** [すくう] Tirar com concha [balde

「água do barquinho」]. ★ *Doro o* ～ 泥をしゃくる Tirar a lama「com um balde」. [S/同] Sukúú (+). **2** [すくうように上げる] Chorar a soluçar. **3** [あごを上げる] Levantar. ★ *Ago o* ～ あごをしゃくる ～ o queixo.
shakúryṓ 酌量 O tomar em consideração; o ter em conta. ★ ～ *suru* 酌量する Considerar [*Jōjō o* ～ *shite* 情状を酌量して Considerando [Tendo em conta] as circunstâncias atenuantes].
[S/同] Shínshaku.
shakúshákú 綽綽 Que há [tem] de sobra; amplo [folgado].
shákushi 杓子 A concha; a colher grande. ★ ～ *jōgi na* [*no*] 杓子定規な[の] Burocrata; amigo de regras; formalista. ⇨ shámoji.
shakútórí(mushi) 尺取り(虫) (< shakú[3] + tóru + …) 【Zool.】 A geó[ô]metra; a lagarta mede-palmo (Anda levantando o corpo em "u" invertido).
shakú-yá 借家 A casa alugada. ◇ **～nin** 借家人 O inquilino; o locatário. [A/反] Kashí-yá.
shakúyákú 芍薬【Bot.】A peó[ô]nia; a rosa-albardeira; *paeonia albiflora*. [I/慣用] *Tateba* ～ *suware-ba botan aruku sugata wa yuri no hana* 立てば芍薬座れば牡丹歩く姿は百合の花 Em pé, sentada ou a andar, é sempre bonita.
shakúyṓ 借用 O empréstimo [pedir emprestado]. ★ ～ *suru* 借用する Pedir [Receber] emprestado. ◇ **～ go** 借用語 A palavra estrangeira introduzida num idioma. **～ shōsho** 借用証書 O título de dívida; a nota promissória.
shakúzái 借財 A dívida. [S/同] Shakkín (+).
shakúzéń 釈然【E.】A clarificação; o esclarecimento. *Sono setsumei de wa dōmo* ～ *to shinai* その説明ではどうも釈然としない Com essa explicação creio que não fica esclarecido「o caso」.
shaméí[1] 社名 O nome da companhia [firma].
shamei[2] 社命 A ordem da companhia [empresa].
shámen[1] 斜面 O plano inclinado; o declive「do telhado」; a rampa; a encosta. ★ ～ *ni natta* 斜面になった「terreno」Inclinado. ◇ **Kan** [**Kyū**] **～** 緩[急]斜面 ～ suave [íngreme]. ⇨ saká[1].
shaméń[2] 赦免 O perdão; a absolvição「do pecado/crime」. ★ ～ *suru* 赦免する Perdoar; absolver. [S/同] Hṓméń. ⇨ táisha[1].
shamíséń 三味線【Mús.】O "shamisen" (Instrumento de 3 cordas parecido ao alaúde). ★ ～ *o hiku* 三味線を弾く Tocar ～.
shámo 軍鶏【Zool.】O galo lutador [de briga].
shámoji 杓文字 A colher [espátula] de madeira para servir [tirar] arroz.
Shámu[1] シャム Sião (Antigo nome da Tailândia). ◇ **～ neko** シャム猫 O gato siamês. ⇨ Tái[8].
shámu[2] 社務 Os serviços de santuário x[sh]intoísta. ◇ **～ sho** 社務所 O escritório do santuário.
shánai[1] 車内 No [Dentro do] carro; na carruagem. ～ *kin'en* 車内禁煙 (掲示) Proibido fumar nesta ～!
shánai[2] 社内 Na [Dentro da] empresa. ◇ **～ denwa** 社内電話 O telefone interno da firma. **～ hō** 社内報 O boletim (informativo) [A revista] da firma. **～ kekkon** 社内結婚 O casamento entre empregados [funcionários] da (mesma) ～.
shánari-shánari (to) しゃなりしゃなり(と)【On.】Afe(c)tadamente. ★ ～ *aruku* しゃなりしゃなり歩く Andar ～ [de modo afe(c)tado/pretensioso].
shańdéria シャンデリア (< Ing. chandelier < Fr. < L.) O lustre; o candelabro.
shaníkúsai 謝肉祭 O carnaval. [S/同] Kấnibaru (+).
shaní-múní 遮二無二「caminhar」Temerariamente「debaixo do tufão」; loucamente [como louco]; teimosamente; às cegas「como touro」. ★ ～ *tosshin suru* 遮二無二突進する「os atletas」Lançarem-se como loucos「para a meta」.
[S/同] Gamúshárá ní (o); muchákúchá ní (+); múyami ni (+).
shańpá[pé]n シャンパ[ペ]ン (< Fr. champagne) A champanha/e.
shańpínion シャンピニオン (< Fr. champignon) O cogumelo; o agárico.
[S/同] Kínoko (+); masshúrū́mu.
shánpū シャンプー (< Ing. shampoo) O xampu.
shán-shan しゃんしゃん【On.】 **1** [鈴が揺れて鳴る音]「o guizo faz」Trim, trim. **2** [多人数が手締めをする音] O bater palmas em uníssono. ★ ～ *to te o shimeru* しゃんしゃんと手を締める Toda a gente bater palmas「no final」.
shánson シャンソン (< Fr. chanson < L.)【Mús.】A canção popular francesa.
shań-tó しゃんと【On.】「estar」Em boa forma; com aprumo. ⇨ chań-tó.
shaóń 謝恩 A expressão de gratidão [agradecimento/apreço]; a retribuição de favor recebido. ◇ **～ kai** 謝恩会 A festa「dos alunos no dia da formatura」para testemunhar a sua gratidão「aos professores」.
sháppo シャッポ (< Fr. chapeau)【G.】O chapéu. ★ ～ *o nugu* シャッポを脱ぐ Tirar o ～. [S/同] Bṓshí (+).
shấpu [áa] シャープ **1** [鋭いようす] Agudo; inteligente; perspicaz. ★ ～ *na kangae* シャープな考え Uma ideia inteligente. **2** [音楽で半音上げること]【Mús.】A díese [elevação de meio tom]; o sustenido.
shấpú-pénshiru [aá] シャープペンシル (< Ing. sharp pencil) A lapiseira.
shará-kúsái 洒落臭い Atrevido;「não se queira fazer esperto, seu」des(a)vergonhado; descarado. [S/同] Koshákú ná; namáíkí ná (+).
sharé 洒落 **1** [言葉の] O dito chistoso [espirituoso]; o chiste; a pilhéria; o trocadilho [jogo de palavras]; a piada; o gracejo. ★ ～ *ga wakaru* しゃれがわかる Entender [Pescar] a piada. ～ *o iu* [*tobasu*] しゃれを言う[飛ばす] Dizer gracejos; contar [dizer] piadas; ser espirituoso. *Umai* [*Mazui*] ～ うまい[まずい] しゃれ A pilhéria boa [má]. ⇨ da-járé; goró[1] ◇; sharékké. **2** [おしゃれ] A elegância no vestir. ◇ **～ mono** しゃれ者 O janota. ⇨ o-sháre.
sharéí 謝礼 (⇨ shasúru) **a**) A remuneração. ★ ～(*o*) *suru* 謝礼(を)する Dar uma ～. ⇨ réí[1]. **b**)「a carta com」O agradecimento.
sharékké 洒落っ気 (< sharé + ki) **1** [言葉の] O ter (jeito para a) piada; o ser chistoso. **2** [服装の] O gostar de vestir bem. *Kanojo wa chittomo* ～ *ga nai* 彼女はちっともしゃれっ気がない Ela não se preocupa com vestir bem [Ela veste qualquer coisa].
sharékṓbe [óo] 髑髏 A caveira. [S/同] Sarékṓbe.
sharé-kómu 洒落込む (< sharérú + …) **a**) Tratar de; dar-se ao luxo de; **b**) Vestir-se com apuro. ★ *Sharekonde dekakeru* しゃれこんで出かける Sair de casa toda bem vestida「e maquil(h)ada」.
sharérú 洒落る (⇨ sharé) **1** [しゃれを言う] Dizer gracejos [chistes; piadas]. **2** [めかす] Vestir bem

[com apuro]. [S/同] Mekásu (+).

sharétá 洒落た (Adj. de "sharéru"). **1** [気のきいた] a) Gracioso; humorístico; chistoso; espirituoso; b) Vistoso; elegante; moderno; chique. ★ ～ *kanji no ie* しゃれた感じの家 A casa chique [de bom gosto]. **2** [生意気な] Descarado; atrevido. ～ *koto o iu ja nai ka* しゃれた事を言うじゃないか Como te atreves a dizer uma coisa dessas? [Mas que grande ～ é você!].

sharíń 車輪 A roda. ★ ～ *ga hazureru* 車輪が外れる Saltar a roda.

sharyṓ 車両 [輌] Os veículos; a carruagem「do comboio/trem」. ◇ ～ **tsūkō kinshi** 車両通行禁止 (掲示) Proibida a passagem de veículos!

shasáí 社債 O título [A obrigação] de crédito. ◇ **Chō** [**Tan**] **ki** ～ 長 [短] 期社債 ～ de longo [curto] prazo. **Kō** ～ 公社債 ～ do tesouro.

shasátsú 射殺 O matar a tiro. ★ ～ *suru* 射殺する … [S/同] Jūsátsú.

shaséí[1] 写生 O desenho (De paisagem ou modelo) ao natural. ★ *Fūkei o* ～ *suru* 風景を写生する Desenhar uma paisagem. [S/同] Sukétchi.

shaséí[2] 射精 A ejaculação. ★ ～ *suru* 射精する Ejacular.

shaséń[1] 斜線 A linha oblíqua (Tb. em geom.). ★ ～ *o hiku* 斜線を引く Traçar uma ～.

shaséń[2] 車線 A faixa [pista] de trânsito. ★ ～ *o mamoru* 車線を守る Ir na sua pista. ◇ **Katagawa san-** ～ 片側三車線 Três pistas [faixas] de trânsito em cada lado [sentido] (da auto-estrada/rodovia). **Oikoshi** ～ 追い越し車線 ～ de ultrapassagem.

shaséń[3] 社線 A linha férrea [carreira rodoviária] privada.

shasétsú 社説 O artigo de fundo; o [a] editorial. ◇ ～ **ran** 社説欄 A (coluna [página] da) editorial.

shā́shā [**sháa-**] しゃあしゃあ **1** [あつかましいさま]【G.】[shā́shā] O descar(ament)o; a vergonha. ★ ～ *to uso o tsuku* しゃあしゃあと嘘をつく Mentir descaradamente. ⇨ atsúkámáshíi; zū́zū́shíi. **2** [水が流れる音]【On.】[shā́shā] O som de água a correr.

sháshi[1] 斜視 O estrabismo (Med.); o olhar vesgo.

sháshi[2] 奢侈 O luxo; o fausto; a extravagância. ★ ～ *ni fukeru* [*nagareru*] 奢侈にふける[流れる] Entregar-se ao ～. ◇ ～ **hin** 奢侈品 Os artigos de luxo. [S/同] Zeítákú (+).

shashíń 写真 A foto(grafia); o retrato (Col.). ★ ～ *iri no* 写真入りの「o livro」Ilustrado [Com ilustrações]. ～ *ni toru* 写真に撮る Fotografar [Captar「uma linda vista」] [～ *ni torareru* 写真に撮られる Ser fotografado]. ～ *o hikinobasu* [*yakitsukeru*; *genzō suru*] 写真を引き延ばす [焼きつける; 現像する] Ampliar [Revelar] a ～. ～ *o toru* 写真を撮る Tirar um/a ～. ～ *utsuri ga yoi* [*warui*] 写真写りが良い [悪い]Sair bem [mal] nas ～s; Ser [Não ser] fotogé[ê]nico. *Sain iri no* ～ サイン入りの写真 A ～ autografada. *Zenshin* [*Hanshin*] *no* ～ 全身 [半身] の写真 ～ de corpo inteiro [meio corpo]. ～ *girai* 写真嫌い A fotofobia. ◇ ～ **ban** 写真版 A fotogravura. ～ **chō** 写真帳 O álbum de fotos. ～ **hantei** 写真判定 A arbitragem [decisão]「do vencedor」por fotografia. ～ **ka** 写真家 O fotógrafo. ～ **kan** [**ten**; **ya**] 写真館 [店; 屋]O estúdio fotográfico. ～ **ki** 写真機 A máquina [câmara] fotográfica. ～ **seihan** 写真製版 A fotogravura. ～ **shokuji** 写真植字 A fotocomposição. **Karā** ～ カラー写真 A fotografia colorida [a cores]. **Kiroku** ～ 記録写真 ～ para recordação. **Renzoku** ～ 連続写真 A ～ em série; a sequência fotográfica.

shashṓ[1] 車掌 O cobrador [guia (dos passageiros)]. ◇ ～ **ku** 車掌区 A zona (de serviço) do ～. **Jōkyaku senmu** ～ 乗客専務車掌 ～ só para atendimento dos passageiros. ⇨ uńtéń ◇.

shashṓ[2] 捨象【Fil.】A abstra(c)ção.

sháshu[1] 社主 O proprietário [dono] de uma empresa.

sháshu[2] 射手 O atirador; o artilheiro. ◇ **Mei** ～ 名射手 Um grande ～.

shashútsú 射出 A eje(c)ção [proje(c)ção]「de lava/do paraquedista/da cápsula (do foguetão)」. ★ ～ *suru* 射出する Proje(c)tar; eje(c)tar. ◇ ～ **seikei** 射出成型【Quím.】A moldagem por inje(c)ção. ⇨ hasshá[1]; hṓshá[1].

shasṓ[1] 車窓 A janela do carro [comboio/trem]. ★ ～ *no keshiki* 車窓の景色 A paisagem vista da ～.

shasṓ[2] 社葬 O funeral realizado pela firma a que pertencia o falecido. ⇨ sṓgi[2].

shasókú 社則 O regulamento da firma.

shasúru 謝する【E.】 **1** [感謝する] Agradecer; expressar a sua gratidão. [S/同] Kánsha suru (+). **2** [わびる] Pedir perdão [desculpa]. [S/同] Ayámáru (o); shazáí súrú (+); wabírú (+).

shatáí 車体 A carroçaria (Parte utilizada do veículo).

shatákú 社宅 A residência da firma para os empregados「recém-casados」. ★ ～ *zumai* 社宅住まい O morar numa ～.

shatéí 射程 O alcance de tiro. ★ ～ *nai* [*gai*] *ni aru* 射程内 [外] にある Estar dentro [fora] do ～. ◇ **Yūkō** ～ 有効射程 O alcance efe(c)tivo de tiro.

shatékí 射的 O tiro ao alvo; o exercício de tiro. ◇ ～ **jō** 射的場 a) O campo de (exercício de) tiro; b) A barraca de tiro ao alvo (Diversão).

shatórú-básu シャトルバス (< Ing. shuttle bus) A camioneta [carrinha] vaivém「entre o aeroporto e o hotel/a estação」.

shátsu シャツ (< Ing. shirt) A camisa. ★ *Ke* [*Kinu*] *no* ～ 毛 [絹] のシャツ ～ de lã [seda]. ◇ ⇨ **wai** ～.

shā́ttā シャッター (< Ing. shutter) **1** [写真機の] O obturador (Regulador da luz). ★ ～ *o kiru* [*osu*] シャッターを切る[押す] Disparar o ～. ◇ ～ **chansu** シャッターチャンス O momento adequado para disparar o ～「e tirar uma fotografia」. ～ **sokudo** シャッター速度 A velocidade do ～. **2** [よろい戸] A porta [persiana] de correr; o taipal. ★ ～ *o orosu* シャッターを降ろす Fechar a/o ～.

shattó-áuto シャットアウト (< Ing. shut out) O fechar a porta a alguém; o parar「a entrada de um produto no país」; o cortar as asas「a uma equipa de bas.」. ★ ～ *suru* シャットアウトする …〔*Nakama kara* ～ *sareru* 仲間からシャットアウトされる Ser ostracizado pelos colegas〕. [S/同] Shimé-dáshí.

shā́wā シャワー (< Ing. shower) O (banho de) chuveiro. ★ ～ *o abiru* シャワーを浴びる Tomar um ～. ◇ ～ **shitsu** シャワー室 A cabina de chuveiro. ～ **kāten** シャワーカーテン A cortina (de plástico) do quarto de banho. ⇨ furó.

shayṓ[1] 社用 O serviço da firma. ★ ～ *de* 社用で「ir」Em [A] ～. ◇ ～ **zoku** 社用族 As pessoas que fazem despesas [vivem bem] por conta da firma.

shayṓ[2] 斜陽【E.】**a**) O sol poente; **b**) A decadência. ★ ~ *ni naru* 斜陽になる Começar a pôr-se o sol. ◇ **~ sangyō** 斜陽産業 Uma indústria em decadência [declínio]. **~ zoku** 斜陽族 As famílias「da classe alta」em decadência. [S/同] Iríhí; yū́hí (+).
shazái 謝罪 O pedir perdão. ~ *suru* 謝罪する Pedir publicamente perdão. ◇ **~ bun** 謝罪文 O pedido de perdão por escrito.
[S/同] Wabí. ⇨ ayámáru[2]; wabírú.
shazétsú 謝絶 A recusa; o negar-se「a aceitar」. ◇ **Menkai ~** 面会謝絶 (掲示) Proibidas as visitas! [S/同] Kyozétsú.
shéípú-áppu シェイプアップ (< Ing. shape up) O manter a forma (com regime e exercício físico).
shḗkā [**ée**] シェーカー (< Ing. shaker) O batedor para misturar bebidas; a coqueteleira.
shepā́do [**áa**] シェパード (< Ing. shepherd) O cão pastor [polícia] alemão. [S/同] Sepā́do.
shérī シェリー (< Ing. sherry) O (vinho espanhol de) Xerez. ⇨ pṓtó-wáin.
shérupa シェルパ (< Tib. Sherpa) **a**) Os sherpas (Povo tibetano que habita os (montes) Himalaias); **b**) O guia [carregador] que ajuda os alpinistas.
shérutā シェルター (< Ing. shelter) O abrigo anti-aéreo「contra un ataque nuclear」.
shi[1] 四 Quatro. ★ ~ *han-seiki* 四半世紀 Um lustro [quarto de século]. [I/慣用] ~ *no go no iwazu ni* 四の五の言わずに Sem resmungar. ⇨ yón.
shi[2] 死 (< shinú) **1** [死ぬこと] A morte. ~ *wa yasuku sei wa katashi* 死は易く生は難し Morrer, é fácil, o difícil é viver. ★ ~ *ni itarashimeru* 死に至らしめる Causar a morte. ~ *ni nozonde* [*saishite*] 死に臨んで[際して] À hora [Às portas] da ~. ~ *no kyōfu* 死の恐怖 O terror da ~. ~ *no toko ni aru* 死の床にある Estar tão mal que não se tornará a levantar. ~ *o kakugo suru* [*kessuru*] 死を覚悟する[決する] Estar disposto a morrer; aceitar a ~. ~ *o toshite* 死を賭して Arriscando a própria vida. *Furyo no* ~ 不慮の死 A morte repentina [inesperada]. *Gen'in fumei no* ~ 原因不明の死 A morte misteriosa. [S/同] Shibṓ[1]. [A/反] Séi. **2** [アウト]【Beis.】A eliminação do jogador. *Isshi manrui da* 一死満塁だ As bases estão todas ocupadas com uma eliminação.
shi[3] 詩 A poesia; o poema; os versos. ★ ~ *o tsukuru* 詩を作る Compor/Fazer um/uma/uns ~. ⇨ shíika.
shi[4] 氏 O senhor/A senhora/Ele/a (Cor.). ~ *wa Ōsaka shusshin desu* 氏は大阪出身です Ele [Aquele senhor] é (natural) de Ōsaka. ★ *Arai* ~ *no ben ni yoreba* 新井氏の弁によれば Segundo a argumentação do Sr. Arai. *Fujiwara* ~ 藤原氏 A família (nobre) [O clã] dos Fujiwara. ⇨ új́i[1].
shi[5] 市 A cidade; o município. ★ ~ *no* 市の Municipal. *Kōbe* ~ 神戸市 A cidade de Kobe. ◇ **~ tōkyoku** 市当局 As autoridades municipais.
shi[6] 師 **a**) O professor; o mentor; o perceptor; o mestre. ★ ~ *no on* 師の恩 Os favores do [O muito que se deve ao] professor. [P/ことわざ] *San-jaku sagatte ~ no kage o fumazu* 三尺下がって師の影を踏まず Deve-se tratar sempre o mestre com o maior respeito (Lit. Quando for com o seu mestre, vá três passos atrás, para não pisar na sombra dele). [S/同] Seńséi (+); shidṓ-sha; shíshṓ. **b**) O reverendo; o padre (⇨ bókushi; shínpu[2]).
shi[7] 史 A história; os anais da história (E.). ◇ **Chūsei** [**Gendai**] **~** 中世 [現代] 史 A ~ medieval [contemporânea]. **Burajiru ~** ブラジル史 A ~ do B. ⇨ **~ jō**[2]. [S/同] Rekíshí.
shi[8] シ【Mús.】O [A nota] si.
-shi[9] し E; além de; além do mais; além disso;「porte-se bem」tanto mais que「já não é uma criança」. *Kare wa gametsui ~ uso o tsuku ~ hontō ni iya na yatsu da* 彼はがめついし嘘をつくし本当に嫌なやつだ Ele é calculista [interesseiro/ganancioso] e (além disso) é mentiroso – um sujeito repugnante.
shī́ しい【Interj.】**1** [追い払うときに出す声] Che [Se]! (Para espantar animais, empurrar pessoas); sape (gato)! ~ *atchi e ike* しいあっちへ行け Che! Saia daí [Vá para lá]! **2** [人を黙らせるときに出す声] Quieto!; silêncio!; pst!; psiu!; caluda! ~ *dare ka kuru zo* しい誰か来るぞ ~! Vem alguém [aí gente]!
shiágárí 仕上がり (< shiágáru) O acabamento「da fotografia/do cozido/da casa」; a conclusão. ★ ~ *ga yoi* 仕上がりが良い「o prédio」Bem acabado. ⇨ dekí-báé; dekí-ágárí; kańséí[1]; shiágé.
shiágáru 仕上がる Acabar; concluir; terminar. *Kono fuku wa shiagatta bakari da* この服は仕上がったばかりだ Este fato acaba mesmo de ser feito. [S/同] Dekí-ágárú (+); kańséí súrú.
shiágé 仕上げ (< shiágéru) O acabamento; o retoque;「dar」a última demão. ★ *Nyūnen na* ~ 入念な仕上げ Os acabamentos esmerados「da casa」. *Saigo no ~ o suru* 最後の仕上げをする Dar o último retoque. [I/慣用] *Saiku wa ryūryū ~ o go-rōjiro* 細工は流々仕上げを御覧じろ ⇨ saíkú. ◇ **~ nuri** 仕上げ塗り A última demão de pintura [tinta].
shiágéru 仕上げる Acabar; completar; aperfeiçoar; terminar「o trabalho/livro」. *Kore o kyō-jū ni shiagete kudasai* これを今日中に仕上げて下さい Termine isto hoje. [S/同] Nashí-tógéru.
shiái 試合 A competição; a partida; o jogo; o desafio; a luta. ★ ~ *ni deru* 試合に出る Participar no/a ~; jogar; competir. ~ *ni katsu* [*makeru*] 試合に勝つ[負ける] Vencer/Ganhar [Perder] o jogo. ~ *o mōshikomu* 試合を申し込む Desafiar. ~(*o*) *suru* 試合(を)する Jogar; competir. *Dai-ichi* ~ 第一試合 O primeiro jogo. ◇ **Renshū-jiai** 練習試合 O (jogo de) treino. [S/同] Shṓbu; te-áwase; gḗmu. ⇨ końkū́ru; kóntesuto; kyṓgi[2] ◇.
shían[1] 思案 O pensamento; a consideração; a meditação; a reflexão. *Koko ga ~ no shidokoro da* ここが思案のしどころだ Tenho de pensar bem [duas vezes] nisto, primeiro/Este assunto tem de ser muito bem pensado. ★ ~ *gao de* 思案顔で Com ar pensativo. ~ *ni amaru* [~ *nagekubi de aru*] 思案に余る[思案投げ首である] Não saber (o) que fazer. ~ *ni kureru* 思案に暮れる Estar absorto em meditação. ~ *o megurasu* 思案をめぐらす Puxar pela cabeça. ~ *suru* 思案する Pensar; meditar; refle(c)tir; considerar. [S/同] Monó-ómoi.
shián[2] 私案 O plano particular; a proposta pessoal.
shián[3] 試案 O plano experimental「para a reforma educativa」; o esboço de um plano.
shían[4] シアン【Quím.】O cianogé[ê]nio (C_2N_2). ★ ~ *no* シアンの Ciânico. ◇ **~ ka-butsu** シアン化物 O cianeto. **~ ka natorium** シアン化ナトリウム O cianeto de sódio. **~ ka-suiso** シアン化水素 O cianeto de hidrogé[ê]nio. [S/同] Seísán.
shi-ásátte 明明後日【G.】Daqui a três dias.
shiátsú 指圧 A pressão com os dedos. ★ ~ *suru*

指圧する Pressionar com os dedos. ◇ **~ ryōhō** 指圧療法 A terapia por [de] ~.

shiáwáse 幸せ・仕合わせ **1** [幸福] A felicidade. *Dewa, o-~ ni* では、お幸せに Boa sorte [Muitas felicidades]! ★ **~** *na kurashi* 幸せな暮らし A vida feliz. ~ *ni naru* 幸せになる Ser feliz. ◇ **~ mono** 幸せ者 A pessoa feliz [afortunada/com sorte]. S/同 Kōfúkú; saíwáí; sáchi. **2** [幸運] A boa sorte; a ventura. ★ **~** *na koto ni* 幸せなことに Felizmente; por sorte. S/同 Kōúh; saíwáí.

shibá¹ 芝 A relva; a grama. ◇ **~** *o karikomu* 芝を刈り込む Cortar a ~. ◇ **~ kariki** 芝刈り機 A máquina de aparar relva. ⇨ shibáfú.

shibá² 柴 Os galhos; os gravetos; a lenha miúda. ◇ **~ kari** 柴刈り O a(c)to de cortar e ajuntar a lenha miúda ou a pessoa que faz esse trabalho.

shibáfú 芝生 O relvado; o gramado. ~ *ni tachiiru bekarazu* 芝生に立ち入るべからず (掲示) Proibido pisar no ~!. ⇨ shibá¹.

shibái 芝居 **1** [演劇] O teatro; a peça teatral; a representação teatral; a encenação. *Sono ~ wa atatta [ukenakatta] ukenakatta]* 芝居は当たった [受けなかった] Essa representação foi um [não teve] sucesso. ★ **~** *e [ni; o mi ni] iku* 芝居へ [に; を見に] 行く Ir ao teatro. ~ *ga haneru* 芝居がはねる A representação acabar; cair o pano「e toda a gente debandar」(⇨ hanéru¹). ~ *gakatte [jimite] iru* 芝居がかって [じみて] いる Assumir uma postura [pose] teatral; gesticular; fazer gestos teatrais. ~ *gi [kke] tappuri de aru* 芝居気 [っ気] たっぷりである Sabe fingir [representar] bem; ser um fingido. ~ *o suru [yaru; enjiru]* 芝居をする[やる; 演じる] Representar (uma peça); encenar. ~ *goya* 芝居小屋 O teatro; a casa de espe(c)táculos. ◇ **kenbutsu** 芝居見物 O「gostar de」ir ao teatro. S/同 Engékí; géki. **2** [作為] A brincadeira; o teatro. *Sono kenka wa ~ datta* その喧嘩は芝居だった Essa briga foi só teatro [brincadeira/a brincar]. ★ **~** *o utsu* 芝居を打つ Dar uma representação [Hito ~ utsu 一芝居打つ Pregar uma partida「e ficar rico」; aventurar-se; jogar uma「boa」cartada]. S/同 Ikásámá; ínchíkí.

shibáraku 暫く **1** [少しの間] Por pouco [algum] tempo; um momento; um instante. ~ *o-machi kudasai* 暫くお待ち下さい Espere um momento [pouco/pouquinho/pouchochinho (Col.)] por favor. ★ **~** *shite kara* 暫くしてから Dali a pouco [Depois de algum tempo]「chegaram as outras pessoas」. S/同 Zánji. **2** [長い間] Longo [Muito] tempo. ~ *deshita, o-kawari gozaimasen ka* 暫くでした、お変わりございませんか Faz [Há quanto] tempo que não nos vemos, como tem passado [está passando]? ★ **~** *buri no seiten* 暫くぶりの晴天 O céu claro [limpo/azul] depois de ~. S/同 Hisáshíbúrí. **3** [ひとまず] Por ora「vou esperar」; por enquanto;「adiar」até ver. *Tantōsha no sekinin ni tsuite wa ~ oku to shiyō* 担当者の責任については暫く置くとしよう ~ não vamos discutir a responsabilidade do encarregado. ⇨ hitó-mazu; toráezu.

shibarí-kubi 縛り首 O enforcamento; a forca. ★ **~** *ni suru* 縛り首にする Enforcar; condenar à ~. S/同 Kōshú-kei.

shibaru 縛る **1** [ひも, なわなどでくくる] Amarrar; atar; apertar; prender; ligar. ★ *Shibariageru* 縛り上げる bem「a encomenda」. *Shibaritsukeru* 縛り付ける Prender「o cão」a「um poste」. *Kozutsumi o himo de ~* 小包をひもで縛る Amarrar o pacote com barbante [um fio]. *Ryōte o ushiro ni shibarareta horyo* 両手を後ろに縛られた捕虜 O prisioneiro com as mãos amarradas [atadas] a trás das costas. S/同 Kukúrú.
2 [束縛する] Amarrar; prender; restringir; impedir; apertar; dificultar. ★ *Jikan ni shibarareru* 時間に縛られる Estar apertado de [Não ter] tempo. *Kisoku de gakusei o ~* 規則で学生を縛る Amarrar os estudantes com「demasiadas」regras. *Shigoto ni shibararete iru sararīman* 仕事に縛られているサラリーマン O assalariado preso ao [pelo] trabalho. S/同 Sokúbákú súrú.

shiba-shiba 屢・屢屢【E.】 **1** [たびたび] Frequentemente; muitas vezes. *Kare wa ~ Burajiru o otozureru* 彼はしばしばブラジルを訪れる Ele vai ~ ao B. ⇨ tábí-tábí. **2** [一般に] Geralmente [Em geral]. *Seken wa ~ tsumetai mono da* 世間はしばしば冷たいものだ ~ o mundo é indiferente [a vida é dura].

shibátátáku 瞬く (< *shíba-shiba* + *mabátáku*) Piscar. ★ *Me o ~* 目を瞬く ~ os olhos. ⇨ me-kúbase.

shibén¹ 支弁 O pagamento; o custeio; o desembolso. ◇ **~** *suru* 支弁する Pagar; custear; desembolsar. S/同 Shiharái (o); shishútsú.

shibén² 思弁 A especulação (filosófica).

Shibéría シベリア A Sibéria. ◇ **~ tetsudō** シベリア鉄道 A linha [ferrovia] (tran)siberiana; o transiberiano.

shibétsú 死別 A separação por morte; a perda. ★ *Ryōshin to ~ shita ko* 両親と死別した子 O filho que perdeu os [ficou sem] pais. ⇨ shiní-wákáréru.

shibín 溲瓶・尿瓶 O urinol「do doente」. ⇨ bénki.

shibíre 痺れ (< shibiréru) O torpor; a dormência; o entorpecimento. *Ashi ga ~ ga kita* 足に痺れが来た Entorpeceram-me as [Tenho um formigueiro nas (Col.)] pernas. I/慣用 **~** *o kirasu* 痺れを切らす Perder a paciência「com o chefe e sair da sala」. ⇨ máhí.

shibíréru 痺れる **1** [麻痺する] Adormecer; ficar adormecido [entorpecido]. *Ashi ga dandan shibirete kita* 足がだんだん痺れてきた Pouco a pouco adormeceram-me as pernas [fiquei com as pernas adormecidas]. ★ **~** *yō na tsumetai kaze* 痺れるような冷たい風 Um vento gélido [gelado/frio] que entorpece. ⇨ máhí. **2** [びりびり痛む] Sentir uma dor aguda [picante]. *Denki de ~* 電気で痺れる Apanhar um choque elé(c)trico. **3** [感動する] Ficar extasiado [fascinado/enlevado]. *Netsuen ni ~* 熱演に痺れる ~ com a perfeição do espe(c)táculo [da representação]. ⇨ tōsú¹.

shibo 思慕【E.】O anseio; o anelo; o desejo ardente; a saudade. *Haha e no ~ no jō [nen] ga tsunoru* 母への思慕の情 [念] が募る Ter cada vez mais saudades da mãe.

shibō¹ 死亡 A morte; o falecimento; o óbito. ★ **~** *suru* 死亡する Morrer; falecer. ◇ **~ kōkoku** 死亡広告 O anúncio do ~「no jornal」. **~ ritsu** 死亡率 A taxa de mortalidade. **~ sha** 死亡者 O「número de」Mortos (⇨ kójin³). **~ shindan-sho** 死亡診断書 O atestado de óbito. **~ todoke** 死亡届 O regist(r)o de óbito. **~ tsūchi** 死亡通知 A notícia do/a ~. S/同 Shi; shíkyo. A/反 Shusséí.

shibō² 脂肪 A banha「de porco」; o sebo「dos

animais」; a gordura「em geral」; a obesidade; a adiposidade. ★ ~ *bun no ōi* [*nai*] 脂肪分の多い[ない]「carne」Gorda [Magra]「de porco」. ~ *butori no* 脂肪太りの「um homem」Obeso. ~ *ga tsuku* 脂肪が付く Engordar. ~ *o toru* 脂肪を取る Emagrecer;diminuir o peso. ◇ **~ kata** 脂肪過多「a pessoa [comida] com」Gordura demais. **~ san** 脂肪酸 O ácido gorduroso. **~ sen** 脂肪腺 As glândulas sebáceas. **~ soshiki** 脂肪組織 O tecido adiposo. **~ zoku** 脂肪族 As gorduras (Misturas de glicerina, ácidos, carbono, oxige[ê]nio e hidrogé[ê]nio). **Dōbutsu** [**Shokubutsu**] **sei ~** 動物 [植物] 性脂肪 A gordura animal [vegetal]. ⇨ abúrá[1,2]; yúshi[1].

shibṓ[3] 志望 **a**) O desejo; a ambição; a aspiração; **b**) A escolha; a preferência; a opção. *Ryōshin wa watashi no gaikōkan ~ ni hantai shite iru* 両親は私の外交官志望に反対している Os meus pais discordam da minha aspiração a [de ser] diplomata. ★ ~ *suru* 志望する **a**) Desejar; ambicionar; aspirar; **b**) Escolher; preferir. ◇ **~ gakka** 志望学科 O curso [departamento] escolhido. **~ kō** 志望校 A escola preferida. **~ sha** 志望者 O candidato; o aspirante; o pretendente. **Dai-ichi** [**ni**] **~** 第一 [二] 志望 A「minha」primeira [segunda] preferência「é o departamento de português」. [S/同] Kibṓ (+) ; shígan.

shibṓ[4] 子房【Bot.】O ovário. ⇨ rańsṓ.

shibómú 萎む Murchar;「o sonho de ser cantor」desvanecer-se; esmorecer; definhar; debilitar-se; secar. *Hana ga shibomikakete iru* 花が萎みかけている A flor está a murchar [secar/ficar murcha]. ★ *Yūki ga* ~ 勇気が萎む Ficar desanimado; perder o ânimo [a coragem]. ⇨ shiórérú.

shibórí 絞[搾]り (< shibóru) **1** [レンズの] O diafragma (da lente). ★ ~ *o hiraku* 絞りを開く Abrir o ~. **2** [染め方] O processo de tinturaria que consiste em amarrar a parte que não se quer tingir. ◇ **~ zome** 絞り染め O tingir amarrando a parte… **3** [しぼること] A espremedura. ◇ **Remon ~ ki** レモン絞り器 O espremedor de sumo [suco] de limão. ⇨ **o-~**.

shibóru 絞[搾]る **1** [水気を取るためにねじる] Espremer; torcer. ★ *Zōkin o* ~ ぞうきんを絞る ~ o trapo [pano] da limpeza. **2** [液を取る] Extrair (o) líquido; tirar; arrancar. *Kono gyūnyū wa shiboritate desu* この牛乳は搾りたてです Este leite acaba de ser ordenhado. ★ *Chōshū no namida o* ~ 聴衆の涙を搾る Arrancar lágrimas à audiência. *Remon o shibotte kakuteru ni ireru* レモンを絞ってカクテルに入れる Espremer o limão e misturar [deitá-lo] na bebida. **3** [せばめる] Juntar; estreitar; fechar; limitar「o campo da discussão」; restringir; reduzir. *Giron wa sono itten ni shiborareta* 議論はその一点に絞られた A discussão ficou reduzida [limitada] a esse ponto. ★ *Mondai o* ~ 問題を絞る Limitar [Restringir] o problema. *Sutereo no oto o* ~ ステレオの音を絞る Baixar o volume do estereo. [S/同] Sebáméru. **4** [搾取する] Extorquir; explorar; chupar (G.). *Yakuza ni kane o shiborareta* やくざに金を搾られた Um "yakuza" extorquiu-me muito [todo o] dinheiro. [S/同] Sákushu suru. **5** [責め苦しめる] Dar um raspanete; repreender; fazer suar「os atletas/os estudantes」. *Kare wa sensei ni suiei de shiborareta* 彼は先生に水泳で搾られた Ele foi repreendido pelo [levou/apanhou um raspanete do] professor de natação. [S/同] Seméru. **6** [無理に出す] Espremer; arrancar; comprimir. ★ *Atama o shibotte kangaeru* 頭を絞って考える Puxar pela cabeça. *Chie o* ~ 知恵を絞る Dar voltas ao miolo/Puxar pela cabeça [pelo bestunto].

shibú[1] 渋 (< shibúi) **a**) A adstringência; o amargor; **b**) A incrustação [crosta]「do chá na chávena」. ★ *Kaki no ~ o nuku* [~ *nuki o suru*] 柿の渋を抜く [渋抜きをする] Tirar a adstringência ao caqui (B.) [dióspiro (P.)] (descascando-o e pondo-o a secar). ◇ **~ cha** 渋茶 O chá adstringente [amargo/forte]. **~ gaki** 渋柿 O caqui adstringente [de sabor forte/acre]. [S/同] Shibúmí.

shíbu[2] 支部 A filial; a sucursal. ◇ **~ chō** 支部長 O gerente da ~. [A/反] Hónbu.

shíbu[3] 四部 Quatro partes; o quarteto. ◇ **Konsei ~ gasshō** 混声四部合唱 O coro a quatro vozes; o quarteto vocal.

shibúi 渋い **1** [味が] Adstringente; áspero; seco. ★ ~ *wain* 渋いワイン O vinho seco [de gosto ~] (⇨ shibú[1]; shibúmí). **2** [好みなどが] Austero; sóbrio; grave; amadurecido. ★ ~ *gei* 渋い芸 A arte sóbria [clássica]. ~ *iro* 渋い色 A cor sóbria [simples mas bonita]. ~ *koe* 渋い声 A voz sóbria mas boa. **3** [気乗りしない] Frio; seco. ★ ~ *henji* 渋い返事 A resposta ~. ~ *kao o suru* 渋い顔をする Mostrar frieza; ser ~. **4** [けちな] Parcimonioso; mesquinho; pão-duro (B.); agarrado. *Kare wa kane ni* ~ 彼は金に渋い Ele é agarrado (ao dinheiro). ⇨ kéchí.

shibú-káwá 渋皮 (< shibú[1] + …) A casca amarga. ★ ~ *no muketa onna* 渋皮のむけた女 A mulher agradável [polida].

shibúkí 飛沫 O respingo「do mergulho」; o borrifo「da queda de água」; o salpico (Tb. de lama). ★ ~ *o abiru* 飛沫を浴びる Ficar todo salpicado「da cabeça até aos pés」. ~ *o ageru* 飛沫を上げる「a catarata/o géiser」Levantar borrifos [ja(c)tos] de água [vapor]. ◇ **Mizu ~** 水飛沫 ~ de água. [S/同] Himátsú.

shibúku 繁吹く【E.】Borrifar; respingar; salpicar.

shibú-mí 渋味 **1** [味の] A adstringência; o sabor áspero「do vinho carrascão」. ★ *Kaki no* ~ 柿の渋味 ~ de dióspiro [caqui]. **2** [雅趣] A sobriedade; a simplicidade elegante [austera/sóbria]. ⇨ omómúkí.

shibúń[1] 四分 Quarto; a quarta parte. ★ ~ *no ichi* 四分の一 Um quarto ([S/同] Yońbúń nó íchí). ~ *suru* 四分する Dividir「a maçã」em quatro. ◇ **~ goretsu** 四分五裂 A ro[rup]tura; o despedaçar〔~ *goretsu suru* 四分五裂する Despedaçar [Destroçar]「o país」〕.

shi-búń[2] 詩文【E.】A poesia e a prosa. ◇ **~ senshū** 詩文選集 A antologia de ~. ⇨ sańbúń[1].

shibúń[3] 死文【E.】「a lei/regra que é」Letra morta. ⇨ kūbúń.

shibún-ónpu 四分音符【Mús.】A semínima.

shi-búnsho 私文書 O documento particular. ◇ **~ gizō** 私文書偽造 A falsificação de (um) ~. [A/反] Kṓ-búnsho.

shibú-rókú 四分六【G.】**a**) A proporção de 4 para 6; **b**) A possibilidade「de o plano passar」inferior a 50%. ★ ~ *ni wakeru* 四分六に分ける Dividir quase ao meio.

shibúru 渋る **1** [すらすら進まなくなる] Estagnar;「o pincel/a caneta」estar a falhar; estar meio parado.

2 [嫌がる] Hesitar; mostrar relutância [pouca vontade]; não gostar; fazer [pôr] má cara. ★ *Henji o ~ 返事を渋る* Não querer responder; responder de má vontade. *Kane o dashi ~ 金を出し渋る* Dar o dinheiro à força [de má vontade]; não querer abrir os cordéis à bolsa (G.). ⇨ iyágáru. **3** [腹が] Ter o tenesmo [puxo].

shibú-shíbú 渋渋 (< shibú **3**) Relutantemente; de má vontade; contra vontade. ◇ *~ kane o dasu 渋々金を出す* Dar o dinheiro ~ [com relutância]. *~ shōchi suru 渋々承知する* Concordar contra vontade. S/同 Fushō-búshō.

shibútói しぶとい [G.] Obstinado; cabeçudo; [uma dor (Col.)] teimosa. ~ *yatsu da* しぶといやつだ Que cabeça-dura [sujeito mais ~]! ⇨ gánko; gōjō; zūzúshíi.

shibútsú[1] 私物 Os obje(c)tos de uso particular. ◇ *~ ka* 私物化 A apropriação; o uso de um obje(c)to como se fosse próprio.

shibútsú[2] 死物 A coisa morta; o obje(c)to inanimado. ◇ *~ kisei* 死物寄生 [Bot.] O saprófito/a.

shibyō 死病 A doença mortal [fatal]. ★ *~ ni toritsukareru 死病にとりつかれる* Contrair uma ~.

shichi[1] 七 Sete. ⇨ **gatsu**. S/同 Nána.

shichi[2] 質 O penhor; a casa de penhores; o prego (Col.). ★ *~ ni ireru 質に入れる* Pôr no/a ~. *~ ni toru 質に取る* Tomar como penhor. *~ o nagasu 質を流す* Perder o penhor. ◇ *~ fuda* 質札 A cautela de penhor. *~ gusa* [**motsu**] 質草[物] O artigo [obje(c)to] para o/a ~. *~ ire* 質入れ A penhora. *~ ken* 質権 O direito de penhor. *~ nagare* 質流れ A perda do penhor; o confisco [~ *nagare no tokei* 質流れの時計 O relógio confiscado [penhorado e não resgatado]. ⇨ *~ ya*.

shíchi 死地 [E.] **a)** As garras da morte; um lugar perigosíssimo; **b)** 「procurar」Um lugar para morrer「em paz」. ★ *~ ni omomuku 死地に赴く* Ir ao encontro da morte.

shichi-bu 七分 Sete [Setenta] por cento. ◇ *~ sanbu* 七分三分 ⇨ shichí-sán. *~ zuki* 七分搗き O arroz com ~ de beneficiamento.

shichi-fúkújin 七福神 As sete divindades da fortuna [sorte] (Ebisu, etc.).

shichi-gátsú 七月 (O mês de) Julho.

shichí-gó-sán 七五三 (7, 5, 3) A festa dos meninos de 3 e 5 e das meninas de 3 e 7 anos, celebrada a 15 de novembro, com visita a um santuário shintoísta.

shichijū [**úu**] 七十 Setenta. ★ *~ dai no rōjin* 七十代の老人 O idoso [ancião] na casa dos ~. S/同 Nanajū (+).

shichí-kákú 七角 Sete ângulos.

shichímén-chō 七面鳥 [Zool.] O peru [A pérua]; *meleagris gallopago*.

shichírín 七輪 O fogareiro (portátil, de carvão). ⇨ kónro.

shichí-sán 七三 A proporção de 7 para 3. ★ *Kami o ~ ni wakeru 髪を七三に分ける* Fazer a risca do cabelo ao lado. ⇨ *~ bu* Shichí-bú sán-bu.

shichítén-báttó 七転八倒 O contorcer-se de dores「no estômago」. S/同 Shittén-báttó (+).

shichí-ya 質屋 (⇨ shichi[2]) O penhorista; o agiota; (o dono da) casa de penhores.

shichō[1] [**óo**] 市長 O presidente da câmara; o prefeito (B.). ◇ *~ senkyo* 市長選挙 As eleições para prefeito. ⇨ chíji.

shichō[2] [**óo**] 市庁 A câmara [prefeitura] (Prédio ou sede do shichō). ⇨ shi-yákúsho.

shichō[3] 思潮 A tendência; a corrente de opinião [de pensamento]. ◇ **Gendai** *~ 現代思潮* ~ [mentalidade] contemporânea. ⇨ fúchō; shisō[1].

shichō[4] 視聴 [E.] O ver e escutar; a atenção. ◇ *~ ritsu* 視聴率 O índice de audiência [*~ ritsu no ichi-ban takai bangumi 視聴率の一番高い番組* O programa de maior audiência]. *~ sha* 視聴者 A audiência [TV/Rádio]. ⇨ shichō[5] *da rádio*/TV].

shichō[5] 試聴 A audição. ◇ *~ suru 試聴する* Ouvir [Ter uma audição「de Bach」]. ◇ *~* **shitsu** 試聴室 A sala de audição [música].

shichōkaku [**óo**] 視聴覚 (< shikákú[4] + chōkáku[1]) O sentido audiovisual; os sentidos da vista e do ouvido. ◇ *~* **kyōiku** 視聴覚教育 A educação audiovisual. ⇨ shichō[4].

shi-chō-son 市町村 As cidades, vilas e aldeias; os municípios. ⇨ *~ chō* 市町村長 Os presidentes [prefeitos] municipais/dos ~.

shichū[1] 支柱 O suporte; a escora; o apoio; o arrimo. ★ *Ikka no ~ 一家の支柱* O arrimo da família. ⇨ daíkókúbáshira; tsukkái ◇.

shichū[2] [**úu**] 市中 [Na/As ruas da] cidade. ★ *~ o neri-aruku 市中を練り歩く* Desfilar [Ir em parada] pela/s ~. ◇ *~* **ginkō** 市中銀行 O banco comercial. A/反 Shígai[1].

shichū[3] 死中 [E.] A situação fatal [perdida de todo]. ★ *~ ni katsu o motomeru 死中に活を求める* Procurar uma saída para aquela ~.

shichū[4] [**úu**] シチュー (< Ing. stew) O estufado [ensopado]. ◇ *~* **nabe** シチュー鍋 A panela para ~. *Bifu ~ ビーフシチュー* A carne estufada.

shidái 私大 (Abrev. de shirítsú dáigaku) A universidade particular (No J. são mais que as estatais). ★ *~ de no hito 私大出の人* A pessoa formada numa ~. A/反 Kokúrítsú-dái; kōrítsú-dái.

shídan[1] 師団 A divisão「do exército」. ◇ *~* **chō** 師団長 O comandante da ~. **Ikko** *~ 一個師団* Uma divisão.

shidán[2] 詩壇 O mundo da poesia; o círculo poético [dos poetas]. ⇨ buńdán[1]; haídán; kadán[3].

shidáré 枝垂れ [Bot.] (< shidáréru) (A árvore de) ramos pendentes [virados para baixo]. *~ zakura 枝垂れ桜* A cerejeira chorona [de ~].

shidáréru 枝垂れる Dobrar-se; ficarem inclinados os ramos. ⇨ shidáré.

shi-dashi 仕出し O fornecimento de refeições [marmitas]. ★ *~ o suru 仕出しをする* Fornecer refeições「para festas」. ◇ *~* **bentō** 仕出し弁当 A refeição em caixa-bandeja entregue a domicílio. *~* **ten** [**ya**] 仕出し店[屋] A loja fornecedora de refeições. ⇨ de-máé.

-shidásu 仕出す Começar a fazer「o trabalho」.

shi-dékásu 仕出かす [G.] Tramar; fazer [sair-se com]「uma coisa nada disparatada」. *Ano ko wa nani o ~ ka wakaranai あの子は何を仕出かすかわからない* Nunca se sabe o que aquele menino nos vai [anda a] tramar. ★ *Machigai o ~ まちがいを仕出かす* Fazer um disparate [uma boa!]. S/同 Yarákásu (+).

shidén 市電 (⇨ todén) O [A linha do] eléctrico/bonde (B.) (No J. praticamente desapareceu).

shíde-no-tabi 死出の旅 [E.] A viagem para o

outro mundo; a última viagem.
shídí シーディー・**CD** **1** [現金自動支払機] (< Ing. cash dispenser) O multibanco. **2** [コンパクトディスクの略] (< Ing. compact disk/c.d.) **a)** Disco compa(c)to; **b)** Disco magnético.
shído¹ 視度【Met.】A visibilidade. ⇨ shikái².
shído² 示度 A marcação [indicação] (dada por um instrumento). ◇ **Chūshin** 〜 中心示度 = 「da pressão」no centro「do tufão」.
shidō¹ 指導 A liderança; o guiar; a dire(c)ção; a chefia; a orientação「do treinador」. *Kongo mo yoroshiku go-* 〜 *no hodo o-negai shimasu* 今後もよろしく御指導のほどお願いします Peço [Confio na] a sua orientação também daqui por diante [para a frente]. ★ 〜 *ni shitagau* 指導に従う Seguir as orientações dadas. 〜 (*o*) *suru* 指導 (を) する Liderar; guiar; orientar; dirigir. *Porutogarugo o* 〜 *suru* ポルトガル語を指導する Orientar o estudo da língua p.」. 〜 *o ukeru* 指導を受ける Receber orientação; ser orientado. 〜 *teki yakuwari o enjiru* 指導的役割を演じる Desempenhar um papel de liderança. *Aoki kyōju no* 〜 *no moto de [ni]* 青木教授の指導の下で[に] Sob a orientação do professor Aoki. ◇ 〜 **bu** 指導部 O departamento de orientação. 〜 **genri** 指導原理 Um princípio orientador. 〜 **hōshin** 指導方針 A linha de orientação. 〜 **in** 指導員 Um instrutor [orientador]. 〜 **kyōju [kyōshi]** 指導教授 [教師] O conselheiro acadé(ê)mico; o tutor. 〜 **ryoku** 指導力 A capacidade de liderança; qualidades de chefia. 〜 **sha** 指導者 O chefe; o líder; o guia; o tutor; o orientador (⇨ shújí; shunín).
shidō² 私道 A estrada [O caminho] particular. 〔A/反〕Kōdō.
shidō³ 市道 A estrada municipal.
shidō⁴ 始動 O arranque. 〜 *suru* 始動する Arrancar [*Enjin o* 〜 *saseru* エンジンを始動させる Pôr o motor a andar; fazer arrancar o motor]. ◇ 〜 **botan** 始動ボタン O botão de 〜. ⇨ kidō².
shidō⁵ 斯道【E.】O assunto; a matéria. ★ 〜 *no taika* 斯道の大家 A grande autoridade no/a 〜.
shído [ii] シード (< Ing. seed) O separar os adversários fracos dos fortes de modo a permitir encontros [jogos] mais equilibrados. ★ 〜 *suru* シードする... ◇ 〜 **senshu** シード選手 O jogador separado. **Nō** 〜 ノーシード O jogo sem 〜.
shidókénái しどけない Descuidado; desleixado; sujo; desmazelado. ★ 〜 *kakkō o shite iru* しどけないかっこうをしている Andar sujo [mal vestido]. 〔S/同〕Daráshínái (+).
shidóró-módoro しどろもどろ O ser incoerente [confuso]; inconsistente]; o meter-se pelas mãos. ★ *Toitsumerarete* 〜 *ni naru* 問い詰められてしどろもどろになる Ao ser apertado com perguntas, meter-se pelos pés pelas mãos [ficar todo atrapalhado].
shiéi¹ 市営 A administração municipal. ◇ 〜 **basu** 市営バス O autocarro [ônibus] municipal. 〜 **jūtaku** 市営住宅 A habitação [O bairro residencial] municipal. ⇨ keń'éi; kokuéi.
shiéi² 私営 A administração particular. 〔A/反〕Kōéi.
shiéki 使役 O emprego; o trabalho「na construção」; a ocupação; o serviço. ◇ 〜 **dōshi** 使役動詞【Gram.】O verbo causativo.
shiémú [ii] シーエム・**CM** (< Ing. Commercial Message) O anúncio (De rádio, TV).
shién¹ 支援 A ajuda; o apoio; o auxílio. *Yoroshiku go-* 〜 *no hodo o-negai itashimasu* よろしく御支援のほどお願いします Contamos com o seu total [importante/precioso] apoio. ★ 〜 *o motomeru* 支援を求める Pedir ajuda [apoios]. 〜 *suru* [*o ataeru*] 支援をする[を与える] Ajudar [Dar ajuda]; apoiar; apo(i)o/A força] de 〜. 〔S/同〕Énjo (+).
shién² 私怨【E.】O ódio [rancor; A inimizade] pessoal. ★ 〜 *o harasu* 私怨を晴らす Satisfazer 〜; vingar-se. 〔S/同〕Shifún. ⇨ urámí.
shién³ 紫煙【E.】O fumo [A fumaça] de cigarro [do cachimbo].
shifúkú¹ 私服 O traje civil. *Gakkō e* 〜 *de kayou* 学校へ私服で通う Ir à escola com o traje ordinário [sem uniforme]. ◇ 〜 **keiji** 私服刑事 O dete(c)tive [polícia/policial (B.)] à paisana. 〔A/反〕Seifúkú.
shifúkú² 私腹 O próprio bolso; o bolso (G.). ★ 〜 *o koyasu* 私腹を肥やす Encher 〜 = 「com o dinheiro do estado」.
shifúi³ 雌伏【E.】O ficar calmamente à espera da sua oportunidade「de ser presidente da empresa」. ★ 〜 *jūnen* 雌伏十年 O ficar dez anos...
shifún 私憤【E.】O ódio. 〔S/同〕Shién² (+).
shifuto-kī シフトキー (< Ing. shift key)【Info.】Mudança, de chave.
shiga 歯牙 Os dentes. [I/慣用] 〜 *ni mo kakenai* 歯牙にもかけない Não dar importância「ao pretendente」; nem olhar; não fazer caso. 〔S/同〕Ha (+). ⇨ gíron; kotóbá.
shigai¹ 市外 O subúrbio; fora da cidade [do perímetro urbano]. ◇ 〜 **denwa** 市外電話 O telefone interurbano. 〔A/反〕Shichū²; shínai.
shigai² 市街 A [As ruas da] cidade. ◇ 〜 **chi** 市街地 A área urbana; o perímetro urbano. 〜 **chizu** 市街地図 O mapa da 〜. **Kyū [Shin]** 〜 旧 [新] 市街 A parte antiga [nova] da cidade. 〔S/同〕Chimatá.
shigái³ 死骸 O cadáver (De pessoa); a carcaça (De animal). 〔S/同〕Igái; shikábané.
shigái-sén 紫外線【Fís.】O raio ultravioleta. ◇ 〜 **ryōhō** 紫外線療法 O tratamento de [com] raios ultravioletas. ⇨ sekígái-sén.
shigaku¹ 史学 (sha sh⁷)) A história (como) ciência; o estudo da história. ◇ 〜 **ka** 史学科 O curso [departamento/A cadeira] de 〜.
shigaku² 私学 A escola [universidade] particular. ◇ 〜 **de** 私学で Formado numa 〜. ⇨ shidō².
shigaku³ 視学【A.】A inspe(c)ção do ensino. ◇ 〜 **kan** 視学官 O inspe(c)tor do ensino.
shigaku⁴ 詩学 O estudo da poesia; a métrica.
shigaku⁵ 歯学 A odontologia.
shigámí-tsúku しがみつく Agarrar-se「ao salva-vidas」. ★ *Shigamitsuite hanarenai* しがみついて離れない 〜 com força [e não largar (as mãos)]. *Shushō no isu ni* 〜 *suru* 首相の椅子にしがみつく 〜 à posição de Primeiro Ministro. ⇨ sugárú.
shigan 志願 **a)** O desejo「de ser médico」; a aspiração; **b)** O requerimento [pedido] de admissão. ★ 〜 *suru* 志願する **a)** Desejar; aspirar「a」; **b)** Requerer; pedir para (entrar/ser admitido) [*Kare wa jibun kara* 〜 *shite nyūtai nyūtai shita* 彼は自分から志願して入隊した Ele alistou-se [foi para o exército] como voluntário]. 〜 **Nyūgaku** 〜 **sha** 入学志願者 Os aspirantes [candidatos] à [a entrar na] escola. 〔S/同〕Kibō (+); shibō³.
shigánái しがない Pobre; miserável; fraco. ★ 〜

shōbai しがない商売 Um negócio fraco [que não rende nada]. ⓢ/園 Tsumáránai (+).

shígaretto シガレット (< Ing. cigarette < Fr. < Esp.) O cigarro. ◇ ~ **kēsu** シガレットケース A cigarreira.

shigátsú 四月 (O mês de) Abril. ◇ ~ **baka** 四月馬鹿 **a)** O dia das mentiras (Primeiro de ~); **b)** O que se deixa enganar/levar/cair (⇨ épúrífúfúru). ⓢ/園 Uzuki.

shigéki[1] 刺激 [戟] **1** [感覚への強い衝撃] **a)** O estímulo 「externo dos sentidos/do apetite」; **b)** O incentivo 「ao estudo/sucesso」; **c)** A irritação 「causada por ruído/pessoa」; **d)** A provocação 「do país vizinho」. *Kono hanashi wa kodomo ni wa ~ ga tsuyosugiru* この話は子供には刺激が強すぎる Esta história é muito picante [forte] para as crianças. ★ ~ *no tsuyoi tabemono* 刺激の強い食べ物 A comida muito picante. ~ *o ataeru* 刺激を与える Estimular; incentivar; animar; provocar. ~ *o motomeru* 刺激を求める Procurar algo estimulante [excitante]. ~ *o ukeru* 刺激を受ける Ser estimulado [incentivado]. ~ *suru* 刺激する Estimular; incentivar; provocar. *Keiki o ~ suru* 景気を刺激する Incentivar os negócios. ~ *teki na* 刺激的な Estimulante; incentivante; provocante; irritante; picante. ◇ ~ **butsu** [**zai**] 刺激物 [剤] Um estimulante; um excitante. ~ **shū** 刺激臭 O odor [cheiro] irritante. **2** [生体に反応を起こさせる原因]【Biol./Fisiol.】O estímulo. ★ ~ *ni taishite hannō suru* 刺激に対して反応する Reagir ao ~.

shígeki[2] 史劇 O drama [A peça teatral] histórico/a;

shigémi 茂 [繁] み A moita; o mato. ★ *Tachiki no ~ ni kakureru* 立木の茂みに隠れる Esconder-se no ~ [numa ~].

shígen[1] 資源 Os recursos [As riquezas] naturais. ★ ~ *o hogo suru* 資源を保護する Proteger os ~. ◇ **Chika ~** 地下資源 ~ do subsolo. **Jinteki ~** 人的資源 Os recursos humanos; a mão-de-obra. **Kankō ~** 観光資源 As potencialidades turísticas. **Tennen ~** 天然資源 Os recursos naturais.

shigén[2] 至言【E.】As palavras sábias [acertadas]; um dito [uma observação] magistral.

shigéru 茂 [繁] る Crescer bem [muito/demais]. ★ *Ha no shigetta ki* 葉の茂った木 A árvore frondosa [com muita rama]. ⓢ/園 Oí-shígeru.

shíge-shige しげしげ **1** [しばしば] Amiúde; repetidas vezes; frequentemente. ★ ~ *to kayou* しげしげと通う Frequentar um lugar. ⓢ/園 Ashi-shígeku (+); shikíri-ní (+); tabí-tábí (o). **2** [つくづく] Fixamente. ★ *Hito no kao o ~ (to) miru* 人の顔をしげしげ(と)見る Olhar ~. ⓢ/園 Tsukúzuku; yokúyóku.

shígí[1] 鴫【Zool.】A narceja (Ave pernalta dos pântanos).

shigí[2] 仕儀 ⇨ jijó[2].

shi-gíkai 市議会 A Assembleia Municipal. ◇ ~ **gíin** 市議会議員 O vereador; o membro [vogal] da ~. ⓢ/園 Shikái.

shigín 詩吟 A recitação dum poema chinês.

shígo[1] 死後 Depois da morte. *Kono shitai wa ~ isshūkan tatte iru* この死体は死後1週間たっている Este cadáver é de alguém que morreu há [faz] uma semana. ★ ~ *no shōgai* 死後の「生涯」Póstumo; post-mortem (L.) [~ *no sekai* 死後の世界 O outro mundo; o além-túmulo. ◇ ~ **kōchoku** 死後硬直【Med.】A rigidez cadavérica.

ⓢ/園 Bótsugo. (A/反) Seízén.

shígo[2] 死語「o latim é」Uma língua morta; a palavra obsoleta.

shígo[3] 私語 O cochicho. ★ ~ *o tsutsushimu* 私語を慎む Não cochichar 「na aula」.

shígo[4] 詩語 A palavra [linguagem] poética. ⓢ/園 Gágo.

shigóki 扱き **1** [腰帯] O cós; a cinta usada pelas mulheres. **2** [猛練習] O trein(ament)o rigoroso. ★ *Mōretsu na ~ ni taeru* 猛烈な扱きに耐える Aguentar o ~. ⇨ shigóku[2].

shígoku[1] 至極 Extremamente 「desagradável」; muito; totalmente; absolutamente; perfeitamente. *Anata no ossharu koto wa ~ gomottomo desu* あなたのおっしゃる事は至極ごもっともです O que o senhor diz é perfeitamente razoável. ◇ **Zan'nen ~** 残念至極 É uma grande pena; é extremamente lamentável. ⓢ/園 Mattákú (+).

shigóku[2] 扱く **1** [握って引く] Puxar com a mão fechada; ripar 「folhas de amoreira」. ★ *Hige o ~* ひげを扱く Afagar a barba. **2** [激しく訓練する] Treinar rigorosamente. ★ *Buin o ~* 部員を扱く Treinar os membros do clube [da equipa/e].

shigó-sen 子午線 O meridiano.

shigótó 仕事 **1** [職] A ocupação; o emprego. *O- ~ wa nan desu ka* お仕事は何ですか Qual é a sua ~? *Watashi wa kin'yū kankei no ~ o shite imasu* 私は金融関係の仕事をしています A minha ~ tem relação com o mercado financeiro. ★ ~ *ga aru* 仕事がある Ter emprego. ~ *o kaeru* 仕事を変える Mudar de ~. ~ *o motsu* 仕事を持つ Ter um/a ~. ~ *o sagasu* [*motomeru*] 仕事を探す [求める] Procurar emprego. ~ *gara* 仕事柄 Por ocupação. *Hiyatoi ~* 日雇い仕事 ~ de jornaleiro [de trabalhador a dias]. ⓢ/園 Shókú; shokúgyō.

2 [業務; 労働] O trabalho; a tarefa; o serviço. *Ano shokunin wa ~ ga hayai* あの職人は仕事が速い Aquele operário é rápido no ~. *Hoka ni shinakereba naranai* [*Motto daiji na; Sashisematta*] ~ *ga aru* 他にしなければならない [もっと大事な; 差し迫った] 仕事がある Tenho outra tarefa [uma tarefa mais impotante; uma tarefa mais urgente] a cumprir. *Kore wa hito* [ō] ~ *da* これは1 [大] 仕事だ Isto é uma tarefa difícil [um bico de obra] /Isto não é brincadeira nenhuma. *Kyō no ~ wa kore de owari ni shiyō* 今日の仕事はこれで終わりにしよう Vamos terminar (o trabalho) por hoje. ★ ~ *chū ni* 仕事中に Durante o ~. ~ *ni kakaru* 仕事にかかる Começar o/a ~. ~ *ni naranai* [*ga deknai*] 仕事にならない [ができない] 「assim」Não posso trabalhar. ~ *ni owareru* 仕事に追われる Estar atarefado; ter muito trabalho [que fazer]. ~ *o hajimeru* 仕事を始める Começar o trabalho [a trabalhar]. ~ *o hikiukeru* 仕事を引き受ける Aceitar o/a ~. ~ *o oboeru* 仕事を覚える Aprender o trabalho. ~ *o oeru* 仕事を終える Concluir [Terminar] o ~. ~ *o suru* 仕事をする Fazer o trabalho; trabalhar. ~ *o yasumu* 仕事を休む Faltar ao ~; tirar folga; fazer descanso. *Isogi no ~* 急ぎの仕事 ~ urgente. *Katatema no ~* 片手間の仕事 ~ feito ou já fazendo nas horas vagas. ◇ ~ **ba** 仕事場 O local de trabalho. ⓢ/園 Gyōmu; ródő.

3 [任務] A incumbência; a obrigação; a missão; o dever. *Kodomo no shitsuke wa oya no ~ da* 子供のしつけは親の仕事だ A educação dos filhos é missão

[dever] dos pais. ⒮⦅同⦆ Nínmu.
4 [物理の]【Fís.】O trabalho. ★ *Netsu no ~ tōryō* 熱の仕事当量 ~ medido à base de calor equivalente. ◇ **~ ritsu** 仕事率 A capacidade de ~「de uma máquina」.

shígunaru シグナル (< Ing. signal < L.) O sinal; o aviso. ⇨ áizu; shíngó.

shigúré 時雨 (< shigúréru) A chuva intermitente (que cai) entre o fim de outono e o começo de inverno; o aguaceiro. ⇨ niwáká-áme.

shigúréru 時雨れる Chover intermitentemente [aos poucos]; chover e parar, chover e parar.

shígusa 仕種「草」 **1**[芝居での演技] A representação; a arte teatral; o gesto. ★ *Meiyū no ~ maneru* 名優の仕種をまねる Copiar [Imitar] ~ dum grande artista. ⇨ éngi¹; shósa. **2**[動作; 身振り] A maneira de ser; o agir; o comportamento 「afe(c)tado/formalista」. *Onna rashii ~ o suru* 女らしい仕種をする Ser feminil. ⇨ mí-buri.

shigyō 始業 O começo [início]「do trabalho」. *Tōkō wa hachi-ji ~ desu* 当校は8時始業ですNa nossa escola as aulas começam às 8 (horas). ~ *no kane* 始業の鐘 O toque da campainha/sineta「para as aulas」. ~ *suru* 始業する Começar「o trabalho, depois das festas do Ano Novo」. ◇ **~ shiki** 始業式 A cerimó[ô]nia inaugural [do começo] de (novo) ano le(c)tivo; a lição de sapiência「na faculdade」. Ⓐ/Ⓡ Shúgyó.

shíhai¹ 支配 **1**[勢力下に置くこと] O controle/o; a superintendência; o governo; o domínio. ★ ~ *suru* 支配する Controlar; governar; dominar; influenciar. ◇ **~ ka** 支配下 Sob o domínio [*Gaikoku no ~ ka ni aru* 外国の支配下にある Estar sob o domínio de um país estrangeiro]. **~ kaikyū** 支配階級 A classe dominante. **~ ken** 支配権 O controle [domínio/A supremacia]. **~ sha** 支配者 O dominador; o que manda. ⇨ kánri¹; toríshímárí. **2**[影響力をもつこと] O controle; a dire(c)ção; a influencia. ★ ~ *suru* 支配する Controlar; governar; dominar; influenciar [*Gunshū no ~ suru chikara* 群衆を支配する力 A força para controlar a multidão. *Kyōgū ni ~ sareru* 境遇に支配される Ficar à mercê das circunstâncias [Ser dominado pelo ambiente]. *Shizen-kai o ~ suru hōsoku* 自然界を支配する法則 As leis que governam a natureza]. **~ teki(na)** 支配的(な) Dominante; supremo [~ *na chii* 支配的な地位 A posição dominante. ~ *teki iken* 支配的意見 A opinião dominante]. ◇ ⇨ **~ nin**.

shíhai² 賜杯 A taça do [O troféu concedido pelo] Imperador. ★ ~ *ni sono na o kokusu* 賜杯にその名を刻す「Ser campeão」e receber a ~.

shihái³ 紙背【E.】O reverso do papel. ⒤⦅慣用⦆ *Gankō ni tessuru* 眼光紙背に徹する O saber ler nas entrelinhas.

shihái-nín 支配人 O gerente; o administrador.
shihái-sha 支配者 ⇨ shíhai¹.

shihán¹ 市販 A venda [O colocar/O pôr] no mercado. ★ ~ *suru* 市販する Vender no mercado [*Kono shōhin wa mō ~ sarete inai* この商品はもう市販されていない Este artigo já não se vê [encontra] no mercado]. ◇ **~ hin** 市販品 O artigo à venda (no mercado).

shihán² 師範 O mestre「de judo」; o professor; o instrutor. ◇ **~ gakkō** 師範学校 A Escola Normal [de formação de professores].

shihán³ 死班・屍斑 O livor「cadavérico」; a lividez.
shihán⁴ 紫斑 [醫]【Med.】A mancha purpúrea. ◇ **~ byō** 紫斑病 A (doença da) púrpura.

shihán-bún 四半分 Um quarto; a quarta parte. ★ ~ *ni suru* 四半分にする Cortar em quatro (partes).

shihán-ki 四半期 O trimestre; um quarto [a quarta parte] do ano. ★ ~ *no [goto ni]* 四半期の「ごとに」Trimestral [Cada trimestre].

shihárái 支払い (< shihárau) O pagamento. ★ ~ *o motomeru [semaru; seikyū suru]* 支払いを求める [迫る; 請求する] Cobrar/Pedir para pagar [Apertar o devedor; Exigir o pagamento]. ~ *o nobasu* 支払いを延ばす Prorrogar o ~ [Demorar a pagar]. ~ *o teishi suru* 支払いを停止する Suspender o ~. ~ *o ukeru* 支払いを受ける Receber o ~; cobrar; ser pago. ◇ **~ bi** 支払い日 O dia de ~. **~ denpyō** 支払い伝票 A ficha de ~. **~ hōhō** 支払い方法 O modo de ~. **~ jōken** 支払い条件 As condições [Os termos] de ~. **~ kigen** 支払い期限 O prazo de vencimento. **~ nin** 支払い人 O pagador. **~ nōryoku** 支払い能力 A (capacidade de) solvência. **~ tegata** 支払い手形 O título a pagar. **~ teishi** 支払い停止 A sustação [suspensão] de ~. **~ yūyo** 支払い猶予 A moratória; a prorrogação do ~.

shiháráu 支払う Pagar. ★ *Resutoran de kanjō o ~* レストランで勘定を支払う ~ a conta do [no] restaurante. Ⓐ/Ⓡ Shúhátsú.

shihátsú 始発 **a)** A primeira partida; **b)** A estação de partida「é Ueno」. ◇ **~ densha** 始発電車 A primeiro comboio/trem. **~ eki** 始発駅 A estação de partida. Ⓐ/Ⓡ Shúhátsú.

shíhei 紙幣 O papel-moeda; a nota; a cédula (B.). ★ ~ *o gizō suru* 紙幣を偽造する Falsificar notas. ~ *o hakkō suru* 紙幣を発行する Imprimir papel-moeda. *Sen-en ~ o jū-mai* 千円紙幣を10枚 Dez notas de mil yens. ◇ **~ Shōgaku** ~ 小額紙幣 A ~ baixa. ⒮⦅同⦆ Satsú.

shíhen¹ 四辺 **1**[近所] A vizinhança. ★ ~ *ni* 四辺に Na ~. ⒮⦅同⦆ Átari (+); kínjo (o); shihō¹ (+); shímen; shúhén (+); shúi (+). **2**[四つの辺] **a)** Quatro lados; **b)** Todos os lados (da fronteira). ◇ **~ kei** 四辺形 O quadrilátero.

shihén² 詩篇【Bí.】O [Os livro dos] salmos.
shihén³ 紙片 Um pedaço de papel.
⒮⦅同⦆ Kamí-kíré (+).

shihí 私費 O ser por o próprio a pagar; o fazer a expensas próprias. ★ ~ *de ryūgaku suru* 私費で留学する Estudar no estrangeiro a expensas próprias. Ⓐ/Ⓡ Kōhi. ◇ ⇨ jihí².

shihō¹ (ôo) 四方 **a)** Os quatro pontos cardeais; **b)** Quatro (Todos os) lados; **c)** O quadrado (Figura de quatro lados iguais); ⇨ shikákú¹). *Kono niwa wa go-mētoru ~ aru* この庭は5メートル四方ある Este jardinzinho tem 5 metros quadrados. ★ ~ *no happō ni* 四方八方に「procurar as chaves」Por todos os cantos [toda a parte]. ~ *o mimawasu* 四方を見回す Olhar ao redor [para todos os lados]. ◇ **~ átari** (+); kínjo; **shíhen¹**; shúhén; shúi.

shihō² 司法 A (administração da) justiça; a magistratura. ◇ **~ gyōsei** 司法行政 A administração judicial. **~ ken** 司法権 O poder judiciário. **~ seido** 司法制度 O sistema judicial [forense]. **~ shiken** 司法試験 O exame de habilitação para magistrado estatal. **~ shoshi** 司法書士 O escrivão

shihō³ 司法 O tesouro de grande valor; a relíquia「inestimável」. ★ **Kokka no ～** 国家の至宝 O ～ nacional (⇨ kokuhō²).

shihō⁴ 私法【Dir.】O direito privado. Ⓐ/反 Kōhō.

shi-hōdai [óo] 仕放題 O fazer o que「lhe」apetece [dá na gana]; o bel-prazer. ★ *Wagamama no ～* わがままの仕放題 O satisfazer a sua real gana.

shihón 資本 O capital. ★ **～ no ryūshutsu [ryūnyū]** 資本の流出 [流入] O escoamento/A saída [O influxo/A entrada] de ～「no país」. **～ o dasu** 資本を出す Financiar「um proje(c)to」; entrar com o capital. **～ o tōjiru** 資本を投じる Investir (o ～). ◇ **～ unten suru** 資本を運転する Girar o ～. ◇ **～ busoku** 資本不足 A falta de ～. **～ chikuseki** 資本蓄積 A acumulação de ～. **～ jiyū ka** 資本自由化 A liberalização do ～. **～ ka [kin; shugi]** 資本家［金; 主義］O capitalista [capital/capitalismo]. **Kin'yū ～** 金融資本 ～ financeiro. **Sangyō ～** 産業資本 ～ industrial.

shihyō¹ 指標 O índice; o indicador. ◇ **Keiki ～** 景気指標 ～ econó[ô]mico [da situação da economia]. Ⓢ/同 Me-jírushi (+).

shihyō² 師表【E.】O modelo; o exemplo. ⇨ mohán; tehón.

shíi¹ 椎【Bot.】A faia aromática (De folha perene, flores com cheiro parecido às do castanheiro, bolotas comestíveis; os ramos grossos são usados no J. para produção de "shíi-take"; *castanopsis cuspidata; pasania edulis*.

shíi² 私意【E.】**a)** A opinião pessoal; **b)** O「agir por」interesse pessoal. ⇨ Shijō⁴; shikén; shishín.

shíi³ 思惟【E.】O pensamento. ⇨ kangáeru.

shíi⁴ 四囲【E.】Os arredores; o ambiente; as cercanias. Ⓢ/同 Mawári (+); shúi (o).

shíika 詩歌【E.】A poesia (chinesa e japonesa). ◇ **～ kangen** 詩歌管弦 A poesia e música.

shikú 飼育 A criação「de cavalos」. ★ *～ suru* 飼育する Criar. ◇ **～ gakari [sha]** 飼育係 [者] O criador「de touros」.

shiín¹ 死因 A causa da morte. *Kare no ～ wa shinzō mahi datta* 彼の死因は心臓麻痺だった ～ dele foi ataque [parada] cardíaco/a.

shiín² 子音【Gram.】A consoante. ◇ **Musei [Yūsei] ～** 無声 [有声] 子音 ～ surda [sonora]. Ⓐ/反 Boín.

shiín³ 試飲 A prova de bebida. ★ *～ suru* 試飲する Provar「Saborear/Degustar」a bebida. ◇ **～ kai** 試飲会 Uma prova「de vinhos」. ⇨ shishóku.

shiín⁴ 私印 O selo privado. ◇ **～ gizō** 私印偽造 A falsificação de ～. **～ tōyō** 私印盗用 A utilização de selo roubado.

shi-íre 仕入れ (< shiíréru) A compra [aquisição] em quantidade. ★ *～(o) suru* 仕入(を)する ⇨ shiíréru. ◇ **～ daka** 仕入れ高 O total das compras. **～ kakaku [ne]** 仕入れ価格 [値] O preço de compra. **～ saki** 仕入れ先 O fornecedor.

shi-íréru 仕入れる Comprar [Adquirir] em quantidade; fornecer-se「de roupa para o inverno」. ★ *Ton'ya kara ～* 問屋から仕入れる Comprar ao [no] atacadista. *Shigoto saki kara shiírete kita chishiki* 仕事先から仕入れてきた知識 O conhecimento que vem da experiência [adquirido no trabalho].

shiíru¹ 強いる Compelir; forçar「a comprar bilhetes da rifa」; constranger; pressionar「a pagar」; coagir; obrigar「a beber」. ★ *Jihaku o shiiru* 自白を強いる Obrigar a confessar「o crime」; extorquir a confissão「de」. *Kusen o shiirareru* 苦戦を強いられる Obrigarem-nos a [Imporem-nos] uma luta dura.
Ⓢ/同 Kyōséi súrú; gyōgyōséi súrú.

shiíru² 謗いる Caluniar; difamar. ⇨ kojítsúkéru.

shitágéru 虐げる **a)** Oprimir「os fracos」; **b)** Perseguir「os cristãos」. ★ *Shiitagerareta kokumin* 虐げられた国民 O povo oprimido; a nação oprimida.
Ⓢ/同 Gyakútáí súrú; ijíméru.

shíi-take 椎茸 O cogumelo (da faia aromática) (⇨ shíi¹); *cortinellus shiitake*.

shíite 強いて (< shiíru¹) Forçando um pouco (as coisas); obrigando-se a fazer. *Dochira mo oishii ga ～ ieba kotchi no hō ga suki da* どちらもおいしいが強いて言えばこっちの方が好きだ Ambos são saborosos, mas se insiste [se me obriga a pronunciar-me], diria que prefiro este.
Ⓢ/同 Muríyárí-ní; dō shite mo. ⇨ áete; tátte².

shíji¹ 支持 **1**「倒れないように支えること」O suporte「do te(c)to」. ★ *～ suru* 支持する Apoiar; aguentar. ⇨ sasáéru; tsukkáí. **2**「賛成すること」O apoio. ★ *～ suru* 支持する Apoiar (*Seifu no seisaku o zenmen-teki ni ～ suru* 政府の政策を全面的に支持する Apoiar totalmente a [Dar total apoio à] política do governo; *Seron no ～ ni yotte* 世論の支持によって Apoiado pela [Com o ～ da] opinião pública. ◇ **～ sha** 支持者 O apoiante. Ⓢ/同 Shién¹.

shíji² 指示 **1**「指し示すこと」「lá dentro lhe darão」A indicação. ◇ **～ daimeishi** 指示代名詞【Gram.】O pronome demonstrativo. **～ hyōshiki** 指示標識 A [O sinal de] ～. **～ yaku** 指示薬【Quím.】O indicador. **Hōkō ～ ki** 方向指示器 O indicador de mudança de dire(c)ção; o pisca-pisca「do automóvel」. **2**「指し図」As instruções [dire(c)ções]. ★ *～ ni shitagau* 指示に従う Seguir ～. *～ o ataeru* 指示を与える Dar instruções. *～ o ukeru* 指示を受ける Receber instruções. *～ suru* 指示する Indicar; mandar (*Shachō wa kyō-jū ni sono shigoto o owaraseru yō ni shain ni ～ shita* 社長は今日中にその仕事を終わらせるように社員に指示した O presidente indicou ao funcionário que queria esse trabalho concluído ainda hoje). Ⓢ/同 Sáshizu.

shíji³ 私事 O assunto pessoal [particular]. *～ ni watatte kyōshuku desu ga …* 私事にわたって恐縮ですが… Desculpe-me falar de um ～ mas… ★ *Tanin no ～ ni kuchidasu suru* 他人の私事に口出しする Intrometer-se [Meter o nariz (G.)] num ～ (doutra pessoa). Ⓢ/同 Watákúshí-góto.

shíji⁴ 私児 **a)** A criança morta「num acidente」; **b)** O natimorto [nascido morto]. Ｐにちわ **～ no yowai o kazoeru** 死児の齢を数える Perder o tempo com lamentações inúteis [Iludir-se a si mesmo] (Lit. "contar os anos que teria agora ～").

shíji⁵ 師事 O trabalhar para e aprender de um mestre. ★ *Yūmei na gakusha ni ～ suru* 有名な学者に師事する Viver com um famoso mestre.

shijími 蜆【Zool.】Uma pequena concha bivalve de água doce (Us. na sopa); *corbicula japonica*.

shijín¹ 詩人 O poeta; a poetisa.

shijín² 私人 O cidadão privado. ★ *～ to shite hatsugen suru* 私人として発言する Pronunciar-se [Falar] apenas como um ～. Ⓐ/反 Kōjín. ⇨ kójin¹.

shíjitsu⁵ 史実 O fa(c)to histórico. ★ ~ ni motozuite 史実に基づいて Baseando-se em ~s.
shíjo 子女 Os filhos (Meninos e meninas); os jovens 「que viveram com os pais no estrangeiro」. ~ *Ryoke no* ~ 良家の子女 ~ de boas famílias.
shijō¹ 市場【Econ.】O mercado. ★ ~ *ni dasu* 市場に出す Lançar「um produto」no ~. ~ *no sōba* 市場の相場 A cotação do ~. ~ *o arasu* 市場を荒らす Perturbar o ~. ~ *o kaitaku suru* 市場を開拓する Abrir o ~. ◇ ~ **bunseki** 市場分析 A análise do ~. ~ **chōsa** 市場調査 A pesquisa do ~. ~ **kachi** 市場価値 O valor do ~. ~ **sei** 市場性 A possibilidade de「venda」. **Chūō** ~ 中央市場 ~ central. **Kabushiki** ~ 株式市場 ~ de a(c)ções. **Kaigai** ~ 海外市場 ~ externo. **Kokunai** ~ 国内市場 ~ interno. **Oroshiuri** ~ 卸売り市場 ~ atacadista. **Urite**[**Kaite**] ~ 売手[買手]市場 ~ de venda [compra]. ⇨ ichi-ba.
shijō² 史上 A [Os anais da] história. ★ ~ *mare na* 史上稀な「O caso」Raro na/nos ~. ~ *saidai*[*saikō*] *no* 史上最大[最高]の O maior [mais alto]「recorde」da ~. ⇨ rekishí¹.
shijō³ 至上 O ser supremo [superior a tudo/o maior「prazer esta condecoração」]. ◇ ~ **meirei** 至上命 **a**) A ordem superior; **b**) A necessidade absoluta; **c**) O imperativo categórico (Fil.). **Geijutsu shugi** 芸術至上主義 O princípio da arte pela arte [da arte acima de tudo]. ⇨ saijō¹; saikō¹.
shijō⁴ 私情 O sentimento pessoal. ★ ~ *ni karareru* [*sayū sareru*] 私情に駆られる[左右される] Ser levado [dominado] pelos seus sentimentos (pessoais). ~ *o sashihasamu* 私情を差し挟む Interpor [Deixar entrar/interferir] o ~. ~ *o suteru* 私情を捨てる Esquecer [Deixar/Pôr de lado] o ~. S/同 Shíí²; shikén²; shishíri².
shijō⁵ 紙上 **a**)「uma ordem, só」No papel; **b**) Na carta; **c**) No jornal. ★ ~ *de* [*ni*]紙上で[に] No/a ~. ~ *no* **tōron** [**ronsen**] 紙上討論[論戦] O debate [A polé[ê]mica] no ~. ⇨ shijō⁶.
shijō⁶ 詩情 O sentimento [A inspiração] poético/a. ★ ~ *yutaka na* 詩情豊かな Cheio de ~.
shijō⁷ 試乗 O experimentar o [fazer a rodagem do] carro. ★ ~ *suru* 試乗する Experimentar o carro. ◇ ~ **sha** 試乗車 O carro para teste [experiência/demonstração].
shijō⁸ 誌上 (⇨ shijō⁵) As páginas da revista. ★ ~ *de*[*ni*]誌上で[に] Na revista. ◇ ~ **taidan** 誌上対談 A entrevista nas ~.
shijū¹【úu】四十 Quarenta. ~ ~ *bai no* 四十倍のvezes「mais」. ~ *dai no* 四十代の Quarentão [tona]; que está na casa dos ~ (anos). S/同 Yónju (+).
shijū² 始終 **1**[初めから終りまで]「Ler o livro」Do começo ao fim. *Sono eiga o mite* ~ *warai-dōshi datta* その映画を見て始終笑い通しだった Esse filme fez-me rir ~. **2**[いつも] Sempre; frequentemente. *Ano fūfu wa* ~ *momete iru* あの夫婦は始終もめている Aquele casal está sempre [constantemente] a discutir. S/同 Ítsu-mo (+); shótchū; shirókújí-chū.
shijúhátte 四十八手 **a**) Os 48 truques [As 48 técnicas] do sumô; **b**) Todos os truques.
shijūkara【úu】四十雀【Zool.】O chapim; o cedovem; *parus major (paridae)*.
shijūkú 塾 A escola particular. ⇨ júku.
shijū-kú-nichi 四十九日 A cerimó[ô]nia budista pelo defunto no 49° dia da sua morte.

shijú-shō【úu】四重唱【Mús.】O quarteto vocal.
shijú-sō【úu】四重奏【Mús.】O quarteto. ◇ **Gengaku** ~ 弦楽四重奏 ~ de cordas.
shiká¹ 鹿 A corça; *cervus nippon*.
shiká² 市価 (Abrev. de "shijō¹-kákaku") O preço [A cotação] do mercado; o preço corrente. ★ ~ *no ni-waribiki de* 市価の2割引で Com 20% de desconto do preço corrente.
shiká³ 歯科 A cirurgia dentária; a odontologia. ◇ ~ **daigaku** 歯科大学 A Faculdade de Odontologia. ~ **eiseishi** 歯科衛生士 O higienista dentário. ~**gikō** 歯科技工 O protés[t]ico. ~**i** 歯科医 O dentista.
shiká⁴ 史家 O historiador; o historiógrafo. S/同 Rekishí-ká (+).
-**shika**⁵ しか【adv.】(Tem sempre o v. na neg.) Só; somente; apenas; unicamente. *O-kyaku-sama, jidō-maki no tokei wa kore dake* ~ *arimasen* お客様、自動巻の時計はこれだけしかありません Desculpe, relógios automáticos só temos este (~). *Sō to* ~ *kangaerarenai* そうとしか考えられない Não vejo outra interpretação (possível). *Watashi wa ima sen-en* ~ *motte inai* 私は今千円しか持っていない Agora só tenho mil yens. ⇨ daké; hoká.
shiká-bán 私家版 A edição particular.
shikábané 屍 O cadáver. ★ ~ *o sarasu* 屍をさらす Deixar o ~ por enterrar. S/同 Itái (+); shitái (o).
shi-káeshi 仕返し A retaliação; o pagar olho por olho (, dente por dente) [na mesma moeda]; a vingança; a desforra; a represália; a paga. ★ ~(*o*) *suru* 仕返し(を)する Retaliar; vingar-se; desforrar-se. S/同 Fukúshū; hōfúku.
shikái¹ 司会 O orientar [presidir a/dirigir]「uma reunião」. ★ ~(*o*) *suru* 司会(を)する ... *Kare no* ~ *de* 彼の司会で Sob a dire(c)ção dele [Com ele a presidir].
shikái² 視界 **a**)「pouca」visibilidade; **b**) A vista; o alcance da vista; o campo visual [de visão]. *Kyū ni* ~ *ga hirogatta* 急に視界が広がった「o nevoeiro dissipou-se e」De repente aumentou a visibilidade. ~ *kara kieru* 視界から消える「o avião」Desaparecer de [Perder de] vista. ~ *ni hairu* 視界に入る Entrar [Ficar] no campo visual. ◇ ~ **furyō** 視界不良 A má「pouca」visibilidade. ~ **ryōkō** 視界良好 A boa visibilidade. S/同 Shíya **1**. ⇨ shídó¹.
shikái³ 市会 A Câmara Municipal [dos vereadores]. ◇ ~ **giin** 市会議員 O membro da ~ [da Prefeitura]; o vogal; o vereador; o edil. S/同 Shi-gíkai. ⇨ shichō².
shikái⁴ 四海【E.】Os quatro [Todos os] mares; os sete mares; o mundo inteiro. 1/慣用 ~ *nami shizuka* 四海波静か O mundo (inteiro) está em [goza de] paz/Em todo o mundo reina a paz. ~ **dōhō**[**keitei**] 四海同胞[兄弟] A fraternidade [irmandade] universal. ⇨ ténka³.
shikái⁵ 斯界【E.】Este ramo [campo]. ★ ~ *no ken'i* 斯界の権威「ser」Uma autoridade neste ...
shiká-jika しかじか Assim e assado; e assim por diante; etc. e tal;「no dia」tal e tal;「disse-me」isto e aquilo. ★ ~ *no hanashi o suru* しかじかの話をする Falar assim e assado「disto e daquilo/de uma coisa e outra」. ◇ ⇨ **kakukaku** ~. S/同 Kakúkákú; korékore (+). ⇨ únnún.
shikáké 仕掛け (< shikákéru) **1**[装置]**a**) O mecanismo; o dispositivo; **b**) O sistema「em que os

países mais pobres não podem ser donos do seu destino」. *Kono ōbun wa ittei no ondo o tamotsu ~ ni natte iru* このオーブンは一定の温度を保つ仕掛けになっている Este fogão tem um ~ para manter a temperatura que se quiser. ★ ~ *o suru* 仕掛けをする Inventar um ~; fazer uma armadilha「para apanhar ratos」. *Tane mo ~ mo nai* 種も仕掛けもない Não há (aqui/nisto) nenhum truque (Em magia). ◇ ~ **hanabi** 仕掛け花火 O fogo preso (De artifício). **Bane [Denki; Kikai]** *jikake* バネ [電気; 機械] 仕掛け ~ de mola/relógio [elé(c)trico; mecânico]. [S/同] Sōchi (+). **2** [規模] A escala. ★ *Ō-jikake de [ni]* 大仕掛けで[に] Em grande ~. [S/同] Kíbo (+). **3** [工夫; てつ] O artifício (engenhoso); o jeito; o truque; a maneira, *Kono shōhin ga ureru tame ni wa ~ ga hitsuyō da* この商品が売れるためには仕掛けが必要だ Temos que ter [encontrar] maneira de vender (bem) este artigo.

shi-kákéru 仕掛ける **1** [着手する] Começar; iniciar; principiar. ★ *Shikaketa shigoto* 仕掛けた仕事 O trabalho começado [inacabado/deixado a meio]. **2** [挑む] Provocar; originar; atiçar「os dois cães」; desafiar. ★ *Kenka o ~* けんかを仕掛ける Provocar [Desafiar para] a briga. [S/同] Idómu. **3** [設置する] Montar; armar. ★ *Eki ni bakudan o ~* 駅に爆弾を仕掛ける Colocar [Plantar] uma bomba na estação. [S/同] Setchí súru.

shikakú¹ 四角 Quadrado; quadrilátero. ★ ~ *baru* 四角張る **a)** Ser quadrado; **b)** Ser formal [cerimonioso]「*Sō ~ barazu ni rakú ni shite kudasai* そう四角張らずに楽にして下さい Não seja tão formal [Deixe-se de formalidades] e esteja à vontade. ~ *batta kao* 四角張った顔 O rosto quadrado」. ~ *i [na; no]* 四角い[な; の] Quadrado. ~ *ni kiru* 四角に切る Cortar em quadrado. [I/慣用] ~ *shimen na* 四角四面な Rígido; preso às convenções tradicionais; formal; demasiado sério. ◇ ~ **kei** 四角形 A forma quadrada; quadrangular; quadrilateral. ⇨ shihō¹.

shikakú² 資格 A qualificação; o requisito; a competência; a capacidade; a habilitação; a preparação. ★ ~ *o ataeru* 資格を与える Dar [Conceder] um certificado (diploma/uma licença) (para provar a ~ da pessoa). ~ *o eru [toru]* 資格を得る[取る] Obter um certificado de habilitação. ~ *o ubau* 資格を奪う Desqualificar. ~ *o ushinau* 資格を失う Ser desqualificado. ◇ ~**(kentei) shiken** 資格(検定) 試験 O exame de habilitação. ~ **shinsa** 資格審査 A verificação das habilitações de alguém. *Mu [Yū] ~ sha* 無[有] 資格者 O desqualificado [qualificado]. **Nyūkai ~** 入会資格 ~s necessários para entrar numa associação.

shikakú³ 視覚 A [O sentido da] vista; a visão. ★ ~ *ni uttaeru* 視覚に訴える Apelar ao [à] ~. ~ *no [teki na]* 視覚の[的な]「a imagem」Visual. ◇ ~ **chūsui** 視覚中枢 O centro visual. ~ **kikan** 視覚器官 O órgão visual [da ~]. ⇨ gokán²; chōkákú¹; kyúkákú; shokkákú; mikákú.

shikakú⁴ 視角 **a)** O ângulo visual (ó(p)tico/de visão); **b)** O ponto de vista (⇨ kákudo¹; shitén¹).

shikakú⁵ 死角 O ponto cego (na retina).

shikakú⁶ 刺客 【E.】 O assassino profissional [pago]; o facínora; o capanga; o sicário. [S/同] Ańsátsu-sha.

shikakú-báru 四角張る ⇨ shikakú¹.

shikakú-shimen 四角四面 ⇨ shikakú¹.

shikámeru 顰める Franzir a testa「com a dor」[o sobrolho「à criança traquina」]; fazer caretas. ★ *Kao o ~* 顔を顰める Fazer uma careta「ao tomar o remédio」. ⇨ yugámérú.

shikáméttsúrá 顰めっ面 (< shikámeru + tsurá) A careta; o trejeito com a cara; a carranca. ★ ~ *o suru* 顰めっ面をする ⇨ shikámeru.

shiká-mo しかも **1** [その上] Além disso; e (também). *Kanojo wa kirei de ~ atama ga yoi* 彼女は美人でしかも頭がよい Ela é bonita, e (além disso) inteligente. [S/同] Sonó ué; soré ní. **2** [それでもなお; にもかかわらず] Apesar disso [de tudo]; mas; contudo. *Kare wa shūsai da. ~ kesshite sore o hana ni kanenai* 彼は秀才だ。しかも決してそれを鼻にかけない Ele é muito brilhante [inteligente]; ~ não é orgulhoso. [S/同] Ní mo kakawarazu; soré démo.

shikán¹ 士官 O oficial. ~ **gakkō** 士官学校 A academia militar. ~ **kōhosei** 士官候補生 O cadete. **Rikugun ~** 陸軍士官 ~ do exército. [S/同] Shōkō².

shikán² 弛緩 O relaxamento; o afrouxamento. ★ ~ *suru* 弛緩する Relaxar; afrouxar. [A/反] Kínchō.

shikán³ 史観 A visão histórica; o「seu」sentido da história. ◇ **Yuibutsu ~** 唯物史観 A visão materialista da história. [S/同] Rekíshí-kan.

shikán⁴ 子癇【Med.】A eclampsia; a convulsão puerperal.

shi-kánénai しかねない (< surú + Neg. de kanéru) Ser capaz de; não recuar diante de nada; não ter escrúpulos. *Ano otoko nara donna kyokutan na koto de mo ~* あの男ならどんな極端な事でもしかねない Aquele homem [tipo] é capaz de tudo [pode cometer qualquer crime].

shikarú 叱る Ralhar; repreender; admoestar; censurar; dar uma lição [admoestação/um raspante/reprimenda]. *Kare wa shukudai o wasurete sensei ni shikarareta* 彼は宿題を忘れて先生に叱られた Ele esqueceu-se de fazer os deveres escolares em casa e foi repreendido pelo professor. ★ *Shikaritobasu* 叱り飛ばす Censurar em voz alta. *Kibishiku [Yasashiku] ~* きびしく[優しく] 叱る Repreender severamente [suavemente]. ⇨ imáshímérú; seméru; togámérú; okóru¹.

shikarú-béki 然るべき【E.】**a)** Apropriado;「o」devido「agradecimento/castigo」; adequado; conveniente; idó(ô)neo. **b)** Decente; respeitável; bom; razoável. *Ano seito wa taigaku ni natte ~ da* あの生徒は退学になって然るべきだ Aquele aluno deve ser expulso da escola. ★ ~ *iegara no musume* 然るべき家柄の娘 A jovem de família respeitável.

shikarú-béku 然るべく Devidamente; adequadamente; como for [parecer] devido. ★ ~ *torihakarau* 然るべく取り計らう Fazer [Tratar] ~「do caso」.

shikaru-ni 然るに【E.】Porém; todavia; não obstante; apesar disso; por outro lado.

shikashi (nagara) [shikashínágara] しかし(ながら)「queria comprar casa」Mas「não tenho dinheiro」; todavia; não obstante; apesar disso; no entanto. ~ *chotto hen da nā* しかしちょっと変だなあ ~ é um pouco estranho! [S/同] Dá ga; kéredomo.

shikátá 仕方 (< surú + ~) A maneira. *Nan da, sono aisatsu no shikata wa* なんだ、その挨拶の仕方は Que maneira (é essa) de cumprimentar! *Unagi no ryōri no ~ o oshieru* 鰻の料理の仕方を教える Ensinar a ~ de preparar [cozinhar] a enguia.

Ⓢ/同 Hốhồ (+); hốsákú; shiyố; yaríkáta.

shikáta-(gá)nái 仕方（が）ない (⇨ shikátá) **1** [それ以外にどうすることもできない] Não ter [haver] outra maneira/outro remédio/outro jeito. *Kare wa minna ni semerarete mo* ~ 彼はみんなに責められても仕方がない Ele merece ser censurado por todos [Como é que os outros o não hão-de censurar?]. *Kō suru yori hoka ni shikata ga nakatta* こうするより他に仕方がなかった Tive que fazer assim, não havia outro jeito. *Meirei da kara* ~ 命令だから仕方がない Ordens são ordens [É uma ordem, tenho de obedecer]. *Shizen no hōsoku da kara* ~ 自然の法則だから仕方がない É lei da natureza「quem nasce, um dia há-de morrer」. *Yatte shimatta koto wa* ~ やってしまった事は仕方がない「o erro」Está feito está feito [Com águas passadas não moem moinhos]. ★ ~ *koto* 仕方がないこと Uma coisa inevitável [que não tem remédio]. ~ *to akirameru* 仕方がないとあきらめる Desistir; conformar-se. **2** [役に立たない] Ser inútil; não adiantar [valer a pena]. *Ima ni natte awatete mo* ~ 今になってあわてても仕方がない É inútil correr [apressar-se], já [agora] é tarde/Casa arrombada, tranca na porta (Prov.). *Jitabata shite mo* ~ じたばたしても仕方がない É inútil agitar-se. **3** [我慢できない; たまらない] Irresistível; insuportável; intorerável; que não se pode aguentar [suportar; tolerar]. *Ano hito wa wagamama de* ~ あの人はわがままで仕方がない Não sei o (que) fazer com os caprichos dele. *Atama ga itakute* ~ 頭が痛くて仕方がない Estou com uma dor de cabeça insuportável [que não aguento]. *Sono hon ga hoshikute shikata ga nakatta* その本が欲しくて仕方がなかった Tinha uma vontade irresistível de comprar esse livro.

shikáta-náku[-náshi-ni] 仕方なく［なしに］(⇨ shikátá) Sem [Por não] ter outra maneira; à força; contra vontade; com relutância. ★ ~ *shōchi suru* 仕方なく承知する Concordar ~ . Ⓢ/同 Iyáíyánágara; shibúshíbú; yamú-ó-ézu; fushóbúshó.

shikáta-nó-nái 仕方のない (⇨ shikátá) Que não serve para nada; inútil; desprezível; incorrigível. *Mattaku* ~ *yatsu da* 全く仕方のないやつだ É um sujeito incorrigível [Não se pode confiar em ti, pá(G.)]. Ⓢ/同 Shiyó-nó[gá]-nái; yamú-ó-énai.

shikato 確と **1** [確かに] Certamente; bem; claramente;「ver」distintamente「com os próprios olhos」. *Namae wa* ~ *oboete imasen* 名前は覚えていません Não me lembro bem [claramente] do nome. Ⓢ/同 Hakkíri(to)(o); táshika-ni (+). **2** [堅く]「segurar a escada」Firmemente, a sério. ★ ~ *yakusoku o kawasu* 確と約束を交わす Comprometer-se a sério. A/反 Rakú (+); shikkári (to).

shikátsú 死活 Vida ou morte. *Kore wa waga-sha no* ~ *mondai da* これは我が社の死活問題だ Isto é uma questão de vida ou de morte para a nossa empresa. ★ ~ *ni kakawaru* [*kansuru*] 死活にかかわる[関する] Vital; decisivo「para o futuro [destino] do país」. Ⓢ/同 Séishi (+). ⇨ ikíru; shinú.

shikátsúméráshii しかつめらしい **1** [まじめくさった] Solene; sério; pedante; presumido. ★ ~ *kao* [*omomochi*] *o suru* しかつめらしい顔[面持ち]をする Assumir um ar ~ . *Shikatsumerashiku* しかつめらしく Todo [De maneira] solene. Ⓢ/同 Majímékúsátta (+). **2** [形式ばった] Formal; cerimonioso. ~ *koto wa nuki ni shimashō* しかつめらしい事は抜きにしましょう Vamos deixar-nos de formalidades. Ⓢ/同 Katákúrúshíi (o); keíshíkíbátta (+).

shi-kazan 死火山【Geol.】O vulção extinto. A/反 Kakkázan; kyúkázan.

shiké 時化 (＜shikéru³) **1** [雨・風のため、海が荒れること] O tempo [estado atmosférico] tormentoso [tempestuoso/borrascoso]; a tempestade. ★ ~ *ni naru* 時化になる Levantar-se uma ~ . **2** [不漁] A escassez de peixe; a pescaria fraca. *Saikin* ~ *ga tsuzuite iru* 最近時化が続いている Ultimamente tem continuado a escassear o [a escassez do] peixe. Ⓢ/同 Furyó. A/反 Taíryó. **3** [商売などの景気が悪いこと] **a)** O comércio fraco, a recessão; **b)** A falta de gente「na reunião/no cinema」.

shikéi¹ 死刑 A pena de morte; a pena capital. ★ ~ *ni naru* 死刑になる Ser condenado à ~ . ~ *ni shosuru* 死刑に処する Condenar à morte; executar [~ *ni shoserareru* 死刑に処せられる Ser executado]. ~ *o shikkō suru* 死刑を執行する Executar a sentença de morte [~]. ◇ ~ **haishi** 死刑廃止 A abolição da ~ . ~ **shū** 死刑囚 O condenado à morte. A/反 Kyokkéi.

shikéi² 私刑 O linchamento; a justiça pela própria mão. Ⓢ/同 Rínchi (+).

shikéi³ 紙型 O molde [A matriz] de papel. ★ ~ *o toru* 紙型を取る Fazer o ~ .

shikén¹ 試験 **1** [学生などの] O exame; a prova. ~ *ni gōkaku* [*kyūdai*] *suru* 試験に合格[及第する] Passar [Ser aprovado] na/o ~ . ~ *ni ochiru* [*rakudai suru*] 試験に落ちる[落第する] Ser reprovado. ~ *o ukeru* 試験を受ける Prestar [Fazer] exame. ~ *o suru* [*okonau*] 試験をする(行う) Dar (um) exame; examinar. *Fuiuchi no* ~ 不意打ちの試験 ~ de surpresa [sem aviso prévio]. ◇ ~ **benkyō** 試験勉強 O estudar para o ~ . ~ **bi** 試験日 O dia [A data] de ~ . ~ **jō** 試験場 O local [A sala] de exame. ~ **junbi** 試験準備 A preparação de [para o] ~ . ~ **kamoku** 試験科目 As matérias para o/a ~「de admissão」. ~ **mondai** 試験問題 Os problemas [As perguntas] de ~ . **Chūkan** [**Gakki**; **Gakunen**] ~ 中間［学期；学年］試験 O ~ de avaliação/frequência [semestral; final]. **Hikki** ~ 筆記試験 ~ escrita/o. **Hon** [**Yobi**] ~ 本［予備］試験 ~ final [preliminar]. Ⓢ/同 Tésuto. **2** [実験] A experiência [com cobaias/ratos]; a prova; o teste. *Tadaima maiku no* ~ *chū* 只今マイクの試験中 Estamos testando [a experimentar] o microfone. ★ ~ *no ue de* 試験の上で Depois da/o ~ . ~ *suru* 試験する Experimentar; provar; testar [*Kikai no seinō o* ~ *suru* 機械の性能を試験する Testar a eficiência da máquina]. ~ *teki ni* 試験的に Experimentalmente;「só」a título de experiência. ◇ ~ **dai** 試験台 **a)** O banco de ensaios; a mesa de experiências; **b)** A pedra-de-toque (⇨ shikínseki); o critério「de inteligência」. ~ **jō** 試験場 O campo [A estação experimental. ~ **kan** 試験管 A proveta; o tubo de ensaio (⇨ fufasúkó). ~ **ro** 試験炉【Quím.】O rea(c)tor de prova. ~ **saiyō** 試験採用 A provação; o aceitar para experiência. ~ **zumi** 試験済み「carro」Experimentado (+). Ⓢ/同 jikkén¹.

shikén² 私見 A opinião [O ponto de vista] pessoal. ★ ~ *de wa* [~ *ni yoreba*] 私見では［私見によれば］Na minha「humilde」opinião「o plano é bom」.

shikén³ 私権【Dir.】O direito privado; os direitos civis. ★ ~ *no sōshitsu* 私権の喪失 A perda dos

direitos civis; a prescrição. A/反 Kōkén.
shikérú¹ 湿気る「a bolacha」Ganhar (h)umidade; ficar (h)úmido [passado/mole]. ★ *Shiketta senbei* 湿気ったせんべい O biscoito「duro de arroz」um pouco passado. S/同 shimérú. ⇨ shikké.
shikérú² 時化る **1**[天候が] Fazer tempo mau [tormentoso]. ⇨ arérú. **2** [不漁である] Ter fraca pescaria. ⇨ furyō². **3** [不景気である] **a)** Ficar triste [desanimado; em baixo; deprimido]. **b)**Estar fraco o negócio; **c)** Ser「tão」avarento [miserável]「que nem chá oferece」. *Shiketa kao o suru na* しけた顔をするな Não quero ver essa cara triste「deixa lá」Tristezas não pagam dívidas]! ⇨ fukéiki; yūútsú.
shikétsú 止血 O estancamento da hemorragia; a hemostasia. ◇ ~ **hō** 止血法 O método [meio] hemostático/estíptico. ◇ ~ **zai** 止血剤 Um hemostático. A/反 Shukkétsú.
shíki¹ 四季 As quatro estações. ★ ~ *no utsurikawari* 四季の移り変わり A mudança das estações. ~ *o tsūjite* 四季を通じて Durante o ano inteiro. ⇨ ákí¹; fuyú; háru¹; natsú.
shiki¹ 式 **1**[儀式, 特に「結婚式」] A cerimó(ô)nia; o rito; a celebração. ★ ~ *o ageru [okonau]* 式を挙げる[行う] Celebrar; realizar um ~; fazer uma cerimó(ô)nia. S/同 Gíshiki; reíshíki. **2** [いくつかある方法・形式の種類] O método; o sistema「de transliteração de Hepburn」; a maneira; a forma; a fórmula; o modelo; o estilo; o tipo. ★ *Burajiru ~ no kōhī no nomikata* ブラジル式のコーヒーの飲み方 O modo de tomar o café à (moda) brasileira. *Shin [Kyū] ~ no kikai* 新[旧]式の機械 A máquina de modelo novo[antigo]. S/同 Katá; keíshíki (o); yóshíki (+). ◇ fū¹; -gata¹²; katá²³; -ryū². **3** [数理の] A expressão「matemática」; a fórmula「química」; a equação「algébrica」. ★ ~ *de arawasu* 式で表す Formular; equacionar. ⇨ hôtéishiki; kágaku¹ ◇.
shíki³ 死期 A hora da morte. *Byōnin no ~ ga chikazuite [semante] kita* 病人の死期が近づいて[迫って]来た O doente está à morte/Chegou a ~ do paciente. ★ ~ *o hayameru* 死期を早める「a hemorragia」Apressar a morte.
shíki⁴ 指揮 **1**[指図] O comando「do batalhão」; a dire(c)ção; a instrução; a chefia. *Wareware wa kare no ~ ka ni aru* 我々は彼の指揮下にある Nós estamos sob a dire(c)ção dele. ★ ~ *o aogu* 指揮を仰ぐ Pedir instruções. ~ *o ukeru* 指揮を受ける Receber instruções. ~ *suru [o toru]* 指揮する[を取る] Comandar; dirigir; chefiar; reger. ◇ ~ **kan** 指揮官 O comandante (da tropa). ~ **keitō** 指揮系統 O sistema de comando. ~ **ken** 指揮権 O poder de mando [mandar]. S/同 Sáshizu. ◇ kańtókú¹; meíréí. **2** [オーケストラなどの] A regência (de orquestra). ★ *Karayan no ~ de* カラヤンの指揮で Sob a regência de [do maestro] Karajan. ◇ ~ **bō**. ~ **dai** 指揮台 O pódio [estrado] (do regente de orquestra). ◇ ~ **sha**. **Gasshō** ~ 合唱指揮 ~ do coro.
shíki⁵ 士気【E.】O moral; o espírito de combate [samurai]; o ânimo. *Heishi no ~ wa hanahada furuwazu* 兵士の士気は、はなはだ振るわず ~ dos soldados é [está] muito baixo. ★ ~ *ga kujikeru* 士気がくじける Ficar desanimado; perder o ~. ~ *o kobu suru* 士気を鼓舞する Estimular [Levantar] o ~. ~ *o sosō suru* 士気を阻喪する Perder o ânimo. ⇨ ikí-gómi.

shikíbétsú 識別 A distinção「entre uma pessoa e um animal」; o discernimento; o distinguir「quem é mais inteligente」. ★ ~ *dekinai* 識別できない Não saber [conseguir] ver/distinguir/avaliar. ~ *suru* 識別する Discriminar; identificar; discernir. ◇ ~ **ryoku** 識別力 O poder [A capacidade] de discernimento. S/同 Kańbétsú. ◇ mi-wákéru.
shikí-bō 指揮棒 (< *shíki* + …) A batuta.
shiki-búton 敷布団 [浦] 団 (< shikí + futón) O "futon" de baixo (Espécie de colchão, mais fino, quente e dobrável). A/反 Kaké-búton.
shikíchí 敷地 O lote de terreno; o local de construção; o recinto「fora do prédio」. ★ *Jūkyo shinchiku no tame no ~ o kau* 住居新築のための敷地を買う Comprar um lote de terreno para construir [fazer] a casa. ◇ ~ **menseki** 敷地面積 A área [superfície] do terreno. S/同 Yōchi.
shikichō 色調 O tom de cor; a tonalidade; o matiz. ★ *Akarui [Azayakana; Kurai; Shizunda]* ~ 明るい[あざやかな; 暗い; 沈んだ] 色調 O tom claro [vivo; escuro; sóbrio]. S/同 Iróái; tón.
shikíchú 敷布 (< shikú + nunó) O lençol. S/同 Shítsu.
shikí-fúkú 式服 O traje de cerimó(ô)nia [gala]. ★ ~ *de* 式服で Em ~ (*Tōjitsu ~ chakuyō no koto* 当日式服着用の事) (Usar) traje de cerimó(ô)nia. S/同 Reífúkú. A/反 Heífúkú.
shiki-gáwa 敷皮 (< shikú + kawá) **a)** A palmilha (do sapato); **b)** O tapete de pele.
shi-kigyō 私企業 A empresa privada. A/反 Kō-kígyō.
shikíi 敷居 **a)** O assento (de madeira sobre o qual correm as portadas da casa japonesa); **b)** O limiar [A entrada] da porta; a soleira. *Shakkin ga shita mama na no de kare no ie wa ~ ga takai* 借金をしたままなので彼の家は敷居が高い Sinto-me um pouco embaraçado em ir a casa dele, pois ainda lhe estou a dever dinheiro. ★ ~ *o matagu* 敷居を跨ぐ Transpor a entrada [*Mō ni-do to ie no ~ wa matagasenai zo* もう二度と家の敷居は跨がせないぞ Nunca mais lhe permitirei que transponha a entrada da [ponha os pés em] minha casa]. ⇨ Kamói.
shiki-íki 識閾【Psic.】「a sensação de atingir」O limiar da consciência. ⇨ íki.
shiki-íshi 敷石 **a)** O calcetamento [A pavimentação]; **b)** A pedra para calcetar; o paralelepípedo; **c)** A laje. ⇨ ishí-dátami.
shikijákú 色弱【Med.】A discromatopsia; o daltonismo (⇨ shikíkákú).
shikíji¹ 式辞 O discurso「Aspalavras」「desaudação」.
shikíji² 識字 A literacia; o alfabetismo. ◇ ~ **sha** 識字者 O alfabetizado. ~ **ritsu** 識字率 O índice de ~. S/同 Hí-shikíji.
shikijō¹ 式場 O salão da cerimó(ô)nia. ⇨ shikí².
shikijō² 色情 O apetite sexual; o desejo carnal; a luxúria; a concupiscência. S/同 Seíyókúsé; shikíyókú; yokújō.
shikíkákú 色覚 O sentido da cor. ◇ ~ **ijō** 色覚異常 A discromatopsia. S/同 Shikíkán **2**.
shikíkán¹ 色感 **1**[ある色から受ける感じ] A sensação que dá [se recebe de] uma cor. ★ *Atatakai ~ no sētā* 暖かい色感のセーター O pulóver que dá a sensação de quente. **2** [色を識別する色覚] O sentido da cor. ⇨ shikíkákú (+).
shikí-kán² 指揮官 ⇨ shíki¹.
shikíkén 識見 ⇨ keńshíki.

shikí-kin 敷金 O depósito de caução [fiança]. ★ ～ *o mittsu ireru* 敷金を3つ入れる Fazer um depósito de 3 meses do [para o] aluguer[l].

shikíma 色魔 O libertino; o tarado [maníaco] sexual. [S/同] Ońnátárashi (+).

shikímṓ 色盲 ⇨ shikíjákú (～ijō).

shikí-mónó 敷物 (＜shikú＋…) O tapete「da sala」; a esteira「da cozinha」; a passadeira「das escadas/do corredor」; o capacho「para limpar os sapatos, à entrada」. ⇨ jū́tan; kā́petto; mátto; tatámí.

shíkin[1] 資金 Um fundo; o capital; fundos. *Kono jigyō ni wa bakudai na ～ ga sosogarete iru* この事業には莫大な資金が注がれている Temos muito capital investido neste empreendimento. ★ ～ *ga aru* 資金がある Ter ～. ～ *ga fusoku shite iru* 資金が不足している Estar faltando [com falta de] capital. ～ *ga hōfu de aru* 資金が豊富である Ter muito capital [muitos fundos/um grande fundo]. ～ *ga kireru* 資金が切れる Esgotar-se o ～. ～ *o chōtatsu suru* 資金を調達する Levantar fundos. ◇ **～ atsume** 資金集め A angariação de fundos. **～ guri** 資金繰り O levantamento de fundos [～ *guri ga kurushii* 資金繰りが苦しい Ter dificuldade em levantar fundos]. **～ nan** 資金難 A dificuldade financeira; a falta de ～. **Junbi ～** 準備資金 O ～ de reserva. **Kaiten ～** 回転資金 O capital de giro. **Kenchiku ～** 建築資金 O fundo de construção. **Seiji ～** 政治資金 O dinheiro para a(c)tividades políticas. **Unten ～** 運転資金 O capital operacional. [S/同] Motódé; shihóń.

shikíń[2] 至近 a) Bem próximo; muito perto. ★ ～ *no chi* 至近の地 O local ～. b) O atirar dire(c)to [à queima-roupa] (sem necessidade de alça de corre(c)ção). ◇ **～ dan** 至近弾 O tiro à queima-roupa. **～ kyori** 至近距離 A distância para atirar… ⇨ chikái[1]; itáru.

shikín-seki 試金石 **1** [石] A pedra-de-toque. **2** [試験] O teste; a prova. *Kondo no shigoto wa kimi no jitsuryoku o shimesu hitotsu no ～ da* 今度の仕事は君の実力を示す一つの試金石だ Este trabalho vai ser mais um/a ～ da tua capacidade. ⇨ shikén[1]; shíren.

shikírí 仕切り (＜shikíru) **1** [へだてること; 区切ること] O dividir [separar]. ★ ～ *o suru* 仕切りをする ⇨ shikíru **1** [*Byōbu de ～ o shita heya* 屏風で仕切りをした部屋 A sala dividida por [com] biombos]. ◇ **～ ita** 仕切り板 O [A tábua de] tabique. **～ kabe** 仕切り壁 A parede divisória; o tabique. **2** [区切った部分] a) A divisão [linha divisória]; b) Uma divisão「da casa」; um quarto; um compartimento. ★ *Rinka to no ～ ni hei o tsukuru* 隣家との仕切りに塀を作る Fazer um muro para ficar separado da casa vizinha. [S/同] Kugíŕí; kyṓkáí; sakáí(mé). **3** [決算]【Econ.】O acertar contas. ★ ～ *o suru* 仕切りをする… ◇ **～ chō** 仕切り帳 O livro das contas. **～ jō [sho]** 仕切り状[書] A fa(c)tura. **～ nedan** 仕切り値段 O preço de fechamento de contas. [S/同] Késsan (+). **4** [相撲の] A tomada de posição [O postar-se] para a luta. ◇ **～ naoshi** 仕切り直し Tornar a postar-se para a luta.

shikírí-ní[-tó] 頻りに[と] **1** [たびたび] a) Frequentemente; repetidas [muitas] vezes; b) Incessantemente; sem parar. ～ *denwa ga kakatte kuru* 頻りに電話がかかってくる O telefone toca incessantemente [está a sempre a tocar]. ★ ～ *seki o suru* 頻りに咳をする Estar sempre a [Não parar de] tossir. [S/同] Hikkíŕí-náshí ní; shíbashiba (+); tabítábí (o). **2** [大変] Intensamente; muito; ansiosamente; ardentemente; 「opor-se」fortemente「àquele plano」; insistentemente; firmemente. *Kare wa sakki-kara ～ kangaekonde iru* 彼はさっきから頻りに考え込んでいる Há muito que ele anda ensimesmado [muito metido consigo mesmo]. ★ ～ *ryokō o shitagaru* 頻りに旅行をしたがる Desejar muito [Andar morto por] viajar. *Yuki ga ～ futte iru* 雪が頻りに降っている Está nevando [a nevar] muito [com força]. [S/同] Hídoku; múyami-ni; nésshin-ni; taíhéń (+).

shikíru 仕切る (⇨ shikírí) **1** [区切る] Dividir; separar. ★ *Kāten de heya o ～* カーテンで部屋を仕切る Dividir a sala [o quarto] com uma cortina. *Shikitta basho* 仕切った場所 A divisão. [S/同] Kugíru; wakéru. **2** [決算する] Acertar [Fechar] as contas. ★ *Kongetsu matsu de shikitte seikyūsho o dasu* 今月末で仕切って請求書を出す ～ do mês e apresentar a fa(c)tura. [S/同] Késsan suru (+). **3** [支配する] Dominar; dirigir; tomar conta. *Kono chiiki wa ano kumi ga shikitte iru* この地域はあの組が仕切っている É aquele bando「de "yakuza"」que domina esta zona. [S/同] Toríshíkíru. **4** [相撲で] Tomar a posição de [Postar-se para a] luta.

shikísáí 色彩 (⇨ iró) **1** [色どり] A cor; o matiz; a coloração. ★ ～ *ni toboshii* 色彩に乏しい Descolorido; apagado; monótono; insípido; pouco atraente; banal. ～ *ni tonda* 色彩に富んだ Cheio de cor; muito [rico em] colorido. ～ *no utsukushii* 色彩の美しい De um lindo colorido. ◇ **～ kankaku** 色彩感覚 A sensibilidade à cor; o sentido da cor. **～ kōka** 色彩効果 O efeito da cor. **2** [事物の傾向・性質] O matiz; o sabor; o cheiro; o cará(c)ter. ★ *Seiji-teki ～ o obita jiken* 政治的色彩を帯びた事件 Um caso de matiz político. [S/同] Keíkṓ (o); kimí.

shikísé 仕着せ【G.】A roupa fornecida pelo patrão; a libré. ⇨ o-shíkísé.

shikísha[1] 識者【E.】A pessoa entendida; o intelectual. [S/同] Yū́shíkísha.

shikí-sha[2] 指揮者 O regente; o maestro. ⇨ shikí[4].

shikíshí 色紙 Um cartão quadrado (próprio) para escrever poemas [felicitações; desenhos].

shikíso 色素 A substância corante; o pigmento. ◇ **～ saibō** 色素細胞【Biol.】A célula pigmentar. **Meranin ～** メラニン色素 A melanina [O ～ escuro]「dos animais」.

shikítákú 色沢【E.】A cor e o lustre. [S/同] Irótsuya (+).

shikítárí 仕来たり【G.】A tradição; o costume; o ritual; a forma prescrita; a prática convencional [tradicional]; o uso. ★ *Nichijō seikatsu no ～ o mamoru* 日常生活の仕来たりを守る Conservar os usos e costumes da vida cotidiana. [S/同] Kańréí (+); kańshū́ (+); naráwáshí (+); shū́káń (o).

shikítéń 式典 A cerimó[ô]nia; a comemoração. *Dokuritsu kinenbi no ～ ga moyoosareta* 独立記念日の式典が催された Foi comemorada a data da [Comemorou-se a] independência.

shikí-tsúméru 敷き詰める (＜shikú＋…) Cobrir「o fundo da caixa com papéis」[Estender「um tapete a todo o comprimento do corredor」]. ★ *Michi ni jari o ～* 道にじゃりを敷き詰める Cobrir todo o caminho「do jardim」com cascalho [areia grossa/saibro].

shikí-útsúshí 敷き写し a) O decalque (em papel

S

transparente colocado sobre o desenho original); **b**) A cópia [imitação] servil「dum texto literário」. ★ ～*(ni) suru* 敷き写し(に)する **a**) Decalcar; **b**) copiar servilmente. [S/同] Sukáshí-útsúshí.

shikí-wárá 敷藁 (< shikú + …) A cama de palha「para os animais」.

shikíyókú 色欲 **1** [色情] O apetite sexual. ★ ～ *ni oboreru* 色欲に溺れる Afogar-se nos ～ais. [S/同] Jṓyókú; seíyókú (o); shikíjṓ[2] (+); yokújṓ[2]. **2** [色情と利欲] O apetite sexual e a cobiça do dinheiro. ⇨ ríyoku.

shikí-zákí 四季咲き (< … [1] + sakú)【Bot.】A「begó[ô]nia」que floresce todo o ano.

shikká[1] 失火 O fogo acidental. *Sakuya no kaji wa ～ datta* 昨夜の火事は失火だった O incêndio de ontem à noite foi (fogo) acidental. [A/反] Hṓká.

shíkka[2] 膝下【E.】O lar [estar junto dos pais]. ★ *Fubo no ～ o hanareru* 父母の膝下を離れる Deixar o lar paterno. [S/同] Hizá-mótó (+).

shikkákú 失格 A desqualificação「como pai/professor」; a eliminação; o falhar. ★ ～ *suru [ni naru]* 失格する[になる] Desqualificar [Ser desqualificado/eliminado]. ◇ **～ sha** 失格者 A pessoa desqualificada. [A/反] Gṓkákú; tekíkákú.

shikkáń 疾患 A doença; a enfermidade; o padecimento; a moléstia. ◇ **Fuku bu ～** 腹部疾患 A doença do estômago. [S/同] Byṓkí (+).

shikkári しっかり **1** [堅固で確かなさま]「segure-se」Bem [Firmemente]「ao meu braço」; com segurança [força]. *Akanbō o ～(to) dakishimeru* 赤ん坊をしっかり(と)抱きしめる Segurar bem nos braços o bebé[ê]. *Ano ie wa ～ dekite iru* あの家はしっかりできている Aquela casa é (de construção) sólida. ★ ～*(to) motsu* しっかり(と)持つ Segurar firmemente. ～*(to) musubu* しっかり(と)結ぶ Amarrar [Atar] bem [com força]「o saco」. ～ *suru* しっかりする Ser firme [impecável/perfeito/seguro]〔～ *shita ashidori de* しっかりした足どりで「andar」Com passo firme. ～ *shita buntai* しっかりした文体 O estilo perfeito. ～ *shita shigoto* しっかりした仕事 O trabalho [emprego] seguro〕. *Sono kaisha wa ōkikute ～ shite iru* その会社は大きくてしっかりしている Essa empresa é grande e sólida〕. ⇨ hakkíri; katákú[4]; mitchíri; táshika. **2** [性質·行い·考えなどが堅実で信用できるさま] Com firmeza「de cará(c)ter」. *Hito no ue ni tatsu mono wa motto ～ shinakute wa ikenai* 人の上に立つ者はもっとしっかりしなくてはいけない Quem tem outros às suas ordens deve dar o exemplo [ser firme]. ★ ～ *shita kyōiku no gakkō* しっかりした教育の学校 A escola que proporciona [dá] uma educação boa [sólida]. ～ *yaru* しっかりやる Agir com firmeza; ser firme [bom/sério/cumpridor]. *Kangae no ～ shita jinbutsu* 考えのしっかりした人物 A pessoa que pensa bem [tem ideias próprias]. ⇨ keńjítsú. **3** [十分に行うさま] Bem; suficientemente. *Asa-gohan wa ～ tabete iki nasai* 朝御飯はしっかり食べていきなさい Coma bem ao café, antes de sair. **4** [気丈なさま] Com lucidez [calma]. *Byōnin wa saigo made ～ shite ita* 病人は最後までしっかりしていた O paciente manteve-se lúcido até ao fim. *Oi ～ shiro* おいしっかりしろ Ânimo [Coragem]! *Ki o ～ motsu* 気をしっかり持つ ⇨ kijṓ[2]. **5** [上昇しているさま]【Econ.】Firme. *Ima kabuka wa ～ shite iru* 今株価はしっかりしている Agora, a cotação das a(c)ções está ～. ◇ ⇨ **～ mono**.

shikkárí-mónó しっかり者【G.】 **1** [意志·信念が強く,行動が堅実で信頼できる人] A pessoa de cará(c)ter [de confiança]. **2** [しまり屋] A pessoa agarrada [frugal]. [S/同] Kéchí (o); keń'yákú-ká (+); shimáríyá; shimátsúyá.

shikké 湿気 A (h)umidade. ★ ～ *no nai* 湿気のない Sem ～. ～ *no ōi* 湿気の多い De [Com] muita ～. [S/同] Shikkí; shiméŕí-ké. ⇨ mizú-ké.

shikkéi 失敬 **1** [作法や礼儀を欠くこと] A rudeza; a má [falta de] educação; a descortesia. ★ ～ *na* 失敬な Rude; grosseiro; mal-educado〔～ *na koto o iu na* 失敬な事を言うな Não seja grosseiro [mal-educado]〕. [S/同] Shitsúrei (+). **2** [親しい男同士が気軽に別れるあいさつ] A (vossa) licença「amigos/rapazes/pessoal」. *Dewa, o-saki ni ～* では, お先に失敬 Bem [Então], com licença, já vou indo. [S/同] Shitsúrei. **3** [盗みをすること] O roubo; o surripiar「os cigarros」[larapiar「pêssegos」/bifar「mil yens」] (G.). *Misesaki kara ～ suru* 店先から失敬する Roubar da loja. [S/同] Nusúmí (+).

shikkéń[1] 執権【A.】A regência; o regente「D. Pedro」.

shikkéń[2] 識見 ⇨ keńshíkí.

shikkéń[3] 失権 A perda dos direitos.

shikkí[1] 漆器 Os obje(c)tos lacados [envernizados com charão/laca]. ⇨ urúshí.

shikkí[2] 湿気 ⇨ shikké.

shikkíń 失禁【Med.】A incontinência「da urina, na velhice」. ★ ～ *suru* 失禁する Ter incontinência.

shikkṓ[1] 執行 A execução「do plano/do decreto/da sentença」. ★ ～ *suru* 執行する Executar; realizar. ◇ **～ bu** 執行部 Os (funcionários) executivos. **～ iin** 執行委員 O membro da comissão executiva. **～ kan [ri]** 執行官[吏] O oficial de justiça. **～ kikan** 執行機関 O órgão executivo「do governo」. **～ meirei** 執行命令 A ordem de ～. **～ ryoku** 執行力 A força executiva [executória]. **～ sha** 執行者 **a**) O executor; **b**) O carrasco. **～ yūyo** 執行猶予 A pena suspensa〔*Chōeki ni-nen ～ yūyo san-nen* 懲役2年執行猶予3年 A sentença de dois anos de prisão com três de pena suspensa〕. ⇨ jikkṓ[1]; shikṓ[2].

shikkṓ[2] 失効 A invalidação; a prescrição; a anulação. ★ ～ *suru* 失効する Invalidar; caducar; prescrever; anular〔～ *shita kenri* 失効した権利 O direito prescrito〕. [A/反] Hakkṓ.

shikkókú[1] 漆黒【E.】O ser preto retinto [como azeviche/como carvão/como breu]. ★ ～ *no yamiyo* 漆黒の闇夜 A noite escura como breu. ⇨ makkúro.

shikkókú[2] 桎梏【E.】As cadeias「das convenções」; o jugo「da tirania」; os grilhões. [S/同] Kṓsókú (+); sokúbákú (o). [A/反] Jiyū́. ⇨ ashí[té]kásé; kubíkí.

shíkku[1] シック (< Fr. chic) Chique; elegante; giro; bacana. ★ ～ *na yosooi* シックな装い O traje ～. ⇨ aká-núké; ikí[5].

shíkku[2] 疾駆【E.】⇨ shissṓ[1].

shikkúí 漆喰 A argamassa; o reboco. ★ ～ *o nuru* 漆喰を塗る Aplicar o/a ～.

shikkúri (to) しっくり(と)【On.】Exa(c)tamente;「o quadro」combinar bem「com a sala」. *Ano futa-ri no naka wa amari ～ itte inai* あの二人の仲はあまりしっくりいっていない Eles [Aqueles dois] não se entendem (lá) muito bem. [S/同] Pittári (+).

shikkyákú 失脚 A queda; a desgraça; a perda「de

uma posição」. ★ ～ *suru* 失脚する Cair em desgraça; perder a posição.
shikó[1] 四股【Sumô】O levantar a perna para o lado e bater o pé no chão ao baixá-la. ★ ～ *o fumu* 四股を踏む Fazer como os sumocas. ⇨ ashí[1].
shikó[2] 指呼【E.】O aceno. ★ ～ *no kan ni aru* 指呼の間にある Estar perto (Lit. à distância de um ～). ⇨ yobú; sásu[1].
shikṓ[1] 思考 O pensar [pensamento]. ★ ～ *suru* 思考する Pensar. ◇ **～ ryoku** 思考力「desenvolver nos jovens」A capacidade de pensar [usar a própria cabeça]. **Suihei** [**Suichoku**] **～** 水平 [垂直] 思考 O pensamento analítico/discursivo [intuitivo/sintético]. [S/同] Kańgáe (+); shíi.
shikṓ[2] 施行 A entrada em vigor; a aplicação; o cumprimento. *Kono hōritsu wa kyonen kara ～ sarete iru* この法律は去年から施行されている Esta lei está em vigor [está sendo aplicada] desde o ano passado. ◇ **～ kijitsu** 施行期日 A data da entrada em vigor. [S/同] Jisshí (+); sekṓ.
shikṓ[3] 志向 O querer [pensar em/inclinar-se para] ser diplomata.
shikṓ[4] 嗜好 O gosto; o agrado; a preferência. ★ *Bannin no ～ ni kanau* 万人の嗜好にかなう Ser do agrado [Satisfazer o gosto] de todos. ◇ **～ hin** 嗜好品 **a**) O (artigo de) luxo; **b**) O acepipe「favorito/preferido」. [S/同] Konómí (+); shúmi (+).
shikṓ[5] 施工 A execução de obras. ★ ～ *suru* 施工する Executar [Fazer] as obras; construir. [S/同] Sekṓ.
shikṓ[6] 私行 A conduta [O comportamento] privada/o.
shikṓ[7] 伺候 **1** [偉い人の側に仕えること] O atendimento; a prestação de [o estar ao] serviço. ★ *Tennō no soba chikaku ni ～ suru* 天皇の側近くに伺候する Servir ao Imperador. **2** [ごきげん伺いに上がること] A visita (respeitosa) para apresentar cumprimentos. ⇨ go-kígéń ◇.
shikṓ[8] 指向 O apontar「para maiores problemas no futuro」; o orientar「a antena」. ◇ **～ sei** 指向性 A dire(c)tividade/dire(c)ção. ～ *sei antena* 指向性アンテナ A antena dire(c)cional.
shikṓ[9] 試行【Psic.】A tentativa; o experimentar. ◇ **～ sakugo** 試行錯誤 O (método de) ～ [～ *sakugo o kasaneru* 試行錯誤を重ねる Tentar, tentar, as vezes que for necessário (até conseguir)]. ⇨ tamésu.
shikómí 仕込み (< shikómu) **1** [訓練] O trein(a-ment)o; o ensino; a aprendizagem. *Kare no porutogarugo wa Burajiru-jikomi da* 彼のポルトガル語はブラジル仕込みだ O p. dele foi aprendido no Brasil. ★ ～ *ga yoi* [*warui*] 仕込みが良い[悪い] Ser「um aluno fácil/bom [difícil/mau] de ensinar. ◇ **～ gai** 仕込みがい Que vale a pena [dá gosto] treinar [*Kono deshi wa oboe ga yoi no de ～ gai ga aru* この弟子は覚えがよいので仕込みがいがある Este discípulo dá gosto pois aprende com facilidade]. [S/同] Kúnren (+); kyṓíkú (o); oshíé (+); shitsúké (+). **2** [商人が商品を仕入れること] A compra de mercadorias pelo comerciante; o abastecimento. [S/同] Shiíré (+). **3** [飲食店が材料を下ごしらえすること] A preparação dos ingredientes「para fazer bebidas」(⇨ shitá-góshirae).
shikómí-zúe 仕込み杖 (<… + tsúe) A bengala com espada encaixada.
shikómu 仕込む **1** [教育する; 訓練する] Treinar; educar; ensinar. *Kanojo wa hahaoya kara kaji o shikomareta* 彼女は母親から家事を仕込まれた Ela aprendeu da mãe (a fazer) os trabalhos domésticos. [S/同] Kúnren suru; kyṓíkú súrú. **2** [中に作り入れる] Encaixar. ★ *Katana o tsue ni ～* 刀を杖に仕込む ～ uma espada numa bengala. [S/同] Sṓchi suru. **3** [商人が商品を仕入れる]「o comerciante」Abastecer-se. [S/同] Shiíréru (+). **4** [飲食店などで材料を買い入れて, 営業の準備をする] Comprar os materiais necessários「para o restaurante」. **5** [醸造のために材料を熟成させる用意をする] Preparar os ingredientes「para fazer saké」.
shikórí 痼り (⇨ korí[1]) **1** [筋肉・皮膚・皮下組織の一部にできたかたまり] O endurecimento no músculo; o tumor; o caroço (Col.). ★ *Kata ni ～ ga aru* [*dekiru*] 肩に痼りがある[できる] Ter um ～ no ombro. ⇨ katámárí. **2** [事件, 物事が過ぎ去った後まで残る気まずいわだかまり] O dissabor [ressentimento; ressaibo] de problemas passados. ★ ～ *ga tokeru* 痼りが解ける ～ passar. ～ *ga toreru* 痼りが取れる ～ desaparecer. *Kokoro ni ～ o nokosu* [～ *ga nokoru*] 心に痼りを残す[痼りが残る] Deixar/Guardar [Ficar] no íntimo [cá dentro] ～. ⇨ wadákámárí.
shikótámá しこたま【G.】Uma grande quantidade; montes; um montão de. ★ ～ *kane o mōkeru* しこたま金をもうける Ganhar montes [rios/um montão] de dinheiro. [S/同] Dossári (+); takúsán (o).
shikótsú 指[趾]骨【Anat.】A falange (dos dedos).
shikú[1] 敷[布]く **1** [平らに広げる] Estender. ★ *Futon o ～* 蒲団を敷く ～ o "futon"; fazer a cama (à japonesa). *Jūtan o shiita yuka* じゅうたんを敷いた床 O soalho alcatifado. [S/同] Hirógérú; nobéru. **2** [一面に並べる] Espalhar [Pôr] num certo espaço. ★ *Jari o shiita dōro* じゃりを敷いた道路 A estrada de cascalho. ⇨ narábérú. **3** [下に当てる] Colocar por baixo. *Dōzo zabuton o o-shiki kudasai* どうぞ座蒲団をお敷き下さい Por favor, use a [sente-se na] almofada. ⇨ atérú. **4** [軍隊などを並べて配置する] Dispor「as tropas」; assentar arraiais. ★ *Jin o ～* 陣を敷く Assentar arraiais; acampar. ⇨ haíchí súrú. **5** [敷設する] Assentar; instalar. ★ *Tetsudō o ～* 鉄道を敷く ～ a [o trilho da] linha férrea. [S/同] Fusétsú súrú. **6** [広くゆきわたらせる] Promulgar; fazer entrar em vigor「o decreto」. ★ *Zensei o ～* 善政を布く Governar bem「o país」. [S/同] Happú súrú (+); kṓfú súrú (o). **7** [押さえつけて自由を奪う] Dominar. ★ *Teishu o shiri ni shiite iru okusan* 亭主を尻に敷いている奥さん A esposa que domina o marido (⇨ **3**).
shíku[2] 市区 **1** [市街の区画] Um bairro municipal [da cidade]. ⇨ kukákú. **2** [市と区] A cidade e o bairro. ⇨ kú[2]; shi[5].
shíku[3] 詩句 **a**) Um [Uma linha do] verso; **b**) A estância; a estrofe.
shikú[4] 如く【E.】Ser igual; como. *Hayai ni ～ wa nai* 早いに如くはない Quanto antes melhor/Não há nada como andar [fazer isso] depressa. [P/ことわざ] *Sanjūrokkei nigeru ni shikazu* 三十六計逃げるに如かず Numa situação crítica, a melhor estratégia é fugir. [S/同] Oyóbú (o). ⇨ gótoku[2].
shikúhákku 四苦八苦 O estar aflito [em dificuldades/em apuros]. ★ ～ *suru* 四苦八苦する …
shikújíri しくじり (< shikújíru) O fracasso; a falha.

Tonda ～ o shite shimatta とんだしくじりをしてしまった Mas que ～! /Cometi um/a grande ～.
[S/同] Shippáí (+) ; shissákú; yarísókónáí.

shikújíru しくじる **1** [失敗する] Fracassar; falhar; errar. *Mata onaji koto o shikujiranai yō ni ki o tsuke nasai* また同じ事をしくじらないように気をつけなさい Tome cuidado para não tornar [voltar] a ～. ★ *Shiken o ～* 試験をしくじる Reprovar no exame. [S/同] Shippáí súrú (+) ; shi [yarí] sókónáu; shissákú súrú. **2** [過失などで解雇される] Ser despedido (por culpa própria). ★ *Tsutome-saki o ～* 勤め先をしくじる Perder o emprego [～]. ⇨ káiko[1].

shikúmí 仕組み (< shikúmu) **1** [機械・道具などの構造] **a)** O mecanismo. *Kono kikai wa enjin de ugoku ～ ni natte iru* この機械はエンジンで動く仕組みになっている ～ desta máquina é [está feito para ser] a(c)cionado por motor. **b)** O sistema「social」; **c)** A estrutura「da empresa」. [S/同] Karákúrí; kṓzṓ (+) ; kumítáté. **2** [ある事を行う上での計画・方法] O método [plano]. ★ *Kono yō na ～ de koto o hakobu* このような仕組みで事を運ぶ Vamos levar a coisa (Col.) [realizar o trabalho] conforme [segundo] este plano. [S/同] Keíkákú (o); kuwádáté (+). ⇨ hṓhṓ[1]. **3** [戯曲・小説などの筋の組み立て] O enredo「da novela/do drama」. [S/同] Kyakúshókú (+). ⇨ súji.

shikúmu 仕組む **1** [機械・道具などを工夫して組み立てる] Montar「uma máquina」. [S/同] Kumítátérú (+). [A/反] Buńkáí súrú. **2** [企てる] Plane(j)ar; maquinar「uma traição」; tramar; urdir; armar. ★ *Shikumareta wana ni kakaru* 仕組まれた罠にかかる Cair na armadilha (que lhe armaram). [S/同] Kuwádátéru; takúrámu. **3** [小説や戯曲の筋を組み立てる] Elaborar o enredo「da novela」. ★ *Sono jiken o shikunda geki* その事件を仕組んだ劇 A peça (teatral) sobre esse acontecimento. ⇨ kumí-tátérú.

shikúrámen シクラメン (< P. < Gr.)【Bot.】O cíclame; o ciclâmen; *cyclamen*.

shikútsú 試掘 A prospecção「geotécnica/de petróleo」. ★ *～ suru* 試掘する Prospectar「ouro」. ◇ **～ ido** 試掘井戸 O poço de ～.

shíkyo 死去【E.】A morte「de Cristo」. ★ *～ suru* 死去する Morrer. [S/同] Séikyo; shi[2]; shibṓ[2].

shikyṓ[1] 市況 (A situação [O estado] do) mercado. ★ *～ ga kappatsu de aru* 市況が活発である O ～ estar muito a(c)tivo. *～ ga kuzureru* 市況が崩れる O ～ não funcionar [ter lei]. *～ no mitōshi* 市況の見通し A previsão do ～. ◇ **Kabushiki ～** 株式市況 O ～ de a(c)ções. ⇨ keíkí[1]; shijṓ[1].

shikyṓ[2] [**óo**] 司教 O bispo. ★ *～ no* 司教の Episcopal. ◇ **～ kanku** 司教管区 ⇨ shikyṓ-ku. **Meigi ～** 名義司教 ～ titular. ⇨ daí-shíkyō; shisáí[2].

shikyṓ-híń 試供品 A amostra. ★ *Kusuri no ～* 薬の試供品 ～ de um「novo」remédio.
[S/同] Sánpuru. ⇨ mihóń.

shikyókú 支局 A filial [sucursal]. ★ *San Pauro ni ～ o oku* サンパウロに支局を置く Abrir uma ～ em S. [São] Paulo.
[S/同] Buńkyókú; shísha. [A/反] Hońkyókú.

shikyṓ-ku [**óo**] 司教区 A diocese「de Tóquio/Nagasaki」.

shikyū́[1] 支給 O fornecimento; o pagamento. ★ *～ suru* 支給する Fornecer; dar〔*Bōnasu o ～ suru* ボーナスを支給する Dar [Pagar] um abono〕. ◇ **～ gaku** 支給額 O montante [dinheiro] pago. **～ hin** 支給品 Os artigos fornecidos [dados]; as provisões. **Genbutsu ～** 現物支給 O fornecimento de gé[ê]neros.
[S/同] Kyū́fu; shibéń.

shikyū́[2] 至急 A urgência. ★ *～(ni)* 至急(に) Urgentemente; imediatamente; prontamente〔*～(ni) go-henji kudasai* 至急(に)御返事下さい Responda-me imediatamente/Peço uma resposta urgente [pronta/imediata]. *Dai ～ ni* 大至急に Com extrema [a máxima] ～〕. *～ no yōji* 至急の用事 O assunto urgente [de ～/de emergência]. ◇ **～ denpō** 至急電報 O telegrama urgente. [S/同] Ṓísogi.

shikyū́[3] 子宮【Anat.】O útero. ◇ **～ gai ninshin** 子宮外妊娠 A concepção extra-uterina. **～ kinshu** 子宮筋腫 O mioma [tumor benigno] do ～. **～ kōkutsu** [**kōkei**] 子宮後屈[後傾] A retroversão do ～ (Med.).

shikyū́[4] 始球 A abertura do jogo de beisebol. ◇ **～ shiki** 始球式 A cerimó[ô]nia de ～.

shikyū́[5] 死球【Bas.】⇨ deddó bṓru.

shikyū́[6] 四球【Beis.】⇨ foábṓru.

shimá[1] 島 **1** [海や湖に浮かぶ陸地] A ilha. ★ *～ kage ni* 島陰に Na sombra da ～. ◇ ⇨ **～ guni** [**meguri**/**nagashi**]. **Shōdo ～** 小豆島 ～ de Shôdo. ⇨ hańtṓ[1]. **2** [縄張り] O domínio. *Koko wa oretachi no ～ da* ここはおれたちの島だ Esta zona é do nosso ～ [é domínio nosso]. ★ *～ o haru* 島を張る Dominar; marcar o seu ～. ⇨ nawá-bárí.

shimá[2] 縞 A list(r)a; a risca. ★ *～ ni oru* 縞に織る Tecer às [com] ～. ◇ **～ gara** 縞柄 O padrão listrado. ⇨ **～ hebi**[**risu**/**uma**]. **～ moyō** 縞模様 O padrão listrado. ⇨ súji **2**.

shimá-guni 島国 (<… + kuní)「a Inglaterra é」Um país insular. ◇ **～ konjō** 島国根性 A insularidade; a mentalidade de ilhéu「japonês/açoreano」.

shimá-hébi 縞蛇【Zool.】A cobra listrada (Não venenosa, com quatro listras horizontais).

shímai[1] 姉妹 As irmãs. ★ *～ no* (*yō na*) 姉妹の(ような) Como se fossem irmãs. ◇ **～ hen** 姉妹編 O volume complemantar da obra. **～ kō** 姉妹校 A escola-irmã. **～ toshi** 姉妹都市 A cidade-irmã [-gé[ê]mea]. **Gi ～** 義姉妹 A cunhada. **Ibo** [**Ifu**] **～** 異母[異父]姉妹 A meia-irmã pelo (lado do) pai [pela mãe]. ⇨ ané; imṓtó; kyṓdai[1].

shimáí[2] 終い・仕舞 **1** [終わり] O fim. ★ *～ made* しまいまで Até ao fim. *～ ni naru* しまいになる Chegar ao fim. *～ ni suru* しまいにする Terminar; dar por teminado [encerrado]〔*Kyō no jugyō wa kore de o-～ ni shimasu* 今日の授業はこれでおしまいにします Com isto, terminamos a aula de [Vamos terminar por] hoje〕. [S/同] Owárí (o); sáigo; shū́ryṓ. **2** [物事の最後; あげく] O desfecho. ★ *～ ni* (*wa*) しまいに(は) No fim [Como desfecho]〔*～ ni wa naguriai ni natta* しまいにはなぐり合いになった「a dança」Terminou em briga〕. [S/同] Agékú; haté; sué. **3** [商品の売り切れ] O esgotamento de mercadoria. *Gyūnyū wa o-～ desu* 牛乳はおしまいです Acabou(-se) o leite. ★ *～ ni naru* しまいになる Vender-se tudo. [S/同] Urí-kíré (+).

shímai[3] 仕舞 A dança de nô, sem roupas especiais nem acompanhamento de instrumentos.

shimáí-kómu 蔵い込む (< shimáú + …) Guardar「na gaveta/no armário」. ★ *Tansu no oku ni ～* 箪笥の奥にしまい込む ～ bem no fundo do armário.

shimáí-wásúréru 蔵い忘れる (< shimáú + …) **1**

[しまうのを忘れる]Deixar fora do lugar; esquecer-se de guardar. ★ *Saifu o* ~ 財布をしまい忘れる Esquecer-se de guardar a carteira. **2** [しまったまま忘れる]Guardar algo e esquecer-se de o ter guardado. ★ *Shimaiwasureta sobo no ihin* しまい忘れた祖母の遺品 Uma lembrança da (falecida) avó, que estava esquecida「numa gaveta」.

shimá-méguri 島巡り (< …¹ + megúrí) **a)** A [O fazer uma viagem pelas ilhas; **b)**(O dar) a volta à ilha. ★ ~ *o suru* 島巡りをする …

shimá-nágashi 島流し (< …¹ + ni + nágasu) 【H.】 **1** [流刑] O exílio; o desterro. ★ ~ *ni naru* 島流しになる Ser exilado [desterrado]. S/同 Rukéí; ruzáí. **2** [遠い不便な所に行かされること] [Fig.] O mandar alguém para um lugar distante e seguro [onde não possa fazer mal]. ⇨ sasén.

shímari 締まり (< shimáru) **1** [ひきしまっていること] A concisão「de estilo/da frase」; a firmeza「dos músculos」; a solidez; o cuidado; o apuro. ~ *no nai kakkō o suru na* 締まりのない格好をするな Não seja assim desleixado [descuidado] no seu arranjo/Ande com deve ser. ★ ~ *no nai bunshō* 締まりのない文章 A frase prolixa [difusa/vaga/redundante]. S/同 Kínchō. A/反 Shikáń; yurúmí. **2** [戸締まり] O fechar (as portas e janelas da casa). S/同 Tojímari (+).

shimá-rísu 縞栗鼠【Zool.】O esquilo listrado; *tamias sobiricus*.

shimárí-yá 締まり屋 (< shimáru **5**)【G.】O agarrado; o ava(rent)o; o poupado/rs. S/同 Kéchí (o); keń/yákúká (+); shikkárímónó; shimátsúyá.

shimáru 閉[締]まる **1** [閉じる] Fechar. *Kono doa wa nakanaka shimaranai* このドアはなかなか閉まらない Esta porta custa a [não há maneira de] ~. S/同 Tojíru. A/反 Akú. **2** [ゆるんでいたものが堅くまとまる] Ficar firme [bom/rijo]; enrijecer. *Kare wa undō o shite iru no de niku ga shimatte iru* 彼は運動をしているので肉が締まっている Ele tem os músculos rijos porque faz exercício. ★ *Shimatta* 締まった Firme; rijo. S/同 Harú; hikíshímáru (+). **3** [精神や表情などにゆるみがなく引き締まるようす] Ser forte [sério; lutador; bem comportado]. *Shimatte ikō* 締まって行こう (試合で) Vamos lutar seriamente [jogar para ganhar]! S/同 Hiki-shímaru. **4** [倹約する] Ser poupado. ⇨ shimáríyá.

shímatsu 始末 **1** [事情] O fim; o desfecho; o「mau」resultado; o porquê. *Kare wa ima de wa mainichi no shokuhi ni mo komaru* ~ *da* 彼は今では毎日の食費にも困る始末だ Ele chegou ao ponto de quase não poder pagar o que come [de não ter para comer]. *Nan da kono* ~ *wa* 何だこの始末は Que resultado é este? /Mas que lindo resultado [desfecho]! S/同 Kekká (o); ketsúmátsú (+); ténmatsu. ⇨ fu-shímatsu. **2** [処理] O arrumo [arrumar]; o resolver; o pôr tudo outra vez em ordem. *Ato no* ~ *wa watashi ni makase nasai* あとの始末は私に任せなさい Eu depois arrumo [encarrego-me de arrumar] tudo. ~ *ga warui* [~ *ni oenai; komaru*] 始末が悪い [~に負えない; 困る]Ser difícil de resolver [arrumar/controlar「o fogo」/tratar]. ~ (*o*) *suru* 始末 (を) する Arrumar; resolver; pôr em ordem. ~ *o tsukeru* 始末をつける Resolver. ◇ ~ *sho* 始末書 A satisfação [explicação/desculpa] por escrito「~ *sho o torareru* 始末書を取られる Ser obrigado a dar uma satisfação por escrito」. **3** [殺すこと] O matar. *Jamamono wa* ~ *shiro* 邪魔者は始末しろ Morte aos parasitas da sociedade! **4** [倹約] A economia; a poupança. ★ ~ *suru* 始末する Economizar; poupar. ◇ ~ *ya* 始末屋 ⇨ shimáríyá.

⇨ Keń/yákúkú (o); setsúyákú (+).

shimátta しまった **1** [失敗に気づいたときに発する言葉] 【Interj.】Estou perdido [frito (G.)]!; com a breca (G.)!; bolas; caramba (G.)!; puxa (vida)!; nossa!; meu Deus! ★ ~ *tokei o wasureta* しまった時計を忘れた ~! Esqueci o [Esqueci-me do] relógio. A/反 Shímeta. **2** [気づかないうちに失敗したようす] Já fiz disparate [estraguei「a máquina」]! ~ *koto o shite shimatta* しまった事をしてしまった Fiz disparate [Cometi um grande erro].

shimáú 終う・仕舞う・蔵う **1** [終わる; 終える] Terminar; acabar. *Benkyō o shimatte kara asobi nasai* 勉強を仕舞ってから遊びなさい Depois de terminar o estudo, pode ir brincar. ⇨ oérú; owárú. **2** [かたづける; 入れ納める] Guardar; pôr outra vez em ordem; arrumar. *Omocha o shimai nasai* おもちゃを仕まいなさい Guarde os brinquedos. ★ *Shimatte oku* しまっておく Deixar guardado [arrumado]『*Shorui wa tsukue no hikidashi ni shimatte okimashita* 書類は机の引き出しにしまっておきました Deixei os documentos (guardados) na gaveta da mesa. *Omoide o mune ni shimatte oku* 思い出を胸にしまっておく Guardar aquelas recordações no íntimo』. S/同 Osáméru. **3** [店や仕事・事業をやめる] Encerrar o expediente [trabalho; a loja, etc.]. ★ *Mise o* ~ 店をしまう Fechar a loja『*Kyō wa itsumo yori hayaku mise o shimaō* 今日はいつもより早く店をしまおう Hoje vamos fechar (a loja) um pouco mais cedo do que de costume』. (⇨ misé-jímai). S/同 Yamérú. **4**『「-てしまう」の形で「完全に~する」「困ったことに~する」』Acabar de fazer. *Omae nan'ka doko (doko ka) e itte shimae* お前なんどっか [どこか] へ行ってしまえ Desapareça para sempre daqui [da minha vista]! *Sono yōken ni sukkari wasurete shimatte ita* その用件をすっかり忘れてしまっていた Tinha-me esquecido completamente deste assunto.

shimá-úmá 縞馬 (< shimá² + …¹)【Zool.】A zebra.

shimá-zútai 島伝い O ir de ilha em ilha. ★ ~ *ni* 島伝いに De ilha em ilha「chegar ao continente」.

shimé¹ 注連 ⇨ shimé-kázari.

shimé² 締め (< shimérú³) **1** [金銭などを勘定する時のその合計] O fecho da conta. *Kyō made no* ~ *wa ikura ni narimasu ka* 今日までの締めはいくらになりますか Qual é o total da conta até hoje? ★ ~ *o dasu* [*suru*] 締めを出す [する] Fechar a conta. **2** [半紙 100 束・すなわち 2000 枚] A resma de (100 cadernos ou 2000 folhas de) papel. ★ *Hanshi hito-* ~ 半紙１締め Uma resma de "hanshi" (Papel japonês), normalmente usado para caligrafia). ⇨ -jō¹⁰.

shimé-ágéru 締め上げる (< shimérú³ + …) **1** [強く締める] Apertar bem「o parafuso/o cinto」. ★ *Nodo kubi o* ~ 喉首を締め上げる Apertar fortemente o pescoço [Deitar as mãos às goelas「do ladrão」]. **2** [激しく責める] Apertar「o suspeito com perguntas」. ★ *Keisatsu de shimeagerareru* 警察で締め上げられる Ser apertado pela polícia.

shimé-dáshí 締め出し (< shimé-dású) O pôr fora de casa「o gato」; o não deixar entrar「ninguém」; o fechar a porta; a exclusão. ★ ~ *o kuu* 締め出しを食う Ficar fora de casa「por não ter a chave」.

shimé-dású 締め出す (< shiméru³ + …) Enxotar「o gato do quarto」; fechar a porta「a um importuno」. ★ *Kurabu kara gaijin o* ～ クラブから外人を締め出す Excluir os estrangeiros do clube.

shimé-gáné 締め金 (< shiméru³ + kané) A fivela; o fecho; o broche. [S/同] Bijṓ.

shímei¹ 氏名「escreva aqui」O nome completo (nome e apelido [sobrenome]). ★ ～ *fushō no hito* 氏名不詳の人 A pessoa não identificada [cujo nome é desconhecido]. ～ *o akiraka ni suru* 氏名を明らかにする Identificar-se. ～ *o hisu* 氏名を秘す Esconder a sua identidade; não dizer o nome. ◇ ～ **tenko** 氏名点呼 A chamada pelo nome「na escola」. [S/同] Séimei. ⇨ myṓji; na(máé).

shímei² 使命 A missão. ★ ～ *o hatasu* [*mattōsuru*] 使命を果たす[全うする] Cumprir a ～「que lhe foi dada/de professor/de que foi incumbido」. ～ *o obiru* 使命を帯びる Ter a ～「de negociar a paz」[*Jūdai na* ～ *o obite* 重大な使命を帯びて Com uma [Incumbido de] importante ～]. ◇ ～ **kan** 使命感 O sentido de ～. ⇨ nínmu.

shiméí³ 指名 **a**) A nomeação; a designação; **b**) A chamada (pelo nome). ★ ～ *jun ni* 指名順に Por ordem de chamada. ～ *suru* 指名する Nomear; designar [*Kaichō ni* ～ *sareta hito* 会長に指名された人 A pessoa nomeada [designada] para presidente (da associação)]. ◇ ～ **ken** 指名権 O direito de nomeação. ～ **tehai** 指名手配 A busca de um criminoso identificado. [S/同] Na-záshí. ⇨ niǹméí.

shímei⁴ 死命【E.】A vida ou morte; o destino「do país depende desta guerra」. ★ ～ *o seisuru* 死命を制する Ter nas mãos o destino de alguém.

shímeji 湿地・占地【Bot.】Um cogumelo (Comestível); *lyophyllum aggregatum*.

shimé-kázari 注連飾り A corda de palha entrançada com enfeites「de papel」. ★ *Ie no mon ni* ～ *o suru* 家の門に注連飾りをする Ornamentar o portão da casa com ～. ⇨ shimé-náwá.

shimé-kírí 締[閉]め切り (< shimé-kírú) **1** [期日の最終日] O fim [encerramento] do prazo. ★ ～ *ni maniau* 締め切りに間に合う Estar dentro do prazo; fazer a tempo. ～ *ni suru* 締め切りにする ⇨ shimé-kírú. **2** [開放しないこと] O fechar [encerrar]「a escola/o escritório」. ★ ～ *ni natta mon* 閉め切りになった門 O portão fechado.

shimé-kírú 締[閉]め切る (< shiméru + …) **1** [限度を区切る] Encerrar o prazo「para a inscrição」. *Gakusei no tsuika boshū wa mō shimekirareta* 学生の追加募集はもう締め切られた Já foi encerrada a inscrição dos estudantes da segunda chamada. **2** [開放しないでおく] Fechar「o escritório」. *Ano ie no mon wa itsumo shimekitta mama da* あの家の門はいつも閉め切ったままだ O portão daquela casa está sempre fechado.

shimé-kórósú 絞め殺す (< shiméru³ **1** + …) Estrangular「com uma toalha/com as mãos」.

shimé-kúkúrí 締め括り (< shimé-kúkúrú) A conclusão; o remate [fim]「do discurso/da conferência」. ★ ～ *o suru* [*tsukeru*] 締め括りをする[つける] Rematar「com um apelo」; concluir. ⇨ matómárí.

shimé-kúkúrú 締め括る (< shiméru + …) Concluir; rematar; terminar. ★ *Hanashi o temijika ni* ～ 話を手短かに締め括る Terminar depressa a conversa. ⇨ matómérú.

shímen¹ 紙面 **1** [新聞などの記事の書いてある部分] A página [O espaço] de jornal [revista]. *Sono jiken ni takusan no* ～ *ga aterarete iru* その事件にたくさんの紙面が当てられている Foram dedicadas várias páginas a esse acontecimento, nos jornais. ★ ～ *de* 紙面で Na imprensa. ～ *no tsugō de* 紙面の都合で Devido ao limite de espaço. ～ *o kazaru* 紙面を飾る Enriquecer o jornal. ～ *o saku* 紙面を割く Ceder [Fazer] espaço no jornal. [S/同] Shijṓ. ⇨ shiǹbúǹ; zasshí. **2** [手紙; 書面] A carta. [S/同] Shokáǹ (+); shoméǹ (+); tegámí (o).

shímen² 四面【E.】 **1** [四つの平面] Os quatro lados [As 4 faces]. ◇ ～ **tai** 四面体 O tetraedro. **Shikaku** ～ 四角四面 O ser quadrado [formal/cerimonioso]. **2** [四つの方面] Todos os lados. ★ ～ *soka de aru* 四面楚歌である Estar abandonado por todos [cercado de inimigos]. [S/同] Shihṓ (+). ⇨ mawárí²; shū́i.

shimé-náwá 注連縄 Uma corda de palha entrançada com tiras de papel branco nela dependuradas, que indica um local sagrado do x[sh]intoísmo. ⇨ shimé-kázari.

shiméppói 湿っぽい (< shimérú² + pói) **1** [湿気のある] (H)úmido. ★ ～ *kūki* 湿っぽい空気 O ar ～. ⇨ jímejime; shikké. **2** [陰気な] Triste; melancólico; sombrio; murcho. ★ ～ *hanashi* 湿っぽい話 A conversa murcha/triste. [S/同] Ińkí ná. ⇨ kanáshíi.

shimérású[seru] 湿らす[せる] (H)umedecer. [S/同] Shimésú² (+). ⇨ hitású; urúósu.

shimérí 湿り (< shimérú²) **1** [湿気] A (h)umidade. ★ ～ *o obiru* 湿りを帯びる Ter (h)umidade. [S/同] Shikké (o); shimérí-ké (+). **2** [雨が降る事] A chuva. *Kekkō na o-* ～ *desu ne* けっこうなお湿りですね Abençoada [Que rica] chuva! ⇨ áme¹. **3** [陰気であること] O ser sombrio [tristonho]. ◇ ～ **goe** 湿り声 A voz chorosa.

shimérí-ké 湿り気 ⇨ shikké.

shiméru¹ 占める **1** [ある地位を手に入れる] Ocupar. *Sono kuni wa seki-yu no maizōryō ni oite sekai dai-ichi-i o shimete iru* その国は石油の埋蔵量において世界第1位を占めている Esse país ocupa o primeiro lugar do [no] mundo em reservas de petróleo. ★ *Daijin no isu o* ～ 大臣の椅子を占める ～ a cadeira de ministro. ⇨ kakútókú. **2** [占有する] Ocupar. ★ *Toshin no ittōchi o* ～ 都心の一等地を占める ～ um terreno bem situado no centro da cidade. ⇨ seń'yū́². **3** [ある] Ter; ocupar. *Umi wa chikyū zentai no dono kurai no menseki o shimete imasu ka* 海は地球全体のどのくらいの面積を占めていますか Quanto é que o mar ocupa da superfície total da Terra? ★ *Dai-tasū o* ～ 大多数を占める Ter a maioria「dos lugares na Dieta」. *Shibōsha no ichi-wari o* ～ 死亡者の1割を占める Responder por [Ter] um décimo dos mortos.

shimérú² 湿る Ficar (h)úmido; ganhar (h)umidade; (h)umedecer. [S/同] Shikérú¹. ⇨ nurérú.

shiméru³ 締[閉・絞]める **1** [帯やひもなどを] Apertar. ★ *Shime-naosu* 締め直す Tornar a ～「os sapatos」. **2** [まわりから強く圧迫する] Apertar enlaçando. ★ *Kubi o* ～ 首を絞める Apertar o pescoço; estrangular. **3** [閉じる] Fechar. ★ *Tsukue no hikidashi o* ～ 机の引き出しを閉める ～ a gaveta (da mesa). [S/同] Tojíru. [A/反] Akérú. **4** [ゆるんだ状態にあるものを緊張させる] Entesar; enrijecer; esticar. ★ *Saifu no himo o* ～ さいふのひもを締める Apertar os cordões à bolsa [Restringir os gastos].

Ⓐ/反 Yurúméru. ⇨ harú²; kínchó¹; setsúyáku.　**5** [金などを計算して合計を出す] Apurar o total da [Fechar a] conta. *Chōbo o* ~ 帳簿を締める Fechar o livro das contas. ⇨ shímete.　**6** [とっちめる] Repreender「o aluno preguiçoso」; censurar; chamar a atenção. Ⓢ/同 Totchíméru (+).　**7** [鳥の首をひねって殺す] Torcer o pescoço. ★ *Tori o* ~ 鶏を絞める ~ à galinha.　**8** [手打ちをする] Bater palmas, ritmadas, três vezes, para selar o negócio. *Kokora de o-te o haishaku shite shimesasete itadakimasu* ここらでお手を拝借して締めさせていただきます Agora vamos ~」 ♪ hákushu; te-úchí.

shiméshí 示し (< shiméisu¹)　**1** [手本を示して教えさとす事] O (dar o) exemplo. ★ ~ *ga tsukanai* 示しがつかない Não poder dar exemplo [*Oya ga suki-kirai o shitara kodomo ni* ~ *ga tsukanai* 親が好き嫌いをしたら子供に示しがつかない Se os pais são esquisitos na comida, não podem dar exemplo aos filhos]. ⇨ imáshímé; miséshímé; tehón.　**2** [神仏のお告し・教え] Uma revelação. ⇨ Keijí (+).　⇨ oshíé¹; satóshí.

shiméshí-áwáséru[**-áwásu**] 示し合わせる[合わす]　**1** [計画などを前もって相談し合う] **a**) Combinar「o dia e a hora da viagem」; **b**) Conspirar; conluiar. ★ *Shimeshiawasete* 示し合わせて Em conluio [combinação].　**2** [互いに合図して知らせる] Fazer sinal. ★ *Me de* ~ 目で示し合わせる ~ com os olhos.

shímeshime しめしめ ⇨ shímeta.

shimésu¹ 示す (< shiméisu¹)　**1** [相手にわかるように、実際にそれを出して見せる] Mostrar; apresentar. ★ *Hito ni mohan* [*tehon*] *o* ~ 人に模範[手本]を示す Dar exemplo aos outros. *Kotae o* ~ 答えを示す Apresentar a solução [resposta]. *Rei o* ~ 例を示す Dar um exemplo「do verbo "pôr"」. Ⓢ/同 Teíjí súrú.　**2** [相手にわかるように記号・表情・しぐさなどによって表す] Indicar; demonstrar; mostrar; dar como exemplo. ★ *Jitsuryoku o* ~ 実力を示す Mostrar habilidade [capacidade]. *Kanshin o* ~ 関心を示す Mostrar interesse. *Nanshoku o* ~ 難色を示す Mostrar「certa」relutância; desaprovar. Ⓢ/同 Aráwásu; tsugéru; shōméí súrú.　**3** [指す] Apontar [Indicar com o dedo]. *Ondokei wa reika san-do o shimeshite iru* 温度計は零下3度を示している Ter[mô]metro indica três graus negativos. ★ *Yubi de hōkō o* ~ 指で方向を示す ~ a dire(c)ção com o dedo. Ⓢ/同 Sashíshímésu; yubí-sásu (+).

shimésú² 湿す (H)umedecer; molhar. ★ *Kuchibiru* [*Nodo*] *o* ~ くちびる[のど]を湿す ~ os lábios [a garganta]. *Taoru o yu de shimeshite karada o fuku* タオルを湯で湿して体を拭く Molhar a toalha em [com] água quente e limpar o corpo. Ⓢ/同 Shimérású. ⇨ hitású; uruósu.

shímeta しめた (< shimériu¹) 【G./Interj.】Ganhámos!; Que bom!; Consegui! *Koko made kureba mō* ~ *mono da* ここまで来ればもうしめたもので chegámos até aqui, a vitória já é certa [já cá canta/já está no papo/já é nossa]! Ⓢ/同 Shímeshime. Ⓐ/反 Shimátta.

shímete 締めて [✗] て (< shimériu³)　**1** [総計して] Ao todo; no total. ~ *gosen-en ni narimasu* しめて5千円になります ~ dá [são] cinco mil yens. ⇨ sókéí¹.　**2** [緊張して] Com [De] mangas arregaçadas, a sério. ★ ~ *kakaru* 締めてかかる Lançar-se「ao trabalho」. ⇨ kínchó¹.

shimétsú 死滅 A extinção「das plantas/dos animais」; a morte. ★ ~ *suru* 死滅する Extinguir-se; morrer. Ⓢ/同 Zetsumétsú. ⇨ horóbíru; shinú.

shimé-tsúké 締め付け (< shimé-tsúkérú)　**1** [ねじなどを堅く締めること] O apertar「o parafuso」. ◊ ~ *boruto* 締め付けボルト Uma cavilha (Parafuso).　**2** [圧迫] A pressão; o controle/o; o aperto. ★ *Keihi sakugen no* ~ *o kyōka suru* 経費削減の締め付けを強化する Controlar mais as [Aumentar o controle do corte nas] despesas. Ⓢ/同 Appáků (+).

shimé-tsúkérú 締め付ける (< shimériu³ + …)　**1** [固く締める] Apertar bem [com força「o parafuso」]. ★ *Korusetto de karada o* ~ コルセットで体を締め付ける ~ o corpo com o [Usar] espartilho.　**2** [大きな力で強く押さえる] Pressionar; oprimir; apertar. ★ *Mune o shimetsukerareru yō na hanashi* 胸を締め付けられるような話 Um caso que aperta [de cortar] o coração. Ⓢ/同 Appáků súrú.

shiméyaka 湿やか　**1** [周囲の状況が静かでひっそりとしているよう] Calmo; suave; silencioso. ◊ ~ *na ame no yoru* 湿やかな雨の夜 A noite de chuva silenciosa. ⇨ hissóri; shízuka.　**2** [人々の気分が悲しげに沈んでいるよう] Calado; triste; solene;「a voz」baixa; silencioso. ★ ~ *na tsuya* 湿やかな通夜 O velório silencioso [solene]. ⇨ kanáshíi; shimépói.

shimi 染み・汚点・肝斑 (< shimíru³)　**1** [汚れ] A nódoa; a mancha; o borrão (de tinta); a marca. ★ ~ *ga dekiru* [*tsuku*] 染みができる[付く] Ficar manchado [com nódoa]; fazer nódoa. ~ *o nuku* [*otosu*] 染みを抜く[落とす] Tirar [Limpar] a ~. ~ *o tsukeru* 染みを付ける Manchar. Ⓢ/同 Otén. ⇨ yogóré.　**2** [皮膚に出た茶色の斑点] A mancha [mancha] na pele. ★ *Kao ni* ~ *ga dekiru* 顔に染みができる Ter [Aparecerem] manchas no rosto.

shimí² 衣[紙]魚 [Zool.] A traça; *ctenolepisma*.

shimí-déru 染み出る (< shimíru³ + …)「à água」Escorrer lentamente「da parede」; exsudar; trespassar. *Hōtai ni wa chi ga shimidete ita* 包帯には血が染み出ていた A ligadura [faixa] estava embebida [empapada] de sangue.

shimijimi (**to**) しみじみ (と) (< shimíru³) Profundamente; bem; bem fundo (cá dentro). *Kyō wa tomodachi no arigatami ga* ~ *wakarimashita* 今日は友達のありがたみがしみじみわかりました Hoje senti [vi] bem quanto vale um amigo. *Kagami o* ~ *nagameru* 鏡をしみじみ眺める Ver-se bem [demoradamente] ao espelho. ⇨ fúkaku³; majímáji.

shimí-kómu 染み込む (< shimíru³ + …) Infiltrar-se;「o que o meu amigo me disse」penetrar fundo「cá dentro/no coração」; gravar-se;「a democracia」ganhar raízes「em toda a Ásia」. *Kare ni wa sensō no osoroshisa ga mune ni shimikonde ita* 彼には戦争の恐ろしさが胸に染み込んでいた Ele ficou (com coração) marcado pelos horrores da guerra. *Mizu wa atto iu ma ni suna ni shimikonda* 水はあっという間に砂に染み込んだ A água infiltrou [sumiu]-se na areia num instante. Ⓢ/同 Shimí-írú; shimirú; shimí-tóru.

shímin¹ 市民　**1** [都市に住んでいる人] O citadino; o munícipe; o habitante da cidade. ◊ ~ **gekijō** 市民劇場 O teatro municipal. ~ **zei** 市民税 A taxa municipal. ⇨ kenmín; kokúmín.　**2** [国政に関係する資格・権利を持っている人] O cidadão; o civil. ◊ ~ **ken** 市民権 A [O direito de] cidadania. *Ippan* ~ ~

般市民 Os cidadãos em geral [O cidadão comum]. S/囲 Kốmín. **3** [西洋史でブルジョア] [H.] O burguês (habitante do burgo). ◇ ~ **kaikyū** 市民階級 A classe burguesa [dos burgueses]. S/囲 Burújoá (+).

shimín² 嗜眠 A letargia (Med.); o torpor; o sono profundo. ★ ~ *jōtai ni aru* 嗜眠状態にある Estar em estado letárgico.

shimí-núki 染み抜き (< ···¹ + nukú) **1** [染みをとること] O tirar as nódoas. ★ ~ *suru* 染み抜きする ... **2** [染みをとる薬品] O tira-nódoas (Líquido).

shimirú 染 [沁] みる (⇨ -jímíru) **1** [染み込む] Embeber; infiltrar; penetrar; encharcar. ★ *Ase no shitata waishatsu* 汗の染みたワイシャツ A camisa empapada [embebida] de suor. ⇨ Shimí-kómu; shimí-tốru. **2** [神経が強く刺激されて痛みを感じる]「a ferida com o álcool」Arder; irritar. ★ *Shiminai megusuri* 染みない目薬 O colírio que não irrita [faz arder] os olhos/à vista. ⇨ hírihiri. **3** [心に深く感ずる] Ficar impressionado [gravado na mente]; comover; tocar o coração. *Tomodachi no yasashisa ga mi ni shimite ureshikatta* 友達の優しさが身に沁みてうれしかった A bondade do meu amigo tocou-me o coração e senti uma grande alegria. S/囲 Shimí-kómu; shimí-kómu (+).

shimí-tốru [óo] 染み通る (< shimírú + ···) **1** [中まで染み込む] Atravessar; penetrar; infiltrar-se; impregnar. *Ame ga shitagi made shimitốtta* 雨が下着まで染み通った Molhei-me todo, até à roupa interior [de baixo]. S/囲 Shimírú **1**; shimí-kómu (+). **2** [深く心に感ずる] Ficar profundamente impressionado. S/囲 Shimírú **3** (+).

shimí-tsúku 染み付く (< shimírú + ···) **1** [汚れがとれなくなる] Agrarrar-se. ★ *Eri ni shimitsuita yogore* 襟に染み付いた汚れ A sujidade agarrada ao colarinho「da camisa」. S/囲 Shimírú; shimí-kómu. **2** [悪いものに慣れる] Ficar inveterado. *Mi ni shimitsuita akufū* 身に染み付いた悪風 O vício inveterado [que se tem agarrado ao corpo].

shimíttáré しみったれ A mesquinhez; a avareza; a sovinice. *Kare wa sugoi* ~ *da* 彼はすごいしみったれだ Ele é um avarento [sovina] de primeira ordem. S/囲 Kéchí (+); ríńshóki.

shimi-wátáru 染み渡 [亘] る (< shimírú + ···) **1** [液体などがある範囲に染みて広がる] Penetrar; espalhar-se; encher; impregnar. *Sūpu no atatakasa ga karada ni shimiwatatta* スープの温かさが体に染みわたった Com esta sop(inh)a quente fiquei com calor. **2** [ある考え・思想・信念がすみずみまで行きわたる] Propagar-se; difundir-se; penetrar. *Hansen shisō ga shakai zentai ni shimiwatatta* 反戦思想が社会全体に染みわたった O ideal pacifista [da paz] difundiu-se [penetrou] em toda a sociedade. S/囲 Ikíwátáru.

shimizú 清水 A água nascente; a água límpida [pura/cristalina]. ⇨ wakí-mizu.

shi[shu]mízu [ii] シ[シュ]ミーズ (< Fr. chemise) A camisa de senhora; a combinação [camisola (B.)]. S/囲 Suríppu (+).

shimo¹ 霜 **1** [霜] **a**) A geada; **b**) O gelo. ★ ~ *de itanda ha* 霜でいたんだ葉 A folha(gem) queimada pela geada. ~ *ga oriru* 霜が降りる Gear; cair geada. ◇ ~ **bashira** [doke/furi/gare/yake/yoke]. ~ **tori sōchi** 霜取り装置 O descongelador「do frigorífico」. **Hatsu** ~ 初霜 A primeira ~ do ano. **2** [白髪] O cabelo branco (⇨ shirágá). *Kashira ni* ~ *o itadaku* [*oku*] 頭に霜をいただく[おく] Ter cãs; ficar com cabelos brancos [com o cabelo grisalho].

shimó² 下 **1** [低い方; 下の方; 末の方] **a**) A parte de baixo「do rio/campo/da parede」; **b**) O fundo「da mesa, no banquete」; **c**) A segunda metade「do ano/orçamento/número」(⇨ shimó-hánki). *Koko yori ichi-kiro* ~ *ni hashi ga aru* ここより1キロ下に橋がある A um kiló[ô]metro abaixo [a jusante] daqui há uma ponte. ◇ ⇨ **~-no-ku.** S/囲 Kahô (+). A/反 Kámi. ⇨ karyû¹; kawá-shimó. **2** [文章などの以下・次] Depois; a seguir; abaixo. S/囲 Íka (+); tsugí (o). **3** [一般の人民] O povo; a massa; a classe baixa. Bańmíń (+); bańńíń (o). A/反 Kámi. ⇨ shimójimo. **4** [下半身] **a**) A parte inferior do corpo; os órgãos genitais; **b**) As necessidades (fisiológicas de evacuar e urinar). ★ ~ *no byōki* 下の病気 A doença venérea. ◇ ~ **neta** 下ネタ Assuntos relacionados com ~; conversas verdes [grosseiras]. S/囲 Kahańshíń (+).

shimó-báshira 霜柱 (< ···¹ + hashíra) Os pilaresinhos de gelo (que se formam na terra mole no inverno). *Kesa wa* ~ *ga tatte ita* 今朝は霜柱が立っていた Esta manhã viam-se [havia] ~.

shimóbé 僕「Cristo」O servo; o criado. S/囲 Génan (+); meshítsúkai (o).

shimó-búkure 下膨れ (< ···² + fukúrérú) O rosto cheio [redondo].

shimó-dóké 霜解け (< ···¹ + tokéru) O descongelamento「da tensão de relações entre os dois países」; o degelo. ⇨ yukí-dóke.

shimó-fúri 霜降り (< ···¹) **1** [白い斑点があること] O tecido mescla [sarapintado]. **2** [赤身に脂肪が点在していること] As pintas brancas (de gordura) na carne. ◇ ~ **niku** 霜降り肉 A carne com ~.

shimó-gáré 霜枯れ (< ···¹ + karérú) **1** [霜のために草木が枯れること] A queima das plantas pela a(c)ção da geada. **2** [商売が暇で景気の悪いこと] O comércio fraco. ◇ ~ **doki** 霜枯れ時 **a**) A desolação do inverno; **b**) A época de comércio fraco. S/囲 Fukéiki (+).

shimógóé 下肥 (< ···² + koé) O excremento; o esterco; o estrume humano. ◇ jínpúó.

shimó-hánki 下半期 O segundo semestre. S/囲 Kamí-hánki.

shimójimo 下下 [G.] As classes baixas; o povo em geral; o zé-povinho. *Ō wa* ~ *no jijō ni kurai* 王は下々の事情に昧い O rei não sabe como vive [está] o povo. ◇ héímíń; jínmíń; mińshú.

shimó-ki 下期 O segundo semestre. A/反 Kámiki.

shimón¹ 指紋 As impressões digitais. ★ ~ *o nokosu* 指紋を残す Deixar as ~「na mesa」. ~ *o toru* 指紋をとる Tomar as ~.

shimón² 諮問 A consulta; o inquérito. ★ ~ *suru* 諮問する Consultar. ◇ ~ **an** 諮問案 Um esboço da ~/proposta. ~ **kikan** 諮問機関 O órgão consultivo. S/囲 Shíjúń. A/反 Tôshíń.

shimón³ 試問 A pergunta; a prova; o exame. ★ ~ *o ukeru* 試問を受ける Ter um exame; ser interrogado. ◇ **Kōtō** ~ 口頭試問 O exame oral. ⇨ setsúmon; shikén¹; shikén².

shimó-no-ku 下の句 A segunda metade de um poema; o segundo [terceiro/···] verso da estrofe.

Ⓐ/反 Kamí nó ku. ⇨ shimó².

shimótáyá 仕舞屋 A casa [residência] na baixa [zona do comércio].

shimóté 下手 **1**「下の方向・場所」A parte de baixo. Ⓢ/同 Shitá (+). Ⓐ/反 Kamíté. **2**「風や川の流れて行く方向」A jusante; rio abaixo. ★ *Kawa no ~ ni* 川の下手に「essa aldeia fica」Na ~ do rio. Ⓢ/同 Karyú (+); shimó². Ⓐ/反 Kamíté. **3**「舞台の」O lado esquerdo do palco (Visto da audiência). ★ ~ *ni suwaru* 下手に座る Ficar do ~. Ⓐ/反 Kamíté.

shimó-yáké 霜焼け A frieira (Ulceração na pele, produzida pelo frio). ★ ~ *ga dekiru* [~ *ni naru*] 霜焼けができる[霜焼けになる] Ter frieiras.

shimó-yóké 霜除け A prote(c)ção [O abrigo] 「para as plantas」contra a geada.

shimó-zá 下座 **1**「末席」O assento [lugar] inferior/do povo/do fim. Ⓢ/同 Massékí; matsúzá. Ⓐ/反 Kamí-zá. **2**「舞台の」O lado esquerdo do palco (Visto da audiência). Ⓢ/同 Géza. Ⓐ/反 Kamí-zá.

shimúkéru 仕向ける **1**「他人がある物事をする気になるようにする」Induzir; levar; persuadir; estimular; obrigar「a demitir-se」. ★ *Kodomo ni benkyō suru yō ni* ~ 子供に勉強するように仕向ける ~ a criança a estudar. Ⓢ/同 Shikákéru. **2**「発送する」Despachar; enviar; mandar; remeter.

shímuresu [ii] シームレス (< Ing. seamless) Sem costura. ◇ ~ **sutokkingu** シームレスストッキング As meias ~.

shimyurêshon [ee] シミュレーション ⇨ mógi.

shimyurétā [ee] シミュレーター (< Ing. simulator < L.) O simulador「de voo/radar」.

shín¹ 心 **1**「心臓」O coração. ◇ ⇨ **fuzen [kin]**. Ⓢ/同 shinzō (+). **2**「精神」O coração; a mente; o espírito. ◇ **Aikoku** ~ 愛国心 O nacionalismo [espírito patriótico]. Ⓢ/同 Kokóro (o); séishin (+). **3**「本心」A alma; o fundo (do coração). *Kare wa* ~ *wa yoi hito da* 彼は心は良い人だ No fundo, ele é bom [boa pessoa]. Ⓢ/同 Hónshin (o); shínsoko (+).

shín² 芯 **1**「ランプ・ろうそくなどの中心部分をなす火をつける糸の部分」O pavio「da vela」; a torcida「da candeia」; a mecha「do balão」. ★ *Ranpu no ~ o dasu* ランプの芯を出す Subir a mecha do candeeiro [lampião]. **2**「物の中心にある固いもの」O núcleo; o centro; o miolo; o caroço; a parte esferográfica」. *Kono gohan wa ~ ga aru* この御飯は芯がある Este arroz não está cozido no meio. ★ ~ *ga kusatte iru* 芯が腐っている Estar podre por dentro [no meio]. *Ringo no* ~ りんごの芯 A semente da maçã. **3**「物事の中心部分」O centro. *Sugoi samusa de karada no* ~ *made kōri-sō da* すごい寒さで体の芯まで凍りそう Com este frio terrível estou gelado até à medula [aos ossos]. ★ ~ *kara* ~ Do fundo do coração「*Watashi wa* ~ *kara kare ga nikui* 私は芯から彼が憎い Eu odeio-o do fundo do coração [com toda a minha alma]」. ~ *no tsuyoi* [*yowai*] 芯の強い[弱い]「a pessoa」De cará(c)ter forte [fraco].

shín³ 真 A verdade; a realidade; a genuinidade. ★ ~ *ni semaru* 真に迫る「a descrição/o relatório」Ser fiel à realidade「*Kare no engi wa* ~ *ni sematte ita* 彼の演技は真に迫っていた A representação dele parecia (uma cena) real」. ~ *no* 真の Verdadeiro; real; verídico; genuíno「~ ~ *no tomo* 真の友 O amigo verdadeiro」. Ⓢ/同 Gi; nisémónó (÷). hońmónó, hońtō; makótó; shíngi¹; shínri²; shiń-séí⁵.

shín⁴ 信 **1**「誠」A sinceridade; a honestidade. ★ ~ *o shimesu* 信を示す Mostrar honestidade. Ⓢ/同 Makótó (+). **2**「信頼」A confiança. Ⓢ/同 Shińrái (+); shiń'yō (+). **3**「信心」**a)** A crença; a fé. Ⓢ/同 Shínjin (+). ⇨ shińkó¹. **b)** O pensamento「do povo sobre a política do governo」. ★ *Senkyo de kokumin no ~ o tou* 選挙で国民の信を問う Fazer eleições e [para] ver o que o povo pensa.

shín⁵ 新 **1**「新しいこと」O ser novo; a novidade. ★ ~ *no jaga-imo* 新のじゃが芋 As batatas novas [deste ano]. ◇ ~ **kankaku** 新感覚 Uma nova sensibilidade. ~ **kōchō** 新校長 O novo dire(c)tor da escola. ~ **seisaku** 新政策 A nova política [medida]. Ⓐ/反 Kō; kyū. **2** 「新暦」O atáráshíí. **2** [Abrev. de "shíńrekí"] O calendário solar (Novo, em relação ao lunar). Ⓐ/反 Kyū.

shín⁶ 臣 O sú(b)dito; o vassalo. ★ ~ *to shite no chūsetsu o tsukusu* 臣としての忠節を尽くす Servir como fiel ~. Ⓢ/同 Kérai. Ⓐ/反 Kími; shukún.

shín-⁷ 親【Pref.】Pró-; a favor de. ★ ~ *Haku no* [*teki na*] 親伯の[的な] Pró-brasileiro. ⇨ **Ni-chi.** ⇨ shításhíí.

-shín⁸ 審【Suf./Pref.】A instância. ★ *Dai isshin* [*ni-*]*de* 第１審［２審］で Em primeira [segunda] ~. ⇨ shíńri³.

shín [ii] シーン (< Ing. scene < L.) A cena「dramática/de horror/erótica」. ★ *Burajiru no roke* ~ ブラジルのロケシーン ~ filmada no B. Ⓢ/同 Bamén.

shiná¹ 品 **1**「物品」O artigo; a mercadoria「em depósito/estoque」. *Kono mise wa ~ ga ōi* [*hōfu da; sukunai*]この店は品が多い[豊富だ；少ない] Esta loja tem muitos [variados/poucos] artigos. ★ *Arayuru (Iroiro na)* ~ *no torisoroeru* あらゆる［いろいろな］品を取り揃える Reunir [Comprar] grande sortimento de mercadorias. ◇ ~ **busoku** 品不足 A escassez de ~. ◇ ~ **gaki** [**gire/kazu/mono**]. ~ **usu** 品薄 ⇨ **busoku**. Ⓢ/同 Buppíń; shinámónó. **2** [品質] A qualidade. ★ ~ *ga ochiru* 品が落ちる Ser inferior (a outro produto) em ~. ~ *ga yoi* [*warui*] 品が良い[悪い] Ser de boa [má] ~. *Sai-jōtō no* ~ 最上等の品 Ⓘ/慣用 *Te o kae* ~ *o kae* 手を替え品を替え Usando todos os meios possíveis. Da melhor ~ [De ~ superior]. Ⓢ/同 Hińshítsú (+). **3**「種類」A variedade; o tipo; o modelo. *Yakan wa kore hito-* ~ *shika arimasen* やかんはこれひと品しかありません Temos só este ~ de chaleira.

shiná² 科【G.】O coquetismo. ★ ~ *o tsukuru* しな ~ Fazer-se [Ser] coquete.

-shina³ しな【G./Suf.】De caminho; por ocasião de. ★ *Kaeri* ~ *ni kaimono o suru* 帰りしなに買い物をする Fazer compras na [no caminho de] volta. Ⓢ/同 -gake. ⇨ baáí; dójí¹; tokí¹; tsuídé¹.

Shína 支那 (< P.) ⇨ Chúgoku, Chúka (~ *jinmin kyōwakoku*)

shinábíru 萎びる Murchar; definhar; enrugar; secar. ★ *Shinabita yasai* 萎びた野菜 A verdura murcha; os legumes (velhos) velhos.

shinádáré-kákáru 撓垂れ掛かる (< shinádáré + ...) Abraçar-se a; encostar-se a alguém de maneira coquete. Ⓢ/同 Shinádáréru **2**. ⇨ motáré-kákáru; yori-kákáru.

shinádáréru 撓垂れる (< shináu + tāréru) **1**「重みでしなって傾く」**a)** Inclinar-se; curvar-se; pender; **b)** Apoiar-se「no meu ombro」. ⇨ shidaréru. **2**「甘

えたり、こびたりして人に寄りかかる] Encostar-se a alguém de maneira coquete.

shiná-gáki 品書き (<…+káku[1]) A lista「de mercadorias/comidas/pratos」; o catálogo; o inventário; o menu; a ementa.
S/同 Mokúrókú (+). ⇨ ményū.

shiná-gíre 品切れ (<…+kiréru) O esgotamento de (mercadoria) em estoque. ~ 品切れ (掲示) Estoque esgotado [Tudo vendido]! ★ ~ ni naru 品切れになる Ficar sem estoque.

shínai[1] 市内 Dentro da cidade. ★ de [ni] 市内 [に] Na cidade. ◇ ~ **densha** [Shiden] 市内電車 [市電] O (carro) elé(c)trico/bonde (B.). ~ **denwa** [tsūwa] 市内電話 [通話] O telefone [A chamada] urbano/a. ~ **muryō haitatsu** 市内無料配達 A entrega gratuita ~ (do artigo comprado).
A/反 Shígai.

shínai[2] 竹刀 A espada de bambu (para prática de esgrima).

shin'ái 親愛 A afeição; o afe(c)to; o amor. ★ ~ naru「Taro」親愛なる「太郎」Querido (Us. com familiares ou grandes amigos「em cartas」) caro [prezado] (Us. com amigos a gente). ~ no jō o shimesu 親愛の情を示す Mostrar (sentimentos de) ~. ⇨ ái[1]; shitáshímí.

shiná-kázu 品数 O número de artigos (Mercadoria). ★ ~ ga ōi [sukunai] 品数が多い [少ない] Ter muitos [poucos] artigos.

shinamon シナモン A canela「para doce」.

shiná-móno 品物 O artigo「à venda」; a mercadoria; o produto; a espécie.
S/同 Buppín; shiná[1].

shínan[1] 至難 [E.] O cúmulo da dificuldade. ★ ~ na [no] 至難な [の] Extremamente difícil「andar com as mãos」[~ no waza 至難の業 Uma avaria extremamente difícil]. ⇨ muzúkáshíí.

shínan[2] 指南 A instrução; o ensino「das artes marciais」; o treino. ★ ~ o ukeru 指南を受ける Receber instrução; aprender. ◇ ~ **ban** [yaku] 指南番 [役] O instrutor; o professor; o treinador; o guia. S/同 Kyōju (+); shidō (o).

shin'án 新案 Uma nova ideia [invenção]; um novo desenho [plano; dispositivo; modelo]. ◇ **Jitsuyō ~ tokkyo** 実用新案特許 A patente duma invenção de uso prá(c)tico [industrial]. ⇨ kufū; omóí-tsúkí.

shinaóshi 仕直し (< shináósu) ⇨ yarí-náóshí.

shináósu 仕直す Refazer; fazer novamente; tornar a fazer. S/同 Yarí-náósu (+).

shináréru[1] 仕慣 [馴] れる (<surú+…) Estar acostumado a fazer. ★ Shinareta shigoto 慣れた仕事 O trabalho a que se está acostumado「não custa」.
S/同 Shitsúkeru.

shináréru[2] 死なれる (< shinú) Perder (por morte); morrer-nos alguém. ★ Ryōshin ni shinareta kodomo 両親に死なれた子供 A criança que perdeu [ficou sem] os pais.

shinárío シナリオ O enredo; o guião「da peça/do filme」. ★ ~ **raitā** シナリオライター O guionista. S/同 Daíhón (+); kyakúhón (+).

shiná-sádame 品定め (<…+ sadáméru) A avaliação「de um artigo/produto/uma pessoa」. ★ ~ (o) suru 品定め (を) する Avaliar. S/同 Hínpyō.

shináu 撓う「o ramo」Vergar; curvar; ser flexível [maleável]. S/同 Tawámu.

shináyaka 撓 [嫋] やか (< shináu) **1**「美しく弾力のあるようす」O ser livre [descontraído/bonito]. ★ Josei ga ~ ni ikiru jidai 女性がしなやかに生きる時代 A época「de hoje」em que a mulher leva uma vida mais descontraída. **2** [柔らかにしなうようす] O ser flexível [maleável/elástico]. ★ Karada o ~ ni suru 体をしなやかにする Tornar [Fazer] o corpo maleável [elástico]「com a ginástica」. **3** [動作が優雅で静かなようす] O ser ágil [leve/gracioso]. ★ ~ ni aruku しなやかに歩く Andar graciosamente.

shínbári(**bō**) 心張り (棒) A tranca「da porta」.

shínbaru シンバル (< Ing. cymbals) 【Mús.】Os pratos (Antigo címbalo).

shinbatsu 神罰 ⇨ tén-batsu.

shín-béi 親米 Pró-americano.

shínbi 審美 O apreço [gosto] do (que é) belo. ★ ~ teki na 審美的な Estético. ◇ ~ **gan** 審美眼 O senso [sentido] estético/da estética/da beleza.

shínbō[1] 辛抱 A paciência; a resignação; a perseverança; a resistência. Mō sukoshi no ~ da もう少しの辛抱だ É mais um pouco de paciência「e pronto fica curado」. ★ ~ ga tarinai 辛抱が足りない Ter pouca [falta de] paciência. ~ no nai 辛抱のない Impaciente. ~ suru 辛抱する Ter paciência [Ato go-nen ~ shitara mise o motasete yaru あと5年辛抱したら店を持たせてやる Por você continuar mais cinco anos (a trabalhar) comigo, passo-lhe a loja].
S/同 Gáman (+); níntai. ⇨ shinóbu[1]; taéru[1].

shínbō[2] 心棒 O eixo「do carro」; a alma「do grupo」.
S/同 Kaítěnjiku. ⇨ chúshíń.

shínbō[3] 信望 A confiança; a popularidade; o apreço「dos alunos」. ★ ~ o atsumeru 信望を集める Ganhar popularidade; conquistar a confiança「dos colegas」.
S/同 Seíbō. ⇨ jínbō; shínjírái; shín'yō; sonkéí.

shínbō[4] 心房【Anat.】A aurícula (do coração). ◇ **U [Sa] ~** 右 [左] 心房 ~ direita [esquerda]. ⇨ shínshítsu[2].

shínbō[5] 深謀 [E.] O plano amadurecido [bem pensado]. ★ ~ o megurasu 深謀をめぐらす Fazer um ~. ◇ ~ **enryo** 深謀遠慮 O plano pensado com toda a seriedade e prudência. S/同 Shínryo.

shinbóku 親睦 A amizade「entre os cidadãos dos dois países」. ★ Shokuin-kan no ~ o hakaru 職員間の親睦を図る Promover a ~ [confraternização] entre os empregados. ◇ ~ **kai** 親睦会 A reunião de ~. S/同 Koñshín; shińzéń; yūkō.

shínboru シンボル (< Ing. symbol < Gr.)「a pomba é」O símbolo「da paz」. Fuji-san wa Nihon no ~ de aru 富士山は日本のシンボルである O Monte Fuji é um ~ do Japão. ◇ ~ **māku** シンボルマーク O emblema「da Cruz Vermelha」.
S/同 Hyóchō; hyōshō; shōchō (+).

shínbu 深部 O fundo「do mar」. ⇨ fukái[2].

shínbun 新聞 O jornal; a imprensa. Watashi wa sono jiken o kesa no ~ de shitta 私はその事件を今朝の新聞で知った Eu soube desse caso hoje de manhã pelo jornal. ★ ~ de yomu 新聞で読む Ler no/a ~. ~ ni deru [noru] 新聞に出る [載る] Sair no ~. ~ ni me o tōsu 新聞に目を通す Passar os olhos pelo/a ~. ~ o hirogeru 新聞を広げる Abrir o ~. ~ o toru 新聞を取る Assinar o ~. ◇ ~ **haitatsu** 新聞配達 A distribuição [entrega] dos jornais「pelas casas particulares」. ~ **hanbaiten** 新聞販売店 A loja de venda de jornais (e revistas); a tabacaria. ~ **kiji** 新

聞記事 O artigo de ~. **~ kirinuki** 新聞切り抜き O recorte de jornal. **~ kisha** 新聞記者 O jornalista. **~ kōkoku** 新聞広告 O anúncio no/a ~. **~ kyōkai** 新聞協会 A Associação da Imprensa. **~ sha** 新聞社 A empresa jornalística「Asahi」. **~ shi** 新聞紙 O (papel de) jornal. **~ shōsetsu** 新聞小説 A novela seriada publicada no ~. **~ uriko** 新聞売り子 O jornaleiro (B.); o vendedor ambulante de jornais (no J. não há); o ardina (P.). **~ ya** 新聞屋 O dono da banca de jornais. **Gaiji ~** 外字新聞 ~ em língua estrangeira. **Hōji ~** 邦字新聞 O jornal em J.

shínbutsu 神仏 As divindades [Os deuses] x[sh]intoístas e budistas. ★ **~ ni inoru** 神仏に祈る Rezar aos deuses. **~ konkō** 神仏混淆 A mistura [O sincretismo] de x. e bud. ⇨ hotóké; kámi[1].

shínchá 新茶 O chá novo; o primeiro chá da colheita [apanha/safra].

shínchákú 新着 A nova remessa. ◇ **~ tosho mokuroku** 新着図書目録 O catálogo dos livros recém-chegados.

shínchíkú 新築 A nova construção. ★ **~ chū no ie** 新築中の家 A casa em construção. **~ suru** 新築する Construir uma casa nova. ⇨ kenchíkú.

shínchín-táisha 新陳代謝【Biol.】a) O metabolismo「celular/digestivo」; b) A renovação; a mudança (de uma inje(c)ção de sangue novo「à empresa」). ★ **~ suru** 新陳代謝する Renovar.

shíncho 新著 O「meu」novo livro.
類 Kíncho. 反 Kyūcho. ⇨ chósho.

shíncho[2] 身長 A altura; a estatura. *Watashi wa ~ ga hyakuhachijissenchi arimasu* 私は身長が180センチあります Eu tenho um metro e oitenta centímetros de altura. ★ **~ ga masu [nobiru]** 身長が増す[伸びる] Crescer; ficar mais alto. *o hakaru* 身長を測る Medir a ~. *San-~ rīdo suru* 3 身長リードする (競泳で) Liderar [Ganhar] por 3 corpos (Natação). 類 Mi-nó-take; séi.

shínchō[1] 慎重 A prudência; a discrição; o cuidado; a cautela. **~ na shochi y kōjiru** 慎重な処置を講じる Tomar medidas prudentes. **~ ni kangaeta kekka** 慎重に考えた結果 Depois de pensar cuidadosamente. *~ o kaku* 慎重を欠く Ser imprudente; ter falta de ~. *~ o kishite* 慎重を期して Com toda a [todo o] ~. *~ sa* 慎重さ A prudência. 反 Karú-házúmí; keísótsú. **~ chū[ī]-búkai.**

shínchō[3] 新調 **1**「新しく作りたてであること」O ser novo (em folha). ★ **~ suru** 新調する Fazer「umas calças novas」. **2**「音楽などの新しい調子に」Um novo ritmo「musical」[Uma nova moda]. ⇨ chōshi[2].

shínchō[4] 伸張 A expansão「do negócio/da sua influência」. ★ **~ suru** 伸張する Expandir.

shínchō[5] 伸長 A extensão; o aumento. ★ **~ suru** 伸長する Estender; prolongar; aumentar. *Tairyoku no ~ o hakaru* 体力の伸長を図る Procurar aumentar a resistência física. ⇨ nobásu[1]; nobíru.

shínchō[6] 深長 O ser profundo [abstruso/difícil/ misterioso]. ◇ **Imi ~** 意味深長「um olhar/dito/ sorriso」Significativo. ⇨ fukúzátsú.

shínchókú 進捗 O progresso; o avanço. ★ **~ suru** 進捗する Progredir; avançar. ◇ **~ jōkyō** 進捗状況 O (estado) do progresso「das obras da construção」.

shínchū[1] 心中 O coração; o interior; o fundo; o (pensamento [sentimento]) íntimo. ★ **~ o akasu** [*uchiakeru*] 心中を明かす[打ち明ける] Revelar o que tem (lá) no ~; abrir-se. **~ odayaka de nai** 心中穏やかでない Estar melindrado [magoado; ferido; ressentido; perturbado; descontente]. 類 Naíshín. ⇨ kokóro.

shínchū[2] 真鍮 O latão. ★ **~(sei) no** 真鍮(製)の (Feito) de ~. ◇ **aén** 亜鉛. ⇨ dō[3].

shínchū[3] 進駐 A ocupação (militar). ★ **~ suru** 進駐する Ocupar (um país derrotado). ◇ **~ gun** 進駐軍 As forças [O exército] to ~.

shíndái[1] 寝台 A cama. ★ **~ de neru** 寝台で寝る Dormir na ~. ◇ **~ sha** 寝台車 A carruagem-cama. **Oritatami (shiki) ~** 折りたたみ(式)寝台 ~ dobrável [dobradiça]. 類 Béddo.

shíndai[2] 身代 A fortuna (pessoal); as propriedades; os bens. **~ o kizuku [tsukuru]** 身代を築く[作る] Fazer [Criar; Acumular; Juntar] uma (grande) ~. **~ o tsubusu** 身代をつぶす Esbanjar a [Dar cabo da] ~; arruinar-se.
類 Shínshō (+). ⇨ shízai[1]; záisan.

shíndan 診断 O diagnóstico. ★ **~ o ayamaru** 診断を誤る Errar no ~; fazer [dar] o ~ errado. **~ o kudasu** 診断を下す Dar o ~. **~ suru** 診断する Diagnosticar [*Kare wa igan da to ~ sareta* 彼は胃癌だと診断された — foi que ele tem cancro [câncer] de [no] estômago]. ◇ **Kenkō ~** 健康診断 O exame médico geral. ⇨ shínsátsú.

shínden[1] 神殿 O santuário; o templo「de Jerusalém」.

shínden[2] 親電「receber」Um telegrama pessoal「do Imperador/Presidente」. ⇨ denpō[1].

shínden-zu 心電図【Med.】O ele(c)trocardiograma. ★ **~ o toru** 心電図をとる Tirar um ~.

shíndo[1] 震度 A intensidade [magnitude] sísmica. ★ **~ san no jishin** 震度3の地震 O terra[e]moto de ~ três. ⇨ jishín[3].

shíndo[2] 進度 O (grau de) progresso「no estudo」. 類 Hakádōríguai; susúmí-gúai.

shíndo[3] 深度 A profundidade. ★ *Mizuumi no ~ o hakaru* 湖の深度を測る Medir a ~ do [Sondar o] lago. ◇ **~ kei** 深度計 A sonda. ⇨ fúkasa.

shíndō[1] 振動 A vibração; a oscilação; o balanço. ★ **~ o tomeru** 振動を止める Parar a vibração. **~ suru** 振動する Oscilar; vibrar; balançar. ◇ **~ kei** 振動計 O oscilógrafo [vibroscópio]. **~ sū** 振動数 O número de vibrações; a frequência de oscilação. ⇨ furérú[2].

shíndō[2] 震動 O abalo; o tremor; a vibração; a trepidação. *Kono ressha wa ~ ga hidoi [sukunai]* この列車は震動がひどい[少ない] Este comboio [trem] trepida muito [pouco]. **~ o kanjiru** 震動を感じる Sentir a/o ~. **~ suru** 震動する Abalar; tremer; vibrar; trepidar.

shíndō[3] 神童 O menino prodígio.
類 Kírinji; teńsáiji (+).

shíndō[4] 新道 A estrada nova. 反 Kyūdō.

shíndorōmu シンドローム (< Ing. syndrome < Gr.) A síndrome「da guerra」. ◇ **Bán-auto ~** バーンアウトシンドローム ~ de esgotamento. ⇨ shōkō-gun.

shín'éi[1] 新鋭 O ser novo [moderno] e potente. ★ **~ o yorisugeru** 新鋭をよりまぐる Escolher o novo e poderoso. ◇ **~ chīmu** 新鋭チーム A equipe/a nova [fresca] e forte. **~ ki** 新鋭機 O avião novo e potente. 反 Kogó.

shín'éi[2] 親衛 O guarda-costas; a escolta. ◇ **~ tai** 親衛隊 O corpo de guardas [A escolta] de segu-

rança. S/周 Goéí; kéigo; shúgo.
shinémásúkópu [óo] シネマスコープ (< Gr. kínema: "mover" + skopein: "ver") O cinema(to)scópio.
shiń'éń[1] 深遠 A profundidade; a profundeza. ★ ~ na 深遠な Profundo; fundo; abstruso; recôndito; impenetrável; esotérico. S/周 Kóéń. ⇨ okúfúkái.
shiń'éń[2] 深淵【E.】O abismo; a garganta; o precipício; o desfiladeiro.
shinérámá シネラマ ⇨ shinémásúkópu; waídósúkúríń.
shinéráría シネラリア【Bot.】A cinerária; *senecio cruentus*. S/周 Saíneária.
shinfoní シンフォニー (< Ing. symphony < Gr.)【Mús.】A sinfonia. S/周 Kókyókyoku (+).
shiń-fúzen 心不全【Med.】O colapso cardíaco; a síncope mortal.
shingái[1] 侵害 O infringimento; a violação; a usurpação; a transgressão; a invasão「da privacidade」; a infra(c)ção. ★ ~ suru 侵害する Infringir; violar; usurpar; transgredir; invadir. ◇ **Jinken ~** 人権侵害 A violação dos direitos humanos.
shingái[2] 意外 O ser inesperado [lamentável/incrível/uma traição/uma vergonha]. ★ ~ ni omou 心外に思う Sentir-se atraiçoado「na sua esperança」.
shingái[3] 震駭【E.】O terror; o horror; o alarme; o abalo; o choque. ★ ~ suru 震駭する Ficar aterrorizado [horrorizado]; alarmado; abalado; espantado; chocado]; [~ saseru 震駭させる Aterrorizar; chocar; abalar]. S/周 Shíńkáń.
shiń-gákki 新学期 O novo ano le(c)tivo [período escolar].
shingáku[1] 進学 O ingresso na escola superior. ★ ~ suru 進学する Ingressar na ...; continuar os estudos [*Daigaku ni ~ suru* 大学に進学する Ir para a universidade]. ⇨ nyúgákú; shúgákú.
shingáku[2] 神学 A teologia. ◇ **~ kō** 神学校 A escola de ...; o teologado; o seminário maior. **~ sha** 神学者 O teólogo「S. Tomás de Aquino」.
shingáń 心眼【E.】O olhar [A visão] interior. ★ ~ o hiraku 心眼を開く Abrir os olhos (Ter uma intuição); intuir; ter uma inspiração.
shingáo 新顔 O recém-chegado; o recém-vindo; o novato; uma cara nova. ★ ~ no shain 新顔の社員 O funcionário [empregado] novato. A/反 Furúgáo. ⇨ shiń-íří; shińjíń; shińmáí; shińgátá.
Shingápóru [óo] シンガポール (O estado de) Singapura. ◇ **~ jin** シンガポール人 O habitante de ~.
shin-gárá 新柄 O novo padrão. ⇨ shín-gátá.
shingári 殿 **1**[最後尾] O último. ★ ~ ni naru しんがりになる Ser o ~. **2**[最後をまとめる] A retaguarda. ~ o tsutomeru しんがりを務める [に回る] Formar a [Ficar na] ~. ⇨ osáé.
shiń-gátá 新型【形】(< ... + katá) O novo [último] modelo [tipo; estilo; desenho]. ★ ~ no jidōsha 新型の自動車 O carro último modelo.
shingéki[1] 新劇【H.】O novo (estilo de)drama (Dos fins do século 19, com influências ocidentais).
shingéki[2] 進撃 A marcha; o avanço; a investida; a arremetida; o ataque. ★ ~ suru 進撃する Avançar; investir; arremeter; atacar. ⇨ kōgékí.
shingéń[1] 進言 O aviso; o conselho; a sugestão. ★ ~ o ireru [kobamu] 進言を入れる [拒む] Aceitar [Recusar] a/o ~. ⇨ jogéń[1].
shingéń[2] 箴言 O provérbio (Tb. "Livro dos Pro-

vérbios da Bi."); a máxima; o adágio; o ditado. S/周 Kakúgen (o); kíńgéń.
shingén[3] 震源 **1**[地震の起こった地点] O (epi)centro (do sismo/terramoto). *Sakki no jishin no ~ wa doko desu ka* さっきの地震の震源はどこですか Onde foi o ~ do sismo de há pouco? **2**[騒ぎの原因]【Fig.】O centro [causador/A causa]. *Kono sōdō wa dō-yara aitsu ga ~ (chi)rashii* この騒動はどうやらあいつが震源 (地) らしい Parece ser ele o/a ~ de toda esta confusão. S/周 Hasséi-chi.
shingetsu 新月 A lua nova; o (quarto) crescente. *Konban wa ~ ga dete iru* 今晩は新月が出ている Esta [Hoje à] noite é lua nova. ⇨ miká-zúkí.
shingi[1] 真偽 A verdade ou falsidade; a autenticidade. ★ ~ no hodo wa wakaranai 真偽のほどはわからない Não saber se é verdadeiro ou falso. ~ wa tomokaku to shite 真偽はともかくとして Verdadeiro ou não「o rumor espalha-se」. S/周 Jíppi; kyójítsu; shínpí. ⇨ hońtó; úso[1].
shingi[2] 審議 A deliberação; a discussão; o exame. ★ ~ chū de aru 審議中である Estar em ~ [a ser discutido]. ~ *miryō ni owatte* 審議未了てある Arquivar; deixar de discutir. ~ *ni fusuru [kakeru]* 審議に付する [かける] Submeter a discussão. ~ *suru* 審議する Deliberar; discutir; examinar. ◇ **~ kai** 審議会 O conselho deliberativo.
shingi[3] 信義 A confiança; a honradez; a (boa) fé; a sinceridade. ★ ~ *jō* 信義上 Do ponto de vista da ~. ~ *ni atsui* 信義に篤い Honrado;「pessoa」de [que merece] confiança; sincero. ~ *o mamoru [yaburu]* 信義を守る [破る] Ser leal [desleal]「a」. ~ *o omonjiru* 信義を重んじる Dar importância à ~.
shingi[4] 神技【E.】Uma perícia divina [extraordinária]. S/周 Kamíwáza (+).
shingíń 呻吟【E.】O gemido; o sofrimento. ★ ~ *suru* 呻吟する Gemer; sofrer [*Byōku ni ~ suru hito* 病苦に呻吟する人 A pessoa que geme de dores]. ⇨ kurúshímí; nayámí; umékí.
shingo 新語 **1**[新造語] O neologismo; a palavra nova. S/周 Shińzōgó (+). ⇨ ryúkō ◇. **2**[教科書などで新しく出てきた言葉] A palavra que aparece pela primeira vez「no livro de texto」.
shingō 信号 **1**[色·音·光その他の一定の符号を使って隔たったものへ合図を送ること·その合図] O sinal; o aviso. ★ ~ *ga agaru [oriru]* 信号が上がる [下りる] Levantar [Arriar] o sinal. ~ *o dasu [hassuru]* 信号を出す [発する] Fazer [Emitir] O sinal. *Mekubase shite ~ o okuru* 目配せして信号を送る Avisar [Fazer sinal] com um piscar de olho. ◇ **~ gakari** 信号係 O sinaleiro; o guarda de passagem de nível. **~ ki** 信号機 O semáforo. **~ mushi** 信号無視 O desrespeito ao sinal. **~ tō** 信号灯 A lâmpada [A luz] sinaleira. **Tebata ~** 手旗信号 [O sinal por meio de] bandeirinha. **Teishi ~** 停止信号 O sinal de parar. **2**[信号機] O semáforo; as luzes do tráfico; o farol (B.) de sinalização. ~ *ga ao ni natta [kawatta]* 信号が青になった [変わった] O ~ abriu [já está verde].
shíngu 寝具 A roupa da cama. S/周 Yágu.
shingun 進軍 A marcha; o avanço「do exército」. ★ ~ *chū de aru* 進軍中である Estar em marcha [a avançar]. ~ *suru* 進軍する Marchar. ◇ **~ rappa** 進軍ラッパ O toque de clarim para marchar. S/周 Kōgúń.
shinguru シングル (< Ing. single < L. singulus: um só)

Simples; um só. ◊ **~ beddo** シングルベッド A cama individual [de solteiro]. **~ haba** シングル幅 A largura especificada「de tecido」. Ⓐ/反 Dáburu.
shíngurusu シングルス (< Ing. singles)【(D)esp. A partida simples (Golfe) [de singulares (Tê[ê]nis, pingue-pongue)]. ⇨ shínguru.
shín-háku 親伯 Pró-brasileiro.
shinhonī シンホニー ⇨ shínfonī.
shín'i[1] 真意 **1**[本当の気持ち] A verdadeira intenção; o verdadeiro motivo. *Kare no jishoku shita ~ ga tsukamenai [wakaranai]* 彼の辞職した真意がつかめない[わからない] Não sei qual será o ~ da demissão dele. Ⓢ/同 Hónshin (+). **2**[本当の意味] O verdadeiro sentido. *Kono shōsetsu wa egakitakatta ~ wa nan desu ka* この小説が描きたかった真意は何ですか Por que (é que) você quis escrever este romance? Ⓢ/同 Hóngi. ⇨ ígi[1]; ími.
shín'i[2] 神意 A vontade divina [de Deus].
shiní-báná 死に花 (< shinú + haná) A glória [fama] alcançada ao fim da vida [na hora da morte]; a glória póstuma. ★ *~ o sakaseru* 死に花を咲かせる Morrer famoso.
shiní-bá(shó) 死に場(所) (< shinú + ...) O lugar (melhor/ideal) para morrer.
shiní-gámí 死に神 (< shiní + kámi) A[O deus da] morte. ★ *~ ni toritsukareru* 死に神にとりつかれる Ficar às portas da morte.
shiní-gáné 死に金 (< shinú + kané) **1**[持っていて使わないお金] O dinheiro parado. **2**[無駄な] O dinheiro desperdiçado. ★ *~ o tsukau* 死に金を投じる Desperdiçar o dinheiro「em luxos inúteis」. Ⓢ/同 Mudágáné (+).
shiní-gáó 死に顔 (< shinú + kaó) O rosto ao morrer.
shiní-giwá 死に際 (< shinú + kiwá) A hora [As portas] da morte. *Haha wa ~ made musuko no koto o anjite ita* 母は死に際まで息子のことを案じていた A mãe, até ao último momento, [até à ~] só pensava no filho. ★ *~ ni* 死に際に Na [À] ~. Ⓢ/同 Mátsugo; rínjū (+). ⇨ shiní-mé.
shiní-háji 死に恥 [G.] (< shinú + ...) A morte vergonhosa [de cão]. Ⓐ/反 Iki-háji.
shiní-kákéru 死にかける (< shinú + ...) Ficar às portas da morte; quase morrer. *Kaji de watashi wa ayauku shinikaketa* 火事で私はあやうく死にかけた Quase (que) morri no incêndio!
shínikaru シニカル (< Ing. cynical < Gr.) Cínico; sarcástico. Ⓢ/同 Hiníkú (+).
shiní-kátá 死に方 (< shinú + ...) A maneira de morrer; a morte. *Anna yatsu wa roku na ~ wa shinai* あんなやつはろくな死に方はしない Aquele sujeito não vai acabar [morrer] bem. Ⓢ/同 Shiní-zámá.
shín'íki 神域 O recinto do santuário x[sh]intoísta. ⇨ kéidai.
shinikú 死[屍]肉 A carniça (carne morta/carne de animais mortos).
shiní-mé 死に目 (< shinú + me) O momento da morte; os últimos momentos. *Renraku ga okurete kare wa zannen-nagara oya no ~ ni aenakatta* 連絡が遅れて彼は残念ながら親の死に目に会えなかった Infelizmente não foi avisado a [com] tempo e não pôde estar com a mãe (o pai) no/s ~. Ⓢ/同 Mátsugo; ríñjū (o). ⇨ shiní-gíwá.
shiní-mízú 死に水 (< shinú + ...) A água para molhar os lábios da pessoa que está a morrer. ★ *~ o toru* 死に水を取る Assistir o moribundo; estar com a pessoa que vai morrer.
shiní-mónó-gúrui 死に物狂い (< shinú + ... + kurúu) A luta desesperada [de morte]. ★ *~ de [ni] hataraku* 死に物狂いで[に]働く Trabalhar como um desesperado [louco]. ⇨ hisshí[1].
shinín 死人 O morto; o defunto; o falecido (⇨ kójin[3]). ★ *~ no yō na kao* 死人のような顔 A cara pálida (branca como a cera/cadavérica); o rosto pálido, pálido! [ことわざ] *~ ni kuchi nashi* 死人に口なし Os mortos não falam/Morto o bicho, acaba a peçonha. Ⓢ/同 Shísha.
shín'ín 心因 [Med.] A psicogenia. ★ *~ sei no* 心因性の「a rea(c)ção」Psicogé[ê]nica.
shiní-ókúréru 死に後れる (< shinú + ...) Sobreviver. Ⓢ/同 Iki-nóbíru (+).
shin-írí 新入り【G.】O recém-vindo; o recém chegado; o novato. Ⓢ/同 Shíngáó; shinjín (o); shinmái (+); shinzán. Ⓐ/反 Furúkábú; kosán.
shinisé 老舗 A loja (casa comercial) de longa tradição; a loja antiga e conhecida.
shiní-shózoku (óo) 死に装束 (< shinú + ...) **a)** A roupa do morto; **b)** A roupa branca do que vai fazer "harakiri".
shiní-sókónái 死に損ない ⇨ shiní-zókónái.
shiní-sókónáu 死に損なう (< shinú + ...) **1**[死のうとして失敗する] Falhar (na) tentativa de suicídio. *Jisatsu o hakatta ga shinisokonatta* 自殺をはかったが死に損なった Tentou suicidar-se mas não morreu. **2**[死ぬはずのところを生き残る] Escapar à morte; ficar vivo. *Resshajiko de nakama ga shinda no ni hitori shinisokonatta* 列車事故で仲間が死んだのに一人死に損なった Os meus colegas morreram todos no acidente de comboio [trem] mas eu (, não sei como,) escapei.
shiní-táéru 死に絶える (< shinú + ...)「uma espécie animal」Extinguir-se. Ⓢ/同 Zetsúmétsú súrú.
shiní-wákáré 死に別れ ⇨ shibétsú.
shiní-wákáréru 死に別れる (< shinú + ...) Perder por morte. *Sansai no toki hahaoya ni shiniwakareta* 三歳のとき母親に死に別れた Perdi a minha mãe aos 3 anos. Ⓢ/同 Shibétsú-súrú (+).
shiní-zámá 死に様 [Col.] A maneira de morrer; a morte. *Futa-me to mirarenu ~ da* 二目と見られぬ死に様「teve/foi」Uma morte horrível [que não se podia olhar para ele]. Ⓢ/同 Shiníkátá (+).
shiní-zókónái 死に損ない (< shiní-sókónái) **1**[死ぬべきときに死にない人] A pessoa que se quis matar. *Kare wa ano shinjū-jiken no ~ da* 彼はあの心中事件の死に損ないだ Aquele quis matar-se num suicídio de amantes. **2**[死ぬなずに生き残っているもののののしっていう語] A pessoa velha e malquerida. *Kono ~ me* この死に損ないめ Seu velho (,que já está cá a mais)!
shínja 信者 O crente; o seguidor; o fiel「cristão」. ◊ *Kirisutokyō* [*Bukkyō*] **~** キリスト教 [仏教] 信者 O cristão [budista]. Ⓢ/同 Shínto; shúto. ⇨ shínpō.
shínjí 神事 O ritual x[sh]intoísta.
shiñ-jidai 新時代 A nova época. ★ *~ o kakusuru hitobito* 新時代を画する人々 As pessoas mais marcantes da ~ [dos novos tempos].
shínjikéto (ée) シンジケート (< Ing. syndicate < Gr.) O sindicato. ⇨ kumáí.
shinjín[1] 新人 O novo membro (Do grupo, associação, equipe/a); o novo talento「da literatura/canção/do cinema」; o principiante; o novato. ◊

~ ō 新人王【Beis.】O rei dos novatos; a grande revelação. **~ shō** 新人賞 O pré[ê]mio conferido ao melhor「escritor jovem」. ⓢ周 Nyúfēsu; shiŋgáó; shiŋ-írí; shiŋzáń. A反 Furúgaó; furúkábú; kosáń.

shinjín³ 信心 A fé (religiosa); a devoção. *Kare wa ~ ga atsui [tarinai]* 彼は信心が厚い[足りない] Ele é muito [pouco]devoto; religioso. **~ bukai** 信心深い Devoto; religioso. ことわざ *Iwashi no atama mo ~ kara* 鰯の頭も信心から A fé é que conta (Lit. Com fé, até uma cabeça de sardinha pode ser deus). ◇ **Fu ~** 不信心 A incredulidade.
ⓢ周 Shiŋkó (+); shiŋkyō. ⇨ shinjíru.

shinjín⁴ 深甚【E.】O ser profundo. ★ **~** *na sha-i o hyōsuru* 深甚な謝意を表する Expressar a sua profunda gratidão. ⇨ fukáí².

shinjíru 信じる 1 [本当と思う] Acreditar; crer. *Dare mo kare no iu koto o shinjinakatta* 誰も彼の言う事を信じなかった Ninguém acreditou nele [no que ele disse]. ★ *Shinjigatai hanashi* 信じ難い話 Uma história inacreditável [que deixa algumas dúvidas]. ⓢ周 Shiŋzúru. A反 Utágáú. ⇨ kakúshíń¹. 2 [信用する] Confiar; ter confiança. *Jōshi wa watashi no shinjite kono shigoto o makasete kureta* 上司は私を信じてこの仕事を任せてくれた O meu chefe [superior] entregou-me este serviço porque confia em mim. *Karugarushiku hito o shinjite wa ikenai* 軽々しく人を信じてはいけない Não se deve confiar levianamente [assim, sem mais] nos outros. ⓢ周 Shińráí súrú; shiń'yō súrú; shińzúrú. 3 [信仰する] Acreditar; crer; ter fé. ★ *Kami o ~* 神を信じる — em Deus. *Reikon no fumetsu o ~* 霊魂の不滅を信じる **~** na imortalidade (da alma). ⓢ周 Shińkó súrú.

shínjitsu¹ 真実 1 [本当] A verdade; a realidade. ★ **~** *mi no aru hanashi* 真実味のある話 A história que tem um fundo de [que parece] verdade. **~** *o iu [noberu]* 真実を言う[述べる] Falar [Dizer] a verdade. ⓢ周 Hońtó (o); jíjítsu (+); makótó. A反 Kyógi; úso. 2 [本当に] Realmente; verdadeiramente. **~** *kono shigoto ga iya ni natta* 真実この仕事がいやになった **~** [Para dizer a verdade] já não gosto deste [não posso ver este] serviço. ⓢ周 Hońtóní (+).

shínjitsu² 信実 A boa-fé; a sinceridade; a honestidade. ★ **~** *no aru (hito)* 信実のある(人) A pessoa sincera [honesta]. ⓢ周 Magókoro (+).

shinjó¹ 心情 Os sentimentos; o coração; o íntimo. ★ **~** *o kumu* 心情をくむ Sentir.
ⓢ周 Kokóromóchí; kyōchū.

shínjō² 信条 1 [教会が公認して一般の信者に信仰させる教義] O artigo [A verdade] de fé; o credo (religioso). ⓢ周 Kyōjō. 2 [ふだんから信念としている事柄] O princípio; a opinião; a convicção. *Watashi wa seijitsu o ~ to shite iru* 私は誠実を信条として いる Eu tenho por princípio a honestidade. ◇ **Seikatsu ~** 生活信条 **~** que norteia a vida de uma pessoa; a「minha」filosofia da vida. ⇨ shíńnen¹.

shinjō³ 身上 1 [良い所] O mérito; o ponto forte. *Yasashisa ga kanojo no ~ da* 優しさが彼女の身上だ A amabilidade [meiguice] é o ponto forte dela. ⓢ周 Sońzáí-kákí; toríé (+). 2 [身の上] Os dados pessoais; a vida pessoal; o cará(c)ter. ◇ **~ sho** 身上書 A ficha pessoal [com os dados pessoais]. ⓢ周 Minóúé.

shinjō⁴ 真情 1 [まごころ] Os verdadeiros sentimentos. ★ **~** *o toro suru* 真情を吐露する Expressar os seus **~**; dizer tudo o que (realmente) sente. ⓢ周 Jítsuí; magókoro (+). 2 [⇨ jitsújó].

shínju 真珠 A pérola. ★ **~** *iro no [o shita]* 真珠色の[をした] Cor de **~**. ◇ **~ gai** 真珠貝 A ostra perolífera [que tem pérola] (⇨ akóyágai). **~ tori** 真珠採り O pescador [A pesca] de **~**. **~ Jinzō [Mozō] ~** 人造[模造]真珠 **~** artificial. **Yōshoku ~** 養殖真珠 **~** cultivada. ⓢ周 Páru.

shinjū 心中 O suicídio de amantes por acordo mútuo; o duplo [múltiplo] suicídio. ★ **~** *suru [o hakaru]* 心中する[を図る] Suicidarem-se「os dois」juntos [*Shigoto to ~ suru kakugo de ganbatta* 仕事と心中する覚悟で頑張った Lancei-me ao trabalho, disposto a morrer por [com] ele]. ◇ **Ikka ~** 一家心中 O suicídio de toda a família. **Muri ~** 無理心中 O「duplo」suicídio forçado. ⇨ jisátsú; jōshí².

shinjún 浸潤【E.】1 [液体が次第にしみ込むこと] A infiltração [de água na madeira] ⇨ shimí-kómu. 2 [ある思想・勢力などが人々の間に次第にしみ込み行き渡ること] A infiltração; o penetrar; o entrar aos poucos. *Minshu-shugi ga kokumin no aida ni shi-tsutsu aru* 民主主義が国民の間に浸潤しつつある A democracia vai penetrando no povo. ⇨ ikíwátáru; shimí-kómu. 3 [隣の組織を冒すこと]【Med.】A infiltração; o afe(c)tar. ◇ **Hai ~** 肺浸潤 O afe(c)tar o pulmão.

shínka¹ 真価 O (verdadeiro) valor; o mérito. ★「*Kenkyū no*」*~ o yo ni tou*「研究の」真価を世に問う Deixar que o público julgue o **~** da sua investigação. ⇨ káchí¹; neúchí.

shínka² 進化 A evolução. ★ **~** *suru* 進化する Evoluir. ◇ **~ ron** 進化論 O evolucionismo; o darwinismo; a teoria da **~**.
ⓢ周 Hattén; shínpo. A反 Táika.

shínka³ 臣下【H.】O vassalo; o sú(b)dito. ★ **~** *no rei o toru* 臣下の礼をとる Portar-se como vassalo (diante do seu senhor).
ⓢ周 Káshin (+); kérai (o). A反 Kúnshu.

shínkā シンカー (< Ing. sinker)【Beis.】A bola que faz curva para baixo.

shín-kabu 新株【Econ.】A a(c)ção nova. ◇ **~ hikiuke ken** 新株引受権 O direito preferencial para subscrição das a(c)ções novas.
A反 kyū-kábú.

shínkai 深海 O mar (pro)fundo. ◇ **~ gyo** 深海魚 O peixe de águas fundas. A反 Seńkái.

shinkái-chi 新開地 a) A zona recém-urbanizada; b) A terra recém-cultivada [aberta para cultivo].

shinkáku 神格 A natureza divina. ★ **~** *ka* 神格化 A divinização. **~** *ka suru* 神格化する Divinizar.

shínkán¹ 新刊 A publicação nova; o livro [lançamento] novo. ◇ **~ mokuroku** 新刊目録 A lista de novas publicações. **~ sho** 新刊書 O livro novo [recém-publicado].

shínkán² 新館 O edifício novo; o novo pavilhão. A反 Kyūkán.

shínkán³ 森[深]閑【E.】Em silêncio total. ★ **~** *taru [to shita] keidai* 森閑たる[とした] 境内 O recinto silencioso do templo. ⇨ hissóri; kańsei³; seíjáku.

shínkán⁴ 神官 O monge x[sh]intoísta.
ⓢ周 Kánnúshi.

shínkán⁵ 震撼【E.】O abalo; o choque. ★ *Yo o ~ saseta jiken* 世を震撼させた事件 Um caso que aba-

lou o mundo (inteiro). Ⓢ/画 Shíngái.
shińkán[6] 信管 A espoleta; o detonador.
shiń-kansen 新幹線 O comboio [trem] foguete [bala] (Lit. linha [tramo] nova[o]). ~ *de Ōsaka e iku* 新幹線で大阪へ行く Ir a Ōsaka no ~.
shinkei 神経 **1** [器官] O nervo. ★ ~ *no* 神経の Neural; neuró[ô]nico; nervoso. ~ *o korosu* [*nuku*] 神経を殺す[抜く] Matar o ~「do dente」. ◇ ~ **chūsu** 神経中枢 O centro nervoso. ◇ ~ **ka** 神経科 A neurologia. ~ **shō** 神経症 A neurose. ~ **soshiki** 神経組織 O sistema nervoso. ~ **tsū** 神経痛 A nevralgia; a neuralgia. **2**[心の働き] Os nervos; a sensibilidade. ★ ~ *ga futoi* [*hosoi*] 神経が太い [細い] Destemido/Corajoso [Medroso/tímido]. ~ *ga maitte iru* 神経が参っている Estar com os ~ abalados. ~ *ga takabutte iru* 神経が高ぶっている Estar nervoso [com os ~ à flor da pele]. ~ *ni kotaeru* 神経にこたえる Repercutir-se nos ~; ferir a ~. ~ *ni sawaru* 神経にさわる Enervar [Mexer com os ~ s]. ~ *no surudoi* [*nibui*] 神経の鋭い [鈍い] Sensível; atento; esperto; delicado [Insensível; lento; estúpido]. ~ *o tsukau* 神経を使う Cansar; desgastar os ~. ◇ ~ **kabin** 神経過敏 A susce(p)tibilidade; a hipersensibilidade [sensibilidade excessiva]; o nervosismo. ~ **shitsu** 神経質 O temperamento nervoso. ~ **suijaku** 神経衰弱 A neurastenia; a depressão nervosa.
shińkén[1] 真剣 **1** [本物の刀] A espada verdadeira. ◇ ~ **shōbu** 真剣勝負 A luta com espadas verdadeiras. ⇨ bokutō; shínai[2]. **2** [本気; まじめ] A seriedade. ★ ~ *mi ni kakeru* 真剣味に欠ける Não ter seriedade. ~ *na taido* 真剣な態度 Uma atitude séria. Ⓢ/画 Honkí; majímé.
shińkén[2] 親権 O direito paternal [de paternidade]; o pátrio poder. ◇ ~ **sha** 親権者 A pessoa que tem o ~.
shińkén[3] 神権【H.】O direito divino「do rei」. ◇ ~ **seiji** 神権政治 A teocracia「de Komeini」.
shinkétsú 心血【E.】A alma e o coração. *Kaitaku ni* ~ *o sosogu* 開拓に心血を注ぐ Dedicar-se de ~ [corpo e alma] à exploração [ao cultivo] de novas terras.
shínki[1] 新規 O ser novo; o começar de novo. ~ *makinaoshi o suru* 新規まき直しをする Começar (Lit. semear) outra vez [de novo] tudo. ◇ ~ **kaiten** 新規開店 Abrir outra vez a loja com nova dire(c)ção.
shínki[2] 新奇 A novidade; a inovação; a originalidade. Ⓢ/画 Zańshín. ⇨ Chínpu.
shínki-itten 心機一転 A mudança completa [de mentalidade]. ★ ~ *suru* 心機一転する Mudar de mentalidade; ficar outra pessoa「e trabalhar a sério」.
shiń-kijiku 新機軸 A inovação; um método todo [inteiramente] novo. ★ *Jisho no henshū ni* ~ *o dasu* 辞書の編集に新機軸を出す Introduzir inovações na compilação de dicionários.
shińki-kúsái 辛気くさい【G.】Maçador; aborrecido. ★ ~ *hito* 辛気くさい人 A pessoa maçadora [aborrecida/chata (G.)]. ◇ irádákúsáí jírétsái.
shińkín 心筋【Anat.】O miocárdio (Tecido muscular do coração). ◇ ~ **kōsoku** 心筋梗塞【Med.】O enfarte do ~.
shińkin-kan 親近感 O sentimento de familiaridade; a intimidade; a afinidade. ★ ~ *o idaku* [*oboeru*] 親近感を抱く [覚える] Sentir intimidade [afinidade].
shińkirō 蜃気楼 A miragem.
shiń-kíroku 新記録 O novo recorde. ★ ~ *o tsukuru* [*juritsu suru*] 新記録を作る [樹立する] Marcar [Estabelecer/Bater] um ~.
shińkó 新【糝】粉 A farinha de arroz. ◇ ~ **záiku** 新粉細工 Figuras (de artesanato) feitas com massa de ~.
shińkó[1] 信仰 A fé (religiosa); a crença; o credo. ~ *no atsui* 信仰の厚い De fé profunda; profundamente crente. ~ *no jiyū* 信仰の自由 A liberdade de religião. ~ *o eru* 信仰を得る Ter fé. ~ *o suteru* 信仰を捨てる Perder a fé.「*Kirisuto-kyō o*」~ *suru*「キリスト教を」信仰する Crer [Acreditar] em Deus; ser cristão. Ⓢ/画 Shińjín; shińkyō.
shińkó[2] 進行 O andamento「da reunião」; o progresso; o avanço. ★ *chū no ressha* 進行中の列車 O comboio [trem] em andamento. ~ *suru* 進行する Avançar; progredir; andar [*Byōki ga daibu shite iru* 病気がだいぶ進行している A doença está muito avançada]. ◇ ~ **gakari** 進行係 O mestre de cerimó[ô]nias; o dire(c)tor do programa; o apresentador. ~ **hōkō** 進行方向 A dire(c)ção de quem vai. ~ **kei** 進行形【Gram.】A forma progressiva (verbal). Ⓐ/反 Teíshí.
shińkó[3] 振興 A promoção; o fomento; o estímulo. *Sangyō no* ~ *o hakaru* 産業の振興を図る Promover a indústria. ★ *Bōeki o* ~ *suru* 貿易を振興する Fomentar o comércio. Ⓐ/反 Suítái.
shińkó[4] 新興 A ascensão; a subida; o desenvolvimento. ◇ ~ **(tojō)koku** 新興（途上）国 O país em (vias de) desenvolvimento. ~ **sangyō** 新興産業 A nova indústria (em ~). ~ **shūkyō** 新興宗教 As novas religiões [seitas].
shińkó[5] 進攻 A investida; a ofensiva; o ataque [avanço]. ★ *Tekichi e* ~ *suru* 敵地へ進攻する Fazer uma ~ [Avançar] ao território inimigo. ◇ ~ **sakusen** 進攻作戦 Uma ~ [operação de ataque].
shińkó[6] 親交【E.】A relação amigável [amistosa]; a amizade「de longos anos」. ★ ~ *o musubu* [*tatsu*] 親交を結ぶ [断つ] Estabelecer uma amizade/Fazer um amigo [Deixar de ser amigos].
shińkó[7] 新香 ⇨ o-shínkó.
shińkó[8] 深更【E.】As altas horas da noite. *Kaigi wa* ~ *ni oyonda* 会議は深更に及んだ A reunião continuou até às tantas [até altas horas] da noite. Ⓢ/画 Shín'ya (+); yofúké (o).
shińkó[9] 進貢【E.】O tributo. ★ ~ *suru* 進貢する Pagar o tributo.
shińkókú[1] 申告 A declaração; o relato; o dar conta. ★ ~ (*o*)*suru* 申告（を）する Declarar [*Shotoku zei no* ~ *o suru* 所得税の申告をする Declarar o imposto de renda]. ◇ ~ **sha** 申告者 O declarante. **Aoiro** ~ 青色申告 ~ em triplicado [papel verde (J.)/azul]. **Kakutei** ~ 確定申告 A ~ (de imposto) de renda comprovada (No fim do ano fiscal).
shińkókú[2] 深刻 O ser grave [sério]. ★ ~ *na kao o suru* 深刻な顔をする Ficar sério [Fazer cara séria]. *Jitai ga* ~ *ni naru* [~ *ka suru*] 事態が深刻になる [深刻化する] Agravar-se a situação.
shiń-kókyū 深呼吸 A respiração profunda. ★ ~ (*o*)*suru* 深呼吸（を）する Respirar profundamente.
shińkón 新婚【O】A récem-casado[a]. ◇ ~ **fúfu**

[san] 新婚夫婦[さん] Os recém-casados. ~ **hoya-hoya** 新婚ほやほや Acabadinhos de casar (a desfazer-se em ternuras). ◇ ~ **ryokō** 新婚旅行 A viagem de lua-de-mel.

shinkópéshon [ée] シンコペーション (< Ing. syncopation < Gr.) [Mús.] A síncope; a sincopa(ção).

shínku[1] 辛苦 A angústia; o trabalho; o sofrimento; as agruras; a privação; as dificuldades. ★ ~ *o nameru* 辛苦をなめる Passar muitas agruras; sofrer muitas privações. ◇ ~ **kannan** [**ryūryū**] ~. [S/同] Kónku; kúshin (+); shínsán.

shínku[2] 真[深]紅 [E.] O carmesim; o vermelho-escuro. [S/同] Makká (+); shinkóshoku.

shínkū[3] 真空 **1** [気体が存在しないこと] O vácuo. ★ ~ *ni suru* 真空にする Fazer o ~ [Extrair o ar]. ◇ ~ **hōden** 真空放電 A descarga elé(c)trica no ~. ~ **kan** 真空管 O tubo de ~ [A válvula eletró(l)nica]. ~ **ponpu** 真空ポンプ A bomba pneumática (a vácuo). **2** [実質がなくからっぽ] O ser oco [vazio]. ★ *Shokku de atama ga ~ ni naru* ショックで頭が真空になる Com o choque até (parece que) fiquei zonzo [com a cabeça oca].

shínkúró(**náizu**) シンクロ(ナイズ) A sincronização. ★ ~ (*naizu*)*suru* シンクロ(ナイズ)する Sincronizar. ◇ ~ **naizudo suimingu** シンクロナイズドスイミング A natação sincronizada.

shinkúrótóron シンクロトロン (< Ing. synchrotron < Gr.) [Fís.] O [processo de] sincrotrão[ron].

shínkútánku シンクタンク (< Ing. think tank) O reservatório de inteligência; um grupo de cérebros「para dar ideias」.

shínkyo 新居 [E.] A casa [residência] nova. ★ ~ *o kamaeru* 新居を構える (Ir) morar numa ~. [S/同] Shínkán[2]. [A/反] Kyúkyo.

shínkyō[1] 心境 「meu」estado de espírito「neste momento」. ★ ~ *no henka to kitasu* 心境の変化をきたす Causar [Trazer] uma mudança de disposição [de ~]. [S/同] Kimóchi.

shínkyō[2] 信教 A crença religiosa; a religião. ★ ~ *no jiyū* 信教の自由 A liberdade de religião. [S/同] Shínjín[2]; shínkō[1] (+). ⇨ shúkyō.

shínkyō[3] 新教 O protestantismo. ◇ ~ **to** 新教徒 O protestante. [S/同] Purótésutanto. [A/反] Kyúkyo.

shínkyō[4] 進境 [E.] O progresso「no japonês」; o avanço; a melhoria; o aperfeiçoamento. ★ *Ichijirushii ~ o shimesu* 著しい進境を示す Revelar um/a ~ notável; progredir muito. ⇨ shínpo[1].

shínkyū[1] 進級 O passar de ano; a aprovação. ★ ~ *suru* 進級する (Ser aprovado e) passar para o ano [grau] superior/seguinte. ◇ ~ **shiken** 進級試験 O exame final (de passagem de ano). [S/同] Shókyū[1]. ⇨ shōshī[2].

shín-kyū[2] 新旧 O novo e o antigo「testamento」. ◇ ~ **kōtai** 新旧交替 A mudança do velho [antigo] para o novo.

shínkyū[3] 鍼灸 A acupun(c)tura e a moxibustão. ◇ ~ **jutsu** 鍼灸術 A técnica de ~. (**jutsu**)**shi** 鍼灸(術)師 O mestre [praticante] de ~. ⇨ hári[1]; kyū[6].

shínmái 新米 **1** [その年に収穫した米] O arroz novo (recém-colhido). ⇨ Komái. **2** [新人] O novato; o principiante. ★ ~ *no kaishain* 新米の会社員 O (empregado) novato da empresa. [S/同] Shín-

jín[1]; shínzán; shoshín-sha.

shínmé 新芽 **a**) O broto; o rebento「da planta」; **b**) O botão「de flor」; **c**) A folha nova [tenra]. [S/同] Wakáme.

shínmeí[1] 身命 [E.] A vida; o corpo e a alma. ★ ~ *o nage-utte* [*toshite*] *tsukusu* 身命を投げ打って [賭して] 尽くす Dedicar-se de corpo e alma; dedicar-se até ao sacrifício da própria vida. ⇨ ínochi; karádá.

shínmeí[2] 神明 [E.] A divindade; os deuses. *Tenchi ~ ni chikatte uso wa iimasen* 天地神明に誓って嘘は言いません Juro por todos os ~ que não minto. ◇ ~ **zukuri** 神明造り O estilo de arquitetura do templo x[sh]intoísta.

shin-ménmo[**bo**]**ku** 真面目 [E.] O que a pessoa realmente é. ★ ~ *o hakki suru* 真面目を発揮する Mostrar o que é [vale].

shínmétorī シンメトリー (< Ing. symmetry < Gr.) A simetria. ⇨ kínséī[2]; taíshō[2].

shínmi[1] 親身 **1** [肉親] O parentesco (sanguíneo). **2** [親切にすること] A bondade. ★ ~ *na*[*no*] 親身[の] Amável; bondoso. ~ *ni natte sewa o suru* 親身になって世話をする Cuidar de uma pessoa com ~ [muito carinho]. ⇨ shínmítsú; shínsetsu.

shínmi[2] 新味 A novidade; a frescura「de ideias」; a originalidade. ★ ~ *no aru*[*nai*] *kikaku* 新味のある[ない] 企画 O proje(c)to com [sem] originalidade.

shínmin 臣民 [A.] Os sú(b)ditos; o povo. ⇨ kúnshu[1].

shínmíri しんみり **1** [静かに] **a**)「tomar o café」Sossegadamente; **b**) Tristemente; melancolicamente. ★ ~ *suru* しんみりする Ficar melancólico [comovido/triste]. ⇨ shízuka. **2** [親しく] Intimamente; familiarmente. ★ ~ *to hanasu* しんみりと話す Falar [Conversar] ~. ⇨ shimíjími to; shitashíku.

shínmítsú 親密 A intimidade; a familiaridade. *Watashi wa karera to wa ~ da* 私は彼らとは親密だ Eles são meus amigos íntimos. ★ ~ *na kankei* 親密な関係 Íntimas relações. [S/同] Kón'i. [A/反] Soén.

shínmón 審問 O interrogatório; o inquérito. ★ ~ *suru* 審問する Fazer um ~.

shínmótsú 進物 O presente; a oferta. ★ ~ *yō ni hōsō suru* 進物用に包装する Embrulhar para presente. [S/同] Keñjōbutsu; okúrímónó (+).

shínmyō 神妙 **1** [奇妙に] **a**) kitókó[2]; shushō[5]. **2** [素直に] **a**) como um cordeirinho」[sossegado/meigo/dócil]. ★ ~ *ni hataraku* 神妙に働く Trabalhar docilmente. ⇨ chújítsú; súnao.

shínna シンナー (< Ing. thinner) O diluente [dissolvente] (de tintas).

shínnári しんなり Mole; maleável; flexível. ★ ~ *suru* しんなりする Ficar ~. ⇨ shináyaka.

shínnen[1] 信念 A convicção; a fé. ★ ~ *o motte kōdō suru* 信念を持って行動する Agir com convicção. *Akumade-mo ~ o tsuranuku* あくまでも信念を貫く Proceder sempre segundo as suas [próprias] convi(c)ções. ⇨ kakúshín[1].

shínnen[2] 新年 O Ano Novo. ~ (*akemashite*) *omedetō* (*gozaimasu*) 新年(明けまして)おめでとう(ございます) Feliz Ano Novo! ★ ~ *o mukaeru* 新年を迎える Entrar no [Começar o] ~. ~ *sōsō* 新年早々 Logo no começo do [Apenas entrados no] ~. ◇ ~ (**en**)**kai** 新年(宴)会 A festa de「na empresa」. [S/同] Hatsuhárú; shínshún; shōgátsú. [A/反] Kyúnén.

shínnéri-múttsuri しんねりむっつり [G.] A taciturnidade. ★ ~ *shita otoko* しんねりむっつりした男 O homem taciturno [carrancudo/sombrio/de má catadura].

shiń-nichi 親日 A simpatia [admiração] pelo Japão. ★ ~ *teki na* 親日的な Pró-japonês. ◇ ~ **ka** 親日家 O admirador do Japão; o japonófilo. ⇨ shiń-hákú; shiń-pó².

shińnin[1] 信任 A confiança; o crédito. ★ ~ *o eru* 信任を得る Ganhar confiança. ~ *suru* 信任する Confiar; acreditar. ◇ ⇨ ~ **jō**. ~ **tōhyō** 信任投票 O voto de confiança「no governo」. Ⓐ/反 Fu-shínnin.

shińnin[2] 新任 A nova nomeação; o novo cargo [posto]. ★ ~ *no aisatsu o noberu* 新任の挨拶を述べる Fazer o discurso de posse do novo cargo. ⇨ seńnín³; zeńnín².

shińnin-jō 信任状 As (cartas) credenciais「apresentadas pelo novo embaixador de P.」.

shińnyū[1] 侵入 A invasão; a incursão; a entrada. ★ ~ *suru* 侵入する Invadir; entrar; fazer uma incursão [*Dorobō wa mado kara* ~ *shita* どろぼうは窓から侵入した Entrou o ladrão pela janela]. ◇ ~ **sha** 侵入者 O invasor; o assaltante. **Fuhō** ~ 不法侵入 A entrada ilegal; a invasão.

shińnyū[2] 進入 O (avançar para) entrar. ~ *kinshi* 進入禁止 Proibido o acesso! ◇ ~ **ro** 進入路 A via de acesso. ~ **tō** 進入灯 O farol [A luz] de aproximação「do avião」.

shińnyū[3] 新入 O que entrou agora「na empresa/escola」. ◇ ~ **sei** 新入生 Os calou[i]ros (G.)「novos estudantes」. ~ **shain** 新入社員 O novo empregado [funcionário]. Ⓢ/同 Shiń-írí; shińzáń.

shíno 篠 [Bot.] Um bambu pequeno. Ⓘ/慣用 ~ *tsuku ame* 篠突く雨 A chuva forte [torrencial].

shinō 子嚢 [Bot.] O asco [ascídio] (Ovo dos fungos).

shiń'ō[1] 深奥 [E.] 1 [奥深いこと] A profundidade. Ⓢ/同 Óku (o). 2 [奥義] O mistério; o segredo「duma arte」. ⇨ Ōgi; uńnō.

shiń'ō[2] 震央 [Geol.] O epicentro (do sismo).

shinobáseru 忍ばせる 1 [忍ばせて] Esconder; ocultar; dissimular; encobrir. ★ *Ashioto o shinobasete aruku* 足音を忍ばせて歩く Andar nas pontas dos pés [sem fazer barulho].

shinóbí 忍び (< shinóbu¹) 1 [潜入] O entrar secretamente [sorrateiramente]. ★ ~ *no jutsu* 忍びの術 A arte de ~「numa casa」. Señnyū́. 2 [微行] O andar [passear] incógnito. Ⓢ/同 Bikō. ◇ o-shínóbí; shinóbí-áruki. 3 [密偵] A espionagem. ★ ~ *no mono* 忍びの者 O espião. Ⓢ/同 Kańjá; mittéí; nínja; súpai.

shinóbí-áí 忍び会い (< shinóbu¹ + áu) O encontro secreto [clandestino]. Ⓢ/同 Mikkáí.

shinóbí-áruki 忍び歩き (< shinóbu¹ + arúku) O andar [viajar] incógnito.

shinóbí-ashi 忍び足 (< shinóbu¹ + …) O ir nas pontas dos pés [sem fazer ruído/pé ante pé]. Ⓘ/慣用 *Nuki-ashi sashi-ashi* ~ 抜き足差し足忍び足 ⇨ nukí-áshi.

shinóbí-gátai 忍び難い (⇨ shinobínái) Insuportável; intolerável; imperdoável. ★ ~ *bujoku* 忍び難い侮辱 Uma humilhação ~. Ⓘ/慣用 Taégátai.

shinóbí-íru(kómu) 忍び入る [込む] (< shinóbu¹ + …) Entrar sorrateiramente [às escondidas]. ★ *Mado kara heya e* ~ 窓から部屋へ忍び入る ~ *no* quarto pela janela.

shinobínái 忍びない (Neg. de "shinóbu¹") Não poder aguentar [suportar]; insuportável. *Mijime na haiboku o miru ni shinobinakatta* みじめな敗北を見るに忍びなかった Eu não podia aguentar [aceitar/suportar] aquela grande [triste] derrota.

shinóbí-náki 忍び泣き (< shinóbu¹ + nakú) O choro contido [em silêncio].

shinóbí-wárai 忍び笑い (< shinóbu¹ + …) O riso abafado [reprimido; contido; maroto].

shinobíyaka 忍びやか O ser secreto [feito à socapa]. ★ ~ *ni* 忍びやかに Secretamente; à socapa [calada]; sorrateiramente. Ⓢ/同 Hisóyaka.

shinóbí-yóru 忍び寄る (< shinóbu¹ + …) Aproximar-se por trás [de emboscada].

shinóbu[1] 忍ぶ [堪える] 1 Suportar; tolerar; aguentar; sofrer; aturar. ★ *Haji o* ~ 恥を忍ぶ ~ a vergonha [*Haji o shinonde tanomu* 恥を忍んで頼む ~ a vergonha (Engolir o próprio orgulho) e ir pedir (e fazer um pedido)]. Ⓢ/同 Gáman suru (o); taéru (+). 2 [隠れる] Esconder-se; passar despercebido. ~ *Hitome o* ~ 人目を忍ぶ Evitar ser visto. ⇨ kakúréru. 3 [ひそかに通う] Ter encontros secretos. ★ *Yo-goto ni koibito no tokoro e* ~ 夜毎に恋人のところへ忍ぶ Ir ter com a/o amante todas as noites.

shinóbu[2] 偲ぶ 1 [なつかしい] Recordar; lembrar; evocar. *Kono monogatari wa furuki yoki jidai o shinobaseru* この物語は古き良き時代を偲ばせる Esta história [novela] evoca [faz-nos lembrar] os bons tempos de outrora. ★ *Kokyō o* ~ 故郷を偲ぶ ~ a terra natal. *Naki ko o* ~ 亡き子を偲ぶ ~ o filho falecido. ⇨ omóídásu; omóú. 2 [思われる] Imaginar; supor. ★ *Hon'nin no doryoku ga shinobareru* 本人の努力がしのばれる Podemos bem ~ o grande esforço「que ele terá feito para completar esta obra」.

-shínogi 凌ぎ O remedeio [remediar/dar um jeito/resolver]. ★ *Atsusa* ~ *ni* 暑さ凌ぎに Para evitar [não deixar vir] o calor. *Taikutsu* ~ *ni* 退屈凌ぎに Para matar [passar] o tempo. ◇ **Kyūba** ~ 急場凌ぎ Um remedeio (de [para uma] emergência).

shinógí[2] 鎬 A parte grossa da lâmina [As costas] da espada. Ⓘ/慣用 ~ *o kezuru* 鎬を削る Lutar encarniçadamente「com o exército inimigo」[com unhas e dentes「para conquistar a taça」].

shí-no-go-no 四の五の [G.] O resmungo (Lit. dizer o (número) cinco depois do quatro). ★ ~ *iwazu ni* 四の五の言わずに Sem resmungar.

shinógu 凌ぐ 1 [耐える] Suportar; aguentar. *Daibu samusa mo shinogi-yasuku natta* 大分寒さも凌ぎやすくなった O frio já está muito mais suportável. Ⓢ/同 Gáman suru (o); taéru (+). 2 [切り抜ける] Vencer; defender-se; ver-se livre「de」. ◇ *Ue o* ~ 飢えを凌ぐ「comer qualquer coisa para」Matar a fome. Ⓢ/同 Kirinúkéru. 3 [他にすぐれる] Exceder; ganhar [ser superior]「a」; superar; sobrepujar [todos os outros poetas]; ultrapassar. *Sono rōjin wa wakamono o* ~ *genki ga aru* その老人は若者を凌ぐ元気がある Esse velho, em energia, ganha a qualquer jovem. Ⓢ/同 Masáru.

shí-nō-kō-shō 士農工商 [H.] As quatro classes sociais do antigo Japão eram, por ordem de importância」Os guerreiros, os camponeses, os artesãos e os comerciantes.

shi-nókósu 為残す (< surú + …) a) Deixar 「o trabalho」a meio [por terminar]; b) Ter algo por [para] fazer. *Mada shinokoshita koto ga takusan aru* まだ為残した事がたくさんある Ainda tenho muita coisa para fazer.

shiń'on[1] 心音【Med.】O pulsar [bater] do coração. ⇨ shińpáku.

shiń'on[2] 唇音【Fon.】O som labial.

shínonimu シノニム (< Ing. < Gr. synónimos: que tem o mesmo nome) O sinó(ô)nimo. [S/周] Dógígo.

shińpa[1] 新派【あたらしい流派】A arte nova; a nova escola. [A/反] Kyúha. 2 [新派劇] O teatro novo (⇨ kabúkí). [S/周] Shińpágeki. ⇨ shińgékí[1].

shińpa[2] シンパ (Abrev. de "shinpasaizā") O/A simpatizante. ★ ~ *o atsumeru* シンパを集める Reunir simpatizantes (à causa).

shińpái 心配 1 [気がかり] A preocupação; a aflição; a ansiedade; a inquietação; o temor; o receio. ~ *go-muyō desu* 「*Go-* ~ *ni wa oyobimasen*」心配御無用です 「御心配には及びません」Não se preocupe/Não precisa de se preocupar/Não há motivo para preocupações. *Sazo go-* ~ *deshō* さぞ御心配でしょう Deve estar preocupado [Posso imaginar a sua preocupação]! ★ ~ *de tamaranai* 心配でたまらない Estar (mesmo) muito preocupado. 「*Kore de*」~ *ga nakunatta* 「これで」心配がなくなった Assim, acabou-se a preocupação [Pronto, não tenho 「me preocupo」mais]. ~ *no amari* 心配のあまり Com a (razão/O motivo) de preocupação. ~ *no tane* 心配の種 A causa [razão/O motivo] de preocupação. ~ *no tane dake ga watashi no* ~ *no tane desu* この事だけが私の心配の種です É isto a única causa do meu [da minha] ~]. ~ *o kakeru* 心配をかける Causar preocupação 「*Go-* ~ *o o-kake shite sumimasen* 御心配をおかけしてすみません Desculpe a preocupação (que lhe causei). ~ *suru* 心配する Preocupar-se; recear; sentir ansiedade [~] [~ *shidashitara kiri ga nai* 心配し出したらきりがない Se a gente começa a preocupar-se nunca acaba (O melhor é não se preocupar). ~ *shi-sugiru* 心配しすぎる Preocupar-se demais]. *Iranu* ~ いらぬ心配 Preocupações inúteis [desnecessárias]. ◇ ⇨ ~ **goto** [**shō**]. [S/周] Fuáń; kigákari; shińtsú. [A/反] Ańshíń. [配慮] O preocupar-se e fazer algo. *Chichi ga kane no* ~ *o shite kureta* 父が金の心配をしてくれた O meu pai deu-me o [resolveu-me o problema do dinheiro]. [S/周] Háiryo; kokóró-kúbari.

shińpái-gótó 心配事 (< … +kotó) A [O motivo de] preocupação; o problema; o aborrecimento; a coisa que preocupa. *Nani ka* ~ *de mo aru no desu ka* 何か心配事でもあるのですか Está com algum problema [Há alguma coisa que o preocupa]?

shińpái-shō 心配性 O preocupado; o aflito; o alma pequena.

shińpáku 心拍 [搏]【Med.】A pulsação (cardíaca). ◇ ~ **sū** 心拍数 O número de pulsações 「por minuto」. [S/周] Hakúdō; kodō.

shińpań[1] 審判 1 [事件や競技で] a) A arbitragem 「do jogo」; b)O julgamento; a sentença; o veredicto (⇨ hańkétsú). ★ ~ *o kudasau* 審判を下す Dar a sentença. ~ (*o*) *suru* 審判 (を) する a) Arbitrar; b) Julgar [*Shiai no* ~ *o suru* 試合の審判をする Arbitrar o jogo]. ◇ ~ **in** 審判員 O árbitro; o juiz. ◇ ~ **sha** 審判者 O juiz. 2 [キリスト教で] O juízo. *Saigo no* ~ 最後の審判 ~ final.

shińpań[2] 新版 1 [新刊] A publicação nova; o livro novo. [S/周] Shińkáń (+). [A/反] Kyúháń. 2 [改版] A edição nova. [S/周] Kaíháń. [A/反] Kyúháń.

shińpań[3] 侵犯 A invasão; a violação; a infra(c)ção 「do direito alheiro」. ◇ **Kokkyō** ~ 国境侵犯 A violação da fronteira de um país. ⇨ shińgáń[1]; shińryáku.

shińpei 新兵 O recruta; o recém-alistado; o conscrito. [S/周] Kosán-hei.

shińpen 身辺 As suas coisas pessoais; o que está perto [ao redor] de si. ★ ~ *ni kiken o kanjiru* 身辺に危険を感じる Sentir que está em perigo 「de vida」. ~ *no sewa o suru* 身辺の世話をする Tomar conta de si (de alguém). ~ *no seiri suru* 身辺を整理する Pôr [Deixar] em ordem as ~ 「antes de ir para a operação」. [S/周] Mi-nó-máwári.

shińpi[1] 神秘 O mistério 「de Deus」; o enigma. *Shizen no* ~ *o saguru* 自然の神秘を探る Explorar os ~ s da natureza. ⇨ **teki**.

shińpi[2] 真否【E.】A verdade ou a falsidade. ★ ~ *o tashikameru [tou]* 真否を確かめる [問う] Averiguar [Ver] se é verdade ou não. [S/周] Jíppi; shińfi (+).

shińpíń 新品 O artigo [produto] novo. ★ ~ *dōyō de aru* 新品同様である Ser como [É como se fosse] novo. [A/反] Chúkóhíń.

shińpí-téki 神秘的 Misterioso; 「conhecimento」 místico. ★ ~ *na kosui no iro* 神秘的な湖水の色 A cor misteriosa do lago. ⇨ shińpí[1].

shińpítsú 真筆 A escrita do próprio punho. *Kono tanzaku wa Bashō no* ~ *da* この短冊は芭蕉の真筆だ A poesia deste cartão é ~ de Bashō. [S/周] Jikíhítsú (+); shińséki.

shińpo 進歩 O progresso; o avanço; a evolução; a melhoria; o progresso. ★ ~ *ga hayai [osoi]* 進歩が速い [遅い] O progresso é muito/rápido [pouco/lento]. ~ *ga nai* 進歩がない Não progredir [haver progresso]. ~ *suru* 進歩する Progredir; avançar; melhorar; evoluir [*Nihon wa sono kuni yori mo nōgyō ga* ~ *shite iru* 日本はその国よりも農業が進歩している O Japão, na agricultura, está mais avançado do que esse país. *Ichidan to* ~ *suru* 一段と進歩する Progredir muito de repente [ainda mais]). ~ *teki na kangae* 進歩的な考え Uma ideia progressista [avançada]. *Chōsoku no* ~ *o togeru* 長足の進歩を遂げる Progredir a passos largos. *Kagaku no* ~ 科学の進歩 O progresso [Os avanços/A evolução] da ciência. ◇ ~ **ha** 進歩派 O progressista; a fa(c)ção progressista. ◇ ~ **shugi** 進歩主義 O progressismo. [S/周] Hattátsú; hattén; kōjō; shińká. [A/反] Táiho.

shiń-pó[1] 親葡 Pró-português.

shińpo 信奉 A fé 「em Cristo/no marxismo」. ★ ~ *suru* 信奉する Crer; acreditar. ◇ ~ **sha** 信奉者 O crente; o devoto [seguidor]. [S/周] Shińkō[2].

shińpójiumu シンポジウム (< Gr. sympósion: banquete) O simpósio [colóquio] 「de história」.

shińpoń 新本 1 ⇨ shińkáń[1]. 2 [人手で汚れていない新しい本] O livro novo [novinho (em folha)]. [A/反] Furú-hoń.

shińpu[1] 新婦 A noiva; a nubente. ◇ **Shińrō** ~ 新郎新婦 Os noivos. [S/周] Hanáyome (+). [A/反] Shińrō[1].

shińpu[2] 神父 O padre; o sacerdote (católico). ⇨ bókushi; shisáŕ[2].

shínpu³ 新譜 **1** [新しい曲譜] A nova música [partitura]. **2** [新しく売り出したレコード] O disco recém-lançado.

shínpú 新風 O sangue novo; uma nova vida. ★ *Bundan ni ~ o fukikomu* 文壇に新風を吹き込む Soprar [Trazer] nova vida ao mundo da literatura.

shínpúkú¹ 心服 A admiração verdadeira; o admirar e seguir「um mestre」. ★ *Buka o ~ saseru* 部下を心服させる Fazer com que os subordinados lhe obedeçam com gosto. S/同 Kañpúkú.

shínpúkú² 振幅 [Fís.] A amplitude da oscilação. ★ *Furiko no ~* 振り子の振幅 ~ do pêndulo. ◇ **~ henchō** 振幅変調【Ele(c)tri.】A modulação da amplitude (AM).

shínpúkú³ 震幅 A amplitude da vibração「do terre」a」moto」.

shínpyó-séi 信憑性【E.】A credibilidade. ★ *~ ni kakeru* 信憑性に欠ける Não ter credibilidade.

shínra-banshō 森羅万象【E.】Todas as coisas do universo [da natureza].

shínrai 信頼 A confiança. ★ *~ dekiru [sei no aru]* 信頼できる[性のある] Merecer confiança. *~ ni kotaeru* 信頼にこたえる Corresponder à「de outrem」. *~ o uragiru* 信頼を裏切る Trair a「nele depositada」. *~ subeki suji (no jōhō) ni yoreba* 信頼すべき筋 (の情報) によれば Segundo informação segura [digna de confiança]. ◇ **~ kankei** 信頼関係 Uma relação de ~ (mútua). S/同 Shiñ'yō.

shínrátsú 辛辣 O ser mordaz [cáustico/acerbo]. ★ *~ na hihyō* 辛辣な批評 Uma crítica ~ [contundente]. S/同 Tsúrétsú.

shínrei 心霊 [心霊に関する] a psique. ◇ **~ genshō** 心霊現象 O fenó[ô]meno oculto [parapsicológico]. **~ jutsu** 心霊術 O espirit(ual)ismo. S/同 Réikon (+); támashii (+). ⇨ **shínri**¹.

shínréki 新暦 O calendário solar [gregoriano] (É "novo" em relação ao lunar). ★ *~ de* 新暦で Pelo ~. S/同 Taíyōreki. ⇨ Kyúréki.

shínri¹ 心理 (⇨ séishin¹) A mentalidade; o estado mental; a psicologia. ★ *~ teki na* 心理的な Psicológico; mental. *~ teki ni maitte iru* 心理的に参っている Estar psicologicamente abalado. ◇ *~ byōsha* 心理描写 A descrição psicológica [do cará(c)ter]. ⇨ **~ gaku**. **~ jōtai** 心理状態 O estado psíquico [psíquico]. **~ sensō** 心理戦争 A guerra psicológica. **~ shōsetsu** 心理小説 O romance psicológico. **Gunshū ~** 群集心理 A psicologia das massas [da multidão].

shínri² 真理 A verdade. *Kimi no iu koto ni mo ichimen no ~ ga aru* 君の言う事にも一面の真理がある Há uma certa ~ no que você diz. ★ *~ no tankyū* 真理の探求 A busca do ~.

shínri³ 審理 O julgamento. ★ *~ chū de aru* 審理中である「o caso/crime」Estar em ~.

shínri-gaku 心理学 (⇨ shínri¹) A psicologia; a ciência da mente [da psique]. ★ *~ teki [jō no]* 心理学的[上の] Psicológico; ~. ◇ **~ sha** 心理学者 O psicólogo. **Hanzai [Jidō; Kyōiku; Sangyō] ~** 犯罪 [児童; 教育; 産業] 心理学 A psicologia criminal [infantil; da educação; da indústria].

shínrin 森林 A floresta; a mata; a selva. ★ *~ no bassai [hogo]* 森林の伐採[保護] A destruição [conservação] da floresta. ◇ **~ chihō [chítai]** 森林地方[地帯] A região [zona] florestal. **~ gaku** 森林学 A silvicultura; a dendrologia. **~ kōen** 森林公園 O parque florestal. S/同 Juríñ. ⇨ shokúbutsu.

shínro¹ 針路 O rumo; a rota; o curso. ★ *~ kara soreru* 針路から逸れる Desviar-se da rota. *~ o sadameru* 針路を定める Fixar/Marcar ~. S/同 Kōsu.

shínro² 進路 **1** [これから通る道] O caminho; o rumo; o curso. ★ *~ o samatageru [fusagu]* 進路を妨げる[塞ぐ] Impedir [Obstruir] o caminho. *Taifū no ~ ni atatte iru* 台風の進路にあたっている Estar [Ficar] no ~ do tufão. A/反 Táiro. ⇨ káiro². **2** [将来] O futuro; a carreira; a vida. *Sotsugyō-go no ~ o kimeru* 卒業後の進路を決める Decidir o caminho [~] a seguir após a [depois da] formatura. ◇ **~ shidō** 進路指導 A orientação profissional (dos jovens).

shínro³ 新郎 O noivo; o nubente. ◇ **~ shinpu** 新郎新婦 Os noivos. S/同 Hanámuko (+). A/反 Shínpu¹. ⇨ koñ'yákú.

shínrō² 心労 O sofrimento「com a doença do filho」; o desgosto; a preocupação; a ansiedade. ★ *~ ga tataru* 心労がたたる ~ fazer-se sentir「e cair doente」. S/同 Kigúrō.

shínrui 親類 O parente. ★ *Chichi [Haha] kata no ~* 父[母]方の親類 O parente [materno/pelo lado da mãe]. *Chikai [Tōi] ~* 近い[遠い] 親類 ~ próximo [afastado]. P⊂TB Tōku no ~ yori chikaku no tanin 遠くの親類より近くの他人 Um estranho perto vale mais que um ~ longe. ◇ **~ enja** 親類縁者 A parentela; os parentes. ⇨ **~ zukiai**. S/同 Shínzoku.

shínrúi-zúkiai 親類付き合い (< ... + tsuki-ái) **1** [親類間の交際] As relações de família [entre os parentes]. **2** [親類同然の交際] O trato com família. *Kare no ie to wa ~ o shite iru* 彼の家とは親類付き合いをしている Nós, (no trato) com eles, é como (se fôssemos) família.

shínryáku 侵略 A invasão; a ocupação à [pela] força; a usurpação. ★「*Teki no*」*o ukeru*「敵の」侵略を受ける Ser invadido (pelo inimigo). ◇ **~ kōi** 侵略行為 Uma ~. **~ koku** 侵略国 O país invasor. **~ sensō** 侵略戦争 A guerra de invasão. **~ sha** 侵略者 O invasor. *Keizai-teki ~* 経済的侵略 A invasão econó(c)ômica.

shínryō 診療 A consulta médica (e tratamento). ★ *~ suru* 診療する **a)** Fazer [Ir a] uma consulta; **b)** Examinar o paciente [Dar uma ~] (⇨ shindōkōsu). ◇ **~ jo [sho]** 診療所 O consultório médico; a clínica. ⇨ chiryō; shínsátsu.

shínryókú 新緑 O verde tenro (da folhagem na primavera). ★ *~ no kō* 新緑の候 A estação [O período] da rebentação das folhas. ⇨ wákaba.

shínsa 審査 O exame; o escrutínio「das obras a serem expostas/premiadas」; a inspe(c)ção. ★ *~ ni ataru* 審査に当たる Tomar parte no ~. *~ ni tōru [gōkaku suru]* 審査に通る[合格する] Passar no/a ~; ser escolhido. *~ suru* 審査する Examinar; fazer o/a ~. ◇ **~ in** 審査員 O membro do júri. **~ kai** 審査会 O júri. **Kokumin ~** 国民審査 O referendo (popular). **Shikaku ~** 資格審査 O exame de habilitação (qualificação). ⇨ káñsa; ŕeíshutsu.

shínsái 震災 O desastre [causado por um] terre[a]moto. ★ *~ ni au* 震災に遭う Ser vítima dum ~. ◇ **Hanshin-Awaji dai ~** 阪神淡路大震災 O grande [catastrófico] terremoto de Hanshin-Awaji.

shínsákú 新作 A nova obra「literária」[compo-

shinsán 辛酸【E.】As tribulações; os sofrimentos; os trabalhos. ★ ~ *o nameru* 辛酸をなめる Passar muitas/os ~. S/周 Kúró (+). ⇨ shínku[1].

shínsátsú 診察 A consulta médica; o exame médico. ~ *suru* 診察する Dar consultas; examinar「o paciente」. ◇ ~ **bi** 診察日 O dia de consulta. ~ **ryō** 診察料 O preço da ~. ~ **shitsu** 診察室 O consultório (médico). ⇨ shíńryō.

shínséi[1] 申請 A requisição; o requerimento; a petição. ~ *o juri [kyakka] suru* 申請を受理[却下]する Aceitar [Rejeitar] a ~. ~ *suru* 申請する Requerer; fazer um/a ~. ◇ ~ **sho** 申請書 Um requerimento (escrito). ⇨ seígáń[1]; shutsúgáń.

shínséi[2] 神聖 A santidade (de Deus); a divindade. ★ ~ *na* 神聖な Sagrado; santo; divino; sacro. ~ **dōmei** 神聖同盟 A Santa Aliança (H.). ~ **Rōma teikoku** 神聖ローマ帝国 O Sacro Império Romano Germânico (962-1806).

shínséi[3] 新星 1 [恒星の爆発]【Astr.】A (estrela) nova. 2 [スター] O novo astro; a nova estrela. ★ *Gorufu-kai no* ~ ゴルフ界の新星 ~ do mundo do golfe. ⇨ sutā.

shínséi[4] 新制 O novo sistema (escolar, depois de 1948, no J.). ◇ ~ **daigaku** 新制大学 A universidade já com o ~ (O a(c)tual). A/反 Kyūséi.

shínséi[5] 真性【Med.】A genuinidade; a verdade. ◇ ~ **korera** 真性コレラ A cólera-morbo (Verdadeira cólera). A/反 Kaséi.

shínséi[6] 新生 1 [新しく生まれること] Um nascimento; uma nova vida. ◇ ~ **ji**. 2 [生まれかわること] A vida nova. ★ *Kako no seisan shite* ~ *suru* 過去を清算して新生する Deixar [Esquecer] o passado e começar uma ~.

shínséi-dai 新生代【Geol.】A Era Cenozóica (A(c)tual, da Terra).

shínséigan 深成岩【Geol.】A rocha plutó[ô]nica.

shín-séihin 新製品 O novo artigo [produto].

shínséi-ji 新生児 O recém-nascido. ⇨ shíńséi[6].

shín-séikatsu 新生活 A vida nova.

shín-séimen 新生面 O novo campo [horizonte]. ★ ~ *o (kiri) hiraku* 新生面を(切り)開く Abrir um ~「do saber/à pintura」.

shín-sékai 新世界【H.】O Novo Mundo.

shínséki 親戚 O parente. S/周 Miúchí; shińrúí (+).

shín-sékki 新石器【Pal.】A pedra polida. ◇ ~ **jidai** 新石器時代 A Era Neolítica; a Idade da ~; o (Período) Neolítico. A/反 Kyū-sékki.

shínséń[1] 新鮮 O frescor; a frescura; a novidade「da ideia」. ★ ~ *na inshō o ataeru* 新鮮な印象を与える Dar uma sensação de ~. ~ *na yasai* 新鮮な野菜 A verdura fresca. ~ *sa* 新鮮さ ~. S/周 Seísén; seíshíń.

shínséń[2] 新撰[選]【A.】A nova escolha [compilação/eleição/sele(c)ção]. ◇ ~ **porutogarugo dokuhon** 新撰ポルトガル語読本 A nova compilação de livros de texto portugueses.

shinsesáízá シンセサイザー (< Ing. synthesizer < Gr.) O sintetizador (de som).

shínsetsu 親[深]切【A.】A bondade; a amabilidade; a afabilidade; a gentileza; a cortesia; a delicadeza. *Iroiro go-* ~ *ni shite itadaite arigatō gozaimasu* いろいろ御親切にしていただいてありがとうございます Muito obrigado por todas as (suas) gentilezas. ★ ~ *gokashi ni* 親切ごかしに Sob o pretexto [a máscara] de ~. ~ *na* 親切な Gentil; amável; bondoso; afável; cortês. ~ *ni amaeru* 親切に甘える Aceitar a gentileza. ~ *ni suru* 親切にする Tratar com gentileza. ~ *sō na hito* 親切そうな人 Uma pessoa com ar bondoso. ◇ ~ **gi** [**shin**] 親切気[心] A boa vontade; o coração bondoso. **Fu-** ~ 不親切 A falta de ~; a indelicadeza. S/周 Kónsetsu. **b)** A clareza「com que está feito o dicionário」.

shínsétsú[2] 新設 O fazer [construir] uma coisa nova. ◇ ~ **gakubu** 新設学部 A nova [recém-fundada] faculdade.

shínsétsú[3] 新雪 A neve recém-caída.

shínsétsú[4] 新説 A teoria nova; a nova opinião. ★ ~ *o tateru* 新説を立てる Propor uma nova teoria. A/反 Kyūsétsu.

shínshá 新車 O carro novo. ⇨ Chúkó-sha.

shinshaku 斟酌 1 [手加減] O ter em conta「a inexperiência do funcionário」; o dar um desconto. S/周 Shakúryō (+); tekágen (o). 2 [遠慮] A compreensão; o ter pena. S/周 Eńryó (+).

shinshi[1] 紳士 1 [上品で礼儀正しい男性] O cavalheiro; o homem honrado e de boa educação; o gentil-homem. *Sore wa* ~ *ni arumajiki kōi da* それは紳士にあるまじき行為だ Isso é (um a(c)to) indigno de um cavalheiro. ~ *buru* 紳士ぶる Fazer-se cavalheiro. ~ *teki na* 紳士的な Cavalheiresco; bem educado; digno. ◇ ~ **kyōtei** 紳士協定 O acordo de cavalheiros. ~ **roku** 紳士録「Quem é quem」 (Livro). 2 [男性の敬称] O cavalheiro; o homem. ~ *yō no* ~ *yō no* 紳士用の[calçado ~] Para cavalheiros. ◇ ~ **fuku** 紳士服 Roupa para cavalheiros. S/周 Tonógátá; dańséi.

shinshi[2] 真摯【E.】A sinceridade. ★ ~ *na taido* 真摯な態度 A atitude sincera. S/周 Majíme (+).

shínshíkí[1] 新式 O novo tipo [estilo; sistema; método「de ensino」]. A/反 Kyūshíkí. ⇨ shíń-gátá.

shínshíkí[2] 神式 O ritual x[sh]intoísta. ⇨ busshíkí.

shínshin[1] 心身・身心【E.】O corpo e o espírito [a alma/o mente]. ★ ~ *o kitaeru* 心身を鍛える Retemperar/Robustecer o ~. ~ *tomo ni tsukarete iru* ~ 心身共に疲れている Estar cansado física e mentalmente. ◇ ~ **shō** 心身症 A doença (desordem) psicossomática. ~ **shōgai-sha** 心身障害者 O deficiente físico e mental. ⇨ karádá; kokóro.

shínshin[2] 心神 A mente; o espírito. ◇ ~ **sōshitsu** 心神喪失 A alienação mental; a demência. ~ **kōjaku** 心神耗弱 A deficiência [O atraso] mental; a oligofrenia. S/周 Kokóro (o); seíshin (+).

shínshin[3] 新進 A ascensão. ◇ ~ *kiei no sakka* 新進気鋭の作家 Um fogoso escritor em ~.

shínshíń[4] 津津【E.】Muito; extremamente. ★ *Kyōmi* ~ *de aru* 興味津々である Estar ~ interessado.

shínshin-tó 深深と【'a neve cai'】Silenciosa mas fortemente. *Yo ga* ~ *to fuke-wataru* 夜が深々と更けわたる A noite cai rápida e silenciosa(mente).

shínshítsú[1] 寝室 O quarto (de dormir).

shínshítsú[2] 心室【Anat.】O ventrículo「direito」 (do coração). ⇨ shíńbó[4].

shínsho[1] 信書【E.】A correspondência; a carta. ★ ~ *no himitsu* 信書の秘密 A inviolabilidade [O sigilo] da correspondência. S/周 Shojó (+); shokáń (+); tegámí (o).

shínsho[2] 親書【E.】A carta autógrafa.

shínsho[3] 新書 1 [新刊書] Livros novos [recémreeditados]. **2** [双書] [shinhsó] O livro em brochura (e formato pequeno). ◇ **~ ban** 新書版 A edição (de livro) de bolso (17 × 11cm).

shinshō[1] 心証 **1** [印象] A impressão; a ideia. ★ **~ o gai** [waruku] **suru** 心証を害[悪く]する「o encontro」Piorar a ~ 「que se tinha de alguém」. S/同 Ínshō (+). **2** [裁判官の確信] A convicção [certeza] do juiz/tribunal.

shinshō[2] 身上 A fortuna; os bens. ★ **~ o tsubusu** 身上を潰す Esbanjar [Dar cabo de] toda a ~. S/同 Shíndai (+); záisan (o).

shinshō[3] 辛勝 A vitória difícil [custosa/suada]. A/反 Sekíháí.

shinshō[4] 心象 A imagem「que eu tenho da África」. ◇ **~ fūkei** 心象風景 A paisagem imaginada.

shinshō-bódái 針小棒大 【E.】O exagerar; o fazer de um alfinete um espeto. ★ **~ ni iu** 針小棒大に言う Ser um exagerado. ⇨ kochō.

shinshō-hitsúbátsú 信賞必罰 【E.】O premiar o bem e castigar o mal. ★ **~ o jikkō suru** 信賞必罰を実行する Ser justo「com os sú(b)ditos」.

shinshoku[1] 寝食 O dormir e comer; a comida e a dormida. ★ **~ o tomo ni suru** 寝食を共にする Morar juntos [sob o mesmo te(c)to]. **~ o wasurete chūya benkyō ni hagemu** 寝食を忘れて昼夜勉強に励む Estudar, estudar, estudar até se esquecer de comer e de dormir.

shinshóku[2] 浸食[蝕] A erosão「do vento/da chuva」; a corrosão [oxidação]「do metal」. ◇ **~ sayō** 浸食作用 A a(c)ção erosiva「do mar/ar」.

shinshoku[3] 神職 ⇨ kánnushi (o); shínkán (+).

shinshō-sha [óo] 身障者 (Abrev. de "shintáíshōgaisha") O deficiente físico.

shinshú 新種 A variedade [espécie] nova「de uvas」.

shinshu[2] 進取 O ser inovador [empreendedor]. ★ **~ no kishō ni tonda hito** 進取の気性に富んだ人 Ter o espírito muito empreendor. A/反 Taléí.

Shinshū 真宗 【Bud.】A seita Shinshū. ⇨ ⇨ Jōdō **~**.

shinshúkú 伸縮 A elasticidade; a expansão e a contra(c)ção. ◇ **~ jizai** 伸縮自在 O「material」ter elasticidade. S/同 Nobí-chíjímí.

shinshún 新春 【E.】O Ano Novo. S/同 Hatsuhárú; shínnen (+); shōgátsú (o).

shinshútsú[1] 進出 A expansão; o avanço; a entrada. ★ **~ suru** 進出する Expandir-se [Josei ga shakai ni ~ shi-tsutsu aru 女性が社会に進出しつつある As mulheres estão conquistando um espaço cada vez maior na sociedade. Kesshōsen ni ~ shita chūmu 決勝戦に進出したチーム A equipa que avançou até à etapa final].

shinshútsú[2] 侵[滲]出 A exsudação「do eczema」; a exosmose. ★ **~ suru** 滲出する Exsudar. ◇ **~ eki** 浸出液 O exsudato [.].

shinshútsú-kibótsú 神出鬼没 O ser「esquivo/imprevisível」como uma aparição.

shinsō[1] 真相 A verdade; os fa(c)tos. ★ **Jiken no ~ o kyūmei suru** 事件の真相を究明する Averiguar a ~ do caso. S/同 Jitsújō; jittái.

shinsō[2] 新装 [粧] A redecoração「da vitrina da loja」; um novo arranjo「da sala」. ◇ **~ kaiten** 新装開店 A inauguração da loja reformada [com nova cara]. ⇨ kaísō[3].

shinsō[3] 深窓 【E.】A janela [O aposento] do fundo (numa casa grande e rica). ★ **~ no reijō** 深窓の令嬢 Uma jovem educada com todo o mimo e resguardo.

shinsō[4] 深層 A profundidade「da consciência」; o fundo; o âmago. ◇ **~ kōzō** 深層構造 A estrutura fundamental「da frase」. **~ shinrigaku** 深層心理学 A psicologia do subconsciente. A/反 Hyōsō.

shinsoko 心底 **1**「心の奥底」O fundo do coração. ★ **~ kara kansha suru** 心底から感謝する Agradecer do ~. S/同 Shín'ō; shíntei. **2** [しんから] A sério; mesmo; verdadeiramente. ★ **~ kare ni horete iru** 心底彼に惚れている Estar mesmo apaixonada por ele.

shinsótsú 新卒 O ser recém-formado. ◇ **~ sha** 新卒者 O recém-formado.

shinsúí[1] 浸水 A inundação. Taifū de yuka-ue [-shita] **~ wa sanbyaku-ko ijō ni oyonda** 台風で床上[下] 浸水は300戸以上に及んだ O número de casas inundadas até por cima [baixo] do soalho, com o tufão subiu [chegou] a trezentas. ★ **~ suru** 浸水する Ficar inundado [debaixo d'água]. ◇ **~ kaoku** 浸水家屋 A casa inundada. S/同 Kansúí.

shinsúí[2] 進水 O lançamento do navio (à água). ◇ **~ shiki** 進水式 A cerimó[ô]nia do ~.

shinsúí[3] 心酔 【E.】A admiração; a adoração; a paixão; a loucura; o entusiasmo. ★ **~ suru** 心酔する Ter uma grande ~「pela história de P.」; ser um entusiasta [admirador]「de Portinari」; adorar. ~ keítō[2]; netsú-áí.

shintai[1] 身体 O corpo (humano). ★ **~ no hatsuiku** 身体の発育 O desenvolvimento físico. ◇ **~ kensa** 身体検査 **a)** O exame médico; **b)** A revista「no aeroporto」. **~ shōgaisha** 身体障害者 O deficiente físico. S/同 Gótai; jíntai; karádá (+); nikútáí.

shintai[2] 進退 **1** [前に進むことと後へ下がること] O movimento; o ir para a frente e para trás; o avanço e o recuo. Ekimae wa konzatsu de **~ no jiyū ga kikanakatta** 駅前は混雑で進退の自由がきかなかった Havia tantos carros [tanta gente] perto da estação que não se podia ir para a frente nem para trás. ★ **~ kiwamaru** 進退きわまる Ficar num grande dilema; ficar entre a espada e a parede. **2** [立ち居振る舞い] O comportamento; a atitude; o procedimento; a conduta. ★ Kyoso **~** 挙措進退 A maneira de agir [de se portar]; o comportamento. S/同 Tachífúrúmai (+). **3** [職務の去就] A renúncia (demissão] ou a permanência「no cargo」; a sorte. **~ ukagai** 進退伺い O perguntar「ao presidente」se deve ou não demitir-se. S/同 Kyoshū.

shin-táiriku 新大陸 O novo continente/mundo. S/同 Shín-sékai. A/反 Kyū-táiriku.

shin-táisei 新体制 O novo sistema「político/econó(ô)mico」. A/反 Kyū-táisei.

shintáí-shi 新体詩 O「verso livre」novo estilo de poesia. A/反 Kañshí.

shin-tákáne 新高値 【Econ.】A nova alta na bolsa (de valores). ★ **Kotoshi hatsu no ~ o kiroku suru** 今年初の新高値を記録する Regist(r)ar a primeira grande alta do ano. A/反 Shín-yásúne.

shintákú[1] 信託 O dinheiro a [como] crédito. ◇ **~ gaisha** 信託会社 A companhia fiduciária [de crédito]. **~ sha** 信託者 O fiador. **~ tōchiryō** 信託統治領 O território sob curadoria (H.). **~ zaisan** 信託財産 A hipoteca. **Kashitsuke ~** 貸付信託 O penhor.

Kinsen ～ 金銭信託 O empréstimo. **Tōshi ～** 投資信託 O investimento a [com] crédito.

shińtákú[2] 神託 O oráculo; a mensagem divina. [S/同] O-tsúgé (+); takúséń.

shińtáń[1] 薪炭 A lenha e o carvão「para combustível」. ⇨ neńryṓ.

shińtáń[2] 心胆【E.】O coração; o sangue; a alma. ★ ～ *o samukarashimeru* 心胆を寒からしめる Deixar o adversário (com o coração) gelado de medo.

shińté 新手 Um novo truque; outra habilidade. ★ ～ *no sagi* 新手の詐欺 Uma nova intrujice [maneira de enganar]. [S/同] Aráté.

shińtéí[1] 進呈 O「autor」oferecer「um livro」; a oferta. ★ *Kyaku ni soshina o ～ suru* 客に粗品を進呈する Dar [Oferecer] um artigo [pequeno presente] aos clientes. [S/同] Keńjṓ; zṓtéí.

shińtéí[2] 心底 O (fundo do) coração; a verdadeira intenção. ★ ～ *o uchiakeru* 心底を打ち明ける Dizer o que realmente pensa; falar sem segredos.

shińtéí[3] 新訂 A revisão. ◇ **～ ban** 新訂版 A edição revista (e melhorada)「do dicionário」.

shiń-tékí 心的 Mental; psicológico. ◇ **～ keikō** 心的傾向「ter」Uma tendência (～)「para criticar tudo」. [A/反] Buttékí.

shińtéń[1] 進展 A evolução; o crescimento [aumento]「dos negócios」; o desenvolvimento; o progresso「lento das negociações」; o avanço; o desenrolar. ★ ～ *suru* 進展する Expandir-se; crescer; desenvolver-se; progredir; avançar; evoluir [*Jiken wa omowanu hōkō e ～ shita* 事件は思わぬ方向へ進展した O caso [incidente] teve um desenrolar inesperado]. ⇨ hattéń; shínpo[1]; teńkáí[1].

shińtéń[2] 親展 Confidencial; pessoal. ◇ **～ sho** 親展書 A carta ～. [S/同] Jikíhí.

shiń-ténchi 新天地 Um novo mundo [campo]. ★ ～ *o kirihiraku* [*kaitaku suru*] 新天地を切り開く[開拓する] Explorar um ～「de a(c)tividade」.

shínto[1] 信徒 O seguidor; o adepto; o [a] crente; o devoto; o discípulo; o fiel. [S/同] Shínja (+).

shińtó[2] しんと【On.】Em [Num] silêncio total/profundo/de morte. ★ ～ *shizumarikaette iru* しんと静まりかえっている Reinar um profundo silêncio「na sala」.

shińtṓ[1] 浸透 A penetração「nos mercados estrangeiros/do pacifismo」; a impregnação; a infiltração「da água na terra」. ★ ～ *suru* 浸透する Penetrar; infiltrar-se; impregnar [*Yūgai busshitsu ga dojō ni ～ shita* 有害物質が土壌に浸透した O material tóxico [venenoso] infiltrou-se no solo]. *Shin-shisō no ～* 新思想の浸透 A penetração de novas ideias. ◇ **～ atsu** 浸透圧 A pressão osmótica.

shíntō[2] 神道 O x[sh]intoísmo「estatal」.

shińtṓ[3] 親等 O grau [A relação] de parentesco [consanguinidade]. *San- ～ nai no shinzoku* 三親等内の親族 Os parentes até ao [dentro do] terceiro grau.

shińtṓ[4] 心頭【E.】A mente; o espírito; o coração. ★ *Ikari ～ ni hassuru* 怒り心頭に発する Inflamar-se [Ficar cheio] de raiva; perder completamente as estribeiras (G.). [Pことわざ] ～ *mekkyaku sureba hi mo mata suzushi* 心頭滅却すれば火もまた涼し Se ignorares [limpares] a mente completamente, até o fogo será fresco.
[S/同] Kokóro (o); neńtṓ (+); shínchū (+).

shińtsū́ 心痛 A angústia; a agonia; a preocupação; o tormento. ★ ～ *no amari byōki ni naru* 心痛のあまり病気になる Adoecer de [por causa da] preocupação. [S/同] Shińpáí (+); shińrṓ[2].

shinú 死ぬ **1** [息が絶える] Morrer; falecer. *Anata no go-on wa shinde mo wasuremasen* あなたの御恩は死んでも忘れません Não esquecerei jamais o favor que me fez [Ficar-lhe-ei eternamente grato]. *Haha ga shinde go-nen ni naru* 母が死んで5年になる Há [Faz] 5 anos que a minha mãe faleceu [morreu]. *Samukute shini-sō da* 寒くて死にそうだ Estou a morrer de frio. ★ ～ *hodo horeru* [*kogareru*] 死ぬほど惚れる[焦がれる] Apaixonar-se loucamente; morrer de amores「por alguém」. ～ *ka ikiru ka no setogiwa ni iru* 死ぬか生きるかの瀬戸際にいる Estar numa situação de vida ou de morte. ～ *kakugo de* 死ぬ覚悟で「enfrentar a situação」Disposto a morrer [a tudo]. *Shinde mo shini-kirenai* 死んでも死にきれない Não poder morrer em paz. *Byōki* [*Jiko*; *Karō*] *de ～* 病気[事故; 過労]で死ぬ Morrer de doença [desastre; demasiado trabalho]. *Pokkuri ～* ぽっくり死ぬ Morrer repentinamente [de prepente]. [Pことわざ] *Shinda ko no toshi* [*Shiji no yowai*] *o kazoeru* 死んだ子の年[死児の齢]を数える Perder tempo com lamúrias inúteis/Viver agarrado ao passado. *Shinde hanami ga saku mono ka* 死んで花実が咲くものか Enquanto se está vivo é que é gozar [E para que serve「o dinheiro」depois de morto?] (Lit. planta morta não dá flor nem fruto). [S/同] Íki-taéru; nakúnárú. [A/反] Umárérú.
2 [活動的でない; 精気がない] Ficar sem forças. ★ *Me ga shinde iru* 目が死んでいる Ter os olhos mortiços. **3** [活用・利用されない] Não ter utilidade; perder. *Sono iro no kabe ni kakete wa sekkaku no e mo shinde shimau* その色の壁にかけては折角の絵も死んでしまう Esse quadro, numa parede dessa cor, perde imenso. **4** [勢いがない; 価値がない] Não ter força [vida/vigor]. *Kono ji wa shinde iru* この字は死んでいる A escrita [caligrafia] sem vigor. [A/反] Ikíru. **5** [囲碁で] Morrer [Perder]「uma pedra no jogo de gô」.

shín'uchi 心[真]打 **a**) O a(c)tor principal [mais importante/famoso]; **b**) A [O a(c)tor da] mais alta categoria do "rakugo". ⇨ futátsú-mé; zeńzá.

shińwá[1] 神話 **1** [神々の物語] A mitologia; o mito. ◇ **～ jidai** 神話時代 A idade mitológia. **Girisha** [**Rōma**] **～** ギリシャ[ローマ]神話 A ～ grega [romana]. ⇨ gū́wá. **2** [固定観念] Uma ideia fixa [falsa]; um mito. ◇ **Fuhai ～** 不敗神話 O mito da invencibilidade「de equipa/e」.

shińwá[2] 親和 **1** [⇨ shińbókú]. **2** [なじむこと]【Quím.】A afinidade. ◇ **～ ryoku** [**sei**] 親和力[性] ～「do carvão pelo oxigé[ê]nio」.

shín'ya 深夜 As altas horas da noite; o meio da noite. ◇ **～ eigyō** 深夜営業 O funcionamento「do bar」até altas horas [até tarde]. **～ hōsō** [**bangumi**] 深夜放送[番組] A transmissão [O programa] no(c)turna/o. **～ ryōkin** 深夜料金 O preço [A taxa] no(c)turno/a「dos táxis」.
[S/同] Mayónaka; shińkṓ[8]; yofúké.

shín'yaku[1] 新薬 O novo remédio. ⇨ shṓyákú[1].

shiń'yákú[2] 新訳 A nova versão [tradução].

shiń'yákú-séisho 新約聖書 O Novo Testamento (da Bíblia). [A/反] Kyū́yákú-séisho.

shiń-yásúne 新安値【Econ.】A nova baixa na bolsa (de valores). [A/反] Shiń-tákáne.

shinyṓ 屎尿 Os deje(c)tos humanos; os excrementos e a urina. ◇ **～ shori** 屎尿処理 O tratamento [A limpeza] dos ～. [S/同] Obútsú (+).

shiń'yṓ 信用 **1** [確かだと信じて疑わないこと] A confiança; a fé; a credibilidade「da loja/do produto」. *Kare wa dare ni mo ～ ga aru* 彼は誰にも信用がある Ele tem a confiança de toda a gente. ★ *～ ni kakawaru* 信用にかかわる Afe(c)tar a [Ser uma questão de] ～. *～ no dekiru* [*okeru*] 信用のできる[おける] (Ser) digno de confiança. *～ o eru* 信用を得る Ganhar a confiança (dos outros). *～ o ushinau* [*otosu*] 信用を失う[落とす] Perder a credibilidade. *～ suru* 信用する Confiar [Acreditar/Crer]「em」; dar crédito [*Kare no kotoba o ～ shite* 彼の言葉を信用して Acreditando na palavra dele]. ◇ **～ chōsa** 信用調査 A investigação de ～ (Para financiamento). [S/同] Shińrái; shińníń. **2** [クレジット]【Econ.】 O crédito. ◇ **～ gashi** 信用貸し O empréstimo a crédito. **～ hanbai** 信用販売 A venda a crédito. **～ kinko** 信用金庫 A sociedade de ～. **～ kumiai** 信用組合 A cooperativa de ～. **～ tegata** 信用手形 A letra [nota] de ～. **～ torihiki** 信用取引 A transa(c)ção a crédito. **Chō** [**Chū; Tan**] **ki ～** 長 [中; 短] 期信用 ～ a longo [médio; curto] prazo.

shiń'yṓ-ju [**óo**] 針葉樹【Bot.】As coníferas (Como o pinheiro); árvores de folhas aciculadas [aciculares]. [A/反] Kṓyṓju.

shiń'yū́ 親友 O amigo íntimo. ★ *Muni no ～* 無二の親友 O maior amigo. ⇨ tomódáchí.

shińzáń 新参 O novato; o「empregado」recém-chegado. ◇ **～ mono** 新参者 O novato; o calouro; o recruta (G.). [S/同] Shińgáó (+); shiń-írí (+); shiń-jíń (+). [A/反] Kosáń.

shínzan-yūkoku 深山幽谷 As altas montanhas e os vales profundos.

shińzéń[1] 親善 A amizade; a boa vontade; as relações amistosas [amigáveis]. ★ *Kokusai ～ ni kiyo suru* 国際親善に寄与する Contribuir para as boas relações internacionais. ◇ **～ shisetsu** 親善使節 A missão [delegação] amistosa. **～ jiai** 親善試合 O desafio amistoso; a partida de amizade. [S/同] Końshíń; shińbókú; yū́kṓ (+).

shińzéń[2] 神前 O altar x[sh]intoísta. ◇ **～ kekkon** 神前結婚 O casamento shintoísta.

shiń-zeń-bi 真善美 O verdadeiro, o bom e o belo (São os três atributos do ser ou as três qualidades de todas as coisas que existem).

shińzṓ[1] 心臓 **1** [肉体の]【Anat.】O coração. ★ *～ ga warui* [*jōbu de aru*] 心臓が悪い [じょうぶである] Ter um ～ fraco [forte]. ◇ **～ benmakushō** 心臓弁膜症 A afe(c)ção da válvula cardíaca. **～ byō** 心臓病 A doença cardíaca. **～ gekai** 心臓外科医 O cardiologista; o cirurgião do coração. **～ hidai** 心臓肥大 A hipertrofia cardíaca [do ～]; a megalocardia. **～ hossa** [**mahi**] 心臓発作[麻痺] O ataque [A paralisia] cardíaco/a. **～ ishoku** (**shujutsu**) 心臓移植 (手術) O transplante de ～. **2** [ものごとの一番大切な部分] O centro [coração]「da cidade」. ◇ **～ bu** 心臓部 A parte central. **3** [あつかましいようす] O ser atrevido [descarado; sem vergonha]; o ter lata [maus fígados] (G.). *Anna koto o iu nante kimi wa mattaku ～ da ne* あんな事を言うなんて君は全く心臓だね Dizer uma coisa daquelas! Você é realmente um atrevido. ★ *～ no tsuyoi* [*yowai*] *otoko* 心臓の強い [弱い] 男 O homem atrevido [tímido]. ⇨ atsúkámáshíí; zū́zū́shíí.

shińzṓ[2] 新造 O ser「barco」novo [feito há pouco]. ◇ **～ go** 新造語 O neologismo; uma palavra nova.

shínzoku 親族 Os parentes; a família mais chegada. ◇ **～ kaigi** 親族会議 A reunião dos ～. **Chokkei** [**Bōkei**] **～** 直系 [傍系] 親族 O parente de relação linear [colateral]. [S/同] Shińrúí (+); shińsékí (+).

shińzúí 神 [真] 髄 A essência「do cristianismo é o amor de Deus e das pessoas」; a quinta-essência; o núcleo; a alma. ★ *Budō no ～* 武道の神髄 A ～ da arte guerreira. [S/同] Seízúí.

shińzúru 信ずる ⇨ shińjíru.

shió[1] 塩 **1** [食塩] O sal. ★ *～ de aji o tsukeru* 塩で味をつける Temperar com sal. *～ o furu* [*furikakeru*] 塩を振る[振りかける] Pôr/Deitar sal. *～(o) suru* 塩(を)する Temperar com sal; salgar「a carne」. [I/慣用] *Aona ni ～* 青菜に塩 Estar muito desanimado [abatido/triste/pesaroso]; ficar de crista caída. ◇ ⇨ **～ dachi** [**dashi**/**kagen**/**kara**(**i**)/**ke**/**mizu**/**momi**/**yaki**/**zake**/**zuke**]. ⇨ shokúen; shokútákú-en. **2** [塩加減] O salgar [tempero de sal]. ★ *～ ga amai* 塩が甘い Ter pouco sal. [S/同] Shiókágen.

shió[2] 潮・汐 **1** [海の水] A água salgada [do mar]; o mar. ★ *～ no kaori* 潮の香り O cheiro do mar [da maresia]. [S/同] Ushíó. **2** [満ちたり引いたりする海の水] A maré. ★ *～ ga ageru* [*sasu*] 潮が上げる [さす] ～ subir [encher]. *～ ga hiku* 潮が引く ～ baixar [vazar]. *～ ga michiru* 潮が満ちる Estar a maré alta [cheia]. *～ no michi-hiki* 潮の満ち引き O fluxo e refluxo da ～. ◇ ⇨ **～ doki** [**higari**/**ji**/**kaze**/**sai**/**yake**]. ⇨ hikí-shíó; michí-shíó. **3** [海流] A corrente marítima. *～ no kawarime* 潮の変わり目 A mudança da maré. [S/同] Kaíryū́. **4** [機会] A oportunidade; a ocasião; a maré. *Sore o ～ ni seki o tatta* それを潮に席を立った Aproveitei a ～ e saí. [S/同] Kikái (o); shió-dókí **2** (+).

shió-dáchí 塩断ち (<… [1] + tátsu) **a**) A abstinência de sal「por promessa」. ⇨ cha-dáchí. **b**) O cortar no sal「por dieta」.

shió-dáshí 塩出し (<… [1] + dásu) O pôr [deixar] de molho (para tirar o sal).

shió-dókí 潮時 (<… [2] + tokí) **1** [海水が満ち干する時] A altura [hora] da mudança da maré. **2** [好期] A oportunidade; a ocasião; a maré. ★ *～ o hazusu* 潮時をはずす Perder a oportunidade. *～ o miru* [*matsu*] 潮時を見る[待つ] Esperar a oportunidade. [S/同] Jíki (+); kikái (o).

shióhí-gari 潮干狩り A colheita de mariscos [ostras] na praia durante a maré baixa. ★ *～ ni iku* 潮干狩りに行く Ir apanhar [às] ostras.

shióji 潮路【E.】 **1** [潮のさし引きする道筋] O canal por onde corre a maré. **2** [航路] A rota (marítima). [S/同] Káiro (+); kṓro (o).

shió-kágen 塩加減 O tempero de sal. ★ *～ o miru* 塩加減を見る Provar a [para] ver como está de sal.

shió-kárá 塩辛 (<… [1] + karái) Um petisco preparado com entranhas [ovas] de peixe ou lula em salmoura. ◇ **～ goe** 塩辛声 A voz grossa e rouquenha [arenosa].

shió-kárái 塩辛い「peixe/presunto/arroz」Salgado. [S/同] Shoppái.

shió-kaze 潮風 A brisa do mar. ★ *～ ni ataru* 潮風

S

に当たる Apanhar a ～.

shióké 塩気 O teor [A quantidade] de sal; o sal. S/同 Énbun.

shióki 仕置き【A.】 **1**［死刑の執行；処罰］A execução. ◇ ～ **ba** 仕置き場 O local de ～. S/同 Shóbatsu (+); shokéí (o). **2**［子供などへの折檻］O castigo「físico」. ★ *O-～ o suru* お仕置をする Castigar; punir. *O-～ o ukeru* お仕置きを受ける Ser castigado [punido]. S/同 Sékkan (+).

shiókúri 仕送り A remessa de dinheiro「para pagar os estudos」. *Oyamoto kara no ～ ga taeta* 親元からの仕送りが絶えた Os meus pais deixaram de me mandar [enviar] dinheiro. ★ ～ *o ukeru* 仕送りを受ける Receber dinheiro de casa.

shió-mízu 塩水 **a**) A água salgada [do mar]; **b**) A salmoura. S/反 Kańsuí. A/反 Ma-mízu.

shió-mómi 塩揉み (< …¹ + momú) O temperar「pepino」com água salgada e espremer.

shión¹ 歯音【Fon.】A consoante [O som] dental. S/同 Hagúkion; shiékion.

shión² 子音【Fon.】⇨ shíín.

shíon³ 紫苑【Bot.】Uma espécie de margarida; *aster tataricus*.

shiónízumu シオニズム (< Fr. sionisme < Heb. Sion: Jerusalem) O sionismo.

shióráshíí しおらしい Dócil; meigo; delicado; bem comportado; modesto; humilde. ★ *～ koto o iu* しおらしいことを言う Dizer coisas acertadas [boas]. ⇨ ijírashíí; kawáírashíí; otónáshíí; tsutsúmashíí.

shiórérú 萎れる **1**［草木が］Murchar; secar. ★ *Shioreta hana* 萎れた花 A flor murcha. **2**［元気がなくなる］Ficar desanimado [abatido; murcho; triste; descoroçoado]. S/同 Íkishochin suru (+); shogéru (o). ⇨ kujíkéru.

shiórí 栞・枝折り **1**［書物の］A marca「de papel」para livro. **2**［案内書］O guia [manual]. ★ *Nippon bungaku kenkyū no ～* 日本文学研究の栞 Guia da literatura j. S/同 Ańnáí-shó (o); gaídóbúkku (+).

shiórí-do 枝折り戸 (< … + to) A portinhola [cancela]「de jardim」feita de galhos ou bambu.

shiósáí 潮騒【E.】O marulhar [ruído] das ondas; o bramar do mar.

shi-ósámé 仕【為】納め (< surú + osámeru) O último desta vez [deste ano]. *Kore ga kono fuyu no sukí no ～ da* これがこの冬のスキーの仕納めだ Este é o「meu」último dia de esqui deste inverno. ⇨ miósámé.

shóshio しおしお【On.】Triste; cabisbaixo; de crista caída. *Okorarete ～ to heya kara dete itta* おこられてしおしおと部屋から出ていった Foi repreendido e deixou a sala ～. ⇨ boshári; shońbóri; shózéri.

shió-yáké 潮焼け (< …² + yakéru) O ficar bronzeado (pelo sol) da praia. ★ *～ shita kao* 潮焼けした顔 O rosto bronzeado da praia [do mar]. ⇨ hi-yáké.

shió-yáki 塩焼き (< …¹ + yakú) O assado [grelhado] temperado com sal. ★ *Ayu o ～ ni suru* 鮎を塩焼きにする Assar [Grelhar]「ayu」…

shió-záke 塩鮭 (< …¹ + sáke) O salmão salgado.

shió-zúké 塩漬け (< …¹ + tsukéru) O conservar em salmoura. ★ *Yasai o ～ (ni) suru* 野菜を塩漬け (に) する Fazer conserva de verduras (em salmoura).

shippái 失敗 O fracasso; o insucesso; o malogro; o erro; o fiasco; o revés. ★ *～ ni owaru [kisuru]* 失敗に終わる[帰する] Terminar em fracasso. *～ suru* 失敗する Fracassar [*Kōshō [Shiken; Shōbai] ni ～ suru* 交渉［試験；商売］に失敗する Fracassar nas negociações [no exame; no negócio]. P (ことわざ) ～ *wa seikō no haha [moto]* 失敗は成功の母 [元] É errando que se aprende. ◇ ～ **dan** 失敗談 O falar do「seu」fracasso. ～ **saku** 失敗作 A obra sem sucesso. **Dai** ～ 大失敗 Um grande ～; um erro redondo; um fracasso completo. S/同 Fu-seikó. A/反 Seikó. ⇨ kashítsu; shissáku.

shippe(i)¹ 竹箆 **1**［竹で作った平たい棒］Uma régua [vara] de bambu usada no "zen" para bater nos [despertar os] discípulos. ◇ ～ **gaeshi** 竹箆返し A retaliação; o pagar olho por olho (dente por dente). **2**［人さし指と中指をそろえて人の手首などを打つ事］O piparote (dado, não na orelha, mas no pulso do parceiro e com os dedos indicador e médio estendidos em forma de régua).

shippéí 疾病【E.】A doença; a enfermidade; a moléstia. S/同 Byōkí (+); shikkáń.

shippí 失費 As despesas; o gasto. ★ ～ *ga kasamu* 失費がかさむ ～ aumentar(em). S/同 Shuppí (+).

shippítsú 執筆 A escrita; o escrever. ★ ～ *suru* 執筆する Escrever. ◇ ～ **sha** 執筆者 O escritor; o autor.

shippó 尻尾【G.】 **1**［尾］O「cão na abanar o」rabo; a cauda「do leão」. ★ ～ *o dasu* 尻尾を出す Mostrar a ～ serpentina; ser desmascarado; trair-se. ～ *o furu* 尻尾を振る **a**) Abanar a/o ～; **b**) Ser adulador; lamber as botas [passar manteiga]「ao chefe」[*Kare wa uwayaku ni itsumo ～ o futte iru* 彼は上役にいつも尻尾を振っている Ele é um adulador [manteigueiro] dos funcionários superiores]. ～ *o maite nigeru* 尻尾を巻いて逃げる (G.) Meter o rabo entre as pernas e fugir (covardemente). ～ *o toraeru [tsukamu]* 尻尾を捕らえる[つかむ] Descobrir alguém em adultério/a roubar」; apanhar alguém em flagrante [com a boca na botija]. S/同 O(ppó). **2**［端］A ponta. ★ *Daikon no ～* 大根の尻尾 ～ do nabo. S/同 Hashí.

shippó-yáki 七宝焼き O ser esmaltado. ★ ～ *no buróchi* 七宝焼のブローチ O broche esmaltado.

shippú 湿布 A compressa (h)úmida. ◇ **On [Rei]** ～ 温［冷］湿布 A compressa quente [fria].

shippú 疾風 O vendaval; a ventania; a rajada [o furacão/tempestade] de vento. ★ ～ *no gotoku nigesaru* 疾風の如く逃げ去る Desaparecer [Fugir] de rompante. ◇ ～ **dotō** 疾風怒濤「o exército inimigo veio sobre nós」Como um furacão. S/同 Hayáté.

shira しら【G.】A inocência. ★ ～ *o kiru [Shirabakureru]* しらを切る［しらばくれる］Fingir inocência/que não sabe.

shira-bák(k)úrérú しらば(っ)くれる【G.】Fingir inocência; dissimular. S/同 Sorá-tóbókéru.

shirábé 調べ (< shiráberu) **1**［しらべること］**a**) A verificação; o inquérito; a investigação; a averiguação; **b**) A sindicância (⇨ toríshírábé). ◇ **Imi [Tango]** ～ 意味［単語］調べ A averiguação/procura do significado [da palavra]. *Zaiko* ～ 在庫調べ A verificação do depósito [estoque]. ⇨ chósa; jińmóń¹. **2**［詩歌・音楽などの調子］A nota; o tom; o toque; o som; a melodia; a música. ★ *Koto no ～* 琴の調べ ～ de "koto". S/同 Ońchó; ońrítsú. ⇨ fushí¹; ne².

shirábé-ágeru 調べ上げる (< shiráberu + …) Investigar completamente.

shirábé-mónó 調べ物 (< shirábéru + …) O assunto a [para] verificar [investigar; averiguar; estudar; pesquisar]. ★ *Toshokan de ~ o suru* 図書館で調べ物をする Fazer pesquisa na biblioteca.

shirábé-náosu 調べ直す (< shirábéru + …) Verificar; rever [tornar a ver]; investigar mais/melhor.

shirábéru 調べる **1** [調査する] Investigar; examinar; apurar 「gramática」; ver; apurar; fazer uma busca. *Furui kiroku o ~* 古い記録を調べる Consultar os arquivos. *Jiken o ~* 事件を調べる Investigar [Apurar] o caso. *Jiko no gen'in o tetteiteki ni ~* 事故の原因を徹底的に調べる Averiguar a sério a causa do acidente. *Keireki o ~* 経歴を調べる Averiguar o passado de alguém. *Songai o ~* 損害を調べる Calcular o [Fazer o levantamento do] prejuízo. ⟨S/同⟩ Chōsa suru. **2** [点検する] Verificar. ★ *Buki o motte inai ka dō ka ~ se tem [há] armas (ou não). Enjin no chōshi o ~* エンジンの調子を調べる ~ o funcionamento [estado] do motor. *Nimotsu o ~* 荷物を調べる Fazer a inspe(c)ção da bagagem「na alfândega」. ⟨S/同⟩ Tenkén súrú. **3** [尋問する] Interrogar; inquirir; fazer uma sindicância. ★ *Shiraberareta yōgisha* 調べられた容疑者 O suspeito que foi interrogado. ⟨S/同⟩ Jínmón súrú.

shiraburu シラブル (< Ing. syllable < Gr.) A sílaba. ⟨S/同⟩ Onsétsú (+).

shiráchákéru 白茶ける Desbotar; perder a cor; ficar com uma cor castanho-clara. ⇨ *aséru²*.

shirafu 素[白]面【G.】O estar sem beber. *Sonna koto wa ~ ja [dewa] ienai yo* そんなことは素面じゃ[では] 言えないよ Não posso falar disso em estado sóbrio [sem beber primeiro uns copos].

shirá-gá 白髪 (< shiroi + ke¹) O cabelo branco; as cãs. *~ ga fueru* 白髪が増える As ~ aumentarem. *~ ga haeru* 白髪が生える Virem as/os ~. *majiri no kami* 白髪混じりの髪 O cabelo grisalho. ◇ **~ atama** 白髪頭 A cabeça de cabelo branco. *~ zome* 白髪染め O tingir de cabelo branco. ⟨S/同⟩ Hakúhátsú. Kuró-kámí. ⇨ *tomó[waká]-shíraga*.

shirá-há 白羽 (< shiroi + hane) As plumas brancas (na cauda da flecha). ★ *~ no ya ga tatsu* 白羽の矢立つ Ser eleito [escolhido].

shirá-háta 白旗 (< shiroi + …) **1** [白地の旗] A bandeira branca. **2** [降伏のしるし] A bandeira da paz [rendição]. *~ o kakageru* 白旗を揚げる Hastear a ~; render-se. ⟨S/同⟩ Hákki. ⇨ *kōfúkú²*.

shirá-hó 白帆 (< shiroi + …) A vela branca (De barco à vela).

shirájiráshíí 白白しい (< shiroi) **1** [嘘などが見えているようす] Descarado. ★ *~ uso o tsuku* 白々しい嘘をつく Mentir descaradamente; dizer uma mentira descarada [redonda]. ⇨ *sorázóráshíí*. **2** [見えすいているのに平気でしらばくれているようす] Descarado「que diz ser irmão do dono e rouba a loja」. ⇨ *zūzúshíí*.

shirájira (to) 白白（と） (< shiroi) **1** [夜が明けるさま] Como dia a clarear. *Yo ga ~ akete kita* 夜が白々明けてきた O dia começou a clarear. **2** [白くみえるさま] De maneira esbranquiçada [pálida].

shirá-kábá 白樺【Bot.】A bétula (branca); o vidoeiro; *betula tauschii*.

shirá[ró]-kábé 白壁 (< shiroi + …) A parede branca [caiada de branco].

shirákáwá-yófune 白河夜船 O dormir como uma pedra (no fundo do poço); o sono profundo. ⇨ *jukúsúí*.

shirákéru 白ける (< shiroi) **1** [色が白くなる] Desbotar; ficar esbranquiçado. ⇨ *aséru²*. **2** [気分がこわれる] Ficar a festa estragada; virem um balde de água fria; perder a graça. ★ *Shiraketa mūdo* 白けたムード A apatia; a falta de interesse. ⟨S/同⟩ Kyōzámé súrú.

shirá-ki 白木 (< shiroi + …) A madeira ao natural.

shirá-kó 白子 (< shiroi + …) **1** [魚類の精巣] A láctea (O líquido seminal dos peixes). **2** [色素欠乏]【Med.】O albino (Pessoas e animais).

shirákúmó¹ 白癬【Med.】A tinha; as impingens. ◇ **~ atama** 白癬頭 A cabeça tinhosa. ⇨ *hakúsén²*.

shirá-kúmó² 白雲 (< shiroi + …) A nuvem branca. ★ *Mine no ~* 峰の白雲 Uma ~ no cume da montanha.

shirámi 虱 O piolho (O ovo dele é a lêndea). ★ *~ ga waku* 虱がわく Ter [Estar infestado de] piolhos. ◇ **~ tsubushi**.

shirámí-tsúbushi 虱潰し (< … +tsubúsú) O passar a pente fino; a busca completa [rigorosa]. ★ *Ikken ikken ~ ni shiraberu* 一軒一軒虱潰しに調べる Buscar casa por casa. ⟨S/同⟩ Hitótsú-nokorazu; katáppáshí; morénaku.

shirámu 白む Clarear; alvorecer; amanhecer. ★ *Higashi no sora ga shirande kuru* 東の空が白んで来る Começar a ~. ⇨ *yo-áké*.

shirá-námi 白波 (< shiroi + …) **1** [川・海などで泡立って白く見える波] As ondas brancas [espumosas]. **2** [盗賊] O ladrão [assaltante]. ◇ **"~ Gonin Otoko"**「白波五人男」"Os cinco ladrões" (Peça teatral de kabuki da Era Edo). ⟨S/同⟩ Doróbó; tózúkú (+).

shirán [shiránu]-kao 知らん[知らぬ]顔 O fingir [fazer] que não vê. ⟨1/慣用⟩ *Shiranu kao no hanbé* 知らぬ顔の半兵衛 O fingidor. ⟨S/同⟩ Shirán-puri.

shirán-puri 知らん振り (< … +furi) ⟨S/同⟩ Shirán-kao.

shirárérú 知られる (< shirú¹) [さとられる] Ser [Tornar-se] conhecido. *Kao o ~ to mazui koto ni naru* 顔を知られるとまずいことになる Se sabem quem sou, é mau [Se me reconhecem, é perigoso]. **2** [有名になる] Tornar-se famoso. *Shizuoka wa o-cha de zenkoku-teki ni shirarete iru* 静岡はお茶で全国的に知られている Shizuoka é famosa no país inteiro pelo seu chá.

shirá-sági 白鷺 (< shiroi + …)【Zool.】A garça branca; *egretta termedia*.

shiráse 知らせ (< shirásérú) **1** [通知] O aviso; a notícia; a informação; a notificação. *Sobo ga shinda to iu ~ ga atta [haitta; kita]* 祖母が死んだという知らせがあった[入った; 来た] Recebi「agora」a notícia da morte da minha avó. ⟨S/同⟩ Hōchí; tsūchí. ⇨ *renráku*. **2** [前兆; 兆し] O prenúncio; o sinal. ★ *Mushi no ~* 虫の知らせ O mushí. ⟨S/同⟩ Kizáshí; maé-búré; zenchō.

shirásérú 知らせる (< shirú¹) Avisar;「o jornal」noticiar; notificar「o interessado」; informar. ★ *Dare ni mo shirasezu ni* 誰にも知らせずに Sem avisar ninguém. *Keisatsu ni ~* 警察に知らせる Avisar a polícia. *Mushi ga ~* 虫が知らせる Ter o (mau) pressentimento. ⟨S/同⟩ Kokúchí súrú; tsūchí súrú.

shirású¹ 白子 Os filhotes de sardinha. ★ *~ boshi* 白子干し Um prato de ~ secos「e adocicados」.

shíra-su² 白州 (< shirói + …) **1**「白い砂地」O banco de areia branca「na foz do rio」. **2**［法廷］［A.］O tribunal (de chão de areia, ao ar livre).

shirá-taki 白滝 Um prato de fios (gelatinosos) de "konnyaku".

shirá-támá 白玉 O bolinho (feito) de farinha de arroz. ◇ ～ **ko** 白玉粉 A farinha refinada de arroz.

shirá-uó 白魚【Zool.】A espadilha; a manjuba; *salangichthys microdon* (Pequeno peixe branco da família dos clupeídeos). ★ ～ *no yō na yubi* 白魚のような刃の細い指 Os dedos brancos e compridos.

shirá-yuri 白百合 (< shirói + …)【Bot.】A açucena; o lírio branco.

shirázú 知らず (Neg. de "shirú") **1**「問題にしない」Não saber. *Hoka no hito wa ～ watashi wa iku* 他の人は知らず&は行く Os outros, não sei, mas eu vou. **2** [-shirazu: 経験したことがない意]【Suf.】Não saber. ◇ **Seken** ～ 世間知らず Inexperiente; ingé(ê)nuo.

shirázú-shírazu 知らず知らず Inconscientemente; involuntariamente; sem perceber [saber/querer]; sem dar-se [cair na] conta「estava toda a gente a chorar」.

shiréí¹ 司令 **a)** O comando; **b)** O comandante. ◇ ～ **bu** 司令部 O quartel-general. ～ **chōkan** 司令長官 O comandante-chefe; o supremo comandante.

shiréí² 指令 A ordem; a dire(c)triz; as instruções. ★ ～ *o dasu* [*hassuru*] 指令を出す[発する] Dar ordem. ～ *o ukeru* 指令を受ける Receber instruções. ～ *suru* 指令する Ordenar; dar instruções (dire(c)trizes). ⇨ meíréí; sáshizu; tsūchí.

shī-rên シーレーン (< Ing. sea lane) A rota marítima/oceânica.

shiren 試練［煉］A prova(ção); a tribulação. ★ ～ *ni taeru* 試練に耐える Resistir à ～. ～ *o nori-koeru* 試練を乗り越える Vencer as provações (da vida).

shirénáí 知れない (Neg. de "shirérú") Não poder saber [dizer/entender]. *Asu wa ame ka mo* ～ 明日は雨かも知れない Amanhã pode ser que chova [pode vir chuva]. ★ *Etai ga* ～ 得体が知れない O ser estranho [misterioso]. *Ki ga* ～ 気が知れない Não poder [conseguir] entender (⇨ ki¹). *Soko ～ miryoku* 底知れない魅力 O encanto infinito [insondável].

shirérú 知れる (< shirú) **1**［人に知られる］Saber-se [Tornar-se conhecido]; chegar ao conhecimento「dos outros」. *Kono jiken ga seken ni ～ to taihen na koto ni naru* この事件が世間に知れると大変な事になる Se o [este] caso se tornа público vai ser terrível [o fim do mundo]. **2**［わかる］Poder saber [entender/perceber]. *Kodomo o mireba sono oya ga* ～ 子供を見ればその親が知れる Vendo os filhos, vêem-se [pode-se saber como são] os pais. ★ *O-sato ga* ～ お里が知れる Trair-se [Poder saber a origem]「pela fala」. *Taka ga shirete iru* たかが知れている Não é grande coisa [nada de especial]. ⓈⒿ Wakáru. ⇨ hakkáku ⇨; hánméi.

shiretá monó 知れたもの (⇨ shirérú) De pouco valor; a insignificância; o que a gente (já) sabe. *Sararīman no gekkyū nante ～ da* サラリーマンの月給なんて知れたものだ O ordenado dum assalariado é o [uma] ～.

shirétsú¹ 歯列 A fil(eir)a de dentes; a posição dos dentes. ◇ ～ **kyōsei** 歯列矯正 A corre(c)ção da posição dos dentes「com ganchos」; a ortodontia. ⓈⒿ Ha-nárabi (+); ha-námí.

shirétsú² 熾烈【E.】O ser「um jogo」renhido [feroz/violento]. ★ ～ *na tatakai o kurihirogeru* 熾烈な戦いを繰り広げる Lançar-se numa luta ～. ⓈⒿ Gekíretsú (o); mōrétsú (+). ⇨ hagéshíi.

shire-wátáru 知れ渡る (< shirérú + …) Ficar conhecido por toda a parte; *Sono sukyandaru wa sude ni zenkoku ni shirewattate iru* そのスキャンダルはすでに全国に知れ渡っている Esse escândalo ficou [é] conhecido no país inteiro. ⇨ hirómáru.

shirí¹ 尻 **1**［臀部］A nádega「direita」; o rabo (De pessoas e animais); o traseiro [assento/a bunda/a nalga/cu] (G.); a anca (De animais grandes). ★ ～ *ga aoi* 尻が青い Cheirar ainda aos cueiros; ser ainda miúdo. ～ *ga karui* 尻が軽い Ser leviano [volúvel]; ser licenciosa (Mulheres; ⇨ shirí-gárú). ～ *ga nagai* 尻が長い「a pessoa」Que faz visitas demoradas (e aborrece). ～ *ga ochitsukanai* 尻が落ち着かない Irrequieto. ～ *ga wareru* 尻が割れる Descobrir-se que mau é [que mal fez]. ～ *ni hi ga tsuku* 尻に火がつく Ver-se apertado「e só então é que faz o seu trabalho」. ～ *ni ho kakeru* 尻に帆をかける Fugir precipitadamente; dar às de vila-diogo; fugir "ah! pernas para que vos quero"!. ～ *ni shiku* 尻に敷く Dominar o marido. (*o hashuru* [*karageru*] 尻をしょる[からげる] **a)** Arregaçar o quimono; **b)** Encurtar [Abreviar]「a história」. ～ *o makuru* 尻をまくる Tomar uma atitude de desafio. ～ *o mochi-komu* 尻を持ち込む Ir fazer queixa a alguém.「*Hito no*」～ *o nuguu*「人の」尻をぬぐう ⇨ shirí-núgui.「*Onna no*」～ *o oimawasu*「女の」尻を追い回す Correr atrás de mulheres [saias].「*Kodomo no*」～ *o tataku*「子供の」尻をたたく Dar uma nalgada à criança.「*Teishu no*」～ *o tataku*「亭主の」尻をたたく Animar o [Puxar pelo/Insistir com] marido. ⓀⓄⓉⓄⒷⒶ *Atama kakushite ～ kakusazu* 頭隠して尻隠さず Fazer como a avestruz [Gato escondido com o rabo de fora]. ◇ ～ **agari** / **ate** / **garu** / **gomi** / **kire-tonbo** / **me** / **mochi** / **nugui** / **oshi** / **ppashori** / **sagari** / **subomari** / **tori**. ⓈⒿ Dénbu. **2**［人や物の後］A retaguarda; o fun(dilh)o [das calças]; a (parte) traseira; o fim. ★ *Gyōretsu no ～ ni tsuku* 行列の尻につく Ir no fim da procissão [do desfile]. ⓈⒿ Kōhō (+); ushíró (o). **3**［物の底］O fundo. ★ *Tokkuri* [*Bin*] *no* ～ 徳利[瓶]の尻 O fundo da garrafa. ⒶⒻ Kuchí. **4**［席次のびり］A posição mais baixa; o último lugar. ★ ～ *kara kazoete san-ban de aru* 尻から数えて3番である Estar no terceiro lugar a contar de baixo「na classe」. ⓈⒿ **Donjiri** どん尻 O último; o pior; o mais baixo. ⓈⒿ Bíri (+).

shirí² 私利【E.】O interesse pessoal [próprio]. ◇ ～ **shiyoku** 私利私欲 O interesse e ambição pessoal [pessoais]. ⓈⒿ Gári; shléki. ⇨ Kōéki.

Shíria シリア A Síria. ◇ ～ **jin** シリア人 O sírio.

shirí-ágari 尻上がり (< … + agárú) **1**［語尾・文末を高く発音すること］A ento(n)ação ascendente [a subir]. ★ ～ *ni iu* 尻上がりに言う Subir a voz, ao dizer「o "çu" de Iguaçu」. ⒶⒻ Shirí-ságari. **2**［物事の情勢があとになるにつれてよくなっていくこと］A melhoria [tendência a [para] subir "no futebol"]. ★ ～ *no shikyō* 尻上がりの市況 O mercado a melhorar. ⒶⒻ Shirí-ságari.

shirí-ái 知り合い (< shirí-áu) O conhecido. *Kare to wa naganen no* ～ *desu* 彼とは長年の知り合いです Somos velhos conhecidos [Conhecemo-nos há muitos anos」. ★ ~ *ga ōi*[*takusan iru*] 知り合いが多い[たくさんいる] Ter muitos ~s. ◇ *ni naru* 知り合いになる Conhecer uma pessoa; ficar-se a conhecer 「numa festa」. S/同 Chijín. ⇨ chíki¹; chiyú²; tomódáchí; yújíń¹.

shiri-áte 尻当て (< ⋯¹ + atérú) O remendo no fundo das calças.

shiri-áu 知り合う (< shirú + ⋯) Conhecer-se「numa viagem」.

shirí-garú 尻軽 (< ⋯¹ + karúí)【Chu.】 **1**［動作がきびきびして物事をおっくうがらずにすること］A(c)tivo. A/反 Shirí-ómó. **2**［女が浮気っぽいようす］Volúvel; licenciosa. ◇ **~ onna** 尻軽女 A mulher ~.

shirí-gómi 尻込み **1**［ためらい］A hesitação; o ficar tetefete (G.)［com medo］. ★ ~ *suru* 尻込みする Hesitar. S/同 Chúcho (+); tameráí. **2**［あとずさり］O retrair-se; o encolher-se; o chegar-se atrás; o recuo. S/同 Atózusari (+).

shirikágeru シリカゲル (< Al. silikagel)【Quím.】O gel de sílica.

shiri-kiré-tónbo 尻切れ蜻蛉 (< ⋯¹ + kiréru + ⋯)【G.】Inacabado; mal-acabado. ⇨ chútó-hánpa.

shirikon シリコン (< Ing. silicon) **1**［珪素］【Quím.】O silício (Si 14). **2**［⇨ shírikon］.

shirikōn シリコーン (< Ing. silicone)【Quím.】A silicone.

shiri-mé 尻目 O olhar de soslaio; o ignorar [não fazer caso]; o olhar de desprezo. *Akke ni torarete iru kanshū o* ~ *ni kare wa yūzen to tachi-satta* あっけにとられている観衆を尻目に彼は悠然と立ち去った Ele lançou um olhar de desprezo aos observadores ató[ô]nitos e saiu tranquilamente. S/同 Yokó-mé. ⇨ nagáshí-mé.

shiri-metsuretsu 支離滅裂【E.】A incoerência; a inconsistência; a incongruência. ★ ~ *de aru* 支離滅裂である Não ter coerência; ser incoerente ［pouco coerente］. ◇ bárabara; mechá-mechá.

shiri-móchi 尻餅 O bater com as nádegas no chão (ao cair); o bate-cu (G.). ★ ~ *o tsuku* 尻餅をつく Cair de nádegas.

shirindá シリンダー (< Ing.cylinder < Gr.) O cilindro. ⇨ Kitó.

shíringu シリング (< Ing. shilling) O xelim (Antiga moeda da Inglaterra mas a(c)tual de alguns países). ⇨ pénsu; póndo.

shírínguú シーリング (< Ing. ceiling) O te(c)to「zero ［negativo］do plano orçamental」.

shirí-núgui 尻拭い (< ⋯¹ + nugúu)【G.】O pagar pelo culpado; o pagar o justo pelo pecador. *Watashi wa ani no shakkin no* ~ *o saserareta* 私は兄の借金の尻拭いをさせられた Fui obrigado a pagar as dívidas do meu irmão mais velho. ⇨ ató-shímatsu.

shirí-núku 知り抜く (< shirú¹ + ⋯) Conhecer a fundo「o amigo」. ★ *Hito no kokoro no soko made* ~ 人の心の底まで知り抜く ~ o coração humano. S/同 Jūkuchi suru.

shirí-óshi 尻押し (< ⋯¹ + osú) **1**［後ろから押すこと］**a**) O empurrão por trás; **b**) O instigar「à greve」. ★ *Hōmu de jōkyaku no* ~ *suru* ホームで乗客を尻押しする Empurrar os passageiros na plataforma (para depois de as carruagens se poderem fechar). **2**［援助］O apoio「do sindicato」; o auxílio; a ajuda. S/同 Ató-oshi (+); énjo (o); kṓéń (+).

shirí-ppá[há]shori 尻端折り **a**) O arregaçar o quimono; **b**) O encurtar (⇨ shiri¹).

shiri-ságari 尻下がり (< ⋯¹ + sagáru) **1**［物事の状態があとになるほど悪くなること］A pior(i)a da situação; a tendência「do mercado」para baixar. A/反 Shirí-ágari. **2**［語尾・文末を低く発音すること］A ento(n)ação descendente [a descer]. A/反 Shirí-ágari.

shirí-súbomari[-súbomi] 尻窄まり［窄み］ **1**［末の方で細く小さくなっていようす］O ser「um cálice」estreito no fundo. **2**［初めは勢いがよくしだいに衰えるようす］O「plano」acabar por falhar; o decair. *Mise no keiei wa* ~ *ni natte itta* 店の経営は尻窄まりになっていった A situação econó[ô]mica da loja piorava sempre [de dia para dia/a olhos vistos]. S/同 Ryūtṓ-dábi.

shirí-tóri 尻取り (< ⋯¹ + tóru) O jogo de encadeamento de frases, usando a última sílaba da última palavra usada pelo parceiro (anterior).

shirítsu¹ 市立 O ser municipal [propriedade do município]. S/同 Ichírítsú. ⇨ chō[keń]rítsu.

shirítsu² 私立 O ser particular [de uma entidade privada]. *Kono daigaku wa* ~ *desu* この大学は私立です Esta universidade é particular (privada). ◇ ~ **tantei** 私立探偵 O dete(c)tive particular. S/同 Watákushírítsú. ◇ Kokúrítsú; kṓrítsú.

shirí-úmá 尻馬【G.】O montar atrás (de outro) no cavalo. ★ ~ *ni noru* 尻馬に乗る **a**) Montar atrás; **b**) Imitar [Seguir] alguém cegamente [sem pensar]; ser maria-vai-com-as-outras.

shirizókéru 退ける［斥ける］(< shirízóku) **1**［遠ざける］Afastar; manter os outros à distância. S/同 Tōzákéru (+). **2**［追い払う］Repelir. ★ *Tekigun o* ~ 敵軍を退ける ~ o (exército) inimigo. S/同 Gekítáí súrú (+); oí-háráu (o); oí-káesu (+); oí-yáru (+). **3**［拒絶する］Recusar; rejeitar. ★ *Teian o* ~ 提案を退ける ~ a proposta. S/同 Kobámu; kotówáru; kyozétsú súrú. **4**［地位を落とす］Demitir; afastar; excluir; eliminar. ★ *Hantaisha o yakuin kara* ~ 反対者を役員から退ける Excluir os adversários [os que são contra] dos postos de mando. S/同 Haíséki súrú; shínókéru (+).

shirízóku 退く (⇨ shirízókeru) **1**［後退する］Afastar-se; ceder; recuar. ★ *Ippo* ~ 一歩退く Recuar um passo. S/同 Kṓtáí súrú. S/同 Susúmu; zeńshíń súrú. ⇨ sagáru. **2**［退出する］Retirar-se. *Go-zen o* ~ 御前を退く da presença「do imperador」. S/同 Taíshútsú súrú. **3**［引退する］Retirar-se; afastar-se; demitir-se; reformar-se; aposentar-se. ★ *Seikai o* ~ 政界を退く Afastar-se da política. ◇ íntáí ◇ taíshókú ◇.

shírizu [ii] シリーズ (< Ing. series < L.) A série. ★ ~ *de hōei suru* シリーズで放映する Televis(ion)ar em ~. ◇ ~ **mono** シリーズもの O seriado; o filme [romance] seriado. ◇ reńzókú; tsuzúkí.

shiro¹ 白 (⇨ shiroi) **1**［白色］A cor branca; o branco. **2**［碁石］As pedras brancas do "go". A/反 Kúro. **3**［潔白］(O) A inocência. *Sono yōgisha wa* ~ *datta* その容疑者は白だった O suspeito era inocente. S/同 Keppákú (+); mújitsu (+); múzai (o). A/反 Kúro.

shiró² 城 **1**［たたかいのとりで］O castelo; a cidadela; a fortaleza; o baluarte. ★ ~ *o kizuku* 城を築く Construir um/a ~. *Teki ni* ~ *o akewatasu* 敵に城を明け渡す Entregar o/a ~ ao inimigo. S/同 Jōsáí; toridé. **2**［聖域］O castelo; o lugar sagrado. *Wata-*

shi no ~ 私の城 O meu ~ [refúgio seguro].

-shiró しろ (< *surú*) Ainda [Mesmo] que; quer sim quer não; de qualquer forma. ★ *Hontō ni* ~ *uso ni* ~ 本当にしろ嘘にしろ Quer seja verdade, quer não [seja mentira]「estas coisas têm de acabar」. ⇨ *shité mo*.

shiró-ári 白蟻【Zool.】A formiga branca「roeu a madeira」; o cupim (B.); o salalé; a térmite.

shiró-átó 城跡 (< *shiró*² + …) As ruínas de castelo. ⓢ/同 Jóshi.

shiró-bái 白バイ (< *shirói* + *báiku*) **a)** A moto(cicleta) da polícia (Que é branca); **b)** O polícia [policial] do trânsito.

shiró-boshi 白星 (< *shirói* + *hoshí*) **1**[中を塗りつぶしていない星または丸形の図形 (☆ ○)] A estrela ou marca branca [não pintada]. **2**[相撲などの勝ち星] ★ ~ *o ageru* [*toru*] 白星をあげる[取る] Ganhar [Conquistar] a vitória. ⓢ/同 Kachí (o); shōri (+). A/反 Kuró-boshi.

shiró-gáne 白銀【E.】A prata. ⓢ/同 Gín (+); hakugín. ⇨ akágáné; kogáné¹.

shírohon シロホン (< Ing. *xylophone* < Gr.) O xilofone. ⓢ/同 Mokkín (+).

shirói 白い (⇨ *shiró*) **1**[色の]「o papel」Branco. ★ *Kami ni* ~ *mono ga majiru* 髪に白いものが混じる Ter algumas brancas [cãs]; ficar (com o cabelo) grisalho. **2**[空白の] O espaço vazio [em branco]. ★ *Tōan o* ~ *mama de dasu* 答案を白いままで出す Devolver a prova [Entregar o papel do exame] em branco. ⇨ *shité mo*. **3**[冷淡な] Frio. ★ *Gaikokujin o* ~ *me de miru* 外国人を白い目で見る Olhar com frieza [desprezo] os estrangeiros.

shiró-ji 白地 O fundo branco「do tecido/quimono」.

shiró-káki 代掻き O lavrar e alagar o campo para o transplante do arroz.

shiró-kó 白子 ⇨ shirá-kó **2**.

shirókúji-chú 四六時中 Todo o tempo; as 24 horas do dia; sempre;「cuidar do doente」dia e noite;「queixar-se」constantemente. ⓢ/同 Itsu-mo; shijū; táezu; tsúne ni.

shiró-kúmá 白熊【Zool.】O urso branco [polar]; *ursus maritimus*. ⓢ/同 Hokkyókú-gúmá.

shiró-kuro 白黒 **1**[白と黒] Preto e branco. **2**[善悪] Certo e errado; o bem ou o mau. ★ ~ *o tsukeru* [*kimeru*; *hakkiri saseru*] 白黒をつける[決める; はっきりさせる]Esclarecer「o problema」definitivamente [de uma vez para sempre]. ⓢ/同 Kokúbyákú; yóshi-ashi (+); zéhi; zén'aku (o). **3**[驚いてまたは苦しんでする目つき]「a querer vomitar」. ★ *Odoroite me o* ~ *saseru* 驚いて目を白黒させる Revirar os olhos de susto/admiração.

shíro-me 白眼 (< *shirói* + *me*¹) **1**[眼球の白い部分] A parte branca do olho; a esclerótica [albugínea]. **2**[憎しみのこもった目つき] O olhar frio [de desprezo]. ★ *Hito o* ~ *de niramu* 人を白眼でにらむ Fitar com olhar frio; olhar de soslaio.

shíro-mi 白身 (< *shirói* + *mi*¹) **1**[肉・魚の白い肉] A carne branca. A/反 Akámí. **2**[卵白] A clara de ovo. ⓢ/同 Ranpákú. A/反 Kimí.

shirómi² 白み (< *shirói* + -*mi*²) A brancura. ⇨ shiróppoi.

shiró-mísó 白味噌 O "miso" esbranquiçado (e pouco salgado). ⇨ míso.

shiró-mónó 代物【G.】**1**[物に対して] **a)** Um artigo [Uma mercadoria]; **b)** Um artigo bom [de estalo (G.)]; **c)** Um artigo mau; uma mixórdia (G.). *Kore wa ureru yō na* ~ *de wa nai* これは売れるような代物ではない Um artigo destes não se vende. ⓢ/同 (Shiná) mónó. **2**[人をいやしめていう語] O sujeito; o tipo [cara]. *Yakkai na* ~ *o shoikonde shimatta* 厄介な代物をしょいこんでしまった Tive de aguentar (com) aquele ~ que só dá trabalho. ⓢ/同 Yátsu.

shiró-múkú 白無垢 O quimono [vestido] branco de [como a] neve.

shirón¹ 詩論 Uma teoria poética; a dissertação sobre poesia. ⇨ shígaku⁴.

shirón² 試論 A dissertação; o ensaio. ⇨ éssei.

shirón³ 私論 A opinião particular [pessoal]; uma maneira de ver. A/反 Kōrón.

shiró-námazu 白癜【Med.】A vitiligem; a leucodermia. ⓢ/同 Shiróhádá.

shiró-nézumi 白鼠 **1**[白い鼠]【Zool.】O rato branco; *rattus norvegicus albinus*. **2**[忠実な番頭] O empregado antigo e fiel.

shiró-núki 白抜き (< …¹ + *nukú*) A impressão em branco das letras em fundo colorido/preto.

shiró-núri 白塗り (< …¹ + *nurú*) O pintar de branco.

shiróppói 白っぽい Esbranquiçado/A tender [puxar] para o claro. ★ ~ *fuku* 白っぽい服 O fato claro.

shíroppu シロップ (< Ing. *syrup*) O xarope.

shiró-shōzoku (óo) 白装束 O fato branco; o vestir-se (todo) de branco.

shiró-tákú 白タク【G.】(< …¹ + *tákúshī*) O táxi clandestino [não licenciado].

shíróto 素人 **1**[専門家でない人] O amador; o amadorismo; o não profissional; o leigo; o não entendido (na matéria). ★ ~ *uke ga suru* [*yoi*] 素人受けがする[よい] Ter popularidade junto ao público menos entendido. *Zubu no* ~ ずぶの素人 Um perfeito amador; um zero [leigo completo] [em marcas de carros」. ◇ ~ **banare** 素人離れ Longe do amadorismo [~ *banare shita engi* 素人離れした演技 A representação de nível profissional]. ~ **kangae** 素人考え A opinião de um leigo (na matéria). ~ **kusai** 素人臭い Imperfeito; que sabe a amadorismo. ~ **me** 素人目「essas pérolas podem parecer verdadeiras ao olho de」Um não entendido. ~ **nodo-jiman taikai** 素人喉自慢大会 O concurso de cantores amadores. ⓢ/同 Amáchúá; mongái-kan; shoshín-sha. A/反 Kúróto; senmón-ka. **2**[芸者・遊女などに対して普通の女性] A mulher de respeito [de boa família]. ◇ ~ **musume** 素人娘 A moça de respeito [de boa família]. A/反 Kúróto.

shiró-záké 白酒 (< …¹ + *saké*) O saqué branco (e doce).

shiró-zátó 白砂糖 (< …¹ + *satō*) O açúcar branco [refinado]. ⇨ kuró-zátó.

shirú¹ 知る (⇨ *shirásérú*; *shirérú*) **1**[認識する] Saber; conhecer. "*Ano kata o shitte imasu ka*" "*Iie, shirimasen*"「あの方を知っていますか」「いいえ知りません」Conhece aquele senhor? — Não, não conheço. *Ato wa oshite* ~ *beshi* 後は推して知るべし O resto é fácil de adivinhar [saber]. *Kare wa eigo bakari de naku porutogarugo mo shitte iru* 彼は英語ばかりでなくポルトガル語も知っている Ele sabe inglês e p. *Moshi sono ken o watashi ga shitte itara, anata ni o-hanashi shite imashita* もしその件を私が知っていたら、あなたにお話ししていました Se eu soubesse [tivesse sabido] disso ter-lho-ia dito. ★ ~ *hito zo* ~

wain 知る人ぞ知るワイン Um vinho (bem) conhecido dos entendidos. *Shiranai ma [uchi] ni* 知らない間[うち]に Sem saber; antes de cair na conta. *Shiritagaru* 知りたがる Querer [Estar com desejo de] saber. *Kuwashiku [Hakkiri to] wa shiranai no desu ga* 詳しく[はっきりと]は知らないのですが Não conheço os pormenores [Não sei ao certo], mas … *Mattaku shiranai* 全く知らない Não saber (de) nada. *Na (mae)[Kao] dake shitte iru* 名(前)[顔]だけ知っている Conhecer só de nome [vista]. *Watashi no shitte iru kagiri [tokoro] de wa* 私の知っている限り[所]では Pelo que eu sei [Que eu saiba 「não」]. S/同 Nińshíkí súrú.

2 [記憶する] Lembrar-se; recordar-se. ★ *Tōji no jijō o shitte iru hito* 当時の事情を知っている人 A pessoa que se lembra das circunstâncias daquela época [do que aconteceu então]. S/同 Kiókú súrú. **3** [理解する] Compreender; entender; conhecer. ★ *Jijō o yoku shitta ue de* 事情をよく知った上で「decidir」Depois de conhecer bem as circunstâncias [de se inteirar bem da situação]. I/慣用 *Ichi o kiite jū o* ~ 一を聞いて十を知る A [Para] bom entendedor … (meia palavra basta). S/同 Ríkai suru.

4 [気づく] Aperceber-se; notar; ver. ★ ~ *yoshi mo nai* 知る由もない É impossível que ele se aperceba [Não há maneira de ele se aperceber] disso. *Kiken o* ~ 危険を知る Ver o [Aperceber-se do] perigo. *Usu-usu wa shitte ita ga* 薄々は知っていたが Tinha notado isso, mas … P/ことわざ *Shiranu ga hotoke* 知らぬが仏 Ai! feliz de quem é ignorante! /Às vezes é melhor não saber. *Shiranu wa teishu bakari nari* 知らぬは亭主ばかりなり O marido é sempre o último a saber.
S/同 Kizúku; satórú; wakárú.

5 [経験して体得する] Experimentar; ter consciência [a] o-; sentir. *Kono natsu wa hotondo atsusa o shirazu ni sugoshita* この夏はほとんど暑さを知らずに過ごした Passámos o verão quase sem sentir o calor. *Haji o* ~ 恥を知る Sentir [Ter] vergonha. *On o* ~ 恩を知る Ser grato pelo favor recebido; (saber) ser agradecido.
S/同 Keíkén súrú. ⇨ kańjíru.

6 [知り合いである] Conhecer; travar conhecimento com. ★ *Watashi no shitte iru burajirujin* 私の知っているブラジル人 Um b. que eu conheço. ⇨ shiri-áu. **7** [関知する] Ter a ver com; ser da「nossa」conta; competir. *Kare ga dō narō to wareware no shitta koto ja nai* 彼がどうなろうと我々の知った事じゃない Não temos nada a ver com isso. /Isso não é comigo [não me compete a mim]. ⇨ káńchí⁴; kakáwáru; kańké¹.

shíru¹ 汁 **1** [液；ジュース] O suco; o sumo. ★ *Remon no* ~ *o shiboru* レモンの汁を絞る Espremer o limão. Éki; júsu. **2** [スープ；汁物] **a)** A sopa; o caldo (G.); **b)** O molho (muito aguado). S/同 Suí-mónó; tsúyu. **3** [他人の労苦や犠牲で得る利益] O proveito; o melhor. ★ *Umai [Amai]* ~ *o suu* うまい[甘い]汁を吸う Ficar com o ~; chupar (G.) [explorar] os outros.

shíru [ii] シール (< Ing. seal < L.) **1** [封印紙] O selo [sinete/carimbo/lacre] (+). ★ *Tegami ni* ~ *o haru* 手紙にシールを張る Carimbar [Lacrar] a carta. S/同 Fúínshi. **2** [シールスキン；あざらしの毛皮] A pele de foca.

shírubā-shīto シルバーシート (< Ing. silver seat) O assento reservado para [aos] idosos.
shírubé 知る辺 ⇨ shirí-bé.
shírúdó-kōhō [óó] シールド工法 (< Ing. shield driving + …) O (método de) abrir um túnel com grande cilindro-escudo.
shíruetto シルエット (< Fr. silhouette) **1** [横顔の絵・画像・影絵] A silhueta; o perfil. ★ *Sutā no* ~ *sutā no shiruetto* スターのシルエット O perfil de uma estrela「de cinema」. **2** [洋服の立体的な輪郭] O aspecto geral da roupa. ★ ~ *no utsukushii fuku* シルエットの美しい服 Um fato [vestido] elegante [que cai bem].
shirú-ké 汁気 (⇨ shírú²) **a)** A suculência; **b)** A água「da sopa」.
shirú-kó 汁粉 A sopa grossa de feijão "azuki" adocicado, com bolinhas de arroz. ⇨ zeńzái.
shirúkú-hátto シルクハット (< Ing. silk hat) A cartola. ⇨ yamátáká-bō(shi).
shirúkú-rōdo シルクロード (< Ing. Silk Road) O Caminho [A rota] da Seda (da Ásia à Europa). ⇨ Kínu no michi.

shirúshí 印・徴・験 (< shirúsu²) **1** [符号] A marca; o sinal. ★ ~ *o tsukeru* 印を付ける Marcar; pôr um/a ~; sinalizar. *Hoshi no* ~ *o tsuketa jūyō kasho* 星の印を付けた重要箇所 Os pontos [parágrafos] importantes marcados com asteriscos. Fugō; me-jírushi. **2** [シンボル] O símbolo. *Hato wa heiwa no* ~ *da* 鳩は平和の印だ A pomba é o ~ da paz. S/同 Shóchō; shínboru (+). **3** [証拠] A prova; a mostra. *Kare wa kaishin shita* ~ *ni sake to tabako o yameta* 彼は改心した印に酒とたばこをやめた Como prova de que se regenerou, ele deixou de beber e fumar. S/同 Akáshí; shokó (+). **4** [心を表す物] O sinal. *Kore wa hon-no* ~ *bakari no shina desu ga dōzo o-osame kudasai* これはほんの印ばかりの品ですがどうぞお収め下さい Este presente é apenas um pequeno ~ da minha gratidão. S/同 Bíi. **5** [記念] A lembrança; a recordação. ★ *Kamakura e itta* ~ *ni kī-horudā o kau* 鎌倉へ行った印にキーホルダーを買う Comprar um chaveiro como lembrança da ida a Kamakura. ⇨ Kineń-(+). **6** [徽章] O distintivo. ★ *Kaiin no* ~ *o tsukeru* 会員の印を付けて Usar o ~ de sócio. S/同 Kishō (+). **7** [効き目] O efeito; o resultado. *Kusuri no* ~ *ga arawareta* 薬の徴が表れた Viu-se o ~ do remédio. S/同 Kikí-mé (+); kókó (+). kōkeń. **8** [商標] A marca comercial. ★ *Ushi-jirushi no gyūnyū* 牛印の牛乳 O leite (de vaca) marca "vaca". S/同 Shōhyō.
shirúshí-bánten 印半纏 (< … + hańten) A libré. S/同 Happí (+).
shirúsu¹ 記す [書きつける；記録する] **1** Escrever「um livro」; anotar; marcar. ★ *Techō ni shimei o* ~ 手帳に氏名を記す Escrever o nome na agenda. S/同 Kakí-tsúkéru (+); kirókú súrú (+). **2** [覚えておく] Guardar; gravar. ★ *Kokoro ni* ~ 心に記す- no coração. ⇨ kirókú; obóéru.
shirúsu² 印す Pôr; colocar. ★ *Burajiru ni dai-ippo o* ~ ブラジルに第一歩を印す Pôr pé pela primeira vez no Brasil.
shíryo 思慮 A sensatez; a prudência; a ponderação; a amabilidade. ★ ~ *bukai [no aru] hito* 思慮深い[のある]人 A pessoa prudente [discreta/sensata/amável]. ~ *no asai [nai; no kaku] kōi* 思慮の浅い[ない；を欠く]行為 Uma a(c)ção imprudente [ati-

tude insensata). ~ o hatarakasu [megurasu] 思慮を働かす[めぐらす] Agir com prudência; ser sensato. ◇ ~ funbetsu 思慮分別 A prudência e discrição. [S/同] Fúnbetsu; kǫ́ryo.

shiryō[1] 資料 Os dados; os documentos; o material. ★ ~ ga toboshii [fusoku shite iru] 資料が乏しい[不足している] Ter falata de ~. ~ o teikyō suru 資料を提供する Fornecer dados. ◇ ~ shitsu 資料室 A sala de dados; o arquivo. Kenkyū ~ 研究資料 ~ para estudo (pesquisa). [S/同] Déta.

shiryō[2] 飼料 A forragem; a ração 「para galinhas, vacas, porcos, cavalos」. ◇ ~ Haigō ~ 配合飼料 A mistura de rações. [S/同] Esá.

shiryō[3] 史料 O material [regist(r)o); documento histórico. ◇ ~ hensanjo 史料編纂所 O centro de historiografia [de publicações de história].

shiryō[4] 死霊 O fantasma; a alma do morto. [S/同] Ońryō. [A/反] Ikíryō. ⇨ akúryō.

shiryō[5] 試料 A amostra. [S/同] Sánpuru (+).

shiryoku[1] 視力 A vista; a visão; a sensibilidade [faculdade] visual. ★ ~ ga otoroeru 視力が衰える ~ enfraquecer [baixar]. ~ ga yowai [yoi] 視力が弱い[よい] Ter vista fraca [boa]; ver mal [bem]. ~ o kaifuku suru 視力を回復する Recuperar a vista. ~ o ushinau 視力を失う Perder a vista [Ficar cego]. ◇ Kyōsei ~ 矯正視力 A vista corrigida.

shiryoku[2] 資力 Os recursos [meios/fundos] financeiros. Watashi ni wa kuruma o kau dake no ~ ga nai 私には車を買うだけの資力がない Não tenho meios [dinheiro] para comprar um carro. [S/同] Keízái-ryoku (+); záiryoku. ⇨ shíkin[1].

shiryóku[3] 死力 O esforço extremo [desesperado]. ★ ~ o tsukusu 死力を尽くす Fazer um ~ [Travar uma luta de morte] 「e derrotar o inimigo」.

shiryū 支流 1 [川の] O afluente. [S/同] Edá-gáwa. [A/反] Honryū; shuryū. 2 [もとのものから分かれた系統] A ramificação 「duma escola」; a fa(c)ção 「de partido」. [S/同] Buńké (+). [A/反] Shuryū.

shísa[1] 示唆 [E.] 1 [教えを暗示すること] A sugestão; a ideia. ★ ~ ni tonda ronbun 示唆に富んだ論文 Uma tese [Um artigo] estimulante [cheio de ~s]. ~ o ataeru 示唆を与える Dar sugestões [a ~]. ~ suru 示唆する Sugerir. [S/同] Añjí; sajésuchon. ⇨ hínto; honómékasu. 2 [そそのかすこと] A instigação. ★ Nusumi o ~ suru 盗みを示唆する Instigar a roubar; induzir a cometer um roubo. ⇨ sosónó-kasu; kyōsa.

shísa[2] 視差 [Astr.] A paralaxe 「do sol」.

shisái[1] 子細 1 [理由] A razão; o motivo; o significado; as circunstâncias. ★ ~ o setsumei suru 子細を説明する Explicar as/o ~. ⇨ jijǫ́[1]; riyū. 2 [物事の細かな状態・様子] As particularidades; os pormenores; 「todas」 as minúcias. ★ ~ ni shiraberu 子細に調べる Examinar minuciosamente. [S/同] Shṓsái (+). ⇨ ichíbu-shíjū. 3 [さしつかえ] A inconveniência; o impedimento. ★ ~ nakereba hanashite kudasai 子細無ければ話して下さい Se não tem inconveniente, diga-me 「o que aconteceu」. [S/同] Sashí-tsúkáe (o); shishǫ́ (+).

shisái[2] 司祭 O padre; o sacerdote; o pastor. [S/同] Shínpu (+). ⇨ bókushi; sō[4].

shisái[3] 詩才 [E.] A vocação [O talento] para a poesia.

shisáku[1] 思索 O pensar; a contemplação; a meditação. ★ ~ ni fukeru 思索にふける Meditar; ficar absorto em meditação. ~ suru 思索する Pensar; contemplar; meditar. [S/同] Shíi.

shisáku[2] 施策 A política; a medida 「contra a poluição」. ⇨ hōsáku[2]; keíkaku; taísáku[2].

shisáku[3] 試作 a) A fabricação experimental 「de uma máquina」; b) O cultivo experimental 「de uma variedade de arroz」; c) O estudo (esboço) 「de uma pintura」. ◇ ~ hin 試作品 O produto para experiência.

shisán[1] 資産 [Econ.] O a(c)tivo; a propriedade; os bens [meios]; a posse; os valores. ★ ~ ga aru [o motsu] 資産がある[を持つ] Ter [Possuir] bens. ~ ka 資産家 A pessoa rica [de meios]. ~ tōketsu 資産凍結 O congelamento dos bens. Jitsu [Meimoku] ~ 実 [名目] 資産 Os bens reais [nominais]. Katsudo [Kotei] ~ 活動 [固定] 資産 Os bens móveis [imóveis]. Mukei [Yūkei] ~ 無形 [有形] 資産 Os valores imateriais [materiais]. Ryūdō ~ 流動資産 O a(c)tivo em circulação. ⇨ záisan.

shisán[2] 試算 1 [ためしに計算すること] O cálculo aproximado [por alto/só para ter uma ideia]. ★ Ryokō no hiyō o ~ suru 旅行の費用を試算する Fazer um ~ das despesas da viagem. 2 [検算] O conferir a conta; o tirar a prova 「dos noves」.

shisán[3] 四散 [E.] A dispersão. ★ ~ suru 四散する 「a multidão」 Dispersar; espalhar-se [Kichō na shiryō ga sensō-chū ni ~ shite shimatta 貴重な資料が戦争中に四散してしまった Preciosos documentos ficaram dispersos [espalhados] por um lado e por outro durante a guerra]. [S/同] Buńsáń (o).

shisátsu[1] 視察 A inspe(c)ção; a observação. ★ Kaigai e ~ ni iku 海外へ視察に行く Ir ao estrangeiro [exterior] em viagem de ~. ~ dan 視察団 A delegação [missão] de ~. ~ ryokō 視察旅行 A viagem de ~ 「dos centros de ensino」.

shisátsu[2] 刺殺 1 [刺し殺すこと] O matar à facada [punhalada]. 2 [野球で] [(D)esp.] O pôr fora de jogo. [S/同] Tatchí-áuto.

shiséi[1] 姿勢 1 [体の構え方] A postura; a posição; a pose. Bōgyo no ~ o toru 防御の姿勢をとる Pôr-se na defensiva. Raku na ~ de suwaru 楽な姿勢で座る Sentar-se numa posição có(ô)moda. 楽な Taísěi. 2 [心の持ち方] A atitude. ★ ~ o tadasu 姿勢を正す Corrigir a sua ~. ~ Kō [Tei] ~ o toru 高 [低] 姿勢をとる Assumir uma ~ arrogante [humilde]. Maemuki no ~ de 前向きの姿勢で Com uma ~ positiva (construtiva). [S/同] Kokǫ́rǫ́-gámae; táido.

shiséi[2] 私製 A fabricação particular [privada]. ◇ ~ hagaki 私製葉書 O cartão postal de ~ (Não dos correios, com fim comercial). [A/反] Kańséi.

shiséi[3] 市政 A administração municipal. ⇨ chōséi[1]; kokúséi[1].

shiséi[4] 市制 A organização [O sistema/O regime] municipal.

shiséi[5] 市政 A administração (do país); o governo. ◇ ~ hōshin enzetsu 施政方針演説 A [O discurso de] apresentação do programa do governo 「pelo primeiro-ministro」. ~ ken 施政権 O poder [A autoridade] do/a ~ (central).

shiséi[6] 市井 [E.] A gente comum [da terra]. ★ ~ no hito [to] 市井の人(徒) Uma pessoa (qualquer) do povo. [S/同] Chimátá (+); shichū.

shiséi[7] 市勢 As condições demográficas e sócio-econó(ô)micas de uma cidade.

shiséi[8] 死生 A vida e a morte. ◇ ~ kan 死生観 A

「minha」concepção da vida e da morte. ［Pことわざ］~ mei ari 生命命あり ~ pertencem a Deus. ［S同］Séishi[1] (+) .

shiséi[9] 至誠【E.】A sinceridade; a devoção à verdade. ［Pことわざ］~ ten ni tsūzu 至誠天に通ず ~ chega aos céus [até Deus]. ［S同］Ma-gókoro (+) .

shiséi[10] 詩聖【E.】O grande poeta [gé(ê)nio da poesia]「Camões」.

shiséi[11] 資性【E.】O dom [talento] inato [natural]. ［S同］Ténsei (+) .

shiséi-ji 私生児 O filho ilegítimo [natural; bastardo].

shi-séikatsu 私生活 A vida privada [particular]. ★ ~ ni tachi-iru 私生活に立ち入る Intrometer-se na ~ de alguém.

shiséki[1] 史跡［蹟］O lugar [monumento] (de valor) histórico. ⇨ iséki[1].

shiséki[2] 歯石 O odontólito; o tártaro [a pedra/sarro] dos dentes.

shisén[1] 視線 O olhar; a vista. ★ ~ o sorasu 視線をそらす Desviar a/o ~ [os olhos]. Senaka ni ~ o kanjiru 背中に視線を感じる Sentir que alguém o está a observar por trás. ［S同］Mesén. ⇨ me[1].

shisén[2] 死線 O limiar [As portas] da morte. Kare wa ~ o samayotte iru 彼は死線をさまよっている Ele está entre a vida e a morte [está vai não vai (Col.)] .

shisén[3] 支線 O ramal [A linha secundária] da ferrovia. ［A反］Hónsen; kañsén.

shísetsu[1] 施設 **1**［ある目的のための建物や設備を設ける事, またその設備］As instalações. ◇ **Goraku** [**Undō**] ~ 娯楽［運動］施設 ~ recreativas [de recreio/de lazer/(d)esportivas]. **Gunji** ~ 軍事施設 ~ militares. **Kōkyō** ~ 公共施設 ~ públicas. **Kyōiku** ~ 教育施設 O estabelecimento educacional [de ensino]; ~ educacionais. ⇨ sétsubi. **2**［福祉施設の略］(Abrev. de "fukushi ~").

shísetsu[2] 使節 **a)** A delegação [missão]; **b)** O enviado [delegado]. ★ ~ to shite Burajiru e iku 使節としてブラジルへ行く Ir, como enviado, ao B. ◇ ~ **dan** 使節団 Uma ~ . **Shinzen** ~ 親善使節 A ~ de boa vontade. ⇨ shísha[2].

shisétsú[3] 私設 Uma instalação privada [particular]. ◇ ~ **hisho** 私設秘書 O secretário [A secretária] particular. ◇ ~ **yūbinbako** 私設郵便箱 A caixa (de correio) postal (particular). ［A反］Kañ[Kō]setsu.

shisha[1] 死者 O morto「em acidente」; o falecido; o defunto. Hikōki jiko de tasū no ~ o dashita 飛行機事故で多数の死者を出した O desastre aéreo regist(r)ou grande número de mortos [Houve muitos mortos no desastre de avião]. ★ ~ no meifuku o inoru 死者の冥福を祈る Rezar pelo (eterno) repouso (da alma) do ~ . ［S同］Shibōsha; shiníñ. ［A反］Séisha; Shōsha. ⇨ seízóñ ◇ .

shisha[2] 使者 O mensageiro; o emissário. ★ ~ o okuru [haken suru] 使者を送る［派遣する］ Mandar um ~ . ［S同］Messénjá; tsukáí. ⇨ shísetsu[2].

shisha[3] 支社 A filial [sucursal]「de empresa」. ［A反］Hónsha. ⇨ shikyókú; shitéñ[1].

shisha[4] 試写 A ante-estreia「do filme」. ◇ ~ **kai** 試写会 A (sessão) de ~ .

shisha[5] 試射 O experimentar a arma [o canhão]. ★ ~ suru 試射する ~ .

shisha-gonyū 四捨五入【Mat.】O arredondar um número maior que cinco para cima e menor que quatro para baixo. Ni-ten san roku o shōsūten dai ni-i de ~ suru to ni-ten yon ni naru 2.36 を小数点第 2 位で四捨五入すると 2.4 になる Arredondado para a primeira a segunda casa fra(c)cionária de dois vírgula trinta e seis, dá dois vírgula quatro. ⇨

shíshaku 子爵【A.】O visconde. ◇ ~ **fujin** 子爵夫人 A viscondessa.

shishamó 柳葉魚 (< Áinu susam)【Zool.】O eperlano (Espécie de salmão); spirinchus lanceolatus.

shíshi[1] 獅子【Zool.】O leão (Mas lendário, meio dragão). ★ ~ **funjin no ikioi** [hataraki] de 獅子奮迅の勢い［働き］で「lutar」Como um leão「trabalhar」Como um danado]. ◇ ~ **no mushi** 獅子身中の虫 O amigo perigoso [da onça]. ◇ ⇨ ~ **gashira** [mai; ppana; za]. ［S同］Raíóñ (+) .

shíshi[2] 四肢【E.】Os (quatro) membros; os braços e as pernas. ［S同］Té-ashi (+) .

shíshi[3] 志士 O (nobre) defensor「da pátria」. ★ **Kinnō no** ~ 勤皇の志士 Os defensores da restauração do imperador (nos últimos dias da era dos Tokugawa). ⇨ gíshi[5]; kókushi[3].

shíshi[4] 嗣子 O herdeiro; o sucessor. ［S同］Ató-tori (o); ató-tsugi (+); kéishi (+) . ⇨ séishi[10].

shíshi[5] 死屍【E.】O cadáver. ~ **ruirui taru arisama datta** 死屍累々たる有様だった Era um amontoado [Havia pilhas] de cadáveres.
［S同］Shigáí (+); shitáí (o); shikábáné (+) .

shíshi [ji-ii] シーシー・CC (< Ing. cubic centimeter < L.) O centímetro cúbico. ★ **Nihyaku-** ~ **no gyūnyū** 200 cc の牛乳 Duzentos centilitros [centímetros cúbicos] de leite.

shishí-gáshira 獅子頭 (< ~ [1] + kashírá) A máscara de leão (Usada na "shishí-mai").

shishí-mai 獅子舞 A dança do leão (em estilo de kabúki).

shishíñ[1] 指針 **1**［磁石盤・計器などの針］O ponteiro「de bússola/relógio」; o indicador. ［S同］Hári. **2**［物事の進むべき方向］O guia; o roteiro; o manual. ［S同］Dōhyō; hōshíñ (o); té-biki (+) .

shishíñ[2] 私心 O interesse pessoal; o egoísmo. ★ ~ **no nai** 私心のない Desinteressado; imparcial.

shishíñ[3] 私信 A carta [mensagem] particular.

shi-shinkei 視神経【Anat.】O nervo ó(p)tico (da vista/visão). ⇨ shíryoku[1].

shishíppáná 獅子っ鼻 (< ~ [1] + haná)【G.】O nariz achatado [de buldoque]. ［S同］Shishí-bana.

shishi-sonson 子子孫孫【E.】A posteridade; a geração; os descendentes. ★ ~ **ni itaru made** 子々孫々に至るまで Para as futuras gerações [A toda a sua posteridade]. ［S同］Dái-dai (+) . ⇨ shíson.

shishitō(gárashi) 獅子唐 (辛［芥］子)【Bot.】Um pimento verde, pequeno e pouco amargo.

shishítsú[1] 資質 O ser inato, o ter por natureza; o dom. ★ ~ **ni megumarete iru shijin** 資質に恵まれている詩人 O poeta inato [genuíno/dotado]. ［S同］Soshítsú.

shishítsú[2] 紙質 A qualidade de papel. ⇨ kamí[2].

shishítsú[3] 私室 A sala privativa.

shishítsú[4] 脂質【Bioq.】Os lípidos; as gorduras. ［S同］Shibō-bun. ⇨ tañpákú-shitsu; tōshítsú[2].

Shishí-zá 獅子座 (< shíshi[1] + za)【Astr.】O signo de leão. ⇨ shíshi-kyu.

shisho[1] 支所 A sucursal; um escritório local. ［A反］Hónsho. ⇨ shíbu[2]; shitéñ[1].

shísho² 司書 O bibliotecário.
shísho³ 四書【A.】Os quatro clássicos chineses. ◇ **～ gokyo** 四書五経 Os nove clássicos chineses.
shísho⁴ 私書 **a**) O documento particular; **b**) A carta confidencial.
shishṓ¹ 支障 O obstáculo; o impedimento; a complicação. ★ ～ *ga shōjiru* [*okiru*] 支障が生じる[起きる] Surgir um/a ～. ～ *naku* 支障なく Sem qualquer [nenhum] obstáculo. ～ *o kitasu* [*motarasu*] 支障を来す[もたらす] Trazer complicações; impedir; complicar; criar obstáculos.
shishṓ² 死傷 As mortes e os ferimentos. ★ ～ *suru* 死傷する Resultar em ～. ◇ **～ sha** 死傷者 Os mortos e feridos〔*Saiwai ni ～ sha wa denakatta* 幸いに死傷者は出なかった Felizmente não houve vítimas [mortos nem feridos]〕. ⇨ fushṓ¹; jūshṓ².
shíshō³ 師匠 **1** [学問・技芸などを教える人] O mestre; o professor; o instrutor. ★ ～ *ni tsuite koto o narau* 師匠について琴を習う Ter lições [uma professora] de koto. [S/同] Seńséi (+); shi. [A/反] Deshí. **2** [芸人に対する敬称] O mestre (Nome dado aos bons artistas). ★ *O ～ san* お師匠さん O meu grande mestre「na canção」.
shishṓ⁴ 私娼 A prostituta não regist(r)ada. [A/反] Kṓshō. ⇨ baíshún-fu.
shishó-bako 私書箱 (<… ⁴ + hakó) A caixa postal [de correio, particular]; C.P. ～ *hyaku-gō ni go-yūsō kudasai* 私書箱 100 号にご郵送下さい Remeta para a ～ (número) 100.
shishókú 試食 O experimentar [provar] comida. ★ *Burajiru ryōri o ～ suru* ブラジル料理を試食する Provar comida brasileira. ⇨ dokúmí; shiíń³.
shi-shṓsetsu [óo] 私小説 A novela [O romance] autobiográfica[o]. [S/同] Watákúshi-shṓsétsú (+).
shishṓ-sha [óo] 死傷者 ⇨ shishṓ² ◇.
shíshu¹ 詩趣【E.】O sabor poético. [S/同] Shijṓ (+).
shíshu² 死守【E.】A defesa renhida [de vida ou de morte]「do castelo」. ★ ～ *suru* 死守する Defender até à morte.
shishū́¹ 刺繍 O bordado. ★ ～ *suru* 刺繍する Bordar [Fazer bordado]. [S/同] Nuí-tórí.
shishū́² 詩集 A antologia [cole(c)tânea] de poesia. [S/同] Shisén-shū.
shishū́³ 死[屍]臭 O cheiro de cadáver(es) em putrefa(c)ção.
shishúkú¹ 止宿【E.】O pernoitar numa estalagem [hospedaria]. [S/同] Shukúhákú (+).
shishúkú² 私淑【E.】O admirar [ter por modelo].
shishún-ki 思春期 A puberdade. ★ ～ *ni naru* [*tassuru*] 思春期になる[達する] Atingir a [Chegar à] ～.
shishútsú 支出 A(s) saída(s) [despesa(s)]. ★ ～ *o herasu* [*sakugen suru*] 支出を減らす[削減する] Diminuir as [Cortar nas] despesas. ～ *suru* 支出する Gastar. ◇ **～ gaku** 支出額 O dinheiro gasto [que saiu]. **Rinji ～** 臨時支出 Os gastos [As ～] extraordinários[as]. [A/反] Shū́nyū́. ⇨ shibéń¹.
shisó¹ 紫蘇【Bot.】A perila; *perilla frutescens crispa*.
shíso² 始祖【E.】O fundador; o iniciador. ★ *Fujin undō no ～* 婦人運動の始祖 A ～ ra do movimento feminino「no J.」. [S/同] Gánso (+). ⇨ sénzo.
shisṓ¹ 思想 O pensamento「contemporâneo」; a ideia; a ideologia. *Sono sakka wa fude wa tatsu ga ～ wa nai* その作家は筆は立つが思想がない Esse escritor escreve bem mas tem poucas ideias [mas o conteúdo é fraco]. ★ ～ *o neru* [*yashinau*] 思想を練る[養う] Aperfeiçoar [Cultivar] a/o ～. ◇ **～ geki** 思想劇 O teatro ideológico. **～ han** 思想犯 O crime ideológico [social/político]. ⇨ **～ ka**. **Jidai ～** 時代思想 O ～ da época. **Kiken ～** 危険思想 A ideologia perigosa.
shisṓ² 死相 A fisionomia (do doente) que pressagia já a morte. ★ ～ *o teisuru* [*ga dete/arawarete iru*] 死相を呈する[が出て / 表れている]「a fisionomia」Pressagiar a [Dar indícios da] morte.
shisṓ³ 詩想 **1** [詩作の着想] A inspiração [imaginação] poética. **2** [詩の中に表された感情思想] O pensamento [sentimento] expresso no poema. ★ ～ *yutaka na sakuhin* 詩想豊かな作品 A obra cheia de sentimento [sabor] poético.
shisṓ⁴ 試走 A rodagem; a corrida experimental. ★ ～ *suru* 試走する Fazer a ～ do [Experimentar o] carro〔*Marason kōsu o ～ suru* マラソンコースを試走する Correr pela rota da maratona para experimentar/ensaiar〕. ◇ **～ sha** 試走車 O carro em ～.
shisṓ⁵ 志操【E.】Os princípios; a constância; a integridade. ★ ～ *kengo na hito* 志操堅固な人 A pessoa íntegra [de/fiel aos seus princípios].
shisṓ⁶ 使[指]嗾【E.】A instigação. [S/同] Seńdṓ (+). ⇨ keshíkákéru; sosónókásu.
shisṓ⁷ 歯槽【Anat.】O alvéolo de gengiva (Onde está incrustado o dente). ◇ **～ nōrō** 歯槽膿漏 A piorreia alveolar (do dente).
shī́sō [íi] シーソー (< Ing. seesaw) O baloiço (assente no chão); a gangorra (B.). ◇ **～ gēmu** シーソーゲーム O jogo do/a ～. ⇨ buránko.
shisóchṓ 始祖鳥【Biol./Pal.】O arqueoptérix; *archaeopterix* (A ave mais antiga que se conhece, metade ave metade réptil).
shisṓ-ká [oó] 思想家 O pensador; o ideólogo.
shi-sókónáí 仕損ない (< shi-sókónáu) O erro; a falha; o insucesso; o malogro. [S/同] Shikújíri-; shippáí (o); shissákú (o); shi-sóńjí.
shi-sókónáu 仕損なう **1** [するのを忘れる] Falhar; não fazer; perder a oportunidade. ★ *Mōshikomi o ～* 申し込みを仕損なう Não fazer a inscrição a tempo. **2** [失敗する] Errar「a conta」. ★ *Shūto o ～* シュートを仕損なう Errar o chuto/e; chutar mal. [S/同] Shikújíru; shippáí súrú (o).
shísoku¹ 子息 O filho. ★ *Go ～* 御子息 O seu ～. [S/同] Musúkó (o); segáré (+). ⇨ ko¹; kodómó.
shísoku² 四足 (As) quatro patas [pernas]. [S/同] Yotsú-áshí (+).
shísoku³ 四則【Mat.】As quatro operações fundamentais da aritmética (Soma [Adição], subtra(c)ção, multiplicação e divisão). [S/同] Kagéńjṓjo.
shíson 子孫 O [A] descendente. *Watashi wa Sōseki no ～ da* 私は漱石の子孫だ Eu sou descendente de Soseki. [S/同] Kṓéí; matsúéí; matsúryū́. [A/反] Sénzo; sósen. ⇨ shíshi-sonson.
shi-sóńjí 仕損じ (< shi-sóńjíru) O erro; a falha; a culpa. *Dare ni de mo ～ wa aru* 誰にでも仕損じはある Errar é humano. [S/同] Shikújíri; shippáí (o); shi-sókónáí; shissákú (o).
shi-sóńjíru 仕損じる Errar; falhar; estragar. [P/ことわざ] *Seite wa koto o ～* 急いてはことを仕損じる A pressa estraga tudo [é inimiga da perfeição]; devagar se vai ao longe. [S/同] Shikújíru; shippáí súrú (+).
shissákú 失策[錯] O erro; a falha; o estragar o

guisado (G.); o meter água (G.). ★ ~ *o suru* [*enjiru*] 失policyする[演じる] Cometer um erro; errar. S/同 Shikújìri; shippáí (+); shi-sókónáí.

shissé^í 失政 A má administração; o mau governo; a política mal conduzida. ⇨ akúsé^{í2}.

shissé^{í2} 執政 A administração; o governo.

shissé^{í3} 叱正 [E.] **1** [叱って誤りや不備な点を直させること] A admoestação. ⇨ keńséki; shissé^{í1}. **2** [添削や批評を人に頼む時、謙遜して言う語][Cor.] A「sua」crítica「corre(c)ção」「à minha obra」. *Go-~ o aogu* 御叱正を仰ぐ Fico à espera da sua ~. Fuséí. ⇨ teíséí¹.

shisséki¹ 叱責 A repreensão; a censura; a admoestação (severa). ★ ~ *suru* 叱責する Censurar; repreender; admoestar severamente「o filho」[*Fuchūi o ~ suru* 不注意を叱責する Repreender pelo descuido].

shisséki² 失跡 ⇨ shissó².

shisshín¹ 失神[心] O desmaio. ★ ~ *suru* 失神する Desmaiar; perder os sentidos. ◇ ~ *jōtai* 失神状態 O estado de ~. S/同 Kizétsú (+); sottó.

shisshín² 湿疹 [Med.] O eczema; a dermatose.

shisshó 失笑 [E.] O riso; a risada. ◇ ~ *o kinjienai* 失笑を禁じ得ない Não poder conter o ~. S/同 Fuńpań; ~ *da* fuki-dásu; waráí.

shisshókú 失職 ⇨ shitsúgyő.

shísso 質素 A simplicidade; a frugalidade. ★ ~ *na shokuji* 質素な食事 A refeição frugal [simples]. *~ ni kurasu* 質素に暮らす Viver modestamente [frugalmente]. S/同 Kánso; shitsúbókú; shitsújítsú. ⇨ keń'yákú.

shissó¹ 疾走 A corrida disparada (louca). ★ ~ *suru* 疾走する Disparar a correr [Correr como um louco]「(pela) ladeira abaixo」. ◇ **Zenryoku ~** 全力疾走 Correr a toda a velocidade. S/同 Shíkku?.

shissó² 失踪 O desaparecimento. ★ ~ *suru* 失踪する Desaparecer. ◇ ~ **jiken** 失踪事件 Um caso de ~. ~ **senkoku** 失踪宣告[届] A decisão judicial de ~「que considera a pessoa como morta」. Chikúdórí; shuppó.

shissókú 失速 (avião) perder altura [velocidade] (e cair). ★ ~ *suru* 失速する Perder altura.

shissúrú 失する [E.] **1** [失う] Perder; não ter. ★ *Jiki o ~* 時機を失する Perder「Não aproveitar/Deixar fugir」a educação]; ser rude [descuidado]. S/同 Issúrú (+); ushínáú (o); wasúrérú (o). **2** [度を越す] Exceder; ser「bom」demais. ★ *Osoki ni ~* 遅きに失する Ser tarde demais「para salvar o doente」. ⇨ sugírú.

shisú¹ (**úu**) 紙数 O número de páginas; o papel. ★ ~ *ga tsukiru* 紙数が尽きる Já não haver mais espaço「para eu escrever」. ⇨ maí-sú.

shisú² (**úu**) 指数 **1** [その数の果実を示す数字・文字] [Mat.] O expoente; a potência. ◇ **hōteishiki** [**kansū**] 指数方程式[関数] A equação [função] exponencial. **2** [生産高・物価・賃金などの統計で100を基準にした時の比率] O índice. ◇ **Bukka ~** 物価指数 ~ de preços. **Chinō ~** 知能指数 O [quociente] de inteligência. **Fukai ~** 不快指数 ~ de desconforto. S/同 Shihyő.

shisúru 死する[E.] Contribuir; conduzir「a」; servir. ★ *Kuni no hatten ni ~ seisaku* 国の発展に資する政策 A política [medida] que contribui [serve] para o desenvolvimento do país. S/同 Kőkéń súrú (+); yakú-dátsu (o).

shísúrú シースルー (< Ing. see through) Transparente. ★ ~ *no fuku* シースルーの服 O vestido ~.

shísútā シスター (< Ing. sister) **1** [カトリックの修道女] A irmã (religiosa); a freira. S/同 Amá-sáń; niső; shūdő-jo (+). **2** [女学生間で同性愛の相手] A parceira lésbica (entre as estudantes). S/同 Ésu.

shísutemu システム (< Ing. system < Gr.) O sistema「métrico/da empresa/da recolha do lixo」. *Kuni ni yotte kyōiku no ~ ga kotonaru* 国によって教育のシステムが異なる ~ educativo varia de país para país. ◇ ~ **kōgaku** システム工学 A engenharia de ~s. ~ **puroguramu** システムプログラム O programa sistemático. S/同 Hőshíkí; séido; sőshiki (o); taíkéí (+).

shitá¹ 下 **1** [位置が低い等] A parte inferior [O fundo/O baixo]; abaixo; em baixo; sob「a mesa」; debaixo「da mesa」. *Kare no ie wa koko yori ikkai ~ da* 彼の家はここより1階下だ A casa dele é logo no andar debaixo [é no andar por baixo do nosso]. ★ ~ *de* [*ni*]「下で[に]」 Em baixo. ★ ~ *de matte i nasai* ~ *da* 彼の~ *de matte i nasai* 下で待っていなさい Espere lá em baixo. 「*Saka*(*michi*) *no*」~ *ni* 「坂(道)の」の下に Ao [No] fundo da encosta. ~ *ni oku* 下に置く Deixar [Pôr] em baixo「*Hako no jōbu o ~ ni shite oku* 箱の上部を下にして置く Deixar a caixa virada [com a parte de cima] para baixo. *Kono pēji no migi* [*hidari*] ~ *ni* このページの右[左]下に Ao fundo desta página, à direita [esquerda]. *Sētā no ~ ni shatsu o kiru* セーターの下にシャツを着る Vestir uma camisa por baixo do pulôver」. ~ *e ochiru* 下へ落ちる Cair. ~ *e oriru* 下へ降りる Descer. ~ *kara kazoete go-gyō me* 下から数えて 5 行目 A quinta linha a contar de baixo. ~ *kara mi-ageru* 下から見上げる Olhar (de baixo) para cima. ~ *kara sasaeru* 下から支える Segurar de [por] baixo. ~ *no ha* 下の歯 Os dentes de baixo.「*Hashi no*」~ *o kuguru*「橋」の下をくぐる Passar por baixo da ponte. ~ *o miru* [*muku*] 下を見る[向く] Olhar para baixo. *Hiza ~ made no sukāto* 膝下までのスカート A saia até「que chega」abaixo do joelho. ◇ ⇨ [**~-ago** [**aji/bae/baki/bari/bataraki/bi/dori/e/gaki/gi/gokoro/goshirae/hara/ji/jiki/junbi/machi/mawari/me/mi/muki/me/nuri/obi/oshi/ppa/ppara/shirabe/sōdan/te/uke/yaku/yomi/zu/zumi**]. A反 Ué. ⇨ kábú¹.

2 [程度・地位・等級などが他より低いこと] A inferioridade de nível [posição; classe]. *Kachō wa buchō yori ~ da* 課長は部長より下だ O chefe de repartição é inferior ao dire(c)tor de serviço「de vendas」. *Sono seito no seiseki wa heikin yori ~ da* その生徒の成績は平均より下だ As notas desse aluno são inferiores à média dos colegas. ★ ~ *kara* [*te ni*] *deru* 下から[下に]出る Tomar uma atitude humilde. ~ *no mono* 下の者 O subordinado. *Kore yori hito-tsu ~ no saizu* これより一つ下のサイズ O tamanho, um número inferior a este. A反 Ué. ⇨ toshí-shitá.

3 [年齢が低いこと] A idade inferior. *Imōto wa watashi yori go-sai ~ desu* 妹は私より 5 歳下です A minha irmã é cinco anos mais nova (do que eu). ★ ~ *kara ni-ban me no ko* 下から 2 番目の子 O segundo filho a contar de baixo. A反 Ué. ⇨ toshí-shitá.

4 [その人の支配の及ぶ所] Debaixo; às ordens de.

Ano buchō no ~ de wa shusse no mikomi ga nai あの部長の下では出世の見込みがない Quem trabalhar ~ daquele dire(c)tor de serviços, não espere ser promovido [subir de posi ção]. [S/同] Motó. **5** [すぐあと] Logo a seguir; mal…; ainda… e…; mal「tinha prometido que não tornava a roubar assaltou uma loja」. *Kare wa warau ~ kara kurushisō ni seki o shita* 彼は笑う下から苦しそうに咳をした Ainda se estava a rir, (e) teve um ataque de tosse, que até se esganava. [S/同] Chókugo (+). **6** [下座] O assento inferior [longe da cabeceira da mesa]. ★ ~ *e mo okanai motenashi* 下へもおかないもてなし O tratar as visitas com extrema cortesia. [S/同] Shimózá (+). **7** [代金の一部や借金の抵当にあてる品物] A entrada de um pagamento; o sinal. ★ ~ *ni dasu* 下に出す Dar de sinal [entrada]. ~ *ni toru* 下に取る Receber como entrada. [S/同] Shitá-dórí (+).

shitá[2] 舌 **1** [べろ] A língua. ★ ~ *ga arete iru* 舌が荒れている Estar com a ~ áspera.「*Kare wa*」~ *ga koete iru*「彼は」舌が肥えている Ele tem o paladar apurado.「*Sono kotoba wa*」~ *no saki made dekakatte ita*「その言葉は」舌の先まで出かかっていた Eu tinha a palavra mesmo na ponta da ~. ~ *o dasu* 舌を出す **a**) Pôr [Deitar] a ~ de fora; **b**) Rir-se de alguém; **c**) Deitar a ~ de fora ao ver que se enganou「na música」. ~ *o kamu* [*kamikiru*] 舌をかむ[かみ切る] Morder a ~. ~ *o maku* 舌を巻く Ficar pasmado [espantado; admirado; maravilhado] [*Ano gaijin no ryūchō na nihon-go ni wa nihonjin de sae mo ~ o maku* あの外人の流暢な日本語には日本人でさえも舌を巻く Até os japoneses se admiram da fluência em japonês daquele estrangeiro]. ★ ~ *o narasu* 舌を鳴らす Estalar [Dar um estalo com] a ~ (⇨ shitá-úchí). [S/同] Béro.
2 [しゃべること] A fala; a lábia; a língua. ★ ~ *ga mawaru* 舌が回る Tagarelar; ser loquaz [falador]; falar muito [*Yoku sonna ni ~ ga mawaru ne* よくそんなに舌が回るね Como você é tagarela!]. ~ *ga motsureru* 舌がもつれる Balbuciar; ficar com a ~ presa. ~ *no ne no kawakanu uchi ni* 舌の根の乾かぬうちに Mal acabar de falar「e fazer o contrário」. ~ *no saki de hito o marumekomu* 舌の先で人を丸め込む Convencer os outros com a sua lábia「a fazer-lhe um empréstimo」. [P/ことわざ] ~ *wa wazawai no ne* 舌は禍の根 A língua é a origem de todos os males. ◇ ⇨ **~ birame** [**namezuri**/**saki**/**tsuzumi**/**uchi**/**zawari**]. [S/同] Kuchí (+). ⇨ kuchí-sákí.

shitá-ágó 下顎 A maxila [O queixo/O maxilar] inferior. [A/反] Uwá-ágó.

shitá-ájí 下味 O tempero prolongado. ★ ~ *o tsukeru* 下味をつける Deixar「a carne」de tempero [a temperar].

shitá-báé 下生え (<… + haéru) A vegetação rasteira; o mato「da floresta」. ⇨ zassṓ.

shitá-bákí[1] 下履き (<… + hakú) O calçado para usar fora de casa. [A/反] Uwá-bákí.

shitá-bákí[2] 下穿き (<… + hakú) A calcinha (De mulher); a cueca (Em geral); a ceroula (Comprida, de homem). ⇨ hadági; shitágí.

shitá-bárá 下腹 ⇨ shitá-h[b]ará.

shitá-bárí 下張[貼]り (<… + harú) O forro; o revestimento interno「do biombo」. [A/反] Uwá-bárí.

shitá-bátaraki 下働き (<… + határákú) **1** [部下になって仕事をすること又は人] O trabalhador [trabalhar] às ordens de outro. ★ ~ *o suru* 下働きをする Trabalhar às ordens de outro. ⇨ búka. **2** [炊事・雑用などをすること，または人] O (trabalhar como) criado [empregado]. [S/同] Shitá-máwari.

shitá-bí 下火 (<… + hí) **1** [火の勢いが弱くなること] O borralho; o fogo sem força [intensidade]; o fogo que já amainou. *Kaji wa yatto ~ ni natta* 火事はやっと下火になった Finalmente o incêndio amainou [diminuiu de intensidade]. **2** [はやらなくなること；勢いの弱くなること] O passar [perder a força]; a diminuição. *Gakusei undō mo mohaya ~ da* 学生運動ももはや下火だ O movimento estudantil já passou/acabou. [S/同] Shitá-múkí **2**. [A/反] Uwá-múkí. **3** [天火などで下から当てる火] O fogo [lume] brando; as brasas. [A/反] Uwá-bí.

shitá-bírame 舌平目 (<…[2] + hirámé) 【Zool.】 O linguado; a solha; *soleoidei*.

shitá-dórí 下取り (<… + tóru) A troca「da máquina velha pela nova」como parte do pagamento. ★ ~ *suru* 下取りする Fazer uma ~ [*Kuruma o ~ shite morau* [*ni dasu*] 車を下取りしてもらう[に出す] Dar o carro (antigo) em troca do novo]. ⇨ hikí-tóru.

shitá-é 下絵 **a**) O esboço「do quadro」; **b**) O desenho「do padrão do vestido」. [S/同] Déssan; shitá-zú. ⇨ shitá-gákí; sukétchi.

shitágáéru 従える・随える (< shitágáú) **1** [ひきつれる；つれて行く] Fazer-se acompanhar; levar consigo. ★ *Buka* [*Jūsha*] *o ~* 部下[従者]を従える Ser acompanhado dos [pelos] seus subordinados [criados]. [S/同] Hikí-tsúréru. **2** [服従させる；征服する] Subjugar; conquistar; dominar. ★ *Chihō no gōzoku o ~* 地方の豪族を従える ~ poderosos clãs regionais. [S/同] Seífúkú súrú (+). [A/反] Fukújū súrú.

shitá-gákí 下書き (<… + káku) **1** [書道・文章の] O rascunho. ★ ~ *o seisho suru* 下書きを清書する Passar o ~ a limpo. [S/同] Sṓán; sṓkṓ. [A/反] Seíshó. **2** [絵の] O esboço. ★ ~ *suru* 下書きする Fazer o ~. [S/同] Déssan. ⇨ shitá-é; sukétchi.

shitágáru したがる (< shi-tái[4] + -gáru) Querer [Gostar de] fazer. *Kodomo-tachi wa benkyō o shitagaranai* 子供たちは勉強をしたがらない As crianças não gostam de estudar「gostam de brincar」.

shitágátte 従って (< shitágáú) **1** […のとおりに] Conforme; de acordo com; segundo. *Gishiki wa kanrei ni ~ okonawareta* 儀式は慣例に従って行われた A cerimó[ô]nia realizou-se ~ o costume. ⇨ -dōri[3]. **2** […につれて] Na proporção de; à medida que. *Toshi o toru ni ~ shiryoku ga otoroeru* 年をとるに従って視力が衰える A vista vai enfraquecendo com a idade [à medida que se envelhece]. [S/同] Tsurété. **3** [それ故] Por isso; portanto; por conseguinte. *Kono hoteru no setsubi wa ichiryū da. ~ shukuhaku-ryō mo takai* このホテルの設備は一流だ．従って宿泊料も高い As instalações deste hotel são de primeira (classe), e ~ a hospedagem [diária] também é cara. [S/同] Dá kara (+); sokó dé; soré yúe ni; yotté.

shitágáú 従う (⇨ shitágáéru) **1** [(自分よりもまさっているものの)あとについて行く] Seguir; ir atrás「de」. *Sūseki no bōto ga kyodai na fune ni shitagai parēdo o shite ita* 数隻のボートが巨大な船に従いパレードをしていた Houve um desfile [uma parada] com um navio gigantesco seguido de várias lanchas. [S/同] Tsúite iku. **2**「他の意向の通りになる；服従する」Obedecer; aceitar; acatar「uma ordem」. ★ *Chizu ni shitagatte susumu* 地図に従って進む Ir, seguindo as indicações do mapa. ᴾᶜᵗᵒʷᶻ *Oite wa ko ni shitagae* 老いては子に従え Obedeça aos [Oiça os] filhos na velhice. Fukújú súrú; kuppúkú súrú; tsuíjú súrú. Ⓢ/圓 Sakaráu. **3**「進む方向に沿う」Seguir; acompanhar. *Kawa no nagare ni shitagatte kudaru* 川の流れに従って下る Descer seguindo o [ao longo do] rio. Ⓐ/反 Sakaráu. ⇨ naráu³; sóu¹.

shitá-gí 下着 (<… + kirú) A roupa interior [íntima/de baixo]. Ⓢ/圓 Hadági. ⇨ uwá-gí.

shitá-gókoro 下心 (<… +kokóro) **1**「ひそかに考えている事柄」A intenção oculta. Ⓢ/圓 Hónshin (+); shíntei. **2**「たくらみ」A trama; a maquinação; as segundas intenções. ★ ～ *ga aru* 下心がある Ter segundas intenções. Ⓢ/圓 Keíryákú (+); takúrámí (o).

shitá-góshirae 下拵え (<… + koshíraérú) **1**「前以って準備をしておくこと」A preparação「da cimeira」; o trabalho preparatório「do congresso internacional」. ★ ～ *o suru* 下拵え (を) する Preparar. Ⓢ/圓 Júnbi (+); shitágúmí; shitá-júnbi; yóí (+). **2**「前もって大体こしらえておくこと」O fazer antes [de véspera]. *Páti no shokuji no* ～ *wa daitai dekite iru* パーティーの食事の下拵えは大体できている A comida para a festa está quase pronta. Ⓢ/圓 Shitá-zúkuri.

shitá-h[b]ará 下腹 O baixo-ventre; o abdó[ô]-men; a barriga. Ⓢ/圓 Kafúkúbu; shitá-pápá.

shitái¹ 死［屍］体 O cadáver. ★ ～ *o shiyô suru* 死体を収容する Recolher o ～. ◇ ～ **hakkutsu [iki]** 死体発掘［遺棄］A exumação [O abandono] do ～. ～ *kaibô* 死体解剖 A autópsia. Ⓢ/圓 Nakígáyá; shigái; shikábáné. Ⓐ/反 Seítáí. ⇨ itáí²; shísha¹.

shitái² 肢体【E.】Os membros do corpo. ◇ ～ **fujiyū-ji** 肢体不自由児 A criança físicamente deficiente. Ⓢ/圓 Té-ashi (+). ⇨ gótai.

shitái³ 姿態【E.】A figura「elegante」; a pose. ～ *Namamekashii* ～ なまめかしい姿態 ～ provocante [sedutora]. Ⓢ/圓 Karádá-tsúkí (+); súgata.

shi-tái⁴ したい (< surú + -tái) Querer fazer. ～ *koto wa nan demo yatta* したいことは何でもやった Fiz (tudo) o que quis. ⇨ hossúrú; nozómú¹.

shitái-hôdai「óo」したい放題 (< shi-tái¹ + -hôdai²) O fazer o que quiser; o fazer à (sua) vontade. ★ ～ *ni sasete oku* したい放題にさせておく Deixar (fazer) à vontade.

shitá-jí 下地 (<… + chí²) **1**「物事の基礎」O alicerce; a base. *Porutogarugo no* ～ *ga dekite iru no de Burajiru e itte mo shinpai nai* ポルトガル語の下地が出来ているのでブラジルへ行っても心配ない Como já tem a base do p., pode ir ao B. sem preocupação. Ⓢ/圓 Dodáí (+); kíso (o); sóji. **2**「本来の性質」A vocação [costela (G.)]「de pianista」; o jeito inato. Ⓢ/圓 Soshítsú (+). **3**「壁の下地」O esqueleto da parede.

shitá-jíki 下敷き (<… + shikú) **1**「下に敷く物」A pastazinha (Cartão de plástico, etc., para colocar debaixo do papel de escrever). ★ *Nôto ni* ～ *o shiite kaku* ノートに下敷きを敷いて書く Colocar uma ～ [um cartão] no caderno [bloco], para escrever. **2**「大きな物の下に敷かれること」O ficar debaixo [do carro e morrer」. ★ ～ *ni naru* 下敷きになる Ficar soterrado [debaixo「dos escombros da casa」]. **3**「元になるもの」O modelo「duma peça teatral/dum romance」. ★ *Koten o* ～ *ni suru* 古典を下敷にする Basear-se numa obra clássica. Ⓢ/圓 Móderu; tehón (+).

shitá-júnbi 下準備 O preparar um pouco [de antemão]. Ⓢ/圓 Júnbi (+); shitá-góshirae **1**; yóí (+).

shitá-kénbun 下検分 O ir ver antes o [A inspe(c)ção do] local「do seminário/congresso」. Ⓢ/圓 Shitá-mí **1** (+).

shitákú¹ 支［仕］度 **1**「用意」A preparação; os preparativos. ★ ～ *o suru* 支度をする Preparar; fazer os ～ [*Kekkon* [*Ryokô*] *no* ～ *o suru* 結婚［旅行］の支度をする Preparar o casamento [a viagem]. ～ *o totonoeru* 支度を整える Fazer todos os ～; preparar tudo [bem preparadinho]. ◇ ～ **kin** 支度金 A ajuda de custo. **2**「身じたく」O arranjar-se [vestir-se (e…)] para sair. ◇ ～ **beya** 支度部屋 O quarto do [com] toucador. Ⓢ/圓 Mí-jítaku.

shitákú² 私宅【E.】⇨ shitéí¹; jítákú.

shitá-máchi 下町 A (parte) baixa「de Tóquio」(Geralmente com mais lojas e mais concorrida). ◇ ～ **jôcho** 下町情緒 A atmosfera [O sabor/O cheiro] da ～. Ⓢ/圓 Yamá-nó-té.

shitá-máwari 下回り (< shitá-máwaru) **1**「雑用に従事している者」**a)** O subalterno; o subordinado; **b)** O trabalho de subordinado. Ⓢ/圓 Shitá-bátaraki (+). **2**「歌舞伎役者の」O auxiliar [ajudante] de cena [palco]. Ⓢ/圓 Ó-béyá.

shitá-máwaru 下回る Ser menos「gente」do que「se esperava」; ficar abaixo「do capital necessário」. ★ *Yosô o* ～ 予想を下回る Ficar abaixo da expectativa. Ⓐ/反 Uwá-máwáru.

shitá-mé 下目 **1**「目を下に向けること」O olhar para baixo. **2**「見下げること」O olhar de desprezo. ★ *Aite o* ～ *ni miru* 相手を下目に見る Lançar um ～ ao outro. ⇨ mi-ságéru.

shitá-mí 下見 (<… + míru) **1**「下検分」O ir ver o local「do exame」com antecedência. ★ ～ (*o*) *suru* 下見 (を) する … Ⓢ/圓 Shitá-kénbun. **2**「下読み」A preparação da lição. Ⓢ/圓 Shitá-yómí (+). ⇨ yoshú.

shitámí-íta 下見板 As ripas [tábuas] pregadas horizontalmente (por fora da parede).

shitá-múki 下向き (<… + mukú) **1**「下方を向くこと」O virar para baixo; o baixar「os faróis」. ★ *Koppu* ～ *ni oku* コップを下向きに置く Pôr o copo virado para baixo. Ⓐ/反 Uwá-múkí. ◇ utsúbúsé. **2**「衰えて行くこと」O decrescer [diminuir]. Ⓢ/圓 Shitábí **2**. Ⓐ/反 Uwá-múkí. **3**「相場・物価の」 [Econ.] A tendência (para a baixa) [das cotações da bolsa]. ◇ ～ **kehai** 下向き気配 Os sinais de ～. Ⓐ/反 Uwá-múkí.

shitán 紫檀【Bot.】O pau-rosa; o sândalo vermelho; *pterocarpus santalinus*. ★ ～ *no kagu* 紫檀の家具 A mobília [O móvel] de ～.

shitá-námezuri 舌舐めずり (<…² + namézúru) 【G.】**1**「舌で唇をなめること」O lamber os beiços「ao ver o bolo」. **2**「欲しいものを待ちかまえること」O esperar ansiosamente [já saborear]. ★ ～ *o suru* 舌舐めずりをする … ⇨ machí-kámáéru.

shitá-né 下値 (<… + nedáí) O preço mais baixo「do que o preço do mercado」. Ⓢ/圓 Yasú-ne. Ⓐ/反 Uwá-né.

shitá-núri 下塗り (<… +nurú) A primeira pintura [demão de tinta]. Ⓐ/反 Uwá-núri.

shitá-óbi 下帯 **1**「ふんどし」A tanga-cueca. Ⓢ/圓

Fundóshí (+). **2**[女性が長襦袢の上にしめる帯] A faixa do vestuário interior de senhora.

shitá-óshi 下押し (<…+osú)【Econ.】A queda; o declínio; a baixa. ◇ ~ **gimi**[**kehai**]下押し気味[気配] A tendência baixa (da bolsa). ⇨ gerákú.

shitáppá 下っ端【G.】Um subalterno [funcionareco/funcionário qualquer].
S/同 Shitá-yákú **2**; shitá-zúmí **2**.

shitáppárá 下っ腹【Col.】⇨ shitá-hára.

shitári-gáo したり顔 (⇨ kaó)【G.】O ar triunfante. S/同 Tokúi-gáo (+).

shitá-sáki 舌先 **1**[舌の先] A ponta da língua. **2**[ことば] A lábia; as falinhas mansas; a fala meliflua. ★ ~ *de hito o ayatsuru* 舌先で人を操る Iludir [Levar alguém na onda] com a (sua) lábia. ◇ ~ **sanzun** 舌先三寸 O enganar alguém com muita lábia. S/同 Benzétsú (+); kuchí-sákí (o).

shitáshí-ge 親しげ (< shitáshíi + keº) O ar de intimidade. ★ ~ *ni furumau* 親しげに振る舞う Tratar com intimidade. S/同 shinímítsú.

shitáshíi 親しい **1**[仲がよい] Íntimo; familiar; amigo. *Watashi wa kare to* ~ *desu* 私は彼と親しい Eu sou muito amigo dele (Ele e eu) somos íntimos (amigos)]. ★ ~ *tomodachi* 親しい友達 O amigo íntimo. *Shitashiki naka ni mo reigi ari* [ことわざ]*Shitashiki naka ni mo kaki o seyo*]親しき仲にも礼儀あり[親しき仲にも垣をせよ] Ama o teu vizinho mas não derrubes a tua cerca/Amigos amigos, negócios à parte. S/同 Kokóró-yásúi; kón'i na; mutsúmájíi. **2**[なじみ深い]『essa palavra é-me』Familiar. ★ *Jimoku ni* ~ 耳目に親しい Ser familiar à vista e ao ouvido. S/同 Najímí-búkái. **3**[血縁が近い] Chegado [Próximo] por parentesco. ★ ~ *enja* 親しい縁者 O parente chegado/próximo. S/同 Chikái.

shitáshíku 親しく (Adv. de "shitáshíi") **1**[親密に] Intimamente; familiarmente; com confiança. ★ ~ *suru* 親しくする Ter relações amigáveis [*Kare wa iroiro na gaikokujin to* ~ *shite iru* 彼はいろいろな外国人と親しくしている Ele tem confiança com diversos estrangeiros]. S/同 Shinímítsú ní. **2**[直接; 自ら]『eu vi』Pessoalmente; em pessoa. ★ ~ *kenbun suru* 親しく見聞する Ver e ouvir ~ [por si próprio].

shitáshímí 親しみ (< shitáshímu) A intimidade; a familiaridade; a amizade; a afeição; a confiança. ★ ~ *ga aru* 親しみがある Ter intimidade. ~ *ga waku* 親しみがわく Afeiçoar-se. ~ *o idaku*[*kanjiru*; *oboeru*]親しみを抱く[感じる; 覚える] Ganhar [Sentir] amizade. S/同 Shinkín-kan.

shitáshímu 親しむ **1**[人と打ち解けて仲良くする] Fazer [Ter] amizade; simpatizar; ser amigo; confraternizar; conhecer bem. ★ *Shitashimi-yasui hito*[*kao*]親しみやすい人[顔] A pessoa sociável/acessível [Um rosto afável]. S/同 Náka-yoku suru (+). **2**[なじむ] Familiarizar-se [Entrar em conta(c)to]『com』; gostar/Ser útil/jardinagem』. *Naganen shitashimarete kita ekimae hiroba* 永年親しまれてきた駅前広場 A, há muito familiar, praça, em frente da estação. ★ *Shizen ni* ~ *shitashimu seikatsu* 自然に親しむ生活 A vida em conta(c)to com a natureza. I/慣用 *Tōka* ~ *no kō* 灯火親しむの候 A época propícia para a leitura à luz da lâmpada; as noites de outono. S/同 Najímu.

shitá-shírábé 下調べ (<…+ shirabéru) **1**[下調査] O exame [A inspe(c)ção] preliminar. S/同 Shitá-kénbun; yobí-chōsa. **2**[予習] A preparação『da lição/das aulas』. S/同 Yoshú (+).

shitá-sōdan 下相談 As conversações preliminares; a consulta prévia『sobre o problema』. ★ *Kai no shinkō ni tsuite* ~ *o suru* 会の進行について下相談をする Ter uma ~ sobre os assuntos a tratar na reunião. S/同 Uchí-áwásé (+).

shitátáká したたか **1**[程度がはなはだしいようす] Severamente;『bater com a cabeça』com toda a força; muito; excessivamente. ★ *Ashi o* ~ *butsuketa* 足をしたたかぶつけた Bati fortemente com a perna『e dói-me』. S/同 Hanáhádá; hagéshíku (+); hídoku (o). ⇨ tsúyoku. **2**[一筋縄ではいかないようす] O ser『uma mulher』temível [forte]. ◇ ~ **mono** したたか者 A pessoa dura [de alto lá com ela (G.)]. ⇨ tegówái.

shitátáméru 認める **1**[書き記す] Escrever; regist(r)ar. ★ *Nikki*[*Tegami*]*o* ~ 日記[手紙]を認める Escrever o diário[a carta]. ⇨ káku¹. **2**[食べる] Comer; dar ao dente (G.). S/同 Tabéru (+).

shitá-tárazu 舌足らず (<…² + Neg. de "tarú") **1**[たどたどしいしゃべり方] O cecear (Pronunciar mal os ss e cc); o ceceio; a língua presa. **2**[表現が不十分なこと] A expressão imperfeita (trôpega/coxa). *Watashi no iikata ga* ~ *datta* 私の言い方が舌足らずだった A minha explicação foi imperfeita.

shitátári 滴り (< shitátáru) A gota (pinga)『de água』. S/同 Shizúkú (+).

shitátáru 滴る **1**[しずくとなって落ちる] Pingar; gotejar. I/慣用 *Mizu mo* ~ *ii otoko* 水も滴るいい男 O homem muito belo. **2**[みずみずしさがみちみちている] Ser viçoso; ter muita seiva. ★ ~ *bakari no midori* 滴るばかりの緑 O verde viçoso.

shitáté¹ 仕立て (< shitátéru) **1**[衣服を作り上げること] A costura; a confe(c)ção; o corte. ★ ~ *ga umai* 仕立てがうまい Bom alfaiate; boa costureira. ~ *no yoi*[*warui*]*fuku* 仕立てのよい[悪い]服 O fato bem [mal] feito. ◇ ~ **agari** 仕立て上がり Acabado de fazer; novinho. ~ **mono** 仕立て物 **a)** A roupa para costurar; **b)** Fatos feitos [~ *mono o suru* 仕立て物をする Costurar (Fazer) fatos]. ~ **naoshi** 仕立て直し O tornar a fazer o fato. ~ **oroshi** 仕立ておろし A roupa nova em folha. ~ **ya** 仕立て屋 O alfaiate; a modista (costureira). ⇨ nuí-móno; saíhō. **2**[用意すること] O preparar [arranjar] algo especial. ★ *Tokubetsujitate no basu de iku* 特別仕立てのバスで行く Ir num autocarro [ônibus] especial [alugado]. S/同 Júnbi (+); shitákú; yōi (+).

shitá-té² 下手 **1**[下方] A parte de baixo. ⇨ Kahó (+). S/同 shimó-té. **2**[へりくだること] O baixarse [humilhar-se; ser modesto]. ★ ~ *ni deru* 下手に出る Assumir uma atitude humilde. S/同 Shitá-dé. A/反 Uwá-té. ⇨ herikúdáru. **3**【Sumō/Bas.】O lance rasteiro (da bola); o agarrar (o adversário) por baixo do braço. ~ **nage** 下手投げ O agarrar por baixo do braço e pôr fora da arena. A/反 Uwá-té.

shitátéru 仕立てる **1**[裁縫する] Costurar; trabalhar de alfaiate; confe(c)cionar [fazer] fatos. *Sono kōto wa doko de o-shitate ni narimashita ka* そのコートはどこで仕立てになりましたか você mandou fazer esse casaco [sobretudo]? ⇨ saíhō; shitate¹. **2**[乗り物を準備する] Arranjar [Alugar] 「uma camioneta」. [S/同] Júnbi suru (+); shitákú súrú; yṓí suru (+). ⇨ sashí-múkéru. **3** [養成する] Treinar; ensinar. ★ *Musume o joyū ni* ~ 娘を女優に仕立てる Treinar a moça para a(c)triz. [S/同] Shikómu (o); yṓséí súrú (+). ⇨ sodátéru. **4** [本来そうでないものを手を尽くしてそれらしく見せかける] Fazer passar por 「ladrão/impostor」. *Watashi wa kanojo o kon'yakusha ni shitatete tomodachi ni shōkai shita* 私は彼女を婚約者に仕立てて友達に紹介した Eu apresentei-a a um amigo fazendo-a passar por minha noiva.

shitáté-yá 仕立て屋 ⇨ shitáté[1] ◇.

shitá-tsúzumi 舌鼓 O estalo [estalido] com a língua. ★ ~ *o utsu* 舌鼓を打つ **a**) Dar estalos com a língua; **b**) Gostar; achar que 「o doce」 está de estalo [que é ó(p)timo].

shitáú 慕う **1** [恋しがる] Suspirar [Ansiar] 「por」; sentir saudades. ★ *Kokyōo* ~ 故郷を慕う Suspirar pela terra natal. [S/同] Koíshígáru. **2** [敬慕する] Adorar; idolatrar; admirar. ★ *Shi no gakufū o* ~ 師の学風を慕う Admirar o método de ensino do professor. [S/同] Kéibo suru. **3** [後を追う] Seguir [Ir atrás 「dele até ao B.」]. *Sono inu wa shujin no ato o shitatte doko e demo tsuite kuru* その犬は主人の後を慕ってどこへでもついてくる Esse cão segue o dono para toda a parte. ⇨ oú[1].

shitá-úchí 舌打ち (<…[2]+útsu) O estalo de [com a] língua. ★ ~ *suru* 舌打ちする **a**) Dar estalos com a língua; **b**) Não aceitar; ser contra.

shitá-úké 下請け (<… + ukéru) O subcontrato; a subempreitada. ★ ~ *ni dasu* 下請けに出す Subcontratar; subempreitar. ◇ **~ gyōsha** 下請け業者 O subcontratador; o subempreiteiro.

shitá-yákú 下役 **1** [部下] O subordinado; o subalterno. [S/同] Búka (+); háika (o). [A/反] Uwáyákú. **2** [職業上の地位の低い人] O funcionário subalterno [fraco/reles]. [S/同] Shitáppá (+); shitázúmí.

shitá-yómí 下読み (<… + yómu) **a**) Uma primeira [O ensaio da] leitura; **b**) A preparação da lição [da aula]. ⇨ shitá-mí; shitá-shírabe.

shitá-záwari 舌触り (<…[2]+sawárú) O paladar; o sabor; o gosto. ★ ~ *ga yoi* [*warui*] 舌触りが良い[悪い]Ter um ~ agradável [desagradável].

shitá-zú 下図 ⇨ shitá-é.

shitá-zúmí 下積み (<… + tsumú) **1** [荷物の] A carga (Por ex. a mala) que ficou debaixo de outra. **2** [人生の] A mó de baixo; o escravo. ★ ~ *no seikatsu o suru* 下積みの生活をする Viver [Estar] na ~. [S/同] Shitáppá; shitá-yákú **2**.

shitchí[1] 湿地 O pântano; o pantanal; o lodaçal; o brejo; o charco. ◇ **~ tai** 湿地帯 A área [terra] pantanosa. ⇨ numá.

shitchí[2] 失地【E.】 **1** [戦争などで失った領土] O território perdido 「na guerra」. ◇ **~ kaifuku** 失地回復 A recuperação do [O reconquistar o] ~. **2** [失った地位・立場・地盤] A posição [base 「eleitoral」] perdida.

shitchṓ 失調 **1** [不調になること] O desequilíbrio; o mau funcionamento; a ataxia; a falta de coordenação nos movimentos. ◇ **Jiritsu-shinkei ~ shō** 自律神経失調症 O desequilíbrio do sistema nervoso autó[ô]nomo. [S/同] Suránpu (+). ⇨ fuchṓ[1]. **2** [バランスをくずすこと] O desequilíbrio; a falta. ◇ **Eiyō ~** 栄養失調 A des[sub]nutrição.

shité[1] 仕手 (< surú + te) **1** [する人] A pessoa que faz [ouve/trabalha]. *Byōnin no sewa no* ~ *ga nai* 病人の世話の仕手がない Não há [tem] quem cuide do doente. **2** [能・狂言の] O protagonista [a(c)tor principal] no nô. ⇨ wakí[2]. **3**【Econ.】O operador; o especulador. ◇ **~ sen** 仕手戦 A guerra [luta] entre especuladores 「da bolsa」.

shité[2] して (< surú)【Conj.】E; então. ~ *kimi wa dō suru no* して君はどうするの E você, que vai [Sendo assim, que vais] fazer? [S/同] Soré-dé (+); soshíté (o).

shíte[3] して (< surú) Até 「você faz pouco de mim」; tal. ★ *Minna* ~ *ijimeru* みんなしていじめる Todos fazem pouco de mim. [P/ことわざ] *Kono oya ni* ~ *kono ko ari* この親にしてこの子あり Tal pai, tal filho.

shitéí[1] 指定 A determinação; a marcação; a designação; a indicação; a especificação. ~ *no jikan ni okurenai yō ni shi nasai* 指定の時間に遅れないようにしなさい Procure chegar à hora indicada [marcada]. ◇ **~ seki** 指定席 O assento [A poltrona] reservado/a. [S/同] Seńtéí; shíji; shotéí.

shitéi[2] 子弟【E.】 **1** [子] Os filhos. ★ *Ryōka no* ~ 良家の子弟 ~ de boa família. [A/反] Fukéi. **2** [若者] As crianças; os jovens. [S/同] Neńshṓ-sha.

shitéi[3] 師弟 O mestre e o discípulo. *Ano futari wa* ~ *no kankei ni aru* あの二人は師弟の関係にある Aqueles dois são mestre e discípulo. ⇨ deshí; seńséi[1]; shíshṓ[3].

shitéí[4] 私邸 A residência particular 「do presidente」. [S/同] Shitákú. [A/反] Kańtéí; kṓtéí.

shitéí[5] 視程【Met.】⇨ shikáí[2].

shitékí[1] 指摘 A indicação; o apontar 「a causa da doença」. ★ *Tanin kara jakuten* [*machigai*] *o* ~ *sareru* 他人から弱点[まちがい]を指摘される Apontarem-nos os nossos fracos [erros]. ⇨ abáku; shimésu[1].

shi-tékí[2] 私的 O ser 「um assunto」 particular [privado; pessoal]. ★ ~ *na kanjō o sashihasamu* 私的な感情をさしはさむ Trazer à reunião o seu sentimento pessoal. ◇ **~ seikatsu** 私的生活 A vida particular [privada]. [S/同] Kojíń-tékí. [A/反] Kṓ-tékí.

shi-tékí[3] 詩的 Poético. ⇨ sańbúń[1].

shité mo しても (< surú) Ainda [Mesmo] que; mesmo assim. ★ *Sore ni* ~ それにしても Mesmo assim 「eu não quero」. ⇨ to shité mo.

shitéń[1] 支店 A filial; a agência; a sucursal. ★ *Burajiru ginkō Tōkyō* ~ ブラジル銀行東京支店 A agência do Banco do Brasil em Tóquio. *San Pauro ni* ~ *o dasu* サンパウロに支店を出す Abrir uma ~ em S. Paulo. ◇ **~ chō** 支店長 O gerente [dire(c)tor] da ~. [S/同] Buńtéń. [A/反] Hońtéń.

shitéń[2] 支点【Fís.】O fulcro; o ponto de apoio da alavanca. ⇨ rikítéń.

shitéń[3] 視点 O ponto de vista. [S/同] Kánten (o); kénchi (+).

shitétsú 私鉄 (Abrev. de "shiéí tétsudō") A empresa privada de caminhos [estradas] de ferro. [A/反] Kokútétsú.

shité wa しては (< surú) Para. *Jūnigatsu ni* ~ *atatakai* 12月にしては暖かい Para dezembro, está quente. *Kimi ni* ~ *jō-deki da* 君にしては上出来だ Para (ser) você, está ó(p)timo. ⇨ wari-ní.

shité yárú してやる (< surú + …)【G.】 **1** [して上げる] Fazer (algo) a outrem. *Tori-kago no naka o kirei ni* ~ 鳥かごの中をきれいにしてやる Vou limpar-lhe a gaiola. **2** [思い通りにうまくやりおおせる；たく

らんでうまくだます］Burlar; lograr; levar「alguém na conversa」; enganar. *Bon'yari shite iru to kare ni shite yarareru [kare ni namerareru] zo* ぼんやりしていると彼にしてやられる［彼になめられる］ぞ Se você se descuida, ele leva [engana]-o. ⇨ damásu.

shī-tī-sukyánā シーティー［CT］スキャナー（< Ing. computed tomography *scanner* < L.）O aparelho para tomografia (axial computorizada).

shíto[1] 使途【E.】A justificação [finalidade] do gasto. ★ ～ *fumei no kane* 使途不明の金 Os gastos não justificados. [S/同] Tsukáímíchí (o); yṓto (+).

shíto[2] 使徒 O apóstolo (Sobretudo os doze escolhidos pelo Senhor). ◇ **～ gyōden** 使徒行伝【Bí.】"Os A(c)tos dos Apóstolos".

shitṓ[1] 死闘【E.】A luta desesperada; o combate mortal.

shitṓ[2] 至当 O ser「um contrato/tratamento」justo [apropriado/razoável/justificado]. [S/同] Datṓ (+); tekísétsú (+); tekítṓ (o).

shī́to [íi] シート（< Ing. sheet/seat） **1**［切手の］A folha「de selos postais」. **2**［座席］O assento; a poltrona. ◇ ⇨ **Shirubā ～** シルバーシート [S/同] Séki (o); za-sékí (+).

shitógéru 為遂げる（< surú + …）Terminar「o trabalho」; completar; realizar. [S/同] Nashí-tógéru (+).

shitoméru 仕留める **1**［撃ち止めて殺す］Matar com [de] um tiro. *Kuma o ippatsu de shitometa* 熊を一発で仕留めた Matou o urso de um tiro [com um tiro certeiro]. **2**［ねらっていたものを自分のものにする］Conseguir (obter) o que queria. *Kanojo o tōtō shitometa* 彼女をとうとう仕留めた Finalmente consegui conquistá-la. ⇨ i-tóméru.

shitóné 茵・褥【E.】O colchão [A cama]「de erva, no campo」.

shitóron シトロン（< Fr. citron < L.）A limonada. ⇨ remónḗdo.

shítoshito しとしと【On.】Suavemente; silenciosamente; mansamente. *Ame ga ～ (to) futte iru* 雨がしとしと（と）降っている A chuva está caindo ～ [Cai mansa a chuva「e eu, só, à janela」].

shitóyaka 淑やか O ser grácil [gentil; distinto; meigo; modesto]. ★ ～ *na josei* しとやかな女性 A mulher ～. ～ *ni aruku [furumau]* しとやかに歩く［振る舞う］Ter um andar [ar] ～. ◇ **～ sa** しとやかさ A graça; a distinção; [S/同] ténga; yū́ga.

shitsú[1] 質 **1**［品質］A qualidade. ★ ～ *ga yoi [warui]* 質が良い［悪い］Ser de boa [má] ～. ～ *o otosu [sageru]* 質を落とす［下げる］Baixar a ～. *Ryō yori* ～ 量より質 ～ é mais importante que a quantidade. ⇨ hińshítsú; jisshítsú; naíyṓ[1]. **2**［素質］**a)** A natureza; a índole; o temperamento. ★ *Tensei no* ～ 天成の質 O ～ natural. [S/同] Soshítsú (+). ⇨ mochí-máé; seíshítsú; táchi[1]. **b)** A matéria「vegetal」(⇨ tańpákú-shitsu).

shitsú[2] 室 **1**［部屋］O quarto「no. 8」(Us. só em palavras compostas, por ex. byō ～; ～ gai); a sala. ◇ **Kōi ～** 更衣室 O camarim「com toucador」; o vestiário. [S/同] Heyá (+). **2**［妻］【A.】A esposa. ◇ **Sei ～** 正室 ～ legítima. [S/同] Tsúma (+).

shitsū́ 歯痛 A dor de dentes; a odontalgia. [S/同] Ha-ítá (+).

shī́tsu [íi] シーツ（< Ing. sheet）O lençol (Pl. lençóis). [S/同] Shikífú.

shitsúbṓ 失望 A decepção; a desilusão. ★ ～ *no iro o kao ni dasu [ukaberu]* 失望の色を顔に出す［浮かべる］Parecer (estar) desiludido. ～ *suru* 失望する Ficar decepcionado; desiludir-se. ◇ **～ kan** 失望感 A sensação de ～. [S/同] Shítsui; zetsúbṓ. ⇨ gakkári.

shitsúbókú 質朴 A simplicidade. ★ ～ *na [no]* 質朴な［の］Simples; não sofisticado. [S/同] Juńbókú; shitsújítsú; sobókú. ⇨ jitchókú; majímé; shṓjíkí.

shitsúchō 室長 O chefe de se(c)ção [escritório/laboratório]. ⇨ shitsú[2] **1**.

shítsudo 湿度 A [O grau de] (h)umidade. ◇ **～ kei** 湿度計 O higró[ô]metro. ⇨ óndo[1].

shitsúgai 室外 **a)** O ar livre; **b)** Fora do quarto. [S/同] Kógai (+); okúgai (o). [A/反] Shitsúnai. ⇨ shitsú[2] **1**.

shitsúgéń[1] 失言 O lapso da língua; a gafe; o dizer algo [fazer um comentário] impróprio. ★ ～ *o torikesu* 失言を取り消す Retratar-se; retirar a palavra [o que disse]. ～ *suru* 失言する Cometer um/a ～. ⇨ hṓgéń[2].

shitsúgéń[2] 湿原 O brejo; o pântano; o pantanal; o charco; o lamaçal; a terra pantanosa. ◇ **～ shokubutsu** 湿原植物 A vegetação pantanosa.

shítsugi 質疑 A pergunta; a questão; a interrogação; a interpelação. ◇ **～ ōtō** 質疑応答 Perguntas e respostas; o debate. [S/同] Shitsúmóń (+). [A/反] Heńtṓ; ṓtṓ.

shitsúgó-shṓ 失語症【Med.】A afasia [perda da fala]. ◇ **～ kanja** 失語症患者 O (doente) afásico.

shitsúgyṓ 失業 O desemprego. ★ ～ *suru* 失業する Ficar desempregado. ◇ **～ ritsu** 失業率 O índice de ～. **～ sha** 失業者 O desempregado. [S/同] Shisshókú. [A/反] Shū́gyṓ. ⇨ jishókú; rishókú[2]; taíshókú[2].

shitsū́-hattatsu [úu] 四通八達 As ligações「rodoviárias」em todas as dire(c)ções [para toda a parte]. *Waga-kuni wa tetsudō ga ～ shite iru* 我が国は鉄道が四通八達している O nosso país (J.) tem ligações ferroviárias em todas as dire(c)ções.

shítsui 失意 O desespero; a decepção; a desilusão; o perder a vontade de viver. ★ ～ *no donzoko ni aru* 失意のどん底にある Estar no mais profundo desespero. [S/同] Fugū́; shitsúbṓ. [A/反] Tokúí.

shítsuji 執事 O mordomo「dum senhor feudal」.

shitsújúń 湿潤【E.】A (h)umidade. ★ ～ *na kikō* 湿潤な気候 O clima (h)úmido. ⇨ shikké; shimérí-ké; shítsudo.

shitsúké[1] 躾（< shitsúkéru[1]）A educação; a disciplina; o ensino (em casa). *Ano katei dewa kodomo no ～ ga yuki-todoite-iru* あの家庭では子供の躾が行き届いている Os filhos daquela família são bem educados. ★ ～ *ga yoi [warui]* 躾が良い［悪い］Ter boa [má] educação. ⇨ reígí; sáhō.

shitsúké[2] 仕付け（< shitsúkéru[2]）O alinhavo (Costura provisória). ◇ **～ ito** 仕付け糸 Os pontos [A linha] de ～.

shitsúkéru[1] 躾ける Ensinar; educar. ★ *Kodomo o* ～ 子供を躾ける ～ os filhos. ⇨ shitsúké[1].

shitsúkéru[2] 仕付ける（< surú + …） **1**［するのに慣れている］Estar acostumado. [S/同] Shináréru (+). **2**［しつけ糸をかける］Alinhavar. ★ *Kimono no suso o* ～ 着物の裾を仕付ける ～ a bainha do vestido.

shitsúkói しつこい **1**［執拗な・うるさい］Persistente; importuno; insistente; teimoso. *O-mae wa ～ ko da ne* お前はしつこい子だね Você é teimoso, heim [Mas que menino (tão) teimoso]! ～ *yōkyū* しつこい

要求 O pedido importuno. [S/同] Kudói; shitsúyṓ; urúsái. **2** [なかなか治らない] Teimoso; persistente. ★ ～ *byōki* [*kaze*] しつこい病気[風邪] A doença [gripe] teimosa/que não quer passar. **3** [味などが濃厚である] Pesado; rico; forte. *Kono ryōri wa* ～ この料理はしつこい Esta comida é「demasiado」～.

shitsúkóku しつこく (Adv. de "shitsúkói") Insistentemente; persistentemente; importunamente. ★ ～ *kuisagaru* しつこく食い下がる Estar sempre a molestar. [S/同] Shitsúyṓ ní; urúsáku.

shi-tsúkúsu 為尽くす (＜ surú ＋ …) Fazer tudo「o que é mau」. *Kare wa wakai toki ni dōraku no kagiri o shitsukushita* 彼は若い時に道楽の限りをし尽くした Ele experimentou tudo quanto é prazer na mocidade.

shitsúméí 失明 A perda da vista. ★ ～ *suru* 失明する Perder a vista; ficar cego.

shitsúmóń 質問 A pergunta. *Go-* ～ *wa go-zaimasen ka* 御質問はございませんか Têm alguma ～? ★ ～ *ni kotaeru* 質問に答える Responder à ～. ～ *no ya-omote ni tatsu* 質問の矢面に立つ Ser alvejado [alvo duma saraivada] de ～s. ～ *o abiseru* 質問を浴びせる Bombardear com perguntas. ～ *o sorasu* 質問をそらす Fugir [Não responder] à ～. ～ *suru* 質問する Perguntar; interrogar; interpelar. ～ *zeme ni au* 質問攻めに会う Ser bombardeado com [de] ～. *Kyūsho o tsuita* ～ 急所を突いた質問 ～ pertinente [certeira/que foi mesmo ao ponto (essencial da questão)]. *Surudoi* ～ 鋭い質問 ～ arguta. ◇ **～ sha** 質問者 O [A] interpelante「na Dieta」; o que pergunta [que faz ～]. **Shokumu ～** 職務質問 O interrogatório policial (de um suspeito). [S/同] Jińmóń; shimóń; shítsugi.

shitsúmu 執務 O desempenho das suas funções; o despacho「de negócios」; o serviço; o trabalho. ★ ～ *chū de aru* 執務中である Estar em serviço [「ministro」em despacho]. ～ *suru* 執務する Desempenhar as suas funções; despachar; trabalhar. ◇ **～ jikan** 執務時間 O horário de trabalho; o expediente. ⇨ gyṓmu; jímu[1].

shitsúnai 室内 O interior (da casa); dentro de casa [da sala/do quarto]. ◇ **～ antena** 室内アンテナ A antena interior. **～ gaku** 室内楽 A música de câmara. **～ ondo** 室内温度 A temperatura dentro [interior] (⇨ shitsúóń). **～ sōshoku** 室内装飾 A decoração interna [interior]. **～ yūgi** 室内遊戯 Os jogos de salão. [S/同] Kónai; okúnai. [A/反] Kógai; okúgai; shitsúgai.

shitsúnéń 失念【E.】O lapso da memória; o olvido; o esquecimento. ★ ～ *suru* 失念する Olvidar; esquecer; ter um ～. [S/同] Dowásure (+); monó-wásure. ⇨ wasúrérú.

shitsúóń 室温 A temperatura da sala [do quarto/dentro de casa]. ⇨ kióń.

shitsúrei 失礼 **1** [無作法] A falta de educação [maneiras]; a rudeza; a descortesia. ～ *nagara sono iken ni wa hantai desu* 失礼ながらその意見には反対です Desculpe [Peço desculpa], mas sou contra essa opinião. *Ō-hanashi-chū* ～ *desu ga chotto o-tazune shite yoroshii desu ka* お話中失礼ですがちょっとお尋ねしてよろしいですか Desculpe interrompê-lo, mas posso fazer uma pergunta? *Sonna koto o ittara* ～ *ni naru* そんなことを言ったら失礼になる Isso [Dizer uma coisa dessas] seria uma descortesia. ★ ～ *na* 失礼な Mal-educado; rude; descortês; grosseiro [～ *na hito ne* 失礼な人ね Que pessoa sem educação [Que falta de maneiras]! ～ *na shitsumon* 失礼な質問 A perqunta indiscreta]. ～ *suru* 失礼する Pedir desculpa [licença] [～ *shite saki ni yasumasete itadakimasu* 失礼して先に休ませていただきます Com sua licença, vou(-)me deitar]. [S/同] Búrei; bu-sáhō; hiréí; shikkéi. **2** [わびる時のあいさつの言葉] O pedir desculpa. *Henji ga okurete* ～ *shimashita* 返事が遅れて失礼しました Peço desculpa pelo atraso da resposta. *Kore wa* ～ これは失礼 Queira desculpar (, sim?). [S/同] Shikkéi. **3** [別れる時のあいさつの言葉] O pedir licença para sair. *Koko de* ～ *sasete itadakimasu* ここで失礼させていただきます「não se incomode com acompanhar-me até à porta」Vou-me já despedir. [S/同] Shikkéi. **4** [欠席・早退の時のあいさつの言葉] O pedir licença para se levantar do lugar ou não poder ir「à reunião」. *Chotto* ～ *shimasu* ちょっと失礼します Com licença「e sai da sala」. [S/同] Shikkéi.

shitsúréń 失恋 A frustração no amor; a desilusão amorosa; a perda do/a namorado/a. ★ ～ *suru* 失恋する Falhar no namoro; ficar abatido pela ～.

shitsú-ryō 質量 **1** [力学的量] A massa (A unidade de ～ é o kg. – quilograma). ★ ～ *fuhen* [*hozon*] *no hōsoku* 質量不変[保存]の法則 A lei da conservação da matéria. ◇ **～ sū** 質量数 O número da massa. ⇨ jū́ryō[1]; omósá. **2** [質と量] A qualidade e a quantidade. ★ ～ *tomo ni* 質量共に Tanto em qualidade como em quantidade.

shitsú-tékí 質的 Qualitativamente. ★ ～ *ni kōjō suru* 質的に向上する Progredir ～ [Melhorar em qualidade]. [A/反] Ryṓ-tékí.

shitsúyṓ 執拗【E.】**1** [頑固] A constância「na investigação」; a obstinação; a tenacidade. ★ ～ *ni shuchō suru* 執拗に主張する Insistir obstinadamente. [S/同] Gánko (+); ikóji; katá-íjí. **2** [しつこいこと] A insistência; o maçar; o ser importuno. ★ ～ *na kōgeki o kuwaeru* 執拗な攻撃を加える Atacar importunamente. ⇨ nebárí-zúyói; shitsúkói; urúsái.

shítta 叱咤【E.】A repreensão (forte mas com boa intenção); o encorajamento. ★ ～ *suru* 叱咤する Repreender; ser duro. ◇ **～ gekirei** 叱咤激励 O forte encorajamento. ⇨ shikárú.

shittáí 失態 O erro; o disparate. ★ ～ *o enjiru* 失態を演じる Cometer [Fazer] um ～. [S/同] Shū́táí (+).

shittá-ká-búrí 知ったかぶり O pedante; o sabe-tudo; o sabichão.

shittátsu-ri 執達吏 ⇨ shikkṓ[1].

shittéń 失点 **a)** Os pontos perdidos「num jogo」; **b)** O「ministro」baixar [perder pontos (Col.)「na opinião pública」. [A/反] Tokútéń.

shittéń-báttṓ 七転八倒 O contorcer-se de dores. ★ ～ *no kurushimi o suru* 七転八倒の苦しみをする Contorcer-se de dores. [S/同] Shichítéń-báttṓ.

shítto 嫉妬 O ciúme; a inveja. ★ ～ *bukai* 嫉妬深い O ciumento; o invejoso. ～ *suru* 嫉妬する Ter ciúme [inveja]. ◇ ⇨ **～ shin**. [S/同] Rínki; yakímóchi. ⇨ netámí.

shittṓ[1] 執刀 (O fazer) uma operação (cirúrgica); o usar a lanceta (Col.). *Sono shujutsu wa Mori kyōju no* ～ *no moto ni okonawareta* その手術は森教授の執刀の下に行われた A [Essa] operação foi feita pelo Professor Mori. ⇨ geká; kaíbṓ[1]; shújutsu.

shittṓ[2] 失投【Beis.】O lanç(ament)o descuidado

S

[fraco/distraído] da bola. Ⓐ/反 Kótō.

shittóri しっとり **1** [少し湿りけを含んだきま] (Im. de 「fato」 (h)úmido [「prado」 molhado]). ★ *Kirisame ni ~ nureru* 霧雨にしっとり濡れる Ficar molhado com o chuvisco. **2** [落ちついて静かなさま] (Im. de sossegado [calmo/tranquilo]). ★ ~ *shita fun'iki* しっとりした雰囲気 O ambiente sossegado. ⇨ ochítsúkú; shízuka.

shittó-shin 嫉妬心 O ciúme; a inveja; o coração ciumento. ⇨ shítto.

shittsúí 失墜 【E.】 A perda. ★ ~ *suru* 失墜する Perder; cair [*Daigaku no ken'i o ~ saseta jiken* 大学の権威を失墜させた事件 O caso que fez perder o prestígio à universidade].

shiúchí 仕打ち O tratar「mal os filhos」. ★ *Hidoi ~ o ukeru* ひどい仕打ちを受ける Receber maus tratos; ser muito maltratado. ⇨ atsúkáí; furú-máí.

shiúnten 試運転 A viagem para experimentar「o carro/barco」.

shiwá 皺 **1** [皮膚の] A ruga. ★ *Hitai ni ~ o yoseru* 額に皺を寄せる Franzir o sobrolho [Fazer rugas na testa]. ◇ ~ **kucha** [**yose**]. **2** [物の] A ruga. ★ ~ *darake no* 皺だらけの「の」「pano」 Todo enrugado. ~ *ni nariyasui kiji* 皺になりやすい生地 O tecido que enruga facilmente [fica logo enrugado].「*Airon de zubon no*」 ~ *o nobasu*「アイロンでズボンの」皺を伸ばす Passar as calças a ferro (para tirar as ~ s).

shiwágaréru 嗄れる Rouquejar; ficar rouco. S/間 Shagaréru (+).

shiwáké[1] 仕分け (< shiwákéru) A classificação; a separar「as revistas/o correio」. ⇨ shiwákéru. S/間 Buńrúí (o); kúbetsu (+); kúbun (+).

shiwáké[2] 仕訳 O regist(r)o diário「das contas」. ~ **chō** 仕訳帳 O livro do ~.

shiwákéru 仕分ける Separar; classificar. ★ *Yūbinbutsu o ~* 郵便物を仕分ける ~ o correio. S/間 Buńrúí súrú (o); kúbetsu suru (+); kúbun suru (+).

shiwá-kuchá-kuchá 皺くちゃ 【G.】 **a)** Rugoso; **b)**「papel」 Amarrotado; amassado. ★ ~ *ni naru* 皺くちゃになる Ficar ~. S/間 Shiwádarake. ⇨ shiwá **1**.

shiwású 師走 【E.】 O mês de dezembro; o fim do ano. ⇨ júní-gátsú.

shiwá-yóse 皺寄せ (< ··· + yoséru) O fazer pagar o pato [as favas] aos outros. ★ ~ *suru* 皺寄せする Passar o trabalho [abacaxi] a outrem. ⇨ eíkyó.

shiwázá 仕業 A obra. *Kore wa yatsu no ~ ni chigai nai* これはやつの仕業に違いない Isto é obra [foi coisa] daquele maroto, sem dúvida. ★ *Kami no (mi-) ~* 神の(御)仕業 Obra de Deus. S/間 Shogyó; shói. ⇨ okónáí.

shíya 視野 **1** [視界] O campo visual [de visão]; a vista. ★ ~ *ga saegirareru* 視野が遮られる Ficar com a ~ cortada. ~ *ni hairu* 視野に入る Entrar no ~. S/間 Shikái[2]. **2** [物事を観察し批評する範囲] O ponto de vista; a perspectiva; a visão [do problema]. *Kare wa ~ ga hiroi [semai]* 彼は視野が広い[狭い] Ele tem vistas largas [estreitas]. ★ ~ *o hirogeru* 視野を広げる Ampliar as vistas; abrir-se; [ganhar]novas perspectivas. *Hiroi ~ kara [nitatte] mono o iu* 広い視野から [に立って] ものを言う Falar de um ~ amplo [aberto/mais lato]. S/間 Shikíkén.

shiyákú 試薬 【Quím.】 O reagente.

shi-yákúsho 市役所 A câmara municipal; a prefeitura. ⇨ ku-yákúsho.

shiyó[1] 使用 O uso; o emprego; a utilização; a aplicação. *Shitei no yōshi igai go- ~ ni naranaide kudasai* 指定の用紙以外御使用にならないで下さい Não use outro papel além do indicado. ~ *chū* 使用中 (掲示) 「quarto de banho/telefone」 Ocupado! ★ ~ *dekiru [dekinai]* 使用できる[できない] Que se pode [não se pode] usar. ~ *jō no chūi* 使用上の注意 Observações sobre o uso「da máquina」. ~ *o kinjiru* 使用を禁じる Proibir o uso. ~ *suru* 使用する Usar; utilizar; empregar; aplicar. *Kono seihin wa ōku no katei de ~ sarete iru* この製品は多くの家庭で使用されている Este artigo é usado em muitas casas. ◇ ~ **hō** [**ken/nin/ryō/sha**]. ~ **kachi** 使用価値 A utilidade (rentabilidade). S/間 Mochíiru; tsukáú.

shiyó[2] 私用 **1** [自分・個人のために使うこと] O uso privado [pessoal/particular/individual]. ~ *no* 「*yunomi*」 私用の「湯呑み」A chávena (sem asa) de ~. Ⓐ/反 Kōyō. **2** [自分の用事] O assunto [negócio/caso] particular. ★ ~ *de yasumu* 私用で休む Faltar [Não vir「trabalhar」] por motivos particulares. ◇ ~ **denwa** 私用電話 O telefonema [A chamada telefó(ni)ca] para um ~. S/間 Shíji. Kōyō.

shiyó[3] 仕様 **1** [やり方] O jeito; o modo; a maneira; o meio. *Hanashi no ~ ni yotte wa, wakatte moraeru ka-mo shirenai* 話の仕様によっては, わかってもらえるかもしれない Se soubermos apresentar-lhe [apresentar-lhe o caso], pode ser que ele aceite. ★ ~ *ga nai* 仕様がない Paciência! S/間 Hōhō (o); shikátá (+); shúdan (+). **2** [整えてある設備] As especificações. ★ *Ēbiesu* ~ABS 仕様 O sistema de travagem segura. ◇ ~ **sho**.

shiyó[4] 試用 A experiência; o teste「da máquina」. ★ ~ *suru* 試用する Experimentar「um novo remédio」. ◇ ~ **kikan** 試用期間 O período de ~.

shiyó[5] 飼養 A criação. ★ ~ *suru* 飼養する Criar 「porcos/galinhas」. S/間 Shíikú (+).

shiyó[6] 枝葉 【E.】 **1** [木の枝や葉の部分] A rama [Os galhos e as folhas]; as pontas. Ⓐ/反 Końkán. ⇨ edá; ha[2]. **2** [物事の主要な部分でなく, それに付随している大して重要でない部分] A menor; a superfície; a parte secundária; o pormenor. ~ *ni wataru* 枝葉にわたる Entrar [Perder-se] em pormenores「e deixar o principal」. S/間 Edá-há. Końkán.

shiyó[7] 子葉 【Bot.】 O/A cotilédone. ⇨ Futá-ba. ⇨ hoń-bá[2].

shiyō[shō] gá náí [**oó**] 仕様がない (⇨ shiyó[3]) **1** [方法・手段がない] Não ter jeito [(outra) maneira]. *Kore yori hoka ni ~* これより他に仕様がない Não há [tem] outra maneira. S/間 Shikátá[Shō] gá nái. **2** [やむを得ない] Paciência! *Nakushite shimatta mono wa ~* なくしてしまったものは仕様がない Se perdeu「o passaporte」, ~ [não adianta chorar]. S/間 Yamúó-énai. **3** [手に負えない] Ser intratável [incontrolável]. ★ ~ *otenba musume* 仕様がないおてんば娘 Uma menina travessa que não há maneira (de controlar). S/間 Shiyō nó nái (+); té ní oenai. **4** [がまんできない] Intolerável; insuportável. *Atsukute ~* 暑くて仕様がない Não aguento este calor/Está um calor insuportável/terrível! S/間 Shikátá gá nái; tamaránái.

shiyō-hó [**yoó**] 使用法 O modo de usar「o remé-

dio」. ⇨ shiyō[1].
shiyō-ken [óo] 使用権 O direito de uso; o usufruto.
shíyoku 私欲 O interesse [proveito] próprio; o desejo egoísta. ★ ~ *ni me ga kuramu* 私欲に目がくらむ Deixar-se cegar pelo ~. ~ *no nai* 私欲のない Sem egoísmo. ◇ **Shiri** ~ 私利私欲 ~ .
shiyō-nín [óo] 使用人 1 [他人に雇われている人] O empregado. ★ ~ *o oku* 使用人を置く Ter [Meter] empregados. S/同 Júgyōin (+); yatói-nín. A/反 Koyōsha; shiyōsha 2; yatóinushi. ~ *no gishí*[1]; meshí-tsúkai; shitá-bátaraki. 2 [⇨ shiyō-sha 1].
shiyō nó[mó] nái 仕様の[も]ない Inútil; que não presta [serve] para nada; incorrigível. ★ ~ *kodomo [koto]* 仕様のない子供[こと] A criança incorrigível [Um caso perdido/Uma coisa inútil].
shiyō-ryō[1] [yóo] 使用料 O custo do uso「da máquina/dos esquis」.
shiyō-ryō[2] [yóo] 使用量 O consumo「de óleo」. S/同 Shóhí-ryo.
shiyō-sha [óo] 使用者 1 [物を使う人] O usuário [utente], o consumidor. S/同 Shóhí-sha; yúzā. 2 [人を使う人] O que dá emprego; o patrão. S/同 Koyō-sha; yatói-nushi. A/反 shiyō-nín 1.
shiyō-shó [óo] 仕様書 As especificações escritas「do novo modelo de carro」. ⇨ shiyō[3] 2.
shíyū[1] 雌雄 1 [動物のおすとめす] O macho e a fêmea. ◇ ~ **dōshu** 雌雄同株【Zool./Bot.】A mone-[noi]cia. ⇨ mesú[1]; osú[1]. 2 [勝負] A supremacia; a vitória ou a derrota. ★ ~ *o kessuru* 雌雄を決する Decidir quem ganha [vale mais]. S/同 Kachímake (+); shóhái (o).
shiyū[2] 私有 A propriedade particular [privada]. ◇ ~ **butsu** 私有物 A coisa particular. ~ **zaisan** 私有財産 Os bens privados. A/反 Kōyú.
shiyū[3] 市有 O ser municipal [do município/da prefeitura]. ⇨ kokuyú.
shízai[1] 私財 Os bens privados; a fortuna. ★ ~ *o nage-utsu [tōjiru]* 私財を投げうつ[投じる] Gastar [Investir] toda a ~「num proje(c)to」; sacrificar ~「tirar do seu próprio bolso」.
shízai[2] 資材 O material. ◇ **Kenchiku** ~ 建築資材 ~ de construção. S/同 zaíryō.
shízai[3] 死罪 ⇨ shikéí[1].
shízan 死産 O parto de nado-morto. ⇨ ryúzan.
shízei 市税 O imposto municipal. ⇨ kokúzéí.
shizén[1] 自然 1 [天地万物] A natureza. ★ ~ *ni kaeru* 自然に帰る Voltar à [ao conta(c)to com a] ~. ~ *ni shitashimu* [~ *o aisuru*] 自然に親しむ[自然を愛する] Amar a ~. ~ *no kyōi* 自然の驚異 As maravilhas da ~. *Haha naru* ~ 母なる自然 ~ mãe. ◇ ~ **chiri (gaku)** 自然地理 (学) A geografia física. ~ **genshō** 自然現象 O fenó[ô]meno natural [da ~]. ~ **hogo** 自然保護 A preservação [prote(c)ção] da ~. ~ **kagaku** 自然科学 As ciências naturais. ~ **kai** [**kan**]. ~ **kōen** 自然公園 O parque natural. ~ **shoku** [**shokuhin**] 自然食[食品] O alimento [produto alimentar] natural. ~ **sūhai** 自然崇拝 A adoração da ~. ⇨ ~ **tōta**. ◇ ~ **sei** [人間や物に本来備わっている性質] A naturalidade. 2 [当然] O ser lógico [natural/de esperar]. *Kō iu kekka ni naru no wa* ~ *da* こういう結果になるのは自然だ É natural que o resultado seja este. S/同 Tōzén (+). 4 [おのずからであること] A naturalidade; a espontaneidade; o automatismo [ser automático]. ★ ~ *ni [to]* 自然に[と] Naturalmente; espontaneamente; automaticamente. ~ *no nariyuki ni makaseru* 自然の成り行きに任せる Deixar as coisas seguir o seu caminho [as coisas a si mesmas]. ◇ ~ **hō** [**jin/sū/taisū**]. ~ **kansō** 自然乾燥 A secagem natural. ~ **shi** 自然死 A morte natural. ~ **shōmetsu** 自然消滅 A extinção natural. ~ **zōshū** 自然増収 O aumento natural dos rendimentos. ⇨ hitórí-dé-ní; onózúkárá; onózúto.
shizén[2] 至善 O sumo bem; o sumo bem.
shizén-hō 自然法 O direito natural.
shizén-jin 自然人 1 [社会・文化などの影響を受けていない生まれたままの本性をもつ人間] O homem natural [que não se deixou estragar pela sociedade]. 2 [個人] 【Dir.】A pessoa natural. A/反 Hójín.
shizén-kai 自然界 1 [天地万物の存在する範囲] A natureza. ⇨ shizén[1] 1. 2 [人間をとりまく世界] O mundo natural. S/同 Níngénkai. 3 [人間の世界以外の世界] O universo. ⇨ ~ séibutsu[1].
shizén-kan 自然観 O sentido da natureza.
shizén-shúgi 自然主義 O naturalismo.
shizén-sū 自然数【Mat.】O número natural. S/同 Séíséísu.
shizén-táisú [úu] 自然対数【Mat.】O logaritmo natural; o logaritmo neperiano. ⇨ jōyō[1] .
shizén-tōta 自然淘汰【Biol.】A sele(c)ção natural (Pela sobrevivência do mais forte). S/同 Shizén séntaku. A/反 Jiń[1] tōta.
shizō 死蔵【E.】O estar arrumado [no depósito] sem proveito/uso. ★ ~ *suru* 死蔵する Deixar「livros/obras de arte」sem uso.
shízoku[1] 士族 A família [classe] dos samurais. ⇨ búshi.
shízoku[2] 氏族 A tribo; o clã. ◇ ~ **seido** 氏族制度 A organização [O sistema] tribal. ⇨ úji[1].
shízui 歯髄【Anat.】A polpa dentária [do dente].
shízuka desu 静か(⇨ shizúka desu) 1 [さわがしくないよう す] O ser sossegado; o estar quieto. ★ ~ *na heya* 静かな部屋 O quarto sossegado [silencioso]. ~ *ni aruku* 静かに歩く Andar sem fazer ruído [em silêncio]. ~ *ni suru* 静かにする Ficar em silêncio [~ *ni shiro*] 静かにしろ Silêncio!]. S/同 Sōzōshíi; urúsái; yakámáshíi; hissóri. 2 [平穏なようす] O ser calmo [sereno/sossegado]. *Kyō wa umi ga* ~ *da* 今日は海が静かだ Hoje o mar está calmo. ★ ~ *na būmu o yobu* 静かなブームを呼ぶ Ganhar, pouco a pouco [aos poucos], uma grande popularidade. ~ *na hi* 静かな日 O dia ~. S/同 Heíón; odáyaka. 3 [人の心や態度が落ち着いているようす] O ser tranquilo [sereno/calmo]. ★ ~ *ni kurasu* 静かに暮らす Viver tranquilamente; ter uma vida calma. *Kokoro* ~ *ni kangaeru* 心静かに考える Pensar calmamente [em paz].
shizúkésa 静けさ (< shizúka) A calma; a tranquilidade; a quietude; a paz; a serenidade; o silêncio. *Totsuzen atari no* ~ *o yabutte sairen ga nari-hibiita* 突然あたりの静けさを破ってサイレンが鳴り響いた De repente, rompendo o silêncio [a calma], ouviu-se [ecoou nos ares] o som da sirene「dos bombeiros」. I/慣用 *Arashi no mae no* ~ 嵐の前の静けさ A calma antes da tempestade. S/同 Seíjáku. A/反 Keńsō;

sōzōshísa; urúsása; yakámashísa. ⇨ seíshúku.

shizúkú 滴・雫 A gota「de chuva」. *Namida no ~ ga kanojo no hoho no tsutatta* 涙の滴が彼女の頬をつった As lágrimas correram-lhe em gotas pelo rosto. ⇨ -téki².

shizúmárí-káeru 静まり返る (< shizúmárú + …) Reinar o [Ficar em] silêncio (completo)「quando entra o professor」. *Gantan no machi wa shīn to shizumarikaette ita* 元旦の町はしーんと静まっていた No (primeiro dia do) Ano Novo, o silêncio reinava na cidade.

shizúmárú 静[鎮]まる (⇨ shizúmérú²) **1**[物音や動いていたものなどが静かになる]Serenar; acalmar; amainar. *Arashi ga shizumatte hi ga sashite kita* 嵐が静まって陽がさして来た A tempestade amainou e veio o [começou a fazer] sol. ⓢ周 Shízuka ni naru. ⇨ ne-shízúmáru. **2**[内乱や騒動などが収まって世の中が平和になる]Voltar a [Tornar a haver] paz;「o país」serenar. *Sōdō ga ~* 騒動が鎮まる O tumulto [A desordem, A revolta] acalmar/passar. **3**[落ち着く]Acalmar-se; tranquilizar-se; apaziguar-se; ficar sereno [calmo]. ★ *Kokoro ga ~* 心が静まる Sentir paz (interior/no coração); ficar calmo [em paz]. ⓢ周 Ochítsúku.

shizúmérú¹ 沈める (< shizúmú) Afundar; deitar à água. ★ *Sofā ni mi o ~* ソファーに身を沈める Afundar-se no sofá. ⓐ反 Ukábéru.

shizúmérú² 静[鎮]める (⇨ shizúmárú) **1**[物音がしないように静かにさせる]Mandar calar; fazer sossegar. *Sawagu kodomo-tachi o ~* 騒ぐ子供たちを静める ~ as crianças que estão a fazer barulho. **2**[感情や神経を落ち着かせる]Acalmar; tranquilizar. ★ *Itami o ~* 痛みを鎮める Acalmar/Suavizar/Aliviar] a dor. ⇨ochítsúkú. **3**[騒がれ乱れた状態をおさめて静かにする]Acabar com; pacificar「o país」; apaziguar「os ânimos」. ★ *Nairan o ~* 内乱を鎮める Acabar com a guerra civil. ⇨ chín'átsú súrú.

shizúmú 沈む **1**[水中に没する]Afundar-se; naufragar. ★ *Shizumikakete iru fune* 沈みかけている船 O navio (que está) a ~. *Kaitei ni shizunda takaramono* 海底に沈んだ宝物 O tesouro afundado [perdido] no mar. ⓐ反 Ukábú; uku. ⇨ chíňbótsú. **2**[下方へ行く]Baixar; descer; afundar-se. ★ *Shizumikaketa taiyō* 沈みかけた太陽 O sol (que está) a baixar [pôr-se]. ⓐ反 Agáru. ⇨ chínká¹; ochíru; sagáru. **3**[悩みや苦しみで気持ちがふさぐ]Ficar triste [abatido/melancólico]; desanimar. ★ *Kanashimi ni ~* 悲しみに沈む Ficar mergulhado na tristeza. *Shizunda koe* 沈んだ声 A voz triste. **4**[人間が病気や貧乏などで悪い状態に陥る]Ficar pobre [doente]; cair na miséria. ★ *Binbō no donzoko ni ~* 貧乏のどん底に沈む Ficar na maior miséria [muito pobre]. **5**[麻雀などで点がマイナスになる]Ficar com pontos negativos (no jogo). ⇨ Uku.

shízun [ii] シーズン (< Ing. season < L. satio: o semear) **1**[適切な季節]A estação, a época「de esqui/dos tufões」; o tempo; a temporada. *Umi [Yama] no ~ ga yatte kita* 海[山]のシーズンがやって来た Chegou a época da praia [alpinismo]. ★ *~ hazure no* シーズン外れの Fora de ~. ◇ **~ ofu** シーズンオフ Fora de ~. ⓢ周 Kísétsu. ⇨ sakáí¹; shun. **2**[動物の発情期]O [A época do] cio.

shízushizu (to) 静静 (と) Silenciosamente; calmamente; devagar. *~ gyōretsu ga susunde itta* 静々行列が進んで行った O cortejo seguia ~ [cheio de dignidade]. ⇨ shízuka; shítyaka.

sho¹ 書 **1**[筆跡]A letra「de Machado de Assis」; a caligrafia「de Ikkyu」. ⓢ周 Hisséki (+). **2**[書道]A caligrafia-pintura. ★ *~ o narau* 書を習う Aprender caligrafia. ⓢ周 Shódó (+); shóhó. **3**[手紙]A carta. ⓢ周 Shokán (+); tegámí (o). **4**[書物]O livro. ★ *~ o himotoku* 書をひもとく (Começar a) ler o ~. ⓢ周 Hón (o); shómotsu (+).

sho² 署 **1**[役所]A repartição pública. ⇨ yakúshó¹. **2**[警察署]O posto [A delegacia] de polícia. *~ e dōkō negaimasu* 署へ同行願います Faça o favor de nos acompanhar à ~ [esquadra]. ⓢ周 Keísátsú-sho (+).

sho³[cho] 緒【E.】O começo「do proje(c)to」; o início. ★ *~ ni tsuku* 緒に就く Começar a realizar-se [andar/concretizar-se]「*Nengan no jigyō mo yōyaku ~ ni tsuita* 念願の事業もようやく緒に就いた Finalmente, a obra, há anos sonhada, começou a concretizar-se」. ⓢ周 Itó-guchi.

sho-⁴ 諸 Diversos; vários. ◇ **~ gaikoku** 諸外国 ~ países estrangeiros. **~ mondai** 諸問題 ~ problemas. ⇨ iróíró; ōku; takúsán.

shō¹ [óo] ショー (< Ing. show < L. cavere: ter cuidado/ver) O espe(c)táculo「de variedades/canções」; a exibição [exposição]; o desfile「de modas/modelos」. ◇ *Jidōsha ~* 自動車ショー A exposição de automóveis.

shō² [óo] 小 **1**[小さいこと・物]Pequeno. ⓟことわざ *Dai wa ~ o kaneru* 大は小を兼ねる O「papel/salão」grande abrange o [também serve de] ~. ⓐ反 Dái. ⇨ chíísái. **2**[「小-」の形で]Pequeno. ◇ **~ kigyō** 小企業 A pequena empresa.

shō³ [óo] 性 **1**[気質]「ser bom por」Natureza; o temperamento; o cará(c)ter; a disposição. ★ *~ ni au* 性に合う Combinar [Ir] com a/o ~. ⓢ周 Kishítsú (o); kishó; seíshítsú (+); táchi. **2**[品質]A qualidade. ⓢ周 Hínshítsú (+). **3**[素性]A origem「da família/do produto」. ⓢ周 Sujó (+).

shō⁴ [óo] 勝 A vitória. ★ *Go-sen yon-~* 5 戦 4 勝 5 jogos e [com] 4 vitórias. ⓢ周 Kachí (o); shóri (+). ⓐ反 Hái. ⇨ reńshó.

shō⁵ [óo] 賞 O pré[é]mio; a recompensa; o galardão. ★ *~ o ataeru* 賞を与える Premiar; recompensar. *~ o eru [morau; toru]* 賞を得る[もらう；取る]Ganhar [(Ob)ter] um ~. ◇ **~ Nōberu bungaku ~ jushōsha** ノーベル文学賞受賞者 O galardoado [agraciado/que ganhou] o prémio Nobel de Literatura. ⓐ反 Bátsu. ⇨ fukúshó²; taíshó⁶; tokúshó. **shō⁶ [óo]** 省 **1**[内閣の]O ministério. ◇ **~ chō** 省庁 Os ministérios e (as) agências governamentais. **Gaimu ~** 外務省 ~ dos Negócios Estrangeiros [das Relações Exteriores]. **2**[中国の行政区画]A província (chinesa). ◇ **Shisen ~** 四川省 ~ de Shisen.

shō⁷ [óo] 称 O nome; o título. ⓢ周 Shógó (+); yóbí-ná (o).

shō⁸ [óo] 商 **1**[商業、商人]O comércio; o comerciante. ★ *Kikinzoku ~ o itonamu* 貴金属商を営む Fazer comércio [Ser comerciante] de metais preciosos. ⓢ周 akínáí; shóbai; shógyó; shónín². **2**[割算の答え]【Mat.】O qu[c]ociente. ⓐ反 Séki.

shō⁹ [óo] 章 **1**[長い文章や楽曲などの]O capítulo. ★ *Dai ni ~* 第二章 O segundo ~. ⇨ hén³; sétsu¹. **2**[記章]O emblema; o distintivo. ⓢ周 Kishó (o);

shirúshi (+).

shō[10] [óo] 将【E.】O general; o comandante. ことわざ *o in to seba mazu uma o iyo* 将を射んとせば先ず馬を射よ Se queres conquistar a filha, conquista primeiro a mãe. ⇨ bushō[2]; taishō[1].

shō[11] [óo] 証【E.】**1**[証書] O certificado. ◇ **Gakusei** [**Hoken**] **~** 学生 [保険] 証 O 〜/cartão/A carteira de estudante [A apólice do seguro]. ⇨ shōméishō; shōshō[1]. **2**[証拠]「esta carta é」A prova「da traição dele」. S/岡 Shōkó (+).

shō[12] [óo] 【Mús.】O shō (Instrumento de sopro, com uma boca e 17 tubos de bambu, dispostos em feixe).

shō[13] [óo] 升 O shō (Medida de capacidade equivalente a 1,8 litros). ⇨ gō[5].

shō[14] [óo] 抄・鈔 O extrato; o excerto; o fragmento. S/岡 Bassúí (+); nukígáki (o).

shō[15] [óo] 衝 **1**[要所] Um ponto「de comunicações rodoviárias」importante. S/岡 Kanámé; yōshō (+). **2**[重要な役目] O cargo [A missão] importante. *Kare ga kono sekinin no ~ ni ataru-beki da* 彼がこの責任の衝に当たるべきだ É ele que deve desempenhar esta missão de responsabilidade.

-shō[16] [óo] しょう (?) ⇨ deshō.

shō-[17] [óo] 正 **1**[きっかり] Em ponto; exa(c)tamente. ★ ~ *san-ji* 正 3 時「começar o exame às」Três horas em ponto. S/岡 Chōdo (o); kikkári (+). ◇ ~ **go. 2**[同じ位の中でも上位] O grau superior (dessa categoria). **ichi-i** 正一位 ~ da primeira categoria.

shoákú [oó] 掌握【E.】A posse; o domínio; o controle/o. ★ ~ *suru* 掌握する Assumir「o poder」; controlar「os subalternos」; apoderar-se.

shobá しょば【Col.】O lugar; o local. ◇ ~ **dai** しょば代 O preço do aluguer/l do 〜. ⇨ Bashó (+).

shōbai [óo] 商売 **1**[商業] O comércio「de móveis」; o negócio. *Kono tokoro ~ wa agattari [sappari] da* このところ商売は上がったり [さっぱり] だ Agora, 〜 não dá [rende] nada. ★ ~ *ga fueru [heru]* 商売が増える [減る] ~ aumentar [diminuir]. ~ *ga hanjō suru* 商売が繁昌する O negócio está próspero. ~ *ga umai [heta da]* 商売がうまい [下手だ] Ter [Não ser] habilidade [jeito] para o negócio. ~ *ga umaku itte iru* 商売がうまくいっている Os negócios vão bem. ~ *ni naru* 商売になる Render; dar lucro [*Ii* ~ *ni naru* いい商売になる Ser muito rendoso]. ~ *o hirogeru [shukushō suru]* 商売を広げる [縮小する] Estender [Reduzir] os negócios. ~ *o suru* 商売をする Negociar; comerciar; fazer negócio. *Hikiau [Mōkaru]* ~ 引き合う [もうかる] 商売 Um negócio lucrativo/rendoso/chorudo. ◇ ⇨ **gataki** [**ginin**]. ~ **ya** 商売家 A casa de comércio. S/岡 Akínái; shōgyō (o). **2**[職業] A ocupação; a profissão「da criança é brincar」; o trabalho. *Anata no go-~ wa nan desu ka* あなたの御商売は何ですか Qual é a sua profissão? ★ ~ *nesshin de aru* 商売熱心である Trabalhar com afinco; ser dedicado ao seu trabalho. ~ *o kaeru* 商売を替える Mudar de 〜. ◇ ~ **gae** [**gara**]. ~ **dōgu** 商売道具 O「meu」instrumento de trabalho [「as ferramentas do meu negócio」]. S/岡 Shigótó (+); shokúgyō (o). **3**[遊女・芸者などの職業] A profissão de prostituta [meretriz]. ★ ~ *agari no onna* 商売上がりの女 A ex-prostituta.

shōbái-gáe [oó] 商売替え (<… + kaéru) A mudança de trabalho [de profissão]. ★ *Kashu kara haiyū ni ~ suru* 歌手から俳優に商売替えする Mudar de cantor para a(c)tor. S/岡 Teńshókú (+).

shōbái-gárá [oó] 商売柄 O cará(c)ter [A natureza] da profissão. ~ *fukusō ni mo ki o tsukawanakereba naranai* 商売柄服装にも気を使わなければならない É preciso ter cuidado com a maneira de vestir, segundo o/a 〜.

shōbái-gátaki [oó] 商売敵 (<… + katáki) O concorrente; o rival no negócio.

shōbái-gí [oó] 商売気 (<…+ki) **1**[いつも金もうけをねらう気持ち] O espírito interesseiro [de negociante]. ★ ~ *o hanarete sewa o suru* 商売気を離れて世話をする Ajudar alguém sem pensar no negócio [interesse]. **2**[その職業の人に特有な心の働き] O (ter) olho [jeito] para o negócio. S/岡 Shōbái[Shokúgyō]íshiki.

shōbái-nín [oó] 商売人 **1**[商人] O comerciante. S/岡 Shōnin[2] (+). **2**[専門家] O profissional. S/岡 Kuróto (+); señmóńká (o). S/岡 Shīroto. **3**[水商売の女性] A prostituta; a meretriz. ⇨ geíshá; hōsetsuko; yūjo.

shōbán [oó] 相伴 ⇨ o-shōbán.

shóbatsu 処罰 O castigo; a punição. ★ ~ *o manugareru* 処罰を免れる Escapar ao 〜. ~ *o ukeru* [~ *sareru*] 処罰を受ける [処罰される] Ser castigado [punido]. ⇨ bassúrú; bátsu[1].

shō-batsu [oó] 賞罰 A recompensa [O préẽmio] e o castigo. ~ *nashi* 賞罰なし Nem prémio nem castigo.

shōben [oó] 小便 **1**[尿] A urina. ~ *muyō* 小便無用 (掲示) (É) proibido urinar aqui! ★ ~ *ga chikai* 小便が近い Urinar com muita frequência. ~ (*o*) *suru* 小便(を)する Urinar. Nyō; o-shíkko. A/反 Daíben. ◇ ⇨ **ne** [**tachi**] **~**. **2**[契約破棄][Chu.] A rescisão [anulação] do contrato. S/岡 Keíyáku háki (+).

shōbi[1] [óo] 焦眉【E.】A urgência. ★ ~ *no kyū o sukuu* 焦眉の急を救う Socorrer alguém numa 〜 [necessidade premente]. S/岡 Kikyū (+); kińkyū (o); seppákú (+).

shōbi[2] [óo] 賞[称] 美【E.】O apreciar [admirar]. S/岡 Shōsáń (+).

shōbō [shoō] 消防 O combate aos incêndios; o apagar um incêndio. ~ **chō** 消防庁 O departamento do corpo de bombeiros. **~-dan**[**-tai**] 消防団[隊] Os [O corpo de] bombeiros. ~ **enshū** 消防演習 O treino de 〜. **~-fu**[**-shi**] 消防夫[士] O bombeiro. ~ **hō** 消防法 As leis (de prote(c)ção) contra incêndios. ~ **ponpu** 消防ポンプ A bomba para 〜. ~ (**jidō**)**sha** 消防(自動)車 O carro dos bombeiros. ~ **sho** 消防署 O quartel dos bombeiros「voluntários」. S/岡 Hi-késhi.

shobōkúrérú しょぼくれる O ficar「uma casa/pessoa」num estado miserável. ★ *Shobokureta otoko* しょぼくれた男 Um homem miserável.

shóboshobo しょぼしょぼ【On.】**1**[雨が陰気に降るさま] *Ame ga ~ futte iru* 雨がしょぼしょぼ降っている Está chuviscando [a chuviscar]. S/岡 Shítoshito (+). **2**[目をはっきりと開いていられなさま、開いたり閉じたりしているさま] ★ *Me ga ~ suru* 目がしょぼしょぼする Piscar/Pestanejar. **3**[力が弱ってわびしそうなさま] *Kare ga ~ (to) aruite iru* 彼がしょぼしょぼ (と) 歩いている Olhem com ele vai (todo) abatido [triste]!! ⇨ shoñbóri.

shōbu[1] [óo] 勝負 **1**[勝敗] A vitória ou a derrota;

o ganhar ou perder. *Nakanaka ~ ga tsukanakatta* なかなか勝負がつかなかった Foi uma luta difícil. *~ atta* [*ga tsuita*] 勝負あった [がついた] Acabou a luta/Está decidida a vitória. ことわざ *wa toki no un* 勝負は時の運 ~ depende da sorte (do momento). ◇ ⇨ **~ goto** [**shi**]. S同 Kachí-make; shōhí¹ (+). **2** [試合] A partida; o desafio「de futebol」; o jogo. ★ *~ ni katsu* [*makeru*] 勝負に勝つ[負ける] Ganhar [Perder] o/a ~. *~ suru* 勝負する Jogar; ter um/a ~. S同 Shiái (+).

shōbu² 菖蒲【Bot.】O íris-aromático; *iris laevigata*. ◇ **~ yu** 菖蒲湯 O banho preparado com ~. ⇨ ayámé; hanáshóbu.

shōbú-gótó [óó] 勝負事 (< ～ ¹ + kotó) O jogo de aposta (azar). *Kare wa ~ ni tsuyoi* 彼は勝負事に強い Ele tem sorte nas [ganha todas as] apostas. S同 Bakúfúchi; kakégótó.

shōbun 処分 **1** [処置] A destruição「de documentos secretos」; o dispor「de」; a liquidação. ★ *~ suru* 処分する Dispor「de」; liquidar「todos os doces, comendo-os ou deitando-os ao lixo」. ◇ **Baikyaku ~** 売却処分 A liquidação comercial [por venda]. S同 Shímatsu; shóchi. **2** [処罰] O castigo; a punição. ◇ **Chōkai ~** 懲戒処分 O disciplinar. S同 Shóbatsu.

shōbun [óo] 性分 A natureza; a constituição; o temperamento; a índole. *Watashi wa akari o kesanai to nemurenai ~ desu* 私は明かりを消さないと眠れない性分です Eu, sem apagar todas as luzes, (pronto) sou assim por natureza [fui feito assim]. S同 Shō²; táchi; ténsei.

shōbú-shi [óo] 勝負師 [ばくちうち] O jogador; o apostador. S同 Bakúchi-uchi. **2** [いちかばちか成否をかけて思い切った行動をする人] A pessoa ousada [com ousadia/que arrisca]「em grandes negócios」.

shōbyō [shoo] 傷病 O estar ferido ou (e) doente. ◇ **~ hei** 傷病兵 Os soldados doentes e feridos. **~ teate** 傷病手当 O subsídio aos feridos e doentes.

shōchi 処置 **1** [処分] A disposição; a medida; o dispor; a solução; o tratamento「do lixo」. ★ *~ o ayamaru* 処置を誤る Tomar disposições [medidas] erradas; falhar na solução; não resolver o problema. *~ suru* 処置する Tomar medidas. *Hitsuyō na ~ o toru* 必要な[当を射た/断固たる]処置を取る Tomar as medidas necessárias [Tomar medidas acertadas/enérgicas]. S同 Shóbun; shóri; sóchi. **2** [手当て] O tratamento「de doença/ferida」. ★ *~ suru* 処置する Fazer *~*. *~ zumi* [*Mi ~*] *no mushiba* 処置済み[未処置]の虫歯 A cárie tratada [não tratada]. ◇ **Ōkyū ~** 応急処置 Os primeiros socorros. S同 Téate (+).

shōchi¹ [óo] 承知 **1** [承諾; 納得] **a)** O consentimento; o aceitar; o assentimento; a concordância; **b)** O permitir. ★ *~ suru* 承知する Consentir; assentir; concordar [*Kare wa dōshite mo issho ni iku to itte ~ shinai* 彼はどうしてもいっしょに行くと言って承知しない Ele não aceita [quer] ficar, insiste em ir comigo]. *~ shi*(*mashi*)*ta* 承知し(ました) Compreendo [Sim senhor/De acordo]. *Futa-tsu henji de ~ suru* 二つ返事で承知する Concordar logo [imediatamente]. *Toki-fusete ~ saseru* 説き伏せて承知させる Convencer alguém com bons argumentos. 慣用句 *Gat*(*t*)*en ~ no suke* 合点承知の助 Entendido! [Estar perfeitamente a par]. S同 Ryōkái; shōdákú; shōnín. **2** [知っていること] O saber; o ter conhecimento. *Mina-sama go-~ no tōri* 皆様御承知の通り Como os senhores sabem .... ★ *~ no ue de* 承知の上で Sabendo. *~ suru* 承知する Saber; estar a par [*Hyaku mo ~ shite iru* 百も承知している Saber perfeitamente]. S同 Zónchi. **3** [容赦] O perdão; a desculpa. ★ *~ suru* 承知する Perdoar; desculpar [*Uso o tsuku to ~ shinai zo* うそをつくと承知しないぞ Se você mentir, não lhe perdoo]. S同 Kánben; yósha.

shōchi² [óo] 招致【E.】O atrair [trazer]「mais turistas」. ★ *~ suru* 招致する. S同 Shōhéi¹. ⇨ yobí-yóséru.

shōchín [óo] 消沈【E.】A depressão; o estar desanimado [abatido].

shochō¹ 所長 O chefe「do escritório」.

shochō² 署長 O chefe (de sho²). ◇ **Keisatsu ~** 警察署長 O comissário da polícia.

shochō³ 初潮 A menarca.

shōchō¹ [shoō] 象徴【nesta poesia, a rosa é」o símbolo「do amor」. ◇ **~ ha** [**shugi/teki**].

shōchō² [shoō] 小腸【Anat.】O intestino delgado. ⇨ dái-chō²; júníshí-chō.

shōchō³ [shoō] 消長【E.】A prosperidade e a decadência「dum país」; a ascenção e a queda「duma civilização」. *~ suru* 消長する. S同 Seísúi (+).

shōchō-há [shoō] 象徴派 (⇨ shōchō¹) A escola simbolista; o simbolismo; os simbolistas.

shōchōkú [óo] 詔勅 O edi(c)to [A mensagem/A proclamação] imperial. S同 Mikótónórí. ⇨ chokúgó²; chókusho; shōshó².

shōchō-shúgi [shoō] 象徴主義 (⇨ shōchō¹) O simbolismo. S同 Hyōshō shúgi; saṅ[shiṅ]bórízumu. ⇨ kótō-há; shizéṅ-shúgi.

shōchō-tékí [shoō] 象徴的 (⇨ shōchō¹) Simbólico. ★ *~ na jiken* 象徴的な事件 Um caso ~「do movimento anti-racista」.

shōchū 暑中 O tempo do calor; pleno verão. ◇ **~ mimai** 暑中見舞 A「carta de」saudação para aliviar o calor. S同 Séika. A反 Kañchū. ⇨ zánsho.

shōchū¹ [shōochuu] 焼酎 A aguardente de arroz. ◇ **Imo-jōchuu** 芋焼酎 A aguardente de batata doce.

shōchū² [shoō] 掌中【E.】「ter o destino do país na」Palma da mão. ★ *Jikken o ~ ni osameru* 実権を掌中に収める Ter todo o poder/verdadeira [toda a] autoridade. 慣用句 *~ no tama* 掌中の玉 A menina dos olhos. S同 Shuchū (+).

shōdai 初代 O primeiro; o fundador. ★ *~ no shachō* [*sōsai*] 初代の社長[総裁] O fundador [primeiro presidente] da firma.

shōdákú [óo] 承諾 O consentimento「dos pais」; a aprovação; a anuência「do presidente」. ★ *~ o eru* 承諾を得る Obter o/a ~. *~ suru* 承諾する Consentir; anuir; aprovar. *Sōhō ~ no ue de* 双方承諾の上 Com consentimento mútuo [de ambas as partes]. ◇ **~ sho** 承諾書 O ~ (por) escrito. ⇨ **jigo ~**. S同 Judákú; shōchí (+); shōfúkú; shōnín.

shodan 初段 O primeiro grau (na escala das artes marciais). ⇨ dáñ² (+).

shōdán [óo] 商談 O encontro [A conversa] de negócios; a negociação. ★ *~ ga matomaru* 商談がまとまる Chegar-se a um acordo nas negociações comerciais. *~ o matomeru* 商談をまとめる Concluir/Fechar o [Chegar a acordo no] negócio. *~*

shōgán

o uchikiru 商談を打ち切る Romper a/o ~.

sho-dáná 書棚 (<…**4**+taná) A estante [O armário] de livros. Ⓢ/冝 Hóndana (+); shóka.

shōdén[1] [óo] 小伝 Uma breve biografia. Ⓢ/冝 Ryakúdén (+). ⇨ deńki[3].

shōdén[2] [óo] 招電【E.】O convite por telegrama. ⇨ deńpō[1].

shodō 書道 (⇨ sho[1]) A (arte de) caligrafia. ★ ~ *o narau* 書道を習う Aprender caligrafia. ◇ Zen'ei ~ 前衛書道 ~ de vanguarda. Ⓢ/冝 Shújí.

shōdo[1] [óo] 照度 A (intensidade da) luz. ⇨ kōdo[2].

shōdo[2] [óo] 焦土【E.】 **1** [焼け土] A terra queimada. **2** [建物が焼けてあとかたがなくなった土地] O ficar [ser] reduzido a cinzas. ★ ~ *to kasu* 焦土と化す Ser reduzido a cinzas.

shōdō[1] [shoó] 衝動 O impulso; o ímpeto; o estímulo. ★ ~ *ni karareru* 衝動に駆られる Ser impulsivo [levado pelo impulso]. ◇ ~ **gai** 衝動買い A compra im[com]pulsiva [de coisas que não precisa].

shōdō[2] [shoó] 唱道 O advogar [promover] 「a paz」. ◇ ~ **sha** 唱道者 O promotor [advogado] 「da democracia」.

shōdókú [óo] 消毒【E.】A desinfe(c)ção; a esterilização; a assepsia. ★ ~ *suru* 消毒する Desinfe(c)cionar; desinfe(c)tar; esterilizar [~ *shita* 消毒した Desinfe(c)tado; desinfe(c)tado; esterilizado. *Honyūbin o nettō de* ~ *suru* 哺乳瓶を熱湯で消毒する Esterilizar o biberão [a mamadeira] com água a ferver]. ◇ ~ **ki** 消毒器 O (aparelho) esterilizador. ~ **yaku** [**zai**] 消毒薬[剤] O desinfe(c)tante; o antiséptico. **Jōki** ~ 蒸気消毒 A desinfe(c)ção por vapor. **Nikkō** ~ 日光消毒 A desinfecção (por exposição) ao sol. ⇨ mekkín; sakkín.

shoen 初演 A estreia 「da ópera」; a primeira a[re]presentação. ★ *Honpō* ~ *no dashi-mono* 本邦初演の出し物 O espe(c)táculo apresentado pela primeira vez no Japão. Ⓐ/冝 Shoen[1].

shóén[1] [óo] 硝煙 O fumo de pólvora. ◇ ~ **han-nō** 硝煙反応 Traços [Vestígios] do ~ 「na mão ou na roupa」.

shóén[2] [óo] 小宴【E.】Um jantar íntimo [informal]. ★ ~ *o haru* [*hiraku*] 小宴を張る[開く] Dar um ~. ⇨ eń-kái[1].

shóén[3] [óo] 荘園【H.】O feudo; o senhorio (de latifúndio) feudal (Importante na economia do Japão do séc. 8 ao séc. 16). ◇ ~ **seido** 荘園制度 O sistema de ~.

shofú [uú] 書風 (⇨ sho[1]) 【E.】O estilo de caligrafia. Ⓢ/冝 Shotái[1] (+).

shófu [óo] 娼婦 A prostituta; a meretriz. Ⓢ/冝 Baíshunfu (+); yújo. ⇨ gaíshō[3]; panpán[1].

shōfúdá [óo] 正札 **1** [掛け値のない本当の値段を書いて高札に付けたもの] O [A etiqueta de] preço fixo. ◇ ~ *o tsukeru* 正札を付ける Pôr [Colocar] o ~. **2** [掛け値がないこと] **a**) O ser 「preço」marcado; **b**) A ovelha-negra (⇨ fudá-tsúkí). ★ ~ *tsuki no warumono* 正札付きの悪者 A 「do grupo」; um maroto de primeira [de marca maior].

shōfukú[1] [óo] 承服 O consentimento; a aceitação. ★ ~ *dekinai* 承服できない Não poder aceitar 「essas condições ou termos do contrato」. ~ *suru* 承服する Consentir; aceitar. ⇨ shitágái; shōdaki.

shōfukú[2] [óo] 妾腹 ⇨ mekáké.

shóga 書画 A caligrafia e pintura. ◇ ~ **kottō** 書画骨董 Curiosidades de ~. ⇨ e[2]; sho[1].

shōgá [óo] 生姜 [薑]【Bot.】O gengibre; *zingiber officinale*.

shōgai[1] [óo] 生涯 **1** [一生] A vida. ★ ~ *o oeru* [*tojiru*] 生涯を終える[閉じる] Terminar os seus dias; morrer. ~ *o okuru* 生涯を送る Viver 「Levar「 um ~ feliz.」] [*Bengoshi to shite no* ~ *o okuru* 弁護士としての生涯を送る Viver, trabalhando como advogado]. ◇ ~ **kyōiku** 生涯教育 A educação permanente. Ⓢ/冝 Isshō (+); isshōgai; shūsei[3]; shūshín[2]. **2** [副詞として] [Adv.] Por toda a vida; durante a vida. ★ ~ *dokushin de sugosu* 生涯独身で過ごす Ficar solteiro (por) toda a vida. ~ *wasure-enu hito* 生涯忘れえぬ人 Uma pessoa inolvidável [inesquecível]. Ⓢ/冝 Isshō (+); isshōgai; shūsei[3].

shōgai[2] [óo] 障害 [碍] **1** [邪魔] O obstáculo; o impedimento; a barreira. ★ ~ *ni* [*to*] *naru* 障害に[と]なる Ser um/a ~. ~ *o nori-koeru* [*kokufuku suru*] 障害を乗り越える[克服する] Vencer (todos) os obstáculos. Ⓢ/冝 Airo; jamá (+); samátágé. **2** [身体の] O problema [impedimento] de saúde; uma desordem fisiológica. ◇ **Gengo** ~ 言語障害 O problema na fala; a dificuldade em falar; a gaguez. **Ichō** [**Kokyūki**] ~ 胃腸[呼吸器]障害 O problema gastr(o)enterológico do estômago e intestinos [respiratório]. ~ **sha** 障害者 A pessoa com alguma deficiência 「física ou mental」. **3** [ハードル] A corrida de obstáculos. Ⓢ/冝 Hádórú (+).

shōgái[3] [óo] 傷害 O ferimento; a lesão. ★ ~ *o ataeru* [*kuwaeru*] 傷害を与える[加える] Ferir; lesar. ◇ ~ **chishi** 傷害致死 A morte por ~. ~ **hoken** 傷害保険 O seguro contra acidentes. ~ **jiken** 傷害事件 Um caso (criminal) de ferimento. ~ **zai** 傷害罪 O crime de lesão [agressão]. ⇨ kegá.

shōgái[4] [óo] 渉外 As relações públicas. ◇ ~ **ga-kari** [**jimu**/**ka**] 渉外係 [事務/課] O encarregado [trabalho/A se(c)ção] de ~. ⇨ gaíkō; kōshō[1].

shōgai-butsu [óo] 障害物 O obstáculo; a barreira. ★ ~ *o tobikoeru* 障害物を飛び越える Transpor [Pular] os obstáculos. ⇨ shōgái[2] **3**.

shōgái-gákari[-**kákariín**] [óo] 渉外係[係員] ⇨ shōgái[4] ◇.

shōgái-ká [óo] 渉外課 ⇨ shōgái[4] ◇.

sho-gakari 諸掛かり【G.】(<…⁴+ kákari) Os vários [diversos] gastos; todos os gastos. Ⓢ/冝 Sho-kákari; sho-kéihi (+).

shō-gákkō [óo] 小学校 O ensino primário [preparatório]; a escola primária (No J. dura seis anos).

shōgákú[1] [óo] 少 [小] 額 Uma pequena soma. ★ ~ *no kane* 少額の金 [Um pouco] de dinheiro. ◇ ~ **kahei** [**shihei**] 少額貨幣[紙幣] A moeda [nota] de pouco valor. Ⓐ/冝 Kōgákú; tagákú.

shōgákú[2] [óo] 商学 As ciências econó(ô)micas [de gestão (e comércio)]. ◇ ~ **hakushi** 商学博士 O doutor em ~. Ⓢ/冝 Shōgyō-gaku.

shōgákú[3] [óo] 奨学 O incentivo aos estudos. ◇ ⇨ **sei**. ◇ ~ **shikin** 奨学資金 O fundo para o ~.

shōgakú(**u**)**-kín** [óo] 奨学金 A bolsa de estudos. ★ ~ *o ukeru* [*morau*] 奨学金を受ける[もらう] Obter/Receber uma ~.

shō-gákusei[1] [óo] 小学生 O aluno de "shōgákkō".

shōgaku-sei[2] [óo] 奨学生 O bolseiro [bolsista]. ⇨ shōgak(ú)kín.

shōgan [óo] 賞玩【E.】**1** [賞味する] A apre-

shō-gá-nái ciação [admiração]「de um quadro de Portinari」. Ⓢ/圓 Gánmi; shōmi² (+). ⇨ ajíwáu. **2**[珍重する] O saborear. Ⓢ/圓 Chínchō (+).

shō-ga-nái [oó] しょうがない【G.】⇨ shiyō gá nái.

shōgátsú [oó] 正月 **a)** (O mês de) janeiro (Ⓢ/圓 Ichígatsu (+)); **b)** O primeiro dia do ano; **c)** O Ano Novo (Ⓢ/圓 O-~ (+); shiñnen). *Machi ni wa kibun ga afurete ita* 町には正月気分があふれていた Pairava na cidade um「risonho」ambiente de Ano Novo. ★ ~ *o iwau* 正月を祝う Comemorar o Ano Novo. ~ *sōsō* 正月早々 Logo no primeiro dia do ano. ◇ **Ko ~** 小正月 O dia 15 de janeiro. **Nanoka ~** 七日正月 O dia 7 de janeiro. **Ne ~** 寝正月 O passar o Ano Novo a dormir「só a descansar」.

shōgei 諸芸 Várias artes. ★ ~ *ni tsūjita hito* 諸芸に通じた人 A pessoa com ~「: toca piano, pinta」.

shogé-káeru 悄気返る (< shogéru + ···) Ficar todo desanimado [abatido].

shōgéki [oó] 衝撃 **1**[物体に急に加えられる刺激] O impa(c)to; o choque; o embate; a colisão「do carro」. ★ ~ *o ukeru* 衝撃を受ける Sofrer [Receber] o ~. ◇ ~ **ha**. Ⓢ/圓 Shókku. ⇨ shōtótsú. **2**[激しい心の動き] O choque; o abalo emocional. ★ ~ *no kokuhaku* 衝撃の告白 A confissão de um segredo chocante. ~ *o ataeru* 衝撃を与える Causar um ~; chocar. ~ *o ukeru* 衝撃を受ける Sofrer um (grande) ~. Ⓢ/圓 Shókku.

shōgéki-ha [oó] 衝撃波【Fís.】A onda de choque [de Mach].

shōgéki-téki [oó] 衝撃的 Chocante. ★ ~ *na hatsugen* 衝撃的な発言 A declaração [afirmação] ~.

shogén 緒言 (⇨ sho⁴) 【E.】A introdução; o capítulo introdutório. Ⓢ/圓 Chógén; hashígáki (+); jobúñ (+), jogén; maégáki (o).

shōgén¹ [oó] 証言 O testemunho; o depoimento; o ser testemunha「no tribunal」. ★ ~ *dai ni agaru* [*tatsu*] 証言台に上がる [立つ] Depor [Ser testemunha]. ~ (*o*) *suru* 証言(を)する Testemunhar. ⇨ shōméñ¹.

shōgén² [oó] 象限【Mat.】O quadrante (A quarta parte da circunferência).

shōgén-sha 証言者 A testemunha (no tribunal). ⇨ mokúgékí¹ ◇.

shogeru 悄気る Ficar desanimado [abatido]. ★ *Shogeta kao o suru* しょげた顔をする Parecer desanimado. Ⓢ/圓 Shogé-káeru.

shōgi¹ [oó] 将棋 O "shōgui" (Espécie de jogo de xadrez praticado no Japão). ★ ~ *no koma* 将棋の駒 A pedra [peça] de ~. ◇ ~ **ban** 将棋盤 O tabuleiro de ~. Ⓢ/圓 go⁵.

shōgi² [óo] 省議 (⇨ shō⁶) O [A reunião do] Conselho Departamental/Ministerial.

shōgi³ [óo] 娼妓 A prostituta; a meretriz. Ⓢ/圓 Jorō (+); yūjo (o).

shōgi⁴ [óo] 商議【E.】A consulta「entre os administradores」; a deliberação. Ⓢ/圓 Hyōgi (+).

shōgí-dáoshi [oó] 将棋倒し (< ··· ¹ + taósu) O cair uns atrás [em cima] dos outros como pedras de dominó. ★ ~ *ni naru* 将棋倒しになる Cair uns atrás dos outros como pedras de dominó.

shōgo [oó] 正午 (⇨ shō¹⁷) O meio-dia. ★ ~ *no jihō* 正午の時報 O sinal (horário) [toque] do ~. Ⓢ/圓 Gógo réiji.

shōgó¹ [shoó] 称号 (⇨ shō⁷) O título. ★ *Hakase no ~ o ataeru* [*ukeru*] 博士の称号を与える[受ける] Outorgar/Conferir/Dar [Receber] o ~ de doutor. ⇨ yobí-ná.

shōgó² [shoó] 商号 O nome comercial [da firma]. Ⓢ/圓 Yágō (+). ⇨ shōhyō.

shōgó³ [shoó] 照合 A comparação; o confronto; o cotejo. ★ ~ *suru* 照合する Cotejar; comparar; confrontar. ~ *sañshō*; teráshíwáséru.

shogu 処遇 (< shóchi + taígú) O tratamento「frio/amistoso」; o acolhimento. ★ ~ *suru* 処遇する Tratar [Lidar]「com os outros」.

shōgúñ [oó] 将軍 **1**[幕府の統率者] O shôgún. ◇ ~ **shoku** 将軍職 O shogunat[d]o; o generalato (1192-1867). **2**[軍隊の統率者] O general.

shōgyō¹ 諸行【E.】Todas as coisas; tudo. ◇ ~ **mujō** 諸行無常 ~ é [são] efé[ê]mero/as. Ⓢ/圓 Bánbutsu (+).

shōgyō² [oó] 所業 ⇨ okónái.

shōgyō³ [shoó] 商業 O comércio. ★ ~ *ni jūji suru* 商業に従事する Dedicar-se ao ~. ◇ ~ **bijutsu** 商業美術 A arte comercial. ~ **dezain** 商業デザイン O desenho comercial. ~ **dōtoku** 商業道徳 A moralidade comercial. ~ **kōkō** 商業高校 A escola (secundária) comercial [de ~]. ~ **porutogarugo** 商業ポルトガル語 O Português comercial. ~ **shihon** 商業資本 O capital comercial. ~ **shinbun** 商業新聞 O jornal do ~. ~ **shugi** 商業主義 O comercialismo [mercantilismo (H.)] (⇨ kané-móke ◇). ~ **torihiki** 商業取引 A transa(c)ção comercial. ~ **toshi** 商業都市 A cidade comercial. ⇨ shōbai.

shōha 諸派 (⇨ sho-⁴) **a)** Os vários partidos; as várias fa(c)ções [seitas]; **b)** As pequenas fa(c)ções「da Dieta」.

shōhái¹ [oó] 勝敗【E.】A vitória ou a derrota. ★ ~ *o kessuru* 勝敗を決する Decidir a vitória. ことわざ ~ *wa toki no un* 勝敗は時の運 ~ dependem da sorte do momento. Káñchi-make; Sáihái.

shōhái² [oó] 賞杯 [盃] O troféu;「conquistar/ganhar」a taça. Ⓢ/圓 Káppu; tórofí (+).

shōhái³ [oó] 賞牌 A medalha「dos jogos olímpicos」. Ⓐ/Ⓔ Medarú (+). ⇨ hōshó⁴.

shohañ¹ 初版 A primeira edição; a edição príncipes. Ⓐ/Ⓔ Dái-ippan. Ⓐ/Ⓔ Júhán; saíhán.

shohañ² 初犯 **a)** O primeiro crime; **b)** O delinquente pela primeira vez. Ⓐ/Ⓔ Sáihán.

shóhan³ 諸般 (⇨ sho-⁴)【E.】Vários; diversos; todos (os tipos de). ★ ~ *no jijō o kōryo no ue* 諸般の事情を考慮の上 Depois de ver bem todas as circunstâncias. ⇨ bañpáñ; kákúháñ².

shōhéi¹ [oó] 招聘【E.】O convite「para ensinar/entrar para o governo」. ★ ~ *ni ōjiru* 招聘に応じる Aceitar o ~. ~ *suru* 招聘する Convidar. ⇨ shōchí; shōgéi; shōséí¹.

shōhéi² [oó] 傷兵 O soldado ferido.

shōhéki [oó] 障壁 A barreira. *Futari no aida ni wa yōi ni uchiyaburu koto no dekinai ~ ga atta* 2人の間には容易に打ち破ることの出来ない障壁があった Havia entre os dois uma ~ intransponível [que não podia ser vencida facilmente]. ★ ~ *o mōkeru* [*kizuku*] 障壁を設ける [築く] Construir uma ~. ~ *o torinozoku* 障壁を取り除く Romper [Remover] (todas as) ~s. ◇ **Gengo ~** 言語障壁 ~ da linguagem. **Kanzei ~** 関税障壁 As ~s alfandegárias. Ⓢ/圓 Hedáté; samátágé; shikírí.

shōhén[oó] 小片 Um fragmento「de vidro」; um pedaço; um retalho「de pano」. ★ *Kōri no* ~ 氷の小片 Um pedaço de gelo. ⇨ kakéra.

shōhi[oó] 消費 O consumo. ~ *o herasu* 消費を減らす Reduzir o ~「de energia/papel」. ~ *suru* 消費する Consumir (*Nihon de wa chīzu wa mada amari* ~ *sarete inai* 日本ではチーズはまだあまり消費されていない No Japão, ainda se consome pouco queijo). ~ **busshi** [zai] 消費物資[財] Os bens de ~. ~ **keizai** 消費経済 A economia de ~. ~ **kumiai** 消費組合 A cooperativa dos consumidores. ~ **ryō** 消費量 O volume de ~. ⇨ ~ **sha**. S/同 Seísán[1].

shōhin[oó] 商品 O artigo; a mercadoria. *Tōten de wa kono* ~ *wa toriatsukatte orimasen* 当店ではこの商品は取り扱っておりません (Nesta loja), não temos [lidamos com] esta mercadoria. ★ ~ *o shiireru* 商品を仕入れる Comprar mercadorias; abastecer-se. ◇ ~ **ken** [kitte] 商品券[切手] O papelinho-oferta (dado a quem compra). ~ **mihon** 商品見本 O livro de amostras de ~s (⇨ sánpuru. ~ **tesuto** 商品テスト O teste de qualidade dos/das ~s. ~ **torihikijo** 商品取引所 A bolsa [O lugar de troca] de mercadorias. **Medama** ~ 目玉商品 O artigo de propaganda [em saldo/em promoção].

shōhin[2][oó] 賞品 (⇨ shō[6]) O pré[ê]mio. ★ ~ *o eru* [morau] 賞品を得る[もらう] Receber/Ganhar um ~. ~ *tsuki no kuizu bangumi* 賞品付きのクイズ番組 O programa de televisão de perguntas e respostas, com prémios.

shōhin[3][oó] 小品 Uma pequena obra de arte [literatura/escultura]; uma pequena composição musical.

shōhí-sha 消費者 O consumidor. A/反 Seísán-sha.

shōho 初歩 Os rudimentos「do japonês」; o abc; as primeiras noções; as noções principais [rudimentares]. ~ *muki no* 初歩向きの「matemática」 Para principiantes. *Kagaku o* ~ *kara manabu* 科学を初歩から学ぶ Estudar ciências [física) desde o [os/as] ~. S/同 Nyūmón; shokyū; shotō[1]. ⇨ chūkyū[1]; jōkyū.

shohō[1] 処方 A prescrição (médica); a receita. ~ *suru* 処方する Prescrever; receitar. ⇨ ~ **sen**.

shōhō[2] 諸方【E.】hōbō[1].

shōhō[1][shóo] 商法 1 [商売] A maneira [inteligente] de fazer comércio. ◇ **Akutoku** ~ 悪徳商法 O comércio corrupto. ⇨ shōbai; shōgyō. 2 [商事に関する法律] O direito [código] comercial.

shōhō[2][shoō] 勝[捷]報 A notícia da vitória. A/反 Haíhō.

shōhō[3][oó] 詳報【E.】A informação [O relatório] pormenorizada/o.

shōhón[oó] 抄本 1 [必要な部分を抜き書きした本] O extra(c)to [excerto] do livro. 2 [原本の書類からぬき書き] O extra(c)to [A cópia]. ◇ **Koseki** ~ 戸籍抄本 ~ do regist(r)o civil.

shōhón[2][shoō] 正本 (⇨ shō[17]) 1 [原本] O texto original. S/同 Dáichō (+); genpón (o). A/反 Fukúhón. 2 [歌舞伎・狂言の] O texto [papel] (de peça teatral). ⇨ daíhón; kyakúhón. 3 [丸本] O texto completo. S/同 Marúbón.

shohō-sén 処方箋 A [O papel da] receita médica. ⇨ shohō[1].

shohyō 書評 A crítica literária. ◇ ~ **ka**. ~ **ran** 書評欄 A coluna [página] de ~「no jornal」.

shōhyō[shoō] 商標 A marca (da fábrica). ◇ ~ **ken** 商標権 A patente [O direito adquirido com o regist(r)o da marca]. S/同 Buránd̄o; torédó máku. ⇨ tōrókú ◇.

shohyō-ká 書評家 O crítico literário.

shōi[1][oó] 少尉 O segundo tenente (Exército); o segundo subtenente (Marinha). ⇨ chúi[3]; táii[4].

shōi[2][oó] 傷痍【E.】A ferida; o ferimento. ◇ ~ **gunjin** 傷痍軍人 O mutilado de guerra; o soldado ferido. S/同 Kegá (o); kizú (+).

shōí-dan[oó] 焼夷弾 A bomba [granada] incendiária.

shoi-kómu 背負い込む (< shoú + …) Arcar. ★ *Shakkin o* ~ 借金を背負い込む Ficar endividado. S/同 Seóíkómu. ~ fután.

shóin ~ 所員 O pessoal. ◇ **Kenkyūjo** ~ 研究所員 ~ do laboratório [instituto/centro de pesquisa].

shōin[2] 署員 O funcionário de "sho"[2].

shoin[1] 書院 1 [書斎] O gabinete de estudo. S/同 Shosái (+). 2 [書院造りの座敷] A sala em "shoin-zukuri". 3 [本屋] A livraria; a loja de livros. S/同 Hón'ya (+); shotén (+).

shōín[1][oó] 勝因 (< shóri + gén'ín) A causa da vitória. A/反 Haíín.

shoin-zukúri 書院造り (< … [3] + tsukúru) O estilo de construção de interiores da era Muromachi, que é ainda hoje o estilo típico da casa j.

shōji[1][oó] 所持 O ter [levar] consigo. ◇ ~ **hin** [kin/sha]. **Fuhō** ~ 不法所持「um revólver」ilegalmente. S/同 Keítáí; shoyú.

shōji[2][oó] 諸事【E.】Várias coisas; tudo. S/同 Bánji (+).

shōji[1][oó] 障子 A janela corrediça com papel (em vez de vidro nos caixilhos). ★ ~ *o akeru* [shimeru] 障子を開ける[閉める] Abrir [Fechar/Correr] a janela de papel. *Kabe ni mimi ari* ~ *ni me ari* 壁に耳あり障子に目あり As paredes têm ouvidos (e as janelas olhos). ◇ ~ **gami**. ⇨ fusúma.

shōji[2][oó] 商事 1 [商業・商売に関すること] Os assuntos comerciais; os negócios. ⇨ shōbai; shōgyō. 2 [Abrev. de "shōjigáisha"] A firma [companhia/empresa] comercial. S/同 Shōsha[1] (+). ⇨ shōkái[2].

shōji[3][oó] 小事【E.】A insignificância; o assunto [a coisa] trivial. ★ ~ *ni kodawaru* 小事にこだわる Preocupar-se com trivialidades [~]. A/反 Daíji.

shōji-gáisha[oó] 商事会社 (< … [2] + kaíshá) A firma (empresa/companhia) comercial.

shōji-gámi[oó] 障子紙 (< … [1] + kamí) O papel do "shoji".

shoji-hín 所持品 Os obje(c)tos de uso pessoal; as coisas que se têm consigo [ao ir à reunião]. S/同 Keítáíhín.

shōjíki[oó] 正直 A honestidade; a integridade; a probidade; a franqueza. ★ ~ *na hito* 正直な人 Honesto; íntegro; probo; franco ~ *na tokoro* 正直な[の]ところ Para ser franco; para dizer a verdade *na tokoro watashi wa kare o shin'yō shite inai* 正直なところ私は彼を信用していない Para (te/lhe) dizer a verdade, (eu) não tenho confiança nele). ~ *ni* 正直に Honestamente; francamente. Pことわざ ~ *no kōbe ni kami yadoru* 正直の頭に神宿 Deus baixa à [paira sobre a] pessoa honesta/A honestidade é sempre recompensada.

shṓjíkí-mónó [oó] 正直者 A pessoa honesta; o homem íntegro. [Pことわざ] ～ *ga son o suru* [～ *ga baka o miru*] 正直者が損をする [正直者が馬鹿を見る] Vivemos num mundo em que a honestidade não compensa [Pagar o justo pelo pecador].

shojí-kíń 所持金 (⇨ shóji[1]) O dinheiro que se tem no momento.

shṓjin[1] [óo] 精進 **1** [専心努力すること] A diligência; a aplicação; a assiduidade. ★ ～ *suru* 精進する Ser diligente [aplicado「ao estudo」]. *Higoro no ～ ga mono o iu* 日ごろの精進が物を言う ～ que se tem tido, dar [ter] resultado. [S/同] Seńnéń[1] (o); seńshíń (+). ⇨ dóryoku. **2** [仏道を修行すること]【Bud.】A ascese. ★ ～ *suru* 精進する Praticar a ～. **3** [肉食をやめて菜食すること] A abstinência de carne e peixe. ◇ ⇨ **～ age**. **～ ryōri** 精進料理 A comida à base de verduras [vegetais].

shṓjíń[2] [óo] 小人【E.】 **1** [⇨ kobító]. **2** [品性のいやしい人] O indivíduo preguiçoso e mau [perverso]. [Pことわざ] ～ *kankyo shite fuzen o nasu* 小人閑居して不善をなす A ociosidade é a mãe [origem] de todos os vícios. **3** [身分の低い人] A pessoa insignificante; o zé-ninguém. [A/反] Taíjíń. **4** [子供] A criança「que (ainda) não paga bilhete」. ⇨ kodómó.

shṓjíń-ágé [oó] 精進揚げ (<… [1]**3** + agérú) Vegetais fritos em (muito) óleo [azeite].

shṓjíru [oó] 生じる **1** [植物などが生える] Nascer; produzir;「o pão」ganhar「bolor」. ★ *Kabi ga ～* かびが生じる Ganhar [Criar] mofo. [S/同] Shṓzúrú. ⇨ haéru[1]; hayású[1]. **2** [引き起こす; 発生する] Acontecer; ocorrer; originar; produzir. *Mu kara yū wa shōjinai* 無から有は生じない Nada [O ser não] pode vir do nada. ★ *Fu-chūi kara shōjita jiko* 不注意から生じた事故 O acidente (que ocorreu) por descuido [distra(c)ção]. ⇨ hasséí[1]; okóru[2]; umú[1]. **3** [自然にできる・作り出す] Aparecer; surgir; ter. ★ *Kobu ga ～* 瘤が生じる ～ um galo (G.)/inchaço/uma mossa. [S/同] Dekíru (+).

shojí-sha 所持者 (⇨ shóji[1]) O portador; o dono.

shójo 処女 **1** [バージン] A virgem; a donzela. ★ ～ *o ushinau* 処女を失う Perder a virgindade; ser desflorada. ◇ ⇨ **～ maku**. [S/同] Bā́jin; kimúsume. ⇨ otóme. **2** [初めての・最初のという意の接頭語] O ser virgem [novo/o primeiro]. ◇ ⇨ **～ chi** [**saku**]. **～ hikō** [**kōkai**] 処女飛行[航海] O voo [A travessia/A viagem] inaugural. **～ shuppan** 処女出版 A primeira publicação. ⇨ hajímete; saíshó.

shojṓ 書状【E.】A carta; a missiva; a epístola. [S/同] Shokáń; tegámí (+).

shṓjo [óo] 少女 A menina; a mocinha; a moça; a rapariga. ◇ **～ shumi** 少女趣味 Os gostos de ～. [S/同] Musúmé; ońná no ko; otóme. [A/反] Shṓnéń. ⇨ jō[5].

shṓjṓ[1] [shoójóo] 症状 **a**) O sintoma; **b**) O estado (de saúde). ◇ **Jikaku** [**Kyakkan**] **～** 自覚 [客観] 症状 Os sintomas notados pelo doente [obje(c)tivos]. [S/同] Byṓjṓ; chṓkṓ; shṓkṓ[6].

shṓjṓ[2] [shoójóo] 賞状 O diploma do quadro de honra; o certificado de mérito. [S/同] Hṓjṓ.

shṓjṓ[3] [shoó] 小乗【Bud.】(< Sân.) "Hinayana": o pequeno veículo (Salvação só para poucos). ◇ **～ bukkyō** 小乗仏教 O budismo Hinayana. [A/反] Daíjṓ.

shṓjṓ[4] [shoó] 蕭条【E.】A desolação「da paisagem」. [S/同] Shṓsátsú; shṓzéń.

shṓjṓ[5] [shoójóo] 猩猩 **1** [オランウータン]【Zool.】O orangotango. [S/同] Orāń'ū́tan (+). **2** [大酒家] O beberrão; o borracho. [S/同] Daí-shúgō (+); daí-shúka (+); ṓ-záké-nomi (o).

shojó-chi 処女地 **1** [未開拓の土地] A terra [O campo/O solo] virgem. **2** [未開拓の分野] O ramo ainda não estudado [pesquisado].

shojó-maku 処女膜【Anat.】O hímen. [S/同] Hímen. ⇨ shójo **1**.

shojó-saku 処女作 A primeira obra. ⇨ shójo **2**.

shṓ-jū́ [oó] 小銃 A pistola; a espingarda; o fuzil. [S/同] Teppṓ.

shojúń 初旬 Os começos [primeiros dez dias] do mês. [S/同] Jṓjúń. ⇨ chū́júń; gejúń.

shṓjúń [oó] 照準 A mira; a pontaria「do canhão」. ★ ～ *o awaseru* [*sadameru*] 照準を合わせる [定める] Fazer [Acertar a] pontaria. ◇ **～ ki** 照準器 A mira (Peça metálica para regular a pontaria). ⇨ neráí.

shṓjútsú [oó] 詳述 A explicação pormenorizada. [S/同] Shṓki[2]. [A/反] Ryakújútsú. ⇨ shṓsétsú[4].

shóka[1] 初夏 O começo do verão. [A/反] Bánka. ⇨ shoshū́[1]; shoshúń; shotṓ[4].

shoká[2] 書家 **1** [字の上手な人] O que tem boa caligrafia [a letra bonita]. [S/同] Nṓhítsúká. **2** [書道の専門家] O calígrafo; o mestre de caligrafia-pintura. [S/同] Shodṓká.

shóka[3] 書架【E.】A estante de livros「da biblioteca」. [S/同] Hón-dana (+).

shṓká[1] [oó] 消化 **1** [食物がこなれること] A digestão. ★ ～ *suru* 消化する Fazer a ～ 〔～ *shinikui* [*no warui*] 消化しにくい[の悪い] Difícil de digerir. ～ *shiyasui* [*no yoi*] 消化しやすい[の良い] Fácil de digerir; de fácil digestão〕. ◇ **～ eki** 消化液 Os sucos digestivos [para a ～]. **～ furyō** 消化不良 A indigestão [má ～]. **～ kan** 消化管【Anat.】O aparelho digestivo. ⇨ **～ ki**. **～ kōso** 消化酵素 A enzima digestiva. [S/同] Konáré. **2** [理解] A digestão [assimilação]「do que se lê」. ★ ～ *suru* 消化する Assimilar. [S/同] Dṓká; ríkai (+). **3** [残らず処理すること] O consumo. ★ ～ *suru* 消化する Consumir; gastar; absorver「toda a produção」; fazer「todo o trabalho」. 〔*Nittei o ～ suru* 日程を消化する Cumprir (todo) o programa do dia〕. ⇨ konású; shóri.

shṓká[2] [oó] 消火 A extinção do incêndio; o apagar [extinguir] o fogo. ★ ～ *ni ataru* 消火に当たる Combater [Apagar] o fogo. ◇ **～ enshū** [**kunren**] 消火演習[訓練] O treino de ～/combate ao fogo. **～ sen** 消火栓 A boca-de-incêndio. [A/反] Hakká; teńká. ⇨ chińká[2]; shṓbṓ[2].

shṓka[3] [óo] 商科 O curso comercial; o departamento (universitário) de comércio.

shṓka[4] [óo] 唱歌 **1** [節をつけて歌うこと・またはその歌] O cantar; o canto. ◇ **～ tai** 唱歌隊 O coro (⇨ gasshṓ[1] ◇). [S/同] Kákyoku; kashṓ; kayṓ. ⇨ utá. **2** [旧制小学校の教科の一つ; その教材として特別に作った歌曲]【A.】**a**) A aula de canto da escola primária; **b**) O canto especialmente feito [composto] para essa aula. ◇ **Monbushō ～** 文部省唱歌 Os cantos sele(c)cionados pelo Ministério da Educação. ⇨ óngaku; utá.

shṓka[5] [óo] 商家【E.】**a**) A loja [casa comercial]; **b**) O comerciante; o lojista. ⇨ shṓten[1].

shōká⁶ [oó] 昇華 **1** [固体から気体へ、または気体から固体へかわること]【Fís.】A sublimação「da naftalina」. ★ ~ *suru* 昇華する Sublimar-se. ◇ ~ **netsu** 昇華熱 O calor de ~. **2** [位置の高いものにかわること]【Psic.】A sublimação「dos instintos」. ★ ~ *suru* 昇華する Sublimar-se.

shōka⁷ [oó] 蒴果【Bot.】A baga; o fruto sumarento e sem caroço.

shokái¹ 初回 **1** [はじめて] A primeira vez. ⇨ hajímete. **2** [第 1 回]【Beis.】O primeiro turno; a primeira volta.

shōkai² 所懐【E.】⇨ shokán¹.

shốkái¹ [oó] 照会 A referência; o perguntar; a informação. ★ ~ *chū ga de aru* 照会のである Estar a informar-se. ~ *suru* 照会する Perguntar; pedir referências [informações] (*Chokusetsu senpō e ~ shite kudasai* 直接先方へ照会して下さい) Faça [Queira fazer] o favor de lhe perguntar dire(c)tamente a ele. S/同 Toí-áwáse.

shốkái² [oó] 紹介 A apresentação. *Yūjin no Satō-kun no go-* ~ *mōshiagemasu* [(*ita*)*shimasu*] 友人の佐藤君を御紹介申し上げます [(いた)します] Apresentar-lhe o meu amigo Satô. ★ ~ *suru* 紹介する Apresentar (*Nihon no koten no kaigai ni* ~ *suru* 日本の古典を海外に紹介する Apresentar [Dar a conhecer] os clássicos do Japão no estrangeiro/exterior). ◇ ~ **jo** [**jō**/**sha**] *Jiko* ~ 自己紹介 A auto-apresentação; o apresentar-se「cada um」a si mesmo. S/同 Baíkáí; chūkáí; nakadáchí; torímóchí.

shốkái³ [oó] 商会 A firma comercial. ★ *Matsushita* ~ 松下商会 Cia. Matsushita. S/同 Shōten (+).

shốkái⁴ [oó] 詳解 A explicação [explanação] pormenorizada [minuciosa/completa「d'Os Lusíadas」]. ★ ~ *suru* 詳解する Dar uma ~.

shốkai⁵ [oó] 哨戒 A patrulha. ★ ~ *suru* 哨戒する Patrulhar. ◇ ~ **ki** 哨戒機 O avião de ~.

shōkai-jó 紹介所 (⇨ shōkái²) Uma agência de informação.

shōkai-jō [shoó] 紹介状 A carta de recomendação [apresentação]. ⇨ shōkái².

shōkai-sha [oó] 紹介者 O apresentador; o introdutor. ⇨ shōkái².

shốka-ki¹ [oó] 消化器【Anat.】Os órgão da digestão. ◇ ~ **shōgai** 消化器障害 Um problema nos ~ [no aparelho digestivo]. ⇨ shōká¹.

shốka-ki² [oó] 消火器 O extintor de incêndio. ⇨ shōká².

shốkáku [oó] 昇格 A promoção「a catedrático/embaixador」. ★ ~ *suru* 昇格する Promover; elevar. A/反 Kōkáku. ⇨ shōnín⁴.

shokán¹ 所感 A impressão [O pensamento/A opinião]. ★ ~ *o noberu* 所感を述べる Dar a sua ~; dizer o que pensa. ⇨ shōká².

shokán² 書翰 [翰]【E.】A carta; a epístola「de S. Paulo aos Romanos」; a nota「do Ministério」; a correspondência; o correio. ◇ ~ **bun** 書翰文 O estilo epistolar. ⇨ ~ **sen**. S/同 Shojō; tegámí (+).

shokán³ [oó] 償還 O reembolso; a devolução do dinheiro; o resgate; a amortização「da dívida」. ★ ~ *suru* 償還する Reembolsar; resgatar; amortizar. ◇ ~ **kigen** 償還期限 O prazo de amortização. ⇨ heńkán¹; heńkyáku.

shokán⁴ [oó] 召喚 A intimação; a citação; a convocação. ★ ~ *suru* 召喚する Intimar (*Shōnin to shite hōtei ni* ~ *sareta* [*o uketa*] 証人として法廷に召喚された [を受けた] Fui intimado a comparecer ao juízo [em tribunal] como testemunha). ◇ ~ **jō** 召喚状 Uma [A carta de] intimação.

shōkan³ [oó] 召還 A revogação; o chamar de volta; o retirar. ★ ~ *suru* 召還する Retirar; revogar (*Hongoku e* ~ *sareta taishi* 本国へ召還された大使 O embaixador retirado do posto [chamado de volta ao (seu) país]. ⇨ Hakén.

shōkán⁴ [oó] 小寒 A primeira metade do período de maior frio; o primeiro frio a sério (No J. é por volta de 10 de janeiro). ⇨ daíkán¹.

shōkán⁵ [oó] 商館【H.】A casa [O entreposto] comercial; a feitoria. ◇ **Oranda** ~ オランダ商館 ~ holandesa/ês.

shōkán⁶ [oó] 将官 O oficial general; o almirante (Marinha).

shokan-sén 書簡 [翰] 箋 O (bloco de) papel de carta. ⇨ shokán².

shokátsu 所轄 A jurisdição. ◇ ~ **kanchō** 所轄官庁 A repartição [autoridade] competente. S/同 Kańkhátsú (+).

shokéi¹ 処刑 A execução [O suplício de um condenado]. ★ ~ *suru* 処刑する Executar. S/同 Shóbatsu. ⇨ shikéi¹.

shōkei² 諸兄【E.】⇨ miná-san; shōkun.

shōkéi 書痙【Med.】A cãibra na mão dos escritores (Por uso excessivo dos dedos).

shōkéi¹ [oó] 小計 A soma parcial. ⇨ sōkéí¹.

shōkéi² [oó] 少 [小] 憩【E.】O descanso breve. S/同 Hitó-yasumi (o); ko-yásumi; shō-kyūshi (+).

shōkéi³ [oó] 象形 O ideograma figurativo「chinês」. ◇ ~ **moji** 象形文字 O hieróglifo (do Egi(p)to).

sho-kéihi 諸経費 (⇨ sho-⁴) As despesas diversas. S/同 Sho-g[k]ákari.

shokén¹ 初見 **1** [音楽] O ver uma música pela primeira vez. **2** [初対面] O ver alguém pela primeira vez. S/同 Shotáimen (+).

shokén² 所見 **1** [見た所] A observação [opinião]. ★ *Ishi no* ~ 医師の所見 ~ do médico. **2** [意見] A opinião; o ponto de vista. S/同 Íken (+). ⇨ kańgáe.

shōken³ 諸賢【E.】Senhores. ◇ **Dokusha** ~ 読者諸賢 (Meus) prezados leitores. ⇨ miná-sama.

shōkén¹ [oó] 証券 A letra; o título「de crédito」; o valor; a apólice. ◇ ~ **gaisha**. ~ **hikiukegai-sha** 証券引受会社 A companhia subscritora de títulos. ~ **shijō** 証券市場 O mercado de títulos e valores. ~ **torihiki-hō** 証券取引法 A lei sobre os títulos e valores. ~ **torihikijo** 証券取引所 A bolsa de valores. **Funa-ni** ~ 船荷証券 O conhecimento de carga. ⇨ yúká-shōken.

shōkén² [oó] 正絹 A seda pura [verdadeira]. S/同 Hońkén; juńkén. A/反 kínu¹.

shốkén-gáisha [oó] 証券会社 (<… ¹ + kaísha) A companhia corretora de títulos e valores.

shōkétsu [oó] 猖獗 O abundar [predominar/espalhar-se]. ★ ~ *o kiwameru* 猖獗を極める「a epidemia」Espalhar-se por toda a parte.

shōki¹ [oó] 初期 **1** [時代の] O começo「Os primeiros anos」「do século XX」; o início; os primeiros dias. ★ *Shōwa no* ~ 昭和の初期 ~ da Era Shōwa. ⇨ Hajímé (+); shotố; tốsho. ⇨ Mákki; sué; owári. **2** [初めの時期] A fase [O estágio] inicial「de uma doença/indústria」. ◇ ~ **shōjō** 初期症状 Os pri-

shokí[2] 書記 O secretário; o escriturário; o escrivão; o escriba. ◇ **~ chō** 書記長 O secretário geral「do partido」; o chefe de secretaria. **~ kan** 書記官 O secretário「do governo」. **~ kyoku** 書記局 A secretaria; o secretariado. ⇨ hísho[1].

shokí[3] 暑気 O calor. ⇨ ◇ **~ atari** [**barai**]. S/周 Átsusa (+). A/反 Kánki.

shóki[4] 所期【E.】A expectativa; a previsão. ★ ~ no mokuteki o tassuru 所期の目的を達する Conseguir o resultado esperado [previsto]. S/周 Kitái (o); yóki (+).

shōki[1] [oó] 正気 **1**［気絶に対して］O estar consciente [no pleno uso dos sentidos]. ★ ~ ni kaeru 正気に返る Voltar a si; recuperar os sentidos. A/反 Kizétsú. **2**［狂気に対して］A lucidez; o juízo. ★ ~ de 正気で Em seu perfeito juízo; com toda a ~. ~ no 正気の São; ajuizado〔Kare no gendō wa mattaku ~ no sata de wa nai 彼の言動は全く正気の沙汰ではない O comportamento dele é de louco varrido [completo]〕. ~ o ushinau 正気を失う Perder o juízo; enlouquecer. S/周 Honki. A/反 Kyōki. **3**［酩酊に対して］A sobriedade. ★ ~ de 正気で Em estado sóbrio. S/周 Honki. A/反 Meitéi; yoí.

shōki[2] [oó] 詳記 A descrição minuciosa [pormenorizada]. S/周 Shōjútsú. A/反 Ryákki.

shōki[3] [oó] 商機 A oportunidade de (fazer um bom) negócio. ★ ~ o issuru [nogasu; ushinau] 商機を逸する [逃す; 失う] Perder [Deixar fugir/escapar] a ~. ⇨ kikái[1].

shōki[4] [oó] 勝機 A oportunidade de vitória; a possibilidade de ganhar. ★ ~ o nogasu 勝機を逃す Perder ~; dar a vitória ao adversário.

shoki-átari 暑気中り (<...[3] + atárú) O deixar-se vencer pelo calor. S/周 Atsúsá-máké (+).

shoki-bárai 暑気払い (<...[3] + harau) O espantar o calor. ★ ~ ni hieta bīru o nomu 暑気払いに冷えたビールを飲む Tomar (uma) cerveja gelada (fresca) para tirar [espantar/aliviar] o calor. S/周 Atsúsá-shínogí-yóké.

shō-kibo [oó] 小規模 A pequena escala. A/反 Daí-kibo.

shōkín[1] [oó] 賞金 O pré[ê]mio [A recompensa] em dinheiro. ★ ~ o dasu 賞金を出す Dar um/a ~. ~ o kakeru 賞金を懸ける Oferecer um/a ~. ◇ **~ kasegi** 賞金稼ぎ O andar à caça de prémios monetários [que dão dinheiro].

shōkín[2] [oó] 正金 **1**［正貨］A espécie; a moeda sonante; o numerário. S/周 Séika. **2**［現金］O dinheiro à vista [de contado]; o pronto pagamento. S/周 Genkín (+); kyásshu (o).

shōkín[3] [oó] 償金 ⇨ baíshó-kín.

shokkái 職階 (< shokúin + kaíkyú[1]) A escala [O escalão] do serviço「administrativo」.

shokkákú[1] 触覚 O sentido do ta(c)to (Um dos 5 sentidos): ver, ouvir, cheirar, gostar e apalpar). ⇨ shokkán[2]; gokán[2].

shokkákú[2] 触角 A antena「de inse(c)to」; o tentáculo「de plantas/animais」.

shokkán[1] 食間 (O período) entre as refeições. ★ ~ ni 食間に「beber água」Entre as refeições. ⇨ shokúgó; shokúzén.

shokkán[2] 触感 ⇨ hadá-záwari; shokkákú[1].

shokkén[1] 職権 A autoridade [atribuição] oficial/legal. ★ ~ o kōshi suru 職権を行使する Exercer a [Fazer uso da] sua ~. ~ o ran'yō suru 職権を濫用する Abusar da autoridade.

shokkén[2] 食券 A senha [ficha (zinha)] (de comida, adquirida [comprada] na máquina, à entrada). Mazu ~ o motome kudasai まず食券をお求め下さい Compre primeiro a ~.

shokkí 食器 Os pratos e talheres; a loi[ou]ça (da mesa). ★ ~ o arau 食器を洗う Lavar a ~. ◇ **~ dana** [**todana**] 食器棚[戸棚] O guarda-louça.

shókkingu ショッキング (< Ing. shocking)「uma notícia」Chocante. ⇨ odóróki; shókku.

shokkō[1] [oó] 燭光 **1**［ともしび］A luz da vela. **2**［光度の単位］A vela (Unidade de intensidade da luz). ⇨ Shóku[3].

shokkō[2] [oó] 職工 O operário「de fábrica」; o trabalhador; o mecânico. ⇨ Kikáikō; kōin.

shókku ショック (< Ing. shock) O trauma; o choque. ★ ~ o ataeru ショックを与える Chocar; traumatizar; causar um grande ~. ~ o ukeru ショックを受ける Ficar traumatizado [chocado]. ◇ **~ abusōba** ショックアブソーバー O amortecedor. **~ ryōhō** ショック療法 O tratamento de choque. **~ shi** ショック死 A morte por choque [anafilaxia]. S/周 Shōgékí.

shōko 書庫 A「As estantes da」biblioteca. ⇨ toshókan; sho-dáná.

shōkō[1] [oó] O senhor feudal. ⇨ daímyō.

shōkō[2] 初校【Tip.】As primeiras provas. ⇨ kōséí[4]; saíkō[5].

shōkō[3] 曙光【E.】A alvorada; o amanhecer; a [os primeiros raios da] aurora. S/周 Gyōkō.

shōkō[4] [oó] 証拠 A prova. Nani o ~ ni sonna koto o iu no ka 何を証拠にそんな事を言うのか Com que prova você [Que provas tem para dizer] isso? ★ ~ fu-jūbun de 証拠不十分で Por insuficiência de ~. ~ ga aru 証拠がある Ter provas. ~ o atsumeru 証拠を集める Juntar (as) ~. ~ o nigiru 証拠を握る Ter a ~ na mão. ~ to naru 証拠となる Servir de ~; provar. Jūbun [Fu-jūbun] na ~ 十分[不十分]な証拠 ~ suficiente [insuficiente]. Ugokanu ~ 動かぬ証拠 ~ irrefutável. ◇ **~ bukken** 証拠物件 O obje(c)to [elemento] comprovante/comprovativo. ⇨ **~ dateru** [**gatame/kin/shirabe**]. **~ inmetsu** 証拠隠滅 A destruição das ~s.

shōkō[1] [shoó] 小康 **1**［病状が少し良くなること］Uma pequena melhora. **2**［物事の悪い状態が少しおさまること］A calma temporária「da situação」. ★ ~ o eru 小康を得る A situação ficar estável. ◇ **~ jōtai** 小康状態 O estado de ~.

shōkō[2] [shoó] 将校 O oficial. ◇ **Riku** [**Kai**] **gun ~** 陸[海]軍将校 ~ do exército [da marinha]. S/周 Shíkan[1].

shōkō[3] [shoó] 焼香 A queima de incenso. ★ ~ suru 焼香する Queimar [Oferecer] incenso「aos mortos」. ⇨ kō[4].

shōkō[4] [shoó] 商港 O porto comercial. ⇨ bóekíkō.

shōkō[5] [shoó] 昇降 A subida e descida「das escadas」. ★ ~ suru 昇降する Subir e descer. ◇ ⇨ **~ guchi** [**kudari**]. S/周 Nobóri-kúdari (+); nobóri-ori (o).

shōkō[6] [shoó] 症候【E.】O sintoma. ◇ ⇨ **~ gun**. S/周 Chōkō (+); shō[10].

shōkō[7] [shoó] 昇汞【Quím.】O bicloreto de mercúrio; o sublimado corrosivo. S/周 Enká daíní súigin.

shṓ-kṓ[8] [**shoó**] 商工 O comércio e a indústria. ◇ ⇨ **～ gyō**. **～ kaigi-sho** 商工会議所 A câmara de comércio e indústria. ⇨ kṓgyō[1]; shṓgyō.
shṓkó-dátéru [**oó**] 証拠立てる (＜… ＋ tatéru) Comprovar; provar. [S/同] Risshṓ súrú.
shṓkó-gátame [**oó**] 証拠固め (＜…＋katáméru) O recolher [A busca de] provas.
shṓkṓ-guchi [**shoókóo**] 昇降口 (＜…[5]＋kuchí) O alçapão「do navio」; a escotilha.
shṓkṓ-gun [**shoókóo**] 症候群【Med.】A síndrome/a. ⇨ shṓkṓ[6].
shṓkṓ-gyō [**shoókóo**] 商工業 O comércio e a indústria. ⇨ shṓ-kṓ[8].
shṓ-kṓi [**shoókóo**] 商行為 A transa(c)ção [operação] comercial.
shṓkṓ-ki [**shoókóo**] 昇降機 O elevador. [S/同] Erébḗtā (+).
shṓkó-kíń [**oó**] 証拠金 O depósito [dinheiro] de garantia.
shókoku 諸国 **1** [世界の] Os vários [Todos os] países. ◇ **Ōbei ～** 欧米諸国 Os países ocidentais [europeus e americanos]. ⇨ rekkókú. **2** [国内の] As várias terras [regiões] de um país. ★ ～ *o rurō suru* 諸国を流浪する Errar; vaguear por toda a parte; andar de lugar em lugar.
shṓkókú[1] [**oó**] 小国 **1** [国土の小さな国] O país pequeno (em dimensão). [A/反] Taíkókú. **2** [勢力の弱い国] O país fraco. [S/同] Jakkókú (+); jakú-shṓkoku (o). [A/反] Taíkókú.
shṓkoku[2] [**óo**] 生国 O país de nascimento [origem]. [S/同] Shusséi-chi (+).
shokóń 初婚 O primeiro matrimó[ô]nio. [A/反] Saíkóń. ⇨ kekkóń[1].
shṓkóń[1] [**oó**] 商魂 O jeito para o negócio; a alma [costela] de negociante.
shṓkóń[2] [**oó**] 傷痕【E.】A cicatriz「da guerra, em Hiroshima」. [S/同] Kizú-átó (+); sṓkóń.
shṓkóń[3] [**oó**] 招魂 A invocação do espírito do morto「queimando incenso」. ◇ **～ sai** 招魂祭 A festa [O dia] da ～. ⇨ bón.
shṓkóń[4] 性根 A perseverança; a constância.
shṓkṓ-netsu [**shoókóo**] 猩紅熱【Med.】A escarlatina (Contagiosa).
shṓkórí [**oó**] 性懲り【G.】O escarmentar [aprender]. ★ ～ *mo naku* 性懲りもなく「o jogador de azar」Sem sinais de ～「continuar incorrigível」. ⇨ koríru.
shṓkó-shírabe [**oó**] 証拠調べ (＜…＋shirábéru) O examinar [buscar] as provas. ⇨ shṓkó.
shṓkṓ-sui [**shoókóo**] 昇汞水【Quím.】A solução de sublimado corrosivo. ⇨ shṓkṓ[7].
shṓ-kótó-náshi-ni [**oó**] しょうこと無しに【G.】Sem outro remédio; com relutância; de má vontade. [S/同] Iyáíyánágara (+); shikátá-náku (o).
shokú[1] 職 **1** [仕事; 職業] O emprego; o trabalho; o serviço. ★ ～ *ni tsuite iru* 職についている Estar empregado. ～ *no nai*「*hito*」職のない「人」「O」desempregado (⇨ shitsúgyṓ). ～ *o kaeru* 職を変える Mudar de ～. ～ *o motomeru* [*sagasu*] 職を求める [探す] Procurar emprego. ～ *o tenten to suru* 職を転々とする Mudar frequentemente de ～. [S/同] Naríwáí; seígyṓ; shigótó (+); shokúgyō (+). **2** [つとめ; 職務] O dever; a função; o cargo. ★ ～ *ni junjiru* 職に殉じる ⇨ juńshókú[1]. ～ *o hōzuru* 職を奉ずる Desempenhar um [o seu] cargo. ～ *o jisuru* 職を辞する Deixar o [Renunciar ao] cargo. [S/同] Shókumu (o); tsutómé (+). ⇨ shū́shókú[1]. **3** [仕事の技術] Uma técnica; uma arte; a profissão; o ofício (manual). ★ *Nani ka te ni ～ o tsukeru* [*motsu*] 何か手に職をつける[持つ] Aprender [Ter] um/a ～. ◇ **Daiku ～** 大工職 O ～ de carpinteiro.
shokú[2] 食 **1** [食欲] O apetite. *Kono ko wa ～ ga hosoi* この子は食が細い Esta criança come pouco. ★ ～ *ga susumu* 食が進む Ter bom apetite. ⇨ shokúyókú. **2** [食事] A refeição. *Hi ni san-～ toru* 日に3食取る Tomar três refeições por dia. ◇ ⇨ **i ～ jū**. ⇨ shokújí[1]. **3** [食物] O alimento. ★ ～ *o tatsu* 食を断つ Abster-se de comer; jejuar. ◇ **Uchū ～** 宇宙食 O alimento "espacial" [dos astronautas]. ⇨ shokúryō[2]; shokúmotsu.
shóku[3] 燭 A vela (A unidade de intensidade da luz). [S/同] Káńtérá.
shokúáń 職安 (Abrev. de "Kṓkyṓ shokúgyṓ ańté-íjó") A agência nacional de emprego.
shokú-átari 食中り (＜…[2]＋atárú) A intoxicação alimentar. [S/同] Shokú-chū́doku (+).
shokú-bá 職場 O local [posto] de trabalho; o emprego. ★ ～ *o hanareru* [*saru*] 職場を離れる [去る] Deixar o ～. ◇ **～ kekkon** 職場結婚 O casamento entre pessoas do mesmo ～. [S/同] Sagyṓbá; shigótóbá; shokúíkí **2**. ⇨ kaíshá.
shokúbáí 触媒 **1** [化学反応を促進するもの]【Quím.】O catalisador. ◇ **～ sayō** 触媒作用 A a(c)ção catalítica. **2** [物事の進行を早める助けとなるもの] O ～ [dinamizador] (Pessoa).
shokúbéní 食紅 O corante alimentar vermelho; a anilina.
shokúbṓ 嘱望【E.】A esperança. ★ ～ *suru* 嘱望する Ter [Depositar] muitas ～s [*Zento o ～ sarete iru seinen* 前途を嘱望されている青年 O jovem que promete/tem futuro. [S/同] Kitáí (+).
shokúbun 職分 O dever. ★ ～ *o mamoru* 職分を守る Ser fiel ao seu ～. ～ *o mattō suru* 職分を全うする Cumprir o seu ～. [S/同] Hónbun; shókumu (o); shokúshṓ[2]; tsutómé (+); yakúmé (+).
shokúbutsu 植物 A planta; os vegetais [a vegetação]; a flora. ◇ **～ bunrui-gaku** 植物分類学 A botânica sistemática; a taxinomia das plantas. ⇨ **～ en**. **～ gun** 植物群 A flora. **～ hyōhon** 植物標本 O espécime botânico. **～ ningen** 植物人間 A pessoa em estado vegetativo [viva mas já sem sentidos]. **～ saishū** 植物採集 A cole(c)ção de plantas. ⇨ **～ sei**. **Yakuyō ～** 薬用植物 As plantas medicinais. ⇨ dṓbútsú.
shokúbútsú-en 植物園 O jardim botânico. ⇨ dṓbútsú-en.
shokúbútsú-gaku 植物学 A botânica; a fitologia.
shokúbútsúgáku-sha 植物学者 O botânico; o fitólogo.
shokúbútsú-kai 植物界 O reino vegetal. ⇨ séibutsu[1].
shokúbútsú-séí 植物性 Vegetal. ◇ **～ tanpakushitsu** 植物性蛋白質 A proteína ～.
shokúbútsú-shi 植物誌 Um herbário [ervário].
shokúchū́ 食虫【Zool.】(O ser) inse(c)tívoro. ◇ **～ shokubutsu** 食虫植物 A planta ～ a.
shokú-chū́doku [**úu**] 食中毒 A intoxicação alimentar. ◇ **Shūdan ～** 集団食中毒 ～ geral/em massa. [S/同] Shokú-átari.

shokúdáí 燭台 O castiçal. ⒮ Rōsókú-tate (+).
shokúdō[1] 食堂 A sala de jantar; o refeitório; o restaurante. ★ *Eki* [*Ressha*] *no* ~ 駅 [列車] の食堂 O bar da estação [do comboio/trem] (⇨ shokú-dō-sha). ◊ **Kei** [**Kan'i**] ~ 軽[簡易]食堂 A cafetaria; um pequeno restaurante. **Shain** ~ 社員食堂 dos empregados. **Taishū** ~ 大衆食堂 O ~ de grande capacidade. ⇨ résutoran; ryōrí-ya; ryōtéí.
shokúdō[2] 食道【Anat.】O esó(f)ago.
shoku-dōraku (**óo**) 食道楽 O gastró(ô)nomo; os prazeres da (boa) mesa. ⇨ Kuídōraku (+).
shokúdō-sha (**óo**) 食堂車 O vagão-restaurante.
shokúen 食塩 O sal de mesa. ⇨ shokútákuen.
shokúen-sui 食塩水 A solução salina; a salmoura.
shokúgén 食言【E.】O faltar à palavra. ★ ~ *suru* 食言する ...(*Kunshi*, ~ *sezu* 君子, ~ 食言せず O sábio nunca falta à palavra. ⇨ usó-tsuki.
shokúgó 食後 Depois da [Após a] refeição. *Ichi-nichi san-kai* ~ *fukuyō no koto* 一日3回食後服用のこと Tomar (o remédio) três vezes ao dia ~ . ★ ~ *no dezátó* 食後のデザート A sobremesa.
Ⓐ/Ⓡ Shokúzén[1]. ⇨ shokkán[1].
shokúgyō 職業 A profissão [ocupação]. ★ ~ *jō no himitsu* 職業上の秘密 O segredo profissional. ~ *ni tsuku* 職業につく Abraçar [Ado(p)tar] uma ~ . [*Chichi to onaji* ~ *ni tsuku* 父と同じ職業につく Abraçar a ~ do pai]. ~ *no sentaku no jiyū* 職業の選択の自由 A liberdade de escolha da ~ . Ⓘ/慣用 ~ *ni kisen nashi* 職業に貴賎なし Todas as profissões são nobres. ◊ ~ **antei** 職業安定 A segurança de emprego [*Kōkyō* ~ *anteijo* 公共職業安定所 ⇨ shokúán]. ~ **byō.** ~ **gunjin** 職業軍人 A militar de carreira. ~ **ishiki** 職業意識 A consciência profissional. ~ **kunrenjo** 職業訓練所 O centro de treino profissional. ~ **kyōiku** 職業教育 A educação profissional. ~ **tekisei kensa** 職業適性検査 O teste de aptidão [vocação] profissional.
⒮ Nariwái; seígyó; shokú[1].
shokúgyō-bétsú 職業別 (A classificação) por profissões. ~ **denwa-chō** 職業別電話帳 A lista telefó(ô)nica classificada; as Páginas Amarelas.
shokúgyō-byō 職業病 A doença profissional.
shokúgyō-téki 職業的 Profissional.
shokúhatsú 触発 **1** [何らかの刺激を与えてある行動をさそい起こすこと] O provocar [levar「alguém a trabalhar pelos pobres」]; o「entusiasmo」contagiar. *Kare no katsuyaku ni* ~ *sareta* 彼の活躍に触発された A a(c)tividade dele contagiou-me. **2** [物に触れて発射したり爆発したりすること] A explosão por conta(c)to. ⇨ bakúhatsú; hasshá[1].
shokúhí[1] 食費 As despesas de alimentação.
shokúhí(**jutsu**)[2] 食皮(術)【Med.】O transplante de pele.
shokúhín 食品 Os produtos [gé(ê)neros] alimentícios/alimentares. ◊ ~ **eisei** 食品衛生 A「lei da」higiene alimentar. ~ **kakōgyō** 食品加工業 A indústria alimentar. ~ **tenkabutsu** 食品添加物 O aditivo (para conservar os ~). ~ **uriba** 食品売り場 O balcão de (venda de) ~ . **Hozon** ~ 保存食品 não deterioráveis. **Insutanto** ~ インスタント食品 ~ instantâneos. **Reítō** ~ 冷凍食品 ~ congelados.
Shizen [**Junsei**] ~ 自然[純正]食品 ~ naturais [puros]. ⒮ Shokuryōhín.
shokúhín-ten 食品店 A mercearia; a loja [o armazém] de secos e molhados.
⒮ Shokuryōhín-ten.
shoku-íkí 職域 **1** [ある職業の範囲] A esfera de a(c)tividades de uma profissão [ocupação]. **2** [職場] O local de trabalho. ⒮ Sagyōbá; shigótó-bá (+); shokúbá (o).
shokúin 職員 O funcionário; o empregado. ◊ ~ **kaigi** 職員会議 A reunião dos ~s. ~ **kumiai** 職員組合 O sindicato dos ~s. ~ **roku** 職員録 A lista [o cadastro] dos ~s [「públicos」]. ~ **shitsu** 職員室 A sala dos ~s.
shokújí[1] 食事 A refeição. ~ *chū wa o-shaberi o tsutsushimi nasai* 食事中はおしゃべりを慎みなさい Não se fala durante a ~ . ~ *wa nan-ji desu ka* 食事は何時ですか A que horas é a ~? *O-* ~ *no yōi ga dekimashita* [*O-* ~ *de gozaimasu*] お食事の用意が出来ました[お食事でございます] O jantar [almoço/A comida] está na mesa. ★ ~ *no atokatazuke o suru* 食事の後片付けをする Limpar [Levantar] a mesa. ~ *o dasu* 食事を出す Servir (a ~) [Dar de comer]. ~ *o nuku* 食事を抜く Saltar uma ~ . ~ *o ogoru* 食事をおごる Pagar a ~ a alguém. ~ *o suru* [*toru*] 食事をする[取る] Comer「a horas certas」[*Ie* [*Soto*] *de* ~ *o suru* 家[外]で食事をする Comer em [fora de] casa). *Karui* ~ 軽い食事 ~ leve. *Pan to kōhīdake no* ~ パンとコーヒーだけの食事 ~ só de pão e café. ~ **jikan** 食事時間 A hora de ~ . ~ **seigen** 食事制限 O regime [A dieta] alimentar. ⇨ shokújí[3].
shokújí[2] 植字【Tip.】A composição (⇨ shokújí-kō).
shokújí[3] 食餌【E.】A dieta; a alimentação dietética. ◊ ~ **ryōhō** 食餌療法 O tratamento dietético. ⇨ shokújí[1].
shokújí-kō 植字工【Tip.】O compositor. ⇨ shokújí[2].
shokújin-shu 食人種 O povo antropófago [canibal]; os canibais. ⒮ Hitó-kúí-jínshu (+).
shokújo 織女【E.】 **1** [機織りの女性] A tecelã. **2** [織姫星]【Astr.】Vega. ⒮ Béga. ◊ oríhime.
shokújú 植樹 A plantação de árvores; a arborização. ★ ~ *suru* 植樹する Plantar árvores; arborizar. ◊ ~ **sai** 植樹祭 O dia [A festa] da árvore; a cerimó(ô)nia de plantar uma árvore. **Kinen** ~ 記念植樹 (O plantar) uma árvore comemorativa [para comemoração]. ⒮ Shokuríń.
shokúméi 職名 **a)** O nome de uma profissão; **b)** O título oficial [do meu posto」.
shokúmín 植民 **a)** A colonização; **b)** O colonizador. ◊ ijū; imín.
shokúmín-chi 植民地 A coló(ô)nia. ◊ ~ **seisaku** 植民地政策 A política colonial [colonialista].
shokúmínchí-ka 植民地化 A colonização.
shokúmín-shúgi 植民主義 O「neo」colonialismo.
shokúmó[1] 植毛 O transplante de cabelo. ★ ~ *suru* 植毛する Fazer um ~ .
shokúmó[2] 触毛【Zool./Anat.】O cirro. ★ ~ *no aru* [~ *o yūsuru*] 触毛のある[触毛を有する]「tecido」Cirroso「no fígado」.
shokúmókú 嘱目【E.】 **1** [関心をもって見守ること] O observar com interesse/atenção. ★ ~ *sarete iru jinbutsu* 嘱目されている人物 Uma figura [personalidade] em foco; ~ em conta. ⒮ Chūmóku (o); chūshí (+). **2** [目に触れること] O ter à vista.
shokúmotsu 食物 A comida; o alimento. ◊ ~

arerugī 食物アレルギー A alergia a certos alimentos. [S/同] Kuímónó; tabémono (+). ⇨ shokúhíń; shokúryṓhíń.

shókumu 職務 A função; o dever; a tarefa; o trabalho; o serviço. ★ ～ *ni seirei suru* 職務に精励する Cumprir (fielmente) o seu dever. ◇ **～ jinmon** [**shitsumon**] 職務尋問[質問] O interrogatório [inquérito] (policial). **～ kengen** 職務権限 A autoridade do [inerente ao] seu posto/cargo. **～ kitei** 職務規定 O regulamento do serviço. **～ taiman** 職務怠慢 A negligência do dever. [S/同] Hónbun; shokúbun; shokúshṓ²; tsutómé; yakúmé.

shokúmú-gárá[**-jṓ**] 職務柄 [上] (＜… ＋ gará¹**5**) Em razão do seu ofício; ex officio (L.). [S/同] Shokúshṓgárá.

shókun 諸君 Vós [Vocês] (Us. só com inferiores). *Gakusei* ～ 学生諸君 Caros estudantes!

shokú-níkú 食肉 **1** [食用の肉] A carne. ★ ～ *yō no ushi* 食肉用の牛 O gado bovino de [para] abate. **2** [肉を食べること] O comer carne. ◇ **～ dōbutsu** 食肉動物 O (animal) carnívoro. [S/同] Nikúshókú (+). ⇨ sṓshókú²; zasshókú¹.

shokúníń 職人 O artista; o trabalhador; o artesão; o artífice. ◇ **～ katagi** 職人気質 O espírito de um verdadeiro ～.

shokúnṓ 職能 **1** [その職務を果たす上での能力] A competência profissional. **2** [その職業のもつ機能] A função de uma profissão ou cargo. ◇ **～ daihyō(sei)** 職能代表(制) O sistema de representação por profissões.

shokú-pán 食パン O pão de forma.

shokúráí 触雷 A mina de detonação por conta(c)to. ★ ～ *suru* 触雷する Tocar numa ～. ⇨ kiráí².

shokúrékí 職歴 A carreira [experiência; O currículo] profissional. ⇨ keírékí; rirékí.

shokúríń 植林 O plantar árvores [floresta]; a arborização「da serra」. ★ ～ *suru* 植林する Arborizar. [S/同] Shokújú.

shokúryō¹ 食料 Os alimentos; os gé[ê]neros alimentícios. ★ ～ *o chōtatsu suru* 食料を調達する Prover-se de ～. ◇ **Hozon ～** 保存食料 ～ não-deterioráveis [em conserva]. [S/同] Shokúhíń (+). ⇨ kuí-mónó; tabé-mono.

shokúryō² 食糧 As provisões; os víveres. ★ ～ *ga amaru* [*fusoku suru*] 食糧が余る[不足する] Haver sobra [falta] de ～. ◇ **～ jijō** 食糧事情 A situação alimentar. **～ kiki** 食糧危機 A crise [falta] de ～. **～ mondai** 食糧問題 O problema alimentar. **～ nan** 食糧難 A dificuldade de obter ～. [S/同] Ryṓshókú. ⇨ shokúryō¹.

Shokúryṓ-chṓ [**ryóo**] 食糧庁 A Secretaria de Abastecimento de Víveres. ⇨ shokúryō².

shokúryṓ-híń 食料品 ⇨ shokúhíń.

shokúryṓhín-ten 食料品店 ⇨ shokúhín-ten.

shokúsáń 殖産 O incremento da produção [indústria].

shokúséí 職制 **1** [職務を分担する上での制度] A organização dos serviços. **2** [係長・課長以上の管理職にいる人] O quadro [alto funcionário/posto administrativo].

shokú-séikatsu 食生活 Os hábitos alimentares; a alimentação.

shokúsékí 職責 O dever [A responsabilidade] (de um cargo). ★ ～ *o hatasu* [*mattō-suru*] 職責を果たす[全うする] Cumprir o seu dever. ⇨ shókumu.

shókushi 食指【E.】O (dedo) indicador. [I/慣用] ～ *ga ugoku* 食指が動く Fazer (crescer) água na boca; sentir grande vontade「de」. [S/同] Hitó-sáshí-yubi (+).

shokúshíń 触診【Med.】A palpação「do local da dor」. ⇨ chṓshíń³.

shokúshṓ¹ 食傷 **1** [食あたり] A intoxicação alimentar. [S/同] Shokú-átari (+); shokú-chū́doku (o). **2** [食べあきること; うんざりすること] O estar saturado [farto/cheio/enjoado]「de (comer tanto) doce」. ◇ **～ gimi** 食傷気味 O estar meio… ⇨ akíru.

shokúshṓ² 職掌 O ofício; o dever; a função「oficial」. ◇ ⇨ **～ gara**. [S/同] Hónbun; shokúbun; shókumu (o); yakúmé (+).

shokúshṓ-gárá 職掌柄 (＜…²＋gará¹**5**) Em razão do (seu) ofício「ele sabe muito de ecologia」.

shokúshú¹ 職種 O tipo de ocupação.

shokúshú² 触手 **a**)O tentáculo「do polvo」; **b**)A unha [mão]. ★ ～ *o nobasu* 触手を伸ばす **a**)Estender os ～s; **b**)Deitar a ～「ao dinheiro」; roubar.

shokúsúru¹ 食する【E.】Comer; tomar. [S/同] Tabéru (+).

shokúsúru² 嘱する【E.】Depositar「confiança」. ⇨ ishókú⁴; kitáí¹; tanómu.

shokútákú¹ 食卓 A mesa (para comer). ★ ～ *ni tsuku* 食卓につく Sentar-se à ～. ～ *o nigiwasu* 食卓をにぎわす Pôr uma ～ lauta [Encher a ～ de iguarias]. [S/同] Chabúdáí; o-zéń (o); tḗbúrú (+).

shokútákú² 嘱託 **1** [ある条件の下で ある仕事をしてくれるように頼むこと] O contratar「para matar」. ★ ～ *suru* 嘱託する Contratar; confiar; incumbir; encarregar「do caso」. [S/同] Ishókú. **2** [正式の社員・職員ではないが特殊な技能などを生かして会社・官庁などの仕事にたずさわる人又はその身分] Contratado. ◇ **～ kyōin** [**shokuin**] 嘱託教員[職員] O professor [funcionário] ～「a tempo parcial」.

shokútákú-en 食卓塩 O sal de mesa. ⇨ shió¹; shokúen.

shokútsū́ 食通 O gastró[ô]nomo [entendido em gastronomia].

shokú-yásumi 食休み (＜…²＋yasúmu) O descanso após a [depois da] refeição.

shokúyṓ 食用 Comestível. ★ ～ *ni kyōsuru* 食用に供する Comer [Usar como alimento]. ◇ **～ abura** 食用油 O óleo alimentar. ⇨ iń'yṓ².

shokú-yṓjō [**yóo**] 食養生 O regime alimentar. [S/同] Shokújí ryṓhō (+).

shokúyókú 食欲 O apetite. ★ ～ *ga aru* 食欲がある Ter apetite. ～ *ga deru* [*waku*] 食欲が出る[わく] Sentir [Ficar com] apetite. ～ *ga otoroeru* 食欲が衰える Perder o ～. *Ōsei na* ～ 旺盛な食欲 Muito [Um grande] ～. ◇ **～ fushin** 食欲不振 O fastio; a falta de ～. [S/同] Kuíke.

shokúzáí 贖罪 A expiação; a redenção. ★ ～ *no* 贖罪の Expiatório. ～ *suru* 贖罪する Expiar; remir「o pecado」. ⇨ agánái; sukúí¹.

shokúzéń¹ 食前 Antes da refeição. [A/反] Shokúgó. ⇨ shokkáń¹.

shokúzéń² 食膳 A mesa (para comer). *Rippa na tai ga ～ ni nobotta* 立派な鯛が食膳に上った Veio para a ～ um grande pargo! [S/同] Chabúdáí; o-zéń (o); shokútákú¹ (+).

shṓkyákú¹ [**oó**] 焼却 A incineração; a cremação; o queimar. ★ ～ *suru* 焼却する Incinerar; cremar. ◇ ⇨ **～ ro**. **～ shobun** 焼却処分 O desfazer-se de algo (Por-ex. cartas) queimando-o.

shókyáku² [oó] 償却 A amortização; o reembolso; o resgate. ★ ~ *suru* 償却する Amortizar; reembolsar; resgatar. ◇ ~ **shikin** [**tsumitatekin**] 償却資金[積立金] O fundo de amortização. **Genka** ~ 減価償却 A depreciação. Ⓢ周 Heńsái (+).

shókyáku³ [oó] 消[銷]却 a)A liquidação [O pagamento] de uma dívida; b)O apagar [cancelar].

shókyáku-ro[**-ki**] [oó] 焼却炉[器] O forno crematório. ⇨ shókyáku¹.

shókyo [óo] 消去 **1**[消し去ること] A supressão; a eliminação「dos produtos defeituosos」. ★ ~ *suru* 消去する Apagar「a gravação anterior」; eliminar; suprimir [*Dēta o ~ suru* データを消去する Apagar os dados]. Ⓢ周 Masshō; sákujo. **2**[数学で]【Mat.】A eliminação.

shókyō [shoó] 況況 A situação [tendência] do mercado.

shókyoku¹ [oó] 小曲 A peça [composição] musical breve [curta]. Ⓐ反 Taíkyóku.

shókyoku² [oó] 消極 O ser negativo [passivo]. ◇ ~ **saku** 消極策 A medida débil. ⇨ ~ **sei** [**teki**]. Ⓐ反 Sekkyóku. ⇨ judō; uké-mí.

shókyoku-séi [oó] 消極性 A passividade; a negatividade. ⇨ shókyoku-séi. ⇨ shókyóku².

shókyoku-téki [oó] 消極的 Negativo; passivo;「um homem」passivo [fraco]. ★ ~ *na taido o toru* 消極的な態度をとる Tomar uma atitude negativa. Ⓐ反 Sekkyokú-téki. ⇨ shókyóku².

shokyū 初級 A classe dos principiantes; o grau básico; o curso elementar. ★ ~ *porutogarugo kaiwa* 初級ポルトガル語会話 A conversação portuguesa básica/elementar [para principiantes]. ⇨ chūkyū¹; jōkyū; shóho.

shókyū¹ [oó] 昇級 A promoção. ★ ~ *ga hayai* [*osoi*] 昇級が早い[遅い] Ser promovido depressa [devagar]. ◇ ~ **shiken** 昇級試験 O exame de [para] ~. Ⓢ周 Shińkyū (+); shōshín²(?).

shókyū² [shoó] 昇給 O aumento [A melhoria] salarial. ★ ~ *suru* 昇給する Subir [Aumentar] o salário. ◇ ~ **ritsu** 昇給率 A taxa [O índice] de ~.

shó-kyúshi¹ [shoó-kyúu] 小休止 A pequena pausa; o intervalo breve. Ⓢ周 Hitóyasumi.

shó-kyúshi² [shoó-kyúu] 小臼歯【Anat.】O dente antemolar (pré-molar). Ⓐ反 Daíkyúshi. ⇨ ha¹; kénshí¹; kyúshi¹; máe-ba; óku-ba.

shomeí¹ 署名 A assinatura; o autógrafo. ~ *no nai tegami* 署名のない手紙 A carta anó[ô]nima. ~ *suru* 署名する Assinar; autografar. ◇ ~ **natsuin** 署名捺印 O carimbo e assinatura. ~ **undō** 署名運動 A campanha de recolha de assinaturas. Ⓢ周 Kiméi; sáin¹²(+).

shomeí² 署名 O título de um livro. Ⓢ周 Shómoku **2**.

shomeí¹ [oó] 証明 **1**[ある事実や結論が事実であることを明らかにしていること] A prova; o atestado「médico」; a confirmação; a certificação. ★ ~ *suru* 証明する Provar; atestar; certificar [*Kono riron wa mada kagakuteki ni wa ~ sarete inai* この理論はまだ科学的には証明されていない Esta teoria ainda não está (com)provada cientificamente]. ◇ ~ **sho**. ⇨ shōkó. **2**[数学で]【Mat.】A demonstração. ★ ~ *suru* 証明する Demonstrar. *Teiri no* ~ 定理の証明 ~ de um teorema. **3**[裁判で]【Dir.】A prova; o testemunho. ★ ~ *suru* 証明する Provar; testemunhar.

shomeí² [oó] 照明 A iluminação. ★ ~ *o ateru* 照明を当てる Dirigir a luz [o foco]「para」; iluminar. ◇ ~ **gakari**. ~ **kigu** 照明器具 O foco; a luz. **Butai** ~ 舞台照明 ~ do palco. **Chokusetsu** [**Kansetsu**] ~ 直接[間接]照明 A luz/~ dire(c)ta [indire(c)ta].

shomeí-gákari [oó] 照明係 (<...²+kákari) O técnico de iluminação.

shomeí-shó [oó] 証明書 O atestado; o certificado; a certidão. ★ ~ *o dasu* [*hakkō suru*] 証明書を出す[発行する] Passar [Emitir/Dar] ~. ◇ **Sotsugyō** ~ 卒業証明書 O diploma de formatura; o canudo (G.). ⇨ shōméi¹.

shomén 書面 **1**[手紙] A carta. ★ ~ *de shiraseru* 書面で知らせる Avisar [Informar] por carta/por escrito. Ⓢ周 Tegámi (+). **2**[文書] O documento; um escrito. ★ ~ *ni suru* 書面にする Pôr por escrito. Ⓢ周 Búnsho (+).

shomen [oó] 正面 **1**[物の前に当たる面] A frente; a fachada. ★ ~ *kara miru* 正面から見る Ver「a estátua」de frente. ◇ ~ **genkan** [**kaidan**] 正面玄関[階段] A entrada [escada] principal. ~ **shōtotsu** 正面衝突 a) A colisão [O choque] frontal [de frente]; b) O confronto [*Kono mondai o megutte yotō to yatō to no ~ shōtotsu ga yosō sareru* この問題をめぐって与党と野党との正面衝突が予想されるEspera-se um confronto aberto entre o governo e a oposição à volta desta questão. - *shōtotsu suru* 正面衝突する a)「dois carros」Colidirem de frente; b)Entrar em confronto]. Ⓢ周 Zeńmén. ⇨ haímén; sokúmén. **2**[正しく向かう方向] A frente. ◇ ~ **sajiki** 正面桟敷 O camarote de frente [do meio]. Ⓐ反 Sodé; wakí. **3**[まともにむかうこと] A confrontação. ★ ~ *kara* 正面から De frente; frontalmente; de caras. ~ *kitte mōshi-deru* 正面切って申し出る Fazer uma proposta frontal; propor sem rodeios (de caras (G.)]. Ⓢ周 Chokusétsú (+); makkō. Ⓐ反 Kańsétsú; tō-máwashi.

shomén-tóbi [oó] 正面跳び【(D)esp.】O salto (em altura) de frente. ⇨ hashíri-tákatobi.

shómetsú¹ [oó] 消滅 A extinção; o desaparecimento. ★ ~ *suru* 消滅する「uma espécie animal」 Extinguir-se; desaparecer. *Kenri no ~* 権利の消滅 O prescrever dos direitos. ◇ **Shizen** ~ 自然消滅 A ~ natural. Ⓢ周 Shōshítsú².

shómetsú² [oó] 生滅【E.】⇨ séishi¹. Ⓐ反 Fushō fumétsú.

shómi¹ [óo] 正味 Líquido. ★ ~ *no jūryō* 正味の重量 O peso ~. ⇨ nakámi.

shómi² [óo] 賞味【E.】O sabor「ideal」; o「melhor」gosto. ★ ~ *suru* 賞味する Apreciar [Saborear] um manjar. ◇ ~ **kigen** 賞味期限 O prazo de [que dura o] ~. ⇨ ajíwau; homéru; tabé-góro.

shómin 庶民 O povo (comum) [em geral]. ★ ~ *no koe* 庶民の声 A voz popular [do povo]. ~ *teki* 庶民的 Comum; popular; vulgar. ~ **kaikyū** 庶民階級 As massas [A classe do cidadão comum]. Ⓢ周 Heímín; ippán-táíshú; mińshú. Ⓐ反 Kízoku.

shomō 所望【E.】O desejo; o pedido. ★ ~ *no shinajina* 所望の品々 Os artigos pedidos [encomendados]「por si são todos estes」. ~ *suru* 所望する Pedir「bis」. Ⓢ周 Chūmón (+). ⇨ negái; nozómí.

shómō [shoó] 消耗 **1**[使ってなくなる・なくすこと] O consumo「de ele(c)tri.」; a exaustão「de gás」. ★

～ *suru* 消耗する Consumir(-se); gastar. [S/同] Shṓhí. **2** [体力や気力を使いはたすこと] O esgotamento [ficar esgotado]; a exaustão「do trabalho」. ★ ～ *suru* 消耗する Esgotar-se; extenuar-se.

shṓmṓ-híń [**shoó**] 消耗品 Os artigos「de escritório」disponíveis [de consumo]. ⇨ shṓmṓ **1**.

shómoku 書目 **1** [図書の目録] O catálogo de livros. ⇨ mokúrókú. **2** [書物の題名] O título de um livro. [S/同] Shoméí[2] (+).

shṓmóń [**oó**] 証文 A escritura; o documento notarial [judicial]; o título「de dívida/crédito」. [S/同] Shṓshó[1] (+).

shómotsu 書物 O livro. [S/同] Hón (+); shóseki; tósho.

shómu 庶務 Os assuntos gerais. ◇ **～ ka** 庶務課 A se(c)ção de ～ [A Secretaria]「da universidade」.

shṓmu [**óo**] 商務 Os assuntos [serviços] comerciais.

shonáno[nu]ka 初七日【Bud.】O serviço religioso do sétimo dia da morte.

shońbóri しょんぼり【G.】Desconsoladamente; de crista caída (G.). ★ ～ *shite iru* しょんぼりしている Estar abatido [triste; desanimado; (todo) desconsolado]. [S/同] Shóboshobo; shṓzéń.

shṓné [**oó**] 性根【G.】A natureza; a índole; o cará(c)ter; o temperamento. ★ ～ *ga suwatte iru* 性根がすわっている Ter um ～ forte. ～ *no magatta* [*kusatta*] 性根の曲がった[腐った]「homem」Retorcido/Perverso [Corrupto]. ～ *o sueru* 性根をすえる「fazer algo só depois de」Pensar com calma. [S/同] Kokóróné; kónjō (+).

shonéń 初年 **1** [第1年] O primeiro ano. **2** [初期] O início「do século」; os primeiros anos. [S/同] Shóki (+).

shṓnéń [**oó**] 少年 O rapaz; o jovem; o mocinho; o adolescente. [I/慣用] ～ *oiyasuku gaku narigatashi* 少年老い易く学成り難し A arte é longa, a vida é breve. ◇ **～ dan** [**in**/**ki**]. **～ jidai** 少年時代 A adolescência. **～ kanbetsusho** 少年鑑別所 O centro de detenção de delinquentes juvenis. **～ shōjo** 少年少女 Os meninos [moços] e as meninas [moças]. **Hikō ～** 非行少年 O delinquente juvenil. **Bi ～** 美少年 Um rapaz belo/lindo.

shṓnéń-bá [**oó**] 正念場 **1** [歌舞伎·浄瑠璃で主人公がその役柄の根本的な性格を発揮する最も重要な場面] A cena crucial no teatro kabuki em que os artistas dão a conhecer o verdadeiro cará(c)ter da sua personagem. **2** [その人の真価を発揮する重要な場面] O momento de mostrar quem é [o que vale]. ★ ～ *o mukaeru* 正念場を迎える Chegar ao ～.

shṓnén-dan [**oó**] 少年団 Os [O grupo de] escuteiros. ⇨ shṓnéń.

shṓnén-in [**oó**] 少年院 O reformatório.

shṓnén-ki [**oó**] 少年期 A adolescência. ⇨ shṓnéń ◇.

shónetsu 暑熱 O calor escaldante (do verão). [S/同] Eńnétsú; énsho. ⇨ átsusa[1].

shṓnétsú [**oó**] 焦熱 O calor insuportável「da sala」; ◇ **～ jigoku** 焦熱地獄 O inferno de fogo (O sétimo dos oito infernos do bud.). [S/同] Eńnétsú; shakúnétsú (+).

shṓni [**óo**] 小児 O bebé[ê]; a criança. ◇ ⇨ **～ byō** [**ka**]. **～ go** 小児語 A linguagem infantil. **～ mahi** 小児麻痺【Med.】A paralisia infantil; a poliomielite. **～ zensoku** 小児喘息【Med.】A bronquite asmática. ⇨ kodómó.

shṓní-byṓ [**shoó**] 小児病 A doença infantil [de crianças]. ⇨ shṓni.

shoníchí 初日 O primeiro dia.

shṓní-ká [**oó**] 小児科 (⇨ shṓni) A pediatria.

shṓníń[1] [**oó**] 承認 A aprovação; o consentimento. ★ ～ *o eru* 承認を得る Obter [Conseguir] ～. ～ *o motomeru* 承認を求める Pedir ～. ～ *suru* 承認する Aprovar; dar o seu consentimento〔*Kokkai de ～ sareta teian* 国会で承認された提案 A proposta aprovada pela Dieta〕. [S/同] Shṓdákú. ⇨ mitómérú; yurúsu.

shṓnin[2] [**óo**] 商人 O comerciante; o negociante. ★ *Shi no* ～ 死の商人 ～ da morte [de armas]. [S/同] Akíndo. ⇨ shṓgyō.

shṓníń[3] [**oó**] 証人 A testemunha; o testemunho. ★ ～ *ni naru* 証人になる Servir de ～. ～ *o kanmon suru* 証人を喚問する Convocar a ～. *Iki* ～ 生き証人 Um ～ vivo「da paz」. ◇ **～ dai** [**seki**] 証人台[席] O banco das ～s.

shṓníń[4] [**oó**] 昇任 A promoção. ★ ～ *suru* 昇任する Ser promovido「a catedrático」; subir de posto. [S/同] Shṓkákú. [A/反] Kṓníń.

shṓnin[5] [**óo**] 上人【Bud.】**1** [徳の高い僧侶] O bonzo de grande virtude. **2** [僧侶の敬称] O tratamento respeitoso dado ao ～. ◇ **O-～ sama** お上人様 Respeitável bonzo.

shonín-kyū 初任給 O salário inicial [ao entrar]. [S/同] Hatsú-gékkyū.

shṓnō[1] [**shóo**] 樟脳 A cânfora.

shṓnō[2] [**shóo**] 小脳【Anat.】O cerebelo. ⇨ daínṓ[1].

shṓnṓ[3] [**shoó**] 小農 O pequeno lavrador [agricultor]. [S/同] Kobyákushō. ⇨ chū́nṓ[1]; daínṓ[2].

shṓnṓ[4] [**shoó**] 笑納【E.】A aceitação (de um presente). *Tsumaranai mono desu ga, go-～ kudasareba saiwai desu* つまらない物ですが, 御笑納下されば幸いです Sentir-me-ei feliz se lhe puder oferecer este pequeno presente.

shṓnṓ[5] [**shoó**] 小嚢【Anat.】A vesícula.

shṓnyū́-dō [**shoónyúu**] 鍾乳洞 A gruta calcária [de estalactites]. [S/同] Sekkáidō.

shṓnyū́-seki [**shoónyúu**] 鍾乳石【Min.】A estalactite. ⇨ sekí-júń[2].

shṓṓ [**shoó**] 照応 A correspondência「entre o começo e o fim da história」.

shṓóń [**oó**] 消音 O abafar o som「do piano」. ◇ ⇨ **～ ki**. **～ sōchi** 消音装置 O silenciador [dispositivo para abafar/amortecer ruídos].

shṓón-ki [**oó**] 消音器 O「pedal」abafador「do piano」. ⇨ shṓóń.

shoppáná 初端 O começo; o princípio. ★ ～ *kara tsumazuku* 初端からつまずく Tropeçar [Fracassar/Falhar] logo no [de] ～. [S/同] Hajímé (o); saíshó (+).

shóppingu ショッピング (< Ing. shopping) O fazer compras. ◇ **～ sentā** ショッピングセンター O centro comercial. [S/同] Kaímónó (+).

shṓrai[1] [**óo**] 将来 **1** [未来] O futuro「a Deus pertence」; o porvir. *Kare no ～ wa hoshō sarete iru* 彼の将来は保証されている O futuro dele está [Ele tem o futuro] assegurado. ★ ～ *ni oite* 将来において No futuro. ～ *ni kitai o kakeru* 将来に期待をかける Ter esperanças no futuro. ～ *no* 将来の Do ～〔～ *no* *koto o kangaeru* 将来のことを考える Pensar no 〜]. 〜 *no aru* 将来のある ⇨ shṓráí-séí ★. ◇ **〜 yūbō** 将来有望 O futuro promissor. [S/同] Kóngo; mírai; zénto. **2**【Adv.】No futuro; futuramente; um dia. *Ima benkyō shite okeba 〜 yakudatsu darō* 今勉強しておけば将来役立つだろう O estudo de agora será útil 〜. [S/同] Kóngo. **3** [⇨ shṓráí[2] **2**]

shṓráí[2] [**oó**] 招来 **1** [人をまねきよせること] O chamar. [S/同] Manékí-yóséru; yobí-yóséru. **2** [ある結果をもたらすこと] O provocar [causar; originar] 「o desastre」. ★ 〜 *suru* 招来する … ⇨ hikí-ókósu.

shṓráí-séí [**oó**] 将来性 O ter futuro. ★ 〜 *ga aru* 将来性がある Ser prometedor [Ter futuro].

shṓráń[1] [**oó**] 笑覧【E.】A leitura.

shṓráń[2] [**oó**] 照覧【E.】 **1** [明らかに見ること] A visão clara. **2** [神仏のごらんになること] O ter os deuses por testemunha.

shṓréí[1] [**oó**] 奨励 O encorajamento; o estímulo; o incentivo. ★ 〜 *suru* 奨励する Encorajar; estimular; incentivar 〔*Sangyō o 〜 suru* 産業を奨励する Fomentar [Incentivar] a indústria〕. ◇ ⇨ **〜 kin**.

shṓréí[2] [**oó**] 省令【Dir.】O decreto ministerial.

shṓréí[3] [**oó**] 症例【Med.】O caso patológico. ★ *Ōnetsubyō no 〜* 黄熱病の症例 O caso de febre amarela.

shṓréí-kíń [**oó**] 奨励金 O incentivo (financeiro); o pré[ê]mio; o bó[ô]nus. ★ 〜 *o dasu* 奨励金を出す Dar/Conceder um 〜. ⇨ shṓréí[1].

shóri 処理 **a)**O processamento; o tratamento; **b)**O limpar [deitar fora]; **c)**O resolver [tratar]. ★ *Jimu o 〜 suru nōryoku* 事務を処理する能力 A capacidade de resolver as questões de serviço. *Mi-〜 no* 未処理の Por resolver [tratar/processar]. ◇ **Gomi 〜** ごみ処理 O tratamento do lixo. **Netsu 〜** 熱処理 O tratamento térmico [pelo calor]. [S/同] Shóbun; shóchi. ⇨ sóchi.

shṓri [**óo**] 勝利 A vitória; o triunfo. ★ 〜 *no megami* 勝利の女神 A deusa da 〜. 〜 *o eru* 勝利を得る Alcançar a [Obter o] 〜. 〜 *o osameru* 勝利を収める Triunfar; vencer. ◇ **〜 tōshu** 勝利投手 O lançador (Beis.) da 〜. [S/同] Kachí. [A/反] Haíbókú.

shorṓ 初老 **1** [老年の初め] A meia idade. ★ 〜 *no shinshi* 初老の紳士 O cavalheiro de 〜. ⇨ chṹnéń; rṓnéń. **2** [40 歳] Os quarenta anos de idade.

shṓro [**óo**] 松露【Bot.】A trufa [túbe[a]ra] (Um cogumelo comestível).

shṓrṓ[1] [**shoó**] 鐘楼 A torre dos sinos (No templo bud. é só um e está num coberto); o campanário. [S/同] Kanétsúkídṓ.

shṓrṓ[2] [**shoó**] 檣楼【Mar.】A gávea; o cesto de gávea.

shṓrókú [**oó**] 抄録 O extra(c)to; o excerto. [S/同] Bassúí; yṓyákú.

shoróń 緒論 ⇨ joróń.

shṓróń [**oó**] 詳論 A exposição pormenorizada. ★ 〜 *suru* 詳論する Expor [Discutir] pormenorizadamente. [S/同] Saíróń.

shṓru [**óo**] ショール (< Ing. shawl) O xa(i)le; ★ 〜 *o kakeru* ショールを掛ける Pôr o 〜 (pelos ombros); agasalhar-se com 〜.

shorúdā́-bággu ショルダーバッグ (< Ing. shoulder bag) A bolsa para levar a tiracolo.

shorúí 書類 Os documentos; os papéis; a documentação. ★ 〜 *o tsukuru* [*sakusei suru*] 書類を作る [作成する] Redigir [Lavrar] um documento. ◇ **〜 basami** 書類挟み A mola para segurar [A pasta para meter] os 〜. **〜 ire** 書類入れ A pasta dos 〜. **〜 kaban** 書類鞄 A pasta grande dos/da 〜. **〜 senkō** [**shinsa**] 書類選考[審査] A sele(c)ção de candidatos por exame dos documentos de candidatura. **〜 sōken** 書類送検 O envio da 〜 referente a um caso criminal ao Provedor de Justiça.

shṓ-rū́mu [**shoórúu**] ショールーム (< Ing. show room) A sala [O salão] de exposições.

shṓryákú[1] [**oó**] 省略 A omissão; a abreviação; a elipse【Gram.】★ 〜 *suru* 省略する Omitir; abreviar. ◇ **〜 go** 省略語 A palavra abreviada [omitida] (⇨ ryakú-gó). ⇨ habúku.

shṓryákú[2] [**oó**] 商略 **1** [商売上のはかりごと] A política [estratégia] comercial. **2** [比べてよしあしを決めること] O comparar.

shṓryo [**óo**] 焦慮【E.】A impaciência. [S/同] Asérí (o); shṓsṓ[3] (+).

shṓryṓ[1] [**shoóryóo**] 少量 A pequena quantidade 「de morfina」; um pouco 「de sal」. [A/反] Taryṓ. ⇨ sukóshi.

shṓryṓ[2] [**shoó**] 精霊【Bud.】A alma dos mortos. ⇨ mi-támá; réikon. ◇ **〜 nagashi** 精霊流し O lançar à água corrente barquinhos com oferendas aos mortos.

shṓryṓ[3] [**shoó**] 渉猟【E.】 **1** [広い範囲をあさり歩くこと] A batida; o galgar montes e vales. ★ 〜 *suru* 渉猟する Galgar [Bater]… **2** [広く書物を読みあさること] Muita leitura. ★ 〜 *suru* 渉猟する Ler muito [imenso]; devorar livros. [S/同] Yomí-ásáru.

shṓryókú(**ká**) [**oó**] 省力(化) A economia [redução] de mão-de-obra.

shósa 所作 **1** [ふるまい] O porte 「elegante」; as maneiras. [S/同] Furúmái (+); shígusa (o). **2** [所作事] A postura; a dança (no Kabuki). [S/同] Shosá-gótó (+).

shṓsa[1] [**óo**] 小差 A pequena diferença [margem]. [S/同] Kínsa. [A/反] Táisa.

shṓsá[2] [**oó**] 少佐 O major (Exército e aviação); o capitão-de-corveta (Marinha). ⇨ chṹsá; taísá[1].

shṓsa[3] [**óo**] 証左【E.】A evidência; a prova. [S/同] Shṓkó (+).

shosá-gótó 所作事 (歌舞伎) A peça dançada de Kabuki. [S/同] Shósa **2**.

shosáí[1] 書斎 **a)**O gabinete de estudo; **b)**A biblioteca particular.

shosáí[2] 所載 O vir escrito [publicado]. ★ *Honshi 〜 no ronbun* 本誌所載の論文 O ensaio [artigo] publicado nesta revista.

shṓsáí[1] [**oó**] 詳細 Os pormenores. ★ 〜 *na* [*no*] 詳細な[の] Pormenorizado. 〜 *ni* 詳細に Pormenorizadamente. 〜 *ni wataru* 詳細にわたる Entrar em 〜. [S/同] Ísai; saímítsú; seímítsú; shṓmítsú; tsúbusa. ⇨ komákái; kuwáshíí.

shṓsáí[2] [**oó**] 商才 A habilidade [O talento] para os negócios. ★ 〜 *ni takete iru* 商才にたけている Ter talento/〜…

shosáń[1] 所産 O resultado [fruto] 「do esforço」.

shosáń[2] 初産 O primeiro parto. ◇ ⇨ **〜 pu**. [S/同] Úizan (+).

shṓsáń[1] [**oó**] 称 [賞] 賛 O elogio; o aplauso; a admiração; o louvor. ★ 〜 *ni atai suru* 称賛に値する Merecer [Ser digno de] 〜. 〜 *no mato* 称賛の的 O alvo de 〜. 〜 *sareru* [*o hakusuru; o ukeru*] 称賛さ

れる[を博する；を受ける] Ser elogiado/louvado/a-plaudido; receber aplausos. [S/同] Sánbi; shóbi; shótáń; shóyo; zessáń.

shōsan² [oó] 勝算 As perspe(c)tivas [esperanças] de vitória [sucesso]. [S/同] Kachímé (+).

shōsan³ [oó] 消散【E.】O desaparecer; o passar 「do nevoeiro」. ⇨ chirú; kiérú.

shōsan⁴ [oó] 硝酸【Quím.】O ácido nítrico. ◇ ~ **natoriumu** 硝酸ナトリウム O nitrato de sódio.

shōsan-en [oó] 硝酸塩【Quím.】O nitrato.

shōsan-gin [oó] 硝酸銀【Quím.】O nitrato de prata.

shosan-pu 初産婦 A mulher que teve o primeiro parto; a primípara. ⇨ shosáń¹.

shō-sásshi [oó] 小冊子 O livreto; o panfleto; o folheto; o boletim. [S/同] Pańfúrétto (+).

shoséí¹ 処世 A (conduta de) vida. ◇ ~ **jutsu** [hō] 処世術[法] O saber (A arte de) viver. ~ **kun** 処世訓 O lema de ~. [S/同] Yo-súgí; yo-wátari (+).

shoséí² 書生【A.】O estudante. [S/同] Gakúséi (+).

shōséí¹ [oó] 招請 O convite 「para uma festa」. ★ ~ o ukeru 招請を受ける Receber um ~. ◇ ~ **jō**. [S/同] Shōhéí ~ shōtai¹.

shōsei² [oó] 小生【E.】Eu. ⇨ bóku; watáshí¹.

shōséi³ [oó] 笑声【E.】O riso; a gargalhada. [S/同] Kańséi; warái-góe (+).

shōséi⁴ [oó] 小成【E.】O resultado modesto. ⇨ seikó¹.

shōséi-jō [shoó] 招請状 (A carta de) convite. ⇨ shōséi¹.

shoseki [oó] 書籍 Os livros; as publicações. ◇ ~ **mo-kuroku** 書籍目録 O catálogo de ~. ⇨ ~ **shō**. [S/同] Hón(o); shómotsu (+); shuppánbutsu; tósho.

shōséki¹ [oó] 証跡【E.】O vestígio (Indício) de crime」. ⇨ Kośékí. ⇨ shōkó.

shōseki² [oó] 硝石【Quím.】O salitre. ◇ **Chirī** ~ チリー硝石 O ~ [nitrato-do-Chile].

shoséki-shō(nin) [shosékishóonin] 書籍商 (人) O comerciante de livros; o livreiro; a livraria.

shōsékkai [oó] 消石灰 A cal apagada; o hidróxido de cálcio. ⇨ séki¹.

shosén 所詮 Em todo o caso; afinal. *Ichiji no omoitsuki de wa ~ umaku wa ikumai* 一時の思いつきでは所詮うまくいくまい Conclusão: ideias improvisadas não resultam. ⇨ kekkyókú; tóféi.

shosén² 緒戦 A fase inicial da guerra [competição]. [S/同] Choséń.

shōséń¹ [oó] 商船 O navio mercante. ◇ ~ **daigaku** 商船大学 A escola superior da marinha mercante. ~ **tai** 商船隊 Uma frota (da marinha) mercante.

shōsen² [oó] 商戦【E.】A guerra comercial. ◇ **Saimatsu** ~ 歳末商戦 ~ de fim de ano.

shosetsu¹ 諸説【E.】As várias [diversas] teorias [opiniões]. ★ ~ *funpun to shite iru* 諸説紛々として いる Haver divisão de opiniões 「sobre」.

shosetsu² [oó] 所説 A opinião; o ponto de vista. [S/同] Sétsu (+).

shōsétsú¹ [oó] 小説 A novela; o romance. [Pことわざ] *Jijitsu wa ~ yori mo ki nari* 事実は小説よりも奇なり A realidade é mais estranha que a fi(c)ção/~. ⇨ ~ **ka. Chōhen** ~ 長篇小説 O romance comprido (de fôlego). **Rekishi** ~ 歴史小説 ~ histórico/a. **Ren'ai** ~ 恋愛小説 ~ de amor. **Rensai** ~ 連載小説 ~ publicado[a] em série 「no jornal」. **Shi** ~ 私小説 O ~ autobiográfico. **Suiri** ~ 推理小説 ~ policial. **Tanpen** ~ 短篇小説 O conto.

shōsétsú² [oó] 章節 Os capítulos e alíneas. ⇨ sétsu¹; shō⁹.

shōsétsú³ [oó] 小節【Mús.】O compasso.

shōsétsú⁴ [oó] 詳説【E.】A explicação pormenorizada [exaustiva]. [S/同] Saísétsu; shōjútsu; shōróń. [A/反] Ryakúsétsú. ⇨ setsúméí.

shōsétsú-ká [oó] 小説家 O romancista; o novelista; o escritor. [S/同] Búnshí²; sakká. ⇨ shōsétsú¹.

shōsha 書写 **1**[書き写し] A cópia (de um texto). ★ ~ *suru* 書写する Copiar um texto. [S/同] Kakíútsúshí (+). **2**[習字] A caligrafia. [S/同] Shújí (+).

shōsha¹ [oó] 商社 A companhia (firma; empresa) (comercial). ◇ ~ **man** 商社マン O funcionário de ~. **Sōgo** ~ 総合商社 A grande empresa comercial (que abrange diversos ramos).

shōsha² [oó] 勝者 O vencedor. [S/同] Shōrí-sha. [A/反] Háisha³.

shōsha³ [oó] 照射 A radiação. ★ ~ *suru* 照射する Aplicar radiações. ◇ **Ekkusu-sen** ~ X 線照射 A aplicação de Raio-X.

shōsha⁴ [oó] 瀟洒 A elegância. ★ ~ *na* 瀟洒な 「casa」Elegante; de bom gosto. ⇨ sappári.

shōshí¹ [oó] 初志【E.】A primeira ideia/(de proje(c)to). ★ ~ *o tsuranuku* 初志を貫く Manter ~. ◇ ~ **kantetsu** 初志貫徹 A realização da ideia original/~. [S/同] Sho-íchinen; shoshíń¹.

shōshi² 書誌 **a**)A bibliologia; **b**)A bibliografia.

shōshi³ 庶子 O filho ilegítimo 「perfilhado pelo pai」; o bastardo. [A/反] Chákushi. ⇨ shiséiji.

shōshi⁴ 諸子 Senhoras e Senhores. ◇ **Dokusha** ~ 読者諸子 Prezado leitor. [S/同] Shókun (+).

shōshi⁵ 諸姉【E.】Minhas Senhoras. ⇨ shókei.

shōshí¹ [oó] 小史 A história breve [pequena]. ◇ **Kirisutokyō** ~ キリスト教小史 "Breve História do Cristianismo". [S/同] Ryakushi.

shōshí² [oó] 焼死 A morte pelo fogo. ★ ~ *suru* 焼死する Morrer carbonizado. ◇ ⇨ ~ **tai**. ⇨ yakéshínu.

shōshí³ [oó] 笑止 O ridículo; a parvoíce. ◇ ~ **senben** 笑止千万 Extremamente ridículo/absurdo. [S/同] Kokkéi (+).

shōshí⁴ [oó] 証紙 O selo (de autenticação); a chancela. [S/同] Íńshí (+).

shoshí-gaku 書誌学 A bibliografia (como ciência); a bibliologia. ◇ ~ **sha** 書誌学者 O bibliólogo.

shoshíkí 書式 A forma; o (modelo de) formulário.

shoshíń¹ 初心 **1**[初志] A intenção (O propósito) original [inicial]; o ideal do começo. [I/慣用] ~ *wasurubekarazu* 初心忘るべからず Nunca esqueça o seu primeiro ideal. ⇨ Sho-íchinen; shóshí¹. **2**[初学] Os primeiros estudos. ◇ ⇨ ~ **sha**. **3** [世たねぇこと] A inexperiência; a ingenuidade. [S/同] Úbu (+).

shoshíń² 初診 A primeira (vez que vem à) consulta. ◇ ~ **ryō**. ⇨ shińsátsú.

shoshíń³ 所信【E.】A convicção; o pensamento; a opinião. ◇ ~ *o noberu* 所信を述べる Expor o seu ~. ◇ ~ **hyōmei enzetsu** 所信表明演説 O discurso de apresentação do programa 「do primeiro ministro」. [S/同] Shíńjō (+) ; shíńnen; shíńpo.

shoshíń⁴ 初審 O julgamento em primeira instância. [S/同] Isshíń (+).

shṓshíń¹ [**oó**] 小心 **1** [臆病で気が小さいこと] A timidez; a cov[b]ardia; a pusilanimidade. ★ ～ *na* 小心な Tímido; cov[b]arde; pusilânime. ～ *yokuyoku to shite* 小心翼々として Muito a medo. ◇ ⇨ **～ mono**. [S/同] Kyṓryṓ; shṓtáń. [A/反] Daítán. ⇨ okúbyṓ. **2** [用心深いこと] A prudência; o escrúpulo; a cautela; o cuidado; a meticulosidade. [S/同] Saíshíń (+). ⇨ yṓjíń-búkái.

shṓshíń² [**oó**] 昇進 A promoção; a subida de posto. ★ ～ *suru* 昇進する Ser promovido; subir de posto. [S/同] Shińkyū́¹; shṓkyū́².

shṓshíń³ [**oó**] 傷心【E.】A dor;「viajar para esquecer」o desgosto; a mágoa. ★ ～ *no amari jisatsu suru* 傷心のあまり自殺する Suicidar-se com a/o ～.

shṓshíń-jísatsu [**oó**] 焼身自殺 O suicídio [A imolação] pelo fogo.

shṓshíń-mónó [**oó**] 小心者 O tímido; o cov[b]arde; o pusilânime.

shoshín-ryō 初診料 (⇨ shoshíń²) O preço da primeira consulta médica「neste hospital」.

shoshín-sha 初心者 (⇨ shoshíń¹) **1** [初学者] O principiante; o calouro; o noviço; o novato. ～ *kangei* 初心者歓迎 (掲示) Aceitam-se principiantes! **2** [うぶな人] A pessoa inocente [ingé[ê]nua].

shṓshíń-shṓméí [**shoó**] 正真正銘「um quadro」Autêntico「de Portinari」. *Sono hanashi wa ～ machigai nai* その話は正真正銘まちがいない Essa história é autêntica, sem dúvida alguma [nenhuma].

shṓshí-táí [**oó**] 焼死体 O corpo carbonizado. ⇨ shṓshí².

shṓshítsú¹ [**oó**] 焼失 A destruição pelo fogo. ★ ～ *suru* 焼失する Ser destruído pelo fogo. ◇ **～ kaoku** 焼失家屋 A casa destruída pelo fogo.

shṓshítsú² [**oó**] 消失【E.】O desaparecimento; a perda.

shósho 所所・処処 Os vários [diversos] lugares. ★ ～ *hōbō de* 所々方々で Nos ～; em [por] toda a parte. [S/同] Achíkóchi (o); kákusho (+); kokókáshiko; tokóródókoro.

shṓshó¹ [**oó**] 証書 O título「de crédito/dívida」; a escritura; o documento「notarial/judicial」; o certificado. ★ ～ *o sakusei suru* 証書を作成する Lavrar [Preparar] um/a ～. ◇ **Kōsei ～** 公正証書 O instrumento público. **Shakuyō ～** 借用証書 O título de dívida. **Sotsugyō ～** 卒業証書 O diploma [certificado] de formatura. [S/同] Shṓjṓ²; shṓmóń.

shṓshó² [**oó**] 詔書【E.】O édito imperial. [S/同] Chókusho.

shṓshō¹ [**shóo-**] 少少 **1** [わずかなこと]「podia esperar?」Um pouco; um tanto. ～ *o-hanashi shitai koto ga aru no desu ga* 少々お話ししたいことがあるのですが Queria falar um pouco consigo [dar-lhe só uma palavrinha] (, poderia ser?). ★ ～ *no* 少々の Pouco〔*Watashi wa ～ no koto de wa hekotarenai zo* 私は少々のことではへこたれないぞ Eu não me rendo facilmente [à primeira/com pouco]〕. *Shio koshō ～* 塩胡椒少々「pôr」Um pouco de sal e pimenta. [A/反] Táta. ⇨ chótto; sukóshi. **2** [なみ大抵] O comum [ordinário]. *Kare no doryoku wa ～ no koto de wa nakatta* 彼の努力は少々のことではなかった O esforço dele foi extraordinário [fora do comum]. [S/同] Futsū́ (o); namítaítéí (+).

shṓshō² [**shóo-**] 少将 O brigadeiro (Exército e aviação); o contra-almirante (Mar.). ⇨ chū́jō³; Táishō¹.

shṓshókú [**oó**] 少食 O comer pouco. ★ ～ *de aru* 少食である Comer pouco [como um passarinho/pisco]. [S/同] Kojókú. [A/反] Ōgúí; tashókú.

shóshu 諸種【E.】A variedade; a diversidade. [S/同] Kákushu (+); shúju.

shoshū́¹ 初秋【E.】O começo do outono. [S/同] Hatsúákí. ⇨ shóka¹; shoshúń; shotṓ⁴.

shoshū́² 所収【E.】A inserção; a inclusão. ★ *Dōsho ～ no ronbun* 同書所収の論文 A tese deste [inserida no mesmo] livro. [S/同] Shosáí².

shṓshū́¹ [**shoó**] 召集 A chamada; a mobilização; o recrutamento. ★ ～ *ni ōjiru* 召集に応じる Responder à ～; apresentar-se. ～ *suru* 召集する Recrutar; mobilizar; convocar. *Rinji kokkai o ～ suru* 臨時国会を召集する Convocar uma sessão extraordinária da Dieta]. ◇ **～ hei** 召集兵 O recruta. ⇨ **～ réijō**. [S/同] Chṓshū́.

shṓshū́² [**shoó**] 招集 A convocação. ⇨ atsúméru; manéku.

shoshúń 初春【E.】O começo da primavera. [S/同] Hatsúhárú. ⇨ shóka¹; shoshū́¹; shotṓ⁴.

shṓshū́-réijō [**shoó**] 召集令状 A ordem de mobilização「geral」; a convocatória militar. ⇨ shṓshū́¹.

shósō 諸相【E.】Os vários aspectos.

shṓso [**óo**] 勝訴 O ganhar a causa em tribunal. [A/反] Háiso.

shṓsṓ¹ [**shoó**] 少壮 A juventude. ★ ～ *kiei no* 少壮気鋭の「um aviador」Brioso e cheio de ～.

shṓsṓ² [**shoó**] 尚早 A prematuridade. ★ *Jiki ～ de aru* 時機尚早である Ainda é cedo [prematuro]「para decidir」. ⇨ hayái.

shṓsṓ³ [**shoó**] 焦燥【E.】A impaciência; a irritação. ★ ～ *ni karareru* 焦燥に駆られる Ficar impaciente [nervoso]. [S/同] Asérí (+); shṓryo.

shṓsókú [**oó**] 消息 **1** [たより] As notícias. ★ ～ *o tatsu* 消息を絶つ Deixar de dar notícias; não dar sinal de vida. ◇ **～ bun** 消息文 A [O texto da] carta. [S/同] Ońshíń; reńrákú (+); táyori. **2** [事情] A informação. *Seikai no ～ ni tsūjite iru* 政界の消息に通じている Estar bem informado da [sobre a] situação política. ◇ **～ suji** 消息筋 As fontes bem informadas. **～ tsū** 消息通 A pessoa bem informada [que está por dentro/que está a par]. [S/同] Jijṓ (+). ⇨ dṓséí⁶.

shṓsū́¹ [**shoósúu**] 少数 O pequeno número; poucos; a minoria. *Kare no teian o shiji shita mono wa kiwamete ～ de atta* 彼の提案を支持したものはきわめて少数であった A proposta dele foi apoiada só por um/a ～. ◇ **～ ha** 少数派 O grupo minoritário. **～ iken** 少数意見 A opinião minoritária. **～ minzoku** 少数民族 Uma raça minoritária; as minorias étnicas. **～ seiei** 少数精鋭 Uma ～ sele(c)ta. [S/同] Shṓsū́² **1**. [A/反] Tasū́.

shṓsū́² [**shoósúu**] 小数 **1** [ちいさい数; わずかな数] A pequena quantidade. ⇨ shṓsū́¹. **2** [0と1の間の数]【Mat.】O número [A casa] decimal; a décima; a fra(c)ção. ★ ～ *dai-ni-i made keisan suru* 小数第2位まで計算する Calcular até à segunda casa decimal. ◇ ⇨ **～ ten**. ⇨ seísū́¹.

shṓsúí¹ [**oó**] 小水 A urina. [S/同] Shṓbén (+).

shṓsúí² [**oó**] 憔悴【E.】A emaciação; o definhamento. ★ ～ *suru* 憔悴する Emaciar; definhar; ficar abatido [esgotado/exausto]. ⇨ otóróe; yatsúré.

shosúru 処する【E.】**1** [対処する] Enfrentar; fazer face「a」. ★ *Nankyoku ni* ~ 難局に処する Enfrentar uma situação difícil. ⇨ Táisho suru (+). **2** [処置する] Agir; resolver「o problema」; comportar-se. ★ *Mi o* ~ 身を処する「saber」Comportar-se. ⇨ Shóchi suru (+). **3** [決定する] Sentenciar; condenar. ★ *Shikei ni* ~ 死刑に処する Condenar à morte. ⟨S/同⟩ Bassúrú (+); kasúru.

shōsúru¹ [oó] 称する【E.】**1** [呼ぶ; 名乗る] Chamar; intitular; denominar. ★ *Yamada to* ~ *otoko* 山田と称する男 O homem que responde [dá] pelo nome de Yamada. ⟨S/同⟩ Nanóru (+); yobú (o). **2** [偽る; 主張する] Fingir; alegar; pretextar. ★ *Byōki to shōsite gakkō o yasumu* 病気と称して学校を休む Faltar à aula alegando estar doente [a pretexto de doença]. ⟨S/同⟩ Itsúwáru (+). **3** [⇨ shōsúru³].

shōsúru² [oó] 証する【E.】**1** [証明する] Certificar; atestar. ⟨S/同⟩ Shōméi súrú (+). **2** [保証する] Garantir; assegurar; responder por. ⟨S/同⟩ Hoshō súrú (+).

shōsúru³ [oó] 賞する【E.】**1** [ほめる] Louvar; elogiar. ★ *Kare no kōseki o shōshite shōjō o okuru* 彼の功績を賞して賞状を送る Dar-lhe um diploma de louvor pelo seu mérito. ⟨S/同⟩ Homéru(o); shōsán súrú (+); shōsúru¹ **3**; tatáérú (+). Bassúru. **2** [めでる] Admirar; apreciar. ⟨S/同⟩ Medéru (+).

shōsú-ten [shoósúu] 小数点【Mat.】O número decimal; a décima. ★ ~ *ika o kirisuteru* 小数点以下を切り捨てる Não contar as ~ s. ⇨ shōsū² [+].

shotái¹ 所[世]帯 O lar; a família; o agregado doméstico; a casa. ★ ~ *o motsu* [*haru, kamaeru*] 所帯を持つ[張る; 構える] Constituir família. ⇨ ~ **dōgu** 所帯道具 Os utensílios domésticos. ⇨ ~ **jimiru** [*mochi/yatsure*]. ~ **nushi** 所帯主 O chefe de família. **Ōjotai** 大所帯 A família numerosa. **Otokojotai** 男所帯 A família sem mãe. **Shinjotai** 新所帯 O novo lar.

shotái² 書体 **1** [字形の様式] O estilo「gótico」de letra. ⟨S/同⟩ Jitái. **2** [文字の書きぶり] A caligrafia [letra]「bonita」.

shōtai¹ [oó] 招待 O convite. ★ ~ *ni ōjiru* 招待に応じる Aceitar a ~. ~ *o ukeru* 招待を受ける Receber a ~. ~ *suru* 招待する Convidar;[*Shokuji ni* ~ 食事に招待する Convidar para o almoço [jantar]]. ⇨ ~ **bi** [**jō/zeme**]. ~ **ken** 招待券 O cartão de convite. ~ **kyaku** 招待客 O convidado.

shōtai² [oó] 正体 **1** [本来の姿・身分・心] O verdadeiro cará(c)ter; a identidade; a espécie「de pessoa/de ruído」. ~ *o abaku* 正体をあばく Desmascarar. ~ *o arawasu* 正体を現す Revelar o seu [a sua] ~. ~ *o kakusu* 正体を隠す Disfarçar-se; [pôr [usar] uma máscara. ~ *o tsukitomeru* 正体を突き止める Descobrir [Assegurar-se de] quem (ele) é. ⟨S/同⟩ Hónshō. **2** [正気] O juízo. *Kare wa you to* ~ *ga nakunaru* 彼は酔うと正体がなくなる Ele quando se embebeda perde ~. ⟨S/同⟩ Shóki.

shōtái³ [oó] 小隊 O pelotão. ⇨ chūtái²; daítái².

shōtái-bi [oó] 招待日 (<… ¹ + hi) A ante-estreia「do filme」.

shōtái-jímíru 所[世]帯染みる (<…¹ + shimíru)「não está certo」Viver só (só) para os afazeres domésticos. ★ *Shotaijimita minari* 所帯じみた身なり O modo de se vestir de quem nunca sai de casa.

shōtái-jō [oó] 招待状 (A carta [O cartão] de convite.

shō-táimen 初対面 O primeiro encontro; a primeira vez que dois se vêem.

shotái-mochi 所[世]帯持ち (<… ¹ + mótsu) **1** [生計のやりくり] O ter família. ★ ~ *ga warui* [*heta da*] 所帯持ちが悪い[下手だ]Ser má [fraca] dona de casa. **2** [既婚者] O homem [A mulher] casado[a]. *Kare wa* ~ *da* 彼は所帯持ちだ Ele é casado.

shotái-yátsure 所[世]帯窶れ O desgaste [cansaço] com os afazeres domésticos [a lida da casa].

shōtái-zéme [oó] 招待攻め (<… ¹ + seméru) A inundação de convites.

shōtáku¹ [oó] 妾宅 A casa da concubina [amante]. ⇨ mekáke.

shōtáku² [oó] 沼沢【E.】O pântano. ◇ ~ **chi** 沼沢地 A terra pantanosa. ~ *shokubutsu* 沼沢植物 A planta lacustre [de ~]. ⇨ numá; sawá.

shotchū しょっちゅう【G.】Sempre; a toda hora; constantemente. *Tonari no ko wa* ~ *uchi ni asobi ni kuru* 隣の子はしょっちゅううちに遊びに来る O filho do vizinho anda sempre aqui em minha casa.

shōte 初手【G.】O início; o começo. ★ ~ *kara* 初手から Desde ~. ⟨S/同⟩ Hajíme (o); saíshó (+).

shōtei 所定 Aquilo (Lugar, hora, formulário, dinheiro) que foi fixado [determinado; estabelecido; prescrito; marcado]. ★ ~ *no ichi ni tsuku* 所定の位置につく Ocupar os seus lugares「na sala」. ⟨S/同⟩ Shitéi (+).

shoten 書店 A livraria. ⟨S/同⟩ Hón'ya (+).

shōten¹ [oó] 商店 A loja [casa comercial]. ◇ ~ **gai**. ⟨S/同⟩ Shōka.

shōten² [oó] 焦点 **1** [光が集まる一点] O foco (da lente). ★ ~ *ga atte* [*hazurete*] *iru* 焦点が合って[はずれて]いる Estar focado [desfocado]. ~ *o awaseru* 焦点を合わせる Focar. ◇ ~ **kyori** 焦点距離 A distância focal. **2** [人々の注意や関心が集まるところ] O ponto importante; o centro. ★ *Giron no* ~ *o shiboru* 議論の焦点を絞る Focalizar o ponto central da discussão. ⟨S/同⟩ Chūshín-ten; mokúhyō (+).

shōten³ [oó] 昇天 **1** [天に又は上に高くのぼること] A Ascensão (de Cristo ao céu). ◇ ~ **sai** 昇天祭 A festa [celebração] da ~. ⇨ nobórú³. **2** [キリスト教で信者が死ぬこと] A morte; ir para o céu.

shōten-gai [oó] 商店街 A rua comercial. ⇨ shōten¹.

shōtō¹ [oó] 初等 Elementar; primário. ◇ ⇨ ~ **ka**. ~ **kyōiku** 初等教育 A「escola de」instrução primária. ⇨ shōtō²; kōtō²; chūtō.

shotō² 初頭 O começo; o início. ★ *Jūgo-seiki irai* 15世紀初頭以来 Desde o ~ do séc. XV. ⟨S/同⟩ Hajíme (o); hekitō; shokítō (+).

shotō³ 諸島 O grupo de ilhas; o arquipélago「dos Açores」. ⇨ rettō²; shimá¹.

shōtō⁴ [oó] 初冬【E.】O começo do inverno. ⟨A/反⟩ Bantō. ⇨ shóka¹; shoshū¹; shoshún.

shotō⁵ 蔗糖 O açúcar de cana; a sacarose.

shōto [oó] ショート (< Ing. short) **1** [短いこと] Curto. ◇ ~ **heā** ショートヘアー O cabelo ~. **2** [遊撃手] [Bas.] O jogador colocado entre a segunda e a terceira base. ⟨S/同⟩ Yūgékíshu. **3** [短絡] 【Ele(c)tri.】O curto-circuito. ★ ~ *suru* ショートする Fazer [Haver um] ~. ⟨S/同⟩ Tańkáíró.

shōtō¹ [shoó] 消灯 O apagar as luzes「às 23h.」. ★ ~ *suru* 消灯する Apagar as luzes. ◇ ~ **jikan** 消灯

時間 A hora de ~ [do deitar]. A/反 Teńtó.

shótó² [**shoó**] 小党 O pequeno partido (político). ◇ ~ **ranritsu** 小党乱立 A proliferação de ~s.

shótó³ [**shoó**] 檣頭 【E.】 O topo do mastro.

shotó-ká [**oó**] 初等科 Um curso elementar「de japonês」. ⇨ shotó¹.

shótó-kéki [**shoótókée**] ショートケーキ (< Ing. shortcake) O bolo friável, com muita manteiga, açúcar e morangos.

shotóku 所得 **1** [その人のものになること] A posse. **2** [収入] O rendimento. ★ *Nen sanbyakuman-en no ~ ga aru* 年 300 万円の所得がある Ter um ~ anual de três milhões de yens. ◇ ~ **suijun** 所得水準 O nível de ~. ~ **zei** 所得税 O imposto de renda [sobre os ~s]. **Jisshitsu** ~ 実質所得 ~ real [líquido]. S/両 Rieki; shúnyū.

shótóku [**oó**] 生得 【E.】 O ser inato [「teimoso」por natureza]. S/両 Séirai (+); seítóku; ténsei; umáretsúkí (o).

shótó-pántsu [**oó**] ショートパンツ (< Ing. short pants) Os calções.

shó-tórihiki [**oó**] 商取引 A transa(c)ção comercial.

shó-tóshi [**oó**] 小都市 A cidade pequena. A/反 Daí-tóshi.

shótótsú [**oó**] 衝突 **1** [ぶつかること；突き当たること] A colisão; o choque; a trombada. ◇ **Shōmen** ~ 正面衝突 ~ de frente「dos dois carros」. ⇨ butsúkáru; tsukí-átáru. **2** [不一致；不和] O conflito; o choque. ★ *Rigai no ~* 利害の衝突 ~ de interesses.

shótsu [**oó**] ショーツ (< Ing. shorts) Os calções (Para (d)esp.).

shoú 背負う **1** [背中に載せる] Carregar [Levar às costas]. S/両 Seóu (+). **2** [引き受ける] Arcar com「a responsabilidade」. ★ *Shakkin o shotte iru hito* 借金を背負っている人 A pessoa endividada [carregada de dívidas]. S/両 Hikí-úkéru (o); seóu (+). **3**「うぬぼれる」Jactar-se; ser presunçoso [convencido (de si mesmo)]. *Anata zuibun shotte iru wa ne* あなたずいぶん背負っているわね Você é muito convencido, hem! [não é?]. S/両 Unúbórérú (+).

shó-úchū [**oó**] 小宇宙 O microcosmo. A/反 Daí-úchū.

shó-úindo [**oó**] ショーウインドー (< Ing. show window)「ver」A vitrina.

Shówa¹ [**óo**] 昭和 A Era ~ (1926–1989).

shówa² [**oó**] 唱和 O fazer coro; o recitar [gritar] em uníssono. ★ ~ *suru* 唱和する Fazer coro; recitar.

shówá³ [**oó**] 笑話 A história humorística; a piada. S/両 Waráí-bánashi (+).

shó-wákusei [**oó**] 小惑星 【Astr.】 O asteróide; o planeta pequeno.

shó-wárú [**oó**] 性悪 O (indivíduo de) mau-cará(c)ter; o malicioso; o malvado. S/両 Akúshō.

shóya 初夜 **1** [第一夜] A primeira noite (do casal); a noite de núpcias. ◇ **Shinkon** ~ 新婚初夜 ~ (depois do casamento). **2** [宵の口] As primeiras horas [entre as 8 e as 9] da noite.

shóyá [**oó**] 庄屋 【A.】 O chefe [regedor] da aldeia.

shóyaku¹ [**óo**] 生薬 A erva [substância/planta] medicinal. S/両 Kigúsuri.

shóyáku² [**oó**] 抄訳 A tradução resumida [parcial]. A/反 Kań'yákú; zeń'yákú. ⇨ hoń'yákú.

shoyó¹ 所用 ⇨ yōji¹.

shoyó² 所要 Necessário. ◇ ~ **jikan** 所要時間 O tempo ~. ⇨ hitsuyó.

shóyo [**óo**] 賞与 **1** [賞として金品を与えること；その金品] A gratificação; o pré[ê]mio. **2** [ボーナス] O bó[ô]nus. ◇ **Nenmatsu** ~ 年末賞与 ~ de fim de ano [O 13ᵉ mês]. S/両 Bónashi.

shóyo¹ [**shoó**] 商用 Os negócios. ◇ ~ **bun** 商用文 A carta comercial [de ~].

shóyo² [**shoó**] 小用 **1** [ちょっとした用事] O pequeno assunto. **2** [小便をしに行くこと] O urinar. ⇨ shóben.

shóyo³ [**shoó**] 逍遙 【E.】 **1** [気の向くままにぶらぶらと歩くこと] O passeio (giro). ★ ~ *suru* 逍遙する Passear; vaguear. S/両 Sańpó (o); sańsáku (+); sozóró-áruki (+). **2** [俗世間を離れて楽しむこと] O filosofar [gozar] longe do bulício do mundo.

shóyo⁴ [**shoó**] 慫慂 【E.】 O sugerir [induzir「a」]. ★ ~ *suru* 慫慂する ... S/両 Kańshó; kań'yō (+); kańzéi. ⇨ sasói; susúmé.

shóyo⁵ [**shoó**] 従容 【E.】 Tranquilo [Calmo/Plácido]. ★ ~ *taru* 従容たる Plácido.

shoyú 所有 A posse; a propriedade. ★ ~ *suru* 所有する Possuir. ◇ ⇨ ~ **butsu** [**chi/kaku/ken/sha**]. ~ **yoku** 所有欲 O desejo de possuir; a cobiça. S/両 Shóji¹; shozó.

shóyu [**shoó**] 醬油 O molho de soja (O tempero mais us. no J.). ⇨ ~ **sashi**.

shoyú-butsu [**úu**] 所有物 Os「meus」haveres. S/両 Mochí-mono (+).

shoyú-chi [**úu**] 所有地 O「meu」terreno.

shoyú-kaku [**úu**] 所有格【Gram.】O caso possessivo. ⇨ **kaku 2**.

shoyú-ken [**úu**] 所有権 O direito [título] de propriedade. ★ ~ *no iten* 所有権の移転 A transferência do ~.

shóyú-sashi[-tsugi] [**oó**] 醬油差し[注ぎ] (< ··· + sasu[tsugu]) A molheira (Do molho de soja).

shoyú-sha [**úu**] 所有者 O proprietário. ◇ **Kyōdō** ~ 共同所有者 Os co-proprietários.

shozái 所在 **1** [居場所] O paradeiro; a localização; o onde está. ★ ~ *ga fumei de aru* 所在が不明である Não se saber onde está「o papel/o fugitivo」. *Sekinin no ~ o akiraka ni suru* 責任の所在を明らかにする Ver onde está [de quem é] a responsabilidade; descobrir (quem é) o responsável. ◇ ⇨ ~ **chi** [**nai**]. ◇ árika; i-báshó. **2** [の] okónáí.

shozai-chi 所在地 A sede; o local. ◇ **Kenchō** ~ 県庁所在地 ~ do governo da província [da autarquia provincial].

shozai-nái 所在ない Aborrecido; sem ter que [nada para] fazer. ★ ~ *mama ni ichinichi o sugosu* 所在ないままに 1 日を過ごす Passar o dia ~.

shózén [**oó**] 悄然 【E.】 Desconsolado; desolado; deprimido. ★ ~ *to shite iru* 悄然としている Estar [Andar] ~. ⇨ shóboshobo; sońbóri.

shozō 所蔵 A posse (de coisas antigas). ★ *Kimura-shi no ~ no tsubo* 木村氏所蔵の壺 O bidão em posse [da cole(c)ção] do Sr. Kimura. ⇨ shoyú.

shózō [**shoó**] 肖像 A efígie; a imagem; o ícone「russo」; o retrato. ◇ ⇨ ~**ga** [**ken**].

shózō-gá [**shoó**] 肖像画 O retrato (pintado).

shózō-ken [**shoózōo**] 肖像権 O direito ao seu retrato.

shozóku 所属 O pertencer [A ligação]「a」. ◇ ~

butai 所属部隊 A unidade militar a que se pertence. **Mu ～** 無所属 Desligado [Não ligado]; 「candidato」independente. [S/同] Jū́zókú.

shṓzoku [**óo**] 装束 **1** [身じたく；よそおい] O traje. ★ *Shiro no* ～ 白の装束 ～ de passeio. [S/同] Mi-jítaku (o); yosóóí (+). **2** [束帯・衣冠・直衣などの服装] O traje completo「da corte」.

shozóń 所存 O pensamento; a「minha」opinião. [S/同] Kańgáe (+); tsumórí.

shṓzúrú [**oó**] 生ずる ⇨ shṓjíru.

shu[1] 主 **1** [主人] O patrão; o dono. [S/同] Áruji (+); núshi (+); shújin (o). [A/反] Kyakú. **2** [主君] O senhor. [S/同] Shúkun (+). [A/反] Jū. **3** [中心] O principal. *Gakusei ni totte benkyō wa* ～ *de supōtsu wa jū da* 学生にとって勉強は主でスポーツは従だ ～ do estudante é o estudo, o desporto [esporte] é secundário [vem depois]. ★ ～ *taru dōki* 主たる動機 O motivo principal. ～ *to shite* 主として Principalmente; sobretudo. [S/同] Chū́shíń (+). [A/反] Jū. **4** [所有者] O proprietário. [S/同] Mochí-nushi (+); shoyū́-sha (o). **5** [神]【Cri.】Deus; o Senhor. ～ *ware o aisu* 主我を愛す ～ ama-me. ★ ～ *no inori* 主の祈り O Pai Nosso. [S/同] Éhoba; Iésu(Kirisuto); Teńtéí; Ténshu.

shu[2] 朱 O cinábrio; o zarcão [mínio]; o vermelhão. ★ ～ *o ireru* 朱を入れる Corrigir [Retocar]「um texto」. [P/ことわざ] ～ *ni majiwareba akaku naru* 朱に交われば赤くなる Quem se encosta ao ferro, enferruja-se/Quem com cães se deita, com pulgas se levanta. ⇨ áka[1]; shuhítsú[2].

shu[3] 種 **1** [種類] O gé[ê]nero; a classe; a espécie; o tipo; a natureza [índole]; a categoria. ★ *Kono* ～ *no hanzai* この種の犯罪 Os crimes deste/a ～. [S/同] Shúrui (+); tagúi. **2** [生物を分類する上での基礎単位] A espécie. ★ ～ *no kigen* 種の起源 A origem das ～s. ⇨ ka[3]; kṓ[14]; móku[1]; món[1].

-shu[4] 首 (Suf. para a contagem de versos e poemas). ★ *Uta o isshu yomu* 歌を一首詠む Recitar uma poesia [um poema].

shū́[1] [**úu**] 州・洲 **1** [大陸] O continente. ◇ **Ajia ～** アジア州 ～ asiático. [S/同] Taíríkú (+). **2** [行政区画の] O estado (Divisão administrativa do B.; ⇨ kén[3]). ★ ～ *ritsu no byōin* 州立の病院 O hospital estadual (B.) [distrital (P.)]. ◇ **San Pauro ～ chiji** サンパウロ州知事 O governador do ～ de S. Paulo.

shū́[2] [**úu**] 週 A semana. ★ ～ *ni san-kai renshū suru* 週に3回練習する Treinar três vezes por ～. *Rai* ～ *no kyō* 来週の今日 Exa(c)tamente daqui [de hoje] a uma ～「chega o meu pai a Tóquio」.

shū́[3] [**úu**] 衆 **1** [多くの人々]【E.】A multidão; as massas. ★ ～ *ni nukinderu* 衆に抜きん出る Sobressair entre todos. **2** [ある特定の人々を親しみをこめて又丁寧にいう語] Os amigos. ★ *Mina no* ～ 皆の衆 Todos os ～; toda a camaradagem. ⇨ nakámá. **3** [人数の多いこと]【E.】O número [A superioridade numérica]. ★ ～ *o tanomu* 衆を頼む Contar com a/o ～. [A/反] Ka.

shū́[4] [**úu**] 集【E.】A cole(c)ção. ◇ **Shokan ～** 書簡集 ～ de cartas「de S.F. Xavier」.

shū́[5] [**úu**] しゅう【On.】Zzz. ★ ～ *to iu oto* しゅうという音 O ruído [som] ～「do chicote/do gás a sair da garrafa」.

-shū́[6] [**úu**] 宗 A seita religiosa. ◇ **Jōdo ～** 浄土宗 A seita Jodo. ⇨ shū́ha[1].

-shū́[7] [**úu**] 周 A volta. ★ *Guraundo o ni-* ～ *suru* グラウンドを2周する Dar duas ～s ao estádio. ⇨ mawárí[2].

-shū́[8] [**úu**] 囚 O preso; o prisioneiro. ◇ **Datsugoku ～** 脱獄囚 ～ que fugiu da cadeia. ⇨ shū́jíń[1].

-shū́[9] [**úu**] 臭 **1** [いやな臭いの意] O cheiro. ◇ **Shigeki ～** 刺激臭 ～ irritante. **2** [らしい感じの意] O gosto; o ar; a maneira. ◇ **Burujoa ～** ブルジョア臭 O ar (de) burguês.

shū́ákú [**uú**] 醜悪 **a**)A feiura; **b**)A infâmia. ⇨ kegáráwáshíi; miníkúi[1].

shū́-báń [**uú**] 週番 O plantão da semana「na polícia」.

shū́báń(séń) [**uú**] 終盤（戦）A parte [fase] final「do jogo de xadrez」. *Iyoiyo senkyosen mo* ～ *ni haitta* いよいよ選挙戦も終盤に入った As eleições entraram (agora) na ～ [última re(c)ta]. [S/同] Shū́kyókú[1] **1** (+).

shubétsú 種別 A classificação; o sortimento. [S/同] Buńrúí (+); kúbetsu (o); ruíbétsú.

shúbi[1] 守備 **1** [守り] A defesa. ★ ～ *ni tsuku* 守備につく Assumir a ～. ～ *suru* 守備する Defender. *Mizu mo morasanu* ～ 水も漏らさぬ守備 ～ inexpugnável. ◇ **～ hei (tai)** 守備兵（隊）A guarnição. **～ ryoku** 守備力 A capacidade defensiva. [S/同] Bṓbi; bṓgo; bṓgyo; mamórí (+). [A/反] Kṓgékí. **2** [スポーツのディフェンス] A defesa. ★ ～ *ga umai* 守備がうまい Ser um bom [Ser bom à] defesa. [S/同] Diféńsú.

shúbi[2] 首尾【E.】 **1** [頭と尾] A cabeça e o rabo. ⇨ atámá; ó[4]. **2** [物事の始めと終わり] O começo e o fim. ★ ～ *ikkan suru* 首尾一貫する Ser「um relato」consistente [coerente]. ⇨ hajímé; owárí. **3** [物事の経過・結果] O resultado. ★ ～ *ga yoi* [*warui*] 首尾が良い[悪い] Ter/Dar bom [mau] resultado. ◇ ⇨ **～ yoku**. **Jō** [**Fu**] **～** 上[不]首尾 O bom êxito [fracasso]. [S/同] Ténmatsu.

shū́bi [**úu**] 愁眉【E.】O rosto carregado. ★ ～ *o hiraku* 愁眉を開く Ficar aliviado「ao saber que o filho não morrera no acidente de carro」.

shúbi-yoku 首尾よく Com sucesso [bom resultado]. ★ ～ *gōkaku suru* 首尾よく合格する Ser「unanimemente」aprovado. ⇨ shúbi[2] **3**.

shū́bṓ [**uú**] 衆望【E.】A popularidade「entre os colegas」; a confiança [o apoio] do público. ★ ～ *ni kotaeru* 衆望にこたえる Corresponder às expectativas [à confiança]. ⇨ kitáí[1]; shińráí.

shubṓ-sha [**óo**] 首謀者 O cabecilha. ★ *Kūdetā no* ～ クーデターの首謀者 ～ do golpe de estado.

shúbu 主部 **1** [物事の主な部分] A parte principal. **2** [文の中で主語とそれを修飾する語のある部分]【Gram.】O sujeito「e o predicado」. [A/反] Jútsubu.

shū́búń[1] [**uú**] 醜聞 O escândalo. ★ ～ *o nagasu* 醜聞を流す Fazer correr [Publicar na imprensa] o ～. [S/同] Oméí (+); shū́méí[2]; sukyándaru (o).

shū́búń[2] [**uú**] 秋分 O equinócio de outono. ★ ～ *no hi* 秋分の日 O dia do ～ (23 de setembro). ◇ **～ ten** 秋分点 O ponto equinocial. [A/反] Shuńbúń.

shubyṓ 種苗 As sementes e plantas (de viveiro, para venda). ⇨ náe; táne[1].

shū́chákú [**uú**] 執着 O apego. ★ ～ *suru* 執着する Ter apego; estar agarrado. *Kane e no* ～ 金への執着 ～ ao dinheiro. *Sei e no* ～ 生への執着 ～ à vida. [S/同] Shū́jákú.

shū́chákú-eki [**uú**] 終着駅 A estação terminal; o fim da linha.

S

shúchi¹ [úu] 周知【E.】O conhecimento geral [público]. ★ ~ no jijitsu 周知の事実 O fa(c)to bem conhecido. ⇨ shúchi².
Ｓ/同 Shūtén (+). Ａ/反 Kitén; shihátsú(eki).

shúchi² [úu] 羞恥【E.】O pudor. ◊ ⇨ **shin**. Ｓ/同 Hajírái (+).

shúchi³ [úu] 衆知 [智]【E.】A sabedoria de muitas pessoas; o conselho de outros. ★ ~ o atsumeru 衆知を集める Ouvir [Aproveitar] a opinião [A

shuchíku 種畜 O animal de reprodução.

shúchiku [úu] 修築 A reparação. ★ ~ suru 修築する Reparar「a casa/o quarto」. ⇨ kaíchíkú; shúri.

shúchin-bón [úu] 袖珍本 (⇨ hón¹) O livro [A edição] de bolso.

shúchi-nikúrín 酒池肉林【E.】A orgia; a bacanal.

shúchi-shin [úu] 羞恥心 O sentimento de pudor [vergonha]. ★ ~ ga nai 羞恥心がない Ser des(a)-vergonhado; não ter (qualquer sentimento de) pudor. ⇨ shúchi².

shuchí-shúgi 主知主義【Fil.】O intelectualismo. Ａ/反 Shuíshúgi. ⇨ chitéki ◊.

shuchō¹ 主張 1 [言い張ること] A insistência; a asserção; a alegação; a afirmação. ★ ~ suru 主張する Alegar; asseverar; insistir; afirmar (Kenri o ~ suru 権利を主張する Alegar os [Insistir nos] seus direitos). ◊ **Jiko** ~ 自己主張 A afirmação de si mesmo; a auto-afirmação. ◊ íl-háru; kyóchó¹. 2 [論点] A opinião; a posição; o ponto de vista. ★ ~ o tōsu 主張を通す Impor [Fazer prevalecer] a sua/o seu ~.

shuchō² 主調 1 [主となる調子] O tom dominante「neste quadro é o vermelho/do ditame é a harmonia」. 2 [一楽曲を通じてその曲のもとになる調子]【Mús.】A nota tó[ô]nica [O tom] fundamental. Ｓ/同 Kichō.

shuchō³ [óo] 首長 O chefe「árabe」; o xeque. ◊ ~ **senkyo** 首長選挙 A eleição do「do governo local」. Ｓ/同 Shunó (+).

shuchō⁴ 主潮【E.】A corrente principal.

shúchō [úu] 酋長 O cacique; o chefe (da tribo).

shuchū 手中【E.】1 [手のうち; 手のなか] A palma da mão. 2 [あるものの勢力が及ぶ範囲] O possuir [dominar/ter na mão]. ★ ~ ni aru 手中にある Ter「todo o poder」na mão. ~ ni osameru 手中に収める Apanhar; tomar; conquistar (Seiken o ~ ni osameru 政権を手中に収める Conquistar o poder).

shúchū [shuú] 集中 A concentração; a intensificação; a convergência. ★ ~ suru 集中する Concentrar; centrar; convergir (Seishin o benkyō ni ~ suru 精神を勉強に集中する Concentrar-se [Centrar a atenção] nos estudos). Jinkō no ~ 人口の集中 A concentração da população「neste bairro」. ◊ ~ **bakugeki** 集中爆撃 O bombardeio intensivo. ~ **gōu** 集中豪雨 A chuva torrencial. ~ **kōgi** 集中講義 O curso intensivo. ⇨ ~ **ryoku**. Ａ/反 Bunsán. ◊ atsúmáru; atsúméru.

shúchū-ryoku [shuúchúu] 集中力 A capacidade de concentração.

shudái 主題 1 [主要な題材] O tema; o assunto; a matéria. ★ Shizen o ~ ni shita shi 自然を主題にした詩 O poema tendo a natureza como tema. Ｓ/同 Téma. 2 [タイトル] O título. ◊ ~ **ka** 主題歌 Táitoru. A canção [melodia]-tema「do filme」. 3 [最も大切な主張] O tema; a ideia principal「de

uma palestra」. ★ o yōyaku suru 主題を要約する Resumir o/a ~. 4 [基本的な旋律]【Mús.】O tema (musical); o motivo.

shúdan 手段 O meio; a medida; o passo; o recurso. Yatsu wa mokuteki no tame ni wa ~ o erabanai やつは目的のためには手段を選ばない Aquele sujeito, para conseguir o que quer, não escolhe os [olha a] meios. ~ o kōjiru 手段を講じる Arranjar [Encontrar] um meio. ~ o toru 手段を取る Tomar medidas [Saigo no ~ o toru 最後の手段を取る Recorrer à última medida). Arayuru ~ o tsukusu あらゆる手段を尽くす Esgotar [Lançar mão de] todos os meios (possíveis). Bōryokuteki [Kyōkō] ~ ni uttaeru 暴力的 [強硬] 手段に訴える Apelar à violência [Recorrer a medidas enérgicas]. Hijō ~ o mochiiru 非常手段を用いる Tomar medidas de emergência. ◊ **Heiwateki** ~ 平和的手段「usar só」Meios pacíficos. Yusō ~ 輸送手段 Os meios de transporte. Ｓ/同 Hōsákú; shiyō; tédate. ⇨ hōhō¹.

shúdan [úu] 集団 O grupo「de estudantes」; a massa; o bando「de aves/ladrões」. ★ ~ de 集団で「ir」Em grupo. ◊ ~ **anzen hoshō** 集団安全保障 A segurança cole(c)tiva. ~ **imin** 集団移民 A e[i]migração em massa. ~ **ishiki** 集団意識 A consciência de grupo. ~ **nōjō** 集団農場 A herdade [fazenda/quinta] cole(c)tiva. ~ **sekiri** 集団赤痢 A disenteria geral [em massa]. ~ **shinri** 集団心理 A psicologia das massas [grupo]. **Dai-ichi** [**ni**] ~ 第一 [二] 集団 (マラソン) O primeiro [segundo] ~. Ｓ/同 Dantái; gurúpu; muré. ⇨ atsúmári.

shúdatsú [uu] 収奪【E.】A usurpação. ⇨ toríágérú; ubái-tóru.

shúden (**sha**) [**shuúdensha**] 終電 (車) O último comboio [trem] (do dia). Ｓ/同 Shihátsú(densha).

shudō¹ 手動 A operação manual. ◊ ~ **burēki** 手動ブレーキ O travão [freio] manual. Ａ/反 Jidō. ⇨ dendó⁴.

shudō² 主導 A liderança「do jogo」; a iniciativa. ★ ~ suru 主導する Liderar「o partido/proje(c)to」; tomar a ~. ◊ ⇨ **ken**. ~ **teki** 主導的 Dire(c)tivo.

shúdo-in [**shuúdoo**] 修道院 O mosteiro; o convento; a abadia (A.).

shúdo-jo [**shuúdoo**] 修道女 A irmã; a freira; a monja. Ｓ/同 Shísutā; shudō-ni. ⇨ áma¹; nisó.

shudō-kai [**shuúdoo**] 修道会 A ordem religiosa「dos franciscanos/dos jesuítas」.

shudō-ken [óo] 主導権 [O direito/poder de] liderança; a iniciativa. ★ ~ o nigiru 主導権を握る Tomar a ~. Ｓ/同 Iníshiachibu. ⇨ shudō².

shudoku 酒毒 A intoxicação alcoólica. ⇨ arúchū.

shúdo-ni [**shuúdoo**] 修道尼 ⇨ shúdo-jo.

shúdo-shi(**-sō**) [**shuúdoo**] 修道士 [僧] O monge; o religioso; o irmão; o frei「Alberto」. ⇨ shúdo-jo.

shuéi 守衛 O guarda; o segurança; o porteiro (⇨ món-ban). ◊ ~ **shitsu** 守衛室 A casita [guarita/O quarto] do ~.

shúéki¹ [uu] 収益 O lucro; o rendimento「do bazar」. ★ ~ o ageru 収益をあげる Dar lucro; render. ◊ ~ **jigyō** 収益事業 Um negócio [empreendimento] (com um fim) lucrativo. ⇨ ~ **kin** [**ritsu**]. Ｓ/同 Ritókú. ⇨ ríeki.

shúéki² [uu] 就役 A entrada「do navio/funcioná-

rio」em serviço. ⎣S/同⎦ Júgyú (o); shúgyṓ³ (+).
shuéki-kín [**uú**] 収益金 O (dinheiro) ganho; o lucro (monetário). ⇨ shuékí¹.
shuéki-ritsu [**uú**] 収益率 A taxa de lucro. ⇨ shuékí¹.
shuén¹ 主演 O a(c)tor [A a(c)triz/O papel] principal; o protagonista. ★ ~ *suru* 主演する Desempenhar [Fazer] o papel principal; ser o protagonista. ◇ ~ **haiyū** [**dan'yú**] 主演俳優[男優] O astro; o a(c)tor principal. ⇨ ~ **joyū** 主演女優 A estrela; a a(c)triz principal. ⇨ ~ **sha**. ⎣A/反⎦ Joén. ⇨ shuyákú.
shuén² 酒宴 O banquete com muito vinho. ⎣S/同⎦ Saká-mórí. ◇ eń-kái.
shuén¹ [**uú**] 周縁【E.】A periferia. ⎣S/同⎦ Fuchí (+); mawárí (o); shûi (+).
shuén² [**uú**] 終演 O [encerramento] do espe(c)táculo. ⎣S/同⎦ Hané; heímákú; shûmákú **2**. ⎣A/反⎦ Kaíén.
shuén³ [**uú**] 終焉【E.】**1**[臨終] A morte; o fim「do império」. ⎣S/同⎦ Mátsugo; riñjú (o); sáigo (+). **2**[隠居して晩年を送ること] Viver retirado os últimos anos da vida. ★ ~ *no chi* 終焉の地 A terra onde alguém passou os últimos anos.
shuén-sha 主演者 ⇨ shuén¹) O a(c)tor [A a(c)triz] principal. ⎣A/反⎦ Joén-sha.
shúfu¹ 主婦 A casada; a dona de casa. *Ikka no* ~ 一家の主婦 A dona de casa. ◇ ~ **gyō** 主婦業 O trabalho da dona de casa. ◇ Óku-san; tsúma.
shúfu² 首府 A capital; a metrópole. ⎣S/同⎦ Shúto (+).
shúfu [**uú**] 醜婦【E.】A mulher feia. ⎣S/同⎦ Shikómé (+).
shúfúkú [**uú**] 修復【E.】A restauração. ★ ~ *suru* 修復する Restaurar「uma pintura antiga」[*Ryōkoku no kankei o* ~ *suru* 両国の関係を修復する Restaurar [restabelecer] as relações entre os dois países]. ⎣S/同⎦ Shúri. ◇ fukúgón.
shúgákú [**uú**] 就学 A escolaridade. ★ ~ *suru* 就学する Ir à [Andar na] escola. ◇ ~ **jidō** 就学児童 A criança que vai à [frequenta a] escola. ◇ ~ **nenrei** 就学年齢 A idade escolar. ◇ ~ **ritsu** 就学率 O índice de ~. ⇨ shingákú¹.
shúgákú-ryókō [**uú**] 修学旅行 A excursão da escola; a viagem de estudo「a Kyoto」.
shugán (**ten**) 主眼 (点) O obje(c)tivo [ponto] principal「é o foco」. *Kono gakkō no kyōiku no* ~ *wa ningensei o yashinau koto de aru* この学校の教育の主眼は人間性を養う事である ~ desta escola é a formação humana dos seus alunos. ⎣S/同⎦ Gañmókú; kaname.
shúgei 手芸 O artesanato; os trabalhos manuais.
shugéi-hín 手芸品 As obras [Os trabalhos] de artesanato.
shúgékí [**uú**] 襲撃 O (ataque de) assalto. ★ ~ *suru* 襲撃する Atacar de surpresa; assaltar. ⎣S/同⎦ Fuí-úchí.
shúgen [**úú**] 祝言 O [A cerimón[ô]nia de] casamento. ★ ~ *o ageru* 祝言を挙げる Celebrar o ~; casar. ⎣S/同⎦ Kekkón-shiki (o); końréí (+); shúgi¹.
shugén-ja 修験者 O monge que leva vida ascética nas montanhas.
shúgí¹ 主義 O princípio; o sistema. ◇ **Anzen dai-ichi** ~ 安全第一主義 O princípio de "segurança em primeiro lugar" (no trabalho).

Mōke ~ 儲け主義 A [O espírito de] ganância; o pensar só no ganho [lucro] [*Kane mōke* ~ *no byōin* 金儲け主義の病院 O hospital que só tem em vista o lucro]. **2**[思想的立場] O princípio; a doutrina. ★ ~ *mo sessō mo nai hito* 主義も節操もない人 A pessoa sem princípios nem moral. ~ *shuchō o tsuranuku* 主義主張を貫く Manter [Fazer prevalecer] os seus princípios e opiniões. ◇ ⇨ **minshu** ~. **Mu** ~ 無主義 Sem princípios. ◇ Shisṓ.
shúgi¹ [**úú**] 祝儀 **1**[祝いの儀式] **a)**A celebração; **b)**O [A festa de] casamento. ⎣S/同⎦ Shukugá-kai (o); shukútén (+). **2**[心付け] A gratificação; a gorjeta. ★ ~ *o hazumu* 祝儀をはずむ Ser generoso na ~. ◇ ~ **bukuro** 祝儀袋 Um pequeno papel em forma de envelope para pôr a ~. ⎣S/同⎦ Chíppu (o); kokórózúké (+). **3**[引き出物] O presente; a lembrança. ⎣S/同⎦ Hikídémóno (+).
shúgi² [**úú**] 衆議 A consulta pública [geral/de todos]. ◇ ~ *ikketsu suru* 衆議一決する Decidir por plebiscito.
Shúgi-in [**uú**] 衆議院 A Câmara Baixa [dos Representantes/dos Deputados]. ◇ ~ **giin** 衆議院議員 O deputado. ⎣A/反⎦ Sañgí-in.
shúgo¹ 主語【Gram.】O sujeito. ⎣A/反⎦ Jutsúgó.
shúgo² 守護【E.】**1**[守ること] A prote(c)ção; a guarda; a defesa; a salvaguarda. ★ ~ *suru* 守護する Defender; proteger; salvaguardar. ◇ ~ **seijin** 守護聖人 O santo padroeiro/prote(c)tor. ⎣S/同⎦ Goéí (+); kéigo; mamórí (o). **2**[地方長官]【H./J.】O guarda militar provincial (da era feudal). ◇ ~ **daimyō** 守護大名 ~ que se tornou senhor feudal.
shugo 酒豪 O bebedor de primeira; o tonel; o grande copo. ⎣S/同⎦ Jōgo; ō-zákénomi (+); Shukákú³.
shúgō [**uú**] 集合 **1**[一同に会合すること] O juntar [reunir/encontrar]-se「em frente da Dieta」. ★ ~ *suru* 集合する ... ◇ ~ **jikan** 集合時間 A hora de a gente se reunir. ◇ ~ **meishi**. **Zen'in** ~ 全員集合 Juntem-se todos! Kaísán. ◇ atsúmáru; káigi¹; shúkáí¹. **2**[範囲の確定しているものの集まりを一つの全体として見たもの] O conjunto (Mat.); o ponto de convergência (Geom.). ◇ ~ **ron** 集合論【Mat.】A teoria dos conjuntos.
shugó-jin[**-shin**] 守護神 Uma divindade prote(c)tora. ⎣S/同⎦ Mamórí-gami (+).
shúgō-méishi [**uú**] 集合名詞【Gram.】O nome [substantivo] cole(c)tivo (Ex.: o rebanho).
shúgō-táí [**uú**] 集合体 O agregado. ⇨ shúgō **2**.
shúgu [**uú**] 衆愚【E.】A massa ignorante; a plebe. ◇ ~ **seiji** 衆愚政治 A oclocracia [O governo da plebe].
shugyō 修行 **1**[仏道を積むこと]【Bud.】O ascetismo; a ascese; a prática ascética; o treino; a provação. ★ ~ *chū de aru* 修行中である Estar em provação [a praticar a ascese]. ~ *o tsumu* 修行を積む Praticar o ascetismo. ~ *suru* 修行する Provar [Treinar]-se. ◇ ~ **ja**. **2**[武芸などの] O treino; o adestramento. ◇ **Musha** ~ 武者修行 ~ [aperfeiçoamento「nas artes marciais/na música」adquirido por toda a parte junto dos grandes mestres. ⇨ shúgyṓ¹; shúren¹.
shúgyō¹ [**uú**] 修業 O curso. ◇ ~ **nengen** 修業年限 Os anos do [que dura o] ~.
shúgyō² [**uú**] 終業 **a)**O encerramento (diário) das

aulas; **b)**O último dia de aulas. ◇ ~ **shiki** 終業式 A cerimó[ô]nia de fim de curso. A反 Shigyō.

shúgyō[3] [úu] 就業 **1**[仕事をしていること]O estar a trabalhar. ★ ~ *chū* 就業中 (掲示) Em serviço. ◇ ~ **jikan** 就業時間 O horário de trabalho [expediente]. **Yakan** ~ 夜間就業 O trabalho no(c)turno; o turno da noite. 	A反 Júgyō (+); shúék[2]. **2**[ある一定の職業を行うこと]O emprego. ◇ ~ **jinkō** 就業人口 A população a(c)tiva. A反 Shitsúgyō.

shugyō-ja [óo] 修行者 O asceta. ⇨ shugyō.

shúgyoku 珠玉 **1**[真珠と宝石]A jóia; a pérola; a pedra preciosa. ⇨ hóséki; shínjú. **2**[すぐれているもの・美しいもののたとえ]Uma jóia「literária」.

shúgyo-tō [úu] 集魚灯 A luz para atrair os peixes (Um método de pesca).

shúha[1] [úu] 宗派 (⇨ ha[4]) **1**[宗門]A seita religiosa. S周 Shúmón; shúshí[3]. **2**[流派]A escola. S周 Ryúha (o); ryúgí (+).

shúha[2] [úu] 周波【Ele(c)tri./Acústica】A frequência de onda. ◇ ~ **sū. Kō [Tei]** ~ 高[低]周波 A alta [baixa] frequência.

shuhái 酒杯【E.】O copo [A taça] de vinho. ★ ~ *o katamukeru* 酒杯を傾ける Beber o vinho; empinar a/o ~. S周 Sakázúkí (+).

shúhai[1] [úu] 集配 A recolha e a entrega. ★ ~ *suru* 集配する Distribuir. ◇ ~ **nin** 集配人 O carteiro. ⇨ atsúmeru; haítátsú.

shuhán[1] 主犯 O infra(c)tor principal; o cabecilha. S周 Seíhán. ⇨ Júhán. ⇨ kyōhán.

shuhán[2] 首班 O chefe. ★ ~ *ni shimei suru* 首班に指名する Nomear (como) chefe. S周 Shusékí[2]. ⇨ náikaku[1].

shúha-sū [úu] 周波数 (⇨ shúha[2])【Ele(c)tri.】A [O número de ciclos por segundo de] frequência.

shúha(sū)-tái [shuú] 周波(数)帯 (⇨ shúha[2])【Ele(c)tri.】A faixa de frequência.

shúhátsú [úu] 終発 A última partida「da camioneta」desse dia. A反 Shihátsú.

shuhéi 手兵 Os soldados sob o seu comando.

shuhéki [úu] 習癖【E.】O hábito; a mania; o vício. ⇨ kusé.

shuhén [úu] 周辺 A periferia; as cercanias; os arredores「da cidade」. ★ *Minato no* ~ *no machi* 港の周辺の町 A parte da cidade à volta [na ~] do porto. ◇ ~ **jūmin** 周辺住民 Os residentes da zona; a vizinhança. S周 Shūi **2**.

shuhín 主賓 **1**[正客]O convidado de honra; o homenageado. S周 Jókyakú. **2**[主人と客]【E.】O anfitrião e o convidado. S周 Shukakú. ⇨ kyakú[1]; shujin.

shuhítsú[1] 主筆 O reda(c)tor-chefe; o editor.

shuhítsú[2] 朱筆 **1**[朱墨をつけて書くための筆]O pincel de tinta vermelha. **2**[朱で書き入れること]A corre(c)ção; o "vermelho". ★ ~ *o kuwaeru* 朱筆を加える Corrigir; rever.

shúhō 酒保 A cantina「do quartel」.

shuhō[1] 手法 A técnica「da pintura a óleo」o método[meio]. ★ *Hito no* ~ *o maneru* 人の手法をまねる Imitar a ~ alheia.

shuhō[2] 主砲 O canhão [A bateria/jogador] principal/mais forte. ⇨ taíhō.

shúhō [úu] 週報 O jornal [A revista] semanal; o semanário. S周 geppō; neńpō[2]; nippō.

shúi[1] 主意 A ideia principal. ◇ ~ **shugi**.

shúi[2] 趣意 **a)**O conteúdo; o teor; o ponto essencial; **b)**O obje(c)tivo; a finalidade「da nossa associação」. ★ *Raihō no* ~ *o tsugeru* 来訪の趣意を告げる Anunciar o obje(c)tivo da visita. ◇ ~ **sho**. S周 Shúshi[2] (+); shúshi[3].

shuí 首位 O topo[primeiro lugar]. ★ ~ *ni tatsu* 首位に立つ Ficar no topo [à cabeça]. ◇ ~ **arasoi** 首位争い A disputa pelo ~. ~ **dasha** 首位打者【Beis.】O melhor batedor. Ichí[1] (+); shusék[2]. A反 Mátsui.

shúi [úu] 周囲 **1**[まわり、又その長さ]**a)**A circunferência [O perímetro]「da árvore/do dorso」; **b)**Os arredores; as cercanias; a periferia. *Kono ike no wa go-kirométoru aru* この池の周囲は5キロメートルある Esta lagoa tem cinco quiló[ô]metros de perímetro. S周 Mawári (+). **2**[ある物・人を取り巻く環境]**a)**O ambiente [As circunstâncias/A situação]; **b)**A vizinhança; as pessoas「aqui」à volta. *Kare no rikkōho wa* ~ *kara tsuttsukareta kara da* 彼の立候補は周囲から突っつかれたからだ Ele candidatou-se porque as pessoas que o cercam o estimularam [picaram (G.)]. ★ ~ *no eikyō o ukeru* 周囲の影響を受ける Ser influenciado pelo ambiente[meio]. ~ *no me o ki ni suru* 周囲の目を気にする Preocupar-se com a opinião dos vizinhos.

shuín[1] 手淫 A masturbação; o onanismo. ◇ ~ *o suru* 手淫をする Masturbar-se. S周 Jitokú (+); jfi (+); masútábeshon (+); ónanī (+).

shuín[2] 主因【E.】A causa [O motivo] principal「do acidente」. A反 Fukúín. ⇨ géń[1]ín.

shuíro 朱色 A cor vermelha viva (escarlate).

shui-shó 趣意書 "fazer" O prospecto「da fundação/universidade」. ⇨ shúi[2].

shui-shúgi 主意主義【Fil.】O voluntarismo. A反 Shuchí-shúgi; shujō-shúgi.

shúítsú [úu] 秀逸 O ser excelente [soberbo].

shúji[1] [úu] 主 O dire(c)tor; o superintendente; o encarregado principal. ◇ **Shidō** ~ 指導主事 O orientador geral.

shúji[2] [úu] 習字 A caligrafia (Arte de escrever bem com o pincel). ★ ~ *ga umai* [*heta da*] 習字がうまい[下手だ] Ter boa [má] ~. ~ *o suru* 習字をする Praticar caligrafia. ⇨ Kaki-káta; shódō.

shúji[2] [úu] 修辞 A retórica; a eloquência. ★ ~ *jō* 修辞上 Retórico. ◇ ~ **hō** 修辞法 O método [As leis] da ~. ~ **gaku [teki]**.

shúji-gaku [úu] 修辞学 A (arte da) retórica; a oratória. ⇨ shújí[2].

shuji-i 主治医 O médico principal do doente; o médico da família.

shujikú 主軸 **1**【Mat.】O eixo principal. ⇨ jikú[1]. **2**[中心になって活動する人・組織]O elemento principal [O pilar] da equipa.

shujin 主人 **1**[家族の長]O chefe de família. ★ *Ikka no* ~ 一家の主人 O chefe da família. ⇨ áruji. **2**[自分が仕えている人]O patrão. ★ ~ *ni tsukaeru* 主人に仕える Servir [Trabalhar para] o ~. ◇ ~ **gao** [**kō/yaku**] 主人顔 Danná; yatóí-nushi. **3**[夫]O marido. ★ ~ *omoi no okusan* 主人思いの奥さん A esposa dedicada ao ~. S周 Ottó. **4**[店の責任者]O proprietário. *Sakaya no* ~ 酒屋の主人 O [dono] do bar [botequim/da taberna]. S周 Áruji. **5**[客をもてなす人]O hospedeiro; o anfitrião. ★ ~ *yaku o tsutomeru* 主人役を務める Ser o anfitrião da festa. S周 Hósuto. **6**[ペットの飼い主]O dono de animal de luxo.

shū́jíń[1] [uú] 囚人 O preso; o prisioneiro; o condenado. ★ ～ *o shakuhō suru* 囚人を釈放する Libertar ～. ◇ **～ fuku** 囚人服 O uniforme de ～. [S/同] Gokúshū́; zaíníń; jukéisha; fukúékisha. ⇨ hóryo.
shū́jíń[2] [uú] 衆人【E.】O público; o povo. ★ ～ *kanshi no naka de* 衆人監視の中で À vista do ～. [S/同] Guńshū́ (+); taíshū́ (+).
shujíń-gáó 主人顔 (<… **2**+kaó) O ar [A postura] de patrão. ★ ～ *o suru* 主人顔をする Assumir ～.
shū́jíń-ki [uú] 集塵器 O aspirador de poeiras.
shujíńkō 主人公 O herói [A heroína]「de uma novela」; o protagonista. *Joyū ga kono shōsetsu no ～ ni natte iru* 女優がこの小説の主人公になっている A heroína [protagonista] desta novela é uma a(c)triz「de cinema que casa com o rei」.
shujíń-yákú 主人役 O anfitrião.
shū́jí-tékí [uú] 修辞的「o uso」Retórico「das palavras」.
shū́jítsú[1] [uú] 終日 O dia inteiro; todo o dia. ◇ **～ eigyō** 終日営業 O estar aberto ～. **～ shūya** 終日終夜「não parou de chover」Todo o dia e toda a noite. [S/同] Hinémósu; jińjítsú.
shū́jítsú[2] [uú] 週日 O dia de semana. [S/同] Heíjítsú (+); uíkudē.
shujṓ 衆生【Bud.】Todas as coisas vivas; toda a humanidade. ★ ～ *o saido suru* 衆生を済度する Salvar ～. [S/同] Guńjṓ; ujṓ.
shúju 種種 A diversidade; a variedade. ★ ～ *no* 種々の Vários「motivos」; variados; diversos. ～ *zatta na* 種々雑多な Toda a sorte de; vários e mais alguns. ◇ **～ sō** 種々相 Os diversos aspectos「da vida」. [S/同] Iróíró; samázama.
shújū 主従【E.】 **1** [主たるものとそれに従うもの] O principal e o secundário. **2** [主君とその家来・主人とその使用人] O senhor e o criado. ★ ～ *no kankei* 主従の関係 A relação de ～. ◇ **Yoshitsune ～ [shūjū]** 義経主従 (H./J.) Yoshitsune e o seu criado.
shū́júkú [uú] 習熟 A perícia; a destreza; a mestria「do uso do computador」. ★ ～ *suru* 習熟する Conhecer [Aprender] a fundo; dominar「uma língua」; ser perito [destro]「em」. [S/同] Jukúréń (o); jukútátsú (+).
shújutsu 手術 A operação; a intervenção cirúrgica. ★ ～ *o suru* [*hodokosu*] 手術をする [施す] Operar [Fazer uma ～]. ～ *o ukeru* 手術を受ける Ser operado. ◇ **～ dai** 手術台 A mesa de operações. **～ shitsu** 手術室 A sala de operações. **Dai** [**Shō**] **～** 大 [小] 手術 Uma grande [pequena] ～. **Geka ～** 外科手術～. **Seikei ～** 整形手術 A cirurgia plástica. **Setsudan** [**Setsujo**] **～** 切断 [切除] 手術 A amputação. [S/同] Ópe.
shū́ká[1] [uú] 集荷 O juntar [recolher] a carga. ★ *Gyūnyū no ～ o suru* 牛乳の集荷をする Fazer a recolha do leite「com cami(nh)ão」.
shū́ká[2] [uú] 臭化【Quím.】A combinação de bromo com qualquer outro elemento. ◇ ⇨ **～ butsu**. **～ gin** 臭化銀 O brometo de prata.
shū́ka[3] [úu] 衆寡【E.】O grande número e o pequeno número. ★ ～ *tekisezu* 衆寡敵せず Ser derrotado por um inimigo numericamente superior. ⇨ buzéí; tazéí.
shū́ká-butsu [uú] 臭化物【Quím.】O brometo. ⇨ shū́ka[2].
shukáí 首魁【E.】 **1** [物事のさきがけ] O iniciador; o pioneiro. [S/同] Sakígáké (o); sénku (+). **2** [悪事の首謀者] O líder [cabecilha]「dos bandidos」. [S/同] Bósu (+); chṓhónnin (+); óyabun (o); shuryṓ[2].
shū́káí[1] [uú] 集会 A reunião; o encontro; a concentração「na praça」. ～ *wa enki sareta* 集会は延期された ～ foi adiada/o. ★ ～ *no jiyū* 集会の自由 A liberdade de reunião/associação. ～ *o hiraku* [*motsu*] 集会を開く[持つ] Realizar [Ter] um/a ～. ◇ ⇨ **～ jō** [**ken**]. **Yagai ～** 野外集会 Uma (grande) concentração ao ar livre. [S/同] Atsúmárí. ⇨ káigi[1].
shū́káí[2] [uú] 醜怪 A fealdade grotesca. ★ ～ *na* 醜怪な Feio; grotesco. ⇨ miníkúi[1].
shū́káidō [uú] 秋海棠【Bot.】A begó[ô]nia; *begonia evansiana*.
shū́káí-jṓ [uú] 集会場 O local de reunião.
shū́kái-ken [uú] 集会権 (<… +kénri) O direito de reunião/associação.
shukákú[1] 主格 (⇨ kakú[6] **2**)【Gram.】O (caso) nominativo. ⇨ mokútékí ◇; shoyū́-kaku.
shukákú[2] 主客 **1** [主人と客] O anfitrião e os convidados. ⇨ kyakú[1]; shújin. **2** [重要なことがらと付け足しのことがら] O principal e o secundário. *Sore de wa ～ tentō da* それでは主客転倒だ Isso é inverter os papéis [pôr o carro à frente dos bois].
shukákú[3] 酒客【E.】⇨ jṓgo[1]; saké-nómí; shugṓ.
shū́kákú[1] [uú] 収穫 **1** [農作物を取り入れること] A colheita; a safra. ★ ～ *ga ōi* [*sukunai*] 収穫が多い [少ない] Ter uma boa [má] colheita. ◇ **～ daka** 収穫高 O rendimento [A quantidade] da ～. **～ ki** 収穫期 A época da ～. **～ ryō** 収穫量 A quantidade [O volume] da ～. **～ sai** 収穫祭 A festa das colheitas. [S/同] Torí-íré. **2** [あることを行って得たよい結果] O fruto「da educação/do trabalho」; o resultado; o proveito. *Kare no hanashi o kiite ōi ni ～ ga atta* 彼の話を聞いて多いに収穫があった A conferência dele valeu a pena [foi muito proveitosa].
shū́kákú[2] [úu] 臭覚 ⇨ kyū́kákú.
shukáń[1] 主観 A subje(c)tividade. ★ ～ *ni hashiru* 主観に走る Ser muito subje(c)tivista「é perigoso」. ◇ **～ ron** 主観論 O subje(c)tivismo. ⇨ **～ sei**/**teki**. [A/反] Kyakkáń.
shukáń[2] 主幹 O chefe [responsável principal]「da obra」. ◇ **Henshū ～** 編集主幹 ～ da edição; o editor-chefe. [S/同] Shuníń (+).
shukáń[3] 主管 A supervisão; o encargo; a superintendência; a administração. ★ ～ *suru* 主管する Supervisar; superintender; administrar. ◇ **～ jikō** 主管事項 Os assuntos a cargo de alguém. ⇨ kańkátsú.
shū́káń[1] [uú] 習慣 O hábito; o uso; a praxe; a prática; o costume. *Furo-agari ni bīru o nomu no ga kare no itsumo no ～ da* 風呂上がりにビールを飲むのが彼のいつもの習慣だ Ele costuma beber (uma) cerveja logo depois do banho. ★ ～ *de* [*kara*] 習慣で[から] Por (força do) hábito. ～ *ga tsuku* 習慣がつく Adquirir o hábito. ～ *ni shitagau* 習慣に従う Seguir o/a ～. ～ *ni torawarezu ni* 習慣にとらわれずに Sem se preocupar com o/a ～. ～ *o tsukeru* 習慣をつける Acostumar; habituar; cultivar [criar] o hábito〔*Kodomo ni haya-ne haya-oki no ～ o tsukeru* 子供に早寝早起きの習慣をつける Habituar as crianças a deitarem-se e acordarem cedo〕. *Mukashi kara no ～ o mamoru* 昔からの習慣を守る Conservar [Seguir] o/a ～ tradicional. *Warui ～ o naosu* 悪い習慣を直す Corrigir o mau ～. ◇ **Seika-**

tsu ~ 生活習慣 Os ~ s da vida diária. **Shoku ~** 食習慣 Os hábitos alimentares.
[S/同] Fūshū; kańshū; kusé; shikítárí; shūzoku.

shūkań² [**uú**] 週間 (⇨ shū²) A semana. ★ *Isshūkan mae* [*ato*] *ni* 1 週間前 [後] に Há [Daqui a] uma ~. *Isshūkan oki ni* 1 週間おきに Semana sim, semana não [Cada duas ~ s]. ◇ **Kōtsū anzen ~** 交通安全週間 ~ de Segurança de Trânsito. ⇨ neńkań¹.

shūkań³ [**uú**] 週刊 A publicação semanal. ★ ~ *no* 週刊の Publicado semanalmente; semanário; de ~. ◇ ~ **shi**. 日 gekkań; kikáń⁶.

shūkań⁴ [**uú**] 収監 O prender; a prisão.

shūkań⁵ [**uú**] 終刊 O cessar a publicação. ◇ ~ **gō** 終刊号 O último número publicado [da revista]. [A/反] Hakkań; sōkań. ⇨ haíkań².

shukań-séi 主観性 A subje(c)tividade.
[A/反] Kyakkań-séi.

shūkán-shi [**uú**] 週刊誌 A revista semanal; o semanário. ◇ **Shashin ~** 写真週刊誌 ~ ilustrada/o. ⇨ shūkań³.

shukań-téki [**uú**] 主観的 Subje(c)tivo. ★ ~ *na iken* [*kangae*] 主観的な意見 [考え] O ponto de vista [A ideia] subje(c)tivo/a.
[A/反] Kyakkań-téki. ⇨ shukań¹.

shukéi 主計 O tesoureiro; o contabilista. ◇ **kyoku** 主計局 A tesouraria 「do ministério das finanças/da fazenda」, a se(c)ção de contabilidade. [S/同] Kaíkéi (o); kéiri (+).

shūkéi [**uú**] 集計 A contagem 「dos votos」; o total. ★ ~ *o dasu* 集計を出す Apurar o total; fazer a soma. [S/同] Gōkéi (+).

shukén 主権 A soberania. ◇ ~ **koku** [**kokka**] 主権国 [国家] O país [estado] soberano. ~ **sha** 主権者 O chefe supremo (⇨ kúnshu¹). ~ **zaimin** 主権在民 ~ reside no povo. [S/同] Tóchí-ken.

shūkén [**uú**] 集権 A acumulação de poderes. ◇ **Chūō ~** 中央集権 A centralização do poder (no governo central). [A/反] Buńkeń.

shūketsú¹ [**uú**] 終結 **1** [おわり] O fim. ★ ~ *suru* 終結する Terminar; pôr fim. [S/同] Ketsubétsú (+); owarí (o). ⇨ shūmákú **3**; shūryō²; shūshí⁴. **2** [Fil.] A conclusão. [A/反] Kasétsú.

shūketsú² [**uú**] 集結 A concentração. ★ ~ *suru* 集結する Concentrar 「tropas na fronteira」.
[S/同] Kesshū.

shukí¹ 手記 A nota; o memorando; a anotação; o apontar.

shukí² 酒気 O cheiro [bafo] a álcool. ★ ~ *o obite iru* 酒気を帯びている Estar bêbado [Cheirar a álcool].

shūki¹ [**úu**] 周期 O período; o ciclo. ★ *Keiki no* ~ 景気の周期 O ciclo econó[ô]mico. ◇ ~ **hyō** 周期表 A tabela periódica (dos elementos). ~ **ritsu** 周期律 A lei de periodicidade.

shūki² [**úu**] 臭気 O cheiro desagradável; o mau cheiro; o fedor. ★ ~ *ga hana ni tsuku* 臭気が鼻を突く Sentir um ~. ~ *no aru* [~ *funpun taru*] *ikusai no aru* [臭気芬々たる] Fedorento; fétido. ~ *o hanatsu* 臭気を放つ Exalar [Dar/Deitar] um ~.
[S/同] Akúshū (+); kusámí. [A/反] Kōki. ⇨ nióí².

shūki³ [**úu**] 周忌 O aniversário da morte. ★ *Sofu no san-* ~ 祖父の 3 周忌 ~ O segundo aniversário da morte do avô. [S/同] Kaíki; neńkí.

shūki⁴ [**úu**] 秋季 O (período de) outono. ◇ ~ **un-dōkai** 秋季運動会 A gincana (d)esportiva [O festival de atletismo] de outono 「nas escolas」.
[S/同] Áki (+). ⇨ káki⁷; shúnki; tōki⁵.

shūki⁵ [**uú**] 集金 A cobrança. ★ ~ *suru* 集金する Cobrar (Fazer a ~). ◇ ~ **gakari** [**nin**] 集金係 [人] O cobrador.

shukká¹ 出火 O incendiar-se; o incêndio. ★ ~ *no gen'in o shiraberu* 出火の原因を調べる Investigar a origem do incêndio. ~ *suru* 出火する Incendiar-se. ⇨ káji¹.

shukká² 出荷 O despacho de carga. ★ ~ *suru* 出荷する Despachar a carga. ◇ ~ **saki** 出荷先 O destino da carga. [A/反] Chákká; nyūká.

shukkań 出棺 A saída do féretro (caixão).

shukké 出家 [Bud.] O bonzo; o monge. ★ ~ *suru* 出家する Ir para bonzo. [A/反] Zaíké; záizoku.

shukkétsú¹ 出欠 A presença e [ou] a ausência. ★ ~ *o toru* 出欠をとる Fazer a chamada 「dos alunos」. ~ *o tsūchi suru* 出欠を通知する Avisar se vai 「à reunião」 ou não. ⇨ kesséki²; shusséki.

shukkétsú² 出血 **1** [血管が破れて血が出ること] A hemorragia; a perda de sangue. ★ ~ *o tomeru* 出血を止める Estancar [Parar] a hemorragia. ~ *suru* 出血する Sangrar; ter uma hemorragia. ◇ ~ **taryō** 出血多量 A grande ~. [A/反] Shikétsú. ⇨ (+); ketsúeki. **2** [人質・金銭などの損害・犠牲がある] A perda; o prejuízo. ◇ ~ **dai-sābisu** 出血大サービス A venda com prejuízo.

shukkín¹ 出勤 A ida para o trabalho [emprego]. ★ ~ *suru* 出勤する Ir para...; ◇ ~ **bi** [**bo**]. ~ **jikan** 出勤時間 O começo do trabalho 「é às 9h.」. **Jisa ~** 時差出勤 A mudança [diferença] das horas de trabalho. [S/同] Shusshá. [A/反] Kekkín; taíkín.

shukkín² 出金 **a)** O pagamento [A contribuição] 「para o proje(c)to」; **b)** As despesas. ◇ ~ **denpyō** 出金伝票 A nota de pagamento.
[S/同] Shishútsú (+). [A/反] Nyūkín.

shukkín-bi 出勤日 (< ⋯ ¹ + hi) O dia de (ir para o) trabalho.

shukkín-bo 出勤簿 O livro de ponto. ★ ~ *o tsukeru* 出勤簿をつける Assinar o ponto. ⇨ shukkíń¹.

shukkō 出庫 **a)** O tirar a mercadoria do depósito. ★ ~ *suru* 出庫する ~. [A/反] Kurá-dáshí. Nyūkó. **b)** O tirar 「a camioneta」 da garagem.

shukkō¹ 出港 O sair [partir] do porto. ★ ~ *suru* 出港する. ◇ ~ **meirei** 出港命令 A ordem de ~. ~ **tetsuzuki** 出港手続き As formalidades de partida. [S/同] De-fúne; shukkō³; shuppáń². [A/反] Kíkō; nyūkō.

shukkō² 出校 **1** [学校に行くこと] O ir para a escola. [S/同] Tōkō (+). [A/反] Gekō. **2** [印刷物の校正刷りを出すこと・校正刷りができること] [Tip.] O entregar as provas.

shukkō³ 出航 **1** [船が航海に出ること] A partida de um navio. ★ ~ *suru* 出航する O navio partir. [S/同] Funá-dé (+); shukkō¹; shuppáń. **2** [飛行機が出発すること] A partida de um avião.

shukkō⁴ 出向 A transferência temporária 「de um funcionário」. ★ ~ *suru* 出向する Ser transferido temporariamente. ◇ ~ **shain** 出向社員 O empregado transferido temporariamente.
⇨ shutchō¹.

shukkō⁵ 出講 O ir le(c)cionar [dar aulas]. ★ ~ *suru* 出講する ⋯ ⇨ kōgi¹.

shukkókú 出国 A saída do país. ★ ~ suru 出国する Sair do país. ◇ ~ **tetsuzuki** 出国手続き As formalidades de ~. A/反 Nyúkóku.

shukkónsṓ 宿根草【Bot.】A planta perene [vivaz]. S/同 Tanénsō. A/反 Ichínénsō.

shukó[1] 趣向 O plano; a ideia; a inventiva. ★ ~ o kaeru 趣向を変える Mudar de plano. ~ o korasu 趣向を凝らす Elaborar um ~. ◇ **Shin** ~ 新趣向 Uma nova ~.

shukó[2] 手交【E.】O entregar pessoalmente. ★ ~ suru 手交する te-wátashi.

shukó[3] 首肯【E.】O assentimento; o concordar; o aceno de cabeça que sim. ★ ~ suru 首肯する Assentir; concordar「com a proposta/as ideias dele」. S/同 Kṓtéi (+). A/反 Hitéi. ⇨ unázúkú.

shukó[4] 酒肴【E.】A comida e bebida; os comes e bebes. ⇨ sakáná[2]; saké[1].

shukó[5] 手工 O artesanato; o trabalho manual [feito à mão]. ◇ ~ **gei** (**gyō**).

shū́kó[1] [uú] 周航【E.】A circu(m-)navegação. ★ ~ suru 周航する Circu(m-)navegar. ⇨ kōkai[3].

shū́kó[2] [uú] 就航【E.】A entrada em serviço de um navio [avião]. ★ ~ suru 就航する Entrar em serviço.

shū́kó[3] [uú] 修好【E.】A amizade; as relações amistosas (entre países). ◇ ~ **jōyaku** 修好条約 O tratado de amizade.

shu-kṓgei [óo] 手工芸 O [Os trabalhos/A arte] de artesanato. ◇ ~ **hin** 手工芸品 Uma peça [Um trabalho] de artesanato.

shu-kṓgyō [kóo] 手工業 (⇨ shukó[5]) A indústria artesanal; o artesanato. ◇ ~ **sha** 手工業者 O artesão. ⇨ Kikái kōgyō.

shukú 宿【A.】**a)**A hospedaria; **b)**O pernoitar [dormir] (Us. em inúmeras palavras compostas, que vêm a seguir; ver tb. "min ~", "nōjuku").

shukúba(machi) 宿場 (町) A terra [O lugar] com estalagens/pousadas/hospedarias. ⇨ shuku.

shukúbō 宿望 O desejo acalentado há muito tempo. S/同 Neńgán (+); shukúgán. ⇨ kibō; nozómí.

shukúchókú 宿直 O estar de plantão/vigia; o serviço no(c)turno. ★ ~ no ishi 宿直の医師 O médico de plantão (no hospital). ◇ ~ **shitsu** 宿直室 A sala [O quarto] para quem está de ~. S/同 Tomáríkómí. ⇨ nitchóku.

shukúdái 宿題 **1**[学校の]O deveres escolares (Feitos em casa). ★ ~ o dasu [kasuru] 宿題を出す [課する] Dar [Mandar fazer] um trabalho escolar. **2**[未決問題]A questão [O assunto] pendente/a resolver (depois). ★ ~ ni suru 宿題にする Deixar o/a ~ pendente [em aberto].

shukudén 祝電 O telegrama de felicitações. ★ ~ o utsu [okuru] 祝電を打つ [送る] Mandar [Enviar] um ~. S/同 Chōdén. ⇨ deńpó[1].

shukuén[1] 祝宴 O banquete; a festa. ⇨ eń-kái[1].

shukuén[2] 宿怨【E.】O velho ódio [ressentimento]; a velha [antiga] queixa. ★ ~ o harasu 宿怨を晴らす Ajustar umas contas (G.) [queixas] antigas. S/同 Ikón (+); kyúén. ⇨ uppún; urámí[1].

shukuén[3] 宿縁【F./Bud.】O destino; a sorte; o fado. ★ ~ to akirameru 宿縁とあきらめる Conformar-se com o/a ~. ⇨ shukúméi.

shukufúkú 祝福 A bênção; a graça divina; a felicidade. ★ ~ suru 祝福する Abençoar「as criancinhas」; invocar as bênçãos de Deus [Zento o ~ suru 前途を祝福する Desejar felicidades「aos recém-casados」].

shukugá 祝賀 **a)**A celebração; **b)**A congratulação; a felicitação. ◇ ~ **gyōji** 祝賀行事 As festas [festividades] de celebração. ~ **kai** 祝賀会 A festa para celebrar「a vitória」. S/同 Kéiga.

shukugán 宿願 O desejo acalentado há muito tempo. ★ ~ o hatasu 宿願を果たす Realizar ~ [o seu grande desejo]. S/同 Neńgán (o); shukubō (+). ⇨ kibō; nozómí.

shukúgō 縮合【Quím.】A condensação.

shukúhái 祝杯 O brinde. ★ ~ o ageru 祝杯をあげる Brindar「à saúde do nosso amigo」. ⇨ kańpá[2].

shukúhákú 宿泊 (⇨ shukú) O alojamento. ★ ~ suru 宿泊する Ficar; alojar-se; hospedar-se. ◇ ~ **ryō** 宿泊料 As despesas de ~. ~ **shisetsu** 宿泊施設 As acomodações [instalações] para alojamento.

shukúhéi 宿弊【E.】O mal enraizado; o vício inveterado. S/同 Sekíhéi. ⇨ akúhéi; heí-gái.

shukúhō 祝砲 A salva de「21」tiros. ★ ~ o hanatsu [utsu] 祝砲を放つ [打つ] Dar uma ~. S/同 Reíhō. ⇨ táihō.

shukui 祝意 As congratulações; as felicitações; os parabéns. S/同 Gái.

shukúji 祝辞 As palavras congratulatórias; o discurso de congratulação [felicitação]; os parabéns. ★ ~ o noberu 祝辞を述べる Proferir as/o ~; dar os ~. S/同 Shukúshí. ⇨ Chōji.

shukújítsú 祝日 (⇨ kyújítsú) O dia de festa; o feriado. ★ Kokumin no ~ 国民の祝日 O feriado nacional. S/同 Saíjítsú. ⇨ shukúsáijitsu.

shukújo 淑女 A dama; a senhora; a mulher distinta. S/同 Kí-fújin (+). ⇨ shínshí[1].

shukúméi 宿命 O fado; o destino; a sorte; a fatalidade. ★ ~ o ninau 宿命を担う Estar destinado「a」. ~ **ron** 宿命論 O fatalismo. ~ **teki** 的「um caso」Fatal. S/同 Jṓmyō; téńmei.

shúkun[1] 主君 O meu senhor ["tono-sama"]. ⇨ kúnshu.

shúkun[2] 殊勲 O feito notável; o serviço meritório. ★ ~ o tateru 殊勲を立てる Distinguir-se「na batalha」. ◇ ~ **shō** 殊勲賞 O pré(c)mio (concedido ao lutador de sumô) por um feito notável. S/同 Tegárá.

shúkúrīmu [uú-ii] シュークリーム (< Fr. chou à la creme) O doce recheado com creme; a carolina.

shukúsái-jitsu 祝祭日 O feriado [dia de festa] nacional. ⇨ saíjítsú; shukújítsú.

shukúsátsu 縮刷 A impressão de [em] formato reduzido. ◇ ~ **ban** 縮刷版 A edição de bolso [em formato reduzido].

shukúse 宿世 ⇨ zénse (+).

shukúséi[1] 粛清 O expurgo; a limpeza; a liquidação「dos elementos indesejáveis」. ★ ~ suru 粛清する Expurgar; limpar; liquidar. Chi no ~ 血の粛清 ~ com derramento de sangue.

shukúséi[2] 粛正 O disciplinar; o apertar; o meter na ordem [linha]. ★ Kōki o ~ suru 綱紀を粛正する Pôr mais disciplina「no processo eleitoral/entre os funcionários」.

shukúsha[1] 宿舎 **a)**O alojamento; **b)**A hospedaria; as acomodações. ★ ~ **o ategau** [yōi suru] 宿舎をあてがう [用意する] Providenciar o alojamento. S/同 Shukúsho; yádo. ⇨ kishúkú-sha.

shukúshá[2] 縮写 A reprodução em miniatura; a

cópia reduzida「do jornal」.

shukúshákú 縮尺 **1** [縮小] A escala reduzida. ～ *suru* 縮尺する Fazer em ～. ◇ **～ zu** 縮尺図 O mapa [desenho] em ～. [S/同] Shukúshṓ[1]. [A/反] Kakúdáí. **2** [縮小率] A [O índice de redução da] escala. ★ ～ *goman-bun no ichi no chizu* 縮尺5万分の1の地図 O mapa (feito) na escala de 1: 50000 (Um por cinquenta mil).

shukúshí 祝詞【E.】As palavras de felicitação; As congratulações. [S/同] Shukújí. [A/反] Chṓshí.

shukúsho 宿所 O lugar onde alguém se hospeda; a hospedaria. [S/同] Shukúsha[1] (+) ; yádo.

shukúshṓ[1] 縮小 A redução; o corte. ★ ～ *suru* 縮小する Reduzir o [Fazer um corte no]「pessoal」. ◇ **Gunbi ～** 軍備縮小 A redução dos armamentos. [A/反] Kakúdáí. ⇨ asshúkú; tańshúkú.

shukúshṓ[2] 祝勝 A celebração [comemoração] da vitória. ◇ **～ kai** 祝勝会 A festa em ～.

shukúshu 宿主【Biol.】O hospedeiro「do parasita」.

shukúshúkú 粛粛【E.】 **1** [静かでひっそりしているようす] Em silêncio. ⇨ hissóri; shízuka. **2** [整っておごそかなさま] Solenemente. ◇ **Bensei ～** 鞭声粛々「atravessar a cidade」～, sem fazer ruído com o chicote. ⇨ ogósoka.

shukúsu 祝す【E.】 **1** [祝う] Felicitar「pelo sucesso」; festejar; comemorar; celebrar. ★ *Kenkō o shukushite kanpai suru* 健康を祝して乾杯する Brindar à saúde「dos pais」. [S/同] Iwáu (+). **2** [祝福する] Abençoar. [S/同] Shukúfúkú súrú (+).

shukú-tékí 宿敵 O antigo inimigo;「derrotar」o inimigo de longos anos.

shukútéń 祝典 A celebração (solene)「da fundação da escola」. ★ ～ *o ageru* 祝典をあげる Celebrar. ◇ **Kinen ～** 記念祝典 ～ comemorativa; a comemoração. [S/同] Shukúgá-shiki.

shukúzéń 粛然【E.】Em [Com] respeitoso silêncio. ⇨ shukúshúkú.

shukúzú 縮図 **1** [原形を縮小してえがいた図] A cópia em miniatura; o desenho「do prédio」em tamanho reduzido. [A/反] Kakúdáízú. **2** [ある物事を端的に表現したもの]【Fig.】O epítome; uma miniatura「do Japão」; o resumo; a sinopse; a síntese. ★ *Jinsei no* ～ 人生の縮図 O epítome da vida.

shukyṓ[1] 主教 O prelado; o bispo. ⇨ shikyṓ.

shukyṓ[2] 酒興【E.】 **1** [酒宴の座興] A alegria do vinho; a farra. ★ ～ *o soeru* 酒興を添える Animar a festa. **2** [酒に酔った; 酔いごこち] O estado inebriante (provocado pela bebida); a animação.

shū́kyō [úu] 宗教 A religião. ★ ～ *o hiromeru* 宗教を広める Difundir a ～. ～ *o shinjiru* 宗教を信じる Crer numa [Ter uma] ～. ◇ **～ bungaku** 宗教文学 A literatura religiosa. **～ dantai** 宗教団体 A organização [O grupo] religiosa/o. **～ geki** 宗教劇 O auto「de Gil Vicente」; o teatro religioso. ⇨ **～ ga** [**gaku/ka/kai**]. **～ kaikaku** 宗教改革 (H.) A reforma (religiosa). **～ mondai** 宗教問題 Um problema religioso [de ～]. **～ ongaku** 宗教音楽 A música religiosa [sacra]. **～ saiban** 宗教裁判 (H.) A inquisição. **～ sensō** 宗教戦争 A guerra de ～. ⇨ **～ shin**. **～ sho** 宗教書 Os livros religiosos. **～ teki** 宗教的「ver a situação do ponto de vista」Religioso. **～ tetsugaku** 宗教哲学 A filosofia da ～. **～ undō** 宗教運動 O movimento religioso. **Minzoku ～** 民族宗教 Uma ～ popular. **Shizen ～** 自然宗教 ～ natural.

shū́kyṓ-gá [uú] 宗教画 A pintura religiosa.

shū́kyṓ-gaku [uú-óo] 宗教学 O estudo das religiões.

shū́kyṓ-ká [uú] 宗教家 A pessoa religiosa [que crê e fala da sua religião]. ⇨ shū́dṓ-shi[sō].

shū́kyṓ-kai [uú-óo] 宗教界 O mundo religioso.

shū́kyókú[1] [uú] 終局 **1** [碁を打ち終わること; 将棋を差し終わること] O fim da partida de xadrez. [S/同] Shū́báń(séń). **2** [事件の終わり] O fim「da guerra」; o desfecho「feliz」. ★ ～ *ni chikazuku* 終局に近づく Aproximar-se do fim. [S/同] Ketsúmátsú (+) ; owárí (o); shū́kétsú[1] **1**; shū́mákú **3**.

shū́kyókú[2] [uú] 終極 Último. [S/同] Kyū́kyókú.

shū́kyókú[3] [uú] 褶曲【Geol.】A dobra [ondulação] (de estrato). ◇ **～ sanmyaku** 褶曲山脈 A serra formada por dobras.

shū́kyṓ-shin [uú-óo] 宗教心 O espírito religioso. ★ ～ *no atsui* [*usui*] 宗教心の厚い[薄い] Muito [Pouco] religioso. ⇨ shū́kyō.

shū́kyū́[1] [shuú] 週休 O descanso semanal. ★ ～ *futsu-ka sei* 週休2日制 A semana de cinco dias; o sistema de dois dias de ～.

shū́kyū́[2] [shuú] 週給 O salário semanal. ⇨ gekkyū́; nikkyū́.

shū́kyū́[3] [shuú] 蹴球 O jogo da bola; o futebol. ⇨ futtó-bṓru; rágubī; sákkā.

shū́kyū́-séí [shuú] 週給制 O sistema de salário semanal. ⇨ shū́kyū́[2].

shū́máí [uú] 焼売 (< Chi. shao-mai) O bolinho de carne chinês (Uma espécie de ravioli).

shū́mákú [úu] 終幕 **1** [芝居の最後の一幕] O último a(c)to da peça (de teatro). [A/反] Jomákú. **2** [芝居が終わりになること] A descida do pano; o fim da representação. [S/同] Hané; heímákú; shū́éń[2]. [A/反] Kaímákú. **3** [物事が終わりになること] O desfecho「da história」; o fim「das Olimpíadas」. [S/同] Ketsúmátsú (+) ; owárí (+) ; shū́báń (séń); shū́kétsú; shū́kyókú. [A/反] Jomákú.

shū́mátsú[1] [uú] 週末 O fim de semana. ★ ～ *o Karuizawa de sugosu* 週末を軽井沢で過ごす Passar o ～ em Karuizawa. [S/同] Uíkúéndo.

shū́mátsú[2] [uú] 終末【E.】O fim; o termo; a conclusão「das negociações」. [S/同] Haté; ketsúmátsú (+) ; owárí (o); shimáí. [A/反] Hottáń.

shū́mátsú-ron[**-kan**] [uú] 終末論[観] A escatologia. ⇨ shū́mátsú[2].

shū́méí[1] [uú] 襲名 A herança do nome de artista teatral「de kabuki」. ◇ **～ hirō kōgyō** 襲名披露興行 O espe(c)táculo para comemorar a transmissão do nome de artista teatral.

shū́méí[2] [uú] 醜名【E.】A má fama [reputação]; o mau nome.
[S/同] Oméí (+) ; shū́búń[1]; sukyándaru (o).

shúmi 趣味 **1** [おもむき・おもしろみを理解する力] O gosto. ★ ～ *ga yoi* [*warui*] 趣味が良い[悪い] Ter bom [mau] gosto〔*Kanojo wa kimono no* ～ *ga yoi* 彼女は着物の趣味が良い Ela tem bom gosto na escolha dos vestidos〕. ～ *ni awanai* 趣味に合わない Não ser do「meu」gosto. ～ *no yutaka na hito* 趣味の豊かな人 A pessoa com muito (bom) gosto. *Aku-～ na e* 悪趣味な絵 A pintura de mau gosto. [S/同] Sénsu. ⇨ ajíwáí; jṓshu[2]; omómúkí; konómí[1]. **2** [楽しみとして興味を持つ事柄] O passatempo; a paixão favorita; a distra(c)ção. *Anata no go-～ wa* *nan desu ka* あなたの御趣味は何ですか Qual é o seu/a sua ~? *Anna otoko, watashi no ~ ja nai wa* あんな男、私の趣味じゃないわ Um homem daqueles não é comigo. ~ *o motsu* 趣味を持つTer um ~. ⒮⒠ hóbī.

shúmi [úu] 臭味 **1** [⇨ shúki²]. **2** [⇨ kusámí].

shumín [úu] 就眠 O dormir [ir para a cama]. ★ *Ojigisō no ~ undō* オジギソウの就眠運動 O movimento dormente das mimosas. ⒮⒠ Shūshín¹ (+); shūshó².

shumízu [íi] シュミーズ (< Fr. chemise) A combinação [camisola(B.)] (Roupa de senhora). ⒮⒠ Suríppu (+).

shumokú¹ 種目 **a**) Uma variedade 「de artigos/produtos」; **b**) A modalidade. ◇ ~ **betsu** 種目別 Cada modalidade (d)esportiva/por modalidades.

shumokú² 撞木 O badalo [martelo de madeira (Us. nos templos budistas para tocar o sino por fora). ⇨ kané².

shúmoku [úu] 衆目 A atenção [opinião] do público. ★ ~ *no itchi suru tokoro de aru* 衆目の一致する所である Estão todos de acordo 「que ele é um grande cantor」.

shumokú-zame 撞木鮫 (< ~ ² + samé) 【Zool.】 O peixe-martelo; *syphyna zygaena*.

shumón [úu] 宗門 A seita religiosa.

shumótsú 贈物 ⇨ deki-mono.

shúmu 主務 **1** [中心となってその事務を扱うこと・人] O ser o principal [responsável ou pessoa competente]. ◇ ~ **kanchō** 主務官庁 A repartição competente. ⇨ jímu¹. **2** [主要な任務] O dever principal. ⇨ nínmu.

shumyáku 主脈 **1** [山脈・鉱脈・水脈などで主要なもの] A principal cadeia de montanhas; o principal veio de minério (água). ⒜⒱ Shimyáku. ⇨ kômyáku; saímyáku; suímyáku. **2** [最も太い葉脈] 【Bot.】 A nervura central das folhas. ⒜⒱ Shimyáku. ⇨ yômyáku. **3** [主要な系統・系列] O principal sistema. ⇨ keirétsú; keitō¹.

shún 旬 **1** [出盛り期] A época; o tempo. *Ichigo wa ima ga ~ da* 苺は今が旬だ Agora é a/o ~ dos morangos. ⒜⒱ Hashíri. ⇨ de-sákári. **2** [ある物事を行うのに最も良い時期；盛りの時期] A época mais própria para fazer alguma coisa. ⇨ kisétsu¹.

shunbétsú 峻別 A distinção nítida [rigorosa/clara]. ★ ~ *suru* 峻別する Distinguir claramente 「o que é privado e público」. ⇨ kúbetsu.

shunbún 春分 O equinócio da primavera. ★ ~ *no hi* 春分の日 O dia de ~ (21 [22] de março). ⒜⒱ Shūbún.

shundán 春暖【E.】O clima ameno de primavera. ⒮⒠ Shúrei.

shundō 蠢動【E.】 **1** [小さな虫などがうごめくこと] O serpear; o rastejar 「da serpente」. ★ ~ *suru* 蠢動する… ugómeku. **2** [つまらぬ者がかげでくわだてること] A manobra; a intriga 「duma pequena [desprezível] minoria」.

shúnen [úu] 執念 A obsessão 「com a moça」; A ideia fixa; a teimosia 「obsessiva/vingativa」. ★ ~ *bukai* 執念深い Obstinado; teimoso; obsessionado; agarrado 「a uma só ideia」. ~ *bukaku* 執念深く Obstinadamente; teimosamente. ~ *o moyasu* 執念を燃やす Agarrar [Dedicar]-se a uma só coisa.

shúnen² [úu] 周年 O aniversário 「da escola」.

shúngá 春画 A pintura [O quadro] erótica/o. ⒮⒠ Makúra-e; warái-e.

shungén 峻厳【E.】 **1** [態度などが非常にいかめしく厳しいようす] A rigidez; o rigor; a severidade. ★ ~ *na* 峻厳な Rígido; rigoroso 「com os subordinados」; severo. ⒮⒠ Genkáku (+). **2** [山などが非常に険しいようす] 「monte」 Escarpado; inacessível.

shúngiku 春菊【Bot.】Um crisântemo (cheiroso e comestível); *chrysanthemum coronarium*.

shunikú 朱肉 A almofadinha de tinta vermelha para carimbo. ⇨ ín-níkú.

shunín 主任 O encarregado 「dos alunos do primeiro ano」; o chefe. ◇ ~ **gishi** 主任技師 O engenheiro-chefe. ~ **kyōju** 主任教授 O professor decano. ⒮⒠ Shukán². ⇨ tannín¹.

shúnín [úu] 就任 A tomada de posse. ★ ~ *no aisatsu o suru* 就任の挨拶をする Fazer o discurso da ~. ~ **shiki** 就任式 A cerimó[ô]nia da ~. ⒜⒱ Jinín.

shúnji 瞬時【E.】O instante; o momento; o segundo. ★ ~ *ni shite* 瞬時にして「os sonhos dele desfizeram-se」Num ~. ⒮⒠ Isshúñ (+); sétsuna; shuñkáñ (o); súnji.

shunjū 春秋 **1** [春と秋] A primavera e o outono. ⇨ áki¹; háru¹. **2** [一か年]【E.】O ano. ★ ~ *ni tomu* 春秋に富む 「o jovem」Ter um futuro risonho; ter muitos anos pela frente. ⒮⒠ Ichí-nen (+). ⇨ néngetsu; seikatsu.

shunjún 逡巡【E.】A hesitação. ★ ~ *suru* 逡巡する Hesitar [Vacilar]「entre duas escolhas」. ⒮⒠ Chūcho (+). ⇨ tamérau.

shunkán 瞬間 O instante; o momento; o segundo. *Kare wa sono kiji no mita ~ aozameta* 彼はその記事を見た瞬間青ざめた No instante em que [Mal] ele leu esse artigo, empalideceu. ★ ~ *no* [*teki*] *no* 瞬間の[的] Instantâneo; momentâneo. *Chōdo sono ~ ni* ちょうどその瞬間に Exa(c)tamente nesse [Nesse preciso] momento. ◇ ~ **saidai fūsoku** 瞬間最大風速 A velocidade máxima do vento. ~ **yu-wakashi-ki** 瞬間湯沸かし器 O esquentador [aquecedor instantâneo] de água. ⒮⒠ Isshúñ; sétsuna; shúnji.

shún-ka-shū-tō 春夏秋冬 As quatro estações do [Todo o] ano. ⒮⒠ Shíki (+).

shúnki 春季 A época [altura] da P[p]rimavera. ⒜⒱ Shūki. ⇨ háru¹.

shunkō 竣工 A conclusão das obras 「da ponte」. ★ ~ *suru* 竣工する Concluir as obras. ◇ ~ **shiki** 竣工式 A inauguração 「do novo pavilhão da escola」. ⒜⒱ Kañkó; rakúséi (+). ⒮⒠ Chakkô; kikô.

shúnme 駿馬 O cavalo veloz; o corcel. ⒮⒠ Méiba (+); ryóba. ⒜⒱ Dába. ⇨ shuńsóku.

shunmín 春眠【E.】O sono na primavera. ⓅⒸⓣⒻⒺ ~ *akatsuki o oboezu* 春眠暁を覚えず Na primavera o sono é tão agradável que não se dá pelo romper do dia.

shunō 首[主]脳 O líder máximo 「do partido/país」; o chefe. ◇ ~ **kaidan** [**kaigi**] 首脳会談[会議] A cimeira; a reunião dos chefes de governo/estado. **Seifu** ~ 政府首脳 A cúpula [Os dirigentes] do governo. ⒮⒠ Shuchô³.

shúnō [úu] 収納 **1** [金銭・品物などを受け取りおさめること] O recebimento de dinheiro [mercadoria].

shunókeru [óo] シュノーケル (< Al. schnorkel) O respiradouro (de submarino).

shuńpú 春風 [E.] A brisa da primavera. ◊ ~ **taitó** 春風駘蕩 A brisa agradável de primavera. S/同 Harú-kaze (+). ⇨ háru¹ ◊.

shuńrétsú 峻烈 [E.] A severidade; o rigor「da crítica」. S/同 Kakókú (+); karétsú.

shuńsái 俊才 Um gé[ê]nio [prodígio]; o homem de talento (excepcional). S/同 Eísái (+); shúsái (o). ⇨ teńsái¹.

shuńsétsú 浚渫 A dragagem「da foz do rio」. ★ ~ suru 浚渫する Dragar. S/同 Doró-sárai.

shuńshókú 春色 [E.] Um panorama [Uma paisagem] primaveril/de primavera.

shuńsókú 駿足 1 [足の速い馬] O corcel [cavalo] veloz. ⇨ shúnme. 2 [足が速いこと・人] Um corredor「de bas.」excepcional/veloz; o correr como um galgo; uma gazela a correr. ★ ~ no rannā 駿足のランナー Um corredor veloz.

shuń-tó しゅんと 【On.】 De cabeça baixa. ★「shikararete」~ naru 「叱られて」しゅんとなる Ficar triste [cabisbaixo/murcho]「com a repreensão」.

shúntó 春闘 (Abrev. de "shuńkí tósó") A luta [greve] (anual) dos empregados em f. da subida de salário na P[p]rimavera (Em Abril, começo do novo ano fiscal).

shu-núrí 朱塗り (< ⋯ + nurú) A envernização de [com] charão vermelho.

shúnyū [shuú] 収入 O rendimento; o ganho; as entradas「e saídas」; a renda; a receita. ★ ~ ga aru 収入がある Ter rendimento. ~ no michi ga todaeru 収入の道が途絶える Perder a fonte de ~. ◊ ~ **gen** 収入源 A fonte de ~. ~ **inshi** 収入印紙 O selo fiscal de recibo. ~ **yaku** 収入役 O tesoureiro. **Kokko** ~ 国庫収入 A renda nacional. **Nen** ~ 年収入 ~ anual. **Zatsu** ~ 雑収入 As entradas diversas. S/同 Shishútsú. ⇨ nyúhí.

shuppań¹ 出版 A publicação. ★ ~ no jiyū 出版の自由 A liberdade de imprensa. ~ suru 出版する Publicar. ◊ ~ **bu** 出版部 O departamento de publicações. ~ **busū** 出版部数 O número de exemplares. ~ **butsu** 出版物 Uma publicação. ~ **kai** 出版界 O mundo das ~s; os círculos editoriais. ~ **ken** 出版権 Os direitos editoriais (S/同 Hańkeń¹ (+)). ~ **kinen** [shukuga]-**kai** 出版記念 [祝賀] 会 A festa em comemoração [O lançamento] duma ~. ~ **sha** 出版社 A (casa) editora; a (empresa) editorial. **Gentei** ~ 限定出版 A edição limitada (de poucos exemplares). **Jihi** ~ 自費出版 Edição [Publicação] do [paga pelo] autor. S/同 Hakkáń; hakkó; kańkó.

shuppán² 出帆 A partida do navio. ★ ~ suru 出帆する Sair [Largar/Partir] do porto; zarpar. S/同 De-fúné; shukkó¹. A/反 Kikó; nyúkó.

shuppátsú 出発 A partida. ★ ~ no aizu 出発の合図 O sinal de ~. ~ suru 出発する Partir. ◊ ~ **bi** [jikan] 出発日 [時間] O dia [A hora] de ~. ~ **ten** 出発点 O ponto de ~ [Watashi to kare to de wa giron no ~ ten ga chigau 私と彼とでは議論の出発点が違う Na nossa argumentação, ele e eu partimos de pressupostos [premissas] diferentes]. **Sai** ~ 再出発 O recomeço; um novo arranque; o começar outra vez tudo de novo「na vida」.

shuppéi 出兵 O envio de tropas [forças expedicionárias]. A/反 Teppéi.

shuppí 出費 A despesa; o gasto; o desembolso. ★ ~ ga kasamu 出費がかさむ As ~s aumentarem. ~ ga ōi [sukunai] 出費が多い[少ない] Ter muitas [poucas] ~. ~ o kiritsumeru [setsuyaku suru] 出費を切り詰める[節約する] Cortar nos gastos [Economizar]. S/同 Nyúhí; shippí.

shuppiń 出品 A exibição; a mostra; a exposição. ★ ~ suru 出品する Exibir; mostrar; expor [Tenrankai ni ~ shita e 展覧会に出品した絵 Os quadros expostos]. ◊ ~ **mokuroku** 出品目録 O catálogo da exposição.

shuppóń 出奔 A evasão; a fuga. ★ ~ suru 出奔する Evadir-se; fugir「de casa com a namorada」. S/同 Chikúdéń; dassó (o); tósó (+).

shupúréhikóru [óo] シュプレヒコール (< Al. sprechchor) 1 [デモ隊などの] O grito em coro (numa manifestação). 2 [演劇の]【Arte】O coro.

shupúru [úu] シュプール (< Al. spur) O rasto de esqui. ◊ ~ o egaku シュプールを描く Deixar rasto.

shúra 修羅 1 [Abrev. de "Áshura"]【Bud.】O deus ashura. 2 [戦争] A guerra sanguinolenta; a carnificina. ★ ~ no chimata 修羅の巷 A cena de ~. S/同 Seńsó (o); tósó (+).

shurá-bá 修羅場 1 [演劇の]【Arte】A cena de guerra sangrenta. 2 [⇨ shurá-jō].

shúrai [úu] 襲来 A invasão; o ataque; o assalto; a onda「de frio」. S/同 Raíshū. ~ osóu; seméru¹.

shurá-jō 修羅場 (⇨ shúra)【E.】O palco [lugar] de guerra (carnificina; matança). ★ Kare wa nando mo ~ o kugutte iru 彼は何度も修羅場をくぐっている Ele já passou por muitos ~s.

shúráku [úu] 集落 1 a) A aldeia; o lugarejo; b) A coló[ô]nia「de bactérias」. S/同 Murá-zátó; sońrakú.

shurań 酒乱 a) O desvario causado pela embriaguês; b) O bêbedo violento [perigoso].

shúrań [úu] 収攬 O captar [prender; cativar; conquistar]. ★ Jinshin o ~ suru 人心を攬する Cativar as pessoas; captar a estima do povo. S/同 Haákú (+).

shuréddā シュレッダー (< Ing. shredder) a) O retalhador [de papel]; b) O ralador [de cozinha].

shuréi [úu] 秀麗 A beleza extraordinária「do monte Fuji」. ◊ **Bimoku** ~ 眉目秀麗 O rosto duma ~. ⇨ utsúkúshíi.

shuréi² [úu] 秋冷 [E.] O fresco [frio] de outono. ★ ~ no kō 秋冷の候 Os dias frescos de outono. S/同 Sōshū. A/反 Shuńdáń.

shuren 手練 [E.] A habilidade; a perícia; a destreza;「para isto é preciso ter」uma arte especial. ⇨ tegíwa; udémae.

shúreń¹ [úu] 修練 [錬] O trein(ament)o; o exercício. ★ ~ o tsumikasaneru 修練を積み重ねる Treinar [Exercitar] muito. S/同 Shūyó³ (+); tánreń (o). ⇨ kúnren.

shúreń² [úu] 収斂 1 [血管などが縮みひきしまること] A constrição「das veias」; a adstrição. ★ ~ suru 収斂する Constringir; adstringir. S/同 Shūshúkú (+). 2 [一ヶ所に集まる・集めること] A convergência. Giron ga itten ni ~ suru 議論が一点に収斂する A discussão [O debate] convergir para um ponto. ◇ ~ **renzu** 収斂レンズ【Fís.】A lente convergente. [S/同] Shū́sókú¹**3**. ⇨ atsúmáru; atsúméru.

shū́-résshá [uú] 終列車 O último comboio [trem] (do dia).
[S/同] Shū́dénٰ(sha) (+). [A/反] Shihátsú (dénsha).

shū́ri [úu] 修理 O conserto「dos sapatos」; a reparação「do carro/da casa」. ★ ~ *chū de aru* 修理中である Estar no ~ [a reparar]. ~ *ni dasu* 修理に出す Mandar consertar. ~ *suru* 修理する Reparar; consertar. ◇ ~ **dai** 修理代 O preço do/a ~. ⇨ ~ **kō**. ~ **kōjō** 修理工場 A oficina de reparação. [S/同] shū́zéń. ⇨ naósu¹; tsukúróu.

shuríkéń 手裏剣【A.】A faca [navalha] de arremesso.

shū́rí-kṓ [uú] 修理工 O mecânico. ⇨ shū́ri.

shuró 棕櫚【Bot.】Uma espécie de palmeira; *trachycarpus excelsa*. ⇨ yáshi¹.

shū́rṓ [uú] 就労 A entrada no serviço; o começar a trabalhar. ★ ~ *suru* 就労する … ◇ ~ **jikan** 就労時間 As horas de trabalho. [S/同] Jū́gyṓ (+).

shū́rókú¹ [uú] 収録 **1** [記載] O regist(r)o「no livro」. ★ ~ *suru* 収録する Regist(r)ar; escrever. [S/同] Kisáí (+). **2** [録音; 録画] A gravação [de som/imagem] em fita magnética. ★ ~ *chū* (*de aru*) 収録中(である) Está a gravar「, não entre」. ~ *suru* 収録する Gravar. *Bideo no* ~ ビデオの収録 A gravação de vídeo. ⇨ rokúgá; rokúóń.

shū́rókú² [uú] 集録 A compilação「e publicação de poesias inéditas」.

shúrui 種類 A variedade [qualidade]「de arroz/maçã」; a espécie; a classe; o tipo; o gé[ê]nero; a natureza. ★ ~ *ga chigau* 種類が違う Ser diferente [de outro/a ~]. ~ *ga takusan aru* 種類がたくさんある Ter várias espécies. *Go-* ~ *no kudamono* 5種類の果物 Cinco espécies de frutas. *Onaji* ~ *ni wakeru* 同じ種類に分ける Separar por tipos. ◇ ~-**betsu**[-**wake**] 種類別[分け] A classificação〔~ *betsu ni suru* 種類別にする Classificar [Agrupar por tipos]〕. [S/同] Shu³; tagúi.

shū́rúréárízumu [uú] シュールレアリズム (< Ing. surrealism < Fr. < L.) O surrealismo.
[S/同] Chṓ-geńjítsú-shúgi.

shuryṓ¹ 狩猟 A caça; a caçada. ★ ~ *o suru* 狩猟をする Caçar. ◇ ~ **ba** [**chi**] 狩猟場[地] A área de caça. ~ **ken** 狩猟犬 O cão de caça. ~ **minzoku** 狩猟民族 O povo de caçadores. [S/同] Kári; ryō.

shuryṓ² 首領 O cabecilha「dos ladrões」; o chefe. [S/同] Bósu (+); óyabun (o); shukáí.

shuryṓ³ 酒量 A quantidade de bebida alcoólica ingerida por uma pessoa. ⇨ saké¹.

shū́ryṓ¹ [uú] 修了 A conclusão do curso. ★ ~ *suru* 修了する Concluir [Terminar/Fazer] o curso. ◇ ~ **shōsho** 修了証書 O diploma de ~; o canudo (de formatura) (G.).

shū́ryṓ² [uú] 終了 **1** [物事がすっかり終わること] O fim; o termo; o encerramento. ★ ~ *suru* 終了する Terminar; findar; encerrar. [S/同] Owárí (+); shū́kétsú; shū́shí. [A/反] Kaíshí. **2** [仕事などをなし終える事] A conclusão「da obra」. ★ ~ *suru* 終了する Concluir. [S/同] Kańryṓ.

shúryoku 主力 **1** [ある勢力の中心を形成している力] A força principal; o esteio; o pilar. ◇ ~ **butai** 主力部隊 A unidade (militar) principal. **2** [持っている力の大部分] O maior [principal] esforço. ★ ~ *o sosogu* [*katamukeru*] 主力を注ぐ[傾ける] Concentrar o ~/todos os esforços.

shuryū́ 主流 **1** [川の中心をなす流れ] O caudal principal do rio. [S/同] Hońryū́ (+). [A/反] Shiryū́. **2** [思想・学術などの中心となっている傾向・流派] A corrente principal「de escola/pintura/do partido」. ◇ ~ **ha** 主流派 O grupo [A fa(c)ção/A escola] principal/dominante. **Han** ~ **ha** 反主流派 A fa(c)ção oposta à (corrente) principal. ⇨ keíkṓ¹; ryū́ha.

shuryū́-dan [úu] 手榴弾 A granada de mão.
[S/同] Teryū́dan (+).

shúsa 主査 O presidente do júri de examinadores [da comissão de investigação].

shū́sa [úu] 収差【Fís.】A aberração「da lente」.

shusáí¹ 主催 A promoção; o patrocínio. ★ ~ *suru* 主催する Promover; patrocinar. ◇ ⇨ ~ **koku** [**sha**]. ⇨ kaísáí¹.

shusáí² 主宰 A superintendência; a supervisão; a presidência. ★ ~ *suru* 主宰する Superintender; supervisionar; presidir.

shū́sáí [uú] 秀才 O talento [homem talentoso]; o gé[ê]nio. [S/同] Eísáí; shuńsáí.

shusái-koku 主催国 O país promotor [patrocinador]「do encontro」. ⇨ shusáí¹.

shusái-sha 主催者 O promotor [patrocinador].

shū́sákú¹ [uú] 秀作 O trabalho excelente; a obra-prima.

shū́sákú² [uú] 習作 O esboço; o estudo; o rascunho. [S/同] Échūdo; shisákú (+).

shū́sáń¹ [uú] 集散 **1** [集まったり散ったりすること] O「local de」movimento [encontro]. ◇ **Rigō** ~ 離合集散 O encontro [A reunião] e a separação. ⇨ atsúmáru; chirú. **2** [産地から集まった品物をさらに消費地へ送り出すこと] A arrecadação e distribuição. ★ ~ *suru* 集散する Arrecadar e distribuir「os produtos agrícolas em cole(c)tivismo」.

shū́sáń² [uú] 蓚酸【Quím.】O ácido oxálico ($C_2H_2O_4$) (da azeda). ◇ ~ **en** 蓚酸塩 O oxalato.

shu-sánchi 主産地 O principal centro produtor「de maçãs」. ⇨ sánchi¹.

shū́sátsú [uú] 集札 A cole(c)ta [recolha/cobrança] de bilhetes. ◇ ~ **gakari** 集札係 O cole(c)tor de bilhetes.

shuséí¹ 守勢 A defensiva. ★ ~ *ni mawaru* 守勢に回る Ficar [Estar] na ~. [A/反] Kṓséí. ⇨ mamórí.

shuséí² 酒精【E.】⇨ arúkṓrú.

shū́séí¹ [uú] 修正 A emenda; a revisão; a corre(c)ção. ★ ~ *suru* 修正する Emendar; corrigir〔*Gian o* ~ *suru* 議案を修正する Emendar [Rever] o proje(c)to de lei〕. ◇ ~ **an** 修正案 A (proposta de) emenda. ⇨ ~ **shugi**.

shū́séí² [uú] 修整 O retoque [retocar/recompor]. ★ ~ *shite nai shashin* 修整してない写真 A fotografia (que) não (está) retocada.

shū́sei ³ [úu] 終生[世] A vida inteira; toda a vida;「o trabalho de」uma vida. *Go-on wa* ~ *wasuremasen* 御恩は終生忘れません Nunca (na minha vida) esquecerei a sua gentileza [o que fez por mim]. ★ ~ *kawaranu yūjō* 終生変わらぬ友情 A amizade duradoira [que dura ~].
[S/同] Isshṓ (o); shṓgai (+); shū́shíń².

shū́séí⁴ [uú] 習性 O hábito「de comer depressa」; o costume; a peculiaridade「dum animal」. ★ *Kanashii* ~ 悲しい習性 O hábito triste「do assalariado」. *Konchū no* ~ 昆虫の習性 A peculiaridade [Os

S

procedimentos peculiares] dos inse(c)tos.

shúséi[5] [uú] 集成 A compilação. ◇ **Koten bungaku ~** 古典文学集成 ~ de literatura clássica. ⒮Ⓗ Shūtáisei (+).

shu-séibun 主成分 O principal ingrediente [componente].

shúséi-shúgi [uú] 修正主義 (⇨ shúséi[1]) O revisionismo.

shuséki[1] 主席 **1** [客を迎えるときの主人の席] O lugar do anfitrião「da casa」. **2** [会議・委員会などを代表・主宰する第一位の人] O presidente「Mao」; o chefe. ◇ **~ hanji** 主席判事 O juíz-presidente. **Kokka ~** 国家主席 O chefe da nação (Na China). ⒮Ⓗ Shuhań[2].

shuséki[2] 首席 O primeiro lugar; a primeira posição [classificação]. ★ **~ de sotsugyō suru** 首席で卒業する Formar-se com a classificação mais alta; ser o primeiro classificado do curso. ⒮Ⓗ Ichí (+); shúi[3].

shuséki[3] 手跡[蹟] A caligrafia; a letra. ⇨ hisséki.

shuséki[4] 酒席 O banquete (com muita bebida); a festa. ★ **~ o mōkeru** 酒席を設ける Banquetear-se; dar um ~; fazer uma ~. ⒮Ⓗ Eńséki. ⇨ saká-móri.

shuséki[5] 酒石【Quím.】O tártaro「do vinho」. ◇ ⇨ **~ san**.

shúséki [uú] 集積 A acumulação; a integração. ◇ **~ kairo** 集積回路 O circuito integrado.

shúséki-jó [uú] 集積所 O depósito. ★ *Gomi no ~* ゴミの集積所 ~ de lixo.

shuséki-sán 酒石酸【Quím.】O ácido tartárico「das uvas」. ⇨ shuséki[5].

shusén[1] 主戦 **1** O advogar [defender] a guerra. ◇ **~ ronsha** 主戦論者 O belicista. **2** [戦争や競技で主力となって争うこと] A principal força combatente. ◇ **~ tōshu** 主戦投手 (Bas.) O principal arremessador [lançador/pitcher].

shusén[2] 守戦 A guerra defensiva. ◇ **~ dōmei** 守戦同盟 A aliança defensiva. ⒮Ⓗ Kōséń.

shúsen[1] [uú] 周旋 Os bons ofícios; a recomendação; a mediação; o agenciamento「de empregos」. ★ **~ suru** 周旋する Recomendar; servir de agente. ◇ **~ gyō [nin/ryō/ya]**. ⒮Ⓗ Asséń (+); naká-dáchi.

shúsen[2] [uú] 終戦 O fim da guerra. ◇ **~ kinenbi** 終戦記念日 O aniversário do ~ (No J.: 15 de agosto).

shuséndo 守銭奴 O agarrado (ao dinheiro); o avarento; o sovina; o avaro; o pão-duro (G. B.). ⒮Ⓗ Kéchí(nbo) (+); rińshókú-ká.

shúsen-gyō [uú] 周旋業 A [Os serviços de] corretagem. ◇ **~ sha** 周旋業者 ⇨ shúseń-níń.

shúsen-nín [uú] 周旋人 O agente; o corretor; o intermediário. ⇨ shúseń-níń.

shúsen-ryō [uú] 周旋料 A comissão [taxa] de corretagem. ⇨ shúseń-níń.

shúsén-yá [uú] 周旋屋 ⇨ shúseń-níń.

shusétsú 主節【Gram.】A oração principal. ⒜⒭ Jūsétsu.

shúsha 取捨 A ado(p)ção ou rejeição; a escolha. ◇ **~ sentaku** 取捨選択 A [liberdade/possibilidade de] escolha. ⇨ sutéró; tóru.

shúshi[1] 種子【Bot.】A semente「da maçã」; o caroço「do pêssego」. ◇ **~ shokubutsu** 種子植物 A planta fanerogâmica (Que produz flor). ⒮Ⓗ Táne (+).

shúshi[2] 趣旨 O propósito; a intenção; o obje(c)tivo; a finalidade. ★ **~ ni hansuru** 趣旨に反する Contrariar [Ser contra] a finalidade. *Raihō no ~ o tsugeru* 来訪の趣旨を告げる Transmitir o/a ~ da visita. ⒮Ⓗ Shúi. ⇨ shúshi[3].

shúshi[3] 主旨 O ponto principal; o teor [conteúdo]「do discurso」. ★ **~ o noberu** 主旨を述べる Expor o ~. ⒮Ⓗ Shúi[2]. ⇨ shúshi[2].

shúshi[4] [uú] 収支 A receita e despesa; o balanço; o a(c)tivo e o passivo; as entradas e saídas. ★ **~ ga awanai** 収支が合わない A receita não cobre a despesa; não fazer balanço. **~ o awaseru** 収支を合わせ Equilibrar o orçamento. ◇ **~ kessan** 収支決算 O balanço da(s) conta(s). **Bōeki ~** 貿易収支 O balanço do comércio exterior. **Keijō ~** 経常収支 A receita e despesa ordinária. **Kokusai ~** 国際収支 A receita e despesa internacional.

shúshi[2] [uú] 修士 O mestrado [A licenciatura]. ◇ **~ katei** 修士課程 O curso de ~ [pós-graduação]. ⇨ gákushi[1]; hákushi[2].

shúshi[3] [uú] 宗旨 **1** [ある宗教・宗派の中心となる教え] Uma [A doutrina de uma] religião. **2** [その人の信奉する宗派] A seita; um credo; uma igreja. ★ **~ o kaeru** 宗旨を替える Mudar de ~. ⇨ shúha[1]. **3** [最上のもの・正しいものとして信じ尊ぶ主義・主張・好みど] O「meu」princípio; o gosto; a preferência. ◇ ⇨ **~ gae**.

shúshi[4] 終止 O fim; o termo. ⒮Ⓗ Owári (o); shimaí; shúkétsú; shúryō. ⒜⒭ Kaíshí.

shúshi[5] [uú] 終始 **1** [始めと終わり] O começo [princípio] e o fim. ⒮Ⓗ hajímé; owarí. **2** [始めから終わりまで] Do começo ao fim. ★ **~ ikkan suru** 終始一貫する Ser「um discurso」coerente「(~)」. **~ suru** 終始する Ser「uma sessão aborrecida」. ⇨ shíjū[2]; shótchū; tsúne ni.

shúshi-fu [uú] 終止符 (⇨ shúshi[4]) **1** [ピリオド] O ponto (final); maru[1] (+). **2** [結末] O fim. ★ **~ o utsu** 終止符を打つ Pôr fim「às brigas」; acabar [cortar] com「a política」.

shúshi-gáe [uú] 宗旨替え (< ~[3] + kaerú) **1** [宗派を替えること] O mudar de religião. ⒮Ⓗ Kaíshū (+). ⇨ káishin[2]. **2** [自分の主張・主張・好みなどを替えること] O mudar de princípios [gostos; preferências]. ★ **~ o suru** 宗旨替えをする Mudar de princípios.

shushín 主審 O juiz [árbitro] principal. ⒜⒭ Kyúshíń; ruíshíń; señshíń.

shúshin[1] [uú] 就寝【E.】O ir dormir [para a cama]. ★ **~ chū de aru** 就寝中である Estar dormindo [a dormir]. ◇ **~ jikan** 就寝時間 A hora de ~. ⒮Ⓗ Shúmíń; shúshō[2]. ⒜⒭ Kishō.

shúshin[2] [uú] 終身 A vida inteira;「para」toda a vida. ◇ **~ hoken** 終身保険 O seguro de vida. **~ kei** 終身刑 A pena de prisão perpétua. **~ koyō seido** 終身雇用制度 O sistema de emprego vitalício. **~ nenkin** 終身年金 A pensão vitalícia.

shúshin[3] [uú] 執心 **1** [あること・物に深く心をひかれて思い切れないこと] O apego. ⒮Ⓗ Shūchákú (+). **2** [異性を熱烈に恋い慕うこと] A paixão louca (cega); a fascinação. *Kare wa ano onna ni go~ da* 彼はあの女に御執心だ Ele está fascinado [loucamente apaixonado] por ela. ⒮Ⓗ Koí-shítau.

shúshin[4] [úu] 修身 **1** [身をおさめて正しい行いをするように努力すること] O desenvolvimento [progresso] moral. **2** [教科のひとつ] A Ética (⇨ rínri[1]); a 「aula de」noral. [S/同] Dṓtoku (+).

shúshíń[5] [úu] 終審【Dir.】A última instância.

shúsho 朱書【E.】A escrita com tinta vermelha.

shushṓ[1] 首相 O Primeiro Ministro. [S/同] (Náikaku)sṓrídáijin.

shushṓ[2] 主将 **1** [総大将] O comandante-chefe. [S/同] Sṓ-dáishō(o); sṓ-táishō (+). **2** [キャプテン]【(D)esp.】O capitão de equipe/a. [S/同] Kyáputen (+); kapitán.

shushṓ[3] 主唱 O ser o principal a propor「a igualdade de direitos」. ★ ～ *suru* 主唱する Ser o principal proponenter. ◇ ⇨ **～ sha**. [S/同] Teíshṓ (+).

shushṓ[4] 首唱 O ser o pioneiro [o primeiro a propor]. ◇ ⇨ **～ sha**.

shushṓ[5] 殊勝 O ser louvável [digno de louvor]. ★ ～ *na kokorogake* 殊勝な心がけ A boa intenção; o propósito louvável. [S/同] Shińmyṓ.

shúshṓ[1] [úu] 愁傷 **1** [なげき悲しむこと] A lamentação; a dor; o pesar. [S/同] Hitáń (+); shūtáń. **2** [相手の不幸に対する悔やみのことば] As condolências; os pêsames. *Go-～ sama desu* 御愁傷さまです (Apresento-lhe) Os meus sentidos pêsames [As minhas sinceras condolências].

shúshṓ[2] [úu] 就床【E.】O recolher [ir para a cama]. [S/同] Shúmíń; shúshíń[1] (+). [A/反] Kishṓ.

shúshṓ[3] [úu] 周章【E.】⇨ shúshṓ-rōbai.

shushókú[1] 主食 O alimento principal. ★ *Pan o ～ to suru* パンを主食とする Ter o pão como alimento principal. [S/同] Jṓshókú. [A/反] Fukúshókú.

shushókú[2] 酒色 A bebida e mulheres. ★ ～ *ni fukeru* [*oboreru*] 酒色にふける[溺れる] Entregar-se ao vinho e aos prazeres sensuais; levar uma vida dissipada.

shúshókú[1] [úu] 就職 O emprego. ★ ～ *suru* 就職する Arranjar [Encontrar] emprego; empregar-se. ◇ ⇨ **～ guchi**. **～ jōkyō** 就職状況 A situação de ～s. **～ nan** 就職難 A dificuldade de ～. **～ saki** 就職先 A colocação [empresa/O local de ～] [～ *saki ga kimaru* 就職先が決まる Saber qual é o seu/a sua ～]. **～ shiken** 就職試験 O exame de admissão ao [A entrevista para o] ～. **～ undō** 就職運動 A procura de ～. **Eikyū ～** 永久就職【G.】「Uma mulher」casar-se (Lit. ～ perpétuo). [A/反] Taíshókú.

shúshókú[2] [úu] 修飾 **1** [つくろい飾ること] O floreado; o adorno; o enfeite. ★ ～ *no ōi hyōgen* 修飾の多い表現 A expressão floreada. ⇨ kazárú; tsukúróu. **2** [説明すること]【Gram.】A qualificação. ★ ～ *suru* 修飾する Qualificar. ◇ ⇨ **～ go**.

shúshókú-gó [úu] 修飾語【Gram.】O qualificativo. ◇ **Hi ～** 被修飾語 A palavra modificada [qualificada].

shúshókú-guchi [úu] 就職口 (<… [1] + kuchí) Uma colocação; um emprego; uma aberta [vaga]. ★ ～ *o sewa suru* 就職口を世話する Ajudar「o colega」a encontrar um/a ～.

shúshṓ-rōbai 周章狼狽 A consternação; o ficar desnorteado [todo confuso]. ⇨ shúshṓ[3].

shushṓ-sha[1] [óo] 主唱者 (⇨ shushṓ[3]) O principal promotor「da paz」.

shushṓ-sha[2] [óo] 首唱者 (⇨ shushṓ[4]) O primeiro promotor「do sufrágio das mulheres」.

shúshū[1] [shuú-] 収拾 O controle/o; o domínio. ★ ～ *ga tsukanaku naru* 収拾がつかなくなる Perder o ～. *Konran shita jitai o ～ suru* 混乱した事態を収拾する Dominar [Controlar] aquela situação caótica. ⇨ matómárí.

shúshū[2] [shuú-] 収[蒐]集 A cole(c)ção; o juntar「livros raros」. ★ ～ *suru* 収集する Cole(c)cionar「selos」. ◇ ⇨ **～ heki** [**ka**]. [S/同] Korékushon. ⇨ saíshū[2].

shúshū[3] [shúu-] しゅうしゅう【On.】Sss. *Yakan ga ～ (to iu) oto o tatete iru* やかんがしゅうしゅう(という)音をたてている A chaleira está a silvar [fazer ～].

shúshū-heki [shuúshúu] 収[蒐]集癖 A mania de cole(c)cionar. ⇨ shúshū[2].

shúshū-ká [shuú-] 収[蒐]集家 (⇨ shúshū[2]) O colec(c)ionador.

shúshúkú [uú] 収縮 A contra(c)ção「do músculo」; o encolher「da roupa de lã com água muito quente」. ★ ～ *suru* 収縮する Contrair-se; encolher. [A/反] Kakúchṓ. ⇨ chijímú; hikí-shímáru.

shúso[1] [úu] 宗祖 O fundador de seita religiosa. [S/同] Kaísáń; kyṓso.

shúso[2] [úu] 臭素【Quím.】O bromo (Br 35).

shúsókú[1] [úu] 収[集]束 **1** [集めて束にすること] O juntar e atar [enfaixar]. **2** [まとまりがつくこと] O resolver; o chegar a uma conclusão [solução]. [S/同] Ketcháku (o); shúkétsú (+). **3** [一点に集まっていること]【Fís./Mat.】A convergência. ◇ **～ renzu** 収束レンズ A lente convergente. [S/同] Shūréń[2] **2**. [A/反] Hassáń.

shúsókú[2] [úu] 終息[熄]【E.】O fim; o termo. ★ ～ *suru* 終息する Acabar「com a epidemia」; terminar「a guerra」; findar. ⇨ owárú.

shussáń 出産 O parto. ★ ～ *suru* 出産する Dar à luz; parir (Us. para animais). ◇ **～ iwai** 出産祝い Os parabéns pelo nascimento do/a bebé[ê]. **～ yoteibi** 出産予定日 A data prevista do [para o] ～. **Kōrei ～** 高齢出産 ～ em idade avançada. [S/同] Buńbéń; sán; shusséí[2]; shusshṓ.

shussátsú 出札 A venda de bilhetes. ⇨ kaísátsú.

shussátsú-gákari 出札係 (<… + kákari) O empregado dos bilhetes.

shussátsú-guchi 出札口 (<… + kuchí) A bilheteira. ⇨ kippú ◇.

shussé 出世 O sucesso [subir/êxito] na vida. ★ ～ *suru* 出世する Subir na vida; ter êxito. ◇ ⇨ **～ gashira** [**saku**]. **～ kaidō** 出世街道 O caminho do sucesso. **～ yoku** 出世欲 A ambição de subir na vida. [S/同] Rísshin.

shussé-gáshira 出世頭 (<… + kashírá) O「aluno」que tem mais sucesso; o ás.

shusséí[1] 出征 O ir para a guerra. ◇ **～ gunjin** 出征軍人 O militar mobilizado [em serviço na frente de batalha]. [S/同] Shutsújíń (+).

shusséí[2] 出生 O nascimento. [S/同] Shusshṓ (+).

shussékí 出席 A presença; a assistência; o comparecer [o ir]「à reunião」. ★ ～ *o toru* 出席を取る Fazer a chamada「na aula」. ～ *suru* 出席する Comparecer; ir; participar [tomar parte]. ◇ **～ ritsu** 出席率 O índice de assistência [frequência (escolar)]. [A/反] Kessékí.

shussékí-bo 出席簿 O livro de chamada.

shussékí-sha 出席者 Os presentes; os participantes; os assistentes. [A/反] Kessékí-sha.

S

shussé-saku 出世作 A obra que proje(c)tou [lançou] o autor no mundo. [S/同] Debyū́-saku.
shusshá 出社 O ir para a empresa [o escritório]. [S/同] Shukkíń (+). [A/反] Taíshá.
shusshí 出資 O investimento; o financiamento. ★ ～ *suru* 出資する Investir「num proje(c)to」; financiar「a construção da ponte」. ◇ **～ gaku** 出資額 O montante [A quantia] investido/a. **～ kin** 出資金 O dinheiro [capital] investido. **～ sha** 出資者 O investidor; o financiador. **Kyōdō ～** 共同出資 ～ em sociedade [consórcio]. [S/同] Tṓshí.
shusshíń 出身 O vir [ser] de uma terra/universidade/um partido/… *Dochira no go-～ desu ka* どちらの御出身ですか De onde é o senhor? ◇ **～ chi** 出身地 O lugar de nascimento; a terra.
shusshó 出所 **1** [出どころ] A origem「do boato」; a fonte「dessa citação é Camões」. ◇ **～ fumei** 出所不明 O ser de ～ desconhecida. [S/同] De-dókoro (+). **2** [刑務所を出ること] A soltura da prisão. ★ ～ *suru* 出所する Sair da prisão [Ser solto]. ◇ **Kari ～** 仮出所 A liberdade condicional. [S/同] Shutsúgókú. [A/反] Nyū́gókú.
shusshṓ 出生 O nascimento. ◇ **～ chi** 出生地 O local de ～; a terra (de ～). **～ todoke** 出生届 O regist(r)o de nascimento. [S/同] Shusséí². [A/反] Shibṓ.
shusshókú 出色【E.】O ser「um professor」eminente [excelente/notável]. ★ ～ *no dekibae* 出色のできばえ Um resultado [acabamento] excelente/perfeito. [S/同] Batsúgúń (o); kesshútsú (+).
shússho-shíntai 出処進退【E.】O movimento; o procedimento; o caminho a seguir; a postura; a linha de a(c)ção「do ministro」. ★ ～ *o ayamaru* 出処進退を誤る Seguir o caminho errado.
shússhu しゅっしゅ【On.】Sss…sss. ★ ～ *poppo* しゅっしゅぽっぽ ～, pouca terra, pouca terra (Som da locomotiva a vapor, em movimento).
shussṓ 出走 **a**) A participação na corrida; **b**) A largada; o começar a correr. ◇ **～ ba** 出走馬 O cavalo que entra na corrida. ⇨ shutsújṓ.
shussúí 出水 A enchente; a inundação. ★ ～ *suru* 出水する Inundar. [S/同] Kṓzúí (+).
shúsu 繻子 O cetim「de seda」. ◇ **～ ori** 繻子織り O tecido de ～. [S/同] Sáten.
shutáí 主体 **1** [行いやはたらきをするもの]【Fil.】O sujeito; o eu. [A/反] Kyakútáí. **2** [物事の主な部分] A parte principal; o corpo. ★ *Imin o ～ to shita shakai* 移民を主体とした社会 A sociedade constituída principalmente de [por] imigrantes. **3** [自己の意志]【Fil.】A individualidade. ◇ **～ sei** 主体性 A ～; a capacidade de usar a própria cabeça [～ *sei no nai hito* 主体性のない人 A pessoa sem ～ [personalidade]]([S/同] Jishú-séí). **～ teki** 主体的 Pessoal; independente; individual. [S/同] Jishú-tékí.
shū́táí [uú] 醜態 A conduta vergonhosa; o comportamento escandaloso. ★ ～ *o enjiru* [*sarasu*] 醜態を演じる[さらす] Portar-se vergonhosamente「em público」. [S/同] Shittáí; shū́jṓ.
shū́táisei [uú] 集大成 A (grande) compilação「de diários da guerra」. [S/同] Shū́séí⁵.
shū́táń [uú] 愁嘆【E.】⇨ hitáń; shū́shṓ¹.
shú-taru 主たる【E.】Principal. [S/同] Ómo-na (+).
shutchṓ¹ 出張 A viagem de [em] serviço [negócio]. ★ ～ *chū de aru* 出張中である Estar em ～. ～ *suru* 出張する Sair [Ir] em ～. ◇ ⇨ **～ hi** [**jo**]. **～ ryohi** 出張旅費 As despesas de ～.
shutchṓ² 出超 (Abrev. de yushutsu chōka) O excesso de exportações. ★ *Ō-haba na* ～ 大幅な出超 Um grande ～. [A/反] Nyū́chṓ.
shutchṓ-hi [**óo**] 出張費 As despesas de viagem em serviço.
shutchṓ-jó [**oó**] 出張所 A agência; a sucursal.
shū́téí [**uú**] 舟艇 O barco; a embarcação; a lancha. [S/同] Bṓto (+); hashíké. ⇨ fúne¹; sénpaku¹.
shū́téń [**uú**] 終点 O término [ponto final (da linha); a estação terminal; a última paragem [parada]. ★ ～ *de oriru* 終点で降りる Descer no/a ～. [S/同] Shū́chákú-eki. [A/反] Kitéń; shihátsú-eki.
shúto 首都 A capital「do J. é Tóquio」; a metrópole. ◇ **～ ken** 首都圏 A área metropolitana. [S/同] Shúfu².
shutṓ 種痘【Med.】A vacina contra a varíola [as bexigas (Col.)]. ★ ～ *no ato* 種痘の跡 O sinal de ～. ～ *o ukeru* 種痘を受ける Ser vacinado.
shū́tó¹ [**uú**] 舅 O sogro. [A/反] Shū́tó²(mé). ⇨ múko¹; yomé¹.
shū́tó² [**uú**] 姑 A sogra. [S/同] Shū́tómé (+). [A/反] Shū́tó¹. ⇨ múko¹; yomé¹.
shū́to³ [**úu**] シュート (< Ing. shoot)【(D)esp.】**a**) O lance [lançamento] da bola; **b**) O pontapé [chuto/e] (Só no futebol); **c**) A bola puxada [que vai em curva] (Só no basquete). ～ *suru* シュートする Dar [Mandar] um/a ～. ◇ **Rongu ～** ロングシュート O chuto/e; o balásio.
shū́tṓ [**uú**] 周到 O ser minucioso [meticuloso/escrupuloso; cuidadoso; cauteloso]. ★ ～ *na keikaku* 周到な計画 O plano minucioso. [S/同] Meńmítsú; shū́mítsú. ⇨ yṓi¹.
shutókú 取得 A aquisição. ★ ～ *suru* 取得する Adquirir「uma propriedade」; conseguir「licença」. [S/同] Kakútókú.
shū́tókú¹ [**uú**] 拾得 O achar. ★ ～ *suru* 拾得する Achar [Encontrar]「uma carteira」. ◇ **～ butsu** 拾得物 Um (obje(c)to) achado. ⇨ wasúré-mónó.
shū́tókú² [**uú**] 習[修]得【E.】A aprendizagem. ★ ～ *suru* 習得する Aprender「dança/medicina」. ⇨ manábú.
shū́tó(mé) [**uú**] 姑 A sogra. [A/反] Shū́tó¹.
shú to shite 主として Principalmente; essencialmente; sobretudo. [S/同] Ómo-ni (+). ⇨ shu¹.
shutsúbá 出馬 **1** [地位の高い人などが自ら進んでことに当たる] O「presidente」ir pessoalmente「para resolver o caso」. ★ ～ *suru* 出馬する … **2** [立候補すること] A apresenta ção da candidatura. ★ ～ *suru* 出馬する Candidatar-se. [S/同] Rikkṓho (+). **3** [⇨ shutsújíń].
shutsúbótsú 出没 O「urso」aparecer [ver-se] frequentemente.
shutsúdáí 出題 (A matéria [O questionário/As perguntas] para) exame. ★ ～ *suru* 出題する Dar um exame. ◇ **～ han'i** 出題範囲 A matéria de [para o] exame. **～ sha** 出題者 O que prepara [faz] perguntas para um exame.
shutsúdó 出土【Arqueo.】O desenterramento [tirar da terra]「uma "haniwa"」. ★ ～ *suru* 出土する Desenterrar. ◇ **～ hin** 出土品 O achado arqueológico (tirado da terra). ⇨ hakkútsú.
shutsúdṓ 出動 A mobilização「do exército」; o entrar em a(c)ção. ★ ～ *suru* 出動する Mobilizar; mandar「a polícia」. ◇ **～ meirei** 出動命令 A or-

dem de ～.
shutsúéń 出演 A representação「numa peça」; o aparecer. ★ ～ *suru* 出演する Aparecer; ser a(c)tor; representar. *Terebi [Rajio] ni* ～ *suru* テレビ[ラジオ]に出演する Apresentar-se/Aparecer/Sair na TV [rádio]]. ◇ **～ sha** 出演者 O elenco; os a(c)tores e a(c)trizes.
shutsúgá 出芽 A germinação; a rebentação. ★ ～ *suru* 出芽する Germinar; rebentar; brotar. [S/同] Hatsúgá (+).
shutsúgáń 出願 O requerimento; o pedido「de admissão」. ★ ～ *suru* 出願する Requerer; fazer o ～. ◇ **Tokkyo ～ chū** 特許出願中 (表示) A patente requerida. ⇨ shińséí[1].
shutsúgékí 出撃【E.】A investida; o ataque; a surtida. [S/同] Shińgékí. [A/反] Geígékí.
shutsúgéń 出現 O aparecimento「dum submarino ao largo da costa」; a aparição「de Nossa Senhora em Fátima」; o advento「do computador」. ★ ～ *suru* 出現する Aparecer. *Kyūseishu [Sukuinushi] no* ～ 救世主[救い主]の出現 O advento do Salvador. [S/同] Taítṓ; geńshútsú.
shutsúgókú 出獄 A soltura da cadeia. ★ ～ *suru* 出獄する Sair da cadeia. [S/同] Shusshó (+). [A/反] Nyū́gókú. ⇨ datsúgókú.
shutsújíń 出陣 A partida para a guerra. ★ ～ *suru* 出陣する Partir [Ir] para a guerra. [S/同] Shusséí[1].
shutsújṓ 出場 O participar numa competição「de corrida」. ★ ～ *suru* 出場する … ◇ **～ sha** 出場者 Os participantes; os concorrentes. **Hatsu ～** 初出場 ～ pela primeira vez. [S/同] Sańká. [A/反] Ketsújṓ. ⇨ shussṓ.
shutsúnyū́ 出入 A entrada e saída; o acesso. ◇ ⇨ **～ koku**. [S/同] De-háírí (+).
shutsúnyū́-koku [úu] 出入国 A e[i]migração; a alfândega; a entrada e saída do país.
shutsúráń 出藍 O (discípulo) superar o mestre. ★ ～ *no homare* 出藍の誉れ A honra de ～「de judo」.
shutsúrúí 出塁【Beis.】O ganhar uma base. ★ ～ *suru* 出塁する … ⇨ rúi[2].
shutsúryṓ[1] 出漁 A saída para a pesca. ★ ～ *suru* 出漁する Sair para a pesca. ◇ **～ kuiki** 出漁区域 A área de pesca.
shutsúryṓ[2] 出猟 A ida [saída] para a caça. ★ ～ *suru* 出猟する Ir caçar [à caça]. ⇨ kári[3].
shutsúryoku 出力 **1** [モーターの]【Ele(c)tri.】A potência「da central [usina] elé(c)trica」; a capacidade geradora. **2** [コンピューターの]【Ele(c)tron.】A saída; o rendimento (do computador). ◇ **～ sōchi** 出力装置 O dispositivo [A parte] da/o ～. [A/反] Nyū́ryókú.
shuttáí 出来 **1** [発生] A ocorrência「dum acidente」. ★ ～ *suru* 出来する Ocorrer; acontecer. [S/同] Boppátsú (+); hasséí (o); toppátsú (+). **2** [成就] O acabamento [A conclusão]「do edifício」. [S/同] Jṓju (+); kańséí (o).
shuttáń 出炭 **1** [石炭を掘り出すこと] A extra(c)ção de carvão (mineral). [S/同] Saítáń[2] (+). ⇨ sekítán. **2** [木炭を生産すること] A produção de carvão (vegetal). [S/同] Seítáń (+). ⇨ mokútán.
shuttátsú 出立 A partida para uma viagem. [S/同] Idétáchí; shuppátsú (o); tabí-dáchí.
shuttéí 出廷 A comparência no tribunal. ★ ～ *suru* 出廷する Comparecer no tribunal. ◇ **～ meirei** 出廷命令 A intimação [ordem] para ～ [se apresentar]. ⇨ hṓtéí[1].
shuttéń 出典 A fonte; o livro de origem. ★ ～ *o shimesu* 出典を示す Indicar「sempre」a ～「das citações」. [S/同] Génkyo; ténkyo.
shuttṓ 出頭 **1** [決められた所に出向くこと] O comparecimento; a comparência. ★ ～ *o motomeru* 出頭を求める Pedir [Exigir] a/o ～. ～ *suru* 出頭する Comparecer; apresentar-se. ◇ **～ meirei** 出頭命令 A ordem de ～. **2** [⇨ nukíńdéru].
shū́u[1] [úu] 驟雨 O aguaceiro; uma bátega [pancada] d'água. ★ ～ *ni au* 驟雨にあう Apanhar um/a ～. [S/同] Niwáká-áme (o); tṓrí-áme; yū́dáchí (+).
shū́u[2] [úu] 秋雨 A chuva de outono. [S/同] Akí-sámé (+).
shúwa(hō) 手話(法) A dactilologia [linguagem digital]; o alfabeto dos surdos-mudos. ★ ～ *de hanasu* 手話で話す Conversar por ～ [meio de sinais com os dedos].
shū́wáí [úú] 収賄 O aceitar subornos. ◇ **～ jiken** 収賄事件 O escândalo [Um caso] de suborno. [A/反] Zṓwáí. ⇨ wáiro.
shúwan 手腕 A habilidade; a capacidade; a competência; a destreza; a perícia. ★ ～ *ga aru* 手腕がある Ter「muita」habilidade; ser habilidoso [hábil]「de mãos」;「médico」ter mãos finas [de oiro]. ～ *o furuu* 手腕を振るう Usar toda a sua ～. ◇ **～ ka** 手腕家 Um homem capaz [hábil/destro/competente]. [S/同] Gíryō; udé (+).
shū́ya [úu] 終夜 A noite inteira. ◇ ⇨ **～ tō**. [S/同] Hitóbáń-jū́ (o); yo-dṓshí (+); yomósúgárá.
shuyákú 主役 O papel principal. ★ ～ *o enjiru* 主役を演じる Representar o ～ [Ser o protagonista「da peça/do filme」. [A/反] Hayákú; wakí-yákú. ⇨ shujínkō.
shū́yákú [uú] 集約 A concentração「de capital numa só indústria」; a intensificação. ★ ～ *suru* 集約する Concentrar; intensificar. ◇ **～ nōgyō** 集約農業 A cultura [lavoura] intensiva.
shū́yá-tṓ [uú] 終夜灯 A luz de [acesa (durante) toda a] noite; a iluminação no(c)turna. ⇨ shū́ya.
shuyṓ[1] 主要 O ser principal [importante; essencial; básico; fundamental]. ★ ～ *na sanbutsu* 主要な産物「no B. o café é」Um produto essencial [básico; fundamental]. ◇ **～ jinbutsu** 主要人物 **a**) Uma pessoa importante; **b**) As personagens [Os ca-ra(c)teres] principais「da peça/do drama」. ～ *toshi* 主要都市 A cidade importante. [S/同] Jū́yṓ (+).
shuyṓ[2] 腫瘍【Med.】O tumor. ◇ **Akusei [Ryōsei] ～** 悪性[良性]腫瘍 ～ maligno [benigno]. [S/同] Dekí-mono; haré-mónó. ⇨ gánshu; nikúshú.
shū́yṓ[1] [uú] 収用 A expropriação「da propriedade para fazer a estrada」; a desapropriação. ★ ～ *suru* 収用する Expropriar; desapropriar. ◇ **Kyōsei ～** 強制収用 ～ forçada [judicial]. [S/同] Sesshū́.
shū́yṓ[2] [uú] 収容 **a**) A acomodação; o alojamento; a capacidade; **b**) O recolher「no reformatório/asilo」; o encerrar「num campo de concentração (⇨ shū́yṓ-jō). *Kono gekijō wa ichi-man-nin o* ～ *dekiru* この劇場は一万人を収容できる Este teatro tem capacidade para dez mil pessoas. ★ ～ *suru* 収容する **a**) Acomodar; levar; alojar; **b**) Recolher; encerrar [～ *sareta itai* 収容された遺体 Os corpos [cadáveres] recolhidos]. ◇ **～ jin'in** 収容人員 O número de pessoas a serem alojadas.

S

shúyṓ[3] [**uú**] 修養 A educação moral; o aperfeiçoamento espiritual; a formação do cará(c)ter [espírito]. *Kare wa mada ~ ga tarinai* 彼はまだ修養が足りない Ele precisa (de) se aperfeiçoar mais. ◇ **Seishin ~** 精神修養 A educação do espírito「e do corpo através do (d)esp.」. [S/同] Shúren[1]; tánren (+).

shúyṓ-jó 収容所 **a**) O reformatório; **b**) O campo de concentração. ◇ **Kyōsei ~** 強制収容所 O campo de concentração. ⇨ shúyṓ[2].

shuyókú 主翼 **a**) As asas de um avião; **b**) A força principal; o sustentáculo.

shúyū [**shuú**] 周遊 Uma excursão [volta/Um giro]「pelo mundo/por Shikoku」; o turismo. ◇ **~ ken** 周遊券 A passagem [O bilhete] de ~ (Dá para usar várias vezes「um dia」).

shuzái 取材 A cobertura [reportagem/recolha de informações]「para o jornal」. ◇ **~ kisha** 取材記者 O repórter. **Kamera ~** カメラ取材 A reportagem gravada/filmada.

shuzáń 珠算 O cálculo no [com] ábaco.

shúzei 酒税 O imposto de bebida (alcoólica).

shū́zéí [**uú**] 収税 A arrecadação de [O cobrar] impostos. ◇ **~ ri** 収税吏 O fiscal [cobrador de impostos]. [S/同] Chṓzéí.

shū́zéń [**uú**] 修繕 O conserto; a reparação. ★ *~ ni dasu* 修繕に出す Mandar reparar [para ~]. [S/同] Shū́ri (+).

shuzṓ 酒造 A fabricação de cerveja [saqué]; a destilação「de aguardente」; a produção「de vinho」. ◇ **~ gyō** 酒造業 A indústria de bebidas alcoólicas.

shúzoku 種族 **a**) A raça; **b**) A família「do leão é a mesma que a do gato, dos felinos」; a espécie. ★ *~ hozon no honnō* 種族保存の本能 O instinto de conservação da espécie. ⇨ búzoku.

shū́zoku [**úu**] 習俗 Os usos e costumes; os hábitos「mudam com os tempos」.

shu-zúmí 朱墨 (< ⋯ + súmi) A tinta vermelha (de cinábrio [sulfureto de mercúrio/Hg S]).

so[1] 祖【E.】**a**) O antepassado; **b**) O fundador [pai]「duma escola/arte」. ⇨ gánso; káiso[1]; sénzo; shíso[2]; shíson.

so[2] ソ (< It. sol)【Mús.】O [A nota] sol.

sō[1] [**óo**] そう (⇨ sṓ-íú [-kō[7]]) **1** [左様] Sim; assim; dessa maneira [forma]; isso. *~ desu ka* そうですか Ah, sim? *~ ieba ~ da ne* そう言えばそうだね Se é assim [De fa (c)to] você tem razão. *~(sa) ne* そうさね (考える時) Vejamos ⋯; bem ⋯; deixe-me pensar. *~ to bakari mo ienai* そうとばかりも言えない Não será só isso [assim]. *Ā ~ da* ああそうだ Sim, é verdade/Ah, sim (, entendi). "*Watashi wa Kyōto shusshin desu*" "*Watashi mo ~ desu*"「私は京都出身です」「私もそうです」Eu sou de Quioto. – Eu também. ★ *~ de nakereba* そうでなければ Se não for assim; de outra forma「não posso ir」. *~ kō shite iru uchi ni* そうこうしているうちに Entretanto; entre uma coisa e outra「perdi o avião」. **2** [そんなに] Tão; tanto. *~ yoku mo nai* そう良くもない Não é assim tão bom (como isso/como você diz). [S/同] Sońná ní.

sō-[2] [**oó**] 総 Total; geral; todo; global. ★ *~ dairinin[-ten]* 総代理人[店] O representante [A agência] geral. ◇ ⇨ **~ jishoku [jite]**.

-sō[3] そう **1** [様態を表す] Parece que; talvez; pode ser que; com ar [cara/aparência]「de」. *Kyō wa hare [furi] ~ da* 今日は晴れ[降り]そうだ Parece que hoje vai fazer bom tempo [vai chover]. *Otona nara konna koto wakari ~ na mono da* 大人ならこんなことわかりそうなものだ Qualquer adulto tem obrigação de compreender isto. *Sonna koto nara watashi ni mo deki ~ da* そんなことなら私にも出来そうだ Se é isso, acho [creio] que eu também consigo fazer. *Sono ko wa ima ni mo naki-dashi ~ datta* その子は今にも泣き出しそうだった A criança estava prestes [mesmo/quase] a chorar. ★ *Kanashi [Ureshi] ~ ni* 悲し[うれし]そうに Com ar melancólico/triste/de melancolia [alegre/de alegria]. *Manzoku ~ ni* 満足そうに「disse ela」Toda importante [satisfeita]. **2** [伝聞を表す] Segundo dizem [se diz]; dizem [diz] que. *Tenki yohō ni yoreba asu wa ame ga furu ~ da* 天気予報によれば明日は雨が降るそうだ Segundo a previsão do tempo [o boletim meteorológico], amanhã temos chuva.

sō[4] [**óo**] 僧 O monge (budista). [S/同] Bṓzu (+); hṓshi; o-bṓ-san; sṓryo. [A/反] Zóku.

sō[5] [**óo**] 相 Um aspecto「da vida humana」; a fisionomia; a cara「de intelectual」. ★ *Chōmei no ~ ga aru* 長命の相がある Ter sinais [cara] de longa vida.

sō[6] [**óo**] 層【Geol.】A camada「intelectual/de fósseis」; o estrato「de carvão」; a faixa. ★ *~ o nasu* 層を成す Estar em [Formar] camadas [estratos]. ◇ **Nenrei ~** 年齢層 A faixa etária.

sō[7] [**óo**] 想【E.】A ideia; a concepção. ★ *~ o neru* 想を練る Elaborar [Congeminar] uma ~. ⇨ kańgáe; omói[2]; shisṓ[1].

sō[8] [**óo**] 壮【E.】O vigor; a vitalidade. ★ *~ to suru* 壮とする Admirar「a coragem」. ⇨ sṓnéń[1].

sṓái [**oó**] 相愛 O amor [A paixão] mútuo/a. ★ (*Sōshi*) *~ no naka de aru* (相思) 相愛の仲である Amarem-se (muito) mutuamente.

soákú 粗悪 O ser grosseiro [de qualidade inferior]. ◇ **~ hin** 粗悪品 O produto de qualidade inferior; o artigo fraco.
[S/同] Sómatsu (+); sozátsú. [A/反] Jṓtṓ.

sṓáń[1] [**oó**] 草案 A minuta; o rascunho; o esboço「do plano/proje(c)to」. ★ *Jōyaku no ~ o tsukuru* 条約の草案を作る Escrever [Redigir] a ~ do contrato/tratado. ⇨ geń'áń.

sṓáń[2] [**oó**] 創案 A ideia original. ★ *Kare no ~ ni yoru shin-seihin* 彼の創案による新製品 Um novo produto inventado por ele. [S/同] Hatsúáń.

sṓ-átari [**oó**] 総当たり **a**) O「jogo」em que todos podem ganhar; **b**) A lota[e]ria em que todos têm pré[ê]mio. ◇ **~ sei** 総当たり制 O sistema de todos poderem ganhar.

sóba[1] 側・傍 (⇨ gawá[1])「falar ao telefone ali」Perto; ao lado. ★ *~ de miru* そばで見る Estar ao lado a ver「e não ajudar」. *~ kara* そばから Assim que; imediatamente; à medida que〔*Kare wa kēki o tsukuru ~ kara tabete shimau* 彼はケーキを作るそばから食べてしまう Ele come os bolos à medida que os vai fazendo〕. *~ ni oku* そばに置く Pôr ~ de. *~ no* そばの Vizinho; adjacente; próximo; que fica ~. *~ o tōru* そばを通る Passar ~. ◇ ⇨ **~ zue**. ⇨ chikáku[1]; hatá[2]; mijíká.

sóba[2] 蕎麦【Bot.】O trigo-mourisco; o fagópiro; *fagopyrum esculentum* (A planta é parecida à mandioca). ◇ **~ ya** 蕎麦屋 O restaurante que serve "soba" (Espécie de macarrão de cor escura, cortada em fios compridos).

sōbá [oó] 相場 **1** [市価]【Econ.】A bolsa (de valores); a cotação; o preço de [no] mercado. ★ ~ ga agaru [sagaru] 相場が上がる[下がる] Subir [Baixar] a ~. ◇ **Age** [**Sage**] ~ 上げ[下げ]相場 A cotação em alta [baixa]. (S/同) Jíka; shíka (⇨ shōkén¹). **2** [投機的取引]【Econ.】A especulação. ★ ~ de ateru [shippai suru] 相場であてる [失敗する] Ganhar [Perder] na ~. ◇ ~ **shi** 相場師 O corretor (de Bolsa de Valores); o especulador. **3** [世間一般の評価] A opinião corrente [geral] 「de que os intele(c)tuais no Japão estão desligados das realidades da vida」. Nigatsu to hachigatsu wa keiki ga warui to ~ ga kimatte iru 二月と八月は景気が悪いと相場が決まっている É opinião corrente que o mercado é fraco nos meses de fevereiro e outubro. (S/同) Hyőka; sehyő.

sobádátéru 聳てる **1** [高く立てる]「o gato」 Eriçar 「o pêlo」;「o cão」arrebitar [levantar]「as orelhas」. **2** [慣用句的に] Arrebitar a orelha; prestar muita atenção. ★ Mimi o sobadatete kiku 耳をそばだてて聞く Prestar ouvidos.

sobákásu 雀斑 A sarda; a lentigem; a efélide.

só-báná [oó] 総花 Um benefício [favor/pré(ê)-mio] para toda a gente.

sobá-zúe 側杖 (<~¹+tsúe) A pancada indire(c)ta [por ricochete]; o soco acidental. ★ ~ o kuu 側杖を食う Apanhar [Levar] um/o「ao atravessar um tumulto」. (S/同) Makí-zóe (o); tobátchírí (+).

sóbétsú [oó] 送別 A despedida; o adeus. ◇ ~ **kai** 送別会 A festa [reunião] de despedida; o botafora「da universidade」. (S/同) Kańsō⁴.

sóbi [oó] 装備 O equipamento; o apetrechamento; o armamento. ★ ~(o)suru 装備(を)する Equipar (-se); armar-se. Tozan no ~ 登山の装備 Os apetrechos [O equipamento] para alpinismo. ◇ **Hyōjun** ~ 標準装備 O equipamento completo「desta marca de automóvel」. **Jū** [**Kei**] ~ 重[軽]装備 Equipamento pesado [leve].

sobíéru 聳える Erguer-se; elevar-se. ★ Sobie-tatsu そびえ立つ「um arranha-céus」Erguer-se「imponente」; Kumo ni ~ yamayama 雲にそびえる山々 As montanhas que se elevam acima das nuvens.

Sóbieto ソビエト【H.】A União Soviética. ⇨ Róshia.

-sobíréru そびれる Perder a oportunidade. ★ Ii ~ 言いそびれる ~ de「Não conseguir」dizer.

sobíyákásu 聳やかす (< sobíéru) Levantar; erguer; alçar; empinar. ★ Kata o ~ 肩をそばやかす Empertigar-se com orgulho「a querer desafiar」.

sóbo 祖母 A avó [vovó]. ◇ **Sō** ~ 曾祖母 A bisavó. (A/反) Sófu.

sobō 粗暴 O ser rude [grosseiro/descuidado/「um plano」mal alinhavado]. ★ ~ na furumai o suru 粗暴な振舞いをする Agir com rudeza; ser rude [um descuidado]. ⇨ rańbō.

sóbō [soó] 粗貌【E.】A feição; a expressão「estranha」do rosto; a aparência「rara da casa」. (S/同) Yōbō (+).

sobó-fúru 蕭雨降る Chuviscar; cair uma chuva fina. ★ ~ ame そぼ降る雨 Um chuvisco; uma chuva miudinha. ⇨ shítoshito.

sobókú 素朴(樸) A simplicidade; a singeleza; a ingenuidade. ★ ~ na 素朴な Simples; singelo; não-sofisticado. (S/同) Juńbókú.

sobóró そぼろ Um prato de peixe cozido, moído e seco; a farofa de peixe.

sóburi 素振り **a**) A maneira; o jeito; os modos; **b**) A mostra; o aspecto; os sinais「de tristeza」. ★ Yoso-yososhii ~ o suru よそよそしい素振りをする Ter modos estranhos. (S/同) Kyodó; táido (+).

sobyō 素描 O esboço. (S/同) Déssan (+).

sōbyō [soó] 躁病【Med.】A mania; a psicomania. ◇ ~ **kanja** 躁病患者 O (psico)maníaco. (A/反) Utsúbyō.

sócha 粗茶【Cor.】O meu pobre chá. ~ desu ga 粗茶ですが É o「faz favor」.

sóchi 措置 A medida. Taiō ~ o kōzuru 対応措置を講ずる Tomar medidas perante uma situação problemática. ⇨ shóchi.

sōchi [oó] 装置 O equipamento; o dispositivo; o aparelho; a aparelhagem. ◇ **Anzen** ~ 安全装置 O dispositivo de segurança. **Butai** ~ 舞台装置 O cenário; a montagem de uma peça teatral. **Dan** [**Rei**] **bō** ~ 暖[冷]房装置 O aparelho de aquecimento (central) [de ar condicionado].

sochírá そちら **1** [「それ」の丁寧語] Esse; isso. ~ o kudasai そちらを下さい Dê-me [Compro] esse「melão」. ⇨ soré¹. **2** [「そっち」の丁寧語] Essa dire(c)ção; aí. ~ wa mina-sama o-kawari arimasen ka そちらは皆様お変わりありませんか Vocês estão todos bem? ⇨ sokó²; sotchí. **3** [相手をさす言葉] Você; o senhor [a senhora]. "O-saki ni dōzo" "~ koso"「お先にどうぞ」「そちらこそ」"Passe, faz favor" — "Depois de si.". ⇨ sotchí.

sōchō¹ [soó] 早朝「ir para o aeroporto」De manhã cedo. (S/同) Akégátá; sōgyō³. ⇨ ása¹.

sōchō² [soó] 総長 **a**) O presidente de uma universidade estatal (⇨ gakúchō); **b**) O geral [A autoridade máxima]. ◇ **Kokuren jimu** ~ 国連事務総長 O secretário geral das Nações Unidas. ⇨ chōkáń¹.

sōchō³ [soó] 荘重【E.】A solenidade. ★ ~ na 荘重な Solene. ⇨ ogósoka.

soda 粗朶 A [O feixe de] lenha「para queimar/para o lume」. ⇨ takígí.

sōda¹ [oó] ソーダ・曹達 (< Ing. soda < Ár.) ◇ ~ **sui** ソーダ水 A soda; o refrigerante gasoso; a gasosa.

sōda² [oó] 操舵 O manejo do leme. ◇ ~ **shitsu** 操舵室 A sala do leme [piloto]. ~ **shu** 操舵手 O timoneiro [homem do leme].

sodáchí 育ち (< sodátsu) **1** [養育] A criação; a educação. Watashi wa Ōsaka umare no Ōsaka~ da 私は大阪生まれの大阪育ちだ Eu nasci e fui criado em Ōsaka. ★ ~ ga [no] yoi 育ちが[の]よい Ter uma boa educação. (S/同) Yōfúku. **2** [発育] O crescimento「da planta」. ◇ ~ **zakari** 育ち盛り「a criança」Em pleno [fase de] ~. (S/同) Hatsúfkú (+).

so-dáchi [oó] 総立ち (<~²+tátsu) O pôr-se toda a gente de [em] pé. ★ ~ ni naru 総立ちになる Porem-se todos de pé「quando vem o terramoto」.

sodái 粗大 O ser grande e grosseiro. ◇ ~ **gomi** 粗大ゴミ O lixo maior (Como geladeira, televisão, etc.).

sōdái¹ [oó] 総代 O representante do grupo.

sōdái² [oó] 壮大 A magnificência「do palácio」; a grandiosidade「das montanhas」. ★ ~ na 壮大な Magnificente; grandioso; sumptuoso [suntuoso]; majestoso; imponente [「~ na keikaku 壮大な計画

O proje(c)to grandioso". S/同 Yūdái.
sódán 相談 **1**「話し合い」A deliberação; o conversar; o discutir. ★ ~ *de kimeru* 相談で決める Decidir depois de deliberar. ~ *suru* 相談する Pedir conselho; consultar; deliberar. ◇ **~ aite** 相談相手 O consultor; o conselheiro「~ *aite ni naru* 相談相手になる (Aceitar) ser conselheiro [confidente] de alguém」. ⇨ hanáshí-áí; káigi[1]. **2**「意見をきくこと」A consulta; o aconselhar-se. ~ *ni noru* [*ōjiru*] 相談に乗る[応じる] Aceitar [Querer/Concordar em] falar. ◇ **~ in** 相談員 Um consultor. **~ yaku** 相談役 O consultor; o conselheiro. **3**「交渉」 O negócio. ★ *Mono wa ~ da* 物は相談だ Vamos conversar (a ver se podemos chegar a um acordo). *Sore wa dekinai ~ da* それは出来ない相談だ Não posso aceitar tal coisa [Isto está fora de questão]. ⇨ kyōgí[1]; kōshō[1].

sodáté-nó-óyá 育ての親 (< sodatéru + …) Os pais ado(p)tivos 「*Umi no oya yori ~* 生みの親より育ての親 A gratidão aos — é maior que aos pais progenitores」.

sodáteru 育てる (⇨ sodátsu) Criar「touros/os filhos/mais atletas」; educar; cultivar「o talento musical」; formar; alimentar. *Buka* [*Deshi*] *o* ~ 部下[弟子]を育てる Treinar/Instruir os subordinados [discípulos]. *Sainō o* ~ 才能を育てる Cultivar os (seus) talentos (naturais). ⇨ Hagúkúmu.

sodátsu 育つ (⇨ sodatéru) Crescer; criar-se; desenvolver-se. *Watashi wa Akita de umarete Tōkyō de sodatta* 私は秋田で生まれて東京で育った Eu nasci em Akita e criei-me em Tóquio. ★ *Zeitaku* [*Binbō*] *ni ~* ぜいたく[貧乏]に育つ Ser criado no luxo [na pobreza]. ことわざ *Oya wa naku-tomo ko wa ~* 親はなくとも子は育つ A criança cresce [cria-se], mesmo sem os pais. S/同 Seíchō súrú; seífkú súrú.

sódátsú [**oó**] 争奪 A disputa; a luta「pela bola/pelo troféu/por um posto no governo」. ★ ~ *suru* 争奪する Disputar「o pré[ê]mio」; lutar (⇨ ubáu). ◇ **~ sen** 争奪戦 O campeonato; a competição「aberta, entre partidos」.

sode 袖 **A**) A manga. ★ ~ *ni sugaru* 袖にすがる Agarrar-se [Confiar em] alguém. ~ *ni suru* 袖にする **a)** Recusar「uma proposta」; **b)** Tratar com frieza; **c)** Pôr de lado; cortar com「o namorado」. ~ *o hiku* 袖を引く **a)** Convidar; puxar pelo braço/pela manga; **b)** Avisar [Chamar a atenção] discretamente; piscar o olho. I/慣用 *Ichi-do mo ~ o tōsanai kimono* 一度も袖を通さない着物 Uma roupa por estrear [que nunca foi estreada]. ことわざ ~ *furiau mo tashō no en* 袖ふり合うも他[多]生の縁 Até os encontros fortuitos são resultado do destino. *Nai ~ wa furenu* ない袖は振れぬ【Prov.】Ninguém dá o que não tem. ◇ **~ guchi**, **~ guri** 袖ぐち A cava. **~ nashi** 袖なし Sem manga(s). ⇨ **~ no shita**. **~ take** 袖丈 O comprimento da ~. **~ zukue** 袖机 A escrivaninha com gavetas num ou em ambos os lados. **Han ~** 半袖 A「camisa de」 meia manga. **Shichi-bu ~** 七分袖 ~ de três quartos. **B**) As alas laterais「de um prédio」.

só-dé [**oó**] 総出 O sair [ir] em massa.

sodé-gúchí 袖口 (< … +kuchí) O punho「da camisa」.

sōdén[1] [**oó**] 送電 A condução de ele(c)tricidade 「energia elé(c)trica」. ★ ~ *suru* 送電する Conduzir [Ser bom condutor de] ele(c)tricidade. ◇ **~ sen** 送電線 O fio [cabo] elé(c)trico.

sōdén[2] [**oó**] 相伝【E.】A transmissão de geração em geração. ★ *Isshi ~ no hiketsu* 一子相伝の秘訣 O segredo (da arte) transmitido a um filho. S/同 Denrái (+).

sodé-nó-shítá 袖の下【Fig.】O suborno; a luva (G.). ★ ~ *o tsukau* 袖の下を使う Subornar. S/同 Wáiro (+).

sōdō [**sóo**] 騒動 O motim「na cadeia」; a desordem; o distúrbio; o tumulto. ~ *o okosu* 騒動を起こす Provocar um/a ~. ~ *o shizumeru* 騒動を鎮める Sufocar[Acabar com]o/a ~. ◇ **O ~** 大騒動 Um/a grande ~.

só-dóin [**soó-dóo**] 総動員 A mobilização geral「dos estudantes para limpar a escola」. ★ ~ *suru* 総動員する Mobilizar toda a gente. ◇ **Kokka ~ hō** 国家総動員法 A lei de ~ do estado. S/同 Sōgákuin.

soe-gáki 添え書き (< soerú + káku) A nota; o acrescentar uma palavra「ao desenho」; um pós-escrito. ★ *Tegami ni ~ suru* 手紙に添え書きする Acrescentar [Escrever] um pós-escrito (na carta).

soe-gi 添え木 (< soerú +ki) A tala; a tabuinha. ★ ~ *o ateru* 添え木を当てる Colocar uma tala「no braço partido」.

soe-ji 添え乳 (< soerú + chichí) O amamentar na cama. ★ ~ *suru* 添え乳する …

soe-móno 添え物 (< soerú + …) **a)** Um complemento「do jantar」; **b)** O suplemento [apêndice]「do livro」; **c)** Um pré[ê]mio; **d)** O fantoche [chefe só de nome].

soén 疎遠 O distanciamento; o longo silêncio. ★ ~ *ni naru* 疎遠になる Distanciar-se de;「sem saber como」deixar de ter trato com eles [os ~; ficar sem notícias dos] amigos. A/反 Shínmítsu.

soerú 添える **1**「脇につける」Juntar; anexar; fazer acompanhar. ★ *Purezento ni tegami o ~* プレゼントに手紙を添える Juntar uma carta ao presente. **2**「補助する」Acrescentar [Dar mais]「beleza/interesse/graça」. *Pāti ni irodori o ~* パーティーに彩りを添える Dar mais graça à festa.

sófá ソファー (< Ing. sofa < Ár.çuffa) O sofá.

sófu 祖父 O avô. ⇨ **Sō** ~ 曾祖父 O bisavô. A/反 Sóbo.

sōfu[1] [**oó**] 送付 O envio「da carta」; a remessa「do dinheiro/catálogo」. ★ ~ *suru* 送付する Remeter; enviar. ◇ **~ saki** 送付先 O destinatário.

sōfu[2] [**oó**] 総譜【Mús.】A partitura (completa)「do maestro」. S/同 Sukóa. ⇨ gakúfu[1].

sōfú [**oó**] 送風 A ventilação; o arejamento. ◇ **~ ki** 送風機 O ventilador.

sofúbo 祖父母 Os avós (Eles e elas).

sofúto ソフト (< Ing. soft)【Adj.】Suave; macio; fofo; mole; flexível. ◇ **~ bō** ソフト帽 O chapéu de feltro. **~ bōru** ソフトボール Uma modalidade de basebal, com bola maior e mais macia. **~ dorinku** ソフトドリンク O refrigerante; a bebida suave [não alcoólica]. **~ kurīmu** ソフトクリーム O sorvete italiano [fofo]. **~ uea** ソフトウエア A (capacidade de) programação [A「matéria cinzenta」do computador.

sóga [**oó**] 爪牙【E.】As garras e os dentes. ⇨ kíba[1]; tsumé[1].

sogái 阻害 O impedimento; a obstrução「da liber-

sogái² [**oó**] 疎外 A alienação. ◇ ~ **kan** 疎外感 O sentimento [A sensação] de ~.

sógái¹ [**oó**] 霜害 O prejuízo da [causado pela] geada. ⇨ shimó¹.

sógái² [**oó**] 窓外【E.】Fora da janela. ★ ~ *ni me o yaru* 窓外に目をやる Olhar pela janela. ~ *no keshiki* 窓外の景色 A paisagem que se vê da janela.

só-gákari [**oó**] 総掛かり O serem todos a trabalhar. ★ ~ *de* 総掛かりで Com a ajuda de todos「apagámos o incêndio」. ⓢ⒥ Só-dóin (+).

sogáku¹ [**oó**] 総額 O (montante) total; a soma total. *Hiyō wa* ~ *de issenman-en ni tasshita* 費用は総額で1千万円に達した As despesas atingiram o/a ~ de 10 milhões de yens. ⓢ⒥ Gōkéí (+); sōkéí; sówá; tsūsán. ⇨ shōkéí¹.

sógáku² [**oó**] 奏楽【Mús.】A execução (musical). ⇨ ensó.

sōgán-kyō [**oó**] 双眼鏡 O binóculo.

sógéi [**oó**] 送迎 A despedida e as boas-vindas. ★ ~ *suru* 送迎する Trazer e levar; despedir e esperar「amigos na plataforma da estação」. ◇ ~ **basu** 送迎バス A camioneta para [de] levar e trazer os alunos. ⓢ⒥ Okúri-múkae.

sogéki [**oó**] 狙撃 O disparar (atirar) de lugar escondido. ◇ ~ **hei** 狙撃兵 O (soldado) atirador especial [emboscado].

sógén [**oó**] 草原 A pradaria「ribatejana」; a pampa「argentina」; a savana「africana」; a estepe「russa」. ⓢ⒥ Kusá-hárá.

sogéru 削[殺]げる Partir; rachar. ★ *Hoho no sogeta hito* 性гзの削げた人 A pessoa de rosto chupado.

sógi¹ [**oó**] 争議 O conflito; a greve (⇨ sutóráiki); a contestação「dos estudantes」. ◇ ~ *o okosu* 争議を起こす Fazer uma ~. ◇ ~ **ken** 争議権 O direito de [à] greve. **Rōdō** ~ 労働争議 ~ laboral [dos trabalhadores].

sógi² [**oó**] 葬儀 O funeral; as honras fúnebres; o enterro. ★ ~ *ni sanretsu suru* 葬儀に参列する Ir ao ~. ~ *o okonau* 葬儀を行う Fazer um ~. ◇ ~ **jō** 葬儀場 O velório. ⓢ⒥ Sōshíkí (+); tomúráí.

sógo [**oó**]齟齬【E.】 **1**[食いちがい]O estar em desacordo「com os fa(c)tos」. ⓢ⒥ Kuíchigáí (+). **2**[失敗]O fracasso. ★ ~ *o kitasu* 齟齬をきたす Causar o ~「do plano」.

sōgo [**oó**] 相互 O ser mútuo. ★ ~ *ni* 相互に Mutuamente. ◇ ~ **anzen hoshō jōyaku** 相互安全保障条約 O Tratado de Segurança Mútua. ~ **enjo** 相互援助 A ajuda mútua. ~ **ginkō** 相互銀行 O banco de fomento; a caixa econó[ó]mica. ~ **izon** 相互依存 A interdependência; a dependência mútua. ~ **kankei** 相互関係 As relações mútuas.

sōgō¹ [**soó**] 総[綜]合 A síntese. ★ ~ *suru* 総合する Sintetizar. ~ *teki na* 総合的な Geral; sintético. ◇ ~ **byōin** 総合病院 O hospital geral. ~ **daigaku** 総合大学 A universidade (polivalente/com várias faculdades). ~ **kaihatsu** 総合開発 O desenvolvimento geral [total/equilibrado]. ~ **zasshi** 総合雑誌 A revista não especializada [de interesse geral].

sōgō² [**soó**] 相好 A fisionomia. ★ ~ *o kuzushite yorokobu* 相好を崩して喜ぶ Saltar de prazer; ficar babado (babadinho) de alegria (G.). ⓢ⒥ Kaó-kátáchí (+).

sōgón [**oó**] 荘厳 O ser solene [sublime]. ★ ~ *na fun'iki* 荘厳な雰囲気 Um ambiente solene. ⓢ⒥ Geńshúkú; sūkō.

sogu 削[殺]ぐ **1**[削り取る]Desbastar; tirar [cortar]um pouco「para afiar」. ⇨ kezúrú. **2**[斜めに]Cortar obliquamente「o bambu」. **3**[なくようにする]Acabar com; ser um balde de água fria; estragar「a festa」. ★ *Kyō o sogareru* 興をそがれる Ficar cabisbaixo [de ânimo caído].

sōgu¹ [**oó**] 装具 Os apetrechos [de alpinismo]; os equipamentos [para a neve].

sōgu² [**oó**] 葬具 Os acessórios [As coisas necessárias]para o funeral.

sōgū [**oó**] 遭遇【E.】O encontro inesperado「com um inimigo」; o deparar「com um perigo」. ★ ~ *suru* 遭遇する Encontrar-se de repente「com o assassino do pai」; deparar com [apanhar]「uma tempestade」.

sogúwánai そぐわない Inapropriado; não combinar [não ir]「com o meu gosto」;「o proceder」impróprio「dum professor」. ★ *Sono ba ni* ~ *fukusō* その場にそぐわない服装 O traje impróprio [inapropriado]para a ocasião.

sōgyō¹ [**soó**] 創業 A fundação de uma empresa. *Waga-sha wa* ~ *irai hyaku-nen ni narimasu* 我が社は創業以来100年になります A nossa empresa foi fundada há 100 anos. ★ ~ *suru* 創業する Fundar uma empresa.

sōgyō² [**soó**] 操業 O trabalhar; o funcionamento「da fábrica」. ★ ~ *o chūshi* [*kaishi*] *suru* 操業を中止[開始]する Interromper o funcionamento [Começar a trabalhar/funcionar]. ~ *o teishi suru* 操業を停止する Parar; deixar de funcionar. ~ *suru* 操業する ...

sōgyō³ [**soó**] 早暁【E.】O amanhecer; a alvorada; a aurora. ★ ~ *ni* 早暁に Ao despontar [raiar] do dia. ⓢ⒥ Akégátá (+); sóchó¹ (o). ⇨ akébóno.

sōha¹ [**oó**] 搔爬【Med.】A curetagem. ★ ~ *suru* 搔爬する Raspar com cureta (~ki); curetar. ⓢ⒥ Chūzétsú.

sōha² [**oó**] 走破【E.】O correr [fazer] todo o percurso. ★ ~ *suru* 走破する ...

sōháku¹ [**oó**] 蒼白【E.】A palidez; a lividez. ★ *Ganmen* ~ *ni naru* 顔面蒼白になる Ficar pálido [lívido/branco como a cera]「ao ver a nota do exame」; empalidecer.

sōháku² [**oó**] 糟粕【E.】Os restos.

sohán 粗飯【E./Cor.】Um modesto [pobre] almoço/jantar. ⇨ sócha.

sōha-sén [**oó**] 争覇戦 **1**[支配者になるための]A luta pela hegemonia [pela supremacia]. **2**[優勝を争うこと]O campeonato.

sōhátsú [**oó**] 双発 Bimotor. ◇ ~(**hikō**) **ki** 双発(飛行)機 O (avião) bimotor. ⒶⓏ Tańpátsú.

sōhátsú-séi [**oó**] 早発性【Med.】O cará(c)ter precoce.

sōhéki [**oó**] 双璧【E.】As duas grandes autoridades[pinturas]; os dois grandes mestres[monumentos]. *Ano futari wa gendai Nihon bundan no* ~ *da* あの二人は現代日本文壇の双璧だ Aqueles dois são os grandes mestres da literatura contemporânea no Japão.

sohín 粗品 ⇨ soshíná.

sohō 粗放【E.】A negligência; a rudeza. ★ ~ *na* 粗放な「trabalho」Grosseiro; descuidado; negligen-

sóhō¹ [sóo] 双方 Ambas [As duas] partes; os dois lados. ★ ~ *no iibun o kiku* 双方の言い分を聞く Ouvir as/os ~. ⇨ ryô-hô¹. ◇ ~ **nōgyō** 粗放農業 A agricultura extensiva. [S/同] Sodái; sozátsú (+). [A/反] Shūyákú.

sóhō² [sóo] 奏法【Mús.】O estilo [método/modo] de tocar um instrumento musical.

sóhō³ [oó] 走法【(D)esp.】A técnica de corrida「da maratona」.

sohō-ká [oó] 素封家【E.】O milionário; o ricalhaço. [S/同] Chójá (+); fugô (+); kińmánká; ô-gánemochi (o).

sóhón¹ [oó] 送本 O enviar um livro.

sóhón² [oó] 草本【Bot.】Uma erva. ◇ ~ **shokubutsu** 草本植物 A ~ [planta herbácea].

so-hónke [oó] 総本家 **1**［分家に対して］A família-tronco; a cepa. [S/同] Sóke. [A/反] Buńké. **2**［元祖］**a)** O tronco [ramo principal]「duma arte」; **b)** O fundador. [S/同] Gánso; sóke.

sō-hónten [oó] 総本店 A matriz [sede]「duma cadeia de lojas/armazéns」.

sō-hónzan [oó] 総本山 O templo principal (de uma seita religiosa).

sóhyō [oó] 総評 A crítica [Um comentário] geral「sobre o livro」. ★ ~ *suru* 総評する Fazer um/a ~. ⇨ hihyô.

sóí¹ [oó] 相違 **a)** A diferença「de atitude dos dois」; a divergência「de opiniões」; a discrepância「entre os dois relatórios」. ★ ~ *o akiraka ni suru* 相違を明らかにする Esclarecer a diferença; diferenciar. ~ *suru* 相違する Diferir; divergir「um do outro」; contrariar (*An ni* ~ *shite* 案に相違して Contrariando os planos「não veio」). ~ *ten* 相違点 O ponto divergente [de ~]. [S/同] Sa; sái. **b)** A dúvida (Na neg.). ⇨ sôí-nái.

sóí² [óo] 創意 A criatividade; a originalidade; a ideia original. ◇ ~ **kufū** 創意工夫 O arranjo [A ideia] original.

sóí³ [óo] 総意 A opinião geral「do povo」; o consenso「dos médicos」. ★ *Kokumin no* ~ *o tou* 国民の総意を問う Perguntar qual é a opinião dos cidadãos.

sóí⁴ [óo] 僧衣 O hábito do bonzo.

sóí⁵ [óo] 創痍【E.】**a)** A ferida「da lança」; **b)** A cicatriz「da guerra」. ★ *Manshin* ~ *de aru* 満身創痍である Ter o corpo cheio de cicatrizes. [S/同] Kiri-kizu (+).

soín¹ 訴因【Dir.】A acusação; o pleito.

soín² 素因 **a)** A causa「O fa(c)tor principal; **b)** A propensão; a predisposição「para uma doença」. [S/同] Geń'ín (+).

soín³ [oó] 僧院 O mosteiro budista. [S/同] Shūdô-in (+).

soín⁴ [oó] 総員 Todos os membros. *Kaiin wa* ~ *hyaku-mei de aru* 会員は総員100名である O total dos sócios é 100. [S/同] Sózéi (+); zeń'ín (o).

sói-nái 相違ない Sem [Não há] dúvida. *Sore ni* ~ *ni sôi-nái* それに相違ない É isso, ~ [com certeza]. [S/同] Chigái-nái (+).

soi-né 添い寝 (< sóu² + nerú) O dormir (deitada) com o bebé[ê].

so-ínsū 素因数【Mat.】O número primo.

sói-tógéru 添い遂げる (< sóu² + ...) **a)** Permanecer fiel (e feliz) no matrimó[ô]nio até à morte; **b)** Conseguir casar「apesar de haver obstáculos」. ★ *Isshōgai* ~ 一生涯添い遂げる Permanecer ...

soítsú 其奴【Col.】**a)** O tipo; o gajo; o cara; o sujeito; **b)** Isso; essa coisa. ~ *wa arigatai* そいつは有難い Que bom [pechincha/coisa boa]! ⇨ sonó¹; soré¹.

so-iú そういう (⇨ sō¹) Essa forma [maneira]; esse; isso; tal; assim. ~ *koto nara shikata nai deshō* そういうことなら仕方ないでしょう Se é assim, não há [tem] remédio [Nesse caso, não há nada a fazer]. ★ ~ *baai ni wa* そういう場合には Nesse caso; em casos assim [desses]; em tais casos. ~ *wake de* そういう訳で Dessa forma; e assim; portanto「não quero ir」. ⇨ sońná.

sōji¹ 措辞 A fraseologia [expressão]「elegante/corre(c)ta」.

sōji² 素地 **a)** A capacidade [O estofo]「para ser professor」; **b)** A base「para as negociações」; o fundamento. [S/同] Dodái (+); kíso (o); shitá-jí.

sōji³ [oó] 掃除 A limpeza. ★ ~ *ga iki-todoite iru* 掃除が行き届いている Estar limpinho [muito limpo]. ~ *suru* 掃除する Limpar; fazer faxina/~. *Mimi no* ~ *o suru* 耳の掃除をする Limpar o [Tirar o cerume do] ouvido. ◇ ~ **dōgu** 掃除道具 Os utensílios de ~. ~ **fu** 掃除婦 A mulher empregada da ~. ~ **ki** 掃除機 O aspirador. ◇ ~ **ōsōji** 大掃除 ~ geral. [S/同] Seísó.

sōji⁴ [oó] 相似 A semelhança; a analogia. ★ ~ *no* 相似の「triângulos」Semelhantes;「órgãos」análogos. ◇ ~ **kei** 相似形 A forma semelhante.

sō-jishoku [oó] 総辞職 A demissão geral「do governo/gabinete」. ★ ~ *suru* 総辞職する Demitirem-se todos.

sōjíte [óo] 総じて Geralmente「os brasileiros são o(p)timistas」; em geral [como regra]「o japonês é calado」. [S/同] Gáishite (+); oyósó (o).

sōjō¹ 訴状「apresentar」Uma petição「às autoridades」.

sōjō² 俎上 O estar na banca [mesa] da cozinha. ★ ~ *ni noboru* 俎上に上る **a)**「a enguia」Ir à faca「para comer」; **b)**「o plano」Ser apresentado「para discussão」. ⇨ maná-ítá.

sōjō³ [sóo] 層状 O estrato「de fósseis/rocha」.

sōjō⁴ [sóo] 僧正 Alto dignitário da hierarquia budista.

sōjō⁵ [soó] 相乗 **1**［かけ合わせること］【Mat.】A multiplicação. ◇ ~ **heikin** 相乗平均 A média geométrica. ⇨ kakézan. **2**［共に効果を高めること］A sinergia. ◇ ~ **kōka** 相乗効果 O efeito multiplicativo.

sōjō⁶ [oó] 奏上【E.】O informar ao rei [imperador]. ★ ~ *suru* 奏上する ... [S/同] Jōsô (+).

sōjō⁷ [soó] 騒擾【E.】O distúrbio; a sedição; o motim. ◇ ~ **zai** 騒擾罪 O crime de sedição. [S/同] Sōdō (+).

sōjū [oó] 操縦 **1**［機械類を運転すること］O manejar; o pilotar. ★ ~ *suru* 操縦する ... ◇ ~ **kan** 操縦桿 A alavanca de controle/o. ~ **seki** 操縦席 A cabina do piloto. ~ **sha** [shi] 操縦者[士] O piloto. ⇨ unténshi. **2**［思いのままに動かすこと］O manipular; o controlar; o manobrar. *Buka no* ~ *ni kakete wa kare no migi ni deru mono wa inai* 部下の操縦にかけては彼の右に出る者はいない Em habilidade [jeito] para ~ os subalternos, ninguém lhe ganha [não há como ele]. ⇨ ayátsúru.

sōjukú [oó] 早熟 A precocidade. ★ ~ *na kodomo* 早熟な子供 Uma criança precoce. ⇨ rôséi.

sōjúshínki [oó] 送受信機 O transmissor-receptor.
sokái 疎開 A evacuação「para não morrer nos bombardeamentos」. ★ ~ *suru* 疎開する Evacuar.
sókái¹ [oó] 爽快 O ser refrescante [reconfortante]. ⇨ *sawáyaka*.
sókái² [oó] 壮快【E.】Excitante; apaixonante.
sókái³ [oó] 総会 A assembleia geral; a reunião [sessão] plenária (⇨ *búnkái*²); o plenário. ★ ~ *ni kakeru* 総会にかける Submeter「o caso」à/ao ~. ◇ ~ **ya** 総会屋 O que usa ameaças na assembleia dos a(c)cionistas para exigir dinheiro das suas a(c)ções. **Kabunushi** ~ 株主総会 A assembleia geral dos a(c)cionistas.
sōkái⁴ [oó] 掃海 A dragagem de minas. ◇ ~ **tei** 掃海艇 O draga-minas.
sokáku¹ 組閣 A formação do gabinete [governo]. ★ ~ *suru* 組閣する Formar o gabinete.
sokáku² 疎隔【E.】⇨ *soén*.
sókán¹ [oó] 壮観 A vista magnífica; o espe(c)táculo grandioso「do monte Fuji」; a vista espe(c)tacular. *Iguasu no taki wa ~ da* イグアスの滝は壮観だ As cataratas [quedas] do Iguaçu são um/a ~.
sókán² [oó] 相関 A correlação; a inter-relação; a relação mútua. ◇ ~ **kankei** 相関関係 A ~「entre o clima [meio] e o cará(c)ter」.
sókán³ [oó] 送還 A deportação; a repatriação. ★ ~ *suru* 送還する Deportar; repatriar. ◇ **Kyōsei** ~ 強制送還 A ~ forçada.; *heńkán*¹; *kikán*³.
sókán⁴ [oó] 創刊 A primeira publicação; a fundação [de um jornal]. ◇ ~ **gō** 創刊号 O primeiro número「da revista」. A/反 *Haíkán*.
sókán⁵ [oó] 相姦 As Relações sexuais ilícitas; o adultério. ◇ **Kinshin** ~ 近親相姦 O incesto.
sōkátsú [oó] 総括 O englobamento; o resumo; a síntese; a conclusão. ★ ~ *suru* 総括する Englobar; resumir; sintetizar; concluir. ◇ ~ **shítsumon** 総括質問 A pergunta geral [que engloba tudo]. S/同 Gaíkátsú; ikkátsú. ⇨ *sōgó*¹.
sō-káwa [oó] 総革 O「sapato」ser todo de couro.
sóke [óo] 宗家 **a)** A família [O tronco] principal; **b)** O mestre「duma arte/escola」. ⇨ *Sō-hónke*.
sōké-dátsu [oó] 総毛立つ Arrepiar-se; ficar arrepiado [com os pêlos todos em pé]. *Sono kōkei o mite, watashi wa sōkedatta* その光景を見て、私は総毛立った Ao ver [presenciar] essa cena, eu arrepiei-me (todo) de susto. ⇨ *mi-nó-ké*.
sokéi 鼠蹊【Anat.】A virilha. ◇ **bu** 鼠蹊部 A região inguinal. ~ **herunia** 鼠蹊ヘルニア A hérnia inguinal.
sōkéi¹ [oó] 総計 O total; a soma total. ★ ~ *suru* 総計する Totalizar; somar.
S/同 Gōkéi (o); sōgáki¹ (+); sōwá³; tsúsánf.
sōkéi² [oó] 早計 A prematuridade; o ser precipitado「recusando antes de pensar melhor」; a imprudência.
sōkén¹ [oó] 壮健 A vitalidade; a saúde. *Go-*~ *de nani yori desu* ご壮健で何よりです Alegro-me com saber que está de boa saúde.
S/同 Génki (+); tasshá.
sōkén² [oó] 送検 O envio para julgamento. ★ ~ *suru* 送検する **a)** Mandar [Enviar]「documentos」para a justiça; **b)** Levar o réu para ser julgado. *Shorui* ~ 書類送検 O envio dos documentos ao ministério público.
sōkén³ [oó] 双肩【E.】Os ombros. ★ ~ *ni kakaru* 双肩にかかる「o futuro do país」Pesar sobre os ~「dos jovens」. ⇨ *káta*¹.
sōkén⁴ [oó] 創見 O ponto de vista [A ideia] original.
sokétto ソケット (< Ing. socket) A tomada. ◇ **Futa [Mitsu]-mata** ~ 二［三］股ソケット ~ dupla [tripla]「da extensão」.
sóki¹ [oó] 早期 A fase inicial; o começo「do cancro」. ~ *ni chiryō suru* 早期に治療する Tratar [Fazer (o) tratamento] na/no ~. ◇ ~ **hakken** 早期発見 O descobrir (a doença) logo na/no ~.
S/同 Shóki. A/反 Bánki.
sóki² [oó] 想起 A recordação; a reminiscência. ★ ~ *suru* 想起する Recordar-se; lembrar-se. ⇨ *omóí-dásu*¹[-ókósu].
sōki-kán [oó] 送気管 O cano de passagem de ar [para ventilação]; o respiradouro.
sōkín [oó] 送金 O envio de dinheiro. ★ ~ *suru* 送金する Enviar dinheiro [um cheque].
sōkín-rui [oó] 走禽類【Zool.】A ave corredora; a ratite/a; *cursores*.
sokkán-séi 速乾性 A qualidade「da tinta」de secar rapidamente.
sokke-nái 素っ気ない Seco; brusco; frio; ríspido. ★ *Sokkenaku kotowaru* 素気なく断る Recusar secamente [sem mais nem menos].
sokkétsu 即決 A decisão imediata [rápida]. ★ ~ *suru* 即決する Decidir rapidamente. ◇ ~ **saiban** 即決裁判 O julgamento rápido [imediato/sumário]. S/同 Sokúdán.
sokkí(jutsu) 速記（術）A taquigrafia; a estenografia. ★ ~ *suru* [*o toru*] 速記する[を取る] Taquigrafar; estenografar. ◇ ~ **sha** 速記者 O taquigrafo; o estenógrafo. ⇨ *sokúhítsú*.
sokkín¹ 即金 O pagamento à vista. ◇ ~ *de kau* 即金で買う Comprar com ~. ⇨ *geńkín*¹.
sokkín² 側近 As pessoas mais chegadas; o séquito「do Presidente da República」. *Shachō no* ~ 社長の側近 As ~ ao presidente (da empresa).
sokkō¹ 即効【E.】O efeito [resultado] imediato. ◇ ~ **yaku** 即効薬 O remédio de ~.
sokkō² 速攻 O ataque rápido; a investida.
sokkō³ 測候 A observação meteorológica. ◇ ~ **jo** 測候所 O observatório [serviço] meteorológico.
sokkóku 即刻 Imediatamente;「ser obrigado a sair do país」nesse instante [na hora].
S/同 Sókuji; sókuza-ni (+); tádachi-ni (o).
sokkúri そっくり **1**「瓜二つ」O ser muito parecido; o ser tal e qual. *Kare wa chichioya* ~ *ni natte kita* 彼は父親そっくりになって来た Ele agora é tal e qual o [é a cara do] pai. S/同 Úri-futatsu. **2**「全部」Todo; tudo; inteiramente;「mete isto no armário」assim como está. *Kare no isan wa* ~ *musuko no mono to natta* 彼の遺産はそっくり息子のものとなった Toda a herança [fortuna] dele foi para o filho.
S/同 Sonó mámá; zénbu (+).
sokkurí-káeru 反っくり返る【G.】Pavonear-se; blasonar; empertigar-se.
sókkusu ソックス (< Ing. socks) **a)** A meia (De homem); **b)** A soquete (De senhora). ◇ **Hai** ~ ハイソックス ~ três-quartos. ⇨ *kutsushíta*.
sokkyō 即興 A improvisação. ~ *no [teki na]* 即興の［的な］Improvisado. ◇ ~ **kyoku** 即興曲 A improvisação [fuga]「de Bach」.
sokkyū 速球【Beis.】A bola rápida.

sokó[1] 底 **1** [底面] O fundo「da caixa, do tacho/da sertã/do rio/do coração」. ★ ~ ga asai 底が浅い Ter pouca fundura [profundidade]; ser pouco (pro)fundo. ~(no) shire-nai[-nu] 底(の)知れない[ぬ]「um homem」Misterioso; profundíssimo;「um abismo」insondável. ~ o tsuku 底を突く「o dinheiro」Acabar; chegar ao fim [Shokuryō ga ~ o tsuita 食糧が底を突いた As provisões [de comida] acabaram-se]. Ni-jū zoko no 二重底の「a caixa de doces」De ~ duplo. Saifu no ~ o hataku 財布の底をはたく Gastar até ao último centavo; ficar liso (G.). ◇ ⇨ **~ bie** [**bikari/biki-ami/i/iji/jikara/nashi/nuke**]. ⦅S/同⦆ Téimen. **2** [きわみ]「atingir」O limite; o fundo; o extremo; a profundidade. Fukai nemuri no ~ ni shizunde itta 深い眠りの底に沈んで行った Adormeceu profundamente. ★ Kokoro no ~ de wa 心の底では No fundo「ele não pensa assim」. Kokoro no ~ kara yorokobu 心の底から喜ぶ Ficar muito contente [feliz]. ⦅S/同⦆ Haté (o), kiwámí (+). **3** [最底部]【Econ.】O ponto mais baixo. Nedan ga ~ o tsuita 値段が底を突いた Os preços atingiram ~.

sokó[2] 其処 **1** [場所] Aí; esse lugar. ★ ~ de [ni] そこで[に] Aí; nesse lugar [~ de matte i-nasai そこで待っていなさい Fique aí「até eu vir」. ~ ni iru no wa dare da そこに居るのは誰か Quem é essa pessoa (aí)?]. ~ e そこへ Para aí. ~ kara そこから Daí. ⇨ **~ koko** [**ra**]. ~ made そこまで Até aí [Chotto ~ made dekakete kimasu ちょっとそこまで出かけて来ます Vou (ali) dar uma voltinha]. **2** [それ; そのこと] Aí; esse (ponto). ~ ga mondai da そこが問題だ O problema está aí [é esse]. ★ ~ e iku to そこへいくと Pensando bem [assim/dessa maneira]; nesse caso [~ e iku to kodomo wa kiraku na mono da そこへいくと子供は気楽なものだ Nesse caso, as crianças são fáceis de educar]; ⇨ **~ de** [**soko/soko ni**]. ⦅S/同⦆ Soré.

sokó[3] 素行 O comportamento; a conduta. ★ ~ ga yoi 素行が良い Ter boa [bom] ~; ser bem [mal] comportado. ⦅S/同⦆ Hińkō (+); sókō[6].

sóko [**óo**] 倉庫 O depósito; o armazém; o entreposto. ◇ **~ gaisha** 倉庫会社 A companhia de armazéns; o armazenista. **~ gakari** [**ban**] 倉庫係 [番] O fiel/guarda (do ~). ⦅S/同⦆ Kurá. ⇨ monóóki.

sókó[1] [**soó**] 走行 A corrida; o andar do carro. ★ ~ chū ni 走行中に Durante o andamento; enquanto o carro está a andar. ~ suru 走行する Correr; andar. ◇ **~ kyori** 走行距離 A quilometragem do carro.

sókó[2] [**soó**] 草稿 O rascunho; o manuscrito「inédito」; o texto「do discurso」escrito. ⦅S/同⦆ Geńkō (+); sóań[1].

sókó[3] [**soó**] 装甲 A blindagem. ◇ **~ sha** [**ressha**] 装甲車[列車] O carro [comboio/trem] blindado.

sókó[4] [**soó**] 奏功【E.】O resultado; o sucesso. ⦅S/同⦆ Seikō[4]. ⇨ sósúru **2**.

sókó[5] [**soó**] 糟糠【E.】A vida de privações. ⦅ことわざ⦆ ~ no tsuma wa dō yori kudasazu 糟糠の妻は堂より下さず Não se é cruel [se abandona, depois de (ficar) rico, a esposa que compartilhou uma ~].

sókó[6] [**soó**] 操行 O comportamento; a conduta. ⦅S/同⦆ Hińkō (o); sokó (+). ⇨ gyōjō.

sō-kō[7] [**sóo**] そうこう Uma coisa e outra. ★ ~ suru uchi ni そうこうするうちに Entretanto [Com ~「perdi o avião」]; nesse entrementes [comenos/ínterim/meio tempo].

sokó-bié 底冷え (<···[1] +hiéru) O frio penetrante [de rachar/que chega até aos ossos].

sokó-bíkari 底光り (<···[1] +hikári) O brilho contido [interior/que vem de dentro]「e que atrai as pessoas」. ★ ~ no suru sakuhin 底光りのする作品【Fig.】A obra que, sem enfeites, deixa transparecer o seu valor.

sokó-bíki-ami 底引き網 (<···[1] +hikú+···) A rede de arrasto.

sokó dé そこで Portanto; então; por isso; agora. ~ anata ni o-kiki shitai no desu ga …そこであなたにお聞きしたいのですが ~ gostaria de lhe perguntar「: se fizessem isso à sua família, você gostava?」. ⇨ sáte; soré-kará.

só-kógeki [**soó-kóo**] 総攻撃 O ataque geral [em peso/em massa].

sokóhi 底翳・内障【Med.】**a**) A catarata; **b**) A amaurose; **c**) O glaucoma.

sokói 底意 Outra [A segunda] intenção; a intenção secreta. ★ ~ naku hanasu 底意なく話す Conversar sem segundas intenções. ⦅S/同⦆ Shitá-gókoro (+).

sokó-iji 底意地 A índole [O cará(c)ter] lá por dentro. ★ ~ ga warui 底意地が悪い Ter mau fundo; ser malévolo [de má índole].

sokóira そこいら【D.】⇨ sokóra.

sokó-jikara 底力 (<···[1] +chikára) A força [energia; potência; capacidade] latente; o potencial. ★ ~ o dasu [hakki suru] 底力を出す[発揮する] Mostrar (tudo) o que vale.

sókó-kái [**soókóo**] 壮行会 A festa de despedida「aos atletas que vão às olimpíadas」.

sokó-kóko そこここ Aqui e ali「já se vêem as flores da primavera」.

sókoku 祖国【E.】A pátria; o país de origem. ◇ **~ ai** 祖国愛 O patriotismo. ⇨ Bókoku.

sókókú [**oó**] 相剋【E.】O conflito「de interesse/entre a lei e o amor」; a rivalidade「entre irmãos」; a disputa. ★ ~ suru 相剋する Haver conflito.

sókón [**oó**] 早婚 O casar cedo. ⦅A/反⦆ Bańkón. ⇨ kekkón[1].

sokó-náshi 底無し Sem [Que não tem] fundo. ★ ~ no sake-nomi 底無しの酒飲み O bebedor insaciável; o seca-tabernas; a esponja. ◇ **~ numa** 底無し沼 **a**) O pântano muito fundo; **b**) O atoleiro「do crime」.

sokónáu 損なう **1** [だいなしにする] Estragar「a beleza da praça」; ferir; danificar. ★ Kenkō o ~ 健康を損なう Prejudicar a [Fazer mal à] saúde. ⦅S/同⦆ Gái suru. **2** […するのに失敗する] Perder; falhar; não conseguir. ★ Shigoto o yari-~ 仕事をやり損なう Não conseguir fazer o trabalho. ⦅S/同⦆ Hagúréru. **3** [もう少しでしそうになる] Escapar por pouco. ★ Ayamaru shini ~ 危く死に損なう Escapar à morte por pouco [por um triz].

sokó-ne 底値 (⇨ sokó[1] **3**)【Econ.】「vender ao」Preço mínimo.

sokónéru 損ねる ⇨ sokónáu.

sókonh-mókuhi [**oó**] 草根木皮【E.】As raízes de planta e cascas de árvore「da medicina chinesa」.

sokónóké 其処退け O superar「um cozinheiro profissional」. ★ Honshoku ~ no udemae de aru

本職そこのけの腕前である Superar [Ser melhor (do) que] um profissional.

sokó-núké 底抜け (<…¹ + nukéru) **a)** O「balde/cântaro」ficar sem fundo; **b)** O não acabar「a baixa na bolsa; o não ter limites. ★ ~ *no o-hito-yoshi* 底抜けのお人良し O perfeito [eterno] bonachão.

sokóra 其処ら **1**［場所を示す］Aí. ★ ~ *jū* そこら中 Por toda a parte. ◊ **Sonjo** ~ そんじょそこら Aqui e ali; em qualquer lugar. **2**［程度を示す］**a)**「quanto à causa do crime」Isso「não sei」; **b)** Aproximadamente; cerca「de」. *Kare no kyūrýo wa jūgoman-en ka* ~ *da* 彼の給料は15万円かそこらだ O salário dele são 150.000 yens ou cerca [ou à volta] disso.

-sokósókó そこそこ Aproximadamente; (pouco) mais ou menos. *Watashi wa nyūsha shite mitsuki* ~ *da* 私は入社して三月そこそこだ Eu entrei para a firma há ［uns/cerca de］três meses.

sokósókó-ní そこそこに **a)** Apressadamente; mal「comeu foi-se logo deitar」; apenas. *Kare wa mai-asa chōshoku mo* ~ *ie o deru* 彼は毎朝食もそこそこに家を出る Ele sai à pressa todas as manhãs, mal tendo tempo para tomar o café (da manhã). **b)** Bem ou mal「cá vou aguentando」; para já; por enquanto.

sokótsú 粗忽 **a)** O descuido; a trapalhice; **b)** A estupidez; a azelhice; o disparate. ★ ~ *na* 粗忽な Descuidado; trapalhão; estúpido ［S/同］Sosókká-shíí. ◊ ~ **mono** 粗忽者 Um descuidado [descuidadão/trapalhão(zão) (o)].
［S/同］Karú-házuri (+); keísótsú (o).

-sóku 足 (Numeral para calçado e meias) O par. ★ *Kutsu issoku* 靴一足 Um par de sapatos.

sóku¹ [óo] 走狗【E.】**a)** O cão de caça ［S/同］ryō-kén (+)); **b)** O instrumento de outrem; o te-sáki.

sóku² [óo] 痩驅 O corpo magro「do velhinho」.
［S/同］Hosó-mí (o); sóshíí² (+).

sokúbái 即売 A venda de artigos [produtos] obje(c)tos durante a própria exposição. ★ ~ *suru* 即売する Vender artigos… ◊ ~ **kai** 即売会 A exposição e venda de produtos.

sokúbákú 束縛 O escravizar; a restrição; as peias. ★ ~ *o ukeru* 束縛を受ける Sofrer restrições. ~ *suru* 束縛する Restringir; manietar; atar. *Inshū no* ~ *o uchiyaburu* 因習の束縛を打ち破る Romper com os convencionalismos.
［S/同］Kōsóku. ［R］Kaíhō.

sokúbún 仄聞【E.】O ouvir dizer. ~ *suru tokoro ni yoreba* 仄聞する所によれば Segundo (o que) ouvi [oiço] dizer.

sokúchí 測地 A agrimensura; a triangulação geodésica; o levantamento topográfico. ◊ ~ **gaku** 測地学 A geodesia. ［S/同］Sokúryō (+).

sokúdán 速断【E.】A decisão precipitada [rápida]. ★ ~ *suru* 速断する「não podemos」Decidir logo [precipitadamente]. ［S/同］Hayá-tóchiri.

sókudo 速度 A velocidade. ★ ~ *o genjiru* [otosu] 速度を減じる［落とす］Reduzir [Diminuir] a ~. ~ *o masu* 速度を増す Aumentar a [Dar mais] ~. ◊ ~ **kei** 速度計 O velocímetro.
［S/同］Háyasa; sokúryoku; supídó (+).

sokúdókú 速読 A leitura rápida [em diagonal]. ★ ~ *suru* 速読する Ler muito depressa.

sokúhátsú 束髪 O (penteado) rabo-de-cavalo.

sokúhítsú 速筆 A escrita rápida [fluente].

［A/反］Chihítsu. ⇨ sokkí.

sokúhō 速報 A informação rápida [imediata]; a informação [notícia] da última hora. ★ ~ *suru* 速報する Informar imediatamente; dar logo a notícia. ◊ **Nyūsu** ~ ニュース速報 Notícia da última hora. **Senkyo** ~ 選挙速報「a edição extraordinária com」As últimas notícias das eleições.

sókui 即位 A ascensão [subida] ao trono. ◊ ~ *suru* 即位する Subir [Ascender] ao trono. ◊ ~ **shiki** 即位式 A coroação. ［A/反］Tái-i.

sókuji 即時 Imediato. ◊ ~ **barai** 即時払い O pagamento à vista [a pronto].
［S/同］Sokkóku (+); sokúsékí¹ (+); sókuza (+).

sokújítsú 即日【E.】No mesmo [próprio] dia. ◊ ~ **kaihyō** 即日開票 A contagem dos votos ~ das eleições. ［S/同］Tójítsū.

sokúmén 側面 **a)** O lado; a face lateral「do edifício」; **b)** O flanco「esquerdo」do inimigo; **c)** O lado [aspecto]「do cará(c)ter」; **d)** O ser indire(c)to. ◊ ~ *kara enjo suru* 側面から援助する Ajudar indire(c)tamente. ~ *kara miru* 側面から見る Ter uma visão lateral; ver de lado. *Teki no* ~ *o tsuku* 敵の側面を突く Atacar pelo flanco. ◊ ~ **zu** 側面図 O perfil; a vista de lado. ⇨ háigo¹; shómén.

sokúō 即応 (⇨ sokúsúru) O dar resposta; o saber responder [adaptar-se]「à nova situação」. ★ *Jidai no yōkyū ni* ~ *shite* 時代の要求に即応して Respondendo às [Em confomidade com as] exigências dos「nossos」tempos.

sokúon 促音【Lin.】O som oclusivo「da consoante geminada/dupla」(Por ex.: o "kk" de "sokki"). ［A/反］Yōon; hatsú-ón².

sokúon-ki 足温器 O aquecedor para os pés.

sokúrō 足労 O incó(ô)modo de vir. *Tabitabi go-* ~ *o o-kake shite mōshiwake arimasen* たびたび御足労をおかけして申し訳ありません Desculpe (o) fazê-lo vir aqui tantas vezes.

sokúryō 測量 A agrimensura; a medição「de um arranhacéus」. ★ ~ *suru* 測量する Agrimensar; medir. ◊ ~ **jutsu** 測量術 A agrimensura. ~ *zu* 測量図 O mapa「com as medidas」. **Shashin**［**Kōkū**］~ 写真［航空］測量 A ~ por fotografia aérea; o levantamento aéreo. ［S/同］Sokúchí. ［R］Sokútéi.

sokúryoku 速力 A (força de) velocidade「do foguetão」. ★ *Zen* ~ *de hashiru* 全速力で走る Correr a toda a velocidade. ［S/同］Sókudo; supídó (+).

sokúsái 息災 A boa saúde. ◊ **Mubyō [Buji]** ~ 無病［無事］息災「desejo-lhe」A melhor saúde. ［S/同］Tasshá.

sokúséí 速成 O trein(ament)o intensivo. ◊ ~ **hō** 速成法 O método de ~.

sokúséí-saibai 促成栽培 O cultivo「de melões」em estufa (Com luz e calor artificiais para as culturas crescerem depressa). ★ ~ *suru* 促成栽培する Cultivar em estufas.

sokúsékí¹ 即席 A improvisação; a instantaneidade. ★ ~ *no* 即席の Improvisado; instantâneo. ◊ ~ **ryōri** 即席料理 O prato improvisado. ［S/同］Sókkyoku; sókuza. ⇨ ínsutanto.

sokúsékí² 足跡【E.】**a)** A pegada; o rasto; **b)** O contributo; **c)**「recordar」A「longa」história「deste educador」; ★ ~ *o nokosu* 足跡を残す **a)** Deixar rasto [Fazer história]. **b)** Prestar um grande contributo［*Kare wa kyōiku-kai ni idai na* ~ *o nokoshita* 彼は教育界に偉大な足跡を残した Ele fez história

sokúseń [prestou um grande contributo] no campo da educação]. 〘S/同〙 Ashí-áto. ⇨ gyōséki¹.

sokúseń 側線 **1** [わきの線路] A linha lateral (da estação do comboio/trem). 〘S/同〙 Hónsen. **2** [魚類の感覚器官] A linha lateral「dos peixes」.

sokúseń-sókkétsú 即戦即決【E.】O ataque [A guerra] relâmpago.

sokúshá 速射 O disparo rápido. ◇ ~ **hō** 速射砲 A metralhadora de ~.

sokúshí 即死 A morte instantânea [fulminante]. ★ ~ *suru* 即死する Ter morte instantânea.

sokúshiń¹ 促進 A promoção; a aceleração; o fomento; o estímulo; a propulsão. ★ ~ *suru* 促進する Promover; estimular; fomentar; acelerar [*Hanbai o* ~ *suru* 販売を促進する Promover a venda].

sokúshiń² 測深 A sondagem. ◇ ~ **ki** 測深機 A sonda.

sokúsúru 即する【E.】Estar adaptado [conforme「a」. ★ *Jidai ni sokushita hōritsu* 時代に即した法律 A lei adaptada aos tempos [em conformidade com a época]. 〘S/同〙 Motózúku (+); sokúō súrú; tekíō súrú (+).

sokútátsú 速達 O serviço postal expresso. ★ ~ *de tegami o dasu* 速達で手紙を出す Enviar uma carta expressa [por expresso]. ◇ ~ **(yū) bin** 速達 (郵) 便 O correio [serviço postal] expresso.

sokútéi 測定 A medição; a medida. ★ ~ *suru* 測定する Medir「a temperatura/profundidade da água」. ★ *Tairyoku* ~ 体力測定 O medir a força física. ⇨ sokúryō; suńpō.

sokútō 即答 A resposta pronta [imediata]. ★ ~ *o sakeru* 即答を避ける Evitar responder (logo).

sókútsú [oó] 巣窟 O covil; o antro; o esconderijo; a caverna. 〘S/同〙 Ne-jíró (+); ajító.

sókuza 即座 O ser imediato. ★ ~ *ni kaiketsu suru* 即座に解決する Resolver imediatamente [logo/na hora]. 〘S/同〙 Sokkóku.

sō-kúzure [oó] 総崩れ A derrocada; a derrota completa「dos atletas」. ★ ~ *ni naru* 総崩れになる Sofrer uma ~; ser desbaratado.

sókyo [oo] 壮挙【E.】O feito [A façanha]「de ir sozinho ao pólo norte」.

sókyoku [oó] 箏曲 A música de [executada no] "koto".

sókyokú-sen [oó] 双曲線【Mat.】A hipérbole.

sókyokú-shi [oó] 双極子【Fís.】O dipolo.

sokyū 遡及 A retroa(c)tividade; a retroa(c)ção. ★ ~ *suru* 遡及する「a lei」Ter efeito retroa(c)tivo; ser retroa(c)tivo.

sókyū¹ [oó] 早急 A pressa; a urgência. ★ ~ *ni* 早急に「resolver」Imediatamente;「responder」com urgência; depressa. 〘S/同〙 Sakkyū; shikyū.

sókyū² [oó] 送球【D)es.】O arremessar (mandar/lançar) a bola. 〘A/反〙 Hokyū. ⇨ tókyū².

sō-mákuri [oó] 総まくり (< … ² + makúrú) **a)** O generalizar; o meter tudo no mesmo saco; **b)** O criticar tudo [todos「os políticos」]. ★ ~ *suru* 総まくりする **a)** Generalizar; meter tudo no mesmo saco; **b)** Criticar tudo.

sománu [**sománai**] 染まぬ [染まない] Que não agrada. ★ *Ki ni* ~ *shigoto* 気に染まぬ仕事 Um trabalho ~ [que não「me」cai no goto (G.)].

Somária ソマリア A Somália. ◇ ~ **go** ソマリア語 O somali. ~ **jin** ソマリア人 Os somalis.

somárú 染まる **a)** Tingir-se;「o lenço」ficar tinto「de sangue」; **b)** Sofrer más influências; estar mergulhado. ★ *Aku ni* ~ 悪に染まる Viver [Estar mergulhado] no vício. ⇨ soméru.

sōmá-tō [soó] 走馬灯 A lanterna giratória. *Osanai koro no omoide ga* ~ *no yō ni nōri o yogitta* 幼いころの思い出が走馬灯のように脳裏をよぎった As memórias da infância vieram-me à lembrança, uma atrás de outra, como uma ~. 〘S/同〙 Mawári-dóro. ⇨ mańgékyō.

sómatsu 粗末 **1** [上等でないよう] O ser simples [pobre/fraco/modesto/「um instrumento」grosseiro]. ★ ~ *na shina* 粗末な品 O artigo fraco(te). 〘S/同〙 Soákú; sozátsú. 〘A/反〙 Jōtō. **2** [扱いを粗略にするようす] O não fazer caso; o descuido; o desperdício. ★ *Inochi o* ~ *ni suru* 命を粗末にする Arriscar a vida [Dar cabo da saúde] inutilmente. 〘S/同〙 Soryákú.

somé 染め (< somérú) A tintura. ◇ ~ *ga yoi* [*warui*] 染めが良い [悪い]「o pano」Estar bem [mal] tingido. ◇ ⇨ ~ **kae** [**mono**].

soméi [oó] 聡明 O ser esperto [perspicaz/sagaz/inteligente/esperto/judicioso]. ★ ~ *na hito* 聡明な人 A pessoa inteligente. ~ *sa* 聡明さ A perspicácia; a sagacidade; o juízo; o senso; a inteligência; a esperteza. 〘S/同〙 Keńméí. ⇨ kashíkói.

somé-író 染め色 A cor da tintura.

somé-káé [**-káeshi** / **-náóshi**] 染め替え [返し / 直し] (< somé-káéru) O tornar a tingir (de outra cor).

somé-káéru [**-káesu**] 染め替える [返す] (< somé-rú + …) Tornar a tingir.

somé-kó [oó] 染め粉 O corante em pó. ⇨ señryō².

somé-móno 染め物 O tecido tingido [para tingir]. ◇ ~ **ya** 染め物屋 O tintureiro.

sómen [oó] 素[索]麺 O macarrão em tiras [de fios delgados]; a aletria. ◇ **Nagashi** ~ 流し素麺 O ~ servido em água corrente [a correr].

somé-náósu 染め直す ⇨ somé-káeru.

somé-núku 染め抜く (< somérú + …) Tingir, deixando a parte do enfeite [da estampa] ao natural.

somérú 染める **1** [染料で] Tingir. ★ *Kami no kuroku someru* 髪を黒く染める Tingir o cabelo de preto. **2** [彩色する] **a)** Colorir; tingir; **b)** Corar, ruborizar; **c)** Experimentar; começar; **d)** Atrair; impressionar. *Yūhi ga nishi no sora o akaku somete iru* 夕陽が西の空を赤く染めている O sol-poente tinge de vermelho o céu [firmamento]. ★ *Te o* ~ 手を染める【Fig.】Iniciar um trabalho; começar「a dedicar-se à agricultura」.

somé-tsúkéru 染め付ける (< somérú + …) Tingir; gravar; pintar「na porcelana」.

somé-wákéru 染め分ける (< somérú + …) Tingir a várias cores.

sómi [oó] 総身 O corpo inteiro [todo]「cheio de feridas」. 『ことわざ』*Ōotoko* ~ *ni chie ga mawarikane* 大男総身に知恵が回りかね Homem grande, cabeça oca. 〘S/同〙 Zeńshíń (+).

somō 梳毛 **a)** O cardar; **b)** A lã cardada.

sōmókú [oó] 草木【E.】As ervas e árvores; a vegetação「tropical」. 〘S/同〙 Kusá-ki (+). ⇨ shokúbutsu.

sómon [oó] 僧門 O monge [mosteiro] budista. 〘S/同〙 Butsúmóń (+).

sómosomo 抑も **1** [だいたい] Afinal「que é que

você quer?」. ~ *ame ga futta no ga fuun datta* そも そも雨が降ったのが不運だった Logo para começar [por azar] choveu. ⟨S/画⟩ Daítáí (+). **2**［まず最初に］ Em primeiro lugar; para começar「não estava ninguém à nossa espera」. ★ ~ *no hajimari* そもそも の始まり O começo de tudo. ⇨ saíshó.

só-mótójime [óó] 総元締め O que controla「o dinheiro todo」.

sômu¹ [óo] 総務 **a)** Os assuntos [serviços] gerais; **b)** O dire(c)tor dos serviços gerais. ◇ ~ **bu** 総務部 O Departamento de ~.

sômu² [óo] 双務 O ser bilateral (Ter obrigações recíprocas). ★ ~ *teki na* 双務的な Bilateral. ◇ ~ **keiyaku** 双務契約 O contrato bilateral「entre os dois países」. ⟨A/反⟩ Henmú.

somúkéru 背ける Volver; virar. ★ *Kao* [*Me*] *o* ~ 顔 [目] を背ける O rosto/a cara [Desviar os olhos]. ⇨ somúku.

somúku 背［叛］く **1**［相反する］Agir contra; ser contrário「ao que se esperava」. ★ *Kitai ni* ~ 期待に背く Não corresponder às expectativas. *Oya no i ni somuite* 親の意に背いて「ir para futebolista」Contra a vontade dos pais. ⇨ hañsúru. **2**［反逆する］Revoltar-se; pecar. ★ *Shukun ni* ~ 主君に背く Revoltar-se contra [Trair] o dono. ⟨S/画⟩ Hañgyákú súrú. **3**［違反する］Violar; infringir; transgredir. ★ *Kisoku ni* ~ 規則に背く ~ as regras. ⟨S/画⟩ Ihán súrú.

són 損 **1**［損失］A perda; o prejuízo. *Sono tochi wa katte oite* ~ *wa nai* その土地は買っておいて損はない Não perde nada em [com/se] comprar esse terreno. ★ ~ *ni naru* 損になる Ficar a perder (dinheiro). ~ *o shôchi de* 損を承知で Sabendo que vai perder. ~(*o*)*suru* (を)する Ter prejuízo; perder「*Watashi wa sono shôbai de hyakuman-en no* ~ *o shita* 私はその商売で100万円の損をした Perdi [Tive um prejuízo de] 1 milhão de yens nesse [com esse] negócio」. ⟨S/画⟩ Zon 損 Um grande prejuízo. ⟨S/画⟩ Soñgái; soñshítsú. ⟨A/反⟩ Tóku. **2**［不利］A desvantagem. ★ ~ *na* 損な「um cargo」Desvantajoso; desfavorável「~ *na shôbun* [*seikaku*] 損な性分 [性格] O temperamento [cará(c)ter) que não ajuda「a casar」」. ⟨S/画⟩ Fúri (+).

sonáe 備え (< sonáeru¹) A defesa「contra o frio/inimigo」; os preparativos; a prevenção; a precaução; a cautela; o equipamento. ★ *Kengo na* ~ 堅固な備え A defesa firme [sólida]. *Man'ichi no* ~ 万一の備え A prevenção contra qualquer emergência. ⟨P三K⟩ ~ *areba urei nashi* 備えあれば憂いなし Antes prevenir do que remediar/Homem prevenido vale por dois. ⟨S/画⟩ Júnbi; yôi.

sonáé-mónó 供え物 (⇨ sonáéru²) A oferenda「de Abel」. ⟨S/画⟩ Kúmotsu; o-sónáé (+).

sonáéru¹ 備［具］える **1**［準備する］Providenciar; preparar; fazer preparativos; prevenir. ★ *Rôgo ni sonaete chokin suru* 老後に備えて貯金する Amealhar [Poupar dinheiro] para a velhice. ⟨S/画⟩ Júnbi suru; yôi suru. **2**［設備する］Equipar; instalar「extintores de incêndios」. ★ *Kûrâ o sonaeta kuruma* クーラーを備えた車 O carro (equipado) com ar condicionado. ⟨S/画⟩ Setchí súrú; sétsubi suru. **3**［具備する］Possuir; ser dotado「de」; ter. *Kare wa iroiro na nôryoku* [*shikaku*] *o sonaete iru* 彼はいろいろな能力 [資格] を備えている Ele tem várias habilitações; ele é muito dotado. ⟨S/画⟩ Gúbi suru.

sonáéru² 供える Oferecer. ★ *O-haka ni hana o* ~ お墓に花を供える ~ flores aos mortos [Colocar flores no túmulo].

sonáe-tsúke 備え付け (< sonáé-tsúkéru) O equipamento; o estar「o jornal」ao dispor「dos hóspedes」. ★ *Taiikukan ni* ~ *no kigu* 体育館に備え付けの器具 Os apetrechos do [ao dispor no] pavilhão (d)esportivo.

sonáe-tsúkéru 備え付ける (< sonáéru + …) Pôr à disposição「de quem quiser」; prover; instalar.

sô-náme [óó] 総舐め (< …² + naméru) **a)** A destruição completa「da floresta pelo fogo」; **b)** A vitória arrasadora. ★ *Taitoru o* ~ *ni suru* タイトルを総舐めにする Conquistar todos os títulos.

sónán [óó] 遭難 Um grande desastre「na montanha」; o naufrágio (no mar). ★ ~ *suru* 遭難する Perder-se [Morrer]; naufragar. ◇ ~ **genba** 遭難現場 A cena [O local] do ~. ~ **sha** 遭難者 A vítima.

sónata¹ ソナタ (< It. sonata)【Mús.】A sonata.

sónata² 汝【E.】Você. ⇨ nánji².

sonáwáru 備［具］わる (⇨ sonáéru¹) **1**［設置されている］Estar provido [equipado]. ★ *Kûchô setsubi ga sonawatte iru* 空調設備が備わっている Ter [Estar equipado de] ar condicionado. **2**［資質・条件などを持っている］Possuir; ser inerente. *Jôken ga sonawatte iru* 条件がそなわっている Ter (todas) as condições「necessárias」.

sonbô 存亡【E.】A vida ou a morte. ★ *Kokka no kikyû* ~ *ni kakawaru mondai* 国家の危急存亡に関わる問題 A questão de vida ou de morte para a nação.

sónchi 存置【E.】O manter [conservar]. ⟨A/反⟩ Haíshí.

sonchô¹ 尊重 O respeito; a estima; a consideração. ★ ~ *suru* 尊重する Respeitar; estimar; considerar [*Kojin no ishi o* ~ *shite* 個人の意志を尊重して Respeitando os desejos de cada um]. ◇ **Jinmei** ~ 人命尊重 O respeito pela vida.

sonchô² 村長 O chefe da aldeia. ⇨ murá¹.

sondái 尊大【E.】A arrogância; o orgulho; a soberba; a presunção. ★ ~ *na* 尊大な「não seja tão」Arrogante; soberbo; orgulhoso; presunçoso. ⟨S/画⟩ Gômán (+); kômán (o); ôhei (+).

sondô 村道 A estrada [O caminho] de aldeia. ⇨ murá¹.

són-eki 損益「o ver」As vantagens e as desvantagens; o lucro e o prejuízo. ◇ ~ **kanjô** 損益勘定 O cálculo do lucro e do prejuízo. ⟨S/画⟩ ríeki; soñshítsú.

sonemu 嫉［猜］む Invejar「o sucesso dos outros」. ⟨S/画⟩ Netámu (+).

sônén¹ [óó] 壮年 **a)** A flor-da-idade; **b)** A pessoa de meia-idade. ⟨S/画⟩ Chûnén (+). ⇨ rônén.

sônén² [óó] 想念【E.】A ideia「de roubar」; o pensamento.

sónetto ソネット (< Ing. sonnet < L.) O soneto.

soñgái 損害 O dano「causado às colheitas」; a perda; o estrago「causado pelo tufão/pela cheia」; o prejuízo. ★ ~ *o ataeru* 損害を与える Causar dano [estragos]; danificar. ~ *o kômuru* [*ukeru*] 損害を被る [受ける] Sofrer「grandes」danos. ◇ ~ **baishô** 損害賠償 A inde(m)nização dos ~s. ~ **hoken** 損害保険 O seguro contra danos. **Dai** ~ 大損害 Grande dano [prejuízo]. ⟨S/画⟩ Hígai. ⇨ soñshô¹.

soṅgéṅ 尊厳 A dignidade. ★ *Ningen to shite no ~ o kizutsukeru* 人間としての尊厳を傷つける Ferir a ~ humana. ⇨ igén.

soṅjiru 損じる Estragar; ofender; ferir; prejudicar「a reputação/o bom nome」. ★ *Kigen o ~* 機嫌を損じる Zangar-se「com os subalternos」. S/同 Sokónáu (+).

-soṅjiru 損じる ⇨ sokónáu.

soṅkái 村会 A assembleia da aldeia. ⇨ chónai ◇; murá¹.

soṅkéi 尊敬 O respeito; o apreço; a estima; a veneração. ★ *~ o eru [ukeru]* 尊敬を得る [受ける] Conquistar o/a [Ser respeitado]. *~ suru* 尊敬する Respeitar; estimar; venerar; apreciar [*Watashi no ~ suru senpai* 私の尊敬する先輩 Um colega (do curso) adiantado que eu respeito]. **~ go** 尊敬語 O termo cortês [de cortesia/de respeito]. A/反 Keíbétsú; bubétsú. ⇨ ikéi.

soṅmíṅ 村民 Os aldeões [moradores/habitantes da aldeia].

soṅmó 損耗【E.】O desgaste. S/同 Shómő (+).

soṅná そんな Tal; semelhante; esse; isso; assim. *~ hazu de wa nakatta* そんなはずではなかった Não pode ter sido assim [Não deve ser isso]. *~ konna de oshi ga sugite itta* そんなこんなで時が過ぎて行った Entre uma coisa e outra, lá se foi o tempo. *Aitsu ga ~ yatsu da to wa omowanakatta* あいつがそんなやつだとは思わなかった Não pensava que aquele sujeito fosse assim [tão mau]. ★ *~ baai [toki] ni wa* そんな場合 [時] には Nesse caso [Nessa ocasião]. *~ koto [mono]* そんなこと [物] Tal coisa [*~ koto darō to omotte ita* そんなことだろうと思っていた (Eu) já esperava isso. *~ koto ni naru to wa omowanakatta* そんなことになるとは思わなかった Não pensei que fosse dar nisso. *~ koto nara* そんなことなら Se é assim]. ⇨ soññá ni. *~ wake de* そんなわけで Por essa razão; portanto「não diga nada, sim?」. ⇨ soññá ni.

soṅná-ni そんなに Dessa maneira; assim; tanto (Antes de sub.); tão (Antes de adj.). *~ takusan wa irimasen* そんなにたくさんはいりません Não é preciso tanto「arroz」. *Kokyō wa mukashi to ~ kawatte inakatta* 故郷は昔とそんなに変わっていなかった A minha terra (natal) não estava muito [assim tão] diferente do (que era) outrora. ★ *~ made* そんなにまで Até tal [esse] ponto.

soṅnára そんなら【G.】Então; nesse caso; (bem) se é assim. S/同 Soré-nára (+).

soṅnó 尊王 [皇]【A.】A reverência [O respeito] ao imperador. ◇ **~ jōi** 尊王攘夷 Reverência ao imperador e expulsão dos estrangeiros. **~ shisō** 尊王思想 O princípio [A ideia/A ideologia] de ~.

soṅó¹ その Esse. *~ hanashi wa kare no mae de wa shinai hō ga ii* その話は彼の前ではしない方がいい É melhor não falar desse [sobre ~] assunto na presença dele. *Kinō, nan-nin ka no seito ga sensei ni shikarareta, Watashi mo ~ hitori ni* 昨日、何人かの生徒が先生に叱られた、私もその一人だ Ontem, alguns alunos foram repreendidos pelo professor. Eu fui um deles [desses]. *Sō sō ~ iki ~ iki* そうそうその意気その意気 Isso mesmo! Ânimo! Ânimo! ★ *~ aida ni* その間に Entretanto; nesse entrementes. ⇨ soṅó bá. *~ shu no hanashi* その種の話 Essas conversas; conversas dessas「desse tipo」「não me agradam」. ⇨ soré¹.

soṅó² 園【E.】O jardim「de Getsêmani」. ★ *Eden no ~* エデンの園 ~ do Éden. S/同 Niwá (+).

soṅó-bá その場 Esse lugar; então; essa situação [altura/ocasião]. *~ ni natte minai to wakaranai* その場になってみないとわからない Não se pode saber senão na altura. *~ wa sore de sunda* その場はそれで済んだ Por (ag)ora [Para já] a situação acalmou (-se). ★ *~ de* その場で a) Na hora; b) Nesse lugar [*~ de shiharau* その場で支払う Pagar na hora]. *~ kagiri no* その場限りの「ele diz isso」Só então [na altura]「mas depois não cumpre」. *~ ni i-awaseru* その場に居合わせる Estar presente (nesse momento). *~ nogare [shinogi] no* その場逃れ [しのぎ] の「a resposta」Equívoca;「a escapatória」do momento. *~ o kirinukeru* その場を切り抜ける Encontrar uma escapatória [saída momentânea]; conseguir escapar-se. *~ o tsukurou* その場をつくろう Compor as coisas; remediar; salvar a situação.

soṅó-gó[-nóchí] その後 Desde então; a partir dessa data; depois disso. *~ kare ga dō shite iru ka dare mo shiranai* その後彼がどうしているか誰も知らない *~*, ninguém sabe onde ele está [que é feito dele].

soṅó-házú その筈 É natural [lógico; evidente; óbvio]「que seja ele a pagar」.

soṅó-héṅ その辺 a) Aí; os arredores; b) Aproximadamente; mais ou menos isso; c) Esse ponto [caso]; isso. *~ de yamete oke* その辺でやめておけ Pare aí「(por)que já falou demais」. *~ no kuwashii jijō wa watashi ni wa wakaranai* その辺の詳しい事情は、私にはわからない Quanto aos pormenores do caso, não sei nada. *~ ni* その辺に Por aí. S/同 Soṅó átari.

soṅó-hí その日 Esse dia. ★ *~ gurashi o suru* その日暮らしをする a) Ter uma vida apertada [muito ocupada]; b) Viver do dia a dia [sem saber se amanhã vai ter para comer]. *~ no dekigoto o hanasu* その日の出来事を話す Conversar sobre os acontecimentos do [desse] dia. *~ no uchi ni shiageru* その日の内に仕上げる Terminar (o trabalho) no mesmo dia. ◇ *~ ~* その日のその日 Cada [Dia a] dia; todos os dias.

soṅó-hó [óo] その方【G.】a) Essa dire(c)ção; b) Isso; esse. *~ wa tonto dame desu* その方はとんとだめです Nisso, sou uma negação [completamente ignorante]. *Kore yori ~ ga ii* これよりその方がいい Esse「doce」é melhor (do) que este.

soṅó-hoka その外 [他] O resto; os outros「concordaram todos」. ★ *~ ni* その外に [ni]. *~ ni nani ga hitsuyō desu ka* その外に何が必要ですか O que é necessário além disso?].

soṅó-jítsu その実「ele gaba-se muito mas」Na realidade「sabe pouco」; na verdade.

soṅó-kúrái そのくらい Mais ou menos isso. *~ de jūbun desu* そのくらいで十分です Com isso chega [é suficiente]. S/同 Soṅó héṅ; soṅó átari.

soṅó-kúsé その癖「ele é rico」Apesar disso「não conhece pessoa mais furreta(G.)」; mesmo assim.

soṅó-mámá そのまゝ **1**「その状態で」Assim como está [estava]. *Dōzo kōto wa ~ de* どうぞコートはそのまゝで Deixe estar, não é preciso tirar o sobretudo. *Kare wa ryokō ni dete ~ kaette konakatta* 彼は旅行に出てそのまゝ帰って来なかった Ele saiu de viagem e nunca mais voltou [e até hoje!]. *Sono mondai wa ~ mada ~ ni natte iru* その問題はまだそのまゝになっている Esse problema está como estava [ainda não foi resolvido]. **2**「そっくり」Igual; muito parecido. *Kare no omozashi wa sendai ~ da* 彼の面差しは先

代そのままだ Ele é ~ ao [é a cara do] pai. **3**「すぐに」Logo; assim que. *Kare wa kitaku suru nari ~ dotto toko ni tsuita* 彼が帰宅するなりそのままどっと床についた Assim que chegou a casa, meteu-se logo na [foi direito para a] cama.

sonó-míchi その道 Esse ramo [campo]; essa especialidade. ★ ~ *no taika* その道の大家 O grande experto [perito/especialista] nesse ramo.

sonó-móno その物 Em si; essa coisa; propriamente dito; em pessoa. *Kare wa masa-ni seijitsu ~ da* 彼はまさに誠実その物だ Ele é a sinceridade em pessoa, (é mesmo).

sonó-súji その筋 **a**) Esse campo [ramo] (⇨ sonó míchí); **b**) As autoridades competentes; a polícia. ★ ~ *no mei ni yori* その筋の命により Por ordem superior [das ~]「temos de fechar à meia-noite」. S/同 Tókyoku.

sonó-ta その他 O resto; etc.; os outros [restantes]. ★ ~ *no ōzei* その他大勢「ministros, professores」E muitas outras pessoas. *Tonkachi, nokogiri ~ no daiku dōgu* トンカチ、のこぎりその他の大工道具 O martelo, o serrote e outras ferramentas de marceneiro [carpinteiro]. ⇨ nádo.

sonó-támé その為 **1**「その理由で」Por isso [essa razão]「é que ele foi à falência」. *Kanojo wa otto to oriai ga warukatta ga, rikon shita no wa ~ bakari de wa nai* 彼女は夫と折り合いが悪かったが、離婚したのはそのためばかりではない Ela não se dava bem com o marido, mas não foi só por isso que se divorciou. **2**「その目的で」Para isso [esse fim] 「é que esse país」. *Watashi wa Burajiru e sakkā ryūgaku shitai no de, ~ ni Porutogarugo no benkyō shite iru* 私はブラジルへサッカー留学したいので、そのためにポルトガル語を勉強しています Eu quero ir ao B. a treinar-me em futebol e ~ estudo p.

sonó-té その手 **1**「その方法」Essa conversa; esse meio; esse estratagema. *Mō ~ wa kuwanai zo* もうその手は食わないぞ [Você já não me engana]! **2**「その種類」Esse gé(é)nero de coisas. ~ *no mono wa mō hayaranai* その手の物はもうはやらない ~ [Essa coisa] já está fora de moda.

sonó-tóki その時 Nessa ocasião [altura]; nesse tempo「ainda eu andava na escola」; então. ~ *wa mata ~ sa* その時は又その時さ Não te preocupes antes de tempo [Depois se verá/O que for soará].

sonó-tóri [óō] その通り Exa(c)tamente isso [assim]. ~ *desu* その通りです É ~「Você tem razão」.

sonó-úchi その内 Desses [Entre eles]. *Sono jiko de jūgo-nin no fushōsha ga deta. ~ nihonjin wa san-nin datta* その事故で 15 人の負傷者が出た。その内日本人は 3 人だった Houve 15 feridos nesse acidente, entre eles (encontram-se/contam-se) 3 japoneses. ⇨ nadó sonó-úchi(ní).

sonó-úchi(ní) その内 (に) **a**) Um dia「quero visitar o seu país」; **b**) Brevemente [Um dia destes]「vou falar consigo」; **c**) Entretanto [Dali a pouco]「a chuva parou」. ~ *kare mo yatte kuru deshō* その内彼もやって来るでしょう Entretanto [Mais dia menos dia/Mais cedo ou mais tarde], ele também deve chegar/vir.

sonó-ué その上 Além disso「dão-me um subsídio familiar」;「ele guia mal」e ainda por cima「às vezes guia com álcool」. ★ ~ *komatta koto ni wa* その上困ったことには E ~, para piorar a situação「começou a chover」. S/同 Omáké ní; sárani.

sonó-yō-na [óó] そのような Esse,「sendo」assim「não se pode fazer nada」; tal; semelhante. S/同 Soñná (+).

sonpái 存廃【E.】A manutenção ou a abolição「do sistema」.

sónpi 村費「fazer a obra com」Os fundos [O capital] da aldeia.

sońráku 村落 O lugarejo; um pequeno povoado; a aldeia; o sítio (B.). S/同 Murá (+).

soñrítsu[1] 村立「um salão」Da [Fundado e mantido pela] aldeia. ⇨ chó[keñ]rítsu.

soñrítsu[2] 存立【E.】A existência「da escola está em perigo」. ~ *suru* 存立する (Continuar a) existir. S/同 Soñzókú (+).

soñryō [óō] 損料 O aluguer/l. ★ ~ *o haratte kariru* 損料を払って借りる Alugar「um carro para visitar o país」.

soñshítsu 損失 A perda「financeira」. *Shi no shi wa bungaku-kai ni totte ichidai ~ da* 氏の死は文学界にとって一大損失だ A morte dele foi uma grande ~ para a literatura [as letras「pátrias」]. S/同 Soñgái.

soñshō[1] 損傷 O estrago; o dano; a danificação「do carro/da parede」. ★ ~ *o ataeru* 損傷を与える Estragar; danificar. ⇨ soñgái.

soñshō[2] 尊称 O título [tratamento] honorífico [de respeito].

soñshóku 遜色【E.】A inferioridade. ★ ~ *ga nai* 遜色がない「um artigo」Não ser inferior「a outro」. S/同 Miótóri (+).

soń-súru 存する【E.】**a**)「enquanto o mundo」Existir; viver; **b**) Manter; preservar「a antiga beleza」; **c**) O valor da pessoa「Consistir em「ser bom」; residir「em」. *Kono machi wa ima nao mukashi no omokage ~ no* この街は今なお昔のおもかげを存する Esta cidade ainda mantém vestígios「o seu ar」do passado. *Shuken wa kokumin ni ~* 主権は国民に存する A soberania reside no povo. ⇨ soñzái; tamótsu; zańshó.

sońtákú 忖度【E.】A conje(c)tura, a suposição. ★ ~ *suru* 忖度する Conje(c)turar「por que ele quererá dizer」; supor. S/同 Suíryó (+); suísóku (+).

són-toku 損得 O ganho e a perda; as vantagens e as desvantagens;「não me importa」de ganhar ou perder. ★ ~ *nashi* [*nuki*] *de* 損得なし [抜き] で Independentemente de [Sem pensar em] ganhar ou perder. ~ *zuku de* 損得尽くで Por razões mercenárias; por dinheiro; por (mero) interesse.

soń'yū 村有 O「bosque」ser propriedade da aldeia. ⇨ kokúyū.

sónyū [óó] 挿入 A inserção「de uma vírgula」; a introdução. ★ ~ *suru* 挿入する Inserir; introduzir「um parêntese/uma cláusula (na frase)」. ◇ ~ **ku** 挿入句【Gram.】O infixo. S/同 Sashí-kómi.

soñzái 存在 A existência; o ser. *Kare wa wareware no gurūpu ni totte nakute wa naranai ~ da* 彼は我々のグループにとって、なくてはならない存在だ Ele é imprescindível [uma presença indispensável] no nosso grupo. ★ ~ *o mitomeru* [*mushi suru*] 存在を認める [無視する] Reconhecer [Ignorar] a「importância」de alguém. ~ *suru* 存在する Existir; ser. *Kami no ~ o shinjiru* 神の存在を信じる Acreditar na ~ de Deus. ◇ ~ **riyū** 存在理由 A razão de ser「da escola」. ~ **ron** 存在論 A ontologia [ciência do ser] (Fil.). A/反 fuzái; mu.

sonzóku[1] 存続 A continuação; a manutenção; a permanência. ★ ~ *suru* 存続する Continuar; manter; conservar [*Seido o* ~ *saseru* 制度を存続させる Manter o「antigo」sistema].

sónzoku[2] 尊属【Dir.】O [A] ascendente; ante-passado. ◇ **Chokkei** ~ 直系尊属 ~ em linha re(c)ta. [A/反] Hizókú.

sōō [sóó] 相応 O ser apropriado [adequado]「a」; o ser próprio「de」[condizente「com」]. ★ ~ *na*[*no*] 相応な[の] Adequado; apropriado; próprio [*Mibun ~ na seikatsu* 身分相応な生活 A「Um nível de」vida condizente com a posição social]. ~ *suru* 相応する … [A/反] Fu-sóō.

sōón [oó] 騒音 O ruído; o barulho. ★ ~ *ga hidoi* 騒音がひどい Ser [Estar] um ~ insuportável. ◇ ~ **bōshi** 騒音防止 A prevenção do [prote(c)ção contra o] ruído. ◇ ~ **kōgai** 騒音公害 A poluição sonora.

sóppa 反歯 Os dentes salientes; a dentuça.

sóppo 外方【G.】O outro lado. ★ ~ *o muku* 外方を向く **a)** Virar as costas; olhar para outro lado; **b)** Ignorar; não fazer caso [*Minna ni* ~ *o mukareru* みんなに外方を向かれる Todos o ignoram [lhe viram (as) costas]; ninguém faz caso「da ideia」dele].

sóra[1] 空 **1**【天】O céu; o ar; o firmamento; a abóbada celeste. ~ *no tabi* 空の旅 A viagem aérea. ~ *o mi-ageru* 空を見上げる Olhar [Levantar os olhos] para o céu. ◇ ~ **ai** [**moyō**] 空合い(模様) As [O aspe(c)to/A cara do] tempo; as condições meteorológicas; **b)** As coisas「da política/lá em casa dele」estão com má cara」. ⇨ *iro*. **2**【天気】O tempo. ★ *Hareta* [*Uraraka na*] ~ 晴れた [うららかな] 空 O céu azul [límpido]. [ことわざ] *Onna-gokoro to aki no* ~ 女心と秋の空 O coração da mulher é (tão inconstante) como o tempo no outono. [S/同] Ténki; teñkō. **3**【暗記】A memorização; o aprender de cor; o decorar. ★ ~ *de yomu* 空で読む Recitar「a poesia」de cor. ⇨ añkí[1]. **4**【心の空虚】**a)** O ser distraído (aéreo/um pouco) cabeça no ar]; **b)** O sentir-se vazio [perdido]. ★ *Kokoro mo* ~ *ni* 心も空に Feliz da vida; [sem pensar; com ar distraído. ⇨ uwá-nó-sóra. **5**[見せかけ] A mentira; o fingimento. ◇ ◇ ~ **mimi** [**naki** / **namida** / **ni** / **osoroshii** / **tobokeru** / **zorashii**]

sóra[2] そら Veja; vê?; olha「tu」; olhe「você」. ~ *goran* [*mita koto ka*] そらごらん[見たことか] Veja! [Vê?]「eu bem lhe dizia」. ⇨ sóre[2]; hóra[2].

sorá-iró 空色 A cor azul-celeste [do (azul) do céu]. ★ ~ *no* 空色の「o vestido」Azul-celeste. [S/同] Mizú-iró.

sorá-mame 蚕【空】豆【Bot.】A fava (No J. come-se só o grão o é uma iguaria do Ano Novo).

sorá-mimi 空耳 **1**【幻聴】O ouvir mal; o pensar que ouviu; a confusão. *Sore wa anata no* ~ *da yo* それはあなたの空耳だよ Você ouviu mal [Isso foi confusão sua]! [S/同] Geñchō. **2**[聞こえないふりをすること] O fingir que não ouviu; fazer ouvidos de mercador.

sórán[1] [oó] 総【綜】覧 **a)** O ver [ler] tudo「sobre um crime」; uma vista geral. ★ ~ *suru* 総覧する Ver tudo. **b)** Um compêndio [epítome]「de leis」.

sórán[2] [oó] 騒乱 O conflito do Médio Oriente; a sedição. ◇ ~ **zai** 騒乱罪 O crime de sedição.

sorá-naki 空泣き (< sóra[1] + náku) O choro fingido; as lágrimas de crocodilo. ★ ~ *suru* 空泣きする Chorar lágrimas de crocodilo; fingir que chora. [S/同] Nakí-máné (+); usó-naki(+).

sorá-námida 空涙 (< sóra[1]+nírú) As lágrimas fingidas [falsas/de crocodilo]. ★ ~ *o nagasu* 空涙を流す Derramar lágrimas de crocodilo.

sorá-ni 空似 (<sóra[1]+nírú) A semelhança acidental [sem fundamento/por acaso]. ★ *Tanin no* ~ 他人の空似 O ser casualmente parecido com outro (, sem serem parentes).

soránji[**zú**]**rú** 諳んじ[ず]る【E.】Decorar; aprender de cor. ⇨ añkí[1] añshō[1].

sorá-ósóróshii 空恐ろしい (< sóra[1] + …) Sentir medo [apreensão] sem saber bem porquê「ao pensar no futuro」. ★ ~ *keikaku* 空恐ろしい計画 Um plano de meter medo.

sorásu[1] 反らす Empinar-se「de orgulho」; empertigar-se「diante do adversário」.

sorásu[2] 逸[外]らす **1**[はずす] Não dar [acertar]; errar. ★ *Mato o* ~ 的を逸らす Errar o [Não dar no] alvo. **2**[違った方向に持っていく] Desviar「os olhos, por desprezo」. ★ *Hanashi o waki e* ~ 話をわきへ逸らす Desviar a conversa (porque tem medo).

sorá-tóbókéru 空惚ける Fingir ignorância (que não sabe]; fazer-se inocente [de novas]. ★ *Shitte iru no ni* ~ 知っているのに空惚ける Saber e ~.

sorázóráshii 空空しい (⇨ sóra[1] +) Falso; fingido; insincero; oco [vazio]. ★ ~ *o-seji o iu* 空々しいお世辞を言う Elogiar só de palavra; dar falsos elogios. ◇ ~ *uso o tsuku* 空々しいうそをつく Dizer uma grande mentira; mentir descaradamente.

soré[1] それ **a)**「Isso; esse; **b)**「desde」Então「nunca mais o vi」. ~ *de kekkō* それで結構 (Com) isso chega [é suficiente]. ~ *mo sō da* それもそうだ Lá isso também é verdade. ~ *ni wa oyobimasen* それには及びません Não é preciso「ter esse incó[ô]modo」. ~ *o totte kudasai* それを取って下さい Leve isso, por favor. ~ *yori kono hō ga yoi* それよりこの方が良い Este é melhor do que esse. ◇ ⇨ ~ **dakara** | **izen** [**igo**] それ以前[以後] Antes [Depois] disso; até [desde] então. ~ **jitai** それ自体 Iso em si. ~ **sōō no** それ相応の Condizente com esse. ⇨ sonó[1].

sóre[2]【sóré】それ[それっ] **a)** Veja; olhe. [S/同] Sóra[2]. **b)** Toma「que é para aprenderes」! (Ao bater noutro).

soré-dákara それだから É por isso que. ~ *kare wa minna ni kirawareru no desu* それだから彼はみんなに嫌われるのです ~ ele é malquisto de todos.

soré-dáké それだけ **1**【数量や程度を限定して】Mais ou menos isso [essa「quantidade」]; só isso. ~ *areba jūbun desu* それだけあれば十分です (Com) isso já é suficiente. *Ikura kimi no tanomi de mo* ~ *wa gomen da* いくら君の頼みでもそれだけはごめんだ Pede-me tudo, menos isso. **2**【程度と状態の比例を示して】Quanto mais「estudar」mais「sabe」. *Kurō ga ōkereba* ~ *eru mono mo ōi* 苦労が多ければそれだけ得るものも多い Quanto mais trabalho mais proveito. ⇨ soré-dákéni.

soré-dákéni それだけに「este carro é bom」Por isso mesmo「é caro」; precisamente por isso.

soré-dé それで **a)** É por isso que「mudei de casa」([S/同] soré-dákara); **b)** E então [depois]; **c)** Agora「estamos patos/quites」. ~ *sore kara dō shita no da* それでそれからどうしたのだ E, o que fez [aconteceu] então [depois disso]?

soré-dé-íté それでいて Apesar disso; mesmo assim;「ele é pobre」no entanto「é feliz」. [S/同] Sonó-kúsé (+).

soré-dé-koso それでこそ (Pois) por isso mesmo「é que eu escolhi este negócio」; isto sim! ~ *shin'yū da* それでこそ親友だ Amigos destes é que o são/Por isso, ele é um verdadeiro amigo!

soré-démo それでも「ele é bem-educado」Mesmo assim「não gosto dele」; apesar disso.

soré-déwa それでは「Então; sendo assim; nesse caso. ~ *anata ga itta koto wa uso na no desu ne* それではあなたが言ったことは嘘なのですね, o que você disse é mentira! ~ *kore de o-itoma shimasu* それではこれでおいとまいたします Então [Bem], vou-me despedindo. [S/同] Soré-já.

sorédókoro-ka[-ja nái] それどころか[じゃない] (Antes) pelo contrário; de maneira nenhuma. "*Minna de eiga ni ikō ka*"「*Ima wa soredokoro-ja nai*」「みんなで映画に行こうか」「今はそれどころじゃない」Vamos todos ao cinema? – Eu não posso ir de maneira nenhuma「nem tenho tempo para acabar o trabalho」.

soré-hódó それ程 (Assim) tão; tanto. ~ *jūbyō de mo nai* それ程重病でもない Não é uma doença muito [assim tão] grave. ~ *made suru hitsuyō wa nai* それ程までする必要はない Não é preciso fazer tanto. ~ *no koto mo nai deshō* それ程のこともないでしょう Não de ser assim tão grave/perigoso/sério.

sóréi [óó] 壮麗【E.】A magnificiência; o esplendor; a grandiosidade. ★ ~ *na* 壮麗な Magnífico; esplêndido; grandioso.

soré-já [áa] それじゃあ【Col.】 ⇨ soré-déwa.

soré-kárá それから **1**〔次に〕「preciso de farinha, açúcar」E「ovos」. *Akita made hikōki de iki, ~ densha ni norikaeta* 秋田まで飛行機で行き、それから電車に乗り換えた Até Akita fui de avião e depois fui de [e aí tomei o] comboio/trem. **2**〔以後〕Depois disso. ~ *mamonaku* それからまもなく Pouco depois; logo a seguir. ~ *zutto* それからずっと Desde então「até hoje」; ~ nunca mais escrevi.

sorékkíri それっきり a) Só isso; só「há」esse「sal?」; b) Desde então「nunca mais tive notícias dele」. *Hanashi wa ~ ni natta* 話はそれっきりになった A conversa foi só isso/A conversa acabou [ficou por] aí. *Kare wa ~ modotte konakatta* 彼はそれっきり戻って来なかった Desde então nunca mais voltou/Partiu e por lá ficou.

soré-kósó それこそ Isso sim. *Kaji ni demo nattara ~ taihen da* 火事にでもなったらそれこそ大変だ Se houver um incêndio, ~ (é que) vai ser uma catástrofe!

soré-kúráí それ位 Tão pouco; coisa tão pequena. ~ *no koto de kuyokuyo suru na* それくらいのことで、くよくよするな Não se preocupe com ~! [S/同] Sonó-kúráí; soréppótchi. ⇨ soré-shíki-no.

soré-máde それまで **1**〔それ以前〕a) Até então [esse momento]; b)「dedicar-se aos alunos」Até esse [tal] ponto. ~ *no jijō o hanasu* それまでの事情を話す Contar o que aconteceu até então. **2**〔最後〕Pronto「desisto」. *Yaru dake yatte dame nara ~ da* やるだけやって、だめならそれまでだ Farei tudo o possível, se não puder, pronto!

soré-mó それも「Isto é isso. ★ ~ *sono hazu* それもそのはず E é natural [Pois]!

Sóren ソ連【A.】A União Soviética. ⇨ Róshia.

soré-nánoni それなのに Apesar disso; apesar de tudo「o que eu fiz por ele atraiçoou-me」.

soré-nára それなら Então; nesse caso「eu vou」. ~ *sore de ii sa* それならそれでいいさ Então se é assim, pronto [Por mim (está) tudo bem].

soré-nári それなり **1**〔それ相応〕De certo modo; em proporção. ★ ~ *ni* それなりに A seu modo; à sua maneira. ⇨ Soré-dáké **2**.〔そのまま〕Como estava; assim. *Rei no ken wa ~ ni natte iru* 例の件はそれなりになっている O assunto em questão [O tal caso] está como estava「por resolver」. [S/同] Sorékkíri (+).

soré-ni それに Além disso [do mais]「há sobremesa」. [S/同] Sonó úé.

soré-ni-shítémo それにしても Mesmo assim「ele devia ter telefonado」; ainda assim. ~ *subarashii desu ne* それにしてもすばらしいですね Mas é realmente [Mas ~ é] uma obra excelente, não é? [S/同] Sonó-démo (+).

soré-ni-shítéwa それにしては Sendo assim; se é assim. *Hajimete tsukutta no? ~ yoku dekite iru yo* 初めて作ったの。それにしては良く出来ているよ É a primeira vez que fez isto? ~ está「um cozinhado」muito bem feito.

soré-ní-tsúkétemo それにつけても Mas em relação a isso; em tudo isso. ~ *omoidasareru no wa osanai hibi no koto da* それにつけても思い出されるのは幼い日々のことだ ~ o que mais me lembra são os tempos de infância.

soréppótchi それっぽっち【G.】「não sei como pode viver, comendo」Tão pouco; só isso. [S/同] Soré kúráí; soré-shíki-no.

soréru 逸れる a) Desviar-se; b) Perder-se; sair「do bom caminho」; c) Não acertar「em」; desviar-se「de」. *Hanashi ga waki e soreta* 話がわきにそれた「ele」Desviou-se do assunto. ★ *Shinro o soreta fune* 針路を逸れた船 O navio sem [que perdeu o] rumo. [S/同] Hazúréru.

soré-shíki-no それしきの【G.】「uma ferida」Tão insignificante [pequena]. [S/同] Soré kúráí nó (+).

soré-tómo それとも Ou (então). *Umi ni ikō ka ~ yama ni ikō ka* 海に行こうかそれとも山に行こうか Vamos para o mar ou para as montanhas? [S/同] Arúiwa; matáwa; móshikuwa.

soré-tó-náku それとなく Indire(c)tamente; discretamente; [por] rodeios; como quem não quer. ★ ~ *chūi suru* それとなく注意する Chamar discretamente a atenção. ⇨ eñkyókú; tō-máwashi.

sórétsú[1] [óó] 壮烈【E.】O heroísmo「na luta」; a bravura. ★ ~ *na saigo o togeru* 壮烈な最期を遂げる Morrer heroicamente [Ter uma morte heróica]. [S/同] Sōzétsú.

sórétsú[2] [óó] 葬列 O cortejo fúnebre.

soré-wá それは Muito; realmente. ~ ~ *atsui hi deshita* それはそれは暑い日でした Estava um dia ~ [extremamente] quente/Fez um calor esse dia!

soré-wá sóré-dé それはそれで A seu modo; à sua maneira. ~ *ii n'ja nai ka* それはそれでいいじゃないか Isso ~ também seria bom.

soré-wá soré-tó-shíté それはそれとして Deixando agora isso de lado; bem. *Kimi no hanashi wa ~ kiite okō* 君の話はそれはそれとして聞いておこう ~, diz lá o que tens a dizer-me.

soréwásóto [óo] それはそうと Bem「quando vai

soré-yúe それ故 De forma que「perdeu o emprego」; por isso; por essa razão; por conseguinte. ⓈⒸ Sonó-támé; soré-dákara (+).

sorézore それぞれ (< sore¹) Cada um [qual] 「sentou-se no seu lugar」; respectivamente. *Hito ni wa ~ chōsho ga aru* 人にはそれぞれ長所がある Cada um tem os seus fortes e os seus fracos [Todos nós temos qualidades e defeitos]. ★ *~ no nōryoku ni shitagatte* それぞれの能力に従って De acordo com a capacidade de cada um. ⓈⒸ Meíméi; onóono.

sóri¹ 橇 O trenó; o tobogã.

sori² 反り O arqueamento「da ponte」; a curva(tura)「da espada」; o empeno「da tábua」. *Ano futa-ri wa ~ ga awanai* あの二人は反りが合わない Aqueles dois não afinam [ele mesmo diapasão [não se dão bem]. ◇ ~ **hashi** [kaeru/mi].

sốri (óo) 総理 O primeiro-ministro. ◇ (**naikaku**) ~**daijin** (内閣)総理大臣 O ~ [Chefe do Governo].

soríddo-táiya ソリッドタイヤ (< Ing. solid tire < L.) O pneu(mático) sólido [sem câmara-de-ar].

sori-hashi 反り橋 A ponte em arco.

sorí-káeru 反り返る (< sóru² + ...) 「a madeira/tábua」Empenar; curvar-se [ganhar curva]; empertigar-se「recostado no sofá」.

sorí-mí 反り身 (< sóru² + ...) A postura empertigada.

sốrítsú (óo) 創立 A fundação「da escola/fábrica」. ◇ ~ **kinenbi** 創立記念日 O [A data de] aniversário da ~. ~ **sha** 創立社 O fundador. ⓈⒸ Sōsétsú¹. ~ setsurítsú.

sóro ソロ (< It. solo) [Mús.] O solo. ★ ~ *de hiku* [*utau*] ソロで弾く[歌う] Executar/Tocar [Cantar] um ~. ⓈⒸ Dokusō; dokushō.

sorō 疎[粗] 漏 [E.] O descuido [engano]「neste caso é imperdoável」.

sốro (óo) 走路 A pista; o percurso「da maratona」. ⓈⒸ Kōsu (+).

sốrō¹ (sóo) 早漏 A ejaculação precoce.

sốrō² (soó) 早老 A velhice precoce; o parecer velho para a idade.

sorobán 算盤 **1**[計算する道具] O ábaco. *~ o hajiku* 算盤をはじく Manejar [Usar] o ~. [計算すること] O cálculo; as contas. ★ ~ *ga awanai* 算盤が合わない **a)** A conta estar errada; **b)** O negócio não pagar [compensar/dar lucro]. ~ *o hajiku se* 算盤をはじく Pensar só no dinheiro; calcular「o custo [gasto] e o lucro」. ~ *zuku de* 算盤尽くで Por interesse/venalidade/cálculo.

soróéru 揃える (⇨ sorou) **1**[きちんと並べる] Dispor em ordem; pôr 「os livros」direitinho [em ordem]. ★ *Kutsu o soroete nugu* 靴を揃えて脱ぐ Descalçar os sapatos「à entrada」, deixando-os arrumados [em ordem]. ⓈⒸ Naráberú. **2**[全部を集める] Completar o conjunto [a cole(c)ção]「das sonatas de Bach」; ter muitos. *Kono mise wa iroiro na shina o soroete iru* この店は色々な品を揃えている Esta loja tem um grande sortido de mercadorias. ⇨ asúméru. **3**[一様にする] Acertar; igualar「a altura dos arbustos」. ★ *Kuchi o soroete iu* 口を揃えて言う Afirmar em coro [em uníssono/a uma voz].

soroí 揃い (< sorou) **1**[同じようであること] O conjunto; o jogo. *Kanojo no kyōdai wa bijin-zoroi da* 彼女のきょうだいは美人揃いだ Ela e as irmãs são todas bonitas. ★ ~ *no fuku* 揃いの服 Um fato completo. ⇨ fu-zóroi. **2**[「...揃い」の形で] Um serviço. ★ *Hito ~ no chaki* 一揃いの茶器 ~ de chá.

sốrón¹ [oó] 争論 A discussão; a altercação. ~ *suru* 争論する Discutir; altercar. ⓈⒸ Sōgi¹.

sốrón² [oó] 総論 **a)** O argumento [A ideia geral; **b)** A introdução. ~ *sansei, kakuron hantai* 総論賛成、各論反対 Concordo com a ideia geral mas não com algumas (das) ideias (em particular). ◇ **Minpō** ~ 民法総論 "Introdução ao Direito Civil". ⓈⒸ Gaíron (+). ⒶⒷ Kakúrón.

sórosoro そろそろ **1**[ゆっくり] Devagar. ★ ~ (*to*) *susumu* そろそろ(と)進む Avançar ~ [com cuidado]. **2**[やがて] Quase;「estar」prestes; pouco a pouco; aos poucos. ~ *ikō ka* そろそろ行こうか Vamos andando [Não serão já horas de ir]? ⓈⒸ Bótsubotsu.

soróu 揃う (⇨ soróéru) **1**[きちんと並ぶ] Ser igual [uniforme]; combinar. ★ *Takasa no sorotta ueki* 高さの揃った植木 As [Um renque de] plantas com a mesma altura. *Tsubu ga sorotte iru* つぶが揃っている Os bagos「das uvas」são todos iguais. ⇨ tsuríáu. **2**[全部集まる] Estar completo; estarem reunidos/juntos. *Kyō wa mezurashiku menbā zen'in ga sorotta* 今日は珍しくメンバー全員が揃った Hoje, excepcionalmente, todos os membros estão presentes [reunidos]. **3**[あう; 一致する] Concordar; estar em harmonia. ★ *Ashinami ga* ~ 足並みが揃う **a)** Marchar a passo certo [em cadência]; **b)** (Fig.) Agir da mesma maneira; ser da mesma opinião. *Hyōshi ga* ~ 拍子が揃う Ir [Cantar] ao mesmo ritmo. Atsúmáru. ⒶⒷ Kakérú.

sóru¹ 剃る Rapar「a cabeça」; fazer a barba; raspar「o porco na matança」. ★ *Hige o sotte morau* ひげを剃ってもらう Mandar fazer a barba.

sóru² 反る ⇨ sorí-káeru.

sō-rui 藻類 [Bot.] A(s) alga(s). ⓈⒸ Mo.

sorya そりゃあ [G.] Isso. ⓈⒸ Soré-wá (+).

soryáku 粗[疎] 略 [E.] O tratar「os problemas/do carro」sem cuidado [de qualquer maneira]. ★ ~ *ni dekinai* 粗略にできない「um problema importante」Que deve ser tratado com muito cuidado. ⓈⒸ Sómatsu (o); zonzáí (+).

sốryo [óo] 僧侶 O bonzo; o monge budista. ⓈⒸ Bōzu (+); sō.

sốryō¹ [sóo] 送料 O preço do envio [do correio]; o porte. ⓈⒸ Unsōryō; yūsóryō.

sốryō² [sóo] 総量 A quantidade [O peso/O volume] total.

sốryō³ [soó] 総 [惣] 領 O [A] primogé[ê]nito[a]. ⒾⒸ ~ *no jinroku* 総領の甚六 A calma [bonacheirice] do/a ~. ⓈⒸ Ató-tori; ató-tsugí.

sō-ryóji [soó-ryóo] 総領事 O cônsul geral. ◇ ~ **kan** 総領事館 O consulado geral.

sốryoku [óo] 総力 Toda a força. ◇ ~ **sen** 総力戦 A guerra sem tréguas [quartel].

so-ryúshi [úu] 素粒子 [Fís.] A partícula elementar. ◇ ~ **ron** 素粒子論 A teoria das ~s.

sốsa¹ [soó] 捜査 **a)** A busca [do criminoso]; **b)** A investigação criminal. ★ ~ *o hajimeru* [*uchikiru*] 捜査を始める[打ち切る] Começar a [Desistir da] ~. ~ *suru* 捜査する Fazer uma ~. ◇ ~ **honbu** 捜査本部 A base [O centro] de conta(c)tos da ~. ~ **in**

[kan] 捜査員[官] O dete(c)tive「agente (da polícia)」. **~ reijō** 捜査令状 O mandato de captura.

sōsa² [óo] 操作 **1** [運転] A manipulação; o uso; o manejo; o manuseio. ★ ~ *suru* 操作する Manipular; manejar; manusear. ◇ **Enkaku ~** 遠隔操作 O comando à distância. ⇨ uńteń; sōjū. **2** [自分に都合よくする] A manipulação. ★ *Chōbo o ~ suru* 帳簿を操作する Falsificar [Manipular] as contas. ◇ **Shijō ~** 市場操作 ~ do mercado.

sōsa³ [óo] 走査 【T.V.】A exploração (da imagem a transmitir). ◇ **~ sen** 走査線 As linhas usadas「por」[que são propriedade「de」].

sosái 蔬菜 A verdura. [S/同] Yasái (+).

sōsái¹ [óo] 総裁 O presidente. ◇ **Nichigin ~** 日銀総裁 O ~ do Banco do J. [S/同] Sótō³; sōtóku.

sōsái² [óo] 相殺 O compensar [contrabalançar]「uma coisa com (a) outra」; o anular [estragar]「o bem que fez」. ★ *Kashi-kari o ~ suru* 貸し借りを相殺する Contrabalançar o empréstimo e a dívida. [S/同] Chōkéshi.

sōsáku¹ [óo] 創作 **1** [芸術作品を作ること] A criação「original」. ★ ~ *suru* 創作する Criar. ◇ **~ iyoku** 創作意欲 A vontade de criar. **~ ryoku** 創作力 A criatividade [originalidade]; o poder de criação; o talento criador. [S/同] Sōshi¹; sōzō². **2** [でっちあげること] A obra (ficção/invenção). *Sono hanashi wa jijitsu dewa naku kare no ~ datta* その話は事実ではなく彼の創作だった Essa história não é verdadeira, foi uma invenção dele.

sōsáku² [óo] 捜索 A busca (policial). ★ ~ *negai o dasu* 捜索願いを出す Pedir (à polícia) para buscar. ~ *suru* 捜索する Fazer uma ~. ◇ **~ tai** 捜索隊 A expedição de ~「do filho」. **Kataku ~** 家宅捜索 A ~ [vistoria] à casa. [S/同] Tańsáku.

sosei¹ 粗製 A produção de má qualidade. ◇ **~ ranzō** 粗製濫[乱]造 A produção em massa de artigos de má qualidade.

sosei² 組成 A composição; a constituição. ◇ **~ butsu** 組成物 O composto. [S/同] Kōséi (+).

soséi 蘇生 【E.】O ressuscitar; a reanimação「por respiração artificial」. ★ ~ *suru* 蘇生する Ressuscitar; reanimar. ⇨ iki-káeru.

sōséi [óo] 早世 [逝] 【E.】A morte prematura. ★ ~ *suru* 早世する Ter uma ~. [S/同] Waká-jíni (+).

sōséi¹ [óo] 双生児 Os gê[ê]meos. ◇ **Ichiransei ~** 一卵性双生児 ~ univitelinos. **Shamu ~** シャム双生児 Os irmãos siameses. [S/同] Futágo (+).

sōséi-ji¹ [óo] 早生児 O bebé[ê] prematuro.

sōséiki [óo] 創世記 【Bí.】O (livro do J.) Gé[ê]nesis.

sōseji [óo] ソーセージ (< Ing. sausage) A salsicha.

soséki 礎石 【E.】A primeira pedra. ★ ~ *o sueru* 礎石を据える Colocar a ~. [S/同] Ishízúe (+).

sōséki [óo] 僧籍 【Bud.】O monge (oficial). ⇨ butsúmóń.

sōséki-un [óo] 層積雲 【Met.】O estrato-cúmulo.

sósen 祖先 O antepassado. ◇ **~ sūhai** 祖先崇拝 O culto aos [dos] antepassados. [S/同] Sénzo (+); shíso. [A/反] Kōéi; shíson.

sō-sénkyo [oó] 総選挙 As eleições gerais.

sōsétsu¹ [oó] 創設 A fundação. ★ *Bungakushō o ~ suru* 文学賞を創設する Instituir [Fundar] um pré[ê]mio literário. [S/同] Sōrítsu.

sōsétsu² 総説 As observações gerais. [S/同] Gaíróń (o); sōróń² (+).

sōsha¹ [óo] 走者 O corredor「de beis.」.

sōsha² [óo] 奏者 O tocador「de flauta」. ◇ **Baiorin ~** バイオリン奏者 O violinista. [S/同] Eńsō-sha.

sōsha³ [óo] 壮者 【E.】A pessoa na flor [plenitude] da vida.

sōsha⁴ [óo] 掃射 O levar [arrasar] tudo a ferro e fogo. ★ ~ *suru* 掃射する ...

sōshá⁵ [óo] 操車 A manobra. ◇ **~ jō** 操車場 O pátio [A área] de ~ s.

soshakú¹ 咀嚼 【E.】 **1** [かむこと] A mastigação. ★ ~ *suru* 咀嚼する Mastigar. ◇ **~ undō** 咀嚼運動 O movimento da ~. **2** [十分に理解すること] A assimilação; a compreensão. ★ ~ *suru* 咀嚼する Assimilar.

soshakú² 租借 O arrendar. ★ ~ *suru* 租借する Arrendar. ◇ **~ chi** 租借地 O terreno arrendado [à renda].

sōshárú-wákā [áa] ソーシャルワーカー (< Ing. social worker) O assistente social (Profissional).

sōshi¹ 阻止 【E.】A obstrução. ★ ~ *suru* 阻止する Obstruir; parar [interceptar]「o inimigo」; impedir. [S/同] Bōshi (+).

sōshi¹ [óo] 創始 A criação; a invenção「desta teoria」. ★ ~ *suru* 創始する Criar. ◇ **~ sha** 創始者 O autor. [S/同] Sōgyō (+); sōzō².

sōshi² [óo] 草紙・草子・双紙 【A.】 **1** [草双紙] O livro de histórias. **2** [手習い草紙] O caderno de caligrafia.

sōshi³ [óo] 壮士 **1** [壮年の男子] O moço na flor da idade. **2** [pol.] ...

sóshiki 組織 **1** [機構] A organização; o organismo; a instituição. **2** [構造] A estrutura; a organização. *Rōdōsha o kumiai ni ~ suru* 労働者を組合に組織する Estruturar [Organizar] um sindicato de trabalhadores. ★ *Busshitsu no ~* 物質の組織 A constituição [estrutura]「duma substância」. ◇ **Shakai ~** 社会組織 ~ social「do país」. **3** [体系] O sistema. **~ *dateru* [*ka suru*]** 組織立てる [化する] Sistematizar. **4** [生物の] 【Anat.】O tecido; a textura. ◇ **~ baiyō** 組織培養 A cultura do [da] ~. **~ gaku** 組織学 A histologia. **Kinniku ~** 筋肉組織 ~ muscular. **Shinkei ~** 神経組織 O sistema nervoso. ⇨ kíkan².

sōshiki [óo] 葬式 O funeral; o enterro. ★ ~ *ni sanretsu suru* 葬式に参列する Ir ao ~. ~ *o dasu* 葬式を出す Fazer um「grande」funeral. [S/同] Sōgi².

sō-shíki [óo] 総指揮 O comando supremo; a dire(c)ção (geral)「do programa do dia」. ◇ **~ kan** 総指揮官 O supremo comandante. ⇨ sō-shíreikan.

sōshin¹ [óo] 送信 A transmissão; a emissão. ★ ~ *suru* 送信する Transmitir; emitir. ◇ **~ ki** 送信機 O transmissor; o emissor. [S/同] Hasshín. [A/反] Jushín. ⇨ hōsō¹.

sōshin² [óo] 痩身 【E.】(O corpo) magro (~ hō = método para emagrecer). ◇ **~ jutsu** 痩身術 A arte de emagrecer. [S/同] Sōku².

soshína 粗品 O pequeno [humilde] presente. *Goraiten no o-kyaku-sama ni morenaku ~ o shintei itashimasu* 御来店のお客様にもれなく粗品を進呈いたします Oferecemos um ~ a todos os que visitarem a nossa loja. ⇨ Sohíń.

sōshín-gu [óo] 装身具 O enfeite [obje(c)to de uso pessoal]; o adorno. [S/同] Ákusesarí.

soshíránú-fúrí[-káó] 素知らぬふり[顔] O ar de indiferença. [S/同] Shirán-kao (+).

só-shíreibu [oó] 総司令部 O quartel-general.
só-shíreikan [oó] 総司令官 O supremo comandante (militar). ⇨ só-shíki².
soshíri 誹 [謗] り (< soshíru) **a)** A calúnia; a difamação; **b)** A crítica. ★ *Taida no ~ o manugarenai* 怠慢の謗りを免れない Não fugir à [Merecer a] crítica de ocioso.
soshíru 誹 [謗] る **a)** Caluniar; difamar [falar mal「de」]; **b)** Criticar. S/同 Kenású; kusásu. ⇨ soshíri.
sóshi-sóai [sóo-soo-] 相思相愛 【E.】 O amor mútuo [plenamente correspondido].
soshite[sóshité] [oó] そして [そうして] E; (e) depois. *Karera wa kekkon shita. ~ yagate kodomo ga umareta* 彼らは結婚した。そしてやがて子供が生まれた Eles casaram ~ tiveram filhos.
soshítsú 素質 **1** [才能] As qualidades essenciais; o estofo; o talento「musical」; o jeito; a vocação [queda]. S/同 Shíshitsu. **2** [性質] A tendência [predisposição]「para engordar」. ◇ **Identeki ~** 遺伝的の素質 ~ hereditária.
sōshítsú [oó] 喪失 A perda. ★ ~ *suru* 喪失する Perder「a nacionalidade/memória」. ◇ **Shinshin ~** 心神喪失 A alienação mental「do criminoso」⇨ shínshin¹.
soshō 訴訟 A(c)ção judicial; o litígio; o processo. ★ ~ *ni katsu [makeru]* 訴訟に勝つ[負ける] Ganhar [Perder] a/o ~. ~ *o okosu* 訴訟を起こす Levantar um processo; processar; intentar uma ~. ◇ ~ **tetsuzuki** 訴訟手続き Os trâmites legais do [Todo o] processo. **Keiji [Minji] ~** 刑事[民事]訴訟 O processo criminal [civil].
sósho¹ [oó] 草書 O (estilo) cursivo (de caligrafia)「de caracteres chineses」. ◇ ~ **tai** 草書体 O ~ [A forma cursiva]. ⇨ gyōshó; kaíshó¹.
sósho² [óo] 叢[叢]書 A série (cole(c)ção)「de literatura」.
sōshō¹ [soó] 総称 O nome [termo] genérico「destas árvores」. ★ ~ *suru* 総称する Dar um ~.
sōshō² [sóo] 宗匠 O mestre; o professor.
soshókú 粗食 A alimentação frugal [simples]. ★ ~ *ni taeru* 粗食に耐える Andar [Poder trabalhar] bem com uma ~. A/反 Bishókú.
sōshókú¹ [oó] 装飾 O ornamento; a decoração [ornamentação]; o adorno; o enfeite「da frase」. ★ ~ *yō no* 装飾用の Decorativo. ◇ ~ **ga** 装飾画 A pintura decorativa. ~ **hin** 装飾品 As ornamentações「do Natal」. ~ **onpu** 装飾音符 A nota ornamental; o floreado. **Shitsunai ~** 室内装飾 A ~ de interiores. S/同 Kazári.
sōshókú² [oó] 草食 Herbívoro. ◇ ~ **dōbutsu** 草食動物 O animal ~. ⇨ nikúshókú; saíshókú¹; zasshókú¹.
sōshóku³ [oó] 僧職 O sacerdócio budista. ⇨ seíshókú².
sōshu¹ [oó] 宗主 【E.】 O suserano. ◇ ~ **koku** 宗主国 O Estado suserano.
sōshu² [óo] 双手 【E.】 ⇨ moróté. A/反 Sékishu.
sōshún [oó] 早春 【E.】 O começo da primavera. S/同 Shoshún. A/反 Bańshún.
sóso 楚楚【E.】 Cândido; puro. ⇨ séiso.
sosō¹ 粗相【G.】 O descuido; a negligência; a desatenção. *O-kyaku-sama ni ~ no nai yō ni ki o tsuke nasai* お客様に粗相のない様に気をつけなさい Tenha cuidado (para) que os nossos hóspedes sejam bem atendidos. ★ ~ *o suru* 粗相をする **a)** Ser descuidado [Ter um ~]; **b)**「criança」Sujar-se [Fazer chichi/cócó (Col.)]「na cama」.
sosō² 阻[沮]喪 A depressão; o desalento. ★ *Iki ~ suru* 意気沮喪する Ficar deprimido [desmoralizado/abatido]「com a notícia」.
sōsō¹ [soó-] 草創 【E.】 O início; o começo; o princípio. ◇ ~ **ki** 草創期 Os primórdios「da nação」. S/同 Sōgyō (o); sōshi¹ (+); sōzō².
sōsō² [soó-] 早々 Logo depois [no começo]; apenas; sem demora; apressadamente. ★ ~ *ni hikiageru* 早々に引き上げる Retirar-se apressadamente. *Kaiten ~ no mise* 開店早々の店 A loja recém-aberta [que acaba de abrir]. *Kitaku ~* 帰宅早々 Apenas chegado [Logo que chegou] à casa「toca o telefone」.
sōsō³ [soó-] 草草 Atenciosamente/Cordialmente (Cumprimento final no fim de carta).
sōsō⁴ [soó-] 錚錚 Ilustre [Eminente]. ★ ~ *taru kaobure* 錚々たる顔ぶれ As figuras (Pessoas) ~ s.
sōsō⁵ [sóo-] 然う然う **1** [度々] Sempre; repetidamente. ~ *kare ni tanomenai* そうそう彼に頼めない Não (lhe) posso pedir sempre a ele「para me emprestar dinheiro」. S/同 Tabítabí. **2**「あることを思い出して」Ah, sim「já me lembro」!
sō-sóbo [oó] 曾祖母 A bisavó.
sō-sófu [oó] 曾祖父 O bisavô.
sosógú 注ぐ **1**[注入する] Deitar. ★ *Kōhī o kappu ni ~* コーヒーをカップに注ぐ ~ café na xícara. S/同 Chūnyū súrú; tsugú (+). **2**[川が流れ込む] Desaguar; desembocar. *Amazon-gawa wa Taiseiyō ni ~* アマゾン川は大西洋に注ぐ O Rio Amazonas desagua no Atlântico. **3**[集中する] Concentrar「todas as energias no estudo」; dar; devotar; dedicar. ★ *Shinketsu o ~* 心血を注ぐ Dedicar [Devotar]-se de corpo e alma. S/同 Shūchū súrú. **4**[ふりかける] Deitar por cima. (I/慣用) *Hi ni abura o ~* 火に油を注ぐ Deitar lenha (Lit. óleo) no fogo.
sosókkáshii そそっかしい Descuidado; cabeça-no-ar; disparatado (Ex.: *Ano hito wa jitsu ni ~* = Que pessoa tão ~ a!). S/同 Karuházúmí ná; keísótsú ná; sokótsú ná.
sōsókú [oó] 総則 As regras gerais. S/同 Tsúsókú.
sosokusa そそくさ À pressa; precipitadamente. ★ ~ *to tachisaru* そそくさと立ち去る Sair ~.
sōsón [oó] 曾孫 ⇨ himágó.
sosonókásu 唆 [嗾] す Induzir; incitar「à greve」; instigar. ★ *Hito o sosonokashite nusumi o saseru* 人を唆して盗みをさせる ~ [Levar] alguém a roubar. S/同 Keshíkákéru; tashítsúkéru.
sosorí-tátsu 聳り立つ「O Monte Fuji a」Erguer-se「altaneiro」. *Gake ga ~* 崖が聳り立つ「além」Vê-se um alto penhasco.
sosorú 唆る Excitar; provocar; despertar. ★ *Kōkishin o sosorareru* 好奇心を唆られる Despertar「-me」a [Sentir] curiosidade. ⇨ sasóú.
sossén 率先 O ir à frente; o tomar a iniciativa; o dar o exemplo. ★ ~ *shite shigoto o susumeru* 率先して仕事を進める Liderar o trabalho. S/同 Sénku.
sosū (úu) 素数【Mat.】 O número primo.
sōsu [óo] ソース (< Ing. sauce) O molho. ★ ~ *o kakeru* ソースをかける Pôr ~. ◇ **Tarutaru ~** タルタルソース O ~ tártaro.
sōsū [soósú] 総数 O (número) total. ★ ~ *de* 総数で No total.
sōsúi¹ [oó] 送水 O fornecimento [A canalização]

de água. ◇ ~ **kan** 送水管 O cano [A conduta] de água. ⓈⒿ Kyûsúi (+).
sōsúi² [oó] 総帥 O comandante (-chefe).
sōsúru [oó] 奏する **1** [演奏する]【Mús.】Tocar. ⓈⒿ Eńsō súrú (+). **2** [あらわす] Ter efeito. ★ *Kō o* ~ *o* 功を奏する Dar resultado/~.
sō súru tó [oó] そうすると Então. ~ *kono ken ni kanshite kimi wa nani mo shiranai to iu no desu ne* そうするとこの件に関して君は何も知らないと言うのですね ~ você não sabe nada (a respeito) deste caso. ⓈⒿ Soré déwa.
sōtái¹ [oó] 早退 O voltar [sair] cedo [antes da hora] 「do escritório」. ★ ~ *suru* 早退する ... ⓈⒿ Hayá-bíké.
sōtái² [oó] 総体 O todo; a totalidade; o conjunto; o geral. ⓈⒿ Zeńpán (+); zeńtái (o).
sōtái³ [oó] 相対 A relatividade. ★ ~ *teki na* 相対的な Relativo. ~ *teki ni* 相対的に Relativamente. ◇ ~ **sei riron** 相対性理論【Fís.】A teoria da ~. ⒶⒻ Zettái.
sōtán [oó] 操短 (Abrev. de "sōgyō² tańshúkú") A redução das horas de funcionamento 「da fábrica」.
sōtátsú [oó] 送達 **a)** A entrega; o transporte [despacho]; **b)** O mandato. ★ ~ *suru* 送達する **a)** Entregar; **b)** Apresentar um mandato 「de captura」.
sotchí そっち【G.】Esse lugar; aí. ~ *e [ni]* そっち ～[に] Para ~. ⓈⒿ Sochíra (+).
sotchí-noké そっち退け (<… + nokérú)【G.】O deixar de lado; o mandar passear 「o chefe」. ★ *Benkyō wa* ~ *de asobu* 勉強はそっちのけで遊ぶ (pensar só em) Brincar, deixando (de lado) o estudo.
sotchókú 率直 A franqueza; a sinceridade. ★ ~ *na iken* 率直な意見 A opinião franca. ~ *ni iu to* 率直に言うと Falando francamente [Para falar com franqueza]. ⓈⒿ Furańku; tańtō-chókúnyú.
sotchū 卒中【Med.】A apoplexia ◇ ⇨ **nō-**~
sōtē ソテー (< Fr. sauté) A carne salteada (Frita em fogo forte e muita gordura). ◇ **Pōku ~** ポークソテ — ~ de porco frita.
sōtéi¹ [oó] 装丁・釘・幀 A encadernação. ★ ~ *suru* 装丁する Encadernar. ⇨ *seíhón*¹.
sōtéi² [oó] 想定 A hipótese 「de que venceremos」; a (pres)suposição; o pressuposto. ★ ~ *suru* 想定する (Pres) supor. ⓈⒿ Katéi.
sōtén¹ [oó] 争点 O ponto em [da] questão [disputa]. ★ *Hōritsu-jō no* ~ 法律上の争点 Uma questão legal.
sōtén² [oó] 総点 O (número) total de pontos. ⒶⒻ Bubúnten.
sōtén³ [oó] 装塡 O carregar (a arma).
sotétsú 蘇鉄【Bot.】A (cica)dácea; o sagu(eiro) (Espécie de palmeira).
sóto 外 **1** [屋外] Fora (⇨ sotó-gáwá). ~ *wa totemo atsui* 外はとても暑い ~ está muito quente. ~ *de asobu* 外で遊ぶ Brincar ~ [ao ar livre]. ~ *de shokuji o suru* 外で食事をする Comer ~. ~ *e deru* 外へ出る Sair. ~ *kara akeru* 外から開ける Abrir de ~. *Ie no* ~ *de* ~ 家の外で Fora de casa. *Mado no* ~ *o miru* 窓の外を見る Olhar pela [para fora da] janela. ◇ ~ **kabe** 外壁 A parede exterior [de fora]. ⓈⒿ Kōgai; okúgai; yágai. ⒶⒻ Náibu; naímén; náka; uchí. **2** [外部] O exterior. ★ *Kanjō o* ~ *ni dasu* 感情を外に出す Exteriorizar o sentimento [o Dizer o que sente]. *Uchi-~ no kubetsu o suru* 内外の区別をする Fazer distinção entre o público e o privado. 〔慣用〕 *Kaya no* ~ *ni oku* 蚊帳の外に置く Não informar (Lit. colocar fora do mosquiteiro).
sōto¹ [óo] 僧徒 Os monges; a clerezia.
sōto² [óo] 壮途【E.】O empreendimento ambicioso; a tentativa arrojada (Ex.: ~ *ni tsuku* = lançar-se à ~ 「de dar a volta ao mundo de barco」).
sōtō¹ [soó] 相当 **1** [相応] O ser apropriado [adequado; próprio; condizente]. ★ *Nōryoku ni* ~ *shita hōshū* 能力に相当した報酬 A remuneração condizente [de acordo] com a capacidade. *Jika ichioku-en* ~ 時価一億円相当 Cem milhões de yens ao preço corrente. ⓈⒿ Sóō. **2** [十分であること] ~ *no shūnyū* 相当の収入 Um rendimento [ingresso] considerável [bom/grande/alto]. ⓈⒿ Júbún; kánari. **3** [該当] O ser equivalente [correspondente/igual]. ★ ~ *suru* 相当する Equivaler 「a não fazer nada/a oitenta yens」; corresponder. ⓈⒿ Dōtō; gaítō; hittéki.
sōtō² [soó] 掃討[蕩] A limpeza. ◇ ~ **sakusen** 掃討作戦 A operação de ~ [exterminação].
sōtō³ [soó] 総統 O Presidente 「de Taiwan」; o chefe supremo. ⓈⒿ Sōsái¹(o); sōtókú (+).
sotóba[sotōba] [óo] 卒塔婆 **a)** A peanha votiva; **b)** A tabuleta das campas.
sotó-bíraki 外開き (<… + híraku) 「porta」 Que abre para fora.
sotó-bóri 外堀 (<… + horí) O fosso exterior 「do castelo」. ⒶⒻ Uchí-bóri.
sotó-gámae 外構え (<… + kamáe) O [A aparência] exterior 「do palácio」.
sotó-gáwá 外側 (<… + gawá) O lado externo [de fora]. ⓈⒿ Nakágáwa; uchígáwa.
sōtókú [oó] 総督 O governador (geral); o vice-rei. ⓈⒿ Sōshí¹(+); sōtō³.
sotó-mágo 外孫 Os filhos 「da filha」 que ado(p)tou o nome de outra família. ⒶⒻ Uchímágó.
sotó-mátá 外股 O ter os pés virados para fora. ⒶⒻ Uchí-matá.
sotó-máwari 外回り **1** [周囲] A volta (linha 「de Yamanote」 de fora. ⓈⒿ Shúi. **2** [外勤] O serviço externo 「de vendedor」. ★ ~ *no shigoto* 外回りの仕事 O ~. ⓈⒿ Gaíkín (+).
sotó-nóri 外法 A medida 「da caixa」 por fora. ⒶⒻ Uchí-nóri.
sō-tónsū [oó] 総トン数 A tonelagem bruta.
sotó-úmi 外海 O mar alto. ⒶⒻ Uchíumi.
sotó-wáku 外枠 **a)** A armação [estrutura] exterior; **b)** 「o orçamento」 Extra.
sotó-zúra 外面 (<… + tsurá) Por fora 「a casa é bonita」. *Kare wa* ~ *wa yoi ga uchizura ga warui* 彼は外面はよいが内面が悪い Ele é afável para os [a gente] de fora mas mau para os familiares [de casa].
sotsú そつ【G.】A falta [falha]; o erro; o descuido. ★ ~ *no nai hito* そつのない人 A pessoa atilada [certinha; que sabe o que faz]. ⇨ mudá; te-núkari; te-óchi.
sotsū 疎通 [疏] 通 O entendimento; a compreensão. ★ *Ishi ga* ~ *suru* 意思が疎通する Entender-se 「perfeitamente」.
sotsūgyō 卒業 A formatura; a conclusão de um curso. ★ ~ *suru* 卒業する Graduar-se; formar-se; concluir um curso. ◇ ~ **ronbun** 卒業論文 A tese

de ～. **～ sei** 卒業生 Os formados. **～ shiki** 卒業式 A cerimô(ô)nia de formatura.
[S/同] Shūgyō. [A/反] Nyūgáku.

sottó そっと **1**[静かに] Sem fazer barulho; com cuidado. ★ ～ *heya o deru* そっと部屋を出る Sair 「da sala」. [S/同] Shízuka ni. **2**[こっそり] Secretamente; às escondidas; à socapa. ★ ～ *miru* そっと見る Olhar à(s) ～. [S/同] Hísoka ni; kossóri. **3**[そのままに] Sem 「lhe」tocar. ★ ～ *shite oku* そっとしておく Deixar como está.

sottō 卒倒 O desmaio; o desfalecimento; a perda dos sentidos. ★ ～ *suru* 卒倒する Desmaiar「com o medo」; desfalecer; perder os sentidos.
[S/同] Końtō; shisshín (+).

soú¹ 沿う **a)** Alinhar; **b)** Estar de acordo. ★ *Kaigan ni sotte hashiru densha* 海岸に沿って走る電車 O comboio [trem] que caminha ao longo da costa.

soú² 添 [副] う **1**[そばにいる] Acompanhar; atender. [S/同] Tsuki-sóu (o); yorí-sóu. **2**[夫婦になる] Casar; unir pelo casamento. ★ *Musume o yūjin no musuko ni sowaseru* 娘を友人の息子に添わせる Casar a filha com o filho de um amigo. **3**[期待などをかなえる] Corresponder 「à expectativa dos pais」. *Go-kibō ni* ～ *yō ni doryoku itashimashō* 御希望に添うように努力いたしましょう Farei o possível para satisfazer o seu pedido.

sóún [oó] 層雲 O estrato; a camada de nuvens.

sō-útsúbyō [soó] 躁鬱病【Med.】A psicose maníaco-depressiva. [S/同] sōbyō̂; utsúbyō̂.

sówá¹ [oó] 送話 A transmissão por telefone [(por) via telefô(ô)nica]. ～ **ki** 送話器 O transmissor. [A/反] Juwá.

sówá² [oó] 挿話 O episódio 「engraçado」. [S/同] Épisódio (o), itsúwá (+).

sówá³ [oó] 総和 A soma total 「das classes da escola」. [S/同] Gōkéi (o); sōgákú (+); sōkéi; tsūsán. ⇨ shōkéi¹.

sówasowa そわそわ (Im. de inquietação/nervosismo). ～ *shinai de jitto shite i nasai* そわそわしないでじっとしていなさい Calma, não fique nervoso [se inquiete/se impaciente]!

sóya 粗野 A rudeza; a rusticidade; a grosseria; a aspereza. ★ ～ *na* 粗野な Rude; rústico; grosseiro; áspero. [S/同] Yaban.

sóyo そよ (⇨ soyó-kaze; soyógu) Levemente. ★ ～ *fuku kaze* そよ吹く風 O vento leve [fraco]; a brisa.

soyō 素養 O conhecimento básico [As bases]「do p.」. [S/同] Kokórōe (o); tashínámí (+).

soyógu そよぐ Sussurar; farfalhar; balançar; oscilar; tremular; mover-se; mexer; flutuar. ★ *Kaze ni* ～ *ko no ha no oto* 風にそよぐ木の葉の音 O ruído das folhas agitadas pelo [a farfalhar com] o vento. ⇨ nabíku.

soyó-kaze そよ風【E.】A brisa; a aragem.

sóyosoyo そよそよ (< sóyo)【On.】★ ～ *to fuku kaze* そよそよと吹く風 Soprar leve brisa.

sóyu-kán [oó] 送油管 O oleoduto.

sozái 素材 **1**[材料] O material bruto; a matéria-prima. ★ ～ *no mochiaji o ikasu* 素材の持ち味を生かす Conservar [Aproveitar] bem o sabor natural dos ingredientes 「do cozinhado」. ⇨ zaíryō. **2**[文章を書くための材料] O material 「da obra literária」. ⇨ shudái².

sōzái [oó] 総[惣]菜 Qualquer iguaria que se come com o arroz.

sōzan [oó] 早産 O parto prematuro. ★ ～ *suru* 早産する Ter um ～. [S/同] ryūzan; shízan.

sō-zárai [oó] 総浚い (< ～² + saráu) **a)** A recapitulação「das 5 lições」; **b)** O ensaio geral「já com os fatos/as roupas」. ★ ～ *o suru* 総浚いをする ⇨ fukúshú².

sozátsú 粗雑 A frouxidão. ★ ～ *na* 粗雑な「pensamento」Frouxo; 「plano」mal pensado [com buracos];「trabalho」descuidado.

sózei 租税 O imposto. [S/同] Neńgú; zeíkín (+).

sōzéi [oó] 総勢 O número total 「do destacamento (militar)」. [S/同] Sōín².

sōzén [oó] 騒然【E.】O clamor (geral); a confusão; a agitação; o tumulto「causado pelo discurso」.

sōzétsú [oó] 壮絶【E.】Que é sublime [heróico]. ★ ～ *na* 壮絶な「Uma luta」heróica. [S/同] Sōrétsú¹.

sozō 塑像 A figura [estátua] de barro. ⇨ chōso.

sōzō¹ [soó] 想像 **a)** A imaginação「muito viva」; a fantasia; **b)** A conje(c)tura; a suspeita. *Go-* ～ *ni o-makase shimasu* 御想像にお任せします Deixo isso à sua imaginação. ★ ～ *dekiru* 想像出来る Imaginável [～ *dekinai* [*o zessuru*] 想像できない[を絶する] Inimaginável [Que ultrapassa toda a imaginação]. ～ *jō no* 想像上の「animal」Imaginário. ～ *o takumashiku suru* 想像をたくましくする Dar asas à imaginação. ～ *suru* 想像する Imaginar. ◇ ～ **ryoku** 想像力 A capacidade [O poder] de imaginação. [S/同] Súiri; suísókú.

sōzō² [soó] 創造 A criação. ★ ～ *suru* 創造する Criar. ～ *teki (na)* 創造的 (な) Criativo. ◇ ～ **nushi** [shu/sha] 創造主[者] O c[C]riador. **Tenchi** ～ 天地創造 ～ do mundo. [S/同] Sōsákú; sōshi¹.

sōzoku [oó] 相続 A sucessão; a herança. ★ ～ *suru* 相続する Suceder; herdar 「com uké-tsúgú」. ◇ ～ **arasoi** 相続争い A disputa pela herança; guerras de partilhas. ～ **nin** [**sha**] 相続人[者] O herdeiro. ～ **zei** 相続税 O imposto sucessório [sobre a herança].

sozóro 漫ろ **a)** Excitado; irrequieto; **b)** Sem saber porquê [como/para quê]. *Kare wa yorokobi no amari ki mo* ～ *datta* 彼は喜びのあまり気も漫ろだった Ele estava (tão) excitado com a alegria. ◇ ～ **aruki** 漫ろ歩き A volta; o passeio só para distrair.

sōzōshíi [soó] 騒騒しい **a)**「homem」Barulhento; ruidoso; **b)** Confuso; tumultuoso (turbulento) (Por ex. a era/situação/os tempos). ★ ～ *machi* 騒々しい街 A rua barulhenta/ruidosa. [S/同] Sawágáshíi (o); urúsái (+); yakámáshíi (+). [A/反] Shízuka na.

su¹ 酢・醋 O vinagre. ★ ～ *no mono* 酢の物 O prato preparado [condimentado] com ～.

su² 巣 **1**[動物の] O ninho (da ave); a toca「da raposa/do coelho」; o covil「da fera」; a colmeia (de abelhas); o vespeiro [ninho de vespas]; o formigueiro; a teia (da aranha). ★ ～ **gomori**. *Tori ga* ～ *o tsukuru* 鳥が巣を作る O pássaro faz o ninho. **2**[巣窟] O foco 「de doenças」; o antro 「de ladrões/vício」. ★ *Aku no* ～ 悪の巣 ～ do mal. [S/同] Nejíro. **3**[家] O lar; a casa; o 「nosso」ninho. ★ *Ai no* ～ 愛の巣 O ninho de amores.

su³ 州・洲 O banco de areia; o baixio. ⇨ sasú⁷.

sū [úu] 数 **1**[かず] O número. ★ *Kagirareta* ～ 限られた数 ～ limitado. *Ōkii [Chiisai]* ～ 大きい[小さい]数 ～ grande/alto [pequeno/baixo]. *Sono* ～

nisen その数２千 São「—é」dois mil. ◇ **Riyōsha ~** 利用者数 ~ de utentes [usuários/utilizadores]「da biblioteca」. ⓈⓃ Kázu; sújí. **2**「数—」Uns (tantos); alguns; vários. ◇ **~ kagetsu** 数か月「私「estive」~ meses「em P.」. **~ kai** 数回 Algumas vezes.

sú-ashi 素足 O pé descalço. ★ ~ *de aruku* 素足で歩く Andar descalço. ⓈⓃ Hadáshí (+). ⇨ súde.

sú-bái [uu] 数倍 Várias vezes「maior」.

sú-bako 巣箱 (<…¹+hakó) A caixa-ninho para as aves (⇨ torí-kágó); o cortiço (de abelhas).

subárashíi 素晴らしい Esplêndido; admirável; excelente; soberbo; formidável; terrível; magnífico; maravilhoso. *Kyō no kōen wa subarashikatta* 今日の講演は素晴らしかった A conferência de hoje foi magnífica. ★ ~ *seiseki o osameru* 素晴らしい成績をおさめる Obter excelente resultado; tirar ó(p)timas notas. ~ *tenki* すばらしい天気 O tempo maravilhoso. *Subarashiku* 素晴らしく「tocar」Admiravelmente; magnificamente. ⓈⓃ Rippá; mígoto; sutékí.

Súbaru 昴【Astr.】A Plêiade; o Sete-Estrelo (Pop.).

subashík(k)ói すばし(っ)こい Rápido; ágil; vivo; esperto.

subáyai 素早い Rápido; ágil. ★ ~ *dōsa* 素早い動作 O movimento rápido. *Subayaku kōdō ni utsusu* 素早く行動に移す Passar rapidamente à a(c)ção; agir com presteza. ⓈⓃ Tebáyái. ⇨ hayái.

súbe 術 O modo [como]; a maneira (de rezar); o jeito; o meio. *Mohaya nani mo hodokosu ~ ga nai* もはや何も施す術がない Não há (mais) nada a fazer. ⓈⓃ Hōhō (+); jutsú; shúdan (+).

subékáraku 須らく【E.】Naturalmente; obrigatoriamente. ⓈⓃ Tōzén (+).

subékkói 滑っこい【G.】Escorregadio; liso; aveludado; "veludo" macio.
ⓈⓃ Naméraka na (+); súbesube shita (o).

suberásu 滑らす (<suberí¹) Deixar escorregar. ★ *Tsui ukkari kuchi o ~* ついうっかり口を滑らす Falar sem querer.

suberí 滑り (<suberí¹) O deslizar; o escorregar. *To no ~ ga yoi* 戸の滑りがよい A porta (corrediça) desliza [corre] bem.

suberí-dai 滑り台 **a)** A plataforma de lançamento à água, do navio; **b)** O escorrega (Para brincar).

suberí-dáshi 滑り出し (<suberí-dásu) O começo. ★ ~ *ga [wa] yoi [warui]* 滑り出しが[は] 良い [悪い] Começar bem [mal].

suberí-dásu 滑り出す (<suberí¹+…) **1**「滑り始める」Começar a deslizar. **2**「発足する」「o negócio」Arrancar. *Kaisha wa junchō ni suberidashita* 会社は順調に滑り出しました A companhia arrancou bem.
ⓈⓃ Hossókú súrú (+).

suberí-dóme 滑り止め (<suberí¹+tomérú) **a)** A corrente do pneu(mático) (Para não derrapar「na neve」); **b)** A medida de precaução. ★ ~ *ni "A" daigaku o juken suru* 滑り止めに「A」大学を受験する Como (medida de) precaução fazer também exame de admissão na universidade X [A].

suberí-kómi 滑り込み (<suberí-kómu) Deslizar para atingir a base (Beis.). ~ *sēfu ni naru* 滑り込みセーフになる (Conseguir) atingir a base deslizando.

suberí-kómu 滑り込む (<suberí¹+…) **1**「すべって入る」**a)** Deslizar para; **b)** Enfiar-se「nos lençóis」. ★ *Honrui e ~* 本塁へ滑り込む【Beis.】Deslizar para a base da chegada. **2**「ぎりぎりで間に合う」Chegar em cima da hora. ★ *Kyōshitsu e ~* 教室へ滑り込む Entrar na aula mesmo em cima da hora.

suberí-óchiru 滑り落ちる (<suberí¹+…) Escorregar e cair. *Chawan ga te kara suberiochita* 茶碗が手から滑り落ちた A tigela escorregou da mão e caiu.

suberí-óriru 滑り降りる (<suberí¹+…) Descer「o Monte Fuji」escorregando [deslizando].

suberí-yásui 滑り易い「piso」Escorregadi(ç)o; resvaladiço. ★ ~ *yuka* 滑り易い床 O soalho ~.

subéru¹ 滑 [辷] る **1**「滑走する」Deslizar [Escorregar]「no gelo」. ★ *Sukēto rinku de* ~ スケートリンクで滑る Patinar no rinque/na pista. ⓈⓃ Kassō súrú. **2**「足などが」Escorregar [Ser escorregadio]. ①/慣用 *Tsui kuchi ga* ~ ついロが滑る Dar com a língua nos dentes (G.); deixar escapar uma palavra; falar sem querer. **3**「落榜する」Ser reprovado; espalhar-se no exame (G.). ★ *Shiken ni* 滑る ~ *no exame*. ⓈⓃ Rakúdái súrú (+).

subéru² 統 [総] べる Supervisionar.
ⓈⓃ Sō[Tō]kátsú súrú (+).

súbesube すべすべ (<suberu¹)【On.】★ ~ *shita* 「hada」すべすべした「肌」A pele「macia」; lis(inh)o. ⇨ subékkói.

súbete 全 [凡・総] て Todo; tudo. *Kono sekinin wa ~ watashi ni arimasu* この責任はすべて私にあります A responsabilidade (disto) é totalmente [toda] minha. ★ ~ *no ten de* すべての点で Em tudo [todos os pontos]. ⓀⓉ ~ *no michi wa Rōma ni tsūzu* すべての道はローマに通ず Todos os caminhos levam [vão dar] a Roma. *Hikaru mono ~ kin narazu* 光る物すべて金ならず Nem tudo o que (re)luz é ouro. ⓈⓃ Zénbu. ~ nokórazu; sōjite.

subómáru 窄まる「o rio」Estreitar [Ficar apertado].

subómérú 窄める Fechar「o guarda-chuva」; encolher; estreitar. ★ *Kata o* ~ 肩を窄める Encolher os ombros. *Kuchi o* ~ 口を窄める Fechar os lábios.

súchi [úu] 数値【Mat.】**a)** O valor numérico; **b)** O indicar「o grau de poluição」em números.

suchímu [íi] スチーム (<Ing. steam) O vapor.
ⓈⓃ Jōki (+).

suchíru¹ [íi] スチール (<Ing. steel) O aço「das cordas da guitarra」.

suchíru² [íi] スチール (<Ing. still) A fotografia de cena de filme. ◇ **~ shashin** スチール写真 A ~.

suchíru³ [íi] スチール (<Ing. steal)【Beis.】A tomada de [O roubar uma] base aproveitando um descuido dos adversários.

suchúwādesu [áa] スチュワーデス (<Ing. stewardess) A aeromoça; a hospedeira de bordo [do avião/do ar].

sudáchi 巣立ち (<sudátsu) **a)** O passarinho deixar o ninho; **b)** O largar os pais e viver à própria custa.

Súdan [úu] スーダン O Sudão. ◇ ~ **jin** スーダン人 O sudanês.

sudáré 簾 A cortina de bambu「contra o sol」.

su-dátsu 巣立つ (<su¹+…)「a avezinha」Deixar o ninho; **b)** Lançar-se à vida; largar as saias da mãe (Col.) e tornar-se independente.

súde 素手 A mão vazia; só as mãos. ★ ~ *de sakana o tsukamaeru* 素手で魚を捕まえる Apanhar o peixe à mão [só com as mãos]. ⇨ kará-té; súdashi; tebúrá.

súde-ni 既 [已] に **1**「もう」Já. *Kyūkyūsha ga ka-*

ketsuketa toki wa ~ sono keganin wa shinde ita 救急車が駆けつけた時は既にその怪我人は死んでいた Quando chegou a ambulância, o ferido já estava morto. ～ *nobeta tōri* 既に述べた通り Como já disse (antes). ⟨S/同⟩ Mō. **2** [現に] Já; na realidade [verdade]; efe(c)tivamente. *Kimi wa nani mo shiranai to iu ga, sore ga ~ uso to tsuite iru shōko da* 君は何も知らないというが、それが既にうそをついている証拠だ Você diz que não sabe de nada, mas isso já é prova (de) que está mentindo.

sūdo [úu] 数度 Várias vezes. ⟨S/同⟩ Súkái (+).

sudómari 素泊り A hospedagem「por uma noite」sem refeições; só dormida. ⇨ tomárú³.

sudóri [óo] 素通り O passar「por uma cidade/pela casa dum amigo」sem parar. ★ ~ *suru* 素通りする Passar sem parar. ⇨ tōru.

sudóshi [óo] 素通し A transparência; o vidro simples. ~ *no megane* 素通しの眼鏡 Os óculos de vidro simples [sem graduação]. ⇨ tōsu.

sué 末・裔 **1** [終わり] O fim. ~ *Kongetsu no ~ ni* 今月の末に No ~ do [deste] mês. *Yo mo ~ da* 世も末だ É o fim do mundo [Adeus esperança!] ⟨S/同⟩ Owári. **2** [末端] A ponta; a extremidade. ⟨S/同⟩ Mattań; señtań. **3** [将来] O futuro. ~ *wa dō naru koto yara* 末はどうなることやら Como será no ~ ? ⟨S/同⟩ Mírai; shōrai. **4** [あげく] O fim [terminar em]; depois de. *Karera wa kōron no ~ (ni) naguriai ni natta* 彼らは口論の末（に）なぐりあいになった A discussão deles terminou a mal [acabou a murro]. ⟨S/同⟩ Agékú. **5** [子孫] O descendente. ～ *Ōke no ~* 王家の裔 ~ da família real. ⟨S/同⟩ Shíson (+). **6** [末っ子] O filho caçula; o benjamim. ⟨S/同⟩ Suékkó (+).

Suéden [ée] スエーデン A Suécia. ◇ ~ **go** スエーデン語 O [A língua] sueco/a. ~ **jin** スエーデン人 O sueco. ⇨ Suéden.

suédo [eé] スエード (< Ing. suede) A camurça. ~ *no kutsu* スエードの靴 O sapato de ~.

sué-híró 末広【A.】O leque. ⟨S/同⟩ Ōgí; seńsú (+).

sué-hírógári 末広がり O alargar-se como se abre um leque. ★ ~ *ni naru* 末広がりになる「o rio」Alargar-se na foz; [a empresa] prosperar cada vez mais.

suékkó 末っ子 (< sué + ko) O [A] filho[a] caçula; o benjamim; a mais novinha. ⇨ chōnán; chōjo.

sué-nágaku 末長く Para sempre;「desejo que você seja feliz」toda a vida; por muito tempo. ～ *go-aiko no hodo negai-agemasu* 末長く御愛顧の程願い上げます Contaremos sempre com o seu patrocínio. ⟨S/同⟩ Ítsu made mo (+).

sué-ókí 据え置き (< sué-óku) O deixar como está; o deixar sem dívida não resgatada; o diferir. ★ ~ *ni [to] suru* 据え置きに［と］する Diferir; adiar. ◇ ~ **kikan** 据え置き期間 O prazo de diferimento.

sué-óku 据え置く (< suérú¹ + …) Deixar como está; diferir「a dívida」. ★ *Go-nen-kan sueokareta kakaku* 5年間据え置かれた価格 Os preços que estiveram cinco anos sem subir.

sué-ósóróshíi 末恐ろしい Muito preocupante. ~ *ko da* 末恐ろしい子だ Esta criança é ~ (, não sei que futuro terá).

suérú¹ 据える **1** [置く] Assentar; fazer; pôr; colocar. ~ *reta getabako* 据えられた下駄箱 O cacifo [armário/A prateleira] para o calçado colocado/a à entrada「de casa/do salão de jogos」. ⟨S/同⟩ Okú (+). **2** [地位に] Colocar; nomear. ★ *Atogama ni ~* 後釜に据える ~ como「seu」sucessor. **3** [止めて動かさない] Fixar; determinar; decidir. *Koshi o suete shigoto ni kakaru* 腰を据えて仕事にかかる Arregaçar as mangas e lançar-se ao trabalho. ★ *Me o suete miru* 目を据えて見る Fixar bem os olhos/Olhar fixamente.

suérú² 【酸】える「o leite」Azedar [Ficar cortado]; estragar-se; apodrecer. ★ *Sueta nioi* 饐えた匂い O cheiro a podre [a algo apodrecido]. ⇨ kusáru.

sué-tsúké 据え付け (< suérú¹ + tsukeru) O ser instalado [montado; fixo].

sué-tsúkéru 据え付ける Instalar; montar; fixar.

sué-zén 据え膳 (< suérú¹ + …) **a)** A bandeja-mesinha com a refeição (para cada conviva); **b)** O preparar tudo para alguém. ★ *Agezen ~ de kurasu* 上げ膳据え膳で暮らす Viver sempre servido por alguém (Sem precisar de se mexer). ⟨P:ことわざ⟩ *kuwanu wa otoko no haji* 据え膳食わぬは男の恥 É vergonha para um homem não aceitar quando a mulher se oferece.

suézue 末末 (< … + sué) **1** [将来] O futuro. ⟨S/同⟩ Shōrai (+). **2** [子孫] Os descendentes; a posteridade. ⟨S/同⟩ Shíson (+). **3** [下々] As classes baixas. ⟨S/同⟩ Shimójimo (+).

Sufínkusu スフィンクス (< Ing. Sphinx) A Esfinge.

sūfu スフ A fibra sintética; a seda artificial.

súfure スフレ (< Fr. soufflé) O suflê.

súgákú [úu] 数学 A matemática「pura」. ◇ ~ **sha** 数学者 O matemático. **Ōyō ~** 応用数学 ~ aplicada. ⇨ sańsú.

súgame 眇 O estrabismo; o olho vesgo [zarolho (Col.)].

súgao 素顔 **a)** O rosto natural (Sem a maquil(h)agem); **b)** A realidade; o「Tóquio」real [verdadeiro]. ⇨ kao.

sugarí-tsúkú 縋り付く (< sugarú + …) Agarrar-se「aos braços de alguém/a uma tábua de salvação/a um resto de esperança」. ⟨S/同⟩ Sugarú (+).

sugarú 縋る **1** [取り付く] Agarrar-se「à corda」; abraçar; apoiar-se「na bengala」. ★ *Itai ni sugari naku* 遺体に縋って泣く Chorar abraçando o「pai já」morto. ⟨S/同⟩ Sugárí-tsúku. **2** [求め頼る] Depender「dos amigos」; contar com; apelar [a]; implorar [a]. ★ *Kami ni ~* 神に縋る Implorar a [Confiar em] Deus. ⟨S/同⟩ Tayóru (+).

sugásúgáshíi 清清しい Refrescante; estimulante. ★ ~ *asa no kūki* 清々しい朝の空気 O ar refrescante da manhã. ⟨S/同⟩ Sōkái ná; sawáyaka na.

súgata 姿 **1** [人の体つき; 物の形] **a)** A figura; a forma; a aparência; **b)** A cara. *Saikin chitto-mo kare no ~ o minai* 最近ちっとも彼の姿を見ない Ultimamente não há maneira de se lhe ver a cara (G.). ★ ~ *naki [no mienai]* 姿なき［の見えない］Invisível. ~ *o arawasu* 姿を現す Aparecer. ~ *o kaeru* 姿を変える Mudar de aparência. ~ *o kakusu [kuramasu]* 姿を隠す［くらます］Esconder-se; ocultar-se. ~ *o kesu* 姿を消す Desaparecer; sumir-se; evaporar-se. *Kagami ni jibun no ~ o utsusu* 鏡に自分の姿を映す Ver-se ao espelho. ◇ **Ushiro ~** 後ろ姿 A pessoa vista de trás; as costas. ⇨ karádá-tsúkí; katáchí; rińkákú; shiséí (+). **2** [みなり] O traje/o. ★ *Otoko no ~ de* 男の姿で Em traje masculino; vestida de homem. ⟨S/同⟩ Gaíkeń; fúsáí; mínari. **3** [様相] O aspecto; o estado. ★ *Kawari-hateta ~* 変

わり果てた姿 ～ completamente diferente. [S/同] Arísama; jṓtáí; yṓsṓ. **4** [おもむき] O ar; o ambiente; a atmosfera. [S/同] Omómúkí (+).

sugátá-mi 姿見 (<… + míru) O espelho grande da altura duma pessoa [de corpo inteiro]. ⇨ kagámí.

sugé 菅【Bot.】A junça; o carriço (Planta ciperácea); *carex*. ⇨ ígusa.

sugénái すげない Frio; seco; ríspido. ★ ～ *henji* すげない返事 A resposta ～ a. [S/同] Sokkénái (+); tsurénái (+).

sugérú すげる Fixar; prender; pregar; ajustar; encaixar「a cabeça do boneco」. ★ *Geta no hanao o* ～ 下駄の鼻緒をすげる Fixar a tira das "geta".

sugí[1] 杉・椙【Bot.】O cedro. ⇨ hínoki.

-sugí[2] 過ぎ (< sugíru) **1** [時間] Depois de. *Ni-ji go-fun* ～ *desu* 2時5分過ぎです São duas (horas) e cinco minutos; passam 5′ das duas; são 5′ depois das duas. ★ *Hiru* ～ *made neru* 昼過ぎまで寝る Dormir até depois do meio dia. **2** [過度] Demais; demasiado. ★ *Hataraki* ～ *de taoreru* 働き過ぎで倒れる Adoecer [Ficar doente/de cama] por trabalhar ～. ◇ **Tabe ～** 食べ過ぎ O comer ～.

sugíná 杉菜【Bot.】A cavalinha (O broto, ainda tenro, é comestível); o rabo-de-cavalo; *equisetum arvense*. ⇨ tsukúshí.

sugínai 過ぎない (Neg. de "sugiru") Só; não passar de. *Watashi wa kare ni iwareta tōri yatta ni* ～ 私は彼に言われた通りやったに過ぎない Eu só [apenas] fiz o que ele (me) mandou.

sugíru 過ぎる **1** [通過する] Passar; atravessar. *Ressha wa mō Ôsaka o sugita* 列車はもう大阪を過ぎた O comboio [trem] já passou Ôsaka. [S/同] Tsū́ká súrú. **2** [経過する] Passar. *Are kara go-nen no tsuki-hi ga sugita* あれから5年の月日が過ぎた Já passaram [lá vão] cinco anos (desde que isso aconteceu). [S/同] Keíká súrú. **3** [超過する] Exceder; ser demais; ultrapassar. *Yorokobi kore ni* ～ *mono wa arimasen* 喜びこれに過ぎるものはありません Não há maior alegria do que esta. ★ *Do ga* ～ 度が過ぎる Exceder os limites; ir longe demais. *Jōdan ga* ～ 冗談が過ぎる Ser brincadeira demais. [P/ことわざ] *Sugitaru wa nao oyobazaru ga gotoshi* 過ぎたるは猶及ばざるが如し Ter demais é como ter de menos; "aurea mediocritas" (Horatius). [S/同] Chṓká súrú. **4** [過分である] Não merecer; ser bom demais. *Kare ni wa sugita nyōbō da* 彼には過ぎた女房だ Uma esposa que é boa demais para ele [que ele não merece]. ⇨ kabúń[1]. **5** [「- 過ぎる」の形で]【Suf.】Demais; demasiado. ★ *Haya* ～ 早過ぎる Ser cedo demais [demasiado cedo].

sugí-sárú 過ぎ去る (< sugíru **2** + …) Passar; já lá ir; 「a vida」 ficar para trás. *Furuki yoki jidai wa sugisatta* 古き良き時代は過ぎ去った Bons tempos [Tempos que já lá vão]!

sugí-yúku 過ぎ行く (< sugíru **2** + …)【E.】「o tempo/a juventude」Passar [Ir passando]. *Toki wa* ～ 時は過ぎ行く O tempo passa.

sugói 凄い **1** [恐ろしい] Horrível; terrível; ameaçador. ★ ～ *kao [metsuki] o suru* 凄い顔 [目つき] をする Mostrar um semblante [olhar] ～. [S/同] Osóróshíi (+); susámájíi. **2** [非常な] Formidável; fantástico; espantoso; excepcional; tremendo; imenso; extraordinário. *Wā* ～ わあ凄い (Oh! que) formidável! ★ ～ *bijin* 凄い美人 A mulher muito linda. ～ *ninki* 凄い人気 Uma popularidade excepcional. ～ *udemae* 凄い腕前 A habilidade ～. [S/同] Hidói; hijṓ ná.

súgoku 凄く (Adv. de "sugói") Muito; extremamente; terrivelmente. ★ ～ *atama ga itai* 凄く頭が痛い Estou com uma terrível dor de cabeça. ～ *kanashii* 凄く悲しい ～ triste. [S/同] Hijṓ ni; taíhéń; totémó.

sugó-mí 凄味 (< sugói + …) O terror; a ameaça arrepiante/macabra. ★ ～ *o kikaseru* 凄味を利かせる Ameaçar; aterrorizar; proferir ameaças; intimidar; estarrecer.

sugó-mónku 凄文句 (< sugói + …)【G.】A linguagem ameaçadora. ⇨ sugómí.

su-gómori 巣籠もり (< su[2] + komóru) O estar no ninho「a chocar」[na toca「a hibernar」].

sugómu 凄む【G.】Intimidar; ameaçar. ⇨ odósú.

sugóróku 双六 Um jogo j. semelhante ao gamão.

sugósu 過ごす **1** [時を] Passar o tempo「a ver televisão」. ★ *Dokusho ni toki o* ～ 読書に時を過ごす ～ a ler. [S/同] Okúrú. **2** [暮らす] Viver; passar. *O-genki de o-sugoshi no koto to omoimasu* お元気でお過ごしのことと思います Espero que esteja passando bem. [S/同] Kurású; seíkátsú súrú. **3** [度を越える] Exceder-se. ★ *Do o* ～ 度を過ごす Ir longe demais「na brincadeira」; passar dos limites. *Sake o* ～ 酒を過ごす ～ no álcool; beber demais. ⇨ koérú[2]. **4** [「- 過ごす」の形で] Passar fazendo… sem parar; deixar… ◇ **Mi ～** 見過ごす **a)** Perder; deixar escapar; não ver; **b)** Fechar os olhos a.

súgosugo すごすご【On.】Com tristeza [desânimo]; de crista caída. ★ ～*(to) hiki-kaesu* すごすご(と)引き返す Voltar triste [de crista caída]. [S/同] Shṓzéń.

sugó-údé 凄腕 ⇨ ratsúwáń.

súgu 直ぐ **1** [時間が] Imediatamente; já; logo. *Ato kara* ～ *ikimasu* あとからすぐ行きます Vou [Irei], apenas [logo que] termine isto. *Kekka ga wakattara* ～ *shirasete kudasai* 結果がわかったらすぐ知らせて下さい Avise-me assim [logo] que tiver [souber] o resultado. *Mō* ～ *o-shōgatsu da* もうすぐお正月だ Daqui a pouco chega o [estamos no] Ano Novo. ★ ～*(ni) henji suru* すぐ(に)返事する Responder ～ [prontamente]. ～ *kiku kusuri* すぐ効く薬 O remédio de efeito imediato. [S/同] Jikí-ní; ma-mó-naku; tádachi-ni. **2** [空間が] (Muito) perto; 「sentar-se」 logo「ao lado do presidente」. ★ ～ *chikaku [kinjo] ni* すぐ近く[近所]に Pertinho [Muito perto] daqui. ～ *soko no mise* すぐそこの店 A loja (que fica) logo aí. ⇨ hoń-nó; tsúi[1]. **3** [容易に] Facilmente; logo; com facilidade. ★ ～ *kowareru* すぐこわれる「o copo」Quebrar ～. ～ *wakaru* すぐ分かる Compreender ～. [S/同] Kańtáń ní; yṓí ní.

sugúrérú 優[勝]れる **1** [優秀である] Ser melhor「que」; ser superior「a」; ser「um orador/professor」excelente. ★ *Sugureta gyōseki* 優れた業績 Um resultado [trabalho] excelente/ó(p)timo/extraordinário. [S/同] Masáru. [A/反] Otóru. **2** [健康・気分などが] Estar bem (de saúde). ★ *Kao-iro [Kenkō] ga sugurenai* 顔色 [健康] がすぐれない Não estar com boa cara [muita saúde]. *Tenki ga sugurenai* 天気がすぐれない O tempo não está muito bom.

súguri 酸塊【Bot.】A groselha; a groselheira「espim」; *ribes senanensis*.

súhada 素肌[膚] A pele nua [sem creme/pintura]; só a pele. ★ ～ *ni sētā o kiru* 素肌にセーターを着る

Vestir só o pulôver em [por] cima da pele.
sū́háí [**uú**] 崇拝 A adoração; a admiração「dos heróis」; o culto「do dinheiro」; a veneração「dos santos」. ★ ～ *suru* 崇拝する Adorar; venerar; idolatrar. ◇ **Gūzō ～** 偶像崇拝 A idolatria [O culto/A adoração dos ídolos]. [S/同] Sū́kéí.
sū́-hyaku [**úu**] 数百 (Algumas) centenas. ◇ **～ nin** 数百人 Centenas de pessoas.
sū́-hyákúmán [**uú**] 数百万 Milhões. ◇ **～ en** 数百万円 ～ de yens.
súi[1] 粋 **1** [精髄] A essência; a quinta-essência「da arte japonesa」; o supra-sumo; o melhor「da ciência moderna」. ★ *Ryūkō no ～ o atsumeta fukusō* 流行の粋を集めた服装 Um fato [vestido] da melhor última moda. [S/同] Séika; seízúí. **2** [いき] O refinamento; a elegância; a finura; o requinte. ★ ～ *na* 粋な Refinado「nos gostos」; sofisticado「na vida」; elegante; fino. [S/同] Ikí (+).
súi[2] 酸い Azedo; amargo; ácido; acre. ★ *Yo no naka no ～ mo amai mo kami-waketa hito* 世の中の酸いも甘いも噛み分けた人 A pessoa que experimentou as doçuras e agruras [saboreou o doce e o amargo] da vida. [S/同] Suppái (+).
suí-ágéru 吸い上げる (< suú + …) Chupar「os países menos desenvolvidos」; sugar; bombear. ★ *Ponpu de suiagerareta mizu* ポンプで吸い上げられた水 A água bombeada [puxada à bomba].
suiátsú 水圧 A pressão hidraúlica [da água]. ◇ **～ ki** 水圧機 A máquina de coluna hidráulica.
suíbákú 水爆 (< súiso + bakúdáń) A bomba de hidrogé[ê]nio. ⇨ geńbákú; kakú-héiki.
suíbáń 水盤 A floreira rasa (Para arte floral [arranjo de flores]).
súibi 衰微【E.】O declínio「da popularidade」; a decadência「do poder do império」. ★ ～ *suru* 衰微する Declinar; decair. [S/同] Suítáí (+).
suíbṓ[1] 衰亡【E.】A decadência e a queda [o desaparecimento「dos impérios」]. [A/反] Kṓryū́.
suíbṓ[2] 水防 A prevenção [defesa] contra as [O controle/o das] inundações.
suíbókú-ga 水墨画 A pintura a tinta nanquim [preta/da China].
súibun 水分 A (h)umidade; o sumo [suco]; a (parte de) água「da planta/do corpo」. ★ ～ *no ōi kudamono* 水分の多い果物 A fruta sumarenta [suculenta]. [S/同] Mizúké.
suíchókú 垂直 A perpendicularidade; a verticalidade. ★ ～ *na* 垂直な Perpendicular; vertical. ～ *ni* 垂直に Perpendicularmente; verticalmente. ～ *ni majiwaru* 垂直に交わる Cruzar-se em (dois) ângulos re(c)tos. ◇ **～ sen** 垂直線 A linha perpendicular [vertical]. [S/同] Eńchókú. [A/反] suíhéí.
suíchū́ 水中 Dentro [Debaixo] de água. ★ ～ *de* [*ni*] 水中で[に] ～. ～ *ni shizumu* 水中に沈む Afundar-se (na água). ～ *no* 水中の Aquático; subaquático. ◇ **～ ka** 水中花 A flor artificial que abre ～. **～ megane** 水中眼鏡 **a**) O hidroscópio; **b**) Os óculos de natação「subaquática」. **～ yokusen** 水中翼船 O barco-esqui. ⇨ suímén.
suídáń 推断【E.】⇨ suíróń.
suí-dáshí 吸い出し (< suí-dásu) A sucção.
suí-dásu 吸い出す (< suú[1] + dásu) Sugar; chupar. ★ *Umi o ～* 膿を吸い出す Espremer o pus.
suídéń 水田 O campo (Ex.: arrozal) irrigado.
suídṓ 水道 **1** [設備] A água canalizada [da torneira]; a canalização de água. ◇ **～ dai** [**ryō**] 水道代[料] A conta [O preço] da água. **～ kan** 水道管 O cano de água. **～ kyoku** 水道局 O departamento「municipal」das águas. **2** [海峡] O canal; o estreito. ◇ **Bungo ～** 豊後水道 ～ de Bungo.
suíéí 水泳 A natação; o banho. ★ ～ *ni iku* 水泳に行く Ir nadar [para a ～]. ◇ **～ pantsu** 水泳パンツ O calção de ～.
súieki 膵液 O suco pancreático.
suíéń 垂涎【E.】A baba; a água na boca. [S/同] Suízéń.
súifu 水夫 O marujo; o marinheiro. [S/同] Funá-nori (+); seń'íń (o).
suígáí 水害 Os danos [estragos] da inundação. ★ ～ *o kōmuru* 水害を被る Sofrer os ～ [Ser vítima] da inundação. ◇ **～ chi** 水害地 A área [terra/parte] inundada. [S/同] Suínáń.
suígáń-mṓrṓ 酔眼朦朧 Os olhos turvos [piscos] pela bebedeira. ★ ～ *to shite* 酔眼朦朧として De [Com] ～.
suí-gárá 吸い殻 (< suú[1] + kará) A ponta de cigarro; a prisca [beata] (G.). ◇ **～ ire** 吸い殻入れ O cinzeiro.
suígéń 水源 A nascente (de rio). ◇ **～ chi** 水源地 O lugar da ～; a cabeceira「do Iguaçu」.
suígíń 水銀 O mercúrio (Hg 80). ◇ **～ chū** 水銀柱 A coluna de ～「do termó[ô]metro」. **～ chūdoku** 水銀中毒 O mercurialismo [hidrargirismo/A intoxicação com remédios mercuriais]. **～ tō** 水銀灯 A lâmpada de ～.
suígṓ[**kyṓ**] 水郷【E.】A terra situada à beira-rio [beira do lago].
súigyo 水魚【E.】O ser unha e carne (Lit. água e peixe). ★ ～ *no majiwari o musubu* 水魚の交わりを結ぶ Estabelecer uma amizade inseparável; ficar amigos inseparáveis [unha e carne].
suígyū́ 水牛【Zool.】O búfalo; *bubalus bubalis*. ⇨ yagyū́.
suíhán-ki 炊飯器 A panela automática para fazer [cozer] arroz. ◇ **Denki** [**Gasu**] **～** 電気[ガス]炊飯器 ～ a ele(c)tricidade [a gás].
suíhéí[1] 水平 A horizontalidade. ★ ～ *de aru* 水平である Ser horizontal. ～ *ni* 水平に Horizontalmente. ～ *ni suru* 水平にする Nivelar. ◇ **～ men** 水平面 O plano horizontal. **～ sen** 水平線 O horizonte. **～ shikō** 水平思考 O pensamento horizontal [analítico]. [A/反] Eńchókú; suíchókú.
súihei[2] 水兵 O marinheiro (Da marinha de guerra). ◇ **～ bō** [**fuku**] 水兵帽[服] O boné [uniforme] de ～. [S/同] Kaíhéí. ⇨ súifu.
suíhéí-séń 水平線 ⇨ suíhéí[1] ◇.
suíhṓ[1] 水泡 A espuma; a bolha de água. ★ ～ *ni kisuru* 水泡に帰する「todo o esforço」Ser em vão; fracassar; dar em águas de bacalhau. ⇨ awá[1].
suíhṓ[2] 水疱【Med.】A bolha; a borbulha.
súi-i[1] 水位 O nível da água. ★ ～ *ga agaru* [*sagaru*] 水位が上がる[下がる] ～ subir [baixar/descer].
súi-i[2] 推移【E.】A transição; a mudança. ★ ～ *suru* 推移する Mudar. *Jidai no ～ ni tsurete* 時代の推移につれて À medida que os tempos mudam.
suí-íkí 水域 As águas「marítimas/do interior da Amazô[ó]nia」. ◇ **Gyogyō senkan ～** 漁業専管水域 A zona exclusiva de pesca.
suíjákú 衰弱 O enfraquecimento; a fraqueza. ★ ～ *suru* 衰弱する Enfraquecer; ficar debilitado [fra-

suiji 炊事 O cozinhar. ★ ~ *suru* 炊事する Cozinhar. ◇ ~ **ba** 炊事場 A cozinha. ~ **dōgu** 炊事道具 Os utensílios de cozinha. ⇨ chóri; ryóri.

suijō 水上 Na [Sobre a] água. ★ ~ *de* [*ni*] 水上[に]~. ◇ ~ **kyōgi** [**supōtsu**] 水上競技[スポーツ] O desporto [esporte] aquático. ~ **seikatsu-sha** 水上生活者 A pessoa que vive com a família num barco (Dia e noite, parado e em viagem). ~ **sukī** 水上スキー O esqui aquático. Ⓐ/反 Rikújō. ⇨ suímén.

suijōki [óo] 水蒸気 O vapor de água.

suijún 水準 **1** [一定の基準] O nível「de educação」. ★ ~ *ijō* [*ika*] *de aru* 水準以上[以下]である Ficar acima [abaixo] do ~. ~ *ni tassuru* 水準に達する Atingir o ~. ◇ **Sekai-teki** ~ 世界的水準「atingir」O ~ mundial. ⇨ hyōjún; kijún¹. **2** [水平の規準] O nível「do mar」. ◇ ~ **ki** 水準器 O nível (de bolha de ar) (Para determinar a horizontalidade de um plano).

suiká¹ 西瓜 A melancia.

súika² 水火 [E.] **a)** A água e o fogo; **b)** Qualquer [O maior] obstáculo. *Kono ko no tame nara* ~ *mo jisanai* (を) jisúru¹) この子のためなら水火も辞さない Por este filho enfrentarei qualquer obstáculo [moverei céus e terra]. ◇ hfº; mizú.

súika³ 誰何 [E.] O perguntar「quem vem lá/aí?」.

suikán 酔漢 [E.] O ébrio; o bêba[e]do.

suikázura 忍冬 【Bot.】 A madressilva; *lonicera* (*japonica*).

suikéi 推計 A estimativa. ★ ~ *suru* 推計する Estimar; calcular; fazer uma ~. ★ ~ **gaku** 推計学 A estatística estocática [conje(c)tural]. ⇨ tōkéi².

suikín 水禽 [E.] A ave aquática. ◇ ~ **rui** 水禽類 As aves aquáticas. Ⓢ/同 Mizútóri (+).

suikō¹ 遂行 O cumprimento「do prometido」; a execução「do proje(c)to」; a realização「do trabalho」. ★ ~ *suru* 遂行する Cumprir; executar; realizar. ⇨ nashí-tógéru; shi-tógéru.

suikō² 推敲 [E.] O retoque; o corrigir; o polir; o melhorar. ★ ~ *suru* 推敲する Polir「bem a tese/o manuscrito」.

suikó(hó) 水耕 (法) A aquicultura [O cultivo de plantas só na água]. ◇ ~ **saibai** 水耕栽培~.

suí-kómu 吸い込む (< suú + …) Inspirar [até encher bem os pulmões 」; aspirar; sugar; chupar; engolir; absorver; tragar. *Ame wa kawaita jimen ni suikomareta* 雨は乾いた地面に吸い込まれた A chuva foi (logo/depressa) absorvida pelo solo seco [pela terra ressequida]. ★ *Iki o* ~ 息を吸い込む Inspirar [Respirar para dentro].

suí-kuchi 吸い口 **1** [口をつける部分](< suú + …) O bocal; a boquilha; o filtro (de cigarro). ★ *Kiseru no* ~ 煙管の吸い口 A boquilha do cachimbo. **2** [吸い物の香りづけ] A especiaria [erva] para dar aroma.

súikyo 推挙 [E.] A recomendação; a indicação. ★ ~ *suru* 推挙する Recomendar [Indicar]「para presidente da associação」. ◇ ~ **bun** 推挙文 A carta de recomendação. Ⓢ/同 Suísén¹ (+).

súikyō 酔(粋)狂 A excentricidade; 「o fazer algo por」brincadeira; a maluqueira [de subir o Fuji no inverno」; a veneta. ★ ~ *na* 酔狂な Caprichoso; extravagante; meio maluco. Ⓢ/同 Monó-zúki (+). ⇨ kimágúré.

suíkyū 水球 O pólo aquático.

súima 睡魔 O joão-pestana (G.); o sono; a sonolência. ★ ~ *ni osowareru* 睡魔に襲われる Vir o/a ~. Ⓢ/同 Nemúké ~.

suímén 水面 A superfície [tona] da água. ★ ~ *ni ukabu* 水面に浮かぶ Flutuar [Vir] à ~. ◇ suíjó. Ⓐ/反 Suíchū; suitéi.

suimín 睡眠 **1** [眠ること] O sono; o dormir. ★ ~ *ga fukai* [*fukai*] 睡眠が浅い[深い] Ter o sono leve [pesado/profundo]. ~ *o jūbun toru* 睡眠を十分とる Dormir bem [as horas necessárias]. ◇ ~ **busoku** [**byō**]. ~ **jikan** 睡眠時間 As horas dormidas [de sono]. ⇨ ~**yaku** (**zai**). Ⓢ/同 Nemúri. **2** [活動をしばらくやめていること] O pôr-se [andar] a dormir (em vez de trabalhar).

suimín-búsoku 睡眠不足 (< … + fusokú) O dormir pouco; a falta de (horas de) sono.

suimín-byō 睡眠病 A doença do sono.

suimín-yaku[-**zai**] 睡眠薬[剤] O soporífero; o soporífico; o soporativo.

suímítsú 水密 O ser à prova de água; a impermeabilidade. ◇ bōsúi¹.

suímítsú(tó) 水蜜 (桃) 【Bot.】 Uma variedade de pêssego branco, originário da China. ⇨ momó².

suimón 水門 A comporta「do canal」.

sui-mónó 吸い物 (< suú + …) A sopa. Ⓢ/同 Sumáshí(jíru). ⇨ shíru.

suímyáku 水脈 **1** [地下水が流れているみち] O veio de água. ★ ~ *ga kareru* 水脈が涸れる O ~ secar. ~ *o hori-ateru* 水脈を掘り当てる Achar [Encontrar] (um veio de) água; dar água. **2** [船の通るみち] O mio; súiro (+).

suinán 水難 **1** [水死] O afogamento. ★ ~ *no sō* 水難の相 A fisionomia de afogado. Ⓢ/同 Dekíshí (+); obóré-jíri (+). **2** [難破] O naufrágio. ◇ ~ **jiko** 水難事故 Um ~. ⇨ chínbótsú; zashō². **3** [水害] Os danos da [causados pela] inundação. Ⓢ/同 Suígái (+). ◇ kōzúí; ōmízu; shussúí.

suíngu スイング (< Ing. swing) **1** [ジャズの演奏形式の一つ] 【Mús.】 Uma música de jazz. ⇨ jázu. **2** [野球・ゴルフなどでバットやクラブを大きく振ること] 【(D)esp.】 O lanço da [A tacada na] bola com movimento largo dos braços (e do torso). ◇ **Furu** ~ フルスイング ~ com toda a força.

sui-nómi 吸い呑み (< suú + nómu) A xícara [tigela] com bico「para doentes」.

suión 水温 A temperatura da água. ⇨ kión²; óndo¹.

suírai 水雷 **a)** O torpedo; **b)** A mina de água. ⇨ gyorái; kirái².

suírai-téi 水雷艇 O (barco) torpedeiro. ⇨ suírái.

suírei 水冷 O arrefecimento [(r)esfriamento] da água. ◇ ~ **shiki enjin** 水冷式エンジン O motor arrefecido [resfriado] a água. Ⓢ/反 Kūréi.

súren 睡蓮 【Bot.】 O nenúfar; o gólfão; o lírio d'água; *nymphaea*.

súiri¹ 推理 **a)** O raciocínio; **b)** A indução; a inferência; **c)** A ilação; **d)** A dedução; a conclusão. ★ ~ *suru* 推理する **a)** Raciocinar; **b)** Inferir; **c)** Deduzir; concluir. ◇ ~ **shōsetsu** 推理小説 O romance [A novela] policial/de dete(c)tives. Ⓢ/同 Suíkó; suísátsú. ⇨ rónri.

súiri² 水利 **1** [船で人や荷物を運ぶに便利] O transporte fluvial; a navegabilidade do rio [lago]. ★ ~ *no yoi tochi* 水利の良い土地 A terra [localidade] com bons transportes fluviais. **2**「水の利用」O aproveitamento de água「para regadio」. ◇ **~ kōji** 水利工事 As obras de irrigação. ⇨ kańgáí³.

suíri-ken 水利権 O direito de [à/sobre a] água.

súiriku 水陸 A terra e a água; anfíbio;「enviar abastecimentos」por terra e por mar. ◇ **~ ryōyō-ki[-sensha]** 水陸両用機[戦車] O avião [tanque] anfíbio. ⇨ mizú; rikú.

súiro 水路 **1**[送水路] O curso de água (Rio ou canal). **2**[航路] A rota [O curso] do barco「no lago」 ⇨ **~ hyōshiki** 水路標識 A baliza [bóia] do ~. A/反 Rīkuro.

suírón 推論 a) O raciocínio; b) A dedução. ★ ~ *suru* 推論する Raciocinar; deduzir. ⇨ rónri; sańdán-rónpō; suírí.

suíryō¹ 推量 A suposição; a conje(c)tura; a inferência; a indução. ★ ~ *suru* 推量する Supor; conje(c)turar. ⇨ Suísátsú (+); suísókú (o).

suíryō² 水量 A quantidade [O volume] de água. *Ōame de kawa no ~ ga kyū ni mashita* 大雨で川の水量が急に増した Com as chuvas, o rio subiu. S/同 Mizú-kásá.

súiryoku¹ 水力 A força [energia] hidráulica. ◇ **~ hatsuden** 水力発電 A produção de energia hidr(o)elé(c)trica. ◇ **~ hatsuden-jo** 水力発電所 A central [usina] hidr(o)elé(c)trica.

súiryoku² 推力【Fís.】A força de propulsão; o impulso.

suíryū 水流 A corrente「rápida do rio」. ⇨ nagáré.

suísai 水彩 A aguarela. ◇ **~ ga** 水彩画 A pintura a aguarela. A/反 Yúsái. ⇨ abúrá-e.

suísán¹ 水産 Produzido no mar. ◇ **~ butsu** 水産物 Os produtos marinhos. **~ gyō** 水産業 A indústria pesqueira [das pescas]. ⇨ Kaísán.

suísán² 推算 O cálculo aproximado. ★ ~ *suru* 推算する Fazer um ~. S/同 Gaísán (+).

suísán-ká 水酸化【Quím.】A hidratação. ◇ **~ butsu** 水酸化物 O hidróxido. **~ karushíumu [natoriumu]** 水酸化カルシウム[ナトリウム] O hidróxido de cálcio [sódio].

suísátsú 推察 A suposição; a conje(c)tura. *Go-~ no tōri desu* 御推察の通りです A sua ~ estava certa [O senhor acertou]. S/同 Suíryō¹; suísókú.

suísei¹ 水生[棲] Aquático. ◇ **~ dōbutsu** 水生動物 O animal ~. **~ shokubutsu** 水生植物 A planta ~ a. A/反 Rikúséí.

suísei² 水性 **1**[水を原料とすること] Aquoso; de água. ◇ **~ gasu** 水性ガス O gás de água. **2**[水溶性] Solúvel na água. ◇ **~ toryō** 水性塗料 A tinta ~.

Suísei³ 水星【Astr.】O (planeta) Mercúrio.

suísei⁴ 彗星 O cometa. **~** *no gotoku arawareru* 彗星のごとく現れる Aparecer subitamente [como um meteoro]. ◇ **Harē ~** ハレー彗星 O ~ Halley.

suísei⁵ 水勢 A força da água [corrente]「levou-o e ele morreu afogado」. S/同 Ryūséí.

suísei⁶ 水成 Sedimentar. ◇ **~ gan** 水成岩 A rocha ~.

suiséi-múshi 酔生夢死【E.】O levar uma vida inútil [de preguiça].

suisén¹ 推薦 A recomendação. ★ ~ *suru* 推薦する Recomendar. ◇ **~ jō** 推薦状 A carta de ~. **~ nyūgaku** 推薦入学 A admissão na escola por ~. **~ sha** 推薦者 O que recomenda. **Monbushō eiga** 文部省推薦映画 O filme recomendado pelo Ministério da Educação. S/同 Suíbań; súikyo.

suisén² 水仙【Bot.】O narciso. ◇ **Kizuisen** 黄水仙 O junquilho; *narcissus jonquilla*.

suisén³ 水洗 A lavagem com água à pressão. ◇ **~ benjo** 水洗便所 A sanita de ~ [de descarga].

suisen⁴ 垂線 Uma (linha) perpendicular. ★ ~ *o hiku [orosu]* 垂線を引く[下ろす] Traçar uma ~ 「à base」. S/同 Suíchóku-sen.

súisha 水車 a) A roda de água; b) O moinho de água. ◇ **~ goya** 水車小屋 A casa do moinho. ⇨ fúsha.

suíshi 水死 O morrer afogado. S/同 Dekíshí.

suishín¹ 水深 A profundidade da água; a fundura. *Kono mizuumi wa ~ sanjū-mētoru aru* この湖は水深30メートルある Este lago tem trinta metros de ~.

suishín² 推進 a) A propulsão「da máquina」; b) A promoção「do proje(c)to」. ★ ~ *suru* 推進する a) Propulsar; b) Promover. ◇ **~ ryoku** 推進力 A força propulsora [propulsiva]. ⇨ súiryoku².

suishín³ 垂心【Geom.】O ortocentro.

suíshitsú 水質 A qualidade da água. ◇ **~ kensa** 水質検査「fazer」A análise da água.

suishō¹ 水晶 O cristal (de rocha). ◇ **~ dokei** 水晶時計 O relógio de quartzo. **~ hasshinki** 水晶発振器 O oscilador de cristal. **~ tai** 水晶体【Anat.】O cristalino (do olho). S/同 Kurísutaru.

suishō² 推奨【E.】A recomendação.

suishū 水腫【Med.】A hidropisia; o edema.

súiso 水素【Quím.】O hidrogé[ê]nio(H 1). ◇ **~ bakudan** 水素爆弾 ⇨ suíbáku. **~ ion shisū** 水素イオン指数 O expoente de ião hidrogénio [ion hidrógeno]. **Jū ~** 重水素 O deutério「e o trítio」.

suísō¹ 水槽 O tanque「com peixes」; o reservatório; a caixa de água. S/同 Mizú-óke.

suísō² 水葬 O sepultar no mar. ★ ~ *ni suru* 水葬にする Sepultar no mar. ⇨ dosō¹; fūsō¹; kasō⁴.

suísō³ 吹奏 O soprar (tocar). ★ ~ *suru* 吹奏する Tocar「clarinete」. ◇ **~ gakki** 吹奏楽器 O instrumento de sopro. **~ gakudan** 吹奏楽団 A orquestra de instrumentos de sopro; a charanga; a banda.

suísō⁴ 水草【E.】A planta aquática [hidrófita]. S/同 Mizú-kúsá (+).

suísókú 推測 A conje(c)tura; a suposição. ★ ~ *ga ataru [hazureru]* 推測が当たる[外れる] Acertar/Adivinhar (Não ser como se supunha). ~ *suru* 推測する Conje(c)turar; supor. S/同 Suíryō¹; suísátsú.

Súisu スイス (< Fr. Suisse) A Suíça. ◇ **~ jin** スイス人 O suíço. **~ renpō kyōwakoku** スイス連邦共和国 A Confederação Helvética.

súisui すいすい【On.】a) Leve e rapidamente; b)「resolver」Facilmente「o problema」. ★ ~ *to tobu* すいすいと飛ぶ「a andorinha」Voar com leveza e graça.

suítáí¹ 衰退 A decadência「dum partido」; a queda「do império romano」; o declínio. ★ ~ *no itto o tadoru* 衰退の一途をたどる Seguir o caminho da decadência. ~ *suru* 衰退する Decair (⇨ otóróéru). S/同 Súibi.

suítáí² 推戴 A nomeação.

suítáí³ 酔態 O estado de embriaguez. ★ ~ *o miseru* 酔態を見せる Ser visto bêbedo [embriagado]「que vergonha!」.

súitchi スイッチ (< Ing. switch) O interruptor. ★ ~ *o ireru [kiru]* スイッチを入れる[切る] Ligar [Desligar]o ~ [*Terebi no ~ o ireru* テレビのスイッチを入れ

suítchí-bákku スイッチバック (< Ing. switch back) A via férrea aos ziguezagues numa encosta muito inclinada.

suítéi¹ 推定 O cálculo; a suposição; o pressuposto; a estimativa. ★ ~ *suru* 推定する Presumir; supor; calcular [*Sono jiko no shibōsha wa nihyaku-nin to* ~ *sareru* その事故の死亡者は 200 人と推定される Calcula-se que tenham morrido duzentas pessoas naquele acidente]. ◇ ~ **jinkō** 推定人口 A população calculada「em 30 milhões」. ◇ ~ **sōzoku-nin** 推定相続人【Dir.】O herdeiro provável. S/同 Suíryō¹; suísóku.

suítéi² 水底 O fundo da água [do mar/rio]. ⇨ suíchū; suíméñ.

suítéki 水滴 A gota de água; a pinga. ★ *Garasu ni* ~ *ga tsuku* ガラスに水滴がつく Formam-se gotas no vidro「da janela」. ⇨ ittéki; shizúki.

suítō¹ 水筒 O cantil; o termos. ★ ~ *ni o-cha o ireru* 水筒にお茶を入れる Pôr o chá no termos.

suítō² 出納 Receitas e despesas; entradas e saídas. ◇ ~ **bo** 出納簿 O livro-caixa; o livro das contas [da contabilidade].

suítō³ 水痘【Med.】A varicela. ⇨ mizú-bōsō.

suítō⁴ 水稲 O arroz alagadiço [de alagadio/de regadio]. A/反 Rikútō. ⇨ íne.

suítō-pī【ii】スイートピー (< Ing. sweet pea)【Bot.】A ervilha-de-cheiro; *lathyrus odoratus*.

suíto-póteto【ii】スイートポテト (< Ing. sweet potato) A batata doce. ⇨ satsúma-imó.

suítóri-gami 吸い取り紙 (< suítóru + kámi) O mata-borrão.

suí-tóru 吸い取る (< suú¹ + …) **1**[吸収する] Absorver; sorver; chupar「o veneno da mordedura da cobra」. *Kono nuno [kiji] wa yoku ase o* ~ この布 [生地] はよく汗を吸い取る Este tecido absorve bem o suor. S/同 Kyūshū súrú. **2**[搾取する] Arrebatar; explorar; chupar (G.); extorquir. ★ *Rieki o* ~ 利益を吸い取る Extorquir [Ficar com] o lucro. S/同 Sákushu suru (+).

suí-tsukéru 吸い付ける (< suú¹ + …) **1**[引き付ける] Atrair; puxar para si. *Jishaku wa tetsu o* ~ 磁石は鉄を吸い付ける O íman [ímã] atrai o ferro. **2**[たばこを] Acender o cigarro a chupar「e engasgar-se」.

suí-tsúku 吸い付く (< suú¹ + …) Prender [Agarrar/Apegar/Colar/Grudar]-se「a」.

suíúñ¹ 水運 O transporte por [de] barco. A/反 Rikúúñ.

suíúñ² 衰運【E.】A sorte a falhar; a vida a correr mal. A/反 Selúñ.

suíyóbi【óo】水曜日 A quarta(-feira).

suíyō-eki【óo】水溶液 A solução da água. ⇨ suíyōséi.

suíyóku 水浴 Um banho「frio, no rio」. ★ ~ *suru* 水浴する Tomar um ~; banhar-se. S/同 Mizú-ábí. ⇨ kaísúiyoku.

suíyō-séi 水溶性 A solubilidade na água. ★ ~ *no* 水溶性の Solúvel na água. ⇨ suíyōeki.

suizéñ 垂涎【E.】O babar-se por [querer muito] ~ *suru* ~する yodaré; suíéñ.

suizō 膵臓【Anat.】O pâncreas. ★ ~ *no* 膵臓の「o suco」Pancreático. ◇ ~ **eñ** 膵臓炎 A pancreatite.

suízóku-kan 水族館 O aquário.

súji 筋 **1**[筋肉] O tendão; o nervo; o músculo. ★ ~ *ga haru* 筋が張る ⇨ sujíbáru. ~ *o chigaeru* 筋を

違える Torcer o [Dar um mau jeito ao] músculo. ⇨ kíññiku. **2**[線] A linha; a listra; a risca; o traço. ★ ~ *o tsukeru* 筋を付ける Traçar uma linha; riscar. S/同 Jō; séñ (+). **3**[繊維] A fibra; o filamento; o nervo. ★ ~ *no ōi* 筋の多い Fibroso; filamentoso. S/同 Séñ'i. **4**[劇や話の] O enredo; a intriga; a trama; a urdidura; o argumento. ★ ~ *ga [no] komiitta [kantan na] shōsetsu* 筋が[の]込み入った [簡単な] 小説 O romance complicado [simples]. S/同 Arásújí; sujígákí; sutóri. ⇨ myakúrákú; sují-michi. **5**[方面] A fonte (de informação); a pessoa competente. ★ *Shinrai subeki* ~ *kara no jōhō ni yoreba* 信頼すべき筋からの情報によれば Segundo informações de fonte fidedigna. ◇ **Shōsoku** ~ 消息筋 Os「meus」canais de informação. S/同 Hōmeñ; kañkéí. ~ *no sonō sújí.* **6**[素質] A aptidão; o jeito; a capacidade; a habilidade; a costela; a queda. *Kare wa nakanaka tenisu no* ~ *ga yoi* 彼はなかなかテニスの筋がよい Ele tem muita queda para o té[ê]nis. S/同 Soshítsú; soyō. **7**[条理] A razão; a lógica. ★ ~ *ga tótte iru [inai]* 筋が通っている[いない] Ser lógico [Não ser lógica]「o que você diz」. ◇ ~ **ai [michi]**. S/同 Dórí; jóri. **8**[血統] O sangue; a linhagem; a estirpe. S/同 Chi-súji (+). **9**[沿線] À beira (Ao longo)「do rio」. S/同 Eñséñ (+).

sújí¹【úú】数字 **1**[数値] O número; o dígito. ★ ~ *de arawasu* 数字で表す Exprimir em números. ★ ~ *o ageru [shimesu]* 数字をあげる[示す] Dar [Indicar] os números. ◇ ~ O número. ◇ **Arabia [Rōma]** ~ アラビア [ローマ] 数字 Os ~s árabes [romanos]. **2**[計算] O algarismo; o número. *Kare wa* ~ *ni akarui [yowai]* 彼は数字に明るい [弱い] Ele é [não é] forte em números/matemática.

sújí²【úú】数次【E.】Várias vezes. ◇ ~ **ryoken** 数次旅券 O passaporte válido para ~. S/同 Sūkái (+).

sujíai 筋合い A razão; o direito. *Tanin ni monku o iwareru* ~ *wa nai* 他人に文句を言われる筋合いはない Ninguém tem razão de [para] me criticar. S/同 Dórí (+). ⇨ súji.

sují-báru 筋張る (< … **1** + harú) **1**[筋が張る] Ficar duro [rijo]「o corpo」. S/同 Kowábáru. **2**[四角張る] Ser formal; fazer cerimô[ô]nia(s). ★ *Sujibatta hanashi* 筋張った話 A conversa formal. S/同 Shikákú-báru.

sují-chígai 筋違い **1**[筋肉などの] A cãibra; o torcicolo (Cãibra no pescoço). **2**[斜め] A obliquidade. S/同 Naname (+); sujíkai. **3**[見当違い] O erro; o engano. *Sore o watashi ni tanomu no wa* ~ *de aru* それを私に頼むのは筋違いである É absurdo [Não faz sentido] pedirem-me a mim para fazer isso. Fu-jóri; keñtō-chígai.

sují-gáki[-dáté] 筋書き[立て] (< … **4** + káku [tatéru]) **a**) A sinopse; o principal; o enredo; o papel; **b**) O plano. ★ ~ *dōri ni* 筋書き通りに「sair tudo」Segundo o plano. S/同 keíkákú; purógúramu.

sují-gáné 筋金 O reforço metálico. ◇ ~ *iri no* 筋金入りの「o braço/o comunista」Rijo; que está firme [está a pedra e cal].

suji-kau 筋交 (違) い **1**[斜め] As barras cruzadas, em diagonal, 「para reforçar a parede」; o travamento「de aço」. S/同 Hasukai. **2**[補強材] Um reforço. S/同 Hokyōzái.

sujikó 筋子 A ova de salmão.

sūjíkú【úú】枢軸 O eixo「da máquina」; o centro;

fa(c)tor principal. ◇ ~ **koku** 枢軸国 Os países do Eixo (H.).

sují-mé 筋目 **1** [折り目] A dobra; a prega. [S/同] Orí-mé (+). **2** [血統] A linhagem; a estirpe. [S/同] Kettṓ (+). **3** [⇨ sují-michi].

sují-michi 筋道 A razão; a lógica; a ordem; a coordenação; o método; o fio「da conversa」. ★ ~ *o tateru* 筋道を立てる Estabelecer um método; ordenar.

sují-múkai[-múkō] 筋向かい[向こう] O ser oposto「à nossa casa」mas para o lado.

sū́jítsú [úú] 数日「há」Uns [Alguns/Vários] dias「que o não vejo」.

sujō 素性[姓] **1** [生まれ] A origem [linhagem/família]; o nascimento. ★ ~ *ga yoi* [*iyashii*] 素性が良い[卑しい] Ser de boa [baixa] família. ◇ **Uji** ~ 氏素性 ~. ⇨ chi-sújí; iégárá; sodáchí; umáré. **2** [身元] A identidade; a origem; a história pessoal; o passado. ★ ~ *no ayashii* [*shirenai*] 素性の怪しい[知れない] De origem dúbia/duvidosa [desconhecida]. [S/同] Keírékí; mimótó.

sū́jū [súu] 数十 Umas [Várias] dezenas. ★ *sūjikkai* 数十回「já disse」Dezenas de vezes「que não fumo」. ~ *man-nin* 数十万人 Centenas de pessoas.

sukā́fu [áa] スカーフ (< Ing. scarf) O lenço da cabeça [do pescoço]; o cachecol.

sū́kágetsu [uú] 数か月 Uns [Alguns/Vários] meses. ★ ~ *mae ni* 数か月前に Há ~ [Faz].

sū́kái [uú] 数回 Umas [Algumas; Várias] vezes.

sukáí-dáibingu スカイダイビング (< Ing. sky diving) O pára-quedismo.

sukáí-ráin スカイライン (< Ing. skyline) **a**) A estrada pela serra「com vista panorâmica」; **b**) A silhueta「de edifícios/cidade」contra o céu.

Sukáńjínábia スカンジナビア A Escandinávia (Como península inclui só a Noruega e Suécia mas a palavra pode incluir a Dinamarca e até a Finlândia). ◇ ~ **jin** スカンジナビア人 O escandinavo.

sukánku スカンク (< Ing. skunk)【Zool.】A jaritataca [doninha fedorenta]; *mephitis mephitica*.

sukáńpíń 素寒貧【G.】O estar teso [liso/sem vintém] (Sem dinheiro). [S/同] Mu-íchímon (+).

sukásázú すかさず (Neg. de sukású²) Logo; imediatamente; sem demora. ★ ~ *kikai o toraeru* すかさず機会を捕らえる Aproveitar ~ a [Lançar mão da] oportunidade.
[S/同] Súgu (o); súgu-sama (+); tádachi-ni (+).

sukáshí 透かし (< sukású²) **a**) A marca de água (em certo tipo de papel). ★ ~ *iri no shihei* 透かし入りの紙幣 A nota com ~. **b**) A abertura. ◇ ~ **bori** 透かし彫り A talha com aberturas [espaços abertos].

sukásshu スカッシュ **1** [飲み物] (< Ing. squash) O suco espumoso de frutas. ◇ **Remon** ~ レモンスカッシュ A limonada. ⇨ sṓda¹ ◇. **2** [スポーツ] O té[ê]nis com [As] raquetas em miniatura.

sukású¹ 空かす (< sukú²) Ficar com fome. ★ *O-naka o sukashite iru* おなかを空かしている Ter [Estar com] muita fome.

sukású² 透かす (⇨ sukérú) **1** [間を置く] Espaçar. **2** [透かして見る] Ver através「do vidro」. ★ *Hikari ni sukashite miru* 光に透かして見る Ver「o papel」contra a luz.

sukású³ 賺す **a**) Persuadir; convencer [levar]「a criança a tomar o remédio」; **b**) Lisonjear; adular; bajular. ★ *Odoshi-tari sukashi-tari shite settoku suru* おどしたりすかしたりして説得する Convencer alguém com ameaças e adulações. ⇨ nadáméru.

sukā́to [áa] スカート (< Ing. skirt) A saia. ★ ~ *o haku* [*nugu*] スカートをはく[脱ぐ] Vestir/Pôr [Despir/Tirar] a ~. ◇ **Taito** ~ タイトスカート ~ justa.

sukáuto スカウト (< Ing. scout) O descobridor [caçador]. ★ ~ *suru* スカウトする Buscar; andar à busca [caça]「de pessoas/empregados de talento」. ◇ ~ **man** スカウトマン O ~. ⇨ **bōi~**.

sukébei[bē] 助平 [兵衛]【Chu.】O indivíduo indecente [lascivo; devasso; libertino; descarado]. ◇ ~ **jijii** 助平じじい O velho descarado [sem vergonha]. ~ **konjō** 助平根性 O espírito descaradamente cúpido. [S/同] Kṓshókú. ⇨ gehín; mídara na.

suké-dáchí 助太刀 A ajuda; o jeito.

sū́kéí [uú] 崇敬 A veneração「pelo professor」. [S/同] Sońkéí (+); sū́háí.

sukéjū́ru [úu] スケジュール (< Ing. schedule < L.) O horário; o programa「da viagem」. ★ ~ *ga tsumatte iru* スケジュールがつまっている Ter [Estar com] o ~ cheio. ~ *o kumu* [*tateru*] スケジュールを組む[立てる] Programar; fazer o ~. ◇ **Hādo** ~ ハードスケジュール O programa puxado [carregado/muito cheio]. [S/同] Nittéí (+); yotéí (+).

sukérú 透ける (⇨ sukású²) Ser transparente. ★ *Hada no sukete mieru burausu* 肌の透けて見えるブラウス A blusa transparente [que deixa ver a pele].

sukḗru [ée] スケール (< Ing. scale < L.) **1** [規模] A escala. ★ ~ *no ōkii* [*chiisai*] スケールの大きい[小さい]「o proje(c)to」De [Em] grande [pequena] escala. [S/同] Kíbo. **2** [物差し] A régua; a regra; a medida.

sukétchi スケッチ (< Ing. sketch) O esboço; o desenho rápido; o rascunho. ★ ~ *suru* スケッチする Esboçar; fazer um ~. ◇ ~ **bukku** スケッチブック O caderno de ~. [S/同] Shaséí.

sukḗto [ée] スケート (< Ing. skate) A patinagem. ★ ~ *o suru* スケートをする Patinar. ◇ ~ **jō** [**rinku**] スケート場[リンク] O ringue de ~. **Figyua** [**Supīdo**] ~ フィギュア[スピード]スケート ~ artística [A corrida em patins]. **Rōrā** ~ ローラースケート Os patins de [com] rodas.

sukéttó 助っ人 (< tasúkéru + hitó) O ajudante. ⇨ suké-dáchí.

sukí¹ 好き (< sukú¹; ⇨ sukí⁴) **1** [好むようす] O gosto; o gostar; a preferência; o「fazer o」que se quer. *Boku wa kōcha yori kōhī no hō ga* ~ *desu* 僕は紅茶よりコーヒーの方が好きです Eu gosto mais de café do que (de) chá. ★ ~ *ni naru* 好きになる Passar [Ficar] a gostar de; afeiçoar-se「a」; enamorar-se「de」[*Kanojo wa kare o* ~ *ni natta rashii* 彼女は彼を好きになったらしい Parece que ela começou a gostar [enamorar-se] dele]. *Kodomo zuki na hito* 子供好きな人 A pessoa que gosta de crianças. [P/ことわざ] ~ *koso mono no jōzu nare* 好きこそものの上手なれ Para aprender, o principal é gostar. ◇ ⇨ ~ **konomu** [**zuki**]; **monozuki**. [S/同] Konómí. [A/反] Kiráí. **2** [思いのままであるようす] O fazer à vontade [como se quer]. ~ *na yō ni shi nasai* 好きなようにしなさい Faça como quiser. ~ (*na yō*) *ni saseru* 好き(なよう)にさせる Deixar alguém fazer como quer; dar liberdade. ◇ ⇨ ~ **hōdai** [**katte**]. ⇨ katté; kimámá.

sukí² 透き・隙 **1** [空間] A brecha「na muralha」; a fenda「na madeira」; a fresta「na parede」; a greta 「na terra seca」; a abertura; o espaço. ★ *Hashira to kabe no aida ni* ~ *ga dekiru* 柱と壁の間に透きができる Haver um espaço entre a parede e o pilar. [S/同] Kańgékí; kū́káń (o); sukí-má (+). **2** [油断] **a**) O descuido; **b**) A falta; o erro「no discurso」. ★ ~ *no nai* 隙のない Perfeito; sem (nenhuma/uma) falha. ~ *o miseru* 隙を見せる Descuidar [Distrair/ Desprevenir]-se. ~ *o mite nigeru* 隙を見て逃げる Apanhar「o guarda」distraído e fugir. ~ *o ukagau* [*nerau*] 隙を窺う[狙う] Ficar (de olho) à espera de apanhar alguém descuidado. [S/同] Yudáń. **3** [暇] O intervalo; o tempo livre. ★ *Shigoto no* ~ *o mite* 仕事の透きを見て Aproveitando os ~s. [S/同] Himá (+); kiré-mé; taé-má.

sukí[3] **鋤・犂** **a**) O arado; a charrua; **b**) A pá (japonesa) ([S/同] sháberu).

sukí[4] **数寄** (⇨ sukí[1]) O「bom」gosto; o gosto refinado「da arte do chá」. ★ ~ *o korashita niwa* 数寄を凝らした庭 Um jardim do mais apurado bom gosto. [S/同] Fū́ryū (+).

sukī́ [**ii**] **スキー** (< Ing. ski) O esqui. ★ ~ *o haku* スキーをはく Pôr os ~. ~ *o suru* スキーをする Esquiar. ◇ ~ **jō** スキー場 A pista de ~. ⇨ ~ **yā**.

sū́ki [**úu**] **数奇** **a**) A infelicidade; o infortúnio; a miséria「da vida」; **b**) As vicissitudes. ★ ~ *na unmei o tadoru* 数奇な運命をたどる Ter um destino miserável [uma vida infeliz]. ⇨ fu-shíáwase; fú-un.

sukí-gúshí **梳き櫛** (< sukú[3] + kushí) O「passar a」pente fino; a carda.

sukí-hṓdai [**óo**] **好き放題** O fazer tudo o que se quer [o que se「lhe」dá na (real) gana]. ★ ~ *o suru* 好き放題をする … [S/同] Sukí-kátte.

sukí-kátte **好き勝手** ⇨ sukí-hṓdai.

sukí-kirai **好き嫌い** O gostar e não gostar (de comidas). ★ ~ *no hageshii hito* 好き嫌いの激しい人 A pessoa muito esquisita no comer [que tem imensas coisas de que não gosta]. *Tabemono no* ~ *ga nai* 食べ物の好き嫌いがない Comer de tudo. [S/同] Erí-gónómí; kṓo.

sukí-kónómu **好き好む** Fazer por gosto; agir de livre vontade. ★ *Sukikononde* 好き好んで Agindo de livre vontade.

sukí-má **透き** [**隙**] **間** A fenda; a frincha; a abertura「na sebe」; o vão [espaço vazio]. ★ *Hako no* ~ *ni pakkingu o tsumeru* 箱の透き間にパッキングを詰める Encher os vãos da caixa com material de embalagem. ◇ ~ **kaze** 透き間風 O vento que entra pelas frinchas (⇨ kiryū́[1];). [S/同] Sukí[2] **1**. ⇨ aná; kū́gékí; waré-mé.

sukímú-míruku **スキムミルク** (< Ing. skim milk) O leite magro [desnatado]. ⇨ dasshí-fúnnyū.

sukíńshíppu **スキンシップ** O conta(c)to físico「da mãe com os filhos」.

sukíppárá[**sukí-bá**[**há**]**rá**] **空きっ腹** [**空き腹**] (< sukú[2] + hará) A barriga vazia; o ter fome. [S/同] Kū́fúkú.

sukíppu **スキップ** (< Ing. skip)「criança」O ir a saltar. ★ ~ *suru* スキップする Saltar.

sukí-tṓru [**óo**] **透き通る** Ser claro [transparente/ límpido]. ★ ~ *yō na koe de utau* 透き通るような声で歌う Ter [Cantar com] uma voz cristalina [muito clara]. *Sukitōtta kawa no mizu* 透き通った川の水 A água transparente [cristalina/límpida] do rio. ⇨ tṓméí.

sukíyá **数寄** [**奇**] **屋** (⇨ sukí[4]) A sala [casinha] para a arte [cerimó[ô]nia] do chá. ◇ ~ **zukuri** 数寄屋造り A casa no estilo da ~.

sukī́yā [**ii**] **スキーヤー** (< Ing. skier) O esquiador. ⇨ sukī́.

sukí-yákí **鋤焼き** (<… [3] + yakú) O prato j. de carne assada, na sertã, com vários legumes.

sukí-zuki **好き好き** (<… + sukí[1]) Os gostos;「é tudo」uma questão de gosto. *Hito ni wa sorezore* ~ *ga aru* 人にはそれぞれ好き好きがある Cada um tem o seu gosto. [P/ことわざ] *Tade kuu mushi mo* ~ 蓼食う虫も好き好き Os ~ não se discutem.

sukkárákáń **すっからかん** 【G.】 O estar sem nada. ★ ~ *ni naru* すっからかんになる Ficar vazio (Por ex. bolso/celeiro) [sem nada]. [S/同] Ichímón-nashi; suttéńtén.

sukkári **すっかり** 【On.】 Completamente; inteiramente; realmente「ele envelheceu」. *Ano kata ni wa* ~ *go-busata shite imasu* あの方にはすっかり御無沙汰しています Há muito que estou sem visitar [escrever a/telefonar a] essa pessoa. *Watashi wa* ~ *sore o wasurete ita* 私はすっかりそれを忘れていた Eu estava completamente esquecido [tinha-me esquecido disso por completo]. [S/同] Kańzéń ní; kotógótoku; náni-mo ká-mo; súbete.

sukkíri **すっきり** 【On.】 Bem;「sentir-se」fresco; claro; preciso; sem ambiguidade. *Gussuri nemutta no de kibun ga* ~ *shita* ぐっすり眠ったので気分がすっきりした Como dormi bem, sinto-me refeito [fresco/novo]. *Mondai wa ichiō kaiketsu shita ga dōmo* ~ *shinai* 問題は一応解決したがどうもすっきりしない O problema, para já, foi resolvido, mas ainda não estou satisfeito. ★ ~ *shita bunshō* すっきりした文章 O estilo claro [A frase concisa]. ~ *shita kamigata* すっきりした髪型 O penteado simples.

sukkú-to **すっくと** 【On.】 De repente [um salto]. ★ ~ *tachiagaru* すっくと立ち上がる Levantar-se ~ [Saltar「da cadeira」].

sū́kṓ [**úú**] **崇高** 【E.】 A sublimidade; a grandeza; a excelência; a nobreza「de cará(c)ter」. ★ ~ *na* 崇高な Sublime; grandioso; excelso;「espírito」nobre. ⇨ ke-dákái; tṓtói.

sukóa **スコア** (< Ing. score) **1** [得点] Os pontos; o resultado. ★ ~ *o tsukeru* スコアをつける Regist(r)ar [Marcar] os/o ~. ◇ ~ **bōdo** スコアボード O marcador; o quadro dos resultados; o placar. [S/同] Tokúténń. **2** [総譜] 【Mús.】 A partitura. [S/同] Sṓfú.

sukóbúru **頗る** Muito「contente」; extremamente「brilhante/inteligente」. ~ *kenkō desu* 頗る健康です Estou muito bem de saúde. [S/同] Hijṓ-ní (+); taíhéń (+).

sukóppu **スコップ** (< Hol. schop) A pá. ⇨ sukí[3]; sháberu.

sukṓru [**óo**] **スコール** (< Ing. squall) A borrasca; o temporal「com vento e saraiva」.

sukóshi **少し** **1** [数量的に] (Um) pouco「de açúcar」. ★ ~ *bakari no jisho* 少しばかりの地所 Um pouquinho [pedacinho] de terreno. ~ *shika nai* 少ししかない Haver [Ter] pouco「pão」. *Mō* ~ もう少し Mais um pouco「de vinho」. [S/同] Chótto; shṓshō; wázuka. **2** [程度] Um pouco (Grau). *Kono o-kane ga megumarenai kodomotachi no tame ni* ~ *demo yaku-dateba ureshii desu* このお金が恵まれない子供達のために少しでも役立てばうれしいです Gostava que este dinheiro pudesse ajudar um pouco as crianças necessitadas. ★ ~ *zutsu yoku naru* 少しずつよくなる Melhorar pouco a pouco [aos poucos]. *Mō ~ de* もう少しで Por pouco [um triz] [*Mō ~ de shinu tokoro datta* もう少しで死ぬ所だった Por pouco que não morri]. [S/同] Chótto; shṓshō; wázuka; yáya. **3** [時間的に] Um pouco (Tempo). ~ *o-machi itadakemasu ka* 少しお待ちいただけますか Pode esperar um pouco? ★ ~ *mae ni* 少し前に Há [Faz] pouco. **4** [距離的に] Um pouco (Distância). ~ *iku to kaigan ni deta* 少し行くと海岸に出た Andando ~, fui dar à praia. **5** [婉曲にして] "Um pouco" (Muito). *Aitsu wa ~ dō ka shite iru* あいつは少しどうかしている Ele não parece estar em seu perfeito juízo/Aquele tipo é ~ maluco. [S/同] Chótto.

sukóshi-mo 少しも Nada; nenhum; qualquer. ★ ~ *kamawanai* 少しも構わない Não se importar (absolutamente) nada. ~ *shinpo ga nai* 少しも進歩がない Não há nenhum [qualquer/nada de] progresso. [S/同] Chittó-mo; isásáká-mó; zeńzéń.

sukótchi スコッチ (< Ing. scotch) Escocês. ◇ **~ uisukī** スコッチウイスキー O uísque ~.

Sukóttórándo スコットランド (< Ing. Scotland) A Escócia. ◇ **~ jin** スコットランド人 O escocês.

sukóyaka 健やか A [O ter] saúde. ★ ~ *na* 健やかな São [Sã]; saudável. [S/同] Keńkṓ (+); sṓkéń.

súku¹ 好く Gostar「de」; cair nas graças [no goto]. *Kare wa dare kara mo sukareru* 彼は誰からも好かれる Toda a gente gosta dele [Ele é benquisto de todos]. ★ *Sukanai yatsu* 好かないやつ Um tipo [cara] intragável [que não me cai no goto]. [S/同] Konómu (+). [A/反] Kiráú.

sukú² 空く Ficar vazio. *Ima-goro wa densha ga suite iru* 今頃は電車が空いている A esta hora os comboios [trens] vão vazios. ★ *Hara* [*O-naka*] *ga ~* 腹 [おなか] が空く Ficar com fome. ⇨ akú¹; herú¹.

sukú³ 梳く **a**) Pentear. ★ *Kami o ~* 髪を梳く ~ o cabelo. ⇨ tokásu². **b**) Cardar「lã」.

sukú⁴ 漉く Fabricar; fazer. ★ *Kami* [*Nori*] *o ~* 紙 [海苔] を漉く ~ papel ["nori"].

sukúéá-dánsu スクエアダンス (< Ing. square dance) A quadrilha; a contradança.

sukúí¹ 救い (< sukúú¹) **a**) O socorro; o auxílio; o remédio; a ajuda; **b**) A salvação; a esperança; o consolo; a consolação. *Kazoku zen'in ga kenkō na no ga yui-itsu no ~ da* 家族全員が健康なのが唯一の救いだ O meu único consolo é que toda a família tem saúde. ★ ~ *gatai* [*yō no nai*] 救い難い [ようのない]「o」Que não tem remédio「remediado está」. ~ *no kami* 救いの神 O Salvador; a Providência; Deus (⇨ sukúí-nushi). [S/同] Tasúké.

sukúí² 掬い (< sukúú²) O caço; o colherão. ◇ **~ ami** 掬い網 A rede manual.

sukúí-ágéru¹ 救い上げる (< sukúú¹ + …) Socorrer; salvar「alguém que se estava a afogar」. ⇨ sukúí-dásu¹.

sukúí-ágéru² 掬い上げる (< sukúú² + …) Apanhar, levantando「uma bola rasteira/um peixe com a rede (manual)」.

sukúí-dásu¹ 救い出す (< sukúú¹ + …) Socorrer; salvar「de um perigo/de uma dificuldade」. [S/同] Kyū́shútsú súrú; tasúké-dásu.

sukúí-dásu² 掬い出す (< sukúú² + …) Tirar levantando. ⇨ sukúí-ágéru².

sukúi-nushi 救い主 O Salvador; o Messias; Jesus. [S/同] Kyū́séi-shu.

sukúizu スクイズ (< Ing. squeeze)【Beis.】A tacada para ajudar o corredor da terceira base a fazer um ponto. ★ ~ (*o*) *suru* スクイズ (を) する Dar uma ~.

sukúméru 竦める (< sukúmú) Encolher. *Kubi o ~* 首を竦める ~ o pescoço [Baixar a cabeça].

sukúmú 竦む Parar; ficar paralizado「ao ver o monstro」. ★ *Ashi ga ~* 足が竦む「com o medo」Não se poder mexer das pernas. ⇨ chijíkómárú.

sukū́nā [úu] スクーナー (< Ing. schooner) A escuna (Um barco à vela).

sukúnái 少ない Pouco「arroz/dinheiro」; poucos「alunos」. *Saikin wa hyaku-sai made ikiru hito wa sukunaku nai* 最近は 100 才まで生きる人は少なくない Hoje em dia, não são poucos os que chegam [vivem até] aos cem anos. ★ ~ *jikan* [*hiyō*] *de* 少ない時間 [費用] で Com pouco tempo [pouca despesa]. *Sukunakaranu* 少なからぬ Bastantes [Não poucos]「esforços」. *Sukunakarazu* 少なからず「fiquei」Muito [Não pouco]「surpreendido」. *Sukunaku naru* 少なくなる Diminuir; já haver pouco「leite」; ficarem poucos「na sala」.*Sukuna-sugiru* 少な過ぎる Demasiado pouco(s)]. *Dō sukunaku mitsumotte mo* どう少なく見積もっても (Mesmo) fazendo um cálculo muito por baixo「a obra ficará por cem milhões de yens」. *Ichiban ~* 一番少ない O menor número「de votos」[A menor quantidade「de sal」]. *Motto ~* もっと少ない Menos. *Uryō no ~ toshi* 雨量の少ない年 O ano com [de] pouca chuva. [S/同] Sukóshi no; wázuka na. [A/反] Ōi.

sukúnáku tomo 少なくとも (⇨ sukúnái) Pelo menos; no mínimo. ★ ~ *ichiman-en* 少なくとも 1 万円「isso custa」Dez mil yens ~.

sukū́pu [úu] スクープ (< Ing. scoop) O tiro [furo] (jornalístico); a reportagem (sensacional) publicada em primeira mão. ★ ~ *suru* スクープする Publicar antes dos outros competidores.

sukúramu スクラム (< Ing. scrum) A luta em bloco pela bola「no râguebi」. ★ ~ *o kumu* スクラムを組む Bloquear (o adversário, dando-se os braços em grupo).

sukúránburu スクランブル (< Ing. scramble) **1** [混ぜ合わせること] O mexer [misturar]. ◇ **~ eggu** スクランブルエッグ Os ovos mexidos. **~ kōsaten** スクランブル交差点 O cruzamento com passadeiras em diagonal. **2** [緊急発進] A partida [de(s)colagem] de emergência. ★ ~ *o kakeru* スクランブルをかける「Os aviões de caça」partirem a toda a pressa「ao receber aviso de emergência」. [S/同] Kińkyū́-hásshin.

sukúráppu スクラップ (< Ing. scrap) **1** [切り抜き] O recorte (De revista ou jornal). ★ ~ *suru* スクラップする Fazer recortes; recortar. ◇ **~ ando-birudo** スクラップアンドビルド O deitar tudo abaixo e construir「as instalações」de novo. **~ bukku** スクラップブック O álbum de ~s. **2** [くず鉄] A sucata; o ferro-velho. ★ ~ *ni suru* スクラップにする Deitar para a ~.

sukúrī́n [íi] スクリーン (< Ing. screen) **1** [画面; 映画] A tela; a pantalha; o ecrã [écran]; o cinema [filme] (Fig.). ★ ~ *ni deru* スクリーンに出る Aparecer [Ver-se/Sair] na ~. ◇ **~ myūjikku** スクリーンミュージック A música usada num filme. [S/同] Gińmákú. ⇨ éiga¹; gaméń. **2** [網幕] A chapa de vidro com linhas em malha usada em fotogravura.

sumí-gókóchi

◇ **~ insatsu** スクリーン印刷 A fotogravura em que se usa ~.

sukúringu [úu] スクーリング (< Ing. schooling < L.) A instrução [O ensino] em escola. ⇨ tsúshíń ◇.

sukúríningu スクリーニング (< Ing. screening) A crivação [O passar pelo crivo/O escolher「os melhores」]. ⇨ señbátsú (+).

sukúryū スクリュー (< Ing. screw) **a)** A hélice「do avião/barco」; **b)** O parafuso (⇨ néji).

súkusuku すくすく「a planta ou criança crescer」Depressa; com rapidez. ★ ~ (to) sodatsu [seichō suru] すくすく（と）育つ [成長する] Crescer ~ [a olhos vistos]「e cheio de saúde」.

sukūtā [úu] スクーター (< Ing. scooter) A motoreta. ⇨ ôtóbai.

sukúú¹ 救う **a)** Socorrer; salvar; ajudar; libertar; **b)** Compensar; ter esperança [um ponto bom]. *Kami yo ware o sukui tamae [watashi o sukutte kudasai]* 神よ我を救いたまえ[私を救って下さい] Meu Deus salvai-me! *Kare wa obore-kakatta kodomo o sukuō to shite jibun mo oboreta* 彼は溺れかかった子供を救おうとして自分も溺れた Ao tentar socorrer [salvar] a criança que se estava a afogar, ele morreu também. ★ *Byōki kara* ~ 病気から救う Curar alguém. *Jinmei o* ~ 人命を救う Salvar uma vida. *Sukui gatai [yō no nai] ganmeisa* 救い難い[ようのない] 頑迷さ A teimosia incorrigível [incrível/que já não tem cura]. *Yo o* ~ 世を救う「Jesus Cristo」Salvar o mundo「do egoísmo」. ⓢ/同 Kyūjo suru; tasúkeru.

sukúú² 掬う **1**[くみ出す] Apanhar; tirar. *Te de mizu o sukutte nomu* 手で水を掬って飲む ~ água com as mãos e beber. *Aku o* ~ あくを掬う Tirar a escuma. **2**[ひっかけてもちあげる] Agarrar; prender. ★ *Ashi o* ~ 足を掬う Passar uma rasteira [Prender o pé] (a alguém).

su-kúu³ 巣食う **a)** Fazer o ninho; **b)**「o bando de ladrões」Instalar-se「na cidade」; **c)** Meter-se「uma má ideia na cabeça」. ★ *Shiro-ari no sukutta tatemono* 白蟻の巣食った建物 Um prédio todo roído pela formiga branca [pelos cupins].

sukyándaru スキャンダル (< Ing. scandal < Gr.) O escândalo. ★ ~ *o okosu* スキャンダルを起こす Dar [Causar/Provocar] um ~; escandalizar. ⓢ/同 Shūbún. ⇨ shôgékí; tsumázúkí.

súmai 住まい[住居] (< súmu¹ + irú¹) A casa; a residência; a habitação; a moradia; o domicílio. *O- ~ wa dochira desu ka* お住まいはどちらですか Onde (é que) o senhor mora [é a sua casa]? ⇨ ié¹; júkyo; jūtákú.

súmán [uú] 数万 Várias dezenas de milhar.

sumánai 済まない (Neg. de "súmu²") **1**[済む」の否定]Indesculpável; não poder ignorar [ficar em paz]. *Sore de wa watashi no ki ga* ~ それでは私の気が済まない Assim, também eu não fico contente [em paz]. *Wasurete ita de wa* ~ *zo* 忘れていたでは済まないぞ Esqueceu-se? Isso não é desculpa (e o caso não pode ficar assim)! **2**[悪い] Desculpe; peço desculpa, por [faça o)] favor. ~, *Boku ga warukatta* すまない、僕が悪かった Desculpe, fui eu o culpado. ~ *ga o-cha o irete kure* すまないがお茶を入れてくれ Faça (o) favor de me servir o chá. ★ ~ *ki ga suru* [~ *to omou*] すまない気がする[すまないと思う] Sentir-se culpado. ⓢ/同 Sumímásén (+).

sumáshí-jíru 澄まし汁 (< sumásu² + shíru) A sopa leve.

sumáshí-yá 澄まし屋 (< sumásu²3 + ya⁴)【G.】O presumido [presunçoso]; o afe(c)tado.

sumásshu スマッシュ (< Ing. smash)【(D)esp.】A bolada forte [imbatível].

sumásu¹ 済ます (< súmu²) **1**[終える] Acabar; terminar; cumprir. ★ *Nyūkoku-tetsuzuki o* ~ 入国手続をすます Cumprir as formalidades de entrada no país. *Shokuji o* ~ 食事を済ます Acabar de comer. ⓢ/同 Katázúkéru; oérú. **2**[間に合わせる] Fazer chegar; conseguir. *Tsuki ni sanman-en no shokuhi de sumashite iru* 月に3万円の食費で済ましている Gasto apenas trinta mil yens em comida [Consigo comer só com 30.000¥] por mês. ⓢ/同 Maníáwáséru. **3**[「-すます」の形で「完全に…」の意]Fazer perfeitamente.

sumásu² 澄ます (< súmu³) **1**[水などを] Purificar; limpar. ★ *Nigori-mizu o* ~ にごり水を澄ます ~ a água turva. **2**[耳を] Apurar. ★ *Mimi o sumashite kiku* 耳を澄まして聞く ~ o ouvido; ouvir com muita [toda a] atenção. **3**[態度・顔つきなどを] Dar-se ares; ser afe(c)tado [presumido]; não ligar [fazer caso]. ★ *Sumashita kao* 澄ました顔 A cara afe(c)tada [fria/de indiferença/pedante]. **4**[「-すます」の形で「完全に…」の意] Fazer perfeitamente. ★ *Shinkei o togi* ~ 神経を研ぎ澄ます Concentrar todas as energias [para resolver o problema].

sumáto [áa] スマート (< Ing. smart) **1**[体がほっそりしているようす] Esbelto; delgado. ★ ~ *na karadatsuki* スマートな体つき O corpo ~. ⇨ hossóri. **2**[手ぎわのよいようす] Elegante; fino; requintado; ágil; hábil. ★ *Jiken o* ~ *ni kaiketsu suru* 事件をスマートに解決する Resolver habilmente o caso.

Sumátórá スマトラ Samatra (A maior ilha do Arquipélago de Sonda).

sumí¹ 炭 O carvão; a brasa. ★ ~ *de yaku* 炭で焼く Assar na(s) ~. ~ *o yaku* 炭を焼く Fazer carvão.

súmi² 隅・角 O canto [da sala]; os recantos [escaninhos] [do coração]. ★ ~ *de [ni]* 隅で[に] No ~. ~ *ni okenai [Mushi dekinai]* 隅に置けない[無視できない] Um candidato a considerar/Não desprezível [Que não se pode ignorar/Com valor]. ~ *kara* ~ *made* 隅から隅まで Todos os cantos; perfeitamente; 「conhecer a cidade」 de uma ponta à outra. *Migi ue [shita] no* ~ 右上[下]の隅 O canto superior [inferior] direito. ⒤/慣用 *Jūbako no* ~ *o tsutsuku [hojikuru]* 重箱の隅をつつく[ほじくる] Preocupar-se com niquices/insignificâncias; ser niquento. ◇ **~ zumi** Ichígú; kádo.

sumí³ 墨 **a)** A tinta-da-china; **b)** A tinta da lula/do polvo. ★ ~ *o suru* 墨をする Fazer tinta-da-china (friccionando a barra de tinta no "suzúri"). *Ika ga* ~ *o haita* 烏賊が墨を吐いた A lula esguichou (expeliu) um ja(c)to de tinta.

sumí⁴ 済み (< súmu²) (Suf. que significa "já visto/feito/testado/liquidado"). ◇ **~ in** 済み印 O carimbo de "já visto". **Keiken-zumi** 経験済み Experimentado.

sumí-bi 炭火 (< ~¹ + hí²) O fogo [As brasas] de carvão. ★ ~ *o okosu* 炭火をおこす Acender o carvão. ◇ **~ yaki kōhī** [**sutéki**] 炭火焼きコーヒー [ステーキ] O café torrado [O bife assado] nas brasas.

sumí-e 墨絵 A pintura a tinta-da-china. ⓢ/同 Suíbókú-gá. ⇨ sumí³.

sumí-gókóchi 住み心地 (< súmu¹ + kokóchi) A

sensação de [ao] morar/viver. ★ ~ *no yoi* 住み心地のよい「uma casa」Confortável (para viver).
súmika 住み処 A morada; a moradia; a guarida [o abrigo]「para os peixes」. [S/同] Sṓkútsú; súmai.
sumí-kíru 澄み切る (< súmu³ + …) Ser muito claro [「ar」puro]. ★ *Sumikitta aozora* 澄み切った青空 O céu azul, azul [muito] limpo. *Sumikitta kokoro* 澄み切った心 O coração límpido [puro].
sumíkko 隅っこ【G.】O canto; o recanto. [S/同] Súmi² (+).
sumí-kómí 住み込み (< sumí-kómú) O viver no local de trabalho. [A/反] Kayóí.
sumí-kómú 住み込む (< súmu¹ + …) Viver no local do emprego. ★ *Ryōke ni untenshu to shite* ~ 良家に運転手として住み込む Viver com uma família rica, como motorista. [A/反] Kayóú.
sumímásén 済みません (Neg. de "súmu²") **a**) Desculpe; **b**) Com licença; por favor. *Okurete sumimasen* 遅れてすみません Desculpe o atraso [por/o ter chegado atrasado]. *Sumimasen, o-mizu o kudasai* すみません, お水を下さい Dê-me água, por favor. [S/同] Sumánai.
sumí-náréru 住み慣れる (< súmu¹ + …) Acostumar-se a morar [viver]; morar muito tempo「numa casa」.
sumíré 菫【Bot.】A violeta; *viola mandshurica*. ◇ **~ iro** 菫色 O [A cor] violeta; o roxo.
sumí-té 住み手 (< súmu¹ + …) O inquilino; o morador. ★ ~ *no nai ie* 住み手のない家 A casa desabitada/sem ~s.
Sūmítsúin [uú] 枢密院 O Conselho Privado.
sumí-tsúku 住み着く (< súmu¹ + …) Estabelecer-se [Fixar-se/Fixar residência]「em」.
sumí-wátáru 澄み渡る (< súmu³ + …) Aclarar;「o céu」ficar todo claro. ★ *Sumiwatatta sora* 澄み渡った空 O céu todo límpido [claro/limpo/azul].
sumíyaka 速やか【E.】O ser rápido [pronto/lesto]. ★ ~ *na hentō* 速やかな返答 A resposta pronta [rápida]. ~ *ni* 速やかに Rapidamente;「saia daqui!」imediatamente. [S/同] Jińsókú. ⇨ hayái.
sumí-yákí 炭焼き (< … ¹ + yakú) **a**) O fazer o carvão de lenha; **b**) O carvoeiro. ◇ **~ goya** 炭焼き小屋 A cabana onde se faz carvão; a carvoaria.
sumí-zumi 隅隅 (< … ² + súmi²) Todos os cantos. ★ ~ *made me ga yukitodoku* 隅々まで目が行き届く Ver tudo; estar ao par de tudo.
sumṓ 相撲 O sumô. ★ ~ *o toru* 相撲を取る Jogar o ~; lutar corpo a corpo. ◇ ⇨ **~ tori**.
sumóggu スモッグ (< Ing. smog) A mistura de fumo e nevoeiro; o ar poluído「da cidade」. ◇ **~ chūihō** スモッグ注意報 O alarme [aviso] de ar…
sumṓkingu [óo] スモーキング (< Ing. smoking) O fumar. ◇ **Nō ~** ノースモーキング Proibido fumar.
sumókku スモック (< Ing. smock) O guarda-pó; a bata.
sumómó 李【Bot.】A ameix(i)eira (Planta); a ameixa (Fruto); *prunus salicina*. [I/慣用] *Sumomo mo momo mo momo no uchi* 李も桃も桃の内 "Tanto a ameixa como o pêssego são da família dos pêssegos".
sumóń-byṓ スモン病 (< Ing. smon: subacute + myelo + otico + neuropath)【Med.】A "SMON" [neuropatologia mielo-ó(p)tica subaguda].
sumṓ-tori [óo] 相撲取り (< … + tóru) O lutador [jogador] de sumô. [S/同] Ríkishi.
súmu¹ 住 [棲·栖] む **1** [居住する] Morar; habitar; viver; residir. *Ano ie ni wa ima dare mo sunde inai* あの家には今誰も住んでいない Agora, aquela casa está desabitada [não tem ninguém]. ★ ~ *ni tekishita* [*Sumeru*] 住むに適した[住める] Habitável. [P/ことわざ] *Sumeba miyako* 住めば都 A cada pássaro, parece bem [Para o passarinho, não há como] seu ninho/Não há nada como a nossa casinha [terrinha]. [S/同] Kyojū́ súrú. **2** [生きる] Viver. *Watashi to kare to wa sunde iru sekai ga chigau* 私と彼とは住んでいる世界が違う Eu e ele vivemos em mundos diferentes. [S/同] Ikíru (+). **3** [生息する] Viver; habitar. ★ *Numa ni* ~ *dōbutsu* 沼に棲む動物 O animal que vive nos [procura os] pântanos. [S/同] Seísókú súrú.
súmu² 済む **1** [終わる] Acabar; terminar. *Sunda koto wa shikata nai* 済んだ事は仕方ない (Deixe lá,) isso já passou. **2** [かたがつく] Ficar resolvido. *Sore de* ~ *to omotte iru no ka* それで済むと思っているのか Bem! Então você acha que assim fica tudo resolvido? ⇨ kaíkétsú¹ ◇. **3** [用が足りる] Chegar; ser suficiente. *Anata ga kite kurereba watashi wa ikanaide* ~ あなたが来てくれれば私は行かないで済む Se você vier, eu não preciso (de) ir. [S/同] Maníáu. **4** [⇨ sumánai; sumímásén].
súmu³ 澄む **a**) Ficar límpido [claro/transparente/limpo]. ★ *Sunda mizu* [*sora*] 澄んだ水[空] A água [O céu] límpida[o]. *Sunda koe* 澄んだ声 A voz límpida/clarinha. **b**) Ficar「o coração」sereno/em paz.
sumū́zu [úu] スムーズ (< Ing. smooth) Sem qualquer problema [dificuldade/incidente]; normal. ★ ~ *ni iku* スムーズに行く Correr tudo ~ [normalmente]. [S/同] Naméraka; odáyaka.
sún 寸 **a**) O "sun" (3,03cm); **b**) A medida; o tamanho. ★ ~ *ga tarinai* 寸が足りない Ser「um pouco」curto. ◇ ⇨ **~ byō** [**dan**/**geki**/**ji**/**ka**/**koku**/**pō**/**pyō**/**shi**/**zen**/**zumari**]. [S/同] Suńpṓ (+).
suná 砂 A areia「da praia/do rio」. [I/慣用] ~ *o kamu yō na omoi* 砂を噛むような思い **a**) O saber mal [a palha]; o ser insípido; **b**) O「filme/programa」não ter graça.
suná-árashi 砂嵐 A tempestade de areia「vinda da China/do norte da África」.
suná-ásobi 砂遊び (O fazer) construções com [na] areia. ★ ~ *suru* 砂遊びする …
suná-bá 砂場 **a**) O quadrado [A caixa] de areia「no parque para as crianças brincarem」; **b**) O areal「para explorar」. ⇨ suná-jí.
suná-bókori 砂埃 (< … + hokórí) A poeira de areia. ⇨ suná-árashi[-kémuri].
suná-búkuro¹ 砂袋 (< … + fukúro) O saco de areia.
suná-búkuro² 砂嚢 A moela (De ave). [S/同] Sanṓ; suná-gímó (+).
suná-búró 砂風呂 (< … + furó) O banho de areia (Enterrado, só com a cabeça de fora).
suná-dókei 砂時計 (< … + tokéí) A ampulheta; o relógio de areia.
suná-gímó 砂肝 (< … + kimó) A moela (De ave). [S/同] Sanṓ; suná-búkuro².
suná-hámá 砂浜 A praia (com muita areia).
suná-jí 砂地 (< … + chi²) O areal; o terreno arenoso. ⇨ suná-bá.
suná-kémuri 砂煙 A poeirada. ⇨ suná-bókori.

sunákku スナック (< Ing. snack) **a)** A merenda; o lanche; a refeição ligeira. ◇ **~ gashi** スナック菓子 Doces [Bolachas/Biscoitos] para a merenda. ⓈⓇ Keíshókú. **b)** O barzinho; o botequim.

súnao 素直 **1** [聞き分けがよい] O ser obediente [honesto/franco/natural/meigo/simples]. ★ **~ ni meirei ni shitagau** 素直に命令に従う Ser dócil; fazer o que se lhe diz. ⓈⓇ Jújún; junbókú. **2** [扱いやすい] O ser fácil de tratar. ★ **~ na kami** 癖がなくて素直な髪 O cabelo liso e fácil de pentear.

sunáppu スナップ (< Ing. snap) **1** [服の] A mola (de pressão). **2** [写真の] O instantâneo (tirado com máquina portátil). ★ **~ shashin o toru** スナップ写真を撮る Tirar um ~. **3** [手首の力] [Beis.] O movimento rápido do pulso. ★ **~ o kikaseru** スナップを利かせる Bater a bola com um ~.

sunáwachi 即 [則・乃] ち **1** [つまり] Isto é; ou seja; a saber; quer dizer. *Burajiru no shuto ~ Burajiria* ブラジルの首都即ちブラジリア A capital do Brasil, ~, Brasília. ⓈⓇ Ií-káereba; tsúmari. **2** [まさしく] Exa(c)tamente. *Kore ga ~ watashi no iitai koto da* これが即ち私の言いたい事だ É [Era] isto ~ o que eu quero [queria] dizer. ⓈⓇ Masáshiku. **3** [そうすれば] Consequentemente; sem dúvida; é igual「a vencer」. *Tatakaeba ~ katsu* 戦えば即ち勝つ Se você lutar, sem dúvida (que) vai ganhar.

suńbyő¹ 寸秒 (< ··· +byő¹) O momento; o segundo [minuto]. ★ **~ o arasou** 寸秒を争う「a solução」Não poder esperar; não ter tempo a perder; não poder perder um ~. ⓈⓇ Suńkókú; ikkókú.

suńbyő² 寸描 O esboço. ⓈⓇ Sukétchi (+).

sundán 寸断 O corte em pedaços. 【E.】★ *Taifū de ~ sareta tetsudō* 台風で寸断された鉄道 A via férrea cortada pelo tufão. ◇ zutázúta.

sundé(no-koto)ni[nó-tókóró-de] すんで (のこと) に[の所で] Por pouco; quase. *~ kare to iki-chigau tokoro datta* すんでのことに彼と行きちがう所だった Por pouco que não me desencontrei dele.

suné 臑・脛 A canela. [Ⅰ/慣用] **~ ni kizu o motsu** すねに傷を持つ Ter má [algo a pesar na] consciência. *Oya no ~ o kajiru* 親のすねをかじる Viver à custa dos pais. ◇ **~ kajiri** すね囓り O parasita [chupista/mamão (Col.)]. ⓈⓇ fukúráhágí.

súnen[úu] 数年 Alguns [Uns/Varios] anos. ★ **~ mae** 数年前 Há [Faz] ~. *Koko ~ kan*[rai] ここ数年間[来] Nestes últimos anos.

sunéru 拗ねる Ficar de mau humor; amuar. *Kono ko wa jibun no omoi-dōri ni naranai to sugu ~* この子は自分の思い通りにならないとすぐ拗ねる Esta criança, quando [se] não lhe fazem a vontade, amua (fica de mau humor). ★ *Yo o ~* 世を拗ねる Ser cínico [misantropo]. ◇ muzúkáru.

suń-géki 寸劇 Uma peça teatral curta.

súnín[úu] 数人 Umas [Várias/Algumas] pessoas.

súnji 寸時 【E.】 O momento; o instante; o minuto. ⓈⓇ Ikkókú (+); suńkókú. ⇨ sún.

súnka 寸暇 【E.】 O momento (livre); o instante. ★ *~ o oshinde dokusho o suru* 寸暇を惜しんで読書をする Ler [Entregar-se à leitura] sem perder um ~. ⇨ himá; sún.

suńkókú 寸刻 【E.】 O momento; o minuto; o instante. ⓈⓇ Ikkókú (+); súnji. ⇨ sún.

suńnári (to) すんなり (と) 【On.】 **1** [張りがないよう す] Facilmente; sem dificuldade. ★ *~ shōchi suru* すんなり承知する Aceitar [Concordar] ~. **2** [すらり] 「A figura」 Esbelta; elegante. ⓈⓇ Surári (+). Ⓐ/Ⓡ Zuńgúri.

su-nó-kó 簀の子 **a)** A tábua para escorrer「a loiça」; **b)** O tapete de madeira「do chuveiro」; **c)** A cortina de bambu.

su-nó-mono 酢の物 O prato temperado com vinagre.

suńpō 寸法 **1** [大きさ] A medida; o tamanho; o número; a dimensão. ★ **~ ni awasete** 寸法に合わせて À [Segundo a] medida. **~ o toru**[hakaru] 寸法を取る [計る] Tirar as medidas「para o fato」. ⓈⓇ Ókísa; sáizu. **2** [計画] O plano; o programa. *Kō iu ~ ni naru no sa* こういう寸法になるのさ É ~ é este! Estás a ver (, pá)? ⓈⓇ Keíkákú (+). ⇨ sún.

suńpyő 寸評 Uma [Um] breve crítica [comentário] 「sobre o filme/a política」. ⓈⓇ Tańpyō. ⇨ sún.

súnshi 寸志 【E.】 Uma pequena prova de gratidão; um pequeno presente; "Com os meus cumprimentos". ⓈⓇ Mátsu no ha. ⇨ sún.

suńzén 寸前 【E.】 O ser mesmo antes; o「perigo」ser iminente. ★ **~ ni** 寸前に「chegar」Mesmo antes「de o avião partir」. ⓈⓇ Chokúzén (+). ⇨ sún.

suń-zúmárí 寸詰まり (< ··· +tsumári) 【G.】 O「casaco」ser curto demais.

súpā [úu] スーパー (< Ing. super < L.) 【Pref.】 Super; 「um esforço」sobre「-humano」. ◇ **~ māketto** スーパーマーケット O supermercado. **~ man** スーパーマン O super-homem. ⓈⓇ Chō (+).

supágétti スパゲッティ (< It. spaghetti: fio/corda pequena) O esparguete.

supái スパイ (< Ing. spy < Gr. spehōn: vigiar) O espião; o [a] espia; o espionagem. ◇ **~ mō** スパイ網 A rede de espionagem [espiões]. **Gyaku ~** 逆スパイ A contra-espionagem. **Sangyō ~** 産業スパイ ~ industrial. ⓈⓇ Kańchō; mittéi.

supáiku スパイク (< Ing. spike) **a)** O espigão; a pua; o ferrão; **b)** O golpe certeiro「fazendo um ponto, no voleibol」. ★ **~ suru** スパイクする Dar um golpe certeiro. ◇ **~ taiya** スパイクタイヤ O pneu(mático) com espigões「para não derrapar na neve」.

supáishī スパイシー (< Ing. spicy < L.) Picante; temperado com caril/pimento/gindungo···e outras especiarias. ⇨ súpaisu.

supáisu スパイス (< Ing. spice < L.) A especiaria; o tempero picante. ⓈⓇ Kōshíńryō (+); yakúmí.

supáku [áa] スパーク (< Ing. spark) A faísca; a centelha. ⓈⓇ Hí-bana (+).

supána スパナ (< Ing. spanner) A chave inglesa [boca/de porcas].

supáńkōru [ōo] スパンコール (< Ing. spangle) A lentejoula (Adorno de vestido).

supáringu [áa] スパーリング (< Ing. sparring) O pugilismo amigável [como treino/demonstração].

Supárútá スパルタ Esparta (Cidade da antiga Grécia). ◇ **~ kyōiku** スパルタ教育 A educação (à) espartana [dura/rigorosa].

supásupa (to) すぱすぱ (と) 1 [たばこを続けて吸うさま] (Im. de fumar muito). ★ *Tabako o ~ suu* たばこをすぱすぱ吸う Fumar como uma chaminé. **2** [刃物などがよく切れるさま] (Im. de「faca」cortar bem e rápido). *Kyūri o ~ kiru* 胡瓜をすぱすぱ切る Cortar o pepino bem e depressa.

supéa スペア (< Ing. spare) O obje(c)to de reserva; o sobressa[e]lente; o extra. ◇ ～ **kī** スペアキー A chave de reserva; outra chave. ～ **taiya** スペアタイヤ O pneu sobressalente (de reserva). [S/同] Yóbi.

supédo スペード (< Ing. spade) As espadas (das cartas). ★ ～ *no joō* スペードの女王 A dama de ～.

Supéin スペイン A Espanha. ◇ ～ [**Isupania**]**-go** スペイン［イスパニア］語 O espanhol. ～ **jin** スペイン人 O espanhol [Os espanhóis].

supékutakuru スペクタクル (< Ing. spectacle < L.) O espe(c)táculo.

supékutoru スペクトル (< Fr. spectre < L.) O espectro「magnético/da luz」.

supéringu[supéru] スペリング［スペル］ (< Ing. spelling) A ortografia; a soletração; a grafia. [S/同] Tsuzúri.

supésharu スペシャル (< Ing. special < L.) Especial. ◇ ～ **rūmu** スペシャルルーム O quarto [A sala] ～「do hotel」. [S/同] Tokúbétsú (+).

supésu スペース (< Ing. space < L.) **1**「空いた場所」O espaço. ★ ～ *o akeru* [*oku*] スペースを空ける［置く］Espaçar「mais as linhas」; deixar espaço. ◇ **Shūnō** ～ 収納スペース O ～ para guardar coisas. [S/同] Akí; kúkán. **2**「宇宙空間」O espaço (cósmico). ◇ ～ **shatoru** [**rabu**] スペースシャトル［ラブ］ O vaivém [laboratório] espacial.

supíchi [ī] スピーチ (< Ing. speech) O discurso. ★ ～ *o suru* スピーチをする Fazer um ～. [S/同] Hanáshí (+); kóén (+).

supídó [ī] スピード (< Ing. speed) A velocidade. ★ ～ *o ageru* スピードを上げる Acelerar; aumentar a ～. ～ *o osaeru* [*otosu*] スピードを抑える［落とす］ Baixar [Reduzir] a ～. *Furu* [*Monosugoi*] ～ *no* フル［物すごい］スピードで A toda a [A grande] ～. ◇ ～ **appu** スピードアップ A aceleração「das obras」. ～ **bōru** スピードボール A bola rápida. ～ **ihan** スピード違反 O ultrapassar a ～ permitida; o excesso de ～. Háyasa; sókudo; sokúryoku.

supíkā [ī] スピーカー (< Ing. speaker) O altifalante.

supíróhéta [ēe] スピロヘータ (< L. spirochaeta)【Med./Biol.】As espiroquetas (Micro(o)rganismos).

supíttsu スピッツ (< Al. spitz) O lulu [cãozinho de luxo de focinho aguçado].

supóító スポイト (< Hol. spuit) O conta-gotas.

supōkusuman スポークスマン (< Ing. spokesman) O porta-voz「do presidente」.

supón すぽん【On.】「a rolha fez」Pum!

supónji スポンジ (< Ing. sponge < L.) A esponja (de esponjiário/planta/plástico). ◇ ～ **kēki** スポンジケーキ O pão-de-ló (⇨ kasútérá). [S/同] Kaímén.

supónsā スポンサー (< Ing. sponsor) O patrocinador. ★ ～ *ni naru* スポンサーになる Patrocinar. ～ *o sagasu* スポンサーを探す Buscar um ～ [mecenas].

supótī [ōo] スポーティー (< Ing. sporty) O fato; Elegantemente desportivo [esportivo].

supótsu [ōo] スポーツ (< Ing. sports) O desporto [esporte]. ★ ～ *o suru* [*yaru*] スポーツをする［やる］ Praticar ～. ◇ ～ **dorinku** スポーツドリンク A bebida para (d)esportistas. ～ **kā** スポーツカー O carro (d)esportivo. ～ **man** スポーツマン O (d)esportista. ～ **nyūsu** スポーツニュース O noticiário (d)esportivo. ～ **shinbun** スポーツ新聞 O jornal (d)esportivo. [S/同] Uńdó; kyōgi.

supótto スポット (< Ing. spot) **a)** O local「do acontecimento」(⇨ geńbá); **b)** O「pôr em」destaque; **c)** ⇨ supótto-ráito. ◇ ～ **nyūsu** スポットニュース A notícia em destaque.

supóttó-ráito スポットライト (< Ing. spotlight) O foco; o proje(c)tor (de luz); o holofote. ★ ～ *o ateru* スポットライトを当てる Focar「o protagonista/cantor」; dar [pôr em] relevo/destaque.

suppádaka 素っ裸【G.】A nudez completa; (todo) nuzinho (Col.); o estar em pêlo (G.). [S/同] Mappádaka (+). ⇨ hadáká.

suppái 酸っぱい Ácido; azedo. ～ *aji ga suru* 酸っぱい味がする Ser [Saber a] ～. *Suppaku naru* 酸っぱくなる Ficar ～;「a comida」azedar. ⇨ sańmí.

suppá-núkí 素っ破抜き (< suppánúku)【G.】A divulgação「dos segredos do a(c)tor」. ⇨ sukúpu.

suppá-núku 素っ破抜く【G.】Revelar; divulgar; pôr cá fora「nos jornais o escândalo do roubo」.

suppári (to) すっぱり (と)【On.】**1**「思い切ってするさま」「recusar」Categoricamente;「deixar o vinho」duma vez; sem hesitações. ★ ～ *akirameru* すっぱりあきらめる Desistir duma vez [para sempre]. [S/同] Kíppári; sukkíri. **2**「一気に断ち切るさま」「cortar」 Duma vez. [S/同] Supátto.

suppókásu すっぽかす【G.】Deixar「o trabalho」 por fazer; não fazer caso. ★ *Yakusoku o* ～ 約束を すっぽかす Faltar à palavra; não cumprir o prometido.

suppón 鼈【Zool.】O cágado. *Tsuki to* ～ *hodo no chigai ga aru* 月とすっぽんほどの違いがある São inteiramente diferentes [São tão diferentes como os dia da noite).

suppóri (to) すっぽり (と)【On.】Inteiramente; totalmente. ★ ～ *yuki ni tsutsumareta machi* すっぽり雪に包まれた街 A cidade completamente [toda] coberta de neve.

sūpu [ū] スープ (< Ing. soup) A sopa; o caldo「verde/de couves」(Pop.). ★ ～ *o nomu* [*suu*] スープを飲む［吸う］Comer/Tomar a sopa. *Yasai* ～ 野菜スープ ～ de legumes.

supún [ū] スプーン (< Ing. spoon) A colher. ★ ～ *de kakimazeru* スプーンでかき混ぜる Mexer [Agitar] com a ～. ～ *ippai no satō* スプーン一杯の砂糖「só」 Uma ～ de açúcar. [S/同] Sáji (+).

supúrē スプレー (< Ing. spray) **1**【噴射器】O pulverizador. ◇ **Heā** ～ ヘアースプレー ～ [A laca] para o cabelo. [S/同] Fuńmú-ki. **2**［チョコレートなどの細片］Algo triturado.

supúríńgú スプリング (< Ing. spring) **1**【バネ】A mola. ◇ ～ *tsuki beddo* スプリング付きベッド A cama com molas. [S/同] Báne (+). **2**【春】A primavera. ◇ ～ **kōto** スプリングコート O casaco de meia-estação. [S/同] Háru (+).

supúrinkurā スプリンクラー (< Ing. sprinkler) **a)** O grifo [irrigador de aspersão]; **b)** O borrifador; **c)** O extintor de incêndios. [S/同] Sańsúiki.

supúríntā スプリンター (< Ing. sprinter) O velocista (corredor de velocidade).

súra すら【E.】Nem「aquilo sabia」. ★ *Senmonka de* ～ *kotaerarenai mondai* 専門家ですら答えられない問題 Um problema que nem os especialistas sabem resolver. [S/同] Sáe (+).

súrabu スラブ *dos eslavos*. ◇ ～ **kei gengo** スラブ系言語 As línguas eslavas. ～ *minzoku* スラブ民族 A raça eslava/eslávica [Os povos eslavos].

suráidíńgú スライディング (< Ing. sliding)【Beis.】O

atingir a base deslizando.

suráídó スライド (< Ing. slide) **a)** O diapositivo; **b)** A lâmina (para microscópio). ◇ ~ **sei. Karā ~** カラースライド O ~ colorido [a cores].

suráídó-séí スライド制 A [O sistema de] escala móvel「de salários」.

surákkusu スラックス (< Ing. slacks) As calças compridas「de mulher」. S/同 Zubón. ⇨ pántaron.

súramu スラム (< Ing. slum) A favela; o bairro pobre [da lata]. ◇ ~ **chiku** [gai] スラム地区[街] A zona [área] de ~s. S/同 Hińmínkutsu.

surángu スラング (< Ing. slang) A gíria. ⇨ hígo²; zokúgó.

suránpu スランプ (< Ing. slump) O「jogador」estar fraco [muito em baixo]. ★ ~ **ni ochíiru** スランプに陥る「a equipa/e」Cair; ficar abaixo de forma.

surári-to[**surátto**] すらりと[すらっと]【On.】(Im. de esbelto/rápido「no manejo da espada」/despachado「no trabalho」). ★ *Se no ~ shita hito* 背のすらりとした人 A pessoa de corpo esbelto.

surárómu [**óo**] スラローム (< Ing. slalom)【(D)esp.】O "slalom" (Modalidade de competição de esqui).

súrasura (**to**) すらすら (と)【On.】「ler japonês」Depressa [Com facilidade];「responder a todas as perguntas」sem dificuldade (nenhuma). *Koto wa ~ hakonda* ことはすらすら運んだ Tudo (de)correu sem dificuldade [às mil maravilhas]. ⇨ juńchő; naméraku; ryūchō.

suré-áu 擦れ合う (< suréru +…)「a multidão」Acotovelar-se;「com o vento os ramos」roçarem uns nos outros. S/同 Furé-áu (+).

suré-chígáí 擦れ違い (< suré-chígáu) **a)** O passar por [O cruzar-se com] alguém; **b)** O andarem「os dois」desencontrados.

suré-chígáu 擦れ違う (< suréru +…) **a)** Passar por [Cruzar-se com]「alguém」. ★ *Kuruma to ~* 車と擦れ違う ~ um carro. **b)** Desencontrar-se [Andar desencontrado]. **c)** Não concordar um com o outro「nas medidas a tomar」.

surékkárásshi 擦れっからし【Chu.】O descarado; o desavergonhado; o insolente.

suréru 擦れる **1**「こすれる」O「vestido」Roçar「no chão」e fazer ruído. S/同 Kosúréru. **2**「擦り減る」**a)** Ficar coçado [puído/gasto]. ★ *Surete usuku naru* 擦れて薄くなる「o casaco」~「nos cotovelos」. S/同 Surí-héru (+). **b)** Ficar arranhado nos punhos com a corda/as algemas」; roçar [ferir]. *Kakato ga surete itai* かかとが擦れて痛い O sapato roça no calcanhar e dói-me. **3**「悪ずれする」Ficar macaco velho [macaco de rabo coçado (G.)]; ser maroto [sabido]. *Kono ko wa zenzen sureta tokoro ga nai* この子は全然擦れた所がない Esta jovem é muito inocente. S/同 Waru-zúré.

surésúré 擦れ擦れ (< suréru) **1**「触れるくらい」(Mesmo) rente [junto]; a raspar. ★ *Hei ~ ni tōru* 塀擦れ擦れに通る Passar rente [cosido/mesmo pegado] ao muro. **2**「やっと」Por pouco [um triz]; mal; a custo. ★ ~ *de shiken ni gōkaku suru* 擦れ擦れで試験に合格する Mal passar [Passar por pouco/à tangente/por uma unha fina] no exame. ⇨ yattó.

suréto [**ée**] スレート (< Ing. slate) A ardósia.

súretsú [**uú**] 数列【Mat.】A progressão; a sequência de números. ◇ **Tōsa** [**Tōhi**] ~ 等差[等比] 数列 A progressão aritmética [geométrica]. ⇨ kyűsű. **b)** Várias fil(eir)as「de cadeiras/pessoas」.

súri¹ 掏摸 O carteirista [ladrão/gatuno de carteiras]. S/同 Gomá-nó-háí; hakóshi; okí-bíkí.

surí² 刷り (< súru²) A impressão. S/同 Íńsátsú (+).

sûri [**úu**] 数理 O princípio matemático; a matemática. ◇ ~ **jō** [**teki ni**] 数理上[的に] Matematicamente. ◇ ~ **keizaigaku** 数理経済学 A economia matemática.

surí-ágárí 刷り上がり (< surí-ágárú) O acabar de imprimir [O sair da impressão]. ★ ~ *ga yoi* [*warui*] 刷り上がりがよい[悪い] Estar bem [mal] impresso.

surí-ágárú 刷り上がる (< súru² +…)「o livro」Acabar de imprimir. ★ *Suriagatta bakari no posutā* 刷り上がったばかりのポスター O cartaz acabado de…

surí-ágéru 刷り上げる (< súru² +…)「o tipógrafo」Acabar de imprimir.

surí-áshí 摺り足 (< súru³ +…) O andar「na sala de tatámi」sem levantar os calcanhares.

surí-bachi 摺り鉢 (< súru³ + hachí) O almofariz; o gral. ★ ~ *gata no* 擂り鉢形の「cálice/copo de fundo」Có[ō]nico; coniforme. ⇨ suríkógi.

suríbu [**ii**] スリーブ (< Ing. sleeve) A manga. ◇ **Nō** ~ ノースリーブ「a camisa」Sem ~(s). ⇨ ráguran. S/同 Sodé (+).

surí-é 摺り餌 (< súru³ + esá) O alimento moído「para os passarinhos」.

surí-gárasu 擦りガラス O vidro fosco [martelado].

surí-hérasu 磨り減らす (< surí-héru) (Des)gastar com o uso. ★ *Kutsu no kakato o ~* 靴のかかとを磨り減らす Gastar os saltos dos sapatos. *Shinkei o ~* 神経を磨り減らす Dar cabo dos nervos.

surí-héru 磨り減る (< súru³ +…) Desgastar-se; gastar-se. ★ *Shinkei ga ~* 神経が磨り減る Os nervos enfraquecem.

surí-káéru 掏り替える (< súru² +…) Trocar. ★ *Hōseki o nisemono to ~* 宝石を偽物と掏り替える ~ uma jóia [pedra preciosa] por uma imitação.

surí-kiréru 擦り切れる (< súru³ +…) Desgastar-se; gastar-se.

surí-kíri 摺り切り (< súru³ + kíru) O ser「uma colher de açúcar」raso. A/反 Yamá-móri.

surí-kizu 擦り傷 (< súru³ +…) A escoriação [arranhadura/esfolada]「no braço」; o arranhão [a arranhadela]「no carro」. ⇨ sakkáshō; surí-múku.

surí-kógi 摺り粉木 O pilão「para triturar café/sésamo/mandioca」. ⇨ surí-bachi.

surí-kómu 擦[摺]り込む (< súru³ +…) Esfregar「em」. ★ *Yubi de kusuri o kizugúchi ni ~* 指で薬を傷口に擦り込む o remédio na ferida com o dedo.

surí-mí 摺り身 (< A carne de) peixe moído/a.

surí-mono 刷り物 (< súru² +…) O impresso. ★ ~ *ni suru* 刷り物にする Imprimir; fotocopiar. S/同 Íńsátsú-butsu (+).

surí-múku 擦り剥く (< súru³ +…) Esfolar. ★ *Koronde hiza o ~* ころんで膝を擦り剥く Cair [Dar um tombo] e ~ o joelho.

suríppa スリッパ (< Ing. slippers) As chinelas [alpergatas「de borracha/plástico」].

suríppu スリップ (< Ing. slip) **1**「婦人の下着」A combinação [camisola (B.)]. **2**「滑ること」A escorregadela; o deslize. ◇ ~ **jiko** スリップ事故 O acidente「de trânsito」por ~. ⇨ subéru¹.

surírā スリラー (< Ing. thriller) A coisa emocionante [de terror]. ⇨ kaídáń³.

Suríránka スリランカ O Sri Lanka (O antigo Ceilão). ◇ ~ **kyōwakoku** スリランカ共和国 A República do ~.

suríringu スリリング (< Ing. thrilling)「um jogo/desafio」Excitante; emocionante. ⇨ suríru.

súriru スリル (< Ing. thrill) A emoção; a excitação; o fré[ê]mito; a vibração. [S/同] Seńrítsú.

surí-táté 刷り立て O「jornal」acabar mesmo de sair [ser impresso].

surí-tsúbúsu 磨り潰す (< súru³ +…) **1** [粉にする] Moer; triturar; esmigalhar; desfazer「as batatas cozidas para fazer puré」. ★ *Kurumi o* ~ 胡桃を磨り潰す ~ as nozes. **2** [磨滅する] Dissipar [Gastar]「toda a fortuna」.

surí-tsúkéru 擦り付ける (< súru³ +…) **a)** Riscar (e acender)「um fósforo」. **b)**「o cão」Roçar「o focinho na pata」. **c)** Tocar「com a cabeça」movendo-se.

surítto スリット (< Ing. slit) A abertura「da caixa do correio」.

surí-yóru 擦り寄る (< súru³ +…)「a criança」Vir [Ir] encostar-se「à mãe」. [S/同] Nijíri-yóru.

surógan [óo] スローガン (< Ing. slogan) O lema; a divisa. ★ ~ *o kakageru* スローガンを掲げる Mostrar [Levantar] ~.

surōmō [róo] スローモー (< Ing. slow motion)【G.】 A pessoa morosa; o molenga/ão. ★ ~ *na hito* スローモーな人.

surōmōshon [móo] スローモーション (< Ing. slow motion) A「mesma cena em」câmara lenta.

surōpu [óo] スロープ (< Ing. slope) O declive; a encosta; a rampa; a inclinação. [S/同] Saká (michi) (+).

suróttó-máshín [íi] スロットマシーン (< Ing. slot machine) A caça-níqueis[-tostões] (G.); a máquina de jogo「de azar」.

suróttoru スロットル (< Ing. throttle) A válvula reguladora「de pressão」.

súru¹ 為る・する (⇨ súru tó) **1** [行う] Fazer. ~ *nara shite miro* するならしてみろ Se você quer ~, faça! ★ ~ *koto ga nai* [*takusan aru*] することがない [沢山ある] Não ter (nada) [Ter muito] que fazer. ~ *koto nasu koto* することなすこと Tudo aquilo em que alguém põe as mãos [*Watashi wa kare no* ~ *koto nasu koto subete ki ni iranai* 私は彼のすることなすこと すべて気に入らない Tudo aquilo em que ele põe as mãos não me interessa [Para mim, tudo o que ele faz não presta)]. *Benkyō* [*Shokuji*] ~ 勉強 [食事] する Estudar [Comer]. *Ki ga* ~ 気がする Sentir; parecer. *Koe ga* ~ 声がする Ouvir-se. ~ *ni* … にする Transformar [Fazer]「em」[*Musuko o isha ni* ~ *tsumori da* 息子を医者にするつもりだ Quero que o meu filho seja médico [Quero fazer do meu filho um médico]. *Saki ni shokuji ni shimasu ka o-furo ni shimasu ka* 先に食事にしますかお風呂にしますか Quer jantar agora ou toma primeiro um banho?]. *Sō* ~ *to dō shiyō ka* そうするとどうしようか Então [Nesse caso] que vamos fazer? *Sō* ~ *yori shikata nakatta* そうするより仕方なかった Não havia outra maneira [outro remédio]. *Sō shi nasai* [*shite kudasai*] そうしなさい [して下さい] Faça assim [como diz]. … *to* ~ …とする **a)** Estar para [*Yūhi ga shizumō to shite iru* 夕日が沈もうとしている O sol está (quase) a pôr-se]. **b)** Tentar; procurar [*Isshōkenmei rikai shiyō to shita* 一生懸命理解しようとした Fiz todo o esforço por [Procurei] entender]. **c)** Decidir [*Jidōsha o kaō to shita* 自動車を買おうとした Decidi comprar um carro]. **2** [従事する] Dedicar-se「à agricultura」; ocupar-se「em」; ter; exercer. *Kare wa bengoshi o shite iru* 彼は弁護士をしている Ele é advogado/Ele exerce a advocacia. ⇨ jūji². **3** [価する] Valer; custar. *Kore wa ikura shimasu* [*desu*] *ka* これはいくらします [です] か Quanto custa isto? [S/同] Atái súrú. **4** [経過する] Passar. *Ni-sannichi shite denwa shite kudasai* 2, 3日して電話して下さい Telefone-me daqui a dois ou três dias. [S/同] Keíká súrú. **5** [仮定を表す] Supor; fazer de conta「que」. *Chichi ga ikite iru to* ~ *to ima hachijūsansai da* 父が生きているとすると今83歳だ Se o meu pai fosse vivo, teria (agora) oitenta e três anos. *Kono hanashi wa nakatta* [*kikanakatta*] *koto ni shite kudasai* この話はなかった [聞かなかった] 事にして下さい Faça de conta que não tivemos [ouviu] esta conversa.

súru² 刷る Imprimir; fotocopiar. ★ *Ichiman-bu* ~ 1万部刷る Imprimir dez mil exemplares「do livro」. [S/同] Ińsátsú súrú (+).

súru³ 擦 [磨・摩・擂] る **1** [こする] Esfregar; friccionar; roçar. ★ *Matchi o* ~ マッチを擦る Riscar um fósforo. [S/同] Kosúru. **2** [つぶして細かくする] Moer; triturar; esmigalhar; esmagar. ★ *Goma o* ~ 胡麻を擂る **a)** ~ as sementes de sésamo; **b)** (Fig.) Adular; lisonjear. ⇨ surí-é[-bachi]. **3** [失う] Perder. ★ *Kabu* [*Keiba*; *Tobaku*] *de kane o* ~ 株 [競馬; 賭博] で金を擦る ~ dinheiro na compra/venda de a(c)ções [nas corridas de cavalos/no jogo]. [S/同] Ushínáu.

súru⁴ 掏る Roubar à calada; surripiar; bifar (G.). *Saifu o surareta* 財布を掏られた Roubaram-me a carteira!

surúdói 鋭い **1** [とがった] Agudo; afiado; afilado; pontiagudo. ★ ~ *hamono* [*kuchibashi*] 鋭い刃物 [口ばし] A faca afiada [O bico (de ave) afilado/pontiagudo]. [S/同] Togátta. **2** [激しい] Intenso; violento; agudo. ★ ~ *hihan* [*kōgeki*] 鋭い批判 [攻撃] A crítica [O ataque] violenta/o. ~ *itami o kanjiru* 鋭い痛みを感じる Sentir uma dor intensa [aguda]. ~ *metsuki* 鋭い目つき O olhar penetrante. [S/同] Hagéshíi (+). **3** [鋭敏な] Perspicaz; apurado;「um ouvido」sensível「à música」. ★ *Anata no kansatsu wa nakanaka* ~ あなたの観察はなかなか鋭い Você é muito perspicaz [tem um grande poder de observação]. [S/同] Eíbíń ná.

surúdóku 鋭く (Adv. de "surúdói") Muito; violentamente;「ver」com muita perspicácia「o problema」. ★ ~ *tairitsu shite iru iken* 鋭く対立している意見 As opiniões muito [diametralmente] opostas.

surúdósa 鋭さ (Sub. de "surúdói") A agudeza. ⇨ eíbíń; hagéshíi.

surúri-to [**surútto**] するりと [するっと]【On.】(Im. de pôr, sair「sem ninguém ver」, escorregar [sem notar], …) ★ ~ *te no aida o surinukeru* するりと手の間をすり抜ける「o papel」Escorregar das mãos. ⇨ surúri-to.

súrusuru (**to**) するする (と)【On.】Facilmente; agilmente; suavemente. ~ *kokki ga agatta* するする国旗が揚がった A bandeira nacional subiu devagar(inho) até ao alto do poste. ⇨ surúri-to.

surú tó すると (⇨ súru¹)【G.】 **1** [その時] E; então;

nesse momento. *Watashi wa dekake-yō to shite ita.* ~ *denwa ga natta* 私は出かけようとしていた。すると電話が鳴った Quando eu ia sair [Estava eu para sair e] tocou o telefone. ⟨S/⟩圖 Sō súrú tó. **2** [それでは] Então; nesse caso; se é assim. ~ *anata wa San Pauro no machi o shitte iru no desu ne* サンパウロの街を知っているのですね o senhor conhece a cidade de S. Paulo, não é (verdade) [não conhece]? ⟨S/⟩圖 Soré-déwa.

súryō [**uú-óo**] 数量「aumentou」A quantidade. ◊ ~ **shi** 数量詞【Gram.】O pronome de ~. ⇨ kázu; ryō¹; súshí.

susámájíi 凄まじい Terrível; horroroso; espantoso; pavoroso; tremendo. ★ ~ *oto o tatete bakuhatsu suru* 凄まじい音を立てて爆発する Explodir com um estrondo ~. ⇨ hagéshíi; hídói; osóróshíi; sugói.

susámú 荒む Degenerar; endurecer; 「o artista」perder a frescura. ★ *Susanda kokoro [seikatsu]* 荒んだ心[生活] O coração endurecido [A vida dissoluta]. ⇨ aréru.

súséi [**uú**] 趨勢 A tendência; a corrente. ★ *Jidai [Seron] no* ~ 時代 [世論] の趨勢 ~ dos tempos [da opinião pública]. ⟨S/⟩圖 Dōkō (+); keíkō (+); naríyúkí.

súsen [**uú**] 数千 Uns [Alguns/Vários] milhares.

sushi 寿司・鮨・鮓 O sushi (Prato típico japonês, à base de arroz e peixe cru). ◊ ~ *ya* 寿司屋 O restaurante de ~. **Nigiri-zushi** 握り寿司 ~ enrolado em alga.

súshi [**uú**] 数詞【Gram.】O numeral. ◊ **Jo** [**Ki**] ~ 序[基]数詞 ~ ordinal「quarto」[cardinal「quatro」].

súshíkí [**uú**] 数式 A expressão [fórmula] numérica.

sushi-zúmé 鮨詰め (< ··· + tsuméru) O ir [estar] superlotado [como sardinha na canastra]. ★ ~ *no densha* 鮨詰めの電車 O comboio [trem] superlotado [cheio a não poder (estar) mais].

susó 裾 A aba「da calça/do casaco」; a falda「da montanha」; (⇨ susónó); a cauda「do vestido de noiva」. *Zubon no* ~ *o makuru* ズボンの裾をまくる Dobrar a aba das calças「para não as sujar/molhar」. ⇨ orí-káéshí.

susó-móyō 裾模様 O desenho [enfeite] da aba.
susó-nó 裾野 O sopé [As faldas] da montanha. ⇨ susó.
susó-wáké 裾分け ⇨ o-súsó-wáké.
súsu 煤 A fuligem. ★ ~ *o harau* 煤を払う Limpar a ~. ◊ ~ **haki** [**keru**].

sūsū [**súu-**] すうすう【On.】(Im. de ruído do vento/de respiração profunda/...) *To no sukima kara kaze ga* ~ *haitte kuru* 戸の隙間から風がすうすう入って来る Ouve-se o vento a sibilar pela fenda da porta.

susúgi 濯ぎ (< susúgú) A enxaguadela; o enxaguar「bem, a roupa」.

susúgú 濯[漱・雪]ぐ **1** [洗う] Enxaguar. ★ *Kuchi o* ~ 口を漱ぐ Bochechar. *Sentakumono o* ~ 洗濯物を濯ぐ ~ a roupa. ⟨S/⟩圖 Yusúgú. ⇨ aráú. **2** [恥辱などを] Limpar. ★ *Omei o* ~ 汚名を雪ぐ ~ o (a mancha no) nome. ⟨S/⟩圖 Sosógú (+).

susú-haki[**-haraí**] 煤掃き[払い] A limpeza da casa「no fim do ano」. ⟨S/⟩圖 Sūjí (+).
susúkéru 煤ける Ganhar fuligem [surro].
susúkí 薄【Bot.】Uma gramínea parecida à eulália e que forma o capim no Japão; *miscanthus sinensis*. ◊ *Kare* ~ 枯れ薄 O capim seco.

susúmé 勧[薦]め (< susúmérú²) O conselho; a recomendação. ★ *Isha no* ~ *de* [*ni yotte*] *nyūin suru* 医者の勧めで[によって]入院する Hospitalizar-se por conselho (do) médico. ⇨ jogén¹; kań'yū; suísén¹.

susúmérú¹ 進める (< susúmú) **1** [前進させる] Chegar adiante [à frente]; adiantar. ★ *Hiza o* ~ 膝を進める Chegar-se mais para diante [junto dos outros]. *Tokei o sanjippun* ~ 時計を30分進める Adiantar o relógio trinta minutos. ⟨S/⟩圖 Zeńshíń sáséru. **2** [昇·進さる] Promover. ⟨S/⟩圖 Shōshíń sáséru (+). **3** [増進させる] Estimular; aumentar. ★ *Shokuyoku no* ~ *o shokuji no tempero* 「o aperitivo/o tempero」Despertar [~] o apetite. ⟨S/⟩圖 Jochō súrú; zōshíń súrú (+). **4** [促進する] Apressar; acelerar; fazer andar「o proje(c)to」. ★ *Kōji o* ~ 工事を進める ~ as obras. ⟨S/⟩圖 Hakádórásérú (+); sokúshíń súrú.

susúmérú² 勧[薦]める **1** [推薦する] Recomendar. *Sore wa amari o-susume dekimasen* それはあまりお勧め出来ません Isso não é muito recomendável [de ~]. ⟨S/⟩圖 Suísén súrú. **2** [勧告する] Aconselhar; avisar. *Kare kara tenshoku o susumerareta* 彼から転職を勧められた Ele aconselhou-me a mudar de emprego. ⟨S/⟩圖 Kańkókú súrú; settókú súrú. **3** [奨励する] Fomentar; estimular. ★ *Seinen ni supōtsu o* ~ 青年にスポーツを勧める ~ o desporto [esporte] entre os jovens. ⟨S/⟩圖 Shōréí súrú. **4** [差し出す] Oferecer「doces」. ★ *Sake o* ~ 酒を勧める ~ saqué. ⟨S/⟩圖 Sashí-dású.

susúmí 進み (< susúmú) O progresso「nos estudos」; o「relógio」adiantar. ★ *Shigoto no* ~ *ga hayai* [*osoi*] 仕事の進みが早い[遅い] O andamento rápido [lento] do trabalho. ◊ ~ **guai** 進み具合 O grau de avanço (de progresso). ⟨S/⟩圖 Shińkō (+).

susúmí-déru 進み出る (< susúmí + ···) Pôr-se à [Ir para a] frente dos outros. ★ *Ippo* ~ 一歩進み出る Dar um passo em frente.

susúmú 進む (⇨ susúmérú¹) **1** [前進する] Avançar; ir para a frente. *Susume* 進め「um passo」Em frente! ★ *Hitogomi o nutte* ~ 人ごみを縫って進む Avançar「Abrir caminho」por entre a multidão. *Jisoku hyakkiro no sokudo de* ~ 時速100キロの速度で進む Ir à velocidade de cem quiló(ô)metros por hora [Ir a cem à hora]. ⟨S/⟩圖 Zeńshíń súrú. ⟨A/⟩圖 Shirízóku.

2 [進行する] Progredir; adiantar; avançar. *Kaiten no junbi wa kanari susunda* 開店の準備はかなり進んだ Os preparativos para abrir a loja estão bastante adiantados. *Kono mae wa doko made susumimashita ka* この前はどこまで進みましたか Onde estávamos [acabámos/ficamos (+)] na última aula? ⟨S/⟩圖 Hakádóru; shińkō súrú.

3 [進歩する] Avançar; progredir. *Chichi no kangae wa seken yori yoppodo susunde iru* 父の考えは世間よりよっぽど進んでいる O meu pai tem ideias muito avançadas. ★ *Bunka ga susunde iru kuni* 文化が進んでいる国 O país avançado culturalmente/O país com muita cultura. *Yo no naka ga* ~ *ni tsurete* 世の中が進むにつれて À medida que a sociedade progride. ⟨S/⟩圖 Shíńpo suru. ⟨S/⟩圖 Kōtáí súrú.

4 [進級する; 昇進する] Ir; seguir; continuar「a subir/estudar」. ★ *Daigaku ni* ~ 大学に進む Seguir para a [Continuar os estudos na] universidade.

Kesshōsen ni ～ 決勝戦に進む Ir até às finais. ⇨ shińkyū[1]; shōshun[2]. **5** [食欲・病気が] Já ter; aumentar; adiantar. *Kare no haigan wa daibu susunde iru* 彼の肺ガンは大分進んでいる Ele tem cancro [câncer] do pulmão já muito adiantado. ★ *Shoku ga* ～ 食が進む Ter [Ficar com] apetite. **6** [時計が] Adiantar(-se). ★ *Ichi-nichi ni ippun zutsu* ～ 1日に1分ずつ進む「o relógio」～ um minuto por dia. **7** [気が] Ter vontade de. ★ *Jibun kara susunde* 自分から進んで De bom grado; de boa vontade; voluntariamente; por iniciativa [vontade] própria.

susurí-naku 啜り泣く (< *susúrú* + …) Soluçar; chorar aos soluços [a soluçar].

susúrú 啜る Sorver 「o chá」. ★ *Hana o* ～ 鼻を啜るFungar. ⇨ naméru; suú[1].

sutấ [áa] スター (< Ing. star < L.) O astro [A estrela]. ★ ～ *ni naru* スターになる Tornar-se estrela. ◇ ～ **uotchingu** スターウオッチング A observação astronó[ô]mica no país. **Eiga** ～ 映画スター ～ de cinema. ⇨ haná-gátá; hoshí.

sutáffu スタッフ (< Ing. staff) O corpo administrativo [dire(c)tivo/docente/de oficiais]; o pessoal; a 「minha」equipa[e] 「de trabalho」. ⇨ bu-íń; jiń'íń; jiń'yō; shokúin.

sutágúfurếshon [ée] スタグフレーション (< Ing. stag-flation) 【Econ.】 A estagflação (Estagnação com inflação).

sutaírisuto スタイリスト (< Ing. stylist < L.) **a)** O 「grande」estilista 「literário」; **b)** O desenhador de modas.

sutáiru スタイル (< Ing. style < L.) O estilo 「do escritor /arquite(c)tó[ô]nico /da moda」; a maneira.

sutájiamu スタジアム (< Ing. stadium < Gr.) O estádio 「de futebol」.

sutájió スタジオ (< Ing. studio < L.) O estúdio 「de artistas」; os estúdios 「da TV」.

sutákkáto [áa] スタッカート (< It. staccato) 【Mús.】 Staccato [Destacado/Picado].

sutákora すたこら【G./On.】 Apressadamente; à [a toda a] pressa. ★ ～ *nigeru* すたこら逃げる Fugir ～; raspar [escapulir]-se; pôr os pés em polvorosa; dar às de vila-diogo. ⇨ sutásuta.

sutámíná スタミナ (< Ing. stamina < L.) A força; a resistência; o vigor; a energia. ★ ～ *ga aru* スタミナがある Ter força／～.

sutáńdó スタンド (< Ing. stand < L.) **1** [観覧席] A (arqui)bancada. ★ ～ *o wakaseru* スタンドを沸かせる Entusiasmar [Fazer vibrar] os espectadores／～. [S/画] Kańrán-seki. **2** [電灯] A lâmpada de mesa. ◇ **Fúroa** ～ フロアスタンド A lâmpada [O candeeiro] com pé. **3** [カウンターで飲み food べる形式の店] O balcão de comida e bebida. ◇ ～ **bā** スタンドバー O barzinho. **4** [自転車などを立てて止める器具] Uma armação 「para pôr bicicletas」.

sutáńdó-in スタンドイン (< Ing. stand-in) O a(c)tor substituto 「nos ensaios」. ⇨ daíyákú; fukí-káé[1].

sutáńdó-púrế [ée] スタンドプレー (< Ing. grandstand play) Os gestos exagerados [de efeito teatral] para agradar à plateia.

sutáńpu スタンプ (< Ing. stamp) O carimbo 「particular/do correio」. ★ ～ *o osu* スタンプを押す Carimbar; pôr o ～. ◇ ～ **dai** スタンプ台 A almofada para carimbo.

sutánsu スタンス (< Ing. stance) 【(D)esp.】 **1** [両足

の位置] A posição das pernas [dos pés] para bater a bola. **2** [距離; 姿勢] A posição; a postura; a distância. ★ *Shuryū-ha to wa ittei no* ～ *o oite iru* 主流派とは一定のスタンスを置いている Manter certa distância da facção dominante [principal].

sutáńtó-man スタントマン (< Ing. stunt man) O indivíduo que substitui o a(c)tor 「em cenas de perigo」.

sutárếru [sutáru] 廃れる [廃る] (⇨ sutérú) Passar de moda; cair em desuso; tornar-se antiquado. ★ *Sutareta shūkan* 廃れた習慣 O costume que já passou/desapareceu.

sutásuta すたすた【On.】 Depressa; rapidamente; 「passar por ali」a fugir. ⇨ sutákora.

sutấtấ [táa-] スターター (< Ing. starter) **a)** O juiz [que dá o sinal] de partida [largada]; **b)** 「ligar」O dispositivo [botão] de arranque. ◇ **Surō** ～ スロースターター O corredor que começa devagar mas que vai aumentando a velocidade.

sutấto [áa] スタート (< Ing. start) **a)** O começo; **b)** A largada [partida]; a saída. ★ ～ *no aizu* スタートの合図 O sinal de partida. ～ *o kiru* スタートを切る Começar; iniciar; partir [*Atarashii jinsei no* ～ *o kiru* 新しい人生のスタートを切る Começar uma vida nova]. ◇ ～ **rain** スタートライン A linha de partida. [S/画] Shuppátsú. [A/反] Gốru.

sutấuótchingu スターウオッチング ⇨ sutấ ◇.

sutáuto スタウト (< Ing. stout) A cerveja preta forte.

sutéárín ステアリン (< Ing. stearin < Gr.) A estearina. ◇ ～ **san** ステアリン酸 O ácido esteárico.

sutế-báchí 捨て鉢 (< *sutérú* + *hachí*) 【G.】 **a)** O caco velho; **b)** O desespero; o mandar tudo à fava. ★ ～ *na taido* 捨て鉢な態度 A atitude derrotista. [S/画] Yaké (kúsó).

sutế-bá(shố) 捨て場(所) (< *sutérú* + …) O lugar do lixo; a lixeira.

sutế-gó 捨[棄]て子 (< *sutérú* + *kodómó*) A criança abandonada; o enjeitado; o exposto.

sutế-íshí 捨て石 (< *sutérú* + …) **a)** A pedra sacrificada; **b)** A pedra ornamental 「do jardim japonês」; **c)** O mártir 「da pátria」. ★ ～ *to naru* 捨て石となる Sacrificar-se [Ser bode expiatório].

sutếji [ée] ステージ (< Ing. stage) O palco. ⇨ Bútai.

sutếki 素敵[的] O ser maravilhoso [lindo/esplêndido/admirável/giro/bacana(col.)]. ★ ～ *na fuku* 素敵な服 Um vestido esplêndido [elegante]. ⇨ subárashíi.

sutếki [ée] ステーキ (< Ing. steak) O bife.

sutékká ステッカー (< Ing. sticker) O autocolante; a etiqueta. ★ ～ *o haru* ステッカーをはる Colar [Pôr/Colocar] um/a ～.

sutékkí ステッキ (< Ing. stick) A bengala; o bastão. [S/画] Tsúe.

sutế-mí 捨て身 (< *sutérú* + …) A pessoa disposta a arriscar a vida. ★ ～ *de* 捨て身で Com risco da própria vida. ～ *no kōgeki* 捨て身の攻撃 O ataque [A luta] de vida ou de morte.

suténdó-gúrasu ステンドグラス (< Ing. stained glass) O vitral.

sutế-né 捨て値 (< *sutérú* + …) O preço sem ganho. ★ ～ *de uru* 捨て値で売る Vender quase de graça. ⇨ sute-úrí.

suténresu ステンレス (< Ing. stainless steel) O aço inoxidável.

suténshiru ステンシル (< Ing. stencil) O estêncil. ⇨ kâbon.

sutéppu ステップ (< Ing. step) **1** [ダンスの] O passo. ★ ~ *o fumu* ステップを踏む Dançar. **2** [階段の] O degrau. **3** [乗り物の] O estribo [degrau]「do autocarro/ônibus」.

sutéréó ステレオ (< Gr. stereos: solidez, firmeza) A estereofonia. ★ ~ *de kiku* ステレオで聞く Ouvir em/uma ~ [em estéreo]. ◇ ~ **hōsō** ステレオ放送 A emissão estereofô[ô]nica. ~ **taipu** ステレオタイプ A estereotipia; o estereótipo.

sutérú 捨[棄]てる **1** [手元から離す] Deitar [Jogar] fora. *Anna mono o kau no wa dobu ni kane o ~ yō na mono da* あんなものを買うのはどぶに金を捨てるようなものだ Comprar aquilo é deitar o dinheiro ao lixo. ★ *Gomi o* ~ ごみを捨てる o lixo. ⒮⒟ Nagé-dású. Ⓐ/Ⓡ Hiróú. **2** [あきらめる] Abandonar; renunciar; desistir; deixar; desamparar. *Kare wa daigaku shingaku no nozomi o issai suteta* 彼は大学進学の望みを一切捨てる Ele abandonou toda a esperança de entrar na [Ele já desistiu da] universidade. *Mi o sutete shakai ni tsukusu* 身を捨てて社会に尽くす Servir os outros [a sociedade], até ao sacrifício da própria vida. ⒮⒟ Hôchi[Hôki] suru; hotté-óku; mi-hánásu; mi-sútéru. **3** [かえりみない] Abandonar; esquecer. ★ *Henken o* ~ 偏見を捨てる Abandonar [Deixar] os preconceitos. *Kokyō o* ~ 故郷を捨てる a terra natal. *Yo o* ~ 世を捨てる Renunciar ao mundo. ⒫⒯⒪⒪ ~ *kami areba tasukeru* [*hirou*] *kami ari* 捨てる神あれば拾う神あり Quando uma porta se fecha, outra se abre.

sutéshon [ée] ステーション (< Ing. station < L.) A estação. ◇ ~ **biru** ステーションビル O edifício da ~. ~ **wagon** ステーションワゴン A carrinha [perua]. ⒮⒟ Eki (+).

sutétasu [ée] ステータス (< Ing. status < L.) O estado civil; a posição [condição] social. ◇ ~ **shinboru** ステータスシンボル Um símbolo de prestígio [alta posição social].

sutétékó ステテコ 【G.】 As ceroulas (Largas, de homem, para o verão).

sutétomento [ée] ステートメント (< Ing. statement < L.) A declaração; o comunicado. ⒮⒟ Seímeí (+).

suté-úrí 捨て売り (< sutérú + urú) A venda com prejuízo. ⒮⒟ Nagé-órí. ⇨ suté-né.

suté-zérifu 捨て台詞 (< sutérú + serífú) As palavras insultuosas ao separar-se para sempre. ★ ~ *o haku* 捨て台詞を吐く Proferir palavras…

sūto スト (Abrev. de ⇨ sutóráiki) 【G.】 A greve. ◇ ~ **ken** スト権 O direito à [de] ~. ~ **yaburi** スト破り **a)** O não fazer ~; **b)** O fura-greve. **Han** [**Zene**] ~ ハン[ゼネ]スト ~ parcial [geral].

sutóa¹ ストア (< Ing. store) A loja; o armazém. ⒮⒟ Misé; shóten.

sutóa² ストア Os「filósofos gregos」estóicos. ◇ ~ **gakuha** ストア学派 A escola estóica; o estoicismo.

sutóbu [óo] ストーブ (< Ing. stove) O aquecedor, a estufa. ★ ~ *o tsukeru* [*kesu*] ストーブをつける [消す] Acender [Apagar] a/o ~. ◇ ~ **rīgu** ストーブリーグ As negociações entre as equipas de beisebol durante o inverno (Sobre jogadores). ⒮⒟ Dánro.

sutóikku ストイック (< Ing. stoic) Estóico. ⇨ sutóa².

sutókkingu ストッキング (< Ing. stocking) A meia comprida「de senhora, fina」. ◇ **Pantī** ~ パンティーストッキング A calça-meia.

sutókku ストック (< Ing. stock) **1** [在庫品] O depósito [estoque]; a reserva. ★ ~ *ga aru* ストックがある Ter reserva. ⒮⒟ Zaíkó-híń. **2** [スキーの杖] O bastão de esqui. **3** [出し汁] O suco (de carne, de peixe, ou vegetais, para o preparo de sopa).

sutómu [óo] ストーム (< Ing. storm) 【G.】 A festa barulhenta (com algazarra) de estudantes.

sutón すとん 【On.】「cair」Pum!

sutóppu ストップ (< Ing. stop) O parar. ~ ストップ (合図) Alto [Pare]! ◇ ~ **uotchi** ストップウオッチ O cronô[ô]metro「do árbitro」. ⒮⒟ Teíshí.

sutóráiki ストライキ (< Ing. strike) A greve. ★ ~ *chū de aru* ストライキ中である Estar em ~. ~ *o suru* [*yaru*] ストライキをする[やる] Fazer ~. ⒮⒟ Súto.

sutóráiku ストライク (< Ing. strike) 【(D)esp.】 **a)** O acertar; **b)** (Beis.) O ponto contado contra o batedor, por não ter conseguido bater a bola; a falha. ◇ ~ **zōn** ストライクゾーン A zona de bater a bola.

sutórépútómáishin ストレプトマイシン (< Ing. streptomycin) A estreptomicina (Antibiótico forte).

sutóresu ストレス (< Ing. stress) O esforço excessivo; a tensão (contínua). ★ ~ *ga tamaru* ストレスがたまる Acumular-se a tensão. ~ *o kaishō suru* ストレスを解消する Descontrair-se.

sutórétchingu ストレッチング (< Ing. stretching) O exercício de esticar os músculos.

sutóréto [ée] ストレート (< Ing. straight) **1** [まっすぐなようす] Dire(c)to; franco; direito. ★ ~ *ni mono o iu* ストレートに物を言う Falar francamente [com franqueza/sem rodeios]. ◇ ~ **pāma** ストレートパーマ A permanente para endireitar o cabelo. ⇨ tańtó-chókúnyú. **2** [続けて] Seguido. ★ ~ *de katsu* ストレートで勝つ Ganhar partidas seguidas [todas as partidas]. **3** [うすめていないよう] O ser「uísque」puro [sem água]. ★ ~ *de nomu* ストレートで飲む Beber só「uísque」[sem mistura]. **4** [直球] (Beis.) A bola dire(c)ta. **5** [ボクシングの] (golpe) dire(c)to.

sutoríkinīne [ii] ストリキニーネ (< Hol. strychnine) A estricnina (Veneno terapêutico).

sutóríppā ストリッパー (< Ing. stripper) **1** [踊り子] A dançarina que se despe. **2** [製鉄のプレス] A carda mecânica.

sutóríppu ストリップ (< Ing. strip) **1** [Abrev. de "~shō"] O número de cabaré em que a cantora se despe, pouco a pouco. ◇ ~ **shō** ストリップショー ○ ~. **2** [製鉄の] A tira [fita] metálica. ◇ ~ **miru** ストリップミル O laminador.

sutórō ストロー (< Ing. straw) A palha「para beber o sumo」. ⇨ wára.

sutórobó ストロボ (< Ing. stroboscope) O estroboscópio. ⇨ furásshu.

sutóróku ストローク (< Ing. stroke) **a)** A braçada (ao nadar); **b)** A remada (ao remar); **c)** A batida (tacada) (no golfe/beis.); **d)** O golpe「certeiro do jogador」.

sutórónchíumu ストロンチウム (< Ing. strontium) 【Quím.】 O estrôncio (Sr 38).

sutóru [óo] ストール (< Ing. stole) **a)** A estola; **b)** O xa(i)lezinho (só para os ombros). ⒮⒟ Katá-kake.

sútsu [úu] スーツ (< Ing. suit) O terno (B.); o fato (completo). ◇ **Dāku** ~ ダークスーツ ~ escuro/preto.

suttá-monda 擦った揉んだ (< súru³ + mómu) A confusão; o banzé; a desordem; o fazer um grande espalhafato [muita balbúrdia]. ★ ~ no ageku 擦った揉んだのあげく Depois de muito espalhafato 「o problema resolveu-se」.

suttén-korori(n) すってんころり(ん) [G./On.] ~ to korobu すってんころりんと転ぶ Estatelar-se [Cair redondo] no chão; dar um grande trambolhão.

sutténtén すってんてん [G./On.] Sem cheta [vintém]. [S/周] Sukkárákáń (+).

suttó すっと [On.] **1** [素速く] **a)** 「crescer」Rapidamente [Depressa]; **b)** Subitamente; **c)** 「ir」Dire(c)tamente 「do colégio para a universidade」. ★ ~ tachi-agaru すっと立ちあがる Levantar-se subitamente. [S/周] Subáyáku. **2** [気持ちなどが] Com alívio [frescura/descanso]. Iitai koto o ittara kimochi ga ~ shita 言いたい事を言ったら気持ちがすっとした Depois de dizer tudo o que queria [tinha cá dentro] senti-me outro [fiquei mais descansado/leve/aliviado]. [S/周] Súttó.

súttó [uú] すうっと [On.] ⇨ sútto **2** (+).

suttónkyō 素っ頓狂 [G.] O ser raro [tolo/extravagante/estranho/esquisito]. [S/周] Tónkyō.

suú¹ 吸う **1** [気体、液体などを吸い込む] Respirar [Inspirar o ar]; chupar 「uma [um gomo de] laranja」; sugar. ★ Chichi o ~ 乳を吸う Mamar [Chupar o leite]. Tabako o ~ たばこを吸う Fumar 「Chupar o cigarro」. [慣用] Amai (Umai) shiru o ~ 甘い[うまい]汁を吸う Tirar proveito (Sem arriscar/À custa de outrem); pescar em águas turvas. [S/周] Súi-kómu. **2** [する] Sorver 「o chá quente」; beber 「o vinho」aos goles. [S/周] Susúrú (+). **3** [吸収する] Absorver; apanhar 「(h)umidade」. [S/周] Kyúshū súrú.

súu² 数 ⇨ sū.

súwa すわ Meu [Santo] Deus 「um terra[e]moto」! ★ ~ ichidaiji すわ一大事 ~ que coisa (extraordinária)! [S/周] Sá; sáte (+); sóra (+); sóre (o).

suwári 座 [坐] り (< suwarú) A estabilidade; o estar 「uma frase bem [mal] feita」; o assentar 「bem」. ★ ~ no yoi [warui] 座りのよい[悪い]「a mesa」Estável [Instável]. ◇ ~ gokochi 座り心地 A 「boa」sensação ao sentar-se 「nas cadeiras da varanda」(⇨ kokóchí).

suwári-kómi 座[坐]り込み (< suwári-kómu) A greve (com os grevistas) sentada.

suwári-kómu 座[坐]り込む (< suwári + ...) **a)** Sentar-se (para ficar); **b)** Fazer greve sentado 「à entrada do escritório」.

suwárú 座[坐・据わ]る **1** [腰を下ろす] Sentar-se 「no tatámi 」. Dōzo o-suwari kudasai どうぞお座り下さい Sente-se, por favor [Faz favor de se sentar]. ★ Suwaraseru 座らせる Mandar sentar as pessoas [Sentar 「o menino」]. Suwatte suru shigoto 座っての仕事 O trabalho sedentário/de escritório. Ashi o ori-magete suwaru 足を折り曲げて座る Sentar-se no chão com as pernas cruzadas (⇨ agúrá). [S/周] Koshíkákéru. **2** [動かない状態である] Estar firme [calmo]. ★ Dokyō (Hara) ga ~ 度胸[腹]が据わる Ter coragem [Saber o que quer]. Koshi ga ~ 腰が据わる Estar firme; não se mexer. Me ga ~ 眼が据わる Ter os olhos parados [piscos] 「da bebedeira」. **3** [ある地位につく] Ocupar um cargo. ★ Shachō no isu ni ~ 社長の椅子に座る Ser presidente (da empresa).

suyáki 素焼き O obje(c)to de cerâmica não vidrado [sem esmalte].

súyasuya すやすや [On.] Calmamente; tranquilamente; pacificamente. ★ ~(to) nemuru すやすや(と)眠る「a criança」Dormir tranquilamente [como um anjinho].

súyō [uú] 枢要 [G.] Uma grande importância. ★ ~ na [no] 枢要な[の] Importante 「posição no governo」.

suzú 鈴 O guizo; a campainha. ★ ~ no oto 鈴の音 O som [toque] do ~. ~ o narasu Soar 「o gato」; Tocar (Fazer barulho com) o ~. ◇ ⇨ ~ mushi [nari/ran].

súzu² 錫 O estanho. ◇ ~ haku 錫箔 A folha de ~.

suzú-káké-nó-kí 篠懸[鈴掛]の木 【Bot.】O plátano; platanus orientalis. ⇨ purátánasu.

suzú-kaze 涼風 (< suzúshíi + ...) O vento fresco; a aragenzinha [aragem fresca/agradável].

su-zúké 酢漬け (< ... + tsukéru) A conserva 「de legumes」(em vinagre).

suzúki 鱸 O robalo (Dos Serranídeos); a perca (Dos Percídeos).

suzúmé 雀 【Zool.】O pardal [A pard(al)oca; a pardaleja]; passer montanus. ★ ~ no namida hodo no 雀の涙ほどの Muito pouco; 「o vinho」não chegar para a cova de um dente [ser uma gota no oceano. [ことわざ] ~ hyaku made odori wasurezu 雀百まで踊忘れず O que se aprende no berço dura até à sepultura/O que se nasce no berço duro, só a cova tira.

suzúmé-bachi 雀蜂 (< ... + hachí) 【Zool.】A vespa grande; o marimbondo.

suzúmí 涼み (< suzúmu) A fresca. [S/周] Nôryō. ⇨ yū-súzumi.

suzúmu 涼む Refrescar-se.

suzú-mushi 鈴虫 【Zool.】A cigarra-de-outono; homoeogryllus japonicus.

suzú-nári 鈴生り (< ... + náru) O 「fruto nas árvores」ser aos montões [como uma pinha]. Jiko genba wa kenbutsunin ga ~ da 事故現場は見物人が鈴生りだ O local do acidente é uma pinha [está apinhado] de gente.

suzú-ran 鈴蘭 【Bot.】O lírio-do-vale (Baixo, de flores brancas, pequenas, em forma de guizo); convallaria keiskei.

suzúrí 硯 O cadinho (re(c)tangular, de pedra e fundo inclinado) para fazer tinta-da-china (com "sumi³"). ◇ ~ bako 硯箱 O estojo de [A caixa onde se guardam o] "suzuri", "sumi" (e "fude").

suzúshíi 涼しい **1** [ほどよく冷ややかで気持ちがよい] Fresco. Kono fuku wa ~ この服は涼しい Este fato [vestido] é ~. ★ ~ kaze ga fuku 涼しい風が吹く Soprar uma brisa ~ **a.** Suzushiku naru 涼しくなる Ficar ~; refrescar. ⇨ atátákái; hiyáyaka. **2** [目が心の良さと賢さを表していて美しい] Claro; límpido; puro; esperto. ★ Memoto no ~ hito 目元の涼しい人 Uma pessoa de olhar ~. **3** [しゃあしゃあしている] Indiferente; frio. Kare wa minna ni meiwaku o kakete okinagara ~ kao o shite iru 彼はみんなに迷惑をかけておきながら涼しい顔をしている Ele está sempre a incomodar os outros mas é como se não fosse nada com ele (; já é preciso ter lata! (G.)). ⇨ heíkí¹; sháshá.

suzúshísa 涼しさ (tub. de "suzúshíi") A fresc(ur)a; o fresco(r).

T

ta¹ 田【E.】O campo de arroz; o arrozal. ★ ~ *ni mizu o hiku* 田に水を引く Irrigar o ~ 〔*Waga* ~ *ni mizu o hiku* 我が田に水を引く ⇨ gáden-ínsúí〕. ~ *o tagayasu* 田を耕す Arar [Lavrar] o ~. ~ *o tsukuru* 田を作る Cultivar o ~. ~ *o ueru* 田を植える Plantar arroz. ⟨S/同⟩ Tańbó (+). ⇨ suídén.

ta² 他 **1**〔ほか〕Outro; outros; um outro; mais outro. ★ ~ *ni* 他に Além de; acima de; além disso; ainda mais〔*Kore yori* ~ *ni mō hōhō ga nai* これより他にもう方法がない Não há outro jeito [modo] (a não ser este)〕. ~ *no* 他の Diferente; não o mesmo; outro〔~ *no kuniguni* 他の国々 Os outros países〕. *Dare ka* ~ *no hito* 誰か他の人 Uma outra pessoa; outrem. *Sono* ~ *no hōhō de* その他の方法で Por outro meio. ⟨S/同⟩ Hoká (+). **2**〔ほかのこと〕Outra coisa; o resto. ~ *wa oshite shirubeshi* 他は推して知るべし Não é preciso dizer o resto. **3**〔他人〕A(s) outra(s) pessoa(s); os outros. ~ *no kotoba ni mimi o kasu na* 他の言葉に耳を貸すな Não dê [dês] ouvidos ao que dizem os outros. ⟨S/同⟩ Tanín (+).

ta³ 多【E.】Muito. ★ ~ *to suru* 多とする Apreciar muito [grandemente].「o conselho」; ter em alto conceito; estar [ficar] muito grato「por」; ter em grande conta. ⟨A/反⟩ Sho.

tába 束・把 O feixe; o maço「de papel」; a gavela [o molho]「de lenha/milho」. ~ *ni nattre kakaru* 束になってかかる「os salteadores」Atacarem em grupo. ★ ~ *ni suru* 束にする Atar em feixe 〔Fazer um/a ~〕. *Hana* 〔*Kagi*〕 *no* ~ 花〔鍵〕の束 O ramo de flores [molho de chaves].

tabákó 煙草 (< P. < Ár.) O tabaco; o cigarro. ~ *no suisugi ni ki o tsukemashō* 煙草の吸い過ぎに気をつけましょう Cuidado com fumar demais. *O-* ~ *wa go-enryo kudasai* お煙草は御遠慮下さい (掲示) Proibido [Por favor não] fumar! ★ ~ *hito hako* 煙草一箱 Uma caixa [um maço] de cigarros. ~ *ippon* 煙草１本 Um cigarro. ~ *ippuku* 煙草一服 Uma fumaça(da)/Um cigarro 〔~ *ippuku ikaga desu ka* 煙草一服いかがですか Que tal [Vai] um cigarro?〕. ~ *ni hi o tsukeru* 煙草に火をつける Acender o cigarro. ~ *no hai* 煙草の灰 A cinza do ~. ~ *no hi* 煙草の火 O lume de cigarro〔~ *no hi o kashite kudasai* 煙草の火を貸して下さい Podia dar-me lume?〕~ *no hi o kesu* 煙草の火を消す Apagar o cigarro. ~ *no kemuri* 煙草の煙 O fumo de ~. ~ *no suisashi* 煙草の吸いさし A ponta de cigarro (⇨ suí-gárá). ~ *o suu*〔*nomu*; *fukasu*〕煙草を吸う〔飲む; ふかす〕Fumar [Dar uma cachimbada/Pitar]〔*Koko de* ~ *o sutte mo ii desu ka* ここで煙草を吸ってもいいですか Pode-se [É permitido] fumar aqui?〕. ~ *o tsumeru* 煙草を詰める Encher o cachimbo. ~ *o yameru* 煙草をやめる Deixar de fumar. *Tsuyoi*〔*Yowai*〕~ 強い〔弱い〕煙草 ~ forte [fraco]. ◇ ~ **dai**〔**sen**〕煙草代〔銭〕As despesas de [para] tabaco [cigarros]. ~ **ire** 煙草入れ A cigarreira; a tabaqueira. ~ **ten**〔**ya**〕煙草店〔屋〕A charutaria (B.); a tabacaria. *Kagi* ~ 嗅ぎ煙草 O tabaco de cheiro; o rapé. *Kami* ~ 噛み煙草 O tabaco de mascar. *Kizami* ~ 刻み煙草 O tabaco picado. *Maki* ~ 巻き煙草 O cigarro (⇨ hamákí). *Paipu* ~ パイプ煙草 O tabaco de cachimbo.

tában〔**áa**〕ターバン (< Ing. turban) O turbante. ★ ~ *o maku* ターバンを巻く Enrolar [Pôr] o ~.

tabánéru 束ねる (⇨ tába) Atar; enfeixar. ★ *Kami o* ~ 髪を束ねる Atar o(s) cabelo(s). *Tabaneta satsu* 束ねた札 As notas em pacotes/molhos. ⟨S/同⟩ Tsukánéru; yuwáéru. ⇨ matómérú.

tabé-ákíru 食べ飽きる (< tabéru + ···) **a)** Comer à saciedade; fartar-se; saciar-se; **b)** Ficar enjoado「de comer tantas vezes a mesma coisa」.

tabé-áwásé 食べ合わせ ⇨ kuí-áwásé.

tabé-chírákásu 食べ散らかす ⇨ kuí-chírású.

tabé-dóki 食べ時 (< tabéru + tokí) A estação [época] em que algo é mais saboroso. *Ichigo wa ima ga* ~ *da* 苺は今が食べ時だ Agora, na época, é que os morangos sabem bem. ⟨S/同⟩ Tabégóró.

tabé-góró 食べ頃 (< tabéru + kóro) O ponto [tempo/dia] azado [ideal] para se comer「o melão」. *Mikan ga chōdo* ~ *ni natta* みかんがちょうど食べ頃になった As tangerinas [mexericas] estão mesmo boas para comer.

tabé-káké 食べ掛け (< tabé-kákéru)「não se deve levantar da mesa」A meio da refeição;「o pêssego」meio comido. ★ ~ *no chūshoku* 食べ掛けの昼食 O almoço interrompido a meio.

tabé-kákéru 食べ掛ける (< tabéru + ···) Começar a comer e não acabar. *Kare wa go-han o tabekaketa mama de dekaketa* 彼はご飯を食べ掛けたままで出かけた Ele saiu a meio da refeição.

tabé-kású 食べかす 食べ滓 ⇨ tabé-nókóshí.

tabé-káta 食べ方 **1**〔料理法〕**a)** O modo de preparar [cozinhar]. ★ *Ushi no rebā no* ~ 牛のレバーの食べ方 O ~ o fígado de vaca. ⟨S/同⟩ Ryōri-hō (+). **b)** A maneira de comer「a manga」. **2**〔作法〕A etiqueta [As boas maneiras] à mesa. ★ *Yōshoku no* ~ 洋食の食べ方 ~ ocidental. ⟨S/同⟩ mánā; sáhō.

tabé-kúrabe 食べ比べ (< tabé-kúrábéru) **a)** A comparação de comidas; **b)** A disputa para ver quem come mais.

tabé-kúrábéru 食べ比べる (< tabéru + ···) Comparar, comendo. *Burajiru-ryōri to porutogaru-ryōri o* ~ ブラジル料理とポルトガル料理を食べ比べる Comparar a comida b. com a comida p.

tabé-mono 食べ物 (< tabéru + ···) A comida; o alimento; os víveres; as refeições; a alimentação; o comer. *Anata wa donna* ~ *ga suki desu ka* あなたはどんな食べ物が好きですか De que comida (é que) você gosta mais? ★ ~ *ga yoi* 食べ物がよい「o restaurante」Servir bem. ~ *ga katayotte iru* 食べ物が偏っている Ter [Fazer] uma alimentação [dieta] desequilibrada. ~ *ga tarinai* 食べ物が足りない Faltar [Ser pouca] comida. ~ *ni ki o tsukeru* 食べ物に気をつける Ter cuidado com as comidas. ~ *o asaru* 食べ物をあさる Catar comida [no lixo]; andar à procura de comida. ~ *o dasu* 食べ物を出す (料理店で客に) Servir (a) comida (nos restaurantes). ◇ ~ **ya** 食べ物屋 A casa de pasto; o restaurante.

tabéń 多弁 A loquacidade; a verbosidade; a tagarelice.
tabé-náréru 食べ慣れる (< tabéru + …) Acostumar-se [Habituar-se] a comer. ★ *Yōshoku o* ～ 洋食を食べ慣れる ～ comida ocidental.
tabé-nókóshí 食べ残し (< tabé-nókósu) Os restos [As sobras] de comida. ★ ～ *o inu ni yaru* 食べ残しを犬にやる Dar ～ ao cão.
tábé-nókósu 食べ残す (< tabéru + …) Deixar restos [sobras] de comida; não comer tudo; deixar comida no prato. *Amari ōkute tabenokoshita* あまり多くて食べ残した Não comi tudo porque era muito.
tabéráréru 食べられる (< tabéru) (Ser) comestível [bom para comer]. *Korera wa zenbu* ～ *kinoko da* これらは全部食べられるきのこだ Todos estes cogumelos são comestíveis. ★ *Taberarenai* 食べられない **a**) Não (ser) comestível; **b**) Não conseguir comer [*Watashi wa nattō ga taberarenai* 私は納豆が食べられない Eu não consigo comer "nattō"].
tabéru 食べる **1** [飲食する] Comer; alimentar-se. *Byōki ni natte nani mo mono ga taberarenaku natta* 病気になって何も物が食べられなくなった Com a doença perdi completamente o apetite. *Isogashikute hiru-gohan o* ～ *jikan ga nakatta* 忙しくて昼ご飯を食べる時間がなかった Estive tão ocupado que não tive (sequer) tempo para [de] almoçar. *Kono akachan wa tabete shimaitai hodo kawaii* この赤ちゃんは食べてしまいたい程かわいい Este bebé[ê] é um favo de mel [tão querido que até dá vontade de o comer]. *Nani ka* ～ *mono wa arimasen ka* 何か食べる物はありませんか Tem [Há] algo que se coma? *Sore wa atsui uchi ni tabeta hō ga oishii* それは熱いうちに食べた方がおいしい Isso é mais saboroso (enquanto está) quente. *Ushi ga nohara de kusa o tabete iru* 牛が野原で草を食べている As vacas estão pastando no campo. *Watashi wa asa kara nan ni mo tabete inai* 私は朝から何にも食べていない Eu ainda não comi nada desde manhã. ★ *Chotto hitokuchi* ～ ちょっと一口食べる Comer um bocado [uma dentada]. *Isoide* ～ 急いで食べる Comer à pressa. *Kodomo ni go-han o tabesaseru* 子供にご飯を食べさせる Dar de comer [a comida] à criança. *Nama de* ～ 生で食べる Comer「peixe」cru [ao natural]. *Sukkari tabete shimau* すっかり食べてしまう Comer tudo; limpar o prato (G.). *Uchi* [*Soto*] *de* ～ 家[外]で食べる Comer em [fora de] casa. *Yaite* ～ 焼いて食べる Comer assado. *Taberareru dake* ～ 食べられるだけ食べる Comer até fartar [o máximo que puder]. *Tabetai dake* ～ 食べたいだけ食べる Comer quanto quiser. [S/同] Kuráú; kúu. ⇨ ínshoku. **2** [生活する] Viver; subsistir; manter [sustentar]-se. *Kanojo wa jibun de hataraite tabete ikanakereba naranakatta* 彼女は自分で働いて食べていかなければならなかった Ela teve de trabalhar para viver [se sustentar]. *Kazoku o tabesaseru tame ni mise o ikken keiei shite imasu* 家族を食べさせるために店を1軒経営しています Tenho uma loja para sustentar a família. *Kono shūnyū de wa kazoku go-nin tabete ikemasen* この収入では家族5人食べていけません Este rendimento não dá para (sustentar) uma família de cinco pessoas. [S/同] Seíkátsú súrú (+).
tabé-súgí 食べ過ぎ (< tabé-súgíru) O comer demais.
tabé-súgíru 食べ過ぎる (< tabéru + …) Comer em excesso; comer demasiado [demais]. ★ *Tabesugite haku* 食べ過ぎて吐く Vomitar por ter comido demais. [S/同] Kuísúgíru.
tabé-tsúkérú 食べつける (< tabéru + …) Habituar-se a comer. ★ *Tabetsukenai mono o taberu* 食べつけない物を食べる Comer algo insólito [novo; a que não está habituado]. ⇨ tabé-náréru.
tabé-yógóshí 食べ汚し (< tabé-yógósú) A lambuzada; o sujar「a mesa」ao comer. ★ *Kodomo no* ～ *o katazukeru* 子供の食べ汚しを片づける Limpar a ～ da criança. [S/同] tabé-chírákáshí.
tabé-yógósú 食べ汚す (< tabéru + …) Lambuzar; sujar「as mãozinhas todas」ao comer. [S/同] Kuí-chírákású (+); tabé-chírákasu (+).
tabé-zákari 食べ盛り (< tabéru + sakárí) A idade em que come mais; a fase de crescimento. ★ ～ *no kodomo* 食べ盛りの子供 A criança na ～.
tabézú-gírai 食べず嫌い (< Neg. de "tabéru" + kiráí) O preconceito contra uma certa comida. [S/同] Kuwázú-gírai.
tabí[1] 旅 A viagem; a jornada. ★ ～ *kara kaeru* 旅から帰る Voltar [Regressar] de uma ～. ～ *nareta* [*narenai*] *hito* 旅慣れた[慣れない]人 O viajante experiente [inexperiente]. ～ *narete iru* 旅慣れている Estar habituado a viajar; ser viajado. ～ *ni deru* 旅に出る Sair [Ir] de viagem. ～ *no hito* [*mono*] 旅の人[者] O viajante (⇨ tabí-bító). ～ *no sora de* 旅の空で Em terra estranha; longe de casa. ～ *no tsukare o iyasu* 旅の疲れをいやす Recuperar-se do cansaço [Descansar] da「longa」～. ～ (*o*) *suru* 旅(を)する Viajar; fazer uma viagem. *Sora* [*Umi*] *no* ～ 空[海]の旅 A viagem aérea [marítima]. [P/ことわざ] ～ *no haji wa kakisute* 旅の恥はかき捨て Em viagem tudo é permitido. ～ *wa michizure yo wa nasake* 旅は道連れ世は情け Na viagem o companheiro, e na vida a bondade. ◇ ⇨ **～ nikki** [**saki**]. [S/同] Ryokṓ (+). ⇨ mań'yū́; tabí-jí; yū́rán.
tabí[2] 度 (⇨ tabí-tábí) A ocasião; a vez. *Ano futari wa kao o awaseru* ～ *ni kenka suru* あの二人は顔を合わせる度に喧嘩する Aqueles dois, sempre que se encontram, brigam. *Kono shashin o miru* ～ *ni kare no koto o omoidasu* この写真を見る度に彼のことを思い出す Sempre que vejo esta foto, me lembro dele. ★ *Hito* ～ 一度 Uma vez. *Iku* ～ *mo* 幾度も ⇨ íkudo. *Kono* ～ この度 Desta [Esta] vez [*Kono* ～ *wa o-sewa ni narimashita* この度はお世話になりました Agradeço-lhe todas as suas atenções/Obrigado por tudo]. [S/同] Kái; orí; tokí.
tábi[3] 足袋 As meias japonesas (com o dedo grande separado). ★ ～ *o haku* [*nugu*] 足袋を履く[脱ぐ] Calçar [Descalçar] ～.
tabí-ákínai 旅商い O comércio ambulante [de tendeiro]. ⇨ gyṓshṓ; tabí[1]; tabí-ákíndo.
tabí-ákíndo 旅商人 O caixeiro viajante; o vendedor ambulante; o tendeiro; o feirante; o mascate. [S/同] Gyṓshṓníń (o); tabíshṓnin (+).
tabí-bító 旅人 (<… [1] + hitó) O [A] viajante; o viandante; o caminhante. [S/同] Ryokṓ-sha; tabí-gárasu; tabíníń; tabí-nó-mónó.
tabí-dáchí 旅立ち (< tabí-dátsu) A partida; o partir de viagem. [S/同] Kadódé. ⇨ shuppátsú.
tabí-dátsu 旅立つ (<… [1] + tátsu) Partir [Ir] de viagem. ★ *Ano yo ni* ～ あの世に旅立つ Ir para o outro mundo; morrer. [S/同] Shuppátsú súrú.
tabí-gárasu 旅烏【G.】(<… [1] + kárasu) **a**) O nó[ô]mada; **b**) O forasteiro; o estrangeiro.

S/同 Tabíbító (+) ; tabíníń; tabí nó mónó.

tabí-géinin 旅芸人 (<…¹+géiníń) O artista/a(c)tor ambulante [itinerante]. ★ ~ no ichiza 旅芸人の一座 A companhia teatral itinerante [de ~s]. S/同 Tabí-yákusha.

tabí-gókoro 旅心 (<…¹+ kokóro) A vontade [O gosto] de viajar. ⇨ ryojô.

tabí-ji 旅路 A jornada; a viagem. ★ ~ ni tsuku 旅路につく Iniciar [Começar] ~ ; meter pés ao caminho. Shide no ~ 死出の旅路 A última viagem; a morte. S/同 Tabí¹ (+). ⇨ dôchū; tabí-sákí.

tabí-jítaku 旅仕度 (<…¹+shitákú) Os preparativos de viagem; o fazer as malas. ⇨ tabí-súgata.

tabí-kásánárú 度重なる (< tabí² +) Ocorrer repetidamente [frequentemente]. ★ ~ shippai 度重なる失敗 Repetidos insucessos.

tabí-máwari 旅回り (<…¹+ mawárú) O andar de terra em terra.

tábin [áa] タービン (< Ing. turbine < L.) A turbina. ◇ **Jôki** [**Gasu; Kūki; Shôgeki; Suiryoku**] ~ 蒸気 [ガス; 空気; 衝撃; 水力] タービン A turbina a vapor [a gás; a ar; de choque; hidráulica].

tabí-níkki 旅日記 (<…¹+ nikkí) O diário de viagem.

tabí-sáki 旅先 (<…¹+sakí) **a)** O destino da viagem; **b)** (Todos) os locais visitados. ★ ~ de 旅先で「adoecer」Enquanto se anda de viagem. ~ kara no tayori 旅先からの便り As notícias enviadas durante a viagem.

tabi-shônin [óo] 旅商人 (<…¹+shônín) O mascate (B.); o comerciante [vendedor] ambulante; o feirante. S/同 Gyôshônín (+) ; tabí-akíndo.

tabi-shôzoku [óo] 旅装束 ⇨ tabí-súgata.

tabí-súgata 旅姿 O traje [Os aparatos/aprestos] de viagem. ⇨ tabí-jítaku.

tabí-tábí 度度 (< tabí²) Frequentemente; muitas [várias; rebetidas] vezes; amiúde. ~ o-tesū [o-tekazu] o kakete sumimasen 度々お手数を掛けて済みません Desculpe causar-lhe tantos incó(ô)modos. ~ iku [kuru] 度々行く [来る] Ir [Vir] ~. S/同 Hínpín (+); ikudo mo; saísán; shíbashiba.

tabí-yákusha 旅役者 (<…¹+ yakushá) O artista ambulante [itinerante]. S/同 Tabí-géinin.

tabí-zúkare 旅疲れ (<…¹+ tsukáré) O cansaço da viagem.

tabô 多忙 O atarefamento; a sobrecarga de serviço [trabalho]. Go-~ no tokoro o o-jama shite môshiwake arimasen 御多忙の所をお邪魔して申し訳ありません Desculpe tirar [roubar]-lhe o seu precioso tempo. ★ ~ de aru 多忙である Estar atarefado [muito ocupado] (Kyô wa ichi-nichi-jū ~ datta 今日は1日中多忙だった Hoje teve um dia ocupadíssimo). ~ na [no] 多忙な[の] Atarefado; muito ocupado [~ na mainichi o okuru 多忙な毎日を送る Ter uma vida muito ocupada). ~ o kiwameru 多忙を極める Estar super-ocupado. S/同 Hañbô; táji; tatáñ; tayô. ⇨ isógáshíí.

tábo ターボ (< Ing. turbo-charger) O turbo-compressor. ◇ ~ **enjin** ターボエンジン O motor com ~.

tábó-jétto [áa] ターボジェット (< Ing. turbojet < L.) O turboja(c)to; a turbina de ja(c)to. ◇ ~ **enjin** ターボジェットエンジン O motor a (turbo)jacto. ~ **ki** ターボジェット機 jettô-ki.

tábó-púróppu [áa] ターボプロップ (< Ing. turboprop < L.) O turbopulsor; o turboélice. ◇ ~ **enjin** ターボプロップエンジン O motor a turbopropulsão.

tabū [úu] タブー (< Ing. taboo < Mal. taab: sagrado/proibido) O tabu. Kono seki de seiji no hanashi wa ~ da この席で政治の話はタブーだ Aqui, a política é tabu [não se fala de política].

tábun¹ 多分 **1** [おそらく] [tábun] Talvez; provavelmente; possivelmente. ~ asu wa hareru deshô 多分明日は晴れるでしょう Amanhã deve estar [fazer] bom tempo. Kare ga shinda to iu no wa ~ jijitsu darô 彼が死んだというのは多分事実だろう A notícia da morte dele deve ser verdadeira. S/同 Osóraku; taítéí. ⇨ gotábúń. **2** [かなり] [tabún] Grande quantidade; muito. ~ no go-shūgi o itadaki arigatô gozaimasu 多分に御祝儀をいただきありがとうございます Muito obrigado [agradecido] pela sua generosa prenda. Kare wa ~ ni chichioya no eikyô o ukete iru 彼は多分に父親の影響を受けている Ele foi muito influenciado pelo pai. Sono kanôsei wa ~ ni aru その可能性は多分にある Isso é muito possível [Essa possibilidade é muito real]. ~ no kifu 多分の寄付 Um grande donativo. S/同 Kabúñ; kánari (+); sôtô (+); takúsán (o). A/反 Sukóshi.

tábun² 他聞 [E.] 「o chegar aos」Ouvidos alheios. ~ o habakarimasu ga [~ wa go-muyô ni negaimasu] 他聞をはばかりますが [他聞はご無用に願います] Isto é um assunto (estritamente) confidencial. S/同 Gaíbún (o); hitógíkí (+).

tabúrákásu 誑かす Enganar 「e fugir com uma moça」; lograr; defraudar 「um cliente」. S/同 Damásu (+). ⇨ azámúku; itsúwáru.

táburetto タブレット (< Ing. tablet < L.) **1** [鉄道の通票] A tabuleta do condutor da locomotiva. **2** [錠剤] O comprimido; a pastilha. S/同 Jôzái (+). **3** [板] A placa; a tabuleta. S/同 Gakú (+).

tabúróido タブロイド (< Ing. tabloid) O tablóide. ★ ~ ban [gata] de タブロイド版 [型] で A publicação em ~ [formato de meio jornal].

tabyô 多病 A saúde delicada. ★ ~ na hito 多病な人 A pessoa enfermiça/de ~/que fica logo doente. ◇ **Saishi** ~ 才子多病 ⇨ sáishi².

táchi¹ 質 **1** [性格] A índole; o temperamento; o cará(c)ter. Kare wa nan de mo sugu hito no iinari ni naru ~ da 彼は何でもすぐ人の言いなりになるたちだ Ele tem um ~ fraco [deixa-se levar facilmente pelo que os outros dizem]. Watashi wa amari monogoto o ki ni shinai ~ da 私はあまり物事を気にしないたちだ Eu, por ~, sou despreocupado [não fico a remoer as coisas]. ~ no warui otoko たちの悪い男 O homem de mau cará(c)ter [de má ~]. S/同 Kishítsú (+); seíkákú; seíshítsú (+); shishítsú. **2** [体質] A compleição; a constituição física. Byôjaku na ~ 病弱なたち ~ fraca [débil]. S/同 Taíshítsú (+). **3** [その事柄の性質] A qualidade. Itazura mo ~ ni yorikeri da いたずらもたちによりけりだ Brincadeiras há muitas: boas e más. ★ ~ ga yoi [warui] たちがよい [悪い] Ser de boa [má] ~. ~ no warui byôki たちの悪い病気 A doença maligna. Mottomo ~ no warui hanzai 最もたちの悪い犯罪 O pior dos crimes; o crime mais repelente. ⇨ hiñshítsú; seíshítsú; shúrui.

táchi² 太刀 A espada (comprida). ★ Hito ~ abiru [abiseru] 一太刀浴びる [浴びせる] Levar [Dar] uma espadada/um golpe de ~. ◇ ~ **mochi** 太刀持ち O que leva espada.

tachí[3] 立ち ⇨ tachígeiko.

-tachi[4] たち［達］(Suf. de pl.). ★ *Gakusei ~* 学生たち Os estudantes. [S/同] -dómo; -ra.

tachí-ágári[1] 裁ち上がり O corte. [S/同] Saídan.

tachí-ágári[2] 立ち上がり (< tachí-ágáru) O começo 「é importante!」; o arranque「da máquina」. ★ *Konpyūta no ~ no gamen hyōji* コンピュータの立ち上がりの画面表示 A primeira imagem que aparece na tela [no quadro] do computador quando este começa a funcionar.

tachí-ágáru 立ち上がる (< tátsu[1] + ···) **1**［起立する］Levantar-se; pôr-se de pé; erguer-se. ★ *Sukku to ~ sukkuto 立ち上がる ~ de um salto. [S/同] Kirítsú súrú. **2**［奮起する］Levantar-se; agir; entrar em a(c)ção. *Zen-kokumin ga sokoku no tame ni tachiagatta* 全国民が祖国のために立ち上がった Todo o povo se levantou para defender a Pátria. [S/同] Fúnki suru. **3**［苦しい状態にあったものが勢いを盛り返す］Sair duma situação difícil; recuperar-se「do choque」. ★ *Hinku no donzoko kara ~* 貧乏のどん底から立ち上がる Sair da (extrema) miséria. ⇨ kaífúkú ◊. **4**［立ちのぼる］Subir. [S/同] Tachínóbórú (+). **5**［Sumô］Começar a luta. **6**［ソフトウェアが起動する］Aparecer automaticamente no computador. *Kono sofuto wa jidōteki ni ~* このソフトは自動的に立ち上がる Esta operação do computador é automática.

tachí-ái 立ち会い (< tachí-áu) **1**［出席；列席］A presença; a assistência; o comparecimento. *Sā, o-~ sā, o, o立ち会い Meus senhores! ★ *Shōnin ~ no moto [ue] de* 証人立ち会いのもと［上］で Na presença de testemunhas. ◊ *~ enzetsukai* 立ち会い演説会 O comício eleitoral de rua. ⇨ *~ nin*. [S/同] Ressékí (+); shussékí (o). **2**［株式取引所の］A sessão da bolsa de valores; o leilão de a(c)ções. ◊ *~ jō* 立ち会い場 A sala da bolsa de valores onde as cotações são afixadas num quadro. **3**［Sumô］O arranque (de luta).

tachíái-nín 立ち会い人 (< tachíáu + ···) O observador「da reunião」; a testemunha. ◊ *kaihyō ~* 開票立ち会い人 ⇨ kaihyō[1]. **Kantei ~** 鑑定立ち会い人 O ~ [juiz] perito. **tōhyō ~** 投票立ち会い人 ⇨ tōhyō.

tachíaoi 立葵・蜀葵【Bot.】A malva-rosa; *althaea rosea*.

tachí-áu 立ち会［合］う (< tátsu[1] + ···) **1**［列席・出席する］Presenciar; assistir; comparecer; estar presente. *Sono ryōshin wa musuko no shujutsu ni tachiatta* その両親は息子の手術に立ち会った Os pais assistiram à operação (cirúrgica) do filho. ★ *Senkyo no kaihyō ni ~* 選挙の開票に立ち会う Assistir à contagem dos votos. [S/同] Ressékí súrú (+); shussékí súrú (o). **2**［Sumô］Lutar. ★ *Tachiawaseru* 立ち合わせる Pôr os dois sumocas a ~.

táchiba 立場 (< tátsu[1] + ···) **1**［その社会的な位置］A posição; o lugar. *Kare wa watashi to taitō no ~ ni aru* 彼は私と対等の立場にある Ele está na [tem a] mesma ~ que eu. *Sore de wa watashi no ~ ga nai* それでは私の立場がない Isso coloca-me numa ~ difícil [Assim eu não conto para nada]. *Waga kuni wa kono jōyaku de mottomo furi [yūri] na ~ ni aru* 我が国はこの条約で最も不利［有利］な立場にある O nosso país com, este tratado, fica na ~ mais desvantajosa [vantajosa]. *Watashi no ~ ni mo natte mite kure* 私の立場にもなってみてくれ Coloque-se também você no meu ~ [na minha ~]. *Watashi wa sono ken ni tsuite kuchidashi o dekiru ~ de wa nai* 私はその件について口出しをできる立場ではない Não estou em posição de opinar sobre esse assunto. ★ *~ jō* 立場上 Devido à posição [*Watashi no ~ jō kō sezaru o enakatta* 私の立場上こうせざるを得なかった Na [Devido à] minha ~ não tive outra alternativa］. *~ o eru [ushinau]* 立場を得る［失う］ Ganhar [Perder] força. *Hito no ~ o sonchō suru* 人の立場を尊重する Respeitar a ~ alheia [dos outros]. *Jibun no ~ o shiru [wakimaeru]* 自分の立場を知る［わきまえる］Saber (qual é) o seu lugar. [S/同] Rikkyákuchi. **2**［境遇］A situação; as circunstâncias. ★ *Konnan na [Muzukashii; Yarinikui] ~ ni aru [iru]* 困難な［難しい；やりにくい］立場にある［いる］Estar numa ~ difícil [num dilema]. [S/同] Kyōgū (+). **3**［見地］O ponto de vista; o ângulo (de visão). *Shachō to watashi to wa ~ ga chigau* 社長と私とは立場が違う Eu tenho um ponto de vista diferente do do presidente. ★ *~ o kaete mono o miru* 立場を換えて物を見る Ver a coisa de outro ~. ⇨ Kánten (+); kénchi (o). ⇨ shitén[3].

tachi-ban 立ち番 (< tátsu[1] + ···) **1**［番］O serviço de guarda [vigia; vigilância]; o plantão. ★ *~ (o) suru* 立ち番（を）する Guardar; vigiar; estar de guarda [plantão; sentinela]. [S/同] Bán (+). **2**［番人］O guarda; a sentinela; o plantão. ★ *~ o oku* 立ち番を置く Colocar [Postar] um/a ~. [S/同] Bannín (+).

tachíbana 橘【Bot.】A laranjeira silvestre [brava]; *citrus tachibana*.

tachí-bánashi 立ち話 (< tátsu[1] + hanáshí) A conversa rápida (sem se sentar). ★ *~ (o) suru* 立ち話（を）する Conversar de pé.

tachí-bōchō 裁ち包丁 (< tátsu **6** + hōchō) A faca 「de alfaiate」. ⇨ debá-bōchō.

tachídókóró-ni 立ち所に【E.】De imediato; instantaneamente; imediatamente; prontamente; logo. *Zutsū wa kono kusuri de ~ naoru* 頭痛はこの薬で立ち所になおる Com este remédio a dor de cabeça passa ~. [S/同] Sokkókú (+); sókují ni (+); sókuza ni (+); súgu(ni) (o); tádachi-ni (+).

tachí-dómáru 立ち止まる (< tátsu[1] + tomárú) Parar; estacar. *Iriguchi ni tachidomarazu naka e o-susumi kudasai* 入口に立ち止まらず中へお進み下さい Não fiquem parados na porta, entrem por favor.

tachí-dōshi 立ち通し (< tátsu[1] + tōsu) O ficar de pé toda a viagem. *Densha ga konde ite Tōkyō made zutto ~ datta* 電車が込んでいて東京までずっと立ち通しだった Como o comboio [trem] estava cheio, vim [fiquei] de pé toda a viagem, até Tóquio. [S/同] Tachínbō; tachíppánashi; tachízúmé.

tachí-éri 立ち襟 (< tátsu[1] + ···) O colarinho engomado.

tachí-fúrumai 立ち振る舞い ⇨ tachí-í.

tachí-fúságáru 立ち塞ぐ (< tátsu[1] + ···) Impedir [Tapar] a passagem. *Iriguchi ni tachifusagatte tōsanai* 入口に立ち塞って通さない Postar-se [Ficar]「muita gente」na entrada e não deixar passar. [S/同] Tachíhádákáru (+).

tachí-gáré 立ち枯れ (< tátsu[1] + karéró) O secar (por doença ou falta de água). ★ *~ no [shita] ki* 立ち枯れの［した］木 A planta seca [murcha]. ◊ *~ byō* 立ち枯れ病 A ferrugem「do trigo」; a mangra; o míldio; o pulgão.

tachí-géiko 立ち稽古 (< tátsu¹ + kéiko) O ensaio 「da peça de teatro」. ★ ~ ga aru 立ち稽古がある Ter [Haver] ensaio. ⇨ rihásaru.

tachí-gié 立ち消え (< tátsu¹ + kiérú) **1** [途中で消えること] O apagar-se (a meio). Sumi ga ~ shita 炭が立ち消えした As brasas apagaram-se. **2** [中止] A interrupção. Sono keikaku wa ~ ni natta その計画は立ち消えになった Esse plano foi suspenso [posto de lado]. Ⓢ圓 Chūdáń (+); chūshí (o).

tachí-gíki 立ち聞き (< tátsu¹ + kikú) O pôr-se à escuta (sem ninguém dar por ela). ★ ~ suru 立ち聞きする Escutar às portas. Ⓢ圓 Nusúmígíki.

tachí-gúi 立ち食い (< tátsu¹ + kúu) **1** [屋台店などで] O comer de pé「ao balcão」. **2** [立ったままの食事] A refeição de pé. ★ ~ suru 立ち食いする Comer de pé.

tachí-gúsáré 立ち腐れ (< tátsu¹ + kusáréru) A ruína. ★ ~ ni naru 立ち腐れになる「a casa」Ficar em ~ s.

tachí-hádákáru 立ちはだかる (< tátsu¹ + …) Ficar no caminho; impedir a passagem; postar-se; confrontar-se. Totsuzen, ō-otoko ga kare no mae ni tachihadakatta 突然、大男が彼の前に立ちはだかった De repente, um homenzarrão postou-se na frente dele impedindo a passagem. ⇨ tachífúságáru.

tachí-hátáráku 立ち働く (< tátsu¹ + …) Trabalhar (sem parar). ★ Kaigaishiku ~ かいがいしく立ち働く Trabalhar com entusiasmo「gosto/despacho」.

tachí-i 起〔立〕ち居 (< tátsu¹ + irú) Os movimentos. ◇ ~ **furumai** 起居振る舞い O mover-se; os modos「graciosos」; o porte「furumai ni ki o tsukeru 起ち居振る舞いに気をつける Portar-se com cuidado」.

tachí-írí 立ち入り (< tachíiru) A entrada. ~ jiyū 立ち入り自由 Entrada livre! ~ kinshi 立ち入り禁止 Entrada proibida! Mudan ~ o kinzu[kinjiru] 無断立ち入りを禁ず「禁じる」(掲示) Proibida a entrada a pessoas estranhas (ao serviço). ◇ ~ **kensa** 立ち入り検査 A fiscalização [inspe(c)ção] no local.

tachí-íru 立ち入る (< tátsu¹ + …) **1** [入り込む] Entrar; penetrar; invadir. Shibafu no naka ni ~ bekarazu 芝生の中に立ち入るべからず Proibido entrar na [pisar a] relva/grama (B.)! Ⓢ圓 Haírikómu (+); shínnyū súrú. **2** [干渉する] Interferir; (intro)meter-se; meter o nariz (G.). Ano jiken [mondai] ni wa tachiiranai hō ga yoi あの事件[問題]には立ち入らない方がよい É melhor não se (intro)meter [envolver] naquele caso. Ⓢ圓 Kakáwáríáu (+); kańkéi súrú (+); kańshō súrú (+). **3** [他人の生活や感情などに深く入り込む] (Intro)meter-se na vida alheia. ★ Tachiitta hanashi desu ga 立ち入った話ですが Perdoe-me intrometer-me num assunto que não me diz respeito, mas …. Tachiitta koto o kiku 立ち入ったことを聞く Fazer perguntas indiscretas [pessoais].

tachí-íta 裁ち板 (< tátsu⁶ + …) A tábua de alfaiate [costureira].

tachí-ítáru 立ち至る (< tátsu¹ + …) Chegar ao ponto「de ter de tomar uma decisão」. Koto wa mohaya saiaku no jitai ni tachiitatta ことはもはや最悪の事態に立ち至った As coisas já chegaram ao pior. Ⓢ圓 Itáru (+); náru (o).

tachí-káéru 立ち返る (< tátsu¹ + …) Voltar; tornar. ★ Mondai no hajime ni tachikaette kangaenaosu 問題の始めに立ち返って考え直す ~ a pensar o assunto desde o princípio. Shoshin ni ~ 初心に立ち返る Recordar o [Voltar ao] primeiro entusiasmo. Ⓢ圓 Káeru (+); módóru (o); tachímódóru.

tachí-káta 裁ち方 (< tátsu⁶ + …) O corte「da roupa」. ★ Ii [Warui] ~ no fuku いい [悪い] 裁ち方の服 Um fato com um bom [mau] ~.

tachí-káwári 立ち代わり (< tátsu¹ + kawárú) O revezamento. ⇨ iré-káwári; kótáí.

tachí-kí 立ち木 (< tátsu¹ + …) 「ir contra」A árvore. ★ ~ no eda o harau 立ち木の枝を払う Cortar/Podar os ramos [galhos] da ~.

tachí-kíru 断ち切る (< tátsu¹ + …) **1** [切り離す] Cortar; separar; dividir. ★ Kami o ni-mai ni ~ 紙を2枚に断ち切る Cortar a folha de papel em duas [ao meio]. Ⓢ圓 Kiríhánásu (+); kíru (o). **2** [つながりをなくす] Desligar; romper; separar. ★ Kako o ~ 過去を断ち切る Romper [Cortar] com o passado. **3** [ある行動をさえぎって止める] Cortar; impedir; obstruir; bloquear. ★ Teki no nigemichi o ~ 敵の逃げ道を断ち切る Cortar a retirada ao inimigo.

tachí-kóméru 立ち込める (< tátsu¹ + …) Envolver; encobrir; cobrir; saturar; encher. Kaigishitsu ni wa tabako no kemuri ga tachikometeita 会議室には煙草の煙が立ちこめていた A sala da reunião estava saturada [cheia] de fumo de cigarro. ⇨ tadáyóu.

tachí-kúrámí 立ち眩み (< tátsu¹ + kurámú) A vertigem (tontura) ao levantar-se. ★ ~ suru 立ち眩みする Sentir [Ter] tonturas…

tachí-kúzu 裁ち屑 (< tátsu⁶ + …) Os retalhos de tecido; as sobras de pano.

tachímáchi 忽ち **1** [瞬時に] Logo; instantaneamente; num abrir e fechar de olhos; num instante. Sono konsāto no kippu wa ~ urikirete shimatta そのコンサートの切符はたちまち売り切れてしまった Os bilhetes para esse concerto esgotaram-se logo [num instante]. ~ kōryoku no hakki suru kusuri たちまち効力を発揮する薬 O remédio de efeito imediato. Ⓢ圓 Matátáku ma ni; shúnji ni; tádachi ni. **2** [すぐに] Imediatamente; assim que; mal; apenas. Kokuun ga sora o ōtta ka to omottara ~ ame ga furidashita 黒雲が空をおおったかと思ったらたちまち雨が降りだした Mal [Assim que] o céu ficou coberto de nuvens negras, começou a chover. Ⓢ圓 Níwakani; súgu-ni (+). **3** [急に] De repente; inesperadamente. Sono keikaku wa ~ chūshi ni natta その計画はたちまち中止になった ~ o plano [proje(c)to] foi suspenso. ⇨ kyū ni; totsúzén.

tachí-máwári 立ち回り (< tachímáwáru) **1** [格闘] Uma cena de luta [peleja]. ★ ~ o enjiru [suru] 立ち回りを演じる[する] Representar uma ~. ⇨ chańbárá; ō-táchímáwari. **2** [歩き回ること] Os movimentos. ◇ ~ **saki** 立ち回り先 O paradeiro「do criminoso」. **3** [喧嘩] A briga; a luta. ~ o suru 立ち回りをする Brigar; lutar.

tachí-máwáru 立ち回る (< tátsu¹ + …) **1** [奔走する] Agir; movimentar-se; mexer-se. ★ Kinsaku no tame achikochi ~ 金策のためあちこち立ち回る Mexer-se para arranjar dinheiro [para ter com que viver]. Ⓢ圓 Arúkímáwáru (o); hońsō súrú (+). **2** [人々の間をまわって自分に有利に取り計らってもらえるようにする] Manobrar; agir. ★ Jōzu [Heta] ni ~ 上手[下手]に立ち回る Saber [Não saber] ~. **3** [芝居で立ち回りする] Representar uma (cena de) luta. ⇨ tachímáwári. **4** [犯人などが逃走中ある所に立ち寄る]「o criminoso」Aparecer「num local」. ⇨ tachíyóru.

tachí-mí 立ち見 (< tátsu¹ + míru) O ver [assistir] de pé. ★ *Hito-maku ~ o suru* 一幕立ち見をする Assistir (a) um a(c)to de「Inês de Castro」da galeria. ◇ **~ kyaku** 立ち見客 Os espectadores da galeria. **~ seki** 立ち見席 A galeria.

tachí-módóru 立ち戻る (< tatsu¹ + …) Voltar. ★ *Hondai ni* ~ 本題に立ち戻る Voltar ao assunto principal; retomar o「nosso」tema.
[S/同] Káeru (+); modóru (o); tachíkáeru.

tachí-mono¹ 断ち物 (< tátsu⁴ + …) As comidas ou bebidas de que alguém se abstém por promessa. ★ ~ *o suru* 断ち物をする Abster-se「de」[~ *o shite shiken gōkaku o inoru* 断ち物をして試験合格を祈る Fazer abstinência para passar no exame]. ⇨ chadáchí.

tachí-mono² 裁ち物 (< tátsu⁶ + …) O corte de vestuário. ◇ **~ bōchō** 裁ち物包丁 ⇨ tachíbṓchō. **~ ita** 裁ち物板 ⇨ tachí-íta.

tachí-múkáu 立ち向かう (< tátsu¹ + …) **1** [直面する] ⇨ chokúméń. **2** [対抗する] Enfrentar「as dificuldades」; opor-se. ★ *Ani ni* ~ 兄に立ち向かう Opor-se ao [Virar-se contra o] irmão mais velho. *Nankyoku ni* ~ 難局に立ち向かう Enfrentar uma situação difícil [crítica]. ⇨ taíkṓ¹; te-múkai. **3** [目ざして進む] Ir [Seguir]. ★ *Zensen ni* ~ 前線に立ち向かう ~ para a frente de batalha.

tachí-náóru 立ち直る (< tátsu¹ + …) **1** [再びしっかりと立つ] Recuperar o equilíbrio; endireitar-se. *Ishi ni tsumazuite yoromeita ga sugu tachinaotta* 石につまずいてよろめいたがすぐ立ち直った Tropecei numa pedra e desequilibrei-me mas tornei-me logo a endireitar. **2** [元の良い状態に返る] Recobrar-se「do choque」; recuperar-se; restabelecer-se「da depressão」. *Waga kuni wa haisen no itade kara migoto ni tachinaotta* 我が国は敗戦の痛手から見事に立ち直った O nosso país recuperou-se maravilhosamente da dolorosa experiência da derrota. **3** [(下がった相場が) 回復する] Melhorar; recuperar; reagir. ★ *Keiki ga* ~ 景気が立ち直る A situação econó[ô]mica recuperar. [S/同] Mochínáósú.

tachí-nárábu 立ち並ぶ **1** [立って並ぶ]「o povo」Estar em fila「na avenida para saudar o Presidente」; alinhar-se. *Michi no ryōgawa ni mise ga tachinarande iru* 道の両側に店が立ち並んでいる Há filas de lojas nos dois lados da rua. [S/同] Narábú (+). **2** [肩を並べる] Comparar-se; igualar-se; equiparar-se. *Kono sekai de wa dare mo kare ni ~ mono wa inai* この世界では誰も彼に立ち並ぶ者はいない Não há (no mundo) quem se compare com [a] ele. [S/同] narábú (+).

tachíńbō 立ちん坊【G.】(< tátsu¹ + bō²**5**) O poste [vir toda a viagem de pé]. [S/同] Tachídṓshí (o); tachíppánáshí (+); tachízúmé.

tachí-nóbórú 立ち上る (< tátsu¹ + …) Elevar-se; subir. *Entotsu kara kemuri ga tachinobotte iru* 煙突から煙が立ち上っている Olhem o fumo a ~ da chaminé. ⇨ maí-ágáru.

tachí-nókí 立ち退き (< tachí-nókú) A evacuação; a desocupação; o despejo. ★ ~ *o meijiru* 立ち退きを命じる Dar ordem de despejo. ◇ **~ meirei** 立ち退き命令 A ordem de ~. **~ saki** 立ち退き先 O novo domicílio.

tachí-nókú 立ち退く (< tátsu¹ + nokú) **1** [明け渡す] Desocupar「as casas por causa da enchente」; despejar. ★ *Tachinokaseru* 立ち退かせる「o senhorio」Obrigar「o inquilino」a sair. [S/同] Akéwátásu. **2** [避難する] Refugiar-se. [S/同] Hínan suru (+). **3** [⇨ tachísáru].

tachí-nómí 立ち飲み (< tátsu¹ + nómu) O beber de pé. ⇨ tachígúí.

tachí-nó-uo 太刀の魚 ⇨ tachí-uo.

tachí-ōjō [óo] 立ち往生 (< tátsu¹ + …) **1** [動けなくなるさま] A imobilização; a paralização. ★ ~ *suru* 立ち往生する Ficar imobilizado [paralizado]. **2** [立ったままで死ぬこと] O morrer de pé [como um herói]. ★ *Benkei no* ~ 弁慶の立ち往生 A morte de pé de Benkei. **3** [処置の仕方が分からなくて当惑する] O embaraço; a atrapalhação. ★ ~ *suru* 立ち往生する Ficar atrapalhado「no palco, sem saber que dizer/fazer」. [S/同] Tṓwákú súrú (+).

tachí-ókúré 立ち後[遅]れ (< tachíókúrérú) O atraso「dos serviços de saúde」. ★ ~ *ni naru* [~ *o toru*] 立ち後れになる [立ち後れをとる] ⇨ tachí-ókúrérú. ~ *o torimodosu* 立ち後れを取り戻す Recuperar o ~「na corrida」.

tachí-ókúrérú 立ち後[遅]れる (< tátsu¹ + …) **1** [劣る] Ficar atrasado「no campo da educação」. [S/同] Otóru (+). **2** [始めるのがおくれる] Partir atrasado; começar com atraso. ★ *Senkyo undō ni* ~ 選挙運動に立ち後れる Começar tarde a campanha eleitoral. [S/同] Okúrérú (+). **3**【Sumô】Arrancar atrasado; atirar-se com (um segundo de) atraso.

tachí-óyogi 立ち泳ぎ (< tátsu¹ + oyógu) O nadar direito (usando mais as pernas como na bicicleta).

tachíppánáshí 立ちっぱなし (< tátsu¹ + -panashi)【G.】O ficar todo o tempo de [em] pé. *Kesa mo mata man'in densha no naka o ichi-jikan ~ datta* けさも又満員電車の中を1時間立ちっぱなしだった Esta manhã, com o comboio [trem] à cunha, fiquei [vim] outra vez todo o tempo em [de] pé.
[S/同] Tachíńbō; tachídṓshí (+); tachízúmé.

tachí-sákí 太刀先 (< … ² + -sakí) **1** [太刀の刃先] A ponta da espada. **2** [敵に切りかかる勢い] A investida com a espada.

tachí-sáru 立ち去る (< tátsu¹ + …) Deixar um lugar; partir; ir-se embora; desaparecer. *Totto-to tachisare* とっとと立ち去れ Ponha-se já lá [daqui para] fora/Desapareça (imediatamente)!
[S/同] Sáru (+); tachínókú.

tachí-shṓben [óo] 立ち小便 (< tátsu¹ + …) O urinar na rua. ~ *kinzu* 立ち小便禁ず (掲示) (É) proibido urinar! ★ ~ *suru* 立ち小便する …

tachí-súgata 立ち姿 (< tátsu¹ + …) **1** [人の立っている姿] A postura vertical [de pé]. **2** [舞を舞っている時の姿] A postura [pose] da dança「tradicional japonesa」.

tachí-súkúmu 立ち竦む (< tátsu¹ + …) Ficar petrificado [estupefa(c)to; paralisado]. *Kare wa amari no osoroshisa ni sono ba ni tachisukunde shimatta* 彼はあまりの恐ろしさにその場に立ち竦んでしまった Ele parou, petrificado de medo.

tachí-tsúkúsu 立ち尽くす (< tátsu¹ + …) Ficar longamente parado. *Keshiki no amari no utsukushisa ni ware o wasurete tachitsukushite ita* 景色のあまりの美しさに我を忘れて立ち尽くしていた E ali fiquei pregado ao chão, extasiado perante tão bela paisagem.

tachí-úchi 太刀打ち (< … ² + útsu) A oposição; o ser capaz de enfrentar a disputa. ★ ~ *suru* 太刀打ちする Disputar; competir; rivalizar; enfrentar [fazer frente]. *Yū-ni ～ ga dekiru* 優に太刀打ちできる Ser tão「forte」ou mais「do que ele」; ser homem [adversário] para ele (no que quiser). [S/同] Taíkṓ (+).

tachí-uo 太刀魚【Zool.】O peixe-espada; *trichiurus leptūrus*.

tachí-úrí 立ち売り (< tátsu[1] + urú) O comércio [A venda] ambulante. ★ ～ *o suru* 立ち売りをする Vender「gelados」na rua.

tachí-wázá 立ち技 (< tátsu[1] + …) A técnica de combate「de judo」, em pé.

tachí-yómí 立ち読み (< tátsu[1] + yómu) A leitura de pé「nas livrarias, sem comprar」. ～ *kinshi* 立ち読み禁止 (掲示) Proibida a ～!

tachí-yórú 立ち寄る **1** (< tátsu[1] + yorú[4]) [事物のそばに近付く] Chegar-se; aproximar-se. [S/同] Chikáyórú (o); chikázúku (+). **2** [目的地へ行く途中で, ある所に寄る] Parar [Passar] num lugar. ★ *Doko ni mo tachiyoranai de* どこにも立ち寄らないで「vim」Sem parar em lado nenhum. [S/同] Yorú. ⇨ yorí-míchí.

tachí-yúkí 立ち行き (Sub. de "tachí-yúku").

tachí-yúku 立ち行く (< tátsu[1] + yukú[1]) **1** [経営・維持が成り立つ] Manter-se; aguentar-se. *Konna kyaku no iri de wa kono mise wa totemo tachiyukanai* こんな客の入りではこの店はとても立ち行かない Com esta freguesia a loja não se mantém [aguenta]. ⇨ narítátsú. **2** [生活が] Manter-se; viver. *Shujin ga jiko-shi shite sono ie wa tachiyukanaku natta* 主人が事故死してその家は立ち行かなくなった Depois da morte de acidente do dono, a casa fechou.

táda[1] 只・唯・徒 **1** [無料] Grátis; de graça; gratuitamente. *Roku-sai ika no kodomo wa ～ de haireru* 6歳以下の子供は只で入れる As crianças até seis anos podem entrar ～. *Sonna koto o shitara ～ de wa sumanai* そんなことをしたら只ではすまない Se você fizer tal coisa terá de sofrer as consequências. ★ ～ *de hataraku* 只で働く Trabalhar ～. ～ *dōyō no nedan* 只同様の値段 O preço quase dado [de graça]. ～ *mitai ni yasui* 只みたいに安い Ser baratíssimo, quase dado. ～ *no kippu* 只の切符 O bilhete gratuito. [P/ことわざ] ～ *yori takai mono wa nai* 只より高いものはない O barato sai caro. [S/同] Muryṓ[1]. **2** [普通・通常] Ordinário; comum; vulgar. *Ni-do to konna shippai o shitara ～ de wa okanai* ★ ～*(de) sae* 只(で)さえ ⇨ táda sae. ～ *no hito* 只の人 Uma pessoa ～. ～ *no karada de wa nai* 只の身体ではない Não estar em condição física normal; estar grávida. ～ *no mizu* 只の水 A água comum [lisa]. ～ *no tomodachi* 只の友だち Apenas [Só] amigo. [S/同] Futsū; namí; tsūjō. **3** [たった・わずか] Só; apenas. *Asa no sanpo wa ～ no ichi-nichi mo kakashita koto ga nai* 朝の散歩は唯の一日も欠かしたことがない Nem um único [só] dia deixei de dar o meu passeio matinal. [S/同] Tattá (+); wázuka.

táda[2] 唯 **1** [単に] Simplesmente; só; somente; apenas; unicamente. *Kare wa hito wa ii ga ～ sore dake da* 彼は人はいいが唯それだけだ Ele é boa pessoa, mas não passa disso. *Seikō no hiketsu wa ～ doryoku aru nomi* 成功の秘訣は唯努力あるのみ O segredo do sucesso está ～ no esforço. *Shōjo wa nani o kikarete mo ～ naku bakari de atta* 少女は何を聞かれても唯泣くばかりであった A cada pergunta que lhe faziam, a menina só chorava. ★ ～ *hitori de* 唯一人で Sozinho. ～ *hitotsu* 唯一つ ～ um. ～ *ichi-do* 唯一度 Uma só [única] vez. ～ *sore dake* 唯それだけ ～ isso. [S/同] Tán-ni; tattá. **2** [ただし] Contanto que; desde que; mas; porém; todavia; não obstante. *Doko e itte mo ii ga ～ kuruma ni wa chūi shi nasai* どこへ行ってもいいが唯車には注意しなさい Pode ir a qualquer lugar ～ tenha cuidado com os carros. *Sōdan ni wa noru ga ～ kane o kashite yaru koto wa dekinai* 相談にはのるが唯金を貸してやることはできない Estou disposto a ajudar-te mas, emprestar dinheiro, não. ⇨ tádashi.

tadá-bátaraki 只働き (<… [1] + határákú) O trabalho de graça. ～ *wa gomen da* 只働きは御免だ Não estou para [estou disposto a] trabalhar de graça. ★ ～ *suru* 只働きする …

tádachi-ni 直ちに **1** [即刻] Imediatamente; prontamente; sem demora; logo. *Kare wa meirei o ukeru to ～ shuppatsu shita* 彼は命令を受けると直ちに出発した Ao receber a ordem, ele partiu ～. [S/同] Sokkókú; súgu (+). **2** [⇨ chokúsétsú[1]].

táda de sae 只でさえ ⇨ táda sae.

tadá-dórí 只取り (<… [1] + tóru) A aquisição [obtenção] fácil [de graça; sem esforço]. ★ ～ *suru* 只取りする Adquirir「a propriedade」facilmente [de graça].

tadá-gótó 只[徒・唯]事 (<… [1] + kotó) A coisa banal [trivial]. *Kore wa ～ de(wa)nai* これは只事で(は)ない Isto não é uma ～ [Isto é um assunto/caso muito sério].

tadáí 多大 A grande quantidade; o grande número. ★ ～ *na* [*no*] 多大な[の] Grande; imenso; muito; numeroso [～ *na eikyō* 多大な影響 A grande influência. ～ *no higai* [*songai*] *o kōmuru* 多大の被害[損害]を被る Sofrer grandes danos [prejuízos]]. ⇨ bakúdáí; bṓdáí; jińdáí.

tadá-ima 唯今 Agora;「saiu」agora mesmo;「vou dar-lhe o bolo」imediatamente. ～ *mairimasu* 唯今まいります Já vou/Vou já. *O-kā-san, ～* お母さん, ただいま Mãe! Já cheguei [estou de volta] (Ao regressar de fora). ★ ～ *kara* 唯今から (A partir de) agora「vamos dar início à festa do casamento」. ～ *mōshiageta yō ni* 唯今申し上げたように… Conforme acabei de dizer. ～ *no jikoku wa kuji desu* 唯今の時刻は九時です Agora [Neste momento] são nove horas. ～ *no tokoro* 唯今のところ Por enquanto [ora]. ⇨ íma[1]; súgu.

tadá-mónó 只[徒]者 (<… [1]**2** + monó[2]) A pessoa comum [vulgar]; um homem qualquer. *Kare wa ～ de wa nai* 彼は只者ではない Ele não é um/uma ～ [Ele é uma pessoa fora do vulgar].

tadáń 多段 O ter vários andares [estágios]. ◇ **～ shiki roketto** 多段式ロケット O foguetão multiestágio [de vários andares].

tadánaka 直中 O meio. ★ ～ *ni* 直中に No meio「da multidão」; em pleno「verão」. ⇨ mańnáká; sáichū.

tadánáránu 只[徒]ならぬ (<… [1] + Neg. de naru) Invulgar; fora do vulgar [comum]; insólito. ★ ～ *kehai* 只ならぬ気配 O aspecto insólito. ～ *monooto* 只ならぬ物音 O ruído assustador [insólito].

tadá-nórí 只乗り (<… [1] + norú) O viajar sem pagar [bilhete]. ★ ～ *suru* 只乗りする … ⇨ kisérú[1].

tadáré 爛れ (< tadárérú) A inflamação; a ferida. ◇ **～ me** 爛れ目 Os olhos inflamados.

tadárérú 爛れる **1** [皮膚などが] Inflamar-se; estar em carne viva. *Kizuguchi ga tadarete iru* 傷口が爛れている A ferida está inflamada. **2** [すさむ] Ser

T

licencioso. ★ *Tadareta seikatsu* 爛れた生活 A vida desregrada [licenciosa]. ⇨ midaréru; susámu.

táda sae 只さえ Como se não bastasse ... ainda por cima ... ~ *komatte iru tokoro e kaisha ga tōsan shita* 只さえ困っている所へ会社が倒産した Como se não bastassem as dificuldades por que estava a passar recebo agora (ainda por cima) a notícia que a minha firma faliu.

tádashi 但し Mas; porém; contudo; todavia; desde que; contanto que. *Kimi no an wa omoshiroi, ~ ima no tokoro, jitsugen fukanō darō* 君の案はおもしろい、但し今の所、実現不可能だろう O seu plano é interessante mas, neste momento, não o deve poder realizar. ⇨ démo³; ga²; shikáshi.

tadáshi-gáki 但し書き (< ··· + káku) A ressalva; um mas; a condição; a reserva. ★ ~ *tsuki no* 但し書き付きの Condicional; com um mas.

tadáshii 正しい Corre(c)to; justo; exa(c)to; certo; direito; honesto; verdadeiro; legal; legítimo; lícito. *Anata wa* ~ あなたは正しい Você está certo/Tem razão. ★ ~ *handan* 正しい判断 O juízo certo [corre(c)to]; a opinião acertada. ~ *kotae* 正しい答え A resposta corre(c)ta [certa]. ~ *okonai* 正しい行ない A conduta honesta [re(c)ta]. *Kokoro no* ~ *hito* 心の正しい人 A pessoa re(c)ta [de coração re(c)to]. *Tadashiku hatsuon suru* 正しく発音する Pronunciar corre(c)tamente [bem]. *Tadashiku nai* 正しくない Injusto; desonesto; incorre(c)to; errado. *Tadashiku wa* 正しくは「falando」Corre(c)tamente.

tadásu¹ 正す Corrigir; re(c)tificar; ajustar; endireitar. ★ *Bunchū no ayamari o* ~ 文中の誤りを正す Corrigir os erros do texto. *Fukusō o* ~ 服装を正す Endireitar [Ajustar] o traje. *Shisei o* ~ 姿勢を正す Endireitar-se; pôr-se direito [na postura corre(c)ta]. S/同 Naósu (+).

tadásu² 質す **1** [質問する] Indagar; perguntar; interrogar; inquirir. ★ *Gimonten o* ~ 疑問点を質す Perguntar [~ sobre] as dúvidas. S/同 Tazúneru (+). ⇨ shitsúmón. **2** [調査する] Examinar; investigar; averiguar; indagar. ★ *Mimoto o* ~ 身元を質す ~ os antecedentes [a identidade]「do candidato」. S/同 Shirábéru (+); chōsa; kyūméi². **3** [確かめる] Verificar; confirmar; certificar. *Koto no shingi o* ~ 事の真偽を質す Certificar-se da veracidade dos fa(c)tos. S/同 Tashíkámeru (+).

tadásu³ 糺す **1** [事実や罪を正確に調べる] Averiguar. *Moto no tadaseba* 元の糺せば Averiguando bem, originariamente [ao princípio]「ele foi polícia」. **2** [良し悪しを断ずる] Esclarecer. ★ *Rihi* [*Zehi*] *o* ~ 理非[是非]を質す ~ se está certo ou errado [bem ou mal].

tádatada ただただ (< táda²) Só [Apenas]. ~ *kyōshuku suru bakari de gozaimasu* ただただ恐縮するばかりでございます ~ lhe posso dizer: muito obrigado!

tadáyou 漂う Flutuar; boiar; pairar; sobrenadar. ★ *Aishū o tadayowaseru* 哀愁を漂わせる Dar [Fazer] tristeza/pena; ter um ar pesaroso. *Fuon na kūki ga* ~ 不穏な空気が漂う Pairar um ar inquietante「à volta」. ⇨ samáyóu.

tadé 蓼 A persicária-mordaz; a pimenta-d'água. ◇ ~ **ka** タデ科 Poligonáceas. P<ことわざ> ~ *kuu mushi mo sukizuki* 蓼食う虫も好き好き Gostos não se discutem.

tadokú 多読 A muita leitura. ★ ~ *suru* 多読する Ler muito. ◇ ~ **ka** 多読家 O grande leitor.

tadón 炭団 O briquete; a bola de carvão.

tadorí-tsúku 辿り着く (< tadóru + ···) Chegar [Alcançar]「com muito esforço」. ★ *Chōjō ni* ~ 頂上に辿り着く Chegar ao cume [cimo] do monte.

tadóru 辿る Seguir「o [pelo] caminho que ia dar à estrada/o enredo da história」; tomar um rumo 「perigoso」. *Ima wa naki-haha to onaji unmei o* ~ 今は亡き母と同じ運命を辿る Seguir [Ter] um destino igual ao da falecida mãe. ★ *Enko o* ~ 縁故を辿る Seguir (Perguntar aqui e ali) as várias ligações de parentesco「para descobrir a origem da família」. *Itoguchi o* ~ 糸口を辿る Seguir a pista (da solução). *Kioku* (*no ito*) *o* ~ 記憶(の糸)を辿る Seguir o fio da memória「e lembrar-se que aqui havia um poço」.

tadó-shi [**óo**] 他動詞 O verbo transitivo. ◇ **Kanzen** [**Fukanzen**] ~ 完全[不完全]他動詞 O verbo transitivo perfeito [O verbo semi-transitivo]. A/反 Jidó-shi.

tadótadóshíi たどたどしい Balbuciante; titubeante; vacilante; cambaleante;「um português」tremido; trôpego. ★ ~ *ashidori* たどたどしい足取り O passo [andar] inseguro [vacilante「de criança」; trôpego「de velho」]. ~ *nihongo de hanasu* たどたどしい日本語で話す Falar um japonês muito tremido [pobre].

taédae 絶え絶え (< taéru²) O ficar fraco; o cortar-se「a correspondência」. ★ *Iki mo* ~ *ni* 息も絶え絶えに Quase sem poder respirar. *Koe mo* ~ *ni hanasu* 声も絶え絶えに話す Falar com voz fraca [abafada].

taégátái 堪[耐]え難い (< taéru¹ + katái) Intolerável; insuportável. ★ ~ *atsusa* [*samusa*] 堪え難い暑さ[寒さ] O calor [frio] insuportável. ~ *bujoku* 堪え難い侮辱 A afronta intolerável.

taé-íru 絶え入る (< taéru² + ···) Deixar de respirar; morrer; desfalecer; dar o último suspiro. ★ *Taeirisō na* [~ *bakari no*] *koe* 絶え入りそうな [絶え入るばかりの] 声 Com voz débil [agonizante].

taé-má 絶え間 (< taéru² + ···) O intervalo; a interrupção; a pausa. ★ ~ *nai sōon* 絶え間ない騒音 O ruído ininterrupto [incessante/incessante]. ~ *naku shaberu* 絶え間なく喋る Falar sem parar; tagarelar. *Ame ga* ~ *naku furu* 雨が絶え間なく降る Chover incessantemente [sem cessar/parar]. S/同 Kiremá. ⇨ kiré-mé; sukí-má.

táenaru 妙なる【E.】Sublime. ★ ~ *shirabe* 妙なる調べ A melodia [música] ~.

taénki 多塩基【Quím.】Polibásico. ◇ ~ **san** 多塩基酸 O ácido.

taéru¹ 耐[堪]える **1** [忍ぶ；我慢する] Suportar; tolerar; aguentar; aturar. *Konna tanchō na seikatsu ni wa mō taerarenai* こんな単調な生活にはもう耐えられない Não suporto [tolero; aguento] mais esta vida tão monótona. ★ *Fukō ni* ~ 不幸に耐える Suportar o infortúnio. *Shiren ni* ~ 試練に耐える Suportar as provações. S/同 Shinóbu. ⇨ gáman. **2** [耐久力・抵抗力がある] Resistir; aguentar; ser à prova. ★ *Hi* [*Mizu*] *ni* ~ 火 [水] に耐える Ser à prova de fogo [Ser impermeável]. *Netsu ni* ~ 熱に耐える Resistir ao calor. **3** [適する] Merecer; valer a pena; ser digno; aguentar. *Jū-nen no shiyō ni* ~ 10年の使用に堪える「um carro」Aguentar dez anos (de uso). *Kiku ni taenai uta* 聞くに堪えない歌 Uma canção que não presta [vale a pena ouvir]. *Nin ni* ~ 任に堪える Estar à altura do [Ter qualidades para o] cargo.

taéru² 絶える **1** [滅亡する] Extinguir-se「com ele a família/mais esta espécie」. **2** [止まる; 終わる; やむ] Cessar; parar; acabar. *Ano ie wa itsumo momegoto ga taenai* あの家はいつももめごとが絶えない Naquela família não cessam as desavenças [guerras]. ★ *Iki ga* ~ 息が絶える Parar a respiração; expirar; morrer. *Shinpai ga taenai* 心配が絶えない Há sempre preocupações. ⇨ owárú; tomárú¹; yamú¹.

taé-shínóbu 堪え忍ぶ ⇨ taéru¹ 1.

táete 絶えて a) Há anos [muito tempo]「que não lhe escrevo」; b) Nunca; mais. *Are irai* ~ *kare ni awanai* あれ以来絶えて彼に会わない Desde então nunca mais o vi. ⇨ ikkó ní; mattákú; sukóshimo.

taézáru 絶えざる (< taéru²) Incessante; contínuo;「apoio」constante. ★ ~ *doryoku* 絶えざる努力 O esforço ~.

táezu 絶えず (< Neg. de "taéru²") Constantemente; sempre;「fumar」sem parar. ★ ~ *kanshi sarete iru* 絶えず監視されている Estar sempre (a ser) vigiado. S/同 tsumo (o); tsúne to (+).

táfu タフ (< Ing. tough) Forte; robusto; vigoroso; resistente; rijo; duro. ★ ~ *na kuruma* タフな車 O carro resistente. ~ *na otoko* タフな男 O homem vigoroso [forte]. S/同 Takúmáshíi; tsuyói (+).

táfuta タフタ (< Fr. taffetas 「< Persa)」O tafetá.

tagá 箍 O aro. *Furo-oke no* ~ *ga yurunda* 風呂桶の箍がゆるんだ Os aros da banheira (de madeira) afrouxaram. ★ ~ *o hameru* 箍をはめる Colocar [Pôr] os ~s. ~ *o kakeru* 箍を掛ける Apertar「O [as aduelas do] barril」. (I/慣用) ~ *ga yurumu* 箍がゆるむ a) Afrouxar [Ficar frouxo]; b) Perder o vigor [uso das suas faculdades]「*Kare mo toshi no sei de sorosoro* ~ *ga yurunde kita* 彼も年のせいでそろそろ箍がゆるんできた Ele, com a idade está a ficar fraco/decaído」. ◇ **Kane** [Take; Tetsu] ~ = 金 [竹; 鉄] 箍 = metálico [de bambu; de ferro].

tagáeru 違える (< tagau 2) Quebrar; romper; faltar. ★ *Yakusoku o* ~ 約束を違える Romper [Não cumprir] a promessa; faltar ao prometido (compromisso). ⇨ chigáéru; yabúru.

tagáí 互い A reciprocidade. ★ ~ *ni* 互いに Mutuamente; reciprocamente; um ao outro [~ *ni mukai-atte suwaru* 互いに向かい合って座る Sentar-se em frente um do outro. ~ *ni tasukeau* 互いに助け合う「saber」Ajudar-se mutuamente [uns aos outros]. *O* ~ *sama* お互い様 E eu [você] também ["Okurete sumimasen" "Yā o ~ sama desu"「遅れて済みません」「やあお互い様です」Desculpe o meu atraso — Não há de quê. Eu também me atrasei]. S/同 Sógo.

tagái-chígai 互い違い A alternância. ★ ~ *ni* 互い違いに Alternadamente; alternativamente [*Danjo* ~ *ni narande suwaru* 男女互い違いに並んで座る Sentarem-se alternadamente os homens e as [ao lado das] mulheres]. S/同 Kógo.

tagáí-sén 互先 O ser o primeiro a jogar. ★ ~ *de utsu* [*ni naru*] 互先で打つ[になる] Ser o primeiro a jogar「no xadrez」.

tagáku 多額 A grande soma [importância; quantidade] de dinheiro. ★ ~ *no isan* 多額の遺産 Uma grande herança. ◇ ~ **nōzei-sha** 多額納税者 O grande contribuinte (de impostos).

tagáné 鏨 a) O buril; o cinzel; b) A cunha de aço (dos mineiros). ⇨ nómi².

tagárógú(go) タガログ(語) O tagalo (Língua e raça das Filipinas).

-tagáru たがる (< -tái[12] + gáru) Querer sempre. *Kodomo wa nan de mo jibun de yari* ~ *mono da* 子供は何でも自分でやりたがるものだ As crianças gostam de [querem sempre] fazer tudo por si.

tagáu 違う **1** [異なる] Ser diferente「do mal」; diferir; variar; afastar-se; desviar-se; falhar. ★ *Nerai tagawazu meichū suru* ねらい違わず命中する Acertar em cheio no alvo. *Yosō ni tagawazu* 予想に違わず Exa(c)tamente como se esperava; sem falhar. ⇨ chigáu; kotonáru. **2** [そむく] Infringir; violar. S/同 Somúku (+). ⇨ tagáéru.

tagáyásan 鉄刀木 [Bot.] O pau-ferro.

tagáyásu 耕す Lavrar; cultivar. ★ *Hatake o* ~ 畑を耕す ~ o campo. *Tochi o* ~ 土地を耕す ~ a terra [o solo].

tagéí 多芸 A versatilidade; o saber fazer tudo. ★ ~ *na [no] hito* 多芸な[の]人 A pessoa versátil; o homem dos sete instrumentos [ofícios]. (ことわざ) ~ *wa mugei* 多芸は無芸 Aprendiz de tudo e oficial de nada.

tagén¹ 多元 A pluralidade; o que é múltiplo. ★ ~-*teki* 多元的 Pluralístico [「sociedade」Pluralista]. ◇ ~ **hōsō** 多元放送 A emissão transmitida por múltiplas estações. ~ **hōteishiki** 多元方程式 A equação a várias incógnitas. ~ **ron** 多元論 O pluralismo.

tagén² 多言 As muitas palavras; a tagarelice. *Kono ken ni tsuite wa* ~ *o yōshinai* この件については多言を要しない Este assunto não precisa de (longas) explicações.

tággu タッグ (< Ing. tag) A equipa/e de dois lutadores (na luta-livre). ◇ ~ **chīmu** タッグチーム A equipa de luta-livre entre equipas. ~ **matchi** タッグマッチ A luta-livre entre equipas.

tági 多義 [E.] A polissemia (Ter vários sentidos); a ambiguidade. ★ ~(*no*) *go* 多義(の)語 A palavra polissé[ê]mica (equívoca; ambígua).

tagíru 滾る a) Ferver; b) Borbulhar; c) Arder. ★ ~ *gekiryū* たぎる激流 A cachoeira [torrente em cachão]. ~ *yu ga* たぎる湯 A água a ferver. *Ikari [Jōnetsu] ga* ~ 怒り[情熱]がたぎる Ferver/Espumar de raiva [Arder de paixão「pela pátria」]. S/同 Nié-tagíru.

tagón 他言 A divulgação; o dizer aos outros. ~ *wa muyō da* 他言は無用だ Não diga a ninguém [Guarde segredo]. ★ ~ *o habakaru koto* 他言をはばかること Ser secreto [confidencial/segredo].

tagósáku 田吾作 [G.] O camponês; o aldeão; o lavrador. ⇨ ináka.

tagúi 類 A espécie; o gé[ê]nero; a classe; o tipo; a raça「má/de víboras」. ★ ~ *mare na(ru)* 類いまれな(る) Raro; excepcional; extraordinário; singular [~ *mare na sainō no mochi-nushi* 類いまれな才能の持主 A pessoa de raro [extraordinário] talento」. *Dorobō ya sagishi no* ~ 泥棒や詐欺師の類い A raça [casta] dos ladrões e dos fraudadores/burlistas. S/同 Rúi. ⇨ hirúi; shúrui.

tagúru 手繰る a) Puxar; b) Recolher [Enrolar]「a corda/o fio do papagaio」. ★ *Ami* [*Ito; Tsuna*] *no* ~ 網[糸; 綱]を手繰る Puxar a rede [linha; corda]. *Hanashi no ito o* ~ 話の糸を手繰る Descobrir a pista [o começo] da conversa.

tá-hata 田畑 Os campos (cultivados). ⇨ nó-hara.

tahátsú 多発 A ocorrência frequente. ★ ~ *suru*

多発する Ocorrer frequentemente 〔*Jishin* [*Jiko*] ga ~ *suru* 地震［事故］が多発する Ocorrem frequentes terre[a]motos [acidentes]〕.

tahén-kei 多辺形 O polígono. [S/同] Takákkei (+).

tahṓ [óo] 他方 **1** [他の方面] O outro lugar [lado/grupo「é mais forte」]. **2** [もう一方] O outro lado; mas. *Yushutsu wa fue ~ yunyū wa hetta* 輸出は増え他方輸入は減った As exportações aumentaram, (mas) por outro lado, as importações diminuiram. ★ ~ *de wa* [*ni oite wa*] 他方では［においては］Por outro lado.

tahṓmen [óo] 多方面 As diversas áreas; os vários campos. ★ ~ *ni katsuyaku suru* 多方面に活躍する Trabalhar em ~.

tái[1] 体 **1** [身体] O corpo. ★ ~ *o kawasu* 体をかわす Desviar-se; desviar o corpo. [S/同] Karádá (o); mi[1] (+). **2** [まとまった形] O estilo; a forma. ★ ~ *o nasanai* 体を成さない Não ter forma 〔*Kore wa mattaku ronbun no ~ o nashite inai* これは全く論文の体を成していない Isto não tem forma [estrutura] de tese〕. [S/同] Keíshíkí; yṓshíkí.

tái[2] 対 **1** [反対のもの] O contrário; o oposto; o adversário. ⇨ hańtái. **2** [互角] O igual. ★ ~ *de shōbu suru* 対で勝負する Disputar「uma partida」de igual para igual. ⇨ gokákú; taítṓ[1]. **3** [勝負の組み合わせ] Contra; versus (L.); entre; com. ★ *Amerika ~ Burajiru no shiai* アメリカ対ブラジルの試合 A partida dos E.U.A. contra [com] o B. *Ichi ~ ichi de hanasu* 一対一で話す Conversar a sós; falar cara a cara. **4** [比] A; para. ★ *Go ~ san de katsu* 5対3で勝つ Ganhar [Vencer] (por) cinco a três. **5** [接頭語的に] Para; com. ★ *Nihon no ~-bei seisaku* 日本の対米政策 A política do Japão (para) com os [em relação aos] Estados Unidos. ◇ **~ Burajiru bōeki** 対ブラジル貿易 O comércio「do J.」com o B.

tái[3] 隊 O grupo; a equipe; a unidade「militar」; a força「policial」; a formação「de aviões」; a banda「de música」. ★ ~ *o kumu* 隊を組む Formar um/a ~.

tái[4] 他意 Outra [Uma segunda] intenção; a má intenção; a malícia. *Honno jōdan da. ~ wa nai* ほんの冗談だ. 他意はない Foi apenas uma brincadeira sem qualquer malícia.

tái[5] 鯛【Zool.】O pargo. ◇ **~ ka** タイ科 Os esparídeos [espáridas]; *sparidae*. [P/ことわざ] *Ebi de ~ o tsuru* 海老で鯛を釣る "Pescar pargo com camarões" (Saber investir). *Kusatte mo ~* くさっても鯛 De bom vinho, bom vinagre/O ouro, mesmo enegrecido, é sempre ouro.

tái[6] 態 A voz. ◇ **Judō** [**Nōdō**] **~** 受動［能動］態 A ~ passiva「do v. fazer é "ser feito"」[a(c)tiva].

tái[7] タイ (< Ing. tie) **1** [ネクタイ] A gravata. [S/同] Nékutai (+). **2** [競技で同点のこと] O empate. ★ ~ *ni owaru* タイに終わる Terminar empatados [em ~]. *Sekai ~ kiroku* 世界タイ記録 Um resultado igual ao recorde mundial. ⇨ dṓtéń[2]. **3** [音楽で2つの音符をつなぐしるし]【Mús.】A ligadura.

Tái[8] タイ A Tailândia. ◇ **~ go** タイ語 O tailandês.

taí-[9] 滞 A estad(i)a; a permanência. ★ ~ *Hakuchū ni* 滞伯中に Durante a ~ no B. [S/同] Zái- (+).

taí-[10] 耐 (< taéru[1]) À prova de; resistente「a」; anti-. ★ ~*-netsu no* 耐熱の À prova de [Resistente ao/Refra(c)tário ao] calor.

-tái[11] 帯 A zona「frígida/temperada」; a região「polar/do equador」. ◇ **Kazan ~** 火山帯 A ~ vulcânica. ⇨ chítai[1]; nettáí.

-tái[12] たい Querer; desejar; ter vontade「de」. *Afurika ni iki ~* [*ikitakunai*] アフリカに行きたい［行きたくない］Quero [Não quero] ir à África. *Ichi-do zehi o-ai shi ~ mono desu* 一度ぜひお会いしたいものです Gostaria muito de o ver [de me encontrar um dia consigo]. *Kimi ni hanashi ~ koto ga aru* 君に話したいことがある Tenho algo para te dizer [falar]. ★ *Ryokō shitakute tamaranai* 旅行したくてたまらない Estar morto [mortinho] por viajar.

taíáń 対案 (< tái[2] + án[1]) A contraproposta.

taíáń(nichi) 大安(日) O dia de boa sorte.

taíáppu タイアップ (< Ing. tie-up) A associação; a ligação. ★ ~ *suru* タイアップする Associar-se「com」; ligar-se「a」. [S/同] Teíkéí.

taí-átari 体当たり (< tái[1] + atárú) A arremetida [investida] com o corpo; o encontrão. ★ ~ *de* 体当たりで **a)**「rebentar a porta」Com um encontrão; **b)** Com arrojo; com toda a força. ~ *de shigoto o suru* 体当たりで仕事をする Lançar-se ~ ao trabalho〕. ~ *suru* 体当たりする Lançar-se [Arremessar-se/Investir]「contra o ladrão」.

taíátsú 耐圧 O aguentar a [resisitir à] pressão.

taíbáń 胎盤【Anat.】A placenta.

táibatsu 体罰 O castigo corporal. ★ ~ *o kuwaeru* 体罰を加える Aplicar [Infligir] um ~; bater.

taíbétsú 大別 A classificação geral [por alto]. ★ *Ni-shu ni ~ suru* 二種に大別する Dividir [Classificar] em dois grupos [duas espécies] principais.

taíbṓ[1] 待望 O desejo ardente; o anseio; o anelo. ★ ~ *no* 待望の Tão esperado「dia」; ansiado; desejado「cessar-fogo」. ~ *suru* 待望する Desejar ardentemente; ansiar「por」; esperar (ansiosamente).

taíbṓ[2] 耐乏 A austeridade; as privações. ◇ **~ seikatsu** 耐乏生活 A vida austera [de ~].

taíbókú 大木 A árvore grande [gigantesca]. [I/慣用] *Udo no ~* うどの大木 Um homem grande e inútil; o que só tem corpo.

táibu 大部 O ser「um livro」volumoso. ★ ~ *no sakuhin* 大部の作品 A obra volumosa.

taí-búnsū 帯分数【Mat.】O número misto (Por ex. 1½).

taíbútsú 対物 O corresponder ao obje(c)to [à coisa]; o ser real. ★ ~ *no* 対物の Real; obje(c)tivo. ◇ **~ renzu** 対物レンズ A obje(c)tiva.

táibyō 大病 A doença [enfermidade] grave. ★ ~ *ni kakaru* 大病にかかる Ter uma ~.

táicho 大著 **a)** O livro volumoso (⇨ táibu); **b)** A obra-prima.

taíchṓ[1] 体調 A forma (física); a saúde. ★ ~ *ga yoi* [*warui*] 体調がよい［悪い］Estar em boa [má] forma; estar [andar/sentir-se] bem [mal] (de saúde). ~ *o kuzusu* 体調をくずす **a)** Perder a forma; **b)** Sentir-se mal [Ficar fraco]. ~ *o totonoeru* 体調を整える Pôr-se em boa forma「para o desafio」.

taíchṓ[2] 隊長 O comandante; o chefe (de "tai[3]").

taíchṓ[3] 体長 O comprimento do corpo (dos animais; das pessoas: ⇨ shińchṓ[1]). ★ ~ *jū-mētoru o kosu kujira* 体長10メートルを超す鯨 A baleia com mais de dez metros de comprimento.

taíchṓ[4] 退庁 A saída [O fechar] da repartição pública. ★ ~ *suru* 退庁する Sair da ~. ◇ **~ jikoku** 退庁時刻 A hora de saída da ~. [A/反] Tṓchṓ.

taíchṓ-kaku [óo] 対頂角【Geom.】Os ângulos verticalmente opostos.

T

táida 怠惰 A preguiça「é a origem de todos os vícios」. ~ *na seikatsu* 怠惰な生活 A vida de ~. Ⓢ/反 Kínbén. ⇨ taímán.

taidán 対談 A conversa [entrevista/O encontro] (entre duas pessoas). ★ ~ *suru* 対談する Ter um/a ~「com」. ⇨ kaídán²; kaíwá; taíwá.

taidén 帯電 A carga elé(c)trica; a ele(c)trização. ★ ~ *suru* 帯電する Ele(c)trizar; carregar (de ele(c)tricidade). ◇ ~ *tai* 帯電体 O corpo ele(c)trizado [carregado de ele(c)tricidade].

táido 態度 **a)** A atitude; a maneira de pensar; a postura; **b)** A conduta; os modos; o comportamento; o ar; o jeito. *Sono hi irai kanojo no ~ ga ippen shita* その日以来彼女の態度が一変した Desde esse dia [De(sde) então para cá], a atitude dela mudou completamente. ★ ~ *ga yoi* 態度がよい **a)** Portar-se [Tratar「os clientes」bem]; **b)** Ter uma boa maneira de pensar. ~ *o aratameru* 態度を改める Mudar de atitude. ~ *o kimeru* 態度を決める Decidir-se; tomar uma atitude. *Aimai na ~ o toru* あいまいな態度を取る Tomar uma atitude ambígua.

taidó 胎動 **1** [胎児の動き] O movimento fetal [Os primeiros movimentos do feto]. ★ ~ *suru* 胎動する Mover-se o feto. ◇ ~ *ki* 胎動期 O período de movimento fetal. **2**[新しいものが始まろうとすることのたとえ] Os primeiros indícios. *Atarashii jidai no ~ ga kanjirareta* 新しい時代の胎動が感じられた Sentiam-se os ~ de uma nova era.

taidô 帯同 O fazer-se acompanhar「por」; o levar「dois ministros」na sua companhia.

táidoku 胎毒 A sífilis congé(ni)ta.

taiéi 退嬰 【E.】O conservantismo; o conservadorismo. ~ *-teki* 退嬰的 Conservador; retrógrado. Ⓢ/同 Hóshu (+). Ⓐ/反 Shínshu.

taiéki¹ 退役 O passar à reserva; o deixar o exército. ★ ~ *suru* 退役する … ◇ ~ *gunjin* 退役軍人 O oficial [soldado; militar] na reserva; os reservistas; o ex-militar.

táieki² 体液 〔Anat.〕O humor「aquoso/vítreo」; os「quatro」humores「principais」.

taifú [úu] 台〔颱〕風 O tu(i)fão. ~ *ga hassei shita* 台風が発生した Formou-se um ~. ~ *jū-gó wa hattatsu shinagara Nihon ni sekkin-chū* 台風10号は発達しながら日本に接近中 ～ número dez continua a aumentar e já alcançou o J. ★ ~ *kennai ni aru* 台風圏内にある Estar na área do [atingida pelo] ~. ~ *ni osowareru* 台風に襲われる Apanhar o [Ser atingido pelo] ~. ~ *no me* 台風の目 O olho [(epi)centro] do ~ (Onde não chove nem há vento).

táiga 大河 【E.】O rio grande. ~ *shōsetsu* 大河小説 Um grande romance.

taigái 大概 **1** [大half] Geralmente [na generalidade; em geral]; na maioria [maior parte]「dos casos/das vezes」; quase todos [sempre]. *Gakusei wa ~ kono hon o yomu* 学生は大概この本を読む Quase todos os estudantes lêem este livro. *Watashi no chichi wa ~ kuruma de kaisha e iku* 私の父は大概車で会社へ行く Meu pai vai geralmente de carro ao escritório [a empresa]. ★ ~ *no baai* 大概の場合 Na maioria dos casos. Ⓢ/同 Hotóndo (+); taítél (+). ⇨ daí-búbun; hotóndo; ippán; taíhán. **2** [多分] Talvez. *Asu wa ~ ame darō* 明日は大概雨だろう Amanhã ~ chova [deve chover]. Ⓢ/同 Osóraku (+); tábun (o). **3**[いい加減]「confiar nos outros mas só」Dentro do razoável;

com modos [prudência]. ★ ~ *ni* 大概に Moderadamente; razoavelmente; dentro dos limites. ~ *ni suru* [*shite oku*] 大概にする[しておく] Guardar [Não exceder] os limites.

taigái² 対外 (Em relação ao) exterior. ★ ~ *-teki* 対外的 Exterior; externo; internacional. ◇ ~ *enjo* 対外援助 A ajuda ao ~. ~ *kankei* 対外関係 As relações externas [exteriores/com outros países]. ~ *seisaku* 対外政策 A política externa.

táigai³ 体外 Fora do corpo. ★ ~ *ni haishutsu suru* 体外に排出する Expelir para fora. ◇ ~ *jusei* 体外受精 A inseminação in vitro.

taigakú 退学 O sair da [deixar a] escola. ★ ~ *saseru* 退学させる Expulsar (o aluno) da escola. ~ *suru* 退学する Deixar [Abandonar] a escola. ◇ ~ *shobun* 退学処分 A expulsão da escola. **Chūto** ~ 中途退学 ~ a meio do curso. **Jishu** ~ 自主退学 Abandonar a escola voluntariamente [por vontade própria].

taigán¹ 対岸 A outra margem do rio; a margem oposta. ［Ｉ/慣用］ ~ *no kaji* 対岸の火事 O acontecimento com que não temos nada a [que] ver (*Sono jiken wa karera ni totte ~ no kaji de atta* その事件は彼らにとって対岸の火事であった Esse incidente [assunto/caso] não lhes dizia nada/Eles pensavam que não tinham nada a ver com o incidente).

taigán² 大願した Realizou-se a「minha」~.

taigán-rénzu 対眼レンズ A (lente) ocular.

taigán-úndó 対癌運動 O movimento [A luta] contra o cancro [câncer].

taigén¹ 体現 【E.】A encarnação; a personificação「da avareza」. Ⓢ/同 Gugén.

táigen² 体言 As palavras independentes [indeclináveis] da gramática japonesa (Substantivos, pronomes e numerais). Ⓐ/反 Yógen. ⇨ meíshí².

taigén-sógo [óo] 大言壮語 【E.】A bazófia; a jactância; o alarde; a fanfarr(on)ice.

táigi¹ 大儀 **a)** A cerimó(ni)nie oficial「da coroação do rei」; **b)** O ser cansativo [trabalhoso; maçador]. *Tsukarete kuchi o kiku no mo ~ da* 疲れて口をきくのも大儀だ Estou tão exausto [cansado] que até me custa falar.

táigi² 大義 【E.】A (lei) moral; a justiça; a lealdade. ★ ~ *no tame ni* 大義の為に Pela justiça; por uma boa causa. ◇ ~ *meibun* 大義名分 A razão justa.

táigo 隊伍 A fileira; a fila; a formação. ~ *o kumu* 隊伍を組む Formar fileiras. ~ *o totonoeru* 隊伍を整える Cerrar fileiras. Ⓢ/同 Taírétsú (+).

t[d]áigo² 大悟 【E.】A iluminação (Bud.); a verdadeira sabedoria. ★ ~ *tettei suru* 大悟徹底する Alcançar [Atingir] a ~. ⇨ satóri.

taigú¹ 待遇 **a)** O tratamento「dos empregados」; **b)** O acolhimento; o receber [a recepção]「como chefe de estado」. ★ ~ *no yoi kaisha* 待遇のよい会社 A empresa que trata bem os empregados. ~ *suru* 待遇する Tratar; receber; acolher. *Atsui* [*Hidoi*] ~ *o ukeru* 厚い[ひどい]待遇を受ける Ser bem [mal] recebido/tratado. ◇ ~ *kaizen* 待遇改善 A melhoria das condições de trabalho; o aumento salarial. ⇨ kôgú; reígú¹.

taigú² 対偶 〔Mat./Fil.〕A contraposição; a antítese.

taigún¹ 大軍 O grande exército; a grande força militar. ★ ~ *o hikiiru* 大軍を率いる Comandar um/a ~. *Teki no* ~ 敵の大軍 O numeroso exército (do) inimigo.

taígún² 大群 Um grande número de animais [bando「de pássaros/ladrões」]; a grande manada「de vacas/de gado」[vara「de porcos」]. *Sake no* ~ 鮭の大群 O grande cardume de salmões. ⇨ muré.

taigyáku 大逆 A alta traição; a lesa-majestade. ◇ ~ **jiken** [**zai**] 大逆事件［罪］O crime de ~.

taígyo 大魚 Um peixe grande [enorme]. ~ *o issu* [*ushinau*] 大魚を逸す「失う」Perder uma grande [boa] oportunidade.

taígyó¹ 大業【E.】Um grande feito [empreendimento].

taígyó² 怠業 A greve de zelo.

táiha 大破 A destruição (total). ★ ~ *suru* 大破する Ficar「o carro/avião」todo [completamente] desfeito/destruído/espatifado (G.).

taiháí¹ 大敗 A derrota total [desastrosa/completa]. ★ ~ *suru* [*o kissuru*] 大敗する [を喫する] Ser completamente derrotado/Sofrer uma ~.

taiháí² 退［頽］廃 A degeneração「da raça」; a corrupção「dos costumes」; a decadência [o declínio]「da sociedade」. ★ ~ *suru* 退廃する Degenerar; decair; corromper-se; declinar. ~ *teki* 退廃的 Decadente; degenerado. *Dōgi* [*Dōtoku*] *no* ~ 道義［道徳］の退廃 A decadência [degeneração] (da) moral. Ⓢ/ⓡ Dékadansu.

taihái³ 大盃 A taça grande. ⇨ sakázúkí.

taihakú 滞伯 A estad(i)a no Brasil.

taíhan 大半 A maioria; a maior parte「do trabalho está feita」. *Kyaku no* ~ *wa ryokōsha da* 客の大半は旅行者だ ~ dos clientes são turistas.

taíhéi 太［泰］平 A paz; a tranquilidade. ★ ~ *no yume o yaburu* 太平の夢を破れる Perturbar a [Desfazer o sonho da] paz. ~ *o ōka suru* 太平を謳歌する Louvar ~. ◇ **Tenka** ~ 天下太平 A paz [reinante] em todo o país [mundo]. ⇨ héíwá.

taihéiraku 太平楽【G.】**a)** A melodia "Doce Paz"; **b)**「construir」Castelos-no-ar;「ter」sonhos doirados;「dizer」disparates.

Taihéiyō 太平洋 O (Oceano) Pacífico. ◇ ~ **gawa** 太平洋側 O lado do Japão que dá para o Oceano Pacífico. ~ **engan** 太平洋沿岸 A costa/O litoral do ~. ~ **kōro** 太平洋航路 As rotas [de navegação] do ~. ~ **ōdan hikō** 太平洋横断飛行 O voo transpacífico [A travessia aérea do ~]. ~ **sensō** 太平洋戦争 A Guerra do Pacífico (na Segunda Guerra Mundial). **Kita** [**Minami**] ~ 北［南］太平洋 Pacífico Norte [Sul].

taihén¹ 大変 **1** [とても; 非常に] Muito; extremamente. ~ *o-matase itashimashita* 大変お待ちせいました Desculpe (por) tê-lo feito esperar tanto. *Kare wa* ~ *na kanemochi da* 彼は大変な金持ちだ Ele é ~ rico. ★ ~ *kurushimu* 大変苦しむ Sofrer terrivelmente. ~ *na ame* 大変な雨 Uma chuva tremenda. ~ *na atsusa* 大変な暑さ Um calor terrível. ~ *na bijin* 大変な美人 A mulher muito linda. ~ *omoshiroi hon* 大変おもしろい本 O livro ~ interessante. ~ *ureshii*「大変うれしい「Sinto」um imenso [enorme] prazer. Ⓢ/ⓡ Hijō-ní; táisō. ⇨ totémó. **2** [重大な; やっかいな] Sério; grave; terrível; trabalhoso. ~ *na koto ni natta* 大変なことになったE agora? [Estamos bem arranjados! /Aconteceu uma coisa ~!]. *Kodomo o sodateru no wa* ~ *da* 子供を育てるのは大変だ Os filhos dão muito trabalho a criar. *Sā* ~ *da* さあ大変だ Meu Deus! [E agora?]. *Shippai shitara* ~ *da kara ki o tsukero* 失敗したら大変だから気をつけろ Tenha cuidado porque um fracasso seria desastroso [uma coisa séria]. ★ ~ *na jiken* 大変な事件 O caso [incidente] grave. ~ *na shigoto* 大変な仕事 O trabalho difícil [duro]. ⇨ júdáí¹; yákkai. **3** [たくさん] Imenso; numeroso; enorme; incontável. *Nichiyōbi no kōen wa* ~ *na hitode da* 日曜日の公園は大変な人出だ O parque aos domingos tem muita [está cheio de] gente. ~ *na kingaku* 大変な金額 A enorme soma de dinheiro. ⇨ takúsán.

táihen² 対辺【Geom.】O lado oposto; a subtensa.

táihi¹ 対比 A comparação; o contraste. ★ ~ *suru* 対比する Comparar; contrastar.

taihi² 待避 O desvio. ★ ~ *suru* 待避する Desviar「para deixar passar outro comboio」.

taihi³ 退避 O refugiar-se. ~ *suru* 退避する ... ◇ ~ **jo** 退避所 O local de refúgio.

taihi⁴ 堆肥 O adubo animal; o estrume; o esterco (G.). ⇨ híryō.

taihi⁵ 貸費 O empréstimo「para pagamento dos estudos」. ★ ~ *suru* 貸費する Conceder um ~. ◇ ~ **sei** 貸費生 O (estudante) bolseiro/bolsista. Ⓐ/ⓡ Kyúhí.

táiho¹ 退歩 O retrocesso; o recuo; o declínio「das faculdades/da memória」. ★ ~ *suru* 退歩する Retroceder; recuar; andar para trás; declinar. *Bunmei no* ~ 文明の退歩 O declínio da civilização. Ⓐ/ⓡ Shínpo.

táiho² 逮捕 A detenção; a captura; a prisão. *Kare wa settō no kado de* ~ *sareta* 彼は窃盗のかどで逮捕された Ele foi preso por (acusação de) roubo. ~ *o manugareru* 逮捕を免れる Fugir à prisão. ~ *suru* 逮捕する Capturar; prender; deter. ◇ ~ **jo** [**meirei**] 逮捕状［命令］A ordem de ~. **Bekken** ~ 別件逮捕 ~ por outra acusação [outro crime].

taihō 大砲 O canhão; a artilharia. ★ ~ *o utsu* 大砲を撃つ Disparar o ~.

tái-i¹ 大意 A ideia principal [geral]; o resumo; o esboço; o sumário; a essência; a substância; o (ponto) principal. ★ ~ *o noberu* 大意を述べる Dizer o principal; resumir. ~ *o tsukamu* 大意をつかむ Compreender [Captar/Apanhar] a ideia geral. ⇨ ará-súji¹; gaíryákú; gaíyō³.

tái-i² 体位 **a)** O físico; a constituição física「dos jovens melhorou」; **b)** A postura. ⇨ shiséí¹.

tái-i³ 退位 A abdicação. ★ ~ *suru* 退位する Abdicar ao trono. *Ō o* ~ *saseru* 王を退位させる Destronar [Depor] o rei. Ⓐ/ⓡ Sókui.

tái-i⁴ 大尉 O capitão. ◇ **Kaigun** ~ 海軍大尉 ~-tenente da marinha. **Rikugun** ~ 陸軍大尉 ~ do exército.

taií-hó 対位法【Mús.】O contraponto.

táiiku 体育 A educação física; o atletismo; a ginástica; o (d)esp. ★ ~ *no hi* 体育の日 O dia do ~ (Feriado no J., dia 10 de outubro). ◇ ~ **gakubu** 体育学部 A faculdade de educação física. ~ **kai** 体育会 A associação de atletismo. ~ **kan** 体育館 O ginásio; o pavilhão gimnodesportivo. ~ **sai** 体育祭 O festival de atletismo. **Kokumin** ~ **taikai** 国民体育大会 ⇨ kokútáí.

taíin¹ 退院 O sair do hospital. ★ ~ *suru* 退院する Sair [Ter alta] do hospital. Ⓐ/ⓡ Nyúín¹. ⇨ byóín¹.

taíin² 隊員 O membro. ◇ **Tanken** ~ 探検隊員 ~

de uma expedição [um grupo expedicionário].
taiín-reki 太陰暦 O calendário lunar. ⇨ táiyō¹.
táiji¹ 退治 O extermínio; a limpeza. ★ *Nezumi o ~ suru* ねずみを退治する Exterminar os ratos. ⇨ bokúmétsú; seífúku¹.
táiji² 胎児 O embrião; o feto. ★ *~ no kyōiku* 胎児の教育 A educação pré-natal.
táiji³ 対峙【E.】Um (estar) frente a frente「de dois grandes rivais」. ★ *~ suru* 対峙する Enfrentarem-se「dois grandes exércitos」.
taijín¹ 対人 Pessoal. ◇ **~ heiki** 対人兵器 A arma ofensiva [de ataque]. **~(baishō) hoken** 対人（賠償）保険 O seguro contra terceiros「dos taxistas」. **~ kankei** 対人関係 As relações pessoais. **~ kyōfushō** 対人恐怖症 A antropofobia [misantropia (+)]; o medo dos outros.
taijín² 対陣 O enfrentar-se [acampar frente a frente] de dois exércitos.
taijín³ 退陣 A retirada「do exército」; a renúncia; o afastamento. *Yatō wa shushō no ~ o yōkyū shite iru* 野党は首相の退陣を要求している A oposição está exigindo a renúncia [demissão] do primeiro ministro. ★ *~ suru* 退陣する Retirar-se; renunciar.
taijín⁴ 大人【E.】O grande homem; o cavalheiro. **~ *no fūkaku o sonaeru* 大人の風格を備える Ser um ~; ter um ar [cará(c)ter] cavalheiresco. Ⓐ/反 Shójín.
taijíru 退治る ⇨ táiji¹.
taijō 退場 A saída do lugar [「bonita」de cena]. *Kare wa sakkā no shiai de ~ o meijirareta* 彼はサッカーの試合で退場を命じられた Ele foi expulso [posto fora] do campo no jogo de futebol. ★ *~ suru* 退場する Sair do lugar. Ⓐ/反 Nyújō.
táiju 大樹【E.】A árvore grande. ᴘ᷃ことわざ *Yoraba ~ no kage* 寄らば大樹の陰 Quem a ~ se chega, boa sombra terá「De grandes senhores, grandes favores」.
taijū 体重 O peso [do corpo]. *"Anata no ~ wa ikura arimasu ka."* *" Gojikkiro desu [arimasu]"* 「あなたの体重はいくらありますか」「50キロです［あります］」Qual é o seu peso [Quanto pesa]? — Cinquenta quilos. ★ *~ o hakaru* 体重を計る Pesar-se. **~ *o herasu* 体重を減らす Reduzir [Diminuir] o ~; emagrecer. **~ *o kataashi ni kakeru* 体重を片足にかける Pôr todo o ~ [Apoiar todo o corpo] num pé.
táika¹ 大火 O fogo [incêndio] grande. *Machi wa ~ ni atta* 町は大火に遭った A cidade sofreu (um) grande incêndio [ardeu toda].
táika² 大家 O (grande) mestre; a autoridade; a figura (eminente). *Kare wa sono michi no ~ da* 彼はその道の大家だ Ele é mestre nessa matéria/Ele é uma autoridade nesse assunto. ⇨ kén'i¹; kyoshō; ō-gósho.
táika³ 退化 A degeneração; a regressão; a atrofia; a degenerescência; o retrocesso. ★ *~ suru* 退化する Degenerar; regredir; atrofiar-se [*Shiyō shinai kikan wa ~ suru* 使用しない器官は退化する O órgão que não se usa atrofia-se]. ◇ **dōbutsu** 退化動物 O animal degenerado. **~ kikan** 退化器官 O órgão atrofiado [rudimentar].
táika⁴ 耐火 *~-sei no* 耐火性の Resistente ao calor; refra(c)tário. ◇ **do** 耐火度 A capacidade refra(c)tária. **~ kenchiku** 耐火建築 A construção à prova de fogo. **~ renga** 耐火煉瓦 O tijolo refra(c)tário. **~(shi) zai** 耐火（瓷）材 O material refra(c)tário.

táika⁵ 滞貨 A acumulação [de mercadorias na estação/loja/fábrica]. ★ *Yūbinbutsu no ~* 郵便物の滞貨 A ~ de correio「nas malas postais」.
táika⁶ 大過【E.】A falta [falha] séria; o erro grave; erros grandes [de marca maior]. ★ *~ naku* 大過なく「trabalhar como empregado」Sem (cometer) ~ s.
táika⁷ 対価 A compensação; o valor equivalente/correspondente.
taikái¹ 大会 O (grande) encontro「(d)esportivo/anual」; o congresso [a convenção]「do Partido」. ★ *~ o hiraku* 大会を開く Realizar um/a ~. ◇ **Kokusai ~** 国際大会 O congresso「eucarístico」internacional. ⇨ káigi¹; kyōgi².
taikái² 退会 O deixar [sair de] uma associação. Ⓢ/同 Dakkái (+). Ⓐ/反 Nyúkái.
taikái³ 大海【E.】O oceano. ᴘ᷃慣用 *~ no ichi-zoku [itteki]* 大海の一粟［一滴］Uma gota (de água) no ~.
taikáku¹ 体格 A constituição (física); a compleição; o físico. ★ *~ ga yoi [warui]* 体格がよい［悪い］Ter uma compleição robusta [fraca]; ter bom [fraco] físico. ◇ **kensa** 体格検査 A inspe(c)ção médica. ⇨ shíntai¹.
táikaku² 対角 O ângulo oposto. ◇ **~ sen** 対角線 A diagonal.
taikán¹ 退官 O reformar [aposentar]-se de um cargo público. ★ *~ suru* 退官する ... Ⓐ/反 Nínkán.
taikán² 耐寒 A resistência ao frio. ◇ **~-sei no** 耐寒性の Resistente ao frio. ◇ **kunren** 耐寒訓練 O treino contra [para aguentar] o frio.
taikán³ 大官 ⇨ kōkán⁷.
taikán⁴ 大患【E.】**1** [⇨ táibyō]. **2**【憂い】A grande aflição「do povo」; o desastre「nacional」. ⇨ uréi.
taikán⁵ 大観【E.】A vista geral「da matéria」; a (grande) visão「do problema」; o panorama (geral)「da economia mundial」. Ⓢ/同 Gaíkán (+).
taikán⁶ 戴冠 A coroação「de Nossa Senhora」. ◇ **~ shiki** 戴冠式 A (cerimó(ô)nia da) ~.
táike 大家 A família rica; a família distinta [ilustre]; uma grande família. ★ *~ no reijō* 大家の令嬢 A filha de uma ~. Ⓢ/同 Méika.
taikéi¹ 体刑 **a)** A punição física; o castigo corporal; **b)** A condenação a trabalhos forçados. ⇨ chōkéi; táibatsu.
taikéi² 体形［型］A figura「alta/magra」; a forma do corpo.
taikéi³ 体系 O sistema「filosófico/de salários」. ★ *~-ka suru [-zukeru]* 体系化する［づける］Sistematizar. **~ *o tateru* 体系を立てる Formular [Criar; Desenvolver] um ~. **~-teki na** 体系的な Sistemático.
taikéi⁴ 隊型 A formação (militar). ★ *~ o totonoeru* 隊形を整える Dispor em ~. ◇ **Sentō ~** 戦闘隊形 de combate.
taikéi⁵ 大系 O compêndio; a sinopse. ◇ **Sekaishi ~** 世界史大系 ~ de história universal.
taikéi⁶ 大計【E.】O proje(c)to de longo alcance [grande envergadura]; o grande plano. ★ *Kokka hyakunen no ~ o tateru* 国家百年の大計を立てる Fazer um plano de longo alcance para o país.
taikéi⁷ 大慶【E.】A grande felicidade [alegria]; o regozijo [grande prazer].
taikén¹ 体験 A experiência. ★ *~ o ikasu* 体験を生

taíkén² かす Aproveitar [Aprender com] a ~. ~ **suru** 体験する Experimentar [*Ijō na* [*Kichō na*; *Mezurashii*] ~ *o suru* 異常な[貴重な；珍しい]体験をする Ter uma ~ estranha [preciosa; rara]. *Sensō* [*Ue*] ~ *suru* 戦争[飢え]を体験する Viver [Ter] a ~ da guerra [fome]; experimentar a guerra [fome]. ◇ ~ **dan** 体験談 A história [O relato] sobre a ~ vivida. ~ **ki** 体験記 O relato de experiências pessoais. ⟦S/同⟧ Keíkén.

taíkén² 大圏 O círculo máximo; a ortodromia. ◇ ~ **kōro** [**kōsu**] 大圏航路[コース] A navegação [rota] (Marítima ou aérea) ortodró[ô]mica.

taíkén³ 大権 O poder supremo; a prerrogativa (imperial/real). *Taiken o hatsudō suru* 大権を発動する Exercer a [Fazer uso da] ~.

taíkén⁴ 帯剣 O sabre. ★ ~ *o hikinuku* 帯剣を引き抜く Desembainhar o [Puxar do] ~.

taíkén⁵ 大賢【E.】O (grande) sábio. ⟦ことわざ⟧ ~ *wa taigu ni nitari* 大賢は大愚に似たり ~ é muitas vezes tomado por louco.

taíkétsú 対決 A confrontação [luta]「entre progressistas e conservadores」. ★ ~ *suru* 対決する Confrontar-se. *Ryōsha o* ~ *saseru* 両者を対決させる Confrontar os dois.

taíki¹ 大気【E.】A atmosfera; o ar. ~ -*chū ni* 大気中に Na ~. ◇ ~ **atsu** 大気圧 A pressão atmosférica. ~ **ken** 大気圏 A ~. **ken-gai** 大気圏外 Fora da ~. ~ **osen** 大気汚染 A poluição atmosférica [da ~/do ar] (⇨ kōgái²). ~ **osen busshitsu** 大気汚染物質 A substância poluente do/a ~.

taíki² 待機 O ficar à espera [de prevenção]. ★ ~ *suru* 待機する Aguardar; ficar de sobreaviso [prevenção]. *Keikan o* ~ *saseru* 警官を待機させる Pôr policias [Colocar policiais (B.)] de vigia. ◇ **Jítaku** ~ 自宅待機 ~ em casa.

taíki³ 大器【E.】A pessoa de grande talento; um grande gé[ê]nio. ⟦ことわざ⟧ ~ *bansei* 大器晩成 Um grande talento leva tempo a amadurecer.

taíkín 大金 A grande quantia [soma] de dinheiro; um dinheirão (G.); uma grande verba.

taíko 太古 Os tempos remotos [antigos/prehistóricos]; a mais remota antiguidade. ⟦S/同⟧ Ō-múkashi.

taíkó² 太鼓 O tambor. ★ ~ *o takaku* 太鼓を高らかに Tocar [Rufar] o tambor/(Fig.)Lisonjear; adular. *Kane ya* ~ *de sagashimawaru* 鉦や太鼓で捜し回る Procurar「o criminoso」aos gritos [fazendo grande alarido]. ◇ ⇨ ~ **ban** [**bara/bashi/mochi**].

taíkō² 対抗 A oposição; a confrontação; o antagonismo; a rivalidade; a competição. *Yūben-sa ni kakete wa kare ni* ~ *dekiru mono wa inai* 雄弁さにかけては彼に対抗できる者はいない Em eloquência ninguém lhe ganha [pode competir com ele]. ★ ~ -*shin o moyasu* 対抗心を燃やす Ter (espírito de) rivalidade. ~ *suru* 対抗する Competir「com」; opor-se「a」. *Honmei to* ~ 本命と対抗 O melhor e o seu maior rival「na corrida de cavalos」. ◇ ~ -**saku** [**shudan; sochi**] 対抗策[手段; 措置] A contramedida; a represália. ~ -**sha** 対抗者 O oponente; o adversário; o antagonista; o competidor; o rival.

taíkō³ 大公 O grão-duque.

taíkō⁴ 大綱 Os princípios fundamentais「da minha administração」; a ideia geral [as linhas gerais]「do plano」.

taíkō⁴ 太后 A imperatriz [rainha] viúva.

taíkō⁵ 対校 Interescolar. ◇ ~ **jiai** 対校試合 A competição/O jogo ~ [entre escolas].

taíkō⁶ 退行 A degradação; o retrocesso. ⇨ táika³.

taíkō⁷ 退校 ⇨ taígáku.

taíkō⁸ 大功【E.】O serviço de mérito. ★ ~ *o tateru* 大功をたてる Prestar grandes [meritórios] serviços「ao país」. ⇨ kōsékí¹; tegárá.

taíkó-ba [**óo**] 対抗馬 **a)** O cavalo rival「na corrida de cavalos [jóquei]」; **b)** O candidato rival「nas eleições」.

taíkó-bán 太鼓判 (<…² + hán) O selo grande. ⟦I/慣用⟧ ~ *o osu* 太鼓判を押す Garantir; afiançar [*Kare no seijitsusa ni tsuite wa watashi ga* ~ *o oshimasu* 彼の誠実さについては私が太鼓判を押します Quanto à honestidade dele, eu garanto [ponho as mãos no fogo]].

taíkó-bárá 太鼓腹 (<…² + hará) A barriga grande; a pança (G.).

taíkó-báshí 太鼓橋 (<…² + hashí) A ponte arqueada [em arco/como um bombo].

taíkóbō [**óo**] 大公望【G./Antr.】O amador [entusiasta] da pesca (à linha).

taíkókú 大国 **a)** O país grande; **b)** Um grande [importante] país; a ~ A potência; a nação [o estado] forte. ★ *Chō-* ~ 超大国 A superpotência. ⇨ rekkyō.

taíkó-mochi 太鼓持ち (<…² + mótsu) **1**「男芸者」O palhaço profissional nos banquetes. ⇨ hōkán⁴. **2**「おせじを言って人の機嫌をとる人」O adulador; o lisonjeador; o bajulador.

taíkó-sha [**óo**] 対向車 O carro que vem em sentido contrário.

taíku 体軀【E.】O corpo; o físico; a constituição física. *Dōdō taru* ~ *no hito* 堂々たる体軀の人 Uma pessoa de [com um/a] ~ imponente. ⟦S/同⟧ Karádá-tsúkí. ⇨ taíkákú¹.

taíkū¹ 対空 Antiaéreo. ◇ ~ **hōka** [**shageki**] 対空砲火[射撃] O fogo [disparo] antiaéreo. ~ **rēdā** 対空レーダー O radar de vigilância ~ a.

taíkū² 滞空 A permanência no ar; a duração de voo. ★ ~ *suru* 滞空する Manter-se no ar [em voo]. ◇ ~ **hikō** 滞空飛行 A autonomia de voo. ~ **jikan** 滞空時間 A duração do voo.

taíkútsú 退屈 O tédio; o aborrecimento; o enfado; o fastio; a monotonia. *Suru koto ga nakute* ~ *shite iru* することがなくて退屈している Estou aborrecido por não ter (nada) que fazer. ★ ~ *na hanashi* 退屈な話 A história [conversa] cansativa/aborrecida/pesada/fastidiosa. ~ *na hito* 退屈な人 A pessoa aborrecida [chata (G.)/enfadonha]. ~ *na shigoto* 退屈な仕事 O trabalho cansativo [monótono/sem graça]. ~ *o magirasu* [*shinogu*] 退屈を紛らす [しのぐ] Matar o tempo. ~ *saseru* 退屈させる Maçar; cansar [as pessoas]; aborrecer [os ouvintes]. ~ *sō na kao o suru* 退屈そうな顔をする Ter cara de tédio [aborrecido]. ~ *suru* 退屈する Enfadar-se; aborrecer-se. ◇ ~ **shinogi** 退屈しのぎ O passar o tempo [~ *shinogi ni hon o yomu* 退屈しのぎに本を読む Ler (um livro) para passar [matar] o tempo].

taíkyákú 退却 A retirada; o recuo「do exército」. ★ ~ *suru* 退却する Recuar. ◇ ~ **meirei** 退却命令 A ordem de ~. **Sō** ~ 総退却 ~ geral.

taíkyo¹ 退去 A evacuação; a saída; o abandono. *Chíji wa osen-kuiki no jūmin ni* ~ *o meijita* 知事は

汚染区域の住民に退去を命じた O governador [prefeito/presidente da câmara] mandou evacuar a área poluída [contaminada]. ★ ~ *saseru* 退去させる Fazer sair [Evacuar]「toda a gente」. ~ *suru* 退去する Sair; retirar-se. ◇ ~ **meirei** 退去命令 A ordem de evacuação [saída].

táikyo² 大挙【E.】O grande número; a grande massa. ★ ~ *shite* 大挙して Em ~ [*Demo-tai wa ~ shite daijin no moto e oshikaketa* デモ隊は大挙して大臣のもとへ押しかけた Dezenas [Centenas/Grande número] de manifestantes rodearam o ministro].

taíkyō 胎教 A educação pré-natal [das futuras mães].

taikyókú¹ 大局 A situação geral. ★ ~ *-teki ni miru* 大局的に見る Ver a ~ [as coisas no seu conjunto]. ~ *-teki ni wa* 大局的には Em geral「está tudo a correr bem」.

taikyókú² 対局 Uma partida de "go" ["shōgi"; xadrez]. ★ ~ *suru* 対局する Jogar ~.

taíkyū 耐久 A resistência; o aguentar; o durar; a duração. ◇ ~ **ryoku** [**sei**] 耐久力[性] A durabilidade; a resistência [~ *ryoku* [*sei*] *no aru* 耐久力[性]のある Durável;「vestido」durar;「pessoa」aguentar「a correr」;「carro」forte]. ◇ ~ **shiken** 耐久試験 A prova de resistência. ~ (*shōhi*) *zai* 耐久 (消費) 財 Os bens de consumo duráveis.

táima 大麻 **a)** O cânhamo; **b)** A droga [maconha/marijuana/....]. ◇ ~ **torishimari-hō** 大麻取締法 A lei contra o ~.

táimā タイマー (< Ing. timer) [時間を計る器具] O cronó(ô)metro [do árbitro]. ⇨ táimu ².

taímái¹ 大枚【G.】Muita massa (Grande soma de dinheiro). ★ ~ *gohyakuman-en o hataite* [*tōjite*] *kono kuruma o katta* 大枚 500 万円をはたいて [投じて] この車を買った Este carro custou ~: cinco milhões de yens! ⇨ taíkín.

taímái² 玳瑁【Zool.】A tartaruga-de-pente (Do mar).

taímán 怠慢 A negligência; a preguiça; a indolência; o desleixo; o descuido. ★ ~ *de aru* 怠慢である Ser negligente/descuidado/indolente/preguiçoso/desleixado. ◇ ~ **Shokumu** ~ 職務怠慢 ~ no trabalho. ⇨ namákéru; okótárú; táida.

táimatsu 松明・炬火 A tocha olímpica; o facho; o archote. ★ ~ *o tomosu* 松明をともす Acender ~. ◇ ~ **gyōretsu** 松明行列 A procissão de tochas.

taiméí¹ 大命 O mandato [A ordem] imperial. ★ ~ *o haisuru* 大命を拝する Receber um/a ~.

taiméí² 待命 A disponibilidade; a espera de ordens. ★ ~ *chū de aru* 待命中である Estar em disponibilidade [à espera de ordens].

taimén¹ 体面 A honra; o prestígio; a reputação; as aparências; o bom nome. ★ ~ *nado kamatte* [*ki ni shite*] *wa irarenai* 体面など構って［気にして］はいられない Não podemos (estar a) preocupar-nos com aparências. ~ *o omonjiru* 体面を重んじる Dar (demasiada) importância ao ~. ~ *o tamotsu* 体面を保つ「ainda vivem juntos para」Conservar [Manter] as aparências. ~ *o tsukurou* 体面を繕う Salvar as aparências.「*Ie no*」~ *o kegasu*「家の」体面を汚す Desonrar a família. ~ *o kizutsukeru* 体面を傷つける Ferir a honra「de alguém」. ~ *o ushinau* 体面を失う Passar uma vergonha. ⇨ meńmókú; teísáí.

taimén² 対面 A entrevista; o encontro. *Sore wa jūnen-buri no oyako no* ~ *datta* それは十年ぶりの親子の対面だった Foi o primeiro encontro entre pai e filho em dez anos. ★ ~ *suru* 対面する Encontrar; entrevistar [ver]-se. ◇ ~ **kōtsū** 対面交通 O (sistema de) trânsito em sentido oposto (dos peões [pedestres (B.)] ao dos carros).

taimíngú タイミング (< Ing. timing) A coincidência; a ocasião; a hora; o momento; a oportunidade. ★ ~ *ga yoi* [*warui*] タイミングがよい［悪い］Ser oportuno (inoportuno). ~ *o ayamaru* タイミングを誤る Perder a oportunidade. ~ *o hakaru* タイミングを計る Ver o momento mais oportuno (apropriado). ~ *o kuruwasu* タイミングを狂わす Estragar uma oportunidade. ⇨ kikáí; koróái.

taimó¹ 大望 A ambição「de ser político」; o grande desejo; a aspiração. ★ ~ *o idaku* 大望を抱く Ter [Abrigar; Nutrir] uma ambição. ~ *o hatasu* [*togeru*] 大望を果たす［遂げる］Realizar a sua [o seu] ~. [S/同] Táishi.

taimó² 体毛 O pêlo (do corpo).

táimu タイム (< Ing. time) **1**[時間] O tempo. ★ ~ *o toru* [*hakaru*] タイムを取る［計る］Cronometrar; medir o tempo. ◇ ~ **kādo** タイムカード O cartão de ponto. ~ **kīpā** タイムキーパー O cronometrista. ~ **rekōda** タイムレコーダー O relógio regist(r)ador. ~ **rimitto** タイムリミット O prazo. ~ **suitchi** タイムスイッチ O interruptor automático. ~ **tēburu** タイムテーブル O ~. ~ **Besuto** ~ ベストタイム O melhor ~. **2**[試合中の中断] O tempo de pausa. ★ ~ *o kakeru* [*yōkyū suru*] タイムをかける［要求する］Pedir (tempo de) pausa (Desp.).

táimurī タイムリー (< Ing. timely) Na hora certa (própria). ★ ~ *na hatsugen* タイムリーな発言 A palavra na ~. ◇ ~ **hitto** タイムリーヒット【Beis.】A (re)batida certeira. ⇨ chōdó¹.

tainái¹ 対内 Um problema ~ Interno [Do país]. ◇ ~ **seisaku** 対内政策 A política [medida] interna. [A/反] Taígáí². ⇨ kokúnái.

táinai² 体内 Dentro do corpo. ◇ ~ **jusei** 体内受精 A fecundação interna. [A/反] Taígáí³.

táinai³ 胎内 (Dentro do) útero. ★ *Haha no* ~ *de* 母の胎内で No ventre [útero] materno. ◇ ~ **kansen** [**densen**] 胎内感染［伝染］A infecção [O contágio] pré-natal.

táinetsu¹ 体熱 O calor do corpo. ⇨ táion.

taínétsu² 耐熱 A resistência ao calor. ★ ~ *no* [*-sei no*] 耐熱の［性］の Resistente [Refra(c)tário] ao calor. ◇ ~ **fuku** 耐熱服 O traje contra o calor. ~ **garasu** 耐熱ガラス O vidro refra(c)tário [isolador].

tainichi¹ 対日 Com o [Relativo ao] Japão. ◇ ~ **bōeki** 対日貿易 O comércio com o J. ~ **kanjō** 対日感情 O sentimento para com o [A atitude「do B.」] em relação ao J. [~ *kanjō ga yoi* [*warui*] *kuni* 対日感情がよい［悪い］国 Um país que tem simpatia [antipatia] pelo J.]. ~ **kankei** 対日関係 As relações com o J.

taínichi² 滞日 A estadia [O ficar]「quinze dias」no J. ⇨ taízáí¹.

tainín¹ 大任 A missão [tarefa; O cargo] importante; a grande responsabilidade. ★ ~ *o hatasu* 大任を果たす Cumprir uma missão importante. ⇨ taíyákú¹.

tainín² 退任 **a)** A reforma; a aposentadoria; **b)** A renúncia; a demissão. ★ ~ *suru* 退任する **a)** Aposentar-se; **b)** Renunciar; demitir-se.

taínó [A/反] Shuníń. ⇨ taíkáń[1]; taíshóku[2].

taínó 滞納 O atraso [A falta] de pagamento. ★ ~ *suru* 滞納する Ainda não [Estar sem] pagar. ◇ ~ **kin** 滞納金 O pagamento em atraso; os débitos atrasados.

taíó 対応 **a)** ⇨ táisho[2]. **b)** A correspondência; a equivalência; a homologia. ★ ~ *suru* 対応する「a Dieta do J.」Corresponder「à Assembleia da República」; equivaler「a」[~ *suru ni-kaku* 対応する二角 Os (dois) ângulos homólogos (opostos). *Jikyoku ni ~ shita seisaku* 時局に対応した政策 Uma medida apropriada [condizente com a situação)].
◇ ~ **saku** 対応策 ⇨ taísáku[2]; táisho[2]; tekíó.

táion 体温 A temperatura do (corpo). *Byōnin no wa sanjū-ku-do go-bu da* 病人の体温は39度5分だ O doente tem [está com] trinta e nove graus e meio de febre/~! ★ ~ *ga agaru* [*sagaru*] 体温が上がる [下がる] Subir [Baixar] a ~. ~ *ga takai* [*hikui*] 体温が高い [低い] ~ está alta [baixa]. ~ *o hakaru* 体温を計る Medir a ~. ◇ ~**-kei**[**-ki**] 体温計 [器] O termó(ô)metro (aparelho) para medir o ~. [S/同] Táinetsu. ⇨ netsú.

taípísuto タイピスト (< Ing. typist) O da(c)tilógrafo.

táipu タイプ (< Ing. type < Gr.) **1** [型] O tipo; o feitio; a espécie; o gé(ê)nero; a classe; a marca. *Tanaka wa Yamada to wa chigau ~ da* 田中は山田とは違うタイプだ O Tanaka é de um ~ diferente do Yamada. ★ *Furui ~ no hito* 古いタイプの人 A pessoa de mentalidade antiga. *Konomi no ~* 好みのタイプ O tipo [género de gostos. *Onaji ~ no hito* 同じタイプの人 A pessoa do mesmo ~. ◇ **Gakusha** [**Geijutsuka**] ~ 学者 [芸術家] タイプ Um [Que tem costela] de intelectual [artista]. **2** [タイプライターの略] A máquina de escrever. ★ ~ *o utsu* [*tataku*] タイプを打つ[たたく] Da(c)tilografar; escrever à máquina. ~ *suru* タイプする Da(c)tilografar.
◇ *Dendō* (*shiki*) ~ 電動 (式) タイプ ~ elé(c)trica.

taípú-ráitā タイプライター (< Ing. typewriter) ⇨ táipu **2**.

taírá 平ら **a)** Plano; liso; **b)**「位置」 Confortável「no tatámí」; à vontade; **c)** Calmo (Ex.: *ki o ~ ni suru* を平らにする Ficar [Pôr-se] calmo「e ouvir bem o que o outro diz」). *Dōzo o~ ni* どうぞお平らに Esteja à vontade. ~ *na men* 平らな面 O plano liso [horizontal]; a superfície plana [lisa]. ~ *ni suru* 平らにする Aplanar; nivelar「a estrada」; alisar.

taírágéru 平らげる **1** [鎮圧する] Arrasar; vencer; conquistar. ⇨ chíń'átsú; heítéí[2]; selfukú[1]. **2** [食べつくす] [G.] Limpar. ★ *Tori o marugoto ~* 鶏を丸ごと平らげる Limpar [Mamar] (Comer) um frango inteiro.

taíreí 大礼 A cerimó(ô)nia importante.

taírétsu 隊列 ⇨ táigo[1].

taírikú 大陸 O continente (Para o Japão é a China e Coreia). ~ *no* [*-teki*] 大陸の [的] Continental.
◇ ~ **kan dandōdan** 大陸間弾道弾 O míssil (balístico) intercontinental. ~ **ōdan tetsudō** 大陸横断鉄道 A ferrovia transcontinental [que atravessa ~ de ponta a ponta]. ~ **sei kikō** 大陸性気候 O clima continental. **Ajia** [**Amerika**] ~ アジア[アメリカ] 大陸 ~ Asiático [Americano]. **Shin** [**Kyū**] ~ 新 [旧] 大陸 O Novo [Velho] Continente.

taírikú-dáná 大陸棚 (<…+taná) Uma plataforma continental.

taíríń 大輪 **a)** Uma roda grande (⇨ sharíń); **b)** Uma corola grande. ★ ~ *no bara* 大輪のばら Uma rosa (de corola) grande.

tairítsú 対立 A oposição; o antagonismo; a confrontação; a rivalidade「entre os dois países」. ★ ~ *suru* 対立する Opor-se「um ao autro」; confrontar-se「com」. *Rigai no ~* 利害の対立 A rivalidade de interesses. ◇ ~ **idenshi** [**inshi**] 対立遺伝子 [因子] Os genes alelomórficos (um dominante e outro recessivo). ~ **kanjo** 対立感情 Os sentimentos antagó(ô)nicos. ~ **keishitsu** 対立形質 O cará(c)ter alelomórfico. ~ **kōho** 候補 Os candidatos contrários/inimigos.

táiro 退路 【E.】 A [O caminho de] retirada. ★ *Teki no ~ o tatsu* 敵の退路を断つ Cortar [Interceptar] a ~ ao inimigo. [A/反] Shínro. ⇨ nigé-michi.

táiru タイル (< Ing. tile) O ladrilho (Para chão); o azulejo (Para parede). ★ ~*-bari no yuka* タイル張りの床 O piso [chão] ladrilhado. ◇ **E-** ~ 絵タイル O azulejo.

taíryakú 大略 **1** [要約] O resumo; o sumário「da conferência」; a essência; a ideia geral. ★ ~ *o tsukamu* 大略をつかむ Apanhar a ideia geral. [S/同] Ará-súji; gaíryákú (o); taíyô; yŏyákú (+). **2** [大体] Quase; aproximadamente. *Jitsujō wa ~ konna tokoro da* 実情は大略こんなところです A situação é ~ [mais ou menos] esta (que eu disse)/As coisas estão assim. [S/同] Arámáshi (+); daítáí(o).

taíryó[1] 大量 A grande quantidade. ★ ~ *ni* 大量に「comprar」Em ~. ◇ ~ **kaiko** 大量解雇 A demissão [despedida] em massa [~]. ~ **seisan** 大量生産 A produção [fabricação] em série/massa. ~ **tokuten** 大量得点「ganhar o jogo por」Muitos pontos.

taíryó[2] 大猟 A grande [boa] caçada. ★ *kyō wa ~ datta* 今日は大猟だった Hoje tivemos uma ~.

taíryó[3] 大漁 A grande [boa] pescaria [pesca]. *S(h)ake no ~ ga atta* 鮭の大漁があった Tivemos uma ~ de salmão/Pescámos toneladas de salmões.

táiryoku[1] 体力 A força [resistência] (física); o vigor (físico). *Sonna ni hataraitara ~ ga tsuzukumai* [*tsuzukimasen*] そんなに働いたら体力が続くまい [続きません] Receio que (o seu corpo) não resista a tanto trabalho. ★ ~ *ga kaifuku suru* 体力が回復する Recobrar [Recuperar] o vigor [as forças; as energias]. ~ *ga otoroeru* [*o ushinau*] 体力が衰える [を失う] Diminuirem [Perder] as ~. ~ *ga tsuku* 体力がつく Adquirir mais resistência. ◇ ~ **tesuto** 体力テスト A prova de resistência (física).

táiryoku[2] 耐力 A força de resistência「do ar」.

taíryū 対流 【Fís.】 A convecção「do ar quente」. ★ ~ *o okosu* [*saseru*] 対流を起こす [させる] Fazer circular por ~. ◇ ~ **ken** 対流圏 A troposfera.

taísá[1] 大佐 O coronel. ◇ **Kaigun** ~ 海軍大佐 O capitão de navio [de mar-e-guerra]. **Rikugun** [**Kūgun**] ~ 陸軍 [空軍] 大佐 ~ do exército [da força aérea/aviação].

táisa[2] 大差 A grande [larga; enorme; considerável] diferença. *Ryōsha wa shitsu ni oite ~ ga aru* 両者は質において大差がある Em qualidade, os dois são muito diferentes. ★ ~ *de katsu* 大差で勝つ Vencer [Ganhar] por uma ~.

taísáí 大祭 **a)** Grande festival [festa]; **b)** Cerimó(ô)nia oficial.

tai-sáibō 体細胞 A célula somática (Diferente da reprodutora).

taísákú[1] 大作 A obra monumental [gigantesca/de grande envergadura]; a obra-prima; uma grande obra.
taísákú[2] 対策 As medidas; a contramedida. ★ ~ *o kōjiru* [*tateru*] 対策を講じる[立てる] Tomar medidas「para resolver o problema」. ◇ **Infure ~** インフレ対策 As ~ contra a inflação. **Suigai ~** 水害対策 As ~ para controlar as [os danos das] inundações. [S/同] Hṓsákú.
taísáń[1] 退散 O retirar(-se); o dispersar-se; o fugir; o debandar. ★ ~ *saseru* 退散させる「a polícia」Obrigar「a multidão」a dispersar. *Shippo o maite ~ suru* しっぽを巻いて退散する Fugir com o rabo entre as pernas (G.).
taísáń[2] 耐酸 A resistência aos ácidos. ⇨ táiryoku[2].
taíséí[1] 大勢 A situação [O ambiente] geral; o andar das coisas. *Tōhyō no kekka ga dō are ~ ni eikyō* [*henka*] *wa nai* 投票の結果がどうあれ大勢に影響 [変化] はない Qualquer que seja o resultado da votação, a situação não vai mudar. ★ ~ *ni junnō suru* 大勢に順応する Adaptar-se à ~.
taíséí[2] 体制 O regime; o sistema; a organização; a estrutura; a ordem. *Shin ~ o kakuritsu suru* 新体制を確立する Estabelecer um novo [uma nova] ~. ★ ~ *gawa no ningen* 体制側の人間 Uma pessoa que pertence ao [faz parte do] ~. ◇ **Han ~ undō** 反体制運動 O movimento contra o ~. **Seiji ~** 政治体制 O regime político. **Shihon-shugi ~** 資本主義体制 O sistema capitalista.
taíséí[3] 体勢 A postura [posição do corpo]. ★ ~ *ga kuzureru* 体勢が崩れる Perder o equilíbrio; desequilibrar-se. ~ *o tatenaosu* 体勢を立て直す Endireitar-se [Recuperar o equilíbrio].
taíséí[4] 態勢 O estar preparado [pronto/a postos]. ★ *Bōgyo no ~ o totonoeru* 防御の態勢を整える Preparar a defesa. ◇ **Sentō ~** 戦闘態勢 A posição de [O ~ para a] batalha. **Ukeire ~** 受け入れ態勢 ~ para receber「alguém」.
taíséí[5] 大成【E.】**a**) O acabamento「do proje(c)to」; a realização; **b**) A compilação「das obras de Camões」; **c**) O ser「um mestre」acabado [perfeito/consumado]. ★ ~ *suru* 大成する …
taíséí[6] 退 [頽] 勢【E.】「tentar parar」O declínio; a decadência.
taíséí[7] 耐性 A resistência. ★ *San ni taishite ~ ga aru* 酸に対して耐性がある Ser resistente ao ácido. ◇ **~ kin** 耐性菌 A bactéria resistente「à penincilina」.
taíséí[8] 胎性 A viviparidade. ◇ **~ dōbutsu** 胎性動物 O (animal) vivíparo. ⇨ rańséí[2].
taíséí[9] 対生 O crescer em oposição [aos pares]. ★ ~ *no* 対生の「As folhas」opostas.
taíséí[10] 泰西【E.】O Ocidente. ◇ **~ meiga** 泰西名画 Um quadro famoso ocidental [do ~]. [S/同] Seíṓ (+).
taíséí[11] 大政【E.】A administração do Estado; o poder [governo]. ◇ **~ hōkan** 大政奉還 A restituição do poder à Corte Imperial (⇨ Méiji[2] ◇).
Taíséiyō 大西洋 O (Oceano) Atlântico. ◇ **Kita** [**Minami**] **~** 北 [南] 大西洋 O Atlântico Norte [Sul]. **Kita ~ jōyaku kikō** 北大西洋条約機構 A Organização do Tratado do Atlântico Norte [OTAN/NATO].
táiseki[1] 体積 O volume (de um sólido); a cubagem; o volume cúbico. ★ ~ *o hakaru* [*motomeru*] 体積を測る[求める] Medir [Calcular] o volume. ◇ **~ kei** 体積計 O estereó[ô]metro.
taísékí[2] 堆積 A acumulação; a sedimentação. ★ ~ *suru* 堆積する Acumular-se; amontoar-se「o lixo」; empilhar-se; depositar-se「no fundo」; sedimentar. ◇ **~ butsu** 堆積物 O sedimento; o material amontoado. **~ gan** 堆積岩 A rocha sedimentar.
taísékí[3] 対蹠 A oposição diametral. ★ ~ *teki* 対蹠的 Diametralmente oposto. ◇ **~ chi** 対蹠地「Uruguai e J. são」Terras antípodas. **~ ten** 対蹠点 O ponto antípoda [contrário].
taísékí[4] 退席 O retirar-se. ★ ~ *suru* 退席する Levantar-se do assento; sair; retirar-se.
taísékí[5] 堆石【Geol.】A morena [moreia].
taíséń[1] 大戦 A grande guerra; a guerra mundial. ◇ **Dai-ichi** [**ni**]**-ji sekai ~** 第一 [二] 次世界大戦 A Primeira [Segunda] Guerra Mundial.
taíséń[2] 対戦 A competição; a partida. ★ ~ *suru* 対戦する Jogar; disputar; competir. *Burajiru-chīmu to Nihon-chīmu no ~ seiseki* ブラジルチームと日本チームの対戦成績 O resultado da partida entre as equipes brasileira e japonesa.
taíséń[3] 対潜 Anti-submarino. ◇ **~ misairu** 対潜ミサイル O míssil ~. **~ shōkaiki** 対潜哨戒機 O avião de patrulha ~.
taí-séńshá-hō 対戦車砲 O canhão antitanque.
taísétsú 大切 A importância. *Kore wa watashi ga inochi yori mo ~ ni shite iru tsubo desu* これは私が命よりも大切にしているつぼです Dou mais valor a este vaso [bidão] que à própria vida. *O-karada o o ~ ni* お身体をお大切に Cuide-se bem/Tome cuidado com a sua saúde. ★ ~ *na shina* 大切な品 O obje(c)to precioso; o tesouro. ~ *ni atsukau* 大切に扱う Tratar「algo」com cuidado. *Jikan o ~ ni suru* 時間を大切にする Aproveitar bem o tempo. *Ryōshin o ~ ni suru* 両親を大切にする Gostar [Cuidar bem] dos pais. *Yūjō o ~ ni suru* 友情を大切にする Prezar a(s) amizade(s). [S/同] Daíjí. ⇨ jū́yṓ[1]; kichṓ[1].
táisha[1] 大赦 A a(m)nistia; o indulto [perdão] geral. ★ ~ *o okonau* 大赦を行う Conceder [Dar] uma ~. ⇨ tókusha[1].
taíshá[2] 退社 **a**) Sair da firma「às cinco horas」; **b**) Deixar [Abandonar] a firma. ★ ~ *suru* 退社する … *Isshin-jō no tsugō ni yoru ~* 一身上の都合による退社 O deixar a firma por razões pessoais. ◇ **~ jikoku** 退社時刻 O horário de saída.
taíshá[3] 代赭 O ocre [A ocra] vermelho[a]. ◇ **~ iro** 代赭色 O [A cor] ocre vermelho [avermelhada].
táisha[4] 代謝 O metabolismo「da respiração」. ◇ **~ sayō** 代謝作用 O metabolismo「do estômago」; a a(c)ção metabólica. ⇨ shińchíń-táisha.
táishaku 貸借 **a**) O débito e o crédito; as contas; o dever e o haver; **b**) O aluguer/l; a locação; o arrendamento; **c**) O empréstimo. ◇ **~ kankei** 貸借関係 As contas [relações financeiras] [「*Hito to*」~ *kankei ga aru*「人と」貸借関係がある Ter contas「a acertar」com「alguém」]. **~ keiyaku-sho** 貸借契約書 O contrato de financiamento [empréstimo; aluguel; locação; arrendamento]. **~ kigen** 貸借期限 O prazo do empréstimo. **~ taishōhyō** 貸借対照表 O balanço geral (das contas).
táishi[1] 大使 O embaixador; a embaixadora. ◇ **~ fujin** 大使夫人 A embaixatriz (Esposa do ~). ⇨ **~ kan**. **~ zuki rikugun** [**kaigun**] **bukan** 大使付陸軍 [海軍] 武官 O adido militar [naval] (de embaixa-

da). **Chū-nichi-Burajiru** ~ 駐日ブラジル大使 O/A ~ do B. no J. **Kokuren** ~ 国連大使「de P.」nas Nações Unidas. **Tokumeizenken** ~ 特命全権大使 ~ extraordinário e plenipotenciário.

táishi² 大志【E.】A ambição; o ideal; a aspiração. ★ ~ *o idaku* 大志を抱く Ter grandes ambições [aspirações]; ter um ~「na vida」. S/関 Taímō¹.

taishí-kan 大使館 A embaixada. ◇ ~ **in** 大使館員 O funcionário da ~.

taishín¹ 対審 A confrontação em tribunal; a acareação.

taishín² 耐震 A resistência aos terre[a]motos. ◇ ~ **kaoku** 耐震家屋 O edifício [prédio] à prova de terremoto; a casa resistente aos [feita para aguentar os] terramotos. ~ **kōzō** 耐震構造 A construção [estrutura] à prova de terremoto.

táishita 大した (⇨ ōkíi) **1** 量の；多数の] Muito; grande; abundante; grande [quantidade; volume]. *Nichiyōbi dake ate machi wa ~ hitode datta* 日曜日だけあって町は大した人出だった Como era domingo, a cidade estava cheia de gente. *Saiwai ~ songai de wa nakatta* 幸い大した損害ではなかった Felizmente, o dano [prezuízo] não foi muito grande. ⇨ taryō¹; tasū. **2**〔偉大な；すぐれた；えらい〕Grande「historiador」；「professor」eminente; formidável; magnífico; excelente; importante; distinto; superior; extraordinário. ~ *dokyō da* 大した度胸だ Que audácia [coragem]! *Kare wa ~ jinbutsu da* 彼は大した人物だ Ele é uma pessoa extraordinária. *Shiken ni gōkaku shita to wa ~ mono da* 試験に合格したとは大したものだ É formidável [uma façanha] ter passado no exame. ⇨ eráí¹; idáí. **3**〔重大な；重要な〕Importante; grave; sério. ~ *koto de wa nai* 大したことではない「o desastre」Não é nada de sério/「o dinheiro」Não é importante. *Dochira ni shiro ~ chigai wa nai* どちらにしろ大した違いはない De qualquer forma não faz [há] muita diferença/Os dois são praticamente iguais. *Kare wa ~ byōki de wa nai* 彼は大した病気ではない A doença dele não é [tem nada de] grave.

táishite 大して (⇨ ōkíi) Muito. ~ *atsuku wa nai* 大して暑くはない Não faz ~ calor/Não está ~ quente. *Kare wa ~ odorokanakatta* 彼は大して驚かなかった Ele não se assustou ~. S/関 Amárí; soré-hódó.

táishite² 対して (Desinência "te" do v. taisuru¹).

taishítsu 体質 a) A constituição (física); a compleição; b) A predisposição; c) A natureza [maneira de ser]. ★ ~ *teki na* 体質的に Constitucionalmente [Por natureza]. *Gan (ni nariyasui) ~* ガン (になりやすい) 体質 A predisposição ao câncer (B.) [para o cancro]. ◇ ~ **kaizen** 体質改善 O melhoramento [A mudança] da constituição física. **Arerugī** ~ アレルギー体質 A predisposição [propensão] para a alergia. **Tokui** ~ 特異体質 A idiossincrasia.

táisho¹ 大暑 A canícula; o calor intenso.

taisho² 対処 A tomada de medidas. ★ ~ *suru* 対処する Tomar medidas [providências]「para resolver a situação」; agir.

taishō¹ 大将 **1**〔軍隊の〕O general. ◇ **Rikugun [Kaigun]** ~ 陸軍 [海軍] 大将 O general do exército [O almirante]. **2**〔首領〕O chefe; o cabeça; o líder; o dirigente. I/慣用 *O-yama no ~* お山の大将 O fanfarrão; o garganta; o mandão. ⇨ kashíra¹;

óyabun; tōryō¹; shuryō². **3**〔呼びかけ〕【G.】O chefe. *Oi, ~, dō shita* おい、大将どうした Que aconteceu, chefe? /Ó chefe, o que foi [, que aconteceu]?

taishō² 対称 A simetria. ★ ~ *teki na* 対称的な Simétrico. ◇ ~ **jiku** 対称軸 O eixo de ~. ~ **ten [men]** 対称点[面] Os pontos [planos] de ~. **Sayū** ~ 左右対称 ~ lateral. ⇨ tsurí-ái.

taishō³ 対象 O obje(c)to; o alvo. ★ *Chōsa [Kenkyū] no* ~ 調査 [研究] の対象 O obje(c)to do inquérito [da pesquisa]. *Hihan no ~ to naru* 批判の対象となる Tornar-se [Ser] alvo de crítica [obje(c)to de mofa]. *Kazei no ~* 課税の対象 O produto sujeito a imposto. *Shinkō no ~* 信仰の対象 O alvo de veneração; o obje(c)to de fé [crença]. ⇨ mé-ate; mokúhyō.

taishō⁴ 対照 **a)** O contraste; **b)** A comparação; o confronto; o conferir. ~ *seyo [shite kudasai]* 対照せよ [してください] Confira/Confronte/Compare「as duas situações e responda」. ★ ~ *o nasu* 対照をなす「a vegetação」Contrastar「bem com o branco da parede」; fazer [apresentar]「um lindo」contraste. ~ *teki na seikaku* 対照的な性格 O cará(c)ter contrastante [oposto]「dos dois irmãos」. *Genbo to ~ suru* 原簿と対照する Cotejar com o livro-razão. ◇ ~ **jikken** 対照実験 A contraprova. ⇨ táihi¹; hikákú¹.

taishō⁵ 大勝 A grande vitória; a vitória completa [retumbante]. ★ *Senkyo de ~ suru* 選挙で大勝する Obter uma ~ nas eleições. A/反 Taíhaí¹.

taishō⁶ 大詔 O Rescrito Imperial. S/関 Mikótónórí (+).

taishō⁷ 隊商 A caravana (de mercadores).

taishō⁸ 大笑【E.】A gargalhada; uma grande risada. ★ *(Kaka) ~ suru* (呵々) 大笑する Dar uma ~ (ah, ah, ah). S/関 Ō-wárai (+).

taishō⁹ 大賞 O grande (primeiro) pré[ê]mio.

taishō-kósho [óo] 大所高所 O ponto de vista mais alto. ★ ~ *kara miru* 大所高所から見る Ver as coisas [a questão] de um ~. ⇨ taíkán⁵.

taishōkú¹ 大食 A glutonaria; a voracidade. ★ ~ *no* 大食の Glutó[ô]nico; guloso. ◇ ~ **-ka[-kan]** 大食家[漢] O glutão/A glutona; o comilão [a comilona]. **Mugei** ~ 無芸大食 O comilão que não sabe fazer outra coisa.

taishōkú² 退職 A aposentação; a reforma; a aposentadoria. ★ ~ *o meijiru* 退職を命じる Dar ordem de ~. ~ *suru* 退職する Reformar-se; aposentar-se. ◇ ~ **kin [teate]** 退職金[手当] A gratificação paga por ocasião da ~. ~ **sha** 退職者 O reformado; o aposentado. **Teinen** ~ 定年退職 ~ por limite de idade.

taishōkú³ 褪色 A descoloração; o desbotamento. ★ ~ *suru* 褪色する Descolora[i]r; desbotar; perder a cor. S/関 Iró-óchí (+).

taishō-ryōhō [ryóo] 対症療法 A alopatia.

taishú 大酒 A beberronia; o beber muito. ◇ ~ **ka** 大酒家 O beberrão [A beberrona]; o grande bebedor; o odre (G.).

taishū¹ 大衆 O povo; a multidão; o grande público; as massas. *Kyōwatō wa ~ no shiji o ete senkyo de asshō shita* 共和党は大衆の支持を得て選挙で圧勝した O Partido Republicano, com o apoio popular [apoiado pelo povo], obteve uma vitória esmagadora nas eleições. ★ ~ *ka suru* 大衆化する Popularizar; tornar acessível ao/às ~. ~ *muki no* 大衆

向きの De gosto popular; 「livro」para o grande público. ～ *no kokoro o tsukamu* 大衆の心をつかむ Conquistar as multidões [o (coração do) povo]. ～ *teki* 大衆的 Popular. ◇ **～ bungaku** 大衆文学 A literatura popular [de massas]. **～ goraku** 大衆娯楽 As diversões populares. **～ sakaba** 大衆酒場 A taberna; a tasca; o botequin. **～(shōsetsu) sakka** 大衆（小説）作家 O escritor de romance [novela] popular. **～ sei** 大衆性 A popularidade. **～ shinri** 大衆心理 A psicologia das massas. **～ shokudō** 大衆食堂 O restaurante popular [para grandes grupos]. **～ undō** 大衆運動 O movimento popular. [S/同] Jińmín; mińshū́.

taíshū́[2] 体臭 **a)** O odor [cheiro] do corpo. ★ ～ *ga tsuyoi* [*kitsui*] 体臭が強い［きつい］Ter um forte odor corporal. **b)** O aroma especial「dos teus versos」.

taíshútsú[1] 退出 A saída. ★ ～ *suru* 退出する Sair「de um lugar como protesto」.

taíshútsú[2] 帯出【E.】O levar emprestado [para fora]「livros da biblioteca」. ★ ～ *suru* 帯出する …

taísṓ[1] 体操 (⇨ táiiku; uńdṓ) A ginástica. ★ ～(*o*) *suru* 体操(を)する Fazer [Praticar] ginástica. *Atama no* ～ 頭の体操 ～ mental. ◇ **～ kyōgi** [**kyōshi**] 体操競技[教師] A competição [O professor] de ～. **～ senshu** 体操選手 O ginasta. **Biyō ～** 美容体操 ～ estética. **Jūnan ～** 柔軟体操 O exercício de flexibilidade; ～ leve. **Kikai ～** 器械体操 ～ com aparelhos. **Rajio ～** ラジオ体操 ～ pela rádio.

táisō[2] 大層 **a)** Muito; **b)** O ser exagerado「no que diz」; **c)** O ser「de família」importante. *Karera wa musuko o ～ kawaigatte iru* 彼らは息子を大層かわいがっている Eles gostam muito do [são loucos pelo] filho. ★ ～ *na koto o iu* 大層なことを言う Exagerar [Ser exagerado]. [S/同] Taíhéń (+). ⇨ hijṓ[1].

taísū́ [**úu**] 対数 O logaritmo. ★ ～ *no tei* 対数の底 A constante (base) de ～. ◇ **～ hyō** 対数表 A tábua de ～s. **～ kansū** [**memori**] 対数関［函］数［目盛り］A função [escala] logarítmica. **Jōyō** [**Shizen**] **～** 常用［自然］対数 ～ comum [natural].

taísúí 耐水 A impermeabilidade. ★ ～ *sei no* 耐水性の Resistente à água;「tinta」à prova de água; impermeável. [S/同] Bṓsúí (+).

taísúru[1] 対する **1** [向かい合う; 面する] Ficar em frente. ★ *Tsukue o hasande* ～ 机をはさんで対する Ficar à mesa em frente um do outro. ⇨ meńsúru. **2** [に関する; に向かう] A; para; para com; em relação a; em; por. *Meue no hito ni ～ kuchi no kikikata ni ki o tsuke nasai* 目上の人に対する口のきき方に気をつけなさい Ao falar com os seus superiores tenha cuidado com a língua [o que diz]. ★ *Shakai ni ～ sekinin* 社会に対する責任 A responsabilidade perante [para com] a sociedade. *Sokoku ni ～ ai* 祖国に対する愛 O amor à pátria [ao seu país]. ⇨ kańsúru[1]. **3** [比較する; 対照する; 対にする] Em comparação「com」; em oposição「a」; contra. ★ *Hyappyō ni ～ hyaku-gojippyō* 100 票に対する 150 票 Cento e cinquenta votos contra cem. **4** [応対する] Dirigir-se (a alguém); receber (uma pessoa); acolher. ★ *Kyaku ni aisō-yoku* [*buaisō ni*] ～ 客に愛想よく［無愛想に］対する Receber o cliente [a visita] amavelmente [secamente]. ⇨ ṓtái[1]. **5** [反対; 対抗する] Opor-se; contrariar. ★ *Kenryoku ni ～ tatakai* 権力に対する戦い A luta contra o poder. ⇨ hańtái; taíkṓ[1].

taísúru[2] 体する【E.】Acatar; considerar como próprio; fazer seu; respeitar. ★ *Chichi no i o taishite* 父の意を体して Fazendo sua [Acatando] a vontade do pai.

taítéí[1] 大抵 **1** [概して; ほとんど] Geralmente; normalmente; quase sempre; a maioria; quase tudo. *Asa wa ～ shichi-ji ni okiru* 朝は大抵七時に起きる Geralmente levanto-me às sete da manhã. *Kare wa hōritsu no koto nara ～ shitte iru* 彼は法律のことなら大抵知っている Ele, em Direito [no que toca a leis], sabe quase tudo. ★ ～ *no hito* 大抵の人 A maioria das pessoas. [S/同] Gáishite; hotóndo. **2** [多分] Talvez; provavelmente. *Kare wa ～ kuru darō* 彼は大抵来るだろう Talvez [É provável que] venha/É quase certo que ele vem. [S/同] Osóraku; tábun. **3** [ほどほど; いい加減] Moderadamente. *Warufuzake mo ～ ni shiro* 悪ふざけも大抵にしろ Pare com essa brincadeira (de mau gosto) [Chega de brincadeiras]! [S/同] Hodóhódó; íí-kágéń. **4** [並み; 普通] Fácil; comum. *Kore dake no taisaku o shiageru no wa nami ～ ja nai* これだけの大作を仕上げるのは並大抵じゃない Não é (nada) ～ concluir [levar a cabo] uma obra tão grandiosa. [S/同] Namínámí.

taítéí[2] 大帝 O grande imperador. ◇ **Meiji ～** 明治大帝 ～ Meiji.

taítéki 大敵 Um grande [poderoso/numeroso「exército」] inimigo; *Fuchūi wa kōtsū anzen no ～ da* 不注意は交通安全の大敵だ O descuido é o grande inimigo da segurança na estrada. *Yudan* ～ 油断大敵 Descuido, o grande inimigo!

taítéń 大典 A grande cerimó[ô]nia「da coroação」. [S/同] Taíréí.

táito 泰斗【E.】A autoridade「em filosofia oriental」; o grande mestre. [S/同] Keń'í-sha (+). ⇨ táika[2].

taítṓ[1] 対等 A igualdade; a paridade; a equivalência; a equidade. ★ ～ *ni atsukau* 対等に扱う Dar um tratamento igual; tratar da mesma maneira [de maneira igual]. *Danjo ～ no jōken de hataraku* 男女対等の条件で働く Homens e mulheres trabalharem nas mesmas condições [em pé de igualdade]. ⇨ byṓdṓ; dṓtṓ[1].

taítṓ[2] 擡［台］頭【E.】A ascensão; a subida; o levantar cabeça. ★ ～ *shite kuru* 擡頭して来る Começar a subir [ganhar força/levantar cabeça]. *Minzoku-shugi no ～* 民族主義の擡頭 ～ dos nacionalismos.

taítṓ[3] 駘蕩【E.】A frescura「juvenil」. ◇ **Shunpū ～** 春風駘蕩 ～ da primavera.

taítṓ[4] 帯刀 O usar espada (à cintura). ★ ～ *suru* 帯刀する「poder」Usar espada「e um sobrenome」.

taítókú 体得 O aprender por experiência [dominar; fazer seu]. ★ *Jūdō no waza o ～ suru* 柔道の技を体得する Aprender bem [Dominar] as várias técnicas de judo.

táitoru タイトル (< Ing. title < L.) O título. ★ ～ *o bōei suru* [*eru*; *ushinau*] タイトルを防衛する［得る; 失う］Defender [Conquistar; Perder] o título (de campeão). *Ronbun* [*Eiga*] *no ～* 論文［映画］のタイトル ～ da tese [do filme]. ◇ **～ matchi** タイトルマッチ A luta (decisiva) pelo título de campeão. **～ pēji** タイトルページ O frontispício de livro; a página do ～.

taíwá 対話 O diálogo; a conversa; o colóquio. *Oyako no aida ni wa hotondo ～ ga nakatta* 親子の間にはほとんど対話がなかった Quase não havia diálo-

T

go entre o pai e o filho. ★ ～*(o) suru* 対話(を)する Dialogar. ⇨ taídáń.

Taíwán 台湾 A Formosa.

taíyá タイヤ (< Ing. tyre) O pneu; o pneumático. ～ *ga panku shita* タイヤがパンクした Estourou/Furou-se o [Tive um furo no] ～. ★ ～ *ni kūki o ireru* タイヤに空気を入れる Encher [Inflar] o ～. ～ *o torikaeru* タイヤを取り換える Trocar o ～. *Surihetta* ～ すりへったタイヤ O ～ gasto [careca (G.)].

taíyákú[1] 大役 A missão [O papel/O cargo] importante. ★ ～ *o hatasu* 大役を果たす Cumprir a sua importante missão. ～ *o ōsetsukaru* [*azukaru*] 大役を仰せつかる[預かる] Ser incumbido do importante papel「de ser o casamenteiro e presidir à boda」. [S/同] Taíníń. ⇨ yakú-wárí.

taíyákú[2] 対訳 O texto bilíngue [com original e tradução ao lado]. ★ *Po-wa*[-nichi] ～ *no hon* ポ和[日]対訳の本 O texto (bilíngue) português-japonês.

taíyákú[3] 大厄 O grande revés [infortúnio]; a calamidade.

táiyo 貸与 O empréstimo. ⇨ kasú[1].

táiyō[1] 太陽 O sol. ★ ～ *ga noboru* [*shizumu*] 太陽が昇る[沈む] Nascer [Pôr-se] ～. ～ *no hikari* 太陽の光 A luz solar. ◇ **～ denchi** 太陽電池 A pilha [bateria] solar. **～ denpa** 太陽電波 A radiação solar. **～ enerugī-riyō** 太陽エネルギー利用 A utilização [O uso] da energia solar. **～ kei** 太陽系 O sistema solar. **～ kokuten** 太陽黒点 A mancha solar. **～ kōsen** 太陽光線 Os raios solares. **～ nen** 太陽年 O ano solar. **～ reki** 太陽暦 O calendário solar. **～ shin** 太陽神 O deus-sol. **～ sūhai** 太陽崇拝 A heliolatria [A adoração do ～]. **～ tō** 太陽灯 A lâmpada de raios ultravioletas (Própria para banhos de ～). **Heikin ～ ji** [**jitsu**] 平均太陽時[日] A hora [O dia] solar média [médio]. ⇨ hi[1].

taíyṓ[2] 大洋 O oceano. ◇ **～ kōro** 大洋航路 A linha [rota] oceânica (de navegação). **～ sei kikō** 大洋性気候 O clima oceânico.

taíyṓ[3] 大要 O resumo「do discurso」; o sumário. ★ *Ronbun no* ～ *o noberu* 論文の大要を述べる Fazer um ～ da tese.

taíyṓ[4] 耐用 A duração [O aguentar]「deste carro」. ◇ ⇨ **～ nensū**.

taíyókú 大欲 A avareza; a avidez. [P/ことわざ] ～ *wa muyoku ni nitari* 大欲は無欲に似たり Quem tudo quer, tudo perde. [A/反] Shṓyókú.

taíyṓ-nénsū 耐用年数 A vida; os anos de duração. ⇨ taíyṓ[4].

taízá 対座 O sentar-se de [em] frente. ★ ～ *suru* 対座する Sentar-se frente a frente [cara a cara].

taízáí[1] 滞在 A estad(i)a; a permanência. ★ *Risubon* ～ *chū ni* リスボン滞在中に Durante a ～ em Lisboa. ◇ **～ chi** 滞在地 O lugar de ～. **～ hi** 滞在費 As despesas de estadia. **～ kikan** [**nissū**] 滞在期間[日数] O período [Os dias] de ～. **～ kyaku** 滞在客 O hóspede. **Chōki ～** 長期滞在 ～ longa. [S/同] Tṓryū́.

taízáí[2] 大罪 O grande crime; o delito grave. ◇ **～ nin** 大罪人 O grande criminoso; o facínora.

Táizan[1] 泰山 **a)** O monte Taishan (na China); **b)** A montanha grande e alta. [P/ことわざ] *Kokka o* ～ *no yasuki ni oku* 国家を泰山の安きに置く Colocar o país em perfeita segurança.

táizan[2] 大山【E.】A montanha grande e alta. [P/ことわざ] ～ *meidō* (*shite*) *nezumi ippiki* 大山鳴動(して) ねずみ一匹 Muito [Tanto] barulho para nada/Muita parra e pouca uva/Parturiunt montes: nascetur ridiculus mus (L.).

taízánboku 泰山木【Bot.】Uma espécie de magnólia.

taízéń 泰然【E.】Calmo; tranquilo;「permanecer」imperturbável. ★ ～ *to* (*shite*) 泰然と(して) Tranquilamente; calmamente;「responder」serenamente; firmemente. ◇ **～ jijaku** 泰然自若 A compostura; a presença de espírito.

taízṓ 退蔵 A preciosidade escondida; o tesouro guardado. ★ ～ *suru* 退蔵する Armazenar às escondidas; entesourar. ⇨ shizṓ.

táji[1] 他事 Outro assunto; outra coisa. ～ *o kaerimiru hima ga nai* 他事を顧みる暇がない Não tenho tempo de pensar noutras coisas. ⇨ yosó-gótó.

táji[2] 多事【E.】Muitos acontecimentos. ◇ **～ tanan** 多事多難 Inúmeras [Muitas] dificuldades. **～ tatan** 多事多端 ～ de toda a espécie. [～ *tatan o kiwameru* 多事多端を極める Ficar sem saber para onde se virar com tanta coisa (a acontecer)].

tajíkú 多軸 A rosca múltipla. ★ ～ *no* 多軸の De eixos múltiplos.

tajírógu たじろぐ Encolher-se; recuar「de horror」. ⇨ hirúmu; yoróméku.

tajítájí たじたじ (Im. de boquiaberto/chocado). *Kisha no shitsumon-zeme ni shushō wa* ～ *to natta* 記者の質問攻めに首相はたじたじとなった O Primeiro Ministro ficou boquiaberto com as perguntas dos jornalistas. ★ ～ *to ushiro ni sagaru* たじたじと後ろに下がる Recuar boquiaberto [espantado].

tájitsu 他日【E.】Outro dia (qualquer); um dia destes「faço-lhe uma visita」. *Kono hanashi wa* ～ *ni yuzurō* この話は他日に譲ろう Vamos deixar esta conversa [este assunto] para ～. ★ ～ *o kisuru* 他日を期する Esperar o dia「em que possa gozar o que ganhou」.

tajṓ 多情 **a)** A inconstância; a volubilidade; o capricho; **b)** O ser muito sensível [emocional/emotivo]. ★ ～ *na* 多情な Inconstante; volúvel; caprichoso; emotivo. ◇ **～ takan** 多情多感 O sentimetalismo [～ *takan na hito* 多情多感な人 A pessoa sentimental [demasiado emotiva]]. **～ takon** 多情多恨 O ser hipersensível e chorar por tudo e por nada.

tajū́ 多重 A multiplicidade.

táka[1] 高 (⇨ én[1] ◇; tákaga) A quantidade; o volume; o número. [I/慣用] ～ *ga shirete iru* 高が知れている Ser insignificante「a opinião dele」; ter pouco valor [*Konna mise no uriage nado* ～ *ga shirete iru* こんな店の売上など高が知れている O lucro de uma loja como esta é insignificante [já se sabe o que é]]. ～ *o kukuru* 高をくくる Fazer pouco caso; não dar importância.

taká[2] 鷹 O falcão; o açor. ◇ ⇨ **～ gari**. **～ ha** 鷹派 A linha「política」radical [dura/de direita]. **～ jō** 鷹匠 O falcoeiro.

táka[3] 多寡【E.】A quantidade「da gorjeta」. ★ *Shūnyū no* ～ *ni ōjite* 収入の多寡に応じて Em proporção ao rendimento. [S/同] Tashṓ (+).

taká-bánashi 高話 (< takái + hanáshí) A conversa [O falar] em voz alta.

taká-bíshá 高飛車 (< takái + hishá) A arrogância; a prepotência; a arbitrariedade; a insolência. ★ ～ *na yarikata* [*taido*] 高飛車なやり方[態度] O procedimento [A atitude] arrogante [autoritário/a;

arbitrário/a; prepotente; insolente].

takábúru 高ぶる a) Ser orgulhoso; b) Ficar nervoso [excitado]. *Shinkei ga takabutte iru* 神経が高ぶっている Ele está nervoso [excitado].

takádáí 高台 (< takái + …) A elevação de terreno; a colina; o alto; o morro. *Watashi no ie wa machi o mi-orosu ～ ni aru* 私の家は町を見下ろす高台にある A minha casa fica num ～ donde se vê a cidade.

takádáka 高高 **1** [高く] Muito [Bem] alto; no tope/o. ★ ～ *to mochiageru* 高々と持ち上げる Erguer [Levantar] bem alto「a taça da vitória」. *Hana ～ de aru* 鼻高々である Estar muito orgulhoso「do sucesso」. **2** [せいぜい] Quando muito; no máximo; não mais que. ～ *ichiman-en kurai darō* 高々一万円くらいだろう Não vai custar mais de [que] dez mil yens/Deve custar 10.000 yens ～. ⟦S/同⟧ Seízéi (+). ⇨ tákaga.

tákaga 高が Apenas; só; somente; simplesmente. ～ *ni san-zen en no kane ni kechikechi suru na* 高が二、三千円の金にけちけちするな Não seja tão mesquinho [esteja a fazer problema] só por dois ou três mil yens.

taká-gárí 鷹狩り (< … ² + karú) A caçada com falcão; a falcoaria. ★ ～ *o suru* 鷹狩りをする Caçar com falcões.

táka-hiku 高低 (< takái + hikúi) Alto e baixo. ⟦S/同⟧ Dekóbokó; kōtéi (+).

takáí¹ 高い **1** [場所・高さ的] Alto; elevado. *Ani wa watashi yori san-senchi ～* 兄は私より3cm高い Meu irmão mais velho é três centímetros mais alto (do) que eu. *Mada hi wa ～* まだ日は高い O sol ainda está (vai) alto. ★ ～ *nami* 高い波 As ondas altas. ～ *tatemono* [*tochi*; *yama*] 高い建物 [土地; 山] O prédio [terreno; monte] ～.「*Se ga*」*takaku naru*「背が」高くなる O menino ～ Crescer. *Takaku naru* 高くなる Subir; elevar-se; ficar alto. *Takaku suru* 高くする Elevar; levantar; erguer. *Zu ga ～* 頭が高い Faltar ao respeito; ser arrogante. **2** [程度が] Alto. ★ ～ *netsu* 高い熱 A febre alta. *Ido ga ～* 緯度が高い Ficar numa latitude (norte) superior「à de Lisboa」. ⟦A/反⟧ Hikúi. **3** [地位・名声・理想などが] Alto; superior; elevado; sublime; nobre. ★ ～ *chii o shimeru* 高い地位を占める Ocupar uma posição alta. ～ *risō* 高い理想 O ideal nobre [elevado]. *Hyōban ga ～* 評判が高い Ser muito respeitado; ter boa reputação. *Nozomi ga takasugiru* 望みが高すぎる Ser muito [demasiado] ambicioso. *Teido no ～ gakkō* 程度の高い学校 A escola de alto [elevado/bom] nível. *Toku no ～ hito* 徳の高い人 A pessoa muito virtuosa [de grande virtude]. ⟦A/反⟧ Hikúi. **4** [値段が] Caro; elevado. *Kono mise wa ～* この店は高い Esta loja é careira [vende muito caro]. ★ ～ *ne de kau* [*uru*] 高い値で買う [売る] Comprar [Vender] caro/por um preço ～. ⟦A/反⟧ Yasúi. **5** [声が大きい] Alto; sonoro; barulhento. ★ ～ *koe de hanasu* 高い声で話す Conversar [Falar] em voz alta. ⟦S/同⟧ Ōkíi. ⟦A/反⟧ Hikúi. **6** [音程が] Agudo;「voz」fina; estridente. ★ ～ *oto o dasu gakki* 高い音を出す楽器 O instrumento de [com] som estridente.

takáí² 他界【E.】O outro mundo. ★ ～ *suru* 他界する Ir para o ～; morrer.

taká-ibiki 高鼾 (< takái + …) O ressono muito alto.

takákkei 多角形 O polígono. ★ *Sei-～ regular* [equilátero]. ⇨ takákú.

takákú 多角 Vários ângulos [aspectos]; diverso; múltiplo. ★ ～ *teki ni monogoto o miru* 多角的に物事を見る Ver as coisas de [sob] todos os ângulos [aspectos]. ◇ ～ **bōeki** 多角貿易 O comércio exterior multilateral. ～ **ka** 多角化 A diversificação. ～ **kei** 多角形 ⇨ takákkei. ～ **keiei** 多角経営 A administração multi-empresarial;「o sistema da」mega-[grande] empresa. ～ **nōgyō** 多角農業 A policultura; a agricultura diversificada.

taká-mákie 高蒔絵 A obra de chanrão com pintura dourada ou prateada em relevo.

taká-mákura 高枕 (< takái + …) O/A travesseiro/a alto/a. ★ ～ *de neru* 高枕で寝る a) Usar um/a ～; b) Dormir tranquilamente [sem preocupações/em paz]「porque já descobriram o criminoso」.

takámárí 高まり (< takámáru) A subida; o aumento. ★ *Kinchō no ～* 緊張の高まり ～ do nervosismo [da tensão].

takámáru 高まる (⇨ takáméru) Subir; elevar-se; crescer; aumentar; intensificar-se; acumular-se. ★ *Kanjō ga ～* 感情が高まる Ficar mais excitado [emocionado]; aumentar [ir-se acumulando] a emoção. *Meisei ga ～* 名声が高まる Aumentar a fama; tornar-se [ficar] mais célebre. *Nami ga ～* 波が高まる Agitarem-se as ondas.

takámé 高目 (< takái + …)「a posição」Ligeiramente alta;「preço」a puxar [tender] para o caro. ★ *Gaikaku* [*Naikaku*] ～ *no tama o nageru* 外角 [内角] 高目の球を投げる Lançar a bola ligeiramente alta e para fora [dentro]. *Ondo o ～ ni settei suru* 温度を高目に設定する Pôr [Regular] a temperatura「da sala」ligeiramente alta. ⇨ takámí.

takáméru 高める (⇨ takámáru) Subir; elevar; erguer; levantar; melhorar; aumentar; promover. *Josei no shakaiteki chii o ～ beki da* 女性の社会的地位を高めるべきだ Deve-se elevar (mais) [melhorar] a posição social da(s) mulher(es). ★ *Hinshitsu o ～* 品質を高める Melhorar a qualidade「da uva」. *Kyōyō o ～* 教養を高める Promover [Aumentar] a cultura. *Shin'yō o ～* 信用を高める Aumentar o crédito [a confiança/a credibilidade].

takámí 高み【E.】O lugar alto. ⟦I/慣用⟧ ～ *no kenbutsu o suru* 高みの見物をする Assistir「à briga」de braços cruzados [sem intervir/como simples espectador]. ⇨ takámé.

takán 多感 A sensibilidade delicada; a emotividade. ★ ～ *na* 多感な Sensível; sentimental; emocional; emotivo; susce(p)tível; impressionável. ～ *na toshigoro* [*jiki*] 多感な年頃 [時期] A idade em que se é muito ～.

taká-námí 高波 (< takái + …) As ondas altas [grandes/encapeladas]. ★ ～ *ni nomareru* 高波にのまれる Ser levado por uma grande onda.

taká-nárí 高鳴り (< takánáru) O soar alto; a palpitação forte. ★ *Mune no ～* 胸の高鳴り A ～ do coração.

takánáru 高鳴る Soar alto; palpitar com força. ★ *Wakai chi ga ～* 若い血が高鳴る Ferver [Palpitar/Pulsar] de esperança「o sangue jovem」.

taká-né¹ 高嶺【E.】O cume alto [elevado; imponente]. ★ *Fuji no ～* 富士の高嶺 O Monte Fuji. ⟦I/慣用⟧ ～ *no hana* 高嶺の花 Aquilo que é inacessível [intangível]; a mulher muito acima「do teu alcance」.

taká-ne[2] 高値 (< takái + ...) O preço alto [caro]. ★ ~ *de uru* 高値で売る Vender por um ~. ~ *o yobu* [*tonaeru*] 高値を呼ぶ[唱える] Estimular [Puxar pelo] preço. ◇ **Shin ~** 新高値 O preço recorde.

taká-nózomi 高望み (< takái + ...) O obje(c)tivo demasiado alto; o querer [esperar] demasiado. ★ ~ *suru* 高望みする Pôr a mira muito alto「e falhar」.

takán-shō 多汗症 A hiperidrose (Secreção excessiva de suor). ⇨ áse.

takára 宝 O tesouro; a preciosisade「guardada pela família」; a riqueza; a fortuna. ★ ~ *no yama* 宝の山 A mina de ouro. *O-* ~ お宝 O dinheiro; a riqueza. ｺﾄﾜｻﾞ ~ *no mochigusare* 宝の持ちぐされ O ~ inútil; o talento mal-empregado/não aproveitado. *Ko ni masaru* ~ *wa nai* 子に勝る宝はない Não há riqueza maior que os filhos. ◇ ~ **jima** [**sagashi**].

takára-jimá 宝島 (< ... + shimá) A ilha do tesouro.

takára-ka 高らか Sonoro; alto. ~ *ni kane ga naru* 高らかに鐘が鳴る Os sinos tocam alto/alegres.

takára-kuji 宝籤 A lota[e]ria. ★ ~ *de it-tō ni ataru* 宝くじで一等に当たる Ganhar o primeiro préf[ê]mio na ~.

takára-ságashi 宝探し (< ... + sagású) A procura [busca] do tesouro.

takári 集り (< takáru **2**) A chantagem; a extorsão. ★ ~ *ni au* たかりにあう Ser extorquido [chantageado/explorado]. ⇨ yusúrí.

takárú 集る **1**[寄せ集まる] Enxamear; juntar-se; afluir; aglomerar-se. *Ari ga satō ni takatte iru* 蟻が砂糖にたかっている O açúcar está cheio [enxameado] de formigas. S/閑 Murágáru. **2**[せびる] Extorquir; chupar [filar]「os parentes ricos」; pedinchar [pedir com insistência]. *Kyūryō-bi ni yūjin ni takarareta* 給料日に友人にたかられた Os meus amigos chuparam [filaram]-me no dia em que recebi o salário. ★ *Kane o* ~ 金をたかる ~ dinheiro. S/閑 Sebíru. ⇨ yusúrú[2].

tákasa 高さ (Sub. de takai[1]) A altura「da voz/dos preços」; a altitude. ★ ~ *nisen-mētoru no yama* 高さ2000メートルの山 A montanha de [com] dois mil metros de ~. *San-mētoru no* ~ *kara tobioriru* 3メートルの高さからとびおりる Pular [Saltar] de uma altura de três metros. ⇨ kôdo[1].

taká-shió 高潮 (< takái + ...) A maré enchente; o macaréu [a pororoca]. ◇ ~ **keihō** 高潮警報 O alarme de maré enchente. ⇨ mañchô; taká-námí.

taká-tóbi[1] 高飛び (< takái + tobú) A fuga. ★ ~ *suru* 高飛びする Fugir para longe; evadir-se; pisgar-se [pôr-se ao fresco] (G.).

taká-tóbi[2] 高跳び (< takái + tobú) O salto em altura. ◇ **Bō** ~ 棒高跳び O salto à [de] vara. **Hashiri** [**Tachi**] ~ 走り[立ち]高跳び ~ ganhando [sem ganhar] balanço.

taká-tóbikomi 高飛び込み (< takái + tobí-kómu) O mergulho de plataforma [trampolim].

taká-wárai 高笑い (< takái + ...) A gargalhada「de escárnio」.

také[1] 丈 **a)** A altura; a estatura (⇨ sétake); **b)** O comprimento; **c)** Tudo. ★ ~ *ga nobiru* 丈が伸びる Crescer (em estatura). ~ *no takai ki* 丈の高い木 A árvore alta [de grande porte]. *Mi no* ~ *roku-shaku no ōotoko* 身の丈六尺の大男 Um altanaz de seis "shaku" de altura. *Omoi no* ~ *o uchiakeru* 思いの丈を打ちあける Desabafar [Dizer tudo o que se tem no coração]. *Zubon no* ~ *o tsumeru* [*mijikaku suru*] ズボンの丈をつめる[短くする] Encurtar as calças.

táke[2] 他家 Outra família. ★ ~ *e yōshi ni iku* 他家へ養子に行く Ser ado(p)tado por [Ir como filho ado(p)tivo para] ~. ⇨ yōshí[4].

také[3] 竹 O bambu. ★ ~ *no kawa* 竹の皮 A bainha do broto de ~. 慣用 ~ *no watta yō na hito* 竹を割ったような人 A pessoa franca [pão pão, queijo queijo]. *Ki ni* ~ *o tsuida yō da* 木に竹を継いだようだ Não ter jeito nenhum [pés nem cabeça]. ◇ ~ **bōki** [**gaki/mitsu/noko/uma/yabu/zaiku/ zao**].

také-bōki [**óo**] 竹箒 (< ...[3] + hōki) A vassoura de bambu.

takédákeshíi 猛猛しい (⇨ takéru[2]) **1**[どうもうな] Feroz. ★ ~ *kemono* 猛々しい獣 O animal ~. **2**[ずうずうしい] Descarado; desvergonhado; atrevido. ★ ~ *Nusutto* ~ 盗人猛々しい ~ como um ladrão. S/閑 Zubútói (+); zŭzshíi (o).

také-gáki 竹垣 (< ...[3] + kakí) A cerca [sebe] de bambu.

také-gári 茸狩り ⇨ kinókó-gárí.

také-kúrabe 丈比べ ⇨ séi-kúrabe.

takémítsú 竹光 A espada de bambu (Imitação).

takénáwa 酣・闌 O auge; o apogeu; a plenitude; o ponto culminante; o clímax. *Senkyo-sen wa ima ga* ~ *da* 選挙戦は今がたけなわだ A campanha [luta] eleitoral está (agora) no auge. ★ *Aki* ~ 秋たけなわ「O estarmos em」pleno outono. ⇨ massáichū; massákari.

takénókó 竹の子・筍 A bambueira [O broto [rebento] de bambu] (Comestível). 慣用 *Ugo no* ~ *no yō ni deru* 雨後の竹の子のように出る Ser como cogumelos depois da chuva (Aparecer de repente por toda a parte). ◇ ~ **isha** 竹の子医者 O curandeiro (charlatão); o barbeiro (G.). ~ **seikatsu** 竹の子生活 O viver na dependura (vendendo os pertences para sobreviver).

takérú[1] 長ける Ter talento [habilidade/jeito]「para o negócio」. *Kare wa hito no shinri o minuku koto ni takete iru* 彼は人の心理を見抜くことに長けている Ele é um grande psicólogo (conhece a psicologia das pessoas). ★ *Seko ni taketa hito* 世故に長けた人 A pessoa com muita experiência da vida [que se sabe arranjar/muito batida (na vida)].

takéru[2] 猛る Enfurecer-se; enraivecer-se; ficar furioso. ★ ~ *kokoro o osaeru* 猛る心を抑える Conter-se [Dominar a raiva]「e ficar calado」. *Takerikuruu aranami* 猛り狂う荒波 As ondas enfurecidas [bravas/encapeladas/alterosas].

takétsú 多血 Muito sangue. ◇ ~ **shitsu** 多血質 A pletora; ~ *shitsu no* 多血質の Pletórico;「de temperamento」sanguíneo」.

také-úmá 竹馬 (< ...[3] + umá) As andas. ★ ~ *ni noru* 竹馬に乗る Andar de andas. ⇨ chikúba-no-tomo.

také-yábú 竹藪 O bambual.

také-záiku 竹細工 (< ...[3] + saíkú) A obra [O trabalho] de [em] bambu.

také-záó 竹竿 (< ...[3] + saó) A vara [O varal/O pau] de bambu [para secar roupa].

taki[1] 滝 A queda de água; a cascata; a cachoeira; a catarata. ★ ~ *no yō na ase* 滝のような汗 O suor a correr (em abundância). *Iguasu no* ~ イグアスーの

滝 As Cataratas de Iguaçu. ◇ **~ tsubo** 滝壺 O fundo [A bacia] da ~.
- **táki**² 多岐【E.】Muitos e divergentes caminhos; muita variedade. *Giron wa ~ ni watatta* 議論は多岐にわたった A discusssão abrangeu vários assuntos.
- **takí-bí** 焚き火 (< takú + hí) A fogueira. ★ *~ ni ataru* 焚き火にあたる Aquecer-se à ~ [ao lume].
- **takí-dáshí** 焚き出し (< takú + dásu) A comida de emergência [feita à pressa].
- **takí-gáwá** 滝川 (<…¹+kawá) O rápido「de rio」; a correnteza; a cachoeira.
- **takígí** 薪 A lenha. ★ *~ o kuberu* 薪をくべる Pôr mais lenha no fogo [Fazer mais lume]. ⇨ makí².
- **takí-gúchi** 焚き口 (< takú + kuchí) A boca de forno [fornalha].
- **takishído** [**ii**] タキシード (< Ing. tuxedo) O "smoking".
- **takí-tsúké** 焚き付け (< takí-tsúkéru) A acendalha (Graveto, papel, etc. para o lume pegar/acender).
- **takí-tsukéru** 焚き付ける (< takú + …) Acender [Fazer] (o) lume. 〖T/慣用〗*Hito o takitsukete dorobō saseru* 人を焚きつけて泥棒させる Incitar alguém a roubar.
- **takkán** 達観 A visão prudente [sábia/perspicaz/filosófica]「das coisas」.
- **takkén** 卓見 A opinião clarividente; o「seu」alto critério. ★ *…ni tsuite ~ o motsu* …について卓見を持つ Ter uma ~ sobre….
- **tákkuru** タックル (< Ing. tackle)【Râ.】A placagem. ★ *~ suru* タックルする Agarrar pelas pernas e deitar ao chão; blocar.
- **takkyū** 卓球【E.】O pingue-pongue; o té[ê]nis de mesa. ★ *~ o yaru* 卓球をやる Jogar ~. ◇ **~ dai** 卓球台 A mesa de ~. ◇ **~ Pínpon.
- **táko**¹ 凧 O papagaio (Brinquedo「de papel」). ★ *~ o ageru* 凧をあげる Soltar [Fazer subir] o ~.
- **táko**² 胼胝 O calo. *Yubi ni ~ no dedo.* 〖T/慣用〗*Sono koto dattara mimi ni ~ ga dekiru hodo kiita* そのことだったら耳にたこができるほど聞いた Se é essa coisa [história] já tenho calos nas orelhas de a ouvir.
- **táko**³ 蛸・章魚 O polvo. ◇ **~ ashi** 蛸足 **a)** Pernas curvas「de mesa」; **b)** Muitos fios ou extensões「~ *ashi haisen* 蛸足配線 Muitos fios ligados a uma só tomada elé(c)trica」. ◇ **~ beya** [**hai/tsubo**].
- **takō** 多幸 Muitas felicidades. *Go-~ o o-inori mōshiagemasu* 御多幸を御祈り申し上げます Desejo-lhe ~.
- **takó-béyá** 蛸部屋 (<…³+heyá)【G.】O barracão para os [O campo de] condenados a trabalhos forçados.
- **takógúrafu** タコグラフ (< Ing. tachograph < Gr.) O tacógrafo (Aparelho para regist(r)ar velocidades). 〖S/同〗Kirókúkáítenki.
- **takógúramu** タコグラム (< Ing. tachogram) O tacograma (Regist(r)o do "takógúrafu").
- **takó-hái**(**tō**) 蛸配(当) (< táko³ + …)【G.】O dividendo espúrio [fictício/careca/sem cobertura].
- **takokú**¹ 他国 O país estrangeiro; os outros países. ◇ **~ mono** 他国者 O estranho. 〖S/同〗Gaíkókú(+).
- **takokú**² 多国 Muitos países. ◇ **~ go** 多国語「ele fala」Muitas línguas. ◇ **~seki-kigyō**.
- **takókú-séki-kigyō** 多国籍企業 A empresa multinacional.
- **takómétá** [**ée**] タコメーター (< Ing. tachometer < Gr.) O taquímetro [tacó[ô]metro].
- **takō-shiki** [**óo**] 多項式 O polinó[ô]mio. 〖A/反〗Ikkō-shiki.
- **takó-tsúbó** 蛸壺 **1**[蛸を捕まえる] O pote usado como armadilha para apanhar polvos. **2**[防空壕] O refúgio subterrâneo (Individual); o esconder-se na terra. 〖S/同〗Bókú-gō (+).
- **takú**¹ 宅 **1**[自分の家] A minha [nossa] casa. 〖S/同〗Uchi (+). **2**[自分の夫] O meu marido. *~ mo mairimasu* 宅も参ります — também vai. **3**[あなたの家] (precedido do "o" de cor.) A sua casa [família]. *O-~ no minasan wa ikaga desuka* お宅の皆さんはいかがですか Como vai a (sua) família? *O-~ wa dochira desu ka* お宅はどちらですか Onde (é que) o senhor (a senhora) mora? **4**[あなた] O senhor. *O-~ no musuko-san* [*Go-shisoku*] *wa o-genki desu ka* お宅の息子さん[御子息]はお元気ですか O seu filho como está? **5**[他人の家] A casa [família]「para mim」importante. *Tanaka sensei no o-~ ni ukagaimasu* 田中先生のお宅へうかがいます Vou visitar o [a casa do] professor Tanaka.
- **táku**² 卓 A mesa. ★ *~ o kakomu* 卓を囲む Sentar-se à mesa. ⇨ té[ê]buru; tsukué.
- **takú**³ 焚く Queimar「lenha/carvão」; acender「o lume/cachimbo」. ★ *Furo o ~* 風呂を焚く Acender o lume [a fornalha] da banheira. 〖S/同〗Moyású.
- **takú**⁴ 炊く Cozer; cozinhar; fazer. ★ *Meshi o ~* 飯を炊く Fazer [Cozer] (o) arroz. ⇨ nirú¹.
- **takú-átsukai** 宅扱い A entrega a domicílio.
- **takúbátsú** 卓抜【E.】⇨ takúétsú.
- **takúchí** 宅地 O terreno para construção [lotes de casas]; a área [zona] residencial. ★ *~ o zōsei suru* 宅地を造成する Fazer o loteamento; lotear.
- **takúétsú** 卓越【E.】A excelência; a superioridade; a eminência; a primazia. ★ *~ shita* 卓越した Excelente; eminente; exce(p)cional. *~ shita nōryoku* [*sainō*] 卓越した能力[才能] A habilidade [O talento] exce(p)cional. 〖S/同〗Takúbátsú.
- **takúhaí** 宅配 ⇨ takúhátsú.
- **takúhátsú** 托鉢 A mendicância; o pedir esmola. ★ *~ suru* 托鉢する Mendigar「de casa em casa」. ◇ **~ sō** 托鉢僧 O bonzo mendicante.
- **takúhón** 拓本 A cópia「duma inscrição」, obtida esfregando o papel「sobre ela」.
- **takújí-shó** 託児所 A creche; o lugar para deixar os bebés「durante as compras」.
- **takújō** 卓上 De [Sobre a] mesa. ◇ **~ denwa** 卓上電話 O telefone de mesa. **~ saizu** 卓上サイズ **a)** O tamanho grande [de dicionário]; **b)** O tamanho pequeno (de computador).
- **takúmánai** [**takúmánu; takúmázáru**] 巧まない [巧まぬ; 巧まざる] Sincero; honesto; simples; natural; ingé[ê]nuo. ★ *~ bi* 巧まない美 A beleza simples [sem artifícios]. ⇨ takúmí.
- **takúmáshíí** 逞しい Robusto; vigoroso;「o jovem」forte; valente「na luta」; corajoso「nos perigos」. ★ *Takumashiku ikiru* たくましく生きる Ser forte; enfrentar a vida com coragem. *Takumashisa* たくましさ A robustez; a coragem; o vigor.
- **takúmáshú-suru** (**úu**) 逞しゅうする Largar as rédeas; dar largas (asas). ★ *Sōzō o ~* 想像をたくましゅうする ~ à imaginação.
- **takúmí** 巧み O ser hábil「em fugir às perguntas」

takúmu

[destro「no manejo dos pauzinhos」; engenhoso; sagaz; perito]. ★ ~ *na kōjitsu* 巧みな口実 O pretexto formidável. ~ *na shikake* 巧みな仕掛け O mecanismo engenhoso. ~ *na shudan* 巧みな手段 O truque [meio] hábil. ~ *ni hito o damasu* 巧みに人をだます Enganar astutamente. ~ *ni porutogarugo o ayatsuru* 巧みにポルトガル語を操る Falar p. fluentemente [na puridade] /Manejar o p. *Kotoba ~ ni*「言葉巧みに」「convencer os outros」 Com lábia [boas palavras]. ⇨ *jōzú*; *umái*.

takúmu 巧[工]む ⇨ takúrámu.

takúrámí 企み (< takúrámu) A maquinação; a trama; o desígnio「mau」; más intenções; a intriga; a artimanha; a estratagema; a conspiração. *Fukai ~* 深い企み Um desígnio funesto. *Warui ~ o megurasu* 悪い企みをめぐらす Andar a tramar alguma (coisa) má [uma das dele]. ⇨ *inbō*; *sakúryáku*.

takúrámu 企らむ Tramar; maquinar; conspirar. *Kare wa nani ka takurande iru* 彼は何か企んでいる Ele está tramando [anda a tramar] alguma (coisa). ★ *Akuji o ~* 悪事を企らむ Tramar um crime [uma patifaria].

takúrón 卓論【E.】 ⇨ takkén.

takúsán 沢山 **1**[数量が多いこと・さま] Muito; bastante. *Kare wa hon o ~ motte iru* 彼は本をたくさん持っている Ele tem muitos [bastantes] livros. *Kono mizuumi ni wa uo ga ~ iru* この湖には魚がたくさんいる Este lago tem ~ peixes. ★ *~ aru* たくさんある Abundar; ter ~ [fartura]. *~ no hitobito* たくさんの人々 Muita gente; muitas pessoas. *~ taberu* たくさん食べる Comer muito. **2**[十分] **a**) O bastante; o suficiente; o chegar; **b**) O sobrar; o não querer「ouvir」mais. *Kore dake areba ~ da* これだけあれば~さんだ Tendo [Com] isto, já é (o) suficiente [bastante]. *Mō ~ desu* もう~さんです **a**) Já chega [estou satisfeito]; **b**) Já chega [Cale-se que já não aguento mais]. *Sonna hanashi wa mō ~ da* そんな話はもうたくさんだ Já estou farto dessa história [conversa]. *Sono kurai no shigoto nara mikka mo areba ~ da* そのくらいの仕事なら三日もあればたくさんだ Para um trabalho desses bastam [chegam] três dias. ⇨ *jūbún*[1].

takúsén 託宣 O oráculo; o alto parecer「do grande crítico」. S/同 Shiñtáku.

takúsétsú 卓説【E.】 A opinião [teoria] excelente. S/同 Takkén (+).

takúshī タクシー (< Fr. taxi < Gr. taxis: ordem) O táxi. ★ *~ de iku* タクシーで行く Ir de ~. *~ ni noru* タクシーに乗る Tomar um ~. *~ no untenshu* タクシーの運転手 O chofer [motorista; condutor] de ~; o taxista. *~ o hirou* タクシーを拾う Apanhar um ~. *~ o tomeru* [*yobu*] タクシーをとめる [呼ぶ] Parar [Chamar] um ~. ◇ *~ nori-ba* タクシー乗り場 A praça [paragem/O ponto] de ~s. *Kojin ~* 個人タクシー particular.

takúshín 宅診 O atendimento no consultório [Consultas Médicas]. *Gozenchū ~ gogo ōshin* 午前中宅診午後往診 De manhã atendimento no consultório, à [de] tarde consultas a domicílio. A/反 Ōshíñ.

takúshóku 拓殖 A exploração [O fomento]「da agricultura」. ◇ *~ ginkō* 拓殖銀行 O banco de fomento. ⇨ *kaítáku*; *shokúmíñ*.

takúsó[1] 宅送 A entrega a domicílio「do destinatário」. S/同 Takúháí. ⇨ takú-átsukai.

takúsó[2] 託送 O despacho por encomenda. ★ *~ suru* 託送する Despachar... ◇ *~ hin* 託送品 O artigo despachado...

takúsúru 託する **1**[委託する] Confiar; encomendar; encarregar; incumbir; entregar; depositar. ★ *Musuko ni kibō o ~* 息子に希望を託する Depositar [Colocar] grandes esperanças no filho. *Shinjō o uta ni ~* 心情を歌に託する Exprimir [Pôr] o sentimento numa canção [nesta poesia]. *Yūjin ni takushite okuru* 友人に託して送る Enviar「algo a alguém」por um amigo. *Zaisan no kanri o ~* 財産の管理を託する Confiar a outrem a administração dos bens. **2**[口実とする] Pretextar; atribuir falsamente「a」. *Byōki ni takushite genkō no shimekiri o nobashita* 病気に託して原稿の締切を延ばした Ele atrasou a entrega do manuscrito [trabalho] sob [com] pretexto de doença. S/同 Kakótsúkéru (+).

tákuto タクト (< Al. takt) A batuta. ★ *~ o furu* タクトを振る Reger「a orquestra」. S/同 Shiki-bō.

takúwáé 蓄[貯]え (< takúwáéru) **a**) A provisão; a reserva; o armazenamento; o depósito; o estoque; o acúmulo「a acumulação」. ★ *~ ga aru* 蓄えがある Ter reserva「de peixe seco」. **b**) A poupança (Dinheiro acumulado)「para a velhice」. S/同 Bichíku. ⇨ *chochíkú*; *chokíñ*; *chozō*.

takúwáéru 蓄[貯]える **1**[物品や金銭をしまっておく] Acumular; armazenar; poupar「para a velhice」; guardar [deixar] em depósito/estoque. ★ *Chikara o ~* 力を蓄える Acumular [Poupar] energias. *Chishiki o ~* 知識を蓄える Acumular conhecimentos. ⇨ taméru[2]. **2**[ひげなどを生やす] Deixar crescer「a barba/cabeleira/o cabelo」. ★ *Hige o takuwaeta otoko* ひげを蓄えた男 Um homem com barba(s).

tákyóku 多極 O multipolo;「motor」multipolar. ◇ *~-ka* 多極化 A multipolarização「(dos centros de poder) do partido」.

tamá[1] 玉・珠 **1**[球状のもの] A bola; a esfera; o globo; a gota. ★ *~ no ase* 玉の汗 As gotas de suor. *Keito no ~* 毛糸の玉 O novelo de lã. *Me no ~* 目の玉 O globo ocular. ⇨ *kyū*[4]. **2**[宝石] A pedra preciosa; a jóia; a gema. I/慣用 *~ o korogasu yō na koe* 玉をころがすような声 A voz linda [cristalina]. *~ ni kizu* 玉にきず O único defeito [senão]「dela, é ser pequena」. *Shōchū no ~* 掌中の玉 A menina dos olhos (Pessoa [Coisa] muito querida). ⇨ *hōséki*; *shúgyoku*. **3**[電球] A lâmpada (elé(c)trica). *~ ga kireta* 玉が切れた ~ está fundida [Fundiu a ~]. ⇨ *deñkyū*. **4**[レンズ] A lente. ★ *Megane no ~* 眼鏡の玉 ~ dos óculos. ⇨ *rénzu*. **5**[硬貨] A moeda. ⇨ **Jū-en-dama** 十円玉 ~ de dez yens. **6**[円筒状のもの] Um rolo「de macarrão」. **7**[⇨ *kōgañ*[3]]【G.】. **8**[人；特に女性]【G.】 Um bom alvo; a boneca. *Aitsu mo ii ~ da* あいつもいい玉だ Ela é um/a ~.

tamá[2] 球 A bola. ★ *~ o nageru* 球を投げる Arremessar a bola;

tamá[3] 弾 A bala. ★ *~ ni atatte shinu* 弾に当たって死ぬ Ser baleado [morto/atingido por uma ~]. ⇨ *dañgań*.

tamá[4] 偶 A ser raro [ocasional]. *~ ni wa ryokō demo shitai mono da* たまには旅行でもしたいものだ De vez em quando gosto de viajar. *Kare wa koko ni wa ~ ni shika konai* 彼はここにはたまにしか来ない Ele só vem aqui ocasionalmente [Ele é raro vir aqui]. ★ ~ no yasumi ni たまの休みに「ir ao médico」Num dos raros feriados. ⇨ maré.

tamá[5] 魂・霊【E.】 ⇨ mi-támá; támashii.

tamágo 卵 O ovo; a ova (De peixe). ★ ~ no kimi [shiromi] 卵の黄身[白身] A gema [clara] do ~. ~ o kaesu 卵をかえす Chocar; incubar. ~ o umu 卵を産む Pôr ~s (Desovar (Peixe)). ~ o waru 卵を割る Partir o ~. Gakusha [Isha; Seijika] no ~ 学者[医者; 政治家]の卵 Um erudito [médico; político] em botão. [I/慣用] ~ ni mehana 卵に目鼻 Um rosto bonito (de mulher). ◇ **Katayude [Hanjuku; Nama]** ~ 固ゆで[半熟; 生]卵 A ~ cozido [meio cozido; cru].

tamágo-gátá 卵形 (< … + katá) (A forma) oval.

tamágo-yáki 卵焼き (< … + yakú) Ovos mexidos [batidos] e fritos. ⇨ medámá-yáki; omúrétsú.

tamá-gushi 玉串 (< …[1] + kushí) [oferecer] Um ramo de "sakaki" (Árvore sagrada) a um deus.

tamá-jákushi 玉杓子 (< …[1] + shákushi) A concha (de [para tirar a] sopa).

tamámónó 賜物 a) O dom「de Deus」; o presente; a dádiva; o favor; b) O resultado; o fruto. ★ Doryoku no ~ 努力の賜物 O fruto [resultado] do esforço.

tamá-mushi 玉虫【Zool.】O inse(c)to bupestídeo; a vaca-loura. ◇ ~ **iro** 玉虫色 A cor iridescente [cambiante].

tamá-négi 玉葱 A cebola (de bolbo [cabeça] grande). ⇨ négi.

tamá-nó-kóshi 玉の輿 O palanquim decorado de jóias. [I/慣用] ~ **ni noru** 玉の輿に乗る Casar com um homem rico ou de mais alta posição social.

tamáránái 堪らない (⇨ taerú[1]) **1** [我慢できない] Insuportável; intolerável. Kono shigoto ga iya de ~ この仕事がいやでたまらない Estou farto deste [Não aguento mais este] trabalho. Tamaranaku haradatashii たまらなく腹立たしい Isto até dá raiva. 「ha ga」 Itakute [Kanashikute; Shinpai de] ~ 「歯が」痛くて[悲しくて; 心配で]たまらない Ai! que dor「de dentes」[tristeza; ansiedade] insuportável! ★ ~ atsusa たまらない暑さ Um calor ~. **2** [気持ちを抑えられない] Não se poder conter「de riso」; não resistir 「a」. … shitakute ~ …したくてたまらない Não resistir à vontade de「ir ao Brasil」. **3** [ひとたまりもない] Não ter jeito [remédio; salvação]. Anna iwa ga ochite kitara ~ あんな岩が落ちて来たらたまらない Se uma rocha daquelas [como aquela] caísse em cima de nós, bom! [, ninguém se salvava].

tamári 溜まり (< tamárú) a) O acumular [juntar]-se; b) Um molho para sashími. ◇ **Gakusei no** ~ **ba**「学生の」溜まり場 Um lugar de convívio「para estudantes」. ⇨ **mizu-**~.

tamári-kánéru 堪り兼ねる Não poder suportar [aguentar; tolerar; resistir]「e chorar」.

tamáru 溜[貯]まる (⇨ tamérú[1]) **1** [集まる; 積もる] Acumular-se; amontoar-se. Tana ni hokori ga tamatta 棚にほこりが溜まった A prateleira tem (muito) pó. ⇨ tsumóru. **2** [停滞する] Estar「com o pagamento」em atraso; ter「serviço」acumulado [por fazer]. Kyūka o totta no de shigoto ga tamatte shimatta 休暇をとったので仕事が溜まってしまった Como tirei férias, o serviço acumulou-se [está atrasado]. **3** [貯金が増える] Juntar-se. Hyakuman-en tamattara kuruma o kau tsumori da 百万円貯まったら車を買うつもりだ Quando tiver [juntar] um milhão de yens quero [penso] comprar um carro.

tamásáká 偶さか Às [Raras] vezes. ⇨ tamá[4].

támashii 魂 **a)** A alma. ★ Shisha no ~ 死者の魂 ~ do morto. (S/圃) Réikon. **b)** O espírito; o vigor; a força; o interesse「posto no estudo」. ★ ~ no komotta [no ireta]「shigoto」魂のこもった[の入れた]「仕事」「um trabalho」Dedicado. ⇨ kokóro; séishin[1].

tamátamá 偶偶 **1** [偶然に] Casualmente; acidentalmente; por acaso. ~ kare to onaji ressha ni noriawaseta ~ 彼と同じ列車に乗り合わせた ~ tomei o mesmo comboio [trem] que ele. **2** [⇨ tamá[4]].

tamá-tébako 玉手箱 O cofr(ez)inho precioso [de luxo]; a caixa do tesouro「de Urashima Taro」.

tamá-tsúkí 玉突き (< …[1] + tsúku; ⇨ birýádo) O bilhar. ~ no shōtotsu 玉突き衝突 O choque em cadeia [como as pedras do dominó]「de 8 carros」.

tamáwáru 賜[給]わる Ter a honra de receber (de uma pessoa importante). ★ Haietsu o ~ 拝謁を賜る Conseguir uma (Ser recebido em) audiência.

tamá-yóké 弾除け (< …[3] + yokéru) A prote(c)ção contra as balas.

tamé 為 **1** [利益] O bem; o beneficio; a ajuda; o proveito. Kimi no ~ o omotte itte iru no da 君のためを思って言っているのだ Estou falando para seu [O que te estou a dizer] é para teu] bem. Uso o tsuku no ~ ni naranai zo うそをつくためにならないぞ Mentir não adianta. ★ ~ ni naru hon ためになる本 Um livro proveitoso [bom/que ajuda/que serve]. … shita hō ga kimi no ~ da …した方が君のためだ Acho que era melhor para ti「estudares mais」. ⇨ éki[3]; ríeki. **2** [原因; 理由] Por causa [motivo] de; devido a; por; graças a. Kare wa hōritsu ni ihan shita basserareta 彼は法律に違反したため罰せられた Ele foi punido por violar [ter violado] a lei. ★ Byōki no ~ 病気のため Por causa [motivo] da doença. Fuchūi no ~ ni 不注意のために Por [Em consequência do] descuido. ⇨ o-kágé; séi[3]. **3** [目的] Para; por; a [com o] fim de. Ani wa daigaku ni hairu ~ benkyō shite iru 兄は大学に入るため勉強している Meu irmão mais velho está estudando [anda a estudar] para entrar na faculdade. ★ Heiwa [Seigi] no ~ ni 平和[正義]のために Pela paz [justiça]. Kane no ~ ni hataraku 金のために働く Trabalhar só para ganhar dinheiro. **4** […によって] Por; por meio de. Zoku no ~ ni korosareta 賊のために殺された Foi morto pelos bandidos.

tamé-iké 溜め池 (< tamérú[1] + …) O reservatório; o açude; o tanque grande.

tamé-iki 溜め息 (< tamérú[1] + …) O suspiro. ★ ~ o tsuku 溜め息をつく Suspirar [Dar um ~].

tamé-kómu 溜め込む (< tamérú[1] + …) Economizar; acumular; juntar; poupar; amealhar. Kare wa kanari tamekonde iru rashii 彼はかなり溜め込んでいるらしい Parece que ele amealhou (juntou) muito.

tamén[1] 他面【E.】**a)** Outro lado. ★ ~ ni oite 他面において Por ~. (S/圃) Tahō (+). **b)**「ele é tímido」Mas「às vezes faz coisas que eu fico admirado」. (S/圃) Ippō.

tamén[2] 多面【E.】Muitos lados [campos/aspectos]. ★ ~ teki na 多面的な「escritor」Multifacetado; 「pessoa」versátil. ◇ (**Sei**)~ **tai** (正)多面体 O poliedro (regular).

tamérái 躊躇い (< tamérau) A hesitação; a vaci-

taméráu lação; a indecisão; a incerteza.

tameráu 躊躇う Hesitar; vacilar; duvidar. ★ *Tamerawazu ni* ためらわずに Sem ~ [hesitação/receio]. *Henji o* ~ 返事をためらう Hesitar em responder [na resposta]. ⇨ chūchó; shuńjún.

tamerú¹ 溜める (⇨ tamárú) **1** [番積] Acumular; amontoar; juntar. ★ *Gomi o tamete oku basho* ごみを溜めておく場所 O depósito de [lugar para juntar o] lixo. ⇨ takúwáeru. **2** [集める] Cole(c)cionar. ★ *Kitte o* ~ 切手を溜める [Fazer cole(c)ção de] selos. Ⓢ/Ⓡ Atsuméru (+). **3** [滞らす] Deixar de [por fazer]; acumular; atrasar. ★ *Shigoto o* ~ 仕事を溜める ~ o serviço.

tamerú² 貯める **1** [貯金する] Juntar; economizar; poupar. ★ *Kane o* ~ 金を貯める Juntar dinheiro [~]. **2** [貯蔵] Armazenar; depositar. ⇨ takúwáeru.

tameru³ 矯める Corrigir「os outros」; emendar; endireitar「os ramos do pinheiro」. ★ *Akuheki o* ~ 悪癖を矯める Emendar os vícios. ⇨ kyōséí².

tamésh¹ 例し O exemplo; o precedente; a experiência; o caso. *Keisan ga atta ~ ga nai* その例しがない O cálculo [As contas] nunca deu certo [deram certas]. ⇨ jitsúréí; réí²; seńréí².

tamésh² 試[験]し (< tamésu) A prova; o ensaio; a tentativa; a experiência. *Mono wa ~ da* ものは試しだ O melhor é fazer a experiência [Experimentar para [a] ver]. ★ ~ *ni* 試しに Como prova [Para provar/experimentar] [~ *ni kite miru* 試しに着てみる Vestir para provar; experimentar a roupa]. ⇨ jikkéń¹; kokórómí; shikén¹.

tamésu 試[験]す Provar; experimentar; ensaiar; tentar. ★ *Atarashī kikai o* ~ 新しい機械を試す Experimentar uma máquina nova. *Iro iro na hōhō o* ~ 色々な方法を試す ~ várias maneiras [diversos métodos]. *Kusuri o hito ni* ~ 薬を人に試す Experimentar o remédio em pessoas. Ⓢ/Ⓡ Kokórómíru.

tametsu-sugámetsu 矯めつ眇めつ「examinar」 Minuciosamente [Cuidadosamente/À lupa].

támi 民 O povo「de Deus」. ⇨ jińmín; kokúmín; mínzoku¹; shińmín.

tāminaru [áa] ターミナル (< Ing. terminal < L.) **a)** A estação terminal [O término]; **b)** O terminal [de ele(c)tricidade/computadores]. ◇ ~ *depāto* ターミナルデパート O armazém [A loja de departamentos] na ~「ferroviária」. ~ *eki* ターミナル駅 A estação「ferroviária」terminal. ~ *kea* ターミナルケア O tratamento de doentes incuráveis [em estado terminal].

tamō 多毛 Muitos pêlos. ◇ ~ **shō** 多毛症 [Med.] A hipertricose.

támo(ami) [**tamóámi**] たも(網) A pequena rede com cabo de bambu ou madeira para pescar.

ta-mókuteki 多目的 A finalidade múltipla;「o quarto que serve」para várias coisas [tudo]; várias finalidades. ◇ ~ **damu** 多目的ダム A represa com várias finalidades.

tamótó 袂 **1** [袖] A manga (e bolso) de quimono. ★ ~ *ni shimau* 袂にしまう Guardar na manga. Ⓘ/慣用 ~ *o wakatsu* 袂を分かつ **a)** Separar-se「para sempre」; **b)** Cortar relações (com alguém); ⇨ sodé. **2** [橋などのそば] O começo [A entrada] da ponte. ★ *Hashi no ~ de* 橋の袂で No「À」~. **3** [山のふもと] O sopé (da montanha). ⇨ fumótó.

tamótsu 保つ Manter; conservar「a juventude/saúde」; guardar; reter; preservar; sustentar; segurar. ★ *Chitsujo* [*Heiwa*] *o* ~ 秩序 [平和] を保つ Manter a ordem [a paz]. *Kinkō ga tamotareru* 均衡が保たれる Manter-se o equilíbrio. *Menmoku o* ~ 面目を保つ Salvar [Manter] as aparências. ⇨ hōji.

tamúké 手向け (< tamúkéru) A oferta「de flores aos mortos」; o tributo「de respeito」. ★ ~ *no hana* 手向けの花 A grinalda de flores「na campa」. ⇨ seńbétsu².

tamúkéru 手向ける (< te + …) Oferecer; tributar「respeito」; dedicar. ★ *Wakare no kotoba o* ~ 別れの言葉を手向ける Apresentar as「nossas」despedidas [a alguém]. ⇨ tamúké.

tamúró 屯 A aglomeração; o aquartelamento「de soldados」. ★ ~ *suru* たむろする Reunir-se; frequentar; aglomerar-se; afluir.

tamúshí 田虫 [Med.] A tinha; a impigem.

tań¹ 痰 O escarro; a expe(c)toração. ★ ~ *ga (nodo ni) karamu* 痰が(のどに)からむ Ter escarro na garganta. ~ *o haku* 痰を吐く Escarrar; expe(c)torar.

tán² 短 **1** [⇨ tánsho¹] [E.]. **2** [短いこと] [Pref.] Curto; breve; pouco. ◇ ~ **jikan** 短時間 Pouco「O curto estaço de] tempo. **3** [短音階] [Mús.] Menor. ◇ ~ **onkai** 短音階 A escala ~. Ⓐ/反 Chó.

tań³ 反 **1** [土地の] Um "tan" (Equivalente a 991,7 m²). ★ ~ *atari shūryō* 反当たり収量 A produção por "tan". **2** [反物の] A peça de tecido com 10,6 m × 34 cm.

tań⁴ 端 [E.] A origem. ★ … *ni* ~ *o hassuru* …に端を発する Originar [Vir] de;「a zanga」ter origem「num mal-entendido」. ⇨ hottań; tańtékí.

tań⁵ タン (< Ing. tongue) A língua. ◇ ~ **shichū** タンシチュー O guisado de ~. **Gyū** ~ ギュータン ~ de vaca.

tań⁶ 単 [Pref.] Simples; singular; único; só; individual. ◇ ⇨ **~bun**. ⇨ tán naru.

tāń [áa] ターン (< Ing. turn) A volta; o virar; o retorno. ★ ~ *suru* ターンする Dar a volta; virar.

taná 棚 A estante; a prateleira; o armário; a latada「de videira」. ★ ~ *ni noseru* [*oku*] 棚にのせる [置く] Pôr [o livro] na estante. Ⓘ/慣用 ~ *kara botamochi* 棚からぼたもち「olhem, isto é mesmo」Um presente do céu/A sorte inesperada (Lit. bolinho (doce de arroz) caído da prateleira); *Jibun no koto o ~ ni ageru* 自分のことを棚に上げる Não reconhecer [querer ver] os próprios erros.

taná-áge 棚上げ (< ~ + agérú) O pôr [deixar] de lado. ★ ~ *suru* 棚上げする Pôr de lado; meter「o proje(c)to」na gaveta; arquivar.

tanábátá 七夕 A festa de ~「das estrelas」「em Sendai」(A 7 de julho ou agosto).

taná-biku 棚引く Pairar「nevoeiro no monte」.

taná-bótá 棚牡丹 (⇨ taná) [G.] A pechincha「de cem mil yens」; o ganho fácil.

tanágókóró 掌 [E.] A palma da mão. ★ ~ *o kaesu yō ni kawaru* 掌を返すように変わる Mudar repentinamente [de repente]. Ⓢ/Ⓡ Te-nó-hira (+).

tanáko 店子 [G.] O locatário [inquilino] (de um apartamento).

tanáń 多難 Muitas dificuldades「nos esperam, mas coragem!」(A. Ⓘ/慣用) *Kono kenkyū wa zenro ~ da* この研究は前途多難だ Esta pesquisa vai deparar com ~.

taná-óróshi 棚[店]卸し (< ~ + orósu) **1** [商品の] O inventário. ★ ~ *o suru* 棚卸をする Fazer o ~

「do supermercado」. ◊ **~ hin** 棚卸し品 As mercadorias inventariadas. **2** [他人の欠点を一つ一つあげて悪口をいう]【G.】O mexerico; o lavar a roupa suja; o cortar na casaca. ★ *Hito no ~ o suru* 人の店棚卸しをする Falar dos defeitos alheios; mexericar. ⇨ ará-ságashi.

taná-zárae 棚浚え (<…+saráú) A liquidação.

taná-zárashi 店晒し (<…+sarásí) O「livro」permanecer longo tempo na prateleira sem comprador; o「problema dos salários」ficar posto de molho [metido na gaveta]. ★ ~ *no shōhin* 店晒しの商品 O artigo [produto] que não se vende.

tánbarin タンバリン (< Ing. tambourine) O pandeiro; o tamborim.

tánbi 耽美 A estética; o estetismo. ★ ~ *teki na* 耽美的な Estético. ◊ **~ shugisha** 耽美主義者 O esteta. ⇨ shínhi.

tánbo 田圃 O campo (irrigado) de arroz; o arrozal. ⇨ suídén; ta¹.

tánbō 探訪 A pesquisa, a「visita de」observação. ★ ~ *suru* 探訪する Investigar; fazer uma「do bairro degradado」.

tánbún¹ 短文 **a)** Uma frase curta; **b)** Um pequeno artigo.

tánbún² 単文【Gram.】A oração [frase] simples.

tánburā タンブラー (< Ing. tumbler) Um copo sem pé [de fundo chato].

tánchi 探知 A detecção. ★ ~ *suru* 探知する Detectar; localizar; descobrir. ◊ **~ ki** 探知機 O aparelho detector [localizador]「de minas/cardumes」; o radar.

táncho 端緒【E.】⇨ tánsho².

tánchō¹ 単調 A monotonia「de voz」; a insipidez; o tédio. ★ ~ *na* 単調な Monótono; insípido;「discurso」enfadonho; banal.

tánchō² 短調【Mús.】A escala menor. A/反 Chōchō. ⇨ tán² 3.

tánchō(zúru) 丹頂(鶴) (⇨ tsúru⁷)【Zool.】O grou japonês; *grus japonensis*.

tánda 単打【Beis.】Uma batida que dá (tempo) para chegar à primeira base.

tandái 短大 ⇨ tánki³; daígáku.

tandéki 耽溺【E.】O mergulhar nos vícios; o entregar-se aos maus hábitos. ★ *Shushoku ni ~ suru* 酒食に耽溺する Entregar-se à bebedeira e à lascívia.

tandén¹ 丹田【E.】O abdome [abdómen]. ★ ~ *ni chikara o ireru* 丹田に力を入れる Fazer força no ~.

tandén² 炭田 A mina [jazida] de carvão. ⇨ tankō¹.

tandóku¹ 単独 O ser só [independente/individual/separado]. ★ ~ *de [ni]* 単独で [に] tomar a responsabilidade「Individualmente;「começar um negócio」só/sozinho; separadamente. ◊ **~ han** 単独犯 Um crime individual [sem cúmplice].

tandóku² 耽読【E.】O ficar absorto [concentrado] na leitura「dum romance」. ★ ~ *suru* 耽読する …

tándoku³ 丹毒【Med.】A erisipela.

táne¹ 種 **1**[植物の種子]A semente「da maçã/laranja」; o caroço; a pevide「da melancia/abóbora」; o grão「de cereais」. ★ ~ *no nai* 種のない Sem semente;「uvas」sem grainha. ★ ~ *o maku* 種を蒔く Semear. ことわざ *Makuna ~ wa haenu* 蒔かぬ種は生えぬ Quem não semeia não colhe. ◊ **~ maki [nashi]** 種蒔き [無し] ⇨ shúshi¹. **2**[血統；品種] **a)** A raça; **b)** O sémen [esperma] (⇨ táne²). ★ ~ *no yoi uma* 種のよい馬 Um cavalo de boa raça. ◊ ⇨ **~ tsuke. ~ buta [ushi]** 種豚[牛] O varrão [O touro] (de padreação/cobrição). **~ imo** 種芋 A batata de [para] semente. **3**[原因；もと] A causa, a origem; a razão; a base. *Hima ga nai no ga nayami no ~ da* ひまがないのが悩みの種だ O problema [~ da minha aflição/O que me aflige] é a falta de tempo. ★ *Meshi no ~* 飯の種 A fonte de renda; o meio de vida. *Shaku no ~* しゃくの種 A causa da irritação. ◊ **~ bi.** ⇨ motó². **4**[材料；主題]A matéria; o obje(c)to; o assunto; o tema; o material. ★ *Hanashi no ~* 話の種 O assunto [tema] da conversa. ◊ ⇨ **~ gire [hon]. 5**[料理などの材料] Os ingredientes; o material (Peixe, etc.)「deste restaurante é de primeira (qualidade)」. *Sushi no ~* 寿司の種 Os ingredientes do sushí, menos o arroz. ⇨ netá. **6**[種類；質] A qualidade; a espécie. *Ano mise wa kyaku no ~ ga ii [warui]* あの店は客の種がいい [悪い] Aquela loja tem uma boa [má] clientela. **7**[手品の仕掛け] O truque; o segredo. ★ ~ *o akasu* 種を明かす Ensinar o「da mágica」. ⇨ shikáké.

táne² 胤 O sé(ê)men; a linhagem paterna. ★ *Ō no ~ o yadosu* 王の胤を宿す Conceber um filho do rei. A/反 Hará.

tané-ábura 種油 O óleo de colza.

tané-bí 種火 (<…+hí) A brasa para acender o fogo; o isqueiro; o piloto.

tané-gíré 種切れ (<…+kiréru) O esgotar [acabar]-se a semente [matéria「de conversa/para escrever」]. ★「*Mono ga*」~ *ni naru*「物が」種切れになる Acabar-se [Ficar esgotado]「o material」.

tané-hón 種本 O original「português」[livro que serve de fonte].

tané-maki 種蒔き (<…+máku) A sementeira.

tanén 多年「O trabalho/esforço de」Muitos anos. ★ ~ *ni wataru sensō* 多年にわたる戦争 A guerra de ~. ◊ ⇨ **sei**.

tané-náshí 種無し「a uva」Sem [Que não tem] semente.

tanén-séí 多年生【Bot.】Perene; que dura muitos anos. ◊ **~ shokubutsu** 多年生植物 A planta vivaz [perene].

tané-tsúké 種付け (<…+tsukéru) O acasalamento. ★ ~ *suru* 種付けする Acasalar「pássaros」; chegar (o macho e a fêmea).

tangán 嘆願 A solicitação; a petição; o apelo. ★ ~ *suru* 嘆願する Solicitar; pedir「ao professor que não nos castigue」; apresentar uma petição「ao governo」; apelar. ◊ **~ sho** 嘆願書 ~ por escrito. ⇨ aígán¹.

tangán² 単眼 **a)** O ocelo [estema/olho rudimentar]; **b)** Monocular; uma só lente. ◊ **~ kyō** 単眼鏡 O monóculo. A/反 Fukúgán.

Tangáníka [ii] タンガニーカ【H.】Tanganica. ⇨ Tañzáníá.

tangéi 端倪【E.】A conje(c)tura; a imaginação. ★ ~ *subekarazaru* 端倪すべからざる「Uma coisa」imprescrutável [difícil de conje(c)turar/imaginar/perscrutar]. ⇨ yosō; yosókú.

tángen 単元 A unidade crédito. ⇨ tán'i 3.

tangó¹ 単語 A palavra; o vocábulo; o vocabulário (Muitas [Todas as] palavras). ★ ~ *o jisho de hiku* 単語を辞書で引く Procurar [Ir ver] uma ~ no [ao] dicionário. ◊ **~ chō [kādo]** 単語帳 [カード] O ca-

derno [As fichas] de vocabulário 「para decorar」.
tángo² タンゴ (< Esp. tango) O tango.
tángo³ 端午【E.】A festa das flores de íris. ★ ~ no sekku 端午の節句 A festa dos meninos [rapazinhos] (Feriado no J., 5 de maio).
tangúsuten タングステン (< Sueco. tungsten)【Quím.】O tungstê[é]nio (W 74); o volfrâmio.
tan-gútsú 短靴 O sapato baixo/fino. A/反 Nagá-gútsú. ⇔ kutsú.
taní 谷 O vale; o desfiladeiro; a garganta; a ravina; a ribanceira. *Kiatsu no ~* 気圧の谷 A depressão barométrica. ◇ ⇨ ~ **ma** [soko]. A/反 Yamá.
tán'i 単位 **1**[基準量] A unidade. ★ ~ *o kimeru* 単位を決める Determinar a ~. *Nagasa no ~ de comprimento* 「é o metro」. ◇ **atari** 単位あたり Por ~. **Kahei ~** 貨幣単位 ~ monetária 「da Europa é o euro」. **Kíhon ~** 基本単位 ~ base. **2**[ひとつのまとまり] A unidade; um conjunto; o elemento unitário. *Kazoku wa shakai no saishō ~ de aru* 家族は社会の最小単位である A família é a célula [a ~ mais pequena] da sociedade. **3**[学習量を測る基準] O crédito (Dado por determinado número de horas de aula e de estudo particular). ★ ~ *o toru* [*otosu*] 単位を取る[落とす] Tirar [Não tirar] os ~s.
taní-gáwa 谷川 (< ··· +kawá) A corrente de água [O córrego; O riacho] (de montanha).
taníkú 多肉 Muita carne [seiva]. ★ ~ *sei no* 多肉性の「planta de caule」Carnudo.
taní-má 谷間 **a**) Dos [Nos/Entre os] vales; as encostas. ★ *Biru no ~* ビルの谷間 O vão entre os arranha-céus. **b**) A margem 「da sociedade」.
tanín 他人 **1**[自分以外の人] A outra pessoa; os outros. ~ *ni meiwaku o kakeru na* 他人に迷惑をかけるな Não quero que vá incomodar ninguém [os outros]. A/反 Jibún. **2**[血のつながらない人] Uma pessoa não aparentada. *Kare to wa ~ da* 彼とは他人だ Ele não é meu parente [não me é nada]. I/慣用 ~ *no sora-ni* 他人の空似 A semelhança (puramente) acidental. ⇨ mi-úchí. **3**[第三者] O estranho; o terceiro. ~ *wa kuchidashi suru na* 他人は口出しするな Isto não é conversa para estranhos [Que é que você tem a ver com isto?]. ⇨ bugáisha; kyokúgái-sha. **4**[知らない人; よそ者] O estranho; o desconhecido; o alheio. *Tsui ni ie made ~ no te ni watatte shimatta* ついに家まで他人の手に渡ってしまった Por fim até a casa passou para mãos alheias. I/慣用 ~ *no meshi o kuu* 他人の飯を食う Viver com estranhos. *Aka no ~* 赤の他人 Uma pessoa completamente estranha. ◇ ~ **gyōgi** 他人行儀 O comportamento acanhado; o fazer cerimó[ô]nia.
tánishi 田螺【Zool.】O caramujo de água doce (Um caracol vivíparo).
taní-sóko 谷底 O fundo de um vale.
tan'ítsu 単一 O ser único [unificado] 「mecanismo/substância」simples. ~ **kokka** 単一国家 O estado unificado. ~ **kumiai** 単一組合 O sindicato independente.
taní-zóko 谷底 ⇨ taní-sóko.
tánjento タンジェント (< Ing. tangent < L.) A tangente. S/同 Seísetsú (+).
tan-jijítsu 短日月【E.】⇨ tań-jítsugetsu.
tań-jikan 短時間 Curto [Pouco] tempo.
tań-jíkú 短軸 O eixo menor 「de uma elipse」. A/反 Chōjíkú.

tanjírú 嘆じる **1**[なげく] Lamentar; lastimar; sentir. S/同 Nagéku (+). **2**[感心する] Admirar; aplaudir. ⇨ kantán².
tańjítsú 短日 O dia curto (em relação à noite).
tań-jítsugetsu 短日月【E.】Um curto espaço de tempo. ★ ~ *ni* 短日月に Em pouco tempo. S/同 Tańkíkan (+).
tańjō 誕生 O nascimento. ★ ~ *suru* 誕生する Nascer. ⇨ kōtán; shussé²; shusshō.
tańjō-bi [*ōo*] 誕生日 (<···+hi) O dia natalício [de nascimento]; o aniversário. *O ~ omedetō gozaimasu* お誕生日おめでとうございます Feliz [Parabéns pelo seu] aniversário!
tańjū 胆汁 A bílis; o fel.
tańjū² 短銃 ⇨ pisutórú.
tańjún 単純 A simplicidade 「do desenho」. ★ ~ *na hito* 単純な人 Uma pessoa simples [ingé[ê]nua; crédula]. ~ *na kangae* 単純な考え Uma ideia simples. ◇ ~ **kei** 単純計【Gram.】A forma simples 「do v.」. A/反 Fukúzátsú. ⇨ kantán¹.
tánka¹ 担架 A maca 「para doentes」; a padiola.
tańká² 炭化 A carbonização. ★ ~ *saseru* [*suru*] 炭化させる[する] Carbonizar [Ficar reduzido a carvão]. ◇ ~ **butsu** 炭化物 O carboneto. ~ **suiso** 炭化水素 O hidrocarboneto.
tánka³ 単価 O preço por unidade [cada artigo].
tánka⁴ 啖呵 A ameaça. ★ ~ *o kiru* 啖呵を切る Vociferar; ameaçar; praquejar.
tánka⁵ 短歌 O poema j. de trinta e uma sílabas.
tánkā タンカー (< Ing. tanker) O navio-tanque; o petroleiro. ◇ **Manmosu** [**Ōgata**] ~ マンモス[大型]タンカー O superpetroleiro.
tańká-daigaku 単科大学 A universidade com uma só faculdade; o instituto. ⇨ tánki³.
tańkén¹ 探検 A expedição; a exploração 「de」. ★ ~ *suru* 探検する Explorar. ◇ ~ **tai** 探検隊 A expedição (Grupo de exploradores [pesquisadores]). **Afurika ~** アフリカ探検 A expedição à África.
tańkén² 短剣 O punhal; a adaga; o sabre; o espadim.
tánki¹ 単記 Uninominal. ◇ ~ **tōhyō** 単記投票 A votação ~.
tánki² 短気 A impaciência; os nervos; a irritabilidade. ★ ~ *na* 短気な Impaciente; 「o velho」rabugento; irascível; irritadiço; irritável. ~ *o okosu* 短気を起こす Perder a paciência; ficar nervoso. P/ことわざ ~ *wa sonki* 短気は損気 Não se ganha nada com perder a paciência.
tánki³ 短期 Uma curta duração; o prazo [período] curto. ★ ~ *no* 短期の De curta duração; de curto prazo. ◇ ~ **daigaku** 短期大学 O Instituto Profissional [A "universidade abreviada"] (Com duração de 2 ou 3 anos apenas). ⇨ **kan**.
tań-kikan 短期間【E.】O curto [breve] período [prazo] de tempo. ★ ~ *de* 短期間で 「fazer a casa」Em pouco tempo. ~ *no taizai* 短期間の滞在 A estad[í]a curta/breve. ⇨ Chōkikan.
tańkō¹ 炭坑 A mina de carvão. ◇ ~ **fu** 炭坑夫 O mineiro. ⇨ tańdō².
tańkō² 炭鉱 As minas de carvão. ◇ ~ **chitai** [*machi*] 炭鉱地帯[町] A zona [A cidade] carbonífera [do carvão/das ~].

tańkṓ³ 探鉱 A prospecção [procura] de minérios/jazidas minerais.

tańkō-bón 単行本 O livro [volume] independente; 「publicar todos os trabalhos」em livro.

tańkúbú たん瘤 **a)** ⇨ kobú²; **b)** O terçol [terçolho (Pop.)]. 1/慣用 *Me no ue no* ～ 目の上のたん瘤 (Lit. terçol) O aborrecimento/A espinha「da sogra a mandar lá em casa」(G.).

tánku タンク (＜ Ing. tank) **1**［戦車］O tanque (de guerra); o carro de assalto. S/同 Sénsha (+). **2**［液体を入れる入れ物］O tanque; o reservatório; o depósito. ◇ ～ **rōrī** タンクローリー O cami(nh)ão-cisterna [carro-tanque]. **Gasorin** [**Sekiyu**] ～ ガソリン［石油］タンク O depósito de gasolina [óleo].

tań-kyóri 短距離 Curta distância. ◇ ～ **kyōsō** 短距離競争 A corrida de ～. A/反 Chō-kyóri.

tańkyū 探究 A investigação「da origem da vida/do acidente」; a pesquisa; o estudo; a busca. ★ ～ *suru* 探究する Investigar; estudar; pesquisar. ⇨ keńkyú, tsuíkyū²³.

tańmari たんまり【G.】Muito. ★ ～ *mōkeru* たんまりもうける Ganhar ～ [montões de] (dinheiro). S/同 Shikótamá; tappúri. ⇨ takúsán.

tańmátsú 端末 **a)** O fim「do filme」; **b)** O terminal de computadores. ◇ ～ **ki** 端末機 O terminal central.

tańmḗi 短命 Uma vida curta; o viver pouco「por beber/trabalhar demais」.

tańmónó 反物 (⇨ tán³ **2**) A peça (Rolo) de tecido;「loja de」fazendas [tecidos].

tán-naru 単なる (＜ tán⁶ + …) Simples; mero; puro. *Sore wa* ～ *iiwake ni suginai* それは単なる言い訳にすぎない Isso é um mero [não passa de um] pretexto.

tánnen 丹念 O esmero; a diligência; o cuidado. ★ ～ *ni shiraberu* 丹念に調べる Investigar cuidadosamente [com todo/a o/a ～]. ⇨ neń-írí; tánsei².

tán ni 単に (⇨ tán⁶) Simplesmente; só; somente; apenas. ★ ～ … *dake* [*nomi*] *de naku* 単に…だけ［のみ］でなく Não só … mas também. S/同 Táda²(+).

tańnín¹ 担任 O encarregado. ◇ ～ **kyōshi** 担任教師 O professor especialmente encarregado de [responsável por] uma classe/turma. ★ ～ shunín.

tánnin² タンニン (＜ Ing. tannin) O tanino. ⇨ ～ **san** タンニン酸 O ácido tânico.

tańnṓ¹ 堪能 **1**［巧妙］A habilidade; a perícia; a destreza; a mestria. ★ ～ *na* 堪能な Hábil; destro「na esgrima」; jeitoso; fluente. *Eigo ni* ～ *de aru* 英語に堪能である Ser fluente [mestre] em inglês. **2**［満足］A satisfação. ★ ～ *suru* 堪能する Gostar muito「do concerto」; ficar satisfeito; encher-se「de doces」. ⇨ mánzoku.

tańnṓ² 胆嚢【Anat.】A vesícula biliar; a colecisite. ◇ ～ **en** 胆嚢炎【Med.】A colecistite [inflamação da ～].

tanómí 頼み (＜ tanómu) **1**［依頼］O pedido. *Kimi ni* ～ *ga aru* 君に頼みがある Queria-te pedir um favor [Tenho um ～ a fazer-te]. ★ ～ *o ireru* [*kiku*] ～を容れる［聞く］Atender a ～. ～ *o kotowaru* 頼みを断る Recusar o ～. S/同 Iráí. **2**［信頼］A confiança; a esperança; a dependência. ★ ～ *ni naru* [*naranai*] 頼みになる［ならない］A pessoa em quem se pode [não se pode] confiar.「*Shinsei o*」～ *ni suru*「親戚を」頼みにする Confiar「nos」[Depender「dos parentes」]. 1/慣用 ～ *no tsuna* 頼みの綱 A última [O último fio(zinho) de] esperança [～ *no tsuna ga kireta* 頼みの綱が切れた Foi-se [Lá se a última (Partiu-se o último fio) de] esperança]. S/同 Táyori (+).

tanómí-kómu 頼み込む (＜ tanómy + …) Pedir muito [insistentemente]「que lhe empreste o carro」.

tanómóshíí 頼もしい **a)** (Digno) de confiança;「amigo」seguro; **b)** Prometedor; com futuro. ★ ～ *wakamono* 頼もしい若者 Um jovem ～. ⇨ tanómí.

tanómóshíí(kō) 頼母子(講) Uma associação de financiamento mútuo. ⇨ gójo.

tanómu 頼む **1**［依頼する］Pedir. ～ *kara jama o shinaide kure* 頼むから邪魔をしないでくれ Não me atrapalhe por favor. ★ *Te o tsuite* ～ 手をついて頼む ～ de joelhos. *Yūjin ni joryoku o* ～ 友人に助力を頼む ～ auxílio ao amigo. S/同 Iráí súrú. ⇨ aígań¹; końgán. **2**［委託する］Confiar; encarregar; incumbir; entregar aos cuidados de. *Zaisan no kanri wa yujin ni tanonde aru* 財産の管理は友人に頼んである A administração dos meus bens confiei-a [entreguei-a aos cuidados de] um amigo. S/同 Azúkéru; makáséru; yudánéru. ⇨ iráí¹; itáku¹. **3**［雇う; 呼ぶ］Contratar. ～ *Bengoshi o* ～ 弁護士を頼む ～ um advogado. *Isha o* ～ 医者を頼む ～ Mandar chamar o médico. *Kaseifu o* ～ 家政婦を頼む ～ uma governanta [empregada doméstica]. *Shūriya o* ～ 修理屋を頼む ～ alguém「para consertar a casa」. ⇨ yatóu; yobú. **4**［注文する］Encomendar「sushi」; reservar「bilhetes」; pedir. ★ *Medamayaki o* ～ 目玉焼きを頼む Pedir ovos fritos. **5**［頼りにする］Contar「com」; depender「de」; confiar「em」; recorrer「a」. ★ ～ *ni taranu hito* 頼むに足らぬ人 Uma pessoa com quem não se pode contar. *Kinryoku o* ～ 金力を頼む Confiar no (poder do) dinheiro.

tań-ónkai 短音階【Mús.】A escala menor. A/反 Chō-ónkai. ⇨ táń² **3**.

tanóshige 楽しげ (＜ tanóshíí + ki) O ar [aspecto] que alegra/de quem está contente. ★ ～ *na ichidan* 楽しげな一団 Um grupo alegre [jovial「de jovens」]. ～ *ni* 楽しげに「brincar」Alegremente [Cheios de alegria/Todos contentes].

tanóshiií 楽しい Alegre; divertido; agradável; feliz. ★ ～ *omoide* 楽しい思い出 Uma lembrança [recordação] boa/agradável. *Tanoshiku kurasu* 楽しく暮らす Levar uma vida ～. ⇨ omóshíróí; yúkai.

tanóshímáséru 楽しませる (＜ tanóshímu) Divertir「os visitantes」; entreter; recrear; distrair; dar prazer「a」. ★ *Me o tanoshimasete kureru hana* 目を楽しませてくれる花 As flores que recreiam os nossos olhos.

tanóshími 楽しみ **a)** O prazer [gosto]「da pesca」; a alegria; o divertimento; a distração; **b)** A expectativa; o prazer antecipado. *Raishū mo o* ～ *ni* 来週もお楽しみに E contem con(n)osco para a semana「que temos mais um bom programa」! ★ ～ *ni matsu* 楽しみに待つ Esperar com prazer. *Dokusho no* ～ 読書の楽しみ O prazer da leitura. *Shōrai ga* ～ *na seinen* 将来が楽しみな青年 Um jovem com futuro (de muitas expectativas). ⇨ gorákú; káiraku; ki-báshíí; katáń¹; shúmi; yorókóbí; yúbō.

tanóshímu 楽しむ Gostar「de guiar」; divertir-se; desfrutar「esta linda paisagem」; recrear-se; apreciar. *Tanoshinde oide* 楽しんでおいで Divirta-se「lá na festa」. ★ **Gēmu o shite ~** ゲームをして楽しむ Divertir-se a jogar. **Jinsei o ~** 人生を楽しむ Gozar a vida.

tánpa 短波 A onda curta. ◇ **~ hōsō** 短波放送 A transmissão em ~(s). ⇨ chōha; chūha¹.

tañpakú¹ 蛋白 A albumina; a proteína. ★ **Nyō ni ~ ga deru** 尿に蛋白が出る Ter albumina na urina. ◇ **~ gen** 蛋白源 A fonte de proteínas. **~ nyō (sho)** 蛋白尿(症)【Med.】A albuminúria.

tánpaku² 淡白 a)「a cor」Suave; simples; b) A indiferença. ★ **~ na** 淡白な Simples;「sabor」leve; indiferente. **Kane ni ~ de aru** 金に淡白である Ser indiferente ao dinheiro.

tañpákú-seki 蛋白石 ⇨ opāru.

tañpákú-shitsu 蛋白質 Os prótidos; a proteína; a albumina; a substância albuminosa [proteica/albuminóide]. ◇ **Dōbutsu [Shokubutsu] sei ~** 動物[植物]性蛋白質 ~ animal/ais [vegetal/ais]. **Ka-ku ~** 核蛋白質 A albumina do núcleo (da célula).

tañpátsú 単発 a)「arma de」Um só tiro; b) Um só motor. **Kono kashu no hitto wa ~ ni owatta** この歌手のヒットは単発に終わった Só uma canção deste cantor é que fez sucesso. ◇ **~ ki** 単発機 O monomotor [avião de um só motor]. ⇨ reñpátsú; sōhátsú.

tañpéikyū 短兵急【E.】O ser precipitado/abrupto/impulsivo.

tañpén 短編 Uma obra「literária」curta. ◇ **~ eiga** 短編映画 Um filme curto [de curta metragem]. **~ shosetsu** 短編小説 Uma pequena novela [Um conto]. A/反 Chōhén.

tañpín 単品 Só um artigo (de um conjunto) [Prato único (de comida)].

tánpo 担保 A hipoteca; a caução; o penhor; a fiança. ★ **~ ni ireru** 担保に入れる Hipotecar. **~ ni toru** 担保に取る Tomar como caução. **Ie o ~ ni [to shite] kane o kariru** 家を担保に[として]金を借りる Pedir dinheiro emprestado hipotecando a casa. ◇ **~ bukken** 担保物件 O direito real. **Fudōsan ~** 不動産担保 A ~ imobiliária. **Shōhin ~** 商品担保 O penhor de [em] mercadoria. S/同 Katá; teító. ⇨ hoshō³.

tánpon タンポン (< Al. tampon)【Med.】O tampão (vaginal) [de gaze].

tañpopo 蒲公英【Bot.】O dente-de-leão; o taráxaco.

tañpyō 短評 Uma crítica curta [Um breve comentário]「da a(c)tualidade」.

tañrákú 短絡【Ele(c)tri.】a) O curto-circuito; b) A conclusão precipitada/simplista. ★ **~ suru** 短絡する a) Haver um ~; b) Tirar conclusões precipitadas [demasiado rápidas] (e equivocadas). **~ teki na kangae** 短絡的な考え O juíz [A opinião] precipitado/a. S/同 Shōto (+).

tañréi 端麗【E.】A beleza; a elegância; a graça. **Yōshi ~** 容姿端麗 Uma linda figura「de mulher」.

tañren 鍛錬 A têmpera「do ferro/espírito」; a disciplina「da mente」; o treino; o exercício; o adestramento. ★ **~ suru** 鍛練する Forjar/Temperar「o ferro/espírito」; treinar; exercitar; adestrar.

tánri 単利 O juro simples. ◇ **~ de keisan suru** 単利で計算する Fazer o cálculo「das letras/a(c)ções」a juro simples. A/反 Fúkuri.

tánryo 短慮【E.】a) A imprudência; a precipitação; b) O cará(c)ter impetuoso [irrefle(c)tido]. ⇨ tánki².

tánryoku 胆力 A coragem; o ânimo; a decisão. ⇨ dōkyō¹; yūki¹.

tañ-sáibō 単細胞 (< tán⁶) Uma só célula. ★ **~ no hito** 単細胞の人【Fig.】A pessa bitolada/muito simplista/com pouca inteligência. ◇ **~ dōbutsu [shokubutsu]** 単細胞動物[植物] O animal [A planta] unicelular; o protozoário.

tañsákú 探索 A busca「do criminoso」; a investigação. ★ **~ suru** 探索する Investigar「a história antiga」. ⇨ sōsákú².

tañsáku² 単作【Agr.】A monocultura「do café」.

tañsán¹ 炭酸 O ácido carbô[ô]nico. ◇ **~ dōka sayō** 炭酸同化作用 A assimilação clorofilina do gás carbô[ô]nico; a fotossíntese. **~ gasu** 炭酸ガス O gás carbô[ô]nico; o dióxido de carbono. **~ sōda [natoriumu]** 炭酸ソーダ[ナトリウム] O bicarbonato de sódio. ⇨ **sui**.

tañsán² 単産 O sindicato se(c)torial dos trabalhadores da indústria.

tañsán-sui 炭酸水 A água gasosa [gas(e)ificada/com gás].

tañséi¹ 単性 A unissexualidade. ◇ **~ seishoku** 単性生殖 A partenogê[ê]nese; a reprodução unissexual; a apomixia.

tañséi² 丹精[誠]【E.】O esmero; o cuidado; o empenho; o trabalho; a diligência; a devoção; o zelo. ★ **~ o komete** 丹精を込めて Com todo o empenho. **Chichi ga ~ shita niwa** 父が丹精した庭 O jardim cuidado [tratado] com muito esmero por meu pai. ⇨ tánnen.

tañséi³ 嘆声【E.】O suspiro「de lamentação/admiração」. ⇨ tamé-íki; tañsókú².

tañséi⁴ 端正【E.】O aprumo「no andar」; a elegância; a nobreza「de espírito」. ★ **~ na kaodachi** 端正な顔立ち O rosto elegante.

tañsékí¹ 胆石【Med.】O colélito; o cálculo biliar.

tañsékí² 旦夕【E.】A manhã e a tarde; o dia e a noite. ことわざ **Mei ~ ni semaru** 命旦夕に迫る Estar por um fio [Estar entre a vida e a morte].

tañsén 単線 A via (férrea) única. A/反 Fukúsén.

tañshi¹ 短詩 O poema curto.

tánshi² 端子【Ele(c)tri.】O terminal; o borne. S/同 Deñkyokú.

tañshin¹ 単身「ir ao Brasil」Só;「começar um negócio」sozinho. ◇ **~ funin** 単身赴任 O「partir para um」emprego longe da「sem a família (Muito comum no J.). **~ jū** 単身銃 A arma só de um cano. I/慣用 **~ tekichi ni omomuku** 単身敵地に赴く Dirigir-se sozinho ao território inimigo.

tañshín² 短針 O ponteiro das horas. A/反 Chōshín. ⇨ byōshín².

tánsho¹ 短所 (< tán²) O defeito; o ponto fraco/débil「dele é a timidez」; a desvantagem; o inconveniente [contra]. ★ **~ o oginau** 短所を補う Compensar os pontos fracos. S/同 Kettén (+). A/反 Chōsho.

tañsho² 端緒【E.】a) O começo [A exploração espacial]; b) A chave; o segredo. ★ **Mondai kaiketsu no ~ o eru [tsukamu]** 問題解決の端緒を得る [つかむ] Encontrar a chave da solução do problema. ⇨ hottán; itó-guchi; kikkáké; te-gákari.

tañshō¹ 探勝【E.】A visita; o gozar a natureza.

tañshō² 短小【E.】A pequenez (Curto e pequeno).

tañshō³ 単勝 A aposta única (Nas corridas de cavalos). A/反 Fukúshō. ⇨ reñshō.

tańshố[4] 嘆賞【E.】「ele é」A admiração「de toda a gente」; o aplauso; o elogio.
[S/同] Kańtáń (+); shốsáń (+).

tańshókú[1] 単色 A monocromia;「a parede toda numa」só cor.

tańshókú[2] 淡色 A cor clara [alegre].

tańshố-tố 探照灯 O holofote. [S/同] Sắchíráito (+).

tańshúkú 短縮 O encurtamento; o corte「da produção」; a contra(c)ção; a diminuição; a redução「das horas de trabalho」. ★ ~ *suru* 短縮する Encurtar「a viagem」; reduzir; diminuir; abreviar [cortar]「o artigo para cinco páginas」. ◇ **~ dai-yaru** 短縮ダイヤル A marcação abreviada do múmero de telefone. [A/反] Eńchố.

tánso 炭素【Quím.】O carbono (C 6). ◇ **~ kō** 炭素鋼 O aço-carbono. **Issanka** [**Nisanka**] **~** 一酸化[二酸化] 炭素 O monóxido [dióxido] de ~.

tańsókú[1] 探測 A sondagem. ◇ **~ ki** 探測機 Uma sonda. **Kasei ~ sen** 火星探測船 A sonda [nave] espacial para ~ de Marte.

tańsókú[2] 嘆息 O suspiro「de triste surpresa」. ★ ~ *suru* 嘆息する Suspirar; dar um ~. ⇨ tamé-íki.

tańsú 箪笥 A có[ô]moda; o armário; o guarda-roupa.

tańsū́ [**úu**] 単数【Gram.】O singular「de fáceis é fácil」. ◇ **Sanninshō ~** 三人称単数 A terceira pessoa do ~「do presente do indicativo do v. ir é vai」. [A/反] Fukúsū́.

tańsúí 淡水 A água doce.
[A/反] Eńsúí. ⇨ ma-mízú.

tańsúi-gyo 淡水魚 O peixe de água doce.

tańsúíká-butsu 炭水化物【Quím.】O hidrato de carbono「dos alimentos」.

tańsúi-ko 淡水湖 O lago de agua doce.

tańtáí 単体【Quím.】O corpo [A substância] simples;「o ouro/cloro é」um elemento.
[A/反] Kagốbutsu.

tańtáń[1] 坦坦【E.】**a**) O ser「caminho/terreno」plano; **b**) O ser「um jogo」calmo. ★ ~ *taru* [*to shita*] 坦々たる[とした] Plano; calmo; sereno.

tańtáń[2] 淡淡【E.】O ser simples [desinteressado]; indiferente「ao dinheiro」; calmo; despreocupado. ★ ~ *to kataru* 淡々と語る Falar calmamente「da sua tragédia como se não fosse nada」.

tấń-tḗburu ターンテーブル (< Ing. turntable: mesa giratória) **1** [レコードプレーヤーの回転盤] O prato de toca [gira]-discos. **2** [鉄道などの転車台] A plataforma giratória「de ferrovia」.

tańtéí[1] 探偵 **a**) O espião; o dete(c)tive; o agente policial; **b**) A espionagem. ★ ~ *suru* 探偵する Espionar; investigar. ◇ **~ shosetsu** 探偵小説 A novela policial. **Shiritsu ~** 私立探偵 O dete(c)tive particular.

tańtéí[2] 短艇【E.】⇨ bốto[1].

tańtékí 端的 (< tán[4])【E.】**a**) Dire(c)to; franco. ~ *ni ieba* 端的に言えば Falando francamente [sem rodeios]. **b**)「remédio de efeito」Imediato.

tańtétsú 鍛鉄 O forjar ferro [ferro forjado].

tańtó たんと (< P. tanto)【G.】⇨ takúsáń.

tańtố[1] 担当 O cargo; o encargo; a incumbência. ★ ~ *suru* 担当する Encarregar [Incumbir]-se「de」.「*Kono ka no*」~ *sha*「この課の」担当者 O encarregado [responsável]「desta se(c)ção」. ⇨ tańníń[1].

tańtố[2] 短刀 O punhal; a adaga.
[S/同] Aíkúchí; kaíkéń; tańkéń[2] (+).

tańtố-chókúnyū́ 単刀直入【E.】O ser muito franco [dire(c)to]. ★ ~ *ni iu* 単刀直入に言う Ser ~ [pão pão, queijo queijo].

tań-tsúbó 痰壺 ⇨ tań[1].

tánuki 狸【Zool.】O texugo; *nyctereutes procyonoides*. [P/ことわざ] *Toranu ~ no kawazanyo* とらぬ狸の皮算用 (Lit. contar com a pele do ~ que ainda não apanhou) Contar com o ovo no cu da galinha. ◇ **~ oyaji** 狸親父【G.】Um velho astuto; o macaco de rabo coçado; um raposão. **~ ne-iri** 狸寝入り O sono fingido. ⇨ kitsúné.

tańzá[1] 端座 A posição ere(c)ta de se sentar.
[S/同] Seízá (+).

tanzá[2] 単座「o avião de」Um só assento.

tańzákú 短冊 **1** [和歌を書く細長い紙] A tira de papel bonito para escrever「um háiku」. **2** [細長い形] A tira; o re(c)tângulo.

Tańzáńíá タンザニア A Tanzânia. ★ ~ *no* タンザニアの Tanzaniano.

tańzéń 端然【E.】Direito; justo; bem ajustado. ★ ~ *to suwaru* 端然と座る Sentar-se direito.

taóré-fúsu 倒れ伏す (< taóréru + …) Cair de bruços.

taóréru 倒れる **1** [立っていたものが横になる] Cair; tombar; desmoronar-se. ★ *Taorekakatta ie* 倒れかかった家 A casa (prestes) a ~. *Aomuke ni* ~ あお向けに倒れる Cair de costas. ⇨ koróbú. **2** [くつがえる] Cair; ser derrotado「no sumô」. ★ *Naikaku* [*Seifu*] *ga* ~ 内閣[政府]が倒れる Cair o governo. ⇨ kutsúgáeru. **3** [破産する] Falir. ★ *Kaisha ga* ~ 会社が倒れる A firma ~. **4** [病で床につく] Cair [Ficar] doente. ★ *Karō de* ~ 過労で倒れる Sucumbir ao [Cair de] cansaço. **5** [死ぬ] Morrer. ★ *Kyōdan ni* ~ 凶弾に倒れる Ser morto a tiro; cair, atingido por bala assassina. ⇨ shinú.

táoru タオル (< Ing. towel) A toalha. ◇ **~ kake** タオル掛け O cabide de ~. ⇨ te-núgúí.

taósu 倒す **1** [立っているものを横にする] Derrubar; deitar ao chão; tombar; inclinar. ★ *Ashibarai o kakete* ~ 足払いをかけて倒す Passar [Derrubar com] uma rasteira「no futebol」. *Ono de ki o* ~ 斧で木を倒す Derrubar [Cortar/Deitar abaixo] a árvore com o machado. ⇨ koróbású. **2** [くつがえす] Derrubar. ★ *Seifu o* ~ 政府を倒す ~ o governo. [S/同] Kutsúgáesu. **3** [負かす] Derrotar. ★ *Kyōteki o* ~ 強敵を倒す ~ um inimigo poderoso. [S/同] Makású. **4** [生命をうばう] Matar. ★ *Ittō no moto ni* ~ 一刀のもとに倒す Matar com um só golpe de espada. [S/同] Korósú. **5** [ふみたおす] Pregar calote; não pagar; calotear. ★ *Shakkin o* ~ 借金を倒す Calotear a dívida. [S/同] Fumí-táósu (+).

taóyaka たおやか Gracioso; delicado; elegante. ★ ~ *na utsukushisa* たおやかな美しさ A beleza delicada「duma flor/mulher」.

tappítsú 達筆 A letra [caligrafia] bonita. ★ ~ *na hito* 達筆な人 O excelente calígrafo.
[A/反] Akúhítsú.

tappú タップ (< Ing. tap) **1** [雌ねじ切り] O macho de tarraxa. **2** [蛇口] A torneira. **3** [コンセント] A tomada [derivação] elé(c)trica. **4** [タップダンス] [táppu] O sapateado. ◇ **~ dansā** タップダンサー O que dança ~.

tappúri たっぷり **1** [十分] Muito; de sobra; para dar e vender (G.);「ver/comer」à vontade. ★ *Aikyō* ~ 愛嬌たっぷり Cheio [A transbordar] de

tára¹ 1232

encanto. *Chōshoku o ~ toru* 朝食をたっぷりとる Tomar um bom pequeno-almoço. **2** [ゆとりがある] Folgado; largo; amplo. ★ ~ *shita fuku* たっぷりした服 Roupa folgada [confortável].

tára¹ 鱈【Zool.】O bacalhau. ◇ ~ **ko** 鱈子 A(s) ova(s) de ~.

-tára² たら (É, basicamente, uma desinência verbal que indica uma condição no passado). **1** […たならば] Se; no caso de. *Ame ga futtara [furu nara/Moshi ame ga fureba] ensoku wa chūshi ni naru* 雨が降ったら [降るなら/もし雨が降れば] 遠足は中止に Se chover, a excursão fica cancelada. **2** [願望; 勧誘] Se (Exprime desejo/conselho). *Kare ga ite kuretara na* 彼がいてくれたらなあ (Ah) se ele estivesse (agora) aqui ~. **3** [提示] Quê [Como]?; pronto (Exprime admiração ou indignação). *Iya dattara [da to ittara] iya* 嫌だったら [だと言ったら] 嫌だ Não quero, pronto! *Otō-san ~ kyū ni hen na koto o iidashite* お父さんら急に変なことを言いだして Que foi, pai, de repente esses disparates?! *Shinbun dattara [no koto nara] tsukue no ue yo* 新聞だったら [のことなら] 机の上よ Se é o jornal, [Como? O jornal?] está sobre a mesa. **4** […ところ] Quando; assim que; logo que. *Machi e detara [deru to] battari tomodachi ni atta* 街へ出たら [出ると] ばったり友達に会った ~ cheguei à cidade encontrei inesperadamente [esbarrei com] um amigo.

tarabá-gani 鱈場蟹 Um caranguejo gigante.

taráfuku 鱈腹【G.】A barrigada; o encher a barriga. ★ ~ *kuu* 鱈腹食う Comer até à saciedade [Apanhar uma ~ 「de carne」]. ⇨ *tappúri*.

taráí 盥 (< te + aráú) A bacia. ◇ ⇨ ~ **máwashi**. *Kane-darai* 金盥 ~ de metal. ~ de ferro.

taráí-máwashi 盥回し (< … + *mawású*) **1** [曲芸] **a)** O malabarismo de fazer rodar uma bacia; **b)** O passar o abacaxi (B.). **2** [順送り] A alternação de postos entre os membros do mesmo partido ou grupo. ★ ~ *ni suru* 盥回しにする Ceder [Passar] o lugar [posto] ao colega.

taráppu タラップ (< Hol. trap) O passadiço [A escada] de embarque.

-tárashi 誑し (< *tarású*²) O seduzir. ◇ *Onna ~* 女 ~ [Sedutor de] mulheres.

taráshí-kómu 誑し込む (< *tarású*² + …)【G.】Seduzir 「um homem/uma mulher」; atrair; enganar; levar 「a viúva rica」 a 「dar-lhe um carro」; iludir.

tarásu¹ 垂らす (⇨ taréru) **1** [ぶら下げる] Suspender; (de)pendurar 「uma corda na árvore para subir」. ★ *Kami o hitai* [*se*] *ni ~* 髪を額 [背] に垂らす Ter os cabelos em franjinha/a cobrir a testa [caídos para trás/as costas]. S/周 Sagéru; burásagéru. **2** [したたらせる] Pingar 「do nariz」; gotejar; deitar. ★ *Ase o ~* 汗を垂らす Suar [Transpirar] em gota. S/周 Shitátáráséru.

tarásu² 誑す【G.】Seduzir; atrair; induzir. ★ *On'na [Otoko] o ~* 女 [男] を誑す Seduzir uma mulher [um homem].

tara-tara たらたら **1** [液体の垂れるようす] (Im. de sangue/suor/baba, a escorrer). ★ ~ (*to*) *tareru* [*nagareru/nagasu*] たらたらに垂れる [流れる/流す] Escorrer [Correr/Deitar]. ⇨ *póta-pota*. **2** [長々と続く] (Im. de queixas ou cumprimentos demais). ★ *Fuhei ~ de aru* 不平たらたらである Estar sempre a queixar-se.

-tárazu 足らず (< *tarírú*) Menos de. ★ *Ichi-jikan ~ de* 一時間足らずで Em ~ uma hora.

taré¹ 垂れ (< *taréru*) **1** [垂れること; 垂れたもの] Qualquer coisa suspensa ou dependurada, como cortina, aba, etc.; um pendu[e]ricalho. **2** [調味用の汁] O molho de tempero, muito líquido. ★ *Unagi [Yakitori] no ~* 鰻 [焼き鳥] のたれ O molho para a enguia assada [o frango assado].

táre² 誰【E.】Quem; alguém; todos. S/周 Dáre (+).

taré-kómeru 垂れ籠める (< *taréru* + …)【E.】**a)** Pairar 「o nevoeiro」; **b)** Fechar-se completamente em casa. ★ *An'un ga ~* 暗雲が垂れ籠める Há nuvens negras [ominosas/perigosas] a pairar no ar.

taré-máku 垂れ幕 (< *taré*¹ + …) O pano de palco.

taré-mími 垂れ耳 (< *taré*¹ + …) As orelhas pandas.

taré-nágáshí 垂れ流し (< *taré-nágásu*) **a)** A incontinência (de urina/fezes); **b)** O deixar correr sujidade; o despejar. *Kōjō ga yūgai na haieki o kawa ni ~ ni shite ita* 工場が有害な廃液を川に垂れ流しにしていた A fábrica despejava os detritos tóxicos para o rio!

taré-nágásu 垂れ流す (< *taréru* + …)【G.】**a)** Despejar descontroladamente; **b)** Defecar [Urinar] involuntariamente; cagar [mijar]-se (G.).

taréntó タレント (< Ing. talent < Gr.) **1** [才能のある人] Um talento. **2** [ラジオ・テレビに出演する人] O artista de rádio e TV. ⇨ *geínó* ◇.

taréru 垂[滴] れる (⇨ *tarásu*¹) **1** [下の方へ下がる] Cair; pender; inclinar-se. ★ *Eda ga ~* 枝が垂れる Penderem [Inclinarem-se] os ramos/galhos. **2** [液体などがしたり落ちる] Pingar; escorrer. *Jaguchi kara mizu ga ~* 蛇口から水が垂れる Pingar água da torneira. **3** [下へ向けおろす] Baixar. ★ *Atama o ~* 頭を垂れる ~ a cabeça. **4** [目下の人に示す] Dar o 「exemplo」; conceder 「Deus uma graça」. ★ *Oshie o ~* 教えを垂れる Ensinar; instruir; dar aulas. **5** [残す] Deixar; legar. ★ *Na o kōsei ni ~* 名を後世に垂れる Deixar o nome para a posteridade [Deixar grande nome na história]. **6** [大小便をする] Evacuar; cagar (G.). ★ *Kuso o ~* 糞を垂れる Evacuar; defecar; obrar.

taré-ságárú 垂れ下がる (< *taréru* + …) 「a árvore carregada de fruto」 Ficar toda inclinada [caída para baixo]. ★ *Hata ga ~* 旗が垂れ下がる A bandeira está toda caída 「com a chuva」.

-tári たり (Desinência verbal) **1** [あるいは] Umas vezes … outras vezes; … ; ora 「rindo」 ora 「chorando」. *Asa kara ame ga futtari yandari shite iru* 朝から雨が降ったりやんだりしている Desde manhã ora chove ora pára (de chover). **2** [例示] Por exemplo; … ou coisa parecida. *Umi e ochi ~ shitara ichi-daiji da* 海へ落ちたりしたら一大事だ E se você cai ao mar (ou coisa parecida) o que seria? **3** [命令] Fazer sem falta [o que eu digo]. *Sā, doitari doitari* さあ、どいたりどいたり Afaste-se [Saia do (meu)/caminho]!

taríki 他力 **1** [他人の力] A ajuda alheia [de fora]. *Ano hito wa nanigoto mo ~ hongan da* あの人は何事も他力本願だ Ele não é capaz de fazer nada sozinho. **2** [仏の力] A salvação de fora. ◇ ~ **hongan** 他力本願 A salvação pela fé na misericórdia de Buda. A/反 Jiríkí.

tarínáí 足りない (Neg. de "tariru") **1** [不足] Não chegar [ser suficiente]; faltar. *Isu ga ato futatsu ~* 椅子があと2つ足りない Faltam duas cadeiras. ★ *Eiyō ga ~* 栄養が足りない Estar subnutrido; ter

tarírú 足りる (< tarú²) **1** [十分] Ser suficiente [bastante; adequado]; bastar [chegar]. *Kore de yō ga ~* これで用が足りる Isto serve [chega] /Com isto já me arranjo. *Shokuryō wa jūbun ni tarite iru* 食料は十分に足りている Temos alimentos suficientes [que bastem]. ★ *Koto ~* 事足りる Bastar. **2** [値する] Valer; merecer; ser digno de 「confiança」. ★ *Himitsu o takusuru ni ~ hito* 秘密を託するに足りる人 A pessoa a quem se pode confiar um segredo.

tarítsú 他律 A heteronomia. S/同 Jirítsú.

taró-ímó タロ芋 [Bot.] Uma espécie de cará ou inhame da Polinésia; *colocasia esculenta [antiquorum]*.

tarú¹ 樽 O barril; o pipo. ★ *~ zume ni suru* 樽詰めにする Meter em [ ]. ◇ **Bíya-daru** ビヤ樽 ~ de cerveja. ~ **zake** 樽酒 O saqué conservado em [no] ~.

tarú² 足る (⇨ tarírú) **[E.]** **1** [十分である] Ser suficiente 「*koto o shire* 足ることを知れ Aprenda a contentar-se com pouco. ここわざ *Ishoku tatte reisetsu o shiru* 衣食足って礼節を知る Bem alimentado, bem educado. **2** [値する] Valer; merecer; ser digno de. *Kono hon wa yomu ni ~ [taranai]* この本は読むに足る[足らない] Este livro é [não é] digno de leitura.

táru [áa] タール (< Ing. tar) O piche; o alcatrão.

tarúki 垂木 A viga; a trave; o barrote; o caibro. ◇ hafú.

tarúmí 弛み (< tarúmú) A parte bamba 「da corda」; a frouxidão 「do espírito」; o relaxamento; o afrouxamento 「do negócio」. *Kokoro ni ~ o shōzuru* 心に弛みを生ずる Ficar relaxado (de espírito). S/同 Yurúmí.

tarúmú 弛む Afrouxar; relaxar; ser relaxado 「no trabalho」; descuidar-se 「de perder o jogo」; ter folga. ★ *Kimochi ga ~* 気持ちが弛む Descuidar-se; fazer parado [preguiçoso]. ⇨ tarúmí.

tarútárú-sósu [óo] タルタルソース (< Fr. sauce tartare) O molho tártaro.

taryō 多量 A grande quantidade. ◇ **Shukketsu ~** 出血多量 A perda de sangue em ~; uma grande hemorragia. S/同 Taíryō.

taryū 他流 O método [estilo] diferente; outra escola. ★ *~ jiai o suru* 他流試合をする Competir com outra escola [de karate]. A/反 Jiryú.

tasái¹ 多才 A versatilidade; o talento 「artístico」 multiforme. S/同 Tagéi.

tasái² 多彩 (⇨ tashóku) **a)** Colorido; multicolor [com muitas cores]; **b)** Variado; de várias espécies 「de pessoas」. ★ *~ na moyoshi-mono* 多彩な催しもの As atra(c)ções mais variadas [diversas].

tasán 多産 A fecundidade 「das galinhas poedeiras」; o 「a mulher」 ter muitos partos [filhos].

tasátsú 他殺 O homicídio; o assassinato; o assassínio. ★ *~ no utagai ga aru* 他殺の疑いがある Haver suspeitas de ~. A/反 Jisátsú. ⇨ satsújáí.

tashi 足し (< tasú) O complemento 「do salário」; o adianto [jeito]; a pequena ajuda. ★ *Hara no ~ ni suru* 腹の足しにする Enganar o estômago. *Kakei no ~* 家計の足し Um complemento [Uma pequena ajuda] para a economia doméstica.

táshika 確か (⇨ tashíkáméru) **1** [間違いなく] Certo; seguro. *Daikin wa ~ ni uketorimashita* 代金は確かに受け取りました Acusamos o recebimento do seu dinheiro. **2** [信用できる] Autêntico; seguro; digno de confiança. ★ *~ na súji* 確かな数字 O número fidedigno [certo]. *~ na (suji kara no) jōhō ni yoreba* 確かな (筋からの) 情報によれば Segundo informações seguras. *Ude wa ~ da* 腕は確かだ Ser 「um cozinheiro」 seguro; ter mão 「para」. **3** [正常] São; escorreito; bom (da cabeça). *Sonna koto o iu to wa ki wa ~ kai* そんなことを言うとは気は確かかい Que está a dizer? Mas você estará bom da cabeça? **4** [たぶん] Talvez; provavelmente. *Kare wa ima ~ Burajiru ni iru hazu da* 彼は今確かブラジルにいるはずだ Ele, se não me engano, está agora no B. S/同 Tábun.

tashikáméru 確かめる Confirmar; verificar; certificar-se 「da hora do avião」. ★ *Jūsho o ~* 住所を確かめる Confirmar [Verificar] o endereço.

tashí-máé 足し前 ⇨ Tashí.

tashínámeru 窘める Repreender 「o filho por falar mal do colega」. *Itazura o shita ko o ~* いたずらをした子を窘める a criança que fez uma travessura. S/同 Isáméru; shikárú.

tashinámí 嗜み **1** [心得] Os conhecimentos 「de música」; o gosto 「de vestir」. *O-cha no ~ ga aru* お茶の嗜みがある Ser conhecedor da arte do chá. **2** [慎み] A modéstia; o recato; a discrição. *~ o kaku* 嗜みを欠く Ter falta de ~. *Onna no ~* 女の嗜み A modéstia feminina.

tashínámu 嗜む **1** [好んで親しむ] Apreciar; gostar de. ★ *Sadō [Shiika] o ~* 茶道 [詩歌] を嗜む Apreciar a arte do chá [poesia]. *Sake [Tabako] o ~ 酒 [たばこ] を嗜む Gostar de beber [fumar]. **2** [慎む] Ser prudente [circunspe(c)to]. S/同 Tsutsúshímu; ~.

tashín-kyō 多神教 O politeísmo. A/反 Isshín-kyō.

táshi-seisei 多士済済 **[E.]** O grande número [Uma galeria] de pessoas de valor. *Wagakō no sotsugyōsei wa ~ da* わが校の卒業生は多士済済だ Entre os formados por esta escola [os nossos antigos alunos] conta-se um/a ~.

tashí-zan 足し算 A soma; a adição. ★ *~ o suru* 足し算をする Somar [Fazer uma ~]. A/反 Hiki-zan. ⇨ kaké-zan.

tashō¹ 多少 **1** [多いことと少ないこと・量] O número [A quantidade] (maior ou menor). *~ ni kakawarazu* 多少にかかわらず 「a entrega da mercadoria é grátis」 Independentemente da quantidade. **2** [少し] 「saber」 Um pouco [de inglês]; algo. *~ no kane nara yūzū shiyō* 多少の金なら融通しよう Se for pouco eu posso adiantar [entrar com algum] dinheiro. *~ shitte iru* 多少知っている Saber ~ [alguma coisa] 「de medicina」. S/同 Shōshō; sukóshi.

tashō² 他生 As existências anteriores. ここわざ *Sode fureau [suriau] mo ~ no en* 袖触れ合う [すり合う] も他生の縁 Até um roçar de mangas casual estava predestinado em ~.

tashóku 多色 「impresso a」 Várias cores. ⇨ tasái².

ta-shúmi 多趣味 Muitos interesses [gostos].

táshu-tayō 多種多様 Uma grande variedade [diversidade] 「de vinhos/rosas/pessoas」.

tasógáré 黄昏 O crepúsculo (Tb. da vida); o anoitecer. [S/同] Yūgátá (+).

tasséí 達成 O conseguir「a paz/realizar o seu sonho」; a realização [consecução/o cumprimento「dos nossos planos」]. ★ *Mokuteki* [*Mokuhyō*] *o* ～ *suru* 目的 [目標] を達成する Conseguir o obje(c)tivo [Alcançar a meta].

tasshá 達者 **1** [壮健] São; saudável; forte. ★ ～ *de kurasu* 達者で暮す Ter [Viver com] saúde. **2** [上手] Perito; forte [bom]「em matemática」. *Kare wa porutogarugo o* ～ *ni hanasu* [*porutogarugo ga* ～ *da*] 彼はポルトガル語を達者に話す [ポルトガル語が達者だ] Ele fala bem [domina (perfeitamente)] o p. [S/同] Jṓzú.

tasshí 達し (< tassúrú) O aviso [A notificacão] oficial; a ordem. ★ *Sono suji no o* ～ *ni yori* その筋のお達しにより Por ordem das autoridades competentes. [S/同] Fukókú; furé.

tassúrú 達する **1** [ゆきつく] Atingir; chegar「à perfeição/à idade madura」; alcançar. ★ *Higai ga hyaku-man-en ni* ～ 被害が 100 万円に達する Os danos [prejuízos] atingem um milhão de yens. *Kijun ni tasshinai* 基準に達しない Não atingir o nível (requerido). *Sekaiteki suijun ni* ～ 世界的水準に達する Atingir o nível mundial. *Shinzō ni* ～ *kizu* 心臓に達する傷 O ferimento que atinge o [chega ao] coração. **2** [しとげる] Conseguir; alcançar; realizar. ★ *Mokuteki o* ～ 目的を達する ～ o obje(c)tivo. [S/同] Tasséí súrú. **3** [告げ知らせる] Transmitir. ★ *Meirei o* ～ 命令を達する ～ ordens.

tasú 足す **1** [加える] Acrescentar [Pôr] o「dinheiro」que falta. ★ *Mizu o* ～ 水を足す Acrescentar a [Pôr mais] água. **2** [すませる] Fazer. *Yō o* ～ 用を足す ～ o serviço. **3** [足し算する] Somar; mais. ★ *Ichi* ～ *ni wa san* 1 足す 2 は 3 Um mais [e] dois são [é igual a] três.

tasū́ [úu] 多数 O grande número; a maioria「das aldeias tem escola」. ★ ～ *o shimeru* 多数を占める Dominar [Ter a ～]. ◇ **～ ha** 多数派 A facção maioritária. ⇨ **～ ketsu**. **Zettai** [**Tanjun**] **～** 絶対 [単純] 多数 A ～ absoluta (Mais de dois terços) [simples]. [A/反] Shṓsū́.

tasúkáru 助かる (⇨ tasúkéru) **1** [危険や死をまぬかれる] Salvar-se do perigo [da morte]. ★ *Byōnin ga* ～ 病人が助かる O doente salvar-se. *Inochi ga* ～ 命が助かる Salvar-se [Escapar à morte/Não morrer]. **2** [ありがたい] Ser de grande ajuda; fazer jeito「um dicionário」; calhar bem; poupar「o dinheiro do hotel ficando na casa do amigo」. *Kotoshi no fuyu wa atatakai no de tasukatta* 今年の冬は暖かいので助かった Calhou bem o inverno deste ano ter sido suave [pouco frio].

tasúké 助 [扶] け (< tasúkéru) A ajuda; o auxílio; o socorro. ★ ～ *ni iku* 助けに行く Ir ajudar [socorrer]. ～ *o kariru* [*kou*] 助けを借りる[請う] Receber [Pedir] ajuda. *Benkyō* [*Shigoto*] *no* ～ *ni naru* 勉強 [仕事] の助けになる Ser uma ～ para o estudo [trabalho].

tasúké-áí 助け合い (< tasúké-áu) A ajuda mútua; a colaboração.

tasúké-áu 助け合う (< tasúkéru + …) Ajudarem-se uns aos outros; colaborar.

tasúké-búne 助け船 (< tasúkéru + fúne) **1** [救助船] O barco salva-vidas [de socorro]. **2** [助力] O auxílio; o socorro. ★ ～ *o dasu* 助け船を出す Correr [Ir] em ～ de alguém.

tasúké-dásu 助け出す (< tasúkéru + …) Salvar do perigo; tirar da dificuldade.

tasúkéru 助ける (⇨ tasúkáru) **1** [救助する] Socorrer; salvar. *Inochi bakari wa o-tasuke kudasai* 命ばかりはお助け下さい Poupe-me ao [pelo] menos a vida, por favor [Não me deixe morrer]! *Tasukete (kure)* 助けて (くれ) Socorro! ★ *Inochi o* ～ 命を助ける Salvar (a vida de) alguém. **2** [手伝う] Ajudar; colaborar. ★ *Chichi no shigoto o* ～ 父の仕事を助ける Ajudar o pai「nos negócios」. *Shōka o* ～ 消化を助ける Ajudar (a fazer) a digestão.

tasū́-ketsu [úu] 多数決 A decisão por maioria (de votos). ★ ～ *de kimeru* 多数決で決める Decidir por maioria. ⇨ tasū́.

tasúkí 襷 A tira de pano para prender as mangas do quimono. ★ ～ *o kakeru* 襷を掛ける Prender as mangas com uma tira de pano.

táta 多多【E.】Muito; muitos. ★ ～ *aru* 多々ある Há muitos [vários/diversos]「exemplos disso」. [I/慣用] ～ *masumasu benzu* [(*Ookereba*) *ooi hodo ii*] 多々益々弁ず [多ければ多いほどいい] Quanto mais melhor. [S/同] Takúsán. ⇨ tasū́.

tatáérú[1] 称 [賛] える Elogiar; louvar「Deus/o Senhor」. ★ *Kare no gyōseki o* ～ 彼の業績をたたえる ～ a obra dele. [S/同] Homéru.

tatáérú[2] 湛える Estar cheio;「o tanque」estar a transbordar. ★ *Manmen ni emi* [*yorokobi*] *o* ～ 満面に笑み [喜び] を湛える Estar todo sorridente [alegre]. *Mizu o tataeta oke* 水を湛えた桶 A tina cheia [a transbordar] de água.

tatákái 戦い (< tatákáú) A guerra;「a vida é」uma luta; o combate; a batalha「de Sekigahara」. ★ ～ *ni katsu* 戦いに勝つ Ganhar a batalha. ～ *o idomu* 戦いを挑む Desafiar [Dar guerra ao] o inimigo. [S/同] Seńsṓ; seńtṓ.

tatákái-núku 戦い抜く (< tatákáú + …) Lutar até (a)o fim.

tatákáú[1] 戦う **1** [戦争する] Lutar; combater. ★ *Shinryakusha to* ～ 侵略者と戦う ～ contra os invasores. *Henken* [*Hinkon*; *Samusa*] *to* ～ 偏見 [貧困; 寒さ] と戦う Lutar contra os preconceitos [a pobreza; o frio]. **2** [試合する] Competir; disputar. ★ *Yūshō o kakete* ～ 優勝をかけて戦う Disputar a vitória [o campeonato]. **3** [打ち勝とうと努力する] Esforçar-se「por ser bom」; lutar「pela justiça」.

tatákáú[2] 闘う Haver luta「entres as partes」. ★ *Byōki to* ～ 病気と闘う Lutar contra a doença.

tatákáwású 闘わす (< tatákáú[2]) Fazer [Pôr a] lutar (pessoas ou animais). ★ *Giron o* ～ 議論を闘わす Argumentar [Discutir]; debater; ter uma discussão「sobre ecologia」.

tatákí 叩 [敲] き (< tatáku) **1** [たたくこと・人] **a)** O bater; a vergastada [paulada]; **b)** O tocar. ◇ **Taiko ～** 太鼓叩き O tocar [tocador de] tambor. **2** [料理] O bater com as costas da faca para cozinhar. ★ *Aji no* ～ 鯵の叩き A cavala batida [picada]. **3** [土間 (三和土)] O piso de terra batida.

tatákí-ágéru 叩き上げる (< tatáku + …) Subir do zero. *Kono kaisha no shachō wa ten'in kara tataki-ageta hito da* この会社の社長は店員から叩きあげた人だ O presidente desta companhia começou como (um) simples empregado de balcão.

tatákí-dáí 叩き台 (< tatáku + …) **a)** O bloco de pedra [madeira; metal] sobre o qual se bate ou trabalha; **b)** A base do [para o] debate. ★ *Giron*

no ~ to suru 議論の叩き台とする Tomar「esta proposta」como base.
tatakí-dásu 叩き出す (< tatakú + ···) Afugentar; deitar para fora「de casa o gato」.
tatakí-kíru 叩き切る (< tatakú + ···) Cortar à paulada「os ramos secos da árvore」.
tatakí-kómu 叩き込む (< tatakú + ···) **1**［入れる］Martelar「um prego」; meter com força. ★ *Keimusho [Rōya] e ~* 刑務所［牢屋］へ叩き込む Meter na cadeia. **2**［教え込む］Martelar「uma ideia」; ensinar à força [com insistência]. *Kono koto wa atama ni tataki-konde oke* このことは頭に叩き込んでおけ Meta la bem isto na cachimónia (G.) [cabeça].
tatakí-náosu 叩き直す (< tatakú + ···) Corrigir; endireitar「um prego à martelada」.
tatakí-nómesu 叩きのめす (< tatakú + ···) Derrubar; dar uma sova「ao ladrão」. *Kenka no aite no* ~ けんかの相手を叩きのめす Derrubar o adversário.
tatakí-okósu 叩き起こす (< tatakú + ···) Obrigar a acordar. ★ *Denwa no beru de tataki-okosareru* 電話のベルで叩き起こされる Ser despertado com o ruído do telefone.
tatakí-tsúkeru 叩き付ける (< tatakú + ···) **1**［強く投げつける］Atirar「o copo」com força「ao chão」. **2**［差し出す］Atirar. ★ *Jihyō o ~* 辞表を叩き付ける「ao chefe」o pedido de demissão.
tatakí-úri 叩き売り (< tatakú + urú) A venda com desconto [prejuízo].
tatáku 叩［敲］く ［打つ］Bater. ★ *Ame ga yane o ~* 雨が屋根を叩く A chuva está a ~ no telhado. *Mon [To] o ~* 門［戸］を叩く Bater ao portão [à porta]. *Taipuraitā o ~* タイプライターを叩く Bater [Escrever] à máquina. **2**［細かく切る］Triturar; picar. ★ *Aji o ~* 鯵を叩く ~ a cavala (⇨ tatákí). **3**［うちならす］Bater; tocar「o bombo」. ★ *Te o ~* 手を叩く Bater palmas (⇨ hákushu). **4**［打診する］Sondar. ★ *(Hito) no iken o ~* (人)の意見を叩く ~ a opinião「do chefe」. **5**［値切る］Regatear (o preço). ★ *Yasuku kai ~* 安く買い叩く ~ e comprar barato. **6**［しゃべる］**a)** Falar; **b)** Retorquir [Responder]; atacar「na imprensa」. ★ *Kageguchi o ~* 陰口を叩く Falar mal de alguém por trás [na sua ausência]. ［Ｉ/慣用］*Tatakeba hokori ga deru* 叩けば埃が出る Ele tem muito que esconder/Se falar sai lixo. **7**［非難する］Criticar; censurar. *Nihon no bōeki kuroji o ~* 日本の貿易黒字を叩く ~ o saldo positivo na balança comercial do J.

tatámí 畳 (< tatámú) A esteira-prancha de palha (de arroz) coberta com revestimento de junco e que constitui o soalho típico da casa japonesa. ★ *~ no ue de shinu* 畳の上で死ぬ Morrer na cama [Ter morte natural]. ［Ｉ/慣用］*~ no ue no suiren* 畳の上の水練 Um método de aprendizagem [Uma teoria] que não dá resultado. ◇ ~ **omote** 畳表 A parte de cima do ~. ⇨ -jō.

tatámí- 畳み- (< tatámú) ⇨ orí-tatámí.

tatámí-kákérú 畳み掛ける (< tatámú + ···) Instar; insistir; não dar tréguas ao interlocutor.

tatámí-kómu 畳み込む (< tatámú + ···) **1**［おりたたむ］Dobrar (para dentro);「a águia」recolher「as asas」. **2**［心の中にしまう］Guardar bem no íntimo. ★ *Banji mune ni ~* 万事胸に畳み込む Guardar tudo no íntimo「como preciosa lição」.

tatámú 畳む **1**［紙・布などを小さく切る］Dobrar. ★ *Futon o ~* ふとんを畳む ~ o acolchoado.

2［組み立てた物を小さくまとめる］Dobrar; fechar; desmontar「a barraca」. ★ *Kasa o ~* 傘を畳む Fechar o guarda-chuva. ★ ~ *no a(c)tividades*. ★ *Mise o ~* 店を畳む Encerrar [Deixar] o negócio; fechar a tenda (G.).

tatán 多端［Ｅ.］**1**［多事］Muitas coisas. ★ *Shuppi ~ no tame [ori kara]* 出費多端のため［折から］Como temos muitas despesas···. ［Ｓ/周］Táji. **2**［多忙］Atarefado. ★ *Kōmu ~ de aru* 公務多端である Estar ~ [sobrecarregado/muito ocupado] com assuntos oficiais.

tátari 祟り (< tatáru) A maldição; o castigo; a paga. *Ato no ~ ga osoroshii* あとの祟りが恐ろしい Espere pela paga [Olhe que o castigo vai ser terrível]! ★ ~ *o ukeru* 祟りを受ける Receber o castigo. ⇨ mukúi; kawáyái.

tatáru 祟る Amaldiçoar; castigar; receber a paga (do mal que fez). *Kare wa izen muri o shita no ga tatatte shinda* 彼は以前無理をしたのが祟って死んだ Ele morreu por [em consequência de] ter abusado da saúde/trabalhado demais. ★ *Onryo ga ~* 怨霊が祟る Ser [Andar] perseguido por alma penada.

tatáséru 立［起］たせる (< tátsu) **a)** Fazer alguém levantar-se「por respeito」; **b)** Ajudar「o menino」a levantar-se [Pôr de pé]. ★ *Seito o rōka ni ~* 生徒を廊下に立たせる Obrigar o aluno a ficar de pé no corredor.

tatázúmáí 佇まい［Ｅ.］A vista; o aspecto; a figura. ★ *Sanson no ~* 山村の佇まい ~ da pequena aldeia perdida nas montanhas. ◇ arí-sama.

tatázúmu 佇む［Ｅ.］Ficar parado, em pé「a contemplar a paisagem」. *Yūhi no oka ni hitori ~* 夕陽の丘に一人佇む ~ na colina ao sol poente.

tátchi タッチ (< Ing. touch) **1**［さわる事］O toque; o conta(c)to. ★ ~ *suru* タッチする Tocar. ◇ furérú[?]; sawarú. ◇ ~ **auto** タッチアウト［Beis.］O tocar com a bola no adversário pondo-o fora de jogo. ［Ｓ/周］Sesshókú. **2**［関係する事］Ter relação「com o assunto」. ★ ~ *suru* タッチする「não」Ter relação「com o assunto」. ［Ｓ/周］Kańkéí; kán'yo. **3**［絵画・文章などの筆づかい］O toque; a mão; o traço. ★ *Keimyō na ~ de egaku* 軽妙なタッチで描く Pintar com mão leve (de artista). ◇ fudé-zúkai. **4**［ピアノやタイプライターの］O bater [tocar] a tecla「do piano」. **5**［手触り］O ta(c)to. ★ *Yawarakai ~ no nuno* 柔らかいタッチの布 O tecido macio (ao tacto). **6**［感じ］O tom; a sensação. ★ *Komedī ~ no eiga* コメディータッチの映画 O filme com um toque có[ô]mico.

táte[1] 縦・竪・経 **a)** O comprimento; a altura; a (linha)vertical [perpendicular]; **b)** (Qualquer coisa posta) ao alto (⇨ taté-fuda; taté-gótó; taté-kánban). ★ ~ *ga go me toru aru* 縦が5メートルある Ter cinco metros de comprimento [altura]. ★ ~ *ni kaku* 縦に書く Escrever perpendicularmente [verticalmente]「como na China」(⇨ taté-gákí). ★ ~ *yoko takasa* 縦横高さ O comprimento, a largura e a altura. *Kubi o ~ ni furu* 首を縦にふる Concordar [Dizer que sim com a cabeça]. *Yoko no mono o ~ ni mo shinai* 横の物を縦にもしない Ser muito preguiçoso [Não mexer uma palha]. ［Ａ/反］Yokó.

táte[2] 盾・楯 O escudo; a prote(c)ção. ★ ~ *ni suru* 盾にする Usar「o cobertor」como escudo. *Hōritsu o ~ ni totte* 法律を盾にとって Escudando [Baseando]-se na lei. ［Ｐ/ことわざ］~ *no hanmen shika minai* 盾の半面しか見ない Não ver mais que o seu ponto de vista [um lado do problema]. ◇ **~ za** 盾座 O sagitário. **Ushirodate** 後ろ盾 **a**) O apoio por trás; **b**) Um prote(c)tor/guarda-costas.

táte[3] 殺陣【Cine./Te.】A luta com espadas. [S/同] Tachí-máwárí.

-tate[4] たて (< tatéru[1]) Recém-; recente; fresco. ★ *Deki ~ no pan* 出来たてのパン O pão recém-cozido [mesmo saído do forno]. *Kekkon shi ~ no fufu* 結婚したての夫婦 Os recém-casados. *Penki nuri ~ no benchi* ペンキ塗りたてのベンチ O banco com tinta fresca [pintado de fresco].

taté-áná 竪穴 A caverna. ◇ **~ shiki jūkyo** 竪穴式住居【Pal.】O abrigo [A habitação] em ~s.

taté-fuda 立て札 (< tatéru + …) A tabuleta.

taté-gákí 縦書き (< … [1] + káku[2]) A escrita vertical. ★ *~ ni suru* 縦書きにする Escrever verticalmente「de cima para baixo e da direita para a esquerda」. [A/反] Yokó-gákí.

tatégámí 鬣 A crina「de cavalo」; a juba「de leão」.

taté-goto 竪琴 (< … [1] + kóto) A harpa; a lira. [S/同] Hā́pu (+).

tatégu 建具 As portas corrediças e janelas de uma casa. ⇨ fusúmá; shṓjí[1].

taté-hiza 立て膝 (< tatéru + …) O joelho erguido. ★ *~ o suru* 立て膝をする Sentar-se (no tatámí) com um ~ [com os ~s].

taté-ítá 立て板 A tábua em pé. [I/慣用] *~ ni mizu o nagasu yō ni shaberu* 立て板に水を流すようにしゃべる Falar pelos cotovelos [muito depressa].

taté-ító 縦[経]糸 O urdume; a urdidura. [A/反] Yokó-ító.

taté-jíkú 縦軸 O eixo vertical「de coordenadas」; a (linha) vertical「de um gráfico」.

taté-jímá 縦縞 (< … [1] + shimá) As listras verticais「do tecido」. [A/反] Yokó-jímá.

taté-káé[1] 立て替え (< taté-káéru[1]) O adiantar dinheiro a alguém.

taté-káé[2] 建て替え (< taté-káéru[2]) A reconstrução. ★ *Ie no ~* 家の建て替え ~ da casa.

taté-káéru[1] 立て替える (< tatéru[1] + …) Adiantar dinheiro a outrem. *Kare ni ryohi o tatekaete moratta* 彼に旅費を立て替えてもらった Ele adiantou-me o dinheiro da viagem (e eu depois devolvo-lho).

taté-káéru[2] 建て替える (< tatéru[2] + …) Reconstruir「a casa」; reedificar.

taté-kákérú 立て掛ける (< tatéru[1] + …) Encostar; apoiar. ★ *Hashigo o kabe ni ~* はしごを壁に立て掛ける ~ a escada à parede.

taté-kánban 立て看板 (< tatéru[1] + …) A tabuleta (grande). ⇨ taté-fuda.

taté-kṓ 竪坑 O poço de mina (De ventilação).

taté-kómóru 立て籠る Fechar-se「dentro do banco com os reféns」. ★ *Heya ni ~* 部屋に立て籠る ~ [Encerrar-se] no seu quarto. ⇨ rṓjṓ.

taté-kómú 立て込む (< tatéru[1] + …) **1** [人などが] Estar cheio; ficar abarrotado. *Ano mise wa itsumo kyaku ga tatekonde [(kyaku de) konde] iru* あの店はいつも客が立て込んで[(客で)込んで]いる Aquela loja está sempre cheia de gente. **2** [仕事などが] Ter muito. *Ima wa isogi no shigoto ga tatekonde iru* 今は急ぎの仕事が立て込んでいる Agora tenho [estou ocupado com] muitos serviços urgentes.

tatémáe 建て前 **1** [棟上げ] A colocação do esqueleto [vigamento] de uma casa ou a cerimó[ô]nia que costuma acompanhá-la. [S/同] Muné-ágé. **2** [方針] O princípio; a política oficial; por fora. ~ *to honne wa shibashiba itchi shinai* 建て前と本音はしばしば一致しない Às vezes as pessoas dizem uma coisa e fazem outra [as pessoas são uma coisa por fora e outra por dentro]. [S/同] Hṓshín (+); shúgi (+).

taté-máshí 建て増し (< tatéru[2] + masú) A ampliação de um prédio; o acrescentar um「quarto」anexo. ★ *~ suru* 建て増しする Ampliar/Aumentar um prédio [Fazer a ~]. [S/同] Zṓchíkú.

tatémátsúru 奉る **1** [献上する] Oferecer「a Deus」. [S/同] Keńjṓ súrú (+); sashíágérú (o). **2** [あがめる] **a**) Respeitar; reverenciar; venerar; adorar. ★ *Murabito kara tatematsurarete iru sonchō* 村人から奉られている村長 O chefe da aldeia adorado por todos (os aldeões). **b**) Pôr no nicho; dar um posto importante a alguém para lhe tirar a força. [S/同] Agáméru; matsúrí-ágéru.

tatémono 建物 O prédio; o edifício; a construção. [S/同] Bírudingu; keńchíkú-butsu.

taté-músubi 縦結び O nó vertical.

taté-náósú[1] 立て直す (< tatéru[1] + …) Endireitar「o poste」; reorganizar「a equipa」; recuperar; restabelecer; refazer. ★ *Seikatsu o ~* 生活を立て直す Recomeçar a vida (de outra maneira).

taté-náósú[2] 建て直す (< tatéru[2] + …) Reconstruir; reedificar. [S/同] Kaíchíkú súrú; saíkéń súrú.

taté-ne 建て値 A cotação; o preço de mercado.

tatéru[1] 立てる (⇨ tátsu[1]) **1** [物を一定の場所に縦にする] Levantar「um poste」; erigir「uma estátua」; colocar [pôr] de pé. ★ *Hata o ~* 旗を立てる Hastear a bandeira. *Kōto no eri o ~* コートの襟を立てる Levantar a gola do sobretudo. ⇨ okósu[1]. **2** [空中に高く上げる] Levantar. ★ *Sunabokori o ~* 砂埃を立てる ~ poeira. **3** [ある現象・作用がおこるようにする] Provocar; causar; fazer「vapor/ruído」. ★ *Hara o ~* 腹を立てる Zangar-se. *Uwasa o ~* 噂を立てる Espalhar rumores. *Waraigoe o ~* 笑い声を立てる Dar gargalhadas. **4** [物事を成り立たせる] Realizar; cumprir; apoiar. *Achira o tatereba kochira ga tatanai* あちらを立てればこちらが立たない Se apoiar aquele não posso apoiar este [Não posso contentar os dois ao mesmo tempo]. ★ *Kao o ~* 顔を立てる Salvar a face [honra]. *Kurashi o ~* 暮らしを立てる Ganhar a vida. **5** [作る] Fazer. ★ *Chikai o ~* 誓いを立てる ~ um juramento. *Keikaku o ~* 計画を立てる ~ um plano. ⇨ tsukúru. **6** [尊敬する] Respeitar. ★ *Kachō to ~* 家長と立てる ~ como chefe de família. [S/同] Sońkéí súrú (+). **7** [閉める] Fechar. ★ *To o ~* 戸を立てる ~ a porta〔*Hito no kuchi ni to wa taterarenai* 人の口に戸は立てられない Há-de haver sempre quem fale [murmure]〕. [S/同] Shiméru (+). **8** [人をある位置につける] Colocar; apresentar; escolher. ★ *Daisansha o aida ni ~* 第三者を間に立てる Colocar um terceiro no meio [Escolher um intermediário]. *Shisha o ~* 使者を立てる Enviar um mensageiro [emissário]. **9** [鋭くする] Afiar. ★ *Nokogiri no ha o ~* のこぎりの歯を立てる ~ o serrote.

tatéru[2] 建てる Construir. *Kono machi ni wa nikaiya wa taterarenai* この街には二階家は建てられない Nesta rua não é permitido construir sobrados [casas de um andar]. [S/同] Keńchíkú súrú; keńzṓ súrú.

taté-tsubo 建坪 (< tatéru[2] + …) A área construída.

taté-tsúké 建て付け (⇨ tatégu) A montagem de

portas, janelas, "fusuma", etc. *Kono to wa ～ ga yoi* この戸は建て付けがよい Esta porta está bem montada.

taté-tsúku 盾［楯］突く Opor-se「a」; contrariar; responder「a」. ★ *Uwayaku ni ～* 上役に盾突く Responder ao superior. [S/同] Hamúkáu; hańkṓ súrú (o); kuchígótáé súrú (+).

taté-tsúzúké 立て続け A sucessão; a continuação. ★ ～ *ni* 立て続けに Sucessivamente; consecutivamente;「trabalhar」ininterruptamente. [S/同] Reńzókú (+); tsuzúké-zámá.

taté-úrí 建て売り (< tatéru + urú) O construir e [para] vender. ◇ **～ jūtaku** 建て売り住宅 A casa para venda.

taté-yákú[-yákusha] 立て役［役者］ **a**) O a(c)tor principal; o protagonista; **b**) A figura central; uma pessoa de peso「na economia」. *Kare ga waga chīmu no ～ da* 彼が我がチームの立て役者だ Ele é o ás da nossa equipe/a. ⇨ chūshíń ◇; shujínkō.

taté-yúré 縦揺れ O abalo vertical [para cima e para baixo] (do terramoto); a arfagem [arfadura] (Movimento longitudinal de avião, barco, trem/comboio). [A/反] Yokó-yúré.

Taté-zá 楯座 ⇨ táte[2]

tatóe[1] 例［譬・喩］え **a**) A alegoria; a parábola「do Evangelho」; **b**)「como diz」O provérbio; **c**) O exemplo. ★ ～ *o hiku* [*tsukau*] たとえを引く［使う］Exemplificar; dar [usar] um exemplo; falar em parábolas. [S/同] Gūwá; híyu; réi; tatóé-bánashi.

tatóé[2] 仮［縦］令 Mesmo que; ainda que. ～ *kubi ni natte mo shinjitsu o iu tsumori da* たとえ首になっても真実を言うつもりだ ～ perca o emprego vou dizer a verdade [o que penso]. [S/同] Mán'ichi.

tatóeba 例えば (Forma condicional – "ba" – de tatoeru) Por exemplo. *Romansugo, ～ furansugo, porutogarugo nado wa ratengo ni minamoto o hasshite iru* ロマンス語, 例えばフランス語, ポルトガル語などはラテン語に源を発している As línguas românicas, ～, o francês, o p., vêm do latim.

tatóé-bánashi 例［譬・喩］え話 A parábola; uma história. [S/同] Gūwá; híyu; réi; tatóe (+).

tatóéru 例［譬・喩］える Comparar; assemelhar. *Jinsei wa tabi ni tatoerareru* 人生は旅に譬えられる A vida pode-se comparar a uma viagem. ★ *Tatoete iu to* 例えて言うと Em sentido figurado [Metaforicamente falando]「"a montanha a arder" significa as folhas rubras das árvores no outono」. *Tatoe-yō mo nai* 例えようもない「a beleza」Incomparável「das cataratas de Iguaçu」.

tā̆tórú-nékku [aá] タートルネック (< Ing. turtleneck) A gola alta. ★ ～ *no sētā* タートルネックのセーター O pulôver de ～.

tátsu[1] 立つ (⇨ tatéru[1]) **1** [人が立ち上がる] Levantar-se; pôr-se de pé. *Tsukarete mō kore ijō tatte irarenai* 疲れてもうこれ以上立っていられない Estou tão cansado que não consigo ficar [estar] mais tempo de pé. *Tate* 立て Levante-se! ★ *Kyōdan ni ～* 教壇に立つ Dar aulas; lec(c)ionar. *Naka ni ～* 中に立つ Servir de intermediário [Pôr-se de permeio]. *Shōnin ni ～* 証人に立つ Servir [Ir] de testemunha. [P/ことわざ] *Haeba tate, tateba ayume no oyagokoro* はえば立て, 立てば歩めの親心 Os pais são assim: se o filho já gatinha querem que se tenha em pé, se já se tem em pé querem que ande. *Tateba shakuyaku suwareba botan aruku sugata wa yuri no hana* 立てば芍薬座れば牡丹歩く姿は百合の花 A mulher sempre bela: de pé, sentada, a andar. [S/同] Kirítsú súrú; tachíágáru.
2 [物が一定の場所に縦になっている] Estar. ★ *Aosuji no tatta kao* 青筋の立った顔 A cara com as veias salientes. *Shimobashira no tatta niwa* 霜柱の立った庭 A terra do quintal com códão [codeão/sincelo/geada].
3 [出発する] Partir. ★ *Burajiru e ～* ブラジルへ立つ ～ para o B. *Seki o ～* 席を立つ Lavantar-se [Sair da sala]. [S/同] Hanáréru; shuppátsú súrú. [A/反] Tṓchákú súrú; tsúku.
4 [空中に高く上がる] Levantar-se. ★ *Hokori ga ～* 埃が立つ ～ [Fazer] pó. *Kemuri ga ～* 煙が立つ ～ [Fazer] fumo. ⇨ tachínóbórú.
5 [奮起する] Levantar-se [Erguer-se] para agir. ～ *beki toki ga kita* 立つべき時が来た Chegou o momento de nos levantar-mos「contra esta injustiça」. [S/同] Fúnki suru. **6** [ある現象・作用が起こる] Levantar-se. ★ *Akushū ga tatte iru dobu* 悪臭が立っているどぶ O fosso [A vala] que exala [deita] mau cheiro. *Hara ga ～* 腹が立つ Ficar zangado; sentir revolta. *Kaze* [*Kiri*] *ga ～* 風［霧］が立つ Ventar [～ um nevoeiro]. *Ki* [*Shinkei*] *ga tatte iru* 気［神経］が立っている Estar tenso [com os nervos à flor da pele]. *Nami ga ～* 波が立つ Levantarem-se [Haver] ondas. *Uwasa* [*Hyōban*] *ga ～* 噂［評判］が立つ Espalhar-se o rumor [a fama]. ⇨ okóru[2]; shṓjíru. **7** [物事が成り立つ]「a loja」Manter-se; cumprir; realizar-se. *Kore de giri ga ～* これで義理が立つ Assim [Com isto] já fica cumprido o meu dever de gratidão. ★ *Dōri* [*Rikutsu*] *ga ～* 道理［理屈］が立つ Fazer sentido [Ter lógica]. *Kao ga ～* 顔が立つ ⇨ kaó. *Kurashi ga ～* 暮らしが立つ Poder [Dar para] viver. *Menmoku ga ～* 面目が立つ ⇨ meńmókú. *Otoko ga ～* 男が立つ Ser homem. *Yaku ni ～* 役に立つ Ser útil. [S/同] Narí-tátsu. **8** [決まる] Fixar-se; decidir-se. ★ *Yotei* [*Keikaku*] *ga ～* 予定［計画］が立つ ～ o plano [o proje(c)to]. **9** [よくできる] Saber fazer bem. ★ *Fude ga ～* 筆が立つ Escrever bem. *Ude no ～ shokunin* 腕の立つ職人 O artesão habilidoso.

tátsu[2] 建つ (⇨ tatéru[2]) Ser construído. *Eki no shūhen ni wa ie ga dondon tatte iru* 駅の周辺には家がどんどん建っている Perto da estação vêem [constroem]-se cada vez mais casas.

tátsu[3] 経つ Decorrer; passar. *Ano fūfu wa kekkon shite ichi-nen to tatanai uchi ni rikon shita* あの夫婦は結婚して一年と経たないうちに離婚した Aquele casal divorciou-se antes de ～ [fazer] um ano de casados. ★ *Sore kara futsu-ka tatte* それから2日経って Dois dias depois (disso). *Toki no ～ no o wasureru* 時の経つのを忘れる Não sentir passar o tempo [as horas]. [S/同] Sugíru.

tátsu[4] 断つ **1** [物断ちする] Abster-se. ★ *Sake o ～* 酒を断つ ～ de bebidas alcólicas [Deixar de beber]. [S/同] Yamérú. **2** [さえぎる] Interceptar; barrar; cortar. ★ *Tairo o ～* 退路を断つ ～ a retirada「ao inimigo」.

tátsu[5] 絶つ **1** [断絶する] Romper; cortar; interromper. ★ *Renraku o ～* 連絡を絶つ Cortar a ligação [comunicação]. [S/同] Dańzétsú súrú; shadáń súrú. **2** [根絶する] Exterminar; extirpar; erradicar; acabar「com」. ★ *Aku no ne o ～* 悪の根を絶つ ～ o mal. [S/同] Końzétsú súrú.

tátsu[6] 裁つ Cortar (fazenda/pano/tecido). *Hosoku*

T

[Futatsu ni] ~ 細く[二つに] 裁つ Cortar fino [em dois]. ⟦S/周⟧ Saídáń súrú; setsudáń súrú.

tátsui 達意 A clareza. ★ ~ *no bun o kaku* 達意の文を書く Escrever com clareza [Ter um estilo claro/cristalino/transparente].

tatsújiń 達人 **1** [技芸に熟達した人] O perito「em educação」; o mestre「em karate」; o entendido「em cozinha」. ★ *Dōji-tsūyaku no* ~ 同時通訳の達人 Um profissional [especialista] em tradução simultânea. **2** [人生を達観した人] O sábio; o filósofo.

tatsú-nó-ótóshí-go 竜の落とし子【Zool.】O cavalo-marinho; o hipocampo.

tátsuse 立つ瀬 A posição; um lugar「para mim」. *Sore de wa watashi no* ~ *ga nai* それでは私の立つ瀬がない Dessa maneira está a colocar-me numa ~ difícil [Sendo assim, que (é que) eu tenho a fazer?]. ⟦S/周⟧ Táchiba (+).

tattá たった Somente; só; apenas. ~ *itten no sa de shiai ni maketa* たった一点の差で試合に負けた Perdemos ~ por (uma diferença de) um ponto. ⟦S/周⟧ Hoń-nó; wázuka.

tattá íma たった今 **1** [ほんの少し前] Neste instante [momento]; mesmo agora. ~ *kare wa dekaketa tokoro desu* たった今彼は出掛けたところです Ele acabou (mesmo) de sair ~. ⟦S/周⟧ Imáshígáta. **2** [すぐさま] Já; imediatamente. ~ *kaere* たった今帰れ Vá (-se) embora, já! ⟦S/周⟧ Súgu ni; súgusama.

tátte¹ たって Insistentemente; à força. *Iya nara* ~ *to wa iimasen* いやならたってとは言いません Se não quer, não vou insistir. ★ ~ *no negai* たっての願い O pedido insistente. ⟦S/周⟧ Shíte; zéhitomo (+).

-tátte² たって Mesmo que; ainda que. *Ima sara ittatte maniawanai* 今さら行ったって間に合わない vá, não vai chegar a tempo [Não adianta ir].

tattóbu 貴[尊・尚]ぶ ⇨ tótóbu.

tattói 貴い ⇨ tótói.

tá-u 多雨 Muita chuva.

ta-ué 田植え O plantio do arroz. ★ *o suru* 田植えをする Plantar arroz. ◇ ~ **doki** 田植え時 A época do ~.

táurin タウリン (< L. taurus: touro) A taurina (Substância existente na bílis [bile] do boi e que é usada para baixar o colesterol).

tawágóto 戯[譫]言 A bobagem; a asneira; o disparate. ★ ~ *o iu* 戯言を言う Dizer disparates. ⟦S/周⟧ Mōgen.

tawái(mó)nái たわい(も)ない **1** [容易な] Fácil「de enganar」. Kańtáń ná (+); yóí ná (+). **2** [取るに足らない]「pessoa」Insignificante;「conversa」trivial [superficial]. ★ ~ *giron* たわいない議論 A discussão trivial. ⟦S/周⟧ Tóru-ni-taranai (+). **3** [無心な] Inocente; infantil; simples. ★ ~ *jōdan* たわいない冗談 A brincadeira inocente. ⟦S/周⟧ Mújaki na; mushíń ná. **4** [正体なく] Perdido; descontrolado.

tawáké-mónó 戯け者 (< tawákéru)【G.】O bobo; o estúpido.

tawákéru 戯ける ⇨ fuzákéru; tawámúréru.

tawáméru 撓める Curvar; vergar. ★ *Take o* ~ 竹を撓める ~ o bambu. ◇ magéru.

tawámu 撓む Curvar-se; dobrar-se. ★ *Suzunari no kaki no tawande iru eda* 鈴なりの柿で撓んでいる枝 Os ramos do diospireiro [caquizeiro] todos dobrados, carregadinhos de frutos. ⟦S/周⟧ Shináu.

tawámúré 戯れ (< tawámúréru) **a)** A brincadeira; **b)** A graça [piada]; **c)** O namorico. ★ ~ *ni* 戯れに Por brincadeira. ⇨ asóbí; fuzáké; jódáń¹.

tawámúréru 戯れる Brincar; gracejar. ★ *Onna ni* ~ 女に戯れる Dirigir gracejos a uma mulher. ⇨ asóbú; fuzákéru; ichátsúkú.

tawárá 俵 O saco (feito) de palha (de arroz). ◇ **Kome-dawara** 米俵 Um saco (cheio) de arroz.

tawáshí 束子 A escova para esfregar [lavar]「a loiça」.

tawáwá-ní 撓わに (⇨ tawámu) Dobrado com o peso. *Ano ringo no ki wa eda mo* ~ *mi ga natte iru* あのりんごの木は枝も撓わに実がなっている Os ramos [galhos] daquela macieira estão todos dobrados com tanta maçã.

tayásu 絶やす (⇨ tátsu⁵) **1** [滅す] Exterminar「as moscas」; extirpar「o mal pela [de]raiz」. ★ *Ie o* ~ 家を絶やす Exterminar a família (do "tono" vencido」. ⟦S/周⟧ Horóbósu. **2** [切らす] Deixar acabar [esgotar/morrer「o lume」]. ★ *Sake o* ~ 酒を絶やす ~ o a reserva de] vinho. ⟦S/周⟧ Kirásu.

tayásui たやすい Fácil; simples; leve. ★ ~ *shigoto* たやすい仕事 O trabalho leve. *Tayasuku mitsukaru* たやすく見つかる Encontrar facilmente「uma casa barata」. ⟦S/周⟧ Kańtáń ná (+); yasáshíí (+).

tayō¹ 多用 **a)** ⇨ tabō; táji; **b)** O usar muito「palavras difíceis」.

tayō² 多様 A diversidade; a variedade「de publicações」; a multiplicidade「de canais de TV」. ★ ~ *na* 多様な Diverso; vários「significados」; múltiplos「interesses」. ◇ ~ **ka** 多様化 A diversificação「das a(c)tividades」. ~ **sei** 多様性 A diversidade. **Tashu** ~ 多種多様「pessoas」Das mais variadas espécies (e feitios).

⟦S/周⟧ Iróíró (o); samázama (+). ⟦A/反⟧ Ichíyō̂.

táyori 便り A notícia; a novidade; a carta. ★ ~ *o suru* 便りをする Mandar [Dar] notícias; escrever. ⟦P/ことわざ⟧ ~ *ga [no] nai no wa yoi* ~ 便りが[の]ないのはよい便り O não haver [ter] notícias é boa notícia [bom sinal]. ⟦S/周⟧ Shōsókú; tegámí (+). ⇨ jōhō¹; shirásé.

táyori² 頼り A confiança; a dependência. *Kare wa* ~ *ni naru* 彼は頼りになる Ele é (dingo) de confiança/Pode contar com ele [confiar nele]. ★ ~ *ni suru* 頼りにする Contar com「os filhos」; depender de「toda a gente」. *Chizu* [*Tsue*] *o* ~ *ni aruku* 地図[杖]を頼りに歩く Caminhar com a ajuda de um mapa [apoiado numa bengala]. ⟦S/周⟧ Tánómí.

tayórí-nái 頼りない Que não merece confiança「como gestor」; vago. ★ ~ *henji* 頼りない返事 A resposta vaga [indefinida/nem sim nem não].

tayóru 頼る Confiar em; contar com; depender de. *Kare wa chichioya ni tayorikitte iru* 彼は父親に頼りきっている Ele depende completamente dos pais. ★ *Shinseki o tayotte Tōkyō jōkyō suru* 親戚を頼って上京する Ir a Tokyo contando com os parentes [familiares]. ⟦S/周⟧ Sugáru.

tázan 他山【E.】Outra montanha. ⟦P/ことわざ⟧ *Motte* ~ *no ishi to subeshi* もって他山の石とすべし Escarmentar em cabeça alheia.

tazéi 多勢 Grande número; a superioridade numérica. ★ ~ *ni buzei de aru* 多勢に無勢である Eles são muito mais em_número/Nós somos poucos contra tantos. ⟦S/周⟧ Ōzéi (+); tanínzū. ⟦A/反⟧ Buzéí.

tazúná 手綱 (< te + tsuná) A rédea; o freio. ★ ~ *o hikishimeru* [*yurumeru*] 手綱を引き締める[緩める]

Apertar [Afrouxar] a/o ～. ◇ **～ sabaki** 手綱さばき O manejo da/o ～.

tazuné-bito 尋ね人 (< tazúnéru[1] + hitó) A pessoa desaparecida [procurada].

tazúnéru[1] 尋ねる **1** [捜す] Procurar. ★ *Tazune-ateru* 尋ね当てる Localizar; achar. **2** [問う] Perguntar; inquirir. *Chotto o-tazune shitai koto ga arimasu* ちょっとお尋ねしたい事があります Tenho uma pergunt(inh)a a fazer/Queria perguntar-lhe uma coisa. ★ *Anpi o* ～ 安否を尋ねる Perguntar pela saúde de alguém. [S/同] Shitsúmóń súrú (+); kikú; tóu. **3** [来歴を調べる] Pesquisar; investigar. ★ *Yurai o* ～ 由来を尋ねる ～ a história [origem] 「da lenda」.

tazúnéru[2] 訪ねる Visitar; fazer uma visita. ★ *Choichoi* [*Chokuchoku*] ～ ちょいちょい [ちょくちょく] 訪ねる Visitar frequentemente.
[S/同] Hṓmóń súrú (o); otózúréru (+).

tazúsáéru 携える Levar 「na mão/alguém a ver um filme」. ★ *Itsumo* (*unten*) *menkyoshō o* ～ いつも(運転) 免許証を携える Ter sempre (consigo) a carteira de motorista (B.) [a carta de condução].

tazúsáwáru 携わる Participar; tomar parte. ★ *Kyōiku ni* ～ *hitobito* 教育に携わる人々 As pessoas que se dedicam à educação; os educadores.
[S/同] Jū́ji suru; kańkéí súrú; kán'yo suru.

te 手 **1** [手首から先の部分; 上肢] **a**) A mão; **b**) O braço; **c**) A pata (de animal). ★ ～ *de aizu suru* 手で合図する Fazer sinal com a mão. ～ *ga todoku* [*hairu/mawaru*]; ～ *ni ase o nigitte* [*kakaru/kakeru/toru yō ni*] 手が届く [入る / 回る]; 手に汗を握って [掛かる / 掛ける / 取るように] (⇨ **15**). ～ *ni* ～ *o totte aruku* 手に手を取って歩く Passear [Ir] de mãos dadas. ～ *ni toru* 手に取る Pegar na [com a] mão. ～ *no todoku tokoro ni* 手の届く所に 「colocar as coisas」Onde se possa chegar com a mão」. ～ *o ageru* 手を挙げる Levantar a mão [*Kare wa kodomo ni* ～ *o ageta koto ga nai* 彼は子供に手を上げた事がない Ele nunca bateu nos [levantou a mão para os filhos]]. ～ *o arau* 手を洗う Lavar as mãos. ～ *o awaseru* 手を合わせる Juntar as mãos 「para rezar」. ～ *o dasu* 手を出す **a**) Estender a mão; **b**) Experimentar 「tocar piano」; meter-se em 「negócios da bolsa」; **c**) Meter-se com [*Onna ni* ～ *o dasu* 女に手を出す Meter-se com uma mulher. *Saki ni* ～ *o dasu* 先に手を出す Ser o primeiro a meter-se com outro [a provocar a briga]]. ～ *o fureru* 手を触れる Passar a mão 「por」; tocar. ～ *o furu* 手を振る Acenar com a mão. ～ *o hiku* 手を引く Dar a mão 「a」[*Rōjin no* ～ *o hiite dōro o watatta* 老人の手を引いて道路を渡った Deu a ～ ao velhinho para o ajudar a atravessar a rua]. ～ *o kakeru* 手を掛ける **a**) Trabalhar 「dez anos num proje(c)to」; **b**) Pegar 「na espada」. ～ *o nigiru* 手を握る **a**) Fechar a mão; pôr a mão em punho; **b**) Apertar a [Dar um aperto de] mão (Em sinal de cumprimento, paz ou colaboração). ～ *o nobasu* 手を伸ばす **a**) Esticar o braço; **b**) Lançar-se a um negócio. ～ *o sashidasu* 手を差し出す Estender a mão. ～ *o someru* 手を染める Dar os primeiros voos em 「poesia」; começar. ～ *o tataku* 手を叩く **a**) Bater as palmas 「para chamar o empregado」; **b**) Bater palmas [Aplaudir]. ～ *o toru* 手を取る **a**) Segurar a mão 「do menino」; **b**) Ensinar com carinho; levar pela mão [～ *o totte hipparu* 手を取って引っ張る Puxar (segurando) pela mão]. ～ *o tōsu* 手を通す Meter os braços; vestir [*Hajimete* ～ *o tōsu* 初めて手を通す Vestir pela primeira vez]. ～ *o tsukeru* 手を付 [着] ける **a**) Tocar; **b**) 「não saber por onde」Começar um trabalho; **c**) Ter relações sexuais 「com uma empregada」; **d**) Roubar; **e**) 「começar a」Usar 「este dinheiro」. ～ *o tsuku* 手をつく Juntar as mãos [～ *o tsuite ayamaru* 手をついて謝る Pedir desculpa juntando as mãos [de joelhos]]. ～ *o tsunagu* 手をつなぐ Dar as mãos. ～ *o utsu* 手を打つ **a**) Bater palmas; **b**) Fazer [Fechar] um bom negócio; **c**) Tomar medidas a tempo 「para resolver um problema」[～ *utte yorokobu* 手を打って喜ぶ Bater palmas, de alegria]. ～ *o yaku* [*yogosu*] 手を焼く [汚す] (⇨ **15**). ⇨ udé.

2 [手段] O meio; o método; o truque. *Mō watashi ni wa nani mo utsu* ～ *wa nai* もう私には何も打つ手はない Já não posso fazer nada. *Sono* ～ *wa kuwanu* その手は食わぬ Não vou nessa conversa [aceito esse ～]. *Sono* ～ *wa mō furui* その手はもう古い Esse truque já é velho. ★ ～ *ga tsukerarenai* 手がつけられない Não haver nada a fazer [Não ter solução]. ～ *ni amaru* 手に余る Ser acima da capacidade de alguém. ～ *ni noru* 手に乗る Cair na armadilha. ～ *ni oenai* 手に負えない Ser incontrolável [intratável]. ～ *no tsukerarenai* 手のつけられない Incorrigível; irrecuparável; incontrolável. ～ *no tsuke-yō ga nai* 手のつけようがない Não haver nada a fazer; não se poder fazer nada [*Sono kanja no byōjō wa hidokute mō* ～ *no tsuke-yō ga nakatta* その患者の病状はひどくてもう手のつけようがなかった O estado do doente era tal que já não se podia fazer nada]. ～ *o kae shina o kae* 手を変え品を変え Tentar tudo [todos os meios]. ～ *o tsukusu* 手を尽くす Usar todos os meios possíveis; fazer tudo 「para o salvar」. ～ *o utsu* 手を打つ (⇨ **1**). *Saigo no* ～ *to shite* 最後の手として Como último recurso [meio]. *Shijūhatte* 四十八手 Todos os truques (Técnicas) do sumô.
[S/同] Shúdan.

3 [人手] A mão-de-obra; a ajuda; os braços. ★ ～ *ga fusoku shite iru* [～ *ga taranai*] 手が不足している [手が足らない] Falta mão-de-obra [Faltam braços]. ～ *o kariru* 手を借りる Pedir ajuda [*Neko no* ～ *mo karitai kurai isogashii* 猫の手も借りたいくらい忙しい Estou ocupadíssimo [Não sei para onde me vivar com tanto trabalho]. ～ *o kasu* 手を貸す Dar uma mão a [*Tansu o ugokashitai no desu ga chotto* ～ *o kashite itadakemasen ka* タンスを動かしたいのですがちょっと手を貸していただけますか Podia ajudar-me a [dar-me uma mão para] mudar o armário?].
⇨ hitó-dé[2].

4 [仕事の手] O serviço; o trabalho. ★ ～ *ga aite iru* 手があいている Ter as mãos livres [Estar livre] [*Ima isogashikute* ～ *ga akeraremasen* 今忙しくて手があけられません Agora estou ocupado e não posso ajudar]. ～ *no hanasenai yōji* 手の離せない用事 O serviço urgente [que não se pode largar]. ～ *o yasumeru* 手を休める Descansar os braços [Fazer uma pausa].

5 [筆跡] A caligrafia; a letra. *Kono ji wa josei no* ～ *da* この字は女性の手だ Esta ～ é de mulher.
[S/同] Hisséki (+).

6 [手数] O trabalho. ★ ～ *ga kakaru* 手がかかる Dar trabalho. ～ *ga konde iru* 手が込んでいる Feito com esmero; elaborado. ～ *o nuku* 手を抜く Descuidar [Não fazer] o ～. ⇨ te-núkí.

T

te-áburi

[S/周] Té-kazu; tesú.

7 [所有] A posse; a mão. ★ ~ *ni hairu* 手に入る Chegar [Vir ter] às mãos. ~ *ni ireru* 手に入れる Obter; apanhar; arranjar. ~ *ni wataru* 手に渡る Passar para ~ [*Kare no ie wa sude-ni tanin no* ~ *ni watatte shimatta* 彼の家はすでに他人の手に渡ってしまった A casa dele já passou para outras mãos].

8 [関係] A conexão; a relação. *Kanojo wa zenpu to wa mō* ~ *ga kirete iru* 彼女は前夫とはもう手が切れている Ela já não tem nenhuma [qualquer] relação com o ex-marido. ★ ~ *o dasu* 手を出す (⇨ **1**). ~ *o hanareru* 手を離れる Separar-se. ~ *o hiku* 手を引く Retirar-se; afastar-se; desligar-se [*Sono shigoto kara* ~ *o hiku* その仕事から手を引く ~ desse trabalho]. ~ *o hirogeru* 手を広げる Estender [os negócios até à Europa]; expandir. ~ *o kiru* 手を切る Romper com; cortar a relação [*Onna to* ~ *o kiru* 女と手を切る Romper com essa mulher]. ⇨ kańkéí; kańshō¹.

9 [種類] A qualidade; o tipo; o gé[ê]nero. ★ *Kono* ~ *no shina* この手の品 O artigo deste ~. [S/周] Shúrui (+).

10 [取っ手] O cabo; a asa; a pega. ★ *Nabe no* ~ 鍋の手 A asa da panela. [S/周] E; totté (+). **11** [傷] O ferimento. [S/周] Kizú (+). ⇨ asá-dé; fuká-dé.

12 [やり方] A maneira; o método; o modo. *Zurui* ~ *o tsukau* ずるい手を使う Usar um método pouco honesto. **13** [勢い] A força. ★ *Hi no* ~ 火の手 ~ do fogo; a labareda. **14** [接尾語] (Suf. que significa "o outro"/"o que"). ★ *Hanashi* ~ 話し手 O [Aquele] que fala; o locutor. *Migite ni kyōkai ga mieru* 右手に教会が見える Ao lado direito vê-se uma igreja. **15** [慣用句として] (Idiotismos). *Kanojo wa mō jiki gojū ni* ~ *ga todoku* 彼女はもうじき50に手が届く Ela vai entrar brevemente na casa dos cinquenta. *Sono kyabarē ni wa keisatsu no* ~ *ga haitta* そのキャバレーには警察の手が入った Houve uma rusga policial nesse cabaré. ★ ~ *ga mawaru* 手が回る Da atenção [*Isogashikute jūbun kodomo ni* ~ *ga mawaranai* 忙しくて十分子供に手が回らない Estou muito ocupado e não posso dar suficiente atenção aos filhos. ~ *ga ushiro ni mawaru* 手が後へ回る Ser preso pela polícia]. ~ *mo ashi mo denai* 手も足も出ない Não poder fazer nada; não saber (o) que fazer. ~ *ni ase o nigitte* 手に汗を握って「ver o jogo」Com grande interesse e ansiedade. ~ *ni kakaru* 手に掛かる **a)** Ficar nas mãos de; **b)** Cair nas garras de [*Gyangu no* ~ *ni kakatte korosareru* ギャングの手に掛かって殺される Ser assassinado pelos bandidos]. ~ *ni kakeru* 手に掛ける **a)** Matar; **b)** Cuidar [Trazer nos braços] 「crianças」; **c)** Levar aos cuidados 「do médico」. ~ *ni toru yō-ni wakaru* 手に取るようにわかる Ver [Entender] claramente. ~ *o ireru* 手を入れる Corrigir; retocar 「o manuscrito」; emendar. ~ *o komaneite bōkan suru* 手をこまねいて傍観する Assistir de braços cruzados. ~ *o mawasu* 手を回す Mandar os seus agentes [para inquirir]. ~ *o utsu* 手を打つ (⇨ **1**). ~ *o yaku* 手を焼く Ter aborrecimentos [*Ano ko ni wa zuibun* ~ *o yaita* あの子にはずいぶん手を焼いた Tive muitos aborrecimentos com aquele filho]. ~ *o yogosu* 手を汚す **a)** Sujar as mãos; **b)** Praticar o mal.

te-áburi 手焙り (<... +abúru) ⇨ híbachi.

teái 手合い・徒【G.】O companheiro; o bando; a malta (G.). *Ano te no* ~ *wa tachi ga warui* あの手の手合いはたちが悪い Companheiros daqueles são maus (, evite-os). ⇨ nakámá; reńjū; yátsura.

te-áká 手垢 A sujidade das mãos 「no papel」.

te-ámi 手編み (<... +ámu) O tricô [fazer malha (à mão)]. ★ ~ *no* 手編みの Feito à mão.

te-áraí[ná] 手荒い[な] Grosseiro; rude 「com as pessoas」; descuidado 「com os copos de vidro」. ★ *Te-araku* [*ni*] *atsukau* 手荒く[に]扱う Tratar rudemente [Ser grosseiro]; não ter cuidado. [S/周] Rańbō ná.

te-árai 手洗い (<... +aráú) A casa [O quarto] de banho; o banheiro (B.). ⇨ beńjō; seńmén-ki.

té-ashi 手足 As mãos e os pés; os braços e as pernas; 「ter dificuldade em mover」os membros. ★ *Buka o* ~ *no yō-ni ayatsuru* 部下を手足のように操る Ter pessoas às suas ordens.

te-átári-shídai (**ni**) 手当り次第(に) À medida que vem à mão. ★ ~ *hon o yomu* 手当り次第本を読む Ler qualquer [o primeiro] livro que vem à mão; ler a esmo [ao calha]. ⇨ katáppáshí.

téate 手当(て) **1** [報酬] A remuneração; o subsídio [abono]. ◇ **Kazoku** ~ 家族手当 O abono de família. [S/周] Hōshū. ⇨ kyūyo¹. **2** [治療] O tratamento. ★ ~ *o suru* 手当てをする Fazer ~; tratar [*Kizu no* ~ *o shite morau* 傷の手当てをしてもらう Tratar a [Ser tratado da] ferida]. ◇ **Okyū** ~ 応急手当 A [O ~ de] urgência; os primeiros socorros. ⇨ chiryō; káńgo¹; shóchi. **3** [準備] O preparar; o prevenir; o prover-se. *Shikin no* ~ *o suru* 資金の手当てをする Prover-se de fundos [capital].

te-átsúi 手厚い Caloroso; cordial; hospitaleiro; cuidadoso; respeitoso. ★ ~ *kango o ukeru* 手厚い看護を受ける Ser tratado com todos os cuidados. [S/周] Téinei na.

te-áwase 手合わせ (<... +awáséru) O jogo 「de "go"」; a competição. ★ ~ *o suru* 手合わせをする Competir; jogar. ⇨ shōbu¹.

tebá¹ 手羽 As patas de galinha (No talho).

-téba² てば (Desinência enfática). ★ *Iitteba* [*Ii to ieba ii n' da*] いいってば[いいと言えばいいんだ] Estou-te dizendo que não preciso [Já te disse que não quero]!

té-bako 手箱 (<... +hakó) A caixinha 「das jóias」. ⇨ búnko.

te-bánashi 手放し (< te-bánásu) **1** [手をはなす事] O soltar as mãos. **2** [露骨な事] O ser aberto [falar sem reservas]. ★ ~ *de norokeru* 手放しでのろける Falar abertamente das suas conquistas amorosas. [S/周] Akésúké; rokótsú. **3** [監督・指導のない事] O deixar correr [à vontade].

te-bánásu 手放す (<... +hanásu) **1** [手からはなす] Largar a [com] mão; soltar [a rédea]. *Kono kaban wa katatoki mo tebanasenai* このカバンは片時も手放さない Não largo [posso dispensar] esta pasta (nem) um minuto. **2** [譲渡する] Largar; mandar 「O filho para Tóquio a estudar」; vender. ★ *Ie o* ~ 家を手放す Vender a casa. **3** [放任する] Deixar correr [ao deus-dará]. [S/周] Hōniń súrú. **4** [中断する] Largar 「o trabalho」a meio; deixar por fazer.

te-bátá 手旗 (<... +hatá) A bandeir(inh)a.

te-báyai 手早い (<... +hayáí) Rápido; ágil; ligeiro. ★ *Tebayaku shigoto o katazukeru* 手早く仕事を片づける Terminar rapidamente [despachar] o serviço; despachar o trabalho. [S/周] Subáyai.

te-béntō 手弁当 **a)** A marmita; o lanche; a meren-

da; **b**) O trabalhar de seco; **c**) O serviço gratuito. ★ ～ *de hataraku* 手弁当で働く Trabalhar gratuitamente「com os refugiados」.
te-bíkáéru 手控える (<… + hikáéru) **a**) Retrair「a ira」; **b**) Abster-se「de julgar」; **c**) Anotar por escrito. [S/同] Hikáéru (+).
té-biki 手引き(<… + hikú) **1** [案内] O guiar. ★ ～ *suru* 手引きする Guiar. [S/同] Ańnái (+). **2** [手ほどき] A introdução; o manual [guia]. ★ *Porutogarugo no* ～ ポルトガル語の手引き Manual de p. ⇨ nyū́món-shó; te-hódoki. **3** [紹介] A apresentação; a ajuda「de um amigo」. ⇨ shṓkáí[2]; shúséń[1]; té-zuru; tsuté.
te-bíròi 手広い (<… + hírói) Amplo; larga「experiência de advocacia」; extenso. ★ *Tebiroku shōbai o suru* 手広く商売をする Negociar em grande escala; ter uma extensa rede de negócios.
te-búkuro 手袋 (<… + fukúro) As luvas.
te-búnko 手文庫 A caixa; o estojo; o cofrezinho. [S/同] Té-bako (+).
tebúrá 手ぶら As mãos vazias. ★ ～ *de hōmon suru* 手ぶらで訪問する Visitar alguém sem levar um presente.
té-buri 手振り (<… + furú) O gesto [gesticular/movimento dos braços ou mãos]. ★ ～ *o majiete hanasu* 手振りを交えて話す Falar gesticulando. [S/同] Té-mane; té-tsuki. ⇨ mí-buri.
tḗbúrú [**eé**] テーブル・卓子 (< Ing. table) A mesa. ★ ～ *ni tsuku* テーブルにつく Sentar-se à ～. ◇ **～ kake** テーブル掛け A toalha da ～. **～ manā** テーブルマナー A etiqueta [O comportamento] à ～. **～ supīchi** テーブルスピーチ O discurso à ～. [S/同] Shokútákú; takú; tsukúé (+).
te-búsoku 手不足 (<… + fusókú) A falta de mão-de-obra.
te-byṓshi [**óo**] 手拍子 (<… + hyṓshí) O bater as palmas para acompanhar [marcar o ritmo da canção/dança]. ⇨ ashí-byṓshi.
te-chígai 手違い O problema; o erro;「houve」um engano「qualquer e desencontrámo-nos」; a falha. [S/同] Ikí-chígáí. ⇨ te-óchí.
techṓ 手帳 **a**) A agenda; **b**) O guia「das pousadas/termas」. [S/同] Memóchṓ.
tedámá 手玉 (<… + tamá) O saquinho com feijões usado num jogo de crianças. [I/慣用] *Hito o* ～ *ni toru* 人を手玉に取る Fazer de outro o que se quer; trazer alguém à corda [pela arreata]. [S/同] O-té-dama (+).
té-dashi 手出し (<… + o + dásu) **a**) A intromissão; **b**) O meter-se「em aventuras/negócios」; **c**) O começar uma briga. ★ ～ *suru* 手出しする …
té-date 手立て Um meio; uma boa maneira「de refazer a empresa」. [S/同] Hṓhṓ (o); shúdan (+).
te-dórí 手取り (<… + tóru) **a**) O ordenado líquido; **b**) O lucro líquido「da venda」; **c**) O apanhar「um animal」com a mão. *Watashi no gekkyū wa* ～ *jūgoman-en desu* 私の月給は手取り 15 万円です O meu salário são 150.000 (Cento e cinquenta mil) yens líquidos.
te-fúdá 手札 As cartas que tem na mão (cada jogador).
te-fúkí 手拭き(<… + fukú) A toalha. [S/同] Tenúgúí.
tefū́kin [**úu**] 手風琴 O acordeão; a harmó[ô]nica. [S/同] Akṓdíon (+).
téfuron テフロン (商標) O "teflon".
te-gákari 手掛かり (<… + kakáru) **1** [つかみ所] Uma coisa para [onde] agarrar「para subir」. [S/同] Tsukámí-dókóró. **2** [糸口] O fio da meada; a pista; a chave; o por onde lhe pegar. ★ ～ *no nai jiken* 手掛かりのない事件 O caso raro [que não tem por onde se lhe pegue]. [S/同] Itó-guchi; tánsho[2].
te-gákéru 手掛ける (<… + kakéru) **1** [取り扱う] Lidar; tratar「um caso de doença rara」. ★ *Tegaketa koto no nai shigoto* 手がけた事のない仕事 O trabalho novo; o serviço com que nunca se lidou. [S/同] Toŕiátsúkáu. **2** [養育する] Cuidar; criar; educar; tomar conta. ⇨ sewá; yṓíkú.
te-gákí 手書き (<… + káku[1]) Escrito à mão; manuscrito. [A/反] Ińsátsú; táipu.
tegámí 手紙 A carta. ★ ～ *de shiraseru* 手紙で知らせる Avisar por ～. ～ *no yaritori o suru* 手紙のやり取りをする Corresponder-se [Trocar correspondência (com alguém)]. ～ *o dasu* [*kaku*] 手紙を出す [書く] Mandar/Enviar [Escrever] uma ～. [S/同] Búnsho; shokáń. ⇨ buńtsū́; táyori[1].
tegárá 手柄 O mérito; o feito; a façanha; a proeza; a a(c)ção meritória. ★ ～ *o tateru* 手柄を立てる Executar uma grande ～. *Jibun no* ～ *ni suru* 自分の手柄にする Atribuir a si o mérito de… [S/同] Kṓmyṓ; kṓrṓ; kṓsékí.
te-gárú 手軽 (<… + karúi) O ser「uma viagem」fácil;「um guia」simples [prático]「de Tóquio」;「o preço」bom [razoável]; ligeiro; informal. ★ ～ *na shokuji* 手軽な食事 A refeição ligeira. ⇨ án'i; tayásúi; yṓí[2].
tegátá 手形 **1** [証券] O título; a letra (promissória [de câmbio]). ★ ～ *o furidasu* 手形を振り出す Emitir um/a ～. ～ *o otosu* 手形を落とす Resgatar o ～. ◇ **～ furidashi** [**hikiuke**] **nin** 手形振出 [引受] 人 O que emite [aceita] um/a ～. **～ kōkan** 手形交換 A compensação de ～s. **～ uketorinin** 手形受取人 O sacador. **～ waribiki** 手形割引 O desconto de título. **Fuwatari ～** 不渡り手形 O ～ protestado. **Kawase ～** 為替手形 A letra de câmbio. **Yakusoku ～** 約束手形 A letra promissória. **2** [手の平に墨を塗って押した形] A impressão da palma da mão「do lutador de sumô」.
te-gátái 手堅い (<… + katái)「um empregado/investimento」Seguro. ★ ～ *shōbai* 手堅い商売 Um negócio ～. ⇨ kakújítsú[1]; keńjítsú; táshika.
te-gíré 手切れ (<… + kíru) O corte [rompimento] de relações (sobretudo entre homem e mulher). ◇ **～ kin** 手切れ金 O dinheiro de inde(m)nização pela separação [pelo ～]. [S/同] Eń-kírí.
tegíwá 手際 O jeito「para resolver problemas」; a habilidade; a perícia; a destreza; a aptidão. ★ ～ *ga yoi* [*warui*] 手際がよい[悪い] Ter muito/a [pouco/a] ～. ◇ **Fu ～** 不手際 A inaptidão; a falta de ～. [S/同] Gíryō; shúwan; udémáé.
te-gókoro 手心 (<… + kokóro) A consideração [conta]; a tolerância; a indulgência. ★ ～ *o kuwaeru* [*mochiiru*] 手心を加える[用いる] Ter em conta「o ser o primeiro crime」; ser tolerante [indulgente]「com um aluno doente」. [S/同] Te-kágen.
tegóró 手頃 O ser「um dicionário de tamanho」prático; o ser conveniente; o ser「um quarto」adequado; o ser razoável. ★ ～ [*Tegaru*] *na nedan* 手頃 [手軽] な値段 O preço bom/aceitável/razoável. ⇨ tekítṓ.

T

te-gótae 手応え (<… + kotáéru) **a**) O sentir「que o peixe picou a isca」; o parecer「que a bala acertou no urso」; **b**) A rea(c)ção; a resposta; o ter efeito. *Kare ni wa nani o itte mo ~ ga nai* 彼には何言っても手応えがない Por mais que a gente fale [Diga-se-lhe o que se lhe disser], ele não reage [mostra qualquer rea(c)ção]. ⇨ hańnṓ¹.

te-gówái 手強い「um adversário político」Forte; duro;「freguês」exigente; inflexível; que não é para brincadeiras. ★ ~ *teki* 手強い敵 O inimigo temível. [S/同] Hidói; te-hídói; te-ítái; te-kíbíshíi.

té-guchi 手口 (<… + kuchí) O truque; a trampa [trapaça]; o estilo [a maneira].

te-gúruma 手車 (<… + kurúmá) **a**) O carrinho de mão; **b**) A carreta (De uma só roda); **c**) A cadeirinha (feita com as mãos「por duas crianças」que levam uma terceira). ⇨ te-óshí ◇.

tegúsune 手薬煉 A arma bem preparada. ★ ~ *(o) hiite matte iru* 手薬煉(を)引いて待っている Esperar todo preparado「para atacar o inimigo」; estar tudo pronto [a postos].

téhai 手配 **a**) Os preparativos「da viagem/boda」; **b**) A procura de criminoso. ★ ~ *suru* 手配する **a**) Preparar「a visita」; **b**) Dar ordem de procura de criminoso. ◇ **~ shashin** 手配写真 A fotografia do criminoso procurado. **Shimei ~** 指名手配 A ordem de [As instruções para a] captura. [S/同] Téhazu; te-kúbari; te-máwashi.

te-hájime 手始め「isto é apenas」O começo. ★ ~ *ni* 手始めに「leia este livro」Para começar.

téhazu 手筈 **a**) Os preparativos「do funeral」; **b**) O plano「da festa de formatura」; **c**) O encontro marcado「com o médico」. ★ ~ *ga kuruu* 手筈が狂う Falhar o plano [Estragarem-se os planos]. ~ *ga totonotta* 手筈が整った Estar tudo preparado. [S/同] Dańdórí; téhai; te-júń (+).

te-hídói 手酷い **a**)「um ataque」Severo「dos críticos」;「um tratamento」cruel; **b**)「um desastre」Sério [Grande]. ★ ~ *dageki o ukeru* 手酷い打撃を受ける Receber um duro golpe. [S/同] Hidói; te-ítái; te-kíbíshíi (+). ⇨ hagéshíi; kibíshíi.

te-hódoki 手解き (<… + hodóku) As primeiras lições; os rudimentos; o ensinar「a andar」. *Porutogarugo no ~ o ukeru* ポルトガル語の手解きを受ける Receber as ~ de P. ⇨ té-biki.

tehón 手本 **1** [習字の] O modelo de caligrafia. ★ ~ *o mite kaku* 手本を見て書く Escrever [Praticar] pelo modelo. **2** [模範] Um modelo「de honestidade/de professor/de boas maneiras」; o exemplo. ~ *ni* [*to*] *naru* 手本に[と]なる Constituir exemplo [Ser um ~]. ~ *ni* [*to*] *suru* 手本に[と]する Seguir o ~; imitar〔*Kono gakkō no kyōiku hōshin wa Amerika no o ~ to shita mono da* この学校の教育方針はアメリカのを手本としたものだ O sistema educativo desta escola foi copiado do modelo americano〕. *Yoi* [*Warui*] *~ o shimesu* よい[悪い]手本を示す Dar bom [mau] exemplo. [S/同] Kagámí; kiháń; kikáń; moháń. ⇨ mihóń.

téi¹ 体 **1** [体裁] A aparência; o ar. ★ ~ *no ii* [*yoi*] 体のいい[よい] De boa aparência (⇨ teíyóku). [S/同] Teísáí (+). ⇨ táido. **2** [外見] A aparência; a cara; o aspecto externo. ★ *Shokunin ~ no otoko* 職人体の男 O homem com cara de artesão. ⇨ fū́¹; yṓsú.

téi² 亭 O caramanchão [caramanchel/coberto]「no jardim」. ⇨ azúmá-ya; ryṓtéí.

téi³ 邸【E.】A mansão; a residência. [S/同] Teítákú (o); yashíkí (+).

téi⁴ 帝【E.】O Imperador. ⇨ kṓtéí⁹; teńnṓ.

téi⁵ 艇 O bote; a lancha「salva-vidas」; o barco. ◇ **Junshi ~** 巡視艇 O barco-patrulha.

teíáń 提案 A proposta; a sugestão. ★ ~ *suru* 提案する Propor; apresentar [fazer] uma ~「para aumentar as trocas comerciais entre os dois países」; sugerir. ◇ **~ sha** 提案者 O autor da proposta. [S/同] Hatsúáń.

teíbṓ 堤防 A barreira; o dique [molhe/talude]. ★ ~ *o kizuku* 堤防を築く Construir um ~; fazer uma ~. [S/同] Tsutsúmí. ⇨ dámu; doté.

teí-bókú 低木 O arbusto. [S/同] Kańbókú (+). [A/反] Kṓ-bókú.

teíchákú 定着 A fixação「do papel fotográfico」. ★ ~ *suru* 定着する Fixar-se; pegar「o costume」. ◇ **~ eki** 定着液 O fixador.

teíchí¹ 低地 A terra baixa; a planície. [A/反] Kṓchi.

teíchí² 定置 O fixar [prender]. ★ ~ *suru* 定置する … ◇ **~ ami** 定置網 A rede fixa「de pesca」.

teí-chíngin 低賃金 O salário baixo.

teíchṓ¹ 丁[鄭]重 O ser polido [cortês; respeitoso]. ★ ~ *ni kotaeru* 丁重に答える Responder com (toda a) cortesia/delicadeza. [S/同] Téinei (+).

teíchṓ² 低調 **1** [水準が低く低俗な事] O ser「um movimento de nível」baixo/fraco. ★ ~ *na sakuhin* 低調な作品 A obra fraca. [A/反] Kṓchṓ. ⇨ teízókú. **2** [調子が出ない事] O desânimo; a apatia; o não ter graça. ★ ~ *na deashi* 低調な出足 A afluência fraca [fraquita/fracota]. [A/反] Kṓchṓ.

téichō³ 艇長 O timoneiro; o comandante do barco.

teídáń 鼎談 A conferência tripartida. [S/同] Sańshá káidan (+). ⇨ taídáń; zadáń.

teídéń 停電 O corte de energia elé(c)trica. ★ ~ *suru* [*ni naru*] 停電する[になる] Falhar a ele(c)tricidade/Faltar a luz.

téido 程度 O grau; o nível; o limite; a medida; o ponto. *Hanashi o suru to sono hito no kyōyō no ~ ga wakaru* 話をするとその人の教養の程度がわかる Conversando [Ao falar] com uma pessoa vê-se (logo) o grau de cultura que ela tem. *Karada o kowasanai ~ ni supōtsu o shi nasai* 体をこわさない程度にスポーツをしなさい Pratique o (d)esp. mas não tanto que vá prejudicar a saúde. ★ ~ *ga takai* [*hikui*] 程度が高い[低い] Ser de nível elevado/alto [baixo]〔*Kono hon wa watashi ni wa ~ ga takasugiru* この本は私には程度が高過ぎる Este livro é (de um nível) demasiado elevado para mim〕. ~ *no sa wa atte mo* [*~ no sa koso are*] 程度の差はあっても[程度の差こそあれ] Embora haja uma diferença de nível「ambos são bons」. ~ *o sageru* [*hikuku suru*] 程度を下げる[低くする] Baixar o nível. *Dono ~ made* どの程度まで Até que ponto〔*Kono tatemono wa dono ~ made jishin ni taeraremasu ka ne* この建物はどの程度まで地震に耐えられますかね Até que ponto esta casa resistirá aos terremotos?〕. *Seikatsu ~ no hikui kuni* 生活程度の低い国 O país de [com] baixo nível de vida. ◇ **~ mondai** 程度問題「é tudo」Uma questão de grau〔*Asobu no mo ii ga ~ mondai da* 遊ぶのもいいが程度問題だ É bom gozar [beber], mas na devida medida [dentro dos seus limites]〕. [S/同] Doáí; hodóáí; suíjúń.

teién 庭園 O jardim. ★ ~ *o tsukuru* 庭園を造る Fazer um ~. ⇨ kóén[1]; niwá[1]; sóno[2].
teigákú[1] 停学 A suspensão da escola. ◇ ~ **shobun** 停学処分 O castigo de ~. taígáku.
teigáku[2] 定額 A quantidade fixa de dinheiro 「recebida dos pais para estudar」. ★ ~ *ni tassuru* 定額に達する Atingir a ~ [quantia determinada]. ⇨ ~ **chokin** 定額貯金 O depósito fixo.
teigáku[3] 低額 A pequena quantia; pouco dinheiro. ◇ ~ **shotokusha** 低額所得者 A pesssa com baixos rendimentos. Ⓐ/反 Kógáku.
teigén[1] 提言【E.】A proposta; a sugestão. Ⓢ/同 Téigi[2].
teigén[2] 低減 A baixa「do volume de água」; a redução「do preço」; a diminuição「da criminalidade」. ★ ~ *suru* 低減する Reduzir; baixar; diminuir. ⇨ herású[1]; herú[1]; sagáru; sagéru[1].
teigén[3] 逓減【E.】A diminuição sucessiva; o decréscimo gradual. Ⓢ/同 Zeñgéñ. Ⓐ/反 Teízó.
téigi[1] 定義 A definição. ★ ~ *suru [o kudasu/o ataeru]* 定義する[を下す / を与える] Dar [Dizer] a ~「de liberdade」; definir.
téigi[2] 提議 A moção「na Dieta」; a proposta. Ⓢ/同 Teíáñ (+).
teihákú 停[碇]泊 A ancoragem; a atracação. ★ ~ *chū no fune* 停泊中の船 O navio ancorado/atracado. ~ *suru* 停泊する Ancorar; atracar.
teihátsú 剃髪 A tonsura 「O rapar a cabeça」. ★ ~ *suru* 剃髪する Rapar a cabeça「e ir para bonzo」. Rakúhátsú. ⇨ shukké.
téihen 底辺【Geom.】**a)** A base「do triângulo」; **b)** A camada mais baixa [pobre]「da sociedade」.
teihóñ 定本 O texto autêntico; a versão autorizada (do livro).
teíhyō 定評 A reputação geral「de bom médico」; a fama geral「de avarento」. ★ ~ *no aru mise* 定評のある店 A loja famosa [com fama]. ~ hyōbáñ; hyōka[1].
téii 帝位 O trono (imperial). ⇨ kói[3]; ói[1]; téi[4].
teiíñ 定員 **a)** O número「de alunos/membros da comissão」permitido; a quota; o quórum「para votação」; **b)** A lotação「do avião」. ★ ~ *ni mitanai* 定員に満たない Não atingir o/a ~. ~ *ni tassuru* 定員に達する Atingir o ~. ~ *ōba* 定員オーバー A superlotação; o ultrapassar o [passar do] ~.
teíji[1] 定時 O tempo marcado; a hora marcada. ★ ~ *ni hatchaku suru* 定時に発着する「o avião」Sair à ~. ◇ ~ **sei** 定時制 O sistema de「ensino por」turnos「da nossa escola」(⇨ zeñíchí-séi). ~ **sōkai** 定時総会 A assembleia geral ordinária. Ⓐ/反 Riñjí. ⇨ téiki[1]; teíkókú[2].
teíji[2] 提[呈]示 A apresentação. ★ *Jōken o* ~ *suru* 条件を提示する Apresentar as condições.
teíji[3] 丁字 A letra "T". ◇ ~ **ro** 丁字路 O entroncamento (encontro de caminhos) em (forma de) T.
téiji[4] 低次 A posição [O grau] inferior.
teíjo 貞女【E.】A mulher casta; a esposa fiel. Ⓢ/同 Séppu; teífu.
teijō 呈上 O oferecer [presentear com]「um livro」. Shiñtéi (+). ⇨ zótéí.
teijū 定住 A residência fixa. ★ ~ *suru* 定住する Fixar residência. ◇ ~ **chi [jo]** 定住地[所] O lugar de ~. Ⓢ/同 Eíjū.
teiká[1] 定価 O preço fixo [da tabela]. ★ ~ *no ichi-wari-biki de uru* 定価の 1 割引で売る Vender com um desconto de dez por cento [10 %] do preço tabelado [marcado]. ◇ ~ **hyō** 定価表 A lista de preços. ⇨ nedán; urí-né.
teiká[2] 低下 **a)** A queda; a baixa; **b)** O declínio [A deterioração]「da moral」; o rebaixar-se. ★ ~ *suru* 低下する **a)** Cair; baixar; diminuir; **b)** Rebaixar-se; perder「a dignidade/qualidade」. *Kion no* ~ 気温の低下 A baixa [queda] de temperatura. *Nōritsu no* ~ 能率の低下 A diminuição [baixa] de eficiência. Ⓢ/同 Akká; kóka. Ⓐ/反 Jōshó; kójō.
teí-káihatsu 低開発 O subdesenvolvimento. ◇ ~ **koku** 低開発国 hatteñ ~; kaíhátsú ~.
teikán[1] 定款 Os estatutos da sociedade [associação].
teikán[2] 諦観【E.】**1**[明らかに見ること] A visão clara. ★ ~ *suru* 諦観する Ver claramente. Ⓢ/同 Meísátsú. **2**[あきらめ] A resignação. ★ ~ *suru* 諦観する Resignar-se「com o seu destino」. Akírámé (o); takkáñ (+).
teí-kánshi 定冠詞【Gram.】O artigo definido (o, a, os, as). Futéí-kánshi.
teikéi[1] 定形 A forma padrão; o formato regular [padronizado/normalizado]. ◇ ~ **yūbinbutsu** 定形郵便物 A carta/O postal de ~.
teikéi[2] 定型 O tipo; a forma fixa [marcada]. ★ ~ *no [teki na]* 定型の[的な] Fixo;「expressão」esteriotipada.
teikéi[3] 提携 A cooperação. ★ ~ *suru* 提携する Cooperar; aliar-se; combinar; coligar-se. *Yūryoku na kigyō to* ~ *shite* 有力な企業と提携して Em coligação「~」com uma empresa forte. ◇ **Gijutsu** ~ 技術提携 ~ técnica.
teikéi[4] 梯形【Geom.】O trapézio. Ⓢ/同 Daíkéi (+).
teikéñ 定見 A opinião definida; a convicção. ★ ~ *no aru [nai] hito* 定見のある [ない] 人 A pessoa [sem] convicções.
teikétsú[1] 締結 O concluir. ★ *Nippaku-kan ni* ~ *shita jōyaku* 日伯間に締結した条約 O tratado concluído entre o Japão e o Brasil.
teikétsú[2] 貞潔 A castidade. ⇨ téijo.
teí-kétsuatsu 低血圧 A tensão sanguínea baixa; a hipotensão. Kō-kétsuatsu.
téiki[1] 定期 O período fixo [regular]; o prazo. ★ ~ *teki ni* 定期的に「inspe(c)cionar」Regularmente [Periodicamente]. ◇ ~ **bin** 定期便 O serviço regular「de autocarro/avião」. ~ **ken** 定期券 O passe (para transporte/série de concertos). ~ **sen** 定期船 O navio regular [da carreira]. ~ **sōkai** 定期総会 A assembleia geral ordinária. ~ **yokin** 定期預金 O depósito (bancário) a prazo (fixo). **Fu** ~ 不定期 Não regular [fixo]; irregular. ⇨ téiji[1].
téiki[2] 提起 O propor (fazer uma proposta); o levantar「uma questão/um problema」; o instituir 「um processo」.
teí-kíatsu 低気圧 **1**[気圧の低い部分] A depressão [baixa pressão] atmosférica; o ciclone. ◇ **Nettai (Ontai)** ~ 熱帯[温帯]低気圧 O ciclone tropical [da zona temperada]. Kō-kíatsu. **2**[機嫌の悪さ]【Fig.】Mau humor. *Otōsan wa ima* ~ *da* お父さんは今低気圧だ「espera, que」O pai agora está de ~.
teíkín 提琴【E.】⇨ baíóríñ.
teí-kínri 低金利 O juro baixo.
teikō 抵抗 **1**[逆らい手向かう事] A resistência 「não-violenta」; a luta「contra a corrente」;「sen-

tir」repulsa「pela atitude dela」; a oposição. ★ ~ *o kanjiru* 抵抗を感じる Sentir resistência [relutância]; não gostar. ~ (*o*) *suru* 抵抗(を)する Resistir; lutar [*Muda na* ~ *o suru* むだな抵抗をする Oferecer uma resistência inútil]. ◇ ~ **ryoku** 抵抗力 A (força de) resistência「contra os micróbios」[~ *ryoku no aru* 抵抗力のある Resistente「Forte」]. ~ **undō** 抵抗運動 A [O movimento de] Resistência. **2**「力に反発すること・もの」【Ele(c)tri./Fís.】A resistência. ★ *Kūki no* ~ *o genjiru* [*yowameru*] 空気の抵抗を減じる[弱める] Reduzir a ~ do ar. ◇ ~ **ki** 抵抗器 O reóstato [~ elé(c)trica].

téikoku¹ 帝国 O Império「Romano」. ★ ~ *no* 帝国の Imperial. ◇ ~ **shugi** 帝国主義 O imperialismo.

teikokú² 定刻 A hora marcada. ★ ~ *ni* 定刻に「começar」Na ~ [A horas]. Ⓢ/圊 Téiji¹.

teikū 低空 **a)** A baixa altitude. ◇ ~ **hikō** 低空飛行 O voo a baixa altitude. Ⓐ/反 Kōkú. **b)** O passar「no exame」pela tangente [a raspar].

teikyō 提供 A oferta [doação]「de um rim」; o oferecer「a casa para a reunião」. ★ ~ *suru* 提供する Oferecer; dar; pagar「um programa de TV como propaganda」. *Roryoku o* ~ *suru* 労力を提供する Oferecer a mão-de-obra. ◇ ~ **sha** 提供者 O doador.

teikyū¹ 低級 O ser baixo/vulgar/de mau gosto. ★ ~ *na shumi* 低級な趣味 O gosto vulgar/reles/barato. Ⓢ/圊 Ánka; kakyū; katō. Ⓐ/反 Kōkyū.

teikyū² 庭球 O tênis [tê(ê)nis. Ⓢ/圊 Ténisu (+).

teimái 弟妹【E.】Os irmãos e as irmãs mais novos. ⇨ imōtó; otōtó.

teimei 低迷【E.】**a)** A depressão; o fossar「a família」no fundo do abismo; **b)** A estagnação. ★ ~ *suru* 低迷する Parar; estagnar [~ *shite iru shikyō* 低迷している市況 O mercado parado].

téimen 底面【Geom.】A base. ◇ ~ **seki** 底面積 A área da ~.

téinei 丁寧 **1**「人に対する言動が親切で礼儀正しい事」A polidez; a delicadeza; a cortesia. ★ ~ *na* 丁寧な Polido; cortês; delicado; cordial; gentil [~ *na kotobazukai* 丁寧な言葉づかい A linguagem polida]. ~ *ni* 丁寧に Polidamente; delicadamente; cortesmente [*Dōmo go*~ *ni arigatō gozaimasu* どうも御丁寧にありがとうございます Muito agradecido (obrigado) pela sua gentileza]. ~ *sugiru* [*Baka* ~ *de aru*] 丁寧過ぎる[ばか丁寧である] Ser excessivamente polido [delicado demais]. ◇ ~ **go** 丁寧語 ⇨ keígo. Ⓢ/圊 Ingín; teíchō¹. **2**「注意が周到であるようす」O cuidado; o escrúpulo; a meticulosidade. ★ ~ *na oshiekata* 丁寧な教え方 O ensino dedicado [meticuloso/a pensar no aluno]. ~ *ni atsukau* 丁寧に扱う Tratar cuidadosamente [com (todo o) cuidado]. Ⓢ/圊 Nyūnén; tánnen.

teinén 定(停)年 A (idade de) aposentadoria [reforma]. ◇ ~ **sei** 定年制 O sistema de reforma.

teinō 低能 ⇨ báka.

teiō [óo] 帝王 O soberano; o monarca; o imperador; um césar. ★ ~ *no* 帝王の Monárquico. *Ongakukai no* ~ 音楽会の帝王 O imperador [rei] (do mundo) da música. ◇ ~ **sekkai(jutsu)** 帝王切開(術) A (operação) cesariana/cesárea.

teión¹ 低音 O som baixo [grave]. ★ ~ *de utau* 低音で歌う Cantar de baixo. ◇ ~ **kashu** 低音歌手 O baixo [baixista]. Ⓢ/圊 Básu. Ⓐ/反 Kōón.

teión² 低温 A temperatura baixa. ◇ ~ **sakkin** 低温殺菌 A esterilização a baixa temperatura. Ⓐ/反 Kōón.

teión³ 定温 A temperatura constante [fixa]. ◇ ~ **dōbutsu** 定温動物 O animal homeotermo [homeotérmico]. Ⓢ/圊 Kōón. Ⓐ/反 Heń'ón.

te-íppai 手一杯 O estar totalmente ocupado「com os filhos」; o estar mesmo no limite. ⇨ seí-íppai.

teiráku 低落 A baixa [queda]「da capacidade/popularidade/Bolsa」. ★ ~ *suru* 低落する Cair; baixar. Ⓢ/圊 Gerákú; teíká (+). Ⓐ/反 Kōtō.

te-iré 手入れ (< ⽥+iréru) **1**[修繕] O conserto「da casa」. ★ ~ (*o*) *suru* 手入れ(を)する Reparar; consertar. Ⓢ/圊 Shūri (+); shūzeń (+). **2**[世話] **a)** O cuidado; **b)** O corrigir [rever]「o manuscrito」. ★ ~ *ga ikitodoite iru* 手入れが行き届いている Estar bem cuidado「o jardim」. Ⓢ/圊 Sewá. **3**[警察の捜査] A batida [busca] policial.

teiréi 定例 **a)**「segundo」O ordinário; regular. ◇ ~ **kakugi** 定例閣議 A reunião ministerial ordinária. Ⓢ/圊 Kōréi; shikítári. Ⓐ/反 Rińji.

teirén 低廉【E.】⇨ ánka¹.

teíri 定理 O teorema「de Pitágoras」.

téiri² 低利 O juro baixo. ★ ~ *de kane o kasu* 低利で金を貸す Emprestar dinheiro a ~. Ⓢ/圊 Kōri.

teirítsu¹ 低率 A proporção baixa「de dois casos em (cada) mil」. Ⓐ/反 Kōrítsú.

teirítsu² 定率 A taxa fixa.

teiryō 定量 A quantidade fixa [determinada]. ◇ ~ **bunseki** 定量分析 A análise quantitativa.

teiryū¹ 停留【E.】A parada (B.) [paragem]. ◇ ~ **jo** 停留所 O lugar da ~.

teiryū² 底流【E.】A corrente subterrânea; a força oculta「que mais tarde desabrocha」. Ⓢ/圊 Ańryū.

teisái 体裁 **a)** A aparência; **b)** A maneira「da tese」; **c)** As aparências; o dizer [fazer] só para mostrar. ★ ~ *buru* 体裁ぶる Assumir [Dar-se] ares de importante. ~ *ga yoi* [*warui*] 体裁がよい[悪い] Ficar bem [mal]. ~ *jō* 体裁上「Para manter」as aparências. ~ *o tsukurou* 体裁を繕う Salvar as aparências. Ⓢ/圊 Gaíkań; gaíkań; gaíkeń; mikáké. ⇨ mefimókú; taímeń¹; téi¹.

teisátsu 偵察 O reconhecimento [A espionagem]. ★ ~ *suru* 偵察する Fazer ~「do território inimigo」. ◇ ~ **hikō** 偵察飛行 O voo de ~.

teiséi¹ 訂正 A corre(c)ção; a revisão. ★ ~ *suru* 訂正する Corrigir「os erros do exame」; rever「o livro」.

teiséi² 帝政 A monarquia; o regime imperial. ◇ ~ **Roshia** 帝政ロシア A Rússia czarista [da era dos czares]. ⇨ téi¹.

teiséi³ 低声【E.】⇨ ko-góé.

teiséi-búnseki 定性分析【Quím.】A análise qualitativa. Ⓐ/反 teíryōbúnseki.

teisén¹ 停戦「fazer」o armistício;「declarar」o cessar-fogo. ★ ~ *suru* 停戦する Parar a guerra; suspender as hostilidades. ◇ ~ **kōshō** 停戦交渉 As negociações do ~. ~ **kyōtei** 停戦協定 O acordo de ~; as tréguas. Ⓢ/圊 Kyūsén.

teisén² 停船 A detenção [paragem forçada] de navio. ◇ ~ **meirei** 停船命令 A ordem de ~.

teisétsu¹ 定説 A teoria vigente [reconhecida]; a opinião (comumente) aceite. ★ *Jūrai no* ~ *o kutsugaesu* 従来の定説をくつがえす Destruir [Deitar abaixo] a ~. Ⓢ/圊 Tsūsétsú.

teisétsu² 貞節 A fidelidade (conjugal). ★ ~ *o*

mamoru 貞節を守る Manter 〜 [Ser fiel]. S/同 Teíshúkú. A/反 Futéí. ⇨ teísó².

teishá 停車 A paragem [parada]. ★ 〜 *suru* 停車する Parar 「o carro」. *Kakueki* 〜 *no ressha* 各駅停車の列車 O comboio [trem] com paragem [que pára] em todas as estações. 〜 *eki* (+). 〜 *jikan* 停車時間 O tempo de 〜. S/同 éki (+). 〜 *jikan* 停車時間 O tempo de 〜. A/反 Hasshá. ⇨ chúshá²; teíryú¹.

teishi 停止 1 [物事の動きが止まること・止めること] O parar 「a procissão」(a meio do caminho). ★ 〜 *suru* 停止する Parar. 〜 *shingō* 停止信号 O semáforo [sinal de 〜/farol(B.)]. **Ichiji** 〜 一時停止 〜 um pouco [por momentos]. S/同 Seíshí. 2 [禁止] A proibição; a suspensão. ★ 〜 *suru* 停止する Suspender. ◇ *Shiharai* 〜 支払い停止 A suspensão de pagamento; a moratória. S/同 Kiñshí.

teishín¹ 艇身 O comprimento de um barco. ⇨ bashín.

teishín² 挺身【E.】O voluntário. ◇ 〜 *tai* 挺身隊 O corpo de 〜s.

teí-shísei 低姿勢 A atitude modesta; a posição moderada 「do primeiro-ministro」. A/反 Kóshísei.

teíshítsú 低湿 O ser baixo e (h)úmido. ◇ 〜 *chi* 低湿地 O lugar...; o pântano.

teishó 提唱 a) O propor 「a abolição dos armamentos」; b) O apresentar [explicar] 「uma doutrina」. ◇ 〜 *sha* 提唱者 O proponente; o propugnador [advogado] 「da paz」. ⇨ kósétsú³; téigi².

teíshókú¹ 定職 O emprego fixo; a ocupação estável. ★ 〜 *ga aru* [〜 *o motte iru*; 〜 *ni tsuite iru*] 定職がある[定職を持っている; 定職についている] Ter [Estar com] um/a 〜.

teíshókú² 定食 A refeição completa (Conjunto de pratos que fazem um todo). A/反 Ippíñ-ryóri.

teíshókú³ 抵触 O infringimento 「de lei」; o ser contra 「a a(c)tual teoria」. ★ *Hōki ni* 〜 *suru* 法規に抵触する Infringir o regulamento.

teíshu 亭主 1 [主人] a) O dono 「da loja」; o patrão; b) O hospedeiro. S/同 Áruji; shújin. 2 [夫] O marido. *Kare wa* 〜 *kanpaku da* 彼は亭主関白だ Ele é um 〜 mandão. ★ 〜 *o shiri ni shiku* 亭主を尻に敷く Mandar no 〜. S/同 Dañná; ottó (+); shújin (+). A/反 Nyóbō; tsúma.

teí-shúha [**úu**] 低周波 [Ele(c)tri.] A onda [O abalo 「do terramoto」] de baixa frequência. A/反 Kō-shúha.

teishúkú 貞淑【E.】A castidade; a fidelidade; a modéstia feminina. ★ 〜 *na* 貞淑な Casta; fiel; modesta. S/同 Teísétsú. ⇨ teísó.

teíshúnyū [**shúu**] 定収 (入) A renda fixa.

teíshútsú 提出 O entregar 「os documentos/o papel do exame」; o apresentar. ◇ *Jihyō o* 〜 *suru* 辞表を提出する Apresentar a demissão.

téiso 提訴 O apresentar um processo [uma queixa] em tribunal. ★ 〜 *suru* 提訴する Processar 「alguém por danos」.

teisó 貞操 A castidade; a virgindade. ◇ 〜 **kannen** 貞操観念 O sentido [conceito] de 〜.

teisókú 低速 Pouca velocidade. A/反 Kōsókú.

teisókú-sū 定足数 O quórum. ★ 〜 *ni mitanai* 定足数に満たない Não atingir o 〜. 〜 *ni tassuru* 定足数に達する Atingir o 〜. ⇨ teíñ; teísú.

teísū¹ 定数 1 [一定の数] O número estabelecido [fixo]; o quórum. 〜 *o waru* 定数を割る Não chegar ao [para o] 〜. ⇨ teíñ. 2 [ある決まった数値]【Mat.】A constante. ◇ 〜 *hirei* 定数比例【Quím.】A proporção constante. S/同 Fuhénsū; jósū; kósū. A/反 Heñsū.

teísúru¹ 呈する 1 [贈る] Dar 「um conselho」; apresentar. ★ *Sanji o* 〜 賛辞を呈する Fazer [Dar] elogios; elogiar. S/同 Okúrú (o); sashíágérú (+); shiñtéí súrú (+). 2 [示す] Mostrar; apresentar; dar sinais 「de recuperação」. ★ *Kakki o* 〜 を呈する Mostrar-se animado. S/同 Shímésu (+).

teísúru² 挺する【E.】Oferecer. ★ *Mi o* 〜 身を挺する Oferecer-se voluntariamente [como voluntário]. ⇨ teíshíñ².

te-ítáí 手痛い Severo; duro; 「um erro」sério; doloroso. ★ 〜 *dageki o ukeru* 手痛い打撃を受ける Sofrer duro golpe. S/同 Hídóí; tehídói.

teítáí 停滞 A estagnação; a acumulação 「de trabalho atrasado」; o congestionamento 「de mercadoria」. ★ 〜 *shita kamotsu* 停滞した貨物 A carga acumulada. ◇ 〜 *zensen* 停滞前線 A frente estacionária 「de ar frio」. ⇨ jūtáí².

teítáraku 体たらく【G.】O estado 「miserável」; a aparência. *Nan to iu* 〜 *da* 何という体たらくだ Em que estado estás! [Estás mesmo bonito! (Ironia)]. S/同 Arísama (o); kakkó (+); yósú (+); zamá (+).

téiten 定点【Mat.】O ponto fixo. ◇ 〜 **kansatsu** 定点観察 A observação de um 〜.

teítétsú 蹄鉄 A ferradura.

teitō 抵当 A hipoteca. ★ 〜 *ni haitte iru* [〜 *ni irete aru*] 抵当に入っている[抵当に入れてある] Estar hipotecado. 〜 *ni suru* [*ireru*] 抵当にする [入れる] Hipotecar. ◇ 〜 *butsu* [**bukken**] 抵当物 [物件] A coisa hipotecada. 〜 *ken* 抵当権 O direito hipotecário [〜 *ken o settei suru* 抵当権を設定する Estabelecer o direito hipotecário]. 〜 **kenja** 抵当権者 O credor hipotecário. 〜 **nagare** 抵当流れ A hipoteca não resgatada. **Ichi-ban** [**Ni-ban**] 〜 一番 [二番] 抵当 A primeira [segunda] 〜.

teítóku 提督 O almirante 「Gago Coutinho」.

teítón 停頓 A paralisação 「das obras」; o impasse 「nas negociações」. S/同 Jútáí (+); teítáí² (o).

teíyō 提要【E.】Um sumário [compêndio/Uma sinopse] 「de literatura japonesa」.

teíyoku 体よく (< 体 + yói) Diplomaticamente; polidamente. ★ 〜 *kotowaru* 体よく断る Recusar 〜. S/同 Teísáí yóku.

teizō 逓増【E.】O aumento gradual 「dos impostos em relação aos rendimentos」. S/同 Zañzó (+). A/反 Téigén.

teizókú 低俗 O ser 「literatura」vulgar [baixo/pobre]. ★ 〜 *na zasshi* 低俗な雑誌 Uma revista vulgar [fraca/para ignorantes/sem categoria]. S/同 Gehín; teíkyū. ⇨ Kōshō.

te-jákú 手酌 (< 手 + shakú) O servir-se a si mesmo de vinho. ★ 〜 *de nomu* 手酌で飲む Beber servindo-se a si mesmo 「não sabe bem」.

te-jíká 手近 (< 手 + chíká) O estar perto [à mão]. ★ 〜 *na rei o ageru* 手近な例を挙げる Citar [Dar] um exemplo familiar/comesinho. 〜 *ni* 手近に Perto; 「ter as coisas」à mão 「〜 *ni aru mono de daiyō suru* 手近にあるもので代用する Usar, outra coisa [, como substituto, o que tem à mão]」. S/同 Mi-jíká.

tejina 手品 O truque; a mágica. ◇ 〜 *o tsukau* 手品を使う Usar 〜. ◇ 〜 **shi** [**tsukai**] 手品師 [使い] O mágico; o ilusionista. S/同 Kíjutsu.

tejṓ 手錠 As algemas. ★ ～ *o kakeru* [*hazusu*] 手錠を掛ける[はずす] Pôr [Tirar] ～. [S/同] Tékase.
te-júń 手順 O processo; a ordem; o plano; o programa; o curso; as providências. ★ ～ *ga kuruu* 手順が狂う Falhar o plano. ～ *yoku* 手順よく Sem contratempos; segundo o programa. [S/同] Dańdórí; téhazu.
te-kágami 手鏡 O espelho de mão.
te-kágen 手加減 **1** [手ごころ] A consideração; o ter em conta. ★ ～ *suru* 手加減する … [S/同] Tegókoro. **2** [こつ] O jeito. [S/同] Kotsú (+).
te-kágí 手鉤 O gancho (para agarrar coisas).
te-kágó 手籠 O cabaz; o cesto; a cesta.
té-kase 手枷 As algemas. ★ ～ *ashi-kase o hamerarete iru* 手枷足枷をはめられている Estar acorrentado de pés e mãos. [S/同] Tejṓ (+). ⇨ ashí-kásé.
tékateka てかてか【On.】★ ～ *hikaru* [*suru*] てかてか光る[する]「metal polido/cara suada」Luzir [Brilhar].
té-kazu 手数 **1** [面倒] O trabalho; o incó[ô]modo; o aborrecimento. ★ ～ *ga kakaru shigoto* 手数がかかる仕事 Uma obra que exige muito trabalho [dá muito incómodo]. [S/同] Meńdṓ (o); tesū́ (+). ⇨ temá. **2** [碁・将棋の] Os movimentos. ★ ～ *o yomu* 手数を読む Adivinhar ～ do adversário/oponente.
tekí[1] 敵 O inimigo; o adversário; o antagonista; o concorrente; o rival. ～ *nagara appare na furumai da* 敵ながら天晴れな振る舞いだ Apesar de ser inimigo temos de reconhecer a sua bravura. ★ ～ *ni naru* 敵になる Ficar/Tornar-se inimigo. ～ *ni ushiro o miseru* 敵に後ろを見せる Virar (as) costas ao inimigo. ～ *o yaburu* 敵を破る Derrotar ～. *Minshū no* ～ 民衆の敵 O inimigo do povo. *Mukau tokoro* ～ *nashi* 向かう所敵なし Não há adversário para [que se atreva contra] ele. *Ōku no* ～ *o tsukuru* 多くの敵を作る Fazer muitos inimigos; provocar muitas inimizades. [S/同] Katákí. [A/反] Mikátá.
-téki[2] 滴 O pingo; a gota. ★ *Ni, San-* ～ *tarasu* 二, 三滴たらす Deitar [Deixar cair] duas ou três gotas.
tekí[3] 的 (Suf. que muda o sub. em adj.) -ico; -ífico; -oso; -al. ◇ ⇨ **keizai ～**. ⇨ -jō[7]; -rashíí.
te-kíbíshíi 手厳しい Severo; duro; cruel; mordaz; impiedoso. ★ ～ *hihan* 手厳しい批判 A crítica ～. [S/同] Hidói; kibíshíí (+); te-hídói.
téki-chi 敵地 O país [território] inimigo. ★ ～ *e* [*ni*] *norikomu* 敵地へ[に]乗り込む Penetrar no ～.
tekíchū́ 的[適]中 O acertar「no alvo」. *Kare no sōzō* [*yogen*] *wa migoto* ～ *shita* 彼の想像[予言]は見事的中した Ele adivinhou! [S/同] Meíchū́.
tekídáń[1] 敵弾 O projé(c)til [fogo] inimigo. ★ ～ *ni taoreru* 敵弾に斃れる Tombar sob o fogo inimigo.
tekídáń[2] 擲弾 A granada de mão.
tékido 適度 A moderação; o devido grau. ★ ～ *na undō* 適度な運動 O exercício conveniente/moderado. [S/同] Hodóhódó. [A/反] Kádo.
téki-futeki 適不適 (Abrev. de "tekítṓ futékitō") O「método」ser ou não ser bom. *Kono shigoto wa hito ni yotte* ～ *ga aru* この仕事は人によって適不適がある Este trabalho não é para todos. [S/同] Téki-hi (+). ⇨ káhi[1].
tekígái-shin 敵愾心 O sentimento hostil; a hostilidade; a inimizade; a animosidade. ★ ～ *o aoru* [*okosaseru*] 敵愾心をあおる[起こさせる] Provocar [Excitar] ～.
tekí-gáwá 敵側 O lado (do) inimigo.
tékigi 適宜 O ser adequado [apropriado]. ★ ～ *no shochi o suru* 適宜の処置をする Tomar as medidas adequadas. ⇨ tekítṓ; zuí-í.
tekígṓ 適合 A conformidade; a adaptação. ★ ～ *suru* 適合する Adaptar-se「a」; estar em conformidade「com」[～ *saseru* 適合させる Adaptar; acomodar; tornar compatível. *Jidai ni* ～ *shita kangae* 時代に適合した考え A ideia compatível com a época.
tekí-gúń 敵軍 As forças inimigas.
tekíhátsú 摘発 O descobrir. ★ *Datsuzei o* ～ *suru* 脱税を摘発する Descobrir a fuga aos impostos.
tekí-héí 敵兵 O soldado inimigo.
téki-hi 適否【E.】O ser ou não ser bom「para o cargo」. [S/同] Téki-futeki.
tekí-hṓ 適法「a medida/o herdeiro」Legal. ★ ～ *ni* 適法に Legalmente. [S/同] Gṓhṓ. [A/反] Ihṓ.
tekíhyṓ 適評 A crítica「de livro」bem feita; o comentário acertado.
tékii 敵意 A hostilidade; a inimizade. ★ ～ *o idaku* [*motsu*] 敵意を抱く[持つ] Ter sentimentos hostis. ～ *o shimesu* 敵意を示す Manifestar ～.
tékiji 適時 O momento próprio. ◇ **～ da** 適時打【Beis.】A batida mesmo na hora.
tekí-jíń 敵陣 O campo (do) inimigo; a posição inimiga. ★ ～ *o toppa suru* 敵陣を突破する Penetrar no [na] ～ (rompendo as linhas de defesa).
tekíjṓ 敵情 A posição [Os movimentos] do inimigo.
tekíkákú[**tekkákú**][1] 的確 O ser preciso [exa(c)to; infalível]. ★ ～ *na handan o kudasu* 的確な判断を下す Julgar com justeza; dar um juízo exa(c)to. *Jōsei o* ～ *ni tsukamu* 情勢を的確につかむ Compreender exa(c)tamente [bem] a situação. ⇨ táshika.
tekíkákú[**tekkákú**][2] 適格 O ser competente [apto]; o ter qualidades「para ser médico」. ◇ **～ sha** 適格者 A pessoa qualificada [competente].
tekí-káń 敵艦 O navio de guerra inimigo.
tekí-kókú[**tekkókú**] 敵国 O país inimigo.
tekíméń 覿面 O ser imediato. ★ ～ *ni* 覿面に「A dor parou」imediatamente [logo].
tekí-míkátá 敵味方 Os amigos e os inimigos; as duas fa(c)ções. ★ ～ *ni wakareru* 敵味方に分かれる Estar divididos (entre si).
tekíń 手金 O sinal [depósito]. [S/同] Tetsúké(kíń) (+). ⇨ uchíkín.
tekíníń 適任 O ser apto; a competência. *Kare ga chīmu no rīdā ni* ～ *ka dō ka utagawashii* 彼がチームのリーダーに適任かどうか疑わしい Não sei se ele tem ～ para líder da equipa. ◇ **～ sha** 適任者 A pessoa competente [qualificada]. [S/同] Tekíyákú; tekízáí.
tekíṓ 適応 **a**) A adaptação「às mudanças」; **b**) O convir [aplicar-se]「a este caso」. ★ *Kankyō ni* ～ *suru* 環境に適応する Adaptar-se ao ambiente. ◇ **～ sei** 適応性 A adaptabilidade [flexibilidade].
tékipaki てきぱき Prontamente; rapidamente; desembaraçadamente. ★ ～ *to koto o hakobu* てきぱきと事を運ぶ Agir de forma desembaraçada [Despachar num instante].
tekíréí 適例【E.】O exemplo bom [apropriado; adequado]. ★ ～ *o shimesu* 適例を示す Indicar um ～ [caso típico]「como prova」. [S/同] Kṓréí.
tekíréi-ki 適齢期 A nubilidade; a idade casadoira.
tekíryṓ 適量 A quantidade apropriada「de bebida」; a dose. ★ ～ *o sugosu* 適量を過ごす Exceder a

[Passar da] ~.

tekíséí[1] 適正 O ser próprio. ★ ~ na hyōka 適正な評価 Justo apreço. ◇ ~ **ka** 適正化 A racionalização. ~ **kakaku** 適正価格 O preço razoável.

tekíséí[2] 適性 A aptidão. ◇ ~ **kensa** 適性検査 O teste vocacional [de ~]. **Shokugyō** 職業適性 ~ profissional.

tekíséí[3] 敵性 (O cará(c)ter hostil). ◇ ~ **kokka** 敵性国家 O país hostil.

tekísétsú 適切 O ser conveniente [pertinente; próprio; devido; adequado]. ★ ~ na shiji o ataeru 適切な指示を与える Dar as devidas instruções. ~ ni 適切に Convenientemente; 「explicar」 adequadamente. S/同 Dat̄o; shitō; tekítō (+).

tékishu 敵手【E.】「cair nas」Mãos do inimigo. S/同 Tekí[1] (+). ⇨ kō-tékishu.

tekíshū 敵襲 O ataque (do) inimigo. ★ ~ ni sonaeru 敵襲に備える Precaver-se contra ~. ⇨ shūgékí.

tekíshútsú[1] 摘出 **a)** A extra(c)ção「de um quisto」; **b)** O expor「uma injustiça」. ★ Dangan no hahen o ~ suru 弾丸の破片を摘出する Extrair os estilhaços da bala. ~ nukí-dásu; torí-dású.

tekíshútsú[2] 剔出 ⇨ tekíshútsú[1].

tekísúru[1] 適する **a)** Ser adequado [próprio; conveniente]; **b)** Ser qualificado [competente; apto] 「para professor」. ★ Yasai saibai ni tekishita tochi 野菜栽培に適した土地 A terra boa para hortaliças. S/同 Atéhámáru; áu; fusáwáshíí; kanáu.

tekísúru[2] 敵する 【E.】 **1** [敵対する] Ser inimigo [contra]. S/同 Tekítáí súrú (+). **2** [匹敵する] Ser rival「para ti」. S/同 Hittéki súrú (+).

tekítáí 敵対 A hostilidade; o antagonismo. ◇ ~ **kōi** 敵対行為 A a(c)ção hostil. ⇨ tekísúru[2] **1**.

tekítō 適当 **a)** Ser conveniente [adequado; próprio]; **b)** O ser moderado [necessário]「exercício」; **c)** Ser como「você」quiser. Ima kare ni subete o shiraseru no wa ~ de nai 今彼にすべてを知らせるのは適当でない Não é conveniente informá-lo de tudo neste momento. ★ ~ na rei o agete setsumei suru 適当な例を挙げて説明する Explicar com bons exemplos. ~ na toki ni 適当な時に No momento propício [próprio]. ~ ni yatte kudasai 適当にやって下さい Faça como achar melhor. ◇ **Fu** ~ 不適当 O não ser conveniente.
S/同 Dat̄o; shitō; tékido; tekísétsú.

tekíyá 的屋 O charlatão; o impostor.

tekíyákú[1] 適役 O cargo adequado. Kanojo wa masa-ni kono yaku ni ~ da 彼女はまさにこの役に適役だ Ela é a mais adequada para este cargo [papel]. S/同 Tekíníñ (+) ; tekízáí.

tekíyákú[2] 適訳 A boa tradução; a tradução exa(c)ta [precisa].

tekíyō[1] 適用 A aplicação. Kono kisoku wa miseinensha ni wa ~ sarenai この規則は未成年者には適用されない Esta lei não se aplica aos menores (de idade). ◇ ~ **han'i** 適用範囲 O âmbito de ~.

tekíyō[2] 摘要 【E.】 O resumo; o sumário「da conferência」. S/同 Nukí-gáki.

tekízáí 適材 A pessoa certa [mais indicada]「para o posto」. ◇ ~ **tekisho** 適材適所 ~ no lugar certo. S/同 Tekínín-sha (o); tekíyákú (+).

tekízén 敵前 Diante [A frente] do inimigo. ◇ ~ **tōbō** 敵前逃亡 A fuga à vista do inimigo.

té-kizu 手傷 O ferimento「em combate」. ★ ~ o ou 手傷を負う Ser [Ficar] ferido.

tekká 鉄火 **1** [焼いた鉄] O ferro em brasa. **2** [銃火] O fogo「das armas/dos canhões」. S/同 Júka. **3** [まぐろを使った料理]【Cul.】Um prato de atum. ◇ ~ **don** (**buri**) 鉄火丼 Uma malga de arroz com postinhas de atum no cimo. ~ **maki**.

tekkái 撤回 A revogação; a retra(c)tação; a anulação. ★ Shobun no ~ o motomeru 処分の撤回を求める Solicitar ~ do castigo. S/同 torí-ságéru; tettáí.

tekká-máki 鉄火巻 As postas de atum enroladas em arroz cozido e cobertas com algas.

tekkán 鉄管 O tubo [cano] de ferro.

tekkén 鉄拳 O croque; o carolo. ◇ ~ **seisai** 鉄拳制裁 A punição com um ~ (na cabeça). S/同 Geñkótsú (+). ⇨ kobúshí[1]; nigírí-kóbushi (+).

tékki 敵機 O avião (do) inimigo.

tekkí[2] 鉄器 O obje(c)to de ferro. ◇ ~ **jidai** 鉄器時代 A Idade do Ferro.

tekkín 鉄筋 A barra de aço. ◇ ~ **konkurīto** 鉄筋コンクリート O cimento armado; o betão [concreto].

tekkíri てっきり Sem sombra de dúvida. ~ kare ni damasareta to omotta てっきり彼にだまされたと思った Estava convencido (de) que tinha sido enganado por ele. S/同 Kittó; machígáí-náku.

tekkō[1] 鉄鋼 O ferro e o aço. ◇ ~ **gyō** 鉄鋼業 A indústria siderúrgica. S/同 Hagáné; kōtétsu.

tekkō[2] 鉄鉱 O minério de ferro.

tekkō[3] 鉄工 O trabalho em ferro. ◇ ~ **jo** [**jō**] 鉄工所[場] A fundição (de ferro) [ferraria].

tekkótsu 鉄骨 O arcabouço [A armação] de ferro.

tékkusu テックス (< Ing. texture < L.) A textura.

tékkyo 撤去 O retirar; a remoção「do obstáculo」. ★ ~ suru 撤去する Retirar; demolir「as instalações」; remover. S/同 Jókyo; tesshū.

tekkyō 鉄橋 A ponte de ferro.

téko 梃・梃子 A alavanca. Kare wa ~ demo ugokanakatta 彼は梃でも動かなかった Ele manteve-se firme. ◇ ~ **ire** 梃入れ O apoio [A ajuda] especial [Kigyō ni ~ ire suru 企業に梃入れする Salvar uma empresa].

te-kónimotsu 手小荷物 A bagagem de mão.

te-kózúru 手古ずる Estar em apuros; não saber o que fazer. Kono shigoto ni wa zuibun tekozutte iru この仕事にはずいぶんてこずっている Este serviço dá-me um trabalhão! S/同 Heñkō súrú; motéámásu.

te-kúbari 手配り O arranjar. ★ ~(o) suru 手配り(を)する Tratar; dispor.

te-kubi 手首 O pulso.

tékuda 手管 O ardil; a manha; o truque. ★ Onna no ~ ni kakaru 女の手管にかかる Ser vítima das manhas de uma mulher. ◇ ⇨ **téren** ~.

tekúníkárú-támu テクニカルターム (< Ing. technical-term < L. < Gr.) O termo técnico. S/同 Señmóñ-yōgo (+).

tekúnikku[**tekúniku**] [**áa**] テクニック [テクニーク] [ii] (< Ing. technic < Gr.) A técnica. S/同 Gíjutsu; gikō.

tekúníshan テクニシャン (< Ing. technician) O técnico.

te-kúrágari 手暗がり A sombra da mão「não me deixa escrever bem」.

tekúru てくる【G.】Ir a pé [no burrinho de S. Francisco]. ⇨ tékuteku.

te-kúsé 手癖 O deitar a unha (mão). ★ ~ ga warui 手癖が悪い Ser ladrão.

tékuteku てくてく【G.】À pat(inh)a. ★ ~ aruku

temá 1248

てくてく歩く Ir ~. ⇨ tekúru.

temá 手間 **1**［時；労力］**a**）O tempo; **b**）O trabalho. *O-~ wa torasemasen* お手間は取らせません Não lhe vou tomar muito tempo. ~ *o habuku* 手間を省く Poupar tempo [trabalho]. ◇ **~ shigoto** 手間仕事 **a**）O serviço trabalhoso [moroso]; **b**）O trabalho à peça. ⇨ jikán¹; rōryoku; té-kazu. **2**［手間賃］O pagamento pelo trabalho. *~ o shiharau* 手間を支払う Pagar o trabalho. Ⓢ同 temá-chin (+).

téma [ée] テーマ (< Al. < Gr. thema) O tema; o assunto. ◇ **~ songu** テーマソング O tema musical「do filme」. Ⓢ同 Shudái.

temá-chin 手間賃 O pagamento pelo trabalho.

temáe 手前 **1**［私］【G.】Eu. ★ ~ *domo de wa* 手前共では Nós. Ⓢ同 Watá(kú)shi (+). **2**［お前］【G.】Você; tu. Ⓢ同 Omáe (+). **3**［こちら］Este lado [Para cá/Antes]. ★ *Handoru o ~ ni hiku* ハンドルを手前に引く Puxar o manípulo「da porta」para si/cá. Ⓢ同 Kochírá. Ⓐ反 Sakí. **4**［体面］Em consideração [Por respeito]「a」. ★ *Hito-sama no ~* 人様の手前 às outras pessoas. ⇨ meńmókú; taímén¹; teísáí. **5**［茶道の］O procedimento [Os modos/movimentos] na arte do chá. **6**［腕前］A habilidade. Ⓢ同 Te-nami; udémáe (+).

temáe-gátte 手前勝手【G.】(<⋯ + katté) O egoísmo [capricho]; o interesse pessoal. ★ ~ *na* 手前勝手な Egoísta. Ⓢ同 Jibún kátte (o); mi-gátte (+).

temáe-míso 手前味噌【G.】**1**［自家製味噌］O "miso" caseiro. **2**［自慢］A jactância; a vanglória. ★ ~ *o iu* [*naraberu*] 手前味噌を言う [並べる] Vangloriar-se [Elogiar-se a si mesmo]. Ⓢ同 Jíga jisan; jimán (o).

temá-hima 手間隙 O trabalho/tempo. Ⓢ同 Temá **1** (+).

te-mákura 手枕 O apoiar a cabeça sobre o braço.

té-mame 手まめ **1**［まめなこと］A assiduidade; a diligência; a aplicação. Ⓢ同 Mamé (+). **2**［器用］A habilidade; a destreza. Ⓢ同 Kíyō (+).

té-mane 手真似 A gesticulação; o gesto; o sinal com as mãos. ★ ~ *de shiraseru* 手真似で知らせる Avisar por ~s. Ⓢ同 Jésuchá; míburi; tébúri.

te-máneki 手招き (<⋯ + manéku) O chamar [fazer sinal] com a mão.

te-mari 手鞠 A bola [péla] japonesa. ◇ **~ uta** 手鞠唄 A canção que se canta quando se brinca [com a] ~.

te-máwari 手回り O alcance da mão. ◇ **~ hin** 手回り品 Os obje(c)tos de uso pessoal.

te-máwashi 手回し **a**) O preparar; **b**) A manivela [O girar à mão]. *Nan to ~ no yoi koto* 何と手回しのよいこと Como está tudo bem preparado! ⇨ hayá-té-máwashi; téhai; téhazu.

temé 手前【Chu./G.】Tu; vôce. *Sonna koto, ~ no shitta kotcha né* [*koto dewa nai*] そんなこと，手前の知ったこっちゃねえ [ことではない] Isso não é da tua conta! ⇨ temáe.

te-mijiká 手短か (<⋯ + mijikái) O ser breve. ~ *ni ieba* 手短かに言えば Em poucas palavras; para ser breve. Ⓢ同 Karyákú. ⇨ tettóríbáyai.

te-míyage 手土産 O presente que se leva ao visitar alguém.

-témo ても Ainda que; mesmo que. *Itte mo ii desu ka* 行ってもいいですか Posso ir? *Kare wa i ~ inaku ~ onaji da* 彼はいてもいなくても同じだ Tanto faz que ele esteja como não. ★ *Donna ni tsuraku ~* どんなにつらくても Por mais penoso [custoso] que seja. *Nani ga at ~* 何があっても Aconteça o que acontecer [Haja o que houver].

te-móchi 手持ち (<⋯ + mótsu) O ter disponível. ★ ~ *no gaika* 手持ちの外貨 As reservas de divisas estrangeiras.

temóchi-búsata 手持ち無沙汰 O tédio por não ter que fazer. ⇨ taíkútsú.

té-mo-naku 手もなく【G.】Facilmente;「ganhar o jogo」sem nenhuma dificuldade. Ⓢ同 Kańtán ní (o); yasúyásu to (+); yōí ní (+).

te-móri 手盛り (<⋯ + mórú) **1**［自分で食器につぐこと］O servir-se (de comida) a si próprio. **2**［自分勝手にきめること］O decidir em proveito próprio. ◇ **O-~ yosan** お手盛り予算 O orçamento bom para os que o fazem.

te-mótó 手元［許］ **1**［手のとどく近い所］O alcance da mão. ★ ~ *no* [*ni aru*] *shiryō* 手元の [にある] 資料 Os dados disponíveis [que se têm à mão]. Ⓢ同 Miíjíká; tejíká. **2**［手元金］O dinheiro disponível. ★ ~ *ga funyoi de aru tame* 手元が不如意である Precisar de dinheiro. Ⓢ同 Temótókín. ⇨ kaíchū². **3**［手の動かし工合］A mão. ★ ~ *ga kuruu* 手元が狂う Falhar ~「e cair de costas」. **4**［ひざもと］Junto de si. ★ *Hitori-musume o ~ ni oku* 一人娘を手許に置く Querer ter a filha única ~. Ⓢ同 Hizámótó.

temótok-kín 手元［許］金 O dinheiro disponível. Ⓢ同 Temótó **2** (+).

te-múkai 手向かい A resistência; a oposição. Ⓢ同 Teíkṓ.

tén¹ 天 **1**［空］O ar [céu/firmamento]. ~ *ni mo noboru kokochi* 天にも昇る心地 O querer ver [Grande sensação alegria]. ~ *o aogu* 天を仰ぐ Levantar os olhos para o céu. Ⓘ/慣用 ~ *ni tsuba suru ta* 天につばする Quem cospe para o ar, na cabeça lhe cai. ~ *takaku uma koyuru aki* 天高く馬肥ゆる秋 O outono com céu azul e os cavalos bem gordos. Ⓢ同 Sóra. Ⓐ反 Chi. **2**［天意］O céu; a Providência; Deus. ★ ~ *kara no sazukarimono* 天からの授かりもの O presente do céu. ~ *no tasuke o kou* 天の助けを請う Pedir ajuda a Deus. *Un o ~ ni makaseru* 運を天に任せる Confiar na Providência. Ⓟことわざ ~ *wa nibutsu o ataezu* 天は二物を与えず Aproveita a oportunidade, que os deuses não te dão outra. ⇨ kámí¹; tén¹i². **3**［天国］O céu; o paraíso. Ⓢ同 Téngóku. Ⓐ反 Jígókú.

tén² 点 **1**［ぽち］A malha; o ponto; a pinta. *Kotori wa ~ to natte sora no kanata e kiete itta* 小鳥は点となって空のかなたへ消えて行った O passarinho, como um pontinho, desapareceu na imensidão do céu. Ⓢ同 Póchi.

2［記号］O ponto [sinal de pontuação]. ★ ~ *o utsu* 点を打つ Pontuar [Pôr ponto]. ⇨ shōsū-ten; tōten².

3［評点］A nota. *Kare no rekishi no ~ wa nanajutten dátta* 彼の歴史の点は70点だった Ele em História foi setenta. ★ ~ *ga amai* [*karai*] 点が甘い [辛い] Ser generoso [severo] nas notas. ~ *o kasegu* 点をかせぐ Conseguir [Tirar] boas notas. ~ *o tsukeru* [*ataeru*] 点を付ける [与える] Dar notas; avaliar. *Yoi* [*Warui*] ~ *o toru* よい [悪い] 点を取る Tirar uma nota boa [fraca/má]. Ⓢ同 Hyṓtén. ⇨ seíséki.

4［競技の得点］O ponto. ★ ~ *o eru* [*ireru*; *toru*] 点を得る [入れる；取る] Ganhar [Marcar; Fazer] ~s

[Ni-~ toru 2 点取る Marcar dois ~s]. ⓢ/㊥ Tokútén.
5 [論点; 個所; 側面] **a)** O ponto; **b)** O ponto de vista; o aspecto. ★ *Dono ~ kara mite mo* [*Subete no ~ ni oite*] どの点から見ても [全ての点において] Sob todos os pontos de vista. ★ *Jūyō na ~ o memo suru* 重要な点をメモする Anotar os pontos importantes. *Keihi no ~ kara itte* 経費の点から言って Do ponto de vista financeiro. ⓢ/㊥ Kénchi; roñtén; kánten. **6** [品物の数] A peça; o artigo. ★ *Irui sū-~* 衣類数点 Algumas peças de roupa; alguns artigos de vestuário. **7** [地点; 程度] O ponto; o grau. ★ *Dono ~ made* どの点まで Até que ponto. ◇ **Shuppatsu ~** 出発点 O ponto de partida. ⇨ chíten; téido.

tén³ 貂【Zool.】A marta; *martes melampus*.

téna テナー (< Ing. tenor < I.) O tenor. ⓢ/㊥ Tenóru.

tenábé 手鍋 O tacho [A panela]. ★ *~ sagete mo* 手鍋下げても Mesmo que viva pobre「quero casar contigo」.

te-nágé-dan 手投げ弾 (< … + *nagéru* + …) A granada de mão. ⓢ/㊥ Teryúdan (+); shuryúdan (o).

te-nágúsámí 手慰み **1** [手遊び] O brincar [entretimento] com os dedos. ⓢ/㊥ Te-ásobi; te-súsabi (+). **2** [ばくち] O jogo de azar.

te-náishoku 手内職 O trabalho manual [à peça] (feito) em casa. ⇨ naíshóku.

té-nami 手並み A habilidade; a mão. *Dewa o-~ haiken to ikimashō* ではお手並み拝見といきましょう Vamos então ao desafio para ver quem é bom nisto. ⓢ/㊥ Gíryō; temáé **6**; udémáé (+).

te-náoshi 手直し (< … + *naósu*) A emenda「até ficar bem」; o retoque. ★ *~ suru* 手直しする Emendar; retocar. ⓢ/㊥ Shúséi.

te-nárai 手習い **1** [習字] (A aprendizagem de) caligrafia. ⓢ/㊥ Shújī (+). **2** [けいこ] A aprendizagem; o treino; o exercício. ★ *Rokujū no ~* 六十の手習い Nunca é tarde para aprender. ⓢ/㊥ Kéiko (+); reñshū (o). ⇨ shugyō.

te-nárashi 手馴らし (< … + *narásu*) O exercício; a prática「para ver se escrevo bem」.

te-náréru 手慣れる Adquirir habilidade; acostumar-se. *Kare no ryōri wa nakanaka tenareta mono da* 彼の料理はなかなか手慣れたものだ Ele é um cozinheiro de primeira.

te-názúkeru 手懐ける **a)** Domesticar「elefantes」; **b)** Ganhar a confiança. ★ *Buka o ~ 部下を手懐ける* ~ *dos subordinados.* ⓢ/㊥ narásu².

ténba 天馬【E.】O pégaso. ⇨ méiba.

teñbái 転売 A revenda. ★ *~ suru* 転売する Revender; tornar a vender. ⓢ/㊥ Matá-úri.

tén-batsu 天罰 O castigo divino; a vingança dos deuses. ★ *~ tekimen* 天罰覿面 Imediata é a ~. *~ ga kudaru* 天罰が下る Cair (sobre alguém) (~). ⓢ/㊥ Shínbatsu.

teñ-biki 天引き (< … + *hikú*) O desconto ou a dedução na fonte [origem]. ★ *~ suru* 天引きする Descontar [Deduzir]「do salário」na fonte.

teñbín 天秤【はかり】A balança. ★ *~ ni kakeru* 天秤にかける **a)** Pôr [Pesar] na ~; **b)** Sopesar [Ver] os prós e contras「do plano」. ⇨ hakári. **2** [⇨ teñbín-bō].

teñbín-bō 天秤棒 A recoveira. ★ *~ de katsugu* 天秤棒で担ぐ Transportar em [com] ~.

Teñbín-za 天秤座【Astr.】A Balança; a Libra.

teñbō 展望 **a)** A vista; o ponto de vista; **b)** As perspectivas「da economia para o ano」. ★ *~ ga kiku* 展望がきく Ter uma vista ampla. *~ o samatageru* 展望を妨げる Obstruir [Tirar] a vista. *Keizaikai o ~ suru* 経済界を展望する Passar em revista (o mundo d)a economia. ◇ **~ dai** 展望台 O mirante; o miradouro. ⓢ/㊥ Mihárāshi.

teñbún 天分 O talento [dom] natural. ★ *~ no aru* [*yutaka na*] 天分のある [豊かな] Talentoso; bem dotado (*Gogaku no ~ no aru hito* 語学の天分のある人 A pessoa com jeito [~] para línguas). *~ o hakki suru* 天分を発揮する Mostrar o seu ~. ⓢ/㊥ Saínó (+); soshítsú (o).

teñbyō 点描 O esboço. ★ *~ suru* 点描する Esboçar [Fazer um ~]. ⓢ/㊥ Sukétchi (+).

tén-chi¹ 天地 **1** [天と地] O céu e a terra; o universo; a natureza. ★ *~ no sa* 天地の差 A diferença da noite para o dia [entre dois pólos opostos]. *~ shinmei ni chikau* 天地神明に誓う Jurar por tudo [pelos deuses do céu e da terra]. ◇ **~ kaibyaku** 天地開闢 の kaibyákú. ~ **sōzō** 天地創造 A Criação. ⇨ jímen; sóra¹. **2** [上下] O topo e a base. ◇ **~ muyō** 天地無用 Este lado para cima/Não voltar ao contrário! ⓢ/㊥ Jóge. **3** [世界] O mundo; a esfera. ★ *Bettenchi ni sumu* 別天地に住む Viver num mundo diferente. ⓢ/㊥ Sékai (o); úchū; yo no naka (+).

teñchi² 転地 A mudança de ares. ◇ **~ ryōhō** 転地療法 ~ como terapêutica.

teñchō 天頂 O zé[ê]nite. ⓢ/㊥ Itádákí (+); teppén (o).

teñchū 天誅【E.】O castigo do céu. ★ *~ o kuwaeru* 天誅を加える Castigar [Matar] em nome do céu. ⓢ/㊥ Téñbatsu.

teñdé てんで【G.】Completamente「tonto」;「ele não sabe」absolutamente「nada」. *Kare wa ~ aite ni sarenakatta* 彼はてんで相手にされなかった Não lhe prestaram a mínima atenção/Ele foi completamente ignorado por todos; ⓢ/㊥ Marúdé; marúkkírí (+); téñkara; zeñzén (o).

teñdéñbarabara てんでんばらばら【G.】A diversidade. ★ *~ na iken* てんでんばらばらな意見 As opiniões mais diversas/divergentes.

teñdé-ni [**teñdéñ-ni**] てんでに [てんでんに]【G.】Cada um; cada qual; respectivamente; separadamente. *~ suki na mono o taberu* てんでに好きなものを食べる Comer cada qual daquilo que gosta. ⇨ betsúbétsú; kákují; onó-ono.

teñdō 天道 **a)** Deus [A Providência]; **b)** O sol.

teñdóñ 天丼 A tigela de arroz com peixe frito por cima.

teñdō-setsu [**óō**] 天動説 O sistema ptolomaico; a teoria geocêntrica.

téñga 典雅【E.】O refinamento; a elegância「dela, no andar」; a fineza. ⇨ jōhín; miyábíyaka.

teñgái¹ 天涯【E.】A terra longínqua. ★ *~ kodoku no mi de aru* 天涯孤独の身である Estar completamente só num mundo estranho [numa ~].

teñgái² 天蓋 **1** [仏像・棺などにかざす絹がさ] O dossel [baldaquino]. **2** [虚無僧の深編みがさ] O guarda-sol [chapéu].

teñgákú 転学 O mudar de escola [universidade]. ⓢ/㊥ Teñkó (+).

teñgáñ¹ 点眼 O deitar gotas「de colírio」no olho.

◇ ~ **yaku** 点眼薬 O colírio. ⇨ me-gúsuri.

teńgán² 天眼 Os olhos de vidente. ◇ ~ **kyō** 天眼鏡 A lente de aumento do fisionomista.

téngi 転義 O sentido figurado [metafórico]. Ⓢ反 Géngi; hóngi.

téngoku 天国 O céu; o paraíso; o reino dos Céus. *Koko wa gakusei no ~ da* ここは学生の天国だ Aqui é o paraíso dos estudantes. ★ ~ *e iku* 天国へ行く Ir para o céu. ◇ **Hokō-sha** ~ 歩行者天国 O paraíso dos peões [pedestres] (A rua「hoje」vedada ao trânsito). Ⓢ同 Gokúrákú. Ⓐ反 Jigókú.

teńgú 天狗 **1**「怪物のたぐい」Um duende de nariz comprido. ◇ ~ **bana** 天狗鼻 O nariz comprido. **2**「高慢」O orgulho; a jactância. ★ ~ *ni naru* 天狗になる Gabar-se; vangloriar-se. Ⓢ同 Kómáń (o); tokúí (+).

teńgúsá 天草・石花菜 O ágar-ágar; *gelidium amansii*.

teńgyō 転業 A mudança de emprego [ocupação]. ★ ~ *suru* 転業する Mudar de... ⇨ teńshókú¹.

tén'i¹ 転移 A transferência; a metástase; a transição. ★ ~ *suru* 転移する Transferir-se; sofrer metástase; transitar. *Gan no ~* 癌の転移 A metástase do cancro [câncer].

tén'i² 天意【E.】A vontade divina; a Providência. Ⓢ同 Shín'i; téumei **1** (+).

te-nímotsu 手荷物 A bagagem (de mão). ★ ~ *o azukeru* 手荷物を預ける Depositar a bagagem. ◇ ~ **ichiji azukari-jo** 手荷物一時預り所 A se(c)ção de depósito de bagagens. ◇ chíkki.

tén'i-muhō 天衣無縫【E.】A ingenuidade; a simplicidade; a singeleza. Ⓢ同 Teńshíńráńmáń (+).

teń'íń 店員 O empregado de loja; o vendedor; o balconista. Ⓢ同 Urí-kó.

ténisu テニス (< Ing. tennis) O té[ê]nis. ★ ~ **kōto** テニスコート A quadra [A court] de ~. **Kō** [**Nan**] **shiki** ~ 軟[硬]式テニス ~ jogado com bola dura [macia]. Ⓢ同 Teíkyū.

teńji¹ 展示 A exposição; a exibição. ★ ~ *suru* 展示する Expor; exibir. ◇ ~ **hin** 展示品 Os obje(c)tos expostos. ◇ ~ **kai** 展示会 Uma ~.

teńji² 点字 A anaglipotografia; os sinais gráficos em relevo; Braille.

Ténjiku 天竺【A.】A Índia. Ⓢ同 Índo (+).

teńjíkú-nézumi 天竺鼠【Zool.】A cobaia; o porquinho-da-índia. Ⓢ同 Morúmótto (+).

teńjíń 天神 **1**「天の神々」Os deuses do céu. **2**「天満宮」O Santuário Tenman. ★ ~ *sama* 天神様 O espírito deificado de Michizane Sugawara.

teńjí[zú]ru¹ 転じ[ず]る **1**「変える；変わる」Mudar; alterar; desviar; converter. ★ *Wadai o ~* 話題を転じる Mudar de [o assunto da] conversa. ことわざ *Wazawai o tenjite fuku to nasu* 禍を転じて福となすA casa está a arder, aqueçam-se! /Fazer da necessidade virtude. Ⓢ同 Kaérú (+); kawárú (+). **2**「転居する；転任する」Mudar de posto [residência]. ⇨ teńkyō¹; teńníń¹.

teńjí[zú]ru² 点じ[ず]る【E.】**1**「滴らす」Deitar gotas. ★ *Me-gusuri o ~* 目薬を点じる Pôr gotas「de olho」nos olhos. Ⓢ同 Tarásu. **2**「点火する」Acender「a tocha olímpica」. Ⓢ同 Teńká súrú (+). **3**「茶をたてる」Preparar o chá. Ⓢ同 Tatéru (+).

teńjítsú 天日 O sol. ◇ ~ **en** 天日塩 O sal「das salinas」seco ao sol. Ⓢ同 Táiyō (+).

teńjō¹ 天井 O te(c)to. ★ ~ *shirazu no bukka* 天井知らずの物価 Os preços que não param de subir. ◇ ~ **ita** 天井板 (O madeiramento do) ~; o forro. ~ **ura** 天井裏 As águas furtadas. ⇨ chójó¹.

teńjō² 天上【E.】O céu. ◇ ~ **kai** 天上界 O mundo celestial. Ⓐ反 Chíjó. ⇨ téń¹.

teńjō³ 殿上【A.】O palácio imperial「de Kyoto」.

teńjō-in [**óo**] 添乗員 O acompanhante [guia] de viagem.

teńju 天寿 Os dias de vida. ★ ~ *o mattō suru* 天寿を全うする Completar os seus dias (Morrer). ⇨ jumyó.

teńjū 転住 O migrar [mudar de lugar]. Ⓢ同 Hikkóshi (o); ijū; teńkyo¹ (+); teńtákú.

teńka¹ 天下 O país inteiro; o reino; o estado; o público; o mundo; o poder político. *Koko wa wakamono no ~ da* ここは若者の天下だ Aqui é o mundo [reino] dos jovens. ★ ~ *harete no* 天下晴れての Legal; legítimo. ~ *muhi* [*musō*] *no* 天下無比[無双] O Único; sem igual [par]; incomparável. ~ *o osameru* 天下を治める Exercer o poder em todo o país. ~ *o toru* 天下を取る **a)** Conquistar o país; **b)** Ganhar (Em eleições) o poder. ~ *wakeme no kassen* 天下分け目の合戦 A batalha decisiva. ◇ ~ **ichi** [**ippin**] 天下一[一品] O melhor「vinho」do mundo. Ⓢ同 kókká¹; konó-yó; yo-nó-naka; zeńkoku.

teńká² 点火 A ignição; a inflamação. ★ ~ *suru* 点火する Acender; pegar; inflamar-se. Ⓢ同 Chakká. Ⓢ同 Shóká.

teńká³ 添加 O adicionamento. ★ ~ *suru* 添加する Adicionar. ◇ **Shokuhin** ~ **butsu** 食品添加物 O aditivo alimentar.

teńká⁴ 転嫁 A imputação. ★ ~ *suru* 転嫁する Imputar. ◇ **Sekinin** ~ 責任転嫁 ~ da responsabilidade「aos subordinados」.

teńká⁵ 転科 A mudança de curso [departamento]. ★ ~ *suru* 転科する Mudar de...

teńkái¹ 展開 **1**「伸び広がること；繰り広げること」O desenvolvimento [andamento]; a evolução. ★ ~ *suru* 展開する Desenvolver-se; evoluir; desenrolar-se. *Kyokumen no ~* 局面の展開 A evolução da situação. ◇ ~ **bu** 展開部【Mús.】O desenvolvimento. **2**【軍隊の】O avanço [envio] (de tropas). **3**【Mat.】A expansão; o desenvolvimento. ★ ~ *suru* 展開する Efectuar o ~; expandir.

teńkái² 転回 A reviravolta「do J. depois da guerra」; a volta (Tb. em mús.); o giro; a rotação. ★ ~ *suru* 転回する Rodar; girar; dar voltas. ⇨ kaíteń¹.

teńkái³ 天界【E.】A esfera celeste. ⇨ teńjō².

teńkáń¹ 転換 A mudança, a volta. ★ *Hōkō o ~ suru* 方向を転換する Mudar de dire(c)ção. *Kyokumen no ~ o hakaru* 局面の転換をはかる Tratar de modificar a situação. ◇ ~ **ki** 転換期 O ponto de viragem; o período de transição (⇨ ténki²). ~ **shasai** 転換社債 A obrigação convertível em a(c)ções. **Kibun** ~ 気分転換 A distra(c)ção; o descanso. Ⓢ同 Heńkáń.

teńkáń² 癲癇 A epilepsia; o ataque epiléptico.

tén-kara てんから【G.】「ignorou-me」Desde o começo;「não sei」absolutamente「nada」; totalmente. Ⓢ同 Marúdé; marúkkírí; mattákú; tottémo.

teńkéí¹ 典型 **a)** O tipo; o protótipo; **b)** O modelo. ★ ~ *teki na* 典型的な「um j.」Típico; exemplar; paradigmático. ⇨ daíhyó; moháń; tehón.

teńkéí² 天恵 A benção [O dom] da natureza. ⇨ megúmí; téń¹.

teńkéí³ 天啓【E.】A revelação divina. ⇨ keíjí⁴.
teńkéń¹ 点検 O exame; a inspe(c)ção [vistoria]; a revisão. ★ ～ *o ukeru* 点検を受ける Ter ～. ～ *suru* 点検する Examinar; fazer ～. *Kuruma no teiki* ～ 車の定期点検 A revisão periódica do carro.
teńkéń² 天険 A fortaleza [fortificação] natural.
ténki¹ 天気 **1** [空模様] O tempo; as condições meteorológicas [atmosféricas]; ～ *ga ayashii* 天気が怪しい O ～ está incerto [instável]. ～ *ga yoi* [*warui*] 天気がよい[悪い] O ～ está bom [mau] /Faz bom [mau] ～. ～ *wa kudarizaka da* 天気は下り坂だ O ～ está a piorar. *Dōyara* ～ *wa mochinaoshi sō da* どうやら天気は持ち直しそうだ O ～ parece estar a melhorar. *Ima ni mo furidashi-sō na* ～ *da* 今にも降り出しそうな天気だ Está ameaçando chuva. ★ ～ *ga kuzureru* 天気が崩れる O ～ está a piorar. ～ *shidai de* 天気次第で Dependendo do ～. *Guzutsuku* ～ ぐずつく天気 O ～ instável. *Jō* ～ 上天気 O ～ esplêndido [ideal]. *Kawariyasui* ～ 変わりやすい天気 O ～ instável. ◇ **～ ya** 天気屋 A pessoa volúvel [*Kanojo wa o-*～ *ya da* 彼女はお天気屋だ Ela muda conforme o ～]. **～ yohō** 天気予報 A previsão do ～; o boletim meteorológico. **～ zu** 天気図 O mapa meteorológico. [S/同] Sorá-móyō; teńkō. **2** [晴天] O tempo bom; o céu limpo. *Asu wa* ～ *ni naru kashira* 明日は天気になるかしら Será que amanhã fará bom tempo? [S/同] Seítéń.
ténki² 転機 O ponto de viragem. *Kare wa chichi no shi o* ～ *to shite majime na seikatsu o hajimeta* 彼は父の死を転機としてまじめな生活を始めた A morte do pai foi para ele o começo duma vida a sério. [S/同] Kawárí-mé.
teńkí³ 転記 O lançamento de escrita; a transcrição (em livro comercial).
teńkíń 転勤 A transferência. ★ ～ *suru* 転勤する Ser transferido. *San Pauro shiten e* ～ *o meizerareru* サンパウロ支店へ転勤を命ぜられる Ser mandado [transferido] para a filial de S. Paulo. [S/同] Teńníń¹.
ténko 点呼 A chamada「dos empregados」.
teńkṓ¹ 天候 O tempo. ◇ **～ fujun** 天候不順 ～ instável [irregular]. **Aku ～** 悪天候 ～ mau. [S/同] Ténki¹ **1** (+).
teńkṓ² 転向 A mudança「de ideias, de vida」. ◇ **～ sha** 転向者 O vira-casaca. [S/同] Teńshíń³.
teńkṓ³ 転校 O mudar de escola. ★ ～ *suru* 転校する Transferir [～] de uma escola para outra. ◇ **～ sei** 転校生 O aluno transferido. [S/同] Teńgákú.
teńkū́ 天空【E.】O céu; o ar; o firmamento. [S/同] Ṓ-zóra (+).
ténkyo¹ 転居 A mudança de casa [endereço/morada]. *Konpan saki e* ～ *itashimashita* 今般左記へ転居いたしました Mudei para o seguinte endereço. ◇ **～ todoke** [**tsūchi**] 転居届 [通知] O aviso de ～. [S/同] Hikkóshí (+); ijū́; teńtákú.
ténkyo² 典拠 A referência; a fonte (autorizada). ★ ～ *o shimesu* 典拠を示す Indicar as fontes「no livro」. [S/同] Shuttéń (+); yorídókóró.
teńkyū́ 天球 O firmamento; a abóbada [esfera] celeste. ◇ **～ gi** 天球儀 Um globo celeste.
ténma 天馬 ⇨ ténba.
teń-mádó 天窓 A clarabóia.
ténmaku 天幕 ⇨ ténto.
ténmatsu 顚末 Tudo o que aconteceu; os pormenores; os fa(c)tos. ★ *Jiken no* ～ *o hanasu* [*kataru*] 事件の顚末を話す[語る] Contar ～. [S/同] Ichíbú-shíjū (o); ikísátsú (+); naŕíyúkí (+).
ténmei 天命 **1** [天意] O destino [desígnio divino]. ★ ～ *o shiru* [～ *to akirameru*] 天命を知る [天命とあきらめる] Aceitar o [Resignar-se com o] ～. [P/ことわざ] *Jinji o tsukushite* ～ *o matsu* 人事を尽くして天命を待つ Fazer o máximo e deixar o resto a [nas mãos de] Deus. [S/同] Shín'i; téń'i². ⇨ únmei. **2** [寿命] A vida. [S/同] Jumyṓ (+); ténju.
teńmétsú 点滅 O pisca-pisca [acender e apagar]「da luzinha」. ★ ～ *suru* 点滅する Piscar.
teńmṓ 天網【E.】A vingança do céu. [P/ことわざ] ～ *kaikai-so ni shite morasazu* 天網恢恢疎にして漏らさず ～ pode tardar mas não falha [A pena é coxa mas chega].
teńmóń 天文 A astronomia. ◇ **～ dai** 天文台 O observatório (astronó[ô]mico). **～ gaku** 天文学 A (ciência da) astronomia [～ *gakuteki sūji* 天文学的数字 O número astronómico].
teńnéń 天然 A natureza. ◇ **～ gasu** 天然ガス O gás natural. **～ kinenbutsu** 天然記念物 O monumento natural. **～ shigen** 天然資源 Os recursos naturais. [S/同] Shizéń. [A/反] Jińkṓ; jińzṓ.
teńnéń-shoku 天然色 **a**) A cor natural; **b**) O tecnicolor.
teńnéń-tṓ 天然痘 ⇨ hṓsō⁴.
teńníń¹ 転任 A transferência (de posto). ★ ～ *suru* 転任する Ser transferido. ⇨ teńkíń.
teńnín² 天人 O ser [ente] celestial. ⇨ ténnyo.
teńnṓ [óo] 天皇 O Imperador (do J.). ◇ **～ hai** 天皇杯 Taça do ～. **～ heika** 天皇陛下 Sua Majestade Imperial [O ～]. [S/同] Mikádó; ténshi².
ténnyo 天女 A ninfa; a beldade; a deusa. ⇨ teńnín².
teńnyū́ 転入 O vir [mudar] para este lugar (Terra, escola, etc., dentro do país). ◇ **～ todoke** 転入届 O aviso de ～. [A/反] Teńshútsú.
teńnyū́gaku [úu] 転入学 A transferência de escola.
te-nó-hira 手の平・掌 A palma da mão. [I/慣用] *Kare wa maru de* ～ *o kaeshita yō ni watashi ni tsumetaku natta* 彼はまるで手の平を返したように私に冷たくなった Ele mudou por completo, passando a tratar-me com frieza. [S/同] Té-no-ura.
té-no-kō 手の甲 As costas da mão. [A/反] Te-nó-hira.
tenṓru [óo] テノール (< Al. tenor < It.)【Mús.】O tenor. [S/同] Ténā.
té-no-uchi 手の内 **a**) A mão fechada; na mão; **b**) A destreza; **c**) A intenção. ★ ～ *o miseru* 手の内を見せる **a**) Revelar a sua destreza; **b**) Pôr as cartas na mesa. ⇨ te-nó-hira; udé-máé.
té-no-ura 手の裏 ⇨ te-nó-hira (+).
teńpéń¹ 転変【E.】A mudança (constante). ◇ **Ui ～** 有為転変 As vicissitudes da vida.
teńpéń² 天変【E.】O cataclismo. ◇ **～ chii** 天変地異 ～ extraordinário; a calamidade natural. ⇨ teńsái².
teńpérá-gá テンペラ画 (< It. tempera) A pintura a têmpera.
ténpi¹ 天火 O forno「para bolos」. [S/同] Ṓbun.
ténpi² 天日 O sol. [S/同] Níkkō.
teńpíń 天稟【E.】O talento natural. [S/同] Ténpu¹ (+).
ténpo¹ テンポ (< It. tempo < L.) O tempo; o ritmo

[movimento/andamento]; a velocidade. ★ ~ *ga hayai [osoi]* テンポが早い [おそい] Ser de ~ rápido [lento]. ~ *ni awaseru* テンポに合わせる Manter ~. ◇ **Kyū ~** 急テンポ ~ rápido. [S/同] Háyasa; shíndo.
ténpo[2] 店舗 ⇨ misé; shṓten[1].
ténpu[1] 天賦【E.】A natureza. ★ ~ *no sainō* 天賦の才能 O talento [dom] natural [inato].
ténpu[2] 添付 O anexo; o apêndice. ★ ~ *suru* 添付する Anexar. ◇ **~ shiryō** 添付資料 Os documentos anexos [em anexo]. [S/同] Teńká[3].
teńpúkú 転[顛]覆 **a)** O virar-se [voltar-se]; o「carro」capotar; **b)** A queda「do governo」. ★ ~ *shita fune* 転覆した船 O navio virado.
teńpúrá 天麩羅 **1** [料理の]【Cul.】(< P. tempero [têmporas]) O prato de peixe, mariscos ou verduras fritos. **2** [めっき] (< P. têmpera) (O banho) de galvanização. [S/同] Mekkí (+).
teńrái 天来【E.】「música/revelação」Celestial [Que vem do céu].
teńrákú 転[顛]落 **a)** O cair「do telhado」; **b)** A queda; a degradação「no vício/na droga」. ★ *Saikai ni ~ shita chīmu* 最下位に転落したチーム A equipa que caiu para o último lugar.
teńráń[1] 展覧 A exposição; a exibição. ★ ~ *kai o hiraku [moyōsu]* 展覧会を開く[催す] Inaugurar [Realizar] uma ~. ⇨ kṓkái[1].
teńráń[2] 天覧【E.】O Imperador ver. ★ ~ *ni kyōsuru* 天覧に供する Mostrar ao Imperador. ◇ **~ jiai** 天覧試合 O jogo na presença do Imperador. [S/同] Jṓráń.
teńréí 典礼【E.】**a)** A cerimó[ô]nia; **b)** A liturgia (Cri.). ⇨ giréí; gíshiki.
ténri 天理 A lei da natureza.
teńsá 点差【(D)esp.】A diferença de「cinco」pontos.
teńsáí[1] 天才 O gé[ê]nio. ★ ~ *de aru* 天才である Ser um ~. ~ *teki na* 天才的な Genial. ~ *kyōiku* 天才教育 A educação de crianças super-dotadas. ⇨ shū́sáí.
teńsáí[2] 天災 O desastre [A calamidade] natural. ★ ~ *ni au [mimawareru]* 天災に遭う[見舞われる] Ter [Ser vítima de] um/a ~.
teńsáí[3] 転載 A reprodução「de livro」. ★ ~ *suru* 転載する Reproduzir. ◇ **Kin ~** 禁転載 Reprodução proibida! [Todos os direitos reservados].
teńsáí[4] 甜菜【Bot.】A beterraba; *beta vulgaris*. ◇ **~ tō** 甜菜糖 O açúcar de ~. ⇨ bī́to[2].
teńsákú 添削 A corre(c)ção「dos exames」. ★ ~ *suru* 添削する Corrigir.
teńsáń(butsu) 天産(物) O produto [A riqueza] natural.
ténsei[1] 天性 A natureza. ★ ~ *no* 天性の Natural; inato [~ *no shōjikimono* 天性の正直者 O indivíduo honesto por natureza]. [P/ことわざ] *Shūkan wa dai-ni no ~ nari* 習慣は第二の天性なり O hábito é uma segunda ~. ⇨ ténsei[2].
ténsei[2] 天成【E.】O fruto [dom] da natureza. ★ ~ *no* 天成の「poeta」Inato [~ *no bisei* 天成の美声 A voz linda com que (já) nasceu]. ⇨ ténsei[1].
teńséí[3] 展性 A maleabilidade「do metal」.
teńsékí 転籍 A transferência de domicílio [escola] e seu respe(c)tivo regist(r)o. ★ ~ *suru* 転籍する Fazer ~. [S/同] Isékí.
teńséń[1] 点線 **a)** O tracejado [A linha ponteada]; **b)** A linha picotada (Para cortar o papel por aí). ⇨ jisséń; haséń.
teńséń[2] 転戦 O lutar em várias frentes.
teńshá 転写 A transcrição「fonética/de um texto」. ★ ~ *suru* 転写する Transcrever.
teńshákú 転借 A sublocação (de outrem). ★ ~ *suru* 転借する Sublocar. [S/同] Matá-gárí (+). [A/反] Teńtáí[2].
ténshi[1] 天使 O anjo. ★ ~ *no yō na* 天使のような Angelical; angélico. *Haku-i no ~* 白衣の天使 A enfermeira (Lit. ~ de uniforme branco).
ténshi[2] 天子 ⇨ teńnṓ.
teńshíń[1] 転進 A mudança de rumo「na vida」[posição「das tropas」].
teńshíń[2] 点心 A sobremesa (numa refeição chinesa).
teńshíń[3] 転身 A mudança de posição「no ténis」. ★ ~ *suru* 転身する Mudar de… [S/同] Teńkṓ[2].
teńshíń-ráńmáń 天真爛漫 A ingenuidade; a candura; a inocência. ★ ~ *na* 天真爛漫な Ingé[ê]nuo;「amor」cândido;「pessoa」simples「toda a vida」; inocente. [S/同] Tén'imuhō. ⇨ múchi[1].
teńshó 添書 **1** [添え状] A carta levada por alguém. [S/同] Soéjṓ. **2** [紹介状] A carta de apresentação [recomendação]. [S/同] Shṓkáijṓ (+). **3** [添え書き] A nota de esclarecimento [para/a explicar]. [S/同] Soégákí (+).
teńshókú[1] 転職 A mudança de profissão [emprego]. ★ ~ *suru* 転職する Mudar de… ⇨ teńgyṓ.
ténshoku[2] 天職 A vocação「de cuidar dos doentes」; a missão de uma vida. *Kyōshi ga watashi no ~ da* 教師が私の天職だ Ser professor é a minha ~.
ténshu 店主 O proprietário [dono] da loja.
ténshu(kaku) [**teńshúkaku**] 天守[閣] A torre de castelo; o torreão.
teńshú-kyṓ 天主教 ⇨ katóríkku.
teńshútsú 転出 A mudança para outro lugar [emprego]. ★ ~ *suru* 転出する Mudar… ◇ **~ saki** 転出先 O novo lugar. [A/反] Teńnyū́.
teńsṓ 転送 A reexpedição「da carta pelo correio」. ★ ~ *suru* 転送する Reexpedir; reenviar.
teńsū́ [úu] 点数 **1** [評点] **a)** A nota (na escola); **b)** O ponto (no jogo/na opinião do chefe). ★ ~ *o kasegu* 点数を稼ぐ Ganhar ~. ~ *o tsukeru* 点数をつける Dar notas. ◇ **~ hyō** 点数表 **a)** A pauta das notas; **b)** O quadro da pontuação. [S/同] Hyṓtén; teń[2]. **2** [品物の] O número de artigos.
teńtáí[1] 天体 O astro; o corpo celeste. ★ ~ *o kansoku suru* 天体を観測する Observar os astros. ◇ **~ bōenkyō** 天体望遠鏡 O telescópio astronó[ô]mico. **~ shashin** 天体写真 A fotografia de um ~. **~ undō** 天体運動 O movimento dos ~s.
teńtáí[2] 転貸 A sublocação (a outro). ★ ~ *suru* 転貸する Sublocar; subalugar; subarrendar. [S/同] Matá-gáshí (+). [A/反] Teńshákú.
teńtáishaku 転貸借 A sublocação (a [de] outrem); o subaluguer[l]; o subarrendamento. ⇨ teńshákú; teńtáí[2].
teńtákú 転宅 A mudança de residência/casa. [S/同] Hikkóshí (o); ténkyo (+).
teńtáń 恬淡【E.】O ser desprendido; a indiferença「ao dinheiro」. ★ *Muyoku ~ na hito* 無欲恬淡な人 A pessoa sem interesses materiais. [S/同] Tánpaku.
teńtéí[1] 天帝【E.】O Senhor dos Céus. [S/同] Zṓbútsúshu.
teńtéí[2] 点綴【E.】O「mar」estar salpicado「de ilhas」. [S/同] Teńtétsú[2].

teńtékí[1] 点滴 **1** [水滴] A gota de água. [Pことわざ] ～ *ishi o ugatsu* 点滴石を穿つ Água mole em pedra dura tanto bate [dá] até que fura. [S/同] Suítékí (+). **2**【Med.】A transfusão「de soro」. ★ ～*(o) suru* 点滴(を)する Dar uma ～「de sangue」; pôr「o doente a soro」.

teńtékí[2] 天敵 O inimigo natural.

teńtékómai 天手古舞い【G.】O alvoroço; a lufa-lufa [azáfama]. ★ ～*(o) suru* てんてこ舞い(を)する Azafamar-se; andar numa ～. ⇨ kiríkírí-mai.

teńtéń[1] 転転 O andar de um lugar para outro;「carro」de mão em mão;「a bola」saltitar. ★ *Tsutomesaki o ～ suru* [*～ to tsutomesaki o kaeru*] 勤め先を転々する [転々と勤め先を変える]Saltitar [Mudar muito] de emprego.

teńtéń[2] 点点 **1** [散らばっているようす] Aqui e ali. *Dōro ni wa ～ to gomi ga ochite iru* 道路には点々とゴミが落ちている Nas ruas vê-se algum lixo. **2** [しずくが落ちるようす] Gota a gota; às gotas.

teńtéń-hańsókú 輾転反則【Med.】A jactação.

teńtétsú[1] 転轍 A mudança de linha. ◇ **～ ki** 転轍器 A agulha (da ferrovia). **～ shu** 転轍手 O agulheiro.

teńtétsú[2] 点綴 ⇨ teńtéí[2].

ténto テント・天幕 (< Ing. tent) A tenda; a barraca. ★ ～ *o haru* [*tatamu*] テントを張る [たたむ] Armar [Desmontar/Desarmar] ～. [S/同] Ténmaku.

teńtṓ[1] 店頭 A frente [entrada] da loja; a vitrina [montra]; o balcão. ★ ～ *ni naraberu* 店頭に並べる Expor na vitrina. [S/同] Misé-sákí.

teńtṓ[2] 転 [顚] 倒 **1** [ひっくり返ること] O tombo; a queda. ★ ～ *suru* 転倒する Levar [Dar] um tombo; cair. ⇨ hikkúríkáeru; koróbú. **2** [逆になること] A inversão. ★ ～ *suru* 転倒する Inverter. ◇ **Hon-matsu ～** 本末転倒 O inverter as prioridades; o botar o carro adiante dos bois. [S/同] Gyakú; saká-sámá. **3** [うろたえること] A perturbação. ★ ～ *suru* 転倒する Perturbar-se; perder a cabeça [*Sono hōkoku ni odoroite sukkari ki ga ～ shita* その報告に驚いてすっかり気が転倒した Apanhado de surpresa com a notícia, fiquei totalmente desorientado/ muito perturbado]. ⇨ urótáérú.

teńtṓ[3] 点灯 [燈] A luz. [A/反] Shṓtṓ.

teńtṓ-mushi [óo] 天道虫・瓢虫【Zool.】A joaninha; *harmonia axyridis*.

teńtórí-mushi 点取虫【G.】O estudante caxias (B.) [marrão/urso].

te-núgúí 手拭い (<… + nugúu) A toalha. ★ ～ *de ase o fuku* 手拭いで汗をふく Limpar o suor com ～.

te-núí 手縫い (<… + núu) O coser [costurar] à mão.

te-núkari 手抜かり O erro; a falta; a falha; o descuido. [S/同] Te-óchí (+).

te-núkí 手抜き A falha; o defeito. ◇ **～ kōji** 手抜き工事 A construção defeituosa. ⇨ shṓryákú.

teń'úń 天運 O destino; a sorte; a sina; o fado. [S/同] Ún (+).

te-núrúí 手緩い **1** [ゆるやかな] Frouxo;「demasiado」brando「com os filhos」; indulgente. ★ ～ *yarikata* 手緩いやり方 A atitude indulgente [fraca]. [S/同] Amái; yurúyaka na. [A/反] Tekíbíshíí. **2** [のろい] Lento; vagaroso「no trabalho」. [S/同] Norói (+). ⇨ gúzu.

teń'yákú 点訳 A transcrição para (o sistema de) Braille. ⇨ teńjí[2].

teń'yá-mónó 店屋物【G.】A comida de pensão.

teń'yáwán'ya てんやわんや【G.】A confusão total「no local do incêndio」; a barafunda; a desordem. ★ ～*(no ō-sawagi) de aru* てんやわんや (の大騒ぎ) である Ser uma ～; ninguém se entender. ⇨ końráń.

tén'yo 天与【E.】Um dom de Deus. ★ ～ *no* 天与の「talento」Natural. [S/同] Teńpíń; ténpu[1] (+).

teń'yṓ 転用 O desvio; a utilização para outro fim (Bom ou não). ⇨ ryū́yṓ.

teń'yū́ 天祐【E.】Um favor [milagre] de Deus. [S/同] Shínjo. ⇨ kágo[3].

teńzáí 点在 O estar disperso. [S/同] Sańzáí.

teńzúrú[1] 転ずる ⇨ teńjírú[1].

teńzúrú[2] 点ずる ⇨ teńjírú[2].

te-óchí 手落ち O erro; a falha [falta]; a inadvertência; o descuido; a negligência. *Subete watashi no ～ desu* すべて私の手落ちです Tudo se deve a um descuido meu [da minha parte]. ★ ～ *naku* 手落ちなく Sem falhar nada「na preparação da festa」. [S/同] Te-núkari.

te-ódori 手踊り A dança executada apenas com as mãos.

te-óí 手負い O ferimento.

te-óké 手桶 O balde de madeira; a selha.

te-ókure 手後れ (<… + okúrérú) O já ser tarde「para salvar o doente」. ★ ～ *ni naru* 手後れになる Já não haver nada a fazer [ter remédio].

te-órí 手織り (<… + óru) A tecelagem manual. ★ ～ *no* 手織りの Tecido à mão; feito no tear manual.

te-óshí 手押し (<… + osú) O puxar com a mão. ◇ **～ guruma** 手押し車 O carrinho de mão.

teppáí 撤廃 A abolição「dum sistema」; a revogação; a anulação. ★ ～ *suru* 撤廃する Abolir; anular; revogar. ⇨ haíshí[1]; toríyámé.

teppáń 鉄板 A chapa de ferro. ◇ **～ yaki** 鉄板焼き O assado na chapa.

teppéí 撤兵 A evacuação [retirada] das tropas. ★ ～ *suru* 撤兵する Evacuar [Retirar]. [A/反] Shuppéí.

teppékí 鉄壁 A parede de ferro. ★ ～ *no shubijin* 鉄壁の守備陣 A posição defensiva inexpugnável. ⇨ kińjṓ.

teppén 天辺 O topo [cume/cimo]「do monte」; a ponta [o cocuruto]. ★ *Atama no ～ kara ashi no tsumasaki made* 頭の天辺から足のつま先まで Da (ponta da) cabeça até aos pés. [S/同] Chṓjṓ; itádákí.

teppítsú 鉄筆 **1** [謄写版用の] O estilete. **2** [健筆] O estilo vigoroso. [S/同] Keńpítsú.

teppṓ 鉄砲 A arma de fogo; a espingarda; o fuzil. ★ ～ *o utsu* 鉄砲を撃つ Disparar (～). ◇ **～ kizu** 鉄砲傷 A ferida de ～. [S/同] Jū́; júhṓ.

teppṓ-dámá [oó] 鉄砲玉 (<… + tamá) A bala; o projé(c)til. ★ ～ *no tsukai* 鉄砲玉の使い O mensageiro perdido. [S/同] Dańgáń.

teppṓ-mizu [óo] 鉄砲水 A inundação repentina (e com terra dos montes).

teppṓ-yuri [óo] 鉄砲百合【Bot.】A açucena [palma-de-são-josé]; *lilium longiflorum*. ⇨ shirá-yuri.

teppúń 鉄粉 A limalha (Pó) de ferro.

tḗpu [ée] テープ (< Ing. tape) A fita; a serpentina. ★ ～ *ni fukikomu* [*rokuon suru*] テープに吹き込む [録音する] Gravar na fita [cassete]. ～ *o kiku* テープを聞く Ouvir a fita (do gravador). ～ *o kiru* テープを切る Cortar a fita (de inauguração da exposição). ◇ **～ dekki** テープデッキ O gravador componente de uma aparelhagem de som.

tḗpú-rékṓdā [eé-óo] テープレコーダー (< Ing. tape

T

recorder) O gravador.
terá 寺 O templo budista. ◇ ⇨ **~ koya**. **~ mairi** [**mōde**] 寺参り[詣で] A ida ao ~. **~ sen** 寺銭 O barato. [S/同] Jíin.
térā [**ée**] テーラー (< Ing. tailor) O alfaiate.
terákóyá 寺子屋【A.】A escola primária de mosteiro budista「em Ashikaga」.
teráshí-áwáséru 照らし合わせる (< terásu[1]**2** + …) Cotejar; confrontar; comparar. [S/同] Shṓgṓ súrú.
teráshí-dásu 照らし出す (< terásu[1]**1** + …) Iluminar.
terásu[1] 照らす **1** [光を当てて明るくする] Iluminar; alumiar. *Soto wa gekkō ni terasarete usu-akarukatta* 外は月光に照らされて薄明るかった A parte de fora, com o luar, estava um pouco iluminada. **2** [比較参照する] Comparar. *Hon'yaku o genbun ni ~* 翻訳を原文に照らす ~ a tradução com o original. [S/同] Hikákú súrú; sańshṓ[shṓgṓ] súrú; teráshí-áwáséru.
térasu[2] テラス (< Ing. terrace < L.) O terraço.
tératera てらてら A brilhar. [S/同] Tékateka.
teráu 衒う Exibir; mostrar; dar-se ares de; fingir; simular. ★ *Ki o teratta sakuhin* 奇を衒った作品 Uma obra exibicionista [com pretensões de mestre].
térebi(jon) [**terébíjon**] テレビ(ジョン) (< Ing. television < L. < Gr.) A televisão; o televisor; o aparelho de televisão. ★ *~ ni deru [shutsuen suru]* テレビに出る[出演する] Aparecer na ~. *~ ni kajiritsuku* テレビにかじりつく Ficar agarrado [grudado] à/ao ~. *~ o miru* テレビを見る Ver TV. *~ o tsukeru [kesu]* テレビをつける[消す] Ligar [Desligar] ~. ◇ **~ bangumi** テレビ番組 O programa de TV. **~ denwa** テレビ電話 O videofone. **~ dorama** テレビドラマ A telenovela. **~ gēmu** テレビゲーム Os jogos com [de] vídeo.
terébíń テレビン (< P.) A terebintina. ◇ **~ yu** テレビン油 O óleo de ~.
teréhóń-kā́do [**áa**] テレホンカード (< Ing. telephone card < Gr.) O cartão telefó[ô]nico.
teré-kákushi 照れ隠し【G.】O esconder a vergonha. ★ *~ ni atama o kaku* 照れ隠しに頭をかく Coçar a cabeça, envergonhado, para disfarçar. ⇨ teréru.
terékkusu テレックス (< Ing. telex) O telex.
teré-kúsái 照れ臭い【G.】(< teréru + …) Embaraçado; envergonhado;「tenho」vergonha. ⇨ hazúkáshíi.
teréń-tékuda 手練手管 Todos os estratagemas. ★ *~ o rōsuru [tsukusu]* 手練手管を弄する[尽くす] Usar ~「para conquistar a moça/enganar」.
terépashī テレパシー (< Ing. telepathy) A telepatia.
teréru 照れる Envergonhar-se. *Sono ko wa homerareta no de terete shita o muita* その子はほめられたので照れて下を向いた「Ela」ficou envergonhada com os elogios e baixou os olhos. [S/同] Haníkámu; hazúkáshígáru.
terétáipu テレタイプ (< Ing. teletype) A teletipia.
terí 照り (< téru) **1** [日の照ること] O tempo bom; o sol. [S/同] Seítéń (+). **2** [光沢] O brilho. [S/同] Kṓtákú (+).
téria テリア (< Ing. terrier) O cão de toca.
terí-káéshí 照り返し A reflexão da luz [do calor]. [S/同] Hańshá.
terí-tsúkérú 照り付ける (< téru **1** + …) Abrasar; queimar. ★ *Jirijiri to ~ taiyō* じりじりと照り付ける太陽 O sol abrasador.
terí-yákí 照り焼き O peixe temperado com molho de soja e assado na brasa. ★ *Maguro o ~ ni suru* まぐろを照り焼きにする Assar atum ….
téro テロ (Abrev. de "terórízumu") O terrorismo. ◇ **~ kōi** テロ行為 O a(c)to de ~.
terórísuto テロリスト (< Ing. terrorist) O terrorista.
terórízumu テロリズム (< Ing. terrorism < L.) O terrorismo. [S/同] Téro.
téru 照る **1** [日・月が] Brilhar; resplandecer. *Hi ga kankan tette iru* 日がかんかん照っている O sol brilha intensamente. ⇨ kagáyákú. **2** [晴天である] Estar bom tempo. ★ *Tettari kumottari no tenki* 照ったり曇ったりの天気 O tempo ora bom, ora nublado. [S/同] Haréru (+). ⇨ seítéń[1.2].
tḗrú-ráito [**eé**] テールライト (< Ing. tail light) A luz [O farol] da retaguarda.
téruru テルル (< Ing. tellurium) O telúrio [Te 52].
terútérú-bṓzu [**óo**] 照る照る坊主 O boneco de papel que se pendura do telhado para pedir bom tempo.
te-ryṓri [**óo**] 手料理 A comida de casa; o prato caseiro. ★ *~ de kyaku o motenasu* 手料理で客をもてなす Servir comida caseira à visita.
teryū́dan [**úu**] 手榴弾 A granada de mão. [S/同] Shuryū́dan (+).
te-sábaki 手捌き O manuseio [manejo]; a manipulação. ★ *Kare no tazuna no ~ wa migoto da* 彼の手綱の手捌きは見事だ Ele tem grande habilidade no manejo「do freio/das rédeas」.
te-ságé 手提げ (< … + sagéru) O levar na mão. ◇ **~ bukuro** 手提げ袋 O saco; a bolsa; a carteira.
te-ságuri 手探り (… + sagúrú) A apalpadela. *Watashi no kenkyū wa mada ~ jōtai da* 私の研究はまだ手探り状態だ Ainda ando um pouco às apalpadelas na minha pesquisa. ★ *~ de aruku [iku]* 手探りで歩く[行く] Ir às apalpadelas [cegas]; tentear.
te-sákí 手先 **1** [手の先] (A habilidade de) mãos. ★ *~ no kiyō na* 手先の器用な Hábil [Destro] de mãos. [S/同] Yubísákí. **2** [手下] O instrumento (servil). ★ *Keisatsu no ~* 警察の手先 ~ da [usado pela] polícia. [S/同] Osákíbṓ; teshítá (+). ⇨ búka; háika[1]; shitá-bátaraki.
teséí 手製 O ser feito à mão. *Kono kukkī wa o-~ desu ka* このクッキーはお手製ですか Foi você mesma [o] que fez estes biscoitos?
te-shígoto 手仕事 O trabalho manual.
te-shíó 手塩 a) O sal; b) O cuidado. [I/慣用] *~ ni kakete sodateru* 手塩にかけて育てる Criar「os filhos」com grande cuidado.
te-shítá 手下 a) O subordinado [sequaz]; b) O agente [capanga (B.)]. ★ *Tōzoku no ~* 盗賊の手下 ~ dos bandidos. [S/同] Osákíbṓ; te-sákí **2**. ⇨ búka; háika; shitá-bátaraki.
tesṓ [**óo**] 手相 As linhas da palma da mão. ★ *~ o miru* 手相を見る Ler ~. ◇ **~ gaku** 手相学 A quiromancia. [S/同] Te-súji.
tessákú[1] 鉄柵 A cerca [grade] de ferro.
tessákú[2] 鉄索 O cabo de aço. [S/同] Kéburu (+); kṓsákú.
tesséí 鉄製 O ser feito de ferro「vaso」.
tesséki 鉄石 a) A pedra e o ferro; b) O ser sólido [estar a pedra e cal]. ★ *~ no yō na kokoro* 鉄石のような心 A vontade férrea [forte/de ferro].

tessén[1] 鉄線 O arame [fio] de ferro [aço].
téssen[2] 鉄線【Bot.】A clematite; *clematis florida*. [S/同] Kurémáchisu.
tessén[3] 鉄扇 O leque com varetas de ferro.
tesshū́ 撤収 **a**) A retirada「de tropas」; **b**) A recolha「da tenda」. ★ ～ *suru* 撤収する Retirar; recolher. [S/同] Tékkyo (+); tettáí.
tessṓ 鉄窓【E.】A janela com grade de ferro; a grade de jaula.
tessókú 鉄則【E.】A regra inviolável「da firma」[O regulamento rígido].
tessúrú 徹する【E.】 **1** [徹底してやる] Empenhar-se; devotar-se. ★ *Benkyō ni* ～ 勉強に徹する Dedicar-se aos estudos. **2** [感情などが] Sentir-se profundamente. ★ *Hone-mi ni tesshita batsu* 骨身に徹した罰 O castigo sentido até aos ossos. **3** [時間の全部を通す] Passar. ★ *Yo o tesshite hataraku* 夜を徹して働く ～ a noite a trabalhar.
tesū́ [úu] 手数 O incó[ô]modo; o trabalho; o aborrecimento; a maçada. *O-* ～ *desu ga go-henji kudasai* お手数ですが御返事下さい Desculpe o/a ～ mas por favor mande uma resposta. ★ ～ *ga kakaru* 手数がかかる Dar muito trabalho; ser trabalhoso. ～ *o kakeru* 手数をかける Causar incômodo [Dar trabalho]. [S/同] Meńdṓ; té-kazu.
te-súji 手筋 **1** [手相] As linhas da palma da mão. [S/同] Tesṓ (+). **2** [芸事などの] **a**) A maneira de fazer; **b**) A aptidão; o jeito「para」. ★ ～ *ga yoi* 手筋がよい Ter jeito.
te-súkí 手透き O tempo livre [ter as mãos livres; vagar]. *Ima o-* ～ *desu ka* 今お手透きですか Dispõe de algum tempo agora? [S/同] Himá (+).
te-súrí 手摺り O corrimão (das escadas); a grade; o ferro. ★ ～ *ni tsukamaru* 手摺りにつかまる Segurar-se ao ～.
tesū́-ryō [úu] 手数料 A comissão; a remuneração pelo serviço.
te-súsabi 手遊び O passatempo; o entret(en)imento. ★ ～ *ni e o kaku* 手遊びに絵を描く Pintar por ～. [S/同] Te-ásobi; te-nágúsámí (+).
tésutā テスター (< Ing. tester) O aparelho de experimentação.
tésuto テスト (< Ing. test) O teste; o exame; a prova; a experiência. ★ ～ *suru* テストする Fazer ～; experimentar. ◇ **～ kēsu** テストケース O caso em teste. **Chinō ～** 知能テスト O teste de inteligência. **Seihin ～** 製品テスト O teste dos produtos (manufa(c)turados). [S/同] Shikén.
tetéóyá 父親【G.】O pai. [S/同] Chichíóyá (+).
té-tori-ashí-tori 手取り足取り O agarrar pelas mãos e pelos pés; o forçar. ★ ～ *oshieru* 手取り足取り教える Ensinar à força.
tetsú[1] 鉄 O ferro (Fe 26). ★ ～ *no hai* 鉄の肺 O pulmão de ～. [P/ことわざ] ～ *wa atsui uchi ni ute* 鉄は熱いうちに打て Malhar no ～ enquanto está quente/Enquanto o ferro está quente é que é malhar.
tétsu[2] 轍【E.】 **1** [わだち] O rasto de rodas de carro. [S/同] Wadáchí (+). **2** [先例] O exemplo anterior. ★ *Zensha no* ～ *o fumu* 前者の轍を踏む Seguir no rasto [os mesmos passos]「de」. ⇨ seńréí[2]; zeńréí.
tetsú-bíń 鉄瓶 A chaleira de ferro.
tetsú-bṓ 鉄棒 A barra de ferro「para ginástica」.
tetsú-bun 鉄分 A parte [percentagem] de ferro.
tetsúdái 手伝い (< tetsúdáu) **1** [手伝うこと] A ajuda; o auxílio. ～ *o suru* 手伝いをする ⇨ tetsúdáu. *Mise no* ～ *o suru* 店の手伝いをする Ajudar [Dar uma mão] na loja. [S/同] Tedásuke. **2** [手伝う人] O [A] ajudante; o [a] auxiliar. ～ *ga iru* 手伝いが要る Precisa-se ～!. ◇ **Kaji ～** 家事手伝い A auxiliar [empregada] doméstica.
tetsúdáu 手伝う **1** [手助けをする] Ajudar; auxiliar; dar uma mão(zinha). ★ *Shigoto o* ～ 仕事を手伝う Ajudar no serviço. *Tetsudatte fuku o kiseru* [*nugaseru*] 手伝って服を着せる[脱がせる] Ajudar a vestir [a despir]. *Tetsudatte morau* 手伝ってもらう Receber ajuda; ser ajudado. [S/同] Tasúkéru; tedásuke suru. **2** [一因となる] Concorrer [Contribuir]「para」. *Waga-sha wa fu-keiki mo tetsudatte tōsan shita* 我が社は不景気も手伝って倒産した A nossa firma foi à falência, devido à crise da economia. ⇨ kańkéí[1].
tetsúdṓ 鉄道 O caminho [A estrada] de ferro; a ferrovia. ★ ～ *o shiku* [*fusetsu suru*] 鉄道を敷く[敷設する] Construir ～. ◇ **～ annaijo** 鉄道案内所 O posto de informações dos comboios/trens. ～ *bin* 鉄道便 O transporte por ～. **～ jisatsu** 鉄道自殺 O suicídio debaixo do comboio/trem. **～ kōankan** 鉄道公安官 O agente da segurança ferroviária. **～ mō** 鉄道網 A rede ferroviária. **～ senro** 鉄道線路 A via [linha] férrea.
tetsúgaku 哲学 A filosofia. ★ ～ *jō* [*teki ni*] 哲学上[的に] Filosoficamente. ～ *teki na* 哲学的な Filosófico. ◇ **～ sha** 哲学者 O filósofo. **Jinsei ～** 人生哲学 ～ da vida. **Jisshō ～** 実証哲学 ～ positivista. **Keiken ～** 経験哲学 ～ empírica.
tetsú-gṓshi [óo] 鉄格子 (<… + kṓshí) A (janela com) grade de ferro.
tetsú-író 鉄色 A cor de ferro; o preto avermelhado.
tetsújíń 哲人 O sábio [(grande) mestre]. [S/同] Tetsúgáku-sha.
tetsújṓ-mō [jóo] 鉄条網 A cerca [vedação] de arame farpado. [S/同] Yū́shítéssen.
tetsú-kábuto 鉄兜 O elmo [capacete] de aço.
te-tsúkazu 手付かず O「jantar」estar como estava [sem ninguém lhe tocar]. ★ ～ *no shigoto* 手付かずの仕事 O serviço [trabalho] por fazer.
tetsúké(kíń) 手付け(金) O depósito [sinal]. ★ ～ *o oku* [*utsu*] 手付けを置く[打つ] Pagar [Dar] ～.
tétsuki 手付き A maneira de usar as mãos. ★ *Nareta* ～ *de* 慣れた手付きで Com mão experiente [hábil].
tetsú-kúzú 鉄屑 O ferro velho; a sucata.
tetsúménpi 鉄面皮 A cara de lata [O descaramento]. ★ ～ *na yatsu* 鉄面皮なやつ O des(a)vergonhado [descarado]. [S/同] Kṓgáń (+). ⇨ zū́zū́shíí.
tétsuri 哲理 Os princípios filosóficos; a filosofia.
tétsuro 鉄路【E.】O caminho de ferro. ⇨ rḗrú; sénro; tetsúdṓ.
tetsú-sábí 鉄錆 A ferrugem.
tetsúwáń 鉄腕 O braço de ferro [forte como ferro]「do arremessador de bas/beis」.
tetsúyá 徹夜 A vigília; o passar a noite em claro. ★ ～ *de kanbyō suru* 徹夜で看病する Cuidar o doente toda a noite. ～ *suru* 徹夜する Passar… [Não se deitar].
tetsú-záí[1] 鉄材 O (material de) ferro.

T

tetsú-zái² 鉄剤「remédio」Ferrugífero.

tetsúzuki 手続き As formalidades; os trâmites; o processo. *Nyūkai no ~ o oshiete kudasai* 入会の手続きを教えて下さい Por favor, diga-me que tenho a fazer para me tornar sócio. ★ ~ *jō* 手続き上 De [Que diz respeito a] ~. ~ *o fumu* [*heru*; *sumasu*; *suru*; *toru*] 手続きを踏む [経る; 済ます; する; 取る] Cumprir ~. ~ *o okotaru* 手続きを怠る Não fazer caso das ~. *Nyūkoku* [*Shukkoku*] *no ~ o sumasu* 入国 [出国] の手続きを済ます Cumprir ~ para entrar no [sair do] país. *Seiki no ~ o hete* 正規の手続きを経て Seguindo [Cumprindo] ~ normais. *Shikarubeki ~ o fumu* しかるべき手続きを踏む Cumprir exa(c)tamente [devidamente] ~. ◇ **Nyūgaku ~** 入学手続き ~ para admissão à escola. **Zeikan ~** 税関手続き As ~ alfandegárias [da alfândega]. ⇨ te-júń.

tettái 撤退 A retirada. ★ ~ *suru* 撤退する Retirar; bater em ~. ◇ ~ **meirei** 撤退命令 A ordem de ~. ⇨ tesshú.

tettéi 徹底 **a)** O fazer de maneira [ser] radical; **b)** O fazer entender a alguém. *Kare no gōrishugi wa jitsu ni ~ shite iru* 彼の合理主義は実に徹底している Ele leva até às últimas consequências o seu racionalismo. ~ *teki na kaikaku* 徹底的な改革 A reforma radical [completa]. ~ *teki ni gimon o tsuikyū suru* 徹底的に疑問を追求する Procurar resolver a dúvida exaustivamente.
Ⓐ/反 Chútó-hánpa.

tettó 鉄塔 A torre de ferro「para cabos de alta tensão」.

tettórí-báyái 手っ取り早い「trabalho」Rápido; expedito. *Kō iu toki wa kare ni sōdan suru no ga ~* こういう時は彼に相談するのが手っ取り早い Nestas ocasiões, tudo é mais rápido se o consultarem a ele. ⇨ hayái; kańtáń¹.

tettó-tétsubi [**óó**] 徹頭徹尾【E.】Completamente「louco」;「estar na defensiva」do princípio ao fim;「ele é um j.」dos quatro costados.
S/同 Ákumademo; dóko made-mo; tokótón.

tettsúi 鉄槌【E.】O martelo de ferro. ★ ~ *o kuwaeru* [*kudasu*] 鉄槌を加える [下す] Dar [Vibrar] um duro golpe「no contrabando de drogas」.
S/同 Hánmá; ⇨ kaná-zúchi.

te-úchi 手打ち **1**[殺害] A execução pelas próprias mãos. ★ ~ *ni suru* 手打ちにする Executar [Matar] com as ~. **2**[商談成立] A conclusão de um negócio [contrato]. ★ ~ *ni naru* 手打ちになる Concluir ~. **3**[手製] O ser feito à mão. ⇨ Teséi. **4**[和解] A reconciliação. S/同 Wakái (+).

te-úé 手植え (<~ + uérú) O plantar à mão. ★ *Tennō Heika no ~ no matsu* 天皇陛下お手植えの松 O pinheiro plantado pelo Imperador.

te-úsú 手薄 A falta de mãos [gente]. *Keibi ga ~ de aru* 警備が手薄である A segurança é insuficiente [tem poucos guardas]. ⇨ fu-kánzén; fusókú¹.

te-wáké 手分け O dividir o trabalho. ★ ~ *shite sagasu* 手分けして探す Fazer uma busca em grupos separados. S/同 Buńtán.

te-wátashi 手渡し (<~ + watású) A entrega pessoal/em mão.

te-yáwárákái 手柔らか ⇨ o-té-yáwáráká-ní.

te-záiku 手細工 (<~ + saíkú) O artesanato [trabalho feito à mão]. S/同 Shukógei; te-shígoto.

te-záwari 手触り (<~ + sawárú) O ta(c)to. ★ ~ *ga yawarakai* [*arai*; *katai*] 手触りが柔らかい [粗い; 硬い] Ser macio [áspero; duro] ao ~.
S/同 Kańshókú.

téze (**ée**) テーゼ (< Al. these < Gr.) A tese. ◇ **Anchi ~** アンチテーゼ A antítese.

te-zémá 手狭 (<~ + semái) A estreiteza. ★ ~ *na* [*no*] 手狭な [の]「corredor」Estreito;「casa」acanhada.

te-zúkami 手掴み (<~ + tsukámu) O pegar com a mão. ★ ~ *de taberu* 手掴みで食べる Comer com a mão.

te-zúkuri 手作り (<~ + tsukúru) O ser feito à mão; artesanal; caseiro.

te-zúmari 手詰まり (<~ + tsumáru) **a)** O impasse [beco sem saída]; **b)** O empate「no xadrez」. ★ ~ *ni naru* 手詰まりになる Chegar a um ~.
S/同 Ikízúmari.

te-zúmé 手詰め (<~ + tsumérú) A coa(c)ção; a pressão; o ultimato [pôr entre a espada e a parede]. ★ ~ *no danpan o suru* 手詰めの談判をする Forçar um acordo; obrigar a negociar.

té-zuru 手蔓【G.】(<~ + tsurú) O empenho [A cunha (G.)]; os conta(c)tos; as influências. ★ ~ *ga aru* 手蔓がある Ter ~. ~ *o motomeru* 手蔓を求める Procurar ~「para ir para o governo」.
S/同 Énko (+); tegákari. ⇨ kóne.

tí¹ [ī] ティー (< Ing. tea) O chá. ◇ ~ **baggu** ティーバッグ O saquinho de chá. **Áisu ~** アイスティー ~ gelado. **Míruku** [**Remon**] ~ ミルク [レモン] ティー ~ com leite [limão]. S/同 Chá (+); kóchá.

tí² [ī] ティー (< Ing. tee)【Go.】O montinho de areia onde se coloca a bola no início do jogo. ◇ ~ **shotto** ティーショット A empenada í tacada.

tichí-in [ī] ティーチイン (< Ing. teach-in) O debate.

tín'éijá [ī] ティーンエイジャー (< Ing. teenager) O adolescente.

tínpaní ティンパニー (< It. timpani) O timbale; o tímpano.

tí-shátsú [ī] Tシャツ (< Ing. T-shirt) A camiseta; a camisola interior de meia manga.

tisshú-pēpá [ē] ティッシュペーパー (< Ing. tissue paper) O lenço de papel.

to¹ 戸 A porta. *Zenbu no ~ ga shimatte iru* 全部の戸が閉まっている As portas estão todas fechadas. ★ ~ *o akeru* 戸を開ける Abrir ~. ~ *o (patan to) shimeru* 戸を(ぱたんと) 閉める Fechar ~ com estrondo [Bater com ~]. ~ *o tataku* 戸を叩く Bater à porta. ことわざ *Hito no kuchi ni ~ wa taterarenai* 人の口に戸は立てられない Não se pode tapar a boca da gente/Há-de haver sempre quem fale.

to² 都 **1**[みやこ] A metrópole [capital]. S/同 Miyakó. ⇨ shúto; tokáí¹. **2**[東京都の略称] Tóquio. ◇ ~ **basu** 都バス O serviço de autocarros [ônibus] de ~. ~ **chiji** 都知事 O governador de ~. ~ **chō** 都庁 Câmara Municipal [A Prefeitura] de ~. ~ **gikai** 都議会 A assembleia municipal de ~. ~ **min** 都民 O cidadão de ~ / o toquioense. ⇨ Édo.

to³ 途【E.】O caminho. ★ *Kikoku no ~ ni tsuku* 帰国の途に就く Regressar [Pôr-se a caminho de volta] ao seu país. S/同 Dōtéi; michí.

to⁴ 徒【E.】Um tipo「ingrato」; o bando. ★ *Mugaku no ~* 無学の徒 O bando de iletrados [ignorantes].
S/同 Hitó-bito (+); yakará.

to⁵ 斗 A unidade de medida correspondente a cerca de 18 litros. ⇨ shō³.

-to[6] と **1** [および] E. ★ *Nihon ~ Burajiru* 日本とブラジル O J. e o B. ⓢ熟 Narábí-ní; oyóbí. **2** [と共に] Com. ★ *Tomodachi ~ eiga ni iku* 友達と映画に行く Ir ao cinema ~ um amigo. **3** [に対して] Contra. ★ *Teki ~ tatakau* 敵と戦う Lutar ~ o inimigo. **4** [前文を受けて] Que 「é assim」. *Asu wa amefuri da ~ omou* 明日は雨降りだと思う Acho que amanhã vai chover. **5** [時に] Quando; logo [assim] que; ao. *Watashi ga ie e modoru ~ kare ga kite ita* 私が家へ戻ると彼が来ていた Quando cheguei [Ao chegar eu] a casa, ele já estava. **6** […ても] Mesmo que; quer…quer… ★ *Jijitsu de arō ~ nakarōto* 事実であろうとなかろうと Seja verdade ou não; quer seja assim quer não. **7** [仮定] Se. *Benkyō shinai ~ rakudai suru zo* 勉強しないと落第するぞ Se não estudar, será reprovado, hem?! **8** [強調を示す] Nem. *Kare wa go-fun ~ jitto shite inai* 彼は5分とじっとしていない Ele não sossega (nem) cinco minutos.

tō[1] [óo] 十 Dez. ★ *~ ka sokora no ko* 十かそこらの子 Uma criança de dez anos ou por aí. ⓢ熟 Jú[1].

tō[2] [óo] 党 O partido. ★ *~ o kessei suru* 党を結成する Formar um ~. ◇ **~ honbu** 党本部 A sede do ~. **in** 党員 O membro do ~.

tō[3] [óo] 当 【E.】 **1** [道理にかなったこと] A justeza; a corre(c)ção; a propriedade. ★ *~ o eta* 当を得た Justo; lógico; corre(c)to; razoável; conveniente; apropriado [*~ o eta shochi* 当を得た処置 A medida justa]. ⇨ futó[1]; dató[2]; seító[1]; tekísétsú; tekító[1]. **2** [問題の] Este [Esta]. ~ *no* ~ 〇 Em questão; [a pessoa; a de que se trata [*~ no honnin* 当の本人 O próprio [Em pessoa]].

tō[4] [óo] 塔 A torre; o torreão; o pagode. ★ *~ o tateru* 塔を建てる Construir uma torre. ⓢ熟 Táwá.

tō[5] [óo] 等 **1** [等級] A classe; o grau; a categoria. ★ *Ittō [Ni- ~] de iku* 一等 [二等] で行く Ir [Viajar] em primeira [segunda] classe. **2** [など] Etc. ⓢ熟 Nádó (+). **3** [等しい] Mesmo; igual. ★ *~ kankaku ni* 等間隔に A mesma distância [A intervalos iguais]. ⓢ熟 Hitóshíi. **4** [順位] O 「segundo」 lugar; a ordem.

tō[6] [óo] 薹 O pedúnculo, o pé 「da flor」. ★ *~ ga tatsu* 薹が立つ **a)** Criar talo; **b)** Passar do tempo [o vigor] [*no tatta onna* 薹の立った女 A solteirona].

tō[7] [óo] 藤 【Bot.】 O rotim (junco grosso). ◇ **~ isu** 藤いす A cadeira de ~.

tō[8] [óo] 糖 O açúcar. ⇨ sató.

tō[9] [óo] 灯・燈 A lâmpada. ★ Akárí (o); tomóshíbi (+).

Tō[10] [óo] 唐 【H. Chin.】 A dinastia Tang (618-906).

-tō[11] [óo] 頭 A cabeça (de gado) (Suf. para contagem de animais de grande porte). ★ *Uma san- ~* 馬三頭 Três cavalos.

Tō-a 東亜 A Ásia Oriental.

toámí 投網 A tarrafa; a rede (de pesca). ★ *~ o utsu* 投網を打つ Arremessar [Lançar] a ~. ⇨ amí[1].

tóán [óo] 答案 **1** [試験の答え] A resposta do exame escrito. ★ *~ o kaku* 答案を書く Escrever [Fazer] o exame. ⓢ熟 Kaító (+); kotáé (o). **2** [答案用紙] A folha de exame. *Hakushi no ~ o dasu [teishutsu suru]* 白紙の答案を出す [提出する] Entregar em branco.

to áru とある 【E.】 Um (certo). ★ *~ kuni no ōji-sama* とある国の王子様 O príncipe de um certo país. ⓢ熟 Áru.

tóásá [óo] 遠浅 (< *tóí* + *asái*) Grandes bancos de areia. ★ *~ no kaigan* 遠浅の海岸 A praia com uma longa extensão de mar raso.

tóátsú [óo] 等圧 【Met.】 A pressão atmosférica igual. ◇ **~ sen** 等圧線 A linha isobárica.

tobá ⓢ熟 Bakúchí-bá. ⇨ tobákú.

tobáku 賭博 O jogo (de azar). ★ *~ o suru [yaru]* 賭博をする [やる] Jogar à sorte [à(na) roleta]. ⓢ熟 Bakúchí; gyánburu; kaké-goto.

tōbákú [óo] 倒幕 【H.】 O derrube do Xogunato.

tóban[1] [óo] 当番 **1** [何かをする順番にあたること] O estar de serviço [O ser o seu turno ou a sua vez]. A/反 Hibán. **2** [何かをする順番にあたる人] A pessoa que está de serviço; o guarda.

tōbán[2] [óo] 登板 【Bas.】 O subir à posição de lançador. ★ *~ suru* 登板する …. ⓢ反 Kōbán.

tobárí 帳 [垂れぎぬ] A cortina; o reposteiro. **2** [おおう隠すもの] O véu. *Machi wa yoru no ~ ni tsutsumarete shizuka ni nemutte ita* 町は夜の帳に包まれて静かに眠っていた A cidade, envolta no ~ da noite, estava a dormir tranquilamente.

tobású 飛ばす (< *tobú*) **1** [空中へ上げる] Fazer voar; pôr 「o avião」 a voar; lançar [arremessar] ao ar. *Kono aku-tenkō de wa hikōki o ~ no wa muri darō* この悪天候では飛行機を飛ばすのは無理だろう Será impossível voar [levantar voo] com este tempo tão mau. **2** [はねとばす; 散らす] Borrifar; respingar. ★ *Mizu-shibuki o ~* 水しぶきを飛ばす Borrifar (com) água. ⇨ hané-kobású. **3** [注: 放つ; 発射する] Disparar; atirar. ★ *Dangan [Ya] o ~* 弾丸 [矢] を飛ばす Disparar uma bala (flecha). ⇨ hanátsu; íru[5]. **4** [駆る; 走らせる] Conduzir a alta velocidade; voar. *Kare wa Tōkyō kara yodōshi kuruma o tobashite kita* 彼は東京から夜通し車をとばして来た Ele veio disparado de Tóquio toda a noite. ⇨ káru[1]. **5** [間を置く; 抜かす] Saltar; omitir. ★ *Muzukashii tokoro o ~ [tobashite yomu]* むずかしいところを飛ばす [飛ばして読む] ~ as partes difíceis. ⓢ熟 Nukású. **6** [すみやかに広める; 伝達する] Espalhar; fazer circular. ★ *Dema o ~* デマを飛ばす ~ boatos. **7** [言い放つ] Dizer. ★ *Jōdan [Yota] o ~* 冗談 [与太] を飛ばす ~ piadas (disparates). **8** [人をすみやかに遠くへ行かせる] Enviar. ★ *Kyūshū o ~* 急使を飛ばす ~ um mensageiro expresso. **9** [逃亡させる] 【G.】 Fazer fugir. ⓢ熟 taká-tóbí[1]. **10** [転勤させる] Despachar. ★ *Kyūshū ni tobasareru* 九州に飛ばされる Ser despachado [transferido] para Kyushu. ⇨ sasén. **11** [はげしく勢いよく何かをする] Ser forte (violento). ★ *Hari-~* 張り飛ばす Esbofetear; dar uma bofetada/palmada.

tobátchírí とばっちり 【G.】 **1** [しぶき] O salpico; o borrifo; o respingo. ⓢ熟 Shibúkí (+). **2** [そばづえ] O ricochete (golpe indire(c)to). ★ *Kenka no ~ o kuu* けんかのとばっちりを食う Ficar [Ver-se] envolvido numa disputa; apanhar por ~. ⓢ熟 Makízóé; sobázúé.

tōbátsú[1] [óo] 討伐 A supressão 「da guerrilha」; a punição. ⓢ熟 Séibatsu.

tōbátsú[2] [óo] 盗伐 O roubo [corte clandestino] de árvores.

to-béi 渡米 O ir aos Estados Unidos. ⇨ hō-béi; to-háku.

tōbén [óo] 答弁 A resposta 「na Dieta」; a réplica; a justificação. ★ *~ o motomeru* 答弁を求める Pedir uma resposta [explicação]. ~ *suru* 答弁する Responder; replicar; explicar. ◇ **~ sho** 答弁書 A resposta por escrito. Ⓢ/图 Il-hírákí. ⇨ heñtó; kaító.

tóbi 鳶 **1** 【Zool.】 O milhafre (milhano). 【Ⅰ惯用】 ~ *ga taka o umu* 鳶が鷹を生む Galinha preta põe ovo branco (Filho gé(ê)nio de pais comuns). ~ *ni abura-age o sarawareru* 鳶に油揚げをさらわれる Ficar a ver navios (Ser inadvertidamente ludibriado). Ⓢ/图 Tónbi. ⇨ tobí-iró. **2** [鳶職] O operário que conserta chaminés altas, de fábrica, etc. ★ ~ *no mono* 鳶の者 **a)** ~; **b)** O bombeiro; **c)** O trabalhor de andaimes. Ⓢ/图 Tobíshoku.

tobí-ágáru 飛[跳]び上がる (< tobú + …) **1** [飛んで上がる] Levantar voo; subir. *Biru no okujō kara herikoputā ga tobiagatta* ビルの屋上からヘリコプターが飛び上がった O helicóptero levantou voo do terraço do edifício. Ⓜ/图 Maĺágáru. Ⓐ/图 Tobíoríru. **2** [跳ね上がる] Dar um pulo; saltar「dois postos na firma」; pular. *Shōri no shirase ni mina tobiagatte yorokonda* 勝利の知らせに皆跳び上がって喜んだ Com a notícia da vitória, todos saltaram [pularam] de alegria. ⇨ hané-ágáru; odóri-ágáru.

tobí-áruku 飛び歩く (< tobú + …) Andar [Correr] de um lado para outro. ★ *Kinsaku ni* ~ 金策に飛び歩く Andar à procura de meios para arranjar o dinheiro. Ⓢ/图 Tobímáwáru **3**.

tobí-bákó 跳[飛]び箱 (< tobú + hakó) 【Gin.】 O cavalo.

tobí-chí 飛び地 (< tobú + …) O enclave「de Ocussi (Timor)/Cabinda (Angola)/terrenos」. ⇨ tobíryódo.

tobí-chíru 飛び散る (< tobú + …) Saltar [Cair] por todo o lado.

tobídáshi-náifu 飛び出しナイフ (< tobí-dásu + < Ing. knife) O canivete automático.

tobí-dásu 飛[跳]び出す (< tobú + …) **1** [勢いよく外へ出る] Sair correndo; saltar [pular] para fora. *Kuruma ga abunai kara ōdōri e tobidashite wa ikemasen yo* 車が危ないから大通りへ飛び出してはいけませんよ Tenha cuidado com os carros e não saia correndo para a rua. **2** [去る] Deixar [Abandonar]; fugir. ★ *Ie o* ~ 家を飛び出す Fugir de casa. **3** [突き出ている] Proje(c)tar-se; ser saliente; ressaltar; sair. *Kabe kara kugi ga tobidashite iru* 壁から釘が飛び出している Tem um prego saído da parede. Ⓢ/图 Tsukídéru. **4** [急に現れる] Aparecer repentinamente.

tobí-déru 飛び出る (< tobú + …) Proje(c)tar. ★ *Medama ga ~ hodo takai* 目玉が飛び出るほど高い Ser um preço exorbitante (de ficar com os olhos arregalados).

tobí-dógu [óo] 飛び道具 (< tobú + …) A arma de fogo.

tobí-guchi 鳶口 (< … + kuchí) O gancho de bombeiro.

tobí-hánáréru 飛び離れる ⇨ tobí-núkéru.

tobí-hánáreta 飛び離れた (Adj. de tobí-hanáréru) Extraordinário; fora do comum; acima da média; destacado. ⇨ tobíkírí; tobí-núkéru.

tobí-hánárete 飛び離れて (Adv. de tobí-hanáréru) Excepcionalmente; de longe; muitíssimo; destacadamente; sem par. ⇨ tobíkírí; zu-núkéru.

tobí-hánéru 飛び跳ねる (< tobú + …) Pular; saltar; saltitar「de um lado para outro」.

tobí-hí 飛び火 (< tobú + …) **1** [火災の] A chispa [faísca]; a fagulha [faúlha]. *Taigan e* ~ *shita* 対岸へ飛び火した As ~ s saltaram para a outra margem. **2** [予想外の影響] 【Fig.】 A repercussão. *Sono jiken wa seitō no arasoi e* ~ *shita* その事件は政党の争いに飛び火した Esse acontecimento teve repercussões inesperadas nas lutas partidárias.

tobí-írí 飛び入り (< tobú + háiru) A participação sem estar inscrito. ★ ~ *de utau* 飛び入りで歌う Cantar também, sem …. ◇ **~ kangei** 飛び入り歓迎 Benvinda a ~! /Não é preciso inscrever-se. ⇨ baŋgái.

tobí-iró 鳶色 O castanho(-avermelhado). ★ ~ *no hitomi* 鳶色の瞳 Os olhos castanhos. Ⓢ/图 Cha-iró.

tobí-íshi 飛び石 (< tobú + …) As alpondras; a passagem de pedras intercaladas. ◇ **~ renkyū** 飛び石連休 Os feriados intercalados. Ⓢ/图 Fumí-íshi.

tobí-ítá 飛び板 (< tobú + …) O trampolim; a prancha de saltos. ◇ **~ tobikomi** 飛び板飛び込み O salto de trampolim; o mergulho de prancha. Ⓢ/图 Supúríŋgú bódo.

tobí-kákáru 跳[飛]び掛かる (< tobú + …) Saltar [Lançar-se] sobre. *Keikan ga issei ni hannin ni tobikakatta* 警官が一斉に犯人に跳び掛かった Os polícias (policiais) lançaram-se ao mesmo tempo sobre o criminoso. Ⓢ/图 Odórí-kákáru; tobí-tsúku.

tobí-káu 飛び交う **1** [飛び違う] 「as abelhas a」 Voar em todas as dire(c)ções. **2** [うわさなどが入り乱れる] Circular. ★ *Ryūgenhigo ga* ~ 流言飛語が飛び交う Circularem falsos rumores.

tobíkírí 飛び切り Excepcionalmente; extraordinariamente. ★ ~ *no jōtō na* 飛び切り上等な De qualidade excepcional [superior/à parte]; ~ bom. Ⓢ/图 Zubánúkete; yunikékě.

tobí-kóéru 飛[跳]び越える (< tobú + …) **1** [跳躍して越える] Pular por cima; saltar. ★ *Hei (Saku) o* ~ 塀[柵]を跳び越える Pular por cima do muro [da cerca]. **2** [飛んで越える] Cruzar [Atravessar] (voando). **3** [とばして先へ進む] Ultrapassar; passar por cima. ★ *Senpai o tobikoete shōshin suru* 先輩を飛び越えて昇進する Ser promovido antes dos mais antigos. Ⓢ/图 Tobíkósu.

tobí-kómi 飛[跳]び込み (< tobí-kómu) **1** [飛び込むこと] O salto. ◇ **~ jisatsu** 飛び込み自殺 O suicídio saltando de alto. ◇ [水泳の飛び込み競技] O salto [mergulho] de competição. ◇ **~ dai** 飛び込み台 A prancha de saltos.

tobí-kómu 飛び込む (< tobú + …) **1** [飛んで入って来る] 「o pó」 Voar para dentro. **2** [身をおどらせて中に入る] Mergulhar. ★ *Kawa (Pūru; Umi) ni* ~ 川[プール; 海]に飛び込む ~ no rio [na piscina; mar]. **3** [勢いよく入る] Irromper; entrar a correr. ★ *Heya ni* ~ 部屋に飛び込む ~ no quarto. **4** [思いがけないことが突然起こる] Acontecer subitamente. ★ *Nyūsu ga tobikonde kuru* ニュースが飛び込んで来る Chegar a inesperada notícia. **5** [進んで身を投ずる] Meter-se. ★ *Jiken no kachū ni* ~ 事件の渦中に飛び込む ~ a sério no caso.

tobí-kósu 飛[跳]び越す (< tobú + …) Saltar「a barreira/um ano」. Ⓢ/图 Tobí-kóéru (+).

tobí-máwáru 飛び回る (< tobú + …) **1** [空中をあちこち飛ぶ]「borboletas a」 Voar por todos os lados. **2** [跳ね回る] Pular; brincar, saltitar. **3** [駆け回る]【Fig.】 Correr para cá e para lá. *Oji wa* *mainichi kinsaku ni tobimawatte iru* 叔父は毎日金策に飛び回っている O tio anda todos os dias numa correria para arranjar dinheiro. ⇨ kaké-máwáru.

tobí-náwá 跳[飛]び縄 (< tobú + …) A corda de saltar. ⇨ nawá-tóbí.

tobí-nóku 跳び退く (< tobú + …) Saltar「da cadeira」para trás [o lado].

tobí-nóru 跳[飛]び乗る (< tobú + …) Saltar (e entrar/e montar). ★ *Hashitte iru ressha ni* ~ 走っている列車に跳び乗る Saltar para o comboio [trem] em movimento. ⇨ Tobióríru.

tobí-núkéru 飛び抜ける (< tobú + nukérú) Ser excepcional [muito bom]. ★ *Atama ga tobinukete yoi seito* 頭が飛び抜けてよい生徒 O aluno excepcionalmente inteligente. ⇨ tobíkírí; zubánúkéru. S/同 Tobí-hánáréru.

tobí-ókíru 飛[跳]び起きる (< tobú + …) Saltar[Pular] da cama. *Mayonaka no himei ni ie-jū no mono ga tobiokita* 真夜中の悲鳴に家中の者が跳び起きた Ouvindo um grito a meio da noite, saltaram todos da cama.

tobí-órí 飛[跳]び下り (< tobí-óríru) O salto de alto. ◇ ~ **jisatsu** 飛び下り自殺 O suicídio por salto.

tobí-óríru 飛[跳]び下[降]りる (< tobú + …) Lançar-se [Saltar] para baixo. *Kare wa ressha kara tobiorite ō-kega no shita* 彼は列車から跳び下りて大怪我をした Ele feriu-se muito ao saltar do comboio [trem. A/反 Tobí-ágáru; tobí-nóru.

tobíra 扉 **1** [戸; 門] A porta. ★ ~ *o hiraku* [*tojiru*] 扉を開く[閉じる] Abrir [Fechar] ~. S/同 Dóa; hirákí-do. ⇨ to¹. **2** [本の] O rosto de livro. ◇ ~ **e** 扉絵 A ilustração do frontispício/ ~.

tobí-ryódo [óo] 飛び領土 O enclave. ⇨ tobí-chí.

tobí-sáru 飛び去る (< tobú + …) Voar para longe.

tobí-shoku 鳶職 ⇨ tóbi **2**.

tobí-tátsu 飛び立つ (< tobú + …) **1** [舞い上がる「ave/avião」] Levantar voo. **2** [心がおどる] Pular de alegria. ★ ~ *omoi de aru* 飛び立つ思いである Sentir-se a ~.

tobí-tóbi 飛び飛び (< tobú) **1** [あちこちに散らばっているより]「Casas dispersas por」Aqui e ali. **2** [順をとばして]「falar」Saltando「de assunto em assunto」. ★ *Hon o ~ ni yomu* 本を飛び飛びに読む Ler o livro salteado [em diagonal].

tobí-tsúku 跳[飛]び付く (< tobú + …) **1** [飛び上がって勢いよく抱きつく] Lançar-se; saltar; atirar-se. *Inu ga kainushi ni tobitsuita* 犬が飼主に跳び付いた O cão saltou para cima do dono. ⇨ tobíkákáru. **2** [強く心をひかれる] Reagir logo; agarrar「a oportunidade」. ★ *Umai hanashi ni* ~ うまい話に跳び付く Atirar-se à oportunidade de um bom negócio.

tobí-uo 飛魚 (< tobú + …) [Zool.] O peixe voador.

tobí-útsúru 飛[跳]び移る (< tobú + …) Saltar de um lugar para outro. ★ *Eda kara eda e* ~ 枝から枝へ飛び移る「O macaco」de galho em galho. ★

tóbō [tóo] 逃亡 A fuga; a evasão; a deserção. ★ ~ *suru* 逃亡する Fugir; evadir-se; desertar. ◇ ~ **sha** 逃亡者 O fugitivo; o desertor. ⇨ chikúdéñ²; dassō; tońsō; tōsō¹.

tóbóe [óo] 遠吠え (< tóí + hoérú) O uivo「do cão/lobo」de longe. I/慣用 *Make-inu no ~* 負け犬の遠吠え O fazer-se forte depois de perder/O ladrar de longe (Como cão derrotado).

tobókéru とぼける (< tobú + …) **1** [しらを切る] Fingir (que não sabe); fazer-se inocente; simular. ~ *na* とぼけるな Deixa-te de fingimentos! ⇨ shíra. **2** [間が抜けたようすっけない言動をする] **a)** Estar tonto [na lua]; **b)** Fazer de bobo. ★ *Toboketa koto o suru* とぼけたことをする Fazer bobices; cometer distra(c)ções. ⇨ ma-núké.

toböshíí 乏しい **1** [不十分な; 少ない] Escasso; magro;「salário」insuficiente; exíguo; limitado. *Keiken ni* ~ 経験に乏しい Ter pouca experiência. ⇨ fu-júbun. **2** [貧しい] Pobre「em recursos naturais」. S/同 Mazúshíí (+).

tóbotobo とぼとぼ A vacilar; penosamente. *Rōjin wa tsukarehatete ~ (to) aruite ita* 老人は疲れ果ててとぼとぼ(と)歩いていた O ancião exausto (de cansaço) caminhava ~ [com passos vacilantes].

tobú 飛ぶ **1** [空中を進む] Voar; ser levado pelo vento. *Kare wa asa ichi-ban no bin de Sapporo e tonda* 彼は朝一番の便で札幌へ飛んだ Ele voou para Sapporo no primeiro avião [voo] da manhã. ★ ~ *yō ni ureru* 飛ぶように売れる Vender-se num instante. *Bōru ga tonde kuru* ボールが飛んで来る Vir a bola pelo ar. I/慣用 ~ *tori o [mo] otosu ikioi* 飛ぶ鳥を[も] 落とす勢い O poder irresistível. *Tonde hi ni iru natsu no mushi* 飛んで火に入る夏の虫 Meter-se na boca do lobo (Lit. inse(c)to de verão que se atira ao fogo). **2** [はねて散る] Saltar. ★ *Mizu-shibuki] ga ~* 泥[水しぶき]が飛ぶ Espirrar lama [borrifo de água]. ⇨ hanéru¹. **3** [離れる; 隔たる] Desviar-se; distanciar-se. ★ *Hanashi ga ~* 話が飛ぶ A conversa mudar de rumo. **4** [間を抜かす] Saltar. *Banchi ga tonde iru* 番地が飛んでいる Os números das casas não são seguidos. **5** [切れてなくなる] Saltar. ★ *Hyūzu ga ~* ヒューズが飛ぶ ~ o fusível. *Kubi ga ~* 首が飛ぶ ~ a cabeça (decepada de um golpe). **6** [急いで行く] Voar; ir com grande rapidez. *Jiko no sanpun-go ni wa kyūkyūsha ga tonde kita* 事故の3分後には救急車が飛んで来た A ambulância veio logo, três minutos após o acidente. **7** [すみやかに伝達される] Espalhar-se com rapidez. *Samazama na dema ga tonde iru* 様々なデマが飛んでいる Diversos boatos andam no ar. **8** [すばやく動作がしかけられる] Vir com rapidez. *Jōkan ni sakarau to tachimachi binta ga tonda* 上官に逆らうとたちまちびんたが飛んだ Ao se insurgir contra o superior apanhou [veio] logo uma bofetada. **9** [言い放たれる] Ser lançado. *Heta na yakusha ni wa yōsha naku yaji ya basei ga tonda* 下手な役者には容赦なく野次や罵声が飛んだ O mau a(c)tor foi vaiado sem dó nem piedade. **10** [逃亡する] [G.] Fugir; raspar-se.

tobú² 跳ぶ **1** [はねる] Pular; saltar. ⇨ chóyáku; hanéru¹; jánpu. **2** [跳んで越す] Saltar. ★ *Hādoru o ~* ハードルを跳ぶ ~ as barreiras. ⇨ tobí-kóéru.

tóbu¹ [óo] 頭部 A cabeça. S/同 Atámá (+).

tóbu² 東部 A parte oriental [(do) leste]. A/反 Séibu. ⇨ higáshí¹.

to-bukúró 戸袋 (< … + fukúro) O vão na parede para encaixar as portas corrediças.

tóbún [óo] 等分 A divisão em partes iguais. ★ *Ni [San; Yon]-* ~ *suru* 二[三; 四]等分する Dividir em duas [três; quatro] partes iguais. ◇ **Ni-~ sen** 二等分 O bisse(c)tor. ⇨ kínbún.

tóbún² [óo] 当分 Por ora; por enquanto. *Koko ~ ame wa furanai deshō* ここ当分雨は降らないでしょう Não deve chover ~. S/同 Shibáraku. ⇨ tózá.

tóbun³ [óo] 糖分 A pe[o]rcentagem de açúcar.

tóbyō¹ [tóo] 投錨 A ancoragem; o lançar âncora.

tóbyō² ★ ~ *suru* 投錨する Ancorar. ◇ ~ **chi** 投錨地 O ancoradouro. A/反 Batsúpyō. ⇨ teíhaku.

tóbyō² [toó] 闘病 A luta contra a doença. ◇ ~ **seikatsu** 闘病生活 A vida de [em] ~.

tóchaku [oó] 到着 A chegada「ao J.」. ★ ~ *jun ni* 到着順に Por ordem de ~. ★ ~ *suru* 到着する Chegar. ◇ ~ **jikoku** 到着時刻 A hora de ~. A/反 Shuppatsú. ⇨ tótatsu.

tochi¹ 土地 **1** [土地; 地所] O (lote de) terreno; a propriedade. ★ ~ *o kasu* [*kariru*] 土地を貸す [借りる] Arrendar [Tomar de arrendamento] ~. ◇ ~ **baibai** 土地売買 A compra e venda de ~s; o negócio imobiliário. ~ **daichō** 土地台帳 O cadastro (de terreno); o regist(r)o de prédios rústicos. ~ **shoyūken** 土地所有権 O título de propriedade. ~ **shūyō-hō** 土地収用法 A lei de expropriação de terrenos. ◇ ~ **jímen**, jísho. **2** [土壤; 地質] O solo; a terra. ★ ~ *o tagayasu* 土地を耕す Cultivar ~. *Koeta* [*Yutaka na*] ~ 肥えた [豊かな] 土地 A terra fértil [rica]. *Yaseta* [*Arehateta*] ~ やせた [荒れ果てた] 土地 A terra árida [agreste/estéril]. ◇ ~ **kairyō** 土地改良 O melhoramento do solo. S/同 Chishítsú; dojō¹. **3** [地方; 地域] A terra (localidade); a região; a zona; o lugar. ★ ~ *no hito* [*mono*] 土地の人[者] A gente da ~. ★ ~ *no gara* 土地柄 A natureza (feição) do lugar [~ *gara ga yoi* [*warui*] 土地柄がよい[悪い]Ser uma boa [má]. ~ **kan** 土地勘 O conhecimento do lugar. ⇨ chihō¹; chíiki. **4** [領土] O território. S/同 Ryóchi; ryódo (+).

tóchi² 栃・橡【Bot.】A castanha [O castanheiro]-da-índia.

tōchi¹ [oo] 当地 Esta terra [zona; cidade; região]; este lugar [país]; aqui. ★ ~ *no sanbutsu* 当地の産物 Os produtos deste lugar [da ~].

tōchi² [oó] 統治 O governo; o domínio; a administração. ★ ~*no* ~ *ka ni aru* …の統治下にある Estar sob o domínio de ~. ◇ ~ **ken** 統治権 A soberania. ~ **sha** 統治者 O governante. **Shintaku** ~ 信託統治 O regime de tutela. ⇨ tōgyō¹; tōchísú¹.

tóchi³ [oo] 倒置 O inverter. ◇ ~ **hō** 倒置法 【Gram.】A anástrofe [O hipérbato] (Ex. "Deata, tsuki ga").

tóchika [oó] トーチカ (< Ru. tochka) A casamata.

tochíru とちる【G.】Falhar; atrapalhar-se. ★ *Serifu o* … 台詞をとちる Atrapalhar-se [Engasgar-se] na fala [no papel (decorado)].

tóchō¹ 登頂 ⇨ tōchō².

tóchō² ト調【Mús.】O [A nota] sol. ◇ ~ **chō** [tan] **onkai** ト調長[短] 音階 O sol maior [menor].

tóchō³ [toó] 盗聴 A escuta [A interce(pta)ção] secreta. ★ ~ *suru* 盗聴する Escutar [Interceptar] secretamente. ◇ ~ **ki** [sóchi] 盗聴器[装置] O aparelho [equipamento] de ~; o microfone secreto. S/同 Nusúmígíkí (+).

tōchō⁴ [toó] 登頂 O conquistar o cume「do Evereste」. ★ ~ *suru* 登頂する Escalar/Conquistar...

tóchōkú [oó] 当直 O plantão; o turno de vigia. ★ ~ *suru* 当直する Ficar de plantão; estar de serviço. ◇ ~ **i** 当直医 O médico de plantão [em turno de serviço]. ⇨ tōban¹.

tochū 途中 **a)** O meio do caminho/percurso; **b)** Durante [A meio de]「reunião, trabalho」. *Shikinguri ga tsukazu keikaku wo ~ de chūshi sezaru o enakatta* 資金繰りがつかず計画を途中で中止せざるを得なかった Fui obrigado a desistir a meio do projec(c)to por falta de recursos financeiros. ★ ~ *kara hikikaesu* 途中から引返す Voltar para trás a meio do caminho. *Eiga o* ~ *kara miru* 映画を途中から見る Entrar a meio do filme. *Gakkō e iku* ~ *de* 学校へ行く途中 A caminho da escola. *Hanashi no* ~ *de seki o tatsu* 話の途中で席を立つ Levantar-se a meio da conversa. ◇ ~ **gesha** 途中下車 A interrupção da viagem「invalida o bilhete」. ~ **keiji** 途中計時 A medição de tempo parcial (numa corrida).

tōchū [oó] 頭注 A nota ao cimo da página. ⇨ kyakuchū.

todaéru 途絶える Cortar-se「a ligação por rádio」; 「o ruído」parar; findar; acabar. ★ *Ōrai* [*Hito-dōri*] *no todaeta tōri* 往来 [人通り] の途絶えた通り A rua deserta (já sem gente). S/同 Togíréru.

tōdái¹ [oó] 灯[燈] 台 **1** [燭台] O castiçal alto (com pé). I/慣用 ~ *moto kurashi* 灯台下暗し O que está mais perto é o que vê menos. S/同 Shokúdái. **2** [航路標識] O farol. ◇ ~ **mori** 灯台守 O faroleiro; o guarda de farol.

tōdái² [oó] 当代 **1** [現代] A geração (época) a(c)tual; a a(c)tualidade. ★ ~ *zuiichi no kyoshō* 当代随一の巨匠 O maior mestre do ~. S/同 Géndai (+); tōsei. **2** [当主] O a(c)tual chefe de família. S/同 Tōshu (+).

tōdán [oó] 登壇【E.】A subida ao estrado [à tribuna]. ★ ~ *suru* 登壇する Subir …

todaná 戸棚 (< to + taná) O armário. ⇨ hón-dana; shokkí ◇.

tōdé [oó] 遠出 A excursão. ⇨ eńsoku.

tōdén 都電 O (serviço de) elé(c)trico metropolitano.

tódo¹ 海馬【Zool.】O leão-marinho; *eumetopia jubata*.

tódo² 鯔 ⇨ tódo-no-tsumari.

tōdo 陶土 O caulim; a argila branca.

to-dō-fú-ken [oó] 都道府県 A metrópole e as províncias do J. [Todo o território].

todóké 届け (< todókéru) A notificação; a informação; a declaração; o regist(r)o; o aviso; a justificação. ★ ~ *o dasu* 届けを出す Apresentar ~; notificar. *Chikoku* [*Kekkin*; *Kesseki*] *no* ~ 遅刻 [欠勤; 欠席] の届け A justificação do atraso [da falta ao serviço; da ausência]. ◇ ~ **saki**. **Kon'in** ~ 婚姻届け O regist(r)o de casamento. **Shibō** ~ 死亡届け A declaração de óbito. **Shusshō** ~ 出生届け O regist(r)o de nascimento. S/同 Todóké-shó.

todókéru 届ける **1** [送り届ける] Entregar; levar; mandar. *Sakaya ni tanonde biru to uisuki to todokete moratta* 酒屋に頼んでビールとウイスキーを届けてもらった Pedi à loja de bebidas cerveja e uísque e eles trouxeram(-mas). ★ *Tegami o* ~ 手紙を届ける Entregar a carta. **2** [届け出る] Notificar; informar; declarar; regist(r)ar; avisar. *Shūkai o hiraku ni wa jizen ni tōkyoku ni todokeneba naranakatta* 集会を開くには事前に当局に届けねばならなかった Para ter a reunião foi preciso pedir às autoridades.

todóké-sáki 届け先 (< todókéru + …) O destino; o destinatário.

todókóri 滞り (< todókóru) **a)** O atraso「no despacho do correio」; **b)** O problema; o obstáculo; o contratempo. *Shiki wa* ~ *naku sunda* 式は滞りなく済んだ A cerimó(ô)nia decorreu toda muito bem. *Gessha* [*Yachin*] *no* ~ 月謝 [家賃] の滞り A mensalidade [renda] em atraso. ⇨ teítár².

todókṓrú 滞る **a**) Acumular-se; ficar por fazer; **b**) Atrasar-se; estar com problemas. *Rōn no hensai o todokōraseru* ローンの返済を滞らせる (Deixar) atrasar o pagamento do empréstimo. *Shigoto ga todokōtte iru* 仕事が滞っている Há uma pilha de trabalho acumulado [por fazer]. *Yūbin ga todokōtte iru* 郵便が滞っている Há correio acumulado. ⇨ teítáí[2]; tsukáéru[1].

todóku 届く **1** [手などが達する] Chegar「ao te(c)to」; alcançar; atingir. *Oya no me no todokanai tokoro de kodomo-tachi wa itazura o shite ita* 親の目の届かないところで子供たちはいたずらをしていた A criançada fazia travessuras longe da vista dos pais. ★ *Koe no* ~ *tokoro* 声の届く所 O alcance da voz. *Te ga* ~ 手が届く Estar「copo」ao alcance (da mão) [*Kare wa sorosoro sanjū ni te ga* ~ 彼はそろそろ三十に手が届く Ele está próximo dos [a entrar nos] trinta anos. *Kono nedan de wa te ga todokanai* この値段では手が届かない Por este preço não posso comprá-lo]. [S/同] Tassúrú. **2** [到着する] Chegar. *Inaka no haha kara kozutsumi ga todoita* 田舎の母から小包みが届いた Chegou [Recebi] uma encomenda (postal) que a minha mãe mandou da aldeia. ⇨ tṓchákú. **3** [かなう] Ser atingido [realizado; cumprido; correspondido; reconhecido]. *Wareware no seii ga senpō ni todokanakatta* 我々の誠意が先方に届かなかった A nossa sinceridade não foi reconhecida pela outra parte. [S/同] Kanáu; tsū́jírú. ⇨ jṓju. **4** [行き届く] Ser atencioso [cuidadoso]. [S/同] Yukítódóku (+); yukíwátáru.

todómáru 止[留]まる (⇨ todóméru) **1** [動かない] Parar; ficar; permanecer. *Genshoku ni* ~ 現職に止まる Continuar no mesmo trabalho. **2** [限られる] Limitar-se「a expor o problema」. *Akaji no gaku wa ichioku ya nioku ni todomaranakatta* 赤字の額は一億や二億に留まらなかった O défice não foi só de cem ou duzentos milhões. ⇨ tomárú[2].

todómatsu 椴松【Bot.】O abeto-branco; *abies sachalinensis*.

todómé 止め【E.】O golpe de misericórdia. ★ ~ *no ichi-geki* 止めの一撃 O ~. ~ *o sasu* 止めを刺す **a**) Dar ~ [*Kare wa teki no nodo o tsuite* ~ *o sashita* 彼は敵ののどを突いて止めを刺した Ele acabou com o inimigo, com [dando-lhe] uma facada na garganta]. **b**) Dar o golpe decisivo [*Sono hihyō ga kare ni* ~ *o sashita* その批評が彼に止めを刺した Essa crítica reduziu-o ao silêncio]. **c**) Ser o melhor [*Shizen no keshiki wa aki ni* ~ *o sasu* 自然の景色は秋に止めを刺す Não há paisagem (natural) que supere a de outono].

todóméru 止[留]める (⇨ todómáru) **1** [動かさない] Pôr fim; deter. ★ *Ashi o* ~ 足を止める Deter-se; fazer uma paragem; parar. **2** [あとに残す] Deixar「nome na história」. ★ *Kioku ni* ~ 記憶に止める Fixar [Guardar na memória]. **3** [限る] Limitar. ★ *Higai o saishōgen ni* ~ 被害を最小限に止める Limitar ao mínimo (possível) o prejuízo.

tódo-no-tsumari とどのつまり O resultado final; conclusão:「paga você」. [S/同] Kekkyókú (+).

tṓdórí [oó] 頭取 O presidente「do banco」.

todórókásu 轟かす **1** [鳴り響かせる] Fazer estrondo. ★ *Bakuon o* ~ 爆音を轟かす Produzir estrondo. **2** [広く世間に名をしらせる] Tornar difundido [largamente conhecido]. ★ *Akumei o* ~ 悪名を轟かす Ganhar má reputação. **3** [ドキドキさせる] Fazer palpitar. ★ *Mune o* ~ 胸を轟かす ~ o coração. [S/同] Tokímékásu.

todórókí 轟き (< todóróku) **1** [轟音] O estrondo「do trovão」; o ronco [troar]. **2** [鼓動] A palpitação. [S/同] Tokímékí (+).

todóróku 轟く **1** [鳴り響く] Troar; ressoar; retumbar; trovejar. ★ *Tenchi ni* ~ *raimei* 天地に轟く雷鳴 A trovoada que faz estremecer tudo. [S/同] Hibíkí-wátáru; narí-híbíku. **2** [世に知れ渡る] Ser famoso. *Meisei* [*Yūmei*] *ga tenka ni todoroite iru* 名声[勇名]が天下に轟いている A sua reputacão [fama] ecoa por todo o mundo. **3** [胸がときめく] Palpitar. [S/同] Tokíméku (+).

tóe 十重 Décuplo. ★ ~ *hatae ni torikakomu* 十重二十重に取り囲む Armar um cerco cerrado (Lit. de 10 e 20 fileiras).

toéí 都営 Da capital [Metropolitano]. ◇ ~ **jūtaku** 都営住宅 Blocos residenciais do Município「de Tóquio/de Lisboa」.

tṓéi [oó] 投影 **1** [影がうつること] A proje(c)ção. ★ ~ *suru* 投影する Proje(c)tar「a imagem」. **2** 【Mat.】A proje(c)ção. ◇ ~ **gahō** 投影画法 O método de ~. **3** [反映] A reflexão「da casa na água/dos costumes da época」. ★ ~ *suru* 投影する Refle(c)tir(-se). ⇨ hań'éí[1].

tṓén [oó] 遠縁 O parentesco distante [afastado]. *Masako wa watashi no* ~ *ni ataru* 正子は私の遠縁にあたる Masako é minha parente afastada.

tófu 塗布【E.】A aplicação; a unção. ★ *Kusuri o kizuguchi ni* ~ *suru* 薬を傷口に塗布する Aplicar o medicamento na [Tratar a] ferida.

tṓfú [oó] 豆腐 A coalhada de (feijão) soja; o tôfú.

tógá 咎・科 **1** [過ち] A falta; a culpa; o pecado. *Dare no* ~ *de mo nai, sakerarenai jiko datta no da* 誰の咎でもない, さけられない事故だったのだ Foi um acidente inevitável, não foi culpa de ninguém. [S/同] Ayámáchi. ⇨ séí[3]. **2** [罪] O crime. [S/同] Tsúmi (+). **3** [欠点] O defeito. [S/同] Kettén (+).

tṓgái[1] [oó] 当該【E.】O dizer respeito. ★ ~ *no* 当該の「a autoridade」Competente;「a cláusula」referente [respe(c)tiva]. ◇ ~ **jinbutsu** 当該人物 A dita pessoa. ⇨ gaítṓ[4].

tṓgái[2] [oó] 等外 A desclassificação. ★ ~ *ni naru* [*ochiru*] 等外になる[落ちる] Ser desclassificado;「pessoas/cavalos/ovos」não terem a qualidade requerida. ⇨ seńgáí[1].

tṓgái[3] [oó] 凍害 Os danos causados pela geada.

to-gákí ト書き As indicações para representar, dadas pelo autor na obra.

togámá 利鎌【E.】A foicinha afiada.

togámé 咎め (< togáméru) O remorso; a acusação; a reprovação; a censura. ★ *Ryōshin no* ~ 良心の咎め A dor de [~ da] consciência.

togámé-dáté 咎め立て (< togáméru + tatéru) A censura. ★ ~ *suru* 咎め立てする Encontrar faltas「em toda a gente」. ⇨ togámé.

togáméru 咎める **1** [責める] Censurar; repreender; reprovar; (in)culpar. *Kanojo wa watashi no taiman o togameta* 彼女は私の怠慢を咎めた Ela censurou a minha negligência. ★ ~ *yō na kuchō* [*metsuki*] *de* 咎めるような口調[目つき]で Em tom [Com olhar] de censura. *Ki* [*Ryōshin*] *ga* ~ 気[良心]が咎める Sentir remorsos; doer a consciência ⇨ hínan[1]; shisséki[1]. **2** [怪しんで尋ねる] Interpelar. ★ *Junsa ni togamerareru* 巡査に咎められる Ser in-

T

tógán[1] [oó] 冬瓜【Bot.】A variedade de abóbora de casca branca.

tógán[2] [oó] 東岸 A costa oriental; a margem oriental「de rio」.

tógarashi [oó] 唐辛子【Bot.】A pimenta (vermelha).

tógarásu 尖らす (< togáru) **1** [先を細くする] Afiar; aguçar「a faca」. ★ *Enpitsu o ~* 鉛筆を尖らす ~ o lápis. **2** [鋭くする] Irritar. ★ *Koe o ~* 声を尖らす Esganiçar a voz「com a zanga」. *Shinkei o ~* 神経を尖らす Ficar com os nervos em pé.

togáru 尖る **1** [先が細く鋭くなる] Ser [Ficar] pontiagudo [aguçado; afiado]. ★ *Ago no togatta kao* あごの尖った顔 A cara de queixo pontiagudo [afilado]. **2** [過敏になる] [Fig.] Irritar-se [Excitar-se]. ★ *Shinkei ga hari no yō ni ~* 神経が針のように尖る Ficar com os nervos em pé. **3** [いらいらする] [G.] Inquietar-se; zangar-se. S/周 Okóru (+), tongáru.

togé 刺・棘 **1** [動植物のとがった部分] O espinho [pico]. ★ ~ *de hikkaku* 刺でひっかく Arranhar-se num ~. ~ *no aru [nai]* 刺のある [ない] Com [Sem] ~s. **2** [先のとがった木などの小片] A tala; a lasca. ★ ~ *o nuku* 刺を抜く Extrair [Arrancar] ~. **3** [意地悪さ] [Fig.] A aspereza; a rispidez; a língua afiada [viperina]. ★ ~ *no aru iikata [kotoba]* 刺のある言い方[言葉] A maneira de falar mordaz [As palavras mordazes].

tógé [oó] 峠 **1** [山の高い部分] A garganta (O ponto mais alto entre dois desfiladeiros). ★ ~ *o koeru [kosu]* 峠を越える[越す] Transpor ~. ◇ *Usui ~* 碓氷峠 ~ de Usui. **2** [病気・危機等の最高頂] [Fig.] A crise; o ponto crítico. *Byōnin wa kon'ya ga ~ deshō* 病人は今夜が峠でしょう O ~ do paciente deverá ser esta noite. *Samusa wa ima ga ~ da* 寒さは今が峠だ Estamos no auge [pior/forte] do frio.

tógéi [oó] 陶芸 A arte da cerâmica. ◇ ~ *ka* 陶芸家 O ceramista.

tógén-kyō [toó] 桃源郷[境]【E.】Um paraíso na terra.

togéru 遂げる **1** [思っていることを果たす] Atingir; conseguir. ★ *Togerarenai koi* 遂げられない恋 O amor impossível. *Mokuteki o ~* 目的を遂げる [Alcançar] o obje(c)tivo. *Omoi [Nozomi] o ~* 思い [望み]を遂げる Realizar o seu desejo. S/周 Hatásu. ⇨ nashí-tógeru.
2 [そういう結果に達する] Haver; fazer; ter. ★ *Hatten [Seichō; Shinpo] o ~* 発展[成長; 進歩]を遂げる Haver desenvolvimento [crescimento; progresso]. *Hisō na saigo o ~* 悲愴な最期を遂げる Ter um fim trágico.

togétógéshii 刺刺しい (< togé 3) Cáustico; áspero; ríspido; mordaz; irritadiço. ★ ~ *chōshi de* 刺々しい調子で Em tom ~. ~ *kotoba* 刺々しい言葉 As palavras ásperas.

tógetsu [oó] 当月 ⇨ kongétsú.

togé-uo 刺魚【Zool.】A esgana-gata [espinhela].

tógi[1] 伽【E.】 ⇨ kángo[1]. ◇ *~ o suru* 伽をする Fazer companhia「à velhinha」; entreter「a criancinha」.

togi[2] 研ぎ (< tógu) **1** [研ぐこと] A amoladura; a afiação. ★ ~ *ni dasu* 研ぎに出す Mandar afiar. **2** [研ぐ者] O amolador「de tesouras e navalhas」. ◇ ~ *shi* 研ぎ師 O ~ [polidor] de espadas antigas. ⇨ ~ *ya*. **Hōchō** ~ 包丁研ぎ O ~ [afiador] de facas.

tógi[1] [oo] 討議 A discussão; o debate. ★ ~ *o uchikiru* 討議を打ち切る Encerrar ~. ~ *suru* 討議する Debater; discutir [*Shinchō ni ~ shita kekka unchin neage to kettei shita* 慎重に討議した結果運賃値上げと決定した O aumento da tarifa dos transportes foi decidido depois de sério debate]. S/周 Róngi; tōron.

tógi[2] [oo] 党議 **1** [党の会議] O congresso do partido. ◇ ~ *ni kakeru* 党議にかける Submeter ao ~. **2** [党の方針・決議・綱領] A política [decisão; linha] do partido. ★ ~ *ni fukusuru* 党議に服する Seguir as dire(c)trizes partidárias/~.

tógi[3] [oó] 闘技 A competição; o jogo; a luta; a disputa. ◇ ~ *jō* 闘技場 O campo; a arena; o ringue. S/周 Kyōgí (+).

togi-káwá 研ぎ革 (< tógu + ···) O assentador de afiar (a navalha de barba).

togíréru 跡切れる Cortar; interromper; cessar; fazer pausa. *Yoitsubureti nomiya no dete kara saki no watashi no kioku wa putsuri to togirete iru* 酔いつぶれて飲み屋を出てから先の私の記憶はぷつりと跡切れている Depois que saí da taberna, a cair de bêbedo, não me lembro de mais nada. ★ ~ *koto naku* 跡切れることなく Sem interrupção; continuamente.

togiré-tógire 跡切れ跡切れ (< togíréru) A interrupção; a intermitência. ★ ~ *ni* 跡切れ跡切れに Intermitentemente; entrecortadamente [*Shōjo wa susuri-naki-nagara ~ ni mi-no-ue-banashi o hajimeta* 少女はすすり泣きながら跡切れ跡切れに身上話を始めた A menina começou a contar a sua história com a voz entrecortada pelos soluços].

tógiri [oó] 当限り【Econ.】A entrega do corrente mês.

tógi-súmású 研ぎ澄ます (< tógu + ···) **1** [よく研ぐ] Afiar bem. ★ *Togisumashita ha* 研ぎ澄ました刃 A lâmina bem afiada. **2** [鋭くする] [Fig.] Afinar; apurar. ★ *Togisumasareta kankaku* 研ぎ澄された感覚 A sensibilidade「musical」apurada.

togi-ya 研ぎ屋 O afiador; o amolador. ⇨ togí[2].

tógō[1] [toó] 統合【E.】A integração. ★ *Gakkō o hitotsu ni ~ suru* 学校をひとつに統合する Integrar todas as escolas. ◇ **Tsūka ~** 通貨 ~ A [unificação] da moeda. ◇ *gappéi*; tōítsú.

tógō[2] [toó] 投合【E.】A sintonia. ★ ~ *suru* 投合する Coincidir; dar [entender]-se bem「com o pai」; sintonizar; concordar. ◇ **Iki ~** 意気投合 A afinidade de pensamento [espírito] (*Wakai renchū wa tachimachi iki ~ shite minna de yoru no machi e kuridashita* 若い連中はたちまち意気投合してみんなで夜の町へくり出した Os rapazes puseram-se logo de acordo e foram dar um passeio no(c)turno pela cidade). S/周 Góí; kyōméí.

tógō[3] [toó] 等号【Mat.】O sinal de igual [=]. ◇ ~ *fu* 等号符 O ~. S/周 Ikóru, Fu-tōgō.

tógóku [oó] 投獄 O meter na [ir para a] cadeia. ★ ~ *suru* 投獄する ··· S/周 Shūkán.

tógomá [oó] 唐胡麻【Bot.】O rícino [A mamona].

tógō-shítchō-shō [toó] 統合失調症 A esquizofrenia; a rutura da personalidade.

tógu 研[磨]ぐ **1** [刃物を] Amolar; afiar. ★ *Kamisori o ~* かみそりを研ぐ Afiar a navalha de barba. *Tsume o hashira de ~ neko* 爪を柱で研ぐ猫

O gato que afia as garras no pilar. ⇨ togí². **2** [みがく] Polir; dar lustro. [S/同] Migákú (+). **3** [米などを] Lavar. ★ *Kome o* ~ 米を研ぐ ~ o arroz.

tṓgū́ [**oó**] 東宮【A.】O príncipe herdeiro. ◇ **~ denka** [**hidenka**] 東宮殿下 [妃殿下] Sua alteza o príncipe [a princesa] herdeiro[a]. **~ gosho** 東宮御所 O palácio do ~. [S/同] Kṓtáishi (+).

tóguchi 戸口 (<… + kuchí) A porta de casa. ★ ~ *kara hairu* [*deru*] 戸口から入る [出る] Entrar [Sair] pela ~. [S/同] Kadó-guchi.

togúró 蜷局 O rolo「de corda」; o caracol「de cabelo」. ★ ~ *o maku* とぐろを巻く **a**) Enrolar; enroscar-se. **b**) Passar o tempo ociosamente; vadiar〔*Kono atari no yasu-sakaba de wa usankusai renchū ga ōzei* ~ *o maite iru* この辺りの安酒場ではうさん臭い連中が大勢とぐろを巻いている Nos bares baratos da redondeza vêem-se muitos grupos suspeitos a vadiar〕.

to-gúruma 戸車 (<… + kurúmá) A porta-rodízio.

tṓgyo¹ [**óo**] 統御【E.】O governo; o domínio. ★ ~ *suru* 統御する (Conseguir) dominar「os subordinados」. ⇨ tṓkátsú¹·²; tṓséí¹.

tṓgyo² [**óo**] 闘魚 O peixe-de-briga.

tṓgyū́ [**oó**] 闘牛 **a**) [その競技] A tourada; **b**) [その牛] O touro de lide. ◇ **~ jō** 闘牛場 A praça de touros. **~ shi** 闘牛士 **a**) O toureiro; **b**) O matador (とどめを刺す役); **c**) O picador (突き役); **d**) O bandarilheiro (もりうち役).

tṓha¹ [**óo**] 党派 O partido; a fa(c)ção partidária; o grupo; o「seu pequeno」clã. ★ ~ *ni wakareru* 党派に分かれる Dividir-se em fa(c)ções. ~ *o kumu* [*musubu*] 党派を組む[結ぶ] Formar um partido. ~ *teki* (*na*) 党派的 (な) Fa(c)cioso; partidário. ◇ **~ arasoi** 党派争い A luta de [entre] facções. **~ betsu** 党派別 A separação por partidos. **~ betsu giinsū** 党派別議員数 O número de parlamentares por partido. **~ shin** 党派心 O partidarismo; o fa(c)ciosismo; o sectarismo. ⇨ chṓ-tṓha; shū́ha¹.

tṓha² [**óo**] 踏破【E.】A caminhada; o percorrer; a jornada. ★ *Kita-Arupusu o* ~ *suru* 北アルプスを踏破する Escalar os Alpes do Norte (do J). *Zenkoku o* ~ *suru* 全国を踏破する Percorrer o país inteiro [Calcorrear todo o país].

to-hákú 渡伯 O ir ao Brasil.

tṓhán [**oó**] 登攀 A subida; a escalada. ★ ~ *suru* 登攀する Escalar「os Himalaias」; subir. ◇ **~ tai** 登攀隊 O grupo de alpinistas.

tṓhátsú [**oó**] 頭髪 Os cabelos; o cabelo. [S/同] Kamí (o); kamí nó ke (+); mṓhátsú.

tṓhékí [**oó**] 盗癖 A cleptomania; a propensão (patológica) para roubar. *Aitsu ni wa* ~ *ga aru* あいつには盗癖がある Ele tem a mania de roubar.

tṓhéń [**oó**] 等辺 Equilátero. ◇ **~ sankakukei** [**gokakukei; rokkakukei**] 等辺三角形 [五角形; 六角形] O triângulo [pentágono; hexágono] ~. **Ni ~ sankakukei** 二等辺三角形 O triângulo isósceles.

tṓhénboku [**oó**] 唐変木【G.】O estúpido; o cabeçudo; o imbecil. *Ki o tsukero, kono* ~ *me* 気をつけろ, この唐変木め Tenha cuidado, seu imbecil!

tóhi 徒費【E.】O desperdício. ★ ~ *suru* 徒費する Desperdiçar. [S/同] Mudá-zúkai; rṓhí (+).

tṓhí¹ [**oó**] 逃避 A evasão; a fuga; um ópio. ★ ~ *suru* 逃避する Evadir; fugir. ~ *teki* (*na*) 逃避的 (な) Evasivo. *Genjitsu kara no* ~ 現実からの逃避 A fuga à realidade. ◇ ⇨ **~ kō**. **~ shugi** 逃避主義 O evasismo; a covardia.

tṓhi² [**óo**] 当否【E.】**1** [よしあし] O certo ou o errado. *Koto no* ~ *wa sateoki* 事の当否はさて置き Pondo de lado a questão de saber se está certo ou errado… [S/同] Yóshi-ashi (o); zéhi (+). **2** [適当かどうか] O ser ou não apropriado「este tema」. ★ *Jinsen no* ~ 人選の当否 O acerto na escolha do pessoal. [S/同] Téki-hi.

tṓhi³ [**óo**] 等比 A proporção geométrica. ◇ **~ kyūsū** 等比級数「aumentar em」Progressão geométrica. **~ sūretsu** 等比数列 A série geométrica.

tṓ-hi⁴ [**óo**] 党費 As despesas do partido.

tṓhí-kō [**toó**] 逃避行 A fuga. ★ *Koi no* ~ 恋の逃避行 ~ de namorados.

tṓhíń [**oó**] 盗品 Os artigos roubados.

tóho 徒歩 A caminhada; o andar [a marcha] a pé. *Watashi no ie wa eki kara* ~ *de go-fun hodo desu* 私の家は駅から徒歩で5分ほどです A minha casa fica a cinco minutos (a pé) da estação. ★ ~ *de iku* 徒歩で行く Ir a pé. ◇ **~ ryokō** 徒歩旅行「fazer」Uma viagem a pé.

tohṓ 途方 **1** [手段; 方法] O meio; o método. ★ ~ *ni kureru* 途方に暮れる Ficar perplexo [confuso/perdido/sem saber que fazer]. ~ *ni kureta yōsu de* 途方に暮れたようすで Com expressão de (grande) perplexidade. **2** [道理; すじ道] A razão; a lógica. ★ ~ *mo nai* 途方もない Sem lógica [razão]; absurdo; extraordinário; exagerado〔*Kare wa kaisha o nottorō to iu* ~ *mo nai yashin o idaite ita* 彼は会社を乗っ取ろうという途方もない野心を抱いていた Ele teve a ideia absurda de se apoderar da firma. ~ *mo naku takai* [*ōkii; zūzūshii*] 途方もなく高い [大きい; 図々しい] Incrivelmente caro [grande; descarado]〕.

tṓhō¹ [**tóo**] 当方 A nossa parte; nós; eu. *Man'ichi jiko ga okite mo* ~ *wa issai sekinin o oikanemasu* 万一事故がおきても当方は一切責任を負いかねます Na eventualidade de um acidente, não podemos assumir a responsabilidade. ★ ~ *de* [*wa*] 当方で [は] Da nossa [minha] parte. ~ *no sekinin* [*teochi*] 当方の責任[手落ち] A nossa responsabilidade [falta]. ~ *to shite wa* 当方としては Por nós [mim] /Pela nossa [minha] parte. ◇ **~ futan** 当方負担 O encargo [custo] é nosso.

tṓhṓ² [**toó**] 東方 O leste [este]; a dire(c)ção leste. ★ ~ *e* 東方へ Para leste. ◇ **~ shokoku** 東方諸国 Os países orientais [de Leste]. [A/反] Seíhṓ. ⇨ higáshí¹; tṓbu².

tṓhókú [**oó**] 東北 **1** [方角] O nordeste. ★ ~ *no kaze* 東北の風 O vento (de) ~. [S/同] Hokútṓ (+). [A/反] Seíháń. **2** [奥羽地方] O nordeste do Japão.

tṓhókútṓ [**toó-**] 東北東 O leste-nordeste. ★ ~ *no kaze* 東北東の風 O vento de ~. [A/反] Seíháńséí.

tṓhóń [**oó**] 謄本 A cópia; o duplicado. ★ ~ *o tsukuru* 謄本を作る Fazer ~. ◇ **Koseki ~** 戸籍謄本 A cópia (certificada) do regist(r)o civil. ⇨ shṓhóń¹.

tṓhóń-séísṓ [**toó**] 東奔西走【E.】A azáfama; o zelo pressuroso. *Senkyo ga chikazuku to undōin-tachi ga renjitsu hyō-atsume ni* ~ *suru* 選挙が近づくと運動員たちが連日票集めに東奔西走する Ao aproximarem-se as eleições os eleitoralistas andam numa ~ diária a angariar votos.

tṓhyṓ [**toó**] 投票 A votação; o sufrágio; o voto. ★ ~ *de katsu* [*makeru*] 投票で勝つ [負ける] Ganhar

T

[Perder] as eleições (⇨ sénkyo[1]). ~ *ni iku* 投票に行く Ir votar. ~ *ni yotte erabu* [*kaketsu-suru; kimeru*] 投票によって選ぶ[可決する；決める] Escolher [Aprovar; Decidir] por votação. ~ *suru* 投票する Votar [*Kimura-shi ni* ~ *suru* 木村氏に投票する Votar no Sr. Kimura]. *Sansei* [*Hantai*] *no* ~ *o suru* 賛成 [反対] の投票をする Votar a favor [Votar contra]. ◇ **~ bako** 投票箱 A urna (eleitoral). **~ bi** 投票日 O dia de votação [das eleições]. **~ jo** 投票所 O local de votação. **~ ken** 投票権 O direito de [ao] voto. **~ kikensha** 投票棄権者 O abstencionista. **~ ritsu** 投票率 A afluência às urnas; a pe[o]rcentagem de votação. **~ sha** 投票者 O eleitor; o votante. **~ sū** 投票数 O número de votos. **~ yōshi** 投票用紙 O boletim de voto. **Fuzai** (**sha**) **~** 不在（者）投票 O voto dos ausentes. **Ippan ~** 一般投票 O voto geral. **Kessen ~** 決選投票 A votação final; a segunda volta. **Kimei** [**Mukimei**] **~** 記名 [無記名] 投票 O voto aberto [secreto]. **Kokumin ~** 国民投票 O referendo (nacional). **Mukō** [**Yūkō; Hakushi**] **~** 無効 [有効; 白紙] 投票 O voto nulo [válido; em branco]. **Shimei ~** 指名投票 A votação para designação de candidato. **Shinnin** [**Fushinnin**] **~** 信任 [不信任] 投票 O voto de confiança [não confiança]. **Tanki** [**Renki**] **~** 単記 [連記] 投票 O voto simples [múltiplo].

toí[1] 問 (< tóu) A questão; a pergunta; o problema. *Tsugi no* ~ *ni kotaeyo* 次の問に答えよ Responda às seguintes ~s.
[S/同] Setsúmóń; shitsúmóń (+). [A/反] Kotáe.

tói[2] 樋 A calha [caleira]; o cano; a conduta de água.

T

tṓí[1] [**oó**] 遠い **1** [距離が隔たっている] Longe; longínquo; distante; afastado. *Sonna ni tōku arimasen, aruite go-fun hodo desu* そんなに遠くありません，歩いて５分程です Não é assim muito longe, fica a uns cinco minutos a pé. ★ ~ *tokoro* 遠い所 O lugar ~. *Dandan tōku naru* だんだん遠くなる Afastar [Distanciar]-se cada vez mais. **2** [時間的に] Remoto; longínquo (No tempo). *Kare ga yo ni deru no mo sō tōku wa nakarō* [*nai deshō*] 彼が世に出るのもそう遠くはなかろう[ないでしょう] Ele não tardará muito (tempo) a subir [triunfar] na vida. ★ ~ *mukashi* 遠い昔 Os tempos antigos [remotos]. ~ *saki no koto* 遠い先のこと O futuro ~. **3** [関係・付き合いが少ない] Distante; afastado. [P/ことわざ] ~ *shinrui yori chikaku no tanin* 遠い親類より近くの他人 Um estranho perto é melhor [vale mais] que um parente longe. *Tōkute chikaki wa danjo no naka* 遠くて近きは男女の仲 Homem e mulher: tão distantes e tão próximos! **4** [違っている；はずれている] Longe. ★ *Genjitsu kara* ~ 現実から遠い ~ da realidade. *Shinri ni* ~ 真理に遠い ~ da verdade. [I/慣用] *Atarazu to iedomo tōkarazu* 当たらずといえども遠からず Não esteja certo, mas quase. **5** [感覚がなくなっているようす] Fraco. ★ *Ki ga tōku naru* 気が遠くなる **a**) Desmaiar; perder os sentidos; **b**) Pasmar [*Ki ga tōku naru hodo no taikin* 気が遠くなるほどの大金 Uma soma (de dinheiro) de pasmar [tão grande que é para ficar pasmado]]. *Mimi ga* ~ 耳が遠い Ter dificuldade em ouvir. [A/反] Chikái.

tṓí[2] [**óo**] 等位 **1** [等級] O grau; a classe; a escala. [S/同] Tṓkyū (+). **2** [同位] A coordenação (Gram.). ◇ **~ setsu** 等位節 A oração coordenada. [S/同] Dṓí.

tṓí[3] [**óo**] 糖衣 A cobertura açucarada; a capa de açúcar. ◇ **~ jō** 糖衣錠 A pílula com ~.

tṓí[4] [**óo**] 当為 O que deve ser (feito).

toí-áwásé 問い合わせ (< toíáwáséru) A pergunta; a consulta; o pedido de referências; o pedir uma informação. ★ *O-~ no ken* お問い合わせの件 O assunto da sua consulta. ◇ **~ saki** 問い合わせ先 A [O centro de] referência; o local das informações. [S/同] Shṓkái.

toí-áwáséru 問い合わせる (< tóu + …) Perguntar; consultar; inquirir; pedir informações. *Shōsai wa chokusetsu kakari no hō e o-toiawase kudasai* 詳細は直接係の方へお問い合わせ下さい Para mais pormenores, por favor dirija-se à pessoa encarregada. ★ *Denwa* [*Tegami*] *de* ~ 電話 [手紙] で問い合わせる ~ por telefone [carta]. [S/同] Shṓkái súrú.

to iéba と言えば (< iú) Falando de; quanto a; isso faz-me lembrar de. *Keiba* ~ *kono aida sugoi ō-ana o ateta yo* 競馬と言えばこの間すごい大穴を当てたよ Falando [A propósito] de corridas de cavalos, outro dia acertei em cheio [ganhei uma grande aposta].

to iédomo と言えども (< iú) Ainda que; ainda [mesmo] assim; embora; apesar de. *Oitari* ~ *mada wakai mono ni wa makenu tsumori da* 老いたりと言えどもまだ若いものには負けぬつもりだ Apesar de velho, não me deixo ficar atrás dos jovens.

to ií と言い (< iú) Ou … ou; quer … quer; tanto … como. *Kare wa jinkaku* ~ *iegara* ~ *dare ni mo hike o toranai* 彼は人格と言い家柄と言い誰にもひけをとらない Ele não fica atrás de ninguém tanto em cará(c)ter como nas suas origens.

toí-káesu 問い返す (< tóu + …) **1** [聞き返す] Perguntar de novo; repetir a pergunta. [S/同] Kikíkáesu (+). **2** [反問する] Pegar na palavra; retorquir. *Kare wa watashi no shitsumon ni wa kotaezu gyaku ni sono konkyo o toikaeshite kita* 彼は私の質問には答えず逆にその根拠を問い返して来た Ele em vez de responder à minha pergunta fez por sua vez outra, querendo saber os motivos da minha. ⇨ hańmóń[1].

toí-kákéru 問い掛ける (< tóu + …) Perguntar; interpelar; indagar. ★ *Mishiranu hito ni toikakerareru* 見知らぬ人に問い掛けられる Ser interpelado por um desconhecido.

toíkí 吐息 O suspiro; o ofegar; a respiração penosa. ★ ~ *o tsuku* 吐息をつく Suspirar. *Ando no* ~ *o morasu* 安堵の吐息をもらす Dar um suspiro de alívio. ◇ ⇨ **aoiki ~**. [S/同] Taméíki (+); tańsókú.

tṓ-íń[1] [**oó**] 党員 O membro dum [filiado num] partido; o partidário. ★ ~ *ni naru* 党員になる Fazer-se membro do [Filiar-se no] partido. ◇ **~ meibo** 党員名簿 A lista dos ~.

tṓíń[2] [**oó**] 登院 【E.】 O comparecer「pouco」na Dieta. ★ ~ *suru* 登院する Comparecer no Parlamento [Congresso/na Assembleia].

tṓíń[3] [**oó**] 頭韻 A aliteração. ★ ~ *o fumu* 頭韻を踏む Aliterar. [A/反] Kyakúíń.

tóire トイレ (Abrev. de "tóiretto") A casa de banho; o banheiro (B.). ~ *wa doko desu ka* トイレはどこですか Onde fica [é] ~ ? ★ ~ *ni iku* トイレに行く Ir à/ao ~. [S/同] Beńjó; keshṓ-shitsu; te-árai.

tóiretto トイレット (< Ing. toilet < Fr.) A casa de banho; o banheiro (B.). ◇ **~ pēpā** トイレットペーパー O papel higié[ê]nico. [S/同] Tóire.

to-íshí 砥石 A pedra de amolar [afiar]; a mó; o

esmeril. ◊ **Kaiten ~** 回転砥石 O rebolo.
tói-sokumyō [óo] 当意即妙【E.】O espírito vivo; a vivacidade; a argúcia. ★ ~ *no kotae o suru* 当意即妙の答えをする Dar uma resposta arguta [pronta]. ~ *no yaritori* [*ukekotae*] 当意即妙のやりとり [受け答え] A argumentação hábil. ⇨ **rínki**[1] ◊ .
to-itá 戸板 O taipal 「da porta」.
toí-tadásu 問い質す (< tóu + ···) Inquirir; interrogar; indagar. *Karera ni shinsō o toitadashite mita ga nani mo erarenakatta* 彼らに真相を問い質してみたが何も得られなかった Procurámos indagar a verdade junto deles mas não conseguimos (saber) nada. Ⓢ/同 Kyúméí súrú; kyůmón súrú.
tóítsú [oó] 統一 A unidade; a unificação; a consolidação; a coordenação; a uniformidade; a coerência; a uniformização; a integração. ★ ~ *no aru chīmu* 統一のあるチーム A equipa unida. ~ *no nai* [*kaita*] 統一のない [を欠いた]「partido」 Desunido; descoordenado. ~ *suru* 統一する Unir; coordenar; unificar; harmonizar. *Iken o ~ suru* 意見を統一する Harmonizar as opiniões. *Kuni* [*Tenka*] *o ~ suru* 国 [天下] を統一する Unificar o país. *Seishin o ~ suru* 精神を統一する Concentrar o espírito; unificar a pessoa」. ◊ **~ kenkai** 統一見解 O parecer uniforme [unânime]. ◊ **~ kōdō** 統一行動 A (c)atividade coordenada; a (c)ação concertada. **~ sensen** 統一戦線 A frente unida [~ *sensen o haru* 統一戦線を張る Opor uma frente unida]. **~ tai** 統一体 Um todo unido. Ⓢ/同 Ikkátsú; sōkátsú; tōgō; tōkátsú.
toí-tsumérú 問い詰める (< tóu + ···) Submeter a interrogatório cerrado. *Keiji ga kibishiku toitsumeta ga otoko wa kuchi o waranakatta* 刑事が厳しく問い詰めたが男は口を割らなかった Apesar de submetido a interrogatório cerrado pelo investigador [polícia] o homem não abriu a boca. Ⓢ/同 Kitsumón súrú.
to iú と言う Chamado; que tem por nome; assim dito. *Jōku to wa eigo de jōdan ~ imi da* ジョークとは英語で冗談という意味だ "Joke" em inglês significa "piada". *Mado ~ mado wa subete akehanashite atta* 窓という窓はすべて開け放してあった Tudo quanto era janela estava escancarado/aberto」. ★ ~ *wake de mo nai ga* という訳でもないが Não é (exa(c)tamente ···; não é bem isso「que você disse」mas ···. *Kyōshi ~ shokugyō* 教師という職業 A profissão de "professor".
to iú no wa と言うのは **1** [なぜなら] Pelo motivo de; por causa de; porque; em virtude de; a saber 「aquilo era falso」. *Ano ko wa bijin ~ chāmingu da* あの娘は美人というよりチャーミングだ Ela é mais simpática do que bonita [Bonita ? Melhor diríamos (que é) simpática]. ~ *chīsai koro ayauku oborekaketa koto ga aru kara da* 彼は水泳が苦手であった. というのは小さいころ危うく溺れかけたことがあるからだ Ele era fraco em natação. (Sabe por quê ?) Porque quando era criança esteve quase a morrer afogado. **2** [とは; は] Assim dito [chamado]. *Sarubadōru ~ doko desu ka* サルバドールというのはどこですか Onde fica o lugar chamado Salvador?
to iú yori と言うより Antes; melhor; mais propriamente. *Ano ko wa bijin ~ chāmingu da* あの娘は美人というよりチャーミングだ Ela é mais simpática do que bonita [Bonita ? Melhor diríamos (que é) simpática].
tóji[1] 綴じ (< tojíru[2]) A encadernação. ★ ~ *ga yurumu* 綴じがゆるむ ~ estragar-se. ◊ ⇨ **hon**[**ito**].
tóji[2] 刀自【E.】A senhora; a dona. ★ *Tanaka-shi no go-bodō no Yōko ~* 田中氏の御母堂の洋子刀自 A Senhora D. (Dona) Yoko, mãe do Sr. Tanaka.
tóji[1] [óo] 当時 Nesse tempo; nesses dias; nessa época [altura]; então; quando. ★ ~ *no ryūkō* [*hitobito; shushō*] 当時の流行 [人々; 首相] A moda [gente; O primeiro-ministro] dessa época/de então. *Chūgaku ~ no omoide* 中学当時の想い出 As recordações do tempo de ginásio [do liceu]. *Sono ~* その当時 Nessa época; nesse tempo; então; nessa altura.
tóji[2] [oó] 湯治 O tratamento das termas [águas termais]. ★ ~ (*o*) *suru* 湯治 (を) する Fazer uma cura termal. ◊ **~ kyaku** 湯治客 Os frequentadores de termas.
tóji[3] [oó] 答辞 O discurso [As palavras] de resposta. ★ ~ *o noberu* 答辞を述べる Fazer o ~ 「depois do Reitor, na cerimó[ô]nia de formatura」.
tóji[4] [oó] 冬至 O solstício de inverno. ◊ **~ sen** 冬至線 O trópico de Capricórnio. Ⓐ/反 Geshí.
tóji[5] [oó] 悼辞 ⇨ chójí[2].
tóji[6] [óo] 蕩児【E.】O libertino; o devasso. Ⓢ/同 Dōrákú músuko (+) ; hōtō músuko (+) .
toji-hón 綴じ本 (< tojíru[2] + ···) O livro encadernado.
toji-ító 綴じ糸 (< tojíru[2] + ···) **1** [本の] O fio para encadernação. Ⓢ/同 Tojí-himo. **2** [着物の] A linha de alinhavar.
tójiki [oó] 陶磁器 Os obje(c)tos de cerâmica; as louças e porcelanas. Ⓢ/同 Yaki-mónó.
toji-kigō ト字記号 ⇨.
toji-koku [oó] 当事国 Os países interessados [envolvidos]. ◊ **Funsō ~** 紛争当事国 Os países em guerra [envolvidos em conflito]. Ⓐ/反 Dái-sángoku.
toji-kómeru 閉じ込める (< tojíru[1] + ···) Encerrar; confinar; encarcerar; enclausurar; encurralar. *Hannin-tachi wa hitojichi o chikashitsu ni tojikometa* 犯人たちは人質を地下室に閉じ込めた Os criminosos encerraram os reféns na cave. *Fubuki de ichi-nichijū ie ni tojikomerareta* 吹雪で一日中家に閉じ込められた Fiquei preso [encerrado] o dia inteiro em casa devido à nevasca [por causa do nevão].
toji-komí 綴じ込み (< tojíkómi) **a)** O arquivo [ficheiro] 「de recortes/cartas」; **b)** O destacável. ◊ **~ kōkoku** 綴じ込み広告 O anúncio numa ou mais folhas metido dentro「dum jornal」.
toji-kómoru 閉じ籠もる (< tojíru[1] + ···) Confinar-se; fechar-se; isolar-se; permanecer dentro de casa. ~ *Jibun no kara ni ~ suru* 自分の殻に閉じ籠る Fechar-se em si mesmo [na sua carapaça/concha].
toji-kómu 綴じ込む (< tojíru[2] + ···) **1** [ファイルなどにまとめる] Arquivar; pôr em arquivo. ★ *Shorui o fairu ni ~* 書類をファイルに綴じ込む Arquivar os documentos [Pôr ··· no arquivo]. **2** [あとから綴じ入れる] Meter; incluir. ★ *Ankēto-yō hagaki o hon ni ~* アンケート用葉書を本に綴じ込む ~ [Inserir] um postal com questionário no livro (Costume das editoras no J.).
tojimari 戸締まり (< ··· + shimári) O trancamento [fechar] das portas. ~ *ni ki o tsukeru* 戸締まりに気をつける Ter o cuidado de fechar a porta. ~ *o genjū ni* [*shikkari*; *yoku*] *suru* 戸締まりを厳重に [しっかりと; よく] する Trancar bem as portas (e janelas).
toji-mé 綴じ目 (< tojíru[2] + ···) A costura 「descoseu-se」.

tōjín¹ [oó] 党人 O homem [militante] do partido. ★ *Haenuki no* ~ はえぬきの党人 O militante convicto [genuíno] do partido.

tōjín² [oó] 蕩尽 [E.] O esbanjamento; o desperdício. ★ *Zaisan o* ~ *suru* 財産を蕩尽する Esbanjar a fortuna.

tōjín³ [oó] 唐人 【A.】 O chinês; o estrangeiro. ⟨I/慣用⟩ ~ *no negoto* 唐人の寝言「isso para mim é」Chinês [Um palavreado incompreensível].

tojiru¹ 閉じる **1** [締まる；締める] Fechar. *Garēji no shattā wa jidō-teki ni* ~ *yō ni natte iru* ガレージのシャッターは自動的に閉じるようになっている A porta da garagem é automática [está feita para [de modo a] fechar automaticamente]. *Me o* ~ 目を閉じる ~ os olhos. *Mise o* ~ 店を閉じる ~ a loja. ⟨S/同⟩ Shiméru. ⟨A/反⟩ Akéru. **2** [終える] Encerrar; terminar. ★ *Maku o* ~ 幕を閉じる Baixar o pano; terminar [*Sono ō-torimono wa hannin no tōkō de maku o tojita* その大捕物は犯人の投降で幕を閉じた (Ess)a captura terminou com a rendição do criminoso]. *Shōgai o* ~ 生涯を閉じる Morrer.

tojiru² 綴じる **1** [紙などを重ねてつづる] Encadernar; grampear; agrafar; arquivar em pasta. ★ *Genkō* [*Shorui*] *o* ~ 原稿[書類]を綴じる ~ o manuscrito [os documentos]. *Hotchikisu* [*Kurippu*] *de* ~ ホッチキス[クリップ]で綴じる Agrafar [Prender com agrafo]. **2** [縫い合わせる] Costurar; coser. ★ *Hokorobi o* ~ ほころびを綴じる Coser uma costura. ➪ núu.

tōjíru [oó] 投じる **1** [投げる；放る]「o sol」Lançar「clarões de sonho no oceano」; atirar「com a ferramenta」(Deixar de trabalhar). ⟨S/同⟩ Hōrú (+). nagéru (o). **2** [投げ入れる] Jogar [Atirar] para dentro; meter. ★ *Goku ni* ~ 獄に投じる Meter na cadeia. *Kachū ni mi o* ~ 火中に身を投じる Lançar-se para o meio do fogo. *Kiyoki ippyō o* ~ 清き一票を投じる Votar conscienciosamente. ➪ nagé-íreru; nagé-kómú. **3** [すすんで身を置く] Lançar-se a; entregar-se a; dedicar-se a. ★ *Seikai ni mi o* ~ 政界に身を投じる Lançar-se na política. **4** [惜しげなくつぎこむ・払う] Investir; dispender. ★ *Shihon o* ~ 資本を投じる Investir capital. ⟨S/同⟩ Tsugí-kómu. ➪ tōká²; tōnyú¹. **5** [つけ入る；乗じる] Aproveitar. ★ *Ki ni* ~ 機に投じる ~ a oportunidade/maré. ➪ jōzúrú; tsuké-írú. **6** [合わせる；投合する] Agradar; cair bem [no goto]; ir ao encontro「dos gostos」. **7** *Ninki ni* ~ 人気に投じる Agradar ao público. ⟨降参する⟩ Render-se (ao inimigo). ⟨S/同⟩ Kōfukú súrú; kōsán súrú; tōkō súrú.

tōji-séi [oó] 等時性 O isocronismo; o tautocronismo. ★ ~ *no* 等時性の Isócrono; tautócrono; síncrono.

tōji-sha [oó] 当事者 A pessoa [parte] interessada. ★ ~ *ni kakeau* 当事者に掛け合う Tratar com a ~. ~ *no iken o kiku* 当事者の意見をきく Consultar a ~. ◊ **Soshō** ~ 訴訟当事者 As partes litigantes.

tōjítsú [oó] 当日 Esse dia; o dia marcado. ★ ~ *kagiri yūkō no ken* 当日限り有効の券 O bilhete válido somente para o dia marcado. *Shiken* ~ *no kokoroe* 試験当日の心得 As instruções para o dia do exame. ★ ~ *uri* 当日売り A venda no próprio dia [do espe(c)táculo」. *Hakkō* [*Hatsubai*] ~ *hakkō* 発行[発売]当日 O dia da publicação [O dia em que「o livro」foi posto à venda].

tōjō¹ 途上 [E.] No caminho. ★ *Hatten no* ~ *ni aru* 発展の途上にある「a cidade」Estar a desenvolver-se. ◊ **Hatten** ~ **koku** 発展途上国 O país em vias de desenvolvimento.

tojō² 登城 【A.】 O comparecer ao castelo. ★ ~ *suru* 登城する … ⟨A/反⟩ Gejó.

tojō³ 屠場 O matadouro.

tōjō¹ [toó] 登場 **1** [舞台へ現れること] A subida ao palco; a entrada em cena. *Romio* ~ ロミオ登場 Entra Romeu (Indicação cé[ê]nica). ★ ~ *suru* 登場する Subir ao palco; representar; entrar em cena. ◊ ~ **jinbutsu** 登場人物 O elenco (das personagens da peça). ⟨A/反⟩ Taijó. **2** [小説・事件などに出て来ること] O aparecer [entrar em cena]. *Kono jiken ni wa nazo no bijo ga* ~ *suru* この事件には謎の美女が登場する Neste incidente [caso] aparece uma misteriosa beldade. **3** [世に現れること] O advento; o aparecimento; a chegada. *Kaku-heiki no* ~ *ni yori sensō no gainen ga kawatte shimatta* 核兵器の登場により戦争の概念が変わってしまった Com o advento das armas nucleares mudou o conceito de guerra. ★ *Bundan ni* ~ *suru* 文壇に登場する Dar entrada no mundo literário [Começar a escrever]. ➪ o-mémié; shutsúgén.

tōjō² [toó] 搭乗 O embarque. ★ ~ *suru* 搭乗する Embarcar「no avião」. ◊ ~ **ken** 搭乗券 O cartão de ~. ➪ **in** [**sha**].

tōjō-in [toójoo] 搭乗員 O tripulante; a tripulação. ➪ tōjó².

tōjóka [toojoo] 頭状花 O [A inflorescência em] capítulo.

tōjō-sha 搭乗者 (< tōjó²) O passageiro.

tōka¹ 都下 A área metropolitana [da capital].

tōka² 渡河 [E.] A travessia do rio. ★ ~ *suru* 渡河する Atravessar o rio.

-tō ka³ とか **1** [列挙] [E.] Tal como; quer… quer … (Para enumeração). *Hatarakitakute mo gakureki* ~ *nenrei* ~ *no seigen ga atte ii shigoto ga mitsukaranai no desu* 働きたくても学歴とか年齢とかの制限があっていい仕事が見つからないのです Mesmo que se queira trabalhar não há emprego devido a várias restrições, tais como nível de escolaridade e idade. **2** [人から聞いたりして不確実である場合] Ouvir dizer que… ou coisa parecida. ★ *Satō* ~ *iu hito* 佐藤とかいう人 Um certo [tal] Sato.

tō-ká⁴ [oó] 十日 **1** [10 日間] (O período de) dez dias. **2** [月の第 10 の日] O dia dez (do mês).

tōká⁵ [oó] 投下 **1** [投げ下ろすこと] O lançamento (de cima para baixo). ★ *Bakudan o* ~ *suru* 爆弾を投下する Lançar bombas. **2** [資本をつぎこむ] O investimento de capital. ★ ~ *suru* 投下する Investir. ◊ ~ **shihon** 投下資本 O capital investido. ➪ tōnyú¹; tōshí¹.

tōka³ [óo] 等価 A equivalência. ★ ~ *no* 等価の「o dólar é」Equivalente「a 90 yens」.

tōká⁴ [oó] 灯[燈] A luz「da candeia/lâmpada」. ★ ~ *ni shitashimu* 灯火に親しむ (Gostar de) trabalhar à luz da lâmpada. ◊ ~ **kansei** 灯火管制 O controle [apagamento] das luzes (para a defesa anti-aérea). ⟨I/慣用⟩ ~ *shitashimu-beki kō* 灯火親しむべき候 A época própria para a leitura à luz do candeeiro [da vela/da lâmpada] (Diz-se das noites de outono). ⟨S/同⟩ Akári (o); tomóshíbi (+).

tōka⁵ [oó] 糖菓 Os doces; o rebuçado [a bala(B.)].

tōka⁶ [oó] 糖化 A sacarificação.

tōká⁷ [oó] 透過 A transmissão; o「a água」passar [permear]「a terra」; o atravessar.

tōká-butsu[-ryō] [oó] 等価物 [量] Um「produto/volume」equivalente. ⇨ tóká³.

tokágé 蜥蜴【Zool.】O lagarto; *eumeces latiscutatus*. ★ ~ *(gawa) no beruto* 蜥蜴（皮）のベルト O cinto de pele de ~.

tokái 都会 A cidade. ★ ~ *ni sumu* 都会に住む Morar na ~. ~ *no kurashi* 都会の暮らし A vida citadina. ~ *sodachi no hito* 都会育ちの人 A pessoa criada na ~. ~ *zure suru* 都会ずれする Ser influenciado pelo[a] mundanismo [sofisticação] citadino [a]. ⇨ ⇨ **fū[jin]**. ~ **seikatsu** 都会生活 A vida urbana. **Dai-[Shō-]** ~ 大[小] 都会 Uma grande [pequena] ~. ⓈⒽ Tóshi². ⒶⒻ Chihō¹; ináka.

tokái² 都会 (Abrev. de To-gíkai) A assembleia metropolitana [da capital].

tōkái [oó] 倒壊[潰] O colapso; a destruição; o desmoronamento. ★ ~ *suru* 倒壊する Cair em ruínas; desmoronar-se. ◇ ~ *kaoku* 倒壊家屋 A casa desmoronada [em ruínas]. ⓈⒽ Hakái (+). ~ kowáréru; taóréru; tsubúréru.

tōkái² [oó] 東海 O mar do leste do Japão. ◇ ~ **chihō** 東海地方 A região do ~ [da província de Mie à de Shizuoka].

tokái-byō 都会病 A doença causada pela vida na cidade. ⇨ tokái¹.

Tōkáidō [Toó] 東海道 **a)** O caminho principal, com 53 "estações" que antigamente ligava Kyoto a Edo; **b)** A(c)tual tramo entre Ósaka e Tóquio. ◇ ~ **shinkansen** 東海道新幹線 O comboio foguete [trem bala] Tóquio-Ósaka.

tokái-fū 都会風 A maneira da cidade. ★ ~ *ni suru* 都会風にする Fazer à ~. ~ *no kurashi* 都会風の暮らし A vida à ~.

tokái-jin 都会人 O citadino [habitante da cidade].

tokakú 兎角 (⇨ tónikaku) **1** [やゝもすれば] Sem saber bem como; muitas vezes. *Byōki no toki wa* ~ *hikanteki ni narigachi da* 病気の時はとかく悲観的になりがちだ Quando se está doente, há tendência para se ficar pessimista. **2** [あれこれ] Uma coisa e outra. ★ ~ *no* とかくの Especial「~ *no hihyō* とかくの批評 Críticas especiais [ao livro dele]」. ~ *suru uchi ni* とかくするうちに Entretanto [Com ~]「as horas passaram e não tivemos tempo para ir ao museu」. ⓈⒽ Aré kore (+); iróíró (o).

tōkákú¹ [oó] 頭角【E.】A [O topo da] cabeça; o cocuruto. ★ ~ *o arawasu* 頭角を現す Distinguir-se「em matemática」; levantar cabeça; sobressair; salientar-se.

tōkákú² [oó] 倒閣 O derrube do governo. ★ ~ *suru* 倒閣する Derrubar o governo.

tōkákú³ [oó] 等角 Os ângulos iguais. ◇ ~ **sankakukei** 等角三角形 O triângulo equiângulo [de ~].

tōkákú⁴ [oó] 統覚【Fil.】A apercepção; a intuição. ★ ~ *suru* 統覚する Aperceber-se. ◇ ~ **sayō** 統覚作用 O apercebimento.

tōkán¹ [oó] 投函 O deitar [pôr] no (marco do) correio. ★ ~ *suru* 投函する …

tōkán² [oó] 等閑【E.】O desprezo; o não ligar [fazer caso]

tōka-nán-toka とかなんとか【G.】Isto e [mais] aquilo. ★ ~ *iiwake suru* とかなんとか言い訳する Desculpar-se com ~.

tō-kánkaku [oó] 等間隔 Os intervalos regulares.

tōkán-shi [oó] 等閑視 O ver [ter/considerar] como coisa sem importância; o desprezo. ★ ~ *suru* 等閑視する … [Desprezar/Ignorar] ⇨ tōkán².

tōkara [oó] 疾うから【G.】Há que tempos「pá, que não nos vemos」; faz tempo. *Sonna koto wa* ~ *shite ita yo* そんなことは疾うから知っていたよ Já sabia disso ~! ⓈⒽ Tokkú-no (+).

tōkárazu [oó] 遠からず (Neg. de tōi¹) Brevemente; dentro em breve; daqui a pouco; num futuro próximo. *Jiken wa* ~ *(shite) kaiketsu e mukau deshō* 事件は遠からず(して)解決へ向かうでしょう O caso vai ter uma solução ~. Hodónáku; mamónáku (+).

tokásu¹ 溶かす **1** [溶解する] Dissolver. ★ *Satō o mizu ni* ~ 砂糖を水に溶かす ~ [Mexer] o açúcar (em água). **2** [熱を加えて液化する] Fundir; derreter. ★ *Yōkōro de kinzoku o* ~ 溶鉱炉で金属を溶かす Fundir o metal no forno de fundição.

tokásu² 梳かす Pentear. ★ *Kami no kushi de* ~ 髪を櫛で梳かす ~ o [Passar o pente no] cabelo. Kushíkézúru. ⇨ tóku³.

tōkátsú¹ [oó] 統轄【E.】O controle; a administração; a dire(c)ção. ⓈⒽ Sōkátsú (+); tōkátsú² **2**.

tōkátsú² [oó] 統括【E.】**1** [統合] A unificação; a integração. ★ ~ *suru* 統括する Unificar; integrar. ⓈⒽ Ikkátsú; sōkátsú; tōgō (+); tōítsú (o). **2** [統轄] tōkátsú¹.

tōke [óo] 当家 Esta casa [família]; a nossa casa [família]; nós. ★ *Go-* ~ 御当家 A sua ~ (⇨ o-táků). ⇨ ié.

toké-áu¹ 解け合う (< tokéru² + …) Aproximar-se; entender-se. *Futari no kokoro ga hodoke tokeatta* 二人の心が解け合った Eles entenderam-se logo (desde o começo). ⓈⒽ Uchí-tokéru. ~ toké-kómú.

toké-áu² 溶け合う (< tokéru¹ + …) Fundir-se「com outro metal」; misturar-se; confundir-se.

tokéi¹ [oó] 時計 O relógio. ~ *ga go-fun susunde [okurete] iru* 時計が5分進んで [遅れて] いる ~ está cinco minutos adiantado [atrasado]. *Watashi no* ~ *de wa ima jūji-han desu* 私の~では今10時半です No [Pelo] meu ~ são (agora) dez e meia. ★ ~ *ga tomaru* 時計が止まる ~ parar [~ *ga tomatte iru* 時計が止まっている ~ está parado]. ~ *no oto tique-taque do ~ [O toque do despertador]. ~ o awaseru 時計を合わせる Acertar o ~. ~ o maku 時計を巻く Dar corda ao ~. ~ o miru 時計を見る Ver as horas; olhar para o ~. ~. ~ o okuraseru [susumeru] 時計を遅らせる [進める] Atrasar [Adiantar] o ~. ~ o tsukete iru 時計を付けている Usar relógio. ◇ ~ dai 時計台 A torre do ~. ⇨ ~ gaku(sha) [jikake/mawari/só/ten]. Dejitarudokei デジタル時計 ~ digital. Furiko-dokei 振り子時計 ~ de pêndulo. Hato-dokei 鳩時計 ~ de cuco. Kaichū [Ude]-dokei 懐中 [腕] 時計 ~ de bolso [pulso].

tōkéi² [oó] 徒刑 **1** [懲役] A pena de trabalhos forçados. ◇ **Muki [Yūki]** ~ 無期 [有期] 徒刑 Os trabalhos forçados por tempo indeterminado [limitado]. ⓈⒽ Chōékí (+). **2** [島流し] O desterro; o exílio; a deportação. ⓈⒽ Entō; ruzái (+); shimánágashi (o).

tōkéi¹ [oó] 統計 A estatística. ★ ~ *jō (wa)* 統計上 (は) Estatisticamente; segundo as ~ s. ~ *no* 統計の Estatístico. ~ *o toru* 統計を取る Fazer uma ~. ⇨ ~ **chi [gaku(sha)]**. ~ **hyō** 統計表 A tabela [O quadro estatística[o]. ~ **nenkan** 統計年鑑 O anuário estatístico. ⇨ ~ **teki**.

tōkéí² [oó] 闘鶏 a) A briga [luta] de galos「em Timor」; a rinha; b) O galo de luta. ◇ **~jō**. ⇨ tōkéí².

tōkéí³ [oó] 東経 A longitude[(l)este. ★ ~ *hyakusanjūgo-do jūgo-fun* 東経135度15分 Cento e trinta e cinco graus e quinze minutos de ~. [A/反] Seíkéí.

tōkéi-chi [oó] 統計値 Os dados estatísticos. ⇨ tōkéí¹.

tōkéi-gaku 時計学 A relojoaria [horometria]. ⇨ tōkéí¹.

tōkéi-gaku [oó] 統計学 A estatística. ◇ **Suisoku ~** 推測統計学 ~ inductiva. ⇨ tōkéí¹.

tōkéi-gákusha 時計学者 O relojoeiro (Fabricante). ⇨ tōkéi-ten.

tōkéi-gákusha [oó] 統計学者 O especialista em estatística.

tōkéi-jíkake 時計仕掛け (<…¹ +shikáké) O mecanismo de relógio. ★ ~ *de ugoku* 時計仕掛けで動く Funcionar por [com] ~.

tōkéí-jō [toó] (< tōkéí²) 闘鶏場 O rinhadeiro (B.); o lugar de luta ou rinha de galos.

tōkéi-máwari 時計回り (<…¹ +mawárú) O sentido do movimento dos ponteiros de relógio (da esquerda para a direita). ★ ~ *to gyaku [hantai] no* 時計回りと逆[反対]の Que gira em sentido contrário ao dos ponteiros de relógio; sinistrorso.

tōkéi-sō 時計草【Bot.】O maracujazeiro; a flor-da-paixão; o martírio; *passiflora coerulea*.

tōkéi-téki [oó] 統計的 (< tōkéí¹) Estatístico. ★ ~ *ni mite* 統計的に見て Do ponto de vista ~. ◇ ~ **sūji** 統計的数字 Os números ~s.

tōkéi-ten 時計店 (< tōkéí¹) A relojoaria; o relojoeiro (Vendedor).

tōke-kómú 溶け込む (< tokéru¹ +…) 1[とけて一つになる]Fundir - se; diluir-se「na água」. ★ *Tansan ga tokekonda mizu* 炭酸が溶け込んだ水 A água com gás [ácido] carbô[ō]nico; a gasosa. 2[周囲にまぎれて区別がつかなくなる]Confundir-se; unir-se; misturar-se; incorporar-se. ◇ magíréru. [周囲となじんで調和する]Integrar-se. *Shōjo wa naikōteki na seikaku de nakanaka kurasu no nakama ni ~ koto ga dekinakatta* 少女は内向的な性格でなかなかクラスの仲間に溶け込むことができなかった A jovem [menina], devido ao seu temperamento introvertido, teve dificuldades em entrar [se integrar] na turma. ◇ chōwá; najímu.

tōkén [oó] 刀剣 A espada; a arma branca. ⇨ katána; tsurúgí.

tōkén [oó] 闘犬 a) A briga de cães; b) O cão de briga. [S/同] Inú-áwase. ⇨ tōgyū; tōkéí².

tokéru¹ 溶[解]ける (⇨ tóku⁵) 1[固体に熱が加わって液体になる]「a neve」Derreter; degelar; descongelar; fundir. ★ *Batā ga netsu de ~* バターが熱で溶ける A manteiga derrete(-se) com o calor. *Dorodoro ni toketa yōgan* どろどろに溶けた溶岩 A lava derretida. *Tokete nakunaru* 溶けてなくなる Derreter-se. *Tokenikui kinzoku* 溶けにくい金属 O metal que não funde facilmente. [S/同] Yūkái súrú. 2[液体に他の物が混じる；溶解する]Dissolver-se. *Kono busshitsu wa mizu ni wa tokenai ga arukōru ni wa yoku ~* この物質は水には溶けないがアルコールにはよく溶ける Esta substância não se dissolve na água mas dissolve-se no álcool. [S/同] Yōkái súrú.

tokéru² 解ける (⇨ tóku³) 1[ゆるむ；ほどける]Desatar-se; desamarrar-se; soltar-se; desemaranhar-se; desfazer-se o nó. *Keito no motsure ga yatto toketa* 毛糸のもつれがやっと解けた Com [A] muito custo, o novelo de lã desemaranhou-se. *Kutsu-himo ga tokete iru* 靴ひもが解けている Os cordões [atacadores] dos sapatos estão desapertados/soltos/desatados. [S/同] Hodókéru. 2[怒り・悲しみ・不安などの感情がなくなる]Apaziguar-se; afrouxar; passar; minorar; abrandar; acalmar. *Chichi no ikari ga ~ made ie ni wa irete moraenai* 父の怒りが解けるまで家には入れてもらえない Não me deixam entrar em casa enquanto não passar a zanga ao [do] meu pai. *Kare no hito-koto de sukkari kinchō ga toke kiraku ni shiken o ukerareta* 彼の一言でずっかり緊張が解け気楽に試験を受けられた Uma palavra dele acalmou-me os nervos e pude fazer o exame tranquilamente. 3[疑いなどが晴れる；答が得られる]Dissipar-se; resolver-se; esclarecer-se. *Gokai ga tokete futari wa naka-naori shita* 誤解が解けて二人は仲直りした Esclareceu-se o mal-entendido e os dois reconciliaram-se. ★ *Nazo ga ~* 謎が解ける Desvendar-se o mistério. *Utagai ga ~* 疑いが解ける Dissipar-se a dúvida. 4[束縛がなくなる]Cessar [Terminar]; ser levantado「o interdito」. ★ *Kin ga ~* 禁が解ける Ser levantada a proibição. *Kinshin ga ~* 謹慎が解ける ~ a reclusão domiciliar.

toketsú 吐血 O vô[ō]mito de sangue. ★ ~ *suru* 吐血する Vomitar sangue. ◇ ⇨ **shō**. ⇨ kakkétsú.

tōketsú [oó] 凍結 1[凍りつくこと]O congelamento; o gelar. ★ ~ *o toku* 凍結を解く Degelar; vir o degelo; por-se a derreter. ~ *suru* 凍結する「a água」Gelar「a zero graus」; ~ *shita kawa* 凍結した川 O rio gelado. ◇ ~ **bōshi-zai** 凍結防止剤 O descongelador. ~ **kansō** 凍結乾燥 A liofilização (Gelo seco). [S/同] Hyōkétsú. ⇨ kōri-tsúku. 2[資産・権利などの]O congelamento. ★ ~ *suru* 凍結する Congelar (*Chingin o ~ saseru* 賃金を凍結させる Congelar o salário). ◇ **Shisan ~** 資産凍結 ~ de bens [Bens congelados].

tōkétsu-shō 吐血症【Med.】A hematé[ê]mese.

toki¹ 時 1[時間]O tempo; a hora (⇨ 6). *Mattaku ~ no tatsu no wa hayai mono da* 全く時のたつのは早いものだ (Realmente, [Como]) o ~ passa/voa! *Mō okiru ~ da* もう起きる時だ Já são horas de se levantar. ★ ~ *ga aru* 時がある[ない] Ter [Haver] tempo. ~ *ga kaiketsu suru* O ~ encarrega-se de resolver (tudo/os problemas). ~ *ga tatsu* 時がたつ O ~ passa「; ~ *ga tatsu ni tsurete* 時がたつにつれて À medida que o ~ passa; com o ~」. ⇨ ~ **ni [ni wa/ni yoru to]**. ~ *no kinenbi* 時の記念日 O Dia do Tempo. ~ *no nagare* 時の流れ O fluir do ~. ~ *o kasegu* 時を稼ぐ Fazer tempo「para ganhar ao adversário」. ~ *o onajū shite* 時を同じうして Ao mesmo ~; simultaneamente. ⇨ **~ ori [to shite]**. ~ *o utsusazu jikkō suru* 時を移さず実行する Executar sem perda de tempo. *Donna ~ ni mo* どんな時にも Em qualquer hora [momento]. [Pことば] ~ *wa kane nari* 時は金なり O ~ é dinheiro. [S/同] Jikán (+).

2[場合]O momento; a ocasião; a altura; a conjuntura; a vez; o caso. *Ame no ~ wa ensoku wa chūshi sareru* 雨の時は遠足は中止される Em caso de chuva, o passeio fica cancelado. *Watashi ni moshi-mo no koto ga atta ~ ni wa tsuma to ko o yoroshiku*

tanomimasu 私にもしもの事があった時には妻と子をよろしく頼みます No caso de me acontecer algo [Se eu morrer] peço-lhe que olhe pela minha mulher e filhos. ★ ~ *ni ōjite kotoba o tsukaiwakeru* 時に応じて言葉を使い分ける Saber o que convém dizer em cada ocasião. ~ *no hazumi de* 時のはずみで Sob um impulso repentino [do momento]. *Chōdo ii* [*warui*] ~ *ni* ちょうどいい [悪い] 時に No momento oportuno [inoportuno]. *Imawa no* ~ 今際の時 O último momento da vida. *Kikyūsonbō no* ~ 危急存亡の秋 [時] O momento crítico. *Koto aru* ~ *wa* ことある時は Em caso de emergência [Se acontecer algo]. *Masaka no* ~ まさかの時 O caso imprevisto [inesperado/de emergência]. [S/同] Baáí.
3 [機会] A oportunidade; a hora; o momento. *Kare wa hitasura taete fukushū no* ~ *ga kuru no o matta* 彼はひたすら耐えて復讐の時が来るのを待った Ele só estava à espera que chegasse o/a ~ de [para] se vingar. ★ ~ *ni atte shusse suru* 時に会って出世する Ter a oportunidade de progredir [subir] na vida. ~ *no un* 時の運 A [Um acaso da] sorte [*Shōbu wa* ~ *no un* 勝負は時の運 A vitória às vezes é apenas uma questão de sorte]. ~ *o eru* [*enai*] 時を得る[得ない] Ter [Não ter] a oportunidade. ~ *o mite* 時を見て Esperando o momento favorável [oportuno]. *Kono* ~ *to bakari* この時とばかり Aproveitando a oportunidade [Pensando que (ou) era agora ou nunca]. *Senzai-ichigū no* ~ 千載一遇の時 A oportunidade raríssima. [I/慣用] *Ten no* ~ *ware ni ari* 天の時我にあり A sorte está co(n)nosco [do nosso lado]. [S/同] Chánsu (+); kikái (o); kṓki.
4 [時期·季節] A「fruta da」estação; a época. ~ *wa haru* 時は春 Estamos na [É a estação da] primavera. *Momo wa ima ga ichi-ban ii* ~ *da* 桃は今が一番いい時だ Agora é a melhor época do pêssego. ★ ~ *no hana* 時の花 As flores da ~.
[S/同] Jíki; jísetsu; kisétsu.
5 [時代] A era; a época; a altura; o tempo. ★ ~ *no hito* 時の人 O homem do momento [de quem se fala]. ~ [*Tōji*] *no shushō* 時 [当時] の首相 O primeiro-ministro da época. ~ *o onajiku suru* 時を同じくする Ser contemporâneo [da mesma época]. *Hachi-dai shōgun* [*Godaigo Tennō*] *no* ~ 八代将軍 [後醍醐天皇] の時 Na era do Oitavo Shogun [Imperador Godaigo]. [S/同] Jidáí. **6** [時刻] As horas. ★ ~ *o tsugeru kane no ne* 時を告げる鐘の音 O (toque do) sino a dar as horas. ⇨ jíkoku¹. **7** [時制]【Gram.】O tempo (⇨ jiséí⁸). ★ ~ *o arawasu fukushi* 時を表す副詞 O advérbio de ~「já」. **8** [昔の時間の単位] Uma unidade de tempo. *Mukashi no ittoki wa ima no ni-jikan ni ataru* 昔の一時は今の二時間にあたる Um "toki" antigo corresponde a duas horas a(c)tuais (⇨ ushí²).

tóki² 鴇·鴾·朱鷺·桃花鳥【Zool.】A íbis; *nipponia nippon*.

tṓki¹ [óo] 投機 A especulação; o aventurar-se. ◇ ⇨ **~ gai** [**ka**/**shi**/**shin**/**teki**]. **~ kabu** 投機株 A a(c)ção especuladora [O especular em a(c)ções]. **~ netsu** 投機熱 A febre de ~.

tṓki² [óo] 登記 O regist(r)o. ★ ~ *shite aru* [~ *zumi no*] 登記してある [登記済みの]Estar regist(r)ado. ◇ ⇨ **~ bō** [**ryō**/**sho**]. **~ shōsho** 登記証書 A certidão de ~. **~ tetsuzuki** 登記手続き As formalidades de ~. **Fudōsan ~** 不動産登記 ~ imobiliário.

tṓki³ [óo] 陶器 A cerâmica; a porcelana. ★ ~(*sei*) *no* 陶器 (製) の De ~. ◇ ⇨ **~ shi** [**shō**].
[S/同] Setómónó; yakímónó.

tṓki⁴ [óo] 騰貴 O aumento; a subida; a alta. ★ ~ *suru* 騰貴する Aumentar; subir. *Kabuka no* ~ 株価の騰貴 ~ de cotação das a(c)ções [A alta das cotações da bolsa].

tṓki⁵ [óo] 冬季 A estação fria [do frio/inverno]. ◇ **~ Orinpikku** 冬季オリンピック As Olimpíadas de Inverno「em Nagano」. [A/反] Káki. ⇨ fuyú.

tṓki⁶ [óo] 冬期 O (tempo [período] de) inverno. ◇ **~ kyūka** 冬期休暇 As férias de Natal ([S/同] fuyú-yásumi (+)). [A/反] Káki. ⇨ fuyú.

tṓki⁷ [óo] 当期 O presente [corrente] período「fiscal」. ◇ **~ haitō** 当期配当 Os dividendos do ~ [deste período]. [S/同] Kónki.

tṓki⁸ [óo] 党紀「perturbar」A disciplina partidária.

tṓki⁹ [óo] 党規 As regras do partido.
[S/同] Tṓsókú (+).

tṓki¹⁰ [óo] 投棄 O abandono. ★ ~ *suru* 投棄する Abandonar; deitar fora「a arma」; despejar [deixar]「o lixo em qualquer sítio」. ⇨ nagé-sútéru.

tṓkī [óo] トーキー (< Ing. talkie) O filme sonoro [falado]. [A/反] Sáirento.

tokí-ákásu¹ 解き明かす (< tóku³ + …) Desvendar「o mistério」; esclarecer「o mal-entendido」.

tokí-ákásu² 説き明かす (< tóku⁴ + …) Expor; explanar; explicar「claramente o problema」.
[S/同] Setsúméí súrú.

tṓkíbi [oó] 唐黍 ⇨ tṓmórokoshi.

tṓkí-bo [oó] 登記簿 O livro de regist(r)o.

tokídókí 時時 (< … + tokí¹) **1** [tokídoki] [その時その時]「próprio para」A ocasião. ★ ~ *no hana* 時々の花 As flores das várias estações. **2** [tokídókí] [時として] Às vezes「jantamos fora」; de vez em quando; de quando em quando. *Kyō wa kumori* ~ *ame deshō* 今日はくもり時々雨でしょう Hoje o céu permanecerá nublado com aguaceiros [chuvas ocasionais]. [S/同] Orí-órí; tokí-órí; tokí-támá.

tokífúsérú 説き伏せる (< tóku⁴ + …) Convencer「alguém a aceitar o plano」; persuadir「o filho」.
[S/同] Settókú súrú (+); tokítsúkérú.

tṓkí-gáí [oó] 投機買い (< … ¹ + kaú) A compra especuladora (de acções) na bolsa.

tokí-hánásu 解き放す (< tóku³ + …) Soltar「o cão」; libertar「o povo desse mau costume」; livrar.
[S/同] Kaíhṓ[Shakúhṓ] súrú (+).

tokí-hógúsu 解きほぐす (< tóku³ + …) **a**) Desemaranhar [Desenredar「o fio/a corda」; desfazer「a malha」; **b**) Aliviar「a tensão falando, bebendo」.

tokí-író 鴇色 (< tóki² + …) O cor-de-rosa claro.
[S/同] Tańkṓshoku. ⇨ momó-író; pínku.

tṓkí-ká [oó] 投機家 (< tṓki¹) O especulador.

tokí-kátá 解き方 (< tóku³ + …) A solução; a resolução; a maneira de resolver. [S/同] Kaíhṓ.

tokí-kíkáséru[**-kíkásu**] 説き聞かせる [聞かす] (< tóku⁴ + kikú¹) Explicar bem; ensinar. ★ *Yasashiku* ~ *yō ni hanasu* やさしく説き聞かせるように話す Falar explicando bem as razões.

tokímékásu[**séru**] ときめかす [せる] (< tokíméku¹) Fazer palpitar. ★ *Kitai de mune o* ~ 期待で胸をときめかす Ter [Ficar com] o coração a palpitar de esperança.

tokíméki ときめき (< tokíméku¹) A palpitação; a emoção; a vibração. ★ *Mune no* ~ *o osaeru* 胸の

ときめきを抑える Conter a emoção. ⇨ myakúháku.
tokímeku[1] ときめく Palpitar; pulsar; vibrar.
tokímeku[2] ときめく Ser próspero; ter sucesso; estar no apogeu [auge]. ★ *Ima o ~ ninki haiyū* 今を時めく人気俳優 A estrela no apogeu da popularidade.

tokín 鍍金 O revestimento de metal; a galvanização; o banho [de cromo]. ◇ **~ kō** 鍍金工 O dourador「de molduras」. S/岡 Mekkí (+).

tokínáránu 時ならぬ (< tokí[1] + Neg. de naru) **1** [時期はずれの] Extemporâneo; intempestivo; inoportuno; fora de época. ★ *~ jikoku* 時ならぬ時刻 Uma hora imprópria [inoportuna]. S/岡 Jikíházure. **2** [突然の] Súbito; repentino; inesperado. *~ shi* 時ならぬ死 A morte ~a. S/岡 Omóigákenai (+); totsúzén nó (o).

tokí ni 時に **1** [さて; ところで] A propósito; de passagem; mudando de assunto. *~ Kimura-kun wa saikin dōshite imasu ka* 時に木村君は最近どうしていますか A propósito, como é que tem passado o Sr. Kimura? S/岡 Sáte (+); tokóró-de (+). **2** [時々] Às [Por] vezes; ocasionalmente. S/岡 Tamá ní (+); tokídóki (o); tokí ni wa (+); tokí-órí (+); tokí-támá (+); tokí to shite (+). **3** [その時] Então; por ocasião de; no dia em que. *~ shōwa nijū-nen hachi-gatsu mui-ka Hiroshima ni genbaku ga tōka sareta* 時に昭和20年8月6日広島に原爆が投下された Foi então, no dia 6 de Agosto de 1945, que a bomba ató[ô]mica foi lançada em Hiroshima.

tokí ni wa 時には Ocasionalmente; às vezes; uma ou outra vez. S/岡 Tamání; tokídóki (+); tokí ni **2**; tokí-órí; tokí-támá.

tokí ni yoru to 時によると Às vezes; ocasionalmente. *Kono mise wa konde ite ~ ni-jikan mo matasareru koto ga aru* この店はこんでいて時によると2時間も待たされることがある Esta loja tem muito movimento e às vezes [há ocasiões em que] é preciso esperar duas horas para (se) ser atendido.

tokí-nó-kóe 鬨の声 O grito de guerra [ataque]. ⇨ kachídóki.

tokí-órí 時折 Uma vez por [ou] outra. S/岡 Tamá ní; tokídóki (+); tokí ni; tokí ni wa; tokí-támá.

tokí-ótósu 解き落とす (< tokú[3] + …) Conseguir persuadir [convencer]「alguém」. S/岡 Kudókí-ótósu (+).

tokí-oyóbu 説き及ぶ (< tokú[4] + …) Referir-se a「casos muito antigos」; fazer referência a; falar de; fazer menção「de」; mencionar. S/岡 Genkyū súrú; ií-oyóbu (+).

tokí-rui [oó] 陶磁類 As louças e as porcelanas.

tokí-ryō [oó] 登記料 A taxa de regist(r)o.

tokí-shi[1] [oó] 投機師 (< tokí[1]) O especulador.

tokí-shi[2] [oó] 陶器師 (< tokí[1]) O oleiro; o ceramista. ⇨ Tōkó[3].

tokí-shin [oó] 投機心 (< tokí[1]) O gosto [A paixão] da [pela] especulação.

tokí-shó [oó] 登記所 O cartório de regist(r)o. ⇨ tókí[2].

tokí-shō [oó] 陶器商 O comércio de louça e porcelana. ⇨ tókí[3].

tokí-támá 時偶 Esporadicamente; uma vez por outra「temos notícias dele」; de vez em quando; ocasionalmente. S/岡 Tamá ní; tokídóki (+); tokí ni **2**; tokí ni wa; tokí-órí; tokí to shite.

tókí-téki [oó] 投機的 (< tókí[1]) Especulativo; arriscado; aventureiro. ★ *~ na jigyō* 投機的な事業 O negócio arriscado [de especulação na bolsa].

tokí to shite 時として Às vezes; algumas vezes; de vez em quando; ocasionalmente. *Benkyō nesshin na kare mo ~ namakeru koto ga aru* 勉強熱心な彼も時such なまけることがある Estudioso como ele é, também por vezes se deixa cair na preguiça. S/岡 tokídóki (+); tokí ni **2**; tokí ni wa; tokí-órí; tokí-támá.

tokí-tsúkéru 説き付ける (< tokú[4] + …) Convencer「os pais a deixarem ir o filho ao Brasil」. S/岡 Tokí-fúséru (+).

tokíwá 常磐【E.】**1** [形や状態が永久にかわらないこと] A eternidade; a perenidade; a imutabilidade. **2** [常緑の] ⇨ jōryókú; tokíwá-gi.

tokíwá-gi 常磐木 (< … **2** + ki) As plantas de folha perene. S/岡 Jōryókúju.

tokká 特価 (Abrev. de "tokúbétsú kákaku") O preço especial [de promoção/de liquidação/com desconto especial]. ★ *~ de uru* 特価で売る Vender a preço especial. ◇ **~ hanbai [seru]** 特価販売[セール] As vendas de liquidação; os saldos. ◇ **~ hin. Chō-~** 超特価 Os preços de super-liquidação. ⇨ bágen; kaídókú[2]; tokkyaku.

tokkáé-híkkae 取っ換え引っ換え【G.】(< torí-káéru + hikí-káéru) Um após outro. *Kanojo wa mainichi ~ iroiro na fuku o kite kuru* 彼女は毎日取っ換え引っ換え色々な服を着て来る Ela aparece cada dia com uma roupa diferente.

tokká-hín 特価品 (< tokká) Os artigos de saldo; a pechincha (G.). ◇ **~ uriba** 特価品売り場 O balcão dos saldos. ⇨ bágen.

tokkáku 凸角 **1** [ざんどうの] O ângulo saliente. **2** [180°以内の角] O ângulo convexo. A/反 Ókáku.

tokkán 突貫 **1** [突撃] O assalto; a investida; o ataque. S/岡 Tosshíh; totsúgéki (+). **2** [一気にやること] A execução rápida. ◇ **~ kōji** 突貫工事 A obra executada a todo o vapor (G.) [com rapidez/velocidade].

tokkáta {áa} トッカータ (< It. toccata) A tocata.

tokkéi 特恵【E.】A preferência; o favor. ◇ **~ kanzei** 特恵関税 A tarifa aduaneira preferencial.

tokkén 特権 **1** [特別の権利] O privilégio; a prerrogativa; a regalia. ★ *~ aru [o ataerareta] hitobito* 特権ある[を与えられた]人々 As pessoas privilegiadas [com ~s]. *~ o ataeru* 特権を与える Dar [Conceder] regalias. *~ o kōshi suru* 特権を行使する Usar o/a ~. ◇ **~ kaikyū** 特権階級 A classe privilegiada. ⇨ kénri. **2** [取引の] A opção (nas transa(c)ções). S/岡 Ópushon (torihiki) (+); seńtákúken. **3** [政治上の] A imunidade; as prerrogativas「dos diplomatas」. S/岡 Seíjí-téki jíyū.

tokkí[1] 突起 A protuberância; a saliência. ★ *~ no aru [~ shita]* 突起のある[突起した] Protuberante; saliente.

tókki[2] 特記【E.】A menção [referência] especial. ★ *~ suru* 特記する Fazer menção…「*~ subeki jijitsu* 特記すべき事実 Um fa(c)to digno de ~ [de nota]」. ◇ **~ jikō** 特記事項 Os assuntos (a serem) mencionados em particular. S/岡 Tokúhítsú (+).

tokkō[1] 特効 A virtude [eficácia] especial; o efeito especial [específico]. ★ *Marariya ni ~ ga aru kusuri* マラリヤに特効がある薬 O medicamento infalível [muito eficaz] contra a malária. ◇ ⇨ **~ yaku**.

tokkō² 特攻 O ataque suicida. ◇ **~ tai** 特攻隊 A unidade de ~; o corpo especial de comandos. ⇨ kami-kaze.

tokkō³ 徳行【E.】A conduta virtuosa; a boa obra; o a(c)to de virtude; a benevolência. ⇨ bitókú.

tokkō⁴ 篤行【E.】A boa a(c)ção; o a(c)to de caridade. S/園 Zeńkó (+). ⇨ bitókú.

tokkō⁵ 特高 (Abrev. de "tokúbétsú kōtō kéisatsu")【A.】O serviço secreto especial. ◇ **~ keisatsu** 特高警察 A polícia secreta especial.

tokkō-yaku【oó】 特効薬 O medicamento (de efeito) específico「contra o cancro」. ⇨ tokkō¹.

tokkúmi-ái 取っ組み合い【G.】O engalfinhar-se; a luta corpo a corpo. ★ **~ no kenka** 取っ組み合いの喧嘩 A briga a socos e pontapés. S/園 Kumíúchi (+); tsukámíchi. ⇨ kakútō².

tokkúmu 取っ組む ⇨ torí-kúmu.

tokkún 特訓 (Abrev. de "tokúbétsú kúnren") O treinamento [curso] intensivo. ★ **~ o suru** 特訓をする Dar um ~.

tokku-ní 疾っくに【G.】Há [Faz] muito tempo「que ele fez oitenta anos」. *Yakusoku no jikan wa ~ sugite iru no ni mada kare wa konai* 約束の時間は疾っくに過ぎているのにまだ彼は来ない Já passa muito (tempo) da hora (marcada) e ele não aparece. S/園 Tokkú-nó-múkáshí (ní); tō-ni. ⇨ tóku-ni.

tokku-nó-múkáshí (**ni**) 疾っくの昔 (に)【G.】Há [Faz] muito tempo/Há que tempos! S/園 Tokkú-ní; tō-ni.

tokkúrí 徳利 **1**[銚子] A garrafa de saqué. S/園 Chōshí. **2**[徳利の形をしたもの] O que tem o formato de "tokkúri". ★ **~ no sētā** 徳利のセーター A camisola [O pulôver] de gola alta.

tokkúri to とっくりと【G.】Seriamente; cuidadosamente; bem. ★ **~ to kangae nasai** とっくりと考えなさい Pense seriamente [bem]「neste assunto」. S/園 Jikkúrí (o); tóku-to (+).

tókkyo 特許 **1**[特に許可すること] Uma licença especial「para explorar petróleo」. ★ **~ o ataeru** 特許を与える Conceder ~. **2**[特許権] A patente; o alvará. ★ **~ shutsugan-chū** 特許出願中 A ~ está a ser requerida. ★ **~ o shinsei** [**shutsugan**] **suru** 特許を申請 [出願] する Requerer a ~. ◇ **~ jimusho** 特許事務所 O escritório especializado em marcas e patentes.

Tokkyó-chō 特許庁 A dire(c)ção [reparti(c)ão] geral de patentes.

tokkyó-hín 特許品 O artigo patenteado [com patente regist(r)ada].

tokkyó-ken 特許権 O direito de [A] patente. ★ **~ no shingai** 特許権の侵害 A viola(c)ão de ~.

tokkyókén-sha 特許権者 O detentor de patente.

tokkyó-shō 特許証 O certificado de patente.

tokkyū¹ 特急 (Abrev. de "tokúbétsú kyūkō") **1**[特急電車] O expresso. ◇ **~ densha** 特急電車 O comboio [trem] expresso. **2**[大急ぎ] Toda a velocidade [pressa]. ★ **~ de** 特急で「fazer o trabalho」A ~. S/園 Ō-ísogi (+).

tokkyū² 特級 A qualidade superior.

tokkyū-hín 特級品 O artigo de qualidade superior [extra].

tokó¹ 床 A cama; o leito. ★ **~ ni hairu** [**tsuku**] 床に入る [つく] Meter-se na [Ir para a] cama. ★ **~ ni tsuite iru** 床についている Estar na cama. ★ **~ o hanareru** 床を離れる Sair da cama; levantar-se.

o shiku [*noberu*; *toru*] 床を敷く [のべる; とる] Fazer a cama (Estendendo o colchão e edredão no tatámi; = *beddo o totonoeru*). ★ **~ o tataku** [**ageru**] 床をたたく [上げる] Arrumar a cama. S/園 Nedókó. ⇨ béddo; futón. **2**[⇨ yuká] **3**[Abrev. de ⇨ tokó-nó-má].

tokō 渡航 A travessia do [viagem por] mar. ★ **~ suru** 渡航する Cruzar o oceano; atravessar o mar. ◇ **~ tetsuzuki** 渡航手続き Os preparativos da passagem [papéis para a viagem].

tōkō¹ 投稿 A colaboração「num jornal」. ◇ **~ ran** 投稿欄 A coluna dos leitores.

tōkō² [**toó**] 登校 A ida para a escola. ★ **~ suru** 登校する Ir para a escola. ◇ **~ jikan** 登校時間 A hora de ir para a escola. S/園 Gekó. ⇨ zaíkó.

tōkō³ [**toó**] 陶工 O oleiro; o ceramista. S/園 Tōki-shí; yakímónó-shi.

tōkō⁴ [**toó**] 投降 A rendição. S/園 Kōfukú² (+).

tōkō⁵ [**toó**] 刀工 O espadeiro [fabricante/forjador de espadas]. S/園 Katánákaji (+); tōshó.

tokó-áge 床上げ (<··· **1** + agérú) O levantar-se (depois de estar algum tempo de cama). ★ **~ no iwai** 床上げの祝い A festa por alguém da família já estar outra vez a pé. **~ suru** 床上げする …

tokó-bánare 床離れ (<···+ hanáréru) **1**[起床] O levantar-se [sair] da cama. S/園 Kishó (+). ⇨ neókí. **2**[⇨ tokóágé].

tokó-báshira 床柱 (<··· **3** + hashírá) A coluna de madeira polida do "tokonoma". **~ o se ni shite suwaru** 床柱を背にして座る Sentar-se em frente de ~ [de costas para a ~] (O lugar de honra).

tokóbúshi 常節・若鰒 O haliote [abalone/A orelha marinha]. ⇨ katsúó-búshi.

tokóhárú 常春 Uma contínua primavera. ⇨ tokótokó.

tokó-íri 床入り A consumação do casamento. ★ **~ suru** 床入りする Consumar a união matrimonial; dormir a primeira vez juntos.

tokó-ítá 床板 **1**[床の間の板] A tábua da base do "tokonoma". **2**[機械などの] A chapa da base. **3**[写真の] O rodapé (da foto).

tōkō-ki [**toókoo**] 投光器 O holofote; o proje(c)tor luminoso [da foto].

tōkón¹ [**oó**] 闘魂【E.】O espírito combativo. S/園 Fáíto; tōshi (+).

tōkon² [**oó**] 当今【E.】Os dias de hoje;「os jovens de」agora; o presente; o momento a(c)tual. S/園 Chikágoro (o); geńkón; konógóró (+); konósétsu (+); géndai; íma¹; konóhó (+).

tōkón³ [**oó**] 等根 As raízes iguais. ⇨ koń²; rúto¹.

tokónátsú 常夏 **1**[いつも夏であること] Um verão contínuo [eterno]. ★ **~ no kuni** [**shima**] 常夏の国 [島]「Cabo Verde é」O país [A ilha] do eterno verão. **2**【Bot.】O cravo-da-índia; o cravo aromático; *dianthus chinensis var. semperflorens*. ⇨ nadéshiko.

tokó-nó-má 床の間 (< tokó **3** + no + ma) O tokonoma (Recanto principal da sala-quarto de uma casa japonesa, adornado de "ikebana"/ "kakejiku").

tokóró 所 **1**[場所; 地点] O lugar; o local; o sítio; o ponto; a terra; onde. *Eki wa kono michi o gohyaku-mētoru hodo itta ~ desu* [*ni arimasu*] 駅はこの道を500メートルほど行った所です [にあります] A estação fica nesta rua a uns quinhentos metros daqui. *Yūgata kara ame to nari ~ ni yori tsuyoku furu*

tokóró-bánchi

deshō 夕方から雨となり所により強く降るでしょう Prevê-se chuva para o fim da tarde com forte precipitação em alguns lugares. ★ ~ *o eru* 所を得る Encontrar o seu lugar. ~ *semashi to naraberu* 所狭しと並べる Pôr muito juntos/as「alunos/cadeiras」. *Itaru* ~ *ni* 至る所に Por toda a parte. *Suwaru* ~ *ga nai* すわる所がない Não ter [haver] lugar para se sentar. ★ [ことわざ] ~ *kawareba shina kawaru* 所変われば品変わる Cada terra com seu uso, cada roca com seu fuso. S/同 Bashó; chíten.

2 [住所;家] A casa; o endereço. *Ani no* ~ *wa go-nin kazoku da* 兄の所は5人家族だ Em casa do meu irmão mais velho são cinco pessoas. ★ *O-~ to o-namae* お所とお名前 O nome e o endereço. *Yūjin no* ~ *ni tomaru* 友人の所に泊る Pernoitar em casa de um amigo. ⇨ até-ná; ié¹; júsho.

3 [点;特徵] O ponto; a qualidade; o aspecto. *Anna kowai kao o shite iru keredo yasashii* ~ *mo aru no da* あんなこわい顔をしているけれどやさしい所もあるのだ Apesar da cara carrancuda, ele tem também o seu lado delicado. ★ *Itai* ~ *o tsukareru* 痛い所をつかれる Ser atingido no ponto fraco; tocarem-nos na ferida. ⇨ teñ².

4 [部分] A parte. *Iyoiyo kore kara omoshiroi* ~ *da* いよいよこれからおもしろい所だ Agora é que vai começar a parte interessante「do programa」. *Kata no shita no* ~ *ga itamu* 肩の下の所が痛む Dói-me na parte (de trás) abaixo do ombro. *Kono bun no dedashi no* ~ *ga yakusenai* この文の出だしの所が訳せない Não consigo traduzir o começo desta frase. S/同 Búbun; kásho.

5 [こと] A coisa; a questão. *Anata no ossharu* ~ *wa yoku wakarimashita* あなたのおっしゃる所はよくわかりました Entendi muito bem o que o senhor quer dizer. *Nozomu* ~ *da* 望む所だ É o que eu desejo. *Yakusoku no jikan o sugite mo konai* ~ *o miru to kitto wasureta ni chigai nai* 約束の時間を過ぎても来ない所を見るときっと忘れたに違いない Como já passa da hora e ele não vem, com certeza que se esqueceu. *Jitsu no* ~ *wa* 実の所は Na realidade「o culpado não foi ele」. *Nasu* ~ *naku hi o okuru* なす所なく日を送る Viver [Passar os dias] sem fazer nada. S/同 Kotó¹.

6 [その時の場合・状況など] A hora; a ocasião; a situação. *Chōdo ii* ~ *e kita kureta. chotto tetsudatte kurenai ka* ちょうどいい所へ来てくれた.ちょっと手伝ってくれないか Chegaste mesmo em boa hora, não me podes dar aqui uma ajuda? *Ippai nominagara* ~ *da ga mā yamete okō* 一杯飲みたい所だがまあやめておこう Estou com vontade de beber uns copos mas é melhor desistir desta vez. *Kore kara minna de dekakeru* ~ *desu* これからみんなで出かける所です Estamos todos de saída [para sair]. *Mō sukoshi de jidōsha ni hane-tobasareru* ~ *datta* もう少しで自動車にはねとばされる所だった Faltou pouco para ser atropelado por um carro. *Sassa to katazukete hayai* ~ *kaerō* さっさと片づけて早い所帰ろう Vamos arrumar tudo depressa e ir embora cedo. ★ *Abunai* [*Ayaui; Sunde no*] ~ *de* 危ない[危うい;すんでの]所で Por um triz; por pouco [*Abunai* ~ *de kisha ni maniatta* 危ない所で汽車に間に合った Apanhei o comboio [trem] mesmo por um triz]. *Ima* [*Mokka*] *no* ~ (*wa*) 今[目下]の所(は) Por enquanto; por ora; por agora. *Koko no* [*Kono*] ~ ここの[この]所 Ultimamente.

7 [範囲;限り] O alcance; o âmbito; o limite. *Keisatsu no shirabeta* ~ *de wa yūzai no kimete to naru shōko wa nai* 警察の調べた所では有罪の決め手となる証拠はない Tanto quanto a polícia sabe, não existe uma prova concreta para o incriminar. ~ *Ima made no* ~ 今までの所 Até agora [hoje]. *Mita* ~ *de wa* 見た所では A julgar pelo que eu vi [Aparentemente]. *Watashi no shiru* ~ *de wa* 私の知る所では Que eu saiba; tanto quanto sei「ele é digno de confiança」. S/同 Hán'i; kágíri. **8** [場所柄] O lugar; a ocasião; a circunstância. ~ *mo arō mi* 所もあろうに Que ocasião foi escolher「para protestar」! [E「fazer tal coisa」logo neste lugar]! ★ ~ *o arabazu* 所を選ばず Indiscretamente. ~ *o wakimaenai* 所をわきまえない Não (saber) ser discreto. [ことわざ] *Demono haremono* ~ *kirawazu* 出物はれ物所嫌わず A necessidade não conhece lei. S/同 Bashógárá. **9** [程度] O limite; o grau. *Kore kurai no* ~ *de yamete okō* これくらいの所でやめておこう Vamos terminar [ficar por aqui]. **10** [立場] A posição. *Kōshu* ~ *o kaeru* 攻守所を変える Inverter as posições: quem estava na defensiva passa à ofensiva.

tokóró-bánchi 所番地 O endereço.
S/同 Até-ná (+); júsho (o); tokóró.

tokóró-de ところで **1** [それはそれとして] Bem; e; mas. ~ *ano ken wa dō narimashita ka* ところであの件はどうなりましたか E aquele assunto como ficou? **2** [としても] Mesmo que; ainda que; por mais que. *Ima sara monku o itta* ~ *dō naru mono demo nai* 今更文句を言ったところでどうなるものでもない Agora não adianta reclamar. *Watashi ga ikura ganbatta* ~ *anata ni wa kanaimasen* 私がいくらがんばったところであなたにはかないません Por mais que eu me esforce, nunca chegarei a [serei tão bom como] você. **3** [そこにおいて] Quando; nessa altura; foi「eu parar o carro」e「eles também a chegar a casa」. *Michi o magaru* ~ *tomodachi ni deatta* 道を曲がるところで友だちに出会った Ao [Quando ia a] dobrar a esquina, encontrei-me [dei de caras] com um amigo. ⇨ tokóró **6**.

tokóródókoro 所所 Aqui e ali; em alguns lugares. *Yama ni wa mada* ~ *yuki ga nokotte iru* 山にはまだ所々雪が残っている Nas montanhas ainda se vêem ~ uns restos de neve. S/同 Achí-kóchi.

tokóró-e 所へ **1** [その時] Quando [Na altura em que]「eu/nós」. *Sōdan shite iru* ~ *denwa ga kakatte kita* 相談しているところへ電話がかかってきた Estando eu a consultar alguém (sobre um problema) tocou o telefone. **2** [...だけではなくその上に] Além disso; ainda por cima. *Binbō de komatte iru* ~ *byōki ni kakatte shimatta* 貧乏で困っているところへ病気にかかってしまった Ele já estava com problemas de dinheiro e ainda por cima (agora) adoeceu.

tokóró-ga ところが Mas; no entanto; contudo; porém; todavia; não obstante; apesar disso. *Kare no tame o omotte chūkoku shita*. ~ *kaette uramarete shimatta* 彼のためと思って忠告した.ところがかえってうらまれてしまった Avisei-o por bem [pensando no bem dele], ~ ele ficou zangado comigo.
S/同 Ga; kéredomo; shikáru-ni.

tokóró-gáki 所書き (<... + káku) O endereço.
S/同 Até-ná (+); júsho (o); tokóró-bánchi (+).

tokóró-kámáwazu 所構わず Em qualquer lugar; por [em] toda a parte; onde quer que seja. *Kare wa ~ suigara o nagesuteru warui kuse ga aru* 彼は所かまわず吸殻を投げ捨てる悪い癖がある Ele tem o mau hábito de deitar as priscas (G.) [pontas de cigarro] ~. [S/同] Tokóró-kíráwázú.

tokóró-kíráwázú 所嫌わず ⇨ tokóró-kámáwazu (+).

tokóró-o ところを **1** [のに] Apesar de; não obstante; mas; ainda que. *Hitori ikeba ii ~ gonin mo itta* 一人行けばいいところを五人も行った Apesar de só ser necessário ir uma pessoa, foram cinco. [S/同] Nó-ni (+). **2** [その場面を] Quando; …a「fazer」. *Uma ga hashiru ~ utsushimashita* 馬が走るところを写しました Tirei uma foto do cavalo a correr.

tokóró-sémái 所狭い Apertado; atravancado. ★ *Tokoro semashi to narabeta omocha* 所狭しと並べたおもちゃ Os brinquedos (empilhados) uns em cima dos outros.

tokóróteń 心太 **a**) A geleia de ágar-ágar (Feita de alga, serve-se cortada em fitas); **b**) O ser como as cerejas (que vêm da cesta agarradas umas às outras). ★ ~ *shiki ni oshidasareru* 心太式に押し出される Ser empurrados para fora uns atrás dos outros.

tṓkṓ-séń [**toó**] 等高線 A curva de nível. ◇ **~ chizu** 等高線地図 O mapa topográfico [com as curvas de nível].

tokṓ-sha [**óo**] 渡航者 (< tokṓ) O [A] viajante; o passageiro.

tṓkṓ-sha [**toókóo**] 投稿者 (< tṓkṓ) O colaborador「de jornal」.

tokóshí(ná)é 永久【E.】A eternidade. ★ ~ *ni* 永久に Para sempre; eternamente. ~ *no inochi* 永久の命 A vida eterna. [S/同] Eíéń (+); eíkyū́ (+).

tókotoko とことこ Apressadamente; a passo rápido. ★ ~*(to) aruku* とことこ(と)歩く Andar a passos curtos e rápidos.

tokótón とことん【G.】O fim; o último extremo. *Kare wa hitotabi nani ka hajimeru to ~ yaraneba ki ga sumanai tachi da* 彼は一度何かはじめるとことんやらねば気が済まないたちだ Ele é uma pessoa (com um carácter) que, quando começa uma coisa, não descansa enquanto não a acaba. ★ ~ *made* とことんまで Até ao fim; até às últimas. [S/同] Kyū́kyókú; sáigo[1]. ⇨ giríǵírí; sáigo[1].

tṓkotsu [**óo**] 頭骨 Os ossos do crânio. [S/同] Tṓgáikotsu; zugáikotsu (+).

tokóyá 床屋 **a**) O barbeiro; o cabeleireiro; **b**) A barbearia; o salão de cabeleireira [beleza]. ★ ~ *e iku* 床屋へ行く Ir à/ao ~. [S/同] Rihátsúten; riyṓten; sańpátsúyá. ⇨ biyṓin.

tokó-zúré 床擦れ (<… + suréru) A úlcera de decúbito; a chaga devido a permanência prolongada na cama. ★ ~ *ga dekiru* 床擦れができる Formar-se uma ~.

tokú[1] 得 **1** [得ること] A obtenção; a aquisição. [A/反] Shitsú. ⇨ éru. **2** [利益; もうけ] O ganho; o lucro; o poupar; a vantagem. ★ ~ *na kaimono* 得な買物 Uma boa compra. ~ *ni naru* 得になる Ganhar [Poupar]-se〔*Kono jigyō wa kokumin ni totte gai ni wa natte mo kesshite ~ ni wa naranai* この事業は国民にとって害にはなっても決して得にはならない Este empreendimento só pode prejudicar o povo, (mas) nunca beneficiá-lo. *Ichi-mon no ~ ni mo naranai* 一文の得にもならない Não render nem um centavo; não dar lucro nenhum〕. ~ *o suru* 得をする Lucrar; ganhar; beneficiar〔*Sen-en ~ o suru* 千円得をする Lucrar [Poupar] mil yens〕. [S/同] Mṓké; ríeki; tokúbun. [A/反] Són. **3** [便利; 有利] A vantagem; o proveito; o ser preferível [melhor/aconselhável]. *Ima wa otonashiku shite ita hō ga ~ da* 今はおとなしくしていた方が得だ Agora é melhor ficar calado [não fazer nada]. ★ ~ *na seikaku* 得な性格 O cará(c)ter afortunado. ~ *o suru* 得をする Ganhar〔*Chikamichi o ikeba juppun ~ o suru* 近道を行けば10分得をする Se pegar o [for pelo] atalho, ganha dez minutos〕. [A/反] Són. ⇨ bénri; yū́ri.

tokú[2] 徳 **1** [美徳] A virtude; a qualidade moral. ★ ~ *no aru* 徳のある Virtuoso; honrado. ~ *no takai hito* 徳の高い人 A pessoa de alta qualidade [elevada estatura] moral. ~ *o osameru* 徳を修める Progredir na virtude. ~ *o yashinau* 徳を養う Cultivar a virtude. ⇨ bitókú; hitógárá; jińtókú. **2** [人に恩恵を与える行為] O bem; a boa a(c)ção. ★ ~ *o hodokosu* 徳を施す Praticar o bem; bem-fazer. ~ *o okonau* 徳を行う Fazer [Praticar] uma boa a(c)ção. ~ *to suru* 徳とする Ser [Mostrar-se] grato「aos seus pais ado(p)tivos」. ⇨ kúdoku[1]; megúmí; ońkéí.

tóku[3] 解く **1** [ほどく] Desatar; desamarrar; desfazer; desapertar; soltar. ★ *Imashime [Nawa] o ~* いましめ[縄]を解く Desligar/Cortar as amarras [Desatar a corda]; pôr em liberdade. *Nimotsu [Tsutsumi] o ~* 荷物[包み]を解く Abrir a embalagem [o pacote]. [S/同] Hodóku. **2** [縫い物をほどく] Descoser; desmanchar a costura. ★ *Kimono o toite nuinaosu* 着物を解いて縫い直す Desmanchar a costura e tornar a coser. [S/同] Hodóku. **3** [解き明かす] Resolver; solucionar; desvendar; decifrar. *Tsugi no hōteishiki o toki, kaitō o kakko-nai ni kinyū seyo* 次の方程式を解き, 解答をかっこ内に記入せよ Resolva a seguinte equação e escreva a resposta no respe(c)tivo parêntese. ★ *Angō o ~* 暗号を解く Decifrar o código. *Mondai o ~* 問題を解く Resolver o problema. *Nazo o ~* 謎を解く Desvendar o mistério; decifrar o enigma. [S/同] Kaíméí súrú; tokíákásu. **4** [解除する] Levantar; suprimir. ★ *Fūsa [Hōi] o ~* 封鎖[包囲]を解く Levantar o bloqueio [cerco]. *Gaishutsu kinshi-rei o ~* 外出禁止令を解く Suprimir o recolher obrigatório. [S/同] Káijo suru. **5** [解任する] Despedir. ★ *Nin [Shoku] o tokareru* 任[職]を解かれる Perder o posto [Ser despedido do emprego]. [S/同] Kaíníń súrú. **6** [解消する] Anular; cancelar; rescindir. ★ *Keiyaku o ~* 契約を解く ~ o contrato. *Yakusoku o ~* 約束を解く Cancelar o compromisso. [S/同] Kaíshṓ súrú. **7** [感情のわだかまりを静める] Abrandar; dissipar; desfazer. ★ *Gokai o ~* 誤解を解く Desfazer um mal-entendido. *Kinchō o ~* 緊張を解く Acalmar [Relaxar] a tensão [os nervos]. **8** [髪をとかす] Desfazer (as tranças); pentear; destrinçar; desembaraçar. ★ *Burashi de motsuregami o ~* ブラシでもつれ髪を解く Pentear o cabelo com uma escova. ⇨ hodóku; tokásu[2]. **9** [脱ぐ] Despir; tirar. ★ *Ryosō o ~* 旅装を解く ~ a roupa de viagem.

tóku[4] 説く **1** [説明する] Explicar「o ponto em questão」. [S/同] Setsúméí súrú (+). **2** [説得する] Convencer「o gerente a ado(p)tar outro sistema」; persuadir. [S/同] Settókú súrú (+). **3** [説教する] Expor; ensinar; pregar. *Senkyōshitachi wa fukuin*

T

o toite aruita 宣教師たちは福音を説いて歩いた Os missionários andavam a pé pregando o Evangelho. [S/同] Sekkyṓ súrú (+). **4** [唱える] Defender; propor; advogar. ★ *Kyōiku no hitsuyōsei o* ～ 教育の必要性を説く ～ a necessidade do ensino [da educação]. [S/同] Shṓdṓ súrú; tonáéru.

tóku[5] **溶く** **1** [水を加えてどろどろにする] Dissolver. ★ *Katakuriko o mizu ni* ～ 片栗粉を水に溶く ～ o dente-de-cão em pó na água. [S/同] Tokásu (+). **2** [卵をわりほぐす] Bater. ★ *Toita tamago* 溶いた卵 O ovo batido.

tṓkú [**oó**] **遠く** (Adv. de tói[1]) **1** [遠方] Longe; distante. ★ ～ *e iku* 遠くへ行く Ir para longe. ～ *hanarete iru* 遠く離れている Ficar ～. ～ *kara* 遠くから「vir」De longe. ～ *no yamayama* 遠くの山々 As montanhas ao longe. [P/ことわざ] ～ *no shinrui yori chikaku no tanin* 遠くの親類より近くの他人 Um vizinho perto é melhor que um parente ～. [S/同] Eṅpṓ. [A/反] Chikáku. **2** [はるかに] Ao [De] longe; à distância; distante. *Watashi wa tairyoku ni oite wa kare ni* ～ *oyobanai* 私は体力においては彼に遠く及ばない Em força física não lhe chego aos calcanhares [não lhe chego nem de longe]. ～ *jūgo-seiki ni sakanobotte* 遠く15世紀にさかのぼって Retrocedendo à época longínqua do século XV. [S/同] Háruka-ni (+).

tokúbái **特売** Os saldos; a liquidação. ★ ～ *o suru* [*okonau*] 特売をする[行う] Fazer saldos; fazer uma ～. ◇ **～ bi** 特売日 O dia de ～. **～ hin** 特売品 "Saldos". **～ jo** 特売所 O balcão [A se(c)ção] de ～. [S/同] Bā́gen; sḗru; yasú-úrí. ⇨ kaídókú[2].

T

tokúbétsú **特別** Especial. *Sono hi kanojo wa* ～ *(ni) utsukushiku mieta* その日彼女は特別美しく見えた Nesse dia ela estava particularmente [exce(p)cionalmente/ainda mais] bela. ★ ～ *na* [*no*] 特別な[の] Especial; particular; exce(p)cional; extraordinário「～ *na riyū de* 特別な理由で Por motivo especial」. ◇ **～ atsukai** [**taigū**] 特別扱い[待遇] O tratamento ～「～ *atsukai* (*ni*) *suru* 特別扱い(に)する Dar um tratamento ～」. **～ atsurae** 特別あつらえ A encomenda ～「～ *atsurae no fuku* 特別あつらえの服 A roupa especialmente encomendada」. **～ bangumi** 特別番組 O programa ～. **～ chūmon** 特別注文 ⇨ tokúchū́. **～ gō** 特別号 Um número ～「de revista」. **～ hō** 特別法 A lei ～. **～ iinkai** 特別委員会 A comissão ～ [ad hoc (L.)]. **～ kaiin** 特別会員 O membro [sócio] extraordinário. **～ kaikei** 特別会計 A conta ～. **～ ki** 特別機 O avião「do presidente」. **～ kokkai** 特別国会 A sessão extraordinária do Parlamento. **～ kōtōkeisatsu** 特別高等警察 A Polícia ～ de serviço secreto. **～ kyūkō** (**ressha**) 特別急行(列車) O comboio [trem] expresso (⇨ riṅjí). **～ ninmu** 特別任務 A missão ～. **～ ryōkin** 特別料金 **a**) O preço especial; **b**) A taxa extra. **～ sei** 特別製 O fabrico ～. **～ seki** 特別席 O lugar [assento] ～. **～ shō** 特別賞 O pré[ê]mio ～. **～ shoku** 特別職 O posto [serviço] ～ do governo. [S/同] Kakúbétsú; tokúdáṅ; tókushu. [A/反] Ippáṅ.

tokúbṓ **徳望** 【E.】 O prestígio [A autoridade] moral;「ter」boa reputação. [S/同] Jiṅbṓ (+).

tokúbṓ-ká **徳望家** A pessoa de [com] grande autoridade moral.

tokúbun **得分** **1** [もうけ; 利益] O lucro; o ganho. [S/同] Mṓké (+); ríeki (+); tokú[1] **2** (+). **2** [取り分] A parte; o quinhão. *Kimi no* ～ *nante nai* 君の得分なんてない Você não entra na partilha [tem parte nenhuma]. [S/同] Toríbun (+); wakémáe (o).

tokúchṓ[1] **特徴** A característica; a marca distintiva; a peculiaridade. ★ ～ *no aru* 特徴のある「riso」Característico [Peculiar]. ～ *no nai* 特徴のない「uma cidade」Sem nada de peculiar/característico. ～ *o nasu* 特徴をなす Constituir uma ～. ～ *teki* 特徴的 Característico. ⇨ tokúchṓ-zúkéru. *Ta ni rui o minai* ～ 他に類を見ない特徴 Uma ～ única. [S/同] Tokúshókú. ⇨ dokútókú; tokúchṓ[2].

tokúchṓ[2] **特長** O ponto forte. ★ *Onoono no* ～ *o ikasu* 各々の特長を生かす Aproveitar [Ajudar a desenvolver] os ～ s de cada um. ⇨ bi-téṅ; chṓsho.

tokúchṓ-zúkéru **特徴付ける** (<…[1] + tsukéru) Caracterizar「-se por não ter penas no pescoço」.

tokúchū́ **特注** (Abrev. de "tokúbétsú chūmon") A encomenda especial「de um artigo」.

tokúdáí **特大** O tamanho「de roupa」extra [gigante]. ◇ **～ gō** 特大号 O número「de revista」especial [maior que os outros]. **～ hin** 特大品 O artigo de ～.

tokúdáné **特種** O furo [tiro] (G.); a notícia (sensacional dada) em primeira mão. ★ ～ *de tashi o dashinuku* 特種で他紙を出し抜く Antecipar-se aos demais [Bater todos os] jornais com um/a ～. ◇ **～ kiji** 特種記事 Um ～. [S/同] Sukū́pu.

tokúdéṅ **特電** O telegrama especial. ★ ～ *ga hairu* 特電が入る Chegar um ～.

tókudo **得度** O ir para bonzo. ★ ～ *suru* 得度する …

tokúgákú **篤学** 【E.】 A dedicação ao estudo.

tókugi[1] **特技** A especialidade [arte]「dele é andar de pernas para o ar」; a habilidade [o talento] especial「para fixar nomes」. ⇨ gíjutsu; gínō.

tókugi[2] **徳義** 【E.】 A moralidade; a probidade; a integridade. [S/同] Dṓtoku (+). ⇨ tokúgí-jṓ.

tokúgí-jṓ **徳義上** Moralmente; do ponto de vista moral [ético].

tókuha **特派** (Abrev. de "tokúbétsú háken") O envio especial. ★ ～ *suru* 特派する Enviar especialmente. ◇ ⇨ **～ in**. **～ shisetsu** 特派使節 O enviado especial [extraordinário]. **～ taishi** 特派大使 O embaixador extraordinário.

tokúháí **特配** (Abrev. de "tokúbétsú háikyū [háitō]") O bónus especial; a ração [quota] extra. ★ ～ *suru* 特配する Dar um/a ～.

tokúhá-in **特派員** **1** [特別に派遣する人] O enviado especial. **2** [新聞社・通信社の] O [A] correspondente especial「do "São Paulo Shinbun"」.

tokúhítsú **特筆** A menção especial por escrito. ★ ～ *ni atai suru* 特筆に値する Merecer [Ser digno de] ficar regist(r)ado. *Kotoshi no* ～ *subeki dekigoto* 今年の特筆すべき出来事 Os acontecimentos do ano dignos de regist(r)o. ◇ **～ taisho** 特筆大書 A menção especial em letras gordas [grandes].

tokúhṓ **特報** (Abrev. de "tokúbétsú hṓdō [hṓkoku]") A notícia especial [urgente]. ★ ～ *suru* 特報する Transmitir uma ～. [S/同] Sokúhṓ.

tokúhóṅ **読本** O livro de leitura [de texto]. ★ *Kokugo no* ～ 国語の読本 ～ da língua pátria [de Japonês/de Português]. ◇ **Jinsei-dokuhon** 人生読本 O livro da vida. ⇨ kyṓká-shó.

tokúhyṓ **得票** A obtenção de votos; os votos obtidos. ★ ～ *suru* 得票する Obter [Ter/Ganhar] votos. ◇ **～ sa** 得票差 A diferença de votos (obtidos). ~ **sū** 得票数 O número de votos. ⇨ hyō²; sénkyo¹.

tokúí¹ 得意 **1** [自分の望み通りになって満足していること] A prosperidade; a satisfação; a glória; o sucesso. ★ ~ **no jidai** 得意の時代 Os dias prósperos; a época áurea. ~ *no zetchō ni aru* 得意の絶頂にある Estar no apogeu da glória [*Yaru koto nasu koto umaku iki watashi wa* ~ *no zetchō ni atta* やることなすことうまく行き私は得意の絶頂にあった Eu estava no apogeu da glória pois tudo o que fazia tinha sucesso]. A/図 Shítsui. **2** [自慢] (⇨ tokúí-gáó; tokúí-gé) O orgulho; a ufania. ★ ~ *garu* [*ni naru*] 得意がる[になる] Ficar orgulhoso [todo inchado] [*Ima umaku itte iru kara to itte kesshite* ~ *ni natte wa ikenai* 今うまく行っているからといって決して得意になってはいけない Não fiques todo inchado só porque tudo está a ir [correr] bem agora. *Kare wa isha ni natta musuko o* ~ *gatte iru* 彼は医者になった息子を得意がっている Ele está todo orgulhoso por o filho se ter formado médico. ~ *o garaseru* 得意がらせる Encher alguém de [Fazer sentir] orgulho. ~ *ni natte* [~ *manmen de*; ~ *zen to shite*] 得意になって[得意満面で; 得意然として] Triunfantemente/Todo [Com ar] triunfante/Todo ufano/Cheio de orgulho]. ~ *no* ~ *no hana o oru* 得意の鼻を折る Acabar com o orgulho de alguém/Fazer baixar a crista (G.). ~ *no hana o ugomekasu* 得意の鼻をうごめかす Assumir um ar triunfante [de triunfo/de ufania]. ~ *no hyōjō de* 得意の表情で Com ar triunfante [Todo risonho]. ~ *no amari* 得意のあまり Por excesso de orgulho. ~ *sō ni* 得意そうに Com ar complacente [de certa complacência]. *Dai* ~ *de aru* 大得意である Estar todo orgulhoso [Ter o rei na barriga]. A/図 Jimán (+). **3** [得手] O forte [dele é a história; a especialidade. *Ano kokku no* ~ *wa rōsutobifu da* あのコックの得意はローストビーフだ A especialidade daquele cozinheiro é o rosbife. ★ ~ *na* [*no*] 得意な[の] Forte; especial favorito; predile(c)to. ~ *na* [*suru*] *koto* 得意な[とする] こと O ponto forte; a coisa favorita. ~ *no gakka* 得意の学科 A matéria favorita [disciplina de que mais「gosto」]. *Porutogarugo no* ~ *na hito* ポルトガル語の得意な人 A pessoa forte em p.]. A/図 Eté. A/図 Fu-éte; futókui; nigáté. ⇨ jú-háchí-ban; ohákó. **4** [顧客] O cliente; o freguês; a clientela. *Chūnambei shokoku wa Nihon-seihin no yoi o-* ~ *da* 中南米諸国は日本製品のよいお得意だ Os países da América Central e do Sul são bons clientes dos [para os] produtos japoneses. ★ ~ *o eru* [*ushinau*] 得意を得る [失う] Ganhar [Perder] clientes. ~ *o tsukuru* 得意を作る Ganhar [Conquistar] a clientela. *Naganen no o-* ~*-sama* 長年のお得意様 O ~ de longos anos; o velho ~ . ◇ ⇨ **mawari** [**saki**]. **Jō** ~ 上得意 O bom ~ ; o ~ de primeira (categoria). **Jō** ~ 定得意 O ~ certo. S/周 Kokyáku.

tókui 特異 O ser único/extraordinário/peculiar/especial. ~ *na ten* 特異な点 O ponto peculiar; a particularidade. ◇ ⇨ ~ **sei**. ~ (**tai**) **shitsu** 特異(体)質 A idiossincrasia; a diátese [~ *taishitsu de aru* 特異体質である Ser diatésico].

tokúí-gáó 得意顔 (< ··· ¹**²** + kaó) O ar triunfante [A cara de triunfo].

tokúí-gé 得意気 O ar triunfante [triunfalista].

tokúíkú 徳育 A educação moral. ⇨ chíiku; táiiku.

tokuí-máwari 得意回り (< ··· ¹**⁴** + mawárú) A ronda pelos clientes. ⇨ tokúí-sákí.

tokuí-sákí [**-kyaku**] 得意先[客] O cliente; o freguês. ~ *o mawaru* 得意先を回る Visitar os clientes. ◇ ~ **gakari** 得意先係 O empregado que anda por fora a atender os clientes.

tokuí-séí 特異性 A singularidade; a peculiaridade; a particularidade. ⇨ tókui².

tokújítsú 篤実【E.】A sinceridade; a honestidade. ⇨ majíme; seíjítsú¹; shínsetsu¹.

tokújō 特上 (Abrev. de "tokúbétsú jōtō")「o artigo de」Qualidade superior.

tokuju 特需 (Abrev. de "tokúbétsú jūyō") A procura especial「de telemóveis」. ◇ ⇨ ~ **hin**. ~ **keiki** 特需景気 O surto de ~ .

tokújú-hín 特需品 Os artigos de procura especial.

tokúméí¹ 匿名【E.】[本名をかくすこと] O anonimato. ★ ~ *de tōsho suru* 匿名で投書する Enviar um artigo sob anonimato. ~ *no tegami* 匿名の手紙 A carta anó(ô)nima. ~ *no tōhyō* 匿名の投票 O voto secreto. ◇ ~ **hihyō** 匿名批評 A crítica anó(ô)nima. **2** [変名; 筆名] O pseudó(ô)nimo. ★ ~ *o mochiiru* [*tsukau*] 匿名を用いる[使う] Usar pseudónimo. S/周 Heñméi; hitsúméi (+); kaméi; peñnému (+).

tokúméí² 特命【E.】(Abrev. de "tokúbétsú méirei [nínmei]") A missão [ordem] especial. ★ ~ *o obite* 特命を帯びて Em missão especial. ◇ ~ **zenken kōshi** [**taishi**] 特命全権公使[大使] O ministro [embaixador] extraordinário e plenipotenciário.

tókumu 特務 (Abrev. de "tokúbétsú nínmu") O serviço especial [secreto]. ★ ~ *o obite* 特務を帯びて Com uma missão secreta especial. ◇ ~ **kikan** 特務機関 Os serviços especiais [secretos].

tóku-ni 特に (⇨ tokúbétsú) Especialmente; de propósito; principalmente; sobretudo. *Benkyō wa subete kirai da ga* ~ *sūgaku ga nigate da no benkyō wa* 勉強はすべて嫌いだが特に数学が苦手だ Não gosto nada de estudar, sobretudo detesto matemática. *Densha ga kesa wa* ~ *konde ita* 電車は今朝特にこんでいた O comboio [trem] esta manhã estava particularmente cheio [lotado]. *Ima no tokoro* ~ *kawatta koto wa nai* 今の所特に変わったことはない Por enquanto não há nada de novo [especial]. "*Ima o-naka ga suite imasu ka*"「*Iie,* ~ 」「今おなかがすいていますか」「いいえ, 特に」Está com [Já tem] fome? — Nem por isso. ★ ~ *jūyō na ken* 特に重要な件 O assunto de particular importância. S/周 Kóto-ni; kotósárí; toríwaké.

tokúréí¹ 特例 O caso especial; a exce(p)ção. ★ ~ *o mitomeru* [*mōkeru*] 特例を認める[設ける] Admitir [Fazer] uma ~ . ~ *to shite* 特例として Por exce(p)ção. S/周 Iréi (+); reígái (o).

tokúréí² 督励【E.】O encorajamento; o estímulo; o incitamento「à virtude」; a exortação. S/周 Gekíréi (+). ⇨ hagémásu.

tokúrí 徳利 O ~ .

tokúsá 木賊【Bot.】A cavalinha; o equisseto; *equisetum hiemale var. japonicum*.

tokúsaku 得策 A política [maneira] mais sábia; o melhor plano [meio]. *Koto no nariyuki ni makaseru no ga ichiban no* ~ *da* 事の成り行きに任せるのが一番の得策だ O melhor é deixar que as coisas sigam o seu curso. A/図 Fu-tókusaku.

tokúsáku² 特作 A produção [O filme] especial.

tokúsáń 特産 A especialidade「da região」; a produção especial [mais abundante]. *Ringo wa Aomori-ken no ~ de aru* りんごは青森県の特産である A maçã é ~ da Província de Aomori.

tokúsán-butsu 特産物 O produto especial.

tokúsán-chi 特産地 A localidade de produção especial [onde se produz melhor「arroz」].

tokúséí¹ 特性 (Abrev. de "tokúbétsú séishitsu") A qualidade; o cará(c)ter especial [específico; peculiar]; a característica「do português é o ritmo suave」; a peculiaridade. *Minwa ni wa sorezore no chihō no ~ ga yoku arawareteiru* 民話にはそれぞれの地方の特性がよく表れている As lendas populares revelam a peculiaridade de cada região.
S/同 Tokúshítsú; tokúshóku (+).

tokúséí² 特製 (Abrev. de "tokúbétsú séizō") A fabricação especial. *Waga-sha ~ no kōkyūhin* 我が社特製の高級品 Um artigo fino fabricado por nós [da nossa firma]. ◇ **~ hin**.
S/同 Jōséí; seíséí; tokúséí. A/反 Namíséí.

tokúséí³ 徳性【E.】O cará(c)ter; a virtude; a qualidade moral. ★ ~ *o yashinau* 徳性を養う Cultivar o ~. ⇨ dōtoku.

tokúséí⁴ 徳政【E.】**1**[善政] A administração [O governo] benevolente. S/同 Jínséí; jíńséí. **2**[歴史上の]【H.】O anulamento de dívidas; a moratória.

tokúsén 特選 **1**[特別に選ぶこと] A sele(c)ção especial. ★ ~ *no* 特選の「vinho」Sele(c)cionado. ◇ **~ hin** 特選品 Artigos sele(c)cionados. **2**[展覧会などの] O ser sele(c)cionado [premiado].

tokúsétsú 特設 (Abrev. de "tokúbétsú sétchi") A instalação especial「de telefones/correio, para o congresso」.

tokúsha¹ 特赦 A a(m)nistia; o perdão especial. ★ ~ *o okonau [ataeru]* 特赦を行う [与える] Conceder uma ~. ~ *o ukeru* 特赦を受ける Receber a ~ [um ~]. S/同 Táisha. ⇨ ónsha.

tokúshá² 特車 ⇨ sénsha¹.

tókushi¹ 特使 O enviado especial. ★ ~ *o tateru [haken suru; okuru; tsukawasu]* 特使を立てる [派遣する; 送る; つかわす] Mandar [Despachar] um ~「ao B.」.

tókushi² 篤志 **1**[慈善] A「obra de」caridade [beneficência]. ◇ **~ ka**. S/同 Jizéń (+). **2**[催しごとや社会事業などに熱心に協力すること] A benevolência; a dedicação.

tókushi³ 特旨【E.】A consideração [O favor] especial. ⇨ obóshímèshí.

tokúshi-ká 篤志家 O filantropo; a pessoa caritativa. ⇨ tókushi².

tokúshíń¹ 得心 A convicção; a satisfação; o consentir [concordar]. ★ ~ *ga iku* 得心が行く [~ *ga [no] iku made shitsumon suru* 得心が [の] 行くまで質問する Fazer perguntas até se ficar convencido]. ~ *suru* 得心する Convencer-se. S/同 Nattóku (+). ⇨ tokúshíń-zúkú.

tokúshíń² 特進 (Abrev. de "tokubetsu shōshin") A promoção especial [rápida]. ★ ~ *suru* 特進する Ter uma ~. **Ni-kaikyū ~** 二階級特進 A promoção de dois postos (Saltando um).

tokúshíń³ 瀆神 A profanação; o sacrilégio.

tokúshíń-zúkú 得心尽く (< … ¹ + tsúku) O acordo mútuo.

tokúshítsú¹ 特質 A cara(c)terística; a propriedade「deste material é conservar o calor」; a qualidade especial; o cará(c)ter específico; a marca distintiva「do estilo gótico é a ogiva」.
S/同 Tokúchó (o); tokúséí; tokúshóku (+).

toku-shítsú² 得失【E.】As vantagens e desvantagens; os prós e os contras; os lucros e perdas. ★ ~ *o kangaeru* 得失を考える Pesar as/os [Pensar nos/nas] ~. S/同 Rígai (o); són-eki; són-toku (+).

tokúshō 特賞 O pré(ê)mio especial; o galardão.

tokúshóku¹ 特色 A cara(c)terística; a peculiaridade「da girafa é o pescoço [cachaço] comprido」; a particularidade「dele é a constância」. ★ ~ *o arawasu* 特色を現す Apresentar peculiaridades/~「interessantes」. *Kakuji no ~ o ikasu* 各自の特色を生かす Aproveitar [Desenvolver] as características de cada um. S/同 Tokúchó¹.

tokúshókú² 瀆職【E.】A corrupção; o suborno.
S/同 Oshóku (+).

tókushu 特殊 Especial. ◇ **~ ginkō** 特殊銀行 O banco ~. **~ hōjin** 特殊法人 A entidade jurídica com estatuto especial. **~ juyō [Tokuju]** 特殊需要 [特需] A procura ~. ⇨ **~ ka [kō/sei]**. **~ satsuei** 特殊撮影 Os efeitos especiais (em fotografia ou filme). S/同 Tokúbétsú (+); tókui²·. A/反 Fuhéń; ippáń. ⇨ dokútóku.

tókushū 特集 A edição [O tratamento/relevo/destaque] especial. ★ ~ *suru* 特集する Fazer uma [Dar um] ~. ◇ **~ ban**. **~ bangumi** 特集番組 O programa (em edição) especial. **~ gō** 特集号 O número especial「da revista dedicado à visita da Madre Teresa ao J.」. **~ kiji** 特集記事 O artigo em destaque. **Rinji ~ gō** 臨時特集号 A ~ extra.

tokúshū-báń 特集版 (< … + hán) A edição especial. ◇ **Nichiyō ~** 日曜特集版 ~ de domingo.

tokúshū-ká 特殊化 A diferenciação.

tokúshū-kō 特殊鋼 O aço especial.

tokúshū-séi 特殊性 A especificidade; a peculiaridade; a particularidade.

tokúsóku 督促 A reclamação; o pedido exigente [claro/insistente]. ⇨ sáisoku¹; tokúsókú-jō.

tokúsókú-jō 督促状 A carta de aviso [reclamação]「para pagar」.

tokú súrú 得する (⇨ toku¹) [G.] **1**[もうける] Ganhar; lucrar. *Kare wa sono torihiki de issen-man en toku shita* 彼はその取引きで1000万円得した Nesse negócio ele ganhou dez milhões de yens. S/同 Mōkáru; mōkéru. A/反 Són suru. **2**[ためになる] Fazer jeito. *Porutogaru-go o benkyō shite oita tame, Porutogaru-ryokō o shita toki taihen toku shita* ポルトガル語を勉強しておいたため、ポルトガル旅行をした時大変得した O ter estudado p., fez-me bom jeito na viagem a P. ⇨ yakú-dátsu.

tokútái 特待 (Abrev. de "tokúbétsú táigū") O tratamento especial (de honra). ◇ **~ ken** 特待券 O convite [bilhete grátis]. ⇨ **~ sei**.

tokútái-sei 特待生 O aluno isento de propinas por ter boas notas; o aluno do quadro de honra.

tokútéí 特定 A determinação especial. ★ ~ *no* 特定の Específico; determinado; marcado. ~ *suru* 特定する Especificar; determinar「quem foi o criminoso」. ◇ **~ butsu. ~ kabu [meigara]** 特定株 [銘柄] As a(c)ções específicas (da bolsa). **~ (yūbin**

kyoku 特定（郵便）局 Um posto de correio particular「do hotel」autorizado por ～.
Ⓐ/反 Futókutei. ⇨ shitéí¹.
tokútéi-butsu 特定物 A coisa específica; o objecto especificado.
tokúten¹ 得点 Os pontos (ganhos); os golos「do futebol」; as notas「do aluno」(⇨ seíséki). *Ima wa ikutsu desu ka* 今得点はいくつですか Quantos pontos [Como está o jogo]? ★ ～ *nashi* [*ga nai*] 得点なし［がない］*estar* Sem pontos [A zero]. ～ *suru* 得点する Ganhar [Marcar] pontos. *Go tai san no* ～ *de katsu* 5対3の得点で勝つ Vencer [Ganhar] por cinco a [contra] três. *Teki ni* ～ *o yurusu* 敵に得点を許す Dar pontos ao adversário. ～ *no* ～ A folha [O caderno/quadro] das ～s. ～ **kasegi** 得点かせぎ A obtenção de pontos. ～ **keijiban** 得点掲示板 O quadro [marcador/A tabela] dos/das ～s. ～ **sa** 得点差 A diferença de pontos.
Ⓐ/反 Shittén. ⇨ teń²; teńsú.
tokúten² 特典 O benefício; o privilégio「de viajar grátis」; a regalia; a vantagem. *Kaiin ni wa ni-waribiki no* ～ *ga aru* 会員には二割引の特典がある Os associados têm ～ de vinte por cento de desconto.
tokúten-sha 得点者 O marcador de pontos.
tóku-to 篤と Ponderadamente; seriamente; cuidadosamente. ★ ～ *kangaeru* 篤と考える Pensar seriamente「antes de decidir」.
Ⓢ/同 Jikkúri (o); tokkúri; yokúyókú (+).
tokútó¹ 特等 A categoria especial [superior]. ◇ ⇨ ～ **hin**. ～ **seki** 特等席 O assento [lugar/camarote] especial. ⇨ ～**shitsu**.
tokútó² 禿頭【E.】A calvície; a calva; a careca (G.). ◇ ⇨ ～**byó**. Ⓢ/同 Hagé-átama (+).
tokútó-byó 禿頭病【Med.】A alopecia [acomia] (Queda precoce ou temporária do cabelo).
tokútó-hín 特等品 O artigo de qualidade especial [superior].
tokútoku¹ とくとく【On.】Glu-glu-glu (Im. de líquido a sair de garrafa ou entrar na garganta). *Sake ga sakazuki ni* ～ *(to) tsugareru* 酒が杯にとくとく（と）つがれた O vinho corria para os copos, ～.
tokútókú² 得々 (Im. de orgulho/ufania/triunfo). ★ ～ *to shite kataru* 得々として語る Falar todo orgulhoso/desvanecido/ufano. ⇨ tokúí¹ **2**.
tokútó-shitsu [óo] 特等室 O quarto especial [de luxo].
tokúyákú 特約 O contrato especial. ◇ ⇨ ～ **ten**. ⇨ kéíyákú.
tokúyáku-ten 特約店 A agência especial [O agente único]「dum supermercado」.
tokúyó 徳用「para cozinhar」O「gás」ser「mais」econó[ô]mico「do que a ele(c)tricidade」. *Ōkii bin no o o-kai ni natta hō ga o-* ～ *desu* 大きいびんのをお買いになった方がお徳用です É mais económico comprar a garrafa grande. ★ ～ *ni naru* 徳用になる Sair mais económico [em conta]. ◇ ～ **bako** [**bukuro**/**hin**/**pakku**] 徳用箱［袋／品／パック］A caixa [O saco/O artigo/O pacote] de tamanho económico [grande]. Ⓢ/同 Waří-yású.
tokúyú 特有 O ser peculiar/próprio/característico. ★ *Hashika* ～ *no shōjō* はしか特有の症状 Os sintomas característicos [só] do sarampo.
tokúyū-séí 特有性 A peculiaridade.
tôkyákú [óo] 等脚 Lados [Membros「dos isópodes」] iguais.
tókyoku [óo] 当局 As autoridades competentes. ～ *de wa mokka saizen no tsukushite orimasu* 当局では目下最善を尽くしております As Autoridades [locais] estão a fazer tudo o que podem. ◇ ⇨ ～ **sha**. **Kumiai** ～ 組合当局 As autoridades sindicais. **Seifu** ～ 政府当局 As autoridades governamentais.
tôkyóku-sha 当局者 A pessoa [O funcionário] competente; as autoridades competentes. ◇ **Keisatsu** ～ 警察当局者 As autoridades policiais.
tôkyóri [óo] 等距離 A equidistância [distância igual]. ★ ～ *ni aru* 等距離にある Estar「a casa dele e a minha」à mesma distância「da estação」.
to-kyōsō [óo] 徒競走 A corrida a pé (Desafio). Ⓢ/同 Kakékko (+).
tôkyú¹ [óo] 等級 A classe; o grau; a categoria「do hotel」. ★ ～ *o tsukeru* 等級を付ける Classificar; separar por categorias. Ⓢ/同 Kaíkyú; kuráí.
tôkyú² [óo] 投球 O lançamento [arremesso/Atirar] a bola. ★ ～ *suru* 投球する Lançar [Arremessar/Atirar] a bola. ◇ **Zenryoku** ～ 全力投球 ～ com toda a força［*Zenryoku* ～ *suru* 全力投球する Lançar a bola com toda a força］. ⇨ sókyú².
tôkyú³ [óo] 討究【E.】A investigação; a pesquisa; o estudo. Ⓢ/同 Tańkyú (+). ⇨ keńkyú; tógi¹.
tóma 苫 O junco-das-esteiras. ◇ ～ **yane** 苫屋根 O telhado de ～; o gozá; komó.
tomádóí 戸惑い (< tomádóu) O desnorteamento; a desorientação; a perplexidade; a confusão「entre os governantes」; o ficar perdido「no aeroporto」. ★ ～ *no iro o kakusenai* 戸惑いの色を隠せない Não poder esconder [disfarçar] a ～. ～ *o miseru* 戸惑いを見せる Mostrar-se perplexo [desorientado].
Ⓢ/同 Końwákú; tôwáku.
tomádóu 戸惑う Ficar perplexo [desnorteado; desorientado; confuso; perturbado]. *Shigoto o kawatta no de nani ka to* ～ *koto ga ōi* 仕事を変わったので何かと戸惑うことが多い Como mudei de serviço, há muitas coisas que me deixam desorientado. ★ *Tomadotta yōsu de* 戸惑ったようすで Com ar de (quem está) confuso.
Ⓢ/同 Magó-tsúkú; końwáku súrú; tôwáku súrú.
tô-máki [óo] 遠巻き (< tóí + makú) O cercar de longe「o inimigo」. ★ ～ *ni suru* 遠巻きにする ...
tomári¹ 止まり (< tomárú¹) O parar [terminar]. *Kono densha wa Nagoya-domari desu* この電車は名古屋止まりです Este comboio [trem] termina em [só vai até] Nagoya.
tomári² 泊まり (< tomárú³) **1**［宿泊］O pernoitar. *Konban wa Nagoya-domari da* 今晩は名古屋泊りだ Esta noite vou pernoitar [ficar] em Nagoya. ◇ ～ *no kyaku* 泊まりの客 O hóspede (⇨ tomárí-kyaku). Ⓢ/同 Shukúháku. ⇨ tomárí-gáké. **2**［泊まる所］A hospedaria. *O-* ～ *wa dochira desu ka* お泊まりはどちらですか Onde está hospedado/Em que「hotel」fica? Ⓢ/同 Ryokáń (o); shukúhákuji (+); yadó-yá (+). **3**［宿直］O plantão no(c)turno. *Kon'ya no* ～ *wa watashi desu* 今夜の泊まりは私です Esta noite sou eu que estou de plantão. Ⓢ/同 Shukúchókú (+). **4**［船着き場］O ancoradouro. Ⓢ/同 Funátsúkíbá (+).
tomári-áwáséru 泊まり合わせる (< tomárí³ + ...) Ficar (hospedado) no mesmo「hotel」. *Chūgaku-jidai no yūjin to yamagoya de gūzen tomariawaseta*

中学時代の友人と山小屋で偶然泊まり合わせた Casualmente pernoitei [fiquei] na mesma cabana de montanha com um amigo do meu tempo de liceu [ginásio].

tomárí-chin 泊まり賃 (⇨ tomárí² **1**) A despesa de hospedagem.
[S/同] Shukúhákú ryō (+) ; yadóchin (+) .

tomárí-gáké 泊まり掛け A viagem com estadia. ★ ~ *no shutchō* 泊まりがけの出張 O ir em serviço por alguns dias. [S/同] Tomárí² **1** (+) . [A/反] Higáérí.

tomárí-gi 止まり木 (< tomárú¹ + kí) **1** [鳥の] O poleiro. **2** [バーなどの腰かけ] O banquinho [mocho] 「do balcão do bar」. ★ ~ *ni koshikakeru* 止まり木に腰かける Sentar-se no ~.

tomárí-kómí 泊まり込み (< tomárí-kómú) O pernoitar. ★ *Nan-nichi mo ~ de shigoto o suru* 何日も泊まり込みで仕事をする Pernoitar vários dias na firma a trabalhar.

tomárí-kómú 泊まり込む (< tomárú³ + …) Pernoitar; passar a noite. ★ *Kaisha ni tomarikonde shigoto o suru* 会社に泊まり込んで仕事をする Ficar a trabalhar de noite na firma.

tomárí-kyaku 泊まり客 (< tomárú³**1** + …) O hóspede 「particular」. [S/同] Shukúhákú-níń[-sha].

tomárú¹ 止[停]まる **1** [動いていたものが動かなくなる] Parar; deter-se; fazer paragem; estacionar. *Tomare* 止まれ Pare! *Dōro o wataru toki wa ittan tomatte sayū o kakunin shimashō* 道路を渡るときはいったん止まって左右を確認しましょう Ao atravessar a rua, deve-se parar e olhar para os dois lados. ★ *Tomatte iru kuruma* 止まっている車 O carro parado [estacionado]. *Enjin ga ~* エンジンが止まる Parar o motor. *Kuruma o tomaraseru* 車を止まらせる Fazer [Mandar] parar o carro. *Kyūkō ga ~ eki* 急行が停まる駅 A estação onde pára o expresso. *Pattari* [*Pittari*] (*to*)~ ぱったり[ぴったり](と) 止まる Parar por completo. ⇨ teíshí. **2** [続いていたものがやむ] Cessar; interromper; parar; paralizar. *Jishin de shutoken no densha wa subete tomatta* 地震で首都圏の電車はすべて止まった Com o [Por causa do] terremoto todos os comboios [trens] da área metropolitana pararam [ficaram parados]. *Kon'ya jū-ji kara kōji no tame suidō ga ~* 今夜十時から工事のため水道が停まる Devido às obras, o fornecimento de água será interrompido a partir das dez horas desta noite [a água será cortada às 22h]. *Kyōfu no amari iki no ne mo ~ ka to omotta* 恐怖のあまり息の根も止まるかと思った De tanto medo, até parecia que me faltava a respiração. ★ *Itami ga ~* 痛みが止まる A dor parar; deixar de doer. *Namida* [*Warai*] *ga tomaranai* 涙[笑い]が止まらない Não parar de chorar [rir]. ⇨ yamú¹.

tomárú² 留まる **1** [飛んでいるものがおりてとまる] Pousar. *Chō ga ip-piki bara no hana ni tomatte iru* 蝶が一匹ばらの花に留まっている Olhe uma borboleta pousada naquela rosa! ★ *Atama ni hae ga ~* 頭に蠅が留まる A mosca ~ na cabeça. *Kotori ga tomarigi ni ~* 小鳥が止まり木に留まる O passarinho ~ no pau [no seu poleiro]. **2** [固定される] Fixar; pregar. *Kabe ni karendā ga gabyō de tomatte iru* 壁にカレンダーが画鋲で留まっている O calendário está pregado na parede com tachinhas [percevejos]. ⇨ kotéí¹. **3** [印象づけられて残る] Impressionar; ficar gravado; prender a atenção. *Kanojo no sainō ga kantoku no me ni tomari totsuzen shuyaku ni batteki sareta* 彼女の才能が監督の目に留まり突然主役に抜擢された O talento dela impressionou o [atraiu/chamou a atenção do] dire(c)tor e foi logo [de repente] escolhida para o papel principal.

tomárú³ 泊まる **1** [自分の家以外の所で夜を過ごす] Pousar; pernoitar; passar a noite fora. *Jōkyō shitara zehi wagaya e o-tomari kudasai* 上京したらぜひ我が家へお泊まり下さい Quando vier à capital, quero [faço questão] que fique em minha casa. ★ *Hitoban ~* 一晩泊まる Pousar [Ficar] uma noite. *Hoteru* [*Ryokan*] *ni ~* ホテル[旅館]に泊まる ~ no hotel [na hospedaria/pensão]. *Nisen-nin ga tomareru hoteru* 2000人が泊まれるホテル O hotel com capacidade para [onde podem ficar] dois mil hóspedes. [S/同] Shukúhákú súrú. **2** [船が停泊する] Ancorar; atracar. *Sakura-maru wa ima, Yokohama-kō ni tomatte iru* さくら丸は今, 横浜港に泊まっている O Sakura-Maru está agora ancorado no porto de Yokohama. [S/同] Teíhákú súrú (+) .

tomásu 富ます (< tómu) Enriquecer 「o país」.

tómato トマト (< P.) O tomate. ◇ **~ jūsu** トマトジュース O sumo [suco] de ~. **~ kechappu** トマトケチャップ O molho de ~.

tṓ-máwari [oó] 遠回り (< tṓí + …) **1** [迂回] A volta. ★ ~ *na michi* 遠回りな道 O caminho muito mais longo [que dá muita volta]. ~ *suru* 遠回りする Dar muita volta; fazer um grande [longo] desvio. [S/同] Mawárí-michi; ukáí. [A/反] Chiká-michi. **2** [手間がかかること] A demora [morosidade]. *Kimi no yarikata wa aikawarazu ~ da ne* 君のやり方は相変わらず遠回りだね O teu método é sempre mais demorado/moroso/lento.

tṓ-máwashi [oó] 遠回し (< tṓí + mawású) O rodeio. ★ ~ *na* 遠回しな Indire(c)to; sinuoso; perifrástico 〔~ *na iikata* 遠回しな言い方 O falar por rodeios/A expressão indire(c)ta〕. ~ *ni kiku* [*tazuneru*] 遠回しに聞く[尋ねる] Perguntar indire(c)tamente; usar de rodeios. [S/同] Eńkyókú; kańsétsú.

tomá-ya 苫屋 A choupana de telhado de junco.

tṓ-mé [oó] 遠目 (< tṓí + me) **1** [遠くから見た感じ] A vista de longe. ★ ~ *ni wa* 遠目には Visto de longe 〔~ *ni wa sore ga otoko ka onna ka kubetsu ga tsukanakatta* 遠目にはそれが男か女か区別がつかなかった De longe, não se distinguia se era homem ou mulher〕. [P/ことわざ] *Yome ~ kasa no uchi* 夜目遠目笠の内 ⇨ yó-me². **2** [遠くまで見えること] O ver ao longe. ★ ~ *ga kiku* 遠目が利く Ver bem ao longe. **3** [遠視] A presbitia; a vista cansada. [S/同] Eńshí (+) . [A/反] Chiká-me.

tomé-bári 留め針 (< tomérú² + hári) O alfinete de segurança; o gancho de cabelo. ⇨ máchi-bari; pín¹.

tomé-byṓ 留め鋲 (< tomérú² + …) O percevejo; a tachinha; a tacha.

tomé-dáté 止め立て (< tomérú¹ + tatéru) A tentativa de dissuasão. ★ ~ *suru* 止め立てする Tentar dissuadir. [S/同] Seíshí (+) .

tomédó 止め処 O fim; o parar; o acabar. ~ *mo nai koto ga atama ni ukabu* 止め処もない事が頭に浮かぶ Quantas coisas me ocorrem [vêm à lembrança] (neste momento)! ★ ~ *naku shaberi-tsuzukeru* 止め処なくしゃべり続ける Tagarelar [Falar] sem parar. [S/同] kagírí (o); saígén (+) .

tomé-gáné 留め金 (< tomérú² + kané) O fecho 「do colar de pérolas」; a fivela 「do cinto」. ★ ~ *o*

hazusu [kakeru] 留め金を外す[かける] Desapertar [Apertar] o/a ~.
tō-mégane [oó] 遠眼鏡 (< tóí + …) O telescópio. S/同 Bóénkyō (+).
toméi [oó] 透明 **1** [向うが透けて見えること] A transparência. ★ *Mushoku ~ na* 無色透明な「a água é」Incolor e transparente. ◇ **~ do** 透明度 O grau de ~. **~ ningen** 透明人間 O homem invisível. **~ tai** 透明体 O corpo transparente. ⇨ Futómei. ⇨ hań-tómei. **2** [にごり・くもりなどがなく澄んでること] A limpidez; a pureza; a clareza. ★ **~ na kokoro** 透明な心 O coração puro. ★ *~ ni sunda fuyuzora* 透明澄んだ冬空 O céu límpido de inverno. ◇ **~ kan** 透明感 A sensação de ~.
tomé-kúgi 止め釘 (< tómerú + …) O prego.
tōmén [oó] 当面 **1** [直面] O enfrentar [ter perante si]「graves problemas」. ◇ **~ suru** 当面する [さしあたり] Para já [Antes de mais]「temos de chamar a ambulância」. ★ *Wareware no ~ no mondai* 我々の当面の問題 O nosso problema mais urgente「é contrair um empréstimo」. S/同 Chokúmén (+).
tomé-óki 留め置き (< toméókú) **1** [足どめ] **a)** A detenção pela polícia; **b)** O ficar no mesmo ano [curso] (como repetente). S/同 Ashí-dómé (+); i-nókóri (+). ⇨ ryūchí; yokúryū. **2** [郵便・電報の局留め] O ficar retido「à espera que o interessado venha buscar」. ★ *Denpō o ~ ni suru* 電報を留め置きにする Reter [Guardar/Deixar ficar] o telegrama. ◇ **~ yūbin** 留め置き郵便 A caixa postal [posta-restante/C.P.].
tomé-óku 留め置く (< tomérú² + …) **1** [人を帰さないでその場所にとどめて] Prender; deter. *Kare wa keisatsu ni tomeokarete torishirabe o uketa* 彼は警察に留め置かれて取り調べを受けた Ele foi detido e interrogado pela polícia. S/同 Ashí-dómé súrú. (+); i-nókóri; ryūchí; yokúryū. **2** [郵便物などを] Reter「o correio」.
tomérú¹ 止 [停] める **1** [動いているものを止まらせる] Parar. *Kare wa kyū-burēki o kakete kuruma o tometa* 彼は急ブレーキをかけて車を停めた Ele parou o carro com uma travagem brusca「rápida」. *Shōwindō no mae de futo ashí o tometa* ショーウインドーの前でふと足を停めた Parei casualmente em frente da vitrina. ★ *Enjin o ~* エンジンを止める O motor. *Te o agete takushī o ~* 手を上げてタクシーを止める (Mandar) parar o táxi com a mão/Fazer sinal ao táxi. **2** [続いているものを終わらせる] Interromper; cessar; cortar; estancar; parar. *Ikura tomeyō to shite mo namida ga tomaranakatta* いくら止めようとしても涙が止まらなかった Por mais que tentasse, as lágrimas não paravam de correr. *Ryōkin fubarai de denki [gasu; suidō] o tomerarete shimatta* 料金不払いで電気 [ガス; 水道] を止められてしまった Cortaram-me a luz [o gás; a água] por não pagar. *Chi o ~* 血を止める Estancar o sangue. *Gasu no motosen o ~* ガスの元栓を止める Fechar a válvula principal [de entrada] do gás. *Infure o ~* インフレを止める Parar a inflação. *Kuruma no tsūkō o ~* 車の通行を止める Fechar「a rua」ao trânsito de veículos. S/同 Osáéru.
tomérú² 留める **1** [固定する] Fixar; pregar; prender. ★ *E o kabe ni byō de ~* 絵を壁に鋲で留める O desenho na parede com percevejos [tachinhas]. *Kami o pin de ~* 髪をピンで留める Prender os cabelos com ganchos. *Kugi de ita o ~* 釘で板を留める Pregar a tábua. S/同 Kotéi súrú. **2** [禁止する] Proibir. *Isha ni sake o tomerarete iru* 医者に酒を留められている Estou proibido de beber pelo médico [O médico proibiu-me de beber]. S/同 Kińshí súrú. **3** [やめさせる] Dissuadir; parar; impedir; obje(c)tar. ★ *~ mo no mo kikazu ni* 留めるのも聞かずに Sem ouvir as [fazer caso das] minhas obje(c)ções. *Kenka o ~* けんかを留める Separar a briga. **4** [とめる] Reter. ★ *Gakkō ni tomerareru* 学校に留められる Ser retido na escola「a corrigir exames」. S/同 Hikítómérú (+). **5** [気に止める] Guardar「no coração」; gravar; ter「em mente」. ★ *Ki ni tomenai* 気に留めない Não fazer caso. *Kioku ni ~* 記憶に留める Guardar [Gravar] na memória. S/同 Todómérú. **6** [目・耳などを] Deter「o olhar」; prestar [dar]. *Michibata no karen na hana ni omowazu me o tometa* 道端の可憐な花に思わず目を留めた De repente vi umas [detive o olhar numas] flores lindas à beira do caminho. ★ *Hito no hanashi ni mimi o ~* Prestar ouvidos [atenção] ao que alguém está a dizer. **7** [限る] Limitar. *Gaishutsu o kinjo ni ~* 外出を近所に留める Andar [Sair] só por perto de casa. S/同 Kagíru (o); todómérú (+).

tomérú³ 泊める **1** [宿泊させる] Deixar ficar em sua casa; dar alojamento [hospedagem]. *Kon'ya o-taku ni tomete itadakemasu ka* 今夜お宅に泊っていただけますか Poderia ficar (por) esta noite em sua casa? ★ *Hito-ban, nisen-en de ~ ryokan* 一晩、二千円で泊める旅館 A pensão que dá hospedagem por dois mil yens. ⇨ tomérú¹ **2**. **2** [船を港に停泊させる] Ancorar. *Fune o ~* 船を泊める ~ um navio. ⇨ tomérú³ **2**.
tomé-sódé 留め袖 (< tomérú² + …) O "tomesode" (Quimono preto de manga curta e enfeites na base usado pela mulher casada em ocasiões de cerimónia).
tómi 富 **1** [財産] A riqueza; a fortuna. ★ *~ no bunpai* 富の分配 A distribuição「equitativa」da riqueza [dos bens]. *Kyoman no ~ o kizuku [nasu]* 巨万の富を築く [成す] Fazer uma grande fortuna [Ficar milionário]. S/同 Záika; záisan. **2** [自然の資源] As riquezas naturais. ★ *Chika no ~ umorete iru* 地下に埋もれている富 A riqueza do subsolo. S/同 Shígen (+). **3** [富くじ] A lota[e]ria. S/同 Tomí-kújí (+).
tō-mí [oó] 遠見 (< tóí + míru) **1** [遠くを見ること] O ver ao longe. ◇ **~ yagura** 遠見やぐら A torre de observação. **2** [遠景] [景色] O menor「Visto de longe [à distância]「parece mais baixo do que é」.
tō-míchi [oó] 遠道 (+) (< tóí + …) **1** [長い道のり] O longo caminho; a longa caminhada [jornada]. ★ *~ suru* 遠道する Fazer uma ~. **2** [遠回り] O rodeio; a volta; o desvio. S/同 Tōmáwari (+). A/反 Chiká-michi.
tomi-kújí 富籤 A [O bilhete de] lota[e]ria; a rifa; o sorteio. ★ *~ ga [ni] ataru* 富籤が [に] 当たる Ganhar um ~. S/同 Tómi **3**. ⇨ takará-kuji.
tómin 都民 O cidadão [O residente na] capital. ★ *~ no ikoi no ba* 都民の憩いの場 Um oásis [lugar de descanso] para os ~/citadinos. ◇ **~ zei** 都民税 O imposto de residente「de Tokyo」. ⇨ chōmíń; keńmíń; kokúmíń; kúmin; shímíń¹.

tṓmíń¹ [**oó**] 冬眠 A hibernação. ★ ～ *suru* 冬眠する Hibernar. ◇ **～ dōbutsu** 冬眠動物 O animal de ～. [S/同] Kyū́míń. [A/反] Kamíń.

tṓmíń² [**oó**] 島民 O ilhéu; o habitante de uma ilha. ⇨ shimá¹.

tómi-ni 頓に【E.】Rapidamente; repentinamente; de repente「começou a melhorar」. [S/同] Kyū ní (o); níwaka ni (+).

tṓ-mítsú [**oó**] 糖蜜 **1** [砂糖を製造したあとに残る黒褐色の液] O melaço. **2** [シロップ] O xarope; a calda de açúcar. [S/同] Mítsu (o); shíroppu (+).

tómo¹ 友 **1** [友人] O amigo. ★ ～ *o eru* 友を得る Arranjar [Fazer] um ～. ⇨ chikúba no tomo. *Shin no* ～ 真の友 ～ verdadeiro. *Shōgai no* ～ 生涯の友 Um ～ de toda a vida. [P/ことわざ] ～ *ari enpō yori kitaru, mata tanoshikarazu ya* 友あり遠方より来たる, また楽しからずや Que grande é o prazer de ver um amigo que vem de longe. [S/同] Hṓyū; tomódáchí (o); yū́jíń (+). ⇨ akúyū; shiń'yū́. **2** [同好の仲間] O companheiro; o colega. ★ ～ *no kai* 友の会 A reunião de colegas. ⇨ nakámá. **3** [なぐさめとしたり・いつもそばにある物] O amigo; o companheiro; a companhia. ★ *Kachōfūgetsu o* ～ *to suru* 花鳥風月を友とする Viver em íntima comunhão com os encantos da natureza (Lit. flores, aves, vento e lua).

tómo² 供 **1** [主人などにつき従うこと] O acompanhamento; a companhia. ★ ～ *o suru* 供をする Acompanhar. **2** [主人につき従う人] O acompanhante; o séquito. ★ ～ *o tsureru* 供を連れる Levar o seu [Ir com um] ～. ◇ ⇨ **～ mawari**. [S/同] Jū́sha. ⇨ o-tómo.

tomó³ 共 **1** [いっしょ; 同じ; 同時]「almoçar」Junto「com ele」;「trabalhar」juntos. ★ ⇨ tomó-ni. **2** [同じ質であること] Da mesma qualidade.

tomó⁴ 艫 A popa. ★ ～ *no hō ni* 艫の方に Na ～. [S/同] Funájírí; sénbi (+). [A/反] Hesáki.

-tomó⁵ 共 **1** [一緒の意] Ambos [Os dois]; todos「cinco」. ⇨ isshó. **2** [含めての意] Incluindo. *Shukuhakuryō wa zei sābisu-ryō* ～ *de ippaku ichiman-en desu* 宿泊料は税・サービス料共で一泊一万円です A diária (de hospedagem) é de dez mil yens ～ impostos e serviço. ★ *Sōryō* ～ *sen-en* 送料共千円 Mil yens ～ [com] as despesas de envio. [S/同] Komí. ⇨ fukúmu¹.

-tómo⁶ とも (⇨ -temo) **1** [仮定条件を表す] Mesmo que; ainda que; seja como for. ★ *Itsu nandoki darō* ～ いつ何時だろうとも Seja quando [a que horas] for「venha!」. *Nani ga okorō* ～ 何が起ころうとも Aconteça o que acontecer「vou」. **2** [見積もり・限度を表す] O mais [menos] possível. ★ *Hayaku* [*Osoku*] ～ 早く[遅く]とも O mais cedo [mais tardar]「às sete」. *Ōku* [*Sukunaku*] ～ 多く[少なく]とも No máximo [mínimo]「virão dez」. **3** [無論の意] Certamente; com certeza. "*Keiyaku wa umaku ikisō ka ne*" "*Hai ikimasu* ～"「契約はうまく行きそうかね」「はい行きますとも」O contrato parece que se vai fazer (não?). – Sim, ～. *Sō da* ～ そうだとも ～ [Claro que sim/Você tem toda a razão]. **4** [強意] Tal como (Enfático). *Kokkai-giin* ～ *arō mono ga datsuzei o suru nado mattaku keshikaran* 国会議員ともあろう者が脱税をするなど全くけしからん É realmente inadmissível que uma pessoa com assento no Parlamento fuja aos impostos. ★ *Oya o oya* ～ *omowanai* 親を親とも思わない Não fazer caso dos [ter consideração pelos] pais. **5** [とさえ] Nem; nem sequer. ★ *Un* ～ *sun* ～ *iwanai* うんともすんとも言わない Não dizer uma palavra; não dizer nem sim nem não [sopas]. **6** [不確定を表す] Quem sabe?; talvez. ★ *Dare* [*Doko*; *Itsu*] ～ *ienai* 誰[どこ; いつ]とも言えない Não poder [saber] dizer quem [onde; quando]. *Iku* ～ *ikanai* ～ *iwanai* 行くとも行かないとも言わない Não dizer se vai ou não (vai). **7** [あるいは] Também. *Kabocha wa to-nasu* ～ *iu* かぼちゃは唐茄子とも言う A "kabocha" ～ se chama "tō-nasu". ⇨ arúiwa; matá³.

tómo-are ともあれ (< -tómo⁶ + de aru) Em todo o caso; seja como for; de qualquer forma [maneira]; bem. ～ *ichido ie ni kaette kigaete kimasu* ともあれ一度家に帰って着変えて来ます Bem, primeiro vou a casa mudar de roupa (e já venho). ★ (*Nani wa*) ～ (何は) ともあれ ～「você devia ter avisado antes」. [S/同] Tómokaku (mo) (+); tónikaku (o).

tomó-bátaraki 共働き ⇨ tomó-káségí (+).

tomóbíkí 友引き (< ···¹ + hikú) O dia de mau agoiro para os amigos「se nele fazemos o funeral」.

tomódáchí 友達 (< ···¹ + -tachi⁴) O amigo; o companheiro; o colega. *Kanojo to wa tan-naru* ～ *de tokubetsu na tsukiai wa arimasen* 彼女とは単なる友達で特別な付き合いはありません Sou um simples amigo dela sem outro relacionamento especial. ★ ～ *de aru* 友達である Ser amigo. ～ *de naku naru* 友達でなくなる Deixar de ser amigo. ～ *ni naru* 友達になる Fazer [Tornar]-se amigo. ～ *o mitsukeru* [*tsukuru*] 友達を見つける[作る] Encontrar [Fazer] um amigo. *Furui* ～ 古い友達 Um velho amigo. *Gakkō* [*Shokuba*] *no* ～ 学校[職場]の友達 Um ～ da escola [do trabalho]. *Shitashii* ～ 親しい友達 O amigo íntimo. *Warui* ～ *ga dekiru* 悪い友達ができる Arranjar [Meter-se com] más companhias/maus companheiros. *Yoi* [*Warui*] ～ よい[悪い]友達 O bom [mau] ～; a boa [má] companhia. ◇ **～ dōshi** 友達同士「aqui somos todos」Amigos. ⇨ **～ gai** [**zukiai**]. **Asobi ～** 遊び友達 ～ de farra. **Cha-nomi ～** 茶飲み友達 Os amigos (Homem e mulher de idade) que gostam de conversar juntos. [S/同] Tómo¹; yū́jíń. ⇨ nakámá.

tomódáchí-gáí 友達甲斐 (< ··· + kaí) A verdadeira [sincera] amizade. *Komatte iru toki ni tasukete kurenai nante nan te,* ～ *ga nai n' da* 困っている時に助けてくれないなんて, 何て友達甲斐がないんだ Que amizade é essa que não ajuda um amigo em apuros [quando ele precisa]?

tomódáchí-zúkiai 友達付き合い (< ··· + tsukíái) As relações amistosas; o trato de amigos. ★ ～ *o suru* 友達付き合いをする Ter relações amistosas [de amizade]; ser amigos.

tomó-dáóré 共倒れ (< tomó³ + taóréru) A ruína de todos [dos dois]. ★ ～ *ni naru* 共倒れになる Cair [Arruinar-se]「a nossa empresa e as outras ao mesmo tempo」.

tomódomo 共共 (< tomó³) Juntos; juntamente; e. *Oyako* ～ (*ni*) *kongo mo yoroshiku o-negai itashimasu* 親子共々(に)今後もよろしくお願いいたします Eu e o meu filho contaremos sempre com a sua orientação (e ajuda). [S/同] Tomó-ní (+).

tomóé 巴 **a**) O brasão de uma a três (⇨ mitsúdómoe) vírgulas formando um círculo; **b**) O turbilhão; o remoinho; a confusão. ★ *Futatsu* [*Mitsu*] *domoe no arasoi* 二つ[三]巴の争い A luta entre dois [três] contendores.

tomó-gíré 共切れ (< tomó³ + kiré) O mesmo tecido.

tomó-gúí 共食い (< tomó³ + kúu) **1** [動物の] O comerem [devorarem]-se mutuamente [uns aos outros] (Animais). **2** [人間同士の] A competição selvagem [de morte].

tómokaku (mo) ともかく (も) Em todo o caso; de qualquer modo「não gosto dele」; bem「vamos almoçar」; de qualquer forma; como quer que seja. S/周 Tómo are; tónikaku (+).

tomó-káségí 共稼ぎ (< tomó³ + kaségu) O trabalharem [terem emprego] o marido e a mulher「até nascer o primeiro filho」.

tômóku [oó] 頭目 O chefe; o líder; o cabecilha; o cérebro. S/周 Kashíra (+); óyábun (o); shuryô (+).

tomó-máwari 供回り (< tómo² + …) A escolta; a comitiva; o séquito.

-tomónáku ともなく Sem intenção especial. ★ *Doko* [*Itsu*; *Naze*] ~ どこ[いつ; なぜ]ともなく Sem pensar onde [quando; porquê]. *Kiku ~ kiite iru koto* 聞くともなく聞いている Estar ouvindo sem prestar atenção.

tomónáu 伴う **1** [ある物と共に発生する] Acompanhar; ir junto; estar de acordo com「as possibilidades dele」. *Kenri ni wa kanarazu gimu ga ~* 権利には必ず義務が伴う Os direitos também são [incluem] deveres. **2** [つき従える] Ser acompanhado [seguido] de; levar consigo; acarretar. *Kare wa musuko o tomonatte watashi no ie ni yatte kita* 彼は息子を伴って我が家にやって来た Ele veio a minha casa com o [acompanhado do] filho. **3** [つきものである] Acarretar. ★ *Konnan o ~ jigyô* 困難を伴う事業 O empreendimento difícil [que envolve/acarreta dificuldades].

tomó-ní 共に (< tomó³) **1** [両方とも] Ambos; tanto um como (o) outro; e. ★ *Danjo ~* 男女共に Homens e mulheres. **2** [一緒に] Juntos. ★ *~ hataraku* [*kurasu*] 共に働く[暮らす] Trabalhar [Viver] ~. S/周 Isshó ní (+). **3** [同時に; につれて] Em consonância com; à medida que; de acordo com. ★ *Toshi o toru to ~ ni* 年をとると共に À medida que se envelhece [se vai para velho]. *Yo no naka no utsuri-kawari to ~* 世の中の移り変わりと共に (De acordo) com a mudança dos tempos. ⇨ dójí; tsurété.

tomó-ní-súrú 共にする (< tomó³) Fazer juntos; compartilhar [partilhar]「com alguém」. ★ *Isshô ~* 一生を共にする Compartilhar a vida [Viver toda a vida juntos]. *Itsumo kôdô o ~ nakama* いつも行動を共にする仲間 Os amigos que andam sempre [fazem tudo] juntos. *Seikatsu* [*Kikyo*; *Shinshoku*] *o ~* 生活[起居; 寝食]を共にする Viver juntos [sob o mesmo te(c)to].

tómórokoshi [oó] 玉蜀黍 O milho. S/周 Tôkíbí.

tomóru 点る (⇨ tomósu) Estar iluminado; ter luz. ★ *Akari no tomotte iru heya* 明かりの点っている部屋 O quarto com [que tem] a luz acesa. ⇨ tsúkú¹.

tomóshíbi 灯・灯火 (< tomósu + hí) A luz「da lâmpada」; a chama「que aquece」; a lâmpada; a candeia; o facho; a tocha. *Kokoro no ~* 心の灯 A luz da「nossa」vida; a chama do coração.

tomó-shíraga 共白髪 (< tomó³ + …) As cãs em comum; o marido e a mulher viverem juntos até à velhice. ★ *~ made soi-togeru* 共白髪まで添い遂げる Viver juntos até às cãs [à velhice].

tomósu 点す (⇨ tomóru) Acender a luz; iluminar. ⇨ tsukéru¹.

tómo-sureba [-suru to] ともすれば[すると] (⇨ -tómo⁶) Às vezes「ele perde as estribeiras/a cabeça」; eventualmente「pode preguiçar um pouco mas é bom trabalhador」ocasionalmente. *Seito wa ~ benkyô o shitagaranai* 生徒はともすれば勉強をしたがらない ~ *os nossos alunos são pouco estudiosos*. ⇨ Dô ka suru to; tokí ni.

tomózúná 艫綱・纜 (<…¹ + tsuná) A amarra da popa; o cabo da âncora. ★ *~ o toku* 艫綱を解く Desamarrar; levantar ferro [âncora].

tomó-zúrí 友釣り (<…¹ + tsurí) A pesca com isca. ★ *Ayu no ~ o suru* あゆの友釣りをする Pescar "ayu" com isca [à linha].

tómu 富む [金持ちである] Ser rico; enriquecer. ★ *Tonda* 富んだ Rico; opulento; abastado. ⇨ kané-móchi. **2** [豊富である] Ter abundância de [Ser rico em]. ★ *Tonda* 富んだ Rico [*Kichi ni tonda kaiwa* 機知に富んだ会話 A conversa brilhante [cheia de espírito/graça/finura]. *Hatsumei no sai ni ~ hito* 発明の才に富む人 A pessoa muito [com muita/cheia de] inventiva.

tômu [oó] 党務 Os negócios [assuntos] do partido.

tomúrái 弔い (< tumurái) **1** [葬式] O funeral; o enterro. S/周 Sôgí (+); sôshíkí (o). **2** [くやみ] As condolências. S/周 Kuyámí. ⇨ chójí². **3** [供養] A cerimó[ô]nia budista para sufragar o morto. ★ *Shichi kaiki no ~* 七回忌の弔い ~ no sexto aniversário [sétimo ano] da morte. S/周 Kúyô; tsuízén.

tomúrái-gássen 弔い合戦 (<… + kassén) **a**) A guerra de morte; a batalha para vingar a morte de uma pessoa; **b**) A batalha「eleitoral」de desforra.

tomúráu 弔う **1** [くやみを言う] Expressar as condolências; dar os pêsames. **2** [供養する] Sufragar o morto. *Senzo no rei o ~* 先祖の霊を弔う Sufragar as almas dos antepassados. S/周 Kúyô suru (+).

tômyô [toó] 灯 [燈] 明 A vela [luz] votiva. ★ *Kamidana ni ~ o ageru* 神棚に灯明を上げる Acender ~ no altar doméstico.

tón トン・噸 **a**) A tonelada; **b**) A tonelagem. ★ *Jû-man ~ no tankâ* 10万トンのタンカー O petroleiro [navio-tanque] de cem mil toneladas. ◇ **~ sû** トン数 A tonelagem. **Haisui ~ sû** 排水トン数 A tonelagem de deslocamento. **Sekisai ~ sû** 積載トン数 A tonelagem líquida. **Sô ~ sû** 総トン数 A tonelagem bruta.

tôná [oó] 唐菜 A colza chinesa. ⇨ na-táne.

tonáéru¹ 唱える **1** [誦する] Recitar「o Pai Nosso」; entoar; salmodiar. ★ *Jumon o ~* 呪文を唱える Recitar as palavras mágicas. S/周 Shô-súrú. **2** [叫ぶ] Gritar「banzai」; bradar. S/周 Sakébu (+). **3** [主張する] Advogar [Apregoar]「a paz」; clamar; preconizar; proclamar; propor. ★ *Igi o ~* 異議を唱える Levantar uma obje(c)ção. S/周 Shushô súrú; teíshô súrú.

tonáéru² 称える ⇨ shôsúrú¹.

tónai 都内「viver」Na capital [Em Tóquio].

tônai [oó] 党内 No [Dentro do] partido. ★ *~ no atsureki* 党内のあつれき Um conflito interno [~]. ◇ **~ jijô** 党内事情 A situação (dentro [no seio]) do partido.

tonákai 馴鹿 (< Áinu tonakkai) 【Zool.】A rena.

tṓnamento [**óo**] トーナメント (< Ing. tournament) O torneio; a competição. ★ *Tenisu no ~ de yū-shō suru* テニスのトーナメントで優勝する Ganhar o [Ser campeão de/no] ~ de té[ê]nis. [S/同] Kachínúkí-séń. [A/反] Rígú-séń; sṓ-átáríséń.

tṓnáń[1] [**oó**] 盗難 O roubo; o furto. ★ ~ *ni au* 盗難に会う Ser roubado. ~ *ni taisuru hoken* 盗難に対する保険 O seguro contra roubos. ◇ ⇨ **~ hin**. **~ jiken** 盗難事件 Um caso de ~. **~ todoke** 盗難届 O dar parte de ~ (à polícia).

tṓnán[2] [**oó**] 東南 O sudeste. ★ ~ *e* 東南へ Para ~. ~ *no kaze* 東南の風 O vento sudeste. ◇ **~ Ajia** 東南アジア ~ asiático [da Ásia]. **~ Ajia sho-koku rengō** 東南アジア諸国連合 A Associação das Nações do ~ da Ásia [ASEAN].

tṓnáń-híń [**oó**] 盗難品 O artigo roubado.

tṓnáńtṓ [**toó-**] 東南東 O「vento de」este-sudeste. [A/反] Seínáńséí.

tonárí 隣 **1** [並んで接しているもの] O vizinho; o lado. ★ ~ *ni suwaru* 隣に坐る Sentar-se ao lado. *Sugu ~ no seki* すぐ隣の席 O assento logo [mesmo] ao lado. ◇ **~ mura** 隣村 A aldeia vizinha. ⇨ yokó. **2** [隣家] O vizinho ou a sua casa. ★ ~ *ni shokuji ni yobareru* 隣に食事に呼ばれる Ser convidado pelo vizinho para comer/jantar. ~ *no Yamada-san* 隣の山田さん O Sr. Yamada, nosso vizinho. *Ikken [Ni-ken] oite* ~ 一軒［二軒］置いて隣 A segunda [terceira] casa a seguir à nossa. *O-~ san* お隣さん O ~ [A casa do ~]. [P/ことわざ] ~ *no hana wa akai* 隣の花は赤い A galinha da vizinha é sempre mais gorda. ◇ **~ dōshi** 隣同士 Os vizinhos. **~ kinjo** 隣近所 A vizinhança (Lugar ou pessoas). [S/同] Rínka.

tṓ-nárí [**oó**] 遠鳴り (< tṓí + narú) O troar distante; o estrondo ao [que vem de] longe.

tonárí-áu 隣り合う Ser vizinho; ficar perto [junto/ao lado] um do outro. ★ *Tonariatta ie* 隣り合った家 As casas vizinhas/pegadas.

tonárí-áwase 隣り合わせ (< tonárí-áu) **a**) O juntar [ficar juntos]; **b**) O conjunto「de duas lojas do mesmo dono」. *Gekijō de kanojo to seki ga ~ ni natta* 劇場で彼女と席が隣り合わせになった No teatro fiquei [calhei] no assento junto [ao lado do] dela.

tonárí-gúmí 隣組 (< … + kumí) O grupo dos vizinhos (Uma instituição social). ★ ~ *no atsumari* 隣組の集まり A reunião do ~. ⇨ chṓnai ◇.

tṓ-nasu [**óo**] 唐茄子【A.】⇨ kabóchá.

tónbi 鳶 **1** [⇨ tóbi **1**]. **2** [合羽] Uma capa usada por cima do quimono.

tońbó 蜻蛉 **1**【Zool.】A libélula (⇨ aká-tónbo). [S/同] Akítsú. **2** [⇨ tońbó-gáeri].

tońbó-gáeri 蜻蛉返り (< … + káeru) **1** [宙返り] O salto mortal (Cambalhota completa no ar). ★ ~(*o*) *suru* とんぼ返り（を）する Dar um ~ (Em natação, acrobacia, etc.). [S/同] Chū́-gáeri (+). **2** [目的地に行ってすぐ引き返すこと]【G.】A meia volta; o volver [voltar] logo. *Kare wa aite ni shinamono o watasu to sono mama ~ de kaette kita* 彼は相手に品物を渡すとそのままとんぼ返りで帰って来た Ele entregou a mercadoria, deu meia volta e volveu.

tónchaku 頓着 O fazer caso; o preocupar-se. *Kare wa tanin no me wa issai ~ shinakatta* 彼は他人の目はいっさい頓着しなかった Ele não fez caso nenhum que estivessem a vê-lo. [S/同] Tónjaku. [A/反] Mu-tónchaku. ⇨ kṓdéí; shū́chákú.

tońchí 頓智 A esperteza; a perspicácia; a graça. ★ ~ *o hatarakaseru* [*kikaseru*] 頓智を働かせる［利かせる］Mostrar esperteza. ⇨ kíchi[2]; kitéń[1]; uítto.

tónchiki 頓痴気【Chu.】O idiota [imbecil]. *Kono ~ me* このとんちきめ Seu palerma [~]! [S/同] Ma-núké (+); tónma (+).

tońchínkan 頓珍漢【G.】Uma coisa sem sentido; o disparate; a esquisitice; a chinesice; a bizantinice. ★ ~ *na koto o iu* とんちんかんなことを言う Dizer coisas disparatadas [sem pés nem cabeça].

tońdá とんだ (< tobú: tońdé mó nái) Terrível; disparatado; grande; desmedido; absurdo. *Kore wa ~ o-migurushii tokoro o o-mise shimashita* これはとんだお見苦しい所をお見せしました Não sei como lhe pedir desculpa do disparate que agora fiz/Desculpe esta triste figura. ★ ~ *hema o suru* とんだへまをする Armar um grande sarilho [Fazer um grande disparate]. ~ *sainan da* とんだ災難だ Que tragédia [desgraça]!

tońdé-mó-nái とんでもない **1** [途方もない；けしからぬ] Absurdo; disparatado. ★ ~ *koto o iu* とんでもないことを言う Dizer disparates. ~ *yōkyū o suru* とんでもない要求をする Pedir [Exigir] demais. [S/同] Keshíkárán; tohṓ-mó-nái. **2** [思いもよらない；めっそうもない] Inconcebível. "*Kare ga shiranakatta to iu no*" "~"「彼が知らなかったというの」「とんでもない」Ele diz que não sabia? – Grande mentira [Claro que sabia]! ~ とんでもない Nem pense nisso [De maneira nenhuma]! [S/同] Messṓ-mo-nai.

tṓnen [**óo**] 当年 **a**) Este ano; **b**) Então; nessa época; **c**) Nesse ano「houve eleições」. ★ ~(*totte*) *hatachi* 当年（取って）二十歳 Este ano「faço」20 anos. [S/同] Hónnen (+); kotóshí (o). ⇨ dṓnéń.

tonéríkó 秦皮【Bot.】O freixo japonês; *fraxinus japonica.*

Tónga トンガ (O Reino de) Tonga. ★ ~ *no* トンガの Tonganês.

tońgárákáru 尖らかる【G.】Irritar-se; melindrar-se; amuar. ⇨ togáru.

tońgárákásu 尖らかす【G.】⇨ togárásu.

tońgárí 尖り (< togáru)【G.】A ponta. ★ ~ *bōshi no kobito* とんがり帽子の小人 Os anões com seus chapéus pont(iag)udos [em bico].

tońgáru 尖る【G.】⇨ togáru.

tṓ-ni [**óo**] 疾うに【G.】⇨ tokkú-ní.

tónikaku 兎に角 (⇨ tokákú) De qualquer maneira [forma]; seja como for; pronto; bem. ~ *dekakemashō* とにかく出かけましょう Pronto, vamos. ~ *yareru dake no koto wa yatta* とにかくやれるだけの事はやった ~ fiz o que pude. *Jōdan wa* ~(*mo*) 冗談はとにかく（も）Brincadeira à parte… [S/同] Tómo-are; tómokaku (mo).

tónikku トニック (< Ing. tonic < L.) O tó[ô]nico. ◇ **Heā ~** ヘアートニック ~ para o cabelo.

tónimo-kákunimo 兎にも角にも ⇨ tómokaku.

tṓnin [**óo**] 当人 A pessoa em questão; o próprio [interessado]. *Kekkon suru ka dō ka wa ~-tachi no ishi ni makasemashō* 結婚するかどうかは当人たちの意志にまかせましょう Se vão casar ou não, deixemos a decisão aos ~s [é com eles]. [S/同] Hońnin (+).

tónjaku 頓着 ⇨ tónchaku.

toń-jírú 豚汁【Cul.】A sopa de "miso" com carne de porco e verduras.

toń-kátsú 豚カツ【Cul.】A carne de porco (fri-

ta/panada) à milanesa. ⇨ katsúrétsú.

tónkyō 頓狂 O ser louco [amalucado]. ★ ~ *na koe o dasu* 頓狂な声を出す Dar gritos esquisitos.

tónma 頓馬【Chu./G.】**a)** O idiota [burro]; **b)** A idiotice [burrice]. ~ *na yatsu da* とんまなやつだ Que tipo [cara] mais idiota! ⓈⒿ Manúké (+); tónchiki.

tońnérú トンネル・隧道 (< Ing. tunnel) **1**［掘って作った通路］O túnel. ~ *ga kaitsū suru* トンネルが開通する ser inaugurado [aberto ao trânsito]. ~ *ni hairu* トンネルに入る Entrar no ~. ~ *o horu* トンネルを掘る Abrir ~. ~ *o nukeru* [*kuguru*; *tōru*] とんねるを抜ける［くぐる; 通る］**a)** Atravessar o [Passar pelo] ~; **b)** Sair de uma situação difícil. *Kaitei* ~ 海底トンネル ~ submarino. **2**【Beis.】O passar a bola por entre as pernas. ★ ~ *o suru* [*yaru*] トンネルをする[やる] Deixar passar a...

tóno 殿【A.】(⇨ -dóno²) **1**［主君］**a)** Um senhor feudal; **b)** Vossa Alteza「é que sabe」; **c)** Sua Alteza「disse」. ◇ ~ **gata**. ⇨ **gata**. 【御殿】Shúkun; tonósamá (+). ⇨ ryōshu¹. **2**【御殿】O palácio. ⇨ Góten (o); yashíkí (+).

tō-no［óo］当のO de que se trata. ⇨ tō³ **2**.

tonó-gáta 殿方【E.】Os cavalheiros. ★ ~ *yō no* 殿方用の「Privada」para ~. Ⓐ反 (Go-)fújíń.

tō-nókeru［óo］遠退ける (< *tói* + noku) tō-noku) Manter os outros à distância「quando fala」.

to-no-kō-no［óo］の粉 O pó de lavar「os dentes」ou para polir「a lâmina da espada」.

tō-nóku［óo］遠退く **1**［遠ざかる］Afastar-se; distanciar-se [perder-se na distância]. *Tsunami no kiken wa tōnoita* 津波の危険は遠退いた O perigo de (haver um) maremoto (já) passou. ⓈⒿ Tōzákáru (+). Ⓐ反 Chikázúku. **2**［関係・関心がうすくなる］Ficar cada vez mais separados「colegas」. **3**［間隔があくようになる］Rarear. ★ *Fude* [*Tayori*] *ga* ~ 筆［便り］が遠退く Rarearem as cartas [notícias].

tōno-mukashi ni［óo］疾の昔に Há que tempos!;「isso foi」há muito tempo.

tō-nóri［óo］遠乗り (< *tói* + norú) Uma longa viagem. ★ *Kuruma* [*Uma*] *de* ~ (*o*) *suru* 車［馬］で遠乗り(を)する Fazer ~ de carro (a cavalo).

tonó-sámá 殿様【A.】**1**［主君; 大名; 貴人］O senhor feudal. *Buru* ~ *buru* 殿様ぶる Assumir ares de ~. ⇨ dáijin¹; kíjin²; shúkun¹. **2**［金持ちで世間にうとい人や横柄な人］O mandão; o arrogante. ◇ ~ **gei** 殿様芸 A arte [a(c)ção] espaventosa; o diletantismo. ◇ ~ **shōbai** 殿様商売 O comércio sem lucro porque desleixado. ⇨ daímyō.

tonósámá-gáeru 殿様蛙 (<… + kaérú)【Zool.】A rã gigante; *rana nigromaculata*.

toṅpúkú(yaku) 頓服 (薬) A dose (de remédio).

toṅsái 頓才【E.】O tónchi.

toṅséi 遁世【E.】O isolamento [viver retirado do mundo social]. ◇ ~ **seikatsu** 遁世生活 A vida eremítica. ⇨ ińkyō; ińséí¹; ińtón.

toṅshí 頓死 A morte repentina [fulminante]. ★ ~ *suru* 頓死する Ter (uma) ~. ⓈⒿ Kyūséí; kyūshí (+).

tónshu 頓首 **1**［ぬかずくこと］A vé[ê]nia profunda. ~ *no* nukázúku. **2**［手紙の結び］Muito respeitosamente (No fim da carta). ⓈⒿ Kéigu (o); keíhákú; saíháí; sōsō (+).

toṅsō 遁走 A fuga. ★ ~ *suru* 遁走する Escapar-se; fugir. ◇ ~ **kyoku** 遁走曲【Mús.】A fuga (⇨ fúga²). ⓈⒿ Tōsō (+). ⇨ dassō; tōbō.

tón-to 頓と Completamente. ★ ~ *omoidasanai* とんと思い出さない Não se lembrar de nada. ~ *wakaranai* とんとわからない Não ter a mínima ideia. ⓈⒿ Marúdé (+); mattákú; sukkári (o). ⇨ ikkō ní.

toṅtóń¹ とんとん【G.】**1**［同様］Igual; ela por ela. *Shūshi wa yatto* ~ *de mōkaru made wa ikanai* 収支はやっととんとんでもうかるまでは行かない As entradas vão dando para cobrir as despesas, mas lucro não (dá). ⇨ dōyō¹; onájí. **2**［順調］Facilmente; zástrás. *Hanashi wa* ~ *to matomatta* 話はとんとんとまとまった Chegou-se logo [~] a um acordo.

toṅtóń² とんとん【On.】Tum tum. ★ ~ *to doa o nokku suru* とんとんとドアをノックする Bater à porta ~ [de leve].

toṅtón-byōshi［óo］とんとん拍子 (~ toṅtón¹ **2** + hyōshi) A rapidez; o bom ritmo. *Hanashi wa* ~ *ni hakonda* [*susunda*] 話はとんとん拍子に進んだ［運んだ］O assunto foi rapidamente discutido. ⇨ juńchō.

toń'yá 問屋 O atacadista. Ⓘ/慣用 *Sō wa* ~ *ga orosanai* そうは問屋が卸さない Isso é o que você pensa [Você está demasiado o(p)timista]! ⓈⒿ Oróshí-úrí (+).

toń'yá-gyō 問屋業 O comércio grossista [por atacado/por grosso].

tōnyō 糖尿【Med.】A glicosúria.

tōnyō-byō［toó］糖尿病【Med.】A diabete(s). ◇ ~ **kanja** 糖尿病者 O diabético.

tōnyū¹［óo］投入 **1**［投げ入れること］O introduzir, lançando. ★ ~ *suru* 投入する Introduzir; enviar「reforços militares」. ⇨ nagé-íréru. **2**【Econ.】O investimento. ◇ ~ **shihon** 投入資本 O ~ [capital investido]. ⓈⒿ Shusshí (+); tōshí (+). ⇨ tsugíkómu.

tōnyū²［óo］豆乳 O leite de soja. ⇨ gyūnyū.

toṅzá 頓挫【E.】O impasse. ★ ~ *suru* [*Ichi* ~ *o kitasu*] 頓挫する［一頓挫を来たす］Ficar num [Sofrer um] ~; ficar tudo parado. ⇨ chūzétsú; yukí-zúmárí; zasétsú.

tō 渡欧 O ir à Europa.

tōō［toó］東欧 A Europa do Leste. ◇ ~ **shokoku** 東欧諸国 Os países da ~. Ⓐ反 Séiō.

toóí 遠い ⇨ tōí¹.

tóóń 卜音【Mús.】O [A nota] sol. ◇ ~ **kigō** 卜音記号 A clave de sol.

tōóń［óo］等温 A isotermia. ◇ ~ **sen** 等温線 A (linha) isotérmica.

topázu［áa］トパーズ (< Fr. topaze) O topázio. ⓈⒿ Ōgyókú.

tópikku トピック (< Ing. topic < Gr.) O tópico. ⇨ wadáí.

tópikkusu トピックス・TOPIX (< Ing. Tokyo stock price index and average) O índice de preços na bolsa de valores de Tóquio.

toppá 突破 **1**［防御・警戒などを突き破ること］O romper derrotando. ★ *Tekijin o* ~ *suru* 敵陣を突破する Romper [Furar/Saltar] as linhas inimigas. ⇨ tsukí-yábúru. **2**［障害や困難を乗り越えること］O vencer. ★ *Nyūshi no nańkan o* ~ *suru* 入試の難関を突破する Vencer a grande barreira do vestibular [exame da universidade] ~. ◇ ~ **kō**. ⇨ norí-kíru. **3**［ある数量以上になること］O ultrapassar. *Sono kenshō no ōbosha wa gosennin* ~ *shita* その懸賞の応募者は5千人を突破した

tóppā トッパー (< Ing. topper) O sobretudo (curto de senhora).

toppá-kō 突破口 A saída「para um problema difícil」. ★ ~ *o miidasu* 突破口を見出す Encontrar ~.

toppán(ínsatsu) 凸版 (印刷) A impressão「tipográfica」anastática (Por processo químico). 略 Ōhán.

toppátsú 突発 O ocorrer repentinamente. ◇ ~ **jiko** 突発事故 Um acidente repentino.

toppi 突飛 Excêntrico; extravagante. ~ *na koto o suru* 突飛なことをする Fazer [Ter] extravagâncias. 同 Fúgáwari (o); kibátsú (+).

tóppu トップ (< Ing. top) O primeiro (Em ordem ou qualidade); o topo. ★ ~ *ni naru* トップになる Ser o [Ficar em] primeiro. ~ *no za o mamoru* トップの座を守る Manter o primeiro lugar. ~ *o kiru* トップを切る Ser o primeiro a jogar]. ◇ ~ **battā** トップバッター【Beis.】O primeiro (re)batedor. ~ **daun** トップダウン「A decisão dos obje(c)tivos da empresa e a sua transmissão」a todos os funcionários. ~ **kaidan** トップ会談 A cimeira「conferência entre os chefes「de estado」」. ~ **manējimento** トップマネージメント O órgão administrativo superior da empresa. ~ **nyūsu** トップニュース A maior [grande] notícia; a notícia de primeira página. ~ **reberu** トップレベル「negociações ao mais」Alto nível. ⇨ chójō[1]; saíkō[1]; señtō[1]; shusékí[2].

toppú [úu] 突風 Uma rajada de vento (repentina). ★ ~ *ni aorareru* 突風にあおられる Apanhar ~. 同 Señpú.

toppúri とっぷり Completamente. *Itsu ka atari wa hi ga* ~ (*to*) *kurete ita* いつかあたりは日がとっぷり(と)暮れていた Quando me apercebi, tinha-se posto ~ o sol [era noite].

toppú-yá トップ屋 O repórter franco-atirador; o que escreve artigos sensacionais「para revistas」.

toppyōshí mó nái 突拍子もない【G.】Fora do normal; excêntrico; extravagante; louco. ⇨ chōshíházure; toppí.

torá[1] 虎 (⇨ torá[2])【Zool.】O tigre. ★ ~ **no ko** [maki]【P:とらを】~ *no i o karu kitsune* 虎の威を借る狐 Um zé-ninguém com [que se dá] ares de importância. ⇨ haríkó[1]. **2** [酔っぱらい]【G.】O bêbedo. ★ ~ *ni naru* 虎になる Ficar bêbedo. 同 Deísúi-sha; yoppáráí (+).

torá[2] 寅 **1** [十二支の] O Tigre (Terceiro sinal do zodíaco). ◇ ~ **doshi** 寅年 O ano do ~. **2** [方角の] O este-nordeste. **3** [時刻の] Quatro horas da manhã. ★ ~ *no koku* 寅の刻 …

torábérázú-chékku トラベラーズチェック (< Ing. traveler's check) Os cheques de viagem. 同 Ryokú-shá-yō kógítte.

tóraburu トラブル (< Ing. trouble) O problema; a desordem. ★ ~ *o okosu* [*hikiokosu*] トラブルを起こす[引き起こす] Causar problemas/complicações. ⇨ fuńsō[1]; gótagota; izákózá; momé-gótó.

toráé-dókóró 捕え所 ★ ~ *no nai hito* 捕え所のない人 A pessoa evasiva [que não tem por onde se lhe pegue/difícil de entender]. 同 Tsukámí-dókóró.

toráéru 捕ら[捉]える **1** [つかむ; とりおさえる] Agarrar. ★ *Erikubi* [*Sode*; *Ude*] *o* ~ 襟首[袖; 腕]を捕える Agarrar pelo pescoço [pela manga; pelo braço]. *Kikai o* ~ 機会を捉える Aproveitar [~] a ocasião. 同 Torí-ósáéru; tsukámu (+). **2** [視野・勢力・知識の範囲にしっかりおさめる] Captar. ★ *Wakamono no kimochi* [*kokoro*] *o* ~ 若者の気持ち[心] を捕える Compreender [~] a sensibilidade [o coração] dos jovens. 同 Haákú súrú. **3** [とりこにする] Prender. *Hannin o* ~ 犯人を捕らえる ~ o criminoso. *Kyōfu ni toraerareru* 恐怖に捕らえられる Ser dominado pelo [presa do] medo. 同 Tsukámáérú. ⇨ toríkó.

torá-gári 虎刈り (< ~[1] + karú)【G.】O corte de cabelo às escadinhas.

toráhōmu [óo] トラホーム ⇨ torákōma.

toráí 渡来【E.】**1** [人の] A vinda ao J.; o vir de além-mar. **2** [物の] A introdução. ★ *Nanban* ~ *no shina* 南蛮渡来の品 Artigos trazidos pelos portugueses (no séc. 16). ⇨ deńráí; hakúráí.

toráí[2] [óo] トライ (< Ing. try) **1** [⇨ kokórómí]. **2** 【Rá.】O ensaio.

tóráí [óo] 到来【E.】A chegada「do inverno」. ★ ~ *suru* 到来する Chegar. *Kōki* ~ 好機到来 ~ do momento oportuno.

toráianguru トライアングル (< Ing. triangle < L.)【Mús.】Os ferrinhos; o triângulo.

torákku[1] トラック (< Ing. truck) O cami(nh)ão. ★ ~ *de hakobu* トラックで運ぶ Transportar de ~. **Ōgata** [**Kogata**] ~ 大型 [小型] トラック ~ grande [pequeno]. 同 Kamótsú-jídōsha.

torákku[2] トラック (< Ing. track) **1** [競走路] A pista (de corrida). ◇ ~ **kyōgi** トラック競技 Corridas, saltos e lançamentos. 略 Fírúdó. **2** [電算機・テープなどの] A pista. ◇ **Saundo** ~ サウンドトラック ~ sonora [do som].

torákōma [óo] トラコーマ (< Ing. trachoma < Gr.)【Med.】O tracoma (A conjuntivite granulosa).

tóraku [óo] 当落 O resultado das eleições (Lit. o ganhar ou perder).

torákutā トラクター (< Ing. tractor < L.) O tra(c)tor. 同 Keń'ínsha.

toránéko 虎猫 O gato com malhas de tigre.

toránjisutā トランジスター (< Ing. transistor < L.)【Fís.】O transistor. ◇ ~ **rajio** [**tēpurekōda**] トランジスターラジオ [テープレコーダー] O rádio [gravador] ~.

toránkíráizā トランキライザー (< Ing. tranqilizer) O calmante [sedativo]. 同 Seíshíń ańteízai (+).

toránku トランク (< Ing. trunk) **1** [旅行かばん] A mala grande (de viagem); o baú; a arca. 同 ryokō ~. **2** [自動車の] O porta-bagagens (do carro).

toránkusu トランクス (< Ing. trunks) O calção (curto, de homem).

torá-no-kó 虎の子【G.】**1** [子虎] O filhote de tigre. **2** [大事なもの]【Fig.】O「meu」tesouro. *Tansu no oku ni kakushite oita* ~ *no hyakuman-en o nusumareta* たんすの奥に隠しておいた虎の子の百万円を盗まれた Roubaram-me o meu rico milhão de yens que tinha escondido no armário!

torá-no-máki 虎の巻【G.】**1** [秘伝書] O(s) segredo(s). *Shōbai no* ~ 商売の巻 ~ do negócio. **2** [学生の参考書] A sebenta [Um burro velho]; a apóstila. 同 Ańchókó.

toráńpétto トランペット (< Ing. trumpet) A trombeta. ★ ~ *sōsha* トランペット奏者 O trombeteiro.

toráńporin トランポリン (< Ing. trampoline) A rede

ou prancha elástica de acrobatas/(d)esportistas.
toránpu トランプ (< Ing. trump) As cartas. ★ ~ *de asobu* [~ *o suru*] トランプで遊ぶ [トランプをする] Jogar as cartas. ~ *no fuda* [*kādo*] トランプの札 [カード] As cartas do baralho. ~ *o kiru* トランプを切る Cortar [Baralhar] ~. ~ *o kubaru* トランプを配る Dar ~. ◊ ~ **uranai** トランプ占い A cartomancia. ⇨ káruta.
toránshība [ii] トランシーバー (< Ing. transceiver) O transceptor [emissor-receptor].
toránsú トランス (< Ing. transformer < L.) O transformador. S/同 Heń'átsúki (+).
torápísuto トラピスト (< Fr. trappiste < Trappe: top) O(s) 「monge/religioso」 trapista(s).
torásuto トラスト (< Ing. trust)【Econ.】O cartel [monopólio]; o truste (B.). ★ ~ **kinshi-hō** トラスト禁止法【Dir.】A lei anti-monopólios. S/同 Kigyō-gōdō (+).
toráwáré-nó-mí 捕ら [囚] われの身 O prisioneiro.
toráwáréru 捕ら [囚・捉] われる (⇨ toráéru) **1** [捕らえられる] Ser apanhado/preso 「pelo inimigo」. S/同 Toráéráréru (+); tsukámárú (o). **2** [こだわる] Pensar só 「no filho」; preocupar-se. *Me-saki no koto ni* ~ 目先のことにとらわれる Pensar só na(s) [Prender-se com a(s) necessidade(s) do momento. S/同 Kodáwáru (+). **3** [激しい感情などに拘束・支配されて自由がきかない] Ser vítima [presa] 「de」. ~ *Mōsō ni* ~ 妄想にとらわれる Deixar-se levar por fantasias.
toré-daka 取れ高 (< toréru + táka) **1** [農作物の収穫量] A colheita. S/同 Shūkáku-daka (+). **2** [漁獲量] A pesca. S/同 Gyokáku-daka[-ryō] (o); mizúágé (+).
torédo [ée] トレド (< Ing. trade)【Beis.】A troca [transferência] de jogadores.
torédó-máku [áa] トレードマーク (< Ing. trademark) **1** [商標] A marca (regist(r)ada). S/同 Shōhyō. **2** [特徴となるしるし] A característica 「dele é o bigode, a sinceridade」.
toréi トレイ (< Ing. tray) A bandeja. S/同 Bón (+).
toréi [óó] 答礼 O retribuir a visita. ⇨ heńréi.
torékkingu トレッキング (< Ing. trekking) O passear nos montes para descansar.
torémóró トレモロ (< It. tremolo < L.)【Mús.】O tré[é]mulo.
torénā [ée] トレーナー (< Ing. trainer) **1** [運動選手の指導をする人] O treinador. ⇨ kóchi⁴. **2** [トレーニングウェア] o toréningu ().
torénchi-kōto [óo] トレンチコート (< Ing. trench coat) O impermeável (dos soldados).
toréningu [ée] トレーニング (< Ing. training) O treino; o treinamento. ★ ~ *o shite iru* [~ *o ukete iru*] トレーニングをしている [トレーニングを受けている] Estar em ~/a treinar. ◊ ~ **pantsu** トレーニングパンツ ⇨ toréṕań. ~ **shatsu** トレーニングシャツ A camiseta de ~. **Hādo** ~ ハードトレーニング ~ puxado [intenso]. S/同 Kúnren; reńshū (+).
toréṕań トレパン (Abrev. de "toréníngú pántsu") Calção ou calça de treino.
torérā [ée] トレーラー (< Ing. trailer) O reboque.
toréru 取 [捕・採・採] れる (⇨ tóru) **1** [手に持つことができる] Poder pegar. ★ *Te ni* ~ 手に取れる com a(s) mão(s). S/同 Motéru.
2 [離れる] Soltar-se; saltar; cair; separar-se. ★ *Botan no toreta sebiro* ボタンの取れた背広 O casaco [paletó] sem botões. *Nakanaka torenai warui kuse* なかなか取れない悪い癖 O vício que custa a arrancar. *Tsukare ga* ~ 疲れが取れる Descansar.
⇨ nukérú; ochíru; sáru².
3 [得られる] Poder ter [tirar「férias」]; conseguir. ★ *Kane no* ~ *shokugyō* 金の取れる職業 Um ofício que dá dinheiro. *Moto ga* ~ 元が取れる Reaver [Recuperar] os gastos/o investimento. *Yado ga* ~ 宿が取れる (Poder) encontrar alojamento.
⇨ Eráréru.
4 [収穫; 採取される; 産出する] (Poder) colher. *Kotoshi wa yoi kome ga takusan toreta* 今年はよい米がたくさん取れた Este ano o arroz foi muito e bom [colhemos muito arroz de boa qualidade]. ★ *Sekiyu kara* ~ *yakuhin* 石油から採れる薬品 Remédios extraídos do petróleo.
⇨ sáishu; sańshútsú¹; shūkákú¹.
5 [写真で] Ser tirado [fotografado]. ★ *Yoku toreta shashin* よく撮れた写真 A foto(grafia) bem tirada.
6 [調和の取れた状態である] Poder (re)colher. ★ *Saisan ga* ~ *shōbai* 採算が取れる商売 O negócio que rende [dá lucro]. **7** [解決される; 理解できる] Poder entender. ★ *Hantai no imi ni mo* ~ *kotoba* 反対の意味にも取れる言葉 Uma palavra que se pode tomar [entender] no sentido oposto. ⇨ káishaku¹; ríkai. **8** [要する] Levar; requerer. *Sonna ni jikan wa torenai yo* そんなに時間は取れないよ Isso não leva [requer] muito tempo. S/同 Kakáru (+); yōsúru (+). **9** [≒ hakáru¹]. **10** [人の心をあって扱うことができる] Saber levar [conquistar] as pessoas. ★ *Umaku go-kigen o* ~ うまく御機嫌を取れる Saber levar [dispor bem] alguém. **11** [盗める] Poder roubar. *Hito no mono wa torenai* 人の物は盗れない Não se deve roubar (o que é dos outros). ⇨ nusúmu. **12** [動物などをつかまえられる] Ser caçado/apanhado (Animais/Aves) [pescado (Peixes)]. *Kono atari de wa inoshishi ga* ~ このあたりではイノシシが捕れる Aqui, caçam-se javalis.
tóreru [oó] 通れる (< tōru) Poder passar; ter passagem. *Kono michi wa ō-gata-sha wa tōrenai* この道は大型車は通れない Nesta rua os carros grandes não passam [podem passar].
toreshíńgú-pépā [pée] トレーシングペーパー (< Ing. tracing paper) O papel de decalque [de engenheiro] (Forte e transparente).
torésu [ée] トレース (< Ing. trace) O decalque. ★ ~ *suru* トレースする Decalcar.
S/同 Shiki-útsushí; tōshá.
tori¹ 鳥・鶏 (⇨ torí²) **1** [鳥類の総称] A ave; o pássaro. ★ ~ *no hane* 鳥の羽 Uma pena [pluma] de ave. ~ *no ke o mushiru* 鳥の毛をむしる Depenar ~. ~ *no ko no mushiru* 鳥の子 O passarinho ou o ovo. ~ *no nakigoe* [*saezuri*] 鳥の鳴き声 [さえずり] O canto [trinado] das ~s. *Kago no* ~ 籠の鳥 O pássaro engaiolado [na gaiola]. ◊ ~ **kago** 鳥籠 A gaiola (⇨ torí-góyá). ~ **mochi** 鳥黐 O visco. ~ **ryōri** 鳥料理 O prato de 「frango」 (⇨ torí-úchí; torí-úchi-bō; toríyá; torí-yósé). P[ことわざ] ~ *naki sato no kōmori* 鳥なき里のこうもり Em terra de cegos quem tem um olho é rei (Lit.: em terra sem pássaros brilha o morcego). *Tatsu* ~ *ato o nigosazu* 立つ鳥跡をにごさず Quando vais partir, verifica se deixas tudo em ordem. I[慣用] *Tobu* ~ *o otosu ikioi* 飛ぶ鳥を落とす勢い (Possuir) um poder irresistível. ⇨ chōrui.

2 [⇨ niwátórí]. **3** [鶏肉] A carne de frango. ★ ~ *no karaage* 鶏の唐揚げ O frango frito (⇨ yakító-rí). ~ *no mizutaki* 鶏の水炊き O frango cozido. ~ *no momo* [*sasami*; *teba*] 鶏のもも[ささみ; 手羽] A coxa [carne branca (do peito); asa e pata] do frango. [S/同] Torí-níkú.

torí[2] 酉 **1** [十二支のひとつ] O Galo (Décimo sinal do zodíaco chinês). ◇ ⇨ **~-no-ichi**. **Ichi**[**Ni**; **San**] **no ~** 一[二; 三]の酉 Dia um [dois; três] de novembro. **~ doshi** 酉年 O ano do ~. **2** [時刻の]【A.】As seis horas da tarde. **3** [方角の]【A.】O oeste.

tṓrí[1] [**oó**] 通り (< tōru; atenção ao **7** !) **1** [道路] A rua; a avenida. *Senjitsu eki-mae no ~ de yūjin to deatta* 先日駅前の通りで友人と出会った Outro dia encontrei-me com um amigo na rua da estação. ★ ~ *o ikikau hitobito* 通りを行きかう人々 As pessoas que se cruzam na ~. *Hiroi* ~ 広い通り Uma ~ larga. [S/同] Dṓro; gáiro; michí.
2 [通行] A passagem; o trânsito. ★ *Kuruma no ~ ga ōi* [*sukunai*] *michi* 車の通りが多い[少ない]道 A rua de muito [pouco] trânsito. [S/同] Ikíki (+); ṓrái (+); tsū́kṓ (o). ⇨ hitódṓrí.
3 [流通] A passagem; o escoamento; o correr. ★ *Mizu no ~ ga yoi* [*warui*] 水の通りがよい[悪い] A água corre bem [mal]. [S/同] Ryū́tsū́.
4 [音や声が遠くへ伝わる具合] A transmissão. ★ ~ *no yoi koe* 通りのよい声 A voz penetrante [clara/sonora]「do locutor」.
5 [世間に通用する度合] A aceitação. ★ *Seken ni ~ no yoi iiwake* 世間に通りのよい言い訳 A desculpa facilmente aceitável. [S/同] Hyṓbáń (o); uké (+).
6 [分かりやすさの度合い] A compreensão. ★ ~ *no yoi kotoba* 通りのよい言葉 A palavra [pronúncia] fácil de compreender. ⇨ wakárí-yású́i.
7 [ように] Como; conforme; segundo. *Anata no osshatta ~ ni yattara umaku ikimashita* あなたのおっしゃったとおりにやったらうまく行きました Fiz como você disse e tudo correu bem [como me indicou e consegui]. *Ie wa kono ~ semai ga kankyō wa yoi* 家はこのとおりせまいが環境はよい Como vê, a casa é pequena mas o local [ambiente da vizinhança] é bom. ★ *Go-ran no* ~ 御覧のとおり Como vê(em). *Go-shōchi no* ~ 御承知のとおり Como sabe(m). *Itsumo no* ~ いつものとおり Como sempre. *Mite no ~ no inakamono* 見てのとおりの田舎者「É」o saloio [caipira/matuto] que você está vendo. *Sono* ~ そのとおり Isso mesmo [Tem razão/De acordo]. *Tehon no ~ kaku* 手本のとおり書く Escrever conforme o modelo. [S/同] Yṓ-ni.
8 [種類を表す] O tipo; a forma [maneira]; o conjunto. *Soko e iku ni wa futa ~ no ikikata ga aru* そこへ行くには二通りの行き方がある Há duas maneiras de ir (a esse lugar). ★ *Hito-~ soroeru* 一通りそろえる Completar o conjunto. *Iku-~ mo aru* 幾通りもある Existem vários tipos「de」. [S/同] Shúrui.

tṓrí[2] [**óo**] 党利【E.】Os interesses do partido. ★ ~ *tōryaku ni hashiru* 党利党略に走る Não pensar senão nos ~ [Ser só partido e mais partido].

toríáezu 取り敢えず **1** [急いで] Logo [Imediatamente]. *Migi ~ go-hōkoku made* 右とりあえず御報告まで Desculpe a brevidade da carta mas foi só para o informar ~「do sucedido」. ★ *Toru mono mo* ~ 取るものもとりあえず À pressa. **2** [まず第一に] Antes de tudo [de mais nada]; em primeiro lugar. ★ *Kitaku suru to ~ kigaeru* 帰宅するととりあえず着替える Ao chegar a casa, a primeira coisa「que faço」é mudar de roupa. ⇨ mázu. **3** [さし当たって] Para já [começar]; entretanto. ★ *Kawari no hito ga kuru made ~ arubaito o yatou* 代わりの人の来るまでとりあえずアルバイトを雇う ~ empregamos [metemos] alguém a tempo parcial até arranjar substituto. [S/同] Sashíátátte. ⇨ tṓbúń[2].

torí-ágérú 取り上げる (< tóru + ···) **1** [手に取って持つ] Levantar; pegar. ★ *Juwaki o* ~ 受話器を取り上げる Levantar o auscultador [Pegar no telefone]. **2** [採用する; 聞き入れる] Aceitar; ouvir. ★ *Teian o* ~ 提案を取り上げる Aceitar a proposta. ⇨ júri; kikí-íréru; saíyṓ. **3** [取り立てて問題とする] Tratar. ★ *Terebi bangumi de toriagerareta wadai* テレビ番組で取り上げられた話題 O tema tratado no programa de televisão. ⇨ torí-tátété. **4** [力で奪う] Tirar; apreender; confiscar; desapropriar. ★ *Zaisan o* ~ 財産を取り上げる Confiscar os bens. [S/同] Bosshū́ súrú (+); ubáu. **5** [助産婦が手伝って赤ん坊を産ませる] Assistir o parto.

torí-áí 取り合い (< torí-áu) A luta [briga] para apanhar「o brinquedo」. ★ ~ *ni naru* 取り合いになる「isto vai」Dar briga. [S/同] Toríkko.

tṓrí-áme [**oó**] 通り雨 (< tṓru + ···) A chuva passageira; o aguaceiro. [S/同] Niwáká-áme (+); shū́u.

torí-átsúkái 取り扱い (< torí-átsúkáu) **1** [待遇] O atendimento [tratamento]; o trato. ★ *Kyaku no ~ no yoi* [*warui*] *mise* 客の取り扱いのよい[悪い]店 A loja que atende bem [mal] os clientes. *Teichō* [*Zonzai*] *na* ~ 丁重[ぞんざい]な取り扱い ~ fino/cortês/polido [rude/descortês]. ⇨ taígū́[1]. **2** [物の扱い] O manejo [manuseio]. ★ ~ *no benri na dōgu* 取り扱いの便利な道具 O instrumento fácil de manejar [manusear]. ◇ **~ chūi** 取り扱い注意(表示) Frágil! **~ setsumeisho** 取り扱い説明書 O manual de instruções. **3** [仕事の処理・受付] A transa(c)ção (⇨ toríátsúkái-daka); o despacho; o serviço. ★ *Jimu no ~ ga umai* 事務の取り扱いがうまい Ter jeito para o serviço [trabalho] de escritório. ◇ **~ jikan** 取り扱い時間 Horas de serviço [expediente]. ⇨ **~ jo**[**nin**/**ten**].

toríátsúkái-daka 取扱高 (<··· **3** + taká) O total das transa(c)ções.

toríátsúkái-jó 取扱所 O escritório [local] (de despacho). ◇ **Te-nimotsu ~** 手荷物取扱所 Despacho de bagagens!

toríátsúkái-níń 取扱人 O despachante「da carga」.

toríátsúkái-ten 取扱店 A loja (do) despachante.

torí-átsúkáu 取り扱う (< tóru + ···) **1** [遇する] Tratar. ★ *Horyo o zankoku ni* ~ 捕虜を残酷に取り扱う ~ cruelmente os prisioneiros. *O-kyaku o teichō ni* ~ お客を丁重に取り扱う ~ bem os clientes. [S/同] Atsúkáu; gū́súru; taígū́ súrú. **2** [手で扱う] Tratar; manusear; lidar. *Kore wa kowaremono desu kara teinei ni toriatsukatte kudasai* これはこわれ物ですから丁寧に取り扱って下さい É frágil; trate com cuidado! ★ *Toriatsukai-yasui* [*nikui*] 取り扱いやすい[にくい] Ser fácil [difícil] de lidar「com morangos」. *Arappoku* [*Ranbō ni*; *Te-ara ni*] ~ 荒っぽく[乱暴に; 手荒に] 取り扱う ~ à bruta. *Shinchō ni* ~ 慎重に取り扱う ~ com muito [todo o] cuidado. [S/同] Atsúkáu. **3** [処理する] Tratar. *Sono jiken o toriatsukatta no wa honchō no sōsa ikka da* その事件を取

り扱ったのは本庁の捜査一課な Foi a primeira se(c)-ção de investigação deste distrito que tratou desse caso. ★ *Toriatsukai-nikui jinbutsu* 取り扱いにくい人物 A pessoa (de trato) difícil. *Kōgai-mondai o toriatsukatta shōsetsu* 公害問題を取り扱った小説 A novela que trata do problema da poluição. Ⓢ/Ⓝ Shóri suru. **4** [業務として処理する] Despachar. *Nichiyō saijitsu wa ippan-yūbin wa toriatsukawanai* 日曜祭日は一般郵便は取り扱わない Aos domingos e feriados não há despacho de correio normal. ★ *Gaikoku-kawase o ~ madoguchi* 外国為替を取り扱う窓口 O balcão [guichê] de câmbio. Ⓢ/Ⓝ Atsúkáu. ⇨ okónáú; tañtō¹; uké-tsúkéru. **5** [商品として扱う] Negociar「em bebidas」; vender; lidar. *Tōten de wa shokuryōhin wa issai toriatsukatte orimasen* 当店では食料品は一切取り扱っておりません A nossa loja não vende quaisquer [Nós não temos] gé[ê]neros alimentícios. ★ *Menseihin o ~ shōsha* 綿製品を取り扱う商社 A firma de [que lida com] produtos de algodão. Ⓢ/Ⓝ Atsúkáu.

torí-átsúméru 取り集める (< tóru + …) Juntar [Recolher]「dados para o livro」.

torí-áu 取り合う (< tóru + …) **1** [奪い合う] Lutar para apanhar「bilhetes」. Ⓢ/Ⓝ Ubái-áu. **2** [互いに取る] Pegar「na mão」um do outro. ★ *Te o toriatte naku* 手を取り合って泣く Chorar de [com as] mãos agarradas um ao outro. **3** [相手にする] Ligar [Prestar atenção]. *Nan-do tanonde mo marude toriatte moraenakatta* 何度頼んでもまるで取り合ってもらえなかった Pedi-lhe não sei quantas vezes, mas não me ligou. Ⓢ/Ⓝ Kakáwárí-áu; kikí-íréru; torí-ágéru.

torí-áwáse 取り合わせ (< torí-áwáséru) O sortido; a combinação「da gravata com a camisa」. *Nikuryōri to aka-wain wa ~ ga yoi* 肉料理と赤ワインは取り合わせがよい A carne deve ser acompanhada com vinho tinto. ⇨ kumí-áwáse.

torí-áwásérú 取り合わせる (< tóru + …) Misturar; fazer um sortido. ★ *Chokorēto o kakushu toriawasete hako ni tsumeru* チョコレートを各種取り合わせて箱に詰める Embalar uma caixa com vários tipos de chocolate. ⇨ haíchí; kumí-áwáséru.

tórí-áwáséru [oó] 通り合わせる (< tóru + …) Estar também a passar; passar por; passar [aparecer] casualmente. *Saifu o nakushite komatte iru tokoro e ori-yoku yūjin ga tōriawaseta* さいふをなくして困っているところへ折よく友人が通り合わせた Estava eu aflito por ter perdido a carteira quando, por feliz coincidência, passou um amigo (e me encontrou).

tori-bun 取り分 A parte [quota/cota]; o quinhão. *Anata no ~ wa kore dake da* あなたの取り分はこれだけだ A sua ~ é só isto. Ⓢ/Ⓝ waké-máe (+).

torí-chigáé 取り違え (< torí-chígáérú) **1** [間違い] O erro [engano; equívoco]. Ⓢ/Ⓝ Machígái (+). **2** [誤解] O mal-entendido. Ⓢ/Ⓝ Gokái (+).

torí-chígáérú 取り違える (< tóru + …) **1** [間違えて取る] Tirar [Apanhar/Pegar] uma coisa por outra. ★ *Kasa o ~* 傘を取り違える Levar o guarda-chuva de outro. **2** [間違えて理解する] Entender mal; confundir. ★ *Bun no imi o ~* 文の意味を取り違える ~ o sentido da frase. *Nichiji o ~* 日時を取り違える ~ a data. ⇨ gokái¹.

torí-chírákásu 取り散らかす ⇨ tórí-chírásu.

torí-chírásu 取り散らす (< tóru + …) Pôr em [Fazer] uma] desordem. ★ *Torichirashita heya o katazukeru* 取り散らした部屋を片づける Arrumar a desordem do quarto. Ⓢ/Ⓝ Chirákású (+) ; torí-chírákásu.

torí-dásu 取り出す (< tóru + …) **1** [中から取り出す] Tirar. ★ *Poketto kara saifu o ~* ポケットから財布を取り出す ~ a carteira do bolso. **2** [選び出す] Escolher. ★ *Konpyūta de hitsuyō na dēta o ~* コンピューターで必要なデータを取り出す ~ os dados necessários com o computador. Ⓢ/Ⓝ Erábí-dásu (+). **3** [抽出する] Extrair. ★ *Kōhī kara kafein o ~* コーヒーからカフェインを取り出す ~ a cafeína do café. Ⓢ/Ⓝ Chūshútsú súrú.

torídé 砦 O forte; a fortaleza; o baluarte. ★ *~ o kizuku* 砦を築く Construir ~. Ⓢ/Ⓝ Hōrúí; jōsáí; yōsáí.

torídóri 取り取り Vários; diversos;「haver opiniões」diferentes. *Hito no konomi wa ~ da* 人の好みはとりどりだ Há gostos para tudo. *Iro ~ no hana* 色とりどりの花 Flores de variegadas cores. ⇨ machímachi; samázama; sorézore.

torí-é 取り柄 O ponto bom/positivo「dele é a honestidade」; o "por onde se lhe pegue". *Dare ni de mo hitotsu kurai ~ ga aru mono da* 誰にでも一つくらい取り柄があるものだ Toda a gente tem algum ponto bom. Ⓢ/Ⓝ Chōsho (+).

torígai 鳥貝【Zool.】Um molusco comestível; *fulvia mutica*.

torí-gákárí [oó] 通り掛かり (< tóru + kakáru) **1** [その場所をちょうど通ること] A passagem por perto. ★ *~ no hito* 通り掛かりの人 A pessoa (que está) de passagem; o forasteiro (Ⓢ tsukḗ-níñ). Ⓢ/Ⓝ Tōrí-súgárí (+). **2** [どこかへ行く途中] O estar de caminho. ★ *Byōin e no ~ ni hanaya ni tachiyoru* 病院への通り掛かりに花屋に立ち寄る Passar pela florista a caminho do hospital. Ⓢ/Ⓝ Tōrígáké; tōrísúgárí.

tōrí-gáké [oó] 通り掛け (< tōrí-gákárí **2**.

torí-góya 鳥小屋 (< … + koyá) **1** [小鳥などの] O aviário. ⇨ torí-kágo. **2** [鶏の] O galinheiro; a capoeira; o poleiro.

torí-hádá 鳥肌 A pele-de-galinha (Por frio, medo); a pele arrepiada. ★ *~ ga tatsu* [*ni naru*] 鳥肌が立つ[になる] Ficar arrepiado [com ~] /Porem-se os cabelos em pé [*~ ga tatsu omoi o suru* 鳥肌が立つ思いをする Passar por uma experiência horripilante].

torí-hákárái 取り計らい (< torí-hákáráu) O arranjo [jeito]; a discrição; o encarregar-se; o favor. *Dōzo onbin na o-~ o o-negai shimasu* どうぞ穏便なお取り計らいをお願いします Peço-lhes que encontrem um arranjo amigável「para o problema」. ★ *Tokubetsu no ~ de* 特別の取り計らいで Por especial favor. ⇨ hakárái; shóri; sóchi.

torí-hákáráu 取り計らう (< tóru + …) Resolver [Encarregar-se de resolver]; tomar「à sua」conta. ★ *Tekitō ni* [*Shikarubeku*] ~ 適当に[しかるべく]取り計らう Tomar medidas adequadas; resolver o problema.

torí-háráu 取り払う (< tóru + …) A demolição「das barracas」; o desmantelamento. ★ *~ ni naru* 取り払いになる Ser demolido. Ⓢ/Ⓝ Tékkyo (+).

torí-hózúru 取り除く (< tóru + …) Remover; tirar; limpar. ★ *Rojō no shōgaibutsu o ~* 路上の障害物を取り除う Tirar tudo o que está a impedir o caminho. Ⓢ/Ⓝ Torí-sáru.

torí-házúshí 取り外し (< torí-házúsú) A desmontagem. ★ *~ ga* [*no*] *dekiru* [*kiku*] 取り外しが出来る

[利く] (Ser) desmontável.
torí-házúsú 取り外す (< tóru + …) Desmontar; separar. ★ *Torihazushite unpan suru* 取り外して運搬する Transportar「o material」desmontado.
toríhiki 取り引き・取引 **a)** A transa(c)ção (comercial); o comércio [negócio]; **b)** O acordo [contrato]「entre partidos」. ★ ~ *ga matomatta* 取り引きがまとまった Concluiu-se [Fechou-se] o negócio. ~ *ni ōjiru* 取り引きに応じる Aceitar o contrato. ~ *o matomeru* 取り引きをまとめる Concluir [Fechar] o negócio. ~ *o yameru* [*chūshi suru*; *teishi suru*] 取り引きをやめる[中止する; 停止する] Cortar[Cortar; Parar] o comércio. ~ *suru* 取り引きする Comerciar; negociar [*Waga-sha wa omo ni Burajiru to* ~ *shite iru* 我が社は主にブラジルと取り引きしている A nossa firma negoc(e)ia principalmente com o B. *Son* [*Toku*; *Yūri*] *na* ~ *o suru* 損[得; 有利] な取り引きをする Fazer um negócio que não dá lucro [lucrativo; vantajoso]. *Genkin* ~ *no mise* 現金取り引きの店 A casa de negócios (só) com pagamento à vista [a pronto]. ◇ ~ **aite** 取引相手 O parceiro comercial. ~ **ginko** 取引銀行 O nosso banco; o banco com que negociamos. ~ **kakaku** 取引価格 O preço da transa(c)ção. ⇨ ~ **bi** [**daka/jo**]. ~ **kankei** 取引関係 As relações comerciais; os negócios. ~ **saki** 取引先 O cliente. **Genbutsu** ~ 現物取引 A operação no disponível. **Yami** ~ 闇取引 [Os negócios do] mercado negro. **Shin'yō** ~ 信用取引 A transa(c)ção a crédito [a fiado].
toríhiki-bi 取引日 (< … +hi) O dia de negócio.
toríhiki-daka 取引高 (< … + táka) O valor (monetário) da transa(c)ção.
toríhiki-in 取引員 O corretor.
toríhiki-jó 取引所 A bolsa. ◇ ~ **nakagainin** 取引所仲買人 O corretor da bolsa. **Kokumotsu** ~ 穀物取引所 A bolsa de cereais. **Shōken** ~ 証券取引所 A bolsa de valores.
toríhiki-sáki 取引先 ⇨ toríhiki ◇.
torí-í 鳥居 O portal [arco] de entrada de um templo x[sh]intoísta.
tóri-íppen 通り一遍 **1** [通りがかり] O estar de passagem. Ⓢ/圓 Tōrígákári (+). **2** [形式的; 表面的; 真心のない] A mera formalidade. ★ ~ *no aisatsu* 通り一遍の挨拶 O cumprimento formal [convencional]. ~ *no tsukiai o suru* 通り一遍の付き合いをする Tratar com alguém por ~. ⇨ hyōmén; keíshíkí-téki.
torí-íré 取り入れ (< torí-íréru) **1** [取り入れること] A introdução [ado(p)ção]. ⇨ ~ **guchi**. Ⓢ/圓 Dōnyū (+). ⇨ shūshū¹. **2** [収穫] A colheita. ★ ~ *chū de aru* 取り入れ中である Estar [Andar] na ~. ~ *o suru* 取り入れをする ⇨ torí-íréru. ◇ ~ **daka** [**doki**]. Ⓢ/圓 Shūkáku (+).
toriíré-daka 取り入れ高 (< … + táka) A (quantidade da) colheita; a safra.
toriíré-dóki 取り入れ時 (< … **2** + tokí) A época da colheita.
toriíré-guchi 取り入れ口 (< … **1** + kuchí) A entrada; a comporta. ★ *Nōgyō-yōsui no* ~ 農業用水の取り入れ口 ~ do canal de irrigação.
torí-íréru 取[採]り入れる (< tóru + …) **1** [外にあるものを中に入れる] Recolher. ★ *Hoshita futon o* ~ 干したふとんを取り入れる ~ o "futon" (que estava a secar). Ⓢ/圓 Torí-kómú. **2** [受け入れる] Introduzir [Ado(p)tar]. ★ *Gaikoku no bunka* [*shū-kan*] *o seikatsu ni* ~ 外国の文化 [習慣] を生活に取り入れる ~ a cultura [os costumes] estrangeira[os] em casa. Ⓢ/圓 Dōnyū súrú; saíyō súrú; uké-írérú. **3** [収穫を] Colher. ★ *Mugi o* ~ 麦を取り入れる Ceifar (e acarrar) o trigo. Ⓢ/圓 Shūkáku súrú (+).
torí-írú 取り入る (< tóru + íru) Conquistar (as boas graças) de alguém. ★ *Onna ni* ~ 女に取り入る ~ uma mulher. *Uwayaku ni toriitte shusse suru* 上役に取り入って出世する ~ dos chefes [dos de cima] e subir「na firma」.
torí-ísógí 取り急ぎ (< tóru + isógu) O dar-se pressa; o apressar-se. ★ ~ *go-tsūchi mōshiagemasu* 取り急ぎ御通知申し上げます Apresso-me a informá-lo「que a nossa firma ganhou o contrato」.
torí-káe 取り替え (< torí-káérú) A troca; a permuta. *Bāgen-hin no* ~ *wa dekimasen* バーゲン品のお取り替えはできません Não trocamos mercadoria [substituímos artigos] de liquidação.
torí-káekkó 取り替えっこ [G.] A troca. ★ *Kome to shio o* ~ *suru* 米と塩を取り替えっこする Trocar sal por arroz. Ⓢ/圓 kōkáń súrú; torí-káe (+).
torí-káérú 取り替える (< tóru + …) **1** [相手と互いに交換する] Trocar「yens em [por] dólares」; permutar. Ⓢ/圓 Kōkáń súrú wo sumimasen 済みません excuse me. **2** [別の物・新しい物と替える] Trocar; mudar. *Furyōhin wa shinpin to o-torikae itashimasu* 不良品は新品とお取り替えいたします Se o artigo tiver algum defeito damos outro (novo). ★ *Denchi o atarashii no to* ~ 電池を新しいのと取り替える Mudar a pilha [bateria]. *Koibito o tsugi-tsugi ni* ~ *hito* 恋人を次々に取り替える人 A [O] que está sempre a mudar de namorado[a]. *Panku shita taiya o* ~ パンクしたタイヤを取り替える ~ o pneu furado. Ⓢ/圓 Kōkáń súrú (+).
torí-káeshi 取り返し (< torí-káésú) O recuperar [remediar; ganhar] o perdido. ★ ~ *ga tsukanai* 取り返しがつかない Irreparável [Que já não tem remédio] [*Ima-sara kōkai shite mo sunde shimatta koto wa* ~ *ga tsukanai* 今更後悔しても済んでしまったことは取り返しがつかない O que não tem remédio, remediado está, e não adianta lamentar-se]. ~ *no tsukanai koto o suru* 取り返しのつかない事をする Dar um passo irreparável.
torí-káésú 取り返す (< tóru + …) **1** [取り戻す] Recuperar; reconquistar. ★ *Ubawareta jinchi o* ~ 奪われた陣地を取り返す ~ a posição militar. Ⓢ/圓 Torí-módósu; ubái-káesu. **2** [埋め合わせをする] Recuperar. ★ *Benkyō no okure o* ~ 勉強の遅れを取り返す ~ o atraso nos estudos. *Sonshitsu o* ~ 損失を取り返す Ressarcir [~] o prejuízo. Ⓢ/圓 Torí-módósú.
torí-kagó 鳥籠 A gaiola. Ⓢ/圓 Torí-góyá.
toríkaji 取り舵【Mar.】O bombordo (Lado esquerdo); BB. ★ ~ *torí-kaji* (号令) A bombordo! ~ *ippai* 取り舵一杯 (号令) Todo à estampa! Ⓐ/反 Omókájí.
tóri-kákáru 取り掛かる (< tóru + …) Começar; lançar-se. *Nakanaka sagyō ni torikakaranai* なかなか作業に取り掛からない Não há maneira de começarem o trabalho. Ⓢ/圓 Chákushu suru.
tôri-kákáru [oó] 通り掛かる (< tôru + …) Estar a passar. *Tōrikakatta hito ni tasukerareta* 通りかかった人に助けられた Ajudou-me alguém que estava a passar.
torí-kákómu 取り囲む (< tóru + …) Cercar; rodear. ★ *Shihō o yama ni torikakomareta mura* 四方を山に取り囲まれた村 A aldeia cercada de mon-

tanhas por todos os lados.
Ⓢ/例 Torí-máku. ⇨ hói suru.
torí-kátá[1] 取り方 (< tóru + …) A maneira de interpretar. *Kono bun wa ~ shidai de iroiro na imi ni naru* この文は取り方次第でいろいろな意味になる Este texto pode ter vários sentidos, depende de como se interprete.
torí-kátá[2] 撮り方 (< tóru 15 + …) A maneira de tirar foto(grafia)s. *Shashin no ~ ga ii [warui]* 写真の撮り方がいい[悪い] Esta fotografia está bem [mal] tirada.
torí-kátá[3] 採り方 (< tóru 3 / 6 + …) A maneira de apanhar「borboletas」.
torí-kátázúkéru 取り片付ける (< tóru + …) ⇨ katázúkéru.
torí-káwásu 取り交わす (< tóru + …) Trocar. ★ *Aisatsu o ~* 挨拶を取り交わす ~ cumprimentos. Ⓢ/例 Kawású.
torí-késhí 取り消し (< torí-késú) A revogação; o cancelamento; a anulação; a rescisão. ★ *~ no dekiru [dekinai]* 取り消しの出来る[出来ない] Revogável [Irrevogável]. *Yoyaku no ~* 予約の取り消し O cancelamento da reserva「do hotel」.
torí-késú 取り消す (< tóru + …) Revogar; anular; cancelar; rescindir. ★ *Kon'yaku o ~* 婚約を取り消す Anular a promessa de casamento. *Kyoka o ~* 許可を取り消す Revogar a licença. *Zengen o ~* 前言を取り消す Desdizer-se [Retirar a palavra/o que disse]. Ⓢ/例 Tekkái súrú.
torí-kímé 取り決め (< torí-kíméru) A decisão; o acordo. ★ *~ o mamoru [yaburu]* 取り決めを守る [破る] Cumprir [Não cumprir] o ~.
torí-kímérú 取り決める (< tóru + …) Decidir; ajustar. ★ *Baibai no yakusoku o ~* 売買の約束を取り決める Ajustar um negócio.
toríkko 取りっこ [G.] ⇨ torí-áí.
toríkku トリック (< Ing. trick) O truque; a armadilha. *~ de hito o damasu* トリックで人をだます Ludibriar [Fazer um ~] alguém. *~ ni (hik)kakaru* トリックに(引っ)かかる Cair na/o. *~ o mochiiru [tsukau]* トリックを用いる[使う] Usar um/a ~. ◊ *~ purē* トリックプレー [D(esp.] A finta. Ⓢ/例 Sakúryákú (+); takúrámí. ◊ gomákáshí; petén.
toríkó 虜 **1** [捕虜] O prisioneiro. ★ *~ ni suru* 虜にする Aprisionar [Fazer prisioneiro]. *Teki no ~ ni naru* 敵の虜になる Ficar prisioneiro. Ⓢ/例 Fúryo (+); hóryo (+). **2** [夢中になっている人] [Fig.] A presa; o cativo. *Kanojo o hito-me mita toki kara sukkari sono utsukushisa no ~ ni natte shimatta* 彼女を一目見た時からすっかりその美しさの虜になってしまった Desde que a viu (pela primeira vez) ficou prisioneiro da [cativado pela] beleza dela. ★ *~ ni suru* 虜にする Cativar; encantar.
torí-kóbósu 取り零す (< tóru + …) Deixar fugir a vitória; perder o jogo que estava quase ganho.
toríkómáishin トリコマイシン【Med.】A tricomicina.
torí-kómí 取り込み (< torí-kómú) **1** [取り入れ] **a)** A colheita「do arroz/trigo」. Ⓢ/例 Torí-íré (+). **b)** O recolher「a roupa seca」. **2** [自分のものにすること] A fraude. ◊ *~ sagi* 取り込み詐欺 O embuste [conto-do-vigário/calote]. *~ sagi ni au* 取り込み詐欺にあう Cair no ~. *~ sagi o hataraku* 取り込み詐欺を働く Enganar. **3** [混雑] A confusão; o rebuliço; o alvoroço. *O- ~ -chū sumimasen* お取り込み中

済みません Desculpe toda esta confusão [bagunça]. Ⓢ/例 Kónzatsu (+). ⇨ gótagota.
toríkómónasu トリコモナス (< L. trichomonas) 【Zool.】A tricomona (Parasita).
torí-kómú 取り込む (< tóru + …) **1** [取って入れる] Recolher. ★ *Sentakumono o ~* 洗濯物を取り込む ~ a roupa seca. Ⓢ/例 Torí-írérú. **2** [ごたごたする] Andar num (grande) alvoroço; estar muito ocupado. *Tadaima torikonde orimasu no de, mata gojitsu oide kudasai* ただいま取り込んでおりますので、また後日おいで下さい Por favor venha outro dia pois estamos muito ocupados. **3** [自分のものにする] Roubar; desviar; vigarizar; burlar. *Sono kaikeigakari wa kaisha no kane o kanari torikonde ita rashii* その会計係は会社の金をかなり取り込んでいたらしい Parece que o tesoureiro estava roubando bastante a firma.
torí-kórósu 取り殺す (< tóru + …)「O diabo」apoderar-se「de alguém」e matar.
toríkóshi-gúrō 取り越し苦労 (< toríkósu + kúrō) A preocupação desnecessária; a tempestade num copo de água. *Gan de wa nai ka to shinpai shita ga kensa no kekka ~ da to wakatta* 癌ではないかと心配したが検査の結果取り越し苦労だとわかった Estava com medo que fosse cancro [câncer] mas, ao ver o resultado dos exames, vi que era uma ~ [não tinha razão para me preocupar]. Ⓢ/例 Kiyú.
tôrí-kósu [oó] 通り越す **1** [通過する] Passar. ★ *Eki o ~* 駅を通り越す ~ a estação (em que queria descer). Ⓢ/例 Tōrí-súgíru (+); tsūká súrú; sū-gíru. **2** [突破する] Superar; ultrapassar. ★ *Kiki o ~* 危機を通り越す ~ a crise. Ⓢ/例 Toppá súrú (+). **3** [ある程度以上になる] Ser mais que「bonito, ser sublime!」.
tôrí-kótoba [oó] 通り言葉 **1** [一般的によく使われる言葉] A palavra [expressão; O dito] comum. **2** [仲間うちの] A gíria.
toríkótto トリコット (< Fr. tricot) O ponto de meia; o tricô. ◊ meríyású.
torí-kówáshí 取り壊[毀]し (< torí-kówásu) A demolição. Ⓢ/例 Kaítáí.
torí-kówásu 取り壊[毀]す (< tóru + kowásu) Demolir [a casa velha]; desmantelar; deitar abaixo.
torí-kuchi 取り口 **1** 【D(esp.)】O golpe [A técnica] de luta.
torí-kúmí 取り組み (< torí-kúmú) **1** 【Sumô】A pega [peleja/luta]. ◊ *~ hyō* 取り組み表 O quadro das ~ s. **2** [対処] A medida「contra a fraude」.
torí-kúmú 取り組む (< tóru + …) **1** [組み合う] **a)** Agarrar-se「no sumô」. **b)** Jogar/Lutar「Wakanohana com [contra] Akebono」. **2** [懸命に対処する] Enfrentar; olhar de frente. ★ *Shōmen kara ~* 正面から取り組む Olhar de frente「o problema a resolver」. *Yotsu ni ~* 四つに取り組む「Pegar o touro pelos cornos」(G.); enfrentar (a sério) a situação.
torí-kúzúsu 取り崩す (< tóru + …) ⇨ torí-kówásu.
tôrí-ma [oó] 通り魔 Um malvado [diabo/louco] (que passa ferindo ou matando). ★ *~ ni osowareru* 通り魔に襲われる Ser atacado por ~.
torí-mágíréru 取り紛れる (< tóru + …) **1** [まぎれる] Ficar perdido. ★ *Shorui no naka ni ~* 書類の中に取り紛れる ~ no meio da papelada. Ⓢ/例 Magíréru; magíré-kómu (+). **2** [注意を奪われる] Ficar atarantado [perdido de todo]; andar numa roda-

viva. ★ *Zatsuyō ni* ～ 雑用に取り紛れる Andar com mil afazeres.

torí-mákí 取り巻き (< torí-máku) **a)** O séquito; **b)** Os sequazes [seguidores; apaniguados]. ◇ **～ ren (chū)** 取り巻き連(中) Os ～ [que andam à volta 「dele」].

torí-máku 取り巻く (< tóru + …) **1** [取り囲む] Rodear 「o recém-chegado」; cercar. [S/同] Kakómú (o); torí-kákómu (+). **2** [へつらう] Cortejar; adular. *Kare wa wakai onna no ko ni torimakarete ii ki ni natte iru* 彼は若い女の子に取り巻かれていい気になっている Ele anda todo satisfeito, rodeado de uma corte de jovens admiradoras. ⇨ hetsúráu; tsukímátóu.

torí-mátómérú 取り纏める (< tóru + …) **1** [集めてまとめる] Juntar; pôr em ordem. ★ *Iken o* ～ 意見を取り纏める ～ as várias opiniões. [S/同] Matómérú (+). **2** [収める] Apaziguar; resolver o problema. ★ *Izakoza [Kenka; Momegoto] o* ～ いざこざ[けんか; もめごと]を取り纏める Resolver a encrenca [Parar a briga; o desentendimento]. [S/同] Matómérú (+); osáméru (o); shimékúkúrú.

torí-máwáshí 取り回し (< torí-máwásu) **1** [処理] A administração; a gerência; a conduta. [S/同] Shóri (o); toríátsúkáí (+). ⇨ kánri[1]. **2** [待遇] O trato com as pessoas. [S/同] Táígū (o).

torí-máwásu 取り回す (< tóru + …) **1** [仕事を処理する] Administar [Gerir] 「a casa」. [S/同] Shóri suru (o); torí-atsúkáu (+). **2** [待遇する] Superintender [Dirigir] 「os empregados」. [S/同] Táígū súrú (o); torí-átsúkáu. **3** [料理などを自分の分を取って次の人へ回す] Passar, depois de se servir. [S/同] Mawású.

torí-mázéru 取り混ぜる (< tóru + …) Misturar [Juntar] 「notas e moedas」. ★ *Daishō torimazete* 大小取り混ぜて Misturando os 「ovos」 grandes e pequenos.

torí-mé 鳥目 A nictalopia [cegueira no(c)turna] 「das aves/abelhas」.

tṓrí-michi [oó] 通り道 (< tṓru + …) **1** [通る道] A [O lugar da] passagem. ★ ～ *o akeru [fusagu]* 通り道を開ける[ふさぐ] Abrir [Impedir] ～. *Kaze no* ～ 風の通り道 ～ do vento. [S/同] Tsūro. **2** [通りすがりの道] O 「meu」 caminho. *Sono mise wa gakkō e no* ～ *ni aru* その店は学校への通り道にある Essa loja fica no ～ da escola. [S/同] Tochū.

torí-mídásu 取り乱す (< tóru + …) **1** [散らかす] Desarrumar. ★ *Tori-midashita heya* 取り乱した部屋 O quarto desarrumado [(todo) em desordem]. [S/同] Chirákású (o); torí-chírákasu (+). **2** [心の平静を失う] Estar inquieto [perturbado]. ★ *Torimidashita kokoro o shizumeru* 取り乱した心を静める Acalmar-se. *Torimidashite nakisakebu* 取り乱して泣き叫ぶ Chorar aos gritos, fora de si.

torímingu トリミング (< Ing. trimming) **1** [洋服の] O chuleio; a bainha. [S/同] Fuchí-dórí (+). **2** [写真の] O recorte 「de foto」.

torí-móchí[1] 取り持ち (< torí-mótsú) 【G.】 **1** [斡旋] A mediação. ★ ～ *o suru* 取り持ちをする Servir de mediador. [S/同] Assén (+); baíkáí (+); chūkáí (+); naká-dáchí (o); shūsén. **2** [接遇] O receber; o atendimento. ★ ～ *ga yoi [warui]* 取り持ちがよい[悪い] 「Ele」 é muito [pouco] hospitaleiro; 「ela」 recebe bem [mal] (as visitas).; [S/同] Moténáshí (o); séttai (+); taígū (+).

torí-móchí[2] 鳥黐 O visco (para apanhar pássaros).

torí-módósu 取り戻す (< tóru + …) **1** [人に取られたものを取り返す] Reaver; retomar. **2** [もとの状態に戻す] Recuperar; recobrar. ★ *Kenkō o* ～ 健康を取り戻す ～ a saúde.

tóri-mo-naósazu 取りも直さず Por outras palavras; quer dizer; ou seja; a saber; 「isto vai agradar a todos」 sem dúvida. *Kare ga sō itta to iu koto wa* ～ *mizukara no hi o mitometa koto ni naru* 彼がそう言ったということは取りも直さず自らの非を認めたことになる O ele ter dito isso, quer dizer que se reconhece culpado. ⇨ íí-káéru; sunáwachi; tsúmari.

torí-mónó 捕り物 (< tóru + …) 【A.】 Uma captura 「por um dete(c)tive」. ◇ **～ chō** 捕り物帳 Memórias de um dete(c)tive.

torí-mótsú 取り持つ (< tóru + …) **1** [もてなす] Receber; entreter. ★ *Kyaku o* ～ 客を取り持つ ～ a [Fazer sala à] visita. [S/同] Moténásu (o); séttai suru (+). **2** [周旋する] Mediar; ser o intermediário. ★ *Tenisu ga* ～ *en* テニスが取り持つ縁 Uma relação 「de amor」 que começou com o té[ê]nis. [S/同] Assén súrú (+); baíkáí[chūkáí/nakádáchí/shūsén] súrú.

torí-músúbu 取り結ぶ (< tóru + …) **1** [固く結ぶ] Fechar 「um contrato」. [S/同] Musúbú. **2** [取り持つ] Juntar 「dois noivos」. [S/同] Torí-mótsú **2** (+). **3** [機嫌を] Saber levar. ★ *Hito no go-kigen o* ～ 人の御機嫌を取り結ぶ Captar as boas graças de alguém.

tṓrí-na [oó] 通り名 (< tṓru + …) A alcunha [nomeada]; o apelido [nome por que se é conhecido]. [S/同] Adáná (o); tsūshō (+); zokúshō (+).

torí-náóshí 撮り直し (Sub. de torí-náósu[1,2]).

torí-náósu[1] 取り直す (< tóru + …) **1** [一度に手にしたものをもう一度取る] Retomar. [S/同] Mochíkáérú (+). **2** [気持ちをあらたにする] Recuperar. ★ *Ki o* ～ 気を取り直す Tornar a ganhar coragem; reanimar-se. **3** 【Sumô】 Repetir a luta.

torí-náósu[2] 撮り直す (< tóru + …) Tirar outra fotografia.

torí-náshí 取[執]り成し (< torí-násu) A intercessão [mediação]. ★ *Jōshi no* ～ *de* 上司の取り成しで Por ～ do 「meu」 superior imediato. [S/同] Chūkáí; chūsáí.

torí-násu 取[執]り成す (< tóru + …) **1** [仲裁する] Mediar; interceder. ★ *Arasoi o* ～ 争いを取り成す Parar a briga. [S/同] Chūsáí súrú. **2** [とりつくろう] Compor; remediar; salvar. ★ *Sono ba [za] o* ～ その場[座]を取り成す Salvar a situação. [S/同] Torí-tsúkúróu. **3** [取り持つ; 仲介する] Intervir.

torí-nígásu 取り逃がす (< tóru + …) Deixar fugir/escapar 「a enguia」. ★ *Hannin o* ～ 犯人を取り逃がす ～ o crimimoso.

torí-níkú 鶏肉 A carne de frango [galinha]. [S/同] Chíkin.

torí-nítóró-tórúen トリニトロトルエン 【Quím.】 Trinitrotolueno; TNT (Violento explosivo).

torí-nó-ichi 酉の市 (⇨ tori[2]) As feiras do galo (Em novembro, nos templos xintoístas "O-tori").

torí-nókérú 取り除ける (< torí-nózóku) **1** [除去する] Tirar 「do caminho」. ★ *Jama-mono o* ～ 邪魔者を取り除ける ～ quem [o que] estorva. [S/同] Jókyo suru; torí-nózóku. **2** [別にしておく] Deixar separado [à parte].

torí-nó-kó(-gámí) 鳥の子(紙) (< … + kamí) O papel velino (Muito resistente).

torí-nó-kó-mochi 鳥の子餅 O bolinho de massa de arroz, em forma de ovo, de cor vermelha e branca, usado nos casamentos.

torí-nókósu 取り残す (< tóru + …) Deixar「a fruta verde na árvore」; deixar ficar para trás「os outros」. ★ *Jidai no nagare ni tori-nokosareru* 時代の流れに取り残される Ficar ultrapassado [para trás]; não acompanhar o andar dos tempos.

torí-nózóku 取り除く (< tóru + …) Tirar「uma pedra do caminho」. ★ *Kokoro kara fuan o* ~ 心から不安を取り除く Deitar fora os receios [as angústias/o medo]. [S/同] Jókyo suru; torí-nókérú.

tṓrí-núké [**oó**] 通り抜け (< tṓrí-núkéru) A passagem de ligação. ◇ ~ **kinshi** 通り抜け禁止 (掲示) Proibida a passagem!

tṓrí-núkéru [**oó**] 通り抜ける (< tṓru + …) Passar; atravessar. ★ *Tōrinukerarenai roji* 通り抜けられない路地 A ruela sem ligação.

tório トリオ (< It. trio) O「cantar num」trio.

torí-ókónáú 執り行う (< tóru + …) 【E.】 Realizar; ter. ★ *Sotsugyōshiki o* ~ 卒業式を執り行う Ter a cerimó[ô]nia de formatura.
[S/同] Okónáú (+); shikkṓ súrú.

torí-ósáéru 取り押える (< tóru + …) **1** [暴れるものを] Segurar「o touro」. **2** [犯人を] Prender [Dominar]「o criminoso」. [S/同] Táiho suru (+).

torí-ótósu 取り落とす (< tóru + …) **1** [手から落とす] Deixar cair (ao chão). [S/同] Otósu (+). **2** [抜かす] Omitir [Não pôr]「o nome na lista」. [S/同] Morásu (+); nukású (o). **3** [失う] Perder. [S/同] Ushínáú (+).

torípuru トリプル (< Ing. triple) 【(D)esp.】 Tríplice [triplo]. ★ ~ *purē* トリプルプレー O jogo ~.

tóriru トリル (< Ing. trill) 【Mús.】 O trilo; o trinado. [S/同] Seń'óń.

torí-sábáku 取り捌く (< tóru + …) Saber levar; resolver「o caso/problema」. [S/同] Shóri suru (+).

torí-ságé 取り下げ (Sub. de torí-ságéru)

torí-ságéru 取り下げる (< tóru + …) Retirar. ★ *Soshō* [*Uttae*] *o* ~ 訴訟[訴え]を取り下げる ~ o processo [a acusação]. [S/同] Tekkái súrú (+).

torí-sáru 取り去る (< tóru + …) Tirar「do lugar」. [S/同] Torí-nózóku (+).

torí-sáshí 鳥刺し (< … + sásu) **1** [とりもちをつけたさおで鳥を捕えること又その人] **a**) O que apanha pássaros com "torimochi"; **b**) A (a)boiz;「armar」o laço. **2** [鳥の刺し身] (Cul.) O peito de frango cortado em fatias finas. ⇨ sashímí.

torí-shíkíru 取り仕切る (< tóru + …) Mandar [Administrar]. *Kanojo wa onna-de hitotsu de kono mise o torishikitte kita* 彼女は女手ひとつでこの店を取り仕切ってきた Ela, como ganha-pão da família, é que tem administrado [dirigido/levado] a loja. [S/同] Kirí-máwásu; kirímori suru; torí-sábáku.

torí-shímárí 取り締まり (< torí-shímáru) **1** [取り締まること] A administração [superintendência]; o mando [controle]; a fiscalização. ★ ~ *no kyōka* 取り締まりの強化 O reforço da/o ~. ~ *o genjū ni suru* 取り締まりを厳重にする Administrar com mais rigor. ~ *fuyukitodoki* 取り締まり不行届 A falta de controle. ⇨ kánri[1]; kańtókú[1]; kiséí[6]; séigyo[1]. **2** [取り締まる人] O inspe(c)tor [supervisor/guarda]. ⇨ kańrí-sha; kańtókú-kan. **3** [Abrev. de "toríshímárí-yákú"].

toríshímárí-yákú 取締役 Um administrador (P.) [diretor (B.)]. ◇ ~ **kai(gi)** 取締役会(議) A reunião da dire(c)toria [do conselho de Administração]. ~ **shachō** 取締役社長 O Dire(c)tor Presidente (B.); o Adminstrador (P.).

torí-shímáru 取り締まる (< tóru + …) Administrar; fiscalizar. ★ *Supīdo ihan o* ~ スピード違反を取り締まる Fiscalizar o excesso de velocidade.

torí-shírábé 取り調べ (< torí-shírábéru) A investigação; o interrogatório「do assaltante」. ★ ~ *o okonau* [*suru*] 取り調べを行なう[する] Fazer ~. ◇ ~(**kakari**) **kan** 取り調べ(係)官 O interrogador (oficial). ⇨ ~ **shitsu**.

torí-shírábéru 取り調べる (< tóru + …) Inquirir; interrogar; investigar. ★ *Yōgisha o* ~ 容疑者を取り調べる Interrogar o suspeito.

toríshírábé-shitsu 取り調べ室 A sala dos interrogatórios.

torí-shízúméru 取り鎮める (< tóru + …) Dominar [Apaziguar]「a revolta」.
[S/同] Osáéru. ⇨ shizúméru[2].

tṓrí-sṓba [**toó-sóo**] 通り相場 (< tṓru + …) **1** 【Econ.】 O preço corrente [normal/do mercado]. [S/同] Tṓrí-ne. **2** [一般に認められていること] A coisa corrente [normal]. *Mukashi wa jinsei gojū-nen ga* ~ *de atta* 昔は人生50年が通り相場であった Antigamente, viver 50 anos era normal [comum].

torí-sókónáu 取り損なう (< tóru + …) **1** [取ろうとして失敗する] Deixar escapar [Não apanhar]「a bola」. ★ *Ittōshō o* ~ 一等賞を取り損う Dixar fugir o primeiro pré[ê]mio. [S/同] Torí-nígású. **2** [意味を取り違える] Entender mal [Não entender]「o que o outro disse」. [S/同] Torí-chígáéru (+).

torí-sóróéru 取り揃える (< tóru + …) Pôr [Colocar] tudo; juntar. ★ *Dōgu o isshiki* ~ 道具を一式取り揃える Juntar um jogo de ferramentas.

tṓrísúgárí [**oó**] 通りすがり O passar. ★ ~ *no hito* 通りすがりの人 Quem [A pessoa que] passa「por nós」. [S/同] Tṓrígákárí; tṓrígáké. ⇨ tsṻkṓ[2].

torí-súgáru 取り縋る (< tóru + …) **1** [取り付く] Segurar-se [Agarrar-se]「a」. ★ *Kyūmei rōpu ni* ~ 救命ロープに取り縋る ~ à corda salva-vidas. [S/同] Sugárí-tsúku (+). **2** [哀願する] Implorar. *Ie o dete ikō to suru musuko ni hahaoya wa naite torisugatta* 家を出て行こうとする息子に母親は泣いて取り縋った A mãe, a chorar, não largava o filho que queria sair de casa. [S/同] Sugárí-tsúku (+). ⇨ aígáń.

tṓrí-súgíru [**oó**] 通り過ぎる (< tṓru + …) Passar「avião/gente」. ★ *Isoide* ~ 急いで通り過ぎる ~ cheio de pressa.

torí-súmásu 取り澄ます (< tóru + …) Ser presunçoso; fazer cara séria mas falsa. ★ *Torisumashita kao de* 取り澄ました顔で Com ar presunçoso. ⇨ kidórú; sumásu[1].

torí-táté 取り立て (< torí-tátéru) **1** [徴収] A cobrança; o pagamento. ★ *Shakkin no* ~ *o irai suru* 借金の取り立てを依頼する Cobrar a dívida. ◇ ⇨ ~ **jō** [**kin; nin**]. [S/同] Chṓshū. **2** [抜擢] O apoio; a apresentação. ★ *Shachō no* ~ *ni azukaru* 社長の取り立てにあずかる Ser proposto [apoiado] pelo presidente. [S/同] Battékí (+); niń'yṓ; tṓyṓ. ⇨ híiki. **3** [取ったばかりの] O acabar de pescar [colher, etc.]. ★ ~ *kudamono* [*yasai*] 取り立ての果物[野菜] A fruta recém-colhida [verdura acabada de ar-

torítáte-jō 取り立て状 A carta de cobrança. ⇨ toritáté **2**.

torítáte-kín 取り立て金 O dinheiro cobrado [recolhido]. ⇨ toritáté **1**.

torítáte-nín 取り立て人 O cobrador. ⇨ toritáté **1**.

torí-tátéru 取り立てる (< tóru + …) **1** [徴収する] Cobrar. ★ *Zei o kibishiku* ~ 税を厳しく取り立てる ~ os impostos com rigor. **2** [任用する] Propor (e apoiar). ★ *Kachō o* ~ 課長に取り立てる ~ para chefe de repartição. ⇨ Battéki súrú (+); niń'yō súrú; tōyō súrú. **3** [特に取り上げる] Fazer menção especial. ⇨ toritátété.

torí-tátété 取り立てて (< torí-tátéru **3**) Especialmente; em especial; em particular. *Ima-sara* ~ *iu hodo no koto wa nai* 今更取り立てて言う程のことはない Creio que, a esta altura (já) não há mais nada digno de menção especial.

toríteki 取り的【G.】O lutador de sumô do escalão mais baixo. ⇨ Fundóshí-kátsugi.

torí-tóme 取り留め (< torí-tómeru) O nexo; a coerência. ~ *mo nai hanashi o suru* 取り留めもない話をする Dizer coisas sem nexo. ~ *mo nai koto o kangaeru* 取り留めもないことを考える Perder-se em devaneios.

torítomento [ii] トリートメント (< Ing. treatment < L.) O tratamento.

torí-tómeru 取り留める (< tóru + …) Salvar; segurar. ⇨ Kuí-tómeru.

tóritsu 都立 Que pertence à Câmara Municipal [à Prefeitura「de S. Paulo」] de Tóquio [da capital/de Lisboa]. ⇨ chōrítsu[1]; keńrítsu; kokurítsu; soń-ritsú[1].

tórítsú [oó] 倒立【(D)esp.】(A posição de) cabeça [mãos] no chão e pernas no ar. ★ ~ *suru* 倒立する Andar com as mãos, de pernas para o ar; plantar bananeira (B.). ⇨ Saká-dáchí (+).

torí-tsúbúsu 取り潰す (< tóru + …) [A.] Extinguir. ★ *Ie o* ~ 家を取り潰す ~ uma família desapropriando-a de todos os bens.

torí-tsúgí 取り次ぎ (< torí-tsugú) **1** [商売の] A comissão; o intermediário; o agente. ◇ ~ *o suru* 取り次ぎをする Ser agente「de vendas」. ◇ ~ **hanbai** 取り次ぎ販売 A venda a comissão. ⇨ ~ **nin** [**ten**]. ⇨ Chūkái. **2** [玄関での] O atendimento; a recepção. ★ ~ *ni deru* (*Kyaku no* ~ *o suru*) 取り次ぎに出る（客の取り次ぎをする）Ir ver/atender quem chegou [Estar de porteiro/na recepção].

torítsúgi-nín 取次人 O agente [intermediário].

torítsúgi-ten 取次店 A agência (distribuidora).

torí-tsúgú 取り次ぐ (< tóru + …) **1** [仲介する] Ser [Servir de] intermediário. ★ *Dengon o* ~ 伝言を取り次ぐ Transmitir um recado. ⇨ Chūkái súrú; nakádáchí súrú. **2** [客の] Atender quem chega. *Go-shujin ni o-hanashi ga aru no de toritsuide itadakemasen ka* ご主人にお話があるので取り次いでいただけませんか Podia dizer ao seu marido que desejava falar com ele?

torí-tsúké 取り付け (< torí-tsukéru) **1** [備え付け] A instalação (do gás); a montagem (do telefone). ◇ ~ **kōji** 取り付け工事 As obras de ~. ⇨ Sonáétsuké. **2** [銀行などの] A corrida ao(s) banco(s) para sacar o depósito. ★ ~ *ni atta ginkō* 取り付けにあった銀行 O banco que sofreu uma corrida aos seus depósitos (por perda de confiança). **3** [買い付け] O fornecedor onde alguém costuma (ir) comprar. ⇨ Kaí-tsúké (+).

torí-tsúkéru 取り付ける (< tóru + …) **1** [備えつける] Instalar; montar. ★ *Kūrā o heya ni* ~ クーラーを部屋に取り付ける ~ um aparelho de ar condicionado na sala. ⇨ Setchí súrú; sōchi suru; setsuzóku súrú. ⇨ Torí-házúsú. **2** [確保・獲得する] Obter; assegurar; conseguir. ★ *Keiyaku o* ~ 契約を取り付ける ~ um contrato. ⇨ Eté; kakutóku. **3** [いつも買う] Comprar habitualmente (⇨ torítsúké **3**). ⇨ Kaí-tsúkéru (+).

torí-tsúkú 取り付く (< tóru + …) **1** [すがりつく] Agarrar-se「à mãe/à coluna」. [慣用] ~ *shima ga nai* 取り付く島がない Não saber que fazer「com pessoa tão rabugenta」. ⇨ Sugárí-tsúku (+). **2** [取りかかる] Começar. ⇨ Chákushu suru (+); torí-kákáru (o). **3** [悪いものがのりうつる] Transmitir-se [Pegar-se]「às pessoas」. ★ *Gōbyō* [*Shibyō*] *ni toritsukareru* 業病［死病］に取り付かれる Ser atacado [acometido] por uma doença fatal [mortal]. ⇨ Norí-útsúru. **4** [考えなどが頭から離れない] Obcecar-se. ★ *Amazon no fushigi na miryoku ni toritsukareru* アマゾンの不思議な魅力に取り付かれる Ficar obcecado pelo encanto misterioso da Amazó[ō]nia.

torí-tsúkúróu 取り繕う (< tóru + …) **1** [修繕する] Remendar「buraco na calça」; consertar. ⇨ Shūri suru (o); shūzén súrú (+); te-íré súrú (+); tsukúróu (+). **2** [言い繕う] Encobrir, com boas palavras. ★ *Sono ba o* ~ その場を取り繕う Salvar a situação. **3** [よく見てもらおうとして飾る] Disfarçar; enganar (mostrando só o lado bom). ★ *Teisai o* ~ 体裁を取り繕う Salvar as aparências. ⇨ Gomákásu. ⇨ kazáru.

torí-tsúkúsu 取り尽くす (< tóru + …) Tirar tudo/todos「os dimantes da mina」.

torí-úchí 鳥打ち (< … + útsu) **1** [猟] A caça de aves. ⇨ ryō[2]. **2** [Abrev. de "toríúchí-bō"]

toríúchí-bō 鳥打ち帽 (<… + bōshí) O boné de caçador. ⇨ Hańchíngú.

torí-wákéru 取り分ける (< tóru + …) **1** [選び取る] Separar; escolher. ★ *Kawazoko kara sakin o* ~ 川底から砂金を取り分ける Tirar pepitas [pó] de ouro do leito do rio. ⇨ Erábí-tóru. **2** [配分する] Distribuir; dividir; repartir. ★ *Okazu o meimei ni toriwakete taberu* おかずをめいめいに取り分けて食べる Repartir o peixe [a carne] por todos e comer. ⇨ Haíbúń súrú.

toríwáké (**te**) 取り分け (て) (< torí-wákéru) Especialmente; em especial; sobretudo; particularmente. *Kyō wa* ~ *atsui* 今日はとりわけ暑い Hoje está particularmente quente.
⇨ Kóto-ni (+); tóku-ni (o).

torí-yá 鳥屋 **1** [鳥類の店] O estabelecimento onde se vendem aves (⇨ yōkéí). ⇨ torí **1**. **2** [鳥肉の店] O estabelecimento onde se vende carne de aves. ⇨ torí **3**.

torí-yámé 取り止め (< torí-yámeru) O cancelamento. *Ame de ensoku wa* ~ *ni natta* 雨で遠足は取り止めになった Por causa da chuva a excursão foi cancelada. ⇨ Chūshí.

torí-yámeru 取り止める (< tóru + …) Cancelar. ⇨ Chūshí súrú.

toriyō [oó] 取り様 **1** [⇨ torí-kátá[1]]. **2** [解釈の仕方] A interpretação. *Mono wa* ~ *da* 物は取りようだ

Tudo depende de como as coisas se interpretam. ⇨ káishaku[1].
torí-yósé 鳥寄せ (<… + yosérú) O atrair aves na caça, imitando-lhes o canto.
torí-yóséru 取り寄せる (< tóru + …) **1** [手もとに引き寄せる] Puxar para si. [S/同] Hikí-yóséru (+). **2** [注文して届けさせる] Mandar trazer [vir]; encomendar「vinho」.
torí-zákana 取り肴 (< tóru + sakáná[2]) A comida [Os petiscos] para todos só numa travessa.
torí-zátá 取り沙汰 (< tóru + satá) O rumor; os comentários. ★ ~ *suru* 取り沙汰する Comentar. ⇨ uwásá.
tóro[1] とろ【G.】A carne [parte] gorda do atum. ◇ **Chū ~** 中とろ A carne semi-gorda do atum. ⇨ magúró.
tóro[2] 瀞 O pego [A poça]「num rio」. [S/同] Yódo.
tóro[3] 吐露【E.】O exprimir claramente. ★ *Shinjō o ~ suru* 真情を吐露する Abrir-se completamente; pôr os seus sentimentos a descoberto.
torṓ 徒労【E.】O esforço inútil; o trabalho em vão. *Sekkaku no honeori mo ~ ni owatte shimatta* せっかくの骨折りも徒労に終わってしまった Tanto trabalho e tudo em vão! [S/同] Honéórí-zón (o); mudá-bóné (+).
tṓrṓ [toó] 灯籠 A lanterna (Feita de vários materiais, é adorno de templos e jardins). ★ ~ *ni hi o ireru* 灯籠に火を入れる Acender ~. ~ *nagashi* 灯籠流し O lançar a flutuar ~ s (no rio ou mar, no fim da homenagem aos finados: 16 de agosto).
toró-bí とろ火 (< torói + hí) O fogo brando. ★ *Mame o ~ de niru* 豆をとろ火で煮る Cozer o feijão a fogo brando. [S/同] Yowá-bí (+). [A/反] Tsuyó-bí.
torṓchi [óo] トローチ (< Ing. troche)【Med.】O trocisco (Pastilha)「para a garganta」.
tórofī トロフィー (< Ing. trophy) O troféu.
torói とろい【G.】 **1** [鈍い] Simplório; tolo; estúpido. *Aitsu wa sukoshi ~ kara damashi-yasui* あいつは少しとろいからだましやすい Ele é um ~, deixa-se logo enganar. [S/同] Nibúi (+). **2** [弱い] Fraco;「fogo」brando. [S/同] Yowái (+).
toróika トロイカ (< Ru. troika) A tróica「política」.
torókásu 蕩かす **1** [溶かす] Derreter. [S/同] Toká-su[1] (+). **2** [うっとりさせる] Derreter [Cativar/Deleitar]. ★ *Kokoro o ~ amai senritsu* 心をとろかす甘い旋律 Uma melodia de ~ o coração. ⇨ uttóri.
torókéru 蕩ける **1** [溶ける] Derreter-se. [S/同] To-kéru[1] (+). **2** [うっとりする] Derreter-se; deleitar-se; deliciar-se. ★ *Kokoro ga ~ yō na koi no sasayaki* 心がとろけるような恋のささやき Palavrinhas de amor que deleitam [até se derrete] o coração. ⇨ kṓkótsú[1]; uttóri.
tórokko トロッコ (< Ing. truck) A vagonete/a.
tṓrókú [oó] 登録 O regist(r)o; a inscrição「dos eleitores」. ★ *Mi ~ no* 未登録の Por regist(r)ar [Não regist(r)ado]. ◇ **~ bangō** 登録番号 O número de ~. ⇨ **~ bo** [**ryō/sha/zumi**]. **~ shōhyō** 登録商標 A marca regist(r)ada. **Jūmin ~** 住民登録 O ~ de residência. **Senseki ~ kō** 船籍登録港 O porto de regist(r)o [A bandeira (+)] do navio. ⇨ tṓki[2].
tṓrókú-bo [oó] 登録簿 O livro de regist(r)o [de tombo].
tṓrókú-ryō [oó] 登録料 A taxa de regist(r)o.
tṓrókú-sha [oó] 登録者 Os regist(r)ados [que se inscreveram].
tṓrókú-zúmí [oó] 登録済 (<… + súmu) (Já) regist(r)ado.
torómí とろみ A espessura. ★ *Shiru ni ~ o tsukeru* 汁にとろみをつける Engrossar a sopa [Dar mais espessura ao caldo/à sopa].
torón とろん (Im. de olhos de sono). ★ ~ *to shita me* とろんとした目 Olhos mortiços/sonolentos.
tṓron [óo] 討論 O debate. ★ ~ *suru* 討論する Debater; arguir; discutir. ◇ **~ kai** 討論会 (O encontro para) um ~ [~ *kai o hiraku* 討論会を開く Ter um ~. *Kōkai ~ kai* 公開討論会 O ~ público]. **~ sha** 討論者 Os arguentes. [S/同] Gíron (+).
torṓńbṓn [óo] トロンボーン (< It. trombone)【Mús.】O trombone. ◇ **~ sōsha** トロンボーン奏者 O trombonista.
torōri とろり **1** [やわらかいようす] (Im. de líquido espesso). ★ ~ *to shita sūpu* とろりとしたスープ A sopa espessa. **2** [眠そうな] (Im. de sonolento). ★ ~ *to shita me* とろりとした眼 Olhos sonolentos. ⇨ tórotoro.
torórī-básu トロリーバス (< Ing. trolley bus) O trolebus.
torórō とろろ O cará ralado. ◇ **~ imo** とろろ芋 O cará; o inhame-da-china. ⇨ **~ jiru**.
torórō-jíru とろろ汁 (<… + shíru) A sopa de cará ralado.
torórō-kónbu とろろ昆布 Uma variedade de alga; *kjellmaniella ayrata*.
torṓru [óo] トロール (< Ing. trawl) (A rede de) arrasto. ◇ **~ ami** トロール網 A rede de arrasto. **~ gyogyō** トロール漁業 A pesca de ~.
tórotoro とろとろ **1** [溶けるようす] (Im. de「sorvete」derretido ou pastoso). ★ ~ *no* [*shita*] *kurīmu* とろとろの[した]クリーム O creme pastoso. **2** [火が弱く燃える様ようす] (Im. de fogo brando). ★ ~ *niru* とろとろ煮る Cozer a fogo brando. **3** [眠るようす] (Im. de sonolência). ★ ~ *suru* とろとろする Dormitar; cochilar (B.). [S/同] Úto-uto (o); utsúrá-útsura (+).
tóru 取る **1** [手に持つ] Pegar; segurar; tomar. ★ *Go-jiyū ni o-tori kudasai* 御自由にお取り下さい Pegue [Leve] à vontade/Grátis. (*Sono*) *o-satō o totte itadakemasen ka* そのお砂糖を取っていただけませんか Poderia passar-me o açúcar? ★ ~ *mono mo tori-aezu* 取るものも取りあえず Largar [Deixar] tudo「e correr para o hospital」. *Tori ni iku* 取りに行く Ir buscar [pegar]. *Tori ni yaru* 取りにやる Mandar buscar. *Totte kuru* 取って来る Ir buscar [trazer]. [S/同] Mótsu.
2 [もらう; 受ける; 得る] Ganhar; receber; tirar「boas notas」. *Kare wa tsuki nijūman-en no kyūryō o totte iru* 彼は月二十万円の給料を取っている Ele ganha 200.000 yens por mês. *Tesuto de manten o ~* テストで満点を取る Tirar nota máxima no exame. ★ *Yome o ~* 嫁を取る Casar [Arranjar uma noiva]. [S/同] Éru; kakútókú súrú; moráú; shutókú súrú; ukéru.
3 [採用する:"採る"とも書く] Admitir; aceitar; tomar. *Kono kaisha wa kotoshi daisotsu o gojū-mei ~ yotei da* この会社は今年大卒を50名採る予定だ Esta empresa tem planos de empregar [admitir] cinquenta recém-formados. ★ ~ *beki hōhō* [*shudan*] 取るべき方法[手段] O método [meio] a usar/ser usado. ~ *ni tarinai* 取るに足りない Insignificante. *Aimai na taido o ~* あいまいな態度を取る

T

tóru

Tomar uma atitude ambígua [pouco clara]. *Deshi o ~* 弟子を取る Ensinar; aceitar discípulos. ⟨S/同⟩ Saíyō súrú.

4 [奪う: "盗む" とも書く] Conquistar; levar; tomar; roubar; apoderar-se「de」. *Dorobō ni hairarete kane to hōseki o torareta* 泥棒に入られて金と宝石を盗られた Entrou-me um ladrão em casa e roubou-me dinheiro e jóias. *Kanojo wa musuko o subete heitai ni torareta* 彼女は息子をすべて兵隊に取られた Os filhos dela foram [Levaram-lhe os filhos] todos para a tropa. ★ *Gan ni inochi o torareru* 癌に命を取られる Morrer de cancro [câncer]. *Hito no mono o ~* 人の物を盗る Roubar. *Kirifuda o torareru* 切り札を取られる Perder o(s) trunfo(s). *Kuni o ~* 国を盗る Conquistar um país. 「*Michi ga dekoboko datta no de* 」*handoru o torareta* 「道がでこぼこだったので」ハンドルを取られた「A estrada tinha muitos altos e baixos」e eu perdi o controle do volante. *Seiken o ~* 政権を取る Conquistar o [Apoderar-se do] poder. *Zatsuon ni ki o torareru* 雑音に気を取られる Distrair-se com o ruído. ⟨S/同⟩ Ubáttóru; ubáu. ⇨ bosshū; nusúmu.

5 [選び出す] Escolher [Preferir]. *Kono futatsu no uchi dore o torimasu ka* この二つのうちどれを取りますか Destes dois, qual (é que) prefere? ⟨S/同⟩ Erábu (+); señtákú súrú.

6 [採取・採取する: "採る" とも書く] Tirar; apanhar「castanhas」; colher; extrair. ★ *Kai [Ki no mi] o ~* 貝[木の実]を採る Apanhar conchas [Colher fruta]. *Mado kara hikari o ~* 窓から光を採る Receber [Deixar vir/entrar] luz da janela. ⇨ saíshu; saíshí².

7 [除去する] Tirar. ★ *Bōshi [Megane; Nekutai] o ~* 帽子[眼鏡; ネクタイ]を取る ~ o chapéu [os óculos; a gravata]. *Fuku ni tsuita ito-kuzu o ~* 服についた糸くずを取る ~ um fiapo do vestido. ⟨S/同⟩ Jókyo suru; yorí-nózóku; torí-sáru.

8 [解する] Interpretar; entender. ★ *Imi o ~* 意味を取る Compreender o sentido. ★ *Waruku [Yoku] ~* 悪く[良く]取る Interpretar mal/Levar a mal [bem/Levar a bem]. ⟨S/同⟩ Káishaku suru; tóru.

9 [捕獲する: "捕る" も書く] Apanhar. ★ *Kawa de sakana o ~* 川で魚を捕る Pescar no rio. ⟨S/同⟩ Hokáku súrú; tsukáméérú.

10 [飲食物を買う] Encomendar. ★ *Demae o ~* 出前を取る ~ um "yakisoba". *Itsumo sake o ~ mise* いつも酒を取る店 A loja onde costumo ~ as bebidas (alcoólicas). ⟨S/同⟩ Kaú (+).

11 [講読する] Assinar. ★ *"A"-shinbun o ~* "A"新聞を取る ~ o jornal "A". ⟨S/同⟩ Kōdókú súru.

12 [予約する] Reservar. ★ *Hoteru no heya o ~* ホテルの部屋を取る ~ um quarto no hotel. *Zaseki o ~* 座席を取る ~ um lugar/assento「no cinema」. ⟨S/同⟩ Yoyákú súrú (+).

13 [摂取する] Tomar. ★ *Chōshoku o ~* 朝食を取る ~ o café (da manhã) [pequeno-almoço]. *Eiyō o ~* 栄養を取る Alimentar-se bem; comer alimentos nutritivos. ⟨S/同⟩ Sésshu suru.

14 [費やす; 要する] Ocupar; tomar. ★ *Basho o ~ nimotsu* 場所をとる荷物 A bagagem que atrapalha [ocupa muito lugar]. *Jikan o ~* 時間をとる Tomar「muito do seu」tempo. ⟨S/同⟩ Tsuíyásu; yōsúru. ⇨ hitsúyō.

15 [写す; 記録する: "撮る" とも書く] Tomar; tirar. ★ *Kaigi no kiroku o ~* 会議の記録を取る Fazer [Escrever] a a(c)ta da reunião. *Memo o ~* メモを取る ~ notas; anotar. *Shashin o ~* 写真を撮る Tirar fotos [uma foto]. ⟨S/同⟩ Kirókú súrú.

16 [身に負う・受ける] Receber; sofrer. ★ *Fukaku o ~* 不覚を取る Fazer um disparate; sofrer um revés. *Kyaku o ~* 客を取る (娼婦などが) Arranjar clientes. *Sekinin o ~* 責任を取る Assumir a responsabilidade responsabilizar-se「por」. *Ta no hito ni hike [okure] o ~* 他の人に引け[後れ]を取る (Deixar-se) ficar para trás (dos outros). *Toshi o ~* 年を取る Envelhecer. ⟨S/同⟩ Oú; ukéru.

17 [ようすをはかる] Ver; medir. ★ *Go-kigen o ~* 御機嫌を取る Adular; conquistar as boas graças de outrem. *Hyaku-mētoru kyōsō no kiroku [taimu] o ~* 100メートル競走の記録[タイム]を取る Cronometrar [~] a corrida dos cem metros. *Myaku o ~* 脈を取る ~ a pulsação [o pulso]. ⇨ hakáru¹; kazóéru.

18 [主張する; 守る; 行う: "執る" とも書く] Agarrar-se; insistir; escolher. ★ *Jisetsu o ~* 自説を執る à sua teoria. *Shiki o ~* 指揮を取る Comandar; dirigir; reger. ⟨S/同⟩ Shuchō súrú (+).

19 [手を使うことをする] Fazer (com as mãos). ★ *Chōshi [Hyōshi] o ~* 調子[拍子]を取る Marcar o compasso. *Sumō o ~* 相撲を取る Lutar [Praticar sumô]. *Tsuriai o ~* 釣り合いを取る Equilibrar.

20 [料金を] Cobrar. ★ *Risoku o ~* 利息を取る ~ juros. *Zeikin o ~* 税金を取る ~ impostos.

21 [斡介の労を] Agir; encarregar-se. ★ *Chūkai no rō o ~* 仲介の労を取る Ser [Agir como] intermediário. *Jimu o ~* 事務を執る Fazer serviço de escritório.

tóru [oo] 通る (⇨ tōsu) **1** [ある所を通過する] Passar. *Kono hen wa hiruma de mo hotondo hito ga tōranai* この辺は昼間でもほとんど人が通らない Por aqui não passa quase ninguém mesmo durante o dia. *Shinpai no amari shokuji ga nodo no tōranakatta* 心配のあまり食事がのどを通らなかった Com a [Por causa da] preocupação não consegui [fui capaz de] comer nada. ★ *Aruite [Hashite; Kuruma de] ~* 歩いて[走って; 車で]通る ~ a pé [a correr/de carro]. *Hajimete ~ michi* はじめて通る道 O caminho por onde nunca se tinha passado. *Itsumo no michi o tōtte kaeru* いつもの道を通って帰る ~ sempre pelo mesmo caminho. *Michi no migi-gawa o ~* 道の右側を通る ~ [Ir] pelo lado direito da rua. *Nagoya o tōtte Kyōto e iku* 名古屋を通って京都へ行く Ir a Quioto passando por Nagoya. *Tetsudō no tōtte inai chihō* 鉄道の通っていない地方 A região sem [que não tem] comboios/trens. ⇨ tsūkó¹; tsūkō¹.

2 [試験・審査などを] Passar; ser aprovado. *Gian ga ryōin o tōtta* 議案が両院を通った O proje(c)to de lei foi aprovado nas duas câmaras. ★ *Kensa [Shiken; Shinsa] o ~* 検査[試験; 審査]を通る ~ no teste [exame; na inspe(c)ção]. ⟨S/同⟩ Tsūká súrú.

3 [ある所まで届く] Passar; ser bom. *Hana-suji ga tōtte iru* 鼻筋が通っている Ter um nariz perfeito [bonito]. *Yoku ~ koe* よく通る声 A voz clara [nítida]. ⇨ shiñtō¹; todóku.

4 [世間に通用する・知られる] Passar por; ser conhecido com「Tanaka」; ter fama「de ser o melhor vinho」. *Kanojo wa hatachi to itte mo ~ hodo wakaku mieru* 彼女は二十歳と言っても通るほど若く見える Ela parece [está] tão jovem que parece ter por uma moça de vinte anos. ★ *Na no tōtta mise* 名の通った店 Uma loja (muito) conhecida.

[S/同] Shirárérú; tsūyō suru.
5 [採用・許容される] Passar; ser aceite/o. *Kimi ga ikura sō itte mo karera ni wa tōranai* 君がいくらそう言っても彼らには通らない Por mais que tu digas eles não aceitam (essa explicação). *Sonna iiwake ga ~ to omotte iru no ka* そんな言い訳が通ると思っているのか Você pensa que eu vou aceitar essa [tal] desculpa? [P/ことわざ] *Muri ga tōreba dōri ga hikkomu* 無理が通れば道理が引っ込む Onde manda a força, pobre razão! ⇨ múri; kyoyṓ[1]; saíyṓ.
6 [筋道などが整っていて理解できる] Entender-se; ser inteligível [razoável/coerente]. ★ *Imi ga tōranai bunshō* 意味が通らない文章 Uma frase ininteligível [que não se entende]. *Suji ga tōranai iken* 筋が通らない意見 Uma opinião incoerente [sem lógica]. ⇨ tsūjírú; tsūzúrú.

tṓrúí[1] [oó] 盗塁【Beis.】O roubo. ★ ~ *suru* 盗塁する Roubar uma base. [S/同] Suchíru.

tṓ-rui[2] [óo] 糖類【Quím.】Sacarino; açucarado.

Tóruko トルコ A Turquia. ◇ **~ jin** トルコ人 O turco; os otomanos (A.). **~ ishi** トルコ石 A turquesa.

tóru-ni-taranai 取るに足らない (⇨ tóru) Insignificante. ★ ~ *koto* [*mono*] 取るに足らないこと[物] Uma ninharia/insignificância. ⇨ mu-káchi.

tṓryákú [oó] 党略 A política do partido. ⇨ tṓri[2].

tóryō 塗料 A tinta「para paredes」.

tṓryō[1] [óo] 棟梁 O「carpinteiro」chefe; o capataz「da obra」.

tṓryṓ[2] [toó] 等量 A mesma quantidade [porção];「misturar remédios em」quantidades iguais.

tṓryṓ[3] [toó] 投了 O dar-se por vencido「no xadrez」; a rendição.

tṓryṓ[4] [toó] 当量【Fís./Quím.】Equivalente.

tṓryō[5] [tóo] 頭領【E.】O caudilho; o chefe. ⇨ tṓryō[1].

tṓryū [oó] 逗留 A estad(i)a「no hotel/Brasil」. ★ ~ *suru* 逗留する Estar; ficar. [S/同] Taízáí (+).

tṓryū-mon [toóryúu] 登竜[龍]門 A porta de acesso「ao funcionalismo público」.

tṓsa[1] [óo] 等差 **1** [等しい差] A diferença equivalente. ◇ **~ sūretsu** 等差数列【Mat.】A progressão [série] aritmética. **2** [差等] A diferença gradual. [S/同] Satṓ (+).

tṓsa[2] [óo] 踏査 A exploração [pesquisa]「da zona para marcar a estrada」. ◇ **Jitchi ~** 実地踏査 A pesquisa local/de campo.

tṓsái[1] [oó] 搭載 O ter; o transportar「armamentos」. ⇨ sekísáí.

tṓsái[2] [oó] 登載【E.】⇨ keísáí.

tosá-ínú[kéń] 土佐犬 Um cão-de-briga (de Tosa, na ilha de Shikoku).

tosáká 鶏[鳥]冠【Zool.】A crista「do galo」. [S/同] Keíkáń.

tṓsákú[1] [oó] 盗作 O plágio; o plagiato. ★ ~ *suru* 盗作する Plagiar. ⇨ hyṓsétsú[1].

tṓsákú[2] [oó] 倒錯 A perversão. ◇ **Seiteki [Seiyoku] ~ sha** 性的[性欲]倒錯者 O pervertido [invertido] sexual.

tṓsáń[1] [oó] 倒産 **1** [破産] A falência; a bancarrota. ★ ~ *suru* 倒産する Falir; ir à ~. ⇨ hasáń. **2** [⇨ saká-gó].

tṓsan[2] [óo] 父さん ⇨ o-tṓ-san.

tṓ-sánsai [oó] 唐三彩 Um estilo de cerâmica.

tosátsú 塗擦【Med.】A fricção. ★ ~ *suru* 塗擦する Friccionar.

tósei[1] 渡世【G.】 **1** [くらし] O viver; o levar a vida. [S/同] Kuráshí (o); seíkátsú (+); seíkéí (+); yo-wátari. **2** [⇨ shokúgyō].

toséí[2] 都制 O governo metropolitano [da capital].

tósei[3] 都政 A administração [política] metropolitana/da capital.

tṓséí[1] [oó] 統制 O controle/o; o domínio; a regulamentação. ★ ~ *no aru* [*toreta*] 統制のある[とれた]「o encontro」Organizado/Sob controle. ~ *no nai* [*torenai*; *Mu-~ no*] 統制のない[とれない; 無統制の] Desorganizado [Descontrolado/Fora de controle]. ~ *o hazusu* [*toku*; *kaijo suru*] 統制を外す[解く; 解除する] Deixar livre/sem regulamentações. ~ *o kanwa suru* 統制を緩和する Baixar/Suavizar ~. ~ *suru* [*o okonau*] 統制する[を行う] Controlar「*Genron o ~ suru* 言論を統制する Controlar a opinião pública」. ◇ ⇨ **~ hin**. **~ kakaku** 統制価格 O preço tabelado. [S/同] Tṓgyo; tṓítsú (+).

tṓsei[2] [óo] 当世「os jovens de」Hoje [Agora]. ★ ~ *no ryūkō* 当世の流行 A moda. ◇ ⇨ **~ fū [muki]**. [S/同] Géndai (o); íma[1]; tṓdai.

tṓséí[3] [oó] 党勢 O poder do partido.

tṓséí[4] [oó] 陶製 (Feito) de cerâmica. ⇨ setómónó.

tṓséí[5] [oó] 騰勢 O disparo [aumento vertiginoso]「dos preços」.

tṓséí-fū[-ryū] [oó] 当世風[流] Moderno; da moda. ⇨ tṓsei[2].

tṓséí-híń [oó] 統制品 Artigos controlados. ⇨ tṓséí[1].

tṓséí-múkí [oó] 当世向き (<… [2] + mukú)【G.】「uma revista de estilo」Moderno. [S/同] Tṓséí-fū[-ryū] (+).

toséí-níń 渡世人【G.】O jogador; o aventureiro. [S/同] Bakúchí-uchi (+); yákuza (o). ⇨ tósei[1] **2**.

tṓsékí[1] [oó] 投石 A pedrada. ★ ~ *suru* 投石する Atirar uma pedra/~; dar uma ~.

tṓsékí[2] [oó] 党籍 O regist(r)o do partido. ★ ~ *o hanareru* [*ridatsu suru*] 党籍を離れる[離脱する] Sair/Desligar-se do partido.

tṓsékí[3] [oó] 透析【Quím.】A diálise. ★ ~ *suru* 透析する Dialisar. ◇ **Jinkō ~** 人工透析 ~ artificial.

tṓséń[1] [oó] 当選 O ganhar as eleições; o ser eleito [escolhido/sele(c)cionado]. ★ *Shūgiin-giin ni ~ suru* 衆議院議員に当選する Ganhar as eleições para deputado. ◇ **~ mukō** 当選無効 A anulação da eleição. **~ sakuhin [shōsetsu]** 当選作品[小説] O trabalho [romance] sele(c)cionado/premiado. ⇨ **~sha**. [A/反] Rakúséń.

tṓséń[2] [oó] 当選[籤] O acertar no sorteio [na rifa]. ★ *Ittō ni ~ suru* 一等に当選する Tirar o primeiro pré[ê]mio. ◇ **~ bangō** 当選番号 O número da sorte.

toséń-bá 渡船場 O cais; o ancoradouro.

tṓsénbō [oó] 通せん坊 O empecilho; o estorvo. ★ ~(*o*) *suru* 通せんぼう(を)する Impedir a passagem. [S/同] Tsūkṓ-dómé.

toséń-kyṓ 渡線橋 ⇨ koséń-kyṓ.

tṓsén-sha [oó] 当選者 **a**) O candidato vencedor; **b**) O premiado [sele(c)cinado]. ⇨ tṓséń[1].

tṓsetsu [óo] 当節【G.】「os jovens/a moda de」Agora. [S/同] Chikágoro (+); tṓkon[2]; tṓsei[2].

tósha 吐瀉 Os excretos (Vó[ô]mito e fezes). ★ ~ *suru* 吐瀉する Excretar. ◇ **~ butsu** 吐瀉物 O

T

vómito e as fezes. [S/同] Hakí-kúdáshí (+).

tṓshá[1] **[oó]** 投射 A proje(c)ção「da imagem no ecrã」. ◇ **~ kaku** 投射角 O ângulo de ~. [S/同] Tṓéi.

tṓshá[2] **[oó]** 透写 O decalque; a cópia. ★ ~ *suru* 透写する Decalcar. [S/同] Sukí-útsúshí; torḗsu (+).

tṓshá[3] **[oó]** 謄写 **1** [書き写すこと] A cópia; a reprodução「dum texto」. ★ ~ *suru* 謄写する Copiar; transcrever; fotocopiar. [S/同] Hisshá; mṓshá. ⇨ kakí-útsúsu. **2** [謄写版で刷ること] A mimeografia. ⇨ tṓshábáń(zúrí).

tṓsha[4] **[óo]** 当社 **1** [この神社] Este templo. ⇨ jínja. **2** [この会社] Esta [A nossa] empresa. [S/同] Héisha. [A/反] Kísha. ⇨ kaíshá.

tṓshá-báń **[oó]** 謄写版 (<…[3]**2**+hán) A impressão mimeografada. [S/同] Garíbáń.

tṓshábáń-zúrí **[oó]** 謄写版刷り (<… + súru) O imprimir em mimeografia.

toshí[1] 年 **1** [暦の一年] O ano. ★ ~ *ga aratamaru* [*kawaru*] 年が改まる[変わる] Mudar o ano. ~ *no hajime ni* 年の初めに No começo do ~. ~ *no kure ni* 年の暮れに No fim do ~. ⇨ toshí-nó-sé. ~ *o kosu* 年を越す Ver passar mais um ~. *Kuru ~ mo kuru ~ mo* 来る年も来る年も「um acontecimento que se repete」Todos os anos [Ano após ano]. ◇ ⇨ **~ otoko** [**onna**]. ⇨ nén[1].
2 [年齢] A idade. *Kimi mo mō dokuritsu shite mo ii ~ da* 君ももう独立してもいい年だ Tu já tens idade para ser independente [ganhar a vida]. ★ ~ *ga ~ da* 年が年だ Os anos não perdoam〔~ *ga ~ da kara naga-tabi wa dekinai* 年が年だから長旅はできない Já não aguento longas caminhadas porque os anos não perdoam〕. ~ *hodo ni wa mienai* 年ほどには見えない Não aparentar a idade que se tem. ⇨ toshi-námí. ~ *ni wa katenai* 年には勝てない Os anos são os anos [Aos anos ninguém resiste]. ~ *o gomakasu* [*itsuwaru*] 年をごまかす[偽る] Dissimular a ~. ~ *o toru* 年を取る Envelhecer [Ficar velho]〔~ *o toru to tomo ni* [~ *o toru ni tsurete*] 年を取ると共に[年を取るにつれて] Com os anos [À medida que se envelhece/se vai para velho]〕. ~ *sōō ni mieru* 年相応に見える Aparentar muita idade. ~ *wa arasoenai* 年は争えない À ~ não se ganha [resiste] /A ~ não perdoa. ~ *wa toritaku nai mono da* 年は取りたくないものだ Não quero ficar velho. ~ *yori wakaku* [*fukete*] *mieru* 年より若く[老けて]見える Parecer mais novo [velho] do que se é. *Hitotsu ~ o toru* 一つ年を取る Fazer mais um ~ [Acrescentar mais um ao rol]. *Ii ~ o shite* いい年をして Com idade de ter juízo. *Mō ii ~ da* もういい年だ Ele já tem bastante [a sua] ~. *Sōtō ~ no itte iru hito* 相当年の行っている人 A pessoa com uma ~ muito avançada. ⇨ toshínó-kṓ. [S/同] Neńréí.

T

tóshi[2] 都市 (⇨ miyákó; shi[5]) A cidade. ★ ~ *no* 都市の Urbano; citadino. ◇ ⇨ **~ ka**. **~ keikaku** 都市計画 O proje(c)to de urbanização. **~ kokka** 都市国家 A cidade-estado「do Mónaco」. **~ mondai** 都市問題 Os problemas das ~ s grandes. **~ seikatsu** 都市生活 A vida citadina [da/na ~]. **Dai** [**Chū; Shō; Chūshō**] **~** 大[中; 小; 中小]都市 Uma ~ grande [média; pequena; entre média e pequena]. **Eisei ~** 衛星都市 ~ satélite. **Manmosu ~** マンモス都市 Uma ~ monstro. **Shimai ~** 姉妹都市 Cidades gémeas [irmãs]. [S/同] Tokáí. ⇨ machí[1]; sońrákú.

tṓshí[1] **[oó]** 投資 O investimento. ★ *Kakujitsu* [*Yūri*] *na ~* 確実[有利]な投資 Um ~ seguro [rendoso]. *Tagaku no ~* 多額の投資 Um ~ grande. ⇨ shusshí.

tṓshí[2] **[oó]** 通し (< tṓsu) **1** [初めから終わりまで続いていること] Seguido; consecutivo. ◇ **~ bangō** 通し番号 Os números ~ s「da lota[e]ria」(⇨ tṓshí-gíppu). **~ kyōgen** 通し狂言 A apresentação integral duma peça (de teatro). **2** [客を通すこと] O mandar entrar. *O-kyaku-sama ga o-mie ni nattara kochira e o-~ shite kudasai* お客様がお見えになったらこちらへお通しして下さい Quando [Assim que] chegar a visita mande-a entrar. **3** [Abrev. de "tōshi-kyōgen"].

tṓshí[3] **[oó]** 透視 **1** [透かして見ること] O ver através de. ★ ~ *suru* 透視する … ◇ **~ gahō** 透視画法 A arte da (pintura com) perspe(c)tiva. **2** [肉眼では見えないものを見抜くこと] A clarividência. ◇ **~ jutsu** 透視術 A arte de vidente [adivinho]. **~ sha** 透視者 O vidente. [S/同] Seńŕí-gáń. **3** [X線で] 【Med.】 O radiografar.

tṓshi[4] **[óo]** 闘志 O ânimo [espírito] combativo; a garra. ★ ~ *ga aru* 闘志がある Ter garra. ~ *ga waku* 闘志が湧く Ter ânimo. ~ *manman de aru* [~ *ni moeru*] 闘志満々である[闘志に燃える] Estarem todos cheios de ânimo [a ferver] para o combate/a luta. [S/同] Tṓkóń.

tṓshi[5] **[óo]** 闘士 O guerreiro. **1** [⇨ sénshi[1]]. **2** [主義のために戦う人] O lutador; o arauto. ★ *Jiyū no ~* 自由の闘士 O arauto [campeão/defensor] da liberdade.

tṓshí[6] **[oó]** 凍死 O morrer de frio. [S/同] Kogóé-jíní.

tṓshí-gá **[oó]** 透視画 ⇨ tṓshí[3] **1**.

toshí-gáí 年甲斐 (<…[1]+kaí) O fruto [discernimento] da idade. ★ ~ *mo nai* 年甲斐もない「Não ser capaz de ir sozinho ao estrangeiro!」É uma vergonha! Já devia ter idade para isso.

tṓshí-gíppu **[oó]** 通し切符 (<…[2]+kippú) **1** [乗り物の] O bilhete「de comboio」dire(c)to [único]. **2** [芝居などの] O bilhete para todos os espe(c)táculos.

toshi-go 年子 (<…[1]+ko) Os filhos que nasceram espessos [um cada ano]. ★ ~ *no shimai* 年子の姉妹 As irmãs com idades muito próximas.

toshí-góró 年頃 (<…[1]+kóro) **1** [年配] A idade「apropriada」. ★ *Onaji ~ no tomodachi* 同じ年頃の友達 Os amigos mais ou menos da mesma idade. [S/同] Neńpáí. **2** [妙齢] A idade casadoira [núbil]. ★ ~ *no musume* 年頃の娘 A moça/filha em ~. [S/同] Myṓréí. ⇨ tekíréiki. **3** [⇨ nénrai].

toshí-góto 年毎 Cada ano; todos os anos. ★ ~ *ni* 年毎に「os preços aumentam」~ [Ano após ano].

toshí-há 年端 A idade「tenra」. ★ ~ *mo ikanai shōnen* 年端も行かない少年 Um menino [mocinho] de tenra idade.

toshí-ká 都市化 A urbanização. ★ ~ *suru* 都市化する Urbanizar. ⇨ tóshi[2].

tṓshí-ká[**-sha**] **[oó]** 投資家[者] O investidor.

toshí-kákkō 年恰好 A idade「aproximada」. *Kare wa chōdo anata kurai no ~ desu* 彼はちょうどあなたくらいの年恰好です Ele deve ter mais ou menos a sua idade. [S/同] Neńpáí; toshígóró.

toshí-kásá 年嵩 **1** [⇨ toshí-úé]. **2** [⇨ toshí-yórí].

tṓshíkí **[oó]** 等式 【Mat.】 Uma igualdade (3 + 4 = 7). [A/反] Fu-tṓshiki.

toshi-kóshí 年越し (<…¹+kosú) **1** [年を越すこと] A passagem de ano. ★ ~ *o suru* 年越しをする Fechar um ano e abrir a porta a outro. [S/同] Etsunén. **2** [おおみそかの夜] A noite de [para pedir] Ano Bom. ◇ **~ soba** 年越しそば A "soba" da ~. [S/同] Jóya. ⇨ ô-mísoka.

toshimá(ónna) 年増(女) A matrona; a mulher de meia idade.

toshi-máwari 年回り (<…¹+mawarú) **1** [年・年齢による吉凶] A sorte de determinada [cada] idade. ★ ~ *ga ii* [*warui*] 年回りがよい[悪い]「este ano para mim」 É de boa [má] sorte. **2** [⇨ toshígoro **1**].

toshín 都心 O centro da cidade.

tóshín¹ [oó] 答申 O relatório. ★ ~ *suru* 答申する Apresentar [Fazer] um ~ 「ao governo」. ◇ **~ an** 答申案 O plano [esboço] do ~.

tóshín² [oó] 等親 O grau de parentesco [consaguinidade]. ★ *Ichi* [*Ni*; *San*] ~ 一[二; 三] 等親 O parentesco de primeiro [segundo; terceiro] grau. [S/同] Shintô (+).

tóshín³ [oó] 等身 【E.】O tamanho natural. ★ ~ (*dai*) *no* 等身(大)の「a estátua」 Em [De] ~.

tóshín⁴ [oó] 灯心 O pavio [da vela]; a mecha 「do candeeiro/lampião」; a torcida 「da candeia」.

tóshín⁵ [oó] 投身 O atirar-se para se matar. ◇ **~ jisatsu** 投身自殺 O suicidar-se 「atirando-se dum prédio/à água」. [S/同] Mi-nágé (+).

tóshín⁶ [oó] 刀身 A lâmina [folha] da espada. ⇨ katána.

tóshín⁷ [oó] 東進 O avançar 「a guerilha」 para este.

tóshín⁸ [oó] 盗心 【E.】A cleptomania [tendência para o roubo].

toshí-námí 年波 Os anos; a idade. *Yoru ~ ni wa katenai* 寄る年波には勝てない ~ não perdoa/m.

toshín-bu 都心部 (<toshín+búbun) O [A parte do] centro da cidade.

toshí-nó-ichi 年の市 A feira do fim do ano (onde se vendem coisas para o Ano Novo). ⇨ toshí¹ **1**.

toshí-nó-kô 年の功 O valor [mérito/A autoridade] da idade [dos anos]. *Sasuga ~ da* さすが年の功だ Muito bem! Olhem como os mais velhos sabem! ⇨ toshí¹ **2**.

toshí-nó-sé 年の瀬 Os últimos dias [O fim] do ano. ⇨ toshí¹ **1**.

toshí-ótoko 年男 O homem que tem o horóscopo desse ano (e é escolhido para atirar os feijões da sorte no "setsubun").

toshíró [toó] 藤四郎 【G.】⇨ shíroto.

toshí-shítá 年下 "Anos abaixo"; mais novo. *Otôto wa watashi yori futa-tsu ~ de aru* 弟は私より2つ年下である O meu irmão mais novo é dois anos abaixo de mim. [S/同] Neńshô. [A/反] Toshí-úé.

to shitá kótó ga としたことが 【G.】Olhem quem 「fez aquele disparate」. *Watashi ~ tsui ukkari wasurete shimatta* 私としたことがついうっかり忘れてしまった Eu, que não me devia esquecer 「do meu aniversário」, é que me esqueci!

to shíte として (< surú¹ + to shité mo; -to shité-wa) **1** [特定の性質・役割のものとして] Como. ★ *Sore wa sore ~* それはそれとして Vocês 「Suponhamos que é assim」como você diz」. **2** [...の資格で] Como. ★ *Chímu no shushô ~ katsuyaku suru* チームの主将として活躍する Cumprir a(c)tivamente a sua função ~ [de] capitão da equipa. *Sekininsha ~ no gimu o hatasu* 責任者として義務を果たす Cumprir o seu dever ~ [de] responsável. **3** [...と思って] Ao ir [estar para]. *Hashi o watarô ~ ki ga tsuita* 橋を渡ろうとして気がついた Caí na conta [Percebi] quando ia [...] atravessar a ponte. **4** [(強調して) ...といえども] Nem sequer. *Koko de wa dare hitori ~ kare o shiranu mono wa nai* ここでは誰一人として彼を知らぬ者はない Aqui não há ~ um que o não conheça.

tôshíte 通して (< tôsu) **1** [介して] Passando por; através de; por. ★ *Dairiten o ~ torihiki suru* 代理店を通して取り引きする Negociar através duma agência. [S/同] Káishite. **2** [連続して] Sem parar; de uma ponta à outra. ★ *Ichi-nen o ~* 一年を通して Todo o ano ~ [sem interrupções]. [S/同] Reńzokú shité; tsuzúkété (+).

to shité mo としても (< surú¹) Mesmo que. *Kare no hanashi wa mattaku no uso de wa nai ~ kanari ii-kagen na mono da* 彼の話は全くのうそではないとしてもかなりいい加減なものだ ~ o que ele diz não seja uma pura [grande] mentira, não é de fiar.

to shité wa としては (< surú¹) Como. ★ *Watashi ~* 私としては Por mim 「vamos/concordo」.

toshí-tóru 年取る Envelhecer. [S/同] Toshí-óíru.

tôshitsú¹ 等質 O ser homogéneo [da mesma qualidade]. ★ **~ shakai** 等質社会 A sociedade ~ a.

tôshítsú² 糖質 A glicose. Deńpúńshítsu (+). ⇨ tańsúíká-butsu.

tôshítsú³ [oó] 透湿 O ser 「folha plástica」 humedecível mas impermeável.

toshí-tsuki 年月 ⇨ néngetsu.

toshí-úé 年上 Mais velho. *Ani wa boku yori mittsu ~ da* 兄は僕より3つ年上だ O meu irmão (mais velho) leva-me três anos [tem mais 3 anos do que eu]. [S/同] Neńchô. [A/反] Toshí-shítá.

toshí-wakái 年若 (<…¹+wakái) 【E.】O jovem. [S/同] Jakkáń; jakúńeń (+).

toshí-wásure 年忘れ (<…¹+wasúrérú) A festa do fim do ano. ⇨ bóneń-kai.

toshí-yórí 年寄り (<…¹²+yorú) **1** [老人] O ancião; o velho. ★ **~ *kusai*** 年寄り臭い 「mania」 De velho/Que cheira a velho. [I/慣用] *No hiyamizu* 年寄りの冷や水 Loucuras/Disparates de velho. [S/同] Rôjín. [A/反] Waká-mónó. **2**【Sumô】O veterano [antigo lutador].

toshíyórí-jímíru 年寄りじみる Parecer velho; ficar senil [velho] antes de tempo. ⇨ -jímíru **2**.

toshiyórikko 年寄りっ子 O filho (que nasceu) de pais já com muita idade.

tóshó¹ 図書 Os livros. ◇ **~ etsuran-shitsu** 図書閲覧室 A sala de leitura [consulta]. **~ kaidai** 図書解題 O buńkén¹. **~ kan** [shitsu]. **~ ken** 図書券 O cupão para comprar livros. **~ mokuroku** 図書目録 O catálogo de ~.

tóshó² [oó] 屠所 【E.】O matadouro.

tôshô¹ [oó] 投書 A carta ao editor [jornal]. ◇ ⇨ **~ bako** [ka]. ⇨ tôkô¹.

tôshô² [oó] 当初 O começo [princípio/início] 「do programa」. Bôtô; hajíme (+); shotô.

tôshó³ [oó] 当所 **1** [この場所] Este lugar. ★ ~ *de* [*ni oite*] 当所で[において] Neste lugar; aqui. ⇨ bashó. **2** [この事務所・事業所] Este escritório;

nós. ⇨ jimúsho.

tósho[4] [**óo**] 頭書【E.】 **1** [頭注] Acima mencionado [referido]. ~ *no tōri* 頭書の通り Conforme ~. ［S/同］Tōchú. ⇨ jōki[3]. **2** [本文の上の欄などに書き加えること又はその語句] A nota [observação] posta em cabeçalho [escrita no começo].

toshō[1] [**toó**] 凍傷 A frieira (Ferida「nas mãos」causada pelo frio). ★ ~ *ni kakaru* [*naru*] 凍傷にかかる［なる］Ter frieiras.

toshō[2] [**toó**] 闘将 **1** [勇将] O grande herói [chefe]「Vasco da Gama」. ［S/同］Yūshō. **2** [先に立って活躍する人] Um campeão [arauto]「dos direitos humanos」.

toshō-bako [**oó**] 投書箱 (<…[1]+hakó) A caixa de sugestões「do jornal」.

toshō-ká [**oó**] 投書家 O leitor [remetente] que manda uma carta ao editor. ⇨ tōshō[1].

toshó-kan 図書館 (⇨ toshóshitsu) A biblioteca (Prédio independente). ★ ~ *kara hon o kariru* 図書館から本を借りる Ler [Levar emprestado] um livro da ~. ◇ ~ **chō** 図書館長 O dire(c)tor da ~. ⇨ ~ **gaku** [**in**]. **Daigaku** ~ 大学図書館 ~ da universidade. **Kokkai** ~ 国会図書館 ~ da Dieta. **Kōritsu** ~ 公立図書館 ~ pública.

toshókán-gaku 図書館学 A biblioteconomia.
toshókán-in 図書館員 Um bibliotecário.

toshóku 徒食【E.】Viver à custa dos outros; levar uma vida ociosa (de preguiça). ★ ~ *suru* 徒食する Viver à custa dos outros; levar uma ~. ◇ ⇨ **mui** ~. ［S/同］Igúi; zashóku.

toshó-shitsu 図書室 (⇨ toshó-kan) A (sala da) biblioteca. ★ *Gakkō no* ~ 学校の図書室 ~ da escola.

tóshu[1] 徒手 **1** [手に何も持たないこと] O (estar com) corpo livre; as mãos livres. ◇ ~ **taisō** 徒手体操 A ginástica livre.［A/反］Kikái táisō. ［S/同］Karáté (+); súde (o). **2** [地位や金を持たないこと] O não ter nada. *Kare wa* ~ *kūken de Burajiru e watari zai o nashita* 彼は徒手空拳でブラジルへ渡り財を成した Ele foi para o Brasil sem nada e fez (uma) fortuna.

tóshu[2] 斗酒【E.】O barril de saqué. ⇨ ō-záké.

tóshu[1] [**óo**] 投手【Beis.】O arremessador. ◇ **Sawan** ~ 左腕投手 ~ canhoto (E.) [esquerdo]. **Senpatsu** ~ 先発投手 ~ que começa o jogo. **Shōri** [**Kachi**] ~ 勝利［勝ち］投手 ~ da vitória. ［S/同］Pítchā (+).

tóshu[2] [**óo**] 当主 O dono a(c)tual「da loja」. ［A/反］Seńdái. ⇨ shújin.

tóshu[3] [**óo**] 党首 O presidente de um partido político.

tóshū [**oó**] 踏襲 O continuar com o mesmo「costume/método」. ★ ~ *suru* 踏襲する Continuar com o mesmo. ［S/同］Keízókú (o); keíshō (+).

toshúku [**oó**] 投宿 O hospedar-se「num hotel」. ◇ ~ **sha** 投宿者 O hóspede. ［S/同］Shukúhákú (+).

tóso 屠蘇 O saké com vários sabores, do Ano Novo.

tosō 塗装 A pintura (das paredes). ◇ ~ **kōji** 塗装工事 A obra [parte] da ~. ⇨ tóryō.

tosō[1] [**toó**] 逃走 A fuga. ~ *chū de aru* 逃走中である Andar fugido. ~ *suru* 逃走する Fugir; evadir-se. ◇ ~ **keiro** 逃走経路 A pista de ~. ~ **sha** 逃走者 O fugitivo. ⇨ Dassō; tōbō.

tosō[2] [**toó**] 闘争 **1** [闘い] A luta; o combate. ★ ~ *suru* 闘争する Combater. ~ *teki* 闘争的 Combativo. ◇ **Buryoku** ~ 武力闘争 A ~ armada. ［S/同］Seńtō. ⇨ arásói; tatákái. **2** [階級間の争い] A luta. ◇ **Chin'age** ~ 賃上げ闘争 A ~ salarial [pelo aumento/pela melhoria dos salários]. **Kaikyū** ~ 階級闘争 (A.) ~ de classes. ［S/同］Arásói; tatákái.

tosō[3] [**toó**] 党争 A luta partidária; as rivalidades [os conflitos] entre os partidos.

tosō-kō[-**yá**] 塗装工［屋］O pintor; o trolha. ⇨ tosō.

tosóku[1] [**oó**] 等速【Fís.】A velocidade uniforme.

tosóku[2] [**oó**] 党則 O regulamento [As regras] do partido.

tosókú-rui [**oó**] 頭足類【Zool.】Os cefalópodes (Ex. a lula, o polvo, o choco); *cephalopoda*.

tósótsú [**oó**] 統率 A liderança; a chefia; o comando. ★ ~ *suru* 統率する Chefiar; liderar; comandar. ◇ ~ **ryoku** 統率力 A capacidade de ~. ~ **sha** 統率者 O chefe; o líder. ［S/同］Tōkáń; tósúí.

tossá 咄嗟 ~ *ni* 咄嗟に Instantaneamente; de repente; de chofre; num abrir e fechar de olhos. ~ *no dekigoto* 咄嗟の出来事 O acontecimento repentino. ［S/同］Shúnji; shuńkáń (+).

tosshín 突進 O avanço [ataque/A arremetida]「do jogador/touro/cão」. ★ *Teki ni mukatte* ~ *suru* 敵に向かって突進する Avançar contra [Cair sobre] o inimigo. ［S/同］Bakúshíń; maíshíń. ⇨ totsúgéki.

tosshútsú 突出【E.】**a**) A saliência; a protuberância; o corcovado; a proeminência「numa planície」; **b**) O「gás」rebentar [sair] da terra; **c**) O sobressair「no meio dos outros」. ★ *Umi e* ~ *shita misaki* 海へ突出した岬 O cabo [promontório] a entrar [que entra] pelo mar. ⇨ tobí-déru; tsukí-déru.

tósu[1] トス (< Ing. toss) O lançamento「de moeda para o ar」. ~ *o ageru* トスを上げる Levantar「a bola no voleibol」. ~ *suru* トスする Lançar ao ar. ◇ ~ **battingu** トスバッティング (Beis.) O dar umas batidas「para treino」.

tósu[2] 賭す【E.】⇨ tosúru[1].

tósu [**óo**] 通す (< *tōru*) **1** [一方から他方へ通らせる] Fazer [Deixar] passar. *Machi no chūshinbu ni chikatetsu o* ~ *keikaku ga aru* 町の中心部に地下鉄を通す計画がある Há o proje(c)to de construir o metropolitano na parte central da cidade. ★ *Gesui o* ~ 下水を通す Fazer [Construir] os esgotos. *Hari ni ito o* ~ 針に糸を通す Enfiar a (linha na) agulha. *Ryōri ni hi o* ~ 料理に火を通す (Pôr a comida a) cozer. *Tonneru o* ~ トンネルを通す Fazer um túnel. **2** [貫通する] Atravessar; deixar entrar [passar]. ★ *Mizu o tōsanai nuno* 水を通さない布「do tecido」impermeável. ★ 貫徹する **3**】Manter「a sua opinião」. *Iji o* ~ 意地を通す Ser voluntarioso; ganhar; levar a sua (vontade) avante. *Sujō o* ~ 筋を通す Ser razoável. **4** [最初から最後まで続ける] Continuar; fazer sem interrupção. ★ *Goke o* ~ 後家を通す Ficar sempre viúva. *Shōgai dokushin de* ~ 生涯独身で通す Viver sempre [toda a vida] solteiro. *Shorui ni me o* ~ 書類に目を通す Ver [Ler] os documentos. *Tō-ka-kan tōshite* 十日間通して Dez dias seguidos. **5** [仲に立てる；介する] Fazer através de. *Seinen wa watashi no yūjin o tōshite musume ni kekkon o mōshikonde kita* 青年は私の友人を通して娘に結婚を申し込んで来た O rapaz pediu a mão da minha filha através dum amigo meu. ★

totémó

Hisho o tōshite shachō ni menkai o mōshikomu 秘書を通して社長に面会を申し込む Pedir uma entrevista ao presidente da empresa pela [através da] secretária. **6** [導き入れる] Mandar [Deixar] entrar. ★ *Kyaku o ~* 客を通す *a visita*. *Oku no ma ni tōsareru* 奥の間に通される Ser conduzido à sala de dentro. **7** [議案などを] Passar/Aprovar. ★ *Hōan o ~* 法案を通す *o proje(c)to-lei*. **8** [注文を伝える] Transmitir. ★ *Chōba ni chūmon o ~* 帳場に注文を通す *um pedido à contabilidade* [ao balcão 「do hotel」]. **9** [認める] Aceitar. ★ *Aite no iibun o ~* 相手の言い分を通す *as razões do outro*. **10** […し続ける]【Suf.】Continuar até ao fim. ★ *Saigo made gaman shi~* 最後まで我慢し通す Aguentar 「a reunião」até ao fim.

tósu [**toósúu**] 頭数 O número de cabeças de gado.

tôsúi[1] [**oó**] 陶酔【E.】 **1** [酒に酔うこと] A embriaguez [intoxicação]【E.】 ★ ~ *suru* 陶酔する Embriagar-se. ⇨ yókau. **2** [うっとりとした気分に浸ること]【Fig.】O fascínio [enlevo]. ★ ~ *suru* 陶酔する Inebriar-se; extasiar-se. ◇ **Jiko** ~ 自己陶酔 O narcisismo. ⇨ Kôkótsú; tôzén.

tôsúi[2] [**oó**] 統帥【E.】O alto [supremo] comando.

tôsúi-ken [**oó**] 統帥権 O poder de supremo comando. ⇨ tôsúi[2].

tôsúmí-tónbo [**oó**] 灯心蜻蛉 A donzelinha; a libelinha. ⇨ toñbô.

tó suréba とすれば (Forma condicional de "suru") Se assim for; nesse caso; então. *Kare wa ano toki genba ni ita kamo mo shirenakereba hankō suru hazu da* 彼はあの時現場にいたとすれば犯行を目撃したはずだ Ele estava no local naquela ocasião. Então deve ter presenciado o crime.

tosúru 賭する **1** [賭ける] Apostar; jogar. Ⓢ/㊅ Kakéru (+). **2** [それを犠牲にする覚悟で行う] Arriscar; pôr em jogo. ★ *Kokuun o ~* 国運を賭する o futuro do país. Ⓢ/㊅ Kakéru.

to surú[2] [Gram.] (⇨ surú[1]) **1** [と考える; と見なす] Considerar [Tratar] como. *Haha ga nihonjin naru toki wa sono ko wa kore o nihon-jin ~* 母が日本人なる時は子はこれを日本人とする Se a mãe é japonesa, o filho é considerado japonês. ⇨ kangáéru; minású. **2** [と仮定する] Supor; admitir que assim é. *Jikken ga seikō shita ~ to kono setsu no tadashisa ga shōmei sareta koto ni naru* 実験が成功したとするとこの説の正しさが証明されたことになる Já [Uma vez] que a experiência teve sucesso, ficou provada a teoria. ⇨ katé[2]. **3** [まさに何かをしかける] Estar para「sair」. *Chōdo dekakeyō ~ to shita toki denwa ga kakatte kita* ちょうど出かけようとした時電話がかかって来た O telefone tocou precisamente quando eu ia [estava para] sair.

tôsutá [**oó**] トースター (< Ing. toaster) A torradeira (elé(c)trica). ◇ **Ōbun** ~ オーブントースター O forno para torrar [tostar].

tôsuto [**oó**] トースト (< Ing. toast < L. tōstus < torrēre) A torrada; a tosta. ◇ **Furenchi** ~ フレンチトースト A francesinha [~ passada por ovos].

tóta [**oó**] 淘汰 **1** [不用・不適切なものを取り除くこと] A sele(c)ção; a depuração; a eliminação. ★ ~ *suru* 淘汰する Sele(c)cionar; expurgar; eliminar. ⇨ sakúgeñ; séiri[1]; shóbun. **2** [生存競争などで適者だけが残るようにすること] A sele(c)ção natural. ◇ **Jin'i** [**Shiyō**; **Shizen**] ~ 人為[雌雄; 自然] 淘汰 A sele(c)ção artificial [sexual; natural].

totán[1] トタン (< P.) O zinco; a tutanga. ◇ ⇨ ~ **bari**. ~ **yane** トタン屋根 O telhado de ~. ⇨ buríki.

totán[2] 塗炭【E.】A desgraça; a angústia. ★ ~ *no kurushimi o nameru* 塗炭の苦しみをなめる Estar [Cair] na maior desgraça.

totán[3] 途端 Precisamente no momento [na altura] em que …. ★ *Sono ~* その途端(に) Nesse mesmo instante「tocou o telefone」. ⇨ shuñkañ; tossá.

totán-bári トタン張り (< ~[1] + harú) A zincagem (por galvanização).

tótaru [**oó**] トータル (< Ing. total < L.) O total「dos gastos」. ⇨ gôkéi; sôkéi[1].

tôtátsú [**oó**] 到達 A chegada; o alcance. ★ *Mokuteki-chi ni ~ suru* 目的地に到達する Chegar ao destino. ◇ ~ **chi** [**ten**] 到達地[点] O local [ponto] de destino. ⇨ tasssé; tôchákú.

totchíméru 取っちめる【G.】Dar uma lição [um raspante]. ★ ~ *suru* 取っちめる。取っちめられる Levar uma ensaboadela [Apanhar um raspante] dos colegas. ⇨ yarí-kómeru.

-tóte (< tóité) **1** [たとえ…でも; …したところで] Mesmo [Ainda] que; como quer que seja. *Kōkai shita ~ shikata ga nai* 後悔したとて仕方がない Ainda que se arrependa, o mal está feito. **2** [理由の意; …と言って] Por; devido a; em virtude de. *Kyūjitsu no koto ~ hitode ga ōi* 休日のこととて人出が多い A afluência de gente é muita [grande] por ser feriado. **3** [目的の意; …として; …と思って] Para; a fim de. **4** [と言って] Por; sob preteixo de. *Binbō da kara ~ hito o keibetsu suru na* 貧乏だからとて人を軽蔑するな Não despreze os outros por [pelo fa(c)to de] serem pobres! **5** [もやはり] Também. *Watashi ~ (mo) negau koto wa onaji da* 私とて(も)願うことは同じだ Eu também desejo o mesmo.

totéi 徒弟 O aprendiz. ★ ~ *ni dasu* [*yaru*] 徒弟に出す[やる] Mandar「o filho」aprender um ofício [trabalhar como aprendiz]. ⇨ ~ **bōkō**. ~ **seido** 徒弟制度 O sistema de aprendizagem「de um ofício」. Ⓢ/㊅ Detchí (+). ⇨ deshí[1]; kozó.

tôtéi [**oó**] 到底 (Com v. na neg.) De maneira nenhuma. ★ ~ *arienai* 到底あり得ない Isso é totalmente impossível [está fora de hipóteses]. Ⓢ/㊅ Dôshítémo; totémó **1** (+); zeñzéñ.

totéi-bôkô [**bóo**] 徒弟奉公 (< … + hôkô) O serviço de aprendiz.

totémó とても **1** [どうしても…ない] (Com v. na neg.) De maneira nenhuma; de modo algum. *Kono jigyō wa ~ seikō no mikomi ga nai* この事業はとても成功の見込みがない Não há qualquer [nenhuma] esperança de sucesso para este empreendimento. ★ ~ *kanawanai* とてもかなわない Não「chego」para ele. ~ *kangaerarenai* とても考えられない Ser impensável. ~ *tasukaranai byōnin* とても助からない病人 O doente sem esperança de cura. Ⓢ/㊅ Dôshítémo; tôtéi. **2** [たいそう] Muito. *Kanojo wa sono doresu ga ~ ki ni itta* 彼女はそのドレスがとても気に入った Ela gostou ~ desse vestido. ★ ~ *ii hito* とてもいい人 Uma pessoa ~ boa. ~ *ōkii* とても大きい ~ grande. ~ *omoshiroi hon* とても面白い本 O livro ~ interessante. ~ *yoku taberu* とてもよく食べる Comer ~ bem. *Karada ni ~ yoi* [*warui*] 体にとても良い[悪い] Ser ~ bom [mau] para a saúde. Ⓢ/㊅ Hijó ni; taíhéñ; táisó; totémó. **3** [⇨ dôsé].

tótemu [óo] トーテム (< Ing. < Língua dos algonquinos do Canadá) O totem. ◇ **~ pōru** トーテムポール O poste do ~.

tóten[1] [óo] 当店 Esta [A nossa/minha] loja. ★ ~ *jiman no shina* 当店自慢の品 O melhor [Um bom] artigo de ~. ⇨ misé.

tóten[2] [óo] 読点 A vírgula japonesa [､]. ★ ~ *o utsu* 読点を打つ Pôr [Colocar] ~. ⇨ kutén; kutóten.

totétsú 途轍【E.】A razão. ★ ~ *mo nai* 途轍もない 「um pedido」 Irrazoável [Absurdo]. S問 Dôrí (+); sujímichi (+). ⇨ tohô.

totétsú [oó] 透徹 **1** [すきとおること] A transparência. ★ ~ *shita ao-zora* 透徹した青空 O céu azul [límpido]. ⇨ sukítóru. **2** [すみずみまではっきりしていること] A clareza. ★ ~ *shita zunō* 透徹した頭脳 Um espírito [cérebro] penetrante/lúcido.

tóto[1] とと【Infa.】O peixe; o passarinho; a galinha.

tóto[2] 父【Infa.】O papá [papai]. ◇ **~ sama** 父様 ~. A反 Káka.

totó 徒党 O bando [A clique] de conspiradores. ★ ~ *o kumu* [*musubu*] 徒党を組む [結ぶ] Formar um/a ~. ⇨ nakámá.

tótō[1] [tóo-] 到頭 Finalmente; por fim [último]. *Hisshi no kanbyō mo munashiku kare wa ~ iki o hikitotta* 必死の看病もむなしく彼はとうとう息を取った Apesar de todos os cuidados, foi tudo em vão e ele acabou por morrer. S問 Kekkyókú; tsúí ni.

tótō[2] [toó-] 滔滔【E.】**1** [水がさかんに流れるさま] Com ímpeto; em cachão. ★ ~ *to nagareru kawa* 滔々と流れる河 Um rio caudaloso. **2** [感情の盛んにわきおこるさま] Com arrebatação [ímpeto]; fogosamente. ★ ~ *to minagiru ai* 滔々とみなぎる愛 O amor impetuoso [louco]. **3** [雄弁であるさま] Com eloquência. ★ ~ *to benjiru* [*nobetateru*] 滔々と弁じる [述べたてる] Falar ~. **4** [世の風潮などの一つの方向に勢いよく移るさま] Como um vendaval.

-tótō[3] [-tóo] 等等【E.】Etc., etc. S問 Nádo-nado.

tótōbu [oó] 貴ぶ ⇨ tattóbu.

tótōi [oó] 尊 [貴] い **1** [価値が高い] Precioso; valioso; inestimável. *Seimei hodo ~ mono wa nai* 生命ほど貴いものはない Não há nada tão ~ como a vida. S問 Kichó ná (+); taísétsú ná (+). **2** [身分などが高い] Nobre; ilustre. ★ ~ *o-kata* 尊いお方 A personalidade ~ [de grande nome]. S問 Kóki na (+); tattói.

totókárucho トトカルチョ (< It. totocalcio) A famosa lota[e]ria do futebol na Itália.

tó tómo ni と共に Juntamente com. ★ *Yo-ake ~ oki-dasu* 夜明けと共に起き出す Levantar-se com a alvorada.

totónóéru 調 [整・斉] える (⇨ totónóu) **1** [用意する] Preparar; arranjar; aprontar. ★ *Yūshoku o ~ o* 夕食を調える Preparar o jantar. S問 Chótátsú súrú; júnbi suru (+); yôi suru (+). **2** [きちんとそろえる; 整理する] Pôr bem [em ordem]. ★ *Fukusō [Minari] o ~* 服装 [身なり] を整える Vestir-se [Arranjar-se]. S問 Chôséi [Seítôn] súrú; séiri suru. **3** [まとめる] Levar a bom termo; concluir. ★ *Kōshō o ~ o* 交渉を調える ~ as negociações. S問 Matómúrú. **4** [調達する] Conseguir; arranjar. ★ *Hitsuyō-hin o ~ o* 必要品を調える Adquirir o que é preciso [as coisas necessárias] 「para o casamento」. S問 Chótátsú súrú; kaímótomúru.

totónóu 調 [整] う (⇨ totónóéru) **1** [足りないものがなくなる・そろう] Estar preparado [pronto]. *Yūshoku no yōi ga totonoimashita* 夕食の用意が調いました O jantar está pronto. S問 Soróu. **2** [きちんと整頓される] Estar bem [em ordem]. ★ *Totonotta fukusō* 整った服装 O vestido [fato] bem posto. **3** [まとまる] Estar concluído [combinado]. ★ *Kon'yaku ga ~* 婚約が調う Ficarem noivos/Ficar combinado o casamento. S問 Matómúrú (o); seírítsú súrú (+).

tótótsú [oó] 唐突 Brusco; de repente. ~ *de kyōshuku* [*shitsurei*] *desu ga* 唐突で恐縮 [失礼] ですが Desculpe a minha brusquidão, mas…. S問 Dashínúké (+); totsúzéń (o).

tótsū [oó] 疼痛 A dor aguda [lancinante]. S問 Uzúkí. ⇨ itámí[1].

totsúbén 訥弁 O falar arrastado; o ser lento a falar. A反 Nôbéń; yúbéń. ⇨ kuchí-bétá.

totsúbén-ká 訥弁家 O fraco orador.

totsúgéki 突撃 O ataque; a arremetida; a carga; a investida; o assalto. ★ ~ *suru* 突撃する Atacar; arremeter; investir; assaltar. ◇ **~ rappa** 突撃ラッパ O toque de ~ dos clarins [das trombetas]. S問 Tokkán; tosshín.

totsúgéki-tái 突撃隊 A tropa de assalto; os comandos.

totsúgi-sáki 嫁ぎ先 (< totsúgu + …) A família do marido da filha. S問 Kónka.

totsúgu 嫁ぐ Casar [Ser dada em matrimó[ô]nio]. ★ *Musume o totsugaseru* 娘を嫁がせる Dar em casamento [Casar] uma filha. S問 Kasúru.; yomé-írí.

tótsujo (to shite) 突如 (として) ⇨ totsúzéń.

totsúmén 凸面 A convexidade; a superfície convexa. ◇ **~ renzu** 凸面レンズ A lente convexa. A反 Ômén.

totsúmén-kyō 凸面鏡 O espelho convexo. A反 Ôménkyô.

totsúnyū 突入 A acometida; a entrada; a penetração. ★ *Suto ni ~ suru* ストに突入する Entrar em greve. ⇨ haírí-kómu.

tótsu-óítsu とつおいつ Com hesitação; irresolutamente; indecisamente. ★ ~ *shian suru* [*o megurasu*] とつおいつ思案する[を巡らす] Estar indeciso; hesitar. S問 Tôyakaku to.

totsútótsú 訥訥 O gaguejo; a indecisão no falar.

totsúzéń 突然 Subitamente; inesperadamente; de chofre; de repente. ★ ~(*ni*) *hōmon suru* 突然(に)訪問する Fazer uma visita inesperada. ~ *no totsuzen no* 突然の Súbito; inopinado; repentino; inesperado. ~ *no dekigoto* 突然の出来事 O acontecimento inesperado. ~ *shinu* 突然死ぬ Morrer repentinamente. ◇ **~ hen'i** 突然変異【Biol.】A mutação [~ *hen'i o okosu* 突然変異を起こす Provocar a mutação]. S問 Dashínúké; totsúgeki; fuí-ni.

tottán 突端 A ponta; a extremidade; a parte final. S問 Sentáń (+); tossáki.

totté[1] 把手 O cabo; o punho; a maçaneta; a asa. S問 Tsumámí.

-tótte[2] 取って (< tóru) **1** [⋯において] Para; com. *Kare ni ~ wa kore kurai tayasui koto da* 彼にとってはこれくらいのたやすいことだ Para ele isto é coisa fácil. **2** [今年を数えに入れて(年齢が)] Contando este ano. *Kare wa tōnen ~ jūhassai ni naru* 彼は当年とって十八になる Este ano ele faz 18 anos.

tottéi 突堤 O molhe; o quebra-mar; a ponte de

atracação. ⇨ teíbô.

tótte-kaesu 取って返す (< tóru + …) Voltar; retroceder; retornar. ★ *Tochū de* ~ 途中で取って返す Voltar para trás a meio do caminho. ⟨S/同⟩ Hikíkaesu (+).

tótte-kawaru 取って代わる (< tóru + …) Substituir 「o chefe/o método」. ⟨S/同⟩ Iré-káwáru (+).

totté-kúru 取って来る (< tóru + …) Ir apanhar; ir buscar 「o jornal」.

tottémó とっても【G.】⇨ totémó.

totté-óki-nó 取って置きの (< tótte-oku) Reservado; valioso; sele(c)cionado; apreciado. ★ ~ *te o dasu* 取って置きの手をだす Jogar o trunfo [melhor lance reservado].

tótte-oku 取って置く (< tóru + …) **1** [確保する] Reservar; guardar; assegurar. ★ *Seki o totte-oite morau* 席を取って置いてもらう Pedir uma reserva [para lhe ser reservado o lugar]. **2** [別にして置く] Guardar; pôr de parte [lado]. *Kēki o hito-kire kare ni totte-oita* ケーキを一切れ彼に取っておいた Deixei (guardada) uma fatia de bolo para ele. **3** [後のために残す] Deixar guardado para depois. ★ *Akibako o* ~ 空き箱を取って置く Guardar a caixa vazia. ⟨S/同⟩ nokósu.

tótte-tsuketa-yō 取って付けたよう (< tóru + tsukéru + …) O ar artificial [afe(c)tado; fingido]. ★ ~ *na o-seji o iu* 取って付けたようなお世辞を言う Dizer elogios fingidos.

tótto とっと【Infa.】O passarinho; o pintainho. ⇨ torí³; tóto¹.

tótto-to とっとと【G.】Rapidamente; imediatamente; apressadamente. ~ *dete ike* とっとと出て行け Saia já [Fora daqui; Retire-se imediatamente]! ⟨S/同⟩ Háyaku (+); sássa-to.

tottsúkí 取っ付き **1** [物事の初め初め] O começo; o início「da subida」. ⟨S/同⟩ Hájimé (+); saíshó (o); teháime (+). **2** [幾つかあるうちの一番手前] O primeiro; o mais próximo. ★ *Mura no* ~ *no ie* 村の取っ付きの家 A primeira casa do [ao chegar à] aldeia. ⇨ temaé. **3** [初対面の感じ] A primeira impressão. ~ *no warui* [*yoi*] *hito* 取っ付きの悪い[よい]人 Uma pessoa que causa má [boa] impressão à primeira vista. ⇨ dái-ichi (+); sho-táimen.

tottsúkí-nikúi 取っ付きにくい Inacessível; de trato difícil. ★ ~ *hito* 取っ付きにくい人 A pessoa ~. ⟨A/反⟩ Tottsúkí-yásúi. ⇨ tottsúkí **3**.

tottsúkí-yásúi 取っ付きやすい Acessível; sociável; de trato fácil. ★ ~ *hito* 取っ付きやすい人 A pessoa ~. ⟨A/反⟩ Tottsúkí-nikúi. ⇨ tottsúkí **3**.

tóu¹ 問う **1** [尋ねる] Perguntar; indagar; inquirir; interrogar; pôr uma questão. ★ *Sanpi no* ~ 賛否を問う Perguntar se está ou não de acordo. 「だとも」 ~ *wa ittan* [*ittoki*] *no haji, towanu wa matsudai no haji* 問うは一旦[一時]の恥、問わぬは末代の恥 Perguntar é vergonha momentânea, não perguntar é vergonha eterna. ⟨S/同⟩ Kikú (o); tazúnéru (+). ⟨A/反⟩ Kotaéru. **2** [問題として取り上げる] Ter importância; importar; exigir-se. *Keiken no umu wa towazu* 経験の有無は問わず Não é necessário ter experiência「para este cargo」. ⇨ tsuíkyū². **3** [罪や責任を追求する] Acusar; incriminar; imputar. ★ *Mujitsu no tsumi ni towareru* 無実の罪で問われる Ser acusado injustamente.

tóu² 訪う【E.】Visitar. ⟨S/同⟩ Hōmón súrú (o); otózúréru (+); tazúnéru (+).

tówa¹ 永久・常【E.】A eternidade. ⟨S/同⟩ Eíén (o); eíkyū (+); tokóshíé (+).

tó wa² と言う **1**「「…」を取り立てた言い方」「Darse」por「satisfeito」. *Kono teido de wa mada manzoku* ~ *ienai* この程度ではまだ満足とは言えない Assim [Isto] ainda não chega. **2** [それほどは] Tanto. *Koko kara eki made nijippun* ~ *kakaranai* ここから駅まで20分とはかからない Daqui à estação não leva vinte minutos. **3** [主に文末に用いて意外・おどろき・期待はずれなどを表す] Como (é possível)!; é incrível! *Tomo ni uragirareru* ~ 友に裏切られるとは Ser (assim) traído por um amigo! **4** [と言うのは] Quer dizer …; isto é ….

tó wa ie とは言え **1** [いくら…と言っても] Mesmo que se diga. *Chikai* ~ *aruitara sanjippun wa kakaru* 近いとは言え歩いたら30分はかかる Mesmo que seja [digam que é] perto, leva 30 minutos a pé. ⟨S/同⟩ Ga (+); kéredomo (+). **2** [そうは言っても] Mas; porém; todavia; contudo; não obstante. *Kare ni wa ketten ga ōi* ~ *nakama ni hijō ni sukarete iru* 彼には欠点が多いとは言え仲間に非常に好かれている Ele tem muitos defeitos, mas é muito querido pelos [dos] companheiros. ⟨S/同⟩ Dá ga (+); ga (+); kéredomo (+).

tówa iu mono no とは言うものの ⇨ tó wa ie.

tōwákú [*ōó*] 当惑 A perplexidade; o embaraço; a atrapalhação; a confusão. ★ ~ *suru* 当惑する Ficar perplexo [embaraçado; desconcertado; confuso] [~ *shikitta yōsu de* 当惑しきったようすで Com ar de (extrema) perplexidade.]. ⟨S/同⟩ Końwákú.

tōwákú-gáo [*ōó*] 当惑顔 (< + kaó) A aparência [expressão] perplexa. ★ ~ *de* 当惑顔で Com cara [com um ar] de espanto.

tówazu 問わず (Neg. de "tóu¹") Sem distinção de. ★ *Rō-nyaku-nan-nyo o* ~ 老若男女を問わず Sem distinção de idade ou sexo.

towazú-gátari 問わず語り (< … + katarú¹) A declaração voluntária [espontânea]. ★ ~ *ni iu* 問わず語りに言う Falar espontaneamente.

toyá 鳥屋 ⇨ torí-góya.

tóya¹ [*ōó*] 当夜 **1** [その夜] Essa noite. ★ *Jiken* ~ 事件当夜 A noite do incidente. ⟨S/同⟩ Dōya. ⇨ yóru¹. **2** [今夜] Hoje à noite. ⟨S/同⟩ Kón'ya (+).

tōya² [*ōó*] 陶冶【E.】A educação; a formação「do cará(c)ter」; o cultivo. ★ ~ *suru* 陶冶する Cultivar; formar. ⟨S/同⟩ Kun'íkú (+); kuńtō.

tóyakaku 兎や角 Isto e mais aquilo; uma coisa e outra. ★ ~ *iu* とやかく言う Dizer coisas/~; criticar. ⇨ iróiró.

tōyákú [*ōó*] 投薬 A prescrição de medicamento; a medicação. ★ ~ *suru* 投薬する Receitar [Prescrever] um remédio; medicar. ⇨ Tōyo.

tōyákú-guchi [*ōó*] 投薬口 (< … + kuchí) O guiché onde se recebem os medicamentos (no hospital).

tó yara とやら Ou coisa parecida. ★ *Suzuki* ~ *iu hito* 鈴木とやらいう人 Um tal Suzuki. ⇨ tó ka³.

tōyo [*ōó*] 投与 A medicação. ★ ~ *suru* 投与する Receitar [Dar] um remédio. ⇨ tōyákú.

tōyō¹ [*tóó*] 東洋 O Oriente. ★ ~ *no* 東洋のOriental. ○ ~ *bijutsu* 東洋美術 A arte oriental. ~ **bunka** [**bunmei**] 東洋文化[文明] A cultura [civilização] oriental. ~ **shisō** 東洋思想 O pensamento oriental. ⟨A/反⟩ Séiyō.

tōyō² [*tóó*] 登用 [庸] A nomeação; a designação; a

tôyô³ promoção. ★ ~ *suru* 登用する Nomear; designar; promover [*Hanji ni* ~ *sareru* 判事に登用される Ser nomeado juiz]. *Jinzai no* ~ *de* 人材の登用 ~ de pessoas habilitadas [capazes]. ⇨ saíyô.

tôyô³ [tóó] 当用 O uso corrente [imediato]. ◇ ~ **nikki** 当用日記 O diário; a agenda.

tôyó⁴ [tóó] 盗用 A apropriação indevida; o uso fraudulento; o plágio. ★ ~ *suru* 盗用する Apropriar-se indevidamente; plagiar「uma tese」.

tôyô-fú[-téki] [tóó] 東洋風[的] O orientalismo; o estilo oriental.

tôyô-gaku [tóóyóo] 東洋学 Os estudos orientais.

tôyôgáku-sha [tóó] 東洋学者 O orientalista; o estudioso de assuntos orientais.

tôyô-ká [tóó] 東洋化 A orientalização.

tôyô-shi [tóó] 東洋史 A história oriental.

tôyú¹ [oó] 灯油 O querosene; o petróleo de lanterna. S/同 Sekíyú.

tôyú² [oó] 桐油 O óleo de tungue.

tózá [oó] 当座 **1** [さし当たってしばらくの間] De momento; para já. ★ ~ *no ma-ni-awase [shinogi] ni* 当座の間に合わせ[しのぎ]に「já dá/serve」Para remediar [quebrar um galho (B.)]. ~ *o shinogu* 当座をしのぐ Remediar (a situação). ~ *wa* 当座は Por ora; temporariamente; interinamente. **2** [当時] Durante algum tempo. ★ *Koko ni kita* ~ ここに来た当座 Na altura em que veio para cá. S/同 Tóji (+). **3** [銀行の] A conta corrente (Banco). ◇ ~ **yokin** 当座預金 O depósito em ~.

tozái 吐剤 [Med.] O emético; o vomitório [vomitivo]. ⇨ háku¹; ôto¹.

tôzai [óo] 東西 **1** [東と西] O leste e o oeste. *Kokon* ~ *o towazu* 古今東西を問わず Em todos os tempos e lugares. ◇ ~ **nanboku** 東西南北 Os quatro pontos cardeais; o leste e o oeste, o norte e o sul. ⇨ higáshi¹; nishí. **2** [東洋と西洋] O Oriente e o Ocidente. ★ ~ *kan no bunka kôryû* 東西間の文化交流 O intercâmbio cultural leste-oeste [entre o ~]. **3** [方角; 道理] 【Fig.】 A dire(c)ção; o sentido; a orientação. ★ ~ *ga wakaranaku naru* 東西がわからなくなる Ficar desnorteado; perder o rumo; desorientar-se. **4** [口上で] Senhoras e senhores [Prezados espectadores]!

tô-záiku [oó] 藤細工 (< ... + saíkú) O trabalho em vime. ★ ~ *no kago* 藤細工のかご O cesto de vime.

tôzakáru [oó] 遠ざかる **1** [遠く離れてゆく] Distanciar-se; afastar-se. *Ganpeki o hanareta fune wa shidai ni tôzakari yagate mienaku natta* 岸壁を離れた船は次第に遠ざかりやがて見えなくなった O navio que deixou o cais foi-se afastando até se perder de vista. **2** [疎遠になる] Afastar-se. *Ongaku katsudô kara* ~ 音楽活動から遠ざかる Deixar as a(c)tividades musicais. A/反 Chikázúku. ⇨ soén.

tôzakéru [oó] 遠ざける **1** [遠くへやる] Afastar; manter a distância; apartar. ★ *Kodomo o byônin kara* ~ 子供を病人から遠ざける Apartar a criança do doente. **2** [酒する] Abster-se de. ★ *Sake o* ~ 酒を遠ざける Deixar as [~ das] bebidas alcoólicas. S/同 Sessêí súrú (+); sessúrú (+). **3** [疎遠にする] Evitar. ★ *Akuyû o* ~ 悪友を遠ざける ~ as más companhias. A/反 Chikázúkéru.

tózan 登山 O alpinismo; o montanhismo. ★ ~ *suru* 登山する Escalar [Subir] montanhas. ~-*yô no zairu* 登山用のザイル A corda de ~. ◇ **ki** [shī-

zun] 登山期[シーズン] A época de ~. ~ **netsu** 登山熱 A paixão pelo ~. ~ **tai** 登山隊 O grupo [A equipe] de alpinistas.
S/同 Yamá-nóbori. ⇨ gezán.

tozán-gutsu 登山靴 (< ... + kutsú) As botas de alpinismo [para montanha].

tozán-ká 登山家 O alpinista/montanhista.

tozán-sha 登山者 O escalador de montanhas.

tozásu 閉ざす[鎖]す **1** [外部との交流をたつ] Fechar; trancar; cerrar. ★ *Kokoro o* ~ 心を閉ざす Fechar o coração; fechar-se. *Kuchi o* ~ 口を閉ざす Fechar [Calar; Tapar] a boca. *Mon o* ~ 門を鎖す ~ o portão. S/同 Shiméru; tojíru. **2** [道などを通れないようにする] Obstruir; tapar; fechar. ★ *Michi o* ~ 道を鎖す ~ o caminho. S/同 Fusagú (+). **3** [閉じこめて動けなくする] Bloquear. ★ *Yuki ni tozasareta mura* 雪に閉ざされた村 A aldeia bloqueada pela neve. S/同 Tojí-kóméru. **4** [その場を占めて一杯にする] Inundar; cobrir. ★ *Yami ni tozasareru* [閉ざされる] Ficar envolto em trevas. A/反 Hiráku.

tôze [óo] 党是 【E.】 A política [linha] seguida pelo partido.

tôzén¹ [oó] 当然 Naturalmente; logicamente; evidentemente; com razão; claro. *Gakusei ga benkyô suru no wa* ~ *da* 学生が勉強するのは当然だ Claro que um estudante deve estudar! ★ ~ *no chii* 当然の地位 A posição merecida. ~ *no kekka* [*kiketsu*] *to shite* 当然の結果[帰結]として Como consequência natural. ~ *no koto-nagara* 当然の事ながら Embora seja lógico [natural]. S/同 Datô; atárímáe (+).

tôzén² [oó] 陶然 【E.】 Inebriado (Com vinho, música, paisagem); enlevado; extasiado. ★ ~ *taru kibun* 陶然たる気分 A sensação de êxtase [enlevo].

tôzén³ [oó] 東漸 【E.】 O movimento [avanço]「da religião」para leste. A/反 Seízén.

tozétsú 途[杜]絶 A interrupção; a suspensão. ★ ~ *suru* 途絶する Interromper; cortar [*Yuki no tame kôtsû ga sukkari* ~ *shita* 雪のため交通がすっかり途絶した O trânsito ficou cortado [totalmente interrompido] devido à neve]. ⇨ todáéru.

tozóku [oó] 盗賊 O ladrão; o gatuno; o salteador. ⇨ doróbô; nusúttó.

tózúrú [oó] 投ずる [じる] ⇨ tôjíru.

tsu 津 O porto; o ancoradouro.
S/同 Funá-tsúkí-bá (o); watáshí-bá (+) .

-**tsu** つ 【Partícula】 E; ora ..., ora .... ★ *Mochi* ~ *motare* ~ *no kankei* 持ちつ持たれつの関係 A relação de ajuda mútua [ajudar e ser ajudado]. ~ -*tári*; -tsútsu².

tsû¹ [úu] 通 **1** [精通した人] O entendido; o especialista. ~ *buru* 通ぶる Fazer-se de entendido. **Nippon** ~ 日本通 ~ em assuntos japoneses. ⇨ tsújíñ. **2** [人情や花柳界に通じていること、またはその人] O conhecimento [conhecedor] do mundo. ⇨ tsújíñ.

tsû² [úu] ツー **1** [意気が合っているようす] A sintonia; a harmonia. ★ ~ *kâ no naka* ツーカーの仲 As relações harmoniosas. **2** [電信符号] O sinal telegráfico.

-**tsû³** [úu] 通 (Numeral para cartas ou documentos). ★ *Shôsho ittsû* 証書一通 Um certificado. *Tegami ni* ~ 手紙二通 Duas cartas.

tsuâ ツアー (< Ing. < Fr. tour) A viagem de turismo; a excursão. ◇ ~ **kondakutâ** ツアーコンダクター O guia da ~ [do grupo de turistas]. **Nanbei** ~ 南米ツ

アー ～ à América do Sul. ⑤[商] Kańkō ryókō (+).
tsúba[1] 唾 A saliva; o cuspo/e. ★ ～ *ga deru* 唾が出る Salivar. ～ *o hikkakeru* 唾を引っかける Cuspir sobre/em. ～ *o suru* 唾をする Cuspir [*Te ni* ～ *o suru* 手に唾をする Cuspir na mão]. ～ *o tsukete oku* 唾をつけて置く **a)**[つばをする] Deixar (h)umedecido com saliva; **b)**[取られないように…] Deixar sinal indelével; lamber; reservar. ⑤[商] Daékí; tsúbaki.
tsúba[2] 鍔 **1** [刀の] A guarnição da espada; o guarda-mão. **2** [帽子の] A aba do chapéu. **3** [釜の] A asa da panela. **4** [鉄管の] A flange.
tsúba [úu] 痛罵 A diatribe; a crítica mordaz. ★ ～ *suru* 痛罵する Criticar acerbamente. ⑤[商] Bató (+).
tsú-bái-fō-kóhō ツーバイフォー工法 (< Ing. two by four + …) Um método de construção em madeira.
tsubáki[1] 唾 ⇨ tsúba[1].
tsúbaki[2] 椿【Bot.】A camélia (japoneira); *camellia japonica*. ◊ ～ **abura** 椿油 O óleo de ～.
tsubámé 燕 【Zool.】**1** A andorinha. ★ ～ *no saezuri* 燕のさえずり O gorjeio da ～. **2** [年配の女に可愛がられる若い男]【Fig.】O amante jovem apanhado por mulher de mais idade. ★ *Wakai* ～ 若いツバメ Um ～/borrachinho.
tsubásá 翼 ⑤[商] Hané[2].
tsubá-zériai 鍔迫り合い (< … + serí-áí) **1** [刀のつばで受け止め合って押し合う] O empurrão dado com o guarda-mão para interceptar a espada adversária. **2** [激しい争い] A luta renhida [encarniçada]. ★ ～ *o enjiru* 鍔ぜり合いを演じる Travar uma ～. ⑤[商] Sesséń (+).
tsúbekobe つべこべ (Im. de queixa, resmungar, …). ★ ～ *iu na* つべこべ言うな Cale-se/Caluda/Bico calado!
tsubérúkúrin ツベルクリン (< Al. tuberkulin)【Med.】A tuberculina. ★ ～ **hannō** ツベルクリン反応 A rea(c)ção à ～ [～ *hannō o miru* ツベルクリン反応を見る Observar a rea(c)ção à ～].
tsubó[1] 坪 O tsubo (Unidade de medida de superfície, equivalente a 3,306m[2] e muito us. no J.). ◊ ～ **atari** 坪当り Por ～ [*Hito-* ～ *atari yonjū-man-en no tochi* 一坪当たり 40 万円の土地 O terreno avaliado em 400.000 yens por ～]. ⇨ **sū**.
tsubó[2] 壺 **1** [容器の一種] O jarro; o pote; o cântaro. ◊ ～ **Inku** ～ インク壺 O tinteiro. **2** [壺皿] O vaso. **3** [壺ез] O eixo de dobradiça. **4** [灸点] O lugar certo para aplicação da moxa. ⑤[商] Kyūtéń. **5** [急所; こつ] O ponto vital [crucial]. ★ ～ *o kokoroeru* 壺を心得る Saber bem o que fazer. ⑤[商] Kotsú (+); kyūshó. **6**【Fig.】O objectivo; o alvo. ★ *Aite no omou* ～ *ni hamaru* 相手の思う壺にはまる Fazer o jogo do adversário. ⑤[商] Zubóshí.
tsúbō[1] [úu] 通謀 A conspiração; o conluio. ～ *suru* 通謀する Conspirar. ⑤[商] Kyōbō (+).
tsúbō[2] [úu] 痛棒 **1** [座禅の時僧の持つ棒] A cacetada com que o bonzo zen-budista golpeia quem não se concentra durante a meditação. **2** [きびしい叱責] O raspanete. ★ ～ *o kurau* 痛棒を食らう Levar um ～. ～ *o kurawasu* 痛棒を食らわす Repreender severamente. ⇨ hínan[1]; shisséki[1].
tsubómárú 窄まる 「rio」Ser estreito 「na foz」[Estreitar-se]. ⑤[商] Subómárú. ⇨ tojíru[1].
tsubómérú 窄める Estreitar; fechar; encolher. ★ *Kata o* ～ 肩を窄める Encolher os ombros. ⑤[商] Subómérú.
tsubómí 蕾 **1** [花のまだ開かないもの] O botão (de flor). ★ ～ *ga hokorobi-kakeru* 蕾がほころびかける ～ começar a abrir [O ～ a desabrochar]. ～ *o motsu* [*tsukeru*] 蕾を持つ [つける] Estar carregado de botões. *Hana mo* ～ *no otome* 花も蕾の乙女 A adolescente; a donzela na flor da idade. **2** [まだ 1 人前でない若い者] O [A] jovem no desabrochar da vida. ★ ～ *no hana o chirasu* 蕾の花を散らす Morrer na flor da mocidade.
tsubómí-gátá-sōshoku [óo] 蕾形装飾【Arqui.】O ornato arquite(c)tó(ô)nico em forma de "tsubomi".
tsubómú 窄む ⇨ tsubómárú.
tsubóné 局 **1** [部屋] Os aposentos de uma dama da corte. **2** [女官] A dama da corte [de companhia]. **3** [役所の休息所] A sala de descanso numa repartição pública. **4** [局女郎の略] A prostituta de baixa classe ou o seu aposento.
tsubó-sū́ [úu] 坪数 **1** [坪の数] O número de "tsubos". **2** [建坪; 広さ] A área; a superfície. ⇨ tsubo[1].
tsubó-yáki 壺焼き (< … ² + yakú) O marisco cozido dentro da concha. ★ *Sazae no* ～ さざえの壺焼き O caramujo cozido…
tsúbu 粒 O grão; o pingo; a gota (De chuva; ⇨ -téki[2]). ～ *ga arai* 粒が荒い A granulação é grossa. ～ *ga chīsai* [*ōki*] 粒が小さい [大きい] Os grãos são pequenos [grandes]. ～ *ga sorotte iru* 粒がそろっている Ser uniforme em tamanho [qualidade] [*Kotoshi no gakusei wa* ～ *ga sorotte iru* 今年の学生は粒がそろっている (Id.) Os estudantes deste ano têm um nível uniforme]. ～ *ni naru* 粒になる Ficar em grão. ～ *o soroeru* 粒をそろえる Separar os grãos 「do arroz」por tamanho. *Hito-* ～ *no mugi* 一粒の麦 Um grão de trigo. ⇨ ko-tsúbú; ó-tsúbú; tsubútsúbú.
tsúbún [úu] 通分【Mat.】A redução (de fra(c)ções) a um denominador comum. ★ ～ *suru* 通分する Reduzir ao…
tsuburá ná 円らな Redondo; arredondado. ★ ～ *me* [*hitomi*] 円らな目 [瞳] Os olhos ～s. ⇨ marúi.
tsubúrérú 潰れる (⇨ tsubúsú) **1** [形がくずれる] Ser esmagado 「nos meios de transporte」[quebrado; despedaçado; destruído]. ★ *Tsuburekakatta koya* 潰れかかった小屋 A choupana prestes a desmoronar-se [cair]. *Tsubureta* 潰れた Esmagado. *Kao* [*Menmoku*] *ga* ～ 顔 [面目] が潰れる Perder o bom nome; ficar mal visto. *Kimo ga* ～ 肝が潰れる Ficar assombrado [pasmado; espantado]. *Kutsu no kakato ga* ～ くつのかかとが潰れる Gastar-se o salto do sapato. *Mune ga* ～ *omoi o suru* 胸が潰れる思いをする Sentir um peso no coração. *Nikibi ga* ～ ニキビが潰れる (Ar)rebentar a espinha [borbulha]. *Yoi* ～ 酔い潰れる Ficar completamente embriagado. ⑤[商] Hishágéru. **2** [機能が失われる] Perder a função. ～ *Koe ga* ～ 声が潰れる Perder a voz. *Me ga* ～ 目が潰れる Perder a vista. **3** [滅びる] Falir; arruinarse; ir à bancarrota. *Fu-keiki no tame ōku no chūshō kigyō ga tsubureta* 不景気のため多くの中小企業が潰れた Devido à depressão econó(ô)mica muitas pequenas e médias empresas faliram. ⑤[商] Horóbíru. **4** [時間が有効に使われなく なる] Desperdiçar. *Kudaranai momegoto de sekkaku no yasumi ga tsuburete shimatta* くだらないもめごとでせっかくの休みが潰れてしまった Estraguei as minhas ricas férias com uma briga estúpida.
tsubúrú 瞑る Fechar; tapar; cerrar. ★ *Me o* ～ 目

を瞑る ～ os olhos. A/反 Akéru.

tsúbusa ni 具[備]に Minuciosamente; pormenorizadamente; tintim por tintim. ★ ～ *kataru* つぶさに語る Relatar ～. ～ *shiraberu* つぶさに調べる Investigar ～. S/同 Kotógótoku (o); morénaku (+).

tsubúshi 潰し [1 圧砕] Moer [moer]. ◇ ～ **an** 潰しあん A pasta de feijão. ⇨ **hima** ～. ◇ ～ assákú. **2**[別のことに使うため本来の性質を失わせること] A reciclagem. ★ ～ *ni kiku* 潰しがきく Servir para outra coisa. ～ *ni suru* 潰しにする Usar para outra coisa.

tsubúshi-né 潰し値 O valor residual; o preço「do ferro velho」.

tsubusú 潰す (< tsubúrérú) **1**[圧砕する] Esmagar; moer. ★ *Jagaimo o* ～ じゃがいもを潰す Esmagar a batata「para puré」. *Kao [Menmoku] o* ～ 顔[面目]を潰す Causar vergonha; pôr uma pessoa mal vista. *Kimo o* ～ 肝を潰す Ficar assombrado [pasmado; espantado]. ◇ *Fumi* ～ 踏み潰す Espezinhar; esmagar [calcar] com os pés. *Nigiri* ～ 握り潰す ～ com as mãos. *Oshi* ～ 押し潰す ～ apertando. ◇ Assái súrú. **2**[機能を失わせる] Estragar. ★ *Koe [Me] o* ～ 声[目]を潰す Perder a voz[vista]. **3**[滅ぼす; 失くす] Arruinar. ★ *Chansu o* ～ チャンスを潰す Deixar escapar a oportunidade. *Kaisha o* ～ 会社を潰す a empresa. *Sake to tobaku de shindai o* ～ 酒と賭博で身代を潰す Esbanjar a fortuna na bebida e no jogo. **4**[時間を無駄に費やす] **a**) Passar; **b**) Desperdiçar. ★ *Hima o* ～ 暇を潰す Matar [～] o tempo. *Muda ni jikan o* ～ 無駄に時間を潰す Desperdiçar o tempo. **5**[金属などを地金にする] Fundir. *Tsuri-gane o tsubushite taihō o tsukuru*〈つり鐘を潰して大砲を作る〉 sinos para fabricar canhões. **6**[家畜などを殺して別の役に立てる] Matar. ★ *Buta [Niwatori] o* ～ 豚[鶏]を潰す ～ o porco [frango; a galinha]. S/同 Korósú (+).

tsubúté 飛礫 A bolinha (De miolo de pão, neve, etc., para atirar às pessoas). I/慣用 *Nashi no* ～ *de aru* 梨の飛礫である Ficar sem resposta「à carta」.

tsubútsúbú 粒粒 Os grãos. ★ ～ *ni naru* 粒々になる Ficar com grãos「a farinha da sopa」.

tsubúyáki 呟き (< tsubúyáku) O murmúrio.

tsubúyáku 呟く Murmurar; resmungar. ★ *Butsubutsu* ～ ぶつぶつ呟く ～ por entre os dentes.

tsubú-yóri 粒選り (< ··· + yóru) A escolha; a sele(c)ção. ★ ～ *no* 粒選りの「atleta/pêssego」Escolhido; sele(c)cionado.
S/同 Yorí-núkí (+); erí-núkí. ⇨ tsubú-zóroi.

tsubú-zóroi 粒揃い (< ··· + sorou) Igual e de alta qualidade. ★ ～ *no* 粒揃いの「atleta/pêssego」de bom「qualidade」.

tsuchí[1] 土 **1**[大地] A terra; o chão; o solo. *Watashi wa roku-nen-buri ni Nippon no* ～ *o funda* 私は6年ぶりに日本の土を踏んだ Pisei o solo j. depois de seis anos de ausência. ★ ～ *ni kaeru* 土に帰る Voltar ao pó da terra; morrer. ～ *to [ni] naru* 土と[に]成る Ser sepultado [*Ikoku no* ～ *to naru* 異国の土と成る Morrer em terra estrangeira]. **2**[土壌] A terra; o barro. ★ ～ *de tsukutta* 土で作った Feito de ～. ～ *no yō na kao-iro* 土のような顔色 O rosto cadavérico [pálido]. *Ikkai no* 一塊の土 Um torrão [punhado de ～] (⇨ tsuchíkúré). *Koeta* ～ 肥えた土 O solo [A terra]fértil. *Yaseta* ～ やせた土 O solo estéril [pobre]. P[ことわざ] ～ *isshō no kane isshō* 土一升に金一升 O terreno, que vale o seu peso em ouro. ◇ ～ **toriba** 土取り場 A terreira (Local para tirar terra「para jardins」). S/同 Dojō. **3**[Sumō] A derrota. ★ ～ *ga tsuku* 土がつく Ser derrotado.

tsuchi[2] 槌 **1**[金属製の] O martelo. **2**[議長や競売者の] O martelo pequeno usado pelo juiz ou leiloeiro. **3**[木製の] O maço [martelo de madeira]. **4**[かじ屋の] O marrão. **5**[大槌] O malho; a marreta. ⇨ kaná-zúchi.

tsúchi[uú] 通知 O aviso; a notícia; a informação; a comunicação. ★ ～ *o ukeru* 通知を受ける Receber ～; ser informado. ～ *suru* 通知する Avisar; informar; comunicar (*Kimari shidai sugu* ～ *shite kudasai* 決まり次第すぐ通知して下さい Por favor informe-nos logo que decida). ◇ ～ **bo** [sha; sho]. S/同 Shirásé (+); tsúkókú; tsútátsú.

tsúchi-bo [uú] 通知簿 ⇨ tsúshín ◇.

tsuchi-bókori 土埃 (< ··· + hokóri) A poeira; o pó.

tsuchi-fúmazu 土踏まず (< ··· [1] + Neg. de "fumú") A concavidade da planta do pé.

tsuchi-gúmó 土蜘蛛 (< ··· [1] + kúmo)[伝説上の穴居人] A legendária tribo de trogloditas que teria habitado o J. em tempos antigos.

tsúchí-hyō [uú] 通知表 A caderneta escolar.
S/同 Tsúchíbo; tsúshínbo (+).

tsuchi-ijiri 土いじり (< ··· [1] + ijíru) O brincar com terra; a jardinagem.

tsuchi-iró 土色 A cor de terra; a palidez. ★ ～ *no kao* 土色の顔 A cara lívida [cadavérica].

tsúchi-jō [uú] 通知状 O aviso; a notificação por escrito.

tsuchíkáu 培う Criar; cultivar; desenvolver. ⇨ yashínáú.

tsuchi-kémuri 土煙 A nuvem de poeira.

tsuchíkúré 土塊 O torrão (de terra). ⇨ tsuchí[1].

tsuchi-kúsái 土臭い Cheirar a terra; rústico; rude.

tsúchi-móre [uú] 通知漏れ (< ··· + moréru) O não avisar.

tsuchi-níngyō 土人形 O boneco de barro.

tsúchi-sha [uú] 通知者 O informador.

tsúchi-shó [uú] 通知書 A informação por escrito.

tsuchi-tsúkazu 土付かず (< ··· [1] + Neg. de "tsúku") [Sumō] Sem nenhuma derrota.

tsuchi-yáki 土焼き (< ··· [1] + yakú) A louça de barro não vidrado.

tsúchō[1] [uú] 通帳 A caderneta. ◇ **Yokin** ～ 預金通帳 ～ bancária.

tsúchō[2] [uú] 通牒 O aviso; a notícia; a circular; o comunicado. ★ ～ *o hassuru* 通牒を発する Emitir ～. ◇ **Saigo** ～ 最後通牒 A notificação final; o último aviso.

tsúda [uú] 痛打 **1**[手ひどい打撃] O golpe demolidor [brutal]; a bordoada. ★ ～ *suru* 痛打する Desferir ～. ⇨ dagékí. **2**[野球で痛烈な一打を放つこと]【Beis.】 A batida em cheio. ★ ～ *o abiseru* 痛打を浴びせる Dar uma ～ [forte].

tsúdo 都度 Todas as vezes; sempre que. ★ *Sono* ～ その都度 Cada vez/～. S/同 Tabí. ⇨ maí-kái.

tsudóí [uú] (< tsudóu) O encontro; a reunião; a assembleia; o ajuntamento.
S/同 Atsúmárí (+); shúkái (+).

tsúdúkóí [uú] 通読 A leitura de uma ponta à outra.

tsudóu 集う Reunir-se; (a)juntar-se; congregar-se.
S/同 Atsúmáru (+).

tsúe 杖 A bengala. ★ ～ *o tayori ni aruku* 杖を頼りに歩く Andar com ～. 1慣用 ～ *to mo hashira to mo tanomu*「*hito*」杖とも柱とも頼む「人」A pessoa de quem outra「depende em tudo. ◇ ～ **hō-zue; matsuba-zue**. S同 Sutékki.

tsūfú¹ [**tsuú**] 通風 A ventilação; o arejamento. ◇ ～ **sōchi** 通風装置 O equipamento de ventilação. S同 Kazé-tōshí (+).

tsūfú² [**tsuú**] 痛風【Med.】A gota.

tsūfú-kéi [**tsuú**] 通風計 O medidor de ventilação. ⇨ tsūfú¹.

tsūfú-ki [**tsuúfu**] 通風機 O ventilador. ⇨ tsūfú¹.

tsūfú-kō [**tsuu**] 通風孔 O orifício [A abertura] para ventilação. ⇨ tsūfú¹.

tsūfún [**uú**] 痛憤 A grande indignação. S同 Fungái (+).

tsugá 栂【Bot.】A cicuta japonesa.

tsugáeru 番える **1**[対にする] Unir; articular. ★ *Kansetsu o* ～ 関節を番える ～ dois ossos. **2**[矢を弓のつるに当てる] Ajustar. **3**[比喩的に, 固く約束する]【E.】Prometer a sério.

tsugái 番い **1**[一対] O par; o casal. ★ ～ *ni suru* 番いにする Acasalar. ◇ ～ **dori** 番い鳥 O casal de aves. ⇨ ittsúí; tsúí²; tsugáu. S同 Kańsétsú (o); tsugái-mé (+). **3**[鳥などの雄と雌の組を数える語] O casal de aves. ★ *Yama-bato hito*[*futa*]～ 山鳩一［二］番い Um casal [Dois casais] de rolas.

tsugái-mé 番い目（<…²+me¹）A juntura [junta]; a articulação. S同 Kańsétsú (+); tsugái **2**. ⇨ chō-tsúgai.

tsūgáku 通学 O ir para a [andar na] escola. ★ ～ *suru* 通学する ◇ ～ *kuiki* 通学区域 A zona escolar. ⇨ tsūkíń; tōkō².

tsūgáku-sei [**uú**] 通学生 O aluno externo. ⇨ tsūgáku.

tsugáu 番う **1**[対になる] Acasalar(-se); formar par. **2**[交尾する] Copular; cobrir. S同 Kōbí súrú (+); tsurúmu.

tsuge 黄楊【Bot.】O buxo.

tsuge-gúchí 告げ口（< tsugéru + kuchí）A denúncia; a delação. ★ ～（*o*）*suru* 告げ口（を）する Denunciar; delatar; fazer queixinhas.

tsúgéki [**uú**] 痛撃 O golpe brutal; a pancada violenta. ⇨ tsūbō².

tsūgén [**uú**] 痛言【E.】A crítica severa; o comentário mordaz.

tsugerú 告げる **1**[知らせる] Informar; fazer saber; transmitir. ★ *Raii o* ～ 来意を告げる Informar do [sobre o] motivo da visita. S同 Shirásérú; tsutáérú. **2**[公告する] Publicar; anunciar; proclamar. ★ *Zen-gakusei ni tsugu*[*tsugeru*] 全学生に告ぐ［告げる］(Anunciamos) a todos os estudantes!). S同 Kōkóku[Kokújí] súrú.

tsugí 次 **1**[時間・位置などですぐあとのもの] O seguinte; o próximo. ～ *wa anata no ban desu* 次はあなたの番です A sua vez é [A seguir é você]. ～ *wa Shinjuku desu* 次は新宿です A próxima estação é Shinjuku. ★ ～ *kara* ～ *e to* 次から次へと Um atrás do outro; sucessivamente. ～ *ni*, 次に Em seguida, a seguir; depois [*Mata kono* ～ *ni shiyō* またこの次にしよう Vamos deixar para outra ocasião/Fica para a próxima vez]. *Sono* ～ *ni atta toki, kare no kega wa yoku natte ita* その次に会った時、彼のけがはよくなっていた Quando me voltei a encontrar com ele, o ferimento já estava melhor. ～ *no* 次の Próximo; seguinte; imediato [～ *no* ～ *no eki* 次の次の駅 A estação depois da [a seguir à] próxima/A segunda estação. ～ *no gotoshi* 次のごとし A saber; como segue. ～ *no hi ni* 次の日に No dia seguinte]. *Kono* ～ *kara* この次から Doravante; daqui em diante. *Sono* ～ *wa* その次は Depois disso. ◇ áto¹. **2**[宿場] A estação; a pousada. ◇ **Tōkaidō gojū-san-～** 東海道五十三次 As 53 ～ s da via de Tokaido (Entre Kyoto e Tokyo, celebrizadas pelo pintor Andō Hiroshige). S同 Shukúbá (+); shukúékí.

tsugí² 継ぎ（< tsugú¹）O remendo. ★ ～ *darake no zubon* 継ぎだらけのズボン As calças cheias de ～ s. ～ *o ateru* 継ぎを当てる Remendar; pôr ～.

tsugí-áté 継ぎ当て（<…²+atérú）O pôr [fazer com] remendos [retalhos].

tsugí-áwáséru 継ぎ合わせる（< tsugú¹+…）Coser/Remendar (dois panos).

tsugí-áwásu 継ぎ合わす ⇨ tsugí-áwáséru.

tsugí-hági 継ぎ接ぎ（< tsugú² + hágu）O remendo. ★ ～ *suru* 継ぎ接ぎする Remendar.

tsugí-hó 接ぎ穂（< tsugú² + …）**1**[接ぎ木で接ぐべき枝] O enxerto [garfo]. **2**[話をつなぐきっかけ] O (assunto para) manter a conversa.

tsugí-kí 接ぎ木（< tsugú² + …）O enxerto. ★ ～ *suru* 接ぎ木する Enxertar; fazer um enxerto. ⇨ tsugí-hó.

tsugí-kómu 注ぎ込む（< tsugú⁴ + …）**1**[液体をそそぎ込む] Despejar [Deitar] (um líquido) dentro. **2**[金を多くの金などを仕事に]] Investir; despender. ★ *Kaihatsu keikaku ni kyogaku no kane o* ～ 開発計画に巨額の金を注ぎ込む ～ grandes somas no plano de desenvolvimento.

tsugí-mé 接[継]ぎ目 A junção; a juntura; a costura. ★ ～ *ga yurumu* 接ぎ目がゆるむ Tornar-se lassa ～. *Rēru no* ～ レールの接ぎ目 A juntura dos carris. ◇ ～ **boruto** 継ぎ目ボルト O pino ou a porca de junção.

tsugí-táshí 継ぎ足し（< tsugí-tásu²）O acrescento [acrescentamento]. ★ ～ *suru* 継ぎ足しする ⇨ tsugí-tásu². ◇ ～ **kōdo** 継ぎ足しコード A [O fio de] extensão.

tsugí-tásu¹ 注ぎ足す（< tsugú⁴ + …）Adicionar. ★ *O-cha ni yu o* ～ お茶に湯を注ぎ足す Acrescentar água quente ao chá.

tsugí-tásu² 継ぎ足す（< tsugú¹ + …）Aumentar「a varanda」.

tsugí-tsugi 次次 O seguir-se. ★ ～ *ni*[*to*] 次々に[と] Sucessivamente; um após outro [atrás do] outro; continuamente [～ *ni yoi kangae ga ukabu* 次々によい考えが浮かぶ Ocorrerem boas ideias uma após outra]. ⇨ tsugí.

tsugō¹ 都合 **1**[事情; 具合] A circunstância; a situação; a razão; o motivo; a conveniência; a vantagem; a oportunidade; a comodidade. *Go-～ wa ikaga desu ka* 御都合はいかがですか Como é que lhe convém [Pode「vir」]? *Watashi wa* ～ *de kyō no kaigi ni wa shussekí dekimasen* 私は都合で今日の会議には出席できません Não poderei comparecer hoje à reunião, por motivo de força maior. ★ ～ *ga yoi*[*warui*] 都合がよい[悪い] Poder [Não poder] [*Koko wa eki ni chikakute taihen* ～ *ga yoi* ここは駅に近くて大変都合がよい Este lugar é muito conveniente por ficar perto da estação]. *Kyō wa* ～ *ga warukute*

tsúgō²

ikenai 今日は都合が悪くて行けない As circunstâncias não me permitem ir hoje. 〜 *ni yori* 都合により Devido às circunstâncias; por certas razões [*Isshin jō no* 〜 *ni yori* 一身上の都合により Por motivos [razões] pessoais]. 〜 *ni yotte wa* 都合によっては Depende「das circunstâncias」[〜 *no warui hi* 都合の悪い日 O dia inconveniente. 〜 *no yoi toki ni* 都合のよい時に Quando for conveniente]. 〜 *yoku* [*waruku*] 都合よく[悪く] Felizmente [Infelizmente]. 〜 *yoku iku* 都合よくいく Ser bem sucedido; ter êxito; correr bem [*Banji* 〜 *yoku itta* 万事都合よくいった Tudo correu bem]. *Jibun ni* 〜 *no yoi yoku kangaekata* 自分に都合のよい考え方 A maneira de pensar que lhe convém. *Nani ka no* 〜 *de* 何かの都合で Por qualquer razão. *Shigoto no* 〜 *de* 仕事の都合で Por causa do trabalho. ◇ **Fu** [**Kō**] 〜 不[好]都合 A inconveniência [grande conveniência]. **Go** 〜 **shugi** 御都合主義 O oportunismo. [S/囲] Guái; jijó. **2** [やりくり; 工面] O arranjo; o jeito [jeitinho]. *Kuruma o ichi-dai kochira e go*- 〜 *negaemasen ka* 車を一台こちらへ御都合願えませんか Não me poderia mandar um carro? ★ 〜 *ga tsuku* 都合がつく Conseguir; arranjar; dar um jeito. 〜 *suru* 都合する Arranjar; arrumar; dar um jeito [*Kane o* 〜 *shite morau* 金を都合してもらう Conseguir arranjar dinheiro. *Nan to ka* 〜 *shimashō* 何とか都合しましょう Vou ver se dou um jeito]. 〜 *tsuki shidai* 都合つき次第 Na primeira ocasião [oportunidade]; logo que seja possível. *Jikan no* 〜 *o tsukeru* 時間の都合をつける Arranjar tempo. [S/囲] Kúmen; yaríkuri.

tsúgō² 都合 No total; por junto; ao todo. ◇ 〜 *jū-nin de tatakau* 都合10人で戦う Lutar com dez homens ao todo.

tsugú¹ 継ぐ **1** [受け継ぐ] Suceder; herdar. ★ *Kagyō o* 〜 家業を継ぐ Suceder no negócio da família. *Kojin no ishi o* 〜 故人の遺志を継ぐ Cumprir o último desejo do defunto. *Zaisan o* 〜 財産を継ぐ Herdar (a fortuna); receber a herança. [S/囲] Ukétsúgú. **2** [一続きにする] Continuar; prosseguir. *Karera wa yo o hi ni tsuide hataraite iru* 彼等は夜を日に継いで働いている Eles trabalham dia e noite sem parar. ⇨ tsugú². **3** [布地の破れなどを繕う] Remendar. *Shatsu no yabure o tsuide kudasai* シャツの破れを継いで下さい Remenda esta camisa. [S/囲] Tsukúróu. **4** [添え加える] Acrescentar; adicionar. ★ *Hi-bachi ni sumi o* 〜 火鉢に炭を継ぐ Pôr mais carvão na braseira.

tsugú² 接ぐ Enxertar; juntar; ajustar; unir; ligar. ★ *Daigi ni wakagi o* 〜 台木に若木を接ぐ Enxertar um prumo [galho novo] no cavalo (da árvore). [P(ことわざ)] *Ki ni take o* 〜 木に竹を接ぐ Fazer um grande disparate.

tsugú³ 次ぐ **1** [引き続く] Continuar; seguir. *Jishin ni tsuide tsunami ga okotta* 地震に次いで津波が起った A seguir ao terramoto veio a onda do maremoto. **2** [その次に位する] Vir depois. *Ōsaka wa Tōkyō ni* 〜 *dai-toshi de aru* 大阪は東京に次ぐ大都市である Ósaka é a maior cidade depois de [a seguir a] Tokyo.

tsugú⁴ 注ぐ Servir; deitar; colocar「líquido」. *O-cha o tsugi itashimashō* お茶をお注ぎいたしましょう Posso servir-lhe (mais um pouco de) chá?

tsugúmi 鶫【Zool.】O tordo; *turdus naumanni*.

tsugúmu 噤む Não dizer palavra; calar o bico (G.). *Kanojo wa futo kuchi o tsugunda* 彼女はふと口をつぐんだ De repente, ela calou-se e não abriu mais o bico.

tsugúnái 償い (< tsugúnáu) A compensação「do prejuízo」; a reparação「do mal」. ★ 〜 *o suru* 償いをする ⇨ tsugúnáu; hoshō³.

tsugúnáu 償う Compensar; inde(m)nizar; reparar; redimir. *Anata ni kaketa songai wa kanarazu tsugunaimasu* あなたにかけた損害は必ず償います Vou inde(m)nizá-lo, sem falta, dos prejuízos que lhe causei. ★ *Tsugunai-gatai tsumi* 償い難い罪 O crime [pecado] irreparável.

tsūgyō [囲] 通暁【E.】O conhecimento perfeito. ★ 〜 *suru* 通暁する Estar familiarizado「com」; ser perito「em história do séc. 16」. ⇨ tsūjíru.

tsūhéi [囲] 通弊 O mal [defeito] comum. *Ken'i o kasa ni kiru no wa kanri no* 〜 *de aru* 権威を笠に着るのは官吏の通弊である Valer-se da sua autoridade é defeito comum dos funcionários públicos. ⇨ heí-gái.

tsūhō [囲] 通報 O aviso; a informação; a comunicação. ★ *Keisatsu ni* 〜 *suru* 警察に通報する Comunicar à polícia. ⇨ hōchō³; tsūchí.

tsuí¹ つい **1** [思わず] Inadvertidamente; sem querer; por descuido. 〜 *hontō no koto o itte shimatta* つい本当のことを言ってしまった 〜 acabei por dizer a verdade. 〜 *ukkari shite imashita* ついうっかりしていました Sinto muito ter sido tão descuidado. [S/囲] Omówazu; ukkári. **2** [ほんのちょっと] (Só) há pouco (tempo). 〜 *imashigata chichi wa dekakete ikimashita* つい今し方父は出掛けて行きました Meu pai acabou de sair agora mesmo. ★ 〜 *saikin* つい最近 (Só) há pouco tempo; há dias [semanas].

tsuí 対 O par; o casal. *Kore-ra no shatsu wa danjo* 〜 *ni natte iru* これらのシャツは男女対になっている Estas camisas estão aos pares, uma para homem outra para mulher.

tsuíbámu 啄む Debicar; picar. *Niwatori ga tōmorokoshi o tsuibande iru* 鶏がトウモロコシを啄んでいる A galinha está debicando o milho.

tsuíbo 追慕 O recordar com saudade. ★ 〜 *suru* 追慕する Lembrar com saudade「os mortos/o passado」.

tsuichō 追徴 A taxa adicional (Imposto ou multa). ★ 〜 *suru* 追徴する Impor 〜. ◇ 〜 **kin** 追徴金 O imposto adicional.

tsuídé¹ 序で A oportunidade; a ocasião (favorável). 〜 *ga attara kono shigoto mo yatte oite kudasai* ついでがあったらこの仕事もやっておいて下さい Se tiver outra ocasião, faça também este serviço. ★ 〜 *ni iu to* …ついでに言うと… Diga-se de passagem「que…」. 〜 *no ari-shidai* ついでのあり次第 Na próxima 〜.

tsuídé² 次いで (⇨ tsugú³) Em seguida; depois; a seguir「a」. *Shukuji ga ari* 〜 *kanpai ni natta* 祝辞があり次いで乾杯となった Depois do discurso congratulatório houve um brinde. ★ *Ai* 〜 *okoru* 相次で起こる Acontecer em seguida.

tsuídó ツイード (< Ing. tweed) O tecido de lã axadrezado [de tipo escocês]. ◇ 〜 **fuku** ツイード服 A roupa de 〜.

tsuíe 費え O desperdício. ⇨ híyō.

tsuiéru 潰える【E.】**a)** Desmoronar-se; **b)** Desperdiçar. *Shingaku no yume wa tsuieta* 進学の夢は潰えた O sonho de continuar a estudar foi-se por água abaixo. ⇨ kowáréru.

tsuígékí 追撃 A perseguição; a caça. ★ ~ *suru* 追撃する Perseguir; dar caça; acossar. ◇ ~ **sen** 追撃戦 A batalha de perseguição; o combate ao inimigo em retirada.

tsuíhí 追肥 O fertilizante adicional; o adubo complementar. ⇨ *híryō*.

tsuíhō 追放 A expulsão; a deportação; o exílio; a expatriação. *Kare wa genzai ~ no mi de aru* 彼は現在追放の身である Ele está exilado [agora no exílio]. ★ ~ *suru* 追放する Expulsar; banir; desterrar; expatriar; deportar; exilar. ◇ ~ **kaijo** 追放解除 A reabilitação. ~ **sha** 追放者 O exilado [proscrito].

tsuíjo 追叙 O condecorar postumamente.

tsuíjū 追従 【E.】O seguir ou imitar. *"Genji Monogatari" igo no monogatari bungaku wa sore ni ~ suru nomi de atta* "源氏物語"以後の物語文学はそれに追従するのみであった A literatura narrativa depois do "Romance de Genji" era apenas a imitação deste. ⇨ *tsuízúi*.

tsuíká 追加 A adição; o suplemento; o acréscimo. ★ ~ *suru* 追加する Adicionar; pôr mais「pérolas no fio」; acrescentar. ◇ ~ **ryōkin** 追加料金 A taxa adicional. ~ **yosan** 追加予算 O orçamento suplementar.

tsuíkai 追懐 【E.】A reminiscência; a recordação; a lembrança (do passado). ⎣S/同⎦ Tsuísó (+).

tsuíkán 椎間 O intervalo entre as vértebras. ◇ ~ **ban herunia** 椎間板ヘルニア 【Med.】A hérnia discal (do disco intervertebral).

tsuíkí 追記 O pós-escrito; P.S. (< L. post-scriptum). ★ ~ *suru* 追記する Acrescentar um ~. ⇨ tsuíshín.

tsuíkú 対句 O dístico [A parelha de versos] em antítese. ◇ ~ *o nasu* 対句をなす Formar um ~.

tsuíkyū[1] 追及 **a)** O correr atrás de; o perseguir; **b)** A inquirição. *Kanojo wa ni-i sōsha no ~ o shirizokete tēpu o kitta* 彼女は二位走者の追及を退けてテープを切った Ela, fugindo à perseguição da corredora que vinha em segundo lugar cortou a fita da meta. ★ *Sekinin o ~ suru* 責任を追及する Pedir contas; inquirir a responsabilidade.

tsuíkyū[2] 追求 A procura; a busca. ★ *Kairaku o ~ suru* 快楽を追求する Ir à ~ dos [Buscar os] prazeres.

tsuíkyū[3] 追究〔窮〕A pesquisa; a investigação; a procura「da verdade」. ★ *Gen'in o ~ suru* 原因を追究する Investigar a causa [origem].

tsuíkyū[4] 追給 O pagamento suplementar.

tsuín[1] 〔*uú*〕痛飲 A embriaguez; a orgia; o bródio. ★ ~ *suru* 痛飲する Embriagar-se.

tsuín[2] 〔*uú*〕追院 A ida ao hospital. ★ ~ *suru* 通院する Ir ao hospital.

tsuí-ni 遂〔終・竟〕に **1** 〔とうとう〕Finalmente; por fim. *Kono jisho mo ~ kansei o mita* この辞書もついに完成を見た Finalmente terminou-se o dicionário. ⎣S/同⎦ Kekkyókú; tōtō. **2** 〔最後まで; いまだに〕Afinal (de contas). ~ *kare wa arawarenakatta* ついに彼は現れなかった ~ ele não apareceu.

tsuínín 追認 A ratificação (forçada) do que já está feito.

tsuínō 追納 O pagamento suplementar「de imposto」.

tsuióku 追憶 ⇨ tsuísó.

tsuíráku 墜落 A queda. *Hikōki ga ~ shita* 飛行機が墜落した O avião caiu [despenhou-se]. ★ *Chijō* [*Kaichū*] *ni ~ suru* 地上[海中]に墜落する Cair em terra [no mar]. ⇨ teñrákú.

tsuiséki 追跡 A perseguição; o encalço; a busca. ★ ~ *suru* 追跡する Perseguir; ir no encalço「do criminoso」. ◇ ~ **chōsa** 追跡調査 A pesquisa do rasto. ~ **hikō** 追跡飛行 O voo em perseguição「de」. ~ **rēdā** 追跡レーダー O radar de rastreio (detecção). ~ **sha** 追跡者 O perseguidor.

tsuíshi 墜死 A queda mortal. *Kare wa iwa-nobori o shite ite ~ shita* 彼は岩登りをしていて墜死した Ele teve uma ~ ao escalar uma rocha.

tsuíshí(ken) 追試(験) O exame suplementar [de recuperação]. ★ ~ *o ukeru* 追試を受ける Fazer um ~.

tsuíshín 追伸 【E.】O pós-escrito [P.S.]「da carta」. ⎣S/同⎦ Ató-gáki; nishíñ; otté-gáki. ⇨ tsuíkí.

tsuíshō 追従 A adulação; a bajulação; a lisonja. *Ano hito wa uwayaku ni ~ suru no ga uwai* あの人は上役に追従するのがうまい Ele sabe dar graxa ao seu superior. *O- ~ o iu no wa yame nasai* お追従を言うのはやめなさい Deixe-se de ~. ◇ ~ **sha** 追従者 O adulador; o engraxador. ~ **warai** 追従笑いO sorriso adulador/de ~. ⇨ obékka; o-séjí.

tsuíso 追訴 【Dir.】O processo [A acção] suplementar. ★ ~ *suru* 追訴する Mover um ~ 「contra」.

tsuísó[1] 追想 A reminiscência; a recordação; a lembrança; a evocação. ★ ~ *ni fukeru* 追想にふける Entregar-se às recordações. ~ *suru* 追想する Recordar; lembrar; evocar. ◇ ~ **roku** 追想録 As memórias.

tsuísó[2] 追送 【E.】A remessa subsequente. ★ ~ *no nimotsu* 追送の荷物 A bagagem remetida depois.

tsuísuto ツイスト (< Ing. twist) O tuiste. ★ ~ *o odoru* ツイストを踊る[する]Dançar ~.

tsuítáchi 朔 O primeiro dia do mês. ⎣A/反⎦ Misóká.

tsuítáté(shójí)〔*ōo*〕衝立(障子)O biombo; o anteparo; o tabique móvel. ⇨ byōbu.

tsuíte 就いて **1** 〔…に関して〕De; sobre; acerca de; a propósito de; com respeito a; em relação a. *Kare wa Porutogaru bungaku ni ~ kenkyō shite iru* 彼はポルトガル文学について研究している Ele está estudando (acerca da) literatura p. ★ *Kane no ken ni ~ wa* 金の件については Sobre assuntos de [Quanto ao] dinheiro. *Kono ten ni ~* この点について Sobre [Quanto a] este ponto. ◇ ~ **wa**. **2** 〔…ごとに〕Por. *Nyūjō-ryō wa hitori ni ~ hyaku-en desu* 入場料は一人について100円ので値段 (de) cem yens por pessoa. ⇨ tsuki[4]. **3** 〔…に沿って〕「ir」Ao longo de「do rio」. **4** 〔…に従って〕Sob; com. *Kanojo wa yūmei na pianisuto ni ~ piano o mananda* 彼女は有名なピアニストに就いてピアノを学んだ Ela estudou piano com um famoso pianista.

tsuíte-iku 付いて行く (< tsúkú[1] + …) Seguir; ir com [atrás de]; acompanhar. *Ano hito no yari-kata ni wa tsuite ikenai* あの人のやり方にはついていけない Não consigo trabalhar com ele.

tsuíte-(i)rú ついて(い)る (< tsúkú[1] + …) Estar com sorte. *Kimi wa tsuite-(i)ru ne* 君はついて(い)るね Você tem sorte. *Kyō wa mattaku tsuite-(i)nai* 今日は全くついて(い)ない Hoje estou com pouca sorte [tudo me corre mal].

tsuíte-iru[2] 付いて居る (< tsúkú[1] + …) Estar com.

tsuíte-kuru 付いて来る Vir atrás; seguir. *Ko-inu ga*

watashi no ato kara tsuite kita 小犬が私のあとからついて来た O cachorrinho veio atrás de mim.

tsúite-mawaru 付いて回る (< tsúku[1] + …) **a**) Perseguir; ir no encalço; **b**) Acompanhar「um visitante」. ★ *Fuun ga* ～ 不運がついて回る A má sorte não「me」larga.

tsúite wa 就いては **1** [そのことに関しては] A respeito de. *Kono mondai ni* ～ *isetsu ga ōi* この問題については異説が多い A respeito deste assunto, há muitas opiniões divergentes. ⇨ tsúite **1**. **2** [⇨ sokó-dé; soré-yúé].

tsuítṓ[1] 追討【E.】A subjugação. ◇ ～ **gun** 追討軍 O corpo de forças especiais.

tsuítṓ[2] 追悼 A lamentação; o pesar; o pranto; o luto. ★ ～ *suru* 追悼する Lamentar [Prantear]. ◇ ～ **enzetsu** 追悼演説 O elogio fúnebre. ～ **kai** [**shiki**] 追悼会[式] A reunião em [A homenagem à] memória do morto. ⇨ aítṓ.

tsuítótsú 追突 A batida por trás. ★ ～ *suru* 追突する Colidir [Chocar] por trás [*Torakku ni* ～ *sarete watashi no kuruma wa taiha shita* トラックに追突されて私の車は大破した O meu carro ficou desfeito por um cami(nh)ão que bateu por trás]. ◇ ～ **jiko** 追突事故 O acidente de ～. ⇨ gekítótsú; shṓtótsú.

tsuíyásu 費やす **1** [消費する] Consumir; gastar; despender. *Kyūjitsu wa hotondo dokusho ni tsuiyashita* 休日はほとんど読書に費やした Passei quase todo o feriado lendo/a ler. ★ *Jikan o* ～ 時間を費やす Dedicar [Gastar] tempo. *Rōryoku o* ～ 労力を費やす Despender esforço [energia]. S/同 Shṓhí súrú. **2** [浪費する] Desperdiçar; esbanjar; perder. *Tsumaranu koto de toki o tsuiyashita* つまらぬことで時を費やした Perdi tempo em coisas inúteis. S/同 Rṓhí súrú.

tsuízén 追善【Bud.】A cerimó[ô]nia fúnebre. ★ ～ *kuyō o itonamu* 追善供養を営む Fazer uma ～. ◇ ～ **kōgyō** 追善興行 O espe(c)táculo「musical」em memória de「um escritor」. ⇨ ékō[1].

tsúizo 終ぞ Jamais; nunca. *Sonna hanashi wa* ～ *kiita koto ga nai* そんな話は終ぞ聞いたことがない ～ ouvi coisa semelhante. S/同 Imádá kátsute.

tsuízúí 追随 O seguir as pisadas「de」. ★ ～ *suru* 追随する Seguir; imitar. *Ta no* ～ *o yurusanai* 他の追随を許さない Não ter rival; ser ímpar「como pianista」. ⇨ tsuíjū́.

tsují 辻 **1** [十字路] O cruzamento; a encruzilhada. S/同 Jū́jíro; yotsú-tsújí. **2** [道端] A rua. ◇ ～ **enzetsu** 辻演説 O discurso de rua. S/同 Michí-bátá.

tsū́ji[1] [uú] 通じ (< tsūjíru) **1** [⇨ ríkai]. **2** [便通] A evacuação; a defecação. ～ *wa seijō desu* 通じは正常です A evacuação é normal. ★ ～ *ga tomaru* 通じが止まる Ficar com prisão de ventre. ～ *ga tsuku* 通じがつく Evacuar. S/同 Beńtsū́.

tsū́ji[2] [úu] 痛事【E.】⇨ tsū́kóń.

tsují-báshá 辻馬車 A carruagem de aluguer/l puxada a cavalos.

tsují-dṓ 辻堂 O templo à beira da estrada.

tsují-gimi 辻君 (< … + kimí[3]) A mulher da rua; a vadia. S/同 Yó-taka. ⇨ baíshún-fu.

tsují-girí 辻斬り (< … + kíru) O cortar [samurai que cortava] um transeunte para experimentar a espada.

tsují-gṓtō [góo] 辻強盗 O assalto [assaltante] à mão armada na rua. S/同 Oíhágí.

tsū́jíń [uú] 通人 **a**) O especialista; **b**) A pessoa sofisticada [com experiência da vida]. ★ ～ *buru* 通人ぶる Fazer-se (de) entendido. ⇨ tsū́[1].

tsū́jíru [uú] 通じる **1** [結びつく] Levar「a」; ligar「a」. *Kono michi wa eki ni tsūjite iru* この道は駅に通じている Este caminho vai para a [leva à] estação. ★ *Denwa ga* ～ 電話が通じる Conseguir ligação (telefó[ô]nica). **2** [相手にわかる] Entender; compreender; comunicar. *Ano hito ni wa jōdan ga tsūjinai* あの人には冗談が通じない Ele não entende as piadas. *Risubon de watashi no porutogaru-go wa nan to ka tsūjita* リスボンで私のポルトガル語はなんとか通じた Em Lisboa, o meu p. lá foi dando (para poder comunicar). **3** [精通する] Ser versado「em」; estar bem informado; ser proficiente; estar familiarizado「com」; ter profundo conhecimento「de」; ser perito. *Kare wa Nanbei no keizai jijō ni tsūjite iru* 彼は南米の経済事情に通じている Ele possui um bom conhecimento da situação econó[ô]mica da América do Sul. **4** [届くようにする] Informar; comunicar [transmitir]「a」. ★ *I o* ～ 意を通じる Comunicar a intenção. *Yoshimi o* ～ よしみを通じる Travar amizade. **5** [内通する] Comunicar secretamente. *Dare ka teki ni tsūjite iru rashii* 誰か敵に通じているらしい Parece que alguém tem conta(c)to secreto com o inimigo. **6** [密通する] Manter relações secretas [ilícitas]. *Otto wa jochū to tsūjite iru* 夫は女中と通じている O marido mantém ～ com a criada. S/同 Mittsū́ súrú. **7** [道筋をたどって動いていく] Transmitir; conduzir; passar. *Kono densen ni wa kōatsu denryū ga tsūjite iru* この電線は高圧電流が通じている Por este cabo passa corrente de alta tensão. **8** [範囲・期間にわたる] Estender-se; aplicar-se; abranger. *Kore wa zen-jidai o tsūjite ieru koto* これは全時代を通じて言えること Isto abrange [pode ser dito a propósito de] qualquer época.

tsují-séppō 辻説法 A pregação pelas ruas.

tsū́jíté [uú] 通じて (< tsū́jíru) **1** [あるものを仲介として] Através de; por intermédio de. *Terebi o* ～ *sekai no yōsu o shiru koto ga dekiru* テレビを通じて世界のようすを知ることができる Pode-se estar a par da situacão mundial através da televisão. **2** [その期間・広がりを包括して] Através de. *Ichi-nen o* ～ *kono hen wa atatakai* 一年を通じてこの辺は暖かい Esta região é quente (durante) o ano inteiro. *Zen-sekai o* ～ *heiwa o negau koe ga takamatte iru* 全世界を通じて平和を願う声が高まっている O anseio pela paz é cada vez maior no [～ do] mundo inteiro.

tsujítsúmá 辻褄 A coerência; o nexo. *Kimi no hanashi wa* ～ *ga awanai* 君の話は辻褄が合わない O que tu dizes é incoerente [Essa história não tem pés nem cabeça].

tsují-úrá 辻占 A tira de papel com a sina escrita. *Ii* [*Warui*] ～ *da* いい[悪い]辻占だ É uma boa [má] sina. ◇ ～ **uri** 辻占売り O vendedor de ～.

tsū́jṓ [uú] 通常 Normal; comum; como de costume. ◇ ～ **heiki** 通常兵器 As armas convencionais. ～ **kaiin** 通常会員 O sócio efe(c)tivo. ～ **kokkai** 通常国会 A sessão ordinária da Dieta. ⇨ futsū́[2]; tsū́réí.

tsuká[1] 柄 O cabo; o punho. ★ *Katana no* ～ *ni te o kakeru* 刀の柄に手を掛ける Pegar no ～ da [Empunhar a] espada.

tsuká[2] 塚 **a**) O montículo; **b**) O túmulo antigo.

tsŭká[1] [**úu**] 通過 **1** [通り過ぎること] A passagem; o trânsito. *Fune wa Naruto kaikyō o ~ shite higashi e susunda* 船は鳴戸海峡を通過して東へ進んだ O navio passou (pel)o estreito de Naruto e seguiu rumo a leste. ◊ **~ eki** 通過駅 As estações onde 「o trem」não pára. **2** [無事に通過した] A passagem. *Shiken o buji ~ shita* 試験を無事通過した Fui aprovado [Passei] no exame. *Yosan-an ga Gikai o ~ shita* 予算案が議会を通過した O proje(c)to de orçamento passou na Dieta. ★ *Zeikan o ~ suru* 税関を通過する Passar (pel)a alfândega.

tsŭka[2] [**úu**] 通貨 O dinheiro em circulação; a moeda corrente. ★ *~ no antei* 通貨の安定 A estabilidade monetária. ★ *~ no bōchō [shūshuku; geraku]* 通貨の膨張(収縮；下落) A inflação (deflação; desvalorização) monetária. *~ no ryū-shutsu [-nyū]* 通貨の流出(入) A saída [entrada] de moeda. ◊ **~ fuan** 通貨不安 A falta de confiança na moeda. **~ kiki** 通貨危機 A crise monetária. **~ seido** 通貨制度 O sistema monetário. **~ tan'i** 通貨単位 A unidade monetária 「do J. é o en **2**」.

tsukáéru[1] 支[閊]える Estar obstruído [bloqueado; entupido]; encravado. *Kanojo wa tsukae tsukae shabetta* 彼女はつかえつかえしゃべった Ela falou com a voz engasgada [embargada (+)]. *Kuruma ga mae ni tsukaete ite susumenai* 車が前につかえていて進めない Não se pode avançar devido ao engarrafamento [porque há um carro a obstruir a passagem]. ★ *Kotoba ni* ~ 言葉につかえる Ficar embatucado [engasgado]. *Shigoto ga* ~ 仕事がつかえる Ter serviço acumulado.

tsukáéru[2] 仕える Servir. *Kanojo wa sono ie ni naganen tsukaete iru* 彼女はその家に長年仕えている Ela está trabalhando para essa casa há muitos anos. ★ *Kami ni ~* 神に仕える Servir a Deus.

tsukáéru[3] 使える Poder-se usar; ser útil; servir「para」. *Ano otoko wa nakanaka ~* あの男はなかなか使える Aquele homem serve [tem jeito] para tudo. *Kono kuruma wa mō tsukaenai* この車はもう使えない Este carro já não serve. *Watashi ni wa jiyū ni ~ kane ga nai* 私には自由に使える金がない Não tenho dinheiro para gastar livremente.

tsukái[1] 使い (< tsukáú) **a**) A incumbência; a mensagem; o recado; **b**) O mensageiro; o emissário. *Chichi no ~ de kimashita* 父の使いで来ました Vim a recado [da parte] de meu pai. ★ *~ no mono ni watasu* 使いの者に渡す Entregar ao emissário [mensageiro]. *~ o meijirareru* 使いを命じられる Ser incumbido de levar recado. *~ o suru* 使いをする Cumprir a incumbência; fazer [dar] um recado. ◊ ⇨ **~ aruki**.

-tsukai 使[遣]い (< tsukáú) O domador; o encantador「de serpentes」. ◊ *Raion ~* ライオン使い O domador de leões.

tsŭkái [**úu**] 痛快 O grande prazer/gosto; a grande satisfação. *Kare wa ~ na otoko da* 彼は痛快な男だ Ele é um homem bem humorado. *Kōsoku dōro o tsuppashiru no wa ~ da* 高速道路をつっ走るのは痛快 Dá gosto voar [dar velocidade] na auto-estrada.

tsukái-áruki 使い歩き (< tsukáú + arúku) O andar a levar recados. ★ *~ o suru* 使い歩きをする Ser moço de recados. ⇨ tsukái-báshíri.

tsukái-báshíri 使い走り (< tsukáú + hashíru) O andar a levar recados de um lado para outro. ★ *~ o suru* 使い走りをする ... ⇨ tsukái-áruki.

tsukái-chin 使い賃 A gorjeta pelo recado. ⇨ dachín.

tsukái-dáté 使い立て O incó[ô]modo [pedido]. *O-~ shite mōshiwake arimasen* お使い立てして申し訳ありません Desculpe o incómodo.

tsukáíde 使いで (< tsukáú + de[2]**3**) O poder aquisitivo; a durabilidade. *Mukashi no sen-en wa ~ ga atta* 昔の千円は使いでがあった Antigamente, com mil yens comprava-se muita coisa.

tsukái-fúrúsu 使い古す (< tsukáú + …) Gastar pelo uso. ★ *Tsukai-furusareta kotoba* 使い古された言葉 A palavra [expressão] gasta; o lugar-comum.

tsukái-góró 使いごろ (< tsukáú + kóro)「o dicionário/martelo」(mesmo) Prático [Jeitoso].

tsukái-hátásu 使い果たす (< tsukáú + …) **a**) Gastar tudo; **b**) Dissipar「a herança」. *Kanojo wa tabi-saki de kane o tsukaihatashite shimatta* 彼女は旅先で金を使い果たしてしまった Ela gastou todo o dinheiro na viagem.

tsukái-káké 使いかけ (< tsukáú + …) Já usado. ★ *~ no sekken* 使いかけの石けん O sabão [sabonete] ~.

tsukái-kátá 使い方 (< tsukáú + …) O trato; o manejo; o modo de usar.

tsukái-kíru 使い切る (< tsukáú + …) Gastar tudo. *Konna ni takusan no kane wa tsukaikirenai* こんなにたくさんの金は使い切れない Não consigo gastar este dinheiro todo. ⇨ tsukái-hátásu.

tsukái-kómí 使い[遣]い込み (< tsukáú + …) O desfalque; a apropriação indevida. ★ *~ o suru* 使い込みをする Fazer um ~.

tsukái-kómu 使い[遣]い込む (< tsukáú + …) **1** [私用に使う] Desfalcar. *Kare wa kaisha no kane o issenman-en ijō tsukai-konda* 彼は会社の金を一千万円以上使い込んだ Ele fez um desfalque de mais de dez milhões de yens, na firma. ⇨ ōryō. **2** [予定以上に使う] Gastar mais do que o previsto. **3** [使い慣らす] Usar muito. *Furaipan wa ~ hodo yoi* フライパンは使い込むほどよい A frigideira [sertã], quanto mais usada, melhor.

tsukái-kónásu 使いこなす (< tsukáú + …) Manipular; dominar; ser perito no uso「de」. *Kare wa Porutogarugo o takumi ni ~* 彼はポルトガル語を巧みに使いこなす Ele domina bem a língua p.; ele é perfeitamente fluente em p..

tsukáímíchí 使い道[途] O uso; a utilidade. *Tetsu wa ~ no ōi kinzoku da* 鉄は使いみちの多い金属だ O ferro é um metal de muita/o ~. ★ *~ ga nai* 使いみちがない Não servir para nada. *~ ni komaru* 使いみちに困る Não saber como usar.

tsukái-mónó 使い物 **1** [役に立つもの] Algo útil. *~ ni naranai yatsu da* 使い物にならないやつだ É um inútil, aquele sujeito. ⇨ tsukáérú[3]. **2** [進物] O presente; a prenda. ~ *o suru* ~ をする Dar um/a ~. [S/同] Okúrí-mónó (+); shímótsú.

tsukái-nárásu[1] 使い慣らす (< tsukáú + …) Acostumar-se「ao computador」; habituar-se a usar. ★ *Tsukainarashita mannenhitsu* 使い慣らした万年筆 A caneta de tinta permanente amansada. [S/同] Tsukái-kómu **3**.

tsukái-nárásu[2] 使い馴らす (< tsukáú + …) Domesticar; domar. ★ *Zō o ~* 象を使い馴らす ~ o elefante.

tsukái-náréru 使い慣れる (< tsukáú + …) Estar

tsukaí-nókóri [-nókóshi] 使い残り [残し] (< tsukáú + nokóru [nokósu]) O haver [deixar] sobras.

tsukaí-sákí 使[遣]い先 (< tsukáú + …) **1** [使いに行った先] O lugar do recado. **2** [金の使いみち] O uso dado ao dinheiro.

tsukaí-súgiru 使い過ぎる (< tsukaí + …) Usar demasiado. ★ *Kane o ~* 金を使い過ぎる Gastar dinheiro demais.

tsukaí-súté 使い捨て (< tsukaí + sutérú) Usar 「uma só vez」 e deitar fora. ★ *~ ni suru* 使い捨てにする Usar… *no raitā* 使い捨てのライター O isqueiro não-recarregável.

tsukaí-té 使[遣]い手 **1** [物を使う人] Aquele que usa. *Kare wa nakanaka no yari no ~ de aru* 彼はなかなかの槍の遣い手である Ele é mestre no manejo da lança. **2** [金などをよく使う人] O esbanjador.

tsukaí-tsúkusu 使い尽くす (< tsukaí + …) ⇨ tsukaí-hátasu.

tsukaí-wáké 使い分け (< tsukaí-wákéru) O uso adequado; o emprego devido. *Kono futatsu no kotoba wa ~ ga muzukashii* この二つの言葉は使い分けが難しい ~ destas duas palavras é difícil.

tsukaí-wákéru 使い分ける (< tsukaí + …) Usar adequadamente. *Kare wa aite ni yotte kotoba o ~* 彼は相手によって言葉を使い分ける Ele tem sempre a palavra adequada [própria] para cada pessoa.

tsukaí-yō 使い様 (< tsukaí + …) O modo de usar. *Kane wa ~ da* 金は使い様だ O dinheiro depende da maneira de o usar. S/同 Tsukaí-kátá (+).

tsúkáku [uú] 痛覚 O sentir a dor.

tsukámáe-dókóró 捕[捉]まえ所 (< tsukámáéru + tokóró) Onde [O lugar para] agarrar. ★ *~ no nai henji* 掴まえ所のない返事 A resposta evasiva. S/同 Tsukámí-dókóró.

tsukámáéru 捕[摑・捉]まえる Pegar; agarrar; apanhar; segurar; prender; deitar a mão「a」. *Keikan wa dorobō o tsukamaeta* 警官は泥棒を捕まえた A polícia prendeu o ladrão. ★ *Takushī o ~* タクシーをつかまえる Apanhar um táxi. ⇨ toráéru; tsukámu.

tsukámárú 捕[摑・捉]まる **1** [捕えられる] Ser apanhado [preso; retido]. *Kare ni ichi jikan ijō mo tsukamatte shimatta* 彼に1時間以上もつかまってしまった Fui retido por ele mais de uma hora. *Watashi wa kinō supīdo ihan de tsukamatta* 私はきのうスピード違反で捕まった Fui apanhado ontem por excesso de velocidade. **2** [とりすがる] Agarrar(-se); segurar(-se). *Basu ga yureru kara tsuri-kawa ni tsukamari nasai* バスが揺れるからつり皮につかまりなさい Segurem-se bem às argolas porque o autocarro [ônibus] vai balançar.

tsukamáséru 摑ませる **1** [つかまえさせる] Fazer segurar [agarrar]. *Haha-oya wa kodomo ni jibun no ude o tsukamaseta* 母親は子供に自分の腕を摑ませた A mãe deu o braço ao filho para se agarrar. **2** [わいろを送る] Subornar; untar as mãos. *Kare ni kane o tsukamasete iu koto o kikaseta* 彼に金を摑ませて言うことを聞かせた Subornei-o e ele fez o que eu disse. **3** [悪い品を買わせる] Impingir. *Nise-mono o tsukamasareta* 偽物を摑ませられた Impingiram-me um artigo falso. S/同 Tsukámásu.

tsukámí 摑み (< tsukámu) Um punhado; a mancheia. ★ *Hito ~ no suna* ひと摑みの砂 ~ de areia.

tsukámí-áí 摑み合い (< tsukámí-áu) A luta corpo a corpo. ★ *~ o suru* 摑み合いをする Engalfinhar-se; lutar… S/同 Tokkúmí-áí.

tsukámí-áu 摑み合う (< tsukámu + …) Chegar a vias de fa(c)to; engalfinhar-se; lutar corpo a corpo.

tsukámí-dásu 摑み出す (< tsukámu + …) Tirar um punhado「de」. *Kare wa poketto kara kozeni o tsukamidashita* 彼はポケットから小銭を摑み出した Ele tirou um punhado de trocos do bolso.

tsukámí-dókóró 摑み所 (< tsukámu + tokóró) O ponto onde pegar [agarrar]. ★ *~ no nai hanashi* 摑み所のない話 Uma história incoerente [que não tem por onde se lhe pegue].

tsukámí-dóri 摑み取り (< tsukámu + tóru) O pegar [agarrar]. ★ *Sakana o ~ suru* 魚を摑み取りする Apanhar [~] o peixe.

tsukámí-kákáru 摑み掛かる (< tsukámu + …) Lançar-se「sobre」; agarrar-se「ao ladrão」.

tsukámí-kórósu 摑み殺す (< tsukámu + …) Agarrar e matar.

tsukámí-níkúi 摑みにくい (< tsukámu + …) Difícil de agarrar [entender].

tsukámí-tóru 摑み取る (< tsukámu + …) Agarrar; apanhar; pegar.

tsukámu 摑[攫]む **1** [手で握る] Pegar; agarrar; segurar [prender] com as mãos. *Sonna kumo o yō na hanashi wa shinjirarenai* そんな雲を摑むような話は信じられない Não posso crer numa história tão fantástica como essa. **2** [確実にとらえる] Apreender. ◇ *Chansu o ~* チャンスを摑む Aproveitar a ocasião. *Kokoro o ~* 心を摑む Cativar o coração. *Yōten o ~* 要点を摑む ~ [Entender] os pontos essenciais.

tsúkán [uú] 通関 O passar a alfândega. ★ *~ suru* 通関する Passar… ◇ **~ shinkoku** 通関申告 A declaração alfandegária. **~ shōmeisho** 通関証明書 O certificado de despacho aduaneiro. **~ tetsuzuki** 通関手続き Os trâmites alfandegários.

tsúkán[2] [uú] 痛感 A sensação profunda [forte]. *Jibun no gogaku-ryoku no nasa o ~ shita* 自分の語学力のなさを痛感した Como eu senti (então) a minha falta de conhecimento da língua!

tsúkán[3] [uú] 通観 A visão geral. *Saikin no seikai no ugoki o ~ shite mimashō* 最近の政界の動きを通観してみましょう Vamos passar em revista as [dar-das] recentes movimentações políticas.

tsukánéru 束ねる **1** [⇨ tabánéru]. **2** [腕を組む] Cruzar os braços. *Sono toki wa te o tsukanete mite iru yori shikata ga nakatta* その時は手をこまねて見ているより仕方がなかった Então não tive outro jeito senão ficar assistindo de braços cruzados. S/同 Kománéku.

tsuká-nó-má 束の間 Um instante [momento; minuto]. *Kanojo no koto wa ~ mo wasureta koto ga nai* 彼女のことは束の間も忘れたことがない Não me esqueci dela ~. ★ *~ no inochi* 束の間の命 A vida efé[ê]mera.

tsukánu-koto 付かぬ事 O atrevimento. *~ o o tazune shimasu ga* … 付かぬ事をお尋ねしますが… Desculpe ~ , mas「*você é de Tóquio*」?

tsukáré 疲れ (< tsukaréru[1]) O cansaço; a fadiga. ★ *~ ga nukeru* [*toreru*] 疲れが抜ける [取れる] Recuperar-se do ~. *~ ga tamaru* 疲れがたまる Acumular-se ~. *~ o iyasu* 疲れをいやす Descansar. *~ o oboeru* 疲れを覚える Sentir-se [Ficar] cansado. *Me*

tsukáré-háteru 疲れ果てる (< tsukaréru[1] + ...) Extenuar-se; esgotar-se; ficar morto de cansaço. ★ *Tsukarehateta kao* 疲れ果てた顔 O ar de grande cansaço. S/同 Tsukaré-kíru.

tsukáré-kíru 疲れ切る ⇨ tsukaré-háteru.

tsukáréru[1] 疲れる Cansar-se; fatigar-se. *Densha no naka de dokusho suru to me ga* 〜 電車の中で読書すると目が疲れる Ler no comboio [trem] cansa a vista. *Kono shigoto wa* 〜 この仕事は疲れる Este trabalho cansa [é cansativo]. *Tsukareta kao* 疲れた顔 O ar de cansado. *Tsukareta yōsu o shite iru* 疲れたようすをしている Ter aspecto de cansado. *Aruki* 〜 歩き疲れる Ficar cansado de (tanto) andar. *Ki ga* 〜 気が疲れる Ficar psiquicamente cansado [Ter um esgotamento (+)]. *Seikatsu ni* 〜 生活に疲れる Cansar-se da vida. S/同 Kutábíréru.

tsukáréru[2] 憑かれる (< tsúku[6]) Ser possesso [dominado]. *Kare wa nani ka ni tsukareta yō ni shigoto ni netchū shita* 彼は何かに憑かれたように仕事に熱中した Ele lançou-se ao trabalho como um possesso [louco]. ⇨ torítsúkú.

tsukárú 漬[浸]かる **1** [ひたる] Submergir-se; ficar submerso [encharcado; inundado]. *Kōzui de ie ga yuka-shita made mizu ni tsukatta* 洪水で家が床下まで水に浸かった A enchente inundou a casa até ao soalho. *Samazama no hyōhon ga horumarin ni tsukatte iru* 様々な標本がホルマリンに浸かっている「Temos aqui」diversos espécimens conservados em formalina. ★ *Onsen ni* 〜 温泉に浸かる Tomar banho de imersão nas termas [águas termais]. **2** [漬け物が熟して味がよくなる] Estar bem temperado [curado] /sazonado. *Kono tsukemono wa yoku tsukatte iru* この漬け物はよく漬かっている Estes legumes de conserva estão 〜s.

tsukásádóru 司る **1** [担当する] Encarregar-se 「de」. *Gaimushō wa kuni no gaikō hōmen no shigoto o* 〜 外務省は国の外交方面の仕事を司る O ministério dos negócios estrangeiros [das relações exteriores] encarrega-se das relações externas do país. **2** [支配する] Governar. *Puruton wa meikai o* 〜 *kami da* プルトンは冥界を司る神だ Plutão é o deus que governa o mundo dos mortos.

tsukátsuka つかつか Sem cerimó[ō]nia. ★ 〜 *to ayumiyoru* つかつかと歩み寄る Aproximar-se 〜.

tsukáú 使 [遣] う **1** [物を用いる] Usar. *Jikan wa yūkō ni tsukai nasai* 時間は有効に使いなさい Aproveite bem o tempo. *Kono mokuzō kenchiku ni wa kugi ga ippon mo tsukawarete inai* この木造建築には釘が一本も使われていない Nesta construção de madeira não foi usado um único prego. ★ *Tsukainikui* 使いにくい Difícil de 〜. *Tsukaiyasui* 使いやすい Fácil de 〜. *Dashi ni* 〜 だしに使う Usar como pretexto.
2 [人を用いる] Ter; usar. *Kare wa hito o* 〜 *no ga umai* 彼は人を使うのがうまい Ele sabe lidar bem com「os empregados」.
3 [心を働かする] Usar. *Motto atama o tsukatte shigoto o shi nasai* もっと頭を使って仕事をしなさい Trabalhe, usando mais a cabeça. ★ *Ki o* 〜 気を使う Preocupar-se; estar atento [prestar atenção]. *Shinkei o* 〜 神経を遣う Preocupar-se; puxar pelos nervos.
4 [手段・方法などを用いる] Usar. *Kare wa jibun no rieki no tame ni wa donna te de mo* 〜 彼は自分の利益のためにはどんな手でも使う Para proveito próprio, ele usa qualquer meio. ★ *Irusu o* 〜 居留守を使う Fingir estar ausente [que não está (+)]. *Kebyō o* 〜 仮病を使う Fingir [Fazer]-se doente. *Mahō o* 〜 魔法を使う Usar a magia. **5** [物をあやつる] Manejar; fazer manobras「com」; manipular. ★ *Ningyō o* 〜 人形を遣う 〜 o títere [fantoche; marionete]. *Saru o* 〜 猿を遣う Manipular o macaco (de circo).
6 [それを使ってある特定の行為をする] Aplicar; tomar; fazer. *Akanbō ni mō-yu o tsukawasemashita ka* 赤ん坊にもうお湯を使わせましたか Já deu banho ao bebé[ê]? *Koko de bentō o tsukaō* ここで弁当を使おう Vamos tomar o lanche aqui. ★ *Sode no shita o* 〜 袖の下を遣う Untar as mãos; subornar. *Uwame o* 〜 上目を使う Erguer o olhar.

tsukáwású 遣わす【E.】 **1** [行かせる] Mandar; enviar. ★ *Shisha o* 〜 使者を遣わす 〜 um emissário. S/同 Hakén súrú. **2** [物を与える] Dar. **3** [...してやる] Conceder. *Yurushite* 〜 [*ageru*] 許してつかわす[ちゃう] 〜 o perdão; perdoar.

tsuké[1] 付け (< tsukéru[1]) A conta; o crédito; a fiança. *Boku no* 〜 *ni shite oite kure* 僕の付けにしておいてくれ Ponha na minha conta. ★ 〜 *de kau* [*uru*] 付けで買う [売る] Comprar [Vender] a crédito. 〜 *o harau* 付けを払う Pagar a conta.

tsúke[2] 付け Sempre que. *Ame ni* 〜 *kaze ni* 〜 *kokyō no koto ga omoidasareru* 雨につけ風につけ故郷のことが思い出される 〜 chove ou venta, lembro-me da minha terra.

-tsuké[3] 付け (Suf. que indica preferência). ★ *Iki* 〜 *no mise* 行き付けの店 A「minha」loja. *Kakari* 〜 *no isha* かかり付けの医者 O médico de família.

tsuké-ágáru 付け上がる Abusar; ser presumido; inchar de orgulho. 〜 *na* 付け上がるな Não seja presunçoso/Não abuse! *Kare wa yasashiku suru to sugu* 〜 *yatsu da* 彼は優しくするとすぐ付け上がる奴だ Se o tratam bem, ele abusa logo. ⇨ unubórérú; zôchô[1].

tsuké-áwásé 付け合わせ (< tsukéru[1] + awáséru) O acompanhamento do prato principal. ★ 〜 *ni suru* [*Tsuke-awaseru*] 付け合わせにする [付け合わせる] Guarnecer「de」. *Niku ryōri no* 〜 *no yasai* 肉料理の付け合わせの野菜 Os legumes para acompanhar a carne.

tsuké-bi 付け火 (< tsukéru[1] + hi) O fogo posto. S/同 Hôká (+).

tsuké[kí]-bító 付け[き] 人 (< tsukéru[1] + hitó) O séquito.

tsuké-bókuro 付け黒子 (< tsukéru[1] + hokuró) O sinal pintado (no rosto, para beleza).

tsuké-búmi 付け文 (< tsukéru[1] + fúmi) A carta secreta, de amor. ★ 〜 *o suru* 付け文をする Enviar 〜. ⇨ koí-búmi.

tsuké-dókóró 付け所 (< tsukéru[1] + tokóró) O ponto [que se vê; obje(c)to]. *Anata wa sasuga ni me no* 〜 *ga chigau* あなたはさすがに目の付け所が違う Você tem realmente uma forma diferente de ver as coisas.

tsuké-fuda 付け札 (< tsukéru[1] + ...) O rótulo; a etiqueta. ⇨ ní-fuda.

tsuké-gé 付け毛 (< tsukéru[1] + ke) O cabelo postiço. ⇨ katsúrá[1].

tsuké-génki 付け元気 (< tsukéru[1] + ...) A coragem fingida. S/同 Kará-génki (+).

tsuké-gí 付け木 (< tsukéru[1] + ki) A acendalha; o graveto para acender「o lume」.

tsuké-gúsuri 付け薬 (< tsukéru[1] + kusúrí) O medicamento de aplicação externa; a pomada. [S/同] Gaíyṓyaku; nurí-gúsuri.

tsuké-hige 付け髭 (< tsukéru[1] + …) O bigode postiço; a barba postiça.

tsuké-írú 付け入る ⇨ tsuké-kómú[1].

tsuké-káéru 付け換える (< tsukéru[1] + …) Pôr「novos tacões nos sapatos」; trocar; mudar; substituir「o tubo de plástico」. ★ *Denkyū o* ～ 電球を付け換える Mudar a lâmpada「fundida」.

tsuké-kómú[1] 付け込む (< tsukéru[1] + …) **1** [付け入る] Aproveitar「a ausência do dono para roubar」; abusar. ★ *Hito no yowami ni* ～ 人の弱味に付け込む Abusar da fraqueza de alguém. **2** [仕分けせずに帳簿に書き入れる] Regist(r)ar; escriturar; assentar; anotar; inscrever; reservar「um bilhete」. ★ *Chōbo ni* ～ 帳簿に付け込む Regist(r)ar no livro das contas.

tsuké-kómu[2] 漬け込む (< tsukéru[2] + …) Conservar [Pôr] legumes em salmoura/vinagre.

tsuké-kúwáé 付け加え (< tsuké-kúwáéru) O acrescentar. [S/同] Fúka.

tsuké-kúwáéru 付け加える (< tsukéru[1] + …) Adicionar; acrescentar. *Ima no setsumei ni* ～ *koto wa nani mo arimasen* 今の説明に付け加えることは何もありません Não tenho nada a acrescentar à explicação que acaba de fazer. [S/同] Fúka suru.

tsuké-mátsuge 付け睫毛 (< tsukéru[1] + …) Pestanas postiças.

tsuké-máwásu 付け回す (< tsukéru[1] + …) Seguir; andar na pista「da moça/do filho」. ★ *Yōgisha o* ～ 容疑者を付け回す Seguir a pista do suspeito.

T

tsuké-me 付け目 (< tsukéru[1] + …) O ter o olho em; o alvo; o obje(c)tivo; a mira; o interesse. *Kare no kekkon wa zaisan ga* ～ *datta* 彼の結婚は財産が付け目だった Ele casou por interesse [com a mira na fortuna dela].

tsuké-mónó 漬け物 (< tsukéru[2] + …)【Cul.】A conserva de legumes (Em salmoura, etc.); vegetais em conserva「como pratinho de acompanhamento」.

tsuké-ná 漬け菜 (< tsukéru[2] + …) A verdura em conserva.

tsuké-ne[1] 付け値 (< tsukéru[1] + …) O lanço「em leilão」; o preço oferecido; a oferta. [A/反] Ií-né.

tsuké-né[2] 付け根 (< tsukéru[1] + …) A raiz [base/junção]「da orelha」. ★ *Ude no* ～ 腕の付け根 ～ do braço.

tsuké-nérau 付け狙う (< tsukéru[1] + …) Andar com o olho「em」; andar atrás「de」; perseguir. *Kare wa inochi o tsukenerawarete iru* 彼は命を付け狙われている Andam atrás daquele homem para o matar.

tsuké-óchí 付け落ち ⇨ tsuké-ótóshí.

tsuké-ótóshí 付け落とし (< tsukéru + otósu) A omissão「da data」. *Sengetsu wa ōguchi no* ～ *ga atta* 先月は大口の付け落としがあった No mês passado houve uma ～ grande「nas contas/no lançamento」. [S/同] Tsuké-óchí.

tsukéru[1] 付［附・着・就・点］ける **1** [接合する；触れさせる] Afixar「na parede」; pregar; colocar; ligar; pôr; encostar. ★ *Botan o* ～ ボタンを付ける Pregar o botão. *Bōto o kishi ni* ～ ボートを岸に着ける Encostar o bote à margem. *Kono shigoto kara te o* ～ この仕事から手をつける「vou」Começar por este trabalho.
2 [塗る] Aplicar; usar; pôr. ★ *Pan ni batā o* ～ パンにバターを付ける Pôr manteiga no pão. ⇨ nurú.
3 [跡をしるす・記す] Marcar; assinalar; regist(r)ar. *Gaitō suru mono ni marujirushi o tsukete kudasai* 該当するものに丸印を付けてください Assinale com um círculo a resposta correspondente (No exame) [as pessoas a quem isto se aplica]. ★ *Ashi-ato o* ～ 足跡を付ける Deixar (a) pegada. *Nikki o* ～ 日記を付ける Escrever o diário. *Shimi o* ～ しみを付ける Manchar.
4 [添え加える] Acrescentar; pôr; colocar; dar. *Hito no suru koto ni ichi-ichi kechi o* ～ 人のすることにいちいちけちを付ける Pôr defeitos em tudo o que os outros fazem. *Tsugi no kanji ni furigana o tsuke nasai* 次の漢字に振り仮名を付けなさい Escreva a pronúncia/leitura dos [o "furigana" nos] seguintes ideogramas. ★ *Aji o* ～ 味を付ける Temperar. *Chie o* ～ 知恵を付ける Instruir-se. *Ikioi o* ～ 勢いを付ける Dar impulso; impulsionar. *Joken o* ～ 条件を付ける Impor [Pôr] condições. *Kyōyō o mi ni* ～ 教養を身に付ける Adquirir cultura. *Te ni shoku o* ～ 手に職を付ける Aprender um ofício.
5 [設ける] Estabelecer; fazer; abrir; instalar. *Tonari machi made hiroi michi ga tsukerareta* 隣町まで広い道が付けられた Fizeram uma estrada larga até à cidade vizinha. ★ *Kankei o* ～ 関係を付ける Estabelecer relações. *Renraku o* ～ 連絡を付ける Estabelecer ligações.
6 [身にまとう] Vestir; pôr. *Kanojo wa mofuku o tsukete ita* 彼女は喪服を着けていた Ela estava [vestia traje] de luto. ★ *Kunshō o* ～ 勲章を着ける Pôr a condecoração.
7 [付き添わす] Contratar. *Musume ni piano no kyōshi o tsuketa* 娘にピアノの教師を付けた Contratei um professor de piano para a minha filha. ★ *Bengoshi o* ～ 弁護士を付ける ～ um advogado. *Goei o* ～ 護衛を付ける ～ um guarda-costas. *Mikata ni* ～ 味方に付ける Trazer para o「nosso」lado.
8 [尾行する] Seguir「a pista」. *Hannin wa keiji ni tsukerarete ita* 犯人は刑事に付けられていた O criminoso estava a ser seguido por um dete(c)tive. ⇨ bikṓ; tsuísékí. **9** [火などをともす] **a**) Acender; **b**) Pegar [Deitar] fogo. ★ *Dentō o* ～ 電灯を点ける Acender a luz. *Hi o* ～ 火を点ける **a**) Acender o lume; **b**) Deitar fogo「à casa」. *Rajio* [*Terebi*] *o* ～ ラジオ［テレビ］を点ける Ligar o rádio [a TV]. **10** [注意を向ける] Dirigir a atenção; prestar atenção. *Ano seito wa sensei ni me o tsukerarete iru* あの生徒は先生に目を付けられている Aquele aluno está sendo vigiado pelo professor [O professor anda com aquele aluno debaixo de olho]. *Ki o tsukete iki nasai* 気を付けて行きなさい Vá com cuidado [atenção]. **11** [飲食物を用意する] Servir. ★ *Gohan o* ～ 御飯をつける Servir o arroz. **12** [定まらせる] Resolver. ★ *Hanashi o* ～ 話をつける ～ o assunto [caso/a conversa (G.)]. **13** [ある位置におかせる] Colocar. ★ *Musuko o shoku ni* ～ 息子を職に就ける ～ [Arranjar emprego para] o filho.

tsukéru[2] 漬［浸］ける **1** [ひたす] Pôr com [em/na] água; deixar [pôr] de molho. *Sentakumono o mizu ni tsukete kudasai* 洗濯物を水につけてください Deixe a roupa de molho. ⇨ hitásu. **2** [漬け物にする] Conservar [Pôr] em salmoura. *Kyūri o miso ni tsuketa* きゅうりをみそに漬けた Pus o pepino em "miso", de conserva.

-tsukéru[3] つける【Suf.】 **1** [いつもあることをする] Estar acostumado [habituado]「a」. ★ *Aruki-tsukete iru michi* 歩きつけている道 O caminho por onde se costuma passar. **2** [激しくあることをする] Fazer com veemência [força]. ★ *Donari* ～ どなりつける Gritar a plenos pulmões; berrar; repreender em voz alta.

tsukétárí 付けたり **a)** Um pequeno extra; um presentito. *Sore wa hon-no* ～ *ni suginai* それはほんの付けたりに過ぎない Isso é apenas ～. [S/同] Furókú. **b)** Um pretexto「para ver/a ver」.

tsuké-táshí 付け足し (< tsuké-tásu) O dar mais「uma informação」; o suplemento; um extra; o apêndice; o pós-escrito.

tsuké-tásu 付け足す (< tsukéru[1] + …) Acrescentar. ⇨ tsuíká; tsuké-kúwáéru.

tsuké-tódóké 付け届け (< tsukéru[1] + todókéru) O presente; a gorjeta. ★ ～ *o suru* 付け届けをする Mandar um ～.

tsukétsuke つけつけ ⇨ zúkezuke (+).

tsuké-yákí 付け焼き (< tsukéru[1] + yakú) O grelhado (regado) com molho de soja. *Sakana o* ～ *ni shite tabeta* 魚を付け焼きにして食べた Comi peixe grelhado com molho de soja.

tsuké-yákiba 付け焼き刃 O verniz; a fachada; o ser superficial [só por fora]. *Aitsu no chishiki wa* ～ *da* あいつの知識は付け焼き刃だ Os conhecimentos dele são superficiais/só fachada.

tsukí[1] 月 **1** [天体の一つ, またその光] A lua. ～ *ga deta* [*shizunda*] 月が出た[沈んだ] A lua nasceu [pôs-se]. ～ *ga kaketa* 月が欠けた A lua minguou [começou a minguar]. ～ *ga michite iru* 月が満ちている A lua está crescendo (⇨ mańgetsu). ★ ～ *ni terasareta* 月に照らされた Iluminado pelo luar. ～ *no de* [*iri*] 月の出[入り] O nascer [pôr; desaparecer] da lua. ～ *no kasa* 月のかさ O halo lunar [à volta da ～]. *Saeta* ～ 冴えた月 A lua clara. [I/慣用] ～ *ni murakumo hana ni kaze* 月に叢雲花に風 Nada é seguro neste mundo. ～ *to suppon* 月とすっぽん「Ser uma diferença」Da noite para o dia〔*Daiya* (*mondo*) *to garasu de wa* ～ *to suppon hodo mo ne-uchi ga chigau* ダイヤ(モンド)とガラスとでは月とすっぽんほども値打ちが違う O valor entre o diamante e o vidro é tão diferente como da noite para o dia〕. ◇ ⇨ **～ roketto**. **～ ryokō** 月旅行 A viagem [ida] à ～. **2** [暦の月] O mês. ★ ～ *goto ni* 月ごとに Mensalmente; cada mês. ～ *hajime* [*nakaba*; *zue*] *ni* 月初め[半ば; 末]に No começo [meado; fim] do mês. ～ *ni ichido* 月に一度 Uma vez por mês. *Mi* ～ *goto ni* 3 月ごとに Cada trimestre [três meses]; trimestralmente. **3** [妊娠 10 か月の産み月] O tempo de dar à luz. ～ *ga michite kanojo wa onna no ko o unda* 月が満ちて彼女は女の子を産んだ Chegou a hora dela e deu à luz uma menina.

tsukí[2] 付き (< tsúku[1]) **1** [付きぐあい] O pegar. *Kono raitā wa* ～ *ga warui* このライターは付きが悪い Este isqueiro não acende [pega] bem. **2** [⇨ tsukí-ái]. **3** [運]【G.】A sorte. ～ *ga mawatte kita zo* つきが回って来たぞ ～ sorriu-me [Chegou o dia da minha ～]! ～ *ga ochita* つきが落ちた Que pouca [Lá se foi a] ～! *Kare wa* ～ *ni mi-hanasareta* 彼はつきに見放された Ele não teve sorte(nenhuma). [S/同] Kṓúń; ún. **4** [添い加わること] Com. ★ *Kagu* ～ *no apāto* 家具付きのアパート O apartamento mobilado [～ mobília]. ◇ **Go-bu-ri ～ kokusai** 5 分利付き国債 A Letra do Tesouro (Nacional) com 5% (cinco por cento) de juros. **Taishikan ～ rikugun bukan** 大使館付陸軍武官 O Adido Militar da Embaixada. **5** [ようす] A aparência; o aspecto. ★ *Shinayaka na koshi* ～ しなやかな腰付き A postura delicada. ◇ ⇨ **kao** [**te**] **～**.

tsukí[3] 突き (< tsukú[4]) **1** [突くこと] A punhala-da; a facada; a estocada; o golpe; o empurrão「contra a porta」. *Kare wa shinzō o hito* ～ *sarete shinda* 彼は心臓をひと突きされて死んだ Ele morreu apunhalado no coração. ★ ～ *o ireru* 突きを入れる Dar um/a ～. **2** [動作の強調]【Pref. de ênfase】★ *Masshigura ni* ～ *susumu* まっしぐらに突き進む Avançar impetuosamente [como um touro].

tsukí[4] 就[付]き **1** [ごとに] Por; cada. *Hitori ni* ～ *sen-en no kaihi o itadakimasu* 一人につき千円の会費をいただきます Vamos cobrar mil yens por pessoa [a cada um] na reunião. **2** [故に] Por causa de; por motivo de; em vista de. *Byōki ni* ～ *kesseki itashimasu* 病気につき欠席いたします Vou estar ausente por doença. **3** [関して] Sobre; quanto a. *Kono ten ni* ～ *gojitsu aratamete tōgi itashimashō* この点につき後日改めて討議いたしましょう ～ este ponto discutiremos novamente (num) outro dia.

tsukí[5] 尽き (< tsukíru) O fim. ★ *Un no* ～ 運の尽き「aquele erro foi」～ da sorte「dele」.

tsū́kí [uú] 通気 A ventilação; o arejamento「do quarto」. *Kono kiji wa* ～ *sei ga yoi* この生地は通気性がよい Este tecido deixa passar o ar [é bom para o corpo respirar]. ⇨ kańkí[2]; tsū́fū[1].

tsukí-ágé 突き上げ (< tsukí-ágéru) A pressão de baixo para cima. ★ *Buka no* ～ 部下の突き上げ ～ A pressão dos subordinados.

tsukí-ágéru 突き上げる (< tsukú[4] + …) Pressionar para [os de] cima;「o terramoto a」empurrar para cima.

tsukí-ái 付き合い (< tsukí-áu[1]) O trato (com os outros); o relacionamento; a companhia. *Ano hito wa* ～ *ga hiroi* あの人は付き合いが広い Ele tem muitos conhecidos [um vasto relacionamento]. *Kare to wa kazoku-gurumi no* ～ *o shite iru* 彼とは家族ぐるみの付き合いをしている Eu trato com ele como se fôssemos família. *Tochū made o-*～ *shimashō* 途中までお付き合いしましょう Vou acompanhá-lo um trecho do caminho. ★ ～ *no yoi* [*warui*] *hito* 付き合いのよい[悪い]人 A pessoa sociável [insociável]. [S/同] Kṓsái.

tsukí-ákari 月明かり O luar; a claridade [luz] da lua. ⇨ gekkṓ[1].

tsukí-átárí 突き当たり (< tsukí-átáru) O fim de uma rua [um corredor]. ～ *o migi e magari nasai* 突き当たりを右へ曲がりなさい No fim da rua vire [dobre] à direita.

tsukí-átáru 突き当たる (< tsukú[4] + …) **1** [衝突する] Ir bater em [de encontro a]; esbarrar「num problema」. *Fune wa iwa ni tsukiatatta* 船は岩に突き当たった O navio bateu na [foi de encontro à] rocha. ★ *Shōgai ni* ～ 障害に突き当たる Encontrar [Ir contra] um obstáculo. **2** [それ以上進めない所まで行く] Terminar; ir até ao fim. *Tsukiatatte hidari ni iku to yūbinkyoku ga arimasu* 突き当たって左に行くと郵便局があります No fim desta rua, dobrando à esquerda, verá o correio.

tsukí-átéru 突き当てる (< tsukú[4] + …) **1** [ぶつける] Bater [Ir] contra; esbarrar「contra」. *Kare wa jidō-*

T

sha o hei ni tsukiateta 彼は自動車をへいに突き当てた Ele bateu (com) o carro contra o muro. [S/同] Butsúkéru. **2** [捜しあてる] Descobrir; achar; localizar. *Keisatsu wa hannin no kakurega o tsuki-ateta* 警察は犯人の隠れ家を突き当てた A polícia descobriu o esconderijo do criminoso.

tsukí-áu[1] 付き合う (< tsúku[1] + …) **1** [交際する] Manter [Ter] relações; tratar; conviver. *Ano hito wa dare to de mo* ~ あの人は誰とでも付き合う Ele convive [trata/mantém relações] com todos/toda a gente. ⇨ kṓsáí[1]. **2** [他人と行動を共にする] Fazer companhia. *Shokuji o tsukiatte kudasaimasen ka* 食事を付き合ってくださいませんか Não me quer ~「ao almoço」[Vamos almoçar juntos]?

tsukí-áu[2] 突き合う (< tsukú[4] + …) Atacar-se mutuamente.

tsukí-áwáséru 突き合わせる (< tsukú[4] + …) **1** [近近と向かい合わせる] Juntar. ★ *Hiza o tsukiawasete jikkuri sōdan suru* ひざを突き合わせてじっくり相談する Ter uma longa consulta juntos. **2** [照合する] Confrontar; cotejar; comparar. *Yakubun o genbun to tsukiawasete mita* 訳文を原文と突き合わせてみた Fiz a confrontação da tradução com o (texto) original. **3** [対席させる] Pôr frente a frente; juntar; acarear. *Kagaisha to higaisha o tsukiawaseta* 加害者と被害者を突き合わせた Acareámos [Juntámos] o agressor e a vítima.

tsukí-ban 月番 O plantão mensal [deste mês].

tsukí-bárai 月払い (< … [1] + haráu) O pagamento mensal; a mensalidade. [S/同] Geppú[2].

tsukí-dáshí 突き出し (< tsukí-dásu) **1** [突き出すこと] O empurrar para fora「do ringue」. **2** [酒のつまみ] Os acepipes [petiscos] (para acompanhar uma bebida). ⇨ ṓdoburu; tsumámí. **3** [初めて業界に出ること] O princípio「do emprego」.

tsukí-dásu 突き出す (< tsukú[4] + …) **1** [突いて出す] Empurrar para fora. *Shikararete ie kara tsuki-dasareta* 叱られて家から突き出された Foi repreendido e posto [empurrado para] fora de casa. **2** [前の方へ出す] Pôr「a barriga」para fora; estender「a língua」. *Mado kara kao o tsuki-dasanai yō ni* 窓から顔を突き出さないように Não ponha [deitem] a cabeça fora da janela. **3** [警察に渡す] Entregar à polícia. *Hannin wa keisatsu ni tsuki-dasareta* 犯人は警察に突き出された O criminoso foi entregue à polícia.

tsukí-déru 突き出る (< tsukú[4] + …) Proje(c)tar-se「para」;「o prego」sair「para o outro lado da tábua」. *Noto hantō wa Nihonkai ni tsuki-dete iru* 能登半島は日本海に突き出ている A Península de Noto fica no Mar do Japão.

tsukí-gáké 月掛け (< … [1] + kakéru) A prestação [O pagamento] mensal. ◇ ~ **chokin** 月掛け貯金 A poupança [O depósito] mensal. ⇨ geppú[2].

tsukí-gímé 月極め (< … [1] + kimérú) O contrato mensal [ao mês]. ★ ~ *no dokusha* 月極めの読者 O assinante mensal. ~ *chūshajō* 月極(め)駐車場 O estacionamento de [com] ~.

tsukí-góshí 月越し (< … [1] + kosú) O transporte (da conta) de um mês para outro.

tsukígóto 月毎 Mensal; cada mês; todos os meses. ★ ~ *ni* 月毎に Mensalmente. [S/同] Tsukí-zuki.

tsukí-hájime 月初め O começo do mês.

tsukí-hánásu 突き放す (< tsukú[4] + …) **1** [突き飛ばす] Livrar-se「de」; afastar「as mãos dele」. ⇨ tsukí-tóbású. **2** [見捨てる] Abandonar; desamparar; ignorar [mostrar-se indiferente]. *Kare wa oya ni mo tsukihanasareta* 彼は親にも突き放された Ele foi abandonado até pelos (próprios) pais. ⇨ mihánásu; mi-sútéru.

tsukí-hi 月日 O tempo; os dias; os anos「que passei no Brasil」. ~ *no tatsu no wa hayai mono da* 月日のたつのは早いものだ Como o tempo passa (depressa)! ★ *Isogashii* ~ *o okuru* 忙しい月日を送る Ter [Levar] uma vida atarefada. ⇨ jikáń[1]; néngetsu; sáigetsu.

tsukí-káesu 突き返す (< tsukú[4] + …) **a)** Devolver「o murro」; **b)** Rejeitar; recusar. *Wairo o danko to shite tsukikaeshita* 賄賂を断固として突き返した Recusou terminantemente (aceitar) o suborno. [S/同] Tsukí-módósu.

tsukí-kágé 月影【E.】O luar; a luz da lua. ★ ~ *sayaka na yoru* 月影さやかな夜 Uma linda noite de luar. [S/同] Gekkṓ (+).

tsukí-kírí 付き切り (< tsúku[1] + …) O atendimento constante「do aluno」. *Kanojo wa* ~ *de otto no kanbyō o shita* 彼女は付き切りで夫の看病をした Ela cuidou sempre [estava sempre à cabeceira] do marido doente.

tsukí-kizu 突き傷 (< tsukú[4] + …) A estocada; a punhalada; a facada.

tsukí-kórobásu 突き転ばす (< tsukú[4] + …) Deitar alguém ao chão (e fazê-lo ir a rebolar); derrubar. [S/同] Tsukí-ótósu.

tsukí-kórósu 突き殺す (< tsukú[4] + …) Matar com estocada [punhalada; facada].

tsukí-kúdáku 搗き砕く (< tsúku[7] + …) Triturar「pedra」; moer「grão」; esmagar.

tsukí-mátou 付き纏う (< tsúku[1] + …) Seguir; perseguir; agarrar-se「a」; estar sempre junto. *Kanojo wa hen na otoko ni tsukimatowarete iru* 彼女は変な男に付きまとわれている Ela está sendo perseguida por um homem suspeito. ★ *Kage no gotoku* ~ 影のごとく付きまとう Seguir alguém como se fosse a sua sombra.

tsukí-mázéru 搗き混ぜる (< tsúku[7] + …) Triturar [Moer; Amassar] misturando.

tsukí-mí 月見 (< … [1] + míru) A admiração da beleza da lua. ★ ~ *o suru* 月見をする Admirar a beleza da [Ver a] lua. ⇨ haná-mí[1].

tsukímí-sṓ 月見草【Bot.】A ó[ô]nagra; *oenothera tetraptera.*

tsukí-módósu 突き戻す ⇨ tsukí-káesu.

tsukí-mono[1] 付き物 (< tsúku[1] + …) O acessório; o anexo; o suplemento; o acompanhamento; a coisa inseparável. *Kenri ni gimu wa* ~ *da* 権利に義務は付き物だ Não há direitos sem deveres/A obrigação acompanha sempre o direito.

tsukí-mono[2] 憑き物 (< tsúku[6] + …) O demó[ô]nio [espírito maligno] que se apossa da pessoa. ★ ~ *ga ochiru* 憑き物が落ちる Ficar livre do maligno. ⇨ monó-nó-ké.

tsū́kíń [uú] 通勤 O ir para o trabalho. ◇ ~ **jigoku** 通勤地獄 O inferno da ida e volta do trabalho (Por causa do aperto). ~ **jikan** 通勤時間 A hora de ~. ~ **teate** 通勤手当 A ajuda de custo para os transportes.

tsukí-námí 月並 [次] **1** [毎月の] Mensal. ★ ~ *no kai* 月並の会 A reunião ~. ⇨ maí-tsúkí. **2** [平凡] A trivialidade; o ser「um discurso」banal. ★ ~ *na monku* 月並な文句 As palavras e frases banais. ⇨ heibón.

tsukí-nókeru 突き除ける (< tsukúⁱ + …) Abrir caminho aos empurrões; acotovelar「os outros para ser promovido」. *Kare wa hitobito o tsukinokete mae e deta* 彼は人々を突き除けて前へ出た Ele foi para a frente abrindo caminho aos empurrões. ⇨ oshí-nókeru.

tsukí-nó-monó 月の物 ⇨ gekkéí.

tsukí-nó-wá 月の輪 **1**[月のかさ] O halo lunar. **2**[月の輪熊の首の白い部分] O colar branco. ◇ **~ guma** 月の輪熊 O urso preto (da Ásia) com ~.

tsukí-núkeru 突き抜ける (< tsukúⁱ + …) Tra(n)spassar; varar; furar de lado a lado; atravessar. *Ware-ware wa mori o tsuki-nukete itta* 我々は森を突き抜けて行った Avançámos atravessando todo o bosque.

tsukí-núku 突き抜く ⇨ tsukí-núkeru.

tsuki-ókure 月遅[後]れ (<…ⁱ+okúréru) O número atrasado. ★ ~ *no zasshi* 月遅れの雑誌 Um ~ da revista.

tsukí-ótósu 突き落とす (< tsukúⁱ + …) Derrubar; atirar do alto. ★ *Okujō kara* ~ 屋上から突き落とす Atirar do terraço. *Tanizoko ni* ~ 谷底に突き落とす Atirar pela ribanceira abaixo.

tsuki-rókétto 月ロケット O foguetão lunar. ◇ **~ uchiage kichi** 月ロケット打ち上げ基地 A base de lançamento de foguetões lunares.

tsukíru 尽きる **1**[使い切って無くなる] Esgotar; exaurir; gastar totalmente; acabar. *Bansaku [Chikara] ga tsukita* 万策[力]が尽きた Esgotei todos os meios [Cheguei ao limite das minhas forças]. *Shokuryō ga tsukita* 食料が尽きた Acabaram-se as provisões [os alimentos]. **2**[果てる] Terminar. *Hanashi wa tsukinakatta* 話は尽きなかった A conversa nunca terminava [Eles tinham sempre (assunto de) conversa].

tsukí-sásaru 突き刺さる (< tsukúⁱ + …) Ficar espetado [cravado];「um prego」espetar-se「no pneu(mático)」. *Kare no sono hitokoto ga watashi no mune ni tsuki-sasatta* 彼のその一言が私の胸に突き刺さった Aquela palavra dele ficou-me cá bem gravada no peito.

tsukí-sásu 突き刺す (< tsukúⁱ + …) Espetar; cravar; penetrar. *Hada o* ~ *yō na tsumetai kaze ga fuite iru* 肌を突き刺すような冷たい風が吹いている Está (a soprar) um vento frio que até corta a pele. *Kare wa sono otoko no mune ni tantō de tsukisashita* 彼はその男の胸を短刀で突き刺した Ele espetou-lhe o punhal no peito.

tsuki-shítágáu 付き従う (< tsukúⁱ + …) Seguir; acompanhar.

tsukí-sóí 付き添い (< tsukí-sóu) **a)** O atendimento「do enfermo」; a ajuda; a assistência; **b)** A escolta; o séquito; a companhia. *Fukei no* ~ *nashi de yoru gaishutsu shite wa ikenai* 父兄の付き添いなしで夜外出してはいけない Não se pode sair à noite, sem ser [a não ser] com a família. ★ ~ *no kangofu* 付き添いの看護婦 A enfermeira acompanhante [particular]. *Byōnin ni* ~ *o tsukeru* 病人に付き添いをつける Pôr [Pagar a] uma pessoa a cuidar do enfermo.

tsukí-sóu 付き添う (< tsúkuⁱ + …) **a)** Acompanhar「o filho à escola」; cuidar; ajudar. *Kanojo wa byōnin ni hito-ban-jū tsukisotte ita* 彼女は病人に一晩中付き添っていた Ela ficou a cuidar do doente a noite inteira.

tsukí-táósu 突き倒す (< tsukúⁱ + …) Derrubar [Deitar「alguém」ao chão].

tsukí-tárazu 月足らず (<…'3 + Neg. de "tarú") O nascimento prematuro. *Kono ko wa* ~ *de umareta* この子は月足らずで生まれた Esta criança nasceu prematuramente.

tsukí-tátéru 突き立てる (< tsukúⁱ + …) Espetar 「uma bandeira/um pau na neve」; cravar. ★ *Tantō o nodo ni* ~ 短刀をのどに突き立てる ~ o punhal na garganta. ⇨ tsukí-sásu; tsukí-tósu.

tsukí-tóbásu 突き飛ばす (< tsukúⁱ + …) Dar cotoveladas; dar um empurrão. *Hito o tsukitobashite densha ni noru yō na koto o suru na* 人を突き飛ばして電車に乗るようなことをするな Não agridam [empurrem à bruta] ao entrar para o comboio [trem]!

tsukí-tóméru 突き止める (< tsukúⁱ + …) Averiguar; verificar; assegurar-se「de」; apurar. *Jiko no gen'in wa sugu ni tsukitomerareta* 事故の原因はすぐに突き止められた A causa do acidente foi logo apurada.

tsukí-tóru [óo] 突き通る (< tsukúⁱ + …) Furar; penetrar; tra(n)spassar. Ⓢ[同]Tsukí-núkéru (+).

tsukí-tósu [óo] 突き通す (< tsukúⁱ + …) Atravessar; traspassar. ⇨ tsukí-sásu.

tsukí-tsúkeru 突き付ける (< tsukúⁱ + …) Apontar; apresentar. *Kumiai wa kaisha ni ōku no yōkyū o tsukitsuketa* 組合は会社に多くの要求を突き付けた O sindicato apresentou numerosas exigências à empresa.

tsukí-tsúméru 突き詰める (< tsukúⁱ + …) **1**[追究する] Examinar a fundo; investigar a sério; fazer um estudo minucioso. ★ *Tsukitsumete ieba* 突き詰めて言えば Em conclusão [última análise]… **2**[思い詰める] Levar demasiadamente a sério; pensar demasiado [demais]. *Amari tsukitsumete kangaeru na* あまり突き詰めて考えるな Não penses demasiado. ⇨ omóí-tsúméru.

tsukí-wári 月割り (<…ⁱ + warú) A prestação [O salário] mensal. Ⓢ[同]Geppú (+); tsukí-gáké.

tsukí-yábúru 突き破る (< tsukúⁱ + …) **1**[突いて破る] Furar「o "shōji"」; romper;「o carro」rebentar 「a parede」; quebrar. *Doa ni taiatari shite tsuki-yabutta* ドアに体当たりして突き破った Deu um encontrão à porta com todo o peso do corpo e arrombei-a. **2**[攻撃して崩す] Arrasar. *Waga-gun wa tekijin o tsuki-yabutta* 我が軍は敵陣を突き破った As nossas forças arrasaram a posição inimiga.

tsukiyámá 築山 A colina artificial [em miniatura] num jardim.

tsukí-yátoi 月雇い (<…'2 + yatóu) A contratação [O contrato] mensal. ⇨ hi-yátóí.

tsuki-yo 月夜 A noite de luar.

tsukí-yúbi 突き指 (< tsukúⁱ + …) A torcedura [O entorse/deslocamento] do dedo. *Barēbōru o yatte ite* ~ *o shita* バレーボールをやっていて突き指をした Desloquei [Torci] o dedo no voleibol [vôlei (B.)].

tsukí-zué 月末 (<…'2 + sué) O fim do mês. Ⓢ[同]Getsúmátsú (+).

tsukí-zuki 月月 (<…'2 + tsukí'2) Mensalmente; cada [por] mês; todos os meses. *Watashi wa* ~ *go-man-en chokin shite iru* 私は月々5万円貯金している Estou depositando ~ cinqu[co]enta mil yens no banco.

tsukkáesu 突っ返す ⇨ tsukí-káesu.

tsukkáí 突っ支い (< tsukúⁱ + káu) O suporte; o

tsukkákáru 突っ掛かる (< tsuki²+ …) **1** [つきあたる] Tropeçar. *Nani ka ni tsukkakatte koronda* 何かに突っ掛かって転んだ Tropecei em alguma coisa e caí. **2** [くってかかる] Desafiar; brigar; criar [arranjar] problemas; implicar. *Kare wa dare ni de mo ~ otoko da* 彼は誰にでも突っ掛かる男だ Ele cria problemas com toda a gente. ⇨ Kútte-kakaru.

tsukkákéru 突っ掛ける (< tsuki²+ …) Enfiar à pressa 「as calças」. *Boku wa kutsu o tsukkakete ie o tobidashita* 僕は靴を突っ掛けて家を飛び出した Enfiei os sapatos e saí correndo [a correr].

tsukkéndon 突っ慳貪 Seco; brusco; áspero; abrupto; rude; grosseiro; ríspido. ★ ~ *na henji* 突っ慳貪な返事 A resposta seca. ~ *na hito* 突っ慳貪な人 A pessoa grosseira [ríspida]. ⇨ bu-áiso; jáken.

tsukkíru 突っ切る (< tsuki²+ …) Atravessar; cortar 「pelo meio do arrozal」; cruzar. *Supīdo o dashita kuruma ga tenro o tsukkitte itta* スピードを出した車が線路を突っ切って行った O carro, a alta [grande] velocidade, atravessou a passagem de nível.

tsukkómu 突っ込む (< tsuki⁴+ …) **1** [勢いよくさし入れる] Enfiar; meter; entrar 「o pau no chão」. *Mizu tamari ni ashi o tsukkonde shimatta* 水たまりに足を突っ込んでしまった Enterrei os pés numa poça de água [d'água]. [無造作に入れる] Meter; enfiar; introduzir. *Samukatta no de kare wa ryōte o poketto ni tsukkonde aruita* 寒かったので彼は両手をポケットに突っ込んで歩いた Ele, com o frio, andava com as mãos (enfiadas) nos bolsos. **3** [深く関係する] Intrometer-se; meter 「o nariz onde não é chamado」. *Tsumaranai koto ni atama [kubi] o tsukkomu na* つまらぬことに頭[首]を突っ込むな Não se meta em assuntos duvidosos [sem importância]. **4** [強く問いつめる] Censurar; criticar; condenar; reprovar. *Hito ni tsukkomareru yō na warui koto wa nani mo shite imasen* 人に突っ込まれるような悪いことは何もしていません Não fiz nada digno de censura. **5** [深く立ち入る] Aprofundar; chegar ao fundo. *Kono mondai ni tsuite wa motto tsukkonde hanashiau hitsuyō ga aru* この問題についてはもっと突っ込んで話し合う必要がある Precisamos de conversar mais a fundo sobre este assunto. **6** [突入する] Romper. ★ *Teki-jin ni ~* 敵陣に突っ込む ~ pela posição inimiga. ⇨ totsunyū.

tsūkō¹ [uú] 通行 A passagem; o trânsito. ★ ~ *o kinjiru* 通行を禁じる Proibir a/o ~. ~ *o samatageru* 通行を妨げる Obstruir o/a ~. ~ *suru* 通行する Passar; transitar. ◇ ~ **dome** 通行止め (掲示) Trânsito impedido/proibido. ~ **nin** 通行人 O transeunte. ~ **(kyoka-)shō** 通行(許可)証 O salvo-conduto (espécie de passaporte). ~ **ryōkin** 通行料金 O preço da portagem [do pedágio (B.)]; o pagamento [a taxa] de portagem [peagem]. ~ **zei** 通行税 O imposto de trânsito. **Ippō ~** 一方通行 (掲示) Sentido [Mão] único[a]. **Sasoku (Usoku) ~** 左側[右側] 通行 (掲示) Trânsito pela esquerda (direita). **Sharyō ~ dome** 車両通行止め (掲示) Trânsito proibido aos veículos.

tsūkō² [uú] 通航 A navegação [passagem] 「de canal」. ◇ ~ **zei** 通航税 O imposto de ~. ⇨ kōkai³.

tsūkóku [uú] 通告 A notificação; o aviso. ★ ~ *o ukeru* 通告を受ける Receber ~. [S/同] Tsūchí; tsūtátsú.

tsūkón [uú] 痛恨 A grande mágoa [amargura]; o grande dissabor; o profundo pesar. *Konna jiken ga okotta no wa ~ no kiwami de aru* こんな事件が起ったのは痛恨の極みである Este desastre causou-nos uma mágoa [dor] indizível. ◇ ~ **ji** 痛恨事 O fa(c)to deplorável.

tsūkō-nín [oó] 通行人 (< tsūkó¹) O transeunte.

tsúku¹ 付く **1** [結合する; 付着する] Pegar-se; aderir; unir; agarrar-se. *Sono koto ga shinpai de shigoto ga te ni tsukanakatta* そのことが心配で仕事が手につかなかった Com essa preocupação, nem conseguia trabalhar. ★ *Tsukazu hanarezu no kankei* つかず離れずの関係 Um relacionamento em que cada um mantém as suas distâncias. *Chi no tsuita te* 血のついた手 Mãos manchadas de sangue. **2** [跡が残る; 記される] Deixar; ter. ★ *Ato ga ~* 跡がつく ~ marca. *Kizu ga ~* 傷がつく Ficar com cicatriz. *Nijūmaru ga ~* 二重丸がつく Ter [Ficar marcado com] dois círculos. **3** [定着する] Fazer seu; adquirir; nascer; surgir; ganhar. *Ano hosutesu ni wa takusan no kyaku ga tsuite iru* あのホステスにはたくさんの客がついている A matrona do bar tem muitos clientes. *Kimi wa daibu porutogarugo no chikara ga tsuita* 君は大分ポルトガル語の力がついた Você melhorou [avançou] muito em [no seu] p. ★ *Ne ga ~* 根がつく Ganhar raiz. **4** [添え加わる] Ter [Incluir] 「tb. sobremesa」. *Garēji no tsuita ie ga hoshii* ガレージのついた家がほしい Quero uma casa com [que tenha] garagem. *Karendā no tsuita tokei* カレンダーのついた時計 O relógio com calendário. *Risoku ga ~* 利息がつく 「o depósito」 Ter juros. **5** [設けられる] Ser estabelecido [construído]. ★ *Michi ga ~* 道がつく Ser construída a estrada. *Tsunagari ga ~* つながりがつく Ser estabelecida a ligação. **6** [つき添う; 従う] Estar junto; acompanhar; seguir. *Chichi-oya no ato o tsuite iku* 父親の後をついて行く Seguir o [atrás do] pai. **7** [沿う] Ir ao longo de. *Sono hei ni tsuite migi ni magari nasai* その塀について右に曲がりなさい Vá ao longo do muro e depois vire à direita. [S/同] Soú. **8** [注意をひく] Chamar a atenção. *Kare no jimanbanashi wa hana ni ~* 彼の自慢話は鼻につく Estou farto das bazófias dele. **9** [ともる] Acender. [S/同] Tomóru. **10** [物事が定まる] Resolver; terminar. *Gu nimo tsukanai koto o iu na* 愚にもつかないことを言うな Não diga asneiras. *Shigoto ga ichi-danraku tsuitara dekakemashō* 仕事が一段落いたら出掛けましょう Depois de terminar esta parte do trabalho vamos embora. ★ *Kata [Keri] ga ~* 片[けり]がつく Chegar a uma conclusão. *Kesshin ga ~* 決心がつく Decidir. *Yasu-mono-gai wa kekkyoku takaku ~* 安物買いは結局高くつく「às vezes」 Comprar barato acaba saindo [por sair] caro.

tsúku² 着く **1** [到達する] Chegar 「a carta」. *Hikōki wa buji kūkō ni tsuita* 飛行機は無事空港に着いた O avião chegou (ao aeroporto) sem novidade [problema]. *Yōroppa ni iru yūjin kara tegami ga tsuita* ヨーロッパにいる友人から手紙が着いた Recebi [Chegou-me] uma carta dum amigo que está na Europa. **2** [席に着く] Chegar. *Kare wa tenjō ni atama ga ~ hodo se ga takai* 彼は天井に頭が着くほど背が高い Ele é tão alto que quase chega com a cabeça ao te(c)to. *Kono pūru wa fukakute soko ni ashi ga tsukanai* このプールは深くて底に足が着かない Esta piscina é muito funda, não se chega ao fundo com

tsúku³ 就く Pôr-se numa situação. *Kanojo wa Burajirujin no kyōshi ni tsuite porutogarugo o manande iru* 彼女はブラジル人の教師に就いてポルトガル語を学んでいる Ela está estudando p. com um professor brasileiro. *Kinō wa tsukarete ita no de hayaku toko ni tsuita* 昨日は疲れていたので早く床に就いた Ontem estava cansado, e (por isso) fui cedo para a cama. *Kuraku natte kita no de isoide ieji ni tsuita* 暗くなってきたので急いで家路に就いた Como começou a escurecer [ficar escuro] apressei-me em [a] ir para casa. ★ *Shachō no chii ni* ～ 社長の地位に就く Assumir o posto de (Dire(c)tor-)Presidente.

tsukú⁴ 突[衝]く 1 [刺す] Espetar; cravar. *Kare wa tantō de aite no mune o tsuita* 彼は短刀で相手の胸を突いた Ele cravou o punhal no peito do adversário. ★ *Ten o* ～ *yō na taiju* 天を突くような大樹 Uma árvore altíssima [que furava o céu]. S/同 Sásu. 2 [棒状のものの先端で打つ] Bater「com a ponta do pau」. *Man'in densha no naka de hiji de mune o tsukareta* 満員電車の中でひじで胸を突かれた O comboio [trem] estava superlotado e apanhei [levei/deram-me] uma cotovelada no peito. ★ *Han o* ～ 判をつく Carimbar [Pôr o carimbo]. *Mari o* ～ まりを突く Bater [Fazer saltar no chão] a bola. *Soko o* ～ 底を突く Chegar ao fundo; acabar-se「a garrafa」. 3 [強く押す] Oprimir; apertar com força. ★ *Mune o* ～ *kyūzaka* 胸をつく急坂 A subida íngreme. 4 [支えとする] Apoiar-se「em」. *Kare wa watashi ni te o tsuite ayamatta* 彼は私に手を突いて謝った Ele pediu-me humildemente (Lit. "com as mãos no chão" [tatámí]) desculpa. *Tsue o* ～ 杖を突く Apoiar-se na bengala. 5 [激しく攻める] Atacar. *Kare ni itai tokoro o tsukareta* 彼に痛いところを突かれた Ele tocou-me no meu ponto sensível. ★ *Fui [Kyo] o tsukareru* 不意[虚]を衝かれる Ser apanhado desprevenido. *Jakuten o* ～ 弱点を衝く ～ *o ponto fraco*. *Tekijin o* ～ 敵陣を衝く ～ a posição inimiga. 6 [冒す] Enfrentar; desafiar. *Wareware wa fūu o tsuite susunda* 我々は風雨を衝いて進んだ Avançámos enfrentando a tempestade. 7 [心·感覚を刺激する] Irritar;「uma cena de cortar「o coração」. *Ishū ga mutto hana o tsuita* 異臭がっと鼻を突いた Senti um cheiro esquisito e desagradável.

tsúku⁵ 吐く 1 [息をはく] Respirar「com um pouco de descanso」. *Iki mo tsukazu ni kono shōsetsu yo yonde shimatta* 息もつかずにこの小説を読んでしまった Li este romance de um fôlego [sem ～/parar]. 2 [言い放つ] Falar; dizer; proferir. *Kyōfu no sakebi ga kanojo no kuchi ni tsuite deta* 恐怖の叫びが彼女の口をついて出た Um grito de terror saiu da boca dela. ★ *Akutai o* ～ 悪態を吐く Proferir impropérios.

tsúku⁶ 憑く Entrar. *Kare wa mono ni tsukareta yō na me o shite iru* 彼は物に憑かれたような眼をしている Ele está com olhos de possesso. ⇨ torítsúkú; tsukáréru².

tsúku⁷ 搗[舂]く Esmagar. ★ *Mochi o* ～ もちを搗く Fazer "mochi" (esmagando no pilão arroz previamente cozido).

tsukúdání 佃煮 O「marisco」cozido em molho de soja.

tsukúé 机 A mesa; a escrivaninha; a carteira「da escola」. *Kare to wa kōkō jidai san-nen-kan* ～ *o narabeta naka da* 彼とは高校時代3年間机を並べた仲だ Ele e eu estudámos na mesma classe [fomos colegas de carteira] durante os três últimos anos do liceu [curso colegial]. ★ ～ *ni mukau [tsuku]* 机に向かう[つく] Sentar-se à ～; estudar.

tsukúné-imó 捏芋·仏掌薯【Bot.】O cará; o inhame-da-china.

tsukúnén-to つくねんと Desoladamente; distraidamente. *Kanojo wa heya no sumi ni* ～ *suwatte ita* 彼女は部屋の隅につくねんと座っていた Ela estava ～ sentada no canto da sala. ⇨ boń'yári.

tsukúnéru 捏ねる Misturar; amassar「carne picada」. ⇨ konéru.

tsukúrí 作[造]り (＜ tsukúru) 1 [つくること·つくられた物] A feitura; o feitio; o arranjo「do jardim」; o estilo; a estrutura; a construção; a manufa(c)tura; o acabamento. *Kono tsukue wa* ～ *ga shikkari shite iru* この机は作りがしっかりしている Esta mesa é firme [sólida]. ★ *Renga-zukuri no ie* れんが造りの家 A casa (construída) de tijolos. 2 [からだつき] O físico; a compleição. *Kare wa karada no* ～ *ga ganjō da* 彼はからだの作りが頑丈だ Ele tem compleição robusta. 3 [身なり; 化粧] A maquil(h)agem; a maneira de vestir. *Ano okusan wa* ～ *ga wakai* あの奥さんは作りが若い Aquela senhora veste com uma jovem. ⇨ keshō; mínari.

tsukúrí² 旁 O radical do lado direito do ideograma chinês ("kanji"). A/反 Heń.

tsukúrí-ágéru 作り上げる (＜ tsukúru + …) 1 [完成させる] Concluir; completar; acabar「a ponte」. *Kono fune no mokei o* ～ *no ni ikkagetsu kakatta* この船の模型を作り上げるのに一か月かかった Levei um mês a ～ este navio em miniatura. 2 [でっちあげる] Fabricar; inventar; forjar. *Sore wa dare ka ga tsukuriageta hanashi ni chigai nai* それは誰かが作り上げた話に違いない Não há dúvida (de) que essa história foi inventada por alguém. S/同 Detchí-ágéru.

tsukúrí-bánashi 作り話 (＜ tsukúrú + hanáshí) A história inventada; a fi(c)ção. *Kare wa yoku* ～ *suru* 彼はよく作り話をする Ele inventa (muita coisa). ⇨ tsukúrí-gótó.

tsukúrí-dásu 作[造]り出す (＜ tsukúru + …) Fabricar「queijo」; fazer「poesias」; manufa(c)turar「carros」; produzir「arroz」.

tsukúrí-góe 作り声 (＜ tsukúru + kóe) A voz disfarçada [simulada]. ★ ～ *o suru* 作り声をする Disfarçar a voz.

tsukúrí-gótó 作り事 (＜ tsukúru + kotó) A invenção; a fi(c)ção; a história inventada. *Ano hito no hanashi wa* ～ *to shika omoenai* あの人の話は作りごととしか思えない A conversa [história] dele é inventada. ⇨ tsukúrí-bánashi.

tsukúrí-káe 作[造]り替え (＜ tsukúrí-káeru) O refazer; a reforma; a reconstrução; a remodelação.

tsukúrí-káeru 作[造]り替える (＜ tsukúru + …) 1 [新しく作る] Fazer outro. *Kāten ga furuku natta no de tsukurikaeta* カーテンが古くなったので作り替えた A cortina estava velha e fiz outra [uma nova]. 2 [別のものにする] Alterar; adaptar; refazer. *Kare wa jisaku no shōsetsu o gikyoku ni tsukurikaeta* 彼は自作の小説を戯曲に作り替えた Ele adaptou o seu romance para drama.

tsukúrí-kátá 作[造]り方 (＜ tsukúru + …) 1 [作る

方法] O modo [A maneira] de fazer; a receita. *Feijoāda no ~ o oshiete kudasai* フェイジョアーダの作り方を教えてください Ensine-me a fazer (a) feijoada. **2** [作った体裁] O estilo de construção. *Kono ie no ~ wa jun-Nihon-shiki de aru* この家の造り方は純日本式である ~ desta casa é tipicamente japonês.

tsukúrí-móno 作り物 (< tsukúru + …) O produto artificial. ★ ~ *no hana* 作り物の花 A flor artificial.

tsukúrí-náki 作り泣き (< tsukúru + nakú) O choro fingido; lágrimas de crocodilo.

tsukúrí-náosu 作り直す (< tsukúru + …) Refazer; fazer de novo; reformar; reconstruir; remodelar. *Kono heya wa zenbu tsukurinaosanakereba naranai* この部屋は全部作り直さなければならない Esta sala [Este quarto] precisa de ser inteiramente reformada[o]. ⇨ tsukúrí-káeru.

tsukúrí-tsúké 作[造]り付け (< tsukúru + tsukéru¹) O artigo fixo [instalado; embutido]. *Sono heya ni wa ~ no hondana ga aru* その部屋には作り付けの本棚がある Nessa sala há um armário embutido para livros.

tsukúrí-wárai 作り笑い (< tsukúru + waráu) O riso [sorriso] forçado/falso. ★ ~ *o suru* 作り笑いをする Fazer um ~.

tsukúrí-zákaya 造り酒屋 (< tsukúru + saká-yá) A fábrica de saqué.

tsukúrói 繕い (< tsukúrou) O conserto; o remendo. ◇ ~ **mono** 繕い物 O [Coisas para] remendar [~ *mono o suru* 繕い物をする Remendar [Pôr um remendo]]. ⇨ shúi; shúzéń.

tsukúróu 繕う **1** [修理する] Remendar; reparar; consertar「os sapatos」. *Shatsu no kagizaki o tsukurotte kudasai* シャツのかぎ裂きを繕ってください Remende [Cosa] o rasgão da camisa. ⇨ shúi; shúzéń. **2** [整えよそおう] Arranjar; 「dizer algo só para」compor. ★ *Koe o* ~ 声を繕う Falar com voz mansa「para compor as coisas」. *Sekentei [Taimen] o* ~ 世間体[体面]を繕う Salvar a honra. *Uwabe o* ~ うわべを繕う Salvar as aparências. **3** [体裁よくまとめる] Remediar. *Awatete sono ba o tsukurotta* あわててその場を繕った Procurei, à pressa, compor as coisas [salvar a situação].

tsukúru 作[造]る **1** [新しいものをこしらえる] Fazer; criar; construir; formar; constituir; compor; elaborar. *Dōzo shiawase na go-katei o o-tsukuri kudasai* どうぞ幸せなご家庭をお作りください Faço votos para que constituam um lar feliz. *Kyōiku no mokuteki no hitotsu wa rippa na ningen o ~ koto da* 教育の目的の一つは立派な人間を作ることだ Uma das finalidades da educação é formar pessoas dignas. "*Ten wa hito no ue ni hito o tsukurazu hito no shita ni hito o tsukurazu*" 天は人の上に人を作らず人の下に人を作らず Deus criou os homens todos iguais [nem acima nem abaixo uns dos outros] (Palavras de Fukuzawa Yukichi: 1835-1901). ★ *Hima o* ~ 暇を作る Arranjar tempo. *Hōritsu o* ~ 法律を作る Criar [Fazer] uma lei. *Jinkaku o* ~ 人格を作る Formar a personalidade. *Kari o* ~ 借りを作る Contrair dívidas. *Kome o* ~ 米を作る Cultivar [Produzir] arroz. *Naikaku o* ~ 内閣を作る Formar governo [ministério]. *Sekai-kiroku o* ~ 世界記録を作る Bater o recorde mundial. *Shi o* ~ 詩を作る Compor [Fazer] poesia [poemas]. **2** [声をあげて時を告げる] Anunciar a hora. *Niwatori ga toki o* ~ に わとりが時を作る O galo canta as horas. **3** [耕作する] Cultivar. ★ *Ta o* ~ 田を作る ~ o arrozal. **4** [魚を料理のためにおろす] Preparar o peixe. ★ *Tai o sashimi ni* ~ 鯛を刺身に造る Preparar o sashími de pargo. **5** [設ける; 新しく得る] Arranjar. ★ *Kodomo o* ~ 子供を作る ~ um bebé[ê]. *Onna o* ~ 女を作る ~ uma amante. *Tomodachi o* ~ 友達を作る ~ [Fazer] amigos. **6** [化粧する] Pintar-se; maquil(h)ar; arranjar-se. *Kanojo wa wakaku tsukutte iru* 彼女は若く作っている Ela faz-se [pinta-se de] jovem. **7** [偽ってこしらえる] Fazer à força. *Watashi wa muri ni egao o tsukutte miseta* 私は無理に笑顔を作って見せた Eu sorri, mas sem vontade nenhuma. ★ *Kōjitsu o* ~ 口実を作る Inventar um pretexto.

tsukúshi 土筆【Bot.】A cavalinha; o rabo-de-cavalo. ⇨ sugíná.

tsukúsu 尽くす **1** [ある限り使う; 尽きるまでする] Extenuar; exaurir; esgotar; gastar; acabar; consumir; usar todos os meios. *Hi wa subete o yaki-tsukushita* 火はすべてを焼き尽くした O fogo consumiu tudo. ★ *Akuji no kagiri o* ~ 悪事の限りを尽くす Praticar toda a sorte de maldades. *Oya ni kōkō o* ~ 親に孝行を尽くす Cumprir todos os deveres filiais para com os pais. *Saizen o* ~ 最善を尽くす Fazer o melhor [todo o] possível. *Te o* ~ 手を尽くす Esgotar todos os meios. **2** [尽力する] Prestar「grandes」serviços「à humanidade」; dedicar-se; servir. *Tsuma wa boku ni yoku tsukushite kureru* 妻は僕によく尽くしてくれる A minha mulher dedica-me toda a atenção「na doença」[faz tudo o que pode por mim]. ⟨S/同⟩ *Jíńryókú súrú*.

tsukúzúku 熟 **1** [じっくり] Fixamente; atentamente. *Kanojo wa kodomo no negao o ~ (to) nagameta* 彼女は子供の寝顔をつくづく(と)眺めた Ela olhava ~ [com ternura] o rosto da filhinha adormecida. ⇨ jikkúri. **2** [身にしみて] Profundamente [Realmente]「feliz」. ~ *jinsei ga iya ni natta* つくづく人生がいやになった Sinto-me profundamente desgostoso da vida.

túma¹ 妻 A esposa [mulher]. ★ ~ *o metoru* [*ni suru*] 妻をめとる[にする] (o homem) Casar com「Hana-ko」. ⟨S/同⟩ Nyóbō. ⟨A/反⟩ Ottó. ⇨ óku-san.

tsumá² つま A guarnição [O acompanhamento] de verdura aos fios ou às tiras. ★ *Sashimi no* ~ 刺身のつま ~ do sashími.

tsumá-bíki 爪弾き (< tsumá-bíku) O tocar instrumentos de cordas.

tsumá-bíku 爪弾く (< tsumé + hikú³) Tocar instrumentos de cordas. ★ *Gitā o* ~ ギターを爪弾く Tocar guitarra [violão].

tsumábiraka 詳[審]らか O ser claro. *Jiko no gen'in wa ~ de nai* 事故の原因は詳らかでない A causa [origem] do acidente (ainda) não é [está] clara. ⟨S/同⟩ Shōsáí.

tsumá-gúru 爪繰る (< tsumé + kúru) Passar com os dedos. ★ *Juzu o* ~ 数珠を爪繰る Passar as contas do rosário budista.

tsumá-hájiki 爪弾き (< tsumé + hajíku) O repelir; o evitar; o ostracizar [pôr de lado]. *Kare wa kurasu no minna kara ~ ni sarete iru* 彼はクラスのみんなから爪はじきにされている Ele é evitado [ostracizado/posto de lado] por todos os colegas da classe.

tsumá-káwá 爪革[皮] (< tsumé + …) A gáspea (De sapato); a cobertura da ponta「dos "zori" ou

tsumámárérú 抓まれる (< tsumámú) Ser mordido [enfeitiçado]. ⟦Ⅰ/慣用⟧ *Kitsune ni tsumamareta yō na hanashi desu* 狐につままれたような話です É uma conversa que me deixa desnorteado [põe maluco].

tsumámí 摘[撮・抓]み (< tsumámú) **1** [把手] O botão; a maçaneta [mão] do fecho da porta」; o trinco; a pega. *Nabe no futa no 〜 ga toreta* 鍋のふたのつまみが取れた Soltou-se a pega da tampa da panela. ⇨ totté. **2** [食べ物] O petisco. *Pīnatsu o 〜 ni shite bīru o nonda* ピーナツをつまみにしてビールを飲んだ Tomei cerveja, petiscando amendoins. **3** [つまんだ分量] A pitada. ★ *Shio hito 〜 mami* Uma 〜 de sal.

tsumámí-ágéru 摘[撮]み上げる (< tsumámú + …) Pegar com as pontas dos dedos.

tsumámí-árai 摘み洗い (< tsumámú + aráu) Lavar só a parte manchada. ★ 〜(o) suru 摘み洗い(を)する …

tsumámí-dásu 摘[撮]み出す (< tsumámú + …) **1** [つまんで外に出す] Tirar「uma pedra do arroz」. **2** [追い出す] Expulsar; pôr fora. *Urusai yatsu wa kono heya kara tsumamidashite yaru* うるさいやつはこの部屋から摘み出してやる Qualquer importuno será expulso [posto fora] deste recinto.

tsumámí-gúi 摘み食い(< tsumámú + kúu) **1** [つまんで食うこと] O comer [petiscar] com os dedos. **2** [盗み食い] O comer às escondidas. *Sono ko wa o-kashi o sukoshi 〜 shita* その子はお菓子を少し摘み食いした O menino foi ao doce. Nusúmí-gúí. **3** [横領] O furto; o roubo; o desfalque. *Kōkin no 〜 ga bareta* 公金の摘み食いがばれた O desfalque do dinheiro público [O roubo ao Estado] foi descoberto. ⟦S/同⟧ Ōryō (+).

tsumámú 摘[撮・抓]む (, ⇨ tsunéru) **1** [指ではさむ] **a)** Pegar com as pontas dos dedos; **b)** Servir-se; petiscar. *Dōzo o-kashi o 〜 tsumami kudasai* どうぞお菓子をおつまみください Sirva-se de doces. ★ *Yubi de tsumande taberu* 指でつまんで食べる Petiscar [Comer] com os dedos. **2** [かいつまむ] Resumir. *Yōten o tsumande o-hanashi shimashō* 要点をつまんでお話ししましょう Vou apresentar apenas os pontos essenciais [Vou 〜 e dizer só o principal]. ⟦S/同⟧ Kaítsúmámu (+).

tsumáránai 詰まらない **1** [おもしろくない] Sem graça; enfadonho; maçador; desinteressante; fastidioso. *Kare wa tsumaranasō ni shite iru* 彼はつまらなそうにしている Ele está com aspecto enfadado. *Kono shōsetsu wa mattaku tsumaranakatta* この小説は全くつまらなかった Esta novela não teve nenhuma graça./Que romance mais 〜! **2** [値打ちがない; くだらない] Insignificante; sem valor; absurdo; tolo; sem importância; ridículo. 〜 *koto o ki ni suru na* つまらぬことを気にするな Não se preocupe com ninharias [tolices]. 〜 *mono desu ga o-meshiagari kudasai* つまらない物ですがお召し上がり下さい Desculpe a insignificância do presente, mas oxalá que goste「deste doce」. **3** [甲斐がない] Não valer a pena. *Akuseku hataraite mo 〜 あ*くせく働いてもつまらない Não vale a pena [faz sentido] matar-se a trabalhar.

tsúmari 詰まり (< tsumári) **1** [何かの終わり] Por fim; finalmente; no fim de contas; depois de tudo. *Todo no 〜 kare wa hasan shita* とどのつまり彼は破産した [Ao fim e ao cabo] ele foi à falência. **2** [結局] Afinal; ou seja; quer dizer; em conclusão; em resumo. *Watashi no iitai koto wa 〜 kō desu* 私の言いたいことはつまりこうです Em resumo, o que eu quero dizer é isto: … ⇨ kekkyókú; sunáwachi, yō-súru-ni.

tsumáru 詰まる **1** [いっぱいになる] Ficar cheio [abarrotado; superlotado]. *Shigoto ga tsumatte ite yasumu hima mo nai* 仕事が詰まっていて休む暇もない Estou tão sobrecarregado de trabalho que não [nem] tenho tempo para descansar. **2** [ふさがる] Ficar entupido [bloqueado; obstruído; tapado; estrangulado; sufocado]. *Kono heya ni iru to iki ga tsumarisō da* この部屋にいると息が詰まりそうだ Sinto-me sufocar neste quarto. ★ *Hana ga 〜* 鼻が詰まる Ficar com o nariz entupido. ⇨ fuságárú. **3** [窮する] Ficar apertado [em situação difícil]. *Watashi wa isshun hentō ni tsunatta* 私は一瞬返答に詰まった Fiquei sem resposta por um momento. **4** [短くなる] Ficar curto「o tecido」; encurtar; contrair; encolher; diminuir. *Hi ga tsumatte [sematte] kita* 日が詰まって[迫って]きた Já faltam poucos dias「para o casamento」. ⇨ chijímú.

tsumáru-tokoro 詰まる所【E.】No fim de contas; em conclusão; em resumo. ⇨ tsúmari **2**.

tsumá-sákí 爪先 (< tsumé + …; ⇨ yubí-sákí) A ponta do pé; as pontas dos pés. *Kanrinin wa watashi o atama no teppen kara 〜 made jirojiro to nagameta* 管理人は私を頭のてっぺんから爪先までじろじろと眺めた O zelador (do prédio) observou-me da cabeça aos pés. ★ 〜 *agari no saka* 爪先上がりの坂 A subida íngreme. 〜 *de tatsu* 爪先で立つ Aguentar [Ter]-se nas 〜; estar em bicos de pés.

tsumásárérú つまされる Ficar comovido [abalado; impressionado]. *Kanojo no fukō o mite mi ni tsumasareta* 彼女の不幸を見て身につまされた Fiquei impressionado ao ver a infelicidade dela.

tsumáshíí 倹しい Econó[ô]mico; frugal; modesto. *Kanojo wa otto no shigo tsumashiku kurashite iru* 彼女は夫の死後つましく暮している Depois da morte do marido ela leva uma vida muito modesta [frugal/apertada]. ⇨ keń'yákú; shísso.

tsumá-yóji 爪楊枝【оо】 (< tsumé + …) O palito (dos dentes).

tsumázúkí 躓き (< tsumázúkú) **a)** O tropeçar「numa pedra」; **b)** O passo em falso; o deslize; a falha; a falta; o fracasso. *Kare wa chotto shita 〜 de isshō no bō ni futta* 彼はちょっとした躓きで一生を棒に振った Com aquele pequeno deslize, arruinou-se [a vida dele foi ao ar]. ⇨ ayámáchi; kashítsú; shippái.

tsumázúkú 躓く **1** [けつまずく] Tropeçar. *Ishi ni tsumazuite koronde shimatta* 石に躓いて転んでしまった Tropecei numa pedra e caí. **2** [失敗する] Falhar; fracassar; cometer um deslize「na juventude」. *Kare no jigyō wa sugu ni tsumazuita* 彼の事業はすぐに躓いた O negócio dele fracassou em pouco tempo.

tsumé[1] 爪 **a)** A unha (das mãos e pés das pessoas); **b)** A garra「do gato/da águia」; **c)** O casco「do cavalo/boi」. *Ano hito wa 〜 ni hi o tomosu yō na seikatsu o shite iru* あの人は爪に火を点すような生活をしている (Id.) Ele é um sovina [furreta (G.)] ("que queima as unhas para economizar a vela"). *Kare no 〜 no aka o senjite kimi ni nomasetai* 彼の爪の垢を煎じて君に飲ませたい (Id.) Quem me dera que você tivesse pelo menos um pouquinho das quali-

tsumé² dades dele [Você nem lhe chega aos calcanhares]. ★ ~ **de hikkaku** 爪でひっかく Arranhar com as ~. ~ *no aka* 爪の垢 **a)** O surro [lixo] das unhas; **b)** (Id.) Um pouquinho; uma migalha (⇨ suzumé ◇). ~ *o kamu* 爪をかむ Roer as unhas. ~ *o kiru* 爪を切る Cortar as unhas. ~ *o nobasu* 爪を伸ばす Deixar crescer as unhas. ~ *o tateru* 爪をたてる Fincar as garras 「no tronco da àrvore」. ~ *o togu* 爪を研ぐ 「gato」Afiar as garras. ◇ ~ **bake [in/kiri]**, **migaki** 爪磨き A limpeza [O polimento] das unhas; a manicure.

tsumé² 詰 (< tsuméru) **a)** O xeque-mate. ★ ~ *o ayamaru* 詰めを誤る Errar o ~ (⇨ tsumé-gó). **b)** O final 「da peça」; **c)** A conclusão 「da tese」.

tsumé-átó 爪跡 **1** [傷跡] O sinal de arranhadura [arranhão]. **2** [大素所をしたあとの悪い影響] Os estragos; os destroços. *Machi ni wa ō-jishin no nokotte ita* 町には大地震の爪跡が残っていた Na cidade ainda se viam os (sinais dos) destroços do grande terre[a]moto.

tsumé-áwásé 詰め合わせ (< tsumé-áwáséru) O sortido.

tsumé-áwáséru 詰め合わせる (< tsuméru + …) Fazer um sortido 「de várias frutas para presente」.

tsumé-báké 爪刷毛 (< ··· ¹ + haké) A escova para as unhas.

tsumé-bárá 詰め腹 (< tsuméru + hará) **a)** O harakiri forçado ~ *o kiru* 詰め腹を斬る Fazer harakiri contra vontade. **b)** A demissão forçada. *Kare wa jiko no sekinin o towarete* ~ *o kirasareta* 彼は事故の責任を問われて詰め腹を切らされた Como responsável pelo acidente ele foi forçado a demitir-se.

tsumé-érí 詰め襟 (< tsuméru + …) A gola fechada [levantada]. ◇ ~ **fuku** 詰め襟服 O vestido de ~.

tsumé-gó 詰め碁 「fazer」Um problema de [para] gô. ⇨ tsumé².

tsumé-ín 爪印 A impressão digital do polegar. ⇨ boín².

tsumé-káé 詰め替え (< tsumé-káéru) **a)** O mudar 「o tabaco do cachimbo」; **b)** A carga 「da lapiseira」. ★ *Kuchibeni no* ~(*hin*) 口紅の詰め替え (品) A ~ [O bastão] para o tubo de batom.

tsumé-káéru 詰め替える (< tsuméru + …) **a)** Recarregar (Pôr outra carga); tornar a encher. **b)** Mudar 「a roupa para outra mala」.

tsumé-kákéru 詰め掛ける (< tsuméru + …) Afluir; apinhar-se; aglomerar-se; acorrer. *Kaji-ba ni ōzei no yajiuma ga tsumekaketa* 火事場に大勢のやじ馬が詰め掛けた [Aglomeraram-se] muitos curiosos ao [no] local do incêndio. ⇨ oshí-kákéru.

tsumé-kírí 爪切り (< ··· ¹ + kíru) O corta-unhas.

tsumé-kíru 詰め切る (< tsuméru + …) Acorrer 「ao local do desastre」 e ficar lá 「a ajudar」. *Kisha-dan ga shushō kantei ni tsumekitte iru* 記者団が首相官邸に詰め切っている Os jornalistas não abandonam [largam] a residência do primeiro-ministro.

tsumé-kómí 詰め込み (< tsuméru + …) **a)** O meter à força; o abarrotamento. ◇ ~ **shugi [kyōiku]** 詰め込み主義[教育] O sistema educacional de abarrotamento de conhecimentos (Não assimilados pelo aluno).

tsumé-kómú 詰め込む (< tsuméru + …) Meter à força; abarrotar; fazer engolir. *Mō tabemono o mitakunai hodo hara ippai ni tsumekonda* もう食べ物を見たくないほど腹一杯に詰め込んだ Enchi tanto a barriga que agora nem posso ver a comida. *Seito wa chishiki o atama ippai ni tsumekomarete iru ga sore o shōka dekinai* 生徒は知識を頭一杯に詰められているがそれを消化できないOs alunos têm a cabeça abarrotada de conhecimentos mas não conseguem digeri [assimilá]-los.

tsumé-mono 詰め物 (< tsuméru + …) **a)** O「peru com」recheio; **b)** A obturação; **c)** A vedação「com rolha」; **d)** O enchimento「da poltrona/do edredão」. ★ *Ha ni* ~ *o suru* 歯に詰め物をする Fazer uma obturação [Obturar um dente].

tsuméru 詰める (< tsúmu³) **1** [入れる; 満たす] Rechear; encher; obturar; carregar. *Kare wa suitō ni budōshu o tsumete dekaketa* 彼は水筒にぶどう酒を詰めて出かけた Ele encheu o cantil [a cabaça] de vinho e partiu. ★ *Irui o sūtsu-kēsu ni* ~ 衣類をスーツケースに詰める Meter a roupa na mala. *Paipu ni tabako o* ~ パイプに煙草を詰める Carregar o cachimbo. ⇨ irérú; mitású. **2** [間隔を縮める] Apertar (o espaço); chegar mais perto; encostar. *Shōshō o-tsume kudasai* 少々お詰めください Apertem-se um pouco mais por favor「que não há espaço」. *Retsu o* ~ 列を詰める Apertar a fila. **3** [縮める; 倹約する] Encurtar; economizar; cortar; reduzir. ★ *Keihi o* ~ 経費を詰める Cortar as despesas. *Yubi o* ~ 指を詰める Cortar [Decepar] o dedo. **4** [休みなく続ける] Fazer sem parar. *Kore wa kono tsumete hataraku to karada ni warui yo* そんなに根を詰めて働くと体に悪いよ Trabalhando assim, com essa intensidade, pode prejudicar a saúde. ★ *Omoi* ~ いつも詰めるEstar sempre a pensar numa coisa. **5** [行き詰らせる; きわみまで押し進める] **a)** Rematar [Concluir]; **b)** Dar xeque-mate. *Hanashi o mō sukoshi tsumete okō* 話をもう少し詰めておこう Vamos terminar [tentar rematar] este assunto [negócio]. *Toi o* ~ 問い詰めるApertar com [Crivar de]perguntas. **6** [通じなくする] Conter; fazer parar. ★ *Iki o* ~ 息を詰める ~ a respiração. **7** [控えめにする] Estar sempre (continuamente). *Ano biru ni wa gādoman ga itsumo tsumete iru* あのビルにはガードマンがいつも詰めている Naquele prédio está sempre o guarda.

tsumé-shó 詰め所 O posto; a casa do guarda; o quarto da tripulação.

tsumé-shógí [óo] 詰め将棋 (< tsuméru 5 + …) Um problema de shōgi. ⇨ tsumé-gó.

tsumétái 冷たい **1** [温度が低い] Fresco; frio; gelado. ~ *nomimono ga hoshii* 冷たい飲み物が欲しい Quero um refrigerante [uma bebida gelada]. *Watashi ga kaketsuketa toki kare wa mō tsumetaku natte ita* 私がかけつけた時彼はもう冷たくなっていた Quando cheguei, ele já estava frio [morto]. Ⓐ/⟨反⟩ Atátákái. **2** [冷淡な] Frio; indiferente; insensível. *Kare wa* ~ *metsuki de watashi o niranda* 彼は冷たい目つきで私をにらんだ Ele lançou-me [encarou-me com] um olhar frio. ★ ~ *sensō* 冷たい戦争 A guerra fria (⇨ reiséń²). ~ *taido o toru* 冷たい態度をとる Tomar uma atitude indiferente [fria]. Ⓐ/⟨反⟩ Atátákái.

tsumé-té 詰め手 (< tsuméru 5 + …) O xeque-mate; o lance decisivo. ⇨ tsumé-gó[-shōgi].

tsumé-wátá 詰め綿 (< tsuméru + …) O enchimento de algodão. ⇨ tsumé-mono.

tsumé-yóru 詰め寄る (< tsuméru + …) Pressionar 「a dizer a verdade」; apertar; rodear; cercar; aglomerar-se. *Gunshū wa keikan-tai no mawari ni* *tsumeyotta* 群衆は警官隊のまわりに詰め寄った A multidão aglomerou-se em redor da polícia.

tsúmi[1] 罪 **a**) O crime; o pecado; a falta; a culpa; o delito; **b**) A pena; o castigo; **c**) A responsabilidade「do acidente não foi dele」; **d**) A crueldade; o não ter coração. *Akanbō wa ~ no nai kao o shite iru* 赤ん坊は罪のない顔をしている O bebé[ê] tem uma carinha inocente. *Futari no naka o saku to wa ~ na koto o suru mono da* 二人の仲を裂くとは罪なことをするものだ É uma crueldade [não ter coração] estragar as relações entre os dois [entre marido e mulher]. ★ *~ ni fukusu(ru)* 罪に服す(る) Cumprir a pena. *~ no ishiki* 罪の意識 O sentimento de culpa; a consciência [o sentido] de pecado. *~ o aganau* 罪をあがなう Expiar a culpa [o pecado]. *~ o hito ni kiseru* [*kabuseru*] 罪を人に着せる[かぶせる] Incriminar [Imputar o crime a] alguém; deitar a culpa aos outros. *~ o kasaneru* 罪を重ねる Reincidir no/a ~. *~ o manugareru* 罪を免れる Escapar ao castigo. *~ o nasuri-au* 罪をなすり合う Deitar a culpa um ao outro. *~ o okasu* 罪を犯す Pecar; cometer um pecado [crime]. *~ o okonau* 罪を行う Praticar um crime. *~ o ou* 罪を負う Assumir a responsabilidade.

tsumí[2] 詰み O xeque-mate. *Ō-te de ~ da* 王手で詰みだ Xeque-mate! ⇨ tsumé-té.

tsumí-ágéru 積み上げる (< tsumú[1] + …) Amontoar; empilhar「no cami(nh)ão」; acumular「investigação」. *Gomi ga yama no yō ni tsumiagerareta* ごみが山のように積み上げられた O lixo ficou (para ali) empilhado num grande montão.

tsumí-bító 罪人 (< … [1] + hitó) O criminoso; o pecador; o culpado. [S/同] Zaínín.

tsumí-búkai 罪深い (< … [1] + fukái) Pecaminoso; criminoso.

tsumí-dáshí 積み出し (< tsumí-dásu) O embarque; o despacho「da mercadoria」; a remessa. ◇ **~ kō** 積み出し港 O porto de embarque.

tsumí-dásu 積み出す (< tsumú[1] + …) Carregar (e mandar); despachar; remeter. *Burajiru-muke no shōhin ga funabin de tsumidasareta* ブラジル向けの商品が船便で積み出された Despachámos mercadoria para o Brasil por [de] barco.

tsumí-hóroboshi 罪滅ぼし (< … [1] + horóbósu) A expiação; a penitência; a reparação. *Kako no ~ ni kare wa jizen jigyō o shite iru* 過去の罪滅ぼしに彼は慈善事業をしている Ele dedica-se a obras filantrópicas [caritativas/de caridade] para reparar os erros passados [cometidos no passado]. ★ *~ o suru* 罪滅ぼしをする Reparar; expiar; fazer penitência.

tsumí-íréru 積み入れる (< tsumú[1] + …) Carregar; recolher; depositar. ★ *Sōko ni ~* 倉庫に積み入れる Depositar no armazém. ⇨ tsumí-kómu.

tsumí-káé 積み替[換]え (< tsumí-káéru) O transbordo (de carga); a baldeação. ◇ **~ kō** 積み替え港 O porto de ~.

tsumí-káéru 積み替[換]える Transferir; baldear (a carga). *Kasha kara torakku ni nimotsu o tsumikaeta* 貨車からトラックに荷物を積み替えた Baldeámos a carga do vagão para o cami(nh)ão.

tsumí-kásánáru 積み重なる (< tsumú[1] + …) Ficar amontoado [empilhado; acumulado]; amontoar-se;「a experiência」acumular-se. *Ōzei no hitobito ga tsumi-kasanatte taoreta* 大勢の人々が積み重なって倒れた Empilhados uns sobre os outros, muitos caíram ao chão.

tsumí-kásáné 積み重ね (< tsumí-kásánéru) O monte; a pilha; o acumular. *Doryoku no ~ de kare wa konnichi no chii o eta* 努力の積み重ねで彼は今日の地位を得た Ele conquistou a posição que hoje tem, graças ao seu esforço constante.

tsumí-kásánéru 積み重ねる (< tsumú[1] + …) Amontoar; empilhar; acumular. ★ *Kenkyū o ~* 研究を積み重ねる Acumular「anos de」investigação.

tsumí-kí 積み木 (< tsumú[1] + …) Os blocos de madeira (para brinquedos de construção). ◇ **~ hito-kumi** 積み木一組 Um jogo [conjunto] de brinquedos de blocos de madeira.

tsumí-kíń 積み金 ⇨ tsumí-táté-kíń.

tsumí-kómí 積み込み (< tsumí-kómu) O carregamento. ◇ **~ nedan** 積み込み値段 Franco a bordo [F.O.B.].

tsumí-kómu 積み込む (< tsumú[1] + …) Carregar; fazer o carregamento. *Fune wa sono minato de tekkōseki o tsumi-konda* 船はその港で鉄鉱石を積み込んだ O navio carregou minério de ferro nesse porto「de Angola」.

tsumí-kúsá 摘み草 (< tsumú[2] + …) A colheita de ervas comestíveis. ★ *No e ~ ni iku* 野へ摘み草に行く Ir ao campo às [colher] ervas comestíveis.

tsumí-náósu 積み直す (< tsumú[1] + …) Tornar a carregar. ★ *Nimotsu o ~* 荷物を積み直す Carregar de novo [~] (a mercadoria).

tsumí-ní 積み荷 (< tsumú[1] + …) A carga; o carregamento. ★ *~ o orosu* 積み荷を降ろす Descarregar. *~ o suru* 積み荷をする Carregar. *~ o toku* 積み荷を解く Desamarrar a「corda da」carga. ◇ **~ hoken** 積み荷保険 O seguro sobre carga.

tsumí-nókórí 積み残り (< tsumú[1] + nokóru) O resto (que ficou) da carga.

tsumí-nókóshí 積み残し ⇨ tsumí-nókórí.

tsumí-nókósu 積み残す (< tsumú[1] + …) Deixar de [por] carregar. *Tsuminokoshita ni ga takusan aru* 積み残した荷がたくさんある Ter muita carga (deixada) por carregar.

tsumí-ókúrí 積み送り (< tsumú[1] + okúrú) A remessa; o despacho. ◇ **~ hin** 積み送り品 A mercadoria despachada [consignada].

tsumí-óróshí 積み降ろし (< tsumú[1] + orósu) O carregar e descarregar. ★ *~(o) suru* 積み降ろし(を)する …

tsumí-súgíru 積み過ぎる (< tsumú[1] + …) Sobrecarregar; carregar demais [demasiado/excessivamente]. *Kono torakku wa nimotsu o tsumisugite iru* このトラックは荷物を積み過ぎている Este cami(nh)ão tem demasiada carga.

tsumí-táté-kíń 積み立て金 (< tsumú[1] + tatéru + …) O fundo acumulado [de reserva]. ◇ **Betto ~** 別途積み立て金 A reserva especial.

tsumí-tátéru 積み立てる (< tsumú[1] + …) Reservar; poupar; economizar; guardar; juntar. *Watashi wa kuruma o kau kane o tsumitatete iru* 私は車を買う金を積み立てている Estou juntando dinheiro para comprar um carro.

tsumí-tórú 摘み取る (< tsumú[2] + …) Colher「o [as folhas do] chá」; apanhar; cortar「flores」. ★ *Aku no me o ~* 悪の芽を摘み取る Cortar o mal pela raiz.

tsumí-tsúkuri 罪作り (< … [1] + tsukúru) A malvadez; a crueldade; a maldade; o (ser) pecado. *Kodo-*

T

tsumórí

mo o damasu to wa ～ *na koto o suru hito da* 子供をだますとは罪作りなことをする人だ Que malvadez, enganar uma criança!

tsumórí 積もり **1** (< tsumóru) [予定・意向] **a)** A intenção; o propósito; o pensamento; **b)** O contar 「com a reunião de amanhã」; a expectativa. *Dō iu* ～ *de sō ossharu no desu ka* どういうつもりでそうおっしゃるのですか Que quer dizer com isso? *Natsu-yasumi wa dō nasaru o-* ～ *desu ka* 夏休みはどうなさるおつもりですか Que pretende [pensa/vai] fazer durante as férias de verão? **2** [そうなった気持ち] O fazer de conta 「que」; o fazer como se. *Fuku o tsukutta* ～ *de chokin shiyō* 服を作ったつもりで貯金しよう Vou poupar o dinheiro que podia ter usado para fazer um fato.

tsumóru 積もる **1** [たまる] Acumular-se; amontoar-se. *Shakkin ga tsumori-tsumotte hyaku man en ni natta* 借金が積もり積もって百万円になった A dívida foi-se acumulando até atingir [chegar a] um milhão de yens. *Watashi-tachi wa* ～ *hanashi ni jikan no tatsu no mo wasureta* 私たちは積もる話に時間のたつのも忘れた Tínhamos tantas coisas para contar que nem sentimos o tempo passar. *Yuki ga go-senchi hodo tsumotta* 雪が5センチほど積もった A neve acumulou-se cerca de cinco centímetros. **2** [見積もる] Calcular; orçar. *Kore wa takaku tsumotte mo sen en no shina da* これは高く積もっても千円の品だ Isto é um artigo de [para] mil yens, no máximo. S/同 Mitsúmóru (+).

tsumú[1] 積む [積み重ねる] Empilhar; amontoar. *Tsukue no ue ni wa takusan no hon ga tsunde atta* 机の上にはたくさんの本が積んであった Havia muitos livros empilhados sobre a [em cima da] escrivaninha. S/同 Tsumí-kásáneru. **2** [積載する] Carregar. *Kōhī o tsunda fune ga nyūkō shita* コーヒーを積んだ船が入港した Atracou [Entrou no porto] um navio carregado de café「do B.」. S/同 Tsumí-kómu. **3** [蓄財する] Juntar; adquirir. *Keiken o* ～ 経験を積む Acumular [Adquirir] experiência. *Zenkō o* ～ 善行を積む Acumular boas a(c)ções. **4** [提供する] Oferecer; dar. *Jū-man-en no hoshōkin o tsunda* 10万円の保証金を積んだ Ofereceu a fiança de cem mil yens. *Kane o donna ni tsunde mo aijō wa kaenai* 金をどんなに積んでも愛情は買えない O amor não se compra com dinheiro [por mais dinheiro que se ofereça].

tsumú[2] 摘む Colher; apanhar; cortar. ★ *Aku no me o* ～ 悪の芽を摘む Cortar o mal pela raiz. *Hana o* ～ 花を摘む ～ flores.

tsúmu[3] 詰む **1** [つまる] Fechar; encher; apertar. ★ *Me no tsunda kiji* 目の詰んだ生地 O tecido de textura fina/apertada. S/同 Tsumáru. **2** [将棋で王の逃げ場がなくなる] Dar o xeque-mate. *Ato itte de ō ga* ～ あと一手で王が詰む Mais um lance e será xeque-mate ao rei.

tsúmu[4] 錘 O fuso「de roca」. S/同 Bōsúi.

tsumúgi 紬 **a)** O ponjé; a seda não branqueada; **b)** O fiar.

tsumúgu 紡ぐ Fiar. ★ *Men o ito ni* ～ 綿を糸に紡ぐ Fiar algodão.

tsumúji 旋毛 O remoinho de cabelo atrás da cabeça. *Aitsu wa* ～ *ga magatte iru* あいつは旋毛が曲がっている (Id.) Ele é um sujeito rabugento [intratável/torcido] /Ele tem pêlo na venta (Id.). *Kare wa sugu ni* ～ *o mageru* 彼はすぐに旋毛を曲げる Ele fica logo rabugento [sobe-lhe logo a mostarda ao nariz (Id.)]. ⇨ tsumújí-mágari.

tsumúji-kaze 旋風 O remoinho de vento. ⇨ señpú.

tsumújí-mágari 旋毛曲がり (< ... + magárú) O rabugento; o ranzinza (B.); o intratável; um disparatado; um excêntrico.

tsuná[1] 綱 **1** [太いひも] A corda. ★ ～ *o haru* 綱を張る **a)** Pôr uma ～ A volta [para marcar o terreno]; **b)** (Passar a) ser "yokozuna". ～ *o taguru* 綱をたぐる Puxar a corda「da rede」com as duas mãos alternadamente. ◇ ⇨ ～ **bashigo** [**gu/hiki/watari**]. S/同 Rōpu. ⇨ himó; nawá. **2** [たよりとするもの] 【Fig.】 O esteio [suporte; apoio; amparo; auxílio]; a corda de salvação. *Tanomi no* ～ *mo kirete shimatta* 頼みの綱も切れてしまった Perdi o único [último] apoio que tinha. ★ *Inochi no* ～ *no* ～ 命の綱 A「minha」salvação「era ela」.

tsúna[2] ツナ (< Ing. tuna) O atum. ⇨ magúró.

tsuná-báshigo 綱梯子 (< ...[1] + hashigó) A escada de corda.

tsunágari 繋がり (< tsunágárú) A conexão; a ligação; o vínculo; a relação. *Ano hito to watashi wa nan no* ～ *mo nai* あの人と私はなんの繋がりもない Não tenho quaisquer relações com ele. ★ *Chi no* ～ 血の繋がり O parentesco; os laços de sangue. ⇨ kańkéń; kizúná.

tsunágárú 繋がる **1** [連なる] Ligar; unir. *Nan to ka kubi ga tsunagatte hotto shita* なんとか首が繋がってほっとした Senti um grande alívio ao saber que continuo no emprego. *Satō-san ni denwa ga tsunagarimashita* 佐藤さんに電話が繋がりました Sr. Satô a sua ligação telefó(ô)nica está feita. **2** [結びつく] Envolver; ter relação. *Kanojo wa sono jiken ni tsunagatte iru to omou* 彼女はその事件に繋がっていると思う Creio que ela está envolvida nesse caso.

tsunági 繋ぎ (< tsunágú) **1** [つなぐこと・もの] A conexão; a ligação; a juntura/junção「das traves」; a ligação. ★ ～ *no fuku* 繋ぎの服 O fato-macaco. ◇ ～ **me** 繋ぎ目 **a)** A costura; **b)** O nó [laço]「do fio/da corda desfez-se」; [～ *me no aru* [nai] 繋ぎ目のある [ない]「capa」Com [Sem] costura]. **2** [切れ目をふさぐもの] **a)** O substituto (tapa-buracos (G.)); **b)** A passagem; **c)** O entrea(c)to「do programa」. *Tsugi no maku made no* ～ *ni tejina o shita* 次の幕までの繋ぎをした Como entrea(c)to foi apresentado um número de mágica. *Jikan* ～ *ni* 時間繋ぎに Algo para encher (o) tempo. **3** [料理でもろく崩れるのを防ぐために入れるもの] O material usado para engrossar os alimentos. *Hanbāgu no* ～ *ni*[3] *panko o tsukau* ハンバーグの繋ぎにはパン粉を使う Para não se desfazer a hamburguesa, põe-se-lhe pão ralado.

tsunágí-áwáséru 繋ぎ合わせる (< tsunágú + ...) Juntar; ligar「duas cordas」; unir; amarrar; atar. ★ *Ni-hon no kuda o* ～ 二本の管を繋ぎ合わせる Ligar dois tubos.

tsunágí-tómeru 繋ぎ止める (< tsunágú + ...) Segurar「um empregado que quer sair e ir ganhar mais」; manter; salvar. *Kare wa tsuma no aijō o tsunagitomeyō to shita* 彼は妻の愛情を繋ぎ止めようとした O amor da esposa. ★ *Inochi o* ～ 命を繋ぎ止める Escapar da morte; salvar a vida.

tsunágí-záó 繋ぎ竿 (< tsunágú + saó) A vara [cana] de pesca desmontável.

tsunágú[1] 繋ぐ **1** [結びとめる] Amarrar; atar; acorrentar; prender; atrelar. *Inu o kusari de tsunaide oki nasai* 犬を鎖で繋いでおきなさい Prenda o cachorro com a trela [corrente]. ★ *Ushi o ni-guruma ni ~* 牛を荷車に繋ぐ Atrelar a vaca à carroça [Pôr os bois ao carro]. **2** [ひと続きにする] Unir; juntar; ligar; acoplar. *Futatsu no shima wa hashi de tsunagarete iru* 2つの島は橋で繋がれている As duas ilhas estão ligadas por uma ponte. **3** [絶えないようにする] Manter; agarrar-se; aguentar. *Karera wa isshūkan mizu dake de inochi o tsunaida* 彼らは一週間水だけで命を繋いだ Eles aguentaram-se só a [com] água (durante) uma semana. ★ *Nozomi o ~* 望みを繋ぐ Manter [Não perder] a esperança. **4** [拘束する] Agarrar. ★ *Goku ni ~* 獄に繋ぐ Meter na cadeia [Prender/~].

tsuná-gu[2] 綱具 O cordame; a cordoalha.

tsuná-hiki 綱引き (<～[1] + hikú) A corda de luta de tra(c)ção; o puxar à corda (Jogo). ★ *~ o suru* 綱引きをする Puxar à corda.

tsunámí 津波 [浪]・海嘯 A onda solitária [sísmica] 「destruiu casas」; o maremoto; a ressaca. ◇ **~ keihō** 津波警報 O alarme de ~.

tsuná-wátari 綱渡り (<～[1] + wataró) **1** [軽業の一つ] O funambulismo. ★ *~ suru* 綱渡りする Ser funâmbulo; andar [dançar] na corda. **2** [危険なことをすること] 【Fig.】 O ser arriscado; o dançar na corda. *Abunai ~ wa yame nasai* 危ない綱渡りはやめなさい Não corra esse risco!

tsúnbo 聾 O surdo; a surdez. ⇨ fu-jíyú.

tsuńdóku つんどく (< tsumú[1] + okú[3]) 【G.】 O comprar livros e não os ler. ◇ **~ shugi** つんどく主義 A prática [mania] de adquirir livros e deixá-los amontoados sem os ler.

tsuńdórá ツンドラ (< Ru. tundra) A tundra「de líquenes」. ◇ **~ chitai** ツンドラ地帯 A região de ~s.

tsúne 常 (⇨ tsúne ni) **1** [ふだん; 平素] O uso; o costume; o hábito. *Chichi wa asa sanpo suru no ga ~ to shite iru* 父は朝散歩するのを常としている É hábito de meu pai dar um passeio (a pé) de manhã. ★ *~ no fuku* 常の服 A roupa de costume. ⇨ fúdan[2]; héiso. **2** [いつも変わらないこと] A constância; a continuidade; sempre. *Kenkō ni wa ~ ni ki o tsukete iru* 健康には常に気をつけている Eu tenho sempre cuidado com a saúde. **3** [ありがちなこと] A tendência; o normal. *Kowai mono no mitagaru no ga hito no ~ da* こわい物を見たがるのが人の常だ Toda a gente gosta de ver coisas que metem medo [filmes de terror]. ★ *Yo no ~* 世の常 A vida「é」assim [É a vida]. **4** [普通; 人並み] A qualidade normal [comum]. *Kare mo yo no ~ no hito ni suginakatta* 彼も世の常の人に過ぎなかった Ele também era um comum mortal. ⇨ atárímáé; futsū̂[2]; héibón.

tsúnen [**úu**] 通念 A ideia comum [geralmente aceite]; a opinião geral [pública]. *Jidai ga kawaru to shakai ~ mo henka suru* 時代が変わると社会通念も変化する Com a mudança dos tempos as opiniões também mudam.

tsúne ni 常に Sempre; constantemente.

tsunéru 抓る Beliscar; dar um belisção. *Kanojo wa watashi no ude o kitsuku tsunetta* 彼女は私の腕をつく抓った Ela deu-me um grande belisção no braço.

tsunézune 常常 Sempre「defendi esta solução」. ⇨ tsúne ni.

tsúnken つんけん ⇨ tsúntsun.

tsuń-nóméru つんのめる 【G.】 Cair para a frente; tropeçar. ⇨ noméru[1].

tsunó 角 **1** [動物の頭部に突起する骨状のもの] O chifre「do veado」; o corno (G.). ★ *~ de tsuku* 角で突く「o touro」Dar uma chifrada [cornada]; escornar. ~ *ga haeru* 角が生える Ter [Nascerem os] chifres. ◇ ⇨ **~ bue** [**kakushi**/**tsukiai**/**zaiku**]. P ことわざ ~ *o tamete ushi o korosu* 角を矯めて牛を殺す De tanto querer endireitar os chifres acaba matando o boi/Ver a árvore e não ver a floresta. **2** [物の表面の突起物] A protuberância; a antena. *Katatsumuri no ~* かたつむりの角 A antena [Os corninhos] do caracol. **3** [怒り・嫉妬など] 【Fig.】 A briga; a zanga; a pega. *Karera wa itsumo ~ o tsukiawasete iru* 彼らはいつも角を突き合わせている Eles estão sempre a brigar [andam sempre à briga]. ◇ ⇨ **~ tsukiai**. ⇨ keńká[1].

tsunó-búé 角笛 (<～ + fué) A corneta; a buzina. ★ *~ o fuku* 角笛を吹く Tocar a ~.

tsunó-kákushi 角隠し (<～ + kakúsu) O capuz branco da noiva japonesa.

tsunómátá 角叉 [Bot.] A alga vermelha; *chondrus ocellatus*.

tsunóru 募る **1** [ますます激しくなる] Intensificar; aumentar; crescer; agravar-se. *Watashi no kanojo ni taisuru omoi wa ~ bakari da* 私の彼女に対する思いは募るばかりだ A minha paixão por ela só aumenta. ★ *Fuan* [*Kyōfu*] *ga ~* 不安 [恐怖] が募る Aumentar a inquietação [o medo]. ⇨ kōjírú̂[2]; takámáru. **2** [募集する] Cole(c)tar; angariar; recrutar; juntar. *Wareware wa toshokan kensetsu no tame ni kifu o tsunotte iru* 我々は図書館建設のために寄附を募っている Estamos angariando fundos para a construção da biblioteca. S/同 Boshū́ súrú.

tsunó-tsúkiai 角突き合い (⇨ tsunó **3**) A altercação; a briga; a contenda; a pega.

tsunó-záiku 角細工 (<～ + saikú) O artesanato de [em] corno.

tsuń-to つんと **1** [すまして愛想のないさま] Afe(c)tadamente; com ar arrogante. *Ano musume wa itsumo ~ sumashite iru* あの娘はいつもつんと澄んでいる Aquela moça tem sempre um ar afe(c)tado. **2** [感覚を強く鋭く刺激するさま] Ui! *Iya na nioi ga ~ hana o tsuita* いやなにおいがつんと鼻をついた Ui! Que cheirete! **3** [とがって高いさま] A sair; a nascer [sair「da casca」/deitar a orelha de fora]. ~ *shita hana* つんとした鼻 O nariz arrebitado.

tsúntsun つんつん **1** [すまして無愛想なさま] Com modo afe(c)tado [orgulhoso; convencido; presunçoso]. *Amari ~ shite iru to hito ni kirawareru yo* あまりつんつんしていると人に嫌われるよ Quem vai gostar dessa sua atitude afe(c)tada [pouco acolhedora]? **2** [においなどが強く鼻をつきさすさま] Ui, ui! S/同 Tsuń-to.

tsuńtsurúten つんつるてん 【G.】 Curto de mais. *Kimi no zubon wa ~ da na* 君のズボンはつんつるてんだな As suas calças estão muito curtas [Anda(s) a cair das calças].

tsuńzáku 劈く (< tsukí + sáku) Rachar; rebentar; estourar; cortar; rasgar. *Mimi o ~ yō na bakuon ga kikoeta* 耳を劈くような爆音が聞こえた Ouviu-se um estrondo que até rebentava os ouvidos.

tsúpísu [uúpíi] ツーピース (< Ing. two-piece dress) O fato de senhora de casaco e saia. ⇨ waǹpísu.

tsuppánásu 突っ放す ⇨ tsukí-hanásu.

tsuppáneru 突っ撥ねる (< tsukú⁴ + hanéru) Rejeitar「logo/à primeira」; recusar. *Kaisha-gawa wa kumiai no yōkyū o tsuppaneta* 会社側は組合の要求を突っ撥ねた A empresa rejeitou à primeira as exigências do sindicato.

tsuppári 突っ張り (< tsuppáru) **1** [支柱] **a)** O suporte; a escora; o esteio; **b)** A tranca「na porta」. ⇨ tsukkái. **2**【Sumô】O repelão (com a mão).

tsuppáru 突っ張る (< tsukú⁴ +harú) **1**「棒状のものを押し当てて支える」Escorar; sustentar; pôr esteios; trancar「a porta」. *Kono hei wa maruta de tsuppanai to taoresō da* このへいは丸太で突っ張らないと倒れそうだ Se não o escoramos com paus[esteios] este muro vai cair. **2**「意地を通す」**a)** Insistir; ser teimoso「é mau」; **b)**「um miúdo a」Provocar[Fazer-se forte]; **c)** Desencaminhar-se[Ser delinquente]. **3**「筋が張る」Ter cãibra. **4**【Sumô】Empurrar; dar um empurrão「para fora da arena」.

tsuppáshíru 突っ走る【G.】Deitar a correr; correr a toda a velocidade. ⇨ hashíru.

tsuppúsu 突っ伏す Ficar de rosto prostrado「no chão」; prostar-se. *Kanojo wa tēburu ni tsuppushite nakidashita* 彼女はテーブルに突っ伏して泣き出した Ela, com o rosto (prostrado) na mesa, deitou a chorar. ⇨ fúsu¹.

tsurá 面【G.】A cara. *Dono ~ sagete koko e kita* どの面下げてここへ来た Como é que você tem cara/lata (G.) para se apresentar[você se atreve a vir] aqui? ★ *Nakittsura* 泣き面 A cara de choro; a cara banhada de[em] lágrimas. ◇ ~ **ate [damashii/gamae/nikui/no kawa/yogoshi]**【S/同】Kaó.

tsurá-áté 面当て (< ··· + atérú) A indire(c)ta; a alusão maliciosa; o picar[meter-se com] alguém; a insinuação. *Anata e no ~ ni kare wa sonna koto o shita no da* あなたへの面当てに彼はそんなことをしたのだ Ele fez isso para se meter com você. ★ *~ gamashii* 面当てがましい Malicioso. ⇨ hará-ísé.

tsurá-dámashii 面魂 (< ··· + támashii) A fisionomia resoluta; o ar ameaçador. ★ *Futeki na ~* 不敵な面魂 A cara [O ar/O rosto] destemida(o).

tsurá-gámae 面構え (< ··· + kamáeru) A expressão; o aspecto; o ar; o semblante; o olhar; a fisionomia. *Kare wa daitan futeki na ~ o shite iru* 彼は大胆不敵な面構えをしている Ele tem [está com] um ~ cheio de corajosa[destemida] intrepidez. ⇨ kaótsúkí.

tsurái 辛い Duro; custoso;「trabalho」penoso; doloroso; amargo; cruel. *Anata to o-wakare suru no ga ~* あなたとお別れするのがつらい É doloroso ter que [de] me separar de si[Custa tanto partir!]. *Hayaoki wa ~* 早起きはつらい Levantar cedo custa [Custa-me muito madrugar!]. ★ *~ me ni au* [*omoi o suru*] つらい目に遭う[思いをする] Ter uma experiência ~. *~ tachiba ni aru* つらい立場にある Estar numa posição difícil[penosa].

tsúrań [uú] 通覧 A vista geral; o dar uma vista de olhos. ★ *~ suru* 通覧する Dar uma vista geral [de olhos]「ao relatório」; passar os olhos「por」. ⇨ ichíráń.

tsuránáru 連[列]なる **1**[連続する] Enfileirar; alinhar;「carros」formar [fazer] fila/cadeia. *Nada-raka na yamanami ga tōzai ni tsuranatte iru* なだらかな山並みが東西に連なっている Vê-se [Há] uma cadeia de colinas estendendo-se de leste a oeste. ★ *Ichiretsu ni ~* 一列に連なる Formar uma fila. **2** [列席する; 加わる] Participar; tomar parte; pertencer「ao corpo docente」ir. ★ *Keikaku ni ~* 計画に列なる Tomar parte no plano. *Sōgi ni ~* 葬儀に列なる Ir ao funeral.

tsuráneru 連[列]ねる **1**[並べ続ける] **a)** Dispor em fila; formar [fazer] fila; **b)** Pôr「o nome」; **c)**「a rua」Ter「só lojas」. *Kare wa hokkinin to shite na o tsuranete iru* 彼は発起人として名を連ねている Ele figura [tem o nome] na lista dos promotores「da festa/associação」. **2** [伴う] Fazer-se acompanhar [Ir acompanhado]「dos filhos」. *Tomo o ~* 供を連ねる Levar os colegas.【S/同】Tomónáu.

tsurá-níkúí 面憎い【G.】Detestável; odioso; irritante. *Kare wa ~ hodo ochitsuki-haratte [ochitsuite] iru* 彼は面憎いほど落ち着き払って[落ち着いて]いる É irritante a calma do sujeito [cara/tipo]!

tsurá-nó-káwá 面の皮 A lata [cara sem vergonha]. *Ii ~ da* いい面の皮だ **a)** É uma vergonha para ele!; **b)** Em que bela situação fiquei [Que vergonha para mim]! *Nante ~ no atsui yatsu darō* なんて面の皮の厚いやつだろう Que descarado [sem vergonha]! *Yatsu no ~ o hagashite yaritai* やつの面の皮をはがしてやりたい Vou desmascarar aquele sujeito.

suránúku 貫く **1** [貫通する] Tre(a)spassar「o coração de dor」; atravessar. *Mondego-gawa wa Koinbura no machi o tsuranuite nagarete iru* モンデゴ川はコインブラの町を貫いて流れている O Rio Mondego atravessa a cidade de Coimbra.【S/同】Kaǹtsū súrú. **2** [貫徹する] Levar a cabo [efeito]; acabar; atingir; conseguir; realizar; cumprir. *Kare wa shoshi o tsuranuita* 彼は初志を貫いた Ele realizou o seu primeiro obje(c)tivo.【S/同】Kaǹtétsú súrú.

tsurárá 氷柱 O sincelo; o pingente de gelo. *Noki ni ~ ga sagatte iru* 軒に氷柱が下がっている Os beirais têm muito sincelo.

tsurásá 辛さ (Sub. de tsurái) A dor; a angústia; o tormento; a amargura; o sofrimento. *Karera wa binbō no ~ o shiranai* 彼らは貧乏のつらさを知らない Eles não sabem o que é (o sofrimento da) pobreza.

tsurátsúrá つらつら Atentamente; bem; cuidadosamente; profundamente. *~ kangaeru ni wakai koro nan to jikan o rōhi shita koto ka* つらつら考えるに若いころなんと時間を浪費したことか Refle(c)tindo bem, como desperdicei [desbaratei] o meu tempo na juventude!【S/同】Tsukúzuku (+); yokúyókú (+).

tsurá-yógoshi 面汚し (< ··· + yogósó) Uma vergonha [desonra/nódoa/mancha(negra)]. *Kare wa ikka no ~ da* 彼は一家の面汚しだ Ele é a vergonha da família.

tsuré 連れ (< tsurérú¹) O companheiro; o acompanhante. *Katō-sama, o- ~-sama ga shōmen genkan de o-machi desu* 加藤様、お連れ様が正面玄関でお待ちです (デパートなどで) Sr. Katô, o seu companheiro está esperando na entrada principal. ★ *~ ni hagureru* 連れにはぐれる Perder-se dos companheiros. *~ ni naru* 連れになる「no avião」Calhar ficar na companhia「de dois angolanos」.

tsuré-ái 連れ合い (< tsurérú¹ + áu) O cônjuge.

tsuré-dásu 連れ出す (< tsurérú¹ + ···) Convidar para sair; levar para fora. *Kyō no gogo kanojo o sampo ni tsuredasō* 今日の午後彼女を散歩に連れ出そ

tsuré-dátsu 連れ立つ (< tsurérú¹ + tátsu¹) Ir com [junto; em companhia de]; partirem todos. *Watashi-tachi wa oya-ko tsuredatte dōbutsuen e dekaketa* 私たちは親子連れ立って動物園へ出かけた Nós fomos ao Jardim Zoológico com os nossos filhos.

tsúréi [uú] 通例 a) O costume; b) Geralmente; como regra; regra geral「saio cedo」. *Maitsuki ikkai kaigi o hiraku no ga ~ de aru* 毎月一回会議を開くのが通例である É costume termos uma reunião por [cada] mês.

tsuré-káeru 連れ帰る (< tsurérú¹ + ⋯) Levar de volta; trazer de volta.

tsuré-kó 連れ子 (< tsurérú¹ + ⋯) O enteado (Filho do outro cônjuge).

tsurékómi-yado 連れ込み宿 (< tsuré-kómu + ⋯) O hotel de encontros amorosos [para fazer amor].

tsuré-kómu 連れ込む (< tsurérú¹ + ⋯) Levar para dentro「de casa, com más intenções」. *Ryōriya ni tsurekomarete muriyari sake o nomasareta* 料理屋に連れ込まれて無理やり酒を飲まされた Fui levada a um restaurante e forçada a beber saqué.

tsuré-módósu 連れ戻す (< tsurérú¹ + ⋯) Levar [Trazer] de volta. *Kare wa mata byōin ni tsuremodosareta* 彼はまた病院に連れ戻された Ele foi levado outra vez [de volta] para o hospital.

tsurénái つれない Cruel; insensível; frio; duro; de coração duro. ★ ~ *koto o iu* つれないことを言う Dizer coisas duras. ~ *otoko* つれない男 O homem de coração duro. ⇨ mu-kánshin; reítán.

tsurerú¹ 連れる Levar; trazer; acompanhar. *Kare wa inu o tsurete sanpo ni dekaketa* 彼は犬を連れて散歩に出かけた Ele foi passear com o cão. ★ *Tsure ni iku* 連れに行く Ir buscar alguém. *Tsure-saru* 連れ去る Levar embora. *Tsurete ikareru* 連れて行かれる Ser levado por força.

tsurerú² 攣 [吊] れる a) Ter cãibra; b) Franzir; enrugar. *Kubi no suji ga tsureta* 首の筋がつれた Tenho cãibra no pescoço.

tsuré-sóu 連れ添う (< tsurérú¹ + ⋯) Estar casado; ser marido e mulher. *Kare wa yon-jū-nen tsuresotta tsuma ni shini-wakareta* 彼は40年連れ添った妻に死に別れた Ele perdeu a esposa com quem estava casado há quarenta anos.

túrete 連れて (< tsurérú¹ + ⋯) À medida que; com. *Hi ga tatsu ni ~ kanojo no kanashimi wa usuraida* 日が経つにつれて彼女の悲しみは薄らいだ À medida que passava o [Com o andar do] tempo, a tristeza dela foi diminuindo.

tsúrétsú [uú] 痛烈 a) Forte「pontapé na porta」; b) Severo; cruel;「crítica」mordaz; implacável; áspero. *Kanojo wa tokidoki ~ na hiniku o iu* 彼女はときどき痛烈な皮肉を言う Ela às vezes tem uma ironia mordaz. ★ ~ *ni hihan suru* 痛烈に批判する Criticar severamente「o livro」.

tsurézúré 徒然 O ócio; o não saber que fazer (e sofrer com isso). ★ ~ *o nagusameru* 徒然を慰める Matar o tempo; aliviar o tédio.

tsuri 釣り (< tsurú²) **1** [魚釣] A pesca. *Kare wa ~ ga umai* 彼は釣りがうまい Ele é bom pescador. ★ ~ *ni iku* 釣りに行く Ir pescar [à ~]. ~ *o suru* 釣りをする Pescar. **2** [釣り銭] O troco. ~ *wa irimasen* 釣りはいりません Não é preciso (o) troco; guarde o troco. *Hai, o-~ desu* はい、お釣りです Faz favor [Aqui tem/está] o (seu) troco. *Ichi-man en de o-~ ga arimasu ka* 一万円でお釣りがありますか Tem troco para [de] dez mil yens?

tsurí-ágaru 釣 [吊] り上がる (< tsurú + ⋯) a) Revirar-se; estar virado [levantado] para cima. ★ *Mejiri ga tsuriagatta onna* 目尻がつり上がった女 A mulher de [que tem os] olhos virados para cima nos lados. (< tsurí-mé). b) Vir na rede [no anzol]; ser pescado.

tsurí-ágeru 釣 [吊] り上げる (< tsurú + ⋯) a) Içar; levantar; puxar para cima; b) Pescar. *Ōkina masu o tsuriageta* 大きな鱒を釣り上げた Pesquei uma truta grande. ★ *Mayu [Me] o tsuriagete okoru* 眉 [目] をつり上げて怒る Arregalar os olhos, todo zangado. *Nedan o ~* 値段を~ Subir o preço.

tsurí-ái 釣り合い (< tsurí-áu) a) O balanço; o equilíbrio; b) A harmonia; a proporção; a simetria. *Kanojo wa ~ no toreta karada o shite iru* 彼女は釣り合いの取れた体をしている Ela tem o corpo bem proporcionado/Ela é bem proporcionada de corpo. ★ ~ *no warui* 釣り合いの悪い Desproporcionado. ~ *o tamotsu* 釣り合いを保つ Manter o equilíbrio. *E to bī no ~ o toru* AとBの釣り合いを取る Equilibrar as duas coisas (Ex. as importações e exportações).

tsurí-áshiba 吊り足場 (< tsurí¹ + ⋯) O andaime suspenso「para limpar o arranha-céu(s)」.

tsurí-áu 釣り合う (< tsurú + ⋯) a) Balançar「a oferta e a procura」; b) Harmonizar; combinar. *Kare no uwagi no iro to nekutai wa yoku tsuriatte iru* 彼の上着の色とネクタイはよく釣り合っている A cor do casaco [paletó] dele combina bem com a gravata. *Karera wa shūnyū ni tsuriatta seikatsu o shite iru* 彼らは収入に釣り合った生活をしている Eles estão vivendo de acordo [harmonia] com os rendimentos. *Uchi no musume ni anna otoko wa tsuriawanai* うちの娘にあんな男は釣り合わない Um homem daqueles não é bom [não está talhado] para a nossa filha. ことわざ *Tsuriawanu wa fuen no moto* 釣り合わぬは不縁のもと Se queres bem casar, casa com teu igual.

tsurí-bá 釣り場 O pesqueiro; o lugar onde se pesca「há muito peixe」.

tsurí-bári 釣り針 (< ⋯ **1** + hári) O anzol. ★ ~ *ni esa o tsukeru* 釣り針に餌をつける Pôr a isca no ~ . ~ *ni kakaru* 釣り針にかかる Picar [Engolir] o ~ .

tsurí-báshi 釣 [吊] り橋 (< tsurú + hashí) A ponte suspensa/pênsil. ★ ~ *o kakeru* 釣り橋を掛ける Construir uma ~ .

tsurí-báshigo 釣 [吊] り梯子 (< tsurú² + hashígó) A escada de corda.

tsurí-bóri 釣堀 (< ⋯ **1** + horí) O viveiro de peixes para pesca.

tsurí-búne 釣り船 (< tsurú² + fúne) O barco de pesca.

tsurí-dái 釣り台 (< tsurú² + ⋯) A padiola [liteira] (Para transporte de coisas [pessoas]).

tsurí-dáná 釣 [吊] り棚 (< tsurú² + taná) A estante suspensa.

tsurí-dáshi 釣 [吊] り出し (< tsurí + dásu) Uma das técnicas de sumô que consiste em levantar o adversário nos braços e pô-lo fora do ringue. ★ ~ *de katsu* 吊り出しで勝つ Vencer com [por] ~ .

tsurí-dásu 釣 [吊] り出す (< tsurú² + ⋯) **1** [誘い

出す] Atrair; seduzir. ⇨ sasóú. **2**【Sumô】Levantar nos braços o adversário e pô-lo fora da arena. ⇨ tsurí-dáshí.

tsurí-dṓgu [óo] 釣り道具 Os apetrechos de pesca. ◇ **~ ya** 釣り道具屋 A loja de ~.

tsurí-dókó 釣[吊]り床 (< tsurú² + tokó) A (cama de) rede. [S/同] Hańmókku (+).

tsurí-dṓrō [óo] 釣り灯籠 (< tsurú² + tṓró) A lanterna suspensa [de dependurar]「de papel」.

tsurí-gáné 釣り鐘 (< tsurú² + kané) O sino (suspenso); a sineta. ◇ **~ dō** 釣り鐘堂 O campanário「perto do templo budista」.

tsurígáné-mushi 釣鐘虫【Zool.】A vorticela (Protozoário de forma campanulada).

tsurígáné-sṓ 釣鐘草【Bot.】A campainha (Flor simpétala, campanulácea).

tsurí-hṓtai [óo] 吊り包帯 (< tsurú¹ + …) A tipóia (B.) [funda/tira de pano] para trazer o braço ao peito.

tsurí-ító 釣り糸 A linha de pesca.

tsurí-kágó 釣[吊]り籠 (< tsurú² + …) **1** [気球などのゴンドラ] O vagãozinho「do teleférico」. **2** [びく] O cesto do peixe. [S/同] Bikú.

tsurí-káwá 釣[吊]り革 (< tsurú² + …) A correia dependurada「com argola no comboio/trem」.

tsurí-kómu 釣り込む (< tsurú² + …) Atrair; seduzir; fascinar; encantar. *Kare no hanashi ni tsurikomarete jikan no tatsu no mo wasureta* 彼の話に釣り込まれて時間の経つのも忘れた Fascinado pela conversa dele, esqueci-me das horas.

tsurí-mé 吊り目 [眼] (< tsurú¹ + …) Os olhos oblíquos virados para cima (nos lados de fora). [S/同] Agárí-mé.

tsurí-nákama 釣り仲間 Os companheiros de pesca.

tsurí-ótósu 釣り落とす (< tsurú² + …) Deixar escapar o peixe. [P/ことわざ] *Tsuriotoshita sakana wa ōkii* 釣り落とした魚は大きい A galinha do vizinho é sempre mais gorda.

tsurí-ságáru 釣[吊]り下がる (< tsurú² + …) Ficar pendurado [suspenso]「do te(c)to/da corda」; pendurar-se.

tsurí-ságéru 釣[吊]り下げる (< tsurú² + …) Pendurar. [S/同] Burásságérú.

tsurí-séń 釣り銭 O troco. ~ *no iranai yō go-yōi kudasai* 釣り銭のいらないよう御用意下さい Faça o favor de arranjar dinheiro trocado「para o autocarro」. [S/同] O-tsúrí (+); tsurí **2** (+).

tsurí-shi 釣り師【G.】⇨ tsurí-té.

tsṹrisuto [úu] ツーリスト (< Ing. tourist) O turista. ◇ **~ byūrō** ツーリストビューロー A agência de turismo. ⇨ kańkṓ¹.

tsurí-té 釣[吊]り手 **1** [釣り師] O pescador (à linha). [S/同] Ryṓshi². **2** [蚊帳などのつるためのひも] A argola [O gancho]「para pendurar a rede」.

tsurí-téngu 釣り天狗 O pescador fanfarrão.

tsurí-ténjō 釣[吊]り天井 (< tsurú¹ + …) O te(c)to suspenso.

tsurí-wá 吊り輪 [環] (< tsurú¹ + …)【Gin.】As argolas.

tsurí-záó 釣り竿 (< tsurú¹ **1** + saó) A cana [vara] de pesca.

tsṹro [úu] 通路 A passagem; o corredor; o caminho; a coxia「da camioneta/do cinema」. ~ *o akete kudasai* 通路を空けてください Façam o favor de abrir a passagem. ★ ~ *o fusagu* 通路をふさぐ Fechar [Impedir] a passagem. ⇨ tṓrí-michi.

tsṹróń¹ [uú] 通論 **1** [全体にわたって述べたもの] O resumo; o sumário; as noções gerais「de H. do J.」. [A/反] Kakúróń. **2** [一般に認められた論] A ideia geralmente aceite; a opinião geral [mais em voga]. ⇨ kṓron.

tsṹróń² [uú] 痛論【E.】O duelo verbal; a discussão acérrima.

tsurú¹ 吊る **a**) Pendurar. *Jigyō ni shippai shite kare wa kubi o tsutta* 事業に失敗して彼は首を吊った Ele fracassou no negócio e enforcou-se. **b**) Construir「uma ponte」; **c**) Ficar torcido [enrugado/virado]. ⇨ tsurúsú.

tsurú² 釣る **1** [魚を針に掛けて捕える] Pescar (com anzol). *Koko de wa masu ga yoku tsureru* ここでは鱒がよく釣れる Aqui pesca-se muita truta. **2** [気を引くものを見せて誘いだす] Atrair; seduzir; contagiar. *Ano hito wa kangen de hito o ~ no ga umai* あの人は甘言で人を釣るのがうまい Ele tem [é de] falinhas doces e consegue dos outros o que quer.

tsurú³ 攣る Ter [Ficar com] cãi(m)bra. *Oyoide iru toki ni ashi no suji ga tsutte shimatta* 泳いでいる時に足の筋が攣ってしまった Fiquei com [Deu-me uma] cãibra na perna quando nadava.

tsurú⁴ 弦 A corda [O fio] de arco. ⇨ yumí.

tsurú⁵ 鉉 A asa「do bule/balde」; o gancho [a argola]「para pendurar coisas」.

tsurú⁶ 蔓 (⇨ tsutá) **1** [植物のからみつく部分] A vergôntea; a gavinha「da videira」. *Kyūri no ~ ga chi o hatte iru* キュウリの蔓が地をはっている As vergônteas do pepineiro cobrem o chão [cresceram muito]. ◇ **~ shokubutsu** 蔓植物 A trepadeira; a planta com gavinhas. **2** [てづる] A conexão; a relacão; a maneira [o meio]; o intermediário (forte). *Nani ka yoi kane no ~ wa nai mono ka* 何かよい金の蔓はないものか Será que não há um bom meio de conseguir dinheiro? ⇨ te-gákari; tézuru. **3** [眼鏡の耳にかける部分] A haste (dos óculos).

tsúru⁷ 鶴【Zool.】O grou (⇨ kṓnótori). [I/慣用] ~ *no hito-koe* 鶴の一声 A voz [Uma palavra] da autoridade/Manda quem pode (e obedece quem deve)! [*Shachō no ~ no hito-koe de sono keikaku wa sugu ni jisshi sareta* 社長の鶴の一声でその計画はすぐに実施された À voz do (Diretor) Presidente, o plano foi imediatamente posto em execução]. ~ *wa sen-nen kame wa man-nen* 鶴は千年亀は万年 ~ vive mil anos e a tartaruga dez mil.

tsurúbé 釣瓶 O balde do poço; a caçamba (B.). ◇ **~ ido** 釣瓶井戸 O poço fundo; a nora. **~ otoshi** 釣瓶落とし A queda rápida [*Aki no hi wa ~ otoshi da* 秋の日は釣瓶落としだ O sol de [no] outono põe-se rápido]. **~ uchi** 釣瓶打ち Os tiros [disparos] rápidos e sucessivos; a fusilada.

tsurúgí 剣 A espada. ⇨ kén⁴; táchi¹.

tsurúhashi 鶴嘴 A picareta; o picão; o alvião. ★ ~ *o furuu* 鶴嘴を振るう Usar [Trabalhar com] a/o ~.

tsurú-kúsá 蔓草 **a**) A trepadeira; **b**) A planta rasteira [rastejante].

tsurúri つるり (Im. de escorregadio). *Kōtta michi de ~ to subette koronde shimatta* 凍った道でつるりとすべって転んでしまった Escorreguei no gelo e caí. *Unagi ga ~ to te kara nigeta* 鰻がつるりと手から逃げた A enguia escapou-se-me [escorregou-me] da mão (e fugiu).

tsurúshí 吊るし (< tsurúsú) O (pendurar no) cabide. ★ ～ *no yōfuku* 吊るしの洋服 A roupa feita「do pronto-a-vestir」.

tsurúshí-ágé 吊るし上げ (< tsurúshí-ágéru) O interrogatório do grupo「ao chefe」.

tsurúshí-ágéru 吊るし上げる (< tsurúsú + …) Fazer um interrogatório em grupo [Apanhar e interrogar alguém]. *Gakusei-tachi wa gakuchō o tsurushiageta* 学生達は学長を吊るし上げた Os estudantes fizeram um interrogatório público ao reitor.

tsurúshí-gaki 吊るし柿 (< tsurúsú + kakí) O dióspiro [caqui] seco (Descascado e dependurado ao sol). [S/同] Hoshí-gákí (+).

tsurúsú 吊るす Pendurar「a roupa」. ⇨ buráságérú; tsurú[1].

tsúrutsuru つるつる (Im. de liso, escorregadio). *Kanojo no hada wa ～ shite iru* 彼女の肌はつるつるしている Ela tem a pele (da cara) lisinha. *Sofu no atama wa ～ ni hagete imasu* 祖父の頭はつるつるにはげています O meu avô tem a cabeça lisinha [está calvo] como um ovo.

tsū́sán[1] [**úú**] 通算 O total; a soma. *Wareware wa ～ go-do-me no yūshō o shita* 我々は通算５度目の優勝をした Conseguimos cinco vitórias no total. ★ ～ *suru* 通算する Totalizar. ⇨ gṓkéí.

tsū́sán[2] [**úú**] 通産 (⇨ tsū́shṓ[2]) O Comércio Internacional e Indústria. ◇ **～ daijin** [**shō**] 通産大臣 [省] O ministro [ministério] do ～.

tsū́séí [**úú**] 通性 **a**) A propriedade [qualidade] comum「a todas as aves」; **b**)【Gram.】「palavra dos」Dois gé[ê]neros.

tsū́sékí [**úú**] 痛惜【E.】A grande tristeza; a profunda mágoa; o grande pesar. ★ ～ *ni taenai* 痛惜に堪えない Sentir o mais profundo pesar.

tsū́sétsú[1] [**úú**] 通説 A opinião geral [comum/geralmente aceite]. ～ *ni yoru to jōko Nihon ni wa moji ga nakatta* 通説によると上古日本には文字がなかった É opinião aceite que no Japão antigo não existia escrita.

tsū́sétsú[2] [**úú**] 痛切 Agudo; veemente; profundo; doloroso; sério. *Bukka no jōshō wa katei ni totte ～ na mondai da* 物価の上昇は家庭にとって痛切な問題だ O aumento do custo de vida é um problema grave [sério] para o lar [a família]. *Kyōiku no hitsuyō-sei o ～ ni kanjita* 教育の必要性を痛切に感じた Senti profundamente a necessidade da educação. [S/同] Setsújítsú.

tsū́shíń [**úú**] 通信 A comunicação; a informação; a notícia; a correspondência; o despacho; a reportagem. *Ryō-shi-kan no ～ wa tozetsu shita* 両市間の通信は途絶した As comunicações (telefó[ô]nicas) entre as duas cidades foram interrompidas [estão cortadas]. *San Pauro kara no ～ ni yoreba kotoshi wa kōhī ga fusaku da sō da* サンパウロからの通信によれば今年はコーヒーが不作だそうだ Segundo ～ procedente de São Paulo, este ano a colheita do café é má. ★ ～ *suru* 通信する Comunicar; informar. ◇ **～ bo** 通信簿 A caderneta da escola (「com as notas do aluno」). **～ bōgai** 通信妨害 A interferência nas comunicações. **～ bun** 通信文 A mensagem escrita; a reportagem. **～ eisei** 通信衛星 O satélite de telecomunicações. **～ hanbai** 通信販売 A venda por correspondência. **～ hi** 通信費 As despesas de correspondência. **～ in** 通信員 O correspondente; o repórter. **～ ki** 通信機 O equipamento de comunicações. **～ kōgaku** 通信工学 A técnica de telecomunicações. **～ kyōiku** 通信教育 O ensino por correspondência; a telescola. **～ kōza** 通信講座 O curso por correspondência. **～ mō** 通信網 A rede de comunicações. **～ ran** 通信欄 (A coluna de) "cartas ao editor"; o espaço「em postal」para mensagens. **～ shi** 通信士 O rádio-telegrafista. **Kyōdō ～ sha** 共同通信社 A Agência de notícias Kyōdō (J.). **Ruza ～ sha** ルザ通信社 A Agência Lusa (P.).

tsū́shṓ[1] [**úú**] 通称 O nome popular [por que é conhecido]. *Ano tōri wa ～ "Suzuran-dōri" to iu* あの通りは通称"すずらん通り"という Aquela rua é conhecida por "rua das lanterninhas". [S/同] Tṓrí-na.

tsū́shṓ[2] [**úú**] 通商 As relações comerciais; o comércio. ★ ～ *o hajimeru* 通商を始める Abrir [Iniciar] o comércio. ◇ **～ bōeki** 通商貿易 O intercâmbio comercial. **～ jōyaku** 通商条約 O tratado de comércio. **～ sangyō-shō** [**Tsūsanshō**] 通商産業省 [通産省] O Ministério de Comércio Internacional e Indústria.

tsū́-shótto ツーショット Uma cena de filme com um homem e uma mulher juntos [a sós].

tsū́sókú [**úú**] 通則 A regra geral [comum].

tsutá 蔦 (⇨ tsurú[6])【Bot.】**a**) A hera; *parthenocissus tricuspidata*; **b**) A (planta) trepadeira. ★ ～ *ni ōwareta tō* 蔦に覆われた塔 A torre coberta de heras. ◇ **～ kazura** 蔦葛[蔓] As plantas trepadeiras [rasteiras]. ⇨ tsutáú.

tsutáé 伝え (< tsutáérú) A lenda. ⇨ deńsétsú.

tsutáérú 伝える **1** [知らせる] Avisar; comunicar; transmitir; informar; relatar; dizer; contar. *O-kā-san ni yoroshiku o-tsutae kudasai* お母さんによろしくお伝えください (Dê) as minhas lembranças à sua mãe. *Shinbun no ～ tokoro ni yoru to kare wa korosareta rashii* 新聞の伝えるところによると彼は殺されたらしい Segundo [De acordo com o que dizem] os jornais, ele foi assassinado. ★ *Nyūsu o ～* ニュースを伝える Transmitir a notícia. ⇨ shirásérú. **2** [他の所に教え移す] Trazer; levar; conduzir; entregar; transmitir; introduzir. *Jū-roku-seiki ni Nippon ni Kirisutokyō ga tsutaerareta* 16 世紀に日本にキリスト教が伝えられた O cristianismo foi introduzido no J. no séc. XVI. ⇨ motárásu. **3** [後世に残す] Transmitir; conservar. *Kyōto wa mukashi no jōcho o ima ni ～ machi de aru* 京都は昔の情緒を今に伝える町である Kyoto é uma cidade que ainda conserva o ar dos tempos antigos. **4** [伝授する] Ensinar; transmitir; deixar. *Kare wa deshi ni hiden o tsutaeta* 彼は弟子に秘伝を伝えた Ele deixou ao (seu) discípulo o segredo da sua arte. **5** [伝導する] Deixar passar; transmitir. *Dō wa yoku denki o ～* 銅はよく電気を伝える O cobre é bom condutor [transmissor] da ele(c)tricidade.

tsutánái 拙い Desajeitado; inábil; medíocre; mau; malfeito; inexperiente; inapto; ordinário;「estilo」pobre [fraco]; infeliz. ～ *e desu ga o-me ni kakemasu* 拙い絵ですがお目にかけます Desculpe a qualidade do quadro, mas gostava [tenho o prazer] de lho mostrar.

tsū́tátsú [**úú**] 通達 A comunicação; a notificação; a circular (⇨ kaíjṓ[6]; kaírán[1]). ★ ～ *suru* 通達する Comunicar;「o ministro」notificar「oficialmente」.

Irei no ~ *o dasu* 異例の通達を出す Enviar uma ~ especial.

tsutáú 伝う (⇨ tsutáérú) Ir por [ao longo de]. *Watashi-tachi wa kawagishi o tsutatte itta* 私たちは川岸を伝って行った Nós fomos ao longo do [seguindo sempre o] rio. ⇨ tsutáwárú.

tsutáwárú 伝わる (< tsutáú) **1** [伝承される] Ser transmitido [legado; guardado; deixado para a posteridade]. *Kore wa wagaya ni daidai* ~ *katana da* これは我が家に代々伝わる刀だ Esta espada é guardada de geração em geração na nossa família. **2** [言い広められる] Ser propagado [difundido; divulgado]. *Uwasa wa kuchi kara kuchi e to tachimachi tsutawatta* 噂は口から口へとたちまち伝わった O boato propagou-se rapidamente de boca em boca. **3** [伝来する] Ser introduzido [trazido]. *Kanji wa Chūgoku kara tsutawatta mono da* 漢字は中国から伝わったものだ Os ideogramas [cara(c)teres] foram trazidos da China. **4** [沿って行く] Ir por [ao longo de]. *Dorobō wa yane o tsutawatte* [*tsutatte*] *nigete itta* 泥棒は屋根を伝わって [伝って] 逃げて行った O ladrão fugiu saltando pelos telhados. *Namida ga sono ko no hoo o tsutawatte nagarete ita* 涙がその子の頬を伝わって流れていた As lágrimas corriam pelo rosto do menino. **5** [移る] Transmitir-se. *Kono e o mite iru to gaka no yasashisa ga tsutawatte kuru yō na ki ga suru* この絵を見ているとこの画家の優しさが伝わって来るような気がする Ao olhar para este quadro vê-se [até parece que sinto] a fina sensibilidade do pintor.

tsuté 伝 (手) O intermediário; os bons ofícios; a relação; a conexão; a ligação. *Kare wa yūjin no* ~ *de ima no shoku ni tsuku koto ga dekita no da* 彼は友人のつてで今の職に就くことができたのだ Ele conseguiu o emprego a(c)tual por intermédio [pelos bons ofícios] de um amigo. ⇨ te-gákari; té-zuru.

tsutó¹ 苞 O invólucro de palha.

tsutó² つと Repentinamente; bruscamente. *Kare wa* ~ *tachiagaru to heya o dete itta* 彼はつと立ち上がると部屋を出て行った De repente ele levantou-se e saiu da sala [do quarto]. ⇨ Tsutto.

tsutómáru 勤まる (⇨ tsutómérú) Estar qualificado [Ser para]. *Kare ni wa kyōshi wa tsutomaranai* 彼には教師は勤まらない Ele não é para [está qualificado para ser] professor.

tsutómé 勤 [務] め (< tsutómérú²) **a)** O dever; a obrigação; **b)** A ocupação ⌈do estudante; do monge⌉; o trabalho; o emprego. *Hō o mamoru no ga kokumin no* ~ *da* 法を守るのが国民の務めだ O cidadão deve cumprir a lei. *O-* ~ *wa dochira desu ka* お勤めはどちらですか Onde (é que você) trabalha? ★ ~ *ni deru* 勤めに出る Ir para o trabalho. ~ *o hatasu* 勤めを果たす Cumprir o dever. ~ *o okotaru* 務めを怠る Ser negligente [preguiçoso]. ~ *o yameru* 勤めをやめる Deixar o emprego. ◇ ~ **buri** [**guchi/nin/saki**]. ⇨ gímu; kínmu.

tsutómé-ágéru 勤め上げる (< tsutómérú² + …) Cumprir ⌈o serviço militar⌉; desempenhar; concluir; completar. ★ *Ninki o* ~ 任期を勤め上げる Concluir o mandato; terminar o prazo.

tsutómé-búri 勤め振り A conduta [assiduidade; O procedimento; O comportamento] no serviço.

tsutómé-guchi 勤め口 (< … + kuchí) O emprego; o trabalho; a colocação. *Kare wa* ~ *ga nai* 彼は勤め口がない Ele não tem emprego / ~. ★ ~ *ga mitsukaru* 勤め口が見つかる Encontrar trabalho.

tsutómé-nín 勤め人 O empregado; o assalariado. S/冏 Gekkyūtori; sararíman.

tsutómérú¹ 努 [勉] める Esforçar-se ⌈por estudar⌉; fazer esforço; empenhar-se; lutar; tentar; procurar. *Watashi wa tsutomete heisei o yosootta* 私は努めて平静を装った Procurei mostrar-me calmo. S/冏 Dóryoku suru.

tsutómérú² 勤 [務] める **1** [勤務する] Trabalhar; empregar-se. *Kare wa bōeki-gaisha ni tsutomete iru* 彼は貿易会社に勤めている Ele trabalha numa empresa comercial. S/冏 Kínmu suru. **2** [役目をする] Cumprir; fazer (o papel) ⌈de fada⌉; desempenhar. ★ *Heieki o* ~ 兵役を務める Cumprir o serviço militar.

tsutómé-sáki 勤め先 O emprego [local de trabalho].

tsúto ni 夙に 【E.】 **a)** (Desde) há muito tempo; **b)** Logo ⌈desde a infância⌉; **c)** ⌈De manhã⌉ cedo.

tsū-tón-kárā ツートンカラー (< Ing. two-tone color) A cor de duas tonalidades.

tsutsú¹ 筒 **1 a)** O tubo; **b)** A [O cano de] espingarda; **c)** O cilindro ⌈de bambu para flores⌉. ★ ~ *gata no* 筒形の Cilíndrico. ◇ ~ **nuke** [**saki/sode**].

-tsútsu² つつ **1** […にもかかわらず] Apesar de; ainda que. *Karada ni warui to shiri* ~ (*mo*) *tabako o suu hito ga ōi* 体に悪いと知りつつ (も) 煙草を吸う人が多い Há muita gente que fuma apesar de saber [apesar de saber] que é prejudicial à saúde. **2** […している] Estar a. *Kare no byōki wa kaihō ni mukai-* ~ *aru* 彼の病気は快方に向かいつつある Ele está a melhorar. **3** […ながら] Enquanto. *Ongaku o kiki* ~ *dokusho suru no ga suki desu* 音楽を聞きつつ読書するのが好きです Gosto de ler ~ ouço [a ouvir] música. ⇨ -nágara; -tsu².

tsūtsū(**tsúkā**) つうつう [つうかあ] 【G.】 Muito chegado; a afinar pelo mesmo diapasão. *Aitsu wa shachō to* ~ *da* あいつは社長とつうつうだ Ele é muito chegado ao presidente da empresa.

tsutsugá-mushi 恙虫 Um ácaro [acarino] parasita do rato-do-campo. ◇ ~ **byō** 恙虫病 A sarna transmitida pelo ~.

tsutsugá-náku 恙無く Sem acidente [novidades]; em segurança; de boa saúde; são e salvo. *Oya-ko tomodomo* ~ *kurashite orimasu* 親子ともども恙無く暮らしております Em [Cá por] casa estamos todos bem, graças a Deus. ⇨ bují.

tsutsuji 躑躅 【Bot.】 A azálea.

tsutsúku つつく **1** [軽くつく] Tocar; dar pancadinhas. ★ *Hiji de* ~ ひじで突く Dar uma cotovelada. **2** [軽く突くようにしてとって食べる] Debicar; pescar [comer]. *Kotori ga pan o tsutsuite iru* 小鳥がパンをつついている O passarinho está a debicar o [um pedaço de] pão. **3** [あらさがしをする] Censurar; criticar; picar; apontar defeitos. *Doko kara mo tsutsukarenai yō ni shi nasai* どこからもつつかれないようにしなさい Não dê motivo para crítica [ser criticado]. **4** [そそのかす] Incitar ⌈à briga⌉; instigar; animar; provocar; estimular. *Kare wa tsuma ni tsutsukarete kuruma o katta* 彼は妻につつかれて車を買った Ele comprou o carro, instigado pela esposa. ⇨ sosonókásu.

tsutsumáshíi 慎ましい (⇨ tsutsúshímu) **a)** Modesto; humilde; respeitoso; **b)** Frugal; simples. *Kare wa kanemochi da ga seikatsu wa* ~ 彼は金持ちだ

が生活は慎ましい Ele é rico, mas leva uma vida frugal/simples. ★ *Tsutsumashisa* 慎ましさ A modéstia; a humildade; o respeito. ◇ ～ tsumáshíi.

tsutsúmi[1] 包み (< tsutsúmu) O pacote; o embrulho; o fardo. ★ ～ *o toku* 包みを解く Desempacotar; desembrulhar; desenfardar. ◇ ↔ ～ **gami**.

tsutsúmi[2] 堤 O dique; a barreira. *Ōmizu de ～ ga kireta* 大水で堤が切れた Com a cheia [Devido à enchente] o ～ rebentou. S/画 Doté; teíbō.

tsutsúmí-gami 包み紙 (< tsutsúmu + kamí) O papel de embrulho. ↔ hôsō[2].

tsutsúmí-kákúsu 包み隠す (< tsutsúmu + …) Esconder; guardar segredo「de」; encobrir; sufocar; abafar. *Tsutsumikakusazu ii nasai* 包み隠さず言いなさい Fale sem esconder nada.

tsutsúmí-kómu 包み込む ↔ tsutsúmu.

tsutsúmu 包む **1**「覆う」Embrulhar; empacotar. *O-tsutsumi shimashō ka* お包みしょうか Quer que embrulhe? *Sharei to shite go-sen-en tsutsunda* 謝礼として五千円包んだ Pus num envelope cinco mil yens como gratificação. **2**「囲む」Cercar; envolver; rodear. *Ie wa tachimachi hi ni tsutsumareta* 家はたちまち火に包まれた A casa ficou imediatamente envolta [toda] em chamas. *Kanojo wa atatakai ryōshin no aijō ni tsutsumarete sodatta* 彼女は温かい両親の愛情に包まれて育った Ela cresceu cercada pelo (afe(ct)uoso) carinho dos pais. **3**「隠す」Esconder; encobrir; envolver. *Subete wa nazo ni tsutsumarete iru* すべては謎に包まれている Está tudo envolto em mistério.

tsutsú-núké 筒抜け (< …[1] + nukérú) O cesto roto [O deixar passar tudo]. *Kanojo ni hanasu to minna ～ da* 彼女に話すとみんな筒抜けだ Ela revela tudo o que ouve [é um cesto roto/não sabe guardar segredos]. *Kare ni nani o iite mo migi no mimi kara hidari no mimi ni ～ da* 彼に何を言っても右の耳から左の耳に筒抜けだ (ele) Qualquer coisa que se lhe diga, entra pelo ouvido direito e sai pelo esquerdo [entra-lhe por um ouvido e sai pelo outro].

tsutsú-sáki 筒先 **a)** A boca [ponta] do cano; **b)** A boca de arma de fogo. ★ ～ *o mukeru* 筒先を向ける Apontar a arma.

tsutsushímí 慎み (< tsutsúshimi) A discri[e]ção; a prudência; a modéstia; a cautela; a precaução; a reserva; o controle. *Ano onna ni wa mattaku ～ to iu mono ga nai* あの女には全く慎みというものがない Aquela mulher não tem um mínimo de discrição. ★ ～ *no nai hito* 慎みのない人 A pessoa indiscreta. ～ *o wasureru* 慎みを忘れる Perder o controle[o]. ↔ keńshō; tsutsúmáshii.

tsutsushímí-búkai 慎み深い (< … + fukái) Discreto; prudente; modesto; controlado. *Kanojo no ～ taido ni mina wa kōkan o motta* 彼女の慎み深い態度に皆は好感を持った Toda a gente teve boa impressão da atitude modesta [ficou bem impressionada com a modéstia] dela.

tsutsushímu 慎[謹]む **1**「注意する」Ser discreto [prudente; cuidadoso; cauteloso; precavido]. *Kotoba o tsutsushimi tamae* 言葉を慎みたまえ Tenha cuidado com as palavras [com o que diz]. ★ *Gendō o ～* 言動を慎む Ser prudente na conduta. ↔ chūi suru. **2**「控えめにする」Controlar; moderar; ter cuidado. *Bōin bōshoku o tsutsushimanai to byōki ni naru yo* 暴飲暴食を慎まないと病気になるよ Se não se modera na comida e na bebida você arruina a saúde. ↔ hikáéru. **3**「かしこまる」Ter [Guardar] respeito. *Tsutsushinde shinnen no o-yorokobi o mōshiagemasu* 謹んで新年のお慶びを申し上げます Apresento-lhe os meus respeitosos votos de Feliz Ano Novo.

tsutsú-sódé 筒袖 A manga justa do quimono (Que é geralmente larga).

tsútsu-uráúrá 津浦浦「andar por」toda a parte;「correr」Ceca e Meca.

tsuttátsu 突っ立つ (< tsukú[4] + …) Ficar plantado; plantar-se; imobilizar-se. *Sonna tokoro ni bon'yari tsuttatte ite wa jama da* そんな所にぼんやり突っ立っていては邪魔だ Não fique aí plantado como um paspalhão, que atrapalha.

tsuttó つっと ↔ tsutó[2].

tsuttsúku 突っ突く ↔ tsutsúku.

tsuúń [uú] 通運 O transporte. ◇ ～ **gaisha** 通運会社 A empresa de ～s. ↔ uńsō.

tsúwa [uú] 通話 (< deńwá) O telefonema; a ligação telefó[ô]nica. *Ima ～ chū desu* 今通話中です O telefone está ocupado agora. *Risubon made ittsūwa no ryōkin wa ikura desu ka* リスボンまで一通話の料金はいくらですか Quanto custa um/a ～ para Lisboa? ◇ ～ **ryō** 通話料 No custo da ～.

tsuwábuki 石蕗 〖Bot.〗 Uma planta medicinal de flores amarelas e folhas como o "fuki"; *ligularia tussilaginea*.

tsuwámónó 兵 〖E.〗 **1**「武士」O guerreiro. ↔ búshi; guńjín; héishi[1]. **2**「猛者」**a)** O bravo; o herói; o homem de coragem; **b)** O mestre (valente/forte). *Kare wa kono michi no ～ da* 彼はこの道の兵だ Ele é o grande herói [mestre] desta especialidade. ↔ mósa; yúshi[4].

tsuwári 悪阻 A náusea matinal das grávidas.

tsuyá[1] 艶 **1**「光沢」O lustre; o brilho; o polimento. *Shitan no kagu wa migaku to utsukushii ～ ga deru* 紫檀の家具は磨くと美しい艶が出る A mobília de sândalo vermelho dá um belo lustre quando polida. ★ ～ *no aru* [～ ～ *shita*] *kao-iro* 艶のある [つやつやした] 顔色 A tez lustrosa; a cor sadia. ～ *no aru koe* 艶のある声 A voz encantadora (doce/melíflua). ～ *o dasu* 艶を出す Lustrar; dar lustre; polir. ～ *o kesu* 艶を消す Deslustrar; tirar [diminuir] o lustre「de」. **2**「おもしろみ」O embelezar; a graça. ～ *no nai hanashi da* 艶のない話だ É uma conversa sem graça.

tsuya[2] 通夜 O velório. *Pātī wa marude o-～ no yō datta* パーティーはまるでお通夜のようだった A festa parecia um enterro [～]. ★ (*o*)～ *o suru* (お) 通夜をする Fazer o ～; velar o defunto.

tsuya-bá 艶場 A cena de amor.

tsuyá-búki 艶拭き (< …[1] + fukú[8]) O puxar [dar] lustre. ↔ tsuyá-dáshí.

tsuyá-búkin 艶布巾 (< …[1] + fukín) O pano de polimento [para dar lustre].

tsuyá-dáné 艶種 (< …[1] + táne) O caso de amor; o romance. ↔ tsuyá-gótó.

tsuyá-dáshí 艶出し (< …[1] + dásu) O polir「metais」; o esmaltar「cerâmica」; o calandrar (acetinar papel ou tecido com calandra/cilindro). ★ ～ *suru* 艶出しする …

tsuyá-gámí 艶紙 (< …[1] + kamí) O papel esmaltado [lustroso].

tsuyá-gótó 艶事 (< … + kotó) O caso de amor; o romance. ↔ iógoto.

tsuyá-késhí 艶消し (<...¹+kesú) **1**[つやをなくすこと] O tirar o brilho [O ser fosco]. ~ *garasu* 艶消しガラス O vidro fosco [opaco/baço/embaciado「com vapor」]. **2**[不粋] O ser desmancha-prazeres [desanimador; balde-de-água-fria]. *Sore ja hanashi ga ~ da* それじゃ話が艶消しだ Isso estraga tudo [Então, adeus conversa]! ⇨ busúí.

tsúyaku¹ [úu] 通訳 a) A interpretação [tradução]; b) O intérprete. *Watashi wa Yamada-shi no ~ de Shiruba-shi to kaidan shita* 私は山田氏の通訳でシルバ氏と会談した Eu falei com o Sr. Silva tendo como [fazendo de] intérprete o Sr. Yamada. ★ ~ *suru* 通訳する Ser [Fazer de] intérprete. ◇ **Dōji** ~ 同時通訳 A tradução simultânea.

tsúyakú² [úu] 通約 [Mat.] ⇨ yakubún¹.

tsuyáppoi 艶っぽい Picante; erótico. ★ ~ *hanashi* 艶っぽい話 A conversa picante.

tsúyó¹ [úu] 通用 a) O ser (de uso) corrente; b) O ser válido [aceite]. *Kono kippu wa isshūkan ~ suru* この切符は一週間通用する Este bilhete é válido por uma semana. *Sonna kangae-kata wa shakai de wa ~ shinai* そんな考え方は社会では通用しない Esse modo de pensar não é aceito[e] pela sociedade. ◇ ~ **go** 通用語 Uma palavra (de uso) corrente. ~ **kikan** 通用期間 O prazo de validade.

tsúyó² [úu] 痛痒 [E.] (Lit. dor e comichão) O não tirar o sono; o não importar nada. *Kekka ga dō narō to sukoshi mo ~ o kanjinai* 結果がどうなろうと少しも痛痒を感じない O resultado tanto se me dá como se me deu [não me importa/tira o sono].

tsuyó-bí 強火 (< tsuyói + hí) O fogo forte (para cozinhar). ⇨ chú-bí.

tsuyó-fúkumi 強含み (< tsuyói + fukúmu) A tendência firme「do mercado das a(c)ções」. A/反 Yowá-fúkumi.

tsuyógárí 強がり A fanfarr(on)ice; o fazer-se forte. ~ *o iu no wa yose* 強がりを言うのはよせ Deixe-se de fanfarronices. ◇ **ya** 強がり屋 O fanfarrão.

tsuyó-góshí 強腰 (< tsuyói + koshí) A atitude firme [forte]. ★ ~ *ni deru* 強腰に出る Tomar uma ~. A/反 Yowágóshí.

tsúyó-guchi [uú-óo] 通用口 (<...¹ + kuchí) A porta de serviço; a entrada lateral.

tsuyói 強い **1**[強力である] Forte; enérgico. *Bōya wa ~ kara nakanai ne* 坊やは強いから泣かないね Você é forte, não chora [Os meninos fortes não choram] não é verdade? *Kare wa udeppushi ga ~* 彼は腕っぷしが強い Ele tem muita força [muito músculo] nos braços. *Nante ki no ~ onna da* なんて気の強い女だ Que mulher enérgica [de cará(c)ter forte]! ~ *ishi o motsu* 強い意志を持つ Ter força de vontade. **2**[すこやかである] Robusto; sadio. ~ *karada o tsukuru tame ni wa tekido na undō ga hitsuyō da* 強い体を作るためには適度な運動が必要だ Para ter um corpo ~ é preciso fazer exercício (físico) adequado. *Musuko o tsuyoku sodatetai* 息子を強く育てたい Quero que o meu filho cresça [se crie] robusto (e sadio). A/反 Yowái. **3**[激しい; きびしい; きつい] Forte. *Aitsu wa kuchi de ~ koto o iiru dake da* あいつは口で強いことを言っているだけだ Ele só tem língua. *Seifu wa kokumin no ~ teikō o uketa* 政府は国民の強い抵抗を受けた O governo encontrou ~ oposição da parte do povo. *Tanaka-san wa sekininkan ga ~* 田中さんは責任感が強い O Sr. Tanaka tem um ~ [grande] sentido da responsabilidade. ★ ~ *inshō* 強い印象 Uma ~ impressão. ~ *nioi* 強いにおい O cheiro ~. ~ *sake* 強い酒 A bebida [O vinho] ~. ~ *shikisai no* 強い色彩の De cor viva. *Do no ~ megane* 度の強い眼鏡 Os óculos com alta graduação [muitas dioptrias]. A/反 Yowái. **4**[抵抗力がある] Resistente; forte. *Kono shokubutsu wa samusa ni ~* この植物は寒さに強い Esta planta é resistente ao frio. ★ *Fukyō ni ~ kaisha* 不況に強い会社 A empresa resistente à depressão econó(ô)mica. A/反 Yowái. **5**[得意である] Forte. *Kanojo wa sūgaku ni ~* 彼女は数学に強い Ela é ~ em matemática. *Kimi wa sake ni wa ~ hō desu ka* 君は酒には強い方ですか Você bebe [é capaz de beber] muito? A/反 Yowái.

tsuyó-ki 強気 (< tsuyói + ...) **1**[積極的な] Agressivo; forte; firme; a(c)tivo; audaz [audacioso]; arrojado; ousado. *Boku wa jishin ga atta no de ~ ni deta* 僕は自信があったので強気に出た Eu assumi [tomei] uma atitude firme porque estava seguro (disso). ★ ~ *na otoko* 強気な男 O homem ousado [audacioso; lançado]. **2**【Econ.】 A tendência (para a) alta. *Shikyō wa gogo kara ~ ni tenjita* 市況は午後から強気に転じた O mercado [A bolsa] mudou para tendência alta no período da tarde. ◇ ~ **sōba** [shijō] 強気相場[市場] A bolsa com tendência para a alta. A/反 Yowákí.

tsuyóku 強く (Adv. de tsuyói) Fortemente; com toda a força. *Atama o ~ utte watashi wa kizetsu shita* 頭を強く打って私は気絶した Bati com a cabeça「no chão」com toda a força e perdi os sentidos. *Kaze ga ~ natta* 風が強くなった O vento aumentou [ficou mais forte].

tsuyómaru 強まる「o movimento popular」Ganhar força; aumentar. *Arashi ga dandan tsuyomatte kita* 嵐がだんだん強まって来た A tempestade era cada vez mais forte. S/同 Tsúyoku naru. A/反 Yowámáru.

tsuyómeru 強める Pôr「o fogo do gás」mais forte; intensificar「a luta」; aumentar「a força/vigilância」. *Kare wa goki o tsuyomete sō itta* 彼は語気を強めてそう言った Ele disse isso levantando bem a voz [frisando as palavras]. S/同 Tsúyoku suru. A/反 Yowámeru.

tsuyómí 強み (< tsuyói + ...⁵) **1**[強さ] A força「do nosso movimento aumentou」. S/同 Tsúyosa (+). **2**[強い点] O ponto forte; a vantagem. *Chika shigen no hōfu na koto ga Burajiru no ~ da* 地下資源の豊富なことがブラジルの強みだ A riqueza do subsolo é o ~ do B. A/反 Yowámí. ⇨ chósho¹; ritén.

tsúyó-mon [uú-óo] 通用門 A entrada lateral/de serviço. S/同 Tsúyóguchi.

tsúyosa 強さ (Sub. de tsuyói) A força; o poder; a potência; a intensidade; o poderio. A/反 Yówasa.

tsuyú¹ 梅雨 A estação chuvosa [das chuvas]. ~ *ga aketa* 梅雨が明けた Terminou a ~. ~ *ni haitta* 梅雨に入った Começou a [Entrámos na] ~. ◇ ~ **ake** [iri] 梅雨明け[入り] O fim [começo] da ~. S/同 Báiu.

tsúyú² 露 **1**[水滴] O orvalho; o rocio; o sereno; o relento. ~ *ga oriru* 露が降りる「esta noite」Caiu orvalho. ★ ~ *no tama* 露の玉 A gota [bolinha] de orvalho. ~ *harai*. ⇨ **harai**. **2**[少量] ⇨ **harai**. **3**[ささやかなこと; はかないもの] 【Fig.】Um nada; uma gota de orvalho. *Ōji wa hatachi de dantō-dai no ~ to kieta* 王子は二十歳で断頭台の露と消えた O príncipe terminou a sua vida efé[ê]mera [como uma ~, no patíbulo, aos vinte anos. *Watashi wa kare o ~ hodo mo utagatte inai* 私は彼を露ほども疑っていない Não duvido nada (nada) dele. *Sonna koto to wa ~ shirazu* そんなこととは露知らず Sem saber nadinha disso.

tsúyu[o] 汁・液 **1** [吸いもの] A sopa fina; o caldo (⇨ misó-shíru). S/同 Suí-mónó; sumáshíjíru. **2** [出し汁] O molho aguado. ★ *Soba no ~* そばのつゆ~ para soba. **3** [水け] O sumo [suco]. ★ *Orenji no ~ no* オレンジのつゆ ~ de laranja. ⇨ *shíru*².

tsǔyú [tsuú] 通有【E.】Comum. S/同 Kyōtsū (+). A/反 Tokúyū.

tsuyú-hárai 露払い (< ··· ² + haráu) O precursor; o guia; o que vai adiante; o primeiro. ⇨ seńdó¹.

tsǔzókú [uú] 通俗 O ser popular [comum/para o grande público]. ★ ~ *teki na kiji* 通俗的な記事 O artigo「de revista」de vulgarização [divulgação]. ◇ ~ **ka** 通俗化 A popularização; a divulgação; a vulgarização [~ *ka suru* 通俗化する Popularizar; vulgarizar]. ~ **sakka** 通俗作家 O escritor popular [de massas/que escreve para o grande público]. ~ **shōsetsu** [**bungaku**] 通俗小説「文学」A novela [literatura] popular. S/同 ninkí¹; teízóku.

tsuzúkéru 続ける Continuar. *Hanashi o-tsuzuke kudasai* 話をお続けください Continue (a falar). *Ni-jikan ijō mo aruki-tsuzukete tsukarete shimatta* 2時間以上も歩き続けて疲れてしまった Andei mais de duas horas sem parar e fiquei cansado.

tsuzúkété 続けて (< tsuzukéru) Um atrás do outro; seguidamente; ininterruptamente; consecutivamente. *Kinō ni-do ~ jishin o kanjita* 昨日二度続けて地震を感じた Ontem senti dois terre[a]motos seguidos [um atrás do outro].

tsuzúké-zámá 続け様 (< tsuzukéru + samá) Um atrás do outro. *Kare wa ~ ni uisukī o san-bai nonda* 彼は続けざまにウイスキーを三杯飲んだ Ele bebeu três uísques uns atrás dos outros. ⇨ tsuzúkété.

tsuzúkí 続き (< tsuzukú) **1** [続くこと・もの] O ser contínuo. ★ *Hito ~ no ienami* 一続きの家並 Uma fileira contínua [seguida] de casas. *Zengō no ~ 前号の続き* A sequência; "cont(inua) do número anterior". ◇ ~ **bangō** 続き番号 Os números seguidos. **2** [同じ状態がずっと続いていること] A continuidade; o continuar; a sucessão; a continuação「do programa/do artigo/da série」. *Kare no ie wa fukō ~ da* 彼の家は不幸続きだ A família dele sofreu sucessivos infortúnios [Na família dele houve uma série de mortes]. *Kyonen wa hideri ~ datta* 去年は日でり続きだった O ano passado foi (um ano) de seca [uma estiagem contínua].

tsuzúkí-gárá 続き柄 O parentesco; a relação familiar. *Honnin to hoshōnin wa dō iu ~ desu ka honnin to 保証人はどういう続き柄ですか* Qual é o ~ entre ele (Lit. o próprio) e o fiador? ⇨ aídá-gárá.

tsuzukí-mónó 続き物 Seriado; a serial [publicação em série/por partes]. *"Meian" wa ~ to shite kakareta Sōseki saigo no shōsetsu de aru*「明暗」は続き物として書かれた漱石最後の小説である "Meian" (Luz e Escuridão) foi a última obra de Sōseki escrita como novela seriada. ⇨ reńsáí.

tsuzúkú 続く **1** [物事がとぎれない] Continuar; durar; seguir. ★ *Tsuzuite (o-nori) kudasai* 続いて(お乗り)下さい Sigam, sigam,「para dentro do comboio」. *Sabaku ga doko made mo hateshinaku tsuzuite ita* 砂漠がどこまでも果てしなく続いていた O deserto continuava (infinito) até perder de vista. *Sensō wa mō go-nen mo tsuzuite iru* 戦争はもう5年も続いている A guerra já dura há cinco anos. **2** [続いて起こる] Acontecer sucessivamente; vir a seguir; seguir um após outro. *Dō shite warui koto bakari ~ no darō* どうして悪いことばかり続くのだろう Por que (é que) só acontecem coisas más/ruins? *Jishin ni tsuzuite tsunami ga okotta* 地震に続いて津波が起こった A seguir ao [Depois do] terre[a]moto veio a [houve uma] ressaca marítima. ★ ~ *isshūkan* 続く一週間 A semana que vem. **3** [つながる] Continuar. *Cont.*「*Cont.*」da página cinco. *Jigō e ~* 次号へ続く Continua no próximo número「da revista」[(Cont.)]. *Kono michi wa kūkō ni tsuzuite iru* この道は空港に続いている Este caminho continua até [vai dar] ao aeroporto. **4** [従う] Seguir. *Kokorozashi o onajiku suru mono wa ware ni tsuzuke* 志を同じくする者は我に続け Quem tiver a mesma resolução siga-me! S/同 Shitágáí. **5** [次ぐ] Vir logo atrás [a seguir]. *Ōsaka wa Tōkyō ni ~ dai-toshi da* 大阪は東京に続く大都市だ Ōsaka é a maior cidade (do J.) logo a seguir a Tokyo. S/同 Tsugú.

tsuzúmárú 約まる ⇨ chijimáru.
tsuzúmérú 約める ⇨ chijímérú.

tsuzúmí 鼓 O tamborim j. em forma de ampulheta. ★ ~ *o utsu* 鼓を打つ Tocar ~.

tsuzúra 葛籠 **a)** O vime; **b)** A arca de vime [bambu/verga]「para roupa」.

tsuzurá-óri 葛[九十九]折り (< ··· + óru¹) O「caminho」ter [ser às] curvas.

tsuzúré 綴れ **1** [ぼろ] O trapo; o farrapo. ★ ~ *o matou* 綴れをまとう Andar esfarrapado. S/同 Bóro (+). **2** [織物の一つ] A [O trabalho de] tapeçaria. ◇ ~ **nishiki** 綴れ錦 A tapeçaria; o brocado.

tsuzúrí 綴り (< tsuzúrú) **1** [スペリング] A ortografia (⇨ seíjí-hō); a grafia; a escrita; as letras; a soletração. *O-namae no ~ o shitete kudasai* お名前の綴りを教えて下さい Queira soletrar o [Diga-me como se escreve o seu] nome. **2** [としてあるもの] O bloco [O maço] de papel」; o maço. ★ *Hito ~ no shorui* ひと綴りの書類 Um maço de documentos.

tsuzúrí-kátá 綴り方 [スペリング] (< tsuzúrú + ···) A escrita; a maneira de escrever. ★ *Rōmaji no ~* ローマ字の綴り方 A escrita do [em] alfabeto latino. **2** [作文] A composição. S/同 Sakúbún (+).

tsuzurí-kómí 綴り込み (< tsuzúrú + kómu) O arquivar; o (pôr no) ficheiro [fichário]. ⇨ fáíru; tojíkómí.

tsuzúrú 綴る **1** [単語を書く] Escrever. *Anata no na wa dō ~ no desu ka* あなたの名はどう綴るのですか Como se escreve o seu nome? **2** [文を作る] Fazer uma composição; escrever. *Kore wa kare ga osanai hi no omoide o bunshō ni tsuzutta mono da* これは彼が幼い日の思い出を文章に綴ったものだ Isto são as recordações dos tempos da infância dele, postas por escrito. **3** [つづり合わせる] **a)** Remendar [Coser]; **b)** Arquivar; juntar. *Kono shorui o tsuzuri-awasete kudasai* この書類を綴り合わせて下さい Ponha(-me) esses papéis juntos「no arquivo」. ★ *Hokorobi o ~* ほころびを綴る Coser a costura.

tsūzúrú [uú] 通ずる ⇨ tsújíru.

U

u¹ 鵜【Zool.】O corvo marinho; o pato-d'água; o biguá (⇨ ukáí²). ことわざ ~ *no mane o suru karasu* 鵜の真似をする烏 Quem quer mais do que lhe convém, perde o que quer e o que tem. 慣用 ~ *no me taka no me de*『*sagasu*』の目鷹の目で「捜す」 Procurar com os olhos bem abertos.

u² 卯【A.】 **1**[十二支の4番目]O Coelho (Quarto signo do zodíaco chinês). ★ ~ *no toshi* 卯の年 O ano do ~. 同 Usági(+); usági-dóshi. **2**[昔の時刻の名]Entre as cinco e sete horas da manhã. ★ ~ *no koku* 卯の刻 O espaço de tempo ~. **3**[昔の方角の名]este. ★ ~ *no hōgaku* 卯の方角 A dire(c)ção este.

úba¹ 乳母 A ama seca [de leite].

úba² 姥 A velha. ◇ **Yama** ~ 山姥 A bruxa[~]que vive na montanha. ⇨ **~zakura**. 同 Bába(+); básan(o); rójo(+).

ubá-gúruma 乳母車(<…¹+kurumá) O carrinho de criança.

ubái-ái 奪い合い(< ubái-áu) A disputa [competição]. ★ ~ *ni naru* [~ *o suru*] 奪い合いになる[奪い合いをする]Acabar em disputa [Disputar]. 同 Sōdátsú; tofiái. ⇨ gōdátsú.

ubái-áu 奪い合う(< ubái + …) Disputar「a bola/o primeiro lugar/os canais da TV」. *Hitotsu no zaseki o* ~ 一つの座席を奪い合う Disputar um assento. 同 Toríáu.

ubái-káesu 奪い返す(< ubáu + …) Retomar; reconquistar; recuperar. ★ *Ubawareta ryōchi o ubaikaesō to suru* 奪われた領地を奪い返そうとする Tentar ~ o território usurpado [roubado]. 同 Dakkán súrú.

ubái-tóru 奪い取る(< ubáu + …) Saquear; roubar; arrebatar. 同 Gōdátsú súrú; ubáu.

ubáu 奪う **1**[物を]Tomar à força; usurpar「os direitos」; roubar. *Shinsai wa ōku no seimei o ubatta* 震災は多くの生命を奪った O terramoto fez [causou] muitas vítimas [mortes]. ★ *Tanin no koibito o* ~ 他人の恋人を奪う Roubar o namorado [a namorada do outro]. 同 Nusúmu; tóru; gōdátsú súrú; ryakúdátsú súrú. **2**[心などを]Fascinar; encantar; ofuscar. *Kare wa sono e ni sukkari kokoro o ubawareta* 彼はその絵にすっかり心を奪われた Ele ficou completamente fascinado com o quadro. 同 Hikí-tsúkéru; miryō súrú; miwáku súrú.

ubá-zákura 姥桜(<…+sakurá)【G.】 **1**[年とっても魅力的な女性]A beldade [mulher] idosa ainda com atra(c)tivo. **2**[⇨ higán-zákura].

úbu 初心 O ser puro (inocente/cándido/ingé[ê]nuo). ★ ~ *na*「*musume*」初心な「娘」A moça inocente. 同 Junjó(+); uíuíshíi.

ubúgé 産毛 a) A penugem「do pintainho」; b) A lanugem「do pêssego/recém-nascido」.

ubúgí 産衣 A roupa para bebé[ê] recém-nascido.

ubúgóe 産声(< umú + kóe) O primeiro grito do recém-nascido. ★ *Risubon de* ~ *o ageru* リスボンで産声を上げる Nascer em Lisboa.

ubúsúná-gámi 産土神 O deus [gé[ê]nio] da「minha」terra.

ubúyu 産湯 O primeiro banho (do bebé[ê]). ★ *Akachan ni* ~ *o tsukawaseru* 赤ちゃんに産湯を使わせる Dar o ~ ao bebé[ê].

uchi¹ 内・中 **1**[内部]Dentro. *Ame ga futte kita kara* ~ *e hairō* 雨が降って来たから内へ入ろう Vamos para ~ (por)que está a chover. *Kare wa hageshii jōnetsu o* ~ *ni himete iru* 彼は激しい情熱を内に秘めている Ele tem ~ dele [lá ~] um entusiasmo [um ardor/uma paixão] terrível. **2**[自分の所属する会社・団体など]Os de dentro [do grupo]. ★ ~ *no daigaku ni wa ichiman-nin no gakusei ga imasu* 内の大学には1万人の学生がいます A nossa [minha] universidade tem dez mil estudantes. ★ ~ *no shachō* 内の社長 O nosso (diretor)/presidente. ⇨ uchi². **3**[一定の時間の間]Em; durante; enquanto. *Kare wa ichi-nen no* ~ *hanbun wa Nihon ni inai* 彼は1年の内半分は日本にいない Metade do ano ele não está no J. *Pātī wa seikai no* ~ *ni owatta* パーティーは盛会の内に終わった A festa terminou em [no meio de] grande animação. *Wasurenai* ~ *ni memo shite okō* 忘れない内にメモしておこう Vou anotar antes que me esqueça. ★ *Sono*「*Chikai*」~ *ni* その「近い」内に Em breve; daqui a pouco. 同 Aídá; ínai; toki. **4**[ある範囲の間]Em; dentre [de entre]; de. *Jū-nin no* ~ *kyū-nin made sono an ni sansei shita* 10人の内9人までその案に賛成した Dos dez, nove aprovaram o plano [a proposta]. *Sono kurai de wa porutogarugo ga hanaseru* ~ *ni wa hairanai* そのくらいではポルトガル語が話せる内には入らない Só com isso [esses conhecimentos], você não se pode incluir entre os que falam p. ★ *Futa-tsu no* ~ *dochira ka erabu* 2つの内どちらか選ぶ Escolher um dos dois. ことわざ *Hara mo mi no* ~ 腹も身の内 O estômago também é teu, não o estragues com a gula. 同 Náka.

uchi² 家 a)「ele construiu」Uma casa; b) A minha casa. *Anata no* ~ [*O-taku*] *wa doko desu ka* あなたの家[お宅]はどこですか Onde é [fica] a sua casa? *O-* ~ *no kata ni yoroshiku o-tsutae kudasai* お家の方によろしくお伝え下さい(Dê as minhas) lembranças aos seus familiares. ★ ~ *ni iru* にいる Estar em casa. ★ ~ *no hito* [*otto*] 家の人[夫] O meu homem [marido]. 同 Ié; katéi. 反 Yosó.

uchí-³ 打ち(< útsu¹) (Pref. verbal para dar ênfase). ⇨ uchí-ákérú.

uchí-ágé 打ち上げ(< uchí-ágérú) **1**[打ち上げること] O lançamento. ★ ~ *junbi-chū no roketto* 打ち上げ準備中のロケット O foguetão que está a ser montado (para o ~). ◇ ~ **hanabi** 打ち上げ花火 O fogo de artifício; o foguete/foguetão de lágrimas. **2**[興行や仕事を終えること・またその宴] O [A festa de] encerramento. ★ ~ *o suru* [*yaru*] 打ち上げをする[やる] Fazer o/a ~. ◇ ~ **kai** [**pātī**] 打ち上げ会[パーティー] A sessão [festa] de ~.

uchí-ágérú 打ち上[揚]げる(< útsu¹+…) **1**[花火・ロケット・ボールなどを] Lançar. ★ *Nihon de saisho*

uchí-ái¹ 撃ち合い ⇨ uchí-áú².
uchí-ái² 射ち合い ⇨ uchí-áú¹.
uchiáké-bánashi 打ち明け話 (< uchí-ákérú + hanáshí) A conversa confidencial; a confidência;「isto é」uma confissão.
uchí-ákérú 打ち明ける (< uchí-³ + …) Confessar;「não ter amigos a quem」abrir o coração; confidenciar. ★ *Nani mo kamo* ～ 何もかも打ち明ける Abrir o coração. *Uchiakete ieba* 打ち明けて言えば Para dizer a verdade「você tem poucas simpatias na nossa firma」. Ⓢ/同 Kokuháku súru.
uchí-áú¹ 打ち合う (< útsu² + …) Andar [Começar] ao soco. Ⓢ/同 Nagúri-áu (+).
uchí-áú² 撃ち合う (< útsu² + …) Andarem「os dois」aos tiros.
uchí-áwáse 打ち合わせ (< uchí-áwásérú) O combinar; a combinação; o acertar previamente「tudo/o plano」. ★ ～ *o suru* 打ち合わせをする ⇨ uchí-áwásérú. Ⓢ/同 Shitá-áwase.
uchí-áwásérú 打ち合わせる (< útsu¹ + …) **1** [物をたたき合わせる] Bater uma coisa na outra; chocar. **2** [下相談する] Acertar previamente; combinar de antemão. ★ *Ryokō no nittei o* ～ 旅行の日程を打ち合わせる ～ o programa da viagem.
uchí-bárai 内払い (< … + haráu) ⇨ uchíkín.
uchí-bénkei 内弁慶 O que só é forte quando tem [sente] as costas quentes/o pé leão em casa mas rato fora (de casa). *Kono ko wa* ～ *da* この子は内弁慶だ Este filho, em casa é um valente, mas fora tem medo de tudo「, porquê?」. Ⓢ/同 Kagé-bénkei. Ⓐ/反 Sotó-bénkei.
uchí-bóri 内堀 (< … + hori) O fosso [canal] interior「do castelo」. Ⓐ/反 Sotó-bóri.
uchibú 打歩【Econ.】O pré[ê]mio; o ágio; a comissão. Ⓢ/同 Purémiamu; warímáshíkin.
uchí-bútokoro 内懐 (< … + futókóró) **a)** ⇨ uchípókétto; **b)** A verdadeira intenção. ★ ～ *o misukasu* 内懐を見透かす Adivinhar [Descobrir] a ～ (do outro). Ⓐ/反 Sotó-bútokoro.
uchí-dáshi 打ち出し (< uchí-dású) **1** [芝居・すもうの] O fim「do espe(c)táculo」; o encerramento. Ⓢ/同 Hané (+); uchí-dóme. **2** [細工の一つ] O trabalhar [bater] o metal a martelo. **3** [ボールの] O saque「no jogo de té[ê]nis」.
uchí-dású¹ 打ち出す (< útsu¹ + …) **1** [物を打ち始め る] Começar a bater [tocar/dar「as horas」]. *Kare wa taiko o uchidashita* 彼は太鼓を打ち出した Ele começou a tocar o tambor. **2** [打って型・模様などを浮き上がらせる] Bater [Trabalhar a martelo] para modelar「o cobre」. ★ *Hanagara ga uchidasareta kawazaiku* 花柄が打ち出された皮細工 O artesanato de couro com relevo de flor. **3** [自動的に印字する] Imprimir [Escrever] automaticamente. ★ *Nyūsu o uchidasase iru teretaipu* ニュースを打ち出しているテレタイプ O teleimpressor que está a ～ as notícias. **4** [案などを発表する] Apresentar; propor. ★ *Seisaku ni shin-kijiku o* ～ 政策に新機軸を打ち出す ～ uma ideia [medida] nova「para resolver a crise」. Ⓢ/同 Happyō súru; kañgáe-dasu.

uchí-dású² 撃ち出す (< útsu² + …) (Começar a) disparar; abrir fogo.
uchidé-nó-kózuchi 打ち出の小槌 O talismã; a varinha de condão; a fórmula mágica「que resolve todos os problemas」; a panaceia geral.
uchí-déshi 内弟子 O discípulo [aprendiz] que vive em casa do mestre.
uchí-dóme 打ち止め (< útsu¹ + tomérú) **1** [すもう・芝居の] A última partida [luta]; a última representação teatral [da peça]. ★ ～ *ni suru* 打ち止めにする Fazer a ～. Ⓢ/同 Senshūraku; uchí-dáshi. **2** [物事の] O fim「da discussão」; o cortar「o debate」.
uchí-gáke 内掛け (< …¹ + kakéru)【Sumō】O golpe [A topada] com a perna.
uchí-gári 内借り ⇨ maé-gári.
uchí-gáshi 内貸し ⇨ maé-gáshí.
uchí-gawá 内側 O interior; o lado interno [de dentro]. ★ ～ *kara kagi o kakeru* 内側から鍵をかけ Fechar à chave por dentro. ～ *ni[wa]* 内側に[は] No interior; dentro. ～ *no kōsu o hashiru* 内側のコースを走る Correr na parte [no lado] de dentro da pista. Ⓢ/同 Nakágáwa. Ⓐ/反 Sotógáwa.
uchí-génkan 内玄関 A entrada particular [lateral/de serviço].
uchí-háráu 討ち払う (< útsu¹ + …) **1** [払い落とす] Limpar batendo [sacudindo/escovando]. Ⓢ/同 Harái-ótósu (+). **2** [撃退する] Repelir [Expulsar]「o barco inimigo」. Ⓢ/同 Gekítái súru (+); oi-háráu (o).
uchí-híshígu 打ち拉ぐ (< útsu¹ + …) Oprimir; destruir. ★ *Kanashimi ni uchihishigareru* 悲しみに打ちひしがれる Ser [Ficar] oprimido pela tristeza.
uchí-hóróbósu 討ち滅[亡]ぼす (< útsu¹ + …) ⇨ horóbósu.
uchí-íri 討ち入り (< útsu³ + háiru) O ataque surpresa; a incursão.
uchí-íwai 内祝 A festa íntima [de família].
uchí-jíni 討ち死に (< útsu³ + shinú) **a)** A morte na luta; o morrer a lutar. ～ *suru* 討ち死にする Morrer a lutar. Ⓢ/同 Senshí (+). **b)** A derrota「da equipa[e] de futebol」.
uchí-jū 家中 **a)** Toda a família; todos os de casa. ★ ～ *de dekakeru* 家中で出かける Sair (com) toda a família. **b)**「procurar [buscar] por」Toda a casa「e não encontrar as chaves do carro」.
uchí-káeshi 打ち返し (< uchí-káésú) **1** [再び打つこと] O tornar a bater; o rebater「a bola」. **2** [綿の] O virar「o pano/a terra」. Ⓢ/同 Uchí-náóshí. **3** [劇の] A mudança de cena.
uchí-káésú 打ち返す (< útsu¹ + …) **1** [ボールなどを] Devolver「o murro/a pancada」; tornar a bater; rebater「a bola」. **2** [波が] As ondas virem [rebentarem] e tornarem para o mar. **3** [綿などを] Virar「a terra/o algodão」. **4** [電報を] Mandar outro telegrama (em resposta).
uchí-káké¹ 打ち掛け (< útsu¹ + kakéru)【A.】Um manto de cauda (usado sobre o quimono de noiva).
uchí-káké² 打ち掛け (< útsu¹ + kakéru) O interromper a partida de "(i)go" por esse dia. ⇨ uchídóme.
uchí-kátá 打[撃]ち方 A maneira de disparar [atirar].
uchí-kátsú 打ち勝[克]つ (< útsu¹ + …) Vencer; superar「o complexo de inferioridade」; bater [der-

rotar]「a equipa[e] adversária」; ganhar「o jogo」. ★ *Gyakkyō* [*Kanashimi*; *Konnan*; *Nanbyō*] *ni uchikatta hito* 逆境 [悲しみ; 困難; 難病] に打ち克った人 A pessoa que venceu [superou] a adversidade [tristeza/dificuldade/uma doença grave]. [S/同] Kátsu (+).

uchí-késhí 打ち消し (< uchí-késu) A negação; o desmentido. [S/同] Hitéí (+).

uchí-késu 打ち消す (< útsu¹ + …) **1** [否定する] Negar; desmentir「o boato」. *Kare wa sukyandaru o ~ no ni hisshi da* 彼はスキャンダルを打ち消すのに必死だ Ele está fazendo tudo [esforços desesperados] para ~ o escândalo. [S/同] Hitéí súrú. **2** [消す] Apagar. *Hageshii ama-oto ga subete no mono-oto o uchi-keshite shimatta* 激しい雨音がすべての物音を打ち消してしまった O ruído daquela chuvada apagava [abafava] qualquer outro ruído.

uchí-kí 内気 A timidez; a introversão; o acanhamento. ★ ~ *na seikaku* 内気な性格 O cará(c)ter tímido [introvertido/acanhado/envergonhado]. [S/同] Shṓshíń. ⇨ yowá-kí.

uchíkíń 内金 O dinheiro de entrada; o sinal. ★ ~ *o shiharau* [*ireru*] 内金を支払う [入れる] Pagar o sinal. [S/同] Atámákíń; maékíń; uchíbárai.

uchí-kírí 打ち切り (< uchí-kírú) O termo; o fim「da conversa」. ★ ~ *ni naru* 打ち切りになる Terminar. ~ *ni suru* 打ち切りにする ⇨ uchí-kírú. [S/同] Chū́shí (+).

uchí-kírú 打ち切る (< útsu¹ + …) **1** [勢いよく切る] Cortar「de um golpe」. **2** [中止する] Cortar; interromper; suspender「o programa」. ★ *Uchikirareta kōshō* 打ち切られた交渉 As negociações (que foram) interrompidas [cortadas]. [S/同] Chū́shí súrú (+).

uchí-kizu 打ち傷 (< útsu¹ + …) A contusão; a lesão (causada por pancada). [S/同] Dabókúshō (+); uchímí (o). ⇨ kirí-kizu.

uchí-kómí 打ち込み (< uchí-kómú¹) **1** [テニスなどの] O atirar「a bola e fazer um ponto」. **2** [囲碁・剣道の] O entrar no campo [espaço] do inimigo. **3** [熱中すること] A aplicação. *Kimi wa benkyō e no ~ kata ga tarinai* 君は勉強への打ち込み方が足りない Você é pouco aplicado「ao estudo」. [S/同] Netchū́. **4** [たたいて中へ入れること] O cravar [meter]「uma chunha/um prego」.

uchí-kómú¹ 打ち込む (< útsu¹ + …) **1** [球を] Atirar [Chutar/Bater] a bola para o campo adversário. ★ *Bōru o aite-kōto e ~* ボールを相手コートへ打ち込む Bater a bola para a quadra do adversário. **2** [囲碁で] Furar o [Entrar no] campo do adversário「no jogo das damas」. **3** [熱中する] **a**) Dedicar-se; **b**) Estar louco [apaixonado]. ★ *Kenkyū ni tamashii o ~* 研究に魂を打ち込む Dedicar-se de alma e coração à pesquisa. [S/同] Netchū́ súrú (+). ⇨ horékómu. **4** [たたいて中へ入れる] Cravar; pregar; meter「um prego」; espetar; enterrar「uma estaca」. ★ *Chichū ni ichi-mētoru uchikomareta kui* 地中に1メートル打ち込まれた杭 Estacas enterradas um metro na terra.

uchí-kómú² 射ち込む (< útsu² + …) Meter [Atingir com] uma bala「em」.

uchí-kórósu¹ 打ち殺す (< útsu¹ + …) Matar à pancada [paulada]. [S/同] Bokúsátsú súrú (+); nagúríkórósu (+).

uchí-kórósu² 撃ち殺す (< útsu² + …) Matar a tiro. [S/同] Shasátsú súrú.

uchí-kówásu 打ち毀す (< uchí-³ + …) Destruir; arrasar; demolir; arruinar; desfazer; despedaçar. [S/同] Kowásu (+).

uchí-kúbi 打ち首【A.】A decapitação; a degolação. ★ ~ *ni naru* [*sareru*] 打ち首になる [される] Ser decapitado [degolado]. [S/同] Fuńkéí; zánshu.

uchí-kúdáku 打ち砕く (< uchí-³ + …) **1** [たたいて砕く] Esmigalhar「o vaso de barro」; fazer em pedaços; triturar. **2** [物事をめちゃめちゃにする] Desfazer; destruir; frustrar「todas as esperanças/o plano do inimigo」. ★ *Uchikudakareta yabō* 打ち砕かれた野望 A ambição frustrada. [S/同] Kudáku (+).

uchí-mákásu 打ち負かす Derrotar o [Levar a melhor ao] adversário「na disputa」. [S/同] Makású (+). ⇨ uchí³.

uchí-mákú 内幕 O que está por trás [há nos bastidores]; a verdade; os fa(c)tos. ★ ~ *o abaku* 内幕を暴く Revelar [Descobrir] o que de fa(c)to aconteceu/há. ◇ ~ **banashi** [**mono**] 内幕話 [物] A verdadeira história [A história de quem está por dentro]. [S/同] Gakúyá-úrá; rímen.

uchí-mákúru 打 [撃] ちまくる Bater「na bola/no bombo/no teclado do computador」[Disparar] sem parar.

uchí-mátá 内股 **1** [股の内側] A parte de dentro da coxa [da perna]. [S/同] Uchí-mómó. **2** [歩き方] O andar com os pés (virados) para dentro. ★ ~ *de aruku* 内股で歩く Andar com os pés para dentro「quando vai de quimono」. ◇ ⇨ **~gōyaku**. [S/同] Uchíwá¹ **4**. [A/反] Ganímátá; sotómátá.

uchímátá-gṓyaku [**óo**] 内股膏薬 O vira-casaca; o oportunista. ★ ~ *o yaru* 内股膏薬をやる Ser (um) ~; jogar com pau de dois bicos; ver donde sopra o vento. [S/同] Futámátá-gṓyaku.

uchí-máwari 内回り **a**) A linha de dentro「da Yamanote」; **b**) O trabalho de escritório. [A/反] Sotó-máwari.

uchí-mí 打ち身 (< útsu¹ + …) A contusão. [S/同] Dabókúshō; uchí-kizu.

uchí-mizu 打ち水 (< útsu¹ + …) A aspersão; a rega (com mangueira/regador); o deitar água. ★ *Genkan* [*Roji*] *ni ~ o suru* 玄関 [路地] に打ち水をする Deitar um pouco de água na entrada [rua]「para refrescar/tirar o pó」.

uchí-mómó 内股 [腿] ⇨ uchí-mátá **1**.

uchí-mono 打ち物 (< útsu¹ + …) **1** [打ち鍛えた物] A ferramenta; a espada; os instrumentos de ferro forjado. ◇ ~ **shi** 打ち物師 O ferreiro「que forja espadas」. **2** [菓子の一つ] Um bolo seco. **3** [⇨ da-gákki].

uchí-nárásu 打ち鳴らす Tocar com força「o tambor」. [S/同] Narású (+).

uchí-naru 内なる Interior. ★ ~ *koe ni mimi o katamukeru* 内なる声に耳を傾ける Ouvir a voz ~ [do coração/da consciência].

uchí-níwá 内庭 ⇨ naká-níwá (+).

uchí-nóbásu 打ち伸 [延] ばす (< útsu¹ + …) Forjar; malhar.

uchí-nómésu 打ちのめす (< útsu¹ + …) **1** [なぐり倒す] Derrubar com uma pancada [um soco]. **2** [精神的に打撃を与える] Abalar; prostrar. *Kare wa ryōshin no totsuzen no shi ni sukkari uchinomesareta* 彼は両親の突然の死にすっかり打ちのめされた Ele ficou completamente abalado com a morte súbita dos pais. ⇨ yattsúkéru.

uchínóri 内法 A medida 「da caixa」 por dentro. Ⓢ/Ⓜ Sotónóri.

uchí-núkú 打[撃]ち抜く (< útsu¹ + …) Furar 「a parede/tábua」; perfurar 「o papel」 atravessar. ★ *Pistoru de mune o uchinukareru* ピストルで胸を撃ち抜かれる Ser atravessado por uma bala no peito.

uchí-órósu 打ちおろす Dar uma chicotada 「no cavalo」.

uchí-ótósu¹ 打ち落とす (< útsu¹ + …) **1** [たたき落とす] Deitar ao chão com uma lambada [paulada]. Ⓢ/Ⓜ Tatáki-ótósu. **2** [切って落とす] Decepar [Cortar] 「o braço」; decapitar. ★ *Kataki no kubi o ~* 敵の首を打ち落とす Decapitar [Matar] o inimigo. ⇨ Kirí-ótósu.

uchí-ótósu² 撃ち落とす (< útsu² + …) Abater a tiro. ★ *Sora o tonde iru tori o ~* 空を飛んでいる鳥を撃ち落とす ~ uma ave a voar.

uchí-pókétto 内ポケット O bolso interior [de dentro].

uchí-shízúmu 打ち沈む Ficar muito deprimido [muito em baixo]. ★ *Kanashimi ni uchi-shizunda yōsu de* 悲しみに打ち沈んだようすで Com ar de profunda tristeza.

uchí-sókónáu¹ 打ち損う (< útsu¹ + …) Não acertar 「na bola/cabeça do prego」.

uchí-sókónáú² 撃ち損う (< útsu² + …) Errar o alvo; não acertar 「no urso」.

uchí-sóto 内外 ⇨ náigai.

uchí-súeru 打ち据える ⇨ útsu¹.

uchí-sútéru 打ち捨てる ⇨ sutéru.

uchí-táósu¹ 打ち倒す (< útsu¹ + …) Derrubar [Deitar ao chão] com uma pancada. Ⓢ/Ⓜ Taósu (+).

uchí-táósu² 撃ち倒す (< útsu² + …) Deitar ao chão com um tiro.

uchí-tátéru 打ち立てる (< útsu¹ + …) Estabelecer 「um novo método」; fundar 「uma nova escola」; descobrir [criar/inventar] 「uma nova teoria」; bater 「um novo recorde」. ★ *Atarashiku uchitatareta hōshin* 新しく打ち立てられた方針 A nova linha [política] /As novas dire(c)trizes. Ⓢ/Ⓜ Jurítsú súrú; tatéru (+).

uchí-tókéru 打ち解ける Ganhar confiança; abrir-se; desabafar. ★ *Uchitoketa chōshi de* 打ち解けた調子で Num tom de franqueza [De maneira franca]. *Uchitoke hanasu* 打ち解けて話す Falar com franqueza [confiança/sem reservas]; abrir-se.

uchí-tómeru 討ち止める (< útsu³ + …) Matar a tiro 「com a espada」. Ⓢ/Ⓜ Shitómeru.

uchí-tórú 討ち取る (< útsu³ + …) Matar 「o chefe inimigo」. Ⓢ/Ⓜ Korósú.

uchí-tsúkéru 打ち付ける (< útsu¹ + …) **1** [ぶつける] Bater; chocar; lançar; colidir. ★ *Hashira ni atama o ~* 柱に頭を打ち付ける Dar [Bater] com a cabeça na coluna/no poste. Ⓢ/Ⓜ Butsúkéru (+). **2** [くぎ・びょうなどで] Pregar 「o cartaz na parede com percevejos/tachas」. ★ *Monchū ni hyōsatsu o kugi de ~* 門柱に表札を釘で打ち付ける Pregar a placa 「com o nome do morador」 no poste da entrada. **3** [⇨ nagé-tsúkéru].

uchí-tsúréru 打ち連れる ⇨ tsuréru¹.

uchí-tsúzúku 打ち続く (< útsu¹ + …) Continuar a fazer mal [a atacar]. ★ *~ fukō* 打ち続く不幸 Infortúnios contínuos [Desgraças/Mortes seguidas]. *~ sensō* 打ち続く戦争 Uma longa guerra. *Uchitsuzuite* 打ち続いて Uns atrás dos outros; sem parar; successivamente. Ⓢ/Ⓜ Tsuzúku (+).

uchíúchi 内内 O ser privado [um assunto de casa]. *Mondai o ~ de shori suru* 問題を内々で処理する Resolver o problema em privado. Ⓢ/Ⓜ Naínáí; uchíwá² (+).

uchí-úmi 内海 O mar interior. Ⓢ/Ⓜ Naíkáí. Ⓐ/Ⓜ Sotó-úmi.

uchí-wá¹ 内輪 (< uchí² + …) **1** [仲間うち] O círculo da família [dos familiares]. ★ *~ de sōshiki o suru* 内輪で葬式をする Fazer um funeral privado [só com ~]. *~ no haji o sarakedasu* 内輪の恥をさらけ出す Lavar fora a roupa suja. ◇ ⇨ **mome [gen-ka]**. Ⓢ/Ⓜ Nakámáúchí. **2** [内密] O segredo. Ⓢ/Ⓜ Naínáí; uchíúchí. **3** [控え目] A moderação; o comedimento; a prudência. ★ *Goku ~ ni mitsumotte mo* ごく内輪に見積もっても Mesmo fazendo um cálculo [orçamento] moderado/muito for baixo. ⇨ Hikáémé (+). **4** [⇨ uchí-mátá **2**].

uchíwá² 団扇 O abano [abanico/abanador] (Leque simples que não fecha). ★ *~ de aogu [~ o tsukau]* 団扇であおぐ[団扇を使う] Abanar 「o lume」; abanar-se. ⇨ ōgí¹; sensú¹.

uchiwá-génka 内輪喧嘩 ⇨ uchiwá-mómé.

uchíwáké 内訳 (< uchí² + …) A especificação (do conteúdo). *Gōkei wa jūman-en de, sono ~ wa tsugi no tōri desu* 合計は10万円で、その内訳は次の通りです Total: cem mil yens, assim especificados: … Ⓢ/Ⓜ Meísáí.

uchiwá-mómé 内輪揉め (< … ¹ + momérú) A guerra [briga/rixa] de família. ★ *~ suru* 内輪揉めする Andar (toda) a família em guerra. Ⓢ/Ⓜ Uchíwá-génka.

uchí-wátáshi 内渡し O pagamento do sinal. ★ *~ suru* 内渡しする Pagar o sinal. ⇨ uchíkín.

uchí-yábúru 打ち破る (< útsu¹ + …) **a)** Bater 「o recorde mundial da maratona」; **b)** Vencer [Derrotar] 「o adversário」; **c)** Partir [Rebentar 「a porta」. Ⓢ/Ⓜ Yabúru (+).

uchí-yóséru 打ち寄せる (< útsu¹ + …) **1** [波が] **a)** 「as ondas」 Banharem a [Baterem na] praia; **b)** 「as ondas/o mar」 Trazer(em) 「o cadáver」 à praia. **2** [敵が] 「o inimigo/a multidão」 Atirar [Arrojar]-se 「contra nós」.

uchí-yú 内湯 O balneário de termas dentro 「do hotel」.

uchōten [óo] 有頂天 O êxtase; o ficar exultante; o ficar cheio [não caber em si] de alegria. ★ *~ ni naru* 有頂天になる Ficar extasiado [*~ ni natte himitsu o shabette shimau* 有頂天になって秘密をしゃべってしまう Com a alegria, dizer o que era segredo]. *~ ni saseru* 有頂天にさせる Dar uma grande alegria; fazer alguém feliz.

úchū 宇宙【Astr.】O universo; o cosmos; o espaço. ★ *~ no shinpi* 宇宙の神秘 O mistério do universo. *Rokketo o ~ ni uchiageru* ロケットを宇宙に打ち上げる Lançar um foguetão (no espaço). ◇ **~ chūkei** 宇宙中継 A transmissão espacial [por satélite]. **~ fuku** 宇宙服 O fato [traje] espacial [de astronauta]. **~ heiki** 宇宙兵器 As armas espaciais. **~ hikō** 宇宙飛行 O voo espacial. **~ hikōshi** 宇宙飛行士 O astronauta. **~ igaku** 宇宙医学 A medicina espacial. **~ jin** 宇宙人 O ser extraterrestre. **~ jin** 宇宙塵【Astr.】A poeira cósmica. **~ kagaku** 宇宙科学

A ciência espacial. **~ kaihatsu** 宇宙開発 A exploração espacial. **~ kōgaku** 宇宙工学 A engenharia espacial. **~ roketto** 宇宙ロケット O foguetão espacial. **~ ron** 宇宙論 A cosmologia. **~ ryokō** 宇宙旅行 A viagem espacial [interplanetária]. **~ sen** 宇宙船 A nave espacial. **~ sen** 宇宙線【Fís.】Os raios cósmicos. **~ shoku** 宇宙食 A comida espacial. **~ sutēshon** 宇宙ステーション A estação [plataforma] espacial. **~ tsūshin** 宇宙通信 A comunicação espacial/por [via] satélite. **~ yūei** [**hokō**] 宇宙遊泳[歩行] O passeio espacial [no espaço] (Fora da nave). **Shō ~** 小宇宙 O microcosmo.

u-dáijin 右大臣【H.】O ministro da direita.

udáru 茹る (⇨ udéru) **a**) Ficar cozido; **b**) Sufocar [Derreter] de calor. *Tamago ga udatta* 卵が茹った O ovo já cozeu [está cozido]. ★ ~ *yō no atsusa* 茹るような暑さ Um calor de derreter. [S/同] Yudáru.

udátsú 梲 Uma peça da cumeeira da casa entre a "utsubari" e a "munagi". [I/慣用] ~ *ga agaranai* うだつが上がらない Não poder subir na vida「por ter escolhido a carreira errada」.

udé 腕 **1** [上肢] O braço. ★ ~ *de* [*ni*] *kakaeru* 腕で[に]抱える Levar nos braços〔*Kare wa ~ de kakaerareru dake no nimotsu o kakaete tatte ita* 彼は腕で抱えられるだけの荷物を抱えて立っていた Ele levava uma enorme braçada de coisas〕. ~ *ni chūsha suru* 腕に注射する Dar [Aplicar] uma inje(c)ção no ~. ~ *o ageru* 腕を上げる Levantar o ~. ~ *o hirogeru* 腕を広げる Abrir os ~. ~ *o kumu* 腕を組む **a**) Cruzar os ~; **b**) Dar o ~〔*Koibito to ~ o kunde aruku* 恋人と腕を組んで歩く Caminhar de braço dado com o/a namorado/a〕. ~ *o mageru* 腕を曲げる Dobrar o ~. ~ *o makuru* 腕をまくる ⇨ udé-mákuri.「*Aite no*」~ *o tsukamaeru* [*toraeru*]「相手の」腕をつかまえる[とらえる] Segurar o ~ do outro [o outro pelo ~]. ◇ ⇨ **~ dokei**. [S/同] Jṓshi.

2 [技能] A habilidade; a técnica; o jeito. ★ ~ *ga agaru* [*saeru*] 腕が上がる[さえる] Fazer progresso; progredir; melhorar na técnica. ~ *ga aru* [*tatsu*; *yoi*] 腕がある[立つ; よい] Ser hábil [Ter habilidade]. ~ *ga nai* [*warui*] 腕がない[悪い] Não ter habilidade. [I/慣用] ~ *ga naru* 腕が鳴る Estar impaciente por mostrar a sua habilidade [o que vale]「como jogador」. ~ *ga niburu* 腕が鈍る Perder um pouco a/o ~. ~ *ippon de yo o wataru* 腕一本で世を渡る Viver [Ganhar a vida] só graças à própria habilidade. ~ *ni oboe ga aru* 腕に覚えがある Ter confiança na sua ~. ~ *ni yori o kakete ryōri suru* 腕によりをかけて料理する Pôr toda a sua ~ [arte] culinária「no jantar desta festa」. ~ *no aru* [*yoi*; *saeta*; *tatsu*] *shokunin* 腕のある[よい; さえた; 立つ] 職人 O artista (Ex. carpinteiro) hábil [competente/destro]. ~ *o ageru* 腕を上げる Progredir na sua [Ganhar mais] ~. ~ *o furuu* [*hakki suru*] 腕をふるう[発揮する] Mostrar a sua ~. ~ *o kasu* 腕を貸す Ajudar; dar uma mão. ~ *o kau* 腕を買う Aproveitar a ~ de alguém. ~ *o komaneite bōkan suru* 腕をこまぬいて傍観する Ficar de [com os] braços cruzados, só a olhar. ~ *o kuraberu* 腕を比べる ⇨ udé-kúrabe. ~ *o migaku* 腕を磨く Aperfeiçoar a ~. ◇ ⇨ **~ dameshi**. [S/同] Gíjutsu; gínō; rikíryṓ; shúwan; udémáé.

3 [主体になるものから横につき出たもの] O braço. ★ *Isu no* ~ 椅子の腕 ~s da cadeira. ⇨ udé-gí; yokó-gí.

udé-dámeshi 腕試し (< ··· + tamésu) O experimentar a「minha」habilidade.

udé-dókei 腕時計 (< ··· + tokéi) O relógio de pulso.

udé-gí 腕木 (< ··· + ki) O suporte [apoio/descanso]「no poste para subir」; a travessa [cruzeta]「de madeira」.

udé-gúmí 腕組み (< ··· + kúmu) Os braços cruzados. ★ ~ *o shite kangaeru* 腕組みをして考える Cruzar os braços a pensar.

udé-kíkí 腕利き (< ··· + kikú) O homem habilidoso [capaz]; o ter jeito. ★ ~ *no keiji* 腕利きの刑事 Um polícia habilidoso; um grande dete(c)tive. [S/同] Udékkókí.

udékkókí 腕っこき ⇨ udé-kíkí.

udé-kúrabe 腕比べ (< ··· + o + kurábérú) O ver quem tem mais força [habilidade]; a competição「entre empresas」. ★ *Ryōri no ~ o suru* 料理の腕比べをする Ver quem é melhor cozinheiro.

udémáé 腕前 A habilidade; a perícia; o jeito. [S/同] Udé **2** (+).

udé-mákura 腕枕 (< ··· + makúra) O apoiar a cabeça no braço. ★ ~ *o suru* 腕枕をする Apoiar a cabeça no braço.

udé-mákuri 腕捲り (< ··· + makúrú) O arregaçar as mangas. ★ ~(*o*) *suru* 腕捲り(を)する ···

udéppúshí 腕っぷし【G.】A força física; o pulso; o músculo. ★ ~ *no tsuyoi otoko* 腕っぷしの強い男 Um fortalhaço (G.)/O homem forçudo [muito forte/com muita força].

udéru 茹でる ⇨ yudéru.

udé-táté-fuse 腕立て伏せ (< ··· + tatéru + fuséru) O pôr-se de bruços com o peso do corpo todo nos braços「e fazer exercício de levantar e baixar」.

udé-wá 腕輪 A pulseira [bracelete]. [S/同] Burésuretto.

udézúkú 腕ずく (< ··· + zuku) O usar força. ★ ~ *de ubau* [*toriageru*] 腕ずくで奪う[取り上げる] Tirar à força [com um puxão]. [S/同] Chikárázúkú (+).

udé-zúmō 腕相撲 (< ··· + sumṓ) O braço-de-ferro; o ver quem tem mais força no braço (apoiando o cotovelo na mesa). ★ ~ *o suru* 腕相撲をする Ver quem é mais forte.

údo 独活【Bot.】A arália (Uma erva silvestre); *aralia cordata*. [I/慣用] ~ *no taiboku* 独活の大木 O poltrão [homem grande, mas inútil]〔*Yatsu wa ~ no taiboku da* やつは独活の大木だ Ele só tem corpo, não sabe fazer nada〕.

udóń 饂飩 O macarrão j. (Em fios compridos, embebidos em caldo e servido em malga). ◇ ⇨ **~ ko**. **~ ya** 饂飩屋 O restaurante [balcão] de ~. ⇨ sóba[2].

udóńgé 優曇華 **1** [想像上の植物] Uma planta imaginária da Índia, que só dá flor cada 3.000 anos. **2** [くさかげろうの卵] Os ovos do efé[ê]mero (Inse(c)to).

udóń-kó 饂飩粉 A farinha de trigo para fazer "udon". ⇨ koná.

ué[1] 上 **1** [上部] O alto; (a parte de) cima; o cimo. *Ima ressha wa tekkyo no ~ o hashitte iru* 今列車は鉄橋の上を走っている O comboio [trem] está a passar agora em cima da ponte (de ferro). *Sono shirase de waga-sha wa ~ o shita e no ō-sawagi ni natta* その知らせで我が社は上を下への大騒ぎになった Com essa notícia, a nossa empresa ficou numa grande confusão. ★ ~ *kara miru* 上から見る Olhar de cima [do alto]. ~ *kara shita made* 上から下まで De alto [cima] a baixo; da cabeça (até) aos pés. ~ *ni* 上に Acima (Para lá de); em cima (Colocado sobre); no alto. *Tsukue no* ~ *ni hon o dashi nasai* 机の上に本を出しなさい Ponha os livros em cima da mesa [escrivaninha]. ~ *ni nobeta yō ni* 上に述べたように Como disse acima [antes]. *Shatsu no* ~ *ni sētā o kiru* シャツの上にセーターを着る Vestir o pulôver por cima da camisa」. ~ *no* 上の Do alto [cimo]; de cima [~ *no hō ni* 上の方に No lado de cima. *Densen no* ~ *no suzume* 電線の上の雀 O pardal (que está) em cima do fio da ele(c)tricidade]. *Ichiban* 一番上 「*livro* (que está) mais (no) alto「na estante」. *Tō no* ~ *kara machi o nagameru* 塔の上から町をながめる Contemplar a cidade do alto/cimo [de cima] da torre. S/同 Jóbu. A/反 Shitá. ⇨ chójō¹; hyómén.

2 [年長] Mais velho [Superior em idade]. *Kare wa watashi yori ni-sai* ~ *desu* 彼は私より2歳上です Ele é dois anos mais velho [tem mais dois anos] do que eu. ★ *Roku-sai kara* ~ *no ko* 6歳から上の子 As crianças com mais de seis anos「já pagam」. *Watashi no ichiban* ~ *no ane* 私の一番上の姉 Minha irmã mais velha. S/同 Toshíué.

3「よりすぐれた位置・身分など]Superior na posição. *Kare wa hito no* ~ *ni tatsu gara de wa nai* 彼は人の上に立つ柄ではない Ele não tem dons de chefia [nasceu para (ser) chefe]. *Kare wa itsumo watashi no ichi-mai* ~ *o itte iru* 彼はいつも私の一枚上を行っている Ele ganha-me sempre [é superior a mim em tudo/vai sempre adiante de mim]. ★ ~ *kara no meirei* 上からの命令 A ordem superior [do governo]. ⇨ jōí¹; jōkyū¹.

4[さらに又] Além disso; ainda por cima; e; além do mais; e ainda; também. *Kare wa atama ga yoi* ~ *ni doryoku-ka-da* 彼は頭がよい上に努力家だ Ele é inteligente e estudioso [esforçado]. S/同 Nóminarazu; sára ni.

5[…してから後] Depois「de」; se; uma vez que. *Kō natta* ~ *wa mō nasu sube ga nai* こうなった上はもうなすすべがない Uma vez que o caso está assim, não há nada a fazer. *Yoku kangaeta* ~ *de henji o shimasu* よく考えた上で返事をします Depois de pensar bem, darei uma resposta. ★ *Sake no* ~ *no kenka* 酒の上のけんか A briga causada pela bebedeira. ⇨ fútoi¹; kekká¹; nochí; tokí¹. **6**[関してのこと] Quanto「a」; em relação「a」; segundo. ★ *Chōbo no* ~ *dewa* 帳簿の上では Segundo [De acordo com] o livro da contabilidade. ⇨ kánshite; -tsúite.

7[主人;貴人][H.] Senhor; senhoria. ★ ~ *sama* ~ 様 Sua [Vossa] Senhoria. ⇨ kíjin²; shújin.

ué² 飢え (< uéru²) A fome. ★ *Hito-kire no pan de* ~ *o shinogu* 一切れのパンで飢えをしのぐ Matar [Enganar] a ~ com uma fatia [um pedaço] de pão. S/同 Kíga. ⇨ kúfukú.

uébu [*ée*] ウエーブ (< Ing. wave) A onda; a ondulação. *Kanojo no kami ni wa* ~ *ga kakatte iru* 彼女の髪にはウエーブが掛かっている Ela fez uma onda no cabelo. ★ ~ *o kakeru* ウエーブを掛ける Fazer ondas; ondear. ~ *suru* ウエーブする Ter o cabelo encaracolado [naturalmente ondulado]. ⇨ pâma.

uédingu ウエディング (< Ing. wedding) O casamento. ◇ ~ **doresu** ウエディングドレス O vestido de noiva. ~ **kēki** ウエディングケーキ O bolo de ~. ~ **māchi** [**ringu**] ウエディングマーチ[リング] A marcha nupcial [aliança/O anel de ~]. S/同 Kekkón(shiki) (+).

uéfāsu [*áa*] ウエファース (< Ing. wafer) Um bolo folhado, que pode substituir o pão.

ué-jíni 飢え死に (< uéru + shinú) O morrer de fome [inanição]. ★ ~ *suru* 飢え死にする … S/同 Gáshi.

ué-káe 植え替え (< ué-káéru) A transplantação; o transplante「do arroz」. ★ ~(*o*) *suru* 植え替え(を)する ⇨ ué-kāéru.

ué-káéru 植え替える (< uéru + …) Transplantar. ★ *Naegi o hachi kara niwa ni* ~ 苗木を鉢から庭に植え替える ~ do vaso para o jardim.

ué-ki 植木 (< uéru¹ + …) A planta de jardim [vaso]. ◇ ~ **ya** 植木屋 O jardineiro. S/同 Niwákí.

uékí-bachi 植木鉢 (< … + hachí) O vaso de plantas.

uekí-básami 植木鋏 (< … + hasámi) A tesoura de poda.

ué-kómi 植え込み (< ué-kómu) A sebe de arbustos「do alegrete」. ★ ~ *o suru* 植え込みをする ⇨ ué-kómu.

ué-kómu 植え込む (< uéru¹ + …) Plantar「batatas/árvores」. ★ *Buta-ge o ueta burashi* 豚毛を植えたブラシ Uma escova de pelos de porco. S/同 Hamé-kómu; ireé-kómu.

uén 迂遠 O rodeio; a volta; o circumlóquio. ★ ~ *na hanashi* 迂遠な話 Um discurso vago [com muitos rodeios]. ⇨ mawári-kúdói.

uéru¹ 植える **1**[植物を] Plantar. ★ *Jagaimo ga [no] uete aru hatake* じゃがいもが[の]植えてある畑 Um batatal [campo (plantado) de batatas]. ⇨ mákú⁴. **2**[小さな物をはめ込む・入れ込む] Meter; fixar; colocar; implantar; depositar「os gérmens」. ★ *Buta-ge o ueta burashi* 豚毛を植えたブラシ Uma escova de pelos de porco. S/同 Hamé-kómu; iréé-kómu.

uéru² 飢える **1**[空腹に苦しむ] Ter [Estar com] fome. *Sekai de wa mada ōku no hito ga uete iru* 世界ではまだ多くの人が飢えている No mundo ainda há muita gente com [a passar] fome. **2**[ひどく欲しがる] Ter fome「de saber/sangue/amor」; ansiar「pela paz」. ⇨ hossúrú.

uérútá-kyū ウエルター級 (< Ing. welter weight) O peso meio-médio. ⇨ ráito² ◇ .

ué-shita 上下 ⇨ jóge.

uésutan ウエスタン (< Ing. western) Um filme do oeste americano.

uésuto ウエスト (< Ing. waist) A cintura. *Kanojo wa* ~ *ga hosoi* [*futoi*] 彼女はウエストが細い[太い] Ela tem (a) ~ fina [grossa]. ★ ~ *rokujūsan-senchi no sukāto* ウエスト63センチのスカート A saia com 63cm de ~. S/同 Dó-máwari.

uétā [*ée*] ウエーター (< Ing. waiter) O empregado [criado]「do hotel」. S/同 Bóí; kyújí. ⇨ uétoresu.

uéto [*ee*] ウエート (< Ing. weight) **1**[重さ] O peso. ⇨ taíjū; omósá (+). **2**[重要度] A importância; o valor. ★ ~ *o oku* ウエートを置く Dar ~「a」. S/同 Jūyō-do; omómí (+). ⇨ daíjí¹.

uétoresu [*ée*] ウエートレス (< Ing. waitress) A empregada. S/同 Jokyū. ⇨ uétā.

uétó-tóréningu ウエートトレーニング (< Ing. weight training) O treino com pesos [com o halter(e)].

ué-tsúké 植え付け (< ué-tsúkéru) A plantação; o plantio. ★ ~ *suru* 植え付けをする ⇨ ué-tsúkéru.

ué-tsúkéru 植え付ける (< uéru¹ + …) **1**[植物を] Plantar. S/同 Uéru¹ **1** (+). **2**[思想などを] **a)** Implantar; transmitir; incutir. *Minshushugi no shisō* *ga fukaku kokumin ni uetsukerareta* 民主主義の思想が深く国民に植え付けられた A democracia foi (profundamente) implantada no povo. **b**) Inocular「ratos com um vírus」.

uétto ウエット (< Ing. wet) **a**) Sentimental; **b**) Molhado; de [para a] água (⇨ nínjō). ◇ **~ sūtsu** ウエットスーツ O fato de mergulhador. [A/反] Dorái.

ugái[1] **含嗽** O gargarejo; o bochecho; a bochechadela. ★ ~ *o suru* 含嗽をする Gargarejar; bochechar; a bochechadela. ◇ **~ gusuri** 含嗽薬 O remédio para gargarejar.

u-gái[2] **鵜飼い** (<… + káu) ⇨ u-kái[2].

úgan **右岸** A margem direita (do rio). [A/反] Ságan. ⇨ kishí[1].

Ugánda **ウガンダ** O Uganda. ◇ **~ jin** ウガンダ人 O ugandês. **~ kyōwakoku** ウガンダ共和国 A República do ~.

ugátsu **穿つ** **1** [掘る] Furar; fazer [abrir] um buraco. ★ *Ana o* ~ 穴を穿つ ~. [S/同] Hóru (+); tsuránúku. **2** [真相をつく] **a**) Ver bem [demais]; **b**) Tocar na raiz「do problema」; acertar; ir ao ponto「da questão」. ★ *Ugatta koto o iu* 穿ったことを言う Bater no ponto; dizer coisas muito acertadas.

úgen **右舷** O estibordo (Lado direito do navio). [A/反] Sagéń.

ugókásu **動かす** (< ugóku) **1** [ある物の位置・地位を変える] Mover「a cadeira」; mudar de lugar [posição]「os empregados」; mexer「o braço」; transferir「a data da festa」; deslocar「o exército para o sul」. *Kanojo wa otto no shi no shirase o kiite mo hyōjō hitotsu ugokasanakatta* 彼女は夫の死の知らせを聞いても表情一つ動かさなかった Ela ficou impassível à [não mudou de cara ao receber a] notícia da morte do marido. *Karada o ~ na* 体を動かすな Não se mova [se mexa]! ★ *Ugokashi-gatai jijitsu* [*shōko*] 動かし難い事実[証拠] Uma verdade [prova] irrefutável. [S/同] Idṓ sásérú.
2 [作動させる] Impulsionar; pôr a andar; movimentar. ★ *Enjin o* ~ エンジンを動かす Pôr o motor a andar.
[S/同] Katsúdṓ sásérú; sadṓ sásérú; uńtéń súrú.
3 [人の心を変えさせる] Comover; emocionar; mover; influenciar; inspirar. *Hitobito o ugokashite nanmin o kyūsai suru* 人々を動かして難民を救済する Mobilizar as pessoas [a gente] para socorrer os refugiados. *Kare wa kanojo no fukai ai ni kokoro o ugokasareta* 彼は彼女の深い愛に心を動かされた Ele rendeu-se ao grande amor dela. *Kare wa tanin no iken de kokoro o ugokasareyasui* 彼は他人の意見で心を動かされやすい Ele é muito influenciável [deixa-se levar/influenciar facilmente pela opinião dos outros]. ★ *Jinshin o ~ hanashi* [*kotoba*] 人心を動かす話[言葉] Uma história [palavra] comovente [inspiradora/emocionante].
[S/同] Kaérú; kańgékí súrú.

ugókí **動き** (< ugóku) **1** [移動; 活動; 運動] O movimento. *Samuku naru to teashi no ~ ga nibuku naru* 寒くなると手足の動きが鈍くなる O frio tolhe os ~s (das mãos e dos pés). ★ ~ *ga torenai* 動きが取れない Não poder fazer nada; ficar apanhado [paralizado/sem campo de manobra] [*Kōtsū jūtai de kuruma no ~ ga torenakatta* 交通渋滞で車の動きが取れなかった「hoje」Fiquei apanhado num congestionamento de trânsito. *Tagaku no shakkin de kare wa ~ ga torenaku natta* 多額の借金で彼は動きがとれなくなった Ele tinha [fez] tantas dívidas que não sabia que fazer]. ⇨ dṓsa; idṓ[1]; katsúdṓ[1]; kṓdṓ[1]; uńdṓ.
2 [機械・道具などの作用] O funcionamento. *Kono chōtsugai wa ~ ga warui* このちょうつがいは動きが悪い Esta dobradiça está má [não funciona]. ★ *Kikai no ~ guai o tenken suru* 機械の動き具合を点検する Examinar [Ver] o ~ da máquina.
3 [変動] O movimento; a mudança; a agitação [o abalo]; o andamento; a tendência; a corrente; a dire(c)ção; o rumo. *Kono jiken ni yotte seron wa hageshii ~ o miseta* この事件によって世論は激しい動きを見せた Este caso abalou [agitou] a opinião pública. *Saikin sōba no ~ ga hageshii* 最近相場の動きが激しい Ultimamente, o movimento da bolsa é vertiginoso. ★ *Sekai no ~ ni chūmoku suru* 世界の動きに注目する Estar atento à cena mundial/internacional [Prestar atenção ao rumo dos acontecimentos em todo o mundo].
[S/同] Dṓkṓ; dṓséí; heńdṓ; utsúrí-káwárí.

ugóku **動く** **1** [位置・地位・状態が変わる] Mover-se; andar; mexer-se; mudar. ~ *to inochi wa nai zo* 動くと命はないぞ Se você se mexe(r), mato-o [é um homem morto]. *Kagi ga kagiana ni haitta mama ugokanaku natta* 鍵が鍵穴に入ったまま動かなくなった A chave ficou presa na fechadura e não desanda. *Kare no Burajiru tenkin wa ugokanai tokoro da* 彼のブラジル転勤は動かない所だ A transferência dele para o Brasil é (coisa) certa. *Sōba ga kyū ni ugoita* 相場が急に動いた As cotações da Bolsa mudaram de repente. *Ugokazaru koto yama no gotoshi* 動かざること山の如し「firme」Como uma rocha. *Yo no naka wa hibi ugoite iru* 世の中は日々動いている A vida [sociedade/O mundo] está sempre a mudar. *Ura de tagaku no kane ga ugoita rashii* 裏で多額の金が動いたらしい Diz [Parece] que muito dinheiro mudou de mãos nos bastidores. ★ *Ugokanai hōshin* [*ketsuron*; *shōko*] 動かない方針[結論; 証拠] A medida/política [conclusão; prova] definitiva. *Ugoki-dasu* 動き出す Começar a ~. *Ugoki-mawaru* 動き回る ~ de um lado para o outro.
2 [作動する] Funcionar; a(c)tuar; andar; mover-se. *Kare no buka wa kare no omoi-dōri ni* ~ 彼の部下は彼の思い通りに動く Os subordinados dele fazem só o que ele quer. *Kono tokei wa denchi de ugoite iru* この時計は電池で動いている Este relógio é de [funciona com] pilha. ★ *Seikai no kuromaku to shite* ~ 政界の黒幕として動く Manobrar a política [nos bastidores do mundo político]. ⇨ határákú; katsúdṓ; sadṓ[1]; uńtéń.
3 [心が揺れ変わる] Comover-se; mudar. *Kare no kotoba de watashi no kokoro wa ugoita* 彼の言葉で私の心は動いた As palavras dele comoveram-me [mudaram-me cá por dentro]. *Nani ga atte mo watashi no kesshin* [*shinnen*] *wa ugokanai* 何があっても私の決心[信念]は動かない Haja o que houver, não mudarei de ideia. ⇨ kawárú[2].

ugómékásu **蠢かす** (< ugóméku) Mover [Torcer]「o nariz/as orelhas」. [I/慣用] *Tokui no hana o* ~ 得意の鼻を蠢かす Ufanar-se [Orgulhar-se]「do/com o sucesso」/Arrebitar o nariz.

ugóméku **蠢く** Torcer-se「como os vermes」; serpear; colear; mover-se.

ugṓ-nó-shū [úu] **烏合の衆** A turba; o bando; a ralé.

úgo-no-takénókó 雨後の筍 Os cogumelos depois da chuva. *Tokai ni wa ~ no yō ni kōsō kenchiku ga fueta* 都会には雨後の筍のように高層建築が増えた Os arranha-céus nas grandes cidades são como ~ [estão sempre a aumentar].

ugúi 石斑魚【Zool.】O leucisco; o bordalo; o robalinho; *tribolodon hakonensis*.

ugúisu 鶯・鴬【Zool.】Uma ave canora parecida, no corpo, ao pardal e, na voz, ao rouxinol (Canta assim: hooo-hokekyô); *horeites cantans cettia diphone*. ★ ~ *iro no* 鶯色の De cor acastanhada; castanho-esverdeado. ◇ ~ **bari** 鶯張り (H.) O soalho 「do palácio de Kyoto」 feito para ranger [cantar como o "uguisu"] quando alguém se aproximasse. [~ *bari no rōka* 鶯張りの廊下 O corredor com soalho que range.] ~ **mochi** 鶯餅 O bolinho de massa de feijão coberto de farinha doce esverdeada. ~ **musume** 鶯娘 A mulher [gueixa] com voz linda [de rouxinol].

úha 右派 A ala política dura [da direita]; os direitistas. S/岡 Utṓ; úyoku (+). A/反 Sáha.

úhen 右辺 O lado direito; o segundo membro 「de uma equação」. A/反 Sáhen. ⇨ migí.

úhō 右方 O lado direito 「da mesa」. A/反 Sáhō. ⇨ migí.

uhyó 雨氷【Met.】A chuva e [misturada com] saraiva ou neve.

uijín 初陣 A primeira vez que se vai à guerra; o ba(p)tismo de fogo. ★ ~ *ni deru* [*o suru*] 初陣に出る[をする] Estrear-se na guerra/Ter [Receber] o seu ~. S/岡 Débyū.

uíkudē [ii] ウイークデー (< Ing. weekday) O dia útil [da semana]. S/岡 Heíjitsú; shū́jitsú; yṓbi. A/反 Uíkuendo.

uíkuéndo ウイークエンド (< Ing. weekend) O fim de semana. S/岡 Shū́mátsú. A/反 Uíkudē.

uíkúpóinto ウイークポイント (< Ing. weak point) O ponto fraco. S/岡 Itái tokoro; jakúténs; tánsho (+); yowámí.

uíkurī [ii] ウイークリー (< Ing. weekly) Uma publicação [revista/Um jornal] semanal. S/岡 Shū́kan-shi.

uíkyō 茴香【Bot.】A erva-doce [O funcho/anis]; o fiolho; *foeniculum vulgare*. ⇨ ánisu.

uímágó 初孫 O primeiro neto. S/岡 Hatsú-mágó (+).

uínchi ウインチ (< Ing. winch) A manivela; o guincho; o sarilho; o guindaste. S/岡 Makí-ágé-ki.

uíndó ウインドー (< Ing. window: janela) A vitrina. ◇ ~ **shoppingu** ウインドーショッピング O andar a ver as ~ s (das lojas).

uíndóbúrēkā ウインドブレーカー (< Ing. windbreaker) Uma blusa leve e impermeável 「para o vento」.

uíndóyákke ウインドヤッケ (< Al. windjacke) Uma jaqueta [Um casaco] de alpinista, com capuz.

uíningu ウイニング (< Ing. winning) [(D)es.] Da vitória. ◇ ~ **bōru** ウイニングボール A bola ~. ~ **shotto** ウイニングショット O chuto [A tacada] ~.

uínku ウインク (< Ing. wink) O piscar o olho; a piscadela. ★ ~ *suru* ウインクする Piscar o olho.

uínná-kóhi [óo] ウインナコーヒー O café vienense.

uínná-sōsēji [óo] ウインナソーセージ A salsicha vienense.

uínná-wárutsu ウインナワルツ A valsa vienense [de Viena].

uíntá-súpōtsu [óo] ウインタースポーツ (< Ing. winter sports) Os desportos [esportes] de inverno.

uírusu ウイルス (< L. virus) O vírus 「da malária」. S/岡 Bírusu (+).

uisúkī ウイスキー (< Ing. whiskey) O uísque. ◇ **Sukotchi** ~ スコッチウイスキー ~ escocês.

uítá 浮いた (< ukú) Leviano [Frívolo]. ★ ~ *hanashi* 浮いた話 Um caso ~ 「de amor」. ⇨ hanáyaka; keíhaku.

úi-tenpén 有為転変 A instabilidade [As vicissitudes] (da vida).

uítto ウイット (< Ing. wit) O humor (inteligente); o chiste; a piada; a graça. ★ ~ *ni tonda* [~ *no aru*] *hanashi* ウイットに富んだ[ウイットのある]話 Uma conversa cheia de ~. S/岡 Kíchi; tońchí; yū́moa.

uiúíshii 初々しい Inocente; jovem; cândido; simples. ★ ~ *niizuma* 初々しい新妻 A recém-casada jovem e simples. S/岡 Úbu.

uízan 初産 O primeiro parto. ⇨ o-sán.

újauja (**to**) うじゃうじゃ(と) **1**[うようよ] (Im. de cheio). *Sono numa ni wa kame ga ~ iru* その沼には亀がうじゃうじゃいる Esse pântano está cheio de tartarugas. S/岡 Úyouyo. **2**[小さい声でくどくど文句を言うようす] (Im. de queixa/lamúria). ★ ~ *monku o iu* うじゃうじゃ文句を言う Estar sempre a lamuriar-se [queixar-se] dos outros. ⇨ kúdokudo.

úji[1] 氏 **a**) O nome de família; o sobrenome; **b**) A ascendência; a família. P<にとわざ> ~ *yori sodachi* 氏より育ち A (boa) educação vale mais (do) que a linhagem. ◇ ⇨ ~ **gami**[**ko**]. S/岡 Myṓji; séi. ⇨ iégárá.

uji[2] 蛆【Zool.】⇨ uji-mushi.

uji-gámi 氏神 (<…[1] + kámi) Uma divindade shintoísta tutelar 「duma aldeia」. S/岡 Chínjú.

uji-kó 氏子 Os paroquianos dum templo shintoísta dedicado aos antepassados.

uji-mushi 蛆虫【Zool.】O verme; o bicho. *Kono ~ domo-me* この蛆虫どもめ【Fig.】Seus [Vocês são uns] vermes desprezíveis! S/岡 Ují[2].

újiuji うじうじ (Im. de acanhado/hesitante). ★ ~ *shita otoko* うじうじした男 Um homem acanhado. S/岡 Gúzuguzu (o); mójimoji (o).

úka 羽化【Zool.】A eclosão 「da borboleta」. ★ ~ *suru* 羽化する Eclodir; 「a crisálida」 transformar-se 「em borboleta」.

ukábérú 浮かべる (< ukabú) **1**[水上などに] Pôr a flutuar [boiar]; lançar o barco à água [no mar]. *Ike ni kobune o ukabete asobu* 池に小舟を浮かべて遊ぶ Brincar com um barquinho (Brinquedo) no tanque. S/岡 Shizúméru. **2**[顔に現す] Lembrar; mostrar. ★ *Kokoro ni* ~ 心に浮かべる Lembrar-se. *Manmen ni emi o ukabete* 満面に笑みを浮かべて Com um grande sorriso; todo radiante.

ukábí-ágáru 浮かび上がる (< ukabú + …) **1**[浮かんで来る] **a**) Vir [Surgir] à tona; emergir; **b**) Subir ao [no] ar. *Fūsen ga fuwari to sora ni ukabi-agatta* 風船がふわりと空に浮かび上がった O balão subiu, leve, no céu [ao ar]. S/岡 Fujṓ́ súrú; ukí-ágáru. **2**[表面化する] Surgir; aparecer. *Atarashii jijitsu* [*yōgisha*] *ga ukabiagatta* 新しい事実[容疑者]が浮かび上がった Surgiram novos fa(c)tos (suspeitos). S/岡 Hyómén-ká súrú. **3**[地位・状態などが良い状態になる] Subir; sair 「da obscuridade」. *Waga chūmu wa* *sai-kai kara ukabi-agatta* 我がチームは最下位から浮かび上がった A nossa equipa[e] já subiu do último lugar. [S/同] Ukíágáru.

ukábú 浮かぶ (⇨ ukú; ukábérú; ukábí-ágáru) **a**) Flutuar (na água). **b**)「o submarino」Vir à tona [ao cimo]. **c**)「a nuvem/o balão」Pairar no ar [céu]. **d**) Aparecer「o suspeito」;「o sofrimento」transparecer「no rosto」. **e**) Ocorrer「uma boa ideia」; lembrar-se「de repente do rosto da criancinha atropelada」.

ukágáí 伺い (< ukágáú[1]) **1** [訪問] A visita; o visitar. *Kon'ya o-* ~ *shite yoroshii deshō ka* 今夜お伺いしてよろしいでしょうか Posso fazer-lhe uma visita hoje à noite? [S/同] Hṓmóń (+). **2** [見舞い] Os cumprimentos; o perguntar pela saúde. ★ *Go-ki-gen* ~ *o suru* 御機嫌伺いをする Ir apresentar (os seus) cumprimentos. [S/同] Mimáí (+). **3** [質問] A indagação; a pergunta; o pedir conselho. ★ ~ *o tateru* 伺いを立てる Consultar「o presidente/um adivinho」. ◇ **~ sho** 伺い書 Uma carta a pedir conselho. [S/同] Shitsúmóń.

ukágáú[1] 伺う **1** [訪問する] Visitar. *Itsu o-taku ni ukagattara yoroshii desu ka* いつお宅に伺ったらよろしいですか Quando poderei fazer(-lhe) uma visita? [S/同] Hṓmóń súrú. **2** [質問する] Perguntar. *Chotto ukagaitai koto ga aru no desu ga* ちょっと伺いたいことがあるのですが Posso ~-lhe uma coisa? /Gostaria de lhe fazer uma pergunta. [S/同] Shitsúmóń súrú; tazúnéru. **3** [聞く] **a**) Ouvir; ouvir dizer「que」; **b**) Dizer; contar. *O-uwasa wa kanegane ukagatte orimasu* おうわさはかねがね伺っております Muita gente me tem falado de si. [S/同] Kikú.

ukágáú[2] 窺う **1** [のぞく] Espiar; espreitar; estudar; explorar. ★ *To no sukima kara naka o* ~ 戸のすきまから中を窺う Espreitar para dentro pela fresta da porta. ⇨ nozókú[1]; sagúrú. **2** [ひそかに待つ] Aguardar; ficar a ver [de alerta]; estar à coca [espera]. ★ *Kikai o* ~ 機会を窺う Aguardar a oportunidade. **3** [察する] Deduzir; notar; ver; adivinhar. ★ *Kaoiro o* ~ 顔色を窺う Ver primeiro se「o chefe」está de bom humor. *Kare no honshin o* ~ 彼の本心を窺う Adivinhar as verdadeiras intenções dele. *Keisei o* ~ 形勢を窺う Inteirar-se da situação. [S/同] Sassúrú; sátchi suru; tánchi suru.

ukáí[1] 迂回 O desvio; o rodeio; a volta. ★ ~ *suru* 迂回する Fazer um desvio; dar uma volta〔~ *seyo* 迂回せよ (掲示) Desvio! *Kōji-chū no tokoro o* ~ *shite iku* 工事中の所を迂回して行く Fazer um ~ [Dar uma ~] por causa das obras〕. ◇ **~(dō)ro** 迂回(道)路 O desvio.

u-káí[2] 鵜飼い (< u[1]+káu) **a**) A pesca com biguá/corvo-marinho; **b**) O pescador que cria corvos-marinhos. [S/同] U-gáí[2].

ukánú 浮かぬ (Neg. de "ukú") Desanimado; sombrio; triste. ★ ~ *kao o suru* 浮かぬ顔をする Estar triste [desanimado]. [A/反] Ukárérú.

ukárérú 浮かれる (Voz passiva de "ukú") Estar feliz da vida; ficar animado [alegre]. *Sake wa hito no kokoro o ukaresaseru* 酒は人の心を浮かれさせる O vinho alegra o coração. ★ *Ukare-sawagu* 浮かれ騒ぐ Todos alegres, fazerem uma farra (Col.) [festa]. [S/同] Úkiuki suru. [A/反] Ukánú.

ukáru 受かる (< ukéru) Passar [Ser aprovado] no exame; ser aceite「na escola/firma」. *Kibō suru daigaku ni ukatta* 希望する大学に受かった Passei na admissão à universidade em que (mais) desejava entrar. [S/同] Gṓkákú súrú (+).

ukásárérú 浮かされる (Voz passiva de "ukású") Delirar; ficar louco [fora de si]「pelo futebol」. ★ *Kakegoto ni* ~ 賭け事に浮かされる Delirar com apostas [jogos de azar]. *Netsu ni* ~ 熱に浮かされる Ter delírios febris; delirar, com a [por causa da] febre.

ukású 浮かす (< ukú) **1** [浮かべる] Pôr a flutuar [boiar]. [S/同] Ukábérú (+). **2** [余分がでるように工面する] Poupar; economizar. ★ *Aruite takushī-dai o* ~ 歩いてタクシー代を浮かす Andar para ~ no táxi. [S/同] Kúmen[yaríkuri] suru.

ukátsú 迂闊 O ser descuidado [irrefle(c)tido/tonto]. ★ ~ *na koto o iu* 迂闊なことを言う Falar [Dizer algo] irrefle(c)tidamente. ~ *ni mo sansei suru* 迂闊にも賛成する Concordar irrefle(c)tidamente [sem pensar]. ⇨ boń'yári; ukkári.

úkauka (to) うかうか(と) (Im. de descuido, negligência). ★ ~ *suru* うかうかする Descuidar-se; distrair-se; ser indolente [negligente]〔~ *shite chansu o nogasu* うかうかしてチャンスを逃す Descuidar-se [Distrair-se] e perder a oportunidade. *Kore wa* ~ *shite irarenai* これはうかうかしていられない Não nos podemos descuidar [O caso é sério]〕. [S/同] Boń'yári; ukkári.

uké[1] 受け (< ukéru) **1** [評判] A reputação; o apreço; a aceitação; a popularidade. ★ ~ *ga yoi* [*warui*] 受けがよい[悪い] Ter boa [má] fama [reputação]; ser bem [mal] aceito〔*Ano sensei wa seito no* ~ *ga yoi* あの先生は生徒の受けがよい Aquele professor tem grande aceitação entre os alunos. *Shōhi-sha ni* ~ *no yoi shōhin* 消費者に受けのよい商品 Um produto muito apreciado pelos consumidores〕. [S/同] Hyṓbáń; ki-úké. **2** [物を受け入れる設備] O receptáculo; a caix(inh)a; o porta-「lápis/jóias」. ◇ **Meishi ~** 名刺受け Uma bandeja [caixa] para cartões de visita. **Yūbin ~ (bako)** 郵便受け(箱) A caixa do correio. ⇨ yṓki[1]. **3** [防御] A defesa. ★ ~ *ni mawaru* 受けにまわる Passar à ~; ficar na defensiva (⇨ uké-dáchí). [S/同] Bṓgyo (+). **4** [承諾] A aceitação. *Sono o-hanashi o-* ~ *shimasu* そのお話お受けします (Sim senhor) aceito a sua proposta. [S/同] Shṓdákú (+).

uké[2] 有卦 Um período [Uma fase] de sorte. ★ ~ *ni iru* 有卦に入る Entrar num/a ~. [A/反] Múke.

uké-áí 請け合い (< uké-áú) A garantia; a segurança; a certeza; a confiança; a promessa. *Kare no daigaku gōkaku wa* ~ *da* 彼の大学合格は請け合いだ A admissão dele na universidade já é certa. *Hinshitsu* ~ 品質請け合い (表示) Qualidade garantida. [S/同] Hoshṓ (+).

uké-áú 請け合う (< ukéru + ···) **1** [保証する] Garantir; prometer; responsabilizar-se. *Kare no mimoto wa watashi ga ukeaimasu* 彼の身元は私が請け合います Eu garanto o [respondo pelo] cará(c)ter dele. [S/同] Hoshṓ súrú (+). **2** [引き受ける] Encarregar-se; comprometer-se; aceitar. *Ichido ni konna ni takusan no shigoto wa ukeai-kanemasu* 一度にこんなにたくさんの仕事は請け合いかねます Não posso comprometer-me a fazer tanto [todo este] trabalho de uma vez. [S/同] Hikí-úkéru.

uké-dáchí 受け太刀 (< ukéru + táchi) Uma posição de defesa; uma atitude defensiva [passiva]. [S/同] Ukémí (+).

uké-dású 受[請]け出す (< ukéru + …) Resgatar; reaver; remir「uma hipoteca」.

uké-guchi 受け口 (< ukéru + kuchí) 1 [受け取り口] O lugar [balcão/A janela] para entregas. [S/同] Uké-tórí-guchi (+). 2 [物を差し込んでおく穴] A boca; a abertura; o orifício. ★ *Yūbin-uke no* ~ 郵便受けの受け口 A ～ da caixa do correio. 3 [口の形] A boca com o lábio inferior mais saliente que o superior.

uké-háráí 受け払い (< ukéru + haráu) (Os) recibos [A cobrança] e (os) pagamentos. ◇ ~ **kin** 受け払い金 O dinheiro que entra e sai.

ukéi 右傾 A tendência direitista. ★ ~ *suru* 右傾する [Ter tendências] direitista[s]. ◇ ~ **ha** 右傾派 ⇨ úha. [S/同] Uyóku-ká. [A/反] Sakéi.

uké-íré 受け入れ・受入 (< ukéírérú) 1 [迎え入れ] O acolhimento; o receber; a aceitação. ★ *Ryūgakusei no* ~ *katei* 留学生の受け入れ家庭 A família que aceita [acolhe] bolseiros [bolsistas]. 2 [金の受領] O recibo [A entrada] de dinheiro. ◇ ~ **tegata sōgaku** 受入手形総額 A letra [nota promissória] para receber「do banco」. [S/同] Shúnyú. [A/反] Haráí-dáshí.

uké-írérú 受け入れる 1 [引き受ける] Receber「refugiados/doentes」; aceitar「uma cultura」; admitir; comprar「livros para a universidade」. *Saikin wa iroiro na bun'ya no shigoto ga josei o ~ yō ni natte kita* 最近はいろいろな分野の仕事が女性が受け入れるようになってきた Ultimamente, cada vez mais profissões [locais de trabalho] aceitam mulheres. [S/同] Uké-tórú. 2 [容認する] Aceitar「as queixas dos empregados」; consentir. ★ *Hito no chūkoku o sunao ni* ~ 人の忠告を素直に受け入れる Aceitar bem os conselhos.

uké-kótáé 受け答え (< ukéru + kotáéru) A resposta; a rea(c)ção. ★ ~ *suru* 受け答えする Responder「logo」; dar uma resposta「bem dada」. [S/同] Ōtō (+).

uké-mí 受け身 1 [守る立場] A passividade; uma atitude passiva [defensiva]. *Kanojo no iki-kata wa itsumo* ~ *da* 彼女の生き方はいつも受け身だ Ela é muito [toma sempre uma atitude] passiva. Judō; uké-dáchí. [A/反] Nōdō. 2 [柔道・合気道で] A defesa; a técnica de usar o golpe do adversário. ◇ ~ *ni mawaru* 受け身に回る Pôr-se à defesa「no judo」. 3 [Gram.] A voz passiva. ◇ ~ **kei** 受け身形 A forma [voz] passiva. [S/同] Judō (+). [A/反] Nōdō.

uké-móchi 受け持ち (< uké-mótsú) O encargo; a responsabilidade; o ter (à sua conta)「meia hora para falar」. ★ *Watashi no* ~ *no shigoto* 私の受け持ちの仕事 O trabalho da minha ~ [que me toca]. ◇ ~ **jikan** 受け持ち時間 As「minhas」horas de aula. ~ **kuiki** 受け持ち区域 A zona da「minha」(Polícia) responsabilidade. [S/同] Buńtán; tańtó; tańnín.

uké-módóshí 受け戻し (< uké-módósu) O resgate; a restituição.

uké-módósu 受け戻す (< ukéru + …) Resgatar; reaver; remir. [S/同] Uké-dású (+).

uké-mótsú 受け持つ (< ukéru + …) Encarregar-se; responsabilizar-se; ter「alunos」a seu cargo [à sua conta]. *Kono shigoto wa watashi ni ukemotasete kudasai* この仕事は私に受け持たせて下さい Deixeme fazer este trabalho (a mim). ★ *Kokugo no jugyō o shū san-jikan* ~ 国語の授業を週3時間受け持つ Ter aulas de vernáculo [japonês/português/…] três horas por semana. [S/同] Tańtó súrú. ⇨ hikí-úkeru.

uké-nágasu 受け流す (< ukéru + …)「o ministro」Evadir (uma questão); fazer que não percebeu. ★ *Jōdan to shite* ~ 冗談として受け流す Fazer que foi de brincadeira; levar a brincar. *Yanagi ni kaze to* ~ 柳に風と受け流す Entrar por um ouvido e sair pelo outro [Ser como se não tivesse ouvido/Passar [Ser] como água sobre vidro]. ⇨ ashíráu.

uké-nín 請け人 ⇨ hoshō-nin.

uké-ói 請負 (< uké-óu) A empreitada. ★ ~ *de shigoto o suru* 請負で仕事をする Fazer a obra [Trabalhar] de [por] empreitada. ◇ ~ **gyōsha** 請負業者 O empreiteiro. ~ **keiyaku** 請負契約 O contrato da empreitada. ~ **nin** 請[受]負人[師] O empreiteiro. ~ **shigoto** 請負仕事 O trabalho de ~.

uké-óu 請け負う (< ukéru + …) Receber um contrato [uma empreitada]. *Hyakuman-en de kono shigoto o gyōsha ni ukeowaseru* 百万円でこの仕事を業者に請け負わせる Contratar uma empresa por um milhão de yens para fazer este trabalho. ⇨ hikíúkuru.

ukéru 受[請]ける 1 [受け止める] Receber. *Ho wa kaze o ukete susunde itta* 帆は風を受けて進んで行った O barco à vela singrou [foi] de vento em popa. ★ *Bōru o te de* ~ ボールを手で受ける ~ a bola com a(s) mão(s). [S/同] Uké-tómérú. 2 [与えられる；こうむる] Receber. ★ *Chūmon o* ~ 注文を受ける ~ uma encomenda [um pedido]. *Hidoi atsukai o* ~ ひどい扱いを受ける Ser maltratado. *Hito no iu koto o ma ni* ~ 人の言うことを真に受ける Tomar [Levar] a sério o que os outros dizem. *Kami no onkei o* ~ 神の恩恵を受ける ~ a [uma] graça de Deus (⇨ megúmí). *Kokoro no komotta kangei o* ~ 心のこもった歓迎を受ける Ser recebido calor o samente. *Kōtsū-jiko de uketa kizu* 交通事故で受けた傷 Um ferimento de [causado por] acidente de trânsito. *Watashi ga kare kara uketa inshō* 私が彼から受けた印象 A impressão que tive dele [ele me deu/causou]. ~ kōmúru. 3 [好評を得る] Ser popular; ser aceite/o/a; gostar「de」; agradar「a」; ser apreciado [benquisto/bem visto]. *Ano kashu wa toku ni josei ni* ~ あの歌手は特に女性に受ける Aquele cantor tem [goza de] popularidade especialmente entre as mulheres. ★ *Chōshū* [*Taishū*] *ni* ~ *bangumi* 聴衆[大衆]に受ける番組 Um programa「de TV」muito popular. ⇨ kōhyō²; níńkí¹. 4 [他からの働きかけに応じる] Atender; responder. ★ *Denwa o* ~ 電話を受ける Atender o telefone; receber uma chamada telefó[ó]nica. *Shiken o* ~ 試験を受ける Prestar [Fazer] exame. *Shōtai o yorokonde* ~ 招待を喜んで受ける Aceitar um convite com prazer. *Shujutsu o* ~ 手術を受ける Fazer「Submeter-se a] uma operação. ⇨ ójírú. 5 [受け継ぐ] Herdar. ★ *Ryōshin no seishitsu o manben naku uketa kodomo* 両親の性質をまんべんなく受けた子供 Uma criança que herdou todo o cará(c)ter dos [com um cará(c)ter em tudo igual aos] pais. [S/同] Ukétsúgú (+).

uké-sókónáu [-sónjiru] 受け損なう [損じる] (< ukéru + …) Deixar cair [Não apanhar]「a bola」.

ukétámáwáru 承る 1 [謹んで聞く] (Cor. de "kiku") Ouvir. *Go-dengon o uketamawatte okimashō ka* 御伝言を承っておきましょうか Quer deixar (al-

uké-tómérú 受け止める (< ukéru + …) **1** [手などで支える] Apanhar. ★ *Bōru o ryōte de* ~ ボールを両手で受け止める ⇨ a bola com as (duas) mãos. ⇨ sasáérú. **2** [攻撃などを] Parar. ★ *Hangeki o* ~ 反撃を受け止める ⇨ parar um contra-ataque. ⇨ kuí-tómérú. **3** [しっかりとらえる] Enfrentar; reagir [responder]「ao problema」. *Kanojo wa kodomo no byōshi o reisei ni* ~ *koto ga dekinakatta* 彼女は子供の病死を冷静に受け止めることができなかった Ela não resistiu à [não conseguiu enfrentar a] doença e morte do filho.

uké-tóri 受[請]け取り・受[請]取 (< uké-tórú) **a)** O receber; o recebimento; **b)** O recibo. ★ ~ *no sain o morau* 受け取りのサインをもらう Ficar com a assinatura de quem recebeu「a mercadoria」. ~ *zumi* 受け取り済み (表示) Recebido. *Shinamono o* ~ *ni iku* 品物を受け取りに行く Ir buscar [receber] uma mercadoria. ◇ ~ **jō [shō]** 受取状 [証] O papel do recibo. ~ **kanjō** 受取勘定 A conta a receber. ~ **nin** 取人 O consignatário [recebedor/beneficiário]. ~ **tegata** 受取手形 O título [A letra] a receber. S/同 Juryō. ⇨ juryō ◇; reshíto; ryōshū-shó.

uké-tórú 受け取る (< ukéru + …) **1** [受領する] Receber. *Honjitsu o-tegami o uketorimashita* 本日お手紙を受け取りました Recebi hoje a sua carta. *Kin ichiman-en tashika ni uketorimashita* 金１万円確かに受け取りました Confirmo o recebimento da quantia de dez mil yens. S/同 Juryō súrú. **2** [解する] Entender; crer; aceitar. *Anata wa watashi no itta koto o machigatte uketotte imasu* あなたは私の言った事を間違って受け取っています Acho que não entendeu bem o que eu disse/Você entendeu mal. *Hito sorezore uketorikata wa chigau mono da* 人それぞれ受け取り方は違うものだ Cada pessoa entende [vê] as coisas à sua maneira. *Kare no shite iru koto wa shōki to wa uketorenai* 彼のしていることは正気とは受け取れない O agir [proceder] dele não parece de uma pessoa normal. ⇨ rīkai suru; shinjíru.

uké-tsúgi 受け継ぎ (< uké-tsúgú) O suceder; o herdar [herdeiro (⇨ áto²; ató-tori)]. ⇨ keíshō²; sōzoku.

uké-tsúgú 受け継ぐ (< ukéru + …) Suceder; tomar posse; herdar. *Chichi no ongakuteki sainō o tabun ni uketsuida* 父の音楽的才能を多分に受け継いだ Ele herdou grande parte do talento musical do pai. *Haha no seishitsu o sokkuri uketsuida musume* 母の性質をそっくり受け継いだ娘 A menina [filha] que herdou o cará(c)ter da mãe. ⇨ keíshō²; sōzoku.

uké-tsúké 受け付け・受付 (< uké-tsúkéru) **1** [受理] A aceitação; o recebimento. *Gansho no* ~ *wa kongetsu sue made desu* 願書の受付けは今月末までです As inscrições [matrículas/Os pedidos de admissão] s(er)ão aceites até a(o) fim deste mês. ◇ ~ **kigen** 受付期限 O período de ~. ⇨ Júri. **2** [受け付ける所] A recepção; (o lugar de) informações/o atendimeto. ★ ~ *de tazuneru* 受付で尋ねる Perguntar na ~. **3** [受け付ける係] O recepcionista. ★ ~ *o suru* 受付をする Ser recepcionista; estar na recepção.

uké-tsúkérú 受け付ける (< ukéru + …) **1** [申し込み・文書などを受ける] Aceitar; receber. *Gansho wa kyō kara uketsukemasu* 願書は今日から受け付けます Aceitamos inscrições [pedidos de admissão] a partir de hoje. **2** [意見などを聞き入れる] Ouvir; fazer caso; prestar ouvidos. *Kare wa watashi no iu koto nan'ka chitto-mo uketsukenai* 彼は私の言うことなんかちっとも受け付けない Ele não faz caso nenhum do que eu (lhe) digo. S/同 Kikí-íréru (+). **3** [体が薬や飲食物などを胃の中へおさめる] Aceitar; aguentar; tomar. *Toshi o toru to aburakkoi tabemono o i ga uketsukenaku natte kuru* 年をとると油っこい食べ物を胃が受け付けなくなってくる Com a idade, o estômago não aceita [tem dificuldade em digerir] comidas gordurosas. ★ *Mizu itteki sura uketsukenai* 水一滴すら受け付けない Não poder tomar nem uma gota de água.

uké-úri 受け売り (< ukéru + urú) **1** [商品の] O [A venda a] retalho; o varejo. ★ ~ *suru* 受け売りする Vender a retalho (Depois de comprar ao atacadista). **2** [他人の考えなどの] O papaguear [só repetir o que os outros dizem/pensam]. *Kare no itte iru koto wa jōshi no* ~ *ni suginai* 彼の言っていることは上司の受け売りにすぎない O que ele diz é o que ouve (dizer) ao chefe. ★ ~ *no chishiki* 受け売りの知識 O saber [conhecimento] não assimilado/não próprio.

uké-wátáshí 受け渡し (< ukéru + watású) A entrega; a transa(c)ção. *Shōhin no* ~ *wa zenbu sunda* 商品の受け渡しは全部済んだ A entrega dos artigos [das encomendas] está terminada. ★ ~ *suru* 渡しする Entregar. ◇ ~ **basho** 受け渡し場所 O local de ~. ~ **bi** 受け渡し日 A data de ~. ~ **jōken** 受け渡し条件 As condições de ~.

uké-zára 受け皿 (< ukéru + sará) O pires.

úki¹ 雨季 [期] 【Met.】 A estação (época/temporada) das chuvas. A/反 Kánki.

úki² 浮き (< ukú) A bóia「salva-vidas」. ★ *Tsuri-ito ni* ~ *o tsukeru* 釣り糸に浮きをつける Atar uma ~ à linha (da cana) de pesca.

uki-ágáru 浮き上がる (< ukú + …) **1** [浮かんで来る] Vir à tona [superfície]. *Sakana ga shinde suimen ni ukiagatta* 魚が死んで水面に浮き上がった Os peixes morreram e vieram à tona. S/同 Fujō súrú; ukábí-ágáru. **2** [遊離する] Alienar-se; separar-se. ★ *Taishū kara ukiagatta seiji* 大衆から浮き上がった政治 Uma (administração) política alheada do povo. S/同 Yū́ri súrú. **3** [形・輪郭などが現れる] Surgir; emergir; aparecer; delinear-se. ★ *Aozora ni kukkiri ukiagatta Fuji-san* 青空にくっきり浮き上がった富士山 O monte Fuji nitidamente delineado no céu azul. ⇨ ukábí-ágáru **3**.

uki-áshídátsu 浮き足立つ (< ukú + … + tátsú) Inquietar-se; agitar-se; estar com um pé no ar. *Daigaku no gōkaku happyō o mokuzen ni shite kare wa ukiashidatte ita* 大学の合格発表を目前にして彼は浮き足立っていた Com a aproximação do dia em que seria publicada a lista dos aprovados para a universidade, ele estava (muito) agitado. ⇨ nigégóshí.

uki-bóri 浮き彫り (< ukú + hóru) **a)** O (alto-)relevo; **b)** O sobressair [pôr em relevo]. ★ ~ *ni suru* 浮き

彫りにする Talhar em alto-relevo〔*Sengo no sesō o ～ ni shita shōsetsu* 戦後の世相を浮き彫りにした小説【Fig.】Uma novela que mostra bem o [as condições sociais do] pós-guerra〕. ◇ **～ zaiku** 浮き彫り細工 Um trabalho「de artesanato」talhado em alto-relevo. ⇨ riñfu².

ukí-búkuro 浮き袋 [嚢] (< ukí² + fukúro) **a**) Uma bóia salva-vidas; **b**) A bexiga natatória dos peixes.

ukí-dáshí 浮き出し (< ukí-dásu) O ressalto; a saliência; o realce; o relevo. ★ ～ *ni sareta moyō* 浮き出しにされた模様 O padrão [enfeite] saído/em relevo.

ukí-dásu 浮き出す (< ukú + …) ⇨ ukí-déru.

ukí-déru 浮き出る (< ukú + …) **1** [水面に]「o azeite」Vir à tona [superfície(da água)]. ★ *Suimen ni ukideta abura* 水面に浮き出た油 O (petr)óleo que veio à superfície [ao cimo] da água. [S/同] Ukábú. **2** [背景から区別されてはっきりと見える] Sair; ver-se「o suor no rosto」. [S/同] Ukíágáru **3** (+).

ukí-góshí 浮き腰 (< ukú + koshí) **1** [⇨ chū-góshí]. **2** [態度がおちついていないこと] A inquietação; os nervos; o alvoroço. *Senshu-tachi wa asu no shiai o hikae ～ ni natte ita* 選手達は明日の試合をひかえ浮き腰になっていた Os atletas, em vésperas do「grande」jogo estavam nervosos [inquietos].

ukí-gúmó 浮き雲 (< ukú + kúmo) Uma nuvem solta [errante/a pairar no ar].

ukí-kúsá 浮き草 (< ukú + …)【Bot.】**a**) A lentilha-d'água; **b**) A vagabundagem. ★ ～ *no yō ni kurasu* 浮き草のように暮らす Levar uma vida errante [de vagabundo].

úki-me 憂き目 O amargor (da vida); o infortúnio; a desgraça; o sofrimento. ★ ～ *o miru* [*ni au*] 憂き目を見る[に会う] Ter uma experiência amarga; sofrer〔*O-kane sae attara konna ～ o minakute mo sumu no ni nā* お金さえあったらこんな憂き目を見なくても済むのになあ Ah, se tivesse dinheiro tinha-me livrado desta amarga experiência〕.

úki-mi 憂き身【E.】A desventura; a desgraça; o sofrimento. ★ *Koi ni ～ o yatsusu* 恋に憂き身をやつす Morrer de amores; passar qualquer ～ só por amores (Ou pelo futebol/dinheiro/ …).

ukí-ná 浮き名 (< ukú + …)【E.】Um rumor de intriga amorosa; um escândalo. ★ ～ *o nagasu* [*tateru*] 浮き名を流す[立てる] Dar [Causar] escândalo; ganhar fama por intrigas amorosas. [S/同] Eñbún. ⇨ uwásá.

ukí-shímá 浮き島 (< ukú + …) **a**) Uma ilha (que parece) flutuante; **b**) Um tufo de plantas aquáticas; **c**) A "ilha dos amores".

ukí-shízúmí 浮き沈み (< ukú + shizúmú) **a**) O vir à tona e o afundar-se「repetidamente」; **b**) Os altos e baixos [As vicissitudes] da vida. ★ ～ *suru* 浮き沈みする Ter altos e baixos. [S/同] Fuchíñ.

ukí-tátsu 浮き立つ (< ukú + …) Ficar entusiasmado [alegre/todo contente/animado/excitado]. *Ryokō no keikaku ga kanojo no kokoro o ukitatasete ita* 旅行の計画が彼女の心を浮き立たせていた O plano da viagem entusiasmava-a. [S/同] Úkiuki (to) suru.

úki-uki (**to**) 浮き浮き(と) (< ukú) (Im. de animação). *Kono ongaku o kiite iru to kokoro ga ～ shite kuru* この音楽を聞いていると心が浮き浮きしてくる Esta música anima [põe a gente alegre]. ⇨ ukí-tátsu.

ukí-yo 浮き世 (< ukú + …) A vida (transitória); o mundo. ★ ～ *banare shite iru* 浮き世離れしている **a**) Viver longe do mundo (No bom sentido); **b**) Viver na lua; andar alheado da realidade. ～ *no aranami ni momareru* 浮き世の荒波にもまれる Levar muito encontrão na vida. ～ *o suteru* 浮き世を捨てる Deixar o [Renunciar ao] ～; entrar [ir] para o convento. [P/ことわざ] *Mama-naranu wa ～ no narai* ままならぬは浮き世の習い A vida está cheia de surpresas. ⇨ séken; yo-nó-naka.

ukíyó-e 浮世絵 A pintura da vida social da era Edo (Ainda hoje muito reproduzida em xilogravura). ◇ **～ shi** 浮世絵師 O pintor de ～「Utamaro」.

ukkári うっかり (< ukú) Sem pensar [querer/prestar atenção]; por lapso; distraidamente. ★ ～(*to*) *kuchi o suberasu* うっかり(と)口をすべらす Dizer sem querer. ～ *suru* うっかりする Distrair-se〔～ *shite densha o norisugoshita* うっかりして電車を乗りすごした Distraí-me e passei da estação「onde tinha que sair」〕. ◇ **～ mono** うっかり者 Um descuidado [distraído]. ⇨ boń'yári; úkauka.

ukkétsú 鬱血【Med.】A congestão. ★ ～ *suru* 鬱血する Ficar「com o pescoço」congestionado.

ukóń 鬱金 **1**【Bot.】A curcuma [O açafrão-da-índia] (Parecido ao urucu; ⇨ safuran); *curcuma longa*. **2** [Abrev. de "～ iro"] Amarelo-alaranjado. ◇ **～ iro** 鬱金色 O ～ [A cor a].

úko-saben 右顧左眄【E.】A indecisão; a vacilação. ★ ～ *suru* 右顧左眄する Ficar indeciso; vacilar. ⇨ tamérau.

ukú 浮く **1** [水面・空中に] Flutuar; boiar; elevar-se (no ar). *Abura wa mizu ni ～* 油は水に浮く O óleo flutua na [O azeite fica sempre à tona da] água. *Karada ga chū ni uita yō na ki ga shita* 体が宙に浮いたような気がした Senti-me tão leve (, parecia que o corpo estava suspenso no ar)! [S/同] Ukábú. [A/反] Shizúmú. **2** [固定した基盤からゆるみ離れる] **a**) Mexer; ficar frouxo; **b**) Ficar desligado da realidade. ★ *Ha ga ～* 歯が浮く **a**) Ter um dente frouxo [a mexer]; **b**) Sentir um calafrio〔*Ha ga ～ yō na hanashi* 歯が浮くような話 Uma conversa que até dá calafrios〕. *Kokumin kara uita seiji* 国民から浮いた政治 Uma política alheada/desligada (da vida) do povo. ⇨ hanáréru¹. **3** [表面に現れる] Exudar; aparecer; emergir. ★ *Abura no uita kao* 脂の浮いた顔 O rosto sebáceo [A cara gordurenta]. **4** [余分が出る] Sobrar「dinheiro」. **5** [軽薄である] Ser leviano. ★ *Uita uwasa* 浮いた噂 Um rumor [caso de amor] leviano. ⇨ úki-uki.

Ukúráina ウクライナ A Ucrânia. ◇ **～ jin** ウクライナ人 O ucraniano.

ukúréré ウクレレ (< Ing. ukulele) A guitarra havaiana (de quatro cordas).

ukyókú 迂曲【E.】A sinuosidade; o meandro. ★ ～ *suru* 迂曲する Ser sinuoso; serpear. ⇨ tō-máwari.

umá¹ 馬 **1**【Zool.】O cavalo [A égua]. ★ ～ *de* [*ni notte*] *iku* 馬で[に乗って]行く Ir a cavalo. ～ *kara ochiru* 馬から落ちる Cair do ～. ～ *kara oriru* 馬から降りる Apear-se (do ～). ～ *ni matagaru* 馬にまたがる Cavalgar. ～ *ni noru* 馬に乗る Montar (a [no] ～). ～ *no hanamuke* 馬の鼻向け ⇨ señbétsú². ～ *o narasu* [*shikomu*] 馬をならす[仕込む] Amansar/Domar [Treinar] um ～. *Ittō* [*Ippiki*] *no ～* 一頭[一匹]の馬 Um ～/Uma ～. [I/慣用] ～ *ga au* 馬が合う Dar-se bem〔*Watashi wa kare to ～ ga au* 私は彼

umá²

と馬が合う Eu dou-me bem com ele/Nós damo-nos bem. [Nことわざ] ～ ni wa notte miyo hito ni wa sōte miyo 馬には乗って見よ人には添うて見よ Se queres saber como é o ～, monta-o; se queres conhecer uma pessoa trata algum tempo com ela. ～ no mimi ni nenbutsu 馬の耳に念仏 Pregar a surdos; perder tempo. ◊ ～ goya 馬小屋 A cavalariça. (⇨ umáyá). ⇨ ～ **no hone** [**nori/oi/tobi/zura**]. **2** [将棋の] O cavalo (Peça「do jogo de "shōgi"」).

umá² 午 **1** [十二支] O Cavalo (Sétimo sinal (do) zodíaco). ⇨ ～ **no doshi** [**no toshi**] 午年 [の年] O ano do ～. **2** [時刻] Entre as onze e treze horas. ★ ～ no koku 午の刻 O espaço de tempo ～. **3** [方角] O sul.

umá-góyá 馬小屋 ⇨ umá¹ ◊.

umái 旨い **1** [美味な] Gostoso; saboroso; delicioso; apetitoso; bom. Kanojo no ryōri wa ～ 彼女の料理は旨い A comida dela é uma delícia. Konna ni ～ kōhī wa hajimete nonda こんなに旨いコーヒーは初めて飲んだ Nunca tomei café tão ～ !. Korya [Kore wa] ～ こりゃ [これは] 旨い Que delícia [～] !. ★ Uma-sō na nioi ga suru 旨そうな匂いがする Ter um cheiro apetitoso [um rico cheirinho]. [S/同] Bími na; oíshíí (+). [A/反] Mazúí. **2** [上手な] Hábil; que faz bem. ～ zo, sono chōshi, sono chōshi 旨いぞ、その調子、その調子 Bravo! É assim mesmo! [Força! Continue!]. ★ ～ iimawashi 旨い言い回し Uma expressão boa [feliz]. ～ koto o itte hito o damasu 旨いことを言って人をだます Enganar os outros com a sua lábia [Levar os outros na conversa]. Ji [Kuruma no unten; Suiei; Share] ga ～ 字 [車の運転; 水泳; しゃれ] が旨い Ter boa caligrafia/letra bonita [Guiar bem/Nadar bem/Ser muito engraçado]. [S/同] Jōzú na. [A/反] Hetá na. **3** [好都合な] Oportuno; agradável; bom. Sono hanashi wa amari ni mo umasugiru その話はあまりにも旨すぎる Esse negócio [Essa conversa] parece bom [boa] demais. ★ ～ kane-mōke 旨い金もうけ Uma boa maneira de ganhar dinheiro [Um negócio rendoso/lucrativo]. [I/慣用] ～ shiru o suu 旨い汁を吸う Ficar com o lucro [proveito/melhor quinhão]. ⇨ kō-tsúgō.

úmaku 旨く (Adv. de "umái") **1** [上手に・巧みに] Bem; habilmente; com ta(c)to; com jeito; com esmero. Sensei ni wa boku ga ～ itte oite yaru yo 先生には僕が旨く言っておいてやるよ Eu vou explicar o teu caso com jeito ao professor. ★ ～ ajitsuke sareta ryōri 旨く味つけされた料理 A comida bem temperada. ～ hito o damasu 旨く人をだます Enganar (os outros) com habilidade. ～ naru 旨くなる Aprender; melhorar. Kare wa zuibun suki ga ～ natta 彼はずい分スキーが旨くなった Ele está esquiando muito melhor. [S/同] Jōzú ni; takúmí ní. [A/反] Hetá ni. **2** [首尾よく] Bem; com resultado (satisfactório). Shōbai no hanashi wa ～ matomatta 商売の話は旨くまとまった O negócio fez-se [deu certo]. ★ ～ iku 旨く行く Dar [Ir] bem; dar bom resultado; dar certo [～ ikeba 旨く行けば Se der certo; se correr bem. Kare wa tsuma to ～ itte nai 彼は妻と旨く行ってない Ele não se está dando bem com a mulher.] ～ nigeru 旨く逃げる Evitar「a pergunta」; escapar. ～ yaru 旨くやる Fazer (Sair-se) bem. [S/同] Shúbiyoku.

umá-mí 旨味 (⇨ umái; ajf¹) **1** [おいしさ] O gosto [sabor] 「especial/bom」. ★ ～ no aru sake 旨味のある酒 Um vinho bom [delicioso]. [S/同] Bími; oíshísa. **2** [芸などの上手さ] A perfeição; o encanto; a graça. ★ ～ no aru gei 旨味のある芸 Uma arte perfeita. **3** [おもしろさ; 利益] A vantagem; o agrado; o lucro. ★ ～ no aru shigoto 旨味のある仕事 Um trabalho vantajoso [lucrativo/bem remunerado/agradável]. [S/同] Myōmi; omóshíríomí (+); omóshírósa.

úman [**úu**] ウーマン (< Ing. woman) A mulher. ◊ ～ **pawā** ウーマンパワー O poder feminino [da ～「na sociedade」]. ～ **ribu** ウーマンリブ O feminismo [movimento feminista].

umá-ní 甘 [旨] 煮 Um (prato) cozido com molho de soja e açúcar.

umá-nó-hóné 馬の骨 [G.]「não quero que a minha filha case com」Um desconhecido; um (cão) vadio. Yatsu wa doko no ～ da ka wakaranai やつはどこの馬の骨だかわからない Sei [Sabe-se] lá quem é esse vadio?

umá-nóri 馬乗り (< ... ¹ + norú) **a)** O cavalgar [montar a cavalo] (⇨ jōbá); **b)** O ir 「a criança」 às cavalinhas 「no pai」. ★ ～ ni naru 馬乗りになる Pôr-se escarranchado [às ～]. ⇨ matágáru; matágáru.

umá-óí 馬追い (< ... ¹ +oú) **1** [Zool.] Um gafanhoto de antenas compridas; hexacentrus japonicus. **2** [馬を追う人] O almocreve; o recoveiro.

umáré 生まれ (< umárérú) **1** [出生] O nascimento. Anata wa nannen ～ desu ka あなたは何年生まれですか Em que ano (você [o senhor; a senhora]) nasceu? Watashi wa Kanazawa ～ da 私は金沢生まれだ Eu sou de (nasci em) Kanazawa. Burajiru ～ no nihonjin ブラジル生まれの日本人 O (descendente) j. nascido no B. O～ wa dochira desu ka お生まれはどちらですか Onde (é que) o senhor nasceu? [S/同] Shusséí; tañjó. **2** [素姓] A origem; a linhagem; a estirpe; a ascendência; a família. ★ Hisen [Meimon] no ～ de aru 卑賤 [名門] の生まれである Ser de família modesta [distinta; muito conhecida]. [S/同] Sujó.

umáré-áwáséru 生まれ合わせる (< umárérú +...) Calhar nascer「no mesmo dia em que nasceu o imperador」. ★ Fukō na hoshi no moto ni umareawaseta kodomo 不幸な星の下に生まれ合わせた子供 A criança (que nasceu) malfadada [com má estrela].

umáré-káwári 生まれ変わり (< umáré-káwáru) A reencarnação. Chōjo wa nakunatta sobo no ～ ka to omou hodo yoku nite iru 長女は亡くなった祖母の生まれ変わりかと思う程よく似ている A minha filha mais velha é tão parecida à [com a] minha avó que (até) parece a ～ dela. ⇨ keshíñ; ríñne; saíséí¹.

umáré-káwáru 生まれ変わる (< umárérú +...) **a)** Reencarnar; **b)** Mudar; ser outro; transformar-se (inteiramente). Umarekawatta yō ni isshōkenmei hataraku 生まれ変わったように一生懸命働く Trabalhar tanto que nem parece o preguiçoso de antes. [S/同] Saíséí súrú. ⇨ waká-gáeru.

umáré-kókyó 生まれ故郷 A terra natal. [S/同] Fúrúsato (o); kókyō (+); kyóri (+).

umáré-nágárá 生まれながら De nascença. Kono ko wa ～ ni me ga mienakatta この子は生まれながらに目が見えなかった Esta criança já nasceu cega [é cega ～]. [S/同] Umárétsúkí (+).

umáré-óchíru 生まれ落ちる (< umárérú + …) Nascer; vir à luz; sair do ventre materno. ★ *Umareochita toki kara shinu toki made* 生まれ落ちた時から死ぬ時まで Do berço à cova; toda a vida. [S/同] Umáréru.

umárérú 生 [産] まれる (⇨ umú[1]) **1** [母の体内から子が出る; 卵からかえる] Nascer; vir à luz; sair do ventre materno. *Kare wa nipponjin no chichi to burajirujin no haha to no aida ni umareta* 彼は日本人の父とブラジル人の母との間に生まれた Ele é (filho) de pai japonês e mãe brasileira. *Watashi wa sen-kyūhyakugojūgo-nen ichigatsu itsu-ka ni Kyōto de umaremashita* 私は 1955 年 1 月 5 日に京都で生まれました Nasci em Kyoto, a [no dia] cinco de janeiro de mil novecentos e cinqu[co]enta e cinco. ★ *Umareta bakari no ko-inu* 産まれたばかりの子犬 O cachorrinho recém-nascido. *Umareta basho* 生まれた場所 O lugar de nascimento. *Umareta mama no sugata de* 生まれたままの姿で Todo nu [Toda nua]. *Umarete hajimete* 生まれて初めて (Pel)a primeira vez na vida. *Binbō* [*Kanemochi*] *ni* ～ 貧乏 [金持ち] に生まれる Nascer pobre [rico/em berço de ouro]. *Motte umareta sainō* 持って生まれた才能 O dom [talento] natural/inato. [S/同] Umáré-déru[-óchíru]. [A/反] Shinú. **2** [作り出される] Nascer「um novo país」; aparecer「mais um jornal」; formar-se. *Hatsumei wa hitsuyō kara* ～ 発明は必要から生まれる As invenções nascem (sobretudo) da necessidade. ★ *Sengo umareta kotoba* 戦後生まれた言葉 Um vocábulo [Uma palavra] criado/a depois da guerra. [S/同] Dekíru. **3** [ある感情・効果などが生じる] Ter; surgir; nascer; despontar. ★ *Kibō ga* ～ 希望が生まれる (Começar a) ter [Ficar com] esperanças. [S/同] Shṓjíru (+).

umáré-sókónáí 生まれ損い (< umárérú + sokónáu) Um inútil [desnaturado].

umáré-tsúkí 生まれ付き (< umárérú-tsúku) De nascimento [nascença]; por natureza. *Kare no karada ga yowai no wa* ～ *da* 彼の体が弱いのは生まれ付きだ Ele nasceu fraquinho [é fraco ～]. [S/同] Séirai; umáré-nágárá. ⇨ kishítsú.

umáré-tsúku 生まれ付く (< umárérú + …) Nascer [Ser feito]「para ser chefe」; ser predestinado「para」. *Kare wa shinpu ni naru-beku umare-tsuita yō na hito da* 彼は神父になるべく生まれ付いたような人だ Ele (é uma pessoa que) parece ter já nascido para (ser) padre.

umárú 埋まる **1** [うずもれる] Encher-se [Ficar cheio/repleto]; entupir(-se); cobrir-se;「o cano」estar enterrado「muito fundo」. *Ogawa wa doro de umatta* 小川は泥で埋まった O riacho ficou cheio de barro [lama; terra]. [S/同] Uzúmárú **1**; uzúmórérú **1**. **2** [一杯になる] Ficar cheio [repleto]. *Kōen wa hanami-kyaku de umatta* 公園は花見客で埋まった O parque ficou repleto de pessoas que foram ver as flores「de cerejeira」. [S/同] Uzúmárú **1**; uzúmórérú **1**. **3** [不足・損失などがつぐなわれる] Cobrir; fazer face a; inde(m)nizar; compensar. *Kono songai wa kore-ppotchi no kane de wa umaranai* この損害はこれっぽっちの金では埋まらない Este dano não pode ser coberto [compensado] com esta ninharia de dinheiro.

úmasa 旨さ (Sub. de "umái") **a**) O sabor bom. *Kono sake no umasa wa kakubetsu da* この酒の旨さは格別だ Este vinho tem um sabor extraordinário; **b**) O saber muito [bem]「português」.

umá-tóbí 馬跳び O jogo do eixo [saltinvão].

umáúma to うまうまと ⇨ mánmato.

umáyá 厩 O estábulo; a estrebaria; a cavalariça; o curral. [S/同] Umá-góyá. ⇨ butá-góyá.

umázúmé 石女 A mulher estéril [que não pode ter filhos].

umá-zúrá 馬面 (< … [1] + tsurá) Um rosto muito alongado [comprido].

umé 梅 (⇨ púramu)【Bot.】**a**) A ameixeira (Planta); **b**) A ameixa-azeda (Fruto; usada, em conserva, como aperitivo e, ainda verde, para licor); *prunus mume*. ★ ～ *no hana* 梅の花 As flores「cheirosas」da ～. ◇ ⇨ **～ boshi** [**mi**/**modoki**/**shu**/**zu**/**zuke**]. ⇨ haná-mí[1].

umé-áwásé 埋め合わせ (< umé-áwáséru) Uma compensação. *Kono* ～ *wa kanarazu shimasu* この埋め合わせは必ずします Eu vou dar-lhe uma ～ por isto, sem falta. [S/同] Ogínáí; tsugúnáí. ⇨ baíshṓ[1].

umé-áwáséru 埋め合わせる (< umérú + …) Compensar「o dinheiro que perdeu/o dano」. [S/同] Ogínáu; tsugúnáu.

umé-bóshí 梅干し (< … + hósu) A ameixa-azeda em conserva. ★ ～ *iri no o-nigiri* 梅干し入りのおにぎり A bola de arroz cozido com a ～ dentro.

umékí(góe) 呻き(声) (< uméku + kóe) O gemido. ★ ～ *o ageru* [*tateru*] 呻きを上げる [立てる] Gemer; soltar um「grande」～「ao ver morrer o filho」. ⇨ wamékí-góe.

uméku 呻く Gemer. ★ *Kutsū ni* ～ 苦痛に呻く ～ de dor. ⇨ waméku.

umé-kúsá 埋め草 (< umérú + …) (G.) Um artigo (só) para encher espaço「no jornal」.

umé-mí 梅見 (< … + míru) O ir ver as flores das ameixeiras.

umé-módoki 梅擬・落霜紅【Bot.】Uma espécie de azevinho; *ilex serrata*.

umérú 埋める **1** [おおいかくす; 地中に入れる] Cobrir「o rosto com o xa(i)le」; enterrar; sepultar「o defunto」. ★ *Hana de umerareta hitsugi* 花で埋められた棺 O caixão todo coberto de flores. [S/同] Ṓíkákúsu; uzúméú. **2** [ふさぐ; 一杯にする] Encher; tapar; preencher「os espaços em branco no papel do exame」. ★ *Kaijō o umetsukushita hitobito* 会場を埋めつくした人々 Uma assistência [Um público] que enchia completamente o local/a sala. [S/同] Fuságú; mitású; uzúmérú. **3** [不足を補う] Completar; cobrir; remediar. ★ *Akaji o shakkin de* ～ 赤字を借金で埋める Cobrir o défice com um empréstimo. [S/同] Ogínáu (+); uzúmérú. **4** [風呂などを] Acrescentar (um líquido). ★ *Furo o* ～ 風呂をうめる Deitar [～] água fria para amornar o banho. [S/同] Nurúméru.

umé-shú 梅酒 O licor「caseiro」de "ume".

umé-táté 埋め立て (< umé-tátéru) O aterro. ★ ～ *o suru* 埋め立てをする ⇨ umé-tátéru. ◇ **～ chi** 埋め立て地 Um aterro「para construção」. **～ kōji** 埋め立て工事 A obra de ～. [S/同] Kańtákú.

umé-tátéru 埋め立てる Aterrar「parte da baía para fazer o aeroporto」. [S/同] Kańtákú súrú.

umé-zú 梅酢 (< … + su) Uma espécie de vinagre de "ume".

umé-zúké 梅漬け (< … + tsukéru) **a**) A conserva de "ume"; **b**) O pepino com "ume-zu".

úmi[1] 海 O mar. ～ *ga arete iru* 海が荒れている ～ está

U

bravo [encapelado]. *Atari ichimen hi no ～ da* あたり一面火の海(à volta) É tudo um mar de fogo. ★ *～ e dekakeru* [*iku*] 海へ出かける [行く] Ir para a praia. *～ ni kakomareta kuni* 海に囲まれた国 Um país ilhéu [(todo) rodeado pelo ～]. *～ no sachi* 海の幸 Os frutos do ～. *～ o wataru* 海を渡る **a)** Atravessar os mares; **b)** Ir ao estrangeiro (Só nos países ilhéus, como a Austrália). [I/慣用] *～ nami o agezu* 海波を上げず Em fase em paz. *Kono keikaku wa mada ～ no mono to mo yama no mono to mo tsukanai* この計画はまだ海のものとも山のものともつかない Este plano ainda não está definido [não se sabe em que vai ficar]. ◇ *～ be* [*bōzu/dori/game/hebi/nari/neko/sen/yama-sen/zuri*]. [A/反] Rikú. ⇨ kaíyō¹; taíyō².

umi² 膿 (< úmu³) O pus. ★ *O-deki kara ～ o dasu* おできから膿を出す Tirar o ～ da borbulha [espinha/do furúnculo]; espremer a borbulha/o ～. *Seikai no ～ o dasu* 政界の膿を出す [Fig.] Limpar o ～ [a corrupção] da política. [S/同] Nó.

umi³ 生 [産] み O gerar [dar à luz]. ★ *～ no kurushimi* [*nayami*] 産みの苦しみ[悩み] As dores do parto [*Kare wa kono e o kaku no ni ～ no kurushimi o ajiwatta* 彼はこの絵を描くのに産みの苦しみを味わった [Fig.] Custou-lhe muito pintar este quadro]. *～ no oya* 生みの親 **a)** Os pais verdadeiros; **b)** O autor (criador). [P/ことわざ] *～ no oya yori sodate no oya* 生みの親より育ての親 A criança gosta de quem a criou, mais do que de quem a gerou. [S/同] Shussán.

umibé 海辺 A costa (marítima); 「uma aldeia/dar um passeio」 à beira-mar; o litoral. [S/同] Kaígán (+); hamá; kaíhín. ⇨ yamábé.

umí-bōzu [**óo**] 海坊主 **1** [怪物の一種] Um duende [monstro lendário] careca que vive no mar. **2** [青海亀] [Zool.] A tartaruga verde; *chelonia mydas*. [S/同] Aó-úmigame.

umí-dásu 生み出す (< umú¹ + …) **1** [⇨ umú¹; umí-ótósu]. **2** [別の新しい物を作り出す] Inventar; criar; produzir; dar origem 「a」. ★ *Rieki o ～ u* 利益を生み出す Render [Dar lucro]. *Shin-seihin o ～* 新製品を生み出す ～ um novo produto. [S/同] Tsukúrídásu (+).

umí-dori 海鳥 (<…¹+ torí) [Zool.] A ave marinha. [S/同] Kaíchō.

umí-gámé 海亀 (<…¹+ kámé) [Zool.] A tartaruga do mar.

umí-hébi 海蛇 [Zool.] A cobra [serpente] do mar; *hydrophis cyanocinctus*.

umí-nari 海鳴り (<…¹+ narú) O bramido [A voz] do mar. *Tōku de ～ ga shita* 遠くで海鳴りがした Ouvia-se ao longe ～. [S/同] Kaímeí.

umí-nékó 海猫 [Zool.] A gaivota de cauda preta; *larus crassirostris*. ⇨ kamóme.

umí-ótósu 生 [産] み落とす (< umú¹ + …) Dar à luz; parir (Animais); pôr ovos (Aves). [S/同] Umú (+).

umísén-yámasén 海千山千 [G.] O ter uma longa experiência da vida. ★ *～ no shitatakamono* 海千山千のしたたか者 Uma raposa matreira/Um raposão/Um macaco de rabo coçado/Um grande finório.

umí-táté 産み立て Recém-posto; fresco. ★ *～ no tamago* 産みたての卵 Um ovo ～.

umí-tsúbame 海燕 [Zool.] A procelária [almade-mestre].

umí-tsúkéru 産み付ける (< umú¹ + …) Pôr ovos 「em」; desovar 「em」 (Diz-se dos peixes). *Chō wa kyabetsu no ha ni tamago o ～* 蝶はキャベツの葉に卵を産みつける「Esta」 borboleta põe (os) ovos na folha de couve.

umí-zuki 産み月 (< umú¹ + tsukí) O último mês de gravidez; o mês do parto. [S/同] Ríngetsu (+).

umí-zúri 海釣り (<…¹+ tsuri) O pescar no mar.

umō 羽毛 A plumagem; a pena; a pluma (Grande). [S/同] Hané (+).

umóré-gí 埋もれ木 (< umórérú + ki) **1** [炭化した木] O lignito [A lignita]. **2** [不遇] O viver na obscuridade (apesar das qualidades que possui). [Pことわざ] *～ ni hana ga saku* 埋もれ木に花が咲く Brilhar, ao fim de anos passados na obscuridade.

umórérú 埋もれる ⇨ uzúmórérú.

umú¹ 生 [産] む (⇨ umárérú) **1** [分娩する] Dar à luz; 「a ave」 pôr ovos; 「o animal」 parir; ter filhos. *Tsuma wa onna no ko o unda* 妻は女の子を産んだ Minha mulher teve [deu à luz] uma menina. ⇨ buńbén. **2** [新しく作り出す] Produzir; dar; criar; causar; render. *Kanojo wa Nippon no unda saikō no pianisuto desu* 彼女は日本の生んだ最高のピアニストです Ela é a melhor pianista que o Japão (já) teve. ★ *Jidai no unda eiyū* 時代の生んだ英雄 Um herói da época. *Rishi o ～* 利子を生む Render; dar juros.

úmu² 有無 **1** [物のあるなし] A existência [presença] ou não. *Ton'ya ni toiawasete shinamono no ～ o tashikameta* 問屋に問い合わせて品物の有無を確かめた Telefonei ao atacadista para ver se tinha (ou não) o artigo. ★ *～ ai-tsūzuru* 有無相通ずる Completar-se mutuamente [um ao outro]. **2** [否と応] Sem mais nem menos; 「não há」 sim 「nem」 não. *～ o iwase*[*sa*]*zu kare o mikata ni hiki-ireta* 有無を言わせ[さ]ず彼を味方に引き入れた Puxou-o para o grupo [lado] dele sem mais nem menos. ⇨ kanō²; umí².

úmu³ 膿む Supurar. *Kizuguchi ga unda* 傷口が膿んだ A ferida supurou (ganhou pus). ⇨ kanō²; umí².

úmu⁴ 倦む [E.] Cansar-se; enjoar-se; aborrecer-se. ★ *Umazu tayumazu doryoku suru* 倦まずゆまず努力する Trabalhar incansavelmente [com força e perseverança]. [S/同] Akíru (+).

ún¹ 運 A sorte; o destino; a sina; o fado. *～ waruku ryokōchū wa ame-tsuzuki deshita* 運悪く旅行中は雨続きでした Infelizmente [Com tão pouca sorte] choveu toda a [todo o tempo da] viagem. *～ yoku akarui uchi ni ie ni tsuita* 運よく明るいうちに家に着いた Felizmente [Por sorte], cheguei a casa ainda com luz. *Nante ～ no ii otoko darō* なんて運のいい男だろう Que felizardo [tipo com sorte]! *～ ga nai* 運がない Não ter sorte. *～ ga tsuyoi* 運が強い Ter muita sorte. *～ ga yoi* 運がよい Ter [Dar] sorte. *～ o tamesu* 運を試す Arriscar(-se); tentar a sorte. *～ o ten ni makaseru* 運を天に任せる Confiar na Providência; tentar; arriscar. ⇨ únmei.

ún² うん **1** [返事] Sim!; Pois!; nh (Som indistinto de quem está a concordar). *Kare wa ～ to mo sun to mo iwanakatta* 彼はうんともすんとも言わなかった Ele não disse nada [nem sim nem não]. ★ *～ to iu* うんと言う Dizer que sim; aceitar [*Kare wa ikura tanonde mo ～ to iwanakatta* 彼はいくら頼んでもうんと言わなかった Por mais que lhe pedi, ele não quis (aceitou)]. *～ to unazuku* うんとうなずく Menear a cabeça em sinal de consentimento [Dizer que sim com a cabeça]. [S/同] Ā; ē; hái. **2** [ふと思い出した時] Ah! *～ sō da. Ii kangae ga aru* うんそうだ。いい考

えがある Ah! Tenho uma boa ideia!

ū́n うう ん **1** [苦しくて唸っているようす] Ai!; Hmm! *Kanojo wa ～ to unatte ki o ushinatta* 彼女はううんとうなって気を失った Ela disse ～ [soltou um gemido] e desmaiou. ⇨ ún'un (to) **1**. **2** [力むようす] Hmm!; upa! *Kare wa ～ to rikinde ōkina ishi o mochiageta* 彼はううんと力んで大きな石を持ち上げた Ele fez ～ [muita força] e levantou a pedra. ⇨ ún'un (to) **2**. **3** [考え込んでいる時の返事] Hmm! "*Nē eiga o mi ni ikō yo*" "～" 「ねえ映画を見に行こうよ」「ううん」Que tal? Anda, vamos ver um filme. — Hmm (E vai ou não). ⇨ ún[2]. **4** [いいえ] Não. "*Ima nani ka itta*" "～, *nani mo*" 「今何か言った」「ううん, 何も」Disse alguma coisa? — Não, nada.

uná-bárá 海原 (< úmi[1] + hára) O oceano「imenso」.

unádáréru 項垂れる (< unájí + taréru) Ficar cabisbaixo [de cabeça baixa]. *Kanojo wa kanashi-sō ni unadarete ita* 彼女は悲しそうに項垂れていた Ela estava cabisbaixa (toda triste). [S/同] Utsúmúku.

unádéń ウナ電 Um telegrama urgente. [S/同] Shikyū́-dénpō (+).

unágásu 促す **a**) Obrigar; urgir; insistir「com alguém」; **b**) Estimular; apressar; acelerar. *Watashi wa kare ni shakkin no hensai o unagashita* 私は彼に借金の返済を促した Eu insisti com ele (para) que me pagasse a dívida. *Yūjin ni unagasarete kare wa dōsōkai ni shusseki shita* 友人に促されて彼は同窓会に出席した Ele compareceu à reunião dos antigos colegas da escola por insistência dum amigo. ★ *Chūi o* ～ 注意を促す Chamar a atenção. *Shinpo o* ～ 進歩を促す Acelerar o progresso.

unágí 鰻【Zool.】A enguia. ★ ～ *no kabayaki* 鰻のかば焼き A enguia grelhada [assada na grelha] com um molho adocicado. ◇ ～ **donburi** 鰻丼 Uma tigela de arroz guarnecido com enguia grelhada. ～ **ya** 鰻屋 O restaurante especializado em pratos de ～. [I/慣用] ～ *nobori* 鰻上り Uma subida (muito) rápida [*Saikin no kabuka wa ～ nobori da* 最近の株価は鰻上りだ Ultimamente, os preços da Bolsa não param de subir [as a(c)ções continuam a disparar]]. ～ *no nedoko* 鰻の寝床「Um quarto」estreito e comprido.

unájí 項 A nuca; a cerviz. [S/同] Erí-kubi.

unáráséru 唸らせる (< unáru) Cativar; causar admiração. *Kare no engi wa ōmukō o unaraseta* 彼の演技は大向こうを唸らせた A representação dele cativou a plateia [o público].

unárí 唸り (< unáru) O uivo「do vento/lobo/cão」; o zumbido [zunido]; o gemido [grito]「dos feridos」. ～ *o agete koma ga mawatte iru* 唸りを上げてこまが回っている O pião até zune [faz zumbido]!

unárí-góe 唸り声 (<… + kóe) O grito [gemido alto]. *Keganin ga itasa no amari ～ o agete ita* 怪我人が痛さのあまり唸り声を上げていた Os feridos gritavam com as dores [tanta dor].

unáru 唸る **1** [うめく] **a**) Gemer alto; gritar; **b**) Rugir;「o lobo/cão」uivar. *Kanja ga kurushisa ni unatte iru* 患者が苦しさに唸っている O enfermo está a gritar com as dores. **2** [低い音をだす] Roncar;「o cachorro」rosnar; zumbir. *Mōtā ga unatte iru* モーターが唸っている O motor ronca. **3** [内にあふれてむずむずする] Estar cheio. *Kare ni wa ～ hodo kane ga aru* 彼には唸るほど金がある Ele está a nadar em [cheio de] dinheiro/Ele tem dinheiro a rodos. **4** [感嘆する] Exclamar de admiração. ⇨ unáráséru. **5** [力を入れた低い声で歌う] Recitar com voz baixa e forte「como um trovador/jogral」.

unásárérú 魘される **a**) Ter um pesadelo. ★ *Akumu ni* ～ 悪夢に魘される ～ a sonhar. **b**) Causar admiração.

unázúkú 頷 [首肯] く Menear/Baixar [Dizer/Fazer que sim com] a cabeça; concordar. *Kare ga okoru no mo unazukeru* 彼が怒るのも頷ける Compreende-se que ele esteja [Temos de concordar que ele tem razão para estar] zangado. ★ *Karuku* [*Fukaku*] ～ 軽く [深く] 頷く Baixar levemente [profundamente] a cabeça.

únchan 運ちゃん【G.】(Depreciativo de "unténshu") O (condutor) barbeiro/azelha.

únchi うんち【Infa.】O cocó[ô]. [S/同] Únko. ⇨ daí-bén[1].

uńchíkú 蘊 [薀] 蓄 Uma grande erudição. ★ ～ *ga aru* 蘊蓄がある Ter ～ [Ser muito/um grande erudito]. ～ *o katamukeru* 蘊蓄を傾ける Empregar [Usar/Pôr] toda a sua erudição「nesta obra」. ⇨ chíshiki[1]; gakúshíkí; zṓkéí[1].

únchin 運賃 O frete「da mercadoria」; o preço da passagem; o transporte. *Raigetsu kara ryok(y)aku ～ ga agaru* 来月から旅客運賃が上がる O preço das passagens vai subir no [a partir do] mês que vem. ◇ ～ **hyō** 運賃表 A tarifa [lista/tabela] dos preços do transporte. ～ **muryō** 運賃無料 O transporte [frete] é grátis [de graça]. ～ **saki** [**senpō**]**-barai** 運賃先 [先方] 払い O frete pago antes [a cobrar ao destinatário].

uńdéí 雲泥 Uma diferença enorme [incalcúlável] (Lit. entre nuvem e lama). *Futari no nōryoku ni wa ～ no sa ga aru* 二人の能力には雲泥の差がある Há uma enorme diferença de capacidade entre os dois.

uńdṓ 運動 **1** [物体が動くこと]【Fís.】O movimento「dos planetas」; o deslocamento. ★ ～ *suru* 運動する Mover(-se); deslocar-se. *Furiko no* ～ 振り子の運動 O movimento do pêndulo. ◇ ～ **enerugī** 運動エネルギー A energia cinética. ～ **ryō** 運動量 A quantidade de movimento; o ímpeto [momento/a força cinética]. **Chokusen** [**En; Jōge**] ～ 直線 [円; 上下] 運動 ～ re(c)tilíneo [circular; vertical]. [A/反] Seíshí. **2** [からだを動かすこと] O exercício (físico). ★ ～ *suru* 運動する Fazer exercício. *Atama no* ～ 頭の運動 O exercício mental [da cabeça]. *Karui* [*Kageki na*] ～ 軽い [過激な] 運動 Um exercício leve [violento; excessivo]. ◇ ～ **bu** 運動部 **a**) O clube (d)esportivo; **b**) O departamento de desportos [esportes]. ～ **busoku** 運動不足 A falta de ～. ～ **chūsū** 運動中枢 O centro motor「da fala」. ～ **gu** 運動具 Os artigos de desporto [esporte/ginástica]. ～ **gutsu** 運動靴 O(s) sapato(s) de ginástica ; os té[ê]nis (G.). ～ **jō** 運動場 O campo de jogos. ～ **kai** 運動会 A gincana (d)esportiva「da escola no outono」. ～ **kyōgi** 運動競技 As modalidades de atletismo. ～ **shinkei** 運動神経 Os nervos motores [*Kare wa ～ shinkei ga hattatsu shite iru* 彼は運動神経が発達している Ele tem reflexos rápidos]. ⇨ supṓtsu; taísṓ[1]. **3** [社会活動] Um movimento; uma campanha. ★ ～ *o okosu* 運動を起こす Fazer [Promover] uma ～; começar um ～. ～ *suru* 運動する Envolver-se num/a ～. ◇ ～ **in** 運動員 Um membro do/a ～. **Bokin** ～ 募金運動 Uma ～ para angariar [juntar] fundos. **Gakusei** ～ 学生運動 Um

U

～ estudantil. **Senkyo ～** 選挙運動 Uma ～ eleitoral.

uné 畝・畦 **1** [畑の] A lombada (Fila elevada de terra). ★ *Hatake ni ～ o tsukuru* [*tateru*] 畑に畝を作る[立てる] Lavrar o terreno em lombadas「para semear melões」. ⇨ mizó. **2** [**1** に似た形のもの] A linha [fila] saliente; a crista; a lombada. ★ *Nami no ～* 波の畝 A crista da onda.

uń'éí 運営 A administração; a gestão; a gerência. ★ ～ *suru* 運営する Administrar; gerir〔*Shijō eisei sentā wa todōfuken no eisei-bu ni yotte ～ sarete iru* 市場衛生センターは都道府県の衛生部によって運営されている O centro de higiene comercial é administrado pelos departamentos de higiene das várias províncias (do J.)〕. ◇ **～ iinkai** 運営委員会 A comissão administrativa [orientadora「do congresso」]. ⇨ keíéí; uń'yṓ.

unérí うねり (< unéru) A ondulação「do terreno/das colinas」; a altura das ondas. *Taifū no eikyō de* (*nami no*)*～ ga takai* 台風の影響で(波の)うねりが高い Por causa do tufão haverá ondas muito altas.

unéru うねる **1** [曲がりくねる] Ser sinuoso [「a estrada」em ziguezague]; serpentear; ter curvas. [S/同] Magárí-kúnéru (+). ⇨ dakṓ. **2** [緩やかに上下する] Ondular. *Arashi no ato de nami ga ōkiku unette iru* 嵐のあとで波が大きくうねっている As ondas estão altas depois da tempestade. ⇨ uné.

úneune (**to**) うねうね(と) (< unéru) Sinuosamente; aos ziguezagues. *Michi ga ～ tōku oka no ue made tsuzuite iru* 道がうねうねと遠く丘の上まで続いている O caminho segue, sinuoso, até lá longe, ao cimo da colina. [S/同] Kúnekune (to).

únga 運河 O canal. ★ ～ *o hiraku* [*tsukuru*] 運河を開く[作る] Abrir [Fazer] um ～. ◇ **Panama** [**Suezu**] **～** パナマ[スエズ]運河 ～ do Panamá [de Suez].

úni 海胆・雲丹【Zool.】O ouriço-do-mar (As ovas, em conserva, são um petisco caro); o pindá. ◇ **～ rui** 海胆類 Os equinodermos; *echinoidea*.

únka[1] 浮塵子【Zool.】Um inse(c)to daninho「às folhas do arroz」, parecido a um moscardo.

únka[2] 雲霞【E.】(Lit. nuvens e neblina) Uma multidão [nuvem/Um enxame]「de gente」. ★ ～ *no gotoku atsumaru* 雲霞の如く集まる Aglomerar-se; ser um enxame [como as moscas]; enxamear.

uńkáí 雲海 Um mar de nuvens「visto do avião」.

únko うんこ【G.】O cocó[ô]. [S/同] Daíbén (+); únchi.

uńkṓ[1] 運行 **a**) O movimento「dos astros」; **b**) O serviço [funcionamento] dos transportes. *Ressha no ～ ga midarete iru* 列車の運行が乱れている O serviço dos comboios [trens] está alterado「por causa do nevão」.

uńkṓ[2] 運航 O serviço de (transporte de) navio [avião]; o voo. ★ ～ *suru* 運航する Voar; fazer o ～. [S/同] Shū́kṓ.

uńkyū́ 運休 O cancelamento [A interrupção] de um serviço de transporte cole(c)tivo. *Ō-yuki no tame basu ga ～ shita* [*ni natta*] 大雪のためバスが運休した[になった] O serviço de autocarros [ônibus] foi cancelado por causa de um nevão [uma grande nevada]. ⇨ kekkṓ[3].

únmei 運命 O destino; o fado; a sorte; a sina. *Kore mo ～ da to akirame nasai* これも運命だとあきらめなさい Pense que isto foi o destino e conforme-se. *Kuni no ～ o sayū suru yō na dai-jiken ga okotta* 国の運命を左右するような大事件が起こった Ocorreu uma tragédia [um grande acontecimento] que vai decidir o destino do país. *Senchō wa fune to ～ o tomo ni shita* 船長は船と運命を共にした O comandante seguiu o destino do navio (quando este se afundou). ★ ～ *no itazura* 運命のいたずら Os caprichos do destino [da sorte]. ～ *no kami* [*megami*] 運命の神[女神] Os deuses da sorte [As três Parcas]. ～ *o kirihiraku* [*kaitaku suru*] 運命を切り開く[開拓する] Lavrar o (próprio) destino. ～ *teki na deai* 運命的な出会い Um encontro decisivo. ◇ **～ ron** 運命論 O fatalismo. **～ ronsha** 運命論者 O fatalista. **～ sen** 運命線 A linha do/a ～ (Em quiromancia).

únmo 雲母【Min.】A mica.

uńnṓ 蘊[薀]奥 As profundezas [Os mistérios]「da arte do chá/duma filosofia」. [S/同] Gókui (+); shińzúí (+); uń'ṓ.

uńnúń 云云 E assim por diante; etc. e tal. ★ ～ *suru* 云々する Tecer [Fazer] comentários〔*Kare wa kusuri no kōnō ni tsuite ～ suru no ga suki da* 彼は薬の効能について云々するのが好きだ Ele gosta de comentar a eficácia dos medicamentos〕.

uń'ṓ 蘊[薀]奥 ⇨ uńnṓ.

ú-no-hana 卯の花 **1** [うつぎの花] Uma espécie de saxífraga; *deutzia crenata*. [S/同] Utsúgí (+). **2** [おから] As borras de feijão-soja (Depois de fazer o "tōfú"). [S/同] Okárá (+).

ú-no-me taka-no-me 鵜の目鷹の目 O「estar sempre de」olho aberto. ★ ～ *de sagasu* 鵜の目鷹の目で捜す Procurar com os olhos bem abertos.

u-nómí 鵜呑み (< …[1]+nómu) **1** [丸のみ] O engolir「o ovo」inteiro [duma vez]. [S/同] Marú-nómí (+). **2** [そのまま受け入れること] O engolir tudo. *Kare no hanashi o ～ ni suru na* 彼の話を鵜呑みにするな Não engula(s) tudo o que ele diz!

uńpáń 運搬 O transporte; o frete. ★ *Tetsudō de ～ suru* 鉄道で運搬する Transportar de comboio [trem]. ◇ **～ hi** 運搬費 O porte; o frete; o preço [custo] do ～. **～ nin** 運搬人 **a**) O carregador; **b**) O bagageiro「no hotel」. **～ sha** 運搬車 **a**) Um cami(nh)ão; **b**) Uma carroça (de 2 rodas); **c**) Qualquer veículo de transporte. [S/同] Uńsṓ; yusṓ.

uńpítsú 運筆 O traço [manejo] do pincel; a pincelada. [S/同] Fudé-zúkai (+).

uńpú-ténpu 運否天賦 À sorte; ao acaso [calha].

uńsáń-múshṓ 雲散霧消【E.】Como fumo (Lit. nuvem ou neblina). ★ ～ *suru* 雲散霧消する Dispersar-se [Desaparecer/Desvanecer-se] ～.

únsei 運勢 A sorte; a estrela; a sina. ★ ～ *ga yoi* [*warui*] 運勢がよい[悪い] Ter uma boa [má] estrela. ～ *o mite morau* 運勢を見てもらう Ir ao adivinho [quiromante; à cigana] para lhe ler a sina. ⇨ únmei.

uńshíń 運針 O manejar a agulha; o ponto.

uńsṓ 運送 O transporte. ★ ～ *chū no songai* 運送中の損害 O dano [A perda] durante o ～「não é da nossa responsabilidade」. ～ *suru* 運送する Transportar. ◇ **～ gaisha** [**ten**] 運送会社[店] A companhia [agência] de transportes. **～ gyō** 運送業 A indústria dos ～s. **～ gyōsha** 運送業者 O industrial de serviços de ～s. **～ hi** [**ryō**] 運送費[料] O custo [preço] de ～. [S/同] Uńpáń; ún'yu; yusṓ.

únsui 雲水【E.】Um monge budista itinerante [mendicante].

uńtéń 運転 **1** [機械を動かすこと] O manejo「da

máquina」; o guiar「o carro」; o pôr em funcionamento [a andar]. *Kare wa jidōsha no ~ ga umai* 彼は自動車の運転がうまい Ele conduz [guia/dirige] muito bem (automóvel). *Ō-yuki no tame ressha no ~ wa chūshi sarete iru* 大雪のため列車の運転は中止されている Por causa de uma grande nevada, os comboios [trens] não funcionam. ◇ **~ dai** [**seki**] 運転台[席] A cabina [O assento] do motorista. **~ gijutsu** 運転技術 A técnica de guiar [conduzir]. **~ kyūshi** 運転休止 A interrupção (momentânea) do funcionamento. **~ menkyo**(**shō**) 運転免許 (証) A carta [carteira] de motorista. **~ shu** 運転手 O motorista. ⇨ SŌJÚ. **2**[機械が動くこと]O funcionamento; o andar. *Erebētā wa ~ chū da* エレベーターは運転中だ O elevador está a andar [em andamento/~]. ★ **~ suru** 運転する Funcionar. **3**[運用]O manejo; o emprego; o uso. *Shikin wa umaku ~ shinakereba naranai* 資金はうまく運転しなければならない É preciso saber manejar [usar bem] o capital. ◇ **~ shikin** [**shihon**] 運転資金[資本]O capital de exploração. ⇨ Un'yō.

únto うんと【G.】Muito;「castigar」severamente; bem. *Kare wa ~ kane o motte iru* 彼はうんと金を持っている Ele tem muito dinheiro. ⇨ HÍDOKU; TAKÚSÁN; TÁNTÓ.

unúbóré 自惚れ (< unúbórérú) A presunção; o orgulho. *Aitsu wa ~ ga tsuyoi* あいつは自惚れが強い Ele é muito orgulhoso [presunçoso]. ⇨ JÍFU¹; JINÍN³; JISÁN².

unúbórérú 自惚れる Ter-se em grande conta; ser orgulhoso [presumido]. *Kare wa atama ga yoi to unuborete iru* 彼は頭がよいと自惚れている Ele orgulha-se de ser muito inteligente.

ún'un(**to**) うんうん (と) (⇨ **ún**) **1**[苦しくて唸るようす]Ai/Ui/Hmm! ★ *Amari no itasa ni ~ unaru* あまりの痛さにうんうんうなる Gemer [Gritar] ui, ui! com as dores. **2**[力のようす]Hmm, hmm! ★ *iinagara tansu o ugokasu* うんうん言いながらたんすを動かす Mover o armário com força,. **3**[うなずくようす]Hum, hum. ★ *~ unazukinagara hanashi o kiku* うんうんうなずきながら話を聞く Ouvir a conversa e só fazer [dizer] ~.

un'yō 運用 A aplicação; o emprego; o manejo; a gerência; o uso. ★ *Seido o ~ suru* 制度を運用する Aplicar um「determinado」sistema. *Shikin o ~ suru* 資金を運用する Aplicar [Gerir/Usar] o capital.

ún'yu 運輸 O transporte. **~ gyō** 運輸業 A empresa de ~. **~ kikan** 運輸機関 Os meios de ~. **~ shō** [**daijin**] 運輸省[大臣]O Ministério [ministro] dos Transportes (e Correios). **Kaijō** [**Rikujō**] **~** 海上[陸上]運輸 ~ marítimo [terrestre]. **Ryokaku** [**Tetsudō**] **~** 旅客[鉄道]運輸 O tráfego/~ de passageiros [O tráfego/~ ferroviário]. S/同 UNPÁI; unsō; yusó.

unzán 運算 O (fazer o) cálculo. ★ *~(o) suru* 運算(を)する Fazer o ~ [a conta]; calcular. ⇨ EŃZÁŃ; KEÍSÁŃ¹.

unzári うんざり **a)** O desgosto; o enfado; **b)** O aborrecimento. *Yatsu ni wa ~ da* やつにはうんざりだ Estou farto daquele [Não posso com aquele] sujeito! ★ *~ suru* うんざりする Ficar farto [enfadado/aborrecido/chateado (G.)] [*Mainichi ame ga furu no de ~ shite iru* 毎日雨が降るのでうんざりしている Todos os dias a chover! Que chatice [aborrecimento]! *~ shita kaotsuki* うんざりした顔つき Uma cara de enfado [aborrecido]].

uó 魚 O peixe. *Atarashii shigoto ni tsuita kare wa mizu o eru ~ no yō ni iki-iki to shite iru* 新しい仕事に就いた彼は水を得た魚のように生き生きしている Ele, desde que começou o novo trabalho, está como peixe na água. P[ことわざ] *Mizu kiyokereba ~ sumazu* 水清ければ魚棲まず Na água muito límpida não mora peixe. S/同 Sakáná (+).

uó-gáshi 魚河岸 (< … +kashí) A lota (do peixe) à beira-rio.

uó-gókoro 魚心 (< … +kokóro) O amor que também exige amor. P[ことわざ] *~ areba mizu-gokoro* 魚心あれば水心 Uma mão lava a outra [Faz-me festinhas que eu festinhas te farei/Amor com amor se paga].

uó-ichiba 魚市場 O mercado de peixe.

uókka ウオッカ (< Ru. vodka) A vodka [aguardente de cereais].

uómíngúáppu ウオーミングアップ (< Ing. warming-up) O exercício de aquecimento (antes do jogo). S/同 Junbí undó.

uó-nó-mé 魚の目 O calo; a calosidade. *Ashi no ura ni ~ ga dekita* 足の裏に魚の目ができた Tenho um/a ~ no pé. S/同 Táko (+).

uó-sáō 右往左往 A desorientação total. ★ *~ suru* 右往左往する Andar de um lado para outro, todo desorientado [*Kajiba no chikaku de wa hito-bito ga ~ shite ita* 火事場の近くでは人々が右往左往していた As pessoas andavam todas desorientadas no local do incêndio].

uótā [**óo**] ウオーター (< Ing. water) A água. ◇ **~ poro** ウオーターポロ O pólo aquático. **~ purúfu** ウオーターブループフ Impermeável. S/同 Mizú (+).

uppún 鬱憤 O ressentimento; o ódio; a queixa; a indignação; a cólera reprimida. *Higoro no ~ o kare ni buchimaketa* 日頃の鬱憤を彼にぶちまけた Soltei-lhe todas as queixas que, há muito (tempo), tinha *tsuzuita cá dentro* [contra ele.

urá 裏 **1**[裏面]O reverso「da moeda」; o verso [lado de trás]; o avesso [da camisa]. *~ ka omote ka* 裏か表か (コインで) Cara ou coroa? (Ao tirar sortes com moeda). *~ ni tsuzuku* 裏に続く (表示) Continua no verso (da página). *~ o miyo* 裏を見よ (表示) Veja (n)o verso. ★ *Ashi no ~* 足の裏 A planta [sola] do pé. *Kami no ~* 紙の裏 O verso da folha. *Kutsu no ~* 靴の裏 A sola do sapato. S/同 RÍ-men. A/反 Omóté.

2[裏地]O forro. *Sono kimono ni wa hade na ~ ga tsuite iru* その着物には派手な裏がついている Esse quimono tem um ~ vistoso. S/同 Urá-jí. A/反 Omóté.

3[後]A parte traseira [posterior]. *~(guchi) kara haitte kudasai* 裏 (口) から入ってください Entre pela porta traseira [de trás] por favor. ★ *~ no hatake* 裏の畑 A horta de trás; o quintal. S/同 Ushíró. A/反 Omóté.

4[事柄の表に現れない面]O lado oculto [secreto/de dentro]; os bastidores; os segredos. *Kono hanashi ni wa ~ ga aru* この話には裏がある Esta história tem outra história [está mal contada]. *Seisan dai-ichi-shugi to wa ~ o kaeseba eiri-shugi bannō to iu koto de aru* 生産第一主義とは裏を返せば営利主義万能ということである Por trás da ideia de produção acima de tudo está a do lucro acima de tudo. *Watashi wa sono koto ni tsuite wa ~ mo*

urá² *omote mo shitte iru* 私はそのことについては裏も表も知っている Eu conheço esse caso por fora e por dentro. ★ ~ *de kōsaku suru* 裏で工作する Tramar (nos bastidores/pelas costas). ~ *mo omote mo nai hito* 裏も表もない人 A pessoa sincera [duma só cara]. *Kotoba no* ~ *o yomitoru* 言葉の裏を読み取る Ler nas entrelinhas; adivinhar o sentido oculto das palavras. A/反 Omóté. ⇨ naíjó; uchí-máku. **5** [反対のこと] O contrário; o inverso「também é verdade: os filhos também dão aos pais」. ★ ~ *no* ~ *o yuku* 裏の裏をゆく Dar uma contragolpe. ~ *no kaku* [*iku*] 裏をかく[行く] Frustrar uma conspiração; trocar as voltas「ao parceiro」. **6** [裏付け] A confirmação; a prova. *Yōgisha no aribai ni tsuite jikyō no* ~ *o hayaku toranakereba naranai* 容疑者のアリバイについて自供の裏を早く取らなければならない É preciso confirmar [verificar] o álibi que nos deu o suspeito. S/同 Urázúké. **7** [論理学の] A prova [do argumento]; a argumentação; o fundamento「lógico」. **8** [Beis.] A segunda metade de um turno. *Kyū-kai* ~ *no dotanba de kare wa gyakuten hōmā o utta* 九回裏の土壇場で彼は逆転ホーマーを打った Ele bateu uma volta completa ao campo mesmo no fim da segunda metade do nono turno. A/反 Omóté.

urá² 浦 **[E.]** **a)** A baía; a enseada; o braço de mar; **b)** A beira-mar; a praia. *Tago no* ~ 田子の浦 A baía de Tago. ⇨ hamá; irié; kaígáń¹.

urá-³ うら・心 (Pref. sugere "um tanto", "indefinido"). ◇ ~ **sabishii** (**wakai**)

urá-bánashi 裏話 (<…¹ + hanashí) O mexerico; a intriga; o que se diz por trás.

urá-bángumi 裏番組 O programa de rádio [televisão] transmitido na mesma hora de outro mais popular.

urá-bári 裏張[貼]り (<…¹ + harú) O reforço; o forro. ⇨ urá-úchí.

urábon(ʼe) 盂蘭盆(会) (< Sân. ullambana) O festival aos antepassados [dos mortos]. ⇨ bón.

uráburéru うらぶれる Cair [Ficar] na miséria. *Kare wa zaisan o nakushite urabureta seikatsu o okutte iru* 彼は財産をなくしてうらぶれた生活をおくっている Ele perdeu o que tinha e vive na miséria [leva uma vida de cão (G.)]. ⇨ ochíbúrérú.

urá-byōshi [óo] 裏表紙 (<…¹ + hyōshí) A capa de trás do livro.

urá-dáná 裏店 ⇨ urá-nágaya.

urá-dóri [óo] 裏通り (<…¹ + tóri) A rua secundária [de trás]; a ruela. A/反 Omóté-dóri.

urá-gáeshi 裏返し (< urá-gáesu) O avesso. ★ ~ *ni naru* 裏返しになる「a meia」Ficar do ~ (com a parte de dentro virada para fora).

urá-gáesu 裏返す (<…¹ + káesu) Virar do avesso; virar o [dar a volta ao] livro ; pôr「o livro」virado「na mesa」. ★ *Uragaeshite ieba* 裏返して言えば Visto ao inverso [o arrogante é acomplexado].

urá-gáki 裏書 (<…¹ + káku) **1** [小切手などの] O endosso. ★ *Kogitte* [*Tegata*] *ni* ~ *suru* 小切手[手形]に裏書きする Endossar um cheque [uma letra]. ◇ ~ **jōto** 裏書譲渡 A transferência por ~. ~ *nin* 裏書人 O endossador [endossante]. **2** [証明する] Autenticar; provar. *Kare no hanashi o* ~ *suru mono wa nani mo nai* 彼の話を裏書きするものは何もない Não há nada que prove [para provar] a história dele. S/同 Shōméí súrú.

urá-gáwá 裏側 (<…¹ + k[g]awa) O lado de trás; o outro lado「da lua」; o lado mau「da vida」.

urá-gírí 裏切り (< urá-gíru) A traição; a perfídia; a infidelidade; a deslealdade. ◇ ~ **kōi** 裏切り行為 Uma [Um a(c)to de] traição. ~ **mono** 裏切り者 O traidor. S/同 Haíshín; negáéri.

urá-gíru 裏切る (<…¹ + kíru) **1** [敵方につく] Trair; atraiçoar. *Kare wa heiki de mikata o* ~ *yō na otoko da* 彼は平気で味方を裏切るような男だ Ele (é um egoísta que) atraiçoa facilmente os amigos. S/同 Ne-gáéru. **2** [人の予期などにそむく] Trair; decepcionar; desiludir. ★ *Shinrai o* ~ 信頼を裏切る Trair a confiança; desiludir. S/同 Hańsúru; somúku.

urá-góe 裏声 (<…¹ + kóe) O falsete. ★ ~ *de utau* 裏声で歌う Cantar em falsete.

urá-góshi 裏漉し (<…¹ + kósu) O coador. ★ ~ *suru* 裏漉しする Coar [~ *shita jagaimo* 裏漉ししたじゃがいも A batata esmagada no ~].

urá-gúchi 裏口 (<…¹ + kuchi) **1** [裏側の出入り口] A porta de trás [de serviço/dos fundos]. ~ *kara hairu* 裏口から入る Entrar pela ~. A/反 Omóté-gúchi. **2** [正式でない手段を使うこと] Os meios ilícitos; a ilegalidade. **3** ◇ ~ **nyūgaku** 裏口入学 A admissão à [na] escola comprada [por cunhas (G.)/por meios…].

urá-hará 裏腹 O contrário [oposto] do que se diz. *Kare wa iu koto to okonau koto ga* ~ *da* 彼は言うこと行うことが裏腹だ Ele fez o contrário do que diz [Ele diz uma coisa e faz outra]. S/同 Abékóbé; hańtáí; sakásámá.

urá-ji 裏地 O forro. ⇨ urá-jí². A/反 Omóté-jí.

urá-káidō 裏街道 **a)** O beco [A ruela]; **b)** O lado escuro「da vida」. S/同 Urá-míchí **3** (+). A/反 Omóté-káidō.

urá-káta 裏方 **1** [貴人の妻] A consorte de um alto personagem. **2** [舞台などの] O adereço; o técnico de palco. A/反 Omóté-káta. **3** [実質的な仕事にあたる人] A pessoa que faz serviço de apoio [o trabalho que não se vê]. *Kanojo wa tsūyaku to shite kokusai kaigi no* ~ *o tsutometa* 彼女は通訳として国際会議の裏方をつとめた Ela trabalhou como intérprete em congressos internacionais.

urá-kído 裏木戸 A portinhola [O cancelo] dos fundos da casa.

urá-máchi 裏町 O bairro escondo [pobre/do vício].

urá-mádo 裏窓 A janela das traseiras [dos fundos].

urá-mé 裏目 O lado [resultado] contrário. *Shinsetsu ga* ~ *ni deta* 親切が裏目に出た A gentileza deu mau resultado.

uráméshii 恨[怨]めしい **1** [恨みたい気持ちだ] (< urámí¹) Sentir [Que dá] raiva. *Watashi o damashita hito ga* ~ 私をだました人が恨めしい Tenho [Sinto] raiva da pessoa que me enganou. ★ *Urameshiku omou* 恨めしく思う Ter raiva [Estar zangado]. *Urameshii-sō*[*-ge*] *ni miru* 恨めしそう[げ]に見る Olhar com um ar repreensivo [zangado]. **2** [残念だ] (< urámí¹) Lamentável; deplorável. *Jibun no hiriki ga* ~ 自分の非力が恨めしい A minha incapacidade é ~. ⇨ zańnén.

urámí¹ 恨[怨]み (< urámu¹) A queixa; o ressentimento; a inimizade; o ódio [rancor]. *Kare e no* ~ *wa itsu-ka kitto harashite miseru* 彼への恨みはいつかきっと晴らしてみせる Um dia, vou-me vingar dele, sem falta [Ele um dia há-de-mas pagar]! *Kore de uramikko nashi da yo* これで恨みっこなしだよ Daqui em diante, nada de rancor entre nós [Pronto, ficamos amigos como dantes]. ～ *ni omou* 恨みに思う Sentir raiva; ficar ressentido. ⇨ *o idaku* ～ *を抱く* Ter [Guardar] rancor.「*Hito no*」～ *o kau*「人の」恨みを買う Incorrer no [Provocar o] ～ de alguém. ～ *tsurami o narabetateru* 恨みつらみを並べ立てる (Zangar-se e) dizer a alguém tudo o que tem contra ele. I/慣用 ～ *kotsuzui ni tessuru* 恨み骨髄に徹する Ter um ódio profundo/figadal [Odiar alguém até à medula dos ossos].

urámí² 憾み (< uránu²) A pena; a lástima; o defeito; a falha. *Kono kiji wa shina wa yoi ga ne ga takasugiru ～ ga aru* この生地は品はよいが値が高すぎる憾みがある Este tecido é de boa qualidade, mas tem o defeito de ser [é pena que seja] demasiado caro. S/同 Kirái (+).

urá-míchí 裏道 **1** [裏口から通じている道] A rua de trás (da casa). **2** [本通以外の道] A rua secundária; a ruela. S/同 Kañdō; nukémíchí. **3**[まっとうでないこと] O meio injusto [desonesto/ilegal]. ★ *Jinsei no ～ o aruku* 人生の裏道を歩く Andar por maus caminhos [Levar uma vida pouco honesta]. S/同 Urá-káidō.

urámí-gótó 恨[怨]み言 (<…¹ + kotó) A queixa;「tenho」umas contas「a acertar com ele」. ★ ～ *o iu* 恨みごとを言う Queixar-se; lamentar-se.

urá-món 裏門 O portão traseiro [de trás]. A/反 Omóté-món; seímóñ.

urámu¹ 恨[怨]む Ter raiva [rancor/queixas]; ficar ressentido. *Watashi wa kare no tsumetai shiuchi o uranda* 私は彼の冷たい仕打ちを恨んだ Eu fiquei ressentido com o tratamento cruel [frio] dele. ★ *Ten o ～ * 天を恨む「não se deve」Praguejar [Deitar culpas à Providência]. ⇨ nikúmu.

urámu² 憾む Lamentar; deplorar. *Kare no yōsetsu ga uramareru* 彼の夭折がうらまれる Sentimos [Lamentamos] muito o falecimento dele. ⇨ zañnén.

úran ウラン (< Al. uran < Gr.) [Quím.] O urânio (U 92). ◇ ～ **bō** ウラン棒 A barra de ～. **Nōshuku [Tennen]** ～ 濃縮 [天然] ウラン ～ enriquecido [natural]. S/同 Uránium.

urá-nágaya 裏長屋 A mansarda [casa reles] num beco. S/同 Urádáná.

uránái 占い (< uránáu) **a)** A adivinhação; **b)** O adivinho. ★ ～ *o suru* 占いをする Praticar a ～; prever o futuro;「a cigana」ler a sina. ◇ ～ **shi [sha]** 占い師[者] O adivinho. **Hitori** ～ ひとり占い) A auto-adivinhação; **b)** A paciência (Com cartas).

uránárí 末生[成]り **1** [実の] O fruto「da aboboreira」que nasce na ponta das vergônteas. A/反 Motónárí. **2** [顔色の青白い元気のない人] A pessoa débil, de cara pálida. 「F2とF」 ～ *no hyōtan* 末生りのひょうたん Um raquítico.

uránáu 占う Adivinhar; ler a sina; augurar. *Rainen no unsei o uranatte moratta* 来年の運勢を占ってもらった Pedi para me adivinhar [ler] a minha sorte no próximo ano.

urá-níhón 裏日本 ⇨ Nihón-kai (◇ ～ **gawa**). S/同 Nihóñkáí gáwá (+). A/反 Omóté-níhón.

uráníumu ウラニウム ⇨ úran.

urá-níwá 裏庭 (⇨ urá¹ **3**) O quintal. ⇨ naká-níwá.

urá-ómote 裏表 **1** [裏と表] O (re)verso e o anverso「da moeda」. *Kami no ～ o machigaete o kaite shimatta* 紙の裏表を間違えて絵を描いてしまった Desenhei [Pintei] no verso do papel, por engano. S/同 Hyóri. **2** [裏返し] O avesso. *Kare wa sētā o ～ ni kite iru* 彼はセーターを裏返しに着ている Ele traz o pulôver do (lado) avesso [às avessas]. S/同 Urágáeshi. ⇨ maé-úshiro. **3** [外見と中身が一致しないこと] **a)** A duplicidade; a hipocrisia; o ter duas caras; **b)** Por fora e por dentro; **c)** Outra versão「do problema」. *Anna ～ no aru yatsu wa kirai da* あんな裏表のあるやつは嫌いだ Odeio [Detesto] aquele hipócrita.

uráraka 麗らか O estar (o tempo) claro e ameno. *Hi ga ～ ni tette iru* 日が麗らかに照っている O tempo está lindo e o sol agradável [Que rico solzinho]! ★ ～ *na haru no hi* 麗らかな春の日 Um dia claro e ameno de primavera.

Úraru ウラル Uraliano. ◇ ～ **arutaigozoku** ウラルアルタイ語族 O grupo linguístico uralo-altaico. ～ **sanmyaku** ウラル山脈 Os (montes) Urales.

urá-sábishíi 心寂しい (< urá³ +…) Tristonho [Um tanto triste];「uma aldeia」desolada [perdida「nas montanhas」].

urá-sáku 裏作 Uma colheita secundária. A/反 Omóté-saku. ⇨ nimó-kaku.

urá-té 裏手 As traseiras [A parte de trás]. *Waga-ya no ～ ni ogawa ga aru* 我が家の裏手に小川があるNa(s) ～ da minha casa há [corre] um riacho.

urá-úchi 裏打ち (<…¹ + útsu) **1** [補強のために布や皮・紙を付けること] O forro; o reforço. ⇨ urá-bárí. **2** ⇨ urá-zúké.

urá-wákái 心若い (< urá³ +…) Um tanto [pouco] jovem. ★ ～ *otome* 心若い乙女 Uma donzela ainda adolescente [～].

urá-yámá 裏山 A colina [montanha/O monte] por trás「duma casa/aldeia」.

uráyámáshígáru 羨ましがる (< uráyámáshii + gáru) Sentir [Ter] inveja; invejar. *Anata no seikō o minna ga urayamashigatte iru* あなたの成功をみんなが羨ましがっている Toda a gente inveja [gostaria de ter] o seu êxito. ⇨ uráyámu.

uráyámáshii 羨ましい (< uráyámu) Invejável. ～ *go-mibun da* 羨ましい御身分だ Você tem realmente uma posição [vida] ～.

uráyámu 羨む Invejar; ter [ficar com] inveja. *Kare-ra wa hito mo ～ kōfuku na seikatsu o okutte iru* 彼らは人も羨む幸福な生活を送っている Eles levam uma vida feliz, que é mesmo de ～ [que causa inveja a toda a gente].

urá-zúké 裏付け (< urá-zúkéru) **a)** A prova; a corroboração; **b)** O apoio. *Kare no jihaku ni wa ～ ga aru* 彼の自白には裏付けがある A confissão dele tem provas. ◇ ～ **sōsa** 裏付け捜査 A investigação para colher provas. S/同 Urá-úchí **2**.

urá-zúkéru 裏付ける (<…¹ + tsukéru) Provar; fundamentar; basear; corroborar; apoiar; confirmar. *Jijitsu ga kare no hañkō o urazukete iru* 事実が彼の犯行を裏付けている Os fa(c)tos atestam que o delito é dele [que ele é o criminoso].

ué-áshi 売れ足 (< urérú +…) ⇨ uré-yúkí.

ué-dáká 売れ高 A quantia [O saldo] das vendas. S/同 Urí-ágé (+).

ueéru 憂 [愁・患] える (⇨ uréí) **1** [心配する] Preocupar-se; ficar apreensivo; recear. ★ ～ *beki geñshō* 憂えるべき現象 Um fenó[ô]meno preocupante [alarmante]. S/同 Añzúru; shíñpáí súrú. **2**

[嘆き悲しむ] Afligir-se; lamentar; deplorar. *Dōtoku no kōhai wa ~ beki koto da* 道徳の荒廃は愁えるべきことだ O desmoronamento da moralidade é lamentável.

uréi 憂[愁・患]い **1** [心配] A preocupação; a ansiedade; a inquietação; o receio. ★ *Shin-jigyō ni ~ o idaku* 新事業に憂いを抱く Ficar ansioso [preocupado] com o novo ramo de a(c)tividade [negócio]. [S/同] Shińpáí (+). **2** [悲しい思い] A aflição; a tristeza; a mágoa. ★ *~ o obita kao* 愁いを帯びた顔 O rosto triste. ◇ **~ goto** 愁いごと Coisas que dão [causam] tristeza.

uréí-gáó 愁い顔 (<…+kaó) A cara triste [abatida]. ★ *~ o suru* 愁い顔をする Andar triste.

urékkó 売れっ子 (< urérú + …) A pessoa popular [com grande sucesso/que todos querem]. *Ano haiyū wa eiga ni terebi ni to ~ da* あの俳優は映画にテレビにと売れっ子だ Aquele a(c)tor está a ter grande sucesso nos filmes e na televisão.

uré-kúchí 売れ口 (< urérú + …) **1** [販路] O mercado; a procura; a saída. *Kono shina wa ~ ga nai [ōi]* この品は売れ口がない[多い] Este produto tem pouca [muita] ~. [S/同] Hakéguchi; hánro. **2** [就職・結婚の口] A oportunidade de emprego [casamento]. *Ano daigaku no sotsugyōsei wa ~ ga ii* あの大学の卒業生は売れ口がいい Os formados naquela universidade encontram facilmente emprego.

uré-nókórí 売れ残り (< uré-nókóru) **1** [売れないで残った商品] A mercadoria que ficou [não se vendeu]. *Ima ano mise de wa ~ no shina o yasuku utte iru* 今あの店では売れ残りの品を安く売っている Aquela loja está a vender barata [em saldo] a ~. **2** [独身女]【G.】A solteirona. [S/同] Dokúshíń-ónna.

uré-nókóru 売れ残る (< urérú + …) **1** [商品が] Ficar por [Não se] vender. *Natsumono ga tairyō ni urenokotta* 夏物が大量に売れ残った Montes de artigos de [para] verão ficaram por vender [não tiveram venda]. **2** [娘が]【G.】Ficar solteirona. *Kare no musume wa mada urenokotte iru* 彼の娘はまだ売れ残っている A filha dele continua [ainda está] solteira.

urérú[1] 売れる (< urú[1]) **1** [買い手がつく] Vender-se; ter「muita」procura [saída/venda]. *Ima kono hon ga yoku urete iru* 今この本がよく売れている Este livro agora vende-se muito. ★ *Tobu yō ni ~* 飛ぶように売れる Vender-se num instante [como castanhas assadas]. *Yoku ~ kuruma* よく売れる車 O carro de [com] muita saída. **2** [有名になる] Ser popular [「um hotel」conhecido/famoso]. *Sono haiyū wa sekai-teki ni kao [na] ga urete iru* その俳優は世界的に顔[名]が売れている Esse a(c)tor é mundialmente famoso. ⇨ yũméí[1].

uréru[2] 熟れる Amadurecer; madurar; ficar maduro. *Kono tomato wa mada yoku urete inai* このトマトはまだよく熟れていない Este tomate ainda não está maduro. [S/同] Jukúsúru.

uréshígáru 嬉しがる (< uréshíi + gáru) Ficar alegre [contente; satisfeito; feliz]. *Kanojo wa purezento o moratte taihen ureshigatta* 彼女はプレゼントをもらってたいへん嬉しがった Ela ficou muito contente com [por ter recebido] o presente. ⇨ yorókóbu.

uréshíi 嬉しい Alegre; satisfeito; contente; feliz; radiante. *~ koto o itte kureru ne* 嬉しいことを言ってくれるね Que alegria ouvir-te falar assim! *Ā ~* ああ嬉しい Que alegria! *Watashi wa ureshikute tamaranai* 私は嬉しくてたまらない Estou tão ~ ! ★ *~ ni tsuke kanashii ni tsuke* 嬉しいにつけ悲しいにつけ Tanto na alegria como na tristeza. [A/反] Kanáshíí.

uréshí-nákí 嬉し泣き (< uréshíi + nakú) O chorar de alegria [emoção]. ★ *~ suru* 嬉し泣きする …

uréshí-námida 嬉し涙 (< uréshíi + …) As lágrimas de alegria. *~ o nagasu* 嬉し涙を流す Chorar (lágrimas) de alegria.

uréshisa 嬉しさ (Sub. de "uréshíi") A alegria; o contentamento; o prazer; a felicidade. *~ ni ware o wasurete shimatta* 嬉しさに我を忘れてしまった Eu fiquei louco [perdi a cabeça] de alegria. *Kanojo wa ~ no amari nakidashita* 彼女は嬉しさの余り泣き出した Ela chorou de tanta alegria.

uréshísṓ [óo] 嬉しそう (< uréshíi + sō) Parecer [Como quem está] alegre [satisfeito/contente/feliz]. ★ *~ na kao* 嬉しそうな顔 Um ar alegre. *~ ni warau* 嬉しそうに笑う Rir alegremente.

urétan ウレタン (< Al. urethan) A uretana (Um anestésico, de fórmula $H_2NCOOC_2H_5$).

uré-yúkí 売れ行き (< urérú + yukú) A venda; a saída; a procura. *Sono zasshi wa taihen ~ ga yoi* その雑誌はたいへん売れ行きがよい Essa revista tem uma grande tiragem [vende-se muito]. ★ *~ ga hayai [osoi]* 売れ行きが早い[遅い] Vender-se depressa [a longo prazo]. *~ no yoi [warui] shōhin* 売れ行きのよい[悪い]商品 O artigo com muita [pouca] ~.

úri[1] 瓜【Bot.】**a**) A abóbora (⇨ kabóchá); **b**) O melão (⇨ méron); **c**) O pepino (⇨ kyū́ri). *Ano hito wa o-nīsan to ~ futatsu da* あの人はお兄さんと瓜二つだ Ele é muito [bem] parecido com o irmão mais velho [Os dois irmãos são como duas gotas de orvalho]. [Pことわざ] *~ no tsuru ni nasubi wa naranu* 瓜の蔓に茄子は生らぬ Em rama de abóbora não nasce beringela. ◇ **~ ka** ウリ科 As cucurbitáceas; *cucurbitaceae*. ⇨ **makuwa ~**.

urí[2] 売り (< urú[1]) **1** [売ること] A venda. *Hiroshige no ukiyo-e ga ~ ni dete [dasarete] iru* 広重の浮世絵が売りに出て[出されて]いる Um "ukiyoe" de Hiroshige está à ~. [A/反] Kái. **2** [株式の] A venda (de a(c)ções na bolsa). ★ *~ ni deru* 売りに出る Estar à ~. *~ ni mawaru* 売りに回る Vender. *~ o isogu* 売りを急ぐ Apressar-se a vender. [A/反] Kái. **3** [長所; セールスポイント] O mérito; a vantagem; o bom. *Kono purintā wa hayai no ga ~ da* このプリンターは速いのが売りだ ~ desta máquina impressora é a velocidade.

urí-ágé 売り上げ・売上 (< urú[1] + agérú) A venda. *Kogata jidōsha no ~ ga daibu nobita [hetta]* 小型自動車の売り上げが大分伸びた[減った]~ de automóveis de tamanho pequeno tem aumentado [diminuído] muito. ◇ **~ daka [kin]** 売上高[金] O volume [dinheiro] das ~s. **~ denpyō** 売上伝票 A fa(c)tura. **~ kanjō** 売上勘定 A conta das ~s. **Jun ~ daka** 純売上高 O lucro [rendimento] líquido das ~s. **Sō ~ daka** 総売上高 O volume bruto das ~s.

urí-árúku 売り歩く (< urú[1] + …) Vender por fora; ser vendedor ambulante.

urí-bá 売り場 **1** [売る場所] O balcão「de roupa de crianças」. ◇ **Kippu ~** 切符売り場 A bilheteira. **2** [売り時] A melhor altura para vender「a(c)ções bancárias」. [A/反] Kaí-bá.

urí-dáshí 売り出し (< urí-dásu) **1** [発売] O lançamento de [O pôr à venda] um novo produto.

Shin-seihin no ～ kōkoku ga hade ni okonawarete iru 新製品の売り出し広告が派手に行われている A propaganda do novo produto está sendo feita em grande escala. ◇ **～ kakaku** 売り出し価格 O preço de lançamento. [S/同] Hatsúbái. **2** [安売り] A liquidação; o saldo. *Nenmatsu ō-～* 年末大売り出し A grande liquidação do fim do ano. **3** [有名になりだすこと] A ascensão [subida]; o começar a ganhar fama. *Kanojo wa ima ～ (chū) no kashu da* 彼女は今売り出し(中)の歌手だ Ela é uma cantora em ascensão [que começa a ganhar popularidade].

urí-dásu 売り出す (< urú¹ + …) **1** [発売する] Lançar no mercado; pôr à venda. *Kono shingata-sha wa chikaku uridasareru yotei desu* この新型車は近く売り出される予定です Este carro novo modelo vai brevemente [dentro de pouco (tempo)] ser lançado no mercado. **2** [有名になる] Começar a ter fama. ⇨ urídáshí **3**.

urí-góé 売り声 (< urú¹ + kóe) O pregão. *Gyōshōnin no ～ ga kikoeru* 行商人の売り声が聞こえる Ouve-se o ～ dos vendedores ambulantes「nas ruas」.

urí-gúí 売り食い (< urú¹ + kúu) O (ter de) vender os seus haveres para comer. ★ *～ suru* 売り食いする … ⇨ takénókó ◇.

urí-hárau 売り払う (< urú¹ + …) Liquidar「o estoque」; vender「a mobília」.

urí-híkáéru 売り控える (< urú¹ + …) Não vender.

urí-hírómeru 売り広める (< urú¹ + …) Alargar o [Encontrar/Descobrir um novo] mercado.

urí-íé 売り家 A casa (que está) à venda.

urí-ísógu 売り急ぐ (< urú¹ + …) Ter pressa em vender「e fazer um mau negócio」. ★ *Kabu o ～* 株を売り急ぐ Apressar-se a vender as a(c)ções.

urí-kai 売り買い (< urú¹ + kaú) A venda e compra. ★ *Kabu no ～* 株の売り買い ～ de a(c)ções. [S/同] Báibai.

urí-káké 売り掛け·売掛 Uma venda a crédito. *Waga-sha wa ano kaisha ni issenman-en no ～ ga aru* 我が社はあの会社に1千万円の売り掛けがある Nós fizemos ～ de dez milhões de yens àquela empresa. ◇ **～ kanjō** 売掛勘定 A conta da ～. **～ kin** 売掛金 A quantia da ～. [S/同] Kaké-úrí; kashí-úrí. [A/反] Kaíkáké.

urí-kátá 売り方 ⇨ urí-té.

urí-kíré 売り切れ (< urí-kíréru) O acabar-se o artigo à venda; o acabarem-se os bilhetes. *Honjitsu ～* 本日売り切れ (掲示)「no cinema」Lotação esgotada!

urí-kíréru 売り切れる (< urú¹ + …) Ser tudo vendido; esgotar-se (o estoque/depósito). *Maeuri-ken wa urikiremashita* 前売券は売り切れました Os bilhetes pré-comprados [da venda adiantada] já se esgotaram [já foram todos vendidos].

urí-kíru 売り切る Vender todo o estoque (dum artigo)「numa semana」. [S/同] Urí-tsúkúsu.

urí-kó 売り子 (< urú¹ + …) O caixeiro; o vendedor; o marçano; o empregado de vendas; o balconista. ★ *Depāto no ～* デパートの売り子 A empregada (de vendas) num armazém. [S/同] Hańbái-in.

urí-kómí 売り込み (< urí + kómu) O vender o mais possível「a outro país」; a promoção de venda(s). ★ *Shin-seihin no ～* 新製品の売り込み A promoção do novo produto. ◇ **～ gassen** [**kyōsō**] 売り込み合戦[競争] A competição de venda; a luta pelos [para obter] clientes.

urí-kómu 売り込む (< urú¹ + …) Vender o mais possível; fazer propaganda dum artigo. *Afurika ni waga-sha no torakku o urikomō to keikaku-chū de aru* アフリカに我が社のトラックを売り込もうと計画中である Estamos plane(j)ando vender os cami(nh)ões da nossa fábrica [firma] na África. *Kare wa mizukara o yūnō na gishi to shite sono kaisha ni urikonda* 彼は自らを有能な技師としてその会社に売り込んだ Ele entrou para essa companhia dizendo que era uma bom engenheiro.

urí-kótoba 売り言葉 (< urú¹ + …) Uma palavra provocante; a provocação; o insulto. *～ ni kaikotoba de kenka ni natta* 売り言葉に買い言葉でけんかになった「Os dois」, palavra vai palavra vem, acabaram à briga. [A/反] Kaí-kótoba.

urí-mónó 売り物 (< urú¹ + …) **1** [商品] O artigo para venda. *Kono kuruma wa ～ de wa nai* この車は売り物ではない Este carro não é para vender [não está à venda]. [S/同] Shṓhin. **2** [人の関心を集めるもの] O ponto de atra(c)ção; o que agrada aos [impressiona/atrai os] outros. *Ano yakusha wa koe no yosa o ～ ni shite iru* あの役者は声のよさを売り物にしている Aquele a(c)tor sabe tirar partido da sua bela voz. **3** [十八番] O ponto forte; o papel que alguém representa melhor. [S/同] Jū́háchí-ban (+); ohákó (+).

urí-né 売値 (< urú¹ + …) O preço (de venda). [A/反] Kaí-né.

urí-nushi 売り主 (< urú¹ + …) O dono [proprietário/vendedor]. [S/同] Urí-té (+). [A/反] Kaí-nushi.

urí-ópé(réshon) [**ée**] 売りオペ(レーション) (< urú + Ing. operation) 【Econ.】 A venda de títulos「pelo banco central」. [A/反] Kaí-ópé(réshon).

urí-óshímí 売り惜しみ (< urú¹ + oshímu) O hesitar em [não querer] vender. ★ *～(o) suru* 売り惜しみ(を)する Não querer vender, à espera de poder vender depois mais caro.

urí-sábákí 売り捌き (< urí-sábáku) A venda [arte de saber vender].

urí-sábáku 売り捌く (< urú¹ + …) Vender bem [depressa/em grande volume]. *Kare wa sono hon o isshūkan ni sanzen-bu urisabaita* 彼はその本を一週間に三千部売り捌いた Ele vendeu três mil exemplares desse livro numa semana.

urí-sákí 売り先 (< urú¹ + …) **a)** O comprador; o mercado; **b)** A procura; a saída.

urí-shíbúru 売り渋る (< urú¹ + …) ⇨ urí-óshímí.

urí-té 売手 Quem vende; o vendedor. ◇ **～ shijō** 売手市場 O mercado dos [favorável aos] vendedores. [S/同] Urí-nushi. [A/反] Kaí-té.

urí-tóbásu 売り飛ばす (< urú¹ + …) Vender a qualquer preço; desfazer-se de. *Kare wa kahō o nisokusanmon de uritobashita* 彼は家宝を二束三文で売り飛ばした Ele vendeu tesouros [preciosidades] de família por uma ninharia.

urí-tsúkéru 売り付ける (< urú¹ + …) Vender à força; impingir; levar a comprar「bilhetes da lota[e]ria」. *Watashi wa nisemono o uritsukerareta* 私は偽物を売り付けられた Impingiram-me um artigo falso. ⇨ oshí-úrí.

urí-tsúkúsu 売り尽くす (< urú¹ + …) Vender tudo; fazer uma liquidação (da mercadoria). [S/同] Urí-kíru (+).

urí-wátáshí 売り渡し (< urí-wátásu) A venda (e a entrega). ◇ **～ keiyaku** 売り渡し契約 O contrato

U

de venda. ~ **nin** 売り渡し人 O vendedor.
urí-wátasu 売り渡す (< urú¹ + ···) **a)** Vender (e entregar) (⇨ urí-wátáshí); **b)** Atraiçoar「e entregar alguém à polícia」.
uri-yá 売り家 Uma casa (que está) à venda. S/同 Urí-Ié.
urízáné-gáó 瓜実[核]顔 Um rosto oval.
uró¹ 空・虚・洞 A cavidade; o buraco. ★ *Ki no ~ no* 木の空 ~ no tronco duma árvore. ⇨ aná¹; kúdō.
úro² 雨露 [E.] **1**[雨と露]A chuva (e o orvalho). *Somatsu na ie da ga ~ o shinogu ni wa tariru darō* 粗末な家だが雨露をしのぐのには足りるだろう É uma casa modesta, mas deve chegar para a gente se proteger da ~ [intempérie]. **2**[大きな恩恵]O ser abundante [grande]. ★ ~ *no on* 雨露の恩 Uma grande benevolência.
urókó 鱗 A escama. ★ ~ *jō no* 鱗状の Escamiforme [Em forma de ~]. ◇ ~ **gata** [**gumo**].
urókó-gáta 鱗形 (<··· + katá) Escamiforme; a forma de escama.
urókó-gúmo 鱗雲 (<··· + kúmo) O cirro-cúmulo.
urón 胡乱「um negócio」Suspeito; duvidoso. ★ ~ *na otoko* 胡乱な男 Um homem ~ [que não inspira confiança]. ⇨ ayáshíí; fushín²; usán.
ûron-cha [úu] ウーロン[烏竜]茶 Um chá suave chinês.
uróóbóé うろ覚え Uma vaga memória. ★ ~ *ni oboete iru* うろ覚えに覚えている Lembrar-se vagamente「da cidade」[Ter ~].
urótáérú 狼狽える Ficar atarantado [em pânico]; atrapalhar-se; perder a calma [presença de espírito]; ficar confuso. *Haha wa kaji ni atte mo urotaenakatta* 母は火事にあってもうろたえなかった Minha mãe não perdeu a calma quando a casa pegou fogo. ★ *Urotaesaseru* うろたえさせる Fazer perder a calma; atarantar; atrapalhar; confundir「o adversário」. ⇨ rōbái¹.
urótsúkú うろつく Rondar; andar「por ali」às voltas; vaguear. *Ayashii otoko ga ie no mae o urotsuite iru* 怪しい男が家の前をうろついている Anda ali um sujeito à ronda em frente de [da] casa. ★ *Machi o ~ ~* 町をうろつく ~ pela cidade. S/同 Burátsúkú; samáyóu; úro-uro suru.
úro-uro うろうろ **1**[うろつくようす]A rondar [Às voltas]. ★ *Sakariba o ~ suru* 盛り場をうろうろする Vaguear [Rondar] pela zona de diversões. ⇨ urótsúkú. **2**[うろたえるようす]Atrapalhadamente. ★ ~ *suru* うろうろする Atarantar-se; atrapalhar-se; ficar confuso [perturbado]; perder a calma [presença de espírito]. ⇨ urótáérú.
urú¹ 売る **1**[販売する]Vender. *Ano mise de wa mezurashii mono o utte iru* あの店では珍しい物を売っている Aquela loja vende artigos raros. *Kanojo wa kane de mi o utta* 彼女は金で身を売った Ela entregou-se a um homem por dinheiro. *Kore wa doko de utte imasu ka* これはどこで売っていますか Onde se encontra isto à venda? ★ *Ikko hyaku-en de ~* 一個百円で売る ~「as maçãs」a [por] cem yens cada. *Mōkete* [*Son o shite*] ~ もうけて[損をして]売る ~ com lucro [prejuízo]. A/反 Káu. **2**[世間に広める] Tornar-se famoso [conhecido]. *Kare wa dokyō no yosa de otoko o utta* 彼は度胸のよさで男を売った Ele tornou-se conhecido [ficou famoso] pela sua valentia. ★ *Kao* [*Na*] *o ~* 顔[名]を売る Tornar-se conhecido [Ficar famoso]. **3**[裏切る]Trair. *Ano hito wa mikata o ~ yō na koto wa shinai* あの人は味方を売るようなことはしない Ele não é de ~ os amigos. ★ *Kuni o ~* 国を売る ~ a pátria/o país. S/同 Urágíru (+). **4**[しかける]Provocar. ★ *Kenka o ~* 喧嘩を売る ~ uma briga [discórdia]. S/同 Shikákéru.

úru² 得る **1**[手に入れる]Obter; ganhar; beneficiar; aprender; aproveitar. *Kono hon kara wa ~ tokoro ga ōkii* この本からは得るところが大きい Aprende-se muito [Tira-se bom proveito] deste livro. S/同 Éru (+). **2**[···できる](Suf. de outro verbo) Poder「fazer/acontecer」; ser possível. ★ *Jitsugen shi keikaku* 実現し得る計画 Um proje(c)to realizável [fa(c)tível/possível]. S/同 Éru (+). ⇨ ar-úru.
úru [**úu**] ウール (< Ing. wool) A lã. ★ ~ *no sētā* ウールのセーター O pulôver de lã. ⇨ ke¹; ke-Itó; yómó.
urúchí 粳 O arroz não glutinoso.
Urúgúai ウルグアイ O Uruguai. ★ ~ *no* ウルグアイの Uruguaio.
urúmu 潤む **a)** Ficar fosco [escuro]; **b)** Ficar (h)umedecido; **c)** Ficar embargado [pouco claro/distinto]. *Moya de tsuki ga urunde mieru* もやで月が潤んで見える A lua está fosca, com a neblina. *Sono hanashi o kiite kanojo no me wa urunda* その話を聞いて彼女の目は潤んだ Ao ouvir a (triste) história, os olhos (h)umedeceram-se-lhe (de lágrimas).
urúói 潤い (< uróu) **1**[湿気]A (h)umidade ideal; a maciez「suave, de veludo」. ★ ~ *no aru* [*nai*] *hada* 潤いのある[ない]肌 A pele macia/aveludada (áspera). S/同 Shikké; shiméríké. **2**[利益圧]O proveito; o benefício; a vantagem; a ajuda; a utilidade; o lucro. *Wazuka na shūnyū de mo kakei no ~ ni naru* わずかな収入でも家計の潤いになる Qualquer entrada de dinheiro, por pequena que seja, é sempre uma ajuda para a economia doméstica. **3**[情緒]A beleza; a graça; a perfeição; a abundância; o conforto. ★ ~ *no aru bunshō* 潤いのある文章 Um estilo perfeito/fino [Uma frase bem trabalhada]. ~ *no aru seikatsu* 潤いのある生活 Uma vida alegre [aprazível/de conforto]. ⇨ Jōcho.
urúósu 潤す **1**[湿らせる](H)umedecer「os lábios」; molhar; regar. ★ *Nodo o ~* のどを潤す Matar a sede; refrescar a garganta. **2**[豊かにする] Beneficiar; ajudar; aumentar; melhorar; enriquecer. ★ *Hinmin o ~* 貧民を潤す Beneficiar os [a vida dos] pobres. *Kakei o ~* 家計を潤す Ajudar a economia doméstica.
urúóu 潤う **1**[湿る]Ficar (h)úmido [regado]. *Hisashiburi no ame de niwa no kigi ga uruotta* 久しぶりの雨で庭の木々が潤った As plantas do jardim agradeceram esta chuvinha [ficaram bem regadas com esta chuva que se fez esperar]. **2**[豊かになる] Ficar enriquecido [mais aliviado/refrescado「com o ar da serra」]. *Rinji shūnyū de futokoro ga uruotta* 臨時収入でふところが潤った Fiquei mais rico [com a carteira mais cheia] graças a uma entrada extra.
urúságáru 五月蠅がる・煩がる (< urúsái + gáru) Achar barulhento [aborrecido; impertinente]; aborrecer-se; mostrar desagrado. *Kanojo wa hito no sewa o yaki-sugiru no de minna ni urusagararete iru* 彼女は人の世話を焼きすぎるのでみんなにうるさがられている Ela é muito intrometida [mete-se onde não é chamada] e toda a gente se aborrece com

urusá-gátá うるさ型 (< urúsái + katá) Um (cará(c)ter) exigente; um rabugento [picuinhas/coca-bichinhos/niquento/chato (G.)].

urúsái 五月蝿い・煩い **1** [しつこくていやになる] Impertinente; aborrecido; chato (G.). *Nante ~ hae da* なんてうるさいハエだ Que mosca tão [mais] aborrecida! ★ *Urusaku tsukimatou* うるさくつきまとう Não largar [Ficar a aborrecer] alguém; ser carraça. **2** [わずらわしい] Trabalhoso [Que dá trabalho]; incó[ô]modo; complicado. *Kinjo-zukiai ga urusakute iya da* 近所付き合いがうるさくていやだ As relações com os vizinhos só dão trabalho (, não quero). *~ mondai* うるさい問題 Um assunto complicado; um sarilho; um bico-de-obra. ⓈⒿ Meńdókúsái; wazúráwákshíi. **3** [やかましい] Ruidoso; barulhento. *~ Que barulho!* /Cale-se! /Não faça tanto barulho [ruído]! *Hikōki no bakuon ga ~* 飛行機の爆音がうるさ O ruído dos aviões é insuportável! ⓈⒿ Yakámáshíi. **4** [うっとうしい] Que incomoda [atrapalha]; inaguentável. *Kami no ke ga nobi-sugite urusakute shikata ga nai* 髪の毛が伸びすぎてうるさくて仕方がない Já não aguento este cabelo tão comprido! ⓈⒿ Uttôshíi. **5** [ロやかましい] Exigente; impertinente; miudinho. *Kare wa aji[tabemono] ni ~* 彼は味[食べ物]にうるさい Ele é exigente na comida. *Seken wa ~ mono da* 世間はうるさいものだ A gente gosta de falar [não se cala]. ⓈⒿ Kuchí-yákámáshíi.

urúshí 漆 **a)** O sumagre [A sumagreira] (Planta); **b)** A laca [resina/goma] (de sumagre). ★ *~ ni kabureru* 漆にかぶれる Picar-se no ~ (Irrita a pele, como as u[o]rtigas). *~ o nuru* 漆を塗る Laquear [Passar laca/Envernizar com laca/Lacar]. ◇ **~ shokunin** 漆職人 O laqueador. **~ zaiku** 漆細工 O artesanato de laca.

urúu 閏 A intercalação「do dia 29 de fevereiro」. ◇ **~ doshi** 閏年 O ano bissexto ("que tem dois seis": 366 dias).

urúwáshíi 麗しい **1** [美しい] Bonito; lindo. ★ *~ josei* 麗しい女性 Uma mulher linda. *~ koe* 麗しい声 Uma voz linda. ⓈⒿ Kírei (+); utsukúshíi (o). **2** [晴れやかだ] Excelente; brilhante; claro; satisfeito. *Go-kigen uruwashiki yoshi nani yori no koto to zonjimasu* 御機嫌麗しい由何よりのことと存じます Folgo muito em [Alegra-me] saber que está passando bem [está em excelente forma]. **3** [心温まる] Tocante; comovedor. ★ *~ jōkei* 麗しい情景 Uma cena comovedora [tocante].

úryō 雨量 A precipitação [pluviosidade] em determinado período ou região. *Sakuban no ~ wa hyaku miri datta* 昨晩の雨量は100ミリだった O índice pluviométrico [A precipitação/A quantidade de chuva] na noite passada foi (de)cem milímetros. ◇ **~ kei** 雨量計 O pluviô[ô]metro; o udó[ô]metro.

úsa 憂さ (⇨ uréeru) A tristeza; os desgostos [as mágoas]「da vida」. ◇ **~ barashi** 憂さ晴らし O esquecer as/os ~ [~ *barashi ni eiga demo mi ni ikō* 憂さ晴らしに映画でも見に行こう Vamos ver um filme para esquecer tristezas].

usági 兎・兔 [Zool.] **a)** O coelho ("cuniculus")「bravo/doméstico」; **b)** A lebre ("lepus"; tem as orelhas e patas de trás compridas ⇨ no-úsagi); ◇

~ goya 兎小屋 Uma coelheira [casota dos ~s]. **~ tobi** 兎跳び O salto [saltar] de cócoras (Ginástica).

usán 胡散 O ser suspeito [desconfiado]. ★ *~ kusai* 胡散臭い Desconfiado [*Kare wa ~ kusasō ni watashi o mite ita* 彼は胡散臭そうに私を見ていた Ele estava a olhar para mim com ar de desconfiado]. ⇨ ayáshíi.

usé-mónó 失せ物 (< uséru ~) Um obje(c)to perdido. ⓈⒿ Fuńshítsúbutsu (+); ishítsúbutsu; nakúshímónó (+); sagáshímónó. ⇨ otóshí-móno.

uséru 失せる **1** [なくなる] Perder. *Mukashi no genki wa useta* 昔の元気は失せた「o professor」 Perdeu a vitalidade de outrora. ⓈⒿ Fuńshítsú súru; nakúnáru (+). **2** [行く；去る] Desaparecer; sumir-se. *Totto to usero [useyagare]* とっとと失せろ [失せやがれ] Desapareça da minha vista/Suma-se daqui (para fora)!

usétsú 右折 O virar à direita. *~ kinshi* 右折禁止 (掲示)(É) Proibido virar à direita. ★ *~ suru* 右折する Virar à direita. Ⓐ/反 Sasétsú.

ushi¹ 牛 A「carne/O leite de」vaca; o touro (Inteiro) [boi (Castrado)]; o vitelo (a vitela) (Novos). *~ ga mō to naita* 牛がモーと鳴いた ~ mugiu. ★ *~ no kawa* 牛の皮 O couro [A pele] de ~. *~ o kau* 牛を飼う Criar vitelos [gado]. Ⓟことわざ *~ ni hikarete zenkōji mairi* 牛にひかれて善光寺参り Acabar fazendo uma boa a(c)ção em que nem tinha pensado. *~ wa ~ zure uma wa uma-zure* 牛は牛連れ馬は馬連れ Cada qual com seu igual. Ⓘ/慣用 *~ no ayumi* 牛の歩み「ri/andar a」 Passo de boi (caracol/lesma). *~ no yodare* 牛のよだれ Uma coisa interminável [sem fim]. ◇ **~ goya** 牛小屋 O curral. **~ kai** 牛飼い O vaqueiro; o boiadeiro; o campino「do Ribatejo」; o gaúcho「de Porto Alegre」

ushi² 丑 **a)** O Touro (Do zodíaco); **b)** O norte-nordeste; **c)** A hora entre as 1h. e as 3h. da manhã. *~ no hi* 丑の日 O dia do Touro; o dia mais quente do ano. *~ no koku* 丑の刻 A hora entre a 1 e as 3h. da manhã. ◇ **~ mítsúdóki** 丑三つ時 A calada da noite.

ushináú 失(喪)う **1** [なくす] Perder. *Kare wa gyanburu de zaisan o ushinatta* 彼はギャンブルで財産を失った Ele esbanjou [perdeu] a fortuna nos jogos de azar. *Kodomo no toki no junshin-sa o ushinawazu ni iru hito wa sukunai* 子供の時の純真さを失わずにいる人は少ない São poucas as pessoas que conservam [não perderam] a pureza (de coração) da infância. ★ *Kibō o ~* 希望を失う ~ a esperança. *Risei o ~* 理性を失う ~ o juízo. *Shiryoku o ~* 視力を失う ~ a vista; ficar cego. *Shoku o ~* 職を失う ~ o emprego. ⓈⒿ Nakúsú. **2** [取り逃がす] Deixar escapar; perder. *Saigo no chansu o ushinatta* 最後のチャンスを失った ~ a última oportunidade. ⓈⒿ Tóri-nígásu. **3** [死なれる] Perder por morte. *Kare wa hayaku ni chichi o ushinatta* 彼は早くに父を失くした Ele perdeu o pai muito cedo.

ushió 潮・汐 A maré; as ondas (do mar). *~ no gotoku oshi-yoseru* 潮の如く押し寄せる「a multidão」Vir [Investir; Lançar-se] como uma onda. ⇨ mańchó.

ushíró 後ろ **1** [背後] Atrás; (a parte) de trás; as costas. *~ kara miru to kare wa otoko ka onna ka wakaranai* 後ろから見ると彼は男か女かわからない (Visto) de costas, não se sabe se ele é homem ou mulher. *Watashi no ~ kara koinu ga tsuite kita* 私

の後ろから子犬がついて来た Um cachorrinho seguiu-me [veio atrás de mim]. ★ ~ kara kaze o ukeru 後ろから風を受ける Apanhar (o) vento pelas costas. ~ ni sagaru 後ろに下がる Recuar; retroceder; dar marcha atrás [à ré]. ~ o furimuku 後ろを振り向く Voltar [Virar]-se para trás. ~ o miru 後ろを見る Olhar para trás. Ie no ~ o tōru 家の後ろを通る Passar por [de] trás da casa. A/反 Máe. **2** [背中] As costas「da cadeira」. Teki ni ~ o miseru wake ni wa ikanai 敵に後ろを見せるわけにはいかない Não podemos [se pode] virar (a)s ~ ao adversário. S/同 Senáká. **3** [物のかげ] Trás. Reizōko no ~ kara gokiburi ga arawareta 冷蔵庫の後ろからゴキブリが現れた Uma barata saiu de ~ do frigorífico [da geladeira]. **4** [後部; 後方] A parte de trás; a retaguarda; o fundo (da sala). ~ no seki datta no de butai ga yoku mienakatta 後ろの席だったので舞台がよく見えなかった Não se via bem o palco porque o meu assento [lugar] ficava cá atrás [no fundo]. S/同 Kóbu; kóhō.

ushíro-ashi 後ろ足 A(s)pata(s) traseira(s)[de trás]. S/同 Ató-ashi. A/反 Maé-ashi.

ushíró-áwase 後ろ合わせ ⇨ senáká ◇.

ushíró-dáté 後ろ盾[楯](<… + táte) O apoio; o patrocínio; a ajuda; a prote(c)ção. Kare wa aru daijin o ~ ni shite iru 彼はある大臣を後ろ盾にしている Ele tem um ministro que o ajuda [apoia; protege]. ⇨ kóen-sha¹.

ushíró-dé 後ろ手 (<… + te) As mãos atrás das costas. ~ ni shibaru 後ろ手に縛る Amarrar [Atar] alguém com as ~.

ushíró-gámi 後ろ髪 (<… +kami) Os cabelos. Kodomo to wakareru no wa ~ o hikareru omoi datta 子供と別れるのは後ろ髪を引かれる思いだった Quanto me custou separar-me dos meus filhos! Foi como se me levassem pelos ~ !

ushíró-gúrái 後ろ暗い (<… +kurái) Suspeito; culpável; sujo; duvidoso; dúbio; escuro. Watashi wa nani mo ~ koto wa shite inai 私は何も後ろ暗いことはしていない Eu não fiz nada (que seja) sujo. S/同 Ushírómétái (+). ⇨ ayáshíi.

ushíró-mae 後ろ前 (Com a parte) de trás para a frente; ao contrário. Awatete sētā o ~ ni kite shimatta あわててセーターを後ろ前に着てしまった Com a pressa, vesti o pulôver ~. ⇨ urá-ómote.

ushírómétái 後ろめたい「com a consciência」Culpável. ★ ~ kimochi ga [omoi o] suru 後ろめたい気持ちが[思いを]する Sentir remorsos; sentir-se ~. S/同 Ushírógúrái.

ushíró-múki 後ろ向き (<… +mukú) **1** [背中を向けていること] O estar de costas [às avessas]. ★ ~ ni aruku 後ろ向きに歩く Andar de costas. ~ ni koshikakeru 後ろ向きに腰掛ける Sentar-se de costas. A/反 Maé-múki. **2** [消極的] Retrógrado; negativo. Kare no ikiru shisei wa ~ da 彼の生きる姿勢は後ろ向きだ Ele é um retrógrado! ★ ~ no kangaekata 後ろ向きの考え方 O pensamento ~; uma ideia negativa. A/反 Maé-múki.

ushíró-súgata 後ろ姿 A vista de costas [de trás]. Kare wa ~ ga chichi-oya sokkuri da 彼は後ろ姿が父親そっくりだ De [Por] trás ele é igual ao [é a figura do] pai.

ushíro-yubi 後ろ指 A acusação; o apontar o dedo pelas costas. Hito kara ~ o sasareru yō na koto wa suru na 人から後ろ指を指されるようなことはするな Não faça nada de que o possam andar a acusar [apontar com o dedo].

ushō 鵜匠 ⇨ u-káí².

úso¹ 嘘 **1** [いつわり] A mentira; a falsidade; a peta (Col.); o embuste; a invenção. ~ ni mo hodo ga aru 嘘にも程がある Nunca vi mentira tão escancarado como você! E, ~ desho え、嘘でしょ Como? Isso deve ser mentira [não pode ser]! Kore wa ~ no yō na hontō no hanashi da これは嘘のような本当の話だ Isto parece mentira mas é verdade. ★ ~ happyaku o naraberu 嘘八百を並べる Contar com todos os dentes; só dizer mentiras. ~ o iifurasu 嘘を言い触らす Espalhar mentiras. ~ o oshieru 嘘を教える Dar uma informação errada (e enganar). ~ o tsuku 嘘をつく Mentir (⇨ usó-tsuki) [Haha ni wa gakkō e iku to ~ o tsuite eiga ni itta 母には学校へ行くと嘘をついて映画に行った Menti à minha mãe que ia para escola e fui ao cinema. Makka na ~ 真っ赤な嘘 Uma mentira descarada. Tsumi no nai [Heta na; Mottomo-rashii; Miesuita] ~ 罪のない[へたな; もっともらしい; 見えすいた] 嘘 A mentira inocente [tola; clara; transparente]. P≈とわざ ~ kara deta makoto 嘘から出たまこと Uma mentira que veio a ser verdade. ~ mo hōben 嘘も方便 Às vezes a mentira é necessária. ~ wa dorobō no hajimari 嘘は泥棒の始まり A mentira gera o [é prima do] ladrão. S/同 Hóra; itsúwárí; usóppachí. **2** [誤り] A incorre(c)ção; o erro. ★ ~ ji o kaku 嘘字を書く Escrever uma letra [o ideograma] errada[o]. S/同 Ayámárí (+); usóppachí. **3** [適当でること] O engano; é disparate. Ima kabu o kawanai no wa ~ da 今株を買わないのは嘘だ Não comprar a(c)ções agora é um erro/disparate. S/同 Usóppachí.

úso² 鷽 【Zool.】O pisco chilreiro [dom-fafe]; pyrrhula pyrrhula.

usóbúku 嘯く **1** [とぼける] Fingir; mentir. Shiranai yo to kare wa usobuita 知らないよと彼は嘯いた Não sei! — mentiu ele (o descarado). S/同 Tobókéru. **2** [豪語する] Gabar-se; vangloriar-se. Tenisu de ore ni katsu mono wa inai to kare wa usobuita テニスで俺に勝つ者はいないと彼は嘯いた No té[£]nis não há um que me ganhe! — gabou-se ele. S/同 Góga suru. **3** [ほえる]「o lobo」Uivar「à lua」. S/同 Hoéru (+).

usókú 右側【E.】⇨ migí-gáwá.

usóppachí 嘘っぱち【G.】Uma mentira descarada. S/同 Úso¹ (+).

usó-tsuki 嘘吐き (<…¹ + tsúku) Um mentiroso. Aitsu wa hidoi ~ da あついはひどい嘘つきだ Ele é um mentiroso de primeira [marca maior]. Kono ~ me この嘘つきめ Seu mentiroso! S/同 Horá-fuki.

usséki 鬱積 O conter [aguentar] à força; o acumular-se; a repressão「dos sentimentos」. ★ ~ suru 鬱積する Conter; reprimir; abafar; sufocar [~ shita ikari 鬱積した怒り A ira mal contida].

ussō 鬱蒼 Denso. Kigi ga ~ to shigette iru 木々が鬱蒼と茂って iru As árvores cresceram e encheram [invadiram] tudo.

ussúra 薄ら (< usúí) Levemente; vagamente; um pouco. ~ to higashi no sora ga akaruku nari-hajimete ita 薄らと東の空が明るくなり始めていた O céu do nascente começara [tinha começado] a clarear ~. Kanojo wa kuchibiru ni ~ to beni o hiite ita 彼女は唇に薄らと紅を引いていた Ela pintava um pouco os lábios com o batom. ★ ~(to) me o akeru 薄ら(と)

目をあける Entreabrir [Abrir um pouco] os olhos/as pálpebras. ～(to) oboete iru 薄ら(と)覚えている Recordar [Lembrar]-se vagamente.

úsu[1] 臼 **a)** O almofariz; o pilão; o gral; **b)** A mó (de moinho). ★ ～ de mochi o tsuku 臼で餅をつく Amassar o arroz (já cozido) no pilão.

usú-[2] (< usúí)【Pref.】 **1**［厚さが薄い］Um pouco [A puxar para o] fino/delgado. **2**［程度が少ない］Pouco. ◇ ～ midori 薄緑 O verde-claro (Portanto "pouco" verde). A/反 Kói. **3**［なんとなく；どことなく］Meio; quase; um pouco; um tanto (⇨ usú-áji; usú-géshō).

-usu[3] 薄 (< usúí)【Suf.】Pouco. ★ Kinori ～ de aru 気乗り薄である Ter [Mostrar] pouco ânimo「em ajudar」. Nozomi de aru 望み薄である Ter pouca esperança [de salvação]. S/類 Hakúhyō.

usú-áji 薄味 (< usú·[3] + …) Pouco tempero. ★ ～ no ryōri 薄味の料理 A comida pouco temperada「é melhor」.

usú-ákari 薄明かり (< usú·[2] + …) A meia-luz; um pouco de claridade [luz].

usú-ákarúí 薄明るい (< usú·[3] + …) Um pouco claro [escuro]; meio escuro [claro]. Higashi no sora ga usuakaruku natte kita 東の空が薄明るくなってきた O céu do nascente começou a clarear.

usú-bá 薄刃 (< usú·[1] + ha) A lâmina fina「da faca de cozinha」. ★ ～ no kamisori 薄刃のかみそり Uma navalha de barba de ～.

usú-báká 薄馬鹿 (< usú·[3] + …) Simplório; meio [um pouco] tonto. S/類 Usú-nóró.

usúbá-kágérō 薄羽蜉蝣［蜻蛉］【Zool.】A formiga-leão (Um inseto alado que come formigas, quando ainda é larva). ⇨ arí-jígoku.

usú-béni 薄紅 (< usú·[2] + …) Róseo; cor-de-rosa (claro); vermelho-claro. ⇨ usúkúrénai.

usú-béri 薄縁 (< usú·[1] + herí) Uma esteira fina (de junco com uma bordadura [bainha] de pano à volta). ⇨ gozá.

usú-bi 薄日 (< usú·[2] + hi) Um solzito; uma réstea de sol. ～ ga sashite iru 薄日が差している Está a fazer um ～; há uma ～.

usú-chá 薄茶 (< usú·[2] + …) **1**［お薄］Um chá fraco (Feito com folhas em pó; ⇨ hikí-chá). S/類 O-úsu. A/反 Koíchá. **2**［薄い茶色］Castanho-claro. ◇ ～ iro 薄茶色 O [A cor] castanho-claro[a].

usú-dé 薄手 (< usú·[1] + te) **1**［厚みのないこと・もの］O ser fino (Com pouca espessura). ★ ～ no nuno 薄手の布 Um tecido [pano] fino. A/反 Atsú-dé. **2**［浅薄なこと］O ser frívolo [barato/superficial]. ★ ～ no shōsetsu 薄手の小説 Uma novela (muito) ～. ⇨ señpáku[2]. **3**［浅い傷］Um ferimento leve. S/類 Asá-dé (+ ...). A/反 Fuká-dé.

usú-gámí 薄紙 (< usú·[1] + kamí) O papel fino [de seda]. Kanojo no byōki wa ～ o hagu yō ni yoku natte kita 彼女の病気は薄紙を剥ぐようによくなってきた Ela, pouco a pouco [aos pouquinhos] melhorou muito.

usú-géshō 薄化粧 (< usú·[3] + keshō) **1**［薄く化粧すること］Uma maquil(h)agenzita; pouca maquil(h)agem; pouco cosmético. ★ ～ o suru 薄化粧をする Usar ～; pintar-se pouco. A/反 Atsú-géshō. **2**［雪でおおわれること］【Fig.】O estar (coberto) com uma leve camada de neve. Kesa wa Fuji-san ga ～ o shite iru 今朝は富士山が薄化粧をしている Esta manhã o monte Fuji tem uma ….

usú-gí 薄着 (< … ·[2] + kirú) O vestir [pôr] pouca roupa. Narubeku ～ o shita hō ga karada ni yoi なるべく薄着をした方がからだによい Vestir [Usar] o menos possível de roupa é bom para a saúde. A/反 Atsú-gí.

usú-gírí 薄切り (< … ·[1] + kíru) O cortar fino. ★ Remon o ～ ni suru レモンを薄切りにする Cortar o limão fino [em fatias finas]. A/反 Atsú-gírí.

usú-gítánái 薄汚い (< … ·[3] + kitánái) Meio [Um pouco] sujo.

usú-góri［óo] 薄氷 (< … ·[1] + kōri) Uma fina camada de gelo. Mizuumi ni ～ ga hatte iru 湖に薄氷が張っている O lago tem [está com] uma ～. S/類 Hakúhyō.

usú-gúmó 薄雲 (< usú·[1] + kúmo) Uma nuvem fina;「o céu está como」umas nuvenzitas.

usú-gúmóri 薄曇り (< usú·[3] + kumórí) O estar um pouco nublado. Kyō wa ～ da 今日は薄曇りだ Hoje está um pouco nublado.

usú-gúrái 薄暗い (< usú·[3] + kuráí) Meio [Um pouco] escuro; com [que tem] pouca luz. ～ tokoro de hon o yomu to me o waruku suru 薄暗い所で本を読むと目を悪くする Ler com pouca luz faz mal à vista. Hi ga kurete atari wa usuguraku natta 日が暮れてあたりは薄暗くなった O sol pôs-se e começou a escurecer. ★ ～ akari no moto de 薄明かりの下で Sob uma luz fraca [Com pouca luz]. ～ heya 薄暗い部屋 Um quarto ～.

usuí 薄い **1**［厚みがない］Fino; delgado. Pan o usuku kitte kudasai パンを薄く切ってください Corte [Faça o favor de cortar] o pão fino [em fatias finas]. ★ ～ kami 薄い紙 O papel fino. A/反 Atsúí. **2**［濃くない］「sumo」Diluído; fraco;「azul」claro; pálido. Kono kōhī wa usukute mazui このコーヒーは薄くてまずい Este café está fraco, assim não é bom. Sono heya no kabe wa ～ pinku-iro datta その部屋の壁は薄いピンク色だった A parede do [desse] quarto era (cor-de-)rosa pálido [claro]. Watashi no chichi wa saikin kami ga usuku natte kita 私の父は最近髪が薄くなってきた Meu pai está ficando [a ficar] com pouco cabelo. ★ ～ kiri 薄い霧 Uma neblina fina [té(ê)nue]. Usuku suru 薄くする Fazer ～. A/反 Kói. **3**［多くない］Pouco. ★ ～ ga tasukaru nozomi wa ～ 彼が助かる望みは薄い As esperanças de cura dele são muito poucas. Watashi wa kare to najimi ga ～ 私は彼となじみが薄い Conheço-o muito pouco [Não tenho muita confiança com ele]. ★ Mōke ga ～ 儲けが薄い Lucrar [Ganhar] pouco.

usú-ítá 薄板 (< usúí + ita) **a)** Uma tábua fina; **b)** Uma chapa [folha] fina「de aço」.

usú-jií 薄地 Um tecido [pano] fino. A/反 Atsú-jí.

usú-jió 薄塩 (< … ·[2] + shió) O ter [temperar com] pouco sal. ★ ～ no tsukemono 薄塩の漬け物 Os vegetais em conserva, com ～.

usú-káwá 薄皮 **1**［薄い皮］A pele [membrana] fina; a película; a pelezinha. ⇨ amá-káwá. **2**［⇨ kyōgí[2]].

usú-kémuri 薄煙 Um pouco de fumo.

usú-kímíwárúí 薄気味悪い (Um tanto/pouco) medonho [sinistro]; arrepiante; desagradável. Yoru no hakaba wa ～ mono da 夜の墓場は薄気味悪いものだ O cemitério de noite tem (um pouco de) medo. ★ ～ oto 薄気味悪い音 Um ruído ～.

usú-kúrágári 薄暗がり A penumbra; meio escuro; pouca luz. ★ ～ o tesaguri de aruku 薄暗がりを

手探りで歩く Ir às apalpadelas, com pouca luz.
usú-kúrénai 薄紅 Róseo; cor-de-rosa claro. ⇨ usú-béni¹.
usúmé¹ 薄目 Os olhos meio fechados [abertos]. *Watashi wa ～ o akete mita* 私は薄目を開けて見た Abri um pouco os olhos a [para] ver「as horas」.
usúmé² 薄め (＜ usuí + -me²) Um pouco [A puxar/tender para o] fino/fraco/claro/diluído. ★ ～ *no o-cha* 薄めのお茶 Um chá fraco. *Niku o ～ ni kiru* 肉を薄めに切る Cortar a carne em fatias antes [melhor] finas do que grossas.
usúméru 薄める Diluir; acrescentar água; enfraquecer「o café」; abrandar. *Kono kusuri wa mizu de go-bai ni usumete tsukatte kudasai* この薬は水で5倍に薄めて使ってください Tome este remédio adicionando-lhe [diluindo-o em] cinco porções de água.
usú-mónó 薄物 A roupa fina [leve/de verão].
usú-móyá 薄霧 Uma névoa [neblina] fina [té[ê]-nue].
usú-nóró 薄鈍 ⇨ usú-báka.
usúppérá 薄っぺら **1**[薄いようす]「tecido」Muito fino. ★ ～ *no kami* 薄っぺらの紙 Um papel ～. ⇨ perá-pérá; usuí. **2**[浅湿] Frívolo;「uma ideia」superficial; de má qualidade. ★ ～ *na ningen* 薄っぺらな人 Um frívolo [superficial]. ⇨ keíhákú; señpákú².
usúra- 薄ら (＜ usuí) Um pouco [tanto/nada]「frio/claro」.
usúrágu 薄らぐ Diminuir; passar; abrandar. *Itami ga sukoshi usuraida* 痛みが少し薄らいだ A dor abrandou [passou] um pouco. *Toki o heru to kanashimi mo ～* 時を経ると悲しみも薄らぐ Com o tempo, também a tristeza passa. S/同 Usúréru.
usúrá-sámúí 薄ら寒い Um tanto [pouco] frio. S/同 Hadá-sámúí.
usúréru 薄れる Dissipar-se「a neblina」;「a luz/o interesse」diminuir; enfraquecer;「a cor」desbotar. *Toshi o toru to shiryoku ga ～* 年を取ると視力が薄れる Com a idade, a vista vai enfraquecendo.
usú-úsú 薄薄 (＜ usuí-²) Vagamente. *Sore wa watashi mo ～ kanzuite ita* それは私も薄々感づいていた Eu também tinha essa vaga impressão. ⇨ kásuka; nañ-tó-náku.
usú-wárai 薄笑い Um vago sorriso. ★ ～ *o ukaberu* 薄笑いを浮べる Fazer ～.
usú-yógórérú 薄汚れる Ficar um pouco sujo.
usú-yúkí 薄雪 Uma camada fina de neve.
usú-zúmí 薄墨 (＜ -²+ sumí) **a)** A tinta nanquim [-da-china] muito diluída; **b)** O [A cor] cinza. ★ ～ *o nagashita yō na sora* 薄墨を流したような空 Um céu cinzento. ◇ ～ *iro* 薄墨色 A cor cinza「do hábito do bonzo」.
utá 歌 **1**[歌謡] A canção; a cantiga「popular」; o canto [cântico]「religioso」(⇨ séika⁹). *Kare wa ～ ga umai* 彼は歌がうまい Ele canta bem. ◇ ～ *o utau* 歌を歌う Cantar (um/a ～). ◇ ⇨ ～ **goe**. **2**[詩歌] O poema; a poesia. ★ ～ *o tsukuru* [*yomu*] 歌を作る[よむ] Compor [Recitar] um/a ～. ◇ ⇨ ～ **garuta** [**gokoro/kai/yomi**]. ⇨ shi³; tánka⁵; wáka.
utágáí 疑い (＜ utágáu) **1**[確かでないと思うこと] A dúvida. *Kare wa ～ naku konseiki saidai no gaka no hitori da* 彼は疑いなく今世紀最大の画家の一人だ Ele é sem (sombra de) dúvida um dos maiores pintores deste século. *Kono jigyō no seikō wa ～ no yochi ga nai* この事業の成功は疑いの余地がない Que este proje(c)to vai ter sucesso, não há lugar para dúvidas. *Kono nyūsu wa shinpyōsei ni ～ ga aru* このニュースは信憑性に疑いがある Há algumas dúvidas sobre a autenticidade desta notícia. **2**[(悪いことに関して) そうではないかと思うこと] A suspeita; a desconfiança; a acusação. *Kare wa supai no ～ de taiho sareta* 彼はスパイの疑いで逮捕された Ele foi preso por suspeita [ter sido acusado] de espionagem. *Minna kara ～ no me de mirareru no ga tsurakatta* みんなから疑いの目で見られるのがつらかった Custou-me muito ser visto por todos como suspeito [com suspeita]. ★ ～ *ga kakaru* 疑いがかかる Ser acusado [tido por suspeito]. ～ *o idaku* 疑いを抱く Suspeitar; desconfiar. ～ *o kakeru* 疑いをかける Acusar; lançar uma suspeita. ～ *o toku* [*harasu*] 疑いを解く[晴らす] Dissipar a suspeita; eliminar [acabar com] as ～s. ⇨ kéngi¹.
utágái-búkái 疑い深い (＜ ⋯ + fukái) Desconfiado; incrédulo. ★ ～ *me de miru* 疑い深い目で見る Olhar, desconfiado [com desconfiança].
utá-gáruta 歌加留多 (＜ ⋯ + káruta) As cartas com poemas (Um jogo em que cartas com o final de poemas são estendidas na mesa [no tatámi]. Há um encarregado de ler noutras cartas o começo dos mesmos poemas. Ganha quem primeiro disser todo o poema e mais cartas arrebanhar).
utágáu 疑う **1**[確かでないと思う] **a)** Duvidar; **b)** Ser cé(p)tico. *Boku wa kimi no seikō o shinjite utagawanakatta* 僕は君の成功を信じて疑わなかった Eu nunca duvidei do teu sucesso. *Sonna koto o suru nante kare no ryōshiki ga utagawareru* そんなことをするなんて彼の良識が疑われる Fazer uma coisa dessas! É para duvidar do bom senso dele. *Sono hanashi o kiite watashi wa jibun no mimi o utagatta* その話を聞いて私は自分の耳を疑った Quando me contaram isso, eu não podia acreditar no que ouvia. **2**[(悪いことに関して) そうではないかと思う] Acusar; suspeitar; desconfiar. *Kare wa satsujinhan de wa nai ka to keisatsu ni utagawarete iru* 彼は殺人犯ではないかと警察に疑われている A polícia suspeita [desconfia] que ele foi o assassino. ⇨ kéngi¹.
utágáwáshíí 疑わしい (＜ utágáu) Duvidoso; suspeito. *Kono keikaku ga seikō suru ka dō ka wa ～* この計画が成功するかどうかは疑わしい Não se sabe se este plano vai dar certo ou não [É duvidoso que o plano dê certo]. *Sono hito-tachi wa watashi no hō o utagawashi-ge[-sō] ni mita* その人たちは私の方を疑わしげ[そう]に見た As pessoas voltaram-se com olhar desconfiado para mim [olharam-me com suspeita]. ★ ～ *kōi* 疑わしい行為 Um a(c)to ～.
utágé 宴 [E.] O banquete; a festa. ⇨ eñ-káí².
utá-góe 歌声 (＜ ⋯ 1 + kóe). A voz de quem canta;「oiço」alguém a cantar「perto daqui」.
utá-gókoro 歌心 (＜ ⋯ 2 + kokóro) A sensibilidade poética; o conhecimento [apreço/gosto] da poesia. ★ ～ *ga aru* 歌心がある Ter sensibilidade poética; ser poeta; apreciar [gostar de] sensibilidade.
utágúrú 疑ぐる ⇨ utágáu.
utáí 謡 A recitação [parte recitativa] do (teatro) nô. S/同 Yōkyóku.
utáí-mónku 謳い文句 (＜ utáu² + ⋯) O lema; o grito de guerra; a divisa. S/同 Kyatchí-fúrézu; surógan.
utáí-té 歌い手 (＜ utáu¹ + ⋯) O cantor.

[S/同] Káshu (+).

utá-kái 歌会 Uma sessão [reunião] de poesia (com apresentação e recitação de "waka"). ◇ **~ hajime** 歌会始め A primeira ～ do ano「na corte imperial」.

utaréru 打[撃]たれる (Voz passiva de "útsu") **a)** Levar um tiro; **b)** Ser atingido「por uma bala/pela chuva」; ficar impressionado [comovido]. *Kare wa mune o utarete shinda* 彼は胸を撃たれて死んだ Ele foi atingido (por uma bala) [levou um tiro] no peito e morreu. ★ *Ame ni ～ utareru* 雨に打たれる Apanhar chuva. *Kokoro [Mune] o ～* 心 [胸] を打たれる Comover-se; ficar comovido [impressionado]. *Kyōfu (no nen) ni ～* 恐怖 (の念) に打たれる Ficar aterrorizado [apavorado].

utátá 転と【E.】 Sem saber como [por quê]; realmente. *～ konjaku no kan ni taenu* 転た今昔の感に堪えぬ ～ sinto o presente tão diferente do passado (que até me custa aceitá-lo)!

utátá-né 転寝 (< utátá + nerú) O cabecear [cochilar]; a soneca. *Hon o yonde iru uchi ni ～(o) shite shimatta* 本を読んでいるうちに転寝(を)してしまった Estava a ler (um livro) e deu [veio]-me o sono. ⇨ kamín; karí-né.

utáu¹ 歌う **1**[ことばに節をつけて唱える] Cantar. *Kanojo wa piano ni awasete utatta* 彼女はピアノに合わせて歌った Ela cantou, acompanhada ao piano. **2**[詩歌などをつくる] Exprimir (em verso); cantar. *Kono shi wa koibito o ushinatta kanashimi o utatta mono da* この詩は恋人を失った悲しみを歌ったものだ Este poema exprime a tristeza da perda do amado [da amada].

utáu² 謳う **1**[ほめたたえる] Louvar; enaltecer. *Kanojo wa keu no tensai pianisuto to utawarete iru* 彼女は稀有の天才ピアニストと謳われている Ela é enaltecida [tida] como um raro prodígio de pianista. [S/同] Homé-tátáeru. **2**[表明する] Declarar; exprimir claramente. *Kenpō wa sensō hōki o utatte iru* 憲法は戦争放棄を謳っている A constituição (japonesa) consagra [declara] a renúncia à guerra. [S/同] Hyōmé¹ súrú.

utá-yómí 歌詠み (< ⇨ **2** + yómú) **a)** O fazer poesia; **b)** O poeta [A poetisa] de "tanka".

utchárákasu 打ち遣[棄]らかす【G.】 ⇨ hottárákasu; utcháru **2**.

utchárí 打ち遣[棄]り (< utcháru) O truque [golpe] em que o adversário retrocede e empurra o outro que ia ganhar para fora da arena. **2**[逆転]【Fig.】 A reviravolta (à última hora). ★ *Aite ni ～ o kuwaseru* 相手に打っちゃりを食わせる Dar uma ～「ao jogo」e derrotar o adversário no fim. [S/同] Gyakúté̱n (+).

utcháru 打ち遣[棄]る **1**[捨てる] Deitar [Jogar] fora「o guarda-chuva partido」. [S/同] Sutérú (+). **2**[放っておく] Não se importar (incomodar); não fazer caso「do trabalho」. *Ore no koto wa utchatte oite kure* 俺の事は打っちゃっておいてくれ Deixe-me em paz/Não se incomode「meta」comigo. [S/同] Hottárákasu (+); hotté-óku (+); utchárákasu. **3**[Sumō] ⇨ utchárí. **4**[逆転]【Fig.】 Dar uma reviravolta「ao jogo」à última hora; inverter [virar] a situação. *Saigo no tokoro de teki ni utchareta* 最後の所で敵に打っちゃられた No fim, levámos uma reviravolta (e perdemos).

utéki 雨滴【E.】 A gota de chuva.

[S/同] Amádáré (+).

úten 雨天 O tempo chuvoso; o dia de chuva. *～ no baai wa ensoku wa chūshi saremasu* 雨天の場合は遠足は中止されます Se chover [Em caso de chuva], o passeio será [fica] cancelado. ◇ **~ jun'en** 雨天順延 Em caso de chuva,「o jogo」fica adiado.

utói 疎い **a)** Longínquo; distante; **b)** Ignorante; desconhecedor. *Kare wa hōritsu ni ～* 彼は法律に疎い Ele sabe pouco de direito. *Watashi wa seji ni ～* 私は世事に疎い Eu「reconheço que」não conheço o mundo. [P=ことば] *Saru mono wa hibi ni utoshi* 去る者は日日に疎し Longe da vista, longe do coração.

utónjíru 疎んじる Manter alguém à distância; ignorar; desprezar. *Ano hito wa tomodachi kara mo utonjirarete iru* あの人は友だちからも疎んじられている Até os amigos o ignoram.

útouto (to) うとうと (と) (Im. de cabecear [ficar meio dormido]). *Watashi wa jugyō no aida ～ shite ita* 私は授業の間うとうとしていた Passei a aula adormecido [a cabecear).

útsu¹ 打つ **1**[叩く；ぶつける；なぐる] Bater; dar uma paulada [pancada; bofetada; surra; um murro]; malhar; fustigar. *Hageshii ame ga mado o utte iru* 激しい雨が窓を打っている Olhem que chuva tão forte a bater na janela! *Tokei ga jū-ji o utta* 時計が10時を打った O relógio deu [bateu] as dez (horas). *Watashi wa tsukue no kado de atama o utta* 私は机の角で頭をうった Bati com a cabeça na beira [no canto] da mesa [escrivaninha]. ★ *Kugi [Kui] o ～* くぎ [杭] を打つ Cravar um prego [Enterrar uma estaca]. *Taiko o ～* 太鼓を打つ Tocar tambor. *Te o ～* 手を打つ Bater palmas. [I/慣用] *Kare wa uteba hibiku yō na ōtō o suru* 彼は打てば響くような応答をする Ele responde logo [sabe reagir/é inteligente]. ◇ butsúkéru; nagúru; tatáku.

2[打つことによって仕事をする] Agir; dar; lançar. *～ te ～ te ga subete shippai shita* 打つ手打つ手がすべて失敗した Todas as medidas [Todos os meios] foram inúteis. ★ *Ami o ～* 網を打つ Lançar a rede. *Bakuchi o ～* 博打つ Jogar em jogo de azar; apostar. *Chūsha o ～* 注射を打つ Dar [Aplicar] uma inje(c)ção. *Denpō o ～* 電報を打つ Mandar um telegrama. *Genkan ni mizu o ～* 玄関に水を打つ Borrifar a [Deitar água na] entrada (da casa). *Go o ～* 碁を打つ Jogar "go". *Hitto o ～* ヒットを打つ Acertar [Dar um golpe certeiro]「na bola」. *Myaku o ～* 脈を打つ「o sangue/coração」 Pulsar; palpitar. *Zainin ni nawa o ～*「罪人に」縄を打つ Atar [Amarrar] o criminoso (com uma corda). *Negaeri o ～* 寝返りを打つ Mexer [Virar]-se durante o sono. *Piriodo o ～* ピリオドを打つ Acabar; pôr [escrever] ponto final [*Karera no kekkon seikatsu wa tatta hantoshi de piriodo o utta* 彼らの結婚生活はたった半年でピリオドを打った A vida de casados deles acabou em apenas meio ano]. *Sente o ～* 先手を打つ Adiantar-se [Tomar a dianteira/iniciativa]. *Soba [Udon] o ～* そば [うどん] を打つ Amassar (e cortas às tiras) "soba" [macarrão]. *Taipu o ～* タイプを打つ Da(c)tilografar; escrever [bater] à máquina. *Te o ～* 手を打つ Agir; tomar medidas [*Hayaku te o utanai to kore wa taihen na mondai ni naru zo* 早く手を打たないとこれは大変な問題になるぞ Se não agirmos depressa [tomamos medidas rápidas], isto vai ser (um problema) terrível].

3[感動させる] Comover; emocionar; tocar. *Sono*

eiga wa kankyaku no mune [*kokoro*] *o utta* その映画は観客の胸［心］を打った O filme emocionou os espectadores [toda a gente]. ⓢ/同 Kańdṓ sásérú.

útsu[2] 撃［射］□ Dar um tiro; disparar [atirar com] (uma) arma de fogo. *Ute* 撃て Fogo! ★ *Jūu* ~ 銃を撃つ Disparar [atirar com] uma arma. *Taihō o* ~ 大砲を撃つ Dar um tiro de [Disparar o] canhão.

útsu[3] 討つ Destruir; atacar. *Teki wa fui o utarete nigedashita* 敵は不意を討たれて逃げ出した O inimigo, ao ser atacado de surpresa, fugiu. ○ *Kataki o* ~ かたきを討つ Vingar-se. *Zoku o* ~ 賊を討つ Atacar os bandidos.

utsúbó 鱓【Zool.】A moreia (Peixe marinho da família dos Murenídeos); *gymnothorax kidako*.

utsúbótsú 鬱勃【E.】Acumulado; mal contido. ★ ~ *taru yashin* 鬱勃たる野心 Uma ambição mal contida「de poder」.

utsúbúsé 俯せ (A posição) de bruços [de barriga para baixo]. ★ ~ *ni naru* 俯せになる Pôr [Virar]-se de bruços. ~ *ni taoreru* 俯せに倒れる Cair de bruços. Ⓐ/反 Aómúké. ⇨ utsúmúkí.

utsú-byō 鬱病【Med.】A depressão [melancolia]. ⇨ sō-byō; sō-utsúbyō.

utsúgi 空木【Bot.】Uma espécie de saxífraga; *deutzia crenata*. ⓢ/同 Ú no hana.

utsúkushii 美しい Bonito; lindo; belo; encantador; admirável; puro. ★ ~ *fūkei* 美しい風景 Uma paisagem bonita. ~ *koe* 美しい声 Uma voz bonita [linda]. ~ *kokoro* 美しい心 Um coração bom [puro]. ~ *yūjō* 美しい友情 Uma amizade pura [verdadeira]. *Utsukushiku naru* 美しくなる Ficar bonito. *Utsukushiku suru* 美しくする Embelezar; pôr「o lugar」bonito. Ⓐ/反 Minīkúi. ⇨ kírei; urúwáshii.

utsúkúshisa 美しさ (Sub. de "utsúkúshii") A beleza; o belo; o encanto. ⇨ bi[1].

utsúmúkéru 俯ける (⇨ utsúmúku) Baixar.

utsúmúkí 俯き (< utsúmúku) A posição de olhos baixos (com a cara para baixo/o chão). ★ ~ *ni taoreru* 俯きに倒れる Cair de cara. ⇨ utsúbúsé.

utsúmúku 俯く (⇨ utsúmúkéru) Baixar [Curvar] a cabeça; ficar cabisbaixo [de olhos baixos]. *Watashi wa hazukashikute utsumuita* 私は恥ずかしくて俯いた Baixei a cabeça, envergonhado. ★ *Utsumuite mono o iu* 俯いて物を言う Falar com os olhos baixos [a olhar para o chão]. Ⓐ/反 Aómúku.

utsuráútsura (**to**) うつらうつら (と) (Im. de cabecear). ★ ~ *suru* うつらうつらする Ficar meio adormecido [a cabecear/cochilar]「durante a conferência」. ⓢ/同 Útouto (to) (+).

utsúrí 映り (< utsúru[3]) **1** [映像の] A imagem (Revelada em película ou captada na televisão). *Ano terebi wa* ~ *ga warui* あのテレビは映りが悪い Aquele televisor tem uma ~ fraca. **2** [色の配合] O combinar. *Kono kimono to kono obi wa* ~ *ga yoi* この着物とこの帯は映りがよい Este quimono e essa faixa combinam bem. ⓢ/同 Haíshóku.

utsúrí-ga 移り香 (< utsúru[1] + ka) O cheiro「do vinho/perfume dela」que fica「na garrafa/sala」. ⇨ nokórí-ga.

utsúrí-gí 移り気 (< utsúru[1] + ki) A inconstância [volubilidade]; o capricho. *Ano hito wa* ~ *da* あの人は移り気だ Ele é um caprichoso [inconstante].

utsúrí-iku 移り行く (< utsúru[1] + ...) Mudar constantemente [com o tempo]. ★ ~ *kisetsu* 移り行く季節 As estações a sucederem-se umas às outras. ~ *yo no arisama* 移り行く世のありさま O mundo (que está) sempre a mudar. ⓢ/同 Utsúrí-káwáru (+).

utsúrí-káwárí 移り変わり (< utsúrí-káwáru) A mudança; a passagem; a transição「da meninice para a adolescência」. ★ *Kisetsu no* ~ 季節の移り変わり A mudança [passagem] das estações. ⓢ/同 Heńséń.

utsúrí-káwáru 移り変わる (< utsúru[1] + ...)「a cena」Mudar; passar. *Jidai wa* ~ 時代は移り変わる Os tempos mudam. *Ryūkō wa* ~ 流行は移り変わる A moda pura [está sempre a mudar].

utsúrí-yúku 移り行く ⇨ utsúrí-íku.

utsúrṓ 虚ろ **1** [からっぽ] A cavidade; o vazio; o oco「no tronco do castanheiro」. ⓢ/同 Garánddṓ (+); karáppó (+). **2** [むなしようす] O ser vazio [oco; vago; apático]. *Kanojo wa* ~ *na me o shite ita* 彼女は虚ろな目をしていた Ela tinha um olhar vago [apático]. ★ ~ *na kokoro* 虚ろな心 Um coração vazio/oco. ⇨ munáshíi.

utsúru[1] 移る (⇨utsúru[1]) **1** [移動する] Mudar; tra(n)sladar(-se); ir para outro lugar; transferir(-se). *Burajiru no shuto wa sen-kyūhyaku-rokujū-nen ni Rio kara Burajiria ni utsutta* ブラジルの首都は1960 年にリオからブラジリアに移った A capital do Brasil mudou (foi transferida) do Rio de Janeiro para Brasília em [no ano de] mil novecentos e sessenta. *Kanojo no kokoro* [*kanshin*] *wa hoka no otoko ni utsutta* 彼女の心［関心］は他の男に移った O coração [interesse] dela voltou-se para outro homem [rapaz]. *Kanojo wa hisho-ka ni utsutta* 彼女は秘書課に移った Ela foi transferida para a secretaria. *Mise wa omotedōri ni utsutta* 店は表通りに移った A loja mudou (foi tra(n)sladada) para a avenida [rua principal]. *Tsugi no mondai ni utsurimashō* 次の問題に移りましょう Vamos passar ao [para o] assunto [caso; problema] seguinte. ⓢ/同 Idṓ[íteń] súrú.

2 [時が経過する] Decorrer; andar; passar. *Jidai ga* ~ *ni tsurete shūkan mo kawaru* 時代が移るにつれて習慣も変わる Com o ~ do tempo os costumes [hábitos] também mudam. *Kisetsu wa utsutte natsu to natta* 季節は移って夏となった Passou a primavera e chegou o verão.

3 [他のものにつく] Passar. *Sakana no nioi ga fuku ni utsutta* 魚のにおいが服に移った O cheiro de peixe passou para a roupa. *Shatsu no iro ga shitagi ni utsutte shimatta* シャツの色が下着に移ってしまった A cor da camisa manchou (passou para) a roupa interior. *Tonari no ie no kaji ga watashi no ie ni utsutta* 隣の家の火事が私の家に移った O fogo da casa vizinha passou [alastrou] para a minha. **4** [伝染する] Passar; contagiar. *Anata no kaze ga watashi ni utsutta yō da* あなたの風邪が私に移ったようだ Parece que o seu resfriado passou para mim. *Yūjin no warui kuse ga kanojo ni utsutta* 友人の悪い癖が彼女に移った O mau hábito da amiga [do amigo] contagiou-a também a ela. ⓢ/同 Deńséń súrú.

utsúru[2] 写る (⇨ utsúsu[2]) **1** [すけて見える] Proje(c)tar-se. *Mado-garasu ni hito-kage ga utsutte iru* 窓ガラスに人影が写っている Vê-se o vulto de uma pessoa (proje(c)tado) na janela [vidraça]. **2** [写真がとれる] Ficar revelado「na película」; sair. *Kono shashin wa yoku utsutte iru* この写真はよく写っている Esta foto saiu bem revelada [tirada].

utsúru[3] 映る (⇨ utsúsu[3]) **1** [投影される] Refle(c)tir-se; espelhar-se; aparecer; proje(c)tar-se. *Kano-*

uttóri (to)

jo wa kagami ni utsutta jibun no sugata o mite ita 彼女は鏡に映った自分の姿を見ていた Ela estava contemplando a própria figura (refle(c)tida) no (estava-se a ver ao) espelho. *Kono terebi wa yoku utsuranai* このテレビはよく映らない Este televisor tem uma imagem imperfeita [fraca/pouco nítida (+)]. *Sukurīn ippai ni Risubon no fūkei ga utsutta* スクリーン一杯にリスボンの風景が映った Apareceu uma vista de Lisboa a todo o comprimento da tela. **2** [調和する] Combinar; cair; ficar. *Aka wa anata ni yoku* ~ 赤はあなたによく映る O vermelho cai [fica]-lhe bem. ⟨S/同⟩ Chōwá súrú.

utsúshí 写し (< utsúsu²) A cópia. *Kono shorui no* ~ *o totte kudasai* この書類の写しをとってください Tire uma ~ deste documento. ⟨S/同⟩ Fukúshá; kópī.

utsúsu¹ 移す (⇨ utsúru²) **1** [移動させる] Mudar; tra(n)sladar; transferir; passar; converter. *Jimusho o Ginza ni* ~ *yotei desu* 事務所を銀座に移す予定です Temos planos de mudar o escritório para Ginza. *Kare wa hoka no josei ni kokoro o utsushita* 彼は他の女性に心を移した Ele virou-se para outra mulher [moça]. *Watashi wa kono kangae o jikkō ni utsushita* 私はこの考えを実行に移した Eu passei esta ideia à prática. *Chūi [Kyōmi] o ta ni* ~ 注意 [興味] を他に移す Pôr a atenção noutra [Começar a interssar-se por outra] coisa. ⟨S/同⟩ Idó[itén] sásérú. **2** [時を過ごす] Deixar passar o tempo. *Toki o utsusazu kono keikaku o jikkō shite hoshii* 時を移さずこの計画を実行して欲しい Quero que este plano seja executado imediatamente [sem demora]. **3** [伝染させる] Passar. *Kare ni kaze o utsusareta* 彼に風邪を移された Ele passou-me o resfriado. ⟨S/同⟩ Dénsén sásérú.

utsúsu² 写す (⇨ utsúru²) **1** [書き写す] Copiar. *Anata no nōto o utsusasete kudasai* あなたのノートを写させてください Deixe-me o seu caderno. *Fukushaki de kono pēji o utsushi-totte kudasai* 複写機でこのページを写し取ってください Quero tirar uma fotocópia desta página. ⇨ fukúshá; kópī. **2** [描写する] Retratar; descrever; desenhar; pintar. *E wa yoku sono seisan na bamen o utsushite iru* 絵はよくその惨な場面を写している O quadro [A pintura] retrata bem o horror dessa cena. ★ *Nigao o* ~ 似顔を写す Desenhar um retrato. ⟨S/同⟩ Byōshá súrú. **3** [写真に撮る] Fotografar; tirar uma foto(grafia). *Minna de kinen shashin o utsushita* みんなで記念写真を写した Tirámos uma foto todos juntos, como lembrança. ⇨ shashín.

utsúsu³ 映す [投影する] (⇨ utsúru³) Espelhar; refle(c)tir. *Kagami ni kao o utsushite goran nasai* 鏡に顔を映してごらんなさい Veja-se ao espelho. *Ko wa oya o* ~ *kagami da* 子は親を映す鏡だ Os filhos são o reflexo dos pais. ⟨S/同⟩ Tōéi súrú. **2** [映写する] Proje(c)tar; passar filmes [vídeos]. *Porutogaru ryokō de totta suraido o utsushite ageyō* ポルトガル旅行で撮ったスライドを映してあげよう Vou mostrar-lhe os diapositivos que tirei na minha viagem a P. ⟨S/同⟩ Éishá súrú.

utsútsú 現 【E.】 A realidade. *Kare wa kakegoto [onna] ni* ~ *o nukashite iru* 彼は賭け事 [女] に現を抜かしている Ele anda louco pelos jogos de azar [por uma mulher]. *Yume ka* ~ *ka maboroshi ka* 夢かうつつか幻か Será que isto é sonho, realidade ou um fantasma?

utsú-útsú (tó) 鬱鬱 (と) 【E.】 Melancolicamente; todo triste/deprimido/desconsolado. *Chikagoro kokoro ga* ~ *shite harenai* 近頃心が鬱々して晴れない Ultimamente parece que nada me distrai desta tristeza (que sinto). ⇨ yūútsú.

utsúwá 器 **1** [入れ物] O recipiente; a vasilha; o receptáculo. ⟨S/同⟩ Iré-mónó; ki; yōki. **2** [器量] O calibre; a capacidade; o material; o valor. *Ano hito wa daijin no* ~ *de wa nai to omou* あの人は大臣の器ではないと思う Ele não tem calibre [estatura] para ministro. ★ ~ *ga chiisai* 器が小さい Ter pouca ~. ~ *ga ōkii* 器が大きい Ter grande [muita] ~. ⇨ kíryō.

uttáé 訴え (< uttáéru) **a)** A queixa; a denúncia; a acusação; a a(c)ção judicial; 「levantar」um processo「a」. ★ ~ *o okosu* 訴えを起こす Apresentar uma ~; processar; mover uma a(c)ção judicial. ⇨ kókuso; soshō. **b)** O queixar-se「duma dor de cabeça」.

uttáéru 訴える **1** [告訴・告発する] Denunciar; acusar, processar; queixar-se「a」; apresentar queixa「contra」. *Karera wa kuni o aite-dotte songai baishō o uttaeta* 彼らは国を相手取って損害賠償を訴えた Eles apresentaram (uma) queixa contra o Governo exigindo inde(m)nização pelos danos (sofridos). *Kare wa sagi to uttaerareta* 彼は詐欺で訴えられた Ele foi acusado de fraude. ★ *Saibansho ni* ~ 裁判所に訴える Processar [Apelar à justiça]. ⟨S/同⟩ kokúhátsú; kókuso; soshō. **2** [他人に告げる] **a)** Protestar; reclamar; **b)** Queixar-se. *Kare wa mujitsu o uttae-tsuzukete iru* 彼は無実を訴え続けている Ele continua a protestar a sua inocência. *Kodomo ga kyū ni fukutsū o uttaeta* 子供が急に腹痛を訴えた De repente, a criança disse [queixou-se] que lhe doía a barriga. ★ *Fuhei o* ~ 不平を訴える Reclamar; queixar-se; resmungar. *Nayami o* ~ 悩みを訴える Queixar-se das suas aflições [dificuldades/dos seus problemas]. **3** [解決の手段として用いる] Recorrer「a」; fazer uso「de」. ★ *Bōryoku ni* ~ 暴力に訴える Recorrer à força [violência]. **4** [感覚や心に働きかける] Atrair; tocar; mover; empolgar; apelar; captar; impressionar. *Kono e ni wa nani ka tsuyoku* ~ *mono ga aru* この絵には何か強く訴えるものがある Este quadro [Esta pintura] impressiona [tem algo de muito forte (que nos toca)].

útte-deru 打って出る (< útsu¹ + …) **a)** Tomar a ofensiva; **b)** Lançar-se「no mundo dos negócios」; estrear-se. ★ *Seikai ni* ~ 政界に打って出る Lançar-se [Estrear-se] no mundo político/na política. *Senkyo ni* ~ 選挙に打って出る Candidatar-se「a deputado」.

útte-kawaru 打って変わる (< útsu¹ + …) Mudar completamente [de repente]; ser diferente [outro]「de um dia para o outro」. *Kare wa mukashi to wa uttekawatte majime na ningen ni natta* 彼は昔とは打って変わって真面目な人間になった Ele hoje [agora] é um homem sério, (não é) nada do que era antigamente [dantes]. *Kinō to wa uttekawatta samusa da* 昨日とは打って変わった寒さだ Depois do tempo que fez ontem, quem esperava hoje este frio?

utté-tsúké 打って付け (< útsu¹ + tsukéru) O ser ideal [o melhor]; o cair [servir] como uma luva. *Anata ni* ~ *no shigoto ga arimasu* あなたに打って付けの仕事があります Há [Temos] um trabalho ideal para você. ⟨S/同⟩ Motté-kói; saítékí.

uttóri (to) うっとり (と)「ficar」Como que encantado [enfeitiçado; extasiado; fascinado; boquiaberto; cheio de admiração]. *Kare wa bijin o mite ～ shite ita* 彼は美人を見てうっとりしていた Ele estava extasiado a olhar para uma beldade. ★ ～ *saseru* うっとりさせる Encantar; enfeitiçar; fascinar; deixar boquiaberto; encher de admiração. ～ *saseru yō na keshiki* うっとりさせるような景色 Uma paisagem encantadora [que encanta].

uttṓshíi 鬱陶しい **1** [晴れ晴れしない] Deprimente; pesado; sombrio. ～ *tenki da* 鬱陶しい天気だ Está um tempo ～. ★ ～ *hi* 鬱陶しい日 Um dia ～. **2** [わずらわしい] Aborrecido; desagrável; incó[ô]modo. *Kao no hōtai ga ～* 顔の包帯が鬱陶しい Estas ligaduras no rosto incomodam. [S/同] Urúsái; wazúráwáshíi.

uún ううん ⇨ ū́n.

uwá-ágó 上顎 (< ué + …) O maxilar [A maxila] superior; o queixo de cima. [A/反] Shitá-ágó.

uwá-bákí 上履き (< ué + hakú) O calçado de andar por casa (Chinelos, pantufas, alpergatas, sandálias). [S/同] Uwá-gútsú. [A/反] Shitá-bákí. ⇨ suríppa; uwá-gútsú.

uwábámí 蟒・蟒蛇 **1** [大蛇] Qualquer cobra grande, como a sucuri, a anaconda, a jibóia, o pitão. [S/同] Dáija; órochi. **2** [大酒飲み]【G.】Um beberrão/odre. [S/同] Ō-záké-nomi.

uwá-bárí 上張[貼]り (< ué + harú) O revestimento「de papel/metal/madeira」. ★ ～ *o suru* 上張りをする Revestir「as paredes」; colar o papel de cima「no biombo」. [A/反] Shitá-bárí.

uwábé 上辺 O exterior; por fora; a superfície; a aparência. ～ *dake de hito o handan shite wa ikenai* 上辺だけで人を判断してはいけない Não se devem julgar as pessoas só pelas aparências [por fora]. *Kanojo wa ～ wa shinsetsu-sō da ga hontō wa iji-waru da* 彼女は上辺は親切そうだが本当は意地悪だ Ela parece bondosa [Ela, por fora, é delicada] mas, na realidade, é má. ★ ～ *o kazaru* 上辺を飾る Salvar as aparências; fingir. ～ *o tsukurou* 上辺を繕う Fazer-se「importante」. [S/同] Gaíkáń; mikáké.

uwá-byṓshi [óo] 上表紙 (< ué + hyṓshí) A sobrecapa (de livro).

uwá-gákí 上書き (< ué + káku) O endereço [A dire(c)ção]「no envelope/sobrescrito/pacote」. [S/同] Omóté-gákí (+). ⇨ até-ná.

uwá-gí 上着[衣] (< ué + kirú) **1** [下着の上に着るもの] A roupa de fora, em geral. [A/反] Shitá-gí. **2** [上半身に着るもの] O paletó (B.); o casaco; a jaqueta. ⇨ gaítṓ[1]; sebíró.

uwágótó 譫[囈]言 O delirar [dizer disparates no delírio]. *Kare wa kōnetsu ni ukasare ～ o itta* 彼は高熱に浮かされうわごとを言った Ele teve um delírio febril/A febre alta fê-lo [pô-lo a] delirar. ⇨ tawágótó.

uwá-gúsuri 上薬・釉 (< ué + kusúrí) O esmalte. ★ ～ *o kakeru* 上薬を掛ける Vidrar (louça); esmaltar; revestir [dar um banho] de ～.

uwá-gútsú 上靴 (< ué + kutsú) O calçado de usar por [em] casa. [S/同] Uwá-bákí. ⇨ suríppa.

uwá-jíkí 上敷き (< ué + shikú) **a**) Um tapete (grande); **b**) A manta「da sela [albarda] do cavalo/elefante/camelo」. [S/同] Uwá-shíkí.

uwá-káwá 上皮 (< ué + …) **1** [⇨ hyṓhi]. **2** [物の表面を覆うもの] **a**) A película「de óleo à superfície da água」; **b**) A nata do leite; **c**) A côdea do pão; **d**) A crosta; o invólucro; a casca; a pele de fora.

uwákí 浮気 (< ukú + ki) **1** [移り気] A inconstância; o capricho. [S/同] Utsúrí-gí (+). **2** [異性に対して] **a**) A infidelidade conjugal; **b**) O namorico. *Ano hito wa ～ nado shinai* あの人は浮気などしない Ele [Ela] é fiel à esposa [ao marido]. ★ ～*(o) suru* 浮気(を)する **a**) Ser infiel; **b**) Namori(s)car. ◇ **～ mono** 浮気者 Uma pessoa namoradora [inconstante; infiel].

uwákkáwá 上っ側 A superfície [O lado de fora]. [S/同] Hyṓmén. ⇨ uwábé.

uwá-kúchibiru 上唇 (< ué + …) O lábio superior [de cima]. [A/反] Shitá-kúchibiru.

uwá-mábuta 上瞼 (< ué + …) A pálpebra superior [de cima]. [A/反] Shitá-mábuta.

uwá-máé 上前 (< ué + …) **1** [着物の] O ajustar o quimono à frente (⇨ hidárí-máé). [A/反] Shitá-máé. **2** [代金などの] Uma comissão [percentagem]; uma maquia「ilegal」. *Kare wa wareware no uriage kara go-pāsento no ～ o haneru* 彼は我々の売り上げから 5 パーセントの上前をはねる Ele mete ao bolso uma ～ de cinco por cento das nossas vendas.

uwá-máwáru 上回る (< ué + …) Exceder; ultrapassar; superar. *Kotoshi no shūkaku wa heinen-saku o haruka ni uwamawatta* 今年の収穫は平年作をはるかに上回った A colheita deste ano foi muito superior à dos outros anos. *Yosō o ～ kankyaku ga atsumatta* 予想を上回る観客が集まった A audiência excedeu as nossas expectativas [foi maior do que esperávamos]. [A/反] Shitá-máwaru.

uwá-mé 上目 (< ué + …) O olhar para cima sem levantar a cabeça; o pôr os olhos em branco. ★ ～ *zukai ni miru* 上目使いに見る Olhar「para o gigante」sem levantar a cabeça. [A/反] Shitá-mé.

uwá-múkí 上向き (< uwá-múku) **1** [上を向くこと] O estar virado para cima. ★ ～ *ni neru* 上向きに寝る Deitar-se de costas [Dormir de barriga para o ar]. [S/同] Aómúkí. [A/反] Shitá-múkí. **2** [⇨ omóté-múkí]. **3** [上がる傾向があること] A melhoria. *Sōba wa ～ da* 相場は上向きだ A bolsa está na alta. ◇ **～ shikyō** 上向き市況 O mercado (de valores) altista. [A/反] Shitá-múkí.

uwá-múku 上向く (< ué + …) **1** [上を向く] Virar-se [Olhar] para cima. **2** [物価・景気が] Subir; melhorar; aumentar. *Keiki ga uwamuite kita* 景気が上向いて来た A economia [O movimento (do comércio)] está a ～.

uwá-né 上値 (< ué + …) O preço mais alto; a subida「de 5 %」do preço. [S/同] Taká-né. [A/反] Shitá-né.

uwá-ní 上荷 (< ué + …) **1** [積み荷] Um carregamento; a carga「do cami(nh)ão」. [S/同] Tsumí-ní (+). **2** [上に積み重ねた荷] A carga de cima [que foi colocada depois].

uwá-nórí 上乗り (< ué + norú) O carregador. ★ *Torakku no ～ o suru* トラックの上乗りをする Ser carregador (e ir na carroçaria).

uwá-nósé 上乗せ (< ué + nosérú) O pagar [cobrar] um pouco mais [uma quantia extra]. ★ *Kitei no ryōkin ni ichiman-en ～ shite seikyū suru* 規定の料金に 1 万円上乗せして請求する Fazer [Passar] uma fa(c)tura, acrescentando dez mil yens ao preço marcado. [S/同] Uwá-zúmí **2**.

uwá-nó-sóra 上の空 (< ué + …) O estar alheado

U

[aéreo/distraído/a pensar noutra coisa]; estar com a cabeça não sei onde. *Kare wa ~ no henji o shita* 彼は上の空の返事をした Ele respondeu distraído [como quem não ouve].

uwá-núrí 上塗り (< ué + nurú) **1** [仕上げ塗り] A última (de)mão de tinta. *Kabe no ~ o shita* 壁の上塗りをした Dei a ~ à parede. ⇨ ará[shitá]-núrí; uwá-gúsuri.
2 [悪いことの上に更に悪いことを重ねること]【Fig.】O aumentar uma falta. *Sore koso haji no ~ da* それこそ恥の上塗りだ Isso é ainda mais [Isso é o cúmulo da] vergonha. ★ *Uso no ~* 嘘の上塗り Uma mentira ainda maior.

uwáppárí 上っ張り (< ué + harú) O guarda-pó; a bata「de médico」. ⇨ jímu[1] ◇.

uwárú 植わる (⇨ uérú[1]) Estar plantado. *Niwa ni wa ōkina ki ga uwatte iru* 庭には大きな木が植わっている No jardim há [O jardim tem] árvores grandes.

uwásá 噂 a) O rumor; o boato; **b)** O falar [falatório]; o mexerico; o comentário; a fofoca (B.). *~ ni yoru to karera wa Burajiru ni ijū suru rashii* 噂によると彼らはブラジルに移住するらしい Dizem [Há rumores de] que eles vão emigrar para o B. *Anata to kare to no koto de hen na ~ ga tatte imasu* あなたと彼とのことで変な噂が立っています Correm rumores [Ouvem-se comentários] estranhos sobre vocês dois [você e ele]. *Kurasu wa kare no ~ de mochikiri datta* クラスは彼の噂で持ちきりだった Na classe só falavam dele. *O-~ wa kanegane ukagatte orimasu* お噂はかねがねうかがっております Já o conhecia de nome [Tenho ouvido falar muito de si]. *Yamada-san ga rikon suru to iu ~ da* 山田さんが離婚するという噂だ Dizem [Corre por aí (o boato de)] que Sr. Yamada vai divorciar-se. ★ *~ ni kiku* 噂に聞く Dizem os boatos… *~ ni noboru* 噂に上る Ser falado [comentado]. *~(o) suru* 噂(を)する Falar [Comentar] sobre [*Ima kimi no ~ o shite ita tokoro da* 今君の噂をしていたところだ (Olhe) estávamos agora a falar de [sobre] você]. *~ o tateru* 噂を立てる Espalhar um rumor [boato]. *Machi no ~* 町の噂 O caso mais falado [grande assunto de conversa] da vizinhança [localidade; cidade]. *Ne mo ha mo nai ~* 根も葉もない噂 Um boato sem fundamento [pés nem cabeça]. [Pことわざ] *~ o sureba kage (ga sasu)* 噂をすれば影(が差す) Falai do mau e aparelhai o pau/Falando do diabo aparece o rabo. *Hito no ~ mo shichijū go nichi* 人の噂も七十五日 Os boatos têm vida curta (Lit. 75 dias). ⇨ déma; goshíppu; ryū́gén.

uwá-shíkí 上敷き ⇨ uwá-jíkí.

uwá-súbérí 上滑[辷]り (< ué + subéru) O passar pela rama [como gato sobre brasas]; o ser superficial. ★ *~ no chishiki* 上滑りの知識 Um conhecimento superficial [só pela rama]. ⇨ hyṓmén.

uwátchṓshi [óo] 上っ調子 (< ué + …) A maneira irrefle(c)tida [frívola/leviana/descuidada/de cabeça-no-ar]. *Kare no taido wa itsu-mo ~ da* 彼の態度はいつも上っ調子だ Ele toma sempre aquela atitude leviana. ⇨ karúgárúshíí.

uwáté 上手 (< ué + te) **1** [他よりすぐれていること] O ser superior [melhor]; o ter mais habilidade [mão]「para lidar com máquinas」. *Gogaku de wa kare no hō ga ichimai ~ da* 語学では彼の方が一枚上手だ Em idiomas, ele está acima de mim [leva-me a palma/leva-me a melhor]. **2** [強気に出ること] (O tomar) a ofensiva; o ir ao ataque. *Kare wa aite ga yowai to miru to kyū ni ~ ni deru* 彼は相手が弱いと見ると急に上手に出る Ele, quando vê que o adversário é fraco, vai logo ao ataque. [S/同] Tsuyó-kí. [A/反] Shitá-té. ⇨ kamí-té.

uwáté-nágé 上手投げ【(D)es.】**a)** O lançar o adversário fora da arena (do sumô), agarrando-o de lado pelo cinturão; **b)** O lançar a bola levantando o braço mais alto que o ombro.

uwá-tsúkú 浮[上]付く Ficar irrequieto [excitado/nervoso]. *Kare ni wa uwatsuita hanashi nado nai* 彼には浮付いた話などない Ele é pessoa séria [concentrada/sensata].

uwáttsúrá 上っ面 (< ué + tsurá) A「amabilidade dele é só」aparência; a superfície; por fora; o verniz. *~ no rikai de wa yaku ni tatanai* 上っ面の理解では役に立たない Um conhecimento apenas [só] superficial não serve para nada. [S/同] Uwábé.

uwá-yákú 上役 (< ué + …) O funcionário superior [posto de chefia].
[A/反] Shitá-yákú. ⇨ jṓkáń[1]; jṓshi[1].

uwá-zéí 上背 (< ué + séi) A altura; a estatura. ⇨ séi[4]; sétake; shińchṓ[1].

uwá-zúmí 上積み (< ué + tsumú) **1** [上荷] **a)** A carga de cima [que foi colocada depois]; **b)** A carga extra. [S/同] Uwá-ní **2**. **2** [上乗せ] A quantia adicional (à combinada/à prometida). ⇨ uwá-nósé.

uwá-zúru 上擦る (< ué + súru) **a)** Ficar excitado [comovido]; **b)** Ficar com a voz esganiçada [tomada/alterada]. *Minna kōfun shite uwazutte ita* みんな興奮して上擦っていた Todos estavam excitados de emoção. ★ *Uwazutta koe de kuchibashiru* 上擦った声で口走る Falar com a voz alterada pela emoção.

uwá-zútsumi 上包み (< ué + tsutsúmu) O invólucro; a capa de fora; a embalagem. ⇨ hṓsṓ[2].

uyámáí 敬い (< uyámáu) O respeito; a reverência「devida a Deus」; a veneração. ⇨ sońkéí.

uyámáu 敬う Respeitar; honrar; reverenciar「o Criador」; venerar. *Ano sensei wa zen-seito kara uyamawarete iru* あの先生は全生徒から敬われている Aquele professor é respeitado por todos os alunos. *Fubo o uyamai nasai* 父母を敬いなさい Honra (teu) pai e (tua) mãe.
[S/同] Sońkéí súrú (+); tattóbu.

uyá-múyá 有耶無耶 Nem sim nem não [sopas]. *Hanashi wa ~ ni owatta* 話は有耶無耶に終わった O assunto ficou por decidir [Ficámos sem saber se sim ou não]. *Jiken wa ~ no uchi ni hōmurareta* 事件は有耶無耶のうちに葬られた O caso, que sim, que não [que foi assim, que foi assado], acabou sem [por não] ser esclarecido. ★ *~ na taido o toru* 有耶無耶な態度を取る Tomar uma atitude indecisa. *~ ni naru* 有耶無耶になる Ficar sem saber ao certo. ⇨ aímáí.

uyáúyáshíí 恭しい Respeitoso; reverente. *Karera wa uyauyashiku ichirei shita* 彼らは恭しく一礼した Eles「, os alunos,」fizeram uma vé[ê]nia ~「ao professor」. ★ *~ taido* 恭しい態度 Uma atitude ~. ⇨ iṅgín; teíchṓ[1]; téinei.

úyoku 右翼 1 [右のつばさ] A asa direita. ★ *Hikōki no ~* 飛行機の右翼 ~ do avião. [A/反] Sáyoku. ⇨ tsubásá. **2** [右の部分・位置] O lado [flanco] direito; a ponta direita「do campo do jogo」. *Wareware wa teki no ~ o kōgeki shita* 我々は敵の右翼を

U

攻撃した Nós atacámos a/o ~ do adversário. [A/反] Sáyoku. **3**[保守の反動主義] A (ala/fa(c)ção da) direita. *Kare wa ~ da* 彼は右翼だ Ele é ~. ★ ~ *teki (na)* [*ka shita*] 右翼的(な)[化した] Direitista. ◇ ~ **bunshi** 右翼分子 Um (elemento) direitista. ~ **dantai** 右翼団体 Um grupo direitista [da ~]. [A/反] Sáyoku.

úyo-kyokusetsu 紆余曲折 **1**[曲がりくねること] As voltas; os ziguezagues; o ser sinuoso [às voltas/às curvas]. *Michi ga ~ shite iru* 道が紆余曲折している O caminho [A estrada] é aos ziguezagues. ⇨ magárí-kúnéru. **2**[複雑な経過] As voltas [complicações/dificuldades]. *Ikuta no ~ o hete kono keikaku wa jitsugen shita* 幾多の紆余曲折を経てこの計画は実現した Depois de muitas ~, o proje(c)to realizou-se.

úyouyo うようよ Aos montes [enxames]. *Kono ike ni wa kaeru ga ~ shite iru* この池には蛙がうようよしている Este tanque [lago] está cheio [tem montes] de rãs. ⇨ újauja.

uyū 烏有 Nada; uma coisa [pessoa] fictícia. ★ ~ *ni kisuru* 烏有に帰す Ficar reduzido a cinzas; ser totalmente arrasado.

uzō-múzó 有象無象 A ralé; o povíleu; a gentalha. ~ *bakari de nan no yaku ni mo tatanai* 有象無象ばかりでなんの役にも立たない Isso é uma ~ inútil [que não presta para nada].

úzu 渦 **1**[螺旋状の流れ] Um remoinho [redemoinho]; torvelinho; turbilhão; sorvedou[oi]ro; rodopio]. *Kemuri ga ~ o maite tachinobotta* 煙が渦を巻いて立ち上った O fumo subiu em remoinho. *Kobune ga ~ ni makikomareta* 小舟が渦に巻き込まれたO barquinho foi apanhado pelo remoinho. [S/同] Uzú-maki. **2**[物事が激しく混乱している状態] [Fig.] O turbilhão; a voragem; a confusão; o alvoroço. *Wareware wa arasoi no ~ ni makikomareta* 我々は争いの渦に巻き込まれた Fomos apanhados no meio daquela confusão da luta. ★ *Kōfun no ~ o makiokosu* 興奮の渦を巻き起こす Provocar um alvoroço de tensão [medo].

uzukí 疼き (< uzúku) **1**[ずきずきする痛み] Uma pontada [dor aguda e súbita]. *Kizu no ~ ga tomaranai* 傷の疼きが止まらない As dores da ferida não param [passam]. **2**[心の痛み] O remorso. *Ryōshin no ~* 良心の疼き ~ da consciência.

uzúku 疼く **1**[ずきずき痛む] Dar [Causar] pontadas; doer muito. *Ame no hi wa furukizu ga ~* 雨の日は古傷が疼く A cicatriz dói quando chove. **2**[心が痛む] **a)** Ter [Sentir] remorsos; **b)** Ficar dilacerado. *Kare no kokoro wa shitsuren ni uzuita* 彼の心は失恋に疼いた Ele ficou (com o coração) dilacerado de mágoa por um amor não-correspondido.

uzúkúmaru 蹲[踞] る Agachar-se; acocorar-se; encolher; 「o gato」enrolar-se 「no chão」. *Sono ko wa o-naka ga itaku natte michibata ni uzukumatte shimatta* その子はおなかが痛くなって道端にうずくまってしまった A criança, com a dor de barriga, agachou-se à beira do caminho.

uzú-maki 渦巻き (< uzú-máku) **1**[うず] O re(de)moinho; o torvelinho. ⇨ úzu. **2**[うずを巻いた形] A [Em forma de] espiral. ◇ ~ **bane** 渦巻きばね A mola espiralada [em forma de espiral]. ~ **moyō** 渦巻き模様 O padrão [enfeite] espiralado.

uzú-máku 渦巻く (< … + makú³) **1**[うずの形になる] Re(de)moinhar. *Dakuryū ga uzumaite iru* 濁流が渦巻いている As águas turvas estão a ~. *Kaen ga uzumaite iru* 火焔が渦巻いている As chamas estão a ~. **2**[感情などが激しく動く] [Fig.] Re(de) moinhar. *Watashi no shinchū de wa ikari ga uzumaite ita* 私の心中では怒りが渦巻いていた Eu estava cá por dentro a ~ de raiva.

uzúmáru 埋まる (⇨ uzúmérú) **1**[うずもれる] Enterrar [Soterrar]-se. *Gakekuzure de ie ga uzumatta* がけ崩れで家が埋まった A casa ficou soterrada pelo [com o] desmoronamento. *Kare wa hon ni uzumatte kurashite iru* 彼は本に埋まって暮らしている Ele vive rodeado de [afundado entre os] livros. [S/同] Umárú **1**; uzúmórérú **1**. **2**[一杯になる] Encher-se completamente. *Hiroba wa hito de uzumatte iru* 広場は人で埋まっている A praça está completamente [toda] cheia de gente. [S/同] Umárú **2**.

uzúmérú 埋める (⇨ uzúmárú) **1**[何かですっかり覆う] Enterrar. *Kanojo wa hankachi ni kao o uzumete naita* 彼女はハンカチに顔を埋めて泣いた Ela chorou, com o rosto enterrado [escondido] no lenço. *Moraisu wa Nippon ni hone o uzumeta* モライスは日本に骨を埋めた Venceslau de Morais (faleceu) e foi enterrado no J. ★ *Makura ni atama o ~* 枕に頭を埋める Esconder [~] a cabeça na travesseira. *Otoshiana o ~* 落とし穴を埋める Encher o buraco da armadilha de terra. [S/同] Umérú. **2**[一杯にする] Encher. *Hitsugi wa bara no hana de uzumerareta* 棺はバラの花で埋められた O caixão estava cheio [a transbordar] de rosas. *Nekkyō-teki na kankyaku ga sutando o uzumete iru* 熱狂的な観客がスタンドを埋めている Um público fanático [entusiasta] ocupa inteiramente [por completo] as bancadas.

uzúmórérú 埋もれる **1**[物の下に隠れる] Ficar enterrado 「o caminho」todo coberto 「de folhas」. *Jidōsha ga yuki ni uzumorete shimatta* 自動車が雪に埋もれてしまった O carro ficou todo coberto de neve. [S/同] Umárú **1**; uzúmárú **1**. **2**[世に知られないでいる] Ficar oculto [desconhecido/na obscuridade]. *Uzumoreta jinzai wa yo ni ōi* 埋もれた人材は世に多い Há muito talento oculto [por aproveitar] no mundo. ★ *Yo ni ~* 世に埋もれる Viver despercebido [na obscuridade]. [S/同] Umórérú.

uzúrá 鶉 [Zool.] A codorniz [codorna (B.)].

uzúrá-mame 鶉豆 [Bot.] Um tipo de feijão com pintas.

uzútákái 堆い Empilhado; acumulado; amontoado. ★ ~ *gomi no yama* 堆いごみの山 Um grande montão [monte] de lixo.

úzuuzu (to) うずうず (と) (Im. de estar impaciente/morto por fazer algo). *Watashi wa hayaku asobi ni ikitakute ~ shite ita* 私は早く遊びに行きたくてうずうずしていた Eu estava impaciente por ir (logo) brincar. ⇨ múzumuzu; sówasowa.

W

wa[1] は【Partícula】(⇨ ga[1]) **1** [主題を示す] (Indica o assunto ou "sujeito"). *Aki ～ sora ga kirei desu* 秋は空がきれいです No Outono o céu é limpo [azul]. "*Kore ～ nan desu ka*" "*Sore ～ hon desu*"「これは何ですか」「それは本です」O que é isto? – Isso é um livro. *Kyō ～ dai-ni-ka o benkyō shimashō* 今日は第二課を勉強しましょう Hoje vamos estudar a segunda lição [a lição dois]. *Watakushi ～ haha ga tsukuru kēki ga dai-suki desu* 私は母が作るケーキが大好きです Eu gosto dos bolos que a minha mãe faz. **2** [二つ以上のことがらを対照的に示す] (Indica diferença ou contraste). *Asa ～ pan datta no de hiru ～ go-han ni shiyō* 朝はパンだったので昼は御飯にしよう Como de manhã comi pão, ao almoço vou comer arroz. **3** [動作・作用などの行われる事態を提示する] (Depois da forma "-te" dos verbos). *Byōki ni natte ～ taihen da* 病気になっては大変だ É uma grande maçada ficar doente. *Danko kono hidō o abakanakute ～ naranai* 断固この非道を暴かなくてはならない Custe o que custar, esta irregularidade [falta/culpa] tem de ser desmascarada. *Sō iwarete ～ ato e hikenai* そう言われては後へ引けない Sendo assim, não me posso esquivar. **4** [肯定・否定・譲歩などの強調のひびきをこめる] (Dá ênfase). *Eki kara go-fun (to)～ kakaranai* 駅から５分(と)はかからない Da estação leva menos de cinco minutos. *Sono hon wa yomu koto ～ yonda ga toku ni omoshiroku nakatta* その本は読むことは読んだが特に面白くなかった Ler esse livro li, mas não o achei nada de especial. *Tōkyō e ～ itta ga Asakusa ～ minakatta* 東京へは行ったが浅草は見なかった Fui a Tóquio mas não visitei Asakusa! ⇨ tó wa[2]; tó wa ie; tó wa iu mono no.

wa[2] わ Oh!; Ah! *Aru ～ aru ～ kura kara takaramono ga takusan dete kita* あるわあるわ蔵から宝物がたくさん出てきた Tesouros sem fim saíram da arrecadação. *Kirei da ～* きれいだわ Ai que lindo (Us. por mulheres)! *Korya [Kore wa] sugoi ～* こりゃ[これは]すごいわ Que maravilha [estupendo]!

wa[3] 和 **1** [合計] A soma; o total. ★ *Ni-sū no ～ o motomeru* ２数の和を求める Somar [Fazer a soma de] dois números. [S/同] Gṓkéí. [A/反] Sa. **2** [仲直りすること] A paz; a reconciliação. ★ *～ o kou* 和を請う Propor ～. *Teki to ～ o musubu* 敵と和を結ぶ Fazer as pazes com o inimigo. [S/同] Naká-náori; wabókú; wági; wáhei. **3** [仲が良いこと] A amizade; a harmonia; a concórdia. ★ *Hito [Fūfu] no ～* 人[夫婦]の和 A amizade entre as pessoas [A harmonia conjugal]. ⇨ wagṓ. **4** [wa-: 日本の] Japonês. ◇ ⇨ **～ fuku**. **5** [wa-: 日本語の] Japonês. ◇ ⇨ **～ bun** [**po**].

wa[4] 輪 **1** [円形になっているもの] O círculo; a roda; o anel. *Kare no mawari ni itsu no mani yara hito no ～ ga dekita* 彼のまわりにいつの間にやら人の輪ができた Sem se dar por isso [De repente], um círculo de pessoas tinha-se formado em seu redor. ★ *～ o egaku [tsukuru]* 輪を描く[作る] Descrever [Desenhar] um círculo. *～ o kakeru* 輪をかける Exceder [*Chichioya ni ～ o kaketa ō-zakenomi* 父親に輪をかけた大酒飲み Um bêbado que ganha ao [pior do que o] pai]. ⇨ én[1]. **2** [車輪] A roda. [S/同] Sharíń (+). **3** [桶のたが] A argola; o arco; o aro. [S/同] Tagá (+).

-wa[5] 把 O feixe; o molho. ★ *Hōrensō ichi ～* ほうれん草一把 Um molho de espinafres. ⇨ tába.

-wa[6] 羽 (Numeral para contar aves e coelhos). ★ *Ichi ～ no karasu* 一羽の烏 Um corvo.

wā́ [**áa**] わあ (Exprime surpresa e alegria)Ai!; Ui!; Puxa!; (Que) caramba! *～, taihen da* わあ、大変だ Ui, céus [Ai, Deus nos valha]!

wă わっ ⇨ wátto[2].

wabí[1] 詫び (< wabírú) O pedir perdão [desculpa]. *O-～ no shiyō mo arimasen* お詫びのしようもありません Não sei como [Não tenho palavras para] lhe pedir desculpa. ★ *～ o ireru* 詫びを入れる Pedir perdão/Apresentar as suas desculpas. *O-～ no shirushi ni* お詫びのしるしに Em sinal de arrependimento. ◇ **～ goto** 詫び言 A satisfação; a explicação. **～ jō** 詫び状 O pedido de desculpa por escrito. [S/同] Chínsha; shazáí. ⇨ kṓjítsú.

wabí[2] 侘 [侘] び O gosto refinado da simplicidade e do sossego. [S/同] Kańjákú. ⇨ sabí[2].

wabírú 詫びる Pedir perdão [desculpa]. ★ *Busata o ～* 無沙汰を詫びる Desculpar-se pelo [do] longo silêncio. [S/同] Ayámáru; shazáí súrú.

wabíshíi 侘びしい **1** [心細い] Só; solitário; triste. ★ *～ seikatsu* 侘びしい生活 Uma vida solitária. *Hitori wabishiku kurasu* 一人侘びしく暮らす Viver tristemente só. [S/同] Kokóró-bósói. **2** [ものさびしい] Melancólico; sombrio; desolador. ★ *～ fūkei* 侘びしい風景 A paisagem melancólica; o panorama desolador. [S/同] Monó-sábíshíi. **3** [貧しくみすぼらしい] Pobre; parco; miserável. ★ *～ shokutaku* 侘びしい食卓 A mesa parca; a comida ～. ⇨ mazúshíi; misúbóráshíi.

wabí-zúmai 侘び住まい (<… [2] + súmai) **1** [貧しくてみすぼらしい暮らし, またその住居] A vida indigente; a casa miserável. ★「*Geshuku ni*」*～ o suru*「下宿に」侘び住まいをする Viver pobremente numa pensão. **2** [ひっそりとした静かな暮らし, またその住居] A vida solitária; a casa isolada. ★「*Inaka ni*」*～ o suru*「田舎に」侘び住まいをする Levar uma vida solitária「no campo」.

wabókú 和睦 As pazes; a reconciliação. ★ *Ringoku to ～ suru* 隣国と和睦する Fazer as pazes com o país vizinho. [S/同] Kṓwá (+); naká-náori (o); wakáí (+). ⇨ wa[3] **2**.

wa-búń 和文 Um escrito em japonês. ★ *～ ni suru [yakusu]* 和文にする[訳す] Escrever [Traduzir] em japonês. ◇ **～ poyaku** 和文葡訳 A tradução do japonês em português. [S/同] Hṓbúń. ⇨ wa[3] **5**.

wadáchí 轍 O rasto/sinal [A marca] de uma roda. ★ *～ no tsuita michi* 轍のついた道 O caminho marcado pelas rodas dos carros. ⇨ tétsu[2].

wadáí 話題 O assunto [tópico] de conversa. ★ *～ ni komaru [kyūsuru]* 話題に困る[窮する] Não ter

wadákámárí 蟠り O incó[ô]modo; a indisposição; o mal-entendido; o rancor. *Hanashiai ni yori wareware no aida no ~ ga toketa* 話し合いにより我々の間の蟠りが解けた Com o diálogo os nossos mal-entendidos desfizeram-se [foram esclarecidos]. *Kokoro ni ~ ga aru* 心に蟠りがある Andar incomodado [indisposto].

wadákámáru 蟠る「uma nuvem」Enroscar-se「no cume do Fuji」; estar alojado [guardado].

wádó-púrósèssá [waá] ワードプロセッサー (< Ing. word processor < L.) O processador de texto.

wa-éí 和英 O japonês e o inglês. ◇ **~ jiten** 和英辞典 O dicionário japonês-inglês. ⇨ wá-ƒo.

wáffuru ワッフル (< Ing. waffle) Uma espécie de panqueca à americana.

wafú 和風 **1** [日本風] O estilo japonês. ◇ **~ kenchiku** 和風建築 A arquite(c)tura japonesa; a construção de ~. ⓢ/周 Nihón-fú. Ⓐ/反 Yōfú. **2** [⇨ bifú¹].

wafúkú 和服 O quimono [quimão]. ★ *~ o kiru* 和服を着る Vestir ~. ⓢ/周 Kimónó. Ⓐ/反 Yōfukú.

wága 我が O meu; o nosso. **~ ko** 我が子 - filho. **~ kuni** 我が国 O nosso país. **~ michi o iku** 我が道を行く Seguir o próprio [o seu (+)] caminho. ⓢ/周 Jibún nó; watashí nó.

wagá-hái 我が輩 [Cá] eu; a minha pessoa. ⓢ/周 Watakúshí (+); watashí (+).

wága-i 我が意 A própria vontade; o próprio sentir. ★ *~ o eru* 我が意を得る Ter o「meu」assentimento.

wága-koto 我が事 As coisas que dizem respeito à própria pessoa. *Watashi wa kare no seikō o kiite ~ no yō ni ureshikatta* 私は彼の成功を聞いて我がことのようにうれしかった Alegrei-me ao saber do êxito dele como se fosse meu [se se tratasse do meu próprio].

wagámáma 我が儘 O egoísmo; o amor próprio; a sua vontad(ez)inha; o capricho. ★ **~ na** わがままな Egoísta; caprichoso; voluntarioso [~ *na hito* わがままな人 O egoísta]. *~(na koto) o iu* わがまま(なこと)を言う Pensar apenas em si próprio). **~ ni furumau** わがままに振る舞う Ser egoísta; **~ o tōsu** わがままを通す Sair com a sua; levar a sua (vontade) avante. *Kodomo o ~ ippai ni sodateru* 子供をわがまま一杯に育てる Educar os filhos com muito mimo. ◇ **~ mono** わがまま者 O egoísta; o caprichoso. ⓢ/周 Jibún-kátte; katté-kímámá; mi-gátte.

wága-mi 我が身 A própria pessoa; a própria condição; o filho do meu pai (Col.). ★ *Asu wa ~ (kamo shirenai)* 明日は我が身(かもしれない) Amanhã [Um dia] será a nossa vez.

wága-mono 我が物 A coisa própria; os bens pessoais. ★ *Tanin no zaisan o ~ ni suru* 他人の財産を我が物にする Apoderar-se do que é dos outros. *Porutogarugo o ~ ni suru* ポルトガル語を我が物にする Dominar a língua portuguesa.

wagámónó-gáó 我が物顔 (< ··· ³ + káo) O ar de quem é dono. ★ *~ ni furumau* 我が物顔に振る舞う Agir como se fosse dono「de」. ⓢ/周 Bójaku-bújín.

wa-gáshi 和菓子 (< ··· ³ + káshi) O doce japonês.

Ⓐ/反 Yō-gáshi.

wága-ya 我が家 **1** [家] A casa própria; a minha casa. **2** [家庭] A minha [nossa] família.

wága-yo no haru 我が世の春 A melhor fase da vida. ★ *~ o ōka suru* 我が世の春を謳歌する Viver os momentos mais felizes da vida; aproveitar ao máximo ~.

wági 和議 **1** [仲直りの相談] A proposta de paz; a reconciliação. ★ *~ o kou [mōshikomu]* 和議を請う[申し込む] Pedir [Propor] a paz. **2** [債務管理の契約] [Dir.] A concordata; o convê[ê]nio.

wa-gíri 輪切り (< ··· ⁴ + kíru) O corte em rodelas. ★ *Daikon o ~ ni suru* 大根を輪切りにする Cortar o nabo em rodelas.

wagó 和合 A harmonia; a concórdia.

wa-gómú 輪ゴム O elástico. ⇨ wa⁴.

wágon ワゴン (< Ing. wagon) **1** [Abrev. de "sutéshón wágon"] A carrinha; a perua (B.). **2** [料理を運ぶ ~] [Portinho「da cozinha」]. ◇ **~ sābisu** ワゴンサービス O serviço de ~.

wáhei 和平 A paz. ★ *~ o musubu* 和平を結ぶ Firmar a [o tratado de] ~. ◇ **~ kōshō** 和平交渉 As negociações de ~. ⓢ/周 heíwá.

wahō 話法 **1** [会話の文法上の表現] 【Gram.】O discurso. ◇ **Chokusetsu [Kansetsu] ~** 直接[間接]話法 O discurso dire(c)to [indire(c)to]. **2** [話し方] A elocução. ⓢ/周 Hanashi-káta.

wahón 和本 O livro japonês (sobretudo o encadernado à japonesa). ⓢ/周 Wásho. Ⓐ/反 Yōshó.

waídán 猥談 A história indecente [obscena]; a conversa suja [porca]. ★ *~ o suru* 猥談をする Contar histórias obscenas; ter conversas sujas.

waídó-bángumi [-shō] ワイド番組[ショー] Um longo e variado programa「de TV」.

waídó-súkúrín [ii] ワイドスクリーン (< Ing. wide screen) A tela [O écran/ecrã] grande.

waífu ワイフ (< Ing. wife) A esposa. ⓢ/周 Kánai; nyóbō (+); tsúmá (o). Ⓐ/反 Házu.

waíkyókú 歪曲 【E.】A distorção; a deformação. ★ *Jijitsu o ~ suru* 事実を歪曲する Distorcer a verdade [os fa(c)tos].

wáin ワイン (< Ing. wine < L. vinum) O vinho. ◇ **~ gurasu** ワイングラス O cálice de ~. **~ risuto** ワインリスト A lista dos ~s. ⓢ/周 Budōshu (+).

waíndóáppu ワインドアップ (< Ing. wind up) 【Bas.】O movimento que precede o lançamento [arremesso] da bola.

wáipā ワイパー (< Ing. wiper) O limpa-vidros (dos carros).

wáiro 賄賂 O suborno; a peita. ★ *~ o morau [uke-toru]* 賄賂をもらう[受け取る] Aceitar um suborno; ser subornado [comprado]. *Yakunin ni ~ o okuru [tsukau]* 役人に賄賂を贈る[使う] Subornar o funcionário público.
ⓢ/周 Maínái; sodé-nó-shítá. ⇨ shúwái; zówái.

Waírú-byō ワイル病 【Med.】A doença de Weil (Transmitida pelos ratos).

waísétsú 猥褻 A obscenidade; a indecência; a lascívia; a imoralidade. ★ **~ na** 猥褻な O a(c)to indecente [obsceno]. **~ zai** 猥褻罪 A ofensa à moral pública. ⇨ fushídara; mídara na.

waíshátsú ワイシャツ (< Ing. white shirt) A camisa com colarinho (em geral branca).

waíshō 矮小 【E.】O nanismo「dos dentes」. ★ ~

na「*hito*」矮小な「人」O anão. [S/同] Tańshō (+).
wáiwai (to) わいわい(と) Ruidosamente; com [em] grande algazarra. ★ ～ *sawagu* わいわい騒ぐ Fazer muito barulho; ser barulhento; levantar escarcéu; fazer banzé. ⇨ gáyagaya; yáino-yáino.
wáiya[yā] ワイヤ[ヤー] (< Ing. wire) **1** [針金] O arame; o fio metálico. ◇ **～ burashi** ワイヤブラシ A escova de arame. [S/同] Harí-gáné (+). **2** [Abrev. de "waíyá rṓpu"] O cabo metálico [de aço]. [S/同] Kṓsákú. **3** [電線] O fio elé(c)trico. ◇ **～ resu maiku** ワイヤレスマイク O microfone sem fio. [S/同] Deńséń (+). **4** [楽器の金属弦] A corda metálica (de instrumento musical).
waízátsú 猥雑【E.】A ordinarice; a indecência. ⇨ waídáń; waísétsú.
wájutsu 話術 A arte da narração [de contar].
wáka 和歌 O poema japonês composto de 31 sílabas. ⇨ tánka[5].
wákaba 若葉 (< wakái[1] + ha) As folhas tenras [novas].
wakáchí-áu 分かち合う Compartilhar. ★ *Yorokobi o kazoku de* ～ 喜びを家族で分かち合う ～ a alegria em família. [S/同] Waké-áu.
wakáchí-gákí 分かち書き (< wakéru + káku) O escrever japonês separando as palavras (O mais comum é não as separar).
waká-dánna 若旦那 (< wakái[1] + …) O jovem patrão. [A/反] Ṓ-dánna.
waká-dori 若鶏 (< wakái[1] + torí) O frango.
waká-fū́fu [ūu] 若夫婦 (< wakái[1] + …) O casal jovem.
waká-gáérí 若返り (< waká-gáeru) O rejuvenescimento; o estar [ficar] mais jovem.
waká-gáeru 若返る (< wakái[1] + káeru) Rejuvenescer. *Rōjin o waka-gaeraseru* 老人を若返らせる Fazer ～ um velho.
waká-gé 若気 (< wakái[1] + ke[2]) O vigor [ardor] da juventude. ～ *no itari de nan to mo menboku nai* 若気の至りで何とも面目ない Reconheço com vergonha que foi um desvario de juventude. ★ ～ *no ayamachi* 若気の過ち Os desvarios da juventude.
waká-gí 若木 (< wakái[1] + ki[2]) A árvore [O arbusto] nova[o]; a plantinha. [A/反] Rṓbókú.
waká-gimi 若君 (< wakái[1] + kimí) O jovem [filho do] senhor「feudal」.
waká-hágé 若禿げ (< wakái[1] + …) A calvície precoce.
wakái[1] 若い **1** [年齢が低い] Jovem; novo. *Kare wa toshi wa ～ ga kangae wa shikkari shite iru* 彼は年は若いが考えはしっかりしている Ele é verde nos anos mas maduro no pensamento. *Kare wa watashi yori itsutsu* ～ 彼は私より五つ若い Ele é cinco anos mais ～ do que eu. ★ ～ *hito* 若い人 O jovem; o moço. ～ *toki kara* 若い時から Desde novo [a juventude]. *Wareware no ～ koro* 我々の若い頃 Na nossa juventude [mocidade]/Quando éramos jovens. ◇ ⇨ **～ mono**. **～ tsubame** 若い燕 O jovem amante. ⇨ jakúnéń; toshí-shítá. **2** [若々しい] Jovem; juvenil; viçoso; vigoroso. *Ano hito wa toshi yori wakaku mieru* あの人は年より若く見える Ele parece mais jovem do que é. ★ *Ki no ～ hito* 気の若い人 A pessoa jovem de espírito. [S/同] Wakáwákáshíi. **3** [未熟な] Imaturo; inexperiente. *Kimi no kangae wa mada ～ na* 君の考えはまだ若いな Você ainda é muito ～! [S/同] Mijúkú ná (+). **4** [数が小さい] Baixo; pequeno. ★ ～ *bangō* 若い番号 O número ～.
wakái[2] 和解 A solução amigável; a reconciliação. ★ ～ *suru* 和解する Fazer as pazes; reconciliar-se [*Ryōsha o ～ saseru* 両者を和解させる Reconciliar as duas partes]. [S/同] Jidáń; naká-náori.
wakái-mono 若い者 **1** [若者] Os jovens. *Madamada ～ ni wa makerarenai* まだまだ若い者には負けられない Ainda ganho aos ～ [não me deixo ficar atrás da gente nova]. [S/同] Waká-mónó; wakái-shū. **2** [年の若い男の使用人] O moço de recados. *Kyō uchi no ～ o sochira e ikasemasu* 今日うちの若い者をそちらへ行かせます Hoje mando aí o nosso empregado [～]. [S/同] Wakái-shū.
wakái-shū 若い衆 **1** [⇨ wakái-mono]. **2** [町内で祭りなどの世話をする若者] A rapaziada do bairro; os solteiros.
waká-jíní 若死に (< wakái[1] + shinú) A morte prematura. ★ ～ *suru* 若死にする Morrer jovem; ter uma ～; morrer na flor da vida. [S/同] Hayá-jíní.
wákaku 若く (Adv. de wakái[1]).
waká-kusa 若草 (< wakái[1] + …) A erva [relva] tenra. ★ ～ *moeru koro* 若草萌える頃 Quando as ervas começam a romper (da terra). ◇ **～ iro** 若草色 O verde claro. ⇨ shińryókú; wákaba.
wákame[1] 若布【Bot.】Uma espécie de alga marinha; *undaria pinnatifida*.
waká-me[2] 若芽 (< wakái[1] + …) O rebento; o broto. [S/同] Shiń-mé.
waká-mónó 若者 (< wakái[1] + …) O moço; o rapaz; o mancebo. [S/同] Seínéń; wakṓdo.
waká-múkí 若向き (< wakái[1] + …) Para os jovens. *Kono fuku wa ～ da* この服は若向きだ Esta roupa é ～. [A/反] Toshíyórí-múkí.
waká-múrásaki 若紫 (< wakái[1] + …)【E.】O roxo claro [lilás]. [S/同] Usú-múrásaki.
waká-múshá 若武者 (< wakái[1] + …)【E.】O guerreiro jovem.
wákan[1] 和漢 O Japão e a China. ◇ **～ konkōbun** 和漢混交[淆]文 A composição literária japonesa ornada com palavras chinesas.
wakáń[2] 和姦 A fornicação.
waká-na 若菜 (< wakái[1] + …) As verduras frescas [tenras]. ⇨ wakákusa.
wakárázú-jímai 分からずじまい (Neg. de "wakáru" + shimái) O acabar sem [por não] se saber; *Sono jiken no hannin wa kekkyoku ～ datta* その事件の犯人は結局分からずじまいだった Afinal acabou por não se descobrir o autor desse crime.
wakárázú-yá 分からず屋 (Neg. de "wakáru" + …) O cabeçudo [tapado]; o teimoso. ⇨ gánko; gṓjṓ; gṓjóppárí.
wakáré 別れ (< wakáréru) A separação; a despedida; o adeus. *Kore ga naga [kono yo] no ～ ni naru kamo shirenai* これが長[この世]の別れになるかもしれない Pode ser que esta seja uma separação por muitos anos [para sempre]. ★ ⇨ wakáré-wákare. ～ *no kotoba* 別れの言葉 O discurso [As palavras] de despedida. ～ *no sakazuki* 別れの杯 A taça da/o ～. ～ *o oshimu* 別れを惜しむ Ter pena de partir. ～ *o tsugeru* 別れを告げる Dizer adeus「a」; despedir-se「de」. ◇ ⇨ **～ banashi [me/michi]**. [S/同] Bétsuri; ribétsú.
wakáré-bánashi 別れ話 (< … + hanáshí) O falar em divorciar-se. ★ ～ *o mochi-dasu* 別れ話を持ち出す Propor o divórcio.

W

wakáré-jímó 別れ霜 (< wakáréru + shimó) A geada serôdia.
wakáré-mé 別れ目 (< wakáréru + …) **1** [道などの] O ponto de bifurcação. ★ *Michi no* ～ 道の別れ目 ～ da estrada. **2** [転機] O ponto decisivo [crucial]. *Koko ga shōhai no* ～ *da* ここが勝敗の別れ目だ Eis ～ da questão! [S/同] Ténki.
wakáré-míchi 分かれ道 [路] **1** [岐路] A bifurcação de ruas [estradas]. ★ ～ *ni sashikakaru* 分かれ道に差しかかる Chegar a uma ～. ★ *Seishi no* ～ *ni tatsu* 生死の分かれ道に立つ Estar entre a vida e a morte. [S/同] Kíro. **2** [⇨ wakí-míchí **1**].
wakáréru[1] 分かれる **1** [1つのものが2つ以上になる] Ramificar-se; dividir-se. *Koko de michi wa san-pō ni* ～ ここで道は三方に分かれる Aqui o caminho ramifica-se em três dire(c)ções. **2** [区別が生じる] Dividir-se; diversificar-se; diferenciar-se; divergir. *Ichi-nen wa shiki ni* ～ 1年は四季に分かれる O ano tem [divide-se em] quatro estações. *Sono mondai de wareware no iken ga wakareta* その問題で我々の意見が分かれた A propósito dessa questão as nossas opiniões divergiram [Aí as opiniões dividiram-se].
wakáréru[2] 別れる Separar-se; divorciar-se; despedir-se; partir. *Karera wa kekkon seikatsu wazuka san-nen ni shite wakarete shimatta* 彼らは結婚生活わずか三年にして別れてしまった Eles separaram-se só com três anos de casados. ★ *Otto to wakarete sumu* 夫と別れて住む Viver separada do marido.
wakáré-wákare 別れ別れ (< wakáréru[2]) A separação cada um para seu lado. *Wareware wa eki de* ～ *ni natta* 我々は駅で別れ別れになった Nós separámo-nos [fomos cada qual para seu lado] na estação. [S/同] Betsúbétsú. [A/反] Isshó.
wakárí 分かり (< wakáru) O entendimento; a compreensão; a percepção. ★ ～ *no hayai* [*osoi*] *ko* 分かりの早い[遅い]子 A criança de compreensão rápida [lenta].
[S/同] Nomí-kómí; ríkai (+). ⇨ monó-wákárí.
wakárí-kíru 分かり切る (< wakáru + …) Ser claro [evidente; óbvio]. *Sore wa hajime kara wakari-kitta koto da* それは始めから分かり切ったことだ Isso era óbvio [indiscutível] desde o começo.
wakárí-níkúi 分かりにくい (< wakáru + …) Difícil de entender; incompreensível; enigmático; misterioso. ★ ～ *mondai* 分かりにくい問題 O problema intrincado [complexo/difícil]. [A/反] Wakárí-yásúi.
wakárí-yásúi[**-yói**] 分かり易い[よい] (< wakáru + …) Fácil de entender; muito compreensível; claro; evidente. *Kare no porutogarugo wa* ～ 彼のポルトガル語は分かり易い O p. dele é claro [fácil]. ★ *Wakari-yasuku iu* 分かり易く言う Falar [Usar] uma linguagem acessível [clara]. [A/反] Wakárí-níkúi.
wakáru 分かる **1** [知れる] Entender; compreender; perceber; acreditar [crer]; conhecer; saber; ver. *Ano hito ga hito-goroshi o suru to wa wakaranai mono da* あの人が人殺しをするとは分からないものだ Não posso acreditar que ele tenha cometido um homicídio. *Kare wa jibun no ketten ga wakaranai* 彼は自分の欠点が分からない Ele não vê os próprios defeitos. *Kare wa sugu watashi ga wakatta* 彼はすぐ私が分かった Ele reconheceu-me imediatamente. *Shiken no kekka wa itsu wakarimasu ka* 試験の結果はいつ分かりますか Quando é que se sabem os resultados do exame? *Watashi wa ima dō shitara yoi ka wakaranai* 私は今どうしたらよいか分からない Não sei (o) que fazer agora. *Watashi wa sono hanashi o nan-do kiita ka wakaranai* 私はその話を何度聞いたか分からない Eu já ouvi essa história [conversa] não sei quantas vezes! ★ *Oya no wakaranai ko* 親の分からない子 O filho de pais incógnitos. *Tagai ni ki-gokoro ga* ～ 互いに気心が分かる Conhecerem-se intimamente um ao outro. [S/同] Shirú. **2** [了解される] Ser sensível; ter senso; entender. *Anata no setsumei de yatto hanashi ga wakarimashita* あなたの説明でやっと話がわかりました Agora com a sua explicação já entendi (, finalmente!). *Ano otoko wa mō sukoshi mono ga* ～ *to omotta* あの男はもう少しものが分かると思った Julgava [Pensei] que ele tivesse mais bom senso. ★ *Jibun no iitai koto o hito ni wakaraseru* 自分の言いたいことを人に分からせる Fazer-se entender. *Share ga* ～ しゃれが分かる Entender a graça [piada]. **3** [芸術作品を理解する] Ser versado「em」. *Watashi ni wa eno yoshi-ashi wa wakaranai* 私には絵の良し悪しは分からない Eu não entendo nada de [sou versado em] pintura.
wákasa 若さ (Sub. de "wakái") A juventude; a mocidade. ★ ～ *o tamotsu* 若さを保つ Manter [Conservar]-se jovem. ～ *o ushinau* 若さを失う Perder o vigor juvenil.
wakáságí 公魚・若鷺・鰙【Zool.】O eperlano de água doce (Um salmão parecido à truta).
wáka-sama 若様 O jovem senhor [patrão]. ⇨ waká-gimi.
waká-shíraga 若白髪 (< wakái[1] + …) O aparecimento precoce das cãs.
wakású[1][**wakásérú**] 沸かす[沸かせる] (< wakú[1]) **1** [液体を熱くする] Ferver; aquecer. ★ *Furo o* ～ 風呂を沸かす Aquecer o "furo". **2** [熱狂させる] Excitar; entusiasmar. *Sono shiai wa kankyaku no chi o wakaseta* その試合は観客の血を沸かせた O jogo fez delirar os espectadores.
wakású[2] 湧かす (< wakú[2]) Fazer pulular.
waká-té 若手 (< wakái[1] + …) Um jovem elemento「da firma」. ★ ～ *no chakichaki* 若手のちゃきちゃき ～ cheio de futuro.
wakátsu 分かつ ⇨ wakéru.
wakáwákáshíi 若若しい Juvenil; jovem; vivo. ～ *kimochi de iru* 若々しい気持ちでいる Manter o espírito [Manter-se] jovem. ⇨ wakái[1].
wakáyágu 若やぐ Rejuvenescer. *Ki-kazatta tsuma wa wakayaide mieta* 着飾った妻は若やいで見えた A mulher (dele), de tão bem vestida, parecia mais nova. [S/同] Waká-gáeru (+).
wakázṓ 若造 [僧] (< wakái[1] + sō[4]) O garoto; o rapazelho; o gaiato; o moleque. ～ *no kuse ni kare wa itsu mo toshi-ue no hito ni kuchigotae suru* 若造のくせに彼はいつも年上の人に口ごたえする Apesar de não passar de um ～ ele tem o desplante de responder sempre aos mais velhos. [S/同] Aónísái.
wáke 訳 **1** [理由; 事情] A razão; a causa; o motivo. ～(*ga*) *atte watashi wa ima tsuma to bekkyo shite iru* 訳(が)あって私は今妻と別居している Eu e a minha mulher, por certas razões, estamos agora a viver separados. *Nani mo watashi ga kare ni ayamaranakereba naranai* ～ *wa nai* 何も私が彼に謝らなければならない訳はない Não há razão nenhuma para [por que eu tenha de] lhe pedir desculpa. *Nan no koto da ka sappari* ～ *ga wakaranai* 何の事だかさっぱり訳が分からない Não entendo isso/Isso parece

W

não ter pés nem cabeça! *Soryā* [*Sore wa*] *kare ga okoru* ~ *da* そりゃ[それは]彼が怒る訳だ Ele tem razão em [para] se zangar/É por isso que ele se zanga. ★ ~ *mo naku okoru* 訳もなく怒る Zangar-se sem razão [sem mais nem porquê]. ~ *ni wa ikanai* 訳にはいかない Não há razão por que [*Iya demo shusseki shinai* ~ *ni* (*wa*) *ikanai* いやでも出席しない訳に(は)いかない Mesmo que não me apeteça, devo [não há razão para eu não] ir]. [S/同] Jijṓ; riyū́; shidái. **2** [道理] O bom senso; o juízo; o tino; o raciocínio. ★ ~ *no wakatta* [*wakaranai*] *hito* 訳の分かった[分からない]人 A pessoa sensata/de bom senso [insensata]. [S/同] Dṓrí. **3** [~ (wa) nai の形で簡単であるようす] (Na neg.) O direito; a rectidão; o sentido. *Seken-shirazu no musume o damasu no nado* ~ (*wa*) *nai* 世間知らずの娘をだますのなど訳(は)ない Não há direito, enganar uma mocinha inexperiente. ⇨ wáke-nai.

waké-átáéru 分け与える (< wakéru + …) Repartir; distribuir; dar「de comer」.

waké-áu 分け合う (< wakéru + …) Partilhar. ★ *Hitotsu no ringo o futari de* ~ 一つのりんごを二人で分け合う ~ uma maçã entre os dois.

waké-dórí 分け取り (< wakéru + tóru) A partilha; a divisão.

wakégi 分葱 【Bot.】 Uma espécie de cebola. ⇨ négi.

waké-hédáté 分け隔て A discriminação; a distinção; a parcialidade. ★ ~ *naku* [*sezu ni*] 分け隔てなく[せずに] Sem discriminação; imparcialmente [*Kyōshi wa* ~ *naku seito ni sessuru beki da* 教師は分け隔てなく生徒に接するべきだ O professor deve tratar sem ~ todos os alunos]. ~ *suru* 分け隔てする Fazer discriminação [distinções]「entre」; ser parcial. [S/同] Sábetsu. [A/反] Byṓdṓ (+); kṓhéí (+).

waké-íru 分け入る (< wakéru + …) Penetrar; furar caminho. ★ *Yama fukaku* ~ 山深く分け入る Embrenhar-se [Penetrar] na montanha.

waké-máe 分け前 (< wakéru + …) O quinhão; a porção; a parcela. ★ ~ *ni azukaru* 分け前にあずかる Ter a sua quota-parte [~]「em」. [S/同] Warí-máe.

waké-mé 分け目 **1** [物を分けた境の所] A linha divisória; a risca. **2** [分かれ目] O momento crítico [decisivo]. ★ *Tenka* ~ *no tatakai* 天下分け目の戦い A batalha decisiva. [S/同] Wakáré-mé.

wáke-nai 訳ない Fácil; simples. ★ ~ *shigoto* 訳ない仕事 A canja [O trabalho que se faz com uma perna às costas] (Col.). *Wake-naku shōbu ni katsu* 訳なく勝負に勝つ Vencer com a maior das facilidades. [S/同] Tayásúi. ⇨ kańtáń[1]; yṓí[2].

wakéru 分ける **1** [分割する] Dividir; repartir. ★ *Ichi-gakunen o yottsu no kurasu ni* ~ 1学年を四つのクラスに分ける Dividir o curso [ano] em 4 turmas. [S/同] Buńkátsú súrú. **2** [分配する; 分担する; 割り当てる] Partilhar; distribuir. ★ *Shigoto o nakama ni kōhei ni* ~ 仕事を仲間に公平に分ける Dividir igualmente o trabalho pelos colegas. [S/同] Buńpái súrú. **3** [押し分ける] Meter-se「por」; penetrar. *Fune wa nami o wakete susunde itta* 船は波を分けて進んで行った O navio meteu-se pelo mar (a)dentro. ★ *Hitogomi o* ~ 人込みを分ける Avançar [~] por entre a multidão. **4** [区別する] Distinguir; separar; classificar. *Jisho no midashi o hindo ni yotte kihongo to hi-kihongo ni waketa* 辞書の見出しを頻度によって基本語と非基本語に分けた Classifiquei/Dividi as palavras do dicionário em básicas e não-básicas segundo o grau de frequência. ⇨ buńrúí; kúbetsu. **5** [分かれ目となる] Decidir a questão crucial; ser decisivo. *Isshun no fu-chūi ga seishi o* ~ 一瞬の不注意が生死を分ける Um momento de descuido pode ser decisivo [mortal].

wákete mo 分けても (< wakéru **4**) Sobretudo; acima de tudo; se tivesse de escolher; particularmente. *Watashi wa ongaku ga suki da ga,* ~ *baiorin ga suki da* 私は音楽が好きだが, 分けてもバイオリンが好きだ Eu gosto de música, mas sobretudo de violino. [S/同] Tóku ni (o); toríwáké (+).

wakí[1] 脇・腋 **1** [体の横の部分] A axila; o sovaco. ★ *Hon o* ~ *ni kakaeru* 本を脇にかかえる Levar o livro debaixo do braço. ◇ ⇨ **~ ga** [**ge; no shita**]. ⇨ ko-wákí. **2** [側] O lado. ★ ~ *kara kuchi o dasu* 脇から口を出す Meter uma colherada na conversa. *Nimotsu o* ~ *e* [*ni*] *oku* 荷物を脇へ[に]置く Pôr a bagagem [mala] ao lado. [S/同] Sóba. **3** [他所] O outro lugar; o rumo diferente. *Itsu no ma ni ka hanashi ga* ~ *e* [*ni*] *soreta* いつの間にか話が脇へ[に]それた A certa altura a cosversa tomou outro rumo. ★ ~ *o miru* 脇を見る Olhar para o lado; desviar o olhar. *Hanashi o* ~ *e* [*ni*] *sorasu* 話を脇へ[に]そらす Desviar a conversa; mudar de assunto. [S/同] Yosó. **4** [服の腕の下の部分] O lado (do vestuário). ★ ~ *ga hokorobiru* 脇がほころびる Desfazer-se a costura do ~. **5** [左右] Os lados. ★ ~ *o katameru* 脇を固める Fortificar ambos os ~.

wakí[2] ワキ O a(c)tor secundário. ⇨ shité[1].

wakí-ágáru 沸き上がる (< wakú[1] + …) **1** [煮え立つ] Ferver; entrar em ebulição. **2** [激しく起こる] Levantar-se; manifestar-se.

wáki-aiai 和気藹藹 Harmonioso. ★ ~ *taru* (*to shita*) *fun'iki* 和気藹々たる(とした)雰囲気 O ambiente de paz e harmonia.

wakí-ákí 腋明き A racha/abertura (de saia).

wakí-bárá 脇腹 (<… [1] + hará) **1** [横腹] A ilharga; o flanco. [S/同] Yokó-bárá. **2** [めかけばら] O filho de concubina. [S/同] Mekáké-bárá.

wakí-déru 湧き出る (< wakú + …) Jorrar; brotar. *Onsen ga waki-dete iru* 温泉が湧き出ている A água termal está a ~ (da nascente).

wakí-ga 腋臭 O odor das axilas. ⇨ wakí[1].

wakí-ge 腋毛 (<… [1] + ke) O pêlo das axilas.

wakí-káeru 沸き返る (< wakú[1] + …) **1** [湯が沸騰する] Ferver em cachão. **2** [騒ぐ] Fervilhar; agitar-se; tumultuar. *Sono uwasa de mura-jū* ~ *yō na sawagi datta* そのうわさで村中沸き返るような騒ぎだった Esses rumores puseram [O rumor pôs] toda a aldeia em rebuliço [num alvoroço].

wakímáe 弁え (< wakímáéru) O discernimento; o critério; o entendimento; o juízo; o tino. *Zengo no* ~ *mo naku* 前後の弁えもなく Impulsivamente; sem pensar nas consequências. ⇨ fúnbetsu; ryṓshíkí.

wakímáéru 弁える **1** [識別する] Discernir; distinguir. ★ *Kōshi no betsu o* ~ 公私の別を弁える Distinguir entre os assuntos públicos e privados [os de cará(c)ter privado]. [S/同] Beńbétsú [Shikíbétsú] súrú. **2** [心得る] Saber; estar bem informado; ter em mente. ★ *Toki to bāi o wakimaenu jōdan* 時と場合を弁えぬ冗談 A piada fora de propósito; a brincadeira de mau gosto. [S/同] Kokóróéru.

wakí-me 脇目 (< waki[1]) **1** [よそ見] A olhadela

W

para o lado. ★ ～ *mo furazu ni benkyō suru* 脇目も振らずに勉強する Estudar sem olhar para o lado; concentrar-se no estudo. [S/同] Yosó-mi. **2** [はた目] A opinião de quem está fora do assunto. [S/同] Hatá-mé (+); yosó-mé.

wakí-mí 脇見 A olhadela para o lado. ◇ **～ unten** 脇見運転 A condução distraída. [S/同] Yosó-mi (+).

wakí-míchí 脇道 **1** [横道] A rua lateral; a ruela. [S/同] Edá-míchí; yokó-míchí. **2** [本筋からそれた道] O desvio. *Hanashi ga ～ e [ni] soreta* 話が脇道へ[に]それた A conversa tomou outro rumo [Desviámo-nos do assunto].

wakí-mizu 湧[涌]き水 (< wakú² + …) A água de nascente. ⇨ izúmí.

wakí-nó-shita 脇の下 A axila; o sovaco.

wakí-ókóru 湧き起こる (< wakú¹ + …) Erguer-se; surgir. *Dotto warai-goe ga waki-okotta* どっと笑い声が湧き起こった Ergueu-se [Ouviu-se] de súbito (o som de) uma gargalhada.

wakí-tátsu 沸き立つ ⇨ wakí-káeru.

wakí-yákú 脇役 O papel [a(c)tor] secundário; a função auxiliar. ★ ～ *o tsutomeru* 脇役を勤める Representar um papel secundário; exercer uma função de segunda categoria. [A/反] Shu-yákú.

wakí-záshí 脇差 (<… ¹ + sásu) A espada curta「do samurai」; o terçado.

wákkusu ワックス (< Ing. wax) A cera; a parafina.

wakṓdo [óo] 若人 O jovem; a juventude. [S/同] Seínéń (+); waká-mónó (+).

wakú¹ 沸く **1** [湯が] Ferver; entrar em ebulição. *(O)-yu ga waita* (お)湯が沸いた A água já ferveu. ⇨ futtṓ. **2** [感情が高ぶって叫ぶ] Entusiasmar-se; vibrar; excitar-se. *Nessen ni kankyaku wa dotto waita* 熱戦に観客はどっと沸いた A assistência vibrava com jogo tão renhido. [S/同] Kṓfúń súrú.

wakú² 湧[涌]く **1** [水などが地面から出て来る] Nascer; brotar; jorrar. [S/同] Wakí-déru (+). **2** [予想しなかったことが突然現れる] Irromper [Surgir; Sobrevir] inesperadamente. ★ *Futte waita sainan* 降って湧いた災難 A calamidade súbita [que sobreveio de súbito]. **3** [虫などが発生する] Nascer; despontar; gerar-se. ★ *Uji ga waita* うじが湧いた「O queijo」está com bichos. [S/同] Hasséí súrú. **4** [感情が起こる] Manifestar-se; romper. *Kare no hito-koto de jishin ga waite kita* 彼の一言で自信が湧いてきた Bastou uma palavra dele para eu ganhar confiança.

wakú³ 枠 **1** [周りを囲む木や板，線] A armação; a moldura; o caixilho; os aros; os colchetes. ◇ **Mado ～** 窓枠 O caixilho da janela. **2** [範囲]【Fig.】O limite; a fronteira; a baliza. ★ *Yosan no ～ kara hamidasu* 予算の枠からはみ出す Exceder o orçamento. ◇ ⇨ **～ gumi**. [S/同] Hán'i.

wā́kú-búkku [aá] ワークブック (< Ing. workbook) O livro [caderno] de exercícios [trabalhos práticos]. [S/同] Gakúshū́-chṓ.

wákuchin ワクチン (< Al. wakzin) A vacina. ◇ **Nama ～** 生ワクチン ～ antivariólica [contra a varíola].

wakúdéki 惑溺【E.】A entrega ao prazer [vício/aos apetites]. [S/同] Tańdékí.

wakú-gúmí 枠組み (<… ³ + kúmu) **1** [枠を組むこと，またその組んだ枠] A armação; o enquadramento. **2** [物事の大まかな組み立て]【Fig.】O limite; o alcance; o âmbito. ★ *Chōsa no ～ o settei suru* 調査の枠組みを設定する Delimitar o âmbito da investigação.

wakúráń 惑乱 A confusão.

wakúséí 惑星 **1** [恒星の周りを回る星]【Astr.】O planeta. ★ ～ *no kidō* 惑星の軌道 A órbita do ～. **2** [ダークホース]【Fig.】O indivíduo desconhecido [misterioso]. ★ *Seikai no ～* 政界の惑星 Uma nova figura política (ainda mal conhecida). [S/同] Dā́kú-hṓsu.

wā́kú-sútéishon [aá] ワークステーション (< Ing. work station < L.) O computador de alta eficiência, para especialistas.

wáku-waku わくわく (Exprime excitação). *Ashita ensoku ka to omou to mune ga ～ suru* 明日遠足かと思うと胸がわくわくする Estou tão contente com a excursão de amanhã!

waméí 和名 O nome (em) japonês. ⇨ wa³ **4**.

waméki(-góe) 喚き(声) (<… + kóe) O grito; o berro; o clamor; o brado.

waméki-tátéru 喚き立てる (< waméku + …) Gritar; berrar; bradar; clamar.

waméku 喚く Gritar; clamar; berrar; vociferar. *Ima to natte wa naite mo wameite mo shikata nai* 今となっては泣いても喚いても仕方ない Agora já não adianta [serve de nada] chorar nem ～. ⇨ donáru; sakébu.

wán¹ 湾 A baía; a enseada; o golfo「pérsico」; o braço de mar. ★ ～ *nai ni* 湾内に No interior da baía. ◇ **Tōkyō ～** 東京湾 A baía de Tóquio.

-wań² 椀 A tigela/malga. ★ *Hito-～ no shiru* 一椀の汁 Uma ～ de sopa. ⇨ chawáń; dońbúrí¹.

wána 罠 **1** [鳥獣などを捕える仕掛け] A armadilha; a ratoeira. ★ ～ *o shikakeru* 罠を仕掛ける Armar [Colocar] ～. **2** [人を陥れること] A cilada; o ardil; a esparrela. *Manma to kare no ～ ni kakatta* まんまと彼の罠にかかった Caí redondamente na/o ～ que ele me armou. ★ *Hito o ～ ni kakeru* 人を罠にかける Armar uma cilada a alguém.

wa-nágé 輪投げ O jogo do "ringue" [da argola].

wanánáku わななく Tremer; estremecer. [S/同] Furúérú.

wána-wana わなわな (Im. de tremer) Ui! ★ ～ *(to) furueru* わなわな(と)震える Tiritar; estar todo a tremer. [S/同] Búru-buru (+).

wańdā́fṓgeru [óo] ワンダーフォーゲル (< Al. wandervogel) A excursão em grupo pelas montanhas.

wáni 鰐【Zool.】O crocodilo; o jacaré.

waní-áshí 鰐足 As pernas arqueadas [tortas]. [S/同] Uchí-mátá (+).

waní-gáwá 鰐皮 (<… + kawá) A pele de crocodilo. ★ ～ *no handobaggu* 鰐皮のハンドバッグ A bolsa [malinha de mão] de ～.

waní-guchi 鰐口 (<… + kuchí) **1** [寺社の] O gongo; o tantã「do templo」. **2** [大きな口] A bocarra.

wanísú ワニス (< Ing. varnish < L.) O verniz; o vidrado (da louça). [S/同] Nísu (+).

wańkṓ [óo] ワン公【Col.】O cachorro; o cão. [S/同] Inú (+). ⇨ wán-wan.

wańkyókú 湾[彎]曲 A curvatura; a curva; o arqueamento. ◇ **～ bu** 湾曲部 A parte curva.

wánman ワンマン (< Ing. one-man) **a)** O autoritário; o autocrata; o mandão; **b)** Uma só pessoa. *Ano shachō wa ～ da* あの社長はワンマンだ O presidente dessa companhia é um ~. ◇ **~ basu** [**kā**] ワンマンバス[カー] O autocarro de agente único [ônibus sem cobrador]. **~ shō** ワンマンショー O espe(c)táculo a solo.

wańpákú 腕白 A travessura; a traquinice; a malandrice. ★ **~ na** 腕白な Travesso; traquina(s); malandro. ◇ **~ kozō** [**bōzu**] 腕白小僧[坊主] O menino travesso; o traquina(s). ⓢ回 Yańchá.

wańpísu [**ii**] ワンピース (< Ing. one-piece) A roupa de peça única; o vestido (de senhora).

wánryoku 腕力 A força muscular [bruta; física]. ★ **~ de katsu** 腕力で勝つ Vencer pela força. **~ ni mono o iwaseru** 腕力にものを言わせる Valer-se da ~ 「para atingir algo」. **~ ni uttaeru** [**~ o mochiiru**] 腕力に訴える[腕力を用いる] Recorrer à [Usar da] força [violência]. **~ zata ni naru** 腕力沙汰になる Acabar em [à] pancada. ⓢ回 Udéppushí.

wań-sáidó-gêmu [**ée**] ワンサイドゲーム (< Ing. one sided game) O jogo muito desequilibrado.

wánsa to わんさと【G.】 **1**[大げさに押しかけるよう す]Em magote; aos montes. *Kyō no shiai ni wa kanshū ga ~ oshikakeru darō* 今日の試合には観客がわんさと押しかけるだろう A partida de hoje deve ter montes [ser um rio] de gente. **2**[たくさんあるよ うす]Muito; aos montes.

wań-shō 腕章 A braçadeira.

wań-sútéppu ワンステップ (< Ing. one step) A dança de salão.

wańtán 饂飩・雲呑 (< Chi. hun-tun) O prato chinês de almôndegas de porco em sopa.

wań-tátchí-daiyaru ワンタッチダイヤル (< Ing. one touch dial < L.) O marcar [discar] o número do telefone carregando num só botão.

wán-wan わんわん **1**[犬の鳴き声]Ão, ão. *Inu ga ~ hoete iru* 犬がわんわん吠えている O cão está a ladrar. **2**[犬の小児語]O cãozinho (Infa.). ⓢ回 Wán-chan. ⇨ inú.

wáon 和音【Mús.】O acorde (musical).

wá-po 和葡『dicionário』Japonês-Português.

wáppen ワッペン (< Al. wappen) O emblema; o distintivo.

wápúró [**aá**] ワープロ (Abrev. de ⇨ wádó-púró-séssà).

wára 藁 A palha; o colmo. ことわざ *Oboreru mono wa ~ o mo tsukamu* おぼれる者は藁をもつかむ Quem se está a afogar agarra-se até a uma ~.

wará-bánshi 藁半紙 (< … + hánshí) O papel almaço (25 × 35cm; usa-se para rascunho, etc.).

wárabe 童 A criança. ◇ **~ uta** 童歌 A canção de embalar.

wárabi 蕨【Bot.】O feto (Uma espécie comestível, quando tenra).

wará-búkí 藁ぶき (< … + fukú) A cobertura a [com]de colmo (Espécie de capim). ◇ **~ yane** 藁ぶき屋根 O telhado de colmo.

waráí 笑い (< waráú) **1**[笑うこと]A risada; a gargalhada; o riso; o sorriso. *Kono shōbai wa mōkatte ~ ga tomaranai* この商売はもうかって笑いが止まらない Este negócio é uma pechincha (G.) [é extremamente lucrativo]. **2**[嘲笑]O riso sarcástico; o escárnio; a zombaria. ★ **~ o maneku** 笑いを招く Dar azo [ocasião] à troça [zombaria]. ⓢ回 Chōshó.

waráí-bánashi 笑い話 (< … + hanáshí) A história engraçada; a anedota; a piada. ⇨ jōdán¹.

waráí-dásu 笑い出す (< waráú + …) Desatar a rir.
waráí-gáo 笑い顔 (< … + kaó) O rosto sorridente [risonho]. ⓢ回 Égao (+).
waráí-góe 笑い声 (< … + kóe) O riso; a risada.
waráí-gótó 笑い事 (< … + kotó) O caso para rir; a brincadeira. *Kore wa ~ ja sumasarenai* これは笑いごとじゃ済まされない Isto não é nenhuma brincadeira [não se resolve a brincar]. ⓢ回 Jódán¹.
waráí-gúsá 笑い草 (< … + kusá) O alvo da troça; o obje(c)to de zombaria [chacota]; o bobo da corte. ⇨ waráí-mónó.
waráí-jógo [**óo**] 笑い上戸 **1**[よく笑う人]A pessoa que está sempre a rir. **2**[酔うとよく笑う人]O ébrio risonho; o bêba[e]do alegre.
waráí-kókéru 笑い転ける (< waráú + …) Rebentar [Morrer] de riso「com a piada」. *Kare no monomane ni ichidō warai kokeru de oto ni mané* — 同笑いこけた Todos morriam de riso com as imitações dele.
waráí-mónó 笑い物[者] O obje(c)to de escárnio; o motivo de risota. ★ *Hito no ~ ni naru* 人の笑いものになる Tornar-se ~ das pessoas.
waráí-tóbásu 笑い飛ばす (< waráú + …) Rir-se「do perigo」. *Kare wa rikon no uwasa o warai-tobashita* 彼は離婚の噂を笑い飛ばした Ele rebateu o boato de divórcio com uma risada.
wárájí 草鞋 As sandálias de palha de arroz (Antigamente muito usadas). **~ o haku** 草鞋をはく **a)** Calçar ~; **b)** Partir para uma viagem. **~ o nugu** 草鞋を脱ぐ **a)** Descalçar ~; **b)** Hospedar-se; pousar; **c)** Terminar a viagem; **d)** Alojar-se em casa do chefão da zona. I/慣用 *Ni-soku no ~ o haku* 二足の草鞋をはく Ter duas profissões; ocupar dois cargos.

warasá 稚魚師【Zool.】A savelha; o olhete.
waráú 笑う **1**[うれしく,おかしく思う]Rir; sorrir; dar risadas. *Utsushimasu yo, sā waratte* 写しますよ,さあ笑って Vou tirar [bater/disparar] (a foto)! Todos a sorrir! ★ *Dotto* ~ どっと笑う Explodir numa risada [gargalhada]. *Hara no kawa ga yojireru hodo ~* 腹の皮がよじれるほど笑う Rebentar [Até se torcer] a rir. *Hara o kakaete ~* 腹をかかえて笑う Deitar as mãos à barriga a rir. *Kusukusu ~* くすくす笑う Rir à socapa. *Kyakkyakyakya to ~* きゃっきゃっと笑う Rir às gargalhadas. *Niyaniya ~* にやにやと笑う Esboçar um sorriso amarelo [forçado]. ことわざ *~ kado ni fuku kitaru* 笑う門には福来たる Rir traz a felicidade/Quem canta, seu mal espanta; A/反 Nakú. **2**[あざける]Escarnecer; zombar; troçar; mofar; ridicularizar. **3**[裂ける]Tremer「das canelas」(G.). *Tsukarete [Kyōfu de] ashi ga waratte iru* 疲れて[恐怖で]足が笑っている Estou com as pernas a tremer de cansaço [medo].

waráwásérú[**waráwású**] 笑わせる[笑わす] (< waráú) **1**[笑うようにする]Provocar o riso; fazer rir; divertir. ★ *Chōshū o ~* 聴衆を笑わせる Fazer rir os espectadores/a assistência. **2**[あざける時に使うことば]Provocar a troça [o escárnio]. *Kare ga sensei ni naru nante mattaku ~ yo* 彼が先生になるなんて全く笑わせるよ Ele, (vir a ser) professor? Essa até dá vontade de rir!

wará-záiku 藁細工 (< … + saíkú) Os obje(c)tos de [O artesanato em] palha.
wáre 我 O próprio (eu). *Kanshū ga ~ mo ~ mo to sutēji ni oshi-yoseta* 観衆が我も我もとステージに押し寄せた Os espectadores acorreram ao palco dispu-

waré-gáchí

tando a dianteira. ★ ~ *kan-sezu no taido o toru* 我関せずの態度をとる Tomar uma atitude desinteressada [indiferente]. ⇨ waré-nágara. ◊ ~ *ni kaeru* 我に返る Voltar a si; recobrar os sentidos. ~ *o wasureru* 我を忘れる Deixar-se arrebatar「por」; ficar fora de si; empolgar-se「com」; ~ *o wasurete ō-goe o dasu* 我を忘れて大声を出す Gritar (como um) desvairado [alucinado]. ⇨ wáre-shirazu.

waré-gáchí 我勝ち (< ~ + *kachí*) A disputa pela primazia. *Kankyaku wa ~ ni kaijō ni hairō to shita* 観客は我勝ちに会場に入ろうとした O público afluiu em massa ao recinto procurando cada qual ser o primeiro a entrar. S/同 Wáre-saki.

waré-gáné 割[破]れ鐘 O sino rachado. ★ ~ *no yō na koe de donaru* 割れ鐘のような声でどなる Gritar com voz troante.

waré-mé 割れ目 (< warérú + ~) A racha; a fenda; a greta; a fissura. S/同 Kirétsú. ⇨ hibí².

waré-móno 割れ物 (< warérú + ~) 1 [割れた物] O artigo quebrado. 2 [割れやすい物] O artigo frágil [quebradiço]. ~ *chūi* 割れ物注意（表示）Frágil!

waré-nábé 割[破]れ鍋 (< warérú + ~) A panela rachada. ピとわざ ~ *ni tojibuta* 割れ鍋に綴じ蓋 Cada qual com seu igual/Cada macaco no seu galho;

waré-nágara 我ながら Apesar de ser ... ★ ~ *baka na koto o yatta mono da* 我ながら馬鹿なことをやったものだ Foi mesmo uma estupidez [burrice] minha!

wáre-ra 我等 [E.] (< ~ + -ra²) ⇨ waréwáre.

warérú 割れる 1 [こわれる] Quebrar-se; partir-se; rachar. ★ *Ware-yasui koppu* 割れやすいコップ O copo frágil [quebradiço]. S/同 Kowáréru. 2 [分かれる] Dividir-se; repartir-se. *Konkai no shichōsen wa hyō ga wareta* 今回の市長選は票が割れた Nestas eleições para a presidência da Câmara Municipal [da Prefeitura] os votos dividiram-se. S/同 Wakáréru. A/反 Matómarú. 3 [音や声が非常に大きいよう] Ensurdecer; estrondoso. ★ ~ *yō na kassai* 割れるような喝采 O aplauso ~. 4 [判明する] Descobrir-se. *Shitai no mimoto ga wareta* 死体の身元が割れた Foi identificado o cadáver. 5 [割り切れる] [Mat.] Ser divisível. *Roku wa ni de* 6 は 2 で割れる (O) seis é divisível por dois.

wáre-saki 我先 ⇨ waré-gáchí.

wáre-shirazu 我知らず (< ~ + *shirú*) Fora de si; involuntariamente; inconscientemente. S/同 Omówazu (+).

waréwáre 我々 Nós. ★ ~ *porutogaru-jin* 我々ポルトガル人 Nós, (os) portugueses「gostamos da aventura」. S/同 Watáshí-tachi. ⇨ wáre.

warí 割 (< warú¹) 1 [割合] A razão; a proporção. ★ *Sen-nin ni hitori no ~ de* 千人に一人の割で À razão de 1 para [em/por] cada 1.000 pessoas. S/同 Waríái 1. 2 [比較した時の度合] A vantagem; a compensação; o ganho. *Kono shōbai wa ~ ga warui* この商売は割が悪い Este negócio não é lucrativo [não compensa]. ★ ~ *ni au [awanai] shigoto* 割に合う [合わない] 仕事 O trabalho compensador [que não merece a pena]. ~ *o kuu* 割を食う Estar [Ser posto] em desvantagem. *Kono shina wa nedan no ~ ni shitsu ga warui* この品は値段の割に質が悪い Para o preço, este artigo é de má qualidade. 3 [-*wari*: 比較の単位] A pe[o]rcentagem de 10%. ★ *Nen ichi-* ~ *san-bu no rishi* 年 1 割 3 分の利子 O juro de 13% ao ano. 4 [-*wari*: 割り当て] Por. ◊ **Atama** ~ 頭割り A distribuição por cabeça.

5 [-*wari*: 薄めること] A mistura/diluição. ◊ ⇨ *mizu* ~.

waríái 割合 1 [比率] A razão; a proporção. ★ *Shio ichi satō ni no ~ de mazeru* 塩 1 砂糖 2 の割合で混ぜる Misturar na ~ de 1 de sal para 2 de açúcar. 2 【Adv.】Relativamente. *Kare wa ~ majime da* 彼は割合まじめだ Ele é uma pessoa ~ [bastante] séria. *Kyō no shigoto wa ~ umaku itta* 今日の仕事は割合うまく行った O trabalho hoje correu ~ [bastante] bem. S/同 Angáí; hikákú-téki; warí-ní.

warí-áté 割り当て (< warí-átérú) A distribuição; a partilha. ★ *Shigoto no ~ o kimeru* 仕事の割り当てを決める Determinar a ~ de tarefas. ◊ ~ **sei** 割り当て制 O regime de quotização [quotas]. **Gyokaku** ~ 漁獲割り当て A quota-parte da pescaria.

warí-átéru 割り当てる (< warírú + ~) Distribuir. *Watashi wa kaikei-gakari o wari-aterareta* 私は会計係を割り当てられた Coube-me [Foi-me atribuído] o papel de tesoureiro. ★ *Senshu ni shukusha o ~* 選手に宿舎を割り当てる ~ os quartos aos jogadores. ⇨ *bunpáí*; *buntán*¹.

warí-báshi 割り箸 (< warú¹ + *háshi*) Os pauzinhos de comer separáveis [de rachar].

warí-bíkí 割り引き・割引 (< warú¹ + *warí-bíku*) 1 [金銭の] O desconto; o abatimento. ★ ~ *suru* 割り引きする Fazer um ~; abater [reduzir] o preço. [*Sen-en ijō o-kaiage itadakeba ichi-wari ~ itashimasu* 千円以上お買い上げいただけば 1 割割り引きいたします Comprando mais de mil yens, fazemos um desconto de 10%). ◊ ~ **kakaku** 割引価格 O preço (já) com ~. ~ **ken** 割引券 O bilhete com desconto. ~ **saiken** 割引債券 A apólice descontada (de juros). ~ **tegata** 割引手形 O título descontado (de juros). **Dantai** ~ 団体割引 O desconto para grupos. **Genkin** ~ 現金割引「por pagamento à vista. A/反 Warímáshí. 2 [物事を内輪に見積もること] O desconto. *Kare no hanashi wa sukoshi ~ shite kiita hō ga yoi* 彼の話は少し割り引きして聞いた方がよい Deve [É preciso] dar um certo ~ ao que ele diz.

warí-bíkí 割り引く (< warú¹ + *hikú*) ⇨ warí-bíkí.

warí-chú 割り注 A nota (observação) inserida (num texto). S/同 Warí-gákí.

warí-dáká 割り高 (< ~ + *takáí*) O preço comparativamente alto/elevado. *Burajiru de wa iryōhi ga ~ ni tsuku* ブラジルでは医療費が割高につく No B., as despesas com a saúde são relativamente elevadas. A/反 Warí-yású.

warí-dásu 割り出す (< warú¹ + ~) 1 [算出する] Calcular. ★ *Keihi o ~* 経費を割り出す ~ os gastos. 2 [推断する] Deduzir. ★ *Hannin o ~* 犯人を割り出す ~ quem foi o culpado.

warí-fú 割り符 (< warú¹ + ~) O talão「do recibo」.

warí-fúrí 割り振り (< warú¹ + ~) A distribuição. ★ *Jikan no ~ o suru* 時間の割り振りをする Programar o tempo; fazer o horário. S/同 Warí-áté.

warí-fúru 割り振る (< warú¹ + ~) Distribuir「os papéis」. S/同 Warí-átéru.

warí-ín 割り印 (< warú¹ + ~) O carimbo aposto metade em cada folha.

warí-kán 割り勘 (< warú¹ + *kanjō*) A partilha por igual da despesa; as contas à moda do Porto. ★ ~ *ni suru* 割り勘にする Pagar cada um a sua parte/(Id.) Fazer uma vaquinha. S/同 Warí-máé-kanjō.

waríkáshi [waríkáta] 割りかし [割りかた] ⇨ waríáí (ní).

warí-kíreru 割り切れる (< warí-kíru) **1** [割り算で余りのない答えが出る]【Mat.】Ser divisível「por」. *Jūgo wa go de* ～ 15 は 5 で割り切れる 15 é divisível por 5. **2** [納得できる] Ser satisfatório [compreensível]. *Sono isan-wake ni wa kaiketsu-go mo nani ka wari-kirenai mono ga nokotta* その遺産分けには解決後も何か割り切れないものが残った Mesmo depois de acordada a partilha da herança, restaram certas dúvidas.

wari-kíru 割り切る (< warú¹ + ···) Ser claro; cortar a direito. ★ *Wari-kitta kangaekata* 割り切った考え方 Uma opinião clara.

warí-kómu 割り込む (< warú¹ + ···) Furar caminho; meter-se; interromper. ★ *Retsu ni* ～ 列に割り込む Meter-se pelo [no] meio da fila.

wari-máe 割り前 A porção; a parte; a quota; o quinhão. S/同 Waké-máe (+); warí-áté.

warímáe-kánjō 割り前勘定 ⇨ waŕí-káń.

wari-máshi 割り増し O extra; o pré[ê]mio; o abono; o bó[ô]nus. ◇ ～ **chingin** 割り増し賃金 O pagamento extra. ◇ ～ **ryōkin** 割り増し料金 A despesa extra. A/反 Warí-bíki.

wari-módósu 割り戻し (< warí-módósu) O reembolso; a restituição do excesso pago. ★ ～ *o suru* 割り戻しをする Reembolsar. ◇ ～ **kin** 割り戻し金 O reembolso; a quantia restituída [reembolsada]. S/同 Ribétó.

wari-módósu 割り戻す (< warú¹ + ···) Restituir o excesso pago.

warí-ní 割りに Relativamente; bastante; um [algum] tanto. *Kimi wa* ～ *okubyō da ne* 君は割りに臆病だね Você é um tanto [bocado/pouco] medroso, não é? S/同 Hikákú-tékí; waríái (ní).

warí-tó 割りと ⇨ warí-ní.

wari-tó 割り付け (< warí-tsúkéru)【Tip.】A disposição; o arranjo (gráfico). S/同 Reíáuto (+).

wari-tsúkeru 割り付ける **1** [⇨ warú¹-áteru]. **2** [記事などを紙面に並べる]【Tip.】Dispor.

warí-yásu 割り安 (< ··· + yasúi) Relativamente barato. ★ ～ *na kaimono* 割り安な買い物 A compra relativamente barata. A/反 Warí-dáka.

warí-zan 割り算 (< warú¹ + sán)【Mat.】A divisão. S/同 Johō. A/反 Kaké-zan.

warú¹ 割る **1** [こわす] Quebrar; estalar; partir; despedaçar. ★ *Mado garasu o* ～ 窓ガラスを割る Partir o vidro da janela. S/同 Kowásu. **2** [割り算する]【Mat.】Dividir. *Roku o ni de* ～ *to san ga tatsu* 6 を 2 で割ると 3 が立つ 6 dividido [a dividir] por 2 dá [é igual a] 3. **3** [分割する] Rachar; cortar. ★ *Hitogomi o watte hairu* 人ごみを割って入る Entrar furando [cortando] por entre a multidão. *Tōha o* ～ 党派を割る Dividir o partido. *Manjū o futatsu ni* ～ まんじゅうを二つに割る Cortar [Dividir] o "manju" em dois [ao meio]. S/同 Bunkátsú súrú. **4** [ある液体に他の液体を混ぜて薄める] Diluir; misturar com água. ★ *Burandē o mizu de* ～ ブランデーを水で割る Misturar [Beber/Tomar] o conhaque com água. **5** [ある数より下になる] Ficar abaixo de. *Kyō ichi-doru wa hyaku-en o watta* 今日 1 ドルは 100 円を割った Hoje o dólar ficou abaixo de [não chegou a] 100 yens. **6** [さらけ出す] Abrir. ★ *Hara o watte hanasu* 腹を割って話す Falar francamente [sem reservas]. ⇨ sarákédásu. **7** [スポーツでラインを越える]【Sumô】Sair fora. ★ *Dohyō o* ～ 土俵を割る ～ *da arena* [Passar a linha].

wáru² 悪 (< warúi) **1** [悪いこと] A coisa má. ★ ～ *o suru* 悪をする Fazer maldades [uma ～]. S/同 Ákuji. **2** [悪い人] A pessoa má.

warú-ágaki 悪足掻き (< warúi + ···) O debater-se [teimar; bater o pé] inutilmente.

warubíreru 悪びれる Ficar constrangido; acanhar-se. ★ *Sukoshi mo warubirezu ni* 少しも悪びれずに Com o maior à-vontade;「mentir」vergonhosamente/descaradamente.

warú-dákumi 悪巧み (< ···² + takúmi) O plano sinistro; a cilada. ★ ～ *o suru* 悪巧みをする Tramar uma ～. S/同 Kańkéí. ⇨ ínbō.

wárúdō-shírízu [aá-íi] ワールドシリーズ (< Ing. The world series) O campeonato mundial de basebol.

warú-fúzake 悪ふざけ A brincadeira [partida/piada] de mau gosto. ★ ～ *o suru* 悪ふざけをする Pregar uma partida de mau gosto.

warú-gáshíkói 悪賢い (< ···² + kashíkói) Astuto; manhoso; ladino. ★ ～ *hito* 悪賢い人 A velha raposa. S/同 Zurú-gáshíkói.

warú-gi 悪気 (< warúi + ki) A maldade; a má intenção. ★ ～ *no nai hatsugen* 悪気のない発言 A observação inocente [sem malícia]. S/同 Ákui.

warúi 悪い **1** [不道徳な; 悪意のある] Mau. ～ *koto wa iwanai kara go-ryōshin ni sōdan shi nasai* 悪いことは言わないから御両親に相談しなさい É para o seu bem, aconselhe-se com os seus pais. *Subete watashi ga* ～ *no desu* すべて私が悪いのです A culpa é toda minha/Foi tudo por minha culpa; ★ ～ *koto o suru* 悪いことをする Praticar o mal; fazer maldades [coisas más/o que é ～]. *Iji ga* ～ 意地が悪い Ser ～. *Kuchi ga* ～ 口が悪い Ser má-língua; ter língua suja. A/反 Yói. **2** [好ましい状態でない; 正常ではない] Mau. *Doko ka karada no guai ga* ～ *no desu ka* どこか体の具合が悪いのですか Sente-se mal? *Kono kikai wa chōshi ga* ～ この機械は調子が悪い Esta máquina não funciona bem [tem alguma avaria]. *Mizu no de ga* ～ 水の出が悪い Sai [Corre] pouca água. *Watashi no iu koto o kikeba* ～ *yō ni wa shinai yo* 私の言うことをきけば悪いようにはしないよ Se fizer o que eu lhe digo não lhe vai acontecer nada (de ～). ～ *shirase* 悪い知らせ A má notícia. ～ *yokan ga suru* 悪い予感がする Ter um ～ pressentimento. *Engi ga* ～ 縁起が悪い Ter [Dar] azar [má sorte]. *Kao-iro* [*Kibun*] *ga* ～ 顔色 [気分] が悪い Estar com má cor [indisposto]. *Taimingu ga* ～ タイミングが悪い A hora é inoportuna; ser má altura「para fazer o pedido」. *Un ga* ～ 運が悪い Ter pouca sorte. A/反 Yói. **3** [有害な] Prejudicial; nocivo; mau; pernicioso. *Kono kikō wa sakumotsu ni* ～ この気候は作物に悪い Este tempo é prejudicial às culturas. *Kenkō ni* ～ *shokuhin-tenkabutsu* 健康に悪い食品添加物 O aditivo alimentar mau para a saúde. S/同 Yūgái ná. A/反 Yói. **4** [劣っている状態の] Mau; fraco. *Kono hasami wa kire-aji ga* ～ このはさみは切れ味が悪い Esta tesoura corta mal. ★ *Atama ga* ～ 頭が悪い Ser pouco esperto; ter fraca inteligência. *Kiryō ga* ～ 器量が悪い Ter fraco físico; ser feio.

warú-jíe 悪知恵 (< warúi + chíe) A astúcia [esperteza] para o mal; a maldade; a matreirice. ★ ～ *ga aru* [*hataraku*] 悪知恵がある [働く] Ser velhaco/matreiro/uma raposa. ★ ～ *o tsukeru* 悪知恵をつける

Ensinar para o mal.
wáruku 悪く (Adv. de "warúi") Mal. *Dō ka ~ omowanaide kure* どうか悪く思わないでくれ Por favor, não leve a [me interprete] mal. ★ *~ ieba* 悪く言えば Vendo「o caso」pela parte negativa. *~ naru* 悪くなる Ficar ruim [mau]; piorar; estragar-se; corromper-se [*Atsusa to niku wa ~ nari-yasui* 暑いと肉は悪くなりやすい Com o calor, a carne estraga-se facilmente.]. ⇨ wáruku-shitára. *~ toru* 悪く取る Interpretar mal; levar a mal. *Hito o ~ iu [omou]* 人を悪く言う[思う] Dizer [Pensar] mal de alguém. *Karada o ~ suru* 体を悪くする Fazer mal à [Estragar a] saúde. *Kibun o ~ suru* 気分を悪くする Indispor-se; sentir-se mal. A/反 Yóku.
warú-kuchi 悪口 A maledicência; a má-língua. ★ *Kage de hito no ~ o iu* 陰で人の悪口を言う Falar mal dos outros pelas costas/por trás; cortar na casaca. S/同 Akkō.
wáruku shi-tára[surú tó] 悪くしたら[すると] Se o pior acontecer; na pior das hipóteses; no pior dos casos. *~ rakudai da* 悪くしたら落第だ você reprova.
warú-mónó 悪者 O homem mau [perverso; cruel]; o patife; o velhaco. ★ *Hito o ~ ni suru* 人を悪者にする Deitar as culpas aos outros. S/同 Akkán; akúdámá; akúníń; wárú[1] **2**.
warú-nórí 悪乗り (< ··· [2] + norú) O exagero; o perder as estribeiras「e beber dez cervejas」. ★ *~ suru* 悪乗りする Exagerar; passar dos limites ~.
wárusa 悪さ (Sub. de "warúi") **a)** A maldade [ruindade]; **b)** A partida [peça]; a travessura. ★ *~ o suru* 悪さをする Pregar uma partida; fazer travessuras. S/同 Itázúrá.
wárutsu ワルツ (< Ing. waltz) A valsa. ★ *~ o odoru* ワルツを踊る Valsar; dançar ~. S/同 Eńbúkyoku.
warú-yóí 悪酔い A ressaca; o mal-estar causado pelo excesso de bebida alcoólica. ⇨ futsúká-yóí.
warú-zúré 悪擦れ (< ··· [2] + suréru) A matreirice; o ser batido [sabido/macaco de rabo coçado].
wásabi 山葵 O rábano-silvestre (cujo tubérculo, de sabor picante, é usado como tempero). ★ *~ no kiita share* 山葵の利いたしゃれ O chiste mordaz [satírico]. ◇ *~ zuke* 山葵漬け ~ picado de conserva em saqué.
wasáí 和裁 O corte e costura [A confe(c)ção de quimonos. A/反 Yósái. ⇨ saíhô.
wáse[1] 早稲 O arroz temporão. ⇨ okú-té.
wáse[2] 早生 **1** [早くみのるもの] A fruta temporã「o figo」lampo. **2** [⇨ sôjúkú].
waséí[1] 和製「o carro de」Fabrico japonês. ◇ *~ eigo* 和製英語 O inglês inventado no Japão. S/同 Nihón-séí.
wáséí[2] 和声 [Mús.] A harmonia; a consonância. S/同 Hámóní (+) ; kásei.
wásen 和戦 **1** [戦争と平和] A guerra e [ou] a paz. ★ *~ ryō-yō no kamae o suru* 和戦両様の構えをする Estar preparado para ~. **2** [講和] A paz. ◇ *~ jōyaku* 和睦条約 O tratado de paz.
waséríń ワセリン A vaselina.
wásha 話者 O falante; o orador; o narrador. S/同 Hanáshíté (+) ; katáríté. A/反 Chōsha.
wáshi[1] 和紙 O papel japonês. S/同 Yóshí. ⇨ kami[3].
washi[2] 鷲 [Zool.] A águia. ◇ *~ bana* [zuka-

mi].
washi[3] 儂・私 Eu. S/同 Watáshí (+) ; watákúshí.
washi-báná 鷲鼻 (< ··· [2] + haná) O nariz aquilino.
wáshin 和親 As relações amistosas; a amizade; a harmonia. ◇ *~ jōyaku* 和親条約 O tratado de paz e amizade.
washítsú 和室 A sala de estilo japonês. S/同 Nihóńmá. A/反 Yōshítsú.
wáshi-zúkámí 鷲掴み (< ··· [2] +tsukámú) O agarrar [deitar a(s) unha(s)]. ★ *Shihei o ~ ni suru* 紙幣を鷲掴みにする Deitar a(s) unha(s) às notas (Dinheiro).
wásho 和書 **1** [日本語の書物] O livro (escrito em j.). ⇨ yôshô[2]. **2** [和綴じの書物] O livro de papel ou encadernação japonesa.
washóku 和食 A refeição [comida] japonesa. S/同 Nihón-shóku. A/反 Yōshóku. ⇨ wa[3] **4**.
wasō 和装 **1** [和服を着ていること] O trajar à (maneira) japonesa. ◇ *~ komono* 和装小物 As peças menores e os adereços do quimono. *Kimónó-súgata* (+). A/反 Yōsō. **2** [和綴じにすること] A encadernação (à) japonesa. S/同 Wa-tójí. ⇨ wa[3] **4**.
Wassérúmán-hánnō ワッセルマン反応 A rea(c)ção de Wassermann (Para detectar a sífilis).
wásshoi わっしょい Força!; Arriba!
wasúré-gátami 忘れ形見 (< wasúrérú + katámí) **1** [忘れたいための記念の品] A recordação (a lembrança) [Obje(c)to]. ★ *Haha no ~ no tokei* 母の忘れ形見の時計 O relógio que herdei da minha mãe, como lembrança. **2** [遺児] A criança nascida após a morte do pai. S/同 Íjí.
wasúré-mónó 忘れ物 (< wasúrérú + ···) **a)** Uma coisa esquecida「em casa」; **b)** Um obje(c)to perdido. ★ *~ o suru* 忘れ物をする **a)** Perder「a carteira」; **b)** Esquecer-se de trazer. S/同 Ishítsú-bútsu.
wasúréná-gusa 勿忘草 [Bot.] O miosótis [não-me-esqueças].
wasúréppói 忘れっぽい Desmemoriado; esquecido; esquecidiço. *Toshi o toru to wasureppoku naru* 年を取ると忘れっぽくなる Com a idade fica-se ~.
wasúrérú 忘れる **1** [思い出さなくなる] Esquecer. *Amari no tanoshisa ni jikan no tatsu no o ~* あまりの楽しさに時間のたつのを忘れる Esquecer-se das horas de tão entretido se estar. *Anata no go-shinsetsu wa itsu made mo wasuremasen* あなたの御親切はいつまでも忘れません Nunca esquecerei o favor que me fez [a sua amabilidade]. *Kusuri no o-kage de ha no itami ga wasureta yō ni tomatta* 薬のお陰で歯の痛みが忘れたように止まった Graças ao remédio, a dor de dentes passou(-me) completamente. *Wasurezu ni asu denwa o kudasai* 忘れずに明日電話を下さい Telefone-me amanhã sem falta (, não se esqueça)! ★ *Shinshoku o wasurete hataraku* 寝食を忘れて働く Trabalhar febrilmente [esquecendo-se de comer e dormir]. *Wasuregatai* 忘れがたい Inesquecível; inolvidável; memorável. *Wasurenai uchi ni* 忘れないうちに Antes que se esqueça. **2** [思い出さないようにする] Esquecer. *Ano jiken wa wasureyō to shite mo wasurerarenai* あの事件は忘れようとしても忘れられない Por mais que tente, não consigo ~ isso. *Sake wa shinpai-goto o wasuresasete kureru* 酒は心配ごとを忘れさせてくれる Para [ajuda a] ~ as preocupações. S/同 Okí-wásúrérú.
wasúru 和する (⇨ wa[3]) **1** [仲良くする] Estar em harmonia. *Fūfu ai-wasubeshi* 夫婦相和すべし Mari-

do e mulher devem viver em boa harmonia. [S/同] Náka-yoku suru. **2** [仲直りする] Reconciliar-se. [S/同] Naká-náori suru (+). **3** [声を合わせる] Harmonizar. ⇨ shṓwá².

watá¹ 綿 O algodão. ★ ～ *no yō ni tsukareru* 綿のように疲れる Ficar morto de cansaço.

watá² 腸 As entranhas; os intestinos; as tripas. ★ *Sakana no* ～ *o nuku* 魚の腸を抜く Estripar o peixe. [S/同] Hará-wátá (+). ⇨ naízṓ¹.

watá-ame 綿あめ【Cul.】O algodão-doce. [S/同] Watá-gáshi.

watá-bṓshi [óo] 綿帽子 O chapéu de noiva (Antigamente também se usava contra o frio).

watá-gáshi 綿菓子 ⇨ watá-ame.

watá-gé 綿毛 (<… ¹+ke) A penugem「do pintainho」; a lanugem「do pêssego/cachorrinho」; o frouxel「do veludo/estofo」; o floco「do dente-de-leão」; a felpa「do tecido/estofo」. [S/同] Nikógé.

watá-gúmó 綿雲 (<… ¹+kúmo) Os altos cúmulos.

watá-íré 綿入れ (<… ¹+irérú) A roupa acolchoada; o quimono acolchoado.

watákúshí 私 **1** [一人称代名詞] Eu. ～ *dattara sonna koto wa shimasen* 私だったらそんなことはしません Se eu fosse você, [Eu] não faria isso/Eu por mim não faria tal coisa. ★ ～ *ni iu* 私に言う「você deve」Dizer-me「isso」a mim. ～ *no mono* 私のもの As minhas coisas. ～ *tachi* 私たち Nós. [S/同] Watáshí. **2** [私事; 私心] A privacidade; o particular. ★ ～ *no* 私の Particular; pessoal; privado. ～ *no nai* 私のない Desinteressado; altruísta; imparcial. ～ *suru* 私する Apropriar-se; apoderar-se [*Kenryoku o* ～ *suru* 権力を私する Apoderar-se do poder]. ◇ **～ goto** 私ごと O assunto particular [pessoal]. **～ ritsu** 私立 ⇨ shíritsu². **～ shōsetsu** 私小説 ⇨ shishṓsetsu. [A/反] Ōyáké.

watárí 渡り (< watárú¹) **1** [渡ること] **a**) A passagem; **b**) Uma boa saída [solução]. ★ ～ *ni fune to mōshide o ukeru* 渡りに船と申し出を受ける Agarrar prontamente a boa oportunidade「de emprego」que se nos oferece. **2** [渡し場] A travessia de barco. [S/同] Watáshí(-bá). **3** [交渉] As negociações; uma (boa) conexão. ★ *Yakunin ni* ～ *o tsukeru* 役人に渡りをつける Arranjar uma ～ com o funcionário público. [S/同] Kṓshṓ. **4** [伝来] A transmissão; a introdução. ★ *Porutogaru* ～ *no teppō* ポルトガル渡りの鉄砲 A espingarda introduzida no J. pelos portugueses. [S/同] Deńráí (+); yunyū́ (+). **5** [渡り歩くこと] O andar de um lugar para outro. ★ ～ *no shokunin* 渡りの職人 O artista「latoeiro」ambulante. **6** [鳥が季節によって移動すること] A migração; a「ave de」arribação (⇨ watárí-dori). ★ ～ *no kisetsu o mukaeta tsubame* 渡りの季節を迎えたツバメ As andorinhas que estão para [na época de] migrar.

watárí-árúku 渡り歩く (< watárú¹ + …) Vaguear; andar de um lado para outro. ★ *Achikochi no kaisha o* ～ あちこちの会社を渡り歩く Andar de uma empresa para outra.

watárí-áu 渡り合う (< watárú¹ + …) **1** [議論し合う] Discutir; arguir; ter uma disputa verbal. *Kare wa porutogaru-go de burajiru-jin to gokaku ni* ～ *koto ga dekiru* 彼はポルトガル語でブラジル人と互角に渡り合うことが出来る Ele é capaz de ～ em p. em pé de igualdade com um b. [S/同] Rońsṓ súrú. **2** [戦う] Lutar「com o campeão」; combater; bater-se. *Futari no heishi wa dōdō to watari-atta* 二人の兵士は堂々と渡り合った Os dois soldados bateram-se valentemente.

watárí-dori 渡り鳥 (<… + torí) **1** [季節によって移動する鳥]【Zool.】A ave migratória [de arribação]. [A/反] Ryū́chṓ. **2** [方々を渡り歩いてかせぐ人・こと]【G.】O andarilho; o vagabundo. ⇨ watárí-mónó.

watárí-íta 渡り板 (< watárú¹ + …) A prancha de passagem [desembarque].

watárí-mónó 渡り者 **1** [方々を渡り歩く人] O vagabundo; o andarilho. ⇨ hṓrṓ¹ ◇. **2** [よそもの] O forasteiro; o estrangeiro. [S/同] Yosó-mónó (+).

watárí-rṓka [óo] 渡り廊下 (< watárú¹ + …) O passadiço; o corredor de comunicação.

watárí-zómé 渡り初め (<… + somé) A inauguração de uma ponte.

watárú¹ 渡る **1** [越える] Atravessar; passar; transpor. *Dōro wa sayū o mite kara watarimashō* 道路は左右を見てから渡りましょう Atravesse (a rua) depois de olhar para ambos os lados. [S/同] Koérú; yokógíru. **2** [遠方から来る; 遠方へ行く] Vir; entrar; ir. *Bukkyō wa roku-seiki ni Nihon ni watatte kita* 仏教は6世紀に日本に渡って来た O Budismo entrou no Japão no séc. 6 [VI]. ★ *Burajiru e* ～ ブラジルへ渡る Ir ao B. **3** [通り過ぎる] Soprar. ★ *Aota o* ～ *kaze* 青田を渡る風 O vento que sopra no arrozal verdejante. [S/同] Tṓrí-súgíru. **4** [暮らして行く] Viver; passar pelo mundo. *Chishiki dake de wa seken* [*yo no naka*] *wa watarenai* 知識だけでは世間 [世の中] は渡れない Só a sabedoria não chega para se levar a vida. [P/ことわざ] ～ *seken ni oni wa nashi* 渡る世間に鬼はなし Em toda a parte há gente boa. [S/同] Kurá-shíté-yúkú. **5** [他人のものになる] Mudar de mão; passar para outra pessoa. *Chichi no kaisha ga tōsan shite ie wa hito-de ni watatte shimatta* 父の会社が倒産して家は人手に渡ってしまった A firma do meu pai faliu e a casa passou para outra mão. [S/同] Utsúru. **6** [行き渡る]「a carta circular」Chegar a [às mãos de] todos. *Shokuryō wa minna no te ni watatta* 食料はみんなの手に渡った A provisão de comida chegou a [às mãos de] todos. [S/同] Ikí-wátáru (+).

watárú² 亘 [互] る **1** [ある範囲にまで及ぶ] Estender-se; prolongar-se; abranger; alcançar. *Kōshi ni watatte o-sewa ni naru* 公私に亘ってお世話になる Receber apoio [ajuda] na「minha」vida profissional e particular. [S/同] Oyóbú. **2** [ある期間引き続く] Durar; estender-se; prolongar-se. *Meiji-tennō no go-chisei wa hotondo han-seiki ni watatta* 明治天皇の御治世はほとんど半世紀に亘った O reinado do Imperador Meiji durou quase meio século. ★ *Rokkagetsu ijō ni* ～ *ryotei* 6か月以上に亘る旅程 O itinerário (programado) para (durar) mais de seis meses. *Sū-kai ni watatte seikyū suru* 数回に亘って請求する Fazer uma reclamação (por) diversas vezes. [S/同] Oyóbú.

-wátáru³ 渡る Fazer「ressoar」bem [completamente]. ◇ ⇨ **hare～**. *Uta-goe ga hibiki-* ～ 歌声がひびき渡る O canto ressoa [ecoa] por toda a parte.

watáshí¹ 私 ⇨ watákúshí **1**.

watáshí² 渡し (< watású) **1** [⇨ watáshí-bá]. **2** [⇨ watáshí-búne]. **3** [受け渡し] A entrega. ◇ **Chakuni ～** 着荷渡し A entrega da mercadoria à chegada. **Honsen ～** 本船渡し Franco a bordo [Posto a bordo sem despesas]. **Tetsudō ～** 鉄道渡

W

し ～ no caminho de ferro. [S/同] Uké-wátáshí.

watáshí-bá 渡し場 O ancoradouro [cais] (do barco que faz a travessia). [S/同] Watáshí[2] **1**; watárí **2**.

watáshí-búne 渡し船 [舟] (<… + fúne) O barco [A barca] que faz a travessia. [S/同] Watáshí[2] **2**.

watáshí-kómí 渡し込み (< watású + kómu) 【Sumô】 A técnica que consiste em derrubar o adversário agarrando-o por uma perna.

watáshí-mori 渡し守 O barqueiro (de um "watashibune").

watású 渡す **1** [手渡す; 引き渡す] Entregar; passar para a mão「de」; dar; confiar. *Kono ken to hikikae ni genpin o watashimasu* この券と引き換えに現品を渡します Entregamos o artigo mediante a apresentação desta ficha. ★ *Hannin o keisatsu e* ～ 犯人を警察へ渡す Entregar o criminoso à polícia. [S/同] Hikí-wátásu; te-wátásu. **2** [船などでこちら側からむこう側へ送る] Transportar; levar; transferir. ★ *Fune de hito o mukō-gishi e* ～ 船で人を向こう岸へ渡す Transportar de barco as pessoas para a margem oposta [de lá]. ⇨ okúrú[1]. **3** [向こう側に届かせる] Construir. ★ *Kawa ni hashi o* ～ 川に橋を渡す ～ uma ponte sobre o rio.

watá-yuki 綿雪 A neve a cair em grandes flocos.

wa-tójí 和綴じ (<… ³**4** + tojíru) A encadernação japonesa. ★ ～ *no hon* 和綴じの本 O livro com ～.

wátto[1] ワット (< Ing. watt) 【Fís.】 O watt; o vátio. ★ *Rokujū-* ～ *no denkyū* 60 ワットの電球 A lâmpada de 60 ～s. ◇ **～ ji** ワット時 O watt-hora [wh].

wátto[2] わっと Ruidosamente; com grande alarido [clamor]. ★ ～ *de-guchi ni sattō suru* わっと出口に殺到する Precipitar-se ～ [em tropel] para a saída. ～ *kansei o ageru* わっと歓声をあげる Ovacionar ～; dar [fazer] uma grande ovação. ⇨ dótto.

wā́wā (to) [áa] わあわあ (と) **1** [声をあげて激しく泣くようす] Ai! ★ ～ *naku* わあわあ泣く Chorar em altos gritos. **2** [やかましく騒ぎたてるようす] Aos berros [gritos]; em grande balbúrdia. [S/同] Gáya-gaya.

wa-yákú 和訳 A tradução japonesa. ★ ～ *suru* 和訳する Traduzir em japonês. ◇ **Pobun ～** 葡文和訳 A tradução do p. para o j. [S/同] Hṓyáku.

wá-yō 和洋 **1** [日本と西洋] O J. e o Ocidente. ⇨ Nihón; séiyō[1]. **2** [日本風と西洋風] O estilo j. e o ocidental. ◇ ⇨ **～ setchū**.

wáyō-setchū́ 和洋折衷 A mistura dos estilos japonês e ocidental.

wazá[1] 技 **1** [技術] A arte「de tocar piano」; a capacidade; a perícia; a habilidade. ★ ～ *o migaku* 技を磨く Aperfeiçoar ～. [S/同] Géi. **2** [柔道·剣道·相撲などの決まり手] A técnica; o golpe; a saída; a tá(c)tica. ★ ～ *ari* 技あり O meio ponto; o golpe incompleto. ～ *o kakeru* 技をかける Aplicar ～. ◇ **Ashi ～** 足技 ～ de perna. **Ne [Tachi] ～** 寝 [立ち] 技 ～ deitado [em pé].

wazá[2] 業 **1** [行い] O feito; a obra; a a(c)ção. *Sore wa ningen* ～ *to wa omoenai* それは人間業とは思えない Isso não parece obra humana. [S/同] Okónáí (+); shiwázá (+). **2** [仕事] A tarefa; o trabalho. *Sore wa yōi na* ～ *de wa nai* それは容易な業ではない Isso não é (um/a) ～ fácil.

wazá-shi 業師 **1** [相撲などで技のうまい人] O bom técnico. **2** [策略·かけひきなどのうまい人] O estrategista; o maquinador. ★ *Seikai no* ～ 政界の業師 Um ～ da política.

wáza-to 態と Propositadamente; de propósito; intencionalmente; deliberadamente. ～ *yatta wake de wa nai kara kanben shite kudasai* わざとやったわけではないから勘弁して下さい Perdõe-me, porque não foi [fiz isso] de propósito. ★ ⇨ wazá-tó ráshíi [S/同] Kóí[4] ni.

wazá-tó ráshíi 態とらしい Fingido; artificial; afe(c)tado; forçado. ★ ～ *engi* わざとらしい演技 A representação forçada [pouco natural].

wazáwái 災 [禍] い Grandes trabalhos; a calamidade; a desgraça; o desastre. ～ *ga furi-kakatta* 禍いが降りかかった Ele teve pouca [má] sorte. ★ ～ *o maneku* 禍いを招く Causar uma ～. ～ *suru* 災いする Ser a (causa da) desgraça 〔*Aku-tenkō ga* ～ *shite nannin mo sōnansha ga deta* 悪天候が災いして何人も遭難者が出た Houve várias vítimas por causa do mau tempo〕. [P/ことわざ] ～*(o) tenjite fuku to nasu [suru]* 禍(を)転じて福となす[する] Transformar a ～ em bênção/Fazer da necessidade virtude. [S/同] Fukṓ; saínán. [A/反] Fukú.

wázawaza 態態 **1** [特別に] De propósito; propositadamente; especialmente; intencionalmente. ～ *kiki ni iku hodo no enzetsu de mo nai* わざわざ聞きに行くほどの演説でもない Não é um discurso que mereça ir só [de propósito] para o ouvir. *Go-enpō no tokoro o* ～ *oide kudasatte arigatō gozaimasu* ご遠方の所をわざわざおいで下さってありがとうございます Obrigado por ter vindo propositadamente de tão longe「ao nosso casamento」. **2** [⇨ wáza-to].

wázuka 僅か Pouco; apenas. *Kono shōhin no zaiko wa mō* ～ *da* この商品の在庫はもう僅かだ Já resta pouco (em depósito) deste artigo. ★ ～ *na* 僅かな Pouco; reduzido; pequeno; mínimo; insignificante 〔～ *na kanōsei* 僅かな可能性 Poucas possibilidades. ～ *na sōi* 僅かな相違 A diferença insignificante〕. ～ *ni* 僅かに Somente;「lembrar-se」vagamente. ⇨ karṓjíté; shṓshō[1]; sukóshi; tattá; yattó.

wazúrái[1] 患い (< wazúráu[1]) A doença; o mal; a enfermidade. ◇ **Naga ～** 長患い A ～ prolongada. [S/同] Byṓkí (+); yámai.

wazúrái[2] 煩い (< wazúráu[2]) A aflição; a angústia; a ansiedade; o sofrimento; a preocupação. ◇ **Koi ～** 恋煩い O sofrer de amor(es). [S/同] Nayámí (+); shińpái-gótó.

wazúráu[1] 患う Sofrer de; ter. ★ *Ji o wazuratte iru* 痔を患っている ～ hemorróidas. [S/同] Yámu.

wazúráu[2] 煩う Preocupar-se. ◇ ⇨ **omoi ～**. [S/同] Nayámu (+); shińpái súrú (+).

wazúráwáshíi 煩わしい (< wazúráu[2]) **1** [人の心を悩ませる状態である] Aborrecido; incó[ô]modo. *Saikin hito-zukiai ga wazurawashiku kanjirareru* 最近人づきあいが煩わしく感じられる Ultimamente aborrece-me o convívio das [com as] pessoas. **2** [込み入っていて面倒なようす] Complicado; confuso; intrincado; emaranhado. ★ ～ *tetsuzuki* 煩わしい手続き As formalidades complicadas. ⇨ fukúzátsú; hańzátsú; meńdṓ.

wazúráwásu[wazúráwáséru] 煩わす [煩わせる] (< wazúráu[2]) **1** [手数をかける] Importunar; preocupar「os pais」; incomodar. *Kare wa nan de mo hito no te o wazurawaseru* 彼は何でも人の手を煩わせる Ele está sempre a incomodar os [a dar trabalho aos] outros. **2** [心を悩ませる] Aborrecer; afligir; preocupar. ★ *Kokoro o* ～ 心を煩わす Afligir-se; atormentar-se. [S/同] Nayámáséru.

Y

ya¹ 矢・箭 A flecha. ★ ~ *o iru [hanatsu]* 矢を射る [放つ] Atirar [Disparar; Arremessar] 矢を[Fazer muitas] perguntas」. [慣用] ~ *de mo teppō de mo motte koi* 矢でも鉄砲でも持って来い Aconteça o que acontecer [Por paus e por pedras]「hei-de realizar este plano」. ~ *mo tate mo tamaranai* 矢も盾もたまらない Não aguentar mais [Estar morto por fazer algo/Perder a cabeça]. ~ *no yō na saisoku o suru* 矢のような催促をする Insistir [Reclamar] como quem perdeu a cabeça. *Kōin ~ no gotoshi* 光陰矢のごとし⁴. *Shira-ha no ~ ga tatsu* 白羽の矢が立つ Ser eleito [escolhido] entre muitos. ⇨ *shiráhá.*

ya² 野【E.】**1** [⇨ no²] . **2** [民間] **a)** Civil [Privado/Do povo]. ★ ~ *ni aru [kudaru]* 野にある [下る] Ser [Passar a vida privada/Abandonar a vida pública]. [S/同] Minkán (+) . [A/反] Chō. **b)** A oposição「na Dieata」. ◇ **~tō**.

ya³ 輻 O raio (da roda「da bicicleta」).

-ya⁴ 屋 **1** [商店・商人の意] (Suf. de casa de comércio ou comerciante). ★ *Niku ~ (san)* 肉屋 (さん) **a)** O talho [açougue]; **b)** O açougueiro. [S/同] -ten. **2** [軽蔑的に専門家] (Suf. pejorativo). ★ *Gogaku ~* 語学屋 Um "linguista"; um que pretende ser considerado como linguista. **3** [性格の] (Suf. que indica o carác(c)ter). ★ *Hiniku ~* 皮肉屋 Um iró(ô)nico [satírico]. **4** [屋号; 雅号] A casa com tradição. ★ *Narikoma ~* 成駒屋 A casa Narikoma.

ya⁵ や **1** […と] E. ★ *Ki ~ ishi* 木や石 As árvores ~ as pedras. [S/同] To (+) . **2** [または] Ou. *Saikin are ~ kore ~ to mainichi isogashii* 最近あれやこれやと毎日忙しい Ultimamente, ~ com uma coisa ~ com outra, ando sempre ocupado [não tenho um dia livre]. [S/同] Matá wa. ~ -nádo.

-ya⁶ や **1** […するとすぐに] Logo que; assim que; mal; apenas. *Kaigi wa watakushitachi ga tsuku ~ (inaya) hajimatta* 会議は私達が着くや (否や) 始まった A reunião começou ~ chegámos. [S/同] -totáń. ⇨ ínaya. **2** [呼びかけを表す] Eh! eh! *Oi Ichirō ~, tabako o katte kite kure* おい一郎や、たばこを買って来てくれ Oh!, Ichirô, vá comprar-me cigarros! **3** [勧誘を表す] Ó!; é melhor. **4** [強調] Isto agora (é mesmo) (Ênfase). *Ima ~ konpyūtā no jikai da* 今やコンピューターの時代だ Agora estamos na era dos [quem manda são os] computadores. **5** [疑い] Talvez; quase. ★ *Muttsu ni naru ~ narazu ni* 六つになるかならずにTendo uns [os seus] 6 anos (de idade).

yā[yǎ] [aa] **やあ**[やっ] (⇨ yâ yá) **1** [感動・驚きを表す] Ah; oh; meu Deus; nossa (Senhora). ~, *kore wa hidoi* やあ、これはひどい~! Isto é demais! **2** [呼びかけ] Olá; ô; ~ *Antonio, hisashiburi da ne* やあアントニオ、久しぶりだね Olá Antó(ô)nio, há quanto tempo (que não vejo)!

yabái やばい【G.】⇨ abúnái; mazúi.

yabán 野蛮 A barbárie; o barbarismo; a selvage[ja]ria. ★ ~ *na kōi* 野蛮な行為 O a(c)to bárbaro; a barbaridade; o vandalismo. [S/同] Mu-kyōyō; sóya.

yabán-jin 野蛮人 Um bárbaro [selvagem].

yábo 野暮【G.】**1** [粗野] A vulgaridade; a grosseria; a rudeza; a boçalidade. ★ ~ *kusai [na] hito [nekutai]* 野暮くさい [な] 人 [ネクタイ] Uma pessoa (gravata) grosseira. [A/反] Ikí. ⇨ yabóttái. **2** [無粋な] O mau gosto; a falta de elegância. ★ ~ *na koto o iu* 野暮なことを言う Dizer coisas de mau gosto [sem graça nenhuma]. ◇ ~ *yō* 野暮用 O serviço de pouca importância. [S/同] Bu-súí. [A/反] Súi.

yabó 野望【E.】⇨ yáshin.

yabóten 野暮天【G.】⇨ yábo.

yabóttái 野暮ったい「vestido」Feio [Fora de moda]; grosseiro. ⇨ yábo.

yabú 藪・薮 O matagal; a moita. [I/慣用] ~ *kara bō* 藪から棒 Uma coisa brusca [despositada/sem qualquer aviso prévio]. [P/ことわざ] ~ *o tsutsuite hebi o dasu* 藪をつついて蛇を出す Não acordes o cão que está a dormir! (⇨ yabú-hébi). ◇ **~isha; take ~**.

yabú-hébi 藪蛇 A surpresa desagradável; o「sair o」caldo entornado (Pop.). *O-kozukai o nedattara o-tsukai ni ikasarete tonda ~ datta* おこづかいをねだったらお使いに行かされてとんだ藪蛇だった Fui pedir dinheiro「à minha mãe」e mandou-me ir fazer um recado, saiu-me o caldo entornado.

yabú-irí 藪入り【A.】O feriado [As férias] dos criados [aprendizes].

yabú-ishá 藪医者 O mau médico; o curandeiro.

yabukéru 破ける【G.】⇨ yabúréru¹.

yabúk(k)a 薮蚊【Zool.】O mosquito listrado; *stegomyia fasciata*.

yábun 夜分 A (parte da) noite. ~ *ni o-ukagai shite mōshiwake arimasen* 夜分にお伺いして申し訳ありません Desculpe estar a incomodá-lo à ~ [tão tarde] (Cor.). ~ *osoku* 夜分遅く A altas horas da ~. [S/同] Yóru (+) ; yo.

yabú-nirámí 藪睨み【G.】⇨ sháshi.

yabúré 破れ (< yabúréru¹) O rasgão「no fato」; o buraco「na meia」. ★ *Fuku no ~ o naosu [tsukurou]* 服の破れを直す [繕う] Remendar [Coser] o ~ [a roupa]. [S/同] Hokórôbí; saké-mé; yabúré-mé.

yabúré-kábure 破れかぶれ【G.】O desespero; o partir a loiça. *Kō nattara mō ~ da* こうなったらもう破れかぶれだ Agora que as coisas chegaram a este ponto, (é o) salve-se quem puder. [S/同] Sutébáchí; yáke. ⇨ jibō-jíki.

yabúré-mé 破れ目【G.】⇨ yabúré.

yabúréru¹ 破れる **1** [裂けて穴があく] Rasgar(-se); romper-se; saltar(-se). *Shōji ga yabureta* 障子が破れた O (papel do) "shōji" rasgou(-se). ★ *Boroboro ni yabureta fuku* ぼろぼろに破れた服 A roupa toda esfarrapada. [S/同] Sakéru. ⇨ kowáréru. **2**

yabúréru[2]

[ものごとが成り立たなくなる] Desfazer-se; ir (por água) abaixo; não dar certo. *Wareware no keikaku [yume] wa yabureta* 我々の計画［夢］は破れた O nosso plano [sonho] falhou [desfez-se]. ⇨ *kuzúréru; midáréru*.

yabúru[2] 敗れる Ser derrotado [vencido]; perder. ★ *Saiban [Shiai] ni ~* 裁判［試合］に敗れる Perder o pleito [jogo]. Ⓢ/㊀ *Makéru* (+).

yabúru 破る **1** [引き裂く] Rasgar; romper; dilacerar. ★ *Kami o komakaku [ni-mai ni] ~* 紙を細かく［2枚に］破る Rasgar o papel em pedacinhos [dois]. Ⓢ/㊀ (Hikí-)sáku. **2** [破壊する] Quebrar; destruir; arrombar; rebentar. ★ *Doa o ~* ドアを破る Arrombar [Rebentar] a porta. Ⓢ/㊀ Hakáí súru. ⇨ kowásu. **3** [安定した状態を乱す] Perturbar; atrapalhar (G.). ★ *Heiwa o ~* 平和を破る Perturbar a paz. Ⓢ/㊀ Midásu. **4** [守るべきことに反する] Transgredir; infringir; violar. ★ *Kisoku [Yakusoku] o ~* 規則［約束］を破る ~ o regulamento [Não cumprir o prometido/combinado]. Ⓐ/㋭ Mamóru. **5** [記録などを更新する] Bater; romper; vencer. ★ *Sekai kiroku o ~* 世界記録を破る Bater o recorde mundial. **6** [負かす] Derrotar. ★ *Raibaru o ~* ライバルを破る Derrotar o [Ganhar ao] rival. Ⓢ/㊀ Makású. **7** [越えてはいけない線を越える] Romper; violar; passar à força. ★ *Kokkyō o ~* 国境を破る Violar a fronteira. **8** [脱け出す] Fugir; escapar. ★ *Rō o ~* 牢を破る ~ da prisão.

yabúsaka やぶさか **1** [けち] Avaro; mesquinho; econó[ô]mico. Ⓢ/㊀ Kéchí (+). **2** [惜しむ] Hesitante. ★ *~ de nai* やぶさかでない Não medir esforços; estar disposto「a」; não hesitar.

yabúsámé 流鏑馬 [H.] A arte do tiro ao arco, montado num cavalo a correr.

yáchin 家賃 O aluguer/l[A renda] de casa. *Kono ie wa ~ ga takai [yasui]* この家は家賃が高い［安い］ ~ desta casa é caro [barato]. ★ *~ o ageru [sageru]* 家賃を上げる［下げる］Subir [Baixar] o/a ~. *~ o harau* 家賃を払う Pagar o/a ~.

yachō 野鳥 A ave selvagem. ◇ *~ kansatsu* 野鳥観察 A observação de aves selvagens. ~ **satsu-ka** 野鳥観察家 O ornitólogo. Ⓢ/㊀ Yakín.

yáchū 夜中 (durante) A noite. Ⓢ/㊀ Yábun (+); yákan (+); yonáká (+); yóru (o).

yádo 宿 **1** [住む家] A moradia. Ⓢ/㊀ Ié (+); júkyo (+); súmika. **2** [宿屋] A estalagem; a hospedaria; o alojamento; a pousada. ★ *~ o toru* 宿を取る Hospedar-se numa estalagem. ⇨ *chin*. Ⓢ/㊀ Hatágó-yá; ryokán (+); yadóyá (+). ⇨ *hóteru*[1].

yádo [áa] ヤード (< Ing. yard) Uma jarda. ◇ *~ pondo hō* ヤードポンド法 O sistema de pesos e medidas em jardas e libras.

yadó-chin 宿賃 A conta [O preço] do alojamento. Ⓢ/㊀ Shukúhákú-ryo; yadó-dáí; yadó-séń.

yadó-chō 宿帳 O livro de regist(r)o do hotel.

yadó-gáé 宿替え (< ··· +kaérú) ⇨ híkkóshí.

yadó-kári 宿借り[寄居虫・寄生蝦] (< ··· + karírú) [Zool.] O eremita(-bernardo); o casa-alugada[-roubada] (Caranguejo); *pagurus geminus*.

yadó-náshí 宿なし (< ··· +nái) [G.] O sem-casa; o vagabundo. ★ *~ no inu* 宿なしの犬 O cão abandonado [sem dono]. ⇨ norá-ínú). ⇨ *furó-sha*.

yadóri-gí 宿り木・寄生木 (< yadóru + ki) [Bot.] O visco; *viscum album*.

yadórókú 宿六 [G.] O marido. ★ *Uchi no ~* うちの宿六 O meu ~ [tropeço] (Pejorativo). Ⓢ/㊀ Ottó (+); shújin (+); téishu (+).

yadóru 宿る **1** (⇨ shukúhákú) **2** [とどまる] Estar [Existir] dentro「do seio materno」; 「um deus」 residir「em cima da árvore」; ter [conservar]「ódio no coração」. *Kenzen na seishin wa kenzen na shintai ni ~* 健全な精神は健全な身体に宿る "Alma sã em corpo são". *Kusa-ha ni tsuyu ga ~* 草葉に露が宿る Haver orvalho nas (folhas das) ervas.

yadósu 宿す **1** [保有する] Carregar; ter; ser portador de algo importante. ★ *Mune ni himitsu o ~* 胸に秘密を宿す Carregar consigo [Ter] um segredo. Ⓢ/㊀ Hoyū súrú; mótsu (+). **2** [妊娠する] Engravidar. *Kanojo wa ano otoko no ko-dane o yadoshite iru* 彼女はあの男の子種を宿している Ela está grávida daquele homem. Ⓢ/㊀ Nínshíń-súrú; haráḿu.

yadó-wári 宿割り (< ··· + warú) A distribuição do alojamento [dos quartos]. ⇨ *heyá* ◇.

yadó-yá 宿屋 (< ··· +ya[4]) A hospedaria; o hotel; a pensão. ★ *~ ni tomaru* 宿屋に泊る Ficar num/a ~. ⇨ *hóteru*[1].

yá-e 八重 O ter várias (Lit. oito) camadas. ★ *~ (zaki) no hana* 八重（咲き）の花 A flor de pétalas dobradas. ⇨ *~ ba*. [I/㋻] *Nana-e no hiza o ~ ni oru* 七重の膝を八重に折る Suplicar prostrado de joelhos [com a mais profunda humildade]. ⇨ *hitó-e*[1]; *naná-e*.

yáe-ba 八重歯 (< ··· + ha[1]) O dente encavalitado noutro. Ⓢ/㊀ Oní-ba.

yaéí 野営 O acampamento (de tropas). ★ *~ suru [o haru]* 野営する［を張る］ Acampar. ◇ *~ chi* 野営地 O lugar de ~.

yaé-múgura 八重葎 **1** [Bot.] O amor-de-hortelão; *galium supurium*. **2** [生い茂った草] O crescimento emaranhado de capim [ervas].

yaén 野猿 [E.] Um macaco selvagem.

yaé-zákura 八重桜 (< ··· + sakúrá) [Bot.] A flor de cerejeira com pétalas dobradas; a cerejeira com flores de pétalas dobradas; *prunus dorarium*.

yágai 野外 O campo; fora; o ar livre; fora. ★ *~ de [ni]* 野外で［に］No campo; ao ar livre; fora. ◇ *~ enshū* 野外演習 Os exercícios ao ar livre. *~ gekijō* 野外劇場 O (anfi)teatro ao ar livre. Ⓢ/㊀ Kógai, okúgai; sóto.

yagákú 夜学 O curso no(c)turno; o estudar à noite. ★ *~ ni kayou* 夜学に通う Frequentar a escola no(c)turna [do ~]. ◇ *~ sei* 夜学生 O aluno da escola no(c)turna. ⇨ *kahán*[3].

ya-gásuri 矢飛白・矢絣 (< ··· + kasúrí) O quimono [tecido] estampado com desenhos [enfeite] de flechas.

yagáté やがて **1** [間もなく] Logo; em breve; brevemente. *~ ame mo agaru deshō* やがて雨もあがるでしょう A chuva deve parar em breve. Ⓢ/㊀ Ma mó naku. **2** [かれこれ] Quase; aproximadamente. *Koko e kite kara ~ hitotsuki ni narimasu* ここへ来てからやがてひと月になります Faz ~ um mês que vim para aqui. Ⓢ/㊀ Káre-kore; oyósó. **3** [すなわち] [E.] No fim de contas; nem mais nem menos; em última análise. Ⓢ/㊀ Sunáwachi.

yagén 薬研 O almofariz; o gral.

yági 山羊 [Zool.] O bode; a cabra. ◇ *~ hige* 山羊ひげ O cavanhaque; a pêra. ⇨ *~ za*. *Ko ~* 子山羊 O cabrito.

Yagí-zá 山羊座【Astr.】O Capricórnio.

yágo 水蠆【Zool.】A larva da libélula. ⇨ tońbó.

yágo[1] 屋号 **1**［店の］O nome「da loja」. ★ *Kinokuniya to iu* ～ *no hon-ya* 紀伊国屋という屋号の本屋 A livraria (com o nome de) Kinokuniya. **2**［歌舞伎役者の呼び名］O nome hereditário de a(c)tores de kabúki.

yagó[2] 野合 **a)** A união ilícita; a mancebia. ★ ～ *suru* 野合する Serem amantes. ◇ mittsǘ. **b)** O conluio secreto「entre partidos」.

yágu 夜具 A roupa de cama.
　Ⓢ/Ⓙ Shíngu (+). ⇨ futón.

yagurá 櫓 **1**［展望用の塔］A torre de vigia. ◇ ⇨ **hinomi** ～. **2**［足場］O andaime. ★ ～ *o kumu* 櫓を組む Pôr [Colocar] os ～s.

ya-gúruma 矢車（＜～[1]＋kurumá） **a)** A roda das [para colocar as] flechas; **b)** Um enfeite parecido a "ya" que se coloca no alto do poste dos "koi-nobori".

yagúrúmá-giku 矢車菊 ⇨ yagúrúmá-sṓ **1**.

yagúrúmá-sṓ 矢車草【Bot.】 **1**［矢車菊の通称］O cardo; a alcachofra; a centáurea; *centaurea cyanus*. Ⓢ/Ⓙ Yagúrúmá-giku. **2**［ユキノシタ科の植物］O cravo silvestre; *rodgersia podophylla*.

yagyṓ 夜業 O trabalho no(c)turno.
　Ⓢ/Ⓙ Yakín (+); yonábé.

yagyǘ 野牛【Zool.】O bisão [bisonte]; o boi selvagem; o boi-cavalo. ◇ suígyǘ.

yahán 夜半 **a)** A meia-noite; **b)** As altas horas da noite. ★ ～ *sugi no denwa* 夜半過ぎの電話 O telefonema depois da ～.
　Ⓢ/Ⓙ Ma-yónaka (+).

yáhari 矢張り **1**［同様に］Também; do mesmo modo; igualmente; ainda; como antes [sempre]. *Kare wa ima demo* ～ *benkyō-ka desu* 彼は今でもやはり勉強家です Ele é tão estudioso como antes. ◇ Dṓyṓ ní; izén tó shíté; máda. **2**［にもかかわらず］Apesar de (que); não obstante; contudo; todavia; mas; porém. *Kare wa byōki demo* ～ *benkyō o tsuzukete iru* 彼は病気でもやはり勉強を続けている Ele continua com os estudos, apesar de (estar) doente. Ⓢ/Ⓙ Náo mo. **3**［思った通り］Como se esperava [previa]. *Shiken no kekka wa* ～ *dame datta* 試験の結果はやはりだめだった Dizem que não passou no exame, como era de esperar [～]. ◇ Ań-nó-jō; omóttá tōri.

yáhi 野卑［鄙］【E.】A vulgaridade; a baixeza; a indecência; o mau gosto. ★ ～ *na kotoba* 野卑な言葉 A linguagem indecente [baixa; grosseira]. Ⓢ/Ⓙ Yabán (+); sóya. ⇨ gehín; iyá-ráshíi.

yáhō 野砲 A (peça de) artilharia de campo; o canhão. ◇ taíhō.

yái[**yǎi**] やい［やあい］ **1**［呼びかけ］Ó!; ei!; pst (oiça lá)! *Yǎi, kono yowamushi* やあい, この弱虫 Ei, seu covarde [medricas (G.)]! *Yai, soko de nani o shite iru n' dai* やい, そこで何をしているんだい Ei! O que é que está a fazer aí? ◇ ói. **2**［文尾に］(G.). Homem! *Urusei* ～ うるせいやい Cala (para aí) essa boca, homem!

yáiba 刃 A [O fio da] espada. ★ *Hito o* ～ *ni kakeru* 人を刃にかける Matar à [com a] espada. *Kōri no* ～ *wa hikaru* 氷の刃は光る A espada reluzente. Ⓢ/Ⓙ Ha (+).

yaín 夜陰【E.】A escuridão [As trevas] da noite. ★ ～ *ni jōjite* 夜陰に乗じて Aproveitando a ～ [Pela calada da noite].

-ya ínaya や否や ⇨ ínaya.

yáino-yáino やいのやいの【G.】 ⇨ yáiyai **2**.

yáiyai やいやい **1**［呼びかけ］Ei! Oi! Eh lá! ◇ yái. **2**［しつこくたのむようす］★ ～ *semerareru* [*saisoku sareru*] やいやいせめられる［催促される］Ser assediado「pelos credores/filhos」. Ⓢ/Ⓙ Yáino-yáino.

yáji 野次（＜ yajíru） **1**［やじること］A vaia; o apupo; a zombaria; o escárnio; a troça. ★ ～ *o tobasu* 野次を飛ばす Apupar; vaiar; assobiar. **2**［⇨ yajíúmá］

yajín 野人 **1**［いなかの人］A pessoa rústica [rude]; o saloio; o caipira. ⇨ ináká. **2**［粗野な人］A pessoa grosseira [inculta/sem educação]. ⇨ bukótsú; sóya. **3**［民間人］**a)** O cidadão comum; **b)** O membro da oposição「na Dieta」. Ⓢ/Ⓙ Mińkán-jin.

yajíri 鏃 A ponta da flecha.

yajiróbé 弥次郎兵衛 Um brinquedo parecido a uma balança.

yajíru 野次る Vaiar; apupar; assobiar. ★ *Yajiri-taosu* 野次り倒す Perturbar [Não deixar ouvir] o orador [a(c)tor] com vaias. ⇨ hiyákásu.

ya-jirushi 矢印（＜～[1]＋shirúshi）A [O sinal da] seta [→]. ★ ～ *o tadoru* 矢印をたどる Seguir a/o ～.

yají-úmá 野次馬【G.】Os [A multidão de] curiosos; o bisbilhoteiro; o intrometido. ★ ～ *ga atsumatte kita* 野次馬が集まってきた Formou [Juntou]-se uma multidão de curiosos. ～ **konjō** [**kibun**] 野次馬根性［気分］O bisbilhotar novidades [O querer meter o nariz em tudo]. Ⓢ/Ⓙ Yáji **2**.

yajǘ 野獣 O animal selvagem; o bicho. ◇ ～ **ha** 野獣派【Arte】O Fauvismo. Ⓢ/Ⓙ Fṓbizumu.

yakái 夜会 **1**［夜行う会合］A reunião no(c)turna [depois do jantar]. **2**［西洋風の舞踏会］O sarau; o baile; a festa no(c)turna. ◇ ～ **fuku** 夜会服 O traje de baile (a rigor).

yakámáshíi 喧しい **1**［騒がしい］Ruidoso; barulhento. ★ ～ *kodomo-tachi* やかましい子供達 As crianças barulhentas. *Yakamashiku suru* やかましくする Fazer barulho. *Yakamashiku iu* やかましく言う Sōzṓshíi; urúsái. **2**［口やかましい］Rabugento; cegarrega; aborrecido; implicativo; quesilhento. ★ *Yakamashiku iu* やかましく言う Ser aborrecido [cegarrega]. Kuchí-úrúsái. **3**［厳格な］Severo; rigoroso; egixente. *Kare wa reigi* [*jikan*] *ni* ～ *da* 彼は礼儀［時間］にやかましい Ele é ～ na etiqueta [pontualidade]. Ⓢ/Ⓙ Kíbíshíi (+); geńkákú ná. **4**［議論・世評などが盛んなようす］Muito falado [debatido/discutido]; em voga. *Kūkō kensetsu hantai no koe ga* ～ 空港建設反対の声がやかましい Houve uma forte [renhida] oposição à construção do aeroporto. **5**［気むずかしい］Difícil de contentar; impertinente; exigente. ★ *Tabemono* [*Kiru mono*] *ni* ～ 食べ物［着る物］にやかましい Ser ～ no que respeita à comida e vestuário. Ⓢ/Ⓙ Kimúzókáshíi (+).

yakámáshí-yá 喧し屋（＜ yakámáshíi ＋… **3**）【G.】A pessoa difícil de contentar; um aborrecido.

yakán[1] 夜間【A.】De noite. ◇ ～ **bu** 夜間部 O curso no(c)turno; as aulas à noite. ～ **eigyō** 夜間営業 O funcionamento [expediente/trabalho] no(c)turno. ～ **gaishutsu kinshi** 夜間外出禁止 A proibição de sair à noite. ～ **hikō** 夜間飛行 O voo no(c)turno. ⇨ chǘkán[2]; yagákú.

yakán[2] 薬缶 A chaleira. ★ ～ *de yu o wakasu* 薬缶で湯を沸かす Ferver água na ～. ◇ ⇨ **~atama**.

yakán-átama 薬缶頭【G.】O cabeça de melão; o

calvo; o careca. [S/同] Hagé-átama (+).

yakárá 族・輩【E.】 **1** [一族] A família; os parentes; o clã. [S/同] Ichízoku (+). **2** [仲間] O bando; a「gente dessa」laia [raça]. ★ *Futei no* ～ 不逞の族 Um ～ de desordeiros. [S/同] Nakámá (+); reñchū́.

yakátá 館【A.】 A mansão senhorial; o solar; o palácio; o castelo. ⇨ yashíkí.

yáke[1] 自棄 O desespero; o desistir de tudo (e de si próprio). ★ ～ *ni naru* [*o okosu*] 自棄になる[をおこす] Ficar desesperado; mandar tudo à fava. ◇ ⇨ **～ gui** [**zake**]. [S/同] Jibṓjíki; suté-báchí; yabúré-kábure; yaké-kúsó; yáke no yañpáchí; yaképpáchí.

-yake[2] 焼け (< yakérú) O queimar. ◇ ⇨ **asa** [**hi; yū**] **～**.

yaké-átó 焼け跡 (< yakérú + …) As cinzas; os restos [destroços] do incêndio. ⇨ káji[1].

yaké-bókkui 焼け棒杭【G.】 O toco queimado; o tição. [P/ことわざ] ～ *ni hi ga tsuku* 焼け棒杭に火がつく Reacender-se o amor (entre os dois).

yaké-bútórí 焼け太り (< yakérú + futóru) O ficar mais rico depois do incêndio.

yaké-dásáréru 焼け出される (< yakérú + …) Ficar desalojado [fora/sem casa] por causa do incêndio/fogo.

yakédó 火傷 **1** [火で焼かれたけが]【Med.】A queimadura; a escaldadura [escaldadela]. ★ ～ *no ato* 火傷のあと A cicatriz da ～. ～(*o*) *suru* 火傷(を)する Queimar-se; escaldar-se. ◇ **Ō ～** 大火傷 ～ grande [grave]. **2** [危険なこと・ものに関わって痛手をうけること]【Fig.】O prejuízo; a escaldadela (G.). ★ ～(*o*) *suru* 火傷(を)する Escaldar-se [*Kare wa sōba ni te o dashite ō-* ～ (*o*) *shita* 彼は相場に手を出して大火傷(を)した Ele jogou na bolsa mas apanhou uma grande escaldadela [perdeu dinheiro]. ⇨ itádé.

yaké-gúí 自棄食い (< … [1] + kúu) A bulimia.

yakéí[1] 夜景 A vista [paisagem] no(c)turna「de Kagoshima/do Rio de Janeiro」.

yakéí[2] 夜警 **a**) O vigia [guarda] no(c)turno; **b**) A vigilância [ronda] no(c)turna. ★ ～ *suru* [*ni tatsu*] 夜警する[に立つ] Fazer a ～. [S/同] Yo-máwari.

yaké-íshí 焼け石 (< yakérú + …) A pedra quente. [I/慣用] ～ *ni mizu* 焼け石に水 Tapar o sol com uma peneira [Uma gota no oceano] [*Waga-sha no ō-akaji ni wa konna hashita-gane wa* ～ *ni mizu da* 我が社の大赤字にはこんなはした金は焼け石に水だ Tão pouco dinheiro para cobrir o enorme défice da nossa firma é como…].

yaké-kógé 焼け焦げ (< yakérú + kogéru) A chamusca. *Airon de waishatsu ni* ～ *o tsukutta* アイロンでワイシャツに焼け焦げをつくった Chamusquei a [Fiz uma ～/chamuscadela na] camisa com o ferro (de passar).

yaké-kúsó 自棄糞【G.】 ⇨ yáke[1].

yakéń 野犬 O cão [vadio/sem dono/perdido]; o vira-lata (B.). [S/同] Norá-ínú (+).

yáke-ni やけに Muito; tremendamente; terrivelmente. ★ ～ *atsui hi* やけに暑い日 Um dia ～ quente. [S/同] Hídoku; iyá ni.

yaké-nóhara 焼け野原 (< yakérú + …) **1** [野火で焼けた野原] O campo queimado. **2** [一面の焼け跡]【Fig.】Uma terra queimada. *Sensō ga owatta toki Tōkyō wa tada ichimen no* ～ *datta* 戦争が終わった時東京はただ一面の焼け野原だった No fim da guerra, Tóquio era ～ [um mar de escombros].

yaké-nókóru 焼け残る (< yakérú + …) Escapar ao fogo.

yáke no yañpáchí 自棄のやん八【G.】 ⇨ yáke[1].

yaké-óchíru 焼け落ちる (< yakérú + …)「a casa」Cair abaixo com o [Ser destruída pelo] fogo.

yaképpáchí 自棄っぱち【G.】 ⇨ yáke[1].

yakérú 焼ける (⇨ yakú[7]) **1** [焼失する] Queimar; ser destruído pelo fogo; incendiar-se; arder. *Sono kaji de san-gen yaketa* その火事で三軒焼けた Arderam três prédios no incêndio. [S/同] Moérú. **2** [食物などが十分に火であぶられる] Assar; torrar; tostar. *Niku wa yoku yaketa* [*yaketenai*] *hō ga ii* 肉はよく焼けた[焼けてない]方がいい A carne é melhor se for bem [mal] assada/passada. **3** [焦げる] Crestar-se; tostar; queimar; escaldar. ★ ～ *yō na atsusa* 焼けるような暑さ O calor escaldante [de rachar]. [S/同] Kogéru. **4** [日焼けする] Queimar-se ao sol; tostar-se ao sol; bronzear-se. ★ *Hi ni yaketa kao* 日に焼けた顔 O rosto queimado [bronzeado] pelo sol. **5** [変色する] Perder a cor; ficar descolorido. ★ *Kiiroku yaketa kami* 黄色く焼けた紙 O papel amarelecido「pela luz」. **6** [もたれる] Ter pirose [azia]. *Amai mono o taberu to mune ga* ～ 甘い物を食べると胸が焼ける As coisas doces fazem [dao (+)] -me azia. **7** [嫉妬する] Ter ciúme; sentir inveja. *Yūjin ga amari moteru no de yaketa* 友人があまりもてるので焼[妬]けた Tive ciúmes por o meu amigo ter muitas admiradoras. [S/同] Shítto suru. ⇨ yakímóchi **2**. **8** [空が赤くなる] Ficar o céu vermelho [rubro]. ★ *Makka ni yaketa yū-zora* 真赤に焼けた夕空 O céu todo rubro ao pôr-do-sol. **9** [焼きつく] Queimar. *Enjin ga yakete iru nioi ga suru* エンジンが焼けている臭いがする Cheira a queimado no motor.

yaké-shínu 焼け死ぬ (< yakérú + …) Morrer carbonizado [queimado/no meio das chamas]. [S/同] Shṓshí súrú (+).

yaké-tsúku 焼け付く (< yakérú + …) Arder; abrasar. ★ ～ *yō na atsusa* 焼けつくような暑さ O calor abrasador [de rachar].

yaké-záké 自棄酒 (< … [1] + saké) A bebida para esquecer [afogar] as tristezas/mágoas. ⇨ yaké-gúí.

yakí[1] 焼き (< yakú[7]) **1** [焼くこと] A cerâmica; a olaria. ◇ **Kiyomizu ～** 清水焼き A cerâmica Kiyomizu. ⇨ **～ mono**. **2** [刃物を熱して冷やし鍛えること] A têmpera. ★ ～ *no amai* [*yoi*] *katana* 焼きのあまい[よい]刀 A espada de má [boa] têmpera. **3**【Fig.】**a**) O caco (velho); **b**) A aquecedela; o dar uma lição. [I/慣用] ～ *ga mawaru* 焼きが回る Ficar decrépito [xexé/um caco velho] [*Ano otoko mo chikagoro* ～ *ga mawatta* あの男も近ごろ焼きが回った Ele ultimamente está a ficar xexé]. ～ *o ireru* 焼きを入れる Dar「-lhes」uma aquecedela (às costas); castigar. **4** [焼いて調理すること] O assado; o grelhado. ★ *Sakana no shio* ～ 魚の塩焼き O peixe assado com sal.

yáki[2] 夜気【E.】 **1** [夜の冷気] O sereno [relento/ar (húmido e vaporoso)] da noite. ★ ～ *ga shinobiyoru* 夜気が忍びよる Vir ～, sem darmos por ele. **2** [夜の気配] A [O silêncio da] noite.

yakí-ágárú 焼き上がる (< yakú[7] + …)「o bolo」Crescer; ficar bem cozido.

yakí-ámí 焼き網 (< yakú[7] + …) A grelha.

yakí-bá 焼き場 (< yakú[7] + …) O crematório. [S/同] Kasṓ-bá (+).

yakí-bátá 焼畑 (< yakú[7] + hatá) A queimada. ◇ **～**

Y

nōgyō 焼畑農業 A [O método de] agricultura das ～s.
yakí-bútá 焼き豚 (< yakú⁷ + …) O porco assado. [S/同] Cháshū.
yakí-dṓfu [**óo**] 焼き豆腐 (< yakú⁷ + tṓfú) O tôfu assado.
yakí-góté 焼き鏝 (< yakú⁷ + koté) **a**) O ferro (De passar a roupa); ⇨ aírón); **b**) O ferro quente (De soldar/cauterizar/gravar).
yakí-gurí 焼き栗 (< yakú⁷ + kurí) A castanha assada.
yakí-gúshí 焼き串 (< yakú⁷ + kushí) O espeto.
yakí-háráu 焼き払う (< yakú⁷ + …) Queimar tudo. ★ *Kare-kusa o* ～ 枯れ草を焼き払う Queimar a erva seca [o capim/o ervaçal/o matagal].
yakí-ímó 焼き芋 (< yakú⁷ + …) A batata doce assada. ◇ **～ ya** 焼き芋屋 O vendedor de ～.
yakí-íń 焼き印 (< yakú⁷ + …) O ferrete. ★ *Ushi [Dōgu] ni ～ o osu* 牛 [道具] に焼き印を押す Marcar o gado bovino [um obje(c)to] com ～. [S/同] Rakúíń.
yakí-íré 焼き入れ (< yakí¹**2** + irérú) A têmpera (do metal). ★ *Katana no ～ o suru* 刀の焼き入れをする Temperar uma espada. ⇨ yakí-námáshí.
yakí-kíru 焼き切る (< yakú⁷ + …) **1** [焼いて切断する] Cortar com fogo [maçarico]. **2** [焼き終わる] Queimar「o fio」todo.
yakí-máshí 焼き増し (< yakú⁷ + masú) A cópia (de uma foto). ★ *Shashin o san-mai ～ suru* 写真を3枚焼き増しする Fazer [Tirar/Revelar] três cópias.
yakí-méshí 焼き飯 (< yakú⁷ + …) **1** [チャーハン] O arroz refogado [passado pela sertã]. [S/同] Cháhan (+). **2** [焼き握り飯] O bolinho de arroz (Grãos cozidos) tostado.
yakí-móchi 焼き餅 (< yakú⁷ + …) **1** [焼いた餅] [yakí-móchí] O bolo de massa de arroz tostado. ⇨ yakí-méshí **2**. **2** [嫉妬] [yakí-móchi] O ciúme; a inveja. ★ ～ *o yaku* 焼き餅を焼く Ter ciúmes; ficar ciumento [com ciúmes]. ◇ **～ yaki** 焼き餅焼き A pessoa ciumenta. [S/同] Netámí; shítto. ⇨ yakérú **7**.
yákimoki やきもき【G.】A impaciência; o ficar nervoso [inquieto/aflito]. *Yakusoku no jikan ni okurenai ka to ～ shita* 約束の時間に遅れないかとやきもきした Comecei a ficar nervoso, com medo de não chegar à hora marcada.
yakí-mónó 焼き物 (< yakí¹ + …) **1** [陶磁器] A louça; a olaria; a porcelana; a cerâmica. [S/同] Tṓjíki; yakí¹ **1**. **2** [料理の] Um assado (De peixe, carne, etc.).
yakíń¹ 夜勤 O trabalho [turno] no(c)turno. ◇ **～ teate** 夜勤手当 A paga extra do [pelo] ～.
yakíń² 冶金 A metalurgia. ◇ **～ gaku** [**jutsu**] 冶金学 [術] A (arte da) ～. **～ gishi** 冶金技師 O engenheiro metalúrgico. ⇨ seíréń¹.
yakíń³ 野禽 ⇨ yachṓ.
yakí-námáshí 焼き鈍し O recozimento [resfriamento]「do aço」. [A/反] Yakí-íré.
yakí-náóshí 焼き直し (< yakí-náósu) **1** [もう一度焼くこと] O assar de novo [outra vez]. ★ *Sakana o ～ suru* 魚を焼き直しする Assar outra vez o peixe. **2** [文学作品などの改作] A adaptação [O decalque]「de uma obra literária」. *Kore wa zensaku no ～ da* これは前作の焼き直しだ Isto é um/a ～ doutra obra.
yakí-náósu 焼き直す (< yakú⁷ + …) **1** [再び焼く] **a**) Recozer; **b**) Assar de novo. **2** [作りかえる] Refazer; readaptar; imitar. ⇨ yakí-náóshí.
yakí-níkú 焼き肉 (< yakú⁷ + …) A carne assada「na grelha/no espeto/na prancha」. ⇨ yakí-tórí.
yakí-nórí 焼き海苔 (< yakú⁷ + …) A alga marinha (Prato) passada pelo lume.
yakí-shíó 焼き塩 (< yakú⁷ + …) O sal tostado; o sal fino [refinado/de mesa]. ⇨ shokúen.
yakí-sóbá 焼き蕎麦 (< yakú⁷ + … ²) A "soba" assada「na sertã」「com verduras e pedacinhos de carne」.
yakí-sútéru 焼き捨てる (< yakú⁷ + …) Queimar; destruir pelo fogo; atirar「as cartas」para o lume.
yakí-táté 焼き立て (< yakú⁷ + …) Acabado de assar [cozer/torrar]. ★ ～ *no pan* 焼き立てのパン O pão (quentinho) saído do forno [acabado de cozer].
yakí-tórí 焼き鳥 (< yakú⁷ + …) O frango assado「na grelha/no espeto」. ◇ **～ ya** 焼き鳥屋 A loja [barraca] onde se vende ～. ⇨ bábékyū; yakí-níkú.
yakí-tsúké 焼き付け (< yakí-tsúkéru) **1** [陶磁器に絵などをかいて焼くこと] A esmaltagem「da cerâmica」. **2** [⇨ mekkí]. **3** [写真のプリント] A revelação (fotográfica).
yakí-tsúkéru 焼き付ける (< yakú⁷ + …) **1** [陶器に絵付けする] Gravar a [com] fogo. **2** [⇨ mekkí] **3** [写真をプリントする] Revelar. ★ *Nega o ～* ネガを焼き付ける ～ o negativo. **4** [印象に残す] Impressionar muito; gravar profundamente. *Sono jiken wa watashi no kioku ni tsuyoku yakitsukerareta* その事件は私の記憶に強く焼き付けられた Esse acontecimento ficou-me profundamente [para sempre] gravado na mente [memória].
yakí-tsúku 焼き付く (< yakú⁷ + …) **1** [⇨ yakétsúku]. **2** [ある印象が心に強く残る]【Fig.】Ficar「fortemente」marcado [gravado].
yakí-úchí 焼き打ち (< yakú⁷ + útsu) O deitar [pegar] fogo. *Bōto ga kōban ni ～ o kaketa* 暴徒が交番に焼き打ちをかけた Os desordeiros deitaram fogo ao posto policial [da polícia]. ⇨ hṓká¹.
yakí-zákana 焼き魚 (< yakú⁷ + sakáná) O peixe assado.
yakká 薬価 O preço dos remédios.
yakká-dáigaku 薬科大学 A Faculdade de Farmácia [O Instituto Farmacêutico].
yákkai 厄介 (⇨ yakú²) **1** [面倒] O incó[ô]modo; a amolação (G.); a maçada; o aborrecimento; o problema; a dificuldade. *Iroiro go-～ o kakete ai-sumimasen deshita* いろいろご厄介をかけて相すみませんでした Desculpe (por) todos os incómodos que lhe causei. ★ ～ *na shigoto o tanomareru* 厄介な仕事を頼まれる Receber um trabalho maçador [complicado].「*Tanin ni*」～ *o kakeru*「他人に」厄介をかける Incomodar; aborrecer; dar trabalho [causar problemas] aos outros. ◇ ⇨ **～ barai** [**mono**]. [S/同] Meńdṓ (+). **2** [世話] A ajuda; o cuidado; a dependência. *Kanojo wa shinrui no ～ ni natta* 彼女は親類の厄介になった Ela ficou ao cuidado [dependente] dos parentes. ★ *Keisatsu no ～ ni naru* 警察の厄介になる Ficar entregue à polícia. *Kusuri no ～ ni naru* 薬の厄介になる Depender dos remédios. [S/同] Sewá.
yakkái-bárai 厄介払い (< … **1** + haráu) A libertação de um incó[ô]modo. ★ ～ *o suru* 厄介払いをする Livrar-se [Ver-se/Ficar livre] de …
yakkái-mónó 厄介者 [物] **1** [扶養家族; 居候] A

pessoa que vive em casa [à custa] de outro; o parasita. ⇨ isṓrō. **2** [邪魔な人・物] A carga; o peso; o aborrecimento; o flagelo; o problema. [S/同] Jamá-mónó. ⇨ o-nímotsu.

yakkáń 約款 A cláusula [provisão/estipulação]「do contrato」. ⇨ jṓyákú; keíyákú.

yákke ヤッケ (< Al. jacke) A jaqueta; o blusão (com capuz).

yakkí 躍起 O grande interesse「de conquistar novos mercados/obter informações」; a veemência. ★ ～ *ni natte hantai suru* 躍起になって反対する Opor-se tenazmente/veementemente [com veemência]. ⇨ hisshí¹; múki⁴.

yakkó 奴【A.】 **1** [下男; 従者] O criado; o lacaio. [S/同] Génan (+); jū́bókú; jū́sha; shimóbé. **2** [⇨ yakkó-sáń]. **3** [Abrev. de "yakkó-dṓfu"] Cubos de tôfu. ◇ **Hiya ～** 冷奴 O tôfu cortado em cubos e esfriado em água com gelo.

yakkṓ 薬効【E.】 O efeito do medicamento. ⇨ kikímé.

yakkó-dáko 奴凧 (<… + táko) O papagaio (Brinquedo) em forma de antigo lacaio.

yakkó-dṓfu [óo] 奴豆腐 (<… + tṓfú) O tôfu aos [cortado em] cubos.

yakkó-sáń 奴さん O sujeito; o cara (B.); o tipo. [S/同] Áítsú (o); yátsu (+).

yakkyṓ 薬莢 O cartucho (De arma).

yakkyókú 薬局 **1** [薬屋] A farmácia [botica; drogaria]. [S/同] Kusúrí-yá. **2** [病院の薬の調合部] A farmácia do hospital.

yakkyókú-hṓ 薬局方【Med.】A farmacopeia. ◇ **Nihon ～** 日本薬局方 ～ japonesa.

yakṓ¹ 夜行 **1** [夜行動すること] O andar de noite. ◇ **～ sei** 夜行性 A cara(c)terística de ～. **～ sei dōbutsu** 夜行性動物 O animal no(c)turno. **2** [Abrev. de "yakṓ réssha"] ◇ **～ ressha** 夜行列車 O comboio [trem] no(c)turno/da noite.

yakṓ² 夜光 A fosforescência. ◇ ⇨ **～ chū**. **～ toryō** 夜光塗料 A tinta fosforescente. ⇨ keíkṓ³; rińkṓ¹.

yakṓchū 夜光虫 (⇨ yakṓ²)【Zool.】A noctiluca (Animal marinho microscópico fosforescente); *noctiluca miliaris*.

yakú¹ 役 **1** [官職; 任務] O cargo; o encargo; a função; o trabalho; o serviço; o ofício; o papel; a parte; a posição; o lugar; o posto. *Sono shigoto wa kare ni wa ～ ga omosugiru* その仕事は彼には役が重すぎる Ele não tem competência para esse [não está à altura desse] cargo. ★「*Shichō no*」～ *ni tsuku*「市長の」役につく Assumir o cargo「de presidente da câmara/prefeito」.「*Kōken no*」～ *o shirizoku* [*yameru*]「後見の」役を退く [やめる] Deixar o cargo [a função] de tutor.「*Nakōdo*」*no* ～ *o tsutomeru* [*hikiukeru*]「仲人の」役をつとめる [引き受ける] Ser [Aceitar ser] padrinho(s) de casamento. ⇨ kánshoku³; nínmu; shókumu; yakúmé; yakúwárí. **2** [劇の役目] O papel; a parte. ★ ～ *o furu* [*wariateru*] 役を振る[割り当てる] Distribuir [Dar] os papéis「aos a(c)tores」. *Keiji no* ～ *ni nari-kiru* 刑事の役になりきる Identificar-se com o ～ de dete(c)tive [Parecer um dete(c)tive verdadeiro]. ◇ ⇨ **～ zukuri**. **3** [効用] O proveito; a utilidade. ★ ～ *ni tatsu jisho* 役に立つ辞書 Um dicionário útil [prático; que tem tudo]. [S/同] Kṓyṓ. **4** [花札・マージャンなどの決まり手] A combinação de números ou marcas que se contam como ponto nos jogos de cartas, mahjong, etc.

yakú² 厄 **1** [災難] A calamidade; a desgraça; a má sorte; o azar; o infortúnio. ★ ～ *o harau* 厄を払う Espantar a má sorte. ◇ ⇨ **～ harai**. [S/同] Saínán (+); wazáwáí (+). **2** [Abrev. de "yakú-doshi"] **a)** Um ano de idade crítica; **b)** O ano de azar. *Watashi wa kotoshi* ～ *da* 私は今年厄だ Este ano é o meu ano crítico (42 anos do homem e 33 da mulher).

yáku³ 約 **1** [⇨ yakúsókú]. **2** [およそ] Aproximadamente「três dias」; mais ou menos「cinco mil yens」; quase「sessenta alunos」; cerca de. ★ ～ *ichijikan-go ni* 約一時間後に Cerca de uma hora depois; daqui a uma hora. [S/同] Daítáí; oyósó.

yáku⁴ 訳 A tradução「portuguesa」★ ～ *o tsukeru* 訳をつける Traduzir; escrever também a ～. ⇨ hoń'yákú; yakúsu².

yáku⁵ 葯【Bot.】A antera (dos estames da flor). ⇨ kafúń.

yáku⁶ ヤク (< Tibetano gyak)【Zool.】O iaque (Búfalo manso, de carga); *bos grunniens*.

yakú⁷ 焼く (⇨ yakérú) **1** [熱・光・薬などを作用させる] **a)** Queimar; **b)** Cozer「pão/tijolos/chávenas」; **c)** Assar「carne/peixe」; **d)** Cremar; **e)** Revelar; **f)** Cauterizar. ★ *Chawan* [*Renga*] *o* ～ 茶わん [れんが] を焼く Cozer tigelas [tijolos]. *Gomi o* ～ ごみを焼く Queimar o lixo. *Itai o* ～ 遺体を焼く Cremar o cadáver. *Nega o* ～ ネガを焼く Revelar o negativo. [I/慣用] *Te o* ～ 手を焼く ⇨ te. **2** [激しく心を動かす] Ter ciúmes. ★ *Raibaru no shusse o* ～ ライバルの出世を焼く ～ do êxito do rival. *Sewa o* ～ 世話を焼く ⇨ sewá; netámí; shítto; yakí-móchi.

yakúbá 役場 A repartição Pública (De uma vila); a casa do Povo (De aldeia). ◇ **Machi ～** 町役場 A prefeitura (B.); a câmara municipal (P.). ⇨ yakúshó¹.

yakú-bárai 厄払い (<… ² + haráu) ⇨ yakú-hárai.

yakú-bi 厄日 (<… ² + hi) O dia de azar [de má sorte]. *Kyō wa* ～ *da* 今日は厄日だ Hoje é ～.

yakúbúń¹ 約分【Mat.】A simplificação [redução] de uma fra(c)ção. *Hachi-bun no roku o* ～ *suru to yon-bun no san de aru* 8分の6を約分すると4分の3である 6/8 simplificado é igual a 3/4. ⇨ yakúsu¹.

yakú-búń² 訳文 A tradução (escrita); o texto traduzido. [A/反] Geńbúń.

yakú-búsoku 役不足 (<… ¹**1** + fusókú) A insatisfação pelo cargo que lhe foi atribuído; o cargo inferior à pessoa. *Kono shigoto wa kare ni wa* ～ *da* この仕事は彼には役不足だ Este trabalho é pouco [fácil demais] para ele [para a capacidade dele].

yakú-butsu 薬物 O medicamento; o remédio. ◇ **～ chūdoku** 薬物中毒 A intoxicação medicamentosa. ⇨ kusúrí; yakúhíń.

yakúbyṓ-gami [óo] 疫病神 (… + kámi) **1** [不幸をもたらす人・物] O que dá azar; o azarento; o agourento. **2** [人から忌み嫌われる人]【Fig.】A praga; a ovelha-negra.

yakú-chū 訳注 A nota do tradutor.

yakú-dáí 薬大 ⇨ yakká-dáigaku.

yakú-dáteru 役立てる (<… ¹**3** + tatéru) Tirar partido [proveito]; fazer render; aproveitar.

yakú-dátsu 役立つ (<… ¹**3** + tátsu) Servir [Ser útil]「para」. ★ *Kurashi ni* ～ *jōhō* 暮らしに役立つ情報 As informações úteis para a vida.

yakúdó 躍動【E.】O movimento enérgico; a palpitação「da natureza na primavera」; a vibração; o pulsar. ★ ～ *suru* 躍動する Palpitar [Pulsar]「de juventude」.

yakú-dóku 訳読 O ler uma obra em tradução.

yakú-doshi 厄年 (＜…² + *toshi*) **a)** Um ano de azar [de má sorte]; **b)** A idade crítica.

yakú-gái 薬害 (＜ *yakúhín* +…) O dano provocado pelos pesticidas (agrícolas) [remédios]. ◇ ～ **saiban** [**soshō**] 薬害裁判 [訴訟] O processo por ～.

yakúgáku 薬学 As ciências farmacêuticas; a farmacologia; a farmácia. ◇ ～ **bu** 薬学部 A faculdade de ～. ～ **ka** 薬学科 O departamento de ～.

yakúgárá 役柄 (＜ *yakú*¹ +…) A posição; o [a natureza do] cargo; a função「do economista」; o papel. ★ ～ *o kokoroeru* 役柄を心得る Saber bem qual é o seu papel [a sua posição]. S/同 Yakú-mé-(gárá); yakú-wárí.

yakúgén【E.】O resumo. ★ ～ *sureba* 約言すれば Resumindo [Em resumo]「o ministro engana-se」. S/同 Yōyáku (+).

yakúgó 訳語 A palavra [O termo] correspondente [equivalente]「em português」. S/同 Gengó.

yakú-hárai 厄払い (＜…² + *haráu*)【G.】O exorcismo; o espantar「um aborrecido」. S/同 Yakú-bárai.

yakúhín 薬品 **a)** O medicamento; o remédio; **b)** O produto [A substância] químico; a pesticida.

yakúhón 訳本 A tradução; a versão; o livro traduzido. S/同 Hoñ'yáku. A/反 Geñpóñ.

yakúin 役員 **1**「会合・集会などで特定の役に当たっている人」O (membro) dirigente; o encarregado; o responsável; o funcionário. **2**「会社などの重役」O dire(c)tor「de uma empresa」; o administrador. ◇ ～ **kai** 役員会 A dire(c)toria; o conselho dire(c)tivo [de administração]. S/同 Jūyáku; kañbu.

yákuji 薬餌【E.】**a)** O medicamento; o remédio; **b)** A dieta. ◇ ～ **ryōhō** 薬餌療法 O tratamento farmacológico e dietético. ⇨ kusúrí.

yákujo 躍如【E.】Vivo; vívido; real. *Sono kotoba ni wa kare no menmoku ～ taru mono ga aru* その言葉には彼の面目躍如たるものがある Essas palavras são bem cara(c)terísticas dele [mostram bem claramente o cará(c)ter dele]. S/同 Yakuzén.

yakújó 約定【E.】O compromisso; o contrato; o pa(c)to; a estipulação. ★ ～ *zumi* 約定済み (表示) Estipulado! ◇ ～ **sho** 約定書 O contrato por escrito; a escritura. ⇨ keíyáku; kyōtéí¹; torí-kímé.

yakú-máwari 役回り (＜ *yakú*¹ + *mawárú*) O caber「-me a mim」o encargo/papel. ★ *Iya* [*Son*] *na ～* いや [損] な役回り A função desagradável [desvantajosa]「que me coube/calhou」. ⇨ yakúmé.

yakúmé 役目 (⇨ *yakú*¹) O dever; o ofício; o cargo「de educar pertence aos pais」; a função「de substantivo」; a missão; a finalidade. *O-～ gokurōsama desu* お役目ご苦労様です Você cumpre bem o seu dever. *Shohin kanri wa watashi no ～ da* 商品管理は私の役目だ O controle das mercadorias está a meu cargo. ★ *lin-chō to shite no ～ o hatasu* 委員長としての役目を果たす Cumprir o dever como presidente da comissão. S/同 Nínmu; shókumu; yakúwárí.

yakúmé-gárá 役目柄 ⇨ yakúgárá.

yakúméí 役名 O título oficial [do cargo].

yakúmi 薬味 As especiarias; o condimento; o tempero; o cheiro-verde (B.). ★ *Soba ni ～ o ireru* そばに薬味を入れる Condimentar o [Pôr cheiro-verde no] fagópiro. ◇ ～ **ire** 薬味入れ **a)** O galheteiro; **b)** A caixa das/dos ～. S/同 Kōshíñryō; supáísu.

yakú-múki 役向き O tipo [conteúdo/A natureza] do trabalho oficial. *Shujin no ～ no koto wa nani mo zonjimasen* 主人の役向きのことは何も存じません No que é trabalho oficial do meu marido, não me meto. S/同 Shókumu; yakúgárá.

yakúnin 役人 O funcionário público. ★ ～ *kaze o fukasu* 役人風を吹かす Assumir ares de ～. ◇ ～ **konjō** 役人根性 A mania da burocracia; o burocratismo. S/同 Kañ'ryō; kōmúin (+).

yakú-ótoshi 厄落とし (＜…+ *otósu*) ⇨ yakú-hárai.

yákuri 薬理 O efeito (fisiológico) dos remédios. ◇ ～ **gaku** 薬理学 A farmacodinamia.

yakúró 薬籠【E.】**1**「くすり箱」A caixa de medicamentos.「慣用」～ *chū* [*Jika ～*] *no mono* 薬籠中 [自家薬籠]の物 Algo [Alguém] que já está no papo; o seu domínio「*Porutogaru-go* [*Monban*]*o ～ chū no mono to suru* ポルトガル語 [門番] を薬籠中の物とする Dominar o p. [Ter o porteiro (vigia) no papo/bolso]」. S/同 Kusúrí-bako (+). **2**[印籠] O porta-carimbos; o estojo de escrever. S/同 Iñ-rō (+).

yakúsátsú¹ 扼殺 A estrangulação; o estrangular/estrangulamento. S/同 Kōsátsú (+).

yakúsátsú² 薬殺 O envenenamento. ★ ～ *suru* 薬殺する Matar por ～; envenenar. S/同 Dokúsátsú (+).

yakúséki 薬石【E.】**1**[治療] O tratamento médico. *Chichi wa ～ kō naku eimin itashimashita* 父は薬石効なく永眠いたしました Todos os ～ s não resultaram e o meu pai faleceu. **2**[寺の食事] A refeição "Zen".

yakúshá¹ 役者 **1**[俳優] O a(c)tor「de teatro」; a a(c)triz「de cinema」. ★ ～ *ni naru* 役者になる Fazer-se [Ir para] a(c)triz. ◇ **Daikon ～** 大根役者 ⇨ daíkóñ². **2** ～ *sén-ryō*³ ⇨ Haíyū. **2**[能力のある人] A pessoa hábil; o artista. *Kare no hō ga ～ ga ichimai ue da* 彼の方が役者が一枚上だ Ele é muito mais hábil do que eu.

yákusha² 訳者 O tradutor. S/同 Hoñ'yáku-sha.

yakúshí¹ 訳詩 A tradução de um poema「de Camões」.

yakúshí² 薬師 Um deus que cura [da medicina].

yakúshín¹ 躍進【E.】O rápido avanço [progresso]; o salto. *Kono chihō no sangyō wa saikin mezamashii ～ o togeta* この地方の産業は最近めざましい躍進を遂げた Recentemente, a indústria desta região deu um grande salto. ⇨ hatteñ; shíñpo¹; shíñshútsú¹.

yakúshín² 薬疹【Med.】A erupção na pele causada por (alergia a) um medicamento.

yakúshó¹ 役所 A repartição pública. ★ ～ *e* [*ni*] *tsutomeru* 役所へ [に] 勤める Trabalhar numa repartição. ◇ **O-～ shigoto** お役所仕事 A burocracia; as delongas [demoras] das ～s. S/同 Káñchō.

yakúshó² 訳書【E.】⇨ yakúhón.

yakúshókú 役職 **a)** O posto; a posição oficial; **b)** O posto de executivo [de administrador]. ★ ～ *ni tsuku* 役職に就く Assumir [Passar a ter] uma ～. ◇ ～ **sha** 役職者 O「dire(c)tor」executivo. S/同 Kañ'ri-shoku; yakú-zúkí.

yakúshútsú 訳出【E.】A (primeira) tradução. S/同 Hoñ'yáku (+). ⇨ yakúsu².

yakú-só 薬草 As ervas medicinais. ◇ **~ en** 薬草園 A plantação [horta] de ~. ⒮Ⓗ Dokúsô.

yakúsóku 約束 **1** [相手といっしょに将来のことを取り決めること、またはその内容] A promessa; o compromisso; o encontro marcado; o contrato; a combinação; o acordo; a promessa「de Deus aos homens」. *Sore de wa ~ ga chigau* それでは約束が違う (Então,) não foi isso o combinado! ★ ~ *dōri* 約束どおり Conforme o prometido [combinado]. ~ *ni hansuru* [*somuku*] 約束に反する[そむく] Não cumprir [Romper] a promessa. ~ *no basho* 約束の場所 O lugar marcado [combinado]. ~ *no chi* 約束の地【Bí.】A terra prometida. ~ *no jikan ni okureru* 約束の時間に遅れる Chegar tarde ao compromisso. ~ *o hatasu* [*rikō suru*] 約束を果たす[履行する] Cumprir a promessa/o prometido. ~ *o mamoru* 約束を守る Cumprir a promessa [palavra/o prometido]. ~ (*o*) *suru* 約束(を)する Prometer (*Asu kare to ni-ji ni au* ~ *o shita* 明日彼と二時に逢う約束をした Prometi encontrar-me com ele amanhã às duas (horas)). ~ *o torikesu* 約束を取り消す Anular a promessa [o encontro]. ~ *o yaburu* 約束を破る Romper a promessa. ⇨ keíyáku, kyōtéí, torí-kímé. **2** [規則] A convenção; a regra [norma]「da firma」; o regulamento. ★ *Kai no* ~ *o mamoru* 会の約束を守る Cumprir as regras da associação. Kimári; kísoku; kitéí. **3** [宿命] O destino. *Kare ni wa jūyaku no chii ga ~ sarete iru* 彼には重役の地位が約束されている Ele está destinado a ser administrador/dire(c)tor. ⒮Ⓗ Ínnén (+); shukúmeí (o).

yakúsóku-gótó 約束事 (< ··· +kotó) A promessa; o compromisso.

yakúsóku-tégata 約束手形【Econ.】A (nota) promissória. ★ ~ *o furidasu* 約束手形を振り出す Emitir uma ~. ⒮Ⓗ Yakúté.

yakúsu[1] 約す **1** [約束する] Prometer. ★ *Saikai o* ~ 再会を約す ter novo [outro] encontro. ⒮Ⓗ Yakúsóku súrú. **2** [約分する]【Mat.】Reduzir; simplificar「uma fra(c)ção」. ⒮Ⓗ Yakúbún súrú.

yakúsu[2] 訳す Traduzir. ★ *Nihongo (no bun) o porutogarugo ni* ~ 日本語(の文)をポルトガル語に訳す ~ (um texto) de j. em [para] p. ⒮Ⓗ Hoń'yáku súrú.

yakúsu[3] 扼す【E.】**1** [要所·要点を押さえる] Controlar; dominar. ★ *Kaikyō o ~ chiten* 海峡を扼す地点 O ponto [lugar] que domina [controla] o estreito「de Malaca」. ⇨ shíhaí[1]. **2** [握りしめる] Agarrar; segurar; pegar com força. ★ *Ude o ~* 腕を扼す ~ o braço. ⒮Ⓗ Nigírí-shíméru (+).

yakúsú (**úu**) 約数【Mat.】O submúltiplo; o divisor. Ⓐ⒭ Baísû. ⇨ yakúsu[1] **2**.

yakúté 約手 ⇨ yakúsóku-tégata.

yakútō 薬湯【E.】**1** [風呂] O banho medicinal. **2** [煎じ薬] A infusão; a tisana; a decocção. ⒮Ⓗ Senjí-gúsuri (+).

yakútóku 役得 A gratificação [O benefício; vantagem] além do salário regular. ⒮Ⓗ Yoróku.

yakú-wárí 役割り (< ··· +warú) A parte; o cargo; a função; a incumbência; o papel. ★「*Jūdai na*」~ *o enjíru*「重大な」役割りを演じる Representar [Fazer; Ter] um papel importante (no palco/filme).「*Kyōshi to shite no*」~ *o hatasu*「教師としての」役割りを果たす Desempenhar [Cumprir] a missão「de professor」.

yakúyō 薬用 O uso medicinal [terapêutico]. ◇ ~ **arukōru** 薬用アルコール O álcool medicinal. ~ **sekken** [**kurīmu**] 薬用石鹸[クリーム] O sabonete [creme] medicinal. ~ **shokubutsu** 薬用植物 A planta medicinal.

yakú-yóké 厄除け (< ···[2] + yokéru)【G.】A prote(c)ção contra o mal [a desgraça; infortúnio]. ★ ~ *no o-mamori* 厄除けのお守り O talismã; o amuleto. ⒮Ⓗ Yakú-hárai.

yákuza やくざ【G.】**1** [いいかげんなこと] A inutilidade. **2** [ならず者] O mafioso; o "gangster"; o bandido. ~ (*kagyō*) *kara ashi o arau* やくざ(稼業)から足を洗う Abandonar a vida de ~/Sair da máfia. ⒮Ⓗ Narázúmónó. Ⓐ⒭ Katagí. ⇨ bakúchi-uchi; bōryókú-dan; gorótsúki.

yakúzáí 薬剤 a) O medicamento; o remédio; b) O produto químico. ⒮Ⓗ Kusúrí; yakúhín.

yakúzáí-shi 薬剤師 O farmacêutico; o boticário.

yakú-zúkí 役付き (< ···[1] + tsúku) O ocupar uma posição [um posto] de chefia [responsabilidade]. ⇨ yakúshóku.

yakú-zúkuri 役作り (< yakú[·]**2** + tsukúru) O estudar para representar [um papel].

yákyoku 夜曲【Mús.】A serenat[e]a. ⒮Ⓗ Serénádo.

yakyū 野球 O ba[ei]sebol. ◇ **~ bu** 野球部 O clube de ~. **~ jō** 野球場 O campo de ~. **~ senshu** 野球選手 O jogador de ~. **Kusa** ~ 草野球 ~ amador [de amadores]; ~ jogado por [para/como] recreação. **Puro ~** プロ野球 ~ profissional.

yamá 山 [山岳]【G.】**1** A montanha; o monte; a serra. ★ ~ *ni komoru* 山にこもる Isolar-se [Esconder-se] na ~; ir viver para a ~. ~ *ni* [*o*] *noboru* 山に[を] 登る Subir a/à [Escalar a] montanha. ~ *no fumoto* 山のふもと A fralda [falda/O sopé] da/o ~. ~ *no itadaki* 山の頂 O cume [cimo/pico] da/o ~. ~ *o kudaru* [*oriru*] 山を下る[降りる] Descer o/a [do/a] ~. ~ *o-yámá-nó-táíshó*. **2** [高く盛り上げたもの] **a)** A pilha; o montão「de gente」; o monte; b) A copa「do chapéu」; a cabeça「da rosca/do parafuso」. *Shigoto ga ~ hodo aru* 仕事が山ほどある Tenho muita coisa [montes de trabalho] para fazer. ★ ~ *no yō na* [~ *hodo aru*] *shakkin* 山のような [山ほどある] 借金 Um ~ de dívidas. *Hito-~ hyaku-en no tomato* 一山百円のトマト Tomates a cem yens o montinho「de três」. **3** [投機]【Col.】A previsão. ★ ~ *ga ataru* [*hazureru*] 山が当たる [はずれる] Acertar [Falhar; Errar] na ~.「*Shiken ni*」*o kakeru*「試験に」山をかける Tentar adivinhar as [acertar nas] perguntas do exame. *Hito-~ ateru* 一山当てる Acertar [Adivinhar/Prever com exa(c)tidão]. **4** [最高潮] (⇨ yamá-bá) O clímax; o auge; o apogeu; o ponto principal; o essencial; o ponto [momento] crítico; o momento decisivo (Para bem ou para mal). *Byōnin wa kon'ya ga ~ darō* 病人は今夜が山だろう Esta noite será [vai ser] decisiva para o doente. ⒮Ⓗ Kuraímákkusu; saíkóchō; tógé; yama-bá. **5** [鉱山] A mina; o filão. ★ ~ *o hori-ateru* 山を掘りあてる Dar [Acertar] no ~「de ouro」. ⒮Ⓗ Kōzan. **6** [犯罪; 事件]【G.】O crime. ★ ~ *o fumu* 山を踏む Cometer um ~. ⒮Ⓗ Hańzáí; jíken.

yamáái 山間 O desfiladeiro; a garganta; o espaço entre montanhas; o vale (⇨ taní). ⒮Ⓗ Sańkán.

yamá-árashi 山荒らし·豪猪【Zool.】(< ··· + arású) O porco-espinho [ouriço-cacheiro].

yamá-bá 山場 O clímax; o auge; o cume; o ponto decisivo; o ponto crítico. ★ *Kōshō no ～ o mukaeru* 交渉の山場を迎える Chegar ao ponto decisivo das negociações. [S/同] Kuráímákkusu; yamá **4**.

yamá-bátó 山鳩 (<… + háto) 【Zool.】 A rola; *streptopelia orientalis*. [S/同] Kijí-bátó.

yamábé やまべ【D./Zool.】 ⇨ yamámé.

yamábíkó 山彦 O eco. ～ *ga hibiita* [*kaette kita*] 山彦が響いた[返ってきた] Depois [E] ouviu-se o eco. [S/同] Kodámá (+).

yamá-bíraki 山開き (<… + hiráku) A abertura (anual) da montanha aos alpinistas (declarando-a segura).

yamá-búdō 山葡萄【Bot.】 A videira silvestre; *vitis coignetiae*.

yamábuki 山吹 **1**【Bot.】 O arbusto-ipê (Silvestre, de belas flores amarelas); *kerria japonica*. ◇ **～ iro** 山吹色 A cor dourada [O amarelo brilhante]. **2** [黄金]【G.】 O ouro. [S/同] Kín (o); ṓgóń (+).

yamábushi 山伏 O er(e)mita [asceta] da montanha; o monge budista itinerante. [S/同] Shugénja.

yamá-dáshí 山出し (<… + dásu)【G.】 **1** [いなか者] A pessoa do campo; o provinciano; o caipira; o saloio. ★ ～ *no jochū* 山出しの女中 A empregada doméstica que veio do campo. [S/同] Inákámónó (+). **2** [材木などを山から運び出すこと] O estado bruto (de um material antes de ser trabalhado ou transformado).

yamá-dera 山寺 (<… + terá) O templo na montanha.

yamá-dori 山鳥 (<… + torí) **1**【Zool.】 O faisão vermelho-cobre (⇨ kijí[2]); *phasianus soemmerringii*. **2** [山にすむ鳥] A ave das montanhas.

yamá-fútokoro 山懐 O interior da montanha. [S/同] Yamá-óku (+).

yamá-gá 山家【E.】 A aldeia [casa] perdida na montanha. [S/同] Sańsóń; yamá-zátó.

yamágárá 山雀【Zool.】 O chapim [cedo-vem/canário do mato]; *parus varius*.

yamá-gárí 山狩り (<… + kári) A batida [busca minuciosa] em toda a montanha/por montes e vales. ★ *Hannin sōsaku no tame ～ o suru* 犯人捜索のため山狩りをする Passar a montanha a pente fino para apanhar o criminoso.

yamágérá 山啄木鳥【Zool.】 Uma espécie de picapau; *picus canus*.

yamá-góbō 山牛蒡【Bot.】 O caruru de cacho; a bardana silvestre; *phytolacca esculenta*.

yamá-góé 山越え (<… + koérú) A travessia da montanha.

yamá-gómori 山籠り (<… + komóru) O isolar-se na montanha.

yamá-góyá 山小屋 (<… + koyá) A cabana na montanha; o abrigo para alpinistas. [S/同] Hyútte.

yamá-guni 山国 (<… + kuní) O país [A região] montanhoso/a.

yamá-hádá 山肌 A superfície [O aspecto] da montanha「toda coberta de neve」.

yámai 病 (⇨ -yami[2]) **1** [病気] A doença; a moléstia; a enfermidade. ★ ～ *ni taoreru* 病に倒れる Cair doente. ～ *o iyasu* 病をいやす Curar-se. ～ *o oshite* 病を押して Apesar de doente [Doente e tudo]「ir à festa」. *Fuji no* ～ 不治の病 A doença incurável [fatal]. [P/ことわざ] ～ *kōkō ni iru* 病膏肓に入る **a)** Não ter esperança de cura; **b)** Ser「um bêbedo/libertino/fumador」incorrigível; já não ter remédio (⇨ kṓkṓ[8]). ～ *wa ki kara* 病は気から A doença, muitas vezes, vem da fraqueza de espírito. [S/同] Byṓkí (+); shippéí; wazúráí. **2** [癖] O mau hábito; a mania; o vício. *Ano hito ni wa hito no mono o toru* ～ *ga aru* あの人には人の物を取る病がある Ele tem o/a ～ de roubar. [S/同] Akúhékí.

yamá-ímó 山芋 O cará [inhame] silvestre; *dioscorea japonica*. [S/同] Jinéńjō; yamá-nó-ímó.

yamá-ínú 山犬 **1** [野犬] O cão montês [selvagem]. [S/同] Yakéń. ⇨ norá-ínú. **2**【Zool.】 O lobo japonês (Já extinto); *canis lupus hodophilax*.

yamákágashi 赤楝蛇【Zool.】 Uma cobra venenosa parecida à víbora; *rhabdophis tigrinus*.

yamá-kájí 山火事 O incêndio na montanha [da mata/floresta].

yamá-káń 山勘 (< yamá **3** + …)【G.】 A conje(c)tura; o「atirar ao」acaso;「o responder no exame」à sorte. ★ ～ *ga atatta* 山勘が当たった Acertei na ～. [S/同] Atézúppṓ; kań.

yamák(k)é 山(っ)気 (<… **3** + ke[2])【G.】 O espírito especulador [de aventureiro]. ★ ～ *o dasu* 山気を出す Meter-se na especulação. [S/同] Tṓkí-shín.

yamá-kújira 山鯨【G.】 A carne de javali (Lit. baleia do monte). ⇨ inóshíshi.

yamá-kúzure 山崩れ (<… + kuzúréru) O desmoronamento [desabamento] do terreno/monte. ⇨ dósha; gaké.

yamámé 山女【Zool.】 Um tipo de truta; *oncorhynchus masou*. [S/同] Yamábé.

yamá-michi 山道 O caminho de montanha; o carreiro; o trilho. [S/同] Sańdṓ; yamájí.

yamá-mórí 山盛り (<… + morú)【G.】 Uma montanha; o encher muito [bem]. ★ ～ *no go-han* 山盛りのご飯 Uma ～ [tigelada/pratada] de arroz. *Satō ō-saji* ～ *ippai* 砂糖大さじ山盛り 1 杯 Uma colher das de sopa bem cheia de açúcar「para misturar com a farinha e os ovos」. [A/反] Surí-kírí. ⇨ ṓ-mórí; yamá-zúmí.

yamá-mótó 山元 **1** [鉱山の所在地] (⇨ yamá **5**) A mina「de carvão」. **2** [山の持ち主] O proprietário da mina ou da montanha. **3** [ふもと] O sopé da montanha. [S/同] Fumótó (+).

yamá-nárí[1] 山形 A linha curva; o arco.

yamá-nárí[2] 山鳴り (<… + narú) O estrondo [ribombo/ribombar] da montanha「vulcânica」.

yamáńbá 山姥 ⇨ yamá-úbá.

yamá-nékó 山猫【Zool.】 O gato montês; o lince; *felis cattus*. ◇ **～ sōgi** [**suto**] 山猫争議 [スト] A greve selvagem [não organizada/autorizada pelo sindicato central].

yamá-nóbori 山登り (<… + nobórú) O montanhismo; o alpinismo. ★ ～ *o suru* [*yaru*] 山登りをする[やる] Escalar montanhas; subir o [ao] monte「Fuji」; praticar alpinismo. [S/同] Tózan.

yamá-nó-há 山の端【E.】 A orla [O contorno] da montanha「ao pôr do sol」. [S/同] Yamá-gíwá.

yamá-nó-ímó 山の芋【Bot.】 ⇨ yamá-ímó.

yamá-nó-kami 山の神 **1** [神] O deus da montanha. **2** [妻]【G.】 A esposa; a mulher. [S/同] Nyṓbō (+); tsúma (+).

yamá-nó-té 山の手 **1** [山に近い方] A parte alta [perto/do lado] das montanhas [colinas] (Relativa à baixa, mais plana junto ao「mar」). **2** [住宅地域] O bairro residencial「de Tóquio/Lisboa/Rio

Y

de Janeiro」. [A/反] Shitá-máchí.
yamá-óku 山奥 O interior da [Um lugar já muito entrado na] montanha. [S/同] Yamá-fútókoro.
yamá-ótoko 山男 **1** [山に住む人] O habitante [homem] da montanha; o montanhês; o homem dos bosques. **2** [登山家] O alpinista; o montanhista. [S/同] Tozáńká. **3** [深山にすむという男の怪物] O monstro da montanha (com forma de homem). [A/反] Yamá-úbá.
yamá-shi 山師【G.】 **1** [鉱物を掘り出すことを職業としている人] (⇨ yamá **5**) O mineiro. **2** [鉱山を経営している人] O administrador de mina. **3** [山林販売業者] O comerciante de madeiras; o madeireiro. **4** [投機や冒険を好む人] (⇨ yamá **3**) O especulador; o aventureiro. **5** [ぺてん師] O charlatão; o impostor; o trapaceiro; o embusteiro. [S/同] Peténshi (+); sagí-shi (+).
yamáshíi 疾[疚]しい Vergonhoso; que pesa na consciência; sujo; culpável. ★ *Kokoro ni ~ tokoro ga nai* 心にやましいところがない Ter a consciência tranquila [limpa] /Não ter nada que lhe pese na consciência. ⇨ hazúkáshíi; ushírómétái.
yamá-súsó 山裾 O sopé [A f(r)alda] da montanha. ⇨ fumótó.
yamátáká-bṓ(shi) [óo] 山高帽(子) (⇨ yamá **2**) O chapéu de côco; a cartola.
Yámato 大和【H.】 Yamato (Nome antigo do Japão, sobretudo de uma região que corresponedia à a(c)tual província de Nara). ◇ **~ damashii [gokoro]** 大和魂[心] O espírito j.; a alma j. **~ minzoku** 大和民族 A raça Yamato [japonesa]. **~ nadeshiko** 大和撫子 A mulher j.
yamá-tsúnami 山津波 O desabamento de terra; uma avalancha (seca). [S/同] Yamá-kúzure.
yamá-úbá 山姥 A bruxa [mulher lendária] que vive no interior da montanha.
[S/同] Yamánba. [A/反] Yamá-ótoko **3**.
yamá-wáké 山分け (<… + wakéru)【G.】 O partir/dividir em partes [porções] iguais. *Kono kane wa futari de ~ (ni) shiyō* この金は2人で山分け(に)しよう Vamos partir este dinheiro ao meio pelos dois.
yamá-yama 山山 **1** [多くの山] Montanhas sem fim [e mais montanhas]. **2** [大いに] [yamá-yámá] Muito.
yamá-yuri 山百合【Bot.】 O lírio dourado; *lilium auratum*.
yamá-zákura 山桜 (<… + sakúrá)【Bot.】 A cerejeira silvestre (ou a sua flor).
yamá-zárú 山猿 (<… + sáru) **1** [猿] O macaco montês. **2** [いなか者]【G.】 O caipira; o saloio; o provinciano. [S/同] Ináká-mónó (+); yamá-dáshí.
yamá-zátó 山里 (<… + sató)【G.】 A aldeia nas montanhas; o povoado do interior [do sertão]. [S/同] Sańsóń.
yamá-zúmí 山積み (<… + tsumú) A pilha (grande [alta]); o monte; o montão. ★ *Mondai ga ~ ni natte iru* 問題が山積みになっている Ter um ~ de problemas para resolver. [S/同] Sańsékí.
yamá-zútai 山伝い (<… + tsutáú) O ir [fugir] pelas montanhas [de montanha em montanha].
yamé 止め (< yamérú[1]) O parar「a briga/de fumar」; a suspensão「do proje(c)to」. *Hai, soko de ~* はい, そこでやめ Alto [Parem todos/Pare] aí!
[S/同] Chū́shí; toríyámé.
yamérú[1] 止める **1** [停止する] Parar; suspender; deixar「de」; cortar. ★ *Hanashi o ~* 話をやめる Parar a conversa; calar-se. *Torihiki o ~* 取引をやめる Cortar o negócio. ⇨ chū́dáń[2]; chū́shí[1]. **2** [断念する; 放棄する] Desistir; abandonar; renunciar; abster-se de. ★ *Gakkō o ~* 学校をやめる Deixar a escola [de estudar]; abandonar os estudos. ⇨ dańnén; hṓki[3].
yamérú[2] 辞める Renunciar「ao cargo」; retirar-se; demitir-se; deixar o trabalho. ★ *Iin o ~* 委員を辞める Demitir-se (de membro) da comissão. *Kaisha o ~* 会社を辞める Deixar a firma. ⇨ jiníń[1]; jishókú; taíshókú[2].
yaméru[3] 病める【E.】「uma universidade」Doente; enfermo; fraco. ⇨ yámu[2].
yamésásérú[1] 止めさせる (< yamérú[1]) Fazer parar; dissuadir; fazer abandonar; obrigar「a」. ★ *Gakkō o ~* 学校をやめさせる Expulsar da [Obrigar a deixar a] escola. *Kenka o ~* けんかをやめさせる Parar a briga.
yamésásérú[2] 辞めさせる (< yamérú[2]) Demitir; despedir; expulsar. *Kare wa kaisha o yamesaserareta* 彼は会社を辞めさせられた Ele foi despedido da firma. ⇨ kubí; meńshókú.
yamí[1] 闇 **1** [暗黒] A escuridão; as trevas. *Jiken o ~ kara ~ ni hōmuru* 事件を闇から闇に葬る Ocultar [Abafar] o caso/escândalo. *Shinsō wa ~ no naka da* 真相は闇の中だ A verdade está bem escondida [ninguém a sabe]. ★ *~ ni magirete* 闇に紛れて A coberto da escuridão (da noite). **2** [前途に何の希望も持てないこと]【Fig.】 O desespero; o futuro negro. *Issun saki wa ~ da* 一寸先は闇だ ⇨ issún. *Zento wa ~ da* 前途は闇だ O futuro é [apresenta-se] negro; as perspectivas são más. **3** [闇相場の略] O mercado negro. **4** [闇取引の略] **a)** O mercado negro; **b)** O contrabando. ★ *~ de kau [uru]* 闇で買う[売る] Comprar [Vender] no ~; fazer dinheiro no ~. *~ no shina* 闇の品 O artigo de contrabando. ◇ **~ kakaku [ne; sōba]** 闇価格[値; 相場] O valor [preço; A cotação] no mercado [câmbio] negro. **~ karuteru** 闇カルテル O cartel de mercado negro. **~ torihiki** 闇取引 Os negócios [As transa(c)ções] do mercado negro; os negócios escuros. ⇨ **~ ya**.
-yami[2] 病み (< yámu; ⇨ yámai) O doente [sofrer]「de」. ◇ **Haibyō ~** 肺病病み Afe(c)tado [Doente] dos pulmões; a dença pulmonar.
yamí-ágárí 病み上がり (< yámu[2] + agárú)【G.】 A convalescença. ★ *~ no hito* 病み上がりの人 Um convalescente [Uma pessoa em ~]. ⇨ kaífúkú.
yamíji 闇路 **1** [暗やみの中の道] O beco; o caminho escuro. **2** [思慮分別のつかない状態] O andar desnorteado [desorientado/perdido]. ★ *Koi no ~ ni fumi-mayou* 恋の闇路に踏み迷う Andar desnorteado nos seus amores.
yamíkúmó-ní 闇雲に【G.】 Ao acaso; às cegas; sem mais. [S/同] Múyami-ni (+); yatárá-ní (+).
yamí-má 止み間 Uma aberta「na chuva」.
yamí-tsúkí 病み付き (< yamí-tsúkú) A paixão「pela dança」; o (apanhar o) vício; a obsessão「do jogo/da fama」. ★ *Mājan ga ~ ni naru* マージャンが病み付きになる Ficar (completamente) obcecado「por majong」.
yamí-tsúkú 病み付く (< yámu[2] + …) **1** [病気になる] Ficar doente; adoecer. *Haha wa san-gatsu ni*

yamitsuita 母は 3 月に病み付いた A minha mãe adoeceu em [no mês de] março. [S/同] Byṓkí ní náru (+). **2** [熱中する] Ficar viciado [obcecado]. [S/同] Yamítsúkí ní náru (+).

yamí-úchí 闇討ち (<… +útsu) **1** [暗闇にまぎれて人をおそうこと] O ataque no escuro [de noite]. ★ *Teki ni ～ o kakeru* 敵に闇討ちをかける Atacar de [na escuridão da] noite. [S/同] Yashū́. **2** [不意うち] O ataque surpresa. ★ *Teki ni ～ o kuwaseru* 敵に闇討ちを食わせる Fazer um ～. [S/同] Fuí-úchí.

yamí-ya 闇屋【G.】O comerciante do mercado negro; o contrabandista.

yamí-yo 闇夜 A noite escura [sem luar]. [P/ことわざ] ～ *ni karasu* 闇夜に烏 De noite todos os gatos são pardos. ～ *ni teppō* 闇夜に鉄砲 (Lit. um tiro no escuro) **a**) O agir ao calha/ao acaso/à sorte; **b**) O falhar [não acertar]. ～ *no chōchin* 闇夜の提灯「ser」Ouro sobre azul/Juntar-se a fome à vontade de comer/Vir mesmo de encomenda.

yamómé 寡婦・鰥夫 A viúva. ★ ～ *ni naru* やもめになる Enviuvar; ficar viúva「durante a guerra」. ◇ **Otoko ～** 男やもめ O viúvo.
[S/同] Goké; káfu[2]; mibṓjin.

yámori 守宮【Zool.】A osga [O geco] (Parecida à lagartixa); *gekkonidae*.

yamṓshṓ 夜盲症【Med.】A hemeralopia [nictalopia]; a cegueira no(c)turna (Por falta de acomodação do olho à dimuicão da luz).
[S/同] Torímé.

yamú[1] 止 [已] む Parar; cessar; passar. *Ame* [*Arashi*] *ga yanda* 雨 [嵐] が止んだ A chuva [tempestade] (já) parou [passou]. *Chōshū no hakushu wa shibaraku yamanakatta* 聴衆の拍手はしばらく止まなかった Os aplausos do auditório não cessaram por algum tempo. ★ ～ *ni yamarenu jijō* 已むに已まれぬ事情 Circunstâncias inelutáveis;「por」força das circunstâncias. *Watashi ga sonkei shite yamanai sensei* 私が尊敬して已まない先生 O professor a quem nunca deixarei de respeitar. ⇨ owárú; tomárú[1]; yamérú[1].

yámu[2] 病む Estar doente; sofrer「do coração」. ★ *Ki o* [*ni*] ～ 気を [に] 病む Ficar preocupado; afligir-se. *Shinkeitsū o yande iru* 神経痛を病んでいる Ter uma nevralgia.

yamú-chá ヤムチャ・飲茶 (< Chin. yin cha) O chá chinês com várias espécies de bolos e pãezinhos.

yamú ó énai[**énu; ézáru**] 已むを得ない [得ぬ; 得ざる] (Ser) inevitável [inelutável; necessário; forçoso]. *Sō naru no mo* ～ そうなるのも已むを得ない É inevitável que seja assim. ★ (*Jijō*) ～ *baai wa* (事情) 已むを得ない場合は No caso de ser (absolutamente) necessário「vamos para tribunal」.
[S/同] Shikátá gá[nó] nái (o); shṓ gá nái (+).

yamú ó ézu 已むを得ず Com relutância; contra (a) vontade. ★ ～ *saigo no shudan o toru* 已むを得ず最後の手段を執る Recorrer ao último recurso ～ [por necessidade]. [S/同] Shikátá náshi.

yána[1] 梁 A caniçada [O açude] para apanhar peixes.

yána[2] やな【G.】⇨ iyá[1].

yanágáwá(**nábe**) 柳川 (鍋) Um prato de cadoz(ete) (Peixinho d'água doce) com molho de soja, ovos e bardana. ⇨ dojṓ[2].

yanágí 柳【Bot.】O salgueiro; o (salgueiro-)chorão. [I/慣用] ～ *ni kaze to ukenagasu* 柳に風と受け流す Entrar por um ouvido e sair pelo outro [Não fazer caso do que dizem]. [P/ことわざ] ～ *ni yuki-ore nashi* 柳に雪折れなし É bom ser flexível (Lit. o chorão não parte com a neve). *Itsumo ～ no shita ni dojō wa inai* いつも柳の下にどじょうはいない Nem sempre há sorte!

yanágí-gṓri [**óo**] 柳行李 (<… +kṓri[3]) O cesto feito de varas de salgueiro [vime].

yanágí-góshí 柳腰 (<… +koshí) A cintura delgada; a cinturinha de vespa. [S/同] Ryū́yṓ.

yanámí 家並み (< ié + …) As (fileiras de) casas. [S/同] Ié-námí (+).

yanárí 家鳴り (< ié + narú) O estrondo da casa「com o terramoto」. [S/同] Ié-nárí (+).

yańchá やんちゃ【G.】A travessura; a traquinice. ★ ～ *na kodomo* やんちゃな子供 O menino travesso; o traquina(s). ◇ **～ bōzu** やんちゃ坊主 O menino travesso [desobediente/endiabrado (G.)]; o diabrete. [S/同] Itázúrá (+); wańpákú (+).

yáne 屋根 **1** [家の上の部分] O telhado. ★ ～ *zutai ni nigeru* 屋根伝いに逃げる Fugir ao longo do telhado [de telhado em telhado]. *Kawara de ～ o fuku* かわらで屋根をふく Telhar [Cobrir com telhas]. *Hitotsu ～ no shita de kurasu* 一つ屋根の下で暮らす Viver [Morar] juntos/na mesma casa. *Kuruma no ～* 車の屋根 O te(c)to do carro; a capota. ◇ **～ ura** 屋根裏 O sótão; as águas-furtadas. **～ ura-beya** 屋根裏部屋 O quarto no sótão. **～ ya** 屋根屋 O telhador. **2** [最も高い山・土地などのたとえ] O ponto mais alto; o te(c)to. ★ *Sekai no ～ Eberesuto* 世界の屋根エベレスト (O monte) Everest, o te(c)to do mundo.

yańgótó-nái 止ん事無い【E.】Nobre; majestoso; augusto; de sangue azul. [S/同] Kṓki; tattói.

yaní 脂 **1** [木の粘液] A resina; o látex; a goma. ★ ～ *no ōi* 脂の多い Resinoso. ◇ **Matsu ～** 松脂 A resina (do pinheiro). [S/同] Júshi. **2** [たばこの粘液] A nicotina. **3** [Abrev. de "me-yání"] A remela. [S/同] Me-yání (+).

yaníkkói 脂っこい (<… +kói[3])【G.】 **1** [やに分の多い] Resinoso; viscoso; gomoso. **2** [しつこい] Pertinaz; persistente; teimoso. [S/同] Kudói (+); shitsúkói.

yaní-ságáru 脂下がる【G.】Ficar todo babadinho (de satisfação). *Kare wa onna no ko ni kakomarete yani-sagatte ita* 彼は女の子に囲まれて脂下がっていた Rodeado de meninas, ele estava todo babadinho. [S/同] Níya-niya suru.

yaníwá-ní 矢庭に **1** [突然に] Subitamente; repentinamente; abruptamente. ★ ～ *omote e tobidasu* 矢庭に表へ飛び出す Sair subitamente de casa. [S/同] Dashínúké ní (+); totsúzéń (ní) (+). **2** [即座に] Imediatamente; precipitadamente. [S/同] Sókuza ni (+); tachídókóró ní.

Yánkī ヤンキー (< Ing. Yankee)【G./Pejorativo】O (norte) americano; o gringo (B.). [S/同] Beíkókú [Améríká]-jin.

yanóásátte 明明後日 **1** [しあさって] Daqui a três dias. [S/同] Shiásátte (+). **2** [しあさっての次の日] Daqui a quatro dias.

yánushi 家主 (< ié + …) **1** [一家の主人] O chefe de família. ⇨ kachṓ[1]; kóshu[1]. **2** [貸し家・貸し部屋の所有者] O proprietário; o locador; o senhorio.

yańwári (**to**) やんわり (と) Suavemente;「castigar」com brandura [bons modos]; delicadamente. ★

Y

~ *kotowaru* やんわり断る Recusar delicadamente. [S/同] Odáyaka ni; shízuka ni; yawáráka ni.

yán'ya やんや Com entusiasmo; calorosamente; entusiasticamente. *Chōshū wa kare no enzetsu ni ~ no kassai o okutta* 聴衆は彼の演説にやんやの喝采を送った O auditório aplaudiu o discurso ~.

yanyṓ-shṓ 夜尿症【Med.】A enurese [enuresia]; o fazer chichi (G.) na cama. [S/同] O-nésho; ne-shṓbén (+).

yaóchṓ 八百長【G.】 **1** [いんちき勝負] Um jogo [desafio] manipulado/combinado/manobrado. ◇ **~ jiai** 八百長試合 O jogo manobrado. **2** [なれあいで事を行うこと] A manobra; a trapaça; a combinação. ⇨ naré-áí.

ya-ómote 矢面 O lugar onde caem as flechas [os tiros]; a linha da frente. ★ *Kōgeki no ~ ni tatsu* 攻撃の矢面に立つ Estar na ~; ter de enfrentar o ataque/as perguntas. ⇨ zeńséń[1].

yaórá やおら【E.】Calmamente; com toda a calma. [S/同] Omómúró ní (+). ⇨ shízuka; yukkúri.

yaóyá 八百屋 **1** [青物屋] **a**) A quitanda (B.); a loja de verduras (e frutas); **b**) O quitandeiro; o dono da ~. [S/同] Aómónó-yá. **2** [雑学の人]【G.】O faz-tudo. [S/同] Nańdémó-yá; yorózú-yá.

yaóyórózú 八百万【E.】Um número incalculável [muito grande]. ★ *~ no kamigami* 八百万の神々 Todos os deuses (e deusas).

yappári 矢っ張り【G.】⇨ yáhari.

-yara やら **1** [例として並べ上げるのに用いる] Etc.; e outras coisas mais. ★ *Nani ~ ka ~ de* 何やらかやらで Com uma coisa e [ou] outra. **2** [不確実なことを表す] (Um) tal「Suzuki」; como; bem, temos de pensar. *Nani o shitara ii no ~ maru-de wakaranai* 何をしたらいいのやらまるでわからない Não sei como [o que] deva fazer. ★ *Itsu no ma ni ~* いつの間にやら Sem que eu me apercebesse; de repente; sem saber como. **3** [自問を表す] Eu sempre gostava de [Quem me dera] saber. *Ano hito wa dō shite iru no ~* あの人はどうしているのやら ~ como (é que) ele está passando. [S/同] Káshira.

yaráí[1] 矢来 A paliçada「de defesa」. ◇ **Take ~** 竹矢来 ~ [estacaria] de bambu. ⇨ kakóí.

yaráí[2] 夜来【E.】De [Durante a] noite. *~ no fūu wa mattaku yanda* 夜来の風雨は全くやんだ A tempestade que fez ~ parou [passou] completamente.

yarákásu 遣らかす (< yarú)【G.】Fazer das dele [uma boa]. *Dō shite sonna bakageta koto o yarakashita n' da* どうしてそんなばかげたことを遣らかしたんだ Por que (é que) fizeste uma coisa dessas [um disparate desses]?

yarárérú 遣られる (< yarú)【G.】 **1** [負かされる] Ser derrotado. *Maitta. Korya [Kore wa] ippon yarareta ne* まいった. こりゃ [これは] 1本遣られたね Dou-me por vencido, perdi um ponto. [S/同] Makásárérú. **2** [危害・被害を受ける] Ser danificado; sofrer um dano; ser vítima de「acidente/roubo/doença/ …」. *Taifū de ine ga zenbu yarareta* 台風で稲が全部やられた Todo o arrozal foi danificado [atingido] pelo tufão.

yarásé やらせ A cena feita [montada] (Para dar a ilusão de real ao telespectador). *Terebi no dokyumentarī bangumi ni ~ ga ōi to mondai ni natte iru* テレビのドキュメンタリー番組にやらせが多いと問題になっている As muitas cenas montadas nos documentários da televisão são um problema.

yarázú-búttákúrí 遣らずぶったくり【G.】A exploração; a ladroeira (Pop.); a vigarice.

yarázú-nó-áme 遣らずの雨 A chuva que vem mesmo quando a visita vai partir como que para retardar a ida.

yaré[1] 破れ **a**) A coisa partida [rota/caída/estragada]; **b**) A falha [omissão] tipográfica.

yáre[2] やれ **1** [驚きを表す] Oh!; Ah!; Meu Deus!; Nossa (Senhora)! ~ *taihen da* やれ大変だ ~, que desgraça [que vamos fazer]! **2** [二つの言葉を並べる時に使う] E; ou; quer … quer; com「isto」e com「aquilo」. ~ *sōji da ~ sentaku da to mainichi isogashii* やれそうじだやれ洗濯だと毎日忙しい Todos os dias estou ocupada, quer com limpar a casa quer com a lavagem da roupa.

yáreyare やれやれ (⇨ yáre[2]) **a**) Meu Deus!; Não (é possível)!; Ai「de mim」!; **b**) (Ai) que bom!; Eia!; Ena! ~ *kore de tasukatta* やれやれこれで助かった Ai que bom! Estamos salvos.

yarí 槍 **1** [武器] **a**) A lança; o chuço; **b**) O dardo; a azagaia. ★ ~ *de tsuku* 槍で突く Atingir com a ~. [I/慣用] *Ame ga furō ga ~ ga furō ga* 雨が降ろうが槍が降ろうが Quer chova quer neve「vou」. **2** [槍術] A esgrima. **3** [Abrev. de "yarí-nágé"] O arremesso do dardo.

yarí-áu 遣り合う (< yarú + …) Arguir; discutir. *Sono mondai ni tsuite jōshi to hade ni yariatta* その問題について上司と派手にやりあった Sobre esse problema tive uma rija [grande] discussão com o meu chefe. [S/同] Gíron suru; íí-árásóu.

yarí-bá 遣り場 (< yarú + …) O lugar [A pessoa] para recorrer「a」. *Koibito-dōshi ga icha-icha shite-te me no ~ ni komatta* 恋人同士がいちゃいちゃしてて目の遣り場に困った Os namorados estavam todos abraçadinhos e eu não sabia para onde olhar. ⇨ okí-bá.

yarí-dámá 槍玉 (< … + tamá)【G.】A vítima; o exemplo; o obje(c)to de atenção. ★ *~ ni ageru* 槍玉にあげる Pôr uma pessoa como vítima [exemplo] [*Kare wa massaki ni hinan no ~ ni agerareta* 彼は真っ先に非難の槍玉にあげられた Ele foi logo o alvo [a primeira vítima] das críticas].

yarí-dásu 遣り出す (< yarú + …) Começar (a fazer). [S/同] Hajíméru (+).

yarí-káesu 遣り返す (< yarú + …) **1** [し直す] Tentar novamente; fazer de novo「o trabalho」. **2** [言い返す] Responder; retorquir. *Aite no yari-kuchi ga akudoi no de makezu ni yarikaeshita* 相手のやり口があくどいので負けずにやり返した Eu retorqui [respondi]-lhe porque ele foi mau [sujo]. [S/同] Ṓséń súrú; yarí-kóméru.

yarí-káké 遣り掛け (< yarí-kákéru)「o trabalho」Meio feito; que está a meio caminho; (ainda) a fazer-se; incompleto.

yarí-kákéru 遣り掛ける (< yarú + …) Começar a fazer. *Kare wa nan de mo yari-kaketara saigo made yaritōsu* 彼はなんでもやりかけたら最後までやり通す Quando ele começa (a fazer) uma coisa, ele vai [fá-la] até ao fim.

yarí-kánéru 遣り兼ねる (< yarú + …) Não poder [ousar] fazer; custar a [hesitar em] fazer. *Kare nara sore kurai no itazura wa yari-kanenai to omou* 彼ならそれくらいのいたずらはやりかねないと思う Cuidado [Olhem], que ele é capaz de fazer uma brincadeira dessas [um crime desses]! ⟨S/同⟩ Shi-káneru.

yarí-kátá 遣り方 (< yarú + …) A maneira; o modo; o método; o jeito; o processo. ★ ~ *ga machigatte iru* やり方がまちがっている A maneira está errada. ⟨S/同⟩ Hóhô; yarí-kúchí.

yarí-kirénai 遣り切れない【G.】 **1**［辛抱しきれない］Não poder suportar/tolerar/aguentar [Ser insuportável/intolerável]. *Buka ni uragirarete* ~ *omoi da* 部下に裏切られてやりきれない思いだ É insuportável, ser traído pelos meus subordinados! *Kono atsusa de wa mattaku* ~ この暑さでは全くやりきれない Este calor é insuportável/Não posso [consigo] aguentar este calor! ⟨S/同⟩ Heíkô súrú; kanáwánai. **2**［やりきることができない］Não poder [conseguir] acabar/terminar. ★ *Ichi-nichi de wa* ~ *shigoto* 一日ではやりきれない仕事 O trabalho impossível de [que não se pode] acabar num dia.

yarí-kómeru 遣り込める (< yarú + …) Derrotar [Encostar à parete/Fazer calar]「com bons argumentos」. *Ōzei no mae de aitsu o yari-komete yatta* 大勢の前であいつをやり込めてやった Eu derrotei-o [fi-lo calar] diante de toda a gente. ⟨S/同⟩ Hekómású; íí-mákásu; íí-kómeru.

yarí-kónásu 遣りこなす (< yarú + …) Fazer [Executar]「bem」; conseguir fazer. ★ *Muzukashii shigoto o* ~ 難しい仕事をやりこなす ~ um trabalho difícil.

yarí-kúchí 遣り口 (< yarú + …) A maneira de fazer; o proceder. ⟨S/同⟩ Yarí-kátá (+). ⇨ té-guchi.

yarí-kuri 遣り繰り O arranjo; o jeito; o arranjar [governar/desenrascar]-se. ★ ~ *ga heta* [*jōzu*] *da* やり繰りが下手［上手］だ Não ter [Ter] jeito. ◇ ~ *sandan* やり繰り算段 Toda a espécie de arranjos [manobras]「para ir equilibrando a vida/as coisas」.

yarí-mizu 遣り水 **1**［庭の中の小さな流れ］Um pequeno canal「no jardim」. **2**［庭の植木に水をやること］O regar o jardim; a rega.

yarí-náge 槍投げ (+ nagéru) O arremesso do dardo. ★ ~ *o suru* 槍投げをする Arremessar o dardo. ⟨S/同⟩ Yarí **3**.

yarí-náoshi 遣り直し (< yarí-náosu) O tornar a fazer; o recomeço. *Jinsei wa* ~ *ga kikanai* 人生はやり直しがきかない Só se vive uma vez. ★ ~ *o suru* やり直しをする ⇨ yarí-náosu.

yarí-náosu 遣り直す (< yarú + …) Refazer [Tornar a fazer]; fazer outra vez; recomeçar [tornar a começar]; começar de novo. ★ *Porutogarugo o* ~ ポルトガル語をやり直す Tornar a estudar o português (desde o princípio).

yarí-nikúi 遣り難い (< yarú + …) Difícil; trabalhoso; complicado; embaraçoso. *Sonna ni mirarete ita no dewa shigoto ga yarinikukute komarimasu* そんなに見られていたのでは仕事がやりにくくて困ります Não fique sempre a olhar para a que eu faço, que [porque] assim custa-me trabalhar.

yarí-núku 遣り抜く (< yarú + …) Executar; realizar; completar. *Muzukashii shigoto o saigo made yarinuita* 難しい仕事を最後までやり抜いた Consegui ~ [levar ao fim] aquele trabalho difícil [aquele bico de obra]. ⟨S/同⟩ Yarí[Shi]-tógéru.

yaríppánáshí 遣り放し (< yarú + hanásu) O deixar tudo desarrumado [por fazer/a meio]. ★ *Shigoto o* ~ *ni suru* 仕事をやりっ放しにする Abandonar o trabalho a meio [Deixar o trabalho por terminar].

yarí-sókónáí 遣り損い (< yarí-sókónáu) O「trabalho」não ficar [sair] bem; o engano; a falha; o erro「de cálculo」. ◊ shippáí; shisónji.

yarí-sókónáu 遣り損う (< yarú + …) Errar; falhar; fazer mal. ★ *Shigoto* [*Keisan*] *o* ~ 仕事［計算］をやり損う Fazer mal o trabalho [Errar o cálculo]. ⟨S/同⟩ Shikújíru; shi-sókónáu; shi-sónjíru.

yarí-súgiru 遣り過ぎる (< yarú + …) Exagerar; levar ao excesso; fazer de mais. *Undō o yari-sugite karada o kowashita* 運動をやり過ぎて体をこわした Fiz demasiado exercício e senti-me mal [fiquei doente].

yarí-súgósu 遣り過ごす (< yarú + …) **1**［先に行かせる］Deixar passar à frente (na rua). ★ *Otte o* ~ 追っ手をやり過ごす Deixar passar primeiro o perseguidor. **2**［⇨ yarí-súgíru］.

yaríté 遣り手 **1**［敏腕家］A pessoa hábil [capaz; talentosa; prática; mexida; engenhosa; de a(c)ção]. *Kare wa jitsumu ni kakete wa nakanaka no* ~ *da* 彼は実務にかけてはなかなかのやり手だ Ele é muito prático [habilidoso em coisas práticas]. ⟨S/同⟩ Bínwán-ká; ratsúwánká; shuwán-ká; udé-kíkí. **2**［行なう人］O executor; o que faz o trabalho. ★ *Shigoto no* ~ *ga inai* 仕事のやり手がいない Não haver quem faça o trabalho. **3**［与える人］O doador. ⟨A/反⟩ Moráí-té; uké-té.

yaríté-bábá [áa] 遣り手婆【G.】A matrona de bordel [lupanar]; a alcoviteira.

yarí-tógéru 遣り遂げる (< yarú + …) Realizar; concretizar「o plano」; levar a efeito [a ideia］. *Shigoto o hitori de yaritogeta* 仕事を一人でやりとげた Realizei [Fiz] o trabalho sozinho. ⟨S/同⟩ Suíkô súrú; yarí-núku; yarí-tôsú.

yarí-tori 遣り取り (< yarú + tóru) A troca. ★ *Tegami no* ~ *o suru* 手紙のやり取りをする Corresponder-se [Trocar correspondência]. ⟨S/同⟩ Ôshû; Kôkán.

yarí-tôsú [óo] 遣り通す ⇨ yarí-tógéru.

yarí-tsúkéru 遣りつける (< yarú + …) Estar acostumado [habituado]「a」; saber; ser familiar「com」. *Yari-tsukenai koto o yaru mono de wa nai* やりつけないことをやるものではない É melhor não se pôr a fazer um trabalho [uma coisa] que não sabe.

yaró [óo] 野郎【G.】**a)** O velhaco; o patife; o tratante; **b)** O tipo [cara (B.)/gajo/fulano]; **c)** Ele「para onde foi?」. *Kono* ~ この野郎 Seu patife!

yarú 遣る【G.】**1**［与える］Dar. *Kono hon o kimi ni yarō* この本を君にやろう Dou-te este livro. ★ *Hachi-ue ni mizu o* ~ 鉢植えに水をやる Regar os [as plantas do] vasos. ⟨S/同⟩ Atáéru. **2**［他方へ移らせる・行かせる］Mandar; enviar; despachar. *Watashi no kuruma no kī o doko ni yatta no* 私の車のキーをどこにやったの Onde pôs a chave do meu carro? ★ *Kodomo o gakkō e* ~ 子どもを学校へやる Mandar o filho à escola. *Musume o yome ni* ~ 娘を嫁にやる Casar a filha. *Tsukai o* ~ 使いをやる Mandar recado [um mensageiro]. ⟨S/同⟩ Okúrú; tsukáwású. **3**［する; 行う］Fazer. *Kare wa* ~ *ki jūbun da* 彼はやる気十分だ Ele está (mais que) disposto a fazê-lo [quer fazer isso]. *Kare no o-kyūryō de yatte ikeru no* 彼のお給料でやっていけるの Podem viver só com o salário dele? *Kare wa onna to yoroshiku yatte iru* 彼は女とよろしくやっている Ele está a brincar com a moça. *Kare wa porutogaru-go o yatte iru* 彼はポルトガル語をやっている Ele está a estudar p. *Yareru mono nara yatte miro* やれるもの

ならやってみろ Tente se é capaz. ★ *Yaraseru* やらせる **a)** Mandar [Obrigar a] fazer; **b)** Permitir [Deixar fazer] [*Sono gēmu watashi ni mo chotto yarasete* そのゲーム私にもちょっとやらせて Deixe-me jogar também um pouco (para experimentar)]. *Bungaku o* ～ 文学をやる Estudar [Dedicar-se à] literatura. *Hamuretto o* ～ *haiyū* ハムレットをやる俳優 O a(c)tor que faz [desempenha o papel] de Hamlet. *Sake* [*Tabako*] *o* ～ 酒 [煙草] をやる Beber [Fumar]. *Toranpu* [*Yakyū*] *o* ～ トランプ [野球] をやる Jogar cartas [beis.]. [S/同] Okónáú; surú.
4 [人に…してやる] Fazer algo a alguém. ★ *Imōto ni hon o katte* ～ 妹に本を買ってやる Comprar um livro para a irmã mais nova. *Tsuma ni uwagi o kisete* ～ 妻に上着を着せてやる Ajudar a esposa a vestir o casaco. *Warui yatsu o bunnagutte* ～ 悪いやつをぶんなぐってやる Partir a cara ao malvado.
5 [成果を上げる；成功する] Ter sucesso [êxito]. *Yatta, yarimashita. Yūshō desu* やった, やりました. 優勝です Conseguimos! A vitória é nossa!

yā́ru [**áa**] ヤール A jarda. [S/同] Yā́do (+).

yarú-kátá-nái 遣る方ない Estar inconsolável; não saber como expressar o vexame que sente. ★ *Munen* ～ *omomochi* 無念やる方ない面持ち O semblante vexado.

yarú-sé-nái 遣る瀬ない Triste; desconsolado; 「uma vida」 lastimável. ★ ～ *omoi o suru* やる瀬ない思いをする Sentir-se [Estar] desconsolado. ⇨ míjime; sabíshíi; tsurái.

ya-ságashi 家捜し (< ié + sagású) **1** [屋内をさがすこと] O dar a volta à [A busca dentro de] casa. ★ *Hanko o nakushite* ～(*o*) *suru* はんこをなくして家捜し (を) する Perder o carimbo e dar a volta à casa para o encontrar. **2** [住む家をさがすこと] A procura de casa (para viver).

yasá-gátá 優形 (< yasáshíi[1] + katá) A figura magra [esguia; esbelta]. ⇨ yasé-gátá.

yasái 野菜 A hortaliça; os legumes; as verduras; os vegetais. ◇ ～ **batake** 野菜畑 A horta. ～ **sarada** [**sūpu**] 野菜サラダ[スープ] A salada [sopa] de legumes. **Chūgoku** [**Seiyō**] ～ 中国 [西洋] 野菜 As verduras chinesas [ocidentais]. [S/同] Aó-mono.

ya-sákí 矢先 **1** [やじり] A ponta da flecha. **2** [間際] O preciso [exa(c)to] instante [momento]. *Gaishutsu shiyō to suru* ～ *ni yūjin ga kita* 外出しようとする矢先に友人が来た Apareceu-me um amigo precisamente quando [no ～ em que] ia sair. [S/同] Mágiwa.

yasá-ótoko 優男 (< yasáshíi[1] + …) O homem de compleição delicada [esguia]. ⇨ yasá-gátá.

yasáshíge 優しげ (< yasáshíi[1] + ke) O ar afável [sereno; meigo; bondoso].

yasáshíi[1] 優しい **1** [優美な] Gracioso; delicado; suave; doce; brando. ★ ～ *kaodachi* [*me*] 優しい顔立ち[目] As feições suaves [Os olhos meigos]. [S/同] Yū́bina. [A/反] Aráárashíi; sóyana. **2** [おとなしい] Bondoso; meigo; dócil. ★ *Kidate no* ～ *musume* 気立ての優しい娘 A moça meiga [de bom coração]. [S/同] Otónáshíi. **3** [親切な] Carinhoso; afável; gentil; bondoso; terno. ★ *Byōnin ni yasashiku suru* 病人に優しくする Tratar com carinho os doentes. ⇨ shínsetsu[1].

yasáshíi[2] 易しい Fácil; simples; acessível. ★ ～ *mondai* 易しい問題 Um problema ～. *Tentai ni tsuite yasashiku kakareta hon* 天体について易しく書かれた本 Um livro de astronomia (escrito) em linguagem ～.
[S/同] Héii na; tayásúi; yṓí ná. [A/反] Muzúkáshíi.

yasáshísa[1] 優しさ (Sub. de "yasáshíi[1]") A amabilidade; a gentileza; o carinho; a ternura; a meiguice.

yasáshísa[2] 易しさ (Sub. de "yasáshíi[2]") A facilidade. [A/反] Mutsúkáshisa.

yasé-chí 痩 [瘠] せ地 (< yasérú + …) A terra estéril [maninha]. [A/反] Yókuchi.

yasé-gáman 痩 [瘠] せ我慢 (< yasérú + …) O aguentar por orgulho [para não dar parte de fraco]. ★ ～(*o*) *suru* 痩せ我慢 (を) する … [*Sono waka-mono wa samui no ni* ～ *o shite usugi o shite ita* その若者は寒いのに痩せ我慢をして薄着をしていた Apesar do frio o rapaz aguentava, por brio, com pouca roupa].

yasé-gátá 痩 [瘠] せ形 (< yasérú + katá) A figura esbelta [delgada; magra]. [A/反] Himáń-gátá.

yaségísú 痩 [瘠] せぎす A magreza. ★ ～ *no musume* 痩せぎすの娘 A moça [rapariga] magricela [magra/esquelética].

yasé-gúsuri 痩 [瘠] せ薬 (< yasérú + kusúrí) O remédio para emagrecer.

yasé-hósóru 痩 [瘠] せ細る (< yasérú + …) Emagrecer; ficar descarnado; definhar. *Kanojo wa shinpai de* ～ *omoi datta* 彼女は心配で痩せ細る思いだった Ela ia definhando de tanto se afligir. ⇨ yasé-ótóróéru.

yaséí[1] 野生 O estado selvagem [silvestre]. ★ ～ *no shokubutsu* 野生の植物 A planta silvestre. ◇ ～ **dōbutsu** 野生動物 O animal selvagem; o bicho montês.

yaséí[2] 野性 A natureza selvagem; o estado bruto; a rusticidade. ★ ～ *o hakki suru* 野性を発揮する Dar livre curso aos [Manifestar os] instintos selvagens. ～ *teki na miryoku* 野性的な魅力 O encanto do que é rústico. ◇ ～ **ji** 野性児 O menino rude [selvagem/em estado bruto]. ⇨ ～ **mi**.

yaséi-mi 野性味 O aspecto rude. ★ ～(*ni*) *afureta hito* 野性味(に)あふれた人 A pessoa de aspecto muito rude [grosseiro].

yasé-kókéru 痩 [瘠] せこける (< yasérú + …)【G.】Emagrecer; ficar cadavérico; definhar. *Haha wa naga-wazurai de hone to kawa bakari ni yase-koketa* 母は長患いで骨と皮ばかりに痩せこけた A minha mãe, com uma doença tão prolongada, só tem pele e ossos. [S/同] Yasé-hósóru[ótóróéru].

yaséń[1] 夜戦 A batalha no(c)turna.

yaséń[2] 野戦 A batalha campal [em campo aberto]. ◇ ～ **byōin** 野戦病院 O hospital de campanha.

yaséń[3] 野選 (Abrev. de "yáshu seńtákú")【Beis.】O passe errado (da bola). [S/同] Firúdā́sú-chóisu.

yasé-ótóróéru 痩 [瘠] せ衰える (< yasérú + …) Ficar enfraquecido/debilitado/só pele e ossos; definhar. ⇨ yasé-hósóru.

yaséppóchi 痩 [瘠] せっぽち【G.】A pessoa esquelética; o magricela. [A/反] débu; Futótcho.

yasérú 痩 [瘠] せる **1** [体が細くなる] Emagrecer; perder peso. ★ *Yaseta hito* 痩せた人 A pessoa magra. *Miru kage mo naku* ～ 見る影もなく痩せる Estar reduzido a uma sombra de gente [Estar pele e osso]. *Yasete mo karete mo* 痩せても枯れても Por muito pobre que seja agora… [A/反] Futóru. **2** [土地に養分がなくなる] Ficar infértil [pobre/estéril]. ★ *Yaseta tochi* 痩せた土地 A terra estéril [improduti-

Y

va]. ⒶⒷ Koéru.

yasé-úmá 痩[瘠]せ馬 (< yasérú + …) O cavalo magro; uma pileca.

yásha 夜叉 (< Sân. yaksa)【Bud.】O diabo [demónio] feminino. ★ ~ *no yō na gyōsō* 夜叉のような形相「ela tem」Uma cara de diabo.

yashágó 玄孫 O [A] trineto[a]. ⇨ hi-mágo.

yáshi¹ 椰子【Bot.】O coqueiro. ★ ~ *no mi* 椰子の実 O coco. ⇨ shuró.

yáshi² 野[香]具師【G.】O charlatão; o vendedor de banha de cobra. ⒽⒻ Kōgú-shi; tekíyá (+).

yashíkí 屋敷 **1** [邸宅] A moradia [residência]; a mansão. ◇ ~ **machi** 屋敷町 A zona residencial. ⓈⒻ Téítákú. ⇨ yakátá. **2** [家の敷地] O quintal [terreno à volta do ~]. ★ *Ie ~ o teitō ni ireru* 家屋敷を抵当に入れる Hipotecar a casa e o terreno.

yáshin 野心 **1** [大望] A ambição. ★ ~ *manman to shite iru* 野心満々としている Estar cheio de ambição. ~ *no aru* [*nai*] *seinen* 野心のある[ない]青年 O rapaz ambicioso [sem ambição]. ~ *o idaku* 野心を抱く Ambicionar; aspirar「a」. ◇ ~ **ka** 野心家 O ambicioso. ⒽⒻ Yabō. **2** [たくらみ] O mau desígnio; a trama. ◇ **Ryōdo-teki ~** 領土的野心 O expansionismo「javanês」; a ambição de expansão territorial. ⓈⒻ Akkéí; takúrámí; warú-dákumi.

yashínáí-óyá 養い親 (< yashínáú + …) O pai [A mãe] adoptivo[a]. ⓈⒻ Yō-fúbo.

yashínáú 養う **1** [養育する] Criar; sustentar; manter; alimentar. *Kare wa yōshō no toki kara oji no ie de yashinawareta* 彼は幼少の時からおじの家で養われた Ele foi criado desde pequeno em casa do tio. ★ *Kachiku o ~* 家畜を養う Criar gado. *Saishi o ~* 妻子を養う Sustentar a família [a mulher e os filhos]. ⇨ fuyō⁴; shíkú; yōkú. **2** [養生する] Recuperar; refazer-se. *Kare wa kankyo shite yamai o yashinatte iru* 彼は閑居して病を養っている Ele está em (regime de) repouso para recobrar [recuperar] as forças [a saúde]. ⓈⒻ Yōjō suru (+). **3** [養成する] Cultivar; educar; desenvolver. ★ *Eiki o ~* 英気を養う Armazenar energias; ganhar forças. *Ongaku o kiku mimi o ~* 音楽を聴く耳を養う Educar o ouvido para a música. ⓈⒻ Sodátéru; yōséí súrú.

yáshiro 社 O templo x[sh]intoísta. ⓈⒻ Jínja (+).

yashóku 夜食 **1** [夕食] O [深夜の食事] O comer outra vez [tomar qualquer coisa] à noite [antes de (se) deitar].

yáshu¹ 野趣 O bucolismo; a vida [beleza] campestre; o sabor rústico. ★ ~ *ni tonda ryōri* 野趣に富んだ料理 O cozinhado [prato] de sabor campestre; a cozinha rústica.

yáshu² 野手【Beis.】Os jogadores que, em todo o campo, apanham a bola do batedor. ◇ ~ **sentaku** 野手選択 ⇨ yasén³.

yashū 夜襲 A incursão [O assalto; O ataque] no(c)turna[o]. ⓈⒻ Yo-úchí.

Yáso 耶蘇【Pejorativo】⇨ Iesu (Kirisuto).

yasō 野草 A erva silvestre [inculta]; o capim.

yasō-kyoku [óo] 夜想曲【Mús.】O no(c)turno「de Chopin」. ⓈⒻ Nokútán.

yassámóssa やっさもっさ【G.】O rebuliço; a confusão「das negociações」; a balbúrdia; o tumulto. *Hitobito wa hito-me parēdo o miyō to ~ no ō-sawagi o shite iru* 人々は一目パレードを見ようとやっさもっさの大騒ぎをしている As pessoas, em grande confusão, atropelavam-se umas às outras para ver o desfile. ⇨ momé-gótó; ō-sáwagi; teń'yáwán'ya.

yasú¹ 箬箐 O arpão「para apanhar o polvo」; o tridente.

yasú² 安 (< yasúí¹) **1** [安い] Baixo. ◇ **Go-en ~** 5円安「o câmbio」Cinco yens mais ~ (em número, portanto mais forte「em relação ao dólar」). ◇ ~ **gekkyū [ukeai].** **2** [容易] de ânimo | Leve.

yasú-ágari 安上がり (< yasúí + agárú) O sair [ficar] barato. ★ ~ *na hōhō* 安い方法 A maneira mais econó[ó]mica [de ficar mais económico]. ⓈⒻ Hakkyū. ⒶⒷ Kōkyū.

yasú-búshin 安普請 (< ~ ²1 + fushín⁴) A construção barata [feita de qualquer maneira].

yasúdé¹ 馬陸【Zool.】**a)** A centopeia; **b)** Os miriópodes. ⇨ mukádé.

yasú-dé 安手 (< ~ ² + te) O preço baixo; a fraca qualidade; baratucho (G.). ★ ~ *no saké* [*tabako*] 安手の酒[たばこ] O saké [tabaco] barato/baratucho/baratito/fracote. ⓈⒻ Yasúppói.

yasú-gékkyū 安月給 O salário baixo. ⓈⒻ Hakkyū. ⒶⒷ Kōkyū.

yasúí¹ 安 **1** [値段が] Barato; de preço baixo. *Mō sukoshi ~ no wa arimasen ka* もう少し安いのはありませんか Não tem outro um pouco mais barato? ~ *kaimono* 安い買物 Uma compra barata. *Yasukarō warukarō no shinamono* 安からう悪からうの品物 Se é barato é mau [O artigo barato pode ficar caro]. ⓈⒻ Ánka na. ⒶⒷ Takái. **2** [平安な] Tranquilo; sossegado; calmo. ★ *Yasukaranu kokochi ga suru* 安からぬ心地がする Sentir-se desassossegado [inquieto]. ⓈⒻ Heíán ná (+). **3** [打ち消しを伴って男女が特別の間柄である] Simples; só. *Ano futari wa o-yasuku nai* あの二人はお安くない Aqueles dois são amantes [algo mais do que simples amigos].

yasúí² 易い Fácil「de manejar/escrever」; simples; leve. *O- ~ go-yō desu* お易い御用です「eu faço isso」Com certeza/Não me custa nada「ir lá」/Não tem problema nenhum. ★ *Yasuki ni tsuku* 易きにつく Escolher a maneira [o meio] mais fácil. Ⓟことば *Iu wa yasuku okonau wa katashi* 言うは易く行うは難し Falar é fácil, o difícil é fazer. ⓈⒻ Mutsukáshíí.

yasúkáre 安かれ (< yasúí²) A paz após a morte. *Rei yo ~* 霊よ安かれ Que a alma dele descanse em paz/Paz à sua alma.

yásuku 安[廉]く (Adv. de "yasúí¹") A baixo preço; por um preço barato [módico]. *Bukka ga ~ natta* 物価が安くなった Os preços baixaram/As coisas estão mais baratas. *Omotta yori ~ kaeta* 思ったより安く買えた Comprei [Ficou(-me)] mais barato do que pensava. ★ *Kakaku o ~ suru* 価格を安くする Baixar [Reduzir]「o preço」. ⒶⒷ Tákaku.

yasúmáru 安まる (⇨ yasúmu) Estar [Sentir/Ter] descansado [descanso]; ser 「uma posição」confortável. *Kokoro no ~ toki ga nai* 心の安まる時がない Não tenho um momento de sossego [alívio/descanso].

yasúmáséru 休ませる (⇨ yasúméru) Deixar descansar; dispensar「do trabalho/da escola」; dar uma folga. *Kyō wa yasumasete itadakitai no desu ga* 今日は休ませていただきたいのですが Gostaria que hoje me dispensasse do trabalho [me desse uma folga].

yasúméru 休める (⇨ yasúmu) **1** [休むことができ

yasúmí 休み (< yusúmi) **1** [休息] O descanso; o repouso; a pausa. ★ ~ naku hataraku 休みなく働く Trabalhar sem descanso. Hito-~ suru ひと休みする Fazer uma pausa; descansar um pouco. **2** [休日; 休暇] A folga; o feriado; o dia de descanso; as férias. Asu wa gakkō ga ~ da 明日は学校が休みだ Amanhã é feriado [não há aulas]. ★ Ichi-nichi no ~ o toru 1日の休みを取る Tirar um dia de [Ter] folga. ◇ **Honjitsu** ~ 本日休み (掲示) Encerrado (hoje). ~ natsu ~. **Shiken** ~ 試験休み Os dias de feriado depois dos exames [para os professores darem as notas]. **3** [欠席・欠勤] A falta [O faltar] [à aula/reunião]; a ausência. Kyō no ~ wa san-mei desu 今日の休みは3名です Hoje faltaram [não compareceram] três (pessoas). Tanaka-san wa kyō wa kaze de o-~ desu 田中さんは今日は風邪でお休みです O sr. Tanaka hoje não vem por estar com resfriado. ⇨ Kesséki.

yasúmí-yasumi 休み休み A pausa; o parar para descansar. Baka mo ~ ie [ii tamae] 馬鹿も休み休み言え[言いたまえ] Não diga tantos [Basta de] disparates! ★ ~ aruku 休み休み歩く Caminhar aos poucos [Estar sempre a parar] para tomar fôlego.

yasú-mónó 安物 O artigo barato; a pechincha (G.); a bagatela. [P ことわざ] ~ kai no zeni ushinai 安物買いの銭失い Poupar tostões e gastar milhões/O (que é) barato sai caro.

yasúmu 休む **1** [休憩する] Descansar; repousar; fazer uma pausa. Yasume 休め À vontade(Mil. descansar! (Na gin.). ★ ~ ma mo naku 休む間もなく Sem tempo para ~. Yasumazu ni 休まずに Incessantemente; continuamente; sem parar. ~ koto naku hataraku 休むことなく働く Trabalhar sem descanso [parar]. S周 Kyūkéí súrú; kyūsókú súrú. **2** [勤めなどを] Fazer [Tirar] uma folga; faltar ao trabalho [à escola]; fazer férias. Kanojo wa isshū-kan kaisha o yasunde iru 彼女は一週間会社を休んでいる Ela tem uma semana de férias [Ela há uma semana que não vem à firma]. ⇨ kekkín; kesséki[1]. **3** [中止する] Suspender; interromper. Piano no renshū o isshūkan yasunda ピアノの練習を一週間休んだ Interrompi o [Estive sem praticar] piano uma semana. S周 Chūdáń súrú. **4** [寝る] Deitar-se; ir dormir [para a cama]; dormir. O-yasumi nasai お休みなさい Boa(s) noite(s)! Danna-sama wa mō o-yasumi ni narimashita 旦那様はもうお休みになりました O patrão (G.) [senhor] já foi dormir [se deitou]. S周 Nerú; shūshíń súrú.

yasú-ne 安値 O preço [valor; custo] baixo. A反 Taká-ne.

yasúnjírú 安んじる【E.】**1** [安心する] Estar tranquilo [descansado]. ★ Yasunjite gyōmu ni tsuku 安んじて業務につく Entregar-se tranquilamente ao trabalho. S周 Ańshíń súrú (+). ⇨ yasúńzúrú. **2** [満足する] Estar contente [satisfeito]; contentar-se. ★ Ima no bun [chii] ni ~ 今の分[地位]に安んじる ~ com a situação [posição] a(c)tual. S周 Mánzoku suru (+); yasúńzúrú.

yasúńzúrú 安んずる【E.】⇨ yasúńjírú.

yasúpíká(mónó) 安っぴか(物)【G.】A minharia; a bagatela; a quinquilharia; o bugiganga.

yasúppói 安っぽい **1** [安いように見える] Baratito; baratote. ★ ~ shina 安っぽい品 A quinquilharia; a bugiganga. S周 Yasú-dé. **2** [品がない; 取るに足りない] Fingido; superficial; baratucho [barato mas fraco]; barateco. ★ ~ dōjō 安っぽい同情 A simpatia [solidariedade] fingida/barata.

yasúrágí 安らぎ (< yasúrágu) A paz de espírito; a serenidade; a calma. ★ Kokoro no ~ o oboeru 心の安らぎを覚える Estar em paz consigo próprio/Ter paz interior. ⇨ yasúraka.

yasúrágu 安らぐ Serenar; ficar em paz. Paipu orugan o kiite iru to kokoro ga ~ パイプオルガンを聴いていると心が安らぐ Ao ouvir (música de) orgão, fico em paz [sinto uma grande serenidade].

yasúraka 安らかな A paz; a tranquilidade. ★ ~ na 安らかな Tranquilo; sereno; calmo; sossegado [~ na seikatsu 安らかな生活 A vida tranquila [sossegada]]. ~ ni 安らかに Tranquilamente; em paz [sossego]; serenamente [~ ni nemuru 安らかに眠る Dormir tranquilamente].

yasúrí 鑢 A lima; o raspador. ★ ~ o kakeru 鑢を掛ける Limar; raspar. ⇨ **Kami** ~ 紙鑢 A lixa.

yasú-úkeai 安請合い (< ~² + ukéáú) A promessa feita sem pensar [com pouca ponderação]. ★ ~ suru 安請合いする Aceitar [Prometer] sem pensar [ponderar] (bem).

yasú-úrí 安売り **1** [安い値段で売ること] A liquidação; os saldos; a promoção; a oferta. ★ ~ de kau 安売りで買う Comprar em saldo. ~ suru 安売りする Vender barato [com desconto/ao preço da chuva]. ◇ ~ **ten** 安売り店 A loja em saldo [com saldos]. ⇨ **ō-**~. S周 Bágen; disúkáunto. **2** [気軽に与えること] A facilidade; o não se fazer rogado. ★ Shinsetsu no ~ o suru 親切の安売りをする Distribuir sorrisos [Ser bom] para toda a gente.

yasú-yádó 安宿 O hotel [A pensão] barato[a].

yasúyásu-to 易易と **a)**「aceitar」Logo [Facilmente]; **b)** Sem dificuldade; sem esforço; com uma perna às costas. ★ ~ katsu 易々と勝つ Ganhar [Vencer] sem dificuldade [de caras (G.)]. S周 Kańtáń ni.

yasú-záké 安酒 (< yasúi¹ + saké) A bebida alcoólica barata [ordinária]; a zurrapa.

yátai 屋台 **1** [山車の] O carro alegórico [com estrado] (Para desfiles). **2** [屋台店] A tenda; a barraca. ★ Rāmen no ~ o hiku ラーメンの屋台を引く Puxar o carrinho da ~ de "ramen" (pelas ruas). S周 Yatái-mise. ⇨ roteń².

yatái-bóné 屋台骨 (< ~ + honé) **1** [建物の] A estrutura [O esqueleto/A armação]「da casa」. **2** [身代の] O sustentáculo; o apoio principal; o suporte. Shachō no kyūshi de kaisha no ~ ga katamuita 社長の急死で会社の屋台骨が傾いた Com a morte súbita do presidente, a companhia perdeu o principal suporte. S周 Shíndai; záisan.

yatái-mise 屋台店 ⇨ yátai **2**.

yatáké 弥猛 A impetuosidade; o desejo ardente. ★ ~ ni 弥猛に Impetuosamente.

yatará (ní [tó]) やたら (に[と]) Indiscriminadamente; às cegas; ao acaso; desordenadamente;

yattókósá

descomedidamente;「beber」excessivamente. ★ ~ aisó o furimaku やたら愛想を振りまく Distribuir sorrisos a toda a gente. ~ homeru やたらほめる Elogiar demasiado [em excesso]. ◇ **Yatara-zuke** やたら漬け Os legumes de conserva à mistura.

yatáté 矢立【A.】 **1**【矢を入れる道具】【A.】O porta-flechas. **2**【携帯用すずり箱】O estojo portátil de tinta e pincel.

yátó[1] 野党 O partido da oposição. S/周 Yótó. ⇨ ya².

yató[2] 夜盗【E.】O ladrão [larápio; gatuno] no(c)turno. ⇨ doróbó.

yatói 雇[傭]い (< yatóu) **1**【人を雇うこと、または雇われる人】O emprego; o empregado. ◇ **Rinji** ~ 臨時雇い ~ temporário [provisório]. ⇨ ~ **nin [nushi]**. **2**【官庁の雇員】O funcionário público.

yatói-iréru 雇い入れる (< yatóu + ...) Empregar; contratar. ★ Ten'in ~ 店員を雇い入れる ~ um balconista. S/周 Yatóu (+).

yatói-nín 雇い人 (< yatóu + ...) O empregado. S/周 Júgyō-in; meshítsúkai; shiyó-níń. A/反 Yatóinushi.

yatói-nushi 雇い主 O patrão; a entidade patronal; o empregador. S/周 Koyó-sha. A/反 Yatói-níń.

yatóu 雇[傭]う **1**【雇用する】Empregar; contratar; pôr [meter] ao serviço. Kare wa takusan no rōdō-sha o yatotte iru 彼はたくさんの労働者を雇っている Ele tem muitos empregados (ao seu serviço). **2**【乗り物を使う】Alugar; fretar.

yatowáréru 雇[傭]われる (< yatóu) Ser empregado [contratado]「por」. Tsūyaku yatowaretashi 通訳雇われたし (広告) Oferece-se (o serviço de) intérprete. Watashi wa izen kare ni untenshu to shite yatowarete ita 私は以前彼に運転手として雇われていた Eu já fui empregado dele, como motorista.

yátsu[1] 奴【G.】 **1**【人や物を卑しめて言うことば】O sujeito; o cara (B.); o gajo; o tipo; o exemplar; isso [a coisa]. Motto ōkii ~ o kure もっと大きいやつをくれ Dê-me outro「bolo」[uma coisa] maior. ★ Iya na ~ いやなやつ O sujeito detestável. **2**【あいつ】【Pron.】Ele[a]. Kore wa ~ no shiwaza da これはやつの仕業だ Isto deve ser obra dele. S/周 Aítsú. ⇨ yaró.

yatsu[2] 八 ⇨ yattsú.

yatsu-átári 八つ当たり O descarregar a ira [indisposição] nos outros. Kare wa nani ka ki ni iranai koto ga aru to kazoku ni ~ suru 彼は何か気に入らないことがあると家族に八つ当たりする Quando ele está zangado [não gosta duma coisa] a família é quem [que as] paga. ⇨ atarí-chírásu.

yatsubara 奴原【E.】⇨ yátsura.

yatsu-dé 八つ手【Bot.】Um arbusto da família das Araliáceas, de grandes folhas (perenes) e flores em cacho; fatsia niponica.

yatsú-gáshírá 八つ頭 (< ...² + kashírá)【Bot.】Uma variedade de inhame [cará].

ya-tsúgí-báyá 矢継ぎ早 (< ...¹ + tsugú + hayái) A chuva [rápida sucessão]. ★ ~ ni shitsumon suru 矢継ぎ早に質問する Fazer perguntas umas atrás das outras; crivar de perguntas.

yatsu-gíri 八つ切り (< ... + kíru) O cortar em oito partes; o papel (cortado) em oitavo (Tip.).

yatsúmé-únagi 八つ目鰻【Zool.】A lampreia; peteromyzonidae.

yátsura 奴等【G.】(< ...¹ + -ra²) Aqueles tipos [fulanos/caras].

yatsuréru 窶れる (< yatsúréru) A magreza; a fraqueza; o abatimento. ★ Kao ni ~ o miseru [~ ga mieru] 顔にやつれを見せる[やつれが見える] Ter o rosto um pouco abatido. ◇ **Shotai** ~ 所帯やつれ ~ das [provocada/a pelas] preocupações domésticas.

yatsúréru 窶れる Emagrecer; enfraquecer; ficar abatido [macilento/extenuado/esgotado]. Haha wa shinpai no amari miru kage mo naku yatsurete shimatta 母は心配のあまり見る影もなくやつれてしまった Consumida por tantas preocupações, a minha mãe está (feita) um esqueleto, coitadinha! S/周 Yasé-ótóróéru.

yatsúsu 悄[窶]す **1**【みすぼらしいように扮装する】Disfarçar-se「de」. ★ Junrei-sugata ni mi o ~ 巡礼姿に身をやつす ~ de peregrino. S/周 Funsó súrú. **2**【心身を砕く】Entregar-se todo; só pensar「em modas」. ★ Koi ni (uki) mi o ~ 恋に(憂き)身をやつす Suspirar de amor. S/周 Nayámásu.

yatsu-záki 八つ裂き (< ... + sáku) O esquartejar. Anna yatsu wa ~ ni shite mo akitarinai あんなやつは八裂きにしても飽き足りない Aquele tipo, que raiva, ainda que o esquartejasse todo, não ficava satisfeito.

yatté íkú やって行く (< yarú + ...) ⇨ yatté yúkú.

yatté kúru やって来る (< yarú + ...) **1**【来る】Vir; chegar; aparecer. Mō jiki shōgatsu ga ~ もうじき正月がやって来る O Ano Novo está quase a chegar [está mesmo à porta]. S/周 Kúru (+). **2**【続けて行う】Ter estado a fazer. Jū-nen-kan some-mono no shigoto o yatte kita 10年間染めの仕事をやって来た Sou [Exerço o ofício de] tintureiro há dez anos.

yatté míru やって見る (< yarú + ...) Tentar; experimentar; fazer uma tentativa. ~ kachi ga aru やって見る価値がある Vale a pena tentar. Yareru mono nara yatte miro やれるものならやって見ろ (反語的に) Experimente, se (acha que) é capaz. S/周 Tamésu.

yatté nókérú やってのける (< yarú + ...) Terminar com sucesso; ter êxito; sair-se bem; levar a cabo. ★ Muzukashii shigoto o nan to ka ~ 難しい仕事をなんとかやってのける Bem ou mal, levar a cabo um trabalho difícil. S/周 Shi-tógéru.

yatté yúkú やって行く (< yarú + ...) **1**【続ける】Dar-se; poder conviver. ★ Kaisha no dōryō to umaku ~ 会社の同僚とうまくやって行く Dar-se bem com os colegas de trabalho. S/周 Tsuzúkérú. **2**【生活する】Ir vivendo [andando]; arranjar-se. ~ Nan to ka ~ なんとかやって行く Ir-se arranjando menos mal na vida/Ir vivendo mais ou menos. S/周 Kurású; seíkátsu súrú.

yattó やっと Finalmente; por fim; com [a] custo; com dificuldade. ★ ~ kurashite iku やっと暮らして行く Ir segurando a vida; viver, mas sabe Deus (como)! ~ shigoto ga owatta やっと仕事が終わった Finalmente terminei o trabalho. ~ wakaru やっとわかる Compreender finalmente [por fim]. Kore de ~ kaereru これでやっと帰れる Finalmente posso ir embora [voltar para casa]. S/周 Karōjíté; yōyákú.

yattóko 鋏 A pinça; a tenaz; a tu[o]rquês. ⇨ pénchi.

yattókósá やっとこさ **1**【掛け声】Upa! ★ ~ to tachi-agaru やっとこさと立ち上がる Erguer-se com

um "upa! ". **2** [⇨ yattó].
yattsú 八つ **1** [8 歳] Oito anos de idade. *Uchi no ko wa ~ desu* うちの子は八つです O meu [nosso] filho tem oito anos. [S/同] Hássai. **2** [⇨ hachí[1]].
yattsúkéru やっつける (< yarú + …)【G.】 **1** [こらしめる] a) Atacar「o governo」; criticar; b) Arrasar「o adversário」; derrotar. *Yattsukero* やっつけろ Acabem [Abaixo] com ele!; Dêem-lhe para baixo! ★ *Akkan o ichigeki de ~* 悪漢を一撃でやっつける Derrubar o patife de [só com] um golpe. **2** [思い切ってやりとおす] Despachar; pôr fim; levar a termo [cabo]; acabar. ★ *Shigoto o ikki ni ~* 仕事を一気にやっつける Despachar o serviço de uma assentada.
yattsúké-shígoto やっつけ仕事 (< yattsúkéru + …) Um trabalho atabalhoado [feito à pressa/só para despachar]. ★ *~ o suru* やっつけ仕事をする Fazer um ~.
yáwa 柔 (< yawárákái) O ser débil [mole/pouco sólido]. ★ *~ na karada* 柔な身体 A constituição [O corpo] débil. ◇ ⇨ **~ hada**. ⇨ yowái[1].
yawá-hádá 柔肌 A pele macia (de mulher).
yawárágéru 和らげる **1** [おだやかにする] Suavizar; amaciar; atenuar; mitigar; acalmar; abrandar; aliviar; moderar. ★ *Kutsū* [*Kanashimi*] *o ~* 苦痛 [悲しみ] を和らげる Acalmar/Atenuar a dor [Mitigar/Aliviar a tristeza]. [S/同] Shizúmérú. ⇨ odáyaka. **2** [わかりやすくする] Tornar acessível à compreensão. ★ *Hyōgen o ~* 表現を和らげる Tornar a expressão mais compreenssível [Usar uma expressão mais fácil/simples].
yawárágu 和らぐ「a briga entre eles」Acalmar-se; abrandar. *Kare no shinsetsu na kotoba ni watashi no kokoro mo yawaraida* 彼の親切な言葉に私の心も和らいだ As suas palavras de simpatia acalmaram-me. *Samusa ga yawaraida* 寒さが和らいだ O frio abrandou. [S/同] Shizúmárú; yurúmu. ⇨ odáyaka.
yawáráka[1] 柔らか A suavidade; a brandura; a doçura. ★ *~ ni* 柔らかに Suavemente;「falar」delicadamente [com brandura]. *~ ni suru* 柔らかにする Suavizar; amaciar. ⇨ yawárákái[1,2].
yawáráka[2] 軟らか **1** [ぐにゃぐにゃしていて変形しやすい]「a terra」Mole. ★ *~ na jiban* 軟らかな地盤 O chão [fundamento/piso] ~. **2** [くだけているようす] O ser informal. ★ *~ na hanashi* 軟らかな話 O assunto [A conversa] ~/leve/fácil.
yawárákái[1] 柔らかい **1** [ふっくらとしてかたくないようす] Suave; macio; mole; tenro. ★ *~ futon* 柔らかいふとん O acolchoado [A coberta grossa] macio[a]. [S/同] Yawáráka na. [A/反] Katáí. **2** [しなやかなようす] Flexível; elástico. ★ *~ karada* 柔らかい体 O corpo ~. [S/同] Júnáń ná; yawáráka na. [A/反] Katáí. **3** [おだやかなようす] Suave; brando; doce; ameno. ★ *~ hi-zashi* 柔らかい日ざし O sol brando [ameno]. *~ koe* 柔らかい声 A voz doce. *~ shōmei* 柔らかい照明 A luz suave. [S/同] Odáyaka na; yawáráka na. [A/反] Katáí. **4** [融通が利く] Maleável; dócil; flexível. ★ *Atama ga ~* 頭が柔らかい Ter um cará(c)ter ~. [A/反] Katáí.
yawárákái[2] 軟らかい **1** [ぐにゃぐにゃしていて変形しやすい] Mole. *Ame ga futte jimen ga yawarakaku natta* 雨が降って地面が軟らかくなった A chuva amoleceu a terra. ★ *~ gohan* 軟らかい御飯 O arroz molezinho [bem cozido]. **2** [かたくるしくないようす] Ligeiro; leve; fácil. ★ *~ hanashi* 軟らかい話 Uma história ~. [S/同] Yawáráka na. [A/反] Katáí.

Y

yáya やや Levemente; ligeiramente; um pouco; um tanto; algo. *Byōnin wa kyō wa ~ yoi yō desu* 病人は今日はややよいようです O doente hoje parece um ~ melhor. [S/同] Íkura ka; sukóshi. ⇨ yáya atte.
yā́ yā́ [yáa yáa] やあやあ (⇨ yā) **1** [呼びかけ] Ei!; Ouça lá!; olhe lá! **2** [剣道] Eia! (Grito de ânimo no kendo).
yáya atte ややあって Pouco depois; algum tempo depois. *~ kare wa tabako-ya kara dete kita* ややあって彼はたばこ屋から出てきた ~ ele saiu da tabacaria.
yayákóshíi ややこしい Complicado; complexo; intricado; espinhoso; difícil. ★ *~ jijō* ややこしい事情 A conjuntura difícil; uma situação complicada. ⇨ fukúzátsú; muzúkáshíí.
yáya (to) mo sureba やや(と)もすれば Tendente [Inclinado; Propenso]「a/para」. *Hito wa mina ~ jiko-chūshin-teki ni narigachi da* 人は皆ややもすれば自己中心的になりがちだ Todas as pessoas têm uma certa tendência para ser egoístas. [S/同] Dṓ ka suru to; tómo sureba. ⇨ tokákú.
yayóí 弥生【H.】O terceiro mês do calendário lunar; Março; a Primavera. ◇ **~ jidai** 弥生時代【Pal.】O período Yayoi (Termo arqueológico referente ao período da história japonesa que vai de 200 A.C. a 200 D.C.). **~ shiki doki** 弥生式土器 A cerâmica (do período) Yayoi.
yáyu 揶揄【E.】O escárnio; a zombaria; a troça; a caçoada. ★ *~ suru* 揶揄する Zombar; ridicularizar; escarnecer; troçar; caçoar. ⇨ karákáu.
yo[1] 世・代 **1** [世間; 人生] O mundo; o público; a sociedade; a gente; a vida. ★ *~ ni deru* 世に出る a) Ficar conhecido [famoso]; b)「livro」Sair [Ser publicado]. *~ ni mo mare na yūsha* 世にもまれな勇者 Uma pessoa corajosa como poucas. *~ ni okuri-dasu* 世に送り出す a) Dar「alunos bem formados」à sociedade; b) Publicar「livros」. *~ ni shirareta* 世に知られた Famoso; de renome; bem conhecido. *~ no narai* 世の習い A vida [maneira de ser da gente]「é assim, que lhe vamos fazer?」. *~ no sadame* 世の定め ⇨ yó-no-narái *~ no tame hito no tame ni tsukusu* 世のため人のために尽くす Lutar pelo bem dos homens e do mundo. *~ no tsune* 世の常 ⇨ yó-no-narái *~ o habakaru* 世をはばかる Evitar a publicidade; fugir ao conta(c)to com a sociedade. *~ o hakanamu* 世をはかなむ Perder as esperanças no ~; desencantar-se com a vida. *~ o saru* 世を去る Morrer; deixar este mundo. *~ o shinobu kari no sugata* 世を忍ぶ仮の姿 O disfarce (de alguém que pretende evitar o reconhecimento público). *~ o wataru* 世を渡る Viver; levar a vida. [P/ことわざ] *Niku-marekko ~ ni habakaru* 憎まれっ子世にはばかる Erva ruim cresce muito/Vão os bons, ficam os ruins/maus. [S/同] Séken; yo-nó-naka.
2 [時代] a) A idade; a época; o período; a era; os tempos; os dias; a geração; b) O reinado; o regime. *~ ga ~ nara kanojo wa o-hime-sama da* 世が世なら彼女はお姫様だ Se os tempos fosssem outros, ela seria uma princesa. *~ wa masa ni konpyūtā no jidai da* 世はまさにコンピューターの時代だ Estamos realmente na era [Isto hoje é a idade] dos computadores. ★ *~ ni sakarau* 世に逆らう Ir contra a corrente; remar contra a maré. *Meiji no ~* 明治の代 A era Meiji. [S/同] Jidáí (+).
3 [過去・現在・未来の三世の各々] A vida. ★ *Ano ~* あの世 A outra vida [~ depois da morte]. ⇨

kṓsei[3]; zénse.

yo[2] 夜 A noite. *Kare wa okusan ga inakute wa ～ mo hi mo akenai* 彼は奥さんがいなくては夜も日も明けない Sem a mulher, para ele é sempre noite. *Mō jiki ～ ga akeru* もうじき夜が明ける O dia está para romper/Daqui a pouco é dia. ★ *～ ga fukeru made* 夜が更けるまで Até altas horas da noite. *～ o tesshite* 夜を徹して Passar a noite acordado; fazer uma dire(c)ta.
[S/同] Yóru. [A/反] Hirú.

yo[3] 余 **1** [あまり] O excesso [passar]. [S/同] Amárí (+); íjō (o). **2** [ほか] O outro. *～ no gi de wa nai ga shōshō o-negai shitai koto ga arimasu* 余の儀ではないが少々お願いしたいことがあります Não se trata de outra coisa senão de [Vim para] lhe pedir um favor. [S/同] Hoká (+).

-yo[4] よ【Partícula】 **1** [命令・依頼を表す] Ouviu?; Entendeu bem? *Te-ochi no nai yō ni tanomu ～* 手落ちのないように頼むよ Veja se tudo está [fica] em ordem, ouviu? **2** [感動を表す]「foi um caso triste」Pode ter a certeza! *Hontō ni tsurakatta ～* 本当につらかったよ Foi mesmo muito duro, sabe [entendeu]? **3** [呼びかけ] Ó. *Kami ～ yurushi tamae* 神よ許し給え Ó meu Deus perdoai-me!

-yo[5] 余【E.】Acima de; para mais de. *Nisen ～ nin* 2千余人 Mais de 2000 pessoas.
[S/同] Amárí; íjō. ⇨ yo[3].

yō[1] [óo] よう Ei!; Olá! ～, *hisashi-buri da ne. Genki kai* よう, 久し振りだね. 元気かい Ei! Há séculos que não te via! Estás bom?

yō[2] [óo] 様 **1** [仕方] O modo; a maneira; o método. *Sore wa naoshi ～ ga nai* それは直しようがない Isso já não tem conserto [remédio]. ★ *Kono ～ ni* このように Deste modo; desta maneira; assim. *Onaji ～ ni shite* 同じようにして Do mesmo modo [Da mesma maneira]「você chegará a doutor」. [S/同] Hṓhṓ; shikátá. **2** [外見的にそう判断されるようす] O parecer; a aparência. *Asu wa ame no ～ da* 明日は雨のようだ Parece que amanhã vai chover. *Kare wa kono jijitsu ni ki ga tsuite inai ～ da* 彼はこの事実に気がついていないようだ Ele parece desconhecer este [Parece que ele não cai na conta do] fa(c)to. *Tsumetai koto o iu ～ da ga kare o tasukeru koto wa dekinai* 冷たいことを言うようだが彼を助けることはできない Pode parecer frieza da minha parte mas não posso ajudar essa pessoa. ★ *Nanigoto mo nakatta ka no ～ ni* 何事もなかったかのように Como se nada fosse [se tivesse passado]. [S/同] Yṓsú. **3** [ある物事の一例, または似たものの例として示されるようす] A espécie; o gé[ê]nero; a classe; a categoria; como. *Ano hito wa maru-de mite kita ～ na koto o iu* あの人はまるで見てきたようなことを言う Ele fala como se tivesse visto (com os próprios olhos). *Chichi wa watashitachi o warawaseru ～ na hanashi o yoku shite kureta* 父は私達を笑わせるような話をよくしてくれた O (nosso) pai costumava contar-nos histórias que nos faziam rir muito. *Iitsukerareta ～ ni shi nasai* 言いつけられたようにしなさい Faça como lhe mandaram [disseram]. *Kare no ～ ni wa porutogarugo wa hanasenai* 彼のようにはポルトガル語は話せない Não falo p. tão bem como ele. *Kondo no gaikokujin no sensei wa dono ～ na hito desu ka* 今度の外国人の先生はどのような人ですか Que espécie de pessoa é o novo professor estrangeiro? ★ *Akuma no ～ na otoko* 悪魔のような男 Um homem diabólico. *Itsumo no ～ ni* いつものように Como de costume; como sempre. [S/同] Dṓyṓ. **4** [動作の目指すべき状態としてのさま] A fim de; para. *Watashi wa densha ni ma-ni-au ～ ni hayaku okita* 私は電車に間に合うように早く起きた Eu levantei-me cedo para (chegar a tempo de) apanhar o comboio [trem].

yō[3] [óo] 用 **1** [用事] Os afazeres; o assunto (a tratar); os negócios; a ocupação. *Donna* [*Nan no*] (*go-*)*～ desu ka* どんな [なんの] (御) 用ですか (O) que deseja [De que se trata/Em que posso servi-lo]? *Mō omae ni ～ wa nai* もうお前に用はない Já não tenho mais nada a ver contigo [com você]. ★ *～ ga aru* 用がある Ter que fazer; estar ocupado; ter negócios para tratar; ter um assunto para resolver. *～ ga nai* 用がない Não ter nada a tratar. *～ o iitsukeru* 用を言いつける Mandar fazer um trabalho; dar que fazer. *～ o sumasu* [*hatasu*] 用を済ます [果たす] Acabar o serviço/trabalho. *～ o tasu* 用を足す Fazer o que tinha a [para] fazer. [S/同] Yṓjí; yṓkén. **2** [使用] O uso; a utilidade. ★ *～ ni taenai* [*～ o nasanai*] 用に堪えない[用をなさない] Ser inútil; não servir para nada. *Chūgakusei ～ no jisho* 中学生用の辞書 O dicionário escolar [para alunos do liceu/ginásio]. *Shuju no ～ ni kyōserareru utsuwa* 種々の用に供せられる器 O recipiente com várias finalidades [que serve para muitas coisas]. [S/同] Shiyṓ; jitsúyṓ; yakú. **3** [用便] O serviço; as necessidades. ★ *～ o tasu* 用を足す Ir ao banheiro (B.) [quarto de banho]; fazer as/o ～. [S/同] Yṓbén.

yō[4] [óo] 陽 **1** [易で] O (elemento/cará(c)ter/lado) positivo「da sorte」. [A/反] Ín. **2** [表面; 目に見える所] O ser público. ★ *In ni ～ ni koji o hagemasu* 陰に陽に孤児を励ます Encorajar a criança órfã tanto em particular [a sós] como em público. [A/反] Ín. **3** [陽極] O polo positivo; a carga elé(c)trica positiva. ◇ **～ ion** 陽イオン O catião [ião com carga positiva]. [S/同] Yṓkyókú. [A/反] Ín.

yō[5] [óo] 要 (⇨ kanámé)【E.】 **1** [要点] O ponto principal [essencial; importante]. ★ *Kan ni shite ～ o eta* [*ete iru*] *kotae* 簡にして要を得た [得ている] 答 A resposta breve e precisa. ⇨ yṓ-súru[1]; yṓ-súruni [S/同] Yṓtén (+). **2** [必要] A necessidade. ★ *Benkai no ～ nashi* 弁解の要なし Sem ～ de justificação. ◇ ⇨ **～ chūi**. [S/同] Hitsúyṓ.

yō[6] [óo] 洋 O oceano; os mares. ★ *～ no tōzai o towazu* 洋の東西を問わず Tanto no Oriente como no Ocidente; em toda a parte [todo o mundo]. ⇨ séiyō[1]; tṓyō[1].

yō[7] [óo] 癰【Med.】O carbúnculo; o antraz.
⇨ ne-bútó.

-yō[8] [óo] よう **1** [意志; 勧誘] *Sā dekake ～* さあ出かけよう Vamos (sair)! **2** [推量] *Tōzen, hantai iken mo dete ko ～* 当然, 反対意見も出て来よう É provável que haja outras opiniões/Naturalmente também hão-de surgir opiniões contrárias. **3** [想定] *Watashi wa hito ni nan to iware ～ to heiki da* 私は人になんと言われようと平気だ Digam os outros o que disserem/Não me afe(c)ta nada o que as pessoas possam dizer (de mim). **4** [“よ” を強めて] *Hayaku kaerō ～* 早く帰ろうよう Vamos embora (depressa)!

-yō[9] [óo] 葉 **1** [紙などを数える語] (Numeral para contar folhas de papel, etc). ★ *Kami ichi-～* 紙一葉 Uma folha de papel. **2** [脳・肺などの一区切り]

Y

【Anat.】O lobo (cerebral). ◇ ⇨ **zentō ~**.
yo-ákashi 夜明かし (<… + akású) O passar a noite acordado [a pé/em claro]. [S/同] Tetsúyá.
yo-áké 夜明け (<… + akérú) A alvorada; o amanhecer; a aurora. ★ *Atarashii jidai no ~* 新しい時代の夜明け ~ de uma nova era [época]. [S/同] Akátsúkí; miméí. [A/反] Hi-gúré.
yṓáń [oó] 溶暗 O diminuir progressivamente「o som/a imagem」(Cine.). [S/同] Fēdó áuto (+).
yo-ásobi 夜遊び【G.】A diversão no(c)turna; o andar de noite na gandaia/farra. ★ *~(o) suru* 夜遊び(を)する (Gostar de) andar em diversões no(c)turnas.
yoátsú 与圧 A pressurização「dentro do avião」. ◇ **~ sōchi** 与圧装置 O sistema de ~.
yṓbáí [oó] 溶媒【Quím.】O solvente; o dissolvente. [A/反] Yṓshítsú.
yóban 夜番 O guarda no(c)turno. [S/同] Yakéí.
-yóbawari 呼ばわり (< yobú) Ser apelidado. ★ *Dorobō ~ sareru* 泥棒呼ばわりされる ~ de ladrão. [S/同] -átsukai.
yṓbén [oó] 用便 A satisfação das necessidades (fisiológicas); o serviço. ★ *~ o suru* 用便をする Fazer [Satisfazer] as necessidades; ir ao banheiro (B.) [à casa de banho]. [S/同] Yō³ **3**.
yóbi 予備 A reserva; o suplente. ★ *~ ni [to shite] taiya o yōi suru* 予備に[として]タイヤを用意する Ter um pneu suplente [sobresse[a]lente/de reserva]. ◇ **~ chishiki** 予備知識 O conhecimento preliminar. **~ hi** 予備費 O fundo de reserva. **~ kōshō** 予備交渉 As negociações preliminares. **~ senkyo** 予備選挙 As eleições primárias. ⇨ júnbi; yṓi¹.
yṓbí [oó] 曜日 O dia da semana. *Kyō wa nan(i)~ desu ka. Getsu ~ desu* 今日は何曜日ですか。月曜日です Que dia da semana é hoje? É segunda-feira. ★ *~ o kaku ran* 曜日を書く欄 O「espaço em branco」para escrever o ~.
yobí-ágéru 呼び上げる (< yobú + …) Chamar「os alunos」pela lista; fazer a chamada. ★ *Namae o ~* 名前を呼び上げる Fazer a chamada.
yobí-átsúméru 呼び集める (< yobú + …) Convocar「uma reunião」. [S/同] Shṓshū súrú.
yobí-dáshí 呼び出し (< yobí-dásu) **1** [呼び出すこと] A chamada. *O-~ o mōshiagemasu* お呼び出しを申し上げます Atenção Senhoras e Senhores! ◇ **~ denwa** 呼び出し電話 O telefone não dire(c)to. ⇨ **~ jō**. [S/同] Shṓkáń. **2**【Sumô】A pessoa que chama os lutadores à arena.
yobídáshí-jṓ 呼び出し状 **1** [当人を呼び出すための文章] A convocatória. **2** [民事訴訟で出頭を命ずる文章] A citação; a intimação judicial.
yobí-dásu 呼び出す (< yobú + …) **a**) Chamar; **b**) Convocar; intimar「a vir a tribunal」. ★ *Denwaguchi e ~* 電話口へ呼び出す Chamar ao telefone.
yobí-eki 予備役 O estar [serviço militar] na reserva. ◇ **~ shōkō** 予備役将校 O oficial na reserva.
yobí-góe 呼び声 (< yobú + kóe) **1** [売り声] O pregão do vendedor. ★ *Shinbun-uri no ~* 新聞売りの呼び声 (A.) ~ de jornais [do jornaleiro (B.)/do ardina (P.)]. [S/同] Urí-góé. **2** [評判] O boato; os rumores. *Kare wa jiki sōri daijin no ~ ga takai* 彼は次期総理大臣の呼び声が高い Fala-se muito dele como sendo o próximo primeiro-ministro. [S/同] Hyṓbáń (+); uwásá (+).
yobí-íréru 呼び入れる (< yobú + …) Chamar para dentro; mandar [pedir para] entrar. ★ *Heya e ~* 部屋へ呼び入れる Chamar para a [dentro da] sala.
yobí-káesu 呼び返す ⇨ yobí-módósu.
yobí-kákéru 呼び掛ける (< yobú + …) **1** [話しかける] **a**) Falar; dirigir-se「aos alunos」; **b**) Chamar. ★ *"Sensei" to ōgoe de ~* "先生"と大声で呼び掛ける Chamar alto [Gritar] pelo professor. **2** [訴える] **a**) Apelar; fazer um apelo; **b**) Avisar「do perigo」. ★ *Rajio terebi o tsūjite kokumin ni hansen o ~* ラジオ・テレビを通じて国民に反戦を呼び掛ける Lançar [Fazer] pela rádio e televisão um apelo ao povo contra a guerra [pela paz].
yobí-kó 呼び子 O apito (de polícia).
yobí-kṓ 予備校 Uma escola preparatória (especial, particular, para qualquer ensino). ⇨ júku.
yobí-kómí 呼び込み (< yobí-kómu) O pregoeiro; o angariador de clientes à porta de um estabelecimento comercial.
yobí-kómu 呼び込む (< yobú + …) Pedir para entrar; chamar. [S/同] Yobí-íréru.
yobí-mízú 呼び水 (< yobú + …) **1** [さそい水] A escorva [água para escorvar]「a bomba/o sifão」. [S/同] Sasóí-mizu.
2 [物事をひき起こすきっかけとなるもの] O motivo; o rastilho. *Sono jiko ga ~ ni natta ka no yō ni jiko ga zokuhatsu shita* その事故が呼び水になったかのように事故が続発した Esse acidente parece que foi o rastilho para que se desencadeasse, logo a seguir, uma série deles. ⇨ kikkáké.
yobí-módósu 呼び戻す (< yobú + …) **1** [呼び返す] Chamar de volta; tornar a chamar. [S/同] Yobí-káesu. **2** [元の状態に返らせる] **a**) Recuperar; **b**) Chamar à realidade [a si]; evocar. ★ *Ushinatta kioku o ~* 失った記憶を呼び戻す Recuperar a memória.
yobí-mónó 呼び物 (< yobú + …) A atra(c)ção; o chamariz; a estrela「do circo」. ★ *Sākasu no ~* サーカスの呼び物 ~ do circo. [S/同] Me-dámá.
yobí-ná 呼び名 (< yobú + …) **a**) O nome「do peixe é sardinha」; **b**) O nome por que é conhecido「é Tozé」; a denominação corrente. [S/同] Tsū́shṓ. [A/反] Hónmyō.
yobí-né 呼び値 (< yobú + …)【Econ.】O valor [preço] nominal; o preço pedido. ⇨ ií-né.
yobí ní kúru 呼びに来る Vir chamar.
yobí ní yárú 呼びに遣る Mandar chamar.
yobí ní yúkú 呼びに行く Ir chamar. ★ *Isha o ~* 医者を呼びに行く ~ o médico.
yobí-ókósu 呼び起こす (< yobú + …) **1** [目をさまさす] Acordar「o filho para ir para a escola」. [S/同] Yobí-sámásu. **2** [喚起する]【Fig.】Trazer à memória; recordar. *Kono hon o mite shōnen jidai no kioku o yobiokoshita* この本を見て少年時代の記憶を呼び起こした Este livro trouxe-me à memória recordações da [fez-me recordar a] minha adolescência. [S/同] Kánki suru.
yobíríń 呼び鈴 (< yobú + rín²) A campainha. *Genkan de ~ ga natta* 玄関で呼び鈴が鳴った ~ da entrada [porta] tocou. ★ *~ o osu* 呼び鈴を押す Tocar à [Carregar no botão da] ~. ⇨ béru.
yobí-súté 呼び捨て (< yobú + sutérú) O chamar alguém só pelo nome (Sem usar sr./sra.).
yobí-tátéru 呼び立てる (< yobú + …) **1** [大声で呼ぶ] Chamar alto [aos gritos]. **2** [呼び寄せる] Pedir [Dizer] para vir; chamar. *O-yobitate shite sumima-*

Y

sen お呼び立てして済みません Peço desculpa pelo incó[ô]modo (de o chamar). [S/同] Yobí-yóséru.

yobí-tóméru 呼び留める (< yobú + …) (Mandar) parar. ★ *Keikan ni yobitomerareru* 警官に呼び留められる Ser parado pelo polícia/policial (B.).

yobí-tsúkéru 呼び付ける (< yobú + …) **1** [呼び寄せる] (Mandar) chamar; mandar apresentar-se. ★ *Shachō ni yobitsukerareru* 社長に呼び付けられる Ser chamado pelo [à presença do] presidente da firma. ⇨ yobí-dásu. **2** [呼びなれる] Estar habituado [acostumado] a chamar「por esse nome」.

yobí-yá 呼び屋 (< yobú + …)【G.】O promotor「de artistas estrangeiros」. [S/同] Purómṓtā.

yobí-yóséru 呼び寄せる (< yobú + …) Chamar à sua presença; mandar chamar; convocar. ★ *Kodomo-tachi o makura-moto e* ～ 子供達を枕元へ呼び寄せる Chamar os filhos para a cabeceira do leito「e dizer-lhes as últimas palavras antes de morrer」. ⇨ yobí-tsúkéru.

yobṓ[1] 予防 A prevenção「dos incêndios」; a prote(c)ção「contra」; a precaução. ★ *Mushiba o* ～ *suru* 虫歯を予防する Prevenir a cárie dentária. ◇ ⇨ **～ chūsha** [**saku**/**sen**/**sesshu**]. **～ hō** 予防法 A medida preventiva [de prevenção]; o método preventivo. **～ igaku** 予防医学 A medicina preventiva [profilá(c)tica].

yobṓ[2] 輿望【E.】A popularidade; a reputação; o crédito. [S/同] Shūbṓ.

yṓbo [**óo**] 養母 A mãe ado(p)tiva. [A/反] Jitsúbo. ⇨ yṓfu[1].

yṓbṓ[1] [**yoó-**] 要望 A exigência; a reclamação; o desejo; o anseio. ★ ～ *ni ōjiru* [*kotaeru*] 要望に応じる[答える] (Cor)responder [Ir de encontro] aos desejos/à expectativa「de」. [S/同] Gańbṓ; kitáí; yṓkyū́.

yṓbṓ[2] [**yoó-**] 容貌 **a**) O aspecto; a aparência; **b**) As feições; a fisionomia; o semblante. ◇ **～ kaii** 容貌魁偉 O aspecto imponente. [S/同] Kaó-dáchí[kátáchí]. ⇨ gaíkáń[1].

yobṓ-chū́sha [**úu**] 予防注射 A inje(c)ção preventiva. ★ ～ *o suru* 予防注射をする Dar uma ～; vacinar. ⇨ yobṓ-sésshu.

yobṓ-saku [**óo**] 予防策 A medida preventiva [profilá(c)tica]. ★ ～ *o kōjiru* 予防策を講じる Tomar [Adoptar] medidas preventivas.

yobṓ-séń 予防線 A linha segura [de precaução]. ★ ～ *o haru* 予防線を張る Tomar [Seguir] uma ～; adiantar-se「ao adversário」; jogar no seguro.

yobṓ-sésshu 予防接種 A inoculação preventiva; a vacina(ção). ★ *Chifusu no* ～ *o ukeru* チフスの予防接種を受ける Ser vacinado contra a febre tifóide. ⇨ yobṓ-chū́sha.

yobóyóbó よぼよぼ【G.】A vacilar [tremer/cambalear]; tem-te não caias (G.). ★ ～ *ni naru* よぼよぼになる Ficar ～. ⇨ yóchiyochi.

yobú 呼ぶ **1** [声をかけて来てもらう] Chamar「por ela/a mulher」; pedir para vir. *Kaneko-san shachō ga o-yobi desu* 金子さん社長がお呼びです Senhor Kaneko, o dire(c)tor chama-o [está a chamá-lo]. ★ *Takushī o* ～ タクシーを呼ぶ Chamar [Mandar vir] um táxi. *Tasuke o* ～ 助けを呼ぶ Pedir [Gritar por] socorro. **2** [名前を口にする] Chamar pelo nome. *Namae o yobaretara sugu henji o shi nasai* 名前を呼ばれたらすぐ返事をしなさい Responda logo que for chamado. **3** [招待する] Convidar. ★ *Yūshoku ni* ～ 夕食に呼ぶ ～ para jantar. [S/同] Shṓtai suru. **4** [引き寄せる] Atrair. *Sono eiga wa taihen ninki o yonde iru* その映画は大変人気を呼んでいる Esse filme está a ～ muito público [a ter muita popularidade]. ★ *Hankyō o yonda shōsetsu* 反響を呼んだ小説 O romance que fez sensação [atraiu as atenções]. [S/同] Hikí-ókósu [-yóséru]. **5** [称する] Apelidar; denominar. *Kare wa seikai no bosu to yobarete iru* 彼は政界のボスと呼ばれている Ele é apelidado (de) o magnate [manda-chuva/chefe] da política. [S/同] Shṓsúru.

yṓbú [**oó**] 洋舞 A dança ocidental. [A/反] Hṓbú; nichíbú. ⇨ buyṓ.

yobúń[1] 余分 **1** [余り] O excesso; o sobejo; a sobra; (a parte) a mais; o excedente. ～ *ga hitotsu aru* 余分が一つある Há um a mais [um de sobra]; sobra um. ★ ～ *ga deru* 余分が出る Sobrar; sobejar. [S/同] Amárí; nokórí. **2** [余計] O extra. ～ *ni hataraku* 余分に働く Trabalhar para lá da hora [Fazer horas extra(ordinárias)].

yobúń[2] 余聞【E.】O mexerico; a mexeriquice; a bisbilhotice. ◇ **Seikai ～** 政界余聞 As bisbilhotices políticas. [S/同] Kobóré-bánashi; yówa.

yṓbun [**óo**] 養分 A alimentação; a nutrição; o valor [a parte] nutritivo/a. ★ *Ne kara* ～ *o toru* [*kyūshū suru*] 根から養分をとる[吸収する]「a planta」Alimentar-se da raiz. ⇨ eíyṓ.

yobyṓ 余病 A complicação; a doença secundária. ★ ～ *o heihatsu suru* 余病を併発する「a operação」Causar complicações [efeitos secundários].

yóchi[1] 予知 A presciência; o prognóstico; a previsão. ★ *Jishin o* ～ *suru* 地震を予知する Prever [Prognosticar] um terramoto「é quase impossível」. [S/同] Yokéń; yosátsú; yosókú. ⇨ yogéń[1].

yóchi[2] 余地 **a**) O terreno livre [que sobra]; **b**) A margem; o lugar. ★ *Kono an wa nao kaizen no* ～ *ga aru* この案はなお改善の余地がある Este plano ainda pode [tem margem para] ser aperfeiçoado. ★ *Giron no* ～ *ga nai* 議論の余地がない Ser irrefutável [incontestável]; não dar azo a discussão.

yṓchí[1] [**oó**] 幼稚 **1** [子供っぽいこと] A infância. ★ ～ *na e* 幼稚な絵 A pintura infantil. ◇ ⇨ **～ en**. **2** [未熟なこと] A imaturidade; a infantilidade; a inexperiência. ★ ～ *na* 幼稚な「o jovem」Imaturo; inexperiente;「uma rea(c)ção」infantil. [S/同] Mijúkú.

Y

yṓchi[2] [**óo**] 用地 A terra; o terreno「para construção」; o lote. ◇ **Nōgyō ～** 農業用地 A terra arável [para lavoura].

yṓchi[3] [**óo**] 要地 O lugar importante; o ponto estratégico. ★ *Shōgyō-jō no* ～ 商業上の要地 O lugar de grande importância comercial.

yṓchí-en [**oó**] 幼稚園 (⇨ yṓchí[1]) O jardim infantil [de infância]. ⇨ hoíkúen.

yṓchíń [**oó**] ヨーチン【G.】⇨ yṓdo[2] ◇.

yóchiyochi よちよち【G.】Com passos vacilantes (de criança). ★ ～ *aruki no kodomo* よちよち歩きの子供 A criança que está a dar os primeiros passos [a aprender a andar]. ⇨ yobóyóbó.

yṓchṓ[1] [**yoó**] 羊腸【E.】A tortuosidade; a sinuosidade. ★ ～ *taru komichi* 羊腸たる小道 O caminho tortuoso [sinuoso].

yṓchṓ[2] [**yoó**] 幼鳥 O filhote de ave; o passarinho.

yochókin 預貯金 Os depósitos e poupanças (bancários).

yōchū [oó] 幼虫 A larva. ★ *Semi no* ~ せみの幼虫 ~ de cigarra. A/反 Seíchū.

yō-chūi [oó-úu] 要注意 A vigilância [atenção especial]. ◇ ~ **jinbutsu** 要注意人物 O que está sob vigilância「médica/do professor/da polícia」. ⇨ yo⁵ **2**.

yō da [oó] 様だ ⇨ yō² **2, 3, 4**.

yōdái [oó] 容体【態】 **1** 「うわべ」A aparência; o ar; o aspecto. ◇ ~ **buru**. S/同 Arísama (+); uwábé. **2**「病気のようす」O estado do doente. *Gobyōnin no ~ wa ikaga desu ka* 御病人の容体はいかがですか Como está o doente「Qual é ~」? ★ ~ *ga kyūhen suru* 容体が急変する ~ evoluir rapidamente. ~ *ga yoku [waruku] naru* 容体がよく「悪く」なる Melhorar [Piorar]. S/同 Byōjō.

yōdái-búru [oó] 容体振る【G.】Dar-se ares [Assumir ares de importância]; fazer-se [querer ser] importante.

yodán¹ 余談 A digressão; o aparte; o afastar-se do assunto; a divagação. ~ *ni narimasu ga…* 余談になりますが… Diga-se de passagem que… ~ *wa sate oki* 余談はさて置き Voltando ao assunto; deixando-nos de divagações… ⇨ mudá-bánashi.

yodán² 予断 A predição; o vaticínio; o prognóstico. *Kare no byōjō wa* ~ *o yurusanai* 彼の病状は予断を許さない Não se pode fazer um prognóstico sobre o estado de saúde [os sintomas da doença] dele. ⇨ hándan; yosóku.

yōdán¹ [oó] 用談 A conversa de negócios. ★ ~ *suru* 用談する Falar [Tratar] de negócios. S/同 shōdán.

yōdán² [oó] 要談【E.】A conversa importante.

yō-dánsu [oó] 用箪笥 (< …²+tansú) A có[ô]moda.

yodaré 涎 A baba; a saliva; o cuspe[o]; a água na boca. *Kore wa ongaku aikō-ka ni wa* ~ *no desō na hon desu* これは音楽愛好家に涎の出そうな本です Isto é um livro que deixa os amantes da música com água na boca. ★ ~ *o nagasu [tarasu]* 涎を流す「垂らす」*à criança*」Babar-se. ◇ ~ **kake**. S/同 daékí; tsúba¹.

yodáré-kake 涎掛け (< …+kakéru) O babeiro; o babadouro (B.).

yō-dáteru [oó] 用立てる (< …²**2**+tatéru) **1**「あることの役に立てる・使う」Servir-se [Dispor/Fazer uso] 「de」; utilizar. *Kono kane wa kenkyū-hi no ichibu to shite yō-datete kudasai* この金は研究費の一部として用立てて下さい Disponha deste dinheiro (como parte do que precisa) para a sua pesquisa. **2**「金銭などを貸す」Emprestar [Adiantar] dinheiro. *Sono kurai no kane nara yorokonde yō-dateyō* その位の金なら喜んで用立てよう Se é só essa quantia, é com prazer que lha adianto. S/同 Kasú; taté-káéru.

yodátsu 弥立つ Arrepiar; horripilar. ★ *Mi no ke no* ~ *yō na osoroshii kōkei* 身の毛のよだつような恐しい光景 Um espe(c)táculo horripilante [de arrepiar (os cabelos)].

yōderu [oó] ヨーデル (< Al. jodel)【Mús.】O canto tirolês [à tirolesa].

yōdo¹ [oó] 用度 **1**「必要な費用」【A.】Os gastos necessários. ◇ ~ **Kéihi** (+); nyúhi. **2**「事務用品などの供給に関すること」O fornecimento [abastecimento]; as provisões. ◇ ~ **gakari** 用度係 O encarregado do/as ~.

yōdo² [oó] ヨード (< Al. jod)【Quím.】O iodo. ◇ ~ **chinki** ヨードチンキ A tintura de ~.

yodómí 淀【澱】み (< yodómu) **1**「停滞」O estacar [parar] a meio da fala; o balbuciar; o fazer「aaa」. ★ ~ *naku hanasu* 淀みなく話す Falar sem parar [emperrar]. S/同 Teítái. **2**「水がよどんで流れない所」O charco; o encharcar. **3**「沈殿物」O sedimento. S/同 Chíndén-butsu.

yodómu 淀【澱】む **1**「空気・水の流れが停滞する」「água」Estagnar; estar estagnado [parado]; (a água) encharcar. *Heya no kūki ga yodonde iru* 部屋の空気が淀んでいる O ar da sala está pesado [abafado]. S/同 Teítái súru. **2**「底に沈んでたまる」Sedimentar; depositar-se; formar sedimento. *Gomi ga suisō ni yodonde iru* ごみが水槽に澱んでいる Há「muito」lixo depositado no fundo do tanque [da cisterna]. S/同 Chíndén súru. **3**「すらすらと進まない」Emperrar. ★ *Ii* ~ 言い淀み ~ [Gaguejar/Titubear]. S/同 Todókóru. ⇨ domóru.

yōdō-sákusen [yoó] 陽動作戦 A operação simulada; a farsa; as manobras de diversão. ★ ~ *o toru [okonau]* 陽動作戦をとる[行なう] Fazer um simulacro de a(c)ção; recorrer a manobras de diversão.

yo-dōshi 夜通し (< …+tōshi) A noite toda [inteira]. S/同 Hítobán-jū.

yōeki¹ [oó] 溶液 A solução; a mistura de substâncias.

yōékí² [oó] 葉腋【Bot.】A axila「da folha com o ramo」.

yōéki-ken [oó] 用益権【Dir.】O direito usufrutuário (do usufruto).

yōén [oó] 妖艶【E.】A beleza voluptuosa; o encanto sensual. ⇨ adéyaka; namámékáshíí.

yōfu¹ [oó] 養父 O pai ado(p)tivo. ⇨ yóbo.

yōfu² [oó] 妖婦【E.】A vampe [mulher vampiro]; a sereia; a mulher sedutora [fatal]. S/同 Bánpu.

yōfū [oó] 洋風 O estilo ocidental. ★ ~ *no kenchiku* 洋風の建築 A construção em [de] ~. S/同 Yōshíkí.

yo-fukáshi 夜更かし (< …²+fukásu) O fazer uma noitada; o ficar acordado [a pé] até tarde. ★ *Hon o yonde ite* ~ *o suru* 本を読んでいて夜更しをする Ficar a ler (um livro) pela noite dentro; passar a noite a ler.

yo-fúké 夜更け (< …+fukéru) Altas horas da noite. *Wareware wa* ~ *made katari-atta* 我々は夜更けまで語り合った Estivemos a conversar até altas horas da noite. S/同 Shín'ya; yahán; yonáká.

yōfúku [oó] 洋服 A roupa ocidental; o vestido「de senhora」; o fato; o terno (B.). ★ ~ *o kiru [nugu]* 洋服を着る[脱ぐ] Vestir [Despir] o ~. ◇ ~ **dansu** 洋服だんす O guarda-roupa; o armário. ~ **kake** 洋服掛け O cabide; a cruzeta. ◇ ~ **ya**. ⇨ wafúkú.

yōfúkú-yá [oó] 洋服屋 **a)** O alfaiate; a alfaiataria; **b)** A modista; **c)** A loja de fatos.

yóga ヨガ (< Sân. yoga: união) O ioga. ★ ~ *no gyōja* ヨガの行者 O [A] praticante de ~.

yōgá¹ [oó] 洋画 **1**「絵画の」A pintura ocidental. ◇ ~ **ka** 洋画家 O pintor à maneira ocidental. A/反 Nihónga. ⇨ káiga. **2**「映画の」O filme ocidental. A/反 Hōgá. ⇨ éiga¹.

yōgá² [oó] 陽画 O positivo [A prova positiva] (das fotografias). A/反 Ingá; néga.

yōgái [oó] 要害 **1**「要塞」A fortaleza; a praçaforte; a cidadela. [S/同] Torídé (+); yṓsáí. **2** [地勢が険しくて防ぎ守るのに便利な場所] O lugar estratégico; a cidadela natural [a posição invulnerável/inatacável]. ★ ～ *no chi* 要害の地 O local inatacável.

yṓgákú[1] **[oó]** 洋楽 A música ocidental. [A/反] Hṓgákú.

yṓgákú[2] **[oó]** 洋学 Os estudos ocidentais. [A/反] Kańgákú; kokúgákú.

yṓgan [óo] 溶 [熔] 岩 A lava. ～ *ga ryūshutsu shita* 溶岩が流出した ～ correu do vulcão. ◇ **～ daichi [tonneru]** 溶岩台地[トンネル] O planalto [túnel] vulcânico. **～ ryū** 溶岩流 O caudal de ～. [S/同] Máguma. ⇨ gańshṓ[3].

yṓ-gásá [oó] 洋傘 (<… [6] + kása) O guarda-chuva (ocidental). [S/同] Kṓmórí-gása.

yṓ-gáshi [oó] 洋菓子 (<… [6] + káshi) O bolo; os doces ocidentais. [A/反] Wa-gáshi. ⇨ kḗki.

yṓgékí [oó] 要撃【E.】A emboscada. [A/反] Shutsúgékí. ⇨ kṓgékí.

yogéń[1] 予言 A profecia; a predição; o vaticínio. *Sono ～ wa hazureta* その予言ははずれた Essa ～ não se concretizou [realizou]. ★ *Jishin o ～ suru* 地震を予言する Predizer [Prognosticar] um terramoto. ◇ ⇨ **～ sha**. [S/同] Yosṓ; yosókú. ⇨ yogéń[2]; yokéń.

yogéń[2] 預言【Cri.】A profecia. ★ ～ *suru* 預言する Profetizar. ◇ **～ sha** 預言者 O profeta.

yogéń[3] 余弦【Mat.】O co-seno. [S/同] Kosáin.

yṓgen[1] **[óo]** 用言【Gram./j.】O vocábulo [A palavra] declinável e "independente" (Ex. *kaku/tsuyoi/odayaka da*). [A/反] Táigen.

yṓgéń[2] **[oó]** 揚言【E.】O proclamar [declarar] abertamente.

yogén-sha 予言者 (⇨ yogéń[1]) O profeta; o adivinho; o prognosticador. ⇨ yogéń[2].

yógi 余技 O「tocar violino como」passatempo. ⇨ dṓrákú.

yṓgi[1] **[óo]** 容疑 A suspeita. ★ *Nusumi no ～ o kakerareru* 盗みの容疑をかけられる Ser suspeito [alvo de ～] de roubo. ◇ ⇨ **～ sha**. ⇨ kéngi[1]; utágáí.

yṓgi[2] **[óo]** 容儀【E.】O porte.

yṓgíń [oó] 洋銀 A prata alemã; o argentão; a prata de alpaca.

yóginai 余儀ない Inevitável; obrigatório; forçado. ★ ～ *jijō de* 余儀ない事情で Pela [Por] força das circunstâncias.

yóginaku 余儀なく (Adv. de yóginai) Inevitavelmente; forçosamente; necessariamente; sem (ter) outra alternativa「calei-me」. *Seisaku no henkō o ～ sareta* 政策の変更を余儀なくされた Fomos forçados [obrigados] a mudar a nossa política.

yó-giri 夜霧 (<… [2] + kirí) O nevoeiro no(c)turno.

yogíru 過る ⇨ sugíru.

yó-gisha 夜汽車 (<… [2] + kishá) O comboio [trem] no(c)turno. [S/同] Yakṓ réssha (+).

yṓgí-sha [oó] 容疑者 (< yṓgi[1]) O suspeito.

yógo 予後【E.】 **1** [病状の見通し]【Med.】O prognóstico. **2** [病後の経過] A convalescença; a prognose. ★ ～ *o yashinau* 予後を養う Convalescer; restabelecer-se.

yṓgó[1] **[oó]** 用語 O uso das palavras; o termo; o vocábulo; a terminologia; o vocabulário; o fraseado; a linguagem. ★ *Kamoinshu no ～* カモインシュの用語 A linguagem de Camões. ◇ **Senmon [Gakujutsu] ～** 専門 [学術] 用語 A terminologia científica; o termo/vocábulo científico. ⇨ gói; jutsúgó[2].

yṓgo[2] **[óo]** 養護 O cuidado; a assistência「social」; a prote(c)ção. ◇ **～ gakkō** 養護学校 A escola para crianças deficientes. **～ gakkyū** 養護学級 A classe para crianças deficientes. **～ rōjin hōmu** 養護老人ホーム O lar de idosos [da terceira idade]. **～ shisetsu** 養護施設 A instituição de assistência; a obra social.

yṓgo[3] **[óo]** 擁護 A defesa; o apoio; o patrocínio; o auxílio. ★ *Kenpō o ～ suru* 憲法を擁護する Defender a Constituição. ◇ **～ sha** 擁護者 O defensor; o prote(c)tor; o advogado; o patrocinador「da causa/luta」.

yogóre 汚れ (< yogórérú) A sujidade; a nódoa; a mancha. ★ ～ *o toru* 汚れを取る Tirar as nódoas; limpar. ◇ **～ mono** 汚れ物 As coisas sujas; a roupa suja [para lavar]. ⇨ kegáré; otéń.

yogórérú 汚れる Ficar sujo [manchado; poluído]; sujar-se. *Shiroi tebukuro wa sugu ～* 白い手袋はすぐ汚れる As luvas brancas sujam-se facilmente. ★ *Yogoreta* 汚れた「dinheiro」Sujo; manchado;「rio」poluído;「um viciado/criminoso」imundo [*Kemuri de yogoreta kūki* 煙で汚れた空気 O ar poluído pelo fumo「das fábricas」]. ⇨ kegáréru.

yogósú 汚す Sujar; manchar; poluir「o ar/rio」; contaminar「a água/o ar」. ★ *Inku de yubi o ～* インクで指を汚す Sujar os dedos com a tinta. *Mizukara no te o ～* 自らの手を汚す Sujar-se; meter-se em complicações. *Tsura o ～* 面を汚す Manchar o nome; desonrar-se. ⇨ kegásu.

yogótó 夜毎 Todas as noites. ★ ～ *ni* 夜毎に Noite após noite; todas as noites. [S/同] Máiban (+).

yṓgu [óo] 用具 A ferramenta「de carpinteiro」; o instrumento; o utensílio; a aparelhagem. ◇ **Hikki ～** 筆記用具 O estojo (do material para escrever). **Undō ～** 運動用具 O equipamento (d)esportivo; os artigos de (d)es… [S/同] Dṓgú. ⇨ kígu[1].

yṓgúruto [oó] ヨーグルト (< Turco yōghurt: leite coalhado) O iogurte.

yṓgyo [óo] 養魚 A piscicultura; a criação de peixes. ◇ **～ chi** 養魚池 O viveiro de peixes. **～ jō** 養魚場 A exploração piscícola.

yṓgyṓ [yoó-] 窯業 A cerâmica; a (indústria de) olaria. ◇ **～ ka** 窯業家 O ceramista; o oleiro. ⇨ dóki[1]; tṓki[3].

yóha 余波 **1** [風がおさまった後もまだ立っている波] O efeito subsequente [posterior]; os restos「da erupção do vulcão」. *Taifū no ～ de nami ga takai* 台風の余波で波が高い As ondas estão altas porque houve um tufão. **2** [あおり] A consequência; o efeito; a sequela「da guerra」. ★ *Keizai fukyō no ～ o ukeru* 経済不況の余波を受ける Ser afe(c)tado pela [Sofrer os/as ～ da] depressão econó[ô]mica. [S/同] Aórí; eíkyṓ (+).

yohákú 余白 O espaço livre [em branco]; a margem (da página). ★ ～ *o nokoshite oku* 余白を残しておく Deixar uma margem [um espaço em branco]. [S/同] Supḗsu. ⇨ kūhákú.

yṓhátsú [oó] 洋髪 O penteado à ocidental. [S/同] Nihóń-gámí.

yohéí 余弊【E.】 **1** [まだ残っている弊害] O mal (que fica). ★ *Sensō no ～* 戦争の余弊 As sequelas [(más) consequências] da guerra. ⇨ heí-gáí. **2**

[それに伴ってあらわれる弊害] O mal (concomitante). ★ *Bunmei no* ～ 文明の余弊 Os males da civilização. ⇨ heí-gáí.

yṓhéí[1] **[oó]** 用兵 A tá(c)tica; a estratégia.

yṓhéí[2] **[oó]** 傭兵 O (soldado) mercenário. [S/同] Yatóí-hei.

yṓhéí[3] **[oó]** 葉柄【Bot.】O pecíolo; o talo; o pé da folha.

yṓhín[1] **[oó]** 用品 O utensílio; o instrumento. ◇ **Daidokoro ～** 台所用品 Os utensílios de cozinha. **Jimu ～** 事務用品 Os artigos de escritório. ⇨ yṓgu.

yṓhín[2] **[oó]** 洋品 O vestuário ocidental e seus acessórios. ◇ **～ ten [ya]** 洋品店 [屋] A loja de ～; a retrosaria.

yṓhí-shi [oó] 羊皮紙 O pergaminho (Papel de pele).

yohṓ 予報 A previsão; o prognóstico; a predição; o pré-aviso. ～ *ga atatta* [*hazureta*] 予報が当たった [はずれた] A previsão acertou [falhou]. ★ ～ *suru* 予報する Prever; predizer; prognosticar. ◇ **Chōki ～** 長期予報 A previsão a longo prazo. **Tenki ～** 天気予報 A previsão [O boletim] meteorológica/o [do tempo].

yṓhṓ[1] **[yoó]** 用法 O modo de usar「o remédio」; o uso; o emprego. ★ ～ *o ayamaru* 用法を誤る Fazer mau uso「de」; não saber usar. [S/同] Shiyṓ-hṓ; tsukáí-kátá.

yṓhṓ[2] **[yoó]** 養蜂 A apicultura; a criação de abelhas. ◇ **～ jo** 養蜂所 O apiário; o colmeal. **～ ka** 養蜂家 O apicultor; o abelheiro; o colmeeiro. ⇨ mitsúbachi.

yohódó 余程 **1** [かなり] Muito; bem; bastante; grandemente; altamente; consideravelmente; em larga medida. *Kanojo ga naku nante ～ no koto da* 彼女が泣くなんてよほどのことだ Para ela chorar, deve ser algo muito grave. ★ ～ *izen ni* よほど以前に Há bastante tempo (atrás). ～ *no taikin* よほどの大金 Uma considerável quantia de dinheiro. [S/同] Kánari; sṓtṓ; zúibun. **2** [よくよく] Em extremo; demasiadamente; pronto!; quase; mesmo. ★ ～ *no koto ga nai kagiri* よほどのことがない限り Desde que não haja nada de extremamente [muito (+)] excepcional「eu venho」. [S/同] Yokúyókú.

Y **yói**[1] 良 [好・善] い **1** [性質・状態などがすぐれていて好ましい] Bom; fino; bondoso; cortês; agradável; favorável; benéfico; propício; excelente; magnífico. *Ano futari wa ～ naka da* あの二人はよい仲だ Aqueles dois são namorados/amantes. *Haya-ne haya-oki wa kenkō ni ～* 早寝早起きは健康によい Deitar cedo e cedo erguer dá saúde e faz crescer. *Koko wa nagame ga ～* ここはながめがよい Isto tem uma magnífica vista. *Kore wa hinshitsu mo ～ ga nedan mo ～* これは品質もよいが値段もよい Isto é de boa qualidade mas o preço também é elevado [“bom”]. ★ ～ *tenki* よい天気 O bom tempo. *Iegara no ～ hito* 家柄のよい人 A pessoa de boa família. *Kidate no ～ ko* 気立てのよい子 O menino bondoso. *Naka no ～ fūfu* 仲のよい夫婦 O casal feliz. *Seiseki no ichiban ～ seito* 成績の一番よい生徒 O aluno com melhor aproveitamento [melhores notas]. [S/同] Íi. [A/反] Warúi.

2 [適当な; 好都合な] Corre(c)to; próprio; conveniente; ajustado; justo; adequado; certo; preferível; desejável. ～ *toki ni kite kureta* よいときに来てくれた Você veio mesmo no momento oportuno [próprio]. *Ikimono o ijimeru no wa yokunai* 生き物をいじめるのはよくない Não se devem maltratar os animais. *Kare ni jijitsu o shiraseru no ga kanarazushimo ～ to wa kagiranai* 彼に事実を知らせるのが必ずしもよいとは限らない A ele, nem sempre é conveniente contar-lhe o que se passa. *Kinō ikeba yokatta no ni* きのう行けばよかったのに Teria sido melhor se tivesse ido [Que pena não ter ido] ontem. *Minna buji de yokatta* みんな無事でよかった Que bom não nos ter acontecido nada. *Taifū ga konakereba ～ ga* 台風が来なければよいが Oxalá não venha um tufão. *Watashira wa dō shitara ～ deshō* 私らはどうしたらよいでしょう O que acha que devemos fazer? [S/同] Íi **2**. ⇨ kṓ-tsúgō; tekítṓ.

3 [差しつかえない] Aceitável; admissível; não ter [haver] problema; ser possível. *Boku wa sono jigyō ga seikō shiyō to shippai shiyō to dō de mo ～* ぼくはその事業が成功しようと失敗しようとどうでもよい Tanto me importa [se me dá] que essa empresa tenha êxito ou [como] não. *Omoshiroku sae areba donna hon de mo ～* 面白くさえあればどんな本でもよい Desde que seja interessante qualquer livro serve. *Shitsumon o shite mo ～ desu ka* 質問をしてもよいですか Posso fazer(-lhe) uma pergunta? *Yokattara meshiagatte kudasai* よかったら召し上がって下さい Sirva-se [Coma] se gosta. [S/同] Íi **3**.

4 [容易な]【Suf.】Fácil. *Kare no jitai wa yomi-～* 彼の字体は読みよい A letra dele é muito legível [fácil de ler]. ★ *Nomi ～ kusuri* 飲みよい薬 O remédio fácil de tomar. [S/同] Íi **4**; -yasúi (+). ⇨ yóí[2]. **5** [十分だ] Bastante; suficiente. *Kono kikai no gurīsu hokyū wa nen ikkai de ～* この機械のグリース補給は年一回でよい Esta máquina basta lubrificá-la uma vez por ano. ★ *Kore de ～* これでよい Está bem assim/Com isto chega. **6** [かなりの] Bastante; considerável. ～ *toshi o shite, sonna koto o shite wa ikenai* よい年して, そんなことをしてはいけない Uma pessoa com a sua idade já não devia fazer tal coisa.

yoí[2] 酔い (< yóu) **1** [酒で酔うこと] A embriaguez; a bebedeira. *Kare wa dandan ～ ga mawatte kita* 彼はだんだん酔いが回ってきた Ele começou a ficar embriagado/bêbedo. ★ ～ *o samasu* 酔いをさます Ficar sóbrio; a bebedeira passar. ◇ **Futsuka ～** 二日酔い A ressaca. ⇨ **～ dore**. **2** [乗り物に酔うこと] O enjoo. ◇ **Funa ～** 船酔い ～ de barco. **Norimono ～** 乗り物酔い ～ nas viagens. ⇨ **～ dome**.

yoí[3] 宵 A noitinha; o anoitecer. ★ ～ *no myōjō* 宵の明星 A estrela vespertina [da tarde]. ～ *no kuchi ni* 宵の口に À boca [Ao cair] da noite. ◇ ⇨ **～ goshi**.

yṓí[1] **[óo]** 用意 A preparação; os preparativos; o arranjo; a prevenção. ～ *bantan totonotta* 用意万端整った Está tudo pronto [preparado]. *Ichi ni tsuite, ～, don* 位置について, 用意, どん Tudo a postos! Prontos! Vamos! *Masaka no toki no ～ ni tashō no chochiku wa shite ita* まさかの時の用意に多少の貯蓄はしていた Eu tinha-me prevenido [tinha o meu pé-de-meia] para uma emergência/o pior dos casos. *O-shokuji no ～ ga dekimashita* (*yo*) お食事の用意ができました(よ) A comida está na mesa. ★ *Amagu no ～ o suru* 雨具の用意をする Prevenir-se para a chuva. *Ensoku no ～ o suru* 遠足の用意をする Fazer os preparativos para o passeio. ～ *shūtō na keikaku* 用意周到な計画 O plano prudente [cauteloso). ⟦S/同⟧ Júnbi; shitákú.

yōí² [oó] 容易 A facilidade; a simplicidade. *Gaikoku-go ni jukutatsu suru no wa ~ na koto de wa nai* 外国語に熟達することは容易なことではない Não é fácil dominar [aprender bem] uma língua estrangeira. *Kare no byōki wa ~ ni naoranakatta* 彼の病気は容易に直らなかった A doença dele custou [demorou] a curar. ★ *~ naranu jitai* 容易ならぬ事態 A situação grave [nada fácil/nada simples]. ⟦S/同⟧ Héii; kańtán. ⟦A/反⟧ Kónnan.

yoí-dómé 酔い止め (< … ² + tomérú) O tirar o enjoo. ★ *~ no kusuri* 酔い止めの薬 O remédio contra [para (tirar)] o enjoo.

yoídóré 酔いどれ (⇨ yoí² 1)【G.】O bêbe[a]do; o ébrio; o borracho. ⟦S/同⟧ Yoppárái (+).

yoí-góshi 宵越し (< … ³ + kosú) A passagem de um dia para o outro. *Edokko wa ~ no kane wa motanai* 江戸っ子は宵越しの金は持たない Um natural de Tóquio não guarda dinheiro para o outro dia.

yōíkú [oó] 養育 A criação (Sobretudo de animais); a educação e sustento. ◇ **~ sha** 養育者 O educador; o criador (de animais). ⟦S/同⟧ Fuíkú; fuyố.

yoimáchí-gusa 宵待草 (⇨ yoí³)【Bot.】A ónagra. ⟦S/同⟧ Tsukímísố.

yoí-mátsuri 宵祭 (⇨ yoí³) A véspera do festival [da festa]. ⟦S/同⟧ Zeń'yá-sai.

yoín 余韻 A reverberação; a ressonância; o eco. ★ *~ jōjō taru kane no ne* 余韻嫋嫋たる鐘の音 O som ressonante do sino. *~ no aru shi* 余韻のある詩 O poema cheio de ressonância. ⇨ yojố.

yốín¹ [oó] 要因 O fa(c)tor primordial; a causa principal. ⇨ gén'ín.

yốín² [oó] 要員 O pessoal necessário; a mão-de-obra requerida. ◇ **Konpyūta ~** コンピュータ要員 ~ para (trabalhar com) computadores.

yōí náranu [oó] 容易ならぬ ⇨ yốí².

yoí-nó-kúchi 宵の口 ⇨ yoí³.

yoíppári 宵っ張り (< yoí³ + harú)【G.】**a)** O ficar acordado [a pé] até tarde; **b)** O no(c)tívago [A ave nocturna]. *~ no asanebố da* 宵っ張りの朝寝坊だ Ele deita-se e levanta-se tarde/Ele é ave no(c)turna. ⇨ yo-fúkashi.

yoí-shirérú 酔い痴れる (< yoí² + …) Ficar completamente ébrio [a delirar com o álcool]. ★ *Bishu ni ~* 美酒に酔い痴れる Ficar embriagado com um bom saké.

yóisho よいしょ【G.】**1**［かけ声］Eia!; Upa!; Força!; Hm, hm … (Ou ainda: *~ ! ~ !* よいしょ!よいしょ!) Eia, eia! ⟦S/同⟧ Yói sa. **2**［…］odaté).

yoítómáké よいとまけ【G.】A mulher trolha; a operária da construção civil.

yoí-tsúbúréru 酔い潰れる (< yóu + …) Beber até (ficar a) cair de bêbedo.

yoí-tsúbúsu 酔い潰す (< yóu + …) Embebedar alguém até o fazer cair de bêbedo.

yoí-yámi 宵闇 (< yoí³ + …) O crepúsculo [As sombras] do cair da noite. ⟦S/同⟧ Yū-yámí.

yoíyóí よいよい【G.】A ataxia motora; a paralisia. ★ *~ ni naru* よいよいになる Perder a coordenação dos movimentos; ficar paralítico. ⇨ chūbú.

yoí-záme 酔い覚め (< … ² + samérú) A cura da bebedeira. ★ *~ no mizu o nomu* 酔いざめの水を飲む Beber água para se recompor [se refazer] da [para curar a] bebedeira.

yoji 余事【E.】**1**［そのことに直接関係ないこと］As coisas secundárias [que não têm a ver dire(c)tamente com o assunto]. ★ *~ ni wataru* 余事にわたる Passar às ~. **2**［余暇にする仕事］O trabalho para se fazer quando houver tempo.

yōji¹ [oó] 用事 O negócio; o assunto; o serviço; o trabalho; os afazeres; o compromisso. *~ ga aru* 用事がある Ter que fazer [*Nani ka watashi ni ~ ga o-ari desu ka* 何か私に用事がおありですか Tem algum assunto a tratar comigo [trabalho para eu fazer]?]. *~ o sumasu* 用事を済ます Acabar o trabalho. *Hito ni ~ o tanomu* 人に用事を頼む Pedir a alguém para fazer um trabalho. ⟦S/同⟧ Shoyố; yốkén¹.

yōji² [oó] 幼児 O bebé[bê]; a criança pequenina (de peito). ◇ **~ go** 幼児語 A linguagem infantil. **~ ki** 幼児期 A infância. **~ kyōiku** 幼児教育 A educação infantil.

yōji³ [oó] 幼時 A infância. ⟦S/同⟧ Yōnén-jídai. ⇨ yốchí¹.

yōji⁴ [oó] 楊枝 O palito (dos dentes). ★ *~ o tsukau* 楊枝を使う Palitar os dentes. ★ *~ de jūbako no sumi o hojikuru* 楊枝で重箱の隅をほじくる Discutir sobre ninharias [niquices]; ser niquento [picuinhas]. ⟦S/同⟧ Tsumá-yốji.

yo-jigen 四次元 **1**［第四次元］A quarta dimensão. ★ *~ no sekai* 四次元の世界 O mundo quadrimensional. **2**［四つの次元］As quatro dimensões.

yōji-hōteishiki 四次方程式【Mat.】O biquadrado; a equação de quarto grau.

yojín 余人【E.】As outras pessoas; a outra gente; os outros. *~ o majiezu kaidan suru* 余人を交えず会談する Ter uma conversa particular [a sós「com o ministro」]. ★ *~ o motte kaegatai hito* 余人を以って代えがたい人 A pessoa dificilmente substituível.

yojín 余燼【E.】O fogo「do amor」debaixo das cinzas; as cinzas ainda quentes; o rescaldo「da guerra」. ⟦S/同⟧ Moé-sáshí.

yốjín¹ [oó] 用心 O cuidado; a cautela; a atenção; a precaução; a prevenção; a discrição. *~ no tame kasa o motte iki nasai* 用心のため傘を持って行きなさい Leve o guarda-chuva por precaução. *Ashimoto ni go-~* [chū]足元にご用心[注意] Veja onde pisa [põe os pés]; cuidado com o pé. ★ *~ o okotaru* 用心を怠る Descuidar-se; não tomar o devido cuidado. *~ (o)suru* 用心(を)する Tomar cuidado「com」; prevenir-se; estar alerta; ser cauteloso. *Hi no ~ o suru* 火の用心をする Tomar precauções contra o fogo [os incêndios]. ⇨ chūí¹; keíkái¹.

yốjín² [oó] 要人 A pessoa muito importante; a grande personalidade; o VIP. ★ *Seifu no ~* 政府の要人 A alta personalidade [Um graúdo (G.)] do governo.

yōjin-bō [oó] 用心棒 (< yốjín¹ + …)【G.】**1**［護衛］O guarda-costas; o caceteiro; o capanga (G.; B.). ⟦S/同⟧ Goéí. **2**［しんばり棒］A tranca; o ferrolho. ⟦S/同⟧ Shińbárí-bô.

yốjín-búkái [oó] 用心深い (< … ¹ + fukái) Atento; cuidadoso; escrupuloso; cauteloso; precavido; prudente; circunspe(c)to. *~ na seikaku* 用心深い性格 O cará(c)ter. *Yōjin-bukaku kōdō suru* 用心深く行動する Agir com prudência [cautela].

yoji-nóbóru 攀じ登る Trepar; subir. ★ *Ki ni ~* 木に攀じ登る ~ à árvore.

yojíré 捩れ (< yojíréru) ⇨ nejíré.

yojíréru 捩れる (< yojíru) Ficar torcido [retorcido]; 「o arame」torcer(-se). *Hara no kawa ga ~ hodo okashii* 腹の皮が捩れる程おかしい É tão engraçado que até me torço de riso! *Nekutai ga yojirete iru* ネクタイが捩れている A gravata está [Tem a gravata] torcida. [S/同] Nejí-mágáru; nejíréru; yoréru.

yojírōbē 与次郎兵衛 ⇨ yajírōbē.

yojíru 捩る (⇨ yojíréru) Torcer; retorcer; contorcer. ★ *Karada o yojitte ushiro o miru* 体を捩って後ろを見る Virar-se a olhar para trás. [S/同] Nejíru.

yojíumu ヨジウム ⇨ yṓdo².

yojṓ¹ 余剰 O excesso; o excedente; a sobra; o resto; o restante. ◇ **~ busshi** 余剰物資 O material excedente. **~ jinin** 余剰人員 O pessoal em excesso; os supranumerários; a mão-de-obra excedente. **~ kachi** 余剰価値【Econ.】O valor excedente. **~ kin** 余剰金 O superavit; o sobrante. [S/同] Amárí (+); jṓyo; zán'yo.

yojṓ² 余情【E.】「a poesia」Cheia de lirismo. [S/同] Yoíń (+).

yṓjo¹ [óo] 養女 A filha ado(p)tiva [de criação (B.)]. ★ *~ ni naru* 養女になる Ser ado(p)tada (como filha). ⇨ yṓshí⁴.

yṓjo² [óo] 幼女 Uma menina pequenina. ⇨ dṓjo.

yṓjṓ¹ [yoó] 洋上 No mar. [S/同] Kaíjṓ (+).

yṓjṓ² [yoójóo] 養生 **1** [摂生する] O cuidar da saúde. ★ *~ suru* 養生する Cuidar [Tratar] da saúde; restabelecer-se. [A/反] Fu-yṓjō. ⇨ hoyṓ; sesséí¹. **2** [作業物を汚損しないように保護する]【Arqui.】A presa [secagem]. ★ *Konkurīto no ~ o suru* コンクリートの養生をする Fazer a ~ do betão [cimento].

yṓjútsú [oó] 妖術【E.】A magia; a bruxaria; a feitiçaria. [S/同] Geńjútsú; mahṓ (+); májutsu (+).

yóka¹ 余暇 O tempo livre; as horas de lazer. *~ o dō sugoshimasu ka* 余暇をどう過ごしますか Como ocupa o seu tempo livre? ⇨ himá¹.

yóka² 予科 O curso preparatório. [A/反] Hónka.

yṓká¹ [oó] 八日 **1** [八日間] Oito dias. **2** [第八日] O oitavo dia (do mês). ★ *Shigatsu ~* 四月八日 O dia 8 de Abril.

yṓka² [óo] 養家 A família ado(p)tiva. ★ *~(saki) no oya* 養家(先)の親 Os pais ado(p)tivos [de criação (B.)]. [A/反] Jikká; séika.

yṓká³ [oó] 沃化【Quím.】A iodação. ◇ **~ aruminiumu [gin; kari(umu); natoriumu]** 沃化アルミニウム[銀; カリ(ウム); ナトリウム] O iodeto de alumínio [prata; potássio; sódio]. **~ butsu** 沃化物 O iodeto.

yṓkái¹ [oó] 妖怪【E.】A aparição fantástica; a assombração; o fantasma; o espe(c)tro; o papão; o monstro. ◇ **~ henge** 妖怪変化 A aparição sob forma de monstro. [S/同] Bakémóno (+); hénge. ⇨ yū́rei.

yṓkái² [oó] 溶解 **1** [物質が液体中にとけて均一な液体となること] A solubilidade [solvência]; a dissolução; a liquefação. ★ *~ sei no* 溶解性の Liquefa(c)tivo; solúvel. *Mizu ni ~ suru* 水に溶解する Solúvel em água. ◇ **~ do** 溶解度 A solubilidade. **~ do kyokusen** 溶解度曲線 A curva de solubilidade. **~ netsu** 溶解熱 A temperatura de dissolução. **2** [固体が熱で液化すること] O derretimento (com o calor); a fusão; a fundição. ◇ **~ ro** 溶解炉 O forno de fundição.

yṓkái³ [oó] 容喙【E.】A interferência; a intromissão. [S/同] Sashídé-guchi.

yokákú¹ 予覚【E.】O pressentimento; o presságio; o agouro. [S/同] Yokáń (+).

yokákú² 与格【Gram./L.】O (caso) dativo. ⇨ kakú⁶ **2**.

yokákú³ 余角【Geom.】O ângulo complementar.

yokáń¹ 予感 A premonição; o pressentimento; a intuição. *Kimi ga kuru yō na ~ ga shita* 君が来るような予感がした Tive o pressentimento (de) que você viria. ★ *~ ga atatta* 予感が当たった O ~ concretizou-se [estava certo]. *Fukitsu na ~ ga suru* 不吉な予感がする Ter um mau ~.

yokáń² 余寒【E.】O frio retardatário; os restos do inverno. [A/反] Zánsho.

yṓkan¹ [óo] 羊羹 A geleia-doce de feijão「em barra」. ◇ **~ iro** 羊羹色 A cor de ferrugem; a cor desbotada「de tecido」. **Mizu ~** 水羊羹 ~ aguada.

yṓkáń² [oó] 洋館 O edifício (em estilo) ocidental. [S/同] Seíyṓkáń.

yokáránu 良[善]からぬ (< yói) Mau「resultado」; ruim;「um plano」malévolo. ★ *~ kokoro o okosu* よからぬ心を起こす Ter [Deixar-se levar por] maus pensamentos.

yokáré-áshikare 善かれ悪しかれ (< yói + áshi) O bem ou o mal; o certo ou o errado. *~ gendai bunmei no kiso wa kagaku de aru* 善かれ悪しかれ現代文明の基礎は科学である Para bem ou para mal, a civilização moderna assenta na [tem como base a] ciência. ⇨ dotchímíchí; tómokaku.

yokáre(kashi) [**yokárékáshi**] 良かれ(かし) A boa intenção. *~ to omotte shita koto ga mattaku urame ni deta* よかれと思ってしたことが全く裏目に出た Eu fi-lo na [com a] melhor das intenções mas saiu tudo ao contrário.

yokátsú 余割【Mat.】A co-secante.

yó-kaze 夜風 O vento [A brisa] no(c)turno/a.

-yoke 除[避]け (< yokéru) A prote(c)ção; a defesa「contra a (h)umidade」; o abrigo「da chuva」; o talismã. ◇ **Dorobō [Mushi] ~** どろぼう[虫]除け A ~ contraos ladrões [inse(c)tos]. ⇨ **ma [shimo] ~**.

yokéí 余計 **1** [余分] O estar a mais「no grupo」; o excesso; a sobra. ★ *~ na mono* 余計なもの O que sobra [está a mais]. *Sen-en ~ ni harau* 千円余計に払う Pagar mil yens a mais [em excesso]. ◇ **~ mono** 余計者 A pessoa a mais. **2** [無益] O ser desnecessário [inútil]. *~ na o-sewa da* 余計なお世話だ Meta-se na sua vida [Não se (intro)meta onde não é chamado/Alguém lhe pediu conselhos?]. *~ na shinpai wa shinai hō ga ii* 余計な心配はしない方がいい Não vale a pena preocupar-se inutilmente. ★ *~ na koto o suru* 余計なことをする Fazer coisas desnecessárias [inúteis]. [S/同] Mudá; múeki. **3** [もっと] Muito mais; cada vez mais. *Hito yori ~(ni) piano no renshū o shita* 人より余計(に)ピアノの練習をした Pratiquei piano muito mais do que outros. *Miru na miru na to iwareru to ~ mitai mono da* 見るな見るなと言われると余計見たいものだ Quanto mais nos dizem para não ver mais queremos [tentados somos a] ver/O fruto proibido é o mais apetecido. [S/同] Issṓ; masúmasu; mótto.

yṓkéí [oó] 養鶏 A criação de galinhas [aves domésticas]. ★ *~ o suru* 養鶏をする Ser avicultor; criar galinhas. ◇ **~ jō** 養鶏場 O aviário. ⇨ torí¹.

yokéń 予見【E.】A presciência; a previsão「do que vai ser o mundo daqui a vinte anos」; o conhecimento prévio. ★ *Dōran o ~ suru* 動乱を予見する Prever distúrbios. [S/同] Seńkéń; yóchi; yosókú.

yṓkén[1] **[oó]** 用件 O negócio; o assunto. *Go-~ wa nan desu ka* 御用件はなんですか O que deseja o senhor? ★ *Sassoku ~ ni hairu* 早速用件に入る Ir dire(c)to [logo] ao assunto. [S/同] Yō[3].

yṓkén[2] **[oó]** 要件 **1** [重要な用事] O assunto [negócio] importante. **2** [必要条件] A condição necessária; o requisito. ★ *~ o mitasu [gubi suru]* 要件を満たす[具備する] Preencher as condições (necessárias); satisfazer os requisitos.

yokéru 避ける **1** [さける] Evitar; desviar-se; evadir-se; esquivar-se; iludir. *Giron no hokosaki o takumi ni ~* 議論のほこ先を巧みに避ける Iludir habilmente os argumentos/Parar o [Ganhar ao] adversário. [S/同] Sakéru. **2** [別にしておく] Separar; pôr à [de] parte. ★ *Seihin kara furyōhin o ~* 製品から不良品を避ける ~ os artigos defeituosos.

yóki 予期 A expe(c)tativa; a esperança; a previsão; o prognóstico. ★ *~ ni hanshite* 予期に反して Contrariamente às expectativas. *~ senu dekigoto* 予期せぬ出来事 O acontecimento inesperado [imprevisto/imprevisível]. *~ suru* 予期する Esperar; prever; calcular. [S/同] Yosṓ; yosókú.

yṓki[1] **[óo]** 容器 O recipiente; o rece(p)táculo; a vasilha. [S/同] Iré-mónó.

yṓki[2] **[óo]** 妖気【E.】O ar sinistro [estranho].

yṓkí[3] **[oó]** 陽気 **1** [時候] O tempo. *~ ga yoku natta* 陽気がよくなった O tempo melhorou [pôs-se melhor]. *Kekkō na ~ de (su ne)* 結構な陽気で(すね) Está um lindo dia, não está? ★ *~ no kagen [sei] de* 陽気の加減[せい]で Por causa do [Devido ao] ~. [S/同] Jikṓ; teńkṓ. **2** [快活] A vivacidade; a alegria; o bom humor; a boa disposição. ★ *~ na* 陽気な「a pessoa」Alegre; vivaz; jovial; bem humorado; bem disposto. *~ ni naru* 陽気になる Alegrar-se; animar-se. [S/同] Hogáraka; kaíkátsú. [A/反] Ińkí.

yokíń 預金 O depósito; a conta bancária; as economias. *Kare wa sono ginkō ni gojūman-en no ~ ga aru* 彼はその銀行に 50 万円の預金がある Ele tem depositada nesse banco uma conta de 500 mil yens. ★ *~ o hikidasu [orosu]* 預金を引き出す[おろす] Retirar o depósito; fechar a conta. ◇ **~ daka** 預金高 A importância [quantia/O dinheiro] do/a ~. **~ junbiritsu** 預金準備率 A taxa de depósito de reserva legal. **~ tsūchō** 預金通帳 A caderneta do banco. **Futsū ~** 普通預金 A conta corrente. **Ginkō ~** 銀行預金 A ~. **Shintaku ~** 信託預金 O ~ de crédito [garantia]. **Teiki ~** 定期預金 O ~ a prazo. **Tōza ~** 当座預金 A conta à ordem. ⇨ chokíń.

yokín-sha[-nushi] 預金者[主] O depositante.

yokká 四日 **1** [4 日間] Quatro dias. ★ *~(kan) no shutchō ryokō* 四日(間)の出張旅行 A viagem de trabalho de ~. **2** [第 4 日] O dia quatro. ★ *Ichi-gatsu ~* 一月四日 ~ de janeiro.

yokkyū́ 欲求 O desejo; o anseio; a necessidade; a ânsia; o afã. ★ *~ o mitasu [osaeru]* 欲求を満たす[抑える] Satisfazer [Sufocar] o desejo. ◇ **~ fuman** 欲求不満 A frustração; o desejo não satisfeito [*~ fuman ni ochiiru [naru]* 欲求不満に陥る[なる] Sentir-se [Ficar] frustrado. *~ fuman o kaishō suru* 欲求不満を解消する Acabar com (todas) as frustrações]. [S/同] Yokúbṓ.

yokó 横 **1** [左右の方向] O lado; a dire(c)ção [posição] horizontal [transversal]. *Kare wa tate no mono o ~ ni suru no mo okkū-garu* 彼は縦の物を横するのもおっくうがる Ele é a preguiça em pessoa (Lit. Ele, até lhe custa pôr deitado o que está de pé). ★ *~ ni aruku [hau]* 横に歩く[はう] Andar [Rastejar] de lado「como o caranguejo」(⇨ yokó-áruki [báí]).「*Sen o*」*~ ni hiku*「線を」横に引く Traçar uma linha horizontal.「*Nedoko ni*」*~ ni naru* 寝床に横になる Deitar-se de lado「na cama」. *~ ni suru* 横にする Colocar algo na horizontal; deitar.「*Fune ga*」*~ ni yureru*「船が」横に揺れる「O navio」balança para os lados. *Kubi o ~ ni furu* 首を横に振る Abanar a cabeça para os lados a dizer que não [Dizer não com a cabeça]. *Tate kara mite mo ~ kara mite mo* 縦から見ても横から見ても De qualquer lado [ângulo] que se veja,「o problema é sério」;「ela é bonita」da cabeça até aos pés; completamente. [A/反] Táte.
2 [ものの左右の長さ] A largura. ★ *Tate go-senchi ~ san-senchino kādo* 縦 5 センチ横 3 センチのカード Um cartão com 5cm de comprimento e [por] 3 de largura. [A/反] Táte.
3 [わき] O lado; o flanco. *Itsu no ma ni ka hanashi ga ~ ni soreta* いつの間にか話が横にそれた Sem darmos por ela [isso], a conversa tinha descambado [tínhamo-nos desviado do assunto]. ★ *~ kara kuchi o dasu* 横から口を出す Meter-se na conversa [Meter o bico] do lado. *~ o muku* 横を向く Virar-se para o lado. *Dan-bōru bako no ~ ni shīru o haru* 段ボール箱の横にシールをはる Pôr [Colar] uma etiqueta no lado da caixa (de papelão). ⇨ sóba[1]; sokúméń, sóppo; tonárí; yokóáí; wakí[1].

yokṓ[1] 予行 O ensaio「da peça (teatral)/cerimó[ô]nia」. ★ *~(enshū o) suru* 予行 (演習を) する Ensaiar; fazer o ~「geral」. [S/同] Rihā́saru.

yokṓ[2] 余光【E.】 **1** [日没後, 空に残る光] O crepúsculo vespertino. [S/同] Yoéí. **2** [お陰] A influência; o respaldo; o favor; a graça. [S/同] O-kágé (+); yotókú.

yṓkṓ[1] **[yoó]** 洋行 A viagem ao estrangeiro [ocidente]. ★ *~ gaeri no hito* 洋行帰りの人 A pessoa que regressou de uma ~. *~ suru* 洋行する Ir [Fazer uma ~] ao… [S/同] Gaíyū́; kaígáí ryókō (+).

yṓkṓ[2] **[yoó]** 要項 Os pontos [As cláusulas] principais. ◇ **Seito boshū ~** 生徒募集要項 Guia dos [Pontos principais a ter em conta pelos] candidatos.

yṓkṓ[3] **[yoó]** 要綱【E.】Os pontos principais; a ideia [o sentido] geral; o estatuto; o resumo; a sinopse「da literatura p.」. ★ *Kaisha no setsuritsu ~* 会社の設立要綱 Os estatutos da fundação da empresa. [S/同] Taíyṓ.

yṓkṓ[4] **[yoó]** 陽光【E.】Os raios solares; o brilho do sol. ★ *Haru no ~ o abiru* 春の陽光を浴びる Gozar o sol da primavera.
[S/同] Níkkō (+). ⇨ kṓséń[1]; hizáshí.

yokóáí 横合い O flanco; o lado. ★ *~ kara kuchi o dasu* 横合いから口を出す Interromper a conversa; (intro)meter-se na conversa. [S/同] Yokó **3**.

yokó-áná 横穴 A caverna; a galeria; o túnel. ◇ **~ shiki kofun** 横穴式古墳 O túmulo「antigo」em caverna [cavado na encosta]. [A/反] Taté-áná.

yokó-áruki 横歩き (<… + arúku) O「caranguejo」andar de [O ir para o] lado. ★ *~ suru* 横歩きする …

yokó-báí 横這い (<… + háu) **a)** O andar de lado; **b)**

Y

A estabilidade. *Tetsu no seisan-ryō wa ~ jōtai de aru* 鉄の生産量は横這い状態である【Fig.】A (quantidade de) produção de ferro mantém-se estável [mais ou menos igual]. ★ *Kani no ~* カニの横這い O andar de lado do caranguejo.

yokó-bárá 横腹 O flanco; a ilharga. ★ *~ ga itai* 横腹が痛い Sentir dores [Ter uma dor] no/a ~. *Fune no ~* 船の横腹 O costado do navio. ⓈⒽ Wakí-bará; yokó-hárá; yokóppará.

yokó-búé 横笛 (<…+ fué) A flauta transversal. ⓈⒽ Taté-búé.

yokó-búrí 横降り (<…+ fúru) A chuva que cai obliquamente [que vem de lado]. *Yagate ame wa ~ ni natta* やがて雨は横降りになった Depois [Em breve] a chuva começou a vir de lado, puxada pelo vento.

yokóchō 横町 A rua lateral; a travessa; a ruela; a viela; o beco. *Watashi no uchi wa ~ o magatte goken-me desu* 私のうちは横町を曲って五軒目です A minha casa é a quinta, depois de virar para essa ruela. ★ *~ no go-inkyo* 横町の御隠居 O velho (desocupado/reformado) da ruela. ⓈⒽ Kójí. ⇨ yokó-míchí **1**.

yokó-dáki 横抱き (<…+ dakú) O levar「um fardo」 debaixo do braço「e uma mala na mão」.

yokó-dáoshi 横倒し (<…+ taósu) O cair para o lado. *Jitensha ga ~ ni natta* 自転車が横倒しになった A bicicleta tombou [caiu] para o lado.

yokó-dóri 横取り (<…+ tóru) A usurpação「do poder」; a confiscação「do terreno」; o bifar「surripiar/deitar a unha」(G.); o roubo. ★ *Hito no kane o ~ suru* 人の金を横取りする Roubar dinheiro. *Koibito o ~ suru* 恋人を横取りする Roubar o [a] namorado[a].

yokó-gáki 横書き (<…+ káku) A escrita horizontal [da esquerda para a direita]. ★ *~ no binsen* [*nōto*] 横書きの便箋［ノート］O papel [caderno] com linhas. ⒶⓇ Taté-gáki.

yokó-gámi-yábúri 横紙破り (<…+ kamí + yabúru)【G.】A teimosia; o capricho「do chefe」; a obstinação. ⇨ yokó-gúruma.

yokó-gáo 横顔 (<…+ káo) O perfil; a silhueta. *Kanojo wa ~ ga kirei da* 彼女は横顔がきれいだ Ela tem um lindo perfil. ★ *Shin-chū-Nichi-taishi no ~* 新駐日大使の横顔【Fig.】O perfil [Breve biografia] do novo embaixador「do B.」no J. ⓈⒽ Purófíru.

yokó-gí 横木 (<…+ kí?) A tranca. ⓈⒽ Bā.

yokó-gíru 横切る (<…+ kíru) Atravessar「a rua/uma ponte」; cruzar「o rio」. ★ *Gyōretsu no yukute o ~* 行列の行手を横切る Cortar pelo [~ o] desfile. ⓈⒽ Ōdán súrú; watárú.

yokó-gúruma 横車 (<…+ kurumá) A teimosia; a imposição; a obstinação. ★ *~ o osu* 横車を押す Impor teimosamente [obstinadamente] as suas ideias (aos outros). ⓈⒽ Murí-óshi; rifújin. ⇨ yokó-gámí-yábúri.

yokó-hábá 横幅 A largura. ★ *~ jū-mētoru no dōro* 横幅10メートルの道路 A estrada de [com] dez metros de ~. ⓈⒽ Habá (+).

yokó-hárá 横腹 ⇨ yokó-bárá.

yokó-íto 横糸 A trama「do tear」. ⓈⒽ Nukí-ító. ⟺ Taté-ító.

yokó-jíkú 横軸 **1**【Fís.】O eixo horizontal. **2**【Mat.】O eixo da abcissa. ⒶⓇ Taté-jíkú.

yokó-jímá 横縞 (<…+ shimá) A listra [risca] transversal. ⒶⓇ Taté-jímá.

yokó-kéí 横罫 A linha [O traço] horizontal. ⒶⓇ Taté-kéí.

yokókú 予告 O pré-aviso; o aviso [anúncio] (prévio); a notificação prévia. ★ *~ nashi ni* 予告なしに Sem「qualquer」aviso prévio.「*Taishoku o*」~ *suru*「退職を」予告する Notificar [Avisar] previamente alguém「da demissão」. *Jishū no ~* 次週の予告 Avisos para a [do que se vai fazer na] próxima semana. ◇ ~ **hen** 予告篇 Os trechos de filmes exibidos como anúncio「antes da sessão」. **Kaiko** ~ 解雇予告 O aviso prévio de despedimento (do emprego).

yokó-mé 横目 **a)** O olhar de lado [de esguelha]; **b)** O olhar sedutor [galanteador; amoroso; coquete]. ★ *~ de miru* 横目で見る **a)** Olhar de lado [soslaio]; **b)** Lançar um olhar amoroso.

yokó-míchí 横道 **1**［枝道］O ramal「da estrada」; o caminho secundário. ★ *~ e ukai suru* 横道へ迂回する Virar para o [Entrar no] ~. ⓈⒽ Edá-míchí; wakí-míchí. ⇨ yokóchō. **2**［本筋からはずれた事柄］【Fig.】Outro [Fora do] caminho; a digressão. *Hanashi ga ~ ni soreta* 話が横道にそれた Perdemo-nos「o orador」Perdeu-se] em digressões. **3**［邪道］O mau caminho. *Seishōnen ga ~ ni hairanai yō (ni) shidō shite kudasai* 青少年が横道にはいらないよう(に)指導して下さい Procurem orientar os jovens para que eles não se extraviem [não entrem por maus caminhos].

yokó-mójí 横文字 **1**［横書きの文字］As letras escritas horizontalmente [A escrita horizontal]. **2**［外国語］A língua estrangeira [de …]. ★ *~ no hon* 横文字の本 O livro (escrito) em ~.

yokó-múkí 横向き Virado para o lado. ★ *~ ni naru* 横向きになる **a)** Ficar ~; **b)** Pôr-se de lado.

yokó-nágá 横長 A forma oblonga [sobre o comprido]. ⒶⓇ Taté-nágá.

yokó-nágáré 横流れ (<…+ nagaréru) As vias ilegais; a circulação no mercado negro. ★ *~ no shina* 横流れの品 Um artigo ilegal [do mercado negro].

yokó-nágáshí 横流し (<…+ nagásu) O desvio de mercadorias racionadas [controladas]. ★ *Busshi o ~ suru* 物資を横流しする Vender no mercado negro.

yokó-nágúri 横殴り (<…+ nagúru) A pancada de lado. ★ *~ no ame* 横殴りの雨 A chuva que bate [vem] de lado.

yokó-námí 横波 **a)** A onda (que vem) de lado; **b)**【Fís.】A onda transversal. ★ *~ o kuu* [*ukeru*] 横波を食う［受ける］「o barco」Apanhar uma onda「perigosa」de lado. ⒶⓇ Taté-námí.

yokó-rénbo 横恋慕【G.】O amor ilícito. ★ *Hito-zuma ni ~(o) suru* 人妻に横恋慕(を)する Ter amores ilícitos com uma (mulher) casada.

yókóro [**yokóo**] 溶鉱炉 O forno de fundição; o alto forno.

yokó-sén 横線 A linha horizontal. ★ *~ o hiku* 横線を引く Traçar uma ~. ⒶⓇ Taté-sén.

yokóshímá 邪ま A desonestidade; a maldade. ★ *~ na kokoro* 邪まな心 Desonesto; mau「pensamento」; vil [~ *na koto o suru* 邪まなことをする Praticar um a(c)to desonesto [perverso; vil]. ⓈⒽ Jaákú.

yókoso [**óo**] ようこそ Bem-vindo! *~ (oide kudasai-*

yokósu 寄こす **1** [送ってくる] Mandar [Enviar] para cá [mim/nós]「uma carta」. *Ani ga yokoshita kane no zenbu tsukai-hatashita* 兄がよこした金を全部使い果たした Gastei todo o dinheiro que o meu irmão (mais velho) me tinha mandado [enviado]. **2** […してくる]【補助動詞】Vir; chegar. ★ *Denwa o kakete* ~ 電話をかけて寄こす um telefonema「a dizer que fui admitido」.

yokó-súbérí 横滑[ㇼ] り (<… +subéru) **a)** A derrapagem; o escorregar [deslizar] para o lado; **b)** A remoção. *Gaimu-daijin wa kakunai de* ~ *suru darō* 外務大臣は閣内で横滑りするだろう【Fig.】 O ministro dos negócios estrangeiros (P.) [das relações exteriores (B.)] deve ser removido para outra pasta (ministerial).

yokótáeru 横たえる (⇨ yokótáwaru) **1** [横に寝かす] Deitar; pôr deitado. ★ *Karada o beddo ni* ~ 体をベッドに横たえる Deitar-se na cama. **2** [横に差す] Levar na ilharga. ★ *Tachi o* ~ 太刀を横たえる Levar a espada à [na] ilharga.

yokó-táoshí 横倒し ⇨ yokó-dáoshí.

yokótáwaru 横たわる (⇨ yokótáeru) Deitar-se; jazer; estender-se「na cama」; estar deitado. *Zento ni wa ikuta no konnan ga yokotawatte iru* 前途には幾多の困難が横たわっている Muitas dificuldades jazem [nos esperam] no caminho. ★ *Natsu no yozora ni* ~ *ama-no-gawa* 夏の夜空に横たわる天の川 A via láctea que se vê [estende] no céu, nas noites de verão.

yokó-té 横手 O lado. ★ *Butai no* ~ *ni mawaru* 舞台の横手に回る Ir para o ~ do palco.

yokóttóbi 横っ飛び O salto para o lado. ★ ~ *ni jidōsha o yokeru* 横っ飛びに自動車をよける Fugir do carro, dando um ~.

yokóttsúrá 横っ面【G.】Uma face; a cara. ★ ~ *o hari-tobasu* 横面を張り飛ばす Dar uma bofetada [um estalo] na cara.

yokó-yárí 横槍 **a)** O ataque pelo flanco [de lado]; **b)** A intromissão; a interrupção「da mulher dele estragou-nos o negócio」; a ingerência「de outro país」. ~ *ga haitte hanashi ga matomarazu ni owatta* 横槍が入って話がまとまらずに終わった Alguém se intrometeu [se meteu do lado] e não chegámos a um acordo. ★ ~ *o ireru* 横槍を入れる Interferir; interromper; ingerir-se; intrometer-se. Ⓢ ⒽKańshō. ⇨ sashíéde-guchi.

yokó-yúré 横揺れ O balanço「do barco」para um lado e para o outro. ★ ~ *suru* 横揺れする Balançar para os lados. ⒶⓎTaté-yúré.

yokó-zámá 横様 (<… +samá) **1** [横の方向に]「nuvem grande na」Posição horizontal; de lado. ★ ~ *ni taoreru* 横様に倒れる Cair de [para o] lado. **2** [正しくないこと] Mau; perverso; irracional. ★ ~ *na kokoro* 横様な心「ter」Mau coração. ⇨ yokóshímá.

yokó-zúké 横付け (<… +tsukéru) A atracação; o acostamento; o encostar. ★ *Jidōsha no genkan no mae ni* ~ *suru* 自動車を玄関の前に横付けする Encostar [Chegar] o carro à entrada (da casa).

yokózúná 横綱 (<… +tsuná) **a)** O título máximo do lutador de sumô; **b)** O grande campeão. ~ *dōshi no taisen* 横綱同士の対戦 A partida entre dois grandes campeões. *Kayō-kai no* ~ 歌謡界の横綱 O campeão dos cantores.

yokú¹ 良【好・善】く (Adv. de "yói") **1** [十分に] Bem; corre(c)tamente; completamente; exa(c)tamente. ~ *gozonji desu ne* よくご存じですね Você sabe muito bem (, não é?). *Sensei no iu koto o* ~ *kiki nasai* 先生の言うことをよく聞きなさい Escute bem o que o professor diz. ★ ~ *kande taberu* よくかんで食べる Comer mastigando bem. ~ *yaketa niku* よく焼けた肉 A carne bem assada [passada]. Ⓢ Ⓗ.
2 [良好に] Bem; satisfatoriamente. *Dare de mo hito kara* ~ *omowaretai* 誰でも人からよく思われたい Todos gostam que os outros pensem bem deles. ★ ~ *naru* よくなる Ficar bem; melhorar. ~ *suru* よくする Melhorar 「*Jibun no tachiba o* ~ *suru* 自分の立場をよくする Melhorar a sua posição」. *Kono bun da to waga-kuni no keiki wa* ~ *naru darō* この分だと我が国の景気はよくなるだろう Da maneira como as coisas estão, a situação econó[ô]mica do nosso país vai melhorar]. *Monogoto o* ~ *toru* 物事をよく取る Interpretar as palavras de alguém no bom sentido. *Tanin no koto o* ~ *iu* 他人のことをよく言う Falar bem de outrem [dos outros]. *Tenki ga* ~ *natta* 天気がよくなった O tempo melhorou. Ⓢ Ⓗ Ryōkō ní.
3 [上手に] Bem; habilmente. *Kono shichū wa* ~ *dekite iru* このシチューはよくできている Este guisado「de carne」está bem feito [está uma delícia]. Ⓢ Ⓗ Jōzú ni.
4 [うまい具合に] Bem「verdade/dito」. ~ *shita mono de binbō ga kaette shiawase na koto mo aru* よくしたもので貧乏がかえって幸せなこともある Como tudo tem o seu lado bom [É bem verdade que] a pobreza muitas vezes traz a felicidade. *Suteru kami mo areba sukuu kami mo aru to wa* ~ *itta mono da* 捨てる神あれば救う神あるとはよく言ったものだ Que bem dito está, que se há deuses que condenam, também há deuses que salvam. Ⓢ Ⓗ Úmaku.
5 [しばしば] Muito; bastante; muitas vezes; frequentemente; commumente. *Kono hen wa* ~ *taifū ga yatte kuru* この辺はよく台風がやって来る Esta área está sujeita a frequentes furacões/tufões. *Sonna koto wa* ~ *aru koto sa* そんなことはよくあることさ Não te preocupes, coisas dessas vêem-se constantemente [todos os dias]. Ⓢ Ⓗ Shíbashiba.
6 [うれしい気持ちを表す] Bem [Que bom]! ~ *yatta* よくやった (Fez) muito bem! ~ *kite kureta* よく来てくれた Seja bem-vindo! **7** [皮肉を込めて] Bem; até que ponto; que bonito! ~ *(mo) nokonoko to koko e korareta mono da* よく(も)のこのことここへ来られたものだ Com que descar(am)ento veio aqui? [É preciso ser bem descarado para nem aqui me deixar (estar) em paz!].

yokú² 欲・慾 A avareza; a avidez; a cobiça; o desejo; o apetite; a ambição. ~ *o ieba mō sukoshi kane ga hitsuyō da* 欲を言えばもう少し金が必要だ Se algo desejo (neste momento), era ter um pouco mais de dinheiro. ~ *ga fukai* 欲が深い Ser ambicioso [insaciável]; querer muitas coisas. ~ *mo toku mo naku nemuri-kokette iru* 欲も得もなく眠りこけている Estar (pregado) a dormir, sem se importar com nada. ~ *ni me ga kuramu* 欲に目がくらむ Ficar cego de cobiça/ambição. ～ *no katamari de aru* 欲の塊である Ser a ～ personificada [em pessoa]. ～ *no kawa ga atsui* [*tsuppatte iru*] 欲の皮が厚い [突っ張っている] Ser um poço de ambição [ambicioso até mais não poder (ser)]. ◇ **Chishiki ～** 知識欲 O desejo de aprender; a ânsia de saber. **Meiyo ～** 名誉欲 O desejo da fama. ⇨ **～baru** [**toku**]. [S/同] Yokúbṓ.

yóku[3] 翼 A asa. ◇ ⇨ **shu** [**bi**/**sa**/**u**] **～**. ⇨ tsubásá.

yokú-[4] 翌 O seguinte. ★ ～ *roku-gatsu jūyokka ni* 翌 6 月 14 日に No dia ～, ca[qua]torze de junho, 「morreu」. ⇨ raínéń; yokúyókú-[2].

yṓku [**óo**] ヨーク (< Ing. yoke) A pala [ombreira] 「do vestido」.

yokú-ásá 翌朝 ⇨ yokúchṓ.

yokúátsú 抑圧【E.】A opressão; a repressão; a restrição; o controle. ★ ～ *suru* 抑圧する Oprimir; reprimir; restringir; controlar; amordaçar. ◇ **～teki shudan** [**taido**] 抑圧的手段[態度] A maneira [atitude] opressiva [repressiva]. [S/同] Yokúséí.

yokú-báń 翌晩 A noite seguinte 「choveu」.

yokú-bárí 欲張り (< yokú-báru) **a**) A avareza; a cobiça; a cupidez; a ganância; a avidez; **b**) A pessoa avara [cobiçosa; avarenta; gananciosa; ávida]; o avarento; o sovina. ★ ～ *na hito* 欲張りな人 ⇨ **b**). [S/同] Doń'yókú; yokú-fúká.

yokú-báru 欲張る (<…[2]+harú) Querer tudo para si; ser avarento [cobiçoso; ganancioso; ávido]; cobiçar; ambicionar. ★ *Yokubatte keikaku o tateru* 欲張って計画を立てる Fazer um proje(c)to demasiado ambicioso.

yokúbṓ 欲望 O desejo; o apetite; a ânsia; a ambição. ★ ～ *o mitasu* 欲望を満たす Satisfazer os desejos [apetites]. ～ *o osaeru* 欲望を抑える Reprimir os desejos; controlar a ambição. [S/同] Yokkyū́; yokú[2].

yókuchi 沃地【E.】⇨ yókudo.

yokú-chṓ 翌朝 A manhã seguinte 「choveu」. [S/同] Yokú-ásá. ⇨ ashítá[1,2]; asú.

yókudo 沃土【E.】A terra fértil; o solo rico. [S/同] Yókuchi.

yokú-fúká 欲深 (<…[2]+fukái) ⇨ yokú-bárí.

yokú-gétsú 翌月 O mês seguinte 「foram férias」. ⇨ ráigetsu.

yokú-jítsú 翌日 O dia seguinte. ★ *Kanojo no shuppatsu shita* ～ 彼女の出発した翌日 No ～ à partida dela. [S/同] Akúrú hí. [A/反] Zeńjítsú. ⇨ asú.

yokújṓ[1] 浴場 **1** [大きな風呂場] O balneário. ◇ **Karakara ～** カラカラ浴場 Os ～s [As termas] de Caracala. [S/同] Furó-bá; yokúshítsú; yudónó. **2** [ふろや] O (dono do) balneário. ◇ **Kōshū ～** 公衆浴場 O balneário público. [S/同] Furó-ya. ⇨ séntō[4].

yokújṓ[2] 欲情 A paixão [O desejo] carnal; o apetite sensual. ★ ～ *ni karareru* 欲情に駆られる Sentir [Ter] desejos carnais. [S/同] Jṓyoku; nikúyókú. ⇨ aíyókú.

yokú-mé 欲目 A visão [O julgamento; maneira de ver] parcial; a parcialidade. ★ *Oya no* ～ *de kodomo o miru* 親の欲目で子供を見る Sobrestimar os [Ter uma opinião parcial dos] filhos. [S/同] Hiíkí-mé.

yóku mo よくも ⇨ yóku[1] **6**, **7**.

yṓkun [**óo**] 幼君【A.】O jovem senhor [amo; rei; imperador]. [S/同] Yṓshu. ⇨ kúnshu[1].

yokú-néń 翌年 O ano seguinte. [S/同] Yokú-tóshí. [A/反] Zeńnéń. ⇨ raínéń.

yokúryū́ 抑留 A detenção; o internamento; a captura 「do barco」; o embargo. *Kare wa Shiberia ni* ～ *sarete ita* 彼はシベリアに抑留されていた Ele foi detido 「para trabalhos forçados」na Sibéria. ◇ **～jo** 抑留所 O campo de concentração [detenção].

yokúséí 抑制 O controle; a restrição; a inibição 「psicológica」; a repressão 「dos sentimentos」; a supressão; o impedir (alguém de fazer algo). ★ ～ *no kiita bunshō* 抑制の利いた文章 Um texto moderado [obje(c)tivo]. [S/同] Séigyo; yokúátsú; yókushi.

yókushi 抑止 O impedimento; a coibição; a dissuasão. ★ *Katsudō o* ～ *suru* 活動を抑止する Impedir as a(c)tividades 「duma seita」. ◇ **Kaku ～ ryoku** 核抑止力 A [O poder de] dissuasão nuclear. [S/同] Séigyo; yokúátsú; yokúséí.

yokúshítsú 浴室 O balneário/chuveiro. [S/同] Basú rū́mu; furó-bá; yudónó. ⇨ o-té-árai.

yokú-shū́ 翌週 A semana seguinte 「trabalhei」.

yokúsṓ 浴槽 A banheira. [S/同] Basú-tábú; yú-bune.

yóku suru[1] 良くする ⇨ yóku[1] **3**, **4**.

yokúsúru[2] 浴する **1** [あびる] Banhar-se. [S/同] Abírú (+). ⇨ nyū́yókú. **2** [こうむる] Receber; ter a honra 「de falar com o presidente」; gozar 「de grande respeito」; desfrutar; usufruir. ★ *Bunmei no onkei ni* ～ 文明の恩恵に浴する Usufruir dos [Ter os] benefícios da civilização. [S/同] Kṓmúru (+).

yokútókú 欲得 O mercenarismo; o egoísmo; o interesse próprio. ★ ～ *o hanarete hōshi o suru* 欲得を離れて奉仕をする Servir desinteressadamente [sem pensar no seu interesse]. ◇ ⇨ **～ zuku**.

yokútókú-zúkú 欲得尽く O ser calculista [interesseiro]. ★ ～ *no kekkon* 欲得ずくの結婚 O casamento por interesse. [S/同] Soróbáń-zúkú.

yokú-tóshí 翌年 ⇨ yokúnéń.

yókuya 沃野【E.】O campo fértil. ⇨ yókudo.

yokúyṓ[1] 抑揚 A entoacão; a acentuação; a modulação; o ritmo. ★ ～ *no aru hanashi-kata* 抑揚のある話し方 A maneira entoada de falar. ～ *o tsukeru* 抑揚を付ける Acentuar; modular; entoar; dar ritmo.

yokúyṓ[2] 浴用 De [Para o] banho. ◇ **～ sekken** 浴用石けん O sabonete ～. ⇨ nyū́yókú.

yokú-yókú[1] よくよく **1** [十分に] Cuidadosamente; detidamente; bem (bem). ★ ～ *kangaete miru to* よくよく考えてみると Pensando (mesmo/bem) bem 「ele foi tolo」. [S/同] Jū́bún ni; yóku[1] **1**. **2** [この上がないほど] Muito (mas muito); bem 「pouca sorte eu tenho」; extremamente. ★ ～ *kane ni komatte iru to miete* よくよく金に困っているとみえて Parece que por estar ～ necessitado de dinheiro 「ele vendeu aquela mobília antiga」. **3** [よっぽど] Grave; sério; importante. *Kare ga kaisha o yameru nante* ～ *no koto da* 彼が会社をやめるなんてよくよくのことだ Para ele deixar a [sair da] empresa, o caso deve ser grave. [S/同] Yoppódó (+).

yokúyókú-[2] 翌翌 (< yokú-[4]) Depois do seguinte. ◇ **～ jitsu** 翌々日 Dois dias depois 「houve um sismo」.

yokyṓ 余興 O entre(ten)imento; a diversão; as

Y

atra(c)ções. ★ *Enkai no* ～ 宴会の余興 A música de fundo「～」do banquete.

yókyō [**yoo**] 容共 Pró-comunista. ◇ **～ ha** 容共派 A fa(c)ção ～; os ～-s. A/反 Bókyō.

yókyókú¹ [**oó**] 陽極【Fís.】O â[a]nodo [polo positivo]. ◇ **～ sen** 陽極線 Os raios anódicos; a radiação anódica. A/反 Inkyóku.

yókyókú² [**oó**] 謡曲 O canto do teatro Nô. S/関 Utái.

yókyū¹ [**oó**] 要求 A exigência; a requisição; a reclamação; o pedido. ★ ～ *ni ōjiru* 要求に応じる Atender às [Aceitar as] exigências. ～ *o kobamu* [*kyohi suru; shirizokeru*] 要求を拒む [拒否する]; 退ける Rejeitar a/o ～. ～ *suru* 要求する Exigir; reclamar; requerer; pedir. *Songai baishō o* ～ *suru* 損害賠償を要求する Pedir uma inde(m)nização (por prejuízos causados). *Futō* [*Hōgai*] *na* ～ 不当 [法外] な 要求 A exigência absurda [ilegal]. *Jidai no* ～ *o mitasu* 時代の要求を満たす Responder às exigências da época [dos tempos]. ◇ **～ sha** 要求者 O reclamante [reclamador]; o demandador. S/関 Seíkyū¹; yóséī².

yókyū² [**oó**] 洋弓 O tiro ao arco de estilo ocidental. A/反 Ácherī. ～ *kyúdō*¹; yumí.

yómá [**oó**] 洋間 A sala [O quarto; Os aposentos] à [em estilo] ocidental. S/関 Yōshítsu¹. Nihón-má.

yo-máí-gótó 世迷い言 (*<…+ mayóu + kotó*) **a)** resmungo; **b)** A asneira; a bobagem (B.).

yómákú [**oó**] 羊膜【Zool.】O âmnio.

yo-mátsuri 夜祭り Os festejos [O festival] no(c)turno(s); o arraial.

yo-máwari 夜回り **a)** A vigilância no(c)turna; **b)** O vigilante [guarda] no(c)turno. ★ ～ *o suru* 夜回りをする Ser guarda [Fazer a vigilância] no(c)turno[a]. S/関 Yakéi; yóban.

yomé¹ 嫁 A noiva. *O-jō-san o segare no* ～ *ni itadakitai* [moraitai] お嬢さんをせがれの嫁に頂きたい [もらいたい] Quero a sua filha para noiva do meu filho. ★「*Nōka ni*」～ *ni iku*「農家に」嫁に行く Casar(-se) com um agricultor [lavrador].「*Musume o*」～ *ni yaru*「娘を」嫁にやる Dar a filha em casamento. ～ *o ibiru* 嫁をいびる Tratar mal a nora (～ do filho). ～ *o toru* [*mukaeru*] 嫁を取る [迎える] Desposar [Conseguir uma mulher]. A/反 Múko.

yó-me² 夜目 A vista de noite. ★ ～ *ni mo shiroi sakura no hana* 夜目にも白い桜の花 As flores de cerejeira sobressaem [são branquinhas] mesmo de noite. ことわざ ～ *tōme kasa no uchi* 夜目遠目笠の内 De noite, à candeia, parece bonita a feia.

yómei 余命【E.】O resto da vida; os dias que「lhe」 restam. ★ ～ *ikubaku mo nai* 余命いくばくもない Ter os dias contados; já ter pouco tempo de vida. S/関 Yósei.

yómei¹ [**oó**] 用命 O mando; a ordem. *Go-* ～ *wa tōten e* 御用命は当店へ Aqui nesta [Na nossa] loja estamos sempre à sua disposição. *Nan nari to go-* ～ *kudasai* 何なりとご用命下さい Estamos (inteiramente) às suas ordens. ⇨ chūmón.

yómeí² [**oó**] 幼名 O nome de infância「de…」.

yomé-írí 嫁入り O casamento; as núpcias. ★ ～ *mae no musume* 嫁入り前の娘 A moça em idade casadoira.「*Shōka ni*」～ *suru*「商家に」嫁入りする Casar「com um comerciante」. ◇ **～ dōgu** 嫁入り道具 ⇨ yomé-írí-jítaku. A/反 Muká-írí.

yoméírí-jítaku 嫁入り支度 (*<… + shitakú*) Os preparativos para o casamento (por parte da noiva); o enxoval da noiva.

yoméru 読める (*< yómu*¹) **1**[読むことができる] Saber [Conseguir] ler; ser legível. *Kono kanji wa yomemasen* この漢字は読めません Não sei [consigo] ler este "kanji"; este "kanji" está ilegível. **2**[分かる] Entender; perceber; compreender; adivinhar. *Yatto kimi no kokoro ga hakkiri yometa* やっと君の心がはっきり読めた Agora consigo entender perfeitamente o seu pensamento. S/関 Wakáru (+). **3**[読んでおもしろい] Ser digno de leitura [de se ler]. *Kono hon wa nakanaka* ～ この本はなかなか読める Este livro lê-se com gosto [é muito bom/é digno de leitura].

yomé-tórí 嫁取り (*<… + tóru*) O tomar [aceitar] uma moça como esposa. A/反 Mukó-tóri.

yomi¹ 読み (*< yómu*¹) **1**[読むこと] A leitura. ◇ ⇨ **～ kaki. 2**[Abrev. de "kuń-yómí"] **3**[判断] O julgar [intuir/adivinhar/ver]. ★ *Saki no* ～ *ga asai* [*fukai*] 先の読みが浅い [深い] Ter pouca [muita] visão. S/関 Hándan.

yómi² 黄泉【A.】O mundo das trevas [depois da morte]. S/関 Yūmeikai.

yomi-ágérú 読み上げる (*< yómu*¹ + …) **1**[声を上げて読む] Ler alto [em voz alta]; recitar「a poesia」. ★ *Hyō* [*Meibo*] *o* ～ 表 [名簿] を読み上げる Ler a lista「dos alunos」em voz alta. **2**[読み終える] Terminar de ler; ler tudo「num dia」. *Kono shōsetsu wa* ～ *made jikan ga kakaru* この小説は読み上げるまで時間がかかる Este romance leva muito tempo [demora a ler]. S/関 Yomí-béru.

yomiáge-zan 読み上げ算 (*< yomí-ágérú + …*) O fazer contas de somar e subtrair, no ábaco, com números lidos em voz alta「pelo professor」.

yomí-áwáse 読み合わせ (*< yomí-áwáseru*) O ler para comparar (Por ex. os alunos os apontamentos da aula, os a(c)tores os seus papéis).

yomí-áwáseru 読み合わせる (*< yómu*¹ + …) Ler para confrontar [comparar]. ★ *Genkō to kōseizuri o* ～ 原稿と校正刷りを読み合わせる Confrontar as provas com o original. ⇨ yomí-áwáse.

yomí-áyámarí 読み誤り (*< yomí-áyámáru*) **a)** O erro de leitura; a pronúncia errada; **b)** O erro de juízo [interpretação]「do conteúdo」. S/関 Yomí-chígáí (+).

yomí-áyámáru 読み誤る (*< yómu*¹ + …) **a)** Ler mal; pronunciar mal [errado]; **b)** Errar [Enganar-se] na interpretação. S/関 Yomí-chígáérú (+).

yomí-bító 詠 [読] み人【E.】O compositor; o autor do poema. ★ ～ *shirazu no uta* 詠み人知らずの歌 O poema anó[ô]nimo. ⇨ yomí-té¹.

yó-michi 夜道 A caminhada no(c)turna; o「ter de」ir de noite.

yomi-chígáérú 読み違える ⇨ yomí-áyámáru.

yomí-chígáí 読み違い ⇨ yomí-áyámári.

yomíde 読みで (*< yomí*¹ + *de*³) A leitura substanciosa [sólida; rica (em conteúdo)]. *Kono shōsetsu wa* ～ *ga aru* この小説は読みでがある Este romance é sólido [tem conteúdo]. ⇨ yomí-gótáé.

yomi-fuda 読み札 (*< yómu*¹ + …) As cartas do leitor (no jogo de cartas japonês). ⇨ káruta.

yomí-fúkéru 読み耽る (*< yómu*¹ + …) Ficar absorto na [preso pela] leitura. ★ *Shōsetsu o* ～ 小説を読み

耽る Devorar o [Ficar preso pelo] romance. S/同 Tańdókú súrú.

yomígáérí 蘇[甦]り (< yomígaeru) A ressurreição; o despertar. S/同 Soséí. ⇨ fukkátsú.

yomígáeru 蘇[甦]る **1** [元気を取り戻す] Ganhar nova vida; reviver; renascer. *Hito-ame futte kusaki wa yomigaetta* ひと雨降って草木はよみがえった As plantas reviveram com a chuva. **2** [元通りになる] Voltar; vir ao cimo; despertar. *Mukashi no kioku ga yomigaetta* 昔の記憶がよみがえった Vieram-me à memória muitas lembranças do passado. ⇨ soséí². **3** [死んだものが生き返る] Ressuscitar; ressurgir; reviver. ★ *Shisha ga* — 死者がよみがえった Os mortos ressuscitam (Bí.).

yomí-gótáé 読み応え (< yómu¹ + kotáéru) O gosto de [O merecer] uma boa leitura. ⇨ yomíde.

yomí-káesu 読み返す (< yómu¹ + …) Reler; ler repetidamente.

yomí-káké 読み掛け (< yómu¹ + kakéru) A leitura inacabada; meio lido.

yomí-kaki 読み書き (< yómu¹ + káku) O ler e escrever. ◇ ~ **soroban** 読み書き算盤 O ~ e contar [e a aritmética/matemática ("Ábaco")].

yomí-kátá 読み方 (< yómu¹ + …) **1** [発音の方法] A leitura; a pronúncia; o modo de ler. *Kanji no* ~ 漢字の読み方 A ~ do [O ~ o] ideograma. **2** [読解の方法] A interpretação [maneira de ler/leitura que se faz]. *Ronbun no* ~ 論文の読み方 ~ do ensaio [da tese]. **3** [読む授業] A aula de leitura (e interpretação).

yomí-kíkáséru-kíkásu 読み聞かせる[聞かす] (< yómu¹ + kikú) Ler aos [para os] outros. ★ *Kodomo ni ehon o* ~ 子供に絵本を読み聞かせる Ler um livro com figuras às crianças.

yomí-kírí 読み切り (< yómu¹ - kírú) O texto (literário) completo. ◇ ~ **shōsetsu** 読み切り小説 A novela completa「neste número da revista」. A/反 Reńsáí.

yomí-kírú 読み切る (< yómu¹ + …) **1** [読み終える] Acabar de ler; ler até ao fim. ★ *Suiri shōsetsu o ikki [hito-iki] ni* ~ 推理小説を一気[一息]に読み切る Ler o romance policial de uma assentada/vez. S/同 Yomí-ówaru. **2** [すっかり考える] Adivinhar as intenções「do adversário」. ★ *Saigo no itte made* ~ 最後の一手まで読み切る Adivinhar o jogo「do xadrez」até à última jogada.

yomí-kómú¹ 読み込む (< yómu¹ + …) Incluir [Aludir a]「um sentimento/nome/fa(c)to」no que se escreve. ★ *Sōshun no fūbutsu o waka ni* ~ 早春の風物を和歌に詠み込む Incluir na "waka" temas da chegada da primavera.

yomí-kómu² 読み込む (< yómu¹ + …) Ler atentamente.

yomí-kónásu 読みこなす (< yómu¹ + …) Ler e entender [digerir]. *Kare wa raten-go no hon o sura sura* ~ 彼はラテン語の本をすらすら読みこなす Ele lê (um livro em) latim com toda a facilidade.

yomí-kúdásu 読み下す (< yómu¹ + …) **1** [ざっと読む] Ler fluentemente [com rapidez]. ★ *Tegami o zatto* ~ 手紙をざっと読み下す ~ uma carta. **2** [漢文の訓点をつけて読む] Ler um texto chinês traduzindo-o mentalmente para japonês.

yomí-mono 読み物 (< yómu¹ + …) Uma leitura; a literatura; o livro. ★ *Karui* ~ 軽い読み物 ~ leve [suave]. S/同 Shómotsu.

yomí-nágásu 読み流す (< yómu¹ + …) **1** [大ざっ ばに] Ler por alto; passar os olhos「pelo jornal」; folhear. ★ *Zasshi o karuku* ~ 雑誌を軽く読み流す Folhear「Passar as folhas da」revista. **2** [流暢に] Ler fluentemente [e entender]. ★ *Kamon'ishu no shi o surasura to* ~ カモンイシュの詩をすらすらと読み流す ~ (poesia de) Camões. S/同 Yomí-kúdásu.

yomí-níkúí 読み難い (< yómu¹ + …)「a escrita/letra」Difícil de ler; ilegível. S/同 Yomízúrai. A/反 Yomí-yásúi.

yómi-no-kuni 黄泉の国 ⇨ yómi².

yomí-ótósu 読み落とす (< yómu¹ + …) Saltar「uma linha/página」na leitura. *Ukkari soko o yomi-otoshite shimatta* うっかりそこを読み落としてしまった Sem querer [Distraí-me e] saltei essa parte.

yomí-ówaru 読み終わる (< yómu¹ + …) ⇨ yomíkírú **1**.

yomí-sáshí 読みさし A leitura por acabar. ★ ~ *no hon* 読みさしの本 O livro meio lido. S/同 Yomíkaké.

yo-misé 夜店 A barraca [tenda]「de "oden"」que abre [funciona] à noite.

yomí-súté 読み捨て (< yomí-sútéru) O deitar fora os livros após a leitura.

yomí-sútéru 読み捨てる (< yómu¹ + …) Ler uma vez e deitar fora. ★ *Shūkanshi o* ~ 週刊誌を読み捨てる ~ a revista (semanal)/o semanário.

yomí-té¹ 詠み手 (< yómu² + …) O poeta. Shijíń; yomí-bító.

yomí-té² 読み手 (< yómu¹ + …) **a)** O leitor; **b)** O recitador. *Rōdoku no* ~ *o tsutomeru* 朗読の読み手をつとめる Ser ~. A/反 Kakí-té.

yomí-tóru 読み取る (< yómu¹ + …) Ler [Adivinhar] o pensamento. *Gengai [Gyōkan] no i o* ~ 言外[行間]の意を読み取る Ler nas entrelinhas.

yomí-tósu (óo) 読み通す (< yómu¹ + …) Ler até à última página (de fio a pavio). ★ *Chōhen shōsetsu o* ~ 長編小説を読み通す Ler um longo romance… S/同 Yomí-súrú.

yomí-yásúi 読み易い Fácil de ler; legível. ★ ~ *hon* 読み易い本 O livro fácil de ler. ~ *ji* 読み易い字 **a)** A letra [escrita] legível; **b)** O ideograma fácil. Yomí-níkúí[zúrái].

yomí-zúrái 読み辛い ⇨ yomí-níkúi.

yómo 四方 [E.] ⇨ shihó¹.

yōmō [yoó] 羊毛 A lã. ★ ~ *no kiji* 羊毛の生地 O tecido de lã. ◇ ~ **seihin** 羊毛製品 Os artigos de lã; os lanifícios. S/同 Úru.

yomógí 蓬・艾 [Bot.] A artemísia; o absinto; *artemisia vulgaris*.

yōmókú (óo) 要目 [E.] **a)** Os itens [pontos/As cláusulas] principais/essenciais; **b)** ~ yōkō³.

yōmósúgárá 夜もすがら [E.] ⇨ yo-dōshí.

yómoya よもや ⇨ másaka.

yomoyáma-bánashi 四方山話 [G.]「vamos ali para」Um cavaco (P.)/papo (B.). ★ ~ *o suru* 四方山話をする Cavaquear; bater um papo; conversar sobre isto e aquilo. S/同 Sekéń-bánashi. ⇨ zatsúdáń.

yōmō-záí [yoó] 養毛剤 O tó[ô]nico para o cabelo; a loção capilar.

yómu¹ 読む **1** [文字・文章などを見て内容を理解する] Ler. *Nani ka* ~ *mono wa arimasen ka* 何か読む物はありません Você não tem nada [qualquer coisa] para ler? *Yonde ji no gotoku* 読んで字の如く Literalmente; à [ao pé da] letra. *Ajiwatte* ~ 味わっ

て読む Ler saboreando (palavra por palavra). *Musabori* ~ むさぼり読む Devorar; ler avidamente. *Tobashite* ~ 飛ばして読む Ler saltando [por alto]. *Zatto* ~ ざっと読む Passar uma vista de olhos; ler por alto; dar uma olhada. **2**「文字・文章などを声を出して唱える」Recitar; ler alto; pronunciar. ★ *"Hyakugō" to kaite "yuri" to* ~ "百合"と書いて"ゆり"と読む Escreve-se "hyakugō" e lê-se [pronuncia-se] "yuri". *Koe o dashite* ~ 声を出して読む Recitar「poesia」; ler em voz alta. *Kyō o* ~ 経を読む Recitar uma sutra. **3**[理解する] Ler [Ver; Decifrar; Adivinhar]. ★ *Aite no te o* ~ 相手の手を読む（碁などで）Adivinhar a jogada「do adversário no gô」. *Ango o* ~ 暗号を読む Decifrar o código. *Gakufu o* ~ 楽譜を読む Ler a partitura de música.「*Tegami no*」*gyōkan o* ~ 「手紙の」行間を読む Ler nas entrelinhas「da carta」. *Hito no kokoro o* ~ 人の心を読む Ler o pensamento de alguém. *Kao-iro o* ~ 顔色を読む Ver pela cara「se o outro está de bom humor」. *Te no uchi o* ~ 手の内を読む Adivinhar o plano secreto [o que o outro traz na manga]. 「*Rīkai suru*」Rīkai suru; sassúrú. **4**[数をかぞえる] Contar「os segundos para o arranque」. ★ *Hyō o* ~ 票を読む ~ os votos. *Jikan o* ~ 時間を読む Calcular o tempo「da obra」. S/同 Kazóéru[1].

yómu[2] 詠む Compor; escrever「poesia」. ★ *Uta* [*Waka*] *o* ~ 歌[和歌]を詠む ~ um poema.

yōmu[1] [óó] 用務 O serviço; o trabalho; o negócio. ◇ **~ in** 用務員 O servente; o porteiro; o guarda; o zelador. S/同 Shigotó; tsutómé.

yōmu[2] [óó] 要務【E.】O negócio [assunto] importante. S/同 Taíníń.

yōmúki [óó] 用向き O negócio; o assunto. *Go-~ wa* ご用向きは (O) que deseja? /Em que posso ser-lhe útil? ★ ~ *o noberu* 用向きを述べる Dizer [Explicar] o que deseja. S/同 Yōji[1]（ẏ）; yōkén[1].

yōmyákú [óó] 葉脈【Bot.】A nervura (da folha).

yon 四 Quatro. ★ ~ *ban-me no* 四番目の O quarto. S/同 Shi.

yonabé 夜なべ O trabalho ao serão. ◇ **~ shigoto** 夜なべ仕事 ~. ⇨ yagyó.

yo-nágá 夜長 (< ⋯ + nagái) A longa noite. ★ *Aki no ~ ni* 秋の夜長にNas ~s de outono. A/反 Hi-nágá.

yo-náká 夜中 O meio [As altas horas] da noite. ★ ~ *ni* 夜中にDe [Durante a] noite. S/同 Yaháń; yo-fúké.

yo-nákí[1] 夜泣き (< ⋯ + nakú[1])「O menino」chorar de noite. ★ ~ *(o)suru* 夜泣き（を）する ~.

yo-nákí[2] 夜鳴き (< ⋯ + nakú[2])【G.】O pregão no(c)turno. ◇ **~ soba** 夜鳴き蕎麦 A "soba" vendida de noite pelo pregoeiro.

yo-náoshi 世直し O compor o mundo; a reforma social. ★ ~ *o okonau* 世直しを行う Fazer uma ~.

yo-naréru 世慣れる Ser muito experimentado nas coisas [Ter experiência do mundo]; ser sofisticado. ★ *Yonarenai ojō-san* 世慣れないお嬢さん Uma caloira [jovem inexperiente/sem experiência da vida].

yō-náshi[1] [óó] 用無し **a)**「alguém」Sem ocupação; **b)**「coisa」Sem utilidade [Que não serve para nada/Para deitar fora]. *Kono shigoto ga owattara, kare wa* ~ *da* この仕事が終わったら, 彼は用無しで Quando acabar este trabalho, ele já não serve para mais nada [não é preciso].

yō-náshi[2] [óó] 洋梨【Bot.】A pera ocidental.

yonáyóna 夜な夜な ⇨ yogótó.

yoń-bái 四倍 O quádruplo; quatro vezes mais. ★ ~ *ni suru* [*naru*] 四倍にする[なる] Quadriplicar [Quadriplicar-se].

yońdókóróṅái よんどころない Inevitável; imperativo; inadiável; urgente. ★ ~ *jijō de sōtai suru* よんどころない事情で早退する Sair antes do emprego por um motivo urgente. S/同 Yamúó-énai.

yonén[1] 四年 (< yon + ⋯) Quatro anos. ★ ~ *goto no* 四年ごとの Quadrienal [Cada ~]. ~ *ni ichido* 四年に一度 Uma vez em cada ~.

yonén[2] 余念 Outra ideia [preocupação]; a distra(c)ção. ★ *Kenkyū ni ~ ga nai* 研究に余念がない Estar absorto na [Dedicar-se só à] sua pesquisa. S/同 Zatsúnéń.

yōnén [óó] 幼年【E.】A [Os anos da] infância; os começos「da aviação」; a meninice. ★ ~ *jidai ni* [*kara*] 幼年時代に[から] Na [Desde a] ~.

yonétsú 余熱 O calor residual. ★ *Airon no ~ o riyō suru* アイロンの余熱を利用する Aproveitar o resto de calor do ferro de passar.

yo-nígé 夜逃げ (< ⋯ + nigéru) A fuga durante a noite. ★ ~*(o)suru* 夜逃げ（を）する Fugir de [durante a] noite.

yónikú [óó] 羊肉 A carne de cordeiro. S/同 Máton (ẏ); rámu. ⇨ hitsújí[1].

yōnin [óó] 容認【E.】O consentir [tolerar/permitir]. *Kimi no migatte na kōi wa ~ shigatai* 君の身勝手な行為は容認しがたい Não posso tolerar [aceitar] o teu comportamento egoísta. S/同 Niń'yō.

yón-ji 四次【Mat.】O quarto grau. ◇ **~ hoteishiki** 四次方程式 A equação de ~.

yón-jū 四十 Quarenta. ★ ~ *ban-me no* 四十番目のQuadragésimo. S/同 Shijū.

yo-no-naka 世の中 O mundo; a sociedade; a vida; os tempos. ~ *wa hiroi yō de semai* 世の中は広いようで狭い Como o mundo é pequeno! ~ *wa kawatta* 世の中は変わった O mundo mudou [Os tempos são outros]. ~ *wa mochitsu motaretsu da* 世の中は持ちつ持たれつだ Na vida temos de nos ajudar uns aos outros. ~ *e deru* 世の中へ出る Começar a ganhar a vida. ~ *ga iya ni naru* 世の中がいやになる Ficar desiludido da vida. ~ *o shiranai* [*yoku shite iru*] 世の中を知らない[よく知っている] Ser inexperiente [Saber muito/Ter experiência da vida]. S/同 Séken; shákai; yo[1].

yó-no-naraí 世の習い A (lei da) vida. *Shōja-hissui wa ~ da* 盛者必衰は世の習いだ Toda a prosperidade, de acaba em declínio, é lei da vida.

yó-no-tsúne 世の常 A [As coisas da] vida; o comum das pessoas. *Hito no kokoro ga kawari-yasui no wa ~ da* 人の心が変わり易いのは世の常だ As pessoas mudam facilmente [O coração humano é inconstante]. S/同 Atárí-máé; sekén-námí.

yoń-rín 四輪 Quatro rodas. ◇ **~ kudō** 四輪駆動 A tra(c)ção às [nas] ~. **~ sha** 四輪車 O veículo de ~.

yóon [óó] 拗音【Fon.】O som contraído (Por ex. o "y" de Tōkyō). S/同 Chokúón.

yoppáraí 酔っ払い (< yoppáráu)【G.】O bêba[e]do; o embriagado; o ébrio. ◇ **~ unten** 酔っ払い運転 O dirigir [conduzir] embriagado [com álcool]. ⇨ nońdákúré; yoídóré.

yoppáráu 酔っ払う【G.】Embriagar-se; embebedar-se. *Kare wa sukoshi yopparatte iru* 彼は少し酔っ払っている Ele está um pouco embriagado. S/問 Yóu (+).

yoppódó 余っ程【G.】⇨ yohódó.

yóran[1] [óó] 要覧 A vista geral; o resumo; o sumário. ◊ *Rishū* ~ 履修要覧 O guia [catálogo/A descrição sumária] dos cursos/das cadeiras「da universidade」. ⇨ annái-shó.

yóran[2] [óó] 揺籃【E.】O berço. ★ ~ *no chi* 揺籃の地 O berço [lugar de origem]. ◊ ~ *jidai* [ki] 揺籃時代[期] A infância「da exploração espacial」. S/問 Yurí-kagó (+).

yoréi 予鈴 (Na escola) O primeiro toque (da campainha); o toque de aviso. A/反 Honréi.

yóréi [óó] 用例 O exemplo. ★ ~ *o shimesu* 用例を示す Dar um exemplo「de adje(c)tivos」. ◊ ~ *shū* 用例集 Um livro de ~ s [exercícios]. S/問 Jitsúréi. ⇨ reíhóu.

yóréki [óó] 陽暦 (Abrev. de "taíyó-reki").

yoréru 撚[捻]れる ⇨ yojíréru.

yoréyóré よれよれ 1「服」Todo surrado [coçado]. ★ ~ *ni naru* よれよれになる Ficar ~.

yori[1] 撚り (< yóru[2]) 1【ねじり; ひねり】A torcedura; o torcer; a torção; o entrançar [entrelaçar]. ★ *Ito ni* ~ *o kakeru* 糸に撚りをかける Torcer o fio. 1「慣用」*Ude ni* ~ *o kakeru* 腕に撚りをかける Esmerar-se; apurar-se; caprichar「*Kono ryōri wa kanojo ga ude ni* ~ *o kakete tsukutta mono da* この料理は彼女が腕に撚りをかけて作ったものだ Este prato foi feito por ela com todo o esmero [apuro]」. 2【仲のよい関係】Boas relações; o dar-se bem. *Ano fūfu wa* ~ *ga modoru mikomi ga nai* あの夫婦は撚りが戻る見込みがない Aquele casal não há nenhuma esperança de se reconciliar [de ligar bem]. ★ ~ *o modosu* 撚りを戻す Juntar-se de novo; reconciliar-se.

yori[2] 寄り (< yóru[4]) 1【集まり】O juntar. *Kono mise wa kyaku no* ~ *ga ii* この店は客の寄りがいい Esta loja junta [atrai] muitos clientes [muita freguesia]. S/問 Atsúmári (+). 2【Sumô】O empurrar o adversário para fora da arena. 3「「~寄り」の形で」De; perto de. ★ *Kita* ~ *no kaze* 北寄りの風 O vento (do) norte.

yóri[3] より【E./Adv.】Mais. ★ ~ *hayaku hashiru* より速く走る Correr ~ rápido. S/問 Íssó; mótto.

yóri[4] より【Partícula】1【から】【E.】De; a partir de; desde. ★ *Go-gatsu tsuitachi* ~ [*kara*] 5月1日より[から]A partir do dia primeiro [um] de maio. S/問 kará (+). 2【比較の基準】(Do) que. *Kōfuku suru* ~ *shinda hō ga mashi da* 幸福するより死んだ方がましだ Antes morrer do(de) que capitular/render-me. *Kōhī* ~ *bīru no hō ga ii* コーヒーよりビールの方がいい Prefiro a cerveja do que o café「Gosto mais de cerveja do que de café」. 3【以外; しか】Só; mais do que; senão. *Mō chichi ni tanomu* ~ *hōhō ga nai* もう父に頼むより方法がない Não há outra alternativa senão [Só me resta] pedir ao meu pai. S/問-shiká.

yori-ái 寄り合い (< yorí-áu) 1【寄り集まり】O agrupamento; a mistura; a aglomeração. *Burajiru wa ironna jinshu no* ~ *da* ブラジルはいろんな人種の寄り合いだ O Brasil é uma mistura de várias raças. ◊ ~ *jotai* 寄り合い所帯 a) A congérie [O aglomerado/O agregado] de diversas famílias. *Wagaya wa oyako sandai no* ~ *desu* 我が家は親子3代の寄り合いです A minha casa tem um agregado familiar com [de] três gerações; b) O conjunto; a mistura; o grupo variado. S/問 Atsúmári (+); yori-átsúmári. 2【会合】A reunião; a assembleia; o encontro. ★ *Chōnai no* ~ *no yori-ai* ~ (dos membros) do bairro. S/問 Atsúmári; kaigó (+).

yori-átsúmári 寄り集まり ⇨ yorí-ái 1.

yori-átsúmáru 寄り集まる (< yóru[4] + ···) Reunir-se; encontrar-se; juntar-se. ★ *Dōkō no shi ga* ~ 同好の士が寄り集まる Reunirem-se os amigalhotes [que têm os mesmos gostos]. S/問 Yorí-áu.

yori-áu 寄り合う (< yóru[4] + ···) ⇨ yorí-átsúmáru.

yori-áwáséru 撚り合わせる (< yóru[2] + ···) Entrelaçar; entretecer; entrançar. ★「*kuwashii Kinshi to ginshi o yori-awasete himo ni suru* 金糸と銀糸を撚り合わせてひもにする Um cordão「para enfeite」feito de um fio doirado e outro prateado.

yorí-dásu 選り出す (< yóru[6] + ···) Escolher; sele(c)cionar. *Takusan no jōhō no naka kara hitsuyō na mono o* ~ たくさんの情報の中から必要なものを選りだす ~ entre várias informações as mais úteis/necessárias. S/問 Erábí-dasu (+).

yorí-dókóró 拠り所 (< yóru[3] + tokóró) 1【根拠】O fundamento; a base; a autoridade. ★「*kuwashii dēta o*」~ *ni suru*「詳しいデータを」拠り所にする Fundar [Basear; Apoiar]-se em muitos dados. ~ *no nai koto o shaberu* 拠り所のない事をしゃべる Dizer coisas sem fundamento. S/問 Kónkyo (+); ténkyo. 2【支え】O suporte; o apoio. *Ikite yuku no ni wa kokoro no* ~ *ga hitsuyō da* 生きてゆくのには心の拠り所が必要だ Para viver necessitamos de um apoio espiritual. S/問 Sasáé.

yorí-dóri 選り取り (< yóru[6] + tóru) A escolha. ◊ ~ **midori** 選り取り見取り A escolha [*Shinamono wa* ~ *midori nan demo gozaimasu* 品物は選り取り見取りなんでもございます Temos uma rica [enorme] variedade de artigos à sua escolha].

yorí-gónómi 選り好み (< yóru[6] + konómu) O gosto [A escolha] exigente. ★ ~ (*o*) *suru* 選り好みをする Ser exigente [esquisito]「no vestir/na comida」. ⇨ erí-gónómi.

yorí-ító 撚り糸 (< yóru[2] + ···) O fio retorcido; a torcida; o barbante.

yorí-kákári 寄り掛かり (< yorí-kákáru) O encosto.

yorí-kákáru 寄りかかる (< yóru[4] + ···) 1【柱などに】Encostar-se「a」; apoiar-se「em」. *Kabe ni yorikakatte suwaru* 壁に寄りかかって座る Sentar-se (no chão) encostado à parede. S/問 Motaré-kákáru. 2【頼る】Contar「com」; depender「de」; encostar-se「a」. ★ *Oya no enjo ni* ~ 親の援助に寄りかかる Depender (da ajuda) dos pais. S/問 Tayóru (+).

yorikeri 因りけり (< yóru[3] + ···) Depender「do programa/plano/interesse」. *Sore wa hito ni mo* ~ *da* それは人にもよりけりだ Isso depende das pessoas.

yorí-kíri 寄り切り (< yóru[4] + kíru)【Sumô】O empurrar o adversário para fora da arena. S/問 Yorí[2] 2.

yórikú [óó] 揚陸【E.】1【陸上げ】O descarregar para terra. S/問 Rikú-agé. 2【上陸】O desembarque. ◊ ~ *kan* 揚陸艦 A lancha de ~ de soldados. S/問 Jōríku.

yori-mé 寄り目 (< yóru[4] + ···) O estrabismo (da vista, o ser vesgo). S/問 (Naí)-sháshi.

yori-mí 寄り身 (< yóru[4]) 【Sumô】O empurrar o adversário para fora da arena com o peso do corpo.

yorí-míchí 寄り道 (< yóru[4] + ···) A paragem no

caminho. ~ *shinaide hayaku uchi ni kaeri nasai* 寄り道しないで早くうちに帰りなさい Volte já para casa sem parar pelo caminho. ⇨ michí-kúsá.

yorí ni (mo) yótte 選りに(も)選って ⇨ yóru[6].

yorí-núkí 選り抜き (< yorí-núkú) A nata; o escol; a sele(c)ção; a elite; a fina flor. ★ ~ *no shina* 選り抜きの品 Os artigos sele(c)cionados. [S/同] Erí-núkí (+).

yorí-núkú 選り抜く (< yóru[6] + …) Sele(c)cionar; escolher. [S/同] Erí-núkú (+).

yorí-sóu 寄り添う (< yorú[4] + …) Aconchegar-se; agarrar-se; apertar-se contra. *Kodomo wa hahaoya ni pittari yorisotte aruite ita* 子供は母親にぴったり寄り添って歩いていた A criança caminhava (sempre) agarradinha à mãe.

yorí-súgáru 寄り縋る (< yorú[4] + …) **1** [すがる] Agarrar [Abraçar/Encostar]-se a alguém. [S/同] Sugárí-tsúku. **2** [頼る] Contar com [Depender de] alguém. ★ *Seken no nasake ni* ~ 世間の情に寄り縋る Viver de esmolas [Depender da ajuda alheia]. [S/同] Tayóru.

yorí-súgúru 選りすぐる ⇨ yorí-núkí.

yorí-táóshí 寄り倒し【Sumô】O deitar abaixo o adversário, para fora da arena.

yṓrítsú [oó] 擁立【E.】O apoio「da nobreza para subir ao trono」. *Shichō kōho ni zen-shichō no musuko o* ~ *suru* 市長候補に前市長の息子を擁立する Apoiar o filho do ex-Presidente da Câmara como candidato a Presidente da Câmara [a Prefeito].

yorí-tsúkí 寄り付き (< yorí-tsúku)【Econ.】**a**) O atriozinho「à entrada do restaurante」; **b**) A abertura da (sessão da) bolsa. *Sōba wa* ~ *gojū yūro de atta* 相場は寄り付き50ユーロであった A bolsa [licitação] abriu com [começou a] cinquenta euros. ◇ ~ **ne** 寄り付き値 A cotação de abertura. [A/反] Ṓ-bíké.

yorí-tsúku 寄り付く (< yorú[4] + …) **1** [近づく] Chegar-se para perto; aproximar-se. *Kare wa dandan oji ni yori-tsukanaku natta* 彼はだんだん叔父に寄り付かなくなった Ele foi-se afastando cada vez mais do tio. **2** [取引] Abrir. *Shin-Nittetsu ga ichi-en-daka de yori-tsuita* 新日鉄が一円高で寄り付いた A primeira cotação da Shin-Nittetsu foi um yen.

yorí-wákéru 選り分ける (< yóru[6] + …) Classificar; separar. ★ *Meibo o danjo-betsu ni* ~ 名簿を男女別に選り分ける Separar na lista os nomes dos homens e das mulheres. [S/同] Erí-wákéru; seńbétsú súrú.

yṓro [óo] 要路【E.】**1** [交通の] A artéria [estrada] principal. *Koko wa tōzai o musubu* ~ *ni ataru* ここは東西を結ぶ要路に当たる Esta é uma das principais artérias leste-oeste. **2** [重要な地位] A posição importante [de influência].

yṓrṓ [yoó] 養老 A assistência aos idosos. ◇ ~ **hoken** 養老保険 O seguro de velhice. ⇨ ~ **in**. ~ **nenkin** 養老年金 A pensão de velhice [invalidez].

yorói 鎧 **a**) A armadura completa [O arnês]; **b**) A couraça. ★ ~ *kabuto ni mi o katameru* 鎧兜に身を固める Ficar todo couraçado e com capacete. ◇ ~ **musha** 鎧武者 O guerreiro todo armado.

yorói-do 鎧戸 (< … + to) **1** [板の] A persiana. ★ ~ *o orosu* [*ageru*] 鎧戸を降ろす[上げる] Baixar/Descer [Subir/Levantar] ~. **2** [⇨ sháttā].

yṓrṓ-in [yoóróo] 養老院 O lar de idosos [da terceira idade]. ⇨ yṓrṓ.

yorókéru よろける Cambalear「com vinho/o peso/tonturas」; tropeçar「e cair」. *Omoi ni o seotte* ~ 重い荷を背負ってよろける (Ir a) cambalear com muito peso às costas [ao ombro]. [S/同] Yoróméku.

yorókóbáshíi 喜[悦]ばしい (< yorókóbu) Feliz; alegre; agradável. *Zen'in gōkaku de konna* ~ *koto wa nai* 全員合格でこんな喜ばしい事はない Não há nada mais agradável [gratificante] do que vê-los todos aprovados. [S/同] Uréshíi.

yorókóbásu [yorókóbáséru] 喜ばす[喜ばせる] (< yorókóbu) Alegrar [Dar alegria a]「toda a gente」; agradar; divertir. *Ano hito wa hito o* ~ *koto bakari iu* あの人は人を喜ばす事ばかり言う Ele só diz o [aquilo] que agrada aos outros. *Sākasu wa kodomo o* ~ サーカスは子供を喜ばす O circo é uma alegria para as crianças.

yorókóbí 喜[歓・悦]び (< yorókóbu) **1** [喜ぶこと] A alegria; o regozijo; o contentamento; o prazer; a satisfação; o júbilo. *Hanayome no kao ni wa* ~ *no iro ga afurete ita* 花嫁の顔には喜びの色があふれていた A noiva estava radiante (de alegria). ★ ~ *ni taenai* 喜びに堪えない Não [Mal] poder conter a alegria [felicidade]. ~ *o arawasu* [*kakusu*] 喜びを表す[隠す] Estar contente/sorridente [Esconder a alegria]. ~ *o kamishimeru* 喜びをかみしめる Saborear [Gozar] a alegria「do sucesso」. *Shōri no* ~ 勝利の喜び A alegria da vitória. ◇ ⇨ ~ **goto**. [A/反] Kanáshímí. **2** [祝意] As felicitações; as congratulações; os parabéns. *Go-kekkon o kokoro kara o-* ~ *mōshiagemasu* 御結婚を心からお喜び申し上げます Felicito-o [Dou-lhe as minhas/os meus ~] de todo o coração pelo seu casamento. [S/同] Shukúi. ⇨ o-médétṓ.

yorókóbí-gótó 喜[慶]び事 (< … + kotó) O acontecimento feliz; o motivo de alegria.

yorókóbu 喜[歓・悦]ぶ Alegrar-se; estar contente; ter prazer; regozijar-se. *Kare ga zenkai shita no de mina yorokonde iru* 彼が全快したので皆喜んでいる Todos estão contentes porque ele (se) curou completamente. *Nan de mo yorokonde o-tetsudai itashimasu* 何でも喜んでお手伝いいたします Terei muito prazer em ajudá-lo seja no que for. ★ ~ *beki chōkō* 喜ぶべき兆候 O sintoma favorável. *Yorokobareru okuri-mono* 喜ばれる贈り物 Um bom presente; um presente apreciado [que se agradece]. *Odoriagatte* ~ 踊りあがって喜ぶ Exultar [Pular/Ficar louco] de alegria.

yorókú 余禄 ⇨ yotókú[1].

yoróméku よろめく **1** [足もとがふらふらする] Cambalear; vacilar; andar sem firmeza. ★ *Tsukarete* ~ 突かれてよろめく Ir a cambalear com um encontrão. [S/同] Yorókéru. **2** [異性に] **a**) Enamorar-se de; **b**) Ter uma aventura amorosa. *Kare wa bijin o miru to sugu* ~ 彼は美人を見るとすぐよろめく Ele ao ver uma mulher linda [bonita] fica logo enamorado. [S/同] Uwákí súrú.

yóron 輿[世]論 A voz do povo; a opinião pública. ★ ~ *ni mimi o katamukeru* 輿論に耳を傾ける Ouvir a ~. ~ *ni uttaeru* 輿論に訴える Apelar à opinião pública. ◇ ~ **chōsa** 輿論調査 O inquérito à opinião pública. [S/同] Séron.

Yṓróppa [oó] ヨーロッパ (< P.) A Europa. ★ ~ *no rekishi* ヨーロッパの歴史 A história europeia [da ~]. ◇ ~ **jin** ヨーロッパ人 Os europeus. ~ **tairiku**

Y

ヨーロッパ大陸 O continente europeu. ⟨S/閞⟩ Ōshū.

yoróshíi 宜しい (Cor. de "íi [yói]"). **1** [引き受けた時の言葉] Bom/Sim/Concordo/Está bem. ～, sō shimashō よろしい、そうしましょう ～, vou fazer como diz. **2** [良いの改まった言い方] Bom; bem. Dōzo ～ yō ni shite kudasai どうぞよろしいようにして下さい Faça como quiser [o que lhe aprouver/agradar]. Tabako o sutte mo ～ desu ka たばこをすってもよろしいですか Não se importa que eu fume? ★ Moshi yoroshikattara [yoshikereba] もしよろしかったら[よろしければ] Se quiser [concordar/for conveniente/achar bem] 「eu vou consigo」.

yoróshíkú 宜しく (Adv. de "yoróshíi"). **1** [適当に] Bem; a (seu) gosto; como quiser. Ato wa kimi no kangae de ～ yatte oite kure 後は君の考えでよろしくやっておいてくれ Quanto ao resto, faz como quiseres [achares bem]. ⇨ tekítṓ; úmaku. **2** [あいさつ] Com desejos de bem para todos nós. Go-kazoku no minasama ni ～ 御家族の皆様によろしく Lembranças (minhas) à sua família. Hajimemashite, dōzo ～ はじめまして、どうぞよろしく Muito prazer em conhecê-lo [e oxalá nos possamos ver mais vezes]. Kono ko no koto o ～ o-negai shimasu この子のことをよろしくお願いします Queria recomendar-lhe muito este [o meu] filho. Okāsan ni ～ o-tsutae kudasai お母さんによろしくお伝え下さい Lembranças à sua mãe. Ryōshin ga ～ to no koto desu 両親がよろしくとのことです Meus pais mandam-lhe lembranças [muitos cumprimentos]. **3** [まるで] Como se fosse. Kare wa gaijin ～ ōbā na miburi de hanashi o shite ita 彼は外人よろしくオーバーな身ぶりで話をしていた Ele estava a falar gesticulando muito, parecia [～] um estrangeiro.

yóroyoro (to) よろよろ (と) A vacilar; cambaleante. ★ ～ shita ashidori de aruku よろよろした足取りで歩く Andar tem-te-não-caias [a cair das pernas] (G.); ir ～. ⇨ fúrafura; yobóyóbó.

yorózú 万 Tudo; todo o tipo de coisas. ～ go-sōdan ni ōjimasu 万御相談に応じます Aconselhamos [Ajudamo-lo com o nosso parecer] sobre todo o tipo de coisas. ◇～ **ya [yo]**.
⟨S/閞⟩ Bánji (+); íssai (+); súbete (+).

yorózú-yá 万屋 [G.]. **1** [雑貨店] O comerciante que vende de tudo; a mercearia 「de aldeia」. **2** [なんでも屋] O homem dos sete ofícios; o pau para toda a colher [toda a obra (B.)].

yorózú-yo 万代 [E.]. A eternidade. ⟨S/閞⟩ Bánsei.

yóru¹ 夜 A noite. ～ no tobari ga orita 夜のとばりが下 Caiuovéuda～. ★ ～ jū zutto 夜中ずっと [ventou] (Durante) toda a noite sem parar. ～ ni naru 夜になる Anoitecer; fazer-se noite. ～ no jūni-ji 夜の12 時 A meia-noite. ～ no yonaka 夜の夜中でない horas da ～. Hiru ～ mo ～ 昼も夜も De dia e de noite. ⟨A/閞⟩ Yákan; yo. ⟨A/閞⟩ Yā; bañ¹; ma-yónaka; shiñkō⁸; yo-fúké; yo-náká⁸; yǔgátáshí.

yorú² 因 [由・依] る **1** [起因する] Ser causado 「por」; ter origem 「em」. ★ Byōki ni ～ kesseki 病気による欠席 A ausência por (motivo/causa de) doença. Kōrō ni yori hyōshō sareru 功労により表彰される Ser homenageado por bons serviços. Kōtsū jiko ni ～ no shisha 交通事故による死者 Os mortos nos [por/em] acidentes de trânsito. Taifū ni ～ higai 台風による被害 Os danos causados pelo tufão. Géñ'íñ[Kíñ] súrú. **2** [手段とする] Usar; recorrer 「a」. Moji [Ongaku] ni yotte kañjō o hyōgen suru 文字[音楽]によって感情を表現する Exprimir os sentimentos por meio da escrita [música].

yorú³ 拠る **1** [基づく] Basear-se「em」; depender 「de」; estar de acordo「com」. Kare no hanashi [Shinbun] ni ～ to Burajiru wa hidoi infure rashii 彼の話[新聞]によるとブラジルはひどいインフレらしい Segundo ele [os jornais], o B. tem muita inflação. ～ Jijō ni yori 事情により Por motivos de força maior. Kōsoku dai-sañ-jō ni yori 校則第 3 条により De acordo com o terceiro parágrafo das regras da escola. ⟨S/閞⟩ Motózúku. **2** [根拠地として立てこる] Ocupar; tomar posições; entrincheirar-se. ★ Tenken ni ～ 天険による Entrincheirar-se nas fortificações naturais [na montanha]. ⟨S/閞⟩ Taté-kómóru.

yorú⁴ 寄る **1** [近寄る] Aproximar [Acercar]-se 「de」. Motto kochira ni yori tamae [nasai] もっとこちらに寄りたまえ[なさい] Chegue-se mais para cá [perto de mim]. ★ Waki ni ～ わきに寄る Chegar-se para o lado. Chiká-yóru. **2** [集まる] Reunir-se; juntar-se; encontrar-se. [ロ/慣用] ～ to sawaru to sono uwasa da 寄ると触るとそのうわさだ Esse boato é a conversa de toda a gente em toda a parte. **3** [ふえる; 増す] Aumentar; virem「os anos/as cãs/as rugas」. Rōjin mo ～ toshi-nami ni wa katenakatta 老人も寄る年波には勝てなかった O velho「apesar de ser forte」não pôde resistir aos anos. Warau to hitai ni shiwa ga yotta 笑うと額にしわが寄った Ao rir-se faz [vêem-se-lhe] rugas na testa. ★ ⇨ yotté-tákátté. [口/慣用] Sañ-nin yoreba monju no chie 三人寄れば文殊の知恵 ⇨ sañ-nín. **4** [立ち寄る] Ir; passar; parar. Chotto o-yori ni narimasen ka ちょっとお寄りになりませんか Não quer entrar (na minha casa)? Go-jōkyō no ori wa o-yori kudasai ご上京の折りはお寄り下さい Quando vier a Tóquio, passe por [venha a] minha casa. ⟨S/閞⟩ Tachí-yórú. **5** 【Sumō】 Empurrar o adversário para fora da arena. ⟨S/閞⟩ yorí-kírí; yorí-mí; yorí-táóshí.

yorú⁵ 倚［凭］る Encostar-se. ★ Isu ni ～ いすによる ～ na cadeira. ⟨S/閞⟩ Yorí-kákáru (+).

yorú⁶ 選る Escolher; sele(c)cionar. Mā yori ni (mo) yotte anna otoko to kekkon suru nante まあ選りに(も)選ってあんな男と結婚するなんて Mas que escolha, casar-se com tal homem [com um homem daqueles]! ⟨S/閞⟩ Erábu (+).

yorú⁷ 撚る Torcer; retorcer; entrançar. ★ Koyori ～ こよりを撚る Fazer um fio [cordão] de papel.

yorúbé 寄る辺 O refúgio; o amparo; o lugar para onde ir; a pessoa a quem recorrer. ★ ～ no nai hitobito 寄る辺のない人々 As pessoas desamparadas [sem um/a ～].

Yórudan ヨルダン A Jordânia. ◇～ **gawa** ヨルダン川 O rio Jordão. ～ **jin** ヨルダン人 O jordaniano. ～ **ōkoku** ヨルダン王国 O Reino da ～.

yóru-hiru 夜昼 (De) dia e (de) noite. ★ ～ to naku 夜昼となく「trabalhar」～. ⟨S/閞⟩ Chūya.

yōryō¹ [yōryóo] 要領 **1** [ことがらの要点] O ponto (importante). Kare no setsumei wa makoto ni ～ o ete iru 彼の説明はまことに要領を得ている A explicação dele foi mesmo ao ponto (da questão). ★ ～ o enai 要領を得ない「o discurso」Vago; evasivo 「～ o enai hanashi 要領を得ない話 Um discurso vago (que não vai ao [toca o] ponto da questão)」. ⟨S/閞⟩ Yóshí⁸; yótén. **2** [しかた; やり方 (のこつ)] A habilidade; o jeito. Kare wa itsu de mo ～ ga ii 彼は

yōryō² [**yoóryoo**] 容量 A capacidade「do recipiente」; o volume「do líquido」. ◇ **~ bunseki** 容量分析【Quím.】A análise volumétrica. **Denki** [**Netsu**] **~** 電気[熱] 容量 A **~** elé(c)trica [calorífica/térmica]. S/周 Yōseki.

yōryō³ [**yoóryoo**] 用量 A dose. **~** (*Kusuri no*) *ikkai no* **~** (薬の) 一回の用量 Uma dose (de remédio).

yoryokú 余力 **a)** A força [energia] de sobra; **b)** O dinheiro de sobra. ★ *o takuwaeru* 余力を蓄える Acumular energias. *Jūbun ~ ga aru* 十分余力がある **a)** Ter energia de sobra; **b)** Ter capacidade financeira「mais que suficiente para construir a fábrica」.

yōryoku [**oó**] 揚力【Fís.】A força ascensional「do vento que faz subir o papagaio」.

yōryóku-so [**oó**] 葉緑素【Bot./Quím.】A clorofila.

yōryókú-tái [**oó**] 葉緑体【Bot.】O cloroplasta.

yósa 良 [好・善] さ (Sub. de yói). O mérito; o valor; a virtude; as (boas) qualidades. *Kimi ni wa kanojo no ~ ga wakarumai* 君には彼女のよさが分かるまい Você não compreende [vê] o valor [as muitas ~] dela. A/反 Wárusa.

yōsái¹ [**oó**] 洋裁 A costura (Estilo ocidental). ★ *o narau* 洋裁を習う Aprender costura [a costurar]. ◇ **~ gakkō** 洋裁学校 A escola de corte e costura. ⇨ shítáté [yōfúkú]-yá; wasái.

yōsái² [**oó**] 要塞 A fortaleza; o forte. ★ *~ o kizuku* [*mōkeru*] 要塞を築く[設ける] Construir um/a ~.

yo-sámú 夜寒 O frio no ou(c)turno [da noite (+)]「especialmente no fim do outono」.

yōsan 予算 O orçamento. *Go ~ wa ika-hodo desu ka* ご予算はいかほどですか Até que quantia o senhor pode ir? /De que orçamento o senhor dispõe? *Omowanu shuppi de ~ ga kurutta* 思わぬ出費で予算が狂った Devido a gastos imprevistos, ~ desequilibou-se. *Rainen-do no ~ ga seiritsu shita* 来年度の予算が成立した ~ do próximo ano foi aprovado. ★ ~ (*no han'i*) *nai de makanau* 予算 (の範囲) 内でまかなう Fazer tudo dentro do [só com o] ~. *~ no sakugen* 予算の削減 A redução [O corte] orçamental/no ~. *~ o kiritsumeru* 予算を切り詰める Reduzir [Diminuir] o ~. *~ o kumu* [*hensei suru*] 予算を組む[編成する] Elaborar/Fazer o ~; orçar. *~ o tateru* 予算を立てる Orçar; fazer o ~. *Hitori gosen-en no ~ de pātī o hiraku* 一人５千円の予算でパーティーを開く Dar uma festa orçamentada em cinco mil yens por pessoa. ◇ **~ an** 予算案 O plano [A minuta] do ~. **~ hensei** 予算編成 A elaboração do ~. **~ iinkai** 予算委員会 A comissão (elaboradora) do ~. **~ sochi** 予算措置 A medida orçamentária. **Hosei** [**Shūsei**] **~** 補正 [修正] 予算 ~ suplementar [re(c)tificado]. **Zantei ~** 暫定予算 ~ provisório.

yōsan¹ [**oó**] 養蚕 A seri(ci)cultura. ◇ **~ gyō** 養蚕業 A indústria da ~. **~ ka** 養蚕家 O seri(ci)cultor. ⇨ káiko³.

yōsán² [**oó**] 葉酸【Bioq.】O ácido fólico ($C_{19}H_{19}N_7O_6$).

yosé 寄席 O teatro de variedades [revista]; o espe(c)táculo ambulante. ◇ **~ geinin** 寄席芸人 O artista de ~. ⇨ engéí ⊕.

yosé-átsúmé 寄せ集め (< yosé-átsúméru) A mistura; a miscelânea; a salada russa (G.). ★ *~ no guntai* 寄せ集めの軍隊 O exército heterogé(ê)neo.

yosé-átsúméru 寄せ集める (< yoserú + ⋯) Juntar; reunir「discípulos/vários artigos em livro」. ★ *Chirabatta kami o ~* 散らばった紙を寄せ集める Juntar os papéis espalhados [em desordem].

yosé-áu 寄せ合う (< yoserú + ⋯) Aconchegar-se apertando-se um ao outro. ★ *Kata o yose-atte kurasu* 肩を寄せ合って暮らす Viver apoiando-se mutuamente [um ao outro].

yosé-gákí 寄せ書き (< yoserú + káku) O escrever todos [em conjunto]「ao amigo doente」.

yosé-gí 寄せ木 (< yoserú + ki) **a)** A marchetaria; **b)** O encaixe de madeiras; **c)** O parqué(ê). ◇ **~ zaiku** 寄せ木細工 O trabalho [A escultura] com encaixes de「várias madeiras」. **~ zukuri** 寄せ木造り O esculpir com encaixes de madeira.

yosé-gíré 寄せ切れ (< yoserú + kiré) Os retalhos [restos de tecido].

yósei¹ 余生 O resto da vida. *Kokyō de ~ o okuru* 故郷で余生を送る Viver o ~ na sua terra natal. *Yo-no-naka no tame ni ~ o sasageru* 世の中のために余生を捧げる Dedicar o ~ à sociedade [aos outros].

yósei² 余勢【E.】A força [energia] ganha [de sobra]. ★ *Shosen ni katta ~ o katte kachi-susumu* 初戦に勝った余勢を駆って勝ち進む Ganhar todos os jogos com a força ganha na primeira vitória.

yōséi¹ [**oó**] 養成 A formação; o cultivo; o treino「de aviadores」. ★ *Kangofu o ~ suru* 看護婦を養成する Formar (mais) enfermeiras. *Tairyoku o ~ suru* 体力を養成する Desenvolver o [Ganhar] físico.

yōséi² [**oó**] 要請【E.】O pedido; a exigência; a solicitação. ★「*Hahei no*」*~ o judaku suru*「派兵の」要請を受諾する Aceitar o pedido「de enviar tropas」.「*Rikkōho o*」*~ suru*「立候補を」要請する Exigir [Pedir]「que se candidate」. *Jidai no ~ ni ōjiru* 時代の要請に応じる Responder às exigências dos tempos. *Kokumin no ~ ni yotte* 国民の要請によって A pedido do povo. ◇ **Kyūen ~** 救援要請 O ~ de ajuda [socorro]. ⇨ yōbō¹; yōkyú¹.

yōséí³ [**oó**] 陽性 **1**【Med.】A rea(c)ção positiva;「sero」positivo (Que tem essa doença). ◇ **~ han-nō** 陽性反応 A rea(c)ção positiva. A/反 Inséí. **2** [性格] A extroversão; a jovialidade. ★ *~ na hito* 陽性な人 A pessoa extrovertida [jovial/aberta]. S/周 Yōkí (+). A/反 Inséí.

yōséi⁴ [**oó**] 妖精 A fada; o gnomo; o duende; a ninfa.

yōséi-jó [**oó**] 養成所 (< ~¹ + sho) A escola. ◇ **Kyōin** [**Kangofu**] **~** 教員[看護婦] 養成所 A ~ de formação de professores [de enfermeiras].

yōseki [**oó**] 容積 A capacidade; o volume「da caixa são 60 cm³」. ★ *~ o hakaru* 容積を量る Medir a/o ~. ◇ **~ ritsu** 容積率【Arqui.】A proporção entre o volume da construção e a área do terreno. S/周 Táiseki; yōryō. ⇨ kasá³.

yosé-múné-zúkuri 寄せ棟造り (< yoserú + ⋯ + tsukúru)【Arqui.】O telhado de quatro águas.

yosén 予選 1 [競技の] A eliminatória; a prova eliminatória [preliminar]. ★ ~ *de ochiru* 予選で落ちる Cair [Ser excluído] na ~. ~ *o tsūka suru* 予選を通過する Passar a ~. ◇ **Hyaku mētoru ~** 100メートル予選 ~ (da corrida) dos cem metros. ⇨ juń-késshō. **2** [本選に先立って対象をしぼること] **a)** A pré-sele(c)ção; **b)** As primeiras eleições. *Nodojiman konkūru no kōhosha o ~ de shiboru* のど自慢コンクールの候補者を予選でしぼる Fazer a pré-sele(c)ção dos candidatos ao concurso de cantores amadores. A/反 Hońseń.

yosén¹ [oó] 用箋 O papel de escrever; o bloco. S/同 Bińseń.

yosén² [oó] 傭船 **a)** O fretamento; **b)** O barco fretado. ★ *Tankā o ~ suru* タンカーを傭船する Fretar um (navio) petroleiro. ◇ **~ keiyakusho** 傭船契約書 O contrato [alvará] de fretamento. ⇨ cháta.

yosé-nábé 寄せ鍋 (< yosérú + …) O cozido 「à mesa, com todos: carnes, peixe, ovo, verduras」.

yosén-kai 予餞会 A festa de despedida. ⇨ oí-dáshi.

yosérú 寄せる (< yorú†) **1** [近づく] Aproximar-se; ir. *Nami ga kishi ni yosete iru* 波が岸に寄せている As ondas batem na costa [vão de encontro à praia]. S/同 Chikázuku. **2** [近づける] Aproximar; acercar. *Hitai o yosete sōdan suru* 額を寄せて相談する Consultar baixinho [em voz baixa]. ★ *Kuruma o dōro waki ni ~* 車を道路わきに寄せる Arrumar o carro a meio-fio (G.) [Estacionar ao lado da estrada]. *Mayu o ~* 眉を寄せる Franzir a testa [o sobrolho]. *Mimi-moto e kuchi o yosete sasayaku* 耳元へ口を寄せてささやく Cochichar [Segredar] ao ouvido. S/同 Chikázúkéru. **3** [心をかたむける] Inclinar-se para; ter; dar; gostar 「de」. ★ *Kanojo ni omoi o ~* 彼女に思いを寄せる Gostar de [Apaixonar-se por] uma mulher. *Sensei ni shinrai o ~* 先生に信頼を寄せる Confiar [Ter confiança] no professor. S/同 Katámúkéru. **4** [集める] Juntar. ★ *Kyaku o ~* 客を寄せる「o restaurante」 (Atrair) fregueses/clientes. *Ochiba o ~* 落ち葉を寄せる ~ as folhas secas [do chão]. S/同 Atsúméru. **5** [送る] Enviar; mandar. *Rikuesuto o o-yose kudasai* リクエストをお寄せ下さい Mande-nos o seu pedido. ★ *Shinbun ni genkō o ~* 新聞に原稿を寄せる ~ o manuscrito ao [para o] jornal. S/同 Okúrú (†). **6** [訪問させる] Fazer uma visita. *Mata yosete itadakimasu* また寄せて頂きます Volto a ~ [aparecer de novo]. **7** [身をゆだねる] Confiar; entregar; arrimar-se. ★ *Mi o ~ tokoro ga nai* 身を寄せる所がない Não ter [ninguém] a quem se arrimar. S/同 Yosérú. **8** [関係づける] Usar (como meio). ★ *Hana-kotoba ni yosete omoi o tsutaeru* 花言葉に寄せて想いを伝える Transmitir o seu (sentimento de) amor falando da beleza das flores. S/同 Kakótsúkéru.

yosé-té 寄せ手 (< yosérú + …) 【E.】 As forças de ataque; o exército atacante.

yosétsú 余接 [切] 【Mat.】 A co-tangente. ⇨ sáńkaku¹ ◇.

yósétsú¹ [oó] 溶接 A soldadura [soldagem]. ★ *Tetsu to namari o ~ suru* 鉄と鉛を溶接する Soldar o ferro e chumbo. ◇ **~ kī** 溶接機 A máquina de soldar; o maçarico; o soldador. **~ kō** 溶接工 O soldador (especialista). **~ zai** 溶接剤 O material de soldar. **Denki** [**Sanso**] **~** 電気 [酸素] 溶接

elé(c)trica [com oxigé[ê]nio].

yōsétsú² [oó] 夭折 【E.】 A morte prematura. ★ ~ *suru* 夭折する Ter uma ~. S/同 Hayá-jíní (+); waká-jíní; yōséí; yōshí.

yosé-tsúkéru 寄せ付ける (< yosérú + …) Fazer aproximar-se; atrair. *Kare ni wa hito o yosetsukenai fuń'iki ga aru* 彼には人を寄せつけない雰囲気がある Ele tem um ar [uma maneira de ser] que não atrai as pessoas.

yosé-zan 寄せ算 【Mat.】 ⇨ tashí-zan.

yōsha [oó] 容赦 O perdão; a tolerância. *Mō ~ dekinai* もう容赦できない Já não posso tolerar mais isto. *Nani to zo go ~ kudasai* 何とぞご容赦下さい Faça o favor de me perdoar. ★ ~ (*Nasake*)~ *naku*「*yattsukeru*」(情け)容赦なく「やっつける」「Carregar/Bater/Malhar」 Implacavelmente [Sem perdão] ao adversário」. ~ *suru* 容赦する Perdoar; tolerar. ⇨ te-kágen; yurúshí.

yóshí¹ 葦・芦・蘆・葭 【Bot.】 ことわざ ~ *no zui kara tenjō o nozoku* 葦の髄から天井をのぞく Ver a árvore e não ver a floresta/Ter vistas estreitas (lit. ver o te(c)to pelo buraco duma ~). S/同 Ashi.

yōshí² [oó] 由 【E.】 **1** [理由] A razão; a significação; a causa. ★ ~ *arige ni jirojiro miru* 由ありげにじろじろ見る Lançar um olhar significativo. S/同 Iwáku (+); riyū (+); wáke (+). **2** [手段] A maneira; o meio. *Kare no idokoro wa ~ mo nai* 彼の居所は知る由もない Não há maneira [meio] de saber onde ele está. S/同 Hōhō (+); shúdan (+). **3** [旨] O fa(c)to [caso]. *Go-byōki no ~, kokoro yori o-mimai mōshiagemasu* 御病気の由、心よりお見舞い申し上げます Soube que estava [do fa(c)to de estar] doente e venho enviar-lhe os meus desejos de melhoras. S/同 Muné (+); shúshi; kotó.

yōshí³ 良 [好] し (< yói) Bom [Boa]; bem. *Sore de ~* それでよし Muito bem! /Está bem! ★ ⇨ yóshiashi. S/同 Yoróshíí (+).

yōshí⁴ 良【Interj.】**1** [相手の行為を是認・承認する時] (Muito) bem!; Bravo! ~ *yoku yatta zo* よしよくやったぞ ~, foste um herói! **2** [決意した時] Pronto; pois bem; decidido. ~ *sore ni kimeta* よしそれに決めた Pronto, decido por [escolho] esse.

yoshí⁵ 止し 【G.】 ⇨ yamé.

yōshí¹ [oó] 用紙 O [Uma folha de] papel 「para preencher/para o exame」. ★ *Shotei no ~ ni kaki-komu* 所定の用紙に書き込む Preencher o papel [impresso/formulário] determinado. ◇ **Tōan ~** 答案用紙 A folha [O papel] de exame. **Tōhyō ~** 投票用紙 O boletim [P.] [A cédula (B.)] de voto.

yōshí² [oó] 要旨 **a)**「você não está a ver」 O ponto (essencial) 「da questão」; **b)** O resumo. ★ ~ *o noberu* 要旨を述べる Resumir [Explicar] os pontos essenciais. S/同 Shúshi; yōten.

yōshí³ [oó] 洋紙 O papel ocidental. A/反 Wáshi.

yōshí⁴ [oó] 養子 O filho ado(p)tivo. ★ ~ *ni iku* 養子に行く Ser ado(p)tado「por casamento com a filha doutra família」. ~ *ni suru* 養子にする Ado(p)tar. ◇ **~ engumi** 養子縁組み A [O casamento de] ado(p)ção. **Muko ~** 婿養子 O genro ado(p)tado como filho (e herdeiro do nome dos sogros). A/反 Jisshí. ⇨ yōjo¹.

yōshí⁵ [oó] 容姿 【E.】 A aparência; a figura. ★ ~ *tanrei de aru* 容姿端麗である Ter boa aparência [Ser uma figura elegante]. S/同 Mímekatachi; yōbō.

yōshí⁶ [oó] 陽子 O protão [próton (B.)]. ⇨ chūséíshi; ínshi².

yóshi[7] ようし 【Interj.】 Ah!; Olhe lá!; Espere! ~ *oboete-ro yo* ようし覚えてろよ ~, você vai pagar esta desfeita [Espera, que tu vais-mas pagar]!

yóshi-ashi 善し悪し (⇨ zén¹; áku³) **1** [善いことと悪いこと] O bem e o mal. ★ *Koto no ~ wa betsu to shite* ことの善し悪しは別として Prescindindo 「por agora」se isso está bem ou mal. ⇨ Yóshi-wárushi; zén/áku. **2** [考えもの] A ambivalência (o ter) prós e contras [vantagens e desvantagens]. *Zaisan ga aru no mo ~ da* 財産があるのも善し悪しだ Possuir uma fortuna nem sempre é bom/A riqueza é ambivalente [tem prós e contras].

yóshíki¹ [oó] 様式 **1** [社会的に自然にでき上がった独特の流儀・型] O estilo; a maneira; a forma. ◇ *Seikatsu ~* 生活様式 ~ de vida. ◇ **2** [それによるものと決められた一定の形式] A forma; o modelo (fixo). ★ *Shorui no ~* 書類の様式 ~ dos documentos. ★ [芸術作品などの独特の表現形態] O estilo「manuelino/império/moderno」. ◇ **Go-shikku [Barokku] ~** ゴシック[バロック]様式 ~ gótico [barroco]. S/同 Sutáiru.

yóshíki² [oó] 洋式 O estilo ocidental. ◇ ~ **toire** 洋式トイレ A casa de banho [O banheiro (B.)/A sanita] de [em] ~. S/同 Yófú. A/反 Wa-shíkí.

yóshíki³ [oó] 要式 Formal. ◇ ~ **kōi** 要式行為 [Dir.] Um a(c)to ~.

yoshíkíri 葦切り 【Zool.】 (Lit. "parte-caniços") O rouxinol-dos-pauis[-pântanos/-caniços]; a toutinegra; *acrocephalus arundinaceus*. ⇨ ugúisu.

yóshimi 誼 A amizade. *Shin'yū no ~ de kare ni kane o karita* 親友のよしみで彼に金を借りた Atrevi-a pedir-lhe dinheiro emprestado porque somos muito amigos. ⇨ shitáshímí; yújó.

yoshín¹ 余震 【Geol.】 O abalo secundário. *Ōkina jishin no ato,* ~ *ga mikka tsuzuita* 大きな地震の後、余震が三日続いた Depois do grande abalo [terramoto] houve muitos ~s durante três dias. ⇨ jishín³.

yoshín² 予審 【Dir.】 A investigação preliminar.

yoshín³ 予診 O diagnóstico preliminar. ⇨ shińsátsú.

yóshi-nani よしなに (Como achar) bem. ~ *o-torihakarai kudasai* よしなにお取り計らい下さい Faça como achar [lhe parecer] melhor. S/同 Yoróshíkú **1**.

yóshínba 縦しんば 【E.】 ⇨ tatoé².

yoshinó-zákura 吉野桜 【Bot.】 (<yóshi³ + sakúrá) A cerejeira de Yoshino. S/同 Someíyóshino.

yóshishi [oó] 養嗣子 【Dir.】 O herdeiro ado(p)tado.

yóshítsú [oó] 洋室 A sala de [em] estilo ocidental. S/同 Yómá. A/反 Washítsú.

yoshi-wárushi 善し悪し ⇨ yóshi-ashi.

yóshiya 縦しや 【E.】 ⇨ tatoé².

yóshiyoshi よしよし (< yóshi³) Pronto, pronto. ~, *naku n'ja nai* よしよし、泣くんじゃない ~ não chores [chora, menino]!

yoshízú 葦 [簀] (< yóshi¹ + ···) A cortina de canas (que funciona como porta ou parede).

yóshó¹ [oó] 要所 O ponto [lugar] importante; a posição estratégica. ★ ~ *ni hei o oku* 要所要所に兵をおく Colocar soldados nos pontos estratégicos. S/同 Yóshó².

yóshó² [oó] 洋書 O livro estrangeiro [ocidental]. ⇨ wásho.

yóshó¹ [yoó] 幼少 【E.】 A infância; a meninice. ★ ~ *no koro [toki]* 幼少の頃[時] Na ~. S/同 Yónén.

yóshó² [yoó] 要衝 【E.】 A posição [O lugar] importante (Tb. estrategicamente). ★ *Kōtsū no ~* 交通の要衝 Um ~ [centro] das vias de comunicação. S/同 Yóshó¹.

yō-shókki [oó] 洋食器 O serviço de mesa em [de] estilo ocidental.

yoshóku 余色 【Fís.】 A cor complementar. S/同 Hoshóku.

yóshóku¹ [oó] 洋食 O prato ocidental; a comida estrangeira. ◇ ~ **ten** 洋食店 O restaurante de comida estrangeira. ⇨ Chūka ◇ ; washúku.

yóshóku² [oó] 要職 O posto [A posição] importante. ★ ~ *ni tsuku* 要職に就く Ocupar um/a ~. *Seifu no ~ ni aru jinbutsu* 政府の要職にある人物 A pessoa que ocupa um/a ~ no governo. S/同 Jūshóku.

yóshóku³ [oó] 養殖 A cultura; a criação. ★ *Unagi o ~ suru* 鰻を養殖する Criar [Fazer criação de] enguias. ~ *shinju* 養殖真珠 A pérola de cultura (mas no mar).

yóshóku⁴ [oó] 容色 【E.】 As feições lindas (de mulher). *Byōki de kanojo no ~ mo daibu otoroeta* 病気で彼女の容色もだいぶ衰えた Com a doença ela perdeu muito da beleza que tinha. S/同 Míme-katachi; yóbó.

yoshū 予習 A preparação da lição [aula]. ★ *Asu no jugyō no ~ o suru* 明日の授業の予習をする Preparar as lições de amanhã. S/同 Shitá-shírábé. A/反 Fukúshū.

yóshú [oó] 洋酒 A bebida alcoólica ocidental; o vinho estrangeiro. ⇨ nihón-shú; saké¹.

yóshún [oó] 陽春 【E.】 A primavera. ★ ~ *no kō* 陽春の候 A estação [flor] da ~.

yosó 余 [他] 所 Outro lugar [lado]; outra parte;「dormir」fora; o estrangeiro. ~*(sama) no koto wa ki ni suru na* よそ（様）の事は気にするな Que é que você tem a ver [tem que se preocupar] com a vida dos outros? *Ryōshin no shinpai o ~ ni, kanojo wa shigoto hitosuji ni ikite iru* 両親の心配をよそに、彼女は仕事一筋に生きている Sem fazer caso dos pais, ela vive só para o trabalho. ★ ~ *de* よそで Fora; noutro lugar [~ *de shokuji suru* よそで食事する Comer fora]. ~ *e tomaru* よそへ泊まる Dormir em casa de outro. ~ *no hito* よその人 O estrangeiro [forasteiro]. ~ *o miru* よそを見る Desviar o olhar; olhar para o outro lado「por desprezo」. ◇ ~ **goto** [**me/mi/mono/nagara/yososhii/yuki**]. ⇨ betsú; hoká.

yosó 予想 A expe(c)tativa; a previsão; a conje(c)tura; o pensar. *Jishin no higai wa ~ ijō da* 地震の被害は予想以上だ Os danos causados pelo sismo são maiores do que se pensava. *Keiba no ~ ga atatta [hazureta]* 競馬の予想が当たった[外れた] Acertei [Não acertei] nas [na aposta das] corridas de cavalos. *Kono shiai wa saigo made ~ ga tsukanai* [~ *dekinai*] この試合は最後まで予想がつかない[予想できない] Ninguém pode prever [adivinhar] o resultado deste jogo. ★ ~ *dōri no kekka* 予想通りの結果 O resultado previsto [esperado]. ~ *ni hanshite* 予想に反して Contra todas as expe(c)tativas; ao contrário do que se esperava [se pensava]. ~ *o uragiru* 予想を裏切る「a equipa」Atraiçoar as「nos-

yōso¹ sas」esperanças. **~ o uwamawaru** 予想を上回る Superar (todas) as expe(c)tativas. **~ suru** 予想する Pensar; imaginar; prever; conje(c)turar; esperar. ◇ **~ ya** 予想屋 (競馬などの) O especialista em dar palpites e informações sobre quem [que cavalo] vai ganhar. ⓢ囲 Suíryó; suísókú; yosókú.

yōso¹ [óo] 要素 O elemento; o fa(c)tor; o requisito. *Kono keikaku ni wa kiken na ~ ga ōsugiru* この計画には危険な要素が多すぎる Este plano é muito arriscado. ★ *Mizu no kōsei ~* 水の構成要素 Os elementos componentes da água「são o O e o H: OH_2/H_2O」. ⇨ motó²; séibun¹.

yōso² [óo] 沃素 [Quím.] O iodo. ⓢ囲 Yódo.

yōsō¹ [yoó] 洋装 **1**[洋式の服装] O estilo ocidental de vestuário. ★ **~ suru** 洋装する Vestir à ocidental. ◇ **~ ten** 洋装店 A alfaiataria. ⇨ wasō. **2**[洋式の装本] A encadernação ocidental. ◇ **~ bon** 洋装本 O livro encadernado à ocidental. Yō-tójí. ⇨ wasō.

yōsō² [yoó] 様相【E.】O aspecto; a situação. ★ *~ o ippen suru* 様相を一変する Mudar totalmente.「*Fukuzatsu na*」*~ o obiru*「複雑な」様相を帯びる Ter [Revestir-se de] aspectos complexos. ⓢ囲 Arísama; keíshó; yōsú.

yosó-gai [óo] 予想外 Contra o que se esperava「a reunião foi boa」. ★ *~ no kekka* 予想外の結果 Um resultado inesperado. ⓢ囲 Hitó-góto.

yosó-gótó 余所事 (< ... + kotó) O assunto alheio [de outrem/que não tem a [que] ver co(n)nosco]. ★ *~ no yō ni omotte iru* 余所事のように思っている Pensar que isso é com os [que o problema é dos] outros. ⓢ囲 Hitó-góto.

yosó-íkí 余所行き【D.】⇨ yosó-yúkí.

yosókú 予測 A previsão; o prognóstico; a conje(c)tura. *Rainen no keiki o ~ suru* 来年の景気を予測する Prever a situação econó[ô]mica do próximo ano. *Shōbu wa ~ ga tsukanai* 勝負は予測がつかない Não sei [É difícil de prever] quem vai ganhar o desafio. ⓢ囲 Yogén; yokén; yosō.

yosó-mé 余所目 O ver de fora; o olhar de outrem. *Sono fūfu no naka no yosa wa ~ ni mo urayamashii kurai de atta* その夫婦の仲のよさは余所目にもうらやましいほどであった A intimidade [harmonia] desse casal causa「é de causar」inveja a todos [a quem vê]. ⓢ囲 Hatá-mé.

yosó-mi 余所見 (< ... + míru) O desviar o olhar. ★ *~(o) suru* 余所見(を)する Olhar para o lado「*~ o sezu ni unten shi nasai* 余所見をせずに運転しなさい Dirija (o carro) sem olhar para o lado」. ⓢ囲 Wakí-mí.

yosó-mónó 余所者 O forasteiro; o estrangeiro; o estranho; a gente [pessoa; os] de fora.

yosó-nágara 余所ながら「assistir ao discurso」De fora [Sem se dar a conhecer]; em segredo. ★ *Hito no koto o ~ shinpai suru* 人の事を余所ながら心配する Preocupar-se com alguém apesar de lho não dizer. ⓢ囲 Kagé-nágárá; soré náku.

yosōói 装い (< yosóuu) **1**[服装などみづくろい] O atavio (Ex.: *niwa wa haru no ~ de aru* 庭は春の装いである O jardim está ataviado de flores); o adorno; o traje; o vestuário; o fato. ★ **~ o aratameru** 装いを改める Vestir outro traje [Mudar de fateota (G.)]. ★ **~ o korasu** 装いを凝らす Vestir-se com requinte; ataviar-se. *Fuyu no ~ shita tori* 冬の装いをした鳥 A ave ataviada para o [com plumagem「branca」de] inverno. ⓢ囲 Fukúsó. **2**[外観] A aparência; a decoração. *Sono mise wa ~ o arata ni kaiten shita* その店は装いを新たに開店した Essa loja reabriu [abriu de novo] toda renovada [com outra ~]. ⓢ囲 Gaíkán (+); mikáké (+).

yosóóu 装う **1**[外観・身なりを飾る] Vestir(-se); trajar; ornamentar; decorar. ★ *Utsukushiku yosootta musume* 美しく装った娘 A moça lindamente vestida. ⇨ kazárú; keshō. **2**[ふりをする] Fingir「ignorância」; afe(c)tar「inocência」; aparentar; simular; disfarçar de. ★ *Byōki [Kyōki] no ~* 病気[狂気]を装う Fazer-se doente [Fingir que é louco]. *Heisei o ~* 平静を装う Fingir calma. ⇨ furí².

yosóu 装う **1**[⇨ yosóóu **1**]. **2**[食べ物を盛る] Servir [Pôr/Deitar] comida. *Gohan wa jibun de yosotte tabete kudasai* 御飯は自分でよそって食べて下さい Sirvam-se de arroz, por favor. ⇨ morú².

yosóyósóshii 余所余所しい (< yosó) Frio; indiferente. ★ *~ taido o toru* 余所余所しい態度をとる Tratar com indiferença [frieza]. ⓢ囲 Tanín-gyógí na.

yosó-yúkí 余所行き (< ... + yukú) **a)** O ser especial [de festa/para sair]; **b)** O ser formal [afe(c)tado/pretensioso]; o querer mostrar「para inglês ver」. ★ *~ no fuku* 余所行きの服 O vestido de gala; o traje formal; o traje domingueiro; o fato melhor. *~ no taido o toru* 余所行きの態度を取る Ser artificial; tomar uma atitude afe(c)tada. ⓢ囲 Yosó-ikí.

yosu 止す Parar; cessar; deixar; acabar; abandonar; desistir. *Yose* よせ Pare com isso! *Jōdan wa yose* 冗談はよせ Deixa-te de brincadeiras! *Kono hanashi wa mō yosō* この話はもうよそう Vamos acabar com esta conversa [mudar de assunto]. *Ryokō ni iku no wa ~ koto ni shita* 旅行に行くのはよすことにした Desisti da viagem. ⓢ囲 Yamérú (+).

yōsú [óo] 様子 **1**[状態] O estado; a situação; a condição; o aspecto; a fase; as circunstâncias. *Byōnin no ~ ga sukoshi okashii* 病人のようすが少しおかしい O ~ do doente não lhe agrada muito. *Kono ~ de wa kaigi wa nagabiku darō* このようすでは会議は長引くだろう Por este caminho, a reunião vai durar muito [vai-se prolongar]. ★ *~ o miru [ukagau]* ようすを見る[うかがう] Ver como estão as coisas[*Kono mama shibaraku ~ o miyō* このままばらくようすを見よう Por enquanto vamos estudar [ver em que pára] a situação]. ⓢ囲 Arísama; jōkyō; jótáí. **2**[外見; 態度] A aparência; o aspecto; o ser; o comportamento. *Chikagoro kare no ~ ga hen da* ちかごろ彼のようすが変だ Ultimamente ele não parece o mesmo (que era). ★ *Osoreru ~ mo naku* 恐れるようすもなく Sem (mostrar) nenhum [qualquer] sinal de receio [medo]. ⓢ囲 Gaíkén; furí²; sóburí. **3**[身なり] O aspecto; a apresentação. ★ *~ no yoi shinshi* ようすのよい紳士 Um cavalheiro bem vestido [apresentado]. ⓢ囲 Fūsái; fútái; mínari. **4**[けはい; きざし] O indício; o ar; o jeito; o sinal. *Ame ga furi-sō na ~ da* 雨が降りそうなようすだ Isto [O tempo] está com indícios [ares/cara/sinais] de chuva. ⓢ囲 Chōkó; kizáshí. **5**[いわく] Significativo; um ar a dizer qualquer coisa. ★ *~ arige ni kao o miru* ようすありげに顔を見る Olhar para (a cara de) alguém com um olhar significativo. ⓢ囲 Iwákú.

yósuga 縁・便【E.】O meio; a ajuda. *Kono aruba-*

mu ga naki sensei o shinobu yuiitsu no ～ to natta このアルバムが亡き先生をしのぶ唯一のよすがとなった Este álbum é agora o único meio de recordar o「nosso」antigo [falecido] mestre.
⇨ te-gákari; yorí-dókóró.

yṓsúí[1] [**oó**] 用水 A água (para uso). ◇ **～ chi** 用水池 O açude; o reservatório; a poça. ～ *oke* 用水おけ A tina. **～ ro** 用水路 A agueira; o canal (de irrigação). **Bōka ～** 防火用水 A água para apagar incêndios. **Kōgyō ～** 工業用水 A água para uso industrial.

yṓsúí[2] [**oó**] 羊水【Med.】O líquido amniótico.

yṓsúí[3] [**oó**] 揚水 A água da [puxada à] bomba. ★ ～ *suru* 揚水する Bombear a água. ◇ **～ sōchi** 揚水装置 A bomba [O dispositivo] para puxar a água.

yṓsúi-chi [**oó**] 用水池 ⇨ yṓsúí[1] ◇.

yó-sumi 四隅 Os quatro cantos. ★ *Heya no ～* 部屋の四隅 ～ da sala [do quarto].

yṓ-súru[1] [**oó**] 要する【E.】Ser preciso;「a máquina」precisar「de conserto」; exigir; requerer. ★ *Sono ryokō ni ～ jikan* その旅行に要する時間 As horas que leva [demora] essa viagem. *Toriatsukai ni chūi o ～* 取扱いに注意を要する Ser preciso usar com cuidado. [S/同] Hitsúyṓ tó súrú.

yṓsúru[2] [**oó**] 擁する【E.】 **1** [だきかかえる] Abraçar. [S/同] Dakí-kákáéru (+). **2** [率いる] Comandar; chefiar. ★ *Taihei o ～* 大兵を擁する ～ um grande exército. [S/同] Hikíru (+). **3** [持つ] Ter; possuir. *Yūshū na jinzai o ～* 優秀な人材を擁する ～ gente [pessoal] muito capacitada[o]. [S/同] Mótsu (+). **4** [頭としてもりたてる] Juntar-se e escolher como chefe. ★ *Yōkun o ～* 幼君を擁する ～ o jovem rei. [S/同] Morí-tátéru (+).

yṓ-súru-ni [**oó**] 要するに (< yō[5] + …) Em suma; numa palavra; resumindo. ～ *yudan taiteki to iu koto da* 要するに油断大敵ということだ～, o descuido é o inimigo mais perigoso.
[S/同] Kekkyókú; tsúmari.

yo-súté-bito 世捨人 (< yo + sutérú + hitó) A pessoa que deixou o mundo. ★ ～ *ni* [*to*] *naru* 世捨人に[と]なる Ir para monge. ⇨ ínja; sṓryo.

yóta 与太【G.】 **1** [でたらめ] O disparate; a aldrabice (G.) [mentira]. ★ ～ *o tobasu* 与太を飛ばす Dizer disparates. [S/同] Detárámé (+). **2** [⇨ yotárṓ]. **3** [⇨ yotá-mónó].

yó-taka 夜鷹 **1** [ヨタカ科の鳥]【Zool.】O noitibó [bacurau (B.)]; *caprimulgus indicus*. **2** [売春婦] A prostituta. [S/同] Baíshúnfu (+).

yotákú[1] 預託 O depósito. ★ ～ *suru* 預託する Depositar. ◇ **～ kin** 預託金 ～ [O dinheiro depositado].

yotákú[2] 余沢 O benefício [proveito] que nos advém「dos antepassados/da civilização」.
[S/同] Yotókú[2].

yotá-mónó[**-móń**] 与太者[もん]【G.】 **1** [なまけ者] O vadio preguiçoso. *Aitsu wa ～ da* あいつは与太者だ Ele é um ～. [S/同] Namáké-mónó. **2** [ならず者] O bandido. [S/同] Narázú-mónó.

yotárṓ 与太郎【G.】O bobo; o tonto; o tapado; o cabeça de nabo; o burro. [S/同] Ahṓ; manúké; oróká-mónó; usúnóró; yóta **2**.

yṓ-táshí [**oó**] 用足し (< … [3] + tasú) **1** [用を果たすこと] O (ir a um) negócio. ★ ～ *ni dekakeru* 用足しに出掛ける Ir tratar de um assunto [negócio]. ～ *o suru* 用足しをする Efe(c)tuar o ～. **2** [大小便] A evacuação; o serviço (G.). ★ ～ *ni iku* 用足しに行く Ir à sanita. [S/同] Daíshṓben. **3** [御用達の形で] O alto serviço. ◇ **Kunaichō go ～** 宮内庁御用達 Um ～ da casa imperial.

yótayota よたよた Sem firmeza; de modo inseguro [vacilante]; a cambalear [tremer das pernas]. *Toshiyori ga ～ (to) aruku* 年寄りがよたよた(と)歩く O velhinho anda ～ [com passos inseguros]. ⇨ yobóyóbó; yóroyoro.

yotéí 予定 O plano; o programa; a previsão. *Gozen-chū wa raikyaku no ～ ga aru* 午前中は来客の予定がある De manhã esperamos [devem chegar] hóspedes. *Kyō wa nani o suru ～ desu ka?* 今日は何をする予定ですか Que tenciona fazer hoje? /Qual é o seu programa [Que plano tem] para hoje? *Ressha wa roku-ji chaku no ～ da* 列車は6時着の予定だ O comboio [trem] deve chegar às seis (horas). *Watashi no taizai wa ～ yori zutto nagabiita* 私の滞在は予定よりずっと長引いた Eu fiquei「no B.」muito mais tempo do que tinha plane(j)ado. ★「*Kaishoku o*」～ *ni ireru*「会食を」予定に入れる Incluir um almoço de trabalho no programa. ～ *no jikoku ni* 予定の時刻に À hora prevista [marcada/planeada]. ～ *o henkō suru* 予定を変更する Mudar [Alterar] o ～. ～ *o tateru* [*kumu*] 予定を立てる[組む] Estabelecer um plano; fazer um programa; programar.「*Kaigō o*」～ *suru*「会合を」予定する Combinar [Plane(j)ar/Programar] um encontro. ◇ **～ bi** 予定日 O dia previsto「do parto」. **～ hyō** 予定表 O ～ escrito. [S/同] Sukéjū́ru.

yṓtéí [**oó**] 要諦【E.】O (ponto) essencial [principal]「é conquistar o interesse dos ouvintes」; o segredo. [S/同] Gańmókú; yṓtén[1] (+).

yṓtén[1] [**oó**] 要点 O ponto essencial [importante/fulcral]「da questão」; a essência; a substância. ★ ～ *o hazureru* 要点を外れる Afastar-se do assunto. ～ *o noberu* 要点を述べる Falar dos pontos essenciais (da matéria proposta). ～ *o tsukamu* 要点をつかむ Compreender o principal [os pontos essenciais]「da conferência/aula」. ～ *o tsuku* 要点をつく Tocar os pontos principais/fulcrais.
[S/同] Gańmókú; yṓshi; yṓshó; yṓtéí.

yṓtéń[2] [**oó**] 陽転【Med.】(Abrev. de yṓséí[3]-tén'i) A mudança para rea(c)ção positiva

yótō 与党 O partido governamental [no poder]. ◇ **～ giin** 与党議員 O parlamentar do ～. [A/反] Yátō.

yṓto [**óo**] 用途 O uso; a aplicação「do dinheiro do peditório」. *Ogakuzu ni wa iroiro na ～ ga aru* おがくずには色々な用途がある O serrim serve para várias coisas. [S/同] Shiyṓ-hṓ; tsukáí-míchí.

yṓtṓ [**yoó**] 羊頭【E.】A cabeça de carneiro. [P/ことわざ] ～ *o kakagete kuniku* (*Carne de cão*) *o uru* 羊頭を揚げて狗肉を売る Vender gato por lebre. ◇ **～ kuniku** 羊頭狗肉 A propaganda falsa; a charlatanice.

yotógí 夜伽 **1** [徹夜のつきそい] A vigia [O atendimento no(c)turno] aos doentes. ★ ～ *suru* 夜伽する Velar o paciente. ⇨ tsukí-sóí. **2** [同床] Uma prostituta passar a noite com um cliente.

yṓ-tóji [**oó**] 洋綴じ (< … [6] + tojíru) A encadernação estrangeira. [S/同] Yṓsṓ[1] **2**. [A/反] Wa-tójí.

yotókú[1] 余得 Os benefícios adicionais [extra]「do cargo/posto」. [S/同] Yakútókú; yorókú.

yotókú[2] 余徳【E.】A influência da virtude [da boa fama]「do pai para o filho conseguir algo」.
[S/同] Yotákú[2].

Y

yótón [oó] 養豚 A criação de porcos. ◇ **~ gyō** 養豚業 A indústria da ~. **~ jō** 養豚場 A corte [O curral] dos porcos; a pocilga. ⇨ butá.

yō-to-shite [óo] 杳として【E.】Não se sabe como. *Kare no shōsoku wa ~ wakaranai [tsukamenai; shirenai]* 彼の消息は杳としてわからない [つかめない; 知れない] ~ nunca mais houve notícia dele.

yótsu 四つ **1** [数の] Quatro; o número quatro. ⓈⓇ Shi; yón; yottsú (+). **2** [年齢] Quatro anos de idade. ⓈⓇ Yón-sai (+); yottsú (+). **3** [昔の時刻]【A.】Dez horas da manhã [tarde]. **4**【Sumô】O agarrar-se mutuamente. ★ ~ *ni kumu* 四つに組む **a)** Engalfinhar-se um no outro; **b)** [Fig.] Enfrentar; atacar de frente; agarrar o touro pelos cornos (G.) [*Nanmon to ~ ni kumu* 難問と四つに組む Atacar de frente um problema difícil].

yótsu 腰痛【Med.】O lumbago; a dor na região lombar.

yotsu-áshi 四つ足 **a)** O quadrúpede. **b)**「a mesa com」Quatro pernas.

yotsudé-ami 四つ手網 (< ... + te + ...) A rede de pesca quadrada (com suportes de bambu).

yo-tsúgi 世継ぎ (< ... ¹ + tsugú) O sucessor; o herdeiro. ★ *~ ni megumareru* 世継ぎに恵まれる Ter um filho (filho). ⓈⓇ Ató-tsugi (+); kōkéi-sha (+); sōzókú-níń (+).

yotsu-gíri 四つ切り (< ... + kíru) **a)** O cortar em quatro partes; **b)** O tamanho "quatro" (25,5 cm × 30,5 cm) do papel. ★ *~ no shashin* 四つ切りの写真 A fotografia de tamanho quatro. ⇨ yotsú-órí.

yotsu-gó 四つ子 (< ... + ko) Os quadrigé[ê]meos.

yōtsúi [oó] 腰椎【Anat.】A vértebra lombar. ★ *~ o itameru* 腰椎を痛める Ter dores [um problema] nas ~ es.

yotsu-kádo 四つ角 A encruzilhada; a esquina. ★ *~ o migi e magaru* 四つ角を右へ曲る Virar [Dobrar] à direita no/a ~. ⓈⓇ Jújiro; yotsú-tsújí.

yotsu-mé 四つ目 **a)** A forma quadriculada [com quatro quadrados]; **b)** As ripas「de bambu/madeira」cruzadas. ◇ **~ gaki** 四つ目垣 A sebe de ~.

yotsún-bái 四つん這い (< yótsu + háu)【G.】O (en)gatinhar; o andar de gat(inh)as (Criança). ★ *~ ni naru* 四つん這いになる **a)** Estatelar-se no chão; **b)** Pôr-se a andar de gatas [~ *ni natte aruku* 四つん這いになって歩く「o pai」Andar de gatas「com o menino montado」; andar a quatro patas].

yotsu-óri 四つ折り (< ... + óru) O quarto [dobrado em quatro]. ★ *Kami o ~ ni suru* 紙を四つ折りにする Dobrar o papel em quatro.

yotsu-tsúji 四つ辻 ⇨ yotsú-kádo.

yotsu-wári 四つ割り (< ... + warú) A divisão em quatro partes. ⓈⓇ Yotsú-gíri.

yó-tsuyu 夜露 O orvalho no(c)turno; o sereno; o rocio. ★ *~ ni ataru* 夜露にあたる Expor-se [Ficar] ao sereno. Ⓐ反 Asá-tsuyu.

yotté 因 [依・拠・由] って (< yorú²)**1** [故に]【E.・Conj.】Em [Por] consequência; por isso. *Shōko fujūbun, ~ hikoku-nin wa muzai* 証拠不十分って被告人は無罪 As provas são insuficientes, ~ declaro o réu inocente. ⓈⓇ Yué-ni; shitágátté (+). [を用いて] Por meio de; através de. *Shisō wa gengo ni ~ hyōgen sareru* 思想は言語によって表現される As ideias são expressas ~ da linguagem. **3** [...に従って] Segundo; dependendo de. *Shūkan wa kuni ni ~ kotonaru* 習慣は国によって異なる Os costumes variam segundo os países [de país para país]. ⓈⓇ Shitágátté. **4** [行為者を表す] Por; pela mão de. *Gerunika wa Pikaso ni ~ egakareta* ゲルニカはピカソによって描かれた "Guernica" é obra de [foi pintada por] Picasso. **5** [原因] Por; por causa de. ★ *Taifū ni ~ nagasareta hashi* 台風によって流された橋 A ponte (que foi) levada pelo tufão.

yotté-takátté 寄って集って (< yorú⁴ + takarú) Juntando-se e atacando em grupo. ★ *~ yowai mono o ijimeru* 寄ってたかって弱い者をいじめる Juntarem-se todos para maltratar o mais fraco「é vergonhoso」.

yótto ヨット (< Ing. yacht) O barco de recreio; o iate. ★ *~ ni noru* ヨットに乗る Andar de ~. *~ o hashiraseru* ヨットを走らせる Singrar [Navegar] de/no seu ~. ◇ **~ hābā** ヨットハーバー A doca [O abrigo] para iates; a marina. **~ rēsu [kyōsō]** ヨットレース [競走]A regata de ~.

yottsú 四つ **1** [数] Quatro; o número quatro. ★ *~ ni kiru* 四つに切る Dividir [Cortar] em quatro partes. ⓈⓇ Yótsu. **2** [年齢] Quatro anos (de idade). ★ *~ no ko* 四つの子 A criança com [de] ~. ⓈⓇ Yótsu; yótsu.

yóu 酔う **1** [酒に] Embriagar-se; embebedar-se; emborrachar-se (G.). *Aa yotta* ああ酔った Estou tonto [embriagado]. ⓈⓇ Meítéi súrú; yoppárói. **2** [乗り物に] Enjoar. ★ *Hikōki [Fune] ni ~* 飛行機 [船] に酔う ~ de avião [barco]. **3** [夢中になる] Embriagar-se; ficar extasiado「com a representação」. ★ *Shōri [Seikō] ni ~* 勝利 [成功] に酔う Embriagar-se com a vitória [o sucesso]. ⓈⓇ Tōsúí súrú; yoí-shíréru.

yo-úchi 夜討ち (< ... + útsu) O ataque no(c)turno. ★ *~ o kakeru* 夜討ちをかける Atacar de noite; fazer um ~. ◇ **~ asagake** 夜討ち朝駆け「jornalista」visitar「um político」de noite e de manhã「para o entrevistar」. ⓈⓇ Yashū. Ⓐ反 Asá-gáké.

yówa 夜半【E.】A meia-noite. ★ *~ no tsuki* 夜半の月 A lua à [da] ~. ⓈⓇ Yaháń; yo (+); yonáká (+); yóru (o).

yowá-góshi 弱腰 (< yowái¹ + kóshi) A atitude fraca [tímida/medrosa]. *Amerika no sekkyoku-teki na gaikō ni seifu wa ~ ni natta* アメリカの積極的な外交に政府は弱腰になった Perante a política decidida da América, o governo encolheu-se [tomou uma ~]. Ⓐ反 Tsuyó-góshi.

yowái¹ 弱い **1** [力や勢いが少ない] Fraco; débil. *Kanojo wa shiryoku ga ~* 彼女は視力が弱い Ela vê mal [tem a vista fraca]. *~ hikari* 弱い光 A luz ~ [mortiça]. *~ sake [tabako]* 弱い酒 [たばこ] O vinho [tabaco] suave. *~ tachiba* 弱い立場 A posição ~. *Ishi [Ki] no ~ kodomo* 意志 [気] の弱い子供 A criança fraca de vontade. ⓈⓇ Yowái. ⇨ yowáí-mono. **2** [こわれやすい] Frágil; delicado. ★ *~ kamibukuro* 弱い紙袋 Uma bolsa de papel pouco resistente. Ⓐ反 Tsuyói. **3** [体が丈夫でない] Fraco; débil. ★ *Karada ga ~ hito* 体が弱い人 A pessoa de saúde delicada. Ⓐ反 Tsuyói. **4** [苦手だ] Pouco resistente; que não aguenta; fraco. *Kono kiji wa netsu ni ~* この生地は熱に弱い Este tecido não resiste a altas temperaturas (da água quente). *Watashi wa hito ni tanomareru to ~* 私は人にたのまれると弱い A mim custa-me negar-me [dizer não (às pessoas)]. *Watashi wa sūji [yoko-moji] ni ~* 私は数

字[横文字]に弱い O meu ponto fraco é a matemática [são as línguas estrangeiras]. ★ *Fune ni* ~ 船に弱い Enjoar facilmente de navio. *Kuji ni* ~ くじに弱い Não ter sorte em sorteios [nas rifas/na lotaria]. *Sake ni* ~ 酒に弱い Não aguentar bebidas alcoólicas [Ser fraco bebedor]. Ⓐ/反 Tsuyói. ⇨ nigáté.

yowái[2] 齢【E.】A idade. ★ ~ *o kasaneru* 齢を重ねる Atingir muita ~; chegar 「aos cem」. Ⓢ/同 Neńréí (+); toshí[1] (+).

yowái-mono 弱い者 O fraco; a pessoa fraca. ◇ ~ **ijime** 弱い者いじめ O maltratar [tratar mal] os fracos [~ *ijime o suru* 弱い者いじめをする Maltratar os fracos「é covardia」.

yowá-ki 弱気 (< *yowái*[1] + *ki*) **1**[気の弱いこと] A fraqueza; a covardia; a timidez; o desânimo; a pusilanimidade; o pessimismo. ★ ~ *ni naru* 弱気なる Desanimar; ser covarde; intimidar-se. Ⓐ/反 Tsuyó-kí. **2**[Econ.] A tendência à baixa. *Shijō wa* ~ *da* 市場は弱気だ O mercado está baixista [com tendência a baixar].

yówaku 弱く (Adv. de "yowái[1]") Fracamente; (fazer/ficar) fraco. *Myaku ga dandan* ~ *natta* 脈がだんだん弱くなった Pouco a pouco, a pulsação enfraqueceu [ficou mais lenta/fraca]. ★ ~ *suru* 弱くする Enfraquecer; atenuar; debilitar; diminuir.

yowámaru 弱まる (⇨ yowái[1]) Abrandar; ficar fraco; enfraquecer. *Kaze ga yowamatta* 風が弱まった O vento abrandou [amainou]. ⇨ yowáru.

yowámeru 弱める (⇨ yowái[1]) Atenuar; enfraquecer; fazer [tornar] fraco; diminuir. ★ *Koe no chōshi o* ~ 声の調子を弱める Baixar a voz. *Sokuryoku o* ~ 速力を弱める Diminuir a velocidade. Ⓐ/反 Tsuyóméru.

yowámí 弱み (Sub. de "yowái[1]") A fraqueza; a debilidade; o (ponto) fraco. ★ *Hito ni* ~ *o misenai* 人に弱みを見せない Não dar parte de fraco; esconder os seus [as suas] ~s. *Hito no* ~ *ni tsukekomu* 人の弱みにつけこむ Aproveitar-se do/a ~ do outro. ⇨ jakútén; ketten; yówasa.

yowá-mushi 弱虫 (< yowái[1] + ···)【G.】O [A] cob[v]arde; o poltrão; o medroso; o medricas (G.). *Sonna* ~ *de dō suru* そんな弱虫でどうする Não gosto de meninos medrosos! ⇨ okúbyō.

yowáné 弱音【G.】O lamento; a lamúria; a lamentação. ★ ~ *o haku* 弱音を吐く Lamentar [Lamuriar]-se.

yowáráséru 弱らせる (⇨ yowái[1]) Enervar; aborrecer; desconcertar. *Kare no hanashi no nagai no ni wa yowaraserareru* 彼の話の長いのには弱らせられる Aquela lengalenga [longa conversa] dele até aborrece [enerva].

yowári-hátéru[-**kíru**] 弱り果てる[切る] **1**[すっかり弱くなる] Ficar completamente exausto [prostrado]; ficar morto de fraqueza. *Kare wa karō to eiyō-furyō de sukkari yowari-hatete ita* 彼は過労と栄養不良ですっかり弱り果てていた Ele estava exausto de fadiga e desnutrição. **2**[非常に困る] **a)** Não saber que fazer; **b)** Estar muito aborrecido [zangado]. *Kodomo no yo-naki ni* ~ 子供の夜泣きに弱り果てる 〜の ベビ[ぇ]が chora de noite. Ⓢ/同 Heíkō súrú (+); komáru (+).

yowári-mé 弱り目 (⇨ yowái[1]) A desgraça; a dificuldade. [I/成] ~ *ni tatari me* 弱り目にたたり目 Uma desgraça nunca vem só.

yowáru 弱る **1**[衰える] Debilitar-se; enfraque-

cer. *Byōki no chichi wa hi ni hi ni yowatte kite iru* 病気の父は日に日に弱ってきている O meu pai está a enfraquecer dia após dia [a ficar cada dia mais fraco/debilitado]. *Gomu wa jikan ga tatsu to* ~ ゴムは時間がたつと弱る A borracha com o tempo perde a elasticidade. Ⓢ/同 Otóróéru. ⇨ yowámáru. **2**[困る] Estar aborrecido; desconcertado; não saber (o) que fazer. *Yowatta nā, sō tanomarete mo dō ni-mo naranai n'da* 弱ったなあ、そう頼まれてもどうにもならないんだ Não sei que fazer com esse「seu」pedido. Ⓢ/同 Komáru.

yówasa 弱さ (Sub. de "yowái[1]") A fraqueza; a debilidade; a fragilidade. Ⓐ/反 Tsúyosa. ⇨ yowámí.

yowáséru 酔わせる (< *yóu*) **1**[酒に] Embriagar 「um colega」. **2**[うっとりさせる] Extasiar; enlevar; encantar; arrebatar; fascinar. *Kanojo no uta wa kankyaku o uttori to yowaseta* 彼女の歌は観客をうっとりと酔わせた A canção dela extasiou os espectadores. Ⓢ/同 Yowásu. ⇨ miryó[2].

yowásu 酔わす ⇨ yowáséru.

yo-wátari 世渡り (<··· **1** + *watárú*) O viver; (o levar) a vida; a subsistência. ★ ~ *ga jōzu* [*heta*] *da* 世渡りが上手[下手]だ Saber [Não saber] viver. Ⓢ/同 Shoséí; tósei.

yowáyówáshíí 弱弱しい (< yowái[1]) Fraco; débil; té[ê]nue; delicado. ★ ~ *koe de hanasu* 弱弱しい声で話す Falar com voz débil.

yoyákú 予約 **a)** A reserva; **b)** O marcar 「uma entrevista」; a reserva 「dum jornal」. *Hoteru no* ~ *ga torenakatta* ホテルの予約が取れなかった Não consegui reservar hotel. ★ ~ *o torikesu* 予約を取り消す Cancelar a reserva. ~ *o uketsukeru* 予約を受けつける Receber [Aceitar] reservas. ~ *suru* 予約する Reservar. ◇ ~ **chūmon** 予約注文 O pedido de reserva. ~ **hanbai** [**shuppan**] 予約販売[出版] A venda por encomenda [A publicação/O livro só para assinantes]. ⇨ ~ **kin**. ~ **mōshikomi** 予約申し込み O pedido de reserva. ~ **sei** 予約制(歯科医などの) O sistema de marcação [reserva] 「por telefone」. ~ **seki** 予約席 O lugar reservado.

yóyákú[1] [oó] 要約 O resumo; o sumário; a síntese; o epítome; a sinopse. ★ ~ *suru* 要約する Resumir; fazer o/a ~; sintetizar; abreviar 「*Kono shōsetsu no naiyō o* ~ *shi nasai* この小説の内容を要約しなさい Faça o resumo (do conteúdo) deste romance」.

yóyákú[2] [oó] 漸く **1**[やっと] Finalmente; por fim. ~ *ame ga yanda* 漸く雨がやんだ ~, parou a chuva. Ⓢ/同 Yattó. **2**[だんだんに] Gradativamente; pouco a pouco; gradualmente. ~ *sakura no tsubomi mo fukurande kita* 漸く桜のつぼみもふくらんできた Pouco a pouco, os botões das flores de cerejeira vão ficando cada vez maiores. Ⓢ/同 Dandán (+).

yoyakú-kín 予約金 O (dinheiro de) sinal. ★ ~ *o harai-komu* 予約金を払い込む Pagar o ~. ⇨ atámá-kín; yoyákú.

yóyátto [oó] ようやっと ⇨ yóyákú[2].

yóyō[1] [yoó-] 洋洋【E.】 **1**[水が] Imenso; extenso; vasto. ★ ~ *taru taikai* 洋々たる大海 O imenso [vasto] oceano. Ⓢ/同 Mańmáń. **2**[前途が] Brilhante; grande. ★ *Zento* ~ *taru seinen* 前途洋々たる青年 O jovem de [com] futuro [com um futuro brilhante].

yóyō[2] [oó-óo] ヨーヨー O ioió[ô] (Brinquedo).

yoyú 余裕 A margem ⌈de manobra⌋; a sobra; a folga; o espaço; o tempo; a calma; a tranquilidade ⌈antes do exame⌋; o desafogo. *Kare ni wa kokoro no ~ ga nai* 彼には心の余裕がない Ele não tem paz (de espírito). *Ressha ga deru made sanjuppun no ~ ga aru* 列車が出るまでまだ30分の余裕がある Ainda faltam [temos (uma folga de)] 30 minutos até partir o comboio [trem]. *Ryokō nado suru kakei no ~ ga nai* 旅行などする家計の余裕がない À nossas economias (domésticas) não dão para viagens e outras coisas dessas. ★ *~ no aru taido* 余裕のある態度 A atitude tranquila ⌈A rea(c)ção calma⌋. *~ no nai seikatsu* 余裕のない生活 A vida apertada ⌈de dinheiro/com falta de tempo⌋. *~ shakushaku [to shite iru]* 余裕綽々[としている]⌈ter⌋ Tempo para dar e vender. *Kimochi no ~ o ushinau* 気持ちの余裕を失う Perder a calma. ⟨S/同⟩ Yútóri.

yozái¹ 余罪 (⇨ yo³) Outros crimes. *Kare ni wa mada ~ ga ari-sō da* 彼にはまだ余罪がありそうだ Parece que ele tem ainda ~. ★ *~ o tsuikyū suru* 余罪を追及する Indagar os ~.

yozái² 余財 (⇨ yo³) 【E.】 Os fundos disponíveis; o dinheiro a mais.

yŏzái¹ [oó] 用材 A madeira. ◇ **Kenchiku** ~ 建築用材 ~ para construção. ⇨ mokúzái.

yŏzái² [oó] 溶剤 【Quím.】 O dissolvente.

yo-zákura 夜桜 (< ...² + sakúrá) As flores de cerejeira (vistas) à noite. ⇨ ◇ **kenbutsu** 夜桜見物 O ir ver ~.

yó-zora 夜空 (< ...² + sóra) O céu à noite. ★ *~ o mi-ageru* 夜空を見上げる Olhar para o ~; ver [olhar para] as estrelas.

yŏzu [oó] 要図 (⇨ yo⁵) O esquema (do essencial); o esboço.

yŏ-zúmi [oó] 用済み (< ...³ + sumí) **a)** O terminar um trabalho; **b)** O acabar de usar. ★ *~ ni [to] naru* 用済みに[と]になる **a)** Terminar um trabalho [os ⌈meus⌋ préstimos]; **b)** Já não servir [ter utilidade]. *~ no dōgu* 用済みの道具 O instrumento já usado [que já não serve].

yó-zuri 夜釣り (< ...² + tsurí) A pesca no(c)turna. ★ *~ o suru* 夜釣りをする Pescar de noite.

yu 湯 **1** [水を熱したもの] A água quente. *O- ~ ga waita* お湯が沸いた A água já ferve. ★ *~ o wakasu* 湯を沸かす Aquecer [Ferver] a água. ⇨ mizú; nettō. **2** [風呂] O banho de imersão. ★ *~ no kagen o miru* 湯加減をみる Ver a temperatura da água da banheira. *~ ni hairu* 湯に入る Tomar banho; meter-se na banheira. *~ ni tsukaru* 湯につかる Meter-se todo no "o-furo". ◇ **Otoko [Onna]** ~ 男[女]湯 O banho em tanque dos homens [das mulheres]. ⟨S/同⟩ Furó (+). **3** [温泉] A fonte de águas termais; as termas. ★ *~ no hana* 湯の花 A incrustação [O depósito de minerais] das águas termais. *~ no machi [sato]* 湯の町[里] A cidade [aldeia] de águas termais. *Kusatsu no ~* 草津の湯 As termas de Kusatsu. ⇨ Onséñ (+).

yŭ¹ [úu] 優 (⇨ Yŭ-ni) **1** [採点の] A nota "excelente"; a nota A [20/máxima]. ★ *Eigo de ~ o toru* 英語で優をとる Tirar (a) nota máxima em inglês. ⇨ fúka⁶; ka⁶; ryō⁸. **2** [優越] A superioridade. ★ *~ no ~ naru mono* 優なるものの A pessoa insuperável [superior]. ⟨S/同⟩ Yūétsú (+). ⟨A/反⟩ Rétsu. **3** [しとやかなようす] A graciosidade; a elegância. ⇨ jōhín; shitóyaka.

yŭ² [úu] 雄 【E.】 **1** [おす] O macho; o animal do sexo masculino. ⟨S/同⟩ Osú (+). ⟨A/反⟩ Shi. **2** [英雄] O herói; o grande homem. ★ *Gadan no ~* 画壇の雄 ⌈mestre⌋ da pintura. **3** [優れていること] A superioridade; a supremacia. ★ *~ o kisou* 雄を競う Lutar pela supremacia.

yŭ³ [úu] 勇 【E.】 A bravura; a coragem; o heroísmo; a valentia; o valor. ⟨S/同⟩ Yúki (+).

yŭ⁴ 言う ⇨ iú.

yŭ⁵ [úu] 結う ⇨ yúu².

yŭ⁶ タ ⇨ yúbé¹.

yu-ágari 湯上がり (< yu + agárú) **1** [浴後] O sair do banho. ★ *~ ni bīru o nomu* 湯上がりにビールを飲む Beber uma (boa) cerveja depois do banho. **2** [着物] O roupão de banho. ◇ **~ taoru** 湯上がりタオル A toalha de banho.

yuái [úu] 友愛 A amizade; a fraternidade. ★ *~ no jō* 友愛の情 O sentimento de ~. ⟨S/同⟩ Yújō.

yu-áka 湯垢 O resíduo [A crosta/A incrustação] criado/a pela água quente.

yuámi 湯浴み 【E.】 ⇨ nyūyókú.

yu-átari 湯中り (< ... + atárú) O mal-estar provocado por um longo banho quente.

yu-átsú 油圧 A pressão do óleo. ◇ **~ kei** 油圧計 O manó[me]tro a [de] óleo. **~ shiki burēki** 油圧式ブレーキ O travão [freio] hidráulico/[a óleo].

yúba 湯葉 A nata [coalhada] seca do leite de soja.

yŭ-báe [úu] 夕映え (< ... + haéru) O crepúsculo vespertino. ⟨S/同⟩ Yū-yáké.

yūbákú [úu] 誘爆 O induzir uma explosão.

yŭbé¹ [úu] 夕べ A noite. ★ *Ongaku [Kangeki; Burajiru] no ~* 音楽[観劇; ブラジル]の夕べ Uma ~ musical [teatral; do Brasil]. *~ no inori* 夕べの祈り As orações da ~. ⟨S/同⟩ Yūgátá (+). ⇨ ásá¹.

yŭbé² [úu] 昨夜 A noite passada; ontem à noite. ⟨S/同⟩ Sakú-ban[-ya].

yūbéñ [úu] 雄弁 A eloquência. ★ *~ ni* 雄弁に Eloquentemente. *~ o furuu* 雄弁を振るう Falar com muita ~. ◇ **~ ka** 雄弁家 O orador eloquente. **~ jutsu** 雄弁術 A oratória; a eloquência. *~ wa gin chinmoku wa kin* 雄弁は銀沈黙は金 A palavra é de prata e o silêncio é de ouro. ⇨ ryúchô.

yubí 指 O dedo. *Ano namakemono wa ~ ippon ugokasō to shinai* あの怠け者は指一本動かそうとしない Aquele vagabundo [preguiçoso] não é capaz de mexer (sequer) um dedo. *Dare kara mo ~ ippon sasareru yō na koto wa shite inai* 誰からも指一本指されるようなことはしていない Não fiz nada que alguém me possa apontar com o ~. *Kare wa Nihon no kenchikuka no naka de-mo go-hon no ~ ni hairu* 彼は日本の建築家の中でも五本の指に入る Arquite(c)tos como ele no Japão contam-se pelos dedos de uma mão. ★ *~ de sawaru* 指で触る Tocar com os dedos; pôr a mão. *~ no hara* 指の腹 A polpa do ~. *~ o kuwaeru* 指をくわえる **a)** Pôr o ~ na boca ⌈com vontade de comer o bolo/de comprar o presente⌋; **b)** Ficar de braços cruzados ⌈e não apagar o fogo⌋. *~ o sasu* 指を指す ⇨ yubí-sásu. *~ o narasu* 指を鳴らす **a)** Fazer ruído [Tocar castanholas] com os ~s; **b)** Estalar os ~. *~ o otte kazoeru* 指を折って数える Contar pelos dedos (⇨ yubíórí-kázóéru). *~ o tsumeru* 指を詰める(やくざが) Cortar a ponta do ~ mínimo (Como castigo ou de arrependimento, entre os "yakuza"). ⇨ **~ sasu**. ◇ ⇨ **ato** [ki-

ri/ningyō/nuki/ori/sabaki/saki/wa/zukai/zumō]; oya [hitosashi/kusuri/ko/naka]～.

yū́bi [úu] 優美 A graça; a elegância; o refinamento; a delicadeza; o requinte. ★ ～ *na* 優美な Gracioso; elegante; refinado; delicado; requintado; fino. ⇨ yū́ga.

yubí-átó 指痕 A dedada [marca dos dedos]「na janela」.

yubí-kírí 指切り (<… + kíru) A promessa feita entrelaçando o (seu) dedo mínimo com o do companheiro. ★ ～*(o) shite yakusoku suru* 指切り(を)して約束する Promenter entrelaçando os dedos mínimos.

yū́bíń [uú] 郵便 A correspondência; o correio. *Arai-san ～ desu yo* 荒井さん郵便ですよ Senhor/a Arai, tem correspondência! ★ ～ *de okuru* 郵便で送る Mandar pelo correio. ～ *o dasu* 郵便を出す Despachar o/a ～; levar「as cartas」ao correio. ◇ ⇨ **～ bako [butsu/kyoku/sen/sha]**. **～ bangō** 郵便番号 O código (de endereço) postal. **～ chokin** 郵便貯金 O depósito (de dinheiro) nos [na agência dos] correios. **～ hagaki** 郵便葉書 O cartão postal. **～ haitatsu** 郵便配達 A distribuição do ～. **～ haitatsu-nin** 郵便配達人 O carteiro. **～ kawase** 郵便為替 O vale postal. **～ kitte** 郵便切手 O selo postal. **～ kozutsumi** 郵便小包 A encomenda [O pacote] postal. **～ ryōkin** 郵便料金 A tarifa postal. **～ sashiire-guchi** 郵便差し入れ口 A boca da caixa do correio. **～ seido** 郵便制度 O sistema postal. **Bankoku ～ rengō** 万国郵便連合 A União Postal Universal [UPU]. **Dai-isshu ～** 第一種郵便 A correspondência de primeira classe. **Gaikoku [Kokunai]～** 外国[国内]郵便 A correspondência internacional [nacional]. **Haitatsu funō ～** 配達不能郵便 Refugado. **Kakitome ～** 書留郵便 ～ regist(r)ado/a. **Kōkū ～** 航空郵便 (～ enviado/a por) via aérea. **Sokutatsu ～** 速達郵便 O ～ expresso. **Ryūchi [Kyokudome]～** 留置[局留め]郵便 A posta-restante.

yū́bíń-bako [uú] 郵便箱 (<… + hakó) **1** [ポスト] A caixa do correio (Tb. das casas particulares). [S/同] Pósuto. **2** [⇨ yū́bín-uke].

yū́bíń-butsu [uú] 郵便物 A correspondência; o correio; a encomenda. ★ ～ *o shūhai suru* 郵便物を集配する O recolher e distribuir ～.

yubí-níngyō 指人形 O boneco feito com uma luva「com as pontas dos dedos a fazer de cabecitas」.

yū́bín-kyoku [uú] 郵便局 Os [A agência dos] correios. ◇ **～ chō** 郵便局長 O administrador dos ～. **～ in** 郵便局員 O funcionário dos ～.

yū́bíń-séń [uú] 郵便船 O barco do correio.

yū́bín-sha [uú] 郵便車 **1** [鉄道車両] O vagão correio. **2** [自動車] O carro do correio.

yū́bín-uke [uú] 郵便受け A caixa do correio (Tb. dos particulares). [S/同] Pósuto **1** (+).

yubí-núkí 指貫き (<… + nukú) O dedal (de coser).

yū́bíń-yá [uú] 郵便屋 ⇨ yū́bín ◇.

yubí-órí 指折り (<… + óru) **a**) O contar pelos dedos (dobrando-os um a [por] um); **b**) O ser um「pintor」como poucos. *Kare wa kono machi dewa ～ no zaisanka desu* 彼はこの町では指折りの財産家です Ele é um dos mais ricos desta cidade. ⇨ kusshí.

yubíórí-kázóéru 指折り数える (⇨ yubí-órí) Contar pelos dedos. *Watashi wa yubiori-kazoete kare no kikoku o matta* 私は指折り数えて彼の帰国を待った Eu contava os dias, na ânsia que ele voltasse do estrangeiro.

yubí-sábaki 指捌き ⇨ yubí-zúkai.

yubí-sákí 指先 As pontas dos dedos「do médico」.

yubí-sákku 指サック A dedeira (Para proteger os dedos).

yubí-sásu 指指[差]す Apontar (com o dedo); indicar. *Kare no ～ hō ni wa kodakai yama ga mieta* 彼の指さす方には小高い山が見えた Na dire(c)ção que [para onde] ele apontava via-se um pequeno monte.

yubí-wá 指輪 O anel. ★ ～ *o hameru* 指輪をはめる Pôr [Colocar] ～. ～ *o hazusu* 指輪を外す Tirar ～. ◇ **Kekkon [Ko'nyaku] ～** 結婚[婚約]指輪 ～/A aliança (+) de casamento [noivado]. [S/同] Ríngu.

yubí-zúkai 指使い (<… + tsukáú) O dedilhar「a guitarra」; a dedilhação; o movimento dos dedos. [S/同] Yubí-sábaki.

yubí-zúmō 指相撲 (<… + sumṓ) A luta [brincadeira] de dedos (Os adversários agarram os dedos「da mão direita」, deixando livre o polegar para a luta e ganha quem imobiliza o do parceiro).

yū́bṓ [uú] 有望 O ser prometedor [ter futuro]. *Kare wa zento ～ de aru* 彼は前途有望である Ele tem um futuro promissor [prometedor]. ★ ～ *na shōbai* 有望な商売 Um negócio que promete [com futuro].

yū́bókú [uú] 遊牧 O nomadismo. ★ ～ *no tami* 遊牧の民 O povo nó[ô]made/a. ◇ **～ seikatsu** 遊牧生活 A vida nómada.

yú-bune 湯船 (<… + fúne) A banheira. ⇨ furó.

yuchákú 癒着【Med.】**a**) A cicatrização; a junção; a aderência. ★ ～ *suru* 癒着する Cicatrizar [*Kizuguchi ga ～ shite iru* 傷口が癒着している A ferida está cicatrizada]. **b**) A aliança duvidosa [para o mal]. ★ *Seikai to zaikai no ～* 政界と財界の癒着 A aliança [união] entre políticos e financeiros.

yū́chi [úu] 誘致 A atra(c)ção; o convite; a sedução. *Gaijin kankōkyaku o ～ suru* 外人観光客を誘致する Atrair turistas estrangeiros. [S/同] Kań'yū́.

yū́chō [úu] 悠長 A calma; a lentidão; a tranquilidade. *Tōji wa banji ～ datta* 当時は万事悠長だった Naquela época tudo era mais calmo [ninguém tinha pressa]. ★ ～ *ni kamaeru* 悠長に構える Agir com calma [sem se atrapalhar]. [S/同] Ki-nágá.

yū́dáchí [uú] 夕立ち O aguaceiro. ★ ～ *ni au* 夕立ちにあう Apanhar um ～.

yū́dáí [uú] 雄大 A grandeza; a grandiosidade; a magnificência; a sublimidade; a majestade「do monte Fuji」. ★ ～ *na kōsō* 雄大な構想 O proje(c)to grandioso. ～ *na nagame* 雄大な眺め Um panorama magnífico. [S/同] Sṓdáí.

yudáń 油断 O descuido; a negligência. *Yatsu ni wa ～ mo suki mo nai* やつには油断もすきもない Ele é um espertalhão [grande finório]. ★ ～ *naku miharu* 油断なく見張る Estar alerta. ～ *no nai me* 油断のない目 O olho vivo「e pé ligeiro」. ～ *suru* 油断する Descuidar-se; distrair-se. *Ano otoko ni wa ～ suru na* あの男には油断するな Cuidado com aquele homem (tenha olho nele)!]. [I/慣用] ～ *taiteki* 油断大敵 O descuido é o maior [mais perigoso] inimigo/Homem prevenido vale por dois.

yū́dáń [uú] 勇断【E.】A decisão corajosa [audaciosa/firme/drástica]. ★ ～ *o furuu* 勇断をふるう Tomar uma ～. [S/同] Kadáń.

yudáneru 委ねる **1**[物事を任せる]Encarregar; confiar; incumbir; deixar a cargo「de」. ★ *Chōsa o keisatsu no te ni* ～ 調査を警察の手に委ねる Deixar as investigações nas mãos [a cargo] da polícia. ⓈⒿ Iníń súrú. **2**[身を任せる]Dedicar; entregar. ★ *Shakai fukushi ni mi o* ～ 社会福祉に身を委ねる Dedicar-se a obras sociais [de assistência (social)]. ⓈⒿ Sasagérú.

yŭdán-sha [úu] 有段者 O que já tem algum grau. ★ *Jūdō no* ～ 柔道の有段者 ～ no judo.

yudáru 茹だる (⇨ yudéru) Cozer. *Tamago ga yudatta* 卵が茹だった O ovo já cozeu [está cozido].

Yúdaya ユダヤ (< P. < Hebr.) A Judeia. ◇ ～ **jin** [**minzoku**] ユダヤ人[民族]O judeu [A raça judia/judaica]. ～ **kyō** ユダヤ教 O judaísmo. ～ **kyō-kai** ユダヤ教会 ⇨ kaídō² **1**. ～ **minzoku-shugi** ユダヤ民族主義 O sionismo「fechado/cego」. ～ **reki** ユダヤ暦 O calendário judaico.

yudé-dáko 茹で蛸 (< yudéru + táko) O polvo cozido. *Furo ga atsusugite zenshin* ～ *no yō ni akaku natta* 風呂が熱すぎて全身茹で蛸のように赤くなった A água do banho estava quente demais e fiquei com o corpo todo vermelho como um polvo.

yudé-kóbósu 茹で零す (< yudéru + …) Ferver「hortaliça」e deitar fora a água.

yudén 油田 O campo petrolífero; a jazida de petróleo. ★ ～ *o hakken suru* 油田を発見する Descobrir uma ～. ◇ ～ **chitai** 油田地帯 A zona petrolífera. ⇨ sekíyu.

yŭdén [úu] 誘電【Ele(c)tri.】A ele(c)tricidade indutiva. ◇ ～ **tai** 誘電体 Um dielé(c)trico.

yudéru 茹でる Cozer. ⓈⒿ Udéru. ⇨ yugáku.

yudé-támago 茹で玉子 (< yudéru + …) O ovo escalfado [cozido].

yŭdō [úu] 誘導 **1**[誘い導くこと]A orientação; a dire(c)ção; a guia. *Kakari-in no* ～ *de kankyaku wa gekijō kara buji hinan shita* 係員の誘導で観客は劇場から無事避難した Os espectadores saíram ilesos do teatro sob a orientação do encarregado. ★ ～ **suru** 誘導する Guiar; orientar; dirigir. ◇ ～ **jinmon** 誘導尋問 A pergunta capciosa [feita com manha][～ *jinmon ni hikkakaru* 誘導尋問に引っかかる Ser apanhado com ～]. **2**【Fís.】A indução. ★ ～ **suru** 誘導する Induzir. ◇ ～ **dan** 誘導弾 O míssil guiado. ～ **denki** [**jiki**] 誘導電気[磁気]A ele(c)tricidade [O magnetismo] indutiva [induzido]. ～ **denryū** 誘導電流 A corrente induzida [de ～]. ～ **koiru** 誘導コイル A bobina/e de ～. ～ **sōchi** 誘導装置 a) O sistema [dispositivo] de teleguiar「mísseis」; b) O sistema de comando da torre de controle/ô. ～ **tai** 誘導体 Um (corpo) derivado. **Denpa** [**Musen**] ～ 電波[無線]誘導 ～ por ondas elé(c)tricas [rádio]. **Enkaku** ～ 遠隔誘導 O teleguiado; o comando à distância.

yŭdō-énboku [úu] 遊動円木 A barra oscilante ((D)esp.).

yu-dófu [óo] 湯豆腐 (<… + tófu) O "tofu" cozido [quente].

yŭdókú [úu] 有毒 O ter veneno. ★ ～ *na* 有毒な「um corante」Venenoso. ◇ ～ **gasu** 有毒ガス O gás venenoso [tóxico].

yudonó 湯殿「nosso」banhinho (Us. pelos velhinhos); a banheira. ⓈⒿ Furó (o); yokúshítsú (+).

yu-dóshi [óo] 湯通し (<… + tósu) O passar por vapor de água.

yué 故【E.】A razão; a causa; o motivo. ～ *atte wareware fūfu wa ima bekkyo-chū desu* 故あって我々夫婦は今別居中です Nós, marido e mulher, por razões sérias, neste momento estamos separados. ～ *naku* (*shite*) *hito o korosu* 故なく(して)人を殺す Matar sem motivo. ⓈⒿ Riyū (+); yuén²; wake.

yŭéi [úu] 遊泳 **1**[泳ぐこと]A natação. ★ ～ **suru** 遊泳する Nadar. ◇ ～ **kinshi** 遊泳禁止 (掲示) Proibido nadar! ⓈⒿ Suléí. ⇨ oyógu. **2**[世渡り] 【Fig.】O viver. ◇ ～ **jutsu** 遊泳術 A arte de ～ [de singrar/triunfar na vida].

yŭéki [úu] 有益 O ser vantajoso [útil; proveitoso; benéfico; salutar]. ★ ～ *ni jikan o tsukau* 有益に時間を使う Aproveitar (bem [de maneira útil]) o tempo. ⓈⒿ Yúyó. Ⓐ反 Múeki.

yuén¹ 油煙 (⇨ kemúri) O negro de fumo; a fuligem. ～ *ga tatte* [*dete*] *iru* 油煙が立って[出て]いる Está a fazer muito fumo. ⓈⒿ Súsu.

yuén² 所以【E.】A razão; o motivo; o porquê. *Natsuko to iu watashi no namae no* ～ *wa natsu ni umareta kara da* 夏子という私の名前の所以は夏に生まれたからだ ～ de eu me chamar Natsuko, é por ter nascido no verão. ⓈⒿ Riyū (+); yué; wake.

yŭén¹ [úu] 悠遠 O ser remoto「um quadro」ter história]. ⓈⒿ Yūkyū (+).

yŭén² [úu] 優婉[艶]【E.】O ter elegância [graciosidade]. ⓈⒿ Yūga (+).

yŭén-chi [úu] 遊園地 O parque de diversões [recreio].

yŭén-tán [úu] 有煙炭 A hulha betuminosa; o carvão gordo. Ⓐ反 Muén-tán.

yŭétsú [úu] 優越 (⇨ yū¹) A superioridade「em número/qualidade」; a supremacia; a predominância; a preponderância. ★ ～ *suru* 優越する「a equipa」Ser melhor [superior][*Kare no gakuryoku wa kurasu no dare yori mo* ～ *shite iru* 彼の学力はクラスの誰よりも優越している Nos estudos, ele é o melhor da classe]. ◇ ～ **kan**.

yŭétsú-kan [úu] 優越感 (⇨ yúetsú)【Psic.】**a)** O sentido de superioridade; **b)** O complexo de superioridade. ★ ～ *o motsu* [*idaku*] 優越感を持つ[抱く] **a)** Ter complexo de superioridade; **b)** Sentir-se superior (aos outros).

yŭfuku [úu] 裕福 A riqueza; a afluência [abundância]. ★ ～ *na* 裕福な Rico; abundante;「uma sociedade」afluente; farto; abastado[～ *na katei ni sodatsu* 裕福な家庭に育つ Nascer rico/Crescer em família rica]. ⓈⒿ Fuyú.

yŭga [úu] 優雅 A elegância; a beleza; o requinte; a graciosidade; o refinamento. ★ ～ *na* 優雅な Elegante; belo; requintado; gracioso; refinado. *Tachii furumai no* ～ *na hito* 立居振る舞いの優雅な人 A pessoa fina [de maneiras elegantes]. ～ *ni seikatsu suru* 優雅に生活する Ter uma vida requintada; viver com (um certo) requinte.

yŭgái¹ [úu] 有害 O ser nocivo [pernicioso/prejudicial]. *Tabako wa karada ni* ～ *da* たばこは体に有害だ O cigarro é ～ à saúde. ★ ～ *mueki de aru* 有害無益である Ser ～ e inútil. ◇ ～ **busshitsu** 有害物質 Uma substância tóxica. Ⓐ反 Múgai.

yŭgái² [úu] 有蓋 O「cami(nh)ão」ser coberto. Ⓐ反 Mugái.

yugáku 湯搔く Escaldar; escalfar; cozer ligeiramente. *Hōrensō o satto* ～ ホウレンソウをさっと湯掻く ～ o espinafre. ⇨ yudéru.

yū́gákú [uú] 遊学 O ir estudar「noutra cidade」(Fora da terra). *Kare wa genzai ～ chū da* 彼は現在遊学中だ Ele está agora noutra cidade a estudar. ★ *Burajiru ni ～ suru*「ブラジル」に遊学する Ir estudar no Brasil. ⇨ ryū́gákú.

yugámérú 歪める (< yugámú) **1** [形を変える] Torcer「a armação dos óculos ao cair」; contorcer「os lábios」. ★ *Kao o ～* 顔を歪める ～ a cara「com as dores」. **2** [事実などを変える] Distorcer; deturpar. ★ *Jijitsu o yugamete hōdō suru* 事実を歪めて報道する Dar a notícia deturpando a verdade.

yugámí 歪み (< yugámú) **1** [形の変形] A distorção「da imagem da TV」; a curva「da tábua」; a entortadura; a dobra; a torcedura. *Mado-waku ni ～ ga dekita* 窓枠に歪みができた O caixilho da janela torceu(-se). [S/同] Hizúmí. **2** [心や行いなどのひねくれ] A esquisitice; a mania; o ser telhudo (G.) [retorcido]; o desentendimento (*Ni-koku no kankei ni ～ ga shōjita* 二国の関係に歪みが生じた Surgiu um ～ entre os dois países). ★ *Seikaku no ～* 性格の歪み A esquisitice de cará(c)ter; o cará(c)ter retorcido.

yugámú 歪む **1** [形が変わる] Fazer uma curva;「a parede」entortar; ficar torto; torcer-se; contorcer-se. ★ *Kutsū de yuganda kao* 苦痛で歪んだ顔 A cara contorcida de dores. [S/同] Hizúmú. **2** [性格などがひねくれる] Deformar-se; ficar deturpado [retorcido]. ★ *Yuganda mikata o suru* 歪んだ見方をする Ter uma visão deturpada「da realidade/do problema」.

yū́gáó [uú] 夕顔【Bot.】A cabaceira. ⇨ hyṓtán[1].

yū́gátá[1] [uú] 夕方 O anoitecer; a noite. ～ *made ni wa modorimasu* 夕方までには戻ります Ao [À] ～, o mais tardar, estou de volta. [S/同] Yū́-gúré.

yū́-gátá[2] [uú] U 型 (<… + kata) A forma de [em] U「das mesas」. ⇨ yū́-jí-gátá.

yū́gá-tṓ [uú] 誘蛾灯 A lâmpada para atrair inse(c)tos.

yúge 湯気 O vapor. ★ ～ *no tatte iru ryōri* 湯気の立っている料理 A comida a fumegar. ～ *o tatete okoru* 湯気を立てて怒る Explodir [Bufar] de raiva. ⇨ suí-jṓki.

yū́gé [uú] 夕餉【E.】O jantar; a ceia. ★ ～ *no shitaku* 夕餉の支度 O fazer o jantar. [S/同] Yū́háń (+); yū́shókú (+).

yū́géí [uú] 遊芸 Os talentos artísticos「dela: dança, piano」.

yū́géki [uú] 遊撃 O ataque por unidade móvel. ◇ **～ sen** 遊撃戦 A luta de guerrilha. **～ tai** 遊撃隊 A força móvel; os [o corpo de] comandos.

yū́géki-shu [uú] 遊撃手【Bas.】O jogador que fica na posição de defesa entre a segunda e terceira bases; o inter-bases.

yū́géń[1] [uú] 有限 O ter limite. ★ ～ *no* 有限の **a)**【Mat.】Finito; **b)**【Bot.】Definido. ◇ ⇨ **～ gaisha**. **～ kajo** 有限花序【Bot.】A inflorescência definida. **～ kyūsū** 有限級数【Mat.】A série finita. **～ sekinin** 有限責任 A responsabilidade limitada. **～ sū** [**shōsū**] 有限数 [小数]【Mat.】O número [A décima] finito/a. [A/反] Mugéń.

yū́géń[2] [uú] 幽玄【E.】A simplicidade elegante; a beleza calma; o「nô」ser misteriosamente profundo. ★ ～ *na keshiki* 幽玄な景色 A paisagem de uma beleza misteriosa.

yū́géń-gáisha [uú] 有限会社 (<… [1] + kaíshá) A companhia (de responsabilidade) limitada.

yū́-géshiki [uú] 夕景色 (<… + késhiki) A vista「da cidade」ao anoitecer.

yū́gi[1] [úu] 遊戯 **1** [遊んで楽しむこと] O entret(en)imento; a diversão; o jogo「de palavras」; o passatempo; o recreio; a brincadeira. ★ ～ *o suru* 遊戯をする Brincar; jogar. ◇ **～ honnō** 遊戯本能 O instinto do jogo [da brincadeira]. **～ jō** 遊戯場 A sala de jogos. **2** [子供の遊び] O recreio infantil. ★ *O-～ o suru* お遊戯をする Entreter-se em jogos de crianças; brincar. ◇ **～ shitsu** 遊戯室 A sala de recreio.

yū́gi[2] [úu] 遊技 O jogo; o desporto [esporte (B.)]. ◇ **～ jō** 遊技場 O lugar para praticar desporto.

yū́gi[3] [úu] 友誼【E.】A amizade; as relações amistosas; a intimidade. ★ ～ *no atsui hito* 友誼の厚い人 A pessoa fiel aos [boa para os] amigos. [S/同] Yū́gṓ (o); yū́kṓ (+).

yū́-gírí [uú] 夕霧 (<… + kirí) A neblina ao anoitecer [cair da noite].

yū́gṓ [uú] 融合 **a)** A fusão「nuclear」; **b)** A união [combinação] (De várias coisas); **c)** A harmonia「entre países/raças」. *Kono kōen wa shizen to jinkō-bi ga umaku ～ shite iru* この公園は自然と人工美がうまく融合している Este parque é uma harmoniosa combinação da beleza natural com a arte do homem. ⇨ yū́wá[1].

Yū́gósúrábia [uú] ユーゴスラビア【A./H.】A Jugoslávia.

yū́gū́ [yuú] 優遇 (⇨ taígū́[1]) O tratamento favorável; o apreciar; o tratar bem. *Kono shikaku o motte iru hito wa shakai de ～ sareru* この資格を持っている人は社会で優遇される Quem tem esta qualificação é apreciado [bem aceite] na sociedade.

yū́gúń[1] [uú] 友軍 O exército aliado [amigo]. [A/反] Tekígúń.

yū́gúń[2] [uú] 遊軍【E.】O exército [As tropas] de reserva. ◇ **～ kisha** 遊軍記者 O repórter de reserva.

yū́-gúré [uú] 夕暮れ (<… + kurérú) O crepúsculo; o anoitecer. ★ ～ *ni* 夕暮れに Ao ～. ◇ **～ doki** 夕暮れ時 A hora do ～. [S/同] Yū́gátá[1] (+).

yū́háń [uú] 夕飯 O jantar. ★ ～ *doki ni* 夕飯時に À [Na] hora de ～. [S/同] Yū́gé; yū́shókú (+).

yū́hátsú [uú] 誘発 O provocar「protestos/uma guerra」. ★ *Jiko o ～ suru* 事故を誘発する Provocar [Causar] acidentes. ⇨ chṓhátsú[2].

yū́héí [uú] 幽閉【E.】O encarceramento; a reclusão; a prisão. [S/同] Kańkíń; kínko; kṓkíń.

yū́héń [uú] 雄篇【E.】A obra-prima. [S/同] Kessákú (+); rikísákú (+).

yū́hí[1] [uú] 夕日[陽] O sol poente. ～ *ga shizumikakete iru* 夕日が沈みかけている Está-se a pôr o sol. ⇨ ása-hi.

yū́hi[2] [úu] 雄飛【E.】Um grande salto [lanço]; o lançar-se「a uma nova vida」. ★ *Kaigai ni ～ suru* 海外に雄飛する「a firma」Estender as suas a(c)tividades ao estrangeiro [exterior]; ir trabalhar para o estrangeiro.

yū́ho [úu] 遊歩 O passeio. ★ ～ *suru* 遊歩する Passear. ◇ ⇨ **～ dō**. [S/同] Sańpó (+).

yū́hṓ [uú] 友邦【E.】A nação amiga [aliada]; o aliado. ⇨ dṓméí[2].

yū́hó-dō [uú] 遊歩道 O passeio (Lugar ou espla-

Y

nada「à beira-mar」).

yū́i1 [úu] 優位【E.】A superioridade; a posição dominante. ★ ~ *ni tatsu* 優位に立つ Dominar; ser superior. ~ *o shimeru* 優位を占める Dominar; levar vantagem「a todos」. [S/同] Jṓi. [A/反] Rétsui.

yū́i2 [úu] 有為【E.】O ser prometedor [dar muitas esperanças]. ★ ~ *no seinen* 有為の青年 O jovem prometedor/com futuro/que dá muitas esperanças. ⇨ yū́bṓ; yū́nṓ.

yuí-ágéru 結い上げる (< yúu + …)「a mulher」Arranjar o cabelo; fazer o penteado. ★ *Kami o takaku* ~ 髪を高く結い上げる Fazer o penteado alto「à japonesa」.

yuíbí 唯美 A predominância da estética; a arte pela arte. ◇ **~ shugi** 唯美主義 O esteticismo. **~ teki** 唯美的 Estético. ⇨ bígaku.

yuíbútsú 唯物【Fil.】A predominância da matéria. ◇ **~ ron** 唯物論 A filosofia materialista. **~ron-sha** 唯物論者 O materialista. **~ shikan** 唯物史観 A concepção materialista da história. **~ shugi** 唯物主義 O materialismo. **~ teki** 唯物的 Materialista; relativo ao materialismo.

yúiga-dokuson 唯我独尊【E.】A vanglória; a presunção; o pensar que só ele é santinho/bonzinho. [S/同] Hitórí yógari.

yuígá-ron 唯我論【Fil.】O solipsismo; o egoísmo absoluto [cego]. ◇ **~ sha** 唯我論者 O solipsista; o egoísta cego.

yuígá-tékí 唯我的 Solipsista; egoísta [egoístico].

yū́ígi [úu] 有意義 O ter significado [utilidade/sentido/proveito/valor]; o valer a pena. ★ ~ *na shigoto* 有意義な仕事 O trabalho que vale a pena [com sentido/útil].

yuígóń 遺言 O testamento; a última vontade. *Kare wa chichi no ~ ni yotte kaisha o hikitsuida* 彼は父の遺言によって会社を引き継いだ Ele ficou [continuou] com a companhia, obedecendo à ~ [por testamento] do pai. ★ ~ *o nokoshite shinu* 遺言を残して死ぬ Morrer deixando testamento. ~ *suru* 遺言する Fazer [Deixar] testamento. ◇ ⇨ **~ jō**. **~ sha** 遺言者 O testador. **~ shikkōnin** 遺言執行人 O testamenteiro.

yuígóń-jṓ[-shó] 遺言状[書] O testamento (por) escrito. ★ ~ *o kaku* [*sakusei suru*] 遺言状を書く[作成する] Escrever [Fazer] o testamento.

Y

yúiitsu 唯一 O ser único [O haver só um]. ★ ~ *no rei* 唯一の例 O único exemplo. ~(*muni*)*no tomo* 唯一(無二)の友 Um amigo sem igual. ◇ **~ shinkyō** 唯一神教 **a**) [一神教] O monoteísmo; **b**) [ユニテリアン主義] O unitarismo.

yuíméi-ron 唯名論【Fil.】O nominalismo.

yū́íń [úu] 誘因 A causa; o motivo; a ocasião. *Kono jiken ga kare no tohaku no ~ to natta* この事件が彼の渡伯の誘因となった Este acontecimento foi o motivo da ida dele para o Brasil. [S/同] Kíín; kikkáké (+); riyū́.

yuínṓ 結納 A cerimó[ô]nia de troca de presentes (entre as duas famílias) para selar o noivado. ★ ~ *o tori-kawasu* 結納を取り交わす Trocar presentes… ◇ **~ kin** 結納金 O dote (em dinheiro) para… ⇨ koń'yákú.

yuírí-ron 唯理論【Fil.】O racionalismo.

yuíshín-ron 唯心論【Fil.】O espiritualismo.

yuíshíń-tékí 唯心的【Fil.】Espiritualista.

yúisho 由緒 A história「deste templo」; a tradição; a origem「deste tesouro」; a linhagem. ★ ~ *aru tochi* 由緒ある土地 O lugar histórico [com muita história]. ~ *bukai iegara* 由緒深い家柄 A família de linhagem distinta [nobre/antiga]. [S/同] Iwáré.

yúitsu 唯一【E.】⇨ yúiitsu.

yū́jákú [uú] 幽寂【E.】A quietude; o sossego; a tranquilidade; a solidão. [S/同] Kańjákú; seíjákú.

yū́ji [úu] 有事【E.】A emergência. ★ *Itchō ichi ~ no sai ni sonaeru* 一朝一有事の際に備える Preparar-se para uma ~. ◇ **~ rippō** 有事立法 A legislação para casos de ~. [A/反] Bují. ⇨ hijṓ1.

yū́-jí-gátá [uú] U 字形 (<… + katá) A forma de (letra) U. ◇ **~ kābu** U字形カーブ A curva fechada [que vira para trás]. ⇨ yū́-gátá2.

yū́jíń1 [uú] 友人 O amigo; o companheiro. ★ ~ *no yoshimi de* 友人のよしみで Por amizade. *Burajirujin to ~ ni naru* ブラジル人と友人になる Fazer [Travar] amizade com um brasileiro. [S/同] Tómo; tomódáchí.

yū́jíń2 [uú] 有人 Com [O ter] gente. ◇ **~ uchūsen** 有人宇宙船 A nave espacial tripulada [pilotada]. [A/反] Mujíń.

yū́jo [úu] 遊女【A.】A cortesã; a prostituta; a meretriz. [S/同] Jorṓ; oíráń; shṓgi.

yū́jṓ [uú] 友情 A amizade. ★ ~ *ni atsui hito* 友情に厚い人 A pessoa muito amiga [fiel aos amigos]. ~ *o musubu* 友情を結ぶ Estabelecer [Travar] ~「com」.

yū́jū́-fúdáń [yuú] 優柔不断 A indecisão; a vacilação; a hesitação. ★ ~ *na hito* 優柔不断な人 A pessoa indecisa [vacilante/hesitante].

yuká 床 O soalho; o piso. *Hon no omosa de ~ ga nuketa* [*ochita*] 本の重さで床が抜けた[落ちた] Com o peso dos livros o ~ [a tábua do ~] cedeu. ◇ ⇨ **~ ita** [**shita**/**ue**/**undō**]. ~ *menseki* 床面積 A área do ~.

yū́kágé [uú] 夕影【E.】A luz do sol poente.

yu-kágen 湯加減 A temperatura da água quente para o banho. *Chōdo yoi ~ da* ちょうどよい湯加減だ ~ está ó(p)tima. ★ ~ *o miru* 湯加減を見る Ver a ~.

yúkai 愉快 O prazer; o divertimento; a satisfação; a alegria; a felicidade. *Jitsu ni ~ da* 実に愉快だ「ele/isto」É muito divertido! ★ ~ *na hito* 愉快な人 A pessoa alegre [feliz; divertida]. ~ *ni toki o sugosu* 愉快に時を過ごす Passar umas horas agradáveis [divertidas]. [A/反] Fu-yúkai. ⇨ tanóshíi.

yū́káí1 [uú] 誘拐 O rapto; o sequestro. ★ ~ *suru* 誘拐する Raptar; sequestrar. *Minoshiro-kin mokuteki no ~* 身代金目的の誘拐 ~ para receber dinheiro (de resgate). ◇ **~ jiken** 誘拐事件 Um (caso de) ~. **~ sha** [**han** (**nin**)] 誘拐者[犯(人)] O raptor; o sequestrador. **~ zai** 誘拐罪 O crime de ~.

yū́káí2 [uú] 融解 A fusão; o derreter. ★ ~ *suru* 融解する Fundir; derreter. ◇ **~ netsu** 融解熱【Quím.】O calor de fusão. **~ ten** [**ondo**] 融解点[温度]【Fís.】O ponto [A temperatura] de fusão.

yuká-ítá 床板 A tábua de soalho. ★ ~ *o haru* 床板を張る Assoalhar [Fazer o soalho].

yū́kákú [uú] 遊廓 A zona de meretrício; o bairro de bordéis. [S/同] Kurúwá; yū́ri3.

yukáń 湯灌 A lavagem do defunto「junto do templo」. ★ ~ *o suru* 湯灌をする Lavar com água quente o defunto.

yúkán[1] [**uú**] 夕刊 O (jornal) [A edição] vespertino[a]. ⇨ chókán[2].

yúkán[2] [**uú**] 勇敢 A bravura; o heroísmo; a coragem「de ir falar com o presidente」. ★ ~ *na* 勇敢な「um」Bravo;「um a(c)to」heróico, corajoso. ⇨ isámáshíi.

yúkán[3] [**uú**] 有閑 O ter ócio. ◇ ~ **fujin** [**madamu**] 有閑婦人[マダム] A senhora「rica e」ociosa. ~ **kaikyū** 有閑階級 A classe ociosa.

yúkára [**uú**] ユーカラ (< Áinu) Yukar; a Saga dos Áinus.

yukári 縁 A afinidade; o parentesco; a conexão; a relação. *Kono hanashi wa watashi ni en mo* ~ *mo nai* この話には私に縁もゆかりもない Esta história não tem nenhuma relação [nada a ver] comigo. ★ ~ *no mono* ゆかりの者 A pessoa aparentada com alguém.

yúkári [**uú**] ユーカリ【Bot.】O eucalipto.

yukáshíi 床しい **1**［何となくなつかしい］Saudoso; antigo. ★ ~ *kaori* ゆかしい香り Um cheiro antigo. ⇨ natsúkáshíi. **2**［奥ゆかしい］Refinado; fino; agradável. ★ ~ *hitogara* ゆかしい人柄 A pessoa fina [atenciosa]. ⌊S/両⌉ Okúyúkáshíi (+).

yukáshisa 床しさ (Sub. de "yukáshíi") A fascinação; o encanto; o atra(c)tivo; a beleza.

yuká-shíta 床下 Debaixo do soalho. ◇ ~ **shinsui** 床下浸水 A inundação até debaixo do [quase até ao] soalho. ⌊A/反⌉ Yuká-úé.

yuká-shōken [**uú-óo**] 有価証券 Os títulos de crédito; os valores.

yukáta 浴衣 O roupão ligeiro que se usa para ficar à vontade no verão ou depois do banho. ◇ ~ **ji** 浴衣地 O tecido para ~. ~ nemákí.

yuká-úé 床上 Acima do soalho. ★ ~ *shinsui suru* 床上浸水する Inundar até acima do soalho. ⌊A/反⌉ Yuká-shíta.

yuká-úndō 床運動【(D)esp.】Os desportos [esportes/exercícios] praticados sobre soalho.

yú-kázé [**uú**] 夕風 A brisa da tarde.

yúkéi [**uú**] 有形 O ter forma [matéria/corpo]. ★ ~ *mukei no* 有形無形の Corpóreo e incorpóreo; material e espiritual (~ *mukei no enjo o suru* 有形無形の援助をする Ajudar material e espiritualmente). ~ *no* 有形の Material; corpóreo; tangível. ◇ ~ **butsu** 有形物 Um obje(c)to concreto. ~ **zaisan** [**shisan**] 有形財産[資産] A fortuna [O patrimó[ô]nio] tangível. ⌊A/反⌉ Mukéi.

yúkén [**uú**] 郵券 O selo [A franquia] postal. ⌊S/両⌉ Yúbín-kítte (+).

yúkén-gákki [**uú**] 有鍵楽器 O instrumento de teclas.

yúkén-sha [**uú**] 有権者 **a)** O eleitorado (todo); **b)** O eleitor [que tem (direito a) voto].

yukétsú 輸血 A transfusão de sangue. ★ ~ *suru* 輸血する Fazer [Dar] uma ~ [~ *shite morau* [~ *o ukeru*] 輸血してもらう[輸血を受ける] Receber uma ~].

yuki[1] 雪 A neve. ~ *ga futte iru* 雪が降っている Está a nevar. ~ *ga kieta* [*toketa*] 雪が消えた [溶けた] derreteu. ~ *ga ni-mētoru mo tsumotta* 雪が2メートルも積もった Caiu [Tivemos] uma nevada com dois metros de altura. *Ashita wa* ~ *ni naru deshō* 明日は雪になるでしょう Amanhã vai nevar. ★ ~ *ni furi* [*toji*]-*komerareru* 雪に降り[閉じ]込められる Ser bloqueado em casa pela ~. ~ *ni ōwareru* 雪に覆われ

る Ficar「tudo」coberto de ~. ~ *no yō ni shiroi hada* 雪のように白い肌 Uma pele branca como a ~. ~ *o kaku* 雪をかく Limpar [Remover] a ~「da entrada」. ◇ ~ **akari**[**arashi**/**asobi**/**daruma**/**doke**/**dome**/**furi**/**gakoi**/**gassen**/**gesshiki**/**geshō**/**gumo**/**gumori**/**guni**/**gutsu**/**hada**/**majiri**/**matsuri**/**megane**/**mi**/**michi**/**midōrō**/**moyō**/**no hada**/**no hara**/**no shita**/**onna**/**ore**/**oroshi**/**otoko**/**yake**/**yama**/**yanagi**/**yoke**/**zora**]; **botan** [**kona**/**ko**/**ō**] ~. **Hatsu** ~ 初雪 A primeira neve (da estação). **Mannen** ~ 万年雪 As neves perpétuas「dos Himalaias」.

yúki[2] 裄 O comprimento do meio do pescoço até à ponta da manga. *Kono kimono wa* ~ *ga mijikai* この着物は裄が短い Este quimono tem a manga curta.

yúki[3] [**uú**] ⇨ iki[2].

yúki[1] [**úu**] 勇気 A coragem; o valor; a bravura; a determinação; o ânimo; a audácia; a ousadia. *Engun kitaru to no shirase ni* ~ *hyakubai shita* 援軍来たるとの知らせに勇気百倍した Com a notícia da chegada de reforços, redobrou o nosso ânimo. ★ ~ *ga aru* 勇気がある Ter coragem [bravura; audácia; ousadia]. ~ *ga iru* 勇気がいる Ser preciso ter coragem. ~ *ga kujikeru* 勇気がくじける Ir-se [Perder] a coragem. ~ *no aru* 勇気のある Corajoso; audaz; valoroso; valente; bravo. ~ *no nai* 勇気のない Cov[b]arde. ~ *o dasu* 勇気を出す Ganhar coragem. ~ *o furi-shiboru* 勇気をふりしぼる Usar toda a sua coragem. ~ *o sogu* [*kujiku*] 勇気をそぐ[くじく] Desencorajar; desanimar; fazer perder a coragem. ~ *o ushinau* [*nakusu*] 勇気を失う[なくす] Perder a coragem [o ânimo]. ◇ ⇨ ~**zuku** [**zukeru**].

yúki[2] [**úu**] 有期 O prazo determinado [limitado]. ◇ ~ **chōeki** 有期懲役 Os trabalhos forçados por tempo limitado. ~ **kei** 有期刑 A prisão por tempo determinado. ⌊A/反⌉ Múki.

yúki[3] [**úu**] 有機【Fís.】Orgânico. ★ ~ *ka suru* 有機化する Tornar-se ~. ◇ ~ **bushitsu** 有機物質 A substância ~. ~ **hiryō** 有機肥料 O adubo ~. ~ **kagaku** 有機化学 A química ~ a. ~ **kagōbutsu** 有機化合物 O composto ~. ~ **nōgyō** 有機農業 A agricultura orgânica (Sem pesticidas). ~ **saibai** 有機栽培 O cultivo [de legumes]「com fertilizantes orgânicos」. ~ **san** 有機酸 O ácido ~. ~ **suigin** 有機水銀 O mercúrio ~. ~ **tai** [**teki**]. ⌊A/反⌉ Múki.

yuki-ákari 雪明かり O reflexo [A claridade] da neve. ~ *de ussura to akarui yomichi* 雪明かりでうっすらと明るい夜道 O caminho, de noite, levemente iluminado pela neve.

yuki-árashi 雪嵐 A nevasca. ~ *ga fuki-areru* 雪嵐が吹き荒れる ~ brame. ⇨ fúbuki.

yukí-ásobi 雪遊び O brincar na [com a] neve.

yukíátárí-báttari 行き当たりばったり【G.】A esmo; sem plano; ao acaso; ao calha; à toa; de qualquer maneira. *Kanojo wa* ~ *ni kaimono o suru kuse ga aru* 彼女は行き当たりばったりに買い物をするくせがある Ela costuma fazer compras ~. *Konna* ~ *no keikaku de wa dame da* こんな行き当たりばったりの計画ではだめだ Com um proje(c)to destes, feito à toa, não dá [serve/vamos a lado nenhum].

yukí-átáru 行き当たる ⇨ ikítáru.

yukí-áu 行き合う ⇨ iki-áu.

yukí-bá 行き場 ⇨ iki-bá.

yukí-chígáu 行き違う ⇨ ikí-chígáu.
yukí-dáoré 行き倒れ ⇨ ikí-dáoré.
yukí-dáruma 雪達磨 O boneco [A bola] de neve. *Waga-sha no fusai wa ~ shiki ni fuete itta* 我が社の負債は雪達磨式に増えていった A dívida da nossa firma foi aumentando como bola de neve.
yukí-dóké 雪解け (<… + tokéru) **1** [降り積もった雪が溶けて水になること] O derreter da neve. ★ *~ no kisetsu* 雪解けの季節 A época de a neve começar a derreter (O início da primavera). **2** [対立していた両者の緊張状態がゆるむこと] [Fig.] O degelo; o descongelamento「das más relações entre países」.
yukí-dókóró 行き所 ⇨ ikí-dókóró.
yukí-dómári 行き止まり ⇨ ikí-dómári.
yukí-dóme 雪止め (<… + toméru) Uma prote(c)ção contra a neve (Sobretudo nos telhados, para não cair e ferir alguém ao derreter).
yuki-fúri 雪降り A nevada; o nevar. ★ *~ ni natta* 雪降りになった Começou a nevar. ⇨ amé-furi.
yukí-gákári 行き掛かり ⇨ ikí-gákári.
yukí-gáké 行き掛け ⇨ ikí-gáké.
yukí-gákoi 雪囲い (<… + kakói) Um resguardo contra a neve. *Ueki ni ~ o suru* 植木に雪囲いをする Pôr um ~ às árvores do jardim.
yukí-gássen 雪合戦 (<… + kassén) A batalha com bolas de neve. ★ *~ o suru* 雪合戦をする Atirar bolas de neve uns aos outros.
yukí-géshiki 雪景色 (<… + késhiki) A paisagem [vista] de neve. *Atari ichimen ~ da* あたり一面雪景色だ Ao redor é só [tudo] neve (, que lindo)!
yukí-géshō 雪化粧 (<… + keshō) O enfeite de neve. *Yama wa ~ o shite iru* 山は雪化粧をしている A montanha está enfeitada [coberta] de neve.
yuki-gúmo 雪雲 (<… + kúmo) A nuvem de neve.
yuki-gúmori 雪曇り (<… + kumóri) O céu a ameaçar neve.
yuki-gúni 雪国 (<… + kuní) O país [A região] da neve.
yuki-gutsu 雪靴 (<… + kutsú) As botas para a neve.
yuki-hádá 雪肌 **1** [雪の表面] A superfície da neve. *Atarashii ~ ni ashiato o tsukeru* 新しい雪肌に足跡をつける Ser o primeiro a pisar a neve. **2** [女性の白い肌] A pele branquinha.
yukí-káéri 行き帰り ⇨ ikí-káéri.
yukí-kai 行き交い ⇨ ikí-káu.
yukí-kákí 雪搔き (<… + káku) **a)** O limpar a neve; **b)** A pá para limpar a neve; **c)** O trabalhador que limpa a neve. ★ *Michi no ~ o suru* 道の雪搔きをする Limpar a neve da estrada. ◇ **~ sha** 雪搔き車 A máquina para limpar a neve「das estradas」. ⇨ yukí-óroshi; yukí-yóke.
yukí-kátá 行き方 ⇨ ikí-kátá[1].
yukí-káu 行き交う ⇨ ikíkáu.
yukí-ki 往き来 ⇨ ikí-ki.
yuki-májiri 雪交じり A chuva à mistura com neve.
yuki-mátsuri 雪祭り O Festival da Neve「em Sapporo」.
yuki-mégane 雪眼鏡 Os óculos (de prote(c)ção) contra a neve.
yukí-mí 雪見 (<… + míru) O ir ver a (paisagem com) neve. ★ *~ zake o yaru* 雪見酒をやる Tomar saqué contemplando a paisagem (coberta) de neve.

yukí-michi 雪道 O caminho cheio de neve.
yukímí-dōrō [dóo] 雪見灯籠 (<… + tōrō) A lanterna baixa, de pedra, com chapéu largo para apreciar a neve no jardim.
yukí-móyō 雪模様 **1** [雪の気配] O tempo prenunciando [com cara de] neve. *Sora wa ~ da* 空は雪模様だ O céu [tempo] está de neve. **2** [雪型の模様] O padrão [enfeite] de flocos de neve.
yúkin [uú] 遊金 O dinheiro de sobra; o capital não aplicado. ★ *~ ga sukoshi aru* 遊金が少しある Ter um pouco de ~.
yukí-náyámu 行き悩む ⇨ ikí-náyámu.
yukí-nó-háda 雪の肌 A pele muito branca「e bonita」. ★ *~ o shita musume* 雪の肌をした娘 A moça de ~. [S/同] Yukí-hádá **2**.
yukí-nóhara 雪野原 A grande extensão coberta [Um manto] de neve.
yukí-nó-shita 雪の下 [Bot.] A saxífraga.
yukí-ónna 雪女 A fada da [branca de] neve.
yukí-óre 雪折れ (<… + oréru) O partir sob o peso da neve. *Niwa no ueki ga ~ shita* 庭の植木が雪折れした As plantas do jardim partiram [ficaram esgaçadas] com a neve.
yukí-óroshi 雪下ろし (<… + orósu) O limpar a neve do telhado. *Yane no ~ o suru* 屋根の雪下ろしをする … ⇨ yukí-kákí.
yuki-ótoko 雪男 O abominável Homem da Neve; o yeti.
yukí-sákí 行き先 ⇨ ikí-sákí.
yukí-súgíru 行き過ぎる ⇨ ikí-súgíru.
yúkí-tái [uú] 有機体 Um organismo [corpo orgânico].
yúkí-téki [uú] 有機的 Orgânico. ⇨ yúki[3].
yukí-tódóku 行き届く ⇨ ikí-tódóku.
yukí-tsúké 行き付け ⇨ ikí-tsúké.
yukí-tsúku 行き着く ⇨ ikí-tsúku.
yukítsu modóritsu 行きつ戻りつ ⇨ ikítsu modórítsu.
yukíwárí-só 雪割草 [Bot.] A hepática.
yukí-wátáru 雪渡る ⇨ ikí-wátáru.
yukí-yáke 雪焼け O bronzeamento [ficar queimado] de neve. ★ *~ suru* 雪焼けする …
yuki-yámá 雪山 A montanha coberta de neve. ★ *~ de sōnan suru* 雪山で遭難する Perder-se [Ter um acidente] na ~. ◇ **~ tozan** 雪山登山 A subida (escalada) à ~.
yukí-yánagi 雪柳 [Bot.] *Spirea* (Planta da família das rosáceas de lindas florinhas brancas).
yukí-yóke 雪除け (<… + yokéru) **1** [雪がかからないようにする設備] O abrigo [resguardo] contra a neve. *Naegi ni ~ o kabuseru* 苗木に雪除けをかぶせる Cobrir as plantas novas do viveiro com um ~. **2** [除雪] O remover [limpar] a neve. ★ *Dōro no ~ =道路の雪除け ~ das estradas. [S/同] Josétsú (+).
yukí-zóra 雪空 (<… + sóra) ⇨ yukí-móyō.
yúkí-zúkéru [uú] 勇気付ける (<…[1] + tsukéru) Encorajar; animar; estimular; incentivar. *Tsuma no byōki kaifuku ni yūkizukerarete kare wa issō shigoto ni hagenda* 妻の病気回復に勇気づけられて彼はいっそう仕事に励んだ Reanimado pela recuperação [cura] da mulher, ele dedicou-se ainda mais ao trabalho. ⇨ yúkí-zúku.
yúkí-zúku [uú] 勇気付く (<…[1] + tsúku) Ganhar coragem [ânimo]. *Watashi wa tomo no hagemashi no kotoba ni ōi-ni yūki-zuita* 私は友の励ましの言葉に

大いに勇気づいた As palavras encorajadoras do meu amigo foram para mim um grande estímulo [animaram-me muito]. ⇨ yūkí-zúkéru.

yuki-zúmáru 行き詰まる ⇨ ikí-zúmáru¹.

yukízúrí 行きずり ⇨ ikízúrí.

yúkka ユッカ【Bot.】A iúca.

yukkúri ゆっくり **1** [急がないようす] Lentamente; devagar; vagarosamente; sem pressa; folgadamente; à vontade. *Dewa go-~* では、ごゆっくり Esteja à vontade (Aos hóspedes「no restaurante」). *Kono ken ni tsuite wa ~(to) kangae nasai* この件については、ゆっくり(と)考えなさい Pense bem [com calma] sobre este assunto. ★ *~(to) aruku* ゆっくり(と)歩く Andar devagar. *~(to) suru* ゆっくり(と)する Demorar [*Kyō wa ~ shite iraremasen* 今日はゆっくりしていられません Hoje não me posso demorar. *Motto ~ shite iki nasai* もっとゆっくりしていきなさい Fique mais tempo [Demore-se um pouco mais]]. [S/同] Nonbíri; yuttári. **2** [ゆとりのあるようす] Amplo;「fato」folgado. [S/同] Tappúri; yuttári (+).

yúkō¹ [**uú**] 有効 **a)** A validade; a eficácia「do remédio」; **b)** O bom uso. *Kono kippu wa mikkakan ~ desu* この切符は3日間有効です A validade deste bilhete é de [Este bilhete é válido por] três dias. *Sono keiyaku wa mada ~ da* その契約はまだ有効だ Esse contrato ainda é válido. *~ ni naru* 有効になる Ficar válido; entrar em vigor. *~ ni tsukau* 有効に使う Usar bem [eficazmente]; fazer bom uso「da licença sabática」. ◇ *~ kikan* 有効期間 O prazo de validade [*~ kikan-nai ni* 有効期間内に Dentro do prazo de validade]. *~ tōhyō* 有効投票 O voto válido. [A/反] Mukō. ⇨ kōka.

yúkō² [**uú**] 友好 A amizade; a fraternidade. ★ *~ teki na* 友好的な Amigável; amistoso; fraternal. ◇ *~ jōyaku* 友好条約 O Tratado de Amizade. *~ kankei* 友好関係 As relações amistosas [*~ kankei o musubu* 友好関係を結ぶ Estabelecer relações amistosas]. *~ koku* 友好国 O país amigo [irmão]. ⇨ yūjō.

yūkō-chū [**yuúkóo**] 有孔虫【Zool.】Um foraminífero (Grupo de protozoários marinhos).

yūkókú¹ [**uú**] 夕刻【E.】⇨ yūgátá¹.

yūkókú² [**uú**] 憂国【E.】O patriotismo. ★ *~ no jō* 憂国の情 O sentimento patriótico. *~ no shi* 憂国の士 O patriota. ⇨ aíkóku.

yūkókú³ [**uú**] 幽谷【E.】O vale estreito e profundo; a garganta; o desfiladeino. ◇ **Shinzan ~** 深山幽谷「um lugar de」Altas montanhas e vales profundos.

yūkón [**uú**] 雄渾【E.】O ser grande [vigoroso]; firme]. ★ *~ na hitchi* 雄渾な筆致 O estilo vigoroso; a pincelada firme.

yukú¹ 行く ⇨ ikú¹.

yukú² 逝く【E.】⇨ shinú.

yukué 行方 O paradeiro; o「viajar sem」destino. ★ *~ fumei ni naru* 行方不明になる Desaparecer. *~ o kuramasu* 行方をくらます Andar fugido; esconder-se. *~ o sagasu* 行方を捜す Procurar o (paradeiro do) foragido. *~ o tsukitomeru* 行方を突き止める Descobrir o paradeiro da pessoa desaparecida. [S/同] Ikué; yukí [yukú]-sakí.

Yūkúríddo [**uú**] ユークリッド Euclides. ◇ *~ kikagaku* ユークリッド幾何学 A geometria euclidiana. *Hi ~ kikagaku* 非ユークリッド幾何学 A geometria não-euclidiana「a n dimensões」.

yukúrínáku ゆくりなく【E.】Casualmente; acidentalmente; de repente. *~ onshi ni deatta* ゆくりなく恩師に出会った Encontrei-me acidentalmente com o meu (antigo) professor.

yukú-sáki 行く先【E.】⇨ ikí-sakí.

yukú-súe 行く末 O futuro; o destino; o porvir. ★ *~ nagaku tsuresou* 行く末長く連れ添う Ser companheiros [marido e mulher] para toda a vida. *~ o anjiru* 行く末を案じる Preocupar-se com o futuro. [S/同] Ikú-sáki.

yukú-té 行く手 **1** [進んで行く先の方] O caminho; a dire(c)ção; o sentido; o passo. *~ ni Fuji-san ga mieta* 行く手に富士山が見えた Vi em frente [na dire(c)ção em que ia] o monte Fuji. ★ *~ o saegiru* 行く手をさえぎる Bloquear o caminho; impedir [cortar] a passagem. [S/同] Ikú-té. **2** [前途] O porvir; o futuro. *~ ni wa ōku no konnan ga machi-ukete iru* 行く手には多くの困難が待ち受けている Muitas dificuldades nos [me] esperam [O futuro vai ser difícil]. [S/同] Ikú-té; zénto.

yukú-yúkú (**wá**) 行く行く(は) No futuro; um dia; (mais cedo ou) mais tarde; na devida altura; a seu tempo. *Watashi wa ~ Burajiru ni ijū suru tsumori da* 私は行く行くはブラジルに移住するつもりだ ~ penso emigrar para o Brasil.

yūkyō [**uú**] 遊興 O gozar [gozo]; o divertimento; a folia; a diversão; o prazer; a farra. ★ *~ ni fukeru* 遊興にふける Entregar-se aos prazeres. ◇ *~ gai* 遊興街 O centro [A rua] de diversões. *~ hi* 遊興費 As despesas com [de] bebedeiras e comesainas (G.).

yūkyū¹ [**uú**] 有給 Pago (Remunerado). ◇ *~ kyūka* 有給休暇 As férias pagas. *~ shokuin* 有給職員 O funcionário.

yūkyū² [**yuú**] 遊休 O estar parado [sem uso]; a ina(c)tividade. ◇ *~ busshi* 遊休物資 O material sem uso. *~ shihon* 遊休資本 O capital parado. *~ shisetsu* 遊休施設 As instalações não usadas.

yūkyū³ [**yuú**] 悠久【E.】A eternidade; o durar para sempre. ★ *~ no mukashi kara* 悠久の昔から Desde tempos imemoriais.

yumé 夢 **1** [眠っている時に見るもの] O sonho. *Amari no ureshisa ni ~ de wa nai ka to hoppeta o tsunette mita* あまりのうれしさに夢ではないかとほっぺたをつねってみた Foi tal a alegria que dei um beliscão no rosto para me certificar de que não estava a sonhar. *Anata ni koko de au nante ~ ni mo omotte imasen deshita* あなたにここで会うなんて夢にも思っていませんでした Nunca sonhei [imaginei] que me fosse encontrar com você aqui. *Takarakuji ga ataru nante maru-de ~ no yō da* 宝くじが当たるなんてまるで夢のようだ Parece-me um sonho ter acertado na lota[e]ria. ★ *~ o miru* 夢を見る **a)** Sonhar; ter um sonho [*Kinō ii* [*iya na*] *~ o mita* 昨日いい[いやな] 夢を見た Ontem tive um sonho bom/lindo [um pesadelo/sonho mau]. *Haha no ~ o miru* 母の夢をも Sonhar com a mãe]; **b)** Ter o sonho de [Sonhar] ser「pianista」. *~ o samasu* 夢をさます **a)** Acordar alguém; **b)** Trazer alguém à realidade. **2** [将来やりたいこと] O sonho do futuro. *Watashi wa chiisai koro kara joyū ni naru koto o ~ ni mite ita* 私は小さいころから女優になることを夢に見ていた Já desde pequena eu sonhava (com) ser a(c)triz. **3** [理想] O ideal; o sonho; a imaginação. ★ *~ ga* [*kara*] *sameru* 夢が[から]さめる Despertar de um

sonho. ~ *no sekai* [*kuni*] 夢の世界 [国] O mundo utópico/imaginário/dos sonhos [O país utópico/Uma utopia]. ~ *ōki* 夢多き少女 A menina [jovem] sonhadora/cheia de sonhos. *Naganen no* ~ *o jitsugen saseru* 長年の夢を実現させる Realizar um velho [antigo] sonho.
4 [はかない思い] A ilusão; o sonho. *Sekai isshū ryokō no* ~ *ga yabureta* 世界一周旅行の夢が破れた O meu sonho de dar a volta ao mundo desfez-se. ★ ~ *no yō na hanashi o suru* 夢のような話をする Falar de sonhos; construir castelos no ar. ◊ ◊ ~ **gokochi** [**ji**/**makura**/**mi**/**miru**/**uranai**/**utsutsu**]. ~ *monogatari* 夢物語 A história fantástica; o conto de fadas.

yumé-gókochi 夢心地 (< ··· + *kokóchí*) O êxtase; o transe. ★ ~ *de aru* 夢心地である Estar extasiado [em êxtase/como a sonhar] 「a ouvir música」.

yumé-hándan 夢判断 ⇨ yumé-úranai.

yǔméi[1] [*uú*] 有名 O ser famoso [célebre; conhecido]. *Burajiru wa kōhī no sanchi de* [*to shite*] ~ *da* ブラジルはコーヒーの産地で[として]有名 O B. é célebre como produtor de café. ★ ~ *na hito* 有名な人 A pessoa famosa. ◊ ◊ ~ **jin** [**kō**/**mujutsu**]. S/同 Na-dákai. A/反 Muméi. ⇨ méiyo.

yǔméi[2] [*uú*] 勇名 【E.】 A fama pela bravura [coragem]. ★ ~ *o haseru* [*todorokasu*] 勇名を馳せる[とどろかす] Ficar famoso 「na história」 pela sua bravura.

yǔméi[3] [*uú*] 幽明 **1** [暗と明] A luz e a sombra [as trevas]; a claridade e a escuridão. ⇨ méi[1]. **2** [あの世とこの世] Este mundo e o outro. *Sensō de wareware wa* ~ *sakai o koto ni suru ni itatta* 戦争で我々は幽明境を異にするに至った Com a morte dele na guerra os nossos destinos separaram-se.

yǔméi-jin [*uú*] 有名人 A pessoa famosa [de renome]; 「ele é」 uma celebridade. ⇨ yǔméi[1].

yǔméi-kai [*uú*] 幽冥界 【E.】 A região [mansão; O reino] dos mortos; o outro mundo; o Hades. ★ ~ *ni iru* 幽冥界に入る Morrer. S/同 Yómi (+).

yǔméi-kō [*uú*] 有名校 (< yǔméi[1] + gakkō) A escola muito conhecida [de (grande) renome].

yǔméi-mújutsu [*uú*] 有名無実 Nominal; só de nome; fama real; pró-forma. *Kono yakusoku wa* ~ *de aru* この約束は有名無実である Esta promessa é um pró-forma. ★ ~ *no shachō* 有名無実の社長 O presidente da firma só de nome.

yumeji 夢路 【E.】 O país de sonho [das maravilhas]. ★ ~ *o tadoru kokochi ga suru* 夢路をたどる心地がする Sentir-se (como se estivesse) num ~.

yumé-mákura 夢枕 O sonho. *Nakunatta chichi ga* ~ *ni tatta* 亡くなった父が夢枕に立った O meu falecido pai apareceu-me em sonhos.

yumé-mí 夢見 (< ··· + *míru*) O sonhar [ter um sonho]. ★ ~ *ga yoi* [*warui*] 夢見が良い[悪い] Ter um sonho bom [mau]. ⇨ ákumu.

yumémí-gókochi 夢見心地 (< ··· + *míru* + *kokóchí*) *Kanojo wa ai suru kare ni aete* ~ *datta* 彼女は愛する彼に会えて夢見心地だった Ela estava extasiada por se encontrar com o rapaz que amava. ⇨ yumé-gókochi.

yumé-míru 夢見る Sonhar. ★ ~ *shōjo* 夢見る少女 A menina sonhadora. *Mirai no sutā no* ~ 未来のスターを夢見る Sonhar (com) ser estrela 「de cinema」.

yǔ-méshí [*uú*] 夕飯 ⇨ yǔháń.

yumé-úranai 夢占い A adivinhação pela interpretação dos sonhos; a oniromancia. ★ ~ *o shinjiru* 夢占いを信じる Crer na ~. S/同 Yumé-áwase; yumé-hándan.

yumé-útsútsú 夢現つ O sonho e a realidade; o estar acordado e a dormir; o estado meio extático. *Sono toki watashi wa* ~ *no jōtai ni atta* その時私は夢現の状態にあった Nesse momento, eu estava meio [semi-] consciente.

yumé-yúmé 努努 【E.】 Nunca; jamais; de forma alguma [de maneira nenhuma]; nem por sonhos. *Kyō no koto wa* ~ *hito ni tsugu-bekarazu* 今日のことはゆめゆめ人に告ぐべからず Não revele isto (de hoje) a ninguém. ~ *o shinjiru* S/同 Kesshíté (+).

yumí 弓 **1** [弓術の] O (tiro ao) arco. ★ ~ *ni ya o tsugaeru* 弓に矢をつがえる Ajustar a flecha no ~. ~ *o hiku* 弓を引く **a)** Retesar o arco; **b)** Revoltar-se 「contra o seu benfeitor」. ~ *o iru* 弓を射る Atirar [Disparar] a flecha. ◊ ◊ ~ **gata** [**hari-zuki**/**nari**/**tori**/**ya**/**zuru**]. **2** [楽器の] O arco. *Baiorin no* ~ バイオリンの弓 ~ de violino.

yumí-gátá 弓形 (< ··· + *kata*) A forma de arco; arqueado [em arco]. ⇨ Yumí-nári.

yumíhárí-zuki 弓張り月 (< ··· + *harú* + *tsukí*) A forma da lua no quarto crescente ou minguante.

yǔmíń [*uú*] 遊民 O ocioso; o desocupado; o vadio. S/同 Norákúrá-mónó.

yumí-nári 弓形 O [A forma de] arco. ★ ~ *ni naru* 弓形になる Arquear; ficar em ~. *Karada o* ~ *ni soraseru* 体を弓形にそらせる Arquear [Fazer um arco com] o corpo para trás. ⇨ Yumí-gátá.

yumi-tóri 弓取り 【A.】 O arqueiro. ◊ ~ **shiki** 弓取り式 [*Sumō*] A outorga [entrega] do arco ao campeão.

yumí-ya 弓矢 **a)** O arco e flecha; **b)** As armas (A.). ★ ~ *no michi* 弓矢の道 **a)** A arte do tiro ao arco; **b)** As artes marciais; a carreira militar (A.). ~ *o toru* 弓矢を取る **a)** Pegar em armas (arco e flecha); **b)** Seguir a carreira de samurai [guerreiro].

yú-mizu 湯水 A água quente e fria. ★ *Kane o* ~ *no yō ni tsukau* 金を湯水のように使う Esbanjar dinheiro.

yumí-zúrú 弓弦 A corda do arco. ★ ~ *ga kireru* 弓弦が切れる ~ partir/rebentar.

yǔmō [*uú*] 勇猛 【E.】 A bravura; a intrepidez; a coragem; a ousadia. ★ ~ *kakan na* 勇猛果敢な 「o lutador」 De intrépida coragem. ~ *na* 勇猛な Bravo; intrépido; ousado; destemido.

yúmoa [*uú*] ユーモア (< Ing. < L. humor) O humor. ★ ~ *ga aru* ユーモアがある Ter humor. ~ *ni michita* [*tonda*] ユーモアに満ちた[富んだ] Cheio de ~. ~ *o kaisuru* ユーモアを解する Ter senso [sentido] de ~. ◊ ~ **shōsetsu** ユーモア小説 O romance humorístico. S/同 Kaígyáků; uítto. ⇨ sharé.

yǔmón [*uú*] 幽門 【Anat.】 O piloro. ◊ ~ **bu** 幽門部 A região do ~.

yǔmorasu [*uú*] ユーモラス (< Ing. humorous) Humorístico. ★ ~ *na hito* ユーモラスな人 A pessoa ~ a.

yǔmórésuku [*uú*] ユーモレスク (< Fr. humoresque) 【Mús.】 A composição musical có(ô)mica.

yu-mótó 湯元 A fonte de águas termais.

yǔ-móyá [*uú*] 夕靄 ⇨ yǔ-gíri.

yǔ-nági [*uú*] 夕凪 【Met.】 A calmaria ao anoitecer. ⇨ asá[1] ◊ .

yundé 弓[左]手（< yumí+te）【A.】A mão esquerda.

Yunésúkó ユネスコ（< Ing. United Nations Educational, Scientific, and Cultural Organization）A UNESCO [Organização educacional, científica e cultural das Nações Unidas]. ◇ ～ **kenshō** ユネスコ憲章 O Estatuto da ～. **Nihon ～ kyōkai renmei** 日本ユネスコ協会連盟 A Federação das Associações da ～ no Japão.

yū-ni [**úu**] 優に（< yū¹） **1**［十分に］Bem; completamente; totalmente; facilmente. *Kono eigakan wa ～ nisen-nin wa haireru* この映画館には優に2千人は入れる Neste cinema「com gente também em pé」cabem facilmente duas mil pessoas. S/同 Jūbún ni. **2**［しやかに】【E.】Elegantemente; habilmente; admiravelmente. ★ ～ *myō naru shirabe* 優に妙なる調べ A melodia habilmente executada. S/同 Shitóyaka ni.

Yunibāshíádo [**-áado**] ユニバーシアード（< Ing. Universiade）Uma competição (d)esportiva entre universidades.

yúnifōmu ユニフォーム（< Ing. uniform < L.）O uniforme ("Uma só forma"). S/同 Seifúkú.

yuníku [**ii**] ユニーク Único; singular. ★ ～ *na hito* ユニークな人 A pessoa ～［fora do normal］. S/同 Dokújí; dokútókó.

yunión-shóppu ユニオンショップ【Econ.】（< Ing. union shop）A empresa sindical [em que a maioria dos empregados está sindicalizada].

Yúnisefu ユニセフ（< Ing. United Nations International Children's Emergency Fund）A UNICEF [Fundo de Emergência Internacional das Nações Unidas para as Crianças].

yuni-sékkusu ユニセックス（< Ing. uni-sex < L.）「moda/vestido」Unisexo.

yúnitto ユニット（< Ing. unit < L.）A unidade; o módulo. ◇ ～ **basu** ユニットバス O quarto de banho modulado. ～ **hausu** ユニットハウス A casa pré-fabricada (⇨ puréhábú). ～ **kagu** ユニット家具 Os móveis modulados. ～ **shisutemu** ユニットシステム O sistema de construção modulada [pré-fabricada]. ⇨ tán'í.

yúnō [**úú**] 有能 O ser「um técnico」capaz [hábil; competente; talentoso]. ★ ～ *na hito* 有能な人 A pessoa competente. A/反 Munō. ⇨ nōryoku.

yú-no-hana 湯の花 A flor de enxofre; o geiserito; o sedimento calcário [silicoso] das águas termais.

yu-nómí 湯飲 [呑] み（< … + nómu）A xícara (para chá); a chávena. ～ *ni cha o tsugu* 湯飲みに茶を注ぐ Pôr [Deitar] chá na ～. ⇨ chawán.

yunóshí 湯熨 O alisamento de tecido a vapor.

yunyō-kán 輸尿管【Anat.】A uretra. S/同 Nyōkán.

yunyū 輸入 A importação. ★ ～ *suru* 輸入する Importar. ◇ ～ **bōeki** 輸入貿易 O comércio importador. ～ **chōka** 輸入超過 O excesso das importações. ～ **gaku** 輸入額 O montante das ～. ～ **gawase** 輸入為替 O câmbio de ～. ～ **gyōsha** 輸入業者 O importador. ⇨ ～ **hin**. ～ **kō** 輸入港 O porto de ～ [entrada da mercadoria]. ～ **kanzei** 輸入関税 A taxa alfandegária. ～ **koku** 輸入国 O país importador. ～ **seigen** [**kinshi**] 輸入制限[禁止] A restrição às [proibição das] ～. ～ **tegata** 輸入手形 A letra de ～. ～ **tetsuzuki** 輸入手続 O processo [A papelada (G.)/Os trâmites] de ～. A/反 Yushútsú.

yunyū-hín 輸入品 O artigo importado. ⇨ kokúsán ◇; yushútsú ◇.

yu-óké 湯桶 A banheira.

yurágí 揺らぎ（< yurágu）【Fís.】A flutuação.

yurágu 揺らぐ（< yurú）Balançar [Abanar]; tremer; oscilar;「as folhas da árvore a」flutuar. *Honō ga yuraide iru* 炎が揺らいでいる A chama está oscilando [a oscilar]「com o vento」. S/同 Yuráméku. **2**［不安定な状態になる]Vacilar; abalar. *Kare no hitokoto de kesshin ga yuraida* 彼の一言で決心が揺らいだ Fiquei vacilante [abalado na minha decisão] só com uma palavra dele. S/同 Yuráméku.

yurái 由来 **1**［起源］[yuráí] A origem「do nome da cidade」; a fonte; a história; a derivação「desta palavra」. *Densetsu* [*Chimei*] *no ～ o shiraberu* 伝説[地名] の由来を調べる Procurar [Investigar] a origem da lenda [do nome do local]. ★ ～ *ni ～ suru* …に由来する Vir de …; ter origem em …. ２[もとも と] [yúrai] De início; originariamente; por natureza. S/同 Gánrai; motómótó (+).

yuráméku 揺らめく ⇨ yurágu.

yūrán [**úú**] 遊覧 A visita [excursão] turística; o turismo. ★ ～ *suru* 遊覧する Visitar em excursão. ◇ ～ **basu** 遊覧バス A camioneta de excursão. ～ **kyaku** 遊覧客 O turista [excursionista]. ～ **sen** 遊覧船 O cruzeiro [barco de excursão]; o barco de recreio. S/同 Kańkō; shúyū.

yurán-kán 輸卵管【Anat.】O oviduto; a trompa de Falópio. S/同 Rańkań.

yurárérú 揺られる（< yurú）Ser balançado [sacudido; embalado]. *Basu ni yurarete san jikan de mokutekichi ni tsuita* バスに揺られて三時間で目的地に着いた Após uma viagem de três horas de camioneta, chegámos ao (lugar de) destino.

Yūráshia [**úú**] ユーラシア A Eurásia (Europa e Ásia com um só continente). ◇ ～ **jin** ユーラシア人 O euro-asiático [eurasiático/eurásio]. ～ **tairiku** ユーラシア大陸 O continente eurasiático.

yurású 揺らす ⇨ yusábúrú.

yúrayura (**to**) ゆらゆら（と）（< yurárérú）(Im. de oscilar (flutuar; tremer)). ★ ～ *yureru honoo* ゆらゆら揺れる炎 A chama trémula [a tremeluzir].

yuré 揺れ（< yurérú） **a)** O abalo [do carro]; o sismo; o tremor; a sacudida「do terramoto/cavalo」; o balanço「do barco」; **b)**「o abalo」psicológico/da [para a] saúde」; o choque「da morte da mãe」.

yūrei [**úú**] 幽霊 O fantasma; a assombração; a aparição; a alma do outro mundo; o espectro. ★ ～ *no yō na kao* 幽霊のような顔 Uma cara espectral [de fantasma]; pálido como a cera. ◇ ～ **banashi** 幽霊話 A história de fantasmas. ～ **gaisha** 幽霊会社 A firma fantasma [inexistente]. ～ **sen** 幽霊船 O navio fantasma. ～ **yashiki** 幽霊屋敷 A casa mal-assombrada.

yūrékí [**úú**] 遊歴（⇨ yūrán）【E.】A viagem [excursão] turística; um giro「por Nagasaki e outros lugares históricos」.

yurérú 揺れる **a)** Ser sacudido [abalado]; tremer; abanar; balançar; oscilar; **b)**「o mundo」Ficar agitado; **c)** Vacilar「na decisão」. *Fune ga yurete kimochi ga warui* 船が揺れて気持ちが悪い Estou um pouco enjoado com o balanço do navio. *Yuremasu kara tsuri-kawa tesuri ni o-tsukamari kudasai* 揺れ

ますから吊り革, 手すりにおつかまり下さい Como 「o comboio」 vai balançar segurem-se nas (argolas das) correias e nos ferros. ★ *Kaze ni ~ kigi* 風に揺れる木々 As árvores agitadas [sacudidas] pelo vento. *Tate [Yoko] ni ~* 縦[横]に揺れる Oscilar para cima e para baixo [para os lados]. *Zengo sayū ni ~* 前後左右に揺れる Balançar [Oscilar/Abanar] para todos os lados. ⓈⒻ Dōyō súru.

yū́-retsu [úu] 優劣 A superioridade e inferioridade; as vantagens e desvantagens 「deste plano」; a diferença. *Kono futatsu no sakuhin wa ~ ga tsukegatai* この2つの作品は優劣がつけがたい É difícil determinar [dizer/decidir] qual destes dois trabalhos é (o) melhor. *~ ga nai* 優劣がない Ser do mesmo nível; não haver diferença entre os dois. *~ o arasou* 優劣を争う Disputar a superioridade; querer ser cada qual o melhor. ⓈⒻ Kō-otsu.

yuri 百合【Bot.】O lírio; a acucena. ★ *~ no yō ni junketsu na shōjo* 百合のように純潔な少女 A jovem pura como um/a ~. ◇ **Kuro ~** 黒百合 O ~ negro. ⇨ **ne. Yama ~** 山百合 ~ dos vales.

yū́ri¹ [úu] 有利 1 [利益があること] O ser proveitoso [lucrativo]; rendoso; remunerativo; útil. ★ *~ na jigyō* 有利な事業 Uma a(c)tividade lucrativa. 2 [都合の良いこと] O ser vantajoso [favorável; melhor]; o ter vantagem. *Jōsei wa wareware ni ~ de atta* 情勢は我々に有利であった A situação era favorável [era a nosso favor]. *Seikyoku wa yotō ni ~ ni tenkai shita* 政局は与党に有利に展開した A situação política desenvolveu-se favoravelmente ao [evoluiu a favor do] partido ao governo. ★ *Hikoku ni ~ na shōgen* 被告に有利な証言 Um testemunho vantajoso para o acusado. ⒶⒻ Fúri.

yū́ri² [úu] 遊離 A separação; o isolamento 「da realidade」. ★ *~ suru* 遊離する Separar-se; isolar-se 「da sociedade」. *Kokumin kara ~ shita seiji* 国民から遊離した政治 Uma política divorciada [isolada] do povo). ◇ *~ jōtai* 遊離状態【Quím.】O 「ácido em」estado livre. *~ tai* 遊離体 O extra(c)to.

yū́ri³ [úu] 遊里【E.】 ⇨ yūkákú.

yū́ri⁴ [úu] 有理【Mat.】Racional. ★ *~ ka suru* 有理化する Racionalizar. ◇ *~ kansū* 有理関数 A função ~. *~ sū [shiki]* 有理数[式] O número [A fórmula] ~. ⒶⒻ Yurúgásu.

yurí-isú 揺り椅子 (< yurú + ···) A cadeira de balanço. ⓈⒻ Rokkíngú-chéa.

yurí-káeshí 揺り返し (< yurú + káesu) O abalo de ricochete; um segundo terremoto. *~ ga kita* 揺り返しが来た Houve um ~.

yurí-kágo 揺り籠 (< yurú + ···) O berço de embalar.

yurí-né 百合根 O bu[o]lbo de lírio.

yurí-ókosu 揺り起こす (< yurú + ···) Acordar alguém sacudindo-o; sacudir alguém para o acordar. *Chichi ni yuri-okosareta* 父に揺り起こされた O meu pai sacudiu-me para me acordar.

yurí-ótósu 揺り落とす (< yurú + ···) Derrubar abanando; deitar abaixo 「a fruta」.

yurí-úgókasu 揺り動かす (< yurú + ···) Sacudir; agitar; abalar. ⇨ Yurugásu.

yū́ro [úu] ユーロ O euro (€).

yurú 揺る (Só us. nas palavras compostas, por ex. "yuri-okosu", "yuri-ugokasu", "yuri-kago").

yurúgásé 忽せ O descuido; o relaxamento; o calha; o desleixo. ★ *Shigoto o ~ ni suru* 仕事を忽せにする Trabalhar com desleixo; ser relaxado [descuidado] no trabalho. ⓈⒻ Orósoka (+); naígáshíró.

yurúgásu 揺るがす a) Sacudir; agitar; abalar; b) Pôr em risco; minar 「a autoridade do presidente」. ★ *Sekai o ~ dai-jiken* 世界を揺るがす大事件 Um acontecimento que abalou [vai abalar] o mundo.

yurúgí 揺るぎ (< yurúgu; us. só na forma "~nai") O abalo. ★ *~ nai chii o kizuku* 揺るぎない地位を築く Criar [Estabelecer] uma posição firme [sólida/segura/inabalável]. ⇨ Yuré.

yurúgu 揺るぐ Abalar. *Ano ginkō no shin'yō wa yurugi-dashita* あの銀行の信用は揺るぎ出した O crédito daquele banco começou a abalar [está em pouco abalado]. ⓈⒻ Yurúgu (+); yurérú (o).

yurúi 緩い 1 [ひきしまってない] Frouxo; solto; folgado. *Kono neji wa yuru-sugiru* このネジは緩すぎる Este parafuso está frouxo demais. ★ *~ ben* 緩い便 As fezes/soltas. *~ musubi-me* 緩い結び目 O laço [nó/A laçada] frouxo[a]. *Yuruku shibaru* 緩く縛る Apertar só um pouco. ⒶⒻ Katáí. 2 [きびしくない] Suave; brando; moderado. *~ keikai taisei* 緩い警戒体制 A vigilância moderada. *Batsu o yuruku suru* 罰を緩くする Abrandar [Diminuir/Suavizar] o castigo. ⒶⒻ Kibíshíí. 3 [なだらかである] Suave. ★ *~ kābu* 緩いカーブ A curva ~. ⓈⒻ Nadáraka [Yurúyaka] na. 4 [のろい] Lento; manso; vagaroso. ★ *~ mizu no nagare* 緩い水の流れ Um ~ curso de água. ⓈⒻ Noróí. ⒶⒻ Hagéshíí.

yurúméru 緩める 1 [結び目などを緩くする] Afrouxar; despertar um pouco. ★ *Obi [Beruto] o ~* 帯[ベルト]を緩める Afrouxar a faixa do quimono [o cinto]. 2 [気などを楽にする] Afrouxar; abrandar. ★ *Keikai o ~* 警戒を緩める ~ a vigilância. *Ki [Kokoro] o ~* 気[心]を緩める Distrair-se um pouco; não ter suficiente cuidado. *Kinchō o ~* 緊張を緩める Aliviar a tensão. *Kiritsu [Kisoku] o ~* 規律[規則]を緩める Afrouxar um pouco a disciplina [o regulamento]. 3 [速力, 勢いなどを弱める] Diminuir; reduzir. ★ *Hochō o ~* 歩調を緩める Abrandar o passo; afrouxar a marcha. *Sokudo [Sokuryoku] o ~* 速度[速力]を緩める ~ a velocidade.

yurúmí 緩み (< yurúmu) a) A folga 「da roupa/corda」; b) O descuido; a frouxidão. *Shiken ni ochita no wa ki no ~ ga atta kara de* 試験に落ちたのは気の緩みがあったからだ Foi reprovado no exame, porque você se descuidou.

yurúmu 緩む 1 [ゆるくなる] Afrouxar; ficar frouxo. *Kikai no neji ga yurunda* 機械のねじが緩んだ O parafuso da máquina ficou frouxo [um pouco desparafusado]. 2 [油断する] Desleixar-se; descuidar-se; não ir atento. *Ki ga yurunde ita no de kōtsū jiko o okoshite shimatta* 気が緩んでいたので交通事故を起こしてしまった Ia (a guiar) com pouca atenção e tive um acidente. ⇨ yudán. 3 [厳しくなくなる] Diminuir; abrandar; suavizar. *Keikai ga yurunda* 警戒が緩んだ A vigilância ficou mais branda. *Samusa ga yurunda* 寒さが緩んだ O frio abrandou 「um pouco」. 4 [ゆっくりになる] Diminuir; baixar. *Kābu ni sashikakaru to ressha no supīdo ga yurunda* カーブにさしかかると列車のスピードが緩んだ Ao chegar à curva o comboio [trem] baixou a [de] velocidade.

yurúri (to) ゆるり(と)【G.】 ⇨ yukkúri.

yurúshí 許し (< yurúsu) a) A permissão; a licença; a

autorização「de poder ensinar uma arte」. *Dare no ~ o ete kono heya ni haitta no ka* 誰の許しを得てこの部屋に入ったのか Com licença de quem (é que você) entrou nesta sala? ★ ~ *o kou* 許しをこう Pedir permissão. *Ryōshin no ~ o ete [enaide]* 両親の許しを得て[得ないで] Com [Sem] licença dos pais. [S/同] Kyóka. **b)** O perdão [perdoar].

yurúsu 許[免・赦・恕]す **1** [許可する] Permitir; autorizar. *Jitai wa ikkoku no yūyo mo yurusanai* 事態は一刻の猶予も許さない A situação não permite nem um minuto de atraso. ★ *Hōritsu no ~ han'i-nai de* 法律の許す範囲内で Dentro da [do que é permitido por] lei. *Ishi [Bengoshi] no kaigyō o ~* 医師[弁護師]の開業を許す Autorizar o exercício de medicina [advocacia]. *Jikan [Jijō] no ~ kagiri* 時間[事情]の許す限り Na medida em que o tempo [a situação] permitir. *Kekkon o ~* 結婚を許す ~ o casamento. *Nyūgaku o yurusareru* 入学を許される Ser admitido na [aprovado para entrar para a] escola. [S/同] Kyóka [Kyoyṓ] súrú.
2 [容赦する] Perdoar. *Go-burei o o-yurushi kudasai* 御無礼をお許し下さい Perdão pela [Desculpe a] minha indelicadeza. *Kare wa tsumi o yurusareta* 彼は罪を許された Ele foi perdoado. ★ *Yurushigatai kashitsu* 許しがたい過失 A falta imperdoável. [S/同] Yṓsha suru.
3 [免除する] Eximir; livrar; isentar; dispensar. *Dō ka kaigai tenkin dake wa o-yurushi kudasai* どうか海外転勤だけはお許し下さい Só lhes peço que me dispensem de ser transferido para o estrangeiro. [S/同] Ménjo suru.
4 [よいと認める] Aceitar; reconhecer. *Kare wa issei no gakusha o motte yurusarete iru* 彼は一世の学者をもって許されている Ele é reconhecido como a grande autoridade do século na sua especialidade. [S/同] Mitóméru. **5** [心などをゆるめる] Confiar em; relaxar-se; descuidar-se. *Kanojo wa sono otoko ni hada o yurushita* 彼女はその男に肌を許した Ela entregou-se a esse homem. ★ *Kokoro o yurushiatta naka* 心を許し合った仲 A relação de intimidade [de poderem dizer tudo um ao outro].

yurúyaka 緩やか (< yurúi) **1** [ゆとりがあるようす] O ser folgado. ★ ~ *na sode* 緩やかな袖 A manga folgada. **2** [なだらか] O ser suave. ★ ~ *na saka [kōbai]* 緩やかな坂[勾配] A encosta suave. [A/反] Kyū. **3** [速度・勢いなどがゆっくりしているようす] O ser lento [vagaroso; manso]. ★ ~ *na nagare* 緩やかな流れ A corrente calma/vagarosa. [S/同] Kańmáń. **4** [寛大] O ser brando [suave; liberal; livre; moderado; generoso; indulgente; magnânimo]. ★ ~ *na kisoku* 緩やかな規則 O regulamento muito livre. *Jōken o ~ ni suru* 条件を緩やかにする Facilitar as condições「do contrato」. [S/同] Kańdái. [A/反] Geńkákú.

yurúyúru (to) 緩緩(と) ⇨ yukkúri.

yū́ryo [úu] 憂慮【E.】A inquietação; a preocupação; a ansiedade; a apreensão; o medo; o temor; o receio. ★ ~ *suru* 憂慮する Inquietar-se; preocupar-se; ficar apreensivo; temer; recear「~ *subeki jitai* 憂慮すべき事態 A situação alarmante [inquietante/grave/séria]」. ⇨ shińpái.

yū́ryṓ1 [uú] 有料 O ser pago [a pagar]. *Nyūjō wa ~ desu ka muryō desu ka* 入場は有料ですか無料ですか O ingresso [A entrada] é pago[a] ou grátis [de graça]? ◇ **~ chūshajō** 有料駐車場 O estacionamento pago. **~ dōro** 有料道路 A estrada com portagem [pedágio]. [A/反] Muryṓ.

yū́ryṓ2 [uú] 優良 A superioridade; a excelência; a alta qualidade. ◇ **~ hin** 優良品 O artigo superior [escolhido; sele(c)cionado; de (primeira) qualidade]. ⇨ **~ ji**. **~ kabu** 優良株 As a(c)ções de primeira qualidade. **~ tosho** 優良図書 Os livros selec(c)ionados「para crianças」. [S/同] Ryṓkṓ; yū́shū́.

yū́ryṓ3 [uú] 遊猟 A caça (por diversão). ★ ~ *suru* 遊猟する Caçar. ◇ **~ chi** 遊猟地 A zona de ~. ⇨ shuryṓ1.

yū́ryṓ-ji [yuúryóo-] 優良児 A criança robusta. ◇ **Kenkō ~** 健康優良児 A criança a respirar [cheia de] saúde. ⇨ yū́ryṓ2.

yū́ryókú [uú] 有力 **1** [勢力・資力・権力などがあるようす] O ter força [ser poderoso/forte/influente]. ★ ~ *na shinbun* 有力な新聞 O jornal influente. ~ *na yūshō kōho* 有力な優勝候補 Um forte candidato (à vitória). ◇ ⇨ **~ sha**. **~ suji** 有力筋 A fonte autorizada「da notícia」. [A/反] Múryoku. **2** [大いに効力があるようす] O ser convincente [útil; forte; válido]. ★ ~ *na shōko [tegakari] o tsukamu* 有力な証拠[手がかり]をつかむ Conseguir provas convincentes [válidas]. ~ *na yōgisha* 有力な容疑者 O suspeito muito provável.

yū́ryókú-sha [uú] 有力者 A pessoa influente [poderosa]. ★ *Machi no ~* 街の有力者 Uma ~ no [do] bairro/na vila.

yusáburí 揺さぶり (< yusáburú) A sacudida [sacudidela]. ★ ~ *o kakeru* 揺さぶりをかける Dar uma ~「ao "status quo"」. ◇ **~ senjutsu** 揺さぶり戦術 A tá(c)tica de provocar mudanças [sacudir as coisas].

yusáburí-ókósu 揺さぶり起こす ⇨ yurí-ókósu.

yusáburí-ótósu 揺さぶり落とす ⇨ yurí-ótósu.

yusábúrú 揺さぶる **1** [揺すって動かす] Sacudir; agitar. ★ *Ki o yusabutte kaki no mi o otosu* 木を揺さぶって柿の実を落とす Sacudir os ramos para deitar ao chão os dióspiros/caquis. [S/同] Yurí-úgókásu. **2** [動揺させる]【Fig.】Agitar; abalar; chocar. *Gakuchō no jisatsu wa daigaku zentai o yusabutta* 学長の自殺は大学全体を揺さぶった O suicídio do reitor abalou toda a universidade. [S/同] Dṓyṓ sásérú.

yúsan 遊山 O piquenique; a excursão; o passeio. ★ ~ *ni dekakeru [iku]* 遊山に出かける[行く] Sair [Ir] de ~. ◇ **~ kyaku** 遊山客 Os excursionistas [do/a ~]. [S/同] Kṓrákú.

yū́sáń-káikyū [uú] 有産階級【H.】A classe dos proprietários; a burguesia.

yúsayusa (to) ゆさゆさ(と) (< yusábúrú) A balançar [oscilar]; agitando-se. ★ ~ *suru* ゆさゆさする Balançar. ~ *saseru* ゆさゆささせる Agitar「o ramo da árvore」.

yuséí1 油井 O poço de petróleo. ⇨ sekíyú.

yuséí2 油性 A oleosidade. ◇ **~ toryō** 油性塗料 A tinta oleosa [de óleo]. [A/反] Suíséí.

yū́séí1 [uú] 優勢 A predominância; a preponderância; a superioridade; a ascendência; a liderança. *Burajiru wa sono shiai de shūshi ~ de atta* ブラジルはその試合で終始優勢であった Nesse jogo o B. dominou [mostrou superioridade] do princípio ao fim. ★ ~ *ni naru* 優勢になる Assumir a liderança「na corrida」. ~ *o tamotsu* 優勢を保つ Manter a superioridade「na Dieta」. [A/反] Resséí.

yū́sei2 [uú] 優生 A eugenia. ◇ **~ hogohō** 優生保

Y

yūséi³ 護法 A Lei da Prote(c)ção Eugé[ê]nica. ⇨ yūséi-gaku.

yūséi⁴ [uú] 優性【Biol.】A dominância. ◇ ~ **iden** 優性遺伝 A hereditariedade do cará(c)ter dominante. A/反 Ressél.

yūséi⁵ [uú] 遊星【Astr.】O planeta. ★ ~ *no* 遊星の Planetário. ◇ **Shō** ~ 小遊星 Os planetóides (Pequenos planetas entre Marte e Júpiter). S/周 Wakúséi.

yūséi⁶ [uú] 有性【Biol.】Sexuado. ◇ ~ **sedai** 有性世代 A geração ~ a. ~ **seishoku** 有性生殖 A reprodução ~ a. Muséi.

yūséi⁷ [uú] 雄性【Bot.】A masculinidade. ◇ ~ **haigūshi** 雄性配偶子 O gâmeta masculino.

yūséi⁸ [uú] 有声【Lin.】A vocalização. ◇ ~ **on**. A/反 Muséi.

yūséi⁹ [uú] 郵政 (O serviço d)os Correios. ◇ ~ **daijin** [**shō**] 郵政大臣[省] O ministro [ministério] dos Correios e Telecomunicações.

yūséi-gaku [uú] 優生学 A eugenia. ★ ~ *jō* 優生学上 Em termos de ~; sob o ponto de vista eugé[ê]nico. ◇ ~ **sha** 優生学者 O eugenista. ⇨ yūséi².

yusei-kán 輸精管【Anat.】O canal espermático.

yūséi-on [uú] 有声音【Lin.】O som vocalizado. A/反 Muséi-on.

yusén¹ 湯煎 O aquecer em banho-maria.

yūsen² 湯銭 O preço do banho público. ⇨ séntó⁴.

yūsén¹ [uú] 優先 A prioridade; a preferência. *Kare wa itsu demo shigoto ~ da* 彼はいつでも仕事優先だ Ele dá sempre prioridade ao trabalho. ★ ~ *suru* 優先する Ter ~; ser prioritário [*Kōkyō no fukushi wa kojin no rieki ni ~ suru* 公共の福祉は個人の利益に優先する O bem-estar público vem antes do interesse pessoal]. ◇ ~ **jikō** 優先事項 O assunto prioritário. ~ **jun'i** 優先順位 A ordem de prioridade [~ *jun'i o tsukeru* 優先順位をつける Estabelecer uma ordem de prioridades]. ~ **kabu** 優先株 As a(c)ções preferenciais (Econ.). ~ **ken** [**teki**].

yūsén² [uú] 有線 O ter cabo [fio] de transmissão. ◇ ~ **denshin** [**denwa**] 有線電信[電話] A telegrafia [telefonia] por cabo/com fios (A.). ~ **hōsō** 有線放送 A transmissão [emissão] por cabo. ~ **tsūshin** 有線通信 A comunicação por cabo. A/反 Muséi.

yūsen-ken [uú] 優先権 (<…i ~ken) O direito de preferência [prioridade]. ★ ~ *ga aru* [~ *o motsu*] 優先権がある[優先権を持つ] Ter ~. ~ *o ataeru* 優先権を与える Dar preferência [só a alguns não é justo]. ~ *o eru* 優先権を得る Adquirir [Obter] a prioridade.

yūsén-téki [uú] 優先的 Preferencial. ★ ~ *ni toriatsukau* 優先的に取り扱う Dar tratamento ~ [Tratar com preferência].

yūsha¹ [úu] 勇者【E.】O bravo/herói. S/周 Yūshi⁴.

yūsha² [úu] 優者【E.】**a)** O melhor [maior]「em eloquência」; **b)** O campeão.

yúshi¹ 油脂 O óleo e graxa; a gordura. ◇ ~ **kōgyō** 油脂工業 A indústria de óleos e gorduras. ⇨ abúrá¹; shibó².

yúshi² 油紙 O papel oleado.

yúshi³ 諭旨【E.】O conselho [aviso] oficial. ★ ~ *menshoku* [*menkan*] *ni naru* 諭旨免職[免官]になる Ser obrigado a deixar o emprego [funcionalismo] por ~.

yūshi¹ [uú] 有史 O ter [pertencer à] história; o ser histórico. ★ ~ *irai no daisensō* 有史以来の大戦争 A maior guerra da (regist[r]ada) na/que houve na) história. ~ *izen no jidai* 有史以前の時代 A pré-história; os tempos pré-históricos. ⇨ rekíshí¹.

yūshi² [uú] 有志 **a)** O voluntário; **b)** O interessado. ◇ ~ **ichidō** 有志一同 Todos os ~.

yūshi³ [uú] 融資 O financiamento;「pedir」um empréstimo「ao banco」. ★ ~ *o uchikiru* 融資を打ち切る Cortar o ~「à firma」. ~ *suru* 融資する Financiar; fazer um empréstimo. ⇨ tōshí¹.

yūshi⁴ [uú] 勇士 **a)** O herói; **b)** O bravo「guerreiro」; o veterano. S/周 Yūsha¹.

yūshi⁵ [uú] 遊資 O capital parado. ⇨ shihón; shíkin¹.

yūshi⁶ [uú] 雄姿【E.】A figura imponente「dos Himalaias」. S/周 Éishi.

yūshi⁷ [uú] 勇姿 A figura destemida「dos exploradores」.

yūshi-búnretsu [uú] 有糸分裂【Biol.】A mitose (cariocinese).

yūshikái-híkō [uú] 有視界飛行 O voo visual (Mediante observação dire(c)ta do solo). ★ ~ *o suru* 有視界飛行をする Fazer um ~. A/反 Keíkí-híkō.

yū-shíkaku [uú] 有資格 O ter qualificações. ◇ ~ **sha** 有資格者 A pessoa qualificada. A/反 Mu-shíkaku.

yūshíki [uú] 有識 O ter conhecimentos. ◇ ~ **kaikyū** 有識階級 A intelectualidade [classe intelectual]; as pessoas [o público] eruditas[o]; os intelectuais. ~ **sha** 有識者 O intelectual. ⇨ gakúshá.

yūshin-ron [uú] 有神論 O teísmo; o deísmo. ◇ ~ **sha** 有神論者 O deísta; o teísta. A/反 Mushínron.

yūshí-téssen [uú] 有刺鉄線 O arame farpado. ★ ~ *o hari-megurasu* 有刺鉄線を張りめぐらす Pôr ~ à [a toda a] volta「do terreno」. S/周 Tetsújómő (+).

yūshō¹ [uú] 優勝 **1** [第1位で勝つこと] A vitória; o triunfo; o título. ★ ~ *suru* 優勝する Vencer; conquistar a vitória; ganhar o campeonato. ◇ ~ **arasoi** 優勝争い A disputa da vitória. ~ **chīmu** 優勝チーム A equipe/a vencedora [vitoriosa; campeã]. ~ *kappu* 優勝カップ ◇ ~ **hai**. ~ **ketteisen** 優勝決定戦 A partida final [prova decisiva de uma competição]. ⇨ ~ **ki** [**sha**]. ~ **kōho** 優勝候補 O (campeão) favorito. **Jun** ~ 準優勝 O vice-campeão; a segunda colocação. **2** [すぐれたものが他に勝つこと] A vitória do mais forte. ◇ ~ **reppai** 優勝劣敗 A sobrevivência dos mais fortes; a sele(c)ção natural; a lei da selva.

yūshō² [uú] 勇将【E.】O bravo general. P/ことわざ ~ *no moto ni jakusotsu nashi* 勇将の下に弱卒なし Sob o comando de um ~ não há soldados cob[v]ardes. S/周 Móshō.

yūshō³ [uú] 有償【Dir.】A onerosidade. ◇ ~ **keiyaku** 有償契約 O contrato oneroso. ~ **shutoku** 有償取得 A aquisição onerosa. A/反 Mushō.

yūshō-hai [uú-óo] 優勝杯 A copa [taça] da vitória. S/周 Yūshō káppu. ⇨ yūshō¹.

yūshō-ki [uú-óo] 優勝旗 O estandarte da vitória; a bandeira de campeão. ⇨ yūshō¹.

yūshókú [uú] 夕食 O jantar; a ceia; a refeição da noite. ★ ~ *mae* [*go*] *ni* 夕食前[後]に「tomar o

remédio」Antes [Depois] do ~. *~ o toru [ni suru]* 夕食をとる[にする] Jantar; cear. S/同 Bań-méshí; yū-góhan. ⇨ eń-káí¹.
yúshokú² [**uú**] 憂色【E.】Um ar desanimado [inquieto; ansioso; melancólico; prostrado; triste; deprimido]. *Sono hihō de zenshi wa ~ ni tsutsumareta* その悲報で全市は憂色につつまれた Com essa notícia triste, a cidade inteira ficou ansiosa [inquieta]. S/同 Shūshókú. ⇨ uréi.
yúshókú-jínshu [**uú**] 有色人種 A raça de cor. ⇨ hakúshúkú [óshókú] ◇.
yúshū-sha [**yuúshóo**] 優勝者 O vencedor; o campeão. ⇨ yūshō¹.
yūshū¹ [**yuu**] 優秀 A superioridade; a capacidade; a excelência. ★ *~ na gakusei* 優秀な学生 O bom estudante/aluno. *~ na seiseki o eru* 優秀な成績を得る Obter excelente resultado; tirar notas altas. *Sai ~ senshu* 最優秀選手 O melhor atleta.
yūshū² [**yuu**] 憂愁 A melancolia; a tristeza「da família com a morte do filho」; o pessimismo「quanto ao futuro político」.
yūshū³ [**yuu**] 幽囚 A prisão; o cativeiro「de Babilônia」.
yūshū-nó-bí [**yuu**] 有終の美 A chave de ouro; o fim brilhante; o acabamento perfeito. ★ *~ o nasu [kazaru]* 有終の美をなす[飾る] Concluir brilhantemente「a carreira de atleta」; fechar [terminar] com chave de ouro.
yushútsú 輸出 A exportação. ★ *~ suru* 輸出する Exportar. ◇ **~ chōka** 輸出超過 O excesso de exportações; o balanço comercial favorável (ao país exportador). **~ gaku** 輸出額 O valor das ~ões. **~ gyō** 輸出業 O comércio exportador [de ~]. **~ gyōsha** 輸出業者 O exportador. **~ hin** 輸出品 O artigo para ~. **~ jishu kisei** 輸出自主規制 A limitação voluntária das ~ões. **~ kinshi** 輸出禁止 O embargo à ~「de material nuclear」. **~ kō** 輸出港 O porto de ~. **~ koku** 輸出国 O país exportador. **~ nyū.** *~* **seigen** 輸出制限 A restrição à ~. **~ shōrei** 輸出奨励 O incentivo à ~. **~ tegata** 輸出手形 A Letra de ~. **~ tetsuzuki** 輸出手続 O processo [As formalidades] de ~. **~ zei** 輸出税 O imposto de ~. A/反 Yunyū.
yūshútsú 湧出 A erupção; o jorro; o fluxo「do poço de petróleo」. ⇨ wakí-déru.
yushútsúnyu 輸出入 A exportação e importação. ◇ **~ no** Dos produtos de ~. *Nihon ~ ginkō* 日本輸出入銀行 O Banco de ~ do J. ⇨ yunyū; yushútsú.
yusō¹ 輸送 O transporte. ★ *~ suru* 輸送する Transportar. ◇ **~ hi** 輸送費 A despesa de ~. **~ ki** 輸送機 O avião de ~「de tropas」[de carga]. **~ ro** 輸送路 A rota [via] de ~. **~ ryō** 輸送量 O volume de ~. **~ ryoku** 輸送力 A capacidade de ~. **~ sen** 輸送船 O navio de ~. *Kūchū ~* 空中輸送 ~ aéreo. *Rikujō [Kaijō; Tetsudō; Kōkū] ~* 陸上[海上；鉄道；航空]輸送 ~ terrestre [marítimo; ferroviário; aéreo].
yusō² 油層 A camada [jazida] de petróleo.
yusō³ 油槽 O tanque [A caserna/depósito/reservatório] de petróleo. ◇ **~ sen** 油槽船 O (navio) petroleiro.
yusō⁴ 油送管 O oleoduto (Grande, extenso); o cano de abastecimento de (petr)óleo.

yusō⁵ [**uu**] 郵送 A remessa [O envio] postal. ◇ **~ ryō** 郵送料 O preço [A franquia] postal.
yūsō² [**uu**] 勇壮【E.】A bravura; o heroísmo. ★ *~ na kōshinkyoku* 勇壮な行進曲 A marcha heróica (Mús.). ⇨ isámáshíi.
yusō-kán 油送管 ⇨ yusō⁴.
yūsū [**uu**] 有数【E.】O ser um dos poucos [maiores/melhores]. *Nihon wa sekai ~ no gyogyōkoku de aru* 日本は世界有数の漁業国である O Japão é um dos maiores países pesqueiros do mundo.
yusubúrú 揺さぶる ⇨ yusabúrú. S/同 Yusúrú¹.
yusúgú 濯 [漱] ぐ Enxaguar. ★ *Kuchi o ~ ぐ* 口を漱ぐ Bochechar; gargarejar. S/同 Susúgú.
yūsú-hósuteru [**uu**] ユースホステル (< Ing. youth hostel) O albergue [A hospedaria/A casa] para jovens「que estão de viagem」.
yusúrí 強請り (< yusúrú²)【G.】**a**) A extorsão; a vigarice; a chantagem; **b**) O extorsionário; o vigarista; o chantagista.
yusúrú¹ 揺する Balançar. ★ *Ongaku ni awasete karada o ~* 音楽に合わせて体を揺する ~ o corpo ao ritmo da música. S/同 Yusábúrú.
yusúrú² 強請る【G.】Extorquir; chantagear. *Gōtō kara kane o yusurareta* 強盗から金を強請られた Os ladrões extorquiram dinheiro「àquela loja」.
yúsúru [**uú**] 有する Ter「muita riqueza」;「o país」possuir「minérios」. ★ *Gijutsu o ~ mono* 技能を有する者 O que tem uma arte [técnica/especialidade] (Ex. carpinteiro). S/同 Mótsu (o); shoyū súrú (+). ⇨ áru¹.
yū-sūzumi [**uú**] 夕涼み O tomar o ar fresco da tarde. ★ *~ ni dekakeru* 夕涼みに出かける Sair para tomar o ar fresco da tarde. *~ suru* 夕涼みする ~
yūtái¹ [**uú**] 優待 **a**) O tratamento generoso [especial]; **b**) A hospitalidade; receber de braços abertos. ◇ **~ ken** 優待券 **a**) O convite [bilhete grátis/de cortesia]; **b**) O cupão [A senha/cupom] de desconto (nas compras).
yūtái² [**uú**] 勇退 A retirada [demissão] voluntária「para dar lugar aos mais jovens」. ★ *Kaichō-shoku o ~ suru* 会長職を勇退する Deixar voluntariamente o cargo de presidente「da associação」.
yūtái³ [**uú**] 郵袋 A saca [O saco] do correio. S/同 Kōnó; yūbín-búkúro.
yūtái-butsu [**uú**] 有体物【Dir.】Bens tangíveis [materiais]. A/反 Mutáibutsu.
yūtái-dōbutsu-[rui] [**uú-óo**] 有袋動物[類] O「canguru é um」animal marsupial [Os marsupiais].
yūtaka 豊 [裕・饒] か 1【金銭的に満ち足りているようす】O ser「uma sociedade」afluente [opulento;「um país」rico;「lavrador」abastado]. ★ *~ na katei* 豊かな家庭 A família abastada/rica. *~ ni kurasu* 豊かに暮らす Viver na abundância. S/同 Yūfuku. A/反 Mazúshíi. 2【十分なようす】O ser「de coração」magnânimo [grande; abundante; farto; rico]. ★ *~ na kawa no nagare* 豊かな川の流れ Um rio com grande caudal. *~ na mune* 豊かな胸 Grandes seios. *Kokusai-shoku ~ na toshi* 国際色豊かな都市 A cidade muito cosmopolita. *Tenbun no ~ na hito* 天分の豊かな人 A pessoa com muitos dotes [de grande talento]. S/同 Hōfú.
yū-tán [**uú-áa**] ユーターン (< Ing. U-turn) **a**) O virar [voltar] para trás「no carro」; **b**) O vir logo outra vez「o frio」; **c**) O voltar para o campo「depois de

se formar na cidade」. ★ ~ *suru* ユーターンする …

yutánpo 湯湯婆 A bolsa de água quente; a botija「para os pés」.

yūtéi-dóbutsu[-ruí] [**uú-óo**] 有蹄動物［類］Os animais ungulados [com cascos].

yúten [**uú**] 融点【Fís.】O ponto de fusão (dos metais).

yútō¹ [**uú**] 雄図【E.】Um grande [ambicioso] proje(c)to [empreendimento]. S/同 Taíkei.

yútō² [**uú**] 雄途【E.】A grande [heróica] caminhada「através do deserto」. S/同 Sôto.

yútō³ [**uú**] 優等 O grau superior [de honra/com distinção]; excelente. ★ ~ *de sotsugyō suru* 優等で卒業する Concluir o curso com distinção. ◇ ⇨ ~ **sei**. ~ **shō** 優等賞 O pré[ê]mio de honra. A/反 Rettō¹. ⇨ yūshū¹.

yútō² [**uú**] 遊蕩 ⇨ hôtō¹.

yūtókú [**uú**] 有徳【E.】O ser virtuoso. ★ ~ *no shi* 有徳の士 O homem virtuoso [de virtude]. S/同 Kôtókú; útoku.

yūtópia [**uú**] ユートピア (< Ing. utopia < Gr. ou + topos: "não + lugar") A utopia. S/同 Risôkyō.

yutórí ゆとり O espaço; a margem; a possibilidade「de dinheiro」; a disponibilidade「psicológica, para pensar também nos outros」; o tempo; a folga. *Ima wa jikan no ~ ga nai* 今は時間のゆとりがない Agora não tenho [disponho de] tempo. ★ *Kokoro no ~ o motsu* 心のゆとりを持つ Ter tranquilidade de espírito. S/同 Yóchi; yoyú.

yūtō-sei [**uú-óo**] 優等生 a) O aluno do quadro de honra; o melhor aluno; b) O bonzinho [que é demasiado perfeito].

yuttári (to) ゆったり(と) À vontade; folgadamente; confortavelmente. ★ ~ *shita* ゆったりした Folgado; largo; amplo「~ *shita kimono* ゆったりした着物 Quimono folgando. ~ *shita taido* ゆったりした態度 A atitude despreocupada」. ~ *suru* ゆったりする Ficar à vontade「em casa」. S/同 Yukkúri.

yuú¹ 言う ⇨ iú.

yúu² 結う a) Atar [Amarrar; Arranjar] o cabelo. ★ *Kami o yutte morau* 髪を結ってもらう Pedir para lhe fazerem o penteado [~]. S/同 Musúbú; shibáru. b) Cercar [A casa com muro/sebe].

yūútsú [**uú**] 憂鬱 A melancolia; a depressão; o desânimo. *Ā, ame no hi wa ~ da nā* ああ、雨の日は憂鬱だなあ Ai, como é deprimente um dia de chuva. ~ *na* 憂鬱な Melancólico; deprimido; triste; desanimado(r). ~ *na soramoyō* 憂鬱な空模様 O céu sombrio [escuro/triste/deprimente]. ~ *ni naru* 憂鬱になる Ficar deprimido [*Kono shigoto no ryō o mita dake demo ~ ni naru* この仕事の量を見ただけでも憂鬱になる Só ver [olhar para] a quantidade de trabalho que tenho para fazer é de [para] desanimar]. ◇ ~ **shō** 憂鬱症【Med.】A melancolia; a hipocondria.

yūwá¹ [**uú**] 融和【E.】A harmonia「entre os dois países」; b) A reconciliação (⇨ wakái²). ★ ~ *suru* 融和する Harmonizar-se; fazer-se amigo. ◇ ~ **Mín-zoku** ~ 民族融和 A harmonia entre as várias raças. S/同 Yûgô.

yūwá² [**uú**] 宥和【E.】O apaziguamento. ◇ ~ **se-isaku** 宥和政策 A política de ~.

yuwáeru 結わえる (< yúu²) Atar; amarrar; dar um nó. ★ *Kutsu-himo o ~* 靴ひもを結わえる Atar os cordões dos sapatos. ⇨ Musúbí-tsúkéru (+).

yu-wákashi 湯沸かし (< … + wakású) A chaleira. ◇ ~ **potto** 湯沸かしポット O termo [A garrafa-termo] elé(c)trico/a (Aquece e mantém a água quente). **Gasu** [**Shunkan**]~ **ki** ガス[瞬間]湯沸かし器 O esquentador de água a gás.

yuwáku 結わく【G.】 ⇨ yuwáeru.

yūwáku [**uú**] 誘惑 A tentação; a sedução. ★ ~ *ni makeru* 誘惑に負ける Sucumbir à [Cair na] tentação. ~ *ni (uchi) katsu* 誘惑に(打ち)勝つ Vencer [Superar] a tentação. ~ *ni taeru* 誘惑に堪える Resistir à tentação. ~ *suru* 誘惑する Tentar; seduzir [*Kane de ~ sareru* 金で誘惑される Ser seduzido [Deixar-se tentar] pelo dinheiro]. ~ *to tatakau* 誘惑と戦う Lutar contra a tentação. ◇ ~ **sha** 誘惑者 O tentador; o sedutor.

yuyá 湯屋 ⇨ séntó⁴.

yū-yáké [**uú**] 夕焼け O arrebol da tarde; o crepúsculo. *Kinō wa moeru yō na ~ datta* 昨日は燃えるような夕焼けだった Ontem à tarde tivemos um arrebol [crepúsculo (+)] resplandescente/dourado. ◇ ~ **gumo** 夕焼け雲 As nuvens à hora do ~. ~ **zora** 夕焼け空 O céu ao [à hora do] ~.

yūyákú [**uú**] 勇躍【E.】O entusiasmo [ânimo]; a animação. ★ ~ *suru* 勇躍する Ficar animado [entusiasmado].

yū-yámi [**uú**] 夕闇 O crepúsculo; o anoitecer. ~ *ga sematte kita* 夕闇が迫って来た Vem já aí a noite/~ [Está aqui, está a anoitecer]. ★ ~(*no*) *semaru koro* 夕闇(の)迫るころ Ao anoitecer. S/同 Yoí-yámí.

yūyo¹ [**uú**] 猶予 O adiamento; a postergação; o diferimento; a prorrogação「do prazo」. *Ikkoku no ~ mo dekinai* 一刻の猶予もできない Isto não se pode adiar (nem) um minuto. ★ ~ *naku* 猶予なく Sem demora; prontamente. ~ *suru* 猶予する Adiar; postergar; diferir; prorrogar. *Kei no shikkō o ~ suru* 刑の執行を猶予する Adiar [Suspender] a sentença. ◇ ~ **kikan** 猶予期間 O período [prazo] de graça [até a lei ter pleno efeito]. ~ **níssū** 猶予日数 Os dias de graça (da lei).

yūyo² [**uu**] 有余 Mais de. S/同 Amári (+); íjō (o).

yūyō¹ [**uú**] 有用【E.】A utilidade. ★ ~ *na* 有用な「um livro muito」Útil; bom; proveitoso; valioso [*Kokka ni ~ na jinzai* 国家に有用な人材 A ~ A necessidade [O interesse] do ~ ao país; o homem [elemento] muito útil [necessário] ao país]. S/同 Yûéki (+). A/反 Muyô.

yūyō² [**uú**] 悠揚【E.】O ser calmo [controlado]; sereno; imperturbável; tranquilo. ★ ~ *semara-nu taido de* 悠揚迫らぬ態度で Em atitude serena.

yūyókú [**uú**] 遊弋 A navegação; o cruzeiro. ~ *suru* 遊弋する Navegar; cruzar. S/同 Kôkō (+).

yūyú [**yuú-**] 悠々 a) O ser calmo [tranquilo]; b) O ser folgado [espaçoso]; c) O ser enorme [vasto; sem fim]. ★ ~ *jiteki no seikatsu o suru* 悠々自適の生活をする Levar uma vida tranquila. ~ *taru tenchi* 悠々たる天地 O vasto universo. ~ *to katsu* 悠々と勝つ Vencer folgadamente [sem dificuldade]. ⇨ yuútsú; yūzái.

yuyúshii 由由しい Sério; grave; alarmante. ★ ~ *daiji* [*jitai*] 由由しい大事[事態] O acontecimento [A situação] ~.

yūzá [**uú**] ユーザー (< Ing. user < L.) O usuário/utente. ★ ~ *no nīzu* ユーザーのニーズ A necessidade [O interesse] do ~. ⇨ riyō¹ (+); shiyó-sha.

yūzái [**uú**] 有罪 O ser culpado [criminoso]. *Hikoku*

wa ~ *to mitomerareta* 被告は有罪と認められた O réu foi declarado culpado. ★ ~ *no hanketsu o ukeru* 有罪の判決を受ける Ser condenado. ~ *to senkoku suru* 有罪と宣告する Declarar culpado. Ⓢ/反 Múzai.

yu-zámashi 湯冷まし(< … + samásu) A água fervida. ★ *Akanbō ni* ~ *o nomaseru* 赤ん坊に湯冷まし を飲ませる Dar só ~ ao [Ferver sempre a água para o] bebê[ê].

yu-zámé 湯冷め(< … + saméru) A sensação de frio [Um calafrio] depois do banho quente. ★ ~ *suru* 湯冷めする Sentir frio…

yūzansu [úu] ユーザンス (< Ing. usance < L.) 【Econ.】O prazo de pagamento de letras de câmbio estrangeiras.

yūzéi[1] [úu] 有税 O ter [estar sujeito a] imposto. ◇ ~ **hin** 有税品 O produto com [sujeito a] imposto. Ⓐ/反 Múzei.

yūzéi[2] [úu] 郵税 A tarifa [franquia] postal. ~ *gojūen fusoku* 郵税 50 円不足 (標示) Faltam cinqu[co]enta yens da ~ ! Ⓢ/同 Yūbín ryōkin (+) .

yūzéi[3] [úu] 遊説 A campanha eleitoral. *Kare wa senkyo-ku o* ~ *chū da* 彼は選挙区を遊説中だ Ele está [anda] em campanha no seu distrito eleitoral. ★ ~ *suru* 遊説する Fazer a ~.

yūzén tó [úu] 悠然と「enfrentar o protesto」Com calma; serenamente; tranquilamente. *Kare wa chikoku shita no ni* ~ *kyōshitsu ni haitte kita* 彼は遅刻したのに悠然と教室に入って来た Ele, apesar de ter chegado atrasado (à aula) entrou na sala nas calmas [com toda a calma]. ★ ~ *kamaete* [*shite*] *iru* 悠然と構えて[して]いる Estar calmo [sereno/ tranquilo]「para o exame」. Ⓢ/同 Yūyū. ⇨ yuttári.

yūzén(**zómé**) [úu] 友禅 (染め) O processo "yuzen" de estampar seda; a seda estampada por esse processo.

yūzu 柚子【Bot.】O limão aromático; a cidra; *citrus junos*. ◇ ~ **yu** 柚子湯 O "o-furo" com ~.

yūzū [yuú] 融通 1 [金銭のやりとり; 貸借] O empréstimo; o financiamento. *Hyakuman-en* ~ *shite moraenai deshō ka* 100 万円融通してもらえないでしょうか Não me poderia conceder [fazer] um ~ de um milhão de yens? ◇ ~ **shihon** 融通資本 O capital em circulação. ~ **tegata** 融通手形 A letra de favor. 2 [うまく立ちまわる性格] A elasticidade; a flexibilidade; a versatilidade; a adaptabilidade. *Dōmo ano otoko wa* ~ *ga kikanai* どうもあの男は融通が利かない Ele parece que não tem flexibilidade nenhuma.

yūzui [úu] 雄蕊【Bot.】O estame.

yū-zúkí [úu] 夕月(< … + tsukí) O luar vespertino [logo ao anoitecer].

yuzúrí 譲り(< yuzúrú) A herança; uma coisa herdada. ★ *Sofu* ~ *no zaisan* 祖父譲りの財産 Os bens herdados do avô.

yuzúrí-ái 譲り合い (< yuzúrí-áu) O ceder mutuamente [um ao outro]「o lugar/a precedência」. ★ ~ *no seishin* 譲り合いの精神 O espírito de compromisso [O saber ceder].

yuzúrí-áu 譲り合う(< yuzúrú + …) Ceder um ao outro [de parte a parte]「o direito de passar à frente」; fazer concessões mútuas. ★ *Tagai ni yuzuri-atte mondai o kaiketsu suru* 互いに譲り合って問題を解決する Resolver o problema cedendo de parte a parte [dos dois lados].

yuzúrí-úké 譲り受け(< yuzúrí-úkéru) O receber por transferência [cessão]. ◇ ~ **nin** 譲り受け人 【Dir.】O alienatário; o cessionário. ~ **shō** 譲り受け証 O título de transferência.

yuzúrí-úkéru 譲り受ける (< yuzúrú + …) 1 [他人 からもらって自分のものにする] Receber por transferência [herança/cessão]. *Otōto wa chichi no seikaku no sokkuri yuzuri-ukete iru* 弟は父の性格をそっくり譲り受けている Meu irmão mais novo herdou inteiramente o cará(c)ter do meu pai. ★ Yuzurí-wátáshi. 2 [他人からを買う] *Yūjin kara piano o yasuku yuzuri-uketa* 友人からピアノを安く譲り受けた Fiquei com o piano do meu amigo que mo vendeu barato. ◇ kaú[1].

yuzúrí-wátáshí 譲り渡し(< yuzúrí-wátásu) A entrega por transferência [cessão]; alienação; transmissão). ◇ ~ **nin** 譲り渡し人 O outorgante; o cedente; o alienante.

yuzúrí-wátásu 譲り渡す(< yuzúrú + …) Entregar por transferência [cessão]; alienação; …; transmissão]. ★ *Ie o hito ni* ~ 家を人に譲り渡す Passar [~] a casa. Ⓢ/同 Yuzurí-úkéru.

yuzúrú 譲る 1 [譲渡する] Transferir; ceder; passar; alienar; dar; transmitir. *O-toshiyori ya o-karada no fujiyū na kata ni seki o o-yuzuri kudasai* お年寄りやお体の不自由な方に席をお譲り下さい (放送) Dêem [Ofereçam] o lugar aos idosos e inválidos. ★ *Deshi ni na o* ~ 弟子に名を譲る Ceder o nome ao discípulo. *Kōshin ni michi o* ~ 後進に道を譲る Resignar em favor dos [Dar o lugar aos] mais jovens. *Kyūkyūsha ni michi o* ~ 救急車に道を譲る Deixar passar a ambulância. *Zaisan o* ~ 財産を譲る Deixar a propriedade [fortuna]「ao filho」. Ⓢ/同 Jōto (Jōyo) suru. 2 [譲歩する] Ceder; fazer concessões. *Kono ken ni kanshite wa ippo mo yuzuremasen* この件に関しては一歩も譲れません Neste [Quanto a este] ponto, não posso recuar um passo [ceder nada]. *Sōhō iken o shuchō shite yuzuranakatta* 双方意見を主張して譲らなかった Ambos os lados insistiram na sua opinião, não houve modo de cederem. Ⓢ/同 Jōho suru. 3 [売る] Vender. *Kono e o ikura de yuzutte kuremasu ka* この絵をいくらで譲ってくれますか Por quanto me vende este quadro? Ⓢ/同 Urú(+). 4 [屈する; 劣る] Ser inferior; ficar atrás. *Kare wa raten ongaku ni kanshite wa dare nimo yuzuranai* 彼はラテン音楽に関しては誰にも譲らない Ele não é inferior a [fica atrás de] ninguém em música latina [latino-americana]. Ⓢ/同 Otóru(+). 5 [繰り延べる] Adiar; transferir [deixar] para outra ocasião. *Kono keikaku no jisshi wa gojitsu ni yuzurō* この計画の実施は後日に譲ろう Vamos adiar [deixar para depois] a execução deste plano. Ⓢ/同 Kurí-nóbéru. ⇨ horyū[1] ◇.

Z

za¹ 座 **1** [座席] O assento; o lugar; a cadeira. ★ ~ *ni tsuku* 座に着く Sentar-se; tomar o ~. ~ *o hazusu* 座を外す Retirar-se [Afastar-se do lugar]. ⟦S/同⟧ Séki (+); za-séki (o). **2** [地位] O posto; o trono. ★ *Kenryoku no* ~ *ni tsuku (kara hikiorosu)* 権力の座に就く[から引き降ろす] Subir ao [Despojar do] poder. ⟦S/同⟧ Chíi (+). **3** [集まりの席] A assistência; o grupo reunido. *Kare no hatsugen de isshun* ~ *ga shiraketa* 彼の発言で一瞬座が白けた As palavras dele foram um balde de água fria na [em toda a] ~.

-za² 座 [Suf.] (só em palavras compostas) **1** [劇場] O (salão de) teatro. ⇨ gekijó¹. **2** [劇団] A companhia teatral. ⇨ gekidán¹. **3** [星座] 【Ast.】A constelação. ⇨ seízá¹.

zā ざあっ【On.】⇨ zattó.

zabón ザボン・朱欒 (< P. zamboa)【Bot.】A zamboa (Parecida à cidra e cidrão).

zabún ざぶん【On.】Chape. ⇨ zábuzabu.

zabúri ざぶり【On.】Chape, chape. ⇨ zábuzabu.

za-bútón 座布[蒲]団 (< za¹ + futón) A esteira (Almofada quadrada para se sentar no "tatami"). ★ ~ *o shiku* [*ni suwaru*] 座布団を敷く[に座る] Usar a [Sentar-se na] ~.

zábuzabu ざぶざぶ (Im. do respingar de água). ★ *Sentaku-mono* ~ *arau* 洗濯物をざぶざぶ洗う Lavar a roupa respingando (tudo).

zachō 座長 **1** [議長; 司会者] O moderador [presidente] (Pessoa que orienta [preside a] uma reunião). ⟦S/同⟧ Gíchō (+); shikai-sha. **2** [一座の長] 劇団の長] O dire(c)tor de um Teatro ou de uma Companhia Teatral.

zadán 座談 A conversa informal, em grupo. ★ ~ *ga umai* 座談がうまい Ser bom conversador. ⟦S/同⟧ Taídán; teídán (+). ⇨ kandán²; zatsúdán.

zadán-kai 座談会 (< ⋯ + káṅ⁵) A reunião para falar, informalmente, sobre um assunto. ⇨ dáṅ⁵.

za-gáné 座金 (< ⋯ + kané) A anilha [arruela] (de metal).

za-gáshira 座頭 (< ⋯² + kashírá) ⇨ zachō **2**.

zahyō 座標 As coordenadas. ◇ ~ *jiku* 座標軸 O eixo das ~.

zái¹ 在 **1** [いなか] **a)** O interior [campo]. *Kare wa* ~ *no de da* 彼は在の出だ Ele é do ~. ⟦S/同⟧ Inákà (+). **b)** Os arredores. *Tōkyō no* ~ 東京の在 ~ de Tóquio. ⟦S/同⟧ Kōgai (+). **2** [ある; 居る] O estar. ★ *Kare no* ~ *fuzai o tashikameru* 彼の在不在を確かめる Ver se ele está ou não (está). **3** [ある; 居る]【Pref.】O estar. ◇ ⇨ ~ **shitsu** [**taku/nichi**].

zái² 材 **1** [木材] A madeira; o(s) toro(s) ⌈de cedro⌋. ⟦S/同⟧ Mokúzái (+). **2** [材料] O material. ⟦S/同⟧ Geńryō (+); zaíryō (+). **3** [人材] O talento. ★ *Kokka yūyō no* ~ 国家有用の材 Um ~ útil ao país. ⟦S/同⟧ Jińzái (+).

zái³ 財 **1** [財産] O dinheiro; a riqueza; a fortuna. ★ ~ *o kizuku* [*nasu*] 財を築く[成す] Fazer uma fortuna [Acumular riquezas]. ⟦S/同⟧ Tómi (+); záika²; záisan (o). **2** [人間の物質的・精神的生活に役に立つものの総称] O patrimó[ô]nio; os bens. ◇ **Bunka** ~ 文化財 O patrimó[ô]nio cultural. **Shōhi** ~ 消費財 Os bens de consumo.

-zai⁴ 剤 O remédio (Como elemento de palavras compostas). ◇ **Chintsū** ~ 鎮痛剤 Um analgésico (Um ~ para tirar a dor). **Eiyō** ~ 栄養剤 O fortificante.

záiaku 罪悪 O crime; a culpa; o pecado; uma coisa má. ⟦S/同⟧ Tógá; tsúmi (+).

zaíaku-kan 罪悪感 (< ⋯ + káṅ⁵) O sentimento de culpa(bilidade). ★ ~ *o idaku* [*motsu*] 罪悪感を抱く[持つ] Sentir-se culpado.

zaíaku-shi 罪悪視 O ter [ver] ⌈o roubo⌋ como mau. ★ ~ *suru* 罪悪視する Considerar mau.

zaíbátsú 財閥 **1** [三井・三菱などの] Um grande grupo financeiro [empresarial]. **2** [金持ち]【G.】A plutocracia. ⟦S/同⟧ Kané-móchi (+). ⇨ záí³.

zaichō 在庁 A permanência na repartição.

zaichū 在中【E.】O conter [levar dentro]. ◇ **Shashin [Seikyūsho]** ~ 写真[請求書]在中(表示)Contém fotos [fa(c)tura]! ⇨ dōfū.

zaídán 財団 Uma fundação ou consórcio. ★ *Karusute Gurubenkyan* ~ カルステ・グルベンキャン財団 A Fundação (Calouste) Gulbenkian (P.). ◇ ~ **hōjin** 財団法人 A fundação de utilidade pública com personalidade jurídica. ⟦S/同⟧ Shadańó. ⇨ kíkín².

zaiéki 在役 O estar em serviço. ⇨ fukúéki; zaínín².

zaígai 在外 (⇨ záí¹) O estar no estrangeiro. ◇ ~ **hōjin** 在外邦人 Os nossos compatriotas residentes no estrangeiro. ~ **kōkan** 在外公館 As representações governamentais [diplomáticas] no estrangeiro.

zaígaku 在学 O andar na escola. ★ ~ *chū ni* 在学中に Nos ⌈meus⌋ tempos de estudante. ~ *suru* 在学する Andar na escola. ◇ ~ **shōmei-sho** 在学証明書 O certificado de matrícula (na escola).

zaígaku-sei 在学生 O(s) estudante(s) matriculado(s). ⟦S/同⟧ Zaíkōsei (+).

zaígeń 財源 A fonte de receita; os recursos; os fundos. ★ ~ *ni* [*ga*] *toboshii* 財源に[が]乏しい Ter poucos recursos financeiros. ~ *o kakuho suru* 財源を確保する Assegurar os/as ~. ~ *o motomeru* 財源を求め Procurar ⌈novas⌋ fontes de receita.

zaígō 罪業【Bud.】O a(c)to pecaminoso. ★ ~ *o kasaneru* 罪業を重ねる Cometer pecado após pecado [pecados uns atrás dos Outros]. ⇨ tsúmi.

zaígō-gúnjin 在郷軍人 Os reservistas [veteranos].

zaí-hakú 在伯 O residir [estar] no Brasil. ◇ ~ **hōjin** 在伯邦人 Os nossos compatriotas ⌈japoneses⌋ residentes no B.

zaíhō 財宝 O tesou[oi]ro; a riqueza. ⟦S/同⟧ Zaíbútsú; záika; zaímótsú. ⇨ takárá.

zái-i 在位【E.】O reinado. ★ ~ *suru* 在位する Reinar. *Joan-issei no* ~ *chū ni* ジョアン一世の在位中に Durante o [No] ~ de D. João I (Primeiro). ◇

záijó 罪状 A natureza [As circunstâncias] do crime; a culpa(bilidade). ★ ~ *o mitomeru* [*hinin suru*] 罪状を認める[否認する] Confessar [Negar] o crime. ~ *o torishiraberu* 罪状を取り調べる Investigar as circunstâncias do crime. ⇨ ~ *no ninpi* 罪状認否 O reconhecimento ou a negação do crime.

záijú 在住 O residir. ★ *San Pauro ~ no nihonjin* サンパウロ在住の日本人 Os japoneses residentes em São Paulo. S/同 Kyojú (+). ⇨ súmu¹; zaijú-sha.

zaijú-sha [**úu**] 在住者 O residente [morador]. S/同 Kyojú-sha (+). ⇨ zaijú.

zaiká¹ 在荷 O estoque; a mercadoria em depósito. S/同 Zaiká (+).

záika² 財貨 Os bens [haveres]; a riqueza. S/同 Tómi (+); zái³ **1**; záisan (o).

záika³ 罪科 **1** [罪] O crime. ★ ~ *o tadasu* [*tou*] 罪科をただす[問う] Apurar o ~. S/同 Tógá; tsúmi (+). **2** [刑罰] A punição. S/同 Kéibatsu (+).

záika⁴ 罪過 O pecado [A falta] (contra a moral ou religião). S/同 Tógá; tsúmi (o); záika³ (+).

zaikái 財界 Os círculos financeiros; o mundo das finanças [da economia/dos negócios]. ★ ~ *no ōdatemono* 財界の大立物 Um magnate dos/as ~. S/同 Keízai-kai. ⇨ zái³.

zaikái-jin 財界人 Um financeiro [homem de negócios].

zaikán¹ 在官 A permanência num cargo público. ⇨ zaíkín; zaínín²; záishóku.

zaikán² 在監 [**E.**] A permanência na prisão. ★ ~ *chū de aru* 在監中である Estar preso. ⇨ kańgóku.

zaiké 在家 **1** [仏道に入らぬ俗人] O leigo budista (⇨ shínto¹). S/同 Zaízóku. Ⓐ Shukké. **2** [いなかの家] A casa de fazenda [sítio/quinta]. ◇ ~ **sodachi** 在家育ち Criado na fazenda [no campo]. S/同 Ináka-ya (+).

zaikéi-chóchiku 財形貯蓄 (Abrev. de "zaísáń-keísséí-chóchiku".) A poupança [capitalização] para criação de patrimó[ô]nio [bens].

zaikín 在勤 O estar empregado. ★ ~ *chū ni* 在勤中に Enquanto se está… ◇ **Kaigai ~ teate** 海外在勤手当 O subsídio de serviço no exterior [estrangeiro]. S/同 Kińmu (+); záishóku (+). ⇨ zaíkán¹.

zaikó¹ 在庫 O depósito [estoque]. ★ ~ *ga fueru* [*heru*] 在庫が増える[減る] ~ aumenta [diminui]. ~ *o kakaeru* 在庫を抱える Ter (muito) ~. ◇ ~ **hin**. ~ **ryō** 在庫量 A quantidade em ~. ~ **shirabe** 在庫調べ O levantamento [inventário] do ~. S/同 Zaíká¹.

zaikó² 在校 O estar na escola. ★ ~ *shite iru* 在校している **a)** Estar matriculado na escola (alunos); **b)** Estar na escola (Tb. professores). ◇ ~ **sei**. S/同 Zaígáku (+).

zaikó-hín 在庫品 As mercadorias (em estoque).

zaikó-sei [**óo**] 在校生 O estudante (matriculado). S/同 Zaígákusei. ⇨ zaíkó².

zaikyó¹ 在京 O estar em Tóquio. ★ ~ *chū (ni [wa]* 在京中 (に [は]) Durante a estad(i)a em Tóquio.

zaikyó² 在郷 O estar na「sua」terra. ★ ~ *no tomo* 在郷の友 O amigo lá na terra. ⇨ kyōri¹.

zaiméi 罪名 O nome do crime [delito]. ★ ~ *Settō no* ~ *de sabakareru* 窃盗の罪名で裁かれる Ser julgado por crime de furto.

zaimóku 材木 A madeira. ★ ~ *o kiridasu* 材木を切り出す Cortar madeira. ◇ ⇨ ~ **don'ya** [**gaisha**]. ~ **gyō** [**shō**; **ya**] 材木業[商; 屋] A indústria [O comércio; Um negociante] de madeiras. ~ **oki-ba** 材木置き場 O depósito [a loja] de madeiras. S/同 Mokúzái.

zaimókú-dón'ya 材木問屋 (< ··· + toń'yá) O atacadista de madeiras.

zaimókú-gáisha 材木会社 (< ··· + kaíshá) A companhia de madeiras.

záimu 財務 (< zaíséí + jímu) As finanças; os assuntos financeiros. ◇ ~ **kanri** 財務管理 A administração financeira. ~ **kyoku** 財務局 O departamento de Finanças.

za-ín 座員 Os membros de uma companhia de Teatro. ⇨ za² **2**.

zaí-níchi 在日 O residir [estar] no Japão. ◇ ~ **burajirujin** 在日ブラジル人 O brasileiro residente no J. ⇨ zái¹.

zainín¹ 罪人 O criminoso; o transgressor (da lei); o condenado; o culpado; o mau. S/同 Hańzái-níń; togá-níń; tsumí-bító.

zainín² 在任 O estar num posto [cargo]. ~ *chū wa o-sewa ni narimashita* 在任中はお世話になりました Obrigado por me ter ajudado enquanto aqui estive. ◇ ~ **kikan** 在任期間 O período de permanência num··· S/同 Zaíkíń; záishóku (o).

zaí-ó 在欧 [**E.**] O estar [residir] na Europa. ⇨ Yōróppa.

zairái 在来 O que é comum [antigo; clássico; tradicional; de todos os dias]. ★ ~ *no*「*shūkan*」在来の「習慣」Um costume「tradicional」. ◇ ~ **sen** 在来線 O antigo sistema de ferrovia (Em relação ao do "shinkansen"). S/同 Júrai; júzén; kisón.

záiru ザイル (< Al. seil) A corda para alpinismo. S/同 Rópu; tsuná.

Zairu-kyōwákoku ザイール共和国 (A República do) Zaire [Congo]. ◇ **Zaírujin** ザイール人 O zairense [congolês].

zaíryó [**óo**] 材料 **1** [ある物を作るもと] O material; os materiais. ◇ ~ **hi** 材料費 O custo do/s ~. S/同 Geńryó; shízai. **2** [研究や判断の基準・話題] O material; a matéria; os dados. ★ *Shōsetsu no ~ o atsumeru* [*teikyō suru*] 小説の材料を集める[提供する] Juntar [Dar] matéria para um romance. ◇ **Jikken ~** 実験材料 Os materiais para experiências. S/同 Shíryó; sozái. **3** [原因; 要因] [Econ.] Um fa(c)tor. ★ *En-daka no ~* 円高の材料 A subida do yen.

záiryoku 財力 A força financeira; os meios; o dinheiro. ★ ~ *ni mono o iwaseru* 財力に物を言わせ Usar a sua ~. S/同 Keízai-ryoku; kínryoku.

zaíryú 在留 O residir em Tóquio. ◇ ~ **hōjin** 在留邦人 Os nossos compatriotas「japoneses/brasileiros」residentes「em Lisboa」. S/同 Chúryú; tóryú.

zaíryú-mín [**úu**] 在留民 Os residentes (estrangeiros).

záisan 財産 A riqueza; os bens; a propriedade; o dinheiro; o patrimó[ô]nio. *Kare wa kabu de hito-~ koshiraeta* [*kizuita*] 彼は株で一財産こしらえた [築いた] Ele fez uma fortuna com (compra e venda de) a(c)ções. *Watashi ni wa kodomo-tachi dake ga ~ desu* 私には子供達が財産です A única fortuna [riqueza] que tenho são os meus filhos. ~ *o sashi-osaeru* 財産を差し押さえる Sequestrar os bens.

zaisán-ká

~ *o tsugu* 財産を継ぐ Herdar (os/a ~). ◇ ~ **bun'yo** 財産分与 A partilha dos bens. ~ **hō** 財産法 [Dir.] A lei de propriedade. ~ **hyōka** 財産評価 A avaliação dos bens. ~ **jōto** 財産譲渡 A transferência [alienação/cessão] de bens. ⇨ **ka** [**ken**]. ~ **mokuroku** 財産目録 O inventário dos bens. ~ **shotoku** 財産所得 O rendimento [A receita] do patrimó[ô]nio. ~ **sōzoku** 財産相続 A herança dos bens. ~ **sōzokunin** 財産相続人 O herdeiro dos bens. **Kokuyū** ~ 国有財産 O patrimó[ô]nio do Estado. **Kōkyō** ~ 公共財産 A propriedade pública; o patrimó[ô]nio público. **Kyōyū** ~ 共有財産 A propriedade comum [conjunta]. **Shiyū** ~ 私有財産 A propriedade privada [particular]. S/同 Shíndai; shisán; tómi; zái³ 3 ; záika².

zaisán-ká 財産家 O homem de meios; um ricalhaço. S/同 Kané-móchi (+).

zaisán-ken 財産権 [Dir.] O direito de propriedade.

zaisán-zei 財産税 O imposto de propriedade.

záise 在世 ⇨ zaiséi².

zaiséi¹ 財政 1 [国家・公的団体などの] As finanças. ★ ~ *ga kurushii* [*yutada*] 財政が苦しい [豊かだ] A situação financeira é má [boa]. ~ *jō no mondai* 財政上の問題 Um problema financeiro. ~ *no tatenaoshi o hakaru* 財政の建て直しを図る Tomar medidas para reestruturar as ~. ⇨ ◇ ~ **gaku** [**ryoku**]. ~ **jōtai** 財政状態 A situação financeira. ~ **nan** 財政難 As dificuldades financeiras. ~ **teki enjo** 財政的援助 A ajuda financeira. ~ **yūshi** 財政融資 O investimento financeiro. **Akaji** [**Kuroji**] ~ 赤字 [黒字] 財政 Dificitárias [superavitárias]. **Chihō** [**Kokka**] ~ 地方 [国家] 財政 ~ locais [nacionais]. **Hōman** ~ 放漫財政 A política financeira relaxada. **Kenzen** ~ 健全財政 A situação financeira sadia. 2 [個人・家庭の経済状態] As finanças particulares [familiares]. ★ *Katei no* ~ *o hikishimeru* 家庭の財政を引き締める Apertar os cordões à bolsa (Id.); poupar. S/同 Keízáijōtai.

zaiséi² 在世 O estar vivo. *Kojin no* ~ *chū (ni) wa iroiro o-sewa ni narimashita* 故人の在世中(に)はいろいろお世話になりました Agradeço todas as atenções dispensadas em vida ao「meu」falecido「pai」. ⇨ **zaise**; zońméí.

zaiséi-gaku 財政学 A ciência das Finanças.

zaiséi-ryoku 財政力 O poder financeiro.

zaiséki 在籍 O estar matriculado. ◇ ⇨ tóróku.

zaiséki-bo 在籍簿 O livro [regist(r)o] das matrículas (da escola).

zaishá 在社 O estar regist(r)ado ou em serviço na companhia.

zaishítsu¹ 材質 1 [材料の性質] A qualidade do material. ★ ~ *o erabu* 材質を選ぶ Selec(c)ionar a ~ [Escolher o material]. 2 [木材の性質] A qualidade da madeira. *Kono tsukue wa* ~ *ga katai* [*yawarakai*] この机は材質が堅い [柔らかい] A madeira desta mesa é dura [mole]. 3 [木の幹の皮の内側の部分] A parte lenhosa [O lenho] da planta. S/同 Mokúshítsú-bu.

zaishítsú² 在室 O estar na sala [no gabinete].

zaishó¹ 在所 [G.] 1 [田舎] O campo; a aldeia; o interior. S/同 Inákà (o); zái¹ 1 (+); zaíkáta. 2 [故郷] A terra [O torrão] natal. S/同 Kókyō (o); kuńimótó (+).

zaishō 罪障 Os pecados.

zaishóku 在職 O estar empregado. ★ ~ *suru* 在職する Estar no cargo [emprego]. ◇ ~ **kikan** 在職期間 O período de permanência no cargo [emprego]. ~ **sha** 在職者 O que tem um posto. S/同 Zaíkíń; zaíńíń².

za-isú 座椅子 Uma cadeira sem pernas para se sentar (encostado) no tatámi.

zaítakú 在宅 O estar em casa. *Go-shujin wa go-~ desu ka* 御主人は御在宅ですか O seu marido está (em casa)? ★ ~ *suru* 在宅する …

zaítakú-bi 在宅日 (<…+hi) Os dias em (que estou em) casa「são poucos」.

zaítén 在天 [E.] O estar no céu. ★ ~ *no Chichi* 在天の父 Pai do [que está no] céu.

záiya 在野 1 [政治家が公職につかずにいること] O estar na oposição, fora do Governo. ★ ~ *no meishi* 在野の名士 Um grande oposicionista. ◇ ~ **seishin** 在野精神 O espírito oposicionista. 2 [政党が野党の立場にあること] A [O partido político que está na] oposição. ⇨ yátō¹.

zakka 雑貨 As miudezas; os artigos diversos. ◇ ⇨ ~ **ten** [**ten**]. ~ **uriba** 雑貨売場 O balcão de miudezas [artigos diversos].

zakkán 雑感 As impressões várias. ◇ **Ryokō** ~ 旅行雑感 Impressões de viagens.

zakká-shō 雑貨商 O comércio ou comerciante de miudezas [artigos vários]. ⇨ zakká-ten.

zakká-ten 雑貨店 A loja de miudezas [quinquilharias]. ⇨ zakka.

zakkén 雑件 Os assuntos diversos.

zakki 雑記 As notas [Os apontamentos] diversas/os.

zakki-chó 雑記帳 O caderno de notas [apontamentos].

zakkín 雑菌 [E.] Os vários germes [micróbios]. ⇨ saíkíń².

zakkóku 雑穀 (Todos os) cereais exce(p)to arroz e trigo. ⇨ kokúrui.

zákku ザック (< Al. sack) A mochila de alpinista. S/同 Ryukkú-sákku.

zákkubaran ざっくばらん [G.] A franqueza; o dizer tudo o que se pensa. ★ ~ *na hito* ざっくばらんな人 Uma pessoa franca/frontal. ~ *ni hanasu* ざっくばらんに話す Não ter papas na língua. ~ *ni ieba* ざっくばらんに言えば Falando francamente [Para falar com toda a franqueza]. S/同 Sotchókò (+).

zakkúri ざっくり 1 [編み物などの目が粗いようす] O ponto frouxo [grande]「da malha」. 2 [一気に切ったり割ったりするようす] Zupa! (Im. de cortar ou partir de uma vez). ★ ~ *to saketa kizuguchi* ざっくりと裂けた傷口 Uma ferida grande e aberta. S/同 Zakúri (+).

zakkyō 雑居 O viver no mesmo prédio ou quarto. ◇ ~ **biru** 雑居ビル O prédio que tem escritórios, lojas e restaurantes.

záko 雑魚 1 [小魚] O peixe miúdo. S/同 Jáko; ko-zákana (+). 2 [小物] O indivíduo insignificante; um Zé [João]-ninguém. ~ *to hanashi o shite mo shikata ga nai* 雑魚と話をしても仕方がない Para quê gastar saliva, ele é um ~. S/同 Komónó. A/反 Ōmónó.

zakō 座高 A altura de uma pessoa sentada [do tronco].

zakó-ne 雑魚寝 (<…1 + nerú) [G.] O dormir como sardinha em canastra. *Konya wa minna* ~

da 今夜はみんな雑魚寝で Vamos dormir todos juntos no chão esta noite. ★ ~ *suru* 雑魚寝する …

zakótsú 座骨【Anat.】Os ossos ilíacos (Sacro e cóccix)[da bacia]. ◇ ~ **shinkeitsú** 座骨神経痛 A (dor) ciática. ~ **shinkeitsú** 座骨神経 O nervo ciático.

zakúri ざくり (Im. de cortar de uma vez). ★ *Suika o* ~ *to kiru* スイカをざくりと切る Cortar, de uma facada [navalhada], a melancia. S/同 Zakkúri **2**.

zákuro 柘榴【Bot.】A romã (Fruto); a romãzeira (Árvore); *punica granatum*.

zakuró-ishi 柘榴石【Min.】A granada [pedra-romã] (Pedra preciosa).

zákuzaku ざくざく【On.】**1**【金銀・宝物などが数限りなくあるようす】(Im. de ruído de dinheiro e jóias). *Koban ga* ~ *dete kita* 小判がざくざくと出て来た Saiu 「do saco」grande quantidade de moedas de ouro. **2**【敷きつめられた小石の上などを踏む時の音の形容】(Im. de ruído de andar no cascalho, gelo quebradiço, etc). ★ *Jari o* ~ *(to) fumu* 砂利をざくざく（と）踏む Caminhar, "rrp, rrp", no cascalho. **3**【野菜などを大きく勢いよく刻むようす】(Im. de ruído de cortar repolho, melancia, etc). ★ *Kyabetsu o* ~ *(to) kizamu* キャベツをざくざくに刻む Cortar repolho, "rrp, rrp".

zakyó 座興 **1**【酒宴で興をそえるためにする芸】Entret(en)imento. ◇ géi¹; yúgi¹,². **2**【その場だけの戯れ】A brincadeira. *Hon no* ~ *no tsumori de itta dake na no ni kare no kizu-tsukete shimatta* ほんの座興のつもりで言っただけなのに彼を傷つけてしまった Eu disse aquilo só para brincar [por ~] mas parece que ele ficou ferido. ◇ jodán¹; tawámuré.

zamá 様【G.】O sarilho; a salgalhada. ~ *(o)miro [Ii da]* 様（を）見ろ〔いい様だ〕Bem feito [Toma, para que aprendas]! *Nante [Nan to] (iu)* ~ *da* 何て〔何と〕（いう）様だ Que sarilho (você para aqui arranjou)! ◇ ari-sama; sama¹; shútáí.

zamásu[zámasu] ざます［ざあます］Barbarismo de "gozáímásu". ◇ ~ **kotoba** ざます言葉 A linguagem pretensiosa de senhoras ricas e ociosas que empregam frequentemente o barbarismo "zamásu" em vez de "gozáímásu".

za-móchí 座持ち（< … ³ + mótsu) O entreter a assistência. ★ ~ *ga umai* 座持ちがうまい Ter jeito para …

zamótó 座元 O dire(c)tor ou proprietário de um Teatro. ⇨ zachó.

zán 残 O saldo; o resto. ⇨ nokórí; zánbu; zándaka (+); zánkin.

Zańbía-kyówákoku ザンビア共和国（A República da) Zâmbia. ◇ ~-**jin** ザンビア人 Os zambianos.

zańbó 讒謗【E.】A calúnia. ◇ hibó; soshíru.

zánbu 残部 **1**【残っている部分】O resto. S/同 Nokórí (+). **2**【出版物の売れ残り】Os exemplares de livros ou revistas que sobram; o encalhe [B.】. ★ ~ *kinshō [wazuka]* 残部僅少[わずか] Temos poucos exemplares em (depósito).

zánbu(ri) ざんぶ（り）【On.】Zape. ⇨ zabún.

zańbútsú 残物 ⇨ nokórí-mónó.

zándaka 残高 O saldo; o resto. ★ ~ *o yokugetsu ni kuri-kosu* 残高を翌月に繰り越す Transportar o saldo para o mês seguinte. ◇ **Yokin** ~ 預金残高 O saldo bancário. S/同 Zángáku (+); zánkin.

zan'éi 残影 Os vestígios; os traços.

zańgái 残骸 Os destroços「do avião」. ★ *Yake-ato no* ~ 焼け跡の残骸 Os escombros do incêndio. S/同 Mukúró; shikábáné; shitáí.

zańgáku 残額 O saldo; o resto. ★ ~ *o shiharau* 残額を支払う Saldar a conta [Pagar ~/o que falta]. S/同 Zándaka (+); zánkin.

zánge 懺悔 A confissão; a penitencia; o arrependimento; a contrição. ◇ ~ *suru* 懺悔する Confessar-se. S/同 Kokúhákú (+).

zańgén 讒言【E.】A acusação falsa; a calúnia; a difamação. ◇ ~ **sha** 讒言者 O caluniador.

zańgetsu 残月【E.】A lua ao alvorecer「do dia」.

zańgírí 散ぎり【A.】O cabelo à escovinha.

zańgó 塹壕 A trincheira. ★ ~ *o horu* 塹壕を掘る Cavar a trincheira. ⇨ hori².

zańgyákú 残虐 A crueldade; a atrocidade. ★ ~ *na* 残虐な Cruel; atroz; brutal; desumano; bárbaro. ~ *sa* 残虐さ A crueldade; o coração cruel. ◇ ~ **kói** 残虐行為 Uma crueldade [selvajaria]. S/同 Zańkókú (+); zańnín.

zańgyó 残業 As horas extra (ordinárias). ★ ~ *suru* 残業する Fazer horas extra. ◇ ~ **teate** 残業手当 A remuneração de ~. S/同 Chóká-kínmu.

zánji 暫時【E.】Um momento. ~ *o-machi kudasai* 暫時お待ち下さい Podia esperar um momento? ⇨ shibárau.

Zańjibaru ザンジバル Zanzíbar (Ilha da Tanzânia).

zánka 残火【E.】⇨ nokórí-bi.

zánki 慚愧【E.】A vergonha. ★ ~ *ni taenai* 慚愧に堪えない Estar acabrunhado de ~. ⇨ hají¹.

zánkin 残金 **1**【支出した金を引いて残った金】O saldo [resto]. S/同 Zándaka (+); zánkin. **2**【払わなければならない金で、まだ払い残してある金】O que falta [está por] pagar. ★ ~ *o shiharau* 残金を支払う Pagar o que falta.

zańkó 残光 **a)** O arrebol do pôr do sol; **b)** Os restos de glórias passadas. ⇨ zańshó.

zańkókú 残酷 A crueldade; a atrocidade. ★ ~ *na hito* 残酷な人 O homem cruel [sem coração]. ~ *ni tori-atsukau* 残酷に取り扱う Tratar cruelmente [desumanamente]. ~ *sa* 残酷さ A crueldade; o não ter coração. S/同 Zángyákú; zańnín.

zańkyó 残響 A reverberação「do sino」.

-zánmai 三昧【E.】(< sánmai) Só; inteiramente. ★ *Zeitaku* ~ *o suru* ぜいたく三昧をする Só pensar no luxo [Levar uma vida luxuosa].

zánmu 残務 Os assuntos por liquidar. ◇ ~ **seiri** 残務整理 A liquidação [de uma empresa].

zańnén 残念 A pena; o pesar. *Senjitsu wa o-ai dekinakute* ~ *deshita* 先日はお会いできなくて残念でした Foi uma pena, outro dia, não me ter podido encontrar consigo. ★ ~ *garu [ni omou]* 残念がる［に思う］Lamentar; ter pena. ~ *nagara* 残念ながら Infelizmente [~ *nagara sono pāti ni shusseki dekimasen* 残念ながらそのパーティーに出席できません Infelizmente [Lamento muito mas] não posso comparecer a essa festa]. ◇ ~ **shó** 残念賞 O pré(ê)mio de consolação. S/同 Ikán; kúí. ⇨ múnen.

zańnín 残忍 A brutalidade; a crueldade. ★ ~ *sa* 残忍さ A brutalidade; o cará(c)ter cruel. ◇ ~ **sei** 残忍性 A brutalidade; o cará(c)ter cruel. S/同 Zángyákú; zańkókú (+).

zańpái 惨敗 A derrota completa [humilhante]. S/同 Sańpáí.

zańpán 残飯 Os restos de comida. ~ *o buta no shiryō ni suru* 残飯を豚の飼料にする Dar aos porcos

zanpín 残品 Os artigos não vendidos ou estragados. ⟨S/同⟩ Nokorí-monó (+).

zanpón 残本 Os exemplares「de livros」não vendidos.

zanrúi 残塁 **1** [攻め落とされずに残っているとりで] O forte [A fortaleza] que resistiu. **2** [野球で走者が生還できないこと] [Beis.] O corredor que ficou na base.

zanryū 残留 O「órfão de guerra」ficar (para trás); o resíduo (⇨ zanryū-butsu). ★ ~ *suru* 残留する Ficar. ◇ ~ **butai** 残留部隊 As unidades militares que ficam. ⇨ nokóru; todómaru.

zanryū-butsu 残留物 Os resíduos; a borra「na garrafa」.
⟨S/同⟩ Komámonó (o); zakká (+).

zanryū-gúmi [uú] 残留組 (< ··· + kumí) O grupo com ordem de ficar.

zansátsú 惨殺 A carnificina; a chacina; o massacre. ★ ~ *suru* 惨殺する Massacrar; chacinar. ◇ ~ **sha** 惨殺者 Um algoz [carrasco].
⟨S/同⟩ Gyakúsátsú (+).

zansétsu 残雪 [E.] Os restos de neve.
⟨S/同⟩ Shukúsétsu (+).

zánshi[1] 残滓 O resto; o resíduo; o sedimento; o vestígio. ★ *Hōken shisō no* ~ 封建思想の残滓 Uns vestígios [restos] de ideias feudais.
⟨S/同⟩ Zańsái; nokóri-kasu.

zanshí[2] 惨死 A morte trágica [violenta]. ★ ~ *suru* 惨死する Ter uma ~. ◇ ~ **tai**.

zanshín 斬新 [E.] A novidade; a originalidade. ★ ~ *na*「*dezain no fuku*」斬新な「デザインの服」O vestido de corte original. ⟨S/同⟩ Shínki.

zanshí-tai 惨死体 O corpo esfacelado.

zansho 残暑 O calor prolongado de verão. ~ *o-mimai mōshiagemasu* 残暑お見舞い申し上げます Espero que ao receber a minha carta se encontre bem apesar do ~. ★ ~ *mimai o dasu* 残暑見舞を出す Escrever「uma carta a alguém」para lhe desejar saúde no tempo do ~.

zanshō 残照 [E.] O arrebol do pôr do sol.
⟨S/同⟩ Yūyáke (+). ⇨ zańkó.

zanshu 斬首 [A.] A decapitação; a degolação. ★ ~ *suru* 斬首する Decapitar; degolar.
⟨S/同⟩ Dańzái; uchí-kúbi (+); zańzái.

zanso 讒訴 [E.] O falso testemunho. ★ ~ *suru* 讒訴する Jurar falso. ⟨S/同⟩ Zańgén (+).

zansón 残存 O ficar sem se perder「manuscrito antigo」[sem morrer「batalhão」]. ★ ~ *suru* 残存する Sobreviver; conservar-se.
⟨S/同⟩ Nokóru; nokóru; selzón ◇.

zansón-butsu 残存物 Algo que não desapareceu. ⟨S/同⟩ Nokóri-monó (+).

zantéi 暫定 Provisório. ◇ ~ **an** 暫定案 O plano ~. ~ **seifu** 暫定政府 O governo ~ [interino]. ~ **sochi** 暫定措置 A medida ~ a. ~ **yosan** 暫定予算 O orçamento ~.

zantéi-téki 暫定的 Provisório. ★ ~ *na keikaku* 暫定的な計画 O plano ~. ~ *ni* 暫定的に Provisoriamente.

zantéki 残敵 Os soldados inimigos não mortos em combate.

zantō 残党 Os que ficaram, do grupo [clã] derrotado「de Heike」.

zán'yo 残余 [E.] **a)** O saldo (positivo); **b)** Os resíduos. ◇ ~ **gaku** 残余額 O saldo (do balanço da conta). ⟨S/同⟩ Amári (+); nokóri (o).

zanzái 斬罪 [A.] A decapitação.
⟨S/同⟩ Dańzái; uchí-kúbi (o); zanshu (+).

zanzō 残像 [Psic.] A imagem consecutiva [persistente]; a pós-imagem.

zanzón 残存 [E.] ⇨ zańsón.

zappáku 雑駁 A confusão; a incoerência. ★ ~ *na*「*hon'yaku*」雑駁な「翻訳」A tradução malfeita [confusa/sem pés nem cabeça].
⟨S/同⟩ Sozátsú (+); zatsúzén (o); zattá (+).

zappí 雑費 As despesas várias; os pequenos gastos. *Kongetsu wa* ~ *ga kasanda* 今月は雑費がかさんだ Este mês, ~ aumentaram muito. ⟨S/同⟩ Shóhi.

zappín 雑品 Os artigos vários [a esmo].
⟨S/同⟩ Komámonó (o); zakká (+).

zappō 雑報 As notícias várias. ◇ ~ **ran** 雑報欄 A coluna de ~.

zára ざら **1** [⇨ zaráme-tō]. **2** [⇨ zará-gámi]. **3** [いくらでもあって、珍しくないようす] [zará] O ser muito comum [frequente]. *Konna umai hanashi* (*wa*)~ *ni wa nai* こんなうまい話はざらに(は)ない Negócio [Proposta/Coisa] tão bom [boa] não aparece todos os dias. *Saikin de wa daigaku-de nante* ~ *da* 最近では大学出なんてざらだ Isto hoje, gente formada (na universidade) é mato [B.] [é aos montes].

zará-gámi ざら紙 (< ··· + kamí) O papel almaço (Áspero, barato, para jornais, etc).
⟨S/同⟩ Zárazara. ⇨ sarári to.

zaráme 粗目 (Abrev. de "zarámétō" e "zarámé-yuki").

zaráme-tō 粗目糖 O açúcar mascavado.

zaráme-yuki 粗目雪 A neve granulada.

zarári to ざらりと (Im. do ruído de obje(c)tos ásperos que roçam). ★ ~ *to shita te-zawari* ざらりとした手ざわり A sensação ao ta(c)to de aspereza.
⟨S/同⟩ Zárazara. ⇨ sarári to.

zarátsúku ざらつく Estar áspero.
⟨S/同⟩ Zárazara (to) suru (+).

zárazara ざらざら **1** [滑らかでないようす] (Im. de coisa áspera). ★ ~ *suru* ざらざらする Ser áspero. *Hyōmen ga* ~ *shita kami* 表面がざらざらした紙 O papel áspero. ⇨ zarátsúkú. **2** [小さな固いものが触れ合う音] (Im. de ruído do choque de pequenos obje(c)tos). *Daizu o fukuro ni* ~ *to ireta* 大豆を袋にざらざらと入れた Zzz, despejei o feijão-soja no saco.

zarígáni 蝲蛄 [Zool.] O camarão-de-água-doce; o pitu (Mais parecido à lagosta que ao caranguejo); *cambaroides japonicus*. ⇨ kaní.

zarú 笊 O cesto [A canastra] de bambu.

zarú-gó 笊碁 [E.] O jogo fraco de "go".

zarú-mími 笊耳 Ouvidos de mercador; o entrar por um ouvido e sair pelo outro (Lit. "ouvidos de cesto de bambu").

zarú-sóba 笊蕎麦 "Soba" servido frio em prato「quadrado」de bambu.

za-séki 座席 O assento; a cadeira; o lugar. ★ ~ *ni tsuku* 座席に着く Sentar-se. ~ *o hanareru* [*tatsu*] 座席を離れる [立つ] Sair do ~. ~ *o toru* 座席を取る Apanhar lugar. ~ *o yoyaku suru* 座席を予約する Reservar lugar. ◇ ~ **bangō** 座席番号 O número do/a ~. ~ **shitei** 座席指定 A reserva de lugar (~ shitéi[1] ◇). ~ **shitei-ken** 座席指定券 O bilhete (de [com] assento) reservado. ⟨S/同⟩ Séki; za[1].

zasétsú 挫折 [E.] A derrota; a frustração. ★ ~ *suru* 挫折する **a)** Sentir-se frustrado; **b)** O「plano」 falhar. ◇ **~ kan** 挫折感 O sentimento de frustração. [S/同] Satétsú; tońzá.

záshi 座視 O olhar com indiferença. *Kare no kyūjoō ~ suru ni shinobinai* 彼の窮状を座視するに忍びない Não posso assistir indiferente às dificuldades dele [Custa-me vê-lo naquele apuro]. [S/同] Bókań (o); kyóshu³; mókushi (+).

zashíkí 座敷 **1** [畳敷きの部屋] Sala ou quarto de [em] estilo japonês (Com tatámí). ◇ **~ rō** 座敷牢 Sala-prisão. [S/同] Nihóńmá. ⇨ heyá; kyakúmá. **2** [宴会の席、またその席の取り持ち] A sala de banquete. ◇ **~ gei** 座敷芸 O entret(en)imento durante o banquete. ⇨ eń-káí¹; shueń². **3** [芸人・芸者などが客席に呼ばれること] A chamada de gueixas [cantores] para animar festas. ★ *O~ ga kakaru* お座敷が掛かる Ser chamada/o para...

zashó¹ 挫傷 Uma contusão.
[S/同] Dabókúshó (+); uchímí (o). ⇨ kujíku.

zashó² 座礁 O encalhe; o encalhamento. ★ *~ suru* 座礁する「o barco」Encalhar.
[S/同] Kakúzá. [A/反] Rishó.

zashókú 座[坐]食【E.】A ociosidade; a mandriice; a indolência. ★ *~ no to* 座食の徒 Um mandrião [indolente]. [S/同] Igúí (+); toshókú.

zasshí 雑誌 A revista. ★ *~ o henshū suru* 雑誌を編集する Editar uma ~. *~ o toru [kōdoku suru]* 雑誌を取る[講読する] Assinar uma ~. ◇ **henshūsha [kisha]** 雑誌編集者[記者] O editor [reda(c)tor] de ~. **Bungei ~** 文芸雑誌 ~ literária. **Dōjin ~** 同人雑誌 ~ de um círculo literário. **Fujin ~** 婦人雑誌 ~ de senhoras. **Gekkan ~** 月刊雑誌 ~ mensal. **Kikan [Junkan] ~** 季刊[旬刊]雑誌 ~ trimestral [publicada cada dez dias]. **Senmon ~** 専門雑誌 ~ especializada. **Taishū ~** 大衆雑誌 ~ para o grande público. ⇨ kyákúshi.

zasshó 雑書 [雑多なことを記した書物] A miscelânea literária [O livro sobre vários assuntos]. ⇨ zasshú. [S/同] Zatchó. **2** [種々雑多な書物] Os livros em miscelânea [de várias matérias].

zasshókú¹ 雑食 A polifagia [politrofia]. *Ningen wa ~ o shite iru* 人間は雑食をしている O homem é o(m)nívoro [polítrofo/polífago]. ◇ **~ sei dōbutsu** 雑食性動物 O animal o(m)nívoro.

zasshókú² 雑色 As cores várias; o que é variegado.

zasshú 雑種 A raça híbrida [de cruzamento]. ★ *~ no inu* 雑種の犬 Cão híbrido [cruzado/de várias raças].

zasshū 雑集 A miscelânea literária (Em livro).
⇨ zasshó; zatsúbúń.

zasshúnyū [shúu] 雑収入 (< zatsú + …) As entradas várias (de dinheiro); os pequenos ingressos.

zassó 雑草 A erva daninha. ★ *~ o toru [nuku]* 雑草を取る[抜く] Arrancar as ervas daninhas; mondar「o trigo/arrozal」. *Kodomo o ~ no yō ni takumashiku sodateru* 子供を雑草のようにたくましく育てる Educar os filhos à (maneira) espartana.

zassóń 雑損 [Econ.] As perdas várias. ◇ **~ kōjo** 雑損控除 A dedução para ~. [A/反] Zatsúékí.

zásu 座主【Bud.】O bonzo-mor.

zasúru 座する **1** [すわる] Estar sentado [parado]. ★ *Shashite shi o matsu* 座して死を待つ Esperar que a morte chegue. [S/同] Suwárú (+). **2** [ある事件などに関わりあう] Estar metido [implicado]. ★ *Oshoku jiken ni zashite jishoku suru* 汚職事件に座して辞職する Demitir-se por ~ num caso de corrupção. [S/同] Kakáwáríáu (o); reńzá súrú (+).

zatákú 座卓 A mesa baixinha para sala de tatámí.

zatchó 雑著 ⇨ zasshó.

zatō 座頭【A.】O cego (Sobretudo o tocador de alaúde).

zatō-kújira 座頭鯨【Zool.】A baleia corcunda; *megaptera novaeangliae*.

zatsú 雑 O ser tosco/mal-acabado/feito de qualquer maneira. ★ *~ na bunshō* 雑な文章 Frases malfeitas. *~ na shigoto* 雑な仕事 O serviço malacabado. *~ ni shiageru* 雑に仕上げる Acabar a obra à pressa e mal. ⇨ sozátsú; zattá.

zatsúbúń 雑文 A miscelânea literária; o escrever de tudo. ◇ **~ ka** 雑文家 O autor que escreve de tudo. ⇨ zasshú.

zatsúbútsú 雑物 **1** [種々の物] As coisas várias. **2** [不純物] As impurezas; as matérias estranhas. [S/同] Fujún-butsu (+).

zatsúdáń 雑談 A cavaqueira [conversa amena]; o cavaco [bate-papo (B.)]. *~ suru* 雑談する Conversar um bocado; bater um papo; estar à ~. [S/同] Cha[Himá; Sekéń; Yomóyámá]-bánashi; zatsúwá.

zatsúékí 雑役 Qualquer (gé[ê]nero de) trabalho. ★ *~ ni jújí suru* 雑役に従事する Fazer ~ [de tudo]. ◇ **~ fu** 雑役婦 A empregada para todo o serviço (Limpeza, etc.).

zatsúgákú 雑学 O saber enciclopédico. ★ *~ no taika* 雑学の大家 A pessoa que sabe (um pouco) de tudo.

zátsuji 雑事 Os vários afazeres [trabalhos]. ★ *Nichijō no ~ ni owareru* 日常の雑事に追われる Não saber para onde se virar nas coisas do dia-a-dia. [S/同] Zátsumu (+); zatsúyó (o); zókuji¹; zókumu.

za-tsúkí 座付き (< za²+ tsúku) O estar ao serviço de uma companhia de teatro. ◇ **~ sakusha** 座付き作者 O dramaturgo de uma companhia.

zátsumu 雑務 Os vários assuntos [afazeres]. ★ *Katei no ~ o katazukeru* 家庭の雑務を片付ける Terminar os afazeres de casa.
[S/同] Zátsuji; zatsúyó (o); zókuji¹; zókumu.

zatsúnéń 雑念 Os pensamentos ociosos [mundanos/vãos]. ★ *~ o saru [tatsu]* 雑念を去る[断つ] Afastar [Cortar com] os ~.
[S/同] Janéń; mósó; tanéń; yonéń.

zatsúnō 雑嚢 A mochila. [S/同] Haínó.

zatsúóń 雑音 **1** [騒音] O ruído [barulho]. *~ ga ki ni natte benkyō ni shūchū dekinai* 雑音が気になって勉強に集中できない Com o ruído (a distrair-me), não consigo concentrar-me no estudo. [S/同] Sōóń. **2** [通信上の障害] A interferência. *Kono hen wa yama ga ōi no de rajio ni ~ ga hairu* この辺は山が多いのでラジオに雑音が入る Aqui tem muitos montes e por isso há muitas ~s no rádio. [S/同] Nóizu. **3** [人をまどわせるような無責任な言動]【Fig.】O incomodar; o meter o bico/nariz; a má língua. ★ *Yo no ~ ni nayamasareru* 世の雑音に悩まされる Ser molestado pelas más línguas.

zatsúóń-kéi 雑音計 O fonó[ô]metro.

zatsúrókú 雑録 As notas [Os apontamentos] várias[os].

zatsú-shíshutsu 雑支出 As várias [pequenas] saídas (de dinheiro). [A/反] Zasshúnyū.

zatsú-shúnyū 雑収入 ⇨ zasshúnyū.

zatsúyō 雑用 Os afazeres [trabalhos] de toda a

espécie. ★ ~ ga ōi 雑用が多い Ter muitas [montes de] coisas para fazer. ⟨S/周⟩ Zátsuji; zátsumu; zókuji¹; zókumu.

zatsúzén 雑然 Em desordem [desarrumo]; de pernas para o ar. ★ ~ *taru* [*to shita*] *heya* 雑然たる[とした]部屋 Um quarto todo desarrumado. ⟨S/周⟩ Zatsúbákú; zattá.

zattá 雑多 A diversidade; a variedade「de pessoas de todas as condições」. ◇ **Shuju** ~ 種々雑多「grupo」 Muito heterogé[ê]neo; de todas as cores e feitios (G.). ⟨S/周⟩ Iróiró; shúju.

zattó ざっと **1** [だいたい] Aproximadamente; em números redondos; por alto. ★ ~ *keisan suru* ざっと計算する Fazer um cálculo aproximado; calcular ~. ~ *yon-ka-getsu kakaru* ざっと4か月かかる Levar uns 4 meses. *Hei ni* ~ *penki o nuru* 塀にざっとペンキを塗る Dar uma pintadela [pintura] à sebe [ao muro]. ⟨S/周⟩ Daítáí (o); hóbo; óyósó (+). ⇨ sozáítsú. **2** [おおざっぱに] Por alto; rapidamente. ★ ~ *hanasu* ざっと話す Explicar [brevemente]「o problema」. ~ *shorui ni me o tōsu* ざっと書類に目を通す Dar uma olhada rápida [vista de olhos] aos documentos. ⟨S/周⟩ Ōzáppá ní. **3** [水を勢いよく注ぐさま] [zátto] (Im. de muita água). *Baketsu no mizu o* ~ *niwa ni maita* バケツの水をざっと庭にまいた Zup, despejei o balde todo no jardim.

zattó 雑踏 [沓] (香) O grande movimento; o congestionamento; as horas de ponta. *Hannin wa* ~ *ni magirete nigeta* 犯人は雑踏に紛れて逃げた O criminoso, com aquele ~, fugiu. ★ *Asa yū no eki no* ~ 朝夕の駅の雑踏 O ~ da estação de manhã e à noite. ⟨S/周⟩ Kónzatsu (+).

zawámékí ざわめき (< zawámeku) O alvoroço; o ruído; a agitação; o protesto; o fré[ê]mito. *Kaijō no achikochi de fuman-ge na* ~ *ga okotta* 会場のあちこちで不満気なざわめきが起こった De vários lugares da plateia ouviram-se assobios [protestos de não-apoiado]. ⟨S/周⟩ Zawátsúkí.

zawámeku ざわめく Agitar-se; alvoroçar-se; pôr-se em [encher-se de] movimento. *Matsuri no hi wa mura-jū ga yofuke made zawameite ita* 祭りの日は村中が夜更けまでざわめいていた No dia da festa [romaria xintoísta] toda a aldeia esteve animada até altas horas da noite.
⟨S/周⟩ Zawátsúkú (+); záwazawa suru.

zawátsúkí ざわつき (< zawátsúkú) A agitação; o rebuliço. ⟨S/周⟩ Zawámékí (+).

zawátsúkú ざわつく Agitar-se; fazer barulho [rebuliço]. *Shiken kuriage no shirase o kiite gakuseitachi wa zawatsuki-dashita* 試験繰り上げの知らせを聞いて学生たちはざわつき出した Ao ouvirem (dizer) que o exame fora adiantado, foi um rebuliço entre os estudantes.
⟨S/周⟩ Zawámékú (+); záwazawa suru.

záwazawa ざわざわ (Im. de folhas, vozes, ondas). *Kyōfu de niwa no kigi ga* ~ *no oto ga tatete iru* 強風で庭の木々がざわざわと音をたてている Com a ventania as árvores do jardim farfalhavam, zz, zz. ★ ~ *suru* ざわざわする ⇨ zawámeku.

zayáku 座薬【Med.】O supositório.

zayóku 座浴 O semicúpio [banho de assento]. ★ ~ *suru* 座浴する Tomar um ~. ⟨S/周⟩ Koshí-yú (+).

zayū 座右 **1** [身近] O estar sempre perto [à mão]. ★ ~ *no mei* 座右の銘 O meu lema. *Watashi no* ~ *no sho* 私の座右の書 O meu "vade-mécum" [livro favorito/de cabeceira (+)]. ⟨S/周⟩ Shínpen (+). **2** [手紙で相手を尊敬して、直接指すのを避けていう言葉] O senhor (Us. em cartas). ⟨S/周⟩ Kíka; omótó (+); ónmoto (o); o-sóba (+).

záza [zá] ざあざあ (Im. de ruído de água em quantidade). *Ame ga* ~ *futte iru* 雨がざあざあ降っている Está chovendo torrencialmente [a cântaros]. ◇ ⇨ **buri**.

záza-búri [zaá] ざあざあ降り (< … + *furu*) A chuva torrencial; o chover a cântaros; uma (grande [forte]) chuvada. ⟨S/周⟩ Doshábúri (+).

zazén 座[坐]禅 O "zazén"; o meditar de pernas cruzadas no chão (Como a seita Zen). ★ ~ *o kumu* 座禅を組む Sentar-se em meditação.

zazō 座[坐]像 A estátua [escultura] de figura sentada.

ze¹ 是【E./Sub.】O que é re(c)to [justo]; o bem. ~ *ga hi de mo ano daigaku ni hairitai* 是が非でもあの大学に入りたい A bem ou a mal [Seja como for] quero entrar naquela universidade. *Kare wa* ~ *o* ~ *to shi hi o hi to suru hito da* 彼は是を是とし非を非とする人だ Ele é pão pão, queijo queijo [é sim sem, não não] / Ele diz as coisas claras. ⟨A/反⟩ Hí. ⇨ zéhi.

ze² ぜ (Partícula de realce; G.). *Abunai* ~ 危ないぜ Cuidado, pá (Rapaz)! *Sanpo ni ikō* ~ 散歩に行こうぜ Anda, vamos dar um passeio. ⇨ yo⁴.

zébu ゼブ【Zool.】O zebu [gebo] (Um bovídeo).

zéhi 是非 (< ze¹ + hi⁴) **1** [よいこと悪いこと]【Sub.】O que é bom e [ou] o que é mau; a moralidade; o valor moral. *Kono ko wa osana-sugite koto no* ~ *mo handan dekinai* この子は幼なすぎて事の是非も判断できない Esta criança ainda é muito novinha para saber o que é bom e o que é mau [saber distinguir o bem do mal]. ★ ⇨ zéhi (mo)nai. ⟨S/周⟩ Káhi; tóhi; zén'aku (+). **2** [ぜひ]【Adv.】Sem falta; de qualquer maneira. ~ *go-raiten kudasai* 是非御来店下さい Faz favor de vir à nossa loja, ~ [seja como for]. ~ *ni to iwarete gichō hiki-uketa* 是非にといわれて議長を引き受けた Como insistiram comigo, aceitei ser o moderador「da sessão」. ~ *tomo o-negai shimasu* 是非ともお願いします「faça isso」 Sem falta, se faz favor. ⟨S/周⟩ Dōshíte-mo; kanárázú; kittó.

zéhi (mo) nai 是非(も)ない (< zéhi 1 + …) Inevitável; necessário; forçoso. *Jōshi ni tanomarete zehi (mo) naku Ōsaka ni shutchō shita* 上司にたのまれて是非(も)なく大阪に出張した O meu chefe pediu-me e eu, forçosamente, tive de ir a Ōsaka. ⟨S/周⟩ Yamú ó énai (+).

zéhitomo 是非とも ⇨ zéhi **2**.

zeí¹ 税 O imposto; a taxa. ★ ~ *o kakeru* [*kasuru*] 税を掛ける[課する] Taxar; tributar; lançar「sobre」. ~ *o osameru* [*harau*] 税を納める[払う] Pagar os impostos. ◇ ⇨ **biki** [**komi**]. ~ **futan** 税負担 Os encargos tributários. **Chihō** ~ 地方税 O imposto local. **Chokusetsu** [**Kansetsu**] ~ 直接[間接]税 O imposto direc(c)to [indirec(c)to]. **Kojin** [**Hōjin**] ~ 個人[法人]税 O imposto de pessoa física [jurídica/moral]. **Shi** [**Ku; Chō; Son**] **min** ~ 市[区；町；村]民税 O imposto municipal [do bairro; da vila; da aldeia]. **Shōhi** ~ 消費税 O imposto de consumo. **Shotoku** ~ 所得税 O imposto de renda. **Sōzoku** ~ 相続税 O imposto sucessório [sobre a herança]. **Zōyo** ~ 贈与税 O imposto sobre doações. ⟨S/周⟩ Sózei; zeíkíń (+).

zéi² 贅【E.】O luxo; a extravagância. ★ ~ *o tsukusu* 贅を尽くす Viver com todo o luxo; levar uma vida extravante [de ~]. ⟨S/同⟩ Zéítákú (+).

zeí-bíki 税引き (<…¹+híkú) A dedução dos impostos. ◇ ~ **kyūyo** 税引き給与 O ordenado líquido [depois da ~]. ⟨S/同⟩ Zeí-núkí. ⟨A/反⟩ Zeí-kómí.

zeíchíkú 筮竹 A varinha mágica [de condão].

zeígákú 税額 O valor [A quantia] do imposto.

zeígén² 税源 As fontes de impostos.

zeígén² 贅言【E.】O encó[ô]mio; as palavras supérfluas [redundantes]. *Jinmei no tōtosa ni tsuite wa ~ ni oyobanai* 人命の尊さについては贅言に及ばない Ó valor [A beleza] da vida humana não precisa de encó[ô]mios. ⟨S/同⟩ Jōgó (+); tagén (o).

zeíhó 税法 A legislação fiscal [tributária].

zeíjákú 脆弱【E.】O ser delicado/débil; a fraqueza [fragilidade]. ★ ~ *na*「*seishin*」脆弱な「精神」Um cará(c)ter [ânimo] débil/fraco. ⟨S/同⟩ Nyūjákú (+)…; moróí.

zeíkán 税関 A alfândega. ◇ ~ **kensakan** 税関検査官 O inspe(c)tor de ~. ~ **ōshū-hin** 税関押収品 A mercadoria apreendida na ~. ~ **shinkokusho** 税関申告書 A declaração alfandegária. ~ **tetsuzuki** 税関手続き As formalidades de ~.

zeíkán-ri 税関吏 O funcionário da ~.

zeíkín 税金 O imposto; a taxa; os direitos; as contribuições. ★ ~ *o harau* [*dasu*; *osameru*] 税金を払う[出す；納める] Pagar os impostos. ~ *o kakeru* [*kasuru*] 税金を掛ける[課する] Tributar; pôr [lançar/impor] um imposto. ~ *o tainō suru* 税金を滞納する Não pagar os impostos a tempo. ~ *o tori-tateru* 税金を取り立てる Cobrar os impostos. ◇ ~ **chōshū** [**nōfu**] 税金徴収[納付] A arrecadação/cobrança [O pagamento] dos impostos. ⟨S/同⟩ Zéí¹.

zeí-kómí 税込み Com os impostos incluídos. *Watashi no gekkyū wa ~ de nijūman-en da* 私の給与は税込みで20万円だ O meu ordenado são [é de] 200.000 yens, mas sem [antes de] descontar os impostos. ◇ ~ **nedan** [**kakaku**] 税込み値段 [価格] O preço com imposto incluído. ⟨A/反⟩ Zeí-bíkí; zeí-núkí.

zeímóku 税目 O item da tarifa; o item de taxação [imposto].

zeímu 税務 O serviço de taxação; o serviço fiscal; o fisco; os assuntos fiscais. ◇ ~ **chōsa** 税務調査 A investigação fiscal. ~ **sōdanjo** 税務相談所 O serviço de informações sobre assuntos fiscais.

zeímú-sho 税務署 A delegacia fiscal; a cole(c)toria; a exa(c)toria. ◇ ~ **chō** 税務署長 O delegado fiscal; o chefe do ~. ⇨ zéímu.

zeímúshó-in 税務署員 O fiscal [funcionário do fisco]; o cole(c)tor; o exa(c)tor. ⟨S/同⟩ Zéíri. ⇨ zéímu.

zeíníkú 贅肉 A obesidade; o excesso de gordura; a banha. ★ ~ *o sogi-otosu* 贅肉を削ぎ落とす Tirar「esta」gordura (a mais). ~ *o toru* 贅肉を取る Tirar a gordura (Para ser [ficar] elegante).

zeí-núkí 税抜き (<…¹+nukú) ⇨ zeí-bíkí.

zéíri 税吏 O fiscal; o funcionário do fisco. ⟨S/同⟩ Zeímúkánri (+); zeímúshó-in (o).

zeíri-shi 税理士 O consultor fiscal.

zeírítsú 税率 A alíquota de imposto. ★ ~ *o hiki-ageru*[*-sageru*] 税率を引き上げる[下げる] Elevar [Reduzir] a ~. ◇ **Futsū** [**Gokei**; **Hōfuku**; **Kyōtei**; **Tan'itsu**; **Tokkei**] ~ 普通 [互恵; 報復; 協定; 単一; 特恵] 税率 ~ normal [de reciprocidade; de retaliação; negociada; única; mais favorecida]. **Yunyū** ~ 輸入税率 ~ de importação.

zeiséí¹ 税制 O sistema tributário. ◇ ~ **chōsa-kai** 税制調査会 A Comissão de Estado do ~. ~ **kaikaku** 税制改革 A reforma tributária.

zeiséí² 脆性【E.】O ser frágil [quebradiço].

zeishū(nyū) [**zeíshúnyū**] 税収 (入) (< zéí¹ + shúnyū) A arrecadação de impostos.

zeítákú 贅沢 O luxo; a extravagância; o gasto supérfluo. ★ ~ *na shokuji* 贅沢な食事 A refeição lauta [de rico]. ~ *ni kurasu* 贅沢に暮らす Viver luxuosamente. ~ *ni naru* 贅沢になる Tornar-se luxuoso. ~ *o iu* 贅沢を言う Dar-se ao luxo de querer demais. ~(*o*) *suru* 贅沢(を)する Ser extravagante; entregar-se ao luxo. [*Tabemono ni* ~ *o suru* [*Kuchi ga ~ de aru*] 食べ物に贅沢をする [口が贅沢である] Gastar miuto em comida [Gostar da boa mesa]. ~ *o tsukusu* 贅沢を尽くす Viver com grande [todo o] luxo. *Kiru mono ni* ~ *wa shinai* 着るものに贅沢をしない Extravagante [Luxuoso] no vestir. *Zairyo o* ~ *ni tsukatta ryōri* 材料を贅沢に使った料理 O prato [cozinhado] preparado com ingredientes muito caros. ⟨S/同⟩ Zéí².

zeítákú-hín 贅沢品 Os artigos supérfluos.

zeítákú-zánmai 贅沢三昧 A vida cheia de luxo; o nadar em riquezas. ★ ~(*o*) *suru* 贅沢三昧 (を)する Viver no [cercado de] luxo; dormir num leito de rosas.

zéizei ぜいぜい Aha, aha (Im. de respiração arquejante, de asmático). ★ ~ *iki o suru* ぜいぜい息をする Respirar com dificuldade.

zekká¹ 舌禍【E.】O lapso da [O escapar-se「me」a] língua. ◇ ~ **jiken** 舌禍事件 O ~ punível; o problema causado por um lapso verbal [~]. ⟨S/同⟩ Híkka. ⇨ shitsúgén¹.

zékka² 絶佳【E.】Magnífico; soberbo. ◇ **Fūmi** ~ 風味絶佳 Um sabor ~ [de néctar).

zekkái 絶海【E.】O mar distante. ★ ~ *no kotō* 絶海の孤島 A ilha perdida, lá longe no ~.

zekka-sén 舌下腺【Anat.】As glândulas sublinguais.

zekkéí 絶景【E.】Um panorama deslumbrante; uma vista magnífica [linda, linda, linda!]. ★ *Tenka no* ~ 天下の絶景 Uma vista única [sem igual (no mundo)]. ⟨S/同⟩ Bíkéí.

zékken ゼッケン (< Al. zeichen: "sinal") O pano que os atletas levam com o seu número nas costas e no peito. ★ ~ *o tsukeru* ゼッケンをつける Pôr o ~. ◇ ~ **bangō** ゼッケン番号 O número do competidor.

zekkō¹ 絶好 O ser o melhor. ★ ~ *no* 絶好の Ó(p)timo; excelente; único; ideal [*Kyō wa* ~ *no pikunikku* [*kōraku*]*-biyori da* 今日は絶好のピクニック [行楽] 日和だ Hoje está um dia perfeito para piquenique [excursão]. ★ ~ *no chansu* [*kikai*] *o nogasu* 絶好のチャンス [機会] を逃がす Perder uma oportunidade [ocasião] única). ⟨S/同⟩ Saíryō.

zekkō² 絶交 O corte [rompimento] de relações. ★ ~ *suru* 絶交する Cortar [Romper] relações. ⟨S/同⟩ Daňkō; zetsuén.

zekkóchō [**kóo**] 絶好調 A melhor forma. *Ano senshu wa ~ da* あの選手は絶好調だ Aquele atleta está em ó(p)tima [plena] forma. ⟨S/同⟩ Saíchōhō.

zekkú 絶句 **1**[漢詩の]A poesia chinesa em quadra (Estrofe de 4 versos). **2**[言葉につまること] O

zekkyō ficar engasgado [sem saber que dizer/sem palavra]. ★ ～ suru 絶叫する … [*Kare wa odoroki no amari* ～ *shita* 彼は驚きのあまり絶叫した Ele ficou mudo de admiração].

zekkyō 絶叫【E.】O brado; o grito; o clamor. ～ suru 絶叫する Gritar; bradar; clamar [*Dare ka ga "dorobō" to* ～ *shita* 誰かが"どろぼう"と絶叫した Alguém gritou: Ladrão!]. ⇨ sakébu.

-zeme 攻め (< seméru) (Suf. que significa "ataque"). *Gochisō* ～ *ni atta* 御馳走攻めにあった Obrigaram-me a comer um banqueta̧o! ★ *Shitsumon* ～ *ni suru* 質問攻めにする Crivar de perguntas. ⇨ mizu ～.

zémi(naru) [**zemínaaru**] ゼミ(ナール) (< A. < L. seminarium) Um seminário; uns dias [uma reunião] de estudo. ★ *o hiraku* ゼミを開く[持つ] Realizar [Ter] um ～. [S/画] Eńshū; seminā.

zén¹ 善 O bem; uma boa a(c)ção. [P:ことわざ] ～ *no ura wa aku* 善の裏は悪 O mal mora ao lado do bem. ～ *wa isoge* 善は急げ Fazer o bem, sem olhar a quem (Lit. "apressa-te a fazer o bem"). ◇ *Saikō* = 最高善 O bem supremo. [A/反] Áku. ⇨ zeńkó².

zén² 禅 **1** [禅](禅)] O zen (Método oriental de descontra(c)ção purificadora). **2** [⇨ zeńshū²]. **3** [⇨ zazéń].

zén³ 膳 a) A mesinha (Espécie de bandeja ou tabuleiro com pernas) [A (mesa de) refeição. ～ *ni mukau* [*tsuku*] 膳に向かう[着く] Sentar-se à mesa para comer. ～ *o dasu* 膳を出す Servir[Levar] a ～. ◇ ⇨ **date**. ⇨ shokúji¹.

zén-⁴ 全 (Pref. que significa "todos"). ★ ～ *jikkan no hyakka-jiten* 全 10 巻の百科辞典 A enciclopédia em dez volumes. ～ **kokumin** 全国民 Todos os cidadãos. ～ **sekai** 全世界 O mundo inteiro. [S/画] Súbete no.

zén-⁵ 前 **1** [以前の] (Pref. que significa "ex-"「presidente」, "pré-" 「moderno」, "anterior"). ～ **naikaku** 前内閣 O Gabinete [Ministério] anterior. [S/画] Ízen no (+); máe no (o). **2** [上記の] Acima; precedente; anterior. ◇ ～ **jō** 前条 O artigo [A cláusula] ～. [S/画] Jóki no (+).

-zén⁶ 前 (Suf. que significa "antes"). *Kono tatemono wa gohyaku-nen* ～ *no mono da* この建物は 500 年前のものだ Este prédio tem 500 anos [é de quinhentos anos atrás]. [S/画] -máe (+).

-zén⁷ 然 (Suf. que quer dizer "ares"). ★ *Shinshi* ～ *to shita otoko* 紳士然とした男 Um homem com ar [aspecto] de cavalheiro.

-zén⁸ 膳 (Suf. para contar tigeladas de arroz cozido ou pares de pauzinhos para comer; ⇨ zén³). ★ *Hashi ichi-* ～ 箸一膳 Um par de pauzinhos.

zen'aku 善悪 O bem e o mal. ★ ～ *no betsu o shiru* [*wakimaeru*] 善悪の別を知る[わきまえる] Saber o que é bem o que é mal/Distinguir bem do [e o] mal. [S/画] Ríhi; séija; zéhi.

zeńbá 前場【Econ.】A sessão da manhã. [A/反] Gobá.

zen-béi 全米 Toda a América.

zén-bi 全美【E.】O bom e o belo. ⇨ shiń-zeń-bi.

zeńbín 全便 A última carta (Lit. "correio anterior"). ～ *de mōshiageta yō ni* 全便で申し上げたように Como lhe disse na ～. [S/画] Señbín.

zeńbō 全貌 Todos os aspectos「do assunto/problema」; a vista de conjunto. ★ *Jiken no* ～ *o toraeru* 事件の全貌をとらえる Captar [Ver] todos os aspectos do caso. [S/画] Zeń'yō.

zénbu¹ 全部 **1** [全体] Tudo; o total; a totalidade; o conjunto. *Kore de* ～ *desu ka* これで全部ですか Com isto é tudo [É só isto]? *Watashi no shitte iru koto wa zenbu de* ～ *desu* 私の知っていることは全部です Isto [E] é tudo o que eu sei. ★ ～ *de* 全部で No [O] total; ao todo [～ *de ikura desu ka* 全部でいくらですか Quanto é ao todo?]. ～ *no kane* 全部の金 [*Watashi no motte iru* ～ *no kane* 私の持っている全部の金 Todo o dinheiro que tenho]. [S/画] Miná; súbete; zeńtái. **2** [すべて] Todo. ～ *Kozukai o* ～ *tsukau* こづかいを全部使う Gastar o dinheiro para pequenos gastos todo. *Shigoto o* ～ *owaraseru* 仕事を全部終わらせる Terminar o trabalho todo. [S/画] Súbete. ⇨ zeń'iń.

zénbu² 前部 A parte dianteira [da frente]. ★ *Sharyō no sai-* ～ 車両の最前部 A ～ da carruagem 「do comboio/trem」. [A/反] Kōbu. ⇨ mae.

zénbu³ 膳部 **1** A comida (já na mesa)「para vinte pessoas」. ★ ～ *o totonoeru* 膳部を整える Pôr a comida na mesa.

zeńbúń¹ 全文 O texto integral [completo]. ★ *Kōsoku no* ～ *o yomiageru* 校則の全文を読み上げる Ler o regulamento da escola.

zeńbúń² 前文 **1** [ある箇所より前に書いた文章] **a)** A frase anterior; **b)** O começo do texto; **c)** Antes; acima. ★ ～ *nimo aru tōri* 前文にもあるとおり Como acima referimos [escrevemos]. **2** [手紙文で最初に書く時候などのあいさつの文章] A saudação no começo [da carta]. **3** [法令などの条項の前にある文章] O preâmbulo「do decreto」. ★ *Kenpō no* ～ 憲法の前文 O ～ da Constituição. [S/画] Jo (+); jobúń (o); maégáki (+).

zeńchi¹ 全治 A cura [recuperação] completa. ～ *ikkagetsu no kega o shita* 全治一か月の怪我をした Fiz uma ferida que levou um mês a curar bem. ★ ～ *suru* 全治する Curar completamente [Ficar completamente curado]. [S/画] Hońpúku; zeńkái¹. ⇨ naóru².

zeńchi² 全知 A (om)niciência. ★ ～ *zennō no Kami* 全知全能の神 Deus om(n)isciente e todo-poderoso.

zeńchíshi 前置詞 A preposição 「a, para」 (Na gram. j. usa-se a palavra "joshi" e vem depois do substantivo; et "posposição".

zeńchō¹ 全長 O comprimento total [de ponta a ponta].

zeńchō² 前兆 O prenúncio; o sinal; o sintoma; o agouro. *Sono jishin ni wa nan no* ～ *mo nakatta* その地震には何の前兆もなかった Esse terre[a]moto veio (de repente) sem quaisquer sinais. ★ *Arashi no* ～ 嵐の前兆 O prenúncio de tempestade. [S/画] Kizáshí; maébúré.

zeńchū 蠕虫【Zool.】O helminto; o verme intestinal (a lombriga). ⇨ mushí¹.

zeńdái 前代 As gerações anteriores [passadas]; o passado. ◇ ～ **mimon**. [S/画] Señdái. [A/反] Kódai.

zeńdái-mimóń 前代未聞【E.】O que nunca aconteceu em toda a história. *Konna jiken wa* ～ *da* こんな事件は前代未聞だ Isto é um caso inaudito [sem precedente]/Nunca ouvi falar de um caso assim [destes].

zeńdámá 善玉【G.】Os bons「da fita」; o bonzinho「santinho」. [S/画] Zeńníń (+). [A/反] Akúdámá.

zeńdáń[1] 全段 A página inteira [Toda a página].
zeńdáń[2] 前段 O parágrafo [estádio] anterior.
A/反 Godáń; kódáń.
zeń-dáté 膳立 (<…[3]+tateru) **1** [食事の準備を整える事] O pôr à mesa. ★ ~ *suru* 膳立てする … **2** [行動の手配] A preparação [Os preparativos]. *Shunō-kaidan no o-* ~ *wa dekite iru* 首脳会談のお膳立てはできている Os preparativos para a cimeira [reunião de cúpula] estão feitos/terminados. S/同 Júnbi (+); yói (+).
zeń-dérá 禅寺 (<…[2]+terá) O templo budista zen.
zéndo 全土【E.】O território todo. ★ *Burajiru ni watatte* ブラジル全土にわたって Em [Por; Através de] todo o território brasileiro.
zeńdō 善導 A orientação para o bem; o educar nos bons caminhos. S/同 Kyōkā; tokúkā.
zeńdō(úndō) 蠕動(運動) **1** [動] O movimento vermicular. ★ ~ *suru* 蠕動する Fazer um ~; mover-se como um verme. **2** [生理] O peristaltismo; o movimento peristáltico (do aparelho digestivo). ★ *Chō no* ~ 腸の蠕動 ~ dos intestinos.
zeń'éi 前衛 **1** [軍の] A vanguarda [frente]; a guarda [as tropas] na primeira linha. ~ *ga teki to sōgū shita* 前衛が敵と遭遇した ~ encontrou-se com o inimigo. **2** [球技の] O jogador da linha de ataque; o avançado; o dianteiro. ~ *ni pasu ga watatta* 前衛にパスが渡った Passaram a bola ao ~ [ponta direita]. **3** [芸術運動] (O movimento de) vanguarda. ◇ ~ **bijutsu** 前衛美術 A arte de vanguarda.
zeń'éi-há 前衛派 Os grupos vanguardistas [de vanguarda].
zeń'éi-téki 前衛的 Vanguardista. ★ ~ *na e* 前衛的な絵 A pintura vanguardista [de vanguarda].
zené-kóń ゼネコン (< Ing. general contractor < L.) A grande empresa construtora.
zené-sútó ゼネスト (Abrev. de "zeneraru sutoraiki") A greve geral. ★ ~ *ni hairu* [*totsunyū suru*] ゼネストに入る [突入する] Entrar em [Fazer] ~.
zeńgákú[1] 全額 Todo o dinheiro; a soma [importância; o valor] total. ★ *Nyūgakukin no* ~ *o harau* 入学金の全額を払う Pagar todas as propinas [de entrada na escola.
zéngaku[2] 全学 A universidade toda; todos os grupos do conjunto universitário. ◇ ~ **shūkai** 全学集会 A reunião geral de toda a universidade.
zeńgákú[3] 禅学 A doutrina do budismo zen. ⇨ zeńshū[2].
zeńgáku(bu) 前額 (部) A testa; a fronte.
S/同 Hitái (+); odéko (o).
Zeńgákuren 全学連 A Federação Nacional Estudantil [das Associações de Estudantes].
zeńgáń 前癌【Patol.】Pré-canceroso.
zeńgéń[1] 前言 **1** [前に言ったこと] O que se disse antes. ★ ~ *o hirugaesu* 前言を翻す Voltar atrás no que se disse; mudar de opinião. ~ *o torikesu* 前言を取り消す Retirar o que se disse [a palavra]. **2** [前人の言ったこと] As palavras [as deixadas pelos] antepassados.
zeńgéń[2] 漸減【E.】A diminuição gradativa. ★ ~ *suru* 漸減する Diminuir gradativamente.
A/反 zeńzō. ⇨ herú[1].
zéngo 前後 **1** [ある位置の前と後] A frente e a retaguarda [traseira]. ★ ~ *kara teki o semeru* 前後から敵を攻める Atacar o inimigo pela frente e pela retaguarda. ~ *o yoku mi nasai* 前後をよく見なさい Olhe bem [sempre] para a frente e para trás. ~ *sayū o mimawasu* 前後左右を見回す Olhe ao redor [à volta; para todos os lados]. ⇨ máe; ushíró. **2** [時間のあとさき; ある時事柄などのさきあと] Antes e depois. ★ *Shigoto no* ~ *ni kōhī o nomu* 仕事の前後にコーヒーを飲む Tomar café antes e depois do trabalho. **3** [およその意を表す] Aproximadamente; ao redor de; à volta de; cerca de; mais ou menos. *Sen-en* ~ *no shina* 千円前後の品 Um artigo de cerca de mil yens. ⇨ daítái[1]; oyóso; yáku[3]. **4** [物事の前と後のつながり] As consequências. ★ ~ *o wasureru* 前後を忘れる Ficar perdido. ◇ ~ **fukaku** 前後不覚 A perda da sensibilidade [consciência] 「com a bebedeira」. ~ **kankei** 前後関係 O contexto (Relação) 「da frase」. ⇨ chítsujo; júnjo. **5** [物事の順序が逆になること] O mudar [inverter/trocar] a ordem. ★ ~ *suru* 前後する …[*Kanojo no hanashi wa koto ga* ~ *shite yoku wakaranai* 彼女の話は事が前後してよくわからない Ela fala sem ordem nenhuma e não se entende. *Hanashi ga* ~ *shimasu ga* 話が前後しますが Trocando um pouco a ordem do assunto…].
zeńgō 前号 O número anterior 「da revista」. ★ ~ *yori tsuzuku* 前号より続く (表示) Continua do ~.
A/反 Jígō.
zéngo-fukákú 前後不覚【E.】O ficar sem acordo de si. ★ ~ *ni naru* 前後不覚になる Ficar ….
zeńgó-saku 善後策 Um corre(c)tivo; a medida corre(c)tiva. ★ ~ *o kōjiru* 善後策を講じる Tomar [Usar; Adoptar] um [uma] ~.
zeńgúń 全軍 Todo o exército; todas as forças. ★ ~ *o shiki suru* 全軍を指揮する Comandar ~.
S/同 Sańgúń; sōgúń; sō-héiryoku.
zeńhán 前半 A primeira parte [metade] 「do jogo/desafio」. *Kono eiga no* ~ *wa tsumaranai* この映画の前半はつまらない ~ deste filme é fraca [cansativa]. S/同 Zeńpań[2]. A/反 Kóhań.
zeńhán-séń 前半戦 O primeiro tempo [A primeira metade] do jogo. A/反 Kōhań-séń.
zéni 銭【G.】O dinheiro; a moeda. ◇ ~ **kanjō** 銭勘定 A contagem de dinheiro. S/同 Káhei; kańe (+).
zeń'í 善意 **1** [思いやりのあるよい心] A boa vontade; a boa fé [intenção]. ★ ~ *no mōshide* 善意の申し出 A proposta [O pedido] de boa fé. S/同 Kōi. A/反 Ákui. **2** [ある事柄に対して持つよい方の見方] O ver o lado favorável; o interpretar bem 「as pessoas」. ~ *ni kaishaku sureba kare wa nesshinsa no amari yarisugita dake da* 善意に解釈すれば彼は熱心さのあまりやりすぎただけだ Dando uma interpretação favorável, ele excedeu-se por ter sido zeloso demais.
A/反 Ákui.
zeni-áoi 銭葵【Bot.】A malva; *malva sylvestris*.
zeni-bákó 銭箱 (<…+hakó) A caixa do dinheiro.
zeni-gámé 銭亀 (<…+káme)【Zool.】O cágado.
zeni-góké 銭苔 (<…+kóke)【Bot.】A hepática.
zeni-iré 銭入れ【G.】(<…+iréru) O porta-moedas (P.); o porta-níqueis (B.).
zeń íki 全域 Toda a área [região; zona]. ⇨ chíiki; kúiki; ryōíki.
zeni-mōke [óo] 銭儲け【G.】(<…+mōkéru) O ganhar dinheiro. S/同 Kanémōke (+).
zeníń 是認 A aprovação. ★ ~ *suru* 是認する Apro-

zen'ín var. [S/同] Kōtéí (o); shōnín (+). [A/反] Hinín.

zen'ín 全員 Todos (os membros). ◇ **~ shūgō** 全員集合 Reúnam-se, todos! Ichídó; sōín; sōzéí.

zénji¹ 善事【E.】 **1**［よい事］A boa a(c)ção [coisa]. [A/反] Ákuji. ⇨ zén¹. **2**［めでたい事］O acontecimento feliz. [A/反] Ákuji.

zénji² 漸次【E.】Por etapas; aos poucos; pouco a pouco.
[S/同] Dandán (o); jójoni (+); júnji (+); shidáíní (+).

zénji³ 禅師【Bud.】**a)** O monge budista (= Hōshi); **b)** (Título dado só a poucos monges zen).

zénji⁴ 全治【E.】⇨ zénchi¹.

zenjín¹ 全人【E.】O homem integral [completo]. ◇ **~ kyōiku** 全人教育 A educação do homem todo: cabeça e coração.

zenjín² 前人【E.】**1**) Os que houve antes de nós. ★ **~ mitō no chi** 前人未到の地 O lugar [A terra] nunca antes pisado/a por ninguém.

zenjítsú 前日 **1**［前の日］A véspera [de Natal]; o dia anterior. **2**［先日］Outro dia; há dias. [S/同] Señjítsú (+). ⇨ kinō¹.

zenjō 前条 A cláusula [O artigo] anterior. ★ **~ no [ni nobeta] tōri** 前条の[に述べた]通り Como está [vem] no/a ~. [S/同] Zénkō³.

zenjútsú 前述 O mencionar antes. ★ **~ no tōri** 前述の通り Como foi mencionado. [S/同] Zénki¹ (+).

zénka¹ 前科 O cadastro. ★ **~ ga aru** 前科がある Ter [Com] cadastro. ◇ ⇨ **mono**. [S/同] Zeñzáí.

zénka² 全課 **1**［全部の課］Todas as se(c)ções. ⇨ ka⁴. **2**［全部の課目］Todas as matérias. ★ **~ o osameru** 全課を修める Fazer ~. ⇨ gakká²; kamókú¹; kyōka⁴.

zenkáí¹ 全快 A cura [recuperação; O restabelecimento] completa/o. ◇ **~ suru** 全快する Ficar completamente curado [bom]; restabelecer-se por completo. ◇ **~ iwai** 全快祝い A festa para celebrar a/o ~. [S/同] Hoñpúkú; zénchi¹.

zenkáí² 前回 A última vez. ★ Zen **~ no** 前々回の A penúltima vez.

zenkáí³ 全会 Toda a assembleia [Todos os membros [presentes]]. ◇ **~ itchi** 全会一致 A unanimidade de ~. [S/同] Mañjō.

zenkáí⁴ 全開 O abrir completamente [bem]「a janela」. ★ Enjin **~** エンジン全開 As válvulas do motor estarem completamente abertas (Para dar a força máxima).

zenkáí⁵ 全壊[潰] A destruição completa [total]. ◇ **~ kaoku** 全壊家屋 A casa toda caída [no chão]. [A/反] Hañkáí. ⇨ tōkáí².

zenká-mónó 前科者 O cadastrado. ⇨ zénka¹.

zeñkán¹ 全巻 **a)** Todos os volumes; **b)** O volume [livro] completo. [S/同] Zeñpén¹.

zeñkán² 全館 Todo(s) o(s) prédio(s) [edificio(s)].

zeñkéí¹ 全形 A forma perfeita ou a forma de conjunto.

zeñkéí² 全景 A vista geral [completa; panorâmica]. ⇨ késhiki¹.

zeñkéí³ 前景 O primeiro plano. [A/反] Haíkéí.

zeñkéí⁴ 前傾 O estar inclinado para a frente. ◇ **~ shisei** 前傾姿勢 A postura inclinada para a frente. ⇨ zeñkútsú.

zeñkéí⁵ 前掲 O citar antes [acima]. **~ no hyo o sanshō no koto** 前掲の表を参照のこと(表示) Ver quadro [gráfico] anterior. [S/同] Zénki¹ (+).

zeñkén 全権 **1**［すべての権限］Plenos poderes. ★ **~ o inin suru** 全権を委任する Conferir [Dar] ~「a」. ◇ **~ dan** 全権団 A delegação com ~. ◇ **~ ininjō** 全権委任状 A procuração [carta] outorgando ~. **~ taishi** 全権大使 O Embaixador Plenipotenciário. **Tokumei ~ taishi** 特命全権大使 O Embaixador Extraordinário e Plenipotenciário. ⇨ keñgén¹. **2**［絶対権力］O poder absoluto. ★ **~ o nigiru**［shōaku suru］全権を握る[掌握する] Ter [Deter] ~. [S/同] Zettái-kéñryoku.

zéñki¹ 前記 O antes [já] mencionado; o supracitado. **~ no tōri** 前記の通り Conforme (o) ~. [S/同] Jōjítsú; jōki; zeñjútsú. [A/反] Kōki.

zéñki² 前期 O primeiro semestre. ◇ **~ shiken** 前期試験 O(s) exame(s) do ~. [A/反] Kōki. ⇨ kíkan¹.

zeñkín¹ 前金 O pagamento adiantado. [S/同] Maébarai (+); maékín (o).

zeñkín² 漸近【Geom.】A assímptota [assíntota]. ◇ **~ sen** 漸近線 A linha assin[mp]tótica.

zeñko 全戸 **a)** Toda a família [casa]; **b)** Todas as casas da localidade.

zeñkō¹ 全校 A escola inteira ou todas as escolas. ⇨ gakkó.

zeñkō² 善行 **a)** A boa a(c)ção; o a(c)to digno de louvor; **b)** O bom comportamento. ★ **~ o tataeru**［hyōshō suru］善行をたたえる[表彰する] Louvar [Premiar] o ~. [S/同] Zeñkō¹. [A/反] Akúgyō.

zeñkō³ 前項 **1**［文書などで前にあげた項目・箇条］O parágrafo anterior. [S/同] Zeñjō. ⇨ kōmókú¹. **2**【Mat.】O antecedente.

zeñkoku 全国 Todo o país. ◇ **~ hōsō** 全国放送 A emissão nacional「da Rádio/T.V.」. **~ ku** 全国区 O distrito eleitoral (de nível) nacional. **~ netto** 全国ネット A rede nacional「T.V.」. **~ taikai** 全国大会 Uma concentração [Um grande encontro] nacional. [S/同] Kunijú; zendo.

zeñ-kókumin 全国民 Todos os cidadãos; todo o país; toda a nação.

zeñkóku-shi 全国紙 O jornal de âmbito nacional.

zeñkókú-téki 全国的 (De âmbito) nacional. ★ **~ ni shirareta hito** 全国的に知られた人 A pessoa conhecida em todo o país.

zeñkōn 善根【Bud.】A boa a(c)ção. [S/同] Kúdoku; zeñkō².

zénku 前駆 O「cavalo」ir à frente「do cortejo」. ◇ **~ shō(jō)** 前駆症(状)【Med.】Os pródromos (da doença); o sintoma (precursor). [S/同] Sakígáké; maébúré; sénku.

zeñkútsú 前屈 **1**［前に曲げること］O estar inclinado [vergado] para a frente. ◇ **~ undō** 前屈運動 O exercício de vergar o corpo para frente. **2**【Med.】A anteversão「do útero」. [A/反] Kōkútsú.

zeñkyóku¹ 全曲 A música [composição musical] toda ou todas as ~.

zeñkyóku² 全局 **1**［物事の全体の成り行き］Todos os aspe(c)tos「do caso」. **2**［碁や将棋で、対局のすべて］O desenrolar do jogo do começo ao fim (No xadrez ou gō). ⇨ taíkyókú². **3**［全部の放送局］Todas as emissoras. ⇨ hōsō¹.

zeñmái¹ 発条 **a)** A mola (de metal, em espiral); **b)** A corda (do relógio). ★ **~ o maku** 発条を巻く Dar corda (ao relógio). ◇ ⇨ **jikake**.

zeñmái² 薇【Bot.】A osmunda ou feto-real (Comestível no J.); *osmunda regalis*. ◇ **~ ka** ゼンマイ科 As osmundáceas.

zeńmái-bákari 発条秤 (<…¹ + hakári) A balança de mola.

zeńmái-jikake 発条仕掛け (<…¹ + shikáké) O mecanismo de relógio. ★ ~ *de ugoku* ぜんまい仕掛けで動く Mover-se com um ~. ~ *no omocha* ぜんまい仕掛けのおもちゃ O brinquedo de corda.

zeńméń¹ 全面 **a)** Toda a página; **b)** Toda a face da terra; **c)** Todos os lados [aspectos]「do problema」. ◇ ~ **kaiketsu** 全面解決 A solução total [completa]. ⇨ ~ **ka** [**teki**]. ~ **seńsō** 全面戦争 A guerra total.

zeńméń² 前面 A parte da frente; o primeiro plano. S/同 Shōmén (+). A/反 Kōméń. ⇨ máe.

zeńméń-ká 全面化 O alastrar [estender-se]. ★ ~ *suru* 全面化する Alastrar.

zeńméń-téki 全面的 Totalmente; inteiramente. ★ ~ *ni shien suru* 全面的に支援する Apoiar ~. ~ **heńkō** 全面的変更 A mudança total [radical].

zeńmétsú 全滅 A destruição completa [total]; a aniquilação. ★ ~ *suru* 全滅する Ser destruído [aniquilado]; desaparecer「*Teki o ~ saseta* 敵を全滅させた Aniquilámos o inimigo」. S/同 Minágóróshí.

zéńmi 禅味【E.】Um ar [toque] de zen.

zeńmóń¹ 禅門 A seita zen ou o seguidor [discípulo] dela.

zeńmóń² 前門【E.】A porta da frente. P こと わざ ~ *no tora kōmon no ōkami* 前門の虎後門の狼「estar/ficar」Entre a espada e a parede. S/同 Omótémóń (+). A/反 Kōmóń.

zeńnań-zéńnyo 善男善女【Bud.】A gente devota.

zeńnéń 前年 **a)** O ano passado (S/同 kyónen); **b)** O ano anterior「à guerra」(A/反 yokúnéń); **c)** Os anos [tempos] passados ⇨ zeńnéń.

zeń-néndo 前年度 O「orçamento do」ano fiscal [le(c)tivo] anterior.

zeńnichí 全日 O dia inteiro. ◇ ~ **suto** 全日スト Um ~ de greve. ⇨ hańníchí¹.

zeńnichí-séí 全日制 O sistema de educação a tempo integral. ◇ ~ **kōkō** 全日制高校 O「kōkō」com ~. A/反 Teíjíséí.

zeń-níhóń 全日本 O Japão inteiro; todo o J. ◇ ~ **chīmu** 全日本チーム A equipa[e] nacional japonesa. ~ **senbatsu** 全日本選抜 A sele(c)ção nacional j.

zeńnín¹ 善人 A pessoa boa; os bons. A/反 Akúníń.

zeńnín² 前任 O posto「de trabalho」anterior. ◇ ~ **chi** 前任地 O (lugar do) ~. A/反 Kōníń.

zeńnín-búru 善人振る (<… + búru) Fazer-se santinho/bonzinho. ⇨ zeńnín¹.

zeńnín-sha 前任者 O antecessor「no posto de trabalho」.

zeńnō¹ 全能 A o(m)nipotência. ★ ~ *no kami* 全能の神 Deus todo-poderoso [o(m)nipotente]. ⇨ zéńchi² ni ~.

zeńnō² 全納 O pagamento completo. ★ *Gakuhi o* ~ *suru* 学費を全納する Pagar integralmente as propinas [os estudos].

zeńnō³ 前納 O pagamento adiantado. ★ ~ *suru* 前納する Pagar adiantado [adiantadamente].

zeńnō⁴ 前脳【Anat.】O prosencéfalo [cérebro anterior].

zeń-nōryoku [óo] 全能力 Toda a sua capacidade. ★ ~ *o ageru* [*katamukeru*; *sosogu*] 全能力を挙

げる[傾ける;注ぐ]Usar ~. ⇨ zeńryókú.

zeńnyū 全乳 O leite puro; só leite.

zeń-ō 全欧 Toda a Europa.

zeń'óń 全音【Mús.】O tom inteiro.

zeńpái¹ 全敗 A derrota completa (⇨ kańpáí¹). ◇ O perder todos os jogos (S/同 Reńséń-reńpái (+). ★ ~ *suru* 全敗する **a)** Ser (em) completamente derrotado(s); **b)** Perder todos os jogos. A/反 Zeńshō.

zeńpái² 全廃 A abolição [supressão] total. ★ ~ *suru* 全廃する Abolir totalmente. ⇨ haíshí¹.

zeńpáń¹ 全般 O conjunto [todo]; a totalidade. ◇ ⇨ ~ **teki**. S/同 Sōtáí; zeńtáí (+).

zeńpáń² 前半 ⇨ zeńháń.

zeńpán-téki 全般的 Geral; global. ★ ~ *ni itte* [*mite*] 全般的に言って[見て]Falando de modo geral [Visto「o caso」no seu conjunto]…

zeńpéń¹ 全編[篇] O livro todo. S/同 Zeńkáń¹.

zeńpéń² 前編[篇] A primeira parte ou o primeiro volume. A/反 Kōhéń. ⇨ chúhéń; jóge.

zéńpi 前非【E.】Os erros passados. ★ ~ *o kuiru* 前非を悔いる Arrepender-se dos ~. S/同 Kyúákú (+); sénpi.

zeńpō 前方 A frente; a parte dianteira. ~ *o miru* 前方を見る Olhar para a frente [para diante]. A/反 Kōhō. ⇨ máe.

zeńpu 前夫 **a)** O ex-marido; **b)** O falecido marido; **c)** O marido anterior. S/同 Sénpu. A/反 Seńsáí.

zeńpúkú 全幅 **1** [全体の幅] Toda a largura. ⇨ hábá. **2** [あらん限り] Tudo o que lhe dá[.]. ★ *Kare ni* ~ *no shinrai o yoseru* 彼に全幅の信頼を寄せる Depositar nele toda a confiança. S/同 Aránkagiri (+); attáí-téki (o).

zeńra 全裸 A nudez completa. ★ ~ *ni naru* 全裸になる Ficar completamente [todo/a] nu/nua. S/同 Akáhádaka; mappádaka; marúhádaka; suppádaka. ⇨ hadáká.

zeńrákú 漸落 A baixa gradual [gradativa]. ★ ~ *suru* 漸落する Baixar gradativamente. A/反 Zeńtō⁴.

zeńréí 前例 **1** [先例] O precedente. ★ ~ *ni shitagau* 前例に従う Seguir o ~. ~ *no nai* 前例のない「Coisa」sem [nunca vista/ouvida]. S/同 Seńréí. **2** [前節の例] O exemplo anterior [dado].

zeńréki 前歴 O passado [currículo até (a)o presente] de alguém. *Kare wa settō no* ~ *o motsu* [*ga aru*] 彼は窃盗の前歴を持つ[がある] Ele foi [tem uma história de] ladrão. ★ ~ *o arau* 前歴を洗う Averiguar o ~. S/同 Zeńshín³. ⇨ keíréki.

zeńretsu 前列 A fila da frente; a primeira fila. A/反 Kōretsu.

zeńrín¹ 前輪 A(s) roda(s) dianteira(s)[da frente]. ◇ ~ **kudō** 前輪駆動 A tra(c)ção à frente.

zeńrín² 全輪 Todas as [As 4] rodas. ◇ ~ **kudō** 全輪駆動 A tra(c)ção「do jipe」às 4 [quatro] rodas.

zeńrín³ 善隣【E.】A boa vizinhança. ◇ ~ **seisaku** 善隣政策 A política de ~.

zeńrítsú-séń 前立腺【Anat.】A próstata. ◇ **en** 前立腺炎 A inflamação da ~; a prostatite. ~ **hidai** 前立腺肥大 A hipertrofia da ~.

zeńryaku 前略 (< zeńbúń + shōryákú)【E.】O entrar dire(c)tamente no assunto. ~ (*gomen kudasai*) 前略 (ごめん下さい) Desculpe ~. ⇨ chúryákú; shyōryákú¹.

zenryō¹ 善良 O ser bom [cumpridor/bem-comportado]. ★ ~ na shimin 善良な市民 O bom cidadão. ⇨ majímé; súnao.

zenryō² 全量 Todo「o arroz」que há. ⇨ júryō¹; yóryō²·³.

zenryóku 全力 Toda a força; quanto se pode; o mais possível. ★ ~ o ageru [katamukeru; sosogu; tsukusu] 全力を挙げた [傾ける; 注ぐ; 尽くす] Fazer todo o possível; usar toda a força. ◇ ~ **shissō** 全力疾走 O correr quanto se pode; a arrancada. ~ **tōkyū** 全力投球 O lançar a bola com toda a força.

zen-ryō-séi 全寮制 O regime de internato completo. ★ ~ no gakkō 全寮制の学校 A escola com ~.

zensái 前菜 O(s) aperitivo(s); os salgadinhos; os pratos que se servem antes da refeição.

zénse 前世【Bud.】Uma existência [incarnação] anterior. ★ ~ no innen 前世の因縁 O carma [destino] de ~. ⓢ回 séken; ráise; rínne.

zenséi¹ 全盛 O apogeu [auge; zénite]「da força」. ★ ~ o hokoru 全盛を誇る Estar no (seu) ~. ~ o sugiru 全盛を過ぎる Passar o ~. ◇ ~ **jidai [ki]** 全盛時代[期] A época [O período] do ~. ⇨ ōgón.

zenséi² 善政 O governo bom [sábio; justo]. ★ ~ o shiku [okonau] 善政をしく[行う] Governar sabiamente. ⓢ回 Jínséi; tokúséi. Ⓐ反 Akúséi. ⇨ seíji¹.

zen-sékai 全世界 O mundo inteiro; todo o mundo. ★ ~ de 全世界で Em todo o mundo. ~ kara atsumaru 全世界から集まる Vir de todo o mundo [do mundo inteiro]. ~ no hitobito 全世界の人々 A gente do mundo inteiro [de todo o mundo].

zen-sékinin 全責任 A plena [inteira/Toda a] responsabilidade. Kono jiken no ~ wa watashi ni aru この事件の全責任は私にある Toda a responsabilidade deste caso é minha. ★ ~ o ou [toru] 全責任を負う[取る] Ter [Assumir] ~.

zensén¹ 前線 **1**[戦闘の第一線] A linha da frente; a frente de batalha. ★ ~ de tatakau 前線で戦う Lutar na ~. ~ ni deru 前線に出る Ir para a ~. ◇ ~ **kichi** 前線基地 O posto avançado. ~ **toppa** 前線突破 A brecha (nas linhas de defesa inimigas). ⇨ **sai** ~. **2**[気象] A frente. Kanrei [Ondan] ~ ga Kantō-chihō ni teitai shite iru 寒冷[温暖]前線が関東地方に停滞している Na região de Kantō paira uma ~ de ar frio [quente] (No J. é em Junho).

zensén² 全線 **a)** Todas as linhas ou transportes (⇨ rosén); **b)** Toda a frente de batalha.

zensén³ 善戦【E.】A luta brava [admirável; valente]. ★ ~ kentō suru 善戦健闘する Lutar corajosamente (Jogo ou partida). ⓢ回 Kéntō.

zensén⁴ 全船 Todo(s) o(s) barco(s).

zensétsú 前説【E.】A opinião exposta antes; as opiniões [teorias] já existentes.

zensétsú 前節 O parágrafo anterior.

zensha¹ 前者【E.】O(s) primeiro(s). Ⓐ反 Kōsha.

zensha² 前車 O veículo da frente. Ⓟことわざ ~ no kutsugaeru wa kōsha no imashime 前車の覆るは後車の戒め Aprender com os erros dos outros/Servir de escarmento. Ⓘ慣用 ~ no tetsu o fumu 前車の轍を踏む Cometer o mesmo erro do antecessor. Ⓐ反 Kōsha. ⇨ zentétoch.

zenshákú 前借 ⇨ maé-gári.

zénshi¹ 全市 Toda a cidade.

zénshi² 全紙 **1**[紙の大きさの基準のもの] Uma folha (de)「tamanho A4」. **2**[ある新聞の紙面全体] A página inteira de um jornal. **3**[すべての新聞] Todos os jornais.

zénshi³ 前肢 A(s) pata(s) dianteira(s) [da frente]「do cavalo」. ⓢ回 Maéashi (+). Ⓐ反 Kōshi.

zénshi⁴ 前史【E.】**1**[ある時代の歴史を形成する原因となった、それ以前の歴史] A história da época [era] precedente. **2**[ある時代の前半の歴史] A história da primeira metade de uma era. **3**[先史] A pré-história. ⓢ回 Sénshi (+).

zénshi⁵ 全史【E.】A história completa.

zénshín¹ 全身 O corpo todo. ★ ~ ni yakedo o suru 全身に火傷する Ficar com queimaduras em todo o corpo [no ~]. ◇ ~ **masui** 全身麻酔 Anestesia geral. ~ **undō** 全身運動 O exercício em que entram todas as partes do corpo. ~ ~ **zenrei**. ⓢ回 Końshín; mańshín¹. Ⓐ反 Hańshín.

zénshín² 前進 O avançar; o ir para diante [a frente]. ~ 前進 (号令) Em frente, marchar!

zénshín³ 前身 **1**[ある人の以前の身分・職業] A posição [profissão] anterior [O passado]. Kanojo no ~ wa makoto ni ikagawashii 彼女の前身はまことにいかがわしい O passado dela é muito duvidoso. ★ ~ o arau 前身を洗う Averiguar o ~. ⓢ回 Zenrékí (+). Ⓐ反 Kōshín. ⇨ keíréki. **2**[団体・組織などの以前の形態] O que era antes. Sono daigaku no ~ wa eigo-juku de aru その大学の前身は英語塾である Essa Universidade começou por ser uma escola de [para ensinar] inglês. **3**[前世のときの体、また前世の身の上]【Bud.】A forma ou gé[ê]nero de vida「de alguém」numa existência anterior.

zénshín⁴ 漸進【E.】O avanço gradual. Ⓐ反 Kyúshín.

zénshín⁵ 善心 O coração bom; a virtude. Ⓐ反 Akúshín. ⇨ ryōshin².

zénshín-téki 漸進的 Que avança gradualmente.

zénshín-zénréi 全身全霊 Todo o corpo e toda a alma; alma e coração. ★ ~ o komeru 全身全霊を込めて Dedicar-se inteiramente [de alma e coração]「ao estudo」.

zénsho¹ 善処 O tomar medidas adequadas. ★ ~ suru 善処する … ⇨ táisho².

zénsho² 全書 **a)** A obra completa (Não resumida; ⇨ zenshū²); **b)** O compêndio mais ou menos completo「de medicina」. ◇ **"Roppō ~"** 六法全書 "Os Seis Códigos num só volume".

zénshó¹ 全勝 **a)** A vitória completa; o resultado limpinho; **b)** O ganhar todos os jogos [todas as lutas] sem uma única derrota. ★ ~ suru 全勝する Ganhar … [Conseguir uma ~]. ⓢ回 Kańshō. Ⓐ反 Zeńpái.

zénshó² 全焼 O arder todo. Kaji de jūtaku ga ~ shita 火事で住宅が全焼した A casa ardeu toda (no incêndio). ⓢ回 Marú-yáké. Ⓐ反 Hańshō.

zénshó³ 前哨 O posto avançado. ◇ ~ **kichi** 前哨基地 A base avançada. ⇨ **sen**.

zénshó⁴ 前檣【Mar.】O mastro da proa. ⇨ ho-báshira; másuto.

zén-shōgai (óo) 全生涯 A vida inteira [toda]. Kare wa ~ o ongaku ni sasageta 彼は全生涯を音楽に捧げた Ele dedicou a ~ à música. ⓢ回 Isshō (+).

zénshō-sén 前哨戦 A escaramuça. Senkyo wa ~ ni haitta 選挙は前哨戦に入った Os candidatos das eleições já começaram a ～. ⇨ zeńshṓ³.

zeńshū́¹ 全集 As obras completas. ◇ **Sōseki ～** 漱石全集 As ～ de Natsume Sōseki ⇨ zénsho².

zeńshū́² 禅宗 A seita (do budismo) zen. ★ ～ *no sō* 禅宗の僧 O monge zen. [S/同] Zeń².

zeńshū́³ 全周 Toda a circunferência「da ilha」.

zeńsṓ¹ 前奏 **1** [歌の前に演奏される部分]【Mús.】O prelúdio. ⇨ zeńsṓ-kyoku **1**. **2** [ある事件・物事が起こる前ぶれ] O prenúncio [indício]. [S/同] Maébúré (+); zeńsṓ-kyoku **2**.

zeńsṓ² 禅僧 O monge zen. ⇨ zénshū́².

zeńsókú 喘息【Med.】A asma. ◇ **～ kanja** 喘息患者 O asmático.

zeń-sókúryoku 全速力 Toda a velocidade. ★ ～ *de hashiru* 全速力で走る Correr a [com] ～. ～ *o dasu* 全速力を出す Ir a ～. [S/同] Furú-súpīdo.

zeńsṓ-kyoku [óo] 前奏曲 **1** [序曲]【Mús.】A abertura; o prelúdio. [S/同] Jókyoku. **2** [ある物事・事件の起こる前ぶれ] O prenúncio. ★ *Kakumei no* ～ 革命の前奏曲 O ～ duma revolução. [S/同] Maébúré (+); zeńsṓ¹ **2**.

zeńsóń 全損【Com.】A perda total. ★ ～ *suru* 全損する Ter uma ～「da carga do navio」. ◇ **～ tanpo** 全損担保 Seguro só contra ～. [A/反] Buńsóń.

zeńtái¹ 全体 **1** [ある物・事柄の全部] O todo; o geral. ★ ～ *ni* 全体に Em geral. *Machi* ～ *ni watatte* 町全体にわたって Por toda a cidade. ◇ **～ kaigi** 全体会議 A assembleia geral. ⇨ **～ teki. Shakai ～** 社会全体 A sociedade em geral; toda a sociedade. [S/同] Sṓtái. [A/反] Búbun. ⇨ zénbu¹. **2** [全身] Todo o corpo. [S/同] Zeńshíń¹ (+). **3** [もともと] Por natureza. [S/同] Gánrai (+); motómótó (o).

zeńtái² 全隊 Todo o destacamento. ～ *tomare* 全隊止まれ (号令) Alto!

zeńtái-shúgi 全体主義 O totalitarismo. ◇ **～ kokka** 全体主義国家 O estado (País) totalitário. **～ sha** 全体主義者 O totalitarista. ⇨ dokúsáí.

zeńtái-tékí 全体的 Geral. ★ ～ *na keikō to shite* 全体的な傾向として Como tendência ～. ～ *ni miru to* 全体的に見ると Geralmente falando; (visto) de um modo ～.

zeńtéí¹ 前提【Fil.】O pressuposto; a pressuposição; a condição; o requisito; a premissa. ★ *Kekkon o ～ to shite tsukiau* 結婚を前提としてつきあう Namorar com a condição de casar. ◇ **～ jōken** 前提条件 A condição prévia. **Dai** [**Shō**] **～** 大 [小] 前提 A premissa maior [menor]「do silogismo」(⇨ sańdáń-rónpō).

zeńtéí² 前庭 **1** [家の前の庭] ⇨ máe ◇. **2**【Anat.】O vestíbulo do ouvido.

zeń-ténkō 全天候 Qualquer tempo (meteorológico). ◇ **～ ki** 全天候機 O avião para ～.

zeńtétsú 前轍【E.】**1** [前の車のわだち] O carril [trilho] por que passou o veículo dianteiro. **2** [先人の失敗] O erro já cometido por outro. [I/慣用] ～ *o fumu* 前轍を踏む Cometer o mesmo erro que outros cometeram. ⇨ zénsha².

zénto¹ 前途 **1** [将来] O futuro. *Kare no ～ wa yōyō taru mono ga aru* 彼の前途は洋々たるものがある Ele tem um grande ～ [um ～ cheio de possibilidades]. *Kodomo-tachi o ichininmae ni suru made ni wa madamada ～ ryōen da* 子供達を一人前にするまでにはまだまだ前途遼遠だ Até que os meus filhos possam viver sem mim ainda falta muito! *Kono jigyō no ～ wa tanan da* この事業の前途は多難だ Este proje(c)to vai ter [deparar com] muitas dificuldades (no ～). ★ ～ *o ureeru* [*shinpai suru*] 前途を憂える[心配する] Preocupar-se com o ～. ◇ **～ yūbō** 前途有望 Um ～ promissor. [S/同] Shṓrai (+). **2** [旅程の] O resto do percurso. *Tochū gesha ～ mukō* 途中下車前途無効 (表示) A interrupção da viagem invalida o bilhete!

zénto² 全都【E.】Toda a capital. ★ ～ *o agete iwau* 全都を挙げて祝う Estar ～ em festa [Festejar com a cidade em peso]. ⇨ miyákó; shi⁵.

zeńtṓ¹ 前頭【Anat.】O sincipúcio (A parte anterior e superior da cabeça). ◇ **～ bu** 前頭部 A parte do ～.

zéntō² 全島 Toda a ilha. ⇨ shimá¹.

zeńtṓ³ 前灯 Os faróis [As luzes] da frente. [S/同] Heddó-ráito (+); zenshṓ-tṓ.

zeńtṓ⁴ 漸騰 A subida gradual「dos preços」. [A/反] Zeńrákú.

zeńtṓyō [tóo] 前頭葉【Anat.】O lobo frontal (do cérebro).

zeńtsū́ 全通 (Abrev. de "zensen kaitsū") O「caminho」estar todo aberto ao tráfico [tráfego].

zén'ya 前夜 **1** [昨夜] A noite anterior. [S/同] Sakúya (+); sén'ya. **2** [ある特定の日の前の夜] A véspera. ★ *Kurisumasu no* ～ クリスマスの前夜 A ～ [noite] de Natal. **3** [大事の起こる直前] As vésperas; o alvorecer. ★ *Kakumei no* ～ 革命の前夜 ～ da revolução.

zeń'yákú 全訳 A tradução completa. ★ ～ *suru* 全訳する Fazer a ～; traduzir tudo. [S/同] Kań'yákú². [A/反] Shṓyákú². ⇨ hoń'yákú.

zeń'yá-sai 前夜祭 A festa [celebração] da véspera; o arraial.

zeń'yṓ¹ 善用 O bom uso. ★ ～ *suru* 善用する Fazer bom uso「de」; usar bem. [A/反] Akúyṓ. ⇨ riyṓ¹.

zeń'yṓ² 全容【E.】Todos os aspectos [dados]. *Jiken no ～ ga akiraka ni naru* 事件の全容が明らかになる Esclarecerem-se ～ do caso. [S/同] Zeńbṓ.

zeń'yū́ 全優 A nota máxima em todas as matérias.

zeńzá 前座 **a**) Os primeiros (Menos importantes) números do programa「de "rakugo"」; **b**) O a(c)tor que os faz. ★ ～ *o tsutomeru* 前座をつとめる A(c)tuar nos ～. [A/反] Tóri.

zeńzái 善哉 Uma espécie de sopa de feijão-soja moído, massa de arroz ("mochi") e açúcar. ⇨ shirúkó.

zeńzéń¹ 全然 **1** [ちっとも…ない] Nada. *Ano hito wa ～ yaku ni tatanai* あの人は全然役にたたない Ele não serve para nada [Ele é um zero (à esquerda)]. *Kono hon wa ～ omoshiroku nai* この本は全然面白くない Este livro não presta [não é nada interessante]. [S/同] Chittómo; mattákú. **2** [全く]【G.】Completamente; inteiramente; totalmente. *Sono hanashi wa ～ uso da* その話は全然嘘だ Isso é pura mentira [～ falso]. [S/同] Kanzéń ní; kotógótoku; mattákú. **3** [ものすごく]【G.】Muito; extraordinariamente. *Kare no e wa ～ subarashii* 彼の絵は全然すばらしい Os quadros dele são maravilhosos. [S/同] Hijṓ ní (+); monósúgoku (+); súgoku (+); taíhéń (o); totémó (+).

zeń-zéń² 前前【Pref.】Penúltimo. ★ ～ *getsu* 前々月 (N)o ～ mês [Há dois meses]. ～ *kai ni* 前々回に Na [Da/A] penúltima vez.

zeńzṓ 漸増【E.】O aumento gradual. ★ ～ *suru* 漸

Z

増する Aumentar gradualmente.
[S/同] Teízṓ. [A/反] Zeńgéń.
zénzu 全図 O mapa completo. ◇ **Nippon ~** 日本全図 O mapa de todo o Japão. ⇨ chízu.
zeppáń 絶版 A edição esgotada. ★ ~ *ni naru* 絶版になる Ficar esgotado. ◇ **~ sho** 絶版書 O livro esgotado.
zeppékí 絶壁 O precipício; o despenhadeiro.
[S/同] Dańgáí.
zeppíń 絶品【E.】A obra-prima; a obra de arte única [sem par]. [S/同] Ippíń.
zeppítsú 絶筆 **1** [筆を絶つこと] O deixar de escrever ou pintar. **2** [最後の作品] A última obra do escritor [pintor]. *Kare no ~ to natta sakuhin* 彼の絶筆となった作品 A última obra dele.
zeppṓ 舌鋒【E.】A língua (Fala). ★ ~ *surudoku aite o semeru* 舌鋒鋭く相手をせめる Lançar farpas ao [Atacar com ~ afiada o] interlocutor.
[S/同] Zettáń.
zeráchíń ゼラチン A gelatina (Feita de ossos, etc. de animais). ★ ~ *jō no* ゼラチン状の Gelatinoso.
zeráníumu ゼラニウム【Bot.】O gerânio; *geranium.*
zérī ゼリー (< Ing. jelly) A geleia. ★ ~ *jō ni naru* [*suru*] ゼリー状になる [する] Ficar [Fazer] como ~.
zéro ゼロ (< P. < L. < Ár.) O zero. *Kare wa kyōshi no shikaku ~ da* 彼は教師の資格ゼロだ Como professor, ele é completamente incapaz [é um ~ (á esquerda)]. ★ ~ *kara hajimeru* [*Ichi kara denaosu*] ゼロから始める[一から出直す] Começar [Partir] do ~ [nada]. ◇ **~ gēmu** ゼロゲーム A partida sem pontos [O jogo que terminou zero a zero]. ~ *hai* ゼロ敗 O perder [A derrota] a ~. ~ *kaitō* ゼロ回答 A resposta negativa「aos sindicatos」. ~ *mētoru chitai* ゼロメートル地帯 O território ao nível do mar. ~ *seichō* ゼロ成長 O crescimento ~ [nulo]「da economia」. [S/同] Réi. ⇨ káimu; mu-káchi.
zerókkusu ゼロックス (商標) (< Ing. < Gr. xerós: "seco") O xerox; a fotocopiadora.
zeséí 是正 O re(c)tificar [ajustar; corrigir]「o défice [déficit]」. ★ ~ *suru* 是正する …
zessáń 絶賛 [讃]【E.】O encó[ô]mio [aplauso; maior elogio]. ~ *suru* 絶賛する Tecer os maiores ~s; enaltecer. ◇ **~ jōei-chū** 絶賛上映中（掲示）「o filme」Está sendo apresentado com grande aplauso (do público)! [S/同] Gekíshṓ. ⇨ sánbi[1].
zesséí 絶世【E.】O ser inigualável [incomparável; sem-par]. ★ ~ *no bijin* 絶世の美人 Uma mulher linda, linda, (linda) [de beleza sem-par].
[S/同] Fuséishutsu; kídai.
zessén 舌戦【E.】A guerra de palavras.
[S/同] Geńróń-séń; kṓron; rońséń.
zesshṓ 絶唱【E.】 **1** [非常に優れた歌] Uma poesia única (Linda). ★ *Kokin no* ~ 古今の絶唱 Uma poesia sem-par nos anais da literatura. **2** [死のまぎわにうたう歌] O canto de cisne (A última poesia [canção] antes de morrer).
zesshókú 絶食 O jejum. ◇ **~ ryōhō** 絶食療法 A terapia do ~. [S/同] Dańjíkí.
zessókú 絶息【E.】A morte. ★ ~ *suru* 絶息する Morrer; expirar. [S/同] Zetsúméí. ⇨ shinú.
zessúrú 絶する【E.】Superar; exceder; ultrapassar; desafiar. ★ *Gengo* [*Gongo*] *o* [*ni*] ~ *kurushimi* 言語を [に] 絶する苦しみ Um sofrimento indizível. *Sōzō o* ~ 想像を絶する Ser inimaginável [~ toda a imaginação]〔*Sono jiken no mugosa wa wareware no sōzō o zesshita* その事件のむごさは我々の想像を絶した A crueldade desse caso não se podia imaginar〕. ⇨ kaké-hánáréru; koérú[2].
zésuchua ゼスチュア (< Ing. gesture < L. gestus) O gesto. *Kare no shinsetsu wa subete ~ datta* 彼の親切はすべてゼスチュアだった A amabilidade dele era fingida [tudo fingimento]. ★ ~ *o majiete hanasu* ゼスチュアを交えて話す Falar com gestos. ~ *o suru* ゼスチュアをする Fazer gestos. ⇨ jésuchā.
zetchṓ 絶頂 **1** [山の頂上] O cume; o ponto mais alto. ★ *Fuji-san no ~ ni tassuru* [~ *o kiwameru*] 富士山の絶頂に達する [絶頂を極める] Chegar ao [Atingir o] ~ do monte Fuji. [S/同] Chṓjṓ (+). **2** [頂点] O apogeu; o auge; o clímax; o zé[ê]nite. ★ *Shiawase no ~ ni aru nīzuma* 幸せの絶頂にある新妻 A mulher recém-casada (que está) no ~ da felicidade. [S/同] Chṓten; kyokútéń.
zetsúbṓ 絶望 O desespero. ★ ~ *suru* 絶望する Desesperar; perder a esperança〔*Jinsei ni ~ suru* 人生に絶望する Perder toda a esperança [Não acreditar] na vida〕. [A/反] Yū́bṓ.
zetsúbṓ-shi [**óo**] 絶望視 O dar por [considerar (como)] perdido. *Yukue-fumei-sha no seizon wa ~ sarete iru* 行方不明者の生存は絶望視されている Há poucas esperanças de que os desaparecidos (ainda) estejam vivos. ★ ~ *suru* 絶望視する …
zetsúbṓ-tékí 絶望的 Sem esperança;「um caso」perdido; desesperado. *Shiken no kekka wa mattaku ~ da* 試験の結果は全く絶望的だ Não há qualquer [nenhuma] esperança de passar no exame. ★ ~ *na jōkyō* 絶望的な状況 Uma situação ~.
zetsúdáí[1] 絶大【E.】O ser enorme.
[S/同] Bakúdáí (+); jińdáí.
zetsúdáí[2] 舌代【E.】Uma palavrinha [notificação] por escrito.
zetsúéń 絶縁 **1** [縁切り] O rompimento [corte] de relações. ★ *Zokuseken to ~ suru* 俗世間と絶縁する Romper [Cortar relações] com o mundo (secular). ◇ **~ jō** 絶縁状 A carta de ~. [S/同] Eń-kírí (+); zekkṓ[2] (o). ⇨ fukúéń. **2** [電気・熱を断つ]【Fís.】A isolação. ★ ~ *suru* 絶縁する Isolar. ◇ **~ sen** 絶縁線 O fio [A linha] isolado[a]. **~ tai** 絶縁体 Um (corpo) isolador. **~ tēpu** 絶縁テープ A fita isoladora. **~ Zai** (**ryō**) 絶縁材（料）O material isolador.
zetsúméí 絶命【E.】O fim da vida; a morte. ★ ~ *suru* 絶命する Terminar or seus dias; morrer. ◇ ⇨ **zettai ~**. [S/同] Zessókú. ⇨ shinú.
zetsúmétsú 絶滅 **1** [生物などがすっかり絶え滅びる事] O extermínio; a extinção. ★ ~ *no itto o tadoru* 絶滅の一途をたどる Estar a caminho da[o] ~. ~ *suru* 絶滅する Extinguir-se. [S/同] Kaímétsú; metsúbṓ. ⇨ horóbíru. **2** [人の力ですっかり滅ぼしなくす事] O eliminar. ★ *Kōtsū-jiko o ~ saseru* 交通事故を絶滅させる Eliminar [Acabar com] os acidentes de trânsito. [S/同] Końzétsú. ⇨ horóbósu.
zétsumu 絶無【E.】⇨ káimu.
zetsúmyṓ 絶妙 O ser maravilhoso [admirável; ideal; magnífico; soberbo]. ★ ~ *na* [*no*] *taimingu* 絶妙な [の] タイミング A hora oportuna; o momento exa(c)to [ideal]; [S/同] Kṓmyṓ (+); seíkṓ.
zetsúríń 絶倫 O ser inigualável [sem-par; sem limites]. ★ *Seiryoku ~ no hito* 精力絶倫の人 Um homem de uma energia sem limites.

Z

[S/同] Batsúgúń (+).

zettái 絶対 O ser absoluto. *Kokuō no meirei wa ~ da* 国王の命令は絶対だ Ordens de rei são ordens [absolutas/para ser obedecidas]. ★ ~ *fuhen no* 絶対不変の Imutável; permanente. ~ *(ni)* 絶対（に） Absolutamente; inteiramente〔*Kore wa ~ (ni) himitsu ni shite kudasai* これは絶対（に）秘密にして下さい Isto é segredo absoluto〕. ~ *no* 絶対の Absoluto; total. ~ *no shinrai o eru* 絶対の信頼を得る Merecer [Obter] a confiança total「de alguém」. ◇ **~ ansei** 絶対安静 O repouso absoluto (mandado pelo médico). ⇨ **~ chi**[**teki**]. **~ fukujū** 絶対服従 A obediência absoluta [cega]. **~ ken** (**ryoku**) 絶対権（力）O poder absoluto. **~ onkan** 絶対音感【Mús.】O tom absoluto. **~ reido** 絶対零度【Fís.】O zero absoluto (-273,16°C). **~ ryō** 絶対量 A quantidade absoluta〔~ *ryō ga ōi* [*sukunai*] 絶対量が多い[少ない] Ser grande [pequeno] em quantidade absoluta〕. **~ shitsudo** 絶対湿度【Fís.】A (h)umidade absoluta [concentração de vapor]. **~ shugi** 絶対主義 O absolutismo. **~ sokudo** 絶対速度 A velocidade absoluta. **~ tasū** 絶対多数 A maioria absoluta (em eleições). **~ tōkyū** 絶対等級 A magnitude[grandeza] absoluta. **~ yūi** 絶対優位 A vantagem absoluta.

zettái-chi 絶対値【Mat.】O valor absoluto.

zettái-tékí 絶対的 Absoluto. ★ ~ *na ken'i o motsu* 絶対的な権威を持つ Ter autoridade absoluta.

zettái-zétsúméí 絶体絶命 Uma situação desesperada [crítica/de vida ou de morte]. ★ ~ *de aru* 絶体絶命である Estar numa ~. ~ *no pinchi* 絶体絶命のピンチ Um grande apuro [aperto].

zettáń 舌端 **1** [舌の先] A ponta da língua. **2** [話ぶり] A maneira de falar. [S/同] Beńzétsú (+); hanáshí-búrí (o).

zezé híhi 是是非非 (< ze[1] + hi[4])【E.】Pão pão, queijo queijo; o chamar as coisas pelo nome. ◇ **~ shugi** 是々非々主義 O princípio de chamar … ⇨ kṓhéí[1].

-zo ぞ【Interj.】Cuidado [Olha que…]! (É menos cor. do que yo[4]). *Abunai ~!* あぶないぞ! ~ pá (é perigoso)!

zō[1] [**óo**] 象 O elefante. ★ ~ *no hana* 象の鼻 A tromba (do ~). ◇ **~ gari** 象狩り A caça ao ~. **Afurika ~** アフリカ象 ~ africano (De orelhas grandes).

zō[2] [**óo**] 像 **1** [物の形や姿] A estátua; a imagem; a figura. ◇ **Buronzu** [**Dairiseki**] **~** ブロンズ[大理石]像 Uma ~ de bronze [mármore]. **Seibo Maria ~** 聖母マリア像 Uma ~ de Nossa Senhora. **2** [投影像]【Fís.】A imagem. *Renzu o tōshite hikari ga ~ o musubu* レンズを通して光が像を結ぶ A luz atravessa a lente e forma uma ~.

zō-[3] [**óo**] 贈 **a**) A doação [entrega]; **b**) A outorga póstuma. ★ ~ *shō san-mi* 贈正三位 A outorga póstuma da condecoração de terceira classe. *Tanaka shi ~ no kaiga* 田中氏贈の絵画 A pintura doada pelo Sr. Tanaka. ⇨ kizṓ; okúrú[2]; zṓtéí.

-zō[4] [**óo**] 蔵 A propriedade. ◇ **Kokuritsu bijutsukan ~** 国立美術館蔵 "Propriedade do Museu Nacional de Arte". ⇨ shoyū; shozṓ.

-zō[5] [**óo**] 増 (Suf. que significa "aumento"). ★ *Sakunen yori ni-wari ~* 昨年より２割増 Aumento de vinte por cento em relação ao ano passado [anterior]. ⇨ zṓká[1].

zṓbútsú [**oó**] 贓物 Os artigos roubados; os despojos. [S/同] Tṓhíń (+).

zṓbútsú-shu[**-sha**] [**oó**] 造物主[者] O Criador (do universo). [S/同] Zṓká[3].

zṓchíkú [**oó**] 増築 A ampliação (de uma construção). ★ ~ *suru* 増築する Ampliar「a casa」. ◇ **~-hi** 増築費 As despesas de ~. **~ kōji** 増築工事 As obras de ~. [S/同] Taté-máshí.

zṓchṓ[1] [**zoó**] 増長 **1** [調子に乗ってつけ上がること] O abuso. *Kare wa homeru to sugu ni ~ suru* 彼はほめるとすぐに増長する Se o elogiam logo abusa. **2** [よくない性質・傾向などがしだいにひどくなること] O ficar (cada vez) pior. ★ *Unubore o ~ saseru* うぬぼれを増長させる Ficar mais vaidoso [presumido]. ⇨ jochṓ.

zṓchṓ[2] [**oó**] 増徴 O aumento do imposto. ⇨ zṓzéí.

zṓdáí [**oó**] 増大 O aumento. *Hitobito no seifu e no fuman wa ~ suru bakari da* 人々の政府への不満は増大するばかりだ O descontentamento do povo com o governo aumenta cada vez mais. ★ *Jinkō no ~* 人口の増大 ~ populacional. [A/反] Geńshṓ. ⇨ zṓká[1].

zṓéí [**oó**] 造営 A construção. ◇ **~hi** 造営費 As despesas de ~. [S/同] Chikúzṓ (+); keńchíkú (o).

zṓéi-butsu [**oó**] 造営物 Os prédios「do Estado」.

zṓékí 増益 [**oó**] O aumento do lucro. [A/反] Geń'ékí.

zṓéń [**oó**] 増援 O reforço. ★ ~ *suru* 増援する Enviar reforços. ◇ **~ butai** 増援部隊 A tropa de ~.

zṓéń(**jutsu**) [**zoóénjutsu**] 造園（術）A paisagística. ⇨ teíéń; eńgéí[1].

zṓéń-ká [**oó**] 造園家 O (arquite(c)to) paisagista.

zṓfu [**óo**] 臓腑 As entranhas. [S/同] Gozṓróppu (+); harávátá (+); naízṓ (o); zṓmótsú (+).

zṓfúkú [**oó**] 増幅 **1** [電気信号を強めること]【Ele(c)tri.】A amplificação. ★ ~ *suru* 増幅する Amplificar. ◇ **~ ki** 増幅器 O amplificador (⇨ ánpu[2]). **2** [ある物事の範囲を広げ, 大きくする事] O aumentar.

zṓgákú [**oó**] 増額 O aumentar a quantia (de dinheiro).

zṓgáń [**oó**] 象眼[嵌] **1** [ダマスキーノ] O trabalho [A obra] de embutido; a arte de marchetaria. ★ ~ *suru* 象眼する Embutir; marchetar; incrustar. **2** [印刷で] O encaixe.

zṓgán-shi [**oó**] 象眼[嵌]師 O embutidor; o marcheteiro.

zṓgé [**oó**] 象牙 O marfim. ★ ~ *no hashi* 象牙の箸 Os pausinhos de ~. ⇨ **~ no tō**. ◇ **~ iro** 象牙色 A cor de ~. **~ kaigan** 象牙海岸 ([S/同] Kṓtó-jíbóāru). **~ shitsu** 象牙質 A dentina; o marfim dos dentes. **~ zaiku** 象牙細工 A obra artesanal de ~「de Benim」.

zṓgéń [**oó**] 増減 (< zṓká[1] + geńshṓ) O aumento e diminuição; a variação. ★ ~ *suru* 増減する Aumentar e diminuir; variar.

zṓgé-nó-tṓ [**zoó-tóo**] 象牙の塔 A torre de marfim. ★ ~ *ni toji-komoru* 象牙の塔に閉じ込もる Encerrar-se na sua torre …

zṓgó [**oó**] 造語 A palavra inventada [criada]「para a ocasião」.

zṓgó-hṓ [**zoó**] 造語法 A (maneira da) formação de palavras. ⇨ ími ◇.

zṓháí [**oó**] 増配【Econ.】O dividendo suplementar. [S/同] Kaháí. [A/反] Geńpáí.

zṓháń [**oó**] 造反 (< Chin. moderno) A luta contra as

Z

estruturas existentes. ★ ~ *suru* 造反する Lutar contra... ◇ ~ **bunshi** 造反分子 Elementos [Grupos] revoltosos. ~ **yūri** 造反有理 Não há revoltosos sem uma razão.
Ⓢ冏 Hańgyákú (o); múhon (+).

zōhátsú [oó] 増発 (< zōká[1]+hassúrú) **1** [列車などの] O aumento do número「de comboios/trens」. ~ *suru* 増発する Pôr mais trens extra/especiais. **2** [通貨の] O aumento de emissão de moeda. ~ *Shihei o ~ suru* 紙幣を増発する Aumentar a emissão de papel-moeda.

zōhéi[1] [oó] 造幣 A cunhagem de moeda. ★ ~ *suru* 造幣する Cunhar moeda. ◇ ~ **kyoku** 造幣局 A Casa da Moeda (⇨ zōhéi-shó).

zōhéi[2] [oó] 増兵 (< zōká[1] + heítáí) O reforço (militar). ★ ~ *suru* 増兵する Enviar reforços.
Ⓢ冏 Zōha.

zōhéi-shó [oó] 造幣所 A Casa da Moeda (⇨ zōhéi[1]).

zōhéi-shō [oó] 造兵廠 A fábrica de armamentos; o arsenal.

zōhí-byō [zoó] 象皮病 A elefantíase.

zóho [óo] 増補 O aumento; o suplemento. ★ ~ *suru* 増補する Aumentar. ◇ **Kaitei ~ ban** 改訂増補版 A edição corrigida e aumentada.
Ⓢ冏 Hojū (+) ; hosókú (+).

zōhō [zoó] 増俸 O aumento de salário. ⇨ Chiń-ágé (o); kahō; kakyū; shōkyū (+) ; zōkyú.
Ⓐ反 Geńpō.

zōhon[1] [oó] 蔵本 A biblioteca [cole(c)ção de livros] privada. Ⓢ冏 Zōshó (+).

zōhón[2] [oó] 造本 A feitura de livros. ◇ ~ **gijutsu** 造本技術 A arte da ~. ⇨ seíhón[1].

zōhón[3] [oó] 贈本 O livro oferecido「pelo autor」.

zōhyō [oó] 雑兵 【A.】 **1** [歩卒] A soldadesca. Ⓢ冏 Ashígárú; hosótsú. **2** [ある組織の中で身分の低い取るに足らない者] A arraia miúda (Em geral ou numa firma, etc.). Ⓢ冏 Jińgása; shitáppá (+).

zói [óo] 贈位 A outorga póstuma de condecoração.

zōín [oó] 増員 O aumento do (número de) pessoal. ★ ~ *suru* 増員する Aumentar o ... Ⓐ反 Geń'íń.

zōká[1] [oó] 増加 O aumento. ★ *Jinkō ga ~ shita* 人口が増加した A população aumentou. ◇ ~ **ritsu** 増加率 A proporção [O grau] do aumento. ~ **ryō** 増加量 A quantia aumentada [do ~]. **Shizen ~** 自然増加 natural. Ⓢ冏 Geńshó.

zōká[2] [oó] 造花 A flor artificial [Flores artificiais]. Ⓐ反 Séika.

zōká[3] [oó] 造化 O mundo criado; a criação [natureza]. ★ ~ *no Kami* 造化の神 O (Deus) Criador. ~ *no myō* 造化の妙 A maravilha surpreendente [O mistério] do/a ~. ⇨ zōbútsú-shu.

zōká[4] [oó] 贈花 O oferecer flores. ⇨ keńká[4].

zōkán[1] [oó] 増刊 A edição extra [aumentada/especial]. ⇨ zōkán-gō.

zōkán[2] [oó] 造艦 A construção naval [de navios de guerra]. ⇨ zōhéi[1].

zōkán-gō [zoó] 増刊号 O número especial「de revista」.

zōkéi[1] [oó] 造詣 【E.】 O grande saber; a erudição [cultura]. *Shi wa kōkogaku ni ~ ga fukai* 氏は考古学に造詣が深い Este senhor é um erudito em arqueologia. Ⓢ冏 Chíshiki (o); gakúshíkí (+) ; shikí-kéń; tashínámí; uńchíkú.

zōkéi[2] [oó] 造形 A modelação [moldagem]. ◇ ~ **bijutsu [geijutsu]** 造形美術[美術] As artes plásticas.

zōkétsú[1] [oó] 造血 A hematose; a sanguificação; a produção de sangue. ★ ~ *suru* 造血する Produzir sangue; sanguificar. ◇ ~ **kinō [sayō]** 造血機能[作用] A função [a(c)ção] hematopoética. ⇨ **zai**.

zōkétsú[2] [oó] 増結 A atrelagem. *Kyakusha o sanryō ~ suru* 客車を三両増結する Atrelar mais três vagões de passageiros. Ⓢ冏 Reńkétsú.

zōkétsú-sha [oó] 増結車 O vagão [A carruagem] atrelado/a (à composição).

zōkétsú-záí [oó] 造血剤 Um (medicamento) hematopoético.

zōki[1] [oó] 雑木 As árvores à mistura [ao natural]. ◇ ~ **bayashi**. Ⓢ冏 Zōbókú.

zōki[2] [óo] 臓器 Os órgãos internos. ◇ ~ **ishoku** 臓器移植 O transplante de órgãos (internos). **Jinkō ~** 人工臓器 O órgão artificial. ⇨ naízō[1].

zōkí-báyashi [oó] 雑木林 (< ~ [1] + hayáshí) A mata; o matagal. ⇨ hayáshí[1]; morí[3]; shińríń.

zōkin [oó] 雑巾 O esfregão [esfregalho]; o pano do pó. ★ ~ *de fuku* 雑巾で拭く Limpar com o ~. ~ *gake o suru* [~ *o kakeru*] 雑巾がけをする[雑巾をかける] Passar o esfregão. ⇨ fukín[2].

zokka 俗化 O perder a atra(c)ção; o estar estragado (por haver muita gente); a banalização「do sagrado」. Ⓢ冏 Hizókúká; sezókúká; tsūzókúká.

zokkái[1] [oó] 俗界 O mundo secular (Dos negócios, interesses, etc). ★ ~ *ni chōzen to shite iru* 俗界に超然としている Viver afastado do ~. Ⓢ冏 Zokúséí[2]; zokúsékan **1** (+). Ⓐ反 Teńkái. ⇨ sezókú.

zokkái[2] [oó] 続開 【E.】 A continuação [reabertura]「da sessão」. Ⓢ冏 Saíkái (+). ⇨ zokkó[1].

zokkái 俗解 Uma interpretação popular/secular.

zokkán[1] 続刊 O continuar a publicar.

zokkán[2] 俗間 【E.】 O povo ("Entre toda a gente"). Ⓢ冏 Séken (o); zeńsékí; zokúséí[2]; zokúsékan **1** (+).

zokkán[3] 属官 O funcionário público subalterno. Ⓢ冏 Zokúryō.

zokki 俗気 ⇨ zokúké.

zokkí[2] ぞっき 【G.】 Os restos de edição a preço reduzido. ★ ~ *de uru* [~ *ni dasu*] ぞっきで売る[ぞっきに出す] Vender livros a esmo.

zokkō[1] 続行 O continuar (a fazer aquilo que se está fazendo). ⇨ saíkáí[2]; zokkáí[1].

zokkō[2] 続航 O continuar a navegar. ⇨ kōkái[3].

zokkō[3] 続稿 Os manuscritos que restam「para publicar/para publicação (+)」.

zokkókú 属国 O país dependente. Ⓢ冏 Jūzókukoku. Ⓐ反 Dokúrítsú-kóku. ⇨ shokúmín-chí.

zokkón ぞっこん 【G.】 Loucamente (Muito). ★ ~ *horekomu* ぞっこんほれこむ Ficar muito apaixonado. Ⓢ冏 Shínsoko; sukkáí (+).

zokkyókú 俗曲 A canção [cantiga/música/modinha] popular. Ⓢ冏 Zokka; zokúyō.

zokú 俗 **1** [世間一般] **a)** O comum da gente; **b)** O mundo (secular). ★ ~ *ni* 俗に Vulgarmente; comu(m)mente; popularmente. *Keisatsukan wa ~ ni o-mawari san to yobarete iru* 警察官は俗におまわりさんと呼ばれている O polícia [policial] é ~ chamado guarda). Ⓢ冏 Séken (ippáń) (o). **2** [非] Ser comum (trivial); corriqueiro). ★ ~ *na ii-kata o sureba* 俗な言い方をすれば Em linguagem corriqueira [comum]. Ⓢ冏 Tsukínámí (o); tsūzókú (+).

Ⓐ/反 Ga. **3** [俗人] A pessoa comum. Ⓢ/同 Zokújín¹ (+). Ⓐ/反 Só.

zokú² 賊 **1** [盗賊] O ladrão; nusúttó (+); tőzókkú (+). **2** [反逆者] O rebelde. Ⓢ/同 Muhón-nín (+); hañgyaku-sha (o).

zoku³ 族 **1** [種族] A raça. Ⓢ/同 Shúzoku (+). **2** [同じ種類の行動をする仲間の意を表す] "Os que …". ◇ **Mai kā ~** マイカー族 Os que gostam de ter o seu carr(inh)o. ⇨ nakámá. **3** [暴走族] (Abrev. de "bōsōzoku").

zóku-⁴ 続 (Abrev. de "zokúhén") "Continuação"/(Cont.). ⇨ tsuzúkí.

zokuákú 俗悪 O ser grosseiro [baixo; de mau gosto]. ★ ~ *na shumi* 俗悪な趣味 O gosto baixo; o mau gosto. ⇨ gehín; teíkyū¹.

zokú-bánare 俗離れ ⇨ sekén-bánare.

zokúbún 俗文「a carta em」Estilo coloquial. Ⓐ/反 Gabún.

zokúbútsú 俗物 O pretensioso [(e)snobe]. ◇ ~ **konjō** 俗物根性 O pretensiosismo [(e)snobismo]. Ⓢ/同 Bonjín (+); jójín.

zoku-chō 族長 O patriarca; o chefe de clã [do grupo familiar]. Ⓢ/同 Shúchō (+).

zokuéí 続映 O (filme) continuar a passar [ser projec(c)tado]. ⇨ éiga¹.

zokuén 続演 O continuar a ser representada「a peça teatral」. ⇨ eñgékí; saíén¹; zokuéí.

zokúgó 俗語 A gíria; a linguagem coloquial (Por ex.: "sabóru", em vez de "kesséki súrú"). Ⓢ/同 Suráñgu. Ⓐ/反 Gágo.

zokúgún 賊軍【A.】O exército dos rebeldes. Ⓢ/同 Chōtékí; gyákú; hánto; zókuto. Ⓐ/反 Kañgún.

zokuháttsú 続発 O ocorrer sucessivamente [em série]. *Kōtsū jiko no ~ o fusegu* 交通事故の続発を防ぐ Pôr cobro aos repetidos acidentes de trânsito. Ⓢ/同 Hiñpátsú; reñpátsú; zokúshúttsú.

zokúhén 続編[篇] A sequência; um segundo/terceiro「livro, filme」. Ⓐ/反 Hónpen; Seíhén. ⇨ kőhéń.

zokuhō 続報 Novas [Mais] notícias; uma informação complementar. *Jiko no ~ ga haitta* 事故の続報が入った Recebemos ~ sobre o acidente. ⇨ hōkőkú¹.

zokují¹ 俗事 Os assuntos terrenos; os interesses materiais. Ⓢ/同 Zátsují (+); zátsumu (+); zatsúyō (o); zókumu.

zokují² 俗耳【E.】O ouvido [interesse] das massas.

zokují³ 俗字 O "kanji" simplificado [vulgarmente usado]; Seíjí.

zokújín¹ 俗人 **1** [仏門に入っていない人] O leigo; o laicado (Conjunto dos leigos). Ⓢ/同 Bónpu. **2** [風流の趣味を解せぬ人] Uma pessoa rude [não refinada]. **3** [凡人] Uma pessoa comum [ordinária; vulgar]. Ⓢ/同 Bonjín (o); jójín; zokúbútsú (+).

zokújín² 俗塵【E.】Os assuntos ou preocupações materiais. ★ ~ *o sakeru* [*ni tōzakaru*] 俗塵を避ける[俗塵に遠ざかる] Fugir dos ~. ⇨ zokují¹.

zokuké 俗気 O mundo vão; a ambição vã. ★ ~ *ga aru* [*nai*] 俗気がある[ない] Ter [Não ter] vãs ambições. Ⓢ/同 Zokkí¹.

zokúméi 俗名 zokumyō.

zókumu 俗務 Os assuntos [negócios] mundanos. Ⓢ/同 Zátsují (+); zátsuji (+); zátsuyō (o); zókuji¹.

zoku-múkí 俗向き (< … ¹ + mukú) O ser「uma revista」de gosto mundano [banal; vulgar].

zokumyō 俗名 O nome que tinha no século (Antes de ser bonzo). Ⓐ/反 Káimyō; hőmyō.

zokunén 俗念 Os pensamentos [desejos] mundanos [vãos]. Ⓢ/同 Zokújó.

zokúppói 俗っぽい (< zokú¹ + pói) Reles; superficial; banal; vulgar. Ⓢ/同 Tsúzókú-tékí.

zokúppósa 俗っぽさ (Sub. de "zokúppói") A vulgaridade; a banalidade. Ⓢ/同 Zokúshū¹.

zókuri 俗吏【E.】O funcionário subalterno.

zokurón 俗論 A opinião do vulgo.

zokuryō 俗領 A possessão [colő(ô)nia]. Ⓢ/同 Shokúmínchí (+).

zokúryū¹ 俗流 As massas; o populacho. ★ ~ *ni omoneru* 俗流におもねる Adular as/o ~. ⇨ zokúbútsú.

zokúryū² 粟粒 O grão de painço [milho-miúdo]. ◇ ~ **kekkaku** 粟粒結核 A tuberculose miliar. Ⓢ/同 Awá-tsúbu (+).

zokúséí¹ 属性 **1** [特性] O cará(c)ter genérico. Ⓢ/同 Tokúséí (+); tokúshítsú. **2**【Fil.】O atributo; a propriedade.

zokúséí² 俗世 ⇨ séken.

zokú-séken 俗世間 **1** [世間] O mundo (A sociedade). Ⓢ/同 Séken (+); zokkái **1**; zokkáñ²; zokúséí². **2** [俗界]【Bud.】O mundo secular. Ⓐ/反 Shusséken.

zokúsétsú 俗説 Uma opinião [lenda; crença] popular. ★ ~ *de wa* [~ *ni yoru to*] 俗説では[俗説によると] De acordo com ~. Ⓢ/同 Tsűsétsú (+).

zokúshō 俗称 **1** [通称] O nome vulgar「de planta」. Ⓢ/同 Tsűshō (+). **2** [俗名] ⇨ zokumyō.

zokúshū¹ 俗臭 O mau gosto; a banalidade. ★ ~ *funpun-taru* [~ *no aru*] 俗臭芬々たる[俗臭のある] Banal; baixo; de mau gosto. Ⓢ/同 Zokúppósa (+).

zokúshū² 俗習 O costume; o hábito; a convenção. Ⓢ/同 Fūzoku (+). ⇨ fúshū.

zokúshúttsú 続出 O aparecer sucessivamente. *Byōnin ga ~ shita*. 病人が続出した Aumentou cada vez mais o número de enfermos.
Ⓢ/同 Hiñpátsú; reñpátsú; zokúhátsú.

zokúsúru 属する Ser [Fazer] parte「de」; pertencer「a」. *Kare wa dono seitō ni mo zokusanai* 彼はどの政党にも属さない Ele não pertence a nenhum partido (político). ⇨ jūzókú; shozóku.

zókuto 賊徒 Um bando de rebeldes ou de ladrões.

zokútō 続投【(D)esp.】**a**) O「jogador」continuar a bolar. **b**) O continuar no topo「político」. Keítō.

zokú-úke 俗受け (< … ¹ + ukéru) A popularidade. ★ ~ *o nerau* 俗受けをねらう Buscar a ~ [Ter como mira a ~].

zokúyō 俗謡 A canção [cantiga] popular/folclórica. Ⓢ/同 Zokká; zokkyókú (+).

zokúzókú¹ 続続 Um após [atrás de] outro; sem parar; de enxurrada. ★ *Busshi ga ~ to tōchaku suru* 物資が続々と到着する Os abastecimentos chegarem depressa [sem parar]. Ⓢ/同 Tsugítsugi.

zókuzoku² ぞくぞく (Im. de arrepio de frio, medo ou alegria). *Nan da ka ~ suru* 何だかぞくぞくする Estou sentindo uns arrepios (estranhos).

zókyō[zóo] 増強 O reforço; o aumento「da capacidade de produção」. Ⓢ/同 Hokyō; kyōka (+).

zōmótsú[zóo] 臓物 Os miúdos「do porco」; a fressura; as entranhas. Ⓢ/同 Gozőróppu (+); haráwátá (+); mótsu (+); naízō (o); zōfu.

zōn [óó] ゾーン (< Ing. zone < Gr.) A zona. ⇨ chítai[1]; kúiki.

zonbún 存分 À vontade; até dizer basta. ★ *Omou ~ asobu* 思う存分遊ぶ Divertir-se [até não poder mais]. ⓢ/閏 Jūbún (o); omóumama (+); omóuzonbún (+).

zóngai 存外 Inesperadamente; sem contar [esperar]. ⓢ/閏 Añgái (o); omóí-nó-hóká (+).

zōní [óó] 雑煮 Os bolos de "mochi" em sopa de legumes (Prato de Ano Novo).

zonji-agéru 存じあげる (< zonjíru **1** + ···; Cor. de "shiru") Conhecer; saber. *Sono kata deshitara yoku zonjiagete orimasu* その方でしたらよく存じあげております Se é essa pessoa, conheço muito bem.

zonjiru 存じる (Mais cortês que "shirú") **1** [知る・承知するなどの丁寧語] Conhecer; saber. *Chichi o go-zonji desu ka* 父を御存じですか O senhor [Vossa Excelência] conhece o meu pai? **2** [思う・考えるなどの丁寧語] Pensar; desejar. *O-genki de o-sugoshi no koto to zonjimasu* お元気でお過ごしのことと存じます Espero [Desejo] que esteja de saúde; ⇨ kangáeru; omóu.

zonméi 存命 【E.】 O estar com vida. ★ *Sofu no chū ni* 祖父の存命中に Enquanto o meu avô foi vivo. ⓢ/閏 Seízón (+).

zonzái ぞんざい A descortesia; o descuido. *Kanojo wa kotobazukai ga ~ da* 彼女は言葉づかいがぞんざいだ Ela tem um modo descortês [grosseiro] de falar. ★ *~ na atsukai* [*taiō*] ぞんざいな扱い[対応] O tratamento descortês [A indelicadeza]. Ⓐ/反 Téinei. ⇨ aráppói; íi-kágén; rañbō.

zonzúru 存ずる ⇨ zonjíru.

zōo [óó] 憎悪 O ódio [rancor]; a malevolência. ★ *~ suru* 憎悪する Odiar. ⓢ/閏 Kén'o (+); nikúshímí (+).

zōri [óó] 草履 As sandálias (de enfiar nos dedos); *~ o haku* 草履を履く Calçar ~. ⇨ getá.

zōri-mushi [óó] 草履虫 【Zool.】 A paramécia (Um protozoário ciliado).

zōrín [óó] 造林 A arborização. ◇ **~ chi** 造林地 O terreno arborizado. ⓢ/閏 Shokúrín (+).

zororí-to ぞろりと **1** [一続きになったものが一か所に集まって出来るようす](Im. de abundância). ⓢ/閏 Zórozoro **1** (+). **2** [和服をだらしなく着ているようす](Im. de modo desleixado de vestir um "kimono" luxuoso). ⇨ zórozoro **2**.

zórozoro (to) ぞろぞろ (と) **1** [人などが長く続いて進むようす](Im. de muitos em movimento). *Kanojo no ushiro kara kodomo ga ~ tsuite (kita)* 彼女の後ろから子供がぞろぞろついて(来た) Atrás dela veio um bando de crianças. ⓢ/閏 Zororí-to **1**. **2** [裾長に着物などを引きずるようす](Im. de longo).

zóru ゾル (< Al. sol) 【Quím.】 O sol (aquoso); a suspensão [solução] coloidal. ◇ **~ ka** ゾル化 A transformação em sol. Ⓐ/反 Géru.

zōryō [zóó] 増量 O aumentar em quantidade. Ⓐ/反 Geñryō.

zōsa [óó] 造作 **1** [面倒] O incô[ô]modo; o transtorno. ★ *~ mo* [*no*] *nai* 造作も[の]ない Fácil. *~ naku* 造作なく ⇨ zōsánái. *~ o kakeru* 造作を掛ける Incomodar; causar ~. ⓢ/閏 Meñdō (o); temá (+). **2** [もてなし] A hospitalidade. ⓢ/閏 Moténáshi (+). ⇨ go-chísō.

zōsákú [óó] 造作 **1** [家を建てる事] A construção da casa. ★ *~ suru* 造作する Construir a casa. ⓢ/閏 Fushíñ (+); keñchíkú (o). **2** [建具] A armação interna da casa; as instalações. ⓢ/閏 Tatégu (+). **3** [目鼻立ち] As feições; a fisionomia. *Ano musume wa kao no ~ ga mazui* あの娘は顔の造作がまずい A ~ daquela moça deixa muito a desejar. ⓢ/閏 Mehánádáchí (+).

zōsán [óó] 増産 O aumento da produção. ★ *~ suru* 増産する Aumentar a ···. Ⓐ/反 Geñsáñ.

zōsá nái [óó] 造作ない (< zōsa + nái) Fácil; simples. ★ *~ shigoto* 造作ない仕事 O trabalho ~. *Zōsanaku* 造作なく Sem dificuldade. ⓢ/閏 Tayásúi.

zōsátsú [óó] 造刷 A reimpressão; outra [nova] tiragem/impressão.

zōséi [óó] 造成 O preparar [limpar] um terreno para construções.

zōséñ [óó] 造船 A construção naval. ★ *~ suru* 造船する Construir barcos [um navio]. ★ *~ gishi* 造船技師 O engenheiro de ~. ◇ **~ gyō** 造船業 A indústria de ~. ⇨ **gaisha** [**jo/kō**].

zōséñ-gáisha [óó] 造船会社 (<···+káishá) A empresa de construção naval.

zōséñ-jō [óó] 造船所 O(s) estaleiro(s).

zōséñ-kō [zoó] 造船工 O trabalhador dos estaleiros.

zōsétsú [óó] 増設 O aumento das instalações ou serviços. *Konpyūta no memori o ~ suru* コンピュータのメモリを増設する Aumentar a capacidade de memória do computador. ⇨ setsurítsu.

zōshí [óó] 増資 O aumento do capital. Ⓐ/反 Geñshí.

zōshíñ [óó] 増進 O aumento; o melhoramento. ★ *Shokuyoku o ~ saseru* 食欲を増進させる Aumentar o apetite. Ⓐ/反 Geñtái.

zōsho [óó] 蔵書 O recheio [Os livros] da biblioteca; uma cole(c)ção de livros. ◇ **~ hyō** 蔵書票 O ex-libris. ⇨ **~ ka**. ◇ **~ mokuroku** 蔵書目録 O catálogo da biblioteca. ⇨ **ka**. ⇨ Zōhóñ[1].

zōshō [zoó] 蔵相 O ministro das Finanças [da Fazenda]. ⓢ/閏 Ōkúrádáijin (+).

zōshó-ká [óó] 蔵書家 O cole(c)cionador de livros ou dono de uma cole(c)ção. ⇨ zōshó.

zōshókú [óó] 増殖 A multiplicação; a proliferação. ★ *~ suru* 増殖する Multiplicar; proliferar. ◇ **~ ro** 増殖炉 O rea(c)tor regenerador.

zōshū [óó] 増収 (< masú + shúnyú) O aumento de rendimento. Ⓐ/反 Geñshū.

zōshūwai [zoóshúu] 贈収賄 O suborno (Dado ou aceite). ◇ **~ jiken** 贈収賄事件 Um caso de ~. ⇨ shūwái; wáiro; zōwái.

zōsúi[1] [óó] 増水 A(s) cheia(s); a enchente; a inundação (Mas pela subida das águas). ◇ **~ ki** 増水期 O período das ~. Ⓐ/反 Geñsúi. ⇨ kōzúí.

zōsúi[2] [óó] 雑炊 Um prato de arroz e legumes (Espécie de sopa grossa). ⓢ/閏 Ojíya. ⇨ kayú.

zōsúru [óó] 蔵する Ter; conter; possuir. ⓢ/閏 Mótsu (o); shoyū súrú (+).

zōtéi [óó] 贈呈 A oferta; o presente; a doação. *~ (書籍に署名して)* Com os cumprimentos do autor (Quando oferece o livro autografado). ★ *~ suru* 贈呈する Oferecer; doar. ◇ **~ shiki** 贈呈式 A cerimó[ô]nia de entrega. ⓢ/閏 Keñtéi; shiñtéi; sōtéi; teljō.

zōtéi-híñ [óó] 贈呈品 O artigo doado.

zōtéi-sha [óó] 贈呈者 O doador.

zōtō [zoó] 贈答 A troca de presentes. ◇ ⇨ **~ hin**

zōtō-hín [zoó] 贈答品 Os presentes mutuamente oferecidos.

zōtō-yō [zoó] 贈答用 Para presente. ◇ **~ tsume-awase** 贈答用詰め合わせ O sortido (de várias coisas) ~.

zottó shínái ぞっとしない (< zottó súrú) Que não impressiona [admira]. ★ ~ *hanashi* ぞっとしない話 Um caso sem nada de especial; uma história que não tem nada de admirar.

zottó súrú ぞっとする **1** [寒さで] Ficar arrepiado de frio. ★ *Sukimakaze no tsumetasa ni zenshin* ~ すきま風の冷たさに全身ぞっとする Ficar arrepiado com o vento frio que entra pelas frestas. S/同 Zókuzoku suru. **2** [恐ろしさで] Sentir calafrios [Ficar arrepiado] de medo. *Sono jiken o omoidasu tabi ni sesuji ga* ~ その事件を思い出す度に背筋がぞっとする (De) cada vez que penso nisso, sinto um calafrio nas costas. *Kangaeta dake de* ~ 考えただけでぞっとする Sinto arrepios só em [de] pensar nisso. ⇨ sukúmú. **3** [強い感動で] Ficar admirado.

zōwái [oó] 贈賄 O suborno; o subornar uma pessoa. ★ ~ *de kiso sareru* 贈賄で起訴される Ser processado por ~. ◇ **~ jiken** 贈賄事件 Um caso de ~. A/反 Shūwái. ⇨ wáiro; zōwái-zai.

zōwái-sha [oó] 贈賄者 O subornador.

zōwái-zai [oó] 贈賄罪 O crime de suborno. ★ ~ *ni towareru* 贈賄罪に問われる Ser acusado de ~.

zóyo [óo] 贈与 A doação. ★ ~ *suru* 贈与する Doar. ◇ **~ zei** 贈与税 O imposto de ~. ⇨ atáérú; okúrú².

zōyó-butsu [oó] 贈与物 O presente; o donativo.

zōyó-sha [oó] 贈与者 O doador. ◇ **Hi ~** 被贈与者 O donatário; o presenteado.

zōzéi [oó] 増税 (< masú + zeíkín) O aumento dos impostos. ★ *Shotoku-zei o ichi-wari* ~ *suru* 所得税を1割増税する Aumentar o imposto de herança dez por cento (10%). A/反 Genzéi.

zu¹ 図 **1** [絵] O desenho. ~ *E* (o); káiga (+); zúga. **2** [地図] O mapa. S/同 Chízu (+). **3** [ようす] O esp(e)ctáculo; o aspecto. S/同 Arísama (+); jótáí (+); yósú (o). **4** [図表] O diagrama; o gráfico. ★ ~ *de shimesu* [*setsumei suru*] 図で示す [説明する] Mostrar [Explicar] em ~. ~ *o hiku* 図を引く Fazer um ~. S/同 Zuhyō. **5** [考えた通り] O alvo (Resultado esperado). ★ ~ *ni ataru* 図に当たる Acertar no alvo; dar [bater] certo. I/慣用 ~ *ni noru* 図に乗る Ficar todo inchado [*Kare wa homeru to sugu* ~ *ni noru* 彼はほめるとすぐ図に乗る Ele, quando o elogiam, fica logo todo inchado]. S/同 Ómou-tsubo.

zu² 頭 A cabeça. ★ ~ *ga takai* 頭が高い (Ser) arrogante [empertigado]. S/同 Atámá (+).

zuán 図案 Um plano [esboço; desenho]. S/同 Dezáin (+).

zuán-ká 図案化 O desenho; a delineação. ★ ~ *suru* 図案化する Desenhar「flores」; delinear. ⇨ zúga.

zubá-núkéru ずば抜ける (< zúbazuba + …) Sobressair; ser largado [colosso]; superar todos os outros. *Zubanukete ninki ga takai* ずば抜けて人気が高い Ele tem uma popularidade extraordinária. S/同 Namí-házúrérú; zunúkeru.

zubári ずばり (Im. de "de maneira perfeita/clara"). ~ *seikai desu* ずばり正解です Acertou mesmo [É exa(c)tamente isso]! ★ ~ (*to*) *iiateru* ずばり (と) 言い当てる Acertar em cheio; adivinhar.

zúbazuba ずばずば (Im. de "franqueza/clareza"). ★ *Omotta tōri o ~ itte nokeru* 思った通りをずばずば言ってのける Dizer claramente o que pensa.

zubékō [óo] ずべ公 [Chu.] A prostituta (Moça perdida). S/同 Furyō-shōjo (+).

zubón ズボン (< Fr. jupon) A(s) calça(s). ★ ~ *o haku* ズボンをはく Vestir as calças. ◇ **~ puressā** (< Ing. presser) ズボンプレッサー A vincadeira (Aparelho elé(c)trico para vincar calças em vez de as passar a ferro). **Han ~** 半ズボン Os calções; a calça curta.

zubón-shítá ズボン下 A calça comprida de baixo.

zubón-tsuri ズボン吊り (< … + tsurí) Os suspensórios.

zubórá ずぼら [G.] O ser descuidado; um deixa tudo ao deus-dará; um(a) relaxado[a]. ~ *ni shigoto o suru* ずぼらに仕事をする Fazer um serviço atabalhoado [malfeito]. *Aitsu wa ~ na seikaku da* あいつはずぼらな性格だ Ele é um trapalhão. ⇨ daráshí(nó)nái.

zubóshí 図星 [G.] O centro do alvo; a muche. *Anata no ossharu koto wa ~ desu* あなたのおっしゃる事は図星です É exa(c)tamente como você diz [Acertou]! ★ ~ *o sasu* 図星を指す Acertar no/a ~; pôr o dedo na ferida. ⇨ kyūshó.

zúbu ずぶ [G.] Completo; dos pés à cabeça. ★ ~ *no shirōto* ずぶの素人 Um pobre amador (completamente inexperiente). S/同 Marúkkírí (+); mattákí (o).

zubú-núré ずぶ濡れ (< … + nurérú) Uma grande molha [molhadela]. S/同 Bishó-núré.

zubúri ずぶり Pim! (Imitativo de espetar navalha, alfinete, …). ~ busúri to.

zubútóí 図太い (< zu + futói) Descarado; espertalhão. ★ ~ *seikaku* 図太い性格 Um cará(c)ter atrevido. S/同 Atsúkámáshíí (+); zūzúshíí (o).

zubútósa 図太さ (Sub. de "zubútóí") A desfaçatez [lata]; o atrevimento. *Kare ni mō sukoshi ~ ga areba ii no da ga* 彼にもう少し図太さがあればいいのだが Ele devia ser um pouco mais atrevido. S/同 Zūzúshísa (+).

zudá-búkuro 頭陀袋 A sacola [O bornal] (Sobretudo a que é dependurada ao pescoço pelos monges e que lhes serve para meter tudo).

zudén ずでん (Im. de queda com baque). ★ ~ *to taoreru* ずでんと倒れる Pum, (cair no) chão.

zudón ずどん (Im. de estrondo).

zúga 図画 O desenho (Disciplina escolar). ◇ **~ kōsaku** 図画工作 O desenho e trabalhos manuais (S/同 Zukō **1** (+)). ◇ **~ yōshi** 図画用紙 O papel de ~. S/同 E (o); káiga (+); zu¹ (+).

zugái 頭蓋 O crânio. S/同 Tōgái.

zugái-kotsu 頭蓋骨 A caveira. S/同 Tōgáikotsu.

zugárá 図柄 O desenho; a figura.

zuhán 図版 A figura [ilustração]「em livro ilustrado」. ⇨ zu¹; zukáí.

zuhō 図法 O desenho (Regras ou arte). *Tōei ~* 投影図法 A proje(c)ção.

zuhyō 図表 O gráfico; o diagrama; o quadro. ★ ~ *de arawasu* [~ *ni suru*] 図表で表す [図表にする] Mostrar esquematicamente [em gráfico]. *Kanmatsu no ~* 巻末の図表 ~ no fim do livro. ◇ **Tōkei**

zúi[1] ~ 統計図表 O gráfico estatístico. ⟨S/同⟩ Gúrafu (+).

zúi[1] 髄 **1** [動物の骨の中心部] A medula (dos ossos); o tutano. *Kare wa hone no ~ made kusatte iru* 彼は骨の髄まで腐っている Ele é ruim [mau] até a [a] ~. **2** [植物の茎の中心] A medula (das plantas). **3** [物事の要所] O âmago [A essência] (do problema). ⟨S/同⟩ Yṓshō (+).

zúi[2] 隋 Sui (Dinastia da China de 581–619). ◇ ~ **ōchō** 隋王朝 A dinastia Sui.

zúibun 随分 **1** [かなり] **a)** Muito; terrivelmente; **b)** Bastante; um tanto. *Kimi wa ~ hidoi koto o suru ne* 君は随分ひどいことをするね Você faz cada coisa [faz coisas terríveis]! ⟨S/同⟩ Daíbú; hijō ní; kánari; taíheñ (o). **2** [せいぜい] Muito; todo. ~ *o-karada o taisetsu ni* 随分お体を大切に Tenha muito cuidado com a saúde. ⟨S/同⟩ Kurégúre mo (o); seízéi (+). **3** [ひどいの意を表す] Terrível; cruel. *Anata mo ~ ne* あなたも随分ね Você é ~.

zuíchō 瑞兆 【E.】 O bom augúrio [sinal]. ⟨S/同⟩ Kítchō (+); kittán; zuíshō.

zuíhán 随伴 【E.】 **1** [随行] O acompanhamento. ⟨S/同⟩ Zuíkō (+). **2** [ある物事にともなって起こること] A concomitância.

zuíhítsú 随筆 A peça literária escrita ao correr da pena (Miscelânea, notas, …); um pequeno ensaio. ◇ ~ **ka** 随筆家 Um ensaísta ligeiro. ~ **shū** 随筆集 Uma miscelânea. ⟨S/同⟩ Éssei. ⇨ roñbuñ.

zuí-í 随意 O arbítrio; o livre alvedrio; a própria [livre] vontade. ★ ~ (*ni*) 随意 (に) Livremente; à vontade [*Go-~ ni panfuretto o o-tori kudasai* 御随意にパンフレットをお取り下さい Estes folhetos são grátis, faz favor]. ⟨S/同⟩ Jiyū (o); jizái (+); katté (+); nín'i; shí.

zuíichi 随一 O primeiro (em qualidade). ★ *Nihon ~ no cha no sanchi* 日本随一の茶の産地 A melhor região (produtora) de chá no J. ⟨S/同⟩ Dáiichi (+).

zuíi-kíñ 随意筋 【Anat.】 Os músculos de motricidade voluntária. ⇨ heíkátsú ◇; ōmóñkíñ.

zuíñ 随員 O(s) acompanhante(s). ⟨S/同⟩ Zuíkó-iñ[-sha] (+).

zúiji 随時 **1** [折々] De vez em quando. ⟨S/同⟩ Oríóri (+); tokídóki. **2** [いつでも] A qualquer hora; sempre. ~ *nyūgaku ga* 随時入学可 (掲示) Esta escola aceita admissões [alunos] durante todo o ano. ⟨S/同⟩ Ítsu de mo (+).

zuíkáñ 随感 ⇨ zuísō[1] (+).

zuíki[1] 芋茎 O talo de inhame.

zuíki[2] 随喜 【E.】 A alegria [gratidão] profunda; a adoração. ★ ~ *no namida o nagasu* 随喜の涙を流す Derramar lágrimas de ~. ⇨ yorókóbí.

zuíkō 随行 O acompanhar (em viagem).

zuíkō-dan [**óo**] 随行団 (<…+ dañtái) A comitiva.

zuíkó-in[**-sha**] [**óo**] 随行員 [者] Os acompanhantes [membros da comitiva]. ★ *Gaimu-daijin to sono ~* 外務大臣とその随行員 O Ministro das Relações Exteriores (B.) [dos Negócios Estrangeiros] e (sua) comitiva. ⇨ Zuíñ.

zúisho 随所 [処] Aqui e acolá; em [por] toda a parte. ★ ~ *ni gomi-bako o setchi suru* 随所にごみ箱を設置する Colocar caixotes [cole(c)tores] de lixo ~. ⟨S/同⟩ Achí-kóchi (o); hṓbō (+); kákusho (+).

zuíshō 瑞祥 【E.】 O sinal auspicioso; um bom augúrio. ⟨S/同⟩ Kítchō (+); kittán; zuíchō; zuísō[2] **1**.

zuísō[1] 随想 As impressões várias. ◇ ⇨ ~ **roku**.

zuísō[2] 瑞相 【E.】 **1** [吉兆] Um bom sinal. ⟨S/同⟩ Kítchō (+); kittán; zuíchō. **2** [福々しい人相] A cara feliz [radiante]; o rosto alegre. ⟨S/同⟩ Fukúsō (+).

zuísō-roku [**óo**] 随想録 A miscelânea (literária) de impressões várias; "páginas do meu diário". ⇨ zuísō[1].

zuíkáñ 随感. ⇨ kañsō[1].

zuíuñ 瑞雲 【E.】 As nuvens auspiciosas. ⟨S/同⟩ Shúun; shóuñ.

zujō 頭上 O cimo [Por cima] da cabeça. ~ *chūi* 頭上注意 (掲示) Cuidado com a cabeça! ★ ~ *ni kagayaku hoshi* 頭上に輝く星 As estrelas a cintilar lá em cima no céu. ~ *o miageru* 頭上を見上げる Olhar para cima [o alto]. ~ *takaku* 頭上高く Lá em cima, muito alto. ⇨ atámá.

zujō[2] 図上 O (estar no) mapa.

zukái 図解 A ilustração; o diagrama explicativo. ★ ~ *iri no* 図解入りの Ilustrado [Com ilustrações]. ~ *suru* 図解する Ilustrar. ◇ ~ **hyakka-jiten** 図解百科事典 A enciclopédia ilustrada. ⟨S/同⟩ Zusétsú. ⇨ zuháñ.

zukáñ 図鑑 O livro com [à base de] figuras. ◇ **Nihon konchū ~** 日本昆虫図鑑 Guia ilustrado de inse(c)tos japoneses.

zúkan-sokúnétsú 頭寒足熱 (Conservar) os pés quentes mas a cabeça fria.

zúkazuka ずかずか Sem mais [cerimô(ô)nia nenhuma; avisar]. *Tanin no ie e ~(to) haitte kuru mono dewa nai* 他人の家へずかずか（と）入って来るものではない Não se entra (assim) na casa dos outros ~. ⟨S/同⟩ Tsukátsuka.

-zuke[1] 付け (< tsukéru) 【Suf.】 **1** [日付をつける] A data de [1 de maio]. *Kongetsu tsuitachi ~ de honsha kinmu o meijirareta* 今月1日付けで本社勤務を命じられた Com data de 1 do corrente recebi ordem de trabalhar na matriz [sede]. ⇨ hi-zúké; neñ-gáppi. **2** [所属] O pertencer「a uma se(c)ção」. *Sōmu-bu ~ ni haiten ni narimashita* 総務部付けに配転になりました Fui transferido para o departamento de assuntos gerais. **3** [付けること] **a)** O pôr/colocar/colar/pegar; **b)** O dar. ◇ **Nori ~** のり付け O colar [pegar com cola]. **Teigi ~** 定義付け O definir; o dar uma definição.

-zuke[2] 漬け (< tsukéru) **1** [漬けたもの]【Suf.】O「legume」conservado「em」. ★ *Kyūri no nuka ~* きゅうりのぬか漬け O pepino conservado [curado em conserva] na massa de farelo de arroz. **2** [多量ならよう]【Fig.】O fazer muito. *Nenmatsu wa enkai tsuzuki de arukōru ~ da* 年末は宴会続きでアルコール漬けだ No fim do ano há [tem] tantas festas que se está sempre a beber [ando bebendo a toda a hora].

zukéi 図形 A figura「para explicar」.

zúkezuke ずけずけ Francamente; claramente; sem reserva. ★ *Omotta koto o ~ iu* 思ったことをずけずけ言う Dizer claramente o que pensa. ⟨S/同⟩ Zúbazuba.

-zuki[1] 好き (< sukí) 【Suf.】Que gosta de; amigo de. ★ *Sake ~* 酒好き Amigo da pinga [de vinho]. ◇ **mono ~**.

-zuki[2] 付き (< tsúku) 【Suf.】Que ajuda ou trabalha para. ★ *Daijin ~ no hisho* 大臣付きの秘書 A secretária do ministro.

zukín 頭巾 O capuz; a touca; o lenço da cabeça.

zukínzukín ずきんずきん (Im. de dor intermitente).

★ *Atama ga ~ itamu* [*suru*] 頭がずきんずきん痛む[する] Sinto a cabeça a latejar de dor.

zúkuzuki ずきずき (Im. de dor intermitente). ★ *Kizu ga ~ itamu* 傷がずきずき痛む Estou com uma dor latejante [intermitente] na ferida.

zúkku ズック (< Hol. doek) A lona. ◇ ~ ⇨ **gutsu**.

zukkú-gutsu ズック靴 (< … +kutsú) Os sapatos de lona; os té[ê]nis.

zukó 図工 1 [Abrev. de "zugá kōsaku"] O desenho e trabalhos manuais (Disciplina escolar). 2 [図を書く職人] O desenhador. S/同 Gakō.

-zuku 尽く【Suf.】Só por; por motivo de; à força de. ★ *Kane ~ de aite o nattoku saseru* 金尽くで相手を納得させる Convencer alguém — dinheiro. *Keisan ~ de koto o hakobu* 計算尽くで事を運ぶ Proceder [Fazer algo] só por interesse. *Yokutoku ~ de kōdō suru* 欲得尽くで行動する Agir por amor ao dinheiro. ⇨ daké¹; súbete.

-zúkume 尽くめ【Suf.】Tudo; todo; cheio「de」. ★ *Gochisō ~ ni naru* 御馳走尽くめになる Ser banqueteado. *Kuro ~ no fukusō* 黒ずくめの服装 O traje [todinho] preto. ⇨ -bákari.

-zúkushi 尽くし (< tsukúsu)【Suf.】1 [その類のものを全部挙げる] "Usando todo o …". *Nai nai ~ no binbōseikatsu* ないない尽くしの貧乏生活 Uma vida miserável, sem nada, nada, nada! 2 [尽くす意を表す] "Usando todo o …". ★ *Kokoro ~ no purezento* 心尽くしのプレゼント Um presente (dado) do coração. 3 [それだけの意を表す] "Usando só o…". ★ *Matsutake ~ no ryōri* まつたけ尽くしの料理 A refeição em que se servem cogumelos "matsutake" em [com] todos os pratos.

-zume 詰め (< tsuméru)【Suf.】1 [詰めること・物] Cheio. ★ *Bin ~ no jamu* びん詰めのジャム O doce [A compota] em frasco. ⇨ kañ-zúmé. 2 [それだけの意を表す] "Que usa só" 「a razão」. ★ *Ri ~ no ronpō* 理詰めの論法 A argumentação racional. 3 [同じ状態が続く意を表す] "Só uma coisa". ★ *Tachi ~ to tsume* 立ち詰めで O estar sempre em pé (sem se sentar um minuto). 4 [決まった場所にいて勤める意を表す] "Sóum lugar". ★ *Kisha-kurabu ~* 記者クラブ詰めO estar sempre no clube de imprensa.

zumeń 図面 O esboço; o plano; o desenho. ★ *~ o hiku* 図面を引く Fazer/Desenhar o ~. S/同 Aó-jáshin; sekkéi-zu (+); zu¹.

-zumi¹ 積み (< tsumú)【Suf.】" … de carga". ★ *Go-ton ~ (no) torakku* 5トン積み(の)トラック O cami(h)ão para [de] 5 toneladas de carga.

-zumi² 済 (< súmu) O estar já feito [resolvido]. *Sono ken wa mō kaiketsu ~ da* その件はもう解決済だ Esse caso já está (inteiramente) resolvido. ★ *Keñsa ~* 検査済 Inspe(c)cionado!

zúmú-rénzu [**úú**] ズームレンズ (< Ing. zoom lens) A lente de longo alcance.

zuñdó 寸胴 Um cilindro (tronco/toro). *Kanojo wa ~ da* 彼女はずんどうだ Ela parece um ~ (Ter a mesma grossura do tórax aos quadris, sem cintura).

zuñgúri ずんぐり (Im. de baixo e gordo). ★ *~ shita onna* ずんぐりした女 Uma mulher baixa e gorda [gorducha (Col.)]. A/反 Suñnári. ⇨ chíbi; débu.

zúnō 頭脳 1 [脳] O cérebro. S/同 Nō. 2 [物事を判断する力] Uma inteligência [grande cabeça]; um sábio. ★ *~ meiseki na hito* 頭脳明晰な人 Um homem de inteligência lúcida. *~ no ryūshútsu* 頭脳の流出 A evasão [saída] de cérebros/sábios/cientistas (para outros países). ◇ ~ **rōdō** 頭脳労働 O trabalho cerebral [intelectual]. ~ **shudan** 頭脳集団 Um grupo de cientistas de várias especialidades.

zu-núkeru 図抜ける Sobressair. ★ *Zunukete atama ga yoi* 図抜けて頭がよい Ser excepcionalmente inteligente. S/同 Namí-házúrérú; zubá-núkéru (+).

zúnzun ずんずん Depressa; pum, pum. *Kare wa watashi o oite ~ itte shimatta* 彼は私をおいてずんずん行ってしまった Ele pôs-se a andar, a andar e deixou-me para trás. S/同 Dóndon (+); gúngun (+).

zurákárú ずらかる【G.】⇨ takátóbí¹.

zurári ずらり Em fila. ★ *~ to naraberu* ずらりと並べ a Pôr [Dispor].

zurásu ずらす 1 [位置を少し変える] Mover; deslocar. ★ *Tēburu o migi e ~ sukoshi zurashite shukkin suru no* テーブルを右へずらす Puxar [Mexer; Mover] a mesa para a direita. ⇨ ugókásu. 2 [時間を少し変える] Escalonar. *Jikan o sukoshi zutsu zurashite shukkin suru no* 時間を少しずつずらして出勤する Chegarem「as pessoas」ao emprego a horas diferentes (Por razões de eficiência).

zuré ずれ (< zuréru) O deslocamento; a diferença. *Fufu no aida ni kangae-kata no ~ ga shōjita* 夫婦の間に考え方のずれが生じた Surgiram diferenças na maneira de pensar do casal.

-zure² 擦れ (< suréru)【Suf.】a) O roce [atrito; desgaste; bater]; b) A maçadura; a empola. I/使用 *Seken ~ shite iru* 世間擦れしている Saber bem o que é o mundo; estar muito batido; ser macaco de rabo coçado. ◇ **Kutsu ~** 靴擦れ O roce do [A ~ causada pelo] sapato. ⇨ **toko ~**.

zuréru ずれる 1 [少し違ってくる] Deslocar-se; escorregar; sair do lugar. *Kōsu ga nishi ni zureta* コースが西にずれた O avião ~ desviou-se para (o) oeste. 2 [基準・標準からはずれる] Desviar [Afastar]-se「de um padrão」; ficar deslocado. ★ *Jidai kankaku kara zurete iru* 時代感覚からずれている Estar desfasado; não acompanhar os tempos. S/同 Hazúrérú.

zurí-ágáru ずり上がる (< zúru² + …) 1 [ずれて少し上へ上る] Deslocar-se para cima; subir. *Shatsu ga zuriagatte mune no atari ga gorogoro suru* シャツがずり上がって胸のあたりがごろごろする A camisa subiu e incomoda-me por baixo do pescoço. A/反 Zurí-ságáru. 2 [少しずつ高い地位に上がる] Subir [Ser promovido] um certo grau.

zurí-óchíru[**-ságáru**] ずり落ちる [下がる] Escorregar (para baixo). *Yaseta no zubon ga ~* やせたのでズボンがずり落ちる Como emagreci, as calças escorregam-me.

zurósu (**óó**) ズロース (< Ing. drawers)【A.】A(s) calcinha(s) [cueca(s)] (De senhora ou criança). ★ *~ o haku* ズロースをはく Pôr a(s) ~. ⇨ pántsu; sarú-mátá; shitá-báki.

zúru¹ ずる【G.】A aldrabice; a falcatrua; a trapaça; o truque. ★ *~ o kimeru* ずるを決める Furtar-se ao dever. *o suru* [*yaru*] ずるをする [やる] Fazer falcatrua; aldrabar. ⇨ zuruí.

zúru² ずる (?) ⇨.

zurúchíñ ズルチン (商標) (< Al. dulzin < Lat. dulcis: doce) (Marca de um produto adocicante us. em cul.).

zuruí ずるい Desonesto; astuto; indigno; traiçoeiro; batoteiro; mau; velhaco; malandro. *Shiken de kan-*

ningu o suru no wa ～ 試験でカンニングするのはずるい É mau copiar no exame. ★ ～ *koto o suru* [*yaru*] ずるいことをする[やる] Fazer trafulhice(s) [trapaça(s); velhacaria(s)]. *Zuruku tachimawaru* ずるく立ち回る Ser ～. *Zurusō na kaotsuki* ずるそうな顔つき「ter」Cara de maroto. [S/同] Kṓkátsú ná; kosúi; warúgáshíkói. ⇨ ṓcháku.

zurúkéru ずるける【G.】Mandriar; furtar-se ao dever. *Kyō wa zurukete gakkō o yasunda* 今日はずるけて学校を休んだ Hoje por mandriice faltei [não fui] à escola. [S/同] Namákéru (+).

zurúri to ずるりと "Zzz" (Im. de escorregar). ★ ～ *nukarumi de suberu* ずるりとぬかるみですべる Escorregar na lama.

zúrusa ずるさ (Sub. de "zurúi") A astúcia; a maroti-ce.

zurútto ずるっと ⇨ zurúri to.

zurú-yásumi ずる休み【G.】A cabulice; a gazeta (P.); a falta à aula. ★ ～ *suru* ずる休みする Matar a aula (B.); fazer gazeta (P.); faltar à aula.

zúruzuru to ずるずると **1** [物を引きずるようす] (Im. de continuar). ★ ～ *hana o susuru* ずるずると鼻をすする Não parar de fungar. **2** [少しずつ, すべり落ちるようす] (Im. de escorregar). ～ *to aku no michi ni hamatte shimatta* ずるずると悪の道にはまってしまった Pouco a pouco meti-me por maus caminhos. **3** [物事のきまりがつかず, そのままの状態がいつまでも続くようす] (Im. de lentidão ou gradação). *Tomodachi no ie ni* ～ *itsuite shimatta* 友達の家にずるずると居ついてしまった Demorei-me demais em casa dum amigo. ★ ～ *ketsuron o hikinobasu* ずるずると結論を引き延ばす Protelar indefinidamente a decisão [Não acabar de chegar a uma conclusão].

zusáń 杜撰 O ser defeituoso [descuidado; imperfeito]. ★ ～ *na keikaku* 杜撰な計画 Um proje(c)to ～ [sem pés nem cabeça (Id.)]. [S/同] Zońzáí. ⇨ sómatsu; sozátsú.

zúshi[1] 図示 A representação gráfica. ★ ～ *suru* 図示する Representar graficamente.

zúshi[2] 厨子 Um armário (Sobretudo para colocar estátuas budistas). ⇨ butsúdáń.

zushíkí 図式 O diagrama; o esquema; o gráfico. ★ ～ *ni arawasu* 図式に表す Mostrar esquematicamente. ◇ **～ ka** 図式化 A esquematização [～ *ka suru* 図式化する Esquematizar].

zushín ずしん (Im. de som estrondoso). *Iwa ga* ～ *to ochite kita* 岩がずしんと落ちてきた A rocha caiu com estrondo [todo o peso]. ⇨ doshín to.

Z

zushíri to ずしりと (Im. de pesado). ★ *Sekinin ga* ～ *omoku kata ni noshikakaru* 責任がずしりと重く肩にのしかかる Sentir a responsabilidade a pesar nos ombros.

zū́tai [úu] 図体【G.】O arcaboiço [A carcaça; físico] (Corpo). ～ *bakari ōkii otoko da* 図体ばかり大きい男だ Que corpanzil [corpaço]! /Também é só ～! [S/同] Karádá (+); narí.

-zútai ni 伝いに (< tsutáú) Ao longo de. ★ *Senro* ～ *aruku* 線路伝いに歩く Caminhar ao longo do trilho「da linha」. ⇨ soú[1].

zutázútá ずたずた (Im. de fazer em pedaços [farrapos]). ★ ～ *ni kiru* ずたずたに切る Despedaçar.

-zútsu ずつ【Suf.】(De) cada vez; pouco a pouco; aos poucos. ★ *Hitori ni ikko* ～ *mikan o kubaru* 一人に一個ずつみかんを配る Distribuir uma tangerina por pessoa; dar uma mexerica (B.) a cada um. *Jūnin* ～ *no gurūpu ni wakareru* 10人ずつのグループに分かれる Dividirem-se [Separarem-se] em grupos de dez. *Sukoshi* ～ 少しずつ「fazer o trabalho」Aos poucos [Pouco a pouco].

zutsū́ 頭痛 **1** [頭の痛み] A dor de cabeça. ★ ～ *ga suru* 頭痛がする Doer a [Ter dor de] cabeça. ◇ **～ mochi** 頭痛持ち O que anda sempre com dores de cabeça. **～ yaku** 頭痛薬 O analgésico para a ～. [S/同] Tṓtsū. ⇨ fukútsū́; shitsū́. **2** [悩み] A dor de cabeça; a preocupação. ～ *no tane* 頭痛の種 Uma ～; a causa [o motivo] de preocupação. [S/同] Nayámí (+); shińpáí (o).

zu-tsúkí 頭突き ⇨ zu-zúkí.

zuttó ずっと **1** [比較してひどく差があるようす] Muito; de longe. ★ ～ *ato ni natte* ずっと後になって Depois de muito tempo [Muito tempo depois]. ～ *higashi ni wa* ずっと東には A (l)este, lá muito longe. ～ *izen kara* ずっと以前から Há [Faz] muito tempo [Desde há muito]. ～ *mukashi no sono mukashi* ずっと昔のその昔 Em tempos imemoriais [muito remotos]. [S/同] Daíbú; hijṓ ní (+); kánari; taíhéń (o); zúibun. **2** [ある状態を長く続けているようす] Ininterruptamente. ～ *anata o matte imashita* ずっとあなたを待っていました Estive sempre aqui à sua [tua] espera. *San-jikan* ～ *arukippanashi datta* 3時間ずっと歩きっぱなしだった Caminhei três horas ～/sem parar. ⇨ tsuzúkérú. **3** [そのまま進んで行くようす] Sempre; até (a)o fim. *Kono michi o* ～ *massugu iku to eki ni demasu* この道をずっと真っすぐ行くと駅に出ます Se for ～ por esta rua, vai dar à estação.

zū́zū́béń [zuú] ずうずう弁 O diale(c)to do nordeste do Japão (Uma das suas características é dizer "zu" em vez de "ji").

zu-zúkí 頭突き (< … ² + tsukú) A cabeçada. ★ ～ *o kurau* 頭突きを食らう Levar [Apanhar] uma ～; bater com a cabeça「na parede」. [S/同] Zu-tsúkí.

zū́zū́shii [zuú] 図図しい Descarado; atrevido;「ser um」cara dura [de lata]. ～ *ni mo hodo ga aru* ずうずうしいにもほどがある Eu não aguento este ～ [A descaradez também tem limites]! ★ ～ *koto o iu* ずうずうしいことを言う Ser atrevido no falar. [S/同] Atsúkámáshíi; zubútói.

zū́zū́shíku [zuú] 図図しく (Adv. de "zū́zū́shii") Descaradamente. ★ ～ *naru* ずうずうしくなる Ficar atrevido. ～ *suru* ずうずうしくする Portar-se ～「com」; ser descarado.

zū́zū́shisa [zuú] 図図しさ (Sub. de "zū́zū́shii") O descaro [descaramento]; a ousadia; o atrevimento. *Kare no* ～ *ni wa akirete mono mo ienai* 彼のずうずうしさにはあきれて物も言えない Eu nem sei que diga, pasmado com o ～ dele.

年号表 (Quadro das duas datas : japonesa e ocidental)

(南)は南朝, (北)は北朝

西暦	年号	Romaji	西暦	年号	Romaji	西暦	年号	Romaji	西暦	年号	Romaji
645–650	大化	Taika	1040–1044	長久	Chōkyū	1232–1233	貞永	Jōei	1429–1441	永享	Eikyō
650–655	白雉	Hakuchi	1044–1046	寛徳	Kantoku	1233–1234	天福	Tenpuku	1441–1444	嘉吉	Kakitsu
686–	朱鳥	Shuchō	1046–1053	永承	Eishō	1234–1235	文暦	Bunryaku	1444–1449	文安	Bun'an
701–704	大宝	Taihō	1053–1058	天喜	Tengi	1235–1238	嘉禎	Katei	1449–1452	宝徳	Hōtoku
704–708	慶雲	Keiun	1058–1065	康平	Kōhei	1238–1239	暦仁	ryakunin	1452–1455	享徳	Kyōtoku
708–715	和銅	Wadō	1065–1069	治暦	Jiryaku	1239–1240	延応	En'ō	1455–1457	康正	Kōshō
715–717	霊亀	Reiki	1069–1074	延久	Enkyū	1240–1243	仁治	Ninji	1457–1460	長禄	Chōroku
717–724	養老	Yōrō	1074–1077	承保	Jōhō	1243–1247	寛元	Kangen	1460–1466	寛正	Kanshō
724–729	神亀	Jinki	1077–1081	承暦	Jōryaku	1247–1249	宝治	Hōji	1466–1467	文正	Bunshō
729–749	天平	Tenpyō	1081–1084	永保	Eihō	1249–1256	建長	Kenchō	1467–1469	応仁	Ōnin
749–	天平感宝	Tenpyō-Kanpō	1084–1087	応徳	Ōtoku	1256–1257	康元	Kōgen	1469–1487	文明	Bunmei
			1087–1094	寛治	Kanji	1257–1259	正嘉	Shōka	1487–1489	長享	Chōkyō
749–757	天平勝宝	Tenpyō-Shōhō	1094–1096	嘉保	Kahō	1259–1260	正元	Shōgen	1489–1492	延徳	Entoku
			1096–1097	永長	Eichō	1260–1261	文応	Bun'ō	1492–1501	明応	Meiō
757–765	天平宝字	Tenpyō-Hōji	1097–1099	承徳	Jōtoku	1261–1264	弘長	Kōchō	1501–1504	文亀	Bunki
			1099–1104	康和	Kōwa	1264–1275	文永	Bun'ei	1504–1521	永正	Eishō
765–767	天平神護	Tenpyō-Jingo	1104–1106	長治	Chōji	1275–1278	建治	Kenji	1521–1528	大永	Taiei
			1106–1108	嘉承	Kashō	1278–1288	弘安	Kōan	1528–1532	享禄	Kyōroku
767–770	神護景雲	Jingo Keiun	1108–1110	天仁	Tennin	1288–1293	正応	Shōō	1532–1555	天文	Tenbun
			1110–1113	天永	Ten'ei	1293–1299	永仁	Einin	1555–1558	弘治	Kōji
770–781	宝亀	Hōki	1113–1118	永久	Eikyū	1299–1302	正安	Shōan	1558–1570	永禄	Eiroku
781–782	天応	Ten'ō	1118–1120	元永	Gen'ei	1302–1303	乾元	Kengen	1570–1573	元亀	Genki
782–806	延暦	Enryaku	1120–1124	保安	Hōan	1303–1306	嘉元	Kagen	1573–1592	天正	Tenshō
806–810	大同	Daidō	1124–1126	天治	Tenji	1306–1308	徳治	Tokuji	1592–1596	文禄	Bunroku
810–824	弘仁	Kōnin	1126–1131	大治	Daiji	1308–1311	延慶	Enkyō	1596–1615	慶長	Keichō
824–834	天長	Tenchō	1131–1132	天承	Tenshō	1311–1312	応長	Ōchō	1615–1624	元和	Genna
834–848	承和	Jōwa	1132–1135	長承	Chōshō	1312–1317	正和	Shōwa	1624–1644	寛永	Kan'ei
848–851	嘉祥	Kashō	1135–1141	保延	Hōen	1317–1319	文保	Bunpō	1644–1648	正保	Shōhō
851–854	仁寿	Ninju	1141–1142	永治	Eiji	1319–1321	元応	Gen'ō	1648–1652	慶安	Keian
854–857	斉衡	Saikō	1142–1144	康治	Kōji	1321–1324	元亨	Genkō	1652–1655	承応	Jōō
857–859	天安	Ten'an	1144–1145	天養	Ten'yō	1324–1326	正中	Shōchū	1655–1658	明暦	Meireki
859–877	貞観	Jōgan	1145–1151	久安	Kyūan	1326–1329	嘉暦	Karyaku	1658–1661	万治	Manji
877–885	元慶	Gangyō	1151–1154	仁平	Ninpei	1329–1331	元徳	Gentoku	1661–1673	寛文	Kanbun
885–889	仁和	Ninna	1154–1156	久寿	Kyūju	1331–1334	元弘 (南)	Genkō	1673–1681	延宝	Enpō
889–898	寛平	Kanpyō	1156–1159	保元	Hōgen	1332–1333	正慶 (北)	Shōkei	1681–1684	天和	Tenna
898–901	昌泰	Syōtai	1159–1160	平治	Heiji	1334–1336	建武 (南)	Kenmu	1684–1688	貞享	Jōkyō
901–923	延喜	Engi	1160–1161	永暦	Eiryaku	1334–1338	建武 (北)	Kenmu	1688–1704	元禄	Genroku
923–931	延長	Enchō	1161–1163	応保	Ōhō	1336–1340	延元 (南)	Engen	1704–1711	宝永	Hōei
931–938	承平	Jōhei	1163–1165	長寛	Chōkan	1338–1342	暦応 (北)	Ryakuō	1711–1716	正徳	Shōtoku
938–947	天慶	Tengyō	1165–1166	永万	Eiman	1340–1346	興国 (南)	Kōkoku	1716–1736	享保	Kyōhō
947–957	天暦	Tenryaku	1166–1169	仁安	Nin'an	1342–1345	康永 (北)	Kōei	1736–1741	元文	Genbun
957–961	天徳	Tentoku	1169–1171	嘉応	Kaō	1345–1350	正平 (南)	Jōwa	1741–1744	寛保	Kanpō
961–964	応和	Ōwa	1171–1175	承安	Jōan	1346–1370	正平 (南)	Shōhei	1744–1748	延享	Enkyō
964–968	康保	Kōhō	1175–1177	安元	Angen	1350–1352	観応 (北)	Kan'ō	1748–1751	寛延	Kan'en
968–970	安和	Anna	1177–1181	治承	Jishō	1352–1356	文和 (北)	Bunna	1751–1764	宝暦	Hōreki
970–973	天禄	Tenroku	1181–1182	養和	Yōwa	1356–1361	延文 (北)	Enbun	1764–1772	明和	Meiwa
973–976	天延	Ten'en	1182–1184	寿永	Juei	1361–1362	康安 (北)	Kōan	1772–1781	安永	An'ei
976–978	貞元	Jōgen	1184–1185	元暦	Genryaku	1362–1368	貞治 (北)	Jōji	1781–1789	天明	Tenmei
978–983	天元	Tengen	1185–1190	文治	Bunji	1368–1375	応安 (北)	Ōan	1789–1801	寛政	Kansei
983–985	永観	Eikan	1190–1199	建久	Kenkyū	1370–1372	建徳 (南)	Kentoku	1801–1804	享和	Kyōwa
985–987	寛和	Kanna	1199–1201	正治	Shōji	1372–1375	文中 (南)	Bunchū	1804–1818	文化	Bunka
987–989	永延	Eien	1201–1204	建仁	Kennin	1375–1379	永和 (北)	Eiwa	1818–1830	文政	Bunsei
989–990	永祚	Eiso	1204–1206	元久	Genkyū	1375–1381	天授 (南)	Tenju	1830–1844	天保	Tenpō
990–995	正暦	Shōryaku	1206–1207	建永	Ken'ei	1379–1381	康暦 (北)	Kōryaku	1844–1848	弘化	Kōka
995–999	長徳	Chōtoku	1207–1211	承元	Jōgen	1381–1384	永徳 (北)	Eitoku	1848–1854	嘉永	Kaei
999–1004	長保	Chōhō	1211–1213	建暦	Kenryaku	1381–1384	弘和 (南)	Kōwa	1854–1860	安政	Ansei
1004–1012	寛弘	Kankō	1213–1219	建保	Kenpō	1384–1392	元中 (南)	Genchū	1860–1861	万延	Man'en
1012–1017	長和	Chōwa	1219–1222	承久	Jōkyū	1384–1387	至徳 (北)	Shitoku	1861–1864	文久	Bunkyū
1017–1021	寛仁	Kannin	1222–1224	貞応	Jōō	1387–1389	嘉慶 (北)	Kakei	1864–1865	元治	Genji
1021–1024	治安	Jian	1224–1225	元仁	Gennin	1389–1390	康応 (北)	Kōō	1865–1868	慶応	Keiō
1024–1028	万寿	Manju	1225–1227	嘉禄	Karoku	1390–1394	明徳 (北)	Meitoku	1868–1912	明治	Meiji
1028–1037	長元	Chōgen	1227–1229	安貞	Antei	1394–1428	応永	Ōei	1912–1926	大正	Taishō
1037–1040	長暦	Chōryaku	1229–1232	寛喜	Kangi	1428–1429	正長	Shōchō	1926–1989	昭和	Shōwa
									1989–	平成	Heisei

ポルトガル語が話される地域　Países de Língua Portuguesa

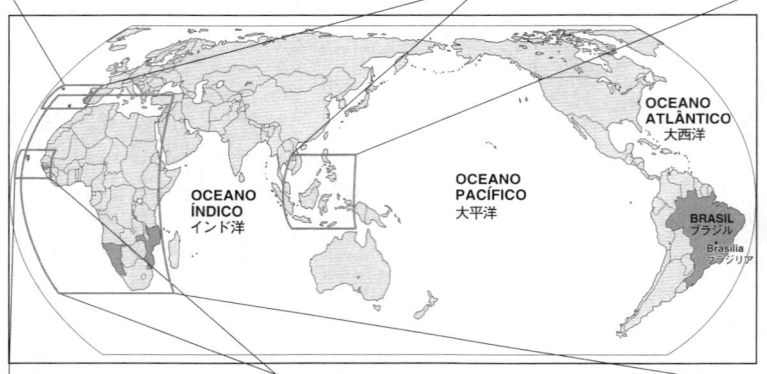

OCEANO ATLÂNTICO 大西洋
PORTUGAL ポルトガル
Lisboa リスボン
ARQUIPÉLAGO DOS AÇORES アゾレス諸島
ARQUIPÉLAGO DA MADEIRA マデイラ諸島

FILIPINAS
MALÁSIA
SINGAPURA
INDONÉSIA
Jakarta
TIMOR LESTE 東チモール

OCEANO ATLÂNTICO 大西洋
OCEANO ÍNDICO インド洋
OCEANO PACÍFICO 大平洋
BRASIL ブラジル
Brasília ブラジリア

CABO VERDE カーボベルデ
Praia プライア
GUINÉ-BISSAU ギニアビサウ
Bissau ビサウ
OCEANO ATLÂNTICO 大西洋

ÁFRICA
CABO VERDE
GUINÉ-BISSAU
SÃO TOMÉ E PRÍNCIPE サントメ・プリンシペ
São Tomé サントメ
ANGOLA アンゴラ
Luanda ルアンダ
MOÇAMBIQUE モザンビーク
Maputo マプート
OCEANO ATLÂNTICO 大西洋

ポルトガル語が使われる国と地域	
国名または地域名	人口(万人)
Portugal	1,061
Cabo Verde	53
Guiné-Bissau	170
São Tomé e Príncipe	16
Angola	1,702
Moçambique	2,140
Brasil	19,400
Timor Leste	110

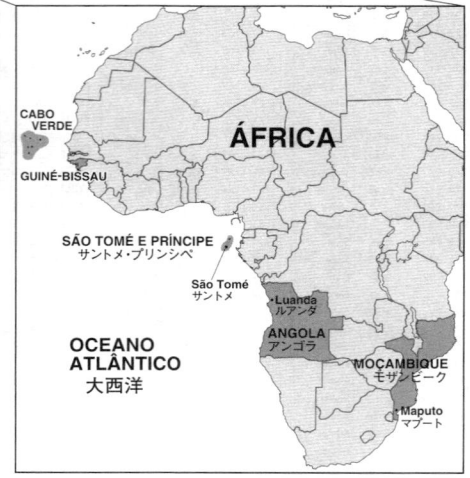

日 本 地 図 Mapa do Japão

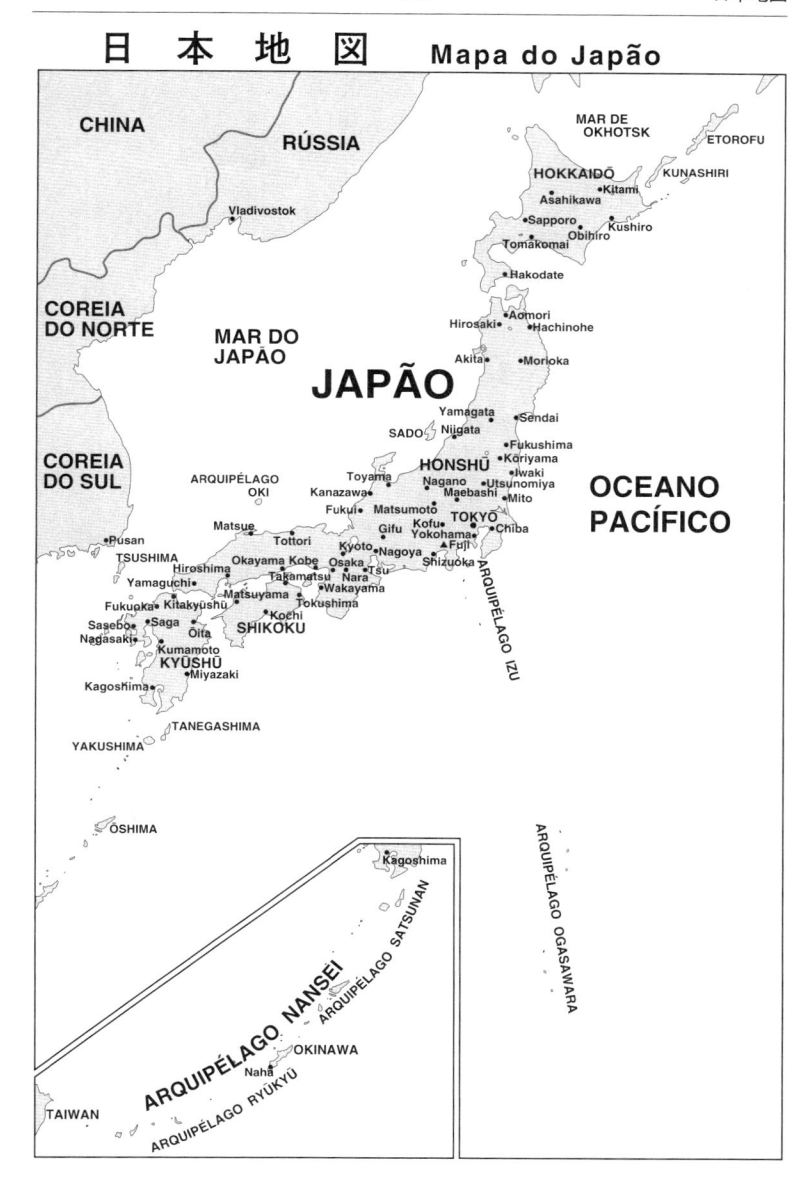

現代日葡辞典〈コンパクト版〉
SHOGAKUKAN DICIONÁRIO
UNIVERSAL JAPONÊS-PORTUGUÊS
EDIÇÃO COMPACTA

2010年5月17日　初版第1刷発行

編　　者	ジャイメ・コエーリョ
	飛　田　良　文
発 行 者	大　澤　　　昇
発 行 所	〔郵便番号101-8001〕
	東京都千代田区一ツ橋2-3-1
	株式会社　　小 学 館
	電話　編集　東京　(03)3230-5169
	販売　東京　(03)5281-3555

印刷	大日本印刷株式会社
製本	株式会社若林製本工場
製函	株式会社博進紙器製作所

Ⓒ宗教法人「カトリックイエズス会」,
Ⓒ飛田良文, ⒸShogakukan Inc. 2010
Printed in Japan

Ⓡ〈日本複写権センター委託出版物〉
本書を無断で複写複製(コピー)することは、著作権法上での
例外を除き、禁じられています。本書をコピーされる場合は,
事前に日本複写権センター(JRRC)の許諾を受けてください。
JRRC〈http://www.jrrc.or.jp　電話03-3401-2382〉
造本には、十分注意しておりますが、印刷・製本など製造上
の不備がございましたら「制作局コールセンター」(フリー
ダイヤル0120-336-340)にご連絡ください。(電話受付は
土・日・祝日を除く9:30〜17:30です)

★小学館外国語辞典のホームページ
「小学館ランゲージワールド」
　http://www.l-world.shogakukan.co.jp/

ISBN978-4-09-515361-2